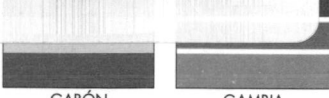

FIDJI

FILIPINAS

FINLANDIA

FRANCIA

GABÓN

GAMBIA

GEORGIA

GHANA

GRANADA

GRAN BRETAÑA

GRECIA

GUATEMALA

GUINEA

GUINEA-BISSAU

GUINEA ECUATORIAL

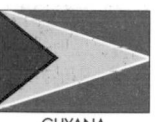
GUYANA

HAITÍ

HONDURAS

HUNGRÍA

INDIA

INDONESIA

IRÁN

IRAQ

IRLANDA

ISLANDIA

ISRAEL

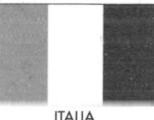
ITALIA

JAMAICA

JAPÓN

JORDANIA

KAZAJSTÁN

KENYA

KIRGUIZISTÁN

KIRIBATI

KOSOVO

KUWAIT

LAOS

LESOTHO

LETONIA

LÍBANO

LIBERIA

LIBIA

LIECHTENSTEIN

LITUANIA

LUXEMBURGO

MACEDONIA

MADAGASCAR

MALAWI

MALAYSIA

MALDIVAS

MALÍ

MALTA

MARRUECOS

MARSHALL

MAURICIO

MAURITANIA

MÉXICO

MICRONESIA (EST. FED. DE)

MOLDAVIA

MÓNACO

MONGOLIA

MONTENEGRO

MOZAMBIQUE

NAMIBIA

NAURU

NEPAL

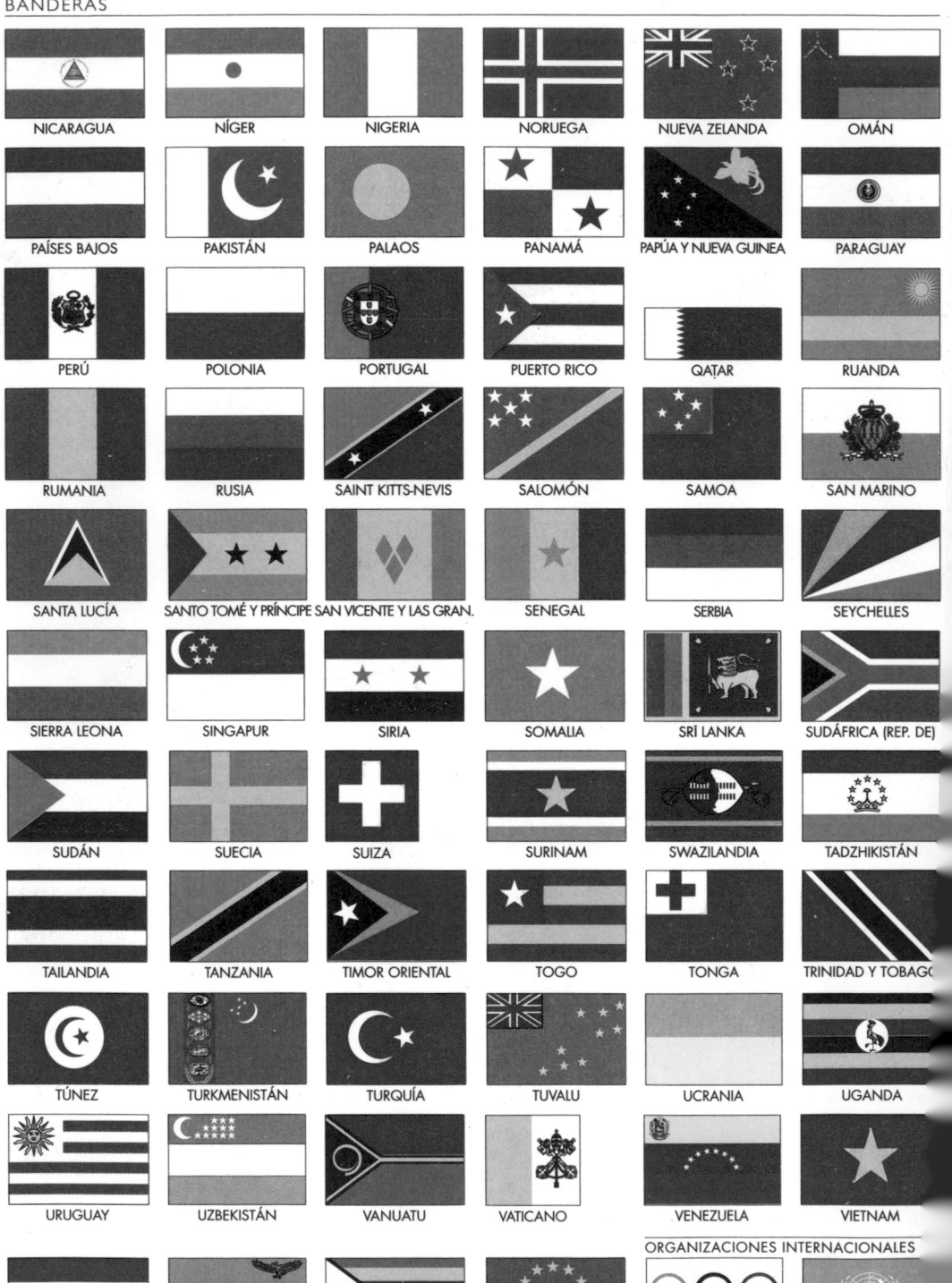

NICARAGUA	NÍGER	NIGERIA	NORUEGA	NUEVA ZELANDA	OMÁN
PAÍSES BAJOS	PAKISTÁN	PALAOS	PANAMÁ	PAPÚA Y NUEVA GUINEA	PARAGUAY
PERÚ	POLONIA	PORTUGAL	PUERTO RICO	QATAR	RUANDA
RUMANIA	RUSIA	SAINT KITTS-NEVIS	SALOMÓN	SAMOA	SAN MARINO
SANTA LUCÍA	SANTO TOMÉ Y PRÍNCIPE	SAN VICENTE Y LAS GRAN.	SENEGAL	SERBIA	SEYCHELLES
SIERRA LEONA	SINGAPUR	SIRIA	SOMALIA	SRĨ LANKA	SUDÁFRICA (REP. DE)
SUDÁN	SUECIA	SUIZA	SURINAM	SWAZILANDIA	TADZHIKISTÁN
TAILANDIA	TANZANIA	TIMOR ORIENTAL	TOGO	TONGA	TRINIDAD Y TOBAGO
TÚNEZ	TURKMENISTÁN	TURQUÍA	TUVALU	UCRANIA	UGANDA
URUGUAY	UZBEKISTÁN	VANUATU	VATICANO	VENEZUELA	VIETNAM

ORGANIZACIONES INTERNACIONALES

YEMEN	ZAMBIA	ZIMBABWE	UNIÓN EUROPEA	JUEGOS OLÍMPICOS	ONU

EL PEQUEÑO
Larousse
ILUSTRADO

© MMIX, Larousse, S. A.
21 Rue du Montparnasse, 75298, París, Cedex 06.

© MMIX, Ediciones Larousse, S. A. de C. V.
Londres núm. 247, México 06600, D. F.

ISBN 978-607-4-00139-6

DECIMOSEXTA EDICIÓN

Impreso por Printer Colombiana, S. A.

Impreso en Colombia — Printed in Colombia

La presente publicación se ajusta a la cartografía oficial establecida por el Poder
Ejecutivo Nacional a través del Instituto Geográfico Militar por Ley 22.963, y fue
aprobada en abril de 2009 con número de expediente GG09 0701/5.

EL PEQUEÑO
Larousse
ILUSTRADO

LAROUSSE

México   Barcelona   Buenos Aires   París

HAN COLABORADO EN EL PEQUEÑO LAROUSSE ILUSTRADO 2010

DIRECCIÓN EDITORIAL
Tomás GARCÍA (EDICIONES LAROUSSE, S. A. de C. V., México, D. F.).
Jordi INDURÁIN (LAROUSSE EDITORIAL, S. L., Barcelona).

COORDINACIÓN DE LA OBRA PARA AMÉRICA LATINA
Luis Ignacio DE LA PEÑA.

COORDINACIÓN LENGUA ESPAÑOLA
Sofía ACEBO GARCÍA, con la colaboración de Elena ESTREMERA PAÑOS.

REDACCIÓN
David AGUILAR, Francisca BAJO, Isabel BROSA, Regino ETXABE,
David MORÁN, Juan PÉREZ, Fernando POLANCO, Carme TARÍN, Sergi TORNER y Edurne ZUNZUNEGUI.

COLABORADORES
Magdalena BERNAUS, Rafael BESOLÍ, Antoni CASTELLTORT, Rafael CLEMENTE, Margarita FERNÁNDEZ, Verónica FERRANDO, José Luis GÓMEZ, Domèn̄ GONZÁLEZ DE LA RUBIA, Jordi GUNZBERG, Elena LLORENS, Raúl MARTÍNEZ, Pau NADAL, Carine NICOT, Manuel POLLS, Joan PONS, Magdalena QUIJAN̄ Pablo RODRÍGUEZ, Dativo SALVIA, Lluís SERRA, Elena SEVILLANO y Sergi VICH.

COORDINACIÓN ENCICLOPEDIA
Carlos DOTRES PELAZ, con la colaboración de Roger JIMÉNEZ REMACHA.

REDACCIÓN
Montserrat BESERÁN, Julián ELLIOT, Jofre HOMEDES, Elena LLORENS, Sergi VICH y Anna VILÀ.

COLABORADORES
Beatriz ABELAIRAS, Francisco BARRIOS, Laura BAVASTRO, Rafael BESOLÍ, Gilles BRINON, Montserrat CARLES, Mario CATELLI, Aurora CHIARAMONTE, Rafael CLEMENTE, Graciela D'ANGELO, Regino ETXABE, Laura FERNÁNDEZ, Jorge FERRER, José Antonio GARCÍA, Mª José GARCÍA, José Luis GÓMEZ, Domènec GONZÁLEZ DE LA RUBIA, Sonia GUERRA, Jordi GUNZBERG, Agustín HERNANDO, Virgilio IBARZ, Antonio LAFUENTE, Gemma LÓPEZ, Josep MARTÍ, Raúl MARTÍNEZ, Carlos MURIAS, Pau NADAL, Ramon OLIVER, José Luis PELLICER, Julieta PIASTRO, Joan PONS, Mª Pilar QUERALT, Miguel José RODRÍGUEZ, Pablo RODRÍGUEZ, Belén ROMERO, Clemen RUIZ, Dativo SALVIA, Antonio SUAU, Sergi TORNER y Daniel TORRAS.

COORDINACIÓN ICONOGRAFÍA Y CARTOGRAFÍA
Enrique VICIÉN MAÑÉ.

COLABORADORES
José Ángel ALCALDE, Rafael BESOLÍ, Alba BESORA, Martine FERNÁNDEZ, José Antonio GARCÍA, Jofre HOMEDES, Matiana GONZÁLEZ, Román MONTULL̄ Antonio NÚÑEZ, Txell PEIRÓ, Virginia PÉREZ, Glòria ROSET y Susanna SAVAL. Colomer Disseny Gràfic.

DIBUJOS
Isabelle ARSLANIAN, Chantal BEAUMONT, Laurent BLONDEL, Noël BLOTTI, Paul BONTEMPS, Vincent BOULANGER, Franck BOUTTEVIN, Alain BOYER, Isabel CARUNCHO, Fabrice DADOUN, Bruno DAVID, Ángel DOMÍNGUEZ, David DUCROS, Virgine FRÉCHURET, Ricard GARCÍA, Christian GODARD, Jean-Luc GUÉRIN, Xavier HÜE, Catherine HUERTA, Serge LANGLOIS, Laurence LEBOT, Marc LEGRAND, Daniel LORDEY, Gilbert MACÉ, François MART̄ Emmanuel MERCIER, Patrick MORIN, Jean-Marc PARISIELLE, Joan PEJOAN, Claude POPPÉ, François POULAIN, Bernard ROCAMORA, Dominique ROUSS̄ Richard ROUSSEL, Dominique SABLONS, Michel SAEMANN, Tom SAM YOU, Sergio SANJUÁN, Jean Claude SÉNÉE, Lóenie SCHLOSSER, Danièle SCHULTHĒ Patrick TAËRON, Jacques TOUTAIN y Amélie VEAUX. Archivos Larousse.

CORRECCIÓN
Maribel ARRABAL, Xavier CABALLÉ, Isabel LENDÍNEZ, Rosa M.ª LUCAS, Ramon OLIVA, M. Àngels OLIVERA, Ana PASCUAL, José Luis VERA y Olga WUNDERLICH.

CARTOGRAFÍA
Mapas geopolíticos de países y continentes: Éditerra (con la colaboración de Nicolas GEORGET, Stéphanie RONDEAU, Jacques SABLAYROLLES y Esfera, S.L.); mapas de las antiguas repúblicas soviéticas: AFDEC.
Mapas geopolíticos e históricos de Latinoamérica: Rafael CARBONELL y Rafael PAVIA; mapas especiales: Santiago MAICAS y Román MONTULL.

INFORMÁTICA EDITORIAL
Marc ESCARMÍS ARASA.

PORTADA
EDICIONES LAROUSSE, S. A. de C. V., con la colaboración de Cuauhtémoc VICTORIA.

DOCUMENTACIÓN Y GESTIÓN ICONOGRÁFICA
Eva ZAMORA BERNUZ, con la colaboración de Jordi TEBÉ SORIANO.

COORDINACIÓN INTERNACIONAL
Esther FRANCH BALAGUER.

PREIMPRESIÓN
FOINSA FOTO INFORMÁTICA, S. A.

Encartes ilustrados

DIRECCIÓN EDITORIAL
Tomás GARCÍA.

INVESTIGACIÓN Y REDACCIÓN
Luis Ignacio DE LA PEÑA.
Rafael MUÑOZ SALDAÑA.

DISEÑO
Rossana TREVIÑO, Visión Tipográfica Editores, S. A. de C. V.
Pedro MOLINERO, Quinta de Agua Ediciones, S. A. de C. V.

COORDINACIÓN GRÁFICA
Ángel RODRÍGUEZ y Anne ANDRÉ.

CORRECCIÓN Y PREPRENSA
Jorge RAMÍREZ y Javier CADENA.

P R E F A C I O

A LOS LECTORES

En 1912 empezó a publicarse en lengua española el Pequeño Larousse ilustrado, con una parte dedicada a la lengua y otra dedicada a los nombres propios, ambas separadas por una serie de páginas rosa. Concebido con la vocación de ser un completo, documentado y atractivo diccionario manual, obtuvo un temprano reconocimiento y a lo largo de los años ha permitido a los hispanohablantes disponer de una referencia para enriquecer su lengua y entender el mundo. Hoy en día, el Pequeño Larousse se mantiene fiel al modelo originario en cuanto a su concepción y la organización de sus contenidos. Desde su origen, también conserva la voluntad de ofrecer al mismo tiempo la utilidad de un diccionario y el encanto de un libro de lectura, de estar equilibrado en todas sus partes y de satisfacer a aquellos que quieran disponer de un diccionario verdaderamente práctico. Si ha cambiado con el paso del tiempo es porque también cambian las palabras y los modos de hablar, que el Pequeño Larousse observa y explica, así como el mundo, que describe y cuenta. Refundiciones periódicas, como la abordada en la edición 2003, revalidan el compromiso de mantener al Pequeño Larousse acompasado a la evolución de la lengua y de la sociedad.

LA ORGANIZACIÓN DEL PEQUEÑO LAROUSSE

El Pequeño Larousse está dividido en tres partes: los términos de la lengua, habitualmente llamados nombres comunes, al principio de la obra, los nombres propios al final de la misma y, entre los dos, las conocidas páginas rosa (en las que las frases célebres y los refranes constituyen un florilegio de nuestra memoria colectiva). Así, el Pequeño Larousse, único en su género, es a la vez un diccionario de la lengua y un diccionario enciclopédico. También es un diccionario visual que incluye imágenes aisladas y láminas temáticas; ilustración abundante y diversa de carácter pedagógico y valor sugestivo indiscutibles. La vocación enciclopédica del Pequeño Larousse no se limita únicamente a los nombres propios. En la primera parte del diccionario, los redactores describen, siempre que el término lo permita, tanto los hechos lingüísticos como las cosas que la lengua designa, objetos reales o representaciones del espíritu. El desarrollo de las ciencias y de la técnica nos lleva a incorporar numerosos artículos exclusivamente terminológicos y, por lo tanto, enciclopédicos. Las palabras tratadas de este modo no tendrían cabida en un simple diccionario de la lengua; y sin embargo, deben estar al alcance del hombre actual. Finalmente, numerosos artículos relativos a grandes conceptos son objeto de desarrollos enciclopédicos especiales, detalladas lecciones de palabras y de cosas reunidas aquí para que el diccionario sea un lugar de descubrimiento del mundo o de la representación que nos hacemos de él.

LA LENGUA ESPAÑOLA

Nos hemos mantenido fieles al espíritu del Pequeño Larousse original, pero nos hemos fijado unas exigencias nuevas, sirviéndonos de la experiencia de los lexicógrafos y de los medios que ofrece la técnica. El español pertenece a aquellos que lo hablan, lo escriben y lo enriquecen en todo el mundo, en América Latina, en España, en Estados Unidos, etc. La comunidad hispanohablante posee un rico patrimonio lingüístico compartido, pero también son abundantes las variantes regionales de la lengua. Aunque no podemos recoger todas estas variantes, sí les dedicamos la atención suficiente como para que cada persona, donde quiera que se encuentre, establezca una relación de complicidad con su Pequeño Larousse. En su función de registrar los usos más vivos y cambiantes de la lengua, el diccionario incorpora numerosos neologismos. Nosotros damos prioridad al uso, siempre que esté comprobado. Una palabra, un modo de expresar, un uso nuevo tienen entrada en el Pequeño Larousse cuando son empleados de forma reiterada, por plumas diferentes, y cuando un lector puede preguntarnos con todo derecho: ¿cómo se escribe esta palabra y qué significa? El diccionario debe indicarnos el uso correcto, pero también debe transmitirnos la imagen que tenemos de nosotros mismos y del mundo. Por último, ponemos especial esmero en no utilizar en las descripciones ninguna palabra que no sea ella misma objeto de definición: el diccionario es un espacio de circulación en el que nadie debe perderse.

LA ILUSTRACIÓN

El Pequeño Larousse siempre ha sido un libro de palabras, pero también un libro de imágenes. La parte dedicada a los nombres propios incluye fotografías y mapas de los países del mundo: se trata de mostrar y de situar. La parte dedicada a las palabras de la lengua también incluye fotografías y mapas temáticos, pero sobre todo esquemas y dibujos, por su capacidad de representación.

ENCARTES ILUSTRADOS

Para el Pequeño Larousse Ilustrado 2010 hemos preparado dos encartes especiales. El primero aborda los resultados de cuando se combinan la imaginación y el sentido práctico. En él se hace un repaso de los descubrimientos e inventos que han ido marcando la historia y la forma de vida de los humanos, de lo más modesto a lo más espectacular. El segundo ofrece una polifacética muestra de las expresiones en América Latina. Contiene información que nos habla de los elementos que le dan carácter propio al crisol de culturas que forman parte de la vasta realidad de América Latina. Cine, arquitectura, festividades, grupos étnicos, lenguas, música, literatura, entre otros aspectos, tienen cabida en este encarte.

Hoy como ayer, el Pequeño Larousse propone un recorrido por las culturas del mundo, da testimonio de la rica variedad lingüística del español y fomenta la comunicación entre todos aquellos que compartimos la lengua, con el objeto de que nos comprendamos mejor en la vasta comunidad a la que pertenecemos.

PRESENTACIÓN DE

Organización de la obra

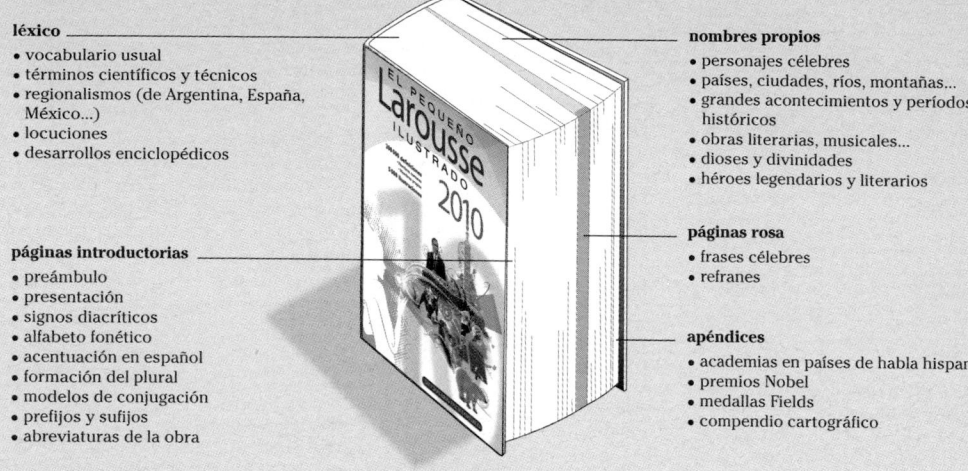

léxico
- vocabulario usual
- términos científicos y técnicos
- regionalismos (de Argentina, España, México...)
- locuciones
- desarrollos enciclopédicos

páginas introductorias
- preámbulo
- presentación
- signos diacríticos
- alfabeto fonético
- acentuación en español
- formación del plural
- modelos de conjugación
- prefijos y sufijos
- abreviaturas de la obra

nombres propios
- personajes célebres
- países, ciudades, ríos, montañas...
- grandes acontecimientos y períodos históricos
- obras literarias, musicales...
- dioses y divinidades
- héroes legendarios y literarios

páginas rosa
- frases célebres
- refranes

apéndices
- academias en países de habla hispana
- premios Nobel
- medallas Fields
- compendio cartográfico

La ilustración de El Pequeño Larousse Ilustrado

Dibujos descriptivos que muestran las formas y las estructuras de lo que representan.

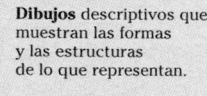

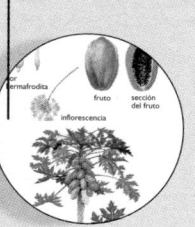

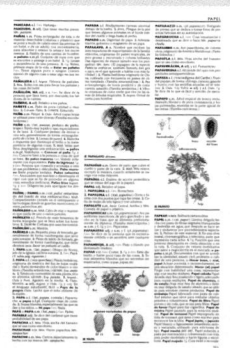

Esquemas explicativos que permiten comprender los procesos representados y entender fenómenos complejos.

Mapas geográficos, que constituyen un verdadero atlas del mundo, y mapas históricos, que proporcionan una clara descripción de las divisiones territoriales del pasado.

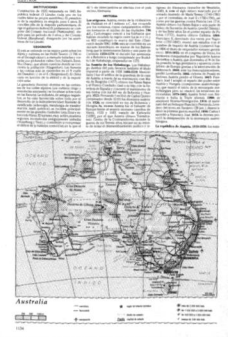

EL PEQUEÑO LAROUSSE ILUSTRADO

Estructura de los artículos

Entradas léxicas
Además de la voz de entrada y de sus posibles variantes gráficas, aparece consignada la categoría gramatical, la etimología (únicamente cuando es relevante y está bien documentada) y el plural de la voz (cuando es irregular).

Homógrafos
Se han marcado con un número que precede a la entrada y que también aparecerá en las remisiones a esta entrada.

Remisiones
Directas cuando son variantes gráficas e indirectas cuando sirven para ampliar la información de la entrada de que partimos.

Entradas de nombres propios
Los personajes entran por el apellido y les acompaña el nombre de pila, la fecha de nacimiento y muerte, profesión y nacionalidad.

Subentradas
Introducidas por un guion especial, dan coherencia a la presentación de familias, informaciones de diferente ámbito dentro de la entrada de una ciudad, etc.

REBENQUE s.m. (fr. *raban*, cabo que afirma la vela). Látigo de cuero o cáñamo embreado con el cual se castigaba a los galeotes. 2. Amér. Merid. Látigo recio de jinete. 3. MAR. Cabo corto y embreado.

1. ATERRAR v.tr. y prnl. Causar terror.
2. ATERRAR v.tr. [10] Cubrir con tierra. 2. Derribar, echar por tierra. ◆ v.intr. Llegar a tierra desde el aire o el mar. SIN.: *aterrizar*. ◆ **aterrarse** v.prnl. Poner pie en tierra firme. 2. MAR. Acercarse un buque a tierra.

IDUMEOS → **EDOMITAS**.

TELEFONÍA s.f. Sistema de telecomunicación que permite transmitir sonidos por medios eléctricos o electromagnéticos. ◇ **Telefonía celular**, o **móvil**, Sistema de radiocomunicación que funciona en una zona dividida

HUIDOBRO (**Vicente**), *Santiago 1893-Cartagena, Chile, 1948*, poeta chileno. Colaboró en París en la revista *Nord Sud* y en Madrid en *Ultra*, de la que surgiría el ultraísmo.

ÁLVAREZ BRAVO, familia de fotógrafos mexicanos. **Manuel A. B.**, *México 1902 – íd. 2002*. Su obra está centrada en las relaciones humanas, y su vinculación con los sueños, la muerte y la fugacidad de la existencia. Profesor en la Escuela central de artes plásticas, fundó el Fondo editorial de la plástica mexicana. También trabajó como operador en *¡Viva México!*, de S. Eisenstein. – **Dolores A. B.**, llamada **Lola A. B.**, *México 1907-íd. 1993*, esposa de Manuel. Representante de

Definiciones
Numeradas y ordenadas; en primer lugar las de léxico general, luego las regionales y técnicas y, finalmente, las locuciones y expresiones.

Conjugación verbal
Los verbos cuya conjugación no sigue los modelos regulares llevan consignado el modelo irregular por el que se rigen.

Rombo negro
Señala un cambio de categoría gramatical, de sustantivo a adjetivo, por ejemplo.

Rombo blanco
Introduce las locuciones y las formas compuestas de la voz, que van ordenadas alfabéticamente.

Tecnicismos
Indican el campo específico del saber al que hace referencia la acepción.

Tablas que proporcionan el acceso inmediato a datos comparativos, a listas de informaciones ordenadas según un criterio cronológico, cuantitativo, etc.

Fotografías de obras de arte, de personajes ilustres, de ciudades, panorámicas, que dan fiel testimonio de la realidad representada, a la vez que constituyen una llamada al imaginario cultural.

Láminas que constituyen verdaderos desarrollos enciclopédicos ilustrados, que a veces ocupan una página completa, repartidos entre la parte de nombres comunes y nombres propios.

	treal	Canadá	
	oscú	URSS	
	Los Ángeles	EUA	
	Seúl	Corea del Sur	
	Barcelona	España	
	Atlanta	EUA	
	Sídney	Australia	
2004	Atenas	Grecia	
2008	Pekín	China	

JUEGOS OLÍMPICOS DE INVIERNO

fecha	lugar	país	núme
	Chamonix	Francia	
	Saint-Moritz	Suiza	
28	Lake Placid	EUA	
	Garmisch- Partenkirchen	Alemania	
	Saint-Moritz	Suiza	
		Noruega	

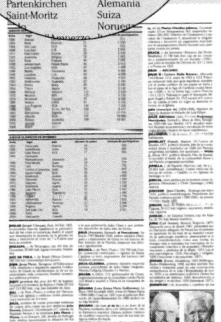

Escudero, caballo y clown...
Clowns. El arte...

PRINCIPALES SIGNOS DIACRÍTICOS DE LOS ALFABETOS LATINOS

letra	lengua	pronunciación aproximada
ä	alemán, sueco y finés	e de cerro
	eslovaco	intermedio entre a y e
á	húngaro y checo	a larga
ã	portugués	en abierta nasal del francés encore
ã	rumano	u de buque
å	danés, noruego y sueco	o de cose
ă	rumano	e cerrada labializada del francés feu [ö]
ą	polaco	o de nombre
ç	turco y albanés	ch de coche
ć	serbocroata	t (palatalizada) de tiara
	polaco	ch de chico
č	serbocroata y checo	ch de muchacho
ď	checo	d (palatalizada) de diablo
ë	albanés	e cerrada labializada del francés feu [ö]
ě	checo	ie de hierba
ē	portugués	e de nenúfar, más nasal
ę	polaco	e abierta nasal del francés fin [e]
ğ	turco	g de alga [g] o i (semiconsonante de hierba [j] delante de las vocales e, i, ö, ü)
í	checo y húngaro	i larga
ı	turco	intermedio entre i y e
î	rumano	u de buque
ł	polaco	l velar del inglés well
ń	polaco	ñ de año

letra	lengua	pronunciación aproximada
ň	checo	ñ de año
ö	alemán, finés, húngaro, turco, noruego, sueco	e cerrada labializada del francés feu [ö]
ő	húngaro	e cerrada labializada del francés feu, larga [ö]
ó	húngaro y checo	o de cantó, larga
	polaco	u de música
õ	portugués	o de nombre, más nasal
ø	danés y noruego	e cerrada labializada del francés feu o peur [ö]
ř	checo	r fricativa [rs], [rz]
š	serbocroata y checo	ch del francés cheval o x del catalán caixa [š]
ş	turco y rumano	ch del francés cheval o x del catalán caixa [š]
ś	polaco	ch (palatalizada) del francés chien [z]
ť	checo	t (palatalizada) de tiene
ţ	rumano	ts del francés tsar o del catalán potser [s̆]
ü	alemán, húngaro y turco	i labializada del francés mur [ü]
ű	húngaro	i labializada del francés mur, larga [ü]
ú	húngaro y checo	u de cebú, larga
ý	checo	i de bisturí, larga
ź	polaco	y de cónyuge
ż	polaco	g del francés gîte o j del catalán jove [ž]
ž	serbocroata y checo	g del francés gîte o j del catalán jove [ž]

ALFABETO FONÉTICO

En esta obra no se incluyen indicaciones de pronunciación, pero el lector que así lo desee podrá consultar, en el siguiente cuadro, la realización de los sonidos del español según el alfabeto fonético de T. Navarro Tomás, adoptado también por la *Revista de filología española*.

vocales

[a]	a media	casa, gata
[ạ]	a anterior	baño, calleja
[a]	a posterior	alga, causa
[ã]	a nasal	manada, mamá
[e]	e abierta	reja, cerro
[e]	e cerrada	mesa, café, tela
[ẽ]	e cerrada nasal	ponencia, nenúfar
[i]	i abierta	fijo, risa
[i]	i cerrada	misa, bisturí
[ḭ], [ĩ]	i nasal, abierta y deslabializada	mimbre, ninguno
[ǫ]	o abierta	foja, corre
[o], [o]	o cerrada	cantó, cose
[ǫ̃], [õ]	o nasal, abierta y cerrada	monte, anónimo
[ṵ]	u abierta	rubio, dulce
[u]	u cerrada	música, buque, tabú
[ũ]	u nasal	nunca, mundo

semivocales

[i]	i, y semivocales	reina, hay, aire, voy
[ṵ]	u semivocal	pausa, neutro, aura

semiconsonantes

[j]	i semiconsonante	quiero, hierba
[w]	u semiconsonante	nueve, cuadra, huaso

consonantes

[p]	oclusiva bilabial sorda	pino, capa
[b]	oclusiva bilabial sonora	buque, cambiar
[b̆]	fricativa bilabial sonora	abedul, cabo, uva
[m]	oclusiva bilabial nasal	cama, más, invento
[ɱ]	oclusiva labiodental nasal	confuso, ánfora
[n̪]	oclusiva interdental nasal	once, incendio
[ŋ]	oclusiva apicodental nasal	antes, andino
[n]	oclusiva alveolar nasal	cono, niño

[ņ]	oclusiva prepalatal nasal	año, muñeco
[ŋ]	oclusiva velar nasal	cinco, tengo, nunca
[ɲ́]	oclusiva uvular nasal	angina, don Juan
[t]	oclusiva dental sorda	antes, tanto
[d]	oclusiva dental sonora	candente, durante
[đ]	fricativa interdental sonora	adular, hada
[t]	fricativa interdental sorda	azteca, hazte
[ŷ]	oclusiva palatal sonora africada	conyugal, inyectar
[y]	oclusiva palatal sonora	mayo, reyes, cuyo
[k]	oclusiva velar sorda	cama, queso
[g]	oclusiva velar sonora	angosto, guerra
[g̈]	fricativa velar sonora	alga, daga
[f]	fricativa labiodental sorda	fango, fuego, frágil
[θ]	fricativa interdental sorda	cera, calzada, cine
[s]	fricativa dental sorda	este, casto
[z]	fricativa dental sonora	desde, desdibujar
[s]	fricativa alveolar sorda	soplo, cansar, beso
[z]	fricativa alveolar sonora	trasgo, isla, desde
[x]	fricativa velar sorda	jalón, genio
[x̆]	fricativa uvular sorda	julio, juego
[š] [c̆]	africada palatal sorda	coche, muchacho
[l]	lateral alveolar	bala, celo, cola
[l]	lateral palatal	pillo, calla
[l]	lateral interdental	calzado, úlcera
[l]	lateral dental	falta, caldo
[r]	vibrante simple	aro, pera, carne
[r̄]	vibrante múltiple	barro, rancio, río

los signos diacríticos indican:

[.]	en la parte inferior de una vocal: *neutra*	[e̥]
[.]	en la parte inferior de una vocal: *cerrada*	[ẹ]
[.]	en la parte inferior de una vocal: *abierta*	[ę]
[˜]	en la parte superior de una vocal: *nasal*	[õ]
[˘]	en la parte media de una consonante: *fricativa*	[b̆]
[˘]	en la parte superior de una consonante: *africada*	[š]
[˷]	en la parte superior de una consonante: *fricativa*	[ā]
[˘]	en la parte superior de una consonante: *palatal*	[š]

ACENTUACIÓN

Se llama acento tónico el que se pronuncia y acento gráfico el que, ocasionalmente, se escribe para representar a aquel.

acentuación prosódica

Según el lugar que ocupe el acento tónico en las palabras, estas se dividen en:

— **agudas** u **oxítonas:** las que tienen el acento en la última sílaba — *país, llegó, solar*

— **graves, llanas** o **paroxítonas:** las que tienen el acento en la penúltima sílaba — *vivo, siente, cárcel*

— **esdrújulas** o **proparoxítonas:** las que tienen el acento en la antepenúltima sílaba — *bárbaro, lástima*

— **sobresdrújulas:** las que tienen el acento antes de la antepenúltima sílaba — *recuérdaselo*

acentuación gráfica

Llevan acento gráfico:

— Las palabras agudas terminadas en *vocal*, en *n* o en *s* — *alhelí, cajón, compás*

— Las palabras llanas que terminan en *consonante* que no sea *n* ni *s* — *césped, azúcar, lápiz*

— Las palabras *esdrújulas* y *sobresdrújulas* — *cándido, coméntaselo*

No llevan acento gráfico:

— El primer elemento de las palabras compuestas, con la excepción de los compuestos con guiones — *decimoséptimo, rioplatense histórico-crítico*

— Los monosílabos, con la excepción de los homónimos, en los que se pone el acento en uno para diferenciarlo del otro — *pan, fue, fui, dio, vio mi* padre, es para *mí el* perro; *él* viene no iré *más;* callo, *mas* no cedo

— Pero si el monosílabo contiene un diptongo, se puede acentuar cuando el hablante pronuncie claramente un hiato — *guion o guión fie o fié*

Casos particulares:

— Los pronombres *este, ese* y *aquel* y el adverbio *solo* deben acentuarse cuando exista ambigüedad con su homónimo adjetivo; en caso contrario, el acento es opcional — *éste* vino; *este* vino

— Cuando se deba acentuar un diptongo que contenga las vocales *a, e* u *o*, el acento se escribe sobre estas vocales — *dieciséis, llegáis, náutica*

Pero si el diptongo está formado por dos vocales débiles (*i, u)* el acento se pone en la segunda — *casuística, piúrido*

— Si una vocal débil (*i,u)* está en contacto con *a,e,u* y no forman diptongo, se acentúa la vocal débil cuando el acento tónico recae sobre esta aunque no se cumplan las condiciones exigidas por las reglas generales — *poderío, vahído, búho, sería, dúo*

— Los adverbios terminados en *-mente* conservan el acento del adjetivo sobre el que se forman — *fácilmente, lógicamente*

— Las formas verbales con pronombres enclíticos se consideran como una unidad, y se acentúan según las reglas generales — *decirlo, dime, edílate, explícamelo*

— Las voces extranjeras se escriben según las normas del idioma al que pertenecen cuando no han sufrido adaptación al español — *software, catering*

— Pero se acentúan según las reglas generales si se han adaptado — *búnker, túnel*

— Los latinismos se acentúan según las reglas generales del español — *currículum*

ACLARACIÓN SOBRE LOS SIGNOS ESPECIALES

El alfabeto latino ha sido adoptado por muchos países, pero algunos de ellos han añadido letras suplementarias con signos especiales, llamados signos diacríticos. Para evitar transcripciones fundadas en aproximaciones fonéticas y carentes de rigor científico, se ha preferido indicar los signos diacríticos de todos los alfabetos latinos; el lector podrá así conocer la ortografía real de cada vocablo. Para las lenguas que no utilizan el alfabeto latino, se han adoptado sistemas de transcripción o de transliteración coherentes, que no se aparten demasiado de grafías ya impuestas por el uso. En el caso de grafías múltiples, se han indicado y relacionado mediante envíos. Si el lector lo desea, podrá consultar en la obra los alfabetos árabe, griego, cirílico (ruso, búlgaro). Para la escritura china, el sistema de transcripción adoptado es el «pinyin». La escritura pinyin, creada por los propios chinos, es internacional; sin embargo, las entradas en pinyin van seguidas de otras formas de transcripción cuyo uso también es frecuente (generalmente en sistema Wade-Giles). En todos los casos, y a fin de facilitar la consulta, se han efectuado algunos envíos que conducen desde las diversas grafías de un nombre propio a su ortografía exacta. Cuando la tradición ha impuesto sólidamente un hábito de transcripción, se ha seguido el uso, pero indicando en segundo lugar la grafía exacta.

FORMACIÓN DEL PLURAL EN LOS SUSTANTIVOS Y ADJETIVOS

REGLA GENERAL

Se forma añadiendo una de las dos desinencias *s* o *es:*

Añaden s
a) Todos los sustantivos y adjetivos terminados en vocal no acentuada: *casa/casas; bueno/buenos.*
b) Todos los que terminan en *e* acentuada: *café/cafés.*

Añaden es
a) Todos los sustantivos y adjetivos que terminan en vocal acentuada que no sea *e: rajá/rajaes; rondó/rondoes.* Se exceptúan *papá, mamá, sofá, chacó, chapó, landó* y algunos más, que toman *s; maravedí,* que puede hacer *maravedís, íes, ises,* y *esquí,* que puede hacer *esquís, íes.*
b) Los sustantivos y adjetivos que acaban en consonante, excepto los acabados en *s* y cuya última sílaba es átona: *virtud/virtudes; francés/franceses.* Pero *lunes, crisis,* etc., no se modifican en plural.

OTROS CASOS

Voces extranjeras. Forman el plural según las reglas de la lengua española: *álbum/álbumes; frac/fraques; lord/lores.* Hay en ello gran vacilación, según que la consonante final de la palabra se use o no como final en la lengua española. En las palabras de introducción reciente existe fuerte tendencia a añadir simplemente una *s: clubs, complots.* Las palabras latinas, como *ultimátum, déficit, superávit,* etc., presentan anomalías en sus plurales.

Nombres propios. Cuando un nombre propio ha de ser usado en plural, se pluraliza siguiendo las reglas generales de la lengua española, excepto los patronímicos acabados en *s* o *z* (*Rodés, Sánchez,* etc.), que son invariables.

Nombres compuestos. Forman el plural según la cohesión de sus componentes. La desinencia puede tomarla:
a) *el primer elemento,* en la composición imperfecta del tipo: *ojo de buey/ojos de buey; casa de campo/casas de campo.*
b) *los dos elementos,* en la composición imperfecta del tipo: *ricahembra/ricashembras; mediacaña/mediascañas.*
c) *el último elemento,* en la composición perfecta: *bocacalle/bocacalles; vanagloria/vanaglorias;* pero *cualquiera, quienquiera* hacen *cualesquiera* y *quienesquiera.*

Cambio de acento en el plural. Las palabras *carácter* y *régimen* en su plural cambian el acento de vocal, manteniéndolo en la misma posición relativa que en el singular: *carácter/caracteres* (ambas son llanas); *régimen/regímenes* (ambas son esdrújulas).

Defectivos de número. Algunos sustantivos se usan solo en plural: *creces, albricias, víveres, añicos,* etc.

(NOTA: Estas normas tienen un valor predominantemente fonológico y morfológico. En algunos casos, su cumplimiento conlleva variaciones de tipo ortográfico. Por ejemplo, en los casos de palabras terminadas en *z* o en *c,* estas se convierten en *c* y *qu* respectivamente: *luz/luces; frac/fraques.*)

CONJUGACIÓN VERBAL

El conjunto de formas que puede presentar un verbo recibe el nombre de *conjugación.* En español existen tres conjugaciones: la primera está formada por los verbos acabados en *-ar* (modelo *amar*); la segunda, por los verbos acabados en *-er* (modelo *temer*); y la tercera, por los verbos acabados en *-ir* (modelo *partir*).

Infinitivo	amar	temer	partir
Gerundio	amando	temiendo	partiendo
Participio	amado	temido	partido
Ind. presente	amo	temo	parto
	amas	temes	partes
	ama	teme	parte
	amamos	tememos	partimos
	amáis	teméis	partís
	aman	temen	parten
Ind. copretérito (pret. imperfecto)	amaba	temía	partía
	amábamos	temíamos	partíamos
Ind. pretérito (pret. indefinido)	amé	temí	partí
	amaste	temiste	partiste
	amó	temió	partió
	amamos	temimos	partimos
	amasteis	temisteis	partisteis
	amaron	temieron	partieron
Ind. futuro	amaré	temeré	partiré
	amaremos	temeremos	partiremos
Pospretérito (condicional)	amaría	temería	partiría
Subj. presente	ame	tema	parta
	ames	temas	partas
	ame	tema	parta
	amemos	temamos	partamos
	améis	temáis	partáis
	amen	teman	partan
Subj. pretérito (pret. imperfecto)	amara, -ase	temiera, -ese	partiera, -ese
Subj. futuro	amare	temiere	partiere
Imperativo	ama	teme	parte
	ame	tema	parta
	amemos	temamos	partamos
	amad	temed	partid
	amen	teman	partan

CONJUGACIÓN REGULAR

Llamamos verbos regulares a aquellos verbos que, al flexionar, utilizan sin ninguna alteración las mismas desinencias de tiempo, modo, aspecto, persona y número que los verbos que se toman como modelo de conjugación y que, además, no sufren variaciones en la raíz en ninguna de sus formas. En esta obra, los verbos regulares (que se distinguen de los irregulares por no llevar indicación sobre el modelo de conjugación que siguen) se conjugan como *amar, temer* o *partir,* según terminen en *-ar, -er* o *-ir.*

CONJUGACIÓN IRREGULAR

Llamamos verbos irregulares a los que se apartan de las conjugaciones regulares, ya sea por presentar variaciones en la raíz o diferencias en las desinencias. El número y variedad de irregularidades que afectan a los verbos españoles aconsejan consignar meticulosamente todas las formas en cada uno de los verbos y al establecimiento de un código que permita, en cada caso, conocer la forma correcta de conjugación. Así, todos los verbos de conjugación irregular contenidos en esta obra van acompañados del código correspondiente que remite a los modelos. Bastará aplicar al verbo objeto de consulta la conjugación del modelo para obtener todas sus formas de flexión. Por ejemplo, el verbo *dedic-ar,* cuyo código es [1], se conjuga como *sac-ar;* aplicamos a la raíz *dedic-* las desinencias del verbo modelo y obtenemos *dedic-o, dedic-as, dedic-aba, dedic-abas, dediqu-é, dedic-aste,* etc.

Infinitivo	1 sacar	2 pagar	3 aguar	4 regar	5 empezar
Gerundio	sacando	pagando	aguando	regando	empezando
Participio	sacado	pagado	aguado	regado	empezado
Ind. presente	saco	pago	aguo	riego	empiezo
	sacas	pagas	aguas	riegas	empiezas
	saca	paga	agua	riega	empieza
	sacamos	pagamos	aguamos	regamos	empezamos
	sacáis	pagáis	aguáis	regáis	empezáis
	sacan	pagan	aguan	riegan	empiezan
Ind. copretérito (pret. imperfecto)	sacaba	pagaba	aguaba	regaba	empezaba
	sacábamos	pagábamos	aguábamos	regábamos	empezábamos
Ind. pretérito (pret. indefinido)	saqué	pagué	agüé	regué	empecé
	sacaste	pagaste	aguaste	regaste	empezaste
	sacó	pagó	aguó	regó	empezó
	sacamos	pagamos	aguamos	regamos	empezamos
	sacasteis	pagasteis	aguasteis	regasteis	empezasteis
	sacaron	pagaron	aguaron	regaron	empezaron
Ind. futuro	sacaré	pagaré	aguaré	regaré	empezaré
	sacaremos	pagaremos	aguaremos	regaremos	empezaremos
Pospretérito (condicional)	sacaría	pagaría	aguaría	regaría	empezaría
Subj. presente	saque	pague	agüe	riegue	empiece
	saques	pagues	agües	riegues	empieces
	saque	pague	agüe	riegue	empiece
	saquemos	paguemos	agüemos	reguemos	empecemos
	saquéis	paguéis	agüéis	reguéis	empecéis
	saquen	paguen	aguen	rieguen	empiecen
Subj. pretérito (pret. imperfecto)	sacara, -ase	pagara, -ase	aguara, -ase	regara, -ase	empezara, -ase
Subj. futuro	sacare	pagare	aguare	regare	empezare
Imperativo	saca	paga	agua	riega	empieza
	saque	pague	agüe	riegue	empiece
	saquemos	paguemos	agüemos	reguemos	empecemos
	sacad	pagad	aguad	regad	empezad
	saquen	paguen	agüen	rieguen	empiecen

Infinitivo	6 trocar	7 cazar	8 andar	9 desosar	10 pensar
Gerundio	trocando	cazando	andando	desosando	pensando
Participio	trocado	cazado	andado	desosado	pensado
Ind. presente	trueco	cazo	ando	deshueso	pienso
	truecas	cazas	andas	deshuesas	piensas
	trueca	caza	anda	deshuesa	piensa
	trocamos	cazamos	andamos	desosamos	pensamos
	trocáis	cazáis	andáis	desosáis	pensáis
	truecan	cazan	andan	deshuesan	piensan
Ind. copretérito (pret. imperfecto)	trocaba	cazaba	andaba	desosaba	pensaba
	trocábamos	cazábamos	andábamos	desosábamos	pensábamos
Ind. pretérito (pret. indefinido)	troqué	cacé	anduve	desosé	pensé
	trocaste	cazaste	anduviste	desosaste	pensaste
	trocó	cazó	anduvo	desosó	pensó
	trocamos	cazamos	anduvimos	desosamos	pensamos
	trocasteis	cazasteis	anduvisteis	desosasteis	pensasteis
	trocaron	cazaron	anduvieron	desosaron	pensaron
Ind. futuro	trocaré	cazaré	andaré	desosaré	pensaré
	trocaremos	cazaremos	andaremos	desosaremos	pensaremos
Pospretérito (condicional)	trocaría	cazaría	andaría	desosaría	pensaría
Subj. presente	trueque	cace	ande	deshuese	piense
	trueques	caces	andes	deshueses	pienses
	trueque	cace	ande	deshuese	piense
	troquemos	cacemos	andemos	desosemos	pensemos
	troquéis	cacéis	andéis	desoséis	penséis
	truequen	cacen	anden	deshuesen	piensen
Subj. pretérito (pret. imperfecto)	trocara, -ase	cazara, -ase	anduviera, -ese	desosara, -ase	pensara, -ase
Subj. futuro	trocare	cazare	anduviere	desosare	pensare
Imperativo	trueca	caza	anda	deshuesa	piensa
	trueque	cace	ande	deshuese	piense
	troquemos	cacemos	andemos	desosemos	pensemos
	trocad	cazad	andad	desosad	pensad
	truequen	cacen	anden	deshuesen	piensen

Infinitivo	11 errar	12 rogar	13 forzar	14 jugar	15 dar
Gerundio	errando	rogando	forzando	jugando	dando
Participio	errado	rogado	forzado	jugado	dado
Ind. presente	yerro	ruego	fuerzo	juego	doy
	yerras	ruegas	fuerzas	juegas	das
	yerra	ruega	fuerza	juega	da
	erramos	rogamos	forzamos	jugamos	damos
	erráis	rogáis	forzáis	jugáis	dais
	yerran	ruegan	fuerzan	juegan	dan
Ind. copretérito (pret. imperfecto)	erraba	rogaba	forzaba	jugaba	daba
	errábamos	rogábamos	forzábamos	jugábamos	dábamos
Ind. pretérito (pret. indefinido)	erré	rogué	forcé	jugué	di
	erraste	rogaste	forzaste	jugaste	diste
	erró	rogó	forzó	jugó	dio
	erramos	rogamos	forzasteis	jugamos	dimos
	errasteis	rogasteis	forzamos	jugasteis	disteis
	erraron	rogaron	forzaron	jugaron	dieron
Ind. futuro	erraré	rogaré	forzaré	jugaré	daré
	erraremos	rogaremos	forzaremos	jugaremos	daremos
Pospretérito (condicional)	erraría	rogaría	forzaría	jugaría	daría
Subj. presente	yerre	ruegue	fuerce	juegue	dé
	yerres	ruegues	fuerces	juegues	des
	yerre	ruegue	fuerce	juegue	dé
	erremos	roguemos	forcemos	juguemos	demos
	erréis	roguéis	forcéis	juguéis	deis
	yerren	rueguen	fuercen	jueguen	den
Subj. pretérito (pret. imperfecto)	errara, -ase	rogara, -ase	forzara, -ase	jugara, -ase	diera, -ese
Subj. futuro	errare	rogare	forzare	jugare	diere
Imperativo	yerra	ruega	fuerza	juega	da
	yerre	ruegue	fuerce	juegue	dé
	erremos	roguemos	forcemos	juguemos	demos
	errad	rogad	forzad	jugad	dad
	yerren	rueguen	fuercen	jueguen	den

Infinitivo	16 agorar	17 contar	18 actuar	19 vaciar	20 aislar
Gerundio	agorando	contando	actuando	vaciando	aislando
Participio	agorado	contado	actuado	vaciado	aislado
Ind. presente	agüero	cuento	actúo	vacío	aíslo
	agüeras	cuentas	actúas	vacías	aíslas
	agüera	cuenta	actúa	vacía	aísla
	agoramos	contamos	actuamos	vaciamos	aislamos
	agoráis	contáis	actuáis	vaciáis	aisláis
	agüeran	cuentan	actúan	vacían	aíslan
Ind. copretérito (pret. imperfecto)	agoraba	contaba	actuaba	vaciaba	aislaba
	agorábamos	contábamos	actuábamos	vaciábamos	aislábamos
Ind. pretérito (pret. indefinido)	agoré	conté	actué	vacié	aislé
	agoraste	contaste	actuaste	vaciaste	aislaste
	agoró	contó	actuó	vació	aisló
	agoramos	contamos	actuamos	vaciamos	aislamos
	agorasteis	contasteis	actuasteis	vaciasteis	aislasteis
	agoraron	contaron	actuaron	vaciaron	aislaron
Ind. futuro	agoraré	contaré	actuaré	vaciaré	aislaré
	agoraremos	contaremos	actuaremos	vaciaremos	aislaremos
Pospretérito (condicional)	agoraría	contaría	actuaría	vaciaría	aislaría
Subj. presente	agüere	cuente	actúe	vacíe	aísle
	agüeres	cuentes	actúes	vacíes	aísles
	agüere	cuente	actúe	vacíe	aísle
	agoremos	contemos	actuemos	vaciemos	aislemos
	agoréis	contéis	actuéis	vaciéis	aisléis
	agüeren	cuenten	actúen	vacíen	aíslen
Subj. pretérito (pret. imperfecto)	agorara, -ase	contara, -ase	actuara, -ase	vaciara, -ase	aislara, -ase
Subj. futuro	agorare	contare	actuare	vaciare	aislare
Imperativo	agüera	cuenta	actúa	vacía	aísla
	agüere	cuente	actúe	vacíe	aísle
	agoremos	contemos	actuemos	vaciemos	aislemos
	agorad	contad	actuad	vaciad	aislad
	agüeren	cuenten	actúen	vacíen	aíslen

Infinitivo	21 ahincar	22 aunar	23 arcaizar	24 avergonzar	25 mecer
Gerundio	ahincando	aunando	arcaizando	avergonzando	meciendo
Participio	ahincado	aunado	arcaizado	avergonzado	mecido
Ind. presente	ahínco	aúno	arcaízo	avergüenzo	mezo
	ahíncas	aúnas	arcaízas	avergüenzas	meces
	ahínca	aúna	arcaíza	avergüenza	mece
	ahincamos	aunamos	arcaizamos	avergonzamos	mecemos
	ahincáis	aunáis	arcaizáis	avergonzáis	mecéis
	ahíncan	aúnan	arcaízan	avergüenzan	mecen
Ind. copretérito (pret. imperfecto)	ahincaba	aunaba	arcaizaba	avergonzaba	mecía
	ahincábamos	aunábamos	arcaizábamos	avergonzábamos	mecíamos
Ind. pretérito (pret. indefinido)	ahinqué	auné	arcaicé	avergoncé	mecí
	ahincaste	aunaste	arcaizaste	avergonzaste	meciste
	ahincó	aunó	arcaizó	avergonzó	meció
	ahincamos	aunamos	arcaizamos	avergonzamos	mecimos
	ahincasteis	aunasteis	arcaizasteis	avergonzasteis	mecisteis
	ahincaron	aunaron	arcaizaron	avergonzaron	mecieron

Ind. futuro	ahincaré	aunaré	arcaizaré	avergonzaré	meceré
	ahincaremos	aunaremos	arcaizaremos	avergonzaremos	meceremos
Pospretérito (condicional)	ahincaría	aunaría	arcaizaría	avergonzaría	mecería
Subj. presente	ahínque	aúne	arcaíce	avergüence	meza
	ahínques	aúnes	arcaíces	avergüences	mezas
	ahínque	aúne	arcaíce	avergüence	meza
	ahinquemos	aunemos	arcaicemos	avergoncemos	mezamos
	ahinquéis	aunéis	arcaicéis	avergoncéis	mezáis
	ahínquen	aúnen	arcaícen	avergüencen	mezan
Subj. pretérito (pret. imperfecto)	ahincara, -ase	aunara, -ase	arcaizara, -ase	avergonzara, -ase	meciera, -ese
Subj. futuro	ahincare	aunare	arcaizare	avergonzare	meciere
Imperativo	ahínca	aúna	arcaiza	avergüenza	mece
	ahínque	aúne	arcaíce	avergüence	meza
	ahinquemos	aunemos	arcaicemos	avergoncemos	mezamos
	ahincad	aunad	arcaizad	avergonzad	meced
	ahínquen	aúnen	arcaícen	avergüencen	mezan

26 cabrahigar. Aunque por la terminación podría asimilarse a *pagar*, se suma la particularidad de que las vocales *a, i* forman hiato, señalado por el acento ortográfico, cuando el radical es tónico. Indicativo presente: *cabrahígo, cabrahígas, cabrahíga, cabrahigamos, cabrahigáis, cabrahígan*. Subjuntivo presente: *cabrahígue, cabrahígues, cabrahígue, cabrahiguemos, cabrahiguéis, cabrahíguen*. Imperativo: *cabrahíga, cabrahígue, cabrahiguemos, cabrahigad, cabrahíguen*.

Infinitivo	27 coger	28 nacer	29 tender	30 mover	31 torcer
Gerundio	cogiendo	naciendo	tendiendo	moviendo	torciendo
Participio	cogido	nacido	tendido	movido	torcido
Ind. presente	cojo	nazco	tiendo	muevo	tuerzo
	coges	naces	tiendes	mueves	tuerces
	coge	nace	tiende	mueve	tuerce
	cogemos	nacemos	tendemos	movemos	torcemos
	cogéis	nacéis	tendéis	movéis	torcéis
	cogen	nacen	tienden	mueven	tuercen
Ind. copretérito (pret. imperfecto)	cogía	nacía	tendía	movía	torcía
	cogíamos	nacíamos	tendíamos	movíamos	torcíamos
Ind. pretérito (pret. indefinido)	cogí	nací	tendí	moví	torcí
	cogiste	naciste	tendiste	moviste	torciste
	cogió	nació	tendió	movió	torció
	cogimos	nacimos	tendimos	movimos	torcimos
	cogisteis	nacisteis	tendisteis	movisteis	torcisteis
	cogieron	nacieron	tendieron	movieron	torcieron
Ind. futuro	cogeré	naceré	tenderé	moveré	torceré
	cogeremos	naceremos	tenderemos	moveremos	torceremos
Pospretérito (condicional)	cogería	nacería	tendería	movería	torcería
Subj. presente	coja	nazca	tienda	mueva	tuerza
	cojas	nazcas	tiendas	muevas	tuerzas
	coja	nazca	tienda	mueva	tuerza
	cojamos	nazcamos	tendamos	movamos	torzamos
	cojáis	nazcáis	tendáis	mováis	torzáis
	cojan	nazcan	tiendan	muevan	tuerzan
Subj. pretérito (pret. imperfecto)	cogiera, -ese	naciera, -ese	tendiera, -ese	moviera, -ese	torciera, -ese
Subj. futuro	cogiere	naciere	tendiere	moviere	torciere
Imperativo	coge	nace	tiende	mueve	tuerce
	coja	nazca	tienda	mueva	tuerza
	cojamos	nazcamos	tendamos	movamos	torzamos
	coged	naced	tended	moved	torced
	cojan	nazcan	tiendan	muevan	tuerzan

Infinitivo	32 yacer	33 oler	34 leer	35 ver
Gerundio	yaciendo	oliendo	leyendo	viendo
Participio	yacido	olido	leído	visto
Ind. presente	yazco, yazgo o yago	huelo	leo	veo
	yaces	hueles	lees	ves
	yace	huele	lee	ve
	yacemos	olemos	leemos	vemos
	yacéis	oléis	leéis	veis
	yacen	huelen	leen	ven
Ind. copretérito (pret. imperfecto)	yacía	olía	leía	veía
	yacíamos	olíamos	leíamos	veíamos
Ind. pretérito (pret. indefinido)	yací	olí	leí	vi
	yaciste	oliste	leíste	viste
	yació	olió	leyó	vio
	yacimos	olimos	leímos	vimos
	yacisteis	olisteis	leísteis	visteis
	yacieron	olieron	leyeron	vieron
Ind. futuro	yaceré	oleré	leeré	veré
	yaceremos	oleremos	leeremos	veremos
Pospretérito (condicional)	yacería	olería	leería	vería
Subj. presente	yazca, yazga o yaga	huela	lea	vea
	yazcas, yazgas o yagas	huelas	leas	veas
	yazca, yazga o yaga	huela	lea	vea
	yazcamos, yazgamos o yagamos	olamos	leamos	veamos
	yazcáis, yazgáis o yagáis	oláis	leáis	veáis
	yazcan, yazgan o yagan	huelan	lean	vean
Subj. pretérito (pret. imperfecto)	yaciera, -ese	oliera, -ese	leyera, -ese	viera, -ese
Subj. futuro	yaciere	oliere	leyere	viere
Imperativo	yace o yaz	huele	lee	ve
	yazca, yazga o yaga	huela	lea	vea
	yazcamos, yazgamos o yagamos	olamos	leamos	veamos
	yaced	oled	leed	ved
	yazcan, yazgan o yagan	huelan	lean	vean

Infinitivo	36 tañer	37 carecer	38 volver	39 proveer	40 prever
Gerundio	tañendo	careciendo	volviendo	proveyendo	previendo
Participio	tañido	carecido	vuelto	provisto, proveído	previsto
Ind. presente	taño	carezco	vuelvo	proveo	preveo
	tañes	careces	vuelves	provees	prevés
	tañe	carece	vuelve	provee	prevé
	tañemos	carecemos	volvemos	proveemos	prevemos
	tañéis	carecéis	volvéis	proveéis	prevéis
	tañen	carecen	vuelven	proveen	prevén
Ind. copretérito (pret. imperfecto)	tañía	carecía	volvía	proveía	preveía
	tañíamos	carecíamos	volvíamos	proveíamos	preveíamos
Ind. pretérito (pret. indefinido)	tañí	carecí	volví	proveí	preví
	tañiste	careciste	volviste	proveíste	previste
	tañó	careció	volvió	proveyó	previó
	tañimos	carecimos	volvimos	proveímos	previmos
	tañisteis	carecisteis	volvisteis	proveísteis	previsteis
	tañeron	carecieron	volvieron	proveyeron	previeron
Ind. futuro	tañeré	careceré	volveré	proveeré	preveré
	tañeremos	careceremos	volveremos	proveeremos	preveremos
Pospretérito (condicional)	tañería	carecería	volvería	proveería	prevería
Subj. presente	taña	carezca	vuelva	provea	prevea
	tañas	carezcas	vuelvas	proveas	preveas
	taña	carezca	vuelva	provea	prevea
	tañamos	carezcamos	volvamos	proveamos	preveamos
	tañáis	carezcáis	volváis	proveáis	preveáis
	tañan	carezcan	vuelvan	provean	prevean
Subj. pretérito (pret. imperfecto)	tañera, -ese	careciera, -ese	volviera, -ese	proveyera, -ese	previera, -ese
Subj. futuro	tañere	careciere	volviere	proveyere	previere
Imperativo	tañe	carece	vuelve	provee	prevé
	taña	carezca	vuelva	provea	prevea
	tañamos	carezcamos	volvamos	proveamos	preveamos
	tañed	careced	volved	proveed	preved
	tañan	carezcan	vuelvan	provean	prevean

41 romper. Es un modelo regular en todas sus formas, excepto en el participio: *roto*.

Infinitivo	42 zurcir	43 surgir	44 delinquir	45 asir	46 discernir
Gerundio	zurciendo	surgiendo	delinquiendo	asiendo	discerniendo
Participio	zurcido	surgido	delinquido	asido	discernido
Ind. presente	zurzo	surjo	delinco	asgo	discierno
	zurces	surges	delinques	ases	disciernes
	zurce	surge	delinque	ase	discierne
	zurcimos	surgimos	delinquimos	asimos	discernimos
	zurcís	surgís	delinquís	asís	discernís
	zurcen	surgen	delinquen	asen	disciernen
Ind. copretérito (pret. imperfecto)	zurcía	surgía	delinquía	asía	discernía
	zurcíamos	surgíamos	delinquíamos	asíamos	discerníamos
Ind. pretérito (pret. indefinido)	zurcí	surgí	delinquí	así	discerní
	zurciste	surgiste	delinquiste	asiste	discerniste
	zurció	surgió	delinquió	asió	discernió
	zurcimos	surgimos	delinquimos	asimos	discernimos
	zurcisteis	surgisteis	delinquisteis	asisteis	discernisteis
	zurcieron	surgieron	delinquieron	asieron	discernieron
Ind. futuro	zurciré	surgiré	delinquiré	asiré	discerniré
	zurciremos	surgiremos	delinquiremos	asiremos	discerniremos
Pospretérito (condicional)	zurciría	surgiría	delinquiría	asiría	discerniría
Subj. presente	zurza	surja	delinca	asga	discierna
	zurzas	surjas	delincas	asgas	disciernas
	zurza	surja	delinca	asga	discierna
	zurzamos	surjamos	delincamos	asgamos	discernamos
	zurzáis	surjáis	delincáis	asgáis	discernáis
	zurzan	surjan	delincan	asgan	disciernan
Subj. pretérito (pret. imperfecto)	zurciera, -ese	surgiera, -ese	delinquiera, -ese	asiera, -ese	discerniera, -ese
Subj. futuro	zurciere	surgiere	delinquiere	asiere	discerniere
Imperativo	zurce	surge	delinque	ase	discierne
	zurza	surja	delinca	asga	discierna
	zurzamos	surjamos	delincamos	asgamos	discernamos
	zurcid	surgid	delinquid	asid	discernid
	zurzan	surjan	delincan	asgan	disciernan

Infinitivo	47 adquirir	48 lucir	49 mullir	50 embaír	51 pudrir*
Gerundio	adquiriendo	luciendo	mullendo	embayendo	pudriendo
Participio	adquirido	lucido	mullido	embaído	podrido
Ind. presente	adquiero	luzco	mullo		pudro
	adquieres	luces	mulles		pudres
	adquiere	luce	mulle		pudre
	adquirimos	lucimos	mullimos	embaímos	pudrimos
	adquirís	lucís	mullís	embaís	pudrís
	adquieren	lucen	mullen		pudren
Ind. copretérito (pret. imperfecto)	adquiría	lucía	mullía	embaía	pudría
	adquiríamos	lucíamos	mullíamos	embaíamos	pudríamos
Ind. pretérito (pret. indefinido)	adquirí	lucí	mullí	embaí	pudrí
	adquiriste	luciste	mulliste	embaiste	pudriste
	adquirió	lució	mulló	embayó	pudrió
	adquirimos	lucimos	mullimos	embaímos	pudrimos

	adquiristeis	lucisteis	mullisteis	embaísteis	pudristeis
	adquirieron	lucieron	mulleron	embayeron	pudrieron
Ind. futuro	adquiriré	luciré	mulliré	embairé	pudriré
	adquiriremos	luciremos	mulliremos	embairemos	pudriremos
Pospretérito (condicional)	adquiriría	luciría	mulliría	embairía	pudriría
Subj. presente	adquiera	luzca	mulla		pudra
	adquieras	luzcas	mullas		pudras
	adquiera	luzca	mulla		pudra
	adquiramos	luzcamos	mullamos		pudramos
	adquiráis	luzcáis	mulláis		pudráis
	adquieran	luzcan	mullan		pudran
Subj. pretérito (pret. imperfecto)	adquiriera, -ese	luciera, -ese	mullera, -ese	embayera, -ese	pudriera, -ese
Subj. futuro	adquiriere	luciere	mullere	embayere	pudriere
Imperativo	adquiere	luce	mulle		pudres
	adquiera	luzca	mulla		pudra
	adquiramos	luzcamos	mullamos		pudramos
	adquirid	lucid	mullid	embaíd	pudrid
	adquieran	luzcan	mullan		pudran

* De la forma antigua de este verbo, **podrir**, solo subsisten el infinitivo, bastante usado todavía, y el participio.
52 imprimir, 53 abrir y 54 escribir: Son modelos regulares en todas sus formas, excepto en los participios: *impreso, abierto, escrito.*

Infinitivo	55 abolir	56 distinguir	57 cohibir	58 reunir	59 estar
Gerundio	aboliendo	distinguiendo	cohibiendo	reuniendo	estando
Participio	abolido	distinguido	cohibido	reunido	estado
Ind. presente		distingo	cohíbo	reúno	estoy
		distingues	cohíbes	reúnes	estás
		distingue	cohíbe	reúne	está
	abolimos	distinguimos	cohibimos	reunimos	estamos
	abolís	distinguís	cohibís	reunís	estáis
		distinguen	cohíben	reúnen	están
Ind. copretérito (pret. imperfecto)	abolía	distinguía	cohibía	reunía	estaba
	abolíamos	distinguíamos	cohibíamos	reuníamos	estábamos
Ind. pretérito (pret. indefinido)	abolí	distinguí	cohibí	reuní	estuve
	aboliste	distinguiste	cohibiste	reuniste	estuviste
	abolió	distinguió	cohibió	reunió	estuvo
	abolimos	distinguimos	cohibimos	reunimos	estuvimos
	abolisteis	distinguisteis	cohibisteis	reunisteis	estuvisteis
	abolieron	distinguieron	cohibieron	reunieron	estuvieron
Ind. futuro	aboliré	distinguiré	cohibiré	reuniré	estaré
	aboliremos	distinguiremos	cohibiremos	reuniremos	estaremos
Pospretérito (condicional)	aboliría	distinguiría	cohibiría	reuniría	estaría
Subj. presente		distinga	cohíba	reúna	esté
		distingas	cohíbas	reúnas	estés
		distinga	cohíba	reúna	esté
		distingamos	cohibamos	reunamos	estemos
		distingáis	cohibáis	reunáis	estéis
		distingan	cohíban	reúnan	estén
Subj. pretérito (pret. imperfecto)	aboliera, -ese	distinguiera, -ese	cohibiera, -ese	reuniera, -ese	estuviera, -ese
Subj. futuro	aboliere	distinguiere	cohibiere	reuniere	estuviere
Imperativo		distingue	cohíba	reúne	está
		distinga	cohíba	reúna	esté
		distingamos	cohibamos	reunamos	estemos
	abolid	distinguid	cohibid	reunid	estad
		distingan	cohíban	reúnan	estén

Infinitivo	60 poner	61 poder	62 querer	63 tener	64 valer
Gerundio	poniendo	pudiendo	queriendo	teniendo	valiendo
Participio	puesto	podido	querido	tenido	valido
Ind. presente	pongo	puedo	quiero	tengo	valgo
	pones	puedes	quieres	tienes	vales
	pone	puede	quiere	tiene	vale
	ponemos	podemos	queremos	tenemos	valemos
	ponéis	podéis	queréis	tenéis	valéis
	ponen	pueden	quieren	tienen	valen
Ind. copretérito (pret. imperfecto)	ponía	podía	quería	tenía	valía
	poníamos	podíamos	queríamos	teníamos	valíamos
Ind. pretérito (pret. indefinido)	puse	pude	quise	tuve	valí
	pusiste	pudiste	quisiste	tuviste	valiste
	puso	pudo	quiso	tuvo	valió
	pusimos	pudimos	quisimos	tuvimos	valimos
	pusisteis	pudisteis	quisisteis	tuvisteis	valisteis
	pusieron	pudieron	quisieron	tuvieron	valieron
Ind. futuro	pondré	podré	querré	tendré	valdré
	pondremos	podremos	querremos	tendremos	valdremos
Pospretérito (condicional)	pondría	podría	querría	tendría	valdría
Subj. presente	ponga	pueda	quiera	tenga	valga
	pongas	puedas	quieras	tengas	valgas
	ponga	pueda	quiera	tenga	valga
	pongamos	podamos	queramos	tengamos	valgamos
	pongáis	podáis	queráis	tengáis	valgáis
	pongan	puedan	quieran	tengan	valgan
Subj. pretérito (pret. imperfecto)	pusiera, -ese	pudiera, -ese	quisiera, -ese	tuviera, -ese	valiera, -ese
Subj. futuro	pusiere	pudiere	quisiere	tuviere	valiere
Imperativo	pon	puede	quiere	ten	vale
	ponga	pueda	quiera	tenga	valga
	pongamos	podamos	queramos	tengamos	valgamos
	poned	poded	quered	tened	valed
	pongan	puedan	quieran	tengan	valgan

Infinitivo	65 traer	66 hacer*	68 saber	69 caber	70 haber
Gerundio	trayendo	haciendo	sabiendo	cabiendo	habiendo
Participio	traído	hecho	sabido	cabido	habido
Ind. presente	traigo	hago	sé	quepo	he
	traes	haces	sabes	cabes	has
	trae	hace	sabe	cabe	ha (hay)
	traemos	hacemos	sabemos	cabemos	hemos (habemos)
	traéis	hacéis	sabéis	cabéis	habéis
	traen	hacen	saben	caben	han
Ind. copretérito (pret. imperfecto)	traía	hacía	sabía	cabía	había
	traíamos	hacíamos	sabíamos	cabíamos	habíamos
Ind. pretérito (pret. indefinido)	traje	hice	supe	cupe	hube
	trajiste	hiciste	supiste	cupiste	hubiste
	trajo	hizo	supo	cupo	hubo
	trajimos	hicimos	supimos	cupimos	hubimos
	trajisteis	hicisteis	supisteis	cupisteis	hubisteis
	trajeron	hicieron	supieron	cupieron	hubieron
Ind. futuro	traeré	haré	sabré	cabré	habré
	traeremos	haremos	sabremos	cabremos	habremos
Pospretérito (condicional)	traería	haría	sabría	cabría	habría
Subj. presente	traiga	haga	sepa	quepa	haya
	traigas	hagas	sepas	quepas	hayas
	traiga	haga	sepa	quepa	haya
	traigamos	hagamos	sepamos	quepamos	hayamos
	traigáis	hagáis	sepáis	quepáis	hayáis
	traigan	hagan	sepan	quepan	hayan
Subj. pretérito (pret. imperfecto)	trajera, -ese	hiciera, -ese	supiera, -ese	cupiera, -ese	hubiera, -ese
Subj. futuro	trajere	hiciere	supiere	cupiere	hubiere
Imperativo	trae	haz	sabe	cabe	he
	traiga	haga	sepa	quepa	haya
	traigamos	hagamos	sepamos	quepamos	hayamos
	traed	haced	sabed	cabed	habed
	traigan	hagan	sepan	quepan	hayan

67 satisfacer. Como *hacer*. En el imperativo: *satisfaz* o *satisface*.

Infinitivo	71 ser	72 caer	73 placer	74 ir	75 decir
Gerundio	siendo	cayendo	placiendo	yendo	diciendo
Participio	sido	caído	placido	ido	dicho
Ind. presente	soy	caigo	plazco	voy	digo
	eres	caes	places	vas	dices
	es	cae	place	va	dice
	somos	caemos	placemos	vamos	decimos
	sois	caéis	placéis	vais	decís
	son	caen	placen	van	dicen
Ind. copretérito (pret. imperfecto)	era	caía	placía	iba	decía
	éramos	caíamos	placíamos	íbamos	decíamos
Ind. pretérito (pret. indefinido)	fui	caí	plací	fui	dije
	fuiste	caíste	placiste	fuiste	dijiste
	fue	cayó	plació	fue	dijo
	fuimos	caímos	placimos	fuimos	dijimos
	fuisteis	caísteis	placisteis	fuisteis	dijisteis
	fueron	cayeron	placieron	fueron	dijeron
Ind. futuro	seré	caeré	placeré	iré	diré
	seremos	caeremos	placeremos	iremos	diremos
Pospretérito (condicional)	sería	caería	placería	iría	diría
Subj. presente	sea	caiga	plazca	vaya	diga
	seas	caigas	plazcas	vayas	digas
	sea	caiga	plazca	vaya	diga
	seamos	caigamos	plazcamos	vayamos	digamos
	seáis	caigáis	plazcáis	vayáis	digáis
	sean	caigan	plazcan	vayan	digan
Subj. pretérito (pret. imperfecto)	fuera, -ese	cayera, -ese	placiera, -ese	fuera, -ese	dijera, -ese
Subj. futuro	fuere	cayere	placiere	fuere	dijere
Imperativo	sé	cae	place	ve	di
	sea	caiga	plazca	vaya	diga
	seamos	caigamos	plazcamos	vayamos	digamos
	sed	caed	placed	id	decid
	sean	caigan	plazcan	vayan	digan

Infinitivo	76 bendecir	77 conducir	78 venir	79 sentir	80 erguir
Gerundio	bendiciendo	conduciendo	viniendo	sintiendo	irguiendo
Participio	bendecido	conducido	venido	sentido	erguido
Ind. presente	bendigo	conduzco	vengo	siento	yergo o irgo
	bendices	conduces	vienes	sientes	yergues o irgues
	bendice	conduce	viene	siente	yergue o irgue
	bendecimos	conducimos	venimos	sentimos	erguimos
	bendecís	conducís	venís	sentís	erguís
	bendicen	conducen	vienen	sienten	yerguen o irguen
Ind. copretérito (pret. imperfecto)	bendecía	conducía	venía	sentía	erguía
	bendecíamos	conducíamos	veníamos	sentíamos	erguíamos
Ind. pretérito (pret. indefinido)	bendije	conduje	vine	sentí	erguí
	bendijiste	condujiste	viniste	sentiste	erguiste
	bendijo	condujo	vino	sintió	irguió
	bendijimos	condujimos	vinimos	sentimos	erguimos
	bendijisteis	condujisteis	vinisteis	sentisteis	erguisteis
	bendijeron	condujeron	vinieron	sintieron	irguieron

Ind. futuro	bendeciré	conduciré	vendré	sentiré	erguiré
	bendeciremos	conduciremos	vendremos	sentiremos	erguiremos
Pospretérito (condicional)	bendeciría	conduciría	vendría	sentiría	erguiría
Subj. presente	bendiga	conduzca	venga	sienta	yerga o irga
	bendigas	conduzcas	vengas	sientas	yergas o irgas
	bendiga	conduzca	venga	sienta	yerga o irga
	bendigamos	conduzcamos	vengamos	sintamos	yergamos o irgamos
	bendigáis	conduzcáis	vengáis	sintáis	yergáis o irgáis
	bendigan	conduzcan	vengan	sientan	yergan o irgan
Subj. pretérito (pret. imperfecto)	bendijera, -ese	condujera, -ese	viniera, -ese	sintiera, -ese	irguiera, -ese
Subj. futuro	bendijere	condujere	viniere	sintiere	irguiere
Imperativo	bendice	conduce	ven	siente	yergue o irgue
	bendiga	conduzca	venga	sienta	yerga o irga
	bendigamos	conduzcamos	vengamos	sintamos	yergamos o irgamos
	bendecid	conducid	venid	sentid	erguid
	bendigan	conduzcan	vengan	sientan	yergan o irgan

Infinitivo	81 ceñir	82 reír*	84 oír	85 dormir**	87 salir
Gerundio	ciñendo	riendo	oyendo	durmiendo	saliendo
Participio	ceñido	reído	oído	dormido	salido
Ind. presente	ciño	río	oigo	duermo	salgo
	ciñes	ríes	oyes	duermes	sales
	ciñe	ríe	oye	duerme	sale
	ceñimos	reímos	oímos	dormimos	salimos
	ceñís	reís	oís	dormís	salís
	ciñen	ríen	oyen	duermen	salen
Ind. copretérito (pret. imperfecto)	ceñía	reía	oía	dormía	salía
	ceñíamos	reíamos	oíamos	dormíamos	salíamos
Ind. pretérito (pret. indefinido)	ceñí	reí	oí	dormí	salí
	ceñiste	reíste	oíste	dormiste	saliste
	ciñó	rió	oyó	durmió	salió
	ceñimos	reímos	oímos	dormimos	salimos
	ceñisteis	reísteis	oísteis	dormisteis	salisteis
	ciñeron	rieron	oyeron	durmieron	salieron
Ind. futuro	ceñiré	reiré	oiré	dormiré	saldré
	ceñiremos	reiremos	oiremos	dormiremos	saldremos
Pospretérito (condicional)	ceñiríamos	reiría	oiríamos	dormiríamos	saldríamos
Subj. presente	ciña	ría	oiga	duerma	salga
	ciñas	rías	oigas	duermas	salgas
	ciña	ría	oiga	duerma	salga
	ciñamos	riamos	oigamos	durmamos	salgamos
	ciñáis	riáis	oigáis	durmáis	salgáis
	ciñan	rían	oigan	duerman	salgan
Subj. pretérito (pret. imperfecto)	ciñera, -ese	riera, -ese	oyera, -ese	durmiera, -ese	saliera, -ese
Subj. futuro	ciñere	riere	oyere	durmiere	saliere
Imperativo	ciñe	ríe	oye	duerme	sal
	ciña	ría	oiga	duerma	salga
	ciñamos	riamos	oigamos	durmamos	salgamos
	ceñid	reíd	oíd	dormid	salid
	ciñan	rían	oigan	duerman	salgan

*83 freír: Como reír, excepto participio: *frito*. **86 morir: Como dormir, excepto participio: *muerto*.

Infinitivo	88 huir	89 pedir	90 seguir*	92 argüir
Gerundio	huyendo	pidiendo	siguiendo	arguyendo
Participio	huido	pedido	seguido	argüido
Ind. presente	huyo	pido	sigo	arguyo
	huyes	pides	sigues	arguyes
	huye	pide	sigue	arguye
	huimos	pedimos	seguimos	argüimos
	huís	pedís	seguís	argüís
	huyen	piden	siguen	arguyen
Ind. copretérito (pret. imperfecto)	huía	pedía	seguía	argüía
	huíamos	pedíamos	seguíamos	argüíamos
Ind. pretérito (pret. indefinido)	huí	pedí	seguí	argüí
	huiste	pediste	seguiste	argüiste
	huyó	pidió	siguió	arguyó
	huimos	pedimos	seguimos	argüimos
	huisteis	pedisteis	seguisteis	argüisteis
	huyeron	pidieron	siguieron	arguyeron
Ind. futuro	huiré	pediré	seguiré	argüiré
	huiremos	pediremos	seguiremos	argüiremos
Pospretérito (condicional)	huiría	pediríamos	seguiría	argüiría
Subj. presente	huya	pida	siga	arguya
	huyas	pidas	sigas	arguyas
	huya	pida	siga	arguya
	huyamos	pidamos	sigamos	arguyamos
	huyáis	pidáis	sigáis	arguyáis
	huyan	pidan	sigan	arguyan
Subj. pretérito (pret. imperfecto)	huyera, -ese	pidiera, -ese	siguiera, -ese	arguyera, -ese
Subj. futuro	huyere	pidiere	siguiere	arguyere
Imperativo	huye	pide	sigue	arguye
	huya	pida	siga	arguya
	huyamos	pidamos	sigamos	arguyamos
	huid	pedid	seguid	argüid
	huyan	pidan	sigan	arguyan

* **91 regir**. Transforma la *g* del radical en *j* delante de *a*, *o*. Indicativo presente: *rijo, riges, rige, regimos, regís, rigen*. Subjuntivo presente: *rija, rijas, rija, rijamos, rijáis, rijan*. Imperativo: *rige, rija, rijamos, regid, rijan*.

PREFIJOS Y SUFIJOS

1. Elementos de origen griego que entran en la formación de palabras españolas

	significado	ejemplos		significado	ejemplos
a, an	ausencia, negación, privación	amoral, apolítico, anaerobio, anhídrido	ceno	vacío, nuevo nuevo	cenología, cenogénesis, plioceno
acro	extremo, alto	acrofobia, acrópolis	centesis	punción	artrocentesis, paracentesis
aden(o)	glándula	adenectomía, adenopatía, sialadenitis	cera, cerat(o)	cuerno	ceratosaurio, ceratoideo, criptocerado
aer(o)	aire	aeremia, aerobio	ciano	azul oscuro	cianofilia, cianotipo
agogia, agogía, agogo, agoga	conducción, guía que conduce, que guía	demagogia, pedagogía colagogo, demagogo	cicl(o)	círculo	cíclida, ciclodiálisis
			cigo	yugo	cigofiláceo, cigomorfismo
agro	campo	agropecuario, agrología	cigot(o), cigosis,	enganchado, unido	cigoteno, heterocigoto,
alg(o), algia, algesi	dolor	algia, algofobia, ostalgia, algesímetro, analgesia	cigotia		homocigosis, heterocigotia
alo	otro, distinto	alógeno, alomorfo, alotropía	cinemat(o)	movimiento	cinemático, cinematógrafo
amil(o)	fécula, almidón	amilasa, amilopectina	cines(i), cinet(o)	movimiento	cinescopio, cinesimetría, cinética, cinetogénesis
ana	oposición, retroceso, repetición, recorrido	anabaptista, anadromo, anatocismo	cit(o)	célula	citemia, citología, leucocito
andro, andria	hombre, macho	androginia, poliandria	clast(o), clasta	roto	clastomanía, iconoclasta
anemo	viento	anemómetro, anemófilo	clepto	ladrón	cleptoparásito, cleptómano
anfi	alrededor de, a ambos lados, doble	anfiteatro, anfíptero, anfíbraco, anfibio	cola, colo	goma	colabilidad, coloide
			cole, colía	bilis	colecistitis, acolía
angi(o), angei(o)	vaso, receptáculo	angialgia, angioma, angeítis	coleo	vaina	coleorriza, coleóptilo
aniso	desigual	anisocromía, anisostenia	col(ono), colia	colon	colectomía, colonoscopia, aerocolia
anter(o)	florido	anteridio, anterofilia	colp(o)	vagina	colpoplastia, colpotomía
anti	oposición, hostilidad, defensa, protección	antidemocrático, antinuclear, antigás, antituberculoso	conc(o)	concha	concoide
ant(o)	flor	antera, antófago, poliantocarpo	condrio, condr(o)	grano, cartílago	condriosoma, condritis, condrología
antrac(o)	carbón	antracita, antracosis	copro	excremento	coprofagia, coprosterol
antrop(o), antropía	ser humano	antropófago, filántropo, licantropía	cosmet(o)	relativo al cuidado de la persona	cosmética, cosmetología
apo	alejamiento modificación, negación, privación	apoastro, apostasía apomorfina, apofonía apomixia, apogamia	cosm(o)	mundo, universo	cósmico, cosmobiología, microcosmo
aracn(o)	araña	arácnido, aracnología	cracia, crata	autoridad	tecnocracia, burócrata
arca, arquía	gobernante	monarca, monarquía	crino	secretar	crinología, endocrino
areo	tenue, poco denso	areómetro, areometría	cript(o)	oculto	criptestesia, criptogamia
argiro, argiri(o)	plata	argiropirita, argiritrosa	cris(o)	oro	crisanilina, crisoterapia
aristo	el mejor, excelente	aristócrata, aristogénesis	croma, crom(ato), cromo	color	cromatina, crómico, cromatocito, cromófilo, policromía
aritm(o)	número	aritmomanía, logaritmo			
arque, arqui, archi	más importante, superior	arquetipo, arquidiócesis archicanciller	cron(o), cronía	tiempo	cronología, anacrónico, diacronía
arque(o)	antiguo, primitivo	arqueología, arqueocidario	dactil(i), dactilo	dedo	dactiliforme, dactilografía
artr(o)	articulación	artritis, artrópodo	dactilio	anillo	dactiliología, dactilioteca
asteno, astenia	debilidad	astenosfera, neurastenia	deca	diez	decámetro, decalitro, decasílabo
aster(o)	estrella	asteroide, micraster, asterismo	dem(o), demia	pueblo, país	demagogia, demografía, epidemia
aut(o)	por sí mismo, de sí mismo	autismo, autodidacta, automóvil	dendri, dendro	árbol	dendriforme, rododendro
axio	justo, válido	axiología, axiómetro	derm(ato), dermo, dermia	piel	dermitis, dermalgia, dermatolisis, dermoplastia, paquidermo, hipodermia
axon(o)	eje	axonómetro, axonomorfo			
balan(o)	glande	balanitis, balanopostitis	deuto, deuter(o)	segundo	deutógeno, deuteronomio
bar(i)	pesado, grave	barhidrómetro, barimetría, barítono	di	duplicación	dicarpio, dimorfia
			di(a)	a través, aparte	diálisis, diacronía, diacrítico
bar(o)	peso, presión	barómetro, isobara	diali	separar	dialipétalo, dialicarpelar
bat(i)	profundo	batipnea, batolito, euribatia	dica, dico	en dos	dicasio, dicogamia, dicotomía
biblio	libro	bibliófilo, bibliografía	didacta	aprender	autodidacta
bio	vida	biosfera, simbiosis, anfibio	dinam(o)	fuerza	dinamogénesis, adinamia
blasto	germen	blastómero, nematoblasto	dino	terrible	dinosaurio, dinocerátido
blen(o)	viscosidad, moco	blenorragia, blenoftalmía	dipl(o)	doble	diplacusia, diplografía, hiperdiploide
bradi	lento	bradicardia, bradipódido			
braqui	corto	braquipnea, braquigrafía	dis	dificultad, anomalía	disartria, dislexia, dismorfosia
bromat(o)	alimento	bromatología, bromatotoxina	disc(o)	disco	discartrosis, cefalodisco
			dodec(a)	doce	dodecafonismo, dodecasílabo
caco	malo	cacografía, cacofonía	domo	casa	astrodomo, litodomo, opistodomo
calco	bronce	calcolítico, calcotipia			
cali, calo	bello	caligrafía, calobiótica	doxo, doxia	opinión	doxología, ortodoxo, heterodoxia
carcin(o)	cangrejo, cáncer	carcinoidea, carcinología, carcinoide	1. eco	casa, medio natural	ecología, economía
			2. eco	resonancia	ecografía, ecolalia
cardi(o), cardia	corazón	cardialgia, cardiograma, miocardio, taquicardia	ectasia	dilatación	bronquiectasia, atelectasia
			ect(o)	fuera	ectocardia, ectosoma
carp(o), carpio	fruto	carpelo, carpóforo, endocarpio	ectomía	extirpación	adenectomía, gastrectomía
			edaf(o)	suelo	edáfico, edafogénesis
cata	hacia abajo, contra	catatonía, catacrotismo, catadióptrico	edro	cara, plano	poliedro, pentaedro
			embrio	feto, embrión	embriocardia, embriología
caule, cauli, caulo	tallo	caulescente, acaule, caulífero, caulobacteríneo	emesis, emesia	vomitar	hematemesis, hiperemesia
			emia	sangre	hiperemia, hipemia
cefal(o), cefalia	cabeza	cefalitis, cefalópodo, braquicéfalo, hidrocefalia	endeca	once	endecaedro, endecasílabo
			end(o)	dentro	endoscopia, endocardio
cele	tumor, hernia	cistocele, hidrocele	enea	nueve	eneagonal, eneasílabo
cen(o)	común	cenestesia, epiceno			

	significado	ejemplos		significado	ejemplos
eno	vino	enología, enotecnia	graf(o), grafía	escribir	grafismo, grafodrama, dactilografía
enquima	tejido	parénquima, esclerénquima	grama, gramo	letra, escritura	telegrama, radiograma, gramómetro
enter(o)	intestino	enteralgia, mesenterio	hagi(o)	santo	hagiografía, hagiología
ent(o)	adentro	entozoario, entóptico	hal(i), halio	sal	halacárido, halícola, halomorfo
entom(o)	insecto	entomófilo, entomólogo	haplo	simple	haplografía, haploide
eo	aurora	eoceno, eodevónico	hect(o)	cien	hectárea, hectómetro
ep(i)	sobre, superficial	epexégesis, epicentro	heli(o)	sol	helíaco, heliógrafo, helioscopio, helianto
erg(o), ergia	obra, trabajo	ergativo, ergonomía, criergia	hem(a), hemat(o), hemo	sangre	hemangioma, hemartrosis, hematemesis, hemoglobina
eritr(o)	rojo	eritremia, eritrodermia	hemer(o)	día	hemeralopía, hemeroteca
erot(o), ero	amor	erotismo, erotómano, erógeno	hemi	medio, mitad	hemiciclo, hemiplejía
escaf(o)	barca	escafandra, escafocefalia	hepat(o)	hígado	hepatitis, hepatoscopio
1. escato	último	escatología, escatológico	hepta	siete	heptaedro, heptasílabo
2. escato	excremento	escatofagia, escatófilo	heter(o)	otro	heterocromía, heteróclito
escler(o)	duro	esclerénquima, esclerodermia, esclerótica	hexa	seis	hexasílabo, hexaedro
esfer(o), esfera	globo	esferímetro, esferoide, estratosfera	hidr(o)	sudor, agua	hidrante, hidrénquima, hidrógeno
esfigm(o)	pulso, latido	esfígmico, esfigmografía	hier(o)	sagrado	hierático, hierocracia
espele(o)	caverna, gruta	espeleísta, espeleología	higr(o)	humedad	higrometría, higrófobo
esperm(a), espermat(o)	simiente, esperma	espermograma, espermafito, espermatismo, angiosperma	hil(o)	materia	hilomorfismo, hilozoísmo
espiro	espiral	espironema, espiroidal	hiper	mayor, por encima	hiperespacio, hipertensión
esplen(o)	bazo	esplenectomía, esplenopulmonía	hipn(o)	sueño	hipnagógico, hipnosis, hipnotismo
espondil(o)	vértebra	espondilartritis, espondilosis	hip(o)	caballo	hipismo, hipólogo
esquizo	dividir	esquizoanálisis, esquizofrenia	1. hister(o)	útero	histerografía, histerolabo
estafil(o)	racimo	estafilematoma, estafilococo	2. hister(o)	posterior	histéresis, histerología
estat(o)	estacionario, parado, estable	estatoblasto, estatorreactor	histio, hist(o)	tejido	histiocito, histidina, histología
esten(o)	estrecho, apretado	estenobiosis, estenocefalia, broncoestenosis	holo	todo, entero	holocarpio, hologénesis
estereo	sólido, en relieve	estereometría, estereofonía	homeo	semejante	homeopatía, homeostático
estesi(o), estesia	sensación, sensibilidad	estesiometría, anestesia	hom(o)	el mismo	homoceno, homofonía
estigmat(o)	picadura, señal	estigmático, estigmatomicosis	iatra, iatro, iatría	médico	iatrofísica, iatroquímica, pediatría, geriatría
estilo	columna	estiloides, estilómetro	icono	imagen	iconostasio, iconóstrofo
estomat(o), estom(o)	boca	estomatitis, estomatodinia, estomático, microstoma	icti(o)	pez	ictioso, ictiología, ictíneo
estrepto	trenzado, redondeado	estreptococo, estreptomicina	ide(o)	idea	ideograma, ideología
estrof(o)	vuelta	estrofismo, estrofoide, estrófulo	idio	peculiar, personal	idiolecto, idiomorfo
etno	raza, pueblo	etnocéntrico, etnología	ilio	hueso ilíaco	iliopubiano, iliolumbar
eto	carácter, costumbre	etoespecie, etograma	iso	igual	isotópico, isobara
eu	bien	euforia, eugenesia	itis	inflamación	bronquitis, traqueítis
euri	ancho	eurihalino, euricefalia	kilo, quilo	mil	kilogramo, kilómetro
exo	fuera	exogamia, exotérmico	lalo, lali(a)	hablar	lalopatía, ecolalia, glosolalia
fago, faga, fagia	comer	litófago, antropofagia	laring(o)	laringe	laringitis, laringotomía
fal(o)	miembro viril	faliforme, falocracia	latra, latría	adorar	ególatra, zoolatría
fanero	manifiesto, visible	fanerógamo, faneroneuro	lepido	escamoso	lepidocaridán, lepidocrocita
fano, fanía	claro	diáfano, epifanía	lepro	escamoso	leprología, leproma
farmac(o)	medicamento	farmacología, sicofármaco	leuc(o)	blanco	leucemia, leucomielitis
fasia	palabra	acatafasia, afasia	lexic(o), lexia	palabra	lexicógrafo, lexicalización, dislexia
fen(o)	brillar, aparecer	fenotipo, fitofenología	lic(o)	lobo	licántropo, licósido
fico, ficeo	alga	ficología, ficófago, clorofíceo	limn(o)	lago, pantano	limnético, limnícola, limnobiología
1. fil(o), filia	que ama, amigo	filatelia, filosacárido, cinéfilo	lio	disolver	liocito, liófilo
2. fil(o)	hoja, lámina	fílita, filomanía, clorofila	1. lip(o)	faltar, abandonar	lipotimia, lipiria
3. fil(o)	raza	filético, filogenia	2. lip(o)	grasa	lípido, lipoproteína
fisio, fisia, fisis	naturaleza	fisiocracia, organofisia, hipófisis	lisis, lisia	disolución	electrólisis, diálisis
fit(o)	planta	fitófago, afital, briofito	lit(o)	piedra	litiasis, litografía, aerolito
fleb(o)	vena	flebitis, flebotomía	log(o), logía	estudioso, tratado, palabra, discurso	neumólogo, geólogo, sociología, monólogo
fobo, fobia	miedo	xenófobo, agorafobia	loxo	oblicuo	loxodonta, loxodromia
fon(o), fonía	voz, sonido	fónico, teléfono, eufonía	macr(o)	grande	macroglosa, macrocosmos
foro, fora	que lleva	semáforo, reóforo	mancia	adivinación	oniromancia, quiromancia
fot(o)	luz	fotismo, fotografía	manía, mano	locura, pasión	megalomanía, melómano
fren(o), frenia	inteligencia	frenopatía, hebefrénico, esquizofrenia	mano(s)	presión	manómetro, manorreductor, manoscopio
galact(o), galia	leche, galaxia	galactorrea, agalactia, poligalia	maquia	lucha	logomaquia, tauromaquia
gamo, gama, gamia	unión, casamiento	gamopétalo, fanerógamo, heterogamia	mast(o), mastia	pezón	mastitis, mastoideo, ginecomastia
gaster(o), gastr(o)	estómago	gasteritis, gasterópodo, gastritis, gastroenteritis	mega(lo), megalia	grande	megacolon, megalómano, acromegalia
1. geno	engendrar, producir	patógeno, hidrógeno	melan(o)	negro	melanita, melanóforo, melanuria
2. geno, genia	nacimiento, origen	genodermatosis, embriogenia	mel(o)	canto, música	melomanía, melodrama
geo	tierra	geografía, apogeo	mening(o)	membrana	meningitis, meningococo
gero, geront(o)	anciano	geromorfismo, gerontología	meno	mes, lunación	menopausia, menotoxina
gimn(o)	desnudo	gimnanto, gimnoblasto, gimnocito	mero	parte	meroblástico, isómero
gin(o), ginec(o), ginia	mujer	ginandria, ginogénesis, androginia, ginecología	mes(o)	medio	mesentero, mesomería, mesocracia
glauco	verde mar	glaucofana, glaucoma	met(a)	más allá, después, junto a	metalenguaje, metabolismo, metacarpo
gluc(o), glic(o)	dulce, azúcar	glucemia, glucómetro, glicina, glicógeno	1. metr(o), metría	medida	metrónomo, taxímetro, audiometría
gnos(ia)	conocimiento	gnoseología, geognosia	2. metr(o)	matriz	metritis, metropatía
gonio, gono	ángulo	goniómetro, hexágono	mic(o), micet(o)	hongo	micelio, micosis, micetófago, ascomicete
gono	semilla, reproducción	gonococo, gonorrea			

	significado	ejemplos
micr(o)	pequeño	microfilm, microbio
miel(o)	médula	mielina, mieloblasto, poliomielitis
miria, mirio	diez mil, innumerable	miríada, miriápodo, miriámetro
mis(o)	odiar	misántropo, misoginia
mix(o)	mucosidad	mixedema, mixobacteria, amixia
mnesia	memoria	catamnesia
monad(o)	unidad	monádico, monadófito
mon(o)	único, solo	monarca, monocultivo, monoatómico
morf(o), morfia	forma	morfología, isomorfismo, homomorfía
narco	entumecimiento, letargo, droga	narcomanía, narcoterapia
necro	cadáver, muerto	necrofilia, necrosis
nect(o)	que nada	nectocáliz, notonéctida
nefr(o)	riñón	nefritis, nefropatía
nema, nemat(o)	hilo, filamento	nemafilita, nematelminto, nematocisto, axonema
nemo	memoria	nemotecnia, nemotaxia
neo	nuevo, reciente, renovado	neocito, neografismo, neogótico
neumat(o), neum(o)	aire, espíritu, pulmón	neumaturia, neumatolisis, neumartrosis, neumotórax
neur(o)	nervio	neuralgia, neurología, mixoneura
nict	noche	nictálope, nictíbido, nictanto
nomo, nomia	ley, costumbre	nomograma, nomogénesis, gastronomía, agronomía
noso	enfermedad	nosología, nosocomio
odont(o), odonte, odoncia	diente	odontalgia, odontólogo, mastodonte, ortodoncia
ofi(o)	reptil	ofiocéfalo, oficalcita, ofiuroideo
oftalm(o)	ojo	oftalmólogo, oftalmodinia, anoftalmo, xeroftalmia
oide(s), oideo	forma, aspecto exterior	hialoide, elipsoide, esfenoides, ofiuroideo
olig(o)	poco, pequeño	oligofrenia, oligohemia
oma	tumor	fibroma, hematoma
onco	tumor	oncología, oncólogo
onir(o)	sueño	onirismo, oniromancia, onirocrítica
onoma(to), onimo, onimia	nombre	onomatopeya, onomástica, epónimo, toponimia
ont(o)	ser, ente	ontología, óntico, ontogenia
oo	huevo	oogamia, oosfera, oolito
ope, opia	ojo	opecarpo, miope, miopía
opisto	detrás	opistódomo, opistobranquio
opsis, opsia	visión	sinopsis, autopsia
opt(o)	visible	optometría, optotipo
ornito	ave	ornitólogo, ornitorrinco
oro	montaña	orogénesis, orografía
ort(o)	recto	orticonoscopio, ortodoxia, anortosis
osis	enfermedad	neurosis, psicosis
1. osm(o), osmosis	impulso	osmómetro, osmorregulador, exosmosis
2. osmo, osma, osmia	olor	osmóforo, alcanforosma, anosmia
oste(o), ost(o)	hueso	osteitis, osteocondritis, osteopatía, ostalgia
ot(o), otia	oreja	otitis, otoscopia, anquilotia
ox(i), oxid(o)	agudo, ácido, oxígeno	oxácido, oxibiosis, oxidorreducción, protóxido
paid(o), pedia	cultura, educación	paidología, enciclopedia
paleo	antiguo	paleolítico, paleomagnetismo
pali(m), palin	de nuevo	palilalia, palimpsesto, palíndromo
pan	todo, entero	panamericano, panafricanismo
pant(o)	todo	pantobase, pantógrafo, pantómetro
paqui	grueso, denso	paquidermia, paquivaginitis
para	junto a, a un lado, al margen	paratiroides, parámetro, paracronismo, paramilitar
pato, pata, patia	enfermedad	patógeno, patólogo, sicópata, neuropatía
ped(ia)	niño, educación	pediatría
ped(o)	suelo	pedogénesis, pedoclímax
pent(a), pente	cinco	pentámetro, pentacampeón, pentedecágono, pentodo
pept(o), pepsia	digerir	peptógeno, péptido, dispepsia
peri	alrededor de	pericardio, perímetro
peya, poyesis	hacer	epopeya, leucopoyesis, hemopoyesis
plezo	apretar	piezoeléctrico, piezógrafo

	significado	ejemplos
pio	pus	piobacilosis, piorrea
piret(o)	fiebre	piretoterapia, piretología
pir(o)	fuego	pirita, piromanía, piróforo
pitec(o)	mono	pitecantropía, antropopiteco
plasia, plast(ia)	formar, modelar	leucoplasia, neoplasia, mieloplastia
plasm(o), plasma	formación	plasmalógeno, plasmocito, ectoplasma
plat(i)	ancho	platelminto, platímetro, platicefalia
pleio, plio	más	pleiotrópico, plioceno
pleisto	lo más	pleistoceno, pleistoseísta
plejía, plexia	golpe	hemiplejía, paraplejía, cataplexia
pleo	abundante	pleocitosis, pleocroísmo, pleomorfo
pleur(o)	costado	pleurito, pleurobranquia, somatopleura
pnea	respirar	apnea, dispnea
pod(o)	pie	podario, podólogo, seudópodo, tripodia
1. poli	numeroso, mucho	policlínica, polímero
2. poli(s)	ciudad	metrópolis, necrópolis
1. polio	vender	monopolio, oligopolio
2. polio	gris	poliomielitis, poliosis, polioencefalitis
potam(o)	río	potamología, Mesopotamia
praxia, praxis	acción, ejecución	quiropraxia
prot(o)	primero, principal	proténquima, protohistoria, protonotario
psico, psiqui	actividad mental	psicología, psicogénesis, psiquiatría
pter(o)	ala	pterodactilo, helicóptero, cenóptero, díptero
quera, querat(o)	cuerno	querafilocete, queraténquima, quilífero, quilotórax, quiluria, aquilia
quil(o), quilia	jugo	
quimo	humor	quimógrafo
quir(o), quiria	mano	quiralgia, quiromegalia, macroquiria
ragia	brotar	hemorragia, blenorragia
raqui	columna vertebral	raquialgia, raquitismo
reo, rea	corriente	reóstato, reotropismo, leucorrea
rinco	pico	rincocele, aulorrinco, ornitorrinco
rin(o), rinia	nariz	rinobronquitis, rinoceronte, platirrinia, otorrinolaringología
riz(o)	raíz	rizoma, rizocéfalo, biorriza, polirrizo
sarco	carne	sarcocarpo, sarcoblasto, anasarco
saur(o), saurio	lagarto	saurópodo, sauropterigio, brontosaurio, sáurido
scopio, scopia, scopo	observar	telescopio, endoscopia, horóscopo
selen(o)	luna	selenita, selenodonto, aposeleno
sema, semia, semio	signo	semáforo, polisemia, semiótica, semiografía, semiotecnia
septi, sepsia	putrefacción, inyección	septicemia, antiséptico, asepsia
seud(o)	falso	seudanual, seudomembrana, seudohidropesía
sial(o), sialia	saliva	sialografía, sialadenitis, asialia
sider(o)	hierro	siderurgia, siderolito
sin, sim, si	unión, simultaneidad, comunidad	sindactilia, sincronía, simbiosis, sílaba
sism(o)	terremoto	sismología, sísmico, asísmico
sofo, sofía	sabio, sabiduría	teósofo, logosofía
soma(to)	cuerpo	somático, somatogamia, cromosoma
stasia, stasis, stat(o)	detención	hemostasia, hidrostasis, aeróstato
stico, stiquio	verso	acróstico, hemistiquio
tanato, tanasia	muerte	tanatopraxia, eutanasia
taqui	rápido	taquifagia, taquigénesis
tauto	el mismo	tautocronismo, tautómero
taxi, taxo, taxia	arreglo, orden	taximetría, taxología, filotaxia
tecno, tecnia	arte, técnica	tecnología, zootecnia, politecnia
teco, teca	depósito	discoteca, tecóforo
tele	lejos	teléfono, telemando

	significado	ejemplos
telo, teleo, telia	fin	teleología, telofase, atelia
teno	tendón	tenoplastia, tenopatía
te(o)	dios	teología, ateo, monoteísmo
terapia	curación	helioterapia, sicoterapia
terato	monstruo	teratoscopio, teratógeno, teratoma
term(o)	calor	termómetro, isoterma, diatermia
tetra	cuatro	tetráspora, tetraploide
tif(o)	estupor	tífico, tifoideo, tifosis
tipo, tipia	señal, modelo, carácter de imprenta	tipógrafo, tipiadora, daguerrotipo, linotipia
toco, toci(a)	parto	tocoferol, distocia, arrenotócico
tom(o), tomía	división	tomografía, amigdalotomía
tono, tonia	tensión	tonometría, alótono, isotonía
topo	lugar	toponimia, isótopo
torac(o), torax	pecho, tórax	torácico, toracoplastia,

	significado	ejemplos
		ascotorácico, neumotórax
tox(i), toxic(o), toxo	veneno	toxemia, toxia, toxicómano, toxicidad, toxoplasma
trof(o), trofia	alimentación	trofismo, trofocito, hipertrofia
troglo	agujero	troglobio, troglófilo
trop(o), tropia	vuelta, cambio	tropismo, heliotropo, alotropía
urano	cielo	uranoscopio, uranometría
urgo, urgia	trabajo	dramaturgo, metalurgia
1. ur(o)	orina	urología, uricemia, diuresis, albuminuria
2. uro	cola	urodelo, anuro
xant(o)	amarillo	xantófilo, aloxantina
xeno	extranjero	xenofobia, polixeno
xer(o)	seco	xerosis, xerotropismo
xilo	madera	xilografía, xilómetro
zoo	animal	zoócoro, zoofobia, protozoo

2. Elementos de origen latino
que entran en la formación de palabras españolas

	significado	ejemplos
ab	separación, origen, acción	abjurar, absorber, aborigen
acet(o)	vinagre	acético, acetosidad
acu(i)	agua	acuatizar, acuífero, acuicultura
acut(i)	puntiagudo, agudo	acutángulo, acutifolio
adip(o)	grasa	adípico, adipogénesis
aeri	aire	aerífero, aeriforme
agri	campo	agrícola, agrimensura
ambi	los dos	ambivalencia, ambidiestro
api	abeja	apicultura, apiforme
arbor(i)	árbol	arborescencia, arboricultura, arborícola
argent(o)	plata	argentífero, argentopirita
audi(o)	oír	audiometría, audífono
aur, auro	oro	aurífero, auroterapia
auricul(o)	oreja	auricular, auriculotemporal
avi	ave	avícola, avicultura
bacil(i), bacilo	bastoncillo, bacteria	bacilemia, baciliforme, baciloscopia
basi(o), baso, basia	marcha	basífugo, basiotripsia, basofilia, abasia
bi, bis, biz	dos, segundo	bigamia, birreactor, bisexual, biznieto
braqui(o)	brazo	braquialgia, braquiocefálico
buc(o)	boca	bucal, bucodental
calam(o)	caña	calamiforme, cálamo
calici	cáliz de la flor	caliciforo, caliciforme
caud(i), caude, caudo	cola	caudal, caudimano, longicaudo
centi	centésima parte, cien	centímetro, centigrado, centiloquio
cida, cidio	matar	infanticida, regicidio
cili	pestaña	ciliado, ciliforme
circa	alrededor	circadiano, circalunar
circum, circun	alrededor	circumpolar, circunferencia
cis	de la parte de acá	cisalpino, cismontano
clamido	clámide	clamidobacterial, clamidosfora
co, com, con	acción compartida, participación	coautor, compasión, confederación
coco	insecto	cocobacilo, estreptococo
cola	que cultiva, que vive	agrícola, vinícola, arenícola
condil(o)	articulación, juntura	condilartro, cardiocóndilo
coni	cono	conífera, coniforme
corni	cuerno	corniabierto, corniforme
cortic(o)	corteza	corticoide, corticectomía
cox(o)	cadera	coxalgia, coxofemoral
cuadri, cuadru, cuatri	cuatro	cuadrienio, cuadrumano, cuatrimotor
cuasi	casi	cuasirreflejo, cuasiusufructo
cultor, cultura	que cultiva, cultivo	piscicultor, agricultura
cupr(i), cupro	cobre	cuprato, cuprífero, cuproterapia
cuti	piel	cutícola, cutirreacción
deci	décima parte	decigramo, deciárea
densi	grueso, denso	densivolúmetro, densímetro
denti, dent(o)	diente	dentífrico, dentoma, apicodental
des, dis	privación, negación, acción inversa, etc.	deshabitar, desacorde, desactivar, displacer

	significado	ejemplos
dextro	derecha	dextrocardia, dextrógiro
di	oposición, origen, extensión	disentir, dimanar, difundir
digit(o)	dedo	digitígrado, digitoplastia
dors(o)	lado, espalda	dorsífero, dorsopalatal
ducto	conducir, llevar	acueducto, oleoducto
equi	igual	equidistante, equivalencia
espectro	imagen	espectroscopio, espectrógrafo
espongi(o), esponj(o)	esponja	espongiario, espongioplasma, esponjolita
esterco	excremento	estercobilina, estercoráceo
estrati, estrato	cubierta, capa	estratigrafía, estratosfera, estratovolcán
ex	fuera, más allá, estado anterior	excéntrico, expatriar, exministro
extra	fuera de, más allá, mucho, muy	extrapolar, extraterrestre, extraordinario, extraplano
fer(o)	que lleva, que contiene	teleférico, petrolífero
ferri, ferro	hierro	ferrita, ferrocarril
fico	higo	ficoideo, ticoliquen
frigo, frig...	que hace frío	frigorífico, benéfica... filipéndula
fili	hilo	filiforme, filipéndula
flori, floro	flor	florífero, multifloro
fluvi(o)	río	fluvial, fluviógrafo
foli(o)	hoja	folífero, foliótago
forme	forma	multiforme, filiforme
fugo, fuga	que huye o elimina	centrífugo, febrífugo
gemi	yema	gemífero, gemíparo
genito	engendrado	genitocrural, genitourinario
german(o)	alemán	germanismo, germanófilo
gero	llevar	clavígero, dentígero
grado	que camina	unguígrado, plantígrado
gravi	pesado	gravímetro, gravígrado
horti	huerto	horticultor, hortícola
in, im, i	negación, privación, contrario	incultura, imposible, irreal
infra	debajo, inferior	infraestructura, infrarrojo
inter	entre, en medio	intercalar, interministerial, interandino
intra	dentro	intramuscular, intramuros
intro	hacia adentro	introducción, introspección
lact(o)	leche	lactescencia, lactoalbúmina
lamel(i)	laminilla	lamelibranquio, lamelárido
latero, lateri	lado	laterígrado, lateroanterior, cuadrilátero
lati	ancho, amplio	latifolio, latifundio
levo	izquierdo	levógiro, levoglucosa
lign(o)	madera	lignito, lignocelulosa
linf(o)	agua	linfagioma, linfografía, linfocito
lingu(a)	lengua	lingual, lingüista, bilingüe
loco	lugar	locomoción, locotractor
locuo, loquio	hablar	ventrílocuo, soliloquio
longi	largo	longicornio, longilobulado
lumin(o)	luz	luminiscencia, luminógeno
mami, mamo	mama	mamífero, mamografía
mecan(o)	mecánico	mecanismo, mecanógrafo, mecanoterapia
meli	miel	melífero, melificar
mili	milésima parte	mililitro, milibar
mini	muy pequeño	miniordenador, minifundio

	significado	ejemplos
multi	mucho	multicolor, multípara
noct(i)	noche	noctámbulo, noctívago, noctovisión
normo	regla, norma	normocito, normoblasto
oct(o), octa	ocho	octaedro octogenario
ocul(o)	ojo	oculocardíaco, oculógiro
ole(o)	aceite	oleáceo, oleocultivo, oleobromía
omni	todo	omnidireccional, omnívoro, ómnibus
onco, onci, unc(o)	gancho	oncódido, oncocéfalo, oncídido, unciforme
ovo, ovi	huevo	oviforme, ovoide, ovíparo
pari	igual	parisílabo, pariambo
paro, para	parir	vivíparo, primípara
patri, patro	padre	patrilineal, patrilocal
ped(i)	pie	pedético, pedicuro, bípedo
peni	casi	penillanura, península
penni, penne	pluma	penninervio, longipenne
per	por, a través	pernoctar, pervivir
petr(o), petri	piedra	petrografía, petrificar
pil(i), pilo	pelo	pilífero, pilomotor
pisci	pez	piscicultura, pisciforme
pleni	lleno	plenipotencia, plenilunio
pluri	más	plurilateral, plurivalente
pluvi(i), pluvio	lluvia	pluvial, pluviómetro
pos, post	detrás, después	posoperatorio, posdatar, postimpresionismo
pre	anterioridad, prioridad	prehistoria, predominar
preter	excepto, más allá	preternatural, preterición
prim(o)	primero	primogenitor, primípara
pro	ante o delante, sustitución, progreso	pronombre, promover
pueri	niño	puericultura, puerilizar
quinque	cinco	quinquelingüe, quinquenio
radic(i)	raíz	radicela, radicícola, radiciforme
reni	riñones	reniforme
retro	hacia atrás	retrovisor, retrógrado, retroacción
sacar(o), sacari	azúcar	sacareína, sacarosa, sacarómetro, sacarina
sapon(i)	jabón	saponáceo, saponificar
semi	medio, casi	semiconsonante, semioficial, semiautomático
servo	auxiliar	servomando, servofreno
sesqui	la mitad más	sesquicentenario, sesquióxido
sex	seis	sexagenario, sextina
sider(o)	astro, estrella	sideral, siderostato
silv(i)	bosque	silva, silvicultura
simil(i)	semejante	similicadencia, similor
sinistr(o)	izquierdo	sinistrocardia, sinistrorso
sin(o)	chino	sinólogo, sinisante
somn(o)	sueño	somnífero, somnolencia
son(o)	sonido	sónico, sonógrafo
sub	debajo, secundario, inferior, posterior	sublingual, subarrendar, subalterno, subseguir
super	superior	superestructura, supertanque
supra	por encima, superior	supranacional, supracondíleo
trans, tras	cambio, del otro lado, a través	transformar, transportar, transiberiano, trascendencia
tri	tres	triactina, trisódico
uni	uno, único	unisexuado, unicroísmo
vermi	gusano	vermífugo, vermívoro
vice, vi, viz	en lugar de, por	vicealmirante, virrey, vizconde
viti	viña	viticultura, vitífero
vor(o)	que come	herbívoro, carnívoro
yuxta	cerca de, junto a	yuxtaponer, yuxtalinear

3. Principales sufijos españoles

	significado	ejemplos
-áceo, -ácea	relativo a, semejante	sebáceo, grisáceo
-acho, -acha	aumentativo despectivo	cuerpacho, riacho
-ado	conjunto, período, institución, lugar, producto	alumnado, reinado, papado, rectorado, embajada, limonada
-ado, -ada	que posee, acción, efecto, semejante, conjunto, medida, porción	vertebrado, perlado,
-aje		aterrizaje, cortinaje, plumaje, kilometraje, octanaje
1. -al	relativo a, perteneciente	ministerial, teatral
2. -al	lugar donde abunda algo	trigal, arenal
-ambre, -ambrera	conjunto	enjambre, pelambrera
-amen	conjunto	velamen, papelamen
-ano, -ana, -iano, -iana	gentilicio, relativo a, perteneciente	americano, murciano, urbano, machadiano
-ancia, -encia	acción, efecto, cualidad	ganancia, repugnancia, clemencia
-anza	acción o efecto	crianza, enseñanza
1. -ar	relativo a, perteneciente	familiar, muscular
2. -ar	lugar donde abunda algo	pinar, encinar, melonar
-ario	conjunto, lugar	poemario, campanario, escenario
1. -ario, -aria	relativo a, perteneciente	fraccionario, sanitario
2. -ario, -aria	profesión	bibliotecario
-astro, -astra	despectivo	poetastro, camastro
-ato, -ata	acción, efecto, institución, lugar, período	asesinato, caminata, califato, decanato, bachillerato
-avo, -ava	partición	doceavo
-azo	acción violenta, golpe	cabezazo, frenazo
-azo, -aza	aumentativo	cochazo, buenazo
-azgo	acción, efecto, institución, lugar, período	hallazgo, almirantazgo, noviazgo
-ble	que puede ser	deseable, creíble, compasible
-ción, -ición	acción o efecto	grabación, alteración
-dad, -edad, -idad	acción, efecto, cualidad	caducidad, crueldad, curiosidad, tenacidad
-dera	instrumento	regadera, lanzadera
-dero	lugar	fregadero, invernadero
-dero, -dera	posibilidad	perecedero, venidero
-dizo, -diza	cualidad	resbaladizo, huidizo
-do, -da	acción o efecto	salida, pedido, palmada
-dor, -dora	instrumento, profesión, quien realiza la acción, lugar	secador, lavadora, repartidor, diseñador, proveedor, jugador, comedor, recibidor
-dura	acción, efecto, instrumento, lugar	salpicadura, picadura, cerradura, desembocadura,
-ear	repetición de una acción	bromear
-ecer	consecuencia, inicio de una acción	entontecer
-edo, -eda	lugar donde abunda una planta	alameda, rosaleda, viñedo
-ena	conjunto	docena
-eno, -ena	gentilicio	chileno
-ense, -iense	gentilicio	melillense, canadiense
-ento, -enta, -iento, -ienta	estado, semejante	hambriento, corpulento, ceniciento, amarillento
-eño, -eña	gentilicio, relativo a, semejante	malagueño, navideño, velazqueño, aguileño
-era	acción, conjunto, defecto físico	llorera, cabellera, cojera, ceguera
-ero, -era	relativo a, planta, lugar donde hay algo, profesión	dominguero, tomatera, trastero, ingeniero, quiosquero
-ería	acción, efecto, cualidad, tienda	cacería, tontería, grosería, zapatería, conserjería
-erío	conjunto	caserío, vocerío
-és, -esa	gentilicio	islandés
-esco, -esca	relativo a, perteneciente	novelesco, libresco
-estre	relativo a, perteneciente	campestre
-ete, -eta	diminutivo	vejete, guapete
-ez, -eza	cualidad	brillantez, dureza
-ezno, -ezna	cría de animal	lobezno, osezno
-í	gentilicio, perteneciente	israelí, marroquí, alfonsí
-ia	cualidad	contumacia, eficacia

	significado	ejemplos
-ía	actividad, lugar donde se realiza, cualidad	abogacía, capitanía, valentía, sabiduría
-ica	ciencia o técnica	poética, astronáutica
-icio, -icia	relativo a, perteneciente	alimenticio
1. -ico, -ica	relativo a, perteneciente, quien realiza habitualmente la acción	volcánico, periférico, llorica, miedica
2. -ico, -ica	diminutivo	ratico, momentico, justico, mayorcico
-iego, -iega	relativo a, perteneciente	veraniego, palaciego
-ificar	consecuencia	electrificar
-il	relativo a, perteneciente	pastoril, infantil
-illo, -illa	diminutivo	graciosillo, chiquillo
-ín, -ina	gentilicio, diminutivo, quien realiza la acción	mallorquín, menorquina, pequeñín, bailarín, saltarina
1. -ino, -ina	gentilicio, relativo a, perteneciente	granadino, santanderino, isabelino, canino
2. -ino, -ina	cría de animal	palomino
-ío	conjunto	mujerío, gentío
-ío, -ía	relativo a, perteneciente	cabrío
-ismo	cualidad, ideología, movimiento	oportunismo, egoísmo, modernismo, comunismo
-ista	profesión, quien realiza la actividad, quien tiene una actitud o ideología	dentista, excursionista, idealista, consumista, socialista
-ita	gentilicio	israelita, moscovita
-ito, -ita	diminutivo	calladito, ahorita, abuelito
-ivo, -iva	capaz, propenso	reflexivo, compasivo
-izar	consecuencia, resultado	sovietizar
1. -izo, -iza	lugar	cobertizo, caballeriza
2. -izo, -iza	propenso, semejante	enfermizo, rojizo, pajizo
-mento, -miento	acción o efecto	salvamento, pensamiento
-ndero, -ndera	quien realiza la acción	curandero, barrendero
1. -nte	que logra un efecto	estimulante, sorprendente
2. -nte	quien realiza la acción	amante, escribiente, comerciante
-ol, -ola	gentilicio	español
-ón	acción brusca	tirón, apretón
1. -ón, -ona	aumentativo afectivo, que posee algo de gran tamaño, que realiza habitualmente la acción	bonachón, barrigón, cabezón, llorón, acusón, mirón
2. -ón, -ona	aumentativo afectivo	bonachón, señorona
1. -or	acción, efecto, cualidad	temblor, escozor, dulzor, amargor
2. -or, -ora	quien realiza la acción	lector, revisor
-oso, -osa	semejante, que posee en abundancia o que tiene la cualidad, quien realiza la acción	aceitoso, sabroso, correoso, apestoso, estudioso
-ote, -ota	aumentativo afectivo	grandote, simpaticote, papelote
tivo, -tiva	relativo a	comparativo, competitivo
-toria	acción o efecto	eliminatoria, dedicatoria
-torio	lugar	sanatorio, consultorio
-torio, -toria	que tiene capacidad	supletorio, inculpatorio
-tud	cualidad	amplitud, magnitud
ucho, ucha	despectivo	paliducho, feúcho, cuartucho
-udo, -uda	que posee en abundancia	barrigudo, barbuda
-uelo, -uela	diminutivo	tontuelo, pequeñuelo
-umbre	cualidad	mansedumbre
-ura	acción, efecto, cualidad	rotura, abertura, dulzura, angostura
-uzco, -uzca	semejante	negruzco
-zuelo, -zuela	despectivo	reyezuelo, ladronzuelo

ABREVIATURAS Y SÍMBOLOS UTILIZADOS EN LA OBRA

a.	antes de
abrev.	abreviatura, abreviación
a.C.	antes de Cristo
act.	actual, actualmente
ACÚST.	Acústica
adj.	adjetivo
adj.dem.	adjetivo demostrativo
adj.indef.	adjetivo indefinido
adj.num.cardin.	adjetivo numeral cardinal
adj.num.ordin.	adjetivo numeral ordinal
adj.poses.	adjetivo posesivo
adv.	adverbio
adv.afirm.	adverbio de afirmación
adv.c.	adverbio de cantidad
adv.d.	adverbio de duda
advers.	adversativo
adv.exclam.	adverbio exclamativo
adv.interrog.	adverbio interrogativo
adv.l.	adverbio de lugar
adv.m.	adverbio de modo
adv.t.	adverbio de tiempo
AERON.	Aeronáutica
afl.	afluente
ag.	agosto
AGRIC.	Agricultura
alem.	alemán
Alem.	Alemania
ÁLG.	Álgebra
ALP.	Alpinismo
alt.	altura
Amér.	América
Amér. Central	América Central
Amér. Merid.	América Meridional
ANAT.	Anatomía
anglic.	anglicismo
ant.	antiguo, antigua, anteriormente
ANT.	Antigüedad
ANT. GR.	Antigüedad griega
ANT. ROM.	Antigüedad romana
ANTROP.	Antropología
APIC.	Apicultura
aprox.	aproximadamente
ár.	árabe
Arch.	archipiélago
Arg./Argent.	Argentina
ARM.	Armamento
ARQ.	Arquitectura
ARQUEOL.	Arqueología
art.	artículo
ART. CONTEMP.	Arte moderno y contemporáneo
ART. DEC.	Artes decorativas
art.det.	artículo determinado
ART. GRÁF.	Artes gráficas
art.indet.	artículo indeterminado
ASTROL.	Astrología
ASTRON.	Astronomía
ASTRONÁUT.	Astronáutica
Austr.	Austria
AUTOM.	Automovilismo
B.	bahía
B. ART.	Bellas artes
B. Y BOLSA	Banca y bolsa
BIOL.	Biología
BIOL. CEL.	Biología celular
BIOQUÍM.	Bioquímica
Bol.	Bolivia
BOT.	Botánica
c.	ciudad, cuantitativo
C.	cabo
cab.	cabecera
cap.	capital
cardin.	cardinal
CARN.	Carnicería
CARP.	Carpintería
cat.	catalán
CATOL.	Catolicismo
célt.	céltico
Ch.	Chile
CIN.	Cinematografía
CIR.	Cirugía
col	colección
col. part.	colección particular
Colomb.	Colombia
com.	comuna, comarca
conj.	conjunción
conj.advers.	conjunción adversativa
conj.caus.	conjunción causal
conj.conc.	conjunción concesiva
conj.cond.	conjunción condicional
conj.consec.	conjunción consecutiva
conj.cop.	conjunción copulativa
conj.disyunt.	conjunción disyuntiva
CONSTR.	Construcción
CONTAB.	Contabilidad
CONTR.	contrario
Cord.	cordillera
COREOGR.	Coreografía
COST.	Costura
C. Rica.	Costa Rica
CRIST.	Cristianismo
CRISTALOG.	Cristalografía
CULINAR.	Culinaria
d.	después de
dan.	danés
d.C.	después de Cristo
dem.	demostrativo
dep.	departamento
DEP.	Deportes
DER.	Derecho

DER. ADMIN.	Derecho administrativo	Hond.	Honduras	pl.	plural
DER. CAN.	Derecho canónico	HORT.	Horticultura	P.N.	parque nacional
DER. CIV.	Derecho civil	húng.	húngaro	poét.	poético
DER. FISC.	Derecho fiscal	I., Is.	isla, islas	POL.	Política
DER. INTERN.	Derecho internacional	ilustr.	ilustración	por ext.	por extensión
DER. MERC.	Derecho mercantil	IMPR.	Imprenta	port.	portugués
DER. PEN.	Derecho penal	INDUSTR.	Industria	Port.	Portugal
DER. ROM.	Derecho romano	INFORMÁT.	Informática	pr.	principios
desp.	despectivo	ingl.	inglés	pral., prales.	principal, principales
dic.	diciembre	INMUNOL.	Inmunología	PREHIST.	Prehistoria
dim.	diminutivo	interj.	interjección	prep.	preposición
Din.	Dinamarca	irón.	irónicamente	P. Rico.	Puerto Rico
distr.	distrito	ital.	italiano	pron.	pronombre
Dom.	República Dominicana	jap.	japonés	pron.dem.	pronombre demostrativo
Ec./Ecuad.	Ecuador	JOY.	Joyería	pron.exclam.	pronombre exclamativo
ECOL.	Ecología	JUEG.	Juego	pron.indef.	pronombre indefinido
ECON.	Economía	L.	lago	pron.interrog.	pronombre interrogativo
EDAFOL.	Edafología	lat.	latín	pron.pers.	pronombre personal
ej.	ejemplo	LING.	Lingüística	pron.poses.	pronombre posesivo
ELECTR.	Electricidad	LIT.	Literatura	pron.relat.	pronombre relativo
ELECTROACÚST.	Electroacústica	LITURG.	Liturgia	prov.	provincia
ELECTRÓN.	Electrónica	LITURG. CATÓL.	Liturgia católica	provenz.	provenzal
EMBRIOL.	Embriología	loc.	locución	PSICOANÁL.	Psicoanálisis
ENCUAD.	Encuadernación	loc.adj.	locución adjetiva	PSICOL.	Psicología
en.	enero	loc.adv.	locución adverbial	PSICOPATOL.	Psicopatología
ENCICL.	desarrollo enciclopédico	LÓG.	Lógica	PSIQUIATR.	Psiquiatría
ENOL.	Enología	long.	longitud	QUÍM.	Química
ENSEÑ.	Enseñanza	m.	masculino, muerto	QUÍM. ORG.	Química orgánica
ENTOM.	Entomología	MAR.	Marina, marítimo	r.	río
EPISTEMOL.	Epistemología	MAT.	Matemáticas	RADIODIF.	Radiodifusión
EQUIT.	Equitación	MEC.	Mecánica	REL.	Religión
escand.	escandinavo	MED.	Medicina	RELOJ.	Relojería
ESCULT.	Escultura	METAL.	Metalurgia	rep.	república
ESGR.	Esgrima	METEOROL.	Meteorología	Res. nac.	reserva nacional
esp.	español	MÉTRIC.	Métrica	RET.	Retórica
Esp.	España	METROL.	Metrología	s.	sustantivo
est.	estado	Méx.	México	s., ss.	siglo, siglos
ESTADÍST.	Estadística	MICROB.	Microbiología	Salv.	El Salvador
ETNOL.	Etnología	MIL.	Militar	sánscr.	sánscrito
ETOL.	Etología	MIN.	Minas, minería	sept.	septiembre
EUA	Estados Unidos de América	MINER.	Mineralogía	s.f.	sustantivo femenino
f.	femenino	MIT.	Mitología	SILVIC.	Silvicultura
fam.	familiarmente	MIT. AMER.	Mitologías amerindias	símb.	símbolo
FARM.	Farmacia	MIT. GR.	Mitología griega	SIN.	sinónimo
F. C.	Ferrocarril	MIT. ROM.	Mitología romana	sing.	singular
febr.	febrero	MONT.	Montería	s.m.	sustantivo masculino
fig.	figurado	mozár.	mozárabe	SOCIOL.	Sociología
Filip.	Filipinas	Mt., Mtes.	monte, montes	superl.	superlativo
FILOS.	Filosofía	mun.	municipio, municipal	t.	término
FIN.	Finanzas, financiero	MÚS.	Música	TAUROM.	Tauromaquia
FÍS.	Física	n.	nacido	TEATR.	Teatro
FISIOL.	Fisiología	n. com.	nombres comunes	TECNOL.	Tecnología
FÍS. NUCL.	Física nuclear	NEUROL.	Neurología	TELECOM.	Telecomunicaciones
FONÉT.	Fonética	neerl.	neerlandés	TELEV.	Televisión
FORT.	Fortificación	Nicar.	Nicaragua	TEOL.	Teología
FOT.	Fotografía	Nor.	Noruega	TEOL. CATÓL.	Teología católica
fr.	francés	nov.	noviembre	TERAP.	Terapia
Fr.	Francia	n. pr.	nombres propios	TÉRM.	Térmica
G.	golfo	NUMISM.	Numismática	TERMODIN.	Termodinámica
galic.	galicismo	N.Z.	Nueva Zelanda	TEXT.	Textiles
gall.	gallego	OBR. PÚBL.	Obras públicas	TOP.	Topografía
G.B.	Gran Bretaña	OBST.	Obstetricia	UEA	Unión de Emiratos Árabes
GENÉT.	Genética	OCEANOGR.	Oceanografía	URBAN.	Urbanismo
GEOGR.	Geografía	oct.	octubre	Urug.	Uruguay
GEOL.	Geología	ÓPT.	Óptica	v.	verbo, villa, ver (envío a
GEOMETR.	Geometría	or. der.	orilla derecha		otro artículo)
GEOMORFOL.	Geomorfología	or. izq.	orilla izquierda	vasc.	vascuence
GEOSIN.	geosinónimo	ORFEBR.	Orfebrería	Venez.	Venezuela
germ.	germánico	ORNITOL.	Ornitología	VET.	Veterinaria
gót.	gótico	p.	participio, partido	v.impers.	verbo impersonal
gr.	griego	pág., págs.	página, páginas	v.intr.	verbo intransitivo
GRAB.	Grabado y estampación	PALEOGR.	Paleografía	VITIC.	Viticultura
GRAM.	Gramática	Pan.	Panamá	vol., vols.	volumen, volúmenes
Guat.	Guatemala	PAPEL.	Industria del papel	v.prnl.	verbo pronominal
h.	hacia	Par.	Paraguay	v.tr.	verbo transitivo
hab.	habitantes	PARAPSICOL.	Parapsicología	vulg.	vulgar
hebr.	hebreo	PATOL.	Patología	ZOOL.	Zoología
HERÁLD.	Heráldica	PESC.	Pesca	ZOOTECN.	Zootecnia
HIDROL.	Hidrología	PETRÓL.	Petróleo	*	envía al término en que se
HIST.	Historia	PINT.	Pintura		encuentra el asterisco
HIST. NAT.	Historia natural	PIROTECN.	Pirotecnia	→	envío a otra voz
HISTOL.	Histología	p. j.	partido judicial		

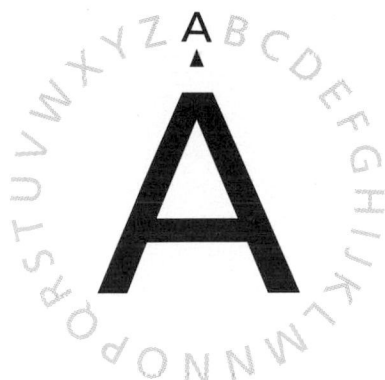

1. A s.f. (pl. *aes*). Primera letra del alfabeto español, y primera de sus vocales. **2.** Nombre de la letra *a*. ◇ **A** MÚS. En la notación inglesa y alemana, nota *la*. **A por a y be por be** *Fam.* Punto por punto.

2. A prep. (lat. *ad*). Expresa fundamentalmente idea de movimiento material o figurado: *va a la zarzuela; dirigirse a los Alpes; fiel a sus amigos; fidelidad al deber.* **2.** Introduce el complemento indirecto del verbo: *escribo una carta a mi padre; legó sus bienes a los pobres.* **3.** Introduce el complemento directo de persona o cosa personificada del verbo: *quiero a mi madre; temo a la muerte.* **4.** Introduce distintos complementos circunstanciales: *iremos a Buenos Aires; de cara al norte; a la lumbre; a medianoche; a la española; a palos.* **5.** Introduce los complementos del adjetivo: *trabajo útil al país; semejante a él.*

ABABOL s.m. Amapola. **2.** *Fig.* Persona distraída, abobada.

ABACÁ s.m. Banano de las Filipinas que proporciona una fibra textil de igual nombre, llamada también *cáñamo de Manila.* (Familia musáceas.) **2.** Tejido hecho con ella.

ABACADO s.m. Antillas. Aguacate.

ABACERÍA s.f. Establecimiento donde se vende aceite, vinagre, legumbres secas, etc.

ABACERO, A s. Persona que tiene por oficio vender aceite, vinagre, legumbres secas, etc.

ABACIAL adj. Relativo al abad, o la abadesa o a la abadía.

ÁBACO s.m. (lat. *abacus*). Instrumento que sirve para realizar cálculos aritméticos manualmente. (El ábaco consiste en un cuadro de madera con alambres por los que se deslizan unas bolas con distinto valor numérico según su posición.) **2.** Cualquier instrumento que sirve para hacer cálculos aritméticos manualmente. **3.** Pieza prismática saliente que forma la parte superior del capitel de una columna.

ABACORAR v.tr. Cuba, P. Rico y Venez. Hostigar, perseguir a alguien.

ABAD, DESA s. (lat. *abbas, abbatis*). Superior de un monasterio con el título de abadía.

ABADEJO s.m. (dim. de *abad*). Pez teleósteo que vive en el Atlántico. (Familia gádidos.) **2.** Bacalao. **3.** Pez comestible acantopterigio del mar Caribe (Familia serránidos.)

ABADENGO, A adj. Relativo a la dignidad o jurisdicción del abad o de la abadesa: *bienes abadengos.* ◆ s.m. Territorio y bienes pertenecientes a una abadía: *villa de abadengo.*

ABADÍ o **'ABBĀDĪ** adj. y s.m. y f. De los Abadíes, dinastía de reyes de la taifa de Sevilla. (V. parte n. pr.)

ABADÍA s.f. Monasterio o iglesia que alberga a una comunidad regida por un abad o una abadesa. **2.** Territorio y bienes regidos por un abad o una abadesa. **3.** Dignidad del abad o la abadesa.

ABADIATO s.m. Abadía. **2.** Período en que un abad o abadesa desempeña sus funciones como tal: *diez años de abadiato.*

ABAJAMIENTO s.m. GEOMORFOL. Movimiento de descenso del terreno debido a movimientos tectónicos o fuerzas externas.

ABAJEÑO, A adj. y s. De El Bajío, región del centro de México. **2.** Amér. De las costas y tierras bajas.

ABAJERA s.f. Argent. y Urug. Sudadero que se coloca debajo del aparejo de las caballerías.

ABAJO adv.l. En un lugar más bajo que aquel en que está el que habla u otro que se toma como referencia, o en dirección hacia él: *está abajo; voy abajo.* **2.** Con referencia a un escrito, en un lugar posterior: *el abajo firmante, como se dirá más abajo.* **3.** Pospuesto a un nombre de lugar, en dirección a la parte más baja de él: *calle abajo.* ◆ interj. Se usa como grito de hostilidad contra algo que se quiere eliminar o suprimir: *¡abajo la tiranía!*

1. ABALEAR v.tr. Separar con escoba los granzones, paja, etc., de los cereales, después de aventados: *abalear centeno.*

2. ABALEAR v.tr. (de *1. bala*). Amér. Disparar contra alguien.

ABALEO s.m. Acción de abalear, separar con escoba. **2.** Escoba con que se abalea.

ABALIZAR v.tr. [7]. Señalar con balizas: *abalizar las pistas de un aeropuerto.*

ABALORIO s.m. (ár. *billāuri*, cristalino). Cuenta o bola pequeña de vidrio agujereada con que se hacen adornos y collares. **2.** Adorno o collar de poco valor, especialmente el que se hace con esas cuentas.

ABANDERADO, A s.m. y f. Persona que se destaca en la defensa o representación de una causa, un movimiento o una organización. **2.** Persona encargada de llevar la bandera en las procesiones u otros actos públicos. ◆ s.m. Oficial subalterno que lleva la bandera en las formaciones.

ABANDERAR v.tr. y prnl. Ponerse al frente de una causa, un movimiento o una organización para representarlo o defenderlo. **2.** DER. Matricular o inscribir un barco de nacionalidad extranjera bajo la bandera de un estado.

ABANDERIZAR v.tr. y prnl. [7]. Dividir un grupo o colectividad en banderías. ◆ **abanderizarse** v.prnl. Afiliarse a un grupo o partido.

ABANDONADO, A adj. Descuidado, sucio, desaseado: *ir muy abandonado.*

ABANDONAR v.tr. (fr. *abandonner*). Dejar, desamparar a una persona o cosa que necesita cuidado o atención: *abandonar a los hijos.* **2.** Dejar un lugar: *abandonar la ciudad.* **3.** Dejar definitivamente una actividad, un cargo, etc.: *abandonar la presidencia.* **4.** Dejar de seguir una ideología, religión, etc., o dejar de

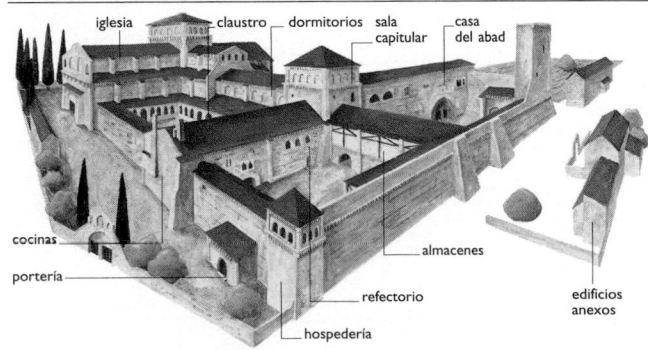

iglesia — claustro — dormitorios — sala capitular — casa del abad

cocinas

portería

almacenes

refectorio

hospedería

edificios anexos

■ **ABADÍA.** Organización de una abadía.

mantener una conducta. **5.** Dejar definitivamente a una persona con la que se mantenía una relación de pareja o de amistad. ◆ v.tr. y prnl. Confiar o dejar el cuidado de algo a alguien o algo que se expresa: *se abandonó a su destino; abandonó la decisión al azar.* ◆ **abandonarse** v.prnl. *Fig.* Descuidar una persona los cuidados habituales de limpieza o arreglo personal. **2.** *Fig.* Entregarse a un vicio u otra cosa negativa: *abandonarse a los instintos, a la pereza, a la droga.*

ABANDONO s.m. Actitud pasiva de la persona que se deja quitar algo que le pertenece o le corresponde.

ABANDONISTA adj. y s.m. y f. Relativo al abandonismo; partidario de esta tendencia.

ABANDONO s.m. Acción de abandonar o abandonarse: *abandono de familia, de servicio, de domicilio conyugal.* **2.** Estado o circunstancia de la persona, animal o cosa abandonados.

ABANICAR v.tr. y prnl. [1]. Dar aire con el abanico. ◆ v.tr. TAUROM. Mover de un lado a otro el capote o la muleta ante el toro, generalmente para que este cambie de lugar en la suerte de varas.

ABANICO s.m. (dim. del ant. *abano*, abanico). Utensilio para dar aire, especialmente el plegable y semicircular. **2.** *Fig.* Cosa que tiene la forma de un abanico. **3.** *Fig.* Despliegue de elementos que ofrecen gran diversidad: *un abanico de posibilidades, de soluciones.* **4.** En ciclismo, colocación de los corredores de un pelotón para ofrecer la menor superficie expuesta al viento en contra. **5.** Señal que se usa en los ferrocarriles para indicar la bifurcación de una vía. **6.** TAUROM. Suerte de abanicar. ◇ **Bóveda de abanico** Bóveda que tiene los nervios en forma de abanico o de palma, abarcando toda la extensión del intradós. **En abanico** En forma de abanico. **Pliegue en abanico** GEOL. Pliegue cuyas laderas han rebasado la disposición isoclinal, de manera que forman un ángulo agudo, abierto hacia arriba en un anticlinal y hacia abajo en un sinclinal.

■ **ABANICO** español que representa el mercado de la plaza de la Cebada, en Madrid.
(Museo municipal, Madrid.)

ABANIQUEO s.m. Acción de abanicar o abanicarse.

ABANTO s.m. Ave rapaz parecida al buitre, pero más pequeña y con la cabeza y el cuello cubiertos de plumas. ◆ adj. TAUROM. Se dice del toro espantadizo, que se sale de las suertes, rehuyendo rematarlas.

ABAÑEEME s.m. Guaraní moderno, hablado en la actualidad en Paraguay y regiones vecinas.

ABARAJAR v.tr. *Amér.* Atrapar un objeto que se ha lanzado por el aire. **2.** *Argent. Fig.* Adivinar las intenciones de alguien. **3.** *Argent., Par., Urug.* Con el cuchillo, parar los golpes de un adversario.

ABARATAMIENTO s.m. Acción de abaratar.

ABARATAR v.tr. y prnl. Hacer más barata una cosa: *la competencia abarata sus productos.* SIN.: *rebajar.*

ABARCA s.f. Calzado rústico de cuero que se ata con cuerdas o correas.

ABARCAR v.tr. (del lat. *bracchium*, brazo) [1]. Contener o encerrar una cosa u otras: *el artículo abarca varios temas.* **2.** Ocuparse una persona de varias cosas a la vez. **3.** Rodear con los brazos o con las manos. **4.** Alcanzar con la vista: *abarcar todo el paisaje.* **5.** *Amér.* Acaparar, adquirir, retener cosas. **6.** *Ecuad.* Empollar los huevos la gallina.

ABARITONADO, A adj. Se dice de la voz o el

instrumento cuyo sonido tiene un timbre semejante al del barítono.

ABARQUILLAR v.tr. y prnl. Encorvar un cuerpo ancho y delgado, como un barquillo: *abarquillar los naipes.*

ABARRAGANARSE v.prnl. Amancebarse.

ABARRANCAMIENTO s.m. Acción y efecto de abarrancar o abarrancarse.

ABARRANCAR v.tr. Formar barrancos en un lugar. ◆ v.tr. y prnl. Meter algo en un barranco o en un lugar del que es difícil salir: *abarrancar un automóvil.* ◆ v.intr. Embarrancar una embarcación. ◆ **abarrancarse** v.prnl. *Fig.* Meterse una persona en una situación difícil o comprometida.

ABARROCADO, A adj. Recargado o ampuloso.

ABARROTAR v.tr. (de *barrote*). Ocupar totalmente un espacio o lugar: *el público abarrotaba la sala.* **2.** Cargar un buque hasta la cubierta inferior.

ABARROTERÍA s.f. *Amér. Central.* Abacería.

ABARROTERO, A s. *Amér.* Persona que tiene por oficio vender abarrotes.

ABARROTES s.m.pl. *Amér.* Artículos de comercio, como conservas alimenticias, especias, papel, velas, etc.

ABASÍ o **'ABBÁSSÍ** adj. y s.m. y f. De los Abasíes, dinastía de califas árabes. (V. parte n. pr.)

ABASIA s.f. (de *a* y gr. *basis*, marcha). MED. Incapacidad de andar por falta de coordinación en los movimientos.

ABASTECER v.tr. y prnl. (de *3. basto*) [37]. Proveer de provisiones a un ejército, ciudad, etc. SIN.: *aprovisionar.*

ABASTECIMIENTO s.m. Acción de abastecer o abastecerse. **2.** Cosa de que se abastece a una persona o población. ◇ **Abastecimiento en vuelo** Traslado de combustible de un avión a otro al tiempo que los dos permanecen en el aire.

ABASTERO s.m. *Amér.* Proveedor de frutas, hortalizas, ganado y otros géneros. **2.** *Chile y Cuba.* Persona que tiene por oficio comprar reses vivas, sacrificarlas y vender su carne al por mayor.

ABASTO s.m. Conjunto de provisiones, especialmente de víveres: *inspección de abastos.* **2.** Preparación y almacenamiento de provisiones. **3.** *Amér. Merid.* Matadero. **4.** *Venez.* Establecimiento comercial dedicado a la venta de víveres. ◇ **Dar abasto** Proveer de todo lo que se necesita o se requiere; atender todas las exigencias que genera una actividad.

ABATANAR v.tr. Golpear el paño en el batán.

ABATATAR v.tr. y prnl. *Argent., Par. y Urug. Fam.* Avergonzar, turbar.

ABATE s.m. Eclesiástico extranjero, especialmente francés o italiano. **2.** Clérigo de órdenes menores.

ABATÍ s.m. (voz guaraní). *Argent. y Par.* Maíz. **2.** *Par.* Aguardiente de maíz.

ABATIDA s.f. MIL. Obstáculo formado con árboles inclinados o cortados. SIN.: *tala.*

ABATIDO, A adj. Falto de fuerzas o de ánimo: *sentirse abatido.*

ABATIMIENTO s.m. Postración física o moral de una persona.

ABATIR v.tr. (de *batir*). Hacer bajar algo que está levantado. **2.** Inclinar, poner tendido: *abatir la cabeza.* **3.** Desarmar, descomponer: *abatir una tienda de campaña.* ◆ v.tr. y prnl. Derribar, echar por tierra: *abatir una torre.* **2.** *Fig.* Humillar: *abatir el orgullo.* **3.** *Fig.* Hacer perder las fuerzas, el ánimo o el vigor: *la enfermedad lo abatió.* **4.** GEOMETR. Superponer un plano con otro mediante una rotación con eje en la recta común. ◆ v.intr. MAR. Desviarse un buque de su rumbo a impulso del viento o de una corriente. ◆ **abatirse** v.prnl. Bajar, descender en su vuelo las aves, generalmente las rapaces: *el halcón se abatió.*

ABAZÓN s.m. Bolsa formada interiormente por cada una de las mejillas de determinados mamíferos, donde guardan los alimentos para su transporte.

'ABBÁDÍ adj. y s.m. y f. → **ABADÍ.**

'ABBÁSSÍ adj. y s.m. y f. → **ABASI.**

ABBEVILLENSE adj. y s.m. (de *Abbeville*, c. de Francia). Se dice de una facies industrial del paleolítico inferior, caracterizada por puntas de sílex toscamente talladas por ambos lados.

ABCISIÓN s.f. (lat. *abcisio, -onis*). MED. Corte o separación de un miembro.

ABDICACIÓN s.f. Acción de abdicar: *acto de abdicación.* **2.** Documento en que consta la abdicación.

ABDICAR v.tr. (lat. *abdicare*) [1]. Renunciar a una dignidad o un cargo, especialmente a la soberanía de un pueblo: *abdicó la corona en su hijo.* ◆ v.tr. e intr. Abandonar derechos, creencias u opiniones: *abdicar los principios; abdicar de su religión.*

ABDOMEN s.m. (lat. *abdomen*). Región inferior del tronco del ser humano y de los mamíferos, separada del tórax por el diafragma y limitada en su parte inferior por la pelvis. (En el abdomen se ubica gran parte del sistema digestivo y del urinario.) **2.** Parte posterior del cuerpo de los artrópodos, situada a continuación de los apéndices locomotores. (En ella se localizan la mayoría de las funciones fisiológicas: respiración, reproducción y excreción.)

ABDOMINAL adj. Relativo al abdomen. ◆ **abdominales** s.m.pl. Ejercicios de gimnasia para fortalecer el abdomen: *hacer abdominales.*

ABDUCCIÓN s.f. (lat. *abductio, -onis*, separación). Razonamiento por el que se restringe el número de hipótesis susceptibles de explicar un fenómeno dado, desechando espontánea-

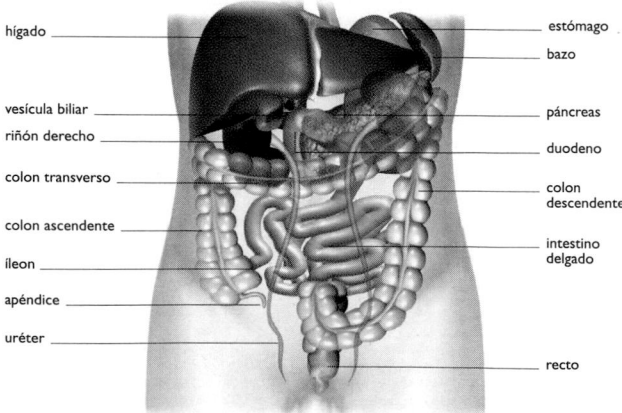

■ **ABDOMEN.** Los principales órganos del abdomen.

hígado
estómago
bazo
vesícula biliar
páncreas
riñón derecho
duodeno
colon transverso
colon descendente
colon ascendente
intestino delgado
íleon
apéndice
uréter
recto

mente teorías erróneas. **2.** Acción de abducir. **3.** ANAT. Movimiento de separación de un miembro del plano de simetría del cuerpo: *abducción del brazo, de la pierna*.

ABDUCIR v.tr. [77]. Secuestrar extraterrestres o espíritus a alguien.

ABDUCTOR adj. y s.m. ANAT. Se dice del músculo que realiza la abducción. ◇ **Tubo abductor** QUÍM. Tubo con que se pueden recoger los gases.

ABECÉ s.m. (de *a, b, c,* primeras letras del abecedario). Abecedario. **2.** Fig. Conjunto de principios básicos de una ciencia o actividad: *el abecé de la informática; el abecé del baloncesto*. ◇ **No entender,** o **no saber, el abecé** Fam. Ser muy ignorante.

ABECEDARIO s.m. (lat. *abecedarium*). Serie ordenada de las letras de una lengua: *aprender el abecedario*. SIN.: *alfabeto*. **2.** Cartel o librito para aprender las primeras letras: *comprar un abecedario*.

ABEDUL s.m. (del lat. *betulla*, álamo blanco). Árbol que crece en los países fríos y templados, que puede alcanzar los 30 m de alt., de corteza y madera blancas, utilizado en carpintería y para la fabricación de papel. (Familia betuláceas.) **2.** Madera de este árbol.

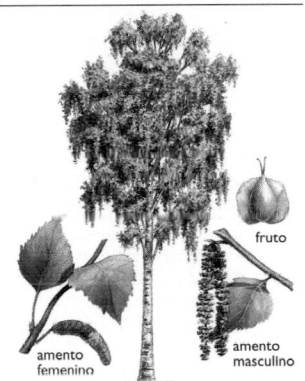

fruto

amento femenino

amento masculino

■ ABEDUL

ABEJA s.f. (lat. *apicula*, dim. de apis). Insecto himenóptero social que se cría en colmenas y produce miel y cera. (La abeja y el gusano de seda son los únicos insectos que han sido domesticados por el hombre.) **2.** Fig. Persona laboriosa.

ENCICL. El ser humano cría abejas por los productos que le proporcionan: la miel y la cera *(apicultura)*. Las abejas se agrupan en colonias o *colmenas*. En cada colmena existe una sola hembra fértil, la *reina*, que es fecundada por un solo macho, el *zángano*, en cada vuelo nupcial. La mayoría de las abejas, llamadas *obreras*, son estériles y su misión es recolectar el polen y el néctar de las flores con el que elaboran la miel, alimento de las larvas, y la cera con la que construyen el *panal*, formado por alvéolos o celdillas hexagonales en donde la reina deposita los huevos. También son las encargadas de las tareas de vigilancia y nutrición de las recién nacidas y de limpieza de la colmena. Las abejas obreras poseen un lenguaje (danza) mediante el cual informan a las demás de la posición y la distancia de la fuente de alimento.

ABEJARUCO s.m. Ave trepadora, de plumaje amarillento en su parte superior y verde azulado en la inferior y pico largo y curvado, que se alimenta de abejas y avispas. **2.** Fig. Persona noticiera o chismosa.

ABEJÓN s.m. Zángano, abeja macho. **2.** Abejorro, insecto.

ABEJORREO s.m. Zumbido de las abejas y los abejorros. **2.** Fig. Sonido similar a este zumbido, especialmente el producido por el rumor confuso de voces, una conversación, etc.

ABEJORRO s.m. Insecto himenóptero de cuerpo velloso y abdomen anillado, parecido a la abeja pero que vive en grupos menos numerosos. (Familia ápidos.) **2.** Fig. Persona de conversación pesada y molesta.

■ ABEJORRO

ABELIANO, A adj. (de N. H. *Abel*, matemático noruego). MAT. Se dice de las funciones introducidas por Abel en análisis. ◇ **Grupo abeliano** Grupo cuya ley de composición es conmutativa. SIN.: *grupo conmutativo*.

ABELMOSCO s.m. (ár. *habb al-músk*). Planta de tallo velloso originaria de la India, cuyas semillas, de olor almizclado, se emplean en medicina y perfumería. (Familia malváceas.)

ABERRACIÓN s.f. (de *aberrar,* lat. *aberrare,* apartarse del camino). Desviación de lo que se considera natural, normal o lícito. **2.** Desplazamiento de la imagen de una estrella en un telescopio. **3.** Conjunto de defectos de los sistemas ópticos que no dan imágenes nítidas. ◇ **Aberración cromosómica** BIOL. Anomalía en el número o en la estructura de uno o varios cromosomas, que causa diversas enfermedades genéticas.

ABERRANTE adj. Que se desvía de lo que se considera natural, normal o lícito.

ABERTURA s.f. Acción de abrir o abrirse: *una abertura a nuevas empresas*. **2.** Espacio abier-

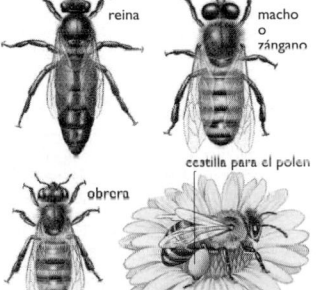

reina

macho o zángano

obrera

castilla para el polen

obrera libando

reina (hembra fecundada)

alvéolo obturado por la obrera el noveno día

adulto

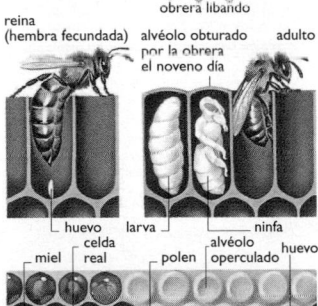

huevo

larva

ninfa

miel

celda real

polen

alvéolo operculado

huevo

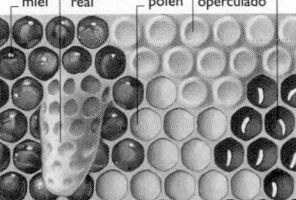

estructura de un panal

■ ABEJA

to en una superficie, especialmente el de forma poligonal: *la abertura de una ventana*. **3.** Grieta en el terreno por la sequedad o los torrentes. **4.** Terreno ancho y abierto entre dos montañas. **5.** Ensenada. **6.** Fig. Franqueza en el trato: *hablar con mucha abertura*. **7.** FONÉT. Anchura del canal bucal durante la articulación de un fonema. **8.** MIN. Espesor de un filón. **9.** ÓPT. Superficie útil de un sistema óptico. ◇ **Abertura de rumbo** MAR. Ángulo que forma un buque cuando varía su dirección. **Abertura de un ángulo** MAT. Magnitud correspondiente a la separación de los dos lados del ángulo. **Abertura de un puente** ARQ. Distancia horizontal que media entre los estribos, al nivel de los arranques.

ABETAL s.m. Terreno poblado de abetos.

ABETO s.m. (lat. *abies, abietis*). Árbol resinoso común en las altas montañas de Europa occidental, de hojas perennes, que puede alcanzar 40 m de alt. y cuya madera, de igual nombre, se utiliza en carpintería y para pasta de papel. (Familia abietáceas.)

rama y piña

■ ABETO de Nordmann.

ABEY s.m. (voz antillana). Árbol que crece en Cuba, de unos 20 m de alt., cuyas hojas se utilizan como alimento del ganado. (Familia cesalpináceas.) ◇ **Abey macho** Árbol que crece en América Central, Brasil y Argentina, de madera blanca amarillenta, fuerte y compacta, empleada en carpintería. (Familia bignoniáceas.)

ABICHARSE v.prnl. Amér. Agusanarse una planta o la herida de un animal.

ABIERTO, A adj. (lat. *appertum*). Que permite el paso: *puerta abierta*. **2.** Llano, raso, sin edificios ni árboles que obstaculicen la visión o el paso: *llanura abierta*. **3.** Que no está murado o cercado. **4.** Separado o extendido: *con los brazos abiertos; abierto de cuernos*. **5.** Fig. Respecto de ciudades, pueblos, etc., que están sin fortificar, sin defensa. **6.** Fig. Franco, espontáneo o expansivo: *hombre de carácter abierto*. **7.** Fig. Se dice de la persona que acepta con facilidad las costumbres, ideas, etc., de los demás: *un hombre abierto a nuevas creencias*. **8.** Fig. Patente, indubable, claro. **9.** FONÉT. Se dice de la vocal caracterizada por una abertura más o menos grande del canal bucal; se dice también de las sílabas que acaban en vocal (en oposición a las *cerradas*, que acaban en consonante). **10.** MAT. Se dice de un intervalo]*a, b*[que no incluye sus extremos *a* y *b*. ◆ s.m. Competición deportiva en la que participan profesionales y aficionados: *abierto de tenis*. SIN.: *open*. **2.** Colomb. Abra, campo abierto y amplio situado entre bosques. ◇ **Conjunto abierto** MAT. Conjunto que no contiene su frontera. **Embarcación abierta** MAR. Embarcación cuyas escotillas de carga se extienden sobre la mayor parte de su amplitud. **Rada abierta** Fondeadero abierto al viento, al enemigo, etc. **Vía abierta** F. C. Régimen de explotación de una línea férrea en el que, cuando no hay circulación, las señales permanecen abiertas, en contraposición al sistema de *vía cerrada*, en el que las señales solamente se abren al aproximarse los trenes.

ABIETÁCEO, A adj. y s.f. Relativo a una familia de árboles resinosos de hojas aciculares y fruto en estróbilo que se abre al madurar, co-

comprende la mayoría de las especies de coníferas como el pino, el abeto, la pícea, etc. SIN.: *pináceo.*

ABIGARRADO, A adj. Heterogéneo, inconexo: *una multitud abigarrada; un texto abigarrado.* **2.** Que tiene varios colores mal combinados: *tela abigarrada.*

ABIGARRAMIENTO s.m. Acción y efecto de abigarrar o abigarrarse. **2.** Cualidad de abigarrado.

ABIGARRAR v.tr. Componer o llenar algo con elementos combinados de manera desordenada. ◆ **abigarrarse** v.prnl. Amontonarse varios elementos heterogéneos.

AB INITIO loc. (voces latinas). Desde tiempo inmemorial o muy remoto.

AB INTESTATO loc. (voces latinas). DER. Sin testar: *murió ab intestato.*

ABIOGÉNESIS s.f. BIOL. Teoría que postula el nacimiento espontáneo de los seres vivos, a partir de materia inorgánica. SIN.: *generación espontánea.*

ABIÓTICO, A adj. (de *a* y gr. *bios,* vida). Se dice del lugar y condición impropios para la vida y de la reacción química que no requiere la intervención de seres vivos.

ABISAL adj. De las profundidades oceánicas adonde no llega la luz solar: *fauna, región abisal.* ◇ **Psicología abisal** Psicología profunda. SIN.: *psicoanálisis.*

ABISINIO, A adj. y s. De Abisinia o Etiopía. ◆ adj. **Rito abisinio** REL. Rito de la Iglesia ortodoxa de Etiopía.

ABISMADO, A adj. HERÁLD. Se dice de la pieza o figura puesta en el abismo.

ABISMAL adj. Relativo al abismo: *profundidad abismal.* **2.** *Fig.* Muy profundo, insondable: *diferencias abismales.*

ABISMAR v.tr. y prnl. Hundir en un abismo. **2.** *Fig.* Confundir: *abismar el intelecto.* ◆ **abismarse** v.prnl. Entregarse completamente a la contemplación, al dolor, al vicio, al placer, etc. **2.** Amér. Merid. Pasmarse.

ABISMO s.m. Profundidad muy grande. **2.** Diferencia u oposición muy grande. **3.** *Fig.* Acumulación de algo, generalmente negativo: *un abismo de vaguedades.* **4.** *Poét.* Infierno, lugar de eterno castigo. **5.** HERÁLD. Punto o parte central del escudo.

ABJURACIÓN s.f. (lat. *abiurationem*). Acción de abjurar.

ABJURAR v.tr. e intr. (lat. *abjurare,* negar con juramento). Renunciar solemnemente a una opinión o creencia: *abjurar de las propias ideas; abjurar el protestantismo.*

ABLACIÓN s.f. (lat. *ablatio, -onis*). CIR. Extirpación de un órgano, un tumor, etc. SIN.: *exéresis.* **2.** GEOL. Pérdida o erosión de materiales. **3.** TECNOL. Sublimación de un material con absorción de una elevada cantidad de calor, bajo el efecto de un flujo calórico intenso al que se le somete. ◇ **Ablación glaciar** GEOL. Fusión de una lengua glaciar.

ABLACTACIÓN s.f. MED. Cesación de la lactancia materna.

ABLANDAMIENTO s.m. Acción de ablandar o ablandarse.

ABLANDAR v.tr. y prnl. Poner blanda una cosa: *ablandar el pan duro.* **2.** *Fig.* Hacer que alguien modere su severidad o indignación.

3. *Fig.* Conmover o enternecer: *sus súplicas lo ablandaron.* **4.** Laxar o suavizar: *las ciruelas ablandan el vientre.* ◆ v.intr. y prnl. Disminuir el frío o la fuerza del viento.

ABLANDE s.m. Argent., Bol. y Urug. Rodaje de un automóvil.

ABLATIVO s.m. (lat. *ablativus*). LING. Caso de la declinación indoeuropea que expresa relaciones diversas, explicables todas ellas como complementos circunstanciales. ◇ **Ablativo absoluto** Expresión independiente gramaticalmente que solo se vincula al resto de la frase por el sentido.

ABLEPSIA s.f. MED. Falta de visión.

ABLUCIÓN s.f. (lat. *ablutio, -onis*). Acción de lavarse. (Suele usarse en plural.) **2.** Purificación en determinados cultos orientales que consiste en lavarse el cuerpo o una parte de él. (Suele usarse en plural.) **3.** Ceremonia de la liturgia católica en la que el sacerdote purifica el cáliz y se lava los dedos después de consumir. ◆ **abluciones** s.f.pl. Agua y vino destinados a la purificación del cáliz en la liturgia católica.

ABLUSADO, A adj. Se dice de la prenda de vestir de talle holgado, a modo de blusa.

ABNEGACIÓN s.f. (de *abnegar,* renunciar voluntariamente a los propios deseos). Sacrificio o renuncia de la voluntad, sentimientos o bienes materiales por el prójimo, por cuestiones religiosas, etc.

ABNEGADO, A adj. y s. Se dice de la persona que actúa con abnegación.

ABNEGARSE v.prnl. [2]. Sacrificarse voluntariamente por el prójimo, por cuestiones religiosas, etc.

ABOBADO, A adj. Se dice de la persona que parece boba. **2.** Propio de esta persona: *aspecto abobado.*

ABOBRA s.f. (hispano-lat. *apoperis*). Planta trepadora originaria de las regiones cálidas de América del Sur. (Familia cucurbitáceas.)

ABOCADO, A adj. Predestinado: *abocado a la desaparición.* ◆ adj. y s. Se dice del vino que contiene mezcla de seco y dulce.

ABOCAR v.tr. [1]. Acercar las bocas de dos recipientes para verter el contenido de uno en el otro. ◆ v.tr. e intr. Comenzar a entrar en un canal, puerto, camino, calle, etc.: *la nave abocó en el estrecho.* **2.** Llevar o conducir a un lugar o situación. ◆ v.tr. Acercar, aproximar. ◆ **abocarse** v.prnl. Juntarse una o más personas con otra para tratar un negocio. **2.** Argent., Méx. y Urug. Entregarse con fuerza y entusiasmo a la realización de algo.

ABOCETAR v.tr. Hacer el boceto de un dibujo, una pintura o una escultura: *abocetar un paisaje.* **2.** Exponer en líneas generales: *aboceté el tema sin extenderse demasiado.*

ABOCHORNAR v.tr. y prnl. Causar bochorno el calor excesivo. **2.** *Fig.* Avergonzar. ◆ **abochornarse** v.prnl. Enfermar una planta a causa del calor.

ABOCINADO, A adj. Se dice del arma atrompetada o abocardada.

ABOFETEAR v.tr. Dar bofetadas a alguien.

ABOGACÍA s.f. Profesión y ejercicio del abogado.

ABOGADERAS s.f.pl. Amér. Merid. Argumentos capciosos.

ABOGADO, A s. (lat. *advocatus*). Persona licenciada en derecho y que puede asesorar en cuestiones legales a otras personas o representarlas ante la justicia. SIN.: *letrado.* **2.** *Fig.* Intercesor o mediador. ◇ **Abogado del diablo** REL. Promotor de la fe. ◇ **Abogado del estado** En España, el que forma parte del cuerpo de letrados encargado de defender al estado en asuntos jurídicos. **Abogado de oficio** Abogado designado por la ley para defender a las personas consideradas legalmente pobres.

ABOGAR v.intr. (de *abogado*) [2]. *Fig.* Hablar o actuar en favor de algo o de alguien: *abogar por la libertad.* **2.** Defender en un juicio.

ABOLENGO s.m. (de *abuela*). Ascendencia ilustre de una persona. **2.** DER. Patrimonio heredado de los antepasados. SIN.: *bienes de abolengo.*

ABOLICIÓN s.f. Acción y efecto de abolir: *abolición de la pena de muerte.*

ABOLICIONISMO s.m. Actitud y doctrina de quienes propugnaban la abolición de una ley o costumbre, especialmente la esclavitud, en el s. XIX.

ABOLICIONISTA adj. y s.m. y f. Relativo al abolicionismo; partidario del abolicionismo.

ABOLIR v.tr. (lat. *abolere*) [55]. Dejar sin valor una ley, precepto o costumbre: *abolir la esclavitud.*

ABOLLADURA s.f. Acción y efecto de abollar o abollarse.

ABOLLAR v.tr. y prnl. Hacer una depresión en una superficie.

ABOLSAR v.tr. y prnl. Hacer que algo tome forma de bolsa: *el viento abolsó la capa.*

ABOMBAMIENTO s.m. Acción y efecto de abombar o abombarse: *el abombamiento de un cristal.* **2.** GEOL. Pliegue de gran radio de curvatura.

1. ABOMBAR v.tr. y prnl. (de *1. bomba*). Dar a algo forma convexa: *abombar una lámina de metal.*

2. ABOMBAR v.tr. (de *bombo*). *Fig.* y *fam.* Asordar, aturdir: *el ruido me abombó la cabeza.* ◆ **abombarse** v.prnl. Amér. Empezar a corromperse. **2.** Argent. Quedar imposibilitada para andar una caballería, por el calor y el cansancio. **3.** Argent. y Urug. Aturdirse a causa de la bebida, la comida o el cansancio. **4.** Chile, Ecuad. y Nicar. Embriagarse.

ABOMINACIÓN s.f. Acción y efecto de abominar. **2.** Cosa abominable.

ABOMINAR v.tr. e intr. (lat. *abominare*). Rechazar algo enérgicamente: *abominar la mentira; abominó de la masonería.* **2.** Detestar, odiar: *abominar el tabaco.*

ABONADO, A s. Persona que ha adquirido un abono para asistir a algún espectáculo o recibir algún servicio. ◆ adj. Que es de fiar: *es persona abonada.* **2.** Dispuesto a decir o hacer una cosa: *es abonado para todo.*

ABONANZAR v.intr. [7]. Calmarse una tormenta, mejorar el tiempo.

1. ABONAR v.tr. y prnl. (fr. *abonner*). Inscribir a alguien para disfrutar de un servicio o recibir una publicación periódica, generalmente mediante pago y durante un tiempo determinado: *abonarse a la temporada de ópera, a una revista.* ◆ v.tr. Pagar una cantidad de dinero por un servicio o un trabajo. **2.** Pagar derechos las mercancías. **3.** Asentar una partida en el haber de una cuenta corriente.

2. ABONAR v.tr. (de *bueno*). Echar abono en la tierra. **2.** Acreditar o garantizar la bondad o veracidad de algo o de alguien: *su sinceridad lo abona.* **3.** Dar por cierto y seguro: *abonar unas declaraciones.* **4.** Avalar el cumplimiento o pago de algo.

ABONARÉ s.m. Documento expedido por un particular o una entidad en representación de una partida de cargo sentada en cuenta o de un saldo preexistente. **2.** Pagaré.

ABONO s.m. Acción de abonar o abonarse. **2.** Producto que se añade a la tierra para mantener o incrementar su fertilidad. **3.** Derecho del abonado a algo; documento que lo acredita. **4.** Pago parcial de un préstamo o de una compra hecha a plazos. **5.** Lote de entradas o boletos que permite el uso periódico o limitado de un servicio, espectáculo, etc. **6.** CONTAB. Anotación registrada en el haber de una cuenta.

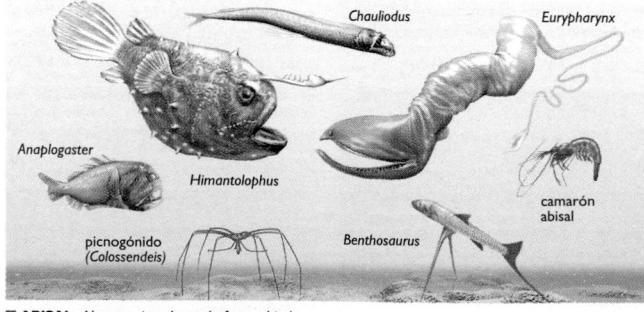

Chauliodus

Eurypharynx

Anaplogaster

Himantolophus

camarón abisal

picnogónido (*Colossendeis*)

Benthosaurus

■ **ABISAL.** Algunos ejemplares de fauna abisal.

ENCICL. Los abonos proporcionan a las plantas los elementos fertilizantes que necesitan para un mejor crecimiento y que pueden faltar o estar escasos en el medio natural. Según su composición química, los abonos pueden ser *orgánicos, minerales* u *organominerales.* Los primeros se obtienen a partir de yacimientos naturales (guano) o de residuos orgánicos industriales (deyecciones, sangre, urea). Los abonos minerales son extraídos de yacimientos naturales y tratados industrialmente (nitrato de Chile), u obtenidos por síntesis industrial (nitrato sódico, fosfato amónico). Los abonos organominerales son mezclas de los dos anteriores.

ABORDABLE adj. Que puede ser abordado: *un tema abordable.* **2.** *Fig.* Accesible, tratable: *hombre abordable.*

ABORDAJE s.m. Acción de abordar. ◇ **Al abordaje** MAR. Pasando o saltando del buque abordador al abordado, con la intención de atacar al enemigo: *tomar al abordaje.*

ABORDAR v.tr. e intr. Chocar o rozar una embarcación con otra, ya sea por accidente, ya para atacarla: *un barco británico abordó a un buque español; fueron a abordar con un esquife.* ◆ v.tr. **2.** *Fig.* Emprender o plantear un negocio o asunto que ofrezca dificultades o peligros: *abordar una cuestión.* **3.** Arrimar una embarcación a un muelle o desembarcadero. **4.** MIL. Llegar dos fuerzas enemigas al cuerpo a cuerpo, en carga de caballería o asalto al arma blanca.

ABORIGEN adj. y s.m. y f. (del lat. *aborigines,* los que están desde el origen). Originario del territorio donde vive o se encuentra: *planta, cultura, tribu aborigen.* SIN.: *autóctono, indígena.* **2.** Autóctono de Australia.

ABORRASCARSE v.prnl. [1]. Ponerse borrascoso el tiempo. **2.** *Fig.* Enojarse.

ABORRECER v.tr. (del lat. *abhorrere*). [37] Tener aversión a una persona o cosa: *todos lo aborrecen; aborrecer la mentira.* **2.** Abandonar las aves el nido, los huevos o las crías.

ABORRECIMIENTO s.m. Acción de aborrecer. **2.** Aburrimiento.

ABORREGADO, A adj. Se dice de la persona que actúa como un borrego, de forma gregaria. **2.** Se dice de las cosas, especialmente las nubes o las rocas, que tienen el aspecto esponjoso de un conjunto de vellones de lana. **3.** Se dice de la roca dura, en forma de mamelón, desgastada y pulida por los glaciares: *roca aborregada.*

ABORREGARSE v.prnl. [2]. *Fig.* Volverse gregario. **2.** Cubrirse el cielo de pequeñas nubes aborregadas.

ABORTAR v.tr. e intr. (lat. *abortare*). Practicar o sufrir un aborto. ◆ v.intr. *Fig.* Fracasar, malograrse: *la conjura abortó.* **2.** BOT. Ser nulo o incompleto en las plantas el desarrollo de alguna de sus partes orgánicas. ◆ v.tr. Producir alguna cosa imperfecta o abominable: *abortar una idea.*

ABORTIVO, A adj. y s.m. Que provoca el aborto: *producto abortivo.* ◆ adj. Se dice del feto no viable. **2.** Que cesa antes de su término habitual: *enfermedad abortiva.*

ABORTO s.m. Expulsión espontánea o provocada del feto. **2.** Cosa abortada. **ENCICL.** Los abortos espontáneos pueden ser causados por una enfermedad general de la mujer o por anomalías uterinas, o del propio embrión. Los abortos provocados pueden ser terapéuticos, cuando peligra la vida de la madre, o voluntarios. Las complicaciones de los abortos se dan sobre todo en los abortos clandestinos. Frente al aborto existen posturas legales que van desde su criminalización a ultranza hasta las actitudes que propugnan su descriminalización. Entre ambas posturas existe el sistema de las indicaciones que despenaliza el aborto en determinadas circunstancias. A partir de este sistema pueden generarse desde legislaciones de una gran permisividad hasta otras muy restrictivas.

ABOTARGARSE o **ABOTAGARSE** v.prnl. [2]. Hincharse el cuerpo, generalmente por enfermedad.

ABOTINADO, A adj. Que tiene forma de botín: *zapato abotinado.*

ABOTONAR v.tr. y prnl. Ajustar una prenda de vestir con botones. ◆ v.intr. BOT. Echar botones las plantas.

ABOVEDADO, A adj. Cubierto de una bóveda: *sala abovedada.*

ABOVEDAR v.tr. Cubrir un lugar con bóveda. **2.** Dar forma de bóveda.

ABRA s.f. (fr. *havre*, puerto de mar). Ensenada o bahía en una costa elevada. **2.** Puerto de montaña muy amplio y despejado. **3.** Grieta en un terreno producida por sacudidas sísmicas. **4.** Amér. Campo abierto y amplio situado entre bosques. **5.** Colomb. Hoja de una ventana o puerta.

ABRACADABRA s.m. Palabra que utilizan los ilusionistas y magos (para acentuar el clímax de su actuación) y los brujos de los cuentos (como parte de un conjuro). **2.** Término cabalístico de propiedades mágicas que se escribe en una línea y se va repitiendo, a continuación, en otras diez eliminando consecutivamente una de sus letras para formar un triángulo.

ABRACADABRANTE adj. Que produce confusión, sorpresa o regocijo: *chiste, situación abracadabrante.*

ABRAQUIA s.f. MED. Ausencia congénita de brazos.

ABRASAMIENTO s.m. Acción de abrasar o abrasarse.

ABRASAR v.tr. y prnl. Quemar o destruir algo o a alguien el fuego, el exceso de calor o de frío, o una sustancia corrosiva: *abrasarse las manos.* **2.** Secar una planta el exceso de calor o de frío: *abrasar el cereal.* ◆ v.tr. *Fig.* Producir una sensación intensa de calor o de picor: *abrasar la garganta.* **2.** *Fig.* Consumir o afligir intensamente una pasión. **3.** *Fig.* Gastar, despilfarrar: *abrasar la fortuna.* ◆ v.intr. Estar algo demasiado caliente. ◆ **abrasarse** v.prnl. Sentir demasiado calor o ardor.

ABRASÍMETRO s.m. Aparato utilizado para determinar la resistencia de un tejido a la fricción.

ABRASIÓN s.f. TECNOL. Acción de desgastar o arrancar por fricción. ◇ **Plataforma de abrasión** Superficie en suave pendiente formada por la erosión marina de la costa.

ABRASIVO, A adj. y s.m. Relativo a la abrasión o que la produce. **2.** Se dice de toda sustancia dura capaz de desgastar y pulimentar una superficie por frotamiento.

ABRAXAS s.m. Piedra donde estaba grabada esta palabra, que los gnósticos llevaban como talismán. **2.** Palabra simbólica entre los gnósticos que expresaba el conjunto de las 365 manifestaciones sucesivas atribuidas a Dios.

ABRAZADERA s.f. Pieza de metal, madera u otra materia que sirve para sujetar ciñendo.

ABRAZAR v.tr. y prnl. [7]. Ceñir con los brazos: *abrazarse a un tronco.* **2.** Estrechar entre los brazos en señal de cariño: *la madre abrazó a su hijo.* **3.** *Fig.* Prender, dando vueltas, algunas plantas trepadoras: *la yedra abraza los árboles.* ◆ v.tr. *Fig.* Rodear, ceñir: *un río abraza aquel pueblo.* **2.** *Fig.* Comprender, contener, incluir: *la conferencia abraza varios temas.* **3.** Admitir, seguir, aceptar: *abrazar la carrera eclesiástica.* **4.** *Fig.* Tomar una persona algo a su cargo.

ABRAZO s.m. Acción de abrazar o abrazarse, ceñir, estrechar entre los brazos.

ABREBOCA s.m. Aperitivo.

ABREBOTELLAS s.m. (pl. *abrebotellas*). Utensilio para quitar las chapas de las botellas. SIN.: *abridor.*

ABRECARTAS s.m. (pl. *abrecartas*). Instrumento con forma de cuchillo que se utiliza para abrir cartas o cortar papel. SIN.: *plegadera.*

ÁBREGO s.m. (lat. *africus,* de *ventus africus,* viento africano). Viento del suroeste.

ABRELATAS s.m. (pl. *abrelatas*). Utensilio que sirve para abrir las latas de conservas. SIN.: *abridor.*

ABRENUNCIO s.m. (lat. *abrenuntio*). Fórmula con que se renuncia al mundo y al demonio en el ritual del bautismo.

ABREVADERO s.m. Lugar donde se abreva el ganado.

ABREVAR v.tr. (del lat. *bibere,* beber). Dar de beber al ganado: *abrevar las vacas.* ◆ **abrevarse** v.prnl. Beber.

ABREVIACIÓN s.f. Acción y efecto de abreviar.

ABREVIAR v.tr. (lat. *abbreviare*). Reducir la extensión o duración de algo: *abreviar un texto.* ◆ v.tr. e intr. Acelerar una actividad: *abreviar el trabajo.*

ABREVIATURA s.f. Representación abreviada de una palabra en la escritura. **2.** Palabra representada en la escritura de este modo. **3.** MÚS. Signo o representación convencional para simplificar la escritura y lectura musicales. (*V. cuadro pág. siguiente.*)

ABRIBOCA s.m. y f. Argent. y Urug. Persona que suele estar distraída. ◆ s.f. Arbusto que crece en Argentina, de ramas espinosas, hojas lanceoladas y flores pequeñas. (Familia celastráceas.)

ABRIDERO s.m. Variedad de melocotonero, cuyo fruto en sazón se abre con facilidad y deja suelto el hueso. **2.** Fruto de este árbol.

ABRIDOR, RA adj. Que abre. ◆ s.m. Abrelatas. **2.** Abrebotellas.

ABRIDORA s.f. TEXT. Máquina que disgrega y limpia las fibras aglomeradas por la compresión en la bala: *abridora de balas.*

ABRIGADERO s.m. Abrigo, lugar resguardado.

ABRIGAR v.tr. y prnl. (lat. *apricare,* calentar con el calor del sol) [2]. Resguardar de la lluvia, el viento, etc.: *lo abrigó con una manta.* ◆ v.tr. *Fig.* Tener una idea, un deseo o un sentimiento: *abrigar una esperanza, una sospecha.* **2.** *Fig.* Proteger algo o a alguien: *abrigar a un desvalido.* **3.** EQUIT. Presionar con las piernas el vientre del caballo para ayudarlo.

ABRIGO s.m. Prenda de vestir larga y gruesa, provista de mangas, que se pone sobre otras prendas para abrigar; también cualquier prenda que sirve para resguardar del frío. **2.** Lugar resguardado contra la lluvia, el viento, el frío, un peligro, etc. **3.** *Fig.* Auxilio: *nadie le prestó abrigo.* **4.** PREHIST. Emplazamiento situado en una oquedad rocosa poco profunda. ◇ **Abrigo meteorológico** Construcción ligera que alberga instrumentos que miden y registran la temperatura y la humedad (termómetros, sincrómetros, higrómetros, etc.) y los protege de los efectos parasitarios del entorno. SIN.: *garita meteorológica.* **Ser de abrigo** Esp. Ser de cuidado, ser peligroso.

■ ABRIGO METEOROLÓGICO

ABRIL s.m. (lat. *aprilis*). Cuarto mes del año. (Tiene 30 días.) **2.** *Fig.* Primera juventud: *el abril de la vida.* ◆ **abriles** s.m.pl. Edad de una persona joven: *muchacha de veinte abriles.* ◇ **Estar hecho, o parecer, un abril** Estar lucido, hermoso, galán.

ABRILEÑO, A adj. Propio del mes de abril: *una tarde abrileña.*

ABRILLANTADOR s.m. Instrumento o sustancia que sirve para dar brillo a una cosa.

ABRILLANTAMIENTO s.m. Acción de abrillantar. SIN.: *abrillantado.*

ABRILLANTAR v.tr. Dar brillo a una superficie. **2.** *Fig.* Dar más valor o lucimiento: *abrillantar un discurso.* **3.** Tallar una piedra preciosa o

ABREVIATURAS

ABREVIATURAS COMERCIALES

afmo., af.^{mo}	afectísimo
atte.	atentamente
Cía., C.^{ía}, C.^a	compañía, empresa
Co.	*company* (compañía)
c/c	cuenta corriente
depto., dpto.	departamento
d/f	días fecha
d/v	días vista
f.^a, fra.	factura
Fdo.	firmado
Ltd.	*limited* (limitado o limitada)
p.a.	por autorización
p.o., p/o	por orden
PVP	precio de venta al público
Rte.	remitente
S.A.	sociedad anónima
Sdad., Soc.	sociedad
s.f., s/f.	sin fecha
S.L.	sociedad limitada

DIVISIONES Y SUBDIVISIONES DE OBRAS ESCRITAS

ap., apénd.	apéndice
apdo.	apartado
art.	artículo
c., cap.	capítulo
doc.	documento
ed.	edición
esc.	escena
fasc.	fascículo
f., fol., f.º	folio
l., lb.	libro
p., pág.	página
p., pte.	parte
pp., págs.	páginas
párr.	párrafo
supl.	suplemento
tít.	título
t.	tomo
v.	verso
vol.	volumen

INDICACIONES BIBLIOGRÁFICAS

AA VV,	
VV AA	autores varios
ad.	adenda
cf., cfr.	confer (véase, compárese con)
col.	colección
cp.	compárese
e.g.	exempli gratia (por ejemplo)
ej.	ejemplo
et al.	et alii (y otros)
ib., ibíd.	ibídem (en el mismo lugar)
íd.	ídem (el mismo)
i.e.	id est (esto es, es decir)
loc. cit., l.c.	loco citato (en el lugar citado)
ms.	manuscrito
N. del T.	nota del traductor
ob. cit.	obra citada
op. cit.	ópere citato (en la obra citada)
p. ej.	por ejemplo
s., sig.	siguiente
sq.	et sequentes (y siguientes)
s.v., s/v	sub voce (bajo la palabra indicada)
trad.	traducción
v.	véase
v.	verso
vers.	versículo
v.g.	verbi gratia (por ejemplo)

INDICACIÓN DEL TIEMPO

a.C., a.C.	antes de Cristo
A.D.	anno Dómini (año del Señor)
a.J.C.	antes de Jesucristo
a.m.	ante merídiem (antes del mediodía)
c.	circa (hacia la fecha indicada)
d.C., d.C.	después de Cristo
d.J.C.	después de Jesucristo
h.	hacia (la fecha que se indica)
p.m.	post merídiem (después del mediodía)

TÍTULOS Y FÓRMULAS DE TRATAMIENTO

A.	Alteza
AA.	Altezas
D., D.^a	don, doña
Dir., Dir.^a	director, directora
Dr., Dr.^a, Dra	doctor, doctora
Em.	Eminencia
Exc.^a	Excelencia
Excmo.,	
Exmo.	Excelentísimo
Gdor.,	
Gdora.^a	gobernador, gobernadora

Ilmo., Ilma.	Ilustrísimo, Ilustrísima
jr.	júnior
Ldo., Lda.	lincenciado, licenciada
Pdte., Pdta.	presidente, presidenta
Prof., Prof.^a	profesor, profesora
S.A.	Su Alteza
S.A.R.	Su Alteza Real
S.E.	Su Excelencia
S.M.	Su Majestad
Sr., Sra.	señor, señora
Srta.	señorita
SS.AA.	Sus Altezas
U., Ud., V., Vd.	usted
Uds., Vds.	ustedes
V.A.	Vuestra Alteza
V.E.	Vuestra Excelencia

ABREVIATURAS RELIGIOSAS

AMDG	ad maiorem dei gloriam (a mayor gloria de Dios)
A.T.	Antiguo Testamento
B., Bto.	beato
Fr.	fray
H., hno., hna.	hermano, hermana
HH., hnos.,	
hnas.	hermanos, hermanas
M.^e	madre (de una orden religiosa)
Mons.	monseñor
N.T.	Nuevo Testamento
P.	padre (de una orden religiosa, sacerdote)
P.	Papa
Pnte.	Pontífice
PP.	padres (de una orden religiosa, sacerdote)
R., Rvdo.,	
Rvda.	reverendo, reverenda
Rmo.,	
Rvdmo.	Reverendísimo
S., Sto., Sta.	san, santo, santa
S.S.	Su Santidad

OTRAS ABREVIATURAS

AM	*amplitude modulation* (modulación en amplitud)
FM	frecuencia modulada
av., avd.,	
avda.	avenida
B.º	barrio
c., c/	calle
C.I.	Argent. cédula de identidad
col.	Méx. colonia (división administrativa)
C.P.	código postal
dcho., dcha.	derecho, derecha
D.E.P.	descanse en paz
D.F.	distrito federal
Diag.	Argent. diagonal (vía pública)
D.P.	distrito postal
Edo.	Méx. estado (división administrativa)
entlo.	entresuelo
e.p.d.	en paz descanse
etc.	etcétera
izqdo.,	
izqda, izq.	izquierdo
N.B.	*nota bene* (nótese bien)
NIF	Esp. número de identificación fiscal
núm., n.º	número
p.º	paseo
P.D.	posdata
pl., plza.	plaza
P.S.	post scríptum (posdata)
reg.	registro
Rep.	república
R.I.P.	requiéscat in pace (en paz descanse)
s.n., s/n	sin número (de una calle, avenida, etc.)
S.P.	servicio público
tel., tfno.	teléfono
v/	visto
V.º B.º	visto bueno
VO	versión original

SIGNOS ESPECIALES

@	arroba (correo electrónico)
©	*copyright* (derechos de autor)
®	*registered trademark* (marca registrada)
™	*trademark* (marca registrada)
&	y
§	párrafo
†	fallecido en

un metal en facetas o caras como las de los brillantes.

ABRIR v.tr. (lat. *aperire*). Hacer que una cosa que estaba tapada o cerrada quede sin el obstáculo o tapa que impedía descubrir lo que había en su interior: *abrir una caja*. **2.** Separar de una abertura la cosa que la cierra de forma que el paso quede libre: *abrir una puerta*. **3.** Separar las partes movibles del cuerpo, o las partes articuladas de algo de modo que quede entre ellas un espacio formando ángulo: *abrir la boca, un compás*. **4.** Separar las hojas de un libro, cuaderno, etc., de modo que puedan verse dos de sus páginas interiores. **5.** Quitarle la envoltura a algo: *abrir una carta*. **6.** Extender algo que estaba doblado o encogido: *abrir el paraguas, la mano*. **7.** Inaugurar, dar comienzo a algo: *abrir la sesión, el baile, un nuevo supermercado*. **8.** Practicar un acceso o abertura en una superficie: *abrir una ventana en el muro*. **9.** Cortar o rasgar una cosa, en especial un alimento, que está entera: *abrir un melón, un jamón*. **10.** *Fig.* Ir a la cabeza o delante: *abrir la procesión*. **11.** *Fig.* Hacer accesible: *abrir un camino*. **12.** Escribir el primero de ciertos signos de puntuación pares para establecer el principio de un enunciado: *abrir comillas, paréntesis, exclamaciones*. **13.** Separar un grupo de personas o animales en filas o columnas: *abrir un ejército en dos columnas*. **14.** Grabar, esculpir: *abrir un molde*. ◆ v.intr. y tr. Iniciar sus tareas un establecimiento, organismo, etc.: *esta tienda no abre los domingos*. ◆ v.intr. y prnl. Empezar a clarear o serenarse el tiempo. ◆ v.tr. y prnl. Descorrer o accionar el pestillo, el cerrojo o el seguro de una cosa de manera que deje de asegurarlo: *abrir el candado*. **2.** Accionar un mecanismo para dar paso a un fluido: *abrir la llave del gas*. **3.** *Fig.* Vencer, apartar o destruir cualquier obstáculo: *abrir paso entre la gente*. ◆ v.impers. Clarear, desaparecer del cielo las nubes que amenazan precipitaciones. ◆ **abrirse** v.prnl. Ser receptivo, aceptar las ideas, costumbres, etc., ajenas. **2.** Confiarse a alguien, comunicarle sus pensamientos o preocupaciones: *abrirse a un amigo*. **3.** Tomar una curva por el lado exterior cuando se circula por el interior. **4.** *Fam.* Marcharse, abandonar un lugar. **5.** *Amér.* *Fig.* Hacerse a un lado en un asunto, desentenderse, separarse. **6.** *Argent.* y *Urug.* Apartarse, desviarse. **7.** *Argent.* y *Venez.* En competiciones de velocidad, desviarse hacia el exterior de la pista. ⬦ **Abrir el apetito**, o **el hambre** Despertar ganas de comer. **Abrir los brazos** Acoger bien a alguien. **Abrir una cuenta corriente** Efectuar en ella la primera imposición. **Abrir un circuito** ELECTR. Suprimir las conexiones de conductores que permiten el paso de la corriente. **Abrir un paréntesis** Romper la continuidad de un trabajo, obra, etc. **No abrir los labios**, o **la boca**, o **el pico** No hablar.

ABROCHADORA s.f. *Argent.* Utensilio de oficina que sirve para unir papeles mediante broches o grapas.

ABROCHAR v.tr. y prnl. Cerrar o ajustar, especialmente prendas de vestir, con broches, corchetes, botones, etc.: *abrochar una blusa*. **2.** *Amér.* Asir a alguien para castigarlo; reprender, castigar.

ABROGACIÓN s.f. DER. Acción de abrogar.

ABROGAR v.tr. (lat. *abrogare*) [2]. DER. Abolir, revocar una ley, un decreto, etc.

ABROJILLO s.m. Hierba anual que crece en Argentina, de hasta 1,5 m de altura, de tallos ramosos y puntas cubiertas de espinas.

ABROJO s.m. (del lat. *aperi oculos*, abre los ojos). Nombre dado a varias plantas espinosas, perjudiciales para los sembrados, pertenecientes a diversas familias. **2.** Fruto de estas plantas.

ABRONCAR v.tr. y prnl. [1]. Reprender o echar una bronca. **2.** Abuchear, armar una bronca en público.

ABROQUELARSE v.prnl. *Fig.* Valerse de cualquier medio de defensa, protegerse. **2.** Cubrirse con el broquel.

ABRÓTANO s.m. (lat. *abrotonum*). Arbusto originario de oriente, de hojas muy finas y blanquecinas, que crece espontáneo en algunas regiones de España y se cultiva en jardines

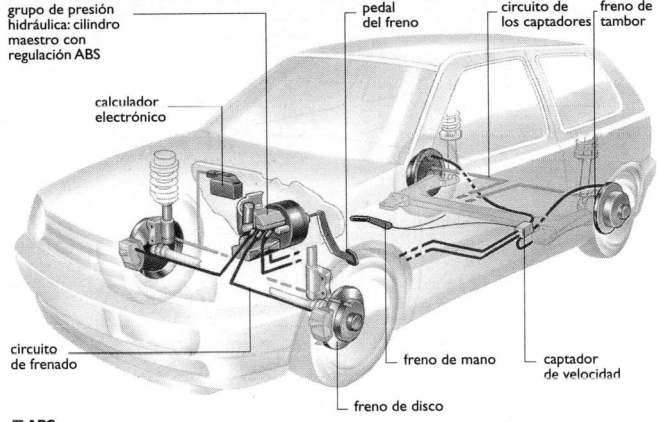

grupo de presión hidráulica: cilindro maestro con regulación ABS

pedal del freno

circuito de los captadores

freno de tambor

calculador electrónico

circuito de frenado

freno de mano

captador de velocidad

freno de disco

■ ABS

por su olor penetrante. (Familia compuestas.) SIN.: *abrótano macho.*

ABRUMAR v.tr. (del ant. *bruma,* carcoma de los buques). Agobiar el peso de una carga. **2.** *Fig.* Causar confusión o desconcierto. **3.** Hacer que una persona se sienta insignificante.

ABRUMARSE v.prnl. Llenarse de bruma la atmósfera.

ABRUPTO, A adj. (lat. *abruptus,* p. de *abrumpere,* cortar violentamente). Escarpado: *terreno abrupto.*

ABS s.m. (sigla del alem. *Antiblockiersystem*). AUTOM. Sistema antibloqueo. (Se usa en aposición en la expresión *sistema ABS*.)

ABSCESO s.m. (lat. *abscessus*). Acumulación de pus en una parte del organismo. ◇ **Absceso de fijación** Absceso provocado con fines terapéuticos, para estimular la inmunidad del organismo.

ABSCISA s.f. (del lat. *abscissa linea,* línea cortada). MAT. En un eje orientado, distancia de un punto al origen, medida algebraicamente. **2.** MAT. Primera de las dos coordenadas con que se fija la posición de un punto en un plano (la otra es la *ordenada*).

ABSCISIÓN s.f. (lat. *abscisio, -onis*). MED. Separación de una parte pequeña de un cuerpo mediante instrumento cortante.

ABSENTISMO s.m. (ingl. *absenteeism*). Esp. Hecho de ausentarse reiteradamente y sin causa justificada de un lugar en el que se tiene alguna obligación, especialmente el trabajo. **2.** Esp. Circunstancia de vivir el propietario fuera de sus tierras. **3.** Esp. Modalidad de explotación agrícola en que un intermediario (intendente) se interpone entre el propietario (no residente) y el agricultor.

ABSIDAL adj. Relativo al ábside.

ÁBSIDE s.m. o f. (lat. *absis, -idis,* coro de iglesia, bóveda). Parte posterior del presbiterio de una iglesia, generalmente semicircular.

ABSIDIOLA s.f. Capilla semicircular del ábside o del transepto de una iglesia.

ABSIDIOLO s.m. Absidiola.

ABSOLUCIÓN s.f. Acción de absolver.

ABSOLUTISMO s.m. Régimen político en que todos los poderes se hallan bajo la autoridad única del jefe del estado.

ABSOLUTISTA adj. y s.m. y f. Relativo al absolutismo; partidario de este régimen político.

ABSOLUTO, A adj. Sin restricción, limitación o condición: *dueño absoluto.* **2.** Que es completo o general: *derrota absoluta, fracaso absoluto.* **3.** FILOS. Que tiene en sí mismo su razón de ser: *verdad absoluta, Dios absoluto.* **4.** LING. Se dice de cualquier elemento de la oración que no depende de otro elemento dentro de esta. ◇ **En absoluto** En frases afirmativas indica *del todo*; en frases negativas indica negación general y terminante. **Valor absoluto de un número real** a MAT. El mismo número, si es positivo, o su opuesto, si es negativo; se escribe [a].

ABSOLUTORIO, A adj. DER. Que absuelve: *sentencia absolutoria.*

ABSOLVER v.tr. (lat. *absolvere*) [38]. Declarar judicialmente no culpable: *absolver a un acusado.* **2.** Declarar libre de culpa, responsabilidad o pecado.

ABSORBENCIA s.f. Absorción. **2.** ÓPT. Magnitud que caracteriza el poder de absorción de las radiaciones monocromáticas por parte de una sustancia. SIN.: *densidad óptica.*

ABSORBENTE adj. y s.m. y f. Que absorbe: *materia absorbente.* **2.** Que acapara la atención o el esfuerzo de alguien: *trabajo absorbente.* **3.** Se dice de la persona que intenta imponer su voluntad: *persona absorbente.*

ABSORBER v.tr. (lat. *absorbere*). Atraer o embeber un cuerpo y retener entre sus moléculas las de otro en estado líquido o gaseoso: *las plantas absorben oxígeno.* **2.** *Fig.* Acaparar totalmente la atención y actividad de alguien: *el trabajo lo absorbe.* **3.** *Fig.* Consumir por completo: *absorber toda la producción.*

ABSORCIÓN s.f. Acción de absorber: *la absorción de un líquido.* **2.** Desaparición de una sociedad al pasar su activo y su pasivo a otra sociedad. **3.** Atenuación de la energía vibratoria, electromagnética o corpuscular cuando atraviesa un medio material. **4.** FISIOL. Paso de las sustancias nutritivas y del oxígeno desde el medio exterior al interior de las células de un ser vivo pluricelular, vegetal o animal. ◇ **Máquina frigorífica de absorción** Máquina en la que, tras la producción de frío, el fluido frigorígeno es absorbido por otra sustancia.

ABSORTO, A adj. Que está concentrado totalmente en la actividad que realiza.

ABSTEMIO, A adj. y s. (lat. *abstemius,* que se abstiene del vino). Que se abstiene de toda bebida alcohólica.

ABSTENCIÓN s.f. Acción de abstenerse. **2.** Renuncia voluntaria a ejercer el derecho de voto.

ABSTENCIONISMO s.m. Actitud o postura de la persona que se abstiene o promueve la abstención en una votación, especialmente en unas elecciones.

ABSTENCIONISTA adj. y s.m. y f. Relativo al abstencionismo; partidario de esta postura.

ABSTENERSE v.prnl. (lat. *abstinere,* mantener lejos) [63]. Dejar de hacer o tomar algo: *abstenerse de opinar, de beber.* **2.** No participar en algo a lo que se tiene derecho, especialmente en una votación.

ABSTINENCIA s.f. Acción de abstenerse de hacer o tomar algo. **2.** Privación total o parcial de satisfacer los apetitos. **3.** Privación de comer carne por motivos religiosos: *día de abstinencia.* ◇ **Síndrome de abstinencia** Conjunto de molestias que aparecen en algunas personas habituadas a un determinado tóxico, al cesar bruscamente su empleo.

ABSTRACCIÓN s.f. Acción de abstraer o abstraerse: *capacidad de abstracción.*

ABSTRACTO, A adj. Que procede de una

operación de abstracción: *concepto abstracto.* **2.** General, vago, alejado de la realidad: *idea abstracta.* ◆ s.m. Anglic. Resumen. ◇ **Arte abstracto** Arte que no se vincula a la representación de la realidad tangible. SIN.: *no figurativo.* **En abstracto** Con exclusión del sujeto en que se halla cualquier cualidad.

ENCICL. En todas las épocas los pintores y los escultores han conocido y utilizado la fuerza inherente de las líneas, volúmenes y colores para crear conjuntos ordenados, capaces por sí mismos de actuar sobre la sensibilidad y el pensamiento. Sin embargo, no consideraron la posibilidad de disociar ese poder de una evocación, más o menos figurativa, del mundo visible (salvo, en forma parcial, algunos artistas islámicos). A partir de 1910-1914, algunos pintores de Occidente renunciaron a la representación. Kandinsky, el primero de todos, estableció una corriente lírica y romántica de la abstracción, proyección del mundo interior y de la visión imaginaria del artista; en el otro extremo, Malevich y Mondrian encuentran en la construcción geométrica más depurada la confluencia del sentido cósmico y la voluntad racional. A partir de estos dos polos, sobre todo después de 1945, se desprendieron muchas variantes: arte concreto (geométrico), expresionismo abstracto (con base en el gesto o la irradiación cromática), arte informal, tachismo, matierismo, no figuración, arte cinético, arte minimal, etc. *(V. ilustr. pág. siguiente.)*

ABSTRAER v.tr. (lat. *abstrahere*) [65]. Aislar mentalmente o considerar por separado las cualidades de un objeto. **2.** Considerar un objeto en su esencia. ◆ **abstraerse** v.prnl. Concentrarse mucho en algo.

ABSTRUSO, A adj. (lat. *abstrusus*). Difícil de comprender: *estilo abstruso.*

ABSURDIDAD s.f. Cualidad de absurdo. **2.** Absurdo.

ABSURDO, A adj. (lat. *absurdus*). Contrario a la razón: *argumento absurdo.* **2.** FILOS. Se dice de toda idea que contiene una contradicción interna. ◆ s.m. Dicho o hecho contrario a la razón: *contestar con un absurdo.* **2.** Corriente del pensamiento que traduce una toma de conciencia, a menudo dramática, de la irracionalidad del mundo y del destino de la humanidad. ◇ **Razonamiento «ab absurdo», o por lo absurdo** Razonamiento que justifica una proposición demostrando que su negación conduce a una contradicción; según los existencialistas, se dice de la condición del ser humano caracterizada por la ausencia de sentido de su existencia y del universo.

ENCICL. La conciencia del absurdo, ya presente en Schopenhauer, en quien alimenta el pesimismo, es un preludio del existencialismo francés (Sartre, Camus), que explora las dimensiones ética y estética. Con el nombre de *teatro del absurdo* se agrupan las obras de algunos autores dramáticos (Beckett, Ionesco, Adamov) que en la década de 1950 llevaron a la escena esa visión del mundo.

ABUBILLA s.f. (del lat. *upupa*). Ave de plumaje rojizo, con franjas transversales blancas y negras, que tiene en la cabeza un gran copete de plumas.

■ ABUBILLA

ABUCHEAR v.tr. Manifestar ruidosamente el público su desagrado o protesta: *abuchear a un orador, a un jugador.*

▪ EL ARTE ABSTRACTO

Ya en la década de 1850 Delacroix escribía que, si el color se utiliza de manera adecuada, en un cuadro hay que poder percibir la expresión de la tela únicamente por su efecto cromático, observándolo de lejos, y sin necesidad de identificar el tema. Parecía pues evidente que un día los artistas se preguntarían si era realmente necesario tratar un tema concreto. Así fue como, en el siglo xx, un gran número de ellos terminaron por expresarse únicamente a través de manchas de color y líneas no representativas.

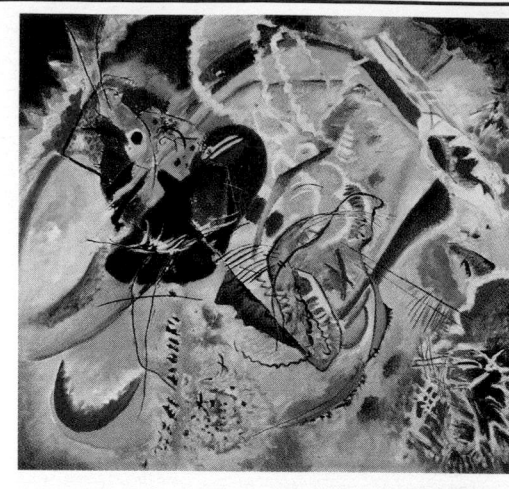

Vasili Kandinsky. *Improvisación n.º 35* (1914). Algunos años antes de esta tela, al observar uno de sus paisajes vuelto al revés por casualidad y en el que no se reconocía el motivo, el pintor presintió un universo inédito y maravilloso. (Museo de Bellas Artes, Basilea.)

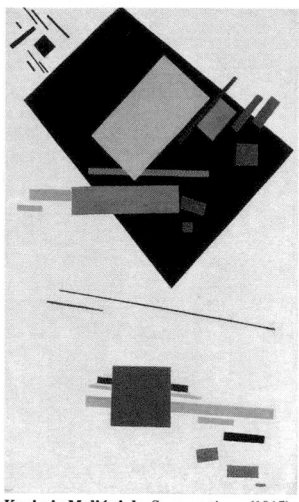

Kazimir Maliévich. *Suprematismo* (1915). Negándole a la pintura toda función representativa, el artista compone un espacio geometrizado cuyos acordes rítmicos son comparables a los que la música organiza en el tiempo. (Stedelijk Museum, Amsterdam.)

Rufino Tamayo. *Cuerpos celestes* (1946). En plena evolución hacia un peculiar geometrismo abstracto lleno de color y matices, el pintor mexicano seguiría después introduciendo elementos personales y culturales cercanos. (Fundación Peggy Guggenheim, Venecia.)

Maria Elena Vieira da Silva. *Landgrave* (1966). La animación y el entramado tornasolado de manchas y lineamientos de color inspirados en el mundo visible vinculan esta obra al movimiento europeo no figurativo representado por la Escuela de París. (Fundación Gulbenkian, Lisboa.)

Georges Vantongerloo. *Construction* $y = ax^2 + bx + 18$ (1930). Latón lacado en negro. El pintor, miembro del grupo De Stijl, plasma las matemáticas de una forma pura e imperiosa. (Colección Max Bill, Zurich.)

ABUCHEO s.m. Acción de abuchear.

ABUELO, A s. (del lat. *aviola,* dim. de *avia,* abuela). Padre o madre del padre o de la madre. **2.** *Fig.* Persona anciana. ✦ **abuelos** s.m.pl. El abuelo y la abuela. **2.** Ascendientes o antepasados de que desciende una persona.

ABULENSE adj. y s.m. y f. (del lat. *Abula,* Ávila). De Ávila, ciudad de España. SIN.: *avilés.*

ABULIA s.f. (gr. *aboulia*). Ausencia patológica de voluntad, sin que exista trastorno somático ni intelectual.

ABÚLICO, A adj. y s. Relativo a la abulia; que padece abulia.

ABULÓN s.m. Caracol marino comestible de concha anacarada que abunda en las costas de Baja California.

ABULONAR v.tr. Argent. Sujetar con bulones.

ABULTAMIENTO s.m. Acción de abultar. **2.** Bulto, elevación en una superficie.

ABULTAR v.intr. Ocupar cierto espacio: *el paquete abulta mucho.* ✦ v.tr. y prnl. Aumentar el bulto o volumen de algo. **2.** *Fig.* Exagerar, desorbitar: *abultar una noticia.* **3.** Hacer de bulto o relieve. **4.** Aumentar la cantidad, la intensidad o el grado de algo: *abultar el cinismo de sus palabras.*

ABUNDAMIENTO s.m. Abundancia. ◇ **a mayor abundamiento** Con mayor razón o seguridad, además.

ABUNDANCIA s.f. Gran cantidad: *haber abundancia de alimentos.* **2.** Riqueza, bienestar: *vivir en la abundancia.* ◇ **Cuerno de la abundancia** Vaso en forma de cuerno, lleno de frutas y flores, que simboliza la abundancia y que solía llevar la diosa del mismo nombre. **Teoría de la abundancia** ECON. Teoría según la cual los medios técnicos modernos permiten producir una cantidad de bienes muy superior a los medios de adquisición de los consumidores, circunstancia que hace necesario implantar mecanismos que permitan paliar este desequilibrio.

ABUNDANTE adj. Que existe o se da en gran cantidad: *es la planta más abundante de este bosque.* **2.** Que tiene gran cantidad de algo: *una cosecha abundante.*

ABUNDAR v.intr. (lat. *abundare*). Haber o tener gran cantidad de una cosa: *aquí abundan las flores.* **2.** Mantener o apoyar una idea u opinión.

¡ABUR! interj. (Vasc. *agur*). Fam. ¡Agur!, ¡abur!, ¡hasta mañana!

ABURGUESAMIENTO s.m. Acción y efecto de aburguesarse: *aburguesamiento de las costumbres.*

ABURGUESARSE v.prnl. Volverse burgués.

ABURRIMIENTO s.m. Sensación de fastidio provocada por la falta de diversión o de interés por algo. **2.** Persona o cosa que aburre.

ABURRIR v.tr. (lat. *abhorrere,* tener aversión a algo). Resultar poco interesante o entretenido: *una conversación que aburre a cualquiera.* ✦ **aburrirse** v.prnl. *Fig.* Sentir aburrimiento o hastío: *aburrirse de esperar.*

ABUSADO, A adj. Guat. y Méx. Que sabe aprovechar la ocasión, listo, perspicaz.

ABUSAR v.intr. Hacer uso excesivo o indebido de algo: *abusar de un medicamento.* **2.** Aprovecharse de alguien: *abusar de sus empleados.* **3.** Obligar a una persona a otra a mantener relaciones sexuales con ella.

ABUSIVO, A adj. Que excede lo que se considera adecuado o justo: *impuestos abusivos.*

ABUSO s.m. (lat. *abusus*). Acción de abusar: *abuso de confianza.* ◇ **Abuso de autoridad** Delito que consiste en la extralimitación de las atribuciones propias de una autoridad o un funcionario. **Abuso de derecho** Delito que consiste en ultrapasar los límites asignados al ejercicio de un derecho, e incluso, si hay intención de causar daño, en ejercer un derecho.

ABUSÓN, NA adj. y s. *Fam.* Que abusa.

ABYECCIÓN s.f. Acción, actitud o condición vil y despreciable.

ABYECTO, A adj. (lat. *abjectus,* bajo, humilde). Bajo, despreciable, vil: *una abyecta mentira; una persona abyecta.*

ACÁ adv.l. (del lat. *eccum hac,* he aquí). Indica de forma indeterminada el lugar en que está el hablante o un lugar cercano a él (ad-

---

mite grados de comparación): *viene hacia acá.* ✦ adv.t. Precedido de las preposiciones *o* o *desde* y una expresión de tiempo, indica el período transcurrido desde ese momento hasta el presente: *de ayer acá.*

ACABADO, A adj. Terminado con perfección: *una obra acabada.* **2.** Que ha perdido su vigor, su fuerza o su importancia: *un hombre acabado.* ✦ s.m. Último retoque que se da a algo para mejorar su aspecto: *el acabado de un vestido.* **2.** MEC. Operación mediante la cual se termina el trabajo o labrado de una superficie o de un elemento de pieza mecánica.

ACABALLADERO s.m. Establecimiento donde se tienen sementales y yeguas para multiplicar y mejorar la especie.

ACABALLONAR v.tr. Hacer caballones en un terreno.

ACABANGARSE v.prnl. [2]. Amér. Central. Sentirse acongojado.

ACABAR v.tr. y prnl. (de *cabo*). Hacer que una cosa llegue a su fin: *acabar un trabajo.* ✦ v.tr. Consumir totalmente una cosa: *acabar toda la comida.* **2.** Terminar con esmero una cosa, en especial una obra. ✦ v.intr. Con la prep. *por* y un infinitivo, llegar el momento de producirse un suceso: *acabó por ceder.* **2.** Con la prep. *de* y un infinitivo, haber ocurrido algo un poco antes de lo que indica este último verbo: *acaba de llegar.* **3.** Con la prep. *con,* destruir, aniquilar: *las penas acabarán con él.* **4.** Morir: *acabar en un hospital.* ✦ v.intr. y prnl. Llegar una cosa a su final o una cosa de una manera determinada. **2.** Tener una cosa su final o una manera determinada.

ACABOSE s.m. **Ser el acabose** *Fam.* Haber llegado una cosa a su último extremo; especialmente acabar en ruina o desastre.

ACACHARSE v.prnl. Chile. Paralizarse la venta de algún artículo.

ACACHETAR o **ACACHETEAR** v.tr. TAUROM. Rematar al toro con el cachete o puntilla.

ACACIA s.f. (lat. *acacia*). Planta leñosa de flores blancas y olorosas originaria de América del Norte y que se cultiva en todos los países templados como árbol de jardín. (Familia mimosáceas). **2.** Madera de este árbol.

▣ **ACACIA**

ACADEMIA s.f. (del lat. *Academia,* nombre de la escuela de filosofía platónica). Sociedad científica, literaria o artística establecida con autoridad pública: *Real Academia de la Historia.* **2.** Centro docente, de carácter privado, destinado a impartir enseñanza elemental y secundaria o enseñanzas específicas: *academia de danza.* **3.** Junta de académicos; lugar en que se reúnen: *ayer hubo academia.* **4.** B. ART. Figura entera, pintada o dibujada, de un modelo desnudo. ◇ **Academia militar** Centro de enseñanza superior militar.

ACADEMICISMO s.m. Sujeción al espíritu y técnica de la tradición artística, que se simboliza en las academias.

ACADÉMICO, A adj. Relativo a la academia. **2.** Se dice de los estudios o títulos reconocidos oficialmente. **3.** Se dice de las obras de arte en que se observan con rigor las normas clásicas, y también del autor de estas obras. ✦ s. Miembro de una academia.

ACADEMIZAR v.tr. [7]. Dar carácter académico a una obra.

ACADIO, A adj. y s. De Acad. **2.** De Acadia. ✦ s.m. Antigua lengua semítica hablada en Mesopotamia.

ACAECER v.intr. (del lat. *accidere,* caer sobre algo) [37]. Suceder, acontecer. (Se usan únicamente el infinitivo, gerundio, participio y la 3ª persona.)

ACAHUAL s.m. Méx. Nombre genérico del girasol y de otras plantas de tallo grueso que suelen crecer en los barbechos. (Familia compuestas.)

ACAJÚ s.m. Árbol de América de madera rojiza muy dura y apreciada en carpintería. **2.** Madera africana de aspecto similar.

ACALAMBRARSE v.prnl. Contraerse los músculos de manera brusca y dolorosa: *acalambrarse las piernas.*

ACALCULIA s.f. (de *a* y lat. *calculus,* cálculo). NEUROL. Imposibilidad patológica de reconocer las cifras, utilizar los números y realizar operaciones aritméticas.

ACALEFO, A adj. y s.m. (fr. *acalèphe*). Relativo a una clase de cnidarios formada por medusas de gran tamaño. SIN.: *escifozoo.*

ACALLAR v.tr. Hacer que cesen ruidos, voces, llanto, etc.: *acallar las voces.* **2.** *Fig.* Calmar, apaciguar: *acallar el hambre.*

ACALORAMIENTO s.m. Ardor, arrebato de calor: *el sol le produjo acaloramiento.* **2.** *Fig.* Apasionamiento, enardecimiento: *el acaloramiento de una discusión.*

ACALORAR v.tr. Dar o causar calor a alguien: *el vino me acalora.* **2.** Enojar o excitar a alguien. ✦ v.tr. y prnl. *Fig.* Hacer más vivo o vehemente: *su intervención acaloró la asamblea; la discusión se fue acalorando.* ✦ **acalorarse** v.prnl. Sofocarse y excesivarse debido al calor o a un esfuerzo: *se acalora al subir las escaleras.* **2.** *Fig.* Excitarse, apasionarse en una conversación o discusión.

ACAMADO, A adj. HERÁLD. Se dice de la pieza o figura colocada sobre otra u otras.

ACAMAYA s.f. Langostino de agua dulce, de color gris perla, que crece en los ríos del golfo de México.

ACAMPADA s.f. Acción y efecto de acampar. **2.** Campamento.

ACAMPANAR v.tr. y prnl. Dar forma de campana a algo.

ACAMPAR v.intr. Instalarse en un lugar al aire libre para establecerse temporalmente en él: *acampar a la orilla del río.*

ÁCANA s.m. o f. (voz indígena de las Antillas). Árbol de América del Sur, de 8 a 10 m de alt., de madera compacta y recia que se emplea en construcción. (Familia sapotáceas.) **2.** Madera de este árbol.

ACANALADO, A adj. Que tiene forma de canal: *tejas acanaladas.* **2.** Que pasa por un canal o lugar estrecho. **3.** Que tiene estrías: *columna acanalada.* ✦ adj. y s.m. Se dice de un tejido cuya superficie aparece cubierta de relieves o realces separados por surcos paralelos.

ACANALADURA s.f. ARQ. Canal o estría. **2.** GEOMORFOL. Ranura de perfil redondeado que se excava en las rocas desnudas bajo la acción de procesos de erosión externa. **3.** TECNOL. Cavidad rectilínea, larga y estrecha, en una pieza generalmente cilíndrica o de revolución.

ACANALAR v.tr. Dar forma de canal o teja. **2.** Hacer canales o estrías.

ACANILLADO, A adj. y s.m. Se dice del tejido que, por contener algunos hilos más gruesos que el resto, o de tinte más subido o más pálido, forma listas, rayas o canillas.

ACANTÁCEO, A adj. y s.f. Relativo a una familia de dicotiledóneas gamopétalas de las regiones cálidas, como el acanto.

ACANTILADO, A adj. y s.m. (de *1. canto*). Se dice de la costa recortada, que desciende verticalmente al mar. ✦ adj. Se dice del fondo del mar que forma cantiles o escalones. ✦ s.m. Corte vertical o casi vertical de un terreno.

ACANTO s.m. (lat. *achantus*). Planta ornamental, de hojas largas (50 cm), regularmente dentadas, de color verde y flores blancas, que vive en rocallas y lugares frescos. (Familia acantáceas.) SIN.: *branca ursina.* **2.** Motivo ornamental arquitectónico que imita la hoja de esta planta, característico del capitel corintio.

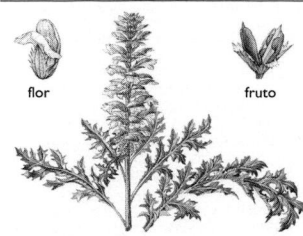

flor fruto

■ **ACANTO**

■ **ACANTOS** ornamentales. Arte griego.

ACANTONAMIENTO s.m. MIL. Acción de acantonar tropas. **2.** MIL. Lugar donde hay tropas acantonadas.

ACANTONAR v.tr. y prnl. (de *l. canto*). MIL. Alojar tropas en varios lugares o cantones, generalmente en espera de que escaseen o se encarezcan. **2.** *Fig.* Apropiarse de algo que corresponde a más personas: *acaparar una herencia.* **3.** *Fig.* Absorber la atención o la actividad: *acaparar todas las miradas.*

ACANTOPTERIGIO, A adj. y s.m. (del gr. *akantha*, espina, y *pterygion*, aleta). Relativo a un grupo de peces óseos con aleta dorsal espinosa, como el atún y la caballa.

ACAPACHADO, A adj. TAUROM. Se dice del toro que tiene las astas caídas y abiertas.

ACAPARAMIENTO s.m. Acción y efecto de acaparar.

ACAPARAR v.tr. (fr. *accaparer*). Acumular cosas en más cantidad de lo que es necesario habitualmente, en previsión de que escaseen o se encarezcan. **2.** *Fig.* Apropiarse de algo que corresponde a más personas: *acaparar una herencia.* **3.** *Fig.* Absorber la atención o la actividad: *acaparar todas las miradas.*

ACÁPITE s.m. (lat. *a capite*, desde la cabeza). Amér. Párrafo.

A CAPPELLA loc. (voces italianas, *en la capilla*). MÚS. Se dice de la obra coral que se ejecuta sin acompañamiento.

ACARAMELAR v.tr. Cubrir algo con una capa de caramelo. ➤ **acaramelarse** v.prnl. *Fig.* y *fam.* Mostrarse muy cariñoso, dulce o galante: *los novios se acaramelaban.*

ACARICIAR v.tr. Hacer caricias. **2.** *Fig.* Rozar o tocar suavemente: *la brisa acariciaba las hojas de los árboles.* **3.** *Fig.* Pensar en la consecución o realización de algo que se desea o se pretende llevar a cabo: *acariciar una esperanza, una idea.*

ÁCARO adj. y s.m. (lat. moderno *acarus*). Relativo a un orden de arácnidos de pequeño tamaño (de algunos mm como mucho), de los cuales algunos son parásitos de otros animales y pueden transmitir enfermedades.

■ **ÁCARO**

ACAROSIS s.f. Enfermedad causada por los ácaros.

ACARREADO, A s. Méx. *Fam.* Persona a la que se ha obligado a asistir a un mitin político, o se le ha pagado para ello.

ACARREAR v.tr. Transportar una carga de un lugar a otro: *acarrear las maletas.* **2.** *Fig.* Ocasionar, causar algo, generalmente negativo: *acarrear disgustos.*

ACARREO s.m. Acción de acarrear. **2.** Precio que se cobra por acarrear. ◇ **Materiales de acarreo** GEOMORFOL. Tierras, cantos o arena transportados por las aguas, hielos, etc., que se acumulan en determinados sectores de la superficie terrestre.

ACARTONARSE v.prnl. Ponerse rígido y seco como el cartón: *acartonarse el cutis.*

ACASERADO, A adj. Amér. Se dice del perro que se introduce en una casa ajena y logra quedarse en ella con zalamerías. **2.** Chile y Perú. Cliente habitual.

ACASO adv.d. (de *caso*). Quizá, tal vez: *acaso venga hoy.* ➤ s.m. *Poét.* Casualidad, azar, suceso imprevisto. ◇ **Por si acaso** En previsión de un suceso inesperado. **Si acaso** Indica la posibilidad de que ocurra lo que expresa el verbo.

ACATAMIENTO s.m. Acción de acatar.

ACATANGA s.f. Argent. y Bol. Escarabajo pelotero. **2.** Bol. Excremento.

ACATAR v.tr. (del ant. *catar*, mirar). Aceptar una ley, una orden, una decisión o la autoridad de alguien: *acatar la constitución.*

ACATARRAR v.tr. Producir un catarro. SIN.: *constipar, resfriar.* **2.** Méx. Importunar. ➤ **acatarrarse** v.prnl. Contraer un catarro.

ACAUDALADO, A adj. Se dice de la persona que tiene mucho dinero.

ACAUDALAR v.tr. (de *l. caudal*). Reunir una cosa en gran cantidad: *acaudalar riquezas, esperanzas.*

ACAUDILLAR v.tr. Dirigir o guiar a un grupo de personas, una empresa, un partido, etc. **2.** Dirigir o guiar a un grupo de gente armada: *acaudillar una expedición.*

ACAULE adj. (del lat. *caulis*, tallo). BOT. Se dice de la planta sin tallo aparente.

ACCEDER v.intr. (lat. *accedere*, acercarse). Mostrar conformidad con una proposición, solicitud u opinión: *acceder a sus peticiones.* **2.** Tener acceso o entrada a un lugar: *acceder al recinto.* **3.** Alcanzar o tener la posibilidad de conseguir alguien una situación, condición o categoría superiores: *acceder a la alcaldía.*

ACCESIBILIDAD s.f. Cualidad de accesible.

ACCESIBLE adj. Que es de fácil acceso: *camino, cima accesible.* **2.** *Fig.* Se dice de la persona amable y cordial en el trato con sus inferiores o con desconocidos. **3.** Que puede entenderse con facilidad: *explicación accesible.*

ACCESIÓN s.f. Acción de acceder. **2.** DER. CIV. Extensión del derecho de propiedad de una cosa a otra accesoria, que se une a la primera. **3.** Cosa adquirida de esta manera.

ACCÉSIT s.m. (lat. *accessit*, de *accedere, acercarse*) [pl. *accésit*]. Recompensa inmediatamente inferior al premio que se otorga en un concurso científico, literario o artístico.

ACCESO s.m. Acción de llegar a un lugar: *el acceso a la ciudad fue lento.* **2.** Lugar de entrada o paso: *acceso prohibido.* **3.** *Fig.* Posibilidad de alcanzar u obtener algo, o de acercarse a alguien. **4.** Acometida súbita e intensa de un sentimiento: *acceso de celos.* **5.** INFORMÁT. Procedimiento de búsqueda o de registro de un dato en una memoria electrónica. **6.** MED. Conjunto de trastornos morbosos, como epilepsia, histeria, neuralgia, etc., que aparecen a intervalos más o menos regulares. ◇ **Acceso de fiebre** Elevación de la temperatura del organismo.

ACCESORIO, A adj. Que depende de algo principal: *piezas accesorias.* **2.** Que no es necesario: *detalles accesorios.* ➤ s.m. Dispositivo o aparato que no es parte esencial de una máquina: *accesorios de automóvil, de teatro.*

ACCESORISTA s.m. y f. Persona que tiene por oficio encargarse de los accesorios en el teatro y en los estudios cinematográficos. SIN.: *attrezzista.*

ACCIDENTADO, A adj. Que tiene muchos

desniveles: *sendero accidentado.* **2.** Que se desarrolla con muchos contratiempos, accidentes o incidentes: *una vida accidentada.* ➤ adj. y s. Que ha sufrido un accidente.

ACCIDENTAL adj. Que ocurre por casualidad o por accidente: *encuentro accidental.* **2.** Que desempeña ocasionalmente un cargo: *director accidental.* **3.** Que no es esencial o fundamental: *un adorno accidental.*

ACCIDENTAR v.tr. y prnl. Provocar un accidente.

ACCIDENTE s.m. (lat. *accidens, -entis*, p. de *accidere*, caer sobre algo). Suceso imprevisto que altera el curso regular de las cosas, especialmente el que causa daños a una persona o cosa: *un viaje sin accidentes; accidente automovilístico.* **2.** Indisposición que priva repentinamente de sentido o de movimiento. **3.** FILOS. Lo que no existe por sí mismo, que no tiene naturaleza propia (por oposición a *sustancia, esencia*). **4.** GRAM. Modificación que sufren en su forma las palabras variables para expresar diversas categorías gramaticales. **5.** MÚS. Cada uno de los signos que sirven para alterar las notas (*sostenido, bemol, becuadro*). ◇ **Accidente del terreno** Desigualdad del relieve. **Accidente de trabajo,** o **laboral** Daño corporal debido a una causa exterior sobrevenida por razón del trabajo o con ocasión de este. **Accidente «in itinere»** Accidente sufrido por un trabajador en el trayecto entre el lugar de trabajo y su residencia o el lugar donde habitualmente efectúa sus comidas. (Se asimila a un accidente de trabajo.)

ACCIDENTOLOGÍA s.f. Estudio científico de los accidentes, especialmente de los automovilísticos.

ACCIÓN s.f. (lat. *actio, -onis*). Efecto de hacer, lo que se hace: *una acción humanitaria.* **2.** Efecto o influencia de una cosa sobre otra: *la acción erosiva del agua.* **3.** Actividad, movimiento, dinamismo: *un hombre, una película de acción.* **4.** Ejercicio de la capacidad de obrar o realizar algo: *prefiere la acción a la reflexión.* **5.** Trama de cualquier tipo de representación, narración, etc.: *la acción de una novela.* **6.** *Fam.* Posibilidad o facultad de hacer alguna cosa, especialmente acometer o defenderse: *dejar sin acción.* **7.** Ejercicio de un derecho en justicia: *intentar una acción judicial.* **8.** ART. MOD. Y CONTEMP. Performance. **9.** DER. MERC. **a.** Cada una de las partes en que se considera dividido el capital de una sociedad anónima, y también, a veces, el que aportan los socios no colectivos a algunas comanditarias, que entonces se llaman comanditarias por acciones. **b.** Título que acredita y representa el valor de cada una de las partes. **10.** MEC. Fuerza con que obra un cuerpo sobre otro. ◇ **Acción de gracias** Expresión o manifestación de agradecimiento. **Acción directa** Actividad política basada en la violencia y desarrollada fuera del marco legal.

ACCIONADOR s.m. TECNOL. Aparato u órgano que permite actuar sobre una máquina o un proceso para modificar su comportamiento o su estado.

ACCIONAMIENTO s.m. Puesta en marcha de un mecanismo, negocio, etc.: *un motor con accionamiento eléctrico.*

ACCIONAR v.tr. Dar movimiento a un mecanismo o parte de él: *accionar una palanca.* ➤ v.intr. Hacer movimientos y gestos para dar a entender alguna cosa o para acompañar la palabra: *accionar con las manos.*

ACCIONARIADO s.m. Conjunto de accionistas de una sociedad.

ACCIONISTA s.m. y f. Persona que posee una o varias acciones en una sociedad financiera, industrial o comercial.

ACCITANO, A adj. y s. (del lat. *Acci*, ant. Gaudix). De Guadix.

ACE s.m. (voz inglesa). En el tenis, pelota de servicio que el adversario no consigue devolver.

ACEBEDA s.f. Terreno poblado de acebos.

ACEBEDO s.m. Acebeda.

ACEBO s.m. (del lat. *aquifolium*). Árbol o arbusto de sotobosque, de hojas brillantes, espinosas y persistentes, cuya corteza sirve para fabricar la liga. **2.** Madera de este árbol.

ACEBOLLADURA s.f. Defecto de algunas maderas por desunión de dos de las capas que forman el tejido leñoso del árbol.

ACEBUCHE s.m. (hispano-ár. *zabbū̆ŷ*).Variedad silvestre de olivo. **2.** Madera de este árbol.

ACEBUCHINA s.f. Fruto del acebuche.

ACECHANZA s.f. Acecho.

ACECHAR v.tr. (lat. *assectari*, seguir constantemente). Vigilar y aguardar con cautela para atacar o causar algún daño: *acechar a la presa.* **2.** Amenazar.

ACECHO s.m. Acción de acechar: *el acecho del enemigo.* SIN.: *acechanza.* **2.** Lugar desde donde se acecha.⋄ **Al acecho** Observando a escondidas: *siempre estaba al acecho.*

ACECINAR v.tr. y prnl. (de *cecina*). Salar las carnes y secarlas al aire y al humo para que se conserven. ✦ **acecinarse** v.prnl. *Fig.* Quedarse muy enjuto de carnes.

ACEDERA s.f. (de *acedo*, ácido). Planta herbácea (poliponácea) de la que se cultivan numerosas especies por sus hojas comestibles, de sabor ácido. (Familia poligonáceas.) **2.** Cuba. Vinagrera.⋄ **Sal de acederas** Oxalato de potasio.

ACEDERILLA s.f. Planta herbácea de rizoma rojo, delgado, hojas radicales y flores blancas, amarillas o de un rosado pálido. (Familia oxalidáceas.) SIN.: *aleluya.*

ACEFALÍA s.f. Cualidad de acéfalo. **2.** EMBRIOL. Malformación congénita que consiste en la ausencia parcial o total de la cabeza.

ACEFALISMO s.m. Acefalía.

ACÉFALO, A adj. (gr. *akephalos*).Que carece de cabeza. **2.** Se dice de la comunidad que no tiene jefe o autoridad. ✦ adj. y s.m. Bivalvo.

ACEITADO s.m. Acción y efecto de lubricar o engrasar con aceite.

ACEITAR v.tr. Untar con aceite.

ACEITE s.m. (ár. *záit*).Producto de origen mineral, animal o vegetal, fluido a temperatura ordinaria, y constituido, en el primer caso, por hidrocarburos pesados, y, en los otros dos, por una mezcla de glicerinas.⋄ **Aceite alcanforado** Alcanfor en solución oleosa al 1 o 2 %, utilizado como analéptico. **Aceite de petróleo** Líquido de petróleo pesado, viscoso, utilizado como lubricante. **Aceite detergente** Aceite de petróleo, lubrificante, que dispone y retiene en suspensión los depósitos y los residuos ácidos de los motores de combustión interna. **Aceite esencial** Aceite volátil que se obtiene por destilación de sustancias aromáticas de origen vegetal. ENCICL. Los aceites vegetales más importantes, según el volumen de producción, son los de soya, girasol, maní, oliva, colza, coco y palma. El aceite que procede de una sola variedad vegetal y que se obtiene tan solo por procedimientos mecánicos (trituración, presión, centrifugado, etc.) se llama *aceite virgen.* El aceite virgen (o una mezcla de aceites) que ha sufrido diferentes tratamientos químicos para mejorar su sabor y olor se llama *aceite refinado.* Los mayores productores de aceite son EUA (soya) y Rusia (girasol). Destacan también Brasil y China (soya), India (maní) y España, Italia y Grecia (oliva).

ACEITERA s.f. Recipiente que sirve para con-

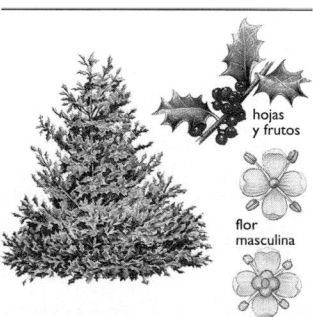

hojas y frutos

flor masculina

flor femenina

■ ACEBO

CARACTERÍSTICAS:
energía de cada haz: 7 TeV
diámetro del túnel: 9 km aprox.
circunferencia: 27 km

100 m aprox.

sentido de circulación de los hadrones

detector CMS

pozos de pruebas

sistema de aceleración

parada de los haces

limpieza de los haces

túnel de traslado

Cern

limpieza de los haces

detector ALICE

inyección de hadrones

detector ATLAS

inyección de hadrones

detector LHC-B

FRANCIA

Cessy

Sergy

Cern

Ferney-Voltaire

Meyrin

SUIZA

aeródromo de Ginebra

ATLAS

haz de partículas

El LHC permite estudiar las partículas de altísima energía producidas en los choques de dos haces acelerados de hadrones (concretamente, de protones). Los dos haces, que circulan en sentidos opuestos, colisionan en cuatro puntos de cruce, donde unos detectores recogen y analizan las nuevas partículas producidas.

doc. Cern

■ **ACELERADOR** DE PARTÍCULAS. Principio y emplazamiento del LHC del CERN.

---

tener y verter aceite, especialmente en el uso doméstico. ✦ **aceiteras** s.f.pl. Vinagreras.

ACEITERO, A adj. Relativo al aceite: *molino aceitero; producción aceitera.*

ACEITOSO, A adj. Que tiene aceite, grasiento, *agua aceitosa.* **2.** Que tiene demasiado aceite: *una comida muy aceitosa.* **3.** Parecido al aceite.

ACEITUNA s.f. (del ár. *zaitūna*). Fruto del olivo. SIN.: *oliva.* ⋄ **Aceituna negra** Oliva recolectada madura y conservada en aceite. **Aceituna sevillana** Nombre genérico de un adere-zo especial de las aceitunas destinadas al consumo directo, que se aplica a diversas variedades elaboradas en las provincias de Sevilla, Badajoz, Cádiz, Córdoba y Huelva. **Aceituna verde** Oliva recolectada antes de madurar y conservada en salmuera.

ACEITUNADO, A adj. Que es de color verde parecido al de la aceituna.

ACEITUNERO, A s. Persona que tiene por oficio recoger o vender aceitunas.

ACEITUNO s.m. Olivo. **2.** Nombre dado a diversos árboles maderables que crecen en América Central. (Familia simarubáceas.)

ACELERACIÓN s.f. Acción y efecto de acelerar o acelerarse. **2.** Variación de la velocidad, por unidad de tiempo, de un cuerpo en movimiento. **3.** ECON. Principio según el cual cualquier aumento de la demanda de bienes de consumo se propaga hacia la demanda de bienes de producción (destinados a satisfacer la primera) con una intensidad mayor.

ACELERADA s.f. Argent., Chile, Méx. y Urug. Acelerón.

ACELERADO, A adj. Que ha sido acelerado o se ha acelerado: *motor acelerado; un ayudante acelerado.* **2.** Se dice de la función del organismo, principalmente la cardíaca y la respiratoria, que ha aumentado su ritmo normal. ✦ s.m. Aparato que se usa en cinematografía para conseguir un efecto de mayor rapidez de los movimientos en la pantalla que en la realidad.

ACELERADOR, RA adj. Que acelera. ✦ s.m. Mecanismo que regula la admisión de la mezcla gaseosa en el motor de explosión para variar su velocidad. **2.** Sustancia que aumenta la velocidad de una reacción química. **3.** Producto que reduce el tiempo de fraguado y endurecimiento del hormigón.⋄ **Acelerador de partículas** FÍS. NUCL. Aparato que permite transmitir grandes velocidades a las partículas

cargadas, con el fin de estudiar las estructuras de la materia.

ACELERAR v.tr. y prnl. (lat. *accelerare*). Hacer más rápido, más vivo un movimiento, un proceso, etc.: *acelerar la producción, la marcha.* ✦ v.tr. e intr. Aumentar progresivamente la velocidad de un vehículo o de un motor. ✦ v.tr. Hacer que una cosa suceda antes del tiempo adecuado: *acelerar un acontecimiento.* ✦ **acelerarse** v.prnl. Ponerse nervioso, azorarse.

ACELERATRIZ adj. Se dice de la fuerza que aumenta la velocidad de un movimiento.

ACELERÓMETRO s.m. Instrumento que sirve para medir la aceleración de un movimiento.

ACELERÓN s.m. Aceleración fuerte y repentina.

ACELGA s.f. (ár. *sílqa*, del gr. *sikelos*, siciliano). Planta hortense cultivada como verdura por sus hojas, grandes y carnosas, y sus pecíolos aplanados.

ACELOMADO, A adj. y s.m. Se dice del animal desprovisto de celoma (Los cnidarios, los gusanos planos y los nematodos son acelomados.) CONTR.: *celomado.*

ACÉMILA s.f. (ár. *zâmila*). Mula o mulo de carga. **2.** *Fam.* y *desp.* Rudo, bruto.

ACEMILERO, A adj. Relativo a las acémilas.

ACENDRAMIENTO s.m. Acción de acendrar.

ACENDRAR v.tr. (del cat. *cendra*, ceniza). Purificar un metal por la acción del fuego. **2.** *Fig.* Purificar una cualidad o un sentimiento: *acendrar las virtudes.*

ACENSAR v.tr. Acensuar.

ACENSUAR v.tr. [18]. DER. Imponer un censo sobre una finca o bien raíz.

ACENTO s.m. (lat. *accentus*, de *canere*, cantar).Intensificación de la voz en una sílaba de una palabra o de un grupo de palabras: *acento prosódico; acento métrico.* **2.** Signo gráfico que se coloca sobre una vocal para precisar su valor: *acento agudo* (´), *grave* (`) y *circunflejo* (^).SIN.: *acento ortográfico.* **3.** Modulación de la voz que expresa pasiones o sentimientos o caracteriza determinados estilos de dicción o declamación: *acento irritado, acento engolado.* **4.** Manera particular de hablar y pronunciar que refleja la procedencia geográfica o social de las personas u otras variables: *acento andaluz.* **5.** Aspecto que destaca en un asunto o circunstancia.

ACENTUACIÓN s.f. Acción y efecto de acentuar o acentuarse.

ACENTUAL adj. GRAM. Relativo al acento.

ACENTUAR v.tr. [18]. Poner un acento ortográfico sobre una letra. **2.** *Fig.* Realzar, resaltar: *acentuar las diferencias.* **3.** *Fig.* Intensificar, aumentar: *acentuar el dolor.* **4.** *Fig.* Recalcar, hablar con énfasis. ◆ **acentuarse** v.prnl. Hacerse más perceptible lo que se expresa: *acentuarse la violencia.*

ACEÑA s.f. (ár. *sāniya*). Molino harinero situado dentro del cauce de un río.

ACEPCIÓN s.f. (lat. *acceptio, -onis*). Cada uno de los sentidos o significados en que se toma una palabra o frase. ◇ **Acepción de personas** DER. Acción de favorecer arbitrariamente a unas personas más que a otras.

ACEPILLADO s.m. Mecanizado de una superficie generalmente plana, mediante el desplazamiento relativo, rectilíneo y alternativo de la pieza o del útil.

ACEPILLADOR, RA adj. Que acepilla: *máquina acepilladora.* ◆ s. Persona que tiene por oficio el manejo de una acepilladora.

ACEPILLADORA s.f. Máquina-herramienta de grandes dimensiones empleada para mecanizar superficies paralelas, en la que el corte del metal se realiza mediante el desplazamiento horizontal, rectilíneo y alternativo de la pieza contra una cuchilla fija. ◇ **Acepilladora de madera** Máquina para alisar piezas de madera.

ACEPILLAR v.tr. Cepillar la madera o los metales.

ACEPTABILIDAD s.f. Cualidad de aceptable. **2.** LING. Característica de un enunciado gramatical cuyo sentido aparece como natural a los hablantes nativos de una lengua.

ACEPTACIÓN s.f. Acción de aceptar. **2.** Acogida favorable: *la obra tuvo gran aceptación.*

ACEPTAR v.tr. (lat. *acceptare*). Mostrar alguien su conformidad a recibir lo que se le ofrece o a realizar lo que se le encarga: *aceptar un regalo.* **2.** Aprobar, dar por bueno: *aceptar una teoría.* **3.** Admitir algo, mostrarse conforme con ello. **4.** Comprometerse con una persona a cumplir algo: *aceptar una letra de cambio.*

ACEPTOR adj. y s.m. FÍS. Se dice del átomo que puede recibir electrones.

ACEQUIA s.f. (ár. *sāqiya*, p. de *saqa*, regar).

Zanja o canal pequeño por donde se conduce el agua para regar.

ACERA s.f. (del ant. *facera*, fachada, de *faz*, cara). Parte lateral de la calle, más elevada que la calzada, y reservada a la circulación de los peatones. GEOSIN.: Amér. Central y Colomb. *andén;* Amér. Merid. y Cuba. *vereda;* Colomb. *alar;* Méx. *banqueta.* **2.** Hilera de casas a cada lado de la calle: *acera izquierda.*

ACERÁCEO, A adj. y s.f. Relativo a una familia de plantas dicotiledóneas, de flores hermafroditas o unisexuales, como el arce.

ACERACIÓN s.f. Operación que permite comunicar a determinados metales la dureza del acero.

ACERADO, A adj. Que contiene acero o es semejante al acero. **2.** *Fig.* Hiriente: *lengua acerada.*

ACERAR v.tr. Dar al hierro las propiedades del acero. ◆ v.tr. y prnl. Fortalecer moralmente: *acerar la voluntad.*

ACERBO, A adj. (lat. *acerbus*). *Fig.* Cruel, despiadado: *crítica acerba.* **2.** Áspero al gusto: *licor acerbo.*

ACERCA adv. (de *2. cerca*). **Acerca de** Sobre la cosa de que se trata, en orden a ella: *tratar acerca de un robo.*

ACERCAMIENTO s.m. Acción y efecto de acercar o acercarse.

ACERCAR v.tr. [1]. Poner o llevar cerca o más cerca: *acércame la sal.* **2.** Llevar a alguien a un lugar. ◆ **acercarse** v.prnl. Ir a un lugar.

ACERÍA s.f. Establecimiento industrial especializado en la fabricación de acero. SIN.: *acerería.*

ACERICO s.m. (dim. del ant. *hacero*, de *faz*). Almohadilla para clavar en ella alfileres y agujas. SIN.: *acerillo.* **2.** Almohada pequeña. SIN.: *acerillo.*

ACERO s.m. (lat. tardío *aciarium*). Aleación de hierro y carbono (menos del 1,8 %), susceptible de adquirir, por tratamientos mecánicos y térmicos, propiedades muy variadas. **2.** *Fig.* Arma blanca. ◆ **aceros** s.m.pl. Temple y corte de las armas blancas. **2.** *Fig.* Ánimo, brío, resolución: *persona de buenos aceros.* ◇ **Acero al crisol** Acero elaborado por fusión de los elementos de la aleación en un crisol. **Acero aleado,** o **especial** Acero formado por aleación de hierro con otro metal (níquel, cromo, cobre o volframio). **Acero al oxígeno** Acero

obtenido a partir de la fundición de alto horno, utilizando aire enriquecido con oxígeno u oxígeno puro. **Acero duro** Acero que contiene de 0,60 a 0,70 % de carbono. **Acero extraduro** Acero que contiene más del 0,70 % de carbono. **Acero extrasuave** Acero que contiene menos del 0,15 % de carbono. **Acero forjado** Acero con bajo contenido de carbono, que puede soldarse por forja. **Acero inoxidable** Acero especial resistente a los diversos agentes corrosivos a temperatura ambiente o moderada (300 °C). **Acero laminado** Acero con un contenido moderado de carbono, o ligeramente aleado, que permite obtener chapa, rieles o perfiles por laminación. **Acero maraging** Aleación de hierro y níquel, con bajo contenido de carbono. **Acero moldeado** Acero muy duro, rico en carbono, obtenido por moldeo de la fundición. **Acero rápido,** o **de corte rápido** Acero especial muy duro, utilizado para la confección de herramientas de corte que deben trabajar a gran velocidad. **Acero semiduro** Acero que contiene de 0,40 a 0,60 % de carbono. **Acero semisuave** Acero que contiene de 0,25 a 0,40 % de carbono. **Acero suave** Acero que contiene de 0,15 a 0,25 % de carbono. **Acero trefilado** Acero menos rico en carbono que el acero moldeado, que se hace pasar por la hilera para obtener hilos para cables.

ACEROLA s.f. (ár. *zarūra*). Fruto del acerolo, parecido a una cereza amarilla pequeña.

ACEROLO s.m. Árbol espinoso, de ramas cortas y frágiles, con flores blancas, cultivado por su fruto. (Familia rosáceas.) **2.** Acerola.

ACÉRRIMO, A adj. (lat. *acerrimus,* superl. de *acer,* agudo). Superlativo de *acre.* **2.** Muy fuerte, decidido o tenaz: *partidario, creyente acérrimo.*

ACERTADO, A adj. Que actúa con acierto. **2.** Adecuado, oportuno: *una acertada combinación de colores.*

ACERTAR v.tr. e intr. (de *cierto*) [10]. Dar en el punto previsto o propuesto: *acertar un tiro en el blanco.* **2.** Dar la solución o la respuesta verdadera a una pregunta, un acertijo, etc.: *contestó segura de que acertaba.* **3.** Dar un resultado o una solución correcta por azar: *acertó la combinación.* **4.** Conseguir el fin propuesto o adecuado. **5.** Encontrar, hallar: *acertar con la puerta a oscuras.* ◆ v.intr. Con la prep. *a* y un infinitivo, suceder lo que expresa el infinitivo de forma casual: *acertó a pasar por allí.*

ACERTIJO s.m. Frase, verso, enunciado, etc., que encierra un enigma y que una persona propone a otra para que lo resuelva, a modo de entretenimiento. SIN.: *adivinanza.* **2.** Idea o expresión difíciles de entender.

ACERVO s.m. (lat. *acervus,* montón). Conjunto de bienes materiales o valores morales y culturales de una colectividad: *el acervo familiar; el acervo cultural de un país.* **2.** Montón o conjunto de cosas.

ACETÁBULO s.m. (lat. *acetabulum,* vasija para vinagre). ANAT. Cavidad articular del hueso coxal en la que se aloja la cabeza del fémur. **2.** ZOOL. Excavación de una concha o de un pólipero, en la que se fija el animal está fijado.

ACETAL s.m. Nombre genérico de los diéteres derivados de aldehídos y cetonas.

ACETAMIDA s.f. Amida del ácido acético (CH_3CONH_2).

ACETATO s.m. (del lat. *acetum,* vinagre). Sal del ácido acético: *acetato de cobre.* **2.** Material plástico transparente que se logra al combinar esta sal con celulosa y se destina a diferentes usos. **3.** Lámina transparente de este material que puede llevar estampados textos o ilustraciones para proyectarlos sobre una pantalla.

ACÉTICO, A adj. (del lat. *acetum,* vinagre). Relativo al vinagre; que produce vinagre. ◇ **Ácido acético** Ácido de fórmula CH_3CO_2H, aislado inicialmente del vinagre, al que proporciona su sabor característico. **Fermentación acética** Fermentación bacteriana que transforma el alcohol en ácido acético: *la fermentación acética del vino proporciona el vinagre.*

ACETIFICACIÓN s.f. Acción de acetificar o acetificarse.

ACETIFICAR v.tr. y prnl. [1]. Convertir en ácido acético.

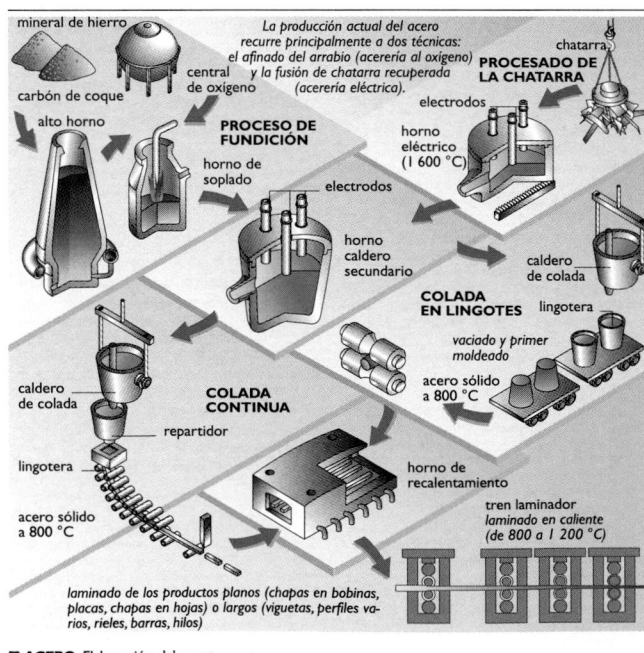

mineral de hierro

carbón de coque

alto horno

La producción actual del acero recurre principalmente a dos técnicas: el afinado del arrabio (acería al oxígeno) y la fusión de chatarra recuperada (acería eléctrica).

central de oxigeno

chatarra

PROCESADO DE LA CHATARRA

electrodos

PROCESO DE FUNDICIÓN

horno de soplado

electrodos

horno caldero secundario

horno eléctrico (1 600 °C)

caldero de colada

COLADA EN LINGOTES lingotera

vaciado y primer moldeado

acero sólido a 800 °C

caldero de colada

COLADA CONTINUA

repartidor

lingotera

acero sólido a 800 °C

horno de recalentamiento

tren laminador *laminado en caliente (de 800 a 1 200 °C)*

laminado de los productos planos (chapas en bobinas, placas, chapas en hojas) o largos (viguetas, perfiles varios, rieles, barras, hilos)

■ **ACERO.** Elaboración del acero.

ACETILCELULOSA s.f. Éster acético de la celulosa. (Es una materia plástica incolora, mucho menos inflamable que la nitrocelulosa, con la que se fabrican láminas, hilos y barnices.)

ACETILCOENZIMA A s.f. Coenzima que desempeña una función capital en el metabolismo de los alimentos y las reservas en los animales y en el ser humano.

ACETILCOLINA s.f. Mediador químico liberado por los nervios parasimpáticos.

ACETILÉNICO, A adj. Se dice del compuesto químico derivado del acetileno.

ACETILENO s.m. Hidrocarburo no saturado gaseoso con triple enlace C_2H_2, que se obtiene por la acción del agua sobre el carburo cálcico. (Se usa en cortes y soldaduras de metales, en disolventes y en la síntesis de poliamidas y cauchos sintéticos.)

ACETILO s.m. (del lat. *acetum*, vinagre). Radical monovalente ($CH_3CO—$), derivado del ácido acético.

ACETILSALICÍLICO, A adj. **Ácido acetilsalicílico** Denominación científica de la aspirina.

ACETILURO s.m. Derivado metálico del acetileno.

ACETÍMETRO o **ACETÓMETRO** s.m. Instrumento que sirve para medir la concentración de un vinagre.

ACETONA s.f. (del lat. *acetum*, vinagre). Líquido incoloro (CH_3COCH_3), de olor peculiar, volátil e inflamable, con una función cetona, que se utiliza como disolvente.

ACETONEMIA s.f. Presencia anormal de acetona y otros compuestos análogos en la sangre provocada por trastornos de metabolismo de los lípidos.

ACETONURIA s.f. MED. Presencia de acetona en la orina.

ACHABACANAR v.tr. y prnl. Hacer chabacano o de mal gusto.

ACHACAR v.tr. [1]. Atribuir, imputar.

ACHACOSO, A adj. Que padece achaques o indisposición habitual.

ACHAFLANAR v.tr. Dar forma de chaflán, biselar.

ACHAMPANADO, A o **ACHAMPAÑADO, A** adj. Se dice de la bebida que imita al champán.

ACHANCHAR v.tr. y prnl. Amér. Debilitar. **2.** Argent, Perder potencia un motor. **3.** Colomb., Ecuad. y Perú. Hacer vida sedentaria.

ACHANTAR v.tr. y prnl. (de *chantar*). Fam. Apabullar, acobardar. ◆ **achantarse** v. prnl. Fam. Ocultarse mientras dura un peligro.

ACHAPARRADO, A adj. Bajo y grueso: *árbol achaparrado; persona achaparrada.*

ACHAQUE s.m. (ár. *šakā*, queja, enfermedad). Enfermedad o molestia leves, especialmente las propias de la vejez.

ACHARAR v.tr. (caló *jácare* quemazón). Avergonzar, azarar.

ACHAROLADO, A adj. Parecido al charol.

ACHATAMIENTO s.m. Acción y efecto de achatar o achatarse. **2.** ASTRON. Aplastamiento de los polos de un astro en rotación.

ACHATAR v.tr. y prnl. Dar forma chata a algo.

ACHATARRAR v.tr. Convertir en chatarra.

ACHELENSE adj. y s.m. Se dice de la facies cultural más importante del paleolítico inferior, caracterizada por grandes piezas bifaciales de factura muy cuidada y por numerosas lascas aplanadas.

ACHICADOR s.m. Pala para achicar el agua de una embarcación.

ACHICADURA s.f. Achicamiento.

ACHICAMIENTO s.m. Acción y efecto de achicar o achicarse.

ACHICAR v.tr. y prnl. [1]. Reducir el tamaño de una cosa. **2.** Fig. Acobardar: *achicarse ante la amenaza.* ◆ v.tr. Sacar el agua que inunda un lugar: *achicar un barco.*

ACHICHARRAR v.tr. y prnl. (voz de origen onomatopéyico). Freír, asar o tostar en exceso un alimento. ◆ v.tr., intr. y prnl. Fig. Calentar demasiado: *achicharrarse de calor.*

ACHICHINCLE s.m. Méx. Fam. Ayudante, empleado cercano al jefe.

ACHICOPALADO, A adj. Hond., Méx. y Salv. Que no tiene ánimo para algo, deprimido.

ACHICOPALARSE v. prnl. Hond., Méx. y Salv. Desanimarse, acobardarse.

ACHICORIA s.f. (lat. *cichoria*, pl. de *cichorium*). Planta herbácea de flores azules y grandes capítulos, cuyas hojas se consumen como ensalada o verdura. (Familia compuestas.) **2.** Raíz torrefacta de una variedad de achicoria, que se mezcla a veces con el café.

mejorada (pan de azúcar)

silvestre de raíz gruesa (para café)

escarola   silvestre

■ **ACHICORIA.** Diferentes variedades.

ACHINADO, A adj. Se dice de las personas o de las facciones parecidas a las de la raza mongoloide. **2.** Amér. Aplebeyado. **3.** Argent., Par. y Urug. Que tiene facciones que denotan ascendencia india.

ACHIOTE s.m. Amér Central, Bol y Méx Árbol de pequeño tamaño que da un fruto oval y carnoso cuya pulpa se usa como condimento y cuyas semillas se emplean para hacer un tinte de color rojo vivo. (Familia bixáceas.)

ACHIRA s.f. Amér. Merid. Planta herbácea propia de terrenos húmedos cuya raíz se utiliza, en medicina popular, contra la epilepsia.

ACHISPAR v.tr. y prnl. (de *chispa*). Poner ligeramente borracho.

ACHOLADO, A adj. Amér. Merid. Que tiene la tez del pelo del mismo color que la del cholo. **2.** Chile. Avergonzado.

ACHUCHAR v.tr. Esp. Fam. Empujar. **2.** Esp. Fam. Dar estrujones, manosear. **3.** Esp. Fam. Aplastar, estrujar. **4.** Esp. Azuzar a los perros.

ACHUCHARSE v prnl. Argent. Fam. Asustarse. **2.** Argent., Par. y Urug. Contraer el paludismo. **3.** Argent., Par. y Urug. Tener escalofríos.

ACHUCHÓN s.m. Fam. Acción y efecto de achuchar. **2.** Fam. Abrazo. **3.** Fam. Empeoramiento brusco del estado de un enfermo.

ACHUNCHAR v.tr. Bol., Chile, Ecuad. y Perú. Avergonzar a alguien, atemorizar.

ACHUNTAR v.tr. Bol. y Chile. Fam. Acertar, dar en el blanco.

ACHURA s.f. (voz quechua). Amér. Merid. Víscera del animal vacuno, lanar o cabrío. **2.** Amér. Merid. Desperdicio de una res.

ACHURAR v.tr. Amér. Merid. Matar con arma blanca. **2.** Amér. Merid. Matar cruelmente. **3.** Amér. Merid. Sacar las achuras de una res.

ACIAGO, A adj. (lat. *aegyptiacus*, egipcio, aplicado en la edad media a ciertos días considerados peligrosos). Que conlleva desgracia y causa tristeza o malestar. **2.** Que presagia desgracias y mala suerte.

ACIAL s.m. (ár. *ziyār*). Instrumento que oprime el hocico o una oreja de las bestias para mantenerlas quietas mientras se las cura, esquila o hierra. **2.** Ecuad. y Guat. Látigo.

ACIANO s.m. (lat. *cyanus*). Planta con capítulos de flores azules. (Familia compuestas.)

ACÍBAR s.m. (ár. *šibar*). Sustancia amarga obtenida por maceración de varias especies de áloe y coloquíntida. **2.** Áloe, planta. **3.** Fig. Amargura, disgusto.

ACICALAMIENTO s.m. Acción de acicalar o acicalarse. **2.** Aseo o arreglo esmerado de una persona o cosa.

ACICALAR v.tr. y prnl. (del ár. *şáqal*, pulir). Fig. Adornar una cosa o arreglar mucho a una persona: *acicalarse para agradar.* **2.** Fig. Afinar, aguzar. ◆ v.tr. Limpiar, bruñir, principalmente las armas blancas.

ACICATE s.m. (ár. *sikkāt*, pl. de *síkka*, punzón). Fig. Estímulo, incentivo. **2.** Espuela con solo una punta de hierro.

ACICATEAR v.tr. Estimular, incitar a alguien.

ACÍCLICO, A adj. Que se produce sin ciclo. **2.** Se dice de los compuestos orgánicos de cadena abierta.

ACICULAR adj. (del lat. *acucula*, dim. de *acus*, aguja). Que tiene forma de aguja. **2.** BOT. Que es largo, delgado y termina en punta. **3.** MINER. Que cristaliza en finas agujas.

ACIDA s.f. Sal del ácido nitrhídrico (N_3H).

ACIDEMIA s.f. Acidosis.

ACIDEZ s.f. Cualidad de ácido. **2.** QUÍM. Cantidad de ácido que contiene una sustancia. ◇ **Acidez gástrica** Hiperclorhidria.

ACID HOUSE s.m. (voz inglesa). Estilo musical nacido a finales de la década de 1980, que deriva del house y se caracteriza por la utilización de ritmos minimalistas y sonidos penetrantes. (También *acid.*)

ACIDIFICAR v.tr. [1]. Hacer ácido. **2.** QUÍM. Transformar en ácido.

ACIDIMETRÍA s.f. Medida de la concentración de un ácido.

ÁCIDO, A adj. (lat. *acidus*). Que tiene sabor parecido al del vinagre o al del limón. **2.** Áspero, desabrido. **3.** QUÍM. Que posee las propiedades de los ácidos. *solución ácida.* ◆ s.m. Compuesto hidrogenado que en disolución acuosa produce iones H^+, que actúa sobre las bases y sobre numerosos metales formando sales por sustitución del hidrógeno por el metal, y que hace virar al rojo la tintura de tornasol. **2.** En el lenguaje de la droga, variedad de LSD, compuesto del ácido lisérgico. ◇ **Roca ácida** GEOL. Roca endógena que contiene más del 65 % de sílice.

ÁCIDO-ALCALIMETRÍA s.f. Medida del carácter ácido o alcalino de un medio.

ACIDOCETOSIS s.f. MED. Acidosis acompañada de la presencia de cetona en la sangre, observada en las diabetes graves.

ACIDÓFILO, A adj. Se dice de la planta que se desarrolla bien en suelos ácidos, como el brezo.

ACIDOSIS s.f. Estado patológico de la sangre que presenta reacción ácida, característica de las diabetes graves, intoxicaciones, etc. SIN.: *acidemia.*

ACIDULAR v.tr. y prnl. Poner acídulo un líquido.

ACÍDULO, A adj. (lat. *acidulus*, dim. de *acidus*, ácido). Ligeramente ácido.

ACIERTO s.m. Acción y efecto de acertar. **2.** Fig. Destreza, habilidad. **3.** Fig. Cordura, tino.

ÁCIGOS adj. y s.f. (gr. *azygos*, no aparejado). Se dice de la vena que comunica entre sí las dos cavas.

ACILACIÓN s.f. Fijación de un radical acilo en una molécula.

ACILO s.m. Radical orgánico ($RCO—$), presente en los ácidos carboxílicos.

ÁCIMO o **ÁZIMO** adj. y s.m. (gr. *azymos*). Se dice del pan sin levadura utilizado ritualmen-

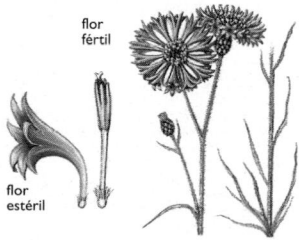

flor fértil

flor estéril

■ **ACIANO**

te en la Pascua judía. **2.** Se dice del pan utilizado por la iglesia latina en el sacrificio eucarístico.

ACIMUT o **AZIMUT** s.m. (ár. *sumût*) [pl. *acimuts* o *azimuts*]. ASTRON. Ángulo diedro orientado, de arista vertical, que forma el plano vertical que pasa por un punto dado con el plano meridiano del lugar. ◇ **Acimut magnético** Ángulo formado por una dirección y el norte magnético.

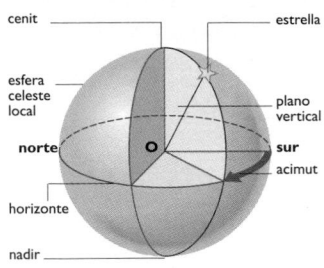

cenit — estrella
esfera celeste local — plano vertical
norte — O — sur
— acimut
horizonte
nadir

O = observador

■ **ACIMUT**

ACIMUTAL o **AZIMUTAL** adj. Relativo al acimut.

ACINESIA s.f. MED. Síntoma neurológico, típico de la enfermedad de Parkinson, que consiste en la dificultad para realizar algunos movimientos voluntarios.

ÁCINO s.m. (gr. *akinos*, especie de albahaca) [pl. *ácini*]. Masa redondeada de algunas células secretoras, alrededor del extremo sin salida del conducto de una glándula.

ACIÓN s.f. (del ár. *siyûr*, pl. de *sáir*, correa). Correa que sostiene el estribo de la silla de montar.

ACIONERA s.f. Argent., Chile y Urug. Pieza de metal o de cuero, fija en la silla de montar, de la que cuelga la ación.

ACITRONAR v.tr. y prnl. Amér. Freír un vegetal en una sustancia grasa sin que llegue a dorarse: *acitrone la cebolla y el ajo antes de agregar la carne al guiso*. GEOSIN.: Esp. *sofreír*.

ACIVILARSE v.prnl. Chile. Contraer matrimonio civil.

ACLAMACIÓN s.f. Acción de aclamar. ◇ **Por aclamación** Sin discusión: *elegir por aclamación*.

ACLAMAR v.tr. (lat. *acclamare*). Dar voces una multitud para mostrar su aprobación o afinidad a alguien o a algo: *aclamar a la reina; aclamar la revolución*. **2.** Otorgar por unanimidad un cargo u honor: *aclamar como caudillo*.

ACLARACIÓN s.f. Acción de aclarar o aclararse. **2.** Explicación oral o escrita que aclara algo.

ACLARADO s.m. Acción de aclarar con agua lo que está enjabonado.

ACLARAR v.tr. y prnl. Hacer menos oscuro o menos espeso: *aclarar un color; aclarar una salsa*. **2.** Hacer más perceptible la voz. **3.** *Fig.* Poner en claro, manifestar, explicar, dilucidar: *aclarar un asunto*. **4.** Aguzar o ilustrar los sentidos o facultades: *aclarar la mente*. ◆ v.tr. Enjuagar con abundante agua lo que está enjabonado: *aclarar los platos, la ropa*. **2.** AGRIC. Proceder al aclareo. ◆ v.intr. y prnl. Amanecer, clarear, serenarse el tiempo. ◆ **aclararse** v.prnl. *Fig.* y *fam.* Poner una persona sus ideas en claro. **2.** Purificarse un líquido.

ACLARATORIO, A adj. Que aclara, explica: *nota aclaratoria*.

ACLAREO s.m. Acción de aclarar, hacer menos espeso. **2.** AGRIC. Acción de suprimir plantas en un sembrado o árboles en un bosque.

ACLIMATACIÓN s.f. Acción y efecto de aclimatar o aclimatarse. **2.** Conjunto de cambios que permiten a un ser vivo subsistir y reproducirse en un medio o clima nuevos.

ACLIMATAMIENTO s.m. Aclimatación.

ACLIMATAR v.tr. y prnl. Acostumbrar a un ser vivo a un clima, situación o ambiente que

no le es habitual. **2.** *Fig.* Hacer que una cosa se desarrolle en un lugar distinto de aquel en que tuvo origen.

ACLÍNICO, A adj. (del gr. *aklinés*, no inclinado). Se dice del lugar en el que la inclinación de la aguja imantada es nula.

ACMÉ s.f. (gr. *aké*, punta). Fase de una enfermedad en que sus síntomas alcanzan el mayor grado de intensidad.

ACMEÍSMO s.m. Escuela literaria rusa que ensalza la vida y la sencillez de estilo, creada a principios del s. XX como reacción contra el simbolismo.

ACNÉ s.m. (gr. *akhne*, película). Enfermedad cutánea caracterizada por la aparición de pequeñas pústulas y comedones, especialmente en la cara y la espalda.

ACOBARDAMIENTO s.m. Acción y efecto de acobardarse.

ACOBARDAR v.tr., intr. y prnl. Hacer que alguien sienta miedo o temor.

ACOCIL o **ACOCILI** s.m. Crustáceo parecido al camarón, muy común en lagos y ríos mexicanos. (Familia astácidos.)

ACOCOTE s.m. Calabaza larga, agujereada por ambos extremos, que se usa en México para extraer el jugo del maguey.

ACODADO, A adj. Doblado en forma de codo: *tubo acodado*.

ACODADURA s.f. Acción y efecto de acodar o acodarse.

ACODALAMIENTO s.m. Acción y efecto de acodalar.

ACODALAR v.tr. ARQ. Poner codales a un vano o a una excavación.

ACODAR v.tr. Doblar en forma de codo. **2.** Doblar una rama de una planta hasta introducirla en la tierra para que arraigue. ◆ **acodarse** v.prnl. Apoyarse sobre los codo en una superficie: *acodarse en la mesa*.

ACODERAMIENTO s.m. MAR. Acción de acoderar un barco.

ACODERAR v.tr. y prnl. (de *codo*). MAR. Mantener el barco en una posición determinada con la ayuda del ancla.

ACODILLAR v.tr. Doblar barras metálicas, tubos, clavos, etc.

ACODO s.m. Acción de acodar una planta. **2.** Vástago o tallo nuevo que nace al acodar una planta. **3.** ARQ. **a.** Moldura que forma el cerco de un vano de puerta o ventana. **b.** Resalto en la parte inferior de una dovela.

ACOGER v.tr. y prnl. (de *coger*) [27]. Recibir a una persona en un lugar que le sirve como vivienda o refugio: *acoger a un indigente, a un refugiado*. **2.** Dar protección, refugio o amparo. **3.** Recibir a alguien o algo con una actitud determinada: *acoger bien una propuesta*. **4.** Aceptar o aprobar: *acoger un proyecto*. ◆ **acogerse** v.prnl. Valerse de pretextos o ampararse en una disposición legal, un reglamento, una costumbre para justificar una acción o una omisión: *acogerse a la amnistía fiscal*.

ACOGIDA s.f. Acción de acoger o acogerse. **2.** Recibimiento: *tener una obra buena acogida*. **3.** Afluencia de agua u otro líquido.

ACOGIDO, A s. Persona acogida en un establecimiento de beneficencia.

ACOGIMIENTO s.m. Acogida, recibimiento, refugio, aceptación. ◇ **Acogimiento familiar** DER. Entrega de menores, huérfanos o abandonados, con carácter permanente o temporal, a personas que se obligan a prestarles los cuidados propios de un padre de familia, sin hacerles objeto de explotación. (Se diferencia de la adopción en que el acogimiento no produce cambios en el estado familiar.)

ACOGOTAR v.tr. Matar con un golpe en el cogote. **2.** *Fig.* Intimidar o dominar: *acogotar al enemigo*. **3.** *Fam.* Derribar a alguien sujetándolo por el cogote.

ACOJONANTE adj. *Vulg.* Que acojona, en especial que impresiona mucho.

ACOJONAR v.tr. y prnl. *Vulg.* Intimidar, atemorizar. **2.** Impresionar, asombrar.

ACOLCHADO, A adj. Se dice de los tejidos reforzados mediante la adición de tramas suplementarias, o del conjunto formado por dos telas basteadas entre las que se ha introducido un relleno de algodón, seda, lana u otra fibra.

◆ s.m. Acción de acolchar. **2.** Argent. Cobertor relleno de materia suave que se pone sobre la cama para adorno o abrigo.

ACOLCHAR v.tr. (de *colcha*). Poner lana, algodón, etc., entre dos telas y bastearlas.

ACOLCHONAR v.tr. Amér. Acolchar.

ACOLHUA, pueblo amerindio del grupo nahua que en el s. XIII ocupó el Valle de México y constituyó el reino de Texcoco.

ACOLIA s.f. (de *a* y gr. *khole*, bilis). MED. Ausencia o disminución notable de la secreción biliar.

ACOLITADO s.m. Orden menor católica mantenida por la reforma de 1972. SIN.: *acolitazgo*.

ACOLITAR v.intr. y tr. Amér. Desempeñar las funciones propias del acólito.

ACÓLITO s.m. (lat. tardío *acolythus*). Clérigo o laico que ha recibido el acolitado. **2.** Persona que acompaña y sirve a otra; cómplice. **3.** Monaguillo que ayuda en funciones religiosas.

ACOLLADOR s.m. MAR. Cabo para atirantar los obenques u otras jarcias.

ACOLLAR v.tr. (cat. *acollar*, unir, atornillar, acollar) [17]. AGRIC. Poner tierra nueva al pie de una planta; cubrir de tierra. **2.** MAR. Tesar, atirantar un cabo halando de los acolladores.

ACOLLARAR v.tr. Argent., Chile y Urug. Unir por el cuello a dos animales. ◆ v.tr. y prnl. Amér. *Fig.* Unir a dos personas o cosas.

ACOMEDIRSE v.prnl. [89]. Amér. Ofrecerse espontáneamente a hacer un servicio.

ACOMETER v.tr. Atacar con ímpetu y fuerza: *el toro acometió al diestro*. **2.** Surgir súbitamente: *acometer la tos, la risa*. **3.** Emprender, generalmente con ímpetu o energía, la realización de algo, en especial cuando es difícil o complicado: *acometer una ardua empresa*.

ACOMETIDA s.f. Acción de acometer. **2.** Instalación de una derivación o ramal secundario. SIN.: *acometimiento*. **3.** Punto de una línea o conducto de un fluido en el que se ha instalado una derivación o ramal secundario. SIN.: *acometimiento*.

ACOMETIVIDAD s.f. Determinación o fuerza para emprender una labor, un proyecto, etc.

ACOMODACIÓN s.f. Acción y efecto de acomodar o acomodarse. **2.** FISIOL. Modificación de la curvatura del cristalino del ojo para hacer más nítida la visión a distancias diferentes.

ACOMODADIZO, A adj. Que se acomoda fácilmente a todo: *persona acomodadiza*. SIN.: *acomodaticio*. **2.** Se dice de la interpretación o manera de pensar que pueden aplicarse a diversas circunstancias. SIN.: *elástico*.

ACOMODADO, A adj. Que tiene una buena posición económica: *familia acomodada*. **2.** Adecuado, conveniente, oportuno. **3.** Que es moderado en el precio. ◆ s. Argent. Persona que disfruta de un puesto por sus influencias.

ACOMODADOR, RA s. Persona que se ocupa de indicar el lugar que deben ocupar los concurrentes a un espectáculo, ceremonia, etc.

ACOMODAMIENTO s.m. Acción de acomodar. **2.** Trato o acuerdo sobre algún asunto.

ACOMODAR v.tr. y prnl. (lat. *commodare*). Poner a una persona o cosa en un lugar conveniente o cómodo. **2.** Proporcionar ocupación o empleo. **3.** Argent. Enchufar, colocar a alguien en un puesto por medio de influencias. ◆ v.tr. Ordenar, componer, ajustar una cosa con otra: *acomodar la puerta al marco*. **2.** *Fig.* Aplicar, adaptar: *acomodar un traje a la moda*. ◆ v.tr. e intr. Agradar, parecer o ser conveniente: *no le acomoda su trabajo*. ◆ v.tr., intr. y prnl. *Fig.* Armonizar, ajustar a una norma: *acomodar a la ley vigente*. ◆ **acomodarse** v.prnl. Avenirse, conformarse: *acomodarse a la pobreza*.

ACOMODATICIO, A adj. Acomodadizo, que se acomoda fácilmente a todo.

ACOMODO s.m. Empleo, ocupación, conveniencia. **2.** Lugar conveniente o apropiado para vivir: *buscar acomodo en la ciudad*. **3.** Argent. Enchufe, empleo u ocupación que se obtiene por medio de influencias.

ACOMPAÑADO, A adj. *Fam.* Concurrido. **2.** HERÁLD. Se dice de una pieza o figura principal que tiene a los lados piezas de segundo orden.

ACOMPAÑAMIENTO s.m. Acción de acompañar. **2.** Gente que acompaña a alguien: *el acompañamiento de una boda.* **3.** Guarnición de una comida. **4.** MÚS. Parte o partes accesorias instrumentales o vocales, que dan soporte a una parte principal vocal o instrumental.

ACOMPAÑANTA s.f. Mujer que acompañaba a otra, generalmente como señora de compañía. **2.** Aya

ACOMPAÑANTE adj. y s.m. y f. Se dice de la persona que acompaña.

ACOMPAÑAR v.tr. y prnl. Estar una persona con alguien o ir junto a él. **2.** MÚS. Dar soporte al canto o a un instrumento mediante un acompañamiento. ◆ v.tr. Ir una cosa junto a otra: *una tarjeta acompaña las flores.* **2.** Existir u ocurrir una cosa al mismo tiempo que otra: *un fuerte viento acompañaba al frío.* **3.** Agregar o añadir una cosa a otra: *acompañar la carta con un informe.* **4.** Comer o beber algo al mismo tiempo que otro alimento o bebida. **5.** Tener una persona una determinada cualidad, fortuna, etc.: *no le acompaña la suerte.* **6.** Compartir con otro un sentimiento o un estado de ánimo. **7.** Hacer compañía.

ACOMPASADO, A adj. Que sigue un ritmo o compás. **2.** *Fig.* Que habla o anda de forma reposada o pausada

ACOMPASAR v.tr. Compasar.

ACOMPLEJAR v.tr. y prnl. Causar a alguien un complejo.

ACONCHABARSE v.prnl. *Fam.* Conchabarse.

ACONCHARSE v.prnl. Chile. Clarear un líquido por sedimentación de los pasos en el fondo del recipiente.

ACONDICIONADO, A adj. Que está en las condiciones o tiene la calidad que se expresa: *mercancía bien acondicionada.* **2.** De buen o mal genio o condición ◇ **Aire acondicionado** Aire al que se ha dado una temperatura y un grado higrométrico determinados.

ACONDICIONADOR s.m. Aparato que permite dar a la atmósfera de un recinto las características de temperatura, presión y humedad que se desean.

ACONDICIONAMIENTO s.m. Acción y efecto de acondicionar.

ACONDICIONAR v.tr. Disponer una cosa para un determinado fin: *acondicionar la casa para vivir.* **2.** Dar cierta condición o cualidad. **3.** Dar a un espacio cerrado unas condiciones de temperatura y humedad apropiadas. SIN.: climatizar. **3.** Embalar una mercancía con vistas a su presentación comercial.

ACONDROPLASIA s.f. Anomalía en la osificación de los cartílagos que provoca un acentuado enanismo, especialmente en las extremidades.

ACONFESIONAL adj. Que no es confesional.

ACONGOJAR v.tr. y prnl. Causar angustia, preocupación o congoja a una persona. **2.** Entristecer mucho.

ACONITINA s.f. Alcaloide muy tóxico extraído de la raíz de una de las especies de acónito, que se utiliza como analgésico en dosis muy pequeñas.

ACÓNITO s.m. (gr. *akoniton*). Planta venenosa de las regiones montañosas, de 1 m de altura aprox., cultivada a menudo en jardinería, de hojas verde oscuro y flores violáceas con el pétalo superior en forma de casco. (Familia ranunculáceas.)

ACONSEJAR v.tr. Indicar a alguien lo que puede o debe hacer: *le aconsejo que no vaya.* **2.** Dar consejo: *aconsejar a los hijos.* ◆ **aconsejarse** v.prnl. Pedir consejo: *aconsejarse de los mayores.*

ACONSONANTAR v.tr. Rimar los versos en forma consonante. ◆ v.intr. Ser una palabra consonante de otra: *higuera aconsonanta con ribera.*

ACONTECER v.intr. (del ant. *contir,* del lat. *contingere,* tocar, suceder) [37]. Producirse un hecho. ◆ s.m. Acaecimiento.

ACONTECIMIENTO s.m. Suceso importante.

A CONTRARIIS loc. (voces latinas). Se dice del argumento que, partiendo de una oposición en las hipótesis, concluye de una de ellas lo contrario de lo que es sabido de la otra.

ACOPIAR v.tr. (de *copia*). Juntar, reunir: *acopiar datos.*

■ **ACÓNITO**

flor

fruto

ACOPIO s.m. Acción y efecto de acopiar. SIN.: *acopiamiento.*

ACOPLADO s.m. Amér. Merid. Vehículo para ser remolcado, remolque.

ACOPLADOR, RA adj. Que acopla. ◆ s.m. Dispositivo de acoplamiento.

ACOPLAMIENTO s.m. Acción de acoplar, ajustar, unir. **2.** Dispositivo que permite unir dos o más elementos de un mecanismo.

ACOPLAR v.tr. (de *copla,* estrofa). Unir dos piezas u objetos de modo que ajusten. **2.** Unir, conectar entre sí dos o varios aparatos eléctricos: *acoplar los motores en serie.* **3.** Parear dos animales para yunta o tronco. **4.** Argent., Chile, Perú, Par. y Urug. Unir, agregar un vehículo a otro para que lo remolque. ◆ v.tr. y prnl. Aparejar el macho y la hembra con fines de reproducción. ◆ **acoplarse** v.prnl. Producirse interferencias entre dos sistemas acústicos, generalmente un pitido. **2.** Argent., Perú y Urug. Unirse a otras personas para acompañarlas. ◇ **Acoplar dos máquinas** Hacer solidario el árbol motor de una de ellas con el resistente de la otra, estando ambos situados sobre un mismo eje de giro.

ACOQUINAMIENTO s.m. Acción de acoquinar o acoquinarse.

ACOQUINAR v.tr. y prnl. (fr. *acoquiner,* acostumbrar a un hábito degradante). *Fam.* Acobardar, amilanar.

ACORAZADO, A adj. Que tiene sus elementos principales protegidos por un blindaje: *buque acorazado; vehículo acorazado.* ◆ s.m. Buque de guerra dotado de una artillería poderosa y protegido por gruesos blindajes. ◇ **Arma acorazada** Agrupación del ejército provista de medios acorazados.

ACORAZAMIENTO s.m. Acción de acorazar.

ACORAZAR v.tr. (de *coraza*) [7]. Revestir con planchas metálicas, especialmente un buque u otro vehículo. ◆ **acorazarse** v.prnl. Hacerse fuerte, prepararse para soportar un ataque.

ACORAZONADO, A adj. Que tiene forma de corazón: *hoja acorazonada.*

ACORCHADO, A adj. Que es esponjoso, blando y seco como el corcho: *resina acorchada.* **2.** Se dice de la madera que hace botar la herramienta al trabajarla.

ACORCHAMIENTO s.m. Acción de acorcharse.

ACORCHARSE v.prnl. Ponerse una cosa como el corcho: *acorcharse la madera, la fruta.*

ACORDADA s.f. DER. Comunicación de oficio entre autoridades. **2.** DER. En ciertos países hispanoamericanos, fallo solemne dado por el tribunal superior con asistencia de todos sus miembros.

ACORDADO, A adj. Armonioso, proporcionado. ◆ s.m. DER. **a.** Referencia que se hace a una resolución reservada de carácter disciplinario. **b.** Resolución de los tribunales por la cual se manda observar lo que anteriormente se resolvió sobre el mismo asunto.

ACORDAR v.tr. (del lat. *cors, cordis,* corazón) [17]. Resolver algo varias personas de común acuerdo o por mayoría de votos: *acordar un pacto.* **2.** Determinar o resolver algo una persona sola: *el marido acordó pedir el divorcio.* **3.** Armonizar los colores de una pintura. **4.** DER. Dictar los jueces y tribunales alguna providencia que debe comunicarse a las partes. **5.** MÚS. Templar las voces o instrumentos para que no disuenen. ◆ v.intr. Concordar una cosa con otra. ◆ **acordarse** v.prnl. Recordar, traer a la memoria: *acordarse de la niñez.*

ACORDE adj. Que está conforme, de acuerdo: *opiniones acordes.* **2.** Con la prep. *con,* en armonía, en consonancia: *traje acorde con la ceremonia.* ◆ s.m. MÚS. Superposición de notas que guardan las reglas de la armonía.

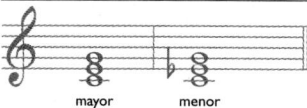

mayor   menor

■ **ACORDE.** Acordes perfectos.

ACORDEÓN s.m. (fr. *accordéon*). Instrumento musical de viento formado por un fuelle rectangular y dos armazones con filas de botones, que produce el sonido mediante la vibración de unas lengüetas metálicas. (Se sujeta con ambas manos por los lados, la mano que se abre y se cierra el fuelle con la izquierda y se pulsan las teclas y los botones con las dos.)

ACORDEONISTA s.m. y f. Persona que toca el acordeón, en especial si lo hace profesionalmente.

ACORDONAMIENTO s.m. Acción de acordonar.

ACORDONAR v.tr. Sujetar o ceñir con un cordón. **2.** Rodear o incomunicar un lugar con un cordón: *la policía acordonó el edificio; acordonar la ciudad.* **3.** Formar el cordoncillo en el canto de las monedas.

ACORNAR v.tr. [17]. Acornear.

ACORNEAR v.tr. Dar cornada.

ÁCORO s.m. (gr. *ákoros*). Planta originaria de la India que crece en estanques y riberas, de flores verdosas y raíz aromática, que se cultiva en Europa.

ACORRALAMIENTO s.m. Acción y efecto de acorralar.

ACORRALAR v.tr. Encerrar el ganado en un corral. **2.** *Fig.* Encerrar o rodear a alguien a quien se persigue para que no pueda escapar: *acorralar a los secuestradores.* **3.** *Fig.* Dejar confundido: *acorralar con preguntas maliciosas.* **4.** Hacer que se encabrite el caballo.

ACORTAMIENTO s.m. Acción y efecto de acortar o acortarse.

ACORTAR v.tr., intr. y prnl. Disminuir la longitud, duración o cantidad de algo: *acortar un vestido, las visitas.*

ACOSAR v.tr. (ant. *cosso, curso*) Perseguir sin dar tregua. **2.** *Fig.* Importunar, fatigar con molestias o tareas.

ACOSO s.m. Acción y efecto de acosar. SIN.: *acosamiento.* ◇ **Acoso laboral** Trato hostil o vejatorio a que es sometida una persona en el ámbito laboral de forma sistemática, que le provoca problemas psicológicos y profesionales. SIN.: *mobbing.*

ACOSTADO, A adj. HERÁLD. Se dice de una pieza vertical o de un sotuer acompañado de piezas de segundo orden.

ACOSTAR v.tr. y prnl. (del lat. *costa,* costilla, costado, lado). Poner a alguien horizontalmente para que descanse, especialmente en la cama. **2.** MAR. Arrimar o acercar el costado de una embarcación. ◆ v.intr. y prnl. Inclinarse hacia un lado, especialmente los edificios. ◆ v.intr. MAR. Llegar a la costa. ◆ **acostarse** v.prnl. *Fam.* Tener relaciones sexuales.

ACOSTUMBRAR v.tr. y prnl. Hacer adquirir una costumbre: *acostúmbralo a madrugar; acostumbrarse a una nueva vida.* ◆ v.intr. Tener costumbre: *acostumbra a salir de noche.*

ACOTACIÓN s.f. Acotamiento. **2.** Señal puesta en el margen de algún escrito o impreso. **3.** Nota que aparece en un texto teatral o en un guion cinematográfico con indicaciones y explicaciones sobre todo lo relativo a la escenografía, acción, movimiento de los actores, etc.

1. ACOTADO s.m. Terreno de propiedad privada limitado por hitos, cotos o mojones.

2. ACOTADO, A adj. Que contiene acotaciones. **2.** MAT. Que posee una cota.

ACOTAMIENTO s.m. Delimitación de un terreno privado con hitos, cotos o mojones. SIN.: *acotación.* **2.** Delimitación de algo material o inmaterial, o restricción en el uso de algo. SIN.: *acotación.* **3.** Méx. Arcén.

1. ACOTAR v.tr. (de *coto,* término, límite). Amojonar un terreno con hitos, cotos o mojones: *acotar una finca.* **2.** Fijar, limitar.

2. ACOTAR v.tr. (de *cota,* marca que en un plano indica la altura de un punto). Poner acotaciones al margen de un escrito. **2.** Indicar mediante cifras en un plano, croquis, etc., las dimensiones correspondientes a sus diversos elementos, con arreglo a determinada escala.

ACOYUNTAR v.tr. Reunir dos labradores las caballerías sin pareja para formar yunta a medias.

ACQUA-TOFFANA s.f. (del ital. *acqua,* agua, y *Toffana,* nombre de mujer). HIST. Veneno célebre en Italia en los ss. XVI y XVII.

ACRACIA s.f. (de *a* y gr. *cracia,* poder). Doctrina política que pretende la desaparición del estado y de sus organismos e instituciones y defiende la libertad del individuo por encima de cualquier autoridad. SIN.: *anarquía, anarquismo.*

ÁCRATA adj. y s.m. y f. Relativo a la acracia; partidario de la acracia. SIN.: *anarquista, libertario.*

1. ACRE adj. (lat. *acer, acris,* agudo, penetrante). Se dice del olor o sabor áspero y penetrante y de las cosas que lo tienen. **2.** *Fig.* Se dice del lenguaje o carácter áspero y desagradable. **3.** MED. Se dice del calor febril acompañado de una sensación pruriginosa.

2. ACRE s.m. (ingl. *acre*). Antigua medida agraria que equivale a 40 a y 47 ca.

ACRECENCIA s.f. Acrecentamiento. **2.** DER. Derecho de los coherederos o colegatarios sobre las porciones de la herencia que quedan vacantes. **3.** DER. Bienes adquiridos por tal derecho.

ACRECENTAMIENTO s.m. Aumento del valor, intensidad, tamaño o cantidad de algo.

ACRECENTAR v.tr. y prnl. [10]. Aumentar el valor, intensidad, tamaño o cantidad de algo: *acrecentar la fortuna.*

ACRECIÓN s.f. Crecimiento de un cuerpo por adición de partículas desde el exterior.

ACREDITACIÓN s.f. Documento que acredita a una persona.

ACREDITADO, A adj. Afamado, ilustre, reputado. **2.** Que tiene autorización por parte de su país, empresa o agrupación para desempeñar una función determinada: *periodistas acreditados.*

ACREDITAR v.tr. Demostrar la verdad de algo. **2.** Dar crédito o garantía: *acreditar un producto.* **3.** Autorizar a alguien mediante un documento para desempeñar una función. **4.** Abrir un crédito por medio de una carta credencial que el banco remite a su cliente. **5.** CONTAB. Abonar. ◆ **acreditarse** v.prnl. Alcanzar crédito o reputación: *acreditarse como novelista.*

ACREDITATIVO, A adj. Que acredita.

ACREEDOR, RA adj. y s. (del ant. *acreer,* dar prestado). Que tiene derecho a pedir el cumplimiento de una obligación, especialmente de pago. ◆ adj. Que merece algo: *acreedor a un premio.*

ACREENCIA s.f. Amér. Crédito.

ACRESCENTE adj. BOT. Se dice de las partes de la flor distintas del ovario que siguen creciendo tras la fecundación.

ACRIBILLAR v.tr. (lat. vulgar *cribellare,* cribar). Hacer muchas heridas o picaduras: *acribillar a balazos; lo acribillaron los mosquitos.* **2.** Hacer muchos agujeros en una cosa. **3.** *Fig.* y *fam.* Molestar con insistencia: *lo acribillaron a preguntas.*

ACRÍDIDO, A adj. y s.m. (del gr. *akris, akrídos,* saltamontes). Relativo a una familia de insectos ortópteros saltadores, voladores, ge-

neralmente vegetarianos y con fuerte tendencia al gregarismo, como la langosta o el saltamontes.

ACRÍLICO, A adj. Se dice del ácido obtenido por oxidación de la acroleína, cuyos ésteres se polimerizan formando vidrios orgánicos. **2.** Se dice de la fibra textil sintética obtenida por polimerización simultánea del nitrilo de ácido acrílico con otros monómeros. **3.** Se dice de la pintura obtenida por la dispersión de pigmentos en un látex formado por la polimerización de metacrilato de metilo. ◆ s.m. QUÍM. Nombre genérico de los ácidos de la familia de los polímeros o de copolímeros de los ácidos acrílico o metacrílico y sus derivados.

ACRIMONIA s.f. (lat. *acrimonia*). Aspereza y picor de las cosas al gusto o al olfato. **2.** Aspereza en el lenguaje, en el carácter o en el trato. SIN.: *acritud.*

ACRIOLLADO, A adj. Propio de criollos.

ACRIOLLARSE v.prnl. Amér. Adquirir un extranjero los usos y costumbres del país.

ACRISOLAR v.tr. Depurar un metal en el crisol. **2.** *Fig.* Purificar, apurar: *acrisolar la virtud.* ◆ v.tr. y prnl. *Fig.* Poner de manifiesto una cualidad moral por medio de pruebas: *acrisolar el patriotismo.*

ACRISTIANAR v.tr. *Fam.* Bautizar a alguien. **2.** Convertir al cristianismo.

ACRITUD s.f. (lat. *acritud*). Acrimonia.

ACROBACIA s.f. Ejercicio o conjunto de ejercicios realizados por un acróbata. **2.** Profesión del acróbata.◇ **Acrobacias aéreas** AERON. Maniobras de destreza realizadas durante un vuelo y empleadas corrientemente en los combates aéreos. SIN.: *acrobatismo.*

ACRÓBATA s.m. y f. (fr. *acrobate,* gr. *akróbatos*). Persona que realiza ejercicios gimnásticos o de equilibrio, generalmente en un espectáculo.

ACROBÁTICO, A adj. Relativo a la acrobacia: *saltos acrobáticos.*

ACROBATISMO s.m. Acrobacia, profesión o actividad del acróbata.

ACROCEFALIA s.f. Malformación patológica craneal caracterizada por la forma cónica del cráneo.

ACROCÉFALO, A adj. y s. Que padece acrocefalia.

ACROCIANOSIS s.f. MED. Alteración de la circulación en las extremidades, lo que les da una coloración azulada.

ACRODINIA s.f. MED. Enfermedad infantil de las partes distales del cuerpo (manos, pies, nariz), que aparecen tumefactas, azuladas y con sensación dolorosa, y que se acompaña de trastornos nerviosos y circulatorios.

ACROFOBIA s.f. Temor patológico a las alturas.

ACROLEÍNA s.f. Aldehído etilénico (CH_2=CH—CH=O), líquido volátil de olor acre que se obtiene por deshidratación de la glicerina; sus vapores causan lacrimación.

ACROMÁTICO, A adj. Que no tiene color. **2.** Se dice del componente celular que no es teñido por los colorantes.

ACROMATISMO s.m. Supresión de las irisaciones que acompañan a la imagen de un objeto obtenida mediante una lente. **2.** Propiedad de las lentes acromáticas.

ACROMATOPSIA s.f. Afección ocular que impide distinguir los colores.

ACROMEGALIA s.f. Enfermedad caracterizada por un desarrollo exagerado de los huesos de la cara y de las manos y pies, debida al hiperfuncionamiento de la hipófisis.

ACROMION o **ACROMIO** s.m. Apófisis superior del omóplato, en forma triangular.

ACRÓNIMO s.m. Palabra formada por las primeras letras de las palabras de una expresión compuesta. (Ej.: *COBOL, COmmon Business Oriented Language*.)

ÁCRONO, A adj. Intemporal, fuera del tiempo.

ACRÓPOLIS s.f. Parte más elevada de las ciudades griegas, que servía de ciudadela. (La mejor conservada es la *Acrópolis de Atenas.)

ACRÓSTICO, A adj. y s.m. (gr. *akrostikhion,* de *akros,* extremo, y *stikhos,* verso). Se dice de la composición poética en la cual las letras iniciales, medias o finales de los versos forman, leídas verticalmente, una palabra o una frase.

ACROTERA o **ACROTERIA** s.f. (gr. *akroterion*). Pedestal, generalmente ornamentado, dispuesto en cada extremo y en la cúspide de un frontón. **2.** Adorno de tierra cocida o mármol de este pedestal.

ACSU s.f. Bol. y Perú. Saya o túnica usada por las collas quechuas.

ACTA s.f. (lat. *acta,* p. de *agere,* obrar, hacer). Relación escrita de lo tratado o acordado en una junta, asamblea, etc. **2.** Documento en que una autoridad certifica un hecho. **3.** Certificación en que consta la elección de una persona para cierto cargo: *acta de diputado.* ◆ **actas** s.f.pl. Documento donde se publican los trabajos presentados en congresos o reuniones de carácter técnico o científico. **2.** Relato contemporáneo y autorizado de los hechos de la vida de un mártir. ◇ **Acta de navegación** DER. Disposición dictada para fomentar el comercio y la marina mercante. **Acta de registro civil** DER. Diligencia que se extiende en el libro del registro civil. **Acta notarial** DER. Documento de un notario que certifica uno o más hechos que presencia o autoriza. **Levantar acta** Redactarla.

ACTH (sigla del ingl. *adreno-cortico-trophic-hormone*), hormona de la hipófisis que estimula la secreción de la corteza suprarrenal.

ACTING OUT s.m. (voces inglesas). Acción que toma el lugar de una palabra en un tratamiento psicoanalítico.

ACTINIA s.f. Invertebrado marino de cuerpo carnoso y provisto de numerosos tentáculos que vive fijado en las rocas litorales. (Subtipo cnidarios; clase antozoos.) SIN.: *anémona de mar.*

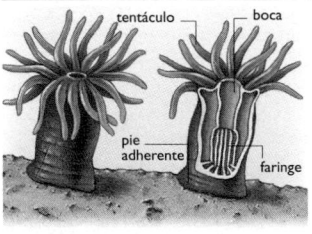

■ ACTINIA

ACTÍNICO, A adj. Se dice de las radiaciones que produce una acción química, como las de los rayos ultravioletas.

ACTÍNIDO adj. y s.m. Se dice del elemento químico radiactivo de número atómico comprendido entre el 89 y el 103.

ACTINIO s.m. (gr. *aktís, aktínos,* rayo). Metal radiactivo muy escaso, de color plateado, que se forma por la transformación del uranio y el radio. **2.** Elemento químico (Ac) de número atómico 89.

ACTINOLOGÍA s.f. Ciencia que estudia el efecto de la luz y de las radiaciones sobre las funciones humanas y animales.

ACTINOMICETAL adj. y s.m. y f. Relativo a un orden de hongos microscópicos muy parecidos a las bacterias. (Los hongos actinomicetales juegan un papel importante en la formación del humus.)

ACTINOMICOSIS s.f. Enfermedad infecciosa causada por diversos actinomicetales.

ACTINOTA s.f. Anfíbol cálcico, magnésico y férrico, de color verde.

ACTINOTERAPIA s.f. MED. Tratamiento mediante radiación, especialmente por rayos ultravioletas.

ACTION PAINTING s.f. (voces inglesas, *pintura de acción*). Manera gestual de pintar característica del expresionismo abstracto, y especialmente de Jackson Pollock.

ACTITUD s.f. (ital. *attitudine*). Postura del cuerpo que denota cierta intención o estado de ánimo: *actitud pensativa; actitud amenazadora.* **2.** *Fig.* Disposición de ánimo manifestada exteriormente.

ACTIVACIÓN s.f. Acción y efecto de activar. **2.** Excitación de las propiedades químicas, físicas o biológicas de un cuerpo. **3.** Conversión de un elemento químico en radiactivo por acción de las radiaciones (generalmente de neutrones).

ACTIVAR v.tr. Avivar, acelerar, excitar. **2.** Poner en funcionamiento un mecanismo o un sistema: *activar una bomba.*

ACTIVIDAD s.f. Conjunto de fenómenos que manifiestan vida, movimiento o funcionamiento. **2.** Capacidad para actuar o funcionar: *actividad volcánica.* **3.** Conjunto de trabajos propios de una persona, profesión o institución: *actividad docente, parlamentaria.* **4.** FÍS. NUCL. Número de desintegraciones nucleares espontáneas que una fuente radiactiva sufre por unidad de tiempo. ◇ **Actividad óptica** ÓPT. Propiedad de determinados medios transparentes de hacer girar el plano de polarización de las radiaciones ópticas que las atraviesan. **Actividad solar** ASTRON. Conjunto de fenómenos que afectan a ciertas regiones del Sol siguiendo un ciclo de aproximadamente once años, como manchas, erupciones o fulguraciones.

ACTIVISMO s.m. Propaganda activa al servicio de una doctrina. **2.** Actitud que insiste en la necesidad de la acción, en contra de la pasividad.

ACTIVISTA s.m. y f. Partidario del activismo.

ACTIVO, A adj. Que actúa o tiene capacidad de acción. **2.** Que trabaja con rapidez y eficacia: *secretaria activa.* **3.** Que produce efecto rápidamente: *veneno activo.* **4.** ÓPT. Se dice de la sustancia que hace girar el plano de polarización de la luz. ◆ s.m. Conjunto de bienes que se poseen. ◇ **En activo** En ejercicio de sus funciones: *funcionario en activo.* **Forma, o voz, activa** LING. Voz o forma verbal que expresa la realización de la acción del verbo por parte del sujeto. **Método activo** Sistema pedagógico que utiliza material real y que exige la participación individual de los alumnos para la adquisición de conocimientos. **Población activa** Parte de una población que trabaja o que busca empleo. **Vida activa** Período durante el que se ejerce una actividad productiva.

ACTO s.m. (lat. *actus, -us*). Hecho o acción: *acto de bondad.* **2.** Coito. **3.** Acontecimiento público y solemne: *acto inaugural.* **4.** Cada una de las partes en que se divide una obra dramática. **5.** FILOS. Estado de realidad o existencia real (en oposición a *posibilidad* o *existencia posible*). ◇ **Acto de conciliación** DER. Comparecencia ante el juez municipal con potente del actor y demandado, para procurar la avenencia. **Acto de presencia** Asistencia breve y formularia a una reunión o ceremonia. **Acto fallido** PSICOANÁL. Acto inconsciente por el cual un individuo sustituye un proyecto o una intención por una acción o una conducta totalmente imprevistas. **Acto jurídico** DER. Manifestación de voluntad que crea o produce efectos jurídicos. **Acto seguido** A continuación. **En el acto** Inmediatamente.

ACTOGRAFÍA s.f. ETOL. Conjunto de técnicas de medición y de registro que permiten conocer la distribución temporal de las actividades de un animal o de un ser humano.

1. ACTOR, TRIZ s. (lat. *actor*, el que obra). Persona que representa un personaje en una obra escénica, cinematográfica, radiofónica o televisiva. **2.** *Por ext.* Persona que finge.

2. ACTOR, RA s. DER. Persona que toma la iniciativa procesal ejercitando una acción legal.

ACTUACIÓN s.f. Acción de actuar. ◆ **actuaciones** s.f.pl. DER. Conjunto de actos, diligencias y trámites que componen un expediente, proceso o pleito.

ACTUAL adj. (lat. *actualis*, activo, práctico). Que ocurre o sucede en el presente: *momentos actuales.* **2.** Que existe o se usa en el tiempo presente. **3.** FILOS. Que existe realmente.

ACTUALIDAD s.f. Momento o tiempo presente. **2.** Estado actual o condición de actual. **3.** Acontecimiento o conjunto de acontecimientos recientes: *la actualidad deportiva.* ◇ **De actualidad** De moda o de interés en el tiempo presente: *tema de actualidad.*

ACTUALIZACIÓN s.f. Acción y efecto de actualizar. **2.** FILOS. Paso de la potencia al acto o de la virtualidad a la realidad.

ACTUALIZAR v.tr. [7]. Renovar o adaptar al presente algo: *actualizar una vieja comedia.*

ACTUAR v.intr. (bajo lat. *actuare*) [18]. Hacer una acción. **2.** Realizar alguien o algo actos propios de su naturaleza o condición: *actuar eficazmente un medicamento; actuar como abogado.* **3.** Representar un papel en una ficción. ◆ v.tr. DER. Realizar actuaciones.

ACTUARIO s.m. Especialista en estadística, principalmente en el cálculo de probabilidades, aplicada a las operaciones financieras y de seguros.

ACUAFORTISTA s.m. y f. Grabador al aguafuerte.

ACUARELA s.f. (ital. *acquarella*, de *acqua*, agua).Técnica pictórica en que se utilizan colores diluidos en agua, aplicados generalmente sobre papel: *curso de acuarela.* **2.** Pintura ejecutada con esta técnica. **3.** Color que se emplea en esta técnica.

ACUARELISTA s.m. y f. Persona que pinta a la acuarela.

ACUARIO s.m. (lat. *aquarium*, relativo al agua). Depósito donde se cuidan plantas y animales de agua dulce o salada. **2.** Lugar donde se exhiben plantas y animales acuáticos. ◆ adj. y s.m. y f. Se dice de la persona nacida entre el 21 de enero y el 18 de febrero, bajo el signo de Acuario. (El plural es *acuario*; suele escribirse con mayúscula.) [V. parte n. pr.]

ACUARTELAMIENTO s.m. Acción y efecto de acuartelar. **2.** Lugar donde se acuartela una tropa o una unidad militar.

ACUARTELAR v.tr. Reunir o mantener a la tropa en el cuartel.

ACUÁTICO, A adj. (lat. *aquaticus*). Relativo al agua: *medio acuático.* **2.** Que vive en el agua: *planta acuática.*

ACUCHILLADO, A adj. Se dice de una prenda de vestir con aberturas semejantes a cuchilladas que dejan ver una tela de distinto color. ◆ s.m. Repasado o alisado de un suelo de madera para barnizarlo o encerarlo.

ACUCHILLAR v.tr. Herir con arma blanca. **2.** Hacer cuchilladas en una prenda de vestir. **3.** Alisar una superficie con cuchillas u otra cosa.

ACUCIANTE adj. Que es urgente o apremiante: *necesidad acuciante.* **2.** Que inquieta, constituye una amenaza y requiere una rápida solución: *problema acuciante.*

ACUCIAR v.tr. (del ant. *acucia*, diligencia). Apremiar, dar prisa: *acuciar al caballo.*

ACUCILLARSE v.prnl. Ponerse en cuclillas.

ACUDIR v.intr. Ir a un lugar por deber o conveniencia: *acudir a la cita.* **2.** Recurrir a alguien. **3.** Venir un recuerdo o un pensamiento a la memoria: *acudir una imagen a la memoria.* **4.** Utilizar alguien una cosa como ayuda.

ACUEDUCTO s.m. (del lat. *aqua ductus*, conducto de agua). Canal para transportar agua, subterráneo o construido sobre un puente o un muro. **2.** ANAT. Nombre que reciben algunos conductos o estructuras anatómicas: *acueducto de Falopio; acueducto del vestíbulo.*

■ **ACUEDUCTO.** El acueducto romano de Segovia (128 arcos y 813 m de long. y 28,5 m de alt.) fue construido entre finales del s. I a.C. y principios del s. II.

ACUERDO s.m. Unión, armonía entre dos o más personas: *vivir en perfecto acuerdo.* **2.** Resolución tomada por dos o más personas sobre algo, especialmente por una junta, asamblea o tribunal: *llegar a un acuerdo.* **3.** Pacto, tratado: *acuerdo comercial.* **4.** Argent. Pleno de ministros que se reúne para deliberar sobre asuntos de estado por convocatoria del presi-

dente. **5.** Argent. Conformidad que otorga el senado a algunos nombramientos hechos por el poder ejecutivo. **6.** Argent. Reunión plenaria por salas que celebran los miembros de un tribunal de justicia para resolver casos judiciales o administrativos. **7.** Colomb. y Méx. Reunión de una autoridad gubernativa con algunos de sus colaboradores o subalternos para tomar conjuntamente alguna decisión.

ACÚFENO s.m. MED. Sensación auditiva no provocada por un sonido, consistente en zumbidos, silbidos, etc.

ACUICULTOR, RA s. Persona que se dedica a la acuicultura. ◆ adj. Relativo a la acuicultura.

ACUICULTURA s.f. Cría y cultivo de animales y plantas acuáticos. **2.** Cultivo de plantas terrestres en un suelo estéril regado con una solución de sales minerales.

ACUIDAD s.f. Agudeza del filo de un arma o para percibir o sentir algo.

ACUÍFERO, A adj. Que contiene agua: *manto acuífero.*

ACULEADO, A adj. y s.m. Relativo a un suborden de insectos himenópteros sociales provistos de un aguijón venenoso en la extremidad del abdomen, como la abeja o la avispa.

ACULEIFORME adj. Que tiene forma de espina o aguijón.

ACULLÁ adv.l. (lat. vulgar *eccum illac*, he allá). En parte alejada del que habla: *acá y acullá.*

ACULLICO s.m. Argent., Bol. y Perú. Bola de hojas de coca que se masca para extraer su jugo estimulante.

ACULTURACIÓN s.f. Adaptación de un grupo social, forzada o voluntaria, a una nueva cultura, creencia o comportamiento.

ACULTURAR v.intr. y prnl. Integrar o integrarse un pueblo en un proceso de aculturación.

ACUMINADO, A adj. Que termina en punta: *hoja acuminada.*

ACUMULACIÓN s.f. Acción y efecto de acumular o acumularse. **2.** ECON. Parte del producto obtenido por una colectividad durante un período determinado y no consumido durante el mismo. **3.** GEOL. Amontonamiento de materiales bajo la acción de las aguas corrientes, los glaciares, el viento, el mar, etc. ◇ **Calefacción por acumulación** Dispositivo de calefacción eléctrica que utiliza la corriente durante las horas de menor consumo y restituye el calor almacenado cuando este se necesita. **Punto de acumulación** MAT. En un conjunto A contenido en un espacio métrico E, punto *x* de E tal que todos sus entornos poseen puntos de A distintos de *x*.

ACUMULADOR s.m. Aparato que almacena energía para su posterior consumo. (Existen acumuladores eléctricos, hidráulicos, térmicos

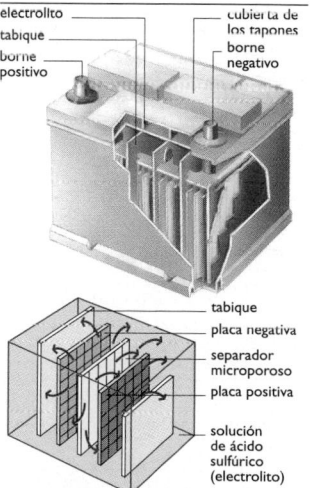

electrolito — cubierta de los tapones
tabique
borne positivo — borne negativo

tabique
placa negativa
separador microporoso
placa positiva
solución de ácido sulfúrico (electrolito)

■ **ACUMULADOR.** Batería de acumuladores de un automóvil.

o cinéticos, dependiendo del tipo de energía que almacenen o liberen.) **2.** INFORMÁT. Registro del órgano de cálculo de una computadora en el que pueden acumularse una serie de números positivos o negativos.

ACUMULAR v.tr. y prnl. (lat. *accumulare*). Juntar o reunir en gran número: *acumular riqueza, pruebas.*

ACUMULATIVO, A adj. ESTADÍST. Que representa, en función de un carácter estudiado X o del tiempo *t*, el número o la frecuencia de los datos iguales o inferiores a X u observados hasta el instante *t: diagrama acumulativo.*

ACÚMULO s.m. Acumulación, agregado.

ACUNAR v.tr. Mecer a un niño en una cuna o en los brazos.

ACUÑACIÓN s.f. Acción y efecto de acuñar. **2.** Operación de la fabricación de monedas y de medallas consistente en troquelar sobre los dos lados de la pieza las impresiones que se desean.

ACUÑADO s.m. Acción de acuñar una pieza metálica entre dos moldes.

1. ACUÑAR v.tr. (de *cuño*). Fabricar moneda. **2.** Imprimir con cuño o troquel una pieza de metal. **3.** *Fig.* Crear una idea o una expresión que se consolida con el tiempo.

2. ACUÑAR v.tr. Meter cuñas.

ACUOSO, A adj. Que tiene mucha agua. **2.** Parecido al agua: *sustancia acuosa.* **3.** Se dice de una solución cuyo solvente es el agua. ◇ **Humor acuoso** ANAT. Líquido contenido en la cámara anterior de un ojo.

ACUOTUBULAR adj. Se dice de una caldera de vapor cuya superficie de caldeo está formada principalmente por tubos por los que circula agua o una mezcla de agua y vapor, y que reciben el calor de los gases calientes.

ACUPUNTOR, RA s. Persona que practica la acupuntura.

ACUPUNTURA s.f. Tratamiento médico de origen chino consistente en clavar agujas especiales en determinados puntos del cuerpo con fines terapéuticos.

ACURRUCARSE v.prnl. [1]. Encogerse para resguardarse del frío, esconderse, etc.: *acurrucarse junto a la lumbre.*

ACUSACIÓN s.f. Acción y efecto de acusar. **2.** DER. Ministerio público o abogado que acusa. **3.** DER. Exposición de los delitos que se imputan a un acusado por un abogado o un fiscal.

ACUSADO, A adj. Destacado, manifiestamente perceptible: *rasgos acusados.* ◆ s. DER. Persona a quien se imputa una infracción penal.

ACUSADOR, RA adj. y s. Que acusa. ◆ s. DER. Persona que mantiene la acusación ante los tribunales y juzgados, en una causa criminal.

ACUSAR v.tr. (lat. *accusare*, de *causa*, causa). Atribuir una culpa o delito. **2.** Hacer patente el efecto de algo: *acusar cansancio.* ◆ **acusarse** v.prnl. Declararse culpable de una falta o delito.

ACUSATIVO s.m. LING. Caso de la declinación del complemento directamente afectado por la acción del verbo.

ACUSATORIO, A adj. DER. Perteneciente o relativo a la acusación. ◇ **Sistema acusatorio** Procedimiento por el que las partes llevan el proceso ante un árbitro imparcial, que es el juez.

ACUSE s.m. Acción de acusar recibo.

ACUSETAS adj. y s.m. y f. Bol., Colomb., C. Rica y Venez. *Fam.* Acusón.

ACUSICA adj. y s.m. y f. *Fam.* Acusón.

ACUSMIA s.f. Alucinación auditiva.

ACUSÓN, NA adj. y s. *Fam.* Que tiene la costumbre de acusar. SIN.: *acusica.*

ACÚSTICA s.f. Parte de la física que estudia los sonidos. **2.** Conjunto de condiciones que reúne un local para la propagación de los sonidos: *la acústica de un auditorio.*

ACÚSTICO, A adj. Relativo a la acústica.

ACUTÁNGULO, A adj. Se dice de un triángulo que tiene los tres ángulos agudos.

A. D., abrev. de *anno Domini,* equivalente a *después de Cristo* (d.C.).

1. ADAGIO s.m. (lat. *adagium,* proverbio). Sentencia breve y generalmente moral.

2. ADAGIO s.m. (ital. *ad agio,* despacio). COREOGR. **a.** Conjunto de ejercicios lentos destinados a perfeccionar el equilibrio de los bailarines y la línea de su movimiento. **b.** Primera parte de un paso a dos. **2.** MÚS. Fragmento ejecutado con un tempo lento. ◆ adv. MÚS. Con un tempo lento. ◆ **Adagio acrobático** COREOGR. Adagio cuyos encadenamientos comportan más ejercicios acrobáticos que pasos de danza.

ADALID s.m. (ár. *dalīl,* guía). Guía o cabeza de algún partido o escuela. **2.** Caudillo militar.

ADAMANTINO, A adj. *Poét.* Diamantino: *brillo adamantino.* **2.** ANAT. Se dice de una célula que produce el esmalte de los dientes.

ADAMASCAR v.tr. [1]. Dar a una tela aspecto parecido al damasco.

ADÁMICO, A o **ADÁNICO, A** adj. Relativo a Adán.

ADAMISMO s.m. Doctrina herética del s. II, cuyos partidarios iban desnudos para expresar el estado de inocencia en que se hallaba Adán en el momento de la creación.

ADAMITA adj. y s.m. y f. Relativo al adamismo; partidario de esta doctrina.

ADÁN s.m. (de *Adán,* personaje bíblico). *Fam.* Hombre de aspecto desaliñado o descuidado.

ADÁNICO, A adj. → **ADÁMICO.**

ADANISMO s.m. Tendencia a comenzar una actividad sin tener en cuenta el trabajo hecho anteriormente por otros. **2.** Adamismo.

ADAPTACIÓN s.f. Acción y efecto de adaptar o adaptarse. **2.** Capacidad de un ser vivo de subsistir y acomodarse a las condiciones del medio. **3.** Obra artística que ha sido traspuesta de un medio artístico a otro.

ADAPTADOR, RA adj. y s. Que adapta. ◆ s. Dispositivo o aparato para acoplar elementos de distinto uso, forma o tamaño: *un adaptador de corriente.*

ADAPTAR v.tr. (lat. *adaptare*). Hacer que algo destinado a una cosa sirva para otra determinada: *adaptar una novela al cine.* **2.** Unir una cosa a otra de manera que queden ajustadas o puedan desempeñar una función: *adaptar el mango al cuchillo.* ◆ **adaptarse** v.prnl. *Fig.* Acomodarse a una situación o a un lugar nuevos: *adaptarse a nuevas costumbres.*

ADAPTATIVO, A adj. ECOL. Que contribuye a la adaptación de un organismo a su medio.

ADARAJA s.f. (ár. *dáraya,* escalón). CONSTR. Saliente desigual de piedra que se deja en una pared para unirla con otra de construcción ulterior.

ADARGA s.f. (ár. *dárqa, dáraqa*). ARM. Escudo ovalado o en forma de corazón formado por dos cueros cosidos entre sí. **2.** ARM. Escudo.

ADARME s.m. (hispano-ár. *dárham,* adarme y moneda). Porción mínima de algo.

ADARVE s.m. (ár. *darb,* camino de montaña). Camino construido en la parte superior de una muralla, detrás de las almenas.

ADAX s.m. Antílope de pelaje gris claro y cuernos anillados, que vive en el Sahara.

■ **ADAX**

ADDISON-BIERMER. Enfermedad de Addison-Biermer Anemia megalocitaria debida a una mala absorción de la vitamina B_{12}, que provoca trastornos digestivos y neurológicos.

ADECENTAR v.tr. y prnl. Poner decente: *adecentar las fachadas de la plaza.*

ADECUACIÓN s.f. Acción y efecto de adecuar o adecuarse: *adecuación al medio.*

ADECUADO, A adj. Conveniente.

ADECUAR v.tr. y prnl. (lat. *adaequare,* igualar) [3 y 18]. Acomodar o adaptar una cosa o una persona a otra.

ADEFESIO s.m. (de la loc. latina *ad Ephesios,* a los habitantes de Éfeso, aludiendo a lo difícil que le resultó a san Pablo su predicación en esta ciudad). *Fam.* Persona o cosa muy fea o extravagante.

ADELANTADO, A adj. Precoz, aventajado: *un niño adelantado.* ◆ s.m. Funcionario que tenía la máxima autoridad en un distrito o adelantamiento en la monarquía castellanoleonesa, durante la baja edad media. ◇ **Por adelantado** Por anticipado: *pagar por adelantado.*

ADELANTAMIENTO s.m. Acción y efecto de adelantar: *efectuar un adelantamiento en carretera.* **2.** HIST. Dignidad de adelantado y territorio de su jurisdicción.

ADELANTAR v.tr. y prnl. Mover o llevar hacia adelante: *adelantar la mano.* **2.** Anticipar: *adelantar la boda.* **3.** Tomar la delantera o pasar a alguien o algo: *adelantar a un automóvil.* ◆ v.tr. Hacer que un reloj marque una hora más avanzada. ◆ v.intr. Progresar en estudios, empleos, salud, crecimiento, etc.: *adelantar en taquigrafía.* ◆ v.intr. y prnl. Avanzar un reloj con más velocidad de la debida.

ADELANTE adv.l. Más allá: *mirar adelante.* **2.** Méx. Delante. ◆ adv.t. Denota tiempo futuro: *se hará más adelante.* ◆ interj. Se emplea para indicarle a alguien que puede entrar en el lugar donde uno está. **2.** Se usa para animar a alguien a continuar haciendo lo que hacía o emprender algo. ◇ **En adelante** A partir del momento presente.

ADELANTO s.m. Acción y efecto de adelantar. **2.** Avance científico o técnico destinado a mejorar las condiciones de vida: *los adelantos de la informática.* **3.** Pago parcial previo al pago total de una cantidad: *pedir un adelanto.* SIN.: *anticipo.*

ADELFA s.f. (hispano-ár. *dáfla*). Arbusto de hoja persistente parecida a la del laurel, cultivado por sus flores decorativas, rosadas o blancas, del mismo nombre. (Familia apocináceas.)

ADELFILLA s.f. Arbusto de hoja persistente lanceolada, de color verde oscuro por el haz, y flores verdosas o amarillentas en racimos axilares.

ADELGAZAMIENTO s.m. Acción y efecto de adelgazar o adelgazarse.

ADELGAZANTE adj. y s.m. Que hace adelgazar.

ADELGAZAR v.intr. [7]. Enflaquecer. ◆ v.tr. y prnl. Hacer más delgado.

ADEMÁN s.m. Movimiento o postura corporal con que se manifiesta un estado de ánimo o una intención: *hacer ademán de saludo.* ◆ **ademanes** s.m.pl. Gestos característicos de una persona: *toscos ademanes.* ◇ **En ademán de** En actitud de hacer algo: *levantarse en ademán de salir.*

ADEMÁS adv.c. Indica que se añade algo a lo ya expresado: *es lista y además guapa.* **2.** También: *no solo es bueno, sino que además te conviene.* ◇ **Además de** Aparte de: *además de caro, es malo.*

ADENDA s.m. o f. (lat. *adenda,* lo que se ha de añadir). Conjunto de notas adicionales al final de un escrito.

ADENINA s.f. Base nitrogenada contenida en todas las células vivas, derivada de la purina.

ADENITIS s.f. (del gr. *aden,* glándula) [pl. *adenitis*]. Inflamación de los ganglios linfáticos.

ADENOCARCINOMA s.m. Tumor maligno de un epitelio glandular.

ADENOGRAMA s.m. Linfadenograma.

ADENOHIPÓFISIS s.f. (pl. *adenitis*) Lóbulo anterior de la hipófisis.

ADENOIDE adj. Relativo al tejido glandular. **2.** Relativo al tejido linfoide, que contiene ganglios linfáticos.

ADENOIDECTOMÍA s.f. Extirpación de las vegetaciones adenoides.

ADENOMA s.m. Tumor glandular benigno.

ADENOPATÍA s.f. Enfermedad de los ganglios linfáticos, cualquiera que sea su naturaleza.

ADENOSINA s.f. Nucleósido de adenina y ribosa cuyos derivados fosforados desempeñan un papel importante en el metabolismo energético, en la transmisión del mensaje hormonal y en la síntesis del ARN.

ADENOSINMONOFOSFATO s.m. QUÍM. Éster que se forma a partir del ácido fosfórico y una adenosina, utilizado como aditivo alimentario. (Se abrevia *AMP*.)

ADENTRARSE v.prnl. Ir hacia la parte más interna u oculta de algo: *adentrarse en la selva, adentrarse en un tema.*

ADENTRO adv.l. Hacia o en el interior: *pasar adentro.* ◆ interj. Se utiliza para ordenar o indicar a alguien que entre en un lugar. ◆ **adentros** s.m.pl. Pensamientos y sentimientos íntimos de alguien: *decir para sus adentros.*

ADEPTO, A adj. y s. (lat. *adeptus*, p. de *adipisci*, alcanzar) Seguidor fiel de una ideología.

ADEREZAR v.tr. [7]. Condimentar un alimento o una bebida. **2.** Adornar algo con un detalle que lo mejora.

ADEREZO s.m. Acción de aderezar. **2.** Condimento. **3.** Juego de joyas compuesto generalmente de pendientes, collar, brazaletes y pulsera. **4.** Arreos de una caballería.

ADERMINA s.f. Vitamina B₆.

ADEUDAR v.tr. Deber o tener deudas. **2.** Cargar en cuenta.

ADEUDO s.m. Deuda, obligación de pagar algo. **2.** Anotación en el debe de una cuenta.

ADHERENCIA s.f. Acción y efecto de adherir o adherirse. **2.** Parte añadida. **3.** Resistencia en un deslizamiento que depende de las superficies en contacto. **4.** ANAT. Soldadura anormal de dos órganos o tejidos del cuerpo por un tejido fibroso. ◇ **Adherencia de un conjunto A** MAT. Conjunto formado por los puntos adherentes a A.

ADHERENTE adj. Anexo o unido a una cosa. **2.** BOT. Se dice de un órgano que está soldado con otro.

ADHERIR v.tr. y prnl. (lat. *adhaerere*, estar adherido) [79]. Unir una cosa a otra. ◆ **adherirse** v.prnl. *Fig.* Mostrar conformidad con una opinión, una doctrina, partido, etc.: *adherirse a un manifiesto.* **2.** Ingresar en una asociación, colectivo, etc.: *adherirse a un partido.*

ADHESIÓN s.f. Acción y efecto de adherir o adherirse. **2.** Convenir en un dictamen o partido y abrazarlo. **3.** Adherencia, unión física. **4.** DER. INTERN. Compromiso de un estado de respetar los términos de un acuerdo o tratado del que no fue firmante inicial. ◇ **Contrato de adhesión** Contrato en que todas las cláusulas son impuestas de antemano por una de las partes, como el del teléfono o el gas.

ADHESIVO, A adj. Que puede adherir o adherirse. ◆ s.m. Etiqueta que lleva una sustancia adhesiva por uno de sus lados para poder pegarla sobre una superficie. GEOSIN.: Argent. *oblea;* Esp. *pegatina.*

AD HOC loc. (voces latinas) A propósito, destinado para aquello de que se trata: *dar soluciones ad hoc.*

AD HÓMINEM loc. (lat. *ad hominem,* al hombre). Se dice de un argumento contra la misma persona del adversario, por ejemplo oponiéndole sus propias palabras o actos.

ADIABÁTICO, A adj. Se dice de la transformación de un sistema de cuerpos que se efectúa sin intercambio de calor con el exterior.

ADIAFORESIS s.f. MED. Falta de transpiración.

ADICCIÓN s.f. Hábito patológico de consumir una droga. **2.** Afición obsesiva por algo.

ADICIÓN s.f. (lat. *additio,* de *addere,* añadir). Acción y efecto de añadir o agregar.

2. Añadidura en alguna obra o escrito. **3.** DER. Aclaración que se hace a una sentencia después de publicada, con relación a puntos discutidos en el litigio. **4.** MAT. Operación aritmética fundamental, simbolizada por el signo +, que reúne en una sola dos o más cantidades de igual naturaleza. SIN.: *suma, sumación.* ◇ **Reacción de adición** QUÍM. Reacción en que dos o más moléculas se unen para formar una nueva.

ADICIONAL adj. Que se añade a una cosa: *cantidad adicional.*

ADICIONAR v.tr. Hacer o poner adiciones a una cosa.

ADICTO, A adj. y s. Partidario de alguien o de algo. **2.** Se dice de la persona dominada por el uso de una droga: *es adicto a la heroína.* **3.** Muy aficionado a algo.

ADIESTRADO, A adj. HERÁLD. Se dice de una pieza o figura principal acompañada a la derecha por una pieza secundaria. CONTR.: *siniestrado.*

ADIESTRAMIENTO s.m. Acción y efecto de adiestrar o adiestrarse.

ADIESTRAR v.tr. y prnl. (del ant. *adestrar,* de *diestro*). Enseñar, instruir.

ADIGUÉ, pueblo cherkés de la República de Adiguesia (Rusia).

ADINAMIA s.f. (de *a* y gr. *dynamis,* fuerza, potencia). MED. Falta total de fuerzas físicas que acompaña a ciertas enfermedades.

ADINERADO, A adj. Que tiene mucho dinero: *familia adinerada.*

ADINTELADO, A adj. Que tiene forma de dintel. **2.** Que hace uso exclusivo o preferente del dintel.

ADIÓS s.m. (de la expresión *a Dios seas*) [pl. *adioses*]. Despedida: *un triste adiós.* ◆ interj. Expresión de despedida. **2.** Expresión de saludo cuando se cruzan dos personas.

ADIPOLISIS s.f. FISIOL. Función por medio de la cual un tejido restituye a la sangre las grasas que tenía en reserva.

ADIPOSIDAD s.f. Acumulación de grasa en los tejidos.

ADIPOSIS s.f. Exceso de grasa en el organismo.

ADIPOSO, A adj. (del lat. *adeps, adipis,* grasa). Que es de grasa o la contiene. ◇ **Tejido adiposo** Tejido conjuntivo que incluye una importante proporción de vacuolas grasas.

ADIPOSOGENITAL adj. Se dice de un síndrome debido a desarreglos funcionales de la hipófisis, que se caracteriza por obesidad y trastornos genitales.

ADITAMENTO s.m. (lat. *aditamentum*). Cosa que se agrega a otra: *comida sin aditamentos.*

ADITIVO, A adj. MAT. Que puede o debe sumarse. ◆ adj. y s.m. Se dice de una sustancia que se agrega a otras para darles cualidades de que carecen o para mejorar las que poseen. ◇ **Notación aditiva** En un conjunto, empleo del signo + para representar una ley de composición interna (*ley aditiva*), independientemente de la naturaleza de los elementos y de la operación.

ADIVINACIÓN s.f. Acción y efecto de adivinar.

ADIVINAMIENTO s.m. Adivinación.

ADIVINANZA s.f. Enigma propuesto para entretenerse en acertarlo. **2.** Adivinación.

ADIVINAR v.tr. (del lat. *divinare,* der. de *divinus,* divino). Predecir el futuro. **2.** Descubrir lo que no se sabe por conjeturas o sin fundamento lógico: *adivinar sus intenciones.*

ADIVINATORIO, A adj. Que incluye adivinación o se refiere a ella: *artes adivinatorias.*

ADIVINO, A s. Persona que adivina o predice el futuro.

ADJETIVACIÓN s.f. Acción y efecto de adjetivar o adjetivarse.

ADJETIVAR v.tr. Aplicar adjetivos. ◆ v.tr. y prnl. GRAM. Dar valor de adjetivo a una palabra, frase u oración.

ADJETIVO, A adj. (lat. *adjectivus,* que se añade, *adjetivo*) Que pertenece al adjetivo o que participa de su naturaleza. **2.** Que hace relación a una cualidad o accidente. **3.** Que no tiene existencia independiente. ◆ s.m. Palabra que sirve para calificar al nombre y al pro-

nombre (*adjetivo calificativo*) o determinarlos (*adjetivo determinativo*). [Concuerda con el nombre o el pronombre al que acompaña en género y número.] ◇ **Adjetivo sustantivado** Adjetivo usado como nombre.

ADJUDICACIÓN s.f. Acción y efecto de adjudicar o adjudicarse. **2.** Venta de bienes o contratación de obras o servicios hecha con publicidad y concurrencia. **3.** En derecho español, uno de los modos de adquirir la propiedad.

ADJUDICAR v.tr. [1]. Dar o conceder algo a alguien: *adjudicar una vivienda de protección oficial.* ◆ **adjudicarse** v.prnl. Apropiarse de algo, generalmente de manera indebida o inmerecida. **2.** Conseguir un premio o una victoria.

ADJUDICATARIO, A s. (sánscr. *arya,* noble). Beneficiario de una adjudicación.

ADJUNTAR v.tr. Acompañar o remitir adjunto: *adjuntar una muestra.*

ADJUNTO, A adj. y s. (lat. *adjunctus*). Unido a otra cosa: *copia adjunta al original.* **2.** Se dice de la persona que ayuda a otra o colabora con ella en un cargo o trabajo: *adjunto a la dirección.*

ADLÁTERE s.m. y f. Secuaz o acompañante de una persona.

AD LÍBITUM loc. (lat. *ad libitum*). A voluntad.

AD LÍTEM loc. (lat. *ad litem,* para el litigio). DER. Se dice de un poder, mandato, etc., limitado al proceso en curso.

AD LÍTTERAM loc. (lat. *ad litteram*). Literalmente, al pie de la letra.

ADMINÍCULO s.m. (lat. *adminiculum,* puntal, ayuda). Objeto pequeño con finalidad práctica.

ADMINISTRACIÓN s.f. Acción y efecto de administrar. **2.** Cargo de administrador. **3.** Lugar donde trabaja el administrador. **4.** Gobierno. ◇ **Administración autónoma** La integrada por los organismos administrativos de las comunidades autónomas del estado español. **Administración central** Conjunto de órganos de la administración pública de competencia general. **Administración de loterías** Esp. Establecimiento donde se venden billetes de lotería y se pagan algunos premios. **Administración legal** La conferida por la ley a determinadas personas sobre los bienes de otras. **Administración local** Sector de la administración pública integrado por los entes públicos menores de carácter territorial como provincia, cabildo o municipio. **Administración pública** Complejo orgánico integrado en el poder ejecutivo de un estado; actividad desarrollada por ella, sea de carácter legislativo, jurisdiccional o ejecutivo. **En administración** Se usa hablando de la prebenda, encomienda, etc., que posee una persona que no puede tenerla en propiedad; conjunto de bienes que por alguna causa no posee ni maneja su propietario, y se administran por terceras personas autorizadas por el juez. **Por administración** Por el gobierno, la provincia, el municipio o la empresa y no por el contratista. (Se usa generalmente refiriéndose a obras o servicios públicos.)

ADMINISTRADOR, RA adj. y s. Que administra. ◆ s. Persona que se dedica a administrar los bienes o negocios de otra o de una entidad. ◇ **Administrador de web** Responsable del mantenimiento y gestión de una página web. SIN.: *webmaster.*

ADMINISTRAR v.tr. (lat. *administrare*). Dirigir la economía de una persona o una entidad: *administrar la casa.* **2.** Gobernar, regir. **3.** *Vulg.* e *irón.* Por administrar *una paliza.* ◆ v.tr. y prnl. Aplicar o hacer tomar los medicamentos: *administrar una pócima.* **2.** Conferir o dar los sacramentos. ◆ v.intr. y prnl. Vigilar alguien sus gastos.

ADMINISTRATIVO, A adj. Relativo a la administración. ◆ s. y adj. Empleado de oficina. ◇ **Acto administrativo** DER. Acto de los órganos del estado en ejercicio de funciones administrativas sujetas al derecho público.

ADMIRACIÓN s.f. Acción de admirar o admirarse. **2.** Signo de puntuación colocado delante (¡) y detrás (!) de una exclamación o de una interjección. **3.** Cosa digna de ser admirada: *fue la admiración de la fiesta.*

ADMIRADOR, RA adj. y s. Que admira.

ADMIRAR v.tr. (lat. *admirare*). Causar sorpresa alguien o algo extraordinario o inesperado. **2.** Sentir una gran consideración o estima por alguien o algo extraordinario: *admirar a un héroe.* ◆ v.tr. y prnl. Contemplar con sorpresa y placer algo digno de admiración: *admirar un cuadro de Frida Kahlo.*

ADMIRATIVO, A adj. Que denota o implica admiración: *voz admirativa.*

ADMISIÓN s.f. Acción y efecto de admitir. **2.** Entrada de la mezcla carburante en el cilindro del motor: *válvula de admisión.* ◇ **Admisión temporal** Régimen aduanero que permite introducir en un territorio una mercancía, destinada a ser reexportada dentro de un plazo determinado.

ADMITANCIA s.f. ELECTR. Relación entre la corriente y la tensión en magnitud inversa a la impedancia.

ADMITIR v.tr. (lat. *admittere*, dejar ir, lanzar). Permitir la entrada en un lugar, asociación, etc.: *admitir en una fiesta, en un sindicato.* **2.** Aceptar, recibir voluntariamente: *admitir un consejo.* **3.** Permitir o tolerar un determinado trato o situación: *no admite más excusas.* **4.** Aceptar o reconocer algo como verdadero. **5.** Tener algo cierta capacidad: *el depósito admite diez litros.*

ADMIXTIÓN s.f. FARM. Agregación o incorporación de sustancias que no tienen entre sí acción química.

ADMONICIÓN s.f. (lat. *admonitio*). Amonestación. **2.** Reconvención.

ADMONITORIO, A adj. Con carácter de admonición: *carta admonitoria.*

ADN s.m. (sigla de *ácido desoxirribonucleico*) [pl. *ADN*]. BIOQUÍM. Ácido nucleico característico de los cromosomas, constituido por una sucesión de nucleótidos en forma de dos cadenas enroscadas en doble hélice. (El ADN contiene la información genética y asegura el control de la actividad de las células.)

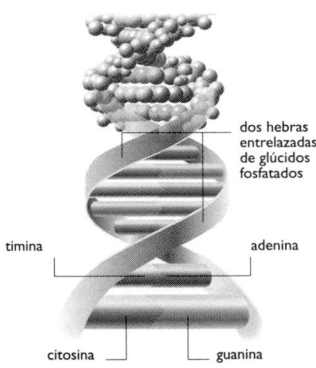

dos hebras
entrelazadas
de glúcidos
fosfatados

timina
adenina

citosina
guanina

■ **ADN.** Estructura en doble hélice del ADN.

ADNATO, A adj. (lat. *adnatum*). BOT. Se dice de una lámina que algunos hongos llevan fijada a lo largo de su pie.

ADOBAR v.tr. (fr. ant. *adober*, armar caballero, preparar). Poner en adobo las carnes u otras cosas para sazonarlas y conservarlas. **2.** Curtir pieles. **3.** Componer, reparar. **4.** Mejorar los vinos.

ADOBE s.m. (del ár. *ṭub*, ladrillos). Masa de barro mezclada con paja o heno moldeada en forma de ladrillo y secada al aire, que se emplea en construcciones rurales.

ADOBO s.m. Salsa o caldo para sazonar y conservar carnes y otros alimentos. **2.** Acción y efecto de adobar. **3.** Mezcla de sustancias para curtir pieles o dar cuerpo y lustre a una tela.

ADOCENARSE v.prnl. Caer o permanecer en la mediocridad.

ADOCTRINAMIENTO s.m. Acción y efecto de adoctrinar.

ADOCTRINAR v.tr. Instruir, especialmente en lo que se debe decir o hacer: *adoctrinar a los discípulos.*

ADOLECER v.intr. [37]. *Fig.* Tener algún defecto o vicio. **2.** Carecer de algo: *adolecer de originalidad.* **3.** Padecer una enfermedad crónica: *adolecer de asma.*

ADOLESCENCIA s.f. Período vital entre la pubertad y la edad adulta.

ADOLESCENTE adj. y s.m. y f. (lat. *adolescens, -entis*, hombre joven). Que está en la adolescencia. **2.** Propio de la adolescencia.

ADONDE adv.l. Al lugar que: *va adonde le mandan.*

ADÓNDE adv.interrog. A qué lugar: *¿adónde vas sola?*

ADONDEQUIERA adv.l. A cualquier parte.

ADONIS s.m. (de *Adonis*, amante de Venus). Hombre de gran belleza.

ADOPCIÓN s.f. Acción de adoptar. **2.** DER. Acto jurídico solemne que crea entre dos personas vínculos de parentesco civil, análogos a los que se derivan de la paternidad y filiación legítimas.
ENCICL. El acto de adoptar se fundamenta en los principios de beneficio del adoptado y de integración familiar. Existen requisitos personales: una edad mínima del adoptador y una diferencia de edad suficiente con el adoptado. El adoptado debe ser menor no emancipado. La adopción se formaliza y aprueba judicialmente. Los requisitos formales contemplan también la intervención de otras personas (padres, cónyuge) en el expediente, así como la inscripción en el registro civil. Tras una formalización, la adopción es irrevocable. Modernamente, se contempla también el *acogimiento familiar*, normalmente temporal, por el que se confía el menor a una familia de acogida.

ADOPCIONISMO s.m. Doctrina herética según la cual Cristo no es hijo de Dios desde siempre, sino únicamente desde el momento de su bautismo, en que es adoptado por Dios.

ADOPTAR v.tr. (lat. *adoptare*). Tomar legalmente como hijo propio a alguien que no lo es biológicamente. **2.** Recibir o admitir una opinión o doctrina, aprobándola o siguiéndola. **3.** Tomar una resolución o una actitud: *adoptar medidas.* **4.** Adquirir una forma determinada: *las dunas adoptan formas sinuosas.*

ADOPTIVO, A adj. Se dice de la persona adoptada o de la que adopta a alguien como hijo: *hijo adoptivo; padres adoptivos; madre adoptiva.* **2.** Se dice de lo que se toma como propio: *patria adoptiva.*

ADOQUÍN s.m. (ár. *dukkān*, blanco de piedra). Bloque de piedra en forma de paralelepípedo empleado para pavimentar. **2.** *Fig.* Persona poco inteligente o torpe.

ADOQUINADO s.m. Acción de adoquinar. **2.** Pavimento de adoquines.

ADOQUINAR v.tr. Pavimentar el piso con adoquines.

ADORABLE adj. Que inspira afecto y simpatía: *sonrisa adorable.*

ADORACIÓN s.f. Acción de adorar. ◇ **Adoración de los Reyes** REL. Epifanía.

ADORAR v.tr. (lat. *adorare*). Reverenciar a un ser como cosa divina. **2.** Reverenciar o rendir culto a Dios. **3.** *Fig.* Amar intensamente.

ADORATORIO s.m. Retablo pequeño portátil. **2.** Templo de ciertos pueblos amerindios de las civilizaciones precolombinas.

ADORATRIZ s.f. y adj. Profesa de alguna de las congregaciones dedicadas a la adoración del Santísimo Sacramento.

ADORMECER v.tr. y prnl. [37]. Dar o causar sueño. ◆ v.tr. *Fig.* Moderar una sensación, un sentimiento: *adormecer las pasiones.* ◆ **adormecerse** v.prnl. Empezar a dormirse. **2.** Perder la sensibilidad en un miembro: *adormecerse las piernas.*

ADORMECIMIENTO s.m. Acción y efecto de adormecer o adormecerse.

ADORMIDERA s.f. Planta herbácea de hojas anchas y fruto capsular del mismo nombre, del cual se extrae el opio. (Familia papaveráceas.)

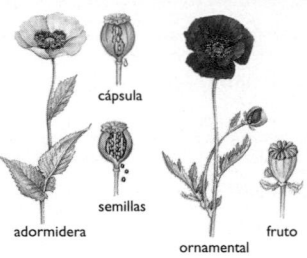

cápsula

semillas

adormidera
ornamental
fruto

■ **ADORMIDERAS**

ADORMILARSE v.prnl. Dormirse a medias. SIN.: *adormitarse.*

ADORNAR v.tr. y prnl. (lat. *adornare*). Poner detalles que mejoren el aspecto de alguien o algo. **2.** *Fig.* Tener una persona ciertas cualidades o dotarla de perfecciones o virtudes. ◆ v.tr. Mejorar una cosa el aspecto de otra: *unos flecos adornan la cortina.*

ADORNO s.m. Cosa que sirve para adornar. **2.** MÚS. Grupo de notas que enriquecen un intervalo o notas de una melodía. ◇ **De adorno** Únicamente decorativo: *tiene los libros de adorno.*

ADOSADO, A adj. y s.m. Se dice del edificio vivienda unifamiliar que comparte una o más paredes laterales con otro similar.

ADOSAR v.tr. (fr. *adosser*). Apoyar una cosa en otra, generalmente por su parte posterior: *adosar un mueble a la pared.*

ADOVELADO, A adj. Construido con dovelas.

ADQUIRIDO, A adj. GENÉT. Que no es innato.: *caracteres adquiridos.*

ADQUIRIR v.tr. (lat. *acquirere*) [47]. Conseguir, alcanzar: *adquirir bienes, fama.* **2.** Comprar: *adquirir unos zapatos.*

ADQUISICIÓN s.f. Acción de adquirir. **2.** Cosa adquirida.

ADQUISITIVO, A adj. Que sirve para adquirir: *título adquisitivo.*

ADRAGANTE adj. Se dice de la goma exudada por el tragacanto, utilizada en farmacia y en el acabado de papeles y tejidos.

ADRAL s.m. (del lat. *lateralis*, de *lat. lateralis*). Tabla a los lados de un carro o de un camión destinada a mantener la carga.

ADREDE adv.m. Intencionadamente: *hacer algo adrede.*

ADRENALINA s.f. (del lat. *glandulae ad renales*, glándulas junto al riñón). Hormona secretada por la porción medular de las glándulas suprarrenales que acelera el ritmo cardíaco, aumenta la presión arterial, dilata los bronquios, estimula el sistema nervioso central y se usa como medicamento hemostático.

ADRENÉRGICO, A adj. Se dice de un nervio simpático cuyas terminaciones actúan por liberación de adrenalina o de noradrenalina. **2.** Se dice de una sustancia que actúa como la adrenalina o la noradrenalina.

ADSCRIBIR v.tr. (lat. *adscribere*, añadir a lo escrito) [54]. Asignar algo a una persona o cosa. ◆ v.tr. y prnl. Destinar a alguien a un servicio o departamento determinado. **2.** Vincular a alguien con un grupo o una ideología.

ADSCRIPCIÓN s.f. Acción o efecto de adscribir o adscribirse.

ADSL s.m. (sigla del ingl. *asymmetric digital subscriber line*, línea de abonado digital asimétrica). Línea digital de banda ancha con gran capacidad para la transmisión de datos a través de la red de telefonía básica.

ADSORBER v.tr. FÍS. Fijar por adsorción.

ADSORCIÓN s.f. FÍS. Penetración superficial de un gas o de un líquido en un sólido.

ADSTRATO s.m. LING. **a.** Lengua que influye en otra por estar en contacto geográfico o por estar relacionadas política o culturalmente. **b.** Influencia que ejerce esta lengua.

ADUANA s.f. (ár. *diwān*, registro, oficina,

aduana). Administración encargada de controlar las mercancías que pasan la frontera y de percibir los derechos impuestos sobre estas. **2.** Oficina de esta administración. **3.** Derecho que se paga en esta oficina.

ADUANERO, A adj. Relativo a la aduana. ◆ s. Empleado de la aduana.

ADUAR s.m. Conjunto de tiendas de campaña, chozas o cabañas que forman un poblado, especialmente de beduinos, gitanos o indios americanos.

ADÚCAR s.m. Seda exterior y más basta que rodea el capullo de un gusano de seda.

ADUCCIÓN s.f. ANAT. Movimiento que acerca un miembro al plano medio del cuerpo.

ADUCIR v.tr. (lat. *adducere*, llevar a alguna parte) [77]. Presentar argumentos o pruebas para demostrar o justificar algo.

ADUCTOR adj. y s.m. ANAT. Se dice de un músculo que produce un movimiento de aducción.

ADUEÑARSE v.prnl. Apoderarse de una cosa. **2.** Dominar a alguien una pasión o estado de ánimo: *el terror se adueñó de ella.*

ADUJAR v.tr. MAR. Enrollar, recoger un cabo en espiral.

ADULACIÓN s.f. Alabanza exagerada que se hace a alguien para conseguir un favor o ganar su voluntad.

ADULADOR, RA adj. y s. Que alaba o adula a una persona para conseguir un favor. **2.** Se dice de lo que produce satisfacción. SIN · *lisonjero.*

ADULAR v.tr. (lat. *adulari*). Halagar a alguien servilmente para ganar su voluntad. SIN.: *lisonjear.*

ADULTERACIÓN s.f. Acción y efecto de adulterar o adulterarse.

ADULTERAR v.tr. y prnl. Alterar la naturaleza de una cosa mezclándola con una sustancia extraña: *adulterar el vino*. **2.** Falsificar: *adulterar una información.*

ADULTERINO, A adj. Relativo al adulterio. ◆ adj. y s. Se dice de un hijo nacido de una relación adúltera.

ADULTERIO s.m. Relación sexual de una persona casada con otra distinta de su cónyuge.

ADÚLTERO, A adj. y s. Se dice de la persona casada que comete adulterio. ◆ adj. Relativo al adulterio.

ADULTO, A adj. y s. Que ha llegado a la plenitud de su desarrollo. ◆ adj. Propio de la edad adulta. **2.** Que ha llegado a un grado de madurez o perfección.

ADUSTO, A adj. *Fig.* Se dice de la persona seria en el trato; también de sus gestos: *mirada adusta*. **2.** Seco, árido: *terreno adusto.*

AD VALÓREM loc. (lat. *ad valorem*, según el valor). Se dice de los derechos o tasas basados en el valor del producto, opuestos a los derechos específicos.

ADVECCIÓN s.f. METEOROL. Desplazamiento de una masa de aire en sentido horizontal. CONTR. *convección.*

ADVENEDIZO, A adj. y s. Se dice de una persona que se introduce entre gente de mayor posición social que no lo considera de su nivel. **2.** Extranjero o forastero.

ADVENIMIENTO s.m. Llegada de un acontecimiento o una época, especialmente si es esperada: *el advenimiento de la primavera*. **2.** Ascenso al trono de un papa o un soberano.

ADVENIR v.intr. [78]. Llegar un acontecimiento o una época.

ADVENTICIO, A adj. Que sucede de manera casual, ocasional o poco natural: *circunstancias adventicias*. **2.** BOT. **a.** Se dice de una planta que crece en un terreno cultivado sin haber sido sembrada en él, como la amapola o la cizaña. **b.** Se dice de una raíz que crece lateralmente sobre un tallo, o de las ramas que crecen sobre una raíz. ◇ **Cono adventicio** Cono volcánico secundario que aparece a consecuencia de una erupción. **Idea adventicia** Según Descartes, idea que se recibe de los sentidos (por oposición a *idea innata*).

ADVENTISTA s.m. y f. y adj. (ingl. *adventist*). Miembro de un movimiento evangélico que espera un segundo advenimiento del Mesías.

ADVERBIAL adj. Relativo al adverbio. **2.** Que

funciona como un adverbio: *frase, locución adverbial.*

ADVERBIO s.m. (lat. *adverbium*). GRAM. Palabra invariable de la oración que modifica el sentido de un verbo, de un adjetivo o de otro adverbio.

ADVERSARIO, A s. Persona o colectividad que se enfrenta o se opone a alguien o algo.

ADVERSATIVO, A adj. GRAM. Se dice de una conjunción o una locución adverbial que señalan una oposición entre dos términos, como *pero, sin embargo, no obstante*. **2.** Se dice de una oración que expresa oposición entre sus términos.

ADVERSIDAD s.f. (lat. *adversas, -atis*). Infortunio, desgracia. **2.** Circunstancia desfavorable o contraria: *las adversidades de una enfermedad.*

ADVERSO, A adj. (lat. *adversus*, que está al frente). Contrario, desfavorable: *situación adversa.*

ADVERTENCIA s.f. Acción y efecto de advertir. **2.** Observación en que se advierte algo al lector.

ADVERTIR v.tr. e intr. (lat. *advertere*) [79]. Percibir algo, darse cuenta: *advertir un error*. **2.** Prevenir a alguien: *advertir todas las posibilidades*. ◆ v.tr. Llamar la atención sobre algo: *te advierto que te equivocas.*

ADVIENTO s.m. (lat. *adventus*, llegada). Tiempo litúrgico de cuatro semanas en que se prepara la Navidad. (Su inicio coincide con el domingo más cercano al 30 de noviembre, festividad de san Andrés.)

ADVOCACIÓN s.f. Título que se da a algunas imágenes religiosas para su culto. **2.** Dedicación de algún templo, capilla o altar a Dios, a la Virgen o a un santo.

ADYACENCIA s.f. Proximidad, contigüidad.

ADYACENTE adj. Que está situado en la inmediación o proximidad de otra cosa. ◇ **Ángulos adyacentes** MAT. Ángulos que tienen el mismo vértice y un lado común.

ADYUVANTE adj. Se dice de un tratamiento médico que refuerza la acción de otro.

AEDO s.m. (fr. *aède*, del gr. *aoidós*, cantor). Poeta griego de la época primitiva que cantaba o recitaba acompañándose con la lira.

AÉREO, A adj. Relativo al aire o a la aviación: *espacio aéreo*. **2.** Que se realiza en el aire: *fotografía aérea*. **3.** BOT. Se dice del órgano que se desarrolla en el aire. ◇ **Derecho aéreo** Conjunto de reglas jurídicas que regulan el uso del espacio aéreo.

AERÍFERO, A adj. Que conduce aire: *vía aerífera.*

AERÓBIC s.m. (ingl. *aerobics*, del adj. *aerobic*, aerobio). Modalidad de gimnasia que combina series de movimientos rápidos acompañados con música de ritmo vivo.

AERÓBICO, A adj. Se dice del esfuerzo muscular o el ejercicio físico que consume oxígeno.

AEROBIO, A adj. y s.m. Se dice del ser vivo cuya existencia depende de la presencia de oxígeno. CONTR.: *anaerobio*. **2.** Aeróbico. ◆ adj. AERON. Se dice del motor que utiliza el oxígeno del aire para alimentar la reacción de combustión y desarrollar energía utilizable.

AEROBIOLOGÍA s.f. Ciencia que estudia los seres vivos que se encuentran en la atmósfera, sin estar en contacto con el suelo.

AEROBIOSIS s.f. MICROBIOL. Condición de vida de un microorganismo aerobio. CONTR.: *anaerobiosis.*

AEROBÚS s.m. (del ingl. *airbus*). Avión de pasajeros de grandes dimensiones.

AEROCLUB s.m. Centro de formación y práctica de pilotos de aviación civil.

AEROCOLIA s.f. Exceso de gas en el colon.

AEROCONDENSADOR s.m. Aparato que condensa un vapor calentando el aire.

AERODESLIZADOR s.m. Vehículo que se desliza sobre un colchón de aire que él mismo produce. SIN.: *hovercraft.*

AERODINÁMICA s.f. Ciencia que estudia los fenómenos que acompañan al movimiento de un cuerpo en una masa gaseosa.

AERODINÁMICO, A adj. Relativo a la aerodinámica. **2.** Se dice de un objeto con una for-

ma que reduce al mínimo la resistencia del aire a su movimiento.

AERODINO s.m. Aparato volador más pesado que el aire.

AERÓDROMO s.m. Terreno acondicionado para el despegue y aterrizaje de aviones.

AEROESPACIAL adj. Relativo a la aeronáutica y a la astronáutica; *industria aeroespacial.*

AEROFAGIA s.f. Ingestión espasmódica de aire que provoca molestias intestinales.

AEROGASTRIA s.f. Exceso de aire en el estómago.

AEROGENERADOR s.m. Generador de corriente eléctrica que utiliza energía eólica.

AEROGRAFÍA s.f. Técnica pictórica en la que se emplea un aerógrafo.

AERÓGRAFO s.m. Pulverizador que proyecta pintura sobre una superficie mediante aire a presión. (Se utiliza en diseño gráfico y para el retoque de fotografías.)

AEROGRAMA s.m. Carta enviada por avión con franqueo especial.

AEROLÍNEA s.f. (del ingl. *airline*). Compañía de transporte aéreo regular.

AEROLITO s.m. Meteorito.

AEROLOGÍA s.f. Ciencia que estudia las propiedades de las capas altas de la atmósfera, por encima de 3 000 m, que escapan generalmente a la acción del relieve terrestre.

AEROMODELISMO s.m. Técnica de la construcción y utilización de modelos reducidos de aviones.

AEROMOTOR s.m. Motor accionado por el viento.

AEROMOZO, A s. Amér. Merid. y Méx. Persona que se encarga de atender a los pasajeros de los aviones comerciales. GEOSIN.: Colomb. *cabinero*; Esp. *azafato.*

AERONAUTA s.m. y f. Persona que pilota una aeronave.

AERONÁUTICA s.f. Ciencia de la navegación aérea. **2.** Conjunto de medios, como aviones, instalaciones, etc., destinados a la navegación aérea.

AERONÁUTICO, A adj. Relativo a la navegación aérea.

AERONAVAL adj. Relativo a la marina y a la aviación conjuntamente.

AERONAVE s.f. Aparato capaz de volar.

AERONAVEGACIÓN s.f. Navegación aérea.

AEROPARQUE s.m. Argent. Aeropuerto pequeño, especialmente el situado en área urbana.

AEROPLANO s.m. Avión.

AEROPOSTAL adj. Relativo al correo aéreo.

AEROPUERTO s.m. Conjunto de instalaciones destinadas al despegue y aterrizaje de aviones. (V. ilustr. pág. siguiente.)

AEROSOL s.m. (fr. *aérosol*). Líquido envasado a presión en un recipiente que se proyecta en el aire en forma de partículas muy pequeñas. SIN.: *spray*. **2.** Suspensión de partículas muy pequeñas, sólidas o más frecuentemente líquidas, en un gas.

AEROSTACIÓN s.f. Técnica de construcción y manejo de aerostatos.

AERÓSTATA s.m. y f. Persona que maneja un aerostato.

AEROSTÁTICA s.f. Parte de la física que estudia el equilibrio de los gases en estado de reposo.

AEROSTATO o **AERÓSTATO** s.m. Aeronave que se sustenta en el aire mediante el empleo de un gas más ligero que el aire.

AEROTECNIA s.f. Técnica que aplica la aerodinámica al funcionamiento de una aeronave o de un ingenio espacial.

AEROTÉCNICO, A adj. Relativo a la aerotecnia. ◆ s. Especialista en aerotecnia.

AEROTERMODINÁMICA s.f. Ciencia que estudia los fenómenos caloríficos provocados por las corrientes aerodinámicas a grandes velocidades.

AEROTERRESTRE adj. Relativo a la aviación y al ejército de tierra al mismo tiempo.

AEROTRANSPORTADO, A adj. Transportado por vía aérea: *tropas aerotransportadas.*

AEROTRÉN s.m. (marca registrada). Vehículo experimental que se desplaza en un col-

■ **AEROPUERTO.** Aeropuerto internacional de Kansai, construido sobre un pólder en la bahía de Ōsaka (Japón) e inaugurado en 1994. (Agencia Renzo Piano, París.)

chón de aire a gran velocidad sobre una vía monorraíl.

AETA, ETA o **ITA** adj. y s.m. y f. De un pueblo pigmeo que habita en Filipinas, especialmente en el interior de la isla de Luzón. (El nombre de *aeta* corresponde a la principal tribu de Luzón.)

AFABILIDAD s.f. Cualidad de afable.

AFABLE adj. (lat. *affabilis*, a quien puede hablarse, de *fari*, hablar). Se dice de la persona de trato agradable y cordial.

AFAMADO adj. Famoso y reputado.

AFAMAR v.tr. y prnl. Dar fama. ➤ **afamarse** v.prnl. Hacerse famoso.

AFÁN s.m. Deseo intenso o vehemente: *afán de dinero*. **2.** Esfuerzo o interés que se dedica a una actividad.

AFANAR v.tr. (del lat. vulgar *affanae*, palabras embrolladas y sin sentido). *Vulg.* Robar con habilidad y sin violencia. ➤ **afanarse** v.prnl. Dedicarse con gran esfuerzo o interés a una actividad.

AFAR o **DANAKIL**, pueblo nómada islamizado que ocupa la región de Djibouti y el NE de Etiopía y que habla una lengua cusita.

AFAROLADO, A adj. y s. TAUROM. Se dice del pase de adorno con el diestro se pasa el engaño por encima de la cabeza, girando al mismo tiempo para salir de suerte.

AFAROLARSE v.prnl. Amér. Hacer aspavientos.

AFASIA s.f. (gr. *afasía*, de *a*, no, y *fánai*, hablar). Pérdida de la palabra o de la capacidad de comprensión del lenguaje a causa de una lesión cortical en el hemisferio cerebral dominante, cuya localización determina el tipo de afasia.

AFÁSICO, A adj. y s. Relativo a la afasia; que padece afasia.

AFEAR v.tr. Hacer feo: *una cicatriz le afea el rostro.* **2.** *Fig.* Censurar o reprobar la conducta.

AFECCIÓN s.f. (lat. *affectio, -onis*, influencia, estado, afección). Estado patológico, enfermedad: *afección pulmonar.* **2.** Afición o cariño: *afección materna.*

AFECTACIÓN s.f. Falta de naturalidad en la manera de hablar o comportarse. **2.** Acción de afectar.

AFECTADO, A adj. Que carece de sencillez y naturalidad: *lenguaje afectado.* **2.** Aquejado, dolido: *afectado por una desgracia.*

AFECTAR v.tr. y prnl. (lat. *affectare*, aproximar, acercar). Producir impresión, causar una emoción algo, generalmente negativa. ➤ v.tr. Atañer, interesar, concernir: *este asunto no te afecta.* **2.** Fingir, dar a entender algo que no es cierto. **3.** Poner cuidado excesivo en la forma de hablar, comportarse o vestir. **4.** MED. Producir alteración en un órgano: *el medicamento afecta al estómago.*

AFECTIVIDAD s.f. PSICOL. Conjunto de fenómenos afectivos, como las emociones o las pasiones.

AFECTIVO, A adj. Relativo al afecto.

1. AFECTO s.m. (lat. *affectus*, p. de *afficere*, poner en cierto estado). Sentimiento de cari-

ño por alguien o por algo. **2.** PSICOANÁL. Estado emotivo ligado a la satisfacción de una pulsión, no necesariamente unido a una representación. **3.** PSICOL. Impresión elemental de atracción o repulsión diferente de la emoción y de los sentimientos más elaborados socialmente.

2. AFECTO, A adj. Inclinado, aficionado o algo o a alguien: *personas afectas a una ideología.* **2.** Que padece alguna enfermedad, vicio, emoción, etc.: *afecto de reuma, a la bebida.* **3.** Se dice de una posesión o renta sujeta a cargas u obligaciones. **4.** Se dice de una persona destinada a ejercer una función o a prestar sus servicios en un lugar determinado.

AFECTUOSIDAD s.f. Cualidad de afectuoso.

AFECTUOSO, A adj. Que muestra afecto o cariño.

AFEITADA s.f. Afeitado.

AFEITADO s.m. Acción y efecto de afeitar. SIN.: *rasurado.*

AFEITADORA s.f. Máquina de afeitar eléctrica.

AFEITAR v.tr. y prnl. (lat. *affectare*, dedicarse a algo). Cortar al ras la barba, el bigote o pelo en general. **2.** TAUROM. Limar las puntas de las astas del toro.

AFEITE s.m. Cosmético.

AFELIO s.m. Punto más alejado del sol en la órbita de un planeta. CONTR.: *perihelio.*

AFELPADO, A adj. Se dice del tejido hecho de felpa o parecido a la felpa. ➤ s.m. Tejido de lana con el envés fibroso. **2.** Trabajo de acabado del cuero que consiste en darle un aspecto aterciopelado.

AFEMINACIÓN s.f. Acción y efecto de afeminar o afeminarse.

AFEMINADO, A adj. y s.m. Que tiene rasgos o características femeninos.

AFEMINAMIENTO s.m. Afeminación.

AFEMINAR v.tr. y prnl. Dar a alguien o a algo carácter femenino.

AFERENTE adj. (lat. *afferens, -ntis*, p. de *afferre*, traer). ANAT. Se dice de un vaso, especialmente sanguíneo, que desemboca en otro o que llega a un órgano, y de un nervio que conduce los estímulos a un determinado centro.

AFÉRESIS s.f. (gr. *afaíresis*, acción de llevarse, aféresis). FONÉT. Supresión de uno o varios sonidos al principio de una palabra. (Ej.: *norabuena* por *enhorabuena*.)

AFERRAMIENTO s.m. Acción y efecto de aferrar o aferrarse.

AFERRAR v.tr. (cat. *aferrar*). Agarrar fuertemente, asegurar: *aferrar las riendas.* ➤ **aferrarse** v.prnl. Obstinarse en una idea u opinión.

AFFAIRE s.m. (voz francesa). Asunto o caso, generalmente de tipo escandaloso. **2.** Relación amorosa sin compromiso.

AFFIDÁVIT o **AFIDÁVIT** s.m. (pl. *affidávit* o *affidávits*). Documento que se libra con los títulos de la deuda del estado a ciertos portadores, principalmente extranjeros, a fin de permitir que sean eximidos del pago de la totalidad o parte de los impuestos establecidos sobre estos títulos.

AFGANO, A adj. y s. De Afganistán. ➤ adj. **Lebrel afgano** Lebrel que pertenece a una raza de pelo largo y sedoso.

AFIANZAMIENTO s.m. Acción y efecto de afianzar o afianzarse.

AFIANZAR v.tr. y prnl. (de *fianza*) [7]. Poner más firme y estable algo: *afianzar un muro.* **2.** *Fig.* Consolidar, afirmar: *su fama se ha afianzado.* ➤ v.tr. Dar fianza o garantía por alguien. **2.** DER. Garantizar el cumplimiento de una obligación.

AFICIÓN s.f. (lat. *affectio, -onis*, influencia, estado, afección). Gusto por algo: *afición a la música.* **2.** Conjunto de los aficionados a un arte, deporte, etc. **3.** Empeño, afán.

AFICIONADO, A adj. y s. Que se dedica a una actividad sin tenerla por oficio: *futbolista aficionado; teatro de aficionados.* SIN.: *amateur.* **2.** Que tiene un interés especial por algo: *aficionado a los deportes.*

AFICIONAR v.tr. y prnl. Hacer que alguien sienta afición por algo.

AFICHE s.m. (fr. *affiche*). Amér. Merid. Cartel.

AFIDÁVIT s.m. → **AFFIDÁVIT.**

AFÍDIDO, A adj. y s.m. Relativo a una familia de insectos del orden homópteros, dañinos para las plantas, como los pulgones.

AFIEBRADO, A adj. Amér. Que tiene fiebre.

AFIJO s.m. y adj. LING. Elemento que se coloca al principio (*prefijo*), en el interior (*infijo*) o al final (*sufijo*) de una palabra para formar derivados o compuestos. ➤ s.m. MAT. Número complejo que define la posición de un punto en un plano.

AFILADOR, RA adj. Que afila. ➤ s.m. Obrero o artesano que afila herramientas o instrumentos. **2.** Chile, Méx. y Perú. Piedra de afilar.

AFILADORA s.f. Máquina para afilar herramientas.

AFILALÁPICES s.m. (pl. *afilalápices*). Sacapuntas.

AFILAMIENTO s.m. Adelgazamiento de la cara, nariz o dedos.

AFILAR v.tr. Sacar filo o punta a un instrumento. **2.** *Fig.* Afinar la voz o hacer más agudo algo inmaterial. **3.** Argent., Parag. y Urug. Flirtear. **4.** Chile. *Vulg.* Realizar el acto sexual. ➤ **afilarse** v.prnl. *Fig.* Adelgazarse la cara, nariz o dedos. **2.** Bol. y Urug. Prepararse, disponerse cuidadosamente para realizar algo.

AFILIACIÓN s.f. Acción de afiliar o afiliarse. **2.** Conjunto de afiliados. **3.** DER. Nombre genérico que designa diversas formas de tomar, recibir o acoger a una persona como hijo.

AFILIADO, A adj. y s. Que pertenece a una sociedad, corporación, etc.

AFILIAR v.tr. y prnl. Inscribir a alguien como miembro en una sociedad, corporación, secta, etc.: *afiliarse a un partido.*

AFILIGRANADO, A adj. De filigrana o parecido a ella. **2.** *Fig.* Pequeño, muy fino y delicado: *cara afiligranada.*

AFILIGRANAR v.tr. Hacer o confeccionar con filigrana. **2.** *Fig.* Embellecer con esmero.

AFÍN adj. (lat. *affinis*, limítrofe, emparentado, de *finis*, límite). Que tiene afinidad o semejanza con otra cosa: *ideas afines.* **2.** MAT. Se dice de una función real de variable real *x*, de la forma $x \rightarrow f(x) = ax + b$, siendo *a* y *b* reales. ➤ s.m. y f. Pariente por afinidad. ◇ **Geometría afín** MAT. Geometría en que las propiedades son invariantes por transformaciones de primer grado.

AFINACIÓN s.f. Acción y efecto de afinar o afinarse. SIN.: *afinadura.*

AFINADO s.m. Purificación de determinados productos por eliminación de las materias extrañas que contienen. **2.** Última fase de la maduración de los quesos.

AFINADOR s.m. Persona que afina los instrumentos musicales. **2.** Utensilio para afinar dichos instrumentos.

AFINAMIENTO s.m. Afinación. **2.** Finura.

AFINAR v.tr. y prnl. Hacer fino, sutil o delicado: *afinar los modales.* ➤ v.tr. Poner en tono unos instrumentos con otros. **2.** Precisar algo: *afinar la puntería.* **3.** Purificar los metales. **4.** Eliminar las burbujas gaseosas del vidrio fundido. **5.** Poner un instrumento musical en tono con el diapasón. ➤ v.intr. Cantar o tocar entonando con perfección. ◇ **Afinar el queso** Dar al queso los últimos cuidados antes de destinarlo al consumo.

AFINCAR v.intr. y prnl. [1]. Establecerse en un lugar. **2.** *Fig.* Estar fijo y constante en una cosa: *afincarse en una idea.*

AFINIDAD s.f. Semejanza, proximidad o analogía entre dos o más personas o cosas. **2.** Coincidencia de caracteres, opiniones o gustos entre dos o más personas. **3.** BIOL. Parentesco zoológico o botánico. **4.** DER. Parentesco entre una persona y los deudos por consanguinidad de su cónyuge. **5.** MAT. Tipo de transformación puntual en el plano. **6.** QUÍM. Tendencia de un átomo o molécula a reaccionar o combinarse con átomos o moléculas de diferente constitución química.

AFIRMACIÓN s.f. Acción y efecto de afirmar o afirmarse. ◇ **Adverbio de afirmación** GRAM. Adverbio que asevera el significado del verbo o de toda la oración en que figura.

AFIRMAR v.tr. (lat. *affirmare,* consolidar, afirmar). Decir que algo es cierto: *afirmar una teoría.* ◆ v.tr. y prnl. Consolidar un terreno para poder construir sobre él. **2.** Poner firme o estable. ◆ v.intr. Decir que sí. ◆ **afirmarse** v.prnl. Confirmar la validez o verdad de algo dicho anteriormente.

AFIRMATIVO, A adj. Que afirma: *respuesta afirmativa.* **2.** GRAM. y LÓG. Se dice de la oración, proposición o juicio que establece la conformidad del sujeto con el predicado. SIN.: *asertivo.*

AFLAUTAR v.tr. Tener o adquirir voz aguda como una flauta, atiplar la voz.

AFLICCIÓN s.f. Acción y efecto de afligir o afligirse, dolor.

AFLICTIVO, A adj. Que causa aflicción. ◇ **Pena aflictiva** DER. La de mayor gravedad de las de carácter personal, contenida en un código.

AFLIGIMIENTO s.m. Aflicción.

AFLIGIR v.tr. y prnl. (lat. *affligere,* golpear, abatir) [43]. Causar tristeza o angustia. **2.** Causar sufrimiento físico.

AFLOJAR v.tr. y prnl. Poner flojo o más flojo: *aflojar un nudo.* ◆ v.tr. *Fig.* y *fam.* Soltar, entregar: *aflojar dinero.* ◆ v.tr. e intr. *Fig.* Perder fuerza, flaquear en un esfuerzo.

AFLORAMIENTO s.m. Acción de aflorar. **2.** GEOL. Punto en que la roca constituyente del subsuelo aparece en la superficie.

AFLORAR v.intr. (fr. *affleurer,* de *à fleur de,* a flor de). Aparecer en la superficie de un terreno un filón o capa mineral. **2.** *Fig.* Asomar, surgir, aparecer suavemente.

AFLUENCIA s.f. Acción de afluir. **2.** Abundancia.

AFLUENTE s.m. Corriente de agua que desemboca en otra.

AFLUIR v.intr. (lat. *affluere*) [88]. Llegar una gran cantidad de personas o cosas a un lugar: *los manifestantes afluyeron a la plaza.* **2.** Desembocar una corriente de agua en otra o en una masa de agua.

AFLUJO s.m. Afluencia excesiva de un líquido a un tejido orgánico.

AFLUS adv.m. *Amér.* Sin dinero, sin nada.

AFOCAL adj. Se dice de un sistema óptico cuyos focos están en el infinito.

AFONÍA s.f. MED. Disminución de la voz o cambio de su timbre y tono.

AFÓNICO, A adj. MED. Que padece afonía.

AFORADO, A adj. y s. DER. Se dice de una persona o entidad que goza de algún fuero en materia de jurisdicción o de ciertos privilegios.

AFORADOR s.m. Persona que afora. **2.** Dispositivo para aforar.

AFORAR v.tr. (del fr. ant. *aforer*). Determinar el valor de una mercancía para el pago de derechos; en general, determinar el valor de los mismos. **2.** DER. Arrendar, conceder fuero. **3.** METROL. Calcular la capacidad de un recipiente o la cantidad de líquido, grano, etc., que contiene. **4.** METROL. Medir la cantidad de agua que lleva una corriente o que pasa por un conducto en una cantidad de tiempo.

AFORISMO s.m. (gr. *aforismós,* definición).

Sentencia breve que se propone como norma en una ciencia o arte.

AFORÍSTICO, A adj. Relativo al aforismo.

AFORO s.m. Acción y efecto de aforar. **2.** Número de localidades de un recinto público.

AFORTUNADO, A adj. Que tiene fortuna o buena suerte. **2.** Adecuado, oportuno. **3.** Que tiene o produce felicidad: *decisión afortunada.*

AFRANCESADO, A adj. y s. Que tiene carácter francés o que imita a los franceses en sus costumbres, cultura, etc.: *comedia afrancesada.* **2.** Partidario de los franceses, especialmente los españoles que en la guerra de la Independencia (1808-1814) apoyaron a José Bonaparte. SIN.: *josefino.*

AFRANCESAMIENTO s.m. Tendencia exagerada a las ideas o costumbres de origen francés.

AFRANCESAR v.tr. y prnl. Dar carácter francés. **2.** Aficionar a las costumbres y cultura francesas. ◆ **afrancesarse** v.prnl. Hacerse afrancesado.

AFRENTA s.f. (de *frente*). Dicho o hecho ofensivo: *no hacer caso de afrentas.* **2.** Vergüenza o deshonor que supone un dicho o hecho ofensivo: *sufrir afrenta.*

AFRENTAR v.tr. y prnl. Causar afrenta.

AFRICADO, A adj. y s.f. FONÉT. Se dice de un sonido consonántico oclusivo al principio de su emisión y fricativo al final.

AFRICANISMO s.m. Influencia ejercida por las razas africanas y por su cultura. **2.** Interés por la cultura y costumbres africanas. **3.** Palabra, expresión o giro procedente de una lengua africana que se usa en otra lengua.

AFRICANISTA s.m. y f. Especialista en lenguas y civilizaciones africanas.

AFRICANIZACIÓN s.f. Acción de africanizar o africanizarse.

AFRICANIZAR v.tr. y prnl. [7]. Dar carácter africano.

AFRICANO, A adj. y s. De África.

AFRIKAANS s.m. Lengua neerlandesa que se habla en la República de Sudáfrica, y es, junto con el inglés, lengua oficial.

AFRIKANER o **AFRIKÁNDER** adj. y s.m. y f. Se dice de la persona sudafricana de raza blanca que habla el afrikaans.

AFRO adj. Relativo a usos y costumbres africanas: *música afro.* **2.** Se dice de un peinado muy rizado y muy voluminoso.

AFROAMERICANO, A adj. y s. Relativo a los negros de América de origen africano.

AFROASIÁTICO, A adj. Relativo a Asia y África conjuntamente.

AFROCUBANISMO s.m. Movimiento de revalorización de las raíces africanas y del culto a lo primitivo en la cultura cubana.

ENCICL. Estimulado por los estudios de Fernando Ortiz, el afrocubanismo se centró, por lo que se refiere a la poesía, en la incorporación de voces y ritmos negros y en una atmósfera de ingenua sensualidad. Sus principales cultivadores son E. Ballagas, N. Guillén y en Puerto Rico, L. Palés Matos.

AFROCUBANO, A adj. y s. Relativo a los negros cubanos de origen africano. ◆ adj. MÚS. Se dice de un ritmo bailable moderno, casi siempre en compás de 4 por 8 y movimiento relativamente moderado.

AFRODISÍACO, A o **AFRODISIACO, A** adj. y s.m. (gr. *afrodisiakós,* de *Afrodite,* diosa del amor). Que excita el apetito sexual.

AFRONTADO, A adj. HERÁLD. Se dice de cada una de las figuras, principalmente animales, colocadas una frente a otra.

AFRONTAMIENTO s.m. Acción y efecto de afrontar.

AFRONTAR v.tr. Poner una cosa frente a otra. **2.** Hacer frente a un problema, peligro, etc. **3.** Carear, poner a una persona en presencia de otra: *afrontar a dos testigos.* ◆ v.tr. y prnl. Hacer frente al enemigo.

AFRUTADO, A adj. Que tiene un sabor o aroma que recuerda al de una fruta.

AFTA s.f. (lat. *aphtha,* gr. *aphtha*). Lesión superficial en la mucosa bucal o genital.

AFTERHOUR s.m. (ingl. *after-hours*) [pl. *afterhours*]. Local de diversión que abre a altas horas de la madrugada. (Se abrevia *after.*)

AFTER-SHAVE s.m. y adj. (voz inglesa). Loción suavizante a base de alcohol que se aplica después del afeitado.

AFTOSO, A adj. Caracterizado por la presencia de aftas. ◇ **Fiebre aftosa** Enfermedad epizoótica muy contagiosa debida a un virus, que afecta al ganado.

AFUERA adv.l. Hacia la parte exterior. **2.** En la parte exterior. ◆ Interj. Se emplea para que una persona que da el paso o se retire de un lugar. ◆ **afueras** s.f.pl. Alrededores de una población.

AFUSIÓN s.f. MED. Aspersión de agua sobre el cuerpo o una parte de él, como método terapéutico.

AFUSTE s.m. ARM. Armazón que sirve de soporte o vehículo a una boca de fuego.

AGÁ o **AGHA** s.m. (turco *agá,* caballero, señor) [pl. *agaes*]. Oficial de la corte del sultán, en el Imperio otomano. **2.** Jefe superior al caíd, en Argelia.

AGACHADA s.f. *Argent.* Evasiva desleal o cobarde. **2.** *Chile.* Inclinación, reverencia, adulación. **3.** *Urug.* Pillería, artimaña.

AGACHADIZA s.f. Ave zancuda semejante a la becada, de unos 30 cm de long., que vuela muy bajo y vive en los lugares pantanosos. (Familia escolopácidos.)

AGACHAR v.tr. Inclinar o bajar alguna parte del cuerpo: *agachar la cabeza.* ◆ **agacharse** v.prnl. Encogerse, doblando el cuerpo hacia abajo.

AGALACTIA o **AGALAXIA** s.f. MED. Ausencia de leche en las mamas en el momento en que debería producirse la lactancia.

1. AGALLA s.f. Branquia de los peces. (Suele usarse en plural.) **2.** Cada uno de los costados de la cabeza del ave, correspondiente a la sien. ◆ **agallas** s.f.pl. Anginas.

2. AGALLA s.f. (lat. *galla*). Excrecencia de un tejido vegetal producida por parásitos, como insectos u hongos. SIN.: *cecidia.* **2.** *Fig.* Ánimo, valor.

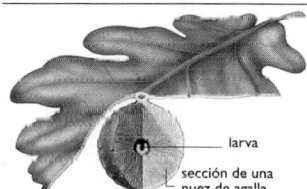

■ **AGALLA** del roble.

AGALLÓN s.m. *Amér.* Anginas.

AGALLONES s.m.pl. *Amér.* Agallón.

AGAMÍ s.m. Ave originaria de América del Sur, de unos 45 cm de long., plumaje negro con reflejos metálicos azul y verde, que puede ser domesticada. (Orden ralliformes.)

■ **AGAMÍ**

AGAMMAGLOBULINEMIA s.f. MED. Escasez o ausencia total de gammaglobulinas en el plasma sanguíneo, que hace al organismo muy vulnerable a las infecciones.

AGAMUZADO, A adj. Que se parece o tiene el aspecto de la gamuza. ◆ s.m. Curtido de las pieles mediante tratamiento con aceites de pescado.

ÁGAPE s.m. (lat. *ágape*, amistad, gr. *agápi*). Banquete con que se celebra algo. **2.** Comida que los fieles tomaban en común, en los primeros tiempos del cristianismo.

AGAR-AGAR s.m. Mucílago obtenido a partir de un alga asiática, utilizado en bacteriología como medio de cultivo, en la industria como producto para encolar, en farmacia por sus propiedades laxantes y en alimentación para la preparación de helados. SIN.: *gelosa*. (También *agar*.)

AGARENO, A adj. y s. Descendiente de Agar. **2.** Musulmán.

AGARICÁCEO, A adj. y s.f. Relativo a una familia de hongos basidiomicetes que agrupa numerosas especies, unas comestibles, y otras tóxicas e incluso letales.

AGÁRICO s.m. (lat. *agaricum*). Nombre de varias especies de hongos que viven parásitos en el tronco de los árboles, algunos de los cuales se usan en medicina. (Familia agaricáceas.)

AGARRADA s.f. *Fam.* Enfrentamiento verbal o físico.

AGARRADERAS s.f.pl. Favor o influencia: *tener agarraderas en el ministerio.*

AGARRADERO s.m. Parte de un objeto para asirlo o asirse de él. **2.** *Fig.* Amparo, recurso.

AGARRADO, A adj. y s. *Fam.* Avaro, tacaño. ◆ adj. y s.m. *Fam.* Se dice del baile en que la pareja va abrazada y junta.

AGARRADOR s.m. Almohadilla para agarrar las cosas calientes.

AGARRAR v.tr. (de *garra*, zarpa). Sujetar fuertemente: *le agarró por el brazo.* **2.** *Fam.* Contraer una enfermedad: *agarrar un resfriado.* **3.** *Fig.* y *fam.* Conseguir o atrapar lo que se persigue: *agarrar un buen empleo; agarrar a un ladrón.* ◆ **agarrarse** v.prnl. Sujetarse fuertemente a algo. **2.** *Fig.* y *fam.* Pelearse o reñir: *agarrarse a puñetazos.* **3.** Apoderarse una enfermedad del paciente con tenacidad: *agarrarse la tos.* **4.** Pegarse un guiso: *la paella se agarró.*

AGARROCHAR v.tr. TAUROM. Herir a un toro con una garrocha.

AGARRÓN s.m. Acción de agarrar con fuerza. **2.** *Amér.* Acción de tomar o sujetar con fuerza. **3.** *Chile.* Riña, altercado. **4.** *Méx. Fam.* Pleito, gresca.

AGARROTAMIENTO s.m. Acción y efecto de agarrotar o agarrotarse. **2.** MEC. Avería debida al roce de dos superficies en contacto, que quedan fuertemente adheridas por falta de engrase.

AGARROTAR v.tr. y prnl. Poner rígido un miembro del cuerpo humano. **2.** Inmovilizar las piezas mecánicas en contacto por falta de engrase. ◆ v.tr. Oprimir material o moralmente: *nos agarrotan con tanto trabajo.* **2.** Estrangular en el garrote, o por cualquier otro sistema: *agarrotar a un reo.*

AGASAJAR v.tr. (del ant. *gasajo*, placer en compañía). Tratar con atención o afecto: *agasajar a los invitados.* **2.** Halagar, obsequiar a alguien.

AGASAJO s.m. Acción de agasajar. **2.** Muestra de afecto o consideración.

ÁGATA s.f. (lat. *achates*). Roca silícea, variedad de calcedonia, constituida por capas paralelas o concéntricas de distintos colores.

AGATEADOR s.m. Pájaro trepador de pequeño tamaño, color pardo y pico largo y curvado, que se caracteriza por trepar en espiral por el tronco de los árboles. (Familia cértidos.)

AGAUCHARSE v.prnl. *Amér. Merid.* Adquirir aspecto o costumbres de gaucho.

AGAVE s.m. o f. Planta crasa de hasta 10 m de alt., hojas carnosas, que florece una sola vez, y con su savia se elaboran bebidas como el pulque o el tequila. (Familia amarilidáceas.)

AGAVILLADORA s.f. Máquina segadora que corta las mieses y las ata formando gavillas.

AGAVILLAR v.tr. Formar gavillas.

AGAZAPARSE v.prnl. (de *gazapo*). Agacharse, encogerse, generalmente para ocultarse.

AGENCIA s.f. (bajo lat. *agentia*). Empresa que generalmente ofrece servicios de intermediario entre los profesionales de un sector y sus clientes: *agencia de publicidad, de infor-*

mación, de viajes, etc. **2.** Sucursal de un establecimiento financiero o de una empresa.

AGENCIAR v.tr. y prnl. Procurar o conseguir algo con diligencia o habilidad: *agenciarse un billete.* ◇ **Agenciárselas** Componérselas, arreglarse con los propios medios.

AGENCIERO, A s. *Argent.* Persona encargada de una agencia de lotería o de venta de automotores. **2.** *Chile. Vulg.* Prestamista. **3.** *Cuba y Méx.* Agente de mudanzas.

AGENDA s.f. (fr. *agenda*). Cuaderno para anotar lo que se ha de hacer o se ha de recordar. **2.** Conjunto de actividades que se han de hacer en un período determinado.

AGENESIA s.f. Ausencia o desarrollo defectuoso de un tejido o de un órgano, desde la vida embrionaria.

AGENTE adj. (bajo lat. *agens, -tis*). Que obra o tiene la virtud de obrar. **2.** LING. Que realiza la acción de un verbo en una oración. ◆ s.m. Fenómeno que ejerce una acción determinante: *el agente de una infección; los agentes de la erosión.* ◆ s.m. y f. Persona que está encargada de llevar y administrar los asuntos de estado, de una sociedad o de un particular: *agente de seguros; agente de la propiedad inmobiliaria.* **2.** Persona que realiza actos que pueden producir efectos jurídicos. ◇ **Agente de cambio, o de cambio y bolsa** Funcionario encargado de la negociación de los valores públicos cotizables en bolsa. **Agente de la autoridad** Persona que está encargada de la seguridad y el mantenimiento del orden público. **Agente de negocios** Persona que se encarga de administrar bienes o de dirigir los negocios de sus clientes. **Agente económico** Persona o grupo que participa en la actividad económica. **Agente literario** Intermediario entre editores y escritores. **Complemento agente** Complemento de un verbo pasivo que sería sujeto en la frase activa correspondiente. (Va precedido generalmente de la preposición *por* o *de*.)

AGÉRATO s.m. (gr. *agératon*). Planta de origen americano, que se cultiva en jardinería por sus flores azules. (Familia compuestas.)

AGGIORNAMENTO s.m. (voz italiana, *puesta al día*). Renovación de la Iglesia romana después del concilio Vaticano II. **2.** *Por ext.* Actualización, renovación.

AGHA s.m. → AGÁ.

AGIGANTADO, A adj. Que tiene un tamaño mucho mayor de lo normal.

AGIGANTAR v.tr. y prnl. Conferir proporciones gigantescas.

ÁGIL adj. (lat. *agilis*). Que se mueve o puede moverse con facilidad y rapidez: *persona ágil.*

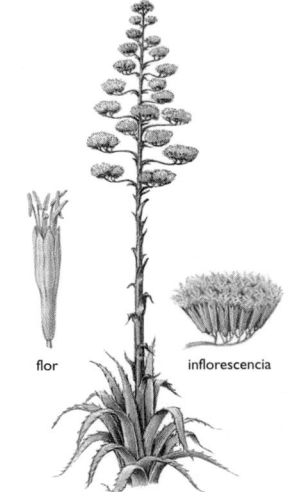

flor   inflorescencia

■ AGAVE

2. Que se realiza rápida y fácilmente: *movimientos ágiles.*

AGILIDAD s.f. Cualidad de ágil.

AGILIZAR v.tr. y prnl. [7]. Hacer o hacerse ágil: *agilizar la memoria.* SIN.: *agilitar.*

AGIO s.m. (fr. *agio*, del ital. *aggio*). Beneficio obtenido de un cambio de moneda o del descuento de letras y pagarés. **2.** Especulación en la que se negocia utilizando las oscilaciones y diferencias de los precios de las mercancías. **3.** Agiotaje.

AGIOTAJE s.m. Especulación sobre los fondos públicos, los cambios, etc. SIN.: *agio.*

AGITACIÓN s.f. Acción y efecto de agitar o agitarse: *la agitación del mar; una agitación popular.*

AGITADOR, RA adj. y s. Que agita. ◆ s.m. Vara pequeña de vidrio que se utiliza para remover los líquidos.

AGITANARSE v.prnl. Parecerse o adoptar las costumbres o características de la etnia gitana.

AGITAR v.tr. y prnl. (lat. *agitare*). Mover algo de un lado a otro repetida y bruscamente. **2.** Inquietar, intranquilizar: *la duda le agitaba el pensamiento.* ◆ v.tr. Movilizar a grupos, sectores o masas con el fin de protestar o reivindicar algo: *agitar al país.*

1. AGITATO adv.m. (voz italiana). MÚS. Con movimiento agitado.

2. AGITATO, A adj. y s.m. (voz italiana). MÚS. Se dice de la composición musical o el fragmento que se ejecuta con movimiento agitado.

AGLIFO, A adj. Se dice de una serpiente desprovista de dientes venenosos.

AGLOMERACIÓN s.f. Acción y efecto de aglomerar o aglomerarse: *gran aglomeración de gente.* **2.** Conjunto de viviendas formado por una población y sus alrededores.

AGLOMERADO s.m. Material elaborado con fragmentos de madera prensados y mezclados con cola. **2.** Briqueta combustible hecha con polvo de hulla mezclado con alquitrán. **3.** Material de construcción prefabricado en hormigón.

AGLOMERANTE s.m. Material que sirve para aglomerar.

AGLOMERAR v.tr. (lat. *agglomerare*, juntar, de *glomus*, ovillo). Reunir algo formando una masa compacta: *aglomerar arena y cemento.* ◆ **aglomerarse** v.prnl. Reunirse en un montón, formar una masa compacta.

AGLUTINACIÓN s.f. Acción y efecto de aglutinar o aglutinarse. **2.** BIOL. Sistema de defensa de un organismo contra las agresiones microbianas o parasitarias, en el que las células se agrupan en masas más o menos grandes por mediación de las aglutininas. **3.** LING. Adición de afijos a una raíz para expresar las diversas relaciones gramaticales.

AGLUTINANTE adj. y s.m. Que aglutina. ◆ **Lengua aglutinante** Lengua que expresa las relaciones gramaticales mediante la aglutinación de afijos a las raíces.

AGLUTINAR v.tr. y prnl. (lat. *agglutinare*, pegar, adherir). Unir fuertemente dos o más cosas. **2.** Formar palabras por aglutinación.

AGLUTININA s.f. BIOL. Anticuerpo del suero sanguíneo que provoca la aglutinación.

AGLUTINÓGENO s.m. BIOL. Sustancia contenida en los hematíes de un ser vivo, capaz de provocar su aglutinación.

AGNACIÓN s.f. Parentesco legítimo de sucesión por línea masculina.

AGNADO, A adj. y s. (lat. *agnatus*). Se dice de un descendiente por línea masculina. CONTR.: *cognado.*

AGNATO, A adj. y s.m. Relativo a un grupo de vertebrados acuáticos con respiración branquial y desprovistos de mandíbulas.

AGNI, pueblo de Costa de Marfil y Ghana del grupo akan que habla una lengua kwa.

AGNOSIA s.f. MED. Alteración del reconocimiento e identificación de informaciones sensoriales, debida a una lesión cerebral.

AGNÓSICO, A adj. y s. MED. Que padece agnosia.

AGNOSTICISMO s.m. Doctrina que declara lo absoluto como inaccesible para el entendimiento humano, especialmente refiriéndose a a

Dios, o que considera toda metafísica como fútil.

AGNÓSTICO, A adj. y s. Relativo al agnosticismo; adepto al agnosticismo.

AGNUSDÉI s.m. (lat. *Agnus Dei*, Cordero de Dios). Medallón de cera bendecida por el papa que lleva la imagen de un cordero. **2.** Oración de la misa que comienza con estas palabras. (También *agnus*.)

AGOBIANTE adj. Que agobia.

AGOBIAR v.tr., intr. y prnl. (del lat. *gibbus*, giba). Causar agobio.

AGOBIO s.m. Fatiga, molestia o preocupación. **2.** Sofocación o sensación de ahogo.

AGOLLETAMIENTO s.m. Estrechamiento del cañón de una escopeta de caza para agrupar los perdigones. SIN.: *choke-bore*.

AGOLPAMIENTO s.m. Acción y efecto de agolpar o agolparse.

AGOLPAR v.tr. y prnl. (lat. *golpe*, gran cantidad). Juntar de golpe en un lugar: *la gente se agolpó en la plaza.* ◆ **agolparse** v.prnl. Presentarse conjunta y repentinamente ciertas cosas: *agolparse muchos problemas.*

AGONÍA s.f. (bajo lat. *agonia*, del gr. *agonía*, lucha, angustia). Momento de la vida en el que se debilitan gradualmente las funciones vitales y que precede inmediatamente a la muerte. **2.** Momentos finales del declive de un movimiento o una civilización: *la agonía de un régimen político.*

AGÓNICO, A adj. Relativo a la agonía. **2.** Que se halla en la agonía.

AGONIZANTE adj. y s.m. y f. Que agoniza.

AGONIZAR v.intr. (bajo lat. *agonizare*) [7]. Estar en la agonía.

ÁGORA s.f. (gr. *agorá*, reunión, plaza pública). ANT. GR. Plaza rodeada de edificios públicos, centro de la vida política, religiosa y económica de la ciudad.

AGORAFOBIA s.f. MED. Temor a los espacios abiertos.

AGORAR v.tr. [16]. Augurar.

AGORERO, A adj. y s. Que anuncia males o desgracias. **2.** Que adivina por agüeros, presagios o señales.

AGORGOJARSE v.prnl. Criar gorgojo una semilla.

AGOSTAMIENTO s.m. Acción y efecto de agostar o agostarse.

AGOSTAR v.tr. y prnl. (de *agosto*). Secar o abrasar una planta el calor excesivo.

AGOSTEÑO, A adj. Propio del mes de agosto. SIN.: *agostizo*.

AGOSTIZO, A adj. Agosteño. **2.** Se dice del animal nacido en agosto.

AGOSTO s.m. (lat. *augustus*, mes dedicado a Octavio Augusto). Octavo mes del año. (Tiene 31 días.) ◆ **Hacer su agosto** *Fam.* Lucrarse aprovechando una ocasión oportuna.

AGOTADO, A adj. Exhausto, extenuado.

AGOTAMIENTO s.m. Acción y efecto de agotar o agotarse. **2.** MED. Estado de un ser vivo cuando sus reservas nutritivas se han consumido o cuando el tono de su sistema nervioso se reduce.

AGOTAR v.tr. y prnl. (lat. vulgar *eguttare*, secar hasta la última gota). Extraer totalmente el líquido de un lugar: *agotar un pozo de agua.* **2.** *Fig.* Consumir o terminar totalmente algo: *agotar el agua, la paciencia.* **3.** Cansar mucho.

AGOTE s.m. y f. (vasc. *kakote*, dim. de *kako*, gancho). Miembro de un grupo social del valle de Baztán y otros valles pirenaicos, al que se consideró sospechoso de herejía y contra los que se practicó una segregación social.

AGRACEJINA s.f. Fruto comestible del agracejo.

AGRACEJO s.m. Arbusto espinoso de flores amarillas, bayas rojas comestibles, y madera de color amarillo, usada en ebanistería. (Familia berberidáceas.) **2.** Uva que se queda muy pequeña y no llega a madurar.

AGRACIADO, A adj. Que tiene cierto atractivo o gracia. ◆ adj. y s. Que ha resultado premiado en un sorteo.

AGRACIAR v.tr. Dar gracia o atractivo. **2.** Premiar.

AGRADABLE adj. Que agrada. **2.** Que es amable de trato.

AGRADAR v.intr. (de *2. grado*). Gustar, complacer.

AGRADECER v.tr. [37]. Corresponder con gratitud a un favor: *agradezco tus consejos.* **2.** Dar las gracias. **3.** *Fig.* Dejar ver una cosa el efecto beneficioso del trabajo empleado en ella: *la tierra agradece sus cuidados.*

AGRADECIDO, A adj. y s. Que agradece.

AGRADECIMIENTO s.m. Acción y efecto de agradecer.

AGRADO s.m. Gusto, complacencia. **2.** Amabilidad, afabilidad. **3.** Amér. Merid. Obsequio.

AGRAFE s.m. (fr. *agrafe*, grapa). MED. *Galic.* Lámina pequeña de metal, provista de dos puntas, que sirve para suturar heridas.

AGRAFIA s.f. Trastorno neurológico que incapacita para escribir.

AGRAMADERA s.f. Máquina que realiza el agramado.

AGRAMADO s.m. Acción y efecto de agramar.

AGRAMAR v.tr. Majar el cáñamo o el lino para separar la fibra del tallo.

AGRAMATICAL adj. LING. Que no responde a criterios gramaticales.

AGRAMATISMO s.m. Trastorno neurológico caracterizado por un defecto en la construcción de las palabras y frases.

AGRAMIZA s.f. Caña que queda después del agramado.

AGRAMONTÉS, SA adj. y s. Relativo al bando de los agramonteses, dirigidos por el señor de Agramont, que disputaron a los beaumonteses (bando nobiliario dirigido por Luis y Juan de Beaumont) la hegemonía en el reino de Navarra, lo que desembocó en una dura guerra civil (1438); miembro de este bando.

AGRANDAMIENTO s.m. Acción y efecto de agrandar.

AGRANDAR v.tr. y prnl. Hacer más grande.

AGRANULOCITOSIS s.f. MED. Disminución o desaparición de los glóbulos blancos polinucleares (granulocitos).

AGRARIO, A adj. (lat. *agrarius*). Relativo a la tierra de cultivo o a la agricultura: *el área es la unidad de medida para las superficies agrarias.* **2.** Se dice de los partidos políticos y de la ropa que defienden los intereses de los agricultores. ◇ **Estructura agraria** Disposición y forma de las parcelas explotadas por un grupo de agricultores; conjunto de las disposiciones jurídicas y sociales que han presidido el acondicionamiento de los campos. **Leyes agrarias** Leyes de la antigüedad romana, en favor de los plebeyos, que impedían que los nobles acaparasen las tierras del estado.

AGRARISMO s.m. Tendencia política que defiende el sector agrícola y los intereses de los agricultores.

AGRAVACIÓN s.f. Agravamiento.

AGRAVAMIENTO s.m. Acción y efecto de agravar o agravarse.

AGRAVANTE adj. y s.m. Que agrava.

AGRAVAR v.tr. y prnl. Aumentar la gravedad de una cosa.

AGRAVIAR v.tr. y prnl. Hacer agravio u ofensa.

AGRAVIO s.m. Ofensa contra el honor o la dignidad. **2.** Perjuicio causado a alguien en contra de sus derechos o intereses. **3.** DER. Perjuicio causado por la sentencia de un juez inferior que el apelante expone ante un juez superior. ◇ **Agravio comparativo** Discriminación que se produce al dar un trato diferente en dos situaciones parecidas.

AGRAZ s.m. Uva sin madurar. **2.** Zumo ácido que se extrae de la uva sin madurar. ◇ **En agraz** Inmaduro, en preparación.

AGRAZÓN s.m. Uva silvestre o racimos que nunca maduran. **2.** Grosellero silvestre.

AGREDIR v.tr. (lat. *aggredi*, dirigirse a alguien, atacarlo) [55]. Atacar a alguien para hacerle daño: *agredir con arma blanca.*

AGREGACIÓN s.f. Agrupación de partes homogéneas formando un todo. **2.** Agregaduría.

AGREGADO, A adj. y s. Unido, anexionado. **2.** Se dice de un profesor de enseñanza media en España con categoría inferior a la de catedrático. ◆ s. Conjunto de cosas homogéneas que forman un cuerpo. **2.** Caserío aislado que forma parte de un municipio. **3.** Amér. Pequeño arrendatario de tierra. **4.** Argent., Par. y Urug. Persona que vive en casa ajena a costa del dueño. **5.** Esp. Empleado adscrito a un servicio del cual no es titular. **6.** ECON. Magnitud sintética obtenida combinando los asientos de la contabilidad nacional. **7.** EDAFOL. Agrupación relativamente estable de las partículas del suelo. ◆ s.m. Agregación, añadidura o anexo. ◇ **Agregado diplomático** Persona que sirve en la última categoría de la carrera diplomática.

AGREGADURÍA s.f. Cargo o plaza de agregado.

AGREGAR v.tr. y prnl. (lat. *aggregare*) [2]. Unir o incorporar unas personas o cosas a otras. ◆ v.tr. Añadir algo sobre lo ya dicho o escrito. **2.** Destinar eventualmente un empleado a un servicio, o asociarlo a otro empleado.

AGREMÁN s.m. (fr. *agrément*, agrado, atractivo). Cinta de pasamanería utilizada como adorno.

AGREMIACIÓN s.f. Conjunto formado por personas del mismo oficio, que se reúnen corporativamente para ayudarse y defenderse mutuamente.

AGREMIAR v.tr. y prnl. Reunir en gremio.

AGRESIÓN s.f. (lat. *aggressio*). Acción y efecto de agredir. **2.** Enfrentamiento entre dos o más animales. (Es un elemento fundamental de las relaciones sociales de una especie.) **3.** DER. INTERN. Ataque perpetrado por un estado contra la integridad o la independencia de otro.

AGRESIVIDAD s.f. Carácter agresivo. **2.** Resolución para actuar. **3.** PSICOL. Tendencia a realizar actos o a proferir palabras hostiles con respecto a otro.

AGRESIVO, A adj. Que implica agresión, provocación o ataque. **2.** Se dice de la persona con tendencia a agredir. **3.** *Anglic.* Activo, dinámico, emprendedor.

AGRESOR, RA adj. y s. Que comete agresión.

AGRESTE adj. (lat. *agrestis*). Relativo al campo: *vida agreste.* **2.** Abrupto o lleno de maleza: *terreno agreste.* **3.** *Fig.* Grosero, falto de educación.

AGRIAR v.tr. y prnl. Poner agrio: *la leche se ha agriado.* **2.** *Fig.* Hacer agrio, desabrido o malhumorado: *agriar el carácter.*

AGRÍCOLA adj. Relativo a la agricultura.

AGRICULTOR, RA s. (lat. *agricultor*). Persona que cultiva la tierra.

AGRICULTURA s.f. (lat. *agricultura*). Cultivo de la tierra para obtener productos vegetales útiles al ser humano, especialmente los que están destinados a su alimentación.

AGRIDULCE adj. Que tiene mezcla de agrio y de dulce: *fruta agridulce; palabras agridulces.*

AGRIETAMIENTO s.m. Acción y efecto de agrietar o agrietarse.

AGRIETAR v.tr. y prnl. Abrir grietas o hendiduras.

AGRIMENSOR, RA s. Persona que tiene por oficio la agrimensura.

AGRIMENSURA s.f. Técnica de medición de la superficie de las tierras.

AGRINGARSE v.prnl. [2]. Amér. Adquirir las costumbres de los gringos, parecerse a ellos.

AGRIO, A adj. (lat. *acer*, *acre*, agudo, penetrante). Ácido. **2.** Acre, desabrido: *voz agria.* **3.** Cruel, duro: *un agrio castigo.* ◆ s.m. Zumo ácido: *el agrio del limón.* ◆ **agrios** s.m.pl. Conjunto de frutos ácidos como el limón, la naranja o la mandarina. SIN.: *cítricos.*

AGRIPALMA s.f. Planta silvestre de flores rosadas, tallo cuadrangular y hojas verdinegras, cultivada antiguamente por atribuirle propiedades para curar la rabia. (Familia labiadas.)

AGRIPARSE v.prnl. Chile, Colomb. y Méx. Contraer la gripe.

AGRIPENO s.m. Ave que vive en América del Norte, de unos 20 cm de long., pico corto subcónico, y plumaje brillante de varios colores. (Familia ictéridos.)

AGRISAR v.tr. y prnl. Dar color gris.

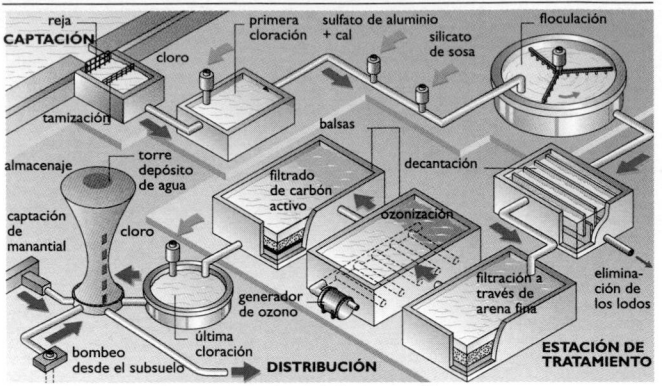

■ AGUA. Tratamiento del agua destinada a la red de distribución pública.

AGRO s.m. (lat. *ager, agri,* campo). Campo para cultivar.

AGROALIMENTARIO, A adj. Se dice de un producto agrícola acondicionado o transformado por la industria para el consumo humano y animal. ◇ **Industria agroalimentaria** Conjunto de empresas que participan en la transformación o acondicionamiento de los productos de origen agrícola para el consumo alimenticio.

AGROINDUSTRIA s.f. Explotación agraria organizada como una empresa industrial.

AGROLOGÍA s.f. Parte de la agronomía que se ocupa del estudio de las tierras cultivables.

AGRÓNICA s.f. Parte de la agronomía que se ocupa de la aplicación de las nuevas tecnologías a la agricultura.

AGRONOMÍA s.f. Ciencia que estudia el cultivo de la tierra.

AGRÓNOMO s.m. y adj. Especialista en agronomía.

AGROPECUARIO, A adj. Que concierne a la vez a la agricultura y a la ganadería.

AGROQUÍMICO, A adj. y s.f. Se dice de la industria química con aplicaciones en la agricultura, como la de los fertilizantes o insecticidas.

AGROTURISMO s.m. Turismo rural.

AGRUPACIÓN s.f. Acción de agrupar. **2.** Conjunto de personas o cosas agrupadas. **3.** MIL. Unidad homogénea, de importancia semejante a la del regimiento.◇ **Agrupación de fincas** Agrupación que se efectúa para unificar las diferentes inscripciones, a solicitud de un titular de dos o más fincas en el Registro de la propiedad.

AGRUPAMIENTO s.m. Acción y efecto de agrupar.◇ **Agrupamiento de dominios** ESTADÍST. Operación que consiste en dividir el campo total de variabilidad de un fenómeno en cierto número de clases de igual extensión, y en agrupar todas las observaciones que caen en el interior de una misma clase.

AGRUPAR v.tr. y prnl. Reunir en grupo. **2.** Formar una asociación.

AGRURA s.f. Sabor acre o ácido. ◆ **agruras** s.f.pl. Frutos agrios.

AGUA s.f. (lat. *aqua*). Líquido incoloro, inodoro e insípido, compuesto por oxígeno e hidrógeno (H_2O) combinados, que ocupa tres cuartas partes de la Tierra y es indispensable para el desarrollo de la vida. **2.** Infusión, disolución y emulsión de flores, plantas o frutos, que se usan en medicina y perfumería: *agua de rosas; agua de azahar.* **3.** Lágrima. **4.** Lluvia: *cae mucha agua.* ◆ **aguas** s.f.pl. **1.** Reflejos y ondulaciones que hacen algunas telas, plumas, piedras, maderas, etc. **2.** Reflejos o destellos de las piedras preciosas. **3.** Manantial de aguas mineromedicinales. **4.** Zona de mar inmediata a determinada costa: *en aguas de Cartagena.* ◇ **Agua de colonia** Disolución de esencias aromáticas en alcohol que se utiliza como perfume. SIN.: *colonia.* **Agua de constitución** Agua que forma parte integrante de la molécula de un compuesto. **Agua de cristalización** Agua en combinación química con ciertas sustancias en estado cristalino. **Agua de Javel** Lejía. **Agua de Seltz** Bebida de agua y gas carbónico bajo presión natural o artificial. **Agua mineral** Agua de manantial que contiene una solución de sustancias minerales y que se emplea como medicina con fines terapéuticos. **Aguas abajo** Parte del curso fluvial comprendida entre un punto determinado y la desembocadura. **Aguas arriba** Parte del curso fluvial comprendida entre un punto determinado y el nacimiento. **Aguas blancas** Venez. Agua potable. **Aguas jurisdiccionales** Aguas que bañan las costas de un estado y están sujetas a su jurisdicción, de acuerdo con el derecho internacional. **Aguas madres** Residuo de una solución después de la cristalización de una sustancia disuelta en ella. **Aguas mayores** Excremento humano. **Aguas menores** Orina de una persona. **Aguas muertas** Marea débil que se produce en los cuartos de luna. **Agua termal** Agua de manantial que mana a una temperatura elevada. **Agua viva** Argent. y Urug. Medusa. **Hacer agua** Entrar agua en una embarcación por alguna grieta o agujero. **Pantalla de agua** Haz de tubos por los que circula el agua de una caldera para constituir la pared de la cámara de combustión o para proteger de la radiación las paredes, y sirviendo de superficie de caldeo. **Quedar, o convertirse, en agua de borrajas, o de cerrajas** No llegar a tener importancia un asunto. **Romper aguas** Romperse la bolsa que envuelve al feto y derramarse el líquido amniótico.

ENCICL. El agua posee una densidad máxima de 1 g/cm^3 a 4 °C y su calor específico es de 1 cal/°C. Constituye el elemento de referencia de la escala termométrica centesimal: a presión atmosférica normal, se congela a 0 °C y hierve a 100 °C. Debido a la estructura eléctrica polar de su molécula, el agua disuelve numerosas sustancias, sólidas, líquidas y gaseosas. El agua es un compuesto estable que se forma con gran desprendimiento de calor. No obstante, tiene una importante reactividad química, que se traduce en reacciones de disociación y de adición. Entre las primeras figuran las reacciones con halógenos, que fijan el hidrógeno y liberan el oxígeno, y las reacciones con el fósforo, el carbono y numerosos metales, que fijan el oxígeno y liberan el hidrógeno. Las reacciones de adición dan lugar a los hidratos.

FISIOL. El agua es el constituyente más importante de los seres vivos en cuanto a masa y volumen. En el ser humano equivale del 60 o 70 % de su peso. El balance hídrico cotidiano comporta pérdidas cutáneas y pulmonares (de 800 a 1 000 ml), pérdidas urinarias (de 1 000 a 1 500 ml) y pérdidas fecales (100 ml), que deben compensarse con el agua de los alimentos y bebidas.

AGUACATE s.m. (náhuatl *awákatl*). Árbol originario de América, de unos 10 m de alt. y hojas siempre verdes, cultivado por su fruto comestible del mismo nombre, de color verde y pulpa espesa. (Familia lauráceas.)

■ AGUACATE

AGUACERO s.m. Lluvia repentina, impetuosa y de poca duración.

AGUACHENTO, A adj. Amér. Se dice de algo que pierde sus jugos y sales por estar aguado.

AGUACHIRLE s.f. Esp. *Fig.* Líquido sin sustancia. **2.** Esp. Aguapié de ínfima calidad.

AGUACIL s.m. *Vulg.* Alguacil. **2.** Argent. y Urug. Libélula, insecto.

AGUADA s.f. Procedimiento utilizado en dibujo y pintura en que se utilizan sustancias colorantes diluidas en agua. **2.** Sitio en que hay agua potable para surtirse de ella. **3.** Amér. Merid. Depósito de agua para beber el ganado, abrevadero. ◇ **Pintura a la aguada** Pintura o cuadro ejecutados con colorantes disueltos en agua.

AGUADERAS s.f.pl. Armazón con divisiones que se coloca sobre una caballería para llevar cántaros de agua u otras cosas.

AGUADÓN s.m. Guat. Susto.

AGUADOR, RA s. Persona que tiene por oficio llevar o vender agua.

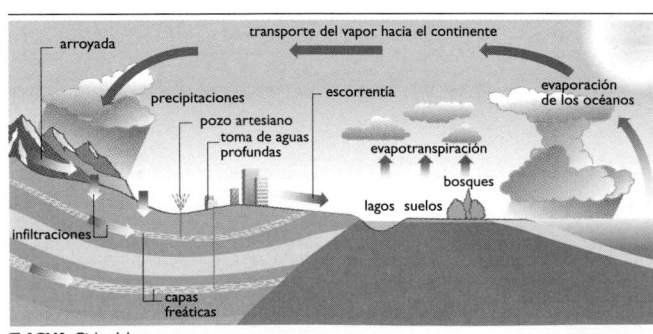

■ AGUA. Ciclo del agua.

AGUADUCHO s.m. Puesto donde se vende agua y otras bebidas. **2.** Avenida impetuosa de un curso de agua.

AGUADULCE s.m. C. Rica. Bebida hecha con agua y miel.

AGUADURA s.f. VET. Congestión e inflamación de la piel del pie de los animales ungulados, especialmente de las caballerías.

AGUAFIESTAS s.m. y f. (pl. *aguafiestas*). Persona que interrumpe una diversión.

AGUAFUERTE s.m. o f. (pl. *aguafuertes*). Disolución de ácido nítrico empleada por los grabadores para atacar el cobre. **2.** Estampa obtenida con una plancha atacada por este mordiente.

AGUAITACAIMÁN s.m. Ave zancuda que vive en Cuba, con la cabeza adornada de plumas largas de color verde metálico y la garganta y pecho blancos. (Familia ardeidos.)

AGUAITACAMINO s.m. Pájaro muy parecido al chotacabras, que vive en América. (Familia caprimúlgidos.)

AGUAITAR v.intr. (cat. *aguaitar*, estar al acecho, mirar). Amér. Merid. Estar al acecho, observando y esperando atentamente.

AGUAJE s.m. Subida grande de la marea. **2.** Corriente marina muy fuerte. **3.** Agua que entra en un puerto o sale de él en las mareas.

AGUAJÍ s.m. Cuba y Dom. Salsa elaborada con ajo, cebolla, ají, zumo de limón y agua.

AGUALATE s.m. Colomb. Chocolate muy poco espeso.

AGUAMANIL s.m. (lat. tardío *aquamanile*). Jarra con que se echa agua en una palangana para lavarse las manos. **2.** Palangana o pila en que se lavan las manos.

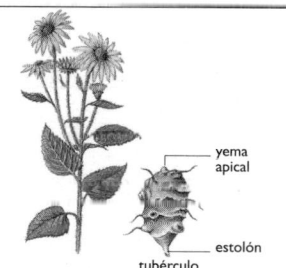

■ **AGUAMANIL** en forma de pavo (bronce islámico, s. XII). [Museo del Louvre, París.]

AGUAMANOS s.m. (lat. *aqua-in-manos*, agua para las manos) [pl. *aguamanos*]. Agua para lavarse las manos. **2.** Aguamanil, jarro.

AGUAMARINA s.f. Piedra fina, variedad transparente del berilo, de color azul claro parecido al del agua de mar y muy apreciada en joyería.

AGUAMIEL s.f. Amér. Bebida hecha con agua, caña de azúcar o papelón. **2.** Méx. Jugo dulce del maguey cuya fermentación da lugar al pulque.

AGUANIEVE s.f. Lluvia mezclada con nieve.

AGUANOSO, A adj. Que tiene demasiada agua.

AGUANTADERAS s.f.pl. Fam. Tolerancia, paciencia.

AGUANTADERO s.m. Argent. y Urug. Guarida, lugar en el que se ocultan delincuentes.

AGUANTAR v.tr. (ital. *agguantare*). Sostener una cosa que pesa: *la viga aguanta el techo*. **2.** Sufrir o tolerar algo molesto o desagradable: *aguantar bromas pesadas*. **3.** Tolerar o soportar la presencia de una persona. **4.** Detener, contener: *aguantar la respiración*. **5.** TAUROM. Entrar a matar al toro en la misma postura en que se le cita, resistiendo la acometida de la res y sin rehuir el lance. ◆ v.intr. Mantenerse en el mismo estado sin empeorar: *el automóvil no aguantará mucho tiempo en estas condiciones*. ◆ **aguantarse** v.prnl. Contener o reprimir algo, en especial un impulso o necesidad: *aguantarse el hambre; aguantarse la risa*.

AGUANTE s.m. Capacidad para aguantar o sufrir contrariedades: *persona de mucho aguante*. **2.** Fuerza, vigor, resistencia: *este cable tiene poco aguante*.

AGUAPÉ s.m. (guaraní *aguapeí*). Planta acuática de tallo esponjoso y blando y flor pequeña, cuyas hojas se usan contra la insolación; crece en Argentina y Brasil. (Familia leáceas.)

AGUAPIÉ s.m. Vino muy flojo que se obtiene echando agua en el orujo ya exprimido.

AGUAR v.tr. y prnl. [3]. Mezclar el vino u otra bebida con agua: *aguar el café*. **2.** Fig. Estropear una diversión, un momento de alegría, etc.: *aguar la fiesta*. ◆ **aguarse** v.prnl. Inundarse un lugar.

AGUARÁ s.m. Cánido sudamericano de patas largas y pelaje en forma de crin de color amarillo rojizo, y negro en el hocico y las patas.

AGUARDAR v.tr. (de *guardar*). Esperar que llegue alguien o que suceda algo: *aguardar noticias*. **2.** Haber de ocurrir algo a una persona: *te aguarda una sorpresa*.

AGUARDENTOSO, A adj. Que contiene aguardiente o se parece a él. **2.** Se dice de la voz áspera y ronca.

AGUARDIENTE s.m. Bebida alcohólica que se obtiene de la destilación del vino o de otras sustancias que fermentan, como ciertos cereales o la caña de azúcar.

AGUARIBAY s.m. (guaraní *aguaribá*). Amér. Árbol de 8 a 10 m de alt., de tronco torcido y corteza rugosa, cuyo fruto es una baya pequeña y redondeada de color rojizo. (Familia anacardiáceas.)

AGUARRÁS s.m. (del lat. *rasis*, pez en bruto). Esencia de trementina, empleada como disolvente de pintura y barniz.

AGUARUNA, tribu amerindia de Perú que pertenece al pueblo jívaro que habita el alto Marañón (Perú).

AGUASADO, A adj. Chile. Se dice del que se comporta como un guaso o rústico.

ACUATERO, A s. Amér. Aguador.

AGUATINTA s.f. Grabado al aguafuerte que imita el lavado. ◆ s.m. Lámina obtenida por este procedimiento.

AGUATURMA s.f. Planta herbácea originaria de América, con tallos rectos, hojas ovales y flores amarillas, cuyo tubérculo, semejante a la papa, es comestible. (Familia compuestas.)

yema apical

estolón

tubérculo

■ **AGUATURMA**

AGUAVIENTOS s.m. (pl. *aguavientos*). Planta herbácea, de hojas brillantes y ásperas y flores terminales encarnadas, que es originaria de la península Ibérica y suele cultivarse en jardines. (Familia labiadas.)

AGUAY s.m. (del guaraní *aguá*, achatado, e *í*, pequeño). Árbol de tronco recto y alto, hojas estrechas y fruto del tamaño de un higo, de sabor muy dulce. (Familia apocináceas.)

AGUAZAL s.m. Terreno donde se estanca el agua de lluvia.

AGUAZO s.m. (del ital. *pittura a guazzo*). Modalidad de pintura a la aguada. **2.** Obra ejecutada por este procedimiento.

AGUDEZA s.f. Astucia, sagacidad: *contestar con agudeza*. **2.** Capacidad de percepción de la vista, el oído o el olfato, especialmente si es elevada: *agudeza visual*. **3.** Viveza y penetra-

ción del dolor. **4.** Dicho agudo o ingenioso. **5.** Cualidad de agudo o afilado.

AGUDIZACIÓN s.f. Acción de agudizar o agudizarse: *la agudización de la crisis económica*.

AGUDIZAR v.tr. [7]. Hacer agudo o más agudo, especialmente una capacidad: *agudizar el ingenio*. ◆ **agudizarse** v.prnl. Hablando de enfermedades, problemas, etc., agravarse.

AGUDO, A adj. (lat. *acutus*, p. de *acuere*, aguzar). Terminado en punta, afilado: *lámina aguda*. **2.** Fig. Que tiene capacidad para percibir con rapidez y exactitud: *vista aguda*. **3.** Fig. Ingenioso, gracioso, oportuno: *comentario agudo*. **4.** Se dice del olor subido y del sabor penetrante. **5.** Que alcanza el máximo grado: *dolor agudo; crisis aguda; conflicto agudo*. ◆ adj. y s.m. Se dice del sonido elevado. ◇ **Ángulo agudo** Ángulo menor que uno recto. **Enfermedad aguda** Enfermedad de evolución rápida.

AGUEDITA s.f. Árbol originario de América, de 5 a 7 m de alt., con flores pentámeras y hojas y corteza amargas y febrífugas. (Familia terebintáceas.)

AGÜERO s.m. (lat. *augurium*). Presagio o indicio de un suceso futuro.

AGUERRIDO, A adj. Valiente.

AGUERRIR v.tr. y prnl. [55]. Acostumbrar a los soldados a los peligros de la guerra.

AGUIJADA s.f. (del lat. *aquileata*, abrev. de *pertica aquileata*, bastón provisto de aguijón). Vara larga con una punta de hierro en un extremo, para picar al buey u otro animal de labor. **2.** Vara larga con una paleta de hierro en un extremo que sirve para separar la tierra que queda pegada a la reja del arado.

AGUIJAR v.tr. Estimular a un animal para que avive el paso, especialmente con la aguijada. **2.** Fig. Estimular a alguien para que ejecute algo.

AGUIJÓN s.m. Órgano puntiagudo y penetrante que tienen en el extremo del abdomen los escorpiones y ciertos insectos, como las abejas y avispas. **2.** Punta de la aguijada para picar. **3.** Fig. Estímulo para hacer algo. **4.** BOT. Espina de ciertas plantas como el rosal.

AGUIJONEAR v.tr. Picar con el aguijón. **2.** Aguijar, estimular.

ÁGUILA s.f. (lat. *aquila*). Ave rapaz diurna, de gran tamaño (80 a 90 cm), de vista muy perspicaz, fuerte musculatura, alas de gran envergadura y vuelo muy rápido. (La cría es el aguilucho; orden falconiformes.) **2.** Fig. Persona de mucha viveza y perspicacia: *ser un águila en los negocios*. **3.** Insignia de decoración en que figura un águila: *el águila negra de Prusia*. **4.** Insignia militar coronada por un águila: *águila romana, napoleónica*. **5.** Formato de papel o de cartón de 74 × 105 cm (gran águila) o de 60 × 94 cm (pequeña águila). **6.** HERÁLD. Figura que representa un águila. ◇ **Águila culebrera** Águila de pico corto y robusto y alas pe-

■ **ÁGUILA** PESCADORA

queñas, que habita en las regiones cálidas del antiguo continente. **Águila imperial** Águila de color oscuro que se encuentra en el S de la península Ibérica. **Águila pescadora** Águila de plumaje liso y oleoso, que anida cerca del mar, ríos y lagos. **Águila real** Águila de 2,5 m de envergadura, que se caracteriza por la fuerza y potencia del pico y las garras y por la elegancia de su vuelo planeado.

■ ÁGUILA REAL

AGUILEÑA s.f. (lat. *aquilegia*). Planta que se cultiva por sus flores, de cinco pétalos y colores diversos. (Familia ranunculáceas.)
AGUILEÑO, A adj. Relativo al águila. **2.** Se dice del rostro largo y afilado.◇ **Nariz aguileña** Nariz delgada y de perfil convexo.
AGUILILLA adj. Amér. Se dice del caballo veloz en el paso.
AGUILÓN s.m. Brazo de una grúa, que soporta en su extremo la polea receptora del cable. **2.** Teja o pizarra cortada oblicuamente para ajustarla en la lima tesa o ángulo saliente del tejado. **3.** Madero colocado diagonalmente en una armadura de faldón. **4.** Parte superior y en forma triangular del muro de un edificio cubierto a dos aguas.
AGUILUCHO s.m. Ave rapaz de cuerpo alargado, esbelta y robusta, que presenta a ambos lados de la cabeza un disco facial; el macho tiene el plumaje gris y la hembra marrón claro. (Familia accipítridos.) **2.** Cría de águila.

■ AGUILUCHO

AGUINALDO s.m. Regalo que se da con motivo de una fiesta, generalmente en Navidad. **2.** Canción de Navidad y año nuevo, de melodía simple y generalmente de compás ternario. **3.** Amér. Sobresueldo que reciben los empleados como gratificación de fin de año.
AGUJA s.f. (lat. *acucula,* dim. de *acus*). Barra fina de metal, hueso, madera, etc., con un extremo terminado en punta y el otro provisto de un ojo, terminado en gancho o en cabeza plana, para coser, bordar o tejer. **2.** Pequeña varilla metálica utilizada para diversos usos: *aguja de reloj; agujas de acupuntura.* **3.** Varilla de metal, concha, etc., generalmente adornada en un extremo, que sirve para sujetar el peinado o adornar un tocado. **4.** Punta de metal o zafiro que recorre los surcos de los discos fonográficos para reproducir las vibraciones inscritas en ellos. **5.** Pez de hocico muy alargado en forma de aguja que es comestible y abunda en

los mares de Europa. (Familia belónidos.) **6.** ARQ. Obelisco, flecha o pináculo agudos. **7.** BOT. Hoja estrecha de las coníferas: *agujas de pino.* **8.** CONSTR. **a.** Barra de hierro o de madera, con agujeros y pasadores, que sirve para mantener paralelos los tableros de un tapial. SIN.: *codal.* **b.** Pieza de madera para apuntalar un puente. **9.** F. C. **a.** Segmento de carril móvil alrededor de un punto fijo, que sirve para realizar los cambios de vía. **b.** Aparejo de cambio o cruzamiento. **10.** GEOGR. Cumbre afilada de una montaña recortada. ◆ **agujas** s.f.pl. Parte del cuarto delantero de una res; carne o costillas de esta parte.◇ **Aguja de mar** Pez marino de cuerpo muy largo y delgado y hocico tubular. (Familia singnátidos.) **Aguja magnética** Brújula, aguja imanada que marca la dirección del meridiano magnético.
AGUJEREAR v.tr. y prnl. Hacer uno o más agujeros a una cosa: *agujerearse los calcetines.* SIN.: *agujerar.*
AGUJERO s.m. (de *aguja*). Abertura de forma redondeada. **2.** En el juego del golf, hoyo o pequeña cavidad donde debe introducirse la pelota. **3.** En el juego del golf, espacio que va desde el lugar en que se golpea la pelota hasta el agujero o en que se introduce. **4.** Falta o pérdida de dinero en un negocio sin causa justificada. ◇ **Agujero coronal** ASTRON. Región de la corona solar caracterizada por una baja densidad, temperatura e intensidad de la emisión de rayos X. **Agujero de hombre** Abertura de pequeñas dimensiones que se cierra mediante una tapa estanca, dispuesta en el puente de una embarcación, un depósito, una caldera, etc., para permitir el paso de una persona. **Agujero negro** ASTRON. Región del espacio cuyo campo de gravitación es tal que ninguna radiación puede salir de él.
AGUJETA s.f. Amér. Aguja de hacer punto. **2.** Méx. Cordón para amarrarse los zapatos. ◆ **agujetas** s.f.pl. Dolor muscular que aparece después de hacer un esfuerzo físico superior al habitual.
AGUJETERO s.m. Amér. Alfiletero.
AGUJÓN s.m. Pasador, aguja grande usada para sujetar el pelo o algún adorno de la cabeza.
¡AGUR! interj. (voz vasca). Expresión de despedida.
AGUSANARSE v.prnl. Llenarse de gusanos una cosa.
AGUSTINIANO, A adj. Referente a san Agustín o a los religiosos agustinos. ◆ s. y adj. Seguidor de la doctrina de san Agustín. ◆ s.m. Nombre que tomaron los jansenistas, quienes pretendían ser los verdaderos discípulos de san Agustín.
AGUSTINISMO o **AGUSTINIANISMO** s.m. Doctrina de san Agustín de Hipona. **2.** Denominación que suele darse a la doctrina de los jansenistas.
AGUSTINO, A adj. y s. Religioso que sigue la regla de san Agustín. (Entre las numerosas familias religiosas destacan los *agustinos descalzos* y los *canónigos regulares*.) ◇ **Agustinos de la Asunción** Asuncionistas.
AGUTÍ s.m. Roedor del tamaño de la liebre, con orejas y cola cortas y patas altas, que vive

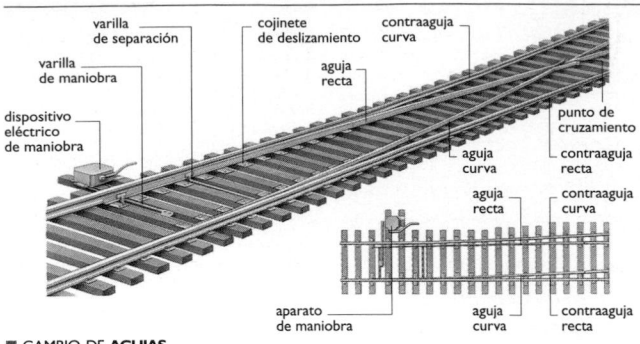

■ CAMBIO DE **AGUJAS**

■ AGUTÍ

en América Central, Antillas y gran parte de América del Sur.
AGUZADO, A adj. Que tiene forma aguda.
AGUZAMIENTO s.m. Acción y efecto de aguzar, afilar.
AGUZANIEVES s.f. (del ant. *auze de nieves,* pájaro de nieves) [pl. *aguzanieves*]. Pájaro insectívoro, de color gris en su parte superior, blanco en el vientre y negro en el resto, provisto de una larga cola que mueve constantemente al caminar.

■ AGUZANIEVES

AGUZAR v.tr. (del lat. *acutus,* agudo) [7]. Forzar algún sentido para percibir mejor algo: *aguzar el oído.* **2.** Hacer o sacar punta a un arma u otra cosa: *aguzar una herramienta.* **3.** Preparar los animales los dientes o las garras para comer o despedazar.
¡AH! interj. Expresa generalmente pena, admiración o sorpresa.
AHECHAR v.tr. (lat. *affectare,* dedicarse a algo, rebuscar). AGRIC. Aventar, limpiar con harnero o criba el grano trillado.
AHERROJAMIENTO s.m. Acción y efecto de aherrojar.
AHERROJAR v.tr. Aprisionar con cadenas, esposas o grillos. **2.** Fig. Someter con violencia.
AHÍ adv.l. En ese lugar o a ese lugar: *no te muevas de ahí.* **2.** En lo que se expresa: *ahí está el daño.* **3.** Precedido de la prep. *de,* indica el tiempo del que se acaba de hablar: *y ahí fue cuando lo encontraron.* **4.** Precedido de la prep. *de* o *por,* de esto o de eso, con un matiz de derivación o procedencia. **5.** He aquí. **6.** En aquel lugar, allí. ◇ **Por ahí** Por lugar indeterminado: *salir a pasear por ahí.*
AHIJADO, A s. Cualquier persona respecto de sus padrinos.
AHIJAR v.tr. [20]. Adoptar a alguien como hijo. **2.** Fig. Atribuir algo a alguien. **3.** Asumir un animal la crianza de un hijo ajeno.

¡AHIJUNA! interj. Argent., Chile y Urug. Expresa enojo o asombro.

AHILADO, A adj. Se dice de la voz aguda y tenue. **2.** Se dice del viento suave y continuo.

AHILAMIENTO s.m. Acción y efecto de ahilar o ahilarse.

AHILAR v.tr. [20]. Poner en forma de hilo o hacer delgado como un hilo. **2.** Poner en fila. ◆ v.intr. Ir uno tras otro formando hilera. ◆ **ahilarse** v.prnl. Adelgazarse. **2.** AGRIC. Alargarse de un modo anormal los entrenudos del tallo. **3.** ENOL. Malearse y hacer hebra la levadura, el vino, etc.

AHINCAR v.tr. [21]. Insistir a alguien con ahínco. **2.** Hincar: *ahincar las rodillas*. ◆ **ahincarse** v.prnl. Afirmarse, aferrarse, esforzarse. **2.** Apresurarse.

AHÍNCO s.m. Empeño grande en hacer o solicitar algo.

AHITAMIENTO s.m. Acción y efecto de ahitar o ahitarse.

AHITAR v.tr., intr. y prnl. [20]. Dejar ahíto, saciado. ◆ **ahitarse** v.prnl. Fig. Hartarse, cansarse de hacer algo: *ahitarse de llorar*.

AHÍTO, A adj. (lat. *infictus*, p. de *infligere*, clavar o hundir en algo). Que está saciado. **2.** Fig. Cansado, fastidiado o enojado. **3.** Fig. Repleto, lleno: *calles ahítas de gente*. ◆ s.m. Indigestión.

AHOGADO s.m. Operación consistente en ahogar en el capullo la crisálida del gusano de seda.

AHOGAMIENTO s.m. Acción de ahogar o ahogarse. **2.** Fig. Ahogo.

AHOGAR v.tr. y prnl. (lat. *offocare*) [2]. Causar la muerte de una persona o un animal impidiéndole respirar. **2.** Matar a una planta el exceso de agua, el apiñamiento o la acción de otras plantas nocivas. **3.** Fig. Hacer desaparecer una sensación, un sentimiento, etc.: *ahogar un deseo*. ◆ v.tr. Apagar el fuego cubriéndolo con algo. **2.** Sumergir en el agua, encharcar. **3.** Fig. Soslayar, olvidar voluntariamente un asunto. **4.** Provocar un flujo a destiempo de gasolina al carburador que, al modificar la composición de la mezcla gaseosa, le impide realizar la explosión: *ahogar el motor*. **5.** En el ajedrez, hacer que el rey no pueda moverse sin quedar en jaque. **6.** Echar en el cemento o en la cal, al hacer el mortero, excesiva agua. **7.** Amér. Rehogar. ◆ v.tr. y prnl. Causar tristeza, agobio o angustia: *le ahogan los problemas*. ◆ **ahogarse** v.prnl. Sentir sofocación: *ahogarse de calor*. **2.** MAR. Embarcar un buque agua por la proa, por exceso de velocidad o de escora. ◇ o **verse, ahogado** fam. Tener muchas preocupaciones o hallarse en una situación apurada de difícil solución.

AHOGO s.m. Opresión y fatiga en el pecho, que impide o dificulta la respiración. **2.** Fig. Tristeza, agobio o angustia. **3.** Fig. Penuria, falta de recursos. **4.** Colomb. Salsa para sazonar ciertas comidas.

AHONDAMIENTO s.m. Acción y efecto de ahondar.

AHONDAR v.tr. Hacer hondo o más hondo. **2.** Hacer hoyos o cavidades. ◆ v.tr. e intr. Fig. Investigar o analizar en profundidad: *ahondar en un problema*. ◆ v.tr. Fig. Acentuar: *ahondarse una pasión*. ◆ v.tr., intr. y prnl. Introducir una cosa muy dentro de otra.

AHONDE s.m. Acción de ahondar.

AHORA adv.t. (lat. *hac hora*, en esta hora). En este momento, en el tiempo actual, presente: *ahora voy*. **2.** Fig. Hace poco tiempo: *ahora ha salido el tren*. **3.** Fig. Dentro de poco tiempo: *ahora iré*. ◆ conj. Enuncia o introduce un pensamiento. **2.** Indica alternancia u oposición entre dos oraciones: *ahora ríe, ahora llora*. ◇ **Ahora bien** o **que** Introduce una oración de sentido adversativo. **Por ahora** Por de pronto, por lo pronto: *tú, por ahora, cállate*.

AHORCAJARSE v.prnl. Ponerse o montar a horcajadas.

AHORCAMIENTO s.m. Acción y efecto de ahorcar. SIN.: *ahorcadura*.

AHORCAR v.tr. y prnl. [1]. Matar a alguien colgándolo de una cuerda anudada alrededor del cuello: *ahorcarse de un árbol*. **2.** Fig. Abandonar los estudios o colgar los hábitos religiosos.

AHORITA adv.t. Amér. Ahora mismo, inmediatamente.

AHORMAR v.tr. y prnl. Ajustar algo, especialmente el calzado, a su horma o molde.

AHORNAGARSE v.prnl. [2]. Secarse la tierra y sus frutos por exceso de calor.

AHORNARSE v.prnl. Quemarse el pan por fuera sin cocerse bien por dentro.

AHORQUILLAR v.tr. y prnl. Dar forma de horquilla. ◆ v.tr. Sostener con horquillas las ramas de los árboles.

AHORRAR v.tr. y prnl. (del ant. *horro*, libre de nacimiento, exento). No malgastar, reservar dinero separándolo del gasto ordinario. **2.** Fig. Evitar algún trabajo, riesgo, dificultad, etc.

AHORRATIVO, A adj. Relativo al ahorro: *afán ahorrativo*. **2.** Que ahorra mucho. SIN.: *ahorrador*.

AHORRISTA s.m. y f. Argent. y Venez. Persona que tiene cuenta de ahorros en un establecimiento de crédito.

AHORRO s.m. Acción de ahorrar. **2.** Cantidad de dinero que se reserva sin gastar: *invertir unos ahorros*. **3.** Fracción de la renta individual o nacional que no se ve afectada por el consumo. ◇ **Caja de ahorros** Institución financiera, de carácter inicialmente no lucrativo, cuyo objeto es la captación de ahorros familiares, que destina a la financiación de operaciones de poco riesgo o que tengan un reconocido interés social. **Seguro de ahorro** Modalidad de seguro de vida.

AHUECADOR s.m. Herramienta de tornero semejante al formón pero acodillada hacia la punta, que sirve para ahuecar las piezas cóncavas.

AHUECAMIENTO s.m. Acción y efecto de ahuecar o ahuecarse.

AHUECAR v.tr. [1]. Poner hueco: *ahuecar las manos*. **2.** Fig. Afectar la voz. ◆ v.tr. y prnl. Mullir, hacer esponjoso. ◆ v.intr. Fam. Ausentarse de una reunión. ◆ **ahuecarse** v.prnl. Fig. y fam. Engreírse. ◇ **Ahuecar el ala** Fam. Marcharse.

AHUEHUÉ s.m. Árbol conífero, de madera elástica muy apreciada y fruto en piña, debajo de cuyas escamas existen dos semillas. (Familia abietáceas.) SIN.: *ahuehuete*.

AHUESADO, A adj. Parecido al hueso en el color o en la dureza: *papel ahuesado*.

AHUEVAR v.tr. Eliminar las impurezas del vino con claras de huevo.

AHULADO, A adj. Amér. Se dice de la tela o prenda impermeabilizada con hule o goma elástica.

AHUMADA s.f. Señal con humo desde una atalaya u otro lugar alto.

AHUMADO, A adj. Se dice del cuerpo transparente y de color grisáceo parecido al del humo: *cuarzo ahumado*. **2.** Se dice del vidrio ennegrecido con humo. **3.** Se dice del alimento que ha sido curado mediante humo: *salmon ahumado*. ◆ s.m. Acción de ahumar. **2.** Acción de exponer al humo determinados productos (carne, pescado) para conservarlos. ◇ **Cristales ahumados** Cristales de anteojos de color oscuro.

AHUMAR v.tr. [22]. Exponer un alimento al humo para conservarlo o darle cierto sabor: *ahumar jamones*. **2.** Echar humo, en las operaciones apícolas, para evitar las picaduras de las abejas. ◆ v.tr. y prnl. Llenar de humo: *ahumarse una cocina*. **2.** Fam. Emborrachar. ◆ v.intr. Echar humo una cosa que se quema: *ahumar un puro*. ◆ **ahumarse** v.prnl. Ponerse negro por la acción del humo.

AHUSAR v.tr. y prnl. [22]. Dar forma delgada como la de un huso.

AHUYENTAR v.tr. Hacer que alguien o algo huya o desaparezca: *ahuyentar al enemigo, las tentaciones*. ◆ **ahuyentarse** v.prnl. Alejarse huyendo de un lugar.

AIKIDO s.m. (voz japonesa). Deporte de combate de origen japonés, parecido al judo y al jiu-jitsu.

AILANTO s.m. Árbol originario de Asia, de entre 20 y 30 m de alt., hojas compuestas por numerosos folíolos y flores verdes situadas en panojas, una de cuyas especies fue introducida en Europa como planta de adorno y para la fijación de dunas. (Familia simarubáceas.)

1. AIMARA adj. y s.m. y f. De un pueblo amerindio que habita en el Altiplano andino que bordea el lago Titicaca (Bolivia y Perú). ◆ s.m. Lengua hablada por dicho pueblo.

ENCICL. Los aimaras se dedican a la agricultura, la pesca y los trabajos artesanos. Asentados sobre territorios de las culturas de Tiahuanaco, Pucará y de las *chullpas* funerarias, fueron anexionados al imperio inca por Pachacuti (alrededor de 1450) y estos levantaron allí grandes construcciones (pirámides del Sol y de la Luna). Entre 1533 y 1542, el territorio aimara fue sometido por los españoles e integrado en el virreinato de Perú. El área de la lengua aimara en el pasado se extendía hasta el N de Argentina.

2. AIMARA s.m. Pez comestible común en los ríos sudamericanos.

AINDAMÁIS adv.c. (port. *ainda mais*). Fam. A más, además.

AINDIADO, A adj. y s. Amér. Se dice de la persona que tiene las facciones y el color de la piel semejantes a las de un indio.

AINU s.m. adj. y s.m. y f. De un pueblo de Hokkaido, Sajalín y Kuriles, cuyos rasgos físicos, lengua, forma de vida y cultura los distinguían antiguamente de los japoneses, a los que están asimilados en la actualidad. ◆ s.m. Lengua hablada por este pueblo.

AIRADO, A adj. Se dice de la vida desordenada y viciosa.

AIRAR v.tr. y prnl. [20]. Irritar, provocar ira.

AIRBAG s.m. (marca registrada; voz inglesa; *bolsa de aire*). Dispositivo destinado a protegger, en caso de accidente, a los pasajeros de un automóvil, consistente en una bolsa que se infla automáticamente al producirse un fuerte impacto.

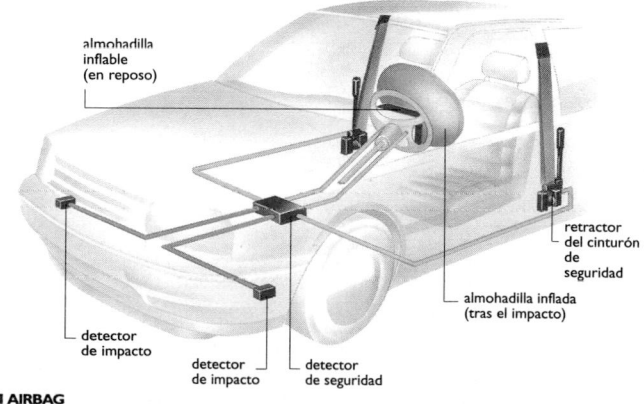

almohadilla inflable (en reposo)

retractor del cinturón de seguridad

almohadilla inflada (tras el impacto)

detector de impacto

detector de impacto

detector de seguridad

■ **AIRBAG**

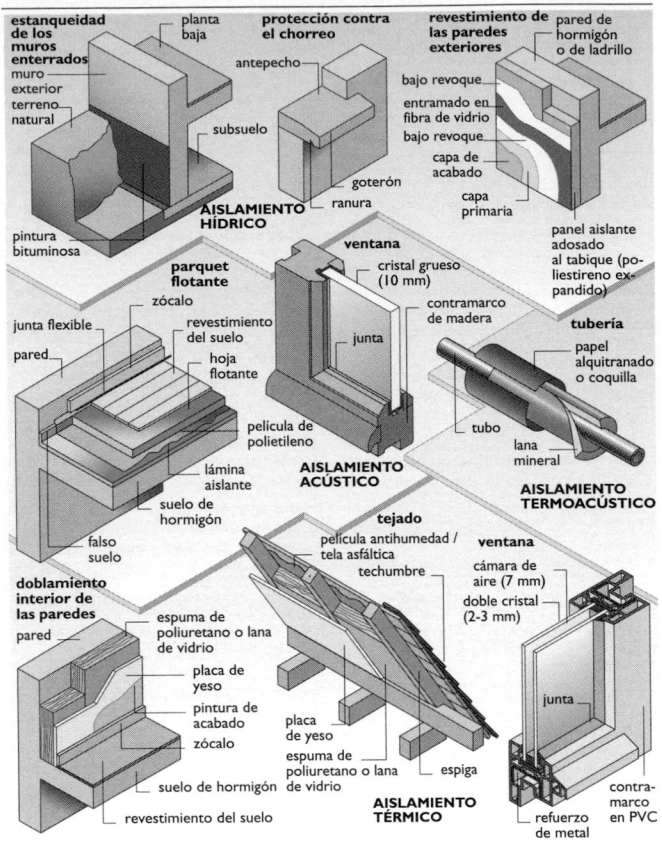

AISLAMIENTO. Sistemas de aislamiento de un edificio.

Labels in the figure:
estanqueidad de los muros enterrados · planta baja · protección contra el chorreo · revestimiento de las paredes exteriores · pared de hormigón o de ladrillo · muro exterior · terreno natural · antepecho · bajo revoque · entramado en fibra de vidrio · bajo revoque · capa de acabado · subsuelo · goterón · ranura · capa primaria · pintura bituminosa · **AISLAMIENTO HÍDRICO** · **parquet flotante** · zócalo · revestimiento del suelo · junta flexible · pared · hoja flotante · ventana · cristal grueso (10 mm) · contramarco de madera · junta · tubería · papel alquitranado o coquilla · panel aislante adosado al tabique (poliestireno expandido) · película de polietileno · tubo · lana mineral · lámina aislante · **AISLAMIENTO ACÚSTICO** · **AISLAMIENTO TERMOACÚSTICO** · suelo de hormigón · falso suelo · doblamiento interior de las paredes · pared · espuma de poliuretano o lana de vidrio · placa de yeso · pintura de acabado · zócalo · placa de yeso · espuma de poliuretano o lana de vidrio · suelo de hormigón · revestimiento del suelo · **tejado** · película antihumedad / tela asfáltica · techumbre · ventana · cámara de aire (7 mm) · doble cristal (2-3 mm) · junta · espiga · **AISLAMIENTO TÉRMICO** · contramarco en PVC · refuerzo de metal

---

AIRE s.m. (lat. *aer, aeris*). Mezcla gaseosa, constituida principalmente por oxígeno y nitrógeno, que forma la atmósfera terrestre. **2.** Esta sustancia en tanto que medio de vida: *respirar aire puro.* **3.** Viento, corriente de aire: *entrar aire por la ventana.* **4.** Aspecto de una persona o cosa: *tener un aire distraído.* **5.** Semejanza con alguien: *tiene un aire a su abuelo.* **6.** *Fig.* Gracia, garbo y desenvoltura al caminar o desenvolverse. **7.** *Fam.* Ataque de parálisis, dolor o resfriado: *le dio un aire.* **8.** Manera de andar las caballerías según la velocidad. **9.** MÚS. **a.** Movimiento de presteza o lentitud con que se ejecuta una obra musical. **b.** Música de una canción. ◆ interj. *Fam.* Se usa para dar prisa a alguien en lo que está haciendo. (Suele usarse repetido.) **2.** *Fam.* Se usa para indicarle a alguien que se vaya. ◇ **Aire comprimido** Aire cuyo volumen se ha reducido por medio de un aumento de presión, al objeto de utilizar el movimiento que se produce al permitir su expansión. **Aire de suficiencia** Afectación de magisterio. **Aire líquido** Aire reducido a estado líquido mediante sucesivas compresiones y expansiones. (Obtenido industrialmente desde 1897, es un líquido ligeramente azulado, de densidad igual a la del agua, que comienza a hervir a −193 °C dando nitrógeno; después la temperatura asciende poco a poco y destila oxígeno hacia los −182 °C; se utiliza especialmente para separar los diferentes componentes del aire y para preparar explosivos.) **Al aire libre** Fuera de un lugar cerrado. **Cambiar,** o **mudar, de aires** *Fam.* Darse importancia. **Darse aires** *Fam.* Darse importancia. **Ejército del aire** Nombre dado en España a la aviación militar. **En el aire** *Fam.* Pendiente de decisión; RADIODIF. Realizando una emisión. **Montar al aire** Engastar o montar una piedra preciosa de manera que quede

sujeta solo por los bordes. **Tomar el aire** Pasear, especialmente después de haber estado en un lugar cerrado durante mucho tiempo. **Vivir del aire** Vivir sin recursos conocidos. **ENCICL.** El aire de la troposfera es una mezcla de gases, vapor de agua y partículas orgánicas e inorgánicas en suspensión. Los gases principales son el nitrógeno (78 %) y el oxígeno (21 %), con proporciones que permanecen más o menos constantes; incluye también otros gases nobles como el argón, el neón, el helio, el kriptón y el xenón. El aire ordinario contiene, en proporciones variables, diversas impurezas, vapor de agua y anhídrido carbónico, y lleva en suspensión polvo compuesto de diversas materias minerales y orgánicas y de microbios. Es inodoro, insípido e incoloro en pequeños volúmenes y azulado en grandes espacios. La presión atmosférica es aquella que ejerce el aire en la atmósfera, con un valor de 76 cm de mercurio a nivel del mar.

AIREACIÓN s.f. Ventilación.

AIREADO, A adj. Se dice del hormigón que ha sido tratado con un producto portador de aire, por lo que lleva oclusiones de pequeñísimas burbujas.

AIREAR v.tr. Poner al aire, ventilar. **2.** *Fig. y fam.* Divulgar, hacer pública una cosa: *airear una noticia.* ◆ **airearse** v.prnl. Refrescarse o respirar aire limpio después de una reclusión prolongada. **2.** Resfriarse, contraer resfriado.

AIREDALE-TERRIER s.m. (de *Airedale,* nombre de la parte alta del valle del Aire inglés, y *terrier*). Perro terrier inglés de pelo duro.

AIREO s.m. Acción de airear.

AIRÓN s.m. (fr. ant. *hairon,* garzo). Penacho de plumas que tienen algunas aves en la parte superior de la cabeza. **2.** Adorno de plumas

con que se adornaban sombreros, morriones y cascos.

AIROSO, A adj. Que tiene gracia, garbo y desenvoltura: *airoso al caminar.* **2.** Se dice del tiempo o lugar en que hace mucho aire. ◇ **Salir,** o **quedar, airoso** Obtener un resultado aceptable: *salir airoso en los exámenes.*

AISLACIONISMO s.m. (ingl. *isolationism*). Tendencia política del país que se aísla económicamente de los países vecinos y que no participa en conflictos internacionales.

AISLACIONISTA adj. y s.m. y f. (ingl. *isolationist*). Relativo al aislacionismo; partidario de esta tendencia.

AISLADO, A adj. Único, excepcional o individual: *un caso aislado de una enfermedad.* **2.** FÍS. Se dice de un sistema de cuerpos sin intercambio de energía con el exterior. ◇ **Punto aislado de un conjunto C** Punto *a* de C tal que en el entorno de *a* no existe ningún punto de C diferente de *a.*

AISLADOR, RA adj. Que aísla. ◆ adj. y s.m. Se dice del cuerpo que intercepta el paso a la electricidad y al calor. ◆ s.m. Soporte de un conductor eléctrico, hecho de materia aislante.

AISLAMIENTO s.m. Acción y efecto de aislar o aislarse. **2.** Instalación o dispositivo para impedir que el ruido penetre en un local o salga del mismo. **3.** Dispositivo para evitar el paso de la electricidad o el calor por conducción. **4.** Medidas higiénicas para evitar la propagación de las enfermedades epidémicas en el ser humano y en los animales. **5.** Falta de relación o comunicación con los demás. **6.** PSIQUIATR. Medida terapéutica destinada a sustraer temporalmente al sujeto de su medio familiar o social. ◇ **Aislamiento sensorial** FISIOL. Privación de todo estímulo procedente del mundo exterior. **Aislamiento térmico** Conjunto de procesos destinados a reducir los intercambios térmicos entre un ambiente interior y el medio exterior.

AISLANTE adj. y s.m. Aislador, que aísla. ◆ s.m. Cuerpo no conductor del calor o de la electricidad. ◆ adj. LING. Se dice de la lengua, como el chino, en que las frases están formadas por palabras sin variación morfológica, normalmente monosilábicas, y en que las relaciones gramaticales están señaladas por la colocación de los términos.

AISLAR v.tr. y prnl. [20]. Hacer que una persona o una cosa queden solas, separadas o sin contacto con otras. **2.** Cortar las comunicaciones. ◆ v.tr. Evitar el contacto de un cuerpo con otros que son buenos conductores del calor o de la electricidad. **2.** QUÍM. Separar un elemento de aquellos con los cuales estaba combinado.

¡AJÁ! o **¡AJÁJÁ!** interj. *Fam.* Expresa complacencia o aprobación.

AJACHO s.m. Bol. Bebida muy fuerte hecha de chicha y ají.

AJAMIENTO s.m. Acción y efecto de ajar.

AJAMONARSE v.prnl. *Fam.* Hacerse jamona una mujer.

1. AJAR s.m. Terreno sembrado de ajos.

2. AJAR v.tr. y prnl. (del ant. *afajar* o *ahajar*). Maltratar o deslucir. **2.** *Fig.* Tratar mal de palabra a alguien para humillarlo.

AJARACA s.f. (ár. *šaraka,* lazo). ARQ. En la ornamentación árabe y mudéjar, lazo, adorno de líneas y florones enlazados entre sí.

AJARAFE s.m. Terreno alto y extenso. **2.** Azotea o terrado de un edificio.

AJE s.m. Achaque, indisposición o enfermedad habitual: *los ajes de la vejez.* (Suele usarse en plural.)

AJEDREA s.f. (ár. *šaṭriya*). Planta labiada aromática, con abundantes ramas y hojas estrechas, utilizada como condimento.

AJEDRECISTA s.m. y f. Persona que juega al ajedrez.

AJEDRECÍSTICO, A adj. Relativo al ajedrez.

AJEDREZ s.m. (ár. *šitrány*). Juego que se practica sobre un tablero de 64 casillas o escaques con dos conjuntos de 16 piezas. **2.** Conjunto de piezas con que se juega al ajedrez.

AJEDREZADO, A adj. Que forma cuadros de dos colores dispuestos como los escaques del ajedrez.

AJENJO s.m. (lat. *absinthium*). Planta aromática que crece en lugares incultos y contiene una esencia amarga y tóxica. (Familia compuestas.) **2.** Licor alcohólico aromatizado con esta planta.

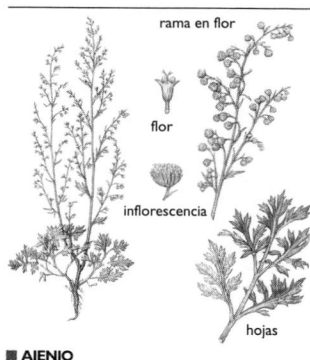

rama en flor
flor
inflorescencia
hojas

■ AJENJO

AJENO, A adj. (lat. *alienus*). Que pertenece, afecta o corresponde a otro: *problemas ajenos.* **2.** Diverso, distinto. **3.** Fig. Libre o distante de algo: *ajeno de problemas.* **4.** Fig. Impropio o extraño: *características ajenas a lo habitual.* **5.** Fig. Distraído, abstraído. ◇ **Estar ajeno de algo** No tener noticia o conocimiento de ella, o no estar prevenido de lo que ha de suceder.

AJEREZADO, A adj. Se dice del vino parecido al jerez.

AJETREARSE v.prnl. (del ant. *hetrería,* enredo, confusión). Fatigarse con algún trabajo o yendo y viniendo de una parte a otra.

AJETREO s.m. Acción de ajetrearse.

AJÍ s.m. Amér. Ajiaco. **2.** Amér. Merid. y Antillas. Planta herbácea anual, de la que existen numerosas variedades que son cultivadas por sus frutos. (También se cultivan ciertas especies muy parecidas de la misma familia, llamadas *chiles* en América Central y México y *guindillas* en España; familia solanáceas.) **3.** Amér.

piezas

rey   reina   alfil   caballo   torre   peón
disposición de las piezas blancas al comienzo de la partida

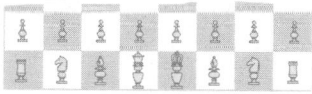

movimiento de las piezas sobre el tablero

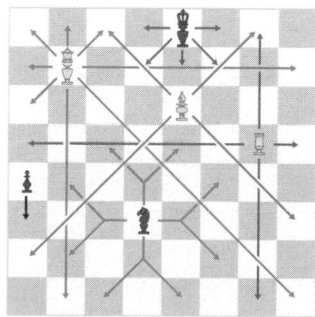

■ AJEDREZ

Merid. y Antillas. Fruto de esta planta, hueco y de sabor picante.

AJIACEITE o **AJOACEITE** s.m. Salsa hecha de ajos machacados y aceite.

AJIACO s.m. Amér. Merid. Guiso hecho generalmente a base de carne, papas, ají, cebolla y legumbres. **2.** Amér. Merid. Salsa elaborada con ají. **3.** Cuba. Tumulto, revuelo.

AJILIMOJE s.m. Fam. Ajilimójili.

AJILIMÓJILI s.m. Fam. Salsa elaborada a base de ajo. **2.** Fig. Revoltijo, confusión de cosas mezcladas. ◆ **ajilimójilis** s.m.pl. Fig. Aditamentos de una cosa.

AJILLO s.m. Salsa elaborada a base de aceite, ajos y guindilla: *gambas al ajillo.*

AJIMEZ s.m. (ár. *šimāsa,* ventana de yeso, como enrejada). Ventana partida por una columnita o parteluz, sobre la cual voltean dos arcos gemelos.

AJIPUERRO s.m. Puerro silvestre.

AJISECO adj. y s.m. Amér. Se dice del ají colorado, desecado al sol y poco picante. **2.** Amér. Se dice del gallo de pelea con plumaje de color purpúreo semejante al del ají maduro.

AJIZAL s.m. Terreno sembrado de ají.

AJO s.m. (lat. *alium*). Planta hortense cuyo bulbo (cabeza), de fuerte olor característico, se utiliza como condimento. (Familia liliáceas.) **2.** Fig. y fam. Negocio o asunto, generalmente reservado, que se está tratando entre varias personas: *andar en el ajo.* **3.** Fig. y fam. Palabrota. **4.** Salsa hecha con ajos para sazonar los guisos, y que a veces toma el nombre del elemento con que se mezcla: *ajo comino; ajo pollo.* ◇ **Ajo blanco** Gazpacho condimentado con ajos.

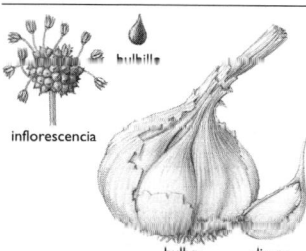

bulbillo
inflorescencia
bulbo   diente

■ AJO

¡AJO! o **¡AJÓ!** interj. Se usa para estimular a los niños a que empiecen a hablar.

AJOACEITE s.m. → AJIACEITE.

AJOARRIERO s.m. (de *ajo,* planta, y *arriero*). Guiso de bacalao seco con aceite, ajos y pimiento o pimentón; es típico del País Vasco, Aragón y La Rioja.

AJOLÍN s.m. Insecto hemíptero parecido a la chinche, de color negro y rojo.

AJOLOTE, AXOLOTE o **AXOLOTL** s.m. (del náhuatl *axolotl*). Vertebrado anfibio urodelo de los lagos mexicanos y norteamericanos, capaz de reproducirse en estado larvario y que raramente consigue la forma adulta.

■ AJOLOTE

AJOMATE s.m. (del ár. *ŷamma,* cabellera). Alga clorofícea dulceacuícola filamentosa.

AJONJE s.m. Sustancia viscosa que se extrae de la raíz de la ajonjera y sirve para cazar pájaros. **2.** Ajonjera.

AJONJEAR v.tr. Colomb. Mimar, acariciar.

AJONJERA s.f. Planta de gran tamaño, de hojas puntiagudas, flores amarillentas y raíz fusiforme. (Familia compuestas.)

AJONJOLÍ s.m. (del ár. *ŷulŷulān*). Planta anual, gamopétala, cultivada desde muy anti-

guo en Asia tropical por sus semillas, que proporcionan hasta un 50 % de aceite. SIN.: *sésamo.* **2.** Semilla de esta planta.

AJORCA s.f. (del hispano-ár. *šúrga*). Argolla, generalmente de metal, que se lleva como adorno alrededor del brazo, la muñeca, la pierna o el tobillo.

AJORNALAR v.tr. y prnl. Contratar a una persona para que trabaje a jornal.

AJUAR s.m. (ár. *šuwār*). Conjunto de muebles, ropas de uso doméstico y demás objetos que aporta la mujer al matrimonio o al entrar en religión. **2.** Conjunto de muebles, utensilios y ropas de una casa. **3.** ARQUEOL. Conjunto de objetos de uso que forman un hallazgo arqueológico.

AJUDIADO, A adj. Propio de judíos o parecido a ellos.

AJUICIAR v.tr. e intr. Hacer que una persona se vuelva juiciosa o actúe de forma sensata.

AJUMAR v.tr. y prnl. Vulg. Emborrachar.

AJUNO, A adj. De ajos.

AJUNQUILLADO, A adj. ARQ. Ornado con junquillos.

AJUNTARSE v.prnl. Fam. Juntarse, ir a vivir con otra persona sin estar casado con ella.

AJUSTADO, A adj. Justo, adecuado o recto: *precio ajustado.*

AJUSTADOR, RA adj. y s. Que ajusta. ◆ s.m. Jubón ajustado al cuerpo. **2.** Anillo que se coloca en el dedo después de haber introducido la sortija para evitar que esta se salga. **3.** IMPR. Compaginador, obrero cualificado, responsable de la composición y compaginación de una obra. **4.** MEC. Mecánico encargado de ajustar las piezas metálicas ya acabadas. ◆ **ajustadores** s.m.pl. Cuba. Sostén, prenda interior femenina.

AJUSTAMIENTO s.m. Acción de ajustar o ajustarse. **2.** Papel en el que se detalla el ajuste de una cuenta.

AJUSTAR v.tr. y prnl. Proporcionar y adaptar una cosa de modo que venga justo con otra. **2.** Ceñir, apretar, encajar: *ajustarse el vestido al cuerpo.* **3.** Acomodar, arreglar: *ajustar la tapa a la caja.* **4.** Contratar u obligar a una persona para algún servicio. **5.** Amér. Central y Colomb. Contratar a alguien a destajo. ◆ v.tr. Convenir o acordar el precio de algo. **2.** Comprobar una cuenta y liquidarla. **3.** Fig. Saldar una cuenta con la justicia. **4.** Reconciliar a los enemistados. **5.** DER. Llegar a un acuerdo sobre algo, como un tratado de paz, un pleito, etc. **6.** IMPR. Distribuir las galeradas en planas. SIN.: *compaginar.* **7.** MEC. Dar forma a un material hasta dejarlo exacto a un patrón o modelo, valiéndose de un determinado número de herramientas. ◆ v.intr. Venir justo, casar. ◆ **ajustarse** v.prnl. Ponerse de acuerdo: *ajustarse con sus acreedores.* **2.** Conformar a una persona su opinión, voluntad o gusto con otra.

AJUSTE s.m. Acción y efecto de ajustar o ajustarse. **2.** ESTADÍST. Construcción de una curva continua que aproxime óptimamente un conjunto de puntos representativos de valores aislados. **3.** MEC. **a.** Conjunto de operaciones de acabado en un proceso de fabricación, generalmente manuales, para conseguir que las diversas piezas, componentes de un bloque por montar, adquieran las características dimensionales que permiten su correcta ensambladura. **b.** Resultado de dichas operaciones. **c.** Grado de holgura de presión entre dos piezas ajustadas.

AJUSTICIADO, A s. Persona a quien se ha aplicado la pena de muerte.

AJUSTICIAMIENTO s.m. Acción de ajusticiar.

AJUSTICIAR v.tr. Castigar a un reo con la pena de muerte, ejecutar.

AJUSTÓN s.m. Ecuad. Apretón.

AKAN, grupo étnico de Ghana y de Costa de Marfil que habla una lengua kwa.

AKENOMI → IQUITO.

AKSANA s.f. Lengua precolombina del extremo meridional de América del Sur. SIN.: *kaueskar.*

AL, contracción de la prep. *a* y el art. *el.*

a. l., símbolo de *año luz.*

ALA s.f. (lat. *ala*). Órgano de vuelo, formado por las extremidades anteriores en las aves y los murciélagos, y fijado en uno de los dos últimos anillos del tórax en los insectos. **2.** Plano de sustentación de un avión, que se extiende perpendicularmente a cada lado del cuerpo central. **3.** Parte inferior del sombrero que rodea la copa. **4.** *Fig.* Facción de un partido, organización o asamblea: *ala radical.* **5.** Cada una de las partes membranosas que limitan por los lados las fosas nasales. **6.** Hilera o fila. **7.** Aspa de molino. **8.** Paleta de hélice. **9.** Alero, parte inferior de un tejado. **10.** ARQ. Cuerpo de edificio construido en el extremo de un edificio principal. **11.** BOT. Nombre dado a dos de los pétalos de la flor de las papilionáceas y a los apéndices de ciertos frutos y semillas que permiten su diseminación por el viento. **12.** MAR. Vela suplementaria que se añade a otra mayor para recoger más viento: *ala de gavia, de juanete.* **13.** MIL. Parte lateral de un ejército terrestre o naval en orden de batalla. **14.** DEP. Extremidad de la línea de ataque de un equipo. ◆ **alas** s.f.pl. *Fig.* Ánimo o estímulo para realizar algo: *dar alas.* ◇ **Ala delta** Aparato que sirve para el vuelo libre, formado por una estructura ligera sobre la que está tensado un tejido sintético, y un arnés del que va suspendido el tripulante. **Ala de mosca** Color negro que tira a marrón o verde. **Cortar, o quebrantar, o quebrar, las alas** a alguien Quitarle el ánimo cuando intenta llevar a cabo algo; privarle de los medios con que cuenta para prosperar. **Del ala** *Fam.* Se aplica a una cantidad de dinero que se ha de pagar, especialmente si se considera excesiva. **Formar en ala** MIL. Hacerlo en una sola línea o fila.

¡ALÁ! interj. → **¡HALA!**

pulgar · antebrazo
2.º dedo
3.º dedo
4.º dedo
5.º dedo · patagio

murciélago

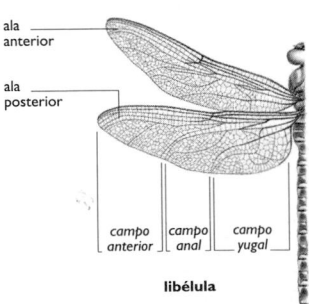

cobertoras menores
cobertoras medianas
cobertoras mayores
remeras primarias · remeras secundarias

halcón peregrino

ala anterior
ala posterior

campo anterior · campo anal · campo yugal

libélula

▪ **ALA.** Morfología comparada del ala de tres animales.

ALABANDINA s.f. Sulfuro natural de manganeso.

ALABANZA s.f. Acción de alabar o alabarse. **2.** Palabra o expresión con que se alaba.

ALABAR v.tr. y prnl. (lat. tardío *alapari*, jactarse, alabarse). Decir cosas agradables de alguien o de algo. ◆ **alabarse** v.prnl. Jactarse, presumir de algo.

ALABARDA s.f. Arma enastada de hierro puntiagudo por un lado y cortante por el otro.

ALABARDADO, A adj. De figura de alabarda: *hoja alabardada.*

ALABARDERO s.m. Soldado armado con una alabarda. **2.** *Fig.* y *fam.* Persona que aplaude en un espectáculo a cambio de asistir gratuitamente o recibir una gratificación.

ALABASTRINA s.f. Láminas delgadas de alabastro yesoso o espejuelo, que suelen usarse en las claraboyas de los templos en lugar de vidrieras.

ALABASTRINO, A adj. De alabastro o parecido a él.

ALABASTRITA o **ALABASTRITES** s.f. Variedad de yeso, muy blanca, que se emplea en la fabricación de jarrones, estatuillas, etc.

ALABASTRO s.m. (lat. *alabaster, -tri*). Piedra blanca, traslúcida y compacta, que se trabaja fácilmente y se utiliza en escultura. **2.** ARQUEOL. Vasija de alabastro, de cuello estrecho y sin asas, para guardar perfumes. SIN.: *alabastrón.*

ALABASTRÓN s.m. (gr. *alabastron*). ARQUEOL. Alabastro, vasija.

ÁLABE s.m. Rama de árbol combada hacia el suelo. **2.** Estera colocada a los lados del carro. **3.** Cada una de las tablas empleadas para encajar en las ranuras de los carros y servir de tope o contención de la carga. **4.** TECNOL. Parte de una rueda hidráulica, una turbina o un compresor, sobre la que se ejerce la acción del fluido motor.

ALABEAR v.tr. y prnl. Dar a una superficie forma combada.

ALABEO s.m. Acción de alabear o alabearse.

ALACALUF adj. y s.m. y f. De un pueblo amerindio de Chile, casi extinguido, que habita en un territorio insular entre el golfo de Penas y las islas occidentales de Tierra del Fuego. (Se dedica a la pesca y caza de animales marinos.) ◆ s.m. Familia de lenguas habladas por las tribus que habitan el extremo meridional de América del Sur.

ALACENA o **ALHACENA** s.f. (ár. *jazāna*). Hueco practicado en una pared, provisto de estanterías y puertas, empleado para guardar utillaje o como despensa.

ALACHA s.f. Pez teleósteo de 30 cm de long. y cuerpo comprimido cubierto de grandes escamas, que se encuentra en el Mediterráneo. (También *alache*; familia cupleidos.)

ALACRÁN s.m. (ár. vulgar *'aqráb*). Arácnido cuya cola, formada por seis segmentos, termina en un aguijón venenoso. **2.** Pieza del freno de las caballerías que sujeta la barbada al bocado. **3.** Cada una de las astillas con que se traban los botones de metal.

ALACRANEAR v.intr. Argent. Hablar mal de alguien.

ALACRANERA s.f. Lugar donde abundan los alacranes.

ALACRIDAD s.f. (lat. *alacritas*). Alegría y vivacidad del ánimo.

ALADAR s.m. (ár. *iḏār*, patilla, mechón de pelo). Porción de cabellos que caen sobre las sienes. (Suele usarse en plural.)

ALADIERNO s.m. (lat. *alaternus*). Arbusto de hojas coriáceas y flores apétalas, cuyo fruto es una baya pequeña, negra y jugosa, empleada en medicina. SIN.: *sanguino.* (Familia ramnáceas.)

ALADO, A adj. Que tiene alas. **2.** *Fig.* Ligero, veloz.

ALADROQUE s.m. (ár. *'ázraq*, azul). Boquerón, pez parecido a la sardina pero de menor tamaño.

ALAFIA s.f. (ár. *āfiya*, integridad corporal, salud). Perdón, misericordia: *pedir alafia.*

ALAGADIZO, A adj. Se dice del terreno que fácilmente se encharca.

ALAGAR v.tr. y prnl. [2]. Llenar de lagos o charcos un terreno.

ALAGIPAGO s.m. Arbusto de flores amarillas, que crece en Canarias. (Familia compuestas.)

ALAJÚ s.m. Pastel elaborado a base de frutos secos, como almendras, nueces o piñones, pan rallado y tostado, especias y miel.

ALALÁ s.m. Canto popular típico de algunas provincias del N de España.

ALAMA s.f. Arbusto leguminoso de tallos largos y rectos, hojas inferiores pecioladas, flores amarillas y vainas negras y peludas, que sirve de pasto para el ganado.

ALAMANES, confederación guerrera de tribus germánicas establecidas en la orilla derecha del Rin en el s. III. Su avance por el Imperio romano fue detenido por Clodoveo (496 o 506).

ALAMAR s.m. (ár. *amāra*, sedal de pescador, guarnición de traje). Presilla y botón que se cose en el borde de una prenda de vestir. **2.** Cairel, adorno de pasamanería. **3.** MIL. Insignia, como galones, cordones o flecos, que se cosen al uniforme.

ALAMBICADO, A adj. Muy rebuscado y complejo: *argumentos alambicados.* **2.** *Fig.* Sutil, ingenioso, perspicaz: *idea alambicada.*

ALAMBICAMIENTO s.m. Acción de alambicar. **2.** Cualidad de alambicado o rebuscado.

ALAMBICAR v.tr. [1]. Destilar una sustancia por medio de un alambique. **2.** *Fig.* Hacer muy sutil o complejo el lenguaje, el estilo, etc. **3.** Examinar algo detenidamente para hallar su sentido o utilidad. **4.** *Fig.* y *fam.* Reducir al máximo el precio de algo, aunque se obtenga menor beneficio.

ALAMBIQUE s.m. (ár. *anbīq*). Aparato para destilar, especialmente alcohol. SIN.: *alquitara, destilador.*

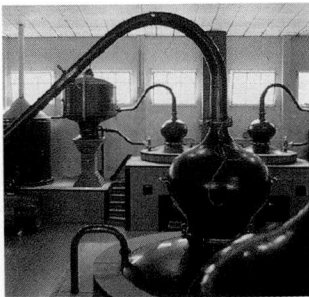

▪ **ALA** DELTA

▪ **ALAMBIQUE**

ALAMBOR s.m. Corte de una piedra o madero falseados. SIN.: *falseo*. **2.** Variedad del naranjo, de fruto más amargo.

ALAMBRADA s.f. Valla de alambre grueso de espino que sirve para impedir el paso por un lugar.

ALAMBRADO s.m. Alambrera.

ALAMBRAR v.tr. Cercar un lugar con alambre: *alambrar el prado*.

ALAMBRE s.m. (lat. *aeramen*, objeto de bronce). Hilo de metal. ◇ **Alambre de espino** El galvanizado que a intervalos lleva entrelazadas púas del mismo material y se utiliza para construir alambradas.

ALAMBRERA s.f. Red de alambre con que se protege o se tapa una ventana, un brasero u otras cosas. SIN.: *alambrado*.

ALÁMBRICO, A adj. Se dice del medio de transmisión que utiliza el alambre como medio conductor de las señales que se transmiten.

ALAMEDA s.f. Terreno poblado de álamos. **2.** Paseo flanqueado por árboles, especialmente álamos.

ALAMÍN s.m. (ár. *amīn*). Funcionario que, en la edad media, contrastaba las pesas y medidas y tasaba los víveres. **2.** Juez de riegos.

ÁLAMO s.m. Árbol de gran tamaño, de hojas anchas y ovaladas y de madera blanca y ligera, que crece en regiones templadas y húmedas. (Familia salicáceas.) SIN.: *chopo*. **2.** Madera de este árbol. ◇ **Álamo balsámico** Variedad de álamo con ramas de corteza marrón rojiza y hojas con el envés blanquecino, originario de América del Norte. **Álamo blanco** Variedad de álamo de corteza gris y hojas verdes por una cara y blanquecinas por la otra. **Álamo falso** Olmo. **Álamo negro** Variedad de álamo con la corteza oscura, las hojas verdes por ambas caras y las ramas muy separadas del eje del tronco. **Álamo temblón** Álamo de corteza gris verdosa, hojas redondeadas con un rabillo largo y flores agrupadas en espigas de color purpúreo, que puede alcanzar hasta 20 m de alt.

hojas

amento femenino

amento masculino

■ ÁLAMO

ALANCEAR v.tr. Herir con lanza.

ALANINA s.f. Aminoácido común en las proteínas constituyentes de los seres vivos.

ALANO, A adj. y s. (gót. *alans*, crecido). De un pueblo bárbaro de origen iranio. (Tras invadir la Galia [406], cruzaron los Pirineos [409], junto con los suevos y los vándalos, y se establecieron en la Lusitania y la Cartaginense.) ◆ s.m. Perro de cabeza grande, pecho ancho, extremidades cortas, muy fuertes, y pelo corto y áspero, de color leonado.

ALANTOIDES s.m. y adj. (gr. *allantoeidés*, en forma de salchichón). Membrana en forma de saco que rodea el embrión de los vertebrados superiores y tiene funciones respiratorias en los reptiles y las aves.

ALANTOÍNA s.f. BIOQUÍM. Sustancia de eliminación de los desechos nitrogenados, en casi todos los mamíferos (excepto en el ser humano y en primates), que proviene de la

transformación del ácido úrico. (Se emplea en la elaboración de productos cosméticos.)

ALAR s.m. Colomb. Parte de la calle por donde circulan los peatones, acera.

ALARDE s.m. (del ár. *'arḍ*, revista de tropas). Ostentación y gala que se hace de una cualidad o circunstancia.

ALARDEAR v.intr. Hacer alarde.

ALARDEO s.m. Acción de alardear.

ALARGADERA s.f. Pieza que sirve para prolongar o aumentar la longitud y radio de acción de un instrumento, especialmente de un compás.

ALARGADO, A adj. COREOGR. Se dice de la posición que debe ejecutarse manteniendo el cuerpo en posición horizontal.

ALARGADOR s.m. Dispositivo o pieza que se acopla a otro para alargarlo.

ALARGAMIENTO s.m. Acción de alargar o alargarse. **2.** Prolongación, parte alargada. **3.** Propiedad que presentan los metales y sus aleaciones de alargarse cuando se someten a efectos de tracción. **4.** AERON. Parámetro geométrico cuyo valor es igual a la relación entre el cuadrado de la envergadura de un ala y su superficie.

ALARGAR v.tr. y prnl. [2]. Hacer más largo: *alargar vestidos*. **2.** Hacer más duradero: *alargar la vida*. **3.** Retardar, dilatar el tiempo: *en verano se alarga el día*. ◆ v.tr. Estirar o extender un miembro del cuerpo: *alargar los brazos*. **2.** Acercar algo a alguien: *alárgame la botella*. **3.** Aguzar un sentido para percibir algo mejor: *alargar la vista*. **4.** Llevar más allá los límites. **5.** *Fig.* Aplicar o alcanzar a nuevos objetos o límites una facultad o actividad. **6.** *Fig.* Aumentar la cantidad de algo: *alargar el sueldo*. **7.** MAR. Soltar poco a poco un cabo: *alargar las escotas*.

ALARIA s.f. Utensilio de alfarero que sirve para colorear en el torno las vasijas de barro.

ALARIDO s.m. Grito, en especial el de dolor o espanto.

ALARIFAZGO s.m. Oficio de alarife.

ALARIFE s.m. (hispano-ár. *arīf*). Arquitecto, maestro de obras. ◆ adj. y s.m. y f. Amér. Se dice de la persona inteligente, avezada.

ALARIJE s.m. y adj. Variedad de uva de color rojo.

ALARMA s.f. (de *¡al arma!*, grito con que se llamaba a combate). Aviso que se da para advertir de un peligro inminente: *dar la voz de alarma*. **2.** Conmoción ocasionada por un peligro inminente: *cundir la alarma*. **3.** Dispositivo, generalmente electrónico, que avisa de un peligro. **4.** Señal acústica o luminosa producida por este dispositivo.

ALARMANTE adj. Que alarma: *noticia alarmante*.

ALARMAR v.tr. Dar una señal para avisar, advertir y prevenir un peligro inminente. ◆ v.tr. y prnl. *Fig.* Inquietar, asustar; poner a alguien alerta.

ALARMISTA s.m. y f. Persona que se alarma fácilmente o que hace cundir noticias alarmantes.

ALAROZ s.m. Armazón de madera con que se reduce el hueco de una puerta para colocar en él una mampara.

ALASKIANO, A adj. y s. De Alaska.

ALASTRIM s.m. (port. *alastrar*, que se desarrolla virulentamente). Forma atenuada de la viruela que no deja cicatrices en la piel.

ALAUITA adj. y s.m. y f. → **'ALAWÍ**.

ALAVÉS, SA adj. y s. De Álava. SIN.: *alavense*. ◆ s.m. Variedad del español hablada en Álava, que presenta elementos del riojano y el vasco.

'ALAWÍ o ALAUITA adj. y s.m. y f. Relativo a los 'Alawíes, secta chiita. (V. parte n. pr.) **2.** Relativo a los 'Alawíes, dinastía reinante en Marruecos. (V. parte n. pr.)

ALAZÁN, NA adj. y s.m. (hispano-ár. *'azár*, rubio, rojizo). Se dice del color parecido al de la canela, con variaciones de pálido, dorado, tostado, etc. ◆ adj. y s. Se dice del caballo o yegua de este color.

ALAZOR s.m. (ár. *ʿuṣfur*). Planta de medio metro de alt., ramas espesas y hojas lanceoladas y espinosas, con cuyas semillas se produ-

ce aceite y se ceban las aves. (Familia compuestas.)

ALBA s.f. (de *albo*). Período de tiempo que transcurre entre la salida del sol por el horizonte hasta que se hace de día. **2.** Luz que precede a la salida del sol. **3.** Vestidura larga de tela blanca utilizada en la celebración de determinadas ceremonias religiosas. **4.** LIT. Composición poética cantada, de forma estrófica variable, cuyo estribillo va introducido casi siempre por la palabra «alba». ◇ **Quebrar**, o **rayar**, o **reír**, o **romper**, **el alba** Amanecer.

ALBACARA s.f. Torreón saliente de una fortaleza antigua. **2.** Recinto amurallado en la parte exterior de una fortaleza, comunicado con la plaza y con salida al campo, que estaba destinado a guardar el ganado vacuno.

ALBACEA s.m. y f. (ár. *waṣīya*, cosa encargada en el testamento). Persona a la que el testador confía el cumplimiento de su testamento.

ALBACEAZGO s.m. Función del albacea.

ALBACETEÑO, A adj. y s. De Albacete. SIN.: *albacetense*.

ALBACORA s.f. (ár. *bakūra*, bonito, pez). Pez comestible parecido al bonito pero de carne más blanca y aletas pectorales más largas, que vive en mares cálidos o templados, como el Atlántico y el Mediterráneo.

ALBADA s.f. Alborada, composición.

ALBAHACA s.f. (ár. *ḥabaqa*). Planta aromática de hojas verdes lanceoladas y flores blancas, que se usa como condimento. (Es originaria de Asia; familia labiadas.)

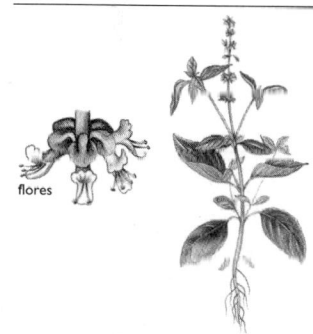

flores

■ ALBAHACA

ALBAIDA s.f. (hispano-ár. *báiḍa*, blanca). Planta leguminosa de entre 60 y 80 cm de alt., muy ramosa, de hojas tomentosas y flores pequeñas y amarillas, que crece en la península Ibérica. (Familia papilionáceas.)

ALBANECAR s.m. Triángulo formado por el par toral, la lima tesa y la solera en la armadura del tejado.

ALBANEGA s.f. (ár. *baníqa*). Cofia o red para el pelo. **2.** Manga cónica para cazar conejos y otros animales cuando salen de la madriguera. **3.** ARQ. Espacio triangular que queda entre el trasdós del arco inscrito y el rectángulo que lo enmarca.

ALBANÉS, SA adj. y s. De Albania. SIN.: *albano*. ◆ s.m. Lengua indoeuropea hablada en Albania y en las comunidades albanesas de Macedonia y Kosovo. SIN.: *albano*.

ALBANO, A adj. y s. Albanés.

ALBAÑAL o ALBAÑAR s.m. (ár. *ballāa*, cloaca). Canal o conducto por donde salen las aguas residuales. **2.** Lugar en que se acumula suciedad y basura.

ALBAÑIL s.m. (ár. *bannā*, constructor). Maestro u oficial de albañilería.

ALBAÑILERÍA s.f. Técnica de construir edificios o hacer obras en que se emplean piedra, ladrillo, cemento u otros materiales. **2.** Obra hecha con esta técnica.

ALBAR adj. Blanco, del color de la nieve: *tomillo albar*. ◆ s.m. Terreno de secano, especialmente tierra blancuzca en altos y lomas.

ALBARÁN s.m. Documento acreditativo de

la entrega y recepción de mercancías. **2.** Papel que se cuelga en una puerta o ventana como señal de que la vivienda se alquila.

ALBARAZADO, A adj. Enfermo de albarazo. **2.** De color mezclado de negro y rojo, abigarrado.

ALBARAZO s.m. (hispano-ár. *baráš*, lepra blanca). Denominación antigua de la lepra.

ALBARDA s.f. (ár. *bárdaa*) Aparejo de las caballerías de carga formado por dos almohadones que se unen por la parte que cae sobre el lomo del animal.

ALBARDADO, A adj. Se dice del animal que tiene el pelo del lomo de un color diferente al resto del cuerpo.

ALBARDAR v.tr. Enalbardar.

ALBARDILLA s.f. Silla utilizada en la doma de potros. **2.** Tejadillo que corona una pared para facilitar la evacuación del agua. **3.** Loncha de tocino que se pone por encima de las carnes, aves o pescados para que se mantengan jugosos. **4.** Almohadilla que llevan los aguadores sobre el hombro. **5.** Trampa en el juego que consiste en combar uno o más naipes para reconocerlos. **6.** Caballete o lomo de barro que se forma al transitar por un lugar después de llover. **7.** Lana que a veces crían en el lomo las reses lanares, muy tupida y apretada.

ALBARDÍN s.m. (ár. *bardī*, papiro). Matorral propio de estepas de regiones mediterráneas, de rizoma rastrero, parecido al esparto. (Familia gramíneas.)

ALBARDÓN s.m. Aparejo de las caballerías más alto y hueco que la albarda. **2.** Argent., Par. y Urug. Elevación de un terreno anegadizo que no queda cubierta cuando suben las aguas. **3.** Guat. y Hond. Caballete de un muro.

ALBARICOQUE s.m. (ár. *barqūq*). Fruto del albaricoquero, de hueso liso y piel y carne amarillas. **2.** Albaricoquero.

ALBARICOQUERO s.m. Árbol de flores blancas o rosadas, que aparecen antes que las hojas, cultivado por sus frutos. (Familia rosáceas.)

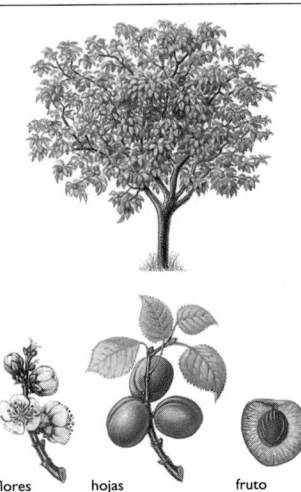

flores   hojas   fruto
           y frutos   y hueso

■ ALBARICOQUERO

ALBARILLO s.m. Variedad de albaricoquero cuyo fruto tiene la piel y la carne casi blancas. **2.** Fruto de este árbol.

ALBARIÑO s.m. y adj. Vino blanco, seco, ácido y de baja graduación, elaborado en la zona de las Rías Bajas (Galicia).

ALBARIZA s.f. Laguna salobre.

ALBARIZO, A adj. y s.m. Se dice de un terreno blanquecino.

ALBARRADA s.f. Muro de piedra construido sin argamasa. **2.** Bancal sostenido por un muro de piedra sin argamasa. **3.** Cerca o vallado de tierra. **4.** Muro o cerca defensivos.

ALBARRANA adj.f. Se dice de la torre de una fortificación adelantada con respecto a la línea de murallas, que servía de defensa y también de atalaya.

ALBATROS s.m. (ingl. *albatross*, del esp. *alcatraz*) [pl. *albatros*]. Ave palmípeda propia de los mares australes, de 3 m de envergadura, plumaje de color blanco con las alas manchadas de color oscuro y el pico en forma de gancho y de color anaranjado. (Orden procelariformes.)

■ ALBATROS aullador.

ALBAYALDE s.m. Sustancia blanca y sólida, compuesta de carbonato de plomo, usada en pintura.

ALBAZANO, A adj. Se dice del caballo de color castaño oscuro.

ALBEAR v.intr. Blanquear.

ALBEDO s.m. Fracción de la luz recibida que difunde un cuerpo no luminoso.

ALBEDRÍO s.m. (lat. *arbitrium*, de *arbiter*, árbitro). Facultad de tomar decisiones. SIN.: *arbitrio, libre albedrío.* **2.** Idea, propósito o decisión que no es fruto del razonamiento.

ALBÉITAR s.m. (ár. *báitar*). Veterinario.

ALBEITERÍA s.f. Veterinaria.

ALBENGALA s.f. (ár. *benkāla*, del nombre de Bengala, donde se fabricaba). Tejido muy fino con que los árabes de España adornaban sus turbantes.

ALBÉNTOLA s.f. Red de hilo muy fino, para pescar.

ALBERCA s.f. (ár. *bírka*). Depósito de agua para el riego. **2.** Balsa para empozar y macerar el lino o el cáñamo. **3.** Alcantarilla, cloaca descubierta. **4.** Méx. Piscina.

ALBÉRCHIGO s.m. (del lat. *persicum*, melocotón, a través del mozárabe). En algunas zonas, variedad de melocotón, de carne blanca, ligeramente ácida, adherida al hueso. **2.** En algunas zonas, variedad de albaricoque.

ALBERCHIGUERO s.m. En algunas zonas, variedad de melocotonero. SIN.: *albérchigo.* **2.** En algunas zonas, variedad de albaricoquero.

ALBERGAJE s.m. Derecho del señor feudal a albergarse en casa de un vasallo.

ALBERGAR v.tr. y prnl. [2]. Dar albergue a una persona. ◆ v.tr. *Fig.* Tener ciertos sentimientos, ideas o intenciones: *albergar vanas esperanzas.*

ALBERGUE s.m. Lugar o edificio donde una persona halla hospedaje o resguardo. **2.** Cueva donde se recogen los animales, especialmente las fieras. **3.** Establecimiento benéfico donde se alojan temporalmente personas necesitadas. **4.** HIST. En la orden de Malta, convento o palacio donde se alojaban los caballeros.

ALBERO, A adj. Albar, blanco, del color de la nieve. ◆ s.m. Terreno albarizo. **2.** Paño para secar la vajilla.

ALBERQUERO, A s. Persona que cuida de una alberca (depósito de agua).

ALBIGENSE adj. y s.m. y f. Se dice de los adeptos a un movimiento religioso cristiano herético extendido por la Francia meridional durante los ss. XII y XIII, que propugnaban un retorno a la pureza de los primeros tiempos del cristianismo.

ALBILLO, A adj. y s. Se dice de una uva de hollejo tierno y del vino que se elabora con ella.

ALBÍN s.m. Carmesí oscuro usado para pintar al fresco.

ALBINISMO s.m. Ausencia congénita y hereditaria del pigmento melánico en la piel y el pelo, que son de color blanquecino, mientras que los ojos son rojizos.

ALBINO, A adj. Relativo a los seres albinos: *cabello albino.* ◆ adj. y s. Se dice del ser que padece albinismo.

ALBITA s.f. Silicato de aluminio y sodio, que forma parte del granito y otras rocas ígneas.

ALBO, A adj. (lat. *albus*). Blanco.

ALBOAIRE s.m. (ár. *buhaira*, dim. de *bahr*, mar). Labor de azulejos en las bóvedas semiesféricas.

ALBOGÓN s.m. Instrumento de viento semejante a una flauta, de sonidos graves. **2.** Instrumento parecido a la gaita gallega.

ALBOGUE s.m. (del ár. *būq*, especie de trompeta). Especie de dulzaina. **2.** Cada uno de los dos platillos de latón con que se marcaba el ritmo en las canciones y bailes populares.

ALBÓNDIGA s.f. (ár. *búnduqa*, bola). Bola de carne o pescado picado y trabado con ralladuras de pan, huevos y especias, que se come frita.

ALBOR s.m. Luz del alba. (Suele usarse en plural.) **2.** *Fig.* Principio u origen de algo: *en los albores de la humanidad.* **3.** *Fig.* Infancia o juventud de una persona. (Suele usarse en plural.) **4.** *Poét.* Albura, blancura.

ALBORADA s.f. Tiempo de amanecer. **2.** Toque o música militar al alborear. SIN.: *diana.* **3.** Acción de guerra al amanecer. **4.** Composición poética o musical destinada a cantar la mañana. SIN.: *albada.* **5.** Serenata dada al amanecer ante la puerta o bajo las ventanas de alguien a quien se desea festejar.

ALBOREAR v.intr. Amanecer, apuntar el día: *levantarse al alborear la mañana.*

ALBORNÍA s.f. (ár. *burnīya*). Vasija ancha de barro en forma de media esfera.

ALBORNOZ s.m. (ár. *burnūs*). Bata holgada de tejido de toalla, que se usa al salir de la ducha o el baño. **2.** Capa con capucha; es de origen árabe.

ALBORONÍA s.f. (ár. *buanīa*). Guiso de berenjenas, tomate, calabaza y pimiento.

ALBOROQUE s.m. (ár. *burūk* o *barūk*, regalo, propina). Regalo o gratificación que se hace a las personas que intervienen en una venta. **2.** Cantidad pagada de más sobre el precio convenido en una operación comercial. **3.** Gratificación que se hace a la persona que ha favorecido un negocio o asunto.

ALBOROTADIZO, A adj. Que se alborota fácilmente.

ALBOROTADO, A adj. Que obra precipitada e irreflexivamente.

ALBOROTADOR, RA adj. y s. Que alborota.

ALBOROTAPUEBLOS s.m. y f. (pl. *alborotapueblos*). Alborotador, tumultuario. **2.** Persona dada a mover bulla y fiesta.

ALBOROTAR v.intr. Producir alboroto, griterío. ◆ v.tr. y prnl. Revolver, desordenar: *alborotar el cabello.* **2.** Alterar, revolucionar: *alborotar la clase.* **3.** Agitar y encrespar el agua del mar.

ALBOROTO s.m. Griterío o estrépito. **2.** Desorden, asonada, motín. **3.** Sobresalto, inquietud. ◆ *alborotos* s.m.pl. Amér. Central. Palomitas de maíz con miel.

ALBOROZAR v.tr. y prnl. [7]. Causar alborozo.

ALBOROZO s.m. (ár. *burūz*, salir a recibir a alguien pomposamente). Sentimiento intenso de alegría. **2.** Manifestación ruidosa de ese sentimiento.

ALBRICIAS s.f.pl. (ár. *bišāra*). Regalo que se daba al primero que traía una buena noticia. ◆ interj. Expresa júbilo.

ALBUFERA s.f. (ár. *buhâira*, laguna, dim. de *bahr*, mar). Extensión de agua salada separada del mar por un cordón litoral o banco de arena: *la albufera de Valencia.*

ALBUGÍNEO, A adj. Completamente blanco.

◆ adj. y s.f. Se dice de una de las membranas que envuelven el testículo.

ALBUGO s.m. MED. Mancha blanca que se forma en el tejido de la córnea.

ÁLBUM s.m. (fr. *album*) [pl. *álbumes* o *álbums*]. Libro en blanco, para escribir en sus hojas poesías, piezas de música, etc., o coleccionar firmas, fotografías, etc. **2.** Disco de larga duración.

ALBUMEN s.m. (lat. *albumen,* clara de huevo). Tejido rico en reservas nutritivas que envuelve el embrión de ciertas semillas, como los cereales. **2.** Solución acuosa de albúminas que rodea la yema de los huevos. SIN.: *clara.*

ALBÚMINA s.f. (fr. *albumine*). Sustancia orgánica nitrogenada, viscosa, soluble en agua, coagulable por el calor, contenida en la clara de huevo, el plasma, la leche, etc.

ALBUMINOIDE s.m. y adj. Proteína natural sencilla, insoluble en agua y en disoluciones diluidas de ácidos, bases y sales.

ALBUMINOIDEO, A adj. De la naturaleza de la albúmina.

ALBUMINURIA s.f. Presencia de albúmina en la orina.

ALBUR s.m. Azar del que depende el resultado de una acción: *correr un albur, jugar un albur.* **2.** Dom. y Méx. Juego equívoco de palabras. **3.** P. Rico. Mentira.

ALBURA s.f. Blancura. **2.** Parte joven del tronco y las ramas de un árbol, situada en la periferia, bajo la corteza, y constituida por las últimas capas anuales de madera todavía vivas y de tonalidad más clara que el duramen. **3.** Clara de huevo.

ALBURNO s.m. Pez de agua dulce, de unos 15 cm de long., con el dorso verde metálico y el vientre plateado, que abunda en los lagos alpinos. (Familia ciprínidos.)

■ **ALBURNO**

ALCA s.f. Ave caradriforme marina de unos 40 cm de long., de dorso negro, vientre blanco, alas cortas y pico comprimido. (Familia álcidos.)

■ **ALCA** común.

ALCABALA s.f. (ár. *qabāla*). Impuesto castellano, que representaba generalmente el 10 % del valor de lo que se vendía o permutaba. **2.** Colomb. y Venez. Puesto de policía.

ALCABALERO s.m. Funcionario que se ocupaba de la recaudación de alcabalas, o de otros impuestos.

ALCACER o **ALCACEL** s.m. (ár. *qaṣīl,* forraje, cereales verdes). Cebada temprana que se siembra en otoño.

ALCACHOFA o **ALCARCHOFA** s.f. (hispano-ár. *jaršūfa*). Planta hortense de hojas anchas y algo espinosas, cuya voluminosa inflorescencia, en forma de piña, es comestible. (Familia compuestas, género *Cynara.*) **2.** Cabezuela de esta planta, del cardo y de otras semejantes. **3.** Receptáculo con muchos orificios que sirve para esparcir el agua que sale a través de él.

ALCACHOFAL o **ALCACHOFAR** s.m. Terreno plantado de alcachofas. **2.** Terreno en que abundan los alcauciles.

ALCACHOFERA s.f. Alcachofa, hortaliza.

ALCADAFE s.m. (hispano-ár. *qadāḥ,* jarro para vino y otros usos). Lebrillo que se pone debajo de las botas de vino para recoger el líquido que se derrama.

ALCAHAZ s.f. (hispano-ár. *qafáṣ,* jaula). Jaula grande en que se encierran algunas aves.

ALCAHUETE, A s. (ár. *qawwād*). Persona que hace de intermediario y encubre relaciones amorosas o sexuales ilícitas. **2.** Persona que encubre una maquinación. **3.** *Fig. y fam.* Chismoso, correvedidle.

ALCAHUETEAR v.intr. Hacer de alcahuete.

ALCAHUETERÍA s.f. Acción de alcahuetear. **2.** Actividad del alcahuete. **3.** *Fig. y fam.* Chisme, murmuración difamatoria.

ALCAICERÍA s.f. (ár. *qaisariya,* de *Qáisar,* nombre que daban los árabes al emperador romano). En los países islámicos, recinto comercial cerrado donde se vendían ciertos artículos de elevado precio.

ALCAICO, A adj. (lat. *alcaicus,* del gr. *álkaïkós,* de *Alceo,* poeta griego). Se dice del verso de la poesía grecolatina formado por un espondeo (a veces un yambo), un yambo, una cesura y un dáctilo. **2.** Se dice de un verso formado por dos dáctilos y dos troqueos.

ALCAIDE, ESA s. (ár. *qáid,* capitán, gobernador de una ciudad). Hombre que tenía a su cargo la guardia y defensa de una fortaleza. SIN.: *castellano.* **2.** Encargado de una alhóndiga o establecimiento similar. ◆ ● Amér. Autoridad máxima de una prisión. ● s.f. Mujer del alcaide.

ALCAIDÍA s.f. Profesión o cargo de alcaide. **2.** Domicilio, oficina o jurisdicción del alcaide. **3.** Territorio de su jurisdicción.

ALCALDADA s.f. Acción arbitraria o abusiva realizada por un alcalde. **2.** Acción semejante ejecutada por una persona afectando autoridad o abusando de la que tiene. **3.** Con los verbos *dar* o *meter,* dicho o sentencia necios.

ALCALDE, ESA s. (ár. *qáḍi,* juez, p. de *qáda,* resolver, juzgar). Presidente del ayuntamiento de un municipio, que actúa como jefe de la administración municipal y como delegado del gobierno. **2.** En algunas danzas, persona que dirige o gobierna una cuadrilla. **3.** Juego de naipes. **4.** En el tresillo y otros juegos de naipes, persona que da las cartas y no juega. ◆ s.f. Mujer del alcalde. ● **Alcalde de barrio** Delegado del alcalde en determinadas barriadas o en poblados alejados del casco urbano. **Alcalde del agua** En algunas comunidades de regantes, persona que reparte y vigila los turnos. **Alcalde pedáneo** Alcalde que ejerce autoridad en lugares de corto vecindario, enclavados en un distrito municipal de cuyo alcalde depende.

ALCALDESCO, A adj. *Desp.* Propio de un alcalde.

ALCALDÍA s.f. Empleo de alcalde. **2.** Oficina del alcalde. **3.** Territorio de su jurisdicción.

ALCALESCENCIA s.f. Fenómeno de volverse alcalina una sustancia. **2.** Estado de las sustancias en que se forma amoníaco espontáneamente.

ÁLCALI s.m. QUÍM. Hidróxido de un metal alcalino.

ALCALIMETRÍA s.f. Determinación del título de una solución básica o alcalina.

ALCALINIDAD s.f. Cualidad de alcalino.

ALCALINIZAR v.tr. [7]. → **ALCALIZAR.**

ALCALINO, A adj. Relativo a los álcalis: *sabor alcalino.* ⬦ **Metal alcalino** Metal monovalente como el litio, sodio, potasio, rubidio, cesio y francio, que, combinado con oxígeno da un álcali.

ALCALINOTÉRREO, A adj. Se dice del grupo de metales formado por el calcio, estroncio, bario y radio.

ALCALIZAR o **ALCALINIZAR** v.tr. [7]. Tenir propiedades alcalinas.

ALCALOIDE s.m. Sustancia orgánica similar a los álcalis por sus propiedades, como la morfina, la atropina, etc.

ALCALOSIS s.f. Aumento excesivo de la alcalinidad de la sangre.

ALCAMONÍAS s.f.pl. (ár. *kammunīya,* parecido al comino). Semilla para condimentar, como el anís o el comino.

ALCANCE s.m. Seguimiento, persecución. **2.** Distancia máxima que alcanza un proyectil disparado por un arma. **3.** Distancia que alcanza el brazo estirado de una persona: *estar algo al alcance de la mano.* **4.** *Fig.* Capacidad o talento: *persona de pocos alcances.* **5.** *Fig.* Trascendencia de una cosa, acción o suceso: *obra de gran alcance.* **6.** *Fig.* En periodismo, noticia o conjunto de noticias de última hora. ⬦ **Al alcance** Se dice de lo que puede conseguirse con facilidad. **Alcance práctico** Distancia máxima de empleo normal de un arma en el combate. **Alcance útil,** o **eficaz** Distancia hasta la que el tiro es suficientemente preciso para ser eficaz. **Dar alcance** Alcanzar, llegar hasta.

ALCANCÍA s.f. Hucha. **2.** Artificio arrojadizo de fuego con que se prendía fuego al barco enemigo en los abordajes. **3.** Amér. Cepillo para limosnas.

ALCÁNDARA s.f. (ár. *kándara*). Percha donde se ponían las aves de cetrería, o donde se colgaba la ropa.

ALCANFOR s.m. (ár. *kafūr*). Sustancia aromática cristalizada, extraída del alcanforero.

ALCANFORERO s.m. Árbol del que se extrae el alcanfor por destilación de la madera; es originario de Asia oriental y Oceanía.

ALCANO s.m. Nombre genérico de los hidrocarburos saturados acíclicos. SIN.: *parafina.*

ALCANTARILLA s.f. Conducto subterráneo destinado a recoger las aguas de lluvia y residuales. **2.** Puentecillo en un camino.

ALCANTARILLADO s.m. Conjunto de alcantarillas.

■ **ALCACHOFA.**

bráceteas
pelos sedosos
receptáculo
sección
inflorescencia verde
inflorescencia   flor

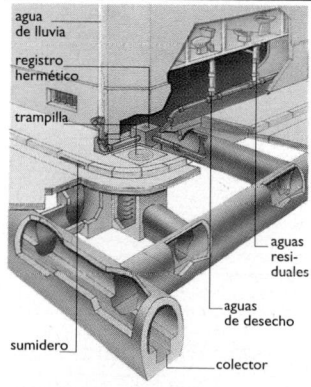

■ **ALCANTARILLADO.** Ramificaciones.

agua de lluvia
registro hermético
trampilla
aguas residuales
aguas de desecho
sumidero
colector

ALCANTARILLAR v.tr. Poner alcantarillas: *alcantarillar una calle.*

ALCANTARILLERO s.m. Obrero encargado de la limpieza y mantenimiento de alcantarillas.

ALCANTARINO s.m. y adj. Miembro de una rama de los franciscanos, surgida de la reforma de san Pedro de Alcántara. ◆ s.m. Caballero de la orden de Alcántara.

ALCANZADO, A adj. Empeñado, adeudado. **2.** Falto, escaso, necesitado.

ALCANZADURA s.f. Contusión o herida que se hacen las caballerías con los cascos traseros en el pulpejo de las manos.

ALCANZAR v.tr. (del lat. vulgar *incalciare*, perseguir de cerca, pisar los talones, del lat. *calx, -cis,* talón) [7]. Llegar hasta la posición que ocupa alguien o algo que va delante: *alcanzar al fugitivo.* **2.** *Fig.* Conseguir algo que se busca o se desea: *alcanzar una fortuna.* **3.** Acercar a alguien algo que está a cierta distancia o altura: *alcanzar un libro del estante.* **4.** Poder tocar algo desde donde uno está. **5.** Llegar a percibir con la vista, el oído o el olfato. **6.** *Fig.* Llegar a igualarse una persona con otra en un aspecto: *no alcanzar a un compañero en las notas.* **7.** Llegar a un punto, a un lugar determinado. **8.** Llegar a un punto determinado de la vida, de la historia, de un estado: *alcanzar la madurez.* **9.** Vivir hasta un momento determinado: *el abuelo alcanzó la guerra de Cuba.* **10.** Llegar el proyectil de un arma a cierta distancia: *la bala alcanzó la otra orilla.* ◆ v.intr. Llegar hasta un lugar, punto o nivel. **2.** *Fig.* Ser algo suficiente en un reparto: *la paella alcanzó para todos.* ◇ **Alcanzársele** a alguien algo Resultarle comprensible, entenderlo.

ALCAPARRA s.f. Arbusto espinoso mediterráneo, cuyos botones florales se comen confitados en vinagre. (Género *Capparis;* familia caparidáceas.) SIN.: *alcaparrera.* **2.** Botón de la flor de esta planta. SIN.: *tápara.*

ALCAPARRAL s.m. Terreno poblado de alcaparras.

ALCAPARRERA s.f. Alcaparra, arbusto espinoso. SIN.: *alcaparro.*

ALCAPARRÓN s.m. Fruto de la alcaparra.

ALCARAVÁN s.m. (ár. *karawān*). Ave zancuda crepuscular y nocturna, de cuello largo, cola corta y plumaje de gran colorido, que vive en el centro y sur de Europa, en Asia y en África. (Familia burínidos.)

ALCARAVEA s.f. (hispano-ár. *karawīa*). Planta herbácea de flores blancas, cuyas semillas, pequeñas y oblongas, tienen propiedades estomacales y carminativas, y se usan como condimento. (Familia umbelíferas.) SIN.: *comino de prado.* **2.** Semilla de esta planta.

ALCARCEÑA s.f. (ár. *karsánna*). BOT. Yero.

ALCARCHOFA s.f. → ALCACHOFA.

ALCARRAZA s.f. (ár. iraquí *karráz*, jarro de boca estrecha). Recipiente de arcilla porosa que rezuma agua, cuya evaporación enfría la contenida en su interior.

ALCARRIA s.f. Terreno alto, generalmente raso y de poca hierba.

ALCATIFA s.f. (ár. *qaṭífa*). Alfombra o tapete finos. **2.** Relleno que se echa en una superficie para allanarla antes de pavimentar o tejar.

ALCATRAZ s.m. Ave pelecaniforme de gran tamaño y plumaje pardo amarillento en el dorso y blanco en el pecho, que anida en las costas rocosas y se zambulle en el agua para capturar peces.

ALCAUCÍ o **ALCAUCIL** s.m. Alcachofa silvestre.

ALCAUDÓN s.m. Ave paseriforme de pico fuerte y ganchudo, que se lanza sobre sus presas golpeándolas con el pico y con frecuencia las ensarta en plantas espinosas, para alimentarse de ellas en las épocas desfavorables. SIN.: *degollador.*

ALCAYATA s.f. (voz mozárabe). Escarpia.

ALCAZABA s.f. (hispano-ár. *qaṣába*). Recinto fortificado situado en el interior de una población amurallada, para refugio de su guarnición y habitantes.

ALCÁZAR s.m. (ár. *qaṣr*). Recinto fortificado construido en un lugar estratégico para seguridad y defensa de los soberanos o del gobernador de una ciudad. **2.** Cualquier casa o resi-

dencia magnífica, especialmente de príncipes o magnates. **3.** MAR. Espacio comprendido entre el palo mayor y la popa de la cubierta superior de las embarcaciones.

■ **ALCÁZAR.** El alcázar de Segovia.

1. ALCE s.m. (lat. *alce*). Mamífero rumiante, parecido al ciervo, de cornamenta aplanada, y gran corpulencia, de hasta 2,8 m de long. y 1 000 kg de peso, que vive en Escandinavia, Siberia y Canadá. (Familia cérvidos.) SIN.: *ante.*

■ **ALCE**

2. ALCE s.m. (de *alzar*). En los juegos de naipes, conjunto de cartas que se levantan para cortar la baraja antes de repartir. **2.** Cuba. Recolección de la caña de azúcar.

ALCEDO s.m. Arcedo.

ALCINO s.m. Planta de 10 a 20 cm de alt., con hojas menudas y dentadas, flores azules, y olor desagradable. (Familia labiadas.)

ALCIÓN s.m. Pájaro fabuloso que solo anidaba en el mar en calma, razón por la cual era considerado como símbolo de paz. **2.** Animal que vive fijado a los fondos marinos, formando colonias de pequeños pólipos. (Subtipo cnidarios; orden alcionarios.)

ALCIONARIO, A adj. y s.m. ZOOL. Relativo a un orden de celentéreos provistos de ocho tentáculos y que viven generalmente en colonias, como el coral y el alción.

ALCISTA adj. Se dice de la tendencia al alza en los precios. ◆ s.m. y f. Persona que juega al alza en la bolsa.

ALCOBA s.f. (ár. *qúbba,* cúpula, cuarto pequeño adyacente a una sala). Habitación destinada a dormir. **2.** Conjunto de muebles de esta habitación.

ALCOHILACIÓN s.f. Fijación de un radical alcohílo a una molécula: *alcohilación del benceno, de un alcohol.*

ALCOHÍLO s.m. Nombre genérico de los radicales univalentes obtenidos por eliminación de un átomo de hidrógeno de un alcohol.

ALCOHOL s.m. (hispano-ár. *kuḥúl,* antimonio o galena para maquillarse). Líquido volátil obtenido por la destilación del vino y de otros licores o zumos fermentados. **2.** Bebida que contiene esta sustancia. **3.** Compuesto químico cuyas propiedades son análogas a las del alcohol de vino. ◇ **Alcohol absoluto** Alcohol químicamente puro.

ENCICL. Los alcoholes contienen uno o más grupos hidroxilo unidos a un radical alifático o a alguno de sus derivados. Se clasifican en primarios ($R-CH_2OH$), secundarios ($R-CHOH-R'$) o terciarios $[R-C(R')R'')OH]$,

según que el grupo hidroxilo esté unido a un átomo de carbono primario, secundario o terciario. Solo el metanol (CH_3OH) y los alcoholes primarios dan lugar por oxidación a aldehídos y posteriormente a ácidos carboxílicos; de los alcoholes secundarios resultan las cetonas. Según el número de grupos hidroxilo existentes en la molécula, los alcoholes se clasifican en monoalcoholes, dialcoholes (glicoles), trialcoholes y polialcoholes o polioles. Los alcoholes suelen ser líquidos; los que contienen menos de cuatro átomos de carbono son miscibles en agua. El alcohol etílico o etanol (CH_3-CH_2OH) se obtiene de la fermentación de jugos de fruta o de diversas plantas tales como remolacha, papa, cereales, madera, etc. Interviene en una proporción del 2 al 5 % en la composición de las cervezas, del 4 al 8 % en la de las sidras, del 8 al 14 % en la de los vinos y del 40 al 60 % en la de los aguardientes.

ALCOHOLADO s.m. Mezcla de una sustancia medicamentosa con alcohol.

ALCOHOLATO s.m. Resultado de la destilación del alcohol con una sustancia aromática: *el agua de colonia es un alcoholato.*

ALCOHOLATURO s.m. Sustancia que se obtiene por maceración de una planta en alcohol.

ALCOHOLEMIA s.f. Presencia de alcohol en la sangre: *tasa de alcoholemia.* ◇ **Prueba de alcoholemia** Prueba que se somete a una persona, especialmente la que conduce o maneja un automóvil, para determinar su grado de alcoholemia.

ALCOHOLERA s.f. Fábrica de alcohol.

ALCOHOLERO, A adj. Relativo a la producción y comercio del alcohol: *la industria alcoholera.*

ALCOHÓLICO, A adj. Referente al alcohol. **2.** Que contiene alcohol: *bebida alcohólica.* ◆ adj. y s. Que bebe alcohol con exceso y habitualmente.

ALCOHOLIFICACIÓN s.f. Transformación de una sustancia en alcohol por fermentación.

ALCOHOLÍMETRO s.m. Dispositivo para medir la cantidad de alcohol presente en el aire espirado por una persona. SIN.: *alcohómetro.* **2.** Densímetro utilizado para medir, en los vinos y licores, la proporción de alcohol.

ALCOHOLISMO s.m. Abuso de bebidas alcohólicas, que cuando se da regularmente de forma intensa provoca trastornos fisiológicos y psíquicos.

ALCOHOLISTA s.m. y f. Argent. y Urug. Alcohólico.

ALCOHOLIZACIÓN s.f. Producción o adición de alcohol en los líquidos.

ALCOHOLIZADO, A adj. y s. Que consume bebidas alcohólicas excesiva y habitualmente.

ALCOHOLIZAR v.tr. [7]. Añadir alcohol a un líquido. ◆ **alcoholizarse** v.prnl. Contraer alcoholismo.

ALCOHOLOGÍA s.f. Disciplina médica que estudia el alcoholismo y su prevención.

ALCOHOLOMANÍA s.f. Apetencia mórbida de beber alcohol.

ALCOHOLOMETRÍA s.f. Conjunto de procedimientos empleados para determinar el grado alcohólico de un líquido.

ALCOHÓMETRO s.m. Alcoholímetro, dispositivo.

ALCOR s.m. (ár. *qūr,* pl. de *qāra*). Colina.

ALCORÁN s.m. Corán.

ALCORÁNICO, A adj. Coránico.

ALCORNOCAL s.m. Terreno poblado de alcornoques.

ALCORNOQUE s.m. (voz mozárabe, del lat. *quernus,* encina). Árbol de hojas persistentes, muy parecido a la encina, cuya corteza, gruesa y leve, proporciona el corcho. **2.** Madera de este árbol. ◆ s.m. y f. *Fig.* Persona estúpida, necia.

ALCORNOQUEÑO, A adj. Relativo al alcornoque.

1. ALCORQUE s.m. (ár. magrebí *qúrq,* del lat. africano *cortex, -icis,* corteza, corcho). Chanclo u otro calzado con suela de corcho.

2. ALCORQUE s.m. Hoyo hecho al pie de las plantas para detener el agua de los riegos.

ALCORZA s.f. (ár. *qūrṣa*, disco o rueda, galleta de forma redonda). Pasta blanca de azúcar y almidón con la que se cubren algunos dulces. **2.** Dulce cubierto con esta pasta.

ALCOTÁN s.m. (hispano-ár. *qutām*). Halcón de pequeño tamaño, cabeza gris y alas y cola negras.

ALCOTANA s.f. Herramienta de albañil parecida a un martillo con una boca en forma de azuela y otra en forma de hacha.

ALCUBILLA s.f. Arca de agua.

ALCURNIA s.f. (ár. *kúnya*, sobrenombre, apellido).Conjunto de antepasados de una persona, especialmente si pertenecen a la nobleza: *damas de alta alcurnia.*

ALCUZA s.f. (ár. *kūza*). Aceitera. **2.** Pequeño recipiente de hojalata, provisto de un tubo largo y afilado, que sirve para verter el aceite de engrase en los engranajes de las máquinas.

ALDABA s.f. (ár. *ḍábba,* barra de hierro para cerrar una puerta). Pieza metálica que se pone en las puertas para llamar. **2.** Aldabilla. **3.** Argolla de hierro fija en la pared para atar en ella las caballerías.◇ **Agarrarse a,** o **tener, buenas aldabas** Arrimarse a una buena protección o contar con ella.

ALDABADA s.f. Golpe dado con la aldaba. SIN.: *aldabazo.* **2.** *Fig.* Aviso que causa sobresalto.

ALDABILLA s.f. Gancho de hierro que entrando en una hembrilla sirve para asegurar, después de cerradas puertas, ventanas, etc. SIN.: *aldaba.*

ALDABÓN s.m. Aldaba de gran tamaño. **2.** Asa grande de un objeto, especialmente de un cofre, baúl o arca.

ALDABONAZO s.m. Golpe dado con una aldaba o aldabón.

ALDEA s.f. (ár. *ḍáia,* campo, aldea). Núcleo pequeño de población generalmente sin jurisdicción propia.◇ **Aldea global** Concepción del mundo como un espacio en el que lo cultural, económico, político y social es compartido por todos los ciudadanos, gracias a la difusión inmediata de la información a través de los medios de comunicación de masas.

ALDEANIEGO, A adj. Propio de una aldea. **2.** *Fig.* Inculto, rústico.

ALDEANISMO s.m. Palabra, expresión o giro propios de aldeanos. **2.** Mentalidad rústica.

ALDEANO, A adj. y s. De una aldea. ◆ adj. Relativo a la aldea. **2.** *Fig.* Inculto.

ALDEHÍDO s.m. QUÍM. Compuesto químico obtenido por deshidrogenación u oxidación controlada de un alcohol primario.

AL DENTE loc.adv. (voces italianas) Poco cocido, de manera que quede ligeramente crujiente al masticar: *espaguetis al dente.*

inflorescencia

bellota

descortezamiento
del alcornoque

■ **ALCORNOQUE**

ALDEORRIO o **ALDEORRO** s.m. *Desp.* Lugar muy pequeño y pobre.

ALDINO, A adj. Se dice de los caracteres de imprenta debidos a Aldo Manucio.

ALDOHEXOSA s.f. BIOQUÍM. Monosacárido de seis átomos de carbono con un grupo funcional aldehído, como la glucosa.

ALDOL s.m. QUÍM. Aldehído-alcohol resultante de la polimerización de un aldehído.

ALDOPENTOSA s.f. BIOQUÍM. Monosacárido de cinco átomos de carbono con un grupo funcional aldehído, como la ribosa o la desoxirribosa.

ALDORTA s.f. Martinete.

ALDOSA s.f. QUÍM. Osa con un grupo aldehído.

ALDOSTERONA s.f. Hormona corticosuprarrenal que actúa en el riñón provocando la retención de sodio y favoreciendo la eliminación de potasio.

¡ALE! interj. → **¡HALA!**

ALEACIÓN s.f. Sustancia de características metálicas obtenida por la incorporación de uno o varios elementos a un metal. **ENCICL.** La finalidad de las aleaciones es mejorar las propiedades de los metales que las forman; su formación conduce a la constitución de soluciones sólidas de los elementos en el metal o de combinaciones entre dichos elementos y el metal de base. Las aleaciones más frecuentes son las del hierro (aceros especiales), cobre (bronce, latón, cuproníquel, alpaca), plomo (antifricción), níquel, cromo y aluminio (Duraluminio, Alpax). Las aleaciones ligeras se realizan por lo general a base de aluminio y magnesio.

ALEAR v.tr. (fr. ant. *aleiier,* combinar metales, del lat. *alligare,* atar, ligar). Mezclar dos o más metales fundiéndolos.

ALEATORIO, A adj. (lat. *aleatorius,* de *alea,* dado, azar) Se dice de lo que depende de la suerte o el azar: *selección aleatoria.* **2.** ART. MOD. Y CONTEMP. Se dice de una obra plástica, en especial cinética, cuya configuración procede de una combinatoria que explota las posibilidades del azar. **3.** ESTADÍST. Se dice de la variable que puede tomar un valor cualquiera de un conjunto especificado, con una probabilidad que expresa, para este valor particular, la fracción del número total de valores en que puede presentarse. ◇ **Contraste aleatorio** DER. Contrato cuya materia es un hecho fortuito. **Error aleatorio** ESTADÍST. Componente del error de muestreo que desaparecería si se pudiesen repetir muchas veces las extracciones de la muestra al azar. **Música aleatoria** Música para la que el autor propone, a partir de una composición determinada, diferentes formas de ejecución escogidas entre los tratamientos posibles de secuencias poliformas. (La expresión *música aleatoria* surgió en la década de 1950 en relación con las experiencias de John Cage, y más tarde de Karlheinz Stockhausen y Pierre Boulez.)

ALEBRESTARSE v.prnl. *Mex.* y *Venez.* Excitarse, violentarse.

ALECCIONAR v.tr. y prnl. Instruir, enseñar.

ALECE o **ALECHE** s.m. (lat. *allec, allecis,* escabeche, y el pescado que se prepara con él). Boquerón, pez.

ALECHUGAR v.tr. [2]. Doblar en figura de hoja de lechuga.

ALECRÍN s.m. Árbol de madera semejante a la caoba.

ALECTOMANCIA o **ALECTOMANCÍA** s.f. Adivinación a través del canto del gallo o de la piedra que a veces tiene en su hígado.

ALEDAÑO, A adj. (del ant. *aladaño,* de *al lado*). Que está contiguo o muy cercano: *regiones aledañas.* ◆ **aledaños** s.m.pl. Terreno o conjunto de terrenos que está en los límites de un lugar: *los aledaños de la ciudad.*

ALEF s.m. Primera letra del alfabeto hebreo. **2.** MAT. Número cardinal que caracteriza la potencia de un conjunto.

ALEFRIZ s.m. Ranura triangular de la quilla de las embarcaciones de madera, en la que encajan las cabezas de las tracas.

ALEGACIÓN s.f. Acción de alegar. **2.** DER. Alegato.

ALEGAR v.tr. (lat. *allegare*) [2]. Exponer un hecho, un argumento, etc., como prueba de algo o en defensa de alguien: *para defenderse, alegó no haberlo visto.* **2.** Exponer méritos, servicios, etc., para basar en ellos alguna pretensión. **3.** Discutir. ◆ v.tr. e intr. DER. Citar el abogado preceptos legales, jurisprudencia, motivos y argumentos en defensa de la causa que patrocina.

ALEGATO s.m. Discurso pronunciado ante un tribunal para defender una causa. **2.** Escrito en que el abogado expone las razones que amparan a su cliente y refuta las de su adversario. **3.** Razonamiento o exposición generalmente amplios, aun fuera de lo judicial. **4.** *Amér.* Disputa, altercado.

ALEGATORIO, A adj. Relativo a la alegación.

ALEGORÍA s.f. (gr. *allēgoría,* metáfora, alegoría, de *álla,* otras cosas, y *agoreyein,* hablar). Ficción en virtud de la cual una persona o cosa representa o simboliza otra distinta: *la paloma es una alegoría de la paz.* **2.** Composición literaria o artística que utiliza esta forma de ficción, generalmente con fines didácticos.

ALEGÓRICO, A adj. Relativo a la alegoría: *sentido alegórico; figura alegórica.*

ALEGORIZAR v.tr. (lat. *allegorizare*) [7]. Dar a algo un sentido alegórico.

ALEGRAR v.tr. Poner alegre a alguien: *me alegro de verte.* **2.** *Fig.* Dar alegría y belleza a algo: *las acuarelas alegran el salón.* **3.** MAR. Aflojar un cabo. ◆ v.tr. y prnl. TAUROM. Incitar al toro para que acometa. ◆ **alegrarse** v.prnl. Sentir alegría. **2.** *Fig. y fam.* Achisparse.

ALEGRE adj. (del lat. *alacer, -cris,* vivo, animado). Que siente o manifiesta alegría: *tener cara alegre.* **2.** Propenso a la alegría. **3.** Que ocasiona alegría: *noticia alegre.* **4.** *Fig. y fam.* Excitado ligeramente por la bebida. **5.** *Fig. y fam.* Ligero, arriesgado, irreflexivo. **6.** *Fig.* Se dice del color vivo y fresco. **7.** *Fig. y fam.* Se dice de la persona que actúa de forma frívola o irreflexiva y de sus actos frívolos o irreflexivos.

ALEGREMENTE adv.m. Sin reflexionar convenientemente, sin valorar las consecuencias: *opinar alegremente.*

ALEGRÍA s.f. Sentimiento de placer originado generalmente por una viva satisfacción y que, por lo común, se manifiesta con signos exteriores, como la risa o la sonrisa. **2.** Persona o cosa que produce este sentimiento: *eres la alegría de la casa.* **3.** Falta de responsabilidad, ligereza: *actuar con alegría.* ◆ **alegrías** s.f.pl. Danza característica del cante flamenco.

ALEJAMIENTO s.m. Acción y efecto de alejar. **1. ALEJANDRINO, A** adj. y s. De Alejandría, Egipto. **2.** Neoplatónico. ◆ adj. **Arte alejandrino** Arte en el que se conjugan la fastuosidad faraónica y el naturalismo helenístico, cultivado principalmente en Alejandría a partir del s. III a.C.

2. ALEJANDRINO, A adj. y s. Relativo a Alejandro Magno. ◆ adj. y s.m. Se dice del verso de catorce sílabas, compuesto de dos hemistiquios de siete sílabas.

ALEJAR v.tr. y prnl. Poner o irse lejos o más lejos: *alejarse del ruido.*

ALELAMIENTO s.m. Estado de alelado.

ALELAR v.tr. y prnl. Poner lelo.

ALELÍ s.m. → **ALHELÍ.**

ALELO s.m. Gen alelomorfo.

ALELOMORFO adj. BIOL. Se dice de un carácter hereditario opuesto a otro. ◇ **Gen alelomorfo** Una de entre dos o varias formas de un gen que ocupa el mismo lugar en un cromosoma particular. SIN.: *alelo.*

ALELUYA s.m. o f. (hebr. *hallelu Yah,* alabad al Señor). Aclamación litúrgica judía y cristiana. ◆ s.m. Tiempo de Pascua. ◆ s.f. Dibujo que forma parte de una serie y que contiene un pareado explicativo. **2.** *Fig. y fam.* Alegría, sentimiento de placer. **3.** *Fig.* Noticia que alegra. **4.** BOT. Acederilla. **5.** MÉTRIC. Composición poética que suele constar de versos octosílabos pareados con rima consonante. ◆ interj. Se emplea para demostrar júbilo.

ALEMA s.f. Porción de agua de regadío que se reparte por turno.

ALEMÁN, NA adj. y s. De Alemania. ◆ s.m. Lengua indoeuropea del grupo germánico, hablada en Alemania y Austria. **ENCICL.** El alemán es una de las grandes lenguas cultas de occidente. Actualmente lo hablan unos 100 millones de personas. Su área de extensión comprende Alemania, Austria, Suiza, Luxemburgo, Alsacia, el E de Bélgica y el Alto Adigio; existen además comunidades germanófonas en Argentina y EUA. El alemán, que procede del germánico occidental, se divide en dos grandes grupos dialectales diferenciados hacia el s. VI: el bajo alemán al N y el alto alemán al S. La unificación lingüística que dio lugar, a partir del alto alemán, a la lengua común, tuvo lugar en la edad media. Actualmente en las áreas rurales se siguen hablando dialectos.

ALEMANDA s.f. Danza alemana de estilo contrapuntístico de cuatro tiempos, ejecutada por varias parejas que imitan a una pareja principal. SIN.: *alemana*. **2.** Pieza instrumental de cuatro tiempos, primer movimiento de una suite.

ALEMÁNICO s.m. Grupo de dialectos del alto alemán.

ALEMÁNICO, A adj. Relativo a Alemania.

ALENO s.m. Hidrocarburo gaseoso, de fórmula $CH_2=C=CH_2$, con doble enlace etilénico. SIN.: *propadieno*.

ALENTADA s.f. Respiración no interrumpida.

ALENTADOR, RA adj. Que infunde aliento: *noticia alentadora*.

ALENTAR v.tr. y prnl. (del lat. *anhelare*, respirar, alentar) [10]. *Fig.* Animar, infundir decisión y fortaleza: *alentar a los jugadores*. ◆ v.intr. Respirar, absorber el aire.

ALEONADO, A adj. Leonado.

ALERCE s.m. (ár. *'arz*). Árbol que mide entre 20 y 35 m de alt., crece en las montañas por encima de la zona de los abetos, de agujas caducas, agrupadas en fascículos. (Orden coníferas.) SIN.: *lárice*. **2.** Madera de este árbol.

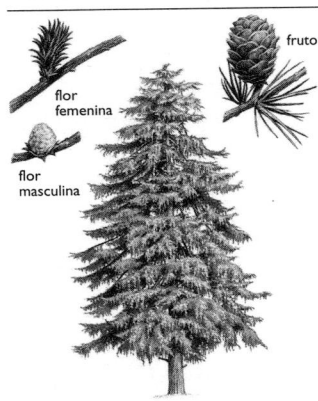

■ **ALERCE** europeo.

ALERGÉNICO, A adj. Que es capaz de provocar una alergia.

ALERGENO, A o **ALÉRGENO, A** adj. y s.m. Se dice de la sustancia capaz de provocar una alergia en el organismo.

ALERGIA s.f. Estado de una persona que, sensibilizado ante una sustancia, presenta, después ante ella, acentuadas reacciones de carácter respiratorio, nervioso o eruptivo. **2.** Rechazo por alguien o algo.

ALÉRGICO, A adj. y s. Relativo a la alergia; que sufre alergia.

ALERGÓLOGO, A s. Médico especialista en afecciones alérgicas. SIN.: *alergista*.

ALERO s.m. Parte inferior y sobresaliente del tejado. **2.** En baloncesto, persona que juega en los laterales de la cancha.

ALERÓN s.m. Aleta de algunos peces. **2.** Pieza saliente de la carrocería de un automóvil, que sirve para hacerlo más aerodinámico. **3.** AERON. Aleta articulada colocada en el borde de salida de las alas de un avión, que permite la inclinación o el enderezamiento lateral del aparato.

ALERTA s.m. o f. (ital. *all'erta*). Señal que previene del peligro. **2.** MIL. Aviso dado a una fuerza militar para que se prepare y esté en situación de intervenir en un plazo fijado. ◆ adv.m. Con vigilancia y atención: *vivir alerta*. ◆ interj. Se emplea para prevenir a alguien de un peligro o para ponerlo en guardia.

ALERTAR v.tr. y prnl. Poner alerta.

ALERTO, A adj. Vigilante: *tener la mirada alerta*. (Suele usarse la forma *alerta* y su plural *alertas* para los dos géneros.)

ALERZAL s.m. Terreno plantado de alerces.

ALESNADO, A adj. Puntiagudo.

ALETA s.f. Miembro o apéndice corto y plano, que permite nadar a numerosos animales acuáticos como los peces, cetáceos, tortugas, etc. **2.** Calzado en forma de aleta de pez, generalmente de goma, que se adapta a los pies para facilitar la natación. **3.** Lámina saliente de un radiador, que favorece su refrigeración. **4.** Paleta del rotor de una turbina. **5.** Alero de un tejado. **6.** Guardabarros de un automóvil. **7.** AERON. Parte del ala o del timón que puede ser maniobrada a fin de modificar la forma de la superficie principal y, consiguientemente, las características aerodinámicas. **8.** ANAT. Nombre dado a una parte de un órgano debido a su estructura: *aletas nasales*.

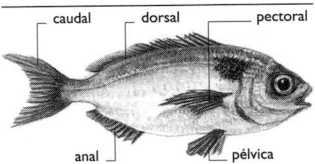

■ **ALETA.** Aletas de pez.

ALETARGAMIENTO s.m. Acción y efecto de aletargar o aletargarse.

ALETARGAR v.tr. y prnl. [2]. Causar letargo: *la marmota y el lirón se aletargan en invierno*. **2.** Disminuir la actividad de algo: *el verano aletarga el tráfico urbano*.

ALETEAR v.intr. Mover un ave repetidamente las alas. **2.** Mover un pez repetidamente las aletas. **3.** Mover los brazos. **4.** *Fig.* Cobrar fuerzas el convaleciente. **5.** Moverse una cosa de modo parecido a las alas. **6.** *Fig.* Asomar, aparecer de un modo intermitente y poco definido.

ALETEO s.m. Acción y efecto de aletear. **2.** *Fig.* Palpitación violenta del corazón.

ALEURITA s.f. Árbol de Extremo oriente. (Familia euforbiáceas.)

ALEURÓDIDO, A adj. y s.m. Relativo a una familia de homópteros, parecidos a la cochinilla y a los pulgones, algunas de cuyas especies atacan a la col, al roble, etc.

ALEURONA s.f. Sustancia proteica de reserva que forma granos microscópicos en las semillas de ciertas plantas, como los cotiledones de las leguminosas, el albumen de los cereales, etc.

ALEUTIANO, A adj. De las islas Aleutianas. (Designa también a los esquimales de Alaska y de la costa NO de Canadá.) ◆ adj. y s.m. Se dice de un grupo de lenguas habladas en Alaska y en las islas Fox orientales.

ALEUTIANO-ESQUIMAL s.m. Familia de lenguas que comprende los dialectos esquimales y aleutianos, de las islas Aleutianas a Groenlandia.

ALEVE adj. y s.m. y f. Alevoso.

ALEVILLA s.f. Mariposa común en España, parecida a la del gusano de seda, de alas blancas.

ALEVÍN adj. y s. Que pertenece a la categoría deportiva superior a la benjamín e inferior a la infantil. ◆ s.m. Cría de pez, especialmente el destinado a la repoblación de estanques y ríos.

ALEVOSÍA s.f. Traición, deslealtad. **2.** DER. Cautela con que el delincuente asegura su comisión de un delito contra personas, evitando el riesgo procedente de la defensa del ofendido: *con premeditación y alevosía*.

ALEVOSO, A adj. y s. Que actúa con alevosía. ◆ adj. Que implica alevosía: *puñal alevoso*.

ALEXANDRITA s.f. Variedad de crisoberilo, verde a la luz natural y roja a la luz eléctrica.

ALEXIA s.f. Trastorno neurológico caracterizado por una perturbación en la capacidad para leer.

ALEYA s.f. Cada uno de los versículos del Corán.

ALFA s.f. Nombre de la primera letra del alfabeto griego (α, A), que corresponde a la *a* española. ◇ **Alfa y omega** *Fig.* Principio y fin. **Radiación alfa** Radiación formada por corpúsculos emitidos por cuerpos radiactivos, compuesta por dos neutrones y dos protones. **Ritmo alfa** Ondas rápidas, regulares y de pequeña amplitud, recogidas por procedimientos electroencefalográficos, que señalan una reacción activa del córtex.

ALFABÉTICO, A adj. Relativo al alfabeto.

ALFABETIZACIÓN s.f. Acción y efecto de alfabetizar: *campaña de alfabetización*.

ALFABETIZAR v.tr. [7]. Poner por orden alfabético. **2.** Enseñar a leer y escribir.

ALFABETO s.m. (lat. *alphabetum*, del nombre de las dos primeras letras griegas, *álpha* y *beta*). Lista de todas las letras utilizadas en la transcripción de los sonidos de una lengua, enumeradas según un orden convencional. **2.** Conjunto de signos que constituyen un sistema de comunicación: *el alfabeto de los sordomudos*.

ALFAGUARA s.f. (ár. *fawwāra*, fuente). Manantial copioso.

ALFAJOR s.m. (hispano-ár. *ḥašú*). Nombre dado a distintas golosinas. **2.** Alajú. **3.** Argent., Chile y Urug. Dulce formado por dos bizcochos circulares unidos entre sí por dulce de leche, chocolate, etc. **4.** Venez. Pasta de papelón, harina de yuca, piña y jengibre.

ALFALFA s.f. (hispano-ár. *fáṣfaṣa*). Planta forrajera, de pequeñas flores violáceas, que enriquece el suelo en nitrógeno.

■ **ALFALFA**

ALFALFAL o **ALFALFAR** s.m. Terreno sembrado de alfalfa.

ALFANDOQUE s.m. Pasta elaborada con melado, queso y anís o jengibre, típica de América.

ALFANJE s.m. (hispano-ár. *jányal*, puñal, espada corta). Sable ancho y curvo con filo en un lado y doble filo en la punta.

ALFANUMÉRICO, A adj. Se dice de una clasificación establecida simultáneamente a partir de las letras del alfabeto y de los números. **2.** INFORMÁT. Se dice de los caracteres alfabéticos (A a Z), numéricos (0 a 9) o codificados mediante signos convencionales (.. §, &...), o que constituyen una serie de esos diversos símbolos.

ALFANÚMERO s.m. Cada uno de los números de una serie de números y letras combinados que se emplea como clave para operar con la computadora.

ALFAQUE s.m. Banco de arena, generalmente en la desembocadura de un río. (Suele usarse en plural.)

ALFAQUÍ s.m. (ár. *faqīh*, teólogo y jurisconsulto). Sabio o doctor del derecho islámico.

ALFAR s.m. (del ár. *fajjār*, alfarero). Alfarería, taller.

1. ALFARDA s.f. (ár. *fárḍa*). Contribución que pagaban moros y judíos en los reinos cristianos.

2. ALFARDA s.f. (ár. *fárda*, cada una de las

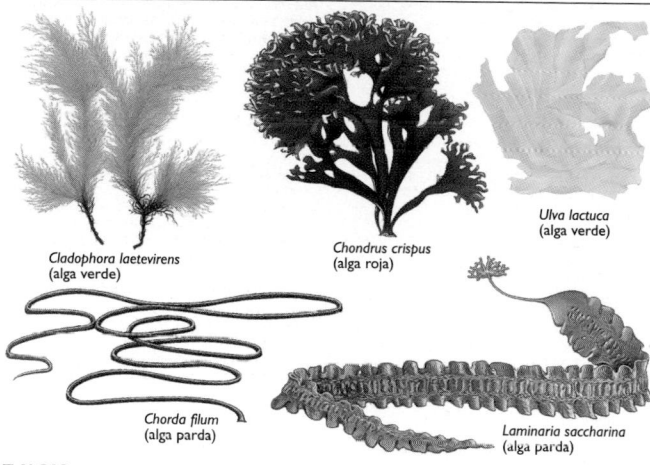

Cladophora laetevirens
(alga verde)

Chondrus crispus
(alga roja)

Ulva lactuca
(alga verde)

Chorda filum
(alga parda)

Laminaria saccharina
(alga parda)

■ ALGAS marinas.

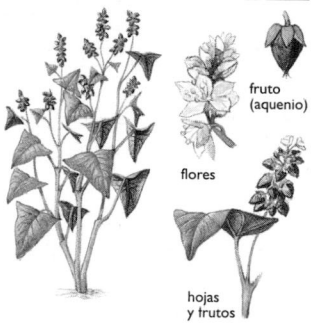

fruto
(aquenio)

flores

hojas
y frutos

■ ALFORFÓN

dos piezas de un todo). Par de una armadura de tejado.

ALFARDÓN s.m. Azulejo hexagonal alargado.

ALFARERÍA s.f. Arte y técnica de fabricar objetos de barro. **2.** Taller donde se fabrican estos objetos. SIN.: *alfar.* **3.** Tienda donde se venden.

ALFARERO s.m. Persona que tiene por oficio fabricar o vender objetos de barro.

1. ALFARJE s.m. (ár. *hāŷar*). Piedra baja del molino de aceite. **2.** Canal o hendidura que rodea la solera de los molinos aceiteros y recoge el fruto triturado. **2.** Marco de una puerta o ventana en el que encajan las hojas con que se cierra.

2. ALFARJE s.m. (ár. *faraš*, piso que separa dos altos de una casa). Techo o pavimento de maderas labradas y combinadas artísticamente.

ALFATERAPIA s.f. Utilización terapéutica de los rayos alfa (α) emitidos por los cuerpos radiactivos.

ALFÉIZAR s.m. vuelta o corte que hace la pared en el vano de una ventana, especialmente la de la parte inferior. **2.** Marco de una puerta o ventana en el que encajan las hojas con que se cierra.

ALFEÑICARSE v.prnl. [1]. *Fam.* Comportarse con afectada delicadeza. **2.** *Fam.* Adelgazar mucho.

ALFEÑIQUE s.m. (ár. *fanīd*). Pasta de azúcar, en forma de barra delgada y retorcida, cocida en aceite de almendras. **2.** *Fig. y fam.* Persona de complexión débil. **3.** *Fig. y fam.* Remilgo, afeite.

1. ALFERECÍA s.f. Enfermedad de carácter epiléptico, más frecuente en la infancia, que se manifiesta con convulsiones y pérdida del conocimiento.

2. ALFERECÍA s.f. Cargo o dignidad de alférez. SIN.: *alferazgo.*

ALFÉREZ s.m. (ár. *fāris*, jinete, caballero). Oficial del ejército en el grado y empleo interior de la carrera. **2.** *Amér. Merid.* Persona elegida para pagar los gastos en un baile o en cualquier otra fiesta. ◇ **Alférez de fragata, o de navío** Grados de la marina de guerra que equivalen, respectivamente, a los de alférez y teniente del ejército. **Alférez mayor del rey, o de Castilla** Jefe de la milicia real, que portaba el pendón en la batalla y la espada del rey en las ceremonias palatinas.

ALFIL s.m. (ár. *fīl*, elefante). En el ajedrez, cada una de las dos piezas de cada bando que se mueven en diagonal.

ALFILER s.m. (ár. *jilāl*, astilla empleada para prender las piezas de vestir). Clavillo de metal con punta por uno de sus extremos y una cabecilla por el otro. **2.** *Amér.* Persona que se prende exteriormente en la ropa para sujetar algo o como adorno: *alfiler de corbata, de pecho.* ◇ **Alfiler de gancho** *Amér. Merid.* Imperdible. **Cogido, o prendido, con alfileres** *Fig.* Se dice de lo que parece frágil; se dice de lo que no tiene una base lógica o del razonamiento

poco sólido. **No caber un alfiler** Estar un lugar repleto de gente.

ALFILERAZO s.m. Pinchazo de alfiler. **2.** *Fig.* Pulla, dicho hiriente.

ALFILERILLO s.m. *Argent. y Urug.* Nombre de diversas plantas de la familia de las geraniáceas. **2.** *Méx.* Nombre común a varias plantas cactáceas. **3.** *Méx.* Insecto que ataca a la planta del tabaco.

ALFILETERO s.m. Canuto o almohadilla para guardar alfileres.

ALFIZ s.m. Moldura que enmarca el vano de una puerta o ventana.

ALFOMBRA s.f. (ár. *jumra*). Tejido con que se cubre el piso de las habitaciones y escaleras. **2.** *Fig.* Conjunto de cosas que cubren el suelo. **3.** Alfombrilla. **4.** *Colomb. y Méx.* Tejido espeso y aterciopelado que se adhiere a las paredes o pisos para cubrirlos. GEOSIN.: *Argent. alfombrado,* Esp. *moqueta.*

■ **ALFOMBRA** con decoración floral procedente de Kermän (Irán); lana y algodón; segunda mitad del s. XIX. (Museo Condé, Chantilly.)

ALFOMBRADO s.m. Conjunto de alfombras de una casa o salón. **2.** Operación de alfombrar. **3.** *Argent.* Alfombra con que se tapizan paredes o pisos.

ALFOMBRAR v.tr. Cubrir con alfombra. **2.** Cubrir con flores, hojas, etc., la calle u otro lugar a semejanza de una alfombra.

ALFOMBRILLA s.f. Enfermedad parecida al sarampión que no presenta síntomas catarrales.

ALFONSÍ adj. Alfonsino.

ALFONSINO, A adj. Relativo a alguno de los reyes españoles llamados Alfonso, especialmente a Alfonso X el Sabio. SIN.: *alfonsí.*

ALFONSISMO s.m. Adhesión a la monarquía de alguno de los reyes españoles llamados Alfonso.

ALFORFÓN s.m. Planta herbácea de flores desprovistas de corola, cuyo grano se aprovecha como pienso; es originaria de Asia central. (Familia poligonáceas.)

ALFORJA s.f. (ár. *jury*). Tira de lienzo basto u otra tela que forma una bolsa en cada uno de sus extremos, que se lleva colgada del hombro o se cuelga de una caballería. (Suele usarse en plural.) **2.** Provisión de alimentos para un viaje. **3.** *Amér.* Adorno, colgajo.

ALFORZA s.f. (ár. *ḥizza*, de *ḥazz*, cortar). Dobladillo o pliegue que se hace en la parte inferior de una falda u otra prenda para acortarla o como adorno. **2.** *Fig. y fam.* Cicatriz, señal que queda de una herida.

ALFORZAR v.tr. [7]. Hacer una alforza o dobladillo.

ALGA s.f. (lat. *alga*). Vegetal clorofílico sin raíces ni vasos, que vive en el agua salada o dulce, o en ambientes húmedos. ENCICL. Las algas tienen una organización muy simple (sin verdaderas hojas, raíces ni vasos), una reproducción muy variada (pero sin flores ni frutos) y una presencia permanente de clorofila (a veces enmascarada por pigmentos). Se distinguen: las *algas verdes* (clorofíceas), cuyo único pigmento es la clorofila; las *algas azules* (cianofíceas), las únicas capaces de utilizar el nitrógeno en estado molecular; las *algas rojas* (rodofíceas), cuyo pigmento les permite crecer bajo el agua hasta 50 m de profundidad; las *algas pardas* (feofíceas), mayoritarias entre el varec de las zonas litorales; las *algas conjugadas,* poseedoras de una original forma de reproducción escalonada, y las *algas microscópicas* o unicelulares del fitoplancton marino o de agua dulce.

ALGALIA s.f. (ár. *ḡāliya,* almizcle). Secreción de la bolsa anal del gato de algalia, empleada en perfumería. ◆ s.m. Civeta.

ALGARA s.f. (ár. *ḡāra*). En la España medieval, correrías de devastación y saqueo practicadas por grupos de vanguardia destacados de las cabalgadas. SIN.: *algarada.* **2.** Tropa de caballo que intervenía en estas correrías. SIN.: *algarada.*

ALGARABÍA s.f. (ár. *arabīya,* lengua árabe). *Fam.* Confusión de voces altas y entremezcladas: *armar algarabía.* **2.** *Fam.* Lengua o escritura que no se entiende. **3.** Lengua árabe.

ALGARADA s.f. Griterío, especialmente el provocado por un conjunto de personas que discuten o protestan. **2.** Algara.

ALGARERO, A adj. Alborotador, agitador.

1. ALGARRADA s.f. (ár. *arrāda*). Máquina de guerra usada antiguamente para disparar piedras contra las murallas.

2. ALGARRADA s.f. (de *algara*). Fiesta que consiste en echar al campo un toro para correrlo con vara larga. **2.** Encierro, acto de encerrar los toros en el toril antes de la corrida. **3.** Novillada, lidia de novillos.

ALGARROBA s.f. (ár. *jarrūba*). Fruto del algarrobo en forma de vaina de unos 10 cm de long. que contiene una pulpa azucarada que envuelve las semillas. **2.** Planta leguminosa de flores blancas y semilla marrón que se utiliza como pienso. (Familia papilionáceas.) **3.** Semilla de dicha planta.

ALGARROBAL s.m. Terreno poblado de algarrobos o algarrobas.

ALGARROBO s.m. Árbol mediterráneo, que alcanza hasta 10 m de alt. y cuyo fruto es la algarroba. (Familia cesalpiniáceas.)

ALGAZARA s.f. (ár. vulgar *gazāra*, locuacidad, murmullo, ruido). Ruido, griterío de una o muchas personas, por lo común alegre. **2.** Vocerío de moros y otras tropas al acometer al enemigo.

ÁLGEBRA s.f. (bajo lat. *algebra*, del ár. *ŷabr*, reducción). Parte de las matemáticas que trata de la generalización del cálculo aritmético a expresiones compuestas por números y letras que representan cantidades variables (*álgebra clásica*) y que, a partir de la teoría de los conjuntos, estudia las estructuras (*álgebra moderna*). **2.** Tratado de esta ciencia. ◇ **Álgebra de Boole** Álgebra creada por Boole, basada en el estudio de las relaciones lógicas. **Álgebra lineal** Parte del álgebra que estudia las estructuras lineales (espacios vectoriales, matrices, tensores).

ALGEBRAICO, A o **ALGÉBRICO, A** adj. Relativo al álgebra.

ALGEBRISTA s.m. y f. Especialista en álgebra.

ALGIA s.f. MED. Dolor.

ALGIDEZ s.f. MED. Estado de álgido, muy frío.

ÁLGIDO, A adj. (lat. *algidus*, de *algere*, tener frío). Se dice del punto culminante o crítico de un proceso. **2.** Se dice de las afecciones caracterizadas por sensaciones de frío: *fiebre álgida*. **3.** Muy frío.

ALGINA s.f. Extracto de algas marrones obtenido por ebullición con carbonato de sosa.

ALGINATO s.m. Sal del ácido algínico. **2.** Preparado para la toma de improntas dentales, también utilizado en papelería, preparación de engrudos industriales, etc.

ALGÍNICO, A adj. Se dice de un ácido cuya sal sódica se encuentra en algunas algas.

ALGO pron.indef. Expresa el concepto general de cosa en contraposición a nada: *tramar algo*. **2.** Significa cosa de consideración, de cierta importancia: *creerse algo*. **3.** Indica una pequeña cantidad indeterminada: *película algo erótica; todavía queda algo de café*. ◆ adv.c. Un poco, no del todo, hasta cierto punto.

ALGODISTROFIA s.f. MED. Conjunto de artropatías que se manifiestan con dolores acompañados de rigidez en las articulaciones, con trastornos vasomotores y tróficos, que afectan especialmente a las extremidades.

ALGODÓN s.m. (hispano-ár. *quṭún*). Fibra textil natural que recubre la semilla del algodonero. **2.** Hilo o tela que se fabrica con esta fibra. **3.** Algodonero. ◇ **Algodón en rama,** o **en crudo** Borra de las semillas del algodonero comprimida formando balas, tal como se recibe en las hilaturas. **Algodón pólvora** Explosivo compuesto de nitrocelulosa, que se obtiene al tratar el algodón con una mezcla de ácidos nítrico y sulfúrico. **Estar criado entre algodones** Estar criado con mucha delicadeza.

ALGODONAL s.m. Terreno poblado de algodoneros.

ALGODONERO, A adj. Relativo al algodón. ◆ s. Obrero empleado en la industria del algodón. **2.** Persona que comercia en algodón. ◆ s.m. Planta herbácea o leñosa originaria de la India, de 0,50 a 1,50 m de alt., cultivada en todos los países cálidos por el algodón que envuelve sus semillas, las cuales proporcionan un aceite comestible. (Familia malváceas.)

ALGOL s.m. (acrónimo del ingl. *algorithmic language*). INFORMÁT. Lenguaje utilizado para la programación de problemas científicos o técnicos en las computadoras.

1. ALGONQUINO, A adj. y s.m. GEOL.. Se dice

de la parte superior del precámbrico, que sigue al arcaico.

2. ALGONQUINO, A adj. y s. De un conjunto de pueblos amerindios de América del Norte. (Hablan la misma lengua y comprenden, entre otros, los grupos ojibwa, arapajó, cheyene, cree, naskapi y pies negros.) ◆ s.m. LING. Lengua hablada por estos pueblos.

ALGORÍTMICO, A adj. Relativo al algoritmo. **2.** INFORMÁT. Se dice de los lenguajes creados para facilitar la expresión concisa y precisa de algoritmos. ◇ **Música algorítmica** MÚS. Modo de composición cuyos posibles son calculados por medio de máquinas electrónicas.

ALGORITMO s.m. MAT. Conjunto de reglas operatorias cuya aplicación permite resolver un problema enunciado a través de un número finito de operaciones.

ALGUACIL s.m. (ár. *wazīr*, ministro, visir). Oficial inferior de justicia, que ejecuta las órdenes de un tribunal. **2.** Funcionario subalterno de un ayuntamiento.

ALGUACILAZGO s.m. Oficio de alguacil.

ALGUACILILLO s.m. TAUROM. Jinete vestido de alguacil del s. XVII que, en la plaza de toros, sale en el paseíllo al frente de la cuadrilla y recibe del presidente la llave del toril.

ALGUERÉS s.m. Variedad del catalán hablada en Alguer por unas 20 000 personas.

ALGUIEN pron.indef. Indica una persona cualquiera, no determinada: *preguntar por alguien*. ◆ s.m. Persona importante: *llegar a ser alguien en el mundo de la literatura*.

ALGÚN adj. Apócope de *alguno*. (Se emplea antepuesto a un sustantivo masculino en singular: *algún niño*.)

ALGUNO, A adj. (del lat. *aliquis*, algún, alguien, y *unus*, uno). Se dice de personas, animales o cosas indeterminadas con respecto a varias o a muchas: *algunos espectadores silbaron*. **2.** Expresa una cantidad imprecisa pero no muy abundante: *tener algunos bienes*. **3.** En una oración negativa y pospuesto al nombre, tiene valor negativo: *no sufrir cambio alguno*. ◆ pron.indef. Alguien. **2.** Con la prep. *de* o *entre* y referido a un nombre próximo, tiene carácter partitivo.

ALHACENA s.f. → ALACENA.

ALHAJA s.f. (ár. *ḥāŷa*, objeto necesario, mueble, joya). Joya, pieza de oro, plata, platino o pedrería. **2.** *Fig. y fam.* Persona, animal o cosa de excelentes cualidades. ◆ adj. Argent., Bol., Ecuad. y Méx. Bonito, lindo, agradable.

ALHAJAR v.tr. y prnl. Adornar con alhajas.

ALHAJERO s.m. Amér. Joyero, cofre. SIN.: *alhajera*.

ALHARACA s.f. (hispano-ár. *ḥaráka*). Demostración exagerada de un sentimiento hacia alguien.

ALHARMA s.f. (ár. *ḥármal*). Planta de flores blancas muy olorosas, cuyas semillas se comen tostadas y, en Oriente, se utilizan como condimento culinario. (Familia rutáceas.)

flores y hoja

fruto

■ **ALGODONERO**

ALHELÍ o **ALELÍ** s.m. (hispano-ár. *jairī*). Planta ornamental de flores aromáticas y colores variados, que se cultiva en jardinería. (Familia crucíferas.) **2.** Flor de esta planta.

fruto

■ **ALHELÍ**

ALHEMA s.f. (ár. *ḥímà*, cosa prohibida). Tiempo durante el cual, en las zonas de regadío, corresponde el riego a un predio determinado.

ALHEÑA s.f. (hispano-ár. *ḥínna*). Arbusto de 2 a 3 m de alt., con flores blancas en racimos, olorosas, común en la península Ibérica. (Familia oleáceas.) **2.** Flor de este arbusto. **3.** Polvo usado como tinte, que se obtiene al machacar las hojas secas de este arbusto.

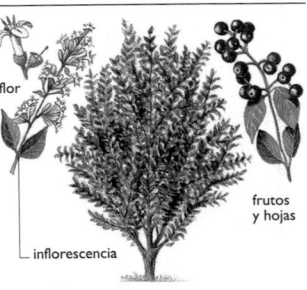

flor

frutos y hojas

inflorescencia

■ **ALHEÑA**

ALHEÑAR v.tr. y prnl. Teñir con polvo de alheña.

ALHOLVA s.f. (ár. *ḥúlba*). Planta de 20 a 30 cm de alt., hojas acorazonadas agrupadas de tres en tres, flores pequeñas y blancas, muy olorosa, cuyas semillas son ricas en mucílago. (Familia papilionáceas.) **2.** Semilla de esta planta.

ALHÓNDIGA s.f. Establecimiento para la venta, compra y depósito de granos y otros comestibles.

ALHUCEMA s.f. (ár. *juzâmà*). Espliego.

ALIÁCEO, A adj. Relativo al ajo o que tiene olor o sabor de ajo.

ALIADO, A adj. y s. Unido o coligado con otro: *fuerzas aliadas*. ◆ **aliados** s.m.pl. Conjunto de naciones que lucharon contra Alemania en las dos guerras mundiales.

ALIADÓFILO, A adj. Durante las dos grandes guerras del s. XX, partidario de las naciones aliadas en contra de Alemania.

ALIAGA s.f. Arbusto con ramas espinosas en su extremo y fuertes espinas laterales. (Familia papilionáceas.) SIN.: *aulaga*.

ALIANZA s.f. Acción de aliarse dos o más naciones, asociaciones o personas para alcanzar un objetivo común. **2.** Parentesco contraído por casamiento. **3.** Anillo de boda. **4.** *Fig.* Unión de factores o elementos diversos que conducen a un mismo fin. **5.** Chile. Mezcla de varios licores en un mismo vaso. **6.** HERÁLD. Figura del escudo que representa dos manos diestras asidas. ◇ **Antigua alianza** Alianza que, según la Biblia, estableció Dios con Adán,

Noé, Abraham y Moisés. **Nueva alianza** La religión cristiana y sus libros sagrados.

ALIARIA s.f. Planta de 1 m de alt. con flores blancas que exhalan olor a ajo. (Familia crucíferas.)

ALIARSE v.prnl. (fr. ant. *aliier*) [19]. Unirse, coligarse los estados o príncipes unos con otros; en general, unirse o coligarse con otro, **2.** Juntarse o más cosas.

ALIAS adj. (lat. *alias*, de otro modo). De otro nombre, por otro nombre. ◆ s.m. Apodo.

ALICAÍDO, A adj. Que tiene las alas caídas. **2.** *Fig. y fam.* Triste, desanimado, sin fuerzas.

ALICANTE s.m. (deformación de *alacrán*). Víbora muy venenosa que vive en el S de Europa. SIN.: *alicántara*.

ALICANTINO, A adj. y s. De Alicante. ◆ s.m. Variedad del valenciano que se habla en el extremo meridional de la provincia de Valencia donde no se habla apitxat, y en parte de la provincia de Alicante.

ALICATADO s.m. Conjunto decorativo de cerámica artística, usado para revestir zócalos y paredes. SIN.: *azulejo*.

ALICATAR v.tr. Revestir de azulejos una pared o un zócalo. SIN.: *azulejar*.

ALICATES s.m.pl. (ár. magrebí *laqqât*, tenazas). Herramienta en forma de tenazas que sirve para apretar tuercas y doblar alambres.

ALICIENTE s.m. (lat. *alliciens, -tis*, p. de *allicere*, atraer). Aspecto positivo o atractivo que mueve a hacer algo: *los alicientes de un viaje.*

ALICORTO, A adj. Que tiene las alas cortas: *pájaro alicorto.* **2.** *Fig.* Que no tiene aspiraciones ni ideales: *un político alicorto.*

ALICREJO s.m. *Amér. Central.* Caballo viejo y flaco.

ALICUANTA adj. **Parte alicuanta** Parte que no mide exactamente a su todo.

ALÍCUOTA adj. (bajo lat. *aliquotus*, del lat. *aliquot*, algunos). MAT. Que está contenido un número entero de veces en un todo: *tres es una parte alícuota de doce.*

ALICURCO, A adj. *Chile.* Sagaz, astuto.

ALIDADA s.f. (ár. *idâda*, jamba de puerta, regla de astrolabio). Regla graduada incorporada a determinados instrumentos de topografía para medir ángulos verticales. **2.** Parte móvil de un teodolito.

ALIENACIÓN s.f. Enajenación. **2.** Pérdida o limitación de la personalidad o de la identidad de una persona o un grupo. **3.** FILOS. Desposeimiento de una cualidad de una persona en detrimento de otra. ◇ **Alienación mental** Locura.

ALIENADO, A adj. y s. Que padece alienación mental.

ALIENANTE adj. Que aliena: *sistema político alienante.*

ALIENAR v.tr. y prnl. Enajenar. **2.** Causar o provocar la pérdida o limitación de la libertad o identidad de una persona o cosa.

ALIENÍGENA adj. y s.m. y f. (del ingl. *alien*, extraño, extranjero). Extraterrestre: *naves alienígenas.* **2.** Extranjero: *costumbres alienígenas.*

ALIENISTA s.m. y f. y adj. Psiquiatra.

ALIENTO s.m. Aire que se respira: *llegar sin aliento.* **2.** Aire espirado, vaho. **3.** Acción de alentar. **4.** *Fig.* Ánimo o decisión para hacer algo. (Se usa también en plural.)

ALIFAFE s.m. (ár. *náfaj*). Achaque, trastorno leve. **2.** VET. Tumor blando en algunas articulaciones del animal.

ALIFÁTICO, A adj. QUÍM. Se dice de los cuerpos orgánicos acíclicos.

ALIGÁTOR s.m. (ingl. *alligator*). Caimán.

ALIGERAR v.tr. y prnl. Hacer que algo sea más ligero: *aligerar la carga; aligerar un texto.* **2.** *Fig.* Calmar, aliviar, moderar: *aligerar el dolor.* ◆ v.tr. e intr. *Fam.* Apresurarse, darse prisa: *aligerar el paso; aligera, que no llegamos.*

ALÍGERO, A adj. *Poét.* Alado o veloz.

ALIJAR v.tr. (fr. ant. *alegier*, aligerar, aliviar). Extraer toda o parte de la carga. **2.** Pasar de una embarcación a otra mercancías de contrabando o desembarcarlas.

ALIJO s.m. Acción de alijar. **2.** Conjunto de mercancías de contrabando.

ALILAYA s.f. *Colomb. y Cuba.* Excusa frívola.

ALÍLICO, A adj. Se dice del alcohol etilénico (C_3H_6O), obtenido a partir de derivados del petróleo y usado en la síntesis de la glicerina.

ALILO s.m. Radical —C_3H_5 del alílico, que entra en la composición de numerosos ésteres y éteres.

ALIMAÑA s.f. (lat. *animalia*, pl. de *animal*). Animal salvaje perjudicial a la caza menor o a la ganadería. **2.** Animal indeterminado.

ALIMAÑERO, A s. Persona que se dedica a cazar alimañas, en especial el guarda de caza encargado de su persecución.

ALIMENTACIÓN s.f. Acción de alimentar o alimentarse. **2.** Conjunto de alimentos con que se alimenta un ser vivo, especialmente una persona o un animal. **3.** Comercio e industria de los productos alimenticios: *trabajar en la alimentación.* **4.** Operación que consiste en colocar las municiones en un arma de fuego, suministrar combustible a un motor, etc. ◇ **Alimentación artificial** Introducción de sustancias nutritivas en el organismo de sujetos incapaces de mantenerse por sí mismos. **Alimentación enteral** Método de alimentación artificial mediante una sonda gástrica que permite asegurar un aporte calórico suficiente en enfermos que presentan trastornos de deglución o simplemente una fuerte desnutrición. **Alimentación parenteral** Método de alimentación artificial mediante la sustitución parcial o total de los aportes digestivos de los enfermos por soluciones hipercalóricas introducidas en la circulación mediante un catéter colocado en una vena gruesa.

ALIMENTADOR, RA adj. y s. Que alimenta: *bomba alimentadora de agua.* ◆ s.m. Canalización, eléctrica o de otro tipo, que vincula directamente una planta generadora o una subestación a un punto de la red de distribución, sin ninguna derivación en su recorrido.

ALIMENTAR v.tr. y prnl. Dar alimento a un ser vivo: *alimenta bien a sus hijos.* ◆ v.tr. Suministrar a una máquina la materia o energía necesaria para su funcionamiento: *alimentar un motor con gasolina.* **2.** *Fig.* Fomentar las pasiones, sentimientos, costumbres, etc.: *alimentar desdén por la humanidad.* ◆ v.intr. Servir algo de alimento.

ALIMENTARIO, A adj. Relativo a la alimentación: *industria alimentaria.* ◇ **Código alimentario** DER. Conjunto de normas que regulan las condiciones mínimas del proceso industrial y comercial de alimentos, bebidas y otras materias de uso o consumo doméstico.

ALIMENTICIO, A adj. Que alimenta o tiene la propiedad de alimentar: *productos alimenticios.*

ALIMENTO s.m. (lat. *alimentum*). Sustancia nutritiva que necesita un ser para mantenerse vivo: *digestión de los alimentos.* ◆ **alimentos** s.m.pl. DER. Lo que es necesario para el sustento, habitación, vestido y asistencia médica de una persona.

ALIMENTOSO, A adj. Que alimenta o nutre mucho.

ALIMÓN (AL) loc. Conjuntamente, en colaboración: *torear al alimón.*

ALINDAR v.tr. Señalar los lindes de un terreno. ◆ v.intr. Lindar.

ALINEACIÓN s.f. Acción de alinear o alinearse. **2.** Formación de un equipo deportivo. **3.** Conjunto de menhires dispuestos en líneas paralelas.

ALINEADO, A adj. Que se adhiere a una posición ideológica, política o de otro tipo, o está a favor de quien la mantiene.

ALINEAMIENTO s.m. Alineación.

ALINEAR v.tr. y prnl. Poner en línea recta: *los gimnastas se alinean.* **2.** Incluir a un jugador en un equipo deportivo. **3.** Hacer que una persona, colectividad o estado se adhiera a una determinada tendencia ideológica, un bloque político-militar, una región geopolítica, etc.: *el bloque vencedor alineó en torno a sí a las principales personalidades de la ciudad; se alinea en el bloque de izquierdas.*

ALIÑAR v.tr. Condimentar ciertos alimentos: *aliñar la verdura.* **2.** *Chile.* Colocar en su posición los huesos dislocados. ◆ v.tr. y prnl. Adornar, arreglar, asear: *aliñarse para salir.*

ALIÑO s.m. Acción de aliñar o aliñarse. **2.** Sustancia con que se aliña.

ALIOLI s.m. (cat. *allioli*). Salsa elaborada con ajos machacados y aceite.

ALIONÍN s.m. Pájaro de unos siete centímetros de largo, que tiene la cabeza, la garganta y el pecho de color negro azulado, una mancha en la nuca y los lados del cuello blancos, el vientre pardo y las alas negras con listas blancas.

ALIOS s.m. Arenisca impermeable, rojiza o negruzca, formada por granos de arena aglutinados: *el alios de las landas.*

ALÍPEDO, A adj. *Poét.* Que tiene alas en los pies. ◆ adj. y s.m. Quiróptero.

¡ALIRÓN! interj. Expresa júbilo en manifestaciones deportivas de masa.

ALISADOR, RA adj. y s. Que alisa. ◆ s.m. Instrumento que sirve para alisar papel, cemento, etc.

ALISADORA s.f. Máquina empleada para alisar pieles, papel, cartón, etc.

ALISAL s.m. Alisar, terreno.

1. ALISAR s.m. Terreno plantado de alisos.

2. ALISAR v.tr. y prnl. Poner liso: *alisar la calzada, la ropa.* ◆ v.tr. Arreglar ligeramente el cabello con un peine o con los dedos.

ALISEDA s.f. Alisar.

ALISIO adj. y s.m. Se dice del viento regular que sopla constantemente sobre casi la tercera parte de la superficie del globo, desde las altas presiones subtropicales hacia las bajas presiones ecuatoriales. (En el hemisferio N sopla de NE a SO; en el hemisferio S, de SE a NO.)

ALISMA s.f. (lat. *alisma*). Planta herbácea que crece junto a los estanques. (Familia alismáceas.)

ALISMÁCEO, A adj. y s.f. Relativo a una familia de plantas monocotiledóneas que viven en el agua o en pantanos.

ALISO s.m. Árbol que alcanza hasta los 20 m de alt., de hojas escotadas en el ápice, que crece a menudo al borde del agua. (Familia betuláceas.)

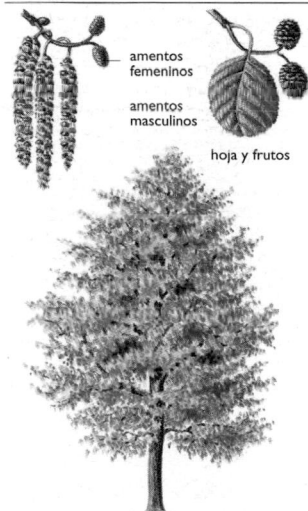

amentos femeninos
amentos masculinos
hoja y frutos

■ ALISO

ALISTAMIENTO s.m. Acción de alistar o alistarse.

ALISTAR v.tr. y prnl. Inscribir a alguien en una lista. ◆ **alistarse** v.prnl. Apuntarse o inscribirse en el ejército.

ALITERACIÓN s.f. Figura retórica de dicción que consiste en la repetición de uno o varios sonidos iguales o semejantes en una palabra o enunciado: *un ejemplo de aliteración es el verso «bajo el ala aleve del leve abanico» de Rubén Darío.* SIN.: *paronomasia.*

ALIVIADERO s.m. Desagüe del agua que rebasa el nivel de un embalse, depósito o canal.

ALIVIAR v.tr. (lat. tardío *alleviare*). Hacer que algo sea más ligero, menos pesado: *aliviar la carga*. ◆ v.tr. e intr. Calmar, moderar: *aliviar una pena, la tos; no cura, pero alivia*. **2.** *Fig.* Acelerar el paso o cualquier actividad, darse prisa. ◆ v.tr. y prnl. Satisfacer el deseo sexual.

ALIVIO s.m. Acción y efecto de aliviar o aliviarse. ◇ **De alivio** *Esp. Fam.* Se dice de cosas y personas para indicar que pueden causar daño o trastorno.

ALIZARI s.m. Raíz de la rubia.

ALIZARINA s.f. Materia colorante roja extraída de la raíz de la rubia, que actualmente se obtiene por síntesis.

ALJABA s.f. (ár. *ŷába*). Caja portátil para flechas o saetas. SIN.: *carcaj.*

1. ALJAMA s.f. (ár. *ŷamâa*, conjunto de personas). En las ciudades cristianas medievales, comunidad musulmana o judía; gueto o barrio de estas comunidades. **2.** Sinagoga.

2. ALJAMA s.f. (ár. *al-ŷami'*). Mezquita.

ALJAMÍA s.f. (ár. *aŷamîya*, lengua extranjera). Transcripción en caracteres árabes de un texto romance; texto en que consta esta transcripción. **2.** HIST. Lengua romance que hablaban musulmanes y judíos.

ALJAMIADO, A adj. Escrito en aljamía. ◇ **Literatura aljamiada** Producción literaria escrita en lengua romance con caracteres árabes o hebreos.

ALJIBE s.m. Cisterna. **2.** Pozo de agua.

ALJÓFAR s.m. (ár. *ŷâuhar*, perla). Perla o conjunto de perlas pequeñas de forma irregular.

ALLÁ adv.l. (lat. *illac*, por allá). Indica de forma indeterminada un lugar que está alejado del hablante y del oyente (admite grados de comparación): *ponerse más para allá.* **2.** Precediendo a adverbios o loc. adverbiales de lugar, indica la lejanía e indeterminación de este: *divisarse alguien allá arriba.* ◆ adv.t. Precediendo a un complemento adverbial de tiempo, indica la lejanía e indeterminación de este: *lo hará allá para el mes de julio; esa lengua desapareció allá por el s. XI.* ◇ **Allá cada cual,** o **allá te las compongas,** o **allá tú** Indican despreocupación o desinterés. **El más allá** El otro mundo, la vida de ultratumba.

ALLANAMIENTO s.m. Acción y efecto de allanar o allanarse. **2.** *Amér.* Registro policial de un domicilio. ◇ **Allanamiento de morada** Acción de penetrar en la casa de alguien a la fuerza y sin su consentimiento.

ALLANAR v.tr., intr. y prnl. Poner llana o igual una cosa: *allanar el piso de la carretera.* ◆ v.tr. Reducir una construcción o un terreno al nivel del suelo, derribando o llenando. **2.** *Fig.* Superar una dificultad o un obstáculo. **3.** Entrar a la fuerza y sin permiso en casa ajena. ◆ **allanarse** v.prnl. *Fig.* Conformarse o avenirse a algo, aunque no se esté de acuerdo con ello: *allanarse a sus exigencias.*

ALLEGADIZO, A adj. Ajeno o extraño.

ALLEGADO, A adj. Que mantiene una relación estrecha o cercana con algo o alguien: *hombre allegado a la justicia; familiares y amigos allegados.* ◆ adj. y s. Pariente, de la misma familia: *solo invitó a los más allegados.* **2.** Parcial, que sigue el partido de otro, o está de su parte.

ALLEGAR v.tr. [2]. Amontonar, reunir, juntar. **2.** Agregar, añadir. **3.** Recoger la parva en montones después de trillada. ◆ v.tr. y prnl. Acercar una cosa a otra. ◆ v.intr. y prnl. Llegar, venir, arribar. ◆ **allegarse** v.prnl. Adherirse a una idea u opinión.

ALLEGRETTO adj. y adv. (voz italiana). MÚS. Menos vivo que el *allegro*. (Se aplica al modo de ejecutar una composición musical.) ◆ s.m. Composición musical o parte de ella, ejecutada en movimiento allegretto.

ALLEGRO adv.m. (voz italiana). MÚS. Vivamente, con rapidez. (Se aplica al modo de ejecutar una composición musical.) ◆ s.m. Parte de una composición musical interpretada en movimiento allegro. **2.** COREOGR. Ejercicios de danza rápidos, como vueltas, saltos y batería, o parte de un ballet que exige una mayor rapidez de movimiento.

ALLENDE prep. Más allá de, de la parte de allá de: *estar allende el mar.*

ALLÍ adv.l. (lat. *illic*). Indica un lugar concreto que está alejado del hablante y del oyente. **2.** En correlación con *aquí*, suele designar un sitio o paraje indeterminado. ◆ adv.t. Entonces, en tal ocasión: *a partir de allí la película mejora.*

ALMA s.f. (lat. *anima*). Principio espiritual o parte inmaterial que, junto con el cuerpo o parte material, constituye el ser humano. **2.** Parte moral y emocional de una persona: *despertar remordimiento en el alma.* **3.** *Fig.* Ser humano, individuo: *ciudad de 30 000 almas.* **4.** *Fig.* Persona o cosa que da vida, aliento o fuerza: *este hombre es el alma del negocio.* **5.** *Fig.* Viveza, espíritu, energía: *cantar con el alma.* **6.** *Fig.* Parte interior de los objetos que les da mayor solidez, resistencia, etc.: *alma de un bastón.* **7.** Gran madero vertical que sostiene el andamio. **8.** ARM. Interior del cañón de un arma de fuego. **9.** MÚS. Pequeña varilla cilíndrica de madera que, situada en el interior de un instrumento de cuerda, comunica las vibraciones a todas las partes del mismo. ◇ **Alma de cántaro** Persona falta de discreción y sensibilidad. **Alma de cable** Hilo, torón o cordaje colocado siguiendo el eje de un cable. **Alma de un electrodo de soldadura** Hilo central metálico rodeado de un revestimiento. **Alma en pena** Persona solitaria, triste y melancólica. **Como alma que lleva el diablo** *Fam.* Con gran rapidez. **Dar,** o **entregar,** o **exhalar,** o **rendir, el alma a Dios** Expirar, morir. **En el alma** Profunda y entrañablemente. **Estar con** o **tener, el alma en un hilo** *Fam.* Estar preocupado o nervioso por temor de alguna situación peligrosa o penosa. **Llegar al alma** una cosa Sentirla intensamente. **Llevar a alguien en el alma** *Fam.* Quererlo muchísimo.

ALMACÉN s.m. (hispano-ár. *majzén*). Lugar donde se guardan géneros de cualquier clase. **2.** Establecimiento donde se venden géneros al por mayor. **3.** Cavidad de un arma de repetición donde se aloja el cargador. **4.** *Amér. Merid.* Tienda de comestibles. ◇ **Almacén frigorífico** Recinto con cámaras a bajas temperaturas y paredes aislantes, en el que se conservan productos perecederos. **Almacenes generales de depósito** DER. Establecimientos donde se guardan mercancías contra entrega de un título expedido a los depositantes. **Chasis almacén** FOT. Depósito portaplacas impenetrable a la luz y acoplado a una máquina fotográfica. **Grandes almacenes** Establecimiento de grandes dimensiones en que se venden productos de todo tipo y que agrupa numerosos departamentos especializados.

ALMACENAJE s.m. Almacenamiento. **2.** Derecho pagado por almacenar.

ALMACENAMIENTO s.m. Acción de almacenar. **2.** Conjunto de mercancías almacenadas.

ALMACENAR v.tr. Guardar algo en un almacén: *almacenar trigo.* **2.** Reunir o guardar gran cantidad de algo: *almacenar revistas, datos.*

ALMACENERO, A s. Argent., Par. y Urug. Dueño o encargado de una tienda de comestibles.

ALMACENISTA s.m. y f. Dueño de un almacén. **2.** Persona encargada de la custodia de las mercancías depositadas en un almacén. **3.** Comerciante mayorista.

1. ALMÁCIGA s.f. (ár. *mástaka*). Resina amarillenta que se extrae del lentisco.

2. ALMÁCIGA s.f. Lugar donde se siembran las semillas de las plantas para trasplantarlas después.

ALMACIGADO, A adj. *Amér.* Se dice del ganado de color cobrizo subido. **2.** *Perú.* Moreno, de raza mezclada.

1. ALMÁCIGO s.m. (de *1. almáciga*, resina). Lentisco.

2. ALMÁCIGO s.m. Almáciga, semillero.

ALMÁDANA, ALMÁDENA o **ALMÁDINA** s.f. Mazo de hierro, con mango largo y delgado, empleado para partir piedras.

ALMADÍA s.f. Armadía, balsa de maderos.

ALMADRABA s.f. (hispano-ár. *madrába*, lugar donde se golpea). Pesca del atún. **2.** Lugar donde se pesca el atún. **3.** Red o cerco de redes con que se pesca el atún.

ALMADRABERO, A adj. Relativo a la almadraba. ◆ s.m. Persona que se dedica a la pesca de atún.

ALMADREÑA s.f. (del ant. *madrueña*, de *madera*). Zueco, zapato de madera.

ALMAGRAL s.m. Terreno en que abunda el almagre.

ALMAGRAR v.tr. Teñir de almagre algo.

ALMAGRE s.m. (ár. *mágra*). Óxido rojo de hierro, muy abundante en la naturaleza, que suele usarse en pintura como colorante.

ALMANAQUE s.m. (ár. *manâj*). Calendario impreso en hojas sueltas o formando libro, con indicaciones astronómicas, meteorológicas y otras relativas a festividades religiosas, actos civiles, etc.

ALMANDINA s.f. Granate alumínico férrico o granate oriental o sirio.

ALMARADA s.f. (hispano-ár. *maráza*, punzón). Puñal agudo de tres aristas y sin corte. **2.** Aguja para coser alpargatas. **3.** TECNOL. Barra pequeña de hierro provista de mango, que se utiliza en los hornos de fundición de azufre para desobstruir el conducto que lo conduce desde el crisol hasta el recipiente.

ALMARIO s.m. Armario.

1. ALMARJAL s.m. Terreno poblado de almarjos. SIN.: *armajo, barrillas.*

2. ALMARJAL s.m. Marjal, terreno bajo y pantanoso.

ALMARJO s.m. (hispano-ár. *márŷo*). Barrilla, cenizas de esta planta. **2.** Cualquiera de las plantas que dan barrilla.

ALMAZARA s.f. (ár. *mášara*, de *âşar*, exprimir). Fábrica donde se elabora la aceituna para extraer el aceite. **2.** Aparato para moler la aceituna antes de ser prensada. SIN.: *molino de aceite.*

ALMEA s.f. (ár. *âlima*). En oriente, bailarina y cantante.

ALMEJA s.f. Molusco bivalvo comestible que vive en las costas de la península Ibérica, en lugares arenosos. (Familia venéridos.) ◇ **Almeja de río** Molusco lamelibranquio comestible de agua dulce. (Familia uniónidos.)

■ ALMEJA

ALMENA s.f. (lat. *mina*). Elevación de la muralla de una fortaleza, generalmente de forma rectangular, usada como resguardo por sus defensores.

ALMENADO, A adj. Provisto de almenas: *torre almenada.* **2.** HERÁLD. Se dice de la figura que se adorna con almenas dispuestas hacia arriba. CONTR.: *atalayado.*

1. ALMENAR v.tr. Poner almenas en un edificio.

2. ALMENAR s.m. (ár. *al-manar*, sitio de las luces). Pie de hierro sobre el cual se ponían teas encendidas para alumbrar.

ALMENARA s.f. (ár. *manâra*, faro). Fuego hecho en una almena o torre para dar aviso de algo. **2.** Almenar, pie de hierro. **3.** Candelero con muchas mechas.

ALMENDRA s.f. (lat. *amygdala*, gr. *amygdále*). Fruto del almendro. **2.** Semilla comestible de este fruto, rica en sustancias grasas y en glúcidos. **3.** Semilla carnosa de cualquier fruto drupáceo. **4.** B. ART. Encuadramiento elíptico en el que se representa a Cristo triunfante. SIN.: *mandorla.* ◇ **Almendra garrapiñada** Dulce que consiste en una almendra recubierta de azúcar fundido y canela.

ALMENDRADO, A adj. Que tiene forma de almendra: *ojos almendrados.* ◆ s.m. Dulce o salsa hechos a base de almendras. **2.** *Perú.* Guiso elaborado con salsa de almendras.

ALMENDRAL s.m. Terreno plantado de almendros.

ALMENDRO s.m. Árbol originario de Asia, que puede alcanzar hasta 12 m de alt., de madera dura y flores blancas o rosadas, y fruto en drupa que contiene una semilla comestible. (Familia rosáceas.)

cáscara
y fruto
(almendra)

flores   hojas y frutos

■ ALMENDRO

ALMENDRÓN s.m. Diversas especies de árboles americanos, cuyo fruto es semejante al del almendro europeo. **2.** Fruto de estos árboles.

ALMENDRUCO s.m. Fruto tierno del almendro.

ALMERIENSE adj. y s.m. y f. De Almería, ciudad y provincia de España.

ALMETE s.m. Parte de la armadura que cubría la cabeza, utilizado del s. XV al XVII.

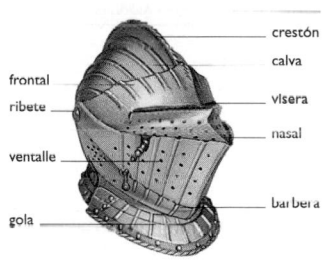

frontal
ribete
ventalle
gola

crestón
calva
visera
nasal
barbera

■ ALMETE

ALMEZ o **ALMEZO** s.m. (ár. *máis*). Árbol de hasta 25 m de alt., con copa ancha y hojas lanceoladas y dentadas de color verde oscuro, cuya madera del mismo nombre se utiliza para fabricar mangos de herramientas, bastones, etc. (Familia ulmáceas.)

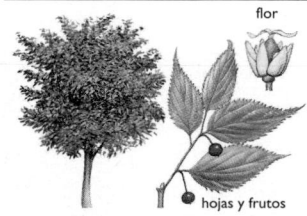

flor

hojas y frutos

■ ALMEZ

ALMEZA s.f. Fruto del almez, negro por fuera y amarillo por dentro.

ALMIAR s.m. (lat. *medialis*, de *pertica medialis*, palo de en medio del pajar). Montón de paja, heno o hierba seca alrededor de un palo largo situado al aire libre.

ALMÍBAR s.m. (ár. *míba*, jarabe de membrillo). Azúcar disuelto en agua y espesado a fuego lento. **2.** *Fig.* Dulzura y cortesía extremadas.

ALMIBARADO, A adj. Se dice del lenguaje muy meloso y de la persona que lo emplea.

ALMIBARAR v.tr. Bañar algo con almíbar. **2.** *Fig.* Suavizar las palabras para ganarse la voluntad de alguien.

ALMICANTARAT o **ALMICANTARADA** s.f. (ár. *muqanṭarāt*, pl. de *muqánṭara*, reloj de sol). Cada uno de los círculos imaginarios de la esfera celeste, paralelos al horizonte.

ALMIDÓN s.m. (bajo lat. *amidum*). Poliósido que constituye la sustancia de reserva de los vegetales, como las semillas de cereales, tubérculos de papas, etc. ◇ **Engrudo de almidón** Solución coloidal de almidón en agua.

ALMIDONAR v.tr. Impregnar un tejido de almidón disuelto en agua para que quede tieso y adquiera consistencia al plancharlo. ◆ **almidonarse** v.prnl. Arreglarse excesivamente.

ALMIDONERÍA s.f. Fábrica en la que se produce almidón.

ALMIDONERO s.m. Variedad de trigo de espiga gruesa, cuadrada y vellosa.

ALMIMBAR s.m. (ár. *mínbar*, púlpito, lugar elevado). Púlpito de una mezquita.

ALMINAR s.m. (ár. *mānar*, faro, alminar, de *nār*, fuego). Torre de una mezquita, desde lo alto de la cual el almuecín anuncia las cinco llamadas a la oración cotidiana.

■ ALMINAR de la mezquita Ibn Tulun (El Cairo).

ALMIRANTA s.f. Mujer del almirante.

ALMIRANTAZGO s.m. Alto tribunal o consejo de la armada. **2.** Grado de almirante. **3.** Territorio bajo la autoridad militar de un almirante. **4.** DER. Derecho que para los gastos de la marina real pagaban las embarcaciones mercantes que entraban en los puertos de España.

ALMIRANTE s.m. Militar del cuerpo de generales de la Armada que tiene categoría inmediatamente superior a la de vicealmirante e inmediatamente inferior a la de capitán general. (En los ejércitos de Tierra y Aire, se corresponde con el de teniente general.)

ALMIREZ s.m. (ár. *mihrās*). Mortero de metal para machacar o moler.

ALMIZCLE s.m. (ár. *misk*). Sustancia grasa de un olor muy fuerte producida por ciertos mamíferos, en particular por el almizclero macho, que se utiliza en perfumería y cosmética. ◇ **Almizcle vegetal** Aceite que se extrae del abelmosco.

ALMIZCLEÑO, A adj. Que huele a almizcle.

ALMIZCLERO, A adj. Almizcleño. ◆ s.m. Rumiante pequeño sin cuernos, parecido al cabrito, que vive en África y Asia.

ALMOCADÉN s.m. (hispano-ár. *muqáddam*, jefe, capitán, p. de *qáddam*, nombrar jefe). En la milicia antigua, caudillo o capitán de tropa de a pie. **2.** En Marruecos, autoridad subalterna de funciones varias.

ALMOCAFRE s.m. Azada pequeña cuya parte metálica está constituida por dos dientes curvados.

ALMOCRÍ s.m. (ár. *múqri'*, el que enseña). Encargado de la lectura del Corán en las mezquitas.

ALMODÓVAR s.f. Plaza fortificada.

ALMOGÁVAR s.m. (ár. *mugāwir*, p. de *gāwar*, realizar una expedición). En la edad media, soldado de una tropa irregular de infantería, que hacía correrías en tierras enemigas. (Los almogávares actuaron sobre todo, durante la reconquista, al servicio de Jaime I, y, durante las guerras de expansión de Pedro el Grande, por el Mediterráneo.)

ALMOHADA s.f. (ár. *mujádda*, de *jadd*, mejilla). Saco estrecho y alargado, relleno de una materia blanda, que se usa para apoyar la cabeza en la cama. **2.** Funda en que se mete este saco. SIN.: *almohadón*. ◇ **Consultar con la almohada** Meditar con el tiempo necesario algún asunto.

ALMOHADE adj. y s.m. y f. (ár. *muwáḥḥid*, p. de *wáḥḥad*, unificar). Relativo a los Almohades, dinastía bereber y movimiento religioso del islam. (V. parte n. pr.)

ALMOHADILLA s.f. Cojín pequeño y plano que se coloca sobre superficies duras para estar cómodo al sentarse. **2.** Relleno de materia blanda que se pone en algunas prendas de vestir para levantar los hombros. **3.** Cojincillo para clavar agujas y alfileres. **4.** Tampón para humedecer los sellos. **5.** ARQ. Resalto de aristas, generalmente achaflanadas, labrado en un sillar.

ALMOHADILLADO, A adj. y s. Acolchado, relleno: *sillón almohadillado.* ◆ s.m. Capa de materiales diversos para amortiguar ruidos, golpes, etc. **2.** ARQ. **a.** Sillar cuya parte saliente se ha obtenido labrándolo con el martillo de aristas vivas. **b.** Paramento de piedra que forma un saliente con respecto a sus aristas o a sus juntas.

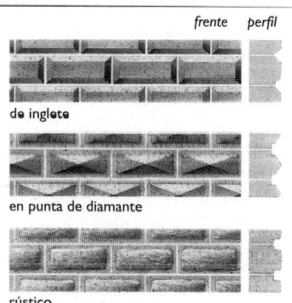

frente   perfil

de inglete

en punta de diamante

rústico

■ ALMOHADILLADOS

ALMOHADILLAR v.tr. Acolchar. **2.** ARQ. Labrar los sillares en forma de almohadilla.

ALMOHADILLAZO s.m. Golpe dado con una almohadilla.

ALMOHADILLERO, A s. Persona que tiene por oficio hacer o vender almohadillas. **2.** Persona que se dedica a alquilar almohadillas a los asistentes de ciertos espectáculos.

ALMOHADÓN s.m. Saco de tela, generalmente cuadrado, relleno de una materia blanda, que se usa para sentarse o apoyarse en él. SIN.: *cojín*.

ALMOHAZA s.f. (hispano-ár. *maḥássa*). Instrumento de hierro, formado por pequeñas láminas dentadas, para sacar la suciedad que se adhiere al pelo de los caballos.

ALMOHAZAR v.tr. [7]. Frotar con la almohaza.

ALMOJARIFAZGO s.m. Complejo de impuestos de origen árabe, incorporado posteriormente a la hacienda real de Castilla. **2.** Oficio y jurisdicción del almojarife.

ALMOJARIFE s.m. (hispano-ár. *mušrif*). En la España musulmana, funcionario encargado de la recaudación de impuestos.

ALMONEDA s.f. (ár. *munāda*). Subasta de bienes. **2.** Venta de géneros a bajo precio.

ALMONEDEAR v.tr. Vender en almoneda. SIN.: *almonedar*.

ALMORÁVID o **ALMORÁVIDE** adj. y s.m. y f. (ár. *murābiṭ*, ermitaño, devoto). Relativo a los Almorávides, dinastía bereber y movimiento religioso del islam. (V. parte n. pr.)

ALMORRANA s.f. (del gr. *hāima*, sangre, y *rhēuma*, flujo). Hemorroide.

ALMORTA s.f. Guija. **2.** Semilla de esta planta.

ALMORZAR v.intr. [13]. Tomar el almuerzo. ◆ v.tr. Comer un alimento en el almuerzo: *almorzar fruta*.

ALMOTACÉN s.m. (hispano-ár. *muḥtasáb*). En la España musulmana, funcionario encargado de contrastar las pesas y medidas.

ALMUD s.m. (ár. *mudd*). Antigua medida de capacidad para áridos empleada en España, Portugal y América del Sur, variable según las localidades.

ALMUECÍN s.m. Almuédano.

ALMUÉDANO s.m. Funcionario encargado de anunciar, desde lo alto del alminar, las cinco oraciones cotidianas del islam. SIN.: *almuecín, muecín*.

ALMUERZO s.m. (del lat. *admordere*, empezar a comer, morder ligeramente). Acción de almorzar. **2.** Alimento ligero que se toma a media mañana. SIN.: *desayuno*. **3.** Alimento del mediodía o primeras horas de la tarde, que puede ser el principal y más completo del día. SIN.: *comida*.

ALNADO, A s. (lat. *antenatum*, nacido antes). Hijastro.

¡ALÓ! interj. Amér. Se emplea para contestar por teléfono, y equivale a *¡diga!* o *¡dígame!*

ALOANTICUERPO s.m. Anticuerpo producido entre individuos no idénticos pertenecientes a una misma especie.

ALOANTÍGENO s.m. MED. Antígeno de las células o del suero que distingue a los individuos de una misma especie (por ejemplo, los antígenos de los grupos sanguíneos o de los grupos tisulares).

ALÓBROGES o **ALÓBROGOS**, pueblo de la Galia, que habitaba el Delfinado y la Saboya. En 121 fueron anexionados a Roma.

ALOCADO, A adj. Que es muy movido o precipitado: *un ritmo alocado*. ◆ adj. y s. Que es o parece irreflexivo, precipitado o poco sensato: *comportamiento alocado; es un joven alocado*.

ALÓCTONO, A adj. y s. Se dice de la persona originaria de otro país. ◆ adj. GEOL. Se dice de la formación que no se encuentra en su yacimiento primitivo, sino que ha sido desplazada horizontalmente por algún agente geológico.

ALOCUCIÓN s.f. Discurso breve que pronuncia una autoridad o que dirige un superior a sus subordinados.

ALODIAL adj. Se dice de la heredad o posesión libre de toda carga y derecho señorial.

ALODIO s.m. (bajo lat. *alodium*). Tierra libre de toda carga y derecho señorial.

ÁLOE s.m. (lat. *aloe*). Planta originaria de África, cultivada también en Asia y América,
de hojas carnosas que proporcionan un jugo resinoso utilizado como purgante y colorante. (Familia liliáceas.) **2.** Jugo de esta planta.

ALOESTESIA s.f. NEUROL. Perturbación de la sensibilidad caracterizada por una localización anormal de la sensación con respecto a la aplicación del estímulo, siendo percibida la sensación, sea cual sea el lugar excitado, en un punto simétrico del cuerpo.

ALOFANA s.f. Grupo de silicatos de aluminio hidratados, productos típicos de la meteorización de todas las rocas silicatadas.

ALOFÁNICO, A adj. QUÍM. Se dice del ácido inestable, de fórmula NH_2—CO—NH CO_2H, del que se conocen sales, ésteres y amida.

ALÓFONO s.m. FONÉT. Realización de un fonema, que puede variar en función del contexto. (En español, el fonema /g/ tiene un alófono aproximante [ɣ] en posición intervocálica: *paga*; y un alófono oclusivo [g] en inicial absoluta o tras nasal: *gato, manga*.)

ALÓGENO, A adj. Que es extranjero o de distinta raza que los autóctonos.

ALOINMUNIZACIÓN s.f. MED. Consecuencia de la introducción en un organismo de un aloantígeno celular o plasmático del que carece.

ALOJA s.f. Argent., Bol. y Chile. Bebida refrescante hecha generalmente con semillas de algarroba blanca, machacadas y fermentadas.

ALOJADO, A s. Chile y Ecuad. Huésped.

ALOJAMIENTO s.m. Acción de alojar o alojarse. **2.** Lugar en que se aloja temporalmente una persona. **3.** Lugar o cavidad donde se sitúa una pieza móvil de un mecanismo.

ALOJAR v.tr. y prnl. (cat. *allotjar*). Servir un lugar como residencia temporal a alguien: *el hotel aloja a todos los turistas de la comarca*. **2.** Instalar una persona en su casa a alguien para residir temporalmente: *la abuela alojará al resto de invitados*. **3.** Estar una cosa metida o incluida dentro de otra, generalmente de forma provisional: *un antiguo caserón alojará el nuevo museo; la bala se alojó en el brazo*.

ALOMORFO adj. QUÍM. Se dice de la sustancia que tiene la misma composición química que otra pero distinta estructura cristalina. ◆ adj. y s.m. LING. Variante de un morfema en función del contexto en que aparece. (En español, /i-/ en *iba*, /v-/ en *va* y /fu-/ en *fui* son alomorfos del morfema /ir/.) SIN.: *alomorfema*.

ALÓN s.m. Ala sin plumas de cualquier ave.

ALONDRA s.f. (lat. *alauda*). Ave paseriforme cantora, de entre 17,5 y 19,5 cm de long., de plumaje pardo rojizo, grandes alas y cola ahorquillada, que anida en los campos de cereales. (Familia aláudidos.)

■ ALONDRA

ALÓPATA s.m. y f. y adj. Médico especialista en alopatía.

ALOPATÍA s.f. Método terapéutico basado en el empleo de medicamentos que ocasionan en la persona sana la aparición de síntomas contrarios a los de la enfermedad que se quiere curar. (*Alopatía* es el nombre que dan los médicos homeópatas a la medicina tradicional moderna [por oposición a *homeopatía*].)

ALOPÁTICO, A adj. Relativo a la alopatía o a los alópatas.

ALOPÁTRICO, A adj. BIOL. Se dice de dos o más grupos taxonómicos, por lo general subespecies o razas pertenecientes a una misma especie, que viven en territorios distintos pero a menudo contiguos, y que no tienen contacto alguno entre sí.

ALOPECIA s.f. (lat. *alopecia*, del gr. *alopekía*). Caída o ausencia, parcial o general, del cabello o del pelo.

ALOQUE adj. y s.m. (hispano-ár. *jalúqi*, rojo claro). Se dice del vino tinto claro.

ALOSA s.f. (lat. *alausa*). Pez teleósteo parecido al arenque, de 25 a 50 cm de long., cuerpo comprimido por los lados, escamas grandes y cabeza maciza y fuerte, propio del Mediterráneo y costas atlánticas del norte de Europa. (Vive en el mar y en primavera remonta los cursos de agua dulce para el desove; familia clupeidos.)

ALOSTERIA s.f. Inhibición de una enzima proteica por una molécula mucho más pequeña que se fija sobre ella y modifica su forma.

ALOSTÉRICO, A adj. Relativo a la alosteria.

ALOTIPIA s.f. MED. Existencia de estructuras antigénicas diferentes entre individuos de una misma especie.

ALOTRIOFAGIA s.f. PSIQUIATR. Trastorno del comportamiento alimentario consistente en la ingestión de sustancias no comestibles.

ALOTROPÍA s.f. QUÍM. Propiedad que poseen ciertos cuerpos, como el carbono y el fósforo, de presentarse en diversos estados con propiedades físicas diferentes. (Los fulerenos son variedades alotrópicas del carbono.)

ALOTRÓPICO, A adj. Relativo a la alotropía.

ALÓTROPO s.m. LING. Cada una de las formas divergentes que proceden de un mismo étimo. SIN.: *doblete*.

1. ALPACA s.f. (aimara *all-paka*). Mamífero rumiante parecido a la llama, de pelo rizado muy largo y fino, generalmente blanco o gris; se domestica en América del Sur para aprovechar su lana y su carne. **2.** Fibra textil, larga y sedosa, obtenida de este animal. **3.** Paño que se fabrica con esta fibra. **4.** Tejido de algodón abrillantado.

■ ALPACA

2. ALPACA s.f. Metal blanco que se obtiene de la aleación de cobre, zinc y níquel, y que se utiliza para fabricar cuberterías, vajillas y otros objetos.

ALPARGATA s.f. Calzado de tela, con la suela de esparto trenzado.

ALPARGATERÍA s.f. Establecimiento donde se fabrican o se venden alpargatas.

ALPARGATERO, A s. Persona que tiene por oficio fabricar o vender alpargatas.

ALPAX s.m. (marca registrada). Aleación maleable de aluminio y silicio.

ALPECHÍN s.m. Líquido fétido que sale de las aceitunas apiladas antes de la molienda y cuando se las exprime con la ayuda de agua hirviendo.

ALPENDE s.m. Cubierta que sobresale en un edificio, especialmente la sostenida por columnas o pilares a modo de pórtico.

ALPESTRE adj. Alpino. **2.** Se dice de las plantas que viven a grandes altitudes: *flora alpestre*.

ALPINISMO s.m. Deporte que consiste en ascender o escalar montañas con la ayuda de cuerdas, mosquetones, clavijas, etc.

ALPINISTA s.m. y f. Persona que practica el alpinismo.

ALPINO, A adj. (lat. *alpinus*). Relativo a los Alpes o a las regiones de alta montaña. **2.** Se dice de los soldados de infantería o de las unidades especializados en el combate en la

flor

detalle del escapo floral

■ ÁLOE

montaña: *cazador alpino; tropas alpinas.* **3.** Relativo al alpinismo. **4.** Se dice de los movimientos orogénicos del terciario y de las formas características de su relieve: *plegamiento alpino; cordillera alpina.* ◇ **Cabra alpina** Raza de cabra de pelo ralo, cabeza triangular y orejas enhiestas en forma de cucurucho.

ALPISTE s.m. (voz mozárabe, del hispanolat. *pistum*, desmenuzado). Planta gramínea forrajera cultivada por sus semillas, que sirven de alimento a los pájaros en cautividad. **2.** Semilla de esta planta. **3.** *Fig.* y *fam.* Cualquier bebida alcohólica: *dicen que le gusta el alpiste.*

ALPUJARREÑO, A adj. y s. De La Alpujarra, comarca de España.

ALQUENO s.m. Hidrocarburo etilénico.

ALQUEQUENJE s.m. (ár. *kakánŷ*). Planta herbácea de unos 50 cm de alt., de flores blancas, cuyo cáliz anaranjado, después de la floración, se hincha en forma de vejiga y encierra una baya. (Familia solanáceas.) **2.** Fruto comestible de esta planta.

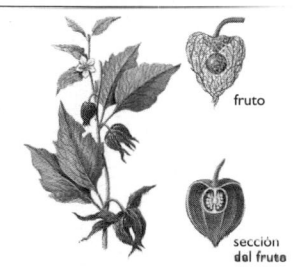

fruto

sección
del fruto

■ **ALQUEQUENJE**

ALQUERÍA s.f. (hispano-ár. *qurîya*, aldea). Casa o conjunto de casas de labor.

ALQUIBLA s.f. (ár. *qibla*, el Sur). Muro de la mezquita o punto del horizonte orientado a La Meca hacia el cual los musulmanes dirigen sus oraciones rituales.

ALQUILACIÓN s.f. QUÍM. Sustitución de un átomo de hidrógeno por un radical alquilo en una molécula.

ALQUILANTE s.m. Sustancia química de síntesis, utilizada en la quimioterapia del cáncer, que desnaturaliza las nucleoproteínas por combinación y provoca una alteración del núcleo celular y de los cromosomas.

ALQUILAR v.tr. Dar o tomar una cosa para su uso temporal, con ciertas condiciones y por un precio convenido: *alquilar una vivienda, un automóvil.* GEOSIN.: Amér. Central, Antillas y Méx. *rentar.* **2.** Contratar los servicios de alguien para algún trabajo. ◆ **alquilarse** v.prnl. Ponerse al servicio de alguien a cambio de una remuneración: *alquilarse como guía.*

ALQUILER s.m. (ár. *kirâ*). Acción de alquilar. **2.** Precio por el que se alquila alguna cosa, renta. ◇ **De alquiler** Lo que está destinado a ser alquilado o lo que se está alquilando.

ALQUILO s.m. Radical monovalente derivado de un hidrocarburo.

GRANDES FECHAS DEL ALPINISMO		
cumbre	situación	primera ascensión
Mont Blanc	Alpes	1786
Monte Rosa (punta Dufour)	Alpes	1855
Eiger	Alpes	1858
Cervino	Alpes	1865
Kilimanjaro	África	1889
Aconcagua	Andes	1897
Monte McKinley	Alaska	1913
Monte Logan (hoy Monte Trudeau)	Canadá	1925
Annapūrnā	Himalaya	1950
Fitz Roy	Andes	1952
Everest	Himalaya	1953
K2	Himalay	1954
Kangchenjunga	Himalaya	1955

ALQUIMIA s.f. (ár. *kímiyã*, piedra filosofal). Ciencia empírica que buscaba la panacea universal e intentaba la transmutación de los metales. (Se originó en Alejandría y fue transmitida a Europa por los árabes, donde prosperó en los ss. XII a XVII con Alberto Magno, Roger Bacon, Nicolás Flamel, etc.)

ALQUÍMICO, A adj. Relativo a la alquimia.

ALQUIMILA s.f. Planta herbácea anual de tallos erguidos y ramosos que se emplea como tónico y astringente. (Familia rosáceas.)

ALQUIMISTA s.m. y f. y adj. Persona que se dedicaba a la alquimia.

ALQUINO s.m. Nombre genérico de los hidrocarburos acíclicos de triple enlace.

ALQUITARA s.f. (ár. *qaṭṭāra*). Alambique.

ALQUITARAR v.tr. Destilar en alambiques.

ALQUITRÁN s.m. (ár. *qiṭrān*). Sustancia oscura y viscosa que se obtiene por destilación de la hulla, madera, petróleo, etc.

ALQUITRANADO, A adj. Que está hecho de alquitrán o lo contiene. ◆ s.m. Acción de alquitranar.

ALQUITRANADOR, RA adj. Que alquitrana. ◆ s.m. Obrero que prepara o emplea el alquitrán.

ALQUITRANADORA s.f. Máquina de alquitranar.

ALQUITRANAR v.tr. Recubrir con alquitrán.

ALREDEDOR adv.l. (ant. *alderredor*, de *al* y *derredor*, detrás, cerca). Indica el espacio que rodea a algo o a alguien: *alrededor de una mesa.* (También *alrededor* o *en rededor.*) ◆ adv.c. En una cantidad aproximada, poco más o menos: *alrededor de un kilómetro; vale alrededor de 50 euros.* ◆ **alrededores** s.m.pl. Contornos de un lugar: *los alrededores de la ciudad.*

ALSACIANO, A adj. y s. De Alsacia. ◆ s.m. Conjunto de hablas germánicas de Alsacia.

ALTA s.f. Ingreso de una persona en un cuerpo, profesión, carrera, etc. **2.** Comunicación a Hacienda del inicio de una actividad profesional sujeta a impuesto. **3.** Reanudación de una actividad, trabajo, etc. **4.** Declaración médica que indica el restablecimiento de una persona enferma. ◇ **Dar de,** o **el, alta** Esp. y Méx. Declarar que un enfermo está curado y puede trabajar. **Darse de alta** Ingresar en el número de los que ejercen una profesión u oficio reglamentado.

ALTAICO, A adj. De los montes Altai, región montañosa del sudoeste de Siberia. ◆ adj. y s.m. Se dice del conjunto de lenguas turcas y mongoles que presentan concomitancias.

ALTAMENTE adv.m. En extremo, en gran manera: *altamente perjudicial.*

ALTANERÍA s.f. *Fig.* Altivez: *su altanería la hace insoportable.* **2.** Vuelo alto de las aves de rapiña. **3.** Cetrería.

ALTANERO, A adj. *Fig.* Altivo. **2.** Se dice del ave rapaz que vuela alto.

ALTAR s.m. (lat. *altar*, ara de sacrificios). Mesa donde se celebra la misa. **2.** Antiguamente, mesa destinada a los sacrificios. ◇ **Altar mayor** Altar principal de un templo. **Llevar,** o **conducir, al altar** *fam.* Casarse con alguien.

ALTARICÓN, NA adj. Se dice de la persona de gran estatura y corpulencia.

ALTAVOZ s.m. Aparato que convierte en ondas eléctricas las corrientes eléctricas correspondientes a los sonidos musicales o vocales.

ALTEA s.f. (lat. *althaea*, del gr. *altheía*). Planta herbácea de hojas alternas y flores solitarias o en racimos, que crece en terrenos salinos y praderas húmedas. (Familia malváceas.)

ALTERABLE adj. Que puede alterarse: *metales alterables.*

ALTERACIÓN s.f. Acción y efecto de alterar: *alteración de letras en un escrito.* **2.** Cambio de la naturaleza, forma u orden de algo. **3.** Trastorno o perturbación del estado normal de algo o de alguien. **4.** Enojo o pérdida de la calma. **5.** Perturbación del orden público. **6.** GEOMORFOL. Modificación superficial de una roca, en particular de naturaleza química, debido a agentes atmosféricos. **7.** MÚS. Signo colocado a la izquierda de una nota para modificar la octava un cambiarle el nombre (bemol, sostenido y becuadro).

ALTERAR v.tr. y prnl. (lat. *alterare*). Cambiar la naturaleza, forma u orden de algo: *alterar las costumbres.* **2.** Trastornar, perturbar o deteriorar el estado normal de algo: *alterar la calma; los alimentos se alteran con el calor.* **3.** Hacer enojar o perder la calma a alguien: *no lo altera res, que se pone muy nervioso; se altera con cualquier contratiempo.*

ALTERCADO s.m. Disputa violenta.

ALTERCAR v.intr. (lat. *altercari*) [1]. Tener un altercado con alguien. **2.** Discutir o disputar sobre algo.

ÁLTER EGO s.m. (lat. *alter ego*). Persona muy identificada con las opiniones o empresas de otra, que goza de toda su confianza o que se le parece mucho: *es su alter ego.* **2.** Segunda identidad, real o ficticia, que adopta alguien.

ALTERIDAD s.f. FILOS. Estado, cualidad de lo que es otro o distinto.

ALTERNACIÓN s.f. Alternancia.

ALTERNADO, A adj. MAT. Se dice de la función que, cuando se permutan dos variables, cambia de signo sin variar los valores absolutos. **2.** MAT. Se dice de la serie numérica cuyos términos, a partir de uno determinado, son alternativamente positivos y negativos.

ALTERNADOR s.m. Generador de corriente eléctrica alterna. (Se llaman *monofásicos, bifásicos* o *trifásicos*, según el número de fases de la corriente que proporcionan.)

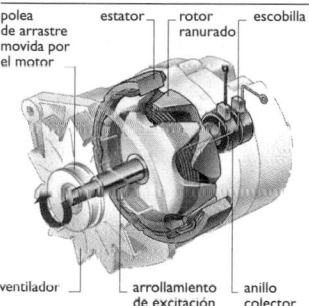

polea de arrastre movida por el motor — estator — rotor ranurado — escobilla

ventilador — arrollamiento de excitación — anillo colector

■ **ALTERNADOR.** Estructura de un alternador de automóvil.

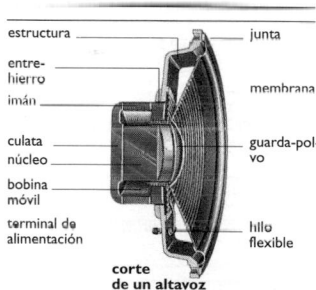

estructura — junta

entrehierro

imán — membrana

culata

núcleo — guarda-polvo

bobina móvil

terminal de alimentación — hilo flexible

corte de un altavoz

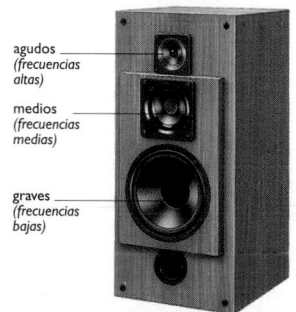

agudos (frecuencias altas)

medios (frecuencias medias)

graves (frecuencias bajas)

disposición de los altavoces en una caja acústica

■ **ALTAVOZ**

ALTERNANCIA s.f. Hecho de alternar o alternarse varias cosas o personas. **2.** Característica de un sistema político en el que se incluyen dos o más partidos que pueden sucederse en el poder dentro del marco de las instituciones existentes. **3.** Semiperíodo de una corriente alterna.

ALTERNANTE adj. Que alterna.

ALTERNAR v.tr. (lat. *alternare*).Variar las acciones haciendo o diciendo cosas diversas por turnos y sucesivamente: *alternar la lectura con la escritura*. **2.** Distribuir alguna cosa entre personas o cosas que se turnan. ◆ v.intr. Tener trato las personas entre sí, relacionarse. **2.** En ciertos bares o salas, tratar mujeres contratadas para ello con los clientes, para que estos consuman. **3.** Entrar a competir con alguien. **4.** Hacer o decir una persona varias cosas, por turno. **5.** Sucederse unas cosas a otras repetidamente. ◆ v.intr. y prnl. Sucederse varias personas, partidos políticos, etc., por turno en un cargo, oficio, gobierno o acción.

ALTERNATIVA s.f. Posibilidad de elegir entre dos o más opciones diferentes: *ante la alternativa eligió*. **2.** Opción que es posible elegir entre varias. **3.** Acción o derecho para ejecutar alguna cosa o gozar de ella alternando con otra. **4.** Efecto de alternar, hacer o decir una cosa, desempeñar un cargo varias personas por turno. **5.** Sucesión o repetición por turno de dos o más cosas; sucesión de hechos o estados prósperos y adversos. **6.** TAUROM. Acto por el cual un matador de toros eleva a su misma categoría a un matador de novillos: *tomar la alternativa*.

ALTERNATIVO, A adj. Que se dice, hace u ocurre alternándose sucesivamente. **2.** Que cambia de sentido periódicamente. **3.** Que ofrece una opción distinta a lo habitual u ordinario: *música alternativa*. ◇ **Obligación alternativa** DER. Obligación que tiene por objeto dos o más prestaciones de las que queda constreñido el deudor a una sola.

ALTERNE s.m. Acción de alternar en bares o salas de fiesta. ◇ **De alterne** Se dice de los locales donde se practica el alterne.

ALTERNO, A adj. (lat. *alternus*). Alternativo. **2.** Se dice de las hojas o flores dispuestas a lo largo del tallo, una a una, en espiral. **3.** MAT. Se dice de los ángulos situados a distinto lado de una recta (secante) que corta a otras dos. ◇ **Ángulos alternos externos** Ángulos situados exteriormente a las dos rectas y a diferentes lados de la secante. **Ángulos alternos internos** Ángulos situados interiormente a las dos rectas y a diferentes lados de la secante.

ALTEZA s.f. Cualidad de alto, elevado o excelente: *alteza de miras*. **2.** Tratamiento dado a los hijos de los reyes, a los infantes de España y a algunos príncipes a quienes lo concedía el monarca.

ALTIBAJO s.m. ESGR. Golpe dado con la espada de arriba abajo. ◆ **altibajos** s.m.pl. *Fam.* Desigualdades de un terreno. **2.** *Fig.* y *fam.* Situaciones o sucesos prósperos y adversos que se alternan entre sí.

ALTILLANO s.m. Altiplanicie.

ALTILLO s.m. Armario pequeño que se hace rebajando el techo o encima de otro armario. **2.** División horizontal elevada en el interior de una tienda, taller o almacén, a fin de aprovechar todo el espacio de la planta baja. **3.** Habitación situada en la parte más alta de la casa. **4.** Cerro pequeño o lugar elevado.

ALTILOCUENCIA s.f. Grandilocuencia.

ALTIMETRÍA s.f. Medida de la altura de diferentes puntos de la superficie terrestre.

ALTÍMETRO s.m. Aparato que sirve para medir la altura de diferentes puntos de la superficie terrestre.

ALTIPAMPA s.f. Argent y Bol. Altiplanicie.

ALTIPLANICIE s.f. Meseta de mucha extensión y a gran altitud.

ALTIPLANO s.m. Extensión de escaso relieve y elevada altitud.

ALTIPUERTO s.m. Terreno de aterrizaje en alta montaña especialmente equipado para el servicio de estaciones de deportes de invierno.

ALTÍSIMO s.m. **El Altísimo** REL. Dios considerado como señor y creador soberano.

ALTISONANCIA s.f. Cualidad de altisonante.

ALTISONANTE adj. Muy sonoro, enfático: *lenguaje altisonante*. SIN.: *altísono*.

ALTÍSONO, A adj. Altisonante.

ALTITUD s.f. (lat. *altitudo*). Distancia vertical entre un punto determinado y el nivel medio del mar.

ALTIVEZ s.f. Soberbia, sentimiento de superioridad. SIN.: *altanería*.

ALTIVO, A adj. Soberbio, que se cree superior a los demás. SIN.: *altanero*. **2.** Elevado y firme: *muralla altiva*.

1. ALTO s.m. (alem. *halt*). Interrupción de una acción o un movimiento con la intención de reanudarlos a continuación: *los obreros hicieron un alto para protestar por la precariedad laboral en que trabajaban*. ◆ interj. Se usa para ordenar a alguien la interrupción de una acción o un movimiento: *¡alto el fuego!* ◇ **Alto el fuego** Cese momentáneo de las acciones bélicas entre dos ejércitos o grupos armados. **Dar el alto** Ordenar a alguien que está en movimiento que se detenga. **Hacer un alto** Interrumpir la marcha, viaje, etc.; replantearse un tema.

2. ALTO adv.l. Con altura respecto de la superficie: *volar alto*. ◆ adv.m. Con un sonido o voz fuerte e intenso: *hablar alto*.

3. ALTO, A adj. (lat. *altus*). Que está elevado sobre un punto tomado como referencia: *montaña alta*. **2.** Que tiene una estatura superior a lo que se considera normal: *joven alto*. **3.** Se dice de la calle, pueblo o territorio que está más elevado con respecto a otro: *el barrio alto*. **4.** *Fig.* Noble, santo, excelente: *tener altas aspiraciones*. **5.** De superior categoría o condición: *alto clero*. **6.** *Fig.* Caro, subido: *pagar un precio alto*. **7.** *Fig.* Fuerte, agudo: *voz alta*. **8.** *Fig.* Avanzado: *altas horas de la noche*. **9.** Se dice de las hembras de ciertos animales cuando están en celo. ◆ s.m. Altura, dimensión de los cuerpos perpendicular a su base. **2.** Elevación del terreno: *divisar desde un alto*. **3.** Planta de una casa que está por encima del bajo y del entresuelo. (Suele usarse en plural.) **4.** Amér. Conjunto desordenado de cosas. **5.** MÚS. **a.** En las voces femeninas, tesitura de contralto y en las masculinas, las más agudas. **b.** Instrumento cuyo registro responde a estas voces. ◆ **altos** s.m.pl. Argent., Chile y Perú. Piso o pisos altos de una casa. ◇ **Carta alta** Carta de más valor para jugar en un palo. **Ir alto** Bajar un río más crecido de lo que es habitual. **Pasar** algo **por alto** No darse cuenta de ello o no percibir su importancia. **Pase alto**, o **por alto** TAUROM. Pase en el que, al realizarlo, la muleta pasa por encima de los cuernos del toro. **Por todo lo alto** Con todo lujo.

ALTOCÚMULO o **ALTOCÚMULUS** s.m. Conjunto de nubes medias cuya altura no sobrepasa los 4 000 m, dispuestas en forma de mechones de perfiles limpios, en grupo o formando filas.

■ ALTOCÚMULOS

ALTOESTRATO o **ALTOSTRATUS** s.m. Conjunto de nubes de altitud media (entre 2 000 y 6 000 m) dispuestas en forma de velo filamentoso y de color gris.

■ ALTOESTRATOS

ALTOPARLANTE s.m. Amér. Altavoz.

ALTORRELIEVE s.m. ESCULT. Relieve cuyas figuras son muy abultadas, casi independientes del fondo.

ALTOSTRATUS s.m. → ALTOESTRATO.

ALTOZANO s.m. (del ant. *anteuzano*, de *ante* y *uzo*, puerta). Elevación del terreno de poca altura en un terreno llano. **2.** Lugar más alto de ciertas poblaciones. **3.** Amér. Atrio de una iglesia.

ALTRAMUZ s.m. (hispano-ár. *turmūs*). Planta de hojas palmeadas y fruto en legumbre. **2.** Fibra de esta planta, que puede usarse como textil.

ALTRUISMO s.m. (fr. *altruisme*, del lat. *alter*, otro). Cuidado desinteresado del bien ajeno, aun a costa del propio y fundado en una moral puramente natural. SIN.: *filantropía*.

ALTRUISTA adj. Que se hace con altruismo. ◆ adj. y s.m. y f. Que practica el altruismo.

ALTURA s.f. Distancia vertical entre un objeto o punto determinado del espacio y la superficie terrestre, el nivel medio del mar u otro punto que se tome como referencia. **2.** Dimensión de los cuerpos perpendicular sobre su base y considerada por encima de esta. **3.** *Fig.* Alteza, sublimidad, excelencia. **4.** *Fig.* Mérito, valor. **5.** COREOGR. Posición de danza en que la pierna se levanta hasta la altura de la cadera. **6.** MAR. Situación relativa de un punto con otro. **7.** MAT. **a.** Longitud de la perpendicular bajada desde el vértice de una figura geométrica a la base: *altura de un triángulo*. **b.** Nombre dado a la propia recta perpendicular. ◆ **alturas** s.f.pl. Cielo, mansión de los bienaventurados: *ascendió a las alturas*. ◇ **A estas alturas** En un momento avanzado de un proceso. **A la altura de** Con los verbos *estar, po-*

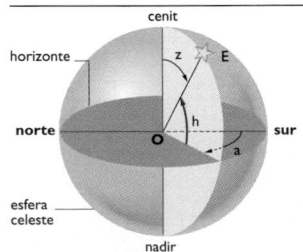

z = distancia cenital de la estrella E

h = altura

a = acimut de la estrella E

O = observador

■ **ALTURA** de un cuerpo en astronomía.

nerse, vivir, y otros semejantes, alcanzar una persona o cosa el grado de perfección correspondiente al término que sirve de comparación. **Altura de una montaña** Su altitud por encima del nivel medio del mar. **Altura de un astro** Ángulo formado por la visual al astro y el plano horizontal del lugar de observación. **Altura de un sonido** Característica ligada a la frecuencia de vibraciones de un sonido audible.

ALUBIA s.f. (hispano-ár. *lúbya*). Esp. Judía, planta, fruto y semilla.

ALUCINACIÓN s.f. PSIQUIATR. Percepción de un objeto, imagen o estímulo externo inexistentes que el sujeto concibe como real.

ALUCINAR v.tr. y prnl. (lat. *alucinari*). Producir alucinación. **2.** Cautivar, fascinar; impresionar vivamente. ➤ v.intr. Estar muy confundido u ofuscado: *si piensas eso, tú alucinas.*

ALUCINATORIO, A adj. PSIQUIATR. Perteneciente o relativo a la alucinación: *psicosis alucinatoria crónica.*

ALUCINE s.m. *Fam.* Alucinación, asombro.

ALUCINÓGENO, A adj. y s.m. Se dice de las sustancias icodislépticas que crean artificialmente alucinaciones.

ALUCINOSIS s.f. PSIQUIATR. Alucinación cuyo carácter anormal es reconocido por el enfermo.

ALUCITA s.f. Mariposa de 1 cm de envergadura y alas grises y amarillas, similar a las polillas, cuya larva daña los cereales.

ALUD s.m. Deslizamiento repentino de una masa de nieve, hielo o rocas por la ladera de una montaña. SIN.: *avalancha.* **2.** *Fig.* Gran cantidad de personas o cosas que se desborda y precipita impetuosamente: *un alud de cartas, de gente.* SIN.: *avalancha.*

ALUDIDO, A adj. Nombrado, mencionado. ◇ **Darse por aludido** *Fam.* Sentirse alguien personalmente afectado por una conversación o discurso pese a no ser mencionado expresamente.

ALUDIR v.tr. (lat. *alludere,* bromear). Referirse a una persona o cosa sin nombrarla, mencionarla. **2.** Nombrar incidentalmente a alguien o algo en una conversación o discurso.

1. ALUMBRADO, A s.m. (de *alumbrar*). Acción de alumbrar. **2.** Conjunto de luces eléctricas que ilumina un lugar, especialmente un espacio público o ➤ s. Miembro de doctrinas que unas corrientes de espiritualidad y renovación religiosa que se produjeron en España a lo largo de los ss. XVI y XVII. (En el s. XVIII tomaron un cariz claramente herético.)

2. ALUMBRADO, A adj. Que tiene mezcla de alumbre o participa de su naturaleza; que ha sido tratado con alumbre.

ALUMBRAMIENTO s.m. Acción de alumbrar o alumbrarse. **2.** Última fase del parto. **3.** *Fig.* Parto.

1. ALUMBRAR v.tr. e intr. Proyectar luz sobre algo o alguien: *el sol alumbra toda la llanura; los faros alumbran demasiado.* **2.** Parir la mujer: *alumbró a todos sus hijos en la misma clínica.* ➤ v.tr. Iluminar con luz eléctrica o poner luz eléctrica en un edificio, una calle, etc. **2.** Ayudar a alguien iluminando el lugar donde está o por donde ha de pasar. **3.** Descubrir algo subterráneo y sacarlo a la superficie. ➤ **alumbrarse** v.prnl. *Fam.* Embriagarse.

2. ALUMBRAR v.tr. Meter un tejido en una disolución de alumbre y agua para que reciba mejor el tinte.

ALUMBRE s.m. (lat. *alumem*). Sulfato doble de aluminio y potasio, o compuesto análogo que tiene propiedades astringentes y sirve para fijar los tintes y aclarar el agua.

ALÚMINA s.f. QUÍM. Óxido de aluminio (Al_2O_3), que se halla en la naturaleza puro y cristalizado o formando con otros cuerpos feldespatos y arcillas.

ALUMINADO s.m. Proceso de recubrimiento protector por medio de una capa de aluminio.

ALUMINATO s.m. Sal en la cual la alúmina actúa con carácter ácido: *aluminato de potasio.*

ALUMÍNICO, A adj. Que contiene aluminio.

ALUMINIO s.m. (lat. moderno *aluminium,* del lat. *alumen,* alumbre). Metal de color blanco brillante, ligero, de densidad 2,7, cuyo pun-

to de fusión es de 660 ºC. **2.** Elemento químico (Al), de número atómico 13 y masa atómica 26,981.

ENCICL. Su compuesto más importante es su óxido (alúmina), obtenido a partir de la bauxita, cuya reducción electrolítica es la base de la metalurgia del aluminio. Por su ligereza, el aluminio se utiliza, puro o en aleación (Duraluminio, Alpax, etc.), en el sector del automóvil y de la aeronáutica, así como en la industria eléctrica, construcción, decoración, embalaje, etc. Los principales países productores son EUA, Rusia, Japón, Canadá, Alemania y Australia.

ALUMINOSILICATO s.m. Sal derivada del silicio y del aluminio, combinados con un óxido metálico.

ALUMINOSIS s.f. Alteración que experimentan los elementos estructurales de un edificio construido con cemento aluminoso por acción del calor y la humedad, consistente en una pérdida de estabilidad del cemento que puede acarrear la destrucción del elemento.

ALUMINOSO, A adj. Que contiene alúmina: *agua aluminosa.*

ALUMINOTERMIA s.f. Reacción del aluminio en polvo con diversos óxidos metálicos que produce altas temperaturas y que se usa para aislar algunos metales, en la soldadura del acero y en las bombas incendiarias.

ALUMNADO s.m. Conjunto de alumnos que reciben su instrucción en determinado centro de enseñanza.

ALUMNO, A s. (lat. *alumnus*). Discípulo respecto de su maestro, de la materia que aprende, de la escuela donde estudia, etc. **2.** Estudiante.

ALUNADO, A adj. Lunático, de estado de ánimo muy variable. **2.** Argent. y Urug. Malhumorado.

ALUNITA s.f. Sulfato básico natural de aluminio y potasio.

ALUNIZAJE s.m. Acción de alunizar.

ALUNIZAR v.intr. [7]. Descender y posarse en la superficie lunar una aeronave.

ALUSIÓN s.f. Referencia o mención que se hace de una persona o cosa sin nombrarlos de forma expresa.

ALUSIVO, A adj. Que alude o implica alusión.

ALUTACIÓN s.f. Pepita de oro, polvo de este metal, o aluvión aurífero que se encuentran a flor de tierra.

ALUVIAL adj. Producido por aluviones: *llanura aluvial.*

ALUVIÓN s.m. (lat. *alluvio, -onis*). Avenida impetuosa de una corriente de agua. **2.** *Fig.* Gran cantidad de personas o cosas agolpadas. ➤ **aluviones** s.m.pl. Conjunto de sedimentos depositados en un terreno por la acción de una corriente de agua cuando el caudal o la pendiente son insuficientes. ◇ **De aluvión** Se dice de los terrenos o depósitos de sedimentos acumulados por la acción mecánica de las corrientes de agua.

ALUZAR v.tr. e intr. [7]. Amér. Central, Colomb. y Méx. Llenar de luz y claridad. ➤ v.tr. Dom. y P. Rico. Mirar al trasluz.

ALVEARIO s.m. Conducto auditivo externo.

ÁLVEO s.m. (lat. *alveus,* cavidad, cauce). Madre o lecho de un río. **2.** Fondo de un lago o laguna.

ALVEÓGRAFO s.m. Aparato utilizado para determinar el comportamiento mecánico de las pastas de harinas.

ALVEOLAR adj. Relativo o semejante a los alvéolos. ➤ adj. y s.f. Se dice del fonema articulado a la altura de los alvéolos, y de la letra que lo representa.

ALVEOLITIS s.f. Inflamación de los alvéolos pulmonares.

ALVÉOLO o **ALVEOLO** s.m. Cada una de las celdillas que forman los panales. **2.** Cavidad de los maxilares en la que se encaja un diente. **3.** Cavidad abierta en el tejido del lóbulo pulmonar. **4.** Hueco habilitado en un embalaje para colocar en él el artículo que se quiere presentar. **5.** GEOMORFOL. Pequeña depresión en una roca homogénea debida a erosión química o mecánica.

ALVERJADO s.m. Chile. Guiso de arvejas.

ALVINO, A adj. VET. Relativo al bajo vientre.

ALZA s.f. Elevación, subida, aumento: *el alza de los precios.* **2.** Trozo de vaqueta que se coloca en la horma del zapato para aumentar su anchura o altura. **3.** Cada una de las piezas de madera que, a modo de ballestas, se colocan sobre los ejes de las ruedas de un carromato, y donde se apoya la caja del vehículo. **4.** Papel que se pega sobre el tímpano de las prensas manuales, sobre el cilindro de las mecánicas

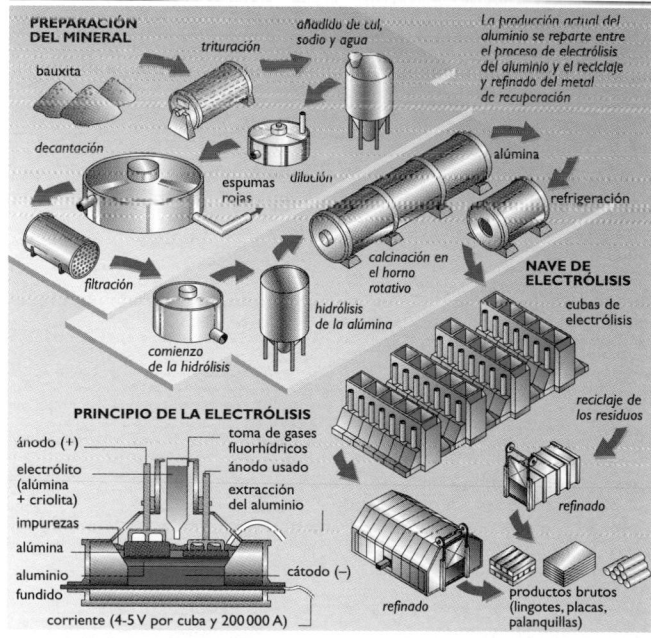

PREPARACIÓN DEL MINERAL

bauxita
trituración
añadido de cal, sodio y agua

La producción actual del aluminio se reparte entre el proceso de electrólisis del aluminio y el reciclaje y refinado del metal de recuperación

decantación
espumas rojas
dilución
alúmina

filtración
calcinación en el horno rotativo
refrigeración

comienzo de la hidrólisis
hidrólisis de la alúmina

NAVE DE ELECTRÓLISIS
cubas de electrólisis

reciclaje de los residuos

PRINCIPIO DE LA ELECTRÓLISIS

ánodo (+)
electrólito (alúmina + criolita)
impurezas
alúmina
aluminio fundido

toma de gases fluorhídricos
ánodo usado
extracción del aluminio
cátodo (–)

refinado

refinado

productos brutos (lingotes, placas, palanquillas)

corriente (4-5 V por cuba y 200 000 A)

■ **ALUMINIO.** Elaboración del aluminio.

o debajo de ciertas partes de la forma, para realzar o igualar la impresión. **5.** Cada uno de los maderos con que se cierra el portillo de un embalse, dique, etc., por la parte de aguas arriba. **6.** ARM. Aparato colocado sobre el cañón de un arma de fuego, que sirve para apuntar. <> **En alza** Se dice de las cosas cuyo valor o estimación va aumentando: *su fama va en alza.* **Jugar al alza** Especular en la bolsa previendo la elevación de las cotizaciones.

ALZACUELLO s.m. Tira de tela u otro material, generalmente de color blanco, que va ceñido al cuello del traje eclesiástico.

ALZADA s.f. Estatura del caballo. **2.** DER. Recurso de apelación en lo administrativo.

ALZADO, A adj. Se dice del precio concertado en una cantidad fija por una obra o un servicio con independencia del tiempo empleado o el trabajo realizado. **2.** Se dice de la persona que quiebra fraudulentamente, ocultando su patrimonio para evitar sus obligaciones fiscales o a sus acreedores. **3.** Amér. Se dice del animal en celo. **4.** Amér. Merid. Se dice del animal doméstico que se vuelve bravío. **5.** Amér. Merid. Se dice del animal amontado, cimarrón. **6.** HERÁLD. Se dice de una pieza cuando está a mayor altura de la que le corresponde. ◆ adj. y s. Amér. *Fig.* Arrogante, altanero e insolente. ◆ s.m. ART. GRÁF. Reunión, por el orden de signaturas, de los cuadernos que forman un libro. **2.** GEOMETR. Representación gráfica de la proyección vertical de una máquina o un edificio.

ALZADORA s.f. ART. GRÁF. Máquina que efectúa el alzado de los pliegos de un volumen.

ALZAMIENTO s.m. Acción de alzar o alzarse. **2.** MIL. Levantamiento, sublevación.

ALZAPAÑO s.m. Pieza fijada en la pared, a los lados de una cortina, para tenerla recogida. **2.** Tira sujeta al alzapaño para recoger las cortinas.

ALZAPRIMA s.f. Palanca, barra para levantar pesos. **2.** Cuña empleada para realzar alguna cosa. **3.** Argent. y Par. Carro. **4.** Argent. y Urug. Cadena.

ALZAR v.tr. y prnl. (lat. vulgar *altiare,* del lat. *altus,* alto) [7]. Poner algo o a alguien en una posición alta o más alta de la que tenía: *alzar al niño en brazos.* **2.** Poner vertical lo inclinado o tumbado. **3.** *Fig.* Rebelar, sublevar a alguien contra algo. ◆ v.tr. Dirigir una cosa hacia arriba: *alzar la mano, los hombros, la vista.* **2.** Recoger o quitar una cosa de donde está: *alzar los manteles.* **3.** Recoger lo extendido para guardarlo: *alzar la parva.* **4.** *Fig.* Aumentar, subir el valor o el precio de una cosa. **5.** *Fig.* Tratándose de la voz, darle mayor fuerza, aumentar su intensidad. **6.** Dar la primera vuelta al rastrojo. **7.** *Fig.* Retirar del campo la cosecha. **8.** Construir, edificar una obra de construcción, como un edificio o un monumento. **9.** ART. GRÁF. Poner en rueda todas las signaturas de una impresión y sacar los pliegos uno a uno para ordenarlos. ◆ v.tr. e intr. En la misa, elevar la hostia y el cáliz después de la consagración. ◆ v.intr. Apoderarse de algo: *alzarse con el poder.* ◆ **alzarse** v.prnl. Sobresalir, elevarse sobre una superficie o plano. **2.** Iniciarse o acentuarse un fenómeno meteorológico: *alzarse del viento.* **3.** Amér. Fugarse el animal doméstico y hacerse montaraz.

ALZHÉIMER s.m. Demencia presenil que se caracteriza por un deterioro intelectual profundo, acompañado de una desorientación espacio-temporal.

a. m., abrev. de *ante merídiem.*

1. AMA s.f. (hispano-lat. *amma,* nodriza en el lenguaje infantil). Femenino de amo. **2.** Criada principal de una casa. **3.** Mujer que se ocupa de las labores domésticas en la casa de un eclesiástico. **4.** Mujer que amamanta a una criatura ajena. (Se llama especialmente *ama de cría o de leche.*) <> **Ama de brazos** Amér. Niñera. **Ama de casa** Mujer que se ocupa del cuidado y administración de su casa, especialmente cuando no trabaja fuera del hogar. **Ama de gobierno, o de llaves** Mujer que dirige las labores domésticas de una casa.

2. AMA s.f. Religiosa budista de Japón.

AMABILIDAD s.f. Cualidad de amable.

AMABLE adj. Se dice de la persona atenta y agradable: *persona amable y cariñosa.*

AMACHETEAR v.tr. Dar machetazos.

AMACIGADO, A adj. De color amarillo o de almáciga.

AMADO, A s. Persona a la que se ama.

AMADRINAR v.tr. Asistir como madrina a alguien. **2.** Unir los bocados de las caballerías de un tiro para que marchen con igualdad. **3.** Amér. Merid. Acostumbrar al ganado caballar a que vaya detrás de la yegua que sirve de guía. **4.** MAR. Unir dos cosas para que tengan más fuerza y resistencia.

AMAESTRAMIENTO s.m. Acción y efecto de amaestrar.

AMAESTRAR v.tr. y prnl. Domar los animales, enseñarles ciertas habilidades. **2.** Enseñar, adiestrar a alguien. ◆ v.tr. Colocar a plomo los listones llamados maestras que sirven de guía para levantar paredes.

AMAGAMIENTO s.m. Amér. Quebrada honda y estrecha.

AMAGAR v.tr. e intr. [2]. Dejar ver la intención o disposición de iniciar una acción o un movimiento que después no se realizará. ◆ v.intr. Amenazar con hacer algo, generalmente negativo. **2.** Fingir que se va a hacer o decir alguna cosa, especialmente en lenguaje militar. **3.** Haber indicios de que una cosa está próxima a sobrevenir, generalmente negativa: *amagar un infarto, un apagón.* **4.** Hacer ademán o demostración de favorecer o hacer daño. ◆ **amagarse** v.prnl. *Fam.* Ocultarse, esconderse.

AMAGO s.m. Acción de amagar. **2.** Inicio de algo que no llega a suceder o desarrollarse: *amago de gripe; un amago de pelea.*

AMAINAR v.intr. Perder fuerza o intensidad el viento, lluvia, tormenta, etc.: *el aguacero amaina.* ◆ v.tr. e intr. *Fig.* Perder fuerza o intensidad un sentimiento, una pasión, etc. ◆ v.tr. MAR. Recoger total o parcialmente las velas de una embarcación para frenar su velocidad.

AMAINE s.m. Acción y efecto de amainar.

AMAJADAR v.tr. Hacer el redil del ganado menor en un terreno, para que lo abone con su estiércol. ◆ v.tr. e intr. Poner el ganado en la majada o redil. ◆ v.intr. Detenerse o albergarse el ganado en la majada.

AMALECITA o AMALEQUITA adj. y s.m. y f. De unas tribus nómadas del S del Néguev, adversarias de los israelitas y vencidas definitivamente por David.

AMALGAMA s.f. (fr. *amalgame*). Aleación de mercurio y otro metal: *la amalgama de estaño sirve para formar la lámina de los espejos.* **2.** *Fig.* Mezcla de elementos heterogéneos. **3.** MED. Aleación de plata y estaño empleada para practicar las obturaciones dentales.

AMALGAMACIÓN s.f. Acción y efecto de amalgamar.

AMALGAMAMIENTO s.m. Amalgamación.

AMALGAMAR v.tr. y prnl. Hacer una amalgama.

AMAMANTAMIENTO s.m. Acción y efecto de amamantar.

AMAMANTAR v.tr. Dar de mamar.

AMÁN s.m. Paz o amnistía que pedían los musulmanes al someterse.

AMANCEBAMIENTO s.m. Acción de amancebarse.

AMANCEBARSE v.prnl. Irse una persona a vivir con otra sin estar casados.

1. AMANECER v.impers. (lat. vulgar *admanescere*) [37]. Aparecer la luz del Sol y hacerse de día. ◆ v.intr. Estar en un lugar o estado determinados al empezar el día: *amanecimos en la playa.* **2.** *Fig.* Empezar a manifestarse alguna cosa.

2. AMANECER s.m. Momento en que amanece. **2.** *Fig.* Principio o primeros tiempos de una cosa.

AMANERAMIENTO s.m. Acción y efecto de amanerar o amanerarse.

AMANERADO, A adj. Que adolece de amaneramiento, falta de espontaneidad. ◆ adj. y s.m. Afeminado.

AMANERAR v.tr. y prnl. (de *manera*). Dar un artista cierta monotonía y uniformidad a sus obras, contraria a la verdad y a la variedad: *amanerar el estilo.* ◆ **amanerarse** v.prnl. Adoptar un hombre gestos y actitudes que se consideran propios de la mujer.

AMANITA s.f. Hongo de diversos colores, con un anillo bajo el sombrero y esporas blancas, algunas de cuyas especies son comestibles y otras muy venenosas.

A. muscaria
venenosa

A. pantherina
venenosa

A. phalloides
mortal

A. virosa
mortal

■ **AMANITAS**

AMANOJAR v.tr. Juntar varias cosas en manojo.

AMANSADOR, RA adj. y s. Que amansa. ◆ s.m. Amér. Domador de caballos.

AMANSADORA s.f. Argent. y Urug. Antesala, espera prolongada.

AMANSAR v.tr. y prnl. Hacer manso a un animal: *amansar las fieras.* **2.** Hacer manso o apacible el carácter de alguien: *amansarse con la edad.* **3.** *Fig.* Poner en calma o apaciguar algo: *amansar la tempestad.*

1. AMANTE adj. (lat. *amans, amantis,* p. presente de *amare,* amar). Que ama algo o a alguien. ◆ s.m. y f. Persona que mantiene relaciones amorosas y sexuales con otra sin estar casadas entre sí ni convivir juntas.

2. AMANTE s.m. (del gr. *himás, himántos,* correa). MAR. Cabo grueso asegurado en la cabeza de un palo o verga para resistir grandes esfuerzos.

AMANUENSE s.m. y f. (lat. *amanuensis,* secretario, de *a manu,* a mano). Persona que tenía por oficio escribir al dictado, copiar documentos y escritos o pasarlos a limpio.

■ **AMANUENSE** en la corte de Alfonso II el Casto; s. XII. (Archivo de la Corona de Aragón.)

AMAÑAR v.tr. Preparar algo con habilidad y engaño para obtener algún provecho. ◆ **amañarse** v.prnl. Tener habilidad para hacer algo.

AMAÑO s.m. *Fig.* Habilidad o maña para hacer o conseguir algo. (Suele usarse en plural.) ◆ **amaños** s.m.pl. Instrumentos empleados para hacer algo.

AMAPA s.f. Planta del Amazonas que exuda una goma de aplicaciones industriales. (Familia apocináceas.)

AMAPOLA s.f. (mozárabe *habapáura*, del lat. *papaver, -eris*). Planta herbácea de flores rojas, común en los campos de cereales, donde constituye una mala hierba. (Familia papaveráceas.) **2.** Flor de esta planta.

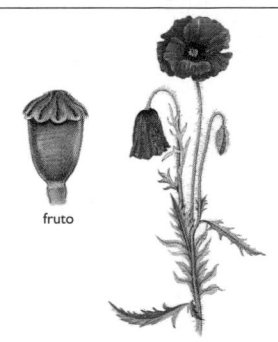

fruto

■ AMAPOLA

AMAR v.tr. (lat. *amare*). Sentir amor por personas o cosas. **2.** Desear. **3.** Realizar el acto sexual.

AMARAJE s.m. Amerizaje.

AMARANTÁCEO, A adj. y s.f. BOT. Relativo a una familia de plantas herbáceas o arbustivas pertenecientes al orden quenopodiáceas, como el amaranto.

AMARANTO s.m. (lat. *amarantus*, del gr. *amárantos*). Nombre de diversas plantas, algunas de ellas cultivadas como ornamentales por sus flores rojas agrupadas en racimos largos. ◆ adj. y s.m. Se dice del color carmesí.

AMARAR v.intr. Amerizar.

AMARCHANTARSE v.prnl. Cuba, Méx. y Venez. Hacerse cliente de alguna tienda.

AMARGADO, A adj. y s. Se dice de la persona resentida, que muestra una actitud hostil hacia la sociedad y el mundo: *ser un amargado*. **2.** Se dice de la persona que siente amargura o pena debido a un desengaño, una tragedia, etc.: *estar amargado*.

AMARGAR v.intr. [2]. Tener alguna cosa sabor o gusto desagradable al paladar, parecido al de la hiel, el acíbar, etc. ◆ v.tr. Dar un sabor o gusto desagradable a algo: *esas especias amargan la comida*. ◆ v.tr. y prnl. *Fig.* Causar tristeza, frustración o resentimiento: *amargarse por un fracaso*.

AMARGO, A adj. (ant. *amaro*, del lat. *amarus*). Que amarga o tiene sabor amargo. **2.** *Fig.* Que causa o denota un sentimiento de tristeza, frustración o resentimiento. ◆ s.m. Amargor, sabor amargo. **2.** Licor elaborado con almendras amargas. **3.** Dulce seco elaborado con almendras amargas.

AMARGÓN s.m. Planta compuesta de hojas dentadas, cuyos brotes tiernos se comen como ensalada, con pequeños frutos secos rematados por un vilano que facilita su diseminación por el viento. SIN.: *diente de león*.

AMARGOR s.m. Amargura.

AMARGURA s.f. Sentimiento de tristeza, frustración o resentimiento: *llorar con amargura*. **2.** Cualidad de amargo, triste: *las amarguras de unas palabras*. **3.** Sabor amargo. ◆ **amarguras** s.f.pl. Experiencias que causan tristeza, frustración o resentimiento: *las amarguras de la vida*.

AMÁRICO s.m. Lengua semítica hablada en la meseta abisinia.

AMARICONADO, A adj. *Fam.* Afeminado.

AMARIL adj. Se dice del virus de la fiebre amarilla y del veneno que se suponía el agente de dicha enfermedad.

AMARILIDÁCEO, A adj. y s.f. BOT. Relativo a una familia de plantas monocotiledóneas, como el narciso y el agave.

AMARILLEAR v.intr. Tirar a amarillo. **2.** Palidecer.

AMARILLECER v.intr. [37]. Ponerse amarillo.

AMARILLENTO, A adj. Que tira a amarillo.

AMARILLEO s.m. Acción y efecto de amarillear.

AMARILLO, A adj. y s. (lat. *amarellus*, amarillento, pálido). Se dice del color que ocupa el tercer lugar en el espectro solar, como el del sol o el de la flor de la retama. **2.** Se dice de las organizaciones sindicales controladas o inspiradas por los patronos, y del obrero encuadrado en ellas. ◆ adj. Que es de color amarillo: *un suéter amarillo*. ◇ **Cuerpo amarillo**, o **lúteo** Masa de color blanco amarillento, de función endocrina, que se desarrolla en el ovario cuando el óvulo ha sido fecundado y que segrega una hormona, la progesterona, que condiciona la gestación. **Fiebre amarilla** Enfermedad contagiosa de los países tropicales que se debe a un virus transmitido por un mosquito y que se caracteriza por la coloración amarilla de la piel y por vómitos de sangre negra. **Prensa amarilla** Prensa sensacionalista, que no se preocupa tanto de contrastar la veracidad de las noticias como de producir un impacto en el público. **Raza amarilla** En la clasificación tradicional, raza humana de Asia oriental que presenta una coloración amarilla en la piel.

AMARIPOSADO, A adj. Que tiene forma o aspecto de mariposa. ◆ adj. y s.m. Afeminado.

AMARIZAJE s.m → **AMERIZAJE.**

AMARIZAR v.intr. [7]. → **AMERIZAR.**

AMARO s.m. (lat. *marum*, por influjo de *amarus*, amargo). Planta herbácea de 40 a 80 cm de alt., y olor desagradable, cuyas hojas se han usado como estomacales y para curar heridas. (Familia labiadas.)

AMAROMAR v.tr. Amarrar, atar con cuerdas, maromas, etc.

AMARRA s.t. Cualquier cosa que sirve para ligar, atar o sujetar. **2.** Correa que se pone a los caballos para que no levanten la cabeza. **3.** MAR. Cabo para asegurar la embarcación en el paraje donde fondea ◆ **amarras** s.t.pl. *Fig. y fam.* Protección, apoyo: *tiene buenas amarras*. **2.** AERON. Cable usado para sostener una aeronave. **3.** MAR. Conjunto del cable y ancla que forman la amarradura y sujeción del buque. ◇ **Soltar**, o **cortar**, o **romper, amarras** Desligarse alguien de cierta protección, apoyo o dependencia.

AMARRADERO s.m. Poste o argolla donde se amarra algo, especialmente una embarcación. **2.** Lugar donde se amarra una embarcación.

AMARRADO, A adj. Antillas y Chile. Se dice de la persona de acciones y movimientos lentos. **2.** Cuba y Méx. Mezquino, tacaño.

AMARRADURA s.f. Acción de amarrar.

AMARRAJE s.m. Amarradura. **2.** Cantidad de dinero que se paga por el amarre de una embarcación en un puerto. **3.** AERON. Operación que consiste en mantener un dirigible en el aire, sujetándolo a tierra firme del mástil de amarraje.

fruto
(aquenio)

flor
y hojas

■ AMARGÓN

AMARRAR v.tr. (fr. *amarrer*). Sujetar con amarras o cuerdas, especialmente una embarcación. **2.** *Fig.* Hacer que algo esté seguro: *amarrar un resultado*. ◆ v.intr. *Fig. y fam.* Dedicarse con afán al estudio.

AMARRE s.m. Amarradura. **2.** MAR. Espacio destinado en un puerto para amarrar: *un puerto con cien amarres*.

AMARRETE, A adj. y s. Usurero, egoísta, mezquino. **2.** Amér. Merid. Tacaño.

AMARRIDO, A adj. Triste o melancólico.

AMARROCAR v.tr. e intr. [1]. Argent. y Urug. Juntar dinero con avaricia.

AMARTELAMIENTO s.m. Acción y efecto de amartelarse.

AMARTELARSE v.prnl. Adoptar los enamorados una actitud muy cariñosa.

AMARTILLAR v.tr. En un arma de fuego, poner el disparador en disposición de hacer fuego, montarla: *amartillar una pistola*.

AMASADERA s.f. Artesa en que se amasa. **2.** Máquina que sirve para heñir o trabajar la masa en las panaderías: *amasadera mecánica*. **3.** Recipiente empleado para hacer el mortero en gran cantidad.

AMASADO s.m. Acción de amasar los materiales que integran los morteros y argamasas.

AMASADURA s.f. Acción de amasar. **2.** Mezcla o amasijo.

AMASANDERÍA s.f. Chile, Colomb. y Venez. Panadería.

AMASAR v.tr. Formar una masa mezclando una sustancia sólida o pulverizada y agua u otro líquido. **2.** *Fig.* Reunir, juntar: *amasar una fortuna*. **3.** *Fig. y fam.* Preparar algo con astucia y engaño: *amasar planes*.

AMASIATO s.m. C. Rica, Méx. y Perú. Concubinato.

AMASIJAR v.tr. Argent. y Urug. Dar una fuerte paliza a alguien.

AMASIJO s.m. Acción de amasar. **2.** Porción de harina amasada para hacer pan. **3.** Masa hecha con yeso, tierra, etc., y agua u otro líquido. **4.** *Fig. y fam.* Mezcla o unión de ideas o cosas distintas que causan confusión.

AMATE s.m. (del náhuatl *amatl*). Higuera que crece en las regiones cálidas de México. **2.** Pintura hecha sobre la albura de este árbol.

AMATEUR s.m. y f. y adj. (voz francesa). Aficionado.

AMATEURISMO s.m. Cualidad de amateur.

AMATISTA s.f. (lat. *amethystus*, del gr. *améthystos*, sobrio). Piedra fina, variedad del cuarzo.

AMATIVIDAD s.f. Instinto del amor sexual.

AMATIVO, A adj. Propenso a amar.

AMATORIO, A adj. Relativo al amor o a las relaciones sexuales: *poesía amatoria*; *artes amatorias*.

AMAUROSIS s.f. (gr. *amayrosis*, oscurecimiento). Ceguera más o menos completa y transitoria, debida a una afección del nervio óptico o los centros nerviosos, sin lesión en el ojo.

AMAUTA s.m. Entre los quechuas, encargado de verificar los hechos históricos para recitarlos públicamente en las fiestas del sol.

AMAZACOTADO, A adj. Se dice del cuerpo o materia que tiene una estructura interna demasiado compacta y densa: *un bizcocho amazacotado*. **2.** *Fig.* Se dice de las obras literarias o artísticas pesadas, confusas, desproporcionadas, etc.

AMAZONA s.f. (lat. *Amazon, Amazonis*, del gr. *Amazón, Amazónos*, población de Asia). Mujer de una raza legendaria de guerreras que destacaban por su dominio del caballo y su habilidad en el manejo del arco. **2.** *Fig.* Mujer que monta a caballo. **3.** Hormiga que posee mandíbulas propias para la defensa. (Familia formícidos.)

AMAZÓNICO, A adj. Relativo al río Amazonas y a su cuenca. **2.** Relativo a las amazonas.

AMAZONITA s.f. Piedra fina constituida por feldespato verde claro o verde azulado, opaca.

AMBA s.f. Fruto del mangle.

AMBAGES s.m.pl. (lat. *ambages*). Rodeos o circunloquios. (Suele usarse en la loc. *sin ambages*.)

ÁMBAR s.m. (ár. *ánbar*, cachalote o ámbar

gris).Resina fósil de las coníferas,más o menos transparente, amarilla o rojiza, que arde con facilidad y desprende un olor agradable.SIN.: *ámbar amarillo, succino*. ◇ **Ámbar gris** Concreción intestinal del cachalote que, al flotar un largo período de tiempo en el mar, forma bloques grises y porosos formados por estructuras cristalinas largas, delgadas y entremezcladas, utilizadas en la fabricación de perfumes.

■ **ÁMBAR.** Trozo de ámbar amarillo con un insecto fósil.

AMBARCILLO s.m. Arbusto de las Antillas, cuyas semillas exhalan un olor característico a almizcle. (Familia malváceas.)

AMBARINO, A adj. Relativo al ámbar o que tiene su color y aspecto.

AMBICIAR v.tr. Ambicionar.

AMBICIÓN s.f. (lat. *ambitio, -onis*).Deseo intenso de conseguir poder, dignidades, fama, etc. **2.** Cosa que se ambiciona.

AMBICIONAR v.tr. Tener ambición por una cosa:*ambicionar la fama.*

AMBICIOSO, A adj. y s. Que tiene o denota ambición.◆ adj. Se dice de la empresa,obra o proyecto de gran envergadura o dificultad:*empresa ambiciosa.* **2.** BOT. *Fig.* Se dice de la planta que se agarra fuertemente a la superficie por la que trepa.

AMBIDEXTRO, A o **AMBIDIESTRO, A** adj. y s. (lat. *ambidexter*, de *ambo*, ambos, y *dexter*, derecho). Se dice de la persona que emplea con la misma soltura la mano izquierda que la derecha.

AMBIENTACIÓN s.f. Acción de ambientar.

AMBIENTADOR adj. Que ambienta. ◆ s.m. Producto usado para desodorizar y perfumar locales cerrados.

AMBIENTAL adj. Relativo al ambiente:*contaminación ambiental.*

AMBIENTAR v.tr. Dar a un lugar un ambiente determinado mediante elementos decorativos, luces, etc.: *ambientaron la plaza para la verbena.* **2.** Situar algo o a alguien en cierto ambiente. **3.** Introducir a un ser vivo en un ambiente determinado. ◆ **ambientarse** v.prnl. Adaptarse a un ambiente. **2.** Buscar información sobre un ambiente determinado.

AMBIENTE adj. y s.m. (lat. *ambiens, -ntis*, p. activo de *ambire*, rodear, cercar). Se dice del fluido material que rodea a un cuerpo o circula a su alrededor:*temperatura ambiente; medio ambiente.* ◆ s.m. Aire o atmósfera que respiran los seres vivos o que les rodea:*airear el ambiente.* **2.** Conjunto de circunstancias físicas que rodean a un ser vivo y que influyen en su desarrollo: *son plantas que no se adaptan a ambientes secos.* **3.** Conjunto de circunstancias sociales, morales, profesionales, etc., que rodean algo o a alguien y que influyen en su desarrollo o estado: *ambiente adecuado para estudiar.* **4.** Conjunto de personas que comparten una actividad o que pertenecen a un mismo grupo social: *ambientes intelectuales.* (Suele usarse en plural.) **5.** Argent., Chile y Urug. Habitación de una casa o departamento.

AMBIGÚ s.m. (fr. *ambigu*).En los locales para reuniones o espectáculos públicos, lugar donde se sirven manjares calientes o fríos. **2.** Comida,por lo regular nocturna,en que se sirven todos los platos a la vez.

AMBIGÜEDAD s.f. Cualidad de ambiguo.

AMBIGUO, A adj. (lat. *ambiguus*). Se puede admitir distintas interpretaciones:*palabras ambiguas.* **2.** Incierto, dudoso, poco claro.

◇ **Género ambiguo** GRAM. Género atribuido por la gramática tradicional a los nombres o sustantivos que pueden usarse indistintamente en masculino o en femenino: *mar, azúcar.*

AMBIOFONÍA s.f. Ambiente sonoro creado por la reverberación artificial de los sonidos dirigida hacia el auditorio.

ÁMBITO s.m. (lat. *ambitus*, movimiento giratorio, perímetro).Espacio comprendido dentro de ciertos límites reales o imaginarios: *ámbito nacional.* **2.** Espacio en que se desarrolla una acción o una actividad:*ámbito laboral.* **3.** Ambiente en que se desarrolla una persona: *ámbito familiar.*

AMBIVALENCIA s.f. Posibilidad de que algo presente dos aspectos o interpretaciones contradictorios o distintos. **2.** PSICOL. Relación con un objeto en la que el sujeto experimenta simultáneamente sentimientos contradictorios, principalmente amor y odio.

AMBIVALENTE adj. Relativo a la ambivalencia.

AMBLADURA s.f. Acción de amblar.

AMBLAR v.intr. (lat. *ambulare*, caminar, pasearse). Andar los cuadrúpedos moviendo a un tiempo el pie y la mano de un mismo lado.

AMBLIOPÍA s.f. Disminución de la agudeza visual.

AMBO s.m. Argent., Chile y Urug. Conjunto de saco y pantalón cortados de la misma tela.

AMBÓN s.m. (lat. *ambo, -onis*, del gr. *ámbon, -onos*). Púlpito que hay en algunas iglesias a ambos lados del altar mayor, desde donde se hacían las lecturas y las homilías.

AMBOS, AS adj. y pron.pl. (del lat. *ambo*).El uno y el otro, los dos: *ambos esposos acostumbraban compararse.*

AMBROSÍA o **AMBROSIA** s.f. (gr. *ambrosia*, de *ambrotos*, inmortal).Manjar o alimento de los dioses que confería la inmortalidad. **2.** Planta herbácea de flores en capítulos amarillo verdosos, reunidos en espigas o racimos, de olor suave y gusto agradable. (Familia compuestas.) **3.** *Fig.* Comida o bebida de gusto delicioso. **4.** *Fig.* Cosa que causa placer al espíritu.

AMBROSÍACO, A o **AMBROSIACO, A** adj. Que tiene un sabor muy agradable.

AMBROSIANO, A adj. Relativo a san Ambrosio. ◆ s.m. Religioso de la orden de san Ambrosio.

AMBULACRAL adj. Relativo a los ambulacros.

AMBULACRO s.m. Ventosa adhesiva retráctil que posibilita el movimiento de los equinodermos.SIN.: *pie ambulacral.*

AMBULANCIA s.f. Vehículo destinado al transporte sanitario, en especial de enfermos y heridos.

AMBULANTE adj. Que va de un lugar a otro sin permanecer mucho tiempo en un mismo sitio: *circo ambulante.* **2.** Se dice de la persona que desarrolla alguna actividad sin permanecer mucho tiempo en un mismo lugar: *vendedor ambulante.*

AMBULAR v.intr. (lat. *ambulare*). Andar, caminar de un lugar a otro.

AMBULATORIO, A adj. Se dice de la asistencia médica que no obliga a ingresar al enfermo y le permite continuar con su vida normal. ◆ s.m. Dispensario.

A.M.D.G., abrev. de las voces latinas *ad maiorem Dei Gloriam* (a la mayor gloria de Dios),divisa de la Compañía de Jesús.

AMEBA o **AMIBA** s.f. (gr. *amoibi*). Protozoo que vive en aguas dulces o saladas,en los suelos húmedos, y que se desplaza por medio de seudópodos,del que algunas especies son parasitarias para el intestino del ser humano. (Mide entre 30 y 500 micrómetros; pertenece al grupo de los rizópodos.)

AMEBIANO, A adj. Relativo a las amebas o a las lesiones causadas por ellas.

AMEBIASIS s.f. Enfermedad intestinal causada por las amebas,que puede extenderse a veces al hígado,a los pulmones y al cerebro.

AMÉBIDO, A adj. y s.m. Relativo a una familia de protozoos con las características generales propias de las amebas.

AMEBOIDE adj. Relativo o semejante a las amebas.

AMEDRENTAMIENTO s.m. Acción y efecto de amedrentar.

AMEDRENTAR v.tr. y prnl. Atemorizar, provocar miedo.

AMEJORAMIENTO s.m. DER. Mejoramiento. (Se usa especialmente en Navarra, España.) [V. parte n. pr.]

AMELCOCHAR v.tr. y prnl. Amér. Dar a un dulce el punto de la melcocha. ◆ **amelcocharse** v.prnl. Méx. *Fig.* y *fam.* Reblandecerse.

AMELGA s.f. Faja de terreno señalada para sembrarla con uniformidad.

AMELGADO, A adj. Se dice del sembrado que ha crecido de manera irregular.

AMELGAR v.tr. [2]. Hacer surcos regularmente distanciados en un terreno para sembrarlo con uniformidad. **2.** Dividir un terreno para la rotación de cultivos.

AMELONADO, A adj. Que tiene forma de melón. **2.** *Fig.* De poca inteligencia, bruto.

1. AMÉN s.m. (hebreo *amén*, ciertamente). Voz hebrea que significa *ciertamente* y con la que se pone término a algunas oraciones. ◆ interj. Se usa para manifestar deseo de que tenga efecto lo que se dice. ◇ **Decir amén a todo** Aprobar sin más cuanto se ha dicho. **En un decir amén** *Fam.* En un instante; en brevísimo tiempo.

2. AMÉN adv.m. Excepto, a excepción de. ◆ adv.c. Además de.

AMENAZA s.f. Acción de amenazar. **2.** Dicho o hecho con que se amenaza. **3.** Persona o cosa que representa una amenaza.

AMENAZAR v.tr. [7]. Manifestar alguien su intención de hacer daño o perjudicar a alguien o algo. ◆ v.tr. e intr. Ser una cosa causa de riesgo o perjuicio para alguien o algo: *la contaminación amenaza al medio ambiente.* **2.** *Fig.* Presagiar algo la proximidad de algún daño o peligro, anunciarlo: *amenazar ruina.*

AMENGUAMIENTO s.m. Acción y efecto de amenguar.

AMENGUAR v.tr. e intr. [3]. Disminuir, menoscabar.

AMENIDAD s.f. Cualidad de ameno.

AMENIZAR v.tr. [7]. Hacer ameno.

AMENO, A adj. (lat. *amoenus*).Grato,entretenido o divertido: *lectura amena.*

AMENORREA s.f. (del gr. *a*, no, *mén, menós, mes*, y *réin*, fluir). Ausencia de menstruación, cualquiera que sea la causa.

AMENSAL adj. Se dice de una especie vegetal inhibida en su crecimiento por amensalismo.

AMENSALISMO s.m. Acción inhibidora de una planta, a través de secreciones tóxicas de sus raíces,que impide la germinación o el crecimiento de otras especies.

AMENTÁCEO, A adj. Se dice de las plantas que tienen sus flores en amento. SIN.: *amentifloro.*

AMENTO s.m. BOT. Inflorescencia constituida por una espiga de flores muy pequeñas, a menudo alargada, como la de la encina y el avellano.

AMEOS s.m. (lat. *ameos*, del gr. *ammí*).Planta de flores pequeñas y blancas, bastante común en Canarias y la península Ibérica, en senderos arenosos y en cultivos de trébol o alfalfa. (Familia umbelíferas.) **2.** Semilla de esta planta,utilizada en medicina como diurético.

AMERAR v.tr. (cat. *amarar*). Merar. ◆ **amerarse** v.prnl. Calarse de humedad una tierra, una pared,etc.

AMERENGADO, A adj. Parecido al merengue. **2.** Se dice de la persona empalagosa, excesiva o afectadamente amable.

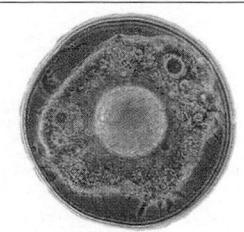

■ **AMEBA**

AMERICANA s.f. Faetón o charabán de cuatro ruedas. **2.** Esp. Saco, prenda de vestir.◇ **Carrera a la americana** Prueba ciclista en pista, disputada por equipos de dos corredores que se van relevando.

AMERICANISMO s.m. Cualidad, condición o carácter de americano. **2.** Vocablo, giro, expresión o rasgo gramatical propio del español hablado en América. **3.** Palabra, expresión o giro propios del español hablado en América o de una lengua indígena americana: *maíz o tabaco son americanismos del español.* **4.** Afición a las cosas de América o dedicación al estudio de ellas. **5.** Tendencia religiosa, de origen americano, que sacrifica la contemplación a la acción y que fue condenada por León XIII en 1902.

AMERICANISTA adj. Relativo a las cosas de América. ◆ s.m. y f. Especialista en el estudio de América.

AMERICANIZACIÓN s.f. Acción de americanizar.

AMERICANIZAR v.tr. [7]. Dar carácter americano. ◆ v.tr. y prnl. Aficionar a lo americano.

AMERICANO, A adj. y s. De América. **2.** Estadounidense.

AMERICIO s.m. Elemento químico artificial (Am), radiactivo, de número atómico 95.

AMERINDIO, A adj. y s. (ingl. *Amerindian*, de *American Indian*, indio americano). De alguno de los pueblos que habitaba en el continente americano antes de la llegada de los europeos. SIN.: *indio, indoamericano.*
ENCICL. Actualmente se prefiere el término *amerindio* para designar la población aborigen americana (con exclusión de los esquimales). Antropológicamente se distinguen seis grandes grupos: *indios norpacíficos* (Alaska y montañas Rocosas); *indios noratlánticos; indios surpacíficos* (México hasta la Patagonia, a lo largo de los Andes, y que cuentan entre ellos los creadores de las grandes culturas precolombinas: aztecas, mayas, incas, chibchas, etc.); *indios de las Pampas* (desde el Chaco hasta la Patagonia, prácticamente extinguidos); *indios suratlánticos* (en las selvas amazónicas, son los arawak, caribe y tupí-guaraní); y *paleoamerindios* (en Tierra del Fuego).
Desde el punto de vista lingüístico las grandes familias son, de NO a S: *aleutiano-esquimal; nadené* (que incluye el grupo *atapasco*); *algonquino; penutia; hoka; siux; tano y uto-azteca,* representado este principalmente en México y Mesoamérica, que incluye el grupo *nahua.* Asimismo en Mesoamérica destacan las familias *maya-zoque, otomangue* (grupos *otomí, mixteca*) y *maya-quiché.* En América del Sur las familias lingüísticas bien individualizadas son las *arawak, caribe, chibcha, ge, pano, tupí-guaraní,* y lenguas habladas por importantes comunidades indiáfonas, como el *araucano, aimara, quechua* y *guaraní.*

AMERITAR v.tr. y prnl. Amér. Dar méritos. ◆ v.intr. Amér. Central y Méx. Merecer, hacer méritos.

AMERIZAJE o **AMARIZAJE** s.m. Acción de amerizar. SIN.: *amaraje.*

AMERIZAR o **AMARIZAR** v.intr. [7]. Posarse en la superficie del agua una aeronave. SIN.: *amarar.*

AMESTIZADO, A adj. Que tiene rasgos o características que se consideran propias del mestizo.

AMETRALLADORA s.f. Arma automática, de pequeño calibre (inferior a 20 mm), de tiro continuo o a ráfagas, montada sobre afuste.

AMETRALLAMIENTO s.m. Acción de ametrallar.

AMETRALLAR v.tr. Disparar con ametralladora a alguien o algo. **2.** Disparar metralla. **3.** *Fig.* Someter a una persona o cosa a algo de forma insistente y repetida en un intervalo corto de tiempo: *ametrallar a alguien a preguntas.*

AMÉTRICO, A adj. Se dice de los versos que no se sujetan a un mismo número de sílabas.

AMÉTROPE adj. Que padece ametropía.

AMETROPÍA s.f. Anomalía de la visión debida a un defecto de los medios refringentes del ojo que comprende la miopía, la hipermetropía y el astigmatismo.

AMHARA, pueblo de Etiopía de habla amárica y cristianizado (copto), que fue un factor decisivo para la unificación de Etiopía en el s. XIX.

AMIANTO s.m. (lat. *amiantus*, del gr. *amíantos*, sin mancha, incorruptible). Silicato natural hidratado de calcio y magnesio, de contextura fibrosa, resistente a la acción del fuego.

AMIBA s.f. → **AMEBA.**

AMIDA s.f. Compuesto orgánico derivado del amoníaco por la sustitución de, al menos, un hidrógeno por un radical acilo.

AMIDOPIRINA s.f. Antipirético y analgésico administrado por vía oral.

AMIENTO s.m. (lat. *ammentum*). Correa con que se aseguraba la celada, se abrochaba el zapato o se ataban por medio las lanzas o flechas para lanzarlas con más ímpetu.

AMIGABLE adj. Afable, amistoso: *en amigable compañía.*

AMIGACHO, A s. *Fam.* Compañero habitual de diversiones, generalmente poco recomendables. SIN.: *amigote.*

AMIGAR v.tr. y prnl. [2]. Amistar.

AMÍGDALA s.f. (lat. *amygdala*, almendra, del gr. *amygdále*, almendra). Órgano linfoide de la garganta. ◇ **Amígdala faríngea** Amígda-

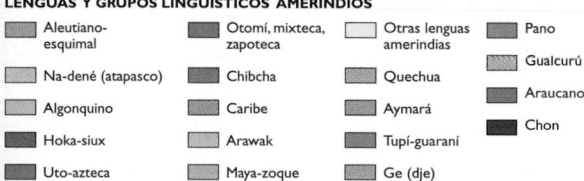

LENGUAS Y GRUPOS LINGÜÍSTICOS AMERINDIOS

Aleutiano-esquimal

Na-dené (atapasco)

Algonquino

Hoka-siux

Uto-azteca

Otomí, mixteca, zapoteca

Chibcha

Caribe

Arawak

Maya-zoque

Otras lenguas amerindias

Quechua

Aymará

Tupí-guaraní

Ge (dje)

Pano

Gualcurú

Araucano

Chon

la situada en la parte superior de la faringe. **Amígdala lingual** Amígdala situada en la base de la lengua. **Amígdala palatina** Cada una de las situadas a ambos lados del istmo de las fauces.

AMIGDALECTOMÍA s.f. Extirpación de las amígdalas.

AMIGDALITIS s.f. Inflamación de las amígdalas.

AMIGO, A adj. y s. (lat. *amicus*). Que tiene una relación de amistad con alguien: *un amigo de la infancia.* **2.** Se dice de la persona que mantiene relaciones sexuales irregulares con otra. **3.** Tratamiento afectuoso que se usa aunque no haya verdadera amistad. **4.** *Poét.* Benéfico, benigno, grato, apacible. ◇ **Amigo del alma** Amigo íntimo. **Falso amigo** Palabra o expresión de una lengua que tiene forma idéntica o parecida en otra lengua y distinto significado: *«actual» es un falso amigo del español y del inglés.*

AMIGOTE s.m. *Fam.* Amigacho.

AMIGUISMO s.m. Tendencia a favorecer a los amigos en perjuicio de terceras personas, especialmente en el trabajo o a la hora de conceder cargos o dignidades.

AMILÁCEO, A adj. Que tiene las características del almidón. **2.** Que contiene almidón.

AMILANAMIENTO s.m. Acción y efecto de amilanar o amilanarse.

AMILANAR v.tr. y prnl. Atemorizar mucho a alguien, de forma que quede aturdido y sin acción. **2.** Desanimar.

AMILASA s.f. Enzima causante de la hidrólisis de los glúcidos.

AMÍLICO, A adj. y s.m. Se dice del alcohol $C_5H_{11}OH$, que se produce en la fermentación de la fécula de la papa.

AMILLARAMIENTO s.m. Acción y efecto de amillarar. **2.** Lista o padrón de bienes, en lugares donde la hacienda no ha realizado el catastro.

AMILLARAR v.tr. Evaluar los capitales y utilidades de los vecinos de un pueblo, para repartir entre ellos las contribuciones.

AMILO s.m. QUÍM. Radical —C_5H_{11} que forma parte de los compuestos amílicos.

AMILOIDE adj. y s.f. Se dice de la sustancia, rica en azúcar y parecida al almidón, que se deposita en los tejidos durante el proceso de la amilosis.

AMILOSIS s.f. Enfermedad producida por infiltración de una sustancia amiloide en los tejidos, especialmente en el riñón y en el hígado.

AMIMIA s.f. PSICOPATOL. Pérdida más o menos completa de la facultad de expresarse por gestos.

AMÍMICO, A adj. y s. Que padece amimia.

AMINA s.f. Compuesto orgánico derivado del amoníaco por sustitución del hidrógeno de uno o varios radicales alquilos (nombre genérico). [Las aminas se reparten en tres clases: aminas primarias RNH_2, secundarias RR'NH, y terciarias RR'R''N.]

AMINOÁCIDO s.m. Sustancia orgánica con una función ácida y una función amina, que constituye la base de las proteínas.

AMINOFILINA s.f. Derivado de la teofilina, dotado de propiedades estimulantes para el corazón, los riñones y la respiración.

AMINOPLÁSTICO s.m. Nombre genérico de las resinas sintéticas termoendurecibles obtenidas por la acción de la urea sobre el formol.

AMINORACIÓN s.f. Minoración.

AMINORAR v.tr. Disminuir, hacer más pequeño: *aminorar la marcha.*

AMIOTROFIA s.f. Atrofia de los músculos, especialmente de los músculos estriados.

AMIRÍ o **ÁMIRÍ** adj. y s.m. y f. De los Amiríes, descendientes de Almanzor. (V. parte n. pr.)

AMISH adj. y s.m. y f. De un grupo menonita estadounidense, concentrado principalmente en Pensilvania, que se caracteriza por su austeridad y su oposición a la civilización moderna.

AMISTAD s.f. Relación de afecto y confianza mutua entre personas. ◆ **amistades** s.f.pl. Personas con las que se tiene amistad.

AMISTAR v.tr. y prnl. Unir en amistad. **2.** Reconciliar a los enemistados.

AMISTOSO, A adj. Relativo a la amistad o los amigos: *acuerdo amistoso; despedida amistosa.* ◆ adj. y s.m. Se dice del encuentro deportivo que no forma parte de una competición oficial.

AMITO s.m. (lat. *amictus, -us*, envoltura, vestido). Lienzo que cubre la espalda del sacerdote, bajo el alba.

AMITOSIS s.f. División celular directa, simplificada, por estrangulamiento del núcleo y citoplasma de la célula. SIN.: *mitosis.*

AMMOCETES s.m. Larva de la lamprea.

AMNESIA s.f. (gr. *amnēsía*, de *a*, no, y *mnēsia*, memoria). Pérdida total o parcial de la memoria.

AMNÉSICO, A adj. y s. Que padece amnesia.

AMNIOCENTESIS s.f. Extracción de líquido amniótico por punción de la cavidad uterina durante el embarazo, efectuada para obtener información del estado del feto.

AMNIOS s.m. (gr. *amneiós*, vasija para sangre en los sacrificios). Membrana más interna que rodea el feto de los mamíferos, aves y reptiles. **2.** Cubierta gelatinosa del saco embrionario que rodea el embrión de las semillas jóvenes.

AMNIOSCOPIA s.f. Examen endoscópico del líquido amniótico.

AMNIOTA s.m. Animal vertebrado cuyo embrión está rodeado por un amnios.

AMNIÓTICO, A adj. Relativo al amnios.

AMNISTÍA s.f. (gr. *amnestía*, olvido de los delitos políticos). Perdón concedido por el poder público para ciertos delitos, particularmente políticos.

AMNISTIAR v.tr. [19]. Conceder amnistía.

AMO, A s. Persona que posee algo: *el amo del vehículo.* **2.** Persona que tiene a otras a su servicio o bajo su autoridad o responsabilidad. **3.** Persona que tiene gran influencia o capacidad de mando sobre otra u otras: *hacerse el amo del equipo.*

AMOBLAR v.tr. [17]. Amueblar.

AMODORRAMIENTO s.m. Acción y efecto de amodorrarse.

AMODORRAR v.tr. y prnl. Causar modorra o caer en ella.

AMOHINAR v.tr. y prnl. [20]. Causar mohína o enojo.

AMOHOSARSE v.prnl. Amér. Cubrirse algo de moho.

AMOJAMAMIENTO s.m. Acción y efecto de amojamarse.

AMOJAMAR v.tr. Hacer mojama algo. ◆ **amojamarse** v.prnl. Acecinarse, enflaquecer, secarse.

AMOJONAMIENTO s.m. Acción y efecto de amojonar.

AMOJONAR v.tr. Marcar con mojones los límites de una propiedad o de un término jurisdiccional.

AMOLADO, A adj. Méx. Enfermo. **2.** Méx. En malas condiciones: *la cosa está muy amolada.* ◆ s.m. Amoladura.

AMOLADURA s.f. Acción de amolar.

AMOLAR v.tr. [17]. Afilar o aguzar un arma o instrumento cortante o punzante con la muela. **2.** Desbastar, trabajar con la muela una pieza u objeto. **3.** *Fig. y fam.* Molestar, fastidiar con insistencia. ◆ **amolarse** v.prnl. Aguantarse.

AMOLDAMIENTO s.m. Acción y efecto de amoldar o amoldarse.

AMOLDAR v.tr. y prnl. Adaptar una cosa a un molde. **2.** *Fig.* Hacer que algo se ajuste a una persona, circunstancia o norma determinadas: *amoldar la normativa a la realidad.* ◆ **amoldarse** v.prnl. Acomodarse o ajustarse a una situación, lugar o cosa: *amoldarse a la realidad, a la pobreza, a un nuevo clima.* SIN.: *adaptarse.*

AMOLLAR v.intr. [17]. Ceder, aflojar, desistir. ◆ v.tr. e intr. MAR. Aflojar la escota u otro cabo. ◆ v.tr. En ciertos juegos de naipes, jugar una carta inferior a la que va jugada, teniendo otra superior.

AMOMO s.m. (lat. *amomum*, del gr. *ámomon*). Planta cuyas semillas, aromáticas y de sabor acre y estimulante, se emplean en medicina. **2.** Semilla de esta planta.

AMONAL s.m. (abrev. de *amonio* y *alumi-*

nio). Mezcla de aluminio y nitrato amónico, utilizada en la fabricación de explosivos.

AMONDONGADO, A adj. Se dice de la persona gorda, tosca y desmadejada.

AMONEDACIÓN s.f. Fabricación y acuñación de moneda.

AMONEDAR v.tr. Convertir un metal en moneda.

AMONESTACIÓN s.f. Acción de amonestar. **2.** Advertencia, prevención. ◆ **amonestaciones** s.f.pl. Publicación en la iglesia de los nombres de los que van a contraer matrimonio.

AMONESTAR v.tr. (lat. *admonere*, hacer recordar). Reñir o reprender sin mucha violencia a alguien para que se enmiende. **2.** Publicar en la iglesia los nombres de los que quieren contraer matrimonio. **3.** Advertir de algo a alguien.

AMONIACAL adj. Que contiene amoníaco o posee sus propiedades.

AMONÍACO o **AMONIACO** s.m. (lat. *ammoniacus*). Gas formado por nitrógeno e hidrógeno combinados, de fórmula NH_3, de olor muy penetrante. ◆ adj. **Gas amoníaco** Amoníaco. **Sal amoníaca** Cloruro amónico.

AMÓNICO, A adj. Relativo al amonio. **2.** Se dice de las sales de amonio.

AMONIO s.m. Radical —NH_4 que entra en la composición de las sales derivadas del amoníaco.

AMONITA s.f. Amonites.

AMONITAS, pueblo de origen amorrita instalado en el s. XIV a.C. al E del Jordán. (Rivales de los hebreos, fueron sometidos por David.)

AMONITES s.m. Fósil característico de la era secundaria. (Clase cefalópodos.)

■ **AMONITES**

AMONIURIA s.f. Eliminación del amoníaco por la orina.

AMONIZACIÓN s.f. Transformación del nitrógeno orgánico en nitrógeno amoniacal bajo el efecto de las bacterias del suelo.

AMONTILLADO adj. y s.m. Se dice de un vino generoso, claro, variante del jerez, que imita al vino de Montilla.

AMONTONAMIENTO s.m. Acción y efecto de amontonar o amontonarse.

AMONTONAR v.tr. y prnl. Poner en montón, colocar unas cosas sobre otras desordenadamente: *amontonar cajas.* **2.** Apiñar en un lugar a personas o animales. **3.** *Fig.* Juntar y mezclar sin orden ni elección: *amontonar textos, sentencias, palabras.* ◆ v.tr. Juntar, reunir en abundancia: *amontonar riqueza.* ◆ **amontonarse** v.prnl. Sobrevenir muchos sucesos en poco tiempo. **2.** *Fig. y fam.* Amancebarse.

AMOR s.m. (lat. *amor*). Sentimiento que experimenta una persona hacia otra a la que se le desea todo lo bueno: *amor al prójimo; amor por los hijos.* **2.** Sentimiento de intensa atracción emocional o sexual hacia una persona: *amor platónico; canción de amor; amor apasionado.* **3.** Persona amada: *ella fue el amor de su vida.* **4.** Gusto y esmero con que se hace algo. **5.** Afición apasionada que se tiene hacia una cosa o convicción profunda que se tiene en ella: *amor a la música, a la literatura; amor a la verdad.* ◆ **amores** s.m.pl. Relaciones amorosas: *apenas tuvo amores a lo largo de su vida.* **2.** Caricias o mimos con que se muestra el afecto. ◇ **Al amor de** Cerca, junto a. **Amor libre** Relación sexual que no implica ningún tipo de atadura o compromiso. **Amor propio** Orgullo, vanidad. **Con, o de, mil amores** Con mucho gusto. **Hacer el amor** Realizar el acto sexual. **Por amor al arte** *Fam.* Sin esperar remuneración económica. **Por el amor de Dios** Se usa para reforzar una petición o una queja.

AMORAL adj. Indiferente con respecto a la moral o que carece de sentido moral. ◆ adj. y s.m. y f. Partidario del amoralismo.

AMORALIDAD s.f. Cualidad de amoral.

AMORALISMO s.m. Doctrina filosófica según la cual toda moral no es más que una creencia.

AMORATAR v.tr. y prnl. Poner o ponerse de color morado: *amoratarse un ojo.*

AMORCILLO s.m. Figura infantil con que se representa a Cupido, dios del amor. **2.** Figura de niño de corta edad.

AMORDAZAMIENTO s.m. Acción y efecto de amordazar.

AMORDAZAR v.tr. [7]. Poner una mordaza a alguien para impedir que hable o grite. **2.** *Fig.* Impedir a alguien que hable de cierta cosa.

AMORFO, A adj. (gr. *ámorphos*). Sin forma determinada. **2.** Se dice del mineral sin estructura cristalina.

AMORÍO s.m. *Fam.* Aventura, romance.

AMORMADO, A adj. Se dice del animal que padece muermo.

AMOROSO, A adj. Que siente, denota o manifiesta amor.

AMORRAR v.intr. y prnl. Bajar la cabeza. ◆ **amorrarse** v.prnl. Aplicar los morros o labios directamente a una fuente u otro conducto: *amorrarse al pilón.*

AMORRITA adj. y s.m. y f. De un pueblo semítico de origen nómada, instalado en Siria (aprox. 2000 a.C.) y en Mesopotamia (aprox. 1900 a.C.). [Una dinastía amorrita, durante el reinado de Hammurabi —ss. XIX-XVI—, se hizo con el predominio político en Babilonia. Los amorritas desaparecieron en el s. XII a.C. con la invasión de los arameos.]

AMORTAJAR v.tr. Poner la mortaja a un cadáver. **2.** Ejecutar una muesca o abertura rectangular (mortaja) en una pieza de madera para ensamblarla con otra pieza o su espiga. **3.** Ensamblar las piezas de carpintería así preparadas. **4.** Tallar engranajes o piezas dentadas con la mortajadora.

AMORTECER v.tr. e intr. [37]. Amortiguar. ◆ **amortecerse** v.prnl. Desmayarse, quedar como muerto.

AMORTIGUACIÓN s.f. Amortiguamiento.

AMORTIGUADOR, RA adj. Que amortigua. ◆ s.m. Dispositivo que sirve para amortiguar la violencia de un choque, la intensidad de un sonido o la vibración de una máquina.

AMORTIGUAMIENTO s.m. Acción de amortiguar. **2.** FÍS. Reducción progresiva de la amplitud de un movimiento oscilatorio.

AMORTIGUAR v.tr. y prnl. [3]. Moderar, disminuir, hacer menos violento.

AMORTIZACIÓN s.f. Acción de amortizar. **2.** DER. Pago o extinción de una deuda. **3.** ECON. Deducción efectuada sobre los resultados de explotación de una empresa, destinada a compensar la depreciación sufrida por determinados elementos de su activo.

AMORTIZAR v.tr. [7]. Pagar el total o parte de una deuda. **2.** Suprimir empleos o plazas en un cuerpo o en una oficina. **3.** *Fig.* Conseguir un rendimiento o provecho de una cosa igual o superior al dinero gastado en ella. **4.** ECON. Reconstituir progresivamente el capital empleado en la adquisición de los medios de producción de una empresa, de un inmueble, de un automóvil, etc.

AMOSCARSE v.prnl. [1]. *Fam.* Enojarse.

AMOSTAZAR v.tr. y prnl. [7]. *Fam.* Enojar, molestar.

AMOTINADO, A adj. y s. Que toma parte en un motín.

AMOTINAMIENTO s.m. Acción y efecto de amotinar.

AMOTINAR v.tr. y prnl. Hacer que un grupo de personas se alce en motín: *amotinar la tripulación.*

AMOVER v.tr. (lat. *amovere*) [30]. Remover, destituir.

AMOVIBLE adj. Que puede separarse del lugar que ocupa. **2.** Se dice de la persona que puede ser apartada del empleo o lugar que ocupa.

AMP, abrev. de *adenosinmonofosfato.*

AMPARAR v.tr. (lat. vulgar *anteparare*, prevenir de antemano). Favorecer, proteger. ◆ **ampararse** v.prnl. Valerse del favor o protección de alguien. **2.** Defenderse, guarecerse.

AMPARO s.m. Acción y efecto de amparar o ampararse. **2.** Abrigo, defensa, auxilio. **3.** Persona o cosa que ampara.

AMPELIDÁCEO, A adj. y s.f. Relativo a una familia de plantas dicotiledóneas, en su mayoría bejucos, con zarcillos y fruto en baya, como la vid. SIN.: *vitáceo.*

AMPELOGRAFÍA s.f. Ciencia que estudia las vides.

AMPERE s.m. Nombre del amperio en la nomenclatura internacional.

AMPERÍMETRO s.m. Instrumento que mide la intensidad de una corriente eléctrica.

AMPERIO s.m. (de A. M. *Ampère*, físico francés). ELECTR. Unidad de medida de la intensidad de la corriente eléctrica (símb. A) equivalente a la intensidad de una corriente constante que circula por dos conductores paralelos, rectilíneos, de longitud infinita, de sección despreciable, situados entre sí a la distancia de 1 m en el vacío y capaz de producir una fuerza de atracción entre los mismos de $2 \cdot 10^{-7}$ newtons por metro de longitud. (El amperio es una de las siete unidades básicas del *sistema internacional de unidades.*)

AMPICILINA s.f. Penicilina semisintética que se emplea para el tratamiento de infecciones de las vías respiratorias, urinarias e intestinales, que se administra por vía bucal o parenteral.

AMPLIACIÓN s.f. Acción y efecto de ampliar: *ampliación de capital.* **2.** Copia fotográfica ampliada. **3.** DER. Acción y efecto de prorrogar algunos actos judiciales.

AMPLIADORA s.f. FOT. Aparato para realizar ampliaciones.

AMPLIAR v.tr. (lat. *ampliare*) [19]. Hacer algo amplio o más amplio: *ampliar el negocio.* **2.** Reproducir una fotografía, impreso, etc., en un tamaño mayor del que tenía.

AMPLIFICACIÓN s.f. Acción y efecto de amplificar. **2.** RADIODIF. Aumento de tensión, de intensidad de corriente o de potencia eléctrica, mediante un aparato amplificador. **3.** RET. Desarrollo dado a una proposición o idea explicándola en varios modos a fin de hacerla más eficaz para conmover o persuadir. ◇ **Potencia de amplificación** RADIODIF. Relación entre el valor de la magnitud sometida a la amplificación, que se obtiene a la salida, y el que se aplica a la entrada del amplificador.

AMPLIFICADOR, RA adj. y s. Que amplifica. ◆ s.m. Aparato o dispositivo que permite aumentar la intensidad de una magnitud física (en particular, una señal eléctrica) sin distorsión notable. **2.** Elemento de una cadena acústica que precede a los altavoces.

AMPLIFICAR v.tr. (lat. *amplificare*) [1]. Ampliar. **2.** Aumentar la intensidad de una magnitud física mediante un aparato.

AMPLIO, A adj. (ant. *amplo*, del lat. *amplus*). Dilatado, espacioso. **2.** *Fig.* Se dice de la persona comprensiva o con capacidad para abarcar valores universales: *espíritu amplio.*

AMPLITUD s.f. (lat. *amplitudo*). Extensión; cualidad de amplio. **2.** Valor máximo de una magnitud que varía periódicamente. **3.** Capacidad de comprensión: *amplitud de miras.*

AMPO s.m. Copo de nieve. **2.** Blancura resplandeciente característica de la nieve.

AMPOLLA s.f. (lat. *ampulla*, vasija, botellita). Abultamiento de la piel en forma de bolsa pequeña llena de líquido debido a una quemadura, roce o enfermedad. **2.** Burbuja de aire o gas. **3.** Recipiente de vidrio con cuello largo y estrecho y cuerpo ancho y redondo. **4.** Recipiente de vidrio que contiene un medicamento. **5.** ANAT. Nombre que reciben determinadas dilataciones de algunos conductos.

AMPOLLETA s.f. Reloj de arena. **2.** En este reloj, tiempo que invierte la arena en pasar de una ampolla a la otra. **3.** Chile. Foco eléctrico. **4.** Méx. Ampolla, recipiente de vidrio que contiene un medicamento.

AMPULOSIDAD s.f. Cualidad de ampuloso.

AMPULOSO, A adj. (lat. *ampullosus*, hinchado como una ampolla). Se dice del estilo o lenguaje, o del escritor u orador, exageradamente cultos y afectados.

AMPURDANÉS, SA adj. y s. Del Ampurdán, comarca de España.

AMPUTACIÓN s.f. Acción y efecto de amputar.

AMPUTAR v.tr. (lat. *amputare*, podar, cortar). Cortar y separar del cuerpo un miembro o parte de él: *amputar un brazo.* **2.** Quitar una parte de algo: *amputar un artículo.* SIN.: *mutilar.*

AMUCHACHADO, A adj. Que parece un muchacho o tiene características propias de un muchacho.

AMUCHAR v.intr. y prnl. Argent., Bol. y Chile. Aumentar. ◆ **amucharse** v.prnl. Argent., Bol. y Chile. Juntarse apretadamente varias personas.

AMUEBLADO s.m. Argent. y Urug. Hotel por horas al que acuden las parejas para mantener relaciones sexuales.

AMUEBLAR v.tr. Dotar de muebles algún lugar.

AMUERMAR v.tr. y prnl. *Fam.* Aburrir, causar aburrimiento: *esta película amuerma a cualquiera.*

AMUGRONAMIENTO s.m. AGRIC. Acodo de las vides que consiste en enterrar enteramente la cepa de estas.

AMUGRONAR v.tr. AGRIC. Hacer un amugronamiento.

AMUJERADO, A adj. Afeminado.

AMULARSE v.prnl. Inutilizarse una yegua para criar.

AMULATADO, A adj. Que tiene rasgos o características que se consideran propias del mulato.

AMULETO s.m. (lat. *amuletum*). Objeto portátil al que se le atribuye alguna virtud sobrenatural o mágica que beneficia a la persona que lo tiene.

AMURA s.f. MAR. Parte de los costados del buque donde este se estrecha para formar la proa. **2.** Cabo que hay en cada una de las ve-

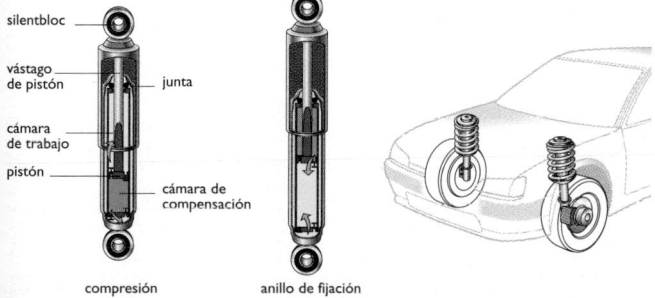

silentbloc

vástago de pistón — junta

cámara de trabajo

pistón — cámara de compensación

compresión   anillo de fijación

■ **AMORTIGUADOR.** Estructura y funcionamiento de un amortiguador de automóvil.

las de cruz para llevarlo hacia la proa y afirmarlo.

AMURADA s.f. MAR. Parte interior de los costados de una embarcación.

AMURALLAR v.tr. Cercar un recinto con muro o muralla.

AMURAR v.tr. Sujetar con la amura los puños de las velas.

AMURRIARSE v.prnl. Amohinarse, ponerse triste.

AMUSGAR v.tr. y prnl. (del lat. *mussare*, murmurar) [2]. Avergonzar, incomodar. ◆ v.tr. e intr. Echar hacia atrás las orejas el caballo, el toro, etc., en ademán de querer morder, tirar coces o embestir. ◆ v.tr. Recoger la vista para ver mejor.

AMUSGO o **AMUZGO**, pueblo y lengua amerindios, pertenecientes al grupo mixteco-trique de la familia lingüística otomangue, cuyo territorio se reduce actualmente a las proximidades de la ciudad mexicana de Ometepec.

AMUSTIAR v.tr. y prnl. Poner mustio.

ANA s.f. (gót. *álina*, codo, medida). Medida de longitud que equivale a un metro aproximadamente.

ANABAPTISMO s.m. Doctrina de los anabaptistas.

ANABAPTISTA adj. y s.m. y f. De los grupos cristianos surgidos de la Reforma que consideraban nulo el bautismo de los niños debido a la ausencia de todo acto personal de fe y bautizaban nuevamente a los adultos.
ENCICL. El movimiento anabaptista nació en Sajonia, hacia 1521, en torno a la figura de Thomas Müntzer, cuyo iluminismo revolucionario provocó un levantamiento de campesinos en Zwickau. Se difundió en los Países Bajos y, sobre todo, en Müster, donde Jan Leiden (1534) instauró una dictadura teocrática y polígama. Los *mennonitas* y los *baptistas* derivan del anabaptismo pacífico.

ANABOLISMO s.m. (del gr. *anabole*, subida). BIOL. Conjunto de síntesis moleculares que conducen a la asimilación.

ANABOLIZANTE adj. y s.m. Se dice de una sustancia que favorece la síntesis de las proteínas y atenúa su excesiva desintegración. **2.** Perteneciente o relativo a esta sustancia.

ANACARDIÁCEO, A adj. y s.f. Terebintáceo.

ANACARDO s.m. (lat. *anacardus*). Árbol maderable de América tropical, de hasta 20 m de alt., con tronco grueso y copa muy poblada. (Familia terebintáceas.) **2.** Fruto de este árbol, cuyo pedúnculo es comestible y se conoce con el nombre de *zarzaparrilla de los pobres*.

ANACO s.m. (quechua *anacu*). Tela que a modo de manteo se ciñen a la cintura las indias de Ecuador y Perú.

ANACOLUTO s.m. (lat. *anacoluthon*). Figura retórica de construcción que consiste en la falta de ilación en la construcción de una frase, oración o cláusula, o en el sentido general de la elocución.

ANACONDA s.f. Serpiente que puede medir hasta 7 m, de color verde oliva, con una línea de círculos oscuros a lo largo del dorso. (Vive en América del Sur y se alimenta de pequeños animales de sangre caliente; orden ofidios.)

■ ANACONDA

ANACORETA s.m. y f. (lat. *anachoreta*). Persona que vive en un lugar apartado, entregada a la oración y la penitencia.

ANACREÓNTICA s.f. Composición poética de carácter hedonístico.

ANACREÓNTICO, A adj. Propio y característico del poeta Anacreonte o parecido a sus temas y estilo. **2.** Relativo a la anacreóntica.

ANACRÓNICO, A adj. Propio del pasado o de una época anterior. **2.** Que denota anacronismo.

ANACRONISMO s.m. (gr. *anakhronismós*). Error de cronología que consiste en atribuir a una persona, cosa o circunstancia elementos de una época pertenecientes a otra. **2.** Cosa anacrónica: *este traje es puro anacronismo*.

ANACRUSIS o **ANACRUSA** s.f. (pl. *anacrusis* o *anacrusas*). MÉTRIC. Sílaba o sílabas átonas que se hallan delante del primer acento rítmico de un verso. **2.** MÚS. Nota o conjunto de notas no acentuadas que preceden a un tiempo acentuado del que forman parte.

ÁNADE s.m. o f. (lat. *anas, anatis*). Pato. **2.** Cualquier ave que tenga características propias o parecidas a las del pato. ◇ **Ánade real** Ave cosmopolita de pico largo y alas de bastante envergadura, muy apreciada por su carne. (Familia anátidos.)

■ ÁNADE REAL macho.

ANAERÓBICO, A adj. Se dice del esfuerzo muscular o del ejercicio físico que se desarrolla con escaso consumo de oxígeno o sin él.

ANAEROBIO, A adj. y s.m. Se dice de los microorganismos o de ciertos tejidos que se desarrollan en medios con escaso oxígeno o carentes de él, y que extraen la energía que precisan para vivir de las sustancias orgánicas que descomponen.

ANAEROBIOSIS s.f. Vida anaerobia.

ANAFASE s.f. Tercera fase de la división celular por mitosis.

ANAFE o **ANAFRE** s.m. (ár. hispánico *nāfih*). Hornillo portátil.

ANAFILÁCTICO, A adj. Relativo a la anafilaxia.

ANAFILAXIA o **ANAFILAXIS** s.f. Aumento de la sensibilidad del organismo ante una sustancia alimenticia o medicamentosa.

ANÁFORA s.f. (gr. *anaphorá*, atribución, referencia). RET. Figura retórica de construcción que consiste en la repetición de una misma palabra al inicio de varios versos u oraciones. **2.** GRAM. Referencia a un término o una parte anterior del texto o discurso.

ANAFÓRICO, A adj. De la anáfora o relacionado con ella.

ANAFRE s.m. → ANAFE.

ANAFRODISIA s.f. Ausencia de deseo sexual. SIN.: *frialdad*.

ANÁGLIFO s.m. Fotografía o proyección estereoscópica, a dos colores complementarios, que da la sensación de un relieve binocular.

ANAGLÍPTICO, A adj. Se dice de un tipo de impresión en relieve utilizado por los invidentes.

ANAGOGÍA s.f. Interpretación de las escrituras por la que se pasa del sentido literal a un sentido espiritual.

ANAGRAMA s.m. (der. culto del gr. *anagráphein*, escribir hacia atrás). Palabra formada con las letras de otra palabra colocadas en un orden distinto. **2.** Palabra formada por este procedimiento. **3.** Emblema formado por imágenes o letras que sirve para identificar una empresa, sociedad, etc., o las cosas relacionadas con ellas.

ANAGRAMÁTICO, A adj. Relativo al anagrama.

ANAL adj. Relativo al ano.

ANALECTAS s.f.pl. (gr. *análekta*, cosas recogidas). Fragmentos en prosa o en verso de uno o varios autores.

ANALÉPTICO, A adj. y s.m. Se dice de las sustancias o alimentos que estimulan y reconstituyen las fuerzas.

ANALES s.m.pl. (del lat. *liber annalis*, libro anual). Obra que refiere lo sucedido año por año. **2.** Memoria que se guarda de los acontecimientos y sucesos que merecen ser recordados.

ANALFABETISMO s.m. Estado de una persona o sociedad analfabetas. ◇ **Tasa de analfabetismo** Porcentaje de analfabetos en una determinada población.

ANALFABETO, A adj. y s. Que no sabe leer ni escribir. **2.** Ignorante, inculto.

ANALGESIA s.f. (gr. *analgesía*, de *álgos*, dolor). Desaparición de la sensibilidad al dolor.

ANALGÉSICO, A adj. y s.m. Que produce analgesia.

ANÁLISIS s.m. (gr. *analysis*) [pl. *análisis*]. Descomposición de una sustancia en sus distintos principios o elementos que la componen: *análisis del agua*. CONTR.: *síntesis*. **2.** Examen que se hace de una cosa estudiando cada una de sus partes: *análisis de una obra, de un sueño, de una situación*. **3.** Examen para determinar los componentes de una sustancia del organismo y su proporción con un fin diagnóstico: *análisis de sangre, análisis de orina*. (También *análisis clínico*.) **4.** Resultado de este examen. SIN.: *analítica*. **5.** Psicoanálisis. **6.** ESTADÍST. Parte de la metodología estadística que concierne a los métodos correctos de interpretación de las estadísticas por oposición a la que trata de su elaboración y de su presentación en cuadros o gráficos. **7.** FILOS. **a.** Método que procede de lo compuesto a lo simple. **b.** Movimiento filosófico de carácter antiespeculativo y especialmente antimetafísico. **8.** INFORMÁT. Conjunto de trabajos que comprenden el estudio detallado de un problema, la concepción de un método que permita resolverlo y la definición precisa del tratamiento correspondiente en la computadora. **9.** LING. Procedimiento para determinar las unidades que componen un discurso y las relaciones que se establecen entre ellas. **10.** MAT. Parte de las matemáticas que estudia las funciones, los límites, las derivadas y las primitivas. **11.** PSICOL. Procedimiento de investigación del psiquismo de un individuo o del funcionamiento del grupo, generalmente con finalidades terapéuticas. **12.** TELEV. Descomposición en puntos de las imágenes a televisar. ◇ **Análisis de contenido** Técnica estadística para establecer la clasificación cuantitativa y en categorías sistemáticas de los elementos que forman toda comunicación social. ◇ **Análisis de sistemas** ECON. Técnica cuyo objetivo es la comprensión y el tratamiento de cada problema en relación con el conjunto de la coyuntura y de la estructura económica general. ◇ **Análisis de una imagen** Operación que consiste en explorar en una imagen con un haz luminoso o electrónico y producir una señal eléctrica que representa a cada instante las características del punto explorado.

1. ANALISTA s.m. y f. Persona que se dedica a hacer análisis. **2.** Técnico informático responsable de la fase de análisis de un problema para su resolución mediante computadora. **3.** Psicoanalista.

2. ANALISTA s.m. y f. Persona que se dedica a escribir anales.

ANALÍTICA s.f. Análisis clínico. ◇ **Analítica trascendental** FILOS. Búsqueda de los elementos *a priori* del entendimiento que se aplican a los fenómenos.

ANALÍTICO, A adj. Relativo al análisis. **2.** Que se realiza mediante análisis: *estudio analítico*. ◇ **Filosofía analítica** FILOS. Conjunto de corrientes de pensamiento que consideran el método filosófico como cierta forma de análisis.

ANALIZADOR, RA adj. Que analiza o sirve para analizar. ◆ s.m. Aparato que sirve para hacer análisis.

ANALIZAR v.tr. [7]. Hacer el análisis de algo.

ANALOGÍA s.f. (*gr. analogía*). Relación de semejanza entre dos o más cosas distintas.

ANALÓGICO, A adj. Relativo a la analogía. **2.** Se dice del aparato o instrumento de medida que representa esta medida mediante variables continuas, análogas a las magnitudes correspondientes: *reloj analógico.* **3.** INFORMÁT. Se dice de la señal cuyas variaciones son continuas. ◇ **Convertidor analógico numérico** INFORMÁT. Órgano que asegura la conversión de una magnitud analógica (continua) en una señal numérica (discontinua).

ANÁLOGO, A adj. (*lat. analogus*).Semejante.

ANAMITA adj. y s.m. y f. → **ANNAMITA.**

ANAMNESIS s.f. Conjunto de datos que forman la historia clínica de un enfermo, como antecedentes familiares, fisiológicos o patológicos, con un fin diagnóstico.

ANÁMNESIS s.f. CRIST. Parte de la misa que sigue a la consagración.

ANAMORFOSIS s.f. Imagen deformada que un instrumento óptico, especialmente un espejo curvo, da de un objeto. **2.** ART. GRÁF. Y B. ART. Dibujo deformado de un objeto que, visto en un espejo cilíndrico o cónico, recupera su forma real.

■ **ANAMORFOSIS** de espejo cilíndrico (figura de Indio, por Elías Baeck, 1740).
[Museo de artes decorativas, París.]

ANANÁ o **ANANÁS** s.m. (*port. ananás,* del guaraní *naná*). Planta originaria de América tropical, de unos 50 cm de alt. y flores de color morado, cultivada en muchas regiones cálidas por sus grandes frutos compuestos, con pulpa azucarada y sabrosa. (Familia bromeliáceas.) SIN. *piña.* **2.** Fruto de esta planta.

hojas (corona)

pulpa

sección del fruto

■ **ANANÁ**

ANAPÉSTICO, A adj. Relativo al anapesto: *endecasílabo anapéstico.*

ANAPESTO s.m. (lat. *anapaestus*).Pie de verso griego o latino compuesto de dos sílabas breves seguidas de una larga.

ANAPLASIA s.f. Pérdida de los caracteres morfológicos y funcionales específicos, diferenciados, de un grupo de células. (Esta pérdida se observa en los cánceres más graves.)

ANAQUEL s.m. (*ár. naqqāl,* transportador). Tabla unida horizontalmente a una pared o que forma parte de una estantería o armario, en que se colocan diferentes objetos.

ANARANJADO, A adj. y s.m. Se dice del color que ocupa el segundo lugar en el espectro solar, como el de la naranja o la zanahoria. SIN.: *naranja.* ◆ adj. Que tiene un tono anaranjado. SIN.: *naranja.* ◇ **Anaranjado de metilo** Heliantina.

ANARCO, A adj. y s. (apócope). *Fam.* Anarquista.

ANARCOSINDICALISMO s.m. Doctrina que atribuye a los sindicatos la organización de la sociedad.

ANARCOSINDICALISTA adj. y s.m. y f. Relativo al anarcosindicalismo; partidario de esta doctrina.

ANARQUÍA s.f. (*gr. anarkhía*). Sistema político basado en la ausencia de gobierno. SIN.: *acracia, anarquismo.* **2.** Desorden debido a la ausencia o debilitamiento de la autoridad. **3.** Desorden, confusión.

ANÁRQUICO, A adj. Relativo a la anarquía.

ANARQUISMO s.m. Doctrina política que preconiza la supresión de toda autoridad, en particular la del estado, y defiende la libertad absoluta y la espontaneidad del individuo. SIN.: *acracia.* **2.** Anarquía SIN.: *acracia.* ENCICL. El primer pensador anarquista fue W. Godwin, y P.J. Proudhon y M. Bakunin, sus principales teóricos. Aunque siempre ha coincidido en la necesidad de destruir la propiedad privada, solo a la tendencia comunista la exigía en todos sus aspectos, mientras que la individualista aceptaba la propiedad privada de los bienes de consumo. El desacuerdo con algunos postulados marxistas provocó la expulsión de la corriente anarquista de la I Internacional (congreso de La Haya, 1872), aunque continuó influyendo en algunos movimientos obreros europeos (España, Italia y Suiza). En la última década del s. XIX, descontando de la vía pacífica como medio para lograr sus objetivos, los anarquistas predicaron la propaganda por la fuerza de los hechos y cometieron múltiples atentados. Ante el fracaso de esta táctica optaron, a principios del s. XX, por apoyar a los sindicatos obreros de tendencia revolucionaria, con lo que surgió el anarcosindicalismo. En España, la CNT tuvo una influencia considerable hasta 1939. A partir de esa fecha la incidencia ácrata quedó reducida a grupos de acción violenta y marginales en Europa occidental y en América Latina.

ANARQUISTA adj. y s.m. y f. Relativo al anarquismo; partidario de esta doctrina. SIN.: *ácrata; libertario.*

ANARQUIZAR v.tr. [7]. Propagar el anarquismo.

ANASARCA s.f. Edema generalizado del tejido celular subcutáneo con derrame en las cavidades serosas (pleura, pericardio, peritoneo).

ANASTASIA s.f. Artemisa, planta.

ANASTIGMÁTICO, A adj. ÓPT. Que no tiene astigmatismo. **2.** Se dice del objetivo fotográfico corregido de astigmatismo.

ANASTOMOSAR v.tr. CIR. Unir dos conductos, canales o cavidades. ◆ **anastomosarse** v.prnl. ANAT. Unirse dos vasos sanguíneos, dos nervios o dos fibras musculares.

ANASTOMOSIS s.f. (*gr. anastómosis,* desembocadura). ANAT. Unión de dos vasos sanguíneos, dos nervios o dos fibras musculares. **2.** CIR. Unión de dos conductos, canales o cavidades.

ANÁSTROFE s.f. (*gr. anastrophe*). Hipérbaton.

ANATA o **ANNATA** s.f. (*ital. annata*). Suma equivalente a un año de ingresos que pagaban a la Santa Sede los que habían percibido un beneficio.

ANATEMA s.m. o f. (*gr. anathema*). Frase o expresión de rechazo o reprobación: *lanzar anatemas.* **2.** Excomunión solemne: *pronunciar un anatema contra alguien.*

ANATEMATIZAR v.tr. [7]. Pronunciar un anatema contra alguien. **2.** Imponer un anatema o excomunión.

ANATEXIA s.f. Fusión parcial de la corteza del continente que da origen a la formación de magma granítico.

ANÁTIDO, A adj. y s.m. ZOOL. Relativo a una familia de aves palmípedas integrada por unas 150 especies, como el pato.

ANATIFA s.f. Crustáceo marino parecido exteriormente a un molusco por su concha calcárea que vive fijo sobre las maderas flotantes por medio de un fuerte pedúnculo. (Orden cirrípedos.)

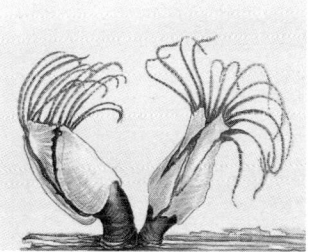

■ **ANATIFAS**

ANATIFORME adj. y s. ZOOL. Anseriforme.

ANATOCISMO s.m. Capitalización de los intereses de una cantidad prestada.

ANATOLIO, A adj. y s. De Anatolia.

ANATOMÍA s.f. (lat. *anatomia,* del gr. *anatémnein,* cortar hacia abajo). Ciencia que estudia la estructura de los seres vivos para examinar la forma y disposición de los órganos. **2.** Estructura o constitución de un ser vivo o de alguna de sus partes. **3.** Cuerpo de una persona.

ANATÓMICO, A adj. Relativo a la anatomía. **2.** Que está fabricado para que se adapte perfectamente a la anatomía humana: *asiento anatómico.* ◆ s. Anatomista.

ANATOMISTA s.m. y f. Persona que se dedica al estudio de la anatomía.

ANATOXINA s.f. Toxina microbiana atenuada que conserva la propiedad de desencadenar la formación de anticuerpos.

ANCA s.f. (cat. u occitano *anca,* fráncico *hanka,* cadera). Parte lateral y superior de la región posterior de las caballerías y otros animales. **2.** *Fam.* Parte equivalente del cuerpo de las personas.

ANCESTRAL adj. Relativo a los antepasados. **2.** Tradicional y remoto.

ANCESTRO s.m. Antepasado. (Suele usarse en plural.)

ANCHETA s.f. Colomb. y Venez. Dádiva.

ANCHO, A adj. (lat. *amplus,* amplio, grande). Que tiene una anchura o una medida de anchura mucha: *llanura ancha.* **2.** Holgado, demasiado amplio: *mangas anchas.* **3.** *Fig.* Tranquilo, libre de agobios. ◆ s.m. Anchura: *dos metros de ancho.* ◇ **Quedarse tan ancho** Esp. *Fam.* Quedarse tranquilo, especialmente tras haber hecho o dicho algo inconveniente.

ANCHOA o **ANCHOVA** s.f. (cat. *anxova*). Boquerón. **2.** Boquerón en salmuera.

ANCHOVETA s.f. Variedad de sardina que se pesca en abundancia en las costas de Perú.

ANCHURA s.f. Dimensión menor de las dos dimensiones principales de una figura plana. **2.** Holgura, espacio libre.

ANCHUROSO, A adj. Muy ancho o espacioso: *el anchuroso mar.*

ANCIANIDAD s.f. Último período de la vida de una persona.

ANCIANO, A adj. y s. (del ant. adv. romance *anzi,* antes). Se dice de la persona que tiene muchos años.

ANCLA s.f. (lat. *ancora*). Instrumento de hierro o de acero, unido a un cable o una cadena que se lanza al fondo del mar para inmovilizar la embarcación. SIN.: *áncora*. **2.** ARQ. Pieza fijada al extremo de un tirante para asegurar un muro o un elemento del armazón. **3.** ARQ. Dispositivo que une dos elementos de construcción para evitar el derrumbamiento. ◇ **Echar anclas** Fondear una embarcación. **Levar anclas** Zarpar un barco.

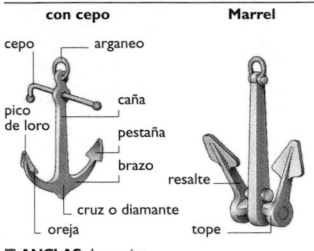

con cepo   Marrel

cepo — arganeo
pico de loro — caña
pestaña
brazo
resalte
cruz o diamante
oreja   tope

■ **ANCLAS** de marina.

ANCLAJE s.m. Acción de anclar. **2.** Elemento para asegurar la fijación de una obra o de un elemento de construcción sometido a un esfuerzo de tracción o a un empuje.

ANCLAR v.tr. e intr. Inmovilizar una embarcación con un ancla: *el capitán ancló la nave cerca del puerto; los barcos anclan en el puerto.*

ÁNCORA s.f. (lat. *ancora*). Ancla. **2.** Pieza del mecanismo de un reloj que regula el movimiento del péndulo. ◇ **Áncora de salvación** Persona o cosa que sirve de ayuda y protección ante un peligro o infortunio.

ANDADA s.f. Acción y efecto de andar. ◇ **Volver a las andadas** Fam. Cometer de nuevo una acción reprobable o retomar una mala costumbre.

ANDADERAS s.f.pl. Aparato que sirve para ayudar a andar a una persona, especialmente a un niño que está aprendiendo.

ANDADERO, A adj. Se dice del lugar por donde puede andarse fácilmente: *camino andadero.*

ANDADOR, RA adj. y s. Que anda mucho o muy rápido: *andador infatigable.* ◆ s.m. Andaderas. ◆ **andadores** s.m.pl. Tiras de tela o piel para sostener al niño que está aprendiendo a andar.

ANDADURA s.f. Acción y efecto de andar.

¡ÁNDALE! interj. Méx. Se emplea para dar ánimo.

ANDALUCISMO s.m. Palabra, expresión o giro propios del español hablado en Andalucía. **2.** Estima o admiración por la cultura y las tradiciones de Andalucía. **3.** Nacionalismo andaluz.

ANDALUSÍ adj. y s.m. y f. De Al-Andalus.

ANDALUZ, ZA adj. y s. De Andalucía. ◆ s. Se dice del caballo que pertenece a una raza originaria de Andalucía, de cuello encorvado, perfil acarnerado y formas redondeadas. ◆ s.m. Variedad del español hablada en Andalucía.

ANDAMIAJE s.m. Conjunto de andamios.

ANDAMIO s.m. Armazón de madera o metal al cual se sube el trabajador para construir, mantener o reparar la parte alta de un edificio.

ANDANA s.f. Orden de algunas cosas puestas en línea: *una andana de ladrillos.* SIN.: *andanada.*

ANDANADA s.f. Andana. **2.** Descarga simultánea de la artillería de un costado del barco: *soltar, lanzar andanadas.* **3.** Fig y fam. Represión severa. **4.** Localidad cubierta con gradas situada en la parte más alta de la plaza de toros.

ANDANTE adv.m. (voz italiana). MÚS. Con movimiento moderado. ◆ s.m. Movimiento musical moderadamente lento.

ANDANTINO adv.m. (voz italiana). MÚS. Con movimiento más vivo que el andante. ◆ s.m. Movimiento musical más vivo que el andante.

ANDANZA s.f. Aventura, peripecia: *contar las andanzas.* (Se usa generalmente en plural.)

ANDAQUÍ, pueblo amerindio de la familia

lingüística chibcha que habita en los Andes colombianos, en las fuentes de los ríos Magdalena, Fragua y Yapurá.

1. ANDAR v.intr. (lat. *ambulare*) [8]. Ir de un lugar a otro dando pasos. SIN.: *caminar.* **2.** Ir una cosa de un lugar a otro: *este automóvil anda muy despacio.* **3.** Funcionar un mecanismo: *este reloj no anda.* **4.** Encontrarse una persona en una determinada situación o de una determinada manera: *andar sin trabajo; andar cansado.* **5.** Ocuparse en algo: *andar en pleitos.* **6.** Pasar, transcurrir el tiempo: *andar las horas, los días.* **7.** Obrar o comportarse de una manera determinada: *andar con cuidado.* **8.** Discutir o pelear utilizando los medios que se expresan a continuación: *andar a puñetazos; andar a tiros.* **9.** Tener una persona aproximadamente una determinada edad: *andar en los cuarenta.* **10.** Seguido de un verbo en gerundio, desarrollar la acción que expresa el verbo en gerundio: *anda pensando en su futuro.* (Se usa seguido de un gerundio.) **11.** Fam. Moverse una persona de un lugar a otro utilizando un determinado medio de transporte o de una determinada manera: *andar a gatas; andar en bicicleta.* ◆ v.tr. Recorrer una distancia: *andar dos kilómetros;.* ◆ **andarse** v.prnl. Con la prep. con, usar o emplear: *no te andes con rodeos.* ◇ **¡Andando!** Se emplea para dar prisa. **Andar tras algo** Intentar conseguirlo con insistencia. **Andar tras alguien** Perseguirlo; buscarlo para prenderlo; pretender tener una relación con él.

2. ANDAR s.m. Andadura. ◆ **andares** s.m.pl. Modo de andar: *tener andares graciosos.*

ANDARIEGO, A adj. y s. Se dice de la persona a la que le gusta andar mucho y muy deprisa. SIN.: *andarín.*

ANDARÍN, NA adj. y s. Andariego.

ANDARIVEL s.m. (cat. *andarivell*). Maroma con que se unen las dos orillas de un río para facilitar que una barca o balsa pueda cruzarlo al tirar con las manos de la maroma. **2.** Cuerda que se utiliza como pasamanos en un buque. **3.** DEP. **a.** Cuerda divisoria de la piscina de natación. **b.** Raya divisoria de la pista de pedestrismo.

ANDAS s.f.pl. (lat. *amites, perchas*). Tablero sostenido por dos barras horizontales y paralelas para llevar personas o cosas, especialmente imágenes en las procesiones.

ANDÉN s.m. Acera de la estación de ferrocarril o metro que se extiende a lo largo de las vías. **2.** Amér. Central y Colomb. Parte de la calle por donde circulan los peatones, acera. **3.** Amér. Merid. Bancal de la ladera de un monte que se aprovecha para cultivo.

ANDESITA s.f. Roca volcánica negra o gris constituida principalmente de plagioclasas y piroxeno.

ANDINISMO s.m. Amér. Alpinismo.

ANDINISTA s.m. y f. Amér. Montañero, alpinista.

ANDINO, A adj. y s. De los Andes.

ANDORRANO, A adj. y s. De Andorra.

ANDORREAR v.intr. Fam. Andar de una parte a otra sin hacer nada de provecho.

ANDORRERO, A adj. y s. Se dice de la persona a la que le gusta andorrear.

ANDRAJO s.m. Jirón de tela viejo. SIN.: *harapo.* **2.** Fig. Persona o cosa despreciable.

ANDRAJOSO, A adj. Se dice de la persona que se viste con andrajos.

ANDROCEO s.m. Conjunto de estambres u órganos masculinos de la flor. **2.** Parte de la casa griega que se reservaba a los hombres.

ANDRÓGENO s.m. Hormona que provoca el desarrollo de los caracteres sexuales masculinos.

ANDROGINIA s.f. Carácter de andrógino.

ANDRÓGINO, A adj. y s.m. (gr. *andrógynos*). Hermafrodita. **2.** Se dice de la persona que por su aspecto externo es difícil determinar el sexo al que pertenece. **3.** Se dice de la planta que tiene a la vez flores masculinas y flores femeninas, como el nogal.

ANDROIDE s.m. Autómata de figura humana. ◆ adj. Que presenta caracteres masculinos: *constitución androide.*

ANDROLOGÍA s.f. MED. Parte de la medicina que estudia el aparato genital del hombre, su funcionamiento y sus enfermedades.

ANDRÓMINA s.f. (de *Andrómina*, personaje cuya historia se tomó como prototipo de lo fabuloso). Embuste, mentira. (Suele usarse en plural.)

ANDROPAUSIA s.f. Disminución de la actividad genital en el hombre.

ANDROSTERONA s.f. Hormona sexual masculina.

ANDULLO s.m. (fr. *andouille*, embuchado de tripas). Hoja larga de tabaco arrollada. **2.** Manojo de hojas de tabaco. **3.** Amér. Merid. Hoja grande para envolver. **4.** Cuba. Pasta de tabaco de mascar.

ANDURRIAL s.m. Desp. Lugar retirado o fuera de camino. (Suele usarse en plural.)

ANEA o **ENEA** s.f. (de *anea*). Espadaña, planta.

ANÉCDOTA s.f. (del gr. *anéksdotos*, inédito). Relato breve de un suceso curioso o interesante. **2.** Cosa sin importancia o secundaria: *su matrimonio fue una simple anécdota en su vida.*

ANECDOTARIO s.m. Conjunto de anécdotas.

ANECDÓTICO, A adj. Que tiene carácter de anécdota.

ANEGACIÓN s.f. Acción y efecto de anegar. SIN.: *anegamiento.*

ANEGADIZO, A adj. y s.m. Se dice del terreno o lugar que se anega o inunda con facilidad.

ANEGAMIENTO s.m. Anegación.

ANEGAR v.tr. y prnl. (lat. *enecare*, matar) [2]. Inundar, cubrir el agua u otro líquido un lugar: *la lluvia anegó el patio.* **2.** Fig. Abrumar, agobiar, molestar: *anegar el alma de pena.*

ANEJAR v.tr. y prnl. Esp. Anexionar.

ANEJO, A adj. (lat. *annexus*). Esp. Anexo.

ANÉLIDO adj. y s.m. Relativo a un tipo de gusanos anillados, formados por una serie de segmentos, sin patas, todos ellos aproximadamente de la misma constitución, como la lombriz.

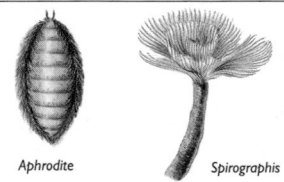

Aphrodite   Spirographis

■ **ANÉLIDOS**

ANEMIA s.f. (gr. *anaimía*, falta de sangre). Disminución del número de glóbulos rojos en la sangre o de su contenido en hemoglobina. ◇ **Anemia hipercrómica** Disminución del número de glóbulos rojos con aumento de la tasa de hemoglobina. **Anemia hipocrómica** Descenso de la tasa de hemoglobina de los glóbulos rojos, sin disminución notable de su número. **Anemia infecciosa** Enfermedad contagiosa de los équidos debida a un ultravirus. **Anemia normocrómica** Descenso paralelo del número de glóbulos rojos y la tasa de hemoglobina

ANÉMICO, A adj. y s. Relativo a la anemia que padece anemia.

ANEMOFILIA s.f. BOT. Cualidad de las plantas anemófilas.

ANEMÓFILO, A adj. (del gr. *ánemos*, viento y *fílos*, amigo). BOT. Se dice de la planta que el viento ha polinizado.

ANEMÓMETRO s.m. (del gr. *ánemos*, viento y *métron*, medida). Instrumento que sirve para medir la velocidad del viento.

ANÉMONA o **ANEMONA** s.f. (lat. *anemone*). Planta herbácea con un bulbo en la raíz y pocas hojas y flores vistosas. (Familia ranunculáceas.) **2.** Flor de esta planta. ◇ **Anémona de mar** SIN.: *actinia.*

ANENCEFALIA s.f. Ausencia de encéfalo.

ANENCÉFALO, A adj. y s. Que padece anencefalia.

ANERGIA s.f. INMUNOL. Pérdida de la capacidad de reaccionar los tejidos ante un antígeno.

ANEROIDE adj. y s.m. (fr. *anéroïde*). Se dice del barómetro que funciona por la deformación elástica de una cápsula o de un tubo metálico.

ANESTESIA s.f. (del gr. *an*, no, y *áisthesis*, sensibilidad). MED. Privación parcial o completa, local o parcial, de la sensibilidad producida por una enfermedad o por un agente anestésico. **2.** MED. Sustancia química que produce la pérdida de sensibilidad.
ENCICL. La anestesia puede ser *espontánea*, y sobrevenir en el curso de enfermedades neurológicas, o *terapéutica*. La anestesia terapéutica permite bloquear la sensibilidad dolorosa y puede ser local o general. La anestesia local se emplea para evitar el dolor producido en intervenciones quirúrgicas limitadas (extracción dental). Se realiza por inyección de anestésicos locales (procaína) en la zona interesada. La anestesia general se practica en intervenciones quirúrgicas importantes, produciendo pérdida de motilidad y de consciencia, pero permitiendo las funciones vegetativas automáticas. La anestesia precisa de vigilancia antes, durante y después de la intervención. Existen otros tipos de anestesia como la raquianestesia o la anestesia peridural, empleada, por ejemplo, en los partos. Entre los numerosos anestésicos, los más utilizados son los barbitúricos (pentobarbital) o el protóxido de nitrógeno (halotano).

ANESTESIAR v.tr. Administrar anestesia a una persona.

ANESTÉSICO, A adj. Relativo a la anestesia. ◆ adj. y s.m. Se dice de la sustancia química que produce la pérdida de sensibilidad.

ANESTESIOLOGÍA s.f. Parte de la medicina que estudia la anestesia y la técnica anestésica.

ANESTESIÓLOGO, A s. Persona que se dedica al estudio de la anestesia y la técnica anestésica.

ANESTESISTA s.m. y f. Médico o auxiliar médico encargado de aplicar la anestesia.

ANEURINA s.f. Vitamina B₁. SIN.: *tiamina*.

ANEURISMA s.m. o f. (gr. *anéurysma*). Dilatación localizada de un vaso sanguíneo.

ANEURISMÁTICO, A adj. Relativo al aneurisma.

ANEXAR v.tr. y prnl. Anexionar.

ANEXIÓN s.f. (lat. *annexio*, *-onis*). Acción y efecto de anexionar.

ANEXIONAR v.tr. y prnl. Unir una cosa a otra estableciendo una dependencia con esta, especialmente un territorio a otro. SIN.: *anexar*.

ANEXIONISMO s.m. Ideología política que propugna la anexión de territorios.

ANEXIONISTA adj. y s.m. y f. Relativo al anexionismo; partidario de esta ideología.

ANEXITIS s.f. Inflamación de los anexos del útero.

ANEXO, A adj. y s.m. (lat. *annexus*). Que está unido a otra cosa de la que depende: *documento anexo a un informe; un anexo del hotel*. GEOSIN.: Esp. *anejo*. ◆ s.m. Parte del organismo adjunto a un órgano principal ◇ **Anexo del útero** Parte del organismo adjunto al útero. (Los anexos del útero son las trompas y los ovarios.) **Anexo embrionario** Órgano contenido en el huevo fecundado que nutre o protege al embrión. (El amnios, el alantoides, el cordón umbilical y la placenta son anexos embrionarios en los mamíferos.)

ANFETAMINA s.f. (ingl. *amphetamine*, acrónimo de *alpha methyl phenyl ethyl amine*). Sustancia que estimula el sistema nervioso central, disminuye el sueño y el hambre. (Se emplea a veces en terapéutica.)

ANFIARTROSIS s.f. Articulación que solo permite movimientos limitados a las piezas de que se compone el esqueleto (articulación de las vértebras).

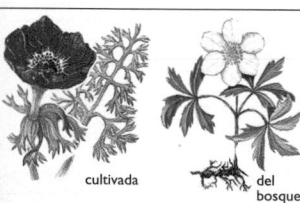

cultivada · del bosque

■ **ANÉMONAS**

■ **ANFITEATRO** romano de El-Ŷâm (ant. Thysdrus) en Túnez, s. II d.C.

ANFIBIO, A adj. y s. (del gr. *anfi*, ambos, y *bíos*, vida). Se dice del animal o planta que puede vivir dentro y fuera del agua. ◆ adj. Se dice del vehículo que puede moverse por tierra y por agua: *vehículo, camión anfibio*. ◆ adj. y s.m. Relativo a una clase de vertebrados de piel desnuda y temperatura variable, cuyas larvas son acuáticas y están provistas de branquias. (Los anfibios se clasifican en *anuros*, *urodelos* y *ápodos*.) SIN.: *batracio*. ◇ **Operación anfibia** Operación militar en la que participan conjuntamente fuerzas navales y terrestres, como un desembarco.

ANFIBIOSIS s.f. Forma de vida de los animales y plantas anfibios.

ANFÍBOL s.m. (fr. *amphibole*, del gr. *amphí-bolos*, ambiguo). Silicato de hierro y de magnesio, de color negro, marrón o verde, de las rocas eruptivas y metamórficas.

ANFIBOLITA s.f. Roca metamórfica de color verde compuesta principalmente de anfíbol.

ANFIBOLOGÍA s.f. (bajo lat. *amphibologia*). Ambigüedad de sentido o interpretación de una frase, sintagma o palabra. (Ej.: *el profesor castiga a los alumnos culpables* [= los alumnos que son culpables *o* que los alumnos son culpables].)

ANFIBOLÓGICO, A adj. De doble sentido, ambiguo.

ANFICTIÓN s.m. Diputado de la anfictionía.

ANFICTIONÍA s.f. Confederación de ciudades de la antigua Grecia para asuntos de interés general.

ANFIMIXIS s.f. Unión del núcleo del gameto masculino con el núcleo del gameto femenino para formar el huevo o cigoto.

ANFINEURO, A adj. y s.m. Relativo a una clase de moluscos marinos, con o sin concha, que presenta una organización muy primitiva.

ANFIOXO s.m. Animal marino fusiforme, con el cuerpo comprimido lateralmente y acabado en punta por cada extremo, que vive casi siempre oculto en la arena. (El anfioxo es el único representante de los cefalocordados.)

■ **ANFIOXO**

ANFÍPODO, A adj. y s.m. Relativo a un orden de crustáceos con el cuerpo comprimido lateralmente y el abdomen encorvado hacia abajo, antenas largas, siete pares de patas torácicas locomotoras y seis pares de patas abdominales.

ANFIPRÓSTILO s.m. y adj. Templo con pórticos en ambos extremos adornados con columnas.

ANFÍPTERO s.m. HERÁLD. Animal fabuloso en forma de serpiente o dragón alados.

ANFISBENA s.f. (lat. *amphisbaena*). Reptil excavador ápodo de las regiones tropicales, con ojos atrofiados y cabeza y cola con el mismo aspecto. (Orden lacertilios.) **2.** Animal fabuloso representado por una serpiente de dos cabezas.

ANFITEATRO s.m. (gr. *amphithéatron*). ANT. ROM. Edificio de planta generalmente elíptica, con gradas y un espacio central donde se celebraban distintos espectáculos como combates de gladiadores, fieras, etc. **2.** Parte de la sala de un cine, teatro u otro local compuesta de asientos instalados sobre gradas. ◇ **Anfiteatro anatómico** Espacio destinado en los centros médicos a la disección de los cadáveres. **Anfiteatro morrénico** Conjunto de morrenas terminales dispuestas en forma de arco de círculo alrededor del extremo de una lengua glaciar. SIN.: *vallum morrénico*.

ANFITRIÓN, NA s. (de *Anfitrión*, rey legendario de Tirinto). Persona que tiene invitados.

ÁNFORA s.f. (lat. *amphora*). Vasija de forma ovoide, con dos asas simétricas y cuello estrecho, utilizada por los antiguos griegos y romanos para conservar y transportar alimentos.

■ **ÁNFORA** griega decorada, s. VI a.C. (Museo del Louvre, París.)

ANFÓTERO, A adj. Se dice de la sustancia que puede comportarse como un ácido o como una base.

ANFRACTUOSIDAD s.f. Cualidad de anfractuoso. **2.** Irregularidad de un terreno. **3.** Depresión y elevación de varias formas que se repiten en la superficie de algunos cuerpos: *las anfractuosidades del cerebro*.

ANFRACTUOSO, A adj. (lat. *anfractuosus*). Sinuoso, tortuoso, desigual.

ANGARILLAS s.f.pl. (del lat. *angariae*, silla de caballo para el transporte). Andas para llevar a mano personas o cosas. **2.** Armazón que se coloca en las caballerías para transportar diversas cosas, especialmente líquidos en recipientes de vidrio, loza, etc. **3.** Vinagreras para el servicio de mesa.

ANGAZO s.m. (del gall. *anga*, hierro saliente en una caldera para asirla). Arte de pesca

81

compuesto de un mango con un travesaño de púas de hierro encorvadas.

ÁNGEL s.m. (lat. *angelus*). Ser espiritual que sirve de intermediario entre Dios y una persona o varias personas. **2.** *Fig.* Persona que tiene las cualidades que suelen atribuirse a estos seres, como la bondad, la belleza y la inocencia. **3.** *Fig.* Encanto, atractivo de una persona. ◇ **Ángel bueno** *Fig.* Persona que vigila, guía o protege a alguien. **Ángel custodio,** o **de la guarda** Ángel de la religión católica que Dios destina a cada persona para que la proteja. **Ángel malo,** o **de tinieblas** Diablo, demonio. **Salto del ángel** COREOGR. Salto que se ejecuta con los brazos abiertos y con las piernas juntas y dobladas hacia atrás; DEP. Salto de natación ejecutado en posición estirada y con los brazos en cruz hasta juntarlos en la inmersión.

ANGÉLICA s.f. Planta aromática de tallo ramoso, derecho y empinado, hojas con tres segmentos aserrados y ovales y flores de color blanco rojizo. (La raíz y fruto de la angélica tienen propiedades tónicas y estimulantes e intervienen en la composición del agua de melisa.) [Familia umbelíferas.] **2.** Madera tropical muy apreciada en construcción naval.

ANGELICAL adj. De los ángeles. SIN.: *angélico.* **2.** *Fig.* Que parece un ángel o tiene las características o cualidades propias de un ángel: *persona, rostro angelical.* SIN.: *angélico.*

ANGÉLICO, A adj. Angelical.

ANGELITO s.m. Niño de muy poca edad. **2.** *Fig.* Niño pequeño que acaba de fallecer. **3.** Argent. y Chile. Cadáver de un niño arreglado para el velatorio. ◇ **Como un angelito** Plácidamente.

ANGELOTE s.m. Representación artística de un ángel. (Los angelotes se encuentran especialmente en los retablos y fachadas de las iglesias.) **2.** *Fig. y fam.* Niño grande, gordo y apacible. **3.** *Fig. y fam.* Persona bondadosa y apacible. **4.** Pez de unos 2 m de long., con forma intermedia entre los tiburones y las rayas, que vive en las profundidades arenosas o fangosas y se alimenta de peces, moluscos, crustáceos, etc., y ocasionalmente de vegetales.

ÁNGELUS s.m. (del lat. *Angelus Domini,* el ángel del señor). Oración cristiana en memoria del misterio de la Encarnación, que se reza o canta por la mañana, al mediodía y al atardecer. **2.** Toque de campana que anuncia que es la hora de rezar esta oración.

ANGINA s.f. (lat. *angina*). Inflamación del fondo de la boca y la laringe. (Suele usarse en plural.) **2.** *Fam.* Amígdala. ◇ **Angina de pecho** Síndrome que se manifiesta por crisis dolorosas en la región anterior del tórax sobre la que se proyecta el corazón acompañadas por sensación de angustia y muerte inminente. SIN.: *ángor péctoris.*

ANGIOCARDIOGRAFÍA s.f. Radiografía de las cavidades del corazón y de los grandes vasos que abocan en él.

ANGIOCOLITIS s.f. Inflamación de las vías biliares.

ANGIOGÉNESIS s.f. Formación de los vasos sanguíneos.

ANGIOGRAFÍA s.f. Radiografía de los vasos sanguíneos que se realiza después de la inyección de una sustancia opaca a los rayos X.

ANGIOLOGÍA s.f. Parte de la medicina que estudia el sistema vascular.

ANGIÓLOGO, A s. Especialista en angiología.

ANGIOMA s.m. (del gr. *aggeion,* vaso sanguíneo). Malformación local formada por un conglomerado de vasos sanguíneos. (El angioma es generalmente benigno.)

ANGIOSPERMO, A adj. y s.f. Relativo a una subdivisión del reino vegetal que agrupa las plantas fanerógamas cuyas semillas están encerradas en un fruto. (Las angiospermas pueden ser *monocotiledóneas* y *dicotiledóneas.*)

ANGLICANISMO s.m. Doctrina cristiana de la iglesia oficial de Inglaterra.
ENCICL. El anglicanismo nació tras la ruptura de Enrique VIII con el papa y su autoproclamación como cabeza suprema de la iglesia inglesa *(Acta de supremacía,* 1534), pero mantuvo la jerarquía y el dogma católicos hasta en 1552-1553 su sucesor, Eduardo VI, proclamó una nueva profesión de fe y una nueva liturgia. Fue durante el reinado de Isabel I (1558-1603)

cuando se consolidó y organizó definitivamente el anglicanismo entre la reforma continental y el catolicismo. Hay tres tendencias enfrentadas: la iglesia alta *(high Church),* defensora de la jerarquía episcopal y de la liturgia; la iglesia baja *(low Church),* marcadamente calvinista, y la iglesia amplia *(bread Church),* que antepone la moral individual a la doctrina.

ANGLICANIZAR v.tr. [7]. Dar carácter inglés. ◆ **anglicanizarse** v.prnl. Adquirir carácter inglés.

ANGLICANO, A adj. y s. Relativo al anglicanismo; seguidor de esta doctrina.

ANGLICISMO s.m. Palabra, expresión o giro procedentes de la lengua inglesa que se usan en otra lengua.

ANGLO, A adj. y s. De un pueblo germánico procedente del Schleswig que invadió Gran Bretaña y dio su nombre a Inglaterra (s. V). **2.** Inglés.

ANGLOAMERICANO, A adj. Relativo a los ingleses y americanos conjuntamente. ◆ adj. y s. Se dice de la persona de origen inglés nacida en América. **2.** Norteamericano, de Estados Unidos de América.

ANGLOÁRABE adj. y s.m. y f. Se dice de la raza de caballo obtenida del cruce entre pura sangre inglés y árabe, y que se emplea sobre todo como caballo de montar.

ANGLOFILIA s.f. Estima o admiración por la cultura y las tradiciones inglesas.

ANGLÓFILO, A adj. y s. Que siente estima o admiración por la cultura y las tradiciones inglesas.

ANGLOFOBIA s.f. Aversión hacia la cultura y las tradiciones inglesas.

ANGLÓFOBO, A adj. y s. Que siente aversión por la cultura y las tradiciones inglesas.

ANGLÓFONO, A adj. y s. Se dice de la persona, colectividad, país, etc., de habla inglesa.

ANGLOMANÍA s.f. Afición exagerada a todo lo inglés.

ANGLOMERINO adj. y s. Se dice del carnero que pertenece a una raza obtenida del cruce entre carnero merino y ovino inglés.

ANGLONORMANDO, A adj. y s. De un pueblo normando que se estableció en Inglaterra en el s. XI (1066) tras conquistarla. ◆ s.m. Dialecto francés hablado a ambos lados del canal de la Mancha desde la conquista de Inglaterra por los normandos hasta finales del siglo XIV.

ANGLOSAJÓN, NA adj. y s. De un pueblo de lengua y civilización inglesa. SIN.: *sajón.* **2.** De un pueblo germánico (anglo, juto, sajón) de Frisia y Alemania del Norte que invadió Gran Bretaña en los ss. V y VI. ◆ s.m. Lengua germánica de los anglosajones de la cual deriva el inglés. SIN.: *inglés antiguo.*

ANGOLEÑO, A adj. y s. De Angola. SIN.: *angolano, angolés.*

ANGÓN s.m. Arma provista de dos ganchos usada por los francos.

ÁNGOR s.m. **Ángor péctoris** Angina de pecho.

ANGORA adj. y s. Se dice del gato, conejo y cabra que pertenece a una raza de pelo largo y sedoso. **2.** Se dice de la fibra textil de pelo de conejo (lana angora) o de cabra.

■ **ANGORA.** Gato de angora rojizo.

ANGOSTO, A adj. (lat. *angustus*). Estrecho, reducido.

ANGOSTURA s.f. Cualidad de angosto. **2.** Paso o paraje estrecho. **3.** Árbol originario de América del Sur. (Familia rutáceas.) **4.** Sustancia amarga, tónica y estimulante que se prepara con la corteza de este árbol y se utiliza en la preparación de licores.

ANGRELADO, A adj. (fr. *engrêlé*). Se dice de la moneda o el adorno arquitectónico rematados en picos o dientes menudos. **2.** HERÁLD. Se dice de la pieza con bordes dentados e intervalos redondeados. ◇ **Arco angrelado** Arco formado por lóbulos que se cortan en bisel.

ANGRITO s.m. Meteorito compuesto de augita titanífera púrpura con algo de olivino.

ANGSTRÖM s.m. (de A. J. *Angström,* físico sueco). FÍS. Unidad de medida de longitud de onda y dimensión atómica (símb. Å), equivalente a una diezmillonésima de milímetro.

ANGUARINA s.f. (del ant. *hungarina,* de *húngaro*). Gabán de paño basto y sin mangas.

ANGUILA s.f. (cat. *anguila*). Pez óseo de cuerpo alargado, de 1 m de long., aletas reducidas y piel viscosa, que vive en los cursos de agua dulce pero efectúa su reproducción en la desembocadura de los ríos. (Familia anguílidos.) **2.** MAR. Pieza de madera sobre la que se levanta el armazón de un buque. ◇ **Anguila de mar** Congrio.

■ **ANGUILA**

ANGUILERA s.f. Instalación para la cría de anguilas.

ANGUILERO, A adj. Se dice del canasto pequeño para llevar anguilas. ◇ **Nasa anguilera** Nasa larga y estrecha para pescar anguilas.

ANGUÍLIDO, A adj. y s.m. Relativo a una familia de peces ápodos a la que pertenecen la anguila y el congrio.

ANGUÍLULA s.f. Gusano pequeño de cuerpo blanquecino y movimientos rápidos. (Algunas especies de anguílula son parásitas del trigo, la remolacha, el vinagre e incluso del ser humano; clase nematodos.)

ANGUILULOSIS s.f. Enfermedad causada por la anguílula.

ANGULA s.f. (voz vasca). Cría de la anguila.

ANGULADO, A adj. Anguloso. **2.** Se dice de la pieza, cruz o aspa de cuyos ángulos sale otra pieza.

ANGULAR adj. Relativo al ángulo. **2.** Que tiene forma de ángulo. ◆ adj. y s.m. TECNOL. Se dice del perfil metálico de dos alas y sección transversal en forma de ángulo recto. ◇ **Gran angular** Objetivo fotográfico de corta distancia focal con capacidad de cubrir un ángulo visual de 70 a 180 grados.

ÁNGULO s.m. (lat. *angulus,* rincón). Figura geométrica formada por dos semirrectas, o *lados,* o por dos semiplanos, o *caras,* que se cortan. **2.** Rincón. **3.** Esquina. **4.** *Fig.* Punto de vista. ◇ **Ángulo muerto** Zona lateral trasera del vehículo, que el conductor no puede ver en los retrovisores; MIL. Ángulo que no tiene defensa y no está flanqueado.

ANGULOSO, A adj. Que tiene ángulos: *rostro anguloso.* SIN.: *angulado.*

ANGURRIA s.f. Amér. Hambre incontrolada. **2.** Amér. Egoísmo, avaricia.

ANGUS s.m. y adj. Se dice del animal bovino que pertenece a una raza productora de carne, desprovista de cuernos, originaria de Escocia. SIN.: *aberdeen-angus.*

ANGUSTIA s.f. (lat. *angustia,* estrechez). Aflicción, congoja. **2.** Estado de desasosiego psíquico, de inquietud profunda, que se acompaña de manifestaciones psicomotrices y vegetativas. **3.** FILOS. Experiencia metafísica por la cual la persona toma conciencia del ser.

ANGUSTIAR v.tr. y prnl. Producir angustia.

ANGUSTICLAVE s.m. Banda púrpura que adornaba la túnica de los caballeros romanos.

ANGUSTIFOLIO, A adj. BOT. De hoja muy estrecha.

ANGUSTIOSO, A adj. Que causa angustia: *un angustioso silencio.* **2.** Que padece angustia.

ANHELAR v.intr. y tr. (lat. *anhelare,* respirar con dificultad). Desear intensamente.

ANHELO s.m. Deseo intenso.

ANHELOSO, A adj. Que siente anhelo. **2.** Se dice de la respiración fatigosa.

ANHÍDRIDO s.m. Óxido que forma un ácido al combinarse con el agua.

ANHIDRITA s.f. Sulfato de calcio anhidro, más duro que el yeso.

ANHIDRO, A adj. QUÍM. Que no contiene agua: *sal anhidra.*

ANHIDROBIOSIS s.f. BIOL. Estado de suspensión temporal de las actividades vitales que permite a un organismo resistir una larga desecación.

ANHIDROSIS s.f. Ausencia o disminución anormal de la sudoración.

ANÍ s.m. Ave originaria de América Central de plumaje negro, tronco esbelto, cola bastante larga y pico convexo y largo.

ANIDAR v.intr. Hacer un ave el nido. **2.** *Fig.* Vivir alguien en un lugar. ◆ v.intr. *Fig.* Existir determinado sentimiento en alguien o algo: *en él anida la esperanza de ser feliz.* ◆ v.tr. *Fig.* Albergar, acoger.

ANILIDA s.f. QUÍM. Amida derivada de la anilina.

ANILINA s.f. Amina cíclica ($C_6H_5NH_2$) derivada del benceno. (La anilina se obtuvo por primera vez en 1826 al destilar el índigo. Actualmente se extrae de la hulla y se usa en la elaboración de los colorantes sintéticos.)

ANILLA s.f. Aro que sirve generalmente para colgar o sujetar algo. **2.** Aro que se coloca en la pata de un ave para identificarla o estudiar sus migraciones. SIN. *anillo.* **3.** Vitola. **4.** HERÁLD. Pieza que consiste en dos ganchos en forma de C adosados y acolados. ◆ **anillas** s.f.pl. Aparato de gimnasia que consiste en dos cables sujetos al techo que sostienen dos aros metálicos.

ANILLADO, A adj. Que tiene anillos. **2.** Se dice del cabello rizado. ◆ s.m. Colocación de una anilla en la pata de un ave para identificarla o estudiar sus migraciones. ◇ **Columna anillada** ARQ. Columna cuyo fuste está ceñido por anillos para disimular las juntas que unen sus diferentes piezas.

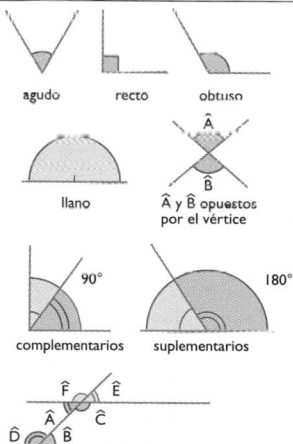

agudo recto obtuso

llano Â y B̂ opuestos por el vértice

90° 180°

complementarios suplementarios

F̂ Ê
Â B̂ Ĉ
D̂ B̂
Ĝ Ĥ (Â, B̂), (Ĉ, D̂): alternos-internos
(F̂, Ĥ), (Ĝ, Ê): alternos-externos
(F̂, B̂), (Ĉ, Ĥ), (F̂, D̂), (Â, Ĝ): correspondientes

adyacentes diedro

■ **ÁNGULO.** Tipos de ángulos y propiedades de algunos de ellos.

■ **ANILLAS.** El bielorruso Vitali Cherbo en un ejercicio de anillas.

ANILLAR v.tr. Sujetar con anillas o anillos. **2.** Realizar el anillado. **3.** Dar forma de anillo o anilla.

ANILLEROS s.m.pl. Miembros de una sociedad secreta de carácter político que existió en España durante el trienio constitucional (1820-1823).

ANILLO s.m. (lat. *anellus*). Aro pequeño. **2.** Aro, generalmente de metal, que se lleva en los dedos de la mano. SIN.: *sortija.* **3.** Anilla, aro que se coloca en la pata de un ave. **4.** TAUROM. Ruedo. SIN.: *arena, redondel.* **5.** ANAT. Estructura anatómica de disposición circular: *anillo inguinal.* **6.** ARQ. Moldura que rodea un cuerpo cilíndrico, especialmente el fuste de una columna. **7.** ASTRON. Zona circular de materia que rodea un planeta (Júpiter, Saturno, Urano), constituida por una multitud de fragmentos sólidos de pequeño tamaño que se desplazan cada uno a su propia velocidad. **8.** BOT. a. Aro membranoso que rodea el pie de un hongo adulto, generalmente por la parte superior. **b.** Capa concéntrica de un árbol cortado transversalmente. **9.** MAT. Conjunto provisto de dos leyes de composición interna; la primera le confiere la estructura de grupo conmutativo y la segunda es asociativa y distributiva respecto de la primera. **10.** ZOOL. Segmento que compone el cuerpo de un anélido o el esqueleto de un artrópodo. ◇ **Anillo calibrador** Instrumento para medir el diámetro exterior de una pieza cilíndrica. **Anillo de almacenamiento** Máquina en la que se almacenan las partículas elementales procedentes de un acelerador. **Anillo de boda** Anillo que lleva una persona casada como símbolo del matrimonio. **Anillo de colisión, o de almacenamiento** FÍS. Conjunto de anillos de almacenamiento que presentan zonas de intersección en que las partículas almacenadas entran en colisión. **Anillo esférico** Sólido engendrado por un segmento circular al girar alrededor de un diámetro que no lo atraviesa. **Anillo pastoral** Anillo que lleva un obispo como símbolo de su cargo. **Caérsele a alguien los anillos** Considerar una persona que la realización de un trabajo desmerece su dignidad, jerarquía o clase social. **Venir alguien o algo como anillo al dedo** *Fam.* Aparecer oportunamente.

ÁNIMA s.f. (lat. *anima,* aire, aliento, alma). Alma de una persona, especialmente de un difunto: *rezar por las ánimas.* **2.** Hueco interior de algunos objetos, especialmente del cañón de un arma de fuego. **3.** Coraza formada por láminas de acero imbricadas. (El ánima es análoga al pectoral o guardacorazón de los romanos.) ◆ **ánimas** s.f.pl. Toque de campanas a cierta hora de la noche para rogar a Dios por las ánimas del purgatorio. **2.** Hora en que se hace este toque. ◇ **Ánima bendita, o del purgatorio** Alma que pena en el purgatorio.

ANIMACIÓN s.f. Acción y efecto de animar o animarse. **2.** Agilidad y rapidez en las palabras o movimientos. **3.** Concurrencia de personas en un lugar: *había gran animación en la plaza.* **4.** Conjunto de medios y de métodos para impulsar a participar a los miembros de una colectividad en las actividades socioculturales del grupo. **5.** Técnica cinematográfica que proporciona apariencia de movimiento a dibujos, muñecos, etc. (*V. ilust. pág. siguiente.*)

ANIMADO, A adj. Que tiene vida: *seres animados.* **2.** Que es alegre y divertido: *persona animada; fiesta animada.* **3.** Que tiene movimiento: *muñeco animado.*

ANIMADOR, RA adj. y s. Que anima. ◆ s. Persona que presenta o ameniza un espectáculo. **2.** Persona que dentro de un grupo o colectividad se ocupa de los trabajos de animación (propone actividades, facilita la relación entre los miembros, etc.).

ANIMADVERSIÓN s.f. Antipatía, hostilidad.

ANIMAL s.m. (lat. *animal, -alis*). Ser vivo organizado dotado generalmente de movimiento propio y sensibilidad que se nutre de sustancias orgánicas. **2.** Animal racional. ◆ adj. Relativo a los animales. **2.** Relativo a la parte sensitiva de un ser vivo a diferencia de la racional o espiritual: *instinto animal.* ◆ adj. y s. *Fig.* Bruto, grosero o muy ignorante. ◇ **Animal de tiro** Animal que se utiliza para tirar de un carruaje u otro objeto. **Espíritus animales** Parte más ligera de la sangre imaginada por Descartes para explicar la acción del alma sobre el cuerpo (y recíprocamente). **Psicología animal** Parte de la psicología que estudia las condiciones en que funcionan los comportamientos innatos de una especie determinada y algunas funciones psicológicas (percepción, condicionamiento, aprendizaje, etc.).

ANIMALADA s.f. Disparate, tontería.

ANIMÁLCULO s.m. Animal muy pequeño visible solamente al microscopio.

ANIMALISTA adj. Se dice del pintor o escultor de animales. **2.** Se aplica al arte que tiene los animales como tema principal.

ANIMALIZACIÓN s.f. Acción y efecto de animalizar o animalizarse.

ANIMALIZAR v.tr. [7]. Dar carácter animal. ◆ **animalizarse** v.prnl. Adquirir una persona las características propias de un animal irracional.

ANIMAR v.tr. (lat. *animare,* dar vida). Impulsar, mover: *no le anima ningún afán de lucro.* ◆ v.tr. y prnl. Dar ánimo, valor o energía a alguien. **2.** Estimular a una persona para que haga algo: *su éxito la animó a seguir trabajando.* **3.** Hacer una cosa más activa, movida y alegre: *animar la fiesta.* ◆ **animarse** v.prnl. Alegrarse, sentir ganas de diversión.

ANÍMICO, A adj. Psíquico: *estado anímico.*

ANIMISMO s.m. Creencia que atribuye alma a todos los seres, fenómenos y objetos naturales.

ANIMISTA adj. y s.m. y f. Relativo al animismo; seguidor de esta creencia.

ÁNIMO s.m. (lat. *animus*). Valor o energía para superar dificultades o emprender una empresa: *tener ánimo suficiente.* **2.** Intención o propósito: *sin ánimo de ofender.* **3.** Alma o espíritu. **4.** *Fig.* Estado emocional de una persona: *no está en su mejor momento de ánimo.*

83

■ EL CINE DE ANIMACIÓN

El francés Émile Reynaud, con su praxinoscopio y después
con su teatro óptico, puede ser considerado como el pionero
de la animación. Sin embargo, será el americano J. Stuart Blackton
quien descubra las tomas fotograma a fotograma (*El hotel
encantado*, 1906), fundamentales junto a los trucos ideados
durante estos años por Méliès o Segundo de Chomón.
En Estados Unidos las técnicas se perfeccionan y abren vías a las
exploraciones de Pat Sullivan *(Felix el gato)*. Walt Disney rodaría
el primer largometraje de animación, y Tex Avery dotaría
al dibujo animado de un estilo irreverente y delirante. Después
de la segunda guerra mundial se imponen otros creadores:
el canadiense Norman McLaren; los marionetistas checos Karel
Zeman y Jiri Trnka; o la escuela de Zagreb en Yugoslavia,
con su mundo cáustico y alegórico. Actualmente, el desarrollo
de las técnicas informáticas y de síntesis de imagen han abierto
nuevas perspectivas (*Toy Story*, 1995; *Antz/Hormigaz,* 1998).

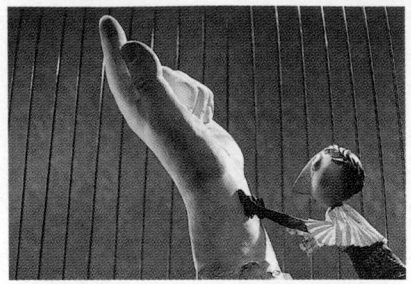

La mano. El checo Jiří Trnka adapta al cine la tradición
teatral de las marionetas de madera. En *La mano* (1965)
se plantean las relaciones entre el artista y el poder.

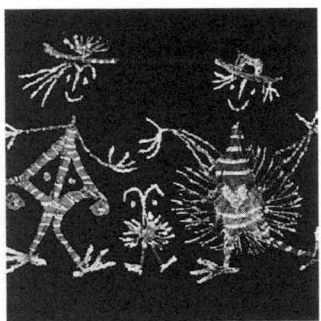

Garbancito de la Mancha. Realizada
por José María Blay Castillo en 1945, esta
fue una producción insólita tanto del cine
hispanoamericano como del europeo,
ya que fue el primer largometraje de dibujos
animados que se hacía en el Viejo
Continente.

Short and Suite. En esta película de 1969,
el canadiense Norman McLaren, pionero del
cine de animación moderno, combina
de manera muy efectiva diferentes técnicas.

Buscando a Nemo (2003) de Disney/Pixar. La productora Pixar se ha especializado
en largometrajes animados creados por computadora. El secreto en el realismo en cada
fotograma está en «RenderMan», un programa de animación computerizada que da vida
a las imágenes digitales.

Pinocho. Tras inventar al ratón Mickey
en 1928, el estadounidense Walt Disney ha
hecho soñar a un amplio público con sus
criaturas antropomórficas que imponen
su estética *rechoncha*. Perfeccionista, rediseñó
Pinocho (1940) decenas de veces. Y su
inconfundible estilo es parte del imaginario
colectivo de la sociedad del último siglo.

Pesadilla antes de Navidad. Los
americanos Tim Burton y Henry Selick
realizaron esta original comedia musical
protagonizada por figuras animadas
en 1993. A partir de una historia y unos
personajes creados por Burton, también
productor del film, Selick dirigió
un cuento macabro que combina
las tradiciones de la Navidad y Halloween.

◆ interj. Se usa para alentar o dar valor o energía a alguien.

ANIMOSIDAD s.f. Animadversión, enemistad, antipatía.

ANIMOSO, A adj. Que tiene ánimo, valor.

ANIÑADO, A adj. Que tiene características o cualidades que se atribuyen a un niño: *rostro aniñado.*

ANIÓN s.m. Ion cargado negativamente.

ANIÓNICO, A adj. Relativo al anión.◇ **Emulsión aniónica** Emulsión estable en un medio básico alcalino.

ANIQUILACIÓN s.f. Acción y efecto de aniquilar o aniquilarse. SIN.: *aniquilamiento.* **2.** FÍS. Reacción entre una partícula y su antipartícula. (Tras la aniquilación ambas desaparecen transformándose en partículas más ligeras.)

ANIQUILAMIENTO s.m. Aniquilación.

ANIQUILAR v.tr. y prnl. (del lat. *annihilare*). Destruir por completo: *aniquilar a una población.* **2.** *Fig.* Deteriorar completamente: *aniquilar la salud.* ◆ v.tr. Derrotar contundentemente a alguien en un enfrentamiento o discusión.

ANÍS s.m. (cat. *anís*, lat. *anisum*). Planta aromática de unos 30 cm de alt. y flores en umbela de color blanco. (Familia umbelíferas.) **2.** Semilla de esta planta. (El anís se emplea en la confección de dulces y licores y en medicina.) **3.** Aguardiente de anís. **4.** Grano de anís con un baño de azúcar. ◇ **Anís estrellado,** o **de China** Fruto del badián.

1. ANISAR s.m. Terreno sembrado de anís.

2. ANISAR v.tr. Echar anís a un alimento.

ANISETE s.m. (fr. *anisette*) Bebida alcohólica elaborada con anís, aguardiente y azúcar.

ANISFO s.m. → ANNISFO.

ANISOTONÍA s.f. Diferencia de presión osmótica entre las soluciones que bañan las dos caras de una pared permeable o semipermeable, que permite los intercambios hídricos e iónicos a través de dicha pared.

ANISOTROPÍA s.f. Cualidad de anisótropo.

ANISÓTROPO, A adj. Se dice del cuerpo o sustancia cuyas propiedades difieren según la dirección considerada.

ANITO s.m. Estatuilla de los igorrotes de Filipinas destinada al culto de los antepasados.

ANIVERSARIO s.m. (lat. *aniversarius,* que vuelve cada año). Día en que se cumplen uno o más años de un suceso: *aniversario de boda.* **2.** Celebración para conmemorar ese día: *asistimos al aniversario de aquel local.*

ANNAMITA o **ANAMITA** adj. y s.m. y f. De Annam.

ANNATA s.f. → ANATA.

ANNISFO o **ANISFO** s.m. NUMISM. Antigua moneda fraccionaria que valía medio dinar.

ANNONA o **ANONA** s.f. ANT. ROM. ◆ Impuesto en especies recaudado sobre el producto de la cosecha anual. **b.** Servicio público para atender el aprovisionamiento de la ciudad de Roma.

ANO s.m. (lat. *anus,* anillo). Orificio externo del recto por el cual se expulsan los excrementos.◇ **Ano artificial,** o **contranatura** Orificio creado por intervención quirúrgica en el intestino, a la altura de la pared del abdomen, para expulsar las materias fecales en caso de obstrucción intestinal.

ANOCHE adv.t. En la noche de ayer.

1. ANOCHECER v.impers. [37]. Desaparecer la luz del día. ◆ v.intr. Estar en un lugar o situación determinada al anochecer: *anochecimos frente a la Alhambra.*

2. ANOCHECER s.m. Tiempo durante el cual anochece. SIN.: *anochecida.*

ANOCHECIDO adv.t. Al empezar la noche: *al volver, era ya anochecido.*

ANÓDICO, A adj. Relativo al ánodo.

ANODINO, A adj. (gr. *anodynos,* que no causa dolor). Que carece de gracia o interés: *palabras anodinas.*

ANODIZACIÓN s.f. TECNOL. Oxidación superficial de una pieza metálica que actúa como ánodo en una electrólisis para mejorar el pulimento y aumentar la resistencia a la abrasión y la corrosión. SIN.: *anodizado.*

ÁNODO s.m. (gr. *ánodos,* camino ascendente). Polo positivo de una pila eléctrica. **2.** Electrodo por donde entra la corriente eléctrica en el electrólito.

ANODONTIA s.f. Falta de dientes.

ANOFELES s.m. (del gr. *anopheles,* inútil, dañoso) [pl. *anofeles*]. Mosquito cuya hembra transmite el paludismo.

ANOMALÍA s.f. Irregularidad, falta de adecuación a la norma o regla general: *notar anomalías en su conducta.* **2.** BIOL. Alteración biológica de origen congénito o adquirido.

ANÓMALO, A adj. (lat. *anomalus*). Anormal, extraño: *comportamiento anómalo.*

ANOMIA s.f. Estado de desorganización social que resulta de la desaparición total o parcial de las normas y valores comunes a sus miembros.

ANONA s.f. → ANNONA.

ANONÁCEO, A adj. y s.f. Relativo a una familia de árboles y arbustos originaria de los países cálidos, de hojas simples, flores hermafroditas y frutos generalmente en forma de baya, como el chirimoyo.

ANONADAMIENTO s.m. Acción y efecto de anonadar. SIN.: *anonadación.*

ANONADAR v.tr. y prnl. (de *nonada*). Dejar desconcertado o impresionado. **2.** Humillar o derrotar a alguien. **3.** *Fig.* Aniquilar, reducir a la nada.

ANONIMATO s.m. Estado o condición de anónimo.

ANÓNIMO, A adj. y s.m. (gr. *anónymos*). Se dice de la obra, escrito, etc., cuyo autor se desconoce: *el Lazarillo de Tormes es una obra anónima.* ◆ adj. y s. Se dice de la persona que ha hecho algo y cuyo nombre se desconoce: *donante anónimo* ◆ adj. **Sociedad anónima** DER. Sociedad que se forma por acciones, con responsabilidad circunscrita al capital que representa. ◆ s.m. Mensaje que se envía por escrito o telefónicamente ocultando la identidad: *recibir anónimos.* **2.** Secreto del que oculta su nombre: *conservar el anónimo.*

ANORAK s.m. (voz esquimal) [pl. *anoraks*]. Prenda deportiva impermeable, generalmente con capucha, para protegerse del frío.

ANOREXIA s.f. Pérdida de apetito. ◆ **Anorexia nerviosa** Enfermedad psiquiátrica que produce el rechazo sistemático de alimentos. (La anorexia pueden padecerla especialmente los adolescentes.)

ANORÉXICO, A adj. y s. Relativo a la anorexia; que padece anorexia.

ANORGASMIA s.f. Ausencia o insuficiencia de orgasmo en el acto sexual.

ANORMAL adj. (fr. *anormal*). Que no se ajusta a la norma o regla general: *conducta anormal.* ◆ s.m. y f. *Desp.* Persona que tiene una capacidad física o mental inferior a la que se considera normal.

ANORMALIDAD s.f. Cualidad de anormal. **2.** Anomalía, irregularidad.

ANORTAR v.intr. MAR. Girar el viento o la brújula al norte.

ANOSCOPIA s.f. Endoscopia del ano.

ANOSMIA s.f. Disminución o pérdida completa del olfato.

ANOTACIÓN s.f. Acción y efecto de anotar.

ANOTAR v.tr. (lat. *annotare*). Escribir una cosa para poder recordarla: *anotar el pedido.* **2.** Poner notas en un texto. **3.** DEP. Conseguir un tanto: *anotar una canasta.*

ANOTICIAR v.tr. e intr. Argent. y Chile. Dar noticias.

ANOVULACIÓN s.f. Falta de ovulación.

ANOVULATORIO, A adj. y s.m. Se dice de la sustancia que impide la ovulación. **2.** Se dice del ciclo menstrual en el curso del cual la menstruación no ha sido precedida de una ovulación.

ANOXEMIA s.f. Disminución de la concentración de oxígeno en la sangre.

ANOXIA s.f. Disminución de la cantidad de oxígeno en los tejidos.

ANQUILOSAMIENTO s.m. Acción y efecto de anquilosar: *anquilosamiento ideológico.*

ANQUILOSAR v.tr. y prnl. Causar anquilosis en una articulación: *anquilosarse las extremidades.* **2.** Detener el progreso de una cosa material o inmaterial: *anquilosarse en el pasado.*

ANQUILOSIS s.f. (gr. *ankýlosis*). Limitación de la movilidad de una articulación.

ANQUILOSTOMA s.m. Gusano parásito del intestino humano. (Clase nematodos.)

ANQUILOSTOMIASIS s.f. Enfermedad parasitaria causada por el anquilostoma.

ANSA s.f. Hansa.

ANSADO, A adj. **Cruz ansada** Cruz del antiguo Egipto cuyo extremo superior termina en una pequeña anilla.

ÁNSAR s.m. (lat. vulgar *ansar, ansaris*). Ganso. **2.** Ave palmípeda de gran tamaño y plumaje denso. (De este ave proceden la mayoría de gansos domésticos, familia anátidos.)

ANSARINO, A adj. Relativo al ánsar. ◆ s.m. Pollo del ánsar.

ANSEÁTICO, A adj. Hanseático.

ANSERIFORME adj. y s.m. Relativo a un orden de aves palmípedas de plumaje denso y abundante, con pico provisto de láminas córneas, como los gansos, patos y cisnes.

ANSERINA s.f. Planta de hojas verdes triangulares y racimos cortos y desnudos en panojas terminales. (Familia quenopodiáceas.)

ANSIA s.f. (lat. *anxia*). Anhelo, deseo intenso: *tener ansias de grandeza.* **2.** Angustia o inquietud intensa: *sentir ansia por la tardanza.*

ANSIAR v.tr. [19]. Desear una cosa intensamente.

ANSIEDAD s.f. Inquietud o desasosiego causados por un hecho futuro o incierto. **2.** Angustia que acompaña a muchas enfermedades, especialmente a ciertas neurosis. **3.** PSICOL. Estado tenso de la psique frente a un peligro indeterminado e inminente, acompañado de un sentimiento de inseguridad.

ANSIOLÍTICO adj. y s.m. Se dice del medicamento que calma los síntomas de la ansiedad.

ANSIOSO, A adj. Que tiene muchas ansias, congojas, angustias.

ANTA s.f. (del lat. *antae,* pilares a los dos lados de las puertas) Pilastra colocada a un lado de la puerta de una fachada o muro para reforzarlo o decorarlo. **2.** Pilastra empotrada en un muro y con una columna delante. **3.** Pilastra cuya base y capitel pueden no ajustarse a los de las columnas del edificio, y va generalmente colocada en un extremo de pared lateral.

ANTAGÓNICO, A adj. Que tiene o implica antagonismo: *posturas antagónicas.*

ANTAGONISMO s.m. Oposición entre personas, grupos sociales, doctrinas o ideas.

ANTAGONISTA adj. y s.m. y f. (lat. *antagonista,* del gr. *antagonistes*) Opuesto o contrario a otro.

ANTALGIA s.f. Supresión o atenuación de la percepción dolorosa.

ANTÁLGICO, A adj. y s.m. MED. Se dice de la sustancia que calma el dolor.

ANTAÑO adv.t. (lat. *ante annum,* un año antes). En tiempo antiguo. **2.** En el año anterior.

ANTAÑÓN, NA adj. Muy viejo.

ANTARA s.f. Flauta de Pan propia de los indios peruanos.

ANTÁRTICO, A adj. (lat. *articus*). Relativo al polo S y a las regiones que lo rodean. CONTR.: *ártico.*

1. ANTE prep. (del lat. *ante*). En presencia de, delante de: *hincarse ante el rey.* En comparación con: *todo es pequeño ante su grandeza.* **3.** Respecto de, en relación con: *no puedo decir nada ante ese asunto.* ◆ s.m. Guat. Almíbar de harina de garbanzos y frijoles. **2.** Méx. Bizcocho mezclado con dulce de huevo y coco. **3.** Perú. Bebida refrescante.

2. ANTE s.m. (del ár. hispánico *lamt*). Alce, mamífero. **2.** Piel de algunos animales, especialmente el alce, adobada y curtida.

ANTEANOCHE adv.t. En la noche de anteayer.

ANTEAYER adv.t. En el día inmediatamente anterior a ayer.

ANTEBRAZO s.m. Parte del brazo comprendida entre el codo y la muñeca. **2.** Parte de la extremidad anterior de un caballo comprendida entre el codo y la rodilla.

ANTECÁMARA s.f. Habitación situada antes de la sala principal, especialmente en un palacio. **2.** MEC. Cámara auxiliar del motor de combustión intercalada entre el inyector de combustible y el cilindro, y en la que la turbulencia del gas, al mejorar la pulverización del combustible, facilita su encendido.

ANTECEDENCIA s.f. Fenómeno por el que un río caudaloso mantiene el trazado general de su curso a pesar de las deformaciones tectónicas.

ANTECEDENTE adj. Que antecede o precede: *el día antecedente a los sucesos*. **2.** Que se ha asentado antes de una transformación tectónica: *valle antecedente.* ◆ s.m. Hecho o circunstancia anterior que sirve para comprender o juzgar otros posteriores: *los antecedentes del caso.* **2.** LING. Nombre, pronombre u oración al que hace referencia un pronombre relativo. **3.** LÓG. y MAT. Primer término de una relación de implicación (por oposición a *consecuente*). **4.** MAT. Para un elemento *b* del conjunto B, en el que se aplica un conjunto C, elemento *a* de C del que se deduce *b* por esta aplicación. ◆ **antecedentes** s.m.pl. Condenas penales dictadas contra una persona; conducta anterior del procesado que debe tenerse en cuenta para la graduación de la pena. (También *antecedentes penales*.) ◇ **Poner en antecedentes** Poner al corriente.

ANTECEDER v.tr. (lat. *antecedere*). Preceder.

ANTECESOR, RA s. Persona que ha precedido a otra en un empleo o cargo. ◆ s.m. Antepasado, ascendiente. (Suele usarse en plural.)

ANTECO, A adj. y s. (gr. *ántoikos*, el que vive en el lado opuesto). Se dice del habitante de la tierra que, según los geógrafos antiguos, está bajo un mismo meridiano y a igual distancia del ecuador, pero en distinto hemisferio.

ANTECOPRETÉRITO s.m. LING. Tiempo del verbo que expresa una acción pasada que es anterior a otra también pasada. SIN.: *pretérito pluscuamperfecto.*

ANTECRISOL s.m. METAL. Cuba empleada en fundición situada junto al cubilote con el que se comunica por la parte inferior.

ANTECRÍTICA s.f. Crítica de una obra literaria, teatral, cinematográfica, etc., hecha por el propio autor antes de su aparición o estreno y publicada en un medio de comunicación.

ANTEDICHO, A adj. Que se ha dicho antes: *el suceso antedicho.*

ANTEDILUVIANO, A adj. Anterior al diluvio universal. **2.** *Fig.* Muy antiguo: *un automóvil antediluviano.*

ANTEFIJA s.f. Pieza ornamental de la arquitectura clásica colocada en el coronamiento de las cornisas para ocultar los extremos de las tejas.

ANTEFIRMA s.f. Denominación del cargo o dignidad del firmante de un documento que se pone antes de la firma.

ANTEFUTURO s.m. LING. Tiempo que indica una acción acabada en relación con otra futura. SIN.: *futuro perfecto.*

ANTELACIÓN s.f. (lat. *antelatio, -onis*, acción de anteponer). Anticipación con que sucede una cosa respecto a otra: *anunciar algo con antelación.*

ANTEMANO (DE) loc. Previamente, con anterioridad: *lo sabía de antemano.*

ANTEMEMORIA s.f. INFORMÁT. Memoria de débil capacidad y de tiempo de acceso muy corto que sirve de tampón entre la memoria central y la unidad de tratamiento de una computadora y que contiene la mayoría de las informaciones para la unidad central puede necesitar.

ANTE MERÍDIEM loc. (lat. *ante meridiem*). Antes del mediodía. (Se abrevia *a.m.*)

ANTENA s.f. (lat. *antemna*). Dispositivo para emitir y recibir ondas radioeléctricas. **2.** Apéndice alargado, par y móvil, situado en la cabeza de los insectos, crustáceos y ciertos anéli-

dos, donde se hallan las funciones sensoriales táctiles o gustativas.

ANTEOJERA s.f. Pieza que protege el ojo de las caballerías y le impide ver por los lados. (Suele usarse en plural.) **2.** Estuche donde se guardan los anteojos.

ANTEOJO s.m. Instrumento óptico formado por un tubo provisto de un sistema de lentes que sirve para obtener imágenes aumentadas de objetos lejanos. (También *anteojo de larga vista.*) SIN.: *catalejo.* ◆ **anteojos** s.m.pl. Instrumento que sirve para corregir defectos de la visión o para proteger los ojos, formado por un par de lentes montadas sobre un armazón de metal o plástico que se apoya sobre la nariz y, generalmente, las orejas: *anteojos graduados; anteojos oscuros.* SIN.: *lentes.* GEOSIN.: Esp. *gafas.* **2.** Instrumento óptico formado por dos tubos, uno para la visión de cada ojo, provistos de un sistema de lentes que sirve para obtener imágenes aumentadas de objetos lejanos. SIN.: *gemelos.* ◇ **Anteojo astronómico** Instrumento óptico utilizado para la observación de los cuerpos celestes. SIN.: *telescopio refractor.* **Anteojo de puntería** ARM. Anteojo que sirve para apuntar con precisión las armas que efectúan el tiro directo. **Serpiente de anteojos** Cobra india.

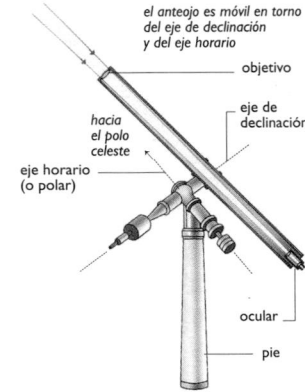

el anteojo es móvil en torno del eje de declinación y del eje horario
objetivo
eje de declinación
hacia el polo celeste
eje horario (o polar)
ocular
pie

■ **ANTEOJO** ASTRONÓMICO de montura ecuatorial.

ANTEPALCO s.m. Habitación situada antes del palco.

ANTEPASADO s.m. Persona de la que otra desciende. (Suele usarse en plural.) SIN.: *antecesor; ascendiente.*

ANTEPECHO s.m. Barandilla o pequeño muro que se coloca en lugares altos para asomarse sin peligro. **2.** Barandilla de una ventana para apoyarse, que no sobresale de la pared del edificio. **3.** MAR. Baranda o parte de la pared de una embarcación que rodea la cubierta de los castillos, toldillas u otras superestructuras para resguardar y proteger a la gente.

ANTEPENÚLTIMO, A adj. y s. Que es inmediatamente anterior al penúltimo.

ANTEPIÉ s.m. Parte anterior del pie, formada por los metatarsianos y las falanges de los dedos.

ANTEPONER v.tr. y prnl. (lat. *anteponere*) [60]. Poner antes o delante: *anteponer una pa-*

labra a otra. **2.** Dar más importancia a una cosa que a otra: *anteponer la salud al dinero.*

ANTEPORTADA s.f. Hoja que precede a la portada de un libro y que puede ir en blanco o llevar el título de la obra. SIN.: *portadilla.*

ANTEPOSPRETÉRITO s.m. LING. Tiempo del modo indicativo que indica la posibilidad de una acción en el presente o pasado. SIN.: *potencial perfecto; condicional compuesto* o *perfecto.*

ANTEPRESENTE s.m. LING. Tiempo verbal que expresa una acción acabada en un período de tiempo que todavía no ha terminado. SIN.: *pretérito perfecto compuesto; pretérito indefinido.*

ANTEPRETÉRITO s.m. LING. Tiempo verbal que expresa una acción pasada anterior a otra también pasada. SIN.: *pretérito anterior.*

ANTEPROYECTO s.m. Estudio preliminar al proyecto de una obra, especialmente de arquitectura o ingeniería. **2.** Propuesta provisional de una ley.

ANTEPUERTO s.m. MAR. **a.** Parte de un puerto situada entre la entrada y las dársenas. **b.** Puerto ubicado aguas abajo de un primer puerto, generalmente en un estuario.

ANTERA s.f. BOT. Parte superior del estambre de las flores que se abre al madurar para dejar escapar los granos de polen formados en su interior.

ANTERIDIO s.m. BOT. Órgano de los vegetales superiores donde se forman los anterozoides.

ANTERIOR adj. (lat. *anterior*). Que está antes o delante en el espacio o en el tiempo. CONTR.: *posterior.* **2.** FONÉT. Se dice del fonema cuyo punto de articulación se sitúa en la parte anterior de la cavidad bucal. **3.** MAT. Se dice del elemento de una relación de orden que precede a otro: *si a es anterior a b, se escribe* a < b.

ANTERIORIDAD s.f. Precedencia temporal o espacial de una cosa con respecto a otra.

ANTERÓGRADO, A adj. **Amnesia anterógrada** Amnesia que consiste en no poder memorizar los hechos nuevos. SIN.: *amnesia de fijación.*

ANTEROZOIDE s.m. Gameto masculino de los vegetales superiores.

ANTES adv.l. y t. (del lat. *ante*). Indica prioridad en el espacio o en el tiempo: *si subes por esta calle encontrarás el banco antes que la panadería; ya te lo dije antes.* (Suele preceder a la preposición *de* y a las conjunciones *que* o *de que: antes de salir; antes que o de que saliese.*) ◆ adv. Indica preferencia o prioridad: *prefiere callar antes que mentir.* ◆ adj. Con sustantivos que expresan tiempo, indica anterioridad: *la noche antes.* ◆ conj.advers. Introduce una situación que indica preferencia en relación con lo que se expresa en la oración negativa anterior: *no le molesta, antes le divierte.* (Suele usarse con el adv. *bien.*) ◇ **De antes** De otra época: *las costumbres de antes.*

ANTESALA s.f. Habitación situada antes de la sala, especialmente donde una persona espera ser recibida: *esperar en la antesala.* **2.** *Fig.* Situación que precede a otra de mayor importancia: *estar en la antesala del liderazgo.* ◇ **Hacer antesala** Esperar en una habitación a ser recibido.

ANTEVÍSPERA s.f. Día inmediatamente anterior a la víspera.

ANTI → **CAMPA.**

ANTIABORTISTA adj. Que es contrario a la legalización o a la práctica del aborto.

ANTIÁCIDO, A adj. y s.m. Se dice del fármaco que neutraliza por reacción química o elimina por adsorción la acidez gástrica. **2.** Se dice del material resistente a un ácido.

ANTIADHERENTE adj. Que impide la adherencia.

ANTIAÉREO, A adj. Que se destina a la defensa contra las acciones de los aviones enemigos.

ANTIALCOHÓLICO, A adj. Que combate el alcoholismo.

ANTIALCOHOLISMO s.m. Oposición al consumo desmesurado de bebidas alcohólicas.

ANTIÁLGICO, A adj. y s.m. Se dice de la sus-

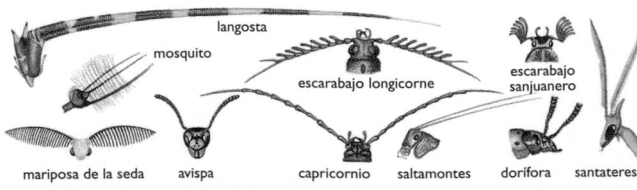

langosta
mosquito
escarabajo longicorne
escarabajo sanjuanero
mariposa de la seda
avispa
capricornio
saltamontes
dorífora
santateresa

■ **ANTENA.** Morfología comparada de las antenas de algunos artrópodos.

tancia que impide la aparición o proliferación de algas. SIN.: *algicida*. **2.** MED. Analgésico.

ANTIARRUGAS adj. y s.m. Se dice del producto de belleza que previene la formación de arrugas o las elimina.

ANTIASMÁTICO, A adj. y s.m. Que evita o combate el asma.

ANTIATÓMICO, A adj. Que protege de los efectos de las radiaciones o proyectiles atómicos: *refugio antiatómico*.

ANTIÁTOMO s.m. Átomo de antimateria.

ANTIAUTORITARISMO s.m. Actitud o tendencia que defiende la libre expresión y el autogobierno de los individuos socialmente organizados ante la autoridad.

ANTIBALAS adj. Que protege de las balas: *chaleco antibalas*.

ANTIBIOGRAMA s.m. Examen bacteriológico que permite apreciar la sensibilidad de una bacteria a distintos antibióticos.

ANTIBIOSIS s.f. Asociación de dos o más organismos en uno de ellos sale perjudicado.

ANTIBIÓTICO, A adj. y s.m. (de *anti*, contrario, y gr. *bio*, vida). Se dice de la sustancia química que impide el desarrollo o multiplicación de ciertos microbios o los destruye. **ENCICL.** En 1929, A. Fleming puso de manifiesto la acción lítica sobre el estafilococo dorado, de una cepa de *Penicillium notatum*. El primer antibiótico, la penicilina, fue aislado en 1941 por E. B. Chain. Los antibióticos son producidos por gran número de organismos vivos, principalmente por hongos inferiores. Se han aislado un gran número y otros han sido obtenidos por síntesis. Cada antibiótico actúa selectivamente sobre un grupo determinado de gérmenes (espectro de actividad), pero dicha actividad puede disminuir como consecuencia de un efecto de habituación (resistencia). Los antibióticos se administran por vía oral, inyectable o local. Suelen ser bien tolerados por el organismo, pero algunos tienen una determinada toxicidad y a menudo provocan efectos secundarios (alérgicos, digestivos, renales, nerviosos, hematológicos).

ANTIBLOQUEO adj. AUTOM. Se dice del sistema de control del frenado que evita que las ruedas queden bloqueadas al frenar.

ANTIBUQUE adj. MIL. Se dice de los medios y de las tácticas empleadas para detectar, atacar y destruir los buques de guerra que navegan en superficie.

ANTIBUROCRATISMO s.m. Actitud o tendencia contraria al burocratismo.

ANTICANCEROSO, A adj. Que combate el cáncer. SIN.: *anticancerígeno*.

ANTICAPITALISMO s.m. Actitud o tendencia que propone sustituir el sistema capitalista por alternativas colectivistas que disuelvan la propiedad privada y acaben con la división social del trabajo, en el camino hacia una sociedad sin clases.

ANTICAPITALISTA adj. y s.m. y f. Relativo al anticapitalismo; partidario de esta actitud o tendencia.

ANTICARRO adj. Que se destina a destruir vehículos blindados o a inutilizar sus acciones. SIN.: *antitanque, contracarro*.

ANTICÁTODO adj. Lámina metálica de un tubo electrónico que recibe los rayos catódicos y emite rayos X.

ANTICICLÓN s.m. Centro de altas presiones atmosféricas: *el anticiclón de las Azores*.

ANTICICLÓNICO, A adj. Relativo al anticiclón. SIN.: *anticiclonal*.

ANTICIPACIÓN s.f. Acción y efecto de anticipar o anticiparse: *llegar a una cita con anticipación*. **2.** ECON. Previsión de los sujetos económicos en relación con la evolución futura de una variable que les interesa. **3.** INFORMÁT. Técnica de organización de un sistema informático que intenta prever las futuras demandas de palabras en memoria por la unidad central, para tenerlas ya colocadas en una memoria de acceso más rápido en la jerarquía de memorias. ◇ **Novela de anticipación** Novela cuya acción transcurre en un mundo futuro.

ANTICIPADO, A adj. Que ocurre antes de tiempo o de lo previsto: *convocar elecciones anticipadas*. ◇ **Por anticipado** Antes de tiempo, con antelación: *pagar por anticipado*.

ANTICIPAR v.tr. (lat. *anticipare*). Hacer que una cosa ocurra antes de lo habitual o de lo previsto: *anticipar la asamblea*. **2.** Pagar una cantidad de dinero antes de la fecha prevista o convenida: *le anticipé la mitad del pago*. ◆ **anticiparse** v.prnl. Adelantarse en la realización de algo: *se anticipó al despeje del portero*. **2.** Producirse algo antes de lo habitual o previsto: *el frío se ha anticipado*.

ANTICIPO s.m. Cantidad de dinero que se paga antes de la fecha prevista o convenida, especialmente parte del sueldo: *cobrar un anticipo*.

ANTICLERICAL adj. y s.m. y f. Relativo al anticlericalismo; partidario de esta actitud o tendencia.

ANTICLERICALISMO s.m. Actitud o tendencia que se opone a la influencia o intervención del clero en los asuntos públicos.

ANTICLINAL adj. y s.m. GEOL. Se dice del pliegue del terreno que tiene forma convexa. CONTR.: *sinclinal*.

ANTICOAGULANTE adj. y s.m. Que impide o retrasa la coagulación de la sangre.

ANTICOLONIALISMO s.m. Actitud o tendencia contraria al colonialismo.

ANTICOLONIALISTA adj. y s.m. y f. Relativo al anticolonialismo; partidario de esta actitud o tendencia.

ANTICOMUNISMO s.m. Actitud o tendencia contraria al comunismo.

ANTICOMUNISTA adj. y s.m. y f. Relativo al anticomunismo; partidario de esta actitud o tendencia.

ANTICONCEPTIVO, A adj. y s.m. Se dice del método o medicamento que impide la fecundación.

ANTICONFORMISMO s.m. Oposición a las tradiciones, leyes, etc., establecidas.

ANTICONFORMISTA adj. y s.m. y f. Que se opone a las tradiciones, leyes, costumbres etc. establecidas.

ANTICONGELADOR s.m. y adj. Dispositivo o producto que impide la formación de hielo en los aviones.

ANTICONGELANTE s.m. y adj. Producto que se añade a un líquido para rebajar el punto de congelación.

ANTICONSTITUCIONAL adj. Que se opone a la constitución.

ANTICONTAMINANTE adj. Que impide la contaminación.

ANTICORROSIVO, A adj. y s.m. Se dice de la sustancia que protege una superficie de la corrosión.

ANTICRESIS s.f. (lat. *antichresis*). Contrato en que el deudor consiente que su acreedor goce de los frutos de la finca que le entrega en garantía, con la obligación de aplicarlos al pago de los intereses y a la amortización del capital.

ANTICRIPTOGÁMICO, A adj. y s.m. Se dice de la sustancia capaz de combatir las enfermedades criptogámicas o que protege la madera contra el ataque de los hongos parásitos.

ANTICUADO, A adj. Que no está de moda o ya no se usa. **2.** Que está excesivamente apegado al pasado, o a gustos e ideas del pasado.

ANTICUARIO, A s. (lat. *antiquarius*). Persona que se dedica a comerciar con objetos antiguos.

ANTICUARSE v.prnl. (lat. *antiquare*) [3 y 18]. Volverse anticuado.

ANTICUCHO s.m. Bol., Chile y Perú. Pedacito de carne asada o frita que se vende ensartado en una caña o palo.

ANTICUERPO s.m. Sustancia que segrega la sangre para combatir los virus y bacterias que infectan el organismo.

ANTIDEFLAGRANTE adj. Se dice de un aparato provisto de una protección que, en caso de producirse una explosión en su interior, evita que se propague la deflagración.

ANTIDEPORTIVO, A adj. Contrario al espíritu deportivo.

ANTIDEPRESIVO, A adj. y s.m. Se dice del medicamento que actúa contra la depresión mental.

ANTIDESLIZANTE adj. Que impide el deslizamiento. ◆ adj. y s.m. Se dice del dispositivo que se aplica a los neumáticos para evitar el deslizamiento del vehículo.

ANTIDETONANTE adj. y s.m. Se dice del producto añadido a un carburante líquido para retardar la detonación de la mezcla.

ANTIDIFTÉRICO, A adj. Se dice del medicamento que combate la difteria.

ANTIDISTURBIOS adj. Se dice de un policía o brigada destinados a combatir disturbios.

ANTIDIURÉTICO, A adj. y s.m. Que disminuye la secreción urinaria.

ANTIDOPAJE adj. Se dice del control o el análisis que se efectúa a deportistas para descubrir e impedir el empleo de sustancias excitantes o estimulantes prohibidas. SIN.: *antidoping*.

ANTIDOPING adj. Antidopaje.

ANTÍDOTO s.m. (lat. *antidotum*). Sustancia o medicamento que contrarresta o anula el efecto de un tóxico determinado. **2.** *Fig.* Medio con que se evita o previene un mal.

ANTIDROGA adj. Que está destinado a luchar contra el tráfico y consumo de la droga.

ANTIECONÓMICO, A adj. Contrario a los principios de la economía. **2.** Que supone mayor gasto que beneficio.

ANTIEMÉTICO, A adj. y s.m. Se dice del medicamento o sustancia que impide el vómito.

ANTIENZIMA s.m. Sustancia que impide la acción de un enzima o una fermentación.

ANTIER adv.t. Amér. Anteayer.

ANTIESCORBÚTICO, A adj. y s.m. Se dice del medicamento o sustancia que previene o cura el escorbuto.

ANTIESPASMÓDICO, A adj. y s.m. Se dice del medicamento o sustancia que alivia o calma los espasmos.

ANTIESTÁTICO, A adj. y s.m. Se dice de una sustancia que impide o limita el desarrollo de electricidad estática en la superficie de las materias plásticas.

ANTIESTÉTICO, A adj. Feo.

ANTIESTREPTOLISINA s.f. Anticuerpo que elabora el organismo ante una infección por estreptococos.

ANTIFADING s.m. y adj. Dispositivo que elimina el efecto del fading.

ANTIFASCISTA adj. y s.m. y f. Contrario al fascismo.

ANTIFAZ s.m. (de *faz*). Máscara que cubre la mitad de la cara, desde la frente hasta la nariz.

ANTIFERROMAGNETISMO s.m. Propiedad de un cuerpo de poseer, a baja temperatura, momentos magnéticos atómicos alternativamente orientados hacia uno y otro sentido.

ANTIFLOGÍSTICO, A adj. y s.m. Eficaz contra las inflamaciones.

ANTÍFONA s.f. (lat. tardío *antiphona*, canto alternativo). Estribillo cantado antes y después de un salmo.

ANTIFONARIO o **ANTIFONAL** adj. y s.m. Se dice del libro litúrgico que contiene el conjunto de cantos interpretados por el coro en los oficios o la misa.

ANTÍFRASIS s.f. Modo de expresión que consiste en decir lo contrario de lo que se piensa, con sentido irónico o eufemístico.

ANTIFRICCIÓN s.m. y f. y adj. Aleación a base de antimonio, utilizada en la fabricación de cojinetes para ejes de máquina por su bajo coeficiente de rozamiento.

ANTIFÚNGICO, A adj. y s.m. Se dice de un medicamento que actúa contra las micosis.

ANTÍGENO s.m. Sustancia (microbio, célula de una especie diferente, sustancia química u orgánica, etc.) que, introducida en el organismo, induce una respuesta inmunitaria provocando la formación de anticuerpos.

ANTIGLOBALIZACIÓN s.f. Movimiento social que manifiesta su hostilidad hacia los objetivos y efectos de la globalización económica.

ANTIGUA s.f. Carácter de imprenta cuyos trazos son de grueso uniforme y sin perfiles.

ANTIGUALLA s.f. (ital. *anticaglia*). Objeto antiguo o anticuado.

ANTIGÜEDAD s.f. Cualidad de antiguo. **2.** Tiempo que se lleva en un cargo o empleo: *diez años de antigüedad*. **3.** Período de la historia correspondiente a las civilizaciones más antiguas, que se sitúa desde los orígenes de los tiempos históricos hasta la caída del Imperio romano (476 d.C.). **antigüedades** s.f.pl. Monumentos u objetos antiguos.

ANTIGUO, A adj. (lat. *antiquus*). Que existe desde hace mucho tiempo: *monumentos antiguos*. **2.** Que existió o sucedió hace mucho tiempo: *los antiguos íberos*. ◆ adj. y s. Se dice de la persona que lleva mucho tiempo en un lugar, una profesión, asociación, etc. ◆ s.m. Modelo, principalmente escultórico, de la antigüedad griega o romana. ◆ **antiguos** s.m.pl. Personas que vivieron en períodos históricos muy lejanos.

ANTIHALO adj. Se dice del preparado que se aplica en el dorso de negativos fotográficos para evitar velados parciales.

ANTIHÉROE s.m. Personaje de una obra literaria cuyas características son contrarias a las del héroe tradicional.

ANTIHIGIÉNICO, A adj. Contrario a la higiene.

ANTIHISTAMÍNICO, A adj. y s.m. Se dice de la sustancia que se opone a la acción nociva de la histamina y que se emplea principalmente en el tratamiento de las afecciones de origen alérgico.

ANTIIMPERIALISMO s.m. Actitud o doctrina fundada en la oposición al imperialismo.

ANTIIMPERIALISTA adj. y s. Opuesto al imperialismo.

ANTIINFLACIONISTA adj. Que se opone a la inflación.

ANTIINFLAMATORIO, A adj. y s.m. Se dice del medicamento empleado para combatir las inflamaciones.

ANTIINTELECTUALISMO s.m. Doctrina filosófica que niega la preeminencia de la razón en el ser humano y el valor de la ciencia.

ANTILÍTICO adj. y s.m. MED. Se dice de una sustancia que previene la formación de cálculos y, más especialmente, de cálculos urinarios.

ANTILLANO, A adj. y s. De las Antillas.

ANTILOGARITMO s.m. MAT. Número al que corresponde un logaritmo dado.

ANTILOGÍA s.f. Contradicción entre dos textos o expresiones.

ANTÍLOPE s.m. (fr. *antilope*, ingl. *antelope*). Nombre dado a diversos rumiantes salvajes de gran tamaño, con cornamenta persistente, como la gacela y la gamuza.

■ **ANTÍLOPE** africano.

ANTIMASÓNICO, A adj. Opuesto a la francmasonería.

ANTIMATERIA s.f. Conjunto formado por antipartículas.

ANTIMERIDIANO s.m. y adj. Semicírculo que pasa por la línea de los polos, opuesto en 180 ° al semicírculo (*meridiano*) que pasa por un punto dado.

ANTIMILITARISMO s.m. Hostilidad hacia las instituciones y el espíritu militares.

ANTIMILITARISTA adj. y s. Opuesto a las instituciones y el espíritu militares.

ANTIMISIL s.m. y adj. Arma o dispositivo para interceptar la acción de un misil.

ANTIMITÓTICO, A adj. y s.m. Se dice de una sustancia que se opone a la formación de mitosis, empleada por este motivo en el tratamiento de tumores.

ANTIMONIATO s.m. Sal de un ácido oxigenado derivado del antimonio.

ANTIMONIO s.m. (bajo lat. *antimonium*). Metaloide de color blanco azulado, quebradizo, parecido al arsénico, de densidad 6,68, cuyo punto de fusión es de 630 °C aprox. **2.** Elemento químico (Sb), de número atómico 51 y masa atómica 121,760.

ANTIMONIURO s.m. Combinación del antimonio con un cuerpo simple.

ANTINAZI adj. y s.m. y f. Hostil a los nazis.

ANTINEURÁLGICO, A adj. Que calma las neuralgias.

ANTINEUTRÓN s.m. Antipartícula del neutrón.

ANTINIEBLA adj. Apropiado para circular a través de la niebla: *faros antiniebla*.

ANTINOMIA s.f. (lat. *antinomia*, del gr. *antimonía*, contradicción en las leyes). Contradicción entre dos ideas o principios. **2.** LÓG. Contradicción dentro de una teoría deductiva.

ANTINÓMICO, A adj. Que implica antinomia.

ANTINUCLEAR adj. Que se opone al empleo de la energía nuclear. **2.** Que protege de los efectos de una explosión nuclear: *traje, refugio antinuclear*. SIN.: *antiatómico*. ◇ **Defensa antinuclear** Defensa que trata de proteger a las poblaciones civiles y a los combatientes de los efectos de las armas nucleares, y de eliminar la radiactividad inducida.

ANTIOXIDANTE adj. y s.m. Se dice del producto que protege ciertos materiales o compuestos orgánicos de la oxidación o deterioro gradual.

ANTIPAPA s.m. Papa elegido irregularmente y no reconocido por la Iglesia.

ANTIPARALELO, A adj. MAT. Se dice de dos rectas que, sin ser paralelas, forman ángulos iguales con una tercera.

ANTIPARASITARIO, A adj. y s.m. Se dice de la sustancia o medicamento que actúa contra los parásitos.

ANTIPARÁSITO, A adj. Que impide las interferencias que afectan o alteran la recepción de emisiones de radio o televisión.

ANTIPARRAS s.f.pl. *Fam.* Anteojos.

ANTIPARTÍCULA s.f. Partícula elemental (positón, antiprotón, antineutrón), de igual masa pero de propiedades electromagnéticas y de carga bariónica o leptónica opuestas a las de la partícula correspondiente.

ANTIPATÍA s.f. (gr. *antipátheia*). Sentimiento, generalmente instintivo, que inclina a rechazar algo o a alguien.

ANTIPÁTICO, A adj. y s. Que causa antipatía.

ANTIPATIZAR v.intr. [7]. Amér. Sentir antipatía hacia alguien.

ANTIPENDIO s.m. Paramento con que se adorna la parte delantera del altar.

■ **ANTIPENDIO** de Farrera (Lérida), con un pantocrátor; s. XIII.
(Museo nacional de arte de Cataluña, Barcelona.)

ANTIPERISTÁLTICO, A adj. Se dice de las contracciones anormales del esófago e intestino que se producen de abajo hacia arriba.

ANTIPIRÉTICO, A adj. y s.m. Que reduce la fiebre. SIN.: *antitérmico, febrífugo*.

ANTIPIRINA s.f. Sustancia orgánica sintética empleada como antipirético y analgésico.

ANTÍPODA adj. y s.m. y f. (gr. *antípodes*). Se dice de la persona que, con respecto a otra, habita en un lugar diametralmente opuesto del planeta. (Suele usarse en plural.) **2.** *Fig. y fam.* Contrario a otro. **3.** BOT. Se dice de cada una de las células del saco embrionario opuesta a la oosfera. ◆ **antípodas** s.f.pl. Tierras situadas en lugar diametralmente opuesto.

ANTIPODISTA s.m. y f. y adj. Acróbata que ejecuta sus ejercicios con los pies, echado sobre la espalda.

ANTIPOLILLA adj. y s.m. Se dice de un producto insecticida que protege lanas, pieles, alfombras y tapices contra la polilla.

ANTIPROTECCIONISTA adj. y s.m. y f. Opuesto al sistema protector o al proteccionismo.

ANTIPROTÓN s.m. Antipartícula del protón, de carga negativa.

ANTIPSIQUIATRÍA s.f. Movimiento que se opone a la psiquiatría tradicional y a la noción de enfermedad mental en que esta se apoya.

ANTIPSIQUIÁTRICO, A adj. Relativo a la antipsiquiatría.

ANTIRRÁBICO, A adj. y s.f. Se dice del tratamiento y especialmente de la vacunación contra la rabia.

ANTIRRADAR adj. y s.m. Se dice del dispositivo o medio empleado para reducir o anular la eficacia del radar.

ANTIRRAQUÍTICO, A adj. y s. MED. Que combate el raquitismo.

ANTIRREFLEJO adj. Se dice de una capa delgada y transparente, depositada sobre la superficie de cristales ópticos para suprimir la luz reflejada.

ANTIRREGLAMENTARIO, A adj. Que se opone o es contrario al reglamento.

ANTIRREPUBLICANO, A adj. y s. Que es contrario a la república.

ANTIRROBO adj. y s.m. Se dice del dispositivo de seguridad destinado a impedir robos.

ANTISATÉLITE adj. MIL. Se dice de todo medio que se opone a la utilización de satélites militares por el adversario.

ANTISEGREGACIONISTA adj. y s.m. y f. Que es contrario a la separación de razas.

ANTISEMITA adj. Antisemítico. ◆ adj. y s.m. y f. Partidario del antisemitismo o que lo practica.

ANTISEMÍTICO, A adj. Relativo al antisemitismo. SIN.: *antisemita*.

ANTISEMITISMO s.m. Doctrina o actitud de hostilidad sistemática hacia los judíos.
ENCICL. El antisemitismo apareció durante el Imperio romano y se desarrolló en el mundo cristiano con la multiplicación de guetos y medidas de exclusión, alimentado por creencias calumniosas y educación religiosa tendenciosa (los judíos, pueblo deicida). En la segunda mitad del s. XIX el antisemitismo asoció antiguos prejuicios religiosos y económicos (los judíos, banqueros y usureros) con teorías racistas pseudocientíficas; se manifestó sobre todo en Alemania, Francia (caso Dreyfus) y Europa del Este (pogromes). De 1940 a 1945, se exterminaron 6 millones de judíos con la justificación de la ideología nacional-socialista.

ANTISEPSIA s.f. Conjunto de métodos que preservan de infecciones, destruyendo los microbios que las producen.

ANTISÉPTICO, A adj. y s.m. Que previene contra la infección.

ANTISIMÉTRICO, A adj. MAT. Se dice de una relación binaria entre los elementos de un conjunto tal que, si se verifica para el par (a,b) y para el par (b,a), los elementos a y b son idénticos.

ANTISÍSMICO, A adj. Relativo a la construcción concebida para resistir los seísmos.

ANTISOCIAL adj. Se dice de las conductas que atentan al orden social. **2.** Contrario a los intereses de los trabajadores: *medidas antisociales*.

ANTISUBMARINO, A adj. Se dice del arma o procedimiento que sirve para descubrir o combatir a los submarinos.

ANTISUDORAL adj. y s.m. Se dice de la sustancia que evita el mal olor de la transpiración, o que reduce o impide la sudoración excesiva.

ANTITABAQUISMO s.m. Conjunto de medidas y acciones destinadas a luchar contra el consumo de tabaco.

ANTITANQUE adj. Contracarro.

ANTITERRORISMO s.m. Conjunto de medidas para prevenir el terrorismo o luchar contra él.

ANTITERRORISTA adj. Relativo al antiterrorismo.

ANTÍTESIS s.f. (gr. *antíthesis*). Figura retórica de pensamiento que consiste en la contraposición de palabras o expresiones con significados opuestos. (Ej.: *la naturaleza es grande en las pequeñas cosas.*) **2.** Persona o cosa opuesta a otra.

ANTITETÁNICO, A adj. y s. Utilizado contra el tétanos.

ANTITÉTICO, A adj. Que implica antítesis.

ANTITIROIDEO, A adj. y s.m. MED. Que combate el hipertiroidismo.

ANTITÓXICO, A adj. y s.m. Se dice de la sustancia o función por las que el organismo destruye toxinas.

ANTITOXINA s.f. Anticuerpo elaborado por el organismo, que neutraliza la acción de una toxina.

ANTITRANSPIRANTE s.m. Méx. Desodorante.

ANTITUBERCULOSO, A adj. Que combate la tuberculosis.

ANTITUSÍGENO, A adj. y s.m. FARM. Se dice del medicamento o la sustancia que calma o alivia la tos.

ANTIVIRUS adj. y s.m. Se dice de la sustancia que se opone al desarrollo de virus. **2.** INFORMÁT. Se dice del programa informático que detecta la presencia de virus.

ANTOJADIZO, A adj. Que tiene antojos o caprichos con frecuencia.

ANTOJARSE v.prnl. Hacerse algo objeto de deseo caprichoso para alguien. **2.** Considerar algo como probable.

ANTOJITOS s.m.pl. Méx. Platos elaborados a partir de recetas tradicionales, que se sirven como aperitivo o como plato principal.

ANTOJO s.m. Deseo caprichoso y pasajero de algo, especialmente el que tienen las mujeres durante el embarazo. **2.** Lunar o mancha en la piel que se atribuye a un antojo de la madre durante el embarazo.

ANTOLOGÍA s.f. (gr. *anthología*, selección de flores). Colección escogida de fragmentos literarios o musicales. **◇ De antología** Digno de ser recordado.

ANTOLÓGICO, A adj. Relativo a la antología. **2.** De antología: *un discurso antológico.*

ANTONIMIA s.f. LING. Carácter de las palabras antónimas.

ANTÓNIMO, A adj. y s.m. (del gr. *ónoma*, nombre). LING. Se dice de la palabra que tiene un significado opuesto al de otra; contrario: *«fealdad» y «belleza» son antónimos.*

ANTONOMASIA s.f. (gr. *antonomasía*). RET. Sustitución de un nombre común por un nombre propio o una perífrasis que enuncia su cualidad esencial, o viceversa, como *el sabio* por *Salomón.* **◇ Por antonomasia** Por excelencia.

ANTORCHA s.f. Utensilio de forma alargada que está impregnado de alguna sustancia inflamable en uno de sus extremos y se utiliza para alumbrar. **2.** Fig. Persona, pensamiento, obra, etc., que sirve de guía o referencia. **◇ Antorcha olímpica** Antorcha que se enciende al comenzar los Juegos olímpicos.

ANTOZOO adj. y s.m. Relativo a una clase de cnidarios que comprende pólipos aislados o coloniales, como la anémona de mar, la madrépora y el coral.

ANTRACENO s.m. Hidrocarburo policíclico $C_{14}H_{10}$, que se extrae del alquitrán de hulla.

ANTRACITA s.f. Carbón de muy débil proporción en materias volátiles (menos del 6 al 8 %), que arde con llama corta de color azul, sin humear.

ANTRACNOSIS s.f. Enfermedad criptogámica de la vid, la judía o frijol, etc., caracterizada por la aparición de manchas oscuras en las hojas y los frutos.

ANTRACOSIS s.f. MED. Presencia de polvo de carbón en el pulmón.

ANTRAQUINONA s.f. Sustancia química derivada del antraceno, que se emplea en la preparación de colorantes.

ÁNTRAX s.m. (del lat. *anthrax*, gr. *anthrax*, carbón). Infección estafilocócica de la piel, caracterizada por la aparición de varios forúnculos agrupados, que se extiende por el tejido conjuntivo subcutáneo.

ANTRO s.m. (lat. *antrum*). Local frecuentado por personas de mala reputación. **2.** Vivienda sucia. **◇ Antro pilórico** Parte más baja del estómago, que precede al píloro.

ANTRÓPICO, A adj. **Erosión antrópica** Conjunto de procesos de degradación del relieve y el subsuelo, debidos a la acción humana.

ANTROPOBIOLOGÍA s.f. Estudio de la variación y de la diversidad biológica de los seres humanos en el espacio y en el tiempo.

ANTROPOCÉNTRICO, A adj. Relativo al antropocentrismo.

ANTROPOCENTRISMO s.m. Doctrina o teoría que sitúa al ser humano en el centro del universo.

ANTROPOFAGIA s.f. (gr. *anthopophagía*). Práctica o costumbre de comer el ser humano carne humana. SIN.: *canibalismo.*

ANTROPÓFAGO, A adj. y s. Que come carne humana. SIN.: *caníbal.*

ANTROPOIDE s.m. Antropomorfo.

ANTROPOLOGÍA s.f. Ciencia que estudia los aspectos físicos del ser humano y las manifestaciones socioculturales de las comunidades que forma. **2.** FILOS. Teoría filosófica que sitúa al ser humano en el centro de su investigación. **◇ Antropología criminal** DER. Ciencia que tiene por objeto el estudio jurídico, médico y sociológico del ser humano como delincuente. **Antropología social** Estudio de las estructuras de un grupo.

ENCICL. La *antropología física*, o *antropobiología*, estudia las características físicas de los distintos pueblos de la tierra. La *antropología cultural* se interesa por las lenguas y los mitos de estos pueblos. La *antropología económica* analiza las formas específicas de producción e intercambio de los bienes de subsistencia. La *antropología política* estudia las relaciones de poder y las formas de control social, y los inicios de formación del estado, especialmente en las sociedades preindustriales. La *antropología religiosa* se dedica al estudio de las creencias y ritos de las personas. Las grandes figuras de la antropología cultural son Morgan, Lévy-Bruhl, Marcel Mauss, Malinowski, Radcliffe-Brown y Lévi-Strauss.

ANTROPOLÓGICO, A adj. Relativo a la antropología.

ANTROPÓLOGO, A s. Especialista en antropología.

ANTROPOMETRÍA s.f. Parte de la antropología que estudia las proporciones y medidas del cuerpo humano.

ANTROPOMÉTRICO, A adj. Relativo a la antropometría.

ANTROPOMÓRFICO, A adj. Relativo al antropomorfismo.

ANTROPOMORFISMO s.m. Creencia o doctrina que concibe la divinidad a imagen del ser humano.

ANTROPOMORFO, A adj. Que tiene figura o forma humana: *urna antropomorfa.* **◆** adj. y s. Se dice de los simios más parecidos al ser humano, que se caracterizan por carecer de cola, como el gorila, el chimpancé, y el orangután. SIN.: *antropoide.*

ANTROPONIMIA s.f. Estudio de los nombres de personas.

ANTROPÓNIMO s.m. Nombre propio de persona.

ANTROPOPITECO s.m. Nombre que se daba a los antecesores del ser humano, tales como el pitecántropo y el sinántropo.

ANTROPOSOFÍA s.f. Filosofía fundada por R. Steiner, que desarrolla una gnosis cristiana y propone un sistema educativo todavía vigente en los países de lengua germánica.

ANTROPOTECNIA s.f. Técnica dirigida a efectuar la mejor concepción posible de los sistemas hombre-máquina.

ANTROPOZOICO, A adj. Se dice de la era cuaternaria, caracterizada por la aparición del ser humano.

ANTRUEJO s.m. (del lat. *introitus, -us*). Período de tiempo constituido por los tres días de carnaval.

ANTRUSTION s.m. Entre los merovingios, voluntario sujeto al servicio de un rey.

ANUAL adj. (lat. *annualis*). Que sucede o se repite cada año: *renta anual.* **2.** Que dura un año: *planta anual.*

ANUALIDAD s.f. Cualidad de anual. **2.** Cantidad de dinero que se cobra o se paga una vez al año.

ANUARIO s.m. Libro que se publica anualmente y que contiene datos ordenados referentes a determinadas materias: *anuario de ciencias médicas, histórico.*

ANUBARRADO, A adj. Cubierto de nubes grandes y negruzcas.

ANUBDA o **ANÚBADA** s.f. Durante la alta edad media, servicio de guardia y vigilancia militar en las fronteras y en los alrededores de las ciudades o fortalezas.

ANUDADO, A adj. Operación textil consistente en anudar los hilos de una urdimbre terminada a la de la nueva que le sucede.

ANUDAMIENTO s.m. Acción y efecto de anudar o anudarse. SIN.: *anudadura.*

ANUDAR v.tr. (lat. *annodare*). Hacer nudos o unir con nudos. **2.** Fig. Juntar, unir: *anudar una sólida amistad.* **3.** Fig. Impedir el habla: *anudarse la voz.* **4.** Fig. Continuar lo interrumpido.

ANUENCIA s.f. Consentimiento, conformidad: *cuenta con la anuencia de su jefe.*

ANUENTE adj. (lat. *annuens, tis*). Que asiente o consiente: *voluntad anuente.*

ANULACIÓN s.f. Acción y efecto de anular.

1. ANULAR v.tr. Dar por nulo o dejar sin validez un acuerdo, una disposición o un contrato. **2.** Suspender un acto o celebración: *anular una reunión.* **◆** v.tr. y prnl. Fig. Hacer que una persona pierda autoridad, importancia o personalidad.

2. ANULAR adj. (lat. *anularis*). Relativo al anillo. **2.** Que tiene forma de anillo. **◆** adj. y s.m. Se dice del cuarto dedo de la mano empezando por el pulgar, situado entre el corazón y el meñique. **◇ Eclipse anular del Sol** Eclipse durante el cual el Sol sobresale alrededor del disco lunar como un anillo luminoso.

ANULATIVO, A adj. Que tiene fuerza para anular.

ANUNCIACIÓN s.f. Acción y efecto de anunciar. **2.** Mensaje del arcángel san Gabriel a la Virgen María para anunciarle el misterio de la Encarnación.

■ **ANTROPOMORFO.** Cerámica antropomorfa de la cultura mochica. (Museo arqueológico, Cuzco.)

ANUNCIANTE adj. y s.m. y f. Se dice de la persona o entidad que pone un anuncio publicitario.

ANUNCIAR v.tr. (lat. *annuntiare*). Dar noticia de algo que va a ocurrir: *anunciar la llegada de alguien*. **2.** Predecir un hecho futuro a partir de indicios o señales: *las nubes anuncian tormenta*. ◆ v.tr. y prnl. Dar a conocer mediante algún medio de difusión la existencia y cualidades de artículos comerciales o industriales, servicios, etc.

ANUNCIO s.m. Acción de anunciar. **2.** Conjunto de palabras, signos o imágenes con que se anuncia algo. **3.** Pronóstico, acción y efecto de pronosticar. ◇ **Anuncios por palabras** Sección de un periódico en la que se agrupan anuncios que ofrecen o solicitan un bien o un servicio.

ANUO, A adj. (lat. *annuus*). Anual.

ANURIA s.f. MED. Cese de la secreción renal.

ANURO, A adj. y s.m. Relativo a un orden de anfibios que, en estado adulto, no presentan cola, como la rana o el sapo.

ANVERSO s.m. Lado de una moneda o medalla que lleva la imagen o inscripción principal. SIN.: *cara*. CONTR.: *reverso*. **2.** Cara en que va impresa la primera página de un pliego.

ANZUELO s.m. (del lat. *hamus*). Gancho metálico y afilado en el que se coloca el cebo y que va sujeto al extremo del hilo de la caña de pescar. **2.** *Fig.* Aliciente para atraer o motivar a alguien. ◇ **Caer,** o **picar, en el anzuelo** o **morder el anzuelo** *Fam.* Caer en un engaño o trampa.

AÑADA s.f. Cosecha de un año.

AÑADIDO s.m. Postizo. **2.** Añadidura. **3.** Añadidura hecha a un manuscrito o a unas pruebas de imprenta.

AÑADIDURA s.f. Cosa que se añade a otra. ◇ **Por añadidura** Además, encima.

AÑADIR v.tr. (del lat. *addere*). Agregar una cosa a otra: *añadir azúcar al postre*. **2.** Ampliar lo dicho o escrito para completarlo.

AÑAFEA s.f. (ár. *nafáya*), desecho, parte de inferior calidad) Papel de estraza.

AÑAFIL s.m. (ár. *nafīr*, señal de ataque). Trompeta recta y larga que usaban los moros.

AÑAGAZA s.f. Señuelo para cazar aves. **2.** *Fig.* Trampa, ardid.

AÑAL adj. Anual. ◆ adj. y s.m. y f. Se dice del cordero, becerro o cabrito que tiene un año cumplido.

¡AÑAÑAY! interj. Chile. Se usa para celebrar las acciones de los niños.

AÑARES s.m.pl. Argent. Muchos años, mucho tiempo. (Suele usarse con el verbo *hacer*.)

AÑEJAMIENTO s.m. Acción y efecto de añejar o añejarse.

AÑEJAR v.tr. y prnl. Hacer añejo. ◆ **añejarse** v.prnl. Mejorarse o deteriorarse el vino, comestibles, etc., con el tiempo.

AÑEJO, A adj. (lat. *anniculus*, que tiene un año). Que tiene mucho tiempo: *vino añejo*.

AÑERO, A adj. Chile. Se dice de la planta que da frutos alternos.

AÑICOS s.m.pl. Trozos muy pequeños en que se divide un objeto al romperse: *hacerse añicos una taza.*

AÑIL adj. y s.m. (ár. *nīl*). Se dice del color que ocupa el sexto lugar en el espectro solar, entre el azul y el violeta, como el del cielo al atardecer. ◆ adj. Que es de este color: *cielo añil*. ◆ s.m. Arbusto leguminoso, de flores rojizas y fruto en vaina, de cuyos tallos y hojas se obtiene por maceración una pasta colorante azul. SIN.: *índigo*. (Familia papilionáceas.)

AÑINOS s.m.pl. Pieles no tundidas de corderos de un año o menos. **2.** Lana de cordero.

AÑO s.m. (lat. *annus*). Período de tiempo que equivale aproximadamente al período de revolución de la Tierra alrededor del Sol (365 días). **2.** Período de doce meses. **3.** Tiempo que tarda un planeta en efectuar una revolución alrededor del Sol: *año de Júpiter*. ◇ **Año civil** Año que comienza el 1 de enero a las 0 horas y finaliza el 31 de diciembre a las 24 horas. **Año escolar** Tiempo transcurrido entre el inicio de las clases y las vacaciones de verano. **Año luz** Unidad de longitud (símb. a. l.), equivalente a la distancia recorrida por la luz en un año, en el vacío, o sea, $9,461 \times 10^{12}$ km. **Año nuevo** Año que está a punto de empezar o recién empezado. **Año santo,** o **jubilar** Año durante el cual se abre en Roma un jubileo. **Año sideral** Intervalo de tiempo que separa dos pasos consecutivos del Sol por el mismo punto de su órbita aparente. **Año trópico** Tiempo transcurrido entre dos pasos consecutivos del Sol por el punto equinoccial de primavera. **De buen año** Gordo, saludable. **De,** o **entrado en, años** De edad avanzada. **Día de año nuevo** Primer día del año. **Perder año** *Fam.* No ser aprobado el estudiante en los exámenes de fin de curso. **Quitarse años** *Fam.* Decir que se tiene menos edad de la que en realidad se tiene. ENCICL. La fecha de comienzo del año ha variado según los pueblos y las épocas. En Roma, Rómulo la fijó en el uno de marzo (lo que explica el nombre de *septiembre, octubre, noviembre* y *diciembre*) y, después, César, en el uno de enero. En época de Carlomagno, se estableció de nuevo en el uno de marzo. En el s. XII la iglesia fijó el principio del año en el día de sábado santo y Carlos IX lo restableció en el uno de enero. El gobierno republicano francés de 1792 decretó que coincidiría con el día del equinoccio de otoño (22 sept.). Actualmente, los judíos dan comienzo al año por Pascua.

AÑOJAL s.m. Parcela de terreno que se cultiva unos cuantos años y se deja erial. **2.** Monte de un año después de una roza; monte despejado.

AÑOJO s.m. (lat. vulg. *annuculus*). Becerro o cordero de un año.

AÑORANZA s.f. Melancolía que se siente por la ausencia o pérdida de alguien o algo.

AÑORAR v.tr. e intr. (cat. *enyorar*). Sentir añoranza.

AÑOSO, A adj. (lat. *annosum*). Que tiene muchos años.

AÑUBLO s.m. Enfermedad producida en los cereales por algunos hongos.

AÑUMA s.m. Ave de envergadura superior a los 2 m, que vive en las zonas pantanosas del Amazonas y tiene dos grandes espolones en las alas.

1. AOJAR v.tr. Hacer mal de ojo.

2. AOJAR v.tr. Ojear, espantar la caza.

AOJO s.m. Acción y efecto de aojar, hacer mal de ojo. SIN.: *aojadura, aojamiento*.

AORISTO s.m. (gr. *aóristos*, indefinido). LING. Tiempo verbal de la conjugación griega que indica un pasado indeterminado.

AORTA s.f. (gr. *aorté*). Arteria que nace en la base del ventrículo izquierdo del corazón y constituye el tronco común de las arterias que llevan la sangre oxigenada hacia todas las partes del cuerpo.

AÓRTICO, A adj. Relativo a la aorta. ◇ **Arcos aórticos** Arcos óseos y vasculares de la cabeza y tórax de los vertebrados.

AORTITIS s.f. Inflamación de la aorta.

AOVADO, A adj. Ovalado.

AOVAR v.intr. Poner huevos algunos animales, especialmente las aves.

AOVILLARSE v.prnl. *Fig.* Encogerse mucho, hacerse un ovillo.

APA s.f. (sigla). Asociación de padres de alumnos.

APABULLAMIENTO s.m. *Fam.* Acción y efecto de apabullar.

APABULLAR v.tr. *Fam.* Abrumar, confundir a una persona en una discusión.

APACENTAMIENTO s.m. Acción de apacentar o apacentarse. **2.** Pasto para el ganado.

APACENTAR v.tr. (de *pacer*) [10]. Dar pasto al ganado. **2.** *Fig.* Instruir, enseñar. **3.** *Fig.* Fomentar las pasiones, sentimientos, costumbres, etc. ◆ v.intr. y prnl. Pacer el ganado.

APACHE adj. y s.m. y f. De un conjunto de pueblos amerindios que descendieron del N de América alrededor del año 1000 d.C. y se establecieron en Nuevo México y Arizona. **2.** Se decía del ladrón de una gran ciudad, especialmente París. ENCICL. Con sus jefes Cochise (h. 1850) y Jerónimo (a partir de 1880), los apaches opusieron una resistencia feroz a los colonizadores estadounidenses. Destacan los grupos chiricahua, jicarilla, lipán, kiowa y mescalero, del grupo lingüístico atapasco. Actualmente viven agrupados en reservas de Nuevo México, Arizona y Oklahoma.

APACHETA s.f. Amér. Merid. Montón de piedras colocado por los indios en las mesetas de los Andes como signo de devoción a la divinidad.

APACHURRADO, A adj. Aplastado. **2.** Méx. *Fig.* Deprimido.

APACHURRAR v.tr. Aplastar algo. ◆ **apachurrarse** v.prnl. Méx. *Fig.* Deprimirse.

APACIBLE adj. (del ant. *aplacer*, gustar). Dulce, agradable y sereno: *ojos apacibles; la noche era apacible.*

APACIGUAMIENTO s.m. Acción y efecto de apaciguar o apaciguarse.

APACIGUAR v.tr. y prnl. [3]. Poner paz entre personas que discuten o pelean. **2.** Calmar, tranquilizar: *apaciguar el ánimo, el dolor.*

APADANA s.f. ARQUEOL. Sala del trono en los palacios de los reyes aqueménidas.

APADRINAMIENTO s.m. Acción de apadrinar.

APADRINAR v.tr. Desempeñar las funciones propias de padrino. **2.** *Fig.* Ayudar o proteger a alguien o algo, especialmente en sus inicios: *apadrinar un proyecto*. ◆ **apadrinarse** v.prnl. Ampararse, valerse de alguien.

APAGADIZO, A adj. Que arde con dificultad.

APAGADO, A adj. Que carece de vitalidad, alegría o entusiasmo. **2.** Que es poco intenso: *murmullo apagado; color apagado.*

APAGADOR, RA adj. Que apaga. ◆ s.m. Pieza cónica de metal para apagar luces. **2.** Mecanismo para evitar las vibraciones de las cuerdas de un instrumento musical.

APAGAR v.tr. y prnl. (del ant. *pagar*, satisfacer) [2]. Hacer que deje de arder un fuego o de iluminar una luz. **2.** *Fig.* Hacer desaparecer una sensación, un deseo, un sentimiento, etc.»

apagar la sed. **3.** Hacer que un aparato deje de funcionar desconectándolo de su fuente de energía: *apagar el televisor.* **4.** Suavizar el color mediante una capa de barniz. ◆ **apagarse** v.prnl. *Fig.* Marchitarse, perder la frescura, el brillo. ◇ **Apagar la cal** Echar agua a la cal viva para que pueda emplearse en obra de fábrica. **Apagar las velas** MAR. Cerrar los bolsos o senos que el viento forma en las velas recogidas, apretándolos contra la verga o el palo. **Apaga y vámonos** Esp. *Fam.* Expresión que se emplea para dar por terminada una cosa.

APAGAVELAS s.m. (pl. *apagavelas*). Matacandelas.

APAGÓN s.m. Corte súbito, pasajero y accidental de la energía eléctrica.

APAISADO, A adj. Que es más ancho que alto: *cuadro apaisado.*

APAJARADO, A adj. Chile. Atolondrado.

APALABRAR v.tr. Concertar o contratar de palabra algo: *apalabrar una cita, un negocio.*

APALACHE, pueblo amerindio de la familia muscogí que habitaba al NO de la península de la Florida. Fue aniquilado por los británicos en 1705.

APALACHIANO, A adj. Relativo a los Apalaches. ◇ **Relieve apalachiano** Relieve que se caracteriza por presentar crestas paralelas, separadas por depresiones alargadas, originadas al reanudarse la erosión en una región de viejas montañas plegadas, reducidas al estado de penillanuras.

APALANCAMIENTO s.m. Acción y efecto de apalancar o apalancarse.

APALANCAR v.tr. [1]. Levantar o mover algo con una palanca: *apalancar la puerta.* ◆ **apalancarse** v.prnl. *Fam.* Acomodarse en un lugar y permanecer inactivo: *apalancarse en el sofá.*

APALEAMIENTO s.m. Acción de apalear.

1. APALEAR v.tr. Golpear reiteradamente a alguien con un palo u otro objeto contundente. **2.** Varear, derribar con golpes de vara los frutos de los árboles.

2. APALEAR v.tr. Aventar el grano con una pala.

APALEO s.m. Acción y efecto de apalear, aventar el grano. **2.** Tiempo de apalear el grano.

APANDAR v.tr. *Fam.* Robar.

APANDILLAR v.tr. y prnl. Hacer pandilla.

APANOJADO, A adj. Que tiene forma de panoja.

APANTANAR v.tr. y prnl. Cubrir de agua un terreno. ◆ **apantanarse** v.prnl. Hundirse, atascarse en un pantano.

APAÑADURA s.f. Acción y efecto de apañar o apañarse.

APAÑAR v.tr. *Fam.* Arreglar una cosa rota o estropeada de manera provisional. **2.** Preparar o condimentar un alimento. **3.** Ascar a una persona. **4.** Apoderarse de algo de otra persona. **5.** Recoger y guardar algo. **6.** Argent., Bol., Nicar. y Urug. Encubrir, ocultar o proteger a alguien. ◆ **apañarse** v.prnl. Esp. *Fam.* Desenvolverse con habilidad en algo. ◇ **Estar apañado** Estar apurado, en situación difícil.

APAÑO s.m. Apañadura. **2.** *Fam.* Amaño, chanchullo, componenda. **3.** *Fam.* Maña, habilidad. **4.** *Fam.* Lío amoroso.

APAÑUSCAR v.tr. [1]. *Fam.* Deteriorar una cosa apretándola con las manos. **2.** Apañar, apoderarse de algo.

APAPACHADO, A adj. Hond. y Méx. Mimado.

APAPACHAR v.tr. Hond. y Méx. Hacer caricias o mimos a alguien.

APARADOR s.m. (del ant. *aparar*, preparar). Mueble destinado a contener la vajilla y todo lo concerniente al servicio de comedor. **2.** Escaparate.

APARADURA s.f. Parte del forro de un buque contigua a la quilla.

APARAR v.tr. Disponer las manos u otra cosa para recibir algo que se da o echa. (Suele usarse en imperativo: *apare usted el pañuelo.*)

APARATO s.m. (lat. *apparatus*, cosa preparada). Objeto formado por diversas piezas que sirve para desarrollar un trabajo o función determinados y que suele funcionar mediante energía. **2.** Objeto que forma parte de un conjunto de utensilios o instrumento como los utilizados en gimnasia o en un laboratorio. **3.**

Avión u otro vehículo aéreo. **4.** *Fam.* Teléfono. **5.** Circunstancia o señal que precede o acompaña a alguna cosa. **6.** Conjunto de personas que deciden la política de un partido o gobierno. **7.** *Fig.* Conjunto de cosas que acompañan a algo o a alguien y le dan importancia o vistosidad. **8.** ANAT. Conjunto de órganos que realizan la misma función: *aparato respiratorio.* **9.** MED. Pieza o dispositivo que se aplica al cuerpo humano con fines terapéuticos u ortopédicos: *aparatos ortopédicos.* **10.** GEOL. Conjunto de rocas resultante de una dinámica común: *aparato volcánico, sedimentario.*

APARATOSIDAD s.f. Cualidad de aparatoso.

APARATOSO, A adj. Que es llamativo, por su complejidad o su exageración: *caída aparatosa; sombrero aparatoso.*

APARCAMIENTO s.m. Acción de aparcar. **2.** Lugar destinado a aparcar.

APARCAR v.tr. Dejar un vehículo detenido en un lugar durante un tiempo determinado. **2.** *Fig.* Aplazar o dejar de tener en cuenta un asunto. **3.** MIL. Disponer convenientemente cualquier clase de material en un campamento o parque.

APARCERÍA s.f. Contrato por el cual una persona se obliga a ceder a otra el disfrute de ciertos bienes, a cambio de obtener una parte alícuota de los frutos o utilidades que produzcan.

APARCERO, A s. (lat. *partiarius*, partícipe, aparcero). Persona que cultiva la tierra, cría el ganado o explota un establecimiento fabril o mercantil bajo contrato de aparcería.

APAREAMIENTO s.m. Acción de aparear o aparearse.

APAREAR v.tr. y prnl. Unir dos cosas de manera que formen un par. **2.** Juntar dos animales de distinto sexo para la reproducción. ◆ v.tr. Ajustar o adaptar dos cosas para que queden iguales.

APARECER v.intr. (lat. tardío *apparescere*) [37]. Ponerse a la vista o dejarse ver. **2.** Estar, hallarse. **3.** Parecer. **4.** Darse a conocer al público un libro, un producto, etc.; salir a la luz. **5.** Ser encontrado alguien o algo que estaba extraviado. ◆ **aparecerse** v.prnl. Manifestarse, dejarse ver de manera sobrenatural: *se le apareció la Virgen.*

APARECIDO s.m. Espectro de un difunto que se aparece a los vivos.

APAREJADO, A adj. Apto, adecuado. **2.** MAR. Se dice de la embarcación que está preparada para emprender la navegación.

APAREJADOR, RA s. Técnico de la construcción, especializado en el trazado de planos parciales de una obra partiendo del plano total.

APAREJAMIENTO s.m. MAR. Acción de aparejar una embarcación.

APAREJAR v.tr. y prnl. Preparar lo necesario para desarrollar una actividad. ◆ v.tr. Poner el aparejo a un animal o dotar una embarcación de aparejo. **2.** Dar cola, yeso y bol de Armenia a la pieza que se va a dorar. **3.** PINT. Imprimar una superficie que se va a pintar.

APAREJO s.m. Conjunto de correas y demás arreos que se ponen a una caballería para que tire de los carruajes o para montarla o cargarla. **2.** Conjunto de utensilios, herramientas, etc., necesarios para realizar una actividad: *aparejos de pesca.* **3.** Forma o modo en que aparecen colocados los ladrillos, sillares o mampuestos en una construcción. **4.** MAR. **a.** Arboladura, velamen y jarcias de las embarcaciones a vela. **b.** Tipo o clase de velas de una embarcación o de una nave: *aparejo de abanico.* **5.** MEC. Mecanismo elevador de pesos consistente en un sistema de poleas.

APARENTAR v.tr. Hacer ver que se tiene una cualidad, un sentimiento o una situación que no se corresponde con la realidad: *aparenta ser una persona tranquila.* **2.** Tener cierto aspecto; especialmente una persona, de tener cierta edad: *aparenta sesenta años, pero tiene menos.*

APARENTE adj. (lat. *apparens, -tis*). Que no se corresponde con la realidad. **2.** Apropiado, conveniente u oportuno: *emplear las palabras más aparentes.* **3.** Que puede ser percibido por los sentidos: *no tener motivo aparente para obrar.* **4.** Ostensible, notable, considerable.

APARICIÓN s.f. Acción y efecto de aparecer o aparecerse. **2.** Aparecido, espectro: *tener apariciones.* **3.** REL. **a.** En el rito mozárabe, cada una de las nueve partes en que el sacerdote divide la hostia. **b.** Fiesta católica que celebra la aparición de Cristo a sus apóstoles tras la resurrección.

APARIENCIA s.f. (lat. *apparentia*). Aspecto exterior de alguien o algo. **2.** Cosa cuyo aspecto exterior no se corresponde con su verdadero estado o condición. ◇ **En apariencia** A primera vista, por el aspecto externo. **Guardar,** o **mantener,** o **cubrir, las apariencias** Disimular u ocultar en público un hecho o circunstancia que pueden escandalizar o dar que hablar.

APARRADO, A adj. Se dice del árbol cuyas ramas se extienden horizontalmente. **2.** *Fig.* Achaparrado, grueso y de poca estatura.

APARRAR v.tr. Hacer que un árbol extienda sus ramas horizontalmente.

APARTADERO s.m. Lugar al margen de un camino o canal donde se apartan las personas, las caballerías, los carruajes o los barcos, para dejar libre el paso. **2.** F. C. Vía secundaria colocada junto a una vía principal, donde se estaciona un tren para dejar paso a otro. **3.** TAUROM. Corral donde se aparta a unos toros de otros para su traslado.

APARTADIJO o **APARTIJO** s.m. Porción que se toma o separa de un conjunto de cosas. (Suele usarse en plural.)

APARTADIZO, A adj. Que se aparta del trato de la gente. ◆ s.m. Lugar separado de otro mayor, para diferentes usos.

APARTADO, A adj. Se dice del lugar retirado o distante respecto a otro: *un valle apartado.* ◆ s.m. Párrafo o grupo de párrafos de un escrito o documento dedicado a una materia concreta o a un aspecto de la misma. **2.** DER.

de ligado (bloques de gran tamaño)

poligonal (bloques de gran tamaño)

casquijo

reticulado

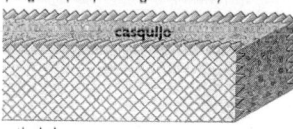

hiladas alternadas a soga y tizón

isódomo

casquijo

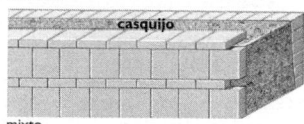

mixto

■ **APAREJOS** en arquitectura.

Cada uno de los dieciséis miembros que elige la asociación general de ganaderos en sustitución de los que antiguamente eran designados por el concejo de la Mesta. **3.** METAL. Operación por la que se determina la ley del oro o de la plata. **4.** MIN. Conjunto de operaciones realizadas con el oro para obtenerlo puro. **5.** TAUROM. Acción de encerrar los toros en los chiqueros unas horas antes de la corrida. ◇ **Apartado de correos** Caja o compartimento, identificado con un número, que hay en las oficinas de correo para depositar la correspondencia de un destinatario.

APARTAMENTO s.m. Amér. Departamento, vivienda. **2.** Esp. Vivienda de una o dos habitaciones que forma parte de un edificio donde existen otras viviendas similares.

APARTAMIENTO s.m. Acción y efecto de apartar o apartarse. **2.** Lugar apartado. **3.** Amér. Departamento, vivienda. **4.** DER. Acto procesal con que alguien desiste de la acción o recurso que tiene deducido.

APARTAR v.tr. y prnl. (de *aparte*). Separar, alejar, retirar: *apartarse de la familia; apartar la silla de la pared.* **2.** Desplazar o quitar a alguien o algo de un lugar. ◆ v.tr. *Fig.* Hacer abandonar una actividad, un cargo, etc.: *la apartaron de la dirección del partido.*

APARTE adv.l. (de *parte*). En otro lugar: *deja esa bolsa aparte del resto.* ◆ adv.m. Por separado: *cóbrame esto aparte.* **2.** Indica con omisión o exclusión de: *aparte de algunas personas.* ◆ s.m. Tirada especial de algún artículo o estudio, separada de la revista o publicación de que forma parte. **2.** Párrafo, cada una de las divisiones de un escrito. **3.** Lo que, en una conversación entre varias personas, una de ellas dice a otra u otras sin que lo oigan los demás. **4.** Lo que, en las representaciones escénicas, dice un personaje cualquiera como hablando para sí o entre otro u otros, y suponiendo que no lo oyen los demás.

APARTHEID s.m. (voz afrikaans). Política de segregación sistemática de la población de raza no blanca, en la República Sudafricana. (La constitución de 1996 consagró el fin del apartheid.)

APARTHOTEL s.m. → APARTOTEL.

APARTIDAR v.tr. Alzar o tomar partido por una persona, doctrina, etc. ◆ **apartidarse** v.prnl. Adherirse a una parcialidad.

APARTIJO s.m. → APARTADIJO.

APARTOTEL o **APARTHOTEL** s.m. Edificio o complejo de apartamentos que ofrece los mismos servicios que el hotel.

APARVAR v.tr. Preparar la mies para trillarla. **2.** Amontonar la mies trillada.

APASIONADO, A adj. Se dice de la persona que siente pasión por algo o alguien o que es propensa a apasionarse. **2.** Que implica o denota pasión.

APASIONAMIENTO s.m. Acción y efecto de apasionar o apasionarse.

APASIONAR v.tr. y prnl. Hacer sentir pasión.

APASTE o **APASTLE** s.m. Guat. y Hond. Lebrillo hondo de barro y con asas.

APATÍA s.f. (gr. *apátheia*, falta de sentimiento). Impasibilidad, indiferencia, abulia, dejadez.

APÁTICO, A adj. Que tiene apatía.

APATITO s.m. Fosfato de calcio presente en numerosas rocas eruptivas, en especial en la pegmatita. SIN.: *apatita.*

APÁTRIDA adj. y s.m. y f. Se dice de la persona que no tiene patria, por carecer de nacionalidad legal o por tener unas ideas internacionalistas.

APEA s.f. Cuerda corta con un palo en una punta y un ojal en la otra, que sirve principalmente para trabar o maniatar caballerías.

APEADERO s.m. Banco situado junto a la puerta de una casa para montar en las caballerías o bajarse de ellas. **2.** F.C. Estación de ferrocarril destinada únicamente a recoger o dejar pasajeros, que generalmente no dispone de taquillas para la venta de billetes.

APEADOR, RA s. Persona que apea las fincas rústicas.

APEAR v.tr. y prnl. (de *pie*). Bajar a alguien de un vehículo o de una caballería. **2.** *Fig.* y

fam. Disuadir, convencer. ◆ v.tr. Cortar un árbol por el pie y derribarlo. **2.** *Fig.* Destituir a alguien de su empleo o destino. **3.** *Fig.* Superar una dificultad. **4.** Apuntalar una construcción. **5.** Apiolar las caballerías. **6.** Deslindar, fijar los límites de una finca midiéndola. **7.** Calzar la rueda de un vehículo. ◆ **apearse** v.prnl. Cuba. Comer con las manos, sin seguir unas reglas de urbanidad o educación.

APECHUGAR v.intr. [2]. *Fam.* Aceptar a alguien o algo a desgana: *apechugar con las consecuencias.* SIN.: *apechar, apencar.*

APEDAZAR v.tr. [7]. Arreglar algo con un pedazo nuevo, especialmente una prenda de ropa.

APEDREAMIENTO s.m. Acción y efecto de apedrear o apedrearse. SIN.: *apedreo.*

APEDREAR v.tr. Tirar piedras a una persona o cosa. ◆ v.intr. Granizar. ◆ **apedrearse** v.prnl. Padecer daño los árboles, las mieses y especialmente las viñas con el granizo.

APEGARSE v.prnl. [2]. Sentir apego: *apegarse a la tradición.*

APEGO s.m. *Fig.* Afecto o cariño. **2.** Afición o inclinación.

APELACIÓN s.f. Acción y efecto de apelar.

APELADO, A adj. y s. DER. Se dice del litigante favorecido con la sentencia contra la cual se apela.

APELAMBRAR v.tr. Sumergir las pieles en pelambre o lechada de cal para que pierdan el pelo.

APELAR v.intr. (lat. *appellare*). Acudir a un juez o tribunal superior para que anule o enmiende una sentencia. **2.** Recurrir a alguien o algo para hallar favor, solución o remedio: *apelar a su bondad.* ◆ v.tr. Dar un apelativo, nombrar.

APELATIVO s.m. Sobrenombre. **2.** Amér. Apellido, nombre de familia. ◆ s.m. y adj. Nombre común, por oposición a *nombre propio.*

APELLIDAR v.tr. y prnl. (lat. *appellitare*, llamar repetidamente). Nombrar, llamar, dar un nombre. ◆ **apellidarse** v.prnl. Tener el apellido que se expresa: *se apellida López.*

APELLIDO s.m. Nombre de familia de una persona.

APELMAZAR v.tr. y prnl. [7]. Hacer compacto o apretar algo que debe ser esponjoso o mullido. **2.** *Fig.* Hacer una cosa aburrida, pesada. **3.** Salv. Apisonar la tierra.

APELOTONAR v.tr. y prnl. Formar pelotones, conjunto de cosas enredadas. **2.** Amontonar, apiñar.

APENAR v.tr. y prnl. Causar pena; *le apenó su marcha.* ◆ **apenarse** v.prnl. Méx. Avergonzarse.

APENAS adv.c. y m. Con dificultad, muy poco: *el caballo apenas puede subir la cuesta; apenas gana uno para vivir.* ◆ adv.t. Denota la inmediata sucesión de dos acciones: *apenas reunida la asamblea, acabó con el ministro.*

APENCAR v.intr. [1]. *Fam.* Apechugar.

APÉNDICE s.m. (lat. *appendix, -icis*). Parte que prolonga otra principal, de la que depende o es accesoria. **2.** Nombre que reciben algunas prolongaciones ventrolaterales del cuerpo de los insectos y crustáceos (patas, antenas y piezas bucales). ◇ **Apéndice ileocecal,** o **vermicular,** o **apéndice** ANAT. Prolongación delgada y hueca del intestino ciego.

APENDICECTOMÍA s.f. CIR. Extirpación del apéndice ileocecal.

APENDICITIS s.f. Inflamación del apéndice ileocecal.

ENCICL. Puede deberse a varios factores, relacionados con gérmenes o parásitos intestinales. Aparece a cualquier edad, con mayor incidencia en niños y adultos jóvenes. La *apendicitis aguda* provoca una crisis abdominal dolorosa y febril, con náuseas, vómitos y estreñimiento, y suele manifestarse repentinamente. La falta de tratamiento quirúrgico (*apendicectomía*) puede desembocar en peritonitis generalizada y, más raramente, en lesiones hepáticas o flebitis.

APENDICULAR adj. ANAT. Relativo a los apéndices.

APENDICULARIO, A adj. y s.f. Relativo a un grupo de tunicados, generalmente hermafro-

ditas, que persisten en estado larvario durante toda su vida.

APENITAS adv. Méx. y Salv. A duras penas, con gran dificultad.

APENSIONARSE v.prnl. Argent., Chile, Colomb., Méx. y Perú. Entristecerse. **2.** Colomb. Sobresaltarse, inquietarse.

APEO s.m. Acción de apear un árbol. **2.** Acción de apear una finca. **3.** DER. Documento legal que acredita el deslinde o demarcación de una finca.

APEONAR v.intr. Andar aceleradamente las aves, en especial la perdiz.

APEPSIA s.f. Mala digestión por insuficiencia de secreción de jugo gástrico.

APEPÚ s.m. Argent. y Par. Naranjo de corteza gris oscura, flores blancas muy perfumadas, frutos rugosos de color rojizo y pulpa jugosa que tiene un sabor entre amargo y agrio.

APERAR v.tr. Argent., Nicar. y Urug. Ensillar, colocar el apero.

APERCEPCIÓN s.f. FILOS. Conocimiento reflexivo de una mónada (Leibniz); conciencia del yo (Kant).

APERCIBIMIENTO s.m. Acción y efecto de apercibir o apercibirse. **2.** DER. Aviso, advertencia de una autoridad.

APERCIBIR v.tr. y prnl. (de *percibir*). Disponer o preparar: *apercibirse a contestar la carta.* (Suele usarse con las prep. *a* o *para*). **2.** Percibir, observar, notar: *me apercibí de ello.* ◆ v.tr. Amonestar o advertir: *apercibir a los revoltosos.* **2.** DER. Hacer saber a la persona requerida las sanciones a que está expuesta: *apercibir a los morosos.*

APEREÁ s.f. Cobaya muy parecida al conejillo de Indias, que vive en América Meridional.

APERGAMINADO, A adj. Que es parecido al pergamino. **2.** *Fig.* y *fam.* Se dice de la persona o una parte del cuerpo que es enjuta, especialmente por causa del envejecimiento: *piel apergaminada.*

APERGAMINARSE v.prnl. *Fig.* y *fam.* Quedarse una persona o una parte del cuerpo acartonada, enjuta: *apergaminarse el rostro.*

APERIÓDICO, A adj. Se dice del aparato de medida que alcanza sin oscilaciones una posición de equilibrio.

APERITIVO, A adj. y s.m. Que abre el apetito. ◆ s.m. Bebida o ración de algún alimento que se toma antes de una comida.

APERO s.m. Utensilio o herramienta de un oficio, especialmente el de labranza. (Suele usarse en plural.) **2.** Amér. Merid. y P. Rico. Recado de montar que en ciertos países es más lujoso que el común.

APERREAR v.tr. *Fam.* Fatigar o causar gran molestia y trabajo a una persona.

APERSONADO, A adj. **Bien,** o **mal, apersonado** De buena, o mala, presencia.

APERSONARSE v.prnl. Personarse, presentarse personalmente. **2.** DER. Comparecer en un juicio o acto legal.

APERTURA s.f. (lat. *apertura*). Acción de abrir o abrirse. **2.** Acto de dar o volver a dar comienzo a las funciones de una asamblea, teatro, escuela, etc. **3.** *Fig.* Actitud favorable a la aceptación o comprensión de ideas, comportamientos, etc., distintas a las vigentes. **4.** Serie de jugadas que dan inicio a una partida de ajedrez. ◇ **Apertura de testamento** DER. Acto solemne de sacar de su pliego un testamento para darle publicidad y autenticidad.

APERTURISTA adj. y s.m. y f. Relativo a la apertura; partidario de esta tendencia: *ideas, tendencias aperturistas.*

APESADUMBRAR v.tr. y prnl. Causar pesadumbre, afligir. SIN.: *apesarar.*

APESTAR v.tr. y prnl. Causar o transmitir la peste. ◆ v.tr. Hacer que un lugar huela mal: *la basura apestaba la casa.* **2.** *Fig.* y *fam.* Fastidiar, resultar desagradable: *su libro apesta.* ◆ v.intr. Despedir mal olor: *el agua de la charca apesta.*

APESTILLAR v.tr. Apremiar a una persona.

APESTOSO, A adj. Que apesta.

APÉTALO, A adj. y s.f. Se dice de la planta cuya flor no tiene pétalos ni sépalos, como el roble, muérdago, sauce, ortiga, remolacha, etc.

APETECER v.intr. (lat. *appetere*) [37]. Ser algo objeto de deseo para alguien: *me apete-*

cen unas aceitunas. ◆ v.tr. *Fig.* Desear algo: *apetecer la gloria.*

APETECIBLE adj. Que apetece mucho.

APETENCIA s.f. Deseo de algo.

APETITIVO, A adj. Relativo a la facultad de apetecer.

APETITO s.m. (lat. *appetitus, -us*). Sensación de ganas de comer. **2.** *Fig.* Impulso instintivo de satisfacer las necesidades orgánicas: *apetito carnal.* ⌐ **Abrir,** o **despertar, el apetito** *Fam.* Excitar las ganas de comer.

APETITOSO, A adj. Que excita el apetito o el deseo. **2.** Gustoso, sabroso.

ÁPEX s.m. (lat. *apex, apicus,* punta). ASTRON. Punto de la esfera celeste situado en la constelación de Hércules hacia la que parecen dirigirse el Sol y el sistema solar a una velocidad de 20 km/s.

APEZONADO, A adj. Que tiene forma de pezón.

APGAR. Índice de Apgar Prueba practicada a los recién nacidos para observar con intervalos regulares el ritmo cardíaco y respiratorio, el tono muscular, los reflejos y el color de la piel.

APIADAR v.tr. Inspirar piedad. ◆ **apiadarse** v.prnl. Sentir piedad de alguien o algo: *apiadarse de los pobres.*

APICAL adj. Perteneciente al ápice, extremo superior o punta de una cosa. **2.** ANAT. Se dice de la parte que forma la punta de un órgano. CONTR.: *basal.* **3.** FONÉT. Se dice del sonido que se articula con la punta de la lengua en contacto con el paladar, los dientes o los alvéolos. SIN.: *lingual.*

APICARARSE v.prnl. Adquirir maneras o conducta de pícaro.

ÁPICE s.m. (lat. *apex, apicis*). Extremo o punta de algo, generalmente superior. **2.** *Fig.* Punto culminante. **3.** *Fig.* En frases negativas, nada o cantidad pequeña de algo: *no tener un ápice de cultura.* **4.** BIOL. Punta, cima de un órgano.

APÍCOLA adj. (del lat. *apis,* abeja, y *colere,* cultivar). Relativo a la apicultura.

APICULTOR, RA s. y adj. Persona que se dedica a la apicultura.

APICULTURA s.f. Cría de abejas para aprovechar sus productos.

ÁPIDO, A adj. y s.m. Relativo a una familia de insectos himenópteros que comprende especies solitarias y sociales, como la abeja.

APÍFUGO, A adj. Se dice del producto que aleja las abejas.

APILAMIENTO s.m. Acción y efecto de apilar.

APILAR v.tr. Poner unas cosas sobre otras formando pila.

APIMPOLLARSE v.prnl. Echar pimpollos o brotes las plantas.

APIÑADO, A adj. Que tiene forma de piña. **2.** Que está dispuesto en forma de grupo apretado.

APIÑAMIENTO s.m. Acción y efecto de apiñar o apiñarse. SIN.: *apiñadura.*

APIÑAR v.tr. Poner muy juntos o agrupados: *apiñarse el público en la sala.*

APIÑONADO, A adj. Méx. Se dice de la persona ligeramente morena.

APIO s.m. (lat. *apium*). Planta hortense, de tallo grueso y jugoso, hojas largas y flores blancas muy pequeñas. (Destaca el apio-rábano de raíz progresivamente más carnosa; familia umbelíferas; género *Apium.*)

apio-rábano
apio
■ APIO

APIOL s.m. Principio activo de los granos de perejil.

APIOLAR v.tr. (del ant. *pihuela,* correa para asegurar los pies de los halcones y otras aves). *Fam.* Matar. **2.** *Esp. Fam.* Prender, apresar.

APIPARSE v.prnl. *Fam.* Hartarse de comida o bebida.

APIRÉTICO, A adj. Relativo a la apirexia. **2.** Que no tiene fiebre.

APIREXIA s.f. Ausencia de fiebre.

APIRI s.m. Amér. Merid. Operario que transporta mineral en las minas. **2.** Amér. Merid. Mozo de cuerda.

APIRÓGENO, A adj. Que no produce fiebre.

APISONADO s.m. AGRIC. Labor que consiste en aplanar el suelo, aplastando los terrones de tierra.

APISONADOR, RA adj. y s. Que apisona. ◆ s.m. Pisón. **2.** Rodillo con que se apisona.

APISONADORA s.f. *Esp.* Máquina automotora que sirve para apisonar y que se desplaza sobre cilindros muy pesados.

APISONAMIENTO s.m. Acción y efecto de apisonar.

APISONAR v.tr. Apretar o aplanar la tierra, el asfalto, etc., particularmente con una apisonadora.

APITIGUARSE v.prnl. [3]. Chile. Desmoronarse, abatirse.

APITONAR v.intr. Echar pitones los animales que desarrollan cuernos. **2.** Empezar los árboles a brotar. ◆ v.tr. Romper las aves la cáscara de sus huevos con el pico.

APIZARRADO, A adj. Que tiene un tono negro azulado.

APLACABLE adj. Fácil de aplacar.

APLACAMIENTO s.m. Acción y efecto de aplacar o aplacarse.

APLACAR v.tr. y prnl. (del lat. *placere*) [1]. Suavizar o mitigar algo: *aplacar el dolor, la ira.* **2.** Apaciguar, tranquilizar a alguien.

APLANADERA s.f. Instrumento para aplanar el suelo, terreno, etc. **2.** Mazo de los hojalateros para aplanar las planchas.

APLANADO s.m. Operación que tiene por objeto corregir las deformaciones ocasionadas en los materiales por el mecanizado o accidentalmente, eliminando las abolladuras o marcas de golpes de martillo, etc.

APLANADOR, RA adj. y s. Que aplana. ◆ s.m. Instrumento para el aplanado de los metales.

APLANADORA s.f. Amér. Apisonadora.

APLANAMIENTO s.m. Acción y efecto de aplanar o aplanarse.

APLANAR v.tr. Allanar, poner llano. ◆ **aplanarse** v.prnl. Perder el vigor, desalentarse.

APLANÉTICO, A adj. Se dice del sistema óptico que proporciona una imagen plana de un objeto.

APLANETISMO s.m. Cualidad del sistema óptico aplanético.

APLASIA s.f. MED. Insuficiencia congénita en el desarrollo de un tejido o de un órgano, cuya manifestación más grave es la agenesia.

APLÁSICO, A adj. MED. → **APLÁSTICO.**

APLASTAMIENTO s.m. Acción y efecto de aplastar o aplastarse. **2.** CIR. Compresión sostenida e intensa de una parte del cuerpo, por lo general el tronco o una extremidad.

APLASTAR v.tr. y prnl. Reducir el grosor de una cosa mediante golpe o presión. **2.** Vencer con rotundidad: *aplastó a su rival.* **3.** *Fig. y fam.* Abatir a una persona física o moralmente.

APLATANARSE v.prnl. Quedarse sin fuerzas o ganas para hacer cualquier actividad.

APLAUDIR v.tr. (lat. *applaudere*). Dar palmadas en señal de aprobación o entusiasmo. **2.** Celebrar, aprobar, asentir: *aplaudo tu decisión.*

APLAUSO s.m. (lat. *applausus, -us*). Acción y efecto de aplaudir. ⌐ **Aplauso cerrado** El unánime y muy nutrido.

APLAZAMIENTO s.m. Acción y efecto de aplazar.

APLAZAR v.tr. (de *plazo*) [7]. Diferir, retardar la ejecución de una cosa: *aplazar una entrevista.* **2.** Amér. No aprobar un examen, suspender.

APLAZO s.m. Argent. En educación, nota in-

suficiente para aprobar un examen. **2.** El examen mismo reprobado.

APLEBEYAR v.tr. y prnl. Dar carácter plebeyo a alguien o algo.

APLICACIÓN s.f. Acción de aplicar o aplicarse. **2.** *Fig.* Dedicación e interés con que se hace algo: *estudiar con aplicación.* **3.** Parte o material que se añaden o superponen al cuerpo principal de la obra, generalmente artística. **4.** Adorno de bordado que se distingue del fondo por la materia o por la ejecución. **5.** INFORMÁT. Programa o conjunto de programas concebidos para la realización de una tarea determinada. **6.** MAT. Operación que consiste en hacer corresponder a todo elemento *a* de un conjunto *c*, un elemento *b* de otro individuo *d.* (En el caso de conjunto de números, la noción de aplicación coincide con la de función.)

APLICADO, A adj. *Fig.* Que estudia o trabaja con interés. **2.** Se dice de la parte de una ciencia que se ocupa de la aplicación práctica de la parte teórica: *física aplicada.*

APLICADOR s.m. Aparato que permite la aplicación directa sobre el cuerpo de diversos productos, sin contacto manual. **2.** Envase provisto de un tapón con un agujero, que permite extender un producto de mantenimiento sobre una superficie.

APLICAR v.tr. (lat. *applicare*) [1]. Poner una cosa en contacto con otra o sobre otra: *aplicar el oído a la puerta; aplicar una pomada.* **2.** *Fig.* Emplear una cosa o poner en práctica los conocimientos o procedimientos adecuados para conseguir un fin. **3.** *Fig.* Asignar un nombre o un adjetivo a algo o a alguien: *se aplica el adjetivo clónico a algunos equipos informáticos.* **4.** Imponer una sanción o castigo. ◆ v.tr. y prnl. *Fig.* Referir a un individuo o a un caso particular lo que se ha dicho en general o de otro individuo. ◆ **aplicarse** v.prnl. *Fig.* Poner esmero en ejecutar una cosa.

APLIQUE s.m. Lámpara que se fija en la pared. **2.** Adorno que se fija en un objeto.

APLOMADO, A adj. Que obra o se expresa con aplomo. **2.** Que tiene un tono gris azulado, como el del plomo. **3.** *Fig.* Tardo, pesado.

APLOMAR v.tr. y prnl. Hacer que una cosa aumente de peso. ◆ v.tr. Poner algo verticalmente: *aplomar una moldura.* **2.** Dar a alguna cosa el color del plomo. ◆ v.tr. e intr. CONSTR. Examinar, valiéndose de la plomada, la verticalidad de una obra. ◆ **aplomarse** v.prnl. Cobrar aplomo o serenidad: *aplomarse ante las críticas.* **2.** TAUROM. Detenerse el toro en el último tercio de la lidia por estar agotado.

APLOMO s.m. Actitud segura y serena al obrar o expresarse. **2.** Verticalidad. ◆ **aplomos** s.m.pl. Dirección que deben seguir los miembros de un cuadrúpedo para que el cuerpo esté sostenido de la forma más sólida y a la vez más favorable para ejecutar movimientos.

APNEA s.f. (gr. *ápnoia*). Suspensión voluntaria o involuntaria de la respiración. ⌐ **Apnea del sueño** Conjunto de trastornos (fatiga, dolor de cabeza) relacionados con apneas muy frecuentes durante el sueño, que pueden provocar enfermedades cardiovasculares.

APOASTRO s.m. ASTRON. Punto orbital de un astro que gravita alrededor de otro, en el que la distancia entre ambos es máxima.

APOCADO, A adj. Se dice de la persona tímida o excesivamente humilde.

APOCALÍPTICO, A adj. Relativo al Apocalipsis. **2.** Terrorífico, espantoso: *visión apocalíptica.* **3.** *Fig.* Fantástico, enigmático: *animales apocalípticos.*

APOCALIPSIS s.m. (pl. *apocalipsis*). Catástrofe espantosa; fin del mundo. **2.** Escrito relativo a los misterios del fin de los tiempos en el judaísmo y cristianismo. (*El libro de Daniel* y el *Apocalipsis* de Juan forman parte de la Biblia católica y protestante; se considera que los otros apocalipsis son apócrifos.)

APOCAMIENTO s.m. Timidez o excesiva humildad.

APOCAR v.tr. y prnl. [1]. Hacer que una persona se sienta intimidada o humillada.

APOCINÁCEO, A adj. y s.f. BOT. Relativo a una familia de plantas gamopétalas, a menudo trepadoras, de flores pentámeras con corola en copa, como la adelfa.

93

APOCOPAR v.tr. Acortar una palabra por apócope.

APÓCOPE s.f. (gr. *apokope*, amputación). Figura retórica de dicción que consiste en la caída de un fonema o de una o más sílabas finales de una palabra. (Ej.: algún *por* alguno y cine *por* cinematógrafo.)

APÓCRIFO, A adj. y s.m. (gr. *apokryphos*, secreto). Supuesto, fingido, falso: *testamento apócrifo*. **2.** REL. Se dice del libro o texto que no está declarado canónico: *evangelio apócrifo*.

APODAR v.tr. Dar a alguien un apodo. ➡ **apodarse** v.prnl. Ser llamado por un apodo.

APODERADO, A adj. y s. DER. Que tiene poderes de otro para representar y proceder en su nombre.

APODERAMIENTO s.m. Acción y efecto de apoderar o apoderarse. **2.** Acto de conferir un poder.

APODERAR v.tr. Dar poder una persona a otra para que actúe en su nombre. ➡ **apoderarse** v.prnl. Hacerse dueño de una persona o cosa violentamente.

APODÍCTICO, A adj. (lat. *apodicticus*). FILOS. Se dice de una sentencia o proposición necesarias.

APODO s.m. Nombre que se da a una persona en lugar del suyo propio y que suele aludir a un rasgo característico de su persona o de su vida. SIN.: *alias, mote, sobrenombre*.

ÁPODO, A adj. ZOOL. Que carece de pies o extremidades. ➡ adj. y s.m. Relativo a un suborden de peces teleósteos, como la anguila.

APÓDOSIS s.f. (gr. *apódosis*, explicación, retribución) [pl. *apódosis*]. LING. Parte principal de la oración condicional que expresa el resultado o la consecuencia de que se cumpla lo expresado en la subordinada o prótasis.

APOFISARIO, A adj. Relativo a la apófisis.

APÓFISIS s.f. (gr. *apophysis*, retoño) [pl. *apófisis*]. ANAT. Protuberancia natural de la superficie de un hueso.

APOFONÍA s.f. LING. Variación de una vocal en una palabra en la declinación, conjugación o derivación.

APOGAMIA s.f. BOT. Desarrollo de un embrión a partir de una célula del saco embrionario distinto de la oosfera.

APOGEO s.m. (lat. *apogeus*, gr. *apógeios*, que viene de la tierra). Grado superior que puede alcanzar alguna cosa, como el poder, la gloria, etc. **2.** ASTRON. Punto de la órbita de un cuerpo en movimiento alrededor de la Tierra (astro o satélite artificial) en el que la distancia a esta es máxima. CONTR.: *perigeo*.

APÓGRAFO s.m. (gr. *apographós*, transcrito, copiado). Copia de un escrito original.

APOLILLADURA s.f. Señal o agujero causado por la polilla.

APOLILLAR v.tr. y prnl. Roer la polilla una cosa.

APOLINARISMO s.m. Doctrina herética de Apolinar (s. IV), que negaba que Jesucristo hubiera recibido un cuerpo y un alma semejantes a los nuestros.

APOLINARISTA adj. y s.m. y f. Seguidor del apolinarismo.

APOLÍNEO, A adj. Relativo a Apolo o a las Musas. **2.** Apuesto, bello. **3.** FILOS. Según Nietzsche, equilibrado y mesurado (por oposición a *dionisíaco*).

APOLITICISMO s.m. Condición de apolítico; actitud del que se coloca al margen de toda doctrina o actividad política.

APOLÍTICO, A adj. y s. Ajeno a la política.

APOLOGÉTICA s.f. Parte de la teología que se ocupa de demostrar la credibilidad racional e histórica de la fe cristiana.

APOLOGÉTICO, A adj. Relativo a la apología. **2.** Relativo a la apologética, parte de la teología.

APOLOGÍA s.f. (gr. *apología*, defensa). Defensa, justificación o alabanza de alguien o algo. SIN.: *encomio, panegírico*. **2.** Discurso o escrito que defiende, justifica o alaba a alguien o algo.

APOLOGISTA s.m. y f. Persona que hace apología de alguien o algo. ➡ s.m. Nombre dado a los escritores cristianos de los primeros siglos

que defendían la fe cristiana contra judíos, paganos, emperadores y filósofos.

APÓLOGO s.m. Fábula con intención moralizante.

APOLTRONAMIENTO s.m. Acción y efecto de apoltronarse.

APOLTRONARSE v.prnl. Sentarse cómodamente en un sillón o sofá. **2.** Volverse poltrón u holgazán.

APOMAZAR v.tr. [7]. Alisar una superficie con piedra pómez.

APOMIXIA s.f. (del gr. *apo*, negación, y *mixis*, unión). Reproducción sexual sin fecundación, propia de ciertas plantas superiores.

APOMORFINA s.f. Compuesto derivado de la morfina por pérdida de agua. (La apomorfina es un vomitivo.)

APONEUROSIS s.f. Membrana conjuntiva que recubre los músculos y cuyas prolongaciones o tendones fijan los músculos a los huesos.

APONEURÓTICO, A adj. Relativo a la aponeurosis.

APOPAR v.intr. Presentar una embarcación la popa al viento o a la corriente.

APOPLEJÍA s.f. (lat. *apoplexia*). Cuadro clínico consecutivo a la hemorragia o embolia cerebral, caracterizado por la suspensión de la actividad cerebral. SIN.: *ictus apoplético*.

APOPLÉTICO, A adj. y s. Relativo o predispuesto a la apoplejía; que padece apoplejía.

APOQUINAR v.tr. *Vulg.* Pagar o dar una cantidad de dinero, generalmente a disgusto.

APORCADOR s.m. Arado que se emplea para aporcar.

APORCADURA s.f. Acción y efecto de aporcar.

APORCAR v.tr. [6]. Cubrir con tierra ciertas hortalizas para que se pongan más tiernas y blancas. **2.** Acollar, cobijar con tierra el pie de los árboles, y principalmente el tronco de las vides y otras plantas.

APORÉTICO, A adj. y s.f. Relativo a la aporía.

APORÍA s.f. FILOS. Incertidumbre o contradicción insoluble.

APORISMA s.m. (gr. *aphórisma*, objeto puesto aparte). Equimosis. **2.** Hematoma subcutáneo que se forma después de una sangría o una punción semejante cuando no coincide la perforación venosa con la cutánea.

APORREADO, A adj. Que no tiene dinero, pobre. ➡ s.m. Cuba. Guiso elaborado principalmente con carne de vaca, manteca, tomate y ajo.

APORREAR v.tr. y prnl. Golpear repetidamente, especialmente con una porra. ➡ v.tr. *Fig.* Tocar un instrumento musical sin gracia ni arte: *aporrear el piano*.

APORREO s.m. Acción de aporrear o aporrearse.

APORTACIÓN s.f. Acción de aportar. **2.** Conjunto de bienes aportados a una empresa, proyecto, asociación, etc. **3.** Acción y efecto de acompañar, presentar documentos o pruebas junto con un escrito.

1. APORTAR v.tr. (fr. *apporter*, lat. *apportare*). Llevar, conducir: *aportar aire a los pulmones*. **2.** Dar o proporcionar: *aportar un donativo*. **3.** DER. Llevar cada cual la parte que le corresponde a la sociedad de que es miembro.

2. APORTAR v.intr. Arribar a puerto. **2.** Acudir a un lugar, acercarse, llegarse. **3.** *Fig.* Llegar a un lugar inesperado después de haber andado perdido.

APORTE s.m. Aportación. **2.** Acción y efecto de depositar materiales un río, un glaciar, el viento, etc.: *aporte fluvial, glaciar, eólico*.

APORTILLAR v.tr. y prnl. Romper, derribar una muralla o pared para poder entrar por la abertura resultante de ello. **2.** Romper o abrir cualquier cosa que está unida y compacta. ➡ **aportillarse** v.prnl. Caerse alguna parte de muro o pared.

APOSELENIO s.m. ASTRON. Punto de la órbita de un cuerpo que gravita alrededor de la Luna en el que se da la máxima distancia entre ambos.

APOSENTADERAS s.f.pl. Nalgas; asentaderas.

APOSENTAMIENTO s.m. Acción de aposentar o aposentarse. **2.** Aposento, hospedaje.

APOSENTAR v.tr. y prnl. Alojar, hospedar.

APOSENTO s.m. Habitación o pieza de una casa. **2.** Posada, hospedaje.

APOSICIÓN s.f. LING. Construcción gramatical que consiste en determinar a un sustantivo por medio de otro sustantivo o sintagma yuxtapuestos. (Ej.: *Buenos Aires, capital de Argentina*.)

APOSIOPESIS s.f. RET. Interrupción de una frase con un silencio brusco.

APOSITIVO, A adj. LING. Que está en aposición o relativo a ella: *locución apositiva*.

APÓSITO s.m. MED. Material terapéutico que se aplica sobre una lesión.

APOSTA adv.m. A propósito, con deliberada intención: *hacer algo aposta*.

APOSTADERO s.m. Lugar donde hay personas apostadas o que es adecuado para ello.

1. APOSTAR v.tr. (del lat. *appositum*, p. de *apponere*, poner cerca, añadir) [17]. Pactar dos o más personas que disputan o hacen algún pronóstico una recompensa para aquel que tenga la razón o acierte el pronóstico: *te apuesto lo que quieras a que mañana llueve*. **2.** Exponer una cantidad de dinero o bienes en función del resultado de un juego de azar o de una contienda deportiva: *apostaron todo su dinero por un caballo desconocido*.

2. APOSTAR v.tr. y prnl. (del ant. *postar*, poner a una persona en un lugar). Poner a alguien o algo en un determinado lugar para cierto fin: *apostarse entre los arbustos*.

APOSTASÍA s.f. Abandono público y voluntario de las creencias religiosas o políticas.

APÓSTATA s.m. y f. (lat. eclesiástico *apostata*). Persona que comete apostasía. SIN.: *renegado*.

APOSTATAR v.intr. Hacer acto de apostasía.

APOSTEMA s.f. (gr. *apóstema*, absceso). MED. Herida o absceso purulentos.

A POSTERIORI loc. (voces latinas, *partiendo de lo que viene después*). Se dice de los razonamientos que se basan en la experiencia, en hechos constatados.

APOSTILLA s.f. (bajo lat. *postilla*, del lat. *post*, después). Nota que se añade a un texto para completarlo, interpretarlo, o facilitar su comprensión. SIN.: *marginar*.

APOSTILLAR v.tr. Poner apostillas a un texto.

APOSTILLARSE v.prnl. Llenarse de postillas.

APÓSTOL s.m. (lat. *apostolus*, gr. *apostolos*). Cada uno de los doce discípulos elegidos por Jesucristo. **2.** Nombre dado a los primeros mensajeros del Evangelio (san Pablo y san Bernabé). **3.** Propagador del evangelio en una ciudad o país. **4.** Propagandista de una doctrina: *apóstol del socialismo*. ◊ **El apóstol de las gentes** San Pablo. **El príncipe de los apóstoles** San Pedro.

■ **APÓSTOL.** Detalle de los apóstoles del pórtico de la Gloria. (Catedral de Santiago de Compostela.)

APOSTOLADO s.m. Propagación de la doctrina cristiana. **2.** Predicación de una doctrina en favor de una causa: *apostolado social*. **3.** Congregación de los santos apóstoles.

APOSTÓLICO, A adj. Relativo a los apóstoles: *doctrina apostólica*. **2.** Relativo al papa o que dimana de su autoridad: *bendición apostólica*. ◊ **Cartas apostólicas** Documentos pontificios que se dividen en cuatro clases: bulas, breves, *motu proprio* y rúbricas de la curia de Roma. **Delegado apostólico** Representante de la Santa Sede, sin carácter diplomático. **Varones apostólicos** Predicadores del Evangelio enviados a España, según la tradición, por san Pedro y san Pablo.

APOSTOLIZAR v.tr. [7]. Convertir infieles a la religión católica.

APOSTROFAR v.tr. Dirigir apóstrofes, reprender.

APÓSTROFE s.m. o f. (lat. *apostrophe*, gr. *apostrophé*, acción de apartarse). Interpelación brusca y poco cortés. **2.** Figura retórica de pensamiento que consiste en interrumpir el discurso para dirigirse directamente a personas o cosas personificadas.

APÓSTROFO s.m. (lat. *apostrophus*, gr. *apóstrophos*, que se aparta). Signo gráfico (') que indica la elisión de una vocal.

APOSTURA s.f. Cualidad de apuesto.

APOTECIO s.m. BOT. Órgano reproductor en forma de copa donde se forman las esporas de los hongos ascomicetes que intervienen en la constitución de los líquenes.

APOTEGMA s.m. (gr. *apophthegma*). Sentencia breve e instructiva, especialmente la atribuida a una persona ilustre.

APOTEMA s.f. MAT. **a.** Perpendicular trazada desde el centro de un polígono regular a uno de sus lados. **b.** Perpendicular trazada desde el vértice de una pirámide regular a uno de los lados del polígono de la base.

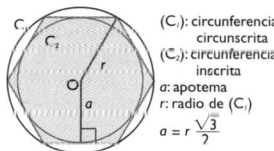

(C_1): circunferencia circunscrita
(C_2): circunferencia inscrita
a: apotema
r: radio de (C_1)

$$a = r \frac{\sqrt{3}}{2}$$

■ **APOTEMA** de un polígono regular.

APOTEÓSICO, A o **APOTEÓTICO, A** adj. Relativo a la apoteosis

APOTEOSIS s.f. Momento culminante de algo particularmente el final brillante de un espectáculo. **2.** *Fig.* Glorificación o ensalzamiento de una persona por una colectividad. **3.** Deificación de un héroe.

APOYACABEZAS s.m. (pl. *apoyacabezas*). Reposacabezas.

APOYADURA s.f. Flujo de leche que aparece en las glándulas mamarias cuando se da de mamar.

APOYAR v.tr. (ital. *appoggiare*). Poner una cosa contra o sobre otra que la sostenga: *apoyar la espalda en la pared*. **2.** Fundamentar una cosa en otra: *apoyar un relato en hechos reales*. ◆ v.tr. *Fig.* Ayudar o patrocinar a alguien o algo: *apoyar a los rebeldes, una causa*. **2.** *Fig.* Confirmar, sostener o reforzar una opinión o teoría. ◆ v.intr. y prnl. Estribar, cargar en o sobre algo. ◆ **apoyarse** v.prnl. *Fig.* Servirse de una persona o cosa como soporte, sostén, protección o fundamento: *apoyarse en la familia, en la tradición*.

APOYATURA s.f. (ital. *appoggiatura*). Apoyo, persona o cosa sobre la que se apoya alguien o algo. **2.** MÚS. Nota de adorno que precede a la nota principal y que se escribe en caracteres más finos.

APOYO s.m. Persona o cosa sobre la que se apoya alguien o algo. SIN.: *soporte, sostén*. **2.** *Fig.* Protección, auxilio. **3.** Confirmación, fundamento o prueba de una opinión o teoría. **4.** En resistencia de materiales, nombre genérico de todo elemento capaz de producir reacciones que pueden equilibrar a sistemas de fuerzas exteriores. ◇ **Apoyo aéreo**, o **naval** Ayuda que la aviación, o la armada, dan a las fuerzas terrestres. **Apoyo de ventana** Pieza horizontal de madera que constituye la parte inferior del hueco de una ventana.

APOZARSE v.prnl. [7]. Chile y Colomb. Empantanarse, estancarse el agua.

APPASSIONATO adv.m. (voz italiana). MÚS. Con pasión.

APRAXIA s.f. (de *a*, no, y gr. *praxis*, acción). PSICOPATOL. Incapacidad de ejecutar movimientos coordinados (escritura, marcha), a pesar de que exista completa integridad tanto de la motricidad como de la sensibilidad.

APRÁXICO, A adj. Relativo a la apraxia.

APRECIABLE adj. Que es lo bastante grande o intenso para ser apreciado o tasado: *diferencias apreciables*. **2.** *Fig.* Que es digno de aprecio o estimación: *apreciable amigo*.

APRECIACIÓN s.f. Acción y efecto de apreciar: *apreciación de una moneda*.

APRECIAR v.tr. (de *precio*). Percibir a través de los sentidos o del intelecto. **2.** *Fig.* Reconocer y estimar el mérito de las personas o de las cosas: *apreciar la ayuda prestada*. **3.** Sentir afecto. ◆ v.tr. y prnl. Hacer que una moneda aumente de valor en el mercado de divisas, por comparación con otra u otras monedas.

APRECIATIVO, A adj. Que es propio del aprecio o estimación afectuosa. **2.** Que es propio de la apreciación o valoración.

APRECIO s.m. Acción y efecto de apreciar. **2.** Sentimiento de afecto hacia alguien: *ganarse el aprecio de sus compañeros*.

1. APREHENDER v.tr. Detener o apresar a alguien. **2.** Apoderarse de algo, especialmente si es de contrabando.

2. APREHENDER v.tr. → **APRENDER.**

APREHENSIBLE adj. Capaz de ser comprendido: *conocimientos aprehensibles*.

APREHENSIÓN s.f. Acción y efecto de aprehender.

APREHENSIVO, A adj. Perteneciente a la facultad de aprehender. **2.** Que es capaz de aprehender las cosas.

APREMIAR v.tr. Insistir a alguien para que haga algo deprisa. **2.** Imponer recargo en el pago de un impuesto. **3.** Obligar la autoridad a alguien a que haga algo. **4.** Oprimir, presionar. **5.** DER. Presentar instancia un litigante para que su contrario actúe en el procedimiento.

APREMIANTE adj. Que urge.

APREMIO s.m. Acción de apremiar. **2.** DER. **a.** Mandamiento judicial o gubernativo para compeler al cumplimiento de alguna cosa. **b.** Procedimiento ejecutivo que siguen las autoridades administrativas y agentes de la Hacienda para el cobro de impuestos o descubiertos a favor de ésta.

APRENDER o **APREHENDER** v.tr. e intr. (lat. *apprehendere*, agarrar). Adquirir el conocimiento de algo. ◆ v.tr. Retener algo en la memoria.

APRENDIZ, ZA s. Persona que trabaja para un empresario o patrono con el fin de aprender un arte u oficio.

APRENDIZAJE s.m. Acción de aprender, adquirir el conocimiento de algo; tiempo que dura esta adquisición. **2.** ETOL. Conjunto de métodos que permiten establecer relaciones estímulo-respuesta en los seres vivos. **3.** DER. Conjunto de relaciones existentes entre el aprendiz y su patrono.

APRENSIÓN s.f. Temor, escrúpulo, desconfianza: *aprensión a la muerte*. **2.** Miramiento, delicadeza, reparo. **3.** Opinión infundada o extraña. (Suele usarse en plural.)

APRENSIVO, A adj. y s. Que siente aprensión. **2.** Que exagera la gravedad de sus dolencias.

APRESAMIENTO s.m. Acción y efecto de apresar.

APRESAR v.tr. Detener, aprisionar o encarcelar a alguien. **2.** Apoderarse de algo por la fuerza. **3.** Sujetar a alguien o algo impidiendo que se mueva.

APRESTAR v.tr. y prnl. Preparar, disponer lo necesario. **2.** Someter algo al apresto.

APRESTO s.m. Preparación a que se someten determinados materiales y productos (cueros, telas, fibras, etc.) antes de trabajarlos o ponerlos a la venta. **2.** Sustancia que se aplica sobre una tela, un tejido, etc., para darles rigidez o consistencia.

APRESURAMIENTO s.m. Acción y efecto de apresurar o apresurarse. SIN.: *apresuración*.

APRESURAR v.tr. y prnl. Aumentar la velocidad con que se hace algo: *apresurar el paso*.

APRETAR v.tr. (lat. tardío *appectorare*, estrechar contra el pecho) [10]. Estrechar con fuerza, oprimir: *apretar contra el pecho; apretar el gatillo*. **2.** Hacer que algo haga mayor presión: *apretarse el cinturón*. **3.** Estrechar algo o reducirlo a menor volumen, apiñar: *apretar un fardo*. **4.** Cerrar con fuerza una parte del cuerpo: *apretar los labios*. **5.** *Fig.* Acosar, estrechar a una persona persiguiéndola o atacándola: *apretar con preguntas*. **6.** Tratar con excesivo rigor a una persona: *apretar a los alumnos*. **7.** *Fam.* Aumentar la velocidad de una actividad: *apretar el paso*. ◆ v.tr. e intr. Presionar a una persona con amenazas, ruegos o razones: *apretar al testigo para que hable*. ◆ v.tr. y prnl. Quedar un vestido u otra prenda semejante muy ajustados al cuerpo. ◆ v.intr. Obrar con mayor intensidad algo, como el frío, el calor, una dolencia, el hambre, etc. ◇ **Apretar a correr** *Fam.* Echar a correr.

APRETÓN s.m. Acción de apretar fuerte. **2.** *Fam.* Necesidad repentina de evacuar. ◇ **Apretón de manos** Acto de estrecharse dos personas las manos con fuerza.

APRETUJAR v.tr. *Fam.* Apretar algo con fuerza. ◆ **apretujarse** v.prnl. Juntarse muchas personas en un espacio reducido: *apretujarse en el vagón del tren*.

APRETUJÓN s.m. *Fam.* Acción y efecto de apretujar o apretujarse.

APRETURA s.f. Aglomeración de personas en un espacio reducido; opresión que causa esta aglomeración. **2.** *Fig.* Conflicto, apuro. **3.** Falta o escasez de algo, especialmente de alimentos o de dinero: *apreturas económicas*.

APRIETO s.m. *Fig.* Conflicto, apuro: *salir de un aprieto*. **2.** Apretura, opresión.

A PRIORI loc. (voces latinas, *partiendo de lo anterior*). Se dice de lo que se admite fundándolo en datos anteriores a la experiencia o que no provienen de ella. **2.** Anterior a cualquier conocimiento profundizado; al primer contacto.

APRIORISMO s.m. Método de razonamiento *a priori*.

APRIORÍSTICO, A adj. Que es o procede *a priori*: *método aprioristico*.

APRISA adv.m. Con rapidez o con prisa: *salir aprisa*.

APRISCO s.m. Lugar cercado donde se recoge el ganado SIN.: *corte*.

APRISIONAR v.tr. *Fig.* Atar, sujetar, asir. **2.** Meter a alguien en prisión.

APRISTA adj. y s.m. y f. Relativo al APRA, partido político peruano; que milita en este partido o es partidario de él.

APROAR v.intr. MAR. Enfilar la proa de una embarcación a alguna parte.

APROBACIÓN s.f. Acción y efecto de aprobar: *recibir la aprobación del público*.

APROBADO s.m. Nota inferior de aptitud en la calificación usual de exámenes.

APROBADOR, RA adj. y s. Que aprueba.

APROBAR v.tr. (lat. *approbare*) [17]. Dar por bueno algo o expresar conformidad con ello. **2.** Declarar apto a alguien en un examen, una prueba o un ejercicio. ◆ v.tr. e intr. Alcanzar la calificación de apto en un examen, prueba o ejercicio.

APROBATORIO, A adj. Que aprueba o implica aprobación.

APROCTIA s.f. Ausencia congénita de ano.

APRONTAMIENTO s.m. Acción y efecto de aprontar.

APRONTAR v.tr. Preparar o disponer algo con rapidez. **2.** Dar o proporcionar con rapidez algo, especialmente dinero.

APROPIACIÓN s.f. Acción de apropiarse: *apropiación indebida*.

APROPIADO, A adj. Adecuado para el fin a que se destina: *palabras apropiadas a cada caso*.

APROPIAR v.tr. Adecuar una cosa a otra: *apropiar los gestos a las palabras*. ◆ **apropiarse** v.prnl. Adueñarse de algo, generalmente de manera ilegítima: *apropiarse ideas ajenas; apropiarse de sus bienes*.

APROPINCUARSE v.prnl. (lat. *appropinqua-re*) [3 y 18]. *Irón.* Acercarse, aproximarse.

APROPÓSITO s.m. LIT. Pieza teatral breve que trata un tema de actualidad.

APROSÓMETRO s.m. Escuadra de reflexión para medir distancias inaccesibles, sin necesidad de emplear las tablas trigonométricas.

APROVECHABLE adj. Que puede aprovecharse.

APROVECHADO, A adj. Que sabe obtener provecho de todo. **2.** Que aprovecha las enseñanzas que recibe: *alumno aprovechado.* ◆ adj. y s. Esp. y Méx. *Desp.* Que intenta beneficiarse de cualquier circunstancia, normalmente sin escrúpulos.

APROVECHAMIENTO s.m. Acción y efecto de aprovechar o aprovecharse.

APROVECHAR v.tr. Emplear algo de manera provechosa. ◆ v.intr. Servir una cosa de provecho a alguien. **2.** MAR. Orzar o dirigir la proa de una embarcación cuanto lo permite el viento. ◆ v.intr. y prnl. Adelantar, mejorar: *aprovechamos en el curso.* ◆ **aprovecharse** v.prnl. Esp. y Méx. Sacar utilidad de algo o alguien en beneficio propio: *aprovecharse de la coyuntura.* **2.** Esp. Abusar sexualmente de una persona.

APROVISIONAR v.tr. Abastecer de lo necesario.

APROXIMACIÓN s.f. Acción de aproximar o aproximarse: *aproximación de dos astros.* **2.** Modo de abordar un tema o problema. **3.** Premio de la lotería nacional que se concede a los números anterior y posterior y a los de la centena de los primeros premios de un sorteo. **4.** DEP. En golf, golpe que deja la bola cerca del agujero, en el green. ◇ **Cálculo por aproximaciones sucesivas** MAT. Serie teórica indefinida de aproximaciones que permite obtener una solución progresivamente más precisa de un problema.

APROXIMADO, A adj. Que se acerca bastante a lo exacto. SIN.: *aproximativo.*

APROXIMAR v.tr. y prnl. Poner cerca o a menor distancia: *aproximarse a la orilla.* **2.** Obtener un resultado tan cercano al exacto como sea necesario para alcanzar un fin determinado. ◆ **aproximarse** v.prnl. Estar próximo a suceder, obtener o alcanzar: *se aproximan las vacaciones.*

APROXIMATIVO, A adj. Aproximado.

APSARA s.f. En la mitología hindú, ninfa acuática del paraíso de Indra.

ÁPSIDE s.m. ASTRON. Punto orbital de un astro que gira alrededor de otro en el que la distancia entre ambos es máxima o mínima. ◇ **Línea de los ápsides** Eje mayor de la órbita de un planeta.

APTERIGÓGENO, A adj. y s.m. Relativo a una subclase de insectos inferiores desprovistos de alas.

APTERIO s.m. Parte del cuerpo de las aves desprovista de plumas o cubierta de plumón.

ÁPTERO, A adj. (gr. *ápteros*). Que carece de alas: *la pulga es un insecto áptero.* **2.** Se dice de algunas estatuas antiguas de divinidades representadas sin alas: *Victoria áptera.* **3.** Se dice del templo que carece de pórticos con columnas en las fachadas laterales.

APTITUD s.f. Capacidad y disposición de una persona para ejercer una actividad. **2.** Cualidad que hace que un objeto sea apropiado para un fin. **3.** DER. Capacidad de obrar, ejercitar determinados actos, desempeñar una función o cargo, o realizar alguna cosa.

APTO, A adj. (lat. *aptus*). Que tiene aptitud. **2.** Se dice del espectáculo que puede ser visto por un público determinado sin causar un conflicto moral: *apto para menores de edad; apto para todos los públicos.* **3.** DER. Se dice de la persona que reúne las condiciones requeridas por la ley para tener un derecho o ejercitar una acción. ◆ s.m. Calificación de un examen que garantiza la suficiente preparación.

ÁPUD prep. (lat. *apud,* junto a). Se utiliza para indicar que algo está contenido en la obra, o bien en la obra de otro. (Se abrevia *Áp.*)

APUESTA s.f. Acción de apostar. **2.** Cosa o cantidad que se apuesta.

1. APUESTO, A adj. Que tiene buena presencia o es atractivo.

2. APUESTO, A adj. LING. Que está en aposición.

APUNARSE v.prnl. Amér. Merid. Indisponerse por la falta de oxígeno que hay en las grandes alturas.

APUNTACIÓN s.f. Acción de apuntar, poner por escrito. **2.** Nota apuntada. **3.** MÚS. **a.** Acción de escribir música. **b.** Notación musical.

APUNTADO, A adj. Que acaba en punta. **2.** Se dice del vino que empieza a tener punta de agrio. **3.** HERÁLD. Se dice de las piezas que se tocan o unen por sus puntas. ◇ **Arco apuntado** Arco que forma ángulo en la clave, característico del arte gótico.

APUNTADOR, RA adj. y s. Que apunta: *el dedo apuntador.* ◆ s. Persona que en el teatro permanece cerca de la que actúa para susurrarle las palabras cuando le falla la memoria.

APUNTALAMIENTO s.m. Acción y efecto de apuntalar: *trabajos de apuntalamiento.*

APUNTALAR v.tr. Sostener o reforzar con puntales un muro, edificio, etc. ◆ v.tr. y prnl. *Fig.* Afirmar o reforzar una idea u opinión: *apuntalar sus convicciones.*

APUNTAMIENTO s.m. Acción y efecto de apuntar. **2.** Defecto de los vinos apuntados. **3.** DER. Resumen o extracto que de los autos forma el secretario de la sala o el relator de un tribunal colegiado.

APUNTAR v.tr. Señalar hacia algún lugar u objeto determinado, generalmente con el extremo o punta de una cosa: *apuntar con el dedo.* **2.** Poner algo por escrito, generalmente para recordarlo: *apuntar el nombre.* **3.** Colocar un arma, antes de hacer el disparo, en la dirección del objeto que se quiere alcanzar. **4.** *Fig.* Señalar o indicar algo, especialmente cuando se insinúa o sugiere: *apuntar defectos.* **5.** Unir o fijar provisionalmente. **6.** Decir disimuladamente a una persona las palabras o frases que ha olvidado, especialmente el apuntador al actor. ◆ v.tr. y prnl. Escribir el nombre de alguien en una lista o registro. ◆ v.tr. e intr. En varios juegos de naipes, poner sobre una carta o junto a ella la cantidad que se quiere jugar. ◆ v.intr. *Fig.* Empezar a aparecer o manifestarse algo: *apuntaban las canas.* ◆ **apuntarse** v.prnl. Conseguir tantos o triunfos en un juego o deporte. **2.** Empezar a agriarse el vino. **3.** *Fam.* Empezar a emborracharse. **Apuntar y no dar** *Fam.* Ofrecer y no cumplir lo que se expresa.

APUNTE s.m. Apuntamiento, acción y efecto de apuntar. **2.** Nota que se toma por escrito. **3.** Dibujo o pintura hecho rápidamente con pocas líneas o pinceladas. **4.** Cantidad que apunta cada jugador. **5.** Apuntador de actores. ◆ **apuntes** s.m.pl. Extracto de las explicaciones de un profesor que toman los alumnos para sí.

APUNTILLAR v.tr. *Fig.* Darle a alguien el golpe de gracia, rematarlo. **2.** TAUROM. Rematar al toro con la puntilla.

APUÑALADO, A adj. Que ha recibido una puñalada. **2.** Que tiene forma de hoja de puñal.

APUÑALAR v.tr. Dar puñaladas: *la apuñaló.*

APURADO, A adj. Pobre, necesitado. **2.** Dificultoso, peligroso. **3.** Exacto, esmerado. **4.** Apresurado, con prisas.

APURAMIENTO s.m. Acción y efecto de apurar.

APURAR v.tr. (de *puro*). Consumir o gastar algo totalmente: *apurar la frenada; apurar una copa.* **2.** Realizar una investigación o exponer algo detalladamente. **3.** *Fig.* Molestar o impacientar a alguien: *la apuraba con sus tonterías.* ◆ v.tr. y prnl. *Fig.* Apremiar, dar prisa. ◆ **apurarse** v.prnl. Preocuparse, angustiarse.

APUREÑO, A adj. y s. De Apure (Venezuela).

APURO s.m. Conflicto o situación comprometida de difícil resolución: *salir de un apuro.* **2.** Aprieto, escasez grande: *apuros de dinero.* **3.** Vergüenza: *me da apuro entrar solo.* **4.** Prisa, urgencia: *tener apuro por llegar.*

AQUEJAR v.tr. Afectar a alguien un padecimiento o una enfermedad: *aquejarle un mal.*

AQUEL, LLA pron. y adj.dem. (lat. vulg. *eccum*) [pl. *aquellos, aquellas*]. Designa lo que está lejos de la persona que habla y de la que escucha: *está allí, sobre aquella mesa.* (Suele acentuarse cuando existe riesgo de anfibología.) ◆ s.m. Esp. Fam. Gracia, atractivo, donaire: *tener un aquel agradable.* (Suele usarse precedido del *el* o *un*.) **2.** Esp. Fam. Cualidad que no se quiere o acierta a decir: *temer el aquel del que dirán.*

AQUELARRE s.m. (vasc. *akelarre*, prado del macho cabrío). Reunión nocturna de brujos y brujas. **2.** *Fig.* Jaleo, ruido.

AQUELLO pron.dem.neutro. Designa que está alejada de la persona que habla y de la que escucha. **2.** Designa una cosa conocida por el hablante y por el oyente, y que no se menciona: *no sé si aquello me lo dijo en serio.*

AQUEMÉNIDA adj. y s.m. y f. De los Aqueménidas, dinastía del imperio persa. (V. parte n. pr.)

AQUENDE adv.l. (del ant. *aquén* de, más acá de, del lat. vulg. *eccum hinc*). *Poét.* En el lado de acá: *aquende los Pirineos.* CONTR.: *allende.*

AQUENIO s.m. (lat. botánico *achaenium*). BOT. Fruto seco indehiscente, con una sola semilla, como la bellota.

AQUEO, A adj. y s. De la más antigua familia étnica de Grecia. (Originarios de Tesalia, invadieron la península a comienzos del segundo milenio. Crearon una civilización brillante, cuyos centros eran Micenas y Tirinto, que fue destruida por los dorios [h. 1200 a.C.].)

AQUERENCIADO, A adj. Argent. Persona o animal acostumbrado a un lugar o compañía.

AQUERENCIARSE v.prnl. Tomar querencia a un lugar, especialmente los animales.

AQUÍ adv.l. (lat. vulgar *eccum hic*, he aquí). En este lugar: *estoy aquí.* **2.** A este lugar: *venid aquí.* **3.** En este punto, en esta cuestión: *aquí está la dificultad.* **4.** A este punto. **5.** En correlación con *allí*, designa sitio o paraje indeterminado. ◆ adv.t. Ahora, en este momento: *te espero de aquí a tres días.* **2.** Entonces, en tal ocasión. ◇ **He aquí** Se usa para mostrar algo o presentar algo ante la vista.

AQUIESCENCIA s.f. (del lat. *acquiescere*, descansar, entregarse al reposo). Cualidad de aquiescente.

AQUIESCENTE adj. Que consiente o autoriza.

AQUIETAR v.tr. y prnl. Calmar, apaciguar.

AQUILATAMIENTO s.m. Acción y efecto de aquilatar.

AQUILATAR v.tr. Examinar y medir los quilates del oro, las perlas y las piedras preciosas. **2.** *Fig.* Examinar y valorar debidamente el mérito de alguien o algo: *aquilatar conocimientos.* **3.** Purificar, eliminar lo impuro.

AQUILEA s.f. (lat. *achillea*). Milenrama, planta.

AQUILIA s.f. Ausencia total de secreción gástrica.

AQUILINO, A adj. *Poét.* Aguileño, de rostro largo y afilado.

AQUILLADO, A adj. Que tiene forma de quilla. **2.** Se dice de la embarcación de quilla larga.

AQUILÓN s.m. (lat. *aquilo, -onis*). Viento que sopla desde el norte.

AQUINTRALARSE v.prnl. Chile. Enfermarse de quintral las sandías, los melones y otras plantas. **2.** Chile. Recubrirse los árboles de quintral.

AQUITANO, A adj. y s. De Aquitania.

ARA s.f. (lat. *ara,* altar). Altar. **2.** Piedra consagrada, con una cavidad que contiene generalmente reliquias de mártires, sobre la cual extiende el sacerdote los corporales para celebrar la misa. ◇ **En aras de** En honor o en provecho de: *luchar en aras de los suyos.*

ÁRABE adj. y s.m. y f. De Arabia. **2.** De los pueblos de habla árabe. **3.** s.m. Lengua semítica hablada por los pueblos árabes, principalmente en el N de África, en Oriente Medio y en la península de Arabia. ◇ **Cifras árabes** Los diez signos de la numeración decimal. SIN.: *cifras arábigas.* **Raza árabe** Raza de caballos de asiento muy enérgico, resistentes, de excelente conformación, que se han utilizado en

figuras aisladas	finales	mediales	iniciales	nombre	valor
ا	ـا	ـا	ا	alif	ataque vocálico fuerte
ب	ـب	ـبـ	بـ	bā'	b
ت	ـت	ـتـ	تـ	tā'	t
ث	ـث	ـثـ	ثـ	ṯā'	th inglesa suave / θ griega
ج	ـج	ـجـ	جـ	ŷīm	j catalana
ح	ـح	ـحـ	حـ	ḥā'	h laringal aspirada
خ	ـخ	ـخـ	خـ	jā'	j
د	ـد	ـد	د	dāl	d
ذ	ـذ	ـذ	ذ	ḏāl	th inglesa dura / Δ griega
ر	ـر	ـر	ر	rā'	r
ز	ـز	ـز	ز	zāy	s sonora
س	ـس	ـسـ	سـ	sīn	s sorda
ش	ـش	ـشـ	شـ	šin	ch francesa
ص	ـص	ـصـ	صـ	ṣād	s enfática
ض	ـض	ـضـ	ضـ	ḍād	d enfática
ط	ـط	ـطـ	طـ	ṭā'	t enfática
ظ	ـظ	ـظـ	ظـ	ẓā'	s sonora enfática
ع	ـع	ـعـ	عـ	'ayn	aspirada sonora
غ	ـغ	ـغـ	غـ	gayn	g suave
ف	ـف	ـفـ	فـ	fā'	f
ق	ـق	ـقـ	قـ	qāf	q gutural oclusiva sorda
ك	ـك	ـكـ	كـ	kāf	k
ل	ـل	ـلـ	لـ	lām	l
م	ـم	ـمـ	مـ	mīm	m
ن	ـن	ـنـ	نـ	nūn	n
ه	ـه	ـهـ	هـ	hā'	h aspirada suave
و	ـو	ـو	و	wāw	w inglesa
ي	ـي	ـيـ	يـ	yā'	y

particularidades del persa

پ	ـپ	ـپـ	پـ	pe	p
چ	ـچ	ـچـ	چـ	che	ch
ژ	ـژ	ـژ	ژ	zhe	sh
گ	ـگ	ـگـ	گـ	gāf	g

particularidades del urdu

ٹ	ـٹ	ـٹـ	ٹـ	te	t
ڈ	ـڈ	ـڈ	ڈ	ḍal	d
ڑ	ـڑ	ـڑ	ڑ	ṛe	r

■ **ÁRABE.** Alfabeto árabe.

cruzamientos para la creación de numerosas razas.

ARABESCA s.f. Composición musical breve basada en una escritura melódica ricamente ornamentada.

ARABESCO, A adj. (ital. *arabesco*). Arábigo. ◆ s.m. Decoración pintada o esculpida con dibujos geométricos entrelazados que se emplea en pisos, zócalos y cenefas. **2.** COREOGR. Figura de danza en la que el bailarín mantiene una pierna elevada hacia atrás y los brazos extendidos hacia delante. **3.** MÚS. Melodía muy adornada.

ARABIA s.f. Cuba, Ecuad. y P. Rico. Tela de algodón, listada o a cuadros.

ARÁDIGO, A adj. y s m Árabe. ◇ **Numeración arábiga** Numeración decimal.

ARABISMO s.m. Palabra, expresión o giro procedentes de la lengua árabe que se usan en otra lengua. **2.** Estudio de la lengua y cultura árabes.

ARABISTA s.m. y f. y adj. Persona que estudia la lengua o cultura árabes.

ARABIZACIÓN s.f. Acción de arabizar.

ARABIZAR v.tr. [7]. Dar carácter árabe.

ARABLE adj. Que es adecuado para ser arado.

ARABÓFONO, A adj. y s. Se dice de la persona, colectividad, país, etc., de habla árabe.

ARAC, ARAK o **ARRAK** s.m. (ár. *'araq*). Aguardiente fabricado en el S y O de Asia por destilación de melazas de caña de azúcar que se hacen fermentar con una levadura extraída del arroz.

ARÁCEO, A adj. y s.f. Relativo a una familia de plantas monocotiledóneas, generalmente herbáceas, que crecen en lugares húmedos o pantanosos y bosques muy sombreados, como el aro.

ARÁCNEO, A adj. Parecido a la araña.

■ **ARABESCO.** Cubreplatos con decoración policroma, cerámica de Iznik, mediados del s. XVI. (Museo del Louvre, París.)

■ **ARABESCO.** Relieve de mármol procedente de una iglesia parisina; principios del s. XVI. (Museo del Louvre, París.)

ARÁCNIDO, A adj. y s.m. Relativo a una clase de artrópodos en cuyo cuerpo se distingue un prosoma o cefalotórax con seis pares de apéndices y un opistosoma o abdomen siempre ápodo, como la araña y el escorpión.

ARACNOIDES s.f. y adj. ANAT. Meninge situada entre la piamadre y la duramadre.

ARADA s.f. Acción de arar. **2.** Tierra labrada con el arado.

ARADO s.m. (lat. *aratum*). Instrumento agrícola que sirve para remover la tierra y es tirado por animales o por un vehículo. **2.** Reja, labor o vuelta que se hace en la tierra con este instrumento.

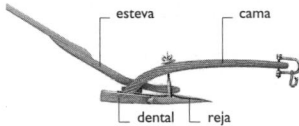

esteva · cama · dental · reja

■ **ARADO**

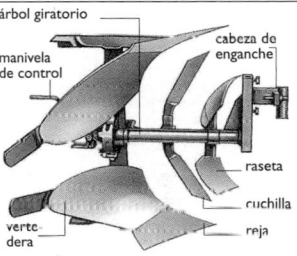

árbol giratorio · cabeza de enganche · manivela de control · raseta · cuchilla · vertedera · reja

■ **ARADO** reversible

ARADOR, RA adj. y s. Que ara. ◇ **Arador de la sarna** Ácaro parásito, casi microscópico, que produce la sarna. **Arador del queso** Ácaro que vive en el queso rancio.

ARAGONÉS, SA adj. y s. De Aragón. ◆ s.m. Variedad del español hablado en Aragón y parte de Navarra. ◆ adj. Se dice de una variedad de uva tinta cuyos racimos son muy grandes, gruesos y apiñados. ◇ **Raza aragonesa** Raza de corderos no trashumante, de patas muy largas y de lana muy blanca y bastante apreciada, característica de la zona pirenaica española.

ARAGONESA s.f. TAUROM. Suerte de capa en la que el diestro, situado de espaldas al toro, le presenta la capa por la parte posterior, y, al embestir el toro, hace un quiebro y da media vuelta para quedar en posición de repetirla.

ARAGONESISMO s.m. Palabra, expresión o giro propios del español hablado en Aragón y parte de Navarra. **2.** Defensa de los valores políticos, económicos y culturales de Aragón.

ARAGONITO s.m. (de Molina de *Aragón*, c en que se encuentra un yacimiento muy importante de este mineral). Carbonato de calcio que cristaliza en el sistema rómbico.

ARAGUÁN s.m. Madera fina, susceptible de pulido y de fácil trabajo, que se obtiene de un árbol que crece en Venezuela y se emplea en carpintería y construcciones navales.

ARAHUACO, A adj. y s. Arawak.

ARAK s.m. → ARAC.

ARAMEO, A adj. y s. De un pueblo semítico, nómada en sus orígenes, que a partir del s. XII a.C. fundó varios estados en Siria y Mesopotamia. ◆ s.m. Lengua semítica que se habló en el O de Asia, desde el s. VIII a C. hasta el s. VII d.C.

ARAMIDA adj. TEXT. Se dice de las fibras e hilos sintéticos que poseen generalmente muy buenas características mecánicas y excelente resistencia al calor.

ARANA s.f. Embuste, trampa.

ARANCEL s.m. Tarifa oficial que determina los derechos que se han de pagar por ciertos servicios, como transportes, aduanas o costas judiciales.

ARANCELARIO, A adj. Relativo al arancel, especialmente el de aduanas: *derechos arancelarios*.

ARÁNDANO s.m. Arbusto de hojas caducas y fruto comestible en forma de baya de color negro, del mismo nombre. (Familia ericáceas; género *Vaccinium.*)

hojas y frutos

rama con flores

■ ARÁNDANO

ARANDELA s.f. Pieza delgada, generalmente redonda, con un agujero en el centro en el que puede introducirse un vástago. ◇ **Arandela Grower** Arandela de acero templado, aristas vivas y perfil cuadrado, partida a lo largo de un radio, uno de cuyos extremos, situado en plano distinto, hace las funciones de resorte. (Colocada entre una pieza que hay que sujetar y una tuerca, impide que esta se afloje.)

ARANEIDO, A adj. y s.m. Relativo a una subclase de arácnidos caracterizados por presentar quelíceros provistos ordinariamente de glándulas venenosas, y cefalotórax indiviso, como la araña.

ARANÉS, SA adj. y s. Del Valle de Arán. ◆ s.m. Dialecto gascón hablado en el Valle de Arán.

ARAÑA s.f. (lat. tardío *aranea,* araña, telaraña). Artrópodo que tiene cuatro pares de patas, un par de apéndices bucales venenosos y abdomen no segmentado en cuyo extremo tiene las hileras o los órganos que producen un hilo de seda con el que caza sus presas y se traslada de un lugar a otro. (Clase arácnidos; subclase araneidos.) **2.** Lámpara de varios brazos que se cuelga del techo. **3.** Red para cazar pájaros. **4.** *Fig.* y *fam.* Persona muy aprovechada y vividora. **5.** Pez de 20 a 50 cm de loja que vive en el mar o escondido en la arena de las playas, temido por sus espinas venenosas. **6.** Planta de las Antillas, de cañas rectas y nudos muy vellosos. (Familia gramíneas.) ◇ **Araña de mar** Cangrejo de mar que tiene las patas muy largas y es muy espinoso.
ENCICL. Distribuidas por todo el mundo y todos los medios, las arañas buscan por lo general los sitios sombríos y húmedos. Se distinguen de los otros arácnidos por el órgano de copulación que se halla en los pedipalpos de los machos (con frecuencia más pequeños que los de la hembra) y por cuatro pares de ojos simples. De las 35 000 especies conocidas, solo el 30 % se consideran venenosas para el ser humano y apenas unas cuantas realmente peligrosas.

■ ARAÑA

■ ARAÑA

ARAÑAR v.tr. y prnl. Rasgar ligeramente la piel con las uñas o un objeto punzante. ◆ v.tr. Rayar una superficie lisa. **2.** *Fig.* y *fam.* Reunir pequeñas porciones de algo procedentes de diferentes partes para obtener cierto resultado: *arañar segundos para la victoria final.*

98

ARAÑAZO s.m. Herida superficial y lineal hecha en la piel con las uñas o un objeto punzante. **2.** Señal en forma de raya hecha en una superficie lisa con un objeto punzante.
ARAÑUELA s.f. Planta herbácea de tallo erguido, que se cultiva por sus flores. (Familia ranunculáceas; género *Nigella.*) **2.** PESC. Red rectangular de mallas cuadradas.
ARAÑUELO s.m. Larva de ciertos insectos que destruye los plantíos.
ARAONA adj. y s.m. y f. De un pueblo amerindio de Perú, perteneciente al grupo tacana de la familia lingüística arawak.
ARAPAJÓ o **ARAPAHO** adj. y s.m. y f. De un pueblo amerindio algonquino de América del Norte que vive en reservas en Wyoming y Oklahoma.
ARAPASSÚ s.m. Pájaro de América Meridional parecido al pico carpintero, de pico curvado, pecho verdoso y cabeza manchada de negro.
ARÁQUIDO s.m. Maní.
ARAR v.tr. (lat. *arare*). Abrir surcos en la tierra con el arado.
ARASÁ o **ARAZÁ** s.m. Árbol de copa ancha y madera flexible que crece en Argentina, Paraguay y Uruguay; fruto de este árbol.
ARATICÚ s.m. Árbol silvestre de América Meridional parecido al chirimoyo, de fruto amarillo. (Familia anonáceas.)
ARAUÁ s.m. Grupo lingüístico de América del Sur, perteneciente a la familia arawak, que comprende diversos dialectos.
ARAUACO, A adj. y s. Arawak.
ARAUCANO, A adj. y s. De Arauco o Araucanía. ◆ s.m. Lengua de América del Sur que antes de la conquista española se hablaba en el centro de Chile y se extendió por el S hasta cerca de Buenos Aires. (Actualmente el mayor grupo hablante es el mapuche.) ◆ s.m. y adj. Nivel del mioceno continental, en la Patagonia.
ENCICL. El pueblo amerindio de los araucanos, denominado también *auca* ('rebelde'), que habita actualmente en Chile y Argentina, llegó a extenderse en el s.XVIII desde el río Biobío hasta la isla de Chiloé. Los principales grupos, unidos por la lengua común, el araucano, son los mapuches, picunches, huiliches y pehuenches. Los araucanos lucharon desde 1536 contra los españoles que no lograron someterlos; destacaron sus jefes Lautaro y Caupolicán. Enfrentados más tarde al gobierno central chileno, fueron derrotados definitivamente en 1881. En la actualidad se dedican a la agricultura y la ganadería.
ARAUCARIA s.f. (de *Arauco,* región de Chile donde nace este árbol). Árbol abietáceo de América del Sur y Oceanía, que mide hasta 50 m de alt. y que suele cultivarse en los parques europeos. (Familia araucariáceas.)

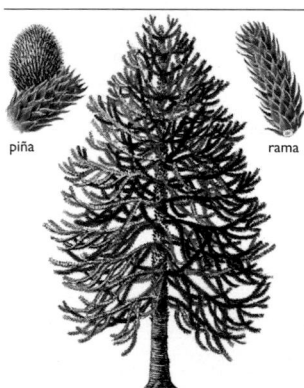

piña

rama

■ ARAUCARIA

ARAVICO s.m. Poeta, entre los incas.
ARAWAK adj. y s.m. y f. De un pueblo amerindio cuyas numerosas tribus están diseminadas por una extensa zona desde la costa venezolana hasta los ríos Pilcomayo y Paraguay.

(Construyen sus viviendas con ramas y hojas de palmera, y realizan tejidos, cerámica y cestería. Son esencialmente cazadores, aunque practican la agricultura. Se organizan en clanes totémicos matriarcales y exógamos.) SIN.: *arahuaco, arauaco, arawaco, arwak.* ◆ s.m. Familia lingüística de América del Sur que comprende más de un centenar de dialectos hablados de las Antillas al Chaco y del Pacífico al Atlántico.
ARAZÁ s.m. → ARASÁ.
ARBITRAJE s.m. Acción de arbitrar. **2.** Resolución o juicio de un árbitro. **3.** Regulación de un litigio por un árbitro, o de un conflicto entre naciones por jueces elegidos por ellas y sobre la base del respeto al derecho; sentencia así dictaminada. **4.** ECON. Operación de bolsa que consiste en vender ciertos títulos para comprar otros, o comprar y vender un mismo valor negociado en varios mercados para aprovechar las diferencias de cotización.
ARBITRAL adj. Relativo al árbitro: *sentencia arbitral.*
ARBITRAR v.tr. (lat. *arbitrare*). Juzgar algo como árbitro: *arbitrar un partido.* **2.** Dar o proponer arbitrios. **3.** Allegar, disponer, reunir: *arbitrar recursos.* **4.** Proceder alguien con arreglo a su libre albedrío.
ARBITRARIEDAD s.f. Acción o forma de proceder regidos por la voluntad o capricho, sin sujeción a la justicia o a la razón: *la arbitrariedad de una decisión.*
ARBITRARIO, A adj. Que no depende de la justicia o la razón sino de la voluntad o capricho de alguien. **2.** Convencional, establecido por acuerdo: *el signo lingüístico es arbitrario.* **3.** LING. Se dice de la palabra o morfema que no expresa en sí misma la idea que representa, la cual se determina por las relaciones de este signo con los otros signos.
ARBITRIO s.m. (lat. *arbitrium*). Facultad de resolver o decidir: *actuar según su libre arbitrio.* **2.** Autoridad, poder: *estar sujeto al arbitrio de un tribunal superior.* **3.** Decisión personal no sujeta a la lógica, o a principios establecidos: *estar al arbitrio de alguien.* **4.** DER. Sentencia del juez árbitro. ◆ **arbitrios** s.m.pl. Derechos o impuestos para gastos públicos: *arbitrios municipales.*
ARBITRISMO s.m. Proyectismo.
ARBITRISTA s.m. y f. Persona que propone proyectos para acrecentar o mejorar la hacienda pública.
ÁRBITRO, A adj. y s. (lat. *arbiter, -tri*). Se dice de la persona que decide con sus propios criterios, sin depender de nadie. ◆ s. Persona elegida por las partes interesadas para dirimir una diferencia. **2.** Persona encargada de dirigir un encuentro deportivo y de vigilar que se cumpla el reglamento.
ÁRBOL s.m. (lat. *arbor, -oris*). Planta de tallo, o tronco, leñoso que puede llegar a una altura considerable donde se ramifica y forma la copa. **2.** LING. e INFORMÁT. Representación convencional de una estructura. **3.** MAR. Palo de un navío. **4.** MEC. Eje utilizado para transmitir un movimiento o transformarlo: *árbol de levas.* ◇ **Árbol de Judas** Ciclamor. **Árbol de la ciencia del bien y del mal** El que, según la

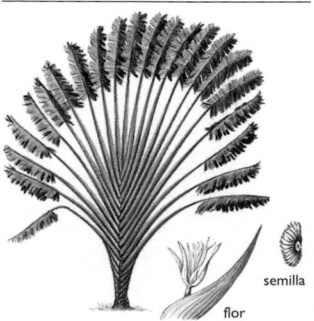

semilla

flor

■ ÁRBOL DEL VIAJERO

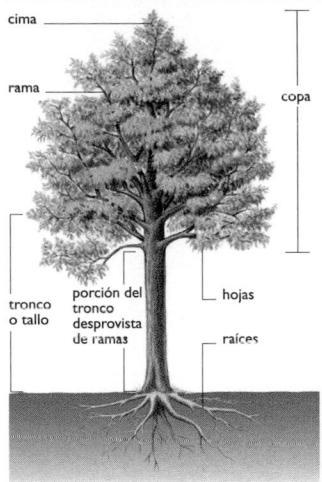

ÁRBOL. Las diferentes partes del árbol.

cima
rama
copa
tronco o tallo
porción del tronco desprovista de ramas
hojas
raíces

■ **ARBOTANTES** de la abadía de Mont-Saint-Michel, Francia (ss. XV-XVI).

doctrina católica, Dios puso en el Paraíso, prohibiendo a Adán y Eva comer su fruto. **Árbol de la cruz** Cruz en que murió Jesucristo. **Árbol de la vida** ANAT. Dibujo foliáceo que presenta una sección o corte del cerebelo, debido a la disposición relativa de las dos sustancias blanca y gris. **Árbol del viajero** Planta arborescente que crece en Madagascar, cuyas hojas, dispuestas en forma de abanico, recogen en su base el agua de lluvia. (Familia musáceas.) **Árbol genealógico** Tabla que indica, bajo la forma de un árbol con sus ramificaciones, la filiación de los miembros de una familia. **Árbol motor** Árbol que va unido directamente al motor. **Árbol respiratorio** MED. Sistema orgánico formado por las ramificaciones de los bronquios que parten del tronco de la laringe y de la tráquea. **Test del árbol** LÓG. Método que permite determinar la validez de una proposición; PSICOL. test proyectivo de la personalidad, que se revela en el dibujo de un árbol ejecutado por el sujeto.

ARBOLADO, A adj. Se dice del terreno que está poblado de árboles. ◆ s.m. 2. Conjunto de árboles.

ARBOLADURA s.f. MAR. Conjunto de mástiles y vergas de una embarcación.

ARBOLAR v.tr. Enarbolar, levantar en alto: *arbolar una pancarta*. 2. MAR. Poner la arboladura a una embarcación. ◆ v.intr. y prnl. MAR. Elevarse mucho las olas.

ARBOLEDA s.f. Sitio poblado de árboles.

ARBORECER o **ARBOLECER** v.intr. [37]. Hacerse árbol.

ARBÓREO, A adj. (lat. *arboreus*). Relativo al árbol o parecido a él. 2. Se dice del estrato de vegetación ocupado por árboles.

ARBORESCENCIA s.f. Crecimiento arborescente. 2. Forma arborescente que toman ciertos minerales al cristalizar.

ARBORESCENTE adj. (del lat. *arborescere*, volverse árbol). Que tiene la forma o las características de un árbol.

ARBORETO s.m. Parque plantado con árboles de numerosas especies, destinado al estudio botánico.

ARBORÍCOLA adj. Que vive en los árboles.

ARBORICULTOR s.m. Persona que se ocupa de la arboricultura.

ARBORICULTURA s.f. Cultivo de los árboles. 2. Disciplina que trata sobre este cultivo.

ARBORIZACIÓN s.f. Forma natural semejante a las ramificaciones de un árbol que se observa en los cuerpos minerales o en los cristales cuando hiela.

ARBOTANTE s.m. Arco exterior que descarga el empuje de las bóvedas sobre un contrafuerte separado del muro, característico del arte gótico. 2. MAR. Palo o hierro que sobresale del casco del buque y que se usa para sostener cualquier objeto.

ARBOVIRASIS s.f. Enfermedad infecciosa provocada por un arbovirus (dengue, fiebre amarilla, etc.).

ARBOVIRUS s.m. Virus que se transmite por la picadura de un artrópodo.

ARBUSTIVO, A adj. Que tiene la naturaleza o cualidades del arbusto.

ARBUSTO s.m. (lat. *arbustum*, bosquecillo, semillero de árboles). Planta cuyo tallo leñoso se ramifica desde la base y se eleva a poca altura (1 a 4 m).

ARCA s.f. (lat. *arca*). Caja grande, generalmente de madera, cubierta con una tapa provista de cerradura, que se usa para guardar diversos objetos. 2. Caja en que se guarda dinero u objetos de valor. 3. Horno utilizado para recocer el vidrio. ◇ **Arca cerrada** *Fig.* Persona muy reservada; persona o cosa de la que no se tiene un conocimiento exacto o completo. **Arca de agua** Depósito especial para recibir el agua y repartirla. **Arca de la alianza**, o **del testamento** Aquella en que se guardaban las tablas de la ley. **Arca del diluvio**, o **de Noé** Embarcación en que, según la Biblia, se salvaron del diluvio Noé, su familia y una pareja de animales de cada especie.

ARCABUCEAR v.tr. Tirar arcabuzazos. 2. Matar con una descarga de arcabucería.

ARCABUCERÍA s.f. Conjunto de arcabuces. 2. Tropa que iba armada con arcabuces. 3. Descarga hecha con arcabuces.

ARCABUCERO s.m. Soldado que iba armado con un arcabuz.

ARCABUZ s.m. (fr. *arquebuste*). Arma de fuego que apareció entre los ss. XIV y XVI y que se disparaba con mecha. 2. Arcabucero.

ARCABUZAZO s.m. Disparo de arcabuz; herida hecha con este disparo.

ARCADA s.f. Serie de arcos. 2. Ojo, espacio entre dos estribos de un puente. 3. MAR. Cada una de las divisiones que suelen hacerse en las bodegas de un buque. 4. MED. Contracción en el tracto digestivo que acompaña a las náuseas y precede con frecuencia a los vómitos. (Suele usarse en plural.) ◇ **Arcada dental** Borde de cada uno de los huesos maxilares, en los que están situados los alvéolos dentales.

ARCADE adj. y s.m. y f. Arcadio.

ARCADIO, A adj. y s. De la Arcadia.

ARCADUZ s.m. (del ár. *qadūs*). Caño por donde se conduce el agua. 2. Cangilón, cada uno de los recipientes de la noria.

ARCAICO, A adj. (gr. *arksaiksós*). Que pertenece a los primeros tiempos del desarrollo de una civilización: *época arcaica; estilo arcaico*. 2. Anticuado: *costumbres arcaicas*. ◆ adj. y s.m. GEOL. Relativo al período más antiguo de la era precámbrica.

ARCAÍSMO s.m. (gr. *arkhaismós*). Palabra, expresión o giro que no están en uso. 2. Carácter de arcaico.

ARCAIZANTE adj. y s.m. y f. Que usa o presenta arcaísmos.

ARCAIZAR v.tr. Dar carácter antiguo a una lengua, usando arcaísmos.

ARCÁNGEL s.m. Espíritu angélico de orden intermedio entre los principados y los ángeles: *la Biblia cita a los arcángeles Gabriel, Miguel y Rafael*.

ARCANO, A adj. (lat. *arcanus, -a, -um*, secreto, oculto). Secreto, oculto, recóndito. ◆ s.m. Cosa incomprensible: *los arcanos del alma humana*.

ARCÁNTROPO s.m. Homínido fósil del pleistoceno medio, generalmente ligado a la especie *Homo erectus*, que comprende en particular el pitecántropo, el sinántropo, el atlántropo y el hombre de Mauer.

ARCATURA s.f. ARQ. Arcada figurada.

ARCE s.m. (lat. *acer, aceris*). Árbol de fruto seco extendido a modo de alas, que mide hasta 40 m de alt., crece en las regiones templadas y cuya madera, del mismo nombre, se emplea en ebanistería. (Destaca el arce sicómoro, que se encuentra en forma diseminada en la mayoría de los bosques; familia aceráceas.)

flores
hojas y frutos
arce campestre en otoño

■ **ARCE**

ARCEDIANO s.m. (lat. *archidiaconus*). Dignidad eclesiástica de los cabildos catedralicios. SIN.: *archidiácono*.

ARCEDO s.m. Terreno poblado de arces.

ARCÉN s.m. Espacio comprendido entre la cuneta y la calzada de una carretera.

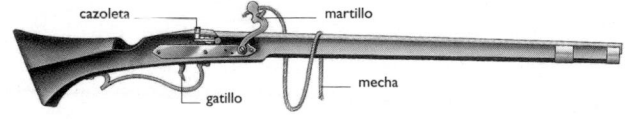

cazoleta
martillo
gatillo
mecha

■ **ARCABUZ** de mecha; s. XVI.

ARCHAEOPTERYX s.m. Pájaro fósil del jurásico con características de pájaro y de reptil.

■ **ARCHAEOPTERYX.** Reconstrucción hipotética.

ARCHIBEBÉ s.m. Ave zancuda de entre 20 y 35 cm de alt., parecida a la becada, que vive cerca de los estanques o en las costas de Europa occidental.

ARCHICAMARERO s.m. Dignidad superior eclesiástica existente en las cortes del Sacro imperio romano germánico, en España durante la época de Carlos I y en la curia pontificia.

ARCHICOFRADE s.m. y f. Miembro de una archicofradía.

ARCHICOFRADÍA s.f. Asociación piadosa que es centro de otras asociaciones de la misma naturaleza.

ARCHIDIÁCONO s.m. Arcediano.

ARCHIDIOCESANO, A adj. Perteneciente a un arzobispado.

ARCHIDIÓCESIS s.f. Diócesis arzobispal.

ARCHIDUCADO s.m. Dignidad de archiduque. **2.** Territorio perteneciente al archiduque.

ARCHIDUCAL adj. Relativo al archiduque o al archiducado.

ARCHIDUQUE, ESA s. Príncipe o princesa de la casa de Austria ➤ s.f. Esposa del archiduque.

ARCHIMANDRITA s.m. (lat. *archimandrita*). Superior de determinados monasterios ortodoxos.

ARCHIMILLONARIO, A adj. y s. *Fam.* Multimillonario.

ARCHIPIÉLAGO s.m. (ital. *arcipelago*, mar principal). Conjunto de islas.

ARCHIVADOR, RA adj. y s. Que archiva. ➤ s.m. Mueble o caja que sirve para archivar papeles o documentos. **2.** Carpeta preparada para guardar documentos, fichas o apuntes ordenadamente.

ARCHIVAR v.tr. Poner o guardar documentos en un archivo o archivador. **2.** Guardar un archivo o fichero en la memoria de una computadora, un disquete, etc. **3.** *Fig.* Guardar o retener en la mente: *archivar conocimientos.* **4.** *Fig.* Dar por terminado un asunto: *archivar la polémica.*

ARCHIVERO, A s. Persona que tiene a su cargo un archivo o se dedica a mantenerlo y conservarlo. **2.** *Méx.* Archivador, mueble o caja para archivar.

ARCHIVÍSTICA s.f. Técnica de conservación y catalogación de archivos.

ARCHIVÍSTICO, A adj. Relativo a los archivos.

ARCHIVO s.m. (lat. tardío *archivum*). Lugar en que se guardan documentos. **2.** Conjunto de estos documentos. **3.** INFORMÁT. Fichero.
ENCICL. Los archivos históricos españoles comprenden varias categorías: *archivos generales* (archivo histórico nacional, fundado en Madrid en 1866; archivo general de Simancas, creado en el s. XVI, con documentos de la corona de Castilla; archivo general de Indias, fundado por Carlos III en 1781, en Sevilla, con documentos de la América española desde el descubrimiento hasta la independencia, y archivo general de Alcalá de Henares); *archivos regionales*, con documentos sobre antiguos reinos (archivo de la Corona de Aragón, instalado en Barcelona y cuyo origen se remonta al s. IX; de Valencia, de Mallorca, de Galicia y de Navarra); *archivos especiales* con documentos institucionales (archivo de las reales chancillerías de Va-

lladolid y Granada; archivo del palacio real y de las cortes, ambos en Madrid, y archivo general militar de Segovia); *archivos ministeriales* (de capital importancia los de Hacienda y Asuntos Exteriores); *archivos eclesiásticos* (catedralicios, monacales y parroquiales); *provinciales* y *municipales*; *de protocolos* o *notariales*, y *archivos particulares* (archivos de la casa de Alba, de los duques de Medinaceli, etc.). En Hispanoamérica destacan, con el nombre genérico de *archivo general de la nación*, los archivos de Ciudad de México, Buenos Aires y Lima, y el archivo nacional de Bogotá.

ARCHIVOLTA s.f. (fr. *archivolte*). Arquivolta.

ARCILLA s.f. (lat. *argilla*). Tierra formada por silicatos de aluminio, impermeable, que mezclada con agua adquiere plasticidad. ◇ **Arcilla roja** Depósito arcilloso de las grandes profundidades marinas.

ARCILLOSO, A adj. Que contiene arcilla; parecido a ella.

ARCIÓN s.m. ARQ. Dibujo de líneas enlazadas que imita las mallas de una red.

ARCIPRESTAL adj. Propio del arcipreste.

ARCIPRESTAZGO s.m. Dignidad o cargo del arcipreste. **2.** Territorio bajo la jurisdicción de un arcipreste, que, a su vez, es división de un obispado.

ARCIPRESTE s.m. (fr. ant. *arcipreste*). Dignidad en el cabildo catedral. **2.** Párroco que, por nombramiento del obispo, tiene autoridad sobre los otros párrocos de su circunscripción.

ARCO s.m. (lat. *arcus*). Porción de curva continua comprendida entre dos puntos. **2.** Arma que sirve para lanzar flechas, formada por una varilla elástica que se mantiene curvada mediante una cuerda sujeta a sus dos extremos. **3.** Portería de fútbol. **4.** ANAT. Nombre genérico que toman diversas estructuras anatómicas en función de su forma: *arco aórtico; arco zigomático.* **5.** ARQ. Componente arquitectónico que franquea un espacio describiendo una o más curvas: *arco apuntado, de herradura.* **6.** MAR. Nombre con que se designa genéricamente la curvatura de distintas piezas o elementos de una embarcación. **7.** MÚS. Varilla de madera flexible que mantiene tensas unas fibras con las que, por frotamiento, se hace vibrar las cuerdas de determinados instrumentos: *violín, violonchelo, etc.* **8.** TECNOL. Resorte curvado utilizado para comunicar a una herramienta un movimiento de vaivén. ◇ **Arco**

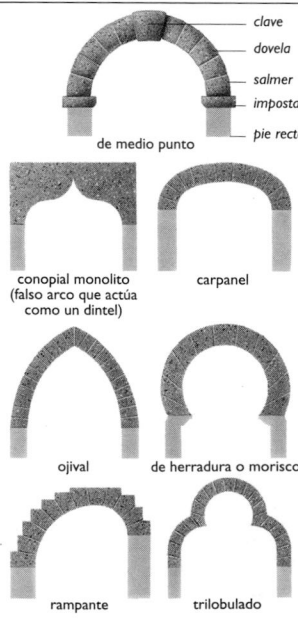

de medio punto — clave — dovela — salmer — imposta — pie recto

conopial monolito (falso arco que actúa como un dintel) — carpanel

ojival — de herradura o morisco

rampante — trilobulado

■ **ARCOS**

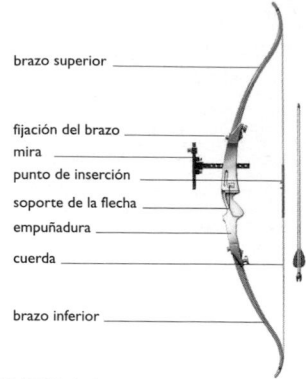

brazo superior — fijación del brazo — mira — punto de inserción — soporte de la flecha — empuñadura — cuerda — brazo inferior

■ **ARCO** de tiro.

de triunfo Monumento en forma de arco y adornado con inscripciones y esculturas, construido en honor de algún personaje o memoria de algún acontecimiento. **Arco eléctrico** Descarga eléctrica a través de un gas, que produce una temperatura muy elevada y luz brillante. **Arco insular** GEOGR. Conjunto de islas volcánicas que dominan una fosa oceánica y cuya formación resulta, en el margen de una placa, por partición de la placa limítrofe. **Arco iris,** o **de san Martín** Arco luminoso que se observa por la refracción y reflexión de la luz del sol en las gotas del agua suspendidas en el aire. (Tradicionalmente se distinguen en él siete colores: rojo, anaranjado, amarillo, verde, azul, violeta y añil; este último ya no se tiene en cuenta en óptica.) **Arco reflejo** FISIOL. El recorrido, por el impulso nervioso, desde el estímulo de los receptores o nervios sensitivos hasta que se ejecuta la respuesta por los órganos efectores.

ARCÓN s.m. Arca grande.

ARCONTADO s.m. Dignidad de arconte.

ARCONTE s.m. Magistrado encargado de las funciones de gobierno en diversas ciudades griegas, principalmente en Atenas.

ARCOSA s.f. Gres feldespático resultante de la cementación de una arena granítica.

ARCOSOLIO s.m. Nicho abierto en las paredes de las catacumbas cuya parte superior forma una bóveda cimbrada, decorada a veces con pinturas. SIN.: *arco sepulcral.*

ARDEIFORME adj. y s.m. ZOOL. Relativo a un orden de aves de pico y patas largos y tamaño generalmente grande, como la garza.

ARDER v.intr. (lat. *ardere*). Estar algo encendido o ser susceptible de quemarse. **2.** Estar muy caliente: *el asfalto ardía.* **3.** *Fig.* Estar alguien muy agitado o afectado por una pasión o estado de ánimo: *arder en deseo de saber.* **4.** *Fig.* Estar un lugar agitado por algo: *arder en fiestas.*

ARDID s.m. (cat. ant. *ardit*, empresa guerrera, estratagema). Medio hábil y sutil para seguir algo.

ARDIENTE adj. Que arde, causa ardor o parece que abrasa: *cirio ardiente.* **2.** Vehemente, apasionado: *ardiente defensor.* **3.** *Poét.* Que tiene un tono rojo encendido, muy fuerte. **4.** MAR. Se dice de la embarcación de vela que suele dirigir su proa de cara al viento.

ARDILLA s.f. (dim. del ant. *harda*). Mamífero roedor arborícola, de unos 25 cm de long. y

■ **ARDILLA**

20 cm de cola, pelaje generalmente rojizo y cola larga y tupida, que se alimenta esencialmente de semillas y frutos secos.

ARDITA s.f. Colomb. y Venez. Ardilla.

ARDITE s.m. (gascón *ardite*). Moneda de vellón acuñada en Cataluña en los ss. XVI y XVII, y en Navarra en los ss. XVII y XVIII cuyo valor equivalía a un dinero. **2.** Cosa de poco valor: *no valer un ardite.*

ARDOR s.m. (lat. *ardor*). Calor intenso. **2.** Sensación de calor en una parte del cuerpo, especialmente en el estómago: *ardores de estómago.* **3.** *Fig.* Brillo, resplandor. **4.** *Fig.* Entusiasmo o vehemencia: *querer con ardor.* **5.** *Fig.* Ansia o anhelo de algo: *esperar con ardor.*

ARDOROSO, A adj. Relativo al ardor.

ARDUO, A adj. (lat. *arduu,* escarpado, difícil). Que es muy difícil o exige mucho trabajo: *ardua tarea.*

ÁREA s.f. (lat. *area,* solar sin edificar, era). Superficie comprendida dentro de unos límites. **2.** Dominio al que se extiende la acción o influencia de una persona, colectividad, etc. **3.** Conjunto de disciplinas o conocimientos relacionados entre sí: *área de ciencias.* **4.** En fútbol y otros deportes de equipo, zona marcada delante de la meta, en la que las infracciones cometidas por el equipo que defiende son castigadas con sanciones especiales. **5.** Zona acondicionada a intervalos regulares de borde de las autopistas para descansar *(área de descanso)* o para adquirir combustible, realizar compras, comer, etc. *(área de servicio).* **6.** ANAT. Localizaciones topográficas de las diversas estructuras anatómicas, a las que se les reconoce una particular constitución o función. **7.** MAT. Medida de una superficie: *área del triángulo.* **b.** Unidad de medida de superficie (simb. a'), que equivale a 100 m². ◇ **Área administrativa** Unidad territorial, con funciones y responsabilidades limitadas por un orden jerárquico, en que se dividen los estados. **Área continental** Superficie de la corteza terrestre que, a lo largo de los períodos geológicos, ha permanecido sensiblemente estable y rígida durante la formación de los geosinclinales. **Área cultural** Conjunto geográfico donde se agrupan sociedades cuya cultura, lengua y organización social presentan rasgos comunes. **Área de distribución** Extensión geográfica en cuyo seno se encuentra una especie o un grupo animal o vegetal determinado. **Área lingüística** Dominio que ocupa un fenómeno o un conjunto de fenómenos lingüísticos. **Área monetaria** Zona que engloba diversos países que observan reglas peculiares en sus relaciones monetarias, confiando a la moneda principal un papel esencial en los intercambios internos y externos.

ARECA s.m. Palmera que crece en las regiones cálidas de Asia y Oceanía, cuyo fruto, del mismo nombre, contiene una almendra (la nuez de areca) que es utilizada como masticatorio y de la que se extrae el cachunde.

AREFACCIÓN s.f. Acción y efecto de secar o secarse. SIN.: *secamiento.*

AREL s.m. (cat. *erer*). Criba grande que se utiliza para limpiar el trigo de la era.

ARENA s.f. (lat. *arena*). Conjunto de partículas, generalmente de cuarzo, disgregadas de las rocas. **2.** *Fig.* Lugar del combate, especialmente en los circos romanos. **3.** TAUROM. Ruedo de las plazas de toros. ◇ **Arenas movedizas** Arena húmeda, poco consistente, en la que un cuerpo puede hundirse hasta quedar atascado; arenas secas que los vientos desplazan.

ARENAL s.m. Extensión grande de terreno arenoso.

ARENAVIRUS s.m. Término genérico que designa a todos los virus con ARN (ácido ribonucleico).

ARENERO, A s. Persona que vende arena. ◆ s.m. F.C. Depósito que contiene arena destinada a impedir que las ruedas patinen sobre los rieles. **2.** TAUROM. Mozo de servicio encargado de mantener en condiciones convenientes durante la lidia la superficie de arena del ruedo.

ARENGA s.f. Discurso solemne destinado a enardecer los ánimos. **2.** *Fig.* y *fam.* Discurso largo, improcedente y molesto.

ARENGAR v.tr. e intr. [2]. Pronunciar en público una arenga.

ARENÍCOLA adj. y s.m. y f. Que vive en la arena.

ARENILLA s.f. Arena menuda. **2.** Arena menuda de hierro magnético que se echaba en los escritos para secarlos. ◆ **arenillas** s.f.pl. MED. Finos corpúsculos que aparecen en el sedimento urinario de ciertos enfermos, en especial los que padecen litiasis.

ARENISCO, A adj. Que tiene mezcla de arena.

ARENISCA s.f. Roca sedimentaria formada por granos de arena unidos por un cemento silícico o calcáreo, utilizada en construcción y pavimentación. SIN.: *gres.*

ARENOSO, A adj. Que tiene arena o abunda en ella: *terreno arenoso.* **2.** Parecido a la arena o que participa de sus características: *rocas arenosas.*

ARENQUE s.m. (fr. *hareng*). Pez de 20 a 30 cm de long., con el dorso azul verdoso y el vientre platiado, que habita en el Atlántico norte y es muy apreciado por su carne. (Familia clupeidos.)

■ ARENQUE

ARENQUERA s.f. Red para pescar arenques.

ARENQUERO, A s. Persona que comercia con arenques. ◆ s.m. Embarcación especializada en la pesca del arenque.

AREOGRAFÍA s.f. Estudio descriptivo de la superficie del planeta Marte.

AREOLA o **ARÉOLA** s.f. ANAT. Círculo pigmentado que rodea el pezón del seno. **2.** MED. Círculo rojizo que rodea un punto inflamatorio.

AREOLAR adj. Relativo a la areola. **2.** GEOGR. Se dice de la erosión que actúa, sobre todo, lateralmente. ◇ **Velocidad areolar** FÍS. Cantidad que define la variación del área barrida por un radio vector cuyo origen es un punto fijo y cuyo extremo es un punto en movimiento.

AREÓMETRO s.m. (del gr. *araiós,* raro, poco abundante o poco denso, y *métron,* medida). Instrumento que sirve para determinar la densidad de los líquidos. SIN.: *densímetro.*

AREOPAGITA s.m. Miembro del areópago de Atenas.

AREÓPAGO s.m. Tribunal supremo de la antigua Atenas. (V. parte n pr.)

AREPA s.f. Amér. Pan de maíz, amasado con huevos y manteca.

AREPERA s.f. Colomb. y Venez. Establecimiento en el que se venden arepas.

AREPITA s.f. Colomb. Tortita de papelón, maíz y queso.

AREQUIPA s.f. Colomb. y Perú. Postre de leche.

ARETE s.m. Aro pequeño. **2.** Méx. Pendiente, joya.

ARÉVACO, A adj. y s. De un pueblo celtíbero establecido en el alto Duero. (Tras la toma de Numancia, una de sus principales ciudades, por los romanos [133 a.C.], las tierras de los arévacos fueron vendidas a los pelendones.)

ARGAMANDIJO s.m. Fam. Conjunto de cosas menudas o utensilios destinados a un fin. ◇ **Dueño,** o **señor, del argamandijo** Fam. Persona que tiene el mando de algo.

ARGAMASA s.f. Mezcla de cal, arena y agua.

ARGÁN s.m. Arbusto espinoso, de frutos comestibles con almendra oleaginosa, que crece en el S de Marruecos. (Familia sapotáceas.)

ARGANEO s.m. MAR. Argolla metálica en la que se fija el cable o la cadena del ancla.

ARGEL adj. Argent. y Par. Antipático.

ARGELINO, A adj. y s. De Argel o Argelia.

ARGÉN o **ARGENT** s.m. HERÁLD. Metal de color blanco, que se representa dejando en blanco el espacio que cubre.

ARGENTADO, A adj. Plateado. **2.** *Fig.* Se dice de la voz clara y sonora.

ARGENTÁN s.m. Aleación de cobre, níquel y cinc, cuyo color blanco recuerda al de la plata.

ARGÉNTEO, A adj. (lat. *argenteus*). Que tiene el brillo semejante al de la plata o alguna de sus características.

ARGENTERÍA s.f. Bordadura o filigrana de plata u oro. **2.** Platería.

ARGENTÍFERO, A adj. Que contiene plata: *yacimientos argentíferos.*

ARGENTINA s.f. Planta perenne de flores amarillas en corimbo, común en España. (Familia rosáceas.)

ARGENTINISMO s.m. Palabra, expresión o giro propios del español hablado en Argentina.

ARGENTINO, A adj. y s. De Argentina. ◆ adj. Argénteo. **2.** *Fig.* Se dice del sonido claro y bien timbrado: *voz argentina.* ◆ s.m. Variedad del español hablado en Argentina. **2.** Moneda antigua de oro de Argentina.

ARGENTITA s.f. MINER. Argirosa.

ARGENTOPIRITA s.f. MINER. Sulfuro natural de hierro y plata AgFe₂S₃, que se presenta en cristales grises ortorrómbicos.

ARGENTOSO, A adj. Que contiene plata.

ARGIRÁSPIDE s.m. Infante escogido del ejército de Alejandro Magno, armado con escudo de plata.

ARGIROSA s.f. Sulfuro natural de plata Ag₂S.

ARGIROSIS s.f. Intoxicación producida por la ingestión o contacto de plata o sus sales.

ARGIVO, A adj. y s. De Argos o de la Argólida. **2.** Relativo a la Grecia antigua.

ARGO s.m. Ave parecida al faisán que vive en la India y Malaca. (Familia fasiánidos.)

ARGOLLA s.f. (del ár. *gúlla*). Aro grueso de metal para asir o amarrar algo. **2.** Anilla.

ARGÓN s.m. Gas noble, incoloro, que constituye aprox. la centésima parte de la atmósfera terrestre. **2.** Elemento químico (Ar), de número atómico 18 y masa atómica 39,948.

ARGONAUTA s.m. (gr. *Argonaytis*). Cada uno de los héroes de la mitología griega que acompañó a Jasón en la nave Argos en la conquista del vellocino de oro. **2.** Molusco de los mares cálidos cuya hembra fabrica una concha calcárea blanca para proteger su puesta. (Clase cefalópodos.)

ARGOT s.m. (voz francesa) [pl. *argots*]. Variedad lingüística de un idioma que es representativa de un grupo social o profesional. SIN.: *jerga.*

ARGUCIA s.f. (lat. *argutia*). Argumento falso presentado con habilidad.

ARGÜIR v.tr. (lat. *arguere*) [92]. Deducir una idea como consecuencia de otra. **2.** Hacer ver con claridad algo. ◆ v.intr. Poner argumentos a favor o en contra de algo: *argüir sobre una opinión.*

ARGUMENTACIÓN s.f. Conjunto de razonamientos y explicaciones que apoyan o niegan una afirmación.

ARGUMENTAL adj. Relativo al argumento: *síntesis argumental; trama argumental.*

ARGUMENTAR v.tr., intr. y prnl. Presentar argumentos, pruebas. **2.** LÓG. Sacar consecuencias.

ARGUMENTO s.m. (lat. *argumentum*). Razonamiento o explicación destinados a apoyar o negar una afirmación. **2.** Conjunto ordenado y lineal de los acontecimientos que se narran en una obra literaria, teatral, cinematográfica, etc. **3.** Sumario de los acontecimientos principales de una obra literaria, teatral, cinematográfica, etc., descritos de forma ordenada y lineal. **4.** LÓG. Proposición o conjunto de proposiciones de las que se busca sacar una consecuencia. ◇ **Argumento de una función** LÓG. Elemento cuyo valor permite determinar el valor de la función dada. **Argumento de un número complejo** MAT. Ángulo formado por el semieje real positivo con el módulo del

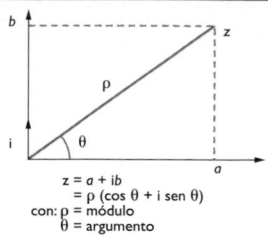

$$z = a + ib$$
$$= \rho \; (\cos \theta + i \operatorname{sen} \theta)$$
con: ρ = módulo
θ = argumento

■ **ARGUMENTO** de un número complejo.

número, en sentido antihorario. (Tiene infinitos valores, que difieren en un número entero de giros completos.)

ARIA s.f. (voz italiana, *aire, tonada*). Composición musical de carácter melódico, destinada a ser cantada por una sola voz y, generalmente, con acompañamiento instrumental. SIN.: *romanza*.

ARÍBALO s.m. Vaso griego de base ancha y cuello estrecho que se usaba para guardar aceites y perfumes. **2.** Vaso realizado en Perú en la época incaica.

ARIDEZ s.f. Cualidad de árido: *aridez de la tierra*. ◇ **Índice de aridez** Fórmula que permite apreciar el clima de una región, comparando la distribución anual de precipitaciones y temperaturas.

ÁRIDO, A adj. (lat. *aridus*). Muy seco: *tierras áridas*. **2.** *Fig.* Que es rebuscado y poco ameno: *discurso árido*. ◆ **áridos** s.m.pl. Granos, legumbres y frutos secos a los que se pueden aplicar medidas de capacidad. **2.** CONSTR. Conjunto de los constituyentes inertes (arenas, gravas, etc.) de morteros y hormigones.

ARIES adj. y s.m. y f. (pl. *aries*). Se dice de la persona nacida entre el 21 de marzo y el 19 de abril, bajo el signo de Aries o Carnero. (Suele escribirse con mayúscula.) [V. parte n. pr.]

ARIETA s.f. (ital. *arietta*). MÚS. Aria o canción breve de carácter ligero, cantada frecuentemente por un personaje secundario de una ópera.

ARIETE s.m. (lat. *aries, -etis, carnero*). Máquina de guerra que se utilizaba para romper las defensas o las puertas de una ciudad o de un castillo asediado. **2.** Delantero centro de un equipo de fútbol. ◇ **Ariete hidráulico** Máquina para elevar agua. **Golpe de ariete** Onda de presión en una conducción de agua que ha sido cerrada bruscamente.

ARIETINO, A adj. Parecido a la cabeza de un carnero.

ARIAJE adj. Se dice de la uva de color rojo que producen ciertas cepas altas y de sarmientos duros. (También *alarije*.)

ARILACIÓN s.f. QUÍM. Proceso de síntesis orgánica por el que se introducen uno o más radicales arilo en un compuesto.

ARILADO, A adj. BOT. Provisto de arilo.

ARILAMINA s.f. Amina derivada de un carburo bencénico.

1. ARILO s.m. Radical derivado de los compuestos bencénicos.

2. ARILO s.m. (lat. botánico *arillus*). BOT. Tegumento que envuelve la semilla, desarrollado después de la fecundación.

ARIMEZ s.m. ARQ. Resalto o parte que sobresale como refuerzo o adorno de algunos edificios.

ARIO, A adj. y s. De un conjunto de tribus de origen indoeuropeo que, a partir del s. XVIII a.C., se extendieron por Irán y el N de la India. (Su lengua es el antepasado común de las lenguas indias [sánscrito, pâli] e iraníes [avéstico, antiguo persa].) SIN.: *amaryo*. **2.** Que, según la doctrina nazi, pertenece a una raza blanca pura y superior.

ARIOSO s.m. y adj. MÚS. Fragmento melódico declamado, de forma menos rigurosa que el aria, sostenido por un acompañamiento frecuentemente sintetizado.

ARÍSARO s.m. (gr. *arísaron*). Planta herbácea tuberosa cuyas hojas están salpicadas de manchas de color pardo púrpura. (Familia aráceas.)

ARISBLANCO, A adj. Se dice del trigo y de la espiga de aristas blancas.

ARISCO, A adj. Se dice de la persona o animal de trato difícil y carácter huidizo.

ARISNEGRO, A adj. Se dice del trigo y de la espiga de aristas negras.

ARISTA s.f. (del lat. *arista*, arista de la espiga, espina). Ángulo saliente que forman al unirse dos caras planas o curvas. **2.** Línea que separa dos vertientes de una montaña. **3.** BOT. Apéndice recto, filiforme, en que terminan ciertos órganos. **4.** MAT. **a.** Línea de intersección de dos planos o dos superficies que se cortan. **b.** En un poliedro, segmento con extremos en dos vértices contiguos. ◆ **aristas** s.f.pl. *Fig.* Dificultades en un asunto. ◇ **Bóveda de arista** Bóveda cuya estructura resulta, en el caso más simple, de la intersección en ángulo recto de dos bóvedas de cañón de la misma altura.

ARISTADO, A adj. Que tiene aristas.

ARISTARCO s.m. *Desp.* Crítico excesivamente severo.

ARISTOCRACIA s.f. (gr. *aristokratia*, gobierno de los mejores). Clase de los nobles. **2.** Gobierno ejercido por una clase privilegiada, generalmente hereditaria. **3.** Élite.

ARISTÓCRATA s.m. y f. Miembro de la aristocracia.

ARISTOCRÁTICO, A adj. Relativo a la aristocracia. **2.** Fino, distinguido: *porte aristocrático*.

ARISTOCRATIZAR v.tr. y prnl. [7]. Dar o infundir carácter aristocrático.

ARISTOLOQUIA s.f. Planta trepadora, de raíz fibrosa, hojas acorazonadas, flores amarillas y fruto esférico y coriáceo, algunas de cuyas especies se cultivan en jardinería. (Grupo apétalas.)

1. ARISTÓN s.m. (de *arista*). Esquina de una obra de fábrica hecha con un material más resistente con objeto de reforzarla. **2.** Banda o tira de plomo, cinc, etc., que recubre la unión de las vertientes en las cubiertas.

2. ARISTÓN s.m. (de *Aristeo*, héroe mitológico griego). Instrumento musical de manubrio, parecido al organillo.

ARISTOTÉLICO, A adj. y s. Relativo a Aristóteles o a su doctrina: *sistema aristotélico*. **2.** Partidario del aristotelismo.

ARISTOTELISMO s.m. Doctrina de Aristóteles. **2.** Corriente filosófica medieval que interpretó la obra de Aristóteles a partir de las teologías cristiana o musulmana.

ARITENOIDES adj. y s.m. Se dice de cada uno de los dos cartílagos móviles de la laringe que tensan las cuerdas vocales.

ARITMÉTICA s.f. (lat. *arithmetica*, del gr. *árithmitixí tékhyi*, arte numérica). Ciencia que estudia las propiedades de los números y las operaciones que con ellos pueden realizarse (sentido clásico) o que contempla la teoría de los números que intervienen en los métodos de la geometría algebraica y la teoría de grupos (sentido moderno).

ARITMÉTICO, A adj. Relativo a la aritmética: *operación aritmética*. ◆ s. Persona que se dedica a la aritmética.

ARITMOMANCIA o **ARITMOMANCÍA** s.f. Adivinación a través de los números.

ARITMOMANÍA s.f. Compulsión que consiste en contar y obliga al sujeto que la padece a hacer continuos cálculos mentales y a regular toda su actividad según cifras.

ARLEQUÍN s.m. (ital. *arlecchino*). Personaje de la comedia del arte italiana que vestía un traje de rombos de distintos colores y llevaba una máscara negra que le cubría los ojos y la nariz. **2.** *Fig.* y *fam.* Persona informal, ridícula y despreciable.

ARLEQUINADA s.f. *Fam.* Acción o ademán ridículos.

ARLEQUINESCO, A adj. Relativo al arlequín o semejante a él.

ARMA s.f. (lat. *arma, -orum*, armas). Instrumento, dispositivo o aparato destinados a atacar o defenderse. **2.** *Fig.* Medio de defensa o ataque: *el arma de la calumnia*. **3.** MIL. Cada uno de los cuerpos militares que forman el ejército combatiente: *arma de caballería*.

◆ **armas** s.f.pl. Conjunto de las tropas de combate de un estado. **2.** Milicia o profesión militar. **3.** *Fig.* Medios que sirven para conseguir algo: *mis armas son la verdad y la justicia*. **4.** HERÁLD. Blasones que figuran en el escudo. ◇ **Alzarse,** o **levantarse, en armas** Sublevarse contra una autoridad, disponerse para una guerra. **Arma blanca** Arma que consta de una empuñadura y una hoja de acero afilada, como la espada, el cuchillo, etc. **Arma de dos filos,** o **de doble filo** *Fig.* Aquello que puede volverse contra el o la utiliza como defensa o para atacar o perjudicar a otro. **Arma de fuego** Arma que dispara un proyectil empleando la fuerza explosiva de la pólvora u otra materia. **Arma ligera** Arma blanca y corta; arma de fuego que se maneja con una sola mano; arma que se puede transportar sin ayuda de tracción animal o mecánica. **Armas especiales** Conjunto de armas nucleares, biológicas o químicas (por oposición a las *clásicas* o *convencionales*). **De armas tomar** Se dice de la persona que muestra bríos y resolución. **Mando de armas** Período de tiempo en que el militar presta servicios que exigen el mando de las unidades tácticas. **Pasar por las armas** Fusilar, ejecutar una sentencia con armas de fuego. **Presentar (las) armas** Ejecutar el movimiento reglamentario consistente en poner el fusil frente al pecho, con el disparador hacia fuera, para rendir honores militares a quienes por ordenanza corresponda. **Rendir el arma** Hacer la tropa los honores al Santísimo, hincando en tierra la rodilla e inclinando las armas. **Rendir las armas** Rendir la tropa las armas al enemigo reconociéndose vencido. **Velar (las) armas** Guardarlas el que había de ser armado caballero, haciendo centinela por la noche cerca de ellas.

ARMADA s.f. Conjunto formado por las fuerzas navales de un estado. **2.** Conjunto de barcos de guerra empleados en una operación.

ARMADÍA s.f. Plataforma flotante para pasar un río, formada por un conjunto de maderos unidos. **2.** Conjunto de maderos que se transportan río abajo.

ARMADIJO s.m. Trampa, artificio para cazar. **2.** Armazón de palos.

ARMADILLO s.m. Mamífero desdentado con el dorso y la cola cubiertos por placas córneas articuladas, que le permiten arrollarse en bola para protegerse; se alimenta de insectos y lombrices, y vive en América Central y América del Sur.

ARMADO, A adj. Provisto de armas. **2.** Provisto de un armazón interno de metal o de una cubierta protectora: *hormigón armado*. ◆ s.m. Nombre de diversos peces de agua dulce de los ríos de Argentina que carecen de escamas y poseen tres pares de barbillas alrededor de la boca y una fuerte espina aserrada en el inicio de la aleta dorsal y de las pectorales.

ARMADOR s.m. Persona o empresa que se dedica a construir barcos, o a equiparlos.

ARMADURA s.f. Pieza o conjunto de piezas sobre las que se arma una cosa. **2.** Conjunto de defensas metálicas que protegían el cuerpo de los combatientes (ss. XIII-XVI). **3.** Armazón de piezas de madera o metal que sirve para sostener las construcciones y, en particular, los tejados. **4.** Esqueleto de un ser

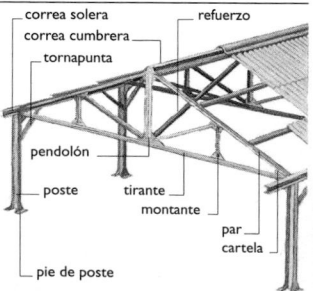

■ **ARMADURA.** Piezas que constituyen una armadura metálica.

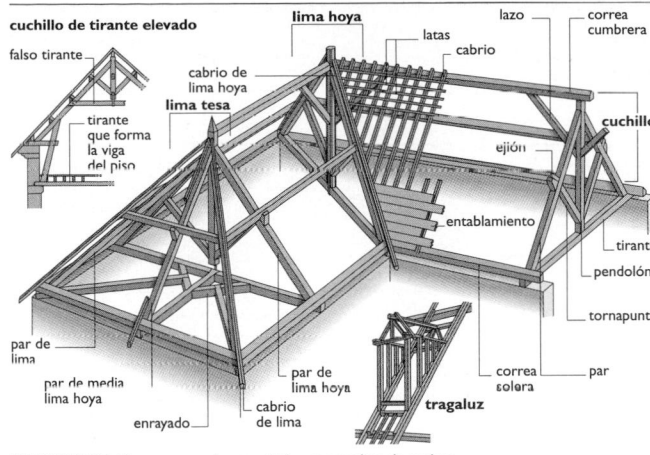

cuchillo de tirante elevado

falso tirante
tirante que forma la viga del piso
par de lima
par de media lima hoya
enrayado
cabrio de lima hoya
lima tesa
cabrio de lima
par de lima hoya
lima hoya
latas
cabrio
lazo
tragaluz
correa solera
entablamiento
ejión
cuchillo
tirante
pendolón
tornapunta
par
correa cumbrera

■ ARMADURA. Piezas que pueden constituir una armadura de madera.

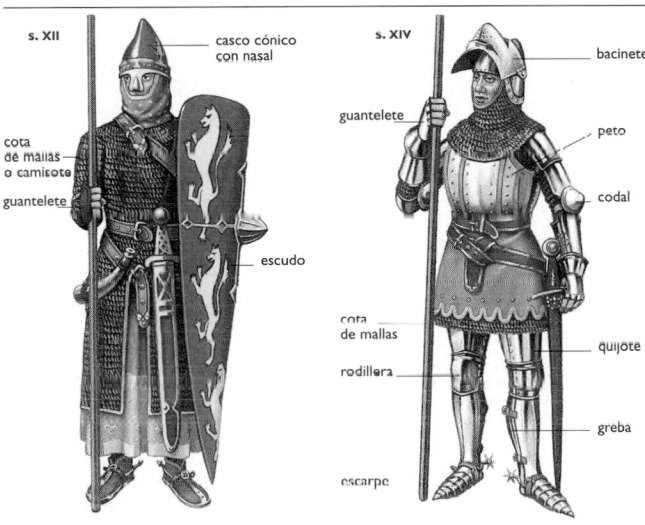

s. XII

casco cónico con nasal
cota de mallas o camisote
guantelete
escudo

s. XIV

bacinete
guantelete
peto
codal
cota de mallas
rodillera
quijote
greba
escarpe

■ ARMADURAS del s. XII y del s. XIV.

■ ESFERA ARMILAR del s. XVI realizada por el italiano Antonio Santucci.
(Biblioteca del monasterio de El Escorial, Madrid.)

con pelaje invernal

■ ARMIÑO

vivo. **5.** ELECTR. Cuerpo conductor que forma parte de un condensador eléctrico; barra de hierro dulce que une los dos polos de un imán. **6.** MÚS. Conjunto de sostenidos o bemoles colocados junto a la clave, y que indican el tono del fragmento.

ARMAMENTISMO s.m. MIL. Acumulación de armamento como medio de disuasión.

ARMAMENTISTA adj. Relativo al armamento o al armamentismo.

ARMAMENTO s.m. (lat. *armamentum*). Conjunto de armas y material al servicio del ejército, de un cuerpo armado o de una persona. **2.** Acción de armar.

ARMAR v.tr. y prnl. (lat. *armare*). Proveer de armas: *armar una plaza fuerte*. **2.** Disponer para la guerra: *armarse una nación*. **3.** Fig. Organizar, disponer, formar: *armar un baile*. **4.** Fig. y fam. Mover, causar, producir: *armar pelea, jaleo, ruido* ◆ v.tr. Preparar un arma para disparar. **2.** Montar los elementos o piezas que forman cualquier objeto: *armar una máquina, un andamio*. **3.** MAR. Proveer una embarcación de todo lo necesario. ◆ **armarse** v.prnl. Disponerse a hacer la guerra. **2.** Fig. Disponer el ánimo para lograr algún fin o resistir una contrariedad: *armarse de valor, paciencia*. **3.** Amér. Plantarse, pararse un animal y resistirse a avanzar. ◇ **Armarla** Fam. Provocar una discusión o un alboroto. **Armarse hasta los dientes** Cubrirse de toda clase de armas.

ARMARIO s.m. (lat. *armarium*). Mueble con puertas y estantes. ◇ **Armario empotrado** Esp. Clóset. **Salir del armario** Esp. Hacer pública una persona su condición de homosexual. GEOSIN.: Amér. *salir del clóset*.

ARMATOLES s.m.pl. Milicia armada griega. (SS. XVI-XX).

ARMATOSTE s.m. Objeto, en especial mueble o máquina, excesivamente grande o pesado. **2.** Armadijo, armazón de palos.

ARMAZÓN s.m. o f. Pieza o conjunto de piezas sobre las que se arma, construye o sostiene algo. **2.** Fig. Soporte o base de algo.

ARMELLA s.f. (lat. *armilla*, brazalete, de *armus*, parte superior del brazo). Anillo de metal con una espiga o tornillo para clavarlo en parte sólida.

ARMENIO, A adj. y s. De un pueblo del grupo indoeuropeo que habita en la República de Armenia y en varias regiones del Cáucaso y Rusia, y que padeció una importante diáspora (EUA, Próximo oriente y Europa occidental). ◆ s.m. Lengua indoeuropea de la región del Cáucaso.

ARMERÍA s.f. Establecimiento en que se venden armas. **2.** Lugar donde se conservan o almacenan las armas. **3.** Arte de fabricar armas. **4.** Heráldica.

ARMERO s.m. Persona que fabrica o vende armas. **2.** Persona encargada de custodiar o conservar armas. **3.** Armazón para guardar ordenadamente armas.

ARMILAR adj. **Esfera armilar** Conjunto de varios círculos de metal, madera, etc., que representan el cielo y el movimiento de los astros, en cuyo centro se halla situada una pequeña esfera que representa la Tierra.

ARMILLA s.f. (lat. *armillam*, brazalete). ARQ. **a.** Astrágalo, cordón que rodea la columna. **b.** Espira, parte de la columna encima del plinto.

ARMINIANISMO s.m. Doctrina de Arminius.

ARMIÑO s.m. (del lat. *armenius mus*, rata de Armenia). Mamífero carnívoro, de unos 27 cm de long., parecido a la comadreja, cuyo pelaje, rojizo en verano, se vuelve blanco en invierno, excepto el extremo de la cola, que siempre es negro. **2.** Piel de este animal. **3.** Prenda confeccionada con esta piel. **4.** HERÁLD. Forro con manchas de sable sembradas sobre campo de argén.

ARMISTICIO s.m. (lat. *armistitium*, detención de las armas). Convención por la que los dos bandos contendientes de una guerra suspenden las acciones bélicas sin poner fin al estado de guerra.

ARMÓN s.m. (fr. *armon*). Juego delantero de los carruajes de artillería ligera de campaña, de tracción animal.

ARMONÍA s.f. (gr. *harmonía*). Proporción y relación adecuada entre los elementos de un todo. **2.** Unión y combinación de sonidos simultáneos y diferentes, pero acordes entre sí. **3.** Fig. Relación amistosa y sin tensiones entre dos o más personas: *vivir en armonía*. **4.** MÚS. Arte de la formación y encadenamiento de los acordes.

ARMÓNICA s.f. (de *armónico*). Pequeño instrumento musical de viento que tiene forma rectangular y cuyo sonido es producido por unas lengüetas metálicas que vibran al soplar y al aspirar.

ARMÓNICO, A adj. (*gr. harmonikós*). Relativo a la armonía. **2.** De sonido agradable: *voz armónica.* ◆ s.m. Cada uno de los sonidos accesorios, cuyas frecuencias son múltiplos de la del sonido principal, que se añaden a este sonido y cuyo conjunto da lugar al timbre.

ARMONIO o **ARMÓNIUM** s.m. Instrumento musical de viento con lengüetas y teclado.

ARMONIOSO, A adj. Que tiene armonía: *colores armoniosos.*

ARMONIZACIÓN s.f. Acción y efecto de armonizar.

ARMONIZAR v.tr. [7]. Poner en armonía: *armonizar ideas poco acordes.* **2.** MÚS. **a.** Apoyar una melodía con un acompañamiento, en general con acordes. **b.** Afinar los tubos de un órgano para darles la sonoridad requerida. ◆ v.intr. y prnl. Estar en armonía.

ARMORIAL s.m. Recopilación de los escudos de armas de la nobleza de una nación, provincia o familia.

ARMORICANO, A adj. y s. De Armórica.

ARMUELLE s.m. (lat. *holus molle*, hortaliza suave). Planta de 1 m de alt., con hojas triangulares y flores pequeñas, en espiga, de color verde amarillento, una de cuyas especies se cultiva en huertas. (Familia quenopodiáceas.) **2.** Bledo.

ARN s.m. (sigla de *ácido ribonucleico*). Ácido nucleico formado por una sola cadena de nucleótidos, indispensable para la síntesis de las proteínas a partir de un programa genético aportado por el ADN. (Hay tres tipos de ARN: el *ARN mensajero*, el *ARN de transferencia* y el *ARN ribosómico*.)

ARNÉS s.m. (fr. ant. *harneis*). Armadura de guerra. ◆ **arneses** s.m.pl. Arreos, guarniciones de las caballerías o animales de tiro.

ÁRNICA s.f. (lat. moderno *arnica*). Planta, de unos 50 cm de alt., que crece en las montañas elevadas, de flores amarillas, con la que se prepara una tintura útil para las contusiones. (Familia compuestas.) **2.** Tintura alcohólica preparada con las flores de esta planta.

1. ARO s.m. (lat. *arum*). Pieza u objeto con forma de circunferencia. **2.** Argent. y Chile. Pendiente, joya. **3.** TECNOL. **a.** Anillo metálico que sirve para mantener fija una polea, un engranaje, etc., para limitar el recorrido de una pieza o para disimular una juntura en las superficies cilíndricas. **b.** Segmento de los pistones del motor. ⋄ **Entrar,** o **pasar, por el aro** Ejecutar por fuerza algo que no se quiere.

2. ARO s.m. (lat. *arvum*, campo sembrado). Planta de pequeñas flores unisexuales dispuestas en espigas envueltas en una espata verdusca. (Familia aráceas.) SIN.: *jaro, yaro.*

■ ARO

3. ¡ARO! interj. Argent., Bol. y Chile. Se usa para interrumpir al que habla, canta o baila, al tiempo que se le ofrece una copa de licor.

AROMA s.m. (lat. *aroma, -atis*). Perfume, olor muy agradable. ◆ s.f. Flor del aromo. ◆ s.m. o f. Goma, bálsamo, leño o hierba de mucha fragancia.

AROMÁTICO, A adj. Que tiene aroma, perfume. **2.** QUÍM. Se dice de los compuestos cuya molécula encierra como mínimo un núcleo bencénico, como el benceno y el tolueno.

AROMATIZACIÓN s.f. Acción de aromatizar.

2. QUÍM. Transformación de un compuesto químico en compuesto aromático.

AROMATIZANTE adj. y s.m. Se dice de una sustancia que sirve para aromatizar.

AROMATIZAR v.tr. [7]. Dar o comunicar aroma a una cosa.

AROMO s.m. Árbol, variedad de acacia, de ramas espinosas y flores amarillas muy olorosas, que puede alcanzar los 17 m de alt. (Familia mimosáceas.)

ARPA s.f. (fr. *harpe*). Instrumento musical de cuerda constituido por una armazón triangular dentro de la cual se disponen las cuerdas que se hieren con ambas manos.

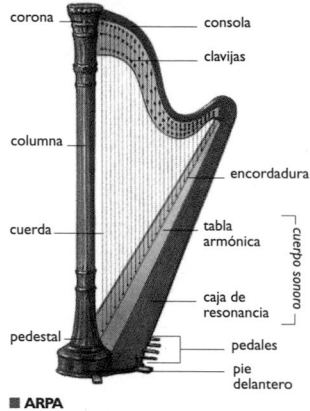

corona
consola
clavijas
columna
encordadura
cuerda
tabla armónica
cuerpo sonoro
caja de resonancia
pedestal
pedales
pie delantero

■ ARPA

1. ARPADO, A adj. Se dice de un arma cuyo filo presenta dientecillos puntiagudos, como de sierra: *flecha arpada.*

2. ARPADO, A adj. *Poét.* Se dice de los pájaros de canto armonioso.

ARPADURA s.f. Arañazo.

ARPAR v.tr. (fr. *harper*, agarrar). Arañar con las uñas.

ARPEGIAR v.intr. MÚS. Ejecutar un arpegio.

ARPEGIO s.m. (ital. *arpeggio*). MÚS. Ejecución sucesiva de las notas de un acorde.

ARPEO s.m. MAR. Garfio utilizado para rastrear una embarcación o para abordarla.

ARPÍA s.f. (lat. *harpyia*, del gr. *arpyia*). *Fam.* Persona codiciosa que con arte o maña saca cuanto puede; se aplica especialmente a la mujer. **2.** Divinidad griega, mitad mujer mitad ave, proveedora de los infiernos.

ARPILLERA s.f. Tejido de estopa muy basta.

ARPISTA s.m. y f. Músico que toca el arpa.

ARPÓN s.m. (fr. *harpon*, dim. de *harpe*, garra). Instrumento de hierro provisto de mango que termina en forma de dardo dentado, que se utiliza para la captura de ballenas y peces de gran tamaño. **2.** CONSTR. Grapa. **3.** PREHIST. Arma arrojadiza, cuya punta se separa del mango cuando alcanza la presa.

ARPONADO, A adj. De forma de arpón o parecido a él.

ARPONAR v.tr. Herir a un animal con arpón.

ARPONEAR v.tr. Cazar o pescar con arpón. ◆ v.intr. Manejar el arpón con habilidad.

ARPONERO, A s.m. Persona que se dedica a la pesca con arpón. ◆ s.m. Ballenero, barco.

ARQUEA s.f. Ser vivo unicelular parecido a las bacterias que se incluye dentro de los organismos procarióticos.

ARQUEADA s.f. MÚS. Paso del arco por las cuerdas de un instrumento músico, sin cambiar la dirección.

ARQUEADO, A adj. Curvado en arco: *piernas arqueadas.*

1. ARQUEAR v.tr. y prnl. Dar a una cosa figura de arco, enarcar. **2.** Curvar las ramas de un árbol frutal para disminuir su vigor y aumentar la fructificación.

2. ARQUEAR v.tr. (de *arca*, caja). MAR. Medir la capacidad de una embarcación.

ARQUEGONIO s.m. Pequeño órgano en forma de botella que contiene la célula reproductora femenina, u oosfera, existente en los musgos, las criptógamas vasculares y en algunas gimnospermas.

1. ARQUEO s.m. (de *1. arquear*). Acción de arquear.

2. ARQUEO s.m. (de *2. arquear*). MAR. **a.** Volumen interior total o parcial de un barco mercante, expresado en toneladas de arqueo (2,83 m³) y calculado mediante reglas muy precisas. **b.** Cálculo de esta capacidad. ⋄ **Arqueo bruto** MAR. Volumen interior total de un barco. **Arqueo de yates** MAR. Medida de determinadas características de los yates, con el fin de clasificarlos en varias series. **Arqueo neto** Volumen que corresponde a los espacios de un barco utilizables comercialmente.

3. ARQUEO s.m. (de *arca*, caja). CONTAB. Operación por la que se procede al recuento de las existencias de caja.

ARQUEOLÍTICO, A adj. Relativo a la edad de piedra.

ARQUEOLOGÍA s.f. (gr. *árkhaiología*, historia de lo antiguo, de *árkaios*, antiguo, y *lógos*, tratado). Ciencia que estudia las civilizaciones antiguas por medio del análisis de los vestigios de la actividad humana.

ARQUEOLÓGICO, A adj. Relativo a la arqueología. **2.** *Fig.* Antiguo.

ARQUEÓLOGO, A s. Persona que se dedica a la arqueología.

ARQUERÍA s.f. Serie de arcos.

ARQUERO s.m. (de *arco*). Soldado armado con arco y flechas. **2.** En los deportes de equipo, portero, guardameta.

ARQUETA s.f. Arca pequeña que se destina a diversos usos. SIN.: *arquilla, cofrecillo.*

ARQUETÍPICO, A adj. Relativo al arquetipo.

ARQUETIPO s.m. (lat. *archetypum*, del gr. *árkhétypon*, modelo original). Modelo sobre el que se construye una obra o que sirve de pauta para copiarlo o reproducirlo. **2.** Elemento prototípico de ciertas cualidades o características: *el arquetipo de la posmodernidad.* **3.** FILOS. **a.** Según Platón, idea o forma del mundo inteligible sobre la cual se construyen los objetos del mundo sensible. **b.** Según los empíricos, idea que sirve de modelo para otra. **4.** PSICOANÁL. Según Jung y sus discípulos, contenido del inconsciente colectivo que aparece en las producciones culturales de un pueblo o en el imaginario de un sujeto.

ARQUIBANCO s.m. Banco largo provisto de cajones cubiertos por el asiento.

ARQUITECTO, A s. (lat. *architectus*, del gr. *árkhitéxon*). Persona que concibe la creación de un edificio, inmueble, etc., y controla su ejecución. ⋄ **Arquitecto técnico** Técnico de la construcción, antes llamado aparejador.

ARQUITECTÓNICO, A adj. Relativo a la arquitectura.

ARQUITECTURA s.f. Arte y técnica de proyectar y construir edificios según reglas técnicas y cánones estéticos determinados. **2.** *Fig.* Estructura, forma. **3.** INFORMÁT. Organización de los diversos elementos constitutivos de un sistema informático.

ARQUITRABE s.m. ARQ. Parte inferior de un entablamento.

ARQUIVOLTA s.f. ARQ. Cara vertical, con molduras, de una arcada. SIN.: *archivolta.*

ARRABÁ s.m. ARQ. Adorno en forma de marco rectangular, característico de la arquitectura árabe, que circunscribe el arco de puertas y ventanas.

ARRABAL s.m. (hispano-ár. *rabád*). Barrio extremo de una población.

ARRABALERO, A adj. y s. Del arrabal. **2.** *Fig. y fam.* Que da muestras de mala educación.

ARRABIATAR v.tr. Amér. Rabiatar, atar un animal a la cola de otro. ◆ **arrabiatarse** v.prnl. Amér. Someterse servilmente a la opinión de otro.

ARRABIO s.m. Producto obtenido en la colada directa del alto horno.

ARRACADA s.f. (del ár. *qurt*). Aro pequeño con adorno colgante.

ARRACIMARSE v.prnl. Unirse en forma de racimo.

ARRACLÁN s.m. Arbusto común en los bosques de Europa occidental, de unos 3 a 4 m de alt., cuyas ramas, delgadas y flexibles, son utilizadas en cestería, y cuya corteza es laxante. (Familia ramnáceas.)

ARRÁEZ s.m. (ár. *rá'is*, jefe, patrón de barco). Caudillo árabe o morisco.

ARRAIGADAS s.f.pl. MAR. Cabos o cadenas que aseguran las obencaduras de los masteleros.

ARRAIGAR v.intr. y prnl. (del lat. *radicari*) [2]. Echar raíces una planta, enraizar, prender. **2.** Fig. Hacerse firme en alguien una costumbre, una virtud o un vicio. **3.** DER. Afianzar la responsabilidad de alguien con bienes raíces o depósito en metálico. ◆ v.tr. Fig. Establecer algo con firmeza. **2.** Fig. Establecer y afirmar algo o a alguien en una virtud, vicio o costumbre. ◆ **arraigarse** v.prnl. Establecerse en un lugar, adquiriendo en él bienes.

ARRAIGO s.m. Acción de arraigar o arraigarse. **2.** Circunstancia de tener una persona propiedades o intereses que la unen al lugar del que procede o donde vive.

ARRAK s.m. → ARAC.

ARRAMBLAR v.tr. Fig. Arrastrar, llevarse con abuso o violencia. **2.** Dejar un río o torrente el terreno cubierto de arena. ◆ **arramblarse** v.prnl. Cubrirse el terreno de arena al paso de una avenida.

ARRANCACLAVOS s.m. (pl. *arrancaclavos*). Instrumento que sirve para arrancar clavos.

ARRANCADA s.f. Acción de empezar a andar alguien o algo, especialmente de manera repentina y violenta. **2.** En halterofilia, movimiento que se efectúa en un solo tiempo, de modo que la barra pase directamente del suelo a la altura de las manos, con los brazos tensos en posición vertical.

ARRANCADORA s.f. Máquina agrícola destinada a arrancar tubérculos raíces o tallos.

ARRANCAR v.tr. [1]. Sacar de raíz: *arrancar hierbas*. **2.** Separar con violencia algo del sitio al que está unido: *arrancar una muela.* **3.** Fig. Separar o quitar a una persona de una determinada costumbre, creencia o vicio: *arrancar a alguien de la bebida.* **4.** Fig. Conseguir algo de alguien con esfuerzo, astucia o violencia: *arrancar una confesión.* **5.** Fig. Hacer salir la flema arrojándola. **6.** Fig. Hacer salir suspiros, gritos, etc., a alguien. **7.** TAUROM. Entrar a matar al toro avanzando hacia la res. ◆ v.tr. e intr. Iniciar el funcionamiento de una máquina o un vehículo. ◆ v.intr. Empezar a correr una persona o un animal. **2.** Tener una línea, un arco o una bóveda su principio en cierto sitio: *el arco arranca del capitel.* ◆ **arrancarse** v.prnl. Fig. Empezar improvisadamente a hacer algo: *arrancó a bailar; arrancar por bulerías; arrancarse a gritos*. (Suele usarse con las prep. *a* o *por*.)

ARRANCHAR v.intr. y prnl. Juntar en ranchos. ◆ v.tr. **2.** Amér. Arrebatar, quitar.

ARRANQUE s.m. Acción de arrancar. **2.** Comienzo, principio, punto de donde arranca algo. **3.** Fig. Arrebato, acometida repentina: *un arranque de celos.* **4.** CONSTR. **a.** Nacimiento de un arco o una bóveda. **b.** Parte que constituye la transición entre la jamba y el arco. **5.** MEC. Dispositivo para la puesta en funcionamiento de un motor.

ARRAPIEZO s.m. Desp. Muchacho, niño. (Suele usarse con un matiz cariñoso.)

ARRAS s.f.pl. (lat. *arrae*, del gr. *árrabon*). Conjunto de trece monedas que, en algunos lugares, el novio entrega a la novia en la ceremonia de la boda. **2.** Suma de dinero que una parte entrega a la otra en el momento de efectuar un contrato para asegurar su ejecución.

ARRASAR v.tr. Destruir totalmente un lugar de manera que no quede nada en pie: *arrasar una ciudad.* **2.** Fam. Triunfar de manera contundente: *el equipo visitante arrasó al contrario.* ◆ v.tr. y prnl. Fig. Llenarse los ojos de lágrimas. ◆ v.intr. Fam. Consumir completamente algo: *arrasaron con el pastel.*

ARRASTRACUERO s.m. Cuba y Venez. Persona que afecta elegancia o fortuna. **2.** Advenedizo, despreciable.

ARRASTRADA s.f. Argent. Mujer de mala vida.

ARRASTRADERO s.m. Camino por donde se hace el arrastre de maderas. **2.** TAUROM. Dependencia de las plazas de toros donde las mulillas arrastran a los toros muertos en la lidia.

ARRASTRADO, A adj. Fam. Lleno de fatigas, privaciones y penalidades: *llevar una vida arrastrada.* **2.** Se dice del juego de naipes en que es obligatorio superar la carta que echa el jugador anterior: *tute arrastrado.* **3.** Méx. Fam. Se dice de la persona que ruega para pedir afecto. ◆ adj. y s. Fam. Pícaro, bribón. **2.** Méx. Fam. Servil.

ARRASTRAR v.tr. Mover a una persona o cosa tirando de ella y sin levantarla: *arrastrar la carretilla.* **2.** Fig. Impulsar un poder o fuerza irresistible o la voluntad ajena: *sus vicios le arrastran.* **3.** Fig. Llevar o soportar algo penosamente: *arrastrar una enfermedad.* **4.** Fig. Tener por consecuencia inevitable: *la guerra arrastra calamidades.* ◆ v.intr. Ir rozando una cosa el suelo u otra superficie. **2.** En ciertos juegos de naipes, jugar una carta para obligar a los demás jugadores a echar otra del mismo palo o del palo de triunfo. ◆ v.tr., intr. y prnl. Trasladar o mover rozando contra el suelo: *arrastrar los pies.* ◆ **arrastrarse** v.prnl. Fig. Humillarse para pedir algo.

ARRASTRE s.m. Acción de arrastrar, mover, trasladar. **2.** Acción de arrastrar en ciertos juegos de naipes. ◇ **Estar**, o **quedar, para el arrastre** Quedar agotado tras una actividad excesiva o de contrariedades. **Pesca de**, o **al, arrastre** La que se efectúa llevando las redes a remolque de la embarcación.

ARRASTRERO, A adj. y s.m. Se dice del barco que se dedica a la pesca de arrastre.

ARRAYÁN s.m. (ár. *raihan*, planta olorosa). Mirto.

¡ARRE! interj. Se usa para arrear a las bestias.

ARREADOR s.m. Argent., Colomb., Perú y Urug. Látigo.

1. ARREAR v.tr. (de *¡arre!*). Estimular a las bestias para que anden o para que aviven el paso. **2.** Dar, asestar: *arrear un puntapié.* **3.** Argent. Robar ganado. ◆ v.intr. Caminar rápidamente. ◇ **¡Arrea!** Fam. Expresa asombro.

2. ARREAR v.tr. (lat. vulg. *arredare*, proveer). Poner arreos, especialmente a las caballerías.

ARREBAÑADURAS s.f.pl. Restos de comida que se recogen al rebañar.

ARREBATADOR, RA adj. y s. Que arrebata, atrae: *una mirada arrebatadora.* SIN.: *cautivador.*

ARREBATAMIENTO s.m. Acción de arrebatar o arrebatarse.

ARREBATAR v.tr. Quitar, tomar o llevarse con violencia, fuerza o precipitación: *arrebatar algo de las manos; el viento me arrebató el sombrero.* **2.** Fig. Atraer la atención poderosamente: *su elocuencia nos arrebató.* ◆ v.tr. y prnl. Fig. Conmover poderosamente, embelesar. ◆ **arrebatarse** v.prnl. Enfurecerse, dejarse llevar de alguna pasión.

ARREBATIÑA s.f. Acción de arrojarse a recoger algo disputado entre varios.

ARREBATO s.m. Acometida repentina de un sentimiento: *un arrebato de ira.* SIN.: *arranque.* **2.** Impulso repentino de hacer algo: *en un arrebato se fue sin despedirse.*

ARREBOL s.m. Color rojo de las nubes iluminadas por los rayos de sol. **2.** Color rojo de las mejillas.

ARREBOLAR v.tr. y prnl. Poner rojo: *arrebolarse las mejillas.*

ARREBUJAR v.tr. Agarrar o amontonar con desaliño, haciendo un rebujo, cosas flexibles, especialmente prendas de vestir. SIN.: *rebujar.* ◆ v.tr. y prnl. Cubrir y envolver bien con ropa.

ARRECHUCHO s.m. Fam. Indisposición repentina y pasajera. SIN.: *achaque.* **2.** Fam. Arrebato, acometida.

ARRECIAR v.intr. y prnl. Cobrar fuerza, violencia o intensidad: *arreciar la tormenta, los golpes.*

ARRECIFE s.m. (ár. *rasif*, dique, calzada). Masa rocosa en el mar constituida por organismos sedentarios calcáreos, que permanece sumergida durante la pleamar y sobresale en la bajamar. ◇ **Arrecife coralino** Arrecife formado por el crecimiento de los corales en los mares tropicales.

ARREDRAR v.tr. y prnl. (de *arredro*, hacia atrás, del lat. *ad retro*). Asustar, amedrentar, atemorizar.

ARREFLEXIA s.f. MED. Ausencia de reflejos.

ARREGLAR v.tr. y prnl. (de *regla*). Poner algo en la forma en que es conveniente o necesario, o de modo que tenga un aspecto agradable: *arreglar la casa; arreglarse para salir.* **2.** Poner de nuevo en condiciones de servir lo estropeado, o acomodar algo de forma que se adapte a otro uso: *arreglar un reloj; arreglar una obra para piano.* **3.** Aclarar, desenredar, desenmarañar lo revuelto, confuso o complicado: *arreglar una situación.* ◆ v.tr. Fam. En frases que envuelven amenaza hacia alguien, castigar. ◆ **arreglarse** v.prnl. Ingeniarse para salir de un apuro.

ARREGLISTA s.m. y f. Persona que realiza arreglos de obras musicales.

ARREGLO s.m. Acción y efecto de arreglar o arreglarse. **2.** Acuerdo concertado entre varias partes. **3.** Transformación de una obra musical escrita para determinadas voces, instrumentos o conjuntos, para que pueda ser ejecutada por voces, instrumentos o conjuntos distintos. **4.** Fam. Lío amoroso. ◇ **Con arreglo a** Según.

ARREICO, A adj. GEOGR. Privado de avenamiento.

ARREÍSMO s.m. GEOGR. Estado de una región arreica.

ARRELLANARSE v.prnl. Sentarse cómodamente en un sillón o sofá: *arrellanarse en el sofá.* SIN.: *apoltronarse, repanchigarse, repantigarse.*

ARREMETER v.intr. Atacar o embestir con ímpetu: *arremeter contra alguien.*

ARREMETIDA s.f. Acción de arremeter.

ARREMOLINARSE v.prnl. Formar remolinos un líquido o un gas. **2.** Fig. Amontonarse desordenadamente gente, animales o cosas en movimiento.

ARRENDADOR, RA adj. y s. Que da en arrendamiento alguna cosa.

ARRENDAJO s.m. Ave paseriforme de unos 35 cm de long., de plumaje marrón claro moteado de azul, blanco y negro, común en los bosques de Europa y Asia. (Imita el sonido de los pájaros de cuyos huevos se alimenta; familia córvidos.)

ARRENDAJO

ARRENDAMIENTO s.m. Acción de arrendar. SIN.: *arriendo.* **2.** Precio al que se arrienda algo. SIN.: *arriendo.*

ARRENDAR v.tr. (del ant. *renda*, renta) [10]. Ceder el aprovechamiento y uso temporal de una cosa u obligarse a la ejecución de una obra o prestación de un servicio, por un precio determinado. SIN.: *alquilar.*

ARRENDATARIO, A adj. y s. Que toma o tiene algo en arrendamiento.

ARREO s.m. Atavío, adorno. ◆ **arreos** s.m.pl. Guarniciones o jaeces de las caballerías de montar o de tiro. SIN.: *arneses.* (V. ilustr. pág. siguiente.)

ARREPANCHIGARSE v.prnl. [2]. Fam. Arrellanarse.

ARREPENTIDA s.f. Mujer que se arrepentía de su mala vida e ingresaba en un convento.

ARREPENTIDO, A adj. y s. Se dice del miembro de una organización delictiva que se ha entregado voluntariamente a la justicia para reinsertarse en la sociedad.

ARREPENTIMIENTO s.m. Sentimiento de la

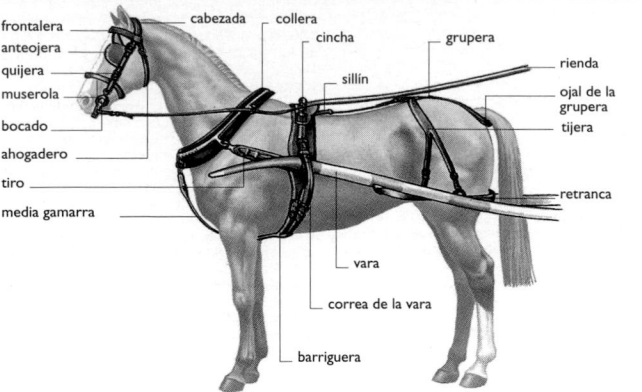

frontalera
anteojera
quijera
muserola
bocado
ahogadero
tiro
media gamarra

cabezada
collera
cinchan
grupera
sillín
rienda
ojal de la grupera
tijera
retranca
vara
correa de la vara
barriguera

■ **ARREOS** de un caballo de tiro.

persona que se arrepiente de algo: *expresar arrepentimiento profundo.*

ARREPENTIRSE v.prnl. (del ant. *repentirse,* del lat. tardío *repaenitere*) [79]. Sentir alguien pesar por haber hecho o dejado de hacer algo.

ARREQUESONARSE v.prnl. Cortarse la leche.

ARREQUIVES s.m.pl. (del ár. *rakīb,* adaptado a otra cosa). Adornos innecesarios o excesivos.

ARRESTAR v.tr. Detener provisionalmente a un presunto culpable. ◆ **arrestarse** v.prnl. Emprender una acción con arrestos, valor.

ARRESTO s.m. Detención provisional del presunto culpable. **2.** Reclusión breve que se impone como castigo. **3.** Valor o determinación para hacer algo: *tener muchos arrestos.* (Suele usarse en plural.) ◇ **Arresto mayor** Pena de reclusión superior a un mes e inferior a seis meses. **Arresto menor** Pena de reclusión que dura de uno a treinta días.

ARREVISTADO, A adj. Se dice de la obra o espectáculo teatral con elementos propios de una revista.

ARRIACENSE adj. y s.m. y f. De Guadalajara, España.

ARRIANISMO s.m. Doctrina cristiana de Arrio y de sus adeptos, que negaba la divinidad de Cristo. (Condenado por el concilio de Nicea [325], el arrianismo sobrevivió entre los pueblos bárbaros y desapareció entre los ss. VI y VII.)

ARRIANO, A adj. y s. Relativo al arrianismo; seguidor de esta doctrina.

ARRIAR v.tr. (de *arrear,* arreglar) [19]. Bajar una vela o bandera que estaba izada. **2.** Soltar o aflojar un cabo, un cable o una cadena.

ARRIATE s.m. (ár. magrebí *riyāḍ,* jardín, parterre). Esp. y Méx. Parterre alargado para plantas de adorno, que se coloca junto a las paredes de los patios.

ARRIBA adv.l. Hacia un lugar superior: *voy arriba.* **2.** En un lugar superior o más alto: *está arriba.* **3.** Pospuesto a un nombre de lugar, en dirección a la parte más alta de él: *huyó escaleras arriba.* **4.** Máximo responsable de una organización o empresa: *la orden viene de arriba.* ◆ **interj.** Se usa para animar a una persona a levantarse o a subir a un lugar, o para que recobre ánimos. ◇ **De arriba abajo** De principio al fin: *lo leí de arriba abajo*; con desdén: *mirar de arriba abajo.*

ARRIBADA s.f. Acción de arribar: *la arribada de un buque a puerto.*

ARRIBAR v.intr. (lat. tardío *arripare*). Llegar, especialmente una nave a un puerto.

ARRIBEÑO, A adj. y s. Amér. Se dice de los habitantes de las tierras altas.

ARRIBISTA s.m. y f. y adj. Persona que utiliza todo tipo de medios para mejorar su situación en la vida.

ARRIBO s.m. Llegada, especialmente la de una nave a un puerto.

ARRIENDO s.m. Arrendamiento.

ARRIERO s.m. Persona que se dedica al transporte de mercancías con animales de carga.

ARRIESGADO, A adj. Osado, temerario: *una acción arriesgada.*

ARRIESGAR v.tr. y prnl. [2]. Poner algo o a alguien en una situación arriesgada: *arriesgar la vida.* SIN.: *arriscar.*

ARRIMADERO s.m. Persona o cosa que puede servir de apoyo o protección.

ARRIMADO, A s. Méx. Persona que vive en casa de otra sin pagar nada.

ARRIMAR v.tr. y prnl. Acercar, poner en contacto: *arrimar una silla a la puerta.* ◆ **arrimarse** v.prnl. Apoyarse sobre una cosa para descansar o sostenerse: *arrimarse a la pared.* **2.** *Fig.* Acogerse a la protección de alguien: *arrimarse a los poderosos.* **3.** TAUROM. Acercarse mucho el diestro al toro al realizar las suertes.

ARRIMO s.m. Apoyo, ayuda, auxilio: *buscar el arrimo de la madre.* **2.** Amér. Cerca que separa las heredades. ◇ **Al arrimo de** Al amparo de alguien o algo.

ARRINCONAR v.tr. Poner una cosa en un rincón: *arrinconar un armario.* **2.** Dejar apartada una cosa que no se quiere utilizar más. **3.** Perseguir a alguien, acosarlo hasta que no pueda huir. **4.** *Fig.* Privar a alguien del favor que gozaba. ◆ **arrinconarse** v.prnl. *Fig.* y *fam.* Retirarse del trato de las gentes.

ARRIÑONADO, A adj. De figura de riñón: *hoja arriñonada.*

ARRISCADO, A adj. Atrevido, arriesgado. **2.** Lleno de riscos: *una cima arriscada.*

ARRITMIA s.f. (de *a,* no, y gr. *rhythmos,* ritmo). Alteración del ritmo del corazón, caracterizada por una irregularidad de frecuencia y una desigualdad de sus contracciones. **2.** Falta de ritmo regular.

ARRÍTMICO, A adj. Relativo a la arritmia.

ARRIZAR v.tr. [7]. MAR. Disminuir la superficie de una vela tomando los rizos.

1. ARROBA s.f. INFORMÁT. Signo tipográfico (@) usado en las direcciones de correo electrónico, que separa el nombre del usuario y el del servidor.

2. ARROBA s.f. (hispano-ár. *rúba,* cuarta parte). Unidad de peso usada en España y en numerosos países de América del Sur. **2.** Medida de capacidad cuyo valor varía según las regiones y países. ◇ **Por arrobas** A montones.

ARROBAR v.tr. y prnl. Embelesar.

ARROBO s.m. Éxtasis, embelesamiento: *escuchar con arrobo.* SIN.: *arrobamiento.*

ARROCERO, A adj. Relativo al arroz. ◆ s. Persona que se dedica a cultivar arroz.

ARRODILLAR v.tr., intr. y prnl. Poner de rodillas.

ARRODRIGONADO s.m. Operación que consiste en sujetar una planta, rama, tallo, etc., a una estaca para mantenerlos en una dirección determinada. **2.** El soporte mismo.

ARRODRIGONAR v.tr. AGRIC. Sujetar con un arrodrigonado. SIN.: *arrodrigar.*

ARROGACIÓN s.f. Acción y efecto de arrogar o arrogarse.

ARROGANCIA s.f. Cualidad de arrogante.

ARROGANTE adj. Orgulloso, soberbio: *hablar en tono arrogante.* **2.** Que presenta esbeltez y belleza: *una figura arrogante.*

ARROGAR v.tr. (lat. *arrogare,* apropiarse) [2]. DER. ROM. Adoptar como hijo a un huérfano o a un menor de edad emancipado. ◆ **arrogarse** v.prnl. Apropiarse indebidamente de una facultad o un derecho: *se arrogó derechos ajenos.*

ARROJADIZO, A adj. Que puede arrojarse: *arma arrojadiza.*

ARROJADO, A adj. Valiente, atrevido: *persona arrojada ante el peligro.*

ARROJAR v.tr. (del lat. *rotare,* rodar). Lanzar con fuerza una cosa y en una dirección determinada: *arrojar una piedra.* **2.** Despedir de sí una cosa algo: *arrojar humo una chimenea.* **3.** Echar a alguien de un lugar, especialmente por desprecio, castigo, etc.: *arrojar a un alumno de clase.* **4.** Dejar caer una cosa de arriba abajo. **5.** *Fig.* Dar algo un resultado determinado: *la liquidación arroja un saldo positivo.* ◆ **arrojarse** v.prnl. Tirarse una persona de arriba abajo: *arrojarse por el balcón.* **2.** *Fig.* Acometer violentamente contra alguien o algo: *arrojarse sobre el enemigo.*

ARROJO s.m. *Fig.* Valentía, atrevimiento: *luchar con arrojo.*

ARROLLADO s.m. Argent. Brazo de gitano, pastel. **2.** Argent. y Chile. Fiambre que consiste en carne de vaca o cerdo cocida y aliñada, envuelta en la piel cocida del mismo animal y atada en forma de rollo. **3.** Argent. y Chile. Matambre, fiambre envuelto en forma de rollo.

ARROLLADOR, RA adj. Que arrolla: *éxito arrollador.* ◆ s.m. y adj. MEC. Cilindro de una grúa, torno, cabrestante, etc., en que se arrollan las cuerdas.

ARROLLAMIENTO s.m. Acción y efecto de arrollar. **2.** Bobina de una máquina eléctrica.

ARROLLAR v.tr. Envolver en forma de rollo: *arrollar hilo.* **2.** *Fig.* Atropellar, especialmente un vehículo: *el automóvil arrolló a un peatón.* **3.** *Fig.* Derrotar, o superar: *las tropas arrollaron al enemigo.* **4.** Arrastrar la fuerza del viento o del agua alguna cosa: *la riada ha arrollado la cosecha.*

ARROPAMIENTO s.m. Acción y efecto de arropar.

ARROPAR v.tr. y prnl. Cubrir, abrigar, especialmente con ropa.

ARROPE s.m. (ár. *rubb*). Mosto cocido hasta alcanzar la consistencia de un jarabe, al que se le añade alguna fruta cocida. **2.** Jarabe concentrado de miel con alguna sustancia medicinal.

ARROSTRAR v.tr. (de la loc. ant. *pasar a rostro de alguien,* poner frente a otro). Hacer frente a un peligro, una dificultad o una desgracia: *arrostrar el peligro.*

ARROTADO, A adj. Chile. Se dice de la persona de baja condición o con modales de roto.

ARROYADA s.f. Corriente rápida de las aguas pluviales sobre pendientes de terrenos. **2.** Surco que dejan las aguas pluviales a su paso. ◇ **Arroyada concentrada** Arroyada en la que las aguas se concentran en canales que se unen para formar la red hidrográfica. **Arroyada difusa** Arroyada en la que las aguas corren sobre toda la superficie de una vertiente.

ARROYAR v.tr. y prnl. Formar la lluvia arroyadas en un terreno. ◆ v.tr. Formar la lluvia arroyos.

ARROYO s.m. Corriente de agua de escaso caudal y cauce. **2.** Parte central de una calle, por donde corre el agua. **3.** *Fig.* Situación de pobreza y marginación: *nacer en el arroyo; salir o sacar del arroyo.* **4.** *Fig.* Afluencia de una sustancia líquida sobre una superficie: *un arroyo de lágrimas.*

ARROZ s.m. (ár. *ruzz*). Planta herbácea anual, cultivada en terrenos húmedos y cálidos, de 80 a 180 cm de alt., de hojas largas y ásperas y espiga grande, estrecha y colgante, cuyo fruto, un grano harinoso y blanco, constituye el alimento de base de una tercera parte de la población mundial. (Familia gramíneas.) **2.** Grano de esta planta. ◇ **Agua de arroz** Bebida astringente que se obtiene cociendo arroz en agua. **Arroz integral** Arroz que se consume sin descascarillar. **Paja de arroz** Paja que se obtiene de la parte leñosa del arroz, utilizada para la confección de sombreros. **Papel de arroz** Papel especial fabricado con la médula del árbol del pan o con tallos jóvenes de bambú.

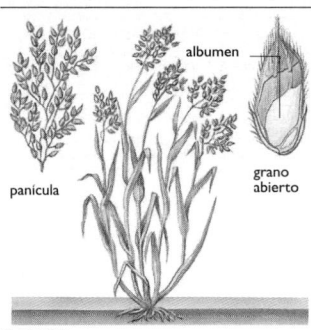

■ ARROZ

ARROZAL s.m. Terreno sembrado de arroz.

ARRUAR v.intr. Gruñir el jabalí al sentirse perseguido.

ARRUFADURA s.f. MAR. Curvatura de la cubierta alta o de la quilla horizontal, de forma que la popa y la proa quedan más altas que la parte central de la nave. SIN.: arrufo.

ARRUFALDADO, A adj. Se dice del sombrero levantado del ala.

ARRUFAR v.tr. Dar arrufadura a una embarcación. ◆ v.intr. Hacer arrufadura una embarcación.

ARRUGA s.f. (ant. ruga, del lat. ruga). Pliegue irregular que se forma en cualquier cosa flexible: las arrugas de la ropa, al reír se hacen arrugas a ambos lados de la boca. **2.** Señal en forma de raya muy fina que queda al deshacerse ese pliegue. **3.** Señal parecida a esta que se forma en la piel por efecto de la edad.

ARRUGAR v.tr. y prnl. [2] Hacer que una cosa tenga arrugas. ◆ arrugarse v.prnl. Acobardarse: arrugarse de vergüenza.

ARRUINAR v.tr. y prnl. Causar ruina: su afición al juego le arruinó. **2.** Fig. Echar a perder, malograr: la sequía arruinó la cosecha.

ARRULLAR v.tr. (voz de origen onomatopéyico) Emitir el palomo o el tórtolo su voz natural. **2.** Adormecer al niño meciéndolo o cantándole suavemente. ◆ v.tr. y prnl. Cortejar el palomo o el tórtolo a la hembra, o al contrario. **2.** Fig. y fam. Decir palabras cariñosas especialmente el enamorado.

ARRULLO s.m. Acción de arrullar. **2.** Canto, sonido o ruido que arrulla.

ARRUMA s.f. División hecha en la bodega de un barco para colocar la carga.

ARRUMACO s.m. (del ant. arremueco, de mueca). Fam. Demostración de cariño: cautivar con arrumacos. (Suele usarse en plural.) **2.** Adorno o atavío estrafalario.

ARRUMAR v.tr. (fr. arrumer). MAR. Distribuir y colocar la carga en una embarcación. ◆ arrumarse v.prnl. MAR. Cargarse de nubes el horizonte.

1. ARRUMBAR v.tr. (fr. arrumer). Apartar una cosa que ya no sirve: arrumbar trastos viejos. **2.** Fig. Evitar el trato con una persona.

2. ARRUMBAR v.intr. MAR. Fijar el rumbo de navegación. ◆ v.tr. MAR. Determinar la dirección que sigue una costa.

ARRUME s.m. Colomb. y Venez. Montón.

ARRURRUZ s.m. (ingl. arrow-root, raíz de flecha, porque se empleaba en las flechas envenenadas). Fécula comestible, extraída de los rizomas de plantas tropicales.

¡ARSA! interj. Fam. Se usa para animar o jalear. **2.** Expresa entusiasmo.

ARSENAL s.m. (ital. arsenale). Almacén de armas y efectos bélicos. **2.** Fig. Conjunto de herramientas, noticias, datos, etc., y lugar donde

se guardan: su memoria es un arsenal de fechas. **3.** Establecimiento en que se construyen, reparan y conservan embarcaciones. SIN.: astillero, atarazana, dársena.

ARSENAMINA s.f. Hidruro de arsénico AsH₃.

ARSENIATO s.m. QUÍM. Sal del ácido arsénico.

ARSENICAL adj. Que contiene arsénico. ◆ s.m. Medicamento derivado del arsénico.

ARSÉNICO s.m. (lat. arsénicum, del gr. ársenixós). Metaloide, de color gris, brillo metálico, de densidad 5,7, que se sublima a 615 ºC aprox., despidiendo olor a ajo. **2.** Elemento químico (As), de número atómico 33 y masa atómica 74,922. ◆ adj. y s.m. Se dice del anhídrido As₂O₅ y del ácido H₃AsO₄.

ARSENIOSO, A adj. Se dice del anhídrido As₂O₃ y del ácido correspondiente.

ARSENITO s.m. Sal del ácido arsenioso.

ARSENIURO s.m. Combinación del arsénico con un cuerpo simple.

ARSINA s.f. Cuerpo derivado de la arsenamina AsH₃, al sustituir el hidrógeno por radicales carbonados.

ART DÉCO s.m. (voces francesas, de la Exposition Internationale des Arts Décoratifs et Industriels Modernes, que se celebró en París en 1925). Estilo decorativo basado en formas geométricas y en un naturalismo estilizado, heredado del modernismo.

ARTE s.m. o f. (lat. ars, artis, habilidad, profesión, arte). Actividad creativa del ser humano que consiste en transformar y combinar materiales, imágenes, sonidos, etc., para transmitir una idea o un sentimiento y producir un efecto estético, o para embellecer ciertos objetos o estructuras funcionales; conjunto de obras resultantes de esta actividad que pertenecen a un país, una época, un autor o una estética determinada: el arte italiano; el arte románico. **2.** Conjunto de reglas que rigen en una profesión o una actividad: arte militar, culinario, dramático. **3.** Habilidad con que se hace algo: tener arte para arreglarse; convencer con arte. **4.** Cautela, astucia: con sus artes consigue lo que quiere. (Suele usarse en plural.) ◇ **Arte cisoria** Arte de trinchar la caza. **Arte plumaria** Arte de imitar pinturas mediante plumas de colores adheridas a un plano, como se practicaba en México antes de la conquista. **Arte poética** Obra, en verso o en prosa, que define la concepción y las técnicas de la creación poética de un escritor o una escuela literaria. **Arte popular** Conjunto de objetos utilitarios o decorativos, sin referencia explícita a una estética determinada; conjunto de la producción material de objetos familiares, utilitarios, culturales, religiosos, etc., realizados por un grupo étnico. **Arte povera** Tendencia artística surgida hacia la década de 1960 y caracterizada por su rechazo de las técnicas tradicionales y de los materiales nobles. **Artes de pesca** Conjunto de redes, cables y flotadores que se utilizan para pescar. **Artes plásticas** La escultura, la pintura y la arquitectura. **Bellas**

■ ARTE POVERA. Estructura que come ensalada (1968), por Giovanni Anselmo. Granito, lechuga fresca y residuos. (MNAM, París.)

artes Nombre que se da a las tres artes mayores, arquitectura, escultura y pintura, y también, por extensión, a otras artes, como la música y la danza. **El arte por el arte** Doctrina literaria que rehúsa la integración social o política del escritor y que hace de la perfección formal el fin último del arte. **Malas artes** Procedimiento poco honrado. **Séptimo arte** El cine. **Sociología del arte** Estudio de la influencia de las condiciones y los valores sociales, políticos, económicos y religiosos en la producción artística, y de la influencia de esta en las conductas sociales. (V. ilustr. pág. siguiente.)

ARTEFACTO s.m. (lat. arte factus, hecho con arte). Objeto formado por varias piezas, especialmente el que no se considera máquina o aparato. **2.** Cualquier carga explosiva.

ARTEJO s.m. (lat. articulus, dim. de articulación). Nudillo de las falanges de los dedos. **2.** ZOOL. Cada una de las piezas articuladas que forman los apéndices de los artrópodos. SIN.: artículo.

ARTEL s.m. En la URSS, sociedad cooperativa en la que la propiedad estaba en manos de colectividades de trabajadores.

ARTEMISA o **ARTEMISIA** s.f. (lat. artemisa, del gr. artemisía, de Artemis, Diana). Planta aromática, de hojas blancuzcas por el envés, y flores en panoja, con el centro amarillo. (Familia compuestas.)

ARTERIA s.f. (lat. arteria, del gr. artyría). Vaso que conduce la sangre desde el corazón a los órganos. (Las arterias, al contrario que las venas, son conductos de paredes espesas y elásticas.) **2.** Fig. Vía de comunicación importante en una ciudad u otro lugar.

ARTERÍA s.f. Astucia: actuar con artería.

ARTERIAL adj. Relativo a las arterias.

ARTERIECTOMÍA s.f. CIR. Resección de un segmento de arteria.

ARTERIOESCLEROSIS s.f. ARTERIOSCLEROSIS.

ANTERIOGRAFÍA s.f. Radiografía de las arterias y de sus ramas, tras la inyección directa de un producto opaco a los rayos X.

ARTERIOLA s.f. Pequeña arteria.

ARTERIOSCLEROSIS o **ARTERIOESCLEROSIS** s.f. Enfermedad involutiva que se caracteriza por el endurecimiento y aumento de grosor de las paredes arteriales.

ARTERIOSCLERÓTICO, A adj. y s. Relativo a la arteriosclerosis; que padece arteriosclerosis.

ARTERIOTOMÍA s.f. CIR. Sección de una arteria.

ARTERITIS s.f. MED. Inflamación de una arteria.

ARTERO, A adj. Astuto, malintencionado.

ARTESA s.f. Recipiente en forma de tronco de pirámide invertido, para amasar pan, dar de comer a los animales o para otros usos. **2.** Cajón en que se mezcla el mortero o el yeso. **3.** Valle cuyo perfil transversal, con vertientes empinadas y fondo plano, es parecido al de una artesa.

ARTESANADO s.m. Conjunto de artesanos.

ARTESANAL adj. Relativo a la artesanía.

ARTESANÍA s.f. Arte de realizar objetos útiles o decorativos con las manos o a la manera tradicional. **2.** Objeto hecho de esa forma. SIN.: artesanía.

ARTESANO, A adj. (del ital. artigiano). Relativo a la artesanía. **2.** Que está hecho a mano o a la manera tradicional: embutidos artesanos. ◆ s. y adj. **3.** Persona que tiene por oficio hacer objetos artesanales.

ARTESIANO, A adj. y s. (fr. artésien, del Artois, región de Francia). De Artois. ◇ **Pozo artesiano** Pozo en el que el agua asciende por su propia presión.

ARTESÓN s.m. ARQ. **a.** Compartimiento hueco, adornado con molduras o pinturas, utilizado en la decoración de techos. **b.** Artesonado.

ARTESONADO s.m. ARQ. Techo adornado con artesones. SIN.: artesón. (V. ilustr. pág. siguiente.)

ARTESONAR v.tr. Adornar con artesones un techo o bóveda.

ÁRTICO, A adj. Relativo al polo N y a las regiones que lo rodean.

■ EL ARTE POPULAR

El concepto de arte popular se aplica a los tipos de objetos producidos y difundidos entre las clases populares, así como a otras formas de expresión artística tradicionales (literatura oral, canciones, música, danza, juegos, etc.). El ámbito en que se inscriben estos objetos materiales es tan amplio como las técnicas múltiples de elaboración que conllevan, y que también contribuyen a dotarlos de un valor artístico más o menos reconocido.

Francia. Remate de terracota barnizada utilizado para adornar las esquinas de los tejados de las casas tradicionales. Ya fueran figurativos –como en este caso– o no, este tipo de remates de cerámica eran muy frecuentes en Normandía. (Museo de Artes Decorativas, París.)

Perú. La denominada «cultura de Paracas» (500 a.C.- 500 d.C.) ha llegado hasta la actualidad merced a los tejidos y cerámicas hallados en el primer tercio del s. XX en unas necrópolis muy bien conservadas. Las mantas, con delicados y vistosos bordados, son una muestra de esta civilización precolombina.

Turquía.
Karagöz, marioneta turca. El teatro turco Karagöz –nombre de su héroe principal, que quiere decir «ojo negro»– consiste en proyectar sobre una pantalla imágenes traslúcidas en color de personajes que representan distintos tipos sociales. Las marionetas o siluetas recortadas que se utilizan para el teatro de sombras chinescas (cuya existencia está documentada desde finales del s. XI en China) constituyen una expresión cultural original en numerosos países.

■ **ARTESONADO** mudéjar; s. XV. (Iglesia de San Juan de los Reyes, Toledo.)

ARTICULACIÓN s.f. Unión de dos o más piezas en la que al menos una mantiene movimiento. **2.** Unión y organización de las partes que componen un discurso. **3.** Acción de articular un sonido. **4.** ANAT. Zona de unión entre dos o más huesos. **5.** ZOOL. Zona de tegumento de los artrópodos donde la quitina se adelgaza permitiendo los movimientos de los segmentos.

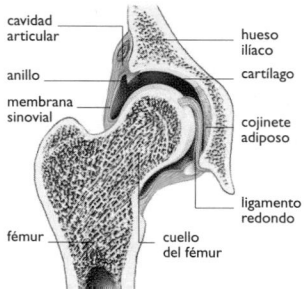

■ **ARTICULACIÓN** de la cadera vista en sección.

ARTICULADO, A adj. Que tiene una o varias articulaciones: *sistema articulado de una máquina; animal articulado.* **2.** Que se enuncia expresa o claramente: *palabra mal articulada.* ◆ s.m. Conjunto de artículos de una ley o reglamento.

1. ARTICULAR v.tr. y prnl. Unir dos o más piezas de manera que al menos una mantenga movimiento. ◆ v.tr. Disponer los órganos vocales de una manera determinada para producir un sonido. **2.** Pronunciar una palabra.

2. ARTICULAR adj. Relativo a las articulaciones. SIN.: *articulario.*

ARTICULATORIO, A adj. Relativo a la articulación de sonidos.

ARTICULISTA s.m. y f. Persona que escribe artículos en periódicos o revistas.

ARTÍCULO s.m. (lat. *articulus,* articulación de los huesos, miembro o división). Cada una de las partes en que se divide un escrito. **2.** Escrito de extensión variable que se publica en un periódico o revista y que trata un tema determinado. **3.** Mercancía, cosa que se vende o compra. **4.** DER. Cada una de las disposiciones numeradas de un tratado, ley, etc. **5.** INFORMÁT. Cantidad mínima de información accesible en un fichero. **6.** LING. Palabra que se antepone a los nombres para individualizarlos y concretizarlos, y para indicar su género y número. **7.** ZOOL. Artejo. ◇ **Artículo de fe** Afirmación sobre la que no se permite la duda. **Hacer el artículo** Encomiar, alabar.

ARTÍFICE s.m. y f. (lat. *artifex, -ficis*). Autor o causante de alguna cosa. **2.** Artista, persona que hace un trabajo artístico o ejerce un arte manual.

ARTIFICIAL adj. (lat. *artificialis*). Hecho o

Francia. Exvoto (óleo sobre madera), fechado en 1892, procedente del sur de Francia (Col. part.). El exvoto, ya sea en forma de estampa, objeto simbólico o placa grabada, se suele colocar en un lugar de culto como agradecimiento por un favor o gracia que se cree haber recibido del cielo. Este evoca el agradecimiento de dos mujeres que, por descuido, mientras lavan un bebé éste les cae en un barreño de agua hirviendo, sin sufrir daño.

España. Plato de cerámica de Manises de mediados del s. XIX. Esta variedad de loza en azul y dorados que probablemente se empezó a producir hacia el s. XV, proporcionó gran fama a esa ciudad valenciana. (Museo nacional de cerámica, Valencia.)

Alemania. Armario campesino bávaro de 1778. Su decoración pintada se compone de cuatro paneles que representan las estaciones, festoneados con guirnaldas y otros motivos de rocalla.

creado por el ser humano: *flores artificiales.* **2.** Que carece de naturalidad: *gestos artificiales.*

ARTIFICIERO s.m. Especialista en la manipulación de explosivos, especialmente para desactivarlos. **2.** Soldado o militar especializado en el manejo de la munición.

ARTIFICIO s.m. (lat. *artificium*). Arte o habilidad con que se hace algo. **2.** *Fig.* Falta de naturalidad. **3.** ARM. Término genérico que designa cualquier composición fulminante capaz de desencadenar una acción explosiva. ◇ **Fuegos artificiales,** o **de artificio** Preparación química detonante y luminosa empleada especialmente en celebraciones nocturnas.

ARTIFICIOSO, A adj. (lat. *artificiosus*). Hecho con artificio, habilidad o disimulo.

ARTIGA s.f. Modo de fertilización y preparación del terreno para cultivo que consiste en arrancar las hierbas y maleza que lo cubren y, después de apilarlas y quemarlas, esparcir la ceniza sobre la superficie.

ARTIGAR v.tr. |2|. Efectuar la artiga.

ARTILLERÍA s.f. (fr. *artillerie*). Conjunto de materiales de guerra que comprende las bocas de fuego, las municiones y los vehículos encargados de su transporte. **2.** Cuerpo militar que emplea esas máquinas. **3.** Arte de construir, conservar y emplear las armas, máquinas y municiones de guerra. ◇ **Artillería antiaérea** Artillería especializada en el tiro sobre objetivos aéreos. **Artillería de campaña** Artillería que apoya directamente a las otras armas en combate. **Artillería naval** Artillería que está instalada a bordo de navíos de guerra. **Artillería nuclear** Artillería dotada de proyectiles nucleares.

ARTILLERO, A adj. Relativo a la artillería. ◆ s.m. Militar que sirve en la artillería.

ARTILUGIO s.m. *Desp.* Mecanismo, aparato o máquina, especialmente el que tiene un manejo complicado o del que se desconoce su función. **2.** Trampa, enredo.

ARTIMAÑA s.f. Trampa, engaño. **2.** *Fam.* Astucia, disimulo.

ARTIODÁCTILO, A adj. y s.m. Relativo a un orden de ungulados que poseen un número par de dedos en cada pata, como los rumiantes, los porcinos y los camélidos.

ARTISTA s.m. y f. Persona que practica alguna de las bellas artes. **2.** Persona dotada de cualidades para practicar alguna de las bellas artes. **3.** Persona que interpreta una obra musical, teatral, cinematográfica, etc., o que actúa en un espectáculo. **4.** Persona que hace algo con mucha perfección: *es un artista del bisturí.*

ARTÍSTICO, A adj. Relativo al arte o hecho con arte: *monumento artístico.*

ART NOUVEAU (voces francesas). Nombre que recibió en Francia el modernismo.

ARTRALGIA s.f. Dolor articular.

ARTRÍTICO, A adj. y s. (lat. *arthriticus*, del gr. *árthritixós*, de la artritis). Relativo a la artritis; que padece artritis o artritismo.

ARTRITIS s.f. (gr. *arthritis*, gota). MED. Inflamación de una articulación.

ARTRITISMO s.m. MED. Conjunto de afecciones diversas (gota, reumatismo, diabetes, etc.) a las que se les atribuía una causa común, generalmente un trastorno de la nutrición.

ARTRODESIS s.f. CIR. Intervención consistente en bloquear definitivamente una articulación enferma.

ARTROGRAFÍA s.f. Radiografía de una articulación tras la inyección de un producto de contraste.

ARTROGRIPOSIS s.f. Enfermedad congénita caracterizada por una rigidez y deformación de las articulaciones.

ARTROPATÍA s.f. MED. Afección de una articulación.

ARTROPLASTIA s.f. CIR. Operación de una articulación con objeto de devolver su motilidad y su función.

ARTRÓPODO adj. y s.m. Relativo a un tipo de animales invertebrados caracterizados por un esqueleto externo quitinoso, cuerpo dividido en anillos, y miembros formados por segmentos móviles articulados, como los insectos, los crustáceos, etc. (Los artrópodos constituyen el 80% de todas las especies.)

ARTROSCOPIA s.f. Método endoscópico que permite analizar de forma concreta las anomalías de diferentes elementos de la articulación de la rodilla.

ARTROSCOPIO s.m. Instrumento que permite practicar la artroscopia.

ARTROSIS s.f. (del gr. *arthron*, articulación). MED. Afección crónica degenerativa que produce el deterioro progresivo del cartílago de las articulaciones. (La artrosis de rodilla y la de cadera son particularmente frecuentes.)

ARUNDÍNEO, A adj. (lat. *arundineus*). Relativo a las cañas.

ARÚSPICE s.m. (lat. *haruspex, -icis*, adivino que presagiaba examinando las entrañas de los animales). Entre los romanos, sacerdote que interpretaba la voluntad de los dioses, en particular examinando las entrañas de las víctimas.

ARVEJA s.f. (lat. *ervilia*, planta análoga a los yeros y a los garbanzos). Planta leguminosa de tallo trepador de 30 a 60 cm, flores de color violeta o blanquecino, cuyo fruto es una legumbre que sirve de alimento a las aves. (Familia papilionáceas.) SIN.: *arvejera.* **2.** Semilla de esta planta. **3.** Argent., Chile, Colomb. y Urug. Planta herbácea trepadora, de flores blancas o rojizas, que se cultiva por su fruto comestible, rico en almidón. (Familia papilionáceas.) GEOSIN.: Cuba y Méx. *chícharo*; Esp. *guisante.* **4.** Argent., Chile, Colomb. y Urug. Fruto de esta planta, de pequeño tamaño, forma redondeada y color verde. GEOSIN.: Cuba y Méx *chícharo*; Esp. *guisante.*

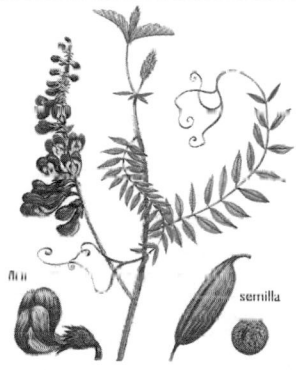

■ ARVEJA

ARVEJAL o **ARVEJAR** s.m. Terreno que está poblado de arvejas.

ARVEJERA s.f. Arveja, planta.

ARVENSE adj. (del lat. *arvum*, campo cultivado). Se dice de la planta que crece en los sembrados. SIN.: *arvícola.*

ARVERNOS, pueblo galo que vivía en la actual Avernia. Dirigido por Vercingetórix, encabezó la rebelión de la Galia contra Roma (52 a.C.).

ARZOBISPADO s.m. Dignidad de arzobispo. **2.** Territorio en el que ejerce su jurisdicción. **3.** Palacio del arzobispo.

ARZOBISPAL adj. Relativo al arzobispo.

ARZOBISPO s.m. (lat. *archiepiscopus*). Prelado que está al frente de una provincia eclesiástica que agrupa varias diócesis.

ARZÓN s.m. Fuste de la silla de montar.

AS s.m. (lat. *as, assis*, unidad monetaria fundamental de los romanos). Naipe que lleva el número uno. **2.** Cara que tiene un solo punto, en el dado. **3.** *Fig.* Persona que sobresale en un ejercicio o profesión. **4.** Unidad de peso, moneda y medida, entre los antiguos romanos.

1. ASA s.f. (lat. *ansa*). Parte que sobresale de un objeto y que sirve para asirlo. **2.** Asidero, motivo o causa alegada para hacer algo.

2. ASA s.f. (persa *aze*, almáciga). Jugo que fluye de diversas plantas umbelíferas.

3. ASA (siglas de *American Standard Association*, organismo que estudia y establece

normas en EUA), índice de sensibilidad de una emulsión fotográfica.

ASADO s.m. Carne asada.

ASADOR s.m. Utensilio de cocina o aparato mecánico para asar.

ASADURA s.f. Conjunto de las entrañas comestibles de un animal. (Suele usarse en plural.)

ASAETEAR v.tr. Disparar saetas. **2.** Herir o matar con saetas. **3.** *Fig.* Importunar: *asaetear a preguntas.*

ASAINETADO, A adj. Parecido al sainete.

ASALARIADO, A adj. y s. Se dice de la persona que presta algún servicio a cambio de un salario.

ASALARIAR v.tr. Dar trabajo a cambio de un salario. SIN.: *salariar.*

ASALMONADO, A adj. Semejante al salmón. **2.** Que tiene un tono salmón.

ASALTANTE adj. y s.m. y f. Que asalta.

ASALTAR v.tr. Atacar una plaza o fortaleza para apoderarse de ella: *asaltar la ciudad.* **2.** Atacar a alguien o entrar en un lugar para robar: *asaltar a un transeúnte, un banco.* **3.** Acometer a alguien un pensamiento, un sentimiento, etc.: *asaltar una duda.*

ASALTO s.m. Acción de asaltar un lugar o a una persona. **2.** Cada una de las partes de un combate de boxeo. SIN.: *round.* **3.** Combate amistoso de esgrima. ◇ **Aviación de asalto** MIL. Formaciones aéreas dedicadas al ataque de objetivos terrestres, en apoyo directo de las tropas propias. **Transporte de asalto** Transporte efectuado por aviones o helicópteros, para situar tropas en la zona de combate.

ASAMBLEA s.f. (fr. *assemblée*). Reunión de muchas personas para un fin determinado. **2.** Conjunto institucional o estatutario de personas que forman un cuerpo constituido, una sociedad. **3.** Lugar en el que se reúnen.

ASAMBLEÍSTA s.m. y f. Persona que forma parte de una asamblea.

ASANA s.f. Postura de yoga.

ASAR v.tr. (lat. *assare*). Preparar un alimento poniéndolo en contacto directo con las brasas o el fuego, en una plancha, una parrilla o un horno a alta temperatura. **2.** *Fig.* Importunar, molestar insistentemente: *me asaba con recomendaciones.* ◆ **asarse** v.prnl. *Fig.* Sentir mucho calor o ardor: *asarse de calor.*

ÁSARO s.m. (lat. *asarum*). Planta herbácea, de hojas lisas y brillantes, flores verdosas por el exterior y rojas por el interior. (Familia aristoloquiáceas.)

ASAZ adv.c. (occ. ant. *assatz*, suficientemente, mucho). *Poét.* Bastante, muy, mucho: *asaz inteligente.*

ASBESTO s.m. (lat. *asbestos*, del gr. *ásbestos*, inextinguible, que no puede apagarse). Sustancia mineral fibrosa e inalterable al fuego.

ASBESTOSIS s.f. MED. Forma de neumoconiosis debida a la inhalación de polvo de amianto.

ASCÁRIDE s.f. (lat. *ascaris, -idis*). Lombriz parásita del intestino delgado, de unos 10 a 25 cm de long., que afecta al ser humano y al caballo. (Clase nematodos.)

ASCARIDIOSIS s.f. MED. y VET. Conjunto de trastornos provocados por las ascárides.

ASCENDENCIA s.f. Conjunto de ascendientes de una persona. **2.** *Fig.* Ascendiente, influjo moral. **3.** METEOROL. Corriente aérea dirigida de abajo arriba.

ASCENDER v.intr. (lat. *ascendere*) [29]. Subir, pasar a un lugar más alto: *ascender por unas escaleras.* **2.** Llegar una cuenta o cálculo a la cantidad que se expresa: *los gastos ascendieron a un millón.* **3.** *Fig.* Pasar a una posición social o económica, o a una categoría superior: *ascendió a coronel por antigüedad.* ◆ v.tr. Promocionar a alguien en un cargo o categoría superior.

ASCENDIENTE s.m. y f. Individuo del que desciende otro. ◆ s.m. Autoridad moral o influencia que tiene una persona en una colectividad o sobre otra persona: *ejercer ascendiente sobre sus hijos.*

ASCENSIÓN s.f. Acción de ascender, subir. **2.** Elevación de Jesucristo a los cielos; día en el cual la Iglesia la celebra. (Suele escribirse

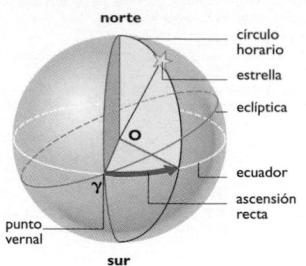

norte
círculo horario
estrella
eclíptica
ecuador
ascensión recta
punto vernal
sur

O = observador

■ **ASCENSIÓN** RECTA

en mayúscula.) ◇ **Ascensión recta** Arco del ecuador celeste comprendido entre el punto vernal y el círculo horario de un astro, tomado en sentido directo. (La ascensión recta es una de las coordenadas ecuatoriales celestes de un astro.)

ASCENSIONAL adj. Se dice del movimiento de un cuerpo ascendente y de la fuerza que lo produce.

ASCENSO s.m. (lat. *ascensus, -us*). Acción de ascender por un lugar. **2.** *Fig.* Promoción a mayor dignidad o categoría.

ASCENSOR s.m. Aparato elevador que sirve para transportar verticalmente personas o carga. SIN.: *elevador*.

ASCENSORISTA s.m. y f. Persona que tiene por oficio manejar un ascensor. **2.** Persona que tiene por oficio fabricar o reparar ascensores.

ASCESIS s.f. Conjunto de ejercicios practicados para alcanzar el perfeccionamiento espiritual.

ASCETA s.m. y f. (bajo lat. *asceta,* del gr. *askhitís,* profesional, atleta). Persona que practica el ascetismo. **2.** Persona que lleva una vida austera.

ASCÉTICA s.f. Ascetismo.

ASCÉTICO, A adj. Relativo a los ascetas o al ascetismo. **2.** Se dice de la persona que se dedica particularmente a la práctica y ejercicio de la perfección espiritual.

ASCETISMO s.m. Conjunto de prácticas de penitencia con fines espirituales o religiosos. SIN.: *ascética*. **2.** Vida austera.

ASCIDIA s.f. Animal invertebrado marino que tiene forma de saco gelatinoso, es hermafrodita, se alimenta de plancton y vive fijado a las rocas. (Grupo procordados.)

ASCIDIO s.m. BOT. Órgano en forma de cucurucho o ampolla, constituido por las hojas de determinadas plantas carnívoras.

ASCII (sigla del ingl. *American standard code for information interchange*), código normalizado utilizado para el intercambio de datos informáticos, que define las representaciones de un juego de caracteres a través de la combinación de siete elementos binarios. (Este código ofrece 128 combinaciones diferentes. Existe una versión ampliada a 8 elementos, que ofrece 256 combinaciones, pero no está normalizada.)

ASCÍTICO, A adj. y s. Relativo a la ascitis.

ASCITIS s.f. (lat. *ascites,* del gr. *askítis*). Acumulación anómala de líquido en el peritoneo.

ASCLEPIADÁCEO, A adj. y s.f. (del gr. *askhlipiás*). Relativo a una familia de plantas gamopétalas, de flores hermafroditas y fruto compuesto de dos folículos, como el vencetósigo.

1. ASCO s.m. (ant. *usgo,* del lat. *odi,* odiar). Malestar físico causado por la repugnancia que se siente hacia algo. **2.** *Fig.* Sensación desagradable causada por algo que repugna: *da asco una casa tan sucia*. **3.** *Fig.* Cosa que repugna. ◇ **Hecho un asco** *Fam.* Muy sucio, estropeado, ajado. **No hacer ascos a algo** *Fam.* Aceptarlo de buena gana. **Sin asco** *Amér.* Con decisión.

2. ASCO s.m. (gr. *askos,* odre). Órgano espo-

rífero propio de ciertos hongos. (Las esporas se forman en el interior del asco en número de 4 u 8.)

ASCOMICETE adj. y s.m. Relativo a una clase de hongos superiores cuyas esporas se forman en ascos.

ASCÓRBICO, A adj. **Ácido ascórbico** Vitamina C.

ASCOSPORA s.f. Espora formada en el interior de un asco.

ASCUA s.f. Pedazo pequeño de materia incandescente que no desprende llama. ◇ **Estar en ascuas** *Fam.* Estar impaciente o desazonado.

ASDIC s.m. (sigla del ingl. *allied submarine detection investigation committee*). Aparato de detección submarina por ultrasonidos.

ASEADO, A adj. Limpio, pulcro.

ASEAR v.tr. y prnl. (del lat. *dedes,* sede, sitio de alguien o algo). Limpiar, adecentar.

ASECHANZA s.f. Engaño o trampa para dañar o perjudicar a alguien. (Suele usarse en plural.)

ASEDAR v.tr. Poner suave como la seda: *asedar el cáñamo*.

ASEDIAR v.tr. Rodear una plaza o fortaleza e impedir la entrada o salida de la misma para lograr su rendición. **2.** *Fig.* Acosar con insistencia a alguien, especialmente mediante peticiones, preguntas, etc.: *asediar a preguntas*.

ASEDIO s.m. (lat. *obsidium*). Acción de asediar, especialmente una plaza o fortaleza.

ASEGURADOR, RA adj. y s.f. Se dice de la persona o empresa que asegura bienes ajenos mediante contrato.

ASEGURAR v.tr. Fijar una cosa para que no se deshaga, se caiga, etc.: *aseguró la estabilidad del mueble*. **2.** Evitar que una persona sufra daño: *asegurar con el cinturón a los ocupantes del vehículo*. **3.** Garantizar que una cosa va a suceder. **4.** Proporcionar un seguro (contrato) a alguien o algo. ► v.tr. y prnl. Afirmar la certeza de lo que se dice: *aseguró que lo había visto*. **2.** DER. Concertar un seguro.

ASEIDAD s.f. Existencia por sí mismo y en sí mismo.

ASEMÁNTICO, A adj. Se dice del elemento lingüístico que carece de significación.

ASEMEJAR v.tr. Hacer una cosa semejante a otra. ► v.intr. y prnl. Tener una persona o cosa semejanza con otra: *las dos hermanas se asemejan mucho*.

ASENDEREADO, A adj. Que ha sobrellevado numerosas dificultades o adversidades. **2.** *Fig.* Que tiene mucha experiencia.

ASENSO s.m. Asentimiento, consentimiento. ◇ **Dar asenso** Creer.

ASENTADERAS s.f.pl. *Fam.* Nalgas.

ASENTADOR, RA s. Persona que contrata al por mayor alimentos para un mercado público. **2.** Persona que cuida de que se asiente algo. ► s.m. Instrumento a manera de formón, para repasar su obra el herrero. **2.** Pedazo de cuero, o utensilio de otra clase, para suavizar el filo de las navajas de afeitar.

ASENTAMIENTO s.m. Acción y efecto de asentar o asentarse. **2.** Fase final del movimiento migratorio, en el cual la familia emigrada se establece permanentemente o se afinca en el lugar de nueva residencia.

ASENTAR v.tr. [10]. Poner una cosa de modo que quede firme. **2.** Situar una población o una edificación en un lugar determinado. ► v.intr. Sentar, cuadrar o convenir una cosa a otra o a una persona. ► **asentarse** v.prnl. Establecerse en un lugar. **2.** Posarse un líquido.

ASENTIMIENTO s.m. Acción de asentir. SIN.: *asenso*. **2.** Conjunto de palabras con que se asiente algo. **3.** Consentimiento o permiso.

ASENTIR v.intr. (lat. *assentire*) [79]. Mostrar alguien conformidad con lo dicho o propuesto por otro: *asentir con un gesto*.

ASENTISTA s.m. y f. Persona que se encarga por contrato del suministro de víveres y otros efectos.

ASEO s.m. Acción de asear. **2.** Baño, cuarto o lugar para bañarse.

ASÉPALO, A adj. Se dice de una flor que carece de sépalos.

ASEPSIA s.f. Ausencia de microorganismos patógenos. **2.** *Fig.* Limpieza, frialdad, desapasionamiento.

ASÉPTICO, A adj. Relativo a la asepsia. **2.** Libre de gérmenes infecciosos. **3.** Neutral, frío, sin pasión.

ASEPTIZAR v.tr. [7]. Hacer aséptico: *aseptizar un instrumento*.

ASEQUIBLE adj. Que puede conseguirse o alcanzarse: *un puesto asequible*.

ASERCIÓN s.f. (lat. *assertio, -onis*). Acción de aseverar. **2.** Proposición en que se afirma o asegura algo. **3.** LÓG. Operación consistente en exponer la verdad de una proposición, generalmente simbolizada por el signo colocado ante dicha proposición.

ASERRADERO s.m. Lugar donde se sierra madera.

ASERRADO, A adj. Que tiene dientes como la sierra. ► s.m. Acción de aserrar. **2.** Transformación de los troncos en piezas de forma y dimensiones apropiadas para los diversos usos industriales. ◇ **Aserrado térmico,** o **por fusión** Sistema de corte de materiales metálicos y minerales en que la gran velocidad del desplazamiento de la herramienta provoca la fusión del material.

ASERRADOR, RA adj. Que sierra: *máquina aserradora*. ► s. Persona que tiene por oficio aserrar.

ASERRADURA s.f. Corte que hace la sierra. **2.** Parte donde se ha hecho el corte. ► **aserraduras** s.f.pl. Serrín.

ASERRAR v.tr. [10]. Serrar.

ASERRUCHAR v.tr. Amér. Cortar con serrucho.

ASERTIVO, A adj. Afirmativo.

ASERTO s.m. Aserción. **2.** Palabra con que se afirma.

ASERTOR, RA s. Persona que afirma, sostiene o da por cierta una cosa.

ASERTÓRICO adj. FILOS. Se dice del juicio que enuncia una verdad de hecho y no necesaria (por oposición a juicio *apodíctico*).

ASESINAR v.tr. Matar a una persona con premeditación u otra circunstancia agravante. **2.** *Fig. y fam.* Representar o interpretar algo muy mal: *asesinar una obra de teatro*.

ASESINATO s.m. Acción de asesinar.

ASESINO, A adj. y s. (ár. *ḥaššāš,* bebedor de una bebida narcótica de hojas de cáñamo). Que comete un asesinato. **2.** Que interviene o se utiliza en un asesinato: *arma asesina*.

ASESOR, RA adj. y s. (lat. *assessor, -oris,* el que se asienta al lado). Que asesora. **2.** DER. Se dice del letrado a quien, por razón de oficio, incumbe aconsejar o ilustrar con su dictamen a un juez lego.

ASESORA s.f. ◇ **Asesora del hogar** Chile. Empleada de hogar.

ASESORAMIENTO s.m. Acción y efecto de asesorar o asesorarse.

ASESORAR v.tr. Dar consejo o informar a alguien de algo: *asesorar a sus hijos*. ► **asesorarse** v.prnl. Tomar consejo: *asesorarse en la ventanilla de información*.

ASESORÍA s.f. Profesión y ejercicio de asesor. **2.** Local en que trabaja el asesor.

ASESTAR v.tr. (del lat. *sextus,* sexto, en el sentido de sexta parte del círculo, blanco de puntería). Hacer a alguien objeto de un disparo, una herida, un golpe, etc.: *le asestó cuatro puñaladas*.

ASEVERACIÓN s.f. Acción y efecto de aseverar. SIN.: *afirmación*.

ASEVERAR v.tr. (lat. *asseverare,* hablar seriamente). Afirmar o dar por cierto algo.

ASEVERATIVO, A adj. Que asevera. ◇ **Oración,** o **frase, aseverativa** GRAM. Oración cuyo enunciado es afirmativo. SIN.: *afirmativo, asentivo*.

ASEXUADO, A adj. Que no tiene sexo.

ASEXUAL adj. Sin sexo. ◇ **Reproducción asexual** La que se realiza sin intervención de células reproductoras, o gametos, por ej. la gemación. SIN.: *reproducción vegetativa*.

ASFALTADO s.m. Acción de asfaltar. **2.** Pavimento de asfalto.

ASFALTAR v.tr. Cubrir con asfalto una superficie.

ASFÁLTICO, A adj. Que contiene asfalto: *tela asfáltica*.

ASFALTITA s.f. Mezcla natural de betún y materias orgánicas.

ASFALTO s.m. (lat. *asphaltus*). Sustancia bituminosa, negra y compacta, que se utiliza como revestimiento de calzadas.

ASFIXIA s.f. (gr. *asfyxía*, detención del pulso). Detención o interrupción de la respiración causada por la falta de actividad orgánica de los pulmones. **2.** *Fig.* Sensación de agobio producida por un calor excesivo, por el enrarecimiento del aire, etc. **3.** *Fig.* Parálisis de ciertos sectores de actividad.

ASFIXIAR v.tr. y prnl. Producir asfixia.

ASHANTI, pueblo akan de Ghana central. Vencieron a los denkyera y constituyeron (1695) un poderoso reino cuya capital, Kumasi, fue destruida por los británicos (1874).

ASÍ adv.m. (lat. *sic*). De esta o esa manera: *está bien así*. **2.** En correlación con *como, según, cual*, se usa en oraciones comparativas de cualidad: *según trabajes, así se te pagará.* **3.** Expresa deseo, con sentido peyorativo: *así te mueras*. **4.** En correlación con la conj. *que* significa en tanto grado, de tal manera, tanto. **5.** Precedido generalmente de la conj. *y*, sirve para introducir una consecuencia: *no explicó lo que le ocurría y así le va.* **6.** En oraciones concesivas, equivale a *aunque*. ◇ **Así como** así De cualquier manera, de todos modos. **Así mismo** De este o del mismo modo. **Así que** En consecuencia, por lo cual. **Así sea** Fórmula final de casi todas las oraciones de la Iglesia católica. **Así, así** Medianamente; más bien poco. **Así y todo** A pesar de eso, de todos modos.

ASIADIVISA s.f. Depósitos de divisas procedentes del exterior, especialmente dólares, efectuados en los bancos asiáticos.

ASIADÓLAR s.m. Depósitos en dólares efectuados fuera de EUA, en los bancos asiáticos, de Singapur principalmente.

ASIALIA s.f. MED. Disminución de la secreción de saliva. SIN.: *aptialismo*.

ASIÁNICO, A adj. y s. De los antiguos pueblos del Asia anterior.

ASIÁTICO, A adj. y s. De Asia.

ASIBILAR v.tr. (lat. *assibilare*). Convertir un sonido en sibilante.

ASIDERO s.m. Parte por donde se agarra algo. SIN.: *asa*. **2.** *Fig.* Motivo o causa alegada para hacer algo.

ASIDUIDAD s.f. Cualidad de asiduo: *ir al cine con asiduidad*.

ASIDUO, A adj. y s. (lat. *assiduus*). Frecuente, puntual, perseverante: *colaboración asidua*.

ASIENTO s.m. Mueble o sitio destinado para sentarse en él. **2.** Parte de un mueble sobre la que se apoyan las nalgas: *asiento de una silla*. **3.** Permanencia, estabilidad. **4.** Emplazamiento, situación. **5.** Anotación en un registro o libro de contabilidad. **6.** *Amér.* Territorio y población de las minas. **7.** CONSTR. Descenso que puede producirse en la obra edificada, debido a la compresión de los materiales o del terreno de apoyo. **8.** EQUIT. Colocación correcta del jinete sobre la silla. **9.** HIST. Convenio entre la corona española y un particular o compañía, mediante el cual se arrendaba o una determinada explotación con carácter de monopolio. **10.** JOY. Lugar que hace la piedra que debe engastarse. **11.** MAR. Diferencia, en profundidad, entre los calados de proa y popa. ◇ **Tomar asiento** Sentarse.

ASIGNACIÓN s.f. Acción de asignar. **2.** Cosa que se asigna a alguien, especialmente cantidad de dinero que se da a una persona por realizar un trabajo.

ASIGNAR v.tr. (lat. *assignare*). Señalar o determinar lo que le corresponde a alguien o algo.

ASIGNATARIO, A s. *Amér.* Persona a quien se asigna una herencia o legado.

ASIGNATURA s.f. Cada una de las materias que se enseñan en un centro docente y que forman parte de un plan académico de estudios. ◇ **Asignatura pendiente** Asignatura que no se ha aprobado; *Fig.* cosa pendiente de realización.

ASILADO, A s. Persona acogida en un asilo. ◇ **Asilado político** Persona por motivos políticos se refugia en un país o embajada extranjera.

ASILAR v.tr. y prnl. Albergar en un asilo. ◆ v.tr. Dar asilo. ◆ **asilarse** v.prnl. Verse obligado a pedir asilo por motivos políticos, religiosos, etc.

ASÍLIDO, A adj. y s.m. Relativo a una familia de dípteros que tienen formas carnívoras de talla grande o mediana y cuyas larvas son terrestres y depredadoras.

ASILO s.m. (lat. *asilus*). Establecimiento benéfico que acoge a personas pobres y desvalidas. **2.** *Fig.* Amparo o protección. **3.** Refugio para delincuentes y perseguidos. **4.** DER. e HIST. Suspensión momentánea y limitada de las facultades jurisdiccionales de un estado sobre alguno o algunos de sus súbditos, en consideración a la naturaleza particular, religiosa, territorial o diplomática del lugar en que los mismos se hallan acogidos. ◇ **Asilo político** Protección que un estado concede a las personas de otro estado que están perseguidas por motivos políticos.

ASILVESTRADO, A adj. Se dice de la planta silvestre que procede de otra cultivada.

ASIMBOLIA s.f. PSICOL. Incapacidad patológica de comprender los símbolos.

ASIMETRÍA s.f. Falta de simetría.

ASIMÉTRICO, A adj. Que no guarda simetría.

ASIMILACIÓN s.f. Acción y efecto de asimilar. **2.** FISIOL. Propiedad que poseen los organismos vivos de reconstituir su propia sustancia a partir de elementos tomados del medio, que son transformados por la digestión. **3.** FONÉT. Modificación que un fonema sufre en su articulación al estar en contacto con ciertos fonemas. **4.** MIL. Correspondencia entre los grados y empleos de un cuerpo militar y los de otro cuerpo, o entre los grados militares y ciertas funciones desempeñadas por cuadros civiles. **5.** PSICOL. Modificación de su entorno por el individuo, mediante la motricidad, la percepción y las acciones efectivas o virtuales (operaciones mentales). ◇ **Asimilación clorofílica** Fenómeno por el cual las plantas verdes, expuestas a la luz, elaboran materia orgánica a partir de alimentos minerales, utilizando el gas carbónico. SIN.: *fotosíntesis*.

ASIMILAR v.tr. (lat. *assimilare*). Incorporar alguien a sus conocimientos una información, una enseñanza, etc. **2.** Aceptar un hecho o una situación: *asimilar la noticia*. **3.** DER. Conceder a las personas de una determinada carrera o profesión derechos u honores iguales a los que tienen los de otra. **4.** FISIOL. Transformar, convertir en su propia sustancia. **5.** SOCIOL. Homogeneizar grupos sociales. ◆ v.tr. y prnl. Comparar, establecer semejanza. **6.** FONÉT. Transformarse un sonido por influencia de otro de la misma palabra. ◆ v.intr. y prnl. Ser semejante, parecerse.

ASIMILATIVO, A adj. Que puede hacer semejante una cosa a otra.

ASIMISMO adv.afirm. También.

ASINCRÓNICO, A adj. Que no es sincrónico. ◆ **Motor asincrónico** Motor eléctrico de corriente alterna cuya velocidad depende de la carga. **Proceso asincrónico** INFORMÁT. Proceso susceptible de desarrollarse con independencia del desarrollo de otros procesos o tareas.

ASINCRONISMO s.m. Falta de coincidencia o simultaneidad.

ASÍNDETON s.m. (lat. *asyndeton*, del gr. *asúndeton*). LING. Eliminación de los términos de enlace (conjunciones y adverbios) en una frase o entre dos frases.

ASINERGIA s.f. Falta de coordinación entre los diferentes músculos que participan en un movimiento.

ASÍNTOTA s.f. (gr. *asýmptotos*, que no coincide). MAT. Recta tal que la distancia de un punto de una curva a esta recta tiende a cero cuando el punto se aleja hacia el infinito sobre la curva.

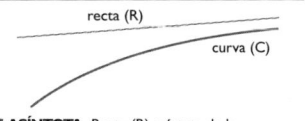

■ ASÍNTOTA. Recta (R) asíntota de la curva (C).

recta (R)
curva (C)

ASINTÓTICO, A adj. Relativo a la asíntota. ◇ **Curvas asintóticas** Curvas, en número de dos, de ramas infinitas, tales que, si un punto se aleja indefinidamente sobre una de ellas, existe sobre la otra un punto variable cuya distancia al primero tiende a cero. **Plano asintótico de una superficie** Plano tangente cuyo punto de contacto está en el infinito. **Punto asintótico de una curva** Punto P tal que, si un punto recorre la curva, su distancia a P tiende a cero.

ASIR v.tr. (de *asa*) [45]. Tomar, agarrar, prender. ◆ **asirse** v.prnl. Agarrarse: *asirse a la barandilla al bajar.* **2.** Aferrarse a una idea, recuerdo, etc.; vincularse.

ASIRIO, A adj. y s. De Asiria.

ASIRIOLOGÍA s.f. Ciencia que trata de las antiguas civilizaciones de Oriente medio.

ASÍSMICO, A adj. Que no presenta fenómenos sísmicos.

ASISTEMÁTICO, A adj. Que no es sistemático.

ASISTENCIA s.f. Acción de asistir: *asistencia a un acto; asistencia sanitaria.* **2.** Conjunto de personas que están presentes en un acto. **3.** DEP. En baloncesto, pase de un jugador a otro que pone a este último en situación de conseguir una canasta fácil. **4.** TAUROM. Conjunto de los mozos de plaza. ◇ **Asistencia de oficio** Asistencia jurídica prestada como servicio social y en forma gratuita por los abogados a las personas necesitadas por su patrocinio, al objeto de reclamar un derecho o de ser defendidas en juicio. **Asistencia jurídica** Servicio que los abogados prestan a las personas que precisan de sus conocimientos jurídicos. **Asistencia letrada al detenido** Asistencia jurídica prestada por el abogado al detenido en las diligencias de detención y prisión provisional. **Asistencia pública** Esp. Organización benéfica del estado, encaminada a asegurar los servicios sociales mediante organismos adecuados. **Asistencia respiratoria** MED. Técnica que permite paliar temporal o definitivamente una insuficiencia respiratoria aguda. SIN.: *respiración asistida*. **Asistencia social** Conjunto de medidas económicas, sanitarias, educacionales, psicológicas, etc., para auxiliar a personas o grupos con escasos recursos. SIN.: *trabajo social*. **Asistencia técnica** ECON. Ayuda que se presta a los países en vías de desarrollo, ayuda concedida a una empresa concesionaria, consistente en patentes, instrucciones para permitirle la utilización de los conocimientos cedidos, en caso de que la comunicación mediante documento no bastara para hacerla asequible.

ASISTENCIAL adj. Relativo a la asistencia pública.

ASISTENCIALISMO s.m. Argent. y Méx. *Desp.* Actitud orientada a resolver problemas sociales a partir de la asistencia externa en lugar de generar soluciones estructurales.

ASISTENTA s.f. Criada de una casa particular que no pernocta en ella.

ASISTENTE adj. y s.m. y f. Que asiste: *público asistente*. ◆ s.m. Soldado destinado al servicio personal de un jefe u oficial. ◆ s.m. y f. Asistente a estrados DER. Toda persona que acude a presencia judicial, cualquiera que sea el objeto de ello. **Asistente social** Profesional de la asistencia social.

ASISTIDO, A adj. Que se hace con ayuda de medios mecánicos: *fecundación asistida*. **2.** TECNOL. Provisto de un dispositivo destinado a ampliar, regular o repartir el esfuerzo realizado por el usuario gracias a un aporte exterior de energía: *dirección asistida*.

ASISTIR v.intr. (lat. *assistere*, pararse junto a un lugar). Ir asiduamente a un lugar: *asistir a un cursillo de gramática*. **2.** Estar o hallarse presente en un acto: *asistir a una representación teatral*. **3.** En ciertos juegos de naipes, echar cartas del mismo palo que el de la que se jugó primero. ◆ v.tr. Ayudar o socorrer a una persona: *asistir a un enfermo*. **2.** Acompañar a alguien en un acto público. **3.** Estar la razón o el derecho de parte de alguien: *le asiste el derecho a votar*.

ASISTOLIA s.f. Insuficiencia de las contracciones del corazón, que ocasiona una disminución del rendimiento cardíaco, motivo de disnea, edema, anuria y otros trastornos.

ASKENAZÍ o **AŠKENAZI** adj. y s.m. y f. Se dice de los judíos originarios de Europa central, oriental y septentrional, por oposición a los originarios de los países mediterráneos, llamados *sefardíes*.

ASMA s.m. (lat. *asthma*, del gr. *ásthma*, jadeo). Afección caracterizada por accesos de disnea espiratoria.

ASMÁTICO, A adj. y s. Relativo al asma; que padece esta enfermedad.

ASNADA s.f. Necedad, tontería.

ASNAL adj. Relativo al asno. SIN.: *asnino*.

ASNILLA s.f. Soporte formado con un madero horizontal apoyado en cuatro puntales que sirven de pies. **2.** Pieza de madera sostenida por dos pies derechos para apuntalar una pared que amenaza ruina.

ASNO, A s. (lat. *asinus*). Mamífero semejante al caballo, pero más pequeño, de orejas largas y pelo áspero marrón o grisáceo, que se emplea como animal de carga. (El asno rebuzna; familia équidos.) SIN.: *burro, jumento*. ◆ s. y adj. *Fig*. Persona ruda y de muy poco entendimiento.

■ ASNO

ASOBINARSE v.prnl. Quedar la bestia tendida de tal modo que por sí sola no pueda levantarse. **2.** Quedar alguien con el cuerpo encogido al caer.

ASOCIACIÓN s.f. Acción de asociar o asociarse. **2.** Conjunto de individuos asociados para un mismo fin. **3.** Entidad que con estructura propia persigue un fin común para sus asociados. **4.** Grado de dependencia existente entre dos o más caracteres, generalmente cualitativos, observados entre los miembros de un mismo grupo. **5.** ASTRON. Grupo difuso de estrellas jóvenes o en curso de formación, sumergidas en la materia interestelar de la que emanan. ◇ **Asociación de ideas** Hecho psicológico que consiste en que una idea o imagen evocan a otra. **Asociación libre** PSICOANÁL. Método psicoanalítico por el cual el paciente es invitado a expresar todo lo que le viene a la imaginación, sin crítica y a ser posible, sin reticencia. **Asociación vegetal** Conjunto de plantas de especies diferentes que viven en el mismo medio.

ASOCIACIONISMO s.m. Movimiento social partidario de crear asociaciones cívicas, políticas, culturales, etc. **2.** FILOS. Doctrina que hace de la asociación de ideas la base de la vida mental y el principio del conocimiento.

ASOCIADO, A s. Socio, persona que forma parte de una asociación.

ASOCIAL adj. y s.m. y f. Que muestra una resistencia efectiva a la integración social.

ASOCIAR v.tr. y prnl. Juntar personas o cosas para que colaboren o cooperen en alcanzar un mismo fin. ◆ v.tr. Establecer una relación entre ideas, sentimientos, recuerdos, etc.

ASOCIATIVIDAD s.f. MAT. Propiedad de una ley de composición T, según la cual pueden asociarse varios factores de un sistema ordenado y sustituirlos por el resultado de la operación parcial efectuada con ellos, sin modificar el resultado final: $a \, T \, (b \, T \, c) = (a \, T \, b) \, T \, c$.

ASOCIATIVO, A adj. Relativo a la asociación. **2.** MAT. Que presenta la propiedad de asociatividad.

ASOCIO s.m. Amér. Asociación, colaboración.

ASOLAMIENTO s.m. Acción y efecto de asolar, destruir. SIN.: *asolación*.

ASOLANAR v.tr. y prnl. Dañar el viento solano las frutas, mieses, vino, etc.

1. ASOLAR v.tr. (lat. *assolare*) [17]. Destruir, arrasar. ◆ **asolarse** v.prnl. Posarse los líquidos. (En la actualidad se suele conjugar como verbo regular de la primera conjugación.)

2. ASOLAR v.tr. y prnl. (de *sol*). Echar a perder el calor, una sequía, etc., los frutos del campo.

ASOLEADA s.f. Chile, Colomb., Guat. y Méx. Insolación.

ASOLEAR v.tr. Exponer algo al sol durante un tiempo. ◆ **asolearse** v.prnl. Acalorarse tomando el sol. **2.** Ponerse moreno tomando el sol. **3.** Méx. Tomar el sol.

ASOLEO s.m. Acción y efecto de asolear o asolearse. **2.** Enfermedad de ciertos animales, caracterizada por sofocación y violentas palpitaciones.

ASOMADA s.f. Aparición de algo por poco tiempo.

ASOMAR v.intr. Empezar a aparecer algo: *asomar la luz del día*. ◆ v.tr. y prnl. Sacar o mostrar algo por una abertura o por detrás de alguna cosa: *asomar la cabeza por la ventana*. ◆ **asomarse** v.prnl. Adquirir conocimientos sobre un tema sin profundizar en él: *asomarse a nuevas tendencias*.

ASOMBRAR v.tr. y prnl. Causar asombro.

ASOMBRO s.m. Impresión, sorpresa o admiración que produce algo. **2.** Persona o cosa que causa esta impresión.

ASOMBROSO, A adj. Que causa asombro.

ASOMO s.m. Amago, indicio o señal: *contestar sin asomo de alegría*. **2.** Acción de asomar. ◇ **Ni por asomo** De ningún modo.

ASONADA s.f. Protesta o disturbio realizado por un grupo numeroso de personas, generalmente con fines políticos.

ASONANCIA s.f. Igualdad de los sonidos vocálicos a partir de la última vocal acentuada de dos o más versos.

ASONANTAR v.intr. Ser una palabra asonante de otra. ◆ v.tr. Emplear una palabra como asonante de otra en la rima.

ASONANTE adj. y s.m. Se dice del sonido, palabra o verso que tiene asonancia con otros.

ASORDAR v.tr. Ensordecer un ruido fuerte a alguien.

ASOROCHARSE v.prnl. Amér. Merid. Padecer soroche, angustiarse por falta de oxígeno de las alturas.

ASPA s.f. (gót. *haspa*, aspa de aspar hilo). Figura en forma de X. **2.** Armazón exterior del molino de viento y cada uno de sus brazos. **3.** Utensilio usado para hacer madejas de hilo.

ASPADO, A adj. Que tiene forma de aspa.

ASPÁLATO s.m. (gr. *aspálathos*, retama resinosa). Nombre dado a diversas maderas olorosas de las Canarias.

ASPAR v.tr. Poner el hilo alrededor del aspa para formar una madeja. **2.** Crucificar a alguien en una cruz en forma de aspa. **3.** *Fig*. y *fam*. Mortificar o molestar mucho a alguien. ◆ **asparse** v.prnl. *Fig*. Mostrar un gran dolor o enojo con gritos y contorsiones: *asparse a gritos*.

ASPARAGINA s.f. Amida de un aminoácido que se encuentra en los brotes de espárrago.

ASPAVENTAR v.tr. [10]. Atemorizar o espantar.

ASPAVENTERO, A adj. y s. Que hace aspavientos.

ASPAVIENTO s.m. (ital. *spavento*, espanto). Manifestación exagerada de una sensación o un sentimiento. (Suele usarse en plural.)

ASPECTO s.m. (lat. *aspectus, -us*, acción de mirar, presencia, aspecto). Manera de aparecer o presentarse a la vista: *tener aspecto simpático*. **2.** *Fig*. Punto de vista o perspectiva desde la que se considera algo. **3.** LING. Categoría gramatical que comprende todas las representaciones relativas a la duración, desarrollo y

terminación de los procesos indicados por los verbos.

ASPEREAR v.intr. Tener sabor áspero.

ASPEREZA s.f. Cualidad de áspero: *la aspereza de la piel; contestar con aspereza*.

ASPERGILOSIS s.f. Enfermedad producida por el desarrollo de un hongo ascomicete (*Aspergillus*) en el organismo.

ASPERIEGO, A adj. y s. Se dice de una clase de manzana de sabor agrio, y del manzano que la produce.

ASPERJAR v.tr. Rociar, esparcir un líquido en gotas menudas. **2.** Hisopear, esparcir agua con el hisopo.

ÁSPERO, A adj. (lat. *asper, -era, -erum*). Que tiene la superficie rugosa o rasposa y resulta desagradable al tacto: *manos ásperas*. SIN.: *rasposo*. **2.** *Fig*. Falto de afabilidad en el trato: *unas palabras ásperas*. **3.** Desapacible, inclemente, tempestuoso. **4.** Abrupto: *tierras ásperas*.

ASPERÓN s.m. Arenisca de cemento silíceo o arcilloso, usada generalmente para la construcción, o en piedras de amolar.

ASPERSIÓN s.f. Acción de asperjar. ◇ **Riego por aspersión** Sistema de riego que esparce el agua en gotas muy finas.

ASPERSOR s.m. Dispositivo que esparce un líquido, como agua, herbicidas, etc., a presión y en gotas muy finas.

ASPERSORIO s.m. Utensilio para asperjar un líquido.

ÁSPID s.m. (lat. *aspis, -idis*). Víbora muy venenosa, que vive en los Pirineos y en casi todo el centro y el N de Europa. **2.** Culebra venenosa, pequeña, de color verde amarillento con manchas pardas y cuello extensible, que vive en Egipto.

ASPIDISTRA s.f. Planta de interior, cultivada por sus anchas hojas lisas de color verde oscuro. (Familia liliáceas.)

flor

■ ASPIDISTRA

ASPILLERA s.f. (cat. *espitllera*). Abertura estrecha practicada en el muro de una obra fortificada, que permite disparar a cubierto.

ASPIRACIÓN s.f. Acción y efecto de aspirar. **2.** Tiempo respiratorio en que entra aire en los pulmones. SIN.: *inspiración*. **3.** FONÉT. Acción de emitir un sonido acompañándolo de un soplo claramente percibido.

ASPIRADO, A adj. y s.f. FONÉT. Se dice de la vocal o consonante acompañada de una aspiración.

ASPIRADOR, RA adj. Que aspira el aire. ◆ s.m. Denominación aplicada a diversos aparatos que sirven para aspirar fluidos, polvo o residuos de reducidas dimensiones. SIN.: *aspiradora*.

ASPIRADORA s.f. Electrodoméstico que sirve para limpiar el polvo, aspirándolo.

ASPIRANTE s.m. y f. Persona que pretende alcanzar un empleo, cargo o distinción o que es propuesta para que se lo concedan. **2.** Persona que ha obtenido el derecho a ocupar un cargo público.

ASPIRAR v.tr. (lat. *aspirare*, echar el aliento hacia algo). Introducir el aire exterior en los pulmones. **2.** FONÉT. Pronunciar con aspiración. ◆ v.intr. Desear o pretender alcanzar un cargo, distinción o situación: *aspira a ser diputado, a vivir en paz*.

ASPIRATORIO, A adj. Relativo a la aspiración.

ASPIRINA s.f. (marca registrada). Medicamento analgésico y febrífugo, compuesto de ácido acetilsalicílico. **2.** Comprimido fabricado con esta sustancia.

ASQUEAR v.tr. e intr. Causar asco: *le asquea la suciedad.* **2.** *Fam.* Aburrir, fastidiar.

ASQUEROSIDAD s.f. Cosa asquerosa.

ASQUEROSO, A adj. Que causa asco. **2.** Soez.

ASSAI adv.m. (voz italiana, *mucho*). MÚS. Muy. ⬦ **Lento assai** MÚS. Muy lento.

ASSAMÉS s.m. Lengua indoaria hablada en el N de Assam.

ASSEMBLAGE s.m. (voz francesa, *ensamblaje*). Obra de arte realizada reuniendo objetos diversos, característica de ciertos movimientos como el dadaísmo, pop art, etc.

■ **ASSEMBLAGE.** *Construcción: mandolina y clarinete* (1913), por Picasso: madera de pino, lápiz y pintura. (Museo Picasso, París.)

ASSINIBOINE, pueblo amerindio de Norteamérica, de lengua siux, que habita actualmente en reservas de Alberta y Montana.

ASTA s.f. (lat. *hasta*, palo de lanza, pica). Palo en que se iza una bandera. **2.** Palo de la lanza u otra arma semejante. **3.** Lanza o pica. **4.** Cuerno: *las astas de la res.* **5.** Posición del ladrillo colocado en obra a tizón. **6.** Arma ofensiva usada por los romanos. **7.** MAR. Extremo superior de un mastelerillo. **8.** PALEOGR. Parte superior de una letra, que sobresale de la panza. ⬦ **A media asta** Se dice de la bandera que está a medio izar en señal de luto.

ÁSTACO s.m. (lat. *astacus*) Cangrejo de río.

ASTADO, A adj. y s.m. Se dice del animal, especialmente del toro, que tiene astas.

ASTASIA s.f. Dificultad para mantenerse en pie, de origen neurótico y asociada a menudo a la abasia.

ASTÁTICO, A adj. Que presenta un estado de equilibrio indiferente: *sistema astático.* ⬦ **Par astático** Conjunto de dos imanes dispuestos en sentido inverso, de manera que el momento magnético total es nulo.

ÁSTATO s.m. Elemento químico artificial (At), inestable y radiactivo, de número atómico 85, que pertenece al grupo de los halógenos.

ASTENIA s.f. (gr. *asthéneia*, debilidad). Estado de fatiga y agotamiento sin causa orgánica.

ASTÉNICO, A adj. y s. Relativo a la astenia; que padece astenia. ⬦ adj. y s.m. ANAT. Se dice de uno de los biotipos fundamentales, formado por las personas muy altas y delgadas. SIN.: *leptosómico.*

ASTENOSFERA s.f. GEOL. Capa viscosa situada en el interior de la Tierra, sobre la cual se encuentra la litosfera.

ASTER s.m. (lat. *aster, -eris,* del gr. *aster,* estrella, aster). Planta cultivada a menudo por sus flores decorativas, de diversos colores. (Familia compuestas.)

ÁSTER s.m. BIOL. Conjunto de microtúbulos dispuestos alrededor de los centríolos durante la división celular.

ASTEREOGNOSIA s.f. Imposibilidad de distinguir las formas de los objetos por el tacto, que se da en ciertas afecciones neurológicas.

ASTERISCO s.m. (gr. *asterískos,* dim. de estrella). Signo ortográfico (*) empleado para usos convencionales. SIN.: *estrella.*

ASTEROIDE s.m. (gr. *asteroeidis,* de figura de estrella). Cada uno de los pequeños planetas que circulan entre las órbitas de Marte y Júpiter. SIN.: *planetoide.*

ASTEROIDEO, A adj. y s. Relativo a una clase de equinodermos formada por las estrellas de mar.

ASTIGITANO, A adj. y s. De Écija, Sevilla.

ASTIGMÁTICO, A adj. y s. Relativo al astigmatismo; que padece astigmatismo.

ASTIGMATISMO s.m. Anomalía de la visión, debida a desigualdades de curvatura de la córnea transparente o a una falta de homogeneidad en la refringencia de los medios transparentes del ojo. **2.** Defecto de un instrumento óptico que no da una imagen puntual de un objeto puntual.

ASTIL s.m. (lat. *hastile*). Mango de ciertas herramientas, como el hacha, la azada, el pico, etc. **2.** Palo de la flecha o saeta. **3.** ORNITOL. Eje córneo que continúa el cañón y del cual salen las barbas de las plumas. ⬦ **Astil de la balanza,** o **romana** Varilla metálica horizontal en cuyos extremos se suspenden los platillos de una balanza o por la que se desliza el pilón de la romana.

ASTILLA s.f. (lat. tardío *astella*). Fragmento que salta o queda al romperse o partir madera. **2.** MINER. Fragmento que salta o queda al romperse el pedernal y otros minerales.

ASTILLAR v.tr. Hacer astillas.

ASTILLERO s.m. Instalación donde se efectúa la construcción y reparación de embarcaciones. SIN.: *arsenal, atarazana, dársena.*

ASTILLOSO, A adj. Que se rompe fácilmente formando astillas.

ASTRACÁN s.m. (fr. *astracan,* de *Astrakhan,* grafía francesa del nombre de esta ciudad rusa). Piel muy fina y con el pelo rizado que se extrae del cordero karakul nonato o recién nacido. **2.** Tejido grueso de lana o de pelo de cabra, que forma rizos en la cara exterior.

ASTRACANADA s.f. Farsa teatral disparatada.

ASTRÁGALO s.m. (lat. *astragalus,* del gr. *astrágalos,* vértebra). ANAT. Hueso del tarso que se articula con la tibia y el peroné. **2.** ARQ. En una columna, moldura que señala el límite, en el capitel y el fuste. **3.** BOT. Arbusto o planta herbácea algunas de cuyas especies orientales producen la goma tragacanto.

ASTRAL adj. Relativo a los astros.

ASTREÑIR v.tr. [81]. Astringir.

ASTRICTIVO, A adj. Que astringe.

ASTRINGENTE adj. y s.m. MED. Que contrae los tejidos o disminuye la secreción.

ASTRINGIR v.tr. (lat. *adstringere*) [43]. Causar una sustancia la contracción de un tejido orgánico. **2.** *Fig.* Producir estreñimiento.

ASTRO s.m. (lat. *astrum*). Cuerpo celeste de forma bien determinada. **2.** *Fig.* Persona que destaca poderosamente en la esfera de sus actividades: *conocido astro de la pantalla.*

ASTROBIOLOGÍA s.f. Rama de las ciencias aplicadas que estudia la posibilidad de existencia de formas vivas en otras regiones del universo distintas de la Tierra.

ASTROBLEMA s.m. Cráter formado en la Tierra o en la Luna por el impacto de un gran meteorito.

ASTROFÍSICA s.f. Parte de la astronomía que estudia la constitución, propiedades físicas y evolución de los astros, y de los distintos medios que los componen.

ASTROFÍSICO, A adj. Relativo a la astrofísica. ⬦ s. Persona que se dedica a la astrofísica.

ASTROLABIO s.m. Instrumento que se utilizaba para observar la posición de los astros y determinar su altura sobre el horizonte.

ASTROLOGÍA s.f. Arte adivinatoria que consiste en determinar la influencia de los astros sobre el curso de los acontecimientos terrestres, y en hacer predicciones sobre el futuro.

ENCICL. La astrología occidental, cuya época dorada fue el s. XVI (Cardan, G. Della Porta, Nostradamus, etc.) proviene de los caldeos y todavía más allá de los hindúes. Usada desde hace milenios, la astrología china se basa en 12 signos anuales con nombres de animales. También existió una astrología azteca muy desarrollada.

ASTROLÓGICO, A adj. Relativo a la astrología.

ASTRÓLOGO, A s. (lat. *astrologus,* gr. *astrologós,* astrónomo). Persona que se dedica a la astrología.

ASTROMETRÍA s.f. Parte de la astronomía cuyo objeto es la medición de la posición de los astros y la determinación de sus movimientos. SIN.: *astronomía de posición.*

ASTROMÉTRICO, A adj. Relativo a la astrometría.

ASTRONAUTA s.m. y f. Piloto o pasajero de una astronave.

ASTRONÁUTICA s.f. Ciencia de la navegación en el espacio. **2.** Conjunto de disciplinas científicas y técnicas que hacen posibles los vuelos espaciales.

ASTRONAVE s.f. Vehículo espacial.

ASTRONOMÍA s.f. (gr. *astronomía*). Ciencia que estudia la posición, movimientos y constitución de los cuerpos celestes. ⬦ **Astronomía de posición** Astrometría.

ASTRONÓMICO, A adj. Relativo a la astronomía: *observación astronómica.* **2.** *Fig.* Enorme, exagerado: *cifras astronómicas.*

ASTRÓNOMO, A s. Especialista en astronomía.

ASTROSO, A adj. Sucio y descuidado.

ASTUCIA s.f. Cualidad de astuto. **2.** Acción hábil para lograr algo.

ASTUR adj. y s.m. y f. De una ant. región del NO de la península Ibérica (Asturias y León), cuyo nombre se relaciona con el río *Astura* (act. Esla). **2.** De un pueblo precéltico, posteriormente celtizado y romanizado, que hablaba en esta región. (Los principales núcleos de población eran *Lucus Asturum* [act. Oviedo] y *Asturica Augusta* [Astorga].) **3.** Asturiano.

ASTURIANISMO s.m. Palabra, expresión o giro propios del español hablado en Asturias.

ASTURIANO, A adj. y s. De Asturias. ⬦ adj. **Arte asturiano** Arte desarrollado en el reino de Asturias durante los ss. VIII-XI, que a menudo se ha incluido dentro del grupo denominado prerrománico. ⬦ s.m. Bable. (*V. ilustr. pág. siguiente.*)

ASTURIENSE adj. y adj. Piso estratigráfico del holoceno en la costa cantábrica (España y Francia). **2.** ARQUEOL. Nombre dado a una cultura prehistórica extendida desde el NO de Portugal, Asturias y Santander hasta Gerona.

ASTURLEONÉS, SA adj. y s. Relativo a Asturias y León.

ASTUTO, A adj. (lat. *astutus*). Que tiene habilidad especial para engañar, evitar el engaño o conseguir un propósito.

ASUETO s.m. (bajo lat. *festum assuetum,* fiesta acostumbrada). Descanso breve, vacaciones cortas.

ASUMIR v.tr. (lat. *assumere*). Hacerse cargo

■ **ASTROLABIO** (s. XVI).

■ El arte asturiano

El arte asturiano se ha incluido dentro del grupo denominado «prerrománico». En la zona asturiana confluyen distintas culturas: sobre la civilización romana subyacente existen claras muestras del arte visigodo entremezcladas con corrientes nórdicas y bizantinas. Entre los monumentos más antiguos figuran las iglesias de Santa Comba de Bande (Orense), del s. VII, y santa Cristina de Pola de Lena (Asturias), de mediados del s. IX. Del reinado de Ramiro I (842-850) son los monumentos más importantes del arte asturiano: la iglesia de San Miguel de Lillo y Santa María del Naranco.

Iglesia de Santa Cristina de Pola de Lena. (S. IX.) Consta de una única nave abovedada y rectangular, reforzada por 32 contrafuertes, a la que se han adosado cuatro espacios rectangulares.

Santa María del Naranco. (S. IX.) Interior de la planta superior de esta iglesia, que fue declarada en 1988 patrimonio de la humanidad por la Unesco.

---

de una cosa tomando conciencia o responsabilizándose de ella: *asumió la dirección del negocio en una época difícil.* **2.** *Galic.* Tomar incremento cosas naturales: *asumir un desastre de grandes proporciones.*

ASUNCENO, A o **ASUNCINO, A** adj. y s. De Asunción, Paraguay.

ASUNCIÓN s.f. Acción y efecto de asumir. **2.** Elevación de la Virgen María al cielo. (Con este significado suele escribirse con mayúscula.) **3.** Día en que la Iglesia católica celebra este misterio (15 ag.).

ASUNCIONISTA s.m. y adj. Miembro de una congregación religiosa fundada en Nimes (1345) por el padre E. Daudí d'Alzon y consagrada a la enseñanza, la organización de peregrinaciones y la prensa. SIN.: *agustino de la Asunción.*

ASUNTO s.m. (lat. *assumptus, -a, -um,* part. de *assumere,* lo asumido). Materia sobre la que se habla, se escribe o se piensa. **2.** Tema de una obra literaria o artística. **3.** Negocio, trabajo u ocupación. **4.** DER. Caso, pleito.

ASURAR v.tr. y prnl. (lat. *arsura,* calor, ardor). Abrasar los sembrados el calor excesivo.

ASUSTADIZO, A adj. Que se asusta con facilidad.

ASUSTAR v.tr. y prnl. Dar un susto a alguien.

ATABACADO, A adj. Que tiene el color del tabaco.

ATABAL s.m. (hispano-ár. *ṭabál*). Timbal, tambor. **2.** Tamboril que suele tocarse en fiestas públicas.

ATABALEAR v.intr. Piafar el caballo produciendo un ruido semejante al son de los atabales. **2.** Imitar con los dedos este ruido.

ATABALERO s.m. Persona que toca el atabal.

ATABANADO, A adj. Se dice de la caballería de pelo oscuro, con pintas blancas.

ATABE s.m. (hispano-ár. *táqba,* agujero). Abertura que se deja en algunas cañerías para desventarlas o revisarlas.

ATABLADERA s.f. Tabla para allanar un terreno.

ATABLAR v.tr. Allanar un sembrado con la atabladera.

ATACADO, A adj. *Fam.* Nervioso, alterado: *estar atacado de los nervios.*

ATACADOR s.m. Utensilio para comprimir la carga en un cañón.

ATACAMEÑO, A adj. y s. De un pueblo amerindio del grupo diaguita-atacameño que habita en el valle del Loa. (En un principio cazadores nómadas, se hicieron sedentarios y viven de la pesca, la agricultura y el pastoreo de llamas.) ◆ s.m. Lengua de América del Sur que se hablaba en el N de Chile.

ATACAR v.tr. (ital. *attacare,* pegar, clavar, unir, acometer) [1]. Lanzarse contra alguien o algo para causarle daño. **2.** Poner nervioso: *me ataca su forma de reír.* **3.** *Fig.* Combatir algo con decisión: *atacar el problema con resolución.* **4.** *Fig.* Afectar, influir, producir efecto dañino: *atacar las fiebres.* **5.** *Fig.* Intentar conseguir algo de alguien o convencerlo de algo mediante críticas, razonamientos, etc. **6.** Atestar, atiborrar. **7.** MÚS. Producir un sonido súbitamente, de modo que destaque de los demás. **8.** QUÍM. Actuar una sustancia sobre otra. ◆ v.tr. y prnl. Abrochar, ajustar al cuerpo una pieza del vestido. ◇ **Atacar los nervios** *Fam.* Poner nervioso.

ATACIR s.m. ASTROL. División de la bóveda celeste en 12 partes iguales o casas.

ATÁCTICO, A adj. QUÍM. Se dice de la estructura en la que los grupos ligados a los átomos de carbono de una cadena molecular están dispuestos al azar a ambos lados de dicha cadena.

ATADERO s.m. Cosa que sirve para atar. **2.** Parte por la que se ata una cosa. **3.** Gancho, anillo, etc., en que se ata alguna cosa. ◇ **No tener atadero** No tener orden ni concierto.

ATADIJO s.m. *Fam.* Paquete pequeño y mal hecho.

ATADO, A s.m. Conjunto de cosas atadas: *un atado de papeles.* **2.** Argent., Par. y Urug. Paquete de cigarrillos. ◆ adj. Se dice de la persona apocada.

ATADURA s.f. Acción y efecto de atar. **2.** Cosa con que se ata. **3.** *Fig.* Unión o enlace.

ATAFAGAR v.tr. y prnl. [2]. Producir sensación de ahogo o aturdimiento, especialmente con olores fuertes.

ATAGUÍA s.f. Dique provisional en un río o canal para impedir el paso del agua mientras se realiza alguna obra hidráulica.

ATAHARRE s.m. (ár. *ṭáfar*). Banda que sujeta la silla o albarda, rodeando las ancas de la caballería.

ATAIRE s.m. (ár. *dấ'ira,* que rodea a otra cosa). Moldura que rodea los tableros de las puertas y ventanas.

ATAJACAMINOS s.m. (pl. *atajacaminos*). Nombre de diversas aves nocturnas, de alas y cola largas, cabeza grande y plumaje con tonos marrones, que viven en Argentina. (Familia caprimúlgidos.)

ATAJADERO s.m. Obstáculo que se pone en acequias, regueras, etc., para dirigir el agua.

ATAJADIZO s.m. Tabique, muro, surco, etc., con que se divide un lugar. **2.** Porción menor del lugar dividido.

ATAJAR v.intr. Ir o tomar por un atajo para acortar el camino. ◆ v.tr. Salir al encuentro de alguien por algún atajo. **2.** Interrumpir el curso de algo. **3.** *Fig.* Interrumpir al que está hablando. ◆ **atajarse** v.prnl. Argent., Urug. y Méx. *Fig.* Prevenirse, cubrirse, protegerse de alguna responsabilidad o riesgo.

ATAJO s.m. Senda o camino por donde se hace más breve el acceso a un lugar. **2.** *Fig.* Procedimiento o medio para hacer más breve un proceso. **3.** *Fig.* Conjunto, abundancia. **4.** Pequeño grupo de cabezas de ganado.

ATALAJES s.m.pl. Conjunto de las correas que sujetan al piloto a su asiento o a su paracaídas.

ATALANTAR v.tr. Agradar, convenir.

ATALAYA s.f. (ár. *ṭaláyi*). Torre de vigilancia generalmente construida en un lugar elevado. **2.** Cualquier lugar desde donde se divisa una gran extensión de tierra o de mar. **3.** *Fig.* Estado o posición adecuados para apreciar o juzgar un hecho.

ATALAYADO, A adj. Se dice de un castillo, torre, etc., que remata en una especie de cornisa volada con ladroneras para observar. **2.** HERÁLD. Se dice de la pieza o figura que presenta almenas en su perfil, dispuestas hacia abajo.

ATALAYAR v.tr. Observar desde una atalaya, otear. ◆ v.tr. y prnl. *Fig.* Acechar las acciones de otros.

ATAMÁN s.m. Jefe de los ejércitos de Polonia y del gran ducado de Lituania entre los ss. XVI y XVIII. **2.** Oficial de los cuerpos de cosacos. SIN.: *hetmán*.

ATAMIENTO s.m. *Fam.* Timidez o cortedad de ánimo.

ATAÑER v.intr. (lat. *attangere*) [36]. Tocar o pertenecer: *en lo que a mí me atañe, no tengo nada que añadir*. SIN.: *concernir*.

ATAPASCO, A adj. y s. De una familia de pueblos amerindios de amplia distribución geográfica (Alaska, norte y centro de Canadá, zona costera de California y N de México) cuyos grupos más conocidos son los *apaches* y *navajos*. ◆ s.m. Familia lingüística amerindia, que comprende numerosas lenguas y dialectos, con grandes diferencias fonéticas, hablados por las tribus de este nombre.

ATAQUE s.m. Acción de atacar o acometer. **2.** *Fig.* Pendencia, altercado. **3.** DEP. Acción ofensiva ejecutada por los jugadores. **4.** MED. Crisis aguda de una enfermedad, que se presenta en forma brusca y aparatosa. **5.** MIL. Fase principal del combate ofensivo cuyo fin se materializa por la conquista de uno o varios objetivos.

ATAR v.tr. (lat. *aptare*, adaptar, sujetar). Unir o sujetar mediante nudos hechos con cuerda, cinta, etc.: *atar paquetes*. **2.** *Fig.* Reducir o quitar capacidad para moverse, actuar, etc. **3.** *Fig.* Asociar o relacionar. ◆ **atarse** v.prnl. No saber cómo salir de una situación desfavorable o comprometida. ◇ **Atar corto** *Fam.* Reprimir, dar poca libertad a alguien.

ATARANTAR v.tr. y prnl. Aturdir, causar aturdimiento.

ATARAXIA s.f. FILOS. Quietud absoluta del alma, que es, según el epicureísmo y el estoicismo, el principio de la felicidad.

ATARAZANA s.f. (hispano-ár. *dār aṣ-ṣāna*, casa de la fabricación, atarazana). Arsenal, establecimiento para la construcción y reparación de embarcaciones.

ATARAZAR v.tr. [7]. Morder o rasgar con los dientes alguna cosa.

1. ATARDECER v.impers. [37]. Empezar a ponerse el sol.

2. ATARDECER s.m. Tiempo durante el cual atardece.

ATAREAR v.tr. Poner tarea. ◆ **atarearse** v.prnl. Dedicarse mucho al trabajo.

ATARJEA s.f. Caja de ladrillo con que se protege una cañería o conducto.

ATARUGAR v.tr. [7]. Asegurar el ensamblado o un ensamblado con tarugos, cuñas o clavijas. **2.** Obstruir con un tarugo o tapón el orificio de un tonel u otro recipiente. **3.** *Fig.* y *fam.* Atestar, henchir, rellenar. ◆ v.tr. y prnl. *Fig.* y *fam.* Hacer callar a alguien. **2.** *Fig.* y *fam.* Atracar, hartar de comida. ◆ **atarugarse** v.prnl. *Fig.* y *fam.* Atragantarse. **2.** Embotarse el entendimiento, mostrarse lento en el discurrir.

ATASCADERO s.m. Sitio donde se atascan los vehículos o las personas. **2.** *Fig.* Impedimento, estorbo para un proyecto, empresa, etc.

ATASCAMIENTO s.m. Atasco.

ATASCAR v.tr. y prnl. [1]. Obstruir un conducto alguna cosa que se detenga en él: *atascarse una cañería*. SIN.: *atorar*. ◆ v.tr. Tapar las hendiduras de las tablas y las aberturas entre ellas con estopa gruesa o agramiza. **2.** Detener o entorpecer un proceso. ◆ **atascarse** v.prnl. Quedarse detenido en un terreno cenagoso. SIN.: *atollarse*. **2.** *Fig.* Quedarse detenido por cualquier obstáculo; especialmente al hablar, sin poder proseguir. **3.** Quedarse detenida una máquina debido a alguna obstrucción en su mecanismo.

ATASCO s.m. Obstáculo o cosa que impide el paso. SIN.: *atascamiento*. **2.** Obstrucción de un conducto. SIN.: *atascamiento*. **3.** Obstrucción del tráfico rodado en una vía pública. SIN.: *embotellamiento*.

ATAÚD s.m. (ár. *tābūt*, caja, ataúd, tumba). Recipiente donde se coloca un cadáver para enterrarlo o incinerarlo. SIN.: *féretro*.

ATAUJÍA s.f. (ár. *tāusiya*, coloradura, hermoseamiento). Obra de taracea de metales finos o esmaltes, típica del arte hispanoárabe. **2.** Labor primorosa, o de difícil combinación.

ATAURIQUE s.m. (ár. *taurīq*). Obra de ornamentación hecha con yeso o estuco, característica del arte árabe.

ATAVIAR v.tr. y prnl. (gót. *taujan*, hacer, obrar) [19]. Vestir y adornar a alguien, especialmente de forma original.

ATÁVICO, A adj. Relativo al atavismo: *costumbres atávicas*.

ATAVÍO s.m. *Fig.* Vestimenta que se lleva puesta. **2.** Modo de ir vestido alguien. ◆ **atavíos** s.m.pl. Adornos en el vestir.

ATAVISMO s.m. (lat. *atavus*, tatarabuelo). Reaparición de determinados caracteres procedentes de un antepasado y que no se habían manifestado en las generaciones intermedias. **2.** *Fig.* Instintos hereditarios; costumbres ancestrales.

ATAXIA s.f. Dificultad de coordinación de los movimientos, característica de ciertas enfermedades neurológicas.

ATÁXICO, A adj. y s. Relativo a la ataxia; que padece ataxia.

ATE s.m. Méx. Dulce de membrillo.

ATEÍSMO s.m. Corriente de pensamiento que niega la existencia de Dios o de otra divinidad.

ATEÍSTA adj. y s.m. y f. Ateo.

ATELAJE s.m. (fr. *attelage*). Tiro, conjunto de caballerías que tiran de un carruaje. **2.** Conjunto de guarniciones de las bestias de tiro.

ATELANA adj. y s.f. Se dice de una obra cómica latina, semejante al sainete, procedente de Atella, ciudad de los oscos.

ATELECTASIA s.f. Aplanamiento de los alvéolos pulmonares cuando no contienen aire, que es normal en el feto, pero patológico en caso de obstrucción bronquial.

ATELES s.m. *Mono araña.

ATEMORIZAR v.tr. y prnl. [7]. Causar temor: *su terrible aspecto atemorizaba*.

ATEMOZTLI s.m. Decimosexto mes del calendario azteca.

ATEMPERACIÓN s.f. Acción de atemperar.

ATEMPERAR v.tr. y prnl. Moderar o suavizar el carácter, una sensación, un sentimiento, etc. **2.** Acomodar o adaptar una cosa a otra: *atemperar los precios a los salarios*.

ATEMPORAL adj. Que no pertenece a ningún tiempo determinado.

ATENAZAR v.tr. [7]. Apretar, sujetar fuertemente. **2.** Atormentar un pensamiento o un sentimiento.

ATENCIÓN s.f. (lat. *attentio, -onis*). Acción de atender: *prestar atención*. **2.** Demostración de respeto o cortesía: *colmar de atenciones*. ◆ interj. Se usa para advertir a alguien de que aplique especial cuidado en lo que va a hacer o para advertirle de un peligro. ◇ **En atención a** Atendiendo, teniendo en cuenta. **Llamar la atención** Hacer que alguien se fije en una cosa determinada; reprender a alguien por su conducta; hacerse notar.

ATENDEDOR, RA s. IMPR. Persona que tiene por oficio atender.

ATENDER v.tr. e intr. (lat. *attendere*) [29]. Aplicar los sentidos y la inteligencia a la percepción de algo: *atender a las explicaciones*. **2.** Satisfacer un deseo o una petición: *el alcal-*

■ **ATAURIQUE.** Arte islámico de la época nazarí; s. XIV. (La Madraza, Granada.)

de atendió las reivindicaciones. **3.** Cuidar de alguien: *le atendieron en el hospital*. **4.** Despachar, ocuparse del público en un establecimiento. ◆ v.intr. Tener en cuenta algo: *atender a las circunstancias*. **2.** IMPR. Leer alguien para sí el original de un escrito mientras el corrector va leyendo en voz alta la prueba impresa, para advertir cualquier diferencia entre la prueba y el original. ◆ v.tr. Esperar, aguardar. ◇ **Atender por** Responder un animal a su nombre.

ATENEÍSTA s.m. y f. Socio de un ateneo.

ATENEO s.m. ANT. GR. Templo de Atenea donde los poetas y oradores leían sus obras, en Atenas. **2.** Asociación cultural. **3.** Local de dicha asociación.

ATENERSE v.prnl. [63]. Ajustarse o estar sujeto a algo.

ATENIENSE adj. y s.m. y f. De Atenas.

ATENORADO, A adj. Se dice de una voz o de un sonido parecidos a la voz del tenor.

ATENTADO s.m. Agresión contra la vida, la integridad física o moral, los bienes o los derechos de una persona. **2.** Acción contraria a la moral o a un principio establecido.

ATENTAR v.intr. (lat. *attemptare*). Cometer un atentado: *atentar contra la salud*.

ATENTATORIO, A adj. Que atenta: *política atentatoria contra el derecho a la intimidad*.

ATENTO, A adj. Que aplica los sentidos y la inteligencia a algo. **2.** Cortés, amable.

ATENUACIÓN s.f. Acción de atenuar o atenuarse.

ATENUADO, A adj. Se dice del microorganismo patógeno que ha disminuido su virulencia.

ATENUANTE adj. y s.m. o f. Que atenúa.

ATENUAR v.tr. y prnl. [18]. *Fig.* Disminuir la fuerza, intensidad o gravedad de algo. ◆ v.tr. Hacer tenue, delgado o delicado.

ATEO, A adj. y s. (gr. *atheos*). Que niega la existencia de toda divinidad.

ATERCIOPELADO, A adj. Parecido al terciopelo.

ATERIMIENTO s.m. Acción y efecto de aterir.

ATERIR v.tr. y prnl. [55]. Paralizar a alguien el frío.

ATÉRMICO, A adj. Se aplica al material que no desprende ni absorbe calor: *vidrio atérmico*. SIN.: *atérmano*.

ATEROMA s.m. Depósito de colesterina y sales de calcio en las paredes internas de una arteria, que debajo provocada la arteriosclerosis.

1. ATERRAR v.tr. y prnl. Causar terror.

2. ATERRAR v.tr. [10]. Cubrir con tierra. **2.** Derribar, echar por tierra. ◆ v.intr. Llegar a tierra desde el aire o del mar. SIN.: *aterrizar*. ◆ **aterrarse** v.prnl. Tomar pie en tierra firme. **2.** MAR. Acercarse un buque a tierra.

ATERRIZADOR s.m. AVIAC. Tren de aterrizaje.

ATERRIZAJE s.m. Acción de aterrizar.

ATERRIZAR v.intr. [7]. Posarse una aeronave sobre la superficie terrestre. **2.** *Fig.* y *fam.* Aparecer en un lugar de manera inesperada. **3.** *Fig.* y *fam.* Caer una persona con violencia sobre algo.

ATERRONAR v.tr. y prnl. Hacer terrones una materia suelta.

ATERRORIZAR v.tr. y prnl. [7]. Aterrar, causar terror.

ATESORAMIENTO s.m. Acción y efecto de atesorar.

ATESORAR v.tr. Guardar cosas de valor. **2.** *Fig.* Tener virtudes o cualidades.

ATESTACIÓN s.f. Testificación de un testigo.

ATESTADO s.m. DER. Documento oficial en que se hace constar una cosa, especialmente un suceso.

ATESTADURA s.f. Atestamiento. **2.** ENOL. Porción de mosto con que se atiestan o rellenan las cubas de vino.

ATESTAMIENTO s.m. Acción y efecto de atestar las cubas de vino.

1. ATESTAR v.tr. (del ant. *tiesto*, tieso, duro) [10]. Llenar completamente un espacio. **2.** ENOL. Rellenar con mosto las cubas de vino para suplir la merma producida por la fermentación.

2. ATESTAR v.tr. (lat. *attestari*). DER. Testificar, declarar como testigo.

ATESTIGUAR v.tr. [3]. Declarar, afirmar como testigo: *atestiguar en un juicio*. SIN.: *atestar, tes-*

tificar, testimoniar. **2.** Ofrecer una cosa indicios ciertos de algo.

ATETAR v.tr. Amamantar.

ATETILLAR v.tr. Cavar alrededor de un árbol dejando algo de tierra arrimada al tronco.

ATETÓSICO, A adj. y s. Relativo a la atetosis; que padece atetosis.

ATETOSIS s.f. Trastorno neurológico caracterizado por movimientos involuntarios, lentos y ondulatorios, predominantemente en los pies, las manos y la cabeza.

ATEZAR v.tr. [7]. Poner terso o lustroso. ◆ v.tr. y prnl. Poner la piel morena.

ATI s.m. Gaviota con la cabeza y punta del ala negras, pico desarrollado y cola poco escotada, que vive en América Meridional.

ATIBORRAMIENTO s.m. Acción y efecto de atiborrar o atiborrarse.

ATIBORRAR v.tr. y prnl. *Fig.* y *fam.* Hartar de comida o bebida. ◆ v.tr. Atestar, llenar completamente.

ATICISMO s.m. Estilo elegante y delicado que caracteriza a los escritores y oradores atenienses de la edad clásica (ss. V-IV a.C.). **2.** *Por ext.* Pureza y concisión en el lenguaje y en el estilo, a imitación de los escritores áticos.

1. ÁTICO s.m. Última planta de un edificio, que en las casas antiguas era más bajo de techo que los inferiores y se construía para encubrir el arranque de la techumbre, y que en los edificios modernos suele estar provisto de terraza.

2. ÁTICO, A adj. y s. Del Ática o de Atenas. ◆ adj. Relativo al aticismo. ◆ s.m. ANT. GR. Dialecto jónico del Ática.

ATIESAR v.tr. y prnl. Poner tieso: *atiesar el bigote.*

ATIFLE s.m. (hispano-ár. *aṭīfil*, trébede). Utensilio usado por los alfareros para evitar que las piezas al cocerse se peguen unas con otras.

ATIGRADO, A adj. Que presenta un dibujo a rayas como la piel de tigre.

ATILDAMIENTO s.m. Acción y efecto de atildar, en especial si es con cierta afectación.

ATILDAR v.tr. y prnl. *Fig.* Acicalar, asear con esmero.

ATINAR v.intr. Acertar, dar en el blanco. **2.** Hallar algo que se busca, especialmente a tientas sin ver el objeto: *atinar con la puerta.* **3.** Encontrar la solución a algo por suerte, deducción o conjeturas: *no atinar en la respuesta.* ◆ v.intr. y tr. Hallar, conseguir o acertar por sagacidad o casualidad algo que se busca.

ATÍNCAR s.m. Bórax.

ATINGENCIA s.f. *Amér.* Conexión, relación. **2.** *Perú.* Incumbencia.

ATINGIR v.tr. [43]. *Amér.* Oprimir, tiranizar.

ATÍPICO, A adj. Que se sale de la normalidad.

ATIPLADO, A adj. Se dice de una voz o un sonido agudo.

ATIPLAR v.tr. Agudizar el tono de un instrumento o de la voz. ◆ **atiplarse** v.prnl. Pasar un instrumento o una voz de un tono grave a uno agudo.

ATIRANTAR v.tr. y prnl. Poner tirante. **2.** CONSTR. Afirmar o asegurar dos piezas, una armadura, etc., con tirantes.

ATISBADURA s.f. Acción de atisbar.

ATISBAR v.tr. Mirar, observar disimuladamente. **2.** Vislumbrar.

ATISBO s.m. Atisbadura. **2.** Indicio, sospecha.

ATITECA → TSUTUHIL.

ATIZADOR, RA adj. y s. Que atiza. ◆ s.m. Barra metálica que se emplea para atizar el fuego en los hogares de chimeneas. SIN.: *atizadero, hurgón.*

ATIZAR v.tr. (lat. vulg. *attitiare*) [7]. Remover el rescoldo o la madera que arde para avivar el fuego. **2.** *Fig.* Excitar pasiones o discordias. **3.** *Fig.* y *fam.* Dar uno o varios golpes: *atizar un bofetón, una paliza.* ◇ **¡Atiza!** Indica sorpresa o admiración.

ATIZONAR v.tr. CONSTR. **a.** Asegurar la trabazón de una obra de mampostería con piedras colocadas a tizón. **b.** Asentar la cabeza de un madero en el espesor de una pared. ◆ **atizonarse** v.prnl. Contraer tizón los cereales u otras gramíneas.

ATLACAHUALO s.m. Primer mes del calendario azteca.

ATLANTA s.m. y adj. GEOL. Formación del eoceno medio de Ecuador.

ATLANTE s.m. (lat. *atlantes*). Estatua de hombre que se utiliza como soporte o columna de una construcción. SIN.: *telamón.*

■ **ATLANTE.** Uno de los dos atlantes del escultor J. Cl. Rambot que franquean la entrada al Pabellón de Vendôme en Aix-en-Provence, Francia (1665).

ATLÁNTICO, A adj. Relativo al océano Atlántico o a los países o regiones que baña. **2.** Relativo a la Organización del tratado del Atlántico norte (V. parte n.pr., **OTAN**).

ATLANTISMO s.m. Política de los partidarios del pacto del Atlántico norte.

ATLAS s.m. Colección de mapas, dibujos, cuadros o tablas de una materia determinada, recogida generalmente en forma de libro: *atlas geográfico, lingüístico, histórico.* **2.** ANAT. Primera vértebra cervical.

ATLATL s.m. Instrumento de caza, pesca y guerra formado por media caña, cuerdas y un dardo, utilizado por las culturas lacustres del valle de México.

ATLETA s.m. y f. (lat. *athleta*, del gr. *athlon*, premio de una lucha). Persona que practica un deporte, especialmente el atletismo. **2.** *Fig.* Persona con una musculatura muy desarrollada. ◇ **Pie de atleta** Infección micótica que suele aparecer en la planta de los pies.

ATLÉTICO, A adj. Relativo al atleta. ◆ s.m. y adj. Biotipo caracterológico en la clasificación de Kretschmer que presenta un gran desarrollo de tórax y muslos y un desarrollo menor en la pelvis.

ATLETISMO s.m. Conjunto de deportes que comprende carreras, saltos y lanzamientos.
ENCICL. El atletismo está muy extendido por la sencillez de sus reglas y su práctica. En el atletismo masculino se corren doce carreras principales, disputadas en los Juegos olímpicos y otras competiciones internacionales: carreras lisas individuales de 100 y 200 m (pruebas de velocidad pura), 400 m y 800 m (de velocidad prolongada), 1 500 m, 5 000 m y 10 000 m (de medio fondo y fondo); carreras de relevos (4 × 100 m y 4 × 400 m); carreras de obstáculos (110 m y 400 m vallas, y 3 000 m). Los concursos comprenden cuatro pruebas de saltos (salto de altura, de longitud, triple salto y salto con pértiga) y cuatro de lanzamientos (peso, disco, martillo y jabalina). Las pruebas femeninas son: 100 m, 200 m, 400 m, 800 m, 1 500 m y 3 000 m; relevos de 4 × 100 m y 4 × 400 m; 100 m vallas; saltos de altura y longitud, y lanzamientos de peso, disco y jabalina. Otras pruebas de gran popularidad son el decatlón (masculino), el heptatlón (femenino), el maratón y la milla.

ATMÓSFERA o **ATMOSFERA** s.f. (del gr. *atmós*, átomo, y *sphaira*, esfera). Capa gaseosa que envuelve un planeta o un satélite, especialmente la de la Tierra. **2.** Ambiente físico de un espacio. **3.** Conjunto de condiciones o influencias que rodean un lugar. **4.** *Fig.* Estado de ánimo perceptible de un conjunto de personas en un lugar: *atmósfera tensa.* **5.** Unidad de medida de presión equivalente al peso de una columna de mercurio de 76 cm de altura y 1 cm² de base, al nivel del mar: *presión de diez atmósferas.* ◇ **Atmósfera controlada** Atmósfera de un horno de tratamientos térmicos en el que el aire ha sido remplazado por un gas adecuado a los productos que se van a tratar.

ATMOSFÉRICO, A adj. Relativo a la atmósfera. ◇ **Condiciones atmosféricas** Estado del tiempo definido por la temperatura, la insolación o la nebulosidad, las precipitaciones, los vientos, etc.

ATOAJE s.m. MAR. Acción y efecto de atoar. ◇ **Cable de atoaje** Cable de remolque.

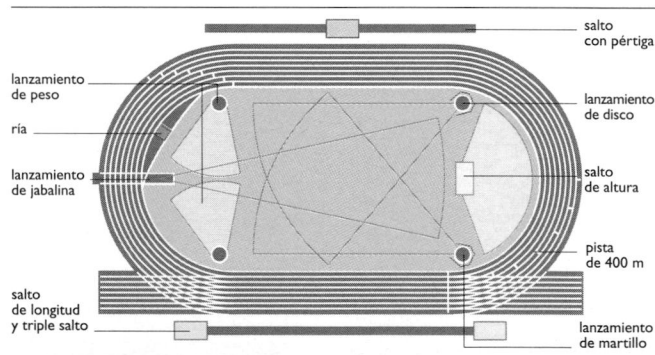

salto
con pértiga

lanzamiento
de peso

ría

lanzamiento
de jabalina

lanzamiento
de disco

salto
de altura

pista
de 400 m

salto
de longitud
y triple salto

lanzamiento
de martillo

Salto de altura:
la cubana Ioamnet Quintero.

Lanzamiento de peso:
el suizo Werner Gunthœr.

Carrera de velocidad:
la mexicana Ana Gabriela
Guevara.

■ **ATLETISMO**

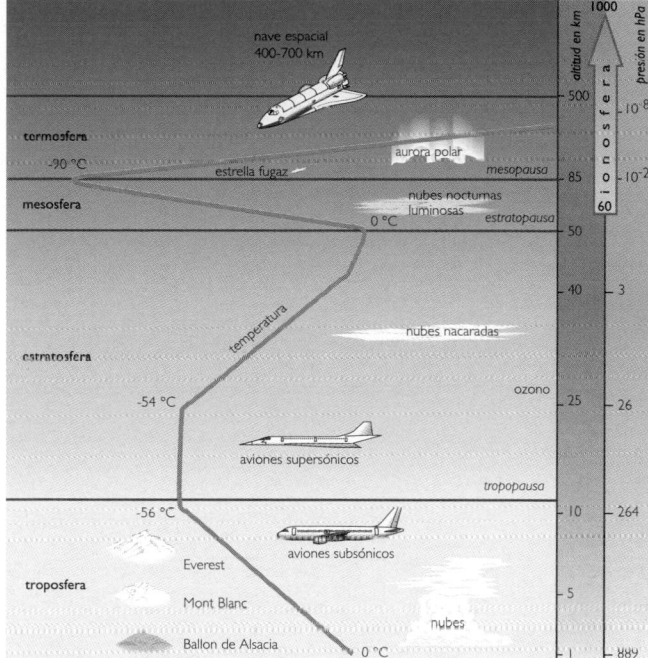

■ ATMÓSFERA. Estructura de la atmósfera terreste.

ATOAR v.tr. (fr. ant. *toer*, del escand. ant. *toga*, tirar de algo). MAR. Remolcar una embarcación a otra. **2.** MAR. Halar de un cabo firme para aproximar la embarcación a un punto fijo.

ATOCHA s.f. Esparto.

ATOK s.m. Carnívoro parecido al zorro gris que vive en los Andes peruanos. (Familia cánidos.)

ATOLLADERO s.m. Atascadero. **2.** *Fig.* Situación que no ofrece salida fácil.

ATOLLAR v.intr. y prnl. Atascar. ◆ **atollarse** v.prnl. *Fig.* y *fam.* Encontrarse en un atolladero.

ATOLÓN s.m. Isla de los mares tropicales formada por arrecifes coralinos que rodean una laguna central.

ATOLONDRADO, A adj. Que actúa sin serenidad y reflexión.

ATOLONDRAMIENTO s.m. Acción y efecto de atolondrar o atolondrarse.

ATOLONDRAR v.tr. y prnl. Aturdir, causar confusión; *atolondrado por la caída*.

ATOMICIDAD s.f. Número de átomos contenidos en una molécula. **2.** ECON. Carácter de una oferta y de una demanda que presentan una gran fragmentación dentro de un mercado para que las variaciones pequeñas no modifiquen el valor de la oferta o la demanda globales.

ATÓMICO, A adj. Relativo al átomo. ◇ **Arma atómica** Arma basada en reacciones de fisión del plutonio o del uranio. **Energía atómica** Energía liberada en una reacción nuclear. **Notación atómica** Notación química fundada en la consideración de las masas atómicas. **Número atómico** Número de un elemento químico en la tabla periódica. (Es igual al número de protones que giran alrededor del núcleo.)

ATOMISMO s.m. Filosofía materialista que considera que el universo está constituido por un número infinito de átomos asociados en combinaciones fortuitas y puramente mecánicas. (Sus principales representantes fueron Demócrito y Lucrecio.)

ATOMISTA adj. y s.m. y f. Partidario del atomismo.

ATOMÍSTICA s.f. Estudio del átomo y de sus propiedades.

ATOMÍSTICO, A adj. Relativo al atomismo y a la atomicidad.

ATOMIZACIÓN s.f. Acción y efecto de atomizar.

ATOMIZADOR s.m. Aparato que sirve para la pulverización de líquidos.

ATOMIZAR v.tr. [7]. Dividir algo en partes muy pequeñas. **2.** Pulverizar un líquido.

ÁTOMO s.m. (lat. *atomus*). Partícula más pequeña de un elemento químico que sigue poseyendo todas sus características y puede entrar en combinación. **2.** Partícula muy pequeña de algo.

ENCICL. El átomo está formado por un núcleo central (que concentra casi la totalidad de su masa y una carga eléctrica positiva) y una nube de *electrones* (partículas de carga eléctrica negativa) que giran a su alrededor describiendo órbitas elipticas con una onda asociada que les comunica una energía característica cuántica. El núcleo está constituido por *neutrones* (partículas sin carga) y *protones* (partículas positivas con una masa aproximada a la de los neutrones). Lo caracterizan dos constantes: 1.) el número de sus protones (*número atómico*) que varía entre 1 (hidrógeno) y 92 (uranio) para los elementos existentes en la naturaleza; 2.) el número total de sus partículas (*masa atómica*). El símbolo de un elemento se acompaña de estas indicaciones (por ej.: $^{16}_{8}$O expresa un núcleo de oxígeno formado por 16 partículas de las que 8 son protones). El núcleo posee una masa ligeramente inferior a la de las partículas que lo constituyen. Esta pérdida de masa indica la energía liberada en la formación del átomo, que se expresa en la fórmula relativista $E = mc^2$, donde c es la velocidad de la luz en el vacío. Los electrones se disponen alrededor del núcleo en capas, definiendo niveles de energía, pero es imposible localizar la posición y velocidad de cada uno (principio de incertidumbre) y se definen a través de números cuánticos. Los iones son átomos que han ganado o perdido electrones, presentando una carga total negativa (*aniones*) o positiva (*cationes*).
Los átomos de un mismo elemento, con idéntico número atómico pero distinta masa, se denominan *isótopos*.

ÁTOMO-GRAMO s.m. (pl. *átomos-gramo*). Peso en gramos de la masa atómica de un elemento químico.

ATONAL adj. MÚS. Compuesto según las reglas de la atonalidad.

ATONALIDAD s.f. MÚS. Sistema de escritura musical que no sigue las reglas tonales de la armonía tradicional. (Los grandes represen-

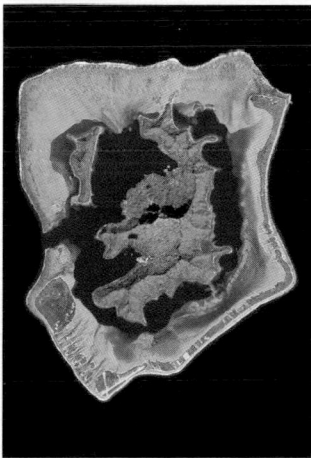

■ ATOLÓN. La isla de Bora Bora, en la Polinesia, rodeada por su atolón.

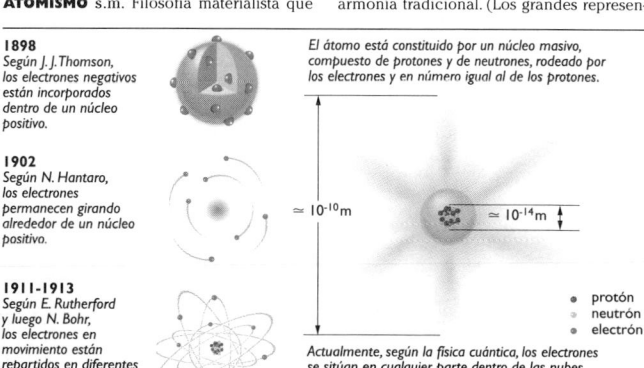

1898
Según J. J. Thomson, los electrones negativos están incorporados dentro de un núcleo positivo.

1902
Según N. Hantaro, los electrones permanecen girando alrededor de un núcleo positivo.

1911-1913
Según E. Rutherford y luego N. Bohr, los electrones en movimiento están repartidos en diferentes órbitas, a distancia del núcleo.

El átomo está constituido por un núcleo masivo, compuesto de protones y de neutrones, rodeado por los electrones y en número igual al de los protones.

$\simeq 10^{-10}$m
$\simeq 10^{-14}$m

● protón
◦ neutrón
● electrón

Actualmente, según la física cuántica, los electrones se sitúan en cualquier parte dentro de las nubes electrónicas, zonas de alta probabilidad de presencia, u «orbitales».

■ ÁTOMO. Evolución histórica de la representación del átomo.

tantes de la atonalidad son Schönberg, Berg, Webern, Boulez, Stockhausen y Xenakis.) SIN.: *atonalismo.*

ATONÍA s.f. Falta de energía o de ánimo. **2.** Disminución del tono muscular por un problema neurológico.

ATÓNICO, A adj. Relativo a la atonía.

ATÓNITO, A adj. (lat. *attonitus,* herido del rayo, aturdido). Pasmado, estupefacto.

ÁTONO, A adj. GRAM. Se dice de una palabra, sílaba o vocal que carecen de acento tónico.

ATONTADO, A adj. Aturdido, sin capacidad para actuar o responder. **2.** Que es un poco tonto.

ATONTAMIENTO s.m. Acción y efecto de atontar o atontarse.

ATONTAR v.tr. y prnl. Aturdir a una persona haciendo que parezca o se comporte como un tonto.

ATONTOLINAR v.tr. y prnl. *Fam.* Atontar.

ATOPIA s.f. Carácter hereditario de una persona que presenta reacciones alérgicas con una frecuencia anormalmente elevada.

ATORAR v.tr., intr. y prnl. (lat. *obturare*). Atascar, obstruir. ◆ **atorarse** v.prnl. Trabarse o cortarse al hablar.

ATORMENTAR v.tr. y prnl. Causar dolor o molestia física o moral.

ATORNILLAR v.tr. Introducir un tornillo haciéndolo girar alrededor de su eje. **2.** Sujetar con tornillos. **3.** *Fig.* Presionar a alguien o someterlo a una disciplina severa.

ATORRANTE adj. y s.m. y f. Argent., Par. y Urug. Vagabundo, holgazán. **2.** Argent., Par. y Urug. Persona desvergonzada. ◆ s.f. Argent., Par. y Urug. Mujer de mala vida.

ATORTOLAR v.tr. y prnl. *Fam.* Aturdir o acobardar. **2.** *Fam.* Enamorar a alguien.

ATOSIGAMIENTO s.m. Acción de atosigar o atosigarse.

ATOSIGAR v.tr. y prnl. [2]. Fatigar o importunar a alguien, especialmente dándole prisa. **2.** Preocupar mucho algo.

ATRABANCAR v.tr. e intr. [1]. Pasar obstáculos con precipitación. **2.** Urug. *Fam.* Obstaculizar.

ATRABILIARIO, A adj. Relativo a la atrabilis. ◆ adj. y s. *Fam.* Irascible, irritable, de genio desigual.

ATRABILIS s.f. Sustancia del cuerpo humano, supuesta causante de la melancolía y la hipocondría. SIN.: *bilis negra.*

ATRACADA s.f. Acto de atracar una embarcación. **2.** Cuba, Méx. y Perú. Atracón.

ATRACADERO s.m. Lugar para atracar embarcaciones.

ATRACADOR, RA s. Persona que atraca.

ATRACAR v.tr. [1]. Asaltar con armas para robar. **2.** Hacer comer o beber con exceso: *atracarse de pasteles.* SIN.: *atiborrar.* **3.** Argent. y Chile. *Vulg.* Acosar sexualmente a una persona. **4.** Chile. Empujar, pegar, zurrar. ◆ v.tr. e intr. MAR. Arrimar una embarcación a tierra o a otra embarcación. ◆ **atracarse** v.prnl. Antillas y Hond. Reñir, discutir. **2.** Argent., Chile y Perú. *Fig.* Ponerse junto a cualquier objeto.

ATRACCIÓN s.f. Acción de atraer. **2.** Fuerza con que se atrae. **3.** Número artístico o artista de un espectáculo de variedades. ◆ **atracciones** s.f.pl. Espectáculos o diversiones reunidos en un mismo lugar: *parque de atracciones.* ◇ **Ley de la atracción universal,** o de **Newton** Ley según la cual dos cuerpos materiales se atraen proporcionalmente al valor de sus masas e inversamente al cuadrado de sus distancias.

ATRACO s.m. Acción de atracar para robar: *el atraco al banco.*

ATRACÓN s.m. *Fam.* Acción y efecto de atracar o atracarse de comida o bebida. **2.** Pan. Altercado, riña.

ATRACTIVO, A adj. Que atrae. ◆ s.m. Cualidad o conjunto de cualidades de una persona que atrae a otra u otras.

ATRAER v.tr. (lat. *attrahere*) [65]. Hacer venir hacia el lugar en que alguien se halla o hacia un determinado lugar: *atraer público; atraer con un imán.* **2.** *Fig.* Captar la voluntad, atención, etc.: *atraer las miradas.* **3.** *Fig.* Hacer que algo recaiga sobre uno: *atraer la maldición divina.*

ATRAFAGAR v.intr. y prnl. [2]. Fatigarse a causa del tráfago o ajetreo.

ATRAGANTAMIENTO s.m. Acción y efecto de atragantar o atragantarse.

ATRAGANTAR v.tr. Hacer que algo quede detenido en la garganta de alguien. ◆ **atragantarse** v.prnl. Quedarse algo detenido en la garganta. **2.** *Fig.* y *fam.* Turbarse en la conversación. **3.** *Fig.* y *fam.* Hacerse desagradable, antipática o difícil a una persona o cosa.

ATRAILLAR v.tr. [20]. Atar, ligar un perro con trailla.

ATRAMPAR v.tr. Hacer caer en una trampa. ◆ **atramparse** v.prnl. Caer en una trampa. **2.** Obstruirse un conducto. **3.** Caerse el pestillo de la puerta sin que se pueda abrir.

ATRANCAR v.tr. [1]. Poner una tranca a una puerta o ventana para impedir que se abra. SIN.: *trancar.* ◆ v.tr. y prnl. Atascar, obstruir: *el desagüe se atranca a veces.* ◆ v.intr. *Fam.* Dar trancos o pasos largos. ◆ **atrancarse** v.prnl. *Fig.* y *fam.* Trabarse al hablar o escribir. **2.** Encerrarse asegurando la puerta.

ATRANCO s.m. Acción y efecto de atrancar o atrancarse. SIN.: *atranque.* **2.** *Fig.* Embarazo, apuro. SIN.: *atranque.*

ATRAPAMOSCAS s.m. (pl. *atrapamoscas*). Planta carnívora cuyas hojas terminan en lóbulos oponibles que se juntan para retener insectos. (Familia droseráceas.)

hoja
atrapando
un insecto

■ **ATRAPAMOSCAS**

ATRAPAR v.tr. (fr. *attraper*). Aprisionar a alguien o algo, especialmente si escapa o intenta escapar. **2.** *Fig.* y *fam.* Conseguir algo provechoso o beneficioso: *atrapar un premio.* **3.** *Fig.* y *fam.* Fascinar alguien o algo. **4.** *Fig.* y *fam.* Engañar o convencer con astucia.

ATRAQUE s.m. Acción de atracar una nave. **2.** Muelle donde se atraca.

ATRÁS adv.l. Hacia la parte que está a las espaldas de uno: *dar un paso atrás.* **2.** Detrás: *quedarse atrás.* ◆ adv.t. Tiempo pasado: *pocos días atrás.* ◆ interj. Se usa para ordenar a alguien que retroceda: *¡atrás!, no dé un paso más.*

ATRASAR v.tr. y prnl. Retrasar.

ATRASO s.m. Acción y efecto de atrasar o atrasarse. SIN.: *retraso.* **2.** Desarrollo menor de lo normal. ◆ **atrasos** s.m.pl. Cantidades que no han sido pagadas en el plazo oportuno.

ATRAVESADO, A adj. Que bizquea. **2.** *Fig.* Que tiene mala intención. **3.** Se dice del animal cruzado o híbrido.

ATRAVESAR v.tr. [10]. Pasar de una parte a la opuesta: *atravesar una calle.* **2.** Traspasar, pasar un cuerpo penetrándolo de parte a parte. **3.** Pasar circunstancialmente por una situación determinada: *atravesamos un mal momento.* **4.** Estar algo colocado oblicuamente sobre una cosa: *el puente atraviesa el río.* **5.** Poner algo delante para impedir el paso. ◆ v.tr. y prnl. MAR. Poner la nave al pairo o a la capa. ◆ **atravesarse** v.prnl. Resultar alguien o algo antipático o repulsivo a una persona: *se le atravesó por su manera de hablar.* **2.** *Fig.* Entrometerse en los asuntos de otros. **3.** *Fig.* Ocurrir alguna cosa que altera el trato de otra.

ATRAYENTE adj. Que atrae.

ATRECHAR v.intr. P. Rico. Tomar un atajo.

ATREGUAR v.tr. y prnl. [3]. Dar o conceder treguas.

ATRENZO s.m. Amér. Conflicto, apuro, dificultad.

ATREPSIA s.f. MED. Caquexia producida por la nutrición de los lactantes, que ocasiona adelgazamiento y complicaciones graves.

ATRESIA s.f. (del gr. *trisis,* perforación). MED. Estrechamiento u obstrucción congénita o adquirida de un orificio o canal naturales.

ATREVERSE v.prnl. (lat. *tribuere sibi,* atribuirse la capacidad de hacer algo). Determinarse a algo arriesgado: *atreverse a saltar en paracaídas.* **2.** Enfrentarse con insolencia a alguien.

ATREVIDO, A adj. y s. Que se atreve. ◆ adj. Hecho o dicho con atrevimiento.

ATREVIMIENTO s.m. Acción y efecto de atreverse.

ATREZO o **ATTREZZO** s.m. (ital. *attrezzo*). Conjunto de objetos y complementos utilizados en la escenificación de un espectáculo.

ATRIBUCIÓN s.f. (lat. *attributio, -onis*). Acción de atribuir. **2.** Facultad de una persona por razón de su cargo.

ATRIBUIR v.tr. y prnl. (lat. *attribuere*) [88]. Considerar a una persona o cosa como responsable, autora o causante de algo. **2.** Considerar a una persona o cosa como poseedora de determinada cualidad: *atribuir propiedades curativas a una planta.* **3.** Asignar algo a alguien como de su competencia.

ATRIBULACIÓN s.f. Tribulación.

ATRIBULAR v.tr. y prnl. (lat. *tribulare,* trillar, tormentar). Causar o padecer tribulación o pena.

ATRIBUTIVO, A adj. Que indica o enuncia un atributo o cualidad. **2.** GRAM. Relativo al atributo. ◇ **Oración atributiva** Oración formada por un verbo copulativo.

ATRIBUTO s.m. (lat. *attributus*). Propiedad inherente de un ser. **2.** Objeto que representa simbólicamente una potestad. **3.** LING. Elemento de una oración que expresa una manera de ser que se afirma del sujeto o del objeto por medio de un verbo expreso o sobrentendido. (Puede ser un sustantivo, un adjetivo o una oración de relativo y el verbo de la oración es copulativo.) ◆ **atributos** s.m.pl. Insignias, condecoraciones, trajes, etc., propios de un cargo o autoridad. **2.** Órganos característicos de un sexo.

ATRICIÓN s.f. TEOL. CRIST. Pesar por haber ofendido a Dios causado por un motivo humano, como por ejemplo la vergüenza o el temor al castigo.

ATRIL s.m. (bajo lat. *lectorile*). Soporte para sostener libros o papeles abiertos.

ATRINCHERAR v.tr. MIL. Fortificar con trincheras. ◆ **atrincherarse** v.prnl. Colocarse en una trinchera a cubierto del enemigo. **2.** Valerse de algo utilizándolo como defensa: *se atrincheró detrás de sus teorías.*

ATRIO s.m. (lat. *atrium*). Pieza principal de la casa romana con una abertura cuadrada en el centro del techo (el *compluvium*) que permi-

■ **ATRIO** (con *compluvium* e *impluvium*) de una casa de Herculano (fines del s. II a.C.).

tía recoger el agua de lluvia en un estanque (el *impluvium*). **2.** Espacio cubierto que sirve de acceso a algunos templos, palacios o casas.

ATROCHAR v.intr. Caminar por trochas o sendas.

ATROCIDAD s.f. Cualidad de atroz. **2.** Cosa atroz.

ATROFIA s.f. (gr. *atrofía*). Disminución de volumen de un tejido, órgano u organismo a causa de un defecto de nutrición u otras causas patológicas. **2.** *Fig.* Pérdida o disminución de alguna facultad: *atrofia intelectual*.

ATROFIAR v.tr. y prnl. Producir o padecer atrofia.

ATRÓFICO, A adj. y s. Relativo a la atrofia; que padece atrofia.

ATRONADURA s.f. Hendidura que penetra radialmente en el interior del tronco de un árbol.

ATRONAMIENTO s.m. Acción y efecto de atronar o atronarse. **2.** Enfermedad en los cascos de pies y manos de una caballería que suele ser originada por un golpe. SIN.: *alcanzadura*.

ATRONAR v.tr. [17]. Causar un ruido muy fuerte. **2.** Ensordecer o perturbar con ruido muy fuerte. **3.** TAUROM. Matar a un toro hiriéndolo en medio de la cerviz. ◆ **atronarse** v.prnl. Aturdirse y quedarse como muerto un animal con el ruido de los truenos.

ATROPADO, A adj. Se dice de una planta de ramas recogidas.

ATROPAR v.tr. y prnl. Reunir gente en tropas o en cuadrillas. ◆ v.tr. Reunir en montones o gavillas, especialmente la mies y el heno.

ATROPELLAR v.tr. Embestir violentamente algo en movimiento a alguien o algo: *atropelló un automóvil a un peatón*. **2.** Empujar o tirar al suelo con violencia a alguien. **3.** *Fig.* Agraviar con abuso de la fuerza, poder o superioridad. **4.** *Fig.* Actuar con precipitación y descuido. ◆ **atropellarse** v.prnl. *Fig.* Hablar o actuar con precipitación: *se atropelló en sus explicaciones*.

ATROPELLO s.m. Acción y efecto de atropellar o atropellarse. SIN.: *atropellamiento*.

ATROPINA s.f. (lat. científico *atropa*, del gr. *Atropos*, nombre de la Parca que cortaba el hilo de la vida). Alcaloide extraído de la belladona, que calma los espasmos y dilata la pupila.

ATROZ adj. (lat. *atrox, -ocis*). Terrible, inhumano. **2.** Muy intenso o grande: *dolor atroz*. **3.** Muy malo o desagradable: *una comida atroz; un sueño atroz*.

ATRUHANADO, A adj. Que actúa como un truhán o tiene aspecto de truhán.

ATS s.m. y f. (sigla). *Ayudante técnico sanitario.

ATTREZZISTA s.m. y f. Persona que tiene por oficio encargarse del atrezo de un espectáculo.

ATTREZZO s.m. (voz italiana, *instrumento, aparato*). → ATREZO.

ATUENDO s.m. (lat. *attonitus*, part. de *attonare*, tronar en presencia de alguien). Conjunto de prendas con que alguien va vestido.

ATUFAR v.tr. y prnl. Aturdir el tufo a alguien. **2.** *Fig.* Enojar a una persona: *atufar con alusiones veladas*. ◆ v.intr. *Fam.* Despedir mal olor: *sus calcetines atufan*. **2.** *Fig.* Inspirar algo desconfianza o sospecha de que se oculta algo: *sus excusas atufan*. ◆ **atufarse** v.prnl. Agriarse un licor, especialmente el vino.

ATÚN s.m. (del ár. *tūn*). Pez marino de color azulado en el lomo y plateado en el vientre, que efectúa migraciones en el Mediterráneo y en el Atlántico, muy apreciado por su carne. (El *atún blanco* alcanza 1 m de long., el *atún rojo*, de 2 a 3 m; familia escómbridos.)

ATUNA s.f. *Perú*. Espátula para remover el maíz.

ATUNERO, A s. Persona que comercia con atún. **2.** Pescador de atún. ◆ s.m. y adj. Embarcación destinada a la pesca de atún.

ATURDIMIENTO s.m. Perturbación de los sentidos debida a un golpe u otra causa física o moral. **2.** *Fig.* Torpeza, falta de serenidad y reflexión.

ATURDIR v.tr. y prnl. (de *tordo*, pájaro ato-

londrado). Causar aturdimiento. **2.** *Fig.* Desconcertar, confundir, asombrar.

ATURULLAMIENTO s.m. Acción y efecto de aturullar o aturullarse.

ATURULLAR o **ATURRULLAR** v.tr. y prnl. Confundir, turbar, aturdir.

ATUSAR v.tr. (de *tusar, trasquilar*). Arreglar el pelo con la mano o el peine. **2.** Recortar e igualar el pelo.

ATUTÍA s.f. (ár. *tutiyā*, sulfato de cobre). QUÍM. Óxido de cinc que se produce en el tratamiento de ciertos minerales de cinc.

AUDACIA s.f. Acción audaz. **2.** Cualidad de audaz. SIN.: *osadía, atrevimiento*.

AUDAZ adj. (lat. *audax, -acis*). Se dice de la persona que se atreve a realizar acciones arriesgadas o difíciles. **2.** Hecho o dicho con atrevimiento.

AUDIBLE adj. Que puede oírse.

AUDICIÓN s.f. Acción de oír. **2.** Concierto, recital o lectura en público. **3.** Prueba que realiza un artista para ser contratado. **4.** Función del sentido del oído. *perturbaciones de la audición*.

AUDIENCIA s.f. Acto de recibir los soberanos u otras autoridades a las personas que acuden a ellos: *dar audiencia*. **2.** Conjunto de personas que escuchan. **3.** Público efectivo o potencial, destinatario del mensaje de los medios de comunicación. **4.** DER. Sesión en que el juez o el tribunal escucha a las partes para decidir una causa. **5.** DER. Tribunal colegiado. **6.** DER. Lugar donde se reúne dicho tribunal. **7.** DER. Distrito de la jurisdicción del mismo tribunal. ◇ **Audiencia nacional** Órgano judicial con competencia en todo el territorio. **Audiencia provincial** Audiencia que solo tiene jurisdicción penal en una provincia. **Audiencia territorial** Tribunal de segunda instancia o de apelación en materia civil sobre varias provincias o una región histórica. **Duplicación de audiencia** Audiencia común a dos soportes o a dos medios de comunicación.

AUDÍFONO s.m. Aparato pequeño utilizado por personas con deficiencias auditivas para percibir mejor los sonidos. SIN.: *audiófono*.

AUDÍMETRO s.m. Audiómetro. **2.** Aparato para medir la audiencia de un programa de radio o televisión.

AUDIO adj. Se dice de la técnica o dispositivo relativo al registro o a la transmisión de los sonidos.

AUDIÓFONO s.m. Audífono.

AUDIOFRECUENCIA s.f. Frecuencia correspondiente a los sonidos audibles. (En las personas suele situarse entre los 15 y 20 000 Hz.)

AUDIOGRAMA s.m. Curva gráfica que indica el grado de sensibilidad del oído a diferentes sonidos obtenida con un audiómetro.

AUDIOLOGÍA s.f. Ciencia que estudia la audición y los problemas relacionados con ella.

AUDIÓMETRA s.m. y f. Especialista en técnicas de audiometría.

AUDIOMETRÍA s.f. Medición de la sensibilidad auditiva.

AUDIÓMETRO s.m. Instrumento electrónico para medir la agudeza auditiva y establecer los audiogramas. SIN.: *audímetro*.

AUDIOVISUAL adj. Relativo a la vista y al oído conjuntamente. ◆ adj. y s.m. Relativo a los métodos de información, comunicación y

enseñanza que utilizan la representación de imágenes, películas y registros sonoros.

AUDITAR v.tr. Realizar una auditoría en una empresa u organización.

AUDITIVO, A adj. Relativo a la audición: memoria auditiva. ◇ **Conducto auditivo** ANAT. Canal de unos 25 mm de long. que comunica el pabellón con el oído medio y termina en el tímpano.

AUDITOR s.m. Persona o empresa que realiza auditorías. ◇ **Auditor militar**, o **de guerra** MIL. Funcionario del cuerpo jurídico militar que asesora a las autoridades militares en la interpretación y aplicación de las leyes. SIN.: *asesor militar*.

AUDITORÍA s.f. Revisión de la contabilidad de una empresa u organización para garantizar la veracidad y regularidad de las cuentas y elaborar un dictamen sobre la calidad y el rigor de la gestión. **2.** Empleo de auditor. **3.** Tribunal o despacho del auditor. ◇ **Auditoría informática** Control de los datos de la contabilidad de una empresa y de los controles internos implantado, realizado por los medios informáticos de un centro de cálculo. **Auditoría operacional** Análisis y evaluación de la efectividad de los controles internos, implantados en una unidad económica para facilitar la función del auditor.

AUDITORIO s.m. Conjunto de oyentes. **2.** Lugar acondicionado para escuchar conferencias, conciertos, lecturas, etc. SIN.: *auditórium*.

AUGE s.m. (ár. *auŷ*). Apogeo o momento de máximo esplendor, intensidad o influencia de algo.

AUGUR s.m. ANT. ROM. Sacerdote que hacía predicciones interpretando el vuelo y el canto de los pájaros, los rayos, etc.

AUGURAL adj. Relativo al augurio o a los augures.

AUGURAR v.tr. Predecir algo futuro. **2.** *Fig.* Anunciar algo un suceso que va a ocurrir.

AUGURIO s.m. Presagio, signo que anuncia algo futuro. **2.** ANT. ROM. Predicción hecha por el augur.

AUGUSTO, A adj. (lat. *augustus*). Que infunde respeto y veneración. ◆ s.m. Título de los emperadores romanos. **2.** Payaso vestido de muchos colores que forma pareja con el clown.

AULA s.f. (lat. *aula*, patio, atrio, corte). Sala en que se imparten clases en un centro de enseñanza.

AULAGA s.f. Aliaga.

AULARIO s.m. Conjunto de aulas de un centro de enseñanza.

ÁULICO, A adj. (lat. *aulicus*). Relativo a la corte o al palacio. ◆ adj. y s. Cortesano o palaciego.

AULLAR v.intr. (lat. vulg. *ululare*) [22]. Dar aullidos.

AULLIDO s.m. Voz triste y prolongada del lobo, el perro y otros animales. SIN.: *aúllo*. **2.** Grito agudo y prolongado de alguien causado por la ira o el dolor: *aúllo*.

AUMENTAR v.tr., intr. y prnl. (lat. tardío *augmentare*). Hacer algo más grande, numeroso o intenso: *aumentar el precio del pan*.

AUMENTATIVO, A adj. Que aumenta. **2.** GRAM. Se dice del sufijo que indica mayor tamaño o intensidad en el significado de una palabra. ◆ s.m. y adj. Palabra con sufijo aumentativo.

AUMENTO s.m. (lat. *augmentum*). Acción y efecto de aumentar. **2.** ÓPT. Relación entre la longitud de una imagen, captada por una lente o un instrumento óptico, y la longitud del objeto.

AUN adv.m. (lat. *adhuc*, hasta ahora). Incluso, también: *aun retirado da órdenes*. **2.** Denota encarecimiento o ponderación de algo que acompaña a un enunciado: *cada día y aun cada hora*. ◆ conj.conc. Unido a cuando, a un gerundio o a un participio, significa aunque: *aun llegando tarde, pudo pasar*. ◆ prep. Hasta, incluso: *iremos todos, aun tú*.

AÚN adv.t. (lat. *adhuc*, hasta ahora). Todavía: *aún vive*.

AUNAR v.tr. y prnl. [22]. Poner juntas o en armonía varias cosas. **2.** Unir, asociar o coordi-

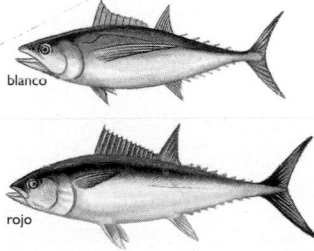

blanco

rojo

■ ATUNES

119

nar varias cosas para alcanzar un fin: *aunar los esfuerzos.*

AUNQUE conj.conc. Introduce una oración con una objeción real o posible a pesar de la cual puede ser u ocurrir una cosa: *aunque estoy enfermo no faltaré a la cita.* **2.** Introduce una oración coordinada que matiza lo que se ha dicho anteriormente: *no traigo nada de eso, aunque sí cosas similares.* (La oración que introduce siempre va al final.)

¡AÚPA! interj. Se emplea para animar a hacer un esfuerzo. ◇ **De aúpa** Esp. De gran intensidad o de grandes dimensiones.

AU PAIR s. (pl. *au pairs*). Persona que cuida niños a cambio de alojamiento, comida y un pequeño sueldo.

AUPAR v.tr. y prnl. [22]. Levantar algo o a alguien. **2.** *Fig.* Ayudar a alguien a alcanzar un alto cargo o distinción: *aupar a un candidato a la alcaldía.*

1. AURA s.f. (lat. *aura*). Atmósfera espiritual que rodea a alguien o algo. **2.** Irradiación luminosa de carácter paranormal que, según algunas personas, desprenden los seres vivos. **3.** Viento suave y apacible. **4.** Aliento, aire que se espira. **5.** MED. Conjunto de síntomas que preceden a un ataque de epilepsia.

2. AURA s.f. Ave rapaz diurna americana de unos 80 cm de long. y 160 de envergadura, con la cabeza desnuda en la parte anterior y plumaje de color pardo oscuro. (Familia catártidos.)

ÁUREO, A adj. (lat. *aureus*). De oro. **2.** Parecido al oro o dorado. ◆ s.m. Moneda de oro del Imperio romano. **2.** Moneda de oro acuñada en el reino de Castilla en tiempos de Fernando III el Santo.

AUREOLA o **AURÉOLA** s.f. (lat. *aureola*, dorada, f. de *aureolus*). Círculo luminoso que suele rodear la cabeza de las imágenes de los santos. **2.** *Fig.* Fama o admiración que rodea a alguien. **3.** ASTRON. Corona sencilla o doble que en los eclipses de sol rodea el disco lunar. ◇ **Aureola metamórfica** GEOL. Zona concéntrica que rodea un batolito, metamorfizada al contacto de la roca endógena.

AUREOLAR v.tr. Adornar con aureola.

AUREOMICINA s.f. Antibiótico del grupo de las tetraciclinas.

ÁURICA s.f. y adj. MAR. Vela trapezoidal situada en el plano longitudinal de la embarcación.

ÁURICO, A adj. De oro. **2.** QUÍM. Se dice del compuesto de oro trivalente: *cloruro áurico.*

AURÍCULA s.f. (lat. *auricula*). Cavidad del corazón que recibe la sangre de las venas. (El corazón humano posee dos aurículas superiores, y cada una comunica con un ventrículo.) **2.** Pabellón de la oreja. **3.** BOT. Apéndice foliáceo, generalmente de pequeño tamaño, situado en el pecíolo o en la base de la lámina foliar.

1. AURICULAR adj. Relativo al oído o a la oreja. ◆ s.m. Elemento o pieza de un aparato que se aplica al oído para recibir sonidos: *auricular telefónico.* ◇ **Dedo auricular** Dedo meñique.

2. AURICULAR adj. Relativo a las aurículas del corazón.

AURICULOPUNTURA s.f. MED. Tratamiento terapéutico en el que se efectúa la punción de puntos precisos del pabellón auditivo.

AURICULOVENTRICULAR adj. Relativo a las aurículas y los ventrículos conjuntamente.

AURIENSE adj. y s.m. y f. Orensano.

AURÍFERO, A o **AURÍGERO, A** adj. Que lleva o contiene oro.

AURIGA s.m. (lat. *auriga*, cochero). Conductor de carruajes en la antigüedad griega y romana.

AURIÑACIENSE adj. y s.m. (de *Aurignac*, sitio arqueológico prehistórico francés). Se dice de una facies o período cultural del paleolítico superior en la que aparecen las primeras manifestaciones de arte y la industria se caracteriza por raspadores y puntas de azagaya de hueso.

AURORA s.f. (lat. *aurora*). Luz difusa que precede inmediatamente a la salida del sol. **2.** *Fig.* Principio o primeros tiempos de una cosa. ◇ **Aurora polar,** o **boreal,** o **austral** Fenómeno luminoso que se produce en el cielo de las regiones polares.

AURORAL adj. Relativo a la aurora.

AUSCULTACIÓN s.f. MED. Acción de escuchar los sonidos emitidos por los órganos para establecer un diagnóstico. (Puede hacerse directamente *[auscultación inmediata]* aplicando la oreja sobre el cuerpo, o indirectamente *[auscultación mediata]* por medio del estetoscopio.)

AUSCULTAR v.tr. (lat. *auscultare*). Practicar una auscultación.

AUSENCIA s.f. Hecho de estar ausente, de faltar o de no existir alguien o algo. **2.** Tiempo en que alguien está ausente. **3.** DER. Estado de la persona cuya prolongada desaparición hace incierta su existencia. **4.** MED. **a.** Pérdida breve de la memoria. **b.** Crisis epiléptica en la que se pierde el conocimiento y se está inmóvil.

AUSENTARSE v.prnl. Irse de un lugar.

AUSENTE adj. y s.m. y f. (lat. *absens, -tis*). Que no está presente en un lugar o en un momento determinados. **2.** Distraído: *tener la mirada ausente.* **3.** DER. Desaparecido cuya existencia es jurídicamente incierta.

AUSPICIAR v.tr. Propiciar o favorecer algo. **2.** Presagiar.

AUSPICIO s.m. (lat. *auspicium,* observación de las aves, presagio que se sacaba de dicha observación). Agüero. **2.** Protección, favor: *vive bajo los auspicios de su tío.* **3.** ANT. ROM. Presagio que se deducía del vuelo, del canto o del modo de comer de los pájaros. (Suele usarse en plural.) ◆ **auspicios** s.m.pl. Señales que presagian un resultado favorable o adverso.

AUSTENITA s.f. METAL. Constituyente de hierro y carbono existente en los aceros.

AUSTENÍTICO, A adj. Relativo a la austenita.

AUSTERIDAD s.f. Cualidad de austero.

AUSTERO, A adj. (lat. *austerus*). Que actúa y vive con rigidez y severidad. **2.** Se dice de alguien o algo sobrio y moderado. **3.** Agrio, áspero al gusto.

AUSTRAL adj. (lat. *australis*). Relativo al hemisferio sur de la Tierra o de cualquier astro. CONTR.: *boreal.* ◆ s.m. Unidad monetaria de Argentina de 1985 a 1991.

AUSTRALÁNTROPO, A adj. y s.m. Se dice de una forma primitiva de homínidos que comprende los australopitecos y el *Homo habilis.*

AUSTRALIANO, A adj. y s. De Australia. **2.** De uno de los pueblos aborígenes de Australia (los aranda, los murgin, los kariera, etc.) que actualmente viven en reservas.

AUSTRALOPITECO, A s.m. Homínido de África que apareció hace más de 5 millones de años, bípedo, de marcha imperfecta, de entre 1,10 m y 1,50 m de altura, que trepaba a los ár-

boles. (No se le considera antecesor directo del hombre moderno. Entre las diferentes especies de australopitecos, la mejor descrita es el *Australopithecus afarensis,* a la cual pertenece el esqueleto llamado *Lucy.*) *[V. ilustr. pág. 530.]*

AUSTRIACO, A o **AUSTRÍACO, A** adj. y s. De Austria.

AUSTRO s.m. (lat. *auster, -tri*). *Poét.* Viento que sopla desde el sur. **2.** *Poét.* Sur.

AUSTROHÚNGARO, A adj. Del imperio de Austria-Hungría.

AUTARQUÍA s.f. (gr. *autárkeia*). Sistema económico de un país basado en la autosuficiencia. **2.** Doctrina que preconiza este sistema. **3.** Poder para gobernarse a sí mismo.

AUTÁRQUICO, A adj. Relativo a la autarquía.

AUTENTICACIÓN s.f. DER. Autentificación.

AUTENTICAR v.tr. [1]. DER. Autentificar.

AUTENTICIDAD s.f. Cualidad de auténtico.

AUTÉNTICO, A adj. (lat. *authenticus*). Que es realmente lo que dice o aparenta: *un stradivarius auténtico.* **2.** DER. Que es legal, está comprobado y certificado: *documento auténtico.*

AUTENTIFICACIÓN s.f. Acción y efecto de autentificar.

AUTENTIFICAR v.tr. [1]. Autorizar o legalizar. **2.** DER. Certificar un documento con autoridad legal. SIN.: *autenticar.*

AUTILLO s.m. Ave rapaz nocturna de unos 21 cm de long., con alas largas, cabeza redondeada, pico corto muy curvado hacia la base y plumaje gris claro. (Familia estrígidos.)

AUTISMO s.m. Aislamiento patológico de una persona que se encierra en sí misma, perdiendo el contacto con su entorno.

ENCICL. El autismo aparece desde los primeros años de vida. Se manifiesta por un total desinterés del niño respecto a su entorno, por la necesidad imperiosa de orientarse constantemente en el espacio, gestos estereotipados, trastornos del lenguaje y la inadaptación en la comunicación (el niño no habla o bien se limita a emitir sonidos que tienen la melodía del lenguaje, pero que carecen de significado alguno). El origen del autismo es controvertido, y es imposible disociar los factores orgánicos de los psíquicos.

AUTISTA adj. y s.m. y f. Relativo al autismo; que padece autismo.

1. AUTO s.m. (apócope). *Fam.* Automóvil. **2.** *Argent.* Automóvil. ◇ **Autos de choque** Atracción de feria que consiste en unos pequeños automóviles eléctricos que circulan por una pista y chocan entre sí.

2. AUTO s.m. DER. Resolución judicial fundada, que decide cuestiones para las que no se requiere sentencia. **2.** LIT. Representación dramática breve de tema religioso o alegórico, que se hacía en Castilla durante la edad media. ◆ **autos** s.m.pl. DER. Conjunto de las diferentes piezas o partes que comprenden una causa criminal o un pleito civil. ◇ **Auto de fe** Proclamación solemne de las sentencias dictadas por el tribunal de la Inquisición española, seguida de la abjuración de los errores o de la ejecución de la sentencia. **Auto de procesamiento** Resolución judicial por la cual se declara procesado al presunto culpable, en virtud de existir contra el mismo indicios racionales de criminalidad. **Auto sacramental** Representación dramática alegórica en un acto, referente al misterio de la eucaristía.

AUTOACUSACIÓN s.f. PSIQUIATR. Sensación de culpabilidad de una persona, que acumula sobre sí acusaciones de delitos que no ha cometido o que no son delitos.

AUTOACUSADOR, RA s. PSIQUIATR. Persona que padece autoacusación.

AUTOADAPTACIÓN s.f. TECNOL. Aptitud de un sistema para modificar sus parámetros de estructura, para que su funcionamiento siga siendo satisfactorio a pesar de las variaciones de su entorno.

AUTOAGRESIVIDAD s.f. PSIQUIATR. Agresividad consciente o inconsciente dirigida contra uno mismo.

AUTOALIMENTACIÓN s.f. TECNOL. Alimentación de energía de un dispositivo automático, regulada por ese mismo dispositivo.

AUTOAMETRALLADORA s.f. Vehículo blin-

■ **AURORA** POLAR cerca de Fairbanks, Alaska.

dado rápido, con ruedas u orugas, armado generalmente con un cañón y ametralladoras.

AUTOANÁLISIS s.m. (pl. *autoanálisis*). Examen psicológico de los propios actos y estados de consciencia.

AUTOANALIZARSE v.prnl. [7]. Practicar un autoanálisis.

AUTOAYUDA s.f. Ayuda que una persona se presta a sí misma para superar una situación personal (recuperar la autoestima, desarrollar la personalidad, lograr el éxito profesional, etc.).

AUTOBIOGRAFÍA s.f. Vida de una persona escrita o narrada por ella misma.

AUTOBIOGRÁFICO, A adj. Relativo a la propia vida de alguien.

AUTOBOMBO s.m. *Irón.* Elogio desmesurado y público de uno mismo: *darse autobombo*.

AUTOBÚS s.m. (fr. *autobus*, de *auto* y *omnibus*). Vehículo automóvil de gran tamaño destinado al transporte de viajeros. (Se abrevia *bus*.) SIN.: *ómnibus*. GEOSIN.: Antillas y Can. *guagua;* Argent., Bol. y Perú. *colectivo;* Méx. y Venez. *camión*. **2.** Autocar. (Se abrevia *bus*.)

AUTOCAR s.m. (de *auto* e ingl. *car*, vagón). Vehículo automóvil de gran tamaño destinado al transporte colectivo, interurbano o turístico.

AUTOCARAVANA s.f. Vehículo automóvil acondicionado para servir de alojamiento.

■ AUTOCARAVANA

AUTOCARRIL s.m. Bol., Chile y Nicar. Autovía.

AUTOCEBADO s.m. Cebado espontáneo de una máquina o una reacción, efectuado sin la acción de un agente exterior.

AUTOCÉFALO, A adj. Se dice de la iglesia o del obispo metropolitano ortodoxos que no dependen de la jurisdicción del patriarca.

AUTOCENSURA s.f. Censura efectuada por alguien sobre sus propios actos o palabras.

AUTOCENSURARSE v.prnl. Practicar la autocensura.

AUTOCINE s.m. Lugar al aire libre donde se proyectan películas de cine en una pantalla que puede verse sin salir del automóvil.

AUTOCINESIA s.f. FISIOL. **a.** Capacidad de movimiento propio de que está dotada la materia viva. **b.** Movimiento voluntario.

AUTOCLAVE adj. Que se cierra por sí mismo ◆ s.m. o f. Recipiente de paredes gruesas y cierre hermético para realizar bajo presión una reacción industrial o la cocción o esterilización al vapor.

AUTOCONSERVACIÓN s.f. Tendencia del organismo a mantenerse con vida, a pesar de otras exigencias que, de ser satisfechas, lo conducirían a su destrucción.

AUTOCONSUMO s.m. Consumo de la producción propia, especialmente referido a los agricultores.

AUTOCONTROL s.m. Control o dominio sobre uno mismo.

AUTOCORRECTOR, RA adj. INFORMÁT. Se dice de un procedimiento de codificación que permite determinar la exactitud de la información obtenida.

AUTOCRACIA s.f. Sistema político en que una persona dispone de poder absoluto.

AUTÓCRATA s.m. y f. (gr. *autokratís*, que gobierna por sí solo). Persona que gobierna una autocracia.

AUTOCRÍTICA s.f. Juicio que una persona hace de sí misma o de su obra. **2.** Crítica de una obra literaria, teatral, cinematográfica, etc., hecha por el propio autor antes de su aparición o estreno y que se publica en un medio de comunicación. SIN.: *antecrítica*.

AUTÓCTONO, A adj. y s. (fr. *autochtone*). Originario del territorio donde vive o se encuentra. SIN.: *aborigen, indígena*. **2.** Que es característico del lugar donde se halla. **3.** GEOL. Se dice de una capa sedimentaria que no ha sufrido desplazamiento lateral y sobre la cual han avanzado los mantos de corrimiento.

AUTODEFENSA s.f. Acción de defenderse uno mismo.

AUTODESTRUCCIÓN s.f. Destrucción de sí mismo.

AUTODESTRUCTOR, RA adj. Que causa su autodestrucción. ◆ adj. y s.m. ARM. Se dice de un dispositivo que provoca la autodestrucción de un arma, proyectil o material militar.

AUTODESTRUIRSE v.prnl. [88]. Destruirse alguien o algo a sí mismo.

AUTODETERMINACIÓN s.f. Derecho de un pueblo a decidir su estatuto político.

AUTODIAGNÓSTICO s.m. MED. Diagnóstico de una enfermedad, real o supuesta, efectuado por la propia persona.

AUTODIDÁCTICO, A adj. INFORMÁT. Se dice de un sistema capaz de instruirse a sí mismo.

AUTODIDACTO, A adj. y s. Se dice de la persona que se instruye a sí misma. **2.** Propio de una persona autodidacta.

AUTODIRECCIÓN s.f. Procedimiento que permite a un aparato móvil dirigir su propio movimiento sin intervención de un operador.

AUTODIRIGIDO, A adj. Se dice de un aparato que se mueve automáticamente en una determinada dirección.

AUTODISCIPLINA s.f. Disciplina voluntaria que se impone una persona o un grupo.

AUTÓDROMO s.m. Pista para carreras y pruebas de vehículos de motor.

AUTOEDICIÓN s.f. INFORMÁT. Conjunto de los procesos electrónicos e informáticos que permiten editar libros u otras obras impresas.

AUTOEDITAR v.tr. INFORMÁT. Realizar la autoedición de un original.

AUTOELEVADOR, RA adj. TECNOL. Se dice de un aparato o dispositivo que puede desplazar alguno de sus elementos verticalmente. ◇ **Plataforma autoelevadora** Plataforma de trabajo que se apoya sobre el fondo marino mediante unas pilas verticales susceptibles de ser subidas para permitir el desplazamiento de la plataforma en flotación.

AUTOEMPLEO s.m. Empleo autónomo, por cuenta propia.

AUTOENCENDIDO s.m. Encendido espontáneo de la mezcla carburante en el cilindro de un motor, provocado frecuentemente por los residuos de la combustión del carburante.

AUTOEROTISMO s.m. Búsqueda de una satisfacción sexual recurriendo solo al propio cuerpo. **2.** PSICOANÁL. Conjunto de actividades sexuales precoces de un niño.

AUTOESCUELA s.f. Escuela donde se enseña la conducción de vehículos automóviles.

AUTOESTABLE adj. Se dice de un avión que tiende a recobrar la estabilidad después de haberse desequilibrado por una turbulencia. **2.** Se dice de un sistema de frenado de un automóvil que impide que las ruedas traseras del vehículo derrapen.

AUTOESTIMA s.m. Aprecio o consideración que tiene una persona por sí misma.

AUTOFECUNDACIÓN s.f. Fecundación de los órganos femeninos de una planta o animal por los órganos masculinos del mismo individuo. SIN.: *autogamia*.

AUTOFINANCIACIÓN s.f. Financiación de las inversiones de una empresa, realizada con sus propios beneficios, independientemente de los socios o accionistas y de los préstamos.

AUTOFINANCIARSE v.prnl. Practicar una autofinanciación.

AUTOFOCO o **AUTOFOCUS** s.m. FOT. Dispositivo de una cámara que enfoca automáticamente.

AUTOGAMIA s.f. Autofecundación.

AUTÓGENO, A adj. (del gr. *autós*, mismo, y *gennan*, engendrar). Se dice de la soldadura de dos piezas del mismo metal, sin la utilización de un metal extraño.

AUTOGESTIÓN s.f. Gestión de una empresa o colectividad por los propios trabajadores.

AUTOGESTIONARIO, A adj. Relativo a la autogestión.

AUTOGIRO s.m. Aeronave sustentada por el movimiento circular de un rotor que gira libremente bajo la acción de la corriente de aire creada por el desplazamiento horizontal del aparato.

AUTOGOBERNARSE v.prnl. Regirse un país o institución por sí mismos. **2.** Regirse un sistema por sí mismo en función del programa o de las instrucciones que le han sido dadas.

AUTOGOBIERNO s.m. Acción y efecto de autogobernarse.

AUTOGRAFÍA s.f. Procedimiento de impresión por doble calco de un texto o dibujo ejecutado con tinta grasa. **2.** Impresión obtenida por este procedimiento.

AUTOGRÁFICO, A adj. Relativo a la autografía.

AUTÓGRAFO, A adj. y s.m. Se dice de un escrito realizado de mano de su mismo autor. ◆ s.m. Firma o dedicatoria de una persona famosa: *un autógrafo de su ídolo*.

AUTOGUIADO s.m. ARM. Sistema mediante el cual un misil o una aeronave son dirigidos de forma automática hacia su objetivo.

AUTOINDUCCIÓN s.f. Inducción electromagnética en un circuito eléctrico, producida por las variaciones de la corriente que circula por él. SIN.: *selfinducción*.

AUTOINDUCTANCIA s.f. Coeficiente de autoinducción.

AUTOINJERTO s.m. Injerto realizado en una persona con materia de su propio organismo.

AUTOINMUNIDAD s.f. Estado de inmunización de un organismo contra sus propios constituyentes antigénicos.

AUTOINMUNITARIO, A adj. Relativo a la autoinmunización.

AUTOINMUNIZACIÓN s.f. Fenómeno por el cual un organismo segrega anticuerpos dirigidos contra algunos de sus propios constituyentes antigénicos.

AUTOINTOXICACIÓN s.f. Conjunto de trastornos producidos por residuos no eliminados o mal eliminados de un organismo.

AUTOLISIS s.f. BIOL. Destrucción de células animales o vegetales por las enzimas que ellas mismas contienen: *la madurez excesiva de los frutos es una autolisis*.

AUTOLUBRICANTE adj. Que realiza su propia lubricación, sin intervención de lubricante externo. SIN.: *autolubrificante*.

AUTOMACIÓN s.f. Automatización.

AUTÓMATA s.m. (fr. *automate*). Mecanismo que imita la forma y los movimientos de un ser animado. **2.** Mecanismo que en un proceso industrial realiza operaciones anteriormente ejecutadas por personas. **3.** Dispositivo informático programable que asegura un encadenamiento automático y continuo de operaciones. **4.** *Fig.* y *fam.* Persona que se deja dirigir por otra o que actúa mecánicamente.

AUTOMÁTICA s.f. Ciencia y técnica que estudian los métodos y tecnologías para la creación de sistemas automáticos.

AUTOMÁTICO, A adj. Que actúa o se regula por sí mismo. **2.** Maquinal o inconsciente: *movimiento automático*. **3.** Que se produce indefectiblemente a consecuencia de determinadas circunstancias. **4.** Que opera por medios mecánicos: *teléfono automático*. **5.** Relativo al autómata. ◆ s.m. Broche para ropa que se cierra a presión, sujetando el macho con los dientes de la hembra. ◇ **Arma automática** Arma de fuego que puede disparar una ráfaga de varios proyectiles sin ser recargada.

AUTOMATISMO s.m. Cualidad de automático. **2.** Mecanismo o sistema automático. **3.** Conjunto de movimientos que se realizan inconscientemente, a causa del hábito o de la asociación refleja. ◇ **Automatismo mental** PSIQUIATR. Impresión de una persona de que una parte de su vida psíquica se le escapa y está sometida a una influencia exterior. **Automatismo secuencial** Sistema automático cuyo funcionamiento está formado por encadenamiento de una serie de fases operatorias.

AUTOMATIZACIÓN s.f. Ejecución automática de trabajos industriales, administrativos o científicos sin intervención humana. SIN.: *automación.*

AUTOMATIZAR v.tr. [7]. Hacer automático un proceso o un movimiento.

AUTOMEDICACIÓN s.f. Uso de medicamentos que realiza un enfermo sin prescripción médica.

AUTOMOCIÓN s.f. Sector de la industria relativo al automóvil. **2.** Facultad de algo de moverse por sí mismo.

AUTOMORFISMO s.m. MAT. Isomorfismo que resulta de la aplicación de un conjunto en sí mismo.

AUTOMOTOR, RA adj. y s. Se dice de un vehículo capaz de desplazarse por sus propios medios. ◆ adj. y s. Se dice de un tren con motor compuesto de vehículos enganchados entre ellos formando una unidad.

AUTOMOTRIZ adj. y s.f. Automotora.

AUTOMÓVIL adj. Que se mueve por sí mismo. ◆ s.m. Vehículo con ruedas provisto de un motor, destinado al transporte de un número reducido de personas. (Se abrevia *auto*.) GEOSIN.: Amér. Central, Colomb., Méx., Perú, P. Rico y Venez. *carro;* Esp. y Méx. *coche.*

AUTOMOVILISMO s.m. Conjunto de conocimientos teóricos y prácticos referentes a la construcción, funcionamiento y manejo de los vehículos automóviles. **2.** Deporte que se practica con el automóvil.

AUTOMOVILISTA s.m. y f. Persona que conduce un automóvil.

AUTOMOVILÍSTICO, A adj. Relativo al automovilismo.

AUTONOMÍA s.f. (gr. *autonomía*). Libertad de un gobierno, un país, etc., para regirse por sus propias leyes. **2.** Libertad del individuo para actuar con independencia. **3.** Capacidad de una nacionalidad, región, provincia, municipio u otra entidad, integrada en un estado, para gobernarse mediante normativas y poderes propios. **4.** Región o entidad que tiene esta capacidad. **5.** Tiempo o espacio durante el que un vehículo de motor puede funcionar sin necesidad de repostar. ◇ **Autonomía financiera** Situación de un organismo que gestiona sus propios recursos.

ENCICL. La autonomía responde a la necesidad de dotar con un estatuto jurídico político diferenciado a aquellas entidades que presentan fuertes peculiaridades respecto al resto del territorio de un estado. En España, la constitución de 1931 otorgó este derecho a Cataluña (1932), País Vasco (1936) y Galicia (1936). Con la constitución de 1978 se estructuraron como comunidades autónomas, con estatutos aprobados: Cataluña y País Vasco (1979); Gali-

cia (1980); Andalucía, Cantabria y Asturias (1981); La Rioja, Murcia, Comunidad Valenciana, Aragón, Castilla-La Mancha y Canarias (1982); Navarra optó por la ley de Amejoramiento del fuero (1982); Castilla y León, Extremadura, Baleares y Madrid (1983). Ceuta y Melilla obtuvieron sus respectivos estatutos de autonomía en 1995.

AUTONÓMICO, A adj. Relativo a la autonomía: *el mapa autonómico.*

AUTONOMISTA adj. y s.m. y f. Partidario de la autonomía política.

AUTÓNOMO, A adj. (gr. *autónomos*). Que tiene autonomía. ◆ s. Que trabaja por cuenta propia.

AUTOPISTA s.f. Vía asfaltada con calzadas separadas para la circulación rápida de automóviles, con accesos especialmente dispuestos y exenta de cruces a nivel.

AUTOPLASTIA s.f. CIR. Operación que consiste en remplazar un tejido por autoinjerto.

AUTOPROPULSADO, A adj. Que tiene propulsión propia. **2.** ARM. Se dice de una pieza de artillería montada sobre una cureña de tipo oruga. ◇ **Proyectil autopropulsado** Proyectil que se mueve en el espacio por autopropulsión.

AUTOPROPULSIÓN s.f. Propiedad que tienen ciertas máquinas de moverse por su propia fuerza motriz.

AUTOPROPULSOR, RA adj. Se dice de un dispositivo que garantiza la autopropulsión.

AUTOPSIA s.f. (gr. *autopsía*, acción de ver con los propios ojos). MED. Examen y disección de un cadáver para determinar las causas de la muerte. SIN.: *necropsia.*

AUTOPULLMAN s.m. (pl. *autopullmans* o *autopullman*). Autocar muy confortable, especialmente acondicionado para largos recorridos.

AUTOPUNICIÓN s.f. Castigo que una persona se inflige a causa de un sentimiento de culpabilidad.

AUTOR, RA s. (lat. *auctor, -oris,* creador, autor, investigador, promotor). Persona que ha hecho algo o es causa de algo. **2.** Persona que ha inventado algo. **3.** Persona que ha realizado una obra científica, literaria o artística. **4.** DER. Persona activa de un delito. **5.** Persona de quien proviene el derecho de otra. ◇ **Derecho de autor** Derecho exclusivo de explotación comercial, reconocido a alguien sobre toda creación literaria, científica o artística.

AUTORÍA s.f. Condición de autor.

AUTORIDAD s.f. (lat. *auctoritas, -atis*). Derecho y poder de mandar y de hacerse obedecer: *imponer su autoridad.* **2.** Conjunto de organismos que ejercen el poder político, ad-

ministrativo o religioso: *la autoridad local.* **3.** Persona que desempeña cada uno de estos poderes. **4.** Persona respetada por sus conocimientos en una materia: *es una autoridad en bioquímica.* **5.** Autor o texto que se alega o cita para apoyar lo que se dice.

AUTORITARIO, A adj. Se dice del gobierno que impone su poder de forma absoluta: *régimen autoritario.* **2.** Que pretende imponer su autoridad: *tono autoritario.*

AUTORITARISMO s.m. Sistema autoritario. **2.** Carácter o actitud del que abusa de su autoridad.

AUTORIZACIÓN s.f. Acción y efecto de autorizar. **2.** Documento que autoriza.

AUTORIZAR v.tr. [7]. Dar permiso, poder o derecho para hacer alguna cosa: *autorizar a salir.* **2.** Aprobar legalmente. **3.** Confirmar una cosa con una autoridad, texto o testimonio.

AUTORRADIOGRAFÍA s.f. Impresión dejada en una placa fotográfica por un objeto o tejido que contiene un producto radiactivo.

AUTORREGULACIÓN s.f. Regulación de una función o de una máquina por sí misma.

AUTORREGULARSE v.prnl. Regularse por sí mismo.

AUTORRETRATO s.m. Retrato de una persona realizado por ella misma.

AUTORREVERSE s.m. (ingl. *autoreverse*, rebobinado automático). Dispositivo de un equipo magnetofónico que permite dar la vuelta a la cinta automáticamente cuando llega al final de su recorrido, para su reproducción o grabación.

AUTOSERVICIO s.m. Sistema de venta en el que el cliente se sirve a sí mismo. **2.** Establecimiento comercial que utiliza este sistema.

AUTOSOMA s.m. Cromosoma que no interviene en la determinación del sexo. CONTR.: *gonosoma.*

AUTOSTOP s.m. Modo de viajar que consiste en hacer señas a los automovilistas en carretera para que lo lleven en su vehículo gratuitamente.

AUTOSTOPISTA s.m. y f. Persona que practica el autostop.

AUTOSUFICIENCIA s.f. Cualidad de autosuficiente.

AUTOSUFICIENTE adj. Que no precisa de ayuda. **2.** Que habla o actúa con suficiencia o presunción.

AUTOSUGESTIÓN s.f. Influencia dominante de una idea o sentimiento en una persona, creados por sí misma.

AUTOSUGESTIONARSE v.prnl. Experimentar autosugestión.

AUTOTOMÍA s.f. Amputación de una parte del cuerpo que se hacen a sí mismos algunos animales (apéndices de los crustáceos, cola de los lagartos).

AUTOTRANSFORMADOR s.m. Transformador eléctrico en el cual los arrollamientos primario y secundario poseen partes comunes.

AUTOTROFIA s.f. Modo de nutrición de los organismos autótrofos.

AUTÓTROFO, A adj. y s.m. Se dice de un organismo vegetal que elabora sus alimentos a partir de elementos minerales. CONTR.: *heterótrofo.*

AUTOVACUNA s.f. Vacuna obtenida a partir de gérmenes sacados del propio enfermo.

AUTOVÍA s.f. Vía de circulación de automóviles parecida a la autopista, pero carente de algunas de sus características (accesos adecuados, ausencia de cruces a nivel, etc.). ◆ s.m. Vehículo ferroviario para pasajeros, propulsado por motor térmico.

AUTOZUNCHADO s.m. Procedimiento que permite realizar el zunchado de un tubo en frío bajo determinación interior.

AUTRIGÓN, NA adj. y s. De un pueblo prerromano de la península Ibérica asentado en el valle superior del Ebro, y cuya ciudad más importante era *Virovesca* (Briviesca).

AUTUMNAL adj. Otoñal.

AUTUNITA s.f. (de *Autun,* c. de Francia). Fosfato natural de uranio y calcio.

1. AUXILIAR adj. y s.m. y f. (lat. *auxiliaris*). Que completa o ayuda. ◆ s.m. Profesional que ayuda a otro de categoría superior. **2.** Fun-

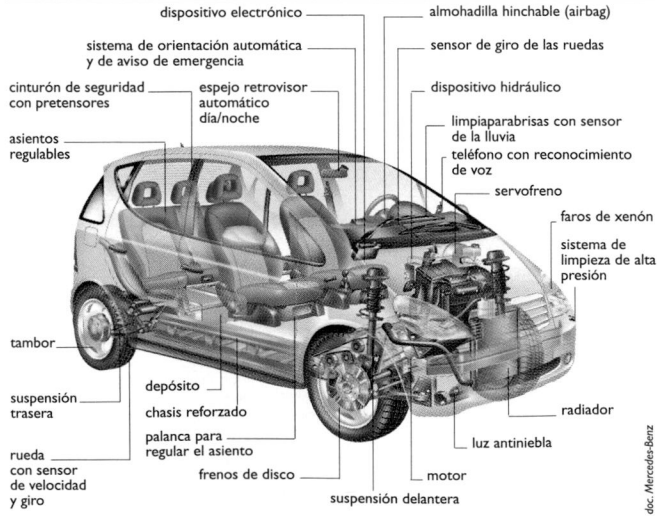

■ **AUTOMÓVIL.** Sección de un turismo.

dispositivo electrónico
sistema de orientación automática y de aviso de emergencia
cinturón de seguridad con pretensores
espejo retrovisor automático día/noche
asientos regulables
tambor
suspensión trasera
depósito
chasis reforzado
rueda con sensor de velocidad y giro
palanca para regular el asiento
frenos de disco
suspensión delantera
motor
luz antiniebla
radiador
sistema de limpieza de alta presión
faros de xenón
servofreno
teléfono con reconocimiento de voz
limpiaparabrisas con sensor de la lluvia
dispositivo hidráulico
sensor de giro de las ruedas
almohadilla hinchable (airbag)

doc. Mercedes-Benz

■ EL AUTOMÓVIL

En un siglo el automóvil ha alcanzado una enorme popularidad. La evolución de los modelos se caracteriza sobre todo por el aumento de la potencia, la disminución en el consumo de carburante y el descenso de la polución, una mayor importancia de la electrónica y los progresos en cuanto a confort, seguridad, acabado y equipamiento. Y las carrocerías son estilizadas para ofrecer la mínima resistencia al aire.

Limusina De Dion-Bouton (1912). Albert de Dion y Georges Bouton se cuentan entre los pioneros de la construcción automovilística. A principios del s. XX aún no se tenía en cuenta el aerodinamismo de las carrocerías.

Berlina Bugatti T40 (1928). El nombre de Ettore Bugatti ha quedado asociado a la construcción de automóviles sport, de carreras o de lujo.

Cupé Hispano-Suiza J12 (1933). La sociedad Hispano-Suiza –este fue su origen– basó su renombre dentro de la construcción de automóviles en la producción de vehículos de lujo de gran potencia.

Cabriolé «Escarabajo» Volkswagen (1979). Creado por Ferdinand Porsche y comercializado a partir de 1938, el «escarabajo» ha tenido un extraordinario éxito popular más de 21 millones de unidades vendidas.

---

cionario subalterno. **3.** Profesor que sustituye al titular o le ayuda en su labor. ◆ adj. y s.m. Se dice de un verbo que, al perder su significación particular, sirve para formar los tiempos compuestos de otros verbos o perífrasis verbales. ◇ **Auxiliar de vuelo** Persona que atiende a los pasajeros de aviones comerciales.

2. AUXILIAR v.tr. (lat. *auxiliare*). Dar ayuda o socorro. **2.** Administrar los últimos sacramentos a un moribundo.

AUXILIARÍA s.f. Empleo de profesor auxiliar.

AUXILIO s.m. (lat. *auxilium*). Ayuda prestada a alguien que esta en una situación peligrosa o de necesidad. ◇ **Auxilios espirituales** REL. Sacramentos administrados a un moribundo.

AUXINA s.f. Hormona vegetal que regula el crecimiento de las plantas.

AUXOLOGÍA s.f. Estudio del crecimiento de los seres vivos.

AUYAMA s.f. Antillas, Colomb., C. Rica y Venez. Calabaza, planta y fruto.

AVAL s.m. (fr. *aval*). Firma sobre un documento comercial o en el momento de la concesión de un crédito, que se da como garantía de un tercero, para responder del pago del importe en caso de que no sea liquidado por el signatario o el beneficiario. **2.** Acto por el cual una persona responde de la conducta de otra.

AVALADOR, RA s. Persona que da su garantía en favor de un tercero.

AVALANCHA s.f. (fr. *avalanche*). Alud: *avalancha de nieve*.

AVALAR v.tr. Garantizar por medio de aval.

AVALENTONADO, A adj. Valentón.

AVALISTA s.m. y f. Persona que avala un documento o a otra persona.

AVALORAR v.tr. Dar valor o más valor a algo. **2.** Hacer que algo aumente de valor.

AVANCE s.m. Acción y efecto de avanzar. **2.** Anticipo o adelanto: *avance de noticias*. **3.** Progreso. **4.** Parte que sobresale de una galería, alero, etc. **5.** Esp. y Méx. CIN. Serie de fragmentos de una película que sirven de publicidad antes de su presentación. **6.** MEC. Desplaza-

miento de la herramienta en el sentido del espesor de las virutas, durante el mecanizado. SIN.: *movimiento de avance*.

AVANTE adv.l. y t. MAR. Adelante.

AVANTRÉN s.m. Parte de un automóvil que comprende la suspensión, el mecanismo de dirección, a veces, los órganos motores y de tracción. **2.** ARM. Parte delantera de los carruajes de artillería.

AVANZADA s.f. Grupo de soldados destacado para explorar un territorio enemigo u observar cerca al enemigo.

AVANZADILLA s.f. Grupo pequeño de soldados que se adelanta a la avanzada, del que destacan los centinelas y escuchas. **2.** MAR. Muelle de pilotaje que se adentra en el mar y por debajo del cual pasa el agua.

AVANZADO, A adj. y s. Adelantado, de ideas o doctrinas muy nuevas. **2.** Que está lejos de su comienzo.

AVANZAR v.intr. y prnl. (cat. *avançar*) [7]. Ir hacia adelante. **2.** Pasar el tiempo y acercarse a su fin un período determinado: *avanza la primavera y se acerca la época de exámenes*. ◆ v.tr. Mover o llevar algo hacia adelante. **2.** Adelantar, anticipar algo: *le avancé la paga*. **3.** Cuba y Dom. Vomitar. ◆ v.intr. *Fig.* Progresar o mejorar en algo: *avanzar en mecanografía*.

AVANZO s.m. Balance, comparación del activo y pasivo de un negocio. **2.** Estado detallado y estimativo de los trabajos a realizar. SIN.: *presupuesto*.

AVARICIA s.f. (lat. *avaritia*). Ansia de adquirir y acumular riquezas.

AVARICIOSO, A adj. y s. Avaro.

AVARIENTO, A adj. y s. Avaro.

AVARO, A adj. y s. (lat. *avarus*). Que tiene avaricia: *avaricioso, avariento*. **2.** *Fig.* Que reserva algo sin compartirlo: *avaro de su tiempo, de su ciencia*. SIN.: *avaricioso, avariento*.

ÁVARO, A adj. y s. De un pueblo originario de Asia central que invadió la llanura húngara en el s. VII d.C. (Carlomagno los venció en 796 y los integró al Imperio). **2.** De un pueblo caucasiano y musulmán de Daguestán.

AVASALLAMIENTO s.m. Acción de avasallar.

AVASALLAR v.tr. Someter a alguien contra su voluntad. **2.** Atropellar, actuar sin consideración.

AVATAR s.m. Encarnación de Visnú en la religión hindú. **2.** INFORMÁT. Personaje virtual escogido por el usuario de una computadora para que lo represente gráficamente en un juego electrónico o en un sitio web. ◆ **avatares** s.m.pl. Transformaciones, cambios en la fortuna, vicisitudes: *los avatares de la vida*.

AVE s.f. (lat. *avis*). Animal vertebrado ovíparo, cubierto de plumas, de respiración pulmonar y sangre caliente, cuyas extremidades anteriores son alas, y cuyos maxilares forman un pico. (Entre las aves, descendientes de los rep-

■ **AVE.** Esqueleto de un águila.

123

tiles, se distinguen unas 9 000 especies cuya talla varía de 2 a 3 cm [colibrí] hasta más de 2 m [avestruz] y que ocupan gran variedad de hábitats: árboles, suelo, pantanos y zonas litorales.) **Ave del paraíso** Ave paseriforme que vive en Nueva Guinea y en el N de Australia, cuyo macho posee un plumaje de colores variados y brillantes; BOT. planta ornamental originaria de África meridional. (Familia musáceas.) **Ave de mal agüero** *Fam.* Persona que anuncia alguna desgracia o es portadora de malas noticias. **Ave de paso** *Fam.* Persona que se detiene poco en un lugar determinado. **Ave de rapiña** Ave rapaz; *Fam.* Persona que se apodera con violencia o astucia de lo que no es suyo. **Ave lira** Ave paseriforme que vive en Australia del tamaño de un faisán, que debe su nombre a las largas plumas curvadas de la cola de los machos. **Ave martillo** Ave ciconiforme que vive en África tropical, de pico más largo que la cabeza, con un copete de plumas en el occipucio. **Ave nocturna** *Fam.* Persona que trasnocha.

■ **AVE LIRA** macho.

AVE s.m. (siglas de *alta velocidad española*). Tren español de alta velocidad.

AVECHUCHO s.m. *Fam.* Persona despreciable o desagradable.

AVECINAR v.tr. y prnl. (ital. *avvicinare*). Acercar, aproximar: *se avecina una tormenta.* **2.** Avecindar.

AVECINDAR v.tr. Inscribir a alguien como vecino de una población. ◆ **avecindarse** v.prnl. Establecerse como vecino en una población.

AVEFRÍA s.f. Nombre de diversas aves limícolas de unos 30 cm de long., caracterizadas por presentar un copete de plumas largas, finas y brillantes que sobresale de la parte posterior de la cabeza. (Familia carádridos.)

AVEJENTAR v.tr. y prnl. Hacer que alguien o algo tenga un aspecto más viejo de lo que es. SIN.: *aviejar.*

AVEJIGAR v.tr. y prnl. [2]. Levantar vejigas o ampollas sobre una cosa.

AVELLANA s.f. (lat. *abellana nux*, nuez de Abella, ciudad de la Campania donde abundan). Fruto comestible del avellano, casi esférico, marrón claro, de 1 a 2 cm de diámetro, que contiene una semilla rica en aceite (un 70 % aprox.). **2.** Carbón mineral de la cuenca de Puertollano (España), lavado y clasificado, cuyos trozos tienen un tamaño reglamentario entre 15 y 25 mm. ◆ s.m. Se dice del color de la avellana. ◆ adj. Que es de este color.

AVELLANADO s.m. Acción y efecto de avellanar.

AVELLANADOR s.m. Barrena pequeña que sirve para avellanar.

AVELLANAL o **AVELLANAR** s.m. Terreno poblado de avellanos. SIN.: *avellanedo.*

AVELLANAR v.tr. Ensanchar un agujero para que la cabeza del tornillo que se introduce quede embutida en la pieza taladrada. ◆ **avellanarse** v.prnl. Arrugarse y ponerse enjuta una persona o cosa.

AVELLANEDO s.m. Avellanal.

AVELLANERO, A s. Vendedor de avellanas.

AVELLANO s.m. Arbusto que crece en bosques, de una alt. máxima de 7 m, cuyo fruto es la avellana. (Familia betuláceas.) **2.** Madera de este arbusto.

AVEMARÍA o **AVE MARÍA** s.f. Oración cristiana que comienza con las palabras con que el arcángel san Gabriel saludó a la Virgen.

AVENA s.f. (lat. *avena*). Cereal cuyos granos, del mismo nombre, contenidos en espiguillas colgantes, se utilizan para la alimentación del ganado, especialmente el caballar y para la

elaboración del whisky. (Familia gramíneas.) ◇ **Avena loca** Avena silvestre que crece en terrenos incultos.

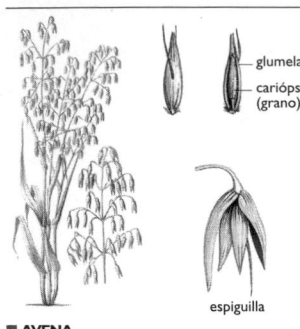

glumela
cariópside (grano)

espiguilla

■ **AVENA**

AVENAMIENTO s.m. Acción y efecto de avenar.

AVENAR v.tr. Dar salida a la excesiva humedad de un terreno cavando en él zanjas de desagüe. **2.** GEOMORFOL. Concentrar un sistema fluvial las aguas de una región para evacuarlas.

AVENENCIA s.f. Conformidad, acuerdo o armonía entre dos o más personas. **2.** DER. Resultado del acto de conciliación, que concluye con la conformidad de las partes.

AVENIDA s.f. Calle ancha, generalmente con árboles a los lados. **2.** Crecida impetuosa del caudal de un curso fluvial. SIN.: *arroyada, riada, venida.* **3.** *Fig.* Afluencia de varias personas o cosas a un lugar.

AVENIDO, A adj. Se dice de personas que tienen buena o mala relación entre ellas. (Suele ir acompañado de *bien* o *mal.*)

AVENIMIENTO s.m. Acción y efecto de avenir o avenirse.

AVENIR v.tr. y prnl. [78]. Poner de acuerdo dos o más partes diferentes o enfrentadas entre sí. ◆ **avenirse** v.prnl. Entenderse bien una persona con otra, llevarse bien. **2.** Ponerse de acuerdo dos o más personas en sus ideas y objetivos. **3.** Estar una cosa en armonía con otra: *su dulce mirada no se aviene con su carácter agresivo.* **4.** Amoldarse, conformarse con algo: *avenirse a razones.*

AVENTADOR, RA adj. y s. Se dice de la persona que avienta los granos. **2.** Se dice de un instrumento o una máquina que sirve para aventar y limpiar los granos después de la trilla. ◆ s.m. Ruedo pequeño para aventar el fuego y otros usos, generalmente de esparto. ◆ **aventadores** s.m.pl. Abertura simple o doble de la nariz de los cetáceos.

AVENTAJADO, A adj. Se dice de una perso-

na que aventaja a otras en cualidades, conocimientos, etc.: *un alumno aventajado.*

AVENTAJAR v.tr. Llevar ventaja, superar una persona o cosa a otra.

AVENTAR v.tr. [10]. Aplicar aire sobre algo. **2.** Echar el grano trillado al viento para limpiarlo: *aventar la cebada.* **3.** Desplazar o mover el viento algo: *el levante aventaba la nave.* **4.** *Fig. y fam.* Echar o expulsar a alguien. **5.** Cuba. Exponer el azúcar al sol y al aire. **6.** Méx. Arrojar, tirar. ◆ **aventarse** v.prnl. Llenarse de viento algún cuerpo. **2.** *Fig. y fam.* Huir, escapar. **3.** Colomb. Arrojarse sobre alguien o algo. **4.** P. Rico. Comenzar la carne a corromperse.

AVENTARIO s.m. Canal de la nariz de una caballería.

AVENTÓN s.m. Guat. y Méx. *Fam.* Autostop: *ir de aventón.* **2.** Guat., Méx., Nicar. y Perú. Empujón.

AVENTURA s.f. Suceso extraordinario o accidentado. **2.** Acción que entraña riesgo o peligro. **3.** Relación amorosa pasajera.

AVENTURAR v.tr. Arriesgar o poner en peligro: *aventurar mucho dinero en negocios.* ◆ v.tr. Exponer una idea arriesgada o atrevida.

AVENTURERO, A adj. y s. Que busca o vive una vida de aventuras. **2.** Se dice de una persona que intenta prosperar o enriquecerse por medios ilegales. **3.** MAR. Se dice del barco mercante armado que en tiempos de guerra viaja sin escolta.

AVERDUGAR v.tr. [2]. Apretar o ajustar con exceso, hasta causar lesión o daño.

AVERGONZAR v.tr. y prnl. [24]. Causar vergüenza.

AVERÍA s.f. (cat. *avaria*). Desperfecto que impide el funcionamiento de un aparato, una instalación o una máquina. **2.** Daño o deterioro que sufre una mercancía o un género.

AVERIAR v.tr. y prnl. [19]. Producir avería.

AVERIGUACIÓN s.f. Acción y efecto de averiguar.

AVERIGUAR v.tr. (lat. tardío *verificare*, presentar como verdad) [3]. Llegar a tener conocimiento de algo mediante indagaciones. ◆ v.intr. Amér. Central y Méx. Discutir.

AVERÍO s.m. Conjunto de aves de corral.

AVERNO s.m. *Poét.* Infierno.

AVERROÍSMO s.m. Doctrina filosófica de Averroes basada en una interpretación de la metafísica de Aristóteles a la luz del Corán. (Se desarrolló en los ss. XIII-XVIII.)

AVERROÍSTA adj. y s.m. y f. Relativo al averroísmo; partidario de esta doctrina filosófica.

AVERRUGARSE v.prnl. [2]. Llenarse de verrugas.

AVERSIÓN s.f. (lat. *aversio, -onis*). Sentimiento de rechazo o repugnancia hacia algo o alguien: *sentir aversión a la carne, por la violencia.* ◇ **Terapia de aversión** PSICOL. Terapia utilizada para hacer desaparecer un comportamiento inadaptado, asociándole estímulos desagradables.

AVÉSTICO s.m. Lengua irania en la que está escrito el Avesta.

AVESTRUZ s.m. o f. (occ. ant. *estrutz*). Ave corredora de unos 2,60 m de alt. y unos 100 kg, con cuello largo, alas pequeñas que no le permiten volar, y patas fuertes y largas, que vive en

flor femenina

inflorescencia masculina

fruto

sección del fruto

cúpula

hojas y frutos

■ **AVELLANO**

■ **AVESTRUZ** macho.

grupos en las estepas y desiertos africanos. (Subclase ratites.)

AVETADO, A adj. Que tiene vetas.

AVETORO s.m. Ave parecida a la garza, de unos 70 cm de long., de plumaje leonado con manchas negruzcas y pico tan largo como la cabeza. (El grito del macho recuerda el mugido del toro.)

■ AVETORO

AVEZADO, A adj. Experimentado en algo.

AVEZAR v.tr. y prnl. (del ant. *bezo*, costumbre) [7]. Acostumbrar a algo.

AVIACIÓN s.f. (fr. *aviation*). Modalidad de locomoción aérea por medio de aviones. ◇ **Aviación comercial** Conjunto de aviones, instalaciones y personal empleados en el transporte de viajeros y mercancías. **Aviación militar** Fuerzas aéreas de un país. (V. ilustr. pág. siguiente.)

AVIADOR, RA adj. y s. (fr. *aviateur*). Se dice de la persona que pilota un avión. ◆ s.m. Militar de aviación. **2.** Méx. Persona que cobra un sueldo en una oficina de gobierno pero que en realidad no trabaja allí.

1. AVIAR v.tr. (de *vía*) [19]. Preparar o disponer algo para un fin. **2.** Acelerar la marcha o ejecución de una actividad: *avíate que llegamos tarde.* **3.** Arreglar o componer a alguien o algo. **4.** Amér. Prestar dinero o efectos al labrador, minero o ganadero. **5.** MAR. Repasar las costuras de un barco. ◆ v.tr. y prnl. Preparar, aprestar a alguien o algo. **2.** Fam. Proporcionar a alguien lo que necesita para algún fin. *aviar de botas para el invierno.*

2. AVIAR adj. Relativo a las aves, especialmente a sus enfermedades.

AVIARIO, A adj. Aviar. ◆ s.m. Colección de aves, vivas o disecadas, ordenadas para exhibición o estudio.

AVÍCOLA adj. Relativo a las aves.

AVICULTOR, RA s. Persona que se dedica a la avicultura.

AVICULTURA s.f. Cría de aves y aprovechamiento de sus productos.

AVIDEZ s.f. Cualidad de ávido: *comer, leer con avidez.*

AVIDINA s.f. BIOQUÍM. Proteína del tipo de las albúminas, que se encuentra en la clara del huevo y que inactiva la acción de la biotina.

ÁVIDO, A adj. (lat. *avidus*). Que desea algo con gran intensidad. *ávido de riquezas; ávido de aprender.*

AVIEJAR v.tr. y prnl. Avejentar.

AVIESO, A adj. (lat. *aversus*, apartado, opuesto, trasero). Perverso o mal intencionado: *costumbres aviesas.* **2.** Torcido, irregular.

AVIFAUNA s.f. ECOL. Conjunto de aves de una zona o región.

AVILANTARSE v.prnl. Insolentarse.

AVILANTEZ s.f. (del ant. *avilanteza*, ocasión). Audacia, insolencia.

AVILENSE adj. y s.m. y f. De Avilés.

AVILÉS, SA adj. y s. Abulense.

AVILESINO, A adj. y s. Avilense.

AVILLANAR v.tr. y prnl. Hacer que alguien se comporte como villano o algo parezca villano.

AVINAGRAR v.tr. y prnl. Poner agrio, especialmente el vino. ◆ avinagrarse v.prnl. Volverse agrio o áspero el carácter de una persona.

AVIÑONÉS, SA adj. y s. De Aviñón. SIN.: *aviñonense.*

AVÍO s.m. Preparación de lo necesario para realizar algo. **2.** Provisión que los pastores llevan para el camino. **3.** Préstamo que se hace al labrador, ganadero o minero. **4.** Interés personal. ◆ **avíos** s.m.pl. Utensilios necesarios para cierta actividad.

1. AVIÓN s.m. (fr. *avion*). Vehículo de navegación aérea más pesado que el aire, provisto de alas y de uno o varios motores de hélice o de reacción. SIN.: *aeroplano.* ◇ **Avión carguero** Avión de gran tonelaje destinado únicamente al transporte de carga pesada y voluminosa. **Avión cisterna**, o **nodriza** Avión que transporta carburante para que repostén otros aparatos en vuelo. **Avión escuela** Avión destinado a la formación de pilotos.

2. AVIÓN s.m. Nombre de varias especies de aves paseriformes semejantes a las golondrinas, de la cual se distingue por tener la cola más corta. (Familia hirundínidos.)

AVIONETA s.f. Avión de pequeñas dimensiones con motor de poca potencia.

AVIÓNICA s.f. Aplicación de técnicas electrónicas a la aviación. SIN.: *aeroelectrónica.* **2.** Conjunto de equipos electrónicos de una aeronave.

AVISADO, A adj. Que actúa con astucia y prudencia. **2.** TAUROM. Se dice del toro que atiende a todo lo que se mueve en la plaza, haciendo difícil y peligrosa su lidia. ◇ **Mal avisado** Que actúa irreflexivamente.

AVISAR v.tr. (fr. *aviser*, instruir, avisar). Hacer saber algo a alguien con anticipación. SIN.: *comunicar.* **2.** Informar a alguien de algo, especialmente de un posible daño o peligro. **3.** Llamar a alguien para que preste un servicio: *avisar al médico.*

AVISO s.m. Acción y efecto de avisar. **2.** Conjunto de palabras o signos con que se avisa de algo. **3.** Indicio, señal: *el trueno es aviso de tormenta.* **4.** Amér. Anuncio de un periódico, generalmente de un particular. **5.** TAUROM. Advertencia que hace la presidencia al torero cuando este prolonga la faena de matar más tiempo del prescrito por el reglamento. ◇ **Sobre aviso** Prevenido, enterado de algo.

AVISPA s.f. (lat. *vespa*). Insecto social alado, con un abdomen con anillos amarillos y negros, que en las hembras acaba en un aguijón venenoso, y que construye nidos anuales o avísperos, compuestos de una envoltura acartonada, donde se desarrollan las larvas. (Orden himenópteros.) **2.** Fig. Persona muy astuta. ◇ **Cintura de avispa** Cintura muy delgada.

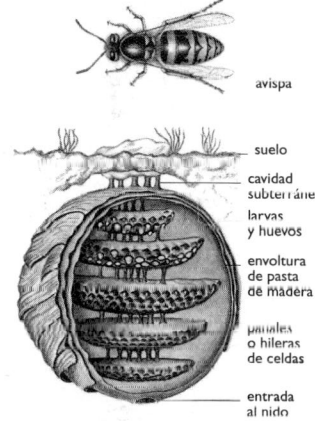

avispa

suelo

cavidad subterránea

larvas y huevos

envoltura de pasta de madera

panales o hileras de celdas

entrada al nido

■ AVISPA y avispero.

CARACTERÍSTICAS:
longitud: 63,70 m
altura: 16,80 m
envergadura: 60,30 m
masa total en el despegue: 267 t
número de asientos
  en versión corriente: 295
distancia franqueable
  a plena carga: 12 500 km
4 reactores CFM56-5C

ala en flecha

compartimento de clase turista

office

deriva

timón de dirección

timón de profundidad

fuselaje

salida de emergencia

A340

compartimento de 1ª clase

compartimento de clase negocios

acceso trasero

estabilizador horizontal

cabina de pilotaje

alerón hipersustentador

spoiler / aerofreno

spoiler / aerofreno

alerón

cierre del extremo del sustentador

radar

acceso delantero

compartimento de carga

reactor

aleta de borde de ataque

office y baño

tren de aterrizaje delantero

tren de aterrizaje principal

■ **AVIÓN** de transporte comercial Airbus A340.

■ LA AVIACIÓN CIVIL

En menos de un siglo la aviación ha pasado del primer vuelo sostenido, propulsado y dirigido de los hermanos Wright a los vuelos regulares de larga distancia. Entre las grandes fechas de la aviación comercial figuran la de la aparición del turborreactor (De Havilland 106 Comet, 1949); más tarde, la del transporte de gran capacidad (Boeing 747, 1969) y, después, la de los mandos de vuelo completamente automáticos.

Latécoère 28-1 (1928). Monoplano de estilizada línea para su época, el Latécoère 28-1 se utilizó tanto para el despacho de correo como para el transporte de pasajeros.

Lockheed Constellation (1946). Símbolo del renacimiento del transporte aéreo tras la segunda guerra mundial, el cuatrimotor Lockheed Constellation fue uno de los aviones de línea con motores de hélice más destacados.

ATR 72 (1988). Fruto de la cooperación franco-italiana, el avión de transporte regional ATR 72 es un biturbopropulsor con capacidad para 70 pasajeros.

Boeing 777 (1995). El Boeing 777, el mayor birreactor del mundo, puede transportar entre 305 y 440 pasajeros a distancias que van de los 7 340 km a los 13 670 km, según las versiones.

AVISPAR v.tr. y prnl. *Fam.* Hacer despierto y espabilado a alguien. ◆ v.tr. Avivar a las caballerías. ◆ **avisparse** v.prnl. *Fig.* Inquietarse.

AVISPERO s.m. Nido de avispas. **2.** *Fig. y fam.* Lugar o asunto que ofrece peligro. **3.** MED. Denominación vulgar del ántrax.

AVISPÓN s.m. Avispa de gran tamaño, de picadura muy dolorosa, cuyo nido puede alcanzar 60 cm de diámetro.

■ AVISPÓN

AVISTAR v.tr. Ver algo o a alguien desde lejos. ◆ **avistarse** v.prnl. Reunirse una persona con otra para tratar de un negocio.

AVITAMINOSIS s.f. Enfermedad producida por falta de vitaminas, como el escorbuto, el beriberi o la pelagra.

AVITUALLAMIENTO s.m. Acción de avituallar. **2.** Vituallas.

AVITUALLAR v.tr. Proveer de vituallas. SIN.: *vituallar.*

AVIVADO s.m. METAL. Pulimento de una pieza metálica, pasándola por un disco de paño flexible impregnado con un abrasivo de grano muy fino.

AVIVADOR, RA adj. Que aviva. ◆ s.m. Ranura o pequeño espacio hueco, de unos 3 mm de ancho, que se labra entre dos molduras. **2.** Cepillo especial con hierro cortante, con que se hacen dichas ranuras.

AVIVAR v.tr. Hacer más vivo, intenso o agudo algo: *avivar la esperanza, una conversación.* **2.** *Fig.* Hacer que arda más el fuego o que la luz artificial dé más claridad. **3.** *Fig.* Poner más vivos los colores. ◆ v.intr. Cobrar vida y vigor.

AVIZOR, RA adj. y s. (fr. ant. *aviseur*). Atento.

AVIZORAR v.tr. Acechar, vigilar buscando algo: *avizorar los alrededores de la casa.*

AVOCAR v.tr. (lat. *advocare*) [1]. DER. Reservar para sí mismo una causa que debía ser examinada por una jurisdicción inferior.

AVOCASTRO s.m. Chile y Perú. Persona muy poco agraciada.

AVOCETA s.f. Ave zancuda que vive en zonas pantanosas, de unos 45 cm de alt., de pico largo y curvado hacia arriba y plumaje negro y blanco. (Orden caradriformes.)

■ AVOCETA

AVODIRÉ s.m. Árbol de África tropical, de madera blanda y blanca, del mismo nombre, empleada en ebanistería.

AVOGADRO. Número de Avogadro Nombre de los elementos contenidos en una molécula de materia (átomos, iones o molécu-

las), cuyo valor actualmente admitido es de $6{,}022\,136\,7 \times 10^{23}$ mol⁻¹.

AVOIRDUPOIS s.m. Sistema de peso que se aplica en los países anglosajones a todas las mercancías, excepto metales preciosos, pedrería y medicamentos, en el que la libra equivale a 16 onzas.

AVORA s.f. Palmera que se cultiva en América tropical, de cuyos frutos se obtiene la manteca de corozo. (Familia palmáceas.)

AVUGO s.m. Fruto del avuguero, pequeño, de color verde amarillento y de sabor poco agradable.

AVUGUERO s.m. Árbol, variedad del peral, cuyo fruto es el avugo.

AVULSIÓN s.f. (lat. *avulsio, -onis,* acción de arrancar). MED. Extirpación, extracción.

AVUNCULADO s.m. ANTROP. Sistema de organización social en sociedades matriarcales, en el que la responsabilidad principal sobre el niño la ejerce el tío materno y no el padre.

AVUTARDA s.f. (hispano-lat. *avis tarda*). Ave zancuda de dorso rojizo con líneas negras, y vientre y cuello blancos o gris claro, que mide de 40 cm a 1,20 m en las especies europeas, de carrera rápida y vuelo pesado, muy apreciada por su sabrosa carne. (Familia otídidos).

AXIAL adj. Relativo al eje. SIN.: *axil.*

AXILA s.f. (lat. *axilla*). ANAT. Concavidad situada debajo del hombro, donde se unen la parte superior del brazo y el tórax. **2.** BOT. Región situada encima de la inserción de una hoja con el tallo, en el vértice del ángulo formado por ambos.

AXILAR adj. Relativo a la axila: *nervio axilar.* ◇ **Yema axilar** BOT. Yema lateral situada en la axila de una hoja.

AXIOLOGÍA s.f. Teoría o ciencia de los valores morales.

AXIOLÓGICO, A adj. Relativo a la axiología.

AXIOMA s.m. (lat. *axioma,* del gr. *axioma,* lo que parece justo, proposición). Proposición primera o evidencia no susceptible de demos-

■ LA AVIACIÓN MILITAR

Confinada en un primer momento a misiones de observación, la aviación conoció en el curso de la primera guerra mundial un prodigioso desarrollo, tanto en el campo tecnológico como en el de las doctrinas de uso (creación del caza y de la aviación de bombardeo). La segunda guerra mundial promovió nuevos avances (radar, propulsión de reacción). Durante los años 1970-1980 las misiones de aviación militar se organizaron alrededor de tres ejes: combate, transporte y apoyo.

Nieuport Ni 17-C (1916). Caza francés de la primera guerra mundial, el Ni 17-C aparece en este dibujo con los colores de la aviación italiana en 1917.

Messerschmitt BF 109-F3 (1941). El Messerschmitt, uno de los más célebres cazas alemanes de la segunda guerra mundial, combatió en todos los frentes.

Rafale B01. Constituye la versión biplaza del avión de combate de más altas cualidades técnicas de la armada francesa. Su sofisticado sistema de armamento lo hace apto para todas las misiones de combate (ataque terrestre, disuasión nuclear, fuego de apoyo). Una versión «marina» equipará a la fuerza aeronaval francesa.

Mig 29 Fulcrum (1983). El Mig 29 Fulcrum, aparato de combate monoplaza, equipó la fuerza aérea soviética a partir de 1983.

---

tración. **2.** LÓG. Principio enunciado hipotéticamente como base de una teoría deductiva.

AXIOMÁTICA s.f. Conjunto de primeras nociones *(axiomas)* admitidas sin demostración, que forman la base de una teoría científica. ◇ **Axiomática formal** LÓG. Teoría axiomática en la que no se da sentido a los términos primitivos de la teoría.

AXIOMÁTICO, A adj. Incontrovertible, evidente. ◇ **Teoría axiomática** LÓG. Teoría deductiva construida a partir de axiomas y desarrollada por medio de reglas de inferencia.

AXIOMATIZACIÓN s.f. Procedimiento que consiste en enunciar los axiomas de los que se deducen los teoremas de una teoría deductiva.

AXIOMATIZAR v.tr. [7]. Transformar en axiomas.

AXIS s.m. ANAT. Segunda vértebra cervical.

AXO s.m. Trozo de tela de lana cuadrado que forma parte del vestido de las indias de Perú.

AXOLOTE o **AXOLOTL** s.m. → AJOLOTE.

AXÓN s.m. Prolongación de una neurona, cuya longitud puede alcanzar varios decímetros, que transmite el impulso nervioso desde el cuerpo celular hacia la periferia. SIN.: *cilindroeje.*

AXONOMETRÍA s.f. Forma de representación gráfica de una figura de tres dimensiones, en la cual las aristas del triedro de referencia se proyectan según rectas que forman entre sí ángulos de 120°.

AXONOMÉTRICO, A adj. Relativo a la axonometría.

AY s.m. Suspiro, quejido. (Suele usarse en plural.) ◆ interj. Expresa generalmente aflicción, dolor o sorpresa. **2.** Con la prep. *de* seguida de un pronombre, expresa pena, temor, conmiseración o amenaza: *¡ay de mí!*

AYATE s.m. Méx. Tela de hilo de maguey que se usa como bolsa.

AYATOLÁ o **AYATOLLAH** s.m. (ár. *aia*, signo, y *Allah*, Dios). Jefe religioso del islam

chiita. (Tiene el significado y función de ser el intérprete de la ley coránica.)

AYATOLISLAM o **HOYATOLESLAM** s.m. (ár. *huyya alislām*, prueba del islam). Teólogo o doctor en jurisprudencia en el islam chiita.

AYER adv.t. (lat. *heri*). En el día anterior al día de hoy. **2.** Fig. Hace poco tiempo, en tiempo pasado.

AYLLU s.m. Sistema de organización social antiguo practicado por los aimara y los quechua.

AYO, A s. (del lat. *avia*, abuela, mujer de edad que cuida los niños). Persona encargada de la custodia, crianza o educación de un niño.

AYOTERA s.f. Amér. Central. Calabaza. SIN.: *ayote.*

AYUBÍ o **AYYUBÍ** adj. y s.m. y f. De los Ayubíes, dinastía musulmana. (V. parte n. pr.)

AYUDA s.f. Acción de ayudar. **2.** Persona o cosa que ayuda. **3.** Medio del que se sirve un jinete para mandar sobre su caballo. **4.** Lavativa. ◆ s.m. MAR. Cabo o aparejo que se pone para mayor seguridad de otro. ◇ **Ayuda de cámara** Criado que cuida especialmente del vestido de su amo.

AYUDADO, A adj. y s.m. TAUROM. Se dice del pase de muleta en cuya ejecución intervienen las dos manos del matador.

AYUDANTA s.f. Mujer que realiza los trabajos subalternos, generalmente en oficios manuales.

AYUDANTE s.m. y f. Persona que ayuda. ◆ s.m. MIL. Oficial destinado a las órdenes de un jefe superior: *ayudante de campo.* ◇ **Ayudante técnico sanitario** (ATS) Esp. Diplomado sanitario auxiliar del médico.

AYUDANTÍA s.f. Empleo de ayudante. **2.** Oficina del ayudante. **3.** MAR. Cada uno de los distritos en que se dividen las provincias marítimas españolas.

AYUDAR v.tr. (lat. *adjutare*). Hacer algo por alguien con el fin de aliviarle el trabajo o una pena, evitarle una situación crítica o peligrosa,

etc.: *ayudar a hacer la casa; ayudar a los afectados por las inundaciones.* ◆ **ayudarse** v.prnl. Valerse o servirse de alguien o algo para un determinado fin.

AYUINÉ s.m. Árbol de América Meridional que exuda una sustancia aromática.

AYUNAR v.intr. Abstenerse de comer y beber total o parcialmente, en especial por motivos religiosos o de salud, o como medio de protesta. **2.** Fig. Privarse de algo placentero.

AYUNO, A adj. (lat. vulg. *jajunus*). Que no ha comido. **2.** Fig. Privado de algún placer. **3.** Fig. Que no sabe o no comprende nada de una cosa. ◆ s.m. Acción de ayunar. **2.** Abstinencia que se hace por motivos religiosos o por motivos de salud de alguna de las comidas diarias o de ciertos manjares. ◇ **En ayunas** Sin haber comido nada; Fig. sin haberse enterado de alguna cosa.

AYUNTAMIENTO s.m. Corporación compuesta de un alcalde y varios concejales para la administración y dirección de un municipio. SIN.: *cabildo, concejo.* **2.** Casa consistorial. **3.** Cópula carnal.

AYYUBÍ adj. y s.m. y f. → AYUBÍ.

AZABACHE s.m. (hispano-ár. *zabaý*). Variedad de lignito de color negro brillante. Se talla como las piedras preciosas. ◆ adj. Que es de color negro y brillante. ◆ **azabaches** s.m.pl. Conjunto de dijes de azabache.

AZADA s.f. (lat. vulg. *asciata*, herramienta provista de una especie de hacha o azuela). Instrumento agrícola para cavar y remover la tierra, que consiste en una lámina o pala cuadrangular de hierro con un extremo cortante y provisto de un anillo donde encaja un mango.

AZADÓN s.m. Azada de pala algo curva y más larga que ancha.

AZAFATE s.m. (ár. *sáfaṭ*, cesta de hojas de palma, enser donde las mujeres ponen sus perfumes y otros objetos). Canastilla de mimbre, llana y con borde de poca altura.

AZAFATO, A s. Persona que atiende a los visitantes de ferias, congresos, etc. **2.** Esp. Persona que atiende a los pasajeros de un avión, aeromozo. ◆ s.f. Criada que servía a la reina.

AZAFEA s.f. Instrumento astronómico inventado por Azarquiel para sustituir el astrolabio.

AZAFRÁN s.m. (ár. *zafarān*). Planta herbácea cultivada por sus flores violáceas, cuyos estigmas se emplean para condimentar alimentos. (Familia iridáceas.) SIN.: *croco*. **2.** Estigma de esta planta o polvo preparado con él, utilizados como condimento. **3.** MAR. Madero vertical exterior que forma parte de la pala del timón y que se une con pernos a la madre. ◇ **Azafrán bastardo** Cólquico.

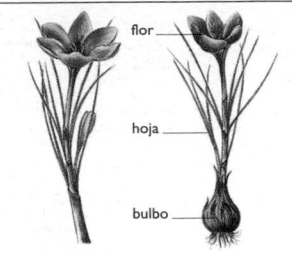

flor
hoja
bulbo

■ **AZAFRÁN**

AZAFRANADO, A adj. Que es de color anaranjado como el azafrán.

AZAFRANAL s.m. Terreno sembrado de azafranes.

AZAFRANAR v.tr. Condimentar con azafrán. **2.** Teñir de color anaranjado.

AZAFRANERO, A s. Persona que vende o cultiva azafrán.

AZAGAYA s.f. (bereber *zagāya*). Lanza o dardo arrojadizo de pequeñas dimensiones y poco peso.

AZAHAR s.m. (hispano-ár. *zahar*). Flor olorosa del naranjo, del limonero y del cidro, de color blanco, usada en medicina y perfumería.

AZALÁ s.m. (ár. *şalā*). Oración o súplica en la religión musulmana.

AZALEA s.f. (lat. botánico *azalea*, del gr. *áxaléos*, seco, árido). Arbusto originario de las montañas de Asia, del que se cultivan diversas especies por la belleza de sus flores del mismo nombre. (Familia ericáceas.)

detalle
de la flor

■ **AZALEA**

AZAMBOA s.f. (ár. *zanbūa*). Fruto del azamboero.

AZAMBOERO s.m. Variedad de cidro que produce un fruto de corteza muy arrugada. (Familia rutáceas.)

AZANAHORIATE s.m. Zanahoria confitada.

AZANDE → ZANDÉ.

AZAR s.m. (ár. vulg. *zahr*, dado). Causa a la que se atribuyen acontecimientos fortuitos o inexplicables. **2.** Suceso, acontecimiento o percance imprevisto. ◇ **Al azar** Sin propósito ni objeto determinado; sin considerar ni reflexionar previamente.

AZARAMIENTO s.m. Acción y efecto de azarar o azararse.

AZARAR v.tr. y prnl. Avergonzar o turbar a alguien. SIN.: *azorar*.

AZARARSE v.prnl. Estropearse o malograrse algo, especialmente en el juego.

AZARBE s.m. (del ár. *sárab*, canal, cloaca). Cauce adonde van a parar el agua sobrante de los riegos.

AZAREARSE v.prnl. Amér. Central, Chile y Perú. Avergonzarse. **2.** Chile y Perú. Irritarse, enojarse.

AZAROLLA s.f. Fruto del azarollo.

AZAROLLO s.m. Serbal común.

AZAROSO, A adj. Abundante en peligros o percances. **2.** Que es consecuencia del azar.

AZEOTRÓPICO, A adj. Se dice de una mezcla de dos líquidos que destila a temperatura constante produciendo, a determinada presión, un vapor de composición fija.

AZEÓTROPO s.m. Mezcla azeotrópica.

AZERBAIJANÉS, SA adj. y s. De Azerbaiján. ◆ s.m. LING. Azerí.

AZERÍ adj. y s.m. y f. De un pueblo turco musulmán que habita en el Azerbaiján caucásico e iraní. (Descienden de los antiguos habitantes iranófonos de Transcaucasia oriental, turquizados a partir del s. XI.) ◆ s.m. Lengua turca hablada en Azerbaiján. SIN.: *azerbaijanés*.

AZILIENSE adj. y s.m. Se dice de una facies cultural epipaleolítica caracterizada por útiles de sílex de pequeño tamaño y por guijarros pintados o grabados con motivos geométricos regulares, que sucedió al magdaleniense hacia el VIII milenio.

ÁZIMO adj. y s.m. → ÁCIMO.

AZIMUT s.m. → ACIMUT.

AZIMUTAL adj. → ACIMUTAL.

AZNACHO s.m. Pino rodeno o pinastro; madera de este árbol. SIN.: *aznallo*.

AZNALLO s.m. Aznacho. **2.** Gatuña.

ÁZOE s.m. Nombre dado al nitrógeno por Lavoisier.

AZOEMIA s.f. Presencia de nitrógeno en la sangre.

AZÓFAR s.m. (ár. *şufr*). Latón, aleación de cobre y cinc.

AZOGAMIENTO s.m. Acción y efecto de azogar o azogarse.

AZOGAR v.tr. [2]. Cubrir o mezclar con azogue cristales u otras cosas. ◆ **azogarse** v.prnl. Intoxicarse con el vapor del azogue.

1. AZOGUE s.m. (hispano-ár. *záuq*). Nombre vulgar del mercurio.

2. AZOGUE s.m. (ár. *al-suq*). Mercado situado en la plaza de una localidad, especialmente durante la edad media.

AZOICO, A adj. Relativo al ázoe. **2.** Se dice de un medio desprovisto de animales o de un terreno desprovisto de fósiles. ◆ adj. y s.m. Se dice de un compuesto orgánico nitrogenado.

AZOLVAR v.tr. y prnl. (ár. *şállab*, atravesar, cruzar, borrar). Obstruir un conducto.

AZOLVE s.m. Méx. Basura o lodo que obstruye un conducto de agua.

AZOOSPERMIA s.f. Ausencia de espermatozoides en el esperma.

AZOR s.m. (lat. vulg. *acceptor, -oris*). Ave rapaz diurna, de unos 60 cm de long. y 1,10 m de envergadura, cabeza pequeña y pico curvado, muy apreciada en cetrería. (Familia accipítridos.)

AZORA s.f. Cada uno de los capítulos que componen el Corán.

AZORAMIENTO s.m. Acción o efecto de azorar o azorarse.

AZORAR v.tr. y prnl. Azarar. ◆ v.tr. Asustar.

AZOTACALLES s.m. y f. (pl. *azotacalles*). Fam. Persona ociosa y callejera.

AZOTADOR s.m. Oruga mexicana cubierta de pelillos de propiedades urticantes.

AZOTAINA s.f. Fam. Serie de azotes. SIN.: *azotina*.

AZOTAR v.tr. Dar azotes. **2.** Fig. Golpear repetida y violentamente: *las olas azotan la orilla*.

AZOTE s.m. (ár. *sáut*). Instrumento hecho de

■ EL ARTE AZTECA

El gran desarrollo de la civilización azteca se manifestó en sus representaciones artísticas, algunas muy vinculadas a su sistema de cómputo del tiempo y plasmadas en los calendarios. La escultura, en la que conviven una tendencia naturalista y otra cargada de simbolismo, es otra faceta destacada de un arte que dejó muestras muy valiosas en todos los campos artísticos.

Escultura. Representación en piedra de un tambor azteca, procedente de la ciudad de México. (Museo nacional de antropología, México.)

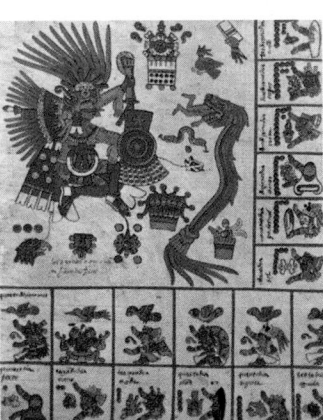

Calendarios. Detalle de una hoja de calendario (ss. XIV-XVI), perteneciente al Códice Borbónico. (Biblioteca de la asamblea nacional, París.)

Escultura. Esta representacion de Xochipilli, dios de la Vegetación, es una muestra del desarrollo de la escultura en el arte azteca; andesita, 1325-1521.
(Museo nacional de antropología, México.)

tiras de cuero, con nudos o con puntas, usado para golpear como castigo. **2.** Golpe dado con este instrumento. **3.** *Por ext.* Golpe dado con la mano o con un instrumento alargado como castigo. **4.** *Fig.* Calamidad, desgracia: *la sequía es el gran azote de esta tierra.* **5.** *Fig.* Persona que es causa de una calamidad o desgracia.

AZOTEA s.f. (ár. *suṭáih,* dim. de *saṭh,* planicie). Superficie llana y descubierta en lo alto de un edificio por la que puede caminarse. **2.** *Fig.* y *fam.* Cabeza.

AZOTEHUELA s.f. Méx. Patio de luces.

AZT s.m. Medicamento empleado para retardar la aparición de los síntomas del sida. SIN.: *zidovudina.*

AZTECA adj. y s.m. y f. De un pueblo amerindio que se instaló en el valle de México en el s. XIII y que dominó cultural y políticamente el país durante el s. XV y el primer cuarto del XVI. **2.** Mexicano. ◆ s.m. **1.** Náhuatl. **2.** Moneda de oro mexicana de veinte pesos.

ENCICL. En 1325 los aztecas fundaron Tenochtitlan. De 1376 a 1427 estuvieron sometidos al reino tepaneca de Azcapotzalco, durante los reinados de Acamapichtli (1376-1396), Huitzilihuitl (1396-1417) y Chimalpopoca (1417-1427). Itzcóatl (1427-1440) fundó el imperio azteca, que estableció en 1428 una federación entre Tenochtitlan, Texcoco y Tlacopan. Moctezuma I Ilhuicamina (1440-1469) consolidó y extendió el imperio, que con Ahuitzotl (1486-1502) alcanzó su máxima extensión. Moctezuma II Xocoyotzin (1502-1520) hizo frente a la llegada de los españoles, quienes en 1525 ejecutaron a Cuauhtémoc, último soberano azteca. Los aztecas establecieron una compleja organización política, militar y religiosa de tipo piramidal, regida por una monarquía encabezada por el tlatoani, si bien la influencia del cihuacoatl, ha hecho que algunos estudiosos hablen de una diarquía. La economía se basaba en la agricultura (maíz).

Los aztecas desarrollaron dos tipos de calendarios, uno ceremonial (tonalpohualli) y otro solar (xiuhpohualli) de 365 días. Destaca la escultura, simbolista y abstracta *(Piedra del Sol, Coatlicue)* o naturalista, la pintura mural (altares de Tizatlán), la cerámica (platos, copas), la orfebrería y el arte lapidario. Su arquitectura se inspira en la de Teotihuacán y la tolteca. Utilizaron la escritura jeroglífica en códices, poemas, anales, etc., algunos de ellos transcritos en caracteres latinos (en náhuatl y en español). En literatura destacó el poeta Netzahualcoyotl, soberano de Texcoco. Los principales dioses aztecas son: Quetzalcóatl, dios del bien y de la vida; Tezcatlipoca, dios de los hechiceros y de los jóvenes guerreros; Huitzilopochtli, dios de la guerra y del sol; Tláloc, dios de la lluvia, y Coatlicue, diosa madre y la tierra.

Aunque en toda la extensión del imperio azteca se hablaron numerosas lenguas, su lengua de cultura fue el náhuatl, que engloba, entre otras, las lenguas shoshón, pima, papago, tarahumara, tepehua y huichol.

AZÚCAR s.m. o f. (ár. *súkkar*). Sustancia cristalizada de sabor dulce, que se extrae principalmente de la caña de azúcar o de la remolacha azucarera y se usa como edulcorante para los alimentos. **2.** QUÍM. Compuesto perteneciente al grupo de los glúcidos. ◇ **Azúcar cande,** o **candi** Azúcar formado por cristales transparentes y grandes, obtenido por maceración lenta de un jarabe. **Azúcar glas,** o **glaseado** Capa de azúcar de lustre que recubre algunos productos de confitería. **Azúcar moreno,** o **negro** Azúcar poco refinada, de color oscuro y más dulce que el blanco.

ENCICL. El proceso de producción del azúcar comienza con una fase de extracción, que tiene lugar por presión en el caso de la caña y por difusión en una corriente de agua caliente en el de la remolacha. Los jugos azucarados obtenidos se depuran por medio de lechada de cal, que provoca la formación de un precipitado. Al jugo depurado y concentrado hasta un estado de sobresaturación moderada se le añaden cristales de azúcar finamente molidos, que aumentan de tamaño a expensas del azúcar en sobresaturación. Una vez lavado, secado y tamizado, el azúcar se comercializa en panes, trozos, cristales, en polvo, etc. Los principales productores mundiales son la India y Brasil, seguidos de EUA, China, Tailandia y Australia.

AZUCARADO, A adj. De sabor semejante al azúcar. **2.** Que contiene azúcar. **3.** *Fig.* Que es excesivamente meloso o almibarado.

AZUCARAR v.tr. Bañar o endulzar con azúcar. **2.** *Fig.* Suavizar, endulzar. **3.** Amér. Cristalizarse el azúcar.

AZUCARERA s.f. Fábrica de azúcar. **2.** Azucarero, recipiente.

AZUCARERO, A adj. Relativo al azúcar: *industria azucarera.* ◆ s.m. Recipiente para ser-

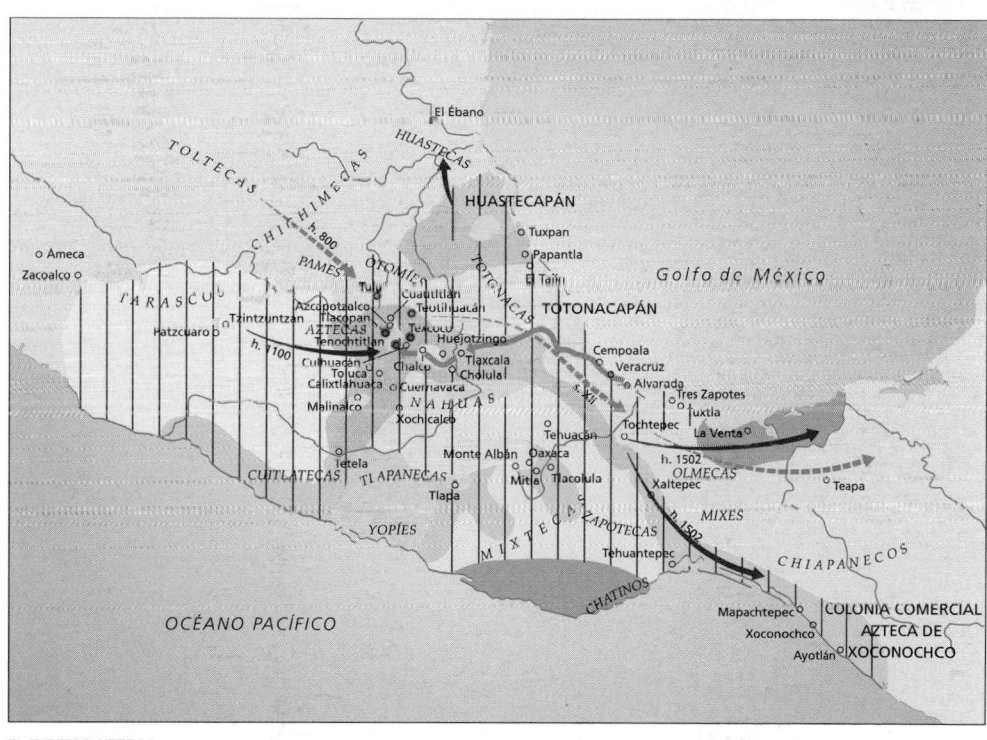

EL IMPERIO AZTECA

Imperio azteca	Expansión bajo Tizoc (1481-1486)	○ Sitios arqueológicos y ciudades
Territorio inicial expansionado bajo Itzcóatl (1428-1440)	Expansión bajo Ahuitzotl (1486-1502)	● Triple alianza desde 1433
Expansión bajo Moctezuma I (1440-1469)	Expansión bajo Moctezuma II (1502-1520)	● Antiguo centro de civilización
Expansión bajo Axayácatl (1469-1481)	*YOPÍES* Pueblos	→ Aztecas

▸ Toltecas
➡ Ruta de penetración española

Reino de Michoacán
Reino de Tlaxcala
Señorío de Yopitzingo
Señorío de Matzitlán
Señorío de Mixtecapán
Señorío de Coatzacoalcos

vir el azúcar. **2.** Persona que tiene por oficio fabricar azúcar. **3.** Amér. Dueño de un ingenio de azúcar o fabricante de azúcar.

AZUCARILLO s.m. Terrón de azúcar. **2.** Pasta azucarada y esponjosa que se elabora con clara de huevo batida y zumo de limón.

AZUCENA s.f. (hispano-ár. *sussāna*). Nombre que se da a diversas plantas de las familias liliáceas, amarilidáceas, apocináceas y orquídeas, la más conocida de las cuales *(azucena común)* da unas flores blancas y olorosas del mismo nombre, agrupadas en racimos grandes.

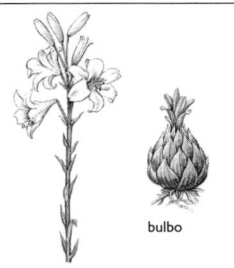

bulbo

■ **AZUCENA** blanca.

AZUD s.m. o f. (ár. *sudd*, obstáculo, obstrucción, presa). Presa pequeña hecha en un río, a fin de tomar agua para regar y otros usos. SIN.: *azuda.* **2.** Rueda con que se saca agua de un río para regar los campos.

AZUELA s.f. (hispano-lat. *asciola*). Hacha pequeña de hoja curva y perpendicular al mango que utilizan los carpinteros para labrar y desbastar la madera.

AZUFAIFA s.f. (hispano-ár. *zufáizafa*). Fruto dulce del azufaifo, pequeño, redondeado y de cáscara roja o marrón.

AZUFAIFO s.m. Árbol o arbusto espinoso de hasta 8 m de alt., que se cultiva para ornamentación o por la azufaifa. (Familia ramnáceas.)

AZUFRADO, A adj. Sulfuroso. **2.** Parecido en el color al azufre. ◆ s.m. Azuframiento.

AZUFRADOR s.m. Aparato para azufrar las plantas.

AZUFRAMIENTO s.m. Acción y efecto de azufrar. SIN.: *azufrado.*

AZUFRAR v.tr. Espolvorear azufre, especialmente sobre los vegetales para luchar contra las enfermedades criptogámicas. **2.** Quemar azufre dentro de un tonel con el fin de destruir los microorganismos.

AZUFRE s.m. (lat. *sulphur*). No metal, de color amarillo pálido, brillo metálico, de densidad 2,06, cuyo punto de fusión es de 112,8 °C y el de ebullición de 444,6 °C. **2.** Elemento químico (S), de número atómico 16 y masa atómica 32,066. (Este elemento se encuentra en estado natural y constituye el 0,06 % de la litosfera. También se encuentra en forma de sulfuros y sulfatos.) ◇ **Azufre en cañón** Azufre moldeado en forma de cilindro. **Flor de azufre** Azufre obtenido por enfriamiento brusco de su vapor.

AZUFRERA s.f. Lugar de donde se extrae azufre.

AZUFROSO, A adj. Que contiene azufre.

AZUL adj. y s.m. Se dice del color que ocupa el quinto lugar del espectro solar, entre el verde y el añil, como el del cielo o el del mar. ◆ adj. Que es de este color. ◆ s.m. *Poét.* Cielo o espacio. **2.** QUÍM. Nombre de diversos pigmentos y colorantes azules: *azul ultramar; azul de Prusia; azul de cobalto.* ◇ **Azul celeste** El azul más claro. **Azul mar,** o **marino** El azul más oscuro. **Enfermedad azul** Cualquier enfermedad que cursa con gran cianosis, principalmente cardiopatías congénitas que provocan defectos de oxigenación de la sangre. **Niño azul** Niño que padece la enfermedad azul. **Príncipe azul** *Fig.* Personaje masculino idealizado de los cuentos de hadas; hombre ideal de una mujer.

AZULADO, A adj. Que tiene un tono azul.

AZULAR v.tr. Dar color azul o teñir de azul.

AZULEAR v.intr. Mostrar algo el color azul que en sí tiene. **2.** Tirar a azul.

AZULEJAR v.tr. Revestir de azulejos, ladrillos. SIN.: *alicatar.*

1. AZULEJO s.m. Ladrillo pequeño o baldosín vidriado, coloreado y decorado o no con dibujos que sirve para revestir paredes o suelos.

■ **AZULEJO** (Portugal, s. XVIII).

2. AZULEJO, A adj. Amér. Azulado. ◆ adj. y s.m. Argent. y Urug. Se dice del caballo entrepelado de blanco y negro que presenta reflejos azules. ◆ s.m. Nombre con que se designa a diversas aves americanas de unos 17 cm de long., de plumaje azul celeste uniforme, algo blanquecino en la región ventral. (Familia tráupidos.)

AZULETE s.m. Polvo de añil con que se da un tono azulado a la ropa blanca después de lavada.

AZUMAGARSE v.prnl. [2]. Chile. Llenarse de moho.

AZÚMBAR s.m. (ár. *súnbul,* valeriana). Planta de hojas acorazonadas, flores blancas en umbela terminal, y fruto en forma de estrella de 6 puntas. (Familia alismáceas.)

AZUMBRE s.f. (ár. *ṭumn,* octava parte). Unidad de medida de capacidad para líquidos antigua, empleada en Castilla, equivalente a 2,016 l.

AZUR s.m. y adj. HERÁLD. Azul oscuro.

AZURITA s.f. Carbonato natural de cobre, de color azul.

AZUZAR v.tr. (de *zuzo,* interjección que se dirige al perro para incitarlo a que embista) [7]. Incitar a un animal a que ataque. **2.** *Fig.* Inducir a una persona a hacer algo.

B s.f. Segunda letra del alfabeto español, y primera de sus consonantes. (Representa un sonido oclusivo bilabial sonoro.) ◇ **B** MÚS. En la notación alfabética inglesa, *si* natural, y *si* bemol en la alemana.

BABA s.f. (voz de origen onomatopéyico). Saliva que fluye por la boca de forma involuntaria. **2.** Secreción viscosa de algunos animales, como la babosa y el caracol, y algunas plantas. **3.** Colomb. y Venez. Yacaré, especie de cocodrilo o caimán. ◇ **Caérsele la baba** Experimentar complacencia viendo u oyendo alguna cosa o hablando de alguien o de algo; sentir admiración o cariño por algo o alguien. **Tener mala baba** *Fam.* Tener mala intención o mal carácter.

BABABUY s.m. Ave paseriforme de la zona norte de América del Sur.

BABAZA s.f. Baba de algunos animales y plantas.

BABEAR v.intr. Echar baba por la boca. **2.** *Fig.* y *fam.* Demostrar gran admiración, cariño o respeto hacia alguien o algo.

BABEL s.m. y f. *Fam.* Desorden y confusión. **2.** *Fig.* y *fam.* Lugar o situación en que hay gran desorden y confusión, especialmente por hablar muchas personas a la vez, sin entenderse.

BABERA s.f. Pieza de la armadura, unida al casco, que protege el cuello, el mentón y la boca.

BABERO s.m. Pieza de tela o plástico que se pone a los niños sobre la ropa, sujeta al cuello y cubriendo el pecho, para protegerla de babas o manchas de comida o bebida. **2.** Esp. y Méx. Prenda de vestir que se pone a los niños encima del traje para protegerlo.

BABIA (EN) loc. *Fam.* Distraído, sin enterarse de la realidad.

BABIECA s.m. y f. y adj. (voz de origen onomatopéyico). *Fam.* Bobo, tontaina.

BABILLA s.f. En los cuadrúpedos, región formada por los músculos y tendones que articulan el fémur con la tibia y la rótula. **2.** Pieza de esta parte de las reses bovinas destinadas al consumo.

BABILÓNICO, A adj. Relativo a Babilonia. **2.** *Fig.* Fastuoso.

BABILONIO, A adj. y s. De Babilonia.

BABINSKI. Signo de Babinski Inversión del reflejo cutáneo plantar, característica de las lesiones de la vía nerviosa motriz, que aparece en las parálisis que afectan al haz piramidal.

BABIRUSA s.m. (del malayo *babi*, cerdo, y *rusa*, ciervo). Cerdo salvaje de las Célebes, de piel desnuda y caninos desarrollados como defensa en los machos. (Familia suidos.)

BABISMO o **BÁBISMO** s.m. Doctrina enseñada por el Bab y sus seguidores, los babíes, que trata de reformar el islam en un sentido menos riguroso y más abierto.

BABLE s.m. Dialecto leonés hablado en Asturias. SIN.: *asturiano.*

BABOEN s.m. Madera obtenida de diversos árboles americanos, de coloración ocre, empleada en carpintería ligera y contraplacada.

BABOR s.m. (fr. *babord*). Costado izquierdo de una embarcación, mirando desde la parte trasera, o popa, hacia la delantera, o proa. CONTR.: *estribor.*

BABOSA s.f. (de *baba*). Gasterópodo pulmonado terrestre, sin concha, alargado y con una especie de escudo adornado con estrías. SIN.: *maza.* (Familia limácidos.) **2.** Pez de cuerpo alargado, cuya piel segrega gran cantidad de mucus.

■ BABOSA

BABOSADA s.f. Amér. Central, Colomb., Méx. y Pan. Cuestión de escasa importancia.

BABOSEAR v.tr. Llenar de babas.

BABOSO, A adj. Que está lleno de babas. ◆ adj. y s. Que echa mucha baba por la boca. **2.** *Fig.* y *fam.* Se dice de la persona que no tiene la edad suficiente para hacer o decir ciertas cosas, o para intentarlo. **3.** *Fig.* y *fam.* Bobo, tonto. ◆ adj. y s.m. Se dice de la persona que es demasiado aduladora o zalamera con los demás.

BABUCHA s.f. (fr. *babouche*). Calzado ligero, plano y abierto por detrás, usado tradicionalmente por los musulmanes. **2.** Amér. Zapato de

■ BABIRUSA

pala alta, cerrada con un cordón. **3.** Amér. Zapato femenino de paño con la punta formada de cuero. ◇ **A babucha** Argent. y Urug. A cuestas.

BABUINO s.m. Simio originario de África, de hocico alargado y formas robustas, que está más adaptado a la vida terrestre que a la arbórea y vive en grupos organizados. (Suborden catarrinos.)

■ BABUINO

BABUVISMO s.m. Doctrina de Babeuf y de sus seguidores, que pretende instaurar una especie de comunismo igualitario de reparto de bienes y no de producción.

BACA s.f. (fr. *bâche*). Soporte dispuesto en la parte superior de los vehículos donde pueden colocarse los equipajes. **2.** PESC. Arte de pesca de arrastre, parecido al bou.

BACACO o **BACACU** s.m. Paseriforme de vistoso plumaje, propio de las comarcas del Orinoco y del Amazonas. (Familia cotíngidos.)

BACALADERO, A adj. Relativo al bacalao, o a su pesca y comercio. ◆ s.m. y adj. Embarcación especializada en la pesca del bacalao y especies afines. **2.** Persona que tiene por oficio la pesca del bacalao.

BACALAO s.m. Pez marino de los mares árticos, que alcanza 1,50 m de long., cuya carne se come fresca, salada o curada, y de cuyo hígado se obtiene un aceite que se usa como reconstituyente. (Familia gádidos.) ◇ **Cortar el bacalao** Esp. *Fam.* Tener el mando o el poder de decisión última en un grupo o asunto.

■ BACALAO

BACÁN, A s.m. y adj. Argent. Persona adinerada o aburguesada. ● s.m. Cuba. Masa de carne de cerdo, tomate y ají, envuelta en hojas de banano.

BACANAL s.f. (lat. *bacchanalis*, de *Bacchus*, Baco). Orgía. ● adj. Relativo al dios Baco. ● **bacanales** s.f.pl. Fiestas romanas de Baco y de los misterios dionisíacos, caracterizadas por el desenfreno o el crimen.

BACANTE s.f. (lat. *bacchans, -tis*). Sacerdotisa del dios Baco. **2.** *Fig.* Mujer de moral libertina.

BACARRÁ o **BACARÁ** s.m. (fr. *bacarra* o *baccarat*). Juego de naipes que se juega con dos barajas francesas y en el que uno de los participantes actúa como banquero.

BACCIFORME adj. Que tiene forma de baya o fruto.

BACERA s.f. Enfermedad del bazo producida en el ganado por el bacilo antrácico.

BACETA s.f. (fr. *bassette*). Montón de naipes que quedan después de repartidos los necesarios a cada jugador, y del que se toma un naipe al empezar cada baza.

BACHATA s.f. Antillas. Juerga, diversión bulliciosa.

BACHE s.m. Desnivel que se forma en una calzada o camino a causa del tránsito rodado, la lluvia, etc. **2.** *Fig.* Período de descenso, decadencia o depresión: *el artista sufrió un gran bache; un bache económico*. **3.** Zona atmosférica de baja densidad, que provoca un descenso súbito y momentáneo del avión.

BACHICHA s.m. y f. Amér. Merid. Apodo con que se designa al italiano y a su lengua.

1. BACHILLER s.m. y f. Persona que ha obtenido el grado que se concede al terminar la enseñanza media. **2.** Persona que cursa o ha cursado los estudios de enseñanza media.

2. BACHILLER, RA s. y adj. *Fam.* Persona que habla con pedantería e impertinencia.

BACHILLERATO s.m. Estudios de la educación media o secundaria que facultan para seguir estudios universitarios o estudios profesionales cualificados. **2.** Grado de bachiller.

BACHILLEREAR v.intr. *Fam.* Hablar con pedantería e impertinencia.

BACÍA s.f. Recipiente redondo para líquidos y alimentos. **2.** Vasija con una escotadura semicircular en el borde, que usaban los barberos para remojar la barba. **3.** GEOMORFOL. Depresión del terreno, con frecuencia sinclinal, de gran extensión.

BÁCIGA s.f. (ital. *bàzzica*). Juego de naipes entre dos o más personas, cada una con tres cartas.

BACILAR adj. Relativo a los bacilos o producido por ellos: *enfermedad bacilar.*

BACILIFORME adj. Que tiene forma de bacilo: *bacteria baciliforme.*

BACILO s.m. (lat. *bacillum*, bastoncillo). Microbio en forma de bastoncillo. **2.** Insecto herbívoro, de 10 cm de long., frágil, alargado y de largas patas, parecido a una ramita. (Familia fásmidos.)

BACILOSIS s.f. Enfermedad producida por un bacilo, especialmente la tuberculosis.

BACÍN s.m. (lat. tardío *bacchinon*). Orinal alto y cilíndrico.

BACINETE s.m. Casco que se usaba en los ss. XIII y XIV. **2.** Soldado que lo llevaba.

BACINICA s.f. Recipiente bajo para depositar excrementos humanos.

BACKGROUND s.m. (voz inglesa). Conjunto de conocimientos y experiencias que constituyen el bagaje de una persona.

BACK-UP s.m. INFORMÁT. Copia de seguridad. SIN.: *salvaguarda.*

BACON s.m. (voz inglesa). Esp. Beicon.

BACÓN s.m. (cat. *bacó*). Esp. Beicon.

BACORETA s.f. Pez de 1,20 m de long., de color azul acero, parecido al atún, del cual se diferencia por carecer de escamas, salvo en la porción anterior. (Familia escómbridos.)

BACTERIA s.f. (gr. *baktiría*, bastón). Microbio unicelular de forma alargada (*bacilos*), esférica (*cocos*) o espiral (*espirilos*), carente de membrana nuclear, que se multiplica por división celular sencilla o por esporas y se alimenta como los vegetales.

ENCICL. Por lo general formadas por una sola célula, las bacterias son los organismos autónomos más pequeños (de 1 a 5 micras). La ausencia de núcleo y otros compartimentos cerrados por una membrana distingue a la célula bacteriana, o *procariota*, de las células de otros seres vivos, llamadas *eucariotas*. Se clasifican según su forma de nutrición, su morfología y sus características bioquímicas. Muy abundantes en todos los medios, desempeñan una función primordial en el reciclado de la materia orgánica. Los medios de cultivo de las bacterias son muy variados: algunas necesitan el oxígeno del aire (bacterias *aerobias*); otras deben protegerse de él (bacterias *anaerobias*). Las especies parásitas llegan a provocar enfermedades en los vegetales y los animales (en el hombre fiebre tifoidea, cólera y difteria). No obstante, suelen vivir en simbiosis con los organismos que habitan; algunas son necesarias para la fabricación de quesos, vinos o antibióticos; otras se utilizan en biotecnología.

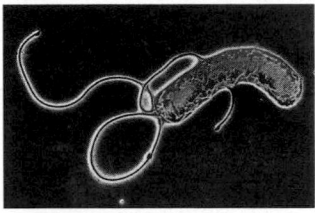

■ **BACTERIA** (*Helicobacter pylori*).

BACTERIANO, A adj. Relativo a las bacterias: *infección bacteriana.*

BACTERICIDA adj. y s.m. Se dice de la sustancia que destruye las bacterias, como la lejía, el ozono, el alcohol o determinados antibióticos.

BACTERIDIA s.f. Bacteria inmóvil, como la del carbunco.

BACTERIEMIA s.f. Descarga pasajera de bacterias en la sangre a partir de un foco infeccioso, que se manifiesta por temblores y aumentos de temperatura.

BACTERIÓFAGO s.m. Virus que destruye activamente determinadas bacterias.

BACTERIOLOGÍA s.f. Parte de la microbiología que estudia las bacterias.

BACTERIOLÓGICO, A adj. Relativo a la bacteriología. **2.** MIL. Que utiliza las bacterias: *guerra bacteriológica.*

BACTERIÓLOGO, A s. Especialista en bacteriología.

BACTERIOSIS s.f. Enfermedad parasitaria o cualquier otra enfermedad debida a bacterias o a toxinas bacterianas.

BÁCULO s.m. (lat. *baculum*). Bastón largo y con el extremo curvo. **2.** *Fig.* Alivio o consuelo: *su nieto fue el báculo de su vejez.* **3.** HERÁLD. Figura y ornamento exterior del escudo de obispos, abades y abadesas. ◇ **Báculo pastoral** Bastón que usan los obispos como símbolo de su autoridad.

BADA s.f. Rinoceronte.

BADAJADA s.f. Golpe que da el badajo en la campana. **2.** *Fig.* y *fam.* Tontería, despropósito. SIN.: *badajazo.*

BADAJEAR v.intr. *Fig.* y *fam.* Hablar mucho y diciendo tonterías.

BADAJO s.m. (del lat. *battuere*, batir). Pieza que pende en el interior de las campanas, cencerros y esquilas, y que al moverse y golpear sus paredes hace que suenen. **2.** *Fig.* y *fam.* Persona habladora y necia.

BADAJOCENSE adj. y s.m. y f. De Badajoz. SIN.: *badajoceño, pacense.*

BADAMERO o **BADAMIERO** s.m. Árbol de Asia tropical y Oceanía, cuyo fruto suministra el barniz llamado laca de China. (Familia combretáceas.)

BADANA s.f. (ár. vulgar *baṭāna*, forro). Piel de carnero u oveja curtida que se emplea en guarnicionería, marroquinería, encuadernación, etc. ● s.m. y f. *Fam.* Persona floja y perezosa. ◇ **Sacudir**, o **sobar**, o **zumbar**, o **zurrar**, **la badana** *Fam.* Dar a alguien una paliza o maltratarlo de palabra.

BADEA s.f. (ár. *baṭīja*). Sandía, melón o pepino de mala calidad.

BADÉN s.m. (hispano-ár. *baṭén*, vientre, cauce seco). Zanja o cauce formado en el terreno por las aguas de la lluvia. **2.** Depresión o cauce que se construye en un camino o carretera para que pueda pasar el agua de un torrente. **3.** Vado de una acera.

BADERNA s.f. (provenz. *baderno*). MAR. Cabo trenzado para sujetar el cable al virador, trincar la caña del timón, etc.

BADIÁN s.m. Arbusto originario de Vietnam, cuyo fruto, llamado anís estrellado, contiene una sustancia aromática utilizada en la fabricación de bebidas anisadas. (Familia magnoliáceas.)

BADIANA s.f. Badián, arbusto. **2.** Fruto de este arbusto.

BADIL s.m. (del lat. *batillum*). Paleta de metal para remover y recoger la lumbre. SIN.: *badila.*

BADILA s.f. Badil. **2.** PESC. **a.** Arte de pesca constituido por una pértiga de madera, con un bastidor rectangular de hierro en un extremo, al que se afirma la red en forma de bolsa. **b.** Paleta metálica usada para pescar el marisco adherido a las rocas o sumergido en el fango.

BADILEJO s.m. Llana de albañil.

BADIN s.m. AERON. Aparato que sirve para medir la velocidad de un avión en relación con el aire ambiente.

BAD LANDS s.m.pl. (ingl. *badlands*). Tierras arcillosas en las que las arroyadas torrenciales han abierto múltiples barrancos que no dejan entre sí más que aristas agudas.

BÁDMINTON s.m. (voz inglesa, de *Badminton House*, Gran Bretaña). Juego parecido al tenis, que en lugar de pelota utiliza una semiesfera de corcho o goma con plumas. (También *badminton*.)

BADULACADA s.f. Chile y Perú. Bellaquería, calaverada.

BADULAQUE s.m. y f. y adj. *Fam.* Persona necia e informal.

BAFLE o **BAFFLE** s.m. (ingl. *baffle*). Caja acústica. **2.** Pantalla rígida y absorbente del sonido que se coloca en el interior de la caja de resonancia del altavoz para obtener una mejor reproducción del sonido.

BAGA s.f. (lat. *baca*, fruto). Cápsula que contiene la linaza o semilla del lino.

BAGACERA s.f. Secadero para el bagazo de la caña de azúcar.

BAGAJE s.m. (fr. *bagage*, equipaje). *Fig.* Conjunto de conocimientos y de experiencia que posee una persona: *bagaje cultural.* **2.** Equipaje, en especial el de un ejército en marcha. **3.** Animal, con carro o sin él, que se tomaba en los pueblos a cargo del concejo para conducir el equipaje militar.

BAGALA s.m. Nombre dado a las embarcaciones árabes de mayor tamaño.

BAGANDA → **GANDA**.

BAGAR v.intr. [2]. Echar el lino, baga y semilla.

BAGATELA s.f. (ital. *bagatella*, juego de manos). Cosa fútil. **2.** MÚS. Pieza sencilla, de estilo ligero, generalmente destinada al piano.

BAGAZO s.m. Residuo de las frutos que se exprimen para sacarles el zumo: *bagazo seco de uva.* **2.** Residuo sólido de las cañas de azúcar, que queda después de haber sido trituradas por el molino. **3.** Cáscara que queda después de deshecha la baga y separada de ella la semilla del lino.

BAGRE s.m. Pez de agua dulce, sin escamas y con tres pares de barbillas en la cabeza, que suele habitar en los fondos de los ríos y lagunas americanas y llega a medir 60 cm de largo. **2.** Amér. Merid. Mujer fea. **3.** Hond. y Salv. Persona muy lista.

BAGRERO, A adj. y s.m. Ecuad. y Perú. Se dice del hombre que suele enamorar a mujeres feas.

BAGUAL, LA adj. y s.m. (de *Bagual*, cacique de los indios querandíes). Amér. Se dice del caballo o potro no domado. ● adj. y s. Amér. Merid. Indócil, indómito.

BAGUALA s.f. Canción popular del N de Argentina de repetidos ascensos tonales y coplas octosilábicas.

BAGUALADA s.f. Amér. *Fig.* Barbaridad, necedad, salvajada. **2.** Argent. Conjunto de baguales, caballos o potros no domados.

BAGUARÍ s.m. (guaraní *mbaguarí*). Ave de cuerpo blanco y alas y cola negras, que vive en Argentina. (Familia cicónidos.)

BAGUETTE s.f. (voz francesa). Pieza de pan larga y muy delgada.

BAGUILLA s.f. TEXT. Hilo obtenido dando a los cabos diferente torsión, de modo que el menos retorcido forma bucles alrededor del otro.

BAGUIO s.m. Ciclón tropical en Filipinas.

¡BAH! interj. Expresa incredulidad o desdén.

BAHÍA s.f. Penetración del mar en la costa, de extensión considerable y de entrada ancha, generalmente menor que el golfo y mayor que la ensenada: *bahía de Cádiz.*

BAHT o **BAT** s.m. Unidad monetaria de Thailandia.

BAHUTU → **HUTU.**

BAÍDO, A adj. **Bóveda baída** Bóveda formada por un hemisferio cortado por cuatro planos verticales y paralelos dos a dos. SIN.: *bóveda vaída.*

BAILADOR, RA adj. y s. Que baila. ◆ s. Esp. Bailarín profesional que ejecuta bailes populares de España.

BAILANTA s.f. Argent. Fiesta de pueblo en la que se baila.

BAILAOR, RA s. Esp. Bailarín de flamenco.

BAILAR v.intr. y tr. (del occitano ant. *balar*). Mover el cuerpo al son de la música y de forma acompasada. **2.** Girar o hacer girar rápidamente un objeto en torno a su eje, manteniéndose en equilibrio sobre uno de sus extremos: *bailar la peonza.* ◆ v.intr. Moverse u oscilar una cosa que no está fijada, segura o ajustada en su lugar. **2.** EQUIT. Hacer el caballo movimientos irregulares y nerviosos. **3.** IMPR. En una composición tipográfica, estar desnivelados los renglones, letras o líneas.

BAILARÍN, NA adj. y s. Que baila. ◆ s. Persona que se dedica profesionalmente al baile.

1. BAILE s.m. Acción de bailar. **2.** Conjunto de movimientos que se ejecutan adaptados a un tipo concreto de música y con unas características particulares. **3.** Lugar público donde se baila. **4.** Fiesta o reunión en que se baila. **5.** Espectáculo teatral en que se representa una acción mediante la danza y la mímica. **6.** AERON. Oscilación o vibración de origen aerodinámico de alguna parte del avión provocada por otra parte de este. ◇ **Baile de san Vito** NEUROL. Nombre de varias enfermedades nerviosas caracterizadas por movimientos involuntarios y violentos, como la corea o la epilepsia. **Baile de trajes,** o **de máscaras,** o **de disfraces** Baile en que los asistentes van disfrazados. **Cuerpo de baile** Conjunto de los bailarines de un teatro que no son solistas ni estrellas.

2. BAILE s.m. En la Corona de Aragón, durante la alta edad media, oficial que representaba al señor entre sus vasallos y que estaba encargado del gobierno de una determinada zona. **2.** Título de los gobernadores de las colonias venecianas en el Mediterráneo oriental.

BAILECITO s.m. Danza popular boliviana, de origen europeo, en compás de seis por ocho.

BAILETE s.m. Divertimento cantado y danzado que, en las obras teatrales del siglo de oro español, alternaba la acción hablada con la música y la mímica.

BAILÍA s.f. Territorio sobre el que ejercía su jurisdicción el baile. **2.** Dignidad y jurisdicción de un bailío de la orden de Malta.

BAILIAJE s.m. Territorio bajo la jurisdicción de un bailío. **2.** En la orden de san Juan, encomienda o dignidad que los caballeros profesos recibían por razón de su antigüedad o por concesión especial del gran maestre.

BAILÍO s.m. (occitano *bailiu*). En Francia, durante la edad media, agente superior o inferior al rey o a un señor, encargado de funciones judiciales. **2.** Caballero de la orden de San Juan de Malta, de grado superior al comendador, con privilegio de llevar la gran cruz.

BAILONGO s.m. Baile de poca categoría.

BAILOTEAR v.intr. Bailar sin gracia ni arte.

BAILOTEO s.m. Acción y efecto de bailotear.

BAIVEL s.m. (fr. ant. *baivel*). Escuadra de ramas móviles utilizada para labrar dovelas.

BAJA s.f. Disminución del valor, el nivel, la magnitud o el precio de una cosa: *baja de precios; baja térmica.* SIN.: *bajada.* **2.** Cese de una actividad industrial o profesional sometida a impuestos. **3.** Cese temporal o definitivo de una persona en un trabajo por enfermedad o accidente. **4.** Documento en que se formula. **5.** MAR. Fase descendente de la marea. **6.** MIL. Pérdida de un individuo en un ejército. ◆ **bajas** s.f.pl. Pérdidas. ◇ **Dar de baja** Registrar que una persona ha dejado de pertenecer a un cuerpo, una asociación o una empresa o ha dejado de dedicarse a una actividad. **Darse de baja** Dejar de pertenecer voluntariamente a un cuerpo, una asociación o una empresa. **Ir de,** o **ir en, baja** Perder valor o estimación. **Jugar a la baja** B. Y BOLSA. Especular, negociar en la bolsa o en el mercado, previendo la baja de los valores. **Ser baja** Dejar de pertenecer a una institución un individuo por cambio de destino, muerte, enfermedad, etc.

BAJÁ s.m. (ár. *bašā*). Título dado a los gobernadores de provincias en el Imperio otomano. (Actualmente es un título honorífico.) **2.** MAR. Nombre familiar dado al comandante de un navío de guerra.

BAJACA s.f. Ecuad. Cinta que usan las mujeres en el peinado.

BAJADA s.f. Acción de bajar. **2.** Camino por donde se baja. **3.** Disminución o descenso del valor, el nivel, la magnitud o el precio de una cosa: *bajada de precios; bajada térmica.* SIN.: *baja.* **4.** Argent. y Urug. Disminución del caudal de un río o arroyo. **5.** ARQ. Cañón de bóveda inclinado con relación al plano horizontal. ◇ **Bajada de aguas** Conducto por donde bajan las aguas de los tejados a las alcantarillas. **Tubo de bajada** Bajante.

BAJADOR s.m. Argent. Tiento que une la cinta con la hociquera y sujeta la cabeza del ganado.

BAJALATO s.m. División administrativa del antiguo Imperio otomano. **2.** Dignidad de bajá.

BAJAMAR s.f. Fin del reflujo del mar, marea baja. **2.** Tiempo que dura este movimiento.

BAJANTE s.m. o f. Cañería de evacuación de aguas, vertical o con pendiente fuerte.

BAJAR v.intr. y prnl. (del lat. *bassus,* bajo). Ir de un lugar alto a otro que está más bajo: *bajar al sótano.* **2.** Transferir información a la memoria de una computadora desde otra, especialmente a través de Internet u otra red informática. SIN.: *descargar.* **3.** Apearse de un vehículo o de una caballería: *bajar del tren; bajarse del caballo.* ◆ v.intr. Disminuir o descender el valor, el nivel, la magnitud o el precio de una cosa: *bajar el nivel del agua; bajar la fiebre.* ◆ v.tr. Poner algo o a alguien en un lugar más bajo que aquel en que estaba: *bajar el telón.* **2.** Hacer que disminuya o descienda el valor, el nivel, la magnitud, la intensidad o el precio de algo: *bajar la voz; bajar los precios.* **3.** Inclinar hacia abajo: *bajar la cabeza.* **4.** MÚS. Transportar una nota, un acorde o un fragmento musical a otro tono más grave que aquel en que fue escrito. ◆ v.tr. y prnl. *Fig.* Humillar, abatir. **2.** Transferir información desde una computadora a la memoria de otra, especialmente a través de Internet u otra red informática. SIN.: *descargar.* ◆ **bajarse** v.prnl. Inclinarse hacia el suelo.

BAJAREQUE s.m. Amér. Enrejado de palos entretejidos con cañas y barro. **2.** Cuba. Choza, caserón muy pobre. **3.** Pan. Llovizna menuda.

BAJATIVO s.m. Amér. Merid. Licor que se toma para facilitar la digestión; digestivo.

BAJEL s.m. (cat. *vaixell*). Barco.

BAJELERO s.m. Dueño, patrón o fletador de un bajel.

BAJERO, A adj. Que se usa o se pone debajo de otra cosa: *sábana bajera.*

BAJETE s.m. MÚS. Tema escrito en clave de *fa* que sirve para las prácticas de armonía y contrapunto.

BAJEZA s.f. Acción vil y despreciable. **2.** Cualidad de vil y despreciable.

BAJIAL s.m. Perú. Tierra baja que suele inundarse con las crecidas.

BAJÍO s.m. En el mar y aguas navegables, elevación del fondo que impide el paso de las embarcaciones. **2.** Amér. Terreno bajo.

BAJISTA adj. Se dice de la tendencia a la baja de precios en el mercado o en la bolsa. CONTR.: *alcista.* ◆ s.m. y f. Persona que, en la bolsa, especula sobre la baja de los valores mobiliarios. **2.** Persona que toca el bajo, instrumento musical.

1. BAJO adv.l. y m. En un lugar que está a poca altura del suelo: *volar bajo.* **2.** Con un tono de voz suave o débil, apenas audible: *hablar bajo.* ◆ prep. Indica que una persona o cosa está debajo de otra: *bajo el mar; bajo el puente.* **2.** Indica que una persona o cosa está sometida a otra o que depende de ella: *bajo los romanos.* **3.** Indica las condiciones en que se desarrolla una acción o un proceso: *libertad bajo fianza; declaración bajo juramento.* ◇ **Por lo bajo** Recatada o disimuladamente: *reírse por lo bajo.*

2. BAJO, A adj. (bajo lat. *bassum,* gordo y poco alto). Que tiene una altura menor de lo que se considera normal o que es inferior a otra con que se compara: *mesa baja.* **2.** Que está situado a poca distancia del suelo u otra superficie: *planta baja.* **3.** Inclinado hacia abajo, en dirección al suelo: *anda con la frente baja.* **4.** Que tiene un grado de inferioridad con respecto a otras cosas de la misma naturaleza: *clase baja; precio bajo, temporada baja.* **5.** *Fig.* Se dice de la persona vil y despreciable y de su comportamiento o sus actos. **6.** Se aplica a algunos nombres de períodos históricos para hacer referencia a su última parte, a la etapa más próxima al presente: *baja edad media.* **7.** *Fig.* Se dice del sonido o voz graves. **8.** Se dice de las festividades móviles que caen más pronto que otros años: *la Pascua cae baja este año.* **9.** Se dice de la parte de un río cercana a la desembocadura o a su confluente. **10.** TAUROM. Se dice del puyazo, par o medio par de banderillas, pinchazo o estocada que hiere al toro por debajo de las agujas. ◆ s.m. Bajío. **2.** Borde o dobladillo de la parte inferior de una prenda de vestir: *el bajo de una falda, del pantalón.* **3.** ACÚST. Sonido grave. **4.** MÚS. **a.** Voz o instrumento que ejecuta los sonidos más graves. **b.** Parte de música escrita para ser ejecutada por un cantor o un instrumentista de la cuerda de bajos. ◆ **bajos** s.m.pl. Planta baja de un edificio. **2.** Manos y pies del caballo. **3.** Parte baja de las máquinas, automóviles, etc. **4.** TAUROM. Parte del cuerpo del toro situada entre el morrillo y el brazuelo. ◇ **Baja tensión** Diferencia de potencial muy débil. **Bajo alemán** Lengua alemana del norte de Alemania. **Bajo de agujas** Se dice del animal cuya distancia entre la pezuña y la cruz es corta. **Bajo de viola** Instrumento anterior al violonchelo, con el que se interpreta el bajo en la música instrumental. **Bajos fondos** Barrios o sectores de las grandes ciudades en que generalmente actúan o viven los profesionales del delito. **Costa,** o **tierra, baja** Tierra poco elevada que se ve solo de muy cerca.

BAJÓN s.m. *Fam.* Disminución o deterioro bruscos del caudal, la salud, las facultades mentales, etc.: *dar un bajón anímico; un bajón de las temperaturas.*

BAJONADO s.m. Pez muy parecido a la dorada, que vive en el mar Caribe. (Familia espáridos.)

BAJONAZO s.m. TAUROM. Estocada muy baja.

BAJORRELIEVE s.m. En escultura, relieve cuyos motivos resaltan poco del plano.

BAJURA s.f. Falta de profundidad: *la bajura de una charca.* ◇ **Pesca de bajura** Pesca que se realiza cerca de la costa.

BAKELITA s.f. → **BAQUELITA.**

BAKONGO → **KONGO.**

BAKUBA → **KUBA.**

1. BALA s.f. (ital. *palla,* pelota). Proyectil que disparan las armas de fuego. **2.** *Por ext.* Conjunto de bala y casquillo. **3.** Méx. Esfera metálica que se lanza con una sola mano en algunas pruebas de atletismo. (Pesa 7,257 kg en categoría masculina y 4 kg en femenina.) **4.** IMPR. Rodillo con mango, con el que se pone tinta sobre las galeradas para sacar pruebas de una composición. ◇ **Bala perdida** Bala que sigue una trayectoria distinta de la que se esperaba; persona alocada y libertina. **Bala rasa** Bala sólida y esférica empleada por la artillería lisa. **Como una bala** *Fam.* Con prontitud. **Tirar con bala** *Fam.* Hablar con mala intención. **2. BALA** s.f. (cat. *bala*, del fr. *balle*). Fardo apretado de mercancías. **2.** Atado de diez resmas de papel.

BALACA o **BALACADA** s.f. Ecuad. Fanfarronada, baladronada.

BALACEAR v.tr. Amér. Disparar reiteradamente, tirotear.

BALACERA s.f. Amér. Tiroteo.

BALADA s.f. (provenz. *balada*, danza). En la edad media, poema lírico, de origen coreográfico, que primero se cantaba y más tarde se destinó solo a ser recitado. **2.** Desde fines del s. XVIII, pequeño poema narrativo en estrofas, que generalmente desarrolla una leyenda popular o una tradición histórica. **3.** En su origen, canción para ser bailada; pieza instrumental o vocal de forma libre, recuperada por los románticos. **4.** Composición musical de ritmo lento, instrumentación suave y carácter íntimo y expresivo, de asunto generalmente amoroso.

BALADÍ adj. (ár. *baladī*, del país, indígena). Fútil, poco importante: *aventurilla baladí*.

BALADÍES s.m.pl. En la España musulmana, nombre que tomaron los árabes que entraron en la Península con Mūsà ibn Nuṣayr.

BALADRÓN, NA adj. (lat. *balatro, -onis*). Fanfarrón.

BALADRONADA s.f. Fanfarronada.

BALADRONEAR v.intr. Hacer o decir fanfarronadas.

BALAFO o **BALAFÓN** s.m. Instrumento musical de percusión, de África negra, antecesor del xilófón.

BÁLAGO s.m. Paja larga de los cereales después de quitarles el grano. **2.** Espuma del jabón.

BALAHÚ s.m. Barco pequeño que se usa en las costas de Vizcaya.

BALAJ o **BALAJE** s.m. (ár. *balājš*, de *Badajšān*, provincia persa). Rubí de color morado o rosado.

BALALAICA o **BALALAIKA** s.f. Instrumento musical ruso de la familia de la guitarra, con la caja triangular y solo tres cuerdas.

BALANCE s.m. (del ant. *balanzar*, hacer balance). Revisión periódica de las cuentas de una empresa, en que se comparan sus ingresos y gastos para establecer el nivel de beneficios o pérdidas. **2.** Informe o documento en que figura esta revisión. **3.** Movimiento de un cuerpo que se inclina hacia un lado y otro alternativamente. **4.** *Fig.* Comparación de los aspectos favorables y desfavorables de una situación, un período, etc., para extraer alguna conclusión. **5.** Cuba. Mecedora. **6.** ELECTRÓN. Dispositivo que regula las intensidades sonoras de las señales transmitidas por las dos vías de una cadena estereofónica. **7.** MAR. Balanceo. ◇ **Aparejo de balance** MAR. Aparejo que permite mantener las vergas fijas y firmes en el palo a pesar de los bandazos del buque. **Balance térmico** Comparación de las cantidades de calor aportadas en una operación térmica, con las cantidades de calor utilizadas y perdidas.

BALANCÉ s.m. (voz francesa). COREOGR. Acción de ejecutar un bailarín varios pasos balanceándose de un pie a otro, sin cambiar de sitio.

BALANCEAR v.intr. y prnl. Oscilar, inclinarse a un lado y a otro. ◆ v.intr. *Fig.* Dudar, vacilar. ◆ v.tr. Mover de un lado a otro una cosa que cuelga u oscila. **2.** Poner una cosa en equilibrio. **3.** MAR. **a.** Establecer en el velamen el equilibrio entre las velas de delante y las de detrás del centro vélico. **b.** Comprobar la correcta y exacta disposición de las cuadernas ya colocadas.

BALANCELA s.f. Embarcación grande usada en las costas de Italia y España para pesca o cabotaje.

BALANCEO s.m. Acción y efecto de balancear. **2.** Amér. Equilibrado de las ruedas de un automóvil. **3.** MAR. Movimiento oscilatorio que hace un barco inclinándose alternativamente hacia uno u otro de sus costados, como consecuencia del viento o del oleaje. SIN.: *balance*.

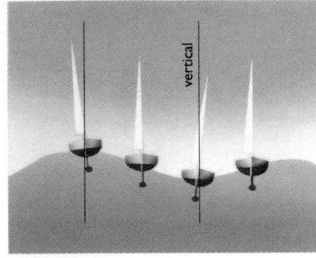

■ **BALANCEO**

BALANCÍN s.m. Mecedora. **2.** En jardines o terrazas, asiento colgante provisto de toldo. **3.** Pieza de madera o de metal unida a la caja de un carruaje, o al bastidor de un arado, etc., y a la que se enganchan los tirantes de las caballerías. **4.** Palo largo usado por los volatineros y otros acróbatas para mantenerse en equilibrio. **5.** Órgano estabilizador de los dípteros, que en estos insectos sustituye a las alas posteriores. **6.** MAR. **a.** Aparato de suspensión compuesto por anillos concéntricos, que permite a los objetos adquirir movimientos en todos los sentidos y conservar la posición horizontal. **b.** Conjunto de piezas de madera que se fijan al exterior de ciertas embarcaciones para asegurar su estabilidad. **7.** MEC. En los motores de combustión interna, pieza que permite transmitir el mando de las válvulas en cabeza. **8.** RELOJ. Volante. ◆ **balancines** s.m.pl. MAR. Amantillos, cuerdas pendientes de la entena de la nave. ◇ **Contrapeso de balancín** AERON. Equilibrador, alerón compensado.

BALANDRA s.f. Embarcación de vela pequeña, con cubierta y un solo palo.

BALANDRISMO s.m. Deporte de competición de regatas de balandros.

BALANDRISTA s.m. y f. Persona que practica el balandrismo.

BALANDRO s.m. Balandra deportiva, fina y alargada.

BALANITIS s.f. MED. Inflamación del glande.

BÁLANO o **BALANO** s.m. (gr. *bálanos*, bellota). Glande. **2.** Pequeño crustáceo de 1 cm, que se fija en las rocas litorales o sobre moluscos y está rodeado de placas calcáreas blancas que forman una especie de cráter. (Subclase cirrípedos.)

BALANOGLOSO s.m. Animal vermiforme que cava galerías en la arena de las playas. (Grupo estomocordados.)

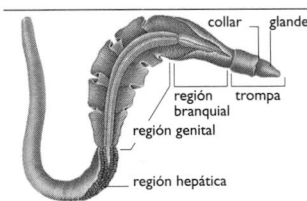

■ **BALANOGLOSO** (anatomía).

BALANZA s.f. (del lat. *bilanx*, de *bi*, dos, y *lanx*, platillo). Instrumento que sirve para pesar, generalmente formado por un astil móvil y dos platillos, uno para colocar el cuerpo que quiere pesarse y el otro para las pesas que sirven de referencia. **2.** *Fig.* Comparación, juicio. **3.** Red para pescar cangrejos y camarones. ◇ **Balanza automática** Balanza cuyo astil mueve una aguja que indica el peso y, a menudo, el precio de las mercancías pesadas. **Balanza comercial** Cálculo comparativo de las importaciones y exportaciones de bienes y servicios de un país. **Balanza de pagos** Docu-

mento en el que se recogen el conjunto de operaciones económicas entre un país o un grupo de países y otro país o el resto del mundo. **Balanza romana** Balanza manual en la que la pesada se efectúa desplazando una pesa por el brazo de la palanca. **Inclinar la balanza** *Fig.* Decantar un asunto a favor de alguien o algo, rompiendo el equilibrio que existía.

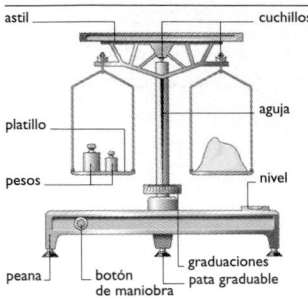

■ **BALANZA.** Principio de la balanza de precisión.

BALANZÓN s.m. Méx. Platillo de la balanza que se utiliza para pesar frutas y verduras.

BALAR v.intr. (lat. *balare*). Dar balidos.

BALARRASA s.m. Aguardiente fuerte. ◆ s.m. y f. *Fig.* y *fam.* Persona alocada.

BALASTAR v.tr. Repartir el balasto sobre una vía férrea.

BALASTERA s.f. Cantera de donde se extrae el balasto.

BALASTO s.m. (ingl. *ballast*). Conjunto de piedras machacadas sobre el que se asientan y se sujetan las traviesas de una vía férrea.

BALATA s.f. Árbol maderable que crece en las Guayanas y Venezuela. (Familia sapotáceas.) **2.** Resina extraída de este árbol, utilizada en la fabricación de aislantes, correas de transmisión, etc. **3.** Chile y Méx. Parte del mecanismo de freno de vehículos motorizados consistente en un elemento de tejido grueso o de plástico, colocado en el lugar de fricción.

BALAUSTA s.f. (lat. *balaustium*). Fruto carnoso, seco e indehiscente, que encierra numerosas semillas. SIN.: *granada*.

BALAUSTRADA s.f. Muro formado por balaustres de poca altura que tiene la función de barandilla. **2.** ARQ. Línea de balaustres coronada por una repisa.

BALAUSTRE o **BALAÚSTRE** s.m. (ital. *balaùstro*). Columnilla o pequeño pilar que generalmente se une con otros por una repisa para formar un soporte, una barandilla o un motivo decorativo.

BALAY s.m. Amér. Cesta de mimbre o de carrizo. **2.** Colomb. Cedazo de bejuco. **3.** Cuba y Dom. Batea para aventar el arroz antes de cocerlo.

BALAZO s.m. Señal, marca o herida producidos por una bala disparada con arma de fuego. ◇ **Ser un balazo** Argent., Chile y Urug. Ser muy rápido para hacer algo.

BALBOA s.m. Unidad monetaria principal de Panamá.

BALBUCEAR v.tr. e intr. Balbucir.

BALBUCEO s.m. Acción y efecto de balbucir.

BALBUCIR v.tr. e intr. (lat. *balbutire*). Hablar articulando las palabras de una manera vacilante y confusa. (Solo suele conjugarse en las formas que tienen *i* en la terminación.)

BALBUSARDO s.m. Águila pescadora.

BALCÁNICO, A adj. y s. De los Balcanes.

BALCANIZACIÓN s.f. Acción y efecto de balcanizar.

BALCANIZAR v.tr. [7]. Fragmentar en numerosos estados lo que constituía una sola entidad territorial y política.

BALCÓN s.m. (ital. *balcone*). Plataforma que sobresale de la fachada de un edificio a la altura de un vano y está protegida por una barandilla o un muro bajo. **2.** Barandilla o muro que protege el balcón. **3.** MAR. Barandilla de seguridad, de forma redondeada, situada en uno de los extremos de un yate.

BALCONCILLO s.m. MAR. Balcón de algunos buques de guerra, para uso del almirante o del capitán. **2.** TAUROM. Localidad de las plazas de toros que tiene delante una barandilla o antepecho y que suele estar situada sobre el toril. **3.** TEATR. Galería baja delante de la primera fila de palcos.

BALDA s.f. Anaquel de un armario, estantería, etc.

BALDAQUI o **BALDAQUÍN** s.m. (del ant. *Baldac*, de *Bagdad*, c. de *Iraq*). Tejido precioso de origen oriental, muy usado durante la edad media.

BALDAQUÍN o **BALDAQUINO** s.m. (del ant. *Baldac*, de *Bagdad*, c. de *Iraq*). Pieza cuadrada o rectangular de tela lujosa con adornos valiosos y colgaduras, que se suspende formando dosel sobre un trono, catafalco, lecho, etc. **2.** Obra de madera, mármol, metal, etc., que corona el altar de una iglesia. SIN.: *ciborio*.

■ BALDAQUÍN. Cama con baldaquín, habitación de la reina María Antonieta en el castillo de Versalles.

BALDAR v.tr. y prnl. (ár. *bátal*, invalidar, lisiar). Dejar a alguien agotado, dolorido o sin poder moverse por haber realizado un gran esfuerzo o haber recibido un daño físico: *baldar a palos; el trabajo lo ha dejado baldado.*

1. BALDE s.m. Recipiente de forma más o menos cilíndrica, abierto por arriba, con un asa en la parte superior, y que se usa, generalmente, para contener o transportar líquidos. GEOSIN.: Esp. y Mex. *cubo;* Mèx. *cubeta.* **2.** Recipiente grande de forma más o menos cilíndrica, más ancho que alto.

2. BALDE. De balde Gratis, sin dar nada a cambio: *asistir a clases de balde.* **En balde** En vano, inútilmente: *los años no pasan en balde.*

BALDEAR v.tr. Regar con baldes, especialmente las cubiertas de los buques. **2.** Extraer el agua de una excavación por medio de baldes.

BALDEO s.m. Acción de baldear.

BALDÍO, A adj. y s.m. Yermo, estéril. ◆ adj. Que resulta inútil porque no ofrece ningún resultado: *esfuerzo baldío.* **2.** Vagabundo, ocioso: *gente baldía.* ◆ s.m. Argent., Guat., Par. y Urug. Terreno urbano sin edificar, solar. ◆ **baldíos** s.m.pl. Parte de las tierras comunales que era utilizada en común por los vecinos para pastos, etc.

BALDO, A adj. Colomb. y P. Rico. Se dice de la persona baldada.

BALDÓN s.m. (fr. ant. *bandon*, tratamiento arbitrario). Ofensa, injuria. **2.** Oprobio, afrenta.

BALDOSA s.f. Pieza de mármol, cerámica o piedra, generalmente fina y pulimentada y de forma cuadrada o rectangular, que se usa en pavimentos y muros.

BALDOSÍN s.m. Baldosa esmaltada, pequeña y fina, que se usa para recubrir paredes.

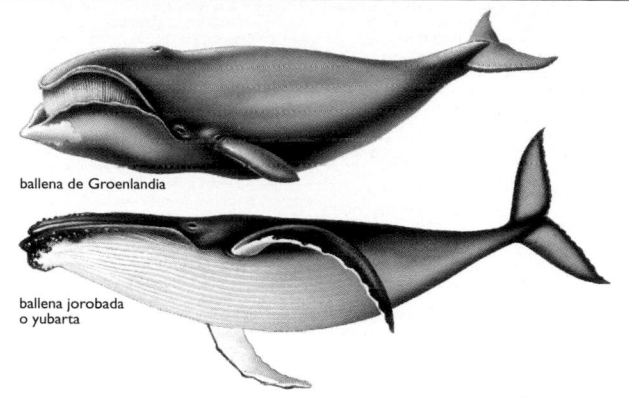

ballena de Groenlandia

ballena jorobada o yubarta

■ BALLENAS

BALDRAGAS s.m. (pl. *baldragas*). Hombre débil.

BALDUQUE s.m. (del ant. *Bolduque*, de *Bois-le-Duc*, c. holandesa). Chile y Colomb. Belduque, cuchillo puntiagudo y grande.

1. BALEAR adj. y s.m. y f. De las islas Baleares. ◆ s.m. Variedad del catalán hablada en las islas Baleares.

2. BALEAR v.tr. Amér. Tirotear, disparar balas.

BALEÁRICO, A adj. Relativo a las islas Baleares.

BALEO s.m. Amér. Tiroteo.

BALERO s.m. Molde para fundir balas de plomo. **2.** Amér. Boliche, juguete, generalmente de madera, compuesto por un palo en cuya punta se ensarta la bocha. **3.** Argent. y Urug. *Fig.* Cabeza humana.

BALIDO s.m. Voz del carnero, el cordero, la oveja, la cabra, el gamo y el ciervo.

BALÍN s.m. Bala cuyo calibre es inferior a 6,35 mm. **2.** Bala de granadas de metralla, constituida por una aleación de plomo (90 %) y antimonio (10 %). **3.** Munición de las escopetas y carabinas de salón.

BALINÉS, SA adj. y s. De Bali. **2.** De un pueblo malayo de Bali que habla una lengua indonesia.

BALISTA s.f. (lat. *ballista*). Máquina de guerra romana que lanzaba piedras u otros proyectiles.

BALÍSTICA s.f. Ciencia que estudia los movimientos de los cuerpos lanzados al espacio o, más especialmente, los proyectiles. (Estudia la trayectoria, el alcance y los efectos de las balas y los proyectiles y las marcas que dejan en ellos las armas de fuego.)

BALÍSTICO, A adj. Relativo a la balística. ◇ **Misil balístico** Misil que se desplaza como un proyectil. SIN.: *ingenio balístico.* **Trayectoria balística** Trayectoria de un proyectil sometido únicamente a las fuerzas de gravitación.

BALISTITA s.f. Pólvora sin humo, que arde con llama viva, cálida y brillante, utilizada en las armas de fuego.

BALITAR o **BALITEAR** v.intr. (fr. *balitare*, frecuentativo de *balare*). Balar con frecuencia.

BALIZA s.f. (port. *baliza*). Dispositivo mecánico óptico, sonoro o radioeléctrico destinado a señalar un peligro o a delimitar una vía de circulación marítima o aérea. **2.** Marca que indica el trazado de un canal, vía férrea o pista de aviación.

BALIZADOR s.m. Barco especial provisto de una grúa, utilizado en trabajos de balizamiento.

BALIZAMIENTO s.m. Acción de colocar balizas. SIN.: *balizaje.* **2.** Conjunto de señales dispuestas para indicar los peligros que deben evitarse y la ruta que hay que seguir. SIN.: *balizaje.*

BALIZAR v.tr. [7]. Abalizar

BALKAR, pueblo turco y musulmán del Cáucaso septentrional, establecido en la República de Kabardino-Balkaria (Rusia).

BALLENA s.f. (lat. *ballaena*). Mamífero marino, el mayor de los animales, cuerpo fusiforme, aletas laterales y cola musculosa, de color generalmente oscuro por encima y blanquecino por debajo, que puede alcanzar hasta 30 m de long. y 150 t de peso y habita principalmente en los mares polares. (Orden cetáceos.) **2.** Cada una de las láminas córneas y elásticas que tiene la ballena en la mandíbula superior. **3.** Cada una de las tiras en que se cortan dichas láminas para aplicarlas a diversos usos. **4.** Lámina flexible, de metal o plástico, utilizada para reforzar prendas de vestir o accesorios.

ENCICL. La ballena se alimenta de plancton, que retiene gracias a las láminas córneas (de 1 a 4 m de long.) que ocupan el lugar de los dientes en el maxilar superior. Respira mediante pulmones al nadar por la superficie y puede permanecer debajo del agua una media hora y, al emerger, expira un aire saturado de vapor de agua. Su carne y su grasa son apreciadas para el consumo humano; sin embargo, ante el retroceso de la especie, actualmente confinada en los mares polares, su captura fue restringida y, en 1987, prohibida.

BALLENATO s.m. Cría de la ballena, que en el momento de nacer mide 5 m y llega a pesar hasta 6 t. **2.** Mamífero marino de pequeño tamaño, el más pequeño de su género, que, como máximo, tiene 9 m de long. (Familia balaenoptéridos.)

BALLENERA s.f. Embarcación ligera, con dos extremos puntiagudos, que se utiliza en la pesca de la ballena. **2.** Embarcación de forma análoga que se utiliza como auxiliar en los barcos de gran tonelaje.

BALLENERO, A adj. Relativo a la pesca de la ballena. ◆ s.m. Barco equipado para la pesca de grandes cetáceos y para tratar su carne. SIN.: *arponero.* **2.** Persona que tiene por oficio la pesca de ballenas.

BALLESTA s.f. (lat. *ballista*, balista). Arma que sirve para disparar flechas o bodoques, formada por un arco montado sobre una caja

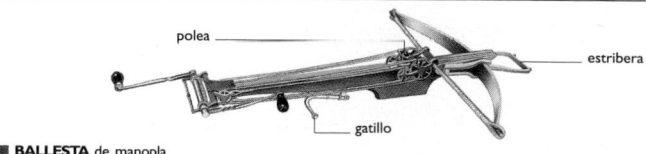

polea — estribera

gatillo

■ BALLESTA de manopla.

que se tensa con un resorte. ◇ **Ballestas de suspensión** Muelles o resortes laminados usados en la suspensión del material rodante de ferrocarriles, automóviles u otros vehículos.
Pez ballesta Pez de los arrecifes coralinos.

BALLESTERA s.f. Abertura en el muro de una fortificación por donde se dispara con ballesta.

BALLESTERÍA s.f. Conjunto de ballestas. **2.** Grupo de soldados armados de ballesta. **3.** Arte de la caza mayor.

BALLESTERO s.m. Soldado armado de ballesta.

BALLESTILLA s.f. Balancín, madero al que se enganchan los tirantes de las caballerías.

BALLET s.m. (voz francesa) [pl. *ballets*]. Composición coreográfica destinada a ser representada en un escenario, con acompañamiento musical o sin él, e interpretada por uno o varios bailarines. **2.** Suite instrumental compuesta para ilustrar o crear una acción dramática bailada. **3.** Compañía fija o itinerante que representa espectáculos coreográficos. SIN.: *compañía de ballet.* ◇ **Ballet abstracto** Ballet sin argumento ni libreto. **Ballet cortesano** Ballet que, a fines del s. XVI y durante el s. XVII, bailaban los reyes y sus cortesanos. **Ballet de acción** Ballet con argumento. SIN.: *ballet pantomima.* **Ballet de cámara** Compañía restringida que puede actuar sin grandes necesidades escenográficas ni de decoración. **Ballet experimental** Obra coreográfica compuesta a partir de una partitura inédita surgida de las investigaciones de un compositor y que utiliza los medios escénicos y escenográficos contemporáneos. **Ballet romántico** Ballet caracterizado por el empleo de tutú largo de muselina blanca. **Maestro de ballet** Técnico que dirige los ensayos de los bailarines y que asume la realización de las obras bailadas por el cuerpo de baile.
ENCICL. Los juegos danzados de la edad media llevaron a los entremeses de las suntuosas fiestas del renacimiento, de donde surgió el *ballet cortesano.* Seguidamente apareció la tragedia

ballet, en la que la danza intervenía en el curso de la acción, a la que sucedió la ópera ballet, compuesta por varios actos independientes, cantados y bailados. Con la aparición de los bailarines profesionales y la elaboración de reglas (las cinco posiciones fundamentales), el ballet pasó a la escena. En la época romántica, para dar sensación de inmaterialidad, la bailarina utilizaba las puntas, que hacían que su danza pareciese «aérea», y el largo tutú de muselina blanca. La revolución artística que aportaron los ballets rusos (Diáguilev) marcó el inicio de una nueva época para el ballet. Se crearon compañías y sus giras dieron a conocer mundialmente obras y artistas. La compañía de ballet pasó a ser uno de los grandes vectores de la modernidad en materia artística. Paralelamente, con el expresionismo alemán y con los «pioneros» de la danza moderna en Norteamérica, el ballet conoció otra gran corriente *(modern dance).*
Las grandes compañías americanas (New York City Ballet, American Ballet Theatre, Ballet nacional de Cuba) o europeas (English National Ballet [ant., London's Festival Ballet], Gran ballet del marqués de Cuevas) mantienen la tradición clásica, al igual que los ballets de los grandes teatros (Royal Ballet, Ópera de París, Bolshói, Kírov, Scala, etc.).
En España se ha creado la Compañía nacional de danza (baile clásico) y el Ballet nacional de España (baile español), ambas con sede en Madrid. Destacan también la compañía de Víctor Ullate y los grupos de baile español de Mariemma, Antonio, Antonio Gades, Cristina Hoyos, etc. En Hispanoamérica se han distinguido el Ballet folklórico de México y el Ballet de Caracas.

BALLICO s.m. Planta herbácea vivaz, rastrera y de espigas sin aristas, buena para pasto y para formar céspedes. (Familia gramíneas.) SIN.: *ray grass.* **2.** Chile. En la cría de cerdos, el más pequeño y de salud más frágil de una camada. **3.** Chile. El menor de una familia numerosa, especialmente si es enteco.

BALMA s.f. Concavidad en la parte inferior de un escarpe, menos profunda que una cueva o caverna.

BALNEARIO, A s.m. (lat. *balnearius,* de *balneum,* baño). Establecimiento provisto de instalaciones donde los usuarios pueden tomar baños medicinales y hospedarse. **2.** Establecimiento de aguas minerales en general, aunque no se administren en forma de baño. ◆ adj. Relativo a los baños públicos.

BALNEOTERAPIA s.f. Tratamiento médico mediante baños y aguas minerales, casi siempre en balnearios.

BALOMPIÉ s.m. Fútbol.

BALÓN s.m. (ital. *pallone*). Pelota grande utilizada en deportes de equipo, casi siempre redonda, formada generalmente por una vejiga hinchada de aire recubierta de cuero. **2.** Recipiente esférico sólido o flexible que sirve para contener un líquido o un gas. **3.** Chile, Colomb. y Perú. Recipiente metálico utilizado para contener gas combustible. **4.** AERON. Pequeño globo que hay en el interior de los dirigibles flexibles. **5.** MED. Balón de goma u otro material relleno de un material pesado, que se emplea para diversas técnicas terapéuticas o clínicas.

BALONCESTISTA s.m. y f. Persona que practica el baloncesto, en especial si se dedica a ello profesionalmente.

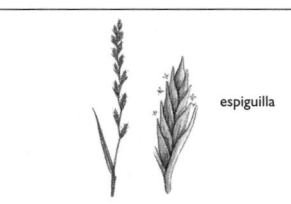

espiguilla

■ BALLICO

■ EL BALLET

La vitalidad del ballet se nutre de un repertorio coreográfico que se perpetúa, pero también evoluciona con las nuevas versiones o se renueva a través de las creaciones de compañías institucionales (Bolshói, de Moscú; Royal Ballet, de Londres; Opéra, de París), privadas (ballets rusos, American Ballet Theatre) o por compañías constituidas en torno a un coreógrafo.

La tercera versión de Maurice Béjart del Bolero. Creada en 1979 en París a partir de la música de Ravel, esta versión cuenta únicamente con intérpretes masculinos. El intérprete central (aquí, Eric Vu An, en 1986) personifica la melodía, y el grupo, que encarna al ritmo.

Escena de las sombras de La Bayadère. Este ballet creado por Marius Petipa, y representado por primera vez en San Petersburgo en 1877, ha inspirado a numerosos coreógrafos, entre ellos Rudolf Nuréiev.

Julio Bocca. Este bailarín argentino ha sido uno de los bailarines más emblemáticos de la danza clásica contemporánea internacional. El trabajo al frente de su propia compañía, el prestigioso Ballet argentino, le ha permitido viajar por todo el mundo con un repertorio que une el clasicismo con lo popular (el tango, por ejemplo).

Cesc Gelabert. Ha desarrollado su revolucionaria concepción de la danza junto a Lydia Azzopardi. Sus montajes *Desfigurat, Réquiem* o *Belmonte* acercan la coreografía a otras disciplinas o conceptos como el arte románico, la música de Verdi o el mundo del toreo.

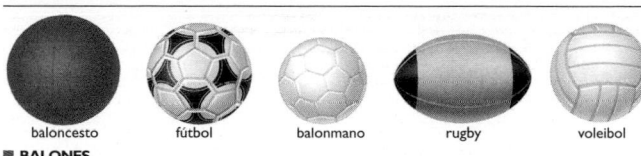

| baloncesto | fútbol | balonmano | rugby | voleibol |

■ BALONES

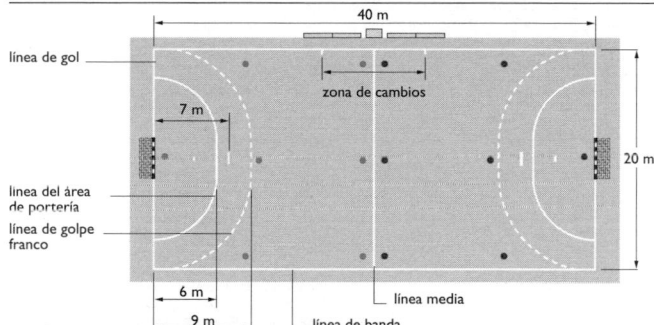

40 m

línea de gol

zona de cambios

7 m

20 m

línea del área
de portería

línea de golpe
franco

6 m

línea media

9 m

línea de banda

Lanzamiento del francés Jackson Richardson.

portería

2 m

3 m

0,80 m

balón

1 m

180-190 mm

■ BALONMANO

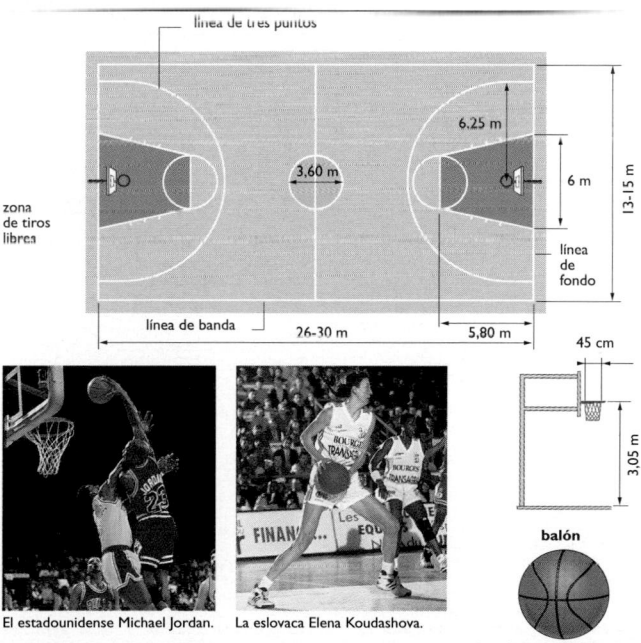

línea de tres puntos

6,25 m

3,60 m

6 m

13-15 m

zona
de tiros
libres

línea
de
fondo

línea de banda

26-30 m

5,80 m

45 cm

3,05 m

balón

circunferencia: 75-78 cm

El estadounidense Michael Jordan.   La eslovaca Elena Koudashova.

■ BALONCESTO

BALONCESTO s.m. Deporte de equipo que se practica sobre una cancha rectangular entre dos equipos de cinco jugadores que tratan de introducir un balón en la canasta del equipo contrario valiéndose solo de las manos. SIN.: *básquet, básquetbol.*

BALONMANO s.m. Deporte de equipo que se practica sobre una cancha rectangular entre dos equipos de siete jugadores que tratan de introducir un balón en la portería contraria valiéndose solo de las manos.

BALONVOLEA s.m. Voleibol.

BALOTA s.f. Bolilla para votar.

BALOTADA s.f. (fr. *ballottade*). EQUIT. Movimiento de la antigua escuela por el cual el caballo da un salto elevado, al tiempo que levanta manos y pies.

BALOTAJE s.m. Segunda votación que se realiza en una elección cuando ninguno de los candidatos ha alcanzado la mayoría requerida. **2.** Perú. Acción y efecto de balotar.

BALOTAR v.intr. Votar con balotas.

BALOTEO s.m. METAL. Operación que consiste en separar el modelo del molde imprimiendo a este un movimiento de vaivén.

1. BALSA s.f. Depósito de agua que se forma en un hueco o depresión del terreno de manera natural. **2.** En los molinos de aceite, estanque donde van a parar las heces y desperdicios de este líquido. ◇ **Balsa de aceite** *Fam.* Lugar, situación o reunión muy tranquilos. **Balsa de evaporación** En las marismas o salinas, especie de estanque con compartimientos en que tiene lugar la primera concentración de la sal.

2. BALSA s.f. (voz prerromana). Plataforma flotante formada por un conjunto de maderos unidos entre sí que se utiliza para navegar o transportar cosas por el agua. SIN.: *almadía, armedía, jangada.* **2.** Árbol de crecimiento rápido, propio de América Central y del Sur. (Familia bombacáceas.) **3.** Madera de este árbol, muy resistente y elástica.

BALSAMERO s.m. Árbol de las regiones cálidas cuyas hojas poseen glándulas. (Su secreción es de olor dulce y balsámico y de sus brotes se obtiene un bálsamo.)

BALSÁMICO, A adj. y s.m. Que tiene propiedades de bálsamo.

BALSAMINA s.f. Planta trepadora cultivada por sus frutos coloreados y ornamentales (Familia cucurbitáceas.) **2.** Planta de los bosques montañosos, llamada también *adornos* y *miramelindos*, de flores amarillas, cuyo fruto, cuando está maduro, estalla al menor roce proyectando las semillas. (Familia balsamináceas.)

BÁLSAMO s.m. (lat. *balsamum*). Medicamento compuesto de sustancias aromáticas, empleado en el tratamiento tópico y en el de afecciones respiratorias. **2.** Resina aromática que segregan ciertos árboles. **3.** Perfume aromático. **4.** *Fig.* Consuelo, alivio. **5.** BOT. Árbol de 15 a 20 m de alt., de hojas compuestas y flores blancas agrupadas en racimos de pequeño tamaño, que crece desde México hasta el N de América meridional. (Familia papilionáceas.) ◇ **Bálsamo del Canadá** Resina de abeto, empleada en óptica para pegar lentillas.

BALSO s.m. (lat. *balteus*, cíngulo). Cordaje que termina en un nudo que se aprieta por el propio peso del cuerpo que rodea.

BÁLTICO, A adj. y s. Se dice de los países y de las poblaciones ribereñas del mar Báltico. ◆ s.m. Grupo de lenguas indoeuropeas que comprende el letón y el lituano.

BALUARTE s.m. (fr. ant. *balouart*). Construcción o recinto fortificado que forma una defensa sólida. **2.** *Fig.* Persona o cosa que constituye protección o defensa de algo. **3.** FORT. Construcción que forma un ángulo saliente en un trazado fortificado.

BALUBA → LUBA.

BALUCHI adj. y s.m. y f. De Baluchistán o Beluchistán. ◆ s.m. Lengua de la familia irania.

BALUMA s.f. (cat. *volum*, volumen). Colomb. y Ecuad. Tumulto, alboroto, ruido. SIN.: *balumba.*

BALUMBA s.f. Volumen que ocupan muchas cosas juntas. **2.** Conjunto desordenado y excesivo de cosas.

BALUMBO s.m. Bulto voluminoso.

BAMBA s.f. (voz de origen onomatopéyico). Música y baile cubano. **2.** Bambarria, acierto casual. **3.** Amér. Moneda de diversos valores.
BAMBALEAR v.intr. y prnl. Bambolear.
BAMBALINA s.f. Cada una de las tiras de lienzo o papel pintado que cuelgan del telar de un teatro, completando la decoración por la parte superior.
BAMBARA adj. y s.m. y f. De un pueblo negroafricano del grupo mandingo, presente en Senegal y Malí. (Formaron reinos que fueron destruidos en el s. XIX por los tucoror.) **⇒** s.m. Lengua hablada por los bambara.
BAMBARRIA s.m. y f. y adj. *Fam.* Persona tonta o boba. **⇒** s.f. En el juego del billar, acierto casual.
BAMBOCHADA s.f. Pintura que representa una borrachera o banquete ridículo.
BAMBOCHE s.m. (fr. *bamboche*). *Fam.* Persona rechoncha y de cara redonda y colorada.
BAMBOLEAR v.tr. y prnl. (voz de origen onomatopéyico). Mover a alguien o algo de un lado a otro sin cambiarlo de sitio, en movimiento de vaivén.
BAMBOLEO s.m. Acción y efecto de bambolear.
BAMBOLLA s.f. *Fam.* Boato aparente, pompa fingida. **2.** Burbuja, ampolla.
BAMBÚ s.m. (port. *bambú,* del marati *bambu*) [pl. *bambús* o *bambúes*]. Planta gramínea leñosa de los países cálidos cuya caña alcanza hasta 25 m de alt. (El bambú se cultiva como planta ornamental y se utiliza en la fabricación de muebles y en la construcción; sus brotes son comestibles; familia gramíneas). **2.** Caña hecha con un tallo de bambú.

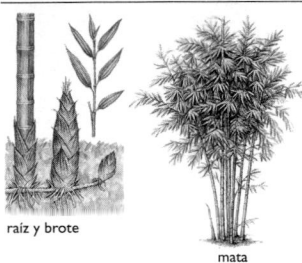

raíz y brote

mata

■ **BAMBÚ**

BAMBUCHE s.m. Ecuad. Figura de barro de aspecto ridículo.
BAMBUCO s.m. Baile popular colombiano. **2.** Tonada de este baile.
BAMILEKE, pueblo camerunés que habla una lengua bantú.
BAMUM → MUM.
BAN s.m. Moneda fraccionaria rumana que vale 1/100 de leu.
BANAL adj. (fr. *banal*). Trivial, insustancial: *discutir por cosas banales.*
BANALIDAD s.f. Trivialidad, insustancialidad: *decir banalidades.* **2.** HIST. En la época feudal, servidumbre que consistía en la utilización obligatoria y pública de un monopolio que pertenecía al señor.
BANALIZAR v.tr. Dar carácter banal a algo.
BANANA s.f. Fruto del banano.
BANANAL s.m. Amér. Terreno plantado de bananos. SIN.: *bananero, platanal, platanar.*
BANANERO, A adj. Relativo al banano. **2.** Bananal. **⇒** s.m. Banano. **⇒** s.m. y adj. Buque especialmente adaptado para el transporte de bananos. **◇ República bananera** Estado cuyo poder real suele estar en manos de potencias exteriores.
BANANO s.m. Árbol tropical de hojas largas y enteras de hasta 2 m, que se cultiva en las regiones cálidas, cuyos frutos se presentan agrupados en racimos. (Familia musáceas.) SIN.: *plátano.* **2.** Banana. SIN.: *plátano.*
ENCICL. El banano o plátano, planta tropical, requiere para su desarrollo lugares cálidos, húmedos y abrigados. Su fruto, la banana, es una baya blanda y carnosa que se consume como

fruta fresca. La producción mundial se concentra en los países tropicales de América y Asia. Los principales productores mundiales son la India, Indonesia, Filipinas, Ecuador y México. En España se cultiva de forma intensiva en la islas Canarias.

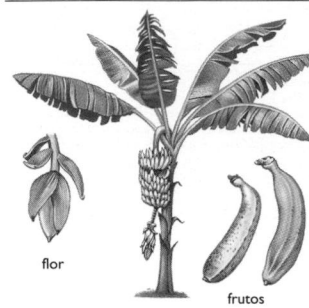

flor

frutos

■ **BANANO**

BANASTO s.m. Cesto grande redondo. SIN.: *banasta.*
1. BANCA s.f. (del ital. *banca*). Actividad mercantil que comercia con el dinero de sus clientes (ahorro, préstamo, inversión, etc.). **2.** Conjunto de empresas de banca. **3.** Pequeña empresa bancaria. **4.** Persona que, en determinados juegos de azar, hace de depositario del dinero de los jugadores o dispone de dinero para cubrir sus apuestas, en especial en los casinos: *la banca pierde; la banca gana.* **5.** Amér. Casa de juego. **6.** Argent., Par. y Urug. Escaño. **◇ Copar la banca** En el bacarrá y otros juegos, sostener alguien, él solo, todo el juego contra la banca. **Hacer saltar la banca** Ganar todo el dinero que ha puesto en juego la banca. **Ser banca** Tener la banca; distribuir las cartas. **Tener banca** Argent. y Par. Tener influencia o poder.
ENCICL. La banca es la parte más importante del sistema financiero. El sistema bancario suele estar organizado mediante un banco central, un conjunto de entidades oficiales de crédito y entidades bancarias privadas, estas últimas inexistentes en los países que tienen la banca nacionalizada. El banco central actúa como banco de bancos. Es el cajero del estado, emite la moneda de curso legal y fija las condiciones de la política monetaria, incluso los tipos de interés y los límites generales de las operaciones monetarias de los demás bancos. Otras entidades oficiales de crédito actúan en sectores de la producción, como la industria o la agricultura. Los restantes bancos son privados y se dedican a operaciones comerciales o de depósito, e industriales. Las cajas de ahorro, inicialmente de carácter benéfico, tienen un sistema específico de organización y canalización de recursos.
2. BANCA s.f. (de *banco,* asiento). Asiento sin respaldo. **2.** Banquisa. **3.** Iceberg. **4.** Embarcación pequeña y estrecha usada en Filipinas, que se gobierna con la pagaya. **5.** Amér. Banco, asiento. **6.** Méx. Asiento largo para varias personas, generalmente con respaldo.
BANCADA s.f. Banco, asiento. **2.** En las embarcaciones menores, banco donde se sientan los remeros. **3.** Parte del basamento de una máquina que sirve de soporte a unas guías horizontales por las que se desplazan las mesas o los carros. **4.** Amér. Conjunto de legisladores de un mismo partido. **5.** ARQ. Trozo de obra. **6.** MIN. Escalón en las galerías subterráneas.
BANCAL s.m. Rellano de tierra en una pendiente, que se aprovecha para cultivo. **2.** Espacio de tierra comprendido entre dos hileras consecutivas de árboles. **3.** Acumulación de arena amontonada a la orilla del mar.
BANCAR v.tr. [1]. Argent. *Fam.* Mantener o respaldar a alguien. **⇒** v.tr. y prnl. Argent. *Fam.* Soportar, aguantar a alguien o una situación difícil. **⇒ bancarse** v.prnl. Argent. *Fam.* Responsabilizarse, hacerse cargo.
BANCARIO, A adj. Relativo a la banca mercantil.

BANCARROTA s.f. Quiebra económica de un establecimiento o un estado. **2.** Cese que hace un comerciante de su actividad comercial con incumplimiento de sus obligaciones de pago. **3.** *Fig.* Fracaso o descrédito de un sistema o doctrina.
1. BANCO s.m. (del germ. *bank*). Asiento largo y estrecho para varias personas. **2.** Masa de materia que constituye una capa de forma alargada: *banco de arcilla, de arena.* **3.** Bandada de peces de la misma especie que se desplaza a la vez. **4.** Soporte, caballete o mesa de metal o madera, que sirve para diferentes usos en numerosos oficios. **5.** Méx. Asiento sin respaldo para una sola persona. **6.** MAR. e HIDROL. Elevación del fondo del mar o de un curso de agua. **◇ Banco de la obra** Antiguamente, en las iglesias, banco destinado al concejo de fábrica o junta de la obra del templo.
2. BANCO s.m. (ital. *banca*). Empresa comercial que realiza operaciones financieras con el dinero procedente de los accionistas y clientes. **2.** Lugar donde se ejercen estas operaciones financieras. **3.** Lugar en el que se conservan órganos, tejidos y otros elementos del cuerpo humano para su posterior utilización en trasplantes y tratamientos médicos: *banco de sangre, ojos, órganos, esperma.* **◇ Banco de datos** INFORMÁT. Conjunto de datos de una materia almacenados en una computadora. **Banco de depósito** Banco cuya actividad principal consiste en efectuar operaciones de crédito y en recibir depósitos a la vista o a plazo, y no suele invertir en empresas industriales o comerciales. **Banco de emisión** Banco que tiene el derecho de emitir billetes. **Banco de negocios,** o **industrial** Banco cuya actividad principal, aparte de la concesión de créditos, es la compra o gestión de participaciones en empresas existentes o en formación. **Banco de pruebas** Instalación que permite determinar las características de una máquina en diferentes regímenes de marcha.
BANCOCRACIA s.f. Influjo abusivo de la banca en la administración de un estado.
1. BANDA s.f. (fr. ant. *bende,* cinta). Cinta o lista que se lleva atravesada desde el hombro al costado opuesto, generalmente como distintivo honorífico. **2.** Cinta, tira. **3.** Amér. Faja para ceñir los calzones a la cintura. **4.** ARQ. Moldura plana, ancha y poco saliente, que se perfila sobre una superficie horizontal o siguiendo el contorno de una arcada. **5.** AUTOM. Parte exterior del neumático o cubierta que rodea la cámara. **6.** HERÁLD. Pieza honorable que va del cantón diestro del jefe al siniestro de la punta. **◇ Ancho de banda** INFORMÁT. y TELECOM. Intervalo de frecuencias que determina la capacidad de un canal para transmitir datos. **Banda de absorción** ÓPT. Cualquier espacio oscuro en el espectro continuo de la luz blanca transmitida por una sustancia que posea absorción selectiva. **Banda de frecuencias** RADIODIF. Conjunto de frecuencias comprendidas entre dos límites. **Banda de registro** ELECTROACÚST. Parte de la superficie de un soporte destinada al registro de una señal. **Banda de rodamiento** Parte amovible, añadida a una pieza sometida a rozamiento, para preservarla del desgaste. **Bandas lombardas** Jambas de poco resalto que se repiten en un muro y se reúnen en su parte superior mediante un friso de arcaturas, típicas del románico lombardo. **Banda sonora,** o **de sonido** Parte de la cinta cinematográfica en la que se registra el sonido. **Línea de banda** DEP. Cada una de las líneas que delimitan el terreno de juego.
2. BANDA s.f. Grupo armado organizado con fines criminales. **2.** Partido, facción. **3.** Bandada. **4.** ANTROP. Forma de organización social de las sociedades cazadoras-recolectoras consistente en la agrupación de varias linajes o clanes que comparten un mismo territorio. **5.** MÚS. Conjunto instrumental de viento y percusión.
3. BANDA s.f. Lado de un cuerpo o costado de una persona. **2.** Cada uno de los cuatro lados o bordes que limitan la mesa de billar. **3.** Cuba. Cada una de las dos partes longitudinales en que se divide la res al sacrificarla. **4.** Guat. Franja. **5.** Guat. Hoja de puerta o ventana. **6.** MAR. Costado de la nave. **◇ Cerrarse a la banda,** o **en banda** Mantenerse firme en

sus propósitos de manera obstinada, sin aceptar una opinión distinta.

BANDADA s.f. Grupo numeroso de aves, peces y otros animales que van juntos. **2.** Grupo numeroso y bullicioso de personas.

BANDARSE v.prnl. Perú. Ser investido con la banda de profesor al finalizar los estudios universitarios.

BANDAZO s.m. Balance violento o inclinación brusca de una embarcación hacia babor o estribor.

BANDEAR v.tr. Mover a una y otra banda. ◆ **bandearse** v.prnl. Arreglárselas para vivir o para salvar dificultades.

BANDEIRANTES s.m.pl. Exploradores y aventureros que, durante los ss. XVI-XVIII, se internaron en las selvas vírgenes brasileñas en busca de esclavos y de oro.

BANDEJA s.f. (port. *bandeja,* soplillo). Recipiente plano con bordes de poca altura para servir, llevar o poner cosas. **2.** Cajón de un mueble, de poca altura, con la parte frontal rebajada o sin ella. **3.** Pieza plana que divide horizontalmente el interior de un baúl, maleta, etc. **4.** Pieza alargada y abatible que cubre el maletero de un automóvil. ◇ **Servir en bandeja (de plata)** *Fam.* Dar facilidades a alguien para que consiga algo.

BANDERA s.f. (de *2. banda*). Pieza de tela generalmente rectangular, unida a un asta, que se emplea como insignia o señal. **2.** Trozo rectangular de papel o tela que se usa como adorno en fiestas, como estandarte, como señalización, etc. **3.** Equilibrio de fuerza ejecutado por un gimnasta que se mantiene horizontal apoyado en un soporte vertical, cuerda, barra o pértiga. **4.** MIL. Unidad táctica de las fuerzas armadas españolas cuya organización y efectivos son análogos a un batallón. ◇ **Bandera blanca** Bandera que indica que se quiere lamentar o capitular. **De bandera** Excelente en su línea. **Hasta la bandera** Lleno, repleto. **Jura de bandera** Promesa de lealtad y servicio a la nación. **Sala de banderas** Sala de los cuarteles en la que se custodia la bandera y donde se mantiene arrestados a los oficiales.

BANDERÍA s.f. Bando, facción de gente.

BANDERILLA s.f. Palo adornado generalmente con papel de diversos colores y armado de una lengüeta de hierro que se clava al toro en la cerviz. **2.** *Fig.* y *fam.* Dicho picante o satírico; pulla. **3.** Cas. Tapa de aperitivo pinchada en un palillo. **4.** IMPR. Papel que se pega en las pruebas o en el original para añadir o enmendar el texto.

BANDERILLEAR v.tr. TAUROM. Clavar banderillas a los toros.

BANDERILLERO s.m. TAUROM. Torero que clava las banderillas.

BANDERÍN s.m. Bandera pequeña. **2.** DEP. Bandera pequeña que se emplea para señalar los límites de un terreno de juego, el recorrido de una prueba o una meta. **3.** MIL. **a.** Bandera pequeña colocada en el cañón del fusil de un cabo de cada compañía. **b.** Cabo que lleva el banderín. **c.** Sucursal de un depósito de reclutas voluntarios.

BANDERIZO, A adj. y s. Que sigue un bando o facción.

BANDEROLA s.f. Bandera pequeña. **2.** Argent., Par. y Urug. Montante, ventana sobre una puerta. **3.** MIL. Adorno de cinta que llevan los soldados de caballería en las lanzas.

BANDIDAJE s.m. Actividad de los bandidos. **2.** Circunstancia de existir bandidos.

BANDIDO, A adj. y s. Bandolero. **2.** Granuja, truhan. **3.** Persona fugitiva de la justicia.

1. BANDO s.m. (fr. *ban*). Comunicado oficial publicado por la autoridad para dar a conocer sus disposiciones a todos los ciudadanos.

2. BANDO s.m. Facción, parcialidad o número de gente que favorece o sigue una idea o partido. **2.** Bandada. **3.** Banco de peces.

BANDOLA s.f. (lat. *pandura*). Instrumento musical pequeño de cuatro cuerdas, parecido a la bandurria.

BANDOLERA s.f. Correa de tela o de cuero que cruza el pecho en diagonal y sirve para sostener un arma. ◇ **En bandolera** Esp. En forma de bandolera, cruzando desde el hombro a la cadera contraria.

BANDOLERISMO s.m. Actividad de los bandoleros. **2.** Circunstancia de existir bandoleros.

BANDOLERO, A s.m. (cat. *bandoler*). Persona que asaltaba o robaba en caminos o lugares despoblados, y generalmente formaba parte de una banda.

BANDOLINA s.f. (fr. *bandoline*). Mandolina.

BANDOLÓN s.m. Instrumento de cuerda parecido a la bandurria, aunque de proporciones algo mayores y con 18 cuerdas.

BANDONEÓN s.m. Instrumento musical de aire, compuesto de lengüetas de metal, un pequeño teclado y fuelle. (Introducido en Argentina por los alemanes, es parecido al acordeón y se emplea para interpretar tangos.)

BANDUJO s.m. Embutido de tripa grande de cerdo, carnero o vaca, rellena de carne picada.

BANDURRIA s.f. (lat. tardío *pandurium,* laúd de tres cuerdas). Instrumento popular de cuerda, parecido a la guitarra pero de menor tamaño y con 12 cuerdas.

BANIANO s.m. Árbol tropical de la India, de raíces adventicias aéreas que sostienen los extremos de las ramas.

■ **BANIANO**

BANIVA o **BANIUA,** pueblo amerindio de la familia lingüística arawak que habita en el área fronteriza entre Venezuela y Colombia. SIN · *baniua.*

BANJO s.m. (voz angloamericana). Instrumento musical de cuerda cuya caja de resonancia, redonda, está cubierta por una piel tensada.

BANNER s.m. (voz inglesa). Espacio publicitario insertado en una página de Internet.

BANQUEAR v.tr. Colomb. Nivelar un terreno.

BANQUERO, A s. Persona que dirige una banca. **2.** Persona que se dedica a operaciones bancarias. **3.** Persona que, en determinados juegos de azar, hace de depositario del dinero de los jugadores o dispone de dinero para cubrir sus apuestas, en especial en los casinos.

BANQUETA s.f. Asiento o banco bajo, de tres o cuatro patas, sin respaldo. **2.** Banquillo o taburete para reposar los pies. **3.** Espaldón dispuesto en los declives de las zanjas o de los terraplenes para darles mayor estabilidad. **4.** Camino practicado en el declive de una vía férrea o de un canal. **5.** Parte alzada del suelo de una trinchera, que permite tirar por encima del parapeto. **6.** Méx. Acera. ◇ **Banqueta irlandesa** Talud cubierto de césped que se emplea como obstáculo en las carreras de caballos.

BANQUETE s.m. (fr. *banquet*). Comida a la que asisten muchas personas para celebrar algo. **2.** Comida espléndida y abundante.

BANQUETEAR v.tr., intr. y prnl. Dar banquetes o asistir a ellos.

BANQUILLO s.m. Asiento sin respaldo que ocupan los procesados en los tribunales de justicia. **2.** En determinados deportes, lugar donde se sientan los jugadores suplentes y entrenadores, fuera del terreno de juego.

BANQUINA s.f. Amér. Arcén, margen lateral de una carretera no pavimentada.

BANQUISA s.f. Capa de hielo que se forma en las regiones polares por la congelación del agua del mar.

BANTÚ adj. y s.m. y f. De un conjunto de pueblos de África surecuatorial (con la excepción de los bosquimanos y los hotentotes), que hablan lenguas de la misma familia, pero tienen rasgos culturales específicos. ● s.m. Conjunto de lenguas negroafricanas, estrechamente emparentadas entre sí, que se hablan en toda la mitad S del continente africano.

BANTUSTÁN s.m. En la República de Sudáfrica, cada uno de los territorios asignados a la población negra en función de su pertenencia lingüística. (Fueron suprimidos en 1994.) SIN.: *homeland.*

BANZO s.m. Cada uno de los dos largueros que afianzan un armazón.

BAÑABERA s.f. Amer. Baño, bañera. **2.** Argent. Terreno pantanoso y bajo de Río de la Plata. **3.** Argent. Ómnibus descubierto en el que se realizaban excursiones. **4.** Urug. Ómnibus viejo de alquiler.

BAÑADO s.m. Amér. Terreno húmedo, cenagoso y a veces inundado por las lluvias.

BAÑADOR s.m. **1.** Recipiente para bañar algunas cosas. **2.** Esp. *Traje de baño.

BAÑAR v.tr. y prnl. (lat. *balneare*). Meter el cuerpo o parte de él en agua u otro líquido con fines higiénicos, lúdicos o medicinales. ◆ v.tr. Sumergir algo en un líquido. **2.** Rociar o mojar con agua u otro líquido. **3.** Tocar el agua del mar, de un río, etc., un lugar o territorio determinado. **4.** Cubrir una cosa con una capa de otra sustancia: *bañar de plata los candelabros.* **5.** Dar el sol, la luz, etc., sobre algo.

BAÑERA s.f. Recipiente para bañarse.

BAÑERO, A s. Persona que cuida de los baños y sirve a los bañistas.

BAÑISTA s.m. y f. Persona que se baña en el mar, una piscina, etc.

BAÑO s.m. (lat. *balneum*). Acción y efecto

■ **BANQUISA.** Desmembramiento de la banquisa en el período estival.

de bañar. **2.** Líquido, vapor o aire comprimido preparados para bañarse. **3.** Líquido en que se sumerge una cosa para bañarla, teñirla, cubrirla con alguna sustancia, etc. **4.** Capa de una sustancia con que queda cubierta la cosa bañada o untada. **5.** Bañera. **6.** Servicio, retrete. **7.** Lugar destinado al baño o aseo. **8.** Cárcel donde los moros encerraban a los cautivos. **9.** *Fig.* Cantidad superficial que tiene alguien de un conocimiento o una cualidad. ◆ **baños** s.m.pl. Balneario de aguas medicinales. ◇ **Baño María** Método para calentar alimentos o sustancias químicas que consiste en sumergir en agua caliente el recipiente que contiene lo que se desea calentar. **Dar un baño a alguien** *Fam.* Mostrar superioridad manifiesta sobre alguien en una situación de competencia.

BAO s.m. (fr. *bau*, del fr. ant. *balc*, viga). MAR. Elemento transversal de la estructura de un buque.

BAOBAB s.m. (voz africana). Árbol de las regiones tropicales de África, de flores grandes y blancas, y frutos comestibles. (El tronco puede alcanzar 10 m de alt. y 23 de circunferencia; familia bombáceas.)

flor   hoja   fruto

■ **BAOBAB**

BAPTISMO s.m. Doctrina religiosa protestante establecida en el s. XVII, según la cual el bautismo solo debe ser administrado a los adultos, previa profesión de fe y arrepentimiento, y preferentemente por inmersión.

BAPTISTA adj. y s.m. y f. Relativo al baptismo; seguidor de dicha doctrina.

BAPTISTERIO o **BAUTISTERIO** s.m. (lat. *baptisterium*, del gr. *baptistirion*). Edificio o anexo de una iglesia destinado a la administración del bautismo. **2.** Pila bautismal.

BAQUEANO, A adj. y s. Amér. Persona diestra en determinada actividad, especialmente el buen conocedor de un terreno y sus caminos.

BAQUELITA o **BAKELITA** s.f. (marca registrada). Resina sintética obtenida mediante la condensación de un fenol con el aldehído fórmico, que se emplea como sucedáneo del ámbar, el carey, etc.

BAQUETA s.f. (ital. *bacchetta*, dim. de *bacchio*, bastón). ARM. Varilla de acero o de madera que antiguamente se utilizaba para cargar por la boca el cañón de un fusil o de una pistola, y que actualmente sirve para limpiarlos. **2.** EQUIT. Varilla de madera que usan los picadores para el manejo de los caballos. **3.** MÚS. Parte principal del arco de los instrumentos de cuerda. SIN.: *varilla*. ◆ **baquetas** s.f.pl. MÚS. Mazos o palillos de los instrumentos de percusión. ◇ **Tratar a (la) baqueta** *Fam.* Tratar con desprecio o severidad.

BAQUETAZO s.m. Batacazo.

BAQUETEADO, A adj. Curtido, experimentado.

BAQUETEAR v.tr. Maltratar, castigar, incomodar. **2.** *Fig.* Adiestrar o ejercitar.

BAQUETEO s.m. Acción y efecto de baquetear.

BAQUÍA s.f. Conocimiento práctico de las vías de comunicación de un país. **2.** Amér. Destreza para los trabajos manuales.

BÁQUICO, A adj. (lat. *bacchicus*). Relativo a Baco. **2.** *Fig.* Relativo a la embriaguez. **3.** LIT. Se dice del verso griego o latino compuesto normalmente por baquios.

BAQUIO s.m. (gr. *bakkheios*, de *Bákkhos*, Baco). MÉTRIC. CLÁS. Pie compuesto de tres sílabas, una breve seguida de dos largas.

1. BAR s.m. (voz inglesa). Establecimiento en el que se sirven bebidas y algunas comidas, que suelen tomarse de pie o sentado ante el mostrador.

2. BAR s.m. Unidad de medida de presión que equivale a 10^5 pascales. (Se utiliza en meteorología y en la medición de la presión de fluidos.)

BARAHÚNDA o **BARAÚNDA** s.f. Confusión grande, griterío.

BARAJA s.f. Conjunto de naipes o cartas, generalmente dividido en cuatro palos, que se emplea en varios juegos. **2.** *Fig.* Conjunto de posibilidades entre las que puede elegirse. ◇ **Jugar con dos barajas** *Fam.* Actuar con doblez, adoptando dos actitudes o comportamientos distintos según la conveniencia.

■ **BARAJA.** Naipes conmemorativos de la constitución de Cádiz.

BARAJAR v.tr. Mezclar los naipes de la baraja antes de repartirlos. **2.** Considerar varias posibilidades antes de tomar una determinación. **3.** *Fig.* Usar datos diferentes referidos a un mismo asunto ◆ v.intr. Reñir unos con otros.

BARAJUSTAR v.intr. Colomb., Hond. y Pan. Salir huyendo impetuosamente.

BARANDA s.f. Barandilla. **2.** Banda de la mesa de billar.

BARANDAL s.m. Listón que sujeta por arriba o por abajo los balaustres. **2.** Barandilla.

BARANDILLA s.f. Esp. Antepecho compuesto de balaustres y barandales.

BARANGAY s.m. (tagalo *balañgay*). Embarcación de remos, usada en Filipinas.

BARATA s.f. Chile y Perú. *Fam.* Cucaracha. **2.** Méx. Venta a bajos precios.

BARATEAR v.tr. Vender algo por menos de su precio. **2.** Regatear en la compra.

BARATERÍA s.f. Engaño o fraude en compras, ventas o permutas. **2.** DER. Delito del juez que admite regalos por dictar una sentencia justa. ◇ **Baratería de capitán**, o **patrón** Perjuicio voluntario causado a los armadores, los cargadores o los aseguradores de un barco por el patrón o una persona de su tripulación.

BARATERO, A adj. y s. Chile, Colomb. y Méx. Se dice del que vende barato.

BARATIJA s.f. Cosa de poco precio o valor.

BARATILLO s.m. Conjunto de cosas de poco precio, que se venden en lugar público. **2.**

Tienda, puesto fijo en que se venden dichos objetos. **3.** Argent. y Chile. Mercería, tienda.

1. BARATO adv.m. Por poco precio: *comprar barato.*

2. BARATO, A adj. Que se compra o se vende por poco precio o por un precio inferior al normal o esperable. **2.** *Fig.* Que se consigue con poco esfuerzo. ◆ s.m. Venta a bajo precio. **2.** Dinero que da el que gana en el juego.

BARATURA s.f. Cualidad de barato.

BARAÚNDA s.f. → **BARAHÚNDA**.

BARBA s.f. (lat. *barba*, pelo de la barba). Barbilla. **2.** Pelo que nace en la barbilla y en las mejillas. **3.** *Por ext.* Cualquier pelo o conjunto de pelo o filamentos que recuerdan las barbas. **4.** Mechón que crece en la quijada inferior de algunos animales. **5.** Rebaba de una pieza fundida que hay que eliminar mediante desbarbado. **6.** Lámina de hueso que alcanza 2 m de long., deshilachada en su borde interno y adherida al maxilar superior de la ballena. (Las ballenas presentan varios centenares de ellas.) ◆ **barbas** s.f.pl. Filamentos que guarnecen el astil de la pluma de las aves. **2.** Bordes desiguales del papel de tina. **3.** BOT. Conjunto de raíces delgadas. ◇ **Barba cerrada** *Fig.* Barba muy espesa y fuerte. **En las barbas de alguien** En su presencia, delante de él. **Hacer la barba** Méx. *Fam.* Afeitar, adular, lisonjear a una persona para conseguir un favor: *hacerle la barba al jefe.* **Por barba** Por persona. **Tirarse de las barbas** Usar ademanes que expresan gran ira y enojo.

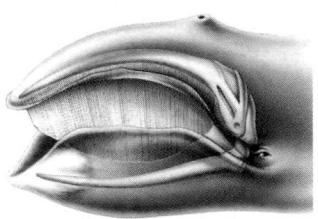

■ **BARBAS** de ballena.

BARBACANA s.f. (ár. vulgar *b-al-baqára*, puerta para las vacas). Muro bajo que bordea la plazuela de algunas iglesias. **2.** Abertura larga y estrecha que se deja en los muros de sostenimiento para facilitar la salida de las aguas de infiltración. **3.** ARQ. Abertura estrecha que proporciona luz y ventilación a un local. **4.** FORT. **a.** Tronera para disparar a cubierto. **b.** Obra que asegura la defensa exterior de una puerta o un puente.

1. BARBACOA s.f. Parrilla para asar alimentos al aire libre. **2.** Alimento asado de este modo. **3.** Amér. Zarzo que sirve de camastro. **4.** Amér. Andamio en que se pone el que guarda los maizales. **5.** Amér. Choza construida sobre árboles o estacas. **6.** Guat. y Méx. Conjunto de palos de madera verde a manera de parrilla para asar carne que se pone en un hoyo en la tierra. **7.** Guat. y Méx. Carne, generalmente de cordero o de chivo, asada de este modo.

2. BARBACOA, pueblo amerindio del grupo talamanca-barbacoa, de la familia lingüística chibcha, que vive en la zona andina del S de Colombia.

BARBACU s.m. Ave insectívora que vive en los bosques de América Meridional. (Familia bucónidos.) **2.** Pez teleóstero similar al rodaballo, de unos 60 cm de long., de carne muy apreciada.

BARBADA s.f. Quijada inferior de las caballerías. **2.** Cadenilla fijada a cada lado del freno y que pasa por debajo de la quijada inferior de las caballerías. **3.** Pieza del violín para apoyar la barba. **4.** Bol. y Perú. Cinta con la que se sujeta el sombrero por debajo de la barba.

BARBADO, A adj. y s. Que tiene barba. ◆ s.m. Árbol o sarmiento que se planta con raíces. **2.** Renuevo o injerto de árbol o arbusto.

BARBAJÁN adj. y s.m. Cuba y Méx. Tosco, grosero.

BARBAR v.intr. Salir barba. **2.** Echar raíces las plantas. **3.** Criar las abejas.

BARBÁRICO, A adj. Relativo a los pueblos bárbaros.

BARBARIDAD s.f. Cualidad de bárbaro. **2.** Dicho o hecho necio, imprudente o exagerado: *decir barbaridades.* **3.** Atrocidad, exceso: *la guerra es una barbaridad.* **4.** Cantidad muy grande de alguna cosa: *come una barbaridad.*

BARBARIE s.f. Falta de cultura. **2.** Estado de una cultura o etnia en el que hay un cierto grado de atraso tecnológico, una involución cultural, etc. **3.** *Fig.* Fiereza, crueldad.

BARBARISMO s.m. Incorrección en el uso del lenguaje que consiste en pronunciar o escribir mal las palabras o en emplear vocablos impropios. **2.** Palabra, expresión o giro procedente de una lengua extranjera. **3.** Dicho o hecho temerario. **4.** Barbarie, falta de cultura.

BARBARIZAR v.intr. [7]. *Fig.* Decir barbaridades. ◆ v.tr. Adulterar una lengua con barbarismos.

BÁRBARO, A adj. y s. (lat. *barbarus*). De todos los pueblos, incluidos los romanos, que no pertenecían a la civilización griega. (Más tarde, los romanos se asimilaron ellos mismos a los griegos. La historia ha denominado bárbaros a los godos, vándalos, burgundios, suevos, hunos, alanos, francos, etc., que, del s. III al s. VI de la era cristiana, invadieron el Imperio romano y fundaron estados más o menos duraderos.) **2.** Se dice de la persona que comete actos violentos, crueles e inhumanos, propios de una persona no civilizada. SIN.: *salvaje.* **3.** Se dice de la persona incivilizada, con poca cultura, y de las cosas relacionadas con ella. ◆ adj. Se utiliza para intensificar lo que se expresa: *hace un frío bárbaro.*

BARBASCO s.m. Planta que se emplea para envenenar el agua de los ríos para poder pescar en ella.

BARBEAR v.tr. Colomb. Retorcer por el cuello a una res hasta derribarla, sujetándola por el cuerno y el hocico. **2.** Méx. Hacer la barba, adular.

BARBECHAR v.tr. Arar la tierra para que reciba la acción de los agentes atmosféricos y se regenere. **2.** Arar la tierra para la siembra.

BARBECHERA s.f. Conjunto de barbechos. **2.** Tiempo en que se barbecha. **3.** Acción de barbechar.

BARBECHO s.m. (lat. *vervactum*). Tierra de labor que no se siembra en uno o más años para que descanse y se regenere. **2.** Sistema de cultivo que consiste en dejar de sembrar la tierra periódicamente para que se regenere. ◆ barbechos s.m.pl. Pastos sobre barbecho.

BARBERÍA s.f. Establecimiento en el que se afeita, se corta y arregla el pelo, la barba o el bigote a los hombres. SIN.: *peluquería.* **2.** Oficio del barbero.

BARBERIL adj. *Fam.* Propio de barbero.

BARBERO, A adj. Méx. *Fam.* Halagador, adulador. ◆ s.m. Persona que tiene por oficio afeitar y cortar el pelo. SIN.: fígaro, peluquero, rapabarbas, rapador.

1. BARBETA s.f. (fr. *barbette*, de *Barbe*, Bárbara, patrona de los artilleros). FORT. Trozo de parapeto destinado a que tire la artillería a descubierto: *fortificado a barbeta.*

2. BARBETA s.f. MAR. Ligadura o amarre de dos bestias o cabos mediante un pedazo de meollar.

BARBIÁN, NA adj. y s. (caló *barbán*, aire, viento). Se dice de la persona que es desenvuelta, graciosa, atrevida.

BARBICANO, A adj. Que tiene cana la barba.

BARBIJO s.m. Argent. Pieza de tela con la que, por asepsia, los médicos y auxiliares se cubren la boca y la nariz. **2.** Argent. y Bol. Herida en la cara. **3.** Argent., Bol., Par. y Urug. Barboquejo.

BARBILAMPIÑO, A adj. Que no tiene barba o de escasa barba.

BARBILINDO adj. Se dice del hombre joven que presume de guapo. SIN.: *barbilucio.*

BARBILLA s.f. Parte de la cara del ser humano y algunos animales situada debajo de la boca, especialmente el extremo inferior. **2.** Corte oblicuo hecho en la cara de una pieza de madera para que encaje en el hueco de otra pieza. **3.** Apéndice cutáneo filamentoso que tienen algunos peces alrededor de la boca. **4.** Pequeñas formaciones que nacen sobre las barbas de las plumas de las aves en disposición análoga a como estas salen del raquis.

BARBIQUEJO s.m. Cabo de una embarcación que mantiene firme el bauprés en su sitio. **2.** Amér. Barboquejo. **3.** Ecuad. y Méx. Cuerda con la que se sujeta la boca del caballo para guiarlo. **4.** Perú. Pañuelo que se ata rodeando la cara.

BARBIRRALO, A adj. Que tiene rala la barba.

BARBITÚRICO, A adj. y s.m. Se dice de un radical químico (malonilurea) que forma la base de numerosos hipnóticos y sedantes del sistema nervioso. **2.** Se dice del medicamento que contiene este radical.

ENCICL. Los barbitúricos se absorben en el tubo digestivo, y pasan a la sangre fijándose en las globulinas plasmáticas, así como en otros tejidos (hígado, riñones), franqueando la barrera hematomeníngea. Sus efectos se manifiestan de 15 a 30 minutos después de su ingestión. Son excretados por el riñón bajo la forma de metabolitos. Se dividen en barbitúri

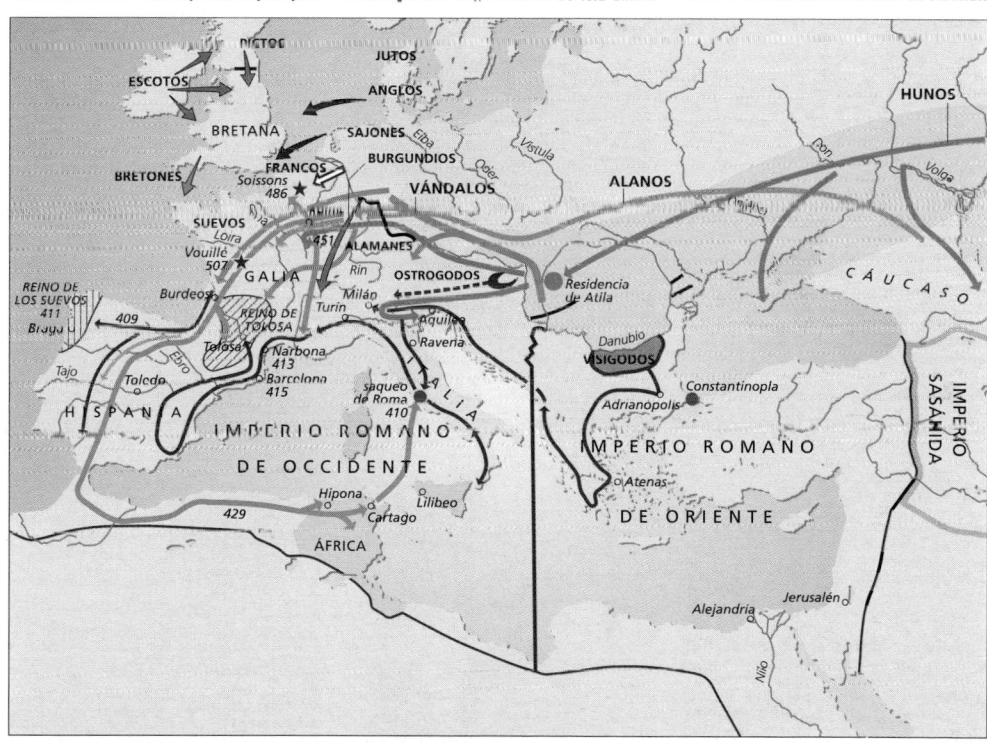

LAS INVASIONES DE LOS BÁRBAROS EN EL S.V

ALANOS Pueblos bárbaros

➡ Invasión de los hunos

— Limes

➡ Invasión vándala de 406

▨ Regiones dominadas por los hunos

★ Batallas

▧ Reino vándalo (extensión máxima)

Reparto del Imperio romano entre Arcadio (Oriente) y Honorio (Occidente) en 395 cos de eliminación lenta (activos de 8 a 10 horas), como el barbital y el fenobarbital, y barbitúricos de eliminación rápida (de 3 a 6 horas), como el secobarbital y el hexobarbital. Pueden administrarse por vía intravenosa como inductores de la anestesia, pero se utilizan sobre todo como hipnóticos. Se usan, además, como prescripción del insomnio, en el tratamiento de ciertas formas de epilepsia, curas de sueño o en las politoxicomanías, en sustitución de los opiáceos.

BARBO s.m. (lat. *barbus*). Pez de agua dulce, cuya carne es estimada pero cuyos huevos pueden ser tóxicos. (Familia ciprínidos.) ◇ **Barbo de mar** Salmonete.

■ BARBO

BARBOQUEJO o **BARBUQUEJO** s.m. (de *barba*). Cinta con que se sujeta el sombrero, casco, etc., por debajo de la barba.

BARBOTEAR o **BARBOTAR** v.intr. y tr. Mascullar. **2.** QUÍM. Hacer pasar un gas a través de un líquido.

BARBUDO, A adj. Que tiene mucha barba.

BARBULLAR v.intr. *Fam.* Hablar atropellada y confusamente.

BARBUSANO s.m. Árbol de hasta 16 m de alt. que crece en Canarias, de madera dura, pero frágil, algo parecida a la caoba. (Familia lauráceas.) **2.** Madera de este árbol.

BARCA s.f. (lat. tardío *barca*). Embarcación pequeña para pescar o navegar cerca de la costa o en los ríos.

BARCADA s.f. Carga que transporta una barca en cada viaje. **2.** Cada viaje de una barca.

BARCAJE s.m. Precio que se abona por pasar en barca de una orilla a otra de un río. **2.** Servicio de barcas que asegura la comunicación de los navíos entre sí o con la costa. **3.** Flete pagado por este servicio.

BARCAROLA s.f. (ital. *barcarola*). Canción de barquero, especialmente de los gondoleros venecianos. **2.** MÚS. Composición vocal o instrumental dulce y tranquila, generalmente en compás de seis por ocho o doce por ocho, que imita las canciones de los gondoleros venecianos.

BARCAZA s.f. Barca de gran capacidad que se utiliza para transportar pasajeros o mercancías de los buques a tierra o viceversa.

BARCELONÉS, SA adj. y s. De Barcelona.

BÁRCENA s.f. Terreno en pendiente de gran amplitud.

BARCHILÓN, NA s. Amér. Enfermero de hospital.

BARCO s.m. Embarcación con el fondo cóncavo y con cubierta, en especial la de gran o medio tonelaje.◇ **Barco compuerta** Cajón de forma especial que sirve para cerrar un dique seco. **Barco de vela** MAR. Barco que utiliza la fuerza del viento sobre las velas para impulsarse. **Barco faro** Barco que lleva un faro y que está fondeado en las proximidades de lugares peligrosos para la navegación.

1. BARDA s.f. (ital. *barda*, del ár. *bárdaa*, albarda). Armadura con que se guarnecía el caballo para su defensa en la guerra y los torneos (ss. XII-XVI).

2. BARDA s.f. Cubierta de ramaje, espino, broza, etc., que se pone sobre las tapias de los corrales y huertas para protegerlos de la lluvia.

3. BARDA s.f. Amér. Merid. Manto extenso de roca basáltica, de color oscuro y de terminaciones abruptas. **2.** Argent. Ladera escarpada o barrancosa. **3.** Méx. Tapia, muro que rodea o separa un terreno o una construcción de otros: *una barda de piedra*.

BARDAL s.m. Barda, cubierta de una tapia o seto.

BARDANA s.f. Planta ruderal, de 1 m de alt., cuyo fruto, en aquenios rugosos, se adhiere a la ropa y al pelaje de los animales. (Familia compuestas.)

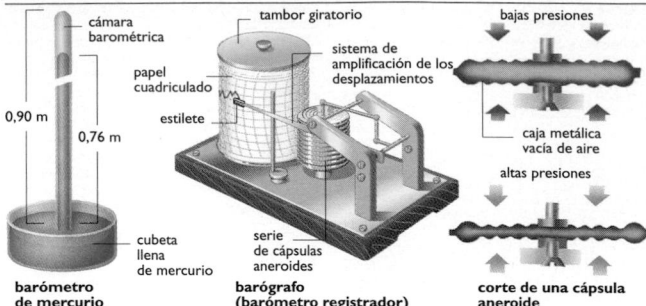

barómetro de mercurio — barógrafo (barómetro registrador) — corte de una cápsula aneroide

cámara barométrica — papel cuadriculado — estilete — 0,90 m — 0,76 m — cubeta llena de mercurio — serie de cápsulas aneroides — tambor giratorio — sistema de amplificación de los desplazamientos — caja metálica vacía de aire — bajas presiones — altas presiones

■ BARÓMETROS

BARDO s.m. (lat. *bardus*). Poeta heroico o lírico. **2.** Poeta y cantor celta.

BARÉ o **BARE,** pueblo amerindio de la familia arawak que habita en los límites de Colombia y Venezuela y junto al río Xié, afl. del Negro, en Brasil.

BAREMO s.m. Libro o cuaderno de cuentas ajustadas. **2.** Escala convencional de valores que se utiliza como base para valorar o clasificar los elementos de un conjunto. **3.** Lista de tarifas.

BARESTESIA s.f. Sensibilidad de los tejidos y los órganos a las variaciones de presión.

BARGA s.f. Embarcación de fondo plano que se emplea en la navegación fluvial.

BARGUEÑO s.m. (de *Bargas*, población de Toledo). Escritorio de madera muy usado en los ss. XVI y XVII.

■ BARGUEÑO de ébano de estilo flamenco; mediados del s. XVII. (Museo de artes decorativas, París.)

BARIA s.f. Antigua unidad de presión del sistema cegesimal que equivalía a una dina por cm².

BARICENTRO s.m. (del gr. *barýs*, pesado, y *centro*). Centro de gravedad.

flor

■ BARDANA

BARIO s.m. Metal alcalinotérreo, de color blanco plateado, de densidad 3,6, cuyo punto de fusión es de 710 ºC. (Reacciona con el agua a temperatura ambiente.) **2.** Elemento químico (Ba), de número atómico 56 y masa atómica 137,327.

BARIÓN s.m. FÍS. Partícula que interviene en las interacciones fuertes (hadrón de tipo fermión), que tiene un spin semientero.

BARITA s.f. (gr. *barýs*, pesado). Hidróxido de bario Ba(OH)₂.

BARITINA s.f. Sulfato de bario natural.

BARÍTONO s.m. (gr. *barýtonos*, de voz grave, de *barýs*, pesado, y *tónos*, tono). Voz masculina intermedia entre la de tenor y la de bajo. **2.** Hombre que tiene esta voz.

BARIZO s.m. Simio platirrino de América tropical, de cola larga y hocico poco prominente.

BARJÁN s.m. Duna en forma de media luna, que avanza sobre las superficies rocosas o sobre los materiales que no pueden alimentar la duna, como la arcilla o las gravas.

BARJOLETA adj. Amér. Mentecato, tonto.

BARLOVENTEAR v.intr. Navegando de bolina, avanzar contra el viento. **2.** *Fig.* y *fam.* Vagabundear.

BARLOVENTO s.m. MAR. Parte de donde viene el viento.

BARMAN s.m. (voz inglesa) [pl. *bármanes*]. Camarero que trabaja en la barra de un bar.

BARN s.m. Unidad de medida de sección eficaz (símb. b) empleada en física nuclear que vale 10⁻²⁸ m².

BARNABITA adj. y s.m. Se dice del religioso de la orden de clérigos regulares de san Pablo, fundada en 1530.

BARNACLA s.f. Diversas especies de anseriformes, que se adaptan a vivir en cautividad. (Familia anátidos.)

BARNIZ s.m. (bajo lat. *veronix, -icis,* resina olorosa). Mezcla de aglomerantes, disolventes y eventualmente de diluyentes, que al aplicarse sobre una superficie forma una película adherente, dura, lisa y generalmente transparente, con cualidades protectoras, decorativas o técnicas particulares. **2.** Sustancia más o menos transparente, muy plomífera, que se aplica a la cerámica en crudo y que vitrifica con la cocción. **3.** *Fig.* Cantidad superficial de un conocimiento o una cualidad. **4.** BOT. Resina líquida natural que preserva las maderas. **5.** GEOL. Acumulación que forma sobre las rocas tenues películas superficiales de origen químico.

BARNIZADO s.m. Acción de barnizar. **2.** Capa de barniz.

BARNIZADOR, RA s. Persona que tiene por oficio barnizar.

BARNIZAR v.tr. [7]. Dar barniz.

BARÓGRAFO s.m. Barómetro registrador que traza la curva de altitudes alcanzadas por una aeronave.

BAROMETRÍA s.f. Parte de la física que trata de las medidas de la presión atmosférica.

BAROMÉTRICO, A adj. Relativo al barómetro: *altura barométrica*.

BARÓMETRO s.m. Instrumento para medir la presión atmosférica.

ENCICL. En el barómetro de mercurio (Torricelli, 1643) la presión atmosférica actúa sobre la superficie de este, haciendo subir o bajar su nivel en el interior del tubo. La altura de la columna *(altura barométrica)* representa la presión atmosférica, que es de 76 cm en promedio al nivel del mar y disminuye a medida que aumenta la altitud. En un mismo lugar, varía según las condiciones atmosféricas. Existen otros tipos de barómetros: el *aneroide* o *metálico*, en el que los movimientos producidos por las variaciones de la presión atmosférica en una chapa metálica se transmiten a una aguja que se mueve frente a un limbo graduado, y el *registrador*, que traza un gráfico de variación de la presión atmosférica.

BARÓN, NESA s. (germ. *baro*, hombre libre). Miembro de la nobleza de categoría inferior a la de vizconde. ◆ s.f. Esposa del barón.

BARONET s.m. Título nobiliario británico, situado entre el barón y el caballero.

BARONÍA s.f. Dignidad de barón. **2.** Territorio o lugar bajo la jurisdicción de este título.

BAROPODOMETRÍA s.f. Análisis de la distribución de las cargas que soportan los pies tanto en posición de descanso como durante la marcha.

BAROTRAUMATISMO s.m. Estado patológico causado por una variación brusca de la presión.

BARQUEAR v.tr. Atravesar en barca un río o lago. ◆ v.intr. Trasladarse en bote o lancha.

BARQUILLA s.f. Embarcación pequeña de remos y sin mástil. **2.** Cesto o plataforma suspendida de un aerostato, donde se coloca la tripulación. **3.** Carenaje en el que se sitúa el grupo propulsor de un avión.

BARQUILLERO, A s. Persona que tiene por oficio hacer o vender barquillos. **2.** Molde para hacer barquillos.

BARQUILLO s.m. Hoja delgada de pasta de harina sin levadura, azúcar y alguna esencia, a la que se da forma de canuto, más ancho por un extremo que por el otro.

BARQUINAZO s.m. (de *barco*). Tumbo o vuelco de un carruaje.

BARRA s.f. (voz prerromana). Pieza rígida, generalmente de metal, más larga que gruesa. **2.** Palanca para levantar objetos de mucho peso. **3.** Lingote de forma alargada. **4.** Mostrador de las cafeterías, bares, etc. **5.** Barandilla que, en un tribunal, separa a los magistrados del público. **6.** Espacio entre un incisivo y un molar en el caballo, el buey y el conejo. **7.** Amér. Prisión a modo de cepo. **8.** Amér. Merid. Público que asiste a las sesiones de un tribunal. **9.** Amér. Merid. En un espectáculo deportivo, grupo de personas que animan a sus favoritos, hinchada. **10.** Amér. Merid. Pandilla de amigos. **11.** Esp. Pieza de pan de forma alargada. **12.** COREOGR. **a.** Varilla de madera que sirve de punto de apoyo a los bailarines para efectuar los ejercicios de flexibilidad. **b.** Conjunto de estos ejercicios. **13.** GEOGR. **a.** Acumulación de arenas, por acción de las olas que

■ **BARRA.** Ejercicio en la barra (ballet del teatro Bolshói, Moscú).

batir con fuerza contra determinados litorales. **b.** Banco que se forma a la entrada de los estuarios en el contacto de la corriente fluvial y de las olas del mar. **c.** Flecha arenosa que se forma en el borde de ciertas costas planas, y que puede emerger constituyendo un cordón litoral. **14.** HERÁLD. Pieza honorable que va desde el cantón siniestro del jefe hasta el cantón diestro de la punta. SIN.: *binda.* **15.** MAR. Pieza de mando del timón. **16.** MIL. Franja estrecha, metálica o bordada, situada bajo el emblema de determinados cuerpos u organismos militares, que sirve para indicar el tiempo que se ha pertenecido a estos. ◇ **Barra de acoplamiento** AUTOM. Barra de unión entre la dirección y la rueda. **Barra de armonía** MÚS. Listón de abeto fijo en el interior de la tabla de los instrumentos de cuerda para resistir la presión de las cuerdas. **Barra de compás** MÚS. Trazo vertical tirado a través del pautado, que separa el discurso musical en células de igual duración. **Barra de torsión** AUTOM. Barra que trabaja por torsión elástica alrededor de su eje y que sustituye a un muelle, especialmente para asegurar la suspensión de un vehículo. **Barra fija** DEP. Aparato formado por un travesaño horizontal redondo, sostenido por dos montantes. **Barras asimétricas** DEP. Aparato compuesto por dos barras paralelas al suelo, pero a diferente altura, sostenidas por unos montantes verticales. **Barras paralelas** DEP. Aparato compuesto por dos barras paralelas situadas a la misma altura, sostenidas por soportes verticales. **Sin mirar,** o **pararse,** o **repararse, en barras** Sin consideración.

■ **BARRA.** Ejercicio en las barras asimétricas.

BARRABÁS s.m. (de *Bar Abbás,* malhechor judío indultado en vez de Jesús). *Fam.* Persona mala, inquieta o traviesa.

BARRABASADA s.f. *Fam.* Acción propia de un barrabás.

BARRACA s.f. (cat. *barraca*). Construcción de una sola planta, de planta rectangular y sin tabiques, hecha con materiales ligeros, destinada a albergar provisionalmente a un grupo de personas, los puestos de una feria, etc. **2.** En la huerta valenciana y murciana, casa de labor de cañas, paja y adobe, con un techo a dos vertientes muy levantado. **3.** Chabola. **4.** Depósito o almacén para productos destinados al tráfico. **5.** Chile. Golpes diversos. **6.** Chile y Urug. Edificio destinado a depósito y venta de madera, hierro u otros elementos de construcción.

BARRACÓN s.m. Construcción provisional destinada a albergar soldados, refugiados, etc.

BARRACUDA s.f. Pez de gran tamaño perteneciente a la familia esfirénidos.

BARRAGÁN s.m. (ár. *barrakān*). Tela de lana impermeable al agua. **2.** Abrigo para hombres, hecho con esta tela.

BARRAGANA s.f. Concubina.

BARRAGANERÍA s.f. En la edad media, comunidad de vida entre un hombre y una mujer solteros que era reconocida por el derecho como digna de protección. **2.** Concubinato.

BARRAJAR v.tr. Amér. Derribar con fuerza.

BARRANCA s.f. Méx. Barranco.

BARRANCAL s.m. Lugar donde hay muchos barrancos.

BARRANCO s.m. (voz prerromana). Despeñadero, precipicio. **2.** Hendidura profunda que hacen en la tierra las aguas. **3.** Zanja de paredes ruinosas que entalla los conos volcánicos constituidos por materiales sueltos.

BARRANQUISMO s.m. Deporte de aventura que consiste en descender barrancos en el curso de un río combinando natación y escalada para salvar los obstáculos naturales.

BARRAQUERO, A adj. Relativo a la barraca. ◆ s. Dueño o administrador de una barraca, o almacén.

BARRAQUISMO s.m. Forma de hábitat caracterizada por degradación urbanística y marginación social.

BARREDERA s.f. Máquina para barrer las calles.

BARREDERO, A adj. Que arrastra cuanto encuentra a su paso: *viento barredero.*

BARREDURA s.f. Acción de barrer. ◆ **barreduras** s.f.pl. Inmundicia que se barre.

BARRENA s.f. (hispano-ár. *barrīna,* del lat. *veruina,* jabalina). Herramienta que sirve para taladrar la madera y otros materiales, constituida por una barra de acero con el extremo en forma de hélice y rematada por una punta aguda. **2.** Barra de hierro con uno o dos extremos cortantes que sirve para agujerear peñascos, sondar terrenos, etc. **3.** Figura de acrobacia aérea. **4.** Descenso de un avión girando sobre sí mismo, por pérdida de estabilidad, sin intervenir la voluntad del piloto. **5.** Molusco bivalvo de concha blanca que excava cavidades en las rocas (long. 10 cm).

BARRENADO, A adj. *Fam.* Loco, demente.

BARRENAR v.tr. Hacer agujeros con barrena o barreno. **2.** *Fig.* Desbaratar, estropear los planes. **3.** Agujerear un barco por debajo de su línea de flotación para hundirlo. **4.** TAUROM. Clavar la puya o el estoque en el toro, revolviéndolo a modo de barrena.

BARRENDERO, A s. Persona que tiene por oficio barrer las calles.

BARRENERO, A s. Persona que tiene por oficio hacer o vender barrenos. **2.** Operario que tiene por oficio abrir los barrenos en las minas.

BARRENILLO s.m. Carcoma. **2.** Enfermedad producida por este insecto en los árboles.

BARRENO s.m. Barrena grande, herramienta para taladrar. **2.** Agujero hecho con barrena. **3.** Agujero relleno de materia explosiva, hecho en una roca o en una obra de fábrica, para hacerla volar. **4.** Carga explosiva destinada a la voladura de grandes rocas. ◇ **Pico barreno** Pájaro carpintero.

BARREÑO s.m. Esp. Recipiente grande cilíndrico, más ancho por la boca que por la base, usado para fregar el suelo o lavar en él.

BARRER v.tr. (lat. *verrere*). Limpiar el suelo con la escoba. **2.** *Fig.* Arrastrar algo que está en movimiento una cosa, llevándosela por delante: *el huracán barrió todo lo que encontró a su paso.* **3.** Quitar completamente algo material o inmaterial de un sitio. ◆ v.tr. e intr. Acabar alguien con todo lo que hay en un lugar o llevárselo todo: *los clientes barrieron con todo lo que estaba de oferta.* **2.** Derrotar de forma contundente al adversario: *ese partido político barrió en las últimas elecciones.* ◇ **Barrer hacia dentro,** o **para dentro** Comportarse interesada o egoístamente.

BARRERA s.f. Dispositivo con el que se obstaculiza el paso o se limita un terreno. **2.** *Fig.* Obstáculo material o inmaterial que impide la consecución de algo. **3.** DEP. En fútbol y balonmano, cuando se ejecuta un golpe franco, grupo de jugadores que se alinean apretadamente para proteger la propia portería. **4.** MED. Estructura que dificulta o impide el paso de algunos elementos de la sangre. **5.** TAUROM. **a.** Valla de madera situada alrededor del ruedo. **b.** Primera fila de las localidades destinadas al público. ◇ **Barrera de hielo** Plataforma de hielo continental de varios miles de kilómetros cuadrados que flota en el mar. **Barrera del calor,** o **térmica** Conjunto de los fenómenos caloríficos que se producen a velocidades supersónicas. **Barrera del sonido** Conjunto de los fenómenos aerodinámicos que se producen cuando un móvil se desplaza en la

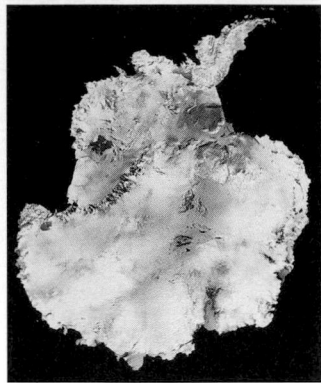

■ BARRERA DE HIELO. La barrera de Ross, en el mar de Ross (arriba a la izq.), y la de Ronne, en el mar de Weddell (arriba a la dcha.), en la Antártida. Cada una de ellas tiene una superficie superior a los 500 000 km² y un grosor de hielo de varios centenares de metros.

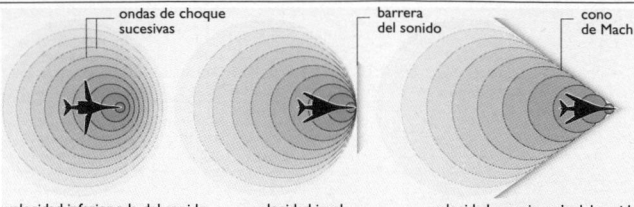

ondas de choque sucesivas — barrera del sonido — cono de Mach

velocidad inferior a la del sonido (vuelo subsónico)

velocidad igual a la del sonido

velocidad superior a la del sonido (vuelo supersónico)

■ BARRERA DEL SONIDO. Cuando un móvil alcanza la velocidad del sonido, se desplaza a la misma velocidad que las ondas de presión que genera y produce entonces una onda de choque sonora. Cuando la velocidad es supersónica, las ondas de presión se inscriben dentro de un cono, el «cono de Mach».

atmósfera a una velocidad próxima a la del sonido.

BARRERO s.m. Alfarero. **2.** Barrizal.

BARRETÓN s.m. Colomb. Piqueta del minero.

BARRIADA s.f. Barrio. **2.** Parte de un barrio.

BARRIAL adj. (del hispano-lat. *barrialis terra*, tierra arcillosa). Amér. Se aplica a la tierra gredosa o arcilla. **◆** s.m. Amér. Barrizal.

BARRICA s.f. (gascón *barrique*). Tonel de mediano tamaño.

BARRICADA s.f. Obstáculo improvisado hecho de una acumulación de materiales diversos, para protegerse o interceptar el acceso de una calle o un paso.

BARRIDO s.m. Acción de barrer. **2.** Exploración o análisis de los elementos de una imagen que son transmitidos mediante señales eléctricas en función de sus luminosidades relativas. **3.** Búsqueda intensa y completa de datos en alguna fuente de información. **4.** En un motor de combustión interna, fase del ciclo de combustión durante la cual los gases procedentes de ésta son totalmente expulsados al exterior. **5.** CIN. Recorrido que realiza una cámara de vídeo o televisión colocada en un punto fijo captando todo el espacio horizontalmente. **6.** TELECOM. Desplazamiento del punto de impacto de un haz luminoso o electrónico durante el análisis de una imagen con vistas a su transmisión por televisión o telescopio, o del punto correspondiente una vez producida la síntesis de la imagen en el receptor.

BARRIGA s.f. (de *barrica*). Vientre. **2.** *Fig.* Parte abultada de una cosa, como la parte media de una vasija o la comba de una pared.

BARRIGÓN, NA adj. Barrigudo, que tiene mucha barriga. **◆** s. Cuba y P. Rico. Niño de corta edad.

BARRIGUDO, A adj. Que tiene mucha barriga. **◆** s.m. Simio de América del Sur, de 50 cm de long., de pelo denso y lanoso y sin cola.

BARRIL s.f. Tonel pequeño. **2.** Medida de capacidad (símb. bbl) que equivale aproximadamente a 159 l, utilizada en especial para los productos petrolíferos.

BARRILETE s.m. Pieza del revólver, cilíndrica y móvil, donde se colocan los cartuchos. **2.** Caja cilíndrica que contiene el muelle real o resorte motriz de un reloj o de un péndulo. **3.** Instrumento acodado para sujetar la madera en el banco de carpintero. **4.** Argent. Cometa, juguete.

BARRILLA s.f. Planta de los terrenos salitrosos de la región mediterránea y Asia central, de cuyas cenizas se obtenía el carbonato sódico. (Familia quenopodiáceas.) **2.** Cenizas de esta planta.

BARRILLO s.m. Granito que sale en la cara.

BARRIO s.m. (del ár. *barr*, afueras de una ciudad). Cada una de las partes en que se dividen las poblaciones grandes o sus distritos. **2.** Caserío dependiente de otra población aun-

que esté apartado de ella. **3.** Arrabal de una población. **4.** En una región de población dispersa, conjunto de casas aisladas que guardan entre sí alguna relación espacial. **◇ Barrio administrativo** Barrio en el que se agrupan los servicios públicos y los organismos del gobierno. **Barrio bajo** Barrio donde vive la población más pobre. **Barrio chino** Zona urbana de ciertas ciudades, por lo general portuarias, donde se agrupan la prostitución y otras actividades marginales. **Barrio residencial** Barrio destinado a viviendas. **El otro barrio** Esp. Fam. El otro mundo, la eternidad.

BARRIOBAJERO, A adj. y s. Relativo a los barrios bajos. **2.** *Fig.* Ordinario, vulgar, grosero.

BARRITAR v.intr. Emitir el elefante o el rinoceronte su voz característica.

BARRITO s.m. Voz del elefante o del rinoceronte.

BARRIZAL s.m. Terreno o lugar lleno de barro.

1. BARRO s.m. (voz prerromana). Mezcla de tierra y agua. SIN.: *cieno, lama, limo.* **2.** *Fig.* Masa moldeable consistente en una mezcla de arcilla y agua empleada en alfarería. **3.** Objeto, especialmente recipiente, hecho con esa masa moldeada cocida al horno. **4.** GEOL. Depósito en los grandes fondos oceánicos.

2. BARRO s.m. (lat. *varus*). Granillo de color rojizo que sale en el rostro. SIN.: *barrillo.* **2.** Tumorcillo que sale al ganado mular y vacuno.

BARROCO, A adj. (fr. *baroque*). Relativo al barroco: *iglesia barroca.* **2.** Excesivamente adornado: *decoración barroca.* **3.** Se aplica a lo que es excesivamente complicado, o retorcido: *estilo barroco; lenguaje barroco.* **◆** s.m. Movimiento cultural y artístico nacido en Italia que se impuso en Europa e Hispanoamérica desde finales del s. XVI hasta principios del s. XVIII. **2.** Período histórico durante el cual se desarrolló este movimiento.

ENCICL. B. ART. En el campo de las bellas artes, el epíteto de barroco ha servido para calificar, en sentido peyorativo, al estilo que sucedió a los del renacimiento clásico y manierista, y se impuso en gran parte de Europa en el s. XVII. Nacido en Roma como expresión esencial de la Contrarreforma, se impuso especialmente en los países católicos y renovó por completo la iconografía y el arte sacro. Contrariamente al ideal de serenidad y equilibrio metódicos del renacimiento, el barroco quiere deslumbrar y llegar hasta los sentidos de una época en la que se proclama el carácter afectivo de la fe. Lo logra mediante efectos de luz y de movimiento, de formas de expansión, de la línea curva y de las rupturas, composiciones en diagonal y juegos de perspectiva y de escorzo. Las diferentes disciplinas tienden a fundirse en la unidad de una especie de espectáculo cuyo dinamismo y brillo multicolor son pruebas de su exaltación. El barroco se expresó por vez primera en Roma, con Maderno, Bernini, Borromini, Lanfranco y P. da Cortona. El estilo se extendió por el resto de Italia (Lucas Jordán, Tiepolo), desde donde pasó a Bohemia, Austria (Fisher von Erlach, L. von Hildebrandt, Georg Raphael Donner), Alemania (los Assam, Cuvilliés), el S de Países Bajos (H. F Vebruggen y Rubens), la península Ibérica y sus colonias de América, Rusia, etc.

La evolución del barroco español va de un primer momento de influencia romana a un segundo período, más exaltado y expresivo, que

da lugar a conceptos tales como el *churriguerismo*, y termina en una etapa de influencia clasicista. Destacaron en arquitectura: F. Peña, Andrade y Casas Novoa, José Benito Churriguera y Joaquín Churriguera, T. Ardemans, Juvara, F. Sabatini, Ventura Rodríguez y J. de Villanueva; en escultura: A. Hernández o Fernández, F. Salzillo y la familia Bonifás; y en pintura: Ribera, Ribalta, Zurbarán, Valdés Leal, Velázquez y Murillo. En América Latina existen varios focos del importante barroco colonial: en Guadalajara, Ciudad de México, Puebla; la escuela quiteña; las escuelas limeña y arequipeña y de Cuzco en Perú. Es notable el barroco brasileño, con la figura del Aleijadinho.

LIT. En literatura, el barroco quedó ilustrado en España por Góngora, Quevedo, Gracián y Calderón. Arte del reflejo y de la apariencia, la literatura barroca está fundada en un sistema de antítesis, de analogías y de simetrías, que garantizan por medio de rupturas de estilo la constante presencia de la imaginación y de la sorpresa. La literatura barroca española muestra afinidad con todo el barroco europeo, pero ofrece rasgos peculiares, basados, entre otras cosas, en la conciencia de la decadencia política del país, en el fuerte influjo de la teología escolástica y en la involución ideológica, de signo contrarreformista. Es usual contraponer dos corrientes, *culteranismo* y *conceptismo*, según predominen artificios de índole formal o rebuscamientos creados por el juego intelectual de conceptos, pero ambos estilos son dos caras de un mismo fenómeno y su deslinde no es siempre pertinente. América Latina adquirió su primera madurez cultural propia precisamente bajo el signo del barroco, donde destacó con luz propia la mexicana sor Juana Inés de la Cruz, y sobresalen otros escritores como el poeta Hernando Domínguez Camargo y el prosista Juan Espinosa Medrano, llamado El Lunarejo.

MÚS. Por lo que respecta a la música, la escritura barroca, melódica y muy ornamentada, rompió con el estilo polifónico, con lo cual se favoreció la creación de nuevos géneros, entre los que destacan la ópera, el oratorio y la cantata, y de nuevas formas musicales, como la sonata o el concierto. El estilo barroco se desarrolló con C. Monteverdi, H. Purcell, J. P. Rameau, F. Couperin, A. Vivaldi y J. S. Bach.

BARRÓN s.m. Planta gramínea de tallos reptantes o erectos, hojas grisáceas y espiga cilíndrica y blanquecina, que consolida la arena de las dunas. (Familia gramíneas.)

■ BARRÓN

■ EL ARTE BARROCO

El término «barroco» tiene un origen preciso: en joyería se utilizaba para designar una pequeña perla natural de forma irregular o una piedra preciosa mal tallada. En su época, el arte barroco representaba pues lo extravagante, lo exuberante e incluso lo decadente. Pero a principios del s. XX, los historiadores del arte lo emplearon para designar de manera genérica el estilo esplendoroso de la época comprendida entre el renacimiento y el neoclasicismo, especialmente en Italia.

Guarino Guarini. Palacio Carignano en Turín, construido hacia 1680. En lugar de recurrir a la fragmentación en distintos cuerpos de los distintos edificios que lo constituyen, para evitar así la monotonía de su amplia fachada, el arquitecto optó por un sencillo juego de curvas y contracurvas que la fantasiosa ornamentación de las ventanas contribuye a realzar.

Petrus Paulus Rubens. *El rapto de las hijas de Leucipo* (h.1618), una de las obras maestras del pintor. Cástor y Pólux, hijos de Zeus y Leda, raptan a las dos hijas del rey de Mesenia. Cabe destacar la impetuosidad de la escena, plasmada en el cruce de diagonales que rigen la composición, y la poderosa sensualidad de los cuerpos femeninos. (Antigua Pinacoteca, Múnich.)

Andrea Pozzo. *La gloria de san Ignacio* (h.1690), fresco de la bóveda de la iglesia de San Ignacio en Roma. El espacio real de la nave se prolonga mediante un trampantojo arquitectónico poblado de figuras suspendidas en el aire. Este arte ilusionista elude con gran virtuosismo la consistencia física de la bóveda.

La catedral de Murcia. Fachada realizada en 1737 por Jaime Bort (el campanario es del s. XVI). El barroco español (como sus variantes en México, Colombia, Perú y Ecuador) gusta de componer sus fachadas a la manera de grandes retablos.

Biblioteca de Wiblingen. Estatua en madera policromada, ornamento de la biblioteca de la abadía de Wiblingen, cerca de Ulm (h.1760).

Giambattista Tiepolo. Fresco (h.1750) de la sala imperial (*Kaisersaal*) de la Residencia de Wurzburgo, fastuoso palacio obra de J. B. Neumann. A pesar de los hábitos venecianos de sus personajes, la obra representa los esponsorios del emperador Federico I Barbarroja oficiados en el s. XII por el príncipe-obispo de Wurzburgo.

Iglesia de San Francisco de Asís, en Ouro Preto (Brasil), construida hacia 1767 por A. F. Lisboa. El encanto de la arquitectura portuguesa (sus estructuras principales en piedra destacan sobre un fondo de yeso blanco, como en la época del gótico manuelino) transportado al Nuevo Mundo.

BARROQUISMO s.m. Cualidad de barroco. **2.** Tendencia a decorar con excesivos adornos.

BARROSO, A adj. Se dice del terreno que tiene barro o en el que se forma barro fácilmente. **2.** Que tiene el color del barro.

BARROTE s.m. Barra gruesa. **2.** Barra de hierro para afianzar algo. **3.** Palo que se pone atravesado sobre otros para sostener o reforzar.

BARRUECO s.m. Perla de perímetro irregular. **2.** Nódulo de forma esférica que suele haber en algunas rocas, especialmente en las graníticas.

BARRUNTAR v.tr. Prever, sospechar o presentir algo a partir de alguna señal o indicio: *barruntar un riesgo.*

BARRUNTO s.m. Sospecha o presentimiento. **2.** Indicio de algo.

BARTOLA (A LA) loc. (de *Bartolo,* forma popular de *Bartolomé*). *Fam.* Sin ningún cuidado ni preocupación.

BARTOLEAR v.intr. Argent. No saber aprovechar una oportunidad.

BARTOLILLO s.m. Pastel relleno de crema o carne.

BARTOLINA s.f. Méx. Calabozo oscuro y estrecho.

BARTOLINITIS s.f. MED. Inflamación de las glándulas de Bartolino, situadas en los labios mayores de la vulva.

BARTULEAR v.tr. Chile. Devanarse los sesos, cavilar. SIN.: *bartular.*

BÁRTULOS s.m.pl. (de *Bàrtolo,* jurisconsulto boloñés del s. XIV). Enseres de uso corriente. ◇ **Liar,** o **preparar, los bártulos** *Fam.* Disponer las cosas necesarias para un viaje, una mudanza u otro traslado; disponer los medios para llevar a cabo una acción.

BARULLERO, A adj. y s. Que crea barullo.

BARULLO s.m. (port. *barulho*). Confusión, desorden.

BASA s.f. Asiento del fuste de una columna, pilastra, pedestal o estatua. **2.** Base, fundamento o apoyo de algo.

BASADA s.f. Armazón que se pone debajo de una embarcación para botarla al agua.

BASAL adj. Que está situado en la base de una formación orgánica o de una construcción. **2.** MED. **a.** Se dice del gasto energético de un individuo en absoluto reposo y en ayunas durante 12 horas: *metabolismo basal.* **b.** Se dice de la temperatura corporal más baja, que debe registrarse en condiciones de absoluto reposo, al despertar y antes de levantarse. **3.** ZOOL. Se dice del segmento de la base de la aleta de los peces. ◆ adj. y s.f. HISTOL. Se dice de la membrana fina localizada en la profundidad de los epitelios.

BASALTO s.m. (fr. *basalte*). Roca volcánica de color verde oscuro, constituida esencialmente por plagioclasa, piroxeno y olivino, que forma coladas extensas y muestra a menudo una estructura prismática.

BASAMENTO s.m. Parte inferior y maciza de una construcción, que la eleva por encima del nivel del suelo. **2.** Cuerpo formado por la basa y el pedestal de la columna. **3.** GEOL. Zócalo sobre el que descansan ciertas capas del terreno.

BASAR v.tr. y prnl. *Fig.* Fundamentar una cosa en otra cosa, especialmente un razonamiento, idea, hipótesis, etc. ◆ v.tr. Hacer descansar una cosa sobre una base.

BASÁRIDE s.m. Carnívoro nocturno de cuerpo ágil y esbelto, patas cortas, cabeza de tamaño mediano, hocico algo puntiagudo y cola tan larga como el cuerpo. (Familia prociónidos.)

BASCA s.f. Sensación de desazón que se experimenta en el estómago cuando se quiere vomitar. (Suele usarse en plural.) SIN.: *náusea.* **2.** Esp. *Fam.* Pandilla, grupo de amigos. **3.** Esp. *Fam.* Gente, grupo numeroso de personas: *había mucha basca en el concierto.*

BASCO, A adj. Vasco.

BASCONGADO, A adj. y s. Vascongado.

BASCOSIDAD s.f. Inmundicia, suciedad.

BASCOSO, A adj. Colomb. y Ecuad. Soez, grosero.

BÁSCULA s.f. (fr. *bascule*). Instrumento para medir pesos, generalmente grandes, provisto de una plataforma sobre la que se coloca lo que ha de pesarse. **2.** Palanca que se apoya en un punto fijo central, o en un punto situado hacia uno de sus extremos, y cuyos dos brazos pueden oscilar en sentido ascendente o descendente alternativamente. **3.** ARM. Parte de donde arrancan los cañones de las escopetas modernas. **4.** INFORMÁT. Dispositivo electrónico que posee dos estados posibles, capaz de bascular de uno a otro de ellos.

BASCULAR v.intr. y prnl. Oscilar, tener movimiento vertical de vaivén. **2.** Levantarse la caja de ciertos vehículos de carga para descargar.

BASE s.f. (lat. *basis,* del gr. *básis*). Parte inferior de un cuerpo sobre la que este reposa: *la base de una copa.* **2.** Fundamento o apoyo principal de una cosa: *sentar las bases para un acuerdo.* **3.** Conjunto de los militantes de un partido político, sindicato, etc. **4.** Distancia medida sobre el terreno con gran precisión y sobre la que se efectúa todo el trabajo de triangulación. **5.** ELECTRÓN. Junta central de un transistor comprendida entre el emisor y el colector, que generalmente recibe la señal que se ha de amplificar. **6.** MAT. **a.** Cantidad fija y distinta de la unidad, que ha de elevarse a una potencia dada para que resulte un número determinado. **b.** Superficie o lado de una figura geométrica en que se supone que esta se apoya. **7.** MIL. Zona de reunión y de tránsito de los medios necesarios para llevar a cabo operaciones militares; organismo encargado de estas misiones: *base aérea, naval.* **8.** QUÍM. Sustancia que al combinarse con un ácido forma una sal. ◆ s.m. y f. Jugador de baloncesto que tiene la función de dirigir el juego del equipo. ◇ **Base de datos** INFORMÁT. Conjunto de datos almacenados en una computadora y organizados en un programa que permita la consulta selectiva de los mismos. **Base de lanzamiento** ASTRONÁUT. Lugar donde están reunidas las instalaciones necesarias para la preparación, lanzamiento, control en vuelo y, eventualmente, el guiado radioeléctrico de vehículos espaciales. **Base de operaciones** MIL. Zona donde se reúnen las unidades antes del ataque, o de unas operaciones. **Base de un espacio vectorial** MAT. Familia libre máxima de vectores independientes que forman parte de ese espacio. **Base de un sistema de numeración** MAT. Número de unidades de cierto orden necesarias para formar una unidad del orden inmediatamente superior. **Base de velocidad** Puntos determinados en la costa, cuya distancia, perfectamente medida y balizada, permite que los buques calculen su velocidad. **Base imponible** ECON. Magnitud tributaria, expresada en dinero o en elementos de hecho, que se utiliza como punto de partida para calcular la cuantía del impuesto que ha de pagar el contribuyente.

BASEDOW. Enfermedad de Basedow Conjunto de trastornos provocados por el funcionamiento excesivo de la glándula tiroides, caracterizado principalmente por un bocio exoftálmico.

BASHKIR, pueblo turco y musulmán que habita en Bashkortostán (ant. Bashkiria).

BASIC s.m. (acrónimo del ingl. *beginner's all purpose symbolic instruction code*). INFORMÁT. Lenguaje de programación adaptado a los usos convencionales a partir de terminales o en computadoras personales.

BASICIDAD s.f. QUÍM. Propiedad que posee un cuerpo de actuar como base.

BÁSICO, A adj. Fundamental: *conocimientos básicos.* **2.** Que tiene las propiedades de una base. ◇ **Roca básica** Roca endógena que contiene entre el 45 y el 52 % de sílice. **Sal básica** Sal que reacciona con un ácido y forma una sal neutra.

BASIDIO s.m. Expansión microscópica que lleva dos o cuatro esporas en la mayoría de los hongos superiores. (Las esporas maduran en el exterior del basidio que las ha producido, lo que distingue el *basidio* del *asca.*)

BASIDIOMICETE adj. y s.m. Relativo a una clase de hongos cuyas esporas aparecen sobre basidios. (Incluye los hongos de laminillas [amanitas y agáricos], de poros [*Boletus*] y ciertas formas parásitas de los vegetales [carbón de los cereales].)

BASIDIOSPORA s.f. Espora formada por un basidio.

BASILAR adj. ANAT. Que sirve de base.

BASÍLICA s.f. (lat. *basilica,* especie de lonja, del gr. *basilikós,* del rey). Título que se da a una iglesia que goza de ciertos privilegios. **2.** Edificio romano que servía de tribunal y de lugar de reunión y contratación, con planta rectangular, dividida en dos o tres naves, y un ábside en un extremo o en ambos. **3.** Iglesia paleocristiana construida sobre la misma planta. **4.** Cada una de las trece iglesias de Roma que se consideran las primeras de la cristiandad, como la basílica de San Pedro en el Vaticano.

BASILICAL adj. ARQ. Relativo a la basílica.

BASILIENSE, BASILEENSE o **BASILENSE** adj. y s.m. y f. De Basilea.

BASILIO, A adj. y s. Relativo a las diversas órdenes que siguen las reglas de san Basilio; miembro de alguna de dichas órdenes.

BASILISCO s.m. (lat. *basiliscus,* del gr. *basilískos,* dim. de rey). Reptil semejante a la iguana, de 80 cm de long., con cresta dorsal escamosa y de costumbres semiacuáticas, que vive en la América tropical. **2.** Animal fabuloso con cuerpo de serpiente, patas de ave y alas espinosas, al que se atribuía la capacidad de matar con la mirada. **3.** *Fig.* Persona de carácter agrio que está muy furiosa: *ponerse hecho un basilisco.*

BASMATI s.m. Arroz indio de grano largo.

BASÓFILO, A adj. HISTOL. Que toma los colorantes básicos, como la tionina.

BÁSQUET s.m. (ingl. *basket*). Baloncesto.

BÁSQUETBOL o **BASQUETBOL** s.m. (ingl. *basketball*). Amér. Baloncesto.

BASSET s.m. y adj. Perro de cuerpo alargado, orejas largas y colgantes, y patas cortas, a menudo torcidas.

■ **BASSET** artesiano normando.

BASTA s.f. (del germ. *bastjan,* zurcir). Puntada larga, especialmente la que se hace para hilvanar.

BASTANTE adv.c. Ni mucho ni poco, en cantidad normal o suficiente. **2.** En cantidad apreciable: *se encuentra bastante mejor.* ◆ adj. Indica una cantidad elevada: *tenemos bastantes problemas.*

BASTANTEAR v.tr. y intr. DER. Declarar un letrado lo suficiente de un poder u otro documento.

BASTAR v.intr. y prnl. (del gr. *bastáxein,* llevar, sostener). Ser suficiente. ◆ v.impers. Haber suficiente con algo: *basta con que se pidan disculpas.*

BASTARDEAR v.intr. y prnl. Perder una cosa su bondad o pureza primitivas. ◆ v.tr. Falsear una cosa, hacer que pierda su autenticidad.

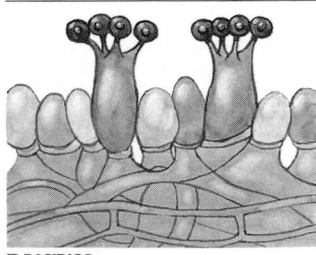

■ **BASIDIOS**

BASTARDÍA s.f. Cualidad de bastardo. **2.** *Fig.* Dicho o hecho indigno del origen o estado de una persona.

BASTARDILLO, A adj. y s.f. Se dice de la letra de imprenta cursiva.

BASTARDO, A adj. y s. (fr. ant. *bastart*). Se dice del hijo nacido fuera de matrimonio. ◆ adj. **2.** Se aparta de su origen o naturaleza. **2.** Se dice del animal que no es de pura raza.◇ **Mortero bastardo** Mortero hecho con agua, arena y una mezcla de cal grasa y cemento.

BASTE s.m. Almohadilla que lleva la silla de montar o la albarda en su parte inferior.

BASTEAR v.tr. Hilvanar.

BASTEDAD s.f. Cualidad de basto. SIN.: *basteza.*

BASTERNA s.f. Carro de los antiguos pueblos del norte, más tarde usado por los roma nos y los merovingios. **2.** Litera llevada a lomo de mulo.

BASTETANO, A adj. y s. De un pueblo pre rromano de cultura ibérica asentado en el SE de la península (Bastetania), cuya capital era *Basti* (Baza).

BASTIDOR s.m. (de *bastir*, arreglar). Armazón que sostiene algo: *bastidor de bordar; bastidor de una ventana.* **2.** Amér. Central. Colchón de tela metálica. **3.** Chile. Celosía. **4.** Esp. MEC. **a.** Armazón metálico o de madera que soporta los distintos elementos de una máquina. **b.** Armazón metálico indeformable que sirve como soporte a la carrocería, motor, etc., de un vehículo automóvil, locomotora, vagón de ferrocarril u otro mecanismo. ◆ **bastidores** s.m.pl. Partes de un teatro situadas a los lados y detrás de la escena, entre el decorado y las paredes del escenario.◇ **Entre bastidores** *Fam.* Se dice de lo que se trama o prepara de forma oculta.

1. BASTILLA s.f. (de *basta*). Doblez que se asegura con puntadas a los extremos de la tela para que no se deshilache. **2.** Hilván pequeño.

2. BASTILLA s.f. (provenz. *bastida*). Antigua obra de defensa a la entrada de una ciudad.

BASTILLEAR v.tr. Chile. Rematar una tela con hilvanes pequeños para que no se deshilache.

BASTIMENTO s.m. Conjunto de provisiones o víveres para el abastecimiento.

BASTIÓN s.m. (ital. *bastione*, de *bastir* fortificación). Baluarte.

BASTIONADO, A adj. FORT. Provisto de baluartes.

1. BASTO s.m. (de *bastón*). Carta del palo de bastos. ◆ **bastos** s.m.pl. Palo de la baraja española representado por la figura de un garrote o de bastos.

2. BASTO s.m. (lat. vulgar *bastum*, de *bastare*, llevar). Chile. Cuero curtido de oveja que se coloca debajo de la montura para proteger el lomo del caballo. **2.** Ecuad. Almohadilla de la silla de montar.

3. BASTO, A adj. (de *bastar*, abastecer). Tosco, sin pulimento: *tela basta.* **2.** *Fig.* Inculto, tosco o grosero.

BASTÓN s.m. (del lat. tardío *bastum*).Vara o palo que sirve para apoyarse al andar. **2.** Vara o palo que es insignia de mando o de autoridad. **3.** Palo que ayuda al esquiador a avanzar o a mantener el equilibrio. **4.** Prolongación en forma de pequeño bastón, característica de ciertas células visuales de la retina.

BASTONAZO s.m. Golpe de bastón.

BASTONERA s.f. Mueble para guardar bastones y paraguas.

BASURA s.f. (del lat. *verrere*, barrer). Conjunto de desperdicios, que se desechan, como restos de alimentos, papeles, etc. **2.** Recipiente o lugar en que se dejan esos desperdicios. **3.** Persona o cosa despreciable. **4.** En aposición a otro nombre, indica calidad, valor o utilidad nulos: *programación basura; contrato basura.* **5.** Estiércol de las caballerías.

BASURAL s.m. Amér. Lugar donde se tira y acumula basura. GEOSIN. Esp. y Méx. *basurero;* Esp. *vertedero.*

BASUREAR v.tr. Argent., Perú y Urug. Insultar.

BASURERO, A s. Persona que tiene por oficio recoger basura. ◆ s.m. Lugar donde se tira y amontona la basura. GEOSIN.: Amér. *basural;* Esp. *vertedero.*

BASUTO → SOTHO.

BAT s.m. → BAHT.

BATA s.f. Prenda de vestir que se usa al levantarse de la cama o para estar por casa. **2.** Prenda de vestir que se usa para el trabajo profesional en clínicas, talleres, etc. **3.** Traje de cola y volantes que llevan las bailaoras y cantaoras de flamenco.

BATACAZO s.m. (voz de origen onomatopéyico). Golpe fuerte que se da al caer. SIN.: *baquetazo, porrazo.* **2.** Argent., Chile, Perú y Urug. Cualquier suceso afortunado y sorprendente.

BATAHOLA o **BATAOLA** s.f. *Fam.* Bulla, ruido grande.

BATAK, pueblo indonesio de Sumatra cuyas prácticas animistas están influidas por el islam.

BATALLA s.f. (occitano ant. *batalha*, del lat. tardío *battualia*, esgrima). Enfrentamiento armado entre distintos ejércitos o fuerzas militares. **2.** Discusión o conflicto entre personas que sostienen distintas opiniones. **3.** *Fig.* Inquietud, lucha interna entre ideas o sentimientos contrapuestos. **4.** Distancia que separa los ejes de un vehículo. ◇ **De batalla** Se dice de una prenda, un utensilio u otro objeto de uso ordinario.

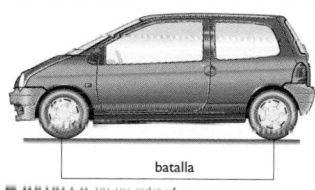

batalla

■ **BATALLA** de un vehículo.

BATALLAR v.intr. Pelear o luchar con armas. **2.** *Fig.* Esforzarse por conseguir algo superando obstáculos o dificultades.

1. BATALLÓN s.m. Unidad táctica del arma de infantería, compuesta de varias compañías. **2.** Unidades similares de otras armas o servicios: *batallones de zapadores.* **3.** Grupo numeroso de personas.

2. BATALLÓN, NA adj. Que causa discordia: *una cuestión batallona.*

BATÁN s.m. Máquina preparatoria de la hilatura del algodón. **2.** Edificio en que funcionan estas máquinas. **3.** Bastidor o caja oscilante de un telar que sostiene el peine y bate la trama hacia la tela fabricada. ◇ **Tierra de batán** Arcilla esméctica procedente de la descomposición de determinados esquistos.

BATANADO s.m. Operación consistente en tratar las pieles en el batán. SIN.: *batanadura.*

BATANAR v.tr. Abatanar.

BATANEAR v.tr. *Fam.* Sacudir o dar golpes a alguien.

BATANERO, A s. Persona que maneja un batán.

BATAOLA s.f. → BATAHOLA.

BATARA s.f. Nombre de diversos pájaros insectívoros, de pico fuerte y uñas cortas y redondas, que frecuentan la vegetación arbustiva más densa de selvas y montes; viven en América Meridional. (Familia formicáridos.)

BATATA s.f. (voz antillana). Planta de tallo rastrero, cultivada por sus tubérculos comestibles. (Familia convolvuláceas.) **2.** Raíz de esta planta. SIN.: *boniato, moniato.*

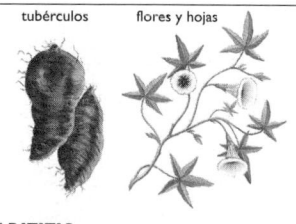

tubérculos flores y hojas

■ **BATATAS**

BATATAZO s.m. Chile. Suerte inesperada en las carreras de caballos. **2.** Chile. Resultado sorpresivo de algo. (Se usa con el verbo *dar*.)

BATÁVICO, A adj. Se dice de la gota de vidrio terminada en una punta afilada que se obtiene dejando caer vidrio fundido en agua fría, también llamada *lágrima batávica.*

BÁTAVO, A adj. y s. De un pueblo germánico que se estableció en la Holanda meridional actual.

BATAYOLA s.f. MAR. Barandilla situada a lo largo del pasamanos y alrededor de las cubiertas de los castillos y superestructuras de un barco.

BATE s.m. (ingl. *bat*). En béisbol, críquet y otros deportes, bastón o pala para golpear la pelota.

BATEA s.f. Bandeja, especialmente la de madera pintada. **2.** Embarcación de borde bajo y fondo plano, usada para cargar y descargar buques. **3.** Argent., Chile, Colomb., Cuba y Perú. Artesa para lavar.

BATEAR v.tr. Golpear la pelota con el bate.

BATEKÉ → TEKÉ.

BATEL s.m. (fr. ant. *batel*). Bote, barco pequeño.

BATELERO, A s. Persona que gobierna un batel.

BATERÍA s.f. (fr. *batterie*, de *battre*, batir). Aparato electromagnético capaz de acumular y suministrar energía: *la batería de un vehículo.* **2.** Aparato pequeño o dispositivo que produce corriente eléctrica continua a partir de una reacción química interna: *el despertador se ha quedado sin baterías.* SIN.: *pila.* **3.** Instrumento musical de percusión constituido por varios tambores y platos metálicos. **4.** Conjunto de instrumentos musicales de percusión que forman parte de la orquesta. **5.** Conjunto ordenado de pruebas o experimentos que se usan en algunas ciencias: *batería de preguntas; batería de tests.* **6.** COREOGR. Movimiento de danza académica en el que las piernas y los pies se tocan y se cruzan entre sí. **7.** MIL. **a.** Conjunto de piezas de artillería dispuestas para una misma misión. **b.** Lugar donde se concentran. **c.** Conjunto de cañones situados en el puente de un barco de guerra. **d.** Unidad táctica del arma de artillería, compuesta de varias piezas. **8.** TEATR. En los teatros, fila de luces del proscenio. ◆ s.m. y f. Persona que toca la batería en una orquesta o conjunto musical, especialmente si se dedica a ella profesionalmente. ◇ **Batería de cocina** Conjunto de utensilios de metal empleados para cocinar. **Batería solar** ELECTR. Fotopila. **En batería** Modo de estacionar un vehículo colocándolo en paralelo a otro.

■ **BATERÍA.** Platillo charleston, platillos suspendidos, tambor, caja y bombo.

BATEY s.m. En las fincas agrícolas de Antillas, lugar ocupado por las viviendas, barracones, almacenes, etc.

BATIAL adj. Relativo a una zona oceánica que corresponde aproximadamente al talud continental.

BATIBURRILLO o **BATIBORRILLO** s.m. (de *baturrillo*, de *batir*). Mezcla desordenada y confusa de cosas materiales o inmateriales que desdicen entre sí.

BATIDA s.f. Reconocimiento de algún paraje en busca de malhechores o enemigos. **2.** Irrupción de la policía en un local donde se desarrollan actividades supuestamente delictivas. **3.** Acción de batir o acuñar. **4.** Acción de batir el monte para levantar la caza.

BATIDO, A adj. Se dice de un tejido de seda con visos distintos. **2.** Se dice del camino muy andado y trillado. ◆ s.m. Acción de batir una sustancia. **2.** Bebida refrescante elaborada batiendo leche con fruta, chocolate, vainilla u otros ingredientes. **3.** Operación de batir el algodón, la lana u otros tejidos para eliminar las impurezas que contienen antes de proceder al hilado.

BATIDOR, RA adj. Que bate. ◆ s.m. Instrumento para batir. **2.** Persona que se encarga de levantar la caza en las batidas. **3.** MIL. **a.** Explorador que va delante de una tropa y que descubre y reconoce el terreno. **b.** Soldado de caballería o de artillería que precede al regimiento o a la facción de fuerza en formación. **4.** MÚS. Lámina de madera dura que recubre el mástil de los instrumentos de cuerda. **5.** TEXT. Máquina que sirve para abrir y mezclar la lana u otra materia textil, a fin de prepararla para el cardado. ◆ s. Argent. y Urug. *Vulg.* Persona que delata o denuncia.

BATIDORA s.f. Aparato electrodoméstico destinado a batir o mezclar alimentos.

BATIENTE s.m. Parte del cerco o cuadro en que se detienen y baten las puertas o ventanas al cerrarse. **2.** Hoja de una puerta o ventana. **3.** Lugar de una costa o dique donde baten las olas del mar. **4.** Listón de madera forrado de paño en el cual baten los macillos del piano e instrumentos análogos.

BATIFONDO s.m. Argent. *Fam.* Alboroto, embrollo.

BATIHOJA s.m. Artesano que hace pan de oro o de plata.

BATIK s.m. Procedimiento de decoración de un tejido por tinción, después de haber cubierto ciertas partes con cera. **2.** Tela tratada por este procedimiento.

BATIMETRÍA s.f. (del gr. *bathýs*, profundo, y *métros*, medida). Conjunto de técnicas para la medición de la profundidad de mares, lagos o ríos y estudio de la distribución de la flora y fauna subacuática.

BATIMÉTRICO, A adj. Relativo a la batimetría.

BATÍMETRO s.m. Instrumento para medir la profundidad de mares, lagos o ríos.

BATIMIENTO s.m. Acción de batir. **2.** Fenómeno debido a la superposición de dos vibraciones de frecuencias ligeramente distintas. **3.** COREOGR. Battement.

BATÍN s.m. Bata que cubre el cuerpo hasta la mitad del muslo aproximadamente.

BATINGA s.f. Árbol de madera rojiza, muy dura e imputrescible, que crece a orillas de los ríos de América del Sur. (Familia mirtáceas.)

BATINTÍN s.m. Instrumento musical de percusión consistente en un disco metálico suspendido, que se toca con una maza. SIN.: *gong*.

BATIR v.tr. (lat. *battuere*). Dar golpes, golpear. **2.** Destruir o derribar una pared, edificio, etc. **3.** Mover una cosa con cierta rapidez: *batir las alas*. **4.** Mover y revolver una cosa para hacerla más fluida o condensarla: *batir un huevo*. **5.** Derrotar al enemigo. **6.** Superar un récord o marca. **7.** Recorrer y reconocer un lugar en busca de enemigos, caza, etc. **8.** Martillar una pieza de metal hasta reducirla a chapa. **9.** Acuñar moneda. **10.** Peinar el pelo hacia arriba. **11.** Chile, Guat. y Méx. Aclarar la ropa enjabonada. **12.** Méx. Ensuciar, manchar algo por completo. **13.** ESGR. Dar un golpe seco en el tercio medio o débil del arma del adversario. ◆ v.tr. e intr. Dar directamente el sol, el agua o el aire en algo: *batir las olas en la costa*. ◆ **batir-**

se v.prnl. Combatir, pelear. ◇ **Batirse en retirada** Ceder el campo ante el empuje del enemigo.

BATISCAFO s.m. (gr. *bathús*, profundo, y *skáphe*, barco). Aparato para explorar el fondo del mar que consiste básicamente en una cabina habitable y una cámara flotante en la parte superior.

BATISFERA s.f. Cámara esférica para explorar el fondo del mar que no posee medios autónomos de propulsión y se sumerge suspendiéndola mediante un lastre desde un barco.

BATISTA s.f. (fr. *batiste*, de *Baptiste*, comerciante francés). Tela de lino o algodón muy fina y tupida.

BATLLISMO s.m. Movimiento político uruguayo inspirado en los ideales reformistas de José Batlle y Ordóñez.

BATOLITO s.m. Masa de rocas plutónicas consolidada en la corteza terrestre a gran profundidad.

BATOLOGÍA s.f. (gr. *battología*, de *Báttos*, rey de Cirene, y *lógos*, discurso). RET. Repetición innecesaria de palabras.

BATRACIO, A adj. y s.m. (gr. *batrákheios*, de la rana, de *bátrakhos*, rana). Anfibio.

BATTEMENT s.m. (voz francesa). COREOGR. Movimiento de danza que se realiza levantando una pierna extendida y sosteniendo el cuerpo sobre la otra. (Existen varios tipos: *battement tendus*, *battement jeté*, *grand battement*, etc.) SIN.: *batimán*, *batimiento*.

BATUCADA s.f. Fiesta popular brasileña en que se baila al ritmo de la música de los tambores y otros instrumentos de percusión. (Está emparentada con las danzas circulares de origen africano.)

BATUECAS (EN LAS) loc. Distraído o ajeno a lo que se dice o sucede alrededor.

BATUQUE s.m. Amér. Confusión, barullo. **2.** Amér. Baile desordenado de hombres y mujeres.

BATUQUEAR v.tr. Amér. Alborotar, agitar.

BATURRADA s.f. Dicho o hecho propios de baturro.

BATURRO, A adj. y s. De Aragón. **2.** Campesino aragonés.

BATUTA s.f. (ital. *battuta*, compás). Bastón corto y delgado que utiliza el director de una orquesta, banda u orfeón para marcar el compás y la expresión de la pieza que se está ejecutando. ◇ **Llevar la batuta** *Fam.* Dirigir algo.

BATUTSI → TUTSI.

BAUDIO s.m. Unidad de velocidad de transferencia de la información en una línea de teleproceso, equivalente a un bit por segundo. **2.** Unidad de velocidad en las transmisiones telegráficas, que corresponde a la transmisión de un punto del alfabeto Morse por segundo.

BAÚL s.m. (fr. ant. *bahur*). Caja grande con la tapa generalmente abovedada, que se usa para guardar cosas. **2.** Argent. Lugar de un vehículo donde se coloca el equipaje. ◇ **Baúl mundo** Baúl de mucho fondo.

BAULÉ, pueblo akan de Costa de Marfil, que habla una lengua del grupo kwa.

BAULERA s.f. Argent. Armario o altillo donde se guardan las maletas.

BAUMANÓMETRO s.m. Esfigmomanómetro.

BAUPRÉS s.m. (fr. *beaupré*). Palo grueso colocado oblicuamente en la proa de un barco para asegurar velas o cabos del trinquete.

BAUSÁN, NA s. Figura embutida en paja y vestida de armas, que antiguamente se colocaba detrás de las almenas de las fortalezas. **2.** *Fig.* Persona necia. ◆ adj. Perú. Ocioso, perezoso.

BAUTISMAL adj. Relativo al bautismo.

BAUTISMO s.m. (gr. *baptismós*). Primero de los sacramentos del cristianismo, que constituye el signo jurídico y sagrado de pertenencia a la Iglesia. **2.** Bautizo. ◇ **Bautismo de aire** AERON. Primer vuelo. **Bautismo de fuego** Primera vez que un soldado combate.

BAUTISTA s.m. Hombre que bautiza. ◆ adj. y s.m. y f. Baptista. ◇ **El Bautista** Por antonomasia, san Juan Bautista.

BAUTISTERIO s.m. → BAPTISTERIO.

BAUTIZAR v.tr. (lat. *baptizare*, del gr. *baptízein*) [7]. Administrar el sacramento del bautismo. **2.** *Fig.* Poner nombre a una persona o a una cosa. **3.** Rebajar el vino con agua.

BAUTIZO s.m. Acción de bautizar y fiesta que se celebra.

BAUXITA s.f. (fr. *bauxite*, de *Les Baux*, cantera de Provenza). Roca sedimentaria de color rojizo, compuesta básicamente de alúmina con óxido de hierro y sílice, que se explota como mineral de aluminio.

BÁVARO, A adj. y s. De Baviera.

BAYA s.f. (fr. *baie*). Nombre genérico que se da a los frutos carnosos con semillas, como la uva, la grosella, el melón, etc.

BAYADERA s.f. (fr. *bayadère*). Bailarina y cantante de la India.

1. BAYAL adj. (ár. *balī*, de secano). Se dice de una variedad de lino de hilaza más fina y blanca que la común.

2. BAYAL s.m. Palanca usada en las tahonas para volver las piedras antes de picarlas.

BAYAMÉS, SA adj. y s. De Bayamo.

BAYETA s.f. Paño de tejido absorbente que se utiliza para fregar el suelo y otras superficies. **2.** Tela de lana poco tupida.

BAYETÓN s.m. Tela de lana basta, con mucho pelo.

BAYO, A adj. y s. (lat. *badius*). Que es de color blanco amarillento. **2.** Se dice del caballo de este color.

BAYONETA s.f. (fr. *Baïonnette*, de *Bayona*, c. de Francia). Arma blanca, puntiaguda, complementaria del fusil, a cuyo cañón se adapta exteriormente junto a la boca. ◇ **Fijación de bayoneta** Dispositivo de fijación de un objeto semejante al empleado por las bayonetas.

BAYONETAZO s.m. Golpe o herida de bayoneta.

BAYÚ s.m. Cuba. Prostíbulo.

BAYUNCO, A adj. y s. C. Rica y Guat. Rústico, grosero, zafio.

BAZA s.f. En ciertos juegos de cartas, conjunto de naipes jugados que recoge el que gana la mano. **2.** Ventaja. ◇ **Meter baza** Intervenir en una conversación o asunto. **No dejar meter baza** *Fam.* Hablar una persona sin dejar hacerlo a los demás.

BAZAR s.m. (persa *bzār*). Mercado callejero de puestos ambulantes en ciudades orientales y árabes. **2.** Establecimiento comercial en el que se venden productos diversos.

BAZO s.m. (de *bazo*, moreno). Órgano linfoide de los vertebrados situado en el hipocondrio izquierdo, entre el estómago y las falsas costillas, que produce leucocitos y tiene una reserva de hematíes.

BAZOFIA s.f. (ital. *bazzóffia*). Comida mala o mal hecha. **2.** *Fig.* Cosa de la peor calidad, despreciable.

BAZUCA o **BAZOOKA** s.m. (angloamericano *bazooka*). Lanzagranadas.

BCG s.m. (sigla de *bacilo Calmette-Guérin*). Vacuna contra la tuberculosis, que se obtiene a partir del cultivo de la bacteria de la tuberculosis bovina.

1. BE s.f. Nombre de la letra *b*. ◇ **Be chica** Méx. Nombre de la letra *uve*. **Be corta** Amér. Nombre de la letra *uve*. **Be grande** Méx. Nombre de la letra *be*. **Be larga** Amér. Nombre de la letra *be*. **Be por be** *Fam.* De forma prolija.

2. BE s.m. (voz inglesa). Onomatopeya de la voz de la oveja y el carnero. ◆ s.m. Balido.

BEAGLE adj. y s.m. (voz inglesa). Se dice de un perro cazador de pequeño tamaño y cuerpo robusto.

BEAMONTÉS, SA adj. y s. Beaumontés.

BEARNÉS, SA adj. y s. De Béarn. ◆ adj. **Salsa bearnesa** Salsa compuesta de vinagre de estragón, perifollo, cebolla, yemas de huevo y mantequilla.

BEAT s.m. (voz inglesa). En jazz, pulsación o golpe regular y de igual intensidad, no sometido a división métrica o rítmica.

BEATERÍA s.f. Demostración de afectada virtud. **2.** Conjunto de gente beata.

BEATERIO s.m. Casa en que viven las religiosas en comunidad.

BEATIFICACIÓN s.f. Acción de beatificar.

BEATIFICAR v.tr. [1]. Declarar el papa de alguien, de virtudes calificadas, goza de eterna bienaventuranza y se le puede dar culto.

BEATÍFICO, A adj. Que hace bienaventurado a alguien.

BEATITUD s.f. Bienaventuranza completa. **2.** Cualidad de beato.

BEATNIK s.m. y f. (voz angloamericana). Seguidor de un movimiento social y literario norteamericano nacido en la década de 1950 como reacción contra las formas de vida de EUA y de la sociedad industrial moderna.

BEATO, A adj. y s. (lat. *beatus*, feliz). Se dice de la persona cuya santidad reconoce la Iglesia mediante el acto solemne de la beatificación. **2.** Se dice de la persona muy devota que se ejercita en obras de virtud o que afecta devoción. **3.** Se dice de la religiosa que pertenece a ciertas órdenes: *beatas dominicas.* ◆ adj. Feliz o bienaventurado. ◆ s. Persona que viste hábito religioso sin vivir en comunidad ni seguir una regla determinada. ◆ s.m. B. ART. Nombre que se da a los manuscritos que reproducen los *Comentarios al Apocalipsis* del Beato de Liébana, cuyo valor artístico reside en sus miniaturas *mozárabes.

BEAUFORT. Escala de Beaufort Escala codificada de 0 a 12 grados, utilizada en meteorología para medir la fuerza del viento.

ESCALA DE BEAUFORT

grado Beaufort	velocidad en km/h	denominación del viento
0	<1	calma
1	1-5	ventolina
2	6-11	flojito
3	12-19	flojo
4	20-28	bonancible
5	29-38	fresquito
6	39-49	fresco
7	50-61	frescachón
8	62-74	temporal
9	75-88	temporal fuerte
10	89-102	temporal duro
11	103-117	temporal muy duro
12	>117	huracán

BEAUMONTÉS, SA adj. y s. Relativo al partido de los beaumonteses, rivales de los *agramonteses, miembro de este partido.

BEBE, A s. Argent., Perú y Urug. Bebé, niño pequeño.

BEBÉ s.m. Niño pequeño que aún no anda. ○ **Bebé probeta** Niño nacido de un huevo obtenido por fecundación in vitro de un óvulo y un espermatozoide y reimplantado en el útero.

BEBEDERA s.f. Colomb. y Méx. Acción de beber sin contención.

BEBEDERO, A adj. Que puede beberse sin sentir repugnancia. ◆ s.m. Recipiente para poner bebida a ciertos animales, como pájaros y aves domésticas. **2.** Abrevadero.

BEBEDIZO, A adj. Que puede beberse sin peligro para el organismo. ◆ s.m. Bebida a la que se le atribuyen poderes mágicos, especialmente el de hacer que el que la toma se enamore. SIN.: *filtro.* **2.** Bebida que contiene veneno. **3.** Bebida que se elabora con hierbas y tiene propiedades curativas.

BEBEDOR, RA adj. y s. Fig. Se aplica a la persona que abusa de las bebidas alcohólicas. ◆ adj. Que bebe.

BEBENDURRIA s.f. Amér. Borrachera.

BEBER v.tr. e intr. (lat. *bibere*). Ingerir un líquido por la boca. ◆ v.intr. Consumir bebidas alcohólicas de forma habitual. **2.** Fig. Obtener información, conocimientos, etc., en la fuente que se expresa: *beber de la tragedia clásica.* **3.** Brindar por alguien. ◆ v.tr. y prnl. Absorber una cosa un líquido: *hacer que el arroz beba todo el caldo.*

BEBEZÓN s.f. Colomb., Cuba, Guat. y Venez. Bebida, especialmente la alcohólica.

BEBIBLE adj. Fam. Que puede beberse, especialmente por no ser desagradable al paladar. **2.** FARM. Que debe tomarse por la boca.

BEBIDA s.f. Líquido bebible, especialmente el que contiene alcohol. **2.** Hábito de tomar bebidas alcohólicas: *dejar la bebida.*

BEBIDO, A adj. Que está borracho o un poco borracho.

BEBO, A s. Argent. Bebé, niño pequeño.

BE-BOP o **BOP** s.m. (voz angloamericana). Estilo de jazz caracterizado por la brillantez de la sección rítmica y la utilización de armonías cromáticas y disonantes.

BECA s.f. Ayuda económica procedente de fondos públicos que percibe un estudiante, investigador o artista para cursar sus estudios, realizar sus obras, etc. **2.** Insignia de los colegiales consistente en una banda larga y estrecha de tela. **3.** Fig. Plaza o prebenda de colegial.

BECADA s.f. (cat. *becada*, de *bec*, pico). Ave caradriforme de pico largo, delgado y flexible, de unos 50 cm de long. (Familia escolopácidos.) SIN.: *becada.*

■ **BECADA**

BECAR v.tr. [1]. Conceder una beca.

BECARIO, A s. Persona que disfruta de una beca. SIN.: *becado.*

BECERRADA s.f. Lidia de becerros.

BECERRIL adj. Relativo al becerro o parecido a éste.

BECERRO, A s. Toro o vaca que no ha cumplido tres años. ◆ s.m. Piel de ternero curtida que se emplea para diversos usos, especialmente para la fabricación de calzado. ○ **Becerro de oro** Ídolo que los israelitas elevaron al pie del monte Sinaí y al que rindieron culto; Fig. dinero.

BECHAMEL, BECHAMELA o **BESAMEL** s.f. (del marqués de *Bechamel*, su inventor). Salsa blanca elaborada a base de harina, leche y mantequilla.

BECQUERIANA s.f. ▸ **BEQUERIANA.**

BECUADRO s.m. (ital. *bequadro*). MÚS. Signo de alteración que devuelve a su tono natural una nota antes elevada por un sostenido o rebajada por un bemol.

■ **BECUADRO**

BEDEGAR s.m. Excrecencia pilosa que se produce en los rosales por la introducción en la planta de huevos de un insecto cinípedo.

BEDEL, LA s. (occitano ant. *bedel*). Persona que por oficio tiene a su cargo las llaves de un establecimiento público, especialmente una universidad o Instituto, y de sus distintas dependencias, y se encarga del orden fuera de las aulas, de anunciar el comienzo y final de las clases, etc.

BEDELIO s.m. (gr. *bdéllios*). Gomorresina de color amarillo, olor suave y gusto amargo que se extrae de ciertas burseráceas y se emplea en la industria farmacéutica.

BEDUINO, A adj. y s. (ár. *badawī*, campesino). Se dice de los árabes nómadas de Arabia, Siria, Iraq, Jordania y Sahara, musulmanes en su mayoría, una parte de los cuales está en vías de sedentarización.

BEFA s.f. Burla grosera e insultante.

BEFAR v.tr. Hacer burla o reírse de algo o alguien. ◆ v.intr. Alargar los caballos el befo o labio para alcanzar la cadenilla del freno.

BEFFROI s.m. (voz francesa). En Flandes, Artois, Hainaut y regiones limítrofes, torre ciudadana de atalaya, desde la que los guardias vigilaban el campo circundante.

BEFO, A adj. y s. Belfo, con el labio inferior

más grueso que el superior. **2.** Se aplica a la persona que tiene labios abultados o gruesos. **3.** Zambo. ◆ s.m. Belfo, labio de un animal. **2.** Mono.

BEGARDO, A adj. y s. Relativo a una sociedad cristiana que preconizaba una renovación espiritual, de tendencia a menudo heterodoxa (s. XVIII); miembro de esta sociedad.

BEGONIA s.f. (tr. *begonia*). Planta originaria de América del Sur, cultivada por sus hojas decorativas y sus flores vivamente coloreadas. (Familia begoniáceas.) **2.** Flor de esta planta.

bulbo

begonia simple

begonia doble

■ **BEGONIA**

BEGUINA s.f. (cat. *beguina*, del fr. *béguine*). Mujer piadosa que, sin emitir votos, vive en comunidad, en los Países Bajos y en Bélgica.

BEGUINAJE s.m. Comunidad de beguinas.

BEGUM s.f. Título que se da a las princesas indias.

BEHAÍSMO s.m. Movimiento religioso persa nacido del babismo. (Fundado por Bahā'Allāh [1817-1892] predica una religión universal.)

BEHAVIORISMO s.m. (del ingl. *behavior*, conducta). PSIC. Conductismo.

■ **BEFFROI** de la ciudad de Gante (s. XIV).

BEHAVIORISTA adj. y s.m. y f. PSICOL. Conductista.

BEHETRÍA s.f. (bajo lat. *benefactoria*, de *benefactor*, bienhechor). Durante la edad media, en Castilla, heredad dotada de ciertos privilegios cuyo dueño era un campesino libre que disfrutaba de la facultad de elegir por señor a quien quisiera. (Establecía relaciones de patrocinio para su protección a cambio del pago de impuestos o la prestación de determinados servicios.)

BEICON s.m. (ingl. *bacon*). Esp. Tocino ahumado que tiene vetas de carne magra.

BEIGE adj. y s.m. (voz francesa). Se dice del color blanco amarillento, como el de la lana natural. **2.** Que es de este color.

BÉISBOL s.m. (ingl. *baseball*). Deporte que se practica en un campo entre dos equipos de nueve jugadores que consiste en golpear una pelota con un bate y recorrer un perímetro pasando por cuatro bases, antes de que el equipo contrario recupere la bola lanzada y la devuelva al punto de partida.

BEJUCAL s.m. Terreno plantado de bejucos. SIN.: *bejuqueda*.

BEJUCO s.m. (voz taína de Santo Domingo). Nombre de diversas plantas tropicales, sarmentosas, de tallos largos y delgados, que se emplean para ligaduras, jarcias, tejidos, muebles, etc.

BEJUQUEAR v.tr. Amér. Central, Ecuad. y P. Rico. Varear, apalear.

BEL s.m. Unidad relativa (símb. B) utilizada para expresar la relación de valores entre dos potencias, normalmente sonoras. (El logaritmo decimal de esta relación es, por definición, la diferencia en belios entre las dos potencias. Expresa un nivel de intensidad del sonido, en el caso de dos potencias sonoras, en el que una que se toma como referencia, es igual a 10^{-12} W.) SIN.: *belio*.

BEL CANTO s.m. (voces italianas). Estilo operístico de canto en que se resalta la belleza del sonido y el virtuosismo.

BELCHO s.m. Arbusto muy ramificado, de unos 50 cm de alt., sin hojas, con flores en amentos y frutos en baya, encarnados. (Familia gnetáceas.)

BELDAD s.f. (occitano ant. *beltat*, de *bel*, bello). Belleza. **2.** Mujer de gran belleza.

BELDAR v.tr. (lat. *ventilare*, agitar en el aire) [10]. Aventar las mieses, legumbres, etc., con el bieldo para separar la paja del grano. SIN.: *bieldar*.

BELDUQUE s.m. Colomb. Cuchillo grande de hoja puntiaguda.

BELEMNITA s.f. Molusco cefalópodo fósil, característico de la era secundaria, semejante al actual calamar y del que generalmente solo se conserva la parte posterior del caparazón. (Familia cefalópodos.)

BELÉN s.m. (de *Belén*, c. de Cisjordania). Representación del nacimiento de Jesús por medio de figuras. **2.** Fig. y fam. Confusión, desorden: *armarse un belén*. **3.** Fig. y fam. Situación complicada y confusa: *meterse en belenes*.

BELEÑO s.m. Arbusto de hojas vellosas y flores campaniformes amarillentas con listas púrpura, cuyas hojas y semillas son muy tóxicas. (Familia solanáceas.)

BELFO, A adj. y s. (lat. *bifidus*, partido en dos). Que tiene el labio inferior más grueso que el superior. SIN.: *befo*. ◆ s.m. Labio del caballo y de otros animales.

BELGA adj. y s.m. y f. De Bélgica.

BELICISMO s.m. Tendencia a solucionar los conflictos internacionales mediante acciones bélicas.

BELICISTA adj. y s.m. y f. Partidario del belicismo.

BÉLICO, A adj. (lat. *bellicus*, de *bellum*, guerra). Relativo a la guerra.

BELICOSIDAD s.f. Actitud o cualidad de belicoso.

BELICOSO, A adj. Que incita a la guerra o al empleo de la violencia: *ambiente belicoso; discurso belicoso*. **2.** Fig. Que tiene tendencia a pelearse o a actuar con agresividad.

BELIGERANCIA s.f. Actitud o estado de beligerante. ⋄ **No beligerancia** Estado de un país que, sin ser completamente neutral en un conflicto, no toma parte en las operaciones militares.

BELIGERANTE adj. y s.m. y f. Se dice de un estado, pueblo o fuerza armada que participa en un conflicto armado en condiciones reconocidas por el derecho internacional. ◆ adj. Que tiene una actitud combativa contra algo.

BELINÓGRAFO s.m. Aparato para la transmisión de imágenes o fotografías a larga distancia.

BELINOGRAMA s.m. Imagen o fotografía transmitidas con un belinógrafo.

BELIO s.m. Bel.

BELLACO, A adj. y s. Granuja, pícaro. **2.** Amér. Se dice de la cabalgadura que tiene resabios y es difícil de gobernar.

BELLADONA s.f. (ital. *belladonna*). Planta herbácea que vive en las espesuras o los escombros, con bayas negras del tamaño de una cereza. (Es muy venenosa y contiene un alcaloide, la atropina, que en muy pequeñas dosis se utiliza en medicina; familia solanáceas.)

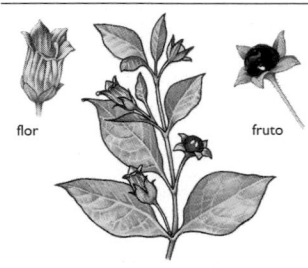

flor   fruto

■ BELLADONA

BELLAQUEAR v.intr. Actuar como un bellaco.

BELLAQUERÍA s.f. Acción o dicho propio de bellaco. SIN.: *bellacada*.

BELLEZA s.f. Conjunto de cualidades de alguien o algo cuya contemplación produce un placer sensorial, intelectual o espiritual. **2.** Persona de gran hermosura física.

BELLIDO, A adj. (del lat. *bellus*, bonito). Bello, agraciado.

BELLO, A adj. (occitano ant. *bel*, del lat. *bellus*, bonito). Que tiene belleza. **2.** Que muestra bondad o tiene buenas cualidades morales: *ser una bella persona*.

BELLOTA s.f. (ár. *ballūta*). Fruto de la encina, roble y otros árboles. **2.** Cosa que tiene la forma de este fruto. **3.** Botón o capullo del clavel sin abrir.

BELLOTE s.m. Clavo grueso de unos 20 cm de longitud.

BELLOTEAR v.intr. Comer bellotas el ganado porcino.

BELOS, tribu de celtíberos que en la época de la conquista romana habitaba las tierras altas que enlazan la meseta castellana con el valle del Ebro.

BELUGA s.f. Cetáceo semejante al narval, de color blanco, que mide entre 3 y 4 m de long. y habita en los mares árticos. (Familia monodóntidos.) **2.** Especie de esturión que habita en el mar Caspio, reputada por su caviar.

BELVEDERE s.m. (voz italiana). Pabellón, mirador, lugar desde el que se descubre un amplio panorama.

BEMBO, A adj. Cuba. Se dice de la persona de origen africano. ◆ s.m. Cuba, Ecuad., Perú y P. Rico. Bezo.

BEMOL s.m. (del bajo lat. *be molle*, letra be suave). MÚS. Signo de alteración que rebaja en un semitono la nota a la que precede. ◆ adj. y s.m. Se dice de la nota que ha sido afectada por el signo de bemol. ⋄ **Doble bemol** Signo que rebaja en un tono la nota a la que afecta. **Tener bemoles** Fam. Ser una cosa complicada; se usa para expresar enojo por alguna contrariedad.

zona de atención
jugador exterior central
jugador exterior izquierdo
jugador exterior derecho
extracampo
línea de falta
jugador medio
jugador de 2ª base
jugador de 3ª base
2ª base
base de lanzamiento
diamante
lanzador
jugador de 1ª base
1ª base
3ª base
banquillo del entrenador
base de meta
Bateador
abrigo de jugadores
círculo de espera
árbitro de base de meta
receptor

7 cm
cuadro de bateo
106 cm
empuñadura
puño

canasta
palma
talón

pelota
Ø 71-74 mm

El dominicano Pedro Guerrero.

■ BÉISBOL.

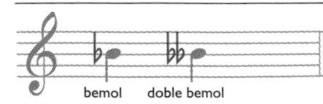

bemol   doble bemol

■ BEMOL

BENCÉNICO, A adj. Relativo al benceno.

BENCENO s.m. (fr. *benzène*). Líquido incoloro, volátil y combustible, obtenido de la hulla y principalmente del petróleo. (Es un hidrocarburo aromático, de fórmula C_6H_6.)

BENCIDINA s.f. Diarilamina que sirve para la preparación de colorantes azoicos.

BENCÍLICO, A adj. Se dice del compuesto químico que contiene el radical bencilo: *alcohol bencílico.*

BENCINA s.f. (lat. moderno *benzoe*, benjuí). Primitiva denominación del benceno. **2.** Gasolina.

BENCINERA s.f. Chile. Gasolinera.

BENCINERO, A s. Chile. Persona que tiene por oficio expender gasolina.

BENDECIR v.tr. [76]. Invocar la protección divina en favor de una persona o cosa. **2.** Consagrar alguna cosa al culto divino mediante determinado rito: *bendecir un templo.* **3.** Conceder la providencia su protección o colmar de bienes. **4.** Alabar, ensalzar.

BENDICIÓN s.f. Acción de bendecir. **2.** Expresión con que se bendice algo. ❧ **bendiciones** s.f.pl. Ceremonias religiosas con que se celebra el sacramento del matrimonio. ◇ **Ser una bendición (de Dios)** *Fam.* Ser algo excelente y muy beneficioso.

BENDITO, A adj. y s. Santo o bienaventurado: *san Juan bendito* ❧ adj. Que es feliz, dichoso o afortunado: *bendita ella, que no conoce el sufrimiento.* ❧ s. Persona buena e inocente, sin malicia.

BENEDÍCITE s.m. (lat. *benedicite*, bendecid). Palabra con que comienza la fórmula de bendición de la mesa.

BENEDICTINO, A adj. y s. Relativo a la orden fundada por san Benito de Nursia (h. 529) y cuya cuna fue el monasterio de Montecassino, en Italia; miembro de esta orden.
ENCICL. Familia monástica inspirada en la regla de san Benito, que pone énfasis en la liturgia, el trabajo manual, los ejercicios espirituales y la vida comunitaria, se diversificó en varias ramas: cluniacenses, cistercienses (a la que pertenecen los trapenses), camaldulenses, celestinos. Reformada en varias ocasiones, la orden benedictina propiamente dicha experimentó un impulso considerable con la fundación, en 910, de la abadía de Cluny. Suprimida en Francia por la Revolución, se restauró en Solesmes en 1837.

BENEFACTOR, RA adj. y s. Bienhechor.

BENEFICENCIA s.f. (lat. *beneficentia*). Institución pública o privada que concede ayuda social o económica a los necesitados. **2.** Ayuda social o económica prestada por esta institución. **3.** Práctica de obras buenas, especialmente de caridad.

BENEFICIADO s.m. Persona que goza de un beneficio eclesiástico que no es curato o prebenda.

BENEFICIAR v.tr. y prnl. Producir un beneficio a alguien o algo. ❧ v.tr. Hacer que una cosa produzca rendimiento o beneficio: *beneficiar un terreno.* **2.** Dar o conceder un beneficio eclesiástico. **3.** Cuba, Chile y P. Rico. Descuartizar una res y venderla al menudeo. **4.** MIN. Extraer de una mina las sustancias útiles. **5.** MIN. Someter estas sustancias al tratamiento metalúrgico.

BENEFICIARIO, A adj. y s. Se dice de la persona que recibe el beneficio de una donación, acción, seguro, etc.

BENEFICIO s.m. (lat. *beneficium*, de *bene*, bien, y *facere*, hacer). Utilidad, provecho, ganancia: *su acto redunda en beneficio de toda la comunidad.* **3.** Ganancia realizada por una empresa y que corresponde a la diferencia entre los gastos requeridos para la producción de un bien o de un servicio y los ingresos correspondientes a la venta de los bienes producidos en el mercado. **4.** Función de teatro u otro espectáculo público cuya recaudación se destina a una persona o institución benéfica. **5.** Derecho que concede a una persona por ley o privilegio. **6.** HIST. Concesión, donación o detención temporal de tierras hechas por emperadores y reyes a los veteranos, fieles, vasallos, etc., como pago de servicios prestados o

como recompensa. (Se practicó en Europa occidental, desde el s. III hasta concluir el feudalismo.) **7.** MIN. Acción de beneficiar. ◇ **Beneficio de división** DER. Derecho que se otorga en favor de un fiador no solidario para obligar al acreedor a que divida el crédito y le sea exigida solamente aquella parte del mismo a que se obligó. **Beneficio de inventario** DER. Prerrogativa que se otorga a los herederos para que puedan aceptar la herencia sin quedar obligados a pagar a los acreedores del causante más de lo que importe aquella según el inventario realizado al efecto. **Beneficio eclesiástico** Cualquier cargo de la Iglesia católica, desde el pontificado hasta la auxiliaría de una capilla; renta anexa al cargo. **Tasa de beneficio** Según Marx, relación entre la plusvalía y el capital total, capital constante y capital variable.

BENEFICIOSO, A adj. Que es positivo, provechoso o útil.

BENÉFICO, A adj. (lat. *beneficus*). Que hace bien. **2.** Relativo a la beneficencia: *rifa benéfica.*

BENEMÉRITA s.f. **La Benemérita** Esp. *Por antónom.* La Guardia Civil española.

BENEMÉRITO, A adj. (del lat. *bene meritus*, que se ha portado bien con alguien). Digno de galardón.

BENEPLÁCITO s.m. (del lat. *bene placitus*, que ha gustado). Aprobación, permiso o consentimiento.

BENEVOLENCIA s.f. Cualidad de benévolo.

BENEVOLENTE adj. Que tiene benevolencia.

BENÉVOLO, A adj. (lat. *benevolus*, de *bene*, bien, y *velle*, querer). Que denota buena voluntad y afecto. **2.** Que, en su relación con otras personas, actúa con buena voluntad y afecto; en especial, que muestra indulgencia y tolerancia.

BENGALA s.f. (de *Bengala* región del S de Asia). Fuego artificial que despide claridad muy viva y de diversos colores y que se utiliza sobre todo en navegación para hacer señales. **2.** Varilla metálica cubierta de una sustancia inflamable que produce chispas muy luminosas.

BENGALÍ adj. y s.m. y f. De Bengala. ❧ s.m. Lengua indoaria hablada en Bengala. **2.** Pájaro pequeño, de plumaje azul y pardo, originario de África tropical, que a menudo se cría en cautividad. (Familia ploceidos.)

■ **BENGALÍ** de la India.

BENIGNIDAD s.f. Cualidad de benigno.

BENIGNO, A adj. (lat. *benignus*, de *bene*, bien, y *gignere*, engendrar). Que es afable, benévolo: *carácter benigno.* **2.** Se dice del fenómeno atmosférico que es apacible o poco riguroso: *clima benigno; invierno benigno.* **3.** Se dice de la enfermedad que no es grave, y del tumor no maligno.

BENIMERÍN adj. y s.m. y f. Relativo a los Benimerines. SIN.: *mariní.* (V. parte n. pr.)

BENINÉS, SA adj. y s. De Benín.

BÉNIOFF. Plano de Bénioff Plano inclinado que forma un ángulo de 45° con la horizontal, y a lo largo del cual se encuentran los focos de los seísmos. (Se localiza en la zona más delgada de la litosfera.)

BENJAMÍN, NA s. Hijo menor. **2.** Persona más joven de las que forman un grupo.

BENJUÍ s.m. (del ár. *lubān ŷawī*, incienso de Sumatra). Resina aromática extraída del tronco de varias plantas estiracáceas de Asia meridional, que se utiliza en medicina como balsámico y antiséptico.

BENTEVEO o **BIENTEVEO** s.m. (de *bien te veo*). Ave de unos 20 cm de long., dorso par-

do, cola y pecho amarillos y una franja blanca en la cabeza, que vive en Argentina. (Familia tiránidos.)

BENTÓNICO, A adj. Que forma parte del bentos.

BENTONITA s.f. Arcilla de fuerte poder absorbente y decolorante que tiene diversos usos industriales.

BENTOS s.m. Conjunto de seres que viven fijos sobre el fondo del mar, los ríos o los lagos.

BENZALDEHÍDO s.m. QUÍM. ORG. Aldehído de fórmula C_6H_5—CHO, principio oloroso de la esencia de almendras amargas.

BENZAMIDA s.f. QUÍM. ORG. Amida del ácido benzoico, de potencialidades neurolépticas.

BENZOATO s.m. Sal o éster del ácido benzoico.

BENZODIAZEPINA s.f. Nombre de varios compuestos isómeros, emparentados con la diacepina, utilizados en psicofarmacología.

BENZOICO, A adj. (del lat. moderno *benzoe*, benjuí). Se dice del ácido que se encuentra en el benjuí y se prepara industrialmente a partir del tolueno.

BENZOÍLO s.m. Radical monovalente C_6H_5—CO—, derivado del ácido benzoico.

BENZOL s.m. Mezcla de benceno y tolueno, extraída del alquitrán de hulla.

BENZOLISMO s.m. Enfermedad debida a la manipulación de benzol, cuyas manifestaciones son la anemia y la leucopenia.

BENZONAFTOL s.m. Antiséptico intestinal de amplio espectro.

BEOCIO, A adj. y s. De Beocia.

BEODO, A adj. y s. (lat. *bibitus*, part. de *bibere*, beber). Borracho, ebrio.

BEORÍ s.m. Tapir americano de pelo castaño y crin corta.

BEQUERIANA o **BECQUERIANA** s.f. Composición poética amorosa breve.

BERBERECHO s.m. Molusco bivalvo comestible con las conchas casi circulares y canaladuras radiales, que vive en la arena de las playas.

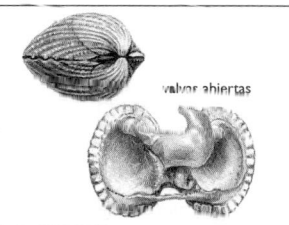

valvas abiertas

■ **BERBERECHO**

BERBERIDÁCEO, A adj. y s.f. Relativo a una familia de plantas que incluye el agracejo.

BERBERISCO, A adj. y s. De Berbería. SIN.: *bereber.* ❧ adj. y s.m. Se dice de un caballo de talla superior al árabe, que es originario del norte de África.

BERBIQUÍ s.m. (fr. *veberquin*). Instrumento por medio del cual se imprime un movimiento de rotación a una barrena, broca, etc., para taladrar.

BERCIANO, A adj. y s. Del Bierzo.

BEREBER o **BERÉBER** adj. y s.m. y f. De un conjunto de pueblos de lengua bereber, de religión musulmana orientada hacia el chiismo, que ocupan África septentrional (Rif, Cabilia y Aurès principalmente). [Marcada desde el s. VII por la resistencia a los árabes. Los bereberes constituyeron el grueso de las tropas que conquistaron España en el s. VIII.] ❧ s.m. Lengua camítico-semítica que hablaban los bereberes del norte de África y que dio lugar a numerosas variedades actuales.

BERENJENA s.f. (ár. *badinŷāna*). Planta de tallo peloso o espinoso, cultivada especialmente en las regiones mediterráneas, de fruto comestible. (Familia solanáceas.) **2.** Fruto de esta planta, generalmente violeta, con baya carnosa de forma ovalada y cilíndrica. **3.** Que

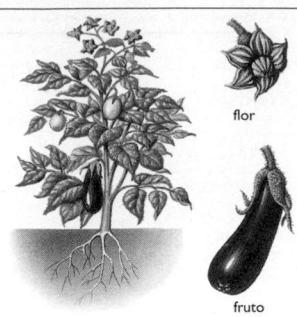

BERENJENA

es de color violeta intenso, como el de este fruto. (Es invariable en plural.)

BERENJENAL s.m. Terreno plantado de berenjenas. ◇ **Meterse en un berenjenal** *Fam.* Meterse en asuntos enredados y dificultosos.

BERGAMASCO, A adj. y s. De Bérgamo. ◆ adj. y s.f. Se dice de una danza originaria de Bérgamo que se bailaba en los ss. XVI, XVII y XVIII.

BERGAMOTA s.f. (ital. *bergamotta*). Variedad de lima, muy aromática, cuya esencia se emplea en perfumería. **2.** Variedad de pera muy jugosa y aromática.

BERGAMOTO s.m. Limero de cuyo fruto se extrae una esencia de olor muy agradable. **2.** Peral que produce la bergamota.

BERGANTE s.m. y f. y adj. (cat. *bergant*). Persona pícara, sinvergüenza.

BERGANTÍN s.m. (cat. *bergantí*). Velero de dos palos, trinquete y mayor, formado por palo macho y dos masteleros. ◇ **Bergantín goleta** Bergantín que usa aparejo de goleta en el palo mayor.

BERGANTINA s.f. MAR. Vela cangreja de los bergantines. **2.** MAR. Embarcación mixta de jabeque y bergantín utilizada en el mar Mediterráneo. SIN.: *bergantino*.

BERIBERI s.m. (voz cingalesa). Enfermedad debida a la carencia de vitamina B₁, caracterizada por trastornos intestinales, edemas y trastornos nerviosos. SIN.: *avitaminosis B*.

BERILIO s.m. Metal ligero, de color gris, de densidad 1,85, cuyo punto de fusión es de 1 287 ºC. **2.** Elemento químico (Be) de número atómico 4 y masa atómica 9,012. (Se utiliza en aleaciones y como moderador de neutrones en los reactores nucleares. Sus compuestos son muy tóxicos.)

BERILO s.m. (lat. *beryllus*, del gr. *bíryllos*). Silicato natural de aluminio y de berilio. (La variedad verde es la esmeralda; la azul irisada de verde, la aguamarina; la rosada, la morganita; la amarilla, el heliodoro.)

BERKELIO s.m. (de *Berkeley*, c. de Estados Unidos). Elemento químico artificial (Bk), radiactivo, de número atómico 97.

BERLINA s.f. (fr. *berline*, de *Berlín*, c. de Alemania). Automóvil de cuatro a seis plazas, con cuatro puertas laterales y una trasera. **2.** Vehículo tirado por caballos, con cuatro ruedas y provisto de capota.

BERLINÉS, SA adj. y s. De Berlín.

BERLINGA s.f. Vara larga de madera verde con que se remueve la masa fundida de los hornos metalúrgicos. **2.** MAR. Percha, tronco de árbol que se utiliza para remplazar las piezas de arboladura, palos, vergas, etc.

BERMA s.f. (fr. *berme*). Espacio estrecho acondicionado entre un canal, un cauce, etc., y la tierra procedente de su perforación o excavación para protegerse de los desprendimientos y servir como camino. **2.** Chile. Franja lateral exterior de una carretera.

BERMEJO, A adj. y s.m. (lat. *vermiculus*, cochinilla de la que se extraía el tinte rojo). Se dice del color rubio rojizo. ◆ adj. Que es de este color: *pelo bermejo; piel bermeja*.

BERMELLÓN s.m. Polvo muy fino de cinabrio, de color rojo vivo, que se emplea en la fa-

---

bricación de pinturas. ◆ s.m. y adj. Se dice del color rojo vivo parecido al del cinabrio. ◆ adj. Que es de este color.

BERMUDAS s.m. o f.pl. Pantalón que cubre hasta la rodilla. **2.** Traje de baño masculino semejante a este pantalón.

BERNARDO, A adj. y s. Se dice del monje o monja de la orden del Cister.

BERNEGAL s.m. Esp. y Venez. Tinaja pequeña que sirve para recoger el agua que destila el filtro.

BERNÉS, SA adj. y s. De Berna.

BERONES, pueblo prerromano de la península Ibérica asentado en la actual La Rioja; su capital era *Vareia* (act. Logroño).

BERREAR v.intr. (del lat. *verres*, verraco). Emitir berridos el becerro y otros animales. **2.** *Fig.* Emitir una persona gritos estridentes.

BERRENDO, A adj. Que es de dos colores: *trigo berrendo*. **2.** TAUROM. Se dice del toro con manchas de color distinto que el resto de la piel. ◆ s.m. Bóvido conocido también con el nombre de antílope americano. (Familia antilocápridos.)

BERRETÍN s.m. Amér. Capricho, antojo.

BERRIDO s.m. Voz del becerro y otros animales. **2.** *Fig.* Grito o voz estridentes.

BERRINCHE s.m. (del lat. *verres*, verraco). *Fam.* Rabieta, enojo o llanto violentos y cortos.

BERRINCHUDO, A adj. Amér. Enojadizo.

BERRIZAL s.m. Zanja inundada donde se cultivan berros.

BERRO s.m. (célt. *beruro*). Planta herbácea que se cultiva en los berrizales y es apreciada por sus partes verdes, comestibles. (Familia crucíferas.)

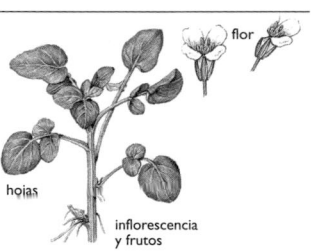

BERRO

BERROCAL s.m. Región en la que predominan los berruecos.

BERROQUEÑO, A adj. y s.f. **Piedra berroqueña** Granito, roca de cuarzo.

BERRUECO s.m. Roca granítica que ha adquirido una forma más o menos redondeada. **2.** Lesión de aspecto verrugoide que aparece en la pupila.

BERSAGLIERI s.m.pl. (voz italiana, de *bersaglio*, objetivo, honda). Soldados italianos de infantería ligera.

BERZA s.f. (lat. vulgar *virdia*, pl. de *virdis*, verde). Col.

BERZAL s.m. Terreno plantado de berzas.

BERZOTAS adj. y s.m. y f. (pl. *berzotas*). Esp. *Fam.* Torpe, necio.

BESALAMANO s.m. (pl. *besalamanos*). Comunicación escrita que empieza con la abreviatura *BLM*, redactada en tercera persona y sin firma.

BESAMANOS s.m. (pl. *besamanos*). Recepción oficial en la que los reyes o personas que los representan reciben el saludo de los concurrentes. **2.** Modo de saludar a alguien besándole la mano. **3.** Acción de besar alguna imagen.

BESAMEL s.f. → BECHAMEL.

BESANA s.f. (lat. *versare*, dar la vuelta). Esp. Conjunto de surcos paralelos que se hacen con el arado.

BESANTE s.m. (gr. medieval *byzántis*, bizantino). Antigua moneda de oro del Imperio bizantino. **2.** ARQ. Disco plano empleado en el románico para la ornamentación de platabandas y arquivoltas.

BESAR v.tr. y prnl. Tocar u oprimir con los labios, como expresión de saludo, amor, deseo, etc. **2.** *Fig.* Estar en contacto cosas inanimadas. ◆ besarse v.prnl. Tropezar una persona con otra, dándose un golpe. ◇ **Besar la mano,** o **los pies** Fórmula de cortesía.

BESO s.m. (lat. *basium*). Acción de besar. ◇ **Beso de Judas** Beso que se da con doble y falsa intención. **Comer(se) a besos** *Fam.* Dar muchos besos a alguien.

BESSEMER s.m. (de Henry *Bessemer*, metalúrgico británico). Convertidor que transforma en acero el arrabio fundido, inyectando aire a presión.

BESTIA s.f. (lat. *bestia*). Animal cuadrúpedo, especialmente el doméstico de carga. ◆ adj. y s.m. y f. *Fam.* Rudo e ignorante. ◇ **A lo bestia** Con violencia.

BESTIAL adj. Que es brutal o irracional: *instintos bestiales*. **2.** *Fig. y fam.* Desmesurado, extraordinario: *una obra bestial*.

BESTIALIDAD s.f. Brutalidad, irracionalidad. **2.** Relación sexual de un ser humano con una bestia. SIN.: *bestialismo*.

BESTIALIZARSE v.prnl. [7]. Hacerse bestial, vivir o proceder como las bestias.

BESTIARIO s.m. En la edad media, obra en la que están catalogados animales, reales o imaginarios, como símbolos de una significación moral o religiosa. **2.** Conjunto de la iconografía animalista medieval. **3.** Hombre que luchaba contra una fiera en el circo romano.

BESTIARIO del *Beato de Liébana*.

BEST SELLER s.m. (voz inglesa) [pl. *best-sellers*]. Libro de gran tirada que constituye un éxito editorial. SIN.: *superventas*.

BESUCAR v.tr. [1]. *Fam.* Besuquear.

BESUCÓN, NA adj. *Fam.* Que besuquea.

BESUGO s.m. Pez marino comestible, de unos 70 cm de long., de carne blanca y delicada que presenta una mancha negra en la axila de las aletas torácicas. (Familia espáridos.)

BESUGUERA s.f. Recipiente ovalado para guisar besugos u otros pescados.

BESUQUEAR v.tr. *Fam.* Besar de manera reiterada. SIN.: *besucar*.

1. BETA s.f. Nombre de la segunda letra del alfabeto griego (β, B), que corresponde a la *b* española. ◇ **Rayos beta** Flujo de electrones o de positrones emitido por ciertos elementos radiactivos.

2. BETA s.f. MAR. Cabo que forma parte de un aparejo.

BETABEL s.f. Méx. Remolacha.

BETABLOQUEANTE adj. y s.m. Se dice de un tipo de medicamentos que se utilizan principalmente para tratar trastornos cardíacos.

BETACAROTENO s.m. Provitamina A, que se transforma en vitamina A cuando es asimilada por el organismo.

BETAGRAFÍA s.f. Radiografía por electrones.

BETARRAGA o **BETARRATA** s.f. (fr. *bettarave*, de *bette*, acelga, y *rave*, nabo). Remolacha, planta y raíz.

BETATRÓN s.m. Aparato acelerador de partículas negativas, electrones o partículas beta, que sirve para la generación de rayos X de alta energía o para la desintegración de átomos.

BETEL s.m. Planta trepadora tropical, cultivada en la India, cuyo fruto tiene una semilla picante como la de la pimienta, y cuyas hojas tienen sabor a menta. **2.** Pasta para masticar elaborada con hojas de betel y nueces de areca.

BETERAVA s.f. Argent. Remolacha.

BÉTICO, A adj. y s. De la Bética.

BETIJOQUE s.m. Grupo estratigráfico de más de 4 000 m de espesor, que se extiende por el flanco NO de los Andes.

BETILO s.m. Entre los antiguos semitas, piedra sagrada considerada como la morada de una divinidad.

BETLEMITA o **BETLEHEMITA** adj. y s.m. y f. De Belén. **2.** Se dice del religioso perteneciente a una orden hospitalaria creada en Guatemala por el beato Pedro de Bethencourt en el s. XVII, y extendida después por toda América.

BETÓNICA s.f. (lat. *vettonica*). Planta de flores malvas. (Familia labiadas.)

BETULÁCEO, A adj. y s.f. (del lat. *betula*, abedul). Relativo a una familia de plantas arborescentes apétalas, a la que pertenecen el aliso y el abedul.

BETÚN s.m. (cat. *betum*). Mezcla de varios ingredientes con que se lustra el calzado. **2.** Materia mineral natural, rica en carbono y en hidrógeno, que arde con una llama y olor peculiares. **3.** Méx. Mezcla de clara de huevo y azúcar batidos que sirve para bañar ciertos dulces.

BETUNERO, A s. Lustrabotas. **2.** Persona que elabora o vende betunes.

BEY s.m. Título de los soberanos teóricamente vasallos del sultán. **2.** Antiguo título de los oficiales superiores del ejército otomano y de los altos funcionarios.

BEZANTE s.m. HERÁLD. Pieza circular de oro o de plata.

BEZO s.m. Labio grueso. **2.** Labio colgante de algunos animales: *los bezos del mono.* (Suele usarse en plural.) **3.** Bulto alrededor de una herida infectada.

BEZOAR s.m. (ár. *bezuwār*). Concreción de cuerpos extraños ingeridos que se acumulan en el aparato digestivo de algunos animales.

BEZOTE s.m. Adornos de diversas materias que algunos pueblos tienen por costumbre aplicarse en los labios.

BEZUDO, A adj. Que tiene los labios gruesos.

BIAJAIBA s.f. Perciforme de 30 cm de long., aleta dorsal y pectoral de color rojo y cola ahorquillada, que vive en las costas de las Antillas. (Familia mesopriónidos.)

BIANUAL adj. Bienal.

BIATHLON o **BIATLÓN** s.m. Prueba de esquí nórdico que consiste en una carrera de fondo y en realizar cuatro pruebas de tiro al blanco con carabina.

BIAURICULAR adj. Relativo a los dos oídos, o a las dos aurículas.

BIAXIAL adj. Que posee dos ejes, que se efectúa o se ejerce según dos ejes.

BIÁXICO, A adj. Que tiene dos ejes. **2.** Se dice del cristal birrefringente en el que existen dos direcciones según las cuales un rayo luminoso se propaga sin desdoblarse.

BIBELOT s.m. (pl. *bibelots*). Galic. Objeto pequeño, como una estatuilla o un muñeco, de adorno y de escaso valor.

BIBERÓN s.m. (fr. *biberon*, del lat. *bibere*, beber). Recipiente cilíndrico y alargado provisto de una tetina en la boca, que sirve para la lactancia artificial de los recién nacidos.

BIBICHO s.m. Hond. Gato doméstico.

BIBLIA s.f. (gr. *biblia*, libros). Conjunto de libros canónicos cuya primera parte *(Antiguo testamento)* es común a judíos y cristianos y la segunda *(Nuevo testamento)* solo es seguida por los cristianos. (Suele escribirse con mayúscula.) [V. parte n. pr.] **2.** Volumen que contiene los libros de la Sagrada Escritura: *una biblia in folio.* **3.** Fig. Libro de cabecera, libro doctrinal que hay que consultar a menudo. ◇ **Papel biblia** Papel muy delgado pero suficientemente opaco para su impresión.

BÍBLICO, A adj. Relativo a la Biblia.

BIBLIOFILIA s.f. Afición de bibliófilo.

BIBLIÓFILO, A s. Persona aficionada a los libros, especialmente si son raros o valiosos.

BIBLIOGRAFÍA s.f. Conjunto de referencias sobre publicaciones. **2.** Conjunto de obras escritas sobre un tema o por un autor. **3.** Ciencia que tiene por objeto la investigación, descripción y clasificación de los textos impresos.

BIBLIOGRÁFICO, A adj. Relativo a la bibliografía.

BIBLIÓGRAFO, A s. Persona que se dedica a la bibliografía.

BIBLIOLOGÍA s.f. Estudio general del libro en sus aspectos histórico y técnico.

BIBLIOMANÍA s.f. Pasión excesiva por los libros.

BIBLIOMETRÍA s.f. Parte de la bibliología que se ocupa de las estadísticas relativas a los diferentes aspectos del libro, con excepción del aspecto cuantitativo.

BIBLIORATO s.m. Argent. y Urug. Carpeta de cartón, de lomo ancho, con anillas, para archivar documentos.

BIBLIOTECA s.f. (lat. *bibliotheca*, del gr. *bibliothīkī*). Edificio o local donde se guardan libros ordenados y clasificados para su consulta y préstamo. **2.** Mueble grande con estantes para colocar libros. **3.** Colección de libros o manuscritos de un autor, una materia o un lugar. **4.** INFORMÁT. Librería.

BIBLIOTECARIO, A s. Persona que tiene a su cargo la dirección o el cuidado de una biblioteca.

BIBLIOTECOLOGÍA s.f. Ciencia que estudia las bibliotecas en todos sus aspectos.

BIBLIOTECONOMÍA s.f. Disciplina que se ocupa de la organización y administración de bibliotecas.

BICAL s.m. Salmón macho.

BICAMERAL adj. Se dice del sistema político que se estructura en dos asambleas o cámaras legislativas.

BICAMERALISMO s.m. Organización de un estado en un sistema bicameral.

BICARBONATO s.m. Sal formada por la combinación de ácido carbónico y un metal que sustituye a un átomo de hidrógeno. (En particular, se denomina así al bicarbonato de sodio [NaHCO₃], que se utiliza para aliviar la acidez y el dolor de estómago.)

BICÉFALO, A adj. Que tiene dos cabezas.

BÍCEPS s.m. (lat. *biceps*, de dos cabezas). ANAT. Nombre de dos músculos, uno en la extremidad superior y otro en la inferior, cuyos extremos comprenden dos cuerpos musculares distintos y que tienen dos tendones de inserción en cada extremo. ◆ adj. Que tiene dos cabezas, dos puntas o dos cabos.

BICHA s.f. Fam. Culebra. **2.** ARQ. Figura fantástica que se emplea como objeto de ornamentación.

BICHE adj. Amér. Canijo y enteco. **2.** Colomb. y Par. Se dice de la fruta verde o de las cosas que no han alcanzado un desarrollo completo. **3.** Perú. Se dice de una olla de gran tamaño.

BICHEADERO s.m. Argent. Atalaya.

BICHEAR v.tr. e intr. Argent. Vigilar, espiar.

BICHERO s.m. (port. *bicheiro*). Punta de hierro, con uno o dos garfios, fijada al extremo de un asta de madera y que se utiliza para aferrar cables, brandales, escalas, etc., así como en las maniobras de atraque y desatraque de las embarcaciones menores. **2.** Arpón de mango largo.

BICHO s.m. (lat. vulgar *bestius*, animal). Animal, especialmente insecto u otro animal de pequeño tamaño. **2.** Fig. Persona de figura ridícula o de mal genio. **3.** TAUROM. Toro de lidia. ◇ **Bicho de luz** Argent. Luciérnaga. **Bicho viviente** Persona. **Mal bicho** Esp. Persona malintencionada.

BICHOCO, A adj. y s. Amér. Merid. Se dice de la persona o animal que por debilidad o vejez no puede apenas moverse.

BICI s.f. (apócope). Fam. Bicicleta.

BICICLETA s.f. (fr. *bicyclette*). Vehículo de dos ruedas, generalmente de igual diámetro, de las cuales la trasera está accionada por un sistema de pedales que actúa sobre una cadena. (Se abrevia *bici.*) **2.** En el fútbol, finta en que se pasan alternativamente uno y otro pie por encima del balón para engañar al adversario antes de intentar superarlo.

BICICLO s.m. (ingl. *bicycle*, bicicleta). Vehículo con dos ruedas de diámetros diferentes, que se utilizó a fines del s. XIX.

BICICROSS s.m. Modalidad de ciclismo que se practica en un terreno accidentado y con obstáculos que hay que superar.

BICOCA s.f. (ital. *bicòcca*, castillo en una roca). Fam. Cosa ventajosa que cuesta poco.

BICOLOR adj. De dos colores.

BICÓNCAVO, A adj. Que presenta dos caras cóncavas opuestas.

BICONVEXO, A adj. Que presenta dos caras convexas opuestas.

BICOQUE s.m. Amér. Coscorrón dado con los nudillos en la cabeza.

BICOQUETE s.m. Papalina, gorra bicorne. SIN.: *bicoquín.* **2.** ARM. Casco de los ss. XIV y XV, que solo dejaba los ojos al descubierto.

BICORNE adj. De dos cuernos o dos puntas.

BICORNIO s.m. Sombrero de dos picos.

BICROMATO s.m. Sal derivada del ácido crómico.

BICROMÍA s.f. Impresión o grabado en dos colores.

BICUADRADO, A adj. MAT. Se dice del trinomio de cuarto grado $ax^4 + bx^2 + c$ y de la ecuación de cuarto grado $ax^4 + bx^2 + c = 0$. (Esta ecuación se resuelve con la ayuda de la incógnita auxiliar $x = x^2$.)

BICÚSPIDE adj. y s.f. ANAT. Se dice de la válvula mitral. ◆ adj. Que tiene dos cúspides o puntas.

BIDÉ o **BIDET** s.m. (fr. *bidet*). Recipiente sanitario en el que se sienta una persona para la higiene íntima.

BIDIRECCIONAL adj. Se dice de lo que puede asegurar, en ambos sentidos, el enlace entre

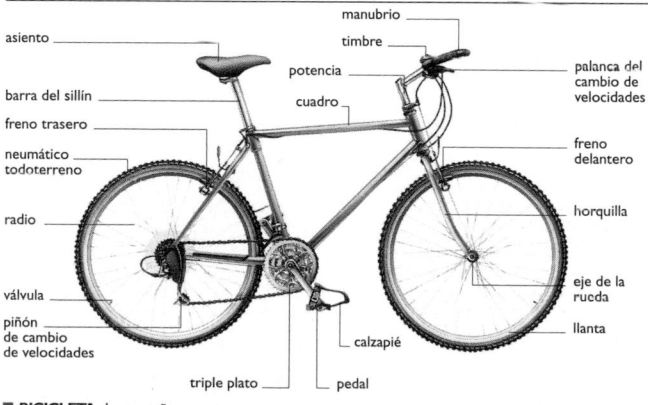

asiento · manubrio · timbre · potencia · palanca del cambio de velocidades · barra del sillín · cuadro · freno trasero · freno delantero · neumático todoterreno · horquilla · radio · eje de la rueda · llanta · válvula · piñón de cambio de velocidades · calzapié · triple plato · pedal

■ **BICICLETA** de montaña.

dos elementos. **2.** Que se aplica a dos objetivos.

BIDÓN s.m. Recipiente grande, de hojalata o de chapa, que se usa para el transporte de líquidos, como petróleo, aceite, etc. **2.** Medida antigua de líquidos, equivalente a 4,65 l.

BIELA s.f. (fr. *bielle*). Barra que, mediante articulaciones fijadas en sus extremos, une dos piezas móviles y sirve para transmitir y transformar un movimiento. ◇ **Biela de acoplamiento** Biela que sirve para repartir el esfuerzo motor entre los ejes acoplados. **Sistema biela manivela** Mecanismo que permite transformar un movimiento rectilíneo alternativo en movimiento circular uniforme, y viceversa.

BIELDA s.f. Bieldo con dos palos cruzados entre las puntas que sirve para recoger, cargar y encerrar la paja. **2.** Acción de beldar.

BIELDAR v.tr. Beldar, aventar con el bieldo.

BIELDO s.m. Apero de labranza para beldar, que consiste en un palo largo en cuyo extremo hay un travesaño con tres o cuatro púas de madera.

BIELORRUSO, A adj. De Bielorrusia. ◆ s.m. Lengua eslava oriental hablada en Bielorrusia.

1. BIEN adv.m. (lat. *bene*). Como es debido, de manera razonable, acorde a normas morales, éticas o jurídicas: *portarse bien; escribir bien.* **2.** De manera satisfactoria, amena, agradable o feliz: *pasarlo bien; oler bien.* **3.** Sano, de buena salud: *no encontrarse bien.* **4.** De buena gana, con gusto: *bien lo haría, si pudiera.* **5.** Sin inconveniente, sin esfuerzo o sin dificultad: *bien puedes hacerlo después.* **6.** Denota cálculo aproximado, y equivale a *cierta* o *seguramente: bien se gastaron mil pesos.* **7.** Indica asentimiento o condescendencia. **8.** Mucho, muy, bastante: *me gusta la sopa bien caliente.* ◆ adj. *Desp.* Relativo a los integrantes del sector social acomodado cuando hacen hincapié en su posición: *gente bien.* ◆ conj. Se usa repetido, como partícula distributiva: *bien por defecto, bien por exceso, siempre se equivoca.* **2.** Partícula concesiva en *bien que, si bien,* aunque. **3.** Denota ilación en *pues bien.* **4.** Partícula ilativa en *y bien* y suele, además, introducir una pregunta. ◇ **De bien** Honrado, de buen proceder.

2. BIEN s.m. Cosa buena, útil o agradable. **2.** Utilidad, beneficio. **3.** Aquello que se ofrece a la voluntad como fin propio. **4.** ECON. Todo lo que se reconoce como apto para satisfacer una necesidad humana y disponible para esta función. ◆ **bienes** s.m.pl. Hacienda, riqueza, caudal. ◇ **Bienes de consumo** ECON. Bienes que sirven para satisfacer las necesidades directas del público. **Bienes de producción** ECON. Bienes que sirven para la elaboración de bienes de consumo. **Bienes mostrencos, vacantes** ECON. Bienes muebles o inmuebles que se encuentran abandonados y carecen de dueño conocido.

BIENAL adj. Que se repite o sucede cada bienio. **2.** Que dura un bienio. **3.** BOT. Que no florece, ni fructifica ni muere hasta después de dos años, como la zanahoria, la remolacha, etc. ◆ s.f. Exposición o manifestación artística organizada cada dos años.

BIENANDANZA s.f. Hecho feliz o afortunado.

BIENAVENTURADO, A adj. Afortunado, feliz, dichoso. ◆ adj. y s. Que goza de la bienaventuranza eterna. **2.** Excesivamente cándido.

BIENAVENTURANZA s.f. Visión beatífica, vista y posesión de Dios en el cielo. **2.** Prosperidad o felicidad humana. ◆ **bienaventuranzas** s.f.pl. Grupo de ocho sentencias con las que comienza el sermón de la montaña, que empiezan con la palabra «Bienaventurados», y están recogidas en los Evangelios.

BIENESTAR s.m. Satisfacción, tranquilidad de espíritu. **2.** Comodidad, abundancia de las cosas necesarias para vivir a gusto.

BIENHABLADO, A adj. Que habla con corrección o con finura.

BIENHADADO, A adj. Afortunado, que tiene fortuna o suerte.

BIENHECHOR, RA adj. y s. Que hace bien, que beneficia. SIN.: *benefactor.*

BIENINTENCIONADO, A adj. Que actúa con buena intención o de buena fe.

BIENIO s.m. Período de dos años.

BIENMESABE s.m. Dulce de claras de huevo y azúcar, con que se hacen los merengues.

BIENQUISTAR v.tr. y prnl. Conciliar, congraciar.

BIENSONANTE adj. Que suena bien.

BIENTEVEO s.m. → BENTEVEO.

BIENVENIDA s.f. Recibimiento que se da a una persona con el que se manifiesta alegría por el encuentro.

BIENVENIDO, A adj. Se dice de la persona o cosa cuya llegada se acoge con alegría o complacencia.

BIES s.m. Tira de tela cortada al sesgo. ◇ **Al bies** Oblicuamente.

BIFÁSICO, A adj. Se dice del sistema que tiene dos corrientes eléctricas alternas iguales, procedentes del mismo generador, y cuyas fases respectivas se producen a la distancia de un cuarto de período.

BIFAZ s.m. PREHIST. Herramienta de piedra tallada por las dos caras, característica del paleolítico inferior y medio. ◆ adj. PREHIST. Tallado por las dos caras. SIN.: *bifacial.*

BIFE s.m. Argent., Chile y Urug. Bistec. **2.** Argent., Perú y Urug. *Fig.* y *fam.* Cachetada, bofetada.

BÍFIDO, A adj. (lat. *bifidus*, de *bi*, doble, y *findere*, partir). Dividido en dos partes: *lengua, espina bífida.*

BÍFIDUS s.m. Bacteria utilizada como aditivo alimentario en la elaboración de ciertos productos lácteos.

BIFILAR adj. Formado por dos hilos.

BIFOCAL adj. Se dice del cristal corrector cuyas partes superior e inferior presentan distancias focales diferentes.

BÍFORA s.f. ARQ. Ventana doble dividida por una columna central y rematada en su parte superior por un arco de medio punto.

BIFRONTE adj. Que presenta dos frentes o dos caras.

BIFURCACIÓN s.f. Acción de bifurcarse. **2.** Lugar en que dos caminos, ramales, brazos o puntas se bifurcan.

BIFURCARSE v.prnl. (del lat. *bifurcus*, de *bi*, doble, y *furca*, horca). Dividirse una cosa en dos ramales, brazos o puntas, especialmente un camino.

BIGA s.f. ART. ROM. Carro de dos ruedas tirado por dos caballos. **2.** *Poét.* Tronco de caballos que tiran de este carro.

BIGAMIA s.f. Estado de bígamo.

BÍGAMO, A adj. y s. (lat. *bigamus*). Casado con dos personas al mismo tiempo.

BIGARADIA s.f. Fruto del bigaradio, utilizado en confitería, en la preparación de mermeladas y en la fabricación del curaçao.

BIGARADIO s.m. Árbol parecido al naranjo que produce la bigaradia y cuyas flores proporcionan, por destilación, una esencia perfumada.

BIGARDO, A adj. y s. Granuja, perezoso o vago.

BÍGARO s.m. Molusco de concha oscura, parecido al caracol, que vive en las costas cantábricas y su carne es apreciada. (Familia litorínidos.)

BIG BAND s.f. (voces inglesas). Orquesta u otra formación musical numerosa de jazz.

BIG-BANG s.m. (voz angloamericana). Explosión de gran magnitud que, según algunas teorías, dio origen a la expansión del universo hace unos 15 000 millones de años. **2.** Teoría cosmológica que describe la evolución del universo consecutiva a este acontecimiento. (También *big bang.*)

BIGEMINADO, A adj. Se dice de las hojas cuyo pecíolo común se divide en otros dos secundarios, cada uno de los cuales lleva un par de folíolos. **2.** ARQ. Se dice de una arcada, ventana o vano divididos por maineles en cuatro partes iguales.

BIGNONIA s.f. Arbusto trepador, originario de América o de Asia, a menudo cultivado por sus grandes flores anaranjadas. (Familia bignoniáceas.)

BIGORNIA s.f. (del lat. *bicornis*, de dos cuernos). Yunque muy alargado y con dos puntas opuestas en forma piramidal, cónica o ci-

líndrica. **2.** Pilón de madera que emplean los curtidores para batanar las pieles mojadas.

BIGOTE s.m. (del germ. *bī God,* por Dios). Pelo que crece sobre el labio superior. **2.** Abertura semicircular que tienen los hornos de cuba para que salga la escoria fundida. **3.** Méx. Croqueta. **4.** IMPR. Línea horizontal, gruesa en el centro y delgada por los extremos. ◆ **bigotes** s.m.pl. Llamas que salen por el bigote de los hornos. **2.** Infiltraciones de metal en las grietas interiores del horno. ◇ **De bigotes** Esp. Estupendo, muy bien. **Tener bigotes** *Fam.* Tener tesón y entereza.

BIGOTERA s.f. Compás pequeño que permite trazar arcos o circunferencias de radio muy corto y cuya abertura se regula mediante un tornillo. **2.** Asiento estrecho y plegable que se pone en el interior de algunos carruajes. **3.** Tira de tejido con que se cubría el bigote en casa o en la cama, para que no se desrizase.

BIGOTUDO, A adj. Que tiene mucho bigote.

BIGUA s.m. Ave americana de unos 70 cm de long., de color pardo negruzco uniforme, que vive en Argentina y Uruguay.

BIGUDÍ s.m. Cilindro alargado de pequeño tamaño en el que se envuelve un mechón de cabello que se quiere rizar.

BIGUINE s.f. Danza de las Antillas.

BIJA s.f. Árbol de poca altura, con flores rojas y olorosas y fruto oval, que se cultiva en las regiones cálidas de América y la India. (Familia bixáceas.) **2.** Fruto y semilla de este árbol. **3.** Pasta preparada con esa semilla que los indios americanos usaban para pintarse.

BIJAO s.m. Planta de grandes hojas, que aprovechan los campesinos de Venezuela para cubrir sus viviendas. (Familia musáceas.)

BIJIRITA s.m. y f. Cubano de padre español.

BIKINI s.m. (marca registrada). → BIQUINI.

BILABIADO, A adj. BOT. Se dice de la corola o el cáliz divididos en dos.

BILABIAL adj. y s.f. Se dice del sonido consonántico con dos labios; letra que lo representa: p, b y m *son letras bilabiadas.*

BILATERAL adj. Se dice de lo que se refiere a ambas partes o aspectos de una cosa, de un organismo, etc. **2.** ANTROP. Se dice de un sistema de filiación en el que cada linaje, el paterno y el materno, tiene unos derechos particulares. **3.** DER. Se dice del contrato en virtud del cual se crean obligaciones para ambas partes.

BILATERALISMO s.m. Política de acuerdo de intercambios entre los estados.

BILBAÍNO, A adj. y s. De Bilbao.

BILBILITANO, A adj. y s. De la antigua Bílbilis o de la actual Calatayud.

BILET s.m. Méx. Lápiz de labios.

BILHARZIOSIS s.f. Enfermedad producida por parasitación de determinados trematodos.

BILIADO, A adj. Que contiene bilis o que ha estado en contacto con ella.

BILIAR adj. Relativo a la bilis. **2.** Se dice de la función del hígado, que libera la sangre de determinados desechos evacuándolos en el intestino delgado. ◇ **Vesícula biliar** Vejiga alargada, situada en la cara inferior del hígado en el lado derecho, donde se acumula la bilis entre las digestiones.

BILINEAL adj. MAT. Se dice de un polinomio lineal y homogéneo a la vez, en relación con dos grupos de variables.

BILINGÜE adj. Que habla dos lenguas con igual perfección. **2.** Escrito en dos lenguas o que utiliza dos lenguas: *diccionario bilingüe; versión bilingüe.*

■ **BIGNONIA**

BILINGÜISMO s.m. Hecho de hablar dos lenguas con igual perfección.

BILIOGÉNESIS s.f. Secreción de bilis.

BILIOSO, A adj. Relativo a la bilis. **2.** Abundante en bilis.

BILIRRUBINA s.f. Pigmento amarillento de la bilis que se forma por la degradación de la hemoglobina.

BILIS s.f. (lat. *bilis*). Líquido viscoso, amargo, ligeramente alcalino, segregado de modo continuo por el hígado, que se acumula en la vesícula biliar y pasa al duodeno en la digestión. **2.** *Fig.* Cólera, ira, irritabilidad.

BILIVERDINA s.f. Producto de oxidación de la bilirrubina, de color verde.

BILLA s.f. (fr. *bille*, bola). Jugada de billar que consiste en meter una bola en la tronera después de haber golpeado en otra.

BILLAR s.m. (fr. *billard*, de *bille*, palo). Juego que se practica con tres bolas de marfil, impulsadas mediante un taco sobre una mesa rectangular con rebordes de goma. **2.** Conjunto de las bolas, los tacos y la mesa con que se practica este juego. **3.** Establecimiento público donde hay varios billares para poder jugar. ⬦ **Billar americano** Modalidad de billar que se juega en una mesa con seis troneras y 15 bolas que deben introducirse en estas.

BILLETAJE s.m. Conjunto de billetes de un espectáculo, transporte público, rifa, etc.

BILLETE s.m. (fr. *billet*, de *bulle*, documento). Papel impreso o grabado, generalmente emitido por el banco central de un país, al que se le asigna un valor pecuniario determinado. **2.** Tarjeta o trozo de papel impreso que permite entrar en un local o establecimiento, viajar en un medio de transporte, etc.: *un billete para la ópera; un billete de avión.* **3.** Trozo de papel con un número impreso que acredita la participación de una cantidad interesada en una rifa o lotería. **4.** Carta breve. ⬧ **billetes** s.m.pl. ARQ. Motivo ornamental de moldura formado por una banqueta cilíndrica, cuadrada o prismática, seccionada en partes iguales.

BILLETERO s.m. Cartera de bolsillo para llevar billetes de banco. SIN.: *billetera*. **2.** Méx. y Pan. Persona que vende billetes de lotería. **3.** P. Rico Persona que lleva la ropa con remiendos.

BILLÓN s.m. (fr. *bilton*). Un millón de millones (10^{12} o 1 000 000 000 000).

BILLONÉSIMO, A adj. y s.m. Se dice de cada una de las partes que resultan de dividir un todo en un billón de partes iguales. ⬧ adj. Que ocupa el último lugar en una serie ordenada de un billón.

BILOBULADO, A adj. Que está dividido en dos lóbulos.

BILOCARSE v.prnl. [1]. Hallarse al mismo tiempo en dos lugares distintos. **2.** Argent. Chalarse, chiflarse.

BILOCULAR adj. Se dice de un fruto o de un órgano que tiene dos cavidades.

BIMANO, A o **BÍMANO, A** adj. (fr. *bimane*). Que tiene dos manos.

BIMBA s.f. (voz de origen onomatopéyico). *Fam.* Chistera, sombrero de copa alta.

BIMEMBRE adj. (lat. *bimembris*, de *membrum*, miembro). Que tiene dos miembros o partes.

BIMENSUAL adj. Que ocurre o que aparece dos veces al mes: *publicación bimensual.*

BIMESTRAL adj. Que se repite cada dos meses. **2.** Que dura dos meses.

BIMESTRE s.m. (lat. *bimestris*, de *mensis*, mes). Período de dos meses. **2.** Cantidad que se abona cada dos meses. ⬧ adj. Bimestral.

BIMETÁLICO, A adj. Que está formado por dos metales.

BIMETALISMO s.m. Sistema monetario establecido sobre dos patrones, oro y plata.

BIMETALISTA adj. y s.m. y f. Relativo al bimetalismo; partidario de este sistema.

BIMOTOR adj. y s.m. Que está provisto de dos motores: *avión bimotor.*

BINA s.f. Acción de binar.

BINADOR, RA adj. y s.m. Se dice del instrumento para binar las viñas: *máquina binadora.*

BINAR v.tr. (del lat. *binus*, doble). Arar la tierra por segunda vez. **2.** Cavar por segunda vez las viñas. ⬧ v.intr. CATOL. Celebrar un sacerdote dos misas en un mismo día.

BINARIO, A adj. (lat. *binarius*, de *bini*, de dos en dos). MAT. **a.** Se dice de una relación que une dos elementos. **b.** Se dice del sistema de numeración que tiene por base 2: *número binario*. **2.** MÚS. Se dice de los compases formados por tiempos pares y de las composiciones divididas en dos partes. ⬦ **Código decimal binario** Sistema de numeración de las computadoras electrónicas en el cual las cifras decimales están representadas por su equivalente binario. **Compuesto binario** QUÍM. Compuesto formado por dos elementos.

BINCA s.f. Conjunto de dos opositores a una cátedra o prebenda.

BINET-SIMON. Test de Binet-Simon Test psicométrico sobre el nivel intelectual, que prescinde de pruebas en las que pueda intervenir cualquier tipo de aprendizaje.

BINGARROTE s.m. Aguardiente que se elabora en México destilando el binguí.

BINGO s.m. (voz inglesa). Juego de azar que consiste en señalar todas las casillas numeradas de unos cartones, a medida que van extrayéndose los números de un bombo. **2.** Premio mayor que recibe el que gana este juego. **3.** Establecimiento donde se realiza este juego.

BINGUÍ s.m. Bebida mexicana fermentada extraída del tronco del maguey.

BINOCULAR adj. Que se realiza mediante los dos ojos: *visión binocular.* ⬧ adj. y s.m. Se dice del aparato óptico con dos oculares.

BINÓCULO s.m. (lat. moderno *binoculus*, de *oculus*, ojo). Instrumento óptico para ver a distancia consistente en dos tubos con una lente en cada extremo.

BINOMIAL adj. MAT. Relativo al binomio.

BINOMIO s.m. (bajo lat. *binomium*). MAT. Expresión algebraica formada por la suma o la diferencia de dos términos o monomios. (Ej.: $a + b; b^2 - 4ac.$) ⬦ **Binomio de Newton** Fórmula mediante la cual Newton dio el desarrollo de las potencias de un binomio afectado de un exponente cualquiera.

BÍNUBO, A adj. y s. DER. Casado por segunda vez.

BINZA s.f. (del lat. *vincire*, atar). Película exterior de la cebolla. **2.** Fárfara del huevo. **3.** Cualquier membrana del cuerpo animal.

BIOACÚSTICA s.f. Parte de la biología que estudia los sonidos producidos por los animales.

BIOBIBLIOGRAFÍA s.f. Estudio de la vida y de las obras de un escritor.

BIOCARBURANTE s.m. Carburante obtenido por conversión de biomasas vegetales y utilizado como sustituto de los hidrocarburos.

BIOCATALIZADOR s.m. Sustancia que existe en cantidad muy reducida en los tejidos vivos y que acelera las reacciones químicas en los seres vivos. SIN.: *enzima, fermento.*

BIOCENOSIS s.f. Asociación equilibrada de seres vivos en un mismo biotopo.

BIOCHIP s.m. BIOQUÍM. Dispositivo miniaturizado formado por una placa de vidrio, silicio u otro material sobre la que se fija una muestra de moléculas biológicas (de un ácido nucleico o de proteínas) para identificarlas y obtener otros datos genéticos. (Se usa en la diagnosis médica, la industria farmacéutica, el control agroalimentario, etc.)

BIOCLIMA s.m. BIOL. Cada uno de los tipos de clima que se distinguen atendiendo al complejo de factores climáticos que afectan al desarrollo de los seres vivos.

BIOCLIMATOLOGÍA s.f. Estudio de la influencia de los factores climáticos sobre el desarrollo de los organismos vivientes.

BIOCOMBUSTIBLE s.m. Combustible de origen biológico que no contamina.

BIOCONVERSIÓN s.f. Transformación de una forma de energía en otra o de una sustancia en otra, por la acción de seres vivos.

BIODEGRADABLE adj. Se dice del producto industrial que, una vez desechado, es destruido por las bacterias u otros agentes biológicos: *detergente biodegradable.*

BIODEGRADACIÓN s.f. Destrucción de un producto biodegradable.

BIODETERMINISMO s.m. Ideología que postula el origen biológico de las desigualdades sociales.

BIODIVERSIDAD s.f. Diversidad de las especies vivientes y de sus caracteres genéticos. **ENCICL.** La *biodiversidad específica* (diversidad de especies) es máxima en los bosques tropicales (medio terrestre) y en los arrecifes coralinos (medio marino). Se conocen 1,4 millones de especies animales y vegetales (750 000 insectos, 245 000 plantas con flores y solo 4 000 mamíferos), pero el número real de estas es difícil de evaluar, pues según se estima existen entre 10 y 30 millones de especies. La *biodiversidad genética* (diversidad en el interior de las especies) comprende el conjunto de variedades de plantas y animales, ya sean silvestres o domesticados. Por ejemplo, existen en el mundo varios cientos de variedades de maíz, varios millares de cafetos y solo en Europa 115 razas bovinas. Las biodiversidades específica y genética se hallan muy amenazadas, por lo que se han puesto en marcha tentativas de censo de especies silvestres y conservación del patrimonio genético de especies domésticas o cultivadas (gracias a la constitución de «colecciones»). *[V. ilustr. pág. siguiente.]*

BIOELECTRICIDAD s.f. Electricidad animal.

BIOELECTRÓNICA s.f. Parte de la biología molecular que estudia las fuerzas electrostáticas que se ejercen entre las moléculas de las células.

BIOELEMENTO s.m. Elemento constitutivo de los seres vivos.

BIOENERGÍA s.f. Energía renovable obtenida por transformación química de la biomasa.

BIOESPELEOLOGÍA s.f. Estudio científico de los seres vivos que existen en las grutas.

BIOÉTICA s.f. Conjunto de principios y normas que regulan la actuación humana con respecto a los seres vivos.

BIOFÍSICA s.f. Estudio de los fenómenos biológicos aplicando métodos propios de la física.

BIOGÁS s.m. Gas combustible producido por la descomposición de la materia orgánica.

BIOGÉNESIS s.f. Aparición de la vida en la Tierra.

BIOGEOGRAFÍA s.f. Estudio de la distribución de los vegetales, y a menudo también de los animales, en la superficie terrestre.

BIOGRAFÍA s.f. Narración de la vida de una persona. **2.** Género literario al que pertenecen estas narraciones.

BIOGRAFIAR v.tr. [10]. Escribir una biografía.

BIOGRÁFICO, A adj. Relativo a la biografía.

BIÓGRAFO, A s. Persona que escribe la biografía de otra persona.

BIOINDICADOR s.m. Organismo vivo que se utiliza para determinar el índice de contaminación del aire o agua.

BIOINFORMÁTICA s.f. Aplicación de la informática en la investigación biológica.

BIOLOGÍA s.f. Ciencia que estudia los seres vivos. ⬦ **Biología animal** Parte de la biología que estudia los organismos animales. **Biología celular** Citología. **Biología molecular** Parte de la biología y la bioquímica que estudia los seres vivos a partir de las propiedades y estructuras de las macromoléculas que constituyen las células. **Biología vegetal** Parte de la biología que estudia los organismos vegetales. **ENCICL.** En su acepción más amplia, la biología se confunde con las «ciencias naturales». La zoología y la botánica son las dos ramas principales, divididas en numerosas disciplinas que estudian los seres vivos desde el punto de vista de la forma (morfología), su organización (anatomía), sus tejidos (histología), sus células (citología), su funcionamiento (fisiología), sus enfermedades (patología), su comportamiento (etología), sus relaciones con el ambiente (ecología), etc. Otras disciplinas de la biología estudian el desarrollo de los seres vivos (embriología), las formas fósiles (paleontología), las características de su patrimonio hereditario (genética) o se interesan por los problemas generales como la aparición de la vida, la evolución de las especies o la clasificación de los seres vivos (sistemática, taxonomía). Algunos seres vivos son objeto de estudios particulares, como los organismos microscópicos (microbiología). Más recientemente, la biología y la bioquímica han convergido para dar lugar a la biología molecular.

BIOLÓGICO, A adj. Relativo a la biología. **2.** Que utiliza agentes exclusivamente naturales: *agricultura biológica*. **3.** Se dice del producto natural, no tratado químicamente: *vegetales biológicos*. ◇ **Arma biológica** Arma que utiliza organismos vivos o toxinas. **Reloj biológico** Conjunto de mecanismos bioquímicos y fisiológicos que determinan la distribución rítmica de la actividad del organismo. **Ritmo biológico** Biorritmo.

BIOLOGISMO s.m. Doctrina que explica los fenómenos sociales como si de un organismo vivo se tratase.

BIÓLOGO, A s. Persona que se dedica al estudio de la biología.

BIOLUMINISCENCIA s.f. Propiedad que tienen algunos seres de emitir luz para atraer presas, facilitar el apareamiento, etc.

BIOMA s.m. Unidad ecológica que se extiende por una superficie de gran amplitud que presenta iguales condiciones climáticas. (El océano, bosque, pradera, etc., son biomas.)

BIOMAGNETISMO s.m. Sensibilidad y reactividad de un ser vivo a un campo magnético.

BIOMASA s.f. Masa total de los seres vivos que viven en un ecosistema, que se mide en hectáreas, para los biotopos terrestres, y en metros cúbicos, para los biotopos marinos. (La biomasa animal representa generalmente menos del 1 % de la vegetal.)

BIOMATERIAL s.m. MED. Sustancia natural o sintética que resulta adecuada para su implante en contacto directo con tejidos vivos, como la silicona.

BIOMBO s.m. (port. *biombo*). Mampara plegable compuesta de varios paneles verticales articulados entre sí que sirve generalmente para aislar espacios.

■ **BIOMBO** mexicano del s. XVII.
(Museo de América, Madrid.)

BIOMETRÍA s.f. Aplicación de métodos estadísticos en el estudio de la biología.

BIOMÓRFICO, A adj. ART. MOD. Se dice de la obra artística que presenta biomorfismo.

BIOMORFISMO s.m. ART. MOD. Carácter de la obra de arte que evoca formas orgánicas.

BIÓNICA s.f. Ciencia que estudia la construcción de mecanismos cibernéticos artificiales inspirados en los procesos biológicos.

BIOPSIA s.f. Extracción y examen microscópico de una muestra de tejido de un ser vivo.

BIOQUÍMICA s.f. Parte de la química que estudia las sustancias y reacciones químicas de los seres vivos.

BIOQUÍMICO, A adj. Relativo a la bioquímica. ◆ s. Persona que se dedica al estudio de la bioquímica.

BIORRITMO s.m. Variación cíclica de un fenómeno biológico sujeta a factores físicos externos. SIN.: *ritmo biológico*.

BIOSEGURIDAD s.f. Parte de la biología que estudia el uso seguro de los recursos biológicos y genéticos.

BIODIVERSIDAD: LOS GRANDES GRUPOS DE SERES VIVOS EN CIFRAS		
grupos	número de especies descritas	número d... probable
VIRUS	2 000	30 000 ?
PROCARIOTAS		
bacterias y cianobacterias	4 000	de 500 000 a 5 millones
EUCARIOTAS		
PLANTAS		
hongos y líquenes	69 000	más de 100 000
algas	27 000	30 000
plantas superiores	280 000	más de 350 000
de las cuales: briofitos (musgos)	24 000	
de las cuales: pteridófitos (helechos, equisetos)	11 000	
de las cuales: gimnospermas (coníferas)	700	
de las cuales: angiospermas (plantas con flores)	245 000	
Total reino vegetal	**376 000 especies**	
ANIMALES		
protozoos	31 000	100 000 ?
esponjas	5 000	más de 5 000
cnidarios y ctenóforos (medusas, corales, etc.)	9 000	más de 10 000
platelmintos (gusanos planos)	12 000	20 000 ?
nematelmintos (gusanos redondos)	12 000	1 millón ?
anélidos (lombrices, sanguijuelas, etc.)	12 000	15 000
moluscos	55 000	120 000
artrópodos	875 000	
de los cuales: insectos	750 000	de 3 a 15 millones
de los cuales: crustáceos	40 000	50 000
de los cuales: arácnidos (arañas, escorpiones, etc.)	75 000	más de 100 000
otros	10 000	
equinodermos	6 000	más de 6 000
grupos menores (braquiópodos, rotíferos, onicóforos, hemicordados, etc.)	9 000	50 000 ?
cordados	44 000	50 000
de los cuales: vertebrados	42 500	
de los cuales: agnatos	63	
peces	19 000	25 000
anfibios	4 200	4 500
reptiles	6 300	6 500
aves	9 000	9 500
mamíferos	4 000	4 500
Total reino animal	**1 070 000 especies**	
Total general	**alrededor de 1 450 000 especies**	**entre 5,5 y 20 millones**

BIOSFERA s.f. Conjunto que forman los seres vivos con el medio en que se desarrollan, que comprende la parte inferior de la atmósfera, la hidrosfera y una parte de la litosfera, hasta una profundidad de unos 2 km. (Los ecólogos dividen la biosfera en unidades funcionales relativamente autónomas llamadas *ecosistemas*, cuyo tamaño puede variar desde el charco de agua hasta la propia biosfera.) SIN.: *ecosfera*.

BIOSÍNTESIS s.f. Formación de una sustancia orgánica en el interior de un ser vivo.

BIOSTASIA s.f. GEOMORFOL. Fase de estabilidad en la evolución del relieve en la que la ausencia de erosión va unida a un recubrimiento vegetal continuo. CONTR.: *resixistasia*.

BIOTA s.f. Conjunto de la fauna y la flora de un determinado lugar.

BIOTECNOLOGÍA s.f. Conjunto de técnicas que utilizan las propiedades bioquímicas de entidades biológicas para mejorar la producción agrícola o la fabricación industrial de compuestos químicos.

BIOTERAPIA s.f. Método terapéutico que utiliza microorganismos o sustancias biológicas.

BIOTERRORISMO s.m. Forma de terrorismo que utiliza tecnologías biológicas y agentes patógenos para propagarlos entre la población.

BIÓTICO, A adj. ECOL. Se dice del factor ecológico ligado a la actividad de los seres vivos.

BIOTINA s.f. Vitamina B$_8$. (La biotina se utiliza en terapéutica dermatológica y se conoce también con el nombre de vitamina H.)

BIOTIPO s.m. Tipo biológico caracterizado por la constancia de ciertos caracteres físicos y psíquicos, que permite individualizar un grupo.

BIOTIPOLOGÍA s.f. Ciencia que estudia las correlaciones que pueden establecerse entre la forma corporal, fisiologismo y comportamiento psicológico del individuo. SIN.: *tipología*.

BIOTITA s.f. GEOL. Mica negra.

BIOTOPO s.m. ECOL. Área geográfica que ofrece unas condiciones constantes o cíclicas que permite el desarrollo de una comunidad determinada de organismos.

BIÓXIDO s.m. Dióxido.

BÍPARO, A adj. Que tiene dos crías o hijos en cada parto.

BIPARTICIÓN s.f. División de una cosa en dos partes.

BIPARTIDISMO s.m. Sistema político que se caracteriza por la existencia de dos partidos políticos que son los únicos que tienen posibilidades de acceder al poder.

BIPARTIDO, A adj. Que está dividido en dos partes. SIN.: *bipartito*. **2.** BOT. Se dice del órgano que está dividido en dos segmentos: *hoja bipartida*.

BIPARTITO, A adj. Bipartido. **2.** Que está constituido por la asociación de dos partes o miembros: *acuerdo bipartito*.

BIPÁS s.m. → **BY-PASS**.

BIPEDACIÓN s.f. Modo de andar del ser humano y de los animales de dos patas o de los cuadrúpedos que andan con las extremidades posteriores.

BÍPEDO, A adj. y s.m. (lat. *bipes, -edis*, de *pes, -edis*, pie). Que tiene dos pies o dos patas. ◆ s.m. Conjunto de dos remos de un animal de cuatro patas, especialmente de un caballo.

BIPENNA s.f. HIST. Hacha de doble filo.

BIPLANO s.m. y adj. Avión con dos alas formadas por dos planos paralelos de sustentación.

BIPLAZA s.m. y adj. Vehículo de dos plazas, especialmente un avión.

BÍPODE s.m. Armazón de dos pies para sostener ciertos instrumentos.

BIPOLAR adj. Que tiene dos polos. ◇ **Coordenadas bipolares** Sistema de coordenadas en el que un punto está determinado por sus distancias a dos puntos fijos.

BIPOLARIDAD s.f. Cualidad de bipolar.

BIQUINI o **BIKINI** s.m. (de una marca registrada). Traje de baño de dos piezas, que deja descubierta la barriga.

BIQUIR s.m. Pez dulceacuícola de color gris verdoso, con rasgos arcaicos, que puede alcanzar más de 1 m de long. (Familia poliptéridos.)

BIRARO o **BIRARÓ** s.m. Árbol originario de América Meridional de madera pardo rosada. (Familia cesalpiniáceas.)

BIRIJÍ s.m. Árbol originario de las Antillas, maderable, cuyo fruto sirve de alimento para el ganado porcino. (Familia mirtáceas.)

BIRLAR v.tr. *Fam.* Quitar algo a alguien con habilidad y astucia.

BIRLIBIRLOQUE (de *birliquibirloqui*, voz de origen onomatopéyico). **Por arte de birlibirloque** *Esp. Fam.* Por medios ocultos y extraordinarios.

BIRLOCHO s.m. (ital. *biroccio*). Vehículo tirado por caballos, de cuatro ruedas y cuatro asientos, descubierto y sin puertas.

BIRMANO, A adj. y s. De Birmania (oficialmente Myanmar). ◆ s.m. Lengua de la familia sino-tibetana hablada en Birmania y Assam.

BIROME s.f. *Argent. y Urug.* Bolígrafo, instrumento para escribir.

BIRR s.m. Unidad monetaria de Etiopía.

BIRRA s.f. *Fam.* Cerveza.

BIRREACTOR adj. y s.m. Se dice del avión con dos turborreactores.

BIRREFRINGENTE adj. ÓPT. Se dice del cuerpo que produce una doble refracción.

BIRREME adj. y s.m. ANT. ROM. Se dice del navío con dos filas de remos.

BIRRETA s.f. Dim. de *birrete*. cuadrada con una borla en la parte superior que usan los eclesiásticos. (La birreta de un sacerdote es de color negro, la de un obispo morada y la de un cardenal roja.) SIN.: *birrete*.

BIRRETE s.m. (occitano ant. *birret*). Gorro de forma prismática con una borla en la parte superior que usan los doctores de facultades universitarias, magistrados, jueces y abogados en los actos oficiales solemnes. **2.** Birreta.

BIRRIA s.f. (del lat. *verres*, verraco). Cosa mal hecha, de mala calidad o de poco valor. **2.** Persona con pocas cualidades y poco digna de aprecio. **3.** *Colomb. y Pan.* Odio, tirria, obstinación, capricho. **4.** *Méx.* Guiso que se elabora con carne de borrego o chivo en trozos o deshebrada, caldo de chile y jitomate.

BIRRIOSO, A adj. De mala calidad, mal hecho o de poco valor.

BIRUJI o **BIRUJE** s.m. *Fam.* Frío intenso o viento muy frío.

BIS adv. (lat. *bis*, dos veces). Indica que algo está repetido o debe repetirse: *número 3 bis*.

BISABUELO, A s. Padre o madre del abuelo o de la abuela de una persona.

BISAGRA s.f. Mecanismo formado por dos piezas, generalmente metálicas, unidas por un eje común y sujetas a dos superficies, una fija y otra móvil, para permitir el movimiento giratorio de apertura y cierre de una ventana, puerta, tapa, etc. **2.** *Fig.* Punto de unión o articulación entre dos elementos.

BISAR v.tr. Repetir total o parcialmente la ejecución de una pieza musical, la lectura de una obra o la representación de una obra teatral, a petición del público.

BISAYA → VISAYA.

BISBISEAR o **BISBISAR** v.tr. *Fam.* Musitar.

BISBITA s.f. Ave de unos 15 cm de long., de plumaje amarillento con rayas marrones, pico delgado y cola larga, que se alimenta de insectos. (Familia motacílidos.)

BISCAMBRA s.f. *Amér. Merid.* Brisca, juego de naipes.

BISCOTE s.m. (fr. *biscotte*, del ital. *biscotto*). *Esp.* Rebanada de pan tostada al horno industrialmente.

BISCUIT s.m. Bizcocho, porcelana. ◇ **Biscuit glacé** Bizcocho helado.

BISECCIÓN s.f. MAT. División en dos partes iguales.

BISECTOR adj. MAT. Que divide en dos partes iguales. ◇ **Plano bisector** MAT. Semiplano que pasa por la arista de un ángulo diedro y lo divide en dos diedros iguales.

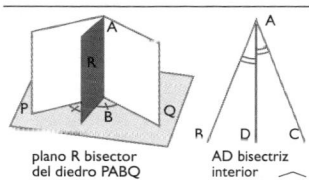

plano R bisector
del diedro PABQ

AD bisectriz
interior
del ángulo BAC

■ **BISECTOR.** Plano bisector y bisectriz.

BISECTRIZ s.f. y adj. MAT. Semirrecta que parte del vértice de un ángulo y lo divide en dos partes iguales.

BISEL s.m. (fr. ant. *bisel*). Corte oblicuo que se hace en el borde de una superficie, especialmente un cristal.

BISELADO s.m. Acción y efecto de biselar.

BISELAR v.tr. Hacer biseles en algo.

BISEXUAL adj. y s.m. y f. Se dice del individuo que tiene características físicas de ambos sexos. **2.** Se dice de la persona que tiene relaciones sexuales tanto con personas de su mismo sexo como con personas de sexo distinto del suyo.

BISEXUALIDAD s.f. Cualidad de bisexual. **2.** PSICOANÁL. Coexistencia de dos potencialidades, una masculina y otra femenina, en el psiquismo de una persona que se encontrarían en el modo de asumir su propio sexo.

BISIESTO adj. y s.m. (lat. *bisextus*, día que se añadía a los años bisiestos). Se dice del año que tiene 366 días en lugar de 365 porque el mes de febrero tiene 29 días en lugar de 28. ENCICL. Un año es bisiesto cuando el número que lo designa es divisible por cuatro. Sin embargo, los años seculares (los acabados en dos ceros) solo son bisiestos en el caso de que sean también divisibles por 400: así el año 2000 fue bisiesto, pero no lo fueron 1700, 1800 y 1900.

BISÍLABO, A adj. De dos sílabas: cama *es una palabra bisílaba.* SIN.: *bisilábico.*

BISINOSIS s.f. Afección pulmonar producida por la inhalación del polvo del algodón.

BISMUTINA s.f. Sulfuro natural de bismuto.

BISMUTO s.m. (alem. *wismut*). Metal de color blanco rojizo, de densidad 9,8, cuyo punto de fusión es de 271,3 °C. (Se rompe y reduce a polvo con facilidad. Se utiliza sobre todo en aleación con otros metales; el subnitrato se emplea en el tratamiento de la acidez.) **2.** Elemento químico (Bi), de número atómico 83 y de masa atómica 208,980.

BISNIETO, A s. → BIZNIETO.

BISO s.m. Conjunto de filamentos, segregado por una glándula situada en la base del pie de algunos moluscos lamelibranquios, como los mejillones, que se endurece en contacto con el agua y los permite fijarse a las rocas soporte.

BISOJO, A adj. y s. (del lat. *bis*, dos, y *oculus*, ojo). *Desp.* Bizco.

BISONTE s.m. (lat. *bison, -ontis*). Mamífero rumiante bóvido, salvaje, de gran tamaño, con pelo espeso en la parte anterior del cuerpo y cuello giboso. (Actualmente existen dos especies, la americana y la europea, que viven solo en reservas.)

BISOÑÉ s.m. Peluca que cubre únicamente la parte delantera de la cabeza.

BISOÑO, A adj. y s. (ital. *bisogno*, necesidad). *Fig. y fam.* Inexperto: *un muchacho bisoño.* **2.** Se dice del soldado que acaba de ingresar en el ejército y no tiene experiencia.

BISSEL s.m. Eje portante situado en los extremos de ciertas locomotoras y que puede desplazarse, en relación con el conjunto de la máquina, para facilitar la inscripción a las curvas.

BISTEC o **BISTÉ** s.m. (ingl. *beefsteak*, de *beef,* carne de vaca, y *steak*, bistec) [pl. *bistecs* o *bistés*]. Lonja delgada de carne de res o de cerdo. SIN.: *filete.*

BISTORTA s.f. (ital. *bistorta*). Planta de hojas ovaladas, flores rosas y rizoma torcido en forma de S. (La bistorta crece en los prados montañosos; familia poligonáceas.)

BISTURÍ s.m. (fr. *bistouri*). Instrumento quirúrgico de hoja larga y estrecha que sirve para hacer cortes e incisiones en los tejidos. ◇ **Bisturí eléctrico** Instrumento quirúrgico que utiliza el calor producido por las corrientes de alta frecuencia para cortar o coagular los tejidos.

BISTURNAJE s.m. Castración del cordón testicular de un animal, especialmente del toro, por torsión subcutánea.

BISULFATO s.m. Sulfato ácido.

BISULFITO s.m. Sal ácida del ácido sulfuroso.

BISULFURO s.m. Compuesto sulfurado cuya molécula contiene dos átomos de azufre.

BISUTERÍA s.f. Conjunto de objetos de adorno que imitan las joyas, hechos de materiales que no son preciosos. **2.** Industria dedicada a la fabricación de estos objetos. **3.** Establecimiento donde se vende bisutería.

BIT s.m. (acrónimo del ingl. *binary digit,* dígito binario) [pl. *bits*] Unidad mínima de medida de contenido de información, que solamente puede tomar dos valores distintos, generalmente 1 y 0.

BITA s.f. (fr. *bitte*). Poste de madera o hierro fijado verticalmente sobre el puente de un barco que sirve para dar vueltas a los cables del ancla cuando se fondea la nave.

BITACA s.f. Planta herbácea cuyas semillas producen unas fibras algodonosas utilizadas como textiles por los indígenas del Chaco. (Familia bombáceas.)

BITÁCORA s.f. (del lat. *habitaculum*, vivienda). Armario o cajón próximo al timón de un barco donde se pone la brújula. **2.** Blog.

BITENSIÓN s.f. Característica del aparato eléctrico que puede conectarse indistintamente a dos tensiones diferentes.

BÍTER o **BITTER** s.m. (alem. *bitter*, amargo). Bebida amarga que se obtiene por infusión de diversas plantas.

BITOQUE s.m. *Amér.* Cánula de la jeringa. **2.** *Chile y Colomb.* Llave, dispositivo.

BITUMINOSO, A adj. Que contiene betún o alquitrán o que lo produce por destilación.

BITÚRIGOS, pueblo de la Galia que, en tiempos de la conquista de César, estaba dividido en dos grandes familias, los bitúrigos viviscos que ocupaban la región de Burdeos y los bitúrigos cubios que ocupaban la región de Bourges. Ambos se enfrentaron tenazmente a César.

bisonte americano

bisonte europeo

■ **BISONTES**

BIUNÍVOCO, A adj. MAT. Se dice de la correspondencia que se establece entre los elementos de dos conjuntos de manera que cada elemento de un conjunto se corresponde con un elemento (solo uno) del otro.

BIVALENCIA s.f. Cualidad de bivalente.

BIVALENTE adj. Que tiene valencia 2. **2.** Que presenta dos valores opuestos: *postura bivalente.* ◇ **Lógica bivalente** Lógica que solo considera dos valores de verdad, verdadero y falso.

BIVALVO, A adj. y s.m. Relativo al molusco, como el mejillón y la ostra, y a los braquiópodos, cuya concha está formada por dos valvas.

BIYECCIÓN s.f. MAT. Aplicación biyectiva.

BIYECTIVO, A adj. MAT. Se dice de la aplicación inyectiva y suprayectiva a la vez, que se establece entre los elementos de dos conjuntos de manera que cada elemento de un conjunto se corresponde con un elemento (solo uno) del otro. SIN.: *biyección.*

BIZANTINISMO s.m. Tendencia a discusiones bizantinas. **2.** Exceso de lujo en las costumbres o la vida social. **3.** Exceso de ornamentación en el arte. **4.** Parte de la historia que estudia la civilización bizantina.

BIZANTINISTA s.m. y f. Persona que se dedica al estudio de la civilización bizantina.

BIZANTINO, A adj. y s. De Bizancio o del Imperio bizantino. ◇ **Discusión bizantina** Discusión sutil e inútil.

BIZARRÍA s.f. Cualidad de bizarro: *ostentar bizarría.*

BIZARRO, A adj. (ital. *bizzarro,* furioso). Se dice de la persona, especialmente un militar, que es valiente y apuesto. **2.** Que es generoso, espléndido o lucido.

BIZBIRINDO, A adj. Méx. Vivaracho, alegre.

BIZCO, A adj. y s. *Fam.* y *desp.* Estrábico, que padece estrabismo. **2.** TAUROM. Se dice del toro que tiene un cuerno más alto que otro. ◇ **Dejar bizco** Asombrar una cosa inesperada o magnífica.

BIZCOCHO s.m. (del lat. *bis coctus,* cocido dos veces). Dulce elaborado con una masa de harina, huevos y azúcar cocida al horno. **2.** Pan sin levadura que se cuece dos veces para que se conserve mucho tiempo. **3.** Objeto de cerámica que, tras la cochura, se conserva mate y sin esmaltar.

■ BIZCOCHO. *La nodriza,* porcelana dura de Boizot; fines del s. XVIII.
(Museo nacional de cerámica, Sèvres.)

BIZCORNETO, A adj. y s.m. y f. Colomb. y Méx. *Fam.* Persona bizca.

BIZMA s.f. (del lat. *epithema,* del gr. *épithénai*). Cataplasma hecha de estopa, aguardiente, incienso, mirra y otros ingredientes. **2.** Pedazo de lienzo con esta cataplasma.

BIZNAGA s.f. (mozár. *bišnâqa, bištinâqa,* del lat. *pastinaca,* zanahoria). Planta originaria de América, carnosa, de forma cilíndrica o redonda y con espinas gruesas y largas. (Familia cactáceas.) [Con la pulpa de alguna de sus especies se prepara un dulce cristalizado.]

BIZNIETO, A o **BISNIETO, A** s. Hijo del nieto de una persona.

BIZQUEAR v.intr. *Fam.* Padecer o fingir estrabismo. **2.** Guiñar un ojo.

BIZQUERA s.f. *Fam.* Estrabismo.

BLACKFOOT adj. y s. → **PIES NEGROS.**

BLANCA s.f. Nota musical que equivale a la mitad de la redonda, a dos negras o a cuatro corcheas. ◇ **Estar sin blanca** o **no tener blanca** Esp. No tener dinero.

BLANCO, A adj. y s.m. (germ. *blank*). Se dice del color que resulta de la combinación de todos los colores del espectro solar, como el de la nieve, la leche o la sal. ◆ adj. Que es de este color: *sábana blanca.* ◆ adj. y s. Se dice de la persona que pertenece a la raza europea o caucásica. **2.** Se dice de la cosa que tiene un color más claro que otra de la misma especie: *pan blanco.* ◆ s.m. Hueco o espacio vacío entre dos cosas, especialmente en un escrito. **2.** Parte blanca de algunas cosas. **3.** Objeto que situado a una distancia determinada sirve para ejercitar la puntería al disparar sobre él. **4.** Objeto sobre el cual se dispara. **5.** *Fig.* Objetivo o fin al que se dirige un pensamiento, una acción o un deseo: *ser el blanco de todas las miradas.* **6.** Enfermedad originada por ciertos hongos que ataca a manzanos, rosales, etc. ◇ **Blanco de ballena** Sustancia aceitosa que se encuentra en la cabeza de los cachalotes. **Blanco de España** Carbonato de calcio natural, extremadamente puro. **Blanco de hongo** Micelio de hongo que sirve para propagarlo al mezclarlo con estiércol. **Blanco del ojo** Región anterior de la esclerótica. **Blanco de plomo** Albayalde. **Blanco de uña** Parte blanquecina del nacimiento de la uña. **Dar en el,** o **hacer, blanco** Acertar. **En blanco** Sin escribir, ni imprimir; sin conciliar el sueño; sin recordar nada; sin comprender nada. **Padres blancos** Instituto misionero fundado en 1868 por el cardenal Lavigerie para la evangelización de África. **Papel blanco** Papel que no está escrito ni impreso. **Pescado blanco** Pescado de carne blanca. **Salsa blanca** Salsa elaborada con mantequilla y harina mezcladas. **Verso blanco** Verso que no rima con otro. **Vino blanco** Vino de color claro o ambarino.

BLANCOR s.m. *Poét.* Blancura.

BLANCURA s.f. Cualidad de blanco: *la blancura de la nieve.*

BLANCUZCO, A adj. Que es de color blanco sucio o blanco tirando a gris.

BLANDEAR v.intr. y prnl. Ceder o aflojar en un asunto. ◆ v.tr. Hacer que alguien cambie de parecer o cumple o cede en algún asunto.

BLANDENGUE adj. *Fam.* y *desp.* Se dice de la cosa que tiene una blandura desagradable. **2.** Se dice de la persona débil física o anímicamente.

BLANDIR v.tr. (fr. *brandir,* de *brant,* espada). Agitar un arma u otra cosa con la mano en señal de amenaza.

BLANDO, A adj. (lat. *blandus*). Que cede a la presión fácilmente: *colchón, pan blando.* **2.** *Fig.* y *fam.* Que es de carácter y genio apacible. **3.** *Fig.* Que es suave, benigno o poco violento, especialmente referido a fenómenos atmosféricos. **4.** Cómodo y placentero: *vida blanda.* ◆ adj. y s. Falto de dureza, de violencia, de fuerza, fortaleza, energía o intensidad: *carácter blando; ser un blando.*

BLANDURA s.f. Cualidad de blando.

BLANQUEAR v.tr. Poner blanca una cosa: *la lejía blanquea la ropa.* **2.** Cubrir una pared o un techo con cal o yeso diluidos en agua. **3.** Legalizar el dinero obtenido ilícitamente invirtiéndolo en negocios o valores legales. **4.** Blanquecer. ◆ v.intr. Mostrarse la blancura propia de algo. **2.** Tirar algo a blanco.

BLANQUECER v.tr. [37]. Limpiar y sacar el color al oro, plata y otros metales. **2.** Blanquear, poner blanca una cosa.

BLANQUECINO, A adj. Que tira a blanco. SIN.: *blanquinoso.*

BLANQUEO s.m. Acción y efecto de blanquear. SIN.: *blanqueamiento.* **2.** Operación que consiste en decolorar determinadas materias, como pasta de papel o fibras textiles, utilizando sustancias químicas. SIN.: *blanqueamiento.*

BLANQUILLO, A adj. y s.m. Se dice del trigo y del pan candeal. ◆ s.m. Chile y Perú. Durazno de cáscara blanca. **2.** Guat. y Méx. Huevo.

BLANQUISMO s.m. Doctrina política de Auguste Blanqui que influyó en el movimiento socialista y el sindicalismo revolucionario.

BLASFEMAR v.intr. (lat. *blasphemare,* del gr. *blasphimeis,* difamar). Decir blasfemias: *blasfemar contra Dios.* **2.** *Fig.* Hablar mal de algo o alguien que merece respeto o consideración.

BLASFEMIA s.f. (lat. *blasphemia,* del gr. *blasphimía*). Palabra o expresión injuriosa contra Dios o las cosas sagradas. **2.** *Fig.* Palabra o expresión injuriosa contra algo o alguien que merece respeto o consideración.

BLASFEMO, A adj. y s. (lat. *blasphemus,* del gr. *blásphimos*). Que dice blasfemias. ◆ adj. Que contiene o implica blasfemia: *palabras blasfemas.*

BLASÓN s.m. (fr. *blason*). Escudo de armas. **2.** Figura de un escudo de armas. **3.** *Fig.* Honor u orgullo. **4.** Ciencia que estudia los escudos de armas. SIN.: *heráldica.*

BLASONAR v.intr. *Fig.* Jactarse o presumir de algo: *blasonar de valiente.* ◆ v.tr. Describir o disponer un escudo de armas según las reglas del blasón.

BLASQUISMO s.m. Movimiento republicano valenciano centrado en la figura de Blasco Ibáñez.

BLASTODERMO s.m. Conjunto de células embrionarias que forman las paredes de la blástula.

BLASTOGÉNESIS s.f. Formación del blastodermo. SIN.: *blastogenia.*

BLASTOMA s.m. Tumor.

BLASTÓMERO s.m. ZOOL. Célula formada durante una de las primeras divisiones del huevo fecundado.

BLASTOMICETE adj. y s.m. Relativo al hongo microscópico que se reproduce por gemación, como las levaduras de la cerveza y del vino. SIN.: *sacaromicetáceo.*

BLASTOMICOSIS s.f. Micosis provocada por el desarrollo de un blastomicete en la piel o en ciertos órganos.

BLASTOPORO s.m. EMBRIOL. Orificio del embrión de los animales en la fase de gástrula. (El blastoporo da lugar a la boca en los invertebrados y al ano en los vertebrados.)

BLÁSTULA s.f. ZOOL. Fase de desarrollo del embrión en que este tiene forma de una esfera hueca de pared epitelial. (La *blástula* sucede a la *mórula* y precede a la *gástrula*.)

BLAZER s.m. (voz inglesa). Saco de vestir con doble botonadura y bolsillos pegados, generalmente de franela y color liso oscuro.

BLE s.m. Juego de pelota vasca practicado en cancha abierta o en frontón. **2.** Pared del juego de pelota vasca que, en cancha abierta, une el muro de frontón con el de rebote.

BLEDO s.m. (lat. *blitum*). Planta de tallo rastrero, hojas de color verde oscuro y flores rojas, muy pequeñas y en racimos axilares. (Familia quenopodiáceas.) ◇ **Importar un bledo** Importar poco o nada una cosa.

BLEFARITIS s.f. (del gr. *bléfaros,* párpado). Inflamación de los párpados.

BLENDA s.f. (alem. *blende*). Sulfuro natural de cinc (ZnS). [La blenda es una de las principales menas del cinc.]

BLENORRAGIA s.f. (del gr. *blénna,* mucosidad, y *rignýnai,* brotar). Enfermedad de transmisión sexual producida por gonococos y caracterizada por la inflamación del aparato urogenital (uretra, próstata y vejiga en el hombre; vejiga y cuello del útero en la mujer). SIN.: *gonorrea.*

BLENORREA s.f. Blenorragia o gonococia crónicas.

BLINDADO, A adj. Recubierto por un blindaje. **2.** Se dice de la unidad militar formada por vehículos provistos de blindaje. **3.** ELECTR. Se dice del aparato eléctrico provisto de una envoltura que lo protege de los fenómenos magnéticos exteriores. ◆ s.m. Amér. Acorazado.

BLINÍ s.m. (ruso *blini,* pl. de *blin*) [pl. *bliní* o *blinís*]. Torta pequeña típica de la cocina rusa, elaborada con trigo y centeno, que se rellena con carne, caviar, queso u otros alimentos.

BLINDAJE s.m. Acción de blindar. **2.** Revestimiento que protege una cosa, generalmente un vehículo militar, de los efectos de los proyectiles. **3.** Conjunto de dispositivos de una puerta que impide el acceso de personas no autorizadas a un lugar. **4.** Dispositivo protector contra las radiaciones electromagnéticas y nucleares.

BLINDAR v.tr. Proteger con un blindaje.

BLÍSTER s.m. (ingl. *blister pack*). Embalaje que consiste en una hoja de cartón sobre la cual se pega una lámina de plástico transparente que cubre el producto que se presenta.

BLIZZARD s.m. (voz angloamericana). Viento glacial del norte que sopla en forma de ventisca en Canadá y en el N de EUA.

BLOC s.m. (pl. *blocs*). Conjunto de hojas de papel unidas por uno de sus lados, que pueden separarse fácilmente. SIN.: *bloque*.

BLOCAO s.m. (alem. *blockhaus*, de *block*, tronco, y *haus*, casa). Fortificación pequeña que puede desmontarse para situarla en otro lugar y que sirve para defender una posición.

BLOCAR v.tr. [1]. Parar el portero de fútbol el balón y sujetarlo contra el cuerpo. SIN.: *bloquear*. **2.** Detener un jugador de fútbol el balón antes de lanzarlo. SIN.: *bloquear*.

BLOCK-SYSTEM s.m. (ingl. *block system*). F. C. Sistema de seccionamiento.

BLOFEAR o **BLUFEAR** v.intr. Amér. Engañar con fingidas apariencias, fanfarronear.

BLOG s.m. (voz inglesa, abrev. de *weblog*, cuaderno de bitácora). Página web, generalmente de carácter personal, con una estructura cronológica que se actualiza regularmente y que se suele dedicar a un tema concreto. SIN.: *bitácora, weblog*.

BLONDA s.f. (fr. *blonde*). Encaje de seda fina, que puede hacerse con bolillos o con aguja.

BLONDÍN s.m. Teleférico empleado para el transporte de materiales.

BLONDO, A adj. (fr. *blond*). Poét. Rubio.

BLOOM s.m. (voz inglesa). METAL. Barra grande de acero de sección rectangular, que se obtiene al pasar un lingote por un laminador.

BLOQUE s.m. (fr. *bloc*). Trozo grande de material compacto y pesado sin trabajar: *un bloque de mármol; un bloque de hielo*. **2.** Edificio que tiene varias plantas. **3.** Conjunto de cosas estrechamente relacionadas que forman una unidad compacta: *bloque informativo; bloque de preguntas*. **4.** Grupo de partidos políticos, estados, etc., unidos por intereses o ideales comunes: *bloque atlántico*. **5.** Conjunto de edificios de similares características que forman una unidad. **6.** Paralelepípedo rectangular de material duro, especialmente el sillar de hormigón. **7.** Bloc. **8.** INFORMÁT. Grupo de caracteres o palabras registrados en la memoria de una computadora que se tratan o transfieren como una unidad. ◇ **Bloque de cilindros** Conjunto de cilindros de un motor unidos en una sola pieza. **Bloque diagrama** GEOGR. Representación en perspectiva de las formas del terreno acompañada de dos cortes geológicos de los bordes de la región. **Bloque motor** Bloque que forman el motor, el embrague y la caja de velocidades de un vehículo. **En bloque** En conjunto, sin distinción.

BLOQUEAR v.tr. (fr. *bloquer*). Cortar las comunicaciones de un lugar aislándolo. **2.** Impedir el desarrollo de un proceso. **3.** Interrumpir el funcionamiento de un mecanismo: *bloquear la dirección de un vehículo*. **4.** Inmovilizar la autoridad los movimientos de una cuenta bancaria sin permitir que el titular pueda disponer del dinero. **5.** DEP. Blocar. ◆ v.tr. y prnl. PSICOL. Producir un bloqueo: *se bloqueó en el examen*.

BLOQUEO s.m. Acción y efecto de bloquear: *dispositivo de bloqueo*. **2.** PSICOL. Incapacidad

momentánea de una persona para reaccionar intelectualmente en una situación. ◇ **Bloqueo cardíaco** MED. Detención de la conducción del influjo nervioso en el corazón. **Bloqueo comercial** Conjunto de medidas que uno o varios países imponen a otro para impedirle las relaciones comerciales internacionales.

BLUE JEAN o **BLUYÍN** s.m. (voz inglesa.) Jean. (También *blue jeans* o *bluyines* para referirse a una sola prenda.) GEOSIN.: Amér. Merid. y Esp. *vaquero*; Esp. *tejano*; Méx. *pantalón de mezclilla*.

BLUES s.m. (voz angloamericana) [pl *blues*]. Género musical del folclore negro norteamericano de tono melancólico que se caracteriza por una fórmula armónica constante y un ritmo de cuatro tiempos. (El blues ha influido profundamente en el jazz.) **2.** Canción de este género.

BLUETOOTH s.m. (marca registrada). Tecnología que permite conectar diferentes aparatos (computadoras, teléfonos, etc.) a través de una red inalámbrica de corto alcance.

BLUFEAR v.intr. Amér. → BLOFEAR.

BLUFF s.m. (voz angloamericana) [pl.*bluffs*]. Ficción, falsa apariencia, aparatosidad, finta.

BLÚMER s.m. Méx. Calzón largo de mujer que cubre los muslos.

BLUSA s.f. (fr. *blouse*). Prenda de vestir femenina, generalmente de tela fina, que cubre el tronco, abotonada y con cuello. **2.** Guardapolvo o bata de determinados trabajadores.

BLUSÓN s.m. Blusa larga y amplia que se lleva por encima de la falda o de los pantalones.

BLUYÍN s.m. → BLUE JEAN.

BOA s.f. (lat. *boa*, serpiente acuática). Serpiente no venenosa originaria de América tropical que llega a medir 4 m y que se nutre de vertebrados de sangre caliente a los que mata enrollándose en sus cuerpos para comprimirlos y asfixiarlos. (Familia boidos.) ◆ s.m. Prenda de vestir femenina que consiste en una tira larga de piel o plumas que se lleva alrededor del cuello.

■ **BOA** constrictor.

BOATINÉ s.m. Tejido acolchado forrado de guata: *bata de boatiné*.

BOATO s.m. (lat. *boatus*, grito). Ostentación o exhibición que se hace de la propia riqueza, importancia o poder.

BOBADA s.f. Tontería. SIN.: *bobería*.

BOBADILLA s.f. Mamparo colocado delante del bauprés en los buques de proa abierta.

BOBALICÓN, NA adj. y s. Fam. Bobo.

BOBEAR v.intr. Hacer o decir bobadas.

BOBETA adj. y s.m. y f. Amér. Merid. Bobo.

BÓBILIS (del lat. *vobis*, para vosotros). loc. **De bóbilis, bóbilis** Esp. Fam. De balde; sin trabajo.

BOBINA s.f. (fr. *bobine*, carrete). Cilindro pequeño alrededor del cual se enrolla hilo, cuerda o cualquier material flexible. **2.** Dispositivo de un circuito eléctrico formado por un hilo metálico conductor aislado y enrollado repetidamente. **3.** Parte del sistema de encendido por batería de un motor de explosión en la que se efectúa la transformación de la corriente. **4.** Rollo de papel continuo que utilizan las rotativas. ◇ **Bobina de inducción**, o **de Ruhmkorff** Aparato eléctrico con dos bobinas que funcionan como un elevador de tensión.

BOBINADO s.m. Acción de bobinar. **2.** Conjunto de bobinas y otros conductores de un circuito eléctrico.

BOBINADORA s.f. Máquina para bobinar.

BOBINAR v.tr. Enrollar hilo, cuerda u otro material flexible alrededor de una bobina.

BOBITO s.m. Pájaro de pequeño tamaño originario de Cuba. (Familia tiránidos.)

1. BOBO, pueblo de Burkina Faso.

2. BOBO, A adj. y s. Que tiene muy poca inteligencia o perspicacia. **2.** Que es extremadamente cándido. ◆ s.m. Personaje de la antigua comedia española que hacía reír. **2.** Cuba. Mona, juego de naipes.

BOBSLEIGH s.m. (voz inglesa). Trineo articulado que se desliza sobre pistas de hielo o nieve. **2.** Deporte que se practica con este trineo. (También *bob*.)

■ **BOBSLEIGH.** Descenso en bobsleigh por parejas.

BOCA s.f. (lat. *bucca*, mejilla). Parte inicial del tubo digestivo de las personas y de algunos animales. (En las personas, es una cavidad limitada por los labios, las mejillas, el paladar, y el suelo bucal, que comunica hacia atrás con la faringe y que contiene la lengua y los dientes.) **2.** Conjunto formado por los dos labios de la cara: *besar en la boca*. **3.** Fig. Órgano de la palabra: *tú callado, no abras la boca*. **4.** Fig. Abertura de entrada o salida de un lugar: *boca del puerto; boca del metro*. **5.** Desembocadura de un río. **6.** Abertura por donde sale o entra algo: *boca de la botella; boca del horno*. **7.** Fig. Persona o animal a quien se tiene que mantener y dar de comer. **8.** Pinza en que terminan las patas delanteras de los crustáceos. **9.** Gusto o sabor del vino: *tener buena boca un vino*. **10.** Parte afilada y cortante de algunas herramientas. **11.** Amér. Central. Pequeña cantidad de comida que se suele tomar como aperitivo acompañada de bebida. ◇ **A boca de jarro** A *bocajarro*. **Abrir boca** Abrir el apetito con una pequeña cantidad de comida o bebida. **A pedir de boca** Tal y como se deseaba. **Boca abajo** Tendido con la cara hacia el suelo. **Boca a boca** Método de respiración artificial

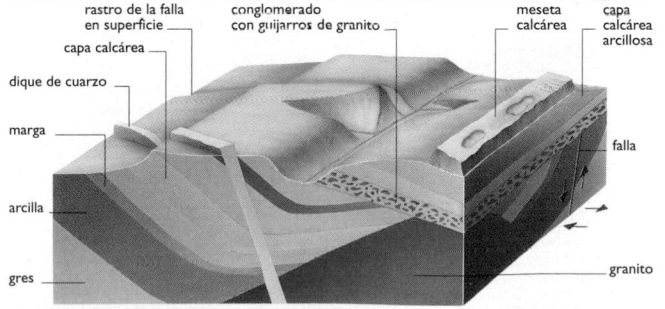

■ **BLOQUE** DIAGRAMA. Representación de una estructura geológica en bloque diagrama.

159

que consiste en que una persona junta su boca a la de otra accidentada para insuflarle aire. **Boca arriba** Tendido de espaldas. **Boca de dragón** Planta herbácea de tallos lampiños en la base, hojas enteras oblongas y flores rosadas. (Familia escrofulariáceas.) **Boca de fuego** ARM. Arma que se carga con pólvora. **Boca del estómago** ANAT. Parte central de la región epigástrica. **Boca de riego** Abertura en un conducto de agua a la que se conecta una manguera para regar. **Despegar la boca** Fam. Hablar. (Suele usarse en frases negativas.) **Poner en boca de** alguien Atribuir a alguien lo que no ha dicho. **Quitar de la boca** Fam. Anticiparse alguien a decir lo que iba a decir otra persona.

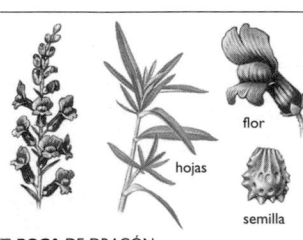

flor

hojas

semilla

■ **BOCA** DE DRAGÓN

BOCACALLE s.f. Entrada de una calle. **2.** Calle secundaria que da a otra principal.

BOCACOSTA s.f. GEOGR. Región situada a unos 1 000 m de alt. caracterizada por una vegetación de helechos arborescentes.

BOCADILLO s.m. Alimento que se suele tomar entre el desayuno y la comida. **2.** Texto rodeado por una línea que reproduce las palabras o pensamientos de un personaje de cómic, chiste, gráfico, fotonovela, etc. **3.** Amér. Dulce de leche, huevo y azúcar que según las regiones se elabora también con otros ingredientes como guayaba, coco o boniato. **4.** Esp. Panecillo o trozo de pan cortado a lo largo que se rellena con fiambres y otros alimentos.

BOCADO s.m. Porción de comida que se toma de una vez, mordiendo lo que se come. **2.** Cantidad pequeña de comida: *como un bocado rápido y me voy.* **3.** Amér. Señal que se hace con los dientes. **4.** Pedazo de una cosa que se arranca con la boca. **5.** Parte del freno que se coloca en la boca de la caballería. **6.** Freno de la caballería. **7.** Argent. y Chile. Correa que atada a la quijada inferior de un potro sirve de freno para domarlo. ◇ **Bocado de Adán** ANAT. Nuez del cuello.

BOCAJARRO (A) loc. De improviso, sin esperarlo, por sorpresa; tratándose del disparo de un arma de fuego, situándola a una distancia muy corta del blanco. (También *a boca de jarro.*)

BOCAJE s.m. Paisaje rural formado por campos y prados cercados por setos e hileras de árboles.

BOCAL s.m. (lat. tardío *baucalis*). Jarro de boca ancha y cuello corto para sacar el vino de las tinajas.

BOCALLAVE s.f. (pl. *bocallaves*). Ojo de la cerradura.

BOCAMANGA s.f. Parte de la manga más cercana a la muñeca.

BOCAMEJORA s.f. Amér. Merid. Pozo auxiliar que comunica con el principal de una mina.

BOCANA s.f. Canal estrecho que sirve de entrada a un puerto o bahía.

BOCANADA s.f. Cantidad de líquido, humo o aire que se toma o expulsa por la boca de una vez. **2.** Ráfaga de aire o humo que entra o sale por una abertura: *por la ventana entró una bocanada de aire fresco.*

BOCANEGRA s.f. Pez escualiforme de unos 90 cm de long. y coloración pardo-grisácea con manchas oscuras. (Familia esciliorrínidos.)

BOCARDA s.f. Trabuco de boca ancha.

BOCARTE s.m. Maceta de cantero. **2.** Máquina que sirve para triturar minerales.

BOCATA s.m. Esp. Fam. Bocadillo.

BOCATERO, A adj. y s. Amér. Central. Jactancioso, fanfarrón.

BOCAZAS o **BOCAZA** s.m. y f. (pl. *bocazas*). Fam. y desp. Persona indiscreta que habla demasiado. SIN.: *boceras.*

BOCEL s.m. (cat. *bocell*). Moldura convexa, lisa, de sección semicircular o semielíptica. ◆ adj. y s.m. Se dice del cepillo que se utiliza para hacer estas molduras. ◇ **Cuarto bocel** Moldura convexa, lisa, cuya sección es un cuarto de círculo. **Medio bocel** Moldura en forma de medio cilindro.

BOCELAR v.tr. Dar a un borde o moldura forma de bocel.

BOCERA s.f. Resto de comida o bebida que queda en los bordes de los labios. **2.** Boquera.

BOCERAS s.m. y f. (pl. *boceras*). Bocazas.

BOCETO s.m. (ital. *bozzetto*, dim. de *bozza*, piedra sin desbastar.) Esquema que presenta los rasgos principales de una obra artística, especialmente pictórica. SIN.: *bosquejo, esbozo.* **2.** Proyecto que presenta los aspectos principales de una obra: *boceto de un estudio.*

BOCHA s.f. (ital. *bòccia*). Bola de madera, de mediano tamaño, con que se juega a las bochas. ◆ **bochas** s.f.pl. Juego que consiste en lanzar una bola pequeña y después, a cierta distancia, otras bolas medianas que deben acercarse lo más posible a la pequeña.

1. BOCHE s.m. Hoyo pequeño que hace un niño en el suelo para jugar, por ejemplo a las canicas. **2.** Amér. Merid. Tumulto, follón.

2. BOCHE s.m. y f. Desp. Alemán.

BOCHINCHE s.m. (de *bochincho*, sorbo, de *buche*). Situación confusa y desordenada, acompañada de alboroto. **2.** Pan. Chisme que cobra mayor proporción y maledicencia a medida que pasa de una persona a otra.

BOCHINCHERO, A adj. y s. Amér. Merid. Se dice de la persona que arma alboroto.

BOCHORNO s.m. (lat. *vulturnus*, viento). Calor sofocante. **2.** Viento cálido que sopla en verano. **3.** Vergüenza, generalmente acompañada de sonrojo, que produce algo que ofende, molesta o avergüenza.

BOCHORNOSO, A adj. Que causa bochorno.

BOCINA s.f. (lat. *bucina*, cuerno de boyero). Pieza de forma cónica, generalmente de metal, para reforzar un sonido: *bocina de un gramófono.* **2.** Avisador sonoro de un vehículo: *bocina de una bicicleta; bocina de un automóvil.* **3.** Cuerno, instrumento musical de viento. **4.** Amér. Trompetilla para sordos. **5.** Méx. Parte del aparato telefónico que se acerca a la boca para hablar o a la oreja para escuchar. **6.** Méx. Altavoz.

BOCINAZO s.m. Sonido producido por una bocina. **2.** Fig. Grito fuerte que se da para reñir a alguien o para advertirle de algo.

BOCIO s.m. MED. Aumento de volumen de la glándula tiroides.

BOCK s.m. (alem. *Bockbier*, cerveza fuerte) [pl. *bocks*]. Jarra de cerveza de un cuarto de litro.

BOCÓN, NA adj. Chile. Difamador, murmurador. ◆ s.m. Amér. Trabuco.

BOCOY s.m. (fr. *boucaut*, odre, de *bouc*, macho cabrío). Recipiente de 600 l destinado particularmente al transporte del vino.

BODA s.f. (lat. *vota*, votos, promesas). Ceremonia civil o religiosa por la que dos personas se casan; fiesta con que se celebra esta ceremonia. ◇ **Bodas de diamante** Sexagésimo aniversario de un acontecimiento, especialmente una boda. **Bodas de oro** Quincuagésimo aniversario de un acontecimiento, especialmente una boda. **Bodas de plata** Vigésimo quinto aniversario de un acontecimiento, especialmente una boda. **Bodas de platino** Septuagésimo quinto aniversario de un acontecimiento, especialmente una boda.

BODEGA s.f. (lat. *apotheca*, del gr. *apothḗkē*, depósito, almacén). Lugar donde se elabora, conserva y cría el vino. **2.** Cosecha o producción de vino de un lugar o período determinados. **3.** Establecimiento donde se venden, y a veces también se consumen, vinos y otras bebidas alcohólicas. **4.** Despensa, lugar de la casa. **5.** Granero, lugar o parte de un edificio. **6.** Espacio interior de un barco desde la cubierta inferior hasta la quilla. **7.** Chile. F. C.

Almacén para guardar las mercancías. **8.** Cuba. Comercio pequeño, tienda de ultramarinos. **9.** Méx. Almacén, depósito.

BODEGÓN s.m. Establecimiento donde se sirven comidas caseras. **2.** Pintura en que se representan alimentos, recipientes y objetos domésticos.

BODEGUERO, A s. Propietario de una bodega o persona que se encarga de esta. SIN.: *bodegonero.*

BODIJO s.m. Fam. y desp. Boda sin lujos y con pocos invitados. SIN.: *bodorrio.*

BODOQUE s.m. (ár. *bunduq*, avellana). Adorno de forma redonda bordado en relieve. **2.** Reborde con que se refuerzan los ojales de un colchón de lana. ◆ s.m. y f. y adj. Fam. Persona boba o tonta.

BODORRIO s.m. Fam. y desp. Bodijo. **2.** Méx. Fiesta con que se celebra una boda.

BODRIO s.m. (bajo lat. *brodium*, caldo). Fam. y desp. Comida mal hecha o elaborada con ingredientes de mala calidad. **2.** Fig., fam. y desp. Cosa mal hecha o de mala calidad, especialmente una obra artística.

BODY s.m. (voz inglesa) [pl. *bodys*]. Prenda interior femenina de una sola pieza que cubre el tronco y se abrocha por la entrepierna, generalmente con automáticos.

BÓER adj. y s.m. y f. (pl. *bóers*). Se dice del colono neerlandés del África austral. (V. parte n.pr.)

BOFE s.m. (de *bofar*, soplar). Pulmón, especialmente el de res destinado al consumo. (Suele usarse en plural.) ◇ **Echar el bofe**, o **los bofes** Fam. Trabajar mucho, afanarse.

BOFETADA s.f. (del ant. *bofete*, de *bofar*, soplar). Golpe dado en la cara con la mano abierta.

BOFETÓN s.m. Golpe fuerte dado en la cara con la mano abierta.

1. BOGA s.f. (fr. *vogue*). Acción de bogar. **2.** Conjunto de remeros de una embarcación de regatas. ◇ **En boga** De moda.

2. BOGA s.f. (lat. *boca*). Pez de cuerpo casi fusiforme, cabeza desarrollada y ojos grandes. (Familia espáridos.)

BOGADA s.f. Espacio que avanza una embarcación con el impulso de un solo golpe de remos.

BOGAR v.intr. (del lat. *vocare*) [2]. Remar. **2.** Navegar. **3.** Chile. Quitar la escoria al metal.

1. BOGAVANTE s.m. (de *lobagante*). Crustáceo marino que puede alcanzar los 50 cm de long., de color azul veteado de amarillo y provisto de grandes pinzas. (Es comestible, muy apreciado y se pesca en los fondos rocosos, de 15 a 50 m de prof.)

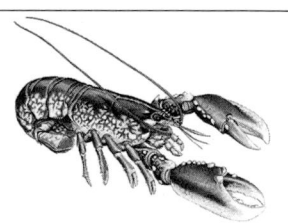

■ **BOGAVANTE**

2. BOGAVANTE s.m. (ital. *vogavante*, de *vogare*, remar, y *avanti*, adelante). Remero que ocupaba el primer lugar en cada banco de una galera. **2.** Lugar que ocupaba este remero.

BOGIE s.m. (voz inglesa). Bastidor o plataforma con dos ejes sobre el cual pivota el chasis de un vagón de ferrocarril en las curvas.

BOGOMILO s.m. Miembro de una secta cristiana dualista búlgara del s. X que negaba la encarnación de Cristo, los sacramentos y la autoridad de la Iglesia.

BOGOTANO, A adj. y s. De Bogotá.

BOGUE s.m. Vehículo tirado por caballos, descubierto y con dos ruedas usado en Chile.

BOHARDILLA s.f. → BUHARDILLA.

BOHEMIO, A adj. y s. De Bohemia. **2.** Gitano. **3.** Se dice de la persona, especialmente del artista, inconformista y de vida desordenada, que no se ajusta a las convenciones sociales. ◆ adj. y s. f. Se dice de la vida y costumbres de esta persona.

BOHÍO s.m. (voz arawak de las Antillas). Cabaña o casa rústica de América tropical hecha generalmente de madera, cañas o paja.

BOHORDO s.m. (del ant. *bohordar*, lanzar bohordos). Escapo. **2.** HIST. Lanza corta arrojadiza usada en las fiestas de caballería.

BOHRIO s.m. Elemento químico artificial (Bh), de número atómico 107 y masa atómica 264,12.

BOICOT s.m. (ingl. *boycott*, de *Boycott*, primer administrador irlandés) [pl. *boicots*]. Acción de boicotear.

BOICOTEAR v.tr. Interrumpir una relación, especialmente comercial, con una persona, grupo o nación para perjudicarlos y obligarlos a ceder en algo. **2.** Interrumpir un acto para ejercer presión y conseguir algo.

BOICOTEO s.m. Boicot.

BÓILER s.m. Méx. Calentador de agua doméstico. GEOSIN.: Arg., Bol., Par. y Urug. *calefón*; Esp. *calentador*.

BOINA s.f. (voz vasca). Gorra sin visera, de una sola pieza y redonda. ◇ **Boina verde** Miembro del cuerpo especial de intervención del ejército norteamericano.

BOISERIE s.f. (voz francesa). Obra de carpintería que reviste las paredes de una habitación.

BOÎTE s.f. (voz francesa). Establecimiento donde puede escucharse música, bailar o tomar bebidas alcohólicas.

BOJ o **BOJE** s.m. (lat. *buxus*). Arbusto de tallos ramosos, pequeñas hojas ovales y flores blanquecinas. (El boj es muy utilizado como planta de jardín, y su madera es apreciada por su dureza; familia buxáceas.) **2.** Madera de este arbusto. **3.** B. ART. Grabado en boj.

hojas
y fruto

rama   árbol

■ **BOJ**

BOJAR v.tr. (cat. *vogir*, hacer girar). Medir el perímetro de una isla, cabo, etc. **2.** Navegar recorriendo el perímetro de una isla o cabo. SIN.: *bojear*. ◆ v.intr. Tener una isla o cabo un determinado perímetro.

BOJEDAL s.m. Terreno poblado de bojes.

BOJEO s.m. Acción de bojar, medir el perímetro. **2.** Perímetro de una isla o cabo.

BOJOTE s.m. Colomb., Dom., Ecuad., Hond., P. Rico y Venez. Lío, bulto, paquete.

1. BOL s.m. (ingl. *bowl*, taza). Taza semiesférica grande y sin asas. **2.** Ponchera.

2. BOL s.m. (cat. *bol*, del gr. *bólos*, red). Redada, acción de lanzar la red. **2.** Jábega, red muy larga.

3. BOL s.m. (cat. *bol*, del gr. *bólos*, terrón, bola). Arcilla pura coloreada de rojo y amarillo que forma bolsadas irregulares o galerías en las calizas. **2.** Bolo.

BOLA s.f. (occitano ant. *bola*). Cuerpo esférico de cualquier materia: *bola de piedra; bola de fuego; las bolas del billar.* **2.** Bola de comida envenenada que se da a un perro vagabundo para matarlo. **3.** Betún, mezcla para lustrar. **4.** Juego que consiste en tirar con la mano una bola y en el cual gana el jugador

que consigue que su bola llegue más lejos. **5.** *Fig. y fam.* Mentira: *intentó meterme una bola, pero no me dejé engañar.* **6.** Amér. Interés que se presta a algo o a alguien. **7.** Méx. Tumulto, riña. **8.** Méx. Conjunto grande de cosas: *una bola de libros.* **9.** Méx. Fam. Grupo de personas: *una bola de amigos.* **10.** Méx. Grupo armado o violento de personas, especialmente los que participaron en la revolución mexicana. **11.** TECNOL. Esfera de acero del órgano de rodamiento o que sirve para disminuir el rozamiento. ◆ **bolas** s.f.pl. Carbón aglomerado en forma de esfera. **2.** *Vulg.* Testículos. ◇ **Bola de nieve** BOT. Arbusto de unos 3 o 4 m de alt. y flores blancas agrupadas en forma de bola. **Dar bola a alguien** Amér. Hacer caso.

BOLACEAR v.tr. Argent., Colomb. y Urug. Decir mentiras o cosas muy exageradas, disparatar.

BOLACERO, A adj. y s. Argent. *Fam.* Se dice de la persona que acostumbra a mentir o disparatar.

BOLADA s.f. Acción de tirar una bola. **2.** Argent., Par. y Urug. Buena oportunidad para hacer un negocio. **3.** Perú. Jugarreta, embuste. **4.** GEOMORFOL. Masa de piedra que se desprende y se desliza por la ladera de un monte.

BOLADO s.m. Azucarillo, pasta azucarada. **2.** Amér. Negocio, asunto. **3.** Hond. Jugada de billar hecha con destreza.

BOLANDISTA s.m. Miembro de una sociedad, formada mayoritariamente por jesuitas, que se dedica a la publicación depurada de las vidas de santos. (Esta sociedad fue creada por el jesuita Jean Bolland [1596-1665].)

BOLAR adj. Se dice de la tierra arcillosa de propiedades astringentes y que contiene óxido de hierro.

BOLARDO s.m. Pilón de acero colado u hormigón armado, con la parte superior curvada, que se coloca junto a la arista de un muelle para amarrar los buques.

BOLAZO s.m. Argent. Mentira, embuste, engaño.

BOLCHEVIQUE adj. Relativo al bolchevismo: *gobierno bolchevique.* ◆ s.m. y f. y adj. Miembro del sector radical del Partido obrero socialdemócrata ruso (Los bolcheviques apoyaron a Lenin en 1903 y tomaron el poder en 1917.) **2.** *Desp.* Comunista.

BOLCHEVISMO s.m. Doctrina que defendía la dictadura del proletariado. **2.** Sistema político implantado por los bolcheviques en Rusia a partir de la revolución de 1917. SIN.: *bolcheviquismo.*

BOLDO s.m. (voz mapuche). Árbol originario de Chile de hojas olíficas muy aromáticas y flores blancas en pequeños racimos. (Con las hojas del boldo se prepara una infusión de uso medicinal.)

BOLEA s.f. Golpe que un jugador da a una pelota antes de que esta toque el suelo.

BOLEADA s.f. Amér. Partida de caza que bolea animales, especialmente cimarrones.

BOLEADO, A adj. Argent. *Fig.* Contundido, aturrullado.

BOLEADORAS s.f.pl. Instrumento formado por dos o tres bolas de material pesado unidas mediante una cuerda que se usa en América del Sur para cazar o inmovilizar animales.

BOLEANO, A adj. MAT. **a.** Relativo a las teorías de George Boole. **b.** Se dice de la variable susceptible de tomar dos valores que se excluyen mutuamente, como por ejemplo 0 y 1.

BOLEAR v.tr. Lanzar una cosa con fuerza. **2.** Lanzar un jugador la pelota. **3.** Derribar muchos bolos en el juego. **4.** Argent. y Urug. Cazar o inmovilizar un animal con las boleadoras. ◆ v.tr. y prnl. Argent. Confundir, aturullar. **2.** Argent. y Urug. *Fig.* Enredar a alguien, hacerle una mala partida. **3.** Méx. Lustrar los zapatos.

1. BOLERA s.f. Establecimiento donde se juega a los bolos. SIN.: *boliche.*

2. BOLERA s.f. Canto y danza de la costa venezolana.

1. BOLERO, A s. Persona que baila boleros. ◆ s.m. Baile de origen andaluz en compás ternario que suele bailarlo una pareja con castañuelas. **2.** Música y canto de este baile. **3.** Canción y danza antillana de ritmo binario y tema sentimental. **3.** Es originario de la región oriental de Cuba. **4.** Saco de vestir femenino que

no pasa de la cintura. **5.** Guat. y Hond. Chistera, sombrero de copa alta. **6.** Méx. Lustrabotas.

2. BOLERO, A adj. y s. *Fig. y fam.* Que dice muchas bolas. **2.** Se dice del estudiante que suele faltar a clase.

BOLETA s.f. (ital. ant. *bolletta*, salvoconducto, dim. de *bolla*, diploma). Cédula para entrar en alguna parte. **2.** Amér. Papeleta. **3.** Amér. Factura o recibo de una compra.

BOLETERÍA s.f. Amér. Taquilla o despacho de boletos. **2.** Argent. Mentira o sarta de mentiras.

BOLETERO, A s. Amér. Taquillero, persona que tiene por oficio vender boletos en una taquilla. **2.** Argent. *Fam.* Mentiroso.

BOLETÍN s.m. (ital. *bollettino* o *bullettino*, dim. de *bolletta*). Publicación periódica informativa sobre una materia determinada. **2.** Publicación periódica informativa de carácter oficial: *Boletín Oficial del Estado.* **3.** Formulario de suscripción a algo. ◇ **Boletín informativo, o de noticias** Resumen de las noticias más importantes del día que se transmiten por radio o televisión a una hora determinada.

BOLETO s.m. Billete, trozo de papel con un número impreso. **2.** Amér. Billete, tarjeta o trozo de papel impreso que se compra. **3.** Amér. Cédula de garantía que da derecho al apostante a participar en las quinielas deportivas. ◇ **Boleto de venta, o de compraventa** Argent. y Par. Contrato de compraventa.

BOLICHE s.m. (cat. *bolitx*, red pequeña). Pieza de madera torneada, generalmente esférica, que remata como adorno un mueble. **2.** Bola más pequeña del juego de bochas o de la petanca. **3.** Juego de bolos. **4.** Bolera, establecimiento. **5.** Juguete compuesto de un palo terminado en punta que debe introducirse en el agujero de una bola a la que está unido mediante un cordón tras lanzarla. **6.** Arte de pesca de menor tamaño que la jábega. **7.** Pescado capturado con este instrumento. **8.** Argent. *Fam.* Bar, discoteca. **9.** Argent., Par. y Urug. Establecimiento comercial modesto, especialmente donde se venden y sirven bebidas y comestibles. **10.** P. Rico. Tabaco de clase inferior. **11.** MAR. Bolina de la vela menuda.

BOLICHEAR v.intr. Argent. *Fam.* Frecuentar boliches.

BOLICHERO, A s. Argent. *Fam.* Persona que frecuenta boliches. **2.** Argent., Par. y Urug. Propietario o encargado de un boliche, establecimiento comercial.

BÓLIDO s.m. (del lat. *bolis, -idis*, del gr. *bolís*, objeto que se lanza). Automóvil muy rápido. **2.** Masa de mineral en ignición procedente de la fragmentación de un cuerpo celeste que atraviesa la atmósfera terrestre a gran velocidad.

BOLÍGRAFO s.m. Instrumento para escribir que consiste en un tubo, generalmente de plástico, que tiene una carga de tinta en su interior y una pequeña bola de metal en la punta. GEOSIN.: Argent. y Urug. *birome;* Méx. *pluma, pluma atómica.*

BOLILLA s.f. **Dar bolilla** Argent. Dar bola. **2.** Argent., Par. y Urug. Bola numerada que se usa en los sorteos. **3.** Argent., Par. y Urug. Parte del programa de una materia de estudio que forma un bloque unitario.

BOLILLERO s.m. Argent., Par. y Urug. Bomba, caja esférica que contiene las bolillas de un sorteo.

BOLILLO s.m. Palo pequeño cilíndrico al cual se enrollan los hilos para hacer encajes y pasamanería. **2.** Hierro redondo colocado perpendicularmente en una cabecera, enfrente de la barra, en la mesa de billar. **3.** Hueso al que se une el casco o uña de las caballerías. **4.** Colomb. Porra de caucho o madera usada por la policía. **5.** C. Rica. Palo pequeño para tocar el tambor. **6.** Méx. Pan alargado, esponjoso, de corteza dura y con los extremos rematados con dos bolitas. ◆ **bolillos** s.m.pl. Barra pequeña de masa dulce.

BOLINA s.f. (fr. *bouline*). Cabo que sirve para halar hacia proa la relinga de barlovento de una vela para que reciba mejor el viento. **2.** Sonda, cuerda con un peso de plomo que sirve para medir la profundidad de las aguas. **3.** Serie de azotes que se daba a los marineros de a bordo como castigo. **4.** *Fig. y fam.* Ruido, bulla, alboroto. ◇ **Ir, o navegar, de bolina** Dar bordadas una embarcación para ceñirse lo más posible al viento.

BOLINCHE s.m. Arte de pesca empleado principalmente en el Cantábrico para capturar sardinas, jureles y caballas.

BOLITA s.f. Argent. Canica, juego de niños y bolitas con que se juega.

BOLÍVAR s.m. Unidad monetaria de Venezuela.

BOLIVIANISMO s.m. Palabra, expresión o giro propios del español hablado en Bolivia.

BOLIVIANO, A adj. y s. De Bolivia. ◆ s.m. Variedad del español hablada en Bolivia. **2.** Unidad monetaria de Bolivia.

BOLLERÍA s.f. Establecimiento donde se hacen o venden bollos. **2.** Conjunto de bollos de diversas clases.

BOLLO s.m. (del lat. *bulla,* burbuja, bola). Panecillo, especialmente el que está hecho de una masa cocida al horno de harina, azúcar y otros ingredientes como huevos o leche. **2.** Hundimiento de una parte de una superficie por un golpe o presión. **3.** Argent., Chile., Hond. y Urug. Puñetazo. **4.** Chile. Cantidad de barro necesaria para hacer una teja. **5.** Colomb. Empanada de maíz y carne. **6.** Esp. *Fig.* Chichón. **7.** Esp. *Fig.* Disputa, alboroto, confusión: *armarse un bollo.*

BOLLÓN s.m. Clavo de cabeza grande plateado o dorada que sirve de adorno. **2.** Pendiente con un solo botón de adorno.

1. BOLO s.m. (de *bola*). Pieza cónica o cilíndrica, generalmente de madera, con una base plana que le permite mantenerse en pie y que se utiliza en distintos juegos. **2.** Actuación musical o representación teatral que forma parte de una gira por varias poblaciones: *hacer un bolo.* **3.** Cuba y Méx. Participación en un bautizo. **4.** Cuba y Méx. Conjunto de monedas que el padrino regala a los niños que asisten a un bautizo. ◆ s.m. y adj. *Fam.* Hombre ignorante o necio. ◆ **bolos** s.m.pl. Juego que consiste en lanzar una bola hacia un grupo de bolos para derribarlos.

2. BOLO s.m. (gr. *bólos,* terrón, bola). **Bolo alimenticio** Masa de alimento masticado y mezclado con saliva que se traga de una vez.

3. BOLO, A adj. Amér. Central y Cuba. Ebrio.

BOLÓMETRO s.m. Aparato eléctrico que sirve para medir la energía radiada (radiación infrarroja, visible y ultravioleta).

BOLOÑÉS, SA adj. y s. De Bolonia. ◇ **Salsa boloñesa** Salsa hecha con carne picada y tomate.

1. BOLSA s.f. (lat. *bursa*). Recipiente de materia flexible para llevar o guardar alguna cosa. **2.** Arruga que forma una prenda de vestir que no se ajusta bien al cuerpo. **3.** Cavidad anatómica en forma de saco que contiene o envuelve algo. **4.** Masa de una sustancia concentrada en una cavidad subterránea: *bolsa de gas.* **5.** Caudal o dinero de una persona. **6.** Abultamiento anormal en la rama de un árbol frutal. **7.** Ayuda económica que un organismo concede a un estudiante: *bolsa de matrícula; bolsa de viaje.* **8.** Envoltura o saco fabricada por la oruga de diversos lepidópteros. **9.** Méx. Recipiente con una o más asas, que usan las mujeres para guardar objetos de uso personal y que se lleva en la mano o colgada del hombro. GEOSIN.: Amér. Merid. y Esp. *bolso.* **10.** MINER. Parte de un criadero donde un mineral está reunido en mayor abundancia y en forma redondeada. ◇ **Bolsa de aire** Burbuja de aire formada en una cañería y que obstruye la circulación del líquido. **Bolsa de pastor** Hierba de flores pequeñas y blancas y fruto triangular. (Familia crucíferas.) **Bolsa de pobreza** Conjunto de personas que viven en la miseria en contraste con la calidad de vida del resto de personas de su entorno. **Bolsa sinovial** Bolsa conjuntiva anexa a los tendones de los músculos en las proximidades de las articulaciones.

2. BOLSA s.f. (ital. *borsa,* de van der *Burse,* comerciante belga). Institución económica donde se realizan las operaciones financieras relativas a mercancías, valores mobiliarios, etc. **2.** Edificio donde se realizan estas operaciones. **3.** Conjunto de estas operaciones. ◇ **Ba-**

jar, o **subir, la bolsa** Bajar, o subir, los precios de los valores fiduciarios que se cotizan en ella. **Bolsa de trabajo** Registro de ofertas y demandas de trabajo de una entidad pública o privada. **Jugar a la bolsa** Especular con la variación de los valores que se negocian en la bolsa.

ENCICL. La bolsa de valores es el mercado donde los agentes de cambio se reúnen periódicamente para efectuar la negociación pública de valores mobiliarios. Los agentes, que son los únicos que pueden realizar esa negociación, recogen todas las órdenes de compra y de venta de particulares o instituciones y las confrontan a fin de determinar el *cambio* o *cotización,* para que coincidan. En la bolsa se negocian diversos tipos de títulos: *las acciones,* que expresan una participación directa en el capital de una empresa y cuya retribución se establece según los resultados económicos de esta; las *obligaciones,* que representan créditos directamente concedidos a la empresa que los emite y cuya retribución es un interés prefijado, y los *fondos públicos,* títulos de vencimiento y rentabilidad variables, emitidos directamente por el estado y que cuentan, por tanto, con la garantía de este. Las operaciones del mercado de valores pueden realizarse *al contado* y *a plazo.* Las primeras bolsas datan del s. XVI. Surgieron al principio como simples reuniones de comerciantes, en las ciudades belgas de Amberes y Brujas. En el s. XVII, ya existían en Francia ordenanzas sobre las operaciones de bolsa y se reglamentó la profesión de corredor. Originalmente, en las bolsas se contrataba solamente sobre mercancías; luego se agregó la compraventa de metales preciosos, monedas, valores estatales y letras de cambio.

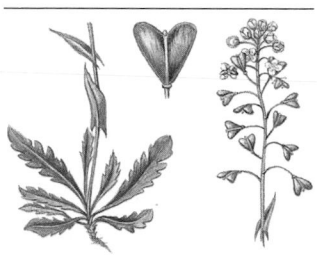

■ **BOLSA** DE PASTOR

BOLSADA s.f. GEOL. Acumulación aislada y más o menos redondeada de un mineral en el interior de una roca de naturaleza diferente.

BOLSEAR v.tr. Amér. Rechazar una petición amorosa. **2.** Amér. Central y Méx. Quitar a alguien algo del bolsillo furtivamente.

BOLSERO, A s. Chile. Persona pedigüeña o gorrona.

BOLSICÓN s.m. Colomb. y Ecuad. Saya de bayeta que usan algunas mujeres en los pueblos.

BOLSILLO s.m. Bolsa que tiene una prenda de vestir u otro objeto para llevar o guardar alguna cosa. **2.** Monedero, bolsa o cartera. SIN.: *portamonedas.* **3.** *Fig.* Bolsa, caudal o dinero. ◇ **De bolsillo** Se dice del objeto que tiene un tamaño que permite llevarlo en el bolsillo; se dice del objeto que es más pequeño que otros de su misma especie. **Meterse a alguien en el bolsillo** Ganarse la simpatía o el apoyo de alguien. **Rascarse el bolsillo** Pagar o dar dinero, especialmente de mala gana.

BOLSÍN s.m. Reunión de los bolsistas fuera de las horas y del lugar destinado a su trabajo. **2.** Lugar de reunión de los bolsistas.

BOLSIQUEAR v.tr. Amér. Merid. Registrar a alguien los bolsillos.

BOLSISTA s.m. y f. Persona que tiene por oficio realizar operaciones de bolsa. **2.** Amér. Central. Carterista.

BOLSO s.m. Amér. Merid. y Esp. Bolsa con una o más asas que usan las mujeres para guardar objetos de uso personal y que se lleva en la mano o colgada al hombro. GEOSIN.: Méx. *bolsa.* **2.** MAR. Seno que el viento forma en las velas.

BOLSÓN s.m. Abrazadera de hierro donde se fijan los tirantes o barras que abrazan horizontalmente las bóvedas. **2.** GEOMORFOL. Depresión endorreica de una región desértica, en la que se concentran los derrubios aportados por el arroyamiento y las sales disueltas en las aguas.

BOLUDEZ s.f. Argent. y Urug. Dicho o hecho propio de un boludo.

BOLUDO, A s. Argent. y Urug. Persona que se comporta de una manera poco inteligente o ridícula.

1. BOMBA s.f. (de *bombarda*). Artefacto explosivo provisto de un dispositivo detonador que lo hace estallar. (Puede utilizarse en aposición: *paquete bomba*). **2.** *Fig.* Noticia inesperada que causa sorpresa. **3.** Colomb., Dom. y Hond. Pompa, burbuja de agua. **4.** Cuba. Chistera. **5.** Ecuad., Guat., Hond. y Perú. *Fig.* y *fam.* Borrachera. **6.** Méx. Copla improvisada que los músicos intercalan en la interpretación de ciertos sones populares del SE de México. ◇ **Bomba nuclear** Bomba cuya potencia explosiva se basa en la energía nuclear. (Se distinguen las *bombas de fisión,* llamadas *atómicas* o *A,* y las *bombas de fusión,* llamadas *termonucleares* o *H.*) **Bomba termonuclear,** o **H, o de hidrógeno** Bomba cuya potencia produce, por la obtención de temperaturas muy elevadas, la fusión de núcleos de átomos ligeros con un desprendimiento considerable de energía. (Su potencia se expresa en megatones.) **Bomba volcánica** Fragmento de lava arrojado por un volcán que se solidifica en el aire. **Caer como una bomba** Producir malestar o desconcierto.

2. BOMBA s.f. (voz de origen onomatopéyico). Máquina que sirve para aspirar, impeler o comprimir fluidos. **2.** Globo de cristal de una lámpara que sirve para difundir suavemente la luz. ◇ **Bomba aspirante** Bomba en la que el líquido penetra en el cuerpo del aparato por efecto de la presión atmosférica cuando se eleva el pistón. **Bomba aspirante impelente** Bomba en la que el líquido es primero aspirado hasta el cuerpo del aparato por el ascenso del pistón y a continuación es expulsado por este a través de un tubo lateral. **Bomba calorimétrica** Recipiente de un calorímetro que mide el poder calorífico de un combustible. **Bomba de calor** Aparato que aplica el principio de las máquinas frigoríficas a la extracción de calor de un fluido a baja temperatura para transferirlo a otro de temperatura más elevada. **Bomba de gasolina** Bomba que envía la gasolina procedente del depósito al carburador del automóvil. **Bomba de inyección** Bomba que, en un motor de combustión interna, sustituye al carburador e introduce directamente combustible a presión en los cilindros.

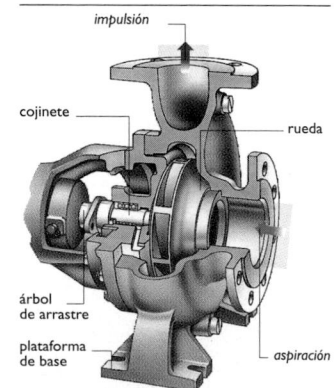

■ **BOMBA** centrífuga de rueda.

BOMBACHAS s.f.pl. Amér. Merid. Calzón, prenda interior femenina.

BOMBACHO, A adj. y s.m. (de *1. bomba*). Se dice del pantalón ancho que tiene cada pernera acabada en una goma o puño que se ciñe a la pierna.

BOMBARDA s.f. Instrumento musical antiguo de viento, de doble lengüeta y de sección cónica. **2.** Pieza de artillería que disparaba proyectiles de piedra o de hierro. (La bombarda se utilizó durante los ss. XIV-XV.)

■ BOMBARDA

BOMBARDEAR v.tr. Atacar un objetivo arrojando bombas sobre él. **2.** FÍS. Proyectar partículas, a gran velocidad, contra los átomos de un elemento.

BOMBARDEO s.m. Acción de bombardear. ◇ **Bombardeo del átomo** FÍS. Proyección de partículas sobre un blanco, emitidas por una sustancia radiactiva o aceleradas por aparatos especiales. **Bombardeo estratégico** Bombardeo para destruir el potencial de guerra y los recursos económicos del enemigo. **Bombardeo táctico** Bombardeo para destruir las fuerzas armadas del enemigo.

BOMBARDERO, A adj. y s.m. Se dice del avión que transporta bombas para efectuar operaciones de bombardeo. ◆ adj. Se dice de la lancha que lleva un cañón u obús. ◆ s.m. Artillero encargado de la bombarda o del mortero.

BOMBARDINO s.m. Instrumento musical de viento, de metal, con embocadura, pistones y un tubo metálico replegado sobre sí mismo.

BOMBARDÓN s.m. Instrumento musical de viento, de cobre, con pistones y de sonido grave.

BOMBASÍ s.m. (cat. *bombasí*). Tela gruesa de algodón. **2.** Amér. Tela encarnada de algodón y seda.

BOMBAZO s.m. Explosión e impacto de una bomba. **2.** *Fig.* y *fam.* Noticia inesperada que causa una gran sorpresa.

1. BOMBEAR v.tr. Extraer un fluido con una bomba.

2. BOMBEAR v.tr. Lanzar una pelota hacia arriba haciendo que siga una trayectoria parabólica. **2.** Arrojar o disparar bombas de artillería contra una cosa. **3.** *Argent. Fam.* Perjudicar a alguien intencionadamente.

BOMBEO s.m. Abombamiento o comba de una superficie. **2.** TECNOL. Operación que consiste en extraer un fluido con una bomba.

1. BOMBERO s.m. Persona que tiene por oficio extinguir incendios y prestar ayuda en caso de accidente. **2.** Amér. Empleado de una gasolinera. ◇ **Idea de bombero** *Fam.* Proyecto descabellado.

2. BOMBERO, A adj. y s. Cuba. Tonto.

BOMBILLA s.f. (de *1. bomba*). Amér. Merid. Caña o tubo delgado que se usa para beber el mate. **2.** Esp. Foco, globo de cristal. **3.** MAR. Farol que se usa a bordo de una embarcación.

BOMBILLO s.m. Aparato con sifón para evitar la subida del mal olor en las tuberías de desagües, retretes, etc. **2.** Tubo con un ensanche en la parte inferior para sacar líquido. **3.** Amér. Central, Antillas, Colomb. y Venez. Foco, globo de cristal.

BOMBÍN s.m. (de *1. bomba*). Sombrero rígido de copa baja y redondeada.

BOMBO s.m. Instrumento musical de percusión más grande que el tambor. **2.** Persona que toca este instrumento. **3.** *Fig.* Elogio exagerado. **4.** Recipiente esférico y giratorio que contiene bolas, cédulas, etc., que se extraen al realizar un sorteo. **5.** Buque de popa redonda y proa roma, de poco calado y fondo chato. **6.** TECNOL. Recipiente en forma de tambor que forma parte de muchas máquinas. ◇ **Dar bombo** *Fam.* Elogiar con exageración **Ir,** o **irse, de bombo** Argent. *Fam.* Fracasar perder. **Tirar,** o **mandar, al bombo** Argent. *Fam.* Perjudicar, hacer fracasar, bombear.

BOMBÓN s.m. (fr. *bombon*). Dulce pequeño

de chocolate, generalmente relleno de licor, fruta o frutos secos. ◆ **3.** Persona muy atractiva físicamente.

BOMBONA s.f. (cat. *bombona*, dim. de *bomba*, proyectil esférico). Recipiente metálico, cilíndrico y de cierre hermético que se usa para contener gases a presión y líquidos muy volátiles. **2.** Garrafa.

BOMBONAJE s.m. Planta de tallos sarmentosos y hojas palmeadas. (Con las hojas del bombonaje se fabrican los sombreros de jipijapa o de Panamá.) [Familia ciclantáceas.]

BOMBONERA s.f. Caja pequeña para guardar bombones. **2.** Vivienda o habitación pequeña, acogedora y agradable.

RONACHÓN, NA adj. y s. Se dice de la persona buena, dócil, y amable.

BONAERENSE adj. y s.m. y f. De Buenos Aires. ◆ s.m. y adj. Piso del pleistoceno inferior típico del Río de la Plata, que se extiende por Argentina, Paraguay y Uruguay.

BONANCIBLE adj. Que es suave y tranquilo. (Se aplica generalmente al mar o el tiempo).

BONANZA s.f. Estado del mar y del tiempo cuando están tranquilos y serenos. **2.** *Fig.* Prosperidad o progreso, especialmente en lo económico: *tras la crisis, hubo varios años de bonanza.* **3.** Zona de una mina muy rica en mineral.

BONAPARTISMO s.m. Gobierno de la dinastía de los Bonaparte. **2.** Forma de gobierno autoritario y plebiscitario, ratificado por sufragio universal. **3.** Estima o adhesión por la dinastia de Napoleón Bonaparte.

BONAPARTISTA adj. y s.m. y f. Relativo al bonapartismo; partidario del bonapartismo.

BONDAD s.f. Cualidad de bueno: *la bondad de sus actos.* **2.** Inclinación natural a hacer el bien ◇ **tener la bondad** Fórmula de cortesía que se utiliza para solicitar a una persona que haga algo.

BONDADOSO, A adj. Que es bueno y amable, que está lleno de bondad.

BONDERIZACIÓN s.f. Procedimiento de fosfatación acelerada utilizado para facilitar la adherencia de la pintura.

BONETA s.f. (cat. *boneta*, alforjas). MAR. Vela agregada a otra por la relinga por pujamen.

BONETE s.m. (cat. *bonet*). Gorra, generalmente de cuatro picos, usada antiguamente por los eclesiásticos, colegiales y graduados. **2.** Gorro redondo, de tela o de punto, flexible y sin ala. **3.** Segunda cavidad del estómago de los rumiantes. SIN.: *redecilla.* **4.** Obra exterior de fortificación que tiene dos ángulos entrantes y tres salientes.

BONETERÍA s.f. Amér. Mercería. **2.** Méx. Establecimiento donde se vende ropa interior femenina.

BONETERO s.m. Arbusto de hojas opuestas, flores pequeñas blanquecinas y fruto capsular. (Familia celastráceas.)

hojas
y frutos

flor

■ BONETERO

BONGO s.m. Canoa usada por los indios de América Central. **2.** Cuba. Canoa.

BONGÓ s.m. Instrumento musical de percusión de origen latinoamericano que consta de dos pequeños tambores.

BONHOMÍA s.f. *Galic.* Ingenuidad, afabilidad.

BONIATO s.m. Batata.

BONIFICACIÓN s.f. Acción y efecto de bonificar. **2.** Descuento hecho sobre el precio estipulado. **3.** Reducción del tipo de impuesto o de la cuota tributaria que el estado concede a una actividad que considera de interés general para fomentar su desarrollo. **4.** GEOGR. Conjunto de trabajos destinados a desecar y sanear los terrenos pantanosos.

BONIFICAR v.tr. [1]. Conceder a una persona un aumento en lo que tiene que cobrar o un descuento en lo que tiene que pagar. **2.** Asentar las partidas que corresponden al haber en una cuenta corriente. **3.** Hacer buena o útil alguna cosa, mejorarla.

BONITAMENTE adv.m. Con facilidad, maña o disimulo.

BONITO, A adj. Que tiene belleza y atractivo y resulta agradable: *una foto bonita; un espejo bonito.* SIN.: *lindo.* ◆ s.m. Pez de unos 80 cm de long., azul y negro en la región superior y plateado en la inferior. (Familia escómbridos.)

BONO s.m. (del fr. *bon*). Tarjeta que puede canjearse por una cantidad de dinero, producto o servicio. SIN.: *vale.* **2.** Título de deuda emitido por el estado o por una empresa privada. **3.** Tarjeta de abono que da derecho a la utilización de un servicio durante un determinado número de veces o durante cierto tiempo. ◇ **Bono de caja** Bono a la orden o al portador emitido por una empresa en contrapartida de un préstamo, generalmente sin que se solicite el intermedio de un banco.

BONOBO s.m. Chimpancé menos corpulento que el común, que vive al sur del río Congo. (Tiene una marcada organización social.)

■ BONOBO

BONSÁI s.m. Técnica de cultivo en maceta de origen japonés que consiste en cortar los tallos, ramas y raíz de una planta para conseguir que tenga un tamaño reducido. **2.** Planta tratada con esta técnica.

Juniperus chinensis

■ BONSÁI

BON VIVANT s.m. y f. (voces francesas). Persona que vive de forma regalada y tranquila, sin preocuparse por nada.

BONZO, A s. (jap. *bōzu*). Monje budista.

BOÑIGA s.f. Excremento del ganado vacuno o caballar. SIN.: *bosta.*

BOÑIGO s.m. Excremento del ganado vacuno.

BOOGIE-WOOGIE s.m. (voz angloamericana). Estilo de blues pianístico de ritmo rápido y repetitivo. (El boogie-woogie es originario del S de EUA.) **2.** Baile que acompaña este estilo musical.

BOOM s.m. (voz angloamericana). Prosperidad, auge o éxito súbito e inesperado.

BOOMERANG s.m. (voz inglesa). → **BUMERÁN.**

BOP s.m. → **BE-BOP.**

BOQUEADA s.f. Acción de abrir la boca una persona o animal que está a punto de morir. ◇ **Dar las últimas boqueadas** *Fam.* Estar una persona o animal a punto de morir; estar algo a punto de terminar.

BOQUEAR v.intr. Abrir la boca repetidamente, especialmente la persona o animal que está a punto de morir. **2.** Estar acabándose algo.

BOQUERA s.f. Abertura que se hace en el caz para regar. **2.** Ventana por donde se mete la paja en el pajar. **3.** Herida superficial en las comisuras de los labios. SIN.: *bocera.*

BOQUERIENTO, A adj. Chile. Se dice de la persona que tiene frecuentemente boqueras. **2.** Chile. Se dice de la persona despreciable.

BOQUERÓN s.m. Pez pequeño, de cuerpo comprimido lateralmente y cubierto de grandes escamas caducas que vive en bancos más o menos grandes en el Mediterráneo y el Atlántico a unos 100 m de prof. SIN.: *anchoa.* (Familia engrándilos.)

■ **BOQUERÓN**

BOQUETA adj. y s.m. y f. Colomb. Se dice de la persona de labios hendidos.

BOQUETE s.m. Agujero, brecha, abertura irregular.

BOQUÍ s.m. Enredadera sarmentosa. (Los tallos del boquí se emplean en la fabricación de cestos y canastos; familia lardizabaláceas.)

BOQUIABIERTO, A adj. *Fig.* Asombrado, pasmado, sorprendido: *dejar boquiabierto con una noticia.* **2.** Que tiene la boca abierta, generalmente por asombro o sorpresa.

BOQUIFLOJO, A adj. Méx. Hablador, chismoso.

BOQUILLA s.f. Tubo pequeño, generalmente con filtro, en uno de cuyos extremos se pone un cigarro puro o cigarrillo para fumarlo por el opuesto. **2.** Parte de la pipa que se introduce en la boca. **3.** Parte del cigarrillo que no se fuma por donde se aspira el humo. **4.** Pieza hueca que se adapta al tubo de un instrumento musical de viento para producir el sonido al soplar por ella. **5.** Abertura que se hace en una acequia para regar. **6.** Abertura inferior del calzón para la pierna. **7.** Orificio cilíndrico por donde se introduce la pólvora en las bombas y granadas, y en donde se asegura la espoleta. **8.** Escopladura que se abre en las piezas de madera para ensamblarlas. **9.** Méx. Cadena de arrecifes. **10.** TECNOL. Pieza que se coloca en la abertura de algo: *la boquilla de un quinqué.* ◇ **De boquilla** Esp. Indica que el jugador hace la postura sin aportar el dinero; indica que una persona dice algo sin acompañarlo de la acción correspondiente.

BOQUILLERO, A adj. Antillas. Charlatán.

BOQUINCHE adj. y s.m. y f. Colomb. Boqueta.

BOQUINETO, A adj. Colomb. y Venez. Se dice de la persona con labio leporino.

BOQUIQUE adj. y s.m. y f. Perú. Hablador, parlanchín.

BOQUIRROTO, A adj. Persona indiscreta que habla mucho de la cuenta.

BOQUIRRUBIO s.m. *Fam.* Joven presumido.

BORA s.f. Viento frío y seco del NE que sopla en invierno sobre el Adriático.

BORANO s.m. QUÍM. Compuesto de boro e hidrógeno.

BORATADO, A adj. Que contiene ácido bórico o un borato.

BORATO s.m. Sal del ácido bórico.

BÓRAX s.m. (ár. magrebí *baurâq*). Sal blanca compuesta de ácido bórico, sosa y agua. (El bórax se emplea en medicina y en la industria.) SIN.: *atíncar.*

BORBA s.f. y adj. Cepa vinífera propia de Extremadura.

BORBOLLAR v.intr. (del lat. *bullare*, burbujear). Hacer borbollones un líquido. SIN.: *borbollear, borbollonear, borbotar.*

BORBOLLÓN s.m. Erupción que se forma en un líquido cuando hierve o sale con fuerza de un lugar. SIN.: *borbotón* ◇ **A borbollones** Atropelladamente.

BORBÓNICO, A adj. y s. Relativo a los Borbones; partidario de esta dinastía. ✦ adj. **Nariz borbónica** Nariz arqueada.

BORBORIGMO s.m. (gr. *borborygmós*). Ruido producido por el movimiento de gases y líquidos en el tubo digestivo.

BORBOTAR o **BORBOTEAR** v.intr. Borbollar.

BORBOTEO s.m. Borbolleo.

BORBOTÓN s.m. Borbollón. ◇ **Hablar a borbotones** Hablar de forma acelerada y entrecortada.

BORCEGUÍ s.m. Calzado abierto por delante que llega hasta más arriba del tobillo y se ata con cordones.

1. BORDA s.f. (de *1. borde*). Canto superior del costado de una embarcación. ◇ **Arrojar, o echar, por la borda** Echar algo o a alguien al mar desde una embarcación; desprenderse de alguien sin consideración o de algo voluntaria o involuntariamente.

2. BORDA s.f. (fráncico *bord,* tabla). Cabaña del Pirineo que sirve de refugio a ganado, pastores, excursionistas, etc.

BORDADA s.f. Distancia que una embarcación recorre entre dos viradas avanzando a barlovento. SIN.: *bordo.*

BORDADO s.m. Labor de adorno en relieve hecha con aguja e hilo. SIN.: *bordadura.* **2.** Acción de bordar.

BORDADOR, RA s. Persona que tiene por oficio bordar.

BORDAR v.tr. Hacer bordados: *bordar una mantelería.* **2.** *Fig.* Hacer una cosa con gran perfección: *bordar un papel en el teatro.*

1. BORDE s.m. (fr. *bord*). Extremo, orilla: *el borde de la mesa.* **2.** MAR. Bordo. ◇ **Al borde de** Muy cerca de algo, generalmente negativo: *estar al borde de la locura.*

2. BORDE adj. (cat. *bord,* bastardo). Silvestre, no cultivado: *limonero borde.* ✦ adj. y s.m. y f. Esp. *Fam.* Que tiene mal carácter o mala intención. **2.** Esp. *Fam.* Que es tosco, torpe.

BORDEAR v.intr. Ir por el borde o cerca del borde u orilla: *bordear el río.* **2.** Estar una cosa alrededor de otra. **3.** *Fig.* Estar a punto de llegar a un estado o tener una cualidad: *bordear el éxito; bordear los cincuenta años.*

BORDELÉS, SA adj. y s. De Burdeos.

BORDERÓ s.m. (fr. *bordereau*). Enumeración escrita de documentos, actas, cuentas, mercancías, etc.

BORDET-WASSERMANN. Reacción de Bordet-Wassermann Reacción serológica específica de la sífilis. (Se abrevia *BW.*)

BORDILLO s.m. Borde de una acera o arcén formado por una línea de piedras alargadas y estrechas.

BORDO s.m. Costado exterior de una embarcación, desde la superficie del agua hasta la borda. SIN.: *borde.* **2.** Bordada o avión. **De alto bordo** Se dice de la embarcación mayor.

BORDÓN s.m. Bastón más alto que una persona. **2.** Muletilla, palabra o expresión. SIN.: *latiguillo.* **3.** Verso quebrado que se repite al final de cada copla. **4.** *Fig.* Persona que es guía y apoyo para otra. **5.** IMPR. Omisión de una o más palabras en un texto impreso. **6.** MÚS. Juego del órgano compuesto de unos tubos de boca cerrados que producen una sonoridad suave y melodiosa. **7.** MÚS. Cuerda más gruesa del laúd, de la guitarra y de otros instrumentos de cuerda que produce el sonido más grave.

BORDONA s.f. Argent., Par. y Urug. Cuerda de la guitarra que produce un sonido grave.

BORDONADO, A adj. **Cruz bordonada** HERÁLD. Cruz cuyos brazos terminan en bola.

BORDONEAR v.intr. Pulsar el bordón de un instrumento musical de cuerda. **2.** Ir tentando el suelo con un bordón o bastón.

BORDONEO s.m. Sonido ronco y sordo, especialmente el que hace el bordón de la guitarra.

BORDURA s.f. HERÁLD. Pieza que rodea el escudo por la parte interna.

BOREAL adj. (de *bóreas*). Del norte: *hemisferio boreal.* CONTR.: *austral.*

BÓREAS s.m. (lat. *boreas*) [pl. *bóreas*]. Viento que sopla del norte.

BORGOÑÓN, NA adj. y s. De Borgoña.

BORGOÑOTA s.f. y adj. Celada provista de crestón utilizada de los s. XV al XVII.

BORICADO, A adj. Que contiene ácido bórico.

BÓRICO, A adj. Se dice del ácido oxigenado derivado del boro (H_3BO_3).

BORINQUEÑO, A o **BORICUA** adj. y s. Puertorriqueño.

BORLA s.f. Conjunto de hilos o cordones sujetos por un extremo que se emplea como adorno. **2.** Utensilio para empolvarse la cara, generalmente de algodón. **3.** Insignia que un graduado universitario de doctorado o licenciatura lleva en el birrete.

BORLEARSE v.prnl. Méx. Doctorarse, tomar la borla.

BORLOTE s.m. *Fam.* Escándalo, alboroto.

1. BORNE s.m. (fr. *borne*). Linde, límite. **2.** Pieza metálica de un aparato eléctrico que permite unir o conectar conductores.

2. BORNE s.m. (fr. *morne*). Extremo de la lanza de justar.

1. BORNEAR v.tr. (cat. *bornejar,* dar vueltas a una embarcación). Curvar, torcer o girar algo. **2.** Labrar una columna en contorno. ✦ v.intr. MAR. Hacer una embarcación un borneo. ✦ bornearse v.prnl. Combarse la madera.

2. BORNEAR v.tr. (fr. *bornoyer*). Mirar con un solo ojo para comprobar si un cuerpo está en línea con otros o si una superficie tiene alabeo.

BORNEO s.m. Acción y efecto de bornear o bornearse. **2.** MAR. Cambio de dirección de la proa de una embarcación alrededor de su ancla, por la acción del viento o la marea.

BORO s.m. No metal sólido que forma cristales rojos o negros casi tan duros como el diamante, de densidad 2,34. **2.** Elemento químico (B), trivalente, de número atómico 5 y masa atómica 10,811.

BORONA s.f. Amér. Central, Colomb. y Venez. Migaja de pan. **2.** Esp. Pan de maíz.

BORORÓ adj. y s. De un pueblo amerindio de Brasil que vive en el S del Mato Grosso. (Se dedica a la pesca y a la recolección.)

BOROSILICATO s.m. Vidrio formado por anhídrido bórico y sílice, usado para la fabricación de objetos de cocina e instrumentos de óptica.

BORRA s.f. (lat. tardío *burra*). Parte más corta o más basta de la lana. **2.** Pelusa del algodón. **3.** Pelusa de polvo que se forma en los bolsillos, rincones, etc. **4.** Desecho que queda en la máquina de hilatura. **5.** Sedimento que una sustancia espesa, como el aceite o la tinta, forma en el recipiente que la contiene. **6.** Cordera de un año.

BORRACHA s.f. Bota para el vino.

BORRACHERA s.f. Estado en el que se encuentra una persona que ha consumido en exceso bebidas alcohólicas; se manifiesta por un trastorno transitorio de las capacidades físicas y mentales. **2.** *Fig.* Exaltación exagerada que una situación especial produce en una persona: *borrachera de fama.*

BORRACHO, A adj. y s. Ebrio, embriagado debido al consumo excesivo de alcohol. **2.** Que se emborracha habitualmente. ✦ adj. *Fig.* Que tiene la mente dominada por un sentimiento muy intenso: *borracho de amor; borracho de poder.* ✦ s.m. y adj. Dulce empapado de licor.

BORRADO s.m. Acción y efecto de borrar. **2.** ELECTRÓN. e INFORMÁT. Supresión de las in-

...es contenidas en una memoria o de ...ñales registradas en una grabación magnética.

BORRADOR s.m. Escrito provisional en el que se han hecho las correcciones necesarias que se han de copiar en el escrito definitivo. **2.** Boceto de una obra pictórica. **3.** Utensilio para borrar.

BORRADURA s.f. Acción y efecto de borrar.

BORRAGINÁCEO, A adj. y s.f. Relativo a una familia de plantas herbáceas o leñosas dicotiledóneas, generalmente con hojas esparcidas y fruto en drupa, como la borraja.

BORRAJA s.f. (cat. *borratja*). Planta herbácea anual muy ramosa, con grandes flores azules. (La borraja se emplea como diurética y sudorífica; familia borragináceas.)

■ BORRAJA

BORRAJEAR v.tr. Escribir sin asunto ni propósito determinado: *borrajear los apuntes.* ◆ v.tr. e intr. Hacer rasgos o líneas con un utensilio de escritura por entretenimiento o para probarlo: *borrajear un dibujo.*

BORRAJO s.m. Rescoldo, brasa bajo la ceniza. **2.** Hojarasca de los pinos.

BORRAR v.tr. y prnl. (de *borra*, lana grosera). Hacer desaparecer una superficie una cosa dibujada o escrita en ella: *borrar un escrito.* **2.** Tachar, hacer rayas sobre algo escrito. **3.** *Fig.* Hacer desaparecer de la memoria una cosa que está fijada en ella: *borrar un recuerdo.* **4.** INFORMÁT. Destruir un fichero de datos. ◆ v.tr. *Fig.* Anular, eclipsar: *su belleza borra a las demás.* ◇ **Borrar una grabación** Suprimir el contenido de un soporte magnético.

BORRASCA s.f. Tempestad fuerte, especialmente en el mar. **2.** *Fig.* Peligro o contratiempo que dificulta el desarrollo de un asunto. **3.** METEOROL. Perturbación atmosférica con fuertes vientos y precipitaciones, acompañada de una acusada depresión barométrica.

BORRASCOSO, A adj. Que causa borrascas. **2.** Propenso a borrascas: *zonas borrascosas.* **3.** *Fig.* Agitado, desordenado, desenfrenado, violento: *una vida borrascosa.*

BORREGO, A s. Cordero de uno o dos años. ◆ adj. y s. *Desp.* Se dice de la persona sencilla o ignorante. **2.** *Desp.* Se dice de la persona sin carácter que acepta las decisiones de otra sin cuestionarlas. ◆ s.m. Cuba y Méx. Noticia engañosa y falsa. ◆ **borregos** s.m.pl. Nubes pequeñas y redondeadas. **2.** Olas pequeñas y espumosas.

BORREGUIL adj. Relativo al borrego.

BORRELIOSIS s.f. Enfermedad infecciosa causada por unas espiroquetas que se manifiesta por fiebres recurrentes.

BORRICADA s.f. *Fig. y fam.* Dicho o hecho necio. **2.** Grupo de borricos.

BORRICO, A s. (lat. tardío *burricus*, caballo pequeño). Asno. ◆ s. y adj. Persona necia.

BORRIQUEÑO, A o **BORRIQUERO, A** adj. **Cardo borriqueño,** o **borriquero** Cardo de hasta 3 m de alt., con las hojas rizadas y espinosas, y flores purpúreas en cabezuelas terminales.

BORRIQUETE s.m. Armazón en forma de trípode, utilizado por diversas clases de artesanos y en obras de construcción.

BORRO s.m. Cordero que tiene entre 1 y 2 años.

BORRÓN s.m. Mancha de tinta hecha en el papel. **2.** *Fig.* Imperfección que desluce o afea algo. **3.** *Fig.* Acción deshonrosa. **4.** Traza o man-

---

cha de colorido, donde el pintor hace la invención para algún asunto que ha de realizar en mayor tamaño **5.** Borrador, escrito provisional. ◆ **borrones** s.m.pl. IMPR. Exceso parcial de engrudo o cualquier cuerpo extraño introducido debajo de las alzas, que produce un defecto en la impresión. ◇ **Borrón y cuenta nueva** Expresa la decisión de olvidar lo pasado obrando como si no hubiera existido.

BORROSO, A adj. Confuso, impreciso. **2.** Lleno de borra, sedimento.

1. BORUCA s.f. Méx. Ruido, alboroto.

2. BORUCA s. y s. De un pueblo amerindio del grupo talamanca de la familia chibcha, que habita en la zona costera entre Costa Rica y Panamá ◆ s.m. Lengua hablada por los boruca. (También *brunka*.)

BORURO s.m. Combinación de boro con otro cuerpo simple.

BOSCAJE s.m. Espesura, conjunto de árboles y matas muy espesos.

BOSCOSO, A adj. Que tiene bosques.

BOSNIO, A adj. y s. De Bosnia-Herzegovina. SIN.: *bosníaco.* ◆ s.m. Lengua eslava que tiene el estatuto de lengua oficial en Bosnia-Herzegovina, junto al croata y el serbio.

BOSÓN s.m. FÍS. Partícula que, obedeciendo a la estadística de Bose-Einstein, cuenta con un spin entero, como los mesones, los fotones, etc. ◇ **Bosón intermediario W,** o **Z** FÍS. Partícula mediadora de la interacción débil ejercida entre las partículas elementales.

BOSQUE s.m. (cat. *bosc*). Terreno poblado de árboles, arbustos y matas ◇ **Bosque denso sempervirente** Bosque ecuatorial, rico en especies y en pisos de vegetación. **Bosque galería** Bosque denso sempervirente que forma largas fajas a ambos lados de los ríos de la sabana. **Bosque primario** Selva virgen.

BOSQUEJAR v.tr. (cat. *bosquejar*, desbastar un tronco). Trazar un bosquejo: *bosquejar un retrato.* SIN.: *esbozar.* **2.** *Fig.* Indicar con vaguedad una idea: *bosquejar un proyecto.*

BOSQUEJO s.m. *Fig.* Idea vaga de algo: *hacer un bosquejo de la situación* **2.** Esquema que presenta los rasgos principales de una obra artística, especialmente pictórica. SIN.: *esbozo.*

BOSQUIMANO, A adj. y s. Del pueblo nómada africano que vive de la caza y la recolección en el desierto de Kalahari (Namibia). ◆ s.m. Lengua del grupo khoisan hablada por los bosquimanos.

BOSSA-NOVA s.f. Estilo de samba influido por el jazz, de complejidad armónica y melódica y acompañada principalmente por la guitarra acústica. **2.** Baile que acompaña este estilo musical.

BOSTA s.f. (del gall.-port. *bosta*). Boñiga.

BOSTEZAR v.intr. (del lat. *oscitare*) [7]. Abrir la boca con un movimiento espasmódico haciendo una inspiración lenta y después una espiración, también lenta y prolongada, a causa del sueño, el aburrimiento o el hambre.

BOSTEZO s.m. Acción de bostezar.

BOSTON s.m. (de *Boston*, c. de Estados Unidos). Estilo de vals de ritmo lento. **2.** Baile que acompaña este estilo musical. (El boston estuvo de moda a finales del s. XX en EUA y Europa.)

BOSTRÍQUIDO s.m. Insecto coleóptero xilófago, cuyas larvas cavan galerías en las maderas resinosas.

■ BOSTRÍQUIDO

1. BOTA s.f. Calzado que cubre el pie, el tobillo y parte de la pierna. ◇ **Ponerse las botas** Enriquecerse o lograr un gran provecho o beneficio; disfrutar mucho con algo.

2. BOTA s.f. (lat. tardío *buttis*, tonel, odre). Recipiente pequeño de cuero, en forma de pera y con un tapón en el cuello para guardar vino. **2.** Cuba de vino.

BOTADA s.f. Amér. Acción de despedir.

BOTADERO s.m. Chile, Colomb. y Perú. Basural. **2.** Colomb. Parte navegable de un río.

BOTADO, A adj. y s. Amér. Barato o muy bajo precio. **2.** Amér. Expósito.

BOTADOR, RA adj. Que bota. **2.** Amér. Central, Chile y Ecuad. Derrochador. ◆ s.m. Instrumento de hierro que sirve para arrancar clavos. **2.** Pértiga que utilizan los barqueros para mover una embarcación haciendo fuerza en la arena con ella. **3.** IMPR. Trozo de madera fuerte, terminado en punta en uno de sus extremos, que sirve para apretar y aflojar las cuñas de la forma.

BOTADURA s.f. Operación de lanzar una embarcación al agua tras construirla o repararla. SIN.: *lanzamiento.*

BOTAFUEGO s.m. Palo en que se colocaba la mecha para dar fuego a la pieza de artillería.

BOTAFUMEIRO s.m. Incensario grande.

BOTALOMO s.m. Instrumento de hierro que utilizan los encuadernadores para formar la pestaña en el lomo de los libros.

BOTALÓN s.m. Palo de una embarcación que se saca hacia el exterior. **2.** Amér. Poste, estaca.

BOTAMANGA s.f. Amér. Merid. Pliegue que se hace en la parte inferior del pantalón como adorno.

BOTAMEN s.f. Conjunto de botes de una farmacia. **2.** MAR. Pipería.

BOTANA s.f. Parche para tapar un agujero de un odre. **2.** Tarugo pequeño para tapar un agujero de una cuba de vino. **3.** *Fig.* Cicatriz de una llaga. **4.** *Fig.* Parche que se pone en una bala. **5.** Cuba y Méx. Vaina de cuero que se pone a los gallos de pelea en los espolones. **6.** Guat. y Méx. Cantidad pequeña de comida que se toma como acompañamiento de una bebida o antes de comer.

BOTÁNICA s.f. Parte de la biología que estudia los vegetales.

BOTÁNICO, A adj. (gr. *botanikhós*, der. de *botáni*, hierba). Relativo a la botánica: *jardín botánico.* ◆ s. Persona que se dedica al estudio de la botánica.

BOTAR v.tr. (del fr. ant. *boter*, golpear, empujar). Arrojar o echar fuera algo: *botar un cigarro por la ventana.* **2.** Lanzar una embarcación al agua tras construirla o repararla. **3.** Despedir o echar a una persona de un lugar. **4.** Esp. y Méx. Hacer saltar un cuerpo elástico, especialmente una pelota, arrojándolo contra el suelo o una superficie dura. ◆ v.intr. Esp. y Méx. Salir despedido un cuerpo elástico, especialmente una pelota, al chocar contra el suelo o una superficie dura. **2.** Esp. Dar un bote ◇ **Estar alguien que bota** Esp. Estar impaciente e irritado.

BOTARATE s.m. y f. y adj. *Fam.* Persona alborotada y de poco juicio. **2.** Amér. Derrochador, irreflexivo.

BOTAREL s.m. ARQ. Contrafuerte. **2.** MIN. Madero en forma de cruz o aspa que se coloca en las galerías para evitar el derrumbamiento de tierras.

BOTARETE adj. Se dice del arco exterior. SIN.: *arbotante.*

BOTASILLA s.f. Toque de clarín para que los soldados ensillen los caballos.

BOTAVARA s.f. MAR. Verga o percha con dos quijadas mediante las que se afirma a la cara popel del palo de mesana.

1. BOTE s.m. (cat. *pot*). Recipiente pequeño, con tapadera, generalmente cilíndrico, para guardar o conservar cosas. **2.** Recipiente que hay en un establecimiento público para guardar las propinas. **3.** Propina. **4.** Dinero de un premio que se acumula para el siguiente cuando no ha habido ganador. **5.** Méx. *Fam.* Cárcel. ◇ **Bote de humo** Bote relleno de sustancia fumígena y provisto de un dispositivo que al accionarse expulsa humo. **Chupar del bote** Esp. *Fam.* Obtener beneficios sin prestar servicios efectivos.

2. BOTE s.m. (de *botar*). Salto que da un cuerpo elástico, especialmente una pelota, al chocar contra el suelo o una superficie dura. **2.** Salto que da una persona o animal: *dar botes de alegría.*

3. BOTE s.m. (del ingl. med. *bot*, embarcación pequeña). Embarcación pequeña, sin

cubierta y generalmente con unas tablas dispuestas horizontalmente para sentarse.
4. BOTE (fr. ant. *de bout en bout,* de un extremo al otro). **De bote en bote** Completamente lleno de gente.

BOTELLA s.f. (fr. *bouteille*). Recipiente de cuello estrecho que sirve para contener líquidos. **2.** Cantidad de líquido que puede contener este recipiente. **3.** Medida de capacidad para líquidos equivalente a 0,75 l. ⋄ **Botella de Leiden** FÍS. Condensador eléctrico formado por una botella de vidrio forrada por dentro y por fuera con una lámina de metal. (La botella de Leiden, construida en 1745 por Van Musschenbroek, fue el primer condensador eléctrico.)

BOTELLAZO s.m. Golpe que se da con una botella.

BOTELLERÍA s.f. Conjunto de botellas. **2.** Establecimiento donde se fabrican botellas.

BOTELLERO, A s. Persona que tiene por oficio fabricar o vender botellas. ◆ s.m. Mueble que sirve para colocar o guardar botellas.

BOTELLÍN s.m. Botella pequeña, especialmente de cerveza.

BOTELLÓN s.m. Méx. Botella de vidrio de gran tamaño.

BOTICA s.f. (gr. bizantino *apothḗki,* depósito, almacén). Farmacia. **2.** Conjunto de medicamentos suministrados a una persona durante un período de tiempo determinado.

BOTICARIO, A s. Farmacéutico.

BOTIJA s.f. (lat. tardío *butticula,* dim. de *buttis,* tonel). Vasija redonda de barro y cuello corto y estrecho.

BOTIJERO, A s. Persona que tiene por oficio hacer o vender botijas o botijos.

BOTIJO s.m. Vasija de barro, de vientre abultado, con un asa en la parte superior, una boca para llenarla y un pitorro para beber, que se utiliza para mantener el agua fresca. ⋄ **Estar como,** o **hecho, un botijo** Estar muy gordo.

BOTILLERÍA s.f. Chile. Establecimiento donde se venden licores y vinos embotellados.

1. BOTÍN s.m. (fr. *butin*). Conjunto de bienes que el ejército vencedor toma del enemigo vencido. **2.** Conjunto de bienes que se obtiene de un robo.

2. BOTÍN s.m. (de *1. bota*). Bota que cubre la parte superior del pie y el tobillo.

BOTINA s.f. Calzado que cubre un poco la pierna por encima del tobillo.

BOTIQUÍN s.m. Lugar donde se guardan los medicamentos y utensilios necesarios para prestar los primeros auxilios. **2.** Conjunto de estas medicinas y utensilios. **3.** Venez. Taberna. **4.** Venez. Establecimiento donde se venden licores al por menor.

1. BOTO s.m. (de *1. bota*). Bota alta entereza que generalmente se usa para montar a caballo.

2. BOTO s.m. (lat. *buttis*). Pellejo para vino, aceite u otro líquido.

BOTÓN s.m. (fr. ant. *boton,* de *boter,* brotar). Pieza pequeña, generalmente redonda, que se cose a una prenda de vestir como adorno o para que al pasar por un ojal se abroche. **2.** Yema, brote. **3.** Capullo, yema floral avanzada. **4.** Pieza pequeña que, sujeta a un objeto del cual sobresale, sirve de tirador, asidero o tope: *botón de una puerta.* **5.** Diversos instrumentos empleados en cirugía. **6.** Forúnculo o pápula. **7.** Amér. *Vulg.* Agente de policía. **8.** Argent. *Fam.* Cuentero, alcahuete. **9.** Cuba. Reproche. **10.** ELECTR. Pieza de un aparato mecánico o eléctrico que se pulsa para hacerlo funcionar. ⋄ **Botón de oro** Ranúnculo **Botón de plata** Matricaria.

BOTONADURA s.f. Juego de botones de una prenda de vestir.

BOTONAZO s.m. ESGR. Golpe que se da al contrario con la punta del arma.

BOTONES s.m. (pl. *botones*). Persona que tiene por oficio hacer los recados y otros pequeños encargos en un establecimiento, especialmente en un hotel.

BOTOTO s.m. Amér. Calabaza que se usa para llevar agua. **2.** Chile. Zapato tosco que usa la gente en los pueblos.

BOTULISMO s.m. Envenenamiento grave producido por el agente patógeno *Clostridium botulinum,* que aparece en alimentos envasados en malas condiciones y puede provocar parálisis.

BOU s.m. Técnica de pesca que consiste en que dos embarcaciones tiran de una red arrastrándola por el fondo. **2.** Embarcación utilizada en esta técnica.

■ **BOU**

BOUQUET s.m. (voz francesa). → **BUQUÉ.**

BOURBON s.m. (voz inglesa) [pl. *bourbons*]. Whisky de origen norteamericano elaborado con maíz y centeno.

BOUTIQUE s.f. (voz francesa). Establecimiento donde se venden prendas de vestir y complementos, generalmente de diseño.

BÓVEDA s.f. (del germ. *būan,* habitar, construir). Construcción arquitectónica de sección curva que cubre el espacio entre dos muros o varios pilares. **2.** Habitación que tiene el techo en forma de bóveda. **3.** Amér. Cámara acorazada; caja de caudales. **4.** INDUSTR. Parte superior de un horno de reverbero, que está dispuesta en forma de cúpula. ⋄ **Bóveda celeste** *Fig.* Firmamento. **Bóveda craneana,** o **craneal** ANAT. Parte superior e interna del cráneo. **Bóveda palatina** ANAT. Tabique que forma la pared superior de la boca y la inferior de las fosas nasales.

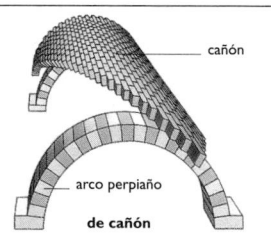

cañón

arco perpiaño

de cañón

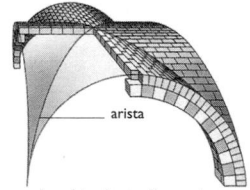

arista

de arista de medio punto

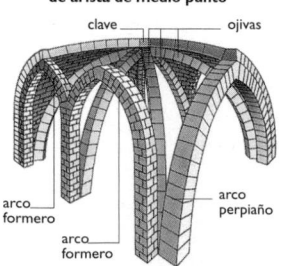

clave — ojivas

arco formero

arco perpiaño

arco formero

de crucería

■ **BÓVEDAS**

BOVEDILLA s.f. Bóveda pequeñ[a] viga de un techo. **2.** MAR. Parte de la pop[a] un buque en la que está practicada la limera del timón.

BÓVIDO, A adj. y s.m. (lat. *bos, bovis*). Relativo a una familia de rumiantes que se caracterizan por sus cuernos, formados por una prominencia del hueso frontal y una envoltura córnea. (La familia bóvidos comprende *bovinos, ovinos, caprinos* y *antílopinos.*)

BOVINO, A adj. (lat. *bos, bovis*). Relativo al buey, el toro o a la vaca. ◆ adj. y s.m. Relativo a una subfamilia de bóvidos de cuerpo grande y robusto, hocico ancho y desnudo y cuernos encorvados hacia fuera. (El buey, el búfalo y el bisonte son bovinos.)

BOWLING s.m. (voz inglesa). Juego de bolos de origen estadounidense. **2.** Establecimiento donde se juega a este juego.

1. BOX s.m. (voz inglesa). Compartimento de una cuadra destinado a un caballo. **2.** Zona del circuito de carreras destinada a los servicios mecánicos de cada automóvil o motocicleta participante. **3.** Compartimento de un centro hospitalario destinado a un paciente que ha de permanecer aislado o el que recibe asistencia en urgencias. **4.** Compartimento individual de un establecimiento comercial: *los boxes del centro de estética.*

2. BOX s.m. Amér. Boxeo.

BOX-CALF o **BOXCALF** s.m. (angloamericano *box calf*). Cuero obtenido tratando pieles de ternera con cromo.

BOXEADOR s.m. Persona que practica el boxeo, especialmente si se dedica profesionalmente a ello.

BOXEAR v.intr. (ingl. *to box,* golpear). Practicar el boxeo. **2.** Pelear a puñetazos.

BOXEO s.m. Deporte de combate entre dos adversarios de la misma categoría de peso que se enfrentan a puñetazos siguiendo un reglamento.

■ **BOXEO.** Directo de izquierda.

■ **BOXEO.** Combate de boxeo tailandés.

1. BÓXER s.m. y f. y adj. (pl. *bóxers*). Perro que pertenece a una raza de origen alemán de tamaño mediano, cuerpo musculoso, pelo corto y generalmente de color pardo claro.

■ **BÓXER**

2. BÓXER s.m. (ingl. *boxer*) [pl. *bóxers*]. Miembro de una sociedad secreta china que en 1900 dirigió el motín contra los europeos establecidos en China. (V. parte n. pr.)

BOXÍSTICO, A adj. Relativo al boxeo.

BOYA s.f. (fr. *bouée*). Cuerpo flotante fijado al fondo del mar por una cadena, que sirve para señalar un lugar o un peligro. **2.** Corcho que se pone en la red para que no se hunda e indicar su situación. ◇ **Boya de campana, de sirena,** etc. Boya equipada con una campana, una sirena, etc., que el viento o las olas hacen sonar

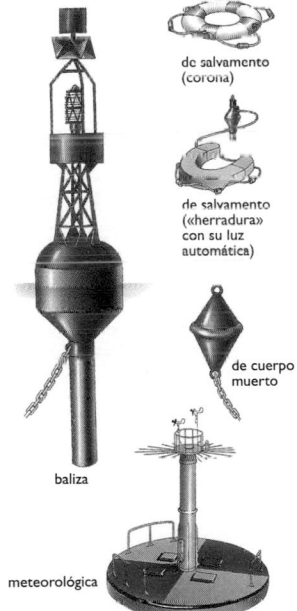

de salvamento
(corona)

de salvamento
(«herradura»
con su luz
automática)

de cuerpo
muerto

baliza

meteorológica

■ **BOYAS**

BOYADA s.f. Conjunto de bueyes y vacas SIN.: *bueyada*.

BOYAL adj. Relativo al ganado vacuno.

BOYANTE adj. *Fig.* Que se encuentra en un momento o en una fase de progreso o de crecimiento. **2.** Que boya o flota. **3.** Se dice de la embarcación que no cala lo suficiente.

BOYAR v.intr. Volver a flotar la embarcación que ha estado en seco. **2.** *Amér.* Flotar, mantenerse a flote.

BOYARDO s.m. Señor feudal de los países eslavos, especialmente de Rusia.

BOYERA s.f. Corral o establo de bueyes.

BOYERO, A s. Persona que tiene por oficio guardar o guiar bueyes. SIN.: *boyerizo, bueye-*

ro. ◆ s.m. Ave originaria de Argentina y Uruguay, de pequeño tamaño y plumaje blanco y negro, que suele posarse en el lomo del ganado vacuno o caballar. ◇ **Boyero de Flandes** Perro de una raza de gran tamaño y pelo duro y tieso. (El boyero de Flandes se utilizaba para conducir rebaños de ganado mayor.)

BOY-SCOUT s.m. y f. (ingl. *boy scout*) [pl. *boy-scouts*]. Joven que forma parte de una asociación de escultismo. SIN.: *explorador.*

BOYUNO, A adj. Relativo al buey.

BOZA s.f. Cabo para sujetar anclas u otros objetos de peso. MAR. **2.** Cabo corto que se sujeta a la argolla de la proa de una embarcación menor para amarrarla.

BOZAL s.m. Pieza que se pone alrededor del hocico de un animal para que no muerda. **2.** Cesta pequeña que se coloca en el hocico de un animal de labor para que no perjudique un sembrado ni se coma la hierba. **3.** Adorno con cascabeles que se pone a un caballo en el bozo. **4.** *Amér.* Bozo, cabestro. ◆ adj. y s.m. y f. HIST. Se dice del esclavo negro recién extraído de su país. **2.** Bisoño, inexperto.

BOZO s.m. (del lat. *bucca*, mejilla, boca). Vello fino que sale sobre el labio superior de un joven antes de que nazca el bigote. **2.** Parte exterior de la boca. **3.** Cabestro que se echa a una caballería sobre la boca.

BRABANTE s.m. Tejido de lino que se fabricaba manualmente en Brabante. ◆ s.m. y adj. Arado metálico provisto de un doble sistema de piezas activas que pueden voltear la tierra a derecha o a izquierda.

BRABANZÓN, NA adj. y s. De Brabante (Bélgica).

BRACARENSE adj. y s.m. y f. De un pueblo galaico que habitaba la zona comprendida entre el Miño y el Duero.

BRACEADA s.f. Movimiento impetuoso de brazos.

1. BRACEAR v.intr. Mover los brazos repetidamente. **2.** Nadar sacando los brazos fuera del agua. **3.** *Fig.* Esforzarse, forcejear.

2. BRACEAR v.intr. (de *braza*). MAR. **a.** Halar del aparejo. **b.** Halar de las brazas a fin de que las vergas giren horizontalmente para orientarlas en la dirección deseada.

BRACEO s.m. Acción de bracear.

BRACERO, A s. Jornalero. **2.** *Méx.* Persona de una región pobre que emigra temporalmente a otra más próspera para trabajar como jornalero. ◆ adj. Se dice del arma que se arroja con el brazo. ◆ s. Persona que da el brazo a alguien para que se apoye en él

BRACKET s.m. (voz inglesa). Aparato de ortodoncia consistente en una serie de pequeñas piezas cuadrangulares que van pegadas a los dientes y unidas por un arco metálico. (También *brackets*.)

BRACO, A s. y adj. (occitano ant. *brac*). Perro que pertenece a una raza de tamaño mediano, pelo corto de color blanco o castaño y orejas grandes y caídas. (Es un perro de caza.)

BRÁCTEA s.f. (lat. *bractea*, hoja de metal). Hoja que nace del pedúnculo floral de una planta, que se diferencia del resto de hojas por su color, forma y consistencia.

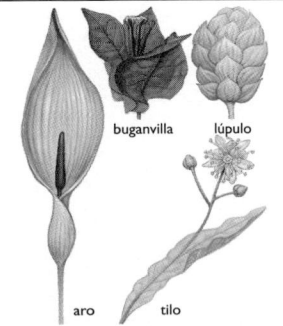

bugambilia
lúpulo

aro
tilo

■ **BRÁCTEA.** Diferentes tipos de brácteas.

BRACTÉOLA s.f. Bráctea que se halla sobre el eje lateral de la inflorescencia.

BRADEL. Encuadernación de Bradel Procedimiento de encuadernación en el que el bloque de pliegos cosidos se encaja en una cubierta de cartón ligero.

BRADICARDIA s.f. Lentitud del ritmo cardíaco (normal o patológico).

BRADICINESIA s.f. Lentitud anormal del movimiento voluntario, sin que exista lesión neurológica.

BRADIPEPSIA s.f. Digestión lenta.

BRADIPSIQUIA s.f. Lentitud del ritmo del pensamiento, que no afecta a los procesos intelectuales.

BRAFONERA s.f. (cat. *braonera*). Pieza de la armadura que protegía la parte superior del brazo. **2.** Pieza de la armadura, labrada a manera de escamas o dobleces, que protegía los muslos hasta las rodillas.

BRAGA s.f. (lat. *braca*). Calzón, prenda masculina. (Suele usarse en plural.) **2.** Conjunto de plumas que cubren el extremo de las patas de las aves calzadas. **3.** Maroma o cuerda con que se ciñe una piedra o bloque de cantería para izarla. **4.** *Esp.* Calzón, prenda interior femenina. (Se usa también en plural para referirse a una sola prenda.) **5.** *Esp.* Prenda de vestir que se pone sobre el pañal para sujetarlo.

BRAGADA s.f. Cara interna del muslo del caballo y de otros animales.

BRAGADO, A adj. *Fig.* y *fam.* Se dice de la persona de carácter firme y enérgico. **2.** Se dice del animal que tiene la bragadura o entrepierna de diferente color que el resto del cuerpo. **3.** *Fig.* Se dice de la persona de intención perversa.

BRAGADURA s.f. Entrepierna. **2.** Parte del calzón o pantalón correspondiente a la entrepierna.

BRAGAZAS s.m. y adj. (pl. *bragazas*). *Desp.* Hombre que se deja dominar con facilidad, especialmente por su mujer.

BRAGUERO s.m. Aparato o vendaje para contener las hernias.

BRAGUETA s.f. Abertura delantera del pantalón. **2.** ARM. Pieza de la armadura que cubría y protegía los órganos genitales.

BRAGUETAZO s.m. **Dar,** o **pegar, un braguetazo** Casarse un hombre pobre con una mujer rica por interés.

BRAGUETERO, A adj. y s. *Fam.* Lascivo. ◆ adj. *Amér.* Se dice del hombre pobre que se casa con una mujer rica por interés.

BRAHMÁN s.m. Persona que pertenece a la casta sacerdotal, primera y más elevada de las cuatro en que está dividida la sociedad en el brahmanismo.

BRAHMÁNICO, A adj. y s. Relativo al brahmanismo; seguidor de este sistema.

BRAHMANISMO s.m. Sistema religioso y social que, como representa la corriente más ortodoxa del hinduismo, más directamente inspirada en el vedismo, y que tiene su reflejo en una organización social basada en la división en castas hereditarias.

BRAHMI adj. y s.m. Se dice de la antigua escritura de la India.

BRAILLE s.m. (de L. *Braille*, inventor francés). Sistema de escritura ciego basado en la representación del alfabeto por una serie de puntos en relieve.

BRAINSTORMING s.m. (voz angloamericana). Técnica de búsqueda de ideas originales que se basa en la reunión de un grupo de personas que expresan libremente las ideas que vienen a su pensamiento. SIN.: *lluvia de ideas.*

BRAMA s.f. Época anual de celo del ciervo y otros animales salvajes. **2.** Acción y efecto de bramar.

BRAMADERA s.f. Instrumento formado por una tablita atada al extremo de una cuerda, que se hace girar con fuerza en el aire y produce una especie de bramido.

BRAMADERO s.m. Lugar adonde los ciervos y otros animales salvajes acostumbran a acudir cuando están en celo. **2.** *Amér.* Poste al cual se amarran los animales para herrarlos, domesticarlos o matarlos.

BRAMANTE s.m. y adj. (de *Brabante*, provincia de los Países Bajos renombrada por sus manufacturas de cáñamo). Cordel delgado hecho de cáñamo.

BRAMAR v.intr. Emitir bramidos. **2.** Emitir alguien voces o gritos fuertes o violentos como expresión de ira o dolor intenso. **3.** Producir un ruido muy fuerte el viento, el mar, etc., cuando están agitados.

BRAMIDO s.m. Voz del toro, la vaca y otros animales salvajes. **2.** *Fig.* Grito fuerte o violento que emite alguien como expresión de ira o dolor intenso. **3.** *Fig.* Ruido fuerte que produce el viento, el mar, etc.: *el bramido del viento entre los árboles.*

BRANCA s.f. **Branca ursina** Acanto. **Branca ursina bastarda** Planta perenne que mide entre 1 y 1,50 m de alt., con grandes umbelas de flores blancas. (Familia umbelíferas.)

BRANDAL s.m. MAR. **a.** Cada uno de los dos ramales de cabo sobre los cuales se forman las escalas de viento. **b.** Cabo que se da en ayuda de los obenques de juanete.

BRANDAR v.intr. MAR. Girar el buque en sentido longitudinal hacia uno u otro costado.

BRANDEBURGO s.m. Pasamanería, galón o alamar, que forma dibujos variados, rodea los ojales o sirve él mismo de ojal o de hebilla.

BRANDEBURGUÉS, SA adj. y s. De Brandeburgo.

BRANDY s.m. (voz inglesa). Bebida alcohólica que se obtiene por destilación del vino y se añeja en toneles, que imita al coñac.

BRANQUIA s.f. (lat. *branchia, -ae,* del gr. *brágxia*). Órgano respiratorio de numerosos animales acuáticos, como peces, crustáceos, cefalópodos, etc., formado por láminas o filamentos a través de cuyas paredes la sangre absorbe el oxígeno disuelto en el agua.

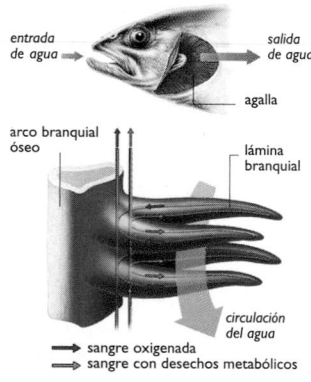

entrada de agua
salida de agua
agalla
arco branquial óseo
lámina branquial
circulación del agua
→ sangre oxigenada
⇒ sangre con desechos metabólicos

■ **BRANQUIAS** de pez.

BRANQUIAL adj. Relativo a las branquias: *respiración branquial.*

BRANQUIÓPODO, A adj. y s.m. Relativo a una subclase de crustáceos de agua dulce, pequeño tamaño y con numerosos pares de patas nadadoras que sirven también como órganos respiratorios.

BRANQUIOSAURIO s.m. Reptil anfibio herbívoro, característico del jurásico de Europa, África y América del Norte. (Era uno de los más grandes cuadrúpedos; longit. 25 m y masa 80 t aprox.; género *Brachiosaurius*.)

BRAQUIAL adj. ANAT. Relativo al brazo: *vena braquial.*

BRAQUICEFALIA s.f. Cualidad de braquicéfalo.

BRAQUICÉFALO, A adj. y s. Se dice de la persona cuyo cráneo, visto desde arriba, es casi tan ancho como largo. CONTR.: *dolicocéfalo.*

BRAQUIÓPODO, A adj. y s.m. Relativo a una clase de animales marinos provistos de concha con dos valvas, una dorsal y la otra ventral.

BRASA s.f. Ascua.

BRASEAR v.intr. Asar un alimento sobre las brasas.

BRASERO s.m. Recipiente metálico, de forma circular, poco profundo, con un foco de calor en el centro, que se coloca generalmente sobre la tarima de una mesa camilla y que se usa para calentarse.

BRASIER o **BRASSIER** s.m. Colomb., Cuba, Méx. y Venez. Sostén, prenda interior femenina.

BRASIL s.m. Árbol originario de Brasil y Paraguay de hojas paripinnadas y flores pentámeras agrupadas en racimos. **2.** Madera de este árbol, dura, compacta y de color rojo. (Familia cesalpiniáceas.)

BRASILEÑO, A adj. y s. De Brasil. SIN.: *brasilero.* ◆ s.m. Variedad del portugués hablada en Brasil.

BRASILERO, A adj. y s. Brasileño.

BRASILETE s.m. Árbol similar al brasil. (Familia cesalpiniáceas.) **2.** Madera de este árbol, de color más oscuro que la del brasil.

BRASSIER s.m. → BRASIER.

BRAVATA s.f. (voz italiana). Amenaza exagerada proferida con arrogancia. **2.** Baladronada, fanfarronada.

BRAVEZA s.f. Bravura. **2.** Ímpetu y fuerza de los elementos: *la braveza del mar.*

BRAVÍO, A adj. Feroz, indómito. **2.** Se dice de la persona que tiene mala educación. **3.** Se dice de la planta que crece de manera natural, en el campo o la selva, sin ser cultivada.

BRAVO, A adj. Se dice del animal fiero e indómito. **2.** Se dice de la persona valiente. **3.** Se dice del mar embravecido. **4.** Se dice del terreno áspero o inculto: *la brava serranía.* **5.** Que tiene mucho genio. **6.** Picante. **7.** Que es magnífico o muy bueno: *¡brava jugada!* **8.** GEOGR. Se dice de la costa inabordable, contra la que rompe el mar con fuerza. ◆ adv.m. Con firmeza, fuerte, seguro. ◆ interj. Expresa entusiasmo o aprobación.

BRAVUCÓN, NA adj. y s. *Fam.* Que presume de valiente sin serlo.

BRAVUCONADA s.f. *Fam.* Dicho o hecho propios de un bravucón. SIN.: *bravuconería.*

BRAVUCONEAR v.intr. Echar bravatas.

BRAVURA s.f. Cualidad de bravo. **2.** Bravata.

BRAY s.m. (pl. *bray*). GEOGR. Depresión alargada abierta por la erosión en un abombamiento anticlinal.

BRAZA s.f. (lat. *bracchia,* pl. de *brachium,* brazo). Unidad de medida de longitud, generalmente usada en la marina, con diferentes valores según los países. (La braza española equivale a 1,6719 m.) **2.** Estilo de natación que consiste en nadar boca abajo con el cuerpo sumergido bajo el agua, excepto la cabeza, estirando y encogiendo brazos y piernas simultáneamente para ayudar a la propulsión y estabilización del cuerpo. **3.** Unidad de medida de longitud equivalente a la distancia que hay desde el extremo de una mano hasta el extremo de la otra con los brazos extendidos en cruz. **4.** MAR. Cabo que parte de un extremo o penol de la verga y sirve para orientarla: *halar de las brazas.*

BRAZADA s.f. Movimiento que se hace con los brazos extendiéndolos y encogiéndolos como cuando se nada o se rema. **2.** Cantidad de algo que puede agarrarse de una vez con los brazos: *una brazada de heno.* **3.** Chile, Colomb. y Venez. Braza, unidad de medida de longitud, generalmente usada en la marina.

BRAZADO s.m. Brazada, cantidad de algo.

BRAZAL s.m. Tira de tela que rodea el brazo izquierdo por encima del codo y que sirve como distintivo. SIN.: *brazalete.* **2.** Canal pequeño que se saca de un río o de una acequia para regar. **3.** ARM. Parte de la armadura destinada a cubrir los brazos. SIN.: *brazalete.* **4.** ARM. Embrazadura, asa por donde se embraza un escudo. **5.** MAR. Madero que en una y otra banda va desde la serviola al tajamar.

BRAZALETE s.m. (fr. *bracelet*). Aro que rodea el brazo más arriba de la muñeca y que sirve como adorno. **2.** Brazal, tira de tela. **3.** ARM. Brazal.

BRAZALOTE s.m. MAR. Cabo fijado en el penol de la verga por uno de sus extremos y provisto, en el otro, de un motón por donde pasa la braza.

BRAZO s.m. (lat. *bracchium*). Extremidad superior del cuerpo humano que comprende desde la mano hasta el hombro. **2.** Parte de la extremidad superior del cuerpo humano comprendida desde el codo hasta el hombro. **3.** Pata delantera de un cuadrúpedo. **4.** Soporte lateral de un asiento sobre el cual se apoyan las extremidades superiores del cuerpo humano. **5.** *Fig.* Rama gruesa de un árbol. **6.** Cada una de las dos mitades de la barra horizontal de una balanza, en cuyo extremo se cuelgan o se apoyan los platillos. **7.** Subdivisión lateral de un curso de agua separada de las otras por islas. **8.** Candelero que sale del cuerpo central de las lámparas de araña o de los candelabros, que sirve para sostener las luces o las velas. **9.** Apéndice tentacular de un molusco cefalópodo. **10.** Parte del palo horizontal y más corto de una cruz que comprende desde un extremo hasta el centro. **11.** Fuerza, brío, poder. **12.** MAR. Parte de la verga que comprende desde el centro hasta el penol. **13.** HIST. Grupo de diputados que representaba a los distintos estamentos en las cortes del reino del Antiguo Régimen: *brazo de la nobleza; brazo eclesiástico.* ◆ **brazos** s.m.pl. Protectores, valedores. **2.** *Fig.* Braceros, jornaleros. ◇ **A brazo partido** Con los brazos únicamente, sin usar armas; de poder a poder, con gran esfuerzo y energía: *discutir a brazo partido.* **Brazo de gitano** Dulce elaborado con una capa de bizcocho sobre la que se pone cualquier ingrediente dulce, como crema o nata, y que se enrolla en forma de cilindro. **Brazo de mar** Parte estrecha y alargada de mar que penetra en la tierra. **Brazo de palanca** MEC. Distancia que media entre el punto de aplicación de la fuerza y el punto de apoyo. **Brazo derecho** Persona de mayor confianza de otra. **Con los brazos abiertos** Con agrado, con cariño: *recibir con los brazos abiertos a un amigo.* **Cruzarse de brazos** Estar o quedarse sin hacer nada; no intervenir en un asunto. **Del brazo** Agarrada una persona al brazo de otra: *pasear del brazo.* **No dar su brazo a torcer** Mantenerse firme en una postura.

BRAZOLA s.f. (cat. *braçola,* de *braç,* brazo). MAR. Pieza que forma el reborde que enmarca la boca de la escotilla.

BRAZUELO s.m. Parte de las patas delanteras de los cuadrúpedos entre el codo y la rodilla.

BREA s.f. (de *brear,* embrear). Sustancia pastosa que se obtiene de la destilación de la madera de algunos árboles, del carbón mineral y de otras materias de origen orgánico, como el petróleo. **2.** MAR. Mezcla de esta sustancia con pez, sebo y aceite, que se usa para calafatear.

BREAK s.m. (voz inglesa). Automóvil con puerta trasera de apertura vertical y un asiento posterior desmontable. **2.** Interrupción breve de la orquesta en la ejecución de una pieza de jazz para dar paso a la intervención de un solista. **3.** Acción de romper un tenista el servicio del jugador que saca.

BREAKDANCE s.m. (angloamericano *break-dance*). Baile que se caracteriza por sus movimientos acrobáticos acompañados generalmente por música rap.

BREAR v.tr. Esp. *Fam.* Maltratar, molestar o fastidiar a alguien.

BREBAJE s.m. (fr. ant. *bevrage*). *Desp.* Bebida de aspecto o sabor desagradable.

BRECA s.f. Pez marino de unos 15 cm de long., de carne muy apreciada. (Género *Albunus;* familia ciprínidos). SIN.: *pagel.*

BRECHA s.f. (fr. *brèche*). Abertura o rotura que se hace en una superficie, especialmente en una pared o muro. **2.** Herida abierta y profunda, especialmente en la cabeza. **3.** Impresión que algo hace en el ánimo. **4.** Méx. Camino estrecho y sin asfaltar. **5.** GEOL. Conglomerado formado por elementos angulosos. ◇ **Abrir brecha** Introducir una nueva alternativa. **Estar siempre en la brecha** Estar siempre preparado para defender algo o cumplir con una obligación.

BRÉCOL s.m. (del ital. *bràccoli,* dim. de *brocco,* retoño). Hortaliza parecida a la coliflor, de hojas recortadas de color verde oscuro y tallos gruesos y flores comestibles. SIN.: *bróculi.*

BRECOLERA s.f. Variedad de brécol que forma una masa redondeada como la coliflor.

BREECHES s.m.pl. (voz inglesa). Pantalones ceñidos en las rodillas para abajo y anchos en los muslos, que se usan para montar.

BREGA s.f. Acción de bregar, luchar. **2.** *Fig.* Chasco, burla. ◇ **Andar a la brega** Trabajar afanosamente en algo.

BREGAR v.intr. (del gótico *brikar,* romper) [2]. Trabajar mucho, con esfuerzo e interés. **2.** *Fig.* Luchar contra los riesgos y las dificultades para superarlos. **3.** Reñir, luchar.

BREGMA s.m. ANAT. Punto de unión de las suturas óseas entre el hueso parietal y el frontal.

BREGMÁTICO, A adj. Relativo al bregma.

BREMA s.f. Pez de agua dulce, de hasta 50 cm de long. y cuerpo alto y plano con grandes escamas. (Familia ciprínidos.)

BRENCA s.f. Poste que sujeta la compuerta de una acequia. **2.** Fibra o filamento, especialmente el estigma del azafrán.

BRENT s.m. Petróleo de alta calidad que se extrae del yacimiento británico de Brent que marca el precio europeo del crudo.

BREÑA s.f. Terreno escabroso y poblado de maleza.

BREÑAL s.m. Terreno de breñas.

BRESCA s.f. (voz prerromana). Panal de miel. **2.** Fragmento de cera sacado de la colmena.

BRETE s.m. Aprieto, dificultad: *estar, poner en un brete.* **2.** Cepo de hierro que se pone a un reo en los pies. **3.** Argent., Par. y Urug. Pasadizo corto entre dos estacas, para guiar el ganado en las estancias y estaciones de ferrocarril.

1 BRETÓN, NA adj. y s. De Bretaña. ◆ s.m. Lengua indoeuropea céltica hablada en Bretaña.

2. BRETÓN, NA adj. y s.f. (de *brotón,* aum. de *brote*). Se dice de la col cuyo tronco, de 1 m de alt., echa muchos brotes.

BRETZEL s.m. Galleta en forma de ocho espolvoreada con sal y comino.

BREVA s.f. (del lat. *bifera,* higuera breval). Primer fruto que da anualmente la higuera breval, que es más grande que el higo. **2.** *Fig.* Beneficio conseguido con poco esfuerzo. **3.** Cigarro puro de forma algo aplastada. **4.** Bellota temprana. **5.** Amér. Tabaco en rama para mascar.

BREVAL adj. y s.m. Se dice de la higuera que da brevas e higos.

BREVE adj. (lat. *brevis*). De corta extensión o duración: *una breve pausa.* **2.** FONÉT. Se dice de la sílaba o de la vocal de menor duración relativa que la larga, en aquellas lenguas que tienen cantidad. **3.** GRAM. Se dice de la palabra llana. ◆ s.m. Documento pontificio que trata sobre una cuestión de orden. ◇ **En breve** Muy pronto, en seguida.

BREVEDAD s.f. Cualidad de breve.

BREVIARIO s.m. (lat. *breviarium*). Libro que recoge las oraciones eclesiásticas de todo el año. **2.** Compendio, tratado poco extenso de una materia.

BREVILÍNEO, A adj. Se dice de la persona o animal de miembros cortos y abdomen más desarrollado con sal y comino que el tórax. CONTR.: *longilíneo.*

BREZAL s.m. Terreno poblado de brezos.

BREZAR v.tr. [7]. Mecer, acunar.

BREZO s.m. (del hispano-lat. *broccius*). Arbusto de hojas aciculares, flores blancas o rosadas y fruto capsular. (Familia ericáceas.) ◇ **Tierra de brezo** Producto de la descomposición de las hojas de brezo.

■ BREZO

BRIAGO, A adj. Méx. Borracho.

BRIAL s.m. (occitano ant. *blial*). Vestido medieval femenino de seda o tela lujosa que cubría hasta los pies. **2.** Faldón que usaban los hombres de armas, de seda u otra tela y que cubría desde la cintura hasta la rodilla.

BRIARD s.m. y adj. Perro que pertenece a una raza de origen francés, de pelo largo, que se destina al pastoreo.

BRIBÓN, NA adj. y s. (de *briba* o *bribia,* vida holgazana, engaño). Granuja, persona que engaña, estafa o roba. **2.** Travieso, pícaro, pillo.

BRIBONADA s.f. Dicho o hecho propios de un bribón.

BRIBONERÍA s.f. Actividad o vida propias de un bribón.

BRICBARCA s.m. Bergantín grande que, además de los dos palos ordinarios, lleva otro menor a popa para armar la cangreja.

BRICOLAJE o **BRICOLAGE** s.m. (fr. *bricolage*). Trabajo manual que una persona no profesional hace para arreglar o decorar su casa.

BRICOMANÍA s.f. Tendencia patológica a hacer rechinar los dientes.

BRIDA s.f. (fr. *bride*). Conjunto formado por el freno, el correaje y las riendas de una caballería que sirve para sujetarla y dirigirla. **2.** COST. Punto o conjunto de puntos que forman el enlace entre dos grupos de puntos compactos. **3.** MED. Fragmento de tejido conjuntivo que se forma alrededor de una herida o tumor. **4.** TECNOL. Abrazadera metálica que se ajusta a un objeto para asegurarlo o unir las piezas que lo componen.

BRIDGE s.m. Juego de cartas que se juega entre cuatro personas, dos contra dos, con baraja francesa de 52 cartas.

BRIDÓN s.m. Brida pequeña.

BRIE s.m. (voz francesa, de *Brie,* comarca de Francia). Queso elaborado con leche de vaca, de pasta blanda y corteza enmohecida.

BRIGADA s.f. (fr. *brigade*). Unidad militar compuesta por varios regimientos o batallones y mandada por un general. **2.** Conjunto organizado de personas que realizan un trabajo específico: *brigada municipal; brigada de limpieza.* ◆ s.m. MIL. Militar que tiene el grado entre sargento primero y subteniente.

BRIGADIER s.m. (fr. *brigadier*). Militar que tenía el grado que hoy corresponde al general de brigada o al contraalmirante. **2.** Guardia marina que tiene a su cargo el orden y vigilancia de una brigada, de un dormitorio o de la camareta.

BRIGANTINA s.f. Coraza formada por una serie de laminitas pequeñas superpuestas y sujetas a una tela fuerte o pieza de cuero (ss.XIII-XVI).

BRIK s.m. (apócope). *Fam.* Tetrabrik.

BRILLANTE adj. Que brilla: *luz brillante.* **2.** *Fig.* Que destaca por ser admirable o sobresaliente: *escritor brillante.* ◆ s.m. Diamante tallado en facetas.

BRILLANTEZ s.f. Cualidad de brillante.

BRILLANTINA s.f. Cosmético para dar brillo al cabello.

BRILLAR v.intr. (ital. *brillare*). Resplandecer, despedir rayos de luz propia o reflejada: *brillar las estrellas.* **2.** *Fig.* Sobresalir por una cualidad que provoca admiración: *brillar en una reunión social.*

BRILLAZÓN s.f. Argent. y Bol. Espejismo.

BRILLO s.m. Luz que desprende o refleja un cuerpo. **2.** ASTRON. Cantidad que caracteriza la intensidad luminosa de un astro (brillo absoluto) o la iluminación, debida a este astro, de un receptor perpendicular a los rayos luminosos (brillo aparente). ◆ **Brillo metálico** Brillo que desprenden ciertos insectos, peces, reptiles y aves que se debe a fenómenos ópticos por descomposición de la luz.

BRILLOSO, A adj. Amér. Brillante.

BRIN s.m. Argent., Chile, Cuba, Perú y Urug. Tela de lino ordinaria que se usa comúnmente para forros y para pintar al óleo.

BRINCAR v.intr. (port. *brincar*) [1]. Dar brincos. **2.** *Fig.* Manifestar un sentimiento de forma muy intensa.

BRINCO s.m. (port. *brinco,* anillo, sortija, juguete para los niños). Salto que requiere poco esfuerzo. **2.** Contracción muscular instantánea motivada por un susto o sorpresa.

BRINDAR v.intr. Manifestar un deseo levantando la copa o el vaso al ir a beber. ◆ v.tr. Ofrecer alguna cosa a alguien: *brindar un servicio.* **2.** TAUROM. Dedicar el torero la faena a

una persona o al público. ◆ v.prnl. Ofrecerse a hacer algo voluntariamente: *se brindó a acompañarme.*

BRINDIS s.m. (al. *ich bring dir's,* te lo ofrezco). Acción de brindar al ir a beber. **2.** Expresión que se dice al brindar. **3.** TAUROM. Dedicación que el torero hace de la faena a una persona o al público.

BRINELL s.m. (de J. A. *Brinell,* metalúrgico británico). Máquina que sirve para realizar el ensayo de dureza de los metales.

BRIÑÓN s.m. Griñón.

BRÍO s.m. (célt. *brigos*). Energía o vigor con que se hace algo: *hombre de bríos; trabajar con brío.* **2.** *Fig.* Garbo o gracia, especialmente en la manera de andar.

BRIOCHE s.m. (voz francesa). Bollo hecho con harina, levadura, mantequilla y huevos.

BRIOFITO, A adj. y s.m. BOT. Relativo a una subdivisión de vegetales verdes sin raíces ni vasos, pero generalmente provistos de hojas y cuyo esporófito es mucho más reducido que el prótalo, como los musgos.

BRIOL s.m. (fr. ant. *braivel*). MAR. Cuerda que sirve para cargar o recoger las velas.

BRION o **BRIÓN** s.m. MAR. Parte redondeada de la roda, que la une a la quilla.

BRIONIA s.f. (lat. *bryonia*). Nueza.

BRIOSO, A adj. Que tiene brío: *un brioso corcel.*

BRIOZOO adj. y s.m. ZOOL. Relativo a una clase de invertebrados, generalmente marinos, que viven en colonias fijadas sobre algas, conchas o rocas.

BRIQUETA s.f. Masa de polvo metálico aglomerado mediante compresión en frío. **2.** Conglomerado de carbón u otra materia con forma de ladrillo.

BRIQUETEADO s.m. Operación que consiste en confeccionar briquetas por compresión en frío de polvo metálico.

1. BRISA s.f. Viento suave y agradable. **2.** Viento del nordeste. ◇ **Brisa de tierra** Brisa que sopla durante la noche desde la tierra hacia el mar. **Brisa diurna** Brisa que sopla por la mañana desde el valle hacia los picos. **Brisa marina** Brisa que sopla durante el día desde el mar hacia la tierra. **Brisa nocturna** Brisa que sopla en el crepúsculo desde la montaña hacia el valle.

2. BRISA s.f. (hispano-lat. *brisa*). Orujo de la uva.

BRISCA s.f. (del fr. *briscambille*). Juego de cartas que se juega con baraja española y que consiste en dar tres cartas a cada jugador, descubriendo otra que sirve para indicar el palo de triunfo, ganando el jugador que ha conseguido más puntos. **2.** As o tres de cada palo del tute o la brisca que no son triunfo.

BRISCADO, A adj. y s.m. Se dice del hilo de oro o de plata, rizado, escarchado o retorcido que se entreteje con seda en una tela o se emplea en un bordado. ◆ s.m. Labor hecha con este hilo.

BRISCAR v.tr. (del ant. *brescado,* bordado con canutillo de oro o plata) [1]. Tejer una tela o hacer un bordado con hilo briscado.

BRISTOL s.m. y adj. (de *Bristol,* c. de Gran Bretaña). Cartulina satinada, de calidad superior y de grosor variable.

BRISURA s.f. HERÁLD. Pieza que se coloca en el escudo de una familia para distinguir las líneas no primogénitas o bastardas de la principal o legítima.

BRITÁNICO, A adj. y s. De Gran Bretaña o del Reino Unido de Gran Bretaña e Irlanda del Norte.

BRITANO, A adj. y s. Del pueblo que habitaba la antigua Britania, en el S de la isla de Gran Bretaña. (Una parte de los britanos, también llamados *britones* o *bretones* se estableció, tras su derrota con los sajones, en la península occidental de las Galias, la Armórica, que tomó el nombre de Bretaña.)

BRITÓNICO, A adj. y s. Del pueblo celta que se estableció en Gran Bretaña entre el primer milenio y el s. I a.C. ◆ s.m. Lengua indoeuropea céltica hablada en Britania (antigua Gran Bretaña). [El britónico comprende el bretón, el córnico y el galés.]

169

BRIZNA s.f. Filamento o parte muy delgada de una cosa: *briznas de paja.* **2.** *Fig.* Parte pequeña de algo, especialmente inmaterial: *una brizna de lluvia.* **3.** Filamento que tiene la vaina de algunas legumbres en la sutura.

BROA s.f. Ensenada pequeña, de poco fondo, llena de bancos de arena o escollos: *la broa de Sanlúcar de Barrameda.*

BROCA s.f. (cat. *broca*). Barra de hierro con la punta en espiral que se monta en una máquina de taladrar para hacer agujeros. **2.** Eje metálico que sostiene el carrete de hilo en las máquinas de hilar.

BROCADO s.m. (cat. *brocat*).Tejido fuerte de seda con dibujos de distinto color que el del fondo. **2.** Tela de seda con dibujos en relieve entretejidos con hilos de oro o plata.

BROCAL s.m. (de *bocal*) Muro pequeño que rodea la boca de un pozo. **2.** Cuerno o cerco de madera que refuerza la boca de la bota de beber. **3.** Moldura que refuerza la boca de una pieza de artillería.

BROCATEL s.m. (cat. *brocatell*).Tela de seda mezclada con cáñamo, lino o lana, con dibujos brillantes sobre fondo mate, que se utiliza especialmente en tapicería. ◆ adj. y s.m. Se aplica al mármol que tiene manchas y vetas de diversos colores.

BROCEARSE v.prnl. Amér. Merid. Esterilizarse una mina. **2.** Amér. Merid. Estropearse un negocio.

1. BROCHA s.f. (fr. dialectal *brouche*). Pincel grueso que se utiliza para pintar o extender una sustancia líquida: *brocha de afeitar.* ⬦ **De brocha gorda** Se dice del pintor de paredes, puertas y otras superficies y de su técnica; *Desp.* se dice del pintor de obras pictóricas artísticas de poco valor y de su obra; se dice de la gracia o ingenio tosco o de mal gusto.

2. BROCHA s.f. (fr. *broche,* broche). Herramienta compuesta por una varilla metálica provista de una serie de dientes que sirve para dar a una pieza metálica, larga y continua, una sección de forma especial y constante.

BROCHADO, A adj. Se dice de la tela de seda que tiene alguna labor hecha con hilos de oro, plata o seda, rizados, escarchados, retorcidos o levantados. ◆ s.m. Operación que consiste en dar a una pieza metálica, larga y continua una sección de forma especial y constante.

BROCHAL s.m. Viga atravesada entre otras y ensamblada en ellas, que da apoyo a las cabezas de las viguetas o vigas intermedias de un suelo que no deben llegar al muro.

BROCHAZO s.m. Pasada que se da con una brocha sobre una superficie.

BROCHE s.m. Conjunto de dos piezas, por lo común de metal, una de las cuales engancha o encaja en la otra. **2.** Joya que se lleva prendida en la ropa. **3.** Argent. y Chile. Tenacilla metálica que se utiliza para mantener pliegos de papel unidos. ◆ **broches** s.m.pl. Ecuad. y P. Rico. Gemelos para los puños de las camisas. ⬦ **Broche de oro** *Fig.* Final ostentoso y feliz de una acción.

BROCHETA o **BROQUETA** s.f. Varilla de metal o madera en que se ensartan trozos pequeños de carne, pescado, verduras, etc., para asarlos. **2.** Plato preparado de esta manera.

BROCHO, A adj. TAUROM. Se dice del toro que tiene las astas más juntas en sus extremos.

BRÓCOLI s.m. Méx. Bróculi.

BRÓCULI s.m. (ital. *broccoli,* dim. de *brocco,* retoño) Brécol.

BROKER s.m. (voz inglesa) [pl. *brokers*]. Persona que tiene como oficio actuar como intermediaria en operaciones de compraventa de valores financieros.

1. BROMA s.f. (de *3. broma*). Dicho o hecho sin mala intención para burlarse de una persona. ⬦ **Broma pesada** Broma que causa mucha molestia o perjuicio en quien la recibe. **Estar de broma** Actuar una persona sin seriedad, diciendo o haciendo cosas que provocan la risa de los demás para divertirse.

2. BROMA s.f. Masa de cascote, piedra y cal que se emplea en albañilería.

3. BROMA s.f. Molusco lamelibranquio marino de cuerpo alargado en forma de gusano y concha pequeña, que se introduce en las maderas sumergidas en el agua y las destruye.

BROMADO, A adj. Que contiene bromo.

BROMAR v.tr. Roer la broma la madera.

BROMATO s.m. Sal o éster del ácido brómico.

BROMATOLOGÍA s.f. (del gr. *broma,* alimento, y *logos,* tratado). Ciencia que estudia los alimentos y la nutrición.

BROMATÓLOGO, A s. Persona que se dedica al estudio de la bromatología.

BROMAZO s.m. Broma pesada.

BROMEAR v.intr. y prnl. Decir o hacer bromas: *bromear con sus hijos.*

BROMELIÁCEO, A adj. y s.f. (de *Bromel,* botánico sueco del s. XVIII a quien Linneo dedicó una familia de plantas). BOT. Relativo a una familia de plantas monocotiledóneas originaria de los países tropicales, a menudo epífitas, como el ananás.

BROMHÍDRICO, A adj. **Ácido bromhídrico** Hidrácido (HBr) formado por la combinación del bromo y el hidrógeno.

BRÓMICO, A adj. **Ácido brómico** Ácido oxigenado del bromo ($HBrO_3$).

BROMISTA adj. y s.m. y f. Que gasta bromas.

1. BROMO s.m. (gr. *bromos,* hedor). No metal líquido, de la familia de los halógenos, de color rojo oscuro, cuyo punto de ebullición es de 58,78 °C. (Desprende vapores tóxicos de olor muy desagradable.) **2.** Elemento químico (Br), de número atómico 35 y masa atómica 79,904.

2. BROMO s.m. (gr. *brómos,* avena). Planta forrajera, de hojas planas e inflorescencias en panículas. (Familia gramíneas.)

BROMOFORMO s.m. Compuesto orgánico líquido ($CHBr_3$), de propiedades sedantes.

BROMURO s.m. Combinación del bromo con un cuerpo simple.

BRONCA s.f. *Fam.* Discusión o pelea fuerte y ruidosa. **2.** Expresión colectiva y ruidosa de desagrado en un espectáculo público. **3.** Amér. Enojo, rabia. **4.** Esp. *Fam.* Reprensión fuerte: *echar una bronca.*

BRONCE s.m. (del ital. *brónzo*). Aleación metálica de cobre y estaño. **2.** *Fig.* y *poét.* Cañón de artillería, campana, clarín o trompeta. **3.** B. ART. *Fig.* Estatua o escultura de este material. **4.** DEP. Medalla de este material que corresponde al tercer premio de una competición deportiva. ⬦ **Edad del bronce** HIST. Período prehistórico de la edad de los metales entre la edad del cobre y la edad del hierro que se caracteriza por la utilización de este metal. **Ligar bronce** *Fam.* Broncearse.

■ EDAD DEL **BRONCE.** Toro procedente del santuario de Soncorro Costitx, en Mallorca. (Museo arqueológico, Madrid.)

BRONCEADO, A adj. Acción o efecto de broncear o broncearse.

BRONCEADOR, RA adj. y s.m. Se dice del producto que favorece que la piel se broncee más rápidamente.

BRONCEAR v.tr. Dar color de bronce. **2.** Poner el sol o un agente artificial la piel de una persona morena: *el sol bronceaba su piel.* ◆ **broncearse** v.prnl. Ponerse la piel de una persona morena por la acción del sol o de un agente artificial.

BRONCÍNEO, A adj. De bronce o parecido a él: *rostro broncíneo.*

BRONCISTA s.m. y f. Persona que tiene por oficio trabajar el bronce.

BRONCO, A adj. De genio y trato áspero. **2.** Tosco, que está hecho con poca habilidad. **3.** *Fig.* Se dice de la voz y de los instrumentos de sonido áspero y desagradable.

BRONCONEUMONÍA s.f. Neumonía que afecta a los bronquios y los alvéolos pulmonares, debida a un germen o a un virus.

BRONCORREA s.f. Expectoración abundante de mucosidad incolora, que se da en la bronquitis crónica.

BRONCOSCOPIA s.f. Exploración visual del interior de la tráquea y los bronquios utilizando el broncoscopio.

BRONCOSCOPIO s.m. Endoscopio para practicar la broncoscopia.

BRONQUIAL adj. Relativo a los bronquios.

BRONQUIECTASIA s.f. Dilatación patológica de los bronquios.

BRONQUIO s.m. (lat. *bronchium*). Conducto del aparato respiratorio que lleva el aire desde la tráquea al interior de los pulmones, y viceversa. (La tráquea se divide en dos bronquios, llamados troncos bronquiales, y cada uno de ellos, en bronquios intralobulares que se ramifican, en el interior del pulmón correspondiente.)

BRONQUIOLO o **BRONQUÍOLO** s.m. Ramificación terminal de los bronquios.

BRONQUÍTICO, A adj. y s. Relativo a la bronquitis; que padece de esta enfermedad.

BRONQUITIS s.f. Inflamación de los bronquios. ⬦ **Bronquitis capilar** Bronconeumonía que afecta a los bronquiolos.

BRONTOSAURIO s.m. Reptil dinosaurio fósil (unos 22 m de long. y 30 t de peso), de cabeza pequeña, cuello largo y flexible, extremidades macizas con cinco dedos y cola larga y pesada.

BROOK s.m. (voz inglesa, *arroyo*). EQUIT. Obstáculo del steeple-chase que consiste en un foso lleno de agua.

BROQUEL s.m. (fr. ant. *bocler*). Escudo pequeño con una cazoleta en medio para la mano pueda empuñar el asa que tiene en la parte interior.

BROQUETA s.f. → BROCHETA.

BROTAR v.intr. Nacer o empezar a salir la planta de la tierra: *brotar el trigo.* **2.** Salir renuevos en las plantas o echar la planta hojas o renuevos. **3.** Manar, en especial el agua de un manantial. **4.** Manar un líquido por cualquier abertura: *brotar sangre de una herida.* **5.** *Fig.* Tener principio, manifestarse, nacer. **6.** *Fig.* Manifestarse en la piel síntomas de una enfermedad. ◆ v.tr. Producir la tierra plantas, hierbas, etc.

BROTE s.m. (gót. *brut*). Acción de brotar, tener principio o manifestarse alguna cosa. **2.** Manifestación súbita de una enfermedad o recrudecimiento de los síntomas de una enfermedad latente. **3.** Tallo nuevo de una planta.

BRÓTOLA s.f. Pez marino teleósteo de unos 25 cm de long., de color amarillento o pardo, con las aletas ventrales finas y largas y barbilla. (Familia gádidos.) SIN.: *lamprehuela, lampreílla, locha.*

BROZA s.f. Conjunto de restos de una planta, como hojas o ramas secas, que se acumula en un lugar. **2.** Maleza, espesura de plantas, arbustos o matorrales en los bosques y campos. **3.** Desecho de cualquier cosa. **4.** *Desp.* Conjunto de cosas inútiles que se hablan o escriben: *ese ensayo es todo broza.* **5.** Bruza.

BROZOSO, A adj. Que tiene o produce mucha broza.

BRUCELOSIS s.f. Enfermedad infecciosa que el ganado transmite al ser humano a través de sus productos, especialmente lácteos y que se caracteriza por fiebre alta y cambio brusco de temperatura. SIN.: *fiebre de Malta, fiebre mediterránea.*

BRUCES (DE) loc. Boca abajo: *caer de bruces.* (También *a bruces.*)

BRUCINA s.f. Alcaloide tóxico que se encuentra en la nuez vómica.

BRUGO s.m. (lat. *bruchus,* saltamontes sin alas). Larva del lepidóptero que devora las hojas de la encina. **2.** Larva del pulgón.

BRUJA s.f. Mujer que practica la brujería. **2.** *Fam.* Mujer fea, vieja y de aspecto desagradable. **3.** Mujer de mal carácter o malas intenciones. **4.** *Amér.* Fantasma, aparición. ◆ adj. y s.m. y f. Méx. Pobre en extremo: *anda bruja porque se lo gastó todo en vacaciones.* ◇ **Caza de brujas** Persecución de los comunistas en EUA en tiempos del maccarthismo; *por ext.*, persecución contra minorías políticas, culturales o religiosas.

BRUJEAR v.intr. Hacer brujerías.

BRUJERÍA s.f. Conjunto de prácticas basadas en los conocimientos y técnicas adquiridos por la persona que ha establecido un pacto con el demonio o los espíritus con el fin de causar o impedir un mal.

BRUJESCO, A adj. Relativo a las brujas, los brujos o a la brujería.

BRUJIDOR s.m. Grujidor. **2.** Persona que tiene por oficio efectuar al torno el redondeo de las piedras preciosas preparándolas para conferirles su talla definitiva.

BRUJIR v.tr. Grujir.

BRUJO, A adj. Que cautiva o embruja por su atractivo o belleza: *ojos brujos.* **2.** *Chile.* Fraudulento ◆ adj. y s.m. Cuba, Méx. y P. Rico. Pobre, miserable. ◆ s.m. Hombre que practica la brujería.

BRÚJULA s.f. (ital. *bussola*, cajita). Instrumento para orientarse que tiene una aguja imantada que gira libremente sobre un eje y señala la dirección del N magnético. ◇ **Perder la brújula** Perder el control en un asunto, situación o negocio.

BRUJULEAR v.tr. *Fam.* Descubrir un hecho o asunto mediante indicios y conjeturas. **2.** Descubrir poco a poco las cartas de la baraja para conocer por las rayas o pintas de qué palo son. ◆ v.intr. Actuar con habilidad en un determinado ámbito para conseguir algo.

BRULOTE s.m. (fr. *brulot*). Embarcación de pequeño tamaño llena de materias inflamables que se utiliza contra los barcos enemigos para incendiarlos (ss. XVII y XIX). **2.** Argent., Bol. y Chile. Dicho ofensivo, palabrota. **3.** Argent. y Chile. Crítica pública de carácter polémico.

BRUMA s.f. (lat. *bruma*, invierno). Niebla ligera. **2.** MAR. Niebla de mar.

BRUMOSO, A adj. Cubierto de bruma.

BRUNKA → BORUCA.

1. BRUÑO s.m. Ciruela pequeña y muy negra. SIN.: *bruño.* **2.** Árbol que la da. SIN.: *bruño.*

2. BRUNO, A adj. Que es de color negro u oscuro.

BRUÑIDO s.m. Acción y efecto de bruñir. SIN.: *bruñidura; bruñimiento.*

BRUÑIDOR, RA adj. y s. Que bruñe. ◆ s.m. Instrumento para bruñir.

BRUÑIDURA s.f. Acción y efecto de bruñir. SIN.: *bruñido; bruñimiento.*

BRUÑIR v.tr. (occitano ant. *brunir*) [49]. Pulir la superficie de una cosa, especialmente de un metal, para darle brillo. **2.** C. Rica, Guat. y Nicar. *Fig.* Amolar, fastidiar.

BRUÑO s.m. Bruno, ciruela y árbol.

1. BRUSCO s.m. Arbusto de pequeñas ramas en forma de hoja y bayas rojas. (Familia liliáceas.)

2. BRUSCO, A adj. Que se produce o se hace repentinamente: *frenazo brusco.* **2.** Que es poco amable: *carácter brusco.*

BRUSELENSE adj. y s.m. y f. De Bruselas.

BRUSHING s.m. (marca registrada). Método de secado y moldeado del cabello con secador de mano y un cepillo.

BRUSQUEDAD s.f. Cualidad de brusco: *la brusquedad de un movimiento.* **2.** Dicho o hecho bruscos.

BRUT adj. y s.m. (voz francesa). Se dice del cava o vino espumoso cuyo contenido de azúcar está comprendido entre 1 y 2 %. ◇ **Art brut** Arte espontáneo practicado por personas que han escapado a los condicionamientos culturales, autodidactas, individuos intelectualmente marginados o médiums.

BRUTAL adj. Que es violento o cruel. **2.** Colosal, extraordinario.

BRUTALIDAD s.f. Cualidad de bruto. **2.** *Fig.* Dicho o hecho brutales. **3.** *Fig.* Dicho o hecho propios de un bruto.

BRUTALISMO s.m. Tendencia arquitectónica que utiliza materiales brutos, como el hormigón, y no disimula la infraestructura técnica, como las tuberías.

BRUTO, A adj. y s. (lat. *brutus*, estúpido). Que es poco inteligente o ignorante. **2.** Que es grosero y mal educado. **3.** Que emplea la fuerza física frecuentemente o sin control. ◆ adj. Tosco, que está hecho con poca habilidad: *metal bruto.* **2.** Se dice de la cantidad a la que no se ha aplicado ninguna deducción: *beneficio bruto.* ◆ s.m. Animal irracional, especialmente cuadrúpedo. ◇ **En bruto** Sin labrar ni pulimentar; sin deducción alguna. **Peso bruto** Peso total de un producto (mercancía y embalaje). **Petróleo bruto** Petróleo que no ha sido refinado.

BRUZA s.f. (fr. dialectal *brusse*, cepillo). Cepillo redondo, de cerdas muy espesas y fuertes, para limpiar algo, como caballerías o moldes de imprenta SIN.: *broza.*

BRUZADOR s.m. IMPR. Tablero inclinado para limpiar las formas con la bruza.

BRUZAR v.tr. [7]. Limpiar algo, como caballerías o moldes de imprenta, con la bruza.

RÚBALO s.m. Antílope africano de 1,30 m de alt., con cuernos en U o en forma de lira.

BUBI adj. y s.m. y f. Del pueblo negroafricano, de lengua bantú, que habita en Guinea Ecuatorial (isla de Bioko).

RUBINGA s.m. Madera africana de color castaño rojizo.

BUBÓN s.m. Tumefacción inflamatoria de los ganglios inguinales. SIN.: *buba.*

BUBÓNICO, A adj. Relativo al bubón.

BUCAL adj. (del lat. *bucca*, mejilla). Relativo a la boca: *cavidad bucal.*

BUCANERO s.m. (fr. *boucanier*, de *boucanier*, ahumar la carne). Pirata que en los ss. XVII y XVIII saqueaba los barcos y territorios españoles en América.

BUCARE s.m. Árbol papilionáceo de unos 10 m de alt., espesa copa de hojas compuestas y flores blancas. (El bucare se emplea en América Meridional para proteger las plantaciones de café y tabaco del sol.) [Familia papilionáceas.]

BÚCARO s.m. (del lat. *poculum*, copa). Recipiente de cerámica para poner flores.

BUCCINADOR s.m. Músculo de la mejilla que tira de la comisura de los labios hacia atrás.

BUCCINO s.m. (lat. *buccinum*). Molusco gasterópodo comestible de las costas del Atlántico, con concha blanca de hasta 10 cm de long., cuya tinta solía mezclarse con la púrpura para teñir tejidos.

BUCEADOR, RA s. Persona que bucea, especialmente la persona que se dedica profesionalmente a ello.

BUCEAR v.intr. Nadar debajo del agua. **2.** *Fig.* Investigar a fondo sobre un asunto: *bucear en el caso; bucear entre los archivos.*

BUCELARIO s.m. HIST. Hombre libre que en el bajo Imperio romano y en la España visigoda se sometía a un señor a quien prestaba algunos servicios y ayuda militar a cambio del disfrute de alguna propiedad, protección, armas o alimentos.

BUCEO s.m. Acción de bucear.

BUCHACA s.f. Bolsa o bolsillo donde se guarda el dinero. **2.** Colomb., Cuba y Méx. Bolsa de la tronera de billar.

BUCHADA s.f. Buche, cantidad de líquido.

BUCHE s.m. (voz de origen onomatopéyico). Bolsa membranosa del aparato digestivo de un ave formada por dilatación del esófago y en la que los alimentos permanecen por espacio de un tiempo antes de pasar al estómago. **2.** *Fam.* Estómago del ser humano. **3.** Estómago de algunos cuadrúpedos. **4.** Cantidad de líquido que se bebe de una sola vez. SIN.: *buchada; trago.*

BUCHÓN, NA adj. y s. Se dice del palomo doméstico que infla el buche desmesuradamente.

BUCKLAND s.m. Formación geológica típica chilena que se extiende en mantos por la Tierra del Fuego.

BUCLE s.m. (fr. *boucle*). Rizo de cabello en forma de hélice. **2.** Curva en forma de rizo: *un bucle de carreteras.* **3.** INFORMÁT. Conjunto de instrucciones de un programa cuya ejecución se repite hasta la verificación de un criterio dado o la obtención de un determinado resultado. **4.** TECNOL. Sucesión de efectos en la que el último de ellos actúa sobre el primero.

BUCLEADO, A adj. HERÁLD. Se dice del collar provisto de anillos o hebillas de esmalte distinto.

BUCÓLICA s.f. Composición poética del género bucólico.

BUCÓLICO, A adj. (lat. *bucolicus*, pastoril). Se dice del género o composición poéticos que tratan de asuntos pastoriles o campestres de manera idealizada. ◆ adj. y s. Se dice del poeta que cultiva este tipo de poesía.

BUCRÁNEO s.m. ARQ. Motivo ornamental en relieve que representa la cabeza de buey. (Los bucráneos son propios del arte romano o renacentista.)

■ BUCRÁNEO

BUDA s.m. Miembro de la religión budista que consigue alcanzar el conocimiento perfecto de la verdad. **2.** Estatua que representa a un Buda.

BUDARE s.m. Amér. Plato de barro o hierro que sirve para cocer el pan de maíz.

BÚDICO, A adj. Relativo al budismo.

BUDÍN o **PUDÍN** s.m. (ingl. *pudding*). Dulce que se elabora con una masa de harina, leche, huevos y frutas cocida al horno en un molde: *budín de albaricoques.* SIN.: *pudín.* **2.** Plato que se elabora con una masa de huevos e ingredientes salados cocida al horno en un molde: *budín de cerdo, ave y paté.*

BUDIÓN s.m. Pez marino de labios carnosos y recubierto de sustancia pegajosa.

BUDISMO s.m. Sistema filosófico y religión basada en las enseñanzas de Buda. ENCICL. La doctrina budista pretende ser una respuesta al sufrimiento que identifica con la existencia misma. Para salir del ciclo de nacimientos y muertes, esto es, para alcanzar el nirvana, hay que empezar por liberarse del deseo, íntimamente vinculado a la vida. Existen dos grandes corrientes budistas: la del Pequeño Vehículo (hīnayāna) y la del Gran Vehículo (mahāyāna).

BUDISTA adj. y s.m. y f. Relativo al budismo; seguidor de esta religión.

BUEN adj. Apócope de *bueno.* (Se emplea antepuesto a un sustantivo masculino en singular: *un buen padre*.)

BUENAMENTE adv.m. Fácilmente, sin mucho esfuerzo: *hará lo que buenamente pueda.* **2.** Voluntariamente, sin presiones ni coacciones: *si buenamente quiere, te lo prestará.*

BUENAVENTURA s.f. (pl. *buenaventuras*). Predicción del futuro de una persona que se hace mediante el examen de las rayas de la mano. **2.** Buena suerte.

BUENAZO, A adj. y s. *Fam.* Se dice de la persona buena y de carácter poco enérgico.

1. BUENO adv.m. Se usa para expresar aprobación o conformidad con algo que ha dicho otra persona: *—¿Vendrás? —Bueno.*

2. BUENO, A adj. (lat. *bonus*). Se dice de la persona que actúa con bondad, sin perjudicar ni dañar a nadie. **2.** Que posee todas las cualidades propias de su naturaleza y cumple con su función: *estas perlas son buenas; una buena profesora.* **3.** Que es beneficioso o conveniente: *el ejercicio es bueno para la salud.* **4.** Que resulta agradable a los sentidos, especialmente al gusto o al olfato: *el pastel está bueno; una colonia muy buena.* **5.** Grande, que excede a lo común y regular: *una buena reprimenda.* **6.** Que no está deteriorado, que está en buen estado: *este vestido todavía está bueno.* **7.** Bastante, suficiente: *tiene buenos dineros para pagar.* **8.** Se dice de la persona de gran atractivo físico: *¡tía buena!* **9.** Esp. y Méx. Sano, de buena salud: *ya está bueno.* ◇ **A,** o **por, (las) buenas** De grado, voluntariamente. **De buenas a primeras** De repente, a primera vista. **Del bueno,** o **de los buenos** *Irón.* De considerable importancia. **Estar de buenas** *Fam.* Estar de buen humor. **Poner bueno** Criticar acerbamente.

BUEY s.m. (lat. *bos, bovis*). Toro castrado. **2.** Crustáceo marino decápodo, con un caparazón elíptico rojo oscuro y las dos primeras patas acabadas en pinzas negras.

¡BUF! interj. Expresa repugnancia o molestia.

BUFA s.f. Burla. **2.** *Fam.* Borrachera. **3.** Pieza de la armadura por que se reforzaba la parte anterior del guardabrazo izquierdo.

BÚFALO s.m. (lat. tardío *buffalus*). Mamífero rumiante de cuerpo robusto, cabeza ancha y cuernos largos y encorvados. (Familia bóvidos.) **2.** Bisonte de América. **3.** Utensilio que utilizan los cerrajeros para pulir.

■ **BÚFALO** africano.

BUFANDA s.f. (fr. ant. *bouffante,* part. de *bouffer,* inflarse). Prenda que consiste en una tira larga y estrecha, generalmente de lana, que se pone alrededor del cuello como adorno o para abrigarse.

BUFAR v.intr. Resoplar el toro y otros animales con fuerza e ira. **2.** *Fig.* y *fam.* Expresar alguien su enojo resoplando o gesticulando.

BUFEO s.m. Argent. y Perú. Delfín.

BUFÉ, BUFET o **BUFFET** s.m. Mesa en la que se disponen diferentes platos para que los comensales se sirvan ellos mismos a su gusto. **2.** Mueble de comedor para guardar los servicios de mesa.

BUFETE s.m. (fr. ant. *buffet*). Despacho de un abogado. **2.** Clientela de un abogado. **3.** Mesa de escribir con cajones. ◇ **Abrir bufete** Empezar a ejercer la abogacía.

BUFFET s.m. Amér. → **BUFÉ.**

BUFIDO s.m. Voz que emiten el toro y otros animales cuando bufan. **2.** *Fig.* Expresión o manifestación de enojo.

BUFO, A adj. (ital. *buffo*). Que es cómico y grotesco. **2.** Se dice de la persona que hace reír poniéndose en ridículo o haciendo cosas ridículas. **3.** Se dice de la ópera cómica y burlesca, nacida en Italia en el s. XVIII. ◆ adj. y s. Se dice del cantante que tiene un papel divertido o alegre en una ópera.

BUFÓN, NA s. (ital. *buffone*). Persona que dice o hace tonterías para hacer reír a los demás y resulta ridícula. **2.** Persona que tenía por oficio hacer reír a los reyes y a sus cortesanos con sus gracias.

BUFONADA s.f. Dicho o hecho propios de un bufón.

BUFONESCO, A adj. Bufo, chocarrero.

BUGALET s.m. (voz bretona). Embarcación auxiliar, por lo general de dos palos, empleada en los puertos para el transporte de pólvora y municiones.

BUGALLA s.f. Agalla del roble y otros árboles, que sirve para hacer tintes o tinta.

BUGAMBILIA s.f. Méx. Buganvilia.

BUGANVILIA o **BUGANVILLA** s.f. (de *Bougainville,* nombre del navegante francés que la trajo a Europa). Planta trepadora originaria de América de hojas pequeñas lanceoladas, tallos leñosos y largas brácteas de color rojo violáceo, rosado, blanco o amarillento. (Se utiliza como planta ornamental; familia nictagináceas.)

BUGGY s.m. (voz inglesa). Vehículo construido a partir de un chasis de automóvil de serie, equipado con carrocería baja y neumáticos anchos y apto para todos los terrenos. **2.** Cabriolé hipomóvil descubierto.

BUGLE s.m. (voz francesa). Instrumento musical de viento, metálico, con llaves o pistones.

BUGLOSA s.f. (lat. *buglossa*). Planta de flores azuladas que puede alcanzar 1 m de alt. y que crece en lugares incultos. (Familia borragináceas.)

BUHARDILLA o **BOHARDILLA** s.f. (del ant. *buharda,* respiradero para el humo, de *bufar,* soplar). Planta más alta de un edificio, inmediata al tejado, generalmente con el techo inclinado. **2.** Ventana que sobresale verticalmente en el tejado de una casa, para dar luz a los desvanes o salir a los tejados.

BÚHO s.m. (lat. vulg. *bufo*). Ave rapaz nocturna de ojos grandes colocados en la parte anterior de la cabeza, pico curvo, garras afiladas y fuertes, que se alimenta de roedores e insectos. (Entre los búhos destacan el *búho real,* el *búho nival* y el *búho chico.*) **2.** *Fig.* y *fam.* Persona huraña.

■ **BÚHO** real.

BUHONEAR v.intr. Vender baratijas.

BUHONERÍA s.f. Mercancía de poco valor que lleva un buhonero.

BUHONERO, A s. Persona que tiene por oficio vender mercancía de poco valor de manera ambulante.

BUIDO, A adj. (cat. *buit,* vacío). Aguzado, afilado: *nariz buida.* **2.** Acanalado o con estrías: *columna buida.*

BUITRE s.m. (lat. *vultur, vulturis*). Ave rapaz diurna de hasta 1,25 cm de long., sin plumas en cabeza y cuello, que se alimenta de carroña. **2.** *Fig.* y *fam.* Persona aprovechada y egoísta.

BUITREADA s.f. Amér. Acción y efecto de buitrear.

BUITREAR v.tr. Amér. Vomitar.

BUITRÓN s.m. Dispositivo formado por un conjunto de setos que se van estrechando hasta terminar en una hoya grande donde caen las reses acosadas por los ojeadores. **2.** Red pequeña que se utiliza en la caza de la perdiz. **3.** Arte de pesca que consiste en una red en forma de cono alargado cuya boca está cerra-

da por otro cono más corto. **4.** Horno de manga usado en América para fundir minerales argentíferos. **5.** Era de las minas de América donde se beneficiaban los minerales argentíferos, mezclándolos con azogue y magistral.

BUJA s.f. Méx. Pieza cilíndrica de hierro que se atraviesa por el eje en las ruedas de los automóviles.

BUJARRÓN adj. y s.m. (del lat. *bulgarus,* búlgaro). *Desp.* Sodomita.

BUJE s.m. Pieza cilíndrica que reviste el interior de la pieza que gira alrededor de un eje para protegerla. **2.** Argent. Cojinete de una sola pieza.

BUJÍA s.f. (ár. vulgar *Buŷïa,* Bejaïa, c. de Argelia). Dispositivo del motor de explosión donde se produce la chispa eléctrica que inflama la mezcla gaseosa contenida en el cilindro. **2.** Vela de cera u otra sustancia grasa. **3.** Candelero en que se pone. **4.** Unidad antigua de medida de intensidad luminosa equivalente a la vigésima parte de la luz emitida por un centímetro cuadrado de platino a la temperatura de fusión.

BULA s.f. (lat. *bulla,* bola, sello de plomo que va en ciertos documentos pontificios). Documento pontificio que lleva el sello del papa: *bula de excomunión.* **2.** Sello de plomo que va pendiente de ciertos documentos pontificios. **3.** HIST. Sello o nema fijado a un acta. ◇ **Tener bula** *Fam.* Disfrutar de ciertas ventajas por condescendencia o favoritismo.

BULBAR adj. Relativo al bulbo, especialmente al bulbo raquídeo.

BULBILO s.m. Yema rica en sustancias de reserva que se desarrolla en los órganos aéreos de determinadas plantas, de las que puede separarse y dar lugar a una planta nueva.

BULB-KEEL s.m. (voz inglesa). Quilla de un yate de vela formada por un alerón metálico delgado, que soporta en su parte inferior un lingote de lastre de forma alargada.

BULBO s.m. (lat. *bulbus*). Órgano vegetal, generalmente subterráneo, de forma redondeada, con hojas carnosas y repletas de reservas nutritivas, que permite a la planta reformar cada año sus partes aéreas: *bulbo de la cebolla, del jacinto.* **2.** MAR. Convexidad de la parte inferior de la roda de un navío que sirve para

■ **BUITRE** leonado.

disminuir la resistencia del agua. ◇ **Bulbo aórtico** Porción del corazón de los peces óseos y de los batracios larvarios, que sigue al ventrículo y que está en el origen de la arteria branquial. **Bulbo duodenal** Parte primera del duodeno, situada inmediatamente después del píloro. **Bulbo olfatorio** Divertículo del hemisferio cerebral que recibe los filamentos del nervio olfatorio proveniente de las fosas nasales. **Bulbo raquídeo** Parte inferior del encéfalo de los vertebrados situado por encima de la médula espinal. (El bulbo raquídeo contiene unos centros que controlan la circulación sanguínea y la respiración.) **Grupo bulbo** Con-

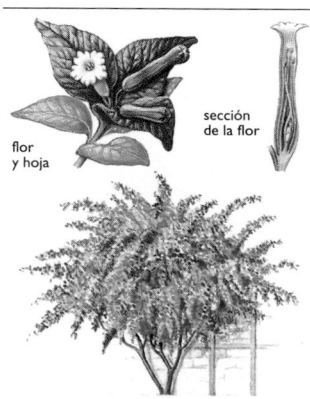

sección de la flor

flor y hoja

■ **BUGANVILIA**

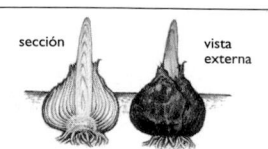

sección

vista externa

■ **BULBO** de jacinto.

junto de una turbina hidráulica y un alternador, utilizado en las centrales hidroeléctricas de caída débil y en las centrales maremotrices.

BULBOSO, A adj. Que tiene bulbos o forma de bulbo.

BULE s.m. Méx. Calabaza de cáscara dura. **2.** Méx. Vasija hecha de este fruto cuando se seca.

BULÉ s.f. Senado de una ciudad de la antigua Grecia, en particular de Atenas.

BULERÍAS s.f.pl. Canto popular andaluz de ritmo vivo en compás de tres tiempos que se acompaña con palmas. **2.** Baile que acompaña este canto: *bailar por bulerías*.

BULEVAR s.m. (fr. *boulevard*). Calle ancha y larga con una acera central, generalmente con árboles. ◇ **Teatro de bulevar** Estilo teatral de carácter ligero y fácil.

BÚLGARO, A adj. y s. De Bulgaria. ◆ s.m. Lengua indoeuropea eslava hablada en Bulgaria.

BULGE s.m. (voz inglesa). MAR. Compartimento abombado, adosado en la parte exterior del casco de un buque de guerra para protegerlo de la explosión de los torpedos.

BULIMIA s.f. (gr. *boulimía*, de bous, buey, y *limós*, hambre). Enfermedad que se caracteriza por un deseo irrefrenable de ingerir una cantidad no controlada y excesiva de alimentos.

BULÍMICO, A adj. y s. Relativo a la bulimia; que padece bulimia.

DULIN s.m. Habitación. **2.** Argent. y Urug. Argot. Departamento que un hombre usa para sus citas amorosas. **3.** Perú. Burdel.

BULLA s.f. Criterío o alboroto producido por una o más personas. **2.** Concurrencia de muchas personas en un lugar.

BULLABESA s.f. (fr. *bouillabaisse*). Sopa de pescado y marisco cocidos, en agua o en vino blanco, con ajo, azafrán, aceite de oliva, especias, etc.

BULLANGA s.f. Tumulto, bullicio.

BULLANGUERO, A adj. y s. Alborotador.

BULLDOG s.m. y adj. (voz inglesa) [pl. *bulldogs*]. Perro que pertenece a una raza de cuerpo grueso, cabeza grande, patas cortas y arqueadas, cara aplastada y pelaje corto, blanco y rojizo.

BULLDOZER s.m. (voz angloamericana) [pl. *bulldozers*]. Máquina niveladora constituida por un tractor oruga, muy potente, provisto de una fuerte pala de acero en la parte delantera.

BULLEBULLE s.m. y f. *Fam.* Persona inquieta y entremetida.

BULLFINCH s.m. (voz inglesa). EQUIT. Obstáculo de steeple-chase que consiste en un talud de tierra con un seto de matas o arbustos.

BULLICIO s.m. (lat. *bullitio, -onis*, burbujeo). Ruido y rumor que causa mucha gente reunida. **2.** Ambiente ruidoso de gente en actividad o movimiento: *el bullicio del centro urbano*.

BULLICIOSO, A adj. Que produce bullicio: *reunión bulliciosa*. ◆ adj. y s. Inquieto, desasosegado, alborotador: *gente bulliciosa*.

BULLIONISMO s.m. (del ingl. *bullion*, lingote). Sistema monetario en el cual la moneda fiduciaria está respaldada por los valores de reserva en oro o en plata del banco emisor.

BULLIR v.intr. (lat. *bullire*) [49]. Hervir el agua u otro líquido. **2.** *Fig.* Moverse, agitarse: *la gente bullía en la plaza.* **3.** *Fig.* Moverse mucho una persona u ocuparse en muchas cosas a la vez. **4.** Agitarse un líquido con fuerza, con un movimiento parecido al del agua que hierve: *bullir el mar.*

BULLÓN s.m. (fr. *bouillon*). Pieza de metal, en forma de cabeza de clavo, que adorna la esquina de la cubierta de una encuadernación antigua.

BULLTERRIER s.m. y adj. (voz inglesa) [pl. *bullterriers*]. Perro que pertenece a una raza de origen inglés de pequeño tamaño, cuerpo musculoso y pelaje corto.

BULO s.m. Esp. Noticia falsa propagada con algún fin, especialmente para perjudicar a alguien.

BULÓN s.m. Argent. Tornillo grande de cabeza redondeada.

BULTO s.m. (lat. *vultus*, rostro). Volumen o tamaño de una cosa: *el paquete hace mucho bulto.* **2.** Cuerpo del que solo se percibe confusamente o distingue un bulto en la oscuridad. **3.** Maleta, caja, paquete, etc. **4.** Elevación en la superficie de una cosa o porción de masa más dura que el resto en el interior de algo. **5.** Amér. Cartapacio, vademécum, bolsa. ◇ **A bulto** Aproximadamente, sin medir ni contar. **Bulto redondo** Obra escultórica aislada. **De bulto** Muy importante: *error de bulto.* **Escurrir, o guardar, o huir, el bulto** *Fam.* Eludir o tratar de evitar un trabajo, riesgo o compromiso. **Hablar, o contar algo, de bulto** Méx. Acompañar el relato de algo con gestos o ademanes que lo ilustran.

¡BUM! Onomatopeya con que se imita el ruido de un golpe o una explosión.

BUMERÁN o **BOOMERANG** s.m. (pl. *bumeranes* o *boomerangs*). Arma arrojadiza de los aborígenes australianos que consiste en una lámina de madera curvada que, tras lanzarla, puede girar para volver a su punto de partida. ◇ **Efecto bumerán** Resultado contrario al que se busca por la mala utilización de un método.

BUNGALÓ o **BUNGALOW** s.m. (voz inglesa) [pl. *bungalós* o *bungalow*]. Casa de una planta y de construcción ligera situada en un lugar de vacaciones. **2.** Casa baja, generalmente de madera, rodeada de una galería cubierta, propia de la India y de los países tropicales.

BÚNKER o **BÚNQUER** s.m. (alem. *Bunker*) [pl. *búnkers* o *búnquers*]. Refugio subterráneo para defenderse de los bombardeos. **2.** Esp. Grupo político o económico conservador de carácter inmovilista.

BUNRAKU s.m. (voz japonesa). Espectáculo tradicional japonés de marionetas.

BUÑUELO s.m. Masa de harina, huevos, aceite, agua o leche y otros ingredientes salados o dulces, generalmente en forma de bola, que se fríe y puede rellenarse. **2.** *Fig.* y *fam.* Cosa hecha de cualquier manera, con poco esmero y poco gusto. ◇ **Buñuelo de viento** Buñuelo dulce que se espolvorea con azúcar.

BUPRESTO s.m. Insecto coleóptero, de cuerpo alargado y color metálico. (Las larvas del bupresto son perjudiciales para los árboles en los que excavan galerías.)

BUQUE s.m. (cat. *buc*, vientre, capacidad de algo, casco de una nave). Embarcación con cubierta, de gran tamaño, destinada a la navegación en alta mar. ◇ **Buque cisterna** Buque de carga cuyas calas constituyen o contienen cisternas para el transporte de líquidos a granel. **Buque factoría** Buque que dispone de instalaciones de transformación y conservación de las capturas de los barcos pesqueros. **Buque hospital** Buque acondicionado para el traslado de enfermos y heridos.

BUQUÉ o **BOUQUET** s.m. (fr. *bouquet*). Aroma de un vino. **2.** Ramo pequeño de flores.

BURBUJA s.f. (del lat. *bulla*). Ampolla pequeña de aire u otro gas que se forma en el interior de un líquido. **2.** Incremento exagerado del precio de ciertos bienes respecto de un valor estimado según criterios objetivos: *burbuja inmobiliaria, financiera, tecnológica.*

BURBUJEAR v.intr. Hacer burbujas un líquido. SIN.: *borbotar, borbotear*.

BURCA o **BURKA** s.m. o f. Vestimenta con que se cubren completamente, de pies a cabeza, las mujeres musulmanas, con una rejilla para los ojos. (Es tradicional en Afganistán, India y Pakistán.)

BURDÉGANO s.m. Animal nacido del cruce de un caballo y una burra.

BURDEL s.m. (cat. *bordell*). Establecimiento donde se practica la prostitución.

BURDEOS s.m. (pl. *burdeos*). Vino tinto elaborado en la región de Burdeos.

BURDO, A adj. Tosco, basto, poco sutil: *tela burda; burdas mentiras.*

BUREAR v.tr. Colomb. Burlar, chasquear.

BURELA s.f. HERÁLD. Faja disminuida.

BURELADO, A adj. Se dice del fondo rayado destinado a una sobreimpresión.

BURÉN s.m. Cuba. Plancha metálica o de barro para cocinar.

BUREO s.m. (fr. *bureau*, oficina). Junta que resolvía los expedientes administrativos de la casa real española y ejercía jurisdicción sobre los que gozaban de su fuero. ◇ **De bureo** Esp. De juerga.

BURETA s.f. Tubo de vidrio graduado y provisto de una llave, usado en los laboratorios.

BURG s.m. Fortaleza medieval.

BURGA s.f. (gall. *burga*). Manantial de agua caliente mineralizado.

BURGADO s.m. Caracol terrestre de unos 2 cm. (Familia helícidos.)

BURGALÉS, SA adj. y s. De Burgos.

BURGO s.m. (bajo lat. *burgus*). Población pequeña sin jurisdicción propia, que depende de la villa o ciudad en cuyo término reside. **2.** Núcleo fortificado o fuerte de una población medieval.

BURGOMAESTRE s.m. (del alem. *Burgmeister*). Autoridad municipal principal de las ciudades de Bélgica, Alemania, Suiza, Países Bajos, etc.

BURGOS s.m. Queso de leche de oveja, blando y blanco, que se elabora en la provincia de Burgos. (También *queso de Burgos*.)

BURGRAVE s.m. Título que se daba al señor

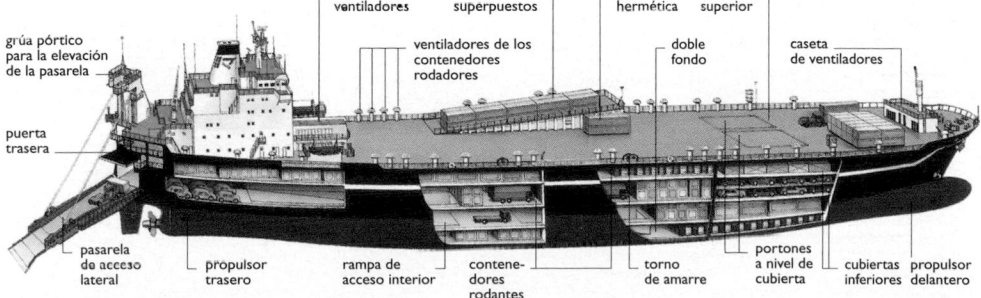

■ **BUQUE.** Sección de un buque de carga portacontenedores.

grúa pórtico para la elevación de la pasarela

caseta de ventiladores

contenedores superpuestos

puerta hermética

cubierta superior

ventiladores de los contenedores rodadores

doble fondo

caseta de ventiladores

puerta trasera

pasarela de acceso lateral

propulsor trasero

rampa de acceso interior

contenedores rodantes

torno de amarre

portones a nivel de cubierta

cubiertas inferiores

propulsor delantero

de una ciudad o de una plaza fuerte del Sacro imperio romano germánico.

BURGUÉS, SA adj. y s. Relativo a la burguesía; miembro de esta clase social. **2.** Relativo al burgo.

BURGUESÍA s.f. Clase media. **2.** Según el marxismo, clase social del sistema capitalista a la que pertenecen las personas que poseen el capital industrial y financiero. CONTR.: *proletariado*.

BURGUESISMO s.m. Conjunto de cualidades y costumbres propias de la burguesía.

BURGUNDIO, A adj. y s. Del pueblo germánico originario del Báltico que se estableció en el s. V a orillas del Rin. (Los burgundios fueron derrotados por Aecio en 436; en el s. V conquistaron la cuenca del Ródano y los Alpes. Fueron sometidos por los francos en 532 y dieron su nombre a Borgoña.)

BURÍ s.m. Palma de tronco alto, muy grueso y erecto, hojas muy grandes y frutos en drupa globosa. (Familia palmáceas.) **2.** Filamento textil que se obtiene de esta palma.

BURIATOS, pueblo mongol de Siberia que habita en la República de Buriatia (Rusia) y en Mongolia.

BURIL s.m. (cat. *burí*). Instrumento de acero acabado en punta que sirve para grabar metales.

BURILADA s.f. Rasgo o trazo hecho con el buril. **2.** Porción de plata que los ensayadores sacan de una pieza con el buril para ver si es de ley.

BURILAR v.tr. Grabar un metal con el buril.

BURÍO s.m. Planta originaria de América Central, leñosa y de corteza fibrosa. (De la corteza del burío se hacen cordeles; familia liliáceas.)

BURKA s.m. → BURCA.

BURLA s.f. Acción o expresión con que se intenta ridiculizar a alguien o algo. **2.** Engaño que se hace aprovechándose de la buena fe de alguien. ◇ **Decir** algo **entre burlas y veras** Decir algo desagradable en tono festivo.

BURLADERO s.m. Valla situada delante de las barreras de una plaza de toros para que el torero pueda refugiarse detrás de ella del toro. **2.** Zona aislada en medio de una calzada muy ancha para que los peatones puedan refugiarse en ella.

BURLADOR, RA adj. y s. Que burla. ◆ s.m. Hombre que hace gala de seducir y engañar a las mujeres.

BURLAR v.tr. Engañar, hacer creer una cosa que no es verdad a una persona. **2.** Evitar una persona un peligro, un ataque, o una persecución: *burlar la vigilancia*. ◆ **burlarse** prnl. Hacer burla de alguien o algo para ridiculizarlo o menospreciarlo: *burlarse de su vestido*. **2.** Engañar a alguien valiéndose de su buena fe.

BURLESCO, A adj. Que contiene burla: *actitud burlesca; tono burlesco*.

BURLETE s.m. (fr. *bourrelet*, dim. de *bourre*, borra). Tira de material flexible que se fija a los cantos de las hojas de puertas y ventanas para evitar el paso del aire.

BURLÓN, NA adj. y s. Que tiene tendencia a burlarse. ◆ adj. Que denota o implica burla: *risa burlona*.

BURÓ s.m. (fr. *bureau*). Escritorio con pequeños cajones en la parte superior que se cierra generalmente con una persiana. **2.** Grupo de personas que dirigen un organismo, especialmente un partido político. **3.** Méx. Mesilla de noche.

BUROCRACIA s.f. (fr. *bureaucratie*). Conjunto de normas establecidas por el sector administrativo de un estado para resolver un trámite. **2.** Conjunto de personas que trabajan en el sector administrativo de un estado. **3.** Desp. Conjunto de trámites dificultosos o lentos que deben realizarse para resolver un asunto administrativo.

BURÓCRATA s.m. y f. Persona que trabaja en el sector administrativo de un estado.

BUROCRATISMO s.m. Desp. Influencia excesiva de la burocracia en el sector administrativo de un estado.

BUROCRATIZACIÓN s.f. Acción de burocratizar. **2.** SOCIOL. Proceso a través del cual el crecimiento excesivo de las funciones administrativas, técnicas o políticas de ciertos elementos de un grupo social tiende a constituirlas en una capa autónoma (burocracia), cuyos métodos y modelo de decisión se convierten en un rasgo dominante del conjunto de las relaciones sociales.

BUROCRATIZAR v.tr. y prnl. [7]. Someter a un estado a normas administrativas que implican realizar una serie de trámites dificultosos o lentos. **2.** Hacer que una actividad adquiera normas similares a las que rigen el sector administrativo de un estado.

BURÓTICA s.f. Ofimática.

BURRADA s.f. *Fig. y fam.* Dicho o hecho propios de un necio: *no digas burradas*. **2.** Manada de burros. **3.** Esp. *Fig. y fam.* Cantidad grande de personas o cosas: *una burrada de gente*.

BURRITO s.m. Méx. Tortilla de harina de trigo rellena de queso u otra cosa. SIN.: *burrita*.

BURRO, A s. (de *borrico*). Asno, mamífero. ◆ s. y adj. *Fig. y fam.* Persona poco inteligente o ignorante. ◆ s.m. Armazón que consiste en dos palos en forma de aspa y un travesaño regulable, especialmente el que sirve para sujetar un madero que se ha de aserrar. **2.** Juego de cartas en el que gana el jugador que primero se queda sin cartas. **3.** Argent. *Fig. y fam.* Caballo de carrera. **4.** Méx. Escalera de mano que consiste en dos escaleras que se unen mediante una bisagra por arriba. **5.** Méx. Tabla de planchar. ◇ **Apearse,** o **caer, del burro** *Fam.* Reconocer que se ha cometido un error. **Burro de arranque** Argent. Dispositivo eléctrico que sirve para poner en marcha un automotor. **Burro de carga** *Fig. y fam.* Persona que tiene aguante para trabajar mucho. **No ver tres en un burro** *Fam.* Ser muy corto de vista; ver muy poco.

BURSÁTIL adj. (del lat. *bursa*). Relativo a la bolsa de operaciones financieras.

BURUCUYÁ s.m. Argent., Par. y Urug. Pasiflora.

BURUJO s.m. Bulto que se forma en una cosa al comprimirla o al aglomerarse varias de sus partes que estaban sueltas.

BURUNDÉS, SA adj. y s. De Burundi.

1. BUS s.m. (apócope). *Fam.* Autobús.

2. BUS s.m. INFORMÁT. Conductor común de varios circuitos que permite distribuir datos o corrientes de alimentación.

BUSCA s.f. Acción de buscar. SIN.: *búsqueda*. **2.** Méx. Provecho que se obtiene de algún cargo o empleo.

BUSCABULLA o **BUSCABULLAS** s.m. y f. Méx. Persona pendenciera.

BUSCADOR, RA adj. y s. Que busca: *buscadores de oro*. ◆ s.m. INFORMÁT. Programa informático que tiene como objetivo facilitar la obtención de la información que existe en Internet sobre un determinado tema.

BUSCAMINAS s.m. (pl. *buscaminas*). Aparato que se emplea para localizar las minas.

BUSCAPIÉ s.m. Recurso que consiste en hacer un comentario para incitar a una persona a hablar sobre cierto tema y así obtener disimuladamente alguna información.

BUSCAPLEITOS s.m. y f. (pl. *buscapleitos*). Persona pendenciera que tiende a provocar riñas y peleas. SIN.: *buscarruidos*.

BUSCAR v.tr. [1]. Hacer lo necesario para encontrar una cosa o a una persona. **2.** Provocar una persona a otra para que riña o pelee con ella. **3.** Argent. y Chile. Provocar, irritar. ◇ **Buscárselas** Ingeniárselas para poder subsistir.

BUSCARRUIDOS s.m. y f. (pl. *buscarruidos*). Buscapleitos.

BUSCAVIDAS s.m. y f. (pl. *buscavidas*). *Fig. y fam.* Persona que tiene habilidad para buscarse un medio de vida con que salir adelante.

BUSCO s.m. Saliente de una esclusa, que sirve de tope a la parte inferior de la compuerta.

BUSCÓN, NA adj. y s. Que busca. ◆ s.f. Esp. Prostituta.

BUSETA s.f. Colomb., Ecuad. y Venez. Autobús pequeño.

BUSH s.m. (voz inglesa). GEOGR. Formación vegetal tupida adaptada a la sequía (África oriental, Madagascar, Australia), constituida por arbustos y árboles bajos aislados.

BUSHIDO s.m. (voz japonesa). Código de honor de los samuráis (s. X).

BUSILIS s.m. Esp. *Fam.* Punto en que estriba la dificultad o el interés de algo: *dar en el busilis*.

BUSINESS s.m. (voz inglesa, negocio, comercio). Clase preferente en el transporte aéreo. **2.** Méx. *Fam.* Asunto, tema, hecho.

BÚSQUEDA s.f. Busca.

BUSTO s.m. (lat. *bustum*, crematorio de cadáveres). Parte superior del tórax de una persona. **2.** Pechos de una mujer. **3.** Representación pintada o esculpida de la cabeza y parte superior del tórax de una persona.

BUSTRÓFEDON s.m. (gr. *boustrophídón*, arando en zigzag). Escritura que consiste en escribir una línea empezando por la derecha y la siguiente por la izquierda y así sucesivamente.

BUTACA s.f. (caribe *putaka*). Asiento para una persona, blando, con brazos y respaldo inclinado hacia atrás. **2.** Asiento que ocupa una persona en un local donde se ofrece un espectáculo; billete para este espectáculo.

BUTADIENO s.m. Hidrocarburo dietilénico (C_4H_6), utilizado en la fabricación de caucho sintético.

BUTANO s.m. y adj. Hidrocarburo gaseoso saturado (C_4H_{10}), que se emplea como combustible licuado a baja presión.

BUTEN (DE) loc. Esp. *Fam.* Magnífico, muy bueno o muy bien.

BUTENO s.m. Hidrocarburo etilénico (C_4H_8).

BUTÍLICO, A adj. Se dice del compuesto que contiene el radical butilo.

BUTILO s.m. Radical monovalente (C_4H_9) derivado del butano.

BUTIRATO s.m. Sal del ácido butírico.

BUTÍRICO, A adj. (gr. *boûturon*, mantequilla). Se dice del ácido orgánico que se encuentra en la mantequilla y otros lípidos. ◇ **Fermentación butírica** Fermentación producida por bacterias del género *Amilobacter*, que produce la descomposición de ciertas materias orgánicas, como el ácido láctico, la celulosa, el almidón, etc., con liberación de ácido butírico.

BUTIRINA s.f. Materia grasa de la mantequilla.

BUTIRÓMETRO s.m. Instrumento para medir la riqueza de la leche en materia grasa.

BUTIROSO, A adj. Que tiene la naturaleza o la apariencia de la mantequilla. ◇ **Contenido,** o **porcentaje, butiroso** Cantidad de materia grasa contenida en un kilogramo de leche.

BUTRE s.m. Embarcación árabe de vela, de popa elevada.

BUTRÓN s.m. Agujero que hace un ladrón en el techo o en la pared para entrar a robar.

BUXÁCEO, A adj. y s.f. BOT. Relativo a una familia de plantas dicotiledóneas, leñosas, de hojas enteras y flores unisexuales, como el boj.

BUZAMIENTO s.m. GEOL. Pendiente de un estrato o filón interestratificado.

BUZAR v.intr. [7]. GEOL. Formar los planos de estratificación un cierto ángulo con la horizontal.

BUZO s.m. (port. *buzio*, caracol que vive debajo del agua). Persona que tiene por oficio sumergirse bajo el agua. **2.** Argent., Chile, Perú y Urug. Vestimenta para hacer deporte, chándal. ◇ **Ponerse buzo** Méx. *Fam.* Ponerse en situación de alerta, actuar con cuidado e inteligencia.

BUZÓN s.m. (del ant. *bozón*, ariete). Caja o recipiente con una ranura que sirve para echar la correspondencia. **2.** Ranura que tiene esta caja o recipiente por donde se echa la correspondencia. ◇ **Buzón de voz** Dispositivo telefónico que permite la grabación de mensajes orales y su posterior consulta.

BUZONERO s.m. Chile. Funcionario que recoge las cartas de los buzones.

BY-PASS o **BIPÁS** s.m. (ingl. *bypass*). Circuito de derivación que aísla un aparato, un dispositivo o una instalación. **2.** MED. Operación quirúrgica que consiste en colocar una pieza artificial o biológica entre dos puntos de una arteria dañada. **3.** MED. Pieza artificial o biológica que se coloca para unir dos puntos de una arteria en mal estado.

BYTE s.m. (voz inglesa). INFORMÁT. Unidad de medida de contenido de información equivalente a un cierto número de bits, en general, 4, 6 u 8.

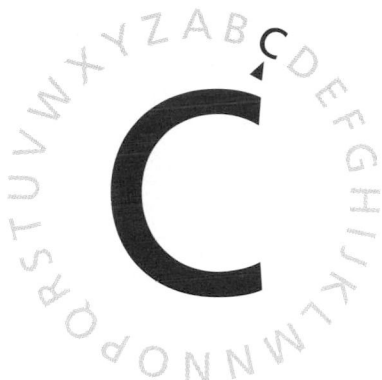

C s.f. Tercera letra del alfabeto español y segunda de sus consonantes. (Representa un sonido velar oclusivo sordo ante consonante o ante las vocales *a, o, u: cubo, cola, cubo;* ante *e, i* es una interdental fricativa sorda: *celo, cifra;* en las zonas de seseo se pronuncia como *s.*) **2.** MAT. Símbolo que representa el conjunto de los números complejos. ◇ **C** Cifra romana que vale cien; MÚS. En la notación inglesa y alemana, nota *do.*

¡CA! interj. Expresa negación o duda.

CAATINGA s.f. Vegetación xerófila del interior del noreste de Brasil (sertão), constituida por arbustos espinosos y cactáceas.

CABAL adj. Sensato, juicioso. **2.** Completo, exacto, justo, sin faltar nada: *a los dos meses cabales.* ◇ **No estar,** o **no hallarse, en sus cabales** Estar alguien loco, trastornado o perturbado.

CÁBALA s.f. (hebr. *qabbalah,* tradición) Conjetura, suposición: *hacer cábalas.* **2.** Interpretación judía esotérica y simbólica de la Biblia. **3.** *Fig.* y *fam* Negociación secreta y artificiosa.

CABALGADA s.f. Acción de cabalgar, andar a caballo. **2.** Correría, expedición realizada por una tropa de jinetes en campo enemigo.

CABALGADURA s.f. Animal para cabalgar o de carga.

CABALGAMIENTO s.m. GEOL. Desplazamiento de una serie de terrenos por encima de otros.

CABALGAR v.intr. y tr. (lat. vulgar *caballicare*) [2]. Montar en un caballo o en otra montura. **2.** Andar a caballo. **3.** Estar montada una cosa o una persona sobre otra de forma parecida a como va un jinete sobre su montura.

CABALGATA s.f. (ital. *cavalcata*). Desfile de personas, carruajes, bandas de música, etc., con motivo de una festividad: *cabalgata de los reyes magos.* **2.** Grupo de personas que cabalgan juntas.

CABALISTA s.m. y f. Persona que practica la cábala.

CABALÍSTICO, A adj. De la cábala. **2.** Misterioso, oculto: *sentido cabalístico de un párrafo.*

CABALLA s.f. (del lat. *caballus,* caballo castrado). Pez marino de hasta 40 cm de long., lomo azul verdoso con bandas transversales negras, que se acerca a la costa en primavera y en verano y cuya carne comestible se utiliza en la industria conservera. (Familia escómbridos.)

■ CABALLA

CABALLADA s.f. Manada de caballos. **2.** *Amér. Fig.* Burrada, disparate, tontería.

CABALLAR adj. Relativo al caballo.

CABALLAZO s.m. Chile y Perú. Encontronazo que da un jinete a otro o a una persona de a pie, echándole encima el caballo.

CABALLERANGO s.m. Méx. Mozo que cuida y ensilla los caballos en las haciendas.

CABALLERESCO, A adj. Propio de caballero: *modales caballerescos.* **2.** Relativo a la caballería medieval: *torneos caballerescos.* **3.** Se dice de los libros y composiciones que narran las andanzas de los caballeros andantes: *romances caballerescos.*

CABALLERETE s.m. *Fam.* Joven presumido.

CABALLERÍA s.f. Cualquier animal solípedo que sirve para cabalgar. **2.** HIST. Institución militar feudal cuyos miembros eran investidos en una ceremonia religiosa. **3.** MIL. Cuerpo de soldados montados a caballo o en vehículos motorizados. ◇ **Libro de caballerías** Obra narrativa en prosa que trata asuntos caballerescos y describe la vida y aventuras de los caballeros andantes.

ENCICL. En la alta edad media surgió un nuevo tipo de organización defensiva para hacer frente a los rápidos ataques de los nuevos invasores (musulmanes, húngaros y normandos), debido a que la organización romana había quedado obsoleta. Aparece la figura del *caballarius* (guerrero a caballo), a quien la Iglesia y los reyes quisieron convertir en defensor de los ideales cristianos y del orden público, originando así la llamada caballería cristiana o europea, vigente hasta el s. XIV. La caballería estuvo formada, principalmente, por miembros de familias nobles, grupo social que poseía caballos y medios para vivir sin trabajar manualmente. A la orden de caballería se accedía, tras un período de aprendizaje o formación, por un solemne ritual en el que destacaron la vela de armas y la investidura. Aparte de estos caballeros seglares estaban los caballeros monjes de las órdenes militares, defensores de la fe en las cruzadas de oriente y en la lucha contra el islam en la península Ibérica. En los ss. XIV y XV surgieron nuevas órdenes seglares ligadas a ideales nostálgicos y literarios, en momentos en que la caballería estaba desapareciendo. Los caballeros andantes protagonizaron los aspectos más brillantes de la caballería (torneos, justas, etc.).

LIT. La caballería se convierte en tema de inspiración literaria en un tipo de novela en verso surgida en Francia a partir del s. XII. En España, el modelo narrativo de los libros de caballerías fue el *Amadís de Gaula* (s. XIV), novela en prosa que encarna al héroe perfecto que vive aventuras prodigiosas. A finales de la edad media aparecen las novelas en catalán *Curial y Güelfa* (s. XV) y *Tirante el Blanco* (1490).

CABALLERIZA s.f. Recinto cubierto destinado a caballerías y otros animales de carga.

CABALLERIZO s.m. Persona que tiene por oficio el cuidado de una caballeriza.

CABALLERO, A adj. (lat. tardío *caballarius*). Que cabalga, anda o pasea a caballo. **2.** Obstinado, firme: *caballero en su opinión.* ◆ s.m. Hombre que se comporta con distinción, cortesía y dignidad. **2.** Miembro de una orden de caballería. **3.** Señor, tratamiento de cortesía. **4.** Combatiente a caballo, soldado de caballería. **5.** Individuo de las clases que gozaban de preponderancia social. **6.** Obra elevada situada en el interior de una fortificación, destinada a incrementar su campo de tiro. ◇ **Armar caballero** Nombrar a alguien miembro de la orden de caballería, mediante una ceremonia en la que el rey u otro caballero le vestían las armas y le ceñían la espada. **Caballero andante** En los libros de caballerías, personaje que anda por el mundo buscando aventuras. **Caballero de industria** Hombre que, con apariencia de caballero, vive de la estafa y del engaño.

■ ARMAR **CABALLERO.** Detalle de una miniatura francesa del s. XIV. (Biblioteca nacional, París.)

CABALLEROSIDAD s.f. Cualidad de caballeroso. **2.** Comportamiento caballeroso.

CABALLEROSO, A adj. Propio de caballeros o que obra como ellos.

CABALLETE s.m. Soporte con tres pies con que se sostiene un lienzo. **2.** Soporte que forma un triángulo con la línea del suelo y sirve para sostener un tablón. **3.** Línea de un tejado o cumbrera de la cual arrancan dos vertientes.

4. Elevación que la nariz suele tener en su parte media. **5.** Potro de tormento. **6.** Extremo de la chimenea. **7.** Puntal que sirve de apoyo en las reparaciones.

CABALLISTA s.m. y f. Persona que entiende de caballos y sabe montarlos bien.

CABALLITO s.m. Mecedor en forma de caballo para niños pequeños. **2.** Perú. Balsa compuesta de dos odres en la que solo puede navegar un hombre. ◆ **caballitos** s.m.pl. Tiovivo. ◇ **Caballito del diablo** Insecto provisto de cuatro alas reticulares estrechas e iguales que habita en las orillas de ríos y estanques. **Caballito de mar** Pez marino de unos 15 cm de long. que vive camuflado entre las algas y cuya cabeza, horizontal y parecida a la de un caballo, se prolonga con un cuerpo vertical que finaliza en una cola prensil. SIN.: *hipocampo.* (El macho tiene una bolsa incubadora.) **Caballito de totora** Amér. Haz de totora, de tamaño suficiente para que, puesta sobre él a horcajadas, una persona pueda mantenerse a flote en el agua; embarcación hecha de totora.

■ **CABALLITO** DE MAR

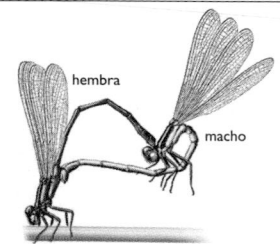

■ **CABALLITOS** DEL DIABLO durante el apareamiento.

CABALLO s.m. (lat. *caballus,* caballo castrado). Mamífero de cuello alargado, extremidades también alargadas que se apoyan sobre un solo dedo, fácil de domesticar, que destaca como corredor y suele usarse como montura o como animal de tiro. (El caballo puede vivir hasta 30 años. El caballo relincha; la hembra es la yegua; su cría es el potro; orden perisodáctilos; familia équidos.) **2.** Carta de la baraja española que representa un caballo con su jinete y lleva el número 11. **3.** Pieza del ajedrez que se mueve oblicuamente y puede saltar sobre las demás. **4.** En gimnasia, potro de saltos. **5.** Esp. *Fam.* Heroína, droga. ◇ **A caballo** Montado en una caballería; entre dos cosas contiguas o participando de ambas: *a caballo entre dos siglos.* **Caballo de batalla** *Fig.* Aquello en que sobresale el que profesa un arte o ciencia y en lo que más suele ejercitarse; punto principal de una controversia. **Caballo de carreras** Caballo seleccionado y entrenado especialmente para las carreras. **Caballo de frisa,** o **de Frisia** MIL. Madero atravesado por largas púas de hierro para defensa contra la caballería y para cerrar pasos importantes. **Caballo de silla** Caballo conformado y domado para la monta. **Caballo de tiro** Caballo domado para tirar de carruajes. **Caballo de Troya** Caballo de madera de grandes dimensiones que los troyanos introdujeron en su ciudad y gracias al cual los griegos, escondidos en su interior, pudieron conquistarla; *Fig.* estratagema utiliza-

da por alguien para introducirse en un grupo o lugar, aparentemente, para colaborar pero con unas intenciones ocultas. **Caballo de vapor** Unidad de medida de potencia (símb. CV), que equivale a 75 kilográmetros por segundo, es decir, aproximadamente 736 vatios. **Caballo fiscal** (CVF) Unidad de medida de cilindrada que permite clasificar los vehículos en categorías de cara al fisco. **Caballo pura sangre** Caballo de una raza que no ha sido mezclada.

CABALLÓN s.m. Lomo de tierra arada que se forma entre dos surcos.

CABALLUNO, A adj. Perteneciente o semejante al caballo. **2.** Se dice de las cosas más grandes o vastas de lo que habitualmente son las de su clase.

CABALONGA s.f. Planta que crece en América cuya corteza se emplea como febrífugo. (Familia apocináceas.)

CABAÑA s.f. (lat. tardío *capanna*). Casa pequeña, tosca y rústica, construida con troncos, ramas, paja, etc. **2.** Establecimiento rural destinado a la cría de ganado de raza. **3.** Esp. Conjunto de cabezas de ganado de una determinada región o clase: *cabaña lechera española.*

CABAÑIL adj. Perteneciente a las cabañas de los pastores.

CABAÑUELAS s.f.pl. Pronóstico que hace la gente de pueblo del tiempo que hará en los próximos meses del año o del siguiente verano, basado en la observación de ciertas variaciones atmosféricas.

CABARÉ o **CABARET** s.m. (voz francesa) [pl. *cabarés* o *cabarets*]. Establecimiento donde, especialmente de noche, el público puede bailar, consumir bebidas y presenciar un espectáculo de variedades. SIN.: *night-club, sala de fiestas.*

CABARETERO, A adj. Relativo al cabaret. ◆ s. Persona que trabaja en un cabaret. ◆ s.f. Prostituta.

CABARGA s.f. Bol. y Perú. Envoltura de cuero que se pone al ganado vacuno en lugar de la herradura.

CABE prep. (del ant. *a cabo de,* a la orilla de). *Poét.* Cerca de, junto a.

CABECEAR v.intr. Mover la cabeza a un lado y a otro o arriba y abajo. **2.** Dar cabezadas la persona que se queda dormida. **3.** Moverse la embarcación bajando y subiendo de proa a popa. **4.** Moverse de un lado a otro algo que debería estar en equilibrio. **5.** En fútbol, golpear el balón con la cabeza. **6.** Avanzar un carruaje con un fuerte vaivén. **7.** TAUROM. Mover el toro la cabeza haciendo incierta la embestida o el derrote.

CABECEO s.m. Acción de cabecear: *en un avión el timón de profundidad contrarresta el cabeceo de la nave.* **2.** Movimiento de oscilación de un vehículo (barco, avión, etc.) que se produce en sentido longitudinal.

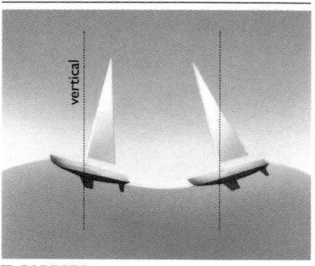

■ **CABECEO**

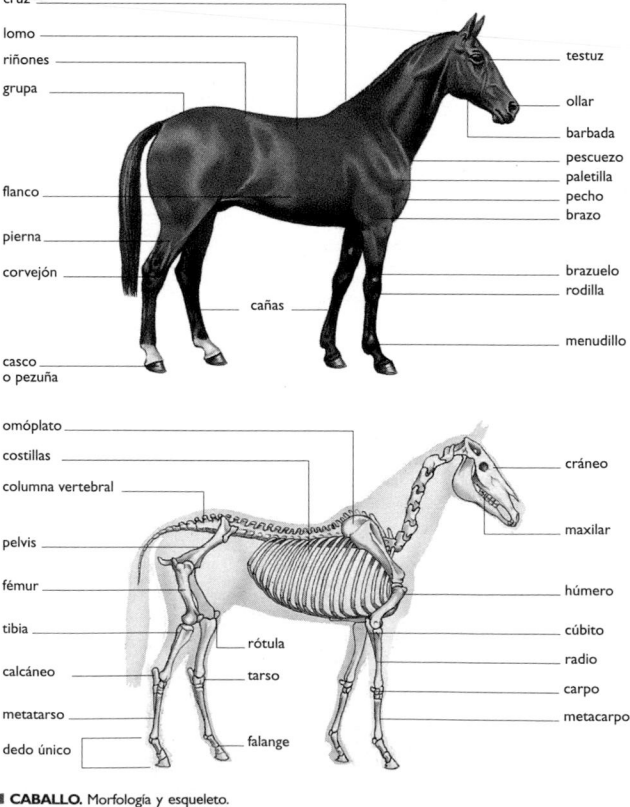

cruz

lomo

riñones

grupa

flanco

pierna

corvejón

cañas

casco o pezuña

testuz

ollar

barbada

pescuezo

paletilla

pecho

brazo

brazuelo

rodilla

menudillo

omóplato

costillas

columna vertebral

pelvis

fémur

tibia

rótula

calcáneo

tarso

metatarso

dedo único

falange

cráneo

maxilar

húmero

cúbito

radio

carpo

metacarpo

■ **CABALLO.** Morfología y esqueleto.

CABECERA s.f. Parte de la cama donde se colocan las almohadas. **2.** Remate que limita la cama por esta parte. **3.** Parte principal de algunas cosas, lugar de referencia: *la cabecera del estadio, de la mesa* **4.** Población principal de un territorio o división administrativa. **5.** Principio, origen de alguna cosa. **6.** Titular de encabezamiento en cada página de un libro, periódico, etc. **7.** Cada uno de los dos bordes, superior e inferior, del lomo de un libro. **8.** Parte de una iglesia donde se encuentra el altar mayor. **9.** Sector más alto de la cuenca de un río o valle fluvial. **10.** Sector de una bahía, ensenada o puerto, más apartado de su boca.

CABECIDURO, A adj. Colomb. y Cuba. Testarudo, cabezota.

CABECILLA s.m. Líder de un movimiento o grupo, ya sea cultural, político, etc. **2.** Jefe de rebeldes.

CABELLERA s.f. Conjunto de los cabellos de la cabeza, especialmente cuando son largos. **2.** ASTRON. Nebulosidad que envuelve el núcleo de un cometa. **3.** BOT. Conjunto de subdivisiones o fibrillas de la raíz de algunas dicotiledóneas.

CABELLO s.m. (lat. *capillus*). Cada uno de los pelos que nacen en la cabeza de una persona. **2.** Conjunto de pelos que nacen en la cabeza de una persona. ◆ **cabellos** s.m.pl. Barbas de la mazorca del maíz. ◇ **Cabello, o cabellos, de ángel** Dulce elaborado con calabaza en almíbar de aspecto filamentoso; hideo muy fino. **Cabello de Venus** Culantrillo de pozo. **Ponérsele a alguien los cabellos de punta** Erizársele el cabello; *fig.* sentir gran pavor.

CABELLUDO, A adj. Que tiene mucho cabello.

CABER v.intr. (lat. *capere*, dar cabida) [69]. Poder colocarse una cosa dentro o alrededor de otra: *tanta ropa no cabe en el armario.* **2.** Poder pasar alguien o algo por un espacio limitado: *el armario no cabe por la puerta.* **3.** Ser posible algo: *cabe esperar cualquier cosa de él.* **4.** Corresponder o tocar algo a alguien: *me cabe el honor de presentar esta obra.* ◆ v.tr. Tener capacidad. ◇ **No caber en sí** Estar una persona muy contenta, feliz. **No caber más** *Expresa que algo ca a lo más extremo posible: ya no cabe más maldad.*

CABESTRANTE s.m. → CABRESTANTE.

CABESTRAR v.intr. Poner cabestros a las caballerías que andan sueltas.

CABESTREAR v.intr. Dejarse llevar una caballería del cabestro. ◆ v.tr. Amér. Llevar del cabestro. **2.** Amér. Guiar una embarcación que esguaza un río, nadando delante de ella.

CABESTRERO s.m. Persona que hace o vende cabestros, cinchas y otras cosas del mismo género. **2.** Persona que guía las reses vacunas por medio de los cabestros.

CABESTRILLO s.m. Aparato o vendaje con pañuelo que se cuelga del cuello para mantener apoyado el brazo lesionado en flexión.

CABESTRO s.m. (lat. *capistrum*). Buey manso que domesticado se utiliza para facilitar el manejo del ganado bravo. **2.** Ramal atado a la cabeza de la caballería para llevarla o asegurarla.

CABEZA s.f. (lat. *capitia*). Parte superior del cuerpo humano y superior o anterior de numerosos animales, en la que se encuentran la boca, el cerebro y los órganos de numerosos sentidos. **2.** En el ser humano y otros mamíferos, parte superior o anterior del cuerpo que comprende el cráneo y los órganos internos de este. **3.** *Fig.* Intelecto, talento, juicio: *tener cabeza para los negocios.* **4.** *Fig.* Persona, en una distribución o reparto. **5.** Parte inicial o extrema de una cosa, especialmente cuando es abultada: *la cabeza de un alfiler.* **6.** Parte delantera o parte que ocupa el primer lugar de algo. **7.** Res de un rebaño. **8.** Medida equivalente a la cabeza de un caballo, utilizada en las carreras hípicas para medir las distancias entre los competidores. **9.** QUÍM. Parte más ligera o volátil, obtenida en el curso de la destilación fraccionada de una mezcla. **10.** TECNOL. Parte de un órgano mecánico que en un conjunto lleva a cabo una función particular. ◆ s.m. y f. Persona que gobierna una comunidad, corporación o colectividad o que se considera la más importante de un grupo. ◇ **A la, o en, cabeza** Delante, con prioridad. **Cabeza abajo**

Invertido, con la parte superior hacia abajo. **Cabeza arriba** En la posición normal. **Cabeza de ajo, o ajos** Conjunto de los dientes que forman el bulbo del ajo. **Cabeza de borrado, de lectura, de grabación** TECNOL. Parte de un aparato de registro que borra, lee o graba los sonidos sobre el soporte. **Cabeza de chorlito** *Fig. y fam.* Persona de poco juicio. **Cabeza de familia** DER. Persona bajo cuya dependencia o responsabilidad conviven otras personas en un mismo domicilio. **Cabeza de partido** Población de cada partido judicial en que radica el juzgado de primera instancia e instrucción. **Cabeza de puente** Fortificación que defiende un puente; posición militar en la orilla de un río o estrecho, situada en territorio enemigo. **Cabeza de turco** *Fig. y fam.* Persona a quien se le echan todas las culpas de algo, con cualquier pretexto. **Cabeza nuclear** Ojiva atómica. **Cabeza rapada** Miembro de una tribu urbana que se distingue por llevar el pelo al cero, usar una indumentaria peculiar, como las botas militares, y tener un comportamiento agresivo, xenófobo y racista. **Calentar la cabeza** *Fam.* Cansar o abrumar a una persona por hablarle mucho o insistir sobre un asunto. **Con la cabeza alta** Con dignidad. **Llevar, o traer, de cabeza** Ocasionar a una persona mucho trabajo o preocupación. **Meter a alguien en la cabeza algo** *Fam.* Hacérselo comprender o convencerlo de ello. **No caberle a alguien algo en la cabeza** No poderlo entender o concebir. **Pasarle a alguien una cosa por la cabeza** *Fam.* Antojársela, imaginársela. **Perder la cabeza** Ofuscarse o faltar la razón o el juicio. **Romperse la cabeza** *Fam.* Preocuparse mucho por algo. **Sentar la cabeza** *Fam.* Hacerse juicioso. **Subirse una cosa a la cabeza** Ocasionar aturdimiento la bebida, el tabaco, etc.; envanecerse por algo que se ha conseguido. **Tener a pájaros o tener muchos pájaros en la cabeza** *Fam.* No tener juicio, estar distraído.

CABEZADA s.f. Golpe que se da con la cabeza o se recibe en ella. **2.** Movimiento brusco que involuntariamente hace con la cabeza el que se duerme en cama no acostado. **3.** Inclinación de la cabeza como saludo de cortesía. **4.** Correaje que ciñe la cabeza de una caballería. **5.** Cordoncillo de hilos de colores vivos que llevan los libros a cada extremo del lomo, como refuerzo o adorno. **6.** Argent. Tiento que ciñe la frente y la cabeza del caballo para mantener el freno. **7.** Argent. y Cuba. Cabecera de un río. **8.** Ecuad. y Par. Arzón de la silla de montar. **9.** MAR. Acción de cabecear. ◇ **Darse de cabezadas** *Fig. y fam.* Esforzarse alguien sin éxito en averiguar algo.

CABEZAL s.m. Almohada pequeña. **2.** Almo-

hada larga que ocupa toda la cabecera de la cama. **3.** Pieza de una máquina que recibe el árbol de transmisión o sirve de punto fijo a un mecanismo de rotación. **4.** Pieza de un magnetófono o vídeo que sirve para la grabación, la lectura o el borrado de cintas magnéticas. ◇ **Cabezal fijo** Cabezal de un torno paralelo que lleva la pieza que se ha de trabajar. **Cabezal móvil** Elemento de un torno paralelo, formado por el contrapunto y su soporte regulable y que mantiene la extremidad de una pieza cuyo otro extremo está sostenido por el cabezal fijo.

CABEZAZO s.m. Golpe dado con la cabeza.

CABEZO s.m. Monte aislado. **2.** Peñasco de cima redondeada que sobresale poco o nada de la superficie del agua.

CABEZÓN, NA adj. Cabezudo. **2.** *Fam.* Se dice de la bebida alcohólica que, por su alto contenido de azúcar, produce aturdimiento.

CABEZONADA s.f. Acción propia de persona terca u obstinada.

CABEZONERÍA s.f. Cabezonada. **2.** Cualidad de la persona cabezota.

CABEZOTA adj. y s.m. y f. *Fig. y fam.* Cabezudo, terco.

CABEZUDO, A adj. Que tiene la cabeza grande. **2.** *Fig. y fam.* Terco, obstinado. ◆ s.m. Figura con aspecto de enano de gran cabeza que desfila en algunas fiestas populares y procesiones.

CABEZUELA s.f. Inflorescencia formada por un conjunto de flores contenidas en un receptáculo común, propia de las plantas de la familia compuestas. **2.** Harina más gruesa del trigo después de sacada la flor. **3.** Heces que cría el vino.

CABIBLANCO s.m. Amér. Cuchillo de cintura.

CABIDA s.f. Espacio o capacidad que tiene una cosa para contener otra. **2.** Área o extensión de un terreno.

CABILA, KABILA, CÁBILA o KÁBILA s.f. (ár. *qabīla*, tribu) Tribu de bereberes o de beréberes.

CABILDADA s.f. *Fam.* Acción abusiva de una autoridad.

CABILDANTE s.m. Amér. Merid. Miembro del cabildo.

CABILDEAR v.intr. Intrigar o procurar con maña para conseguir algo en una corporación o cabildo.

CABILDO s.m. (bajo lat. *capitulum*, reunión de religiosos). Ayuntamiento, corporación compuesta del alcalde y los concejales. **2.** Comunidad de eclesiásticos capitulares de una iglesia; junta que celebra esta comunidad.

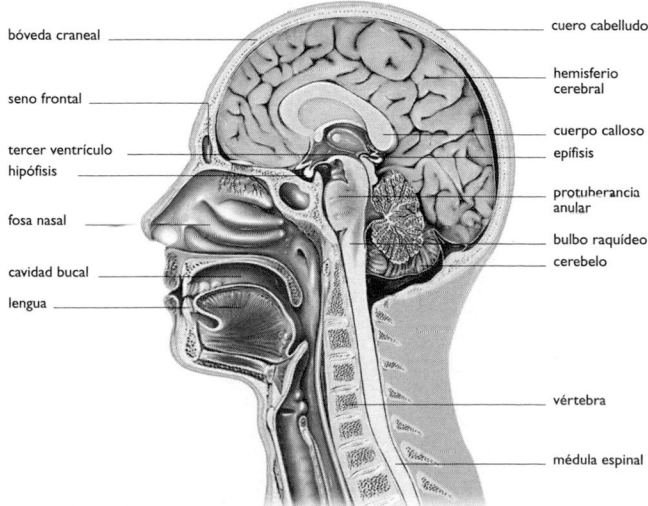

■ **CABEZA.** Imagen en sección de la cabeza, vista de perfil.

bóveda craneal

seno frontal

tercer ventrículo

hipófisis

fosa nasal

cavidad bucal

lengua

cuero cabelludo

hemisferio cerebral

cuerpo calloso

epífisis

protuberancia anular

bulbo raquídeo

cerebelo

vértebra

médula espinal

3. HIST. Denominación que se daba al municipio en la América española.

CABILEÑO, A adj. y s. De una cabila. **2.** De Cabilia, región de Argelia.

CABILLA s.f. (lat. *clavicula*, dim. de *clavis*, llave). MAR. **a.** Barra redonda de hierro con la que se clavan los maderos en la construcción de embarcaciones. **b.** Barrita metálica o de madera que se usa como empuñadura del timón o para amarrar los cabos.

CABILLERO s.m. MAR. Tablón o mesa con agujeros por los que se pasan las cabillas para amarrar los cabos.

CABILLO s.m. Rabillo que sostiene la hoja, la flor o el fruto de las plantas. SIN.: *pezón.*

CABINA s.f. (fr. *cabine*). Departamento para el uso individual del teléfono. **2.** Departamento pequeño que se instala en un colegio electoral para que los electores preparen su voto en secreto. **3.** Sala pequeña anexa a la sala principal de un cine, salón de actos, etc., donde se encuentra instalado el proyector. **4.** En camiones, aviones, etc., espacio destinado al que maneja el vehículo y a sus ayudantes: *cabina espacial; cabina de camión.* **5.** Espacio destinado a mudarse de ropa, en instalaciones deportivas, playas, etc. ◇ **Cabina expulsable** Conjunto del puesto de pilotaje de un avión, capaz de desprenderse del fuselaje en caso de pérdida de control del aparato.

CABINERO, A s. Colomb. Persona que atiende a los pasajeros de un avión, aeromozo.

CABIO s.m. Listón atravesado a las vigas para formar suelos y techos. **2.** Madero sobre el que asientan los del suelo. **3.** Travesaño superior e inferior del marco de las puertas o ventanas.

CABIZBAJO, A adj. Que tiene la cabeza inclinada hacia abajo, por tristeza, preocupación o vergüenza.

CABLE s.m. (fr. *câble*). Maroma gruesa, de fibras vegetales o de hilos metálicos. **2.** Conjunto de hilos metálicos protegidos por envolturas aislantes, que sirve para el transporte de la electricidad, así como para la telegrafía y la telefonía subterráneas o submarinas. **3.** Cablegrama. **4.** MAR. Longitud de 120 brazas, unos 200 m, utilizada para medir distancias cortas. ◇ **Cable herciano** Enlace efectuado mediante ondas hercianas en sustitución de un cable. **Cable óptico** Conjunto de fibras ópticas dispuestas en una funda común que las protege mecánicamente. **Echar un cable** Ayudar al que se halla en un apuro.

CABLEADO, A adj. INFORMÁT. Se dice de las operaciones, instrucciones, órdenes y funciones de una computadora, realizadas directamente por los circuitos existentes en la máquina. ◆ s.m. Acción y efecto de cablear. **2.** Conjunto de cables de una instalación eléctrica o de un aparato eléctrico. **3.** Operación consistente en reunir varios cordones de filástica, retorciéndolos para formar una cuerda.

CABLEAR v.tr. Proveer de cables eléctricos un lugar.

CABLEGRAFIAR v.tr. [19]. Transmitir un cablegrama.

CABLEGRAMA s.m. (ingl. *cablegram*). Telegrama transmitido por cable submarino. SIN.: *cable.*

CABLERO s.m. y adj. Se dice de la embarcación destinada a tender y reparar los cables submarinos.

CABO s.m. (lat. *caput*, cabeza). Extremo o punta de un objeto alargado. **2.** Parte pequeña que queda de una cosa: *el cabo de una vela.* **3.** Parte de la costa que se penetra en el mar. **4.** Miembro del ejército que tiene el grado inmediatamente superior al del soldado. **5.** Trozo corto de hilo, cuerda, etc. **6.** Cualquiera de las cuerdas que se emplean a bordo de las embarcaciones o en los arsenales. **7.** Fin o consumación de una cosa: *dar cabo a una aventura.* ◆ **cabos** s.m.pl. Patas, hocicos y crines del caballo. **2.** Fig. Puntos varios que se han tocado en algún asunto o discurso. **3.** TAUROM. Corbatín y paño del traje de luces. ◆ **Al cabo** Al fin, por último. **Atar, juntar, recoger, o unir, cabos** Reunir premisas o antecedentes para sacar una consecuencia o conclusión. **Cabo suelto** Fig. Circunstancia imprevista o que queda sin resolver. **De cabo a cabo, o a rabo** Del principio al fin. **Estar al cabo de la calle** Fam. Estar

en la solución de un asunto, haber entendido bien algo, estar al corriente. **Llevar a cabo** Ejecutar, concluir.

CABOCLO s.m. (voz portuguesa). En Brasil, mestizo de indio y blanco.

CABOTAJE s.m. (fr. *cabotage*). Navegación mercante a lo largo de las costas, especialmente entre los puertos de un mismo país, por oposición a la navegación de altura. **2.** Argent. Transporte público aeronáutico entre puntos de un mismo país.

CABRA s.f. (lat. *capra*). Rumiante cubierto de pelo áspero, con cuernos arqueados hacia atrás, barba en el mentón, del que existen numerosas razas salvajes y domésticas. (La cabra bala; su cría es el cabrito; orden ungulados; suborden artiodáctilos.) **2.** Piel de este animal. **3.** Chile. Carruaje ligero de dos ruedas. **4.** Chile. *Fig.* y *fam.* Muchacha. **5.** Colomb., Cuba y Venez. Dado trucado. **6.** Colomb., Cuba y Venez. Trampa hecha en los dados o en el dominó. ◆ **cabras** s.f.pl. Cabrillas, manchas que salen en las piernas. ◇ **Como una cabra,** o **más loco que una cabra** De poco juicio, extravagante o loco.

■ CABRA

CABRACHO s.m. Pez que vive en el Atlántico oriental y en el Mediterráneo, de cuerpo cubierto de escamas cicloideas, cabeza gruesa erizada de espinas y boca ancha.

■ CABRACHO

CABRAHIGADURA s.f. Operación que consiste en colgar higos silvestres o cabrahígos en las ramas de las higueras cultivadas, en la creencia de que así se favorece la fructificación de estas últimas.

CABRAHIGAR v.tr. [26]. Realizar una cabrahigadura.

CABRAHÍGO s.m. (lat. *caprificus*, de *caper*, cabrón, y *ficus*, higo). Higuera macho silvestre. (Familia moráceas.); fruto de este árbol.

CABRALES s.m. Queso azul elaborado con leche de vaca, oveja y cabra mezcladas.

CABREAR v.tr. y prnl. Esp. Fam. Enojar, irritar, poner malhumorado.

CABREO s.m. Esp. Fam. Acción y efecto de cabrear o cabrearse.

CABRERIZA s.f. Choza donde se guardan las cabras y se refugian los cabreros de noche.

CABRERO, A s. Pastor de cabras. SIN.: *cabrerizo.*

CABRESTANTE o **CABESTRANTE** s.m. Torno de eje vertical empleado en las maniobras que exigen grandes esfuerzos.

CABREVACIÓN s.f. Acción y efecto de cabrevar.

CABREVAR v.tr. DER. Reconocer el enfiteuta, a petición del censualista, que la finca y sus mejoras están afectadas al censo.

CABRIA s.f. (lat. *caprea*, cabra montés). Mecanismo para levantar pesos considerables.

CABRIADO, A adj. HERÁLD. Se dice de una pieza cubierta de cabrios.

CABRILLA s.f. Pez de unos 20 cm de long., boca grande con muchos dientes, color marrón rojizo con bandas oscuras transversales en los lados del tronco y la cola mellada. (Familia serránidos.) **2.** Soporte en el que se sujeta una pieza de madera para serrarla. ◆ **cabrillas** s.f.pl. Manchas que aparecen en las piernas por permanecer mucho tiempo cerca del fuego. **2.** Pequeñas olas espumosas que se forman en el mar cuando sopla una brisa de fuerza media.

CABRILLEAR v.intr. Formarse cabrillas en el mar. **2.** Temblar una estela de luz que se refleja en el agua debido al movimiento de esta.

CABRIO s.m. (del lat. *caprea*, cabra montés). Pieza oblicua de una vertiente de tejado, que sirve para sostener las latas o tablas delgadas sobre las que se colocan las tejas o pizarras de revestimiento. **2.** Madero de construcción cuyo largo y escuadría varían según las provincias. **3.** HERÁLD. Pieza del escudo que tiene la forma de un compás abierto.

CABRÍO, A adj. Relativo a las cabras. SIN.: *cabruno, caprino.*

CABRIOLA s.f. (ital. *capriola*, de *capriolo*, venado).Voltereta. **2.** COREOGR. Brinco que da un bailarín cruzando varias veces los pies en el aire. **3.** EQUIT. Figura de alta escuela, ejecutada por un caballo que se encabrita y luego cocea antes de que sus miembros anteriores vuelvan a tocar el suelo.

CABRIOLAR o **CABRIOLEAR** v.intr. Dar o hacer cabriolas.

CABRIOLÉ s.m. (fr. *cabriolet*). Automóvil descapotable. **2.** Vehículo ligero tirado por caballos, de dos ruedas y generalmente con capota.

CABRITA s.f. Chile. Palomitas de maíz.

CABRITILLA s.f. Piel curtida de cabrito, cordero, etc.

CABRITO s.m. (del lat. tardío *capritus*). Cría de la cabra desde que nace hasta que deja de mamar.

CABRO s.m. Amér. Macho cabrío. **2.** Bol., Chile y Ecuad. Muchacho.

CABRÓN, NA adj. y s. Esp. y Méx. *Vulg.* Se dice de la persona malintencionada que se aprovecha de los demás o que perjudica a otros. ◆ adj. Méx. Se dice de lo que es muy complicado: *estuvo cabrón el examen.* ◆ s.m. Macho de la cabra. **2.** Esp. y Méx. *Desp.* y *vulg.* Hombre que está casado con una mujer que le es infiel, especialmente el que lo consiente. ◆ s.m. y adj. Amér. Merid. Rufián, hombre que trafica con prostitutas. **2.** Chile. Director de una casa de prostitución.

CABRONADA s.f. Esp. *Vulg.* Acción infame o malintencionada contra otro. **2.** Esp. Fig. y *vulg.* Situación incómoda o perjudicial que por alguna razón tiene que ser soportada por quien la sufre.

CABRUNO, A adj. Cabrío.

CABUJÓN s.m. (fr. *cabochon*). Piedra fina o semipreciosa pulida de forma convexa.

CABUYA s.f. (voz taína de Santo Domingo). Pita, planta; fibra de esta planta. **2.** Amér. Cuerda.

CACA s.f. (voz de origen onomatopéyico). En lenguaje infantil, excremento. **2.** En lenguaje infantil, suciedad o cosa que no se debe tocar. **3.** Cosa de poco valor o mal hecha.

CACAHUAL o **CACAOTAL** s.m. Plantación de cacao. **2.** Árbol del cacao.

CACAHUATE s.m. Méx. Maní.

CACAHUATERO, A s. Méx. Persona que en un puesto ambulante vende cacahuates.

CACAHUERO, A s. Amér. Persona que tiene en propiedad huertas de cacao. **2.** Amér. Persona que se ocupa de alguna tarea relacionada con el cacao, como el cultivo, la recolección, el comercio, etc.

CACAHUETE o **CACAHUÉ** s.m. (náhuatl *tlalkakáwatl*, de *tlalli*, tierra y *kakáwatl*, cacao). Esp. Maní.

CACALOTE s.m. Amér. Central. Rosetas de maíz. **2.** Cuba. Disparate, despropósito.

CACAO s.m. (náhuatl *kakáwatl*). Árbol originario de América del Sur, de tronco liso de 10 a 12 m de alt., con hojas aovadas, flores pequeñas, amarillas y encarnadas, cuyo fruto es una vaina que contiene las semillas. (Familia esterculiáceas.) **2.** Semilla de esta planta, de la que se extraen materias grasas (*manteca de cacao*) y un polvo que se utiliza para fabricar el chocolate; esta misma semilla usada como moneda en la América precolombina. **3.** Polvo soluble, extraído de la semilla y utilizado como alimento. **4.** *Fig.* y *fam.* Barullo, jaleo o confusión. **ENCICL.** El aprovechamiento de las semillas del cacao se realiza en tres fases: fermentación (destinada a separar la pulpa), desecación y tratamiento con arcilla ferruginosa. La almendra, una vez tostada y molida, se convierte en el polvo comestible conocido comúnmente con el nombre de cacao. El cacao, oriundo de América, se extendió a partir del s. XVI a otras zonas tropicales, sobre todo a África occidental, zona que actualmente suministra las dos terceras partes de la producción mundial. Los principales países productores son Costa de Marfil, Brasil, Ghana, Nigeria y Camerún. Ecuador, México, República Dominicana y Colombia son también productores de cacao.

sección del fruto | flor | hoja y fruto (mazorca)

■ CACAO

CACAOTAL s.m. → CACAHUAL.
CACAREAR v.intr. (voz de origen onomatopéyico). Emitir el gallo o la gallina su voz característica. ◆ v.intr. y tr. *Fig.* y *fam.* Alabar en exceso las cosas propias.
CACAREO s.m. Acción de cacarear.
CACARIZO, A adj. Méx. Picado de viruelas.
CACATÚA s.f. (malayo *kakatūwa*). Ave trepadora originaria de Oceanía y del sureste de Asia, que tiene el plumaje de color uniforme y un copete eréctil de color amarillo o rojo muy intensos. (Familia sitácidos.)

■ CACATÚA de cresta amarilla.

CACAZTLE s.m. Guat. y Méx. Enrejado de madera que sirve para llevar algo a cuestas. SIN.: *cacastle, cacaxtle.*
CACERA s.f. (de *cauce*). Zanja por donde se conduce el agua para regar.
CACEREÑO, A adj. y s. De Cáceres.

■ CACHALOTE

CACERÍA s.f. Partida de caza, excursión para ir a cazar. **2.** Cuadro que representa una caza.
CACEROLA s.f. (fr. *casserole*). Utensilio de cocina, metálico, redondo, más ancho que hondo y provisto de asas.
CACHA s.f. (del lat. *capula*, pl. de *capulum*, empuñadura). Nalga. **2.** Cada una de las dos piezas que constituyen el mango de un arma blanca o la culata de ciertas armas de fuego. (Suele usarse en plural.) **3.** Anca de la caza menor, como liebres, conejos, etc. ◆ **cachas** adj. y s.m. y f. Esp. *Fam.* Se dice de la persona que es fuerte, robusta y está bien proporcionada. ◇ **Hasta las cachas** *Fam.* Total y absolutamente: *se ha metido en este proyecto hasta las cachas.*
CACHACO, A adj. Colomb. Se dice del joven elegante, servicial y caballeroso. **2.** Colomb., Ecuad. y Venez. Lechuguino, petimetre. ◆ s.m. Perú. *Desp.* Policía. ◆ s. P. Rico. Nombre dado en la zona rural de la isla a los españoles acomodados.
CACHADA s.f. Argent., Par. y Urug. Broma hecha a una persona. **2.** Chile, Colomb., Ecuad., Hond., Nicar., Salv. y Urug. Cornada.
CACHAFAZ adj. y s.m. Amér. Merid. Pícaro, sinvergüenza.
CACHALOTE s.m. Mamífero cetáceo de unos 18 m de long., con dientes en la mandíbula inferior, que se alimenta de calamares y puede sumergirse hasta más de 1 000 m de profundidad. (De su enorme cabeza se extrae el blanco de ballena y de su estómago el ámbar gris.)
CACHANO s.m. *Fam.* Diablo.
CACHAÑA s.f. Chile. Mofa, burla, molestia. **2.** Chile. Impertinencia.
CACHAÑAR v.tr. Chile. Hacer burla.
CACHAPA s.f. Venez. Panecillo de maíz.
CACHAPEAR v.tr. Venez. Alterar la marca de hierro de una res ajena para que parezca propia.
CACHAR v.tr. Amér. Central. Hurtar. **2.** Amér. Central, Chile y Colomb. Cornear, dar cornadas. **3.** Argent., Chile y Urug. *Vulg.* Darse cuenta de algo, captar. **4.** Amér. Central, Colomb., Salv. y Venez. En algunos juegos, agarrar al vuelo una pelota. **5.** Amér. Central, Colomb., Salv y Venez. Agarrar al vuelo cualquier objeto pequeño que una persona lanza a otra. **6.** Amér. Merid. y C. Rica. *Fig.* y *fam.* Burlarse de una persona, hacerle una broma, tomarle el pelo. **7.** Argent., Chile y Méx. *Fig.* y *fam.* Sorprender a alguien, descubrirle. **8.** Argent., Nicar. y Urug. *Vulg.* Agarrar, asir. **9.** Chile. Sospechar.
CACHARPARI s.m. Bol. y Perú. Fiesta de despedida que los amigos organizan a alguien antes de un viaje. **2.** Perú. Baile que con tal motivo se celebra.
CACHARPAS s.f.pl. (del quechua *čarpayani*, soltar). Amér. Merid. Trastos.
CACHARPAYA s.f. Argent. Fiesta con que se despide el carnaval y, en ocasiones, al que se va de viaje.
CACHARPEARSE v.prnl. Chile. Adornarse con las mejores galas. **2.** Chile. Vestirse con prendas nuevas.
CACHARRAZO s.m. Golpe, especialmente el dado con un cacharro.
CACHARRERÍA s.f. Establecimiento del cacharrero. **2.** Conjunto de cacharros.
CACHARRERO, A s. Persona que tiene por oficio vender cacharros y recipientes de loza de uso ordinario, como pucheros, ollas, etc. **2.** Colomb. Buhonero.
CACHARRO s.m. Recipiente, especialmente el tosco y de poco valor: *cacharros de cocina.* **2.** *Fam.* Trasto, cachivache, chisme. **3.** *Desp.* Máquina o aparato viejos que funcionan mal. **4.** Colomb. Chuchería, baratija.

CACHATIVA s.f. Chile. Perspicacia.
CACHAZA s.f. *Fam.* Lentitud, sosiego, flema. **2.** Aguardiente de melaza. **3.** Espuma e impureza que se separa del jugo de la caña de azúcar, por tratamiento con cal, sulfuros y fósforos.
CACHAZO s.m. Amér. Cornada, cachada.
CACHAZUDO, A adj. y s. Que tiene cachaza, flema.
CACHE adj. Argent. Mal arreglado o ataviado.
CACHÉ s.m. → CACHET.
CACHEAR v.tr. Registrar a alguien palpándolo por encima de la ropa para ver si lleva algo oculto, especialmente armas o droga. **2.** Chile y Méx. Cachar, acornear.
CACHEMIR o **CACHEMIRA** s.m. (de *Cuchemira*, región de Asia). Tejido muy fino fabricado con lana de cabra de Cachemira. (También *casimir*.)
CACHERO, A adj. C. Rica y Venez. Mentiroso, embustero. **2.** Salv. Pedigüeño, pesado.
CACHET o **CACHÉ** s.m. (fr. *cachet*). Distinción, elegancia o estilo propio. **2.** Retribución de un artista, especialmente del mundo del espectáculo, por su actuación ante el público.
CACHETADA s.f. Tortazo, bofetada, cachete.
CACHETE s.m. Golpe dado con la palma de la mano, especialmente en la cabeza o en la cara. **2.** Carrillo, especialmente el abultado. **3.** TAUROM. Puntilla, puñal corto.
CACHETEAR v.tr. Dar cachetes, abofetear.
CACHETERO s.m. Colomb. Peso fuerte.
CACHETINA s.f. Pelea en que se pegan cachetes.
CACHETÓN, NA adj. Amér. Carrilludo.
CACHICAMO s.m. Amér. Armadillo.
CACHICHA s.f. Hond. Enojo, berrinche.
CACHIFO, A s. Colomb. y Venez. Muchacho, niño.
CACHIFOLLAR v.tr. [17]. *Fam.* Dejar a alguien abatido y humillado.
CACHIMBA s.f. Pipa para fumar. **2.** Argent. Cacimba u hoyo que se hace en la playa.
CACHIMBO s.m. Amér. Cachimba, pipa. **2.** Cuba. Pequeño ingenio de azúcar. **3.** Perú. *Desp.* Guardia nacional. **4.** Perú. Estudiante de enseñanza superior que cursa el primer año. **5.** MÚS. Danza y canción típicas de Chile, particularmente de las zonas salineras.
CACHIPOLLA s.f. Insecto que, en estado adulto, solo vive uno o dos días, y que se distingue por los tres largos filamentos que se prolongan a partir de su abdomen. (Orden efemerópteros.)
CACHIPORRA s.f. Palo con una bola o cabeza abultada en uno de sus extremos. ◆ adj. Chile. Farsante, vanidoso.
CACHIPORRAZO s.m. Golpe dado con una cachiporra.
CACHIPUCO, A adj. Hond. Se dice de la persona con un carrillo más abultado que otro.
CACHIQUEL adj. y s.m. y f. → CAKCHIQUEL.
CACHIRÍ s.m. Venez. Licor que se obtiene a partir de la fermentación de yuca o batata.
CACHIRLA s.f. Argent. Nombre que reciben diversos pájaros pequeños americanos, de color marrón, que anidan entre los pastos o en cuevas.
CACHIRULA s.f. Colomb. Mantilla de punto.
CACHIRULO s.m. Vasija para el aguardiente u otros licores. **2.** Pañuelo típico del traje regional aragonés que los hombres solían llevar atado a la cabeza. **3.** Embarcación pequeña de tres palos.
CACHIVACHE s.m. *Fam.* y *desp.* Cacharro, trasto. (Suele usarse en plural.)
1. CACHO s.m. (del lat. *caccbus*, olla). Pedazo pequeño de algo: *un cacho de pan.* **2.** Amér.

Cuerno de rumiante. **3.** Amér. Merid. Cubilete de los dados. **4.** Argent., Par. y Urug. Racimo de bananas. **5.** Chile. Artículo de comercio que ya no se vende. **6.** Chile y Guat. Cuerna o aliara. **7.** Chile y Guat. Objeto inservible. **8.** Ecuad. Chascarrillo, especialmente el obsceno.

2. CACHO s.m. (de *cachorro*). Pez de agua dulce, de 15 a 20 cm. de longitud, cuerpo macizo, boca pequeña y muy oblicua y grandes escamas. (Familia ciprínidos.)

CACHONDEARSE v.prnl. Esp. *Vulg.* Burlarse.

CACHONDEO s.m. Esp. *Vulg.* Acción y efecto de cachondearse.

CACHONDO, A adj. *Vulg.* Que está sexualmente excitado. **2.** Esp. *Fig.* y *vulg.* Gracioso, divertido.

CACHORRILLO s.m. *Fam.* Pistola pequeña.

CACHORRO, A s. Cría de algunos mamíferos, especialmente del perro.

CACHUA s.f. Danza que bailan los indios de Perú, Ecuador y Bolivia, en la que las parejas se mueven en forma de círculo siguiendo un compás muy lento.

CACHUCHA s.f. Chile. Bofetada. **2.** Chile. Cometa pequeña con forma similar al cucurucho.

CACHUDO, A adj. Amér. Merid. y Méx. Se dice del animal que tiene los cuernos grandes. **2.** Chile. Ladino.

CACHUMBA s.f. Planta que crece en Filipinas, donde se emplea en vez del azafrán. (Familia compuestas.)

CACHUMBO s.m. Amér. Gachumbo. **2.** Colomb. Rizo de cabello, tirabuzón.

CACHUPÍN, NA s. → GACHUPÍN, NA.

CACHUPINADA s.f. *Desp.* e *irón.* Convite casero.

CACHUREAR v.intr. Chile. Remover las basuras u otras cosas abandonadas para aprovechar las que puedan tener todavía algún valor.

CACHURECO, A adj. Amér. Central. Conservador, en política. **2.** Méx. En Jalisco, torcido, deformado.

CACHUREO s.m. Chile. Acción y efecto de cachurear. **2.** Chile. Conjunto de basuras u objetos abandonados.

CACIMBA s.f. Hoyo hecho en la playa para buscar agua potable. **2.** Balde de cuero, lona o madera. **3.** Amér. Vasija o barril para recoger agua de lluvia o de un manantial. **4.** Argent. Cisterna de la estancia ganadera.

CACIQUE, CA s. (voz taína de Santo Domingo). Persona que ejerce una autoridad abusiva en una colectividad o grupo, particularmente, la que en un pueblo o zona ejerce excesiva influencia en asuntos políticos o administrativos, valiéndose de su poder económico o estatus social. **2.** Jefe de algunas tribus de indios de América Central y del Sur. **3.** Chile. Persona que puede darse la gran vida. ◆ s.f. Esposa del cacique.

CACIQUIL adj. Relativo al cacique y al caciquismo.

CACIQUISMO s.m. Influencia o dominio del cacique en el sistema político o social de una comunidad. **2.** Intromisión abusiva de una persona en determinados asuntos.

ENCICL. El control de los caciques sobre el mecanismo electoral permitió el «turno» de partidos de la España de la Restauración y la implantación, en una sociedad con escasa conciencia política, del sufragio universal (1890). El votante seguía voluntariamente las instrucciones del cacique (que gozaba del favor del gobernador, la fuerza pública y el poder judicial) y en caso contrario se recurría al fraude o compra de votos. El sistema empezó a declinar con el desarrollo socioeconómico del país, especialmente en las ciudades, hasta hundirse en 1931.

CACLE s.m. *Méx.* Sandalia de cuero tosca que suelen usar los campesinos.

CACO s.m. (de *Caco*, bandido de la mitología griega). Ladrón.

CACODILATO s.m. Sal del ácido cacodílico, compuesto orgánico de arsénico, que se emplea en terapéutica.

CACOFONÍA s.f. (gr. *kakofonía*, de *kakós*, malo, y *foné*, sonido). Sonido de efecto desagradable, resultante de la combinación de los elementos acústicos de una palabra o frase.

CACOFÓNICO, A adj. Relativo a la cacofonía.

CACOMITE s.m. Planta bulbosa que crece en México, de tallo cilíndrico y flores muy grandes y hermosas, cuya raíz se come cocida. (Familia iridáceas.)

CACOMIZTLE s.m. Méx. Animal mustélido más pequeño que un gato, de color gris, cola larga y hocico puntiagudo, que se alimenta de huevos y aves de corral.

CACORRO s.m. Colomb. Homosexual.

CACOSMIA s.f. MED. Percepción de un olor desagradable, real o imaginario, de origen infeccioso, neurológico o alucinatorio.

CACRECO, A adj. y s. C. Rica y Hond. Decrépito.

CACTÁCEO, A adj. y s.f. BOT. Se dice de una familia de plantas dicotiledóneas, originarias de América semitropical, adaptadas a la sequía mediante sus tallos carnosos repletos de agua, sus hojas reducidas a espinas y su tipo particular de asimilación clorofílica.

CACTO o **CACTUS** s.m. (lat. *cactos*, del gr. *kaktós*, cardo) [pl. *cactos* o *cactus*]. Nombre que se da a diversas especies de cactáceas y a otras de diferentes familias de morfología parecida.

Cereus nobilis

Echinocactus

■ CACTO

CACUMEN s.m. (lat. *cacumen*, cumbre). *Fam.* Agudeza, perspicacia, caletre.

CACUMINAL adj. FONÉT. Se dice del sonido que se articula levantando la lengua hacia la parte superior del paladar o los alvéolos.

CACUY s.m. Argent. Ave de unos 35 cm de long., color pardusco, pico corto y ancho, párpados ribeteados de amarillo y cuyo canto es triste y quejumbroso.

1. CADA adj. (lat. vulgar *cata*, del gr. *katà*, desde lo alto, durante). Tiene un sentido distributivo, individualizador y diferenciador: *dar a cada uno lo suyo.* **2.** Tiene valor progresivo: *querer cada vez más a alguien.* **3.** Indica correlación y correspondencia: *cada cosa a su tiempo.* **4.** Indica generalización: *cada día.* **5.** Tiene un valor ponderativo equivalente a *tanto, tan grande o de tal manera: organizan cada juerga...* **6.** Seguido de un numeral, indica la distribución de grupos de cierto número fijo de unidades: *ir cada dos días a clase.* **7.** Cada cual, sirve para designar al individuo separado de los demás para referirse a él: *cada cual sabe lo que se hace.*

2. CADA s.m. (del cat. *càdec,* del lat. *catanum*). Enebro. ◇ **Aceite de cada** Aceite de cade.

CADALSO s.m. Tablado erigido para un acto solemne. **2.** Tablado que se erige para ejecutar a un condenado a muerte.

CADÁVER s.m. (lat. *cadaver, -eris*). Cuerpo muerto, en especial de una persona.

CADAVÉRICO, A adj. Relativo al cadáver. **2.** *Fig.* Muy pálido o demacrado: *rostro cadavérico.*

CAD/CAM (sigla del ingl. *computer assisted design/computer assisted manufacturing*). Conjunto de técnicas informáticas, fundamentalmente gráficas, de ayuda a la elaboración de proyectos de arquitectura, ingeniería y diseño en general.

CADE s.m. **Aceite de cade** Brea oscura y de consistencia oleosa, obtenida por destilación del enebro, que se emplea para el tratamiento de algunas enfermedades de la piel.

CADEJO s.m. Amér. Central. Cuadrúpedo fantástico que de noche acometía a los que encontraba por las calles.

CADENA s.f. (lat. *catena*). Sucesión de piezas enlazadas, generalmente metálicas, que sirve de ligadura, de adorno, etc. **2.** *Fig.* Sujeción que causa una pasión vehemente o una obligación. **3.** Órgano de transmisión del movimiento entre dos árboles paralelos sin deslizamiento, constituidos por un conjunto de eslabones metálicos articulados: *la cadena de la bicicleta.* **4.** *Fig.* Sucesión de acontecimientos que tienen conexión entre sí: *una cadena de asesinatos.* **5.** Serie de personas colocadas unas junto a otras para realizar una actividad determinada. **6.** Conjunto de empresas o establecimientos comerciales que forman parte de la misma organización: *cadena de hoteles.* **7.** Conjunto de emisoras de radiodifusión o de televisión que difunden simultáneamente el mismo programa. **8.** Equipo de reproducción del sonido que comprende una fuente (tocadiscos, sintonizador, lector de casetes, etc.), un elemento amplificador y varios elementos reproductores (altavoces o recintos acústicos). **9.** Modalidad táctica de la aviación, en la que los aviones atacan uno a continuación de otro, realizando el tiro o bombardeo con entera independencia y a muy escasa altura. **10.** Conjunto de los dispositivos radioeléctricos o estaciones de guía que jalonan una ruta aérea. **11.** Pilar o machón de sillería que sirve para consolidar un muro de fábrica. **12.** Armazón de maderos o de barras metálicas que sirve para fortificar un edificio, una obra de fábrica, etc. **13.** QUÍM. En una fórmula, sucesión de átomos de carbono o de silicio enlazados, dispuestos en cadena *abierta* (serie grasa) o en cadena *cerrada* (serie cíclica). ◆ **cadenas** s.f.pl. Dispositivo que se coloca sobre las ruedas de un automóvil para evitar que se deslice por el hielo o la nieve. ◇ **Cadena alimentaria,** o **trófica,** o **de nutrición** Conjunto de especies vivas cada una de las cuales se alimenta de la precedente (vegetal, herbívoro, carnívoro). **Cadena de acción** INFORMÁT. Cadena de regulación que dirige señales, en sentido único, a lo largo del trayecto comprendido entre un órgano de medida o un comparador y la instalación regulada. **Cadena de agrimensor** Cadena de 10 m que sirve para medir terrenos. **Cadena de frío** Conjunto de las operaciones de fabricación, almacenamiento, transporte y distribución de los alimentos congelados. **Cadena de montaje** Conjunto de puestos de trabajo que participan en la fabricación de un producto industrial, especialmente concebi-

■ **CACIQUE.** Cortés entra en Cempoal y es recibido por el cacique. Tabla de la serie de enconchados, por Miguel González (1698). (Museo de América, Madrid.)

do para reducir los tiempos muertos y las manutenciones, **Cadena de regulación** INFORMÁT. Conjunto de elementos cuya función consiste en asegurar la emisión, transmisión y recepción de señales para realizar una regulación automática. **Cadena montañosa** Sucesión de montañas que forman una línea continua. **Cadena perpetua** Pena máxima de privación de libertad. **Cadena voluntaria** Asociación de varias empresas para organizar en común las compras, la gestión y la venta. **Reacción en cadena** Reacción química o nuclear que, al desencadenarse, produce los cuerpos o la energía necesarios para su propagación. **Trabajo en cadena** Modo de ejecución del trabajo en el que los operarios están dispuestos sucesivamente y cada uno de ellos efectúa una tarea.

CADENCIA s.f. (ital. *cadenza*). Repetición regular de sonidos o movimientos en un período de tiempo. **2.** Número de disparos que puede realizar un arma de fuego por unidad de tiempo. **3.** COREOGR. **a.** Medida del sonido que regula el movimiento del bailarín. **b.** Conformidad de los pasos del que danza con esta medida. **4.** MÚS. **a.** Encadenamiento de acordes que marca una etapa en la evolución del discurso musical. **b.** Pasaje de virtuosismo, escrito o improvisado, destinado al solista, situado antes de la conclusión de una melodía o de un movimiento de concierto. **5.** RET. Distribución proporcionada de los acentos, cortes o pausas en la prosa o verso.

CADENCIOSO, A adj. Que tiene cadencia: *andar cadencioso.*

CADENETA s.f. (cat. *cadeneta*, dim. de *cadena*, cadena). Punto de aguja o ganchillo que tiene forma de cadena. **2.** Labor que hacen los encuadernadores formando nudos con los hilos de costura en los extremos o cabeceras del lomo de los libros. **3.** En las armas portátiles de fuego, pieza de la llave de percusión que transmite a la nuez la fuerza del muelle real.

CADERA s.f. (del lat. de *cathedra*, silla, del gr. *kathédra*, asiento). Cada una de las dos partes salientes que hay a los lados del cuerpo humano por debajo de la cadera. **2.** Articulación del fémur con el hueso ilíaco: *luxación congénita de cadera.* **3.** Parte del tórax de los insectos en la que se articulan las patas.

CADETE s.m. y f. (fr. *cadet*, joven noble que servía como voluntario). Alumno de una academia militar. ◆ s.m. Miembro del Partido demócrata constitucional (KD) del imperio zarista durante el reinado de Nicolás II. **2.** Talla de las prendas de vestir, intermedia entre la de niño y la de adulto. **3.** Argent. y Bol. Aprendiz en un comercio. ◆ adj. Se dice de la categoría deportiva inmediatamente inferior a la juvenil e inmediatamente superior a la infantil. ◆ adj. y s.m. y f. Deportista de esta categoría.

CADI s.m. (ingl. *caddie*). Encargado de llevar los palos de los golfistas. SIN.: *caddie, caddy.*

CADÍ s.m. (ár. *qādī*, juez) [pl. *cadíes*]. Juez encargado de administrar justicia en una comunidad musulmana.

CADILLO s.m. (lat. *catellus*, perrito). Planta herbácea de tallo áspero, estriado, hojas anchas, flores purpúreas o blancas y fruto elipsoidal. (Familia umbelíferas.) **2.** Planta herbácea común entre los escombros y campos áridos de Europa. (Familia compuestas.) **3.** Chile. Pelusilla volátil proveniente de ciertas plantas que se pega a la ropa.

CADMIA s.f. (lat. *cadmia*, del gr. *kadmeía*, calamina). Mezcla de hollín y óxidos metálicos, que se acumula en el tragante de los altos hornos.

CADMIADO s.m. Operación que consiste en revestir una superficie metálica con un depósito electrolítico de cadmio.

CADMIAR v.tr. Recubrir con cadmio.

CADMIO s.m. Metal blando, de color blanco plateado, de densidad 8,6, cuyo punto de fusión es de 320,9 °C. **2.** Elemento químico (Cd), de número atómico 48 y masa atómica 112,411. Se utiliza para proteger el acero, en aleaciones de plomo y estaño con punto de fusión bajo, y en forma de sales para pigmentos de pinturas.)

CADUCA s.f. Capa de la mucosa uterina que se separa del útero, junto con las membranas del huevo, durante el parto.

CADUCAR v.intr. [1]. Perder validez, extinguirse, prescribir: *caducar un plazo*. **2.** *Fig.* Alcanzar o superar la fecha recomendada para su uso o consumo un alimento, un medicamento, etc.

CADUCEO s.m. (lat. *caduceus*). Atributo principal de Hermes, formado por una vara de laurel o de olivo, rematada por dos pequeñas alas y en torno a la cual se entrelazan dos serpientes. **2.** Emblema formado por una vara alrededor de la cual se enrosca la serpiente de Asclepio coronado por un espejo que simboliza la prudencia.

CADUCIDAD s.f. Acción y efecto de caducar. **2.** Cualidad de caduco o decrépito. **3.** DER. Pérdida o extinción de un derecho o una acción por el solo transcurso de un determinado plazo de tiempo que ha sido previamente fijado.

CADUCIFOLIO, A adj. Se dice del árbol o arbusto que pierden la hoja al empezar la estación fría (o, en los trópicos, la seca). **2.** Se dice del bosque formado por estos árboles o arbustos.

CADUCO, A adj. (lat. *caducus*, que cae, perecedero, de *cadere*, caer). Decrépito, muy anciano: *persona caduca.* **2.** Perecedero por productos caducos. **3.** Obsoleto, pasado de moda: *estilo caduco.* **4.** Se dice de la parte de un organismo destinada a caer: *árbol de hoja caduca.*

CAEDIZO, A adj. Que cae fácilmente o que amenaza caerse. ◆ s.m. Colomb. Tejadillo saliente.

CAER v.intr. y prnl. (lat. *cadere*) [72]. Ir un cuerpo hacia abajo por la acción de su propio peso: *caer la lluvia.* **2.** Perder un cuerpo el equilibrio hasta dar en una superficie que lo detenga: *resbaló y cayó al suelo.* **3.** Desprenderse o separarse algo del lugar al que estaba adherido: *caer las hojas de un árbol.* **4.** Dar con una parte del cuerpo en el suelo (con la preposición *de*): *caer de espaldas* ◆ v.intr. *Fig.* Encontrarse impensadamente en una situación difícil o peligrosa: *caer en la miseria.* **2.** Ser apresado, especialmente mediante una trampa o engaño: *caer en la red.* **3.** Incurrir: *caer en un error, en un vicio.* **4.** *Fig.* Desaparecer, extinguirse, dejar de ser: *caer la monarquía.* **5.** *Fig.* Adaptarse una cosa a otra, venir o sentar bien o mal: *caer bien un traje.* **6.** *Fig.* Tener una determinada acogida o producir una determinada impresión: *caer con unas palabras.* **7.** Pender, colgar, inclinarse: *la falda le cae hasta el suelo.* **8.** *Fig.* Sucumbir: *caer por la patria.* **9.** *Fig.* Acercarse a su ocaso o a su fin: *caer el día, la tarde.* **10.** Hablando de la noche, empezar a oscurecer. **11.** Lanzarse, abalanzarse: *caer un pacífico transeúnte.* **12.** *Fig.* Percatarse de algo: *repítemelo porque no caigo.* **13.** *Fig.* Corresponder, pertenecer: *le cayó el primer premio; caer una desgracia sobre alguien.* **14.** *Fig.* Corresponder un suceso a un día, una semana, un mes, etc., del año: *caer una fiesta en lunes.* **15.** *Fig.* Estar situado en un lugar o cerca de él: *esta calle cae por tu casa.* **16.** *Fig.* Presentarse de improviso, aparecer. ◇ **Caer bien**, o **mal**, alguien *Fig.* y *fam.* Resultar simpático o antipática. **Caer en cama**, **enfermo**, o **malo** Enfermar, ponerse enfermo. **Caer gordo** Esp. *Fam.* Resultar antipática una persona. **Caer muy bajo** *Fig.* Perder la dignidad. **Dejar caer** *Fig.* Dar a entender una cosa disimulando el interés que se tiene por ella: *dejó caer que había que comer ella.* **Dejarse caer** Esp. *Fig.* Presentarse o aparecer en un sitio ocasionalmente: *se deja caer por este bar de vez en cuando.* **Estar al caer** Estar muy próximo a suceder.

CAFÉ s.m. (del turco *cahvé*). Cafeto. **2.** Semilla de este arbusto, ovalada, con una cara redondeada y un surco longitudinal en la otra, que posee alcaloide y un principio aromático. **3.** Infusión hecha con estas semillas molidas y tostadas, de sabor amargo y color marrón muy oscuro. **4.** Establecimiento en cuyas mesas se bebe café, otras bebidas y algunos alimentos. **5.** Amér. Merid. Reprimenda. ◆ adj. y s.m. Argent., Chile, Méx. y Urug. Que es de un tono marrón oscuro como el del café. ◇ **Café can-**

tante Café donde se ofrecen actuaciones de cantantes o músicos. **Café concierto** Teatro donde los espectadores podían fumar y beber y cuyo programa incluía números musicales, acrobáticos, pantomimas, ballets, etc. **Café cortado** Esp. Café con un poco de leche. **Café descafeinado** Aquel al que se le ha extraído la cafeína. **Café internet** Local donde se despachan bebidas y se ofrece el acceso a Internet. SIN.: *cibercafé.* **Café teatro** Café donde se representan obras teatrales, generalmente breves. **De mal café** *Vulg.* De mal humor.

ENCICL. El cafeto, dotado de una gran capacidad de adaptación a nuevos medios, se extendió por América, África occidental y Asia suroriental a partir de un origen probablemente limitado a Arabia. En la actualidad, los mayores productores de café son los países latinoamericanos, con una producción igual a la mitad del volumen total de este producto. Brasil y Colombia encabezan la lista de países productores, seguidos de Indonesia, México y Costa de Marfil, mientras que EUA es el principal importador. Existe desde 1936 un organismo internacional, la Oficina panamericana del café, creado por las entidades cafeteras oficiales de distintos países latinoamericanos y destinado a promover el consumo del café.

CAFEÍNA s.f. Alcaloide del café, el té y la nuez de cola, utilizado como tónico.

CAFEÍSMO s.m. Estado de intoxicación agudo o crónico producido por el abuso de café.

CAFETAL s.m. Terreno poblado de cafetos.

CAFETALERO, A adj. Cafetero. ◆ adj. y s. Que posee cafetales.

CAFETALISTA s.m. y f. Cuba. Persona que posee cafetales.

CAFETEAR v.tr. Argent., Par., Perú y Urug. *Fig.* y *fam.* Reprender, regañar de forma brusca.

CAFETERA s.f. (fr. *cafetière*, de *café*). Aparato para hacer café. **2.** Recipiente para servir café. **3.** *Fam.* Aparato o máquina que hace mucho ruido o funciona mal, especialmente un automóvil.

CAFETERÍA s.f. Establecimiento con mesas donde se sirven café, otras bebidas y algunos alimentos. **2.** Méx. Establecimiento donde se vende café al por menor.

CAFETERO, A adj. Relativo al café. SIN.: *cafetalero.* ◆ adj. y s. Se dice de la persona muy aficionada a tomar café. ◆ s. Persona que tiene por oficio recolectar café. **2.** Persona que comercia con el café. **3.** Propietario de un café o cafetería.

CAFETÍN s.m. Café, establecimiento generalmente pequeño.

CAFETO s.m. Arbusto tropical, de 3 a 10 m de alt., cuyo fruto en drupa roja contiene dos semillas (café). [Familia rubiáceas.]

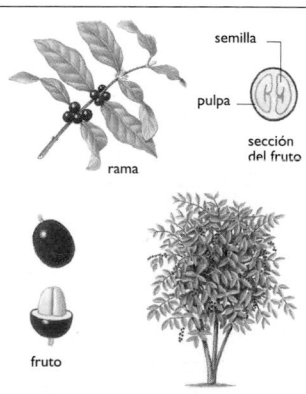

semilla
pulpa
sección del fruto
rama
fruto

■ **CAFETO**

CÁFILA s.f. (ár. *qāfila*, caravana, part. de *qáfal*, regresar de un viaje). *Fam.* Conjunto de personas, animales o cosas, especialmente que están en movimiento y van seguidas unas de otras.

CAFIROLETA s.f. Cuba. Dulce elaborado con batata, azúcar y coco.

CAFRE adj. y s.m. y f. *Fig.* Bruto, maleducado o cruel. **2.** De la Cafrería.

CAFTÁN s.m. (turco *qaftān*). Túnica forrada con pieles, usada por los turcos.

CAFÚA s.f. Argent. y Urug. Prisión, cárcel.

CAFUCHE s.m. Colomb. Variedad de tabaco.

CAGAACEITE s.m. Charla, pájaro.

CAGADA s.f. *Vulg.* Excrementos expulsados al defecar. **2.** *Fig.* y *vulg.* Equivocación, cosa mal hecha.

CAGADERO s.m. *Vulg.* Lugar donde va mucha gente a evacuar el vientre.

CAGADO, A adj. y s. *Fig.* y *vulg.* Se dice de la persona cobarde o que está asustada.

CAGAFIERRO s.m. Escoria de hierro.

CAGAJÓN s.m. Porción del excremento de las caballerías.

CAGALERA s.f. *Vulg.* Diarrea. **2.** *Fig.* y *vulg.* Miedo intenso.

CAGAR v.tr. e intr. (lat. *cacare*) [2]. *Vulg.* Evacuar, hacer de vientre. ◆ v.tr. *Vulg.* Estropear, echar a perder algo o cometer un error: *la has cagado.* ◆ **cagarse** v.prnl. *Vulg.* Evacuar de manera involuntaria o tener muchas ganas de evacuar. **2.** *Fig.* y *vulg.* Acobardarse o sentir un miedo intenso: *cagarse de miedo.*

CAGARRUTA s.f. Porción del excremento del ganado menor.

CAGATINTA o **CAGATINTAS** s.m. y f. (pl. *cagatintas*). *Fam.* y *desp.* Oficinista.

CAGÓN, NA adj. y s. Que evacúa el vientre muchas veces. **2.** *Fig.* y *vulg.* Que es muy cobarde.

CAGUAMA s.f. Tortuga marina de hasta 2 m de long., con un caparazón aplanado, del mismo nombre, que vive en las aguas cálidas del Atlántico y Pacífico.

CAGUAYO s.m. Cuba. Iguana. **2.** Cuba. Reptil, lagartija.

CAGUETA s.m. y f. *Fig.* y *vulg.* Cobarde.

CAHUÍN s.m. Chile. Concurrencia de gente bulliciosa y borracha.

CAÍ s.m. Simio pequeño de América central y meridional, de cola larga y prensil. (Familia cébidos.) SIN.: *cay, saí, sajú, sapajú.*

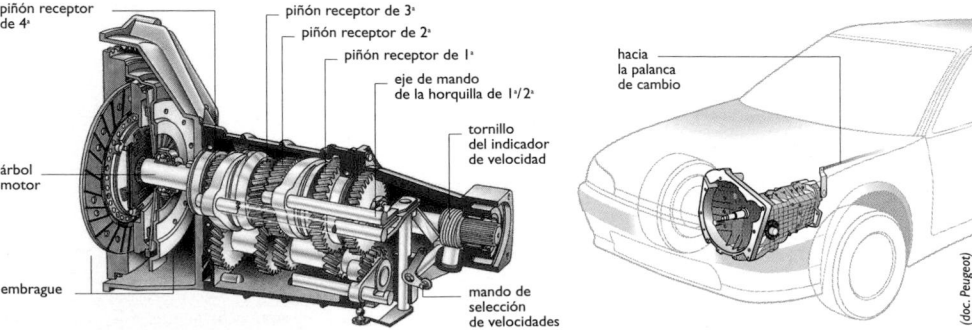

■ CAÍ

CAICO s.m. Cuba. Arrecife grande que constituye un peligro para la navegación.

CAÍD s.m. (ár. *qā'id,* capitán). Juez o gobernador en algunos países musulmanes.

CAÍDA s.f. Acción y efecto de caer o caerse: *la caída de un cuerpo en el vacío.* **2.** Inclinación de alguna cosa, pendiente. **3.** Cualidad de las telas que penden, formando pliegues por efecto de su propio peso. **4.** Parte de una colgadura que pende de alto a bajo. **5.** *Fig.* Decadencia, abatimiento, acción de ir a menos: *la caída del imperio.* **6.** En un transformador, diferencia entre las tensiones secundarias en carga y en vacío. **7.** Chile. En los cantares populares, cadencia principal al final de la cuarta y décima línea de la estrofa. **8.** Colomb. Juego de cartas. ◇ **Ángulo de caída** Ángulo que forma la trayectoria con el terreno en el punto del impacto. SIN.: *ángulo de impacto.* **Caída de latiguillo** La que sufren picador y caballo ante el impulso del toro. **Caída de ojos** *Fig.* Expresión agradable de la mirada; manera habitual de bajarlos una persona. **Caída libre** Primera fase del descenso de un paracaidista, desde el momento en que salta del avión hasta que se despliega el paracaídas; FÍS. la que experimentaría un cuerpo sometido exclusivamente a la acción de la gravedad.

CAÍDO, A adj. Abatido o decaído física o moralmente. **2.** Se dice de una parte del cuerpo cuando está más inclinada a la baja de lo normal: *hombros caídos.* **3.** TAUROM. Se dice del toro de cuerna inclinada hacia abajo, en llegar a gacho. ◆ adj. y s.m. Muerto en la lucha: *funerales por los caídos.*

CAIMA adj. Amér. Lerdo, estúpido, soso.

CAIMACÁN s.m. Colomb. Persona con autoridad.

CAIMÁN s.m. Reptil de hocico ancho, muy parecido al cocodrilo, que vive en América Central y Meridional. SIN.: *aligátor.*

CAIMITO s.m. Árbol que crece en América Central, de hojas ovales, flores blancas, corteza rojiza y cuyo fruto redondo, del mismo nombre, contiene una pulpa azucarada y refrescante. (Familia sapotáceas.)

CAÍN adj. y s.m. (de *Caín,* personaje bíblico). Se dice de la persona aviesa y cruel. ◇ **Pasar las de Caín** Sufrir penalidades, apuros o contratiempos muy duros.

CAIPIRIÑA s.f. Cóctel preparado con cachaza, lima o limón, azúcar y hielo picado.

CAIREL s.m. (occitano ant. *cairel,* dim. de *caire,* borde, canto). Fleco de la peluca. **2.** Adorno de pasamanería a modo de fleco. **3.** Méx. Rizo de cabello en forma de espiral. GEOSIN.: *tirabuzón.*

CAIROTA adj. y s.m. y f. De El Cairo, Egipto. SIN.: *cairino.*

CAJA s.f. Recipiente de materiales, formas y tamaños variados, generalmente con tapa, utilizado para guardar o transportar cosas. **2.** Ataúd. **3.** Hueco o espacio en que se introduce alguna cosa: *caja en que entra la espiga de un madero.* **4.** Armazón o cuerpo de la carrocería de un automóvil. **5.** Oficina o dependencia de un establecimiento mercantil o comercial donde se perciben los cobros o se realizan los pagos. **6.** Cajón con compartimientos o cajetines desiguales que contiene los caracteres empleados en la composición tipográfica. **7.** Montura de madera sobre la que descansa el cañón de un arma de fuego portátil. **8.** Chile. Lecho de los ríos. **9.** METAL. **a.** Pieza sobre la que se apoyan los cojinetes en un laminador. **b.** Bastidor o marco rígido que sirve para mantener unida la arena con que se hace el molde de las piezas de fundición. **10.** MÚS. **a.** Parte exterior de madera que cubre algunos instrumentos. **b.** Cuerpo hueco de madera que forma la parte principal de los de cuerda. **c.** Tambor. ◇ **Caja de cambios,** o **de velocidades** Cárter que encierra los engranajes del cambio de velocidades. **Caja de caudales** Mueble o caja dotados de una cerradura de seguridad, que sirven para guardar dinero, objetos o documentos de valor. **Caja de conexión** Caja con terminales para realizar la conexión de determinado número de conductores de una instalación eléctrica. **Caja de humos** Parte de la caldera de una locomotora de vapor que atraviesa el humo antes de salir por la chimenea. **Caja de la escalera** Espacio en cuyo interior se halla la escalera de un edificio. **Caja del tímpano** o **tambor** Cavidad ósea que alberga el oído intermedio. **Caja de música** Caja con un mecanismo en su interior que emite una melodía cuando se le abre la tapa. **Caja de Pandora** *Fig.* Cualquier cosa que, a pesar de su buena apariencia, puede ocasionar desgracias o situaciones negativas si no se emplea adecuadamente. **Caja de recluta,** o **reclutamiento** Esp. Organismo militar que se ocupa de alistar y dar destino a los reclutas. **Caja de resistencia** Fondo de los sindicatos obreros que sirve para suplir los salarios que puedan perderse con motivo de huelgas. **Caja de ritmos** Instrumento de música electrónica en el que se han programado sonidos de percusión. **Caja de seguridad** Compartimiento pequeño, situado generalmente en un lugar blindado de un banco, que se alquila a los usuarios. **Caja fuerte** Caja de caudales empotrada en un muro. **Caja negra** Aparato registrador, colocado a bordo de un avión, helicóptero, etc., que permite verificar las incidencias de un viaje. **Caja registradora** Máquina que se usa en un comercio para calcular y controlar el importe de los cobros. **Caja tonta,** o **boba** *Fam.* Televisión. **Despedir,** o **echar,** o **mandar, con cajas destempladas** *Fam.* Despedir, o echar, a alguien de alguna parte con gran enojo. **Entrar en caja** Esp. Pasar los reclutas a depender de la caja de reclutamiento. **Libro de caja** CONTAB. Registro en el que se consignan los movimientos de caja a medida que se realizan.

CAJEADORA s.f. *Fig.* Máquina para trabajar la madera, que se usa para labrar cajas rectangulares de ensamblaje con gran precisión.

CAJERO, A s. Persona que tiene por oficio llevar el control de una caja, en una tesorería, banco, comercio, etc. ◇ **Cajero automático** Máquina que depende directamente de una entidad bancaria y que manejan los clientes mediante claves personales para realizar operaciones sobre sus cuentas.

piñón receptor de 4ª

piñón receptor de 3ª

piñón receptor de 2ª

piñón receptor de 1ª

eje de mando de la horquilla de 1ª/2ª

tornillo del indicador de velocidad

hacia la palanca de cambio

árbol motor

embrague

mando de selección de velocidades

(doc. Peugeot)

■ **CAJA** DE CAMBIOS de un automóvil.

CAJETA s.f. Amér. Central y Méx. Dulce elaborado con leche quemada, azúcar, vainilla, canela y otros ingredientes.

CAJETE s.m. Guat., Méx. y Salv. Cuenco o cazuela honda de barro. **2.** Méx. Hueco más ancho que hondo que se hace en la tierra para plantar matas.

CAJETILLA s.f. Paquete de tabaco picado o de cigarrillos. ◆ adj. Argent. y Urug. *Desp.* Se dice de la persona presumida y elegante que disfruta del lujo y de su posición social y económica acomodada, y que suele comportarse de una manera arrogante.

CAJETÍN s.m. Sello con que se estampa sobre algunos documentos un texto con espacios en blanco que han de ser rellenados con determinados datos; texto estampado con este sello. **2.** IMPR. Compartimiento de la caja que contiene un carácter de los empleados en la composición tipográfica.

CAJISTA s.m. y f. IMPR. Persona que tiene por oficio componer textos para su impresión.

CAJO s.m. Parte de la cubierta de un libro que forma charnela entre el lomo y la tapa.

CAJÓN s.m. Receptáculo de base rectangular y descubierto por su parte superior, que se ajusta en el hueco de un mueble y puede deslizarse para abrirlo o cerrarlo. **2.** Caja grande, generalmente de madera, y de base rectangular. **3.** Amér. En algunos lugares, comercio de abacería. **4.** Amér. Merid. Ataúl. **5.** Argent. y Chile. Cañada larga por cuyo fondo corre un río o arroyo. **6.** OBR. PÚBL. Recinto estanco que permite efectuar trabajos por debajo del nivel del agua. ◇ **Cajón de aire** MAR. Compartimiento que forma parte del casco de determinadas embarcaciones y que asegura su flotabilidad. **Cajón de sastre** Conjunto de cosas diversas desordenadas o sitio en donde están. **Ser de cajón** *Fam.* Ser muy claro y manifiesto.

CAJONERA s.f. Mueble formado por cajones.

CAJONERO s.m. Amér. En algunos lugares, dueño de un cajón o comercio.

CAJONGA s.f. Hond. Tortilla grande de maíz mal molido.

CAJUELA s.f. Méx. Maletero de un automóvil, portaequipajes.

CAKCHIQUEL o **CACHIQUEL** adj. y s.m. y f. De un pueblo amerindio de Guatemala que habla el quiché y es de cultura maya. (En el pasado se organizaron en un sistema teocrático-militar con capital en Iximché. Tras una inicial resistencia, se aliaron con los españoles. Los *Anales de los cakchiqueles* es una obra capital de la literatura maya.)

CAL s.f. (del lat. *calx, cis*). Óxido cálcico (CaO). ◇ **A cal y canto** *Fam.* De manera muy segura, herméticamente: *cerrar a cal y canto*. **Cal apagada** Cal hidratada $Ca(OH)_2$, obtenida por la acción del agua sobre la cal viva. **Cal blanca** Polvo de CaO, obtenida en contacto con el aire. **Cal hidráulica** Cemento formado por piedras calizas y algo de arcilla y marga, que fragua sumergido en el agua. **Cal viva, o anhidra** Óxido de calcio anhidro, obtenido por calcinación de las piedras calizas. **Una de cal y otra de arena** Esp. Alternar las cosas buenas con las malas.

1. CALA s.f. Ensenada estrecha y escarpada, de paredes rocosas.

2. CALA s.f. Acción y efecto de calar un melón u otras frutas semejantes. **2.** Pedazo de una fruta que se corta para probarla. **3.** Parte más baja del interior de una embarcación. **4.** Supositorio impregnado en un lubrificante que se aplica para facilitar la evacuación.

3. CALA s.f. (del lat. moderno *Calla Aethiopica*). Planta herbácea vivaz, acuática, con flores amarillas hojas grandes y pecíolos largos. (Familia aráceas.)

CALABACEAR v.tr. *Fam.* Dar calabazas.

CALABACERA s.f. Calabaza, planta cucurbitácea.

CALABACÍN s.m. Calabaza pequeña, comestible, cilíndrica, de corteza verde y carne blanca. (Familia cucurbitáceas.) **2.** *Fig. y fam.* Calabaza, persona inepta.

CALABACITA s.f. Méx. Calabacín.

CALABAZA s.f. Planta herbácea anual o vivaz, trepadora o rastrera, de tallo largo y hueco, fruto en pepónide, casi siempre con semillas comprimidas. (Familia cucurbitáceas.) SIN.: *calabacera*. GEOSIN.: Amér. Central. *ayotera;* Antillas, Colomb., C. Rica y Venez. *auyama;* Amér. Merid. *zapallo*. **2.** Fruto de esta planta, muy variado en su forma, tamaño y color y con multitud de semillas. GEOSIN.: Amér. Central. *ayote;* Antillas, Colomb., C. Rica y Venez. *auyama;* Amér. Merid. *zapallo*. **3.** *Fig. y fam.* Suspenso en una asignatura. ◇ **Dar calabazas** *Fam.* Suspender a alguien en un examen; rechazar alguien a quien otro le propone, especialmente si se trata de una petición amorosa.

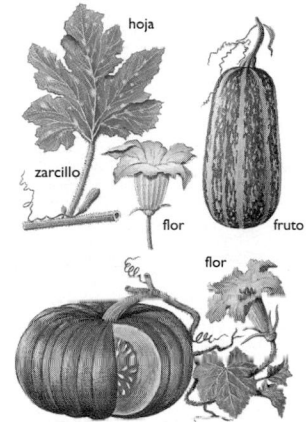

■ CALABAZAS

CALABAZADA s.f. Golpe que se da o se recibe en la cabeza.

CALABAZAR s.m. Terreno sembrado de calabazas.

CALABAZATE s.m. Dulce de calabaza.

CALABOBOS s.m. (pl. *calabobos*). Lluvia menuda y continua.

CALABOZO s.m. Celda de una cárcel, en especial la que se encierra a un preso incomunicado. **2.** Celda de un cuartel o comisaría donde se encierra a un arrestado. **3.** Lugar en una fortificación, generalmente subterráneo, donde se encierraba a los presos.

CALABRÉS, SA adj. y s. De Calabria.

CALABRIADA s.f. (de *Calabria,* región de Italia) Mezcla de diversos vinos, especialmente de blanco y tinto.

CALABROTE s.m. MAR. Cabo muy grueso, formado de guindalezas de 3 cordones, colchadas conjuntamente en sentido contrario al que lo ha sido cada una de ellas por separado.

CALACA s.f. Hond. y Méx. *Fam.* Calavera. **2.** Méx. *Fam.* Personificación de la muerte.

CALADA s.f. Acción y efecto de calar un líquido. **2.** Acción de calar las redes. **3.** Acción y efecto de calar un vehículo. **4.** Vuelo rápido del ave rapaz al abatirse. **5.** Esp. *Fam.* Chupada dada a un cigarrillo, puro, etc. **6.** TEXT. Abertura que forman los hilos de la urdimbre, a través de la cual pasa la lanzadera.

CALADERO s.m. Lugar apropiado para calar o sumergir las redes de pesca.

■ CALABACINES

CALADO, A adj. y s.m. Que tiene agujeros o motivos ornamentales recortados por los que pasa la luz. ◆ s.m. Labor hecha en una tela, papel, madera, metal, etc., que presenta agujeros pequeños que forman dibujos. **2.** Medida vertical de la parte sumergida de una embarcación. **3.** Distancia existente entre el fondo y la superficie del agua de un lugar. **4.** *Fig.* Profundidad, importancia, repercusión: *reformas de gran calado*. ◇ **Calado del encendido** Posición ocupada por el pistón en el momento en que se produce la ignición o encendido del motor. **Calado del motor** Detención del motor provocada por una alimentación insuficiente de gases carburados.

CALADOR s.m. Amér. Tubo acanalado terminado en punzón que se usa para sacar muestras de las mercaderías sin abrir los bultos que las contienen.

CALADORA s.f. Venez. Piragua grande.

CALAFATE s.m. Hombre que tiene por oficio calafatear embarcaciones. SIN.: *calafateador*.

CALAFATEAR v.tr. (ant. *calafatar*). Cerrar junturas, en especial embutir con estopa, recubierta luego de brea o de masilla, las junturas del casco de una embarcación para que quede completamente estanco.

CALAGUASCA s.f. Colomb. Aguardiente.

CALAGURRITANO, A adj. y s. De Calahorra.

CALALÚ s.m. Cuba y P. Rico. Potaje elaborado con vegetales picados y cocidos con sal, vinagre, manteca y otros condimentos.

CALAMACO s.m. Tela delgada de lana.

CALAMAR s.m. (cat. *calamar*). Molusco cefalópodo comestible, de cuerpo fusiforme, con una aleta caudal a cada lado, concha interna y diez brazos tentaculares provistos de ventosas. (Algunas especies de las profundidades marinas superan los 17 m de long.)

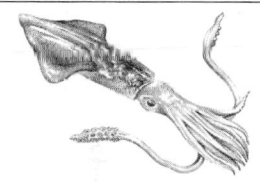

■ CALAMAR

CALAMBAC s.m. Árbol que crece en Asia tropical y Nueva Guinea cuya madera, del mismo nombre, se utiliza en carpintería.

CALAMBRE s.m. Contracción involuntaria, dolorosa, de aparición brusca y corta duración, que afecta a uno o varios músculos. SIN.: *rampa*.

CALAMBUCO s.m. Árbol que crece en América, de unos 30 m de alt., de tronco negruzco y rugoso, flores blancas y olorosas, y frutos redondos y carnosos. (Familia gutíferas.)

CALAMIDAD s.f. (lat. *calamitas, -atis*). Suceso desgraciado que afecta a una colectividad o que padece una persona. **2.** *Fig.* Persona que tiene mala suerte o que hace mal las cosas.

CALAMINA s.f. (bajo lat. *calamina*). Silicato de cinc hidratado, principal mena del cinc.

CALAMITA s.f. Piedra imán. **2.** Brújula, aguja imanada.

CALAMITOSO, A adj. Que causa o implica calamidades: *guerra calamitosa; sequía calamitosa*.

CÁLAMO s.m. (lat. *calamus*). Flauta antigua. **2.** Caña cortada oblicuamente, utilizada en la antigüedad para escribir. **3.** *Poét.* Pluma para escribir.

CALAMOCHA s.f. Ocre amarillo de tono muy débil.

CALAMOCO s.m. Carámbano, pedazo puntiagudo de hielo.

CALAMÓN s.m. (del ár. *'abu qalamūn*). Ave gruiforme de cabeza roja, lomo verde, vientre violado y pico largo y rojo, que vive en las orillas del mar. (Familia rállidos.)

CALAMORRO s.m. Chile. Zapato bajo y ancho.

CALANDRA s.f. Bastidor o marco metálico

que se coloca delante del radiador de un automóvil para protegerlo.

CALANDRADO s.m. Acción y efecto de calandrar. **2.** Procedimiento de fabricación de películas, láminas y planchas de material plástico.

CALANDRADOR, RA s. Persona que maneja la calandria.

CALANDRAR v.tr. Pasar el papel o la tela por la calandria.

1. CALANDRIA s.f. (lat. vulgar *calandria*, del gr. *khaládrios*). Ave paseriforme, de 20 cm de long., parecida a la alondra, que vive en Europa meridional y en regiones esteparias.

2. CALANDRIA s.f. (fr. *calandre*). Máquina de cilindros para alisar, lustrar, secar o glasear papel y tela.

3. CALANDRIA s.f. Méx. Vehículo tirado por uno o más caballos, descubierto y con toldo abatible, en el que se realizan recorridos urbanos turísticos.

CALAÑA s.f. (del ant. *calaño*, semejante, de *cual*). Condición, índole o cualidad de alguien o algo, generalmente negativas: *persona de mala calaña*.

CALAÑÉS adj. y s.m. (de *Calañas*, mun. de Huesca). Se dice del sombrero de ala vuelta hacia arriba y copa baja y más estrecha por la parte superior que por la inferior.

CÁLAO s.m. Ave trepadora que vive en Asia, Insulindia y África, que tiene el pico grande y coronado por una protuberancia córnea. (Orden coraciformes.)

■ **CÁLAO**

CALAPÉ s.m. Amér. Tortuga que se asa dentro de su concha.

CALAR v.tr. (lat. tardío *calare*, hacer bajar). Penetrar un líquido en un cuerpo poroso o permeable: *la lluvia caló sus zapatos*. **2.** Cortar un pedazo de melón o de otras frutas para probarlas. **3.** Atravesar un cuerpo con un objeto punzante: *calar la pared con una barrena*. **4.** Hacer agujeros en una tela, papel, madera, metal, etc., formando dibujos. **5.** *Fig.* y *fam.* Penetrar o comprender el motivo o el significado de algo: *el artículo cala hondo en la raíz del problema*. **6.** Descubrir la naturaleza o intenciones de alguien: *calar a alguien a primera vista*. **7.** Armar el fusil con la bayoneta. **8.** Amér. Sacar con el calador una muestra en un fardo. **9.** Colomb. Confundir, apabullar, anonadar. **10.** MAR. Arriar o bajar un objeto resbalando sobre otro, como el mastelero, la verga, etc.: *calar la vela*. ◆ v.tr. y prnl. Ponerse la gorra, el sombrero, etc., haciéndolos entrar mucho en la cabeza. **2.** Esp. AUTOM. Parar un vehículo debido a una insuficiente alimentación de mezcla carburada. ◆ v.intr. Penetrar profundamente una idea, actitud, etc., en la conciencia individual o colectiva. **2.** Alcanzar una embarcación una determinada profundidad por la parte más baja de su casco: *esta barca cala demasiado*. ◆ **calarse** v.prnl. Mojarse una persona de manera que el agua penetra su ropa y llega hasta el cuerpo: *calarse hasta los huesos*. ◇ **Calar las redes**, o **el anzuelo** Sumergir en el agua dichas artes de pesca.

CALATO, A adj. Perú. Desnudo, en cueros.

CALATRAVO, A adj. y s.m. Que es miembro de la orden militar de Calatrava.

CALAVERA s.f. (lat. *calvaria*, de *calvus*, calvo). Conjunto de huesos unidos de la cabeza, despojados de la piel y de la carne. **2.** Méx. Cada una de las luces traseras de un automóvil y las pantallas de plástico que las recubren. **3.** Perú. Depósito para el reparto y recepción de agua. ◆ s.m. Hombre juerguista y de malas costumbres.

CALAVERADA s.f. *Fam.* Acción propia de un calavera.

CALAVEREAR v.intr. *Fam.* Hacer calaveradas.

CÁLAZA s.f. BOT. Punto donde el haz liberoleñoso procedente de la placenta se inserta en el óvulo.

CALCADOR s.m. Instrumento para calcar.

CALCAMONÍA s.f. → CALCOMANÍA.

CALCÁNEO s.m. Hueso del tarso que forma el saliente del talón.

CALCAÑAR o **CALCAÑAL** s.m. Parte posterior de la planta del pie.

CALCAR v.tr. (lat. *calcare*, pisar) [1]. Hacer una copia de un escrito o dibujo superponiendo el papel o tela a que ha de ser trasladado sobre el original. **2.** *Fig.* Imitar, copiar o reproducir con exactitud: *calcar los ademanes de otro*.

CALCÁREO, A adj. (lat. *calcarius*). Que tiene cal.

CALCARONE s.m. (voz italiana). Horno al aire libre que se usa para la extracción del azufre.

CALCE s.m. Calza, cuña. **2.** Amér. Central y Méx. Pie de un documento.

CALCEDONIA s.f. (gr. *Khalkidonía*, Calcedonia, antigua c. de Asia Menor). Sílice traslúcida cristalizada, muy utilizada en la antigüedad en joyería. (La calcedonia rojo-anaranjada es la *cornalina*; la parda, el *sardónice*; la verde, la *crisoprasa*; la negra, el *ónice*.)

CALCEMIA s.f. Cantidad de calcio contenida en la sangre (normalmente 0,100 g/l).

CALCÉS s.m. MAR. Parte alta o cabeza de un mástil.

CALCETA s.f. Media, prenda femenina. ◇ **Hacer calceta** Confeccionar a mano prendas de punto con agujas de media.

CALCETAR v.intr. Hacer calceta.

CALCETÍN s.m. Media que cubre el pie y parte de la pierna, sin llegar a sobrepasar la rodilla.

CALCHA s.f. Chile. Plumaje o pelusilla de los tarsos de algunas aves.

CALCHAQUÍ adj. y s.m. y f. De un pueblo amerindio agricultor de la familia diaguita, act. extinguido, que vivía en los valles de Santa María y Quimivil, Argentina. (Los sitios arqueológicos de esta cultura prehispánica presentan restos de poblados y fortificaciones [pucarás], cerámica, instrumentos metálicos, joyas y petroglifos.)

■ **CALCHAQUÍ.** Urna funeraria hallada en Quilmos (Tucumán).

CALCHONA s.f. Chile. Ser fantástico y maléfico que asusta a los caminantes solitarios por las noches. **2.** Chile. Mujer vieja y fea; bruja.

CÁLCICO, A adj. Relativo a la cal o al calcio: *sal cálcica*.

CALCÍCOLA adj. Se dice de la planta que habita en suelos calizos, como la remolacha y la alfalfa.

CALCIFEROL s.m. MED. Vitamina D_3 presente en la alimentación y sintetizada especialmente en la piel a partir del colesterol por la acción del sol.

CALCIFICACIÓN s.f. Acción y efecto de calcificar o calcificarse.

CALCIFICAR v.tr. [1]. Producir artificialmente carbonato de cal. **2.** Aportar a un tejido orgánico sales de calcio. ◆ **calcificarse** v.prnl. Modificarse un tejido orgánico a causa de la acumulación de sales de calcio.

CALCÍFUGO, A adj. Se dice de la planta que no prospera en suelos calizos, como el castaño.

CALCINA s.f. (cat. *calcina*). Hormigón. **2.** Capa sólida que recubre la superficie de las piedras de cantería expuestas a la intemperie. **3.** Fragmentos de cristal pulverizado. **4.** Depósito calcáreo insoluble que se forma en las calderas de vapor.

CALCINACIÓN s.f. Acción y efecto de calcinar.

CALCINAMIENTO s.m. Calcinación.

CALCINAR v.tr. Someter un mineral a una temperatura elevada para que, descomponiéndose, desprenda toda sus sustancias volátiles. **2.** Transformar piedras calizas en cal a través de una temperatura elevada. **3.** Quemar.

CALCIO s.m. Metal blando, de color blanco, de densidad 1,54, cuyo punto de fusión es de 850 °C. (Se obtiene descomponiendo su cloruro mediante electrolisis. Reacciona con el agua a temperatura ambiente.) **2.** Elemento químico (Ca), de número atómico 20 y masa atómica 40,078. (Algunos de sus compuestos, óxido e hidróxido [cal], carbonato [caliza], sulfato [yeso], etc., se utilizan en construcción, agricultura, medicina, etc., como materia prima.)

CALCIOTERMIA s.f. METAL. Operación de reducción que permite obtener ciertos metales (uranio, plutonio y torio) por la acción del calcio en los compuestos metálicos de los elementos.

CALCITA s.f. Carbonato natural de calcio cristalizado ($CaCO_3$), mineral principal de las rocas calcáreas. (Las estalactitas y estalagmitas están formadas de calcita.)

CALCITONINA s.f. Hormona segregada por la glándula tiroides que reduce la concentración de calcio en la sangre, impidiendo la reabsorción ósea.

CALCIURIA s.f. Concentración de calcio en la orina (normalmente de 150 a 300 mg cada 24 horas).

CALCO s.m. Copia obtenida calcando. **2.** *Fig.* Imitación o reproducción muy próxima al original. **3.** LING. Préstamo léxico, sintáctico o semántico que se crea por traducción de una palabra o combinación de palabras de otra lengua: *la palabra «guardameta» es un calco del inglés «goal-keeper»*.

CALCOGRAFÍA s.f. Técnica de grabar imágenes por medio de planchas metálicas, generalmente de cobre. **2.** Establecimiento donde se conservan las planchas de cobre originales y se venden los grabados o copias obtenidos con ellas.

CALCOLÍTICO, A adj. y s.m. Se dice del período prehistórico de transición entre el neolítico y la edad de bronce (milenios IV-III a.C.), durante el cual se empieza a utilizar el cobre y el oro, y se producen grandes cambios en la organización social. SIN.: *eneolítico*. **2.** Relativo a este período. SIN.: *eneolítico*.

CALCOMANÍA o **CALCAMONÍA** s.f. (del fr. *décalcomanie*). Técnica de estampado de imágenes que consiste en transportar el dibujo hecho en un papel a una superficie. **2.** Este mismo papel. **3.** Imagen obtenida por esta técnica.

CALCOPIRITA s.f. Sulfuro doble natural de cobre y hierro ($CuFeS_2$).

CALCOSINA s.f. Sulfuro natural de cobre (Cu_2S).

CALCULADOR, RA adj. y s. Que calcula. **2.** Se dice de la persona que calcula con interés exclusivamente material la conveniencia de las cosas. ◆ s.m. Máquina para el tratamiento de la información, capaz de efectuar operaciones aritméticas y lógicas de manera automática.

CALCULADORA adj. y s.f. Se dice de la máquina de tratamiento de la información que realiza cálculos simples como la suma, la resta, etc., y, en ocasiones, operaciones de cierta complejidad, como las funciones trigonométricas. SIN.: *máquina de calcular*.

CALCULAR v.tr. (lat. *calculare*). Hacer las operaciones necesarias para determinar el valor de algo en expresión numérica. **2.** Suponer, creer: *calculo que acabaré pronto.* **3.** Conjeturar, considerar algo con atención, teniendo en cuenta sus ventajas e inconvenientes: *calcular varias posibilidades.*

CÁLCULO s.m. (lat. *calculus*, guijarro, cuenta). Acción de calcular operaciones matemáticas. **2.** Parte de las matemáticas que se ocupa de estas operaciones. **3.** Conjetura: *adivinar por cálculos.* **4.** Concreción de materia mineral u orgánica que se forma en el interior de algún tejido o conducto, especialmente en las vías urinarias o la vesícula biliar. ◆ **cálculos** s.m.pl. Mal de piedra. ◇ **Cálculo algebraico** El que se refiere a las expresiones algebraicas. **Cálculo aritmético** El que se hace con números exclusivamente y algunos signos convencionales. **Cálculo diferencial** Parte del cálculo infinitesimal en el que se determinan los infinitésimos a partir de las magnitudes funcionales dadas. **Cálculo infinitesimal** El que opera con cantidades infinitamente pequeñas. **Cálculo integral** El relativo a las integrales. **Cálculo mental** Cálculo aritmético efectuado mentalmente sin recurrir a la escritura ni a una máquina.

CALCULOSO, A adj. y s. MED. Relativo a los cálculos; que padece esta enfermedad.

CALDA s.f. Acción de introducir combustible en los hornos de fundición, para producir en ellos un aumento de temperatura. ◆ **caldas** s.f.pl. Baños de aguas minerales calientes. ◇ **Dar una calda** Recalentar en la fragua el hierro candente cuando pierde su color rojo brillante.

CALDARIO s.m. ANT. ROM. Sala donde se tomaban los baños de agua caliente y vapor.

CALDEAMIENTO s.m. Caldeo.

CALDEAR v.tr. y prnl. Calentar, especialmente un sitio cerrado: *el sol caldeaba la habitación.* **2.** *Fig.* Animar, entusiasmar: *caldear los ánimos.* **3.** Excitar propiciando la riña. **4.** Poner el hierro al rojo para trabajarlo o soldarlo.

1. CALDEO s.m. Acción y efecto de caldear o caldearse. SIN.: *caldeamiento.* **2.** Operación que consiste en producir por combustión el calor necesario para la calefacción industrial o doméstica. SIN.: *caldeamiento.* ◇ **Superficie de caldeo** Superficie de una caldera expuesta a la acción del fuego. (Se distinguen la *superficie de caldeo directo*, sometida a la irradiación del hogar, y la *superficie de caldeo indirecto*, formada por el haz tubular atravesado por los gases calientes.)

2. CALDEO, A adj. y s. De un pueblo emparentado con los arameos que hacia 1000 a.C. se instaló en Caldea, donde fundó varios principados. (Ocuparon el trono de Babilonia en tres ocasiones durante el s. VIII a.C.) **2.** Se dice de los nestorianos de oriente.

CALDERA s.f. (lat. *caldaria*, de *calidus*, caliente). Generador de vapor de agua o de agua caliente (a veces de otro fluido), que sirve para la calefacción o para la producción de energía. **2.** Recipiente metálico que se utiliza para calentar, cocer, hervir, etc. **3.** Caldereada: *una caldera de aceite.* **4.** Argent. y Chile. Pava, tetera o vasija para hacer el mate. **5.** GEOGR. Vasto cráter circular, de diámetro kilométrico, con bordes internos tallados en un apilamiento de coladas y originado por una explosión o un hundimiento a lo largo de fallas concéntricas. ◇ **Calderas de Pedro Botero** *Fig.* y *fam.* Infierno.

CALDERADA s.f. Cantidad de aceite, agua, etc., que cabe de una vez en una caldera.

CALDERERÍA s.f. Establecimiento donde se hacen, arreglan o venden calderas. **2.** Oficio de calderero. **3.** Conjunto de objetos fabricados por el calderero. **4.** Sección de los talleres de metalurgia donde se cortan, forjan, entraman y unen barras y planchas de metal.

CALDERERO, A s. Persona que tiene por oficio hacer, reparar o vender calderos y otros objetos de metal.

CALDERETA s.f. Esp. Guiso de pescado o marisco, cebollas, patatas, pimientos y tomates. **2.** Esp. Guiso de carne de cordero o cabrito.

CALDERETERO s.m. Guat. Calderero.

CALDERILLA s.f. Conjunto de monedas de poco valor.

CALDERO s.m. (lat. *caldarium*). Caldera pequeña de fondo casi semiesférico. **2.** Cantidad de aceite, agua, etc., que cabe de una vez en este recipiente. ◇ **Caldero de colada** METAL. Recipiente cuyo interior está revestido de material refractario, destinado a recibir el metal en fusión a la salida del cubilote o del horno.

CALDERÓN s.m. MÚS. Signo que representa la suspensión más o menos larga del compás.

CALDERONIANO, A adj. que es característico del estilo de Calderón de la Barca, que lo recuerda o se asemeja a él.

CALDILLO s.m. Méx. Salsa elaborada con tomate, cebolla y especias, con la que se sazonan todo tipo de verduras y carnes.

CALDO s.m. (del ant. *caldo*, caliente, del lat. *calidus*). Alimento líquido que se obtiene haciendo hervir en agua carne, verduras, pescado, etc. **2.** Líquido de origen vegetal destinado a la alimentación, especialmente el vino y el aceite: *los caldos de la Rioja.* **3.** Chile. Disolución concentrada y caliente de nitratos. **4.** Méx. Jugo que se extrae de la caña de azúcar, guarapo. ◇ **Caldo de cultivo** Líquido preparado como medio de cultivo bacteriológico, medio favorable para el desarrollo de algo generalmente perjudicial: *la pobreza es el caldo de cultivo de la delincuencia.* **Hacer el caldo gordo a alguien** *Fam.* Proceder de modo que se le favorece involuntariamente. **Poner a caldo** Esp. *Fam.* Reprender con dureza a alguien.

CALDOSO, A adj. Que tiene caldo.

CALDUCHO s.m. Chile. Fiesta ocasional que realizan los estudiantes en la sala de clase.

CALDUDA s.f. Chile. Empanada caldosa elaborada con ají, pasas, huevos y aceitunas.

CALÉ adj. y s.m. y f. (voz caló, negro). Gitano.

CALEDONIANO, A adj. De Caledonia. ◆ **Plegamiento caledoniano** Plegamiento primario que tuvo lugar a finales del silúrico y que afectó sobre todo a Escocia y Escandinavia

CALEFACCIÓN s.f. (lat. *calefactio*, *-onis*). Acción y efecto de calentar un lugar. **2.** Conjunto de aparatos y sistema destinados a calentar un lugar. **3.** Fenómeno por el cual una gota de agua dispuesta sobre una placa muy caliente queda sostenida sobre el vapor que emite. ◇ **Calefacción central** Calefacción que tiene una fuente única para calentar todo un edificio.

CALEFACTOR, RA s. Persona que tiene por oficio construir, instalar o reparar aparatos de calefacción. ◆ s.m. Aparato que sirve para calentar una habitación.

CALEFÓN s.m. Arg., Bol., Par. y Urug. Calentador de agua doméstico. GEOSIN.: Esp. *calentador;* Méx. *bóiler.*

CALEIDOSCÓPICO, A adj. → CALIDOSCÓPICO, A.

CALEIDOSCOPIO s.m. → CALIDOSCOPIO.

CALENDARIO s.m. (lat. *calendarium*). Sistema de división del tiempo en días, semanas y meses, basado en los principales fenómenos astronómicos. **2.** Hoja de papel, cartulina, etc., donde están impresos los días del año, ordenados por semanas y meses. (Se indican las fiestas civiles y religiosas del año y puede contener información sobre las fases de la luna.) **3.** Programa preciso y ordenado de las actividades previstas en un período de tiempo: *establecer un calendario de trabajo.*

ENCICL. El calendario actual procede del calendario romano reformado por Julio César (46 a.C.) que introdujo un año bisiesto cada cuatro años con el fin de adecuar el calendario al año astronómico, basado en el ciclo de las estaciones (rotación de la Tierra en torno al Sol). Con ello, la duración media del año civil era de 365,25 días, cifra más acorde con el año astronómico real (365,242 días), pero todavía sensiblemente inexacta. El error acumulado, que a finales del s. XVI era ya de unos 10 días, provocó la necesidad de un ajuste. La reforma del papa Gregorio XIII en 1592 *(calendario gregoriano)* restableció la concordancia y evitó futuras derivas eliminando ciertos años bisiestos (el último año de cada siglo solo es bisiesto si su número es divisible por 400). Por otro lado, el calendario solar-lunar judío tiene entre 353 y 355 días en un año común y entre 383 y 385 en un año bisiesto, en ciclos de 19 años; por su parte, el calendario musulmán es lunar y no tiene años bisiestos y abarca 354 o 355 días por año. Aproximadamente 33,5 años musulmanes equivalen a 32,5 años gregorianos.

CALENDARIZAR v.tr. [7]. Establecer un calendario ordenado de actividades previstas.

CALENDAS s.m.pl. (lat. *calendae*). Primer día del mes del antiguo calendario romano y del eclesiástico romano. ◇ **Calendas griegas** Irón. Tiempo que no ocupa lugar.

CALÉNDULA s.f. (bajo lat. *calendula*). Planta herbácea o vivaz, de capítulos terminales solitarios o en cimas. (Familia compuestas.)

CALENTADOR, RA adj. Que calienta. ◆ s.m. Recipiente o aparato para calentar. **2.** Aparato que mediante gas, electricidad, etc., sirve para calentar el agua.

■ **CALENTADOR** de cobre.
(Museo Perrin-de-Puycousin, Dijon.)

CALENTAMIENTO s.m. Acción y efecto de calentar o calentarse.

CALENTAR v.tr. y prnl. [10]. Hacer que aumente la temperatura de un cuerpo. ◆ v.tr. *Fig.* Excitar los ánimos de alguien o hacer que pierda la calma. **2.** *Vulg.* Excitar sexualmente. **3.** *Fig.* Azotar o golpear a alguien ◆ v.tr. e intr. DEP. Desentumecer los músculos antes de practicar un deporte.

CALENTÓN s.m. Calentamiento brusco e intenso.

CALENTURA s.f. Fiebre, elevación de la temperatura del cuerpo. **2.** Argent. *Fam.* Entusiasmo, deseo vehemente. **3.** Argent. *Vulg.* Excitación sexual. **4.** Chile. Tisis. **5.** Colomb. Rabieta, cólera. **6.** Cuba. Descomposición por fermentación del tabaco.

CALENTURIENTO, A adj. y s. *Desp.* Que se

■ **CALENDARIO.** En el centro de este calendario azteca se halla representado el dios Sol *Huitzilopochtli.* (Museo de América, Madrid.)

excita o exalta con facilidad: *imaginación calenturienta*. **2.** Calenturoso. ◆ adj. Chile. Tísico.

CALENTUROSO, A adj. y s. Que tiene síntomas de calentura. SIN.: *calenturiento*.

CALENTURÓN s.m. Fiebre alta que dura poco.

CALERA s.f. Cantera de la que se extrae la piedra caliza. **2.** Horno de cal.

CALERO s.m. Persona que tiene por oficio extraer la piedra y calcinarla en la calera, o vender cal.

CALESA s.f. (fr. *calèche*). Vehículo tirado por caballos, de dos o cuatro ruedas, con la caja abierta por delante y capota de vaqueta.

CALESERA s.f. Cante popular andaluz que es una seguidilla sin estribillo. **2.** Saco de vestir provisto de adornos, como el usado por los caleseros andaluces.

CALESERO, A s. Persona que tiene por oficio guiar calesas.

CALESÍN s.m. Vehículo tirado por caballos, parecido a la calesa, pero más pequeño y ligero.

CALESITA s.f. Amér. Merid. Tiovivo, carrusel.

CALETA s.f. Cala o ensenada pequeña. **2.** Venez. Gremio de cargadores de mercancías en los puertos de mar.

CALETERO s.m. Venez. Operario que es miembro de una caleta.

CALETRE s.m. (del lat. *character*, carácter). *Fam.* Talento o capacidad para hacer algo: *tener mucho caletre*.

CALIBRADO s.m. Acción y efecto de calibrar. SIN.: *calibración*.

CALIBRADOR s.m. Instrumento que sirve para calibrar.

CALIBRAR v.tr. Medir el calibre de las armas de fuego, proyectiles, alambre u otros tubos. **2.** Dar el calibre adecuado a un ánima de arma de fuego, proyectil, alambre o tubo. **3.** *Fig.* Medir la calidad, importancia u otras cualidades de algo o alguien: *calibrar el talento de alguien, el alcance de un problema*.

CALIBRE s.m. (fr. *calibre*). Diámetro interior de un cilindro hueco. **2.** *Fig.* Tamaño, importancia, clase: *catástrofe de gran calibre*. **3.** ARM. **a.** Diámetro interior del ánima de una boca de fuego. **b.** Diámetro de un proyectil o grueso de un alambre. **c.** Relación entre la longitud del tubo y el diámetro del ánima de una boca de fuego. (Un cañón de 100 mm se llama de calibre 70 si su tubo mide 7 m.). **4.** TECNOL. Instrumento que sirve de medida o patrón en un taller.

CALICANTO s.m. Mampostería, obra hecha con mampuestos.

CALICATA s.f. MIN. Reconocimiento de un terreno, en busca de minerales o agua.

CALICHE s.m. Piedra pequeña mezclada con el barro y que se calcina al cocerlo. **2.** Costra pequeña de cal que se desprende del enlucido de las paredes. **3.** Señal que queda en la fruta por haber recibido algún daño. **4.** Bol., Chile y Perú. Nitrato de sosa.

CALICHERA s.f. Bol., Chile y Perú. Yacimiento de caliche.

CALICIFORME adj. Que tiene forma de cáliz, vaso o copa.

CALICÓ s.m. (fr. *calicot*, de Calicut, c. de la India). Tela delgada de algodón.

CALÍCULO s.m. (lat. *calyculus*, dim. de *calyx*, cáliz de una flor). BOT. Conjunto de brácteas situadas junto a la parte externa del cáliz de algunas flores, como el clavel, la fresa, etc.

CALIDAD s.f. (lat. *qualitas, -atis*). Conjunto de cualidades o propiedades que caracterizan una cosa o una persona: *la calidad humana; producto de mala calidad*. **2.** Carácter, naturaleza, índole. **3.** Importancia o gravedad de una cosa: *la calidad de un problema*. **4.** Consideración social, civil o política: *calidad de ciudadano*. ◆ **calidades** s.f.pl. Perfecciones morales: *persona de buenas calidades*. ◇ **De calidad** Excelente: *un vino de calidad*. **En calidad de** Con el carácter, cargo o función que se expresa: *asistir en calidad de observador*.

CÁLIDO, A adj. (lat. *calidus*). Caluroso, caliente: *clima cálido*. **2.** Caluroso, afectuoso: *unos cálidos aplausos*. **3.** Se dice del colorido

en que predominan los tonos dorados o rojizos.

CALIDOSCÓPICO, A o **CALEIDOSCÓPICO, A** adj. Relativo al calidoscopio.

CALIDOSCOPIO o **CALEIDOSCOPIO** s.m. (del gr. *caleidos*, imagen, y *scopein*, mirar). Juguete que consiste en un tubo opaco con varios espejos inclinados y pequeños cristales de colores en su interior, y que, al mirar por uno de sus extremos y girarlo, se ven figuras simétricas.

CALIENTAMANOS s.m. (pl. *calientamanos*). Esfera hueca de metal que contenía brasas y servía para calentarse las manos.

CALIENTAPIÉS s.m. (pl. *calientapiés*). Aparato que sirve para calentar los pies.

CALIENTAPLATOS s.m. (pl. *calientaplatos*). Aparato que sirve para calentar los platos que se han de servir a la mesa.

CALIENTASILLAS adj. y s.m. y f. (pl. *calientasillas*). Se dice de la persona que prolonga mucho sus visitas o que pasa largo tiempo en las antesalas.

CALIENTE adj. (lat. *calens, -entis*, p. de *calrere*, estar caliente). Que tiene una temperatura elevada o desprende calor: *agua caliente*. **2.** Que proporciona calor. **3.** *Fig.* Acalorado, fogoso: *una discusión caliente*. **4.** *Vulg.* Excitado sexualmente. **5.** Colomb. Se dice de la persona valiente y atrevida. ◇ **En caliente** Al instante, bajo la influencia de una circunstancia.

CALIFA s.m. (ár. *jalîfa*). Soberano de los pueblos islámicos, sucesor de Mahoma, que ejercía la potestad civil y religiosa.

CALIFAL adj. Relativo a los califas o al califato.

CALIFATO s.m. Dignidad de califa. **2.** Período de tiempo durante el que gobernaba un califa o una dinastía califal. **3.** Territorio de su jurisdicción.

CALIFICACIÓN s.f. Acción de calificar. **2.** Valor de una escala establecida, expresado mediante una denominación o expresión numérica, que obtiene una persona en un examen, ejercicio, etc. **3.** DER. Apreciación que cada una de las partes hace de los hechos, los preceptos legales aplicables y sus efectos con respecto a los acusados. ◇ **Calificación profesional** Evaluación de la categoría profesional de un trabajador, teniendo en cuenta su formación, experiencia y sus responsabilidades.

CALIFICADO, A adj. Se dice de la persona que tiene autoridad y prestigio: *médico calificado*. **2.** Se dice de la cosa que cumple los requisitos necesarios: *concesionario calificado*. **3.** Se dice del trabajador que tiene formación especializada y es apto para realizar una actividad. SIN.: *cualificado*.

CALIFICAR v.tr. (bajo lat. *qualificare*) [1]. Atribuir ciertas cualidades a alguien o algo: *calificar una idea de muy acertada*. **2.** Asignar a una persona una calificación en un examen, ejercicio, etc. **3.** *Fig.* Ennoblecer, dignificar: *la califica la honradez de su gestión*. **4.** GRAM. Expresar un adjetivo la cualidad de un sustantivo.

CALIFICATIVO, A adj. Que califica.

CALIFORNIANO, A adj. y s. De California.

CALIFORNIO s.m. Elemento químico artificial (Cf), radiactivo, de número atómico 98.

CÁLIGA s.f. (lat. *caliga*). Calzado usado por los soldados romanos.

CALÍGINE s.f. *Poét.* Niebla, oscuridad. **2.** *Fam.* Bochorno.

CALIGINOSO, A adj. Nebuloso, oscuro.

CALIGRAFÍA s.f. (gr. *kalligraphía*). Técnica de escribir a mano con letra correctamente formada, según un determinado estilo. **2.** Conjunto de rasgos que caracterizan la escritura.

CALIGRAFIAR v.tr. [19]. Escribir con caligrafía.

CALIGRÁFICO, A adj. Relativo a la caligrafía.

CALÍGRAFO, A s. Persona que escribe con buena caligrafía, particularmente la que se dedica profesionalmente a ella.

CALIGRAMA s.m. (de *Caligramas*, obra de Apollinaire, de *calligraphie*, caligrafía, e *idéogramme*, ideograma). Texto, generalmente poético, cuya disposición tipográfica repre-

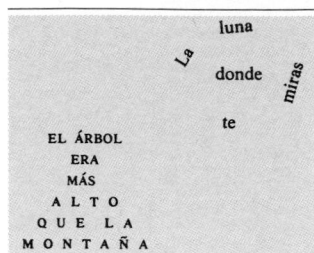

■ **CALIGRAMA.** Fragmento del poema «Paisaje», extraído de la *Antología poética* (1990) de Vicente Huidobro.

senta los objetos que constituyen el tema del pasaje o del poema.

CALILLA s.f. Amér. *Fam.* Molestia, pejiguera. **2.** Chile. Deudas. **3.** Chile. *Fam.* Calvario, serie de adversidades. **4.** Guat. y Hond. Persona molesta o pesada.

CALIMBA s.f. Cuba. Hierro para marcar los animales.

CALIMOCHO s.m. Esp. Bebida elaborada con vino tinto y refresco de cola.

CALINA o **CALIMA** s.f. (del lat. *caligo, -ignis*, tinieblas, niebla). Niebla tenue que enturbia el aire con partículas en suspensión y es propia del verano.

CALIPSO s.m. Canción y baile de dos tiempos, originarios de Jamaica.

CALIPTRA s.f. Envoltura que protege la extremidad de la raíz de los vegetales.

CALITRÍCIDO, A adj. y s.m. Hapálido.

1. CÁLIZ s.m. (lat. *calix, -icis*). Recipiente en forma de vaso o copa en el que el sacerdote consagra el vino en la misa. **2.** *Fig.* Aflicción: *aparta de mí ese cáliz*. **3.** ANAT. Cavidad excretora del riñón que recoge la orina de los tubos uriníferos.

2. CÁLIZ s.m. (lat. *calyx, -ycis*, copa, del gr. *kályx, -ykos*). Conjunto de los sépalos de una flor.

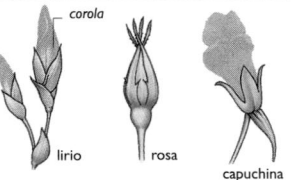

corola

lirio · rosa · capuchina

■ **CÁLIZ** de algunas flores.

CALIZA s.f. Roca sedimentaria constituida principalmente por carbonato cálcico.

CALIZO, A adj. Que contiene cal: *terreno calizo*. **2.** Se dice del relieve *cársico.

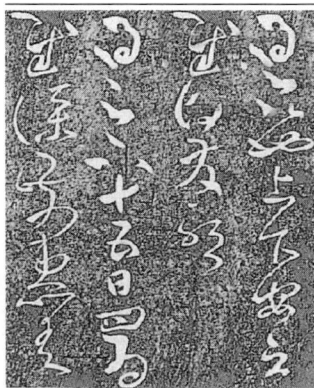

■ **CALIGRAFÍA** china; s. VIII. (Col. part.)

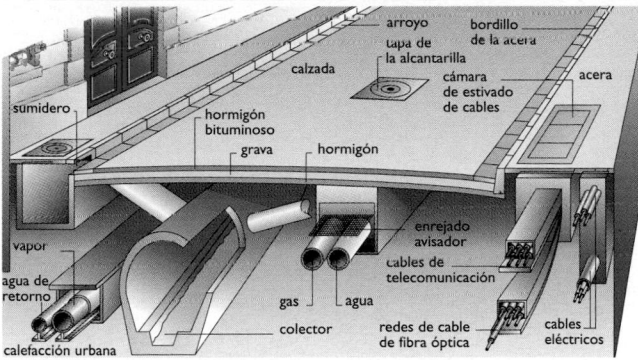

arroyo
bordillo
de la acera
tapa de
la alcantarilla
calzada
cámara
de estivado
de cables
acera
sumidero
hormigón
bituminoso
grava
hormigón
vapor
enrejado
avisador
cables de
telecomunicación
agua de
retorno
gas
agua
colector
redes de cable
de fibra óptica
cables
eléctricos
calefacción urbana

■ **CALLE.** Vista general y en sección de una calle con sus distintas redes.

CALLA s.f. Amér. Palo puntiagudo, con que se sacan plantas con sus raíces y abrir hoyos para sembrar.

CALLADA s.f. Silencio o efecto de callar. ◇ **Dar la callada por respuesta** *Fam.* Dejar intencionalmente de contestar.

CALLADO, A adj. Que habla poco o es reservado. **2.** Que se hace con silencio o discreción: *labor callada.*

CALLAMPA s.f. Chile. Hongo, seta. **2.** Chile, Barraca, chabola. **3.** Chile. Sombrero de fieltro. ◇ **Población callampa** Barrio marginal de chabolas.

CALLANA s.f. (quechua *kallana*). Amér. Mérid. Vasija tosca que usan los indios americanos para tostar maíz, trigo, etc.

CALLANDICO o **CALLANDITO** adv.m. *Fam.* En silencio, en secreto o con disimulo: *retirarse callandito.*

CALLANUDO, A adj. Chile. Insolente, desenfadado

CALLAO s.m. (gall.-port. *calhau*). Guijarro, piedra pulida.

CALLAR v.intr. y prnl. (lat. *vulgar callare*, bajar, aplicándose a la voz). No hablar: *mientras el maestro hablaba, los alumnos callaban.* **2.** Dejar de hablar una persona: *dicho esto, calló.* **3.** Dejar de emitir un sonido el mar, el viento, una máquina, etc. ◆ v.tr. y prnl. No expresar u ocultar lo que se siente o se sabe: *callaré lo que pienso por respeto.* **2.** Hacer que una persona deje de hablar: *cállala, por favor.* ◇ **¡Calla!** *Fam.* Denota extrañeza o sorpresa. **Callar la boca** *Fam.* Permanecer una persona en silencio; hacer que alguien calle.

CALLE s.f. (lat. *callis*, sendero). Vía o camino entre edificios o solares de una población. **2.** Espacio urbano indeterminado, al aire libre: *la calle es peligrosa.* **3.** Pueblo, conjunto de ciudadanos: *lenguaje de la calle.* **4.** Conjunto de personas que conviven como vecinos de un mismo tramo de vía. **5.** Zona de una pista de atletismo o de una piscina en que cada concursante debe mantenerse a lo largo de la carrera. **6.** HIST. Pueblo que dependía de otro, en la edad media. ◇ **Dejar en la calle** *Fam.* Dejar a alguien sin trabajo o sin domicilio. **Echarse a la calle** Salir de casa; amotinarse o manifestarse en una población. **Estar al cabo, o final, de la calle** Estar en la solución de un asunto. **Hacer la calle** Buscar la prostituta clientes en la vía pública. **Traer, o llevar, por la calle de la amargura** Angustiar o afligir mucho a alguien. **Llevar de calle** *Fam.* Atraer, despertar un fuerte interés.

CALLEJA s.f. → CALLEJUELA.

CALLEJEAR v.intr. Andar por las calles sin un propósito determinado.

CALLEJERO, A adj. Relativo a la calle: *perro callejero.* **2.** Que gusta de callejear. ◆ s.m. Esp. Lista de las calles de una ciudad.

CALLEJÓN s.m. Calle muy estrecha. **2.** TAUROM. Espacio entre la barrera y el muro de la plaza en que empieza el tendido. ◇ **Callejón sin salida** *Fam.* Situación problemática cuya resolución es imposible o muy difícil: *estar en un callejón sin salida.*

CALLEJUELA o **CALLEJA** s.f. Calle estrecha o corta, que no suele estar entre las principales de una población.

CALLICIDA adj. y s.m. Se dice de la sustancia que elimina las formaciones callosas de la piel.

CALLISTA s.m. y f. Pedicuro.

CALLO s.m. (lat. *callum*). Lesión cutánea dolorosa, abultada y dura, que se forma generalmente en los pies y en las manos por causa del roce. **2.** Extremo de una herradura. **3.** Cicatriz de un hueso fracturado. **4.** Esp. *Fig. y fam.* Persona fea. **5.** BOT. Masa de celulosa gelificada que, en invierno, obstruye los tubos cribosos de algunas plantas, como la viña. ◆ **callos** s.m.pl. Pedazos del estómago de la vaca, ternera o carnero, que se comen guisados. ◇ **Dar el callo** Esp. *Fig. y fam.* Trabajar mucho.

CALLOSIDAD s.f. Callo, especialmente extenso y poco abultado.

CALLOSO, A adj. Que tiene callos o es calloso. ◇ **Cuerpo calloso** Masa blanca con fibras nerviosas cuya función es comunicar los dos hemisferios cerebrales.

CALMA s.f. (gr. *kayma*, quemadura, calor). Paz, tranquilidad, serenidad: *perder la calma; pensar con calma.* **2.** Estado de la atmósfera o del mar cuando no hay viento. **3.** *Fig.* Interrupción o suspensión de algo: *calma en el dolor.* **4.** *Fig. y fam.* Serenidad o lentitud excesivas. SIN.: *flema, cachaza, pachorra.* ◇ **Calma chicha** Estado de la atmósfera, especialmente en el mar, cuando el aire está en completa quietud. **Calmas ecuatoriales** Zona de vientos débiles que corresponden a la región del globo donde se producen esencialmente importantes movimientos ascendentes. **En calma** Sosegado: *mar en calma.*

CALMADO, A adj. METAL. Se dice del acero que al solidificarse no retiene aprisionados los gases disueltos en su masa.

CALMANTE adj. y s.m. Se dice del medicamento que calma el dolor.

CALMAR v.tr. y prnl. Poner en calma. **2.** Aliviar o moderar una molestia, un sentimiento o una sensación: *calmar la sed.*

CALMECAC s.m. Escuela donde se educaba a los jóvenes aztecas de elevada estirpe.

CALMO, A adj. Que está en descanso. **2.** Argent., Chile y Urug. Sosegado, tranquilo.

CALMOSO, A adj. Que está en calma: *tiempo calmoso.* **2.** *Fam.* Que actúa con tranquilidad y lentitud e indolencia.

CALMUCO, A adj. y s. De un pueblo mongol que vive en Rusia, Mongolia y en el Xinjiang. (En 1643, una de sus tribus se estableció en el bajo Volga, donde se encuentra la *República de Kalmukia* [Rusia].)

CALÓ s.m. Lengua hablada por los gitanos españoles, variante dialectal del romaní.

CALOGERO, A adj. y s. Relativo a la orden de san Basilio; miembro de esta orden. **2.** Se dice del monje griego anacoreta.

CALOMELANOS s.m.pl. Cloruro mercurioso, empleado antiguamente como colerético y purgante.

CALOR s.m. (lat. *calor, -oris*). Temperatura elevada de un cuerpo: *el calor del sol.* **2.** Temperatura elevada de la atmósfera: *hoy hace mucho calor.* **3.** Sensación que experimenta el cuerpo animal cuando recibe una temperatura elevada del exterior: *sentir calor.* **4.** *Fig.* Ardor, actividad, viveza: *aplaudir, defender con calor.* **5.** *Fig.* Afecto, interés: *buscar el calor de alguien.* **6.** *Fig.* Lo más fuerte y vivo de una acción. **7.** Elevación de la temperatura normal del cuerpo: *el calor de la fiebre.* **8.** Argent. y Urug. *Fig. y fam.* Vergüenza, pena: *dar un calor; pasar un calor.* **9.** FÍS. Energía que puede elevar la temperatura de un cuerpo y dilatarlo, fundirlo, vaporizarlo o descomponerlo. ◇ **Al calor de** Al amparo de, con la ayuda de. **Calor animal** FISIOL. Calor producido por las reacciones del catabolismo que tienen lugar en cualquier animal. **Calor específico** Cantidad de calor necesaria para aumentar en 1 ºC la temperatura de la unidad de masa de una sustancia. **Tomar con calor** algo Poner mucha diligencia en ejecutarlo.

CALORÍA s.f. Unidad de medida de energía térmica (simb. cal) que equivale a la cantidad de calor necesaria para elevar la temperatura de un gramo de agua en un grado centígrado, de 14,5 ºC, a 15,5 ºC, a la presión normal. (Su valor es de 4,185 julios.)

CALÓRICO, A adj. Relativo al calor o a las calorías. ◆ s.m. Supuesto fluido al que se atribuía la capacidad de servir de vehículo para la propagación del calor.

CALORÍFERO, A adj. Que conduce o propaga el calor. ◆ s.m. **Calorífero de aire** Aparato de calefacción que se utiliza para calentar un lugar mediante aire caliente.

CALORIFICACIÓN s.f. Producción de calor en el organismo.

CALORÍFICO, A adj. Que produce calor. ◇ **Capacidad calorífica** Producto de la masa de un cuerpo por su calor específico. **Valor calorífico de un alimento** Cantidad de kilocalorías que proporciona un alimento determinado.

CALORÍFUGO, A adj. Que se opone a la transmisión del calor. **2.** Incombustible, que no puede quemarse.

CALORIMETRÍA s.f. Parte de la física que se ocupa de la medición de las cantidades de calor.

CALORÍMETRO s.m. Aparato que sirve para medir las cantidades de calor suministradas o recibidas por un cuerpo.

CALORINA s.f. Calor fuerte y sofocante, bochorno.

CALORIZACIÓN s.f. Cementación de los metales mediante aluminio.

CALORRO, A adj. *Fam.* Gitano.

CALOSTRO s.m. (lat. *colostrum*). Líquido amarillento y opaco secretado por las glándulas mamarias durante los primeros días que siguen al parto.

CALOTA s.f. Parte superior de la bóveda craneal.

CALPIXQUE s.m. Mayordomo o capataz a quien los encomenderos encargaban del gobierno de los indios, de su repartimiento y del cobro de tributos, en la época colonial.

CALPUL s.m. Guat. Asamblea, reunión. **2.** Hond. Montículo que indicaba el emplazamiento de antiguos pueblos aborígenes.

CALPULLI s.m. (náhuatl *calpolli* o *calpulli*, casa comunal). Territorio en que habitaba un clan o linaje, en el México prehispánico.

CALUMA s.f. Perú. Paso en la cordillera de los Andes.

CALUMET s.m. Pipa de tubo largo, utilizada por los indios de América del Norte en algunas celebraciones.

CALUMNIA s.f. (lat. *calumnia*). Acusación falsa y maliciosa contra alguien con la intención de deshonrarlo. **2.** DER. Imputación falsa de un delito.

CALUMNIAR v.tr. (lat. *calumniari*). Acusar falsa y maliciosamente a una persona o imputarla falsamente en un delito.

CALUNGO s.m. Colomb. y Venez. Perro de pelo rizado.

CALUROSO, A adj. (del ant. *calura*, calor). Que tiende a sentir calor. **2.** Que causa calor:

tiempo caluroso. **3.** *Fig.* Vivo, apasionado o afectuoso: *un caluroso recibimiento.*

CALUYO s.m. Bol. Baile indígena con zapateado.

CALVA s.f. Parte de la cabeza de la cual ha caído el pelo. **2.** Parte pelada de una piel, felpa, etc. **3.** Parte de un terreno que no tiene vegetación. **4.** Parte superior de la pieza de la armadura que cubre la cabeza.

CALVADOS s.m. (pl. *calvados*). Aguardiente de sidra que se elabora en Calvados.

CALVARIO s.m. (lat. *calvarium,* osario, calco del gr. *Golgotha,* nombre de la colina en que fue crucificado Jesús). *Fig.* y *fam.* Sufrimiento prolongado: *su vida es un calvario.* **2.** Vía crucis. **3.** Tema iconográfico que representa a Cristo en la cruz con acompañamiento.

CALVERIZO, A adj. Se dice del terreno en el que hay muchos calveros.

CALVERO s.m. Extensión de terreno desprovista de árboles y matas en el interior de un bosque.

CALVICIE s.f. Pérdida o falta de pelo en la cabeza.

CALVINISMO s.m. Doctrina religiosa protestante originada de las ideas de Juan Calvino y de la Reforma del s. XVI. (El calvinismo, tradicionalmente implantado en Francia, Países Bajos, Escocia y Suiza, se extendió por otros países europeos y fue llevado a América del Norte y a otros continentes por emigrantes europeos.)

CALVINISTA adj. y s.m. y f. Relativo al calvinismo; partidario de esta doctrina.

CALVO, A adj. y s. (lat. *calvus*). Que ha perdido total o parcialmente el pelo de la cabeza. ◆ adj. Se dice de la piel, felpa, paño, etc., que ha perdido el pelo. **2.** Se dice del terreno que no tiene vegetación. ◇ **Ni tanto ni tan calvo** *Fam.* Expresión empleada para señalar que lo dicho es exagerado por exceso o por defecto.

CALZA s.f. (del lat. *calceus,* zapato). Prenda masculina que cubría el pie y la pierna hasta los muslos. (Suele usarse en plural.) **2.** Cuña con que se calza algo para impedir su movimiento. **3.** Colomb. y Ecuad. Empaste en la dentadura.

CALZADA s.f. Parte de una calle o de una carretera reservada a la circulación de vehículos. **2.** Camino empedrado y ancho. ◇ **Calzada romana** Vía grande y empedrada construida por los romanos.

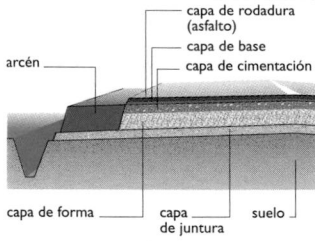

■ **CALZADA.** Sección de una calzada de carretera.

CALZADO, A adj. Se dice de algunos religiosos que usan zapatos, en contraposición a los descalzos. **2.** HERÁLD. Se dice del escudo dividido por dos líneas que parten del jefe y se encuentran en la punta. **3.** ZOOL. **a.** Se dice del ave que tiene plumas hasta los pies. **b.** Se dice del animal que tiene la parte inferior de las extremidades de color distinto al del cuerpo. ◆ s.m. Prenda que sirve para cubrir y resguardar el pie o la pierna.

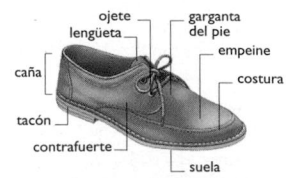

■ **CALZADO.** Elementos constitutivos de un zapato.

■ **CALVARIO.** Cerca de Josselin, en la Bretaña francesa, el calvario de Guéhenno; s. XVI.

CALZADOR s.m. Utensilio en forma de hoja acanalada que se usa para introducir fácilmente el pie en el zapato. ◇ **Con calzador** *Fam.* Con dificultad, de manera forzada.

CALZAPIÉ s.m. Tope curvado por un extremo que se ajusta al pedal de una bicicleta para que el ciclista mantenga el pie en la posición correcta.

CALZAR v.tr. y prnl. (lat. *calceare,* de *calceus,* zapato) [7]. Cubrir el pie y algunas veces la pierna con calzado. **2.** Poner o llevar puestos los guantes, espuelas, etc. ◆ v.tr. Proveer de calzado. **2.** Impedir el movimiento de algo mediante la introducción de cuñas u otros objetos similares. **3.** Admitir las armas de fuego un proyectil de un calibre determinado. **4.** Colomb. y Ecuad. Empastar un diente o muela.

CALZO s.m. Calza, cuña. ◆ **calzos** s.m.pl. Extremidades de un caballo o yegua, especialmente cuando son de color distinto al resto del cuerpo.

CALZÓN s.m. Prenda masculina que cubre desde la cintura hasta las rodillas. **2.** Argent., Chile y Perú. Prenda interior femenina que cubre desde la cintura hasta las ingles con aberturas para pasar las piernas. (Ocasionalmente se usa en plural para referirse a una sola prenda.) GEOSIN.: Amér. Merid. *bombachas;* Bol., Colomb. y Ecuad. *calzonarias;* Chile. *cuadro;* Esp. *braga;* Perú. *trusa;* Méx. y Venez. *pantaletas.* **3.** Bol. Guiso picante elaborado con carne de cerdo. **4.** Méx. Prenda interior masculina o femenina que cubre los genitales y las nalgas. Méx. Enfermedad de la caña de azúcar. ◇ **Tener bien puestos los calzones** *Fam.* Ser muy hombre.

CALZONARIAS s.f.pl. Bol., Colomb. y Ecuad. Calzón, prenda interior femenina. **2.** Colomb. Tirantes.

CALZONAZOS s.m. (pl. *calzonazos*). *Fam.* Hombre de carácter débil que es demasiado condescendiente y se deja dominar, especialmente por una mujer. SIN.: *calzorras.*

CALZONCILLOS s.m.pl. Prenda interior masculina que cubre desde la cintura hasta las ingles.

CALZONERAS s.m.pl. Méx. Pantalón para montar a caballo, abierto por los dos lados que se cierran mediante botones.

CALZORRAS s.m. (pl. *calzorras*). *Fam.* Calzonazos.

1. CAMA s.f. (hispano-lat. *cama,* yacija). Mueble para dormir, compuesto de un armazón de madera o metal sobre el que se coloca el colchón, almohadas, sábanas, etc.; este ar-

---

mazón. **2.** Plaza para un enfermo en un hospital, clínica, etc. **3.** Mullido de paja o de otras materias vegetales con que se cubre el piso de los establos. **4.** *Fig.* Sitio donde se echan a descansar los animales. ◇ **Cama elástica** DEP. Lona fijada sobre muelles de acero sobre la que se realizan saltos en el aire; deporte así practicado. **Cama nido** Esp. Mueble compuesto de dos camas, en el que una se guarda debajo de la otra. **Cama redonda** Acción de dormir varias personas juntas en una misma cama. **Cama turca** La que no tiene cabecera, a modo de sofá sin respaldo ni brazos. **Estar en,** o **guardar,** o **hacer, cama** Estar en ella por enfermedad.

2. CAMA s.f. (célt. *cambos,* curvo). Cada una de las barretas o palancas del bocado en cuyos extremos inferiores se sujetan las riendas. **2.** Pieza encorvada de madera o de hierro a la que se fijan la reja y todo el sistema del arado.

CAMACHUELO s.m. Ave de cabeza y alas negras, torso gris y vientre rosa, que vive en bosques y jardines. (Familia fringílidos.)

■ **CAMACHUELO** macho

CAMADA s.f. Conjunto de crías de un mamífero paridas de una sola vez. **2.** Conjunto de cosas extendidas horizontalmente de modo que puedan colocarse otras sobre ellas: *camada de ladrillos.* **3.** *Fig.* y *fam.* Cuadrilla de ladrones o de pícaros.

CAMAFEO s.m. (fr. ant. *camaheu*). Joya que consiste en una piedra fina o dura, cincelada con un motivo en relieve, en la que se aprovechan las capas de diferente color.

CAMAGUA adj. Amér. Central y Méx. Se dice del maíz que empieza a madurar o del tardío que madura una vez seca la planta.

CAMAGÜEYANO, A adj. y s. De Camagüey.

CAMAL s.m. Cabestro o cabezón con que se atan los animales de tiro.

CAMALDULENSE adj. y s.m. y f. Relativo a la orden fundada por san Romualdo en 1012 en Camaldoli, cerca de Florencia; religioso de esta orden.

CAMALEÓN s.m. (lat. *chamaleon, -onis,* del gr. *khamailéon, éontos*). Reptil arborícola insectívoro, con una cola prensil y ojos con movimiento independiente el uno del otro, que mide hasta 60 cm. de long., está dotado de homocromía y vive en África y parte de Asia. (Familia camaleónidos.) **2.** *Fig.* y *fam.* Persona que cambia con facilidad de opinión o imagen.

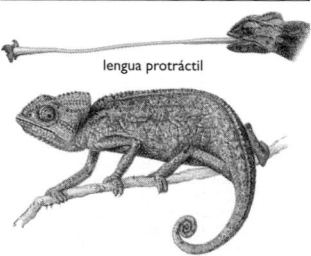

lengua protráctil

■ **CAMALEÓN**

CAMALEÓNICO, A adj. Se dice de la persona que cambia fácilmente de opinión o imagen, en función de las circunstancias o conveniencias.

CAMALERO s.m. Perú. Matarife.

CAMALOTE s.m. Planta acuática, de tallo largo y hueco, hoja en forma redondeada y flores azules. (Familia pontederiáceas.) **2.** Conjunto de estas plantas que, enredadas con otras de diferentes especies, forman grupos flotantes. **3.** Amér. Merid., Méx. y Salv. Nombre de ciertas plantas acuáticas, que crecen en las orillas de los ríos, lagunas, etc., y tienen hojas y flores flotantes.

CAMAMA s.f. *Vulg.* Engaño, embuste, burla.

CAMANCHACA s.f. Chile y Perú. Niebla espesa y baja que va de la costa al interior.

CAMÁNDULA s.f. (de *Camáldula*, orden religiosa, de *Camàldoli*, monasterio toscano). Rosario de uno o tres dieces. **2.** *Fig.* y *fam.* Marrullería, astucia, hipocresia.

CAMANDULERO, A adj. y s. *Fam.* I Hipócrita, embustero.

CÁMARA s.f. (lat. vulgar *camara*, bóveda). Aparato que sirve para captar imágenes estáticas o en movimiento: *cámara fotográfica; cámara de televisión; cámara de vídeo.* **2.** Compartimiento, cavidad o recinto cerrados. **3.** Habitación o pieza principal de una casa, o habitación que adquiere importancia o solemnidad especial: *cámara nupcial; cámara mortuoria.* **4.** Espacio que ocupa la carga en las armas de fuego. **5.** Órgano colectivo que se ocupa de los asuntos públicos de una comunidad o de los propios de una profesión o actividad: *cámara de diputados; cámara de comercio.* **6.** ASTRON. Telescopio reflector que proporciona imágenes fotográficas de los astros observados. **7.** FÍS. Detector que permite determinar la trayectoria de una partícula, cargada por amplificación de la ionización que ella produce a su paso en un líquido o en un gas. ➔ s.m. y f. Esp. Cameraman. ◇ **Cámara alta** Senado. **Cámara baja** Parlamento. **Cámara clara** Aparato compuesto principalmente por prismas o espejos semiplateados, que permite superponer dos imágenes, una directa y otra por reflexión. **Cámara de aire** Tubo anular de caucho colocado alrededor de la llanta de una rueda, que se llena con aire comprimido. **Cámara de apelaciones** Argent. Tribunal colegiado de segunda o última instancia. **Cámara de combustión** Parte de un motor de explosión o de una turbina de gas en la que se produce la combustión del carburante. **Cámara de compensación** B. Y BOLSA. Entidad a través de la cual los organismos, sociedades y compañías financieras o suministradoras de bienes y servicios compensan las cuentas acreedoras o deudoras que pueda haber entre ellas. **Cámara de gas** Recinto destinado a realizar ejecuciones capitales mediante gases tóxicos. **Cámara de representantes** Cámara baja del congreso de EUA. **Cámara frigorífica** Recinto en el que se establece artificialmente una temperatura próxima a los 0 °C y que sirve para conservar materias perecederas mediante el frío. **Cámara lenta** CIN. Rodaje acelerado de una película, para que produzca un efecto de lentitud al proyectarse las imágenes a la cadencia normal. **Cámara negra**, u **oscura** Caja cuyo interior es negro, y en una de cuyas caras se ha practicado una ligera abertura provista en general de una lente, por la que penetran los rayos difundidos por los objetos exteriores, cuya imagen se forma sobre una pantalla situada a una distancia conveniente. **Chupar cámara** *Fig.* y *fam.* Acaparar el primer plano, comportarse de una manera llamativa para destacar en detrimento de otras personas o aparecer de forma repetida en fotografías, televisión, etc.

CAMARADA s.m. y f. Persona con la que se comparte o han compartido los estudios, el trabajo, etc. **2.** *Fam.* Amigo. **3.** En algunos partidos políticos, correligionario.

CAMARADERÍA s.f. Relación amistosa que se establece entre camaradas.

CAMARANCHÓN s.m. *Desp.* Desván donde se suelen guardar trastos viejos.

CAMARERO, A s. (de *cámara*, habitación). Persona que tiene por oficio mantener limpias y en orden las habitaciones en un hotel, barco de pasajeros, etc., o que sirve bebidas y comidas a los clientes en un bar, cafetería, restaurante, etc. ➔ s.m. HIST. Oficial palatino encargado de la dirección de los servicios de la cámara regia.

CAMARETA s.f. Cámara de un barco pequeño. **2.** Camarote de un buque de guerra donde

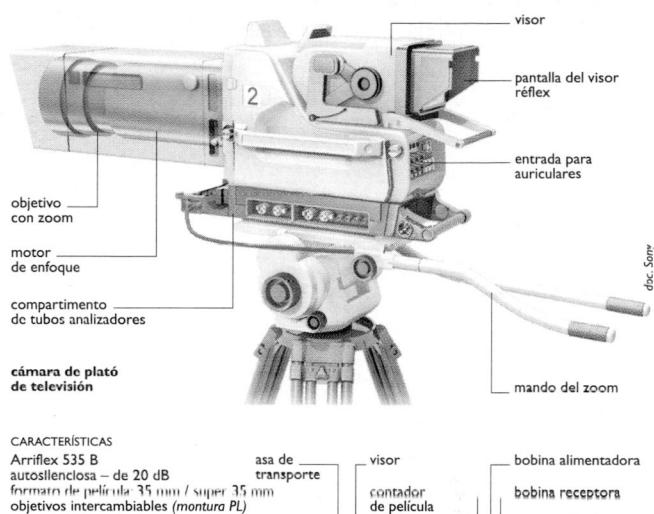

visor

pantalla del visor réflex

entrada para auriculares

objetivo con zoom

motor de enfoque

compartimiento de tubos analizadores

cámara de plató de televisión

mando del zoom

doc. Sony

CARACTERÍSTICAS
Arriflex 535 B
autosilenciosa – de 20 dB
formato de película 35 mm / super 35 mm
objetivos intercambiables *(montura PL)*
carga de 120 m y/o de 300 m

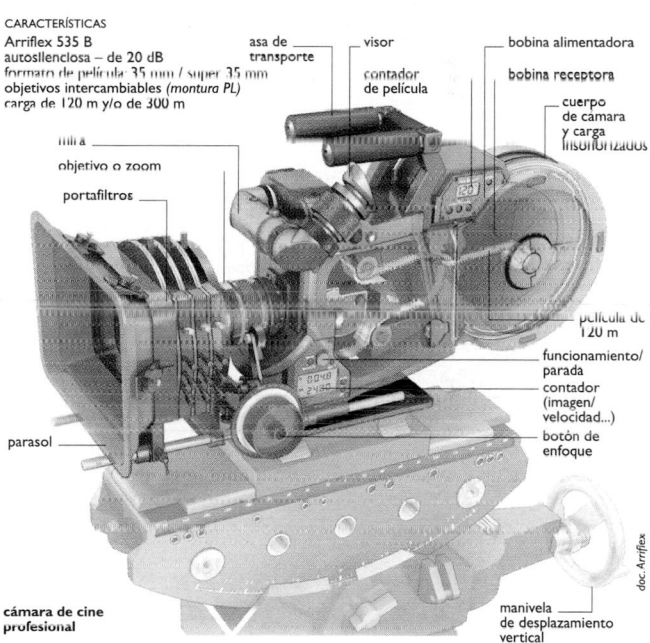

asa de transporte

visor

bobina alimentadora

contador de película

bobina receptora

cuerpo de cámara y carga insonorizados

mira

objetivo o zoom

portafiltros

película de 120 m

funcionamiento/ parada

contador (imagen/ velocidad...)

botón de enfoque

parasol

cámara de cine profesional

manivela de desplazamiento vertical

doc. Arriflex

■ **CÁMARAS**

se alojan los guardias marinas. **3.** Argent., Bol., Chile y Perú. Petardo que se dispara en las fiestas populares y religiosas.

CAMARILLA s.f. Conjunto de personas que se hacen con la dirección de un asunto, excluyendo de ella a las demás interesadas, o que influyen subrepticiamente en las decisiones de alguna persona importante.

CAMARÍN s.m. Capilla pequeña, situada detrás de un altar, en la que se venera alguna imagen. **2.** Camerino.

CAMARISTA s.m. En el s. XVIII, ministro que formaba parte de la Cámara de Castilla o de las Indias. **2.** Argent. Miembro de la cámara de apelaciones. **3.** Méx. Camarero. ➔ s.f. Criada distinguida de la reina.

CAMARLENGO s.m. (cat. *camarleng*). Cardenal administrador de los bienes pontificios que, al quedar vacante la Santa Sede, tiene a su cargo la convocatoria del cónclave. **2.** HIST. En la casa real de Aragón, oficial de palacio encargado de la dirección de los servicios de la casa del rey.

CAMARÓGRAFO, A s.m. y f. Persona que tiene por oficio manejar una cámara.

CAMARÓN s.m. (del lat. *cammarus*, del gr. *kámmaros*). Crustáceo marino decápodo, nadador, de cuerpo comprimido y abdomen prolongado y carne muy apreciada.

CAMARONERO s.m. Perú. Martín pescador.

CAMAROTE s.m. Habitación de una embarcación para oficiales o pasajeros.

CAMAROTERO, A s. Argent., Bol., Chile y Méx. Camarero que trabaja en los barcos.

CAMARÚ s.m. Árbol que crece en América del Sur cuya madera es parecida a la del roble.

CAMASTRO s.m. *Desp.* Cama pequeña, incómoda o desarreglada.

CAMASTRÓN, NA s. y adj. *Fam.* Persona astuta e hipócrita.

CAMAURO s.m. Gorra de color rojo, ribeteada de armiño, que usa el papa.

CAMBADO, A adj. (port. *cambado*). Amér. Patizambo. **2.** Venez. Combado.

CAMBALACHE s.m. *Fam.* Acción y efecto de cambalachear. **2.** Argent. y Urug. Prendería, establecimiento donde se compran y venden objetos usados.

CAMBALACHEAR v.tr. *Fam.* Intercambiar cosas de poco valor.

CAMBALACHERO, A adj. y s. Que cambalachea.

CÁMBARO s.m. Nombre común de diversas especies de crustáceos marinos comestibles, que poseen unas fuertes pinzas en el primer par de patas.

CAMBERA s.f. Red para pescar cámbaros.

CAMBIADOR s.m. Méx. Guardagujas, empleado del ferrocarril. ◇ **Cambiador de iones** QUÍM. Sustancia sólida, natural o sintética, que tiene los caracteres de un ácido o de una base y que posee la propiedad de cambiar unos iones por otros.

CAMBIANTE adj. Que cambia o tiende a cambiar. ◆ s.m. Variedad de colores o visos que se observa, dependiendo del punto desde el que se mira, en algunos cuerpos, especialmente en las telas.

CAMBIAR v.tr., intr. y prnl. (lat. tardío *cambiare*). Dar, tomar o poner una cosa por otra. **2.** Mudar, variar, alterar: *cambiar las ideas*. ◆ v.intr. En los vehículos de motor, pasar de una marcha o velocidad a otra de distinto grado. ◆ v.tr. Dar una clase de moneda y recibir el equivalente en otras más pequeñas o de otro país: *cambiar un billete*. ◆ cambiarse v.prnl. Quitarse unas prendas de vestir y ponerse otras.

CAMBIAVÍA s.m. Colomb., Cuba y Méx. Guardagujas.

CAMBIAZO s.m. *Fam.* Cambio de una cosa por otra con engaño.

CAMBIO s.m. Acción y efecto de cambiar. **2.** Dinero que recibe el comprador para pagar una mercancía con una cantidad superior a su precio. SIN.: *vuelta*. **3.** Conjunto de monedas y billetes que se dan en equivalencia de otros o que un establecimiento necesita para usar como vuelta. **4.** Valor relativo de la moneda de un país con respecto a la de otro. ◇ **A cambio** o **en cambio** En lugar de, en vez de, cambiando una cosa por otra. **Cambio climático** Modificación general y progresiva de las condiciones climáticas de la superficie de la Tierra, especialmente cuando está provocada por la actividad humana. **Cambio de estado** FÍS. Paso de un estado físico a otro. **Cambio de marchas** Mecanismo que permite cambiar la velocidad de un vehículo. **Cambio social** Conjunto de mecanismos que permiten la transformación de una sociedad. **Control de cambios** Sistema en el que las operaciones de cambio de monedas están limitadas o subordinadas a una autorización administrativa. **En cambio** Por el contrario.

CAMBISTA adj. Relativo al cambio. ◆ s.m. y f. Persona que se dedica a cambiar moneda y a otras operaciones bancarias.

CÁMBIUM s.m. (pl. *cámbiums*). Zona generatriz que produce cada año el leño y el líber secundarios de las plantas vivaces.

CAMBOYANO, A adj. y s. De Camboya.

CÁMBRICO, A adj. y s. GEOL. Se dice del primer período de la era paleozoica o primaria, que se extiende desde hace unos 540 millones de años hasta hace unos 500 millones de años y en el que aparecen los trilobites. ◆ adj. Relativo a este período.

CAMBRÓN s.m. (lat. *crabro, -onis*, abejorro). Arbusto muy espinoso, de hojas oblongas y flores pequeñas, que florece en otoño. (Familia celastráceas.) **2.** Colomb. Tela de lana.

CAMBUCHO s.m. Chile. Papelera. **2.** Chile. Canasto de la ropa sucia. **3.** Chile. Cucurucho. **4.** Chile. Tugurio. **5.** Chile. Envoltura de paja que se pone a las botellas para que no se rompan. **6.** Chile. Cometa pequeña para niños.

CAMBUJO, A adj. y s. (de *cambujo*, máscara, antifaz). Amér. Central y Méx. Se dice de la persona de piel muy morena, especialmente el mestizo de negro.

CAMBULLÓN s.m. Chile y Perú. Enredo, trampa, confabulación.

CAMBUR s.m. Venez. Banano.

CAMBUTO, A adj. Perú. Se dice de la persona o cosa pequeña, rechoncha y gruesa.

CAMEDRIO s.m. (del gr. *khamaidrys*). Planta pequeña cuyas flores se usan como febrífugo. (Familia labiadas.)

CAMELAR v.tr. *Fam.* Conquistar a alguien alabando sus atractivos o aparentando cualidades que en realidad no se tienen. **2.** Esp. *Fam.* Intentar enamorar a alguien.

CAMELIA s.f. (lat. botánico *camellia*). Arbusto que crece en Asia, de hojas perennes y flores inodoras, del mismo nombre, blancas, rojas o rosadas. (Familia teáceas).

CAMÉLIDO, A adj. y s.m. Relativo a una familia de rumiantes de las regiones áridas, sin cuernos, provistos de caninos superiores y cuyos cascos son muy anchos, como el camello, el dromedario y la llama.

CAMELLERO s.m. Persona que tiene por oficio cuidar o guiar camellos.

CAMELLO, A s. (lat. *camelus*, del gr. *kamilos*). Mamífero rumiante de hasta 3,50 m de largo y 700 kg de peso, que posee dos gibas llenas de grasa en la espalda y que sirven como montura. (Vive en las regiones desérticas de Asia del que se aprovechan la carne, la lana, la piel y la leche.) ◆ s.m. *Fam.* Persona que vende droga en pequeñas cantidades. **2.** MAR. Mecanismo flotante que se usa para suspender una embarcación o uno de sus extremos, disminuyendo de esta forma su calado.

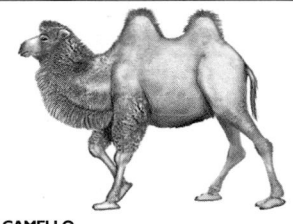

■ CAMELLO

CAMELLÓN s.m. Méx. Acera en medio de una avenida, generalmente adornada con árboles y plantas.

CAMELO s.m. *Fam.* Chasco, burla, engaño. **2.** *Fam.* Bulo, noticia falsa.

CAMELOTE s.m. (fr. ant. *camelot*). Tejido fuerte e impermeable, hecho antiguamente con pelo de camello y actualmente con lana.

CAMEMBERT s.m. Queso elaborado con leche de vaca, de pasta blanda y cremosa, que es originario de Normandía.

CAMERA s.f. Colomb. Conejo silvestre de pelo cerdoso.

CAMERALISMO s.m. Predominio de las asambleas sobre el poder ejecutivo en la dirección política de un estado.

CAMERALISTA adj. Relativo al cameralismo.

CAMERAMAN s.m. y f. (voz inglesa) [pl. *cameramans* o *cameramen*]. Persona que tiene por oficio manejar una cámara de cine o televisión. SIN.: *cámara*.

CAMERINO s.m. (voz italiana). Habitación o recinto donde se visten, maquillan, etc., los actores antes de salir a escena.

CAMERO, A adj. Relativo a la cama. **2.** Se dice de la cama individual, cuyas medidas oscilan entre 80 y 105 cm de ancho o de la ropa de cama que sirve para ella: *sábana camera*.

CAMERUNÉS, SA adj. y s. De Camerún.

CÁMICA s.f. Chile. Declive del techo.

CAMILLA s.f. Cama estrecha y portátil que se usa para transportar enfermos, heridos o cadáveres. ◆ s.f. y adj. Mesa generalmente redonda, cubierta por un tapete largo, bajo la cual hay una tarima para colocar el brasero.

CAMILLERO, A s. Persona que tiene por oficio transportar enfermos, heridos o cadáveres en una camilla.

CAMILO, A adj. y s. Relativo a la orden fundada por san Camilo de Lelis; miembro de esta orden.

CAMILUCHO, A adj. Amér. Se dice del indio que trabaja como jornalero.

CAMINADOR, RA adj. Que camina mucho.

CAMINANTE adj. y s.m. y f. Que camina a pie; viandante.

CAMINAR v.intr. Andar, trasladarse de un lugar a otro. **2.** *Fig.* Seguir su curso o movimiento las cosas. ◆ v.tr. Recorrer cierta distancia.

CAMINATA s.f. (ital. *camminata*). *Fam.* Recorrido largo efectuado a pie.

CAMINERO, A adj. Relativo al camino: *peón caminero*.

CAMINÍ s.m. Argent., Par. y Urug. Variedad muy estimada de la hierba mate.

CAMINO s.m. (lat. vulgar *camminus*). Vía rural de comunicación, natural o construida, más ancha que la vereda y el sendero y más estrecha que la carretera. **2.** Viaje, jornada: *emprender camino*. **3.** Dirección o ruta que deben seguirse para llegar a un lugar. **4.** *Fig.* Medio o método para hacer o conseguir alguna cosa. ◇ **Abrir camino** Facilitar el tránsito de una parte a otra; dar los primeros pasos en una actividad. **Camino de herradura** El que es estrecho y solo permite el paso de caballerías. **Camino real** El que se construía a expensas del estado y ponía en comunicación poblaciones de cierta importancia. **Cruzarse en el camino** Entorpecer los propósitos de alguien. **De camino** En el recorrido de un lugar a otro: *me viene de camino*. **Ponerse en camino** Emprender un viaje, partir. **Quedarse a mitad de camino** No acabar lo empezado.

CAMIÓN s.m. (fr. *camion*). Vehículo automóvil de gran tamaño que sirve para el transporte de cargas pesadas. **2.** Méx. y Venez. Vehículo de transporte de pasajeros, autobús. ◇ **Camión cisterna** Camión que sirve para el transporte de carburantes líquidos, vinos, etc.

CAMIONAJE s.m. Transporte por camión; costo de este transporte.

CAMIONERO, A s. Persona que tiene por oficio conducir camiones.

CAMIONETA s.f. Camión pequeño que sirve para transportar mercancías.

CAMISA s.f. (lat. tardío *camisia*). Prenda de vestir de tela, abotonada por delante, que suele llevar cuello y puños y que se pone inmediatamente sobre el cuerpo o sobre la camiseta. **2.** Revestimiento de un horno, un cilindro, una tubería o de otros tipos de piezas mecánicas. **3.** Funda reticular e incombustible con que se cubren ciertos aparatos de iluminación para que, al ponerse candente, aumente la fuerza luminosa. **4.** Carpeta o cartulina doblada en cuyo interior se guardan documentos. **5.** Tegumento que los animales abandonan después de la muda. ◇ **Cambiar de camisa** Cambiar de opiniones, generalmente políticas, por conveniencia. **Camisa de fuerza** La de lienzo fuerte abierta por detrás y con mangas cerradas por su extremidad, que sirve para sujetar a los enfermos mentales. **Camisas negras** Nombre dado a partir de 1919 a los miembros de las milicias fascistas italianas. **Camisas pardas** Nombre dado a partir de 1925 a los miembros del partido nacionalsocialista alemán, y en particular a las SA. **Camisas rojas** Nombre dado a los voluntarios reclutados por Garibaldi (1860-1871). **Jugarse hasta la camisa** *Fam.* Jugarse todos los bienes de que se disponen. **Meterse en camisa de once varas** *Fam.* Inmiscuirse alguien en lo que no le incumbe; meterse en algo que no será capaz de realizar. **No llegarle a alguien la camisa al cuerpo** *Fam.* Estar lleno de zozobra y temor por algún riesgo que le amenaza.

CAMISARD s.m. (pl. *camisards*). Calvinista de Cevenas que luchó contra las tropas de Luis XIV a principios del s. XVIII.

CAMISERÍA s.f. Establecimiento donde se venden o confeccionan camisas.

CAMISERO, A s. Persona que tiene por oficio confeccionar o vender camisas. ◆ adj. y s.m. Se dice de la prenda de vestir femenina de forma parecida a la camisa: *blusa camisera; vestido camisero*.

CAMISETA s.f. Camisa corta, ajustada sin cuello, generalmente de punto, que se pone directamente sobre la piel. **2.** Bol. Camisón blanco, sin mangas y ceñido que usan algunos indios. ◇ **Sudar la camiseta** Poner gran empeño un jugador durante el partido.

CAMISOLA s.f. (cat. *camisola*, dim. de *camisa*, camisa). Camisa fina que solía estar guarnecida de encajes en la abertura del pecho y en los puños. **2.** Chile. Prenda suelta y liviana, con o sin mangas, que cubre de los hombros a la cintura.

CAMISOLÍN s.m. Peto planchado que se ponía sobre la camiseta en sustitución de la camisola.

CAMISÓN s.m. Camisa o túnica usada generalmente para dormir. **2.** Antillas y C. Rica. Blusa. **3.** Chile, Colomb. y Venez. Vestido de mujer, exceptuando el de seda negra.

CAMITOSEMÍTICO, A adj. y s.m. Se dice de una familia de lenguas que comprende el semítico, el egipcio, el bereber y el cusita.

CAMOATÍ s.m. Argent., Par. y Urug. Nombre común de varias especies de himenópteros que forman enjambres y producen una miel oscura y áspera; nido de estos insectos.

CAMOMILA s.f. Manzanilla.

CAMORRA s.f. *Fam.* Riña o discusión violenta y ruidosa: *armar camorra.* **2.** Organización secreta napolitana equivalente a la mafia siciliana.

CAMORREAR v.tr. *Fam.* Armar camorra.

CAMORRISTA adj. y s.m. y f. *Fam.* Se dice de la persona que suele armar camorra.

CAMOTE s.m. (náhuatl *kamótli*). Amér. Tubérculo carnoso y comestible, de color amarillo, morado o blanco, con el que se elaboran dulces. **2.** Amér. Bulbo. **3.** Amér. Amante. **4.** Amér. *Fig.* Enamoramiento. **5.** Chile. *Fig.* Mentira, bola. **6.** Chile. *Fig.* Lío, desorden, dificultad. **7.** Ecuad. y Méx. Tonto, bobo.

CAMOTEAR v.intr. Méx. Andar de un lugar a otro, sin encontrar lo que se busca.

CAMOTERO, A adj. y s. Méx. Se dice de la persona que tiene por oficio cultivar o vender camotes.

CAMP adj. Que revaloriza o mantiene lo que está pasado de moda: *música camp; moda camp.*

CAMPA o **ANTI,** pueblo amerindio arawak cazador y agricultor que vive en la región montañosa del N de Cuzco (Perú). SIN.: *ashaninta.*

CAMPAL adj. *Batalla campal* Batalla que se efectúa fuera de poblado; pelea o discusión muy encarnizada, generalmente entre muchas personas.

CAMPAMENTO s.m. Conjunto de tiendas de campaña u otras instalaciones que se montan en terreno abierto y donde se alojan excursionistas, fuerzas militares, cazadores, etc.

CAMPANA s.f. (lat. tardío *campana*, de *vasa campana*, recipientes de Campania, región de Italia). Instrumento de metal, en forma de copa invertida, que se hace sonar golpeándolo con un badajo o un martillo. **2.** *Fig.* Cualquier cosa de forma semejante a la campana: *campana de chimenea.* **3.** Órgano móvil que constituye el recipiente superior de un gasómetro de cuba de agua. ⬦ **Campana de buzo** Instalación mediante la cual se puede trabajar debajo del agua. **Campana de Gauss** ESTADÍST. Curva en forma de campana que representa gráficamente la ley de *Gauss. SIN.: *curva de campana; curva en campana.* **Doblar las campanas** Tocar a muerto. **Echar las campanas al vuelo** *Fam.* Dar publicidad con júbilo a alguna cosa.

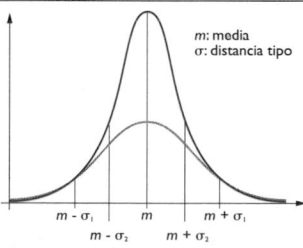

m: media
σ: distancia tipo

$m - \sigma_1$ m $m + \sigma_1$
$m - \sigma_2$ $m + \sigma_2$

Dos ejemplos de curvas de campana que representan gráficamente, en la teoría del cálculo de probabilidades, la densidad de la ley normal, que describe la distribución de variables aleatorias continuas tales como el tamaño de los individuos de una población.

■ **CAMPANA** DE GAUSS

CAMPANADA s.f. Golpe que da el badajo en la campana; sonido que produce este golpe. **2.** *Fig.* Escándalo o novedad que sorprende o llama la atención.

CAMPANARIO s.m. Torre donde están colocadas las campanas de una iglesia.

CAMPANELA s.f. (ital. *campanella,* campanilla). Paso de danza que consiste en dar un salto, describiendo al mismo tiempo un círculo con uno de los pies cerca de la punta del otro.

CAMPANEO s.m. Toque reiterado de campanas.

CAMPANERO, A s. Persona encargada de tocar las campanas.

CAMPANIENSE adj. y s.m. y f. De la Campania.

CAMPANIFORME adj. Que tiene forma de campana. ⬦ **Cerámica campaniforme** Cerámica caracterizada por la producción de vasos en forma de campana, de barro oscuro o rojizo, cubiertos por una decoración incisa o cordada de líneas, zigzags, rombos y triángulos (2200-1600 a.C.). [Se difundió por toda Europa, siendo los del bajo Rin los modelos más antiguos. En España, destacan los yacimientos de Los Millares (Almería), Ciempozuelos (Madrid) y Carmona (Sevilla).]

■ CERÁMICA **CAMPANIFORME** Vaso de Ciempozuelos. (Museo arqueológico, Madrid.)

CAMPANIL o **CAMPANILE** s.m. (ital. *campanile*). Campanario, torre. **2.** Linterna pequeña decorativa que remata una cúpula.

CAMPANILLA s.f. Campana pequeña que suele tener mango. **2.** Adorno con forma de campana: *cenefa de campanillas.* **3.** Úvula. **4.** Planta cuyas flores, del mismo nombre, tienen forma de campana. (Familia convolvuláceas.) ⬦ **Campanilla de invierno** Planta bulbosa cuyas flores, blancas, se abren a finales de invierno, cuando el suelo aún está cubierto de nieve. **De campanillas** De lujo, de importancia, de categoría.

CAMPANILLAZO s.m. Toque fuerte de campanilla.

CAMPANILLEAR v.intr. Sonar reiteradamente una campanilla: *campanillear el hielo en los vasos.*

CAMPANILLEO s.m. Acción de campanillear.

CAMPANILLERO, A s. Persona que tiene por oficio tocar la campanilla.

CAMPANO s.m. Árbol de gran tamaño que crece en América Central cuya madera, del mismo nombre, se emplea en carpintería y en la construcción de buques. (Familia teáceas.)

CAMPANTE adj. *Fam.* Que está tranquilo y despreocupado, a pesar de existir motivos para no estarlo. **2.** *Fam.* Ufano, alegre, satisfecho de sí mismo.

CAMPANUDO, A adj. Altisonante, ampuloso o grandilocuente: *lenguaje campanudo.* **2.** Que utiliza un lenguaje altisonante, ampuloso o grandilocuente. **3.** Que tiene una forma parecida a la de campana: *botas campanudas.*

CAMPÁNULA s.f. (lat. botánico *campanula,* dim. de *campana,* campana). Planta cuyas numerosas especies se caracterizan por sus flores en forma de campana. (Familia campanuláceas.)

CAMPANULÁCEO, A adj. y s.f. Relativo a una familia de plantas dicotiledóneas, rara-

mente leñosas, con hojas esparcidas y flores vistosas, como la campánula.

CAMPAÑA s.f. (lat. tardío *campania*, llanura). Conjunto de actividades o esfuerzos, de tipo político, social o económico, aplicados a un fin determinado: *campaña electoral; campaña publicitaria.* **2.** *Fig.* Período de tiempo de estas actividades. **3.** Expedición militar. **4.** Campo llano sin montes ni asperezas. **5.** Amér. Campo.

CAMPAÑISTA s.m. Chile. Pastor que cuida el ganado en las fincas que tienen campaña, cerros o montañas.

CAMPAÑOL s.m. (fr. *campagnol*). Mamífero roedor cuya especie común mide unos 10 cm de long., posee una cola corta y peluda, es muy prolífico y ataca los cereales. (Familia múridos.)

■ **CAMPAÑOL**

CAMPAR v.intr. Vagabundear. **2.** Acampar.

CAMPEADO, A adj. Se dice de ciertos esmaltes, orfebrería en general o medallas obtenidos por campeado. ⬦ s.m. Operación de burilar o tallar la superficie de una plancha de metal o de madera, ahondándola o rebajándola a una profundidad determinada, para incrustar esmaltes diferentes. **2.** Procedimiento de confección de un troquel de moneda, en el que el campo ha sido profundamente rehundido.

CAMPEADOR s.m. y adj. Batallador, vencedor de batallas. (Con este nombre se designa al protagonista del *Cantar de Mío Cid.*)

CAMPEAR v.intr. Pacer los animales en el campo. **2.** Sobresalir: *las banderas campean entre la gente.* **3.** Verdear las sementeras: *el trigo ya campea.* **4.** Amér. Recorrer el campo para cuidar o vigilar el ganado. **5.** Amér. Merid. Salir en busca de alguien o de algo.

CAMPECHANA s.f. Cuba y Méx. Mezcla de diversos licores en partes iguales. **2.** Méx. Mezcla de diversos mariscos en partes iguales. **3.** Venez. Hamaca. **4.** Venez. Prostituta.

CAMPECHANO, A adj. *Fam.* Que se comporta con sencillez, familiaridad y buen humor. ⬦ adj. y s. De Campeche.

CAMPECHE s.m. Árbol de gran tamaño cuya madera es pesada, dura y rica en taninos. (Familia cesalpiniáceas.) **2.** Madera de este árbol. SIN.: *palo campeche o palo de campeche.* **3.** Perú. Vino de mala calidad.

CAMPEÓN, NA s. (ital. *campione*). Vencedor de un campeonato o competición. **2.** *Fig.* Defensor esforzado de una causa o doctrina. ⬦ s.m. Hombre que combatía en los desafíos antiguos para defender una causa.

CAMPEONATO s.m. Competición en que se disputa un premio, en ciertos juegos o deportes: *campeonato de ajedrez.* **2.** Primacía obtenida en las luchas deportivas. ⬦ **Ser de campeonato** *Fam.* Destacar, sobresalir.

CAMPERA s.f. Argent., Chile y Urug. Prenda deportiva de abrigo abierta por delante que llega hasta la cintura. GEOSIN.: Esp. y Méx. *cazadora.*

CAMPERO, A adj. Relativo al campo: *fiesta campera.* **2.** Amér. Se dice del animal muy adiestrado en el paso de ríos y caminos peligrosos. **3.** Argent., Par. y Urug. Se dice de la persona muy práctica en el campo, así como en las operaciones y usos propios de las estancias o cortijos.

CAMPESINADO s.m. Conjunto o clase social de los campesinos de una región o de un estado.

CAMPESINO, A adj. y s. Relativo al campo: *vida campesina.* ⬦ s. Persona que vive y trabaja en el campo.

CAMPESTRE adj. (lat. *campester*). Del campo.

CAMPINA s.f. En Brasil, vegetación desprovista de árboles.

CÁMPING o **CAMPING** s.m. (voz inglesa) [pl.*cámpings* o *campings*].Actividad que consiste en acampar al aire libre en tiendas de campaña,o en otras instalaciones que se habilitan en estos recintos. **2.** Lugar o recinto al aire libre acondicionado para que sus usuarios acampen en tiendas de campaña u otras instalaciones habilitadas a cambio de una suma de dinero.

CAMPIÑA s.f. GEOGR. Paisaje rural que se caracteriza por la ausencia de setos y cercados, un conjunto de parcelas generalmente alargadas, la división del territorio en hojas de cultivo,y que corresponde generalmente a un hábitat agrupado.

CAMPIÑIENSE o **CAMPIÉNENSE** adj. y s.m. (de la colina de *Campigny*, en Francia). Se dice de una cultura prehistórica de finales del neolítico.

CAMPIRANO, A adj. y s. Méx. Campesino. **2.** Méx. Persona especializada en las faenas del campo o relacionada con él. **3.** Méx. Diestro en el manejo del caballo y en domar o sujetar otros animales. ◆ adj. C. Rica. Patán, rústico.

1. CAMPISTA s.m. y f. Persona que hace cámping.

2. CAMPISTA s.m. y f. Amér. Arrendador o partidario de minas.

CAMPO s.m. (lat. *campus*, llanura). Extensión de terreno sin edificar que se encuentra fuera de las poblaciones. **2.** Extensión de terreno destinada a la explotación agrícola: *campo de maíz*. **3.** Conjunto de sembrados,árboles y demás cultivos. **4.**Terreno descubierto y llano, especialmente el que se dedica a determinado uso: *campo de fútbol*. **5.** *Fig.* Espacio real o imaginario que ocupa una cosa o que abarca un asunto o materia cualquiera: *el campo de la ciencia*. **6.** Porción del espacio que abarca el ojo, un instrumento de óptica, el objetivo de un aparato fotográfico,etc. **7.** Superficie sobre la que se destaca un motivo esculpido, pintado, etc. **8.** FÍS. **a.** Conjunto de valores que toma una magnitud física (velocidad, densidad, vector campo eléctrico, fuerza gravitatoria) en todos los puntos de un determinado espacio. **b.** Este mismo espacio. **9.** HERÁLD. Superficie del escudo en la que están representadas las piezas. **10.** INFORMÁT. En una base de datos, cada una de las zonas destinadas a contener un tipo particular de información. **11.** MAT. Conjunto de valores que toma una función en todos los puntos de un espacio dado.◇ **A campo raso** Al descubierto, a la intemperie. **Campo abierto** GEOGR. Conjunto de parcelas que pertenecen a varias explotaciones y que están yuxtapuestas y no separadas por setos. **Campo abonado** Campo de depuración aprovechado para el cultivo. **Campo de aterrizaje** Extensión de terreno llano destinado al aterrizaje y despegue de aviones. **Campo de aviación** Aeródromo. **Campo de batalla** Lugar donde se libran los combates. **Campo de concentración** Campo en el que quedan confinados, bajo vigilancia militar o policial, poblaciones civiles de nacionalidad enemiga, prisioneros de guerra o detenidos políticos. **Campo de depuración** Terreno destinado a depurar las aguas residuales por filtración a través de las capas del suelo. **Campo de maniobras** MIL. Terreno donde se realizan ejercicios militares. **Campo de minas** Terreno o zona marítima donde hay minas depositadas. **Campo de tiro** Zona del espacio en la que un arma puede disparar; terreno militar en el que se efectúan ejercicios de tiro. **Campo ideológico** EPISTEMOL. Conjunto de métodos, conceptos y objetos que definen los límites históricos en cuyo interior se elabora una ciencia. **Campo operatorio** Región que abarca una intervención quirúrgica; conjunto de tallas que limitan esta región. **(A) campo, traviesa** Dejando el camino y cruzando el campo. **Campo visual** Parte del espacio que queda bajo la acción directa del ojo en visión fija. **Dejar el campo libre** Retirarse de un empeño en que hay competidores. **Vector campo eléctrico**Vector igual al cociente entre la fuerza eléctrica que actúa sobre una carga por el valor de esta carga. **Vector campo magnético** Vector ligado a la existencia de una corriente eléctrica o de un imán y que sirve para determinar las fuerzas magnéticas.

CAMPOSANTO s.m. Cementerio.

CAMPUS s.m. Conjunto de instalaciones universitarias.

CAMUESA s.f. Fruto del camueso.

CAMUESO s.m. Árbol, variedad de manzano cuyo fruto es la camuesa.

CAMUFLAJE s.m. Acción y efecto de camuflar. **2.** Manera de disimular las instalaciones y efectos militares para ocultarlos a la observación del enemigo.

CAMUFLAR v.tr. Disfrazar, enmascarar, disimular,encubrir.

1. CAN s.m. (lat. *canis*).*Poét.* Perro,mamífero. **2.** Bloque de piedra,ladrillo o madera que sobresale de la pared y da asiento a una viga, un arco,etc. **3.** Cabeza de una viga de la armadura, que sobresale al exterior y sostiene la cornisa.

2. CAN s.m. → **KAN.**

CANA s.f. (de *cano*). Pelo que se ha vuelto blanco. **2.** Argent. y Chile. *Vulg.* Cárcel. **3.** Argent. y Chile. Policía.◇ **Echar una cana al aire** *Fam.* Divertirse ocasionalmente, especialmente tener una aventura sexual. **Peinar canas** *Fam.* Ser de edad avanzada.

CANACA s.m. y f. Chile. *Desp.* Persona de raza amarilla. **2.** Chile. Dueño de un burdel.

CANACO o **KANAK**, pueblo que vive principalmente en Nueva Caledonia, pero también en Vanuatu,Australia,Papúa y Nueva Guinea.

CANADIENSE adj. y s.m. y f. De Canadá. ◆ s.f. Saco de vestir forrado de piel, con el pelo vuelto hacia el interior. ◆ adj. Canoa **canadiense** Canoa con las dos extremidades elevadas.

CANAL s.m. o f. (lat. *canalis*). Cauce artificial de agua destinado a diversos fines, como la irrigación, navegación, alimentación de fábricas o de embalses,etc. **2.** Conducto natural o artificial. **3.** Conducto por donde corren las aguas en los tejados. **4.** Res de matadero, abierta de arriba abajo sin las tripas y demás despojos. **5.** Transmisión radioeléctrica a la que se ha asignado una banda del espectro de frecuencias. **6.** En la teoría de la comunicación, medio de comunicación entre emisor y receptor. **7.** Amér. Centro de la corriente de un río. **8.** ANAT. Nombre con que se designan diversos órganos en forma de tubo. **9.** ARQ. Pequeña moldura hueca, en general redondeada. ◆ s.m. Porción de mar, relativamente larga y estrecha, que separa islas o continentes poniendo en comunicación dos mares. **2.** Paso estrecho y alargado entre montañas, generalmente de origen tectónico: *canal de Verdún*. ◇ **Abrir en canal** Abrir de arriba abajo. **Canal de conducción** El que sirve para conducir las aguas de un manantial al receptáculo de alimentación de una ciudad o de un lago, o de un curso de agua hasta una central hidráulica. **Canal de derivación** El destinado a regularizar el caudal de un curso de agua,o a conducir las aguas de un río a una fábrica. **Canal de desagüe** El que sirve para evacuar las aguas de una central hidráulica. **Canal de transmisión** Circuito que cubre una cierta banda de frecuencias y asegura la transmisión de un mensaje por hilo o por vía herciana.

CANALADURA s.f. ARQ. Moldura hueca en línea vertical.

CANALÉ s.m. Tejido de punto estriado y elástico.

CANALETA s.f. Amér. Merid. Tubo para desaguar el agua de lluvia desde los tejados hasta la calle,conducto.

CANALÍCULO s.m. ANAT. Conducto pequeño. ◇ **Canalículos bilíferos** Canales finos situados entre las células hepáticas, que colectan la bilis.

CANALIZACIÓN s.f. Acción de canalizar un curso de agua. **2.** Conjunto de elementos huecos, de sección generalmente circular, establecido para hacer posible la circulación de un fluido: *canalización subterránea*.

CANALIZAR v.tr. [7]. Abrir o construir canales en un lugar. **2.** Regularizar el cauce o la corriente de un río, arroyo,etc. **3.** Aprovechar las aguas corrientes o estancadas por medio de canales para el riego o la navegación. **4.** *Fig.* Orientar opiniones, iniciativas, aspiraciones, etc.,hacia un fin concreto.

CANALLA s.f. (ital. *canaglia*). *Fam.* Gente despreciable, malvada o ruin. ◆ s.m. y f. *Fam.* Persona vil y despreciable.

CANALLADA s.f. Dicho o hecho propios de canallas.

CANALLESCO, A adj. Propio de canallas.

1. CANALÓN s.m. Esp. Canal situado en la vertiente de un tejado para recoger las aguas de lluvia.

2. CANALÓN s.m. → **CANELÓN.**

CANANA s.f. (ár. *kinâna*, carcaj).Cinto para llevar cartuchos. **2.** Colomb. Camisa de fuerza.

CANANEO, A adj. y s. De un pueblo semita instalado en Siria y Palestina (país de Canaán) en el tercer milenio a.C. (Sus ciudades continentales desaparecieron por la invasión de los hebreos y arameos [ss. XIII-XII]. Se mantuvieron en el litoral con el nombre de fenicios.) ◆ s.m. Lengua semítica hablada en Palestina en el primer milenio a.C.

CANANGA s.f. Árbol que crece en Indonesia y Madagascar,de cuyas flores se extrae la esencia de ilang-ilang, utilizada en perfumería. (Familia anonáceas.)

CANAPÉ s.m. (fr. *canapé*). Escaño, generalmente con el asiento y respaldo acolchados, para sentarse o acostarse. **2.** Aperitivo consistente en una rebanada pequeña de pan sobre la que se extiende o coloca algún alimento.

CANARA o **KANARA** s.f. Lengua dravídica hablada en Karnataka (ant.Mysore).

CANARICULTURA s.f. Cría de canarios.

CANARIERA s.f. Jaula de canarios o lugar que se utiliza para su cría.

CANARIO, A adj. y s. De las islas Canarias, especialmente de Gran Canaria. ◆ s.m. Variedad del castellano que se habla en el archipiélago canario. **2.** Ave paseriforme, de plumaje generalmente amarillo,que suele criarse en cautividad y es originaria de las islas Canarias y Madeira. **3.** Chile. Pito de barro que se utiliza para imitar el gorjeo de los pájaros.

CANASTA s.f. Cesta de mimbre, especialmente la grande,ancha y con dos asas. **2.** En el baloncesto, cesto. **3.** Juego de naipes que se juega con dos barajas francesas, generalmente entre cuatro jugadores, y que consiste en realizar el mayor número de series de 7 cartas del mismo valor.

CANASTERO s.m. Chile. Mozo de panadería que traslada en canastos el pan desde el horno al enfriadero. **2.** Chile. Vendedor ambulante de frutas y verduras, las cuales transporta en canastos.

CANASTILLA s.f. Conjunto de ropa que se prepara para un recién nacido. **2.** Cesta pequeña de mimbre en que se guardan objetos menudos de uso doméstico.

CANASTO s.m. Canasta recogida de boca. ◆ **¡canastos!** interj. Expresa sorpresa, enojo o protesta.

CÁNCAMO s.m. (gr. tardío *kágkhalon*, anillo en una puerta).Tornillo con una anilla en vez de cabeza.

CANCAMUSA s.f. *Fam.* Artificio con que se deslumbra a alguien para intentar engañarlo fácilmente.

CANCÁN s.m. (fr. *cancan*).Baile de ritmo rápido, propio del cabaret o music-hall, bailado generalmente por mujeres, que se puso de moda en París hacia el año 1830. **2.** Enagua con volantes almidonados,que sirve para ahuecar la falda.

CÁNCANA s.f. Araña que suele vivir en las casas.

CANCANEAR v.intr. *Fam.* Vagar o pasear sin objeto determinado. **2.** Colomb., C. Rica y Nicar. Tartamudear.

CÁNCANO s.m. Piojo.

CANCEL s.m. (del lat. *cancellus*, verja).Contrapuerta,generalmente con una hoja de frente y dos laterales ajustadas a las jambas de una puerta de entrada y cubierto todo por un techo, para evitar corrientes de aire y ruidos del exterior. **2.** Cerramiento de piedra, madera o metal, que separa el presbiterio de la nave en una iglesia. **3.** Argent. Puerta o verja que separa el vestíbulo o el patio del zaguán. **4.** Méx. Biombo,mampara, persiana.

CANCELA s.f. Verja pequeña que se pone en el umbral de algunas casas.

CANCELACIÓN s.f. Acción y efecto de cancelar.

CANCELAR v.tr. (lat. *cancellare*, borrar, tachar). Anular, dejar sin validez, especialmente un documento o una obligación que tenía autoridad o fuerza. **2.** Pagar una deuda.

CANCELARIO s.m. Bol. Rector de una universidad.

CÁNCER s.m. (lat. *cancer, cancri*, cangrejo). Tumor maligno formado por la multiplicación desordenada de las células de un tejido o de un órgano. **2.** *Fig.* Mal que devora una sociedad, una organización, etc.: *la burocracia es el cáncer de muchos gobiernos.* ◆ adj. y s.m. y f. Se dice de la persona nacida entre el 22 de junio y el 22 de julio, bajo el signo de Cáncer. (El plural es *cáncer;* suele escribirse con mayúscula.) [V. parte n. pr.]

ENCICL. La proliferación celular de los cánceres (mitosis incontroladas) tiende a destruir los tejidos, a difundirse por el organismo (metástasis) y a reproducirse. Se diferencian varios tipos de cánceres: los *epiteliomas* (o carcinomas) son los más frecuentes y afectan a la piel, mucosas, labios, cuello del útero, glándulas mamarias e hígado; los *sarcomas* son los cánceres de los tejidos conjuntivos; los *hematosarcomas*, afectan al bazo, médula ósea, ganglios linfáticos y originan leucemias; los *melanomas malignos* son los tumores del tejido pigmentario; los *cánceres del sistema nervioso central* solo tienen extensión local y no originan metástasis. Los factores cancerígenos pueden ser químicos (anilina, amianto), físicos (radiaciones ionizantes), víricos, genéticos o inmunitarios. Clínicamente los síntomas son variables, poco específicos y los trastornos diversos (úlceras de la piel o mucosas que no cicatrizan, hemorragias, adelgazamiento rápido, bultos inhabituales e indoloros en la piel o senos, afonías o dolor de garganta persistentes, etc.), pudiendo confundirse con afecciones banales. Una vez localizada la lesión mediante exámenes clínicos (radiografías, endoscopias, etc.), se realiza a menudo una *biopsia* (examen histológico e histoquímico) que permita identificar el tipo de tumor. El tratamiento se establece en función del tipo de cáncer y de su localización. Por lo general, se trata quirúrgicamente (extirpación) y por fisioterapia (radioterapia, bomba de cobalto), o mediante quimioterapia (antimitóticos). Cuando se trata correctamente y a tiempo, puede conseguirse la curación en un gran número de casos.

CANCERAR v.intr. y prnl. Producir cáncer.

CANCERBERO s.m. (de *can*, perro, y *Cerbero*, perro de tres cabezas de la mitología griega). Portero o guarda severo. **2.** Guardameta o portero de un equipo de fútbol.

CANCERÍGENO, A adj. y s.m. Se dice de la sustancia química o el agente físico que pueden provocar cáncer.

CANCERIZACIÓN s.f. Degeneración cancerosa de una lesión benigna preexistente.

CANCEROLOGÍA s.f. Parte de la patología que estudia el cáncer. SIN.: oncología.

CANCEROLÓGICO, A adj. Relativo a la cancerología.

CANCEROSO, A adj. y s. Relativo al cáncer; que padece cáncer.

1. CANCHA s.f. (quechua *kánču*, recinto, empalizada). Local destinado a la práctica de distintos deportes. **2.** Espacio delimitado por líneas donde se practican ciertos deportes. **3.** Parte del frontón, estrictamente el terreno o piso donde botan las pelotas. **4.** Amér. Terreno, espacio, local o sitio llano y desembarazado. **5.** Amér. Hipódromo. **6.** Amér. Merid. Parte ancha y despejada de un río. **7.** Argent., Bol., Par. y Urug. Corral o cercado espacioso que sirve de almacén: *cancha de madera.* **8.** Argent., Chile, C. Rica, Par. y Perú. Habilidad adquirida a través de la experiencia. **9.** Colomb. y Par. Cantidad que cobra el dueño de una casa de juego. **10.** Urug. Camino, senda. ◆ interj. Amér. Merid. y C. Rica. Se usa para pedir paso. ◇ **Abrir, o dar, cancha** a alguien Argent., Chile, C. Rica, Par. y Perú. Concederle una ventaja; despejar un sitio, hacer paso para algo o alguien. **Dar cancha, tiro y lado** Chile. Encontrarse en manifiesta superioridad frente a otro. **Estar al-**guien **en su cancha** Chile y Par. Estar en su elemento.

2. CANCHA s.f. Colomb. y Perú. Maíz o habas tostados.

CANCHAL s.m. Peñascal, acumulación de piedras de gran tamaño.

CANCHEAR v.intr. Amér. Merid. Buscar distracción para no trabajar seriamente.

CANCHERO, A adj. y s. Amér. Que tiene una cancha de juego o cuida de ella. **2.** Amér. Merid. Experto en cierta actividad. **3.** Chile. Se dice de la persona que busca trabajos de poca duración y esfuerzo. **4.** Perú. Se dice del clérigo que utiliza cualquier medio para sacarle dinero a sus fieles. ◆ adj. Argent., Chile, Par., Perú y Urug. Ducho y experto en alguna actividad.

CANCHO s.m. Peñasco grande.

CANCILLA s.f. Puerta a manera de verja.

CANCILLER s.m. (fr. *chancelier*). Jefe o presidente de gobierno de ciertos países, como Alemania. (El femenino también puede ser *cancillera.*) **2.** Ministro de Asuntos Exteriores en ciertos países latinoamericanos. (El femenino también puede ser *cancillera.*) **3.** Secretario encargado del sello real con el que se autorizaban los privilegios y cartas reales.

CANCILLERESCO, A adj. Relativo a la cancillería.

CANCILLERÍA s.f. Oficio o cargo de canciller. **2.** Ministerio de Asuntos Exteriores en ciertos países latinoamericanos. **3.** Oficina encargada de la redacción de los documentos diplomáticos.

CANCIÓN s.f. (lat. *cantio, -onis*). Pieza musical cantada. **2.** Composición literaria, generalmente en verso, a la que se pone música para ser cantada. **3.** Cosa que se hace o se dice y que se repite con insistencia, de modo que resulta molesta o inoportuna. **4.** Composición lírica, dividida en estancias largas, todas de igual número de endecasílabos menos la última, que es más breve. ◇ **Canción de cuna** Canción con que se duerme a los niños pequeños. SIN.: *nana.* **Canción polifónica** Composición musical a varias voces muy en boga en el s. XVI.

CANCIONERIL adj. Relativo al cancionero o tiene sus características.

CANCIONERO s.m. Obra que contiene una colección de canciones y poesías de uno o varios autores.

ENCICL. Aunque los primeros cancioneros peninsulares se remontan a los ss. XIII y XIV, fue en el s. XV cuando se configuró la modalidad poética cancioneril, de índole cortesana, caracterizada por su artificiosidad y su conceptuosidad sentimental y estilística. Esta poesía incluye dos géneros principales: la *canción* lírica, concebida para el canto, por lo general de tema amoroso, y el *decir*, para ser leído, de carácter doctrinal, panegírico, narrativo o satírico. Los cancioneros más notables son: el *Cancionero de Baena* (h. 1445); el *Cancionero de Stúñiga* (Nápoles, 1458); y el *Cancionero general*, recopilado por Hernando del Castillo (Valencia, 1511), que conoció numerosas reimpresiones.

CANCIONISTA s.m. y f. Persona que compone o canta canciones.

CANCO s.m. Bol. y Chile. Nalga. **2.** Chile. Olla o vasija destinada a diversos usos domésticos. **3.** Chile. Maceta. ◆ **cancos** s.m.pl. Chile. En la mujer, caderas anchas.

CANCONA adj. y s.f. Chile. Mujer de caderas anchas.

CANDADO s.m. (lat. tardío *catenatum*). Cerradura independiente que asegura puertas, cajas, etc. ◇ **Ley del candado** Disposición restrictiva de la instalación de nuevas comunidades religiosas en España, aprobada en 1910 a instancias de Canalejas.

CANDE o **CANDI** adj. (ár. vulgar *qándi*). Se dice del azúcar purificado y cristalizado.

CANDEAL adj. y s.m. (del lat. *candidus*). Se dice de una variedad de trigo que da harina y pan blanco de gran calidad. **2.** Se dice del pan elaborado con esta harina.

CANDELA s.f. (lat. *candela*). Cilindro de cera u otra materia crasa, con pabilo central que sirve para alumbrar. SIN.: vela. **2.** *Fam.* Lumbre, materia combustible encendida. **3.** Figura de acrobacia aérea. **4.** Flor del castaño. **5.** Uni-dad de medida de intensidad luminosa (símb. cd), que equivale a la intensidad luminosa, en una dirección dada, de un manantial que emite una radiación monocromática de frecuencia igual a 540×10^{12} hercios y cuya intensidad energética en esta dirección es igual a 1/683 vatios por estereorradián. ◇ **Arrimar, o dar, candela** Esp. *Fam.* Pegar, o dar, palos. **En candela** MAR. En posición vertical: *trinquete en candela.*

CANDELABRO s.m. (lat. *candelabrum*). Candelero de dos o más brazos. **2.** Parte alta y terminada en palma de la cornamenta de los cérvidos. **3.** ARQ. Balaustre ornamental asentado sobre un zócalo y terminado en forma de cazoleta con llamas.

CANDELARIA s.f. Fiesta católica que conmemora la presentación de Jesucristo en el templo y la purificación de la Virgen. (Se celebra el dos de febrero.)

CANDELARIO, A adj. y s. Perú. Necio, tonto.

CANDELEJÓN s.m. Chile, Colomb. y Perú. Tonto, simple, bobo.

CANDELERO s.m. Utensilio para mantener derecha una vela o candela. ◇ **En (el) candelero** En posición destacada o sobresaliente.

CANDELILLA s.f. Chile. Nombre que se da a cualquier luz o fosforescencia pequeña que se ve de noche en el campo. **2.** Chile, C. Rica y Hond. Luciérnaga. **3.** Cuba. Costura, especie de bastilla.

CANDENTE adj. (lat. *candens, -entis*, p. activo de *candere*, ser blanco). Se dice del cuerpo, especialmente el carbón y los metales, que al someterlo a altas temperaturas adquiere un color rojo o blanco. **2.** *Fig.* Que es de actualidad y despierta el interés: *noticias candentes.*

CANDI adj. ◇ CANDE.

CANDIDACIÓN s.f. Acción de cristalizar el azúcar.

CANDIDATO, A s. (lat. *candidatus*). Persona que aspira a un cargo, dignidad o distinción o que es propuesta para que se le conceda.

CANDIDATURA s.f. Aspiración o propuesta para cualquier dignidad o cargo. **2.** Reunión de candidatos. **3.** Papeleta en que figura el nombre de uno o varios candidatos.

CANDIDEZ s.f. Cualidad de cándido.

CANDIDIASIS s.f. Micosis provocada por un hongo de tipo *Candida*, que afecta especialmente a la piel o a las mucosas bucales (*muguet*) o genitales (*vulvitis*).

CÁNDIDO, A adj. (lat. *candidus*). Sencillo, ingenuo, sin malicia ni doblez. **2.** Blanco.

CANDIL s.m. (ár. *qandil*, lámpara). Lámpara de aceite formada por dos recipientes, el total superpuestos y con una mecha que asoma por un pico. **2.** Punta del cuerno del ciervo. **3.** Méx. Lámpara de araña.

CANDILEJAS s.f.pl. Fila de luces situadas al nivel del tablado y al borde del proscenio del escenario de un teatro.

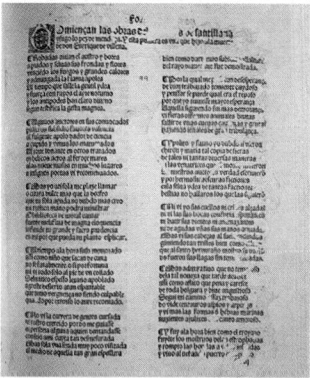

■ **CANCIONERO.** *Cancionero general*, de Hernando del Castillo. Detalle de uno de los 202 folios de la edición realizada en Valencia (1513) por Diego de Jumiel. (Biblioteca episcopal, Barcelona.)

CANDINGA s.f. Chile. Majadería. **2.** Hond. Enredo.

CANDIOTA adj. y s.m. y f. De Candía. ◆ s.f. Barril para vino u otro licor. **2.** Recipiente grande de barro provisto de una espita en la parte inferior y generalmente apoyado sobre un pie, que se utiliza para guardar vino.

CANDOMBE s.m. Ritmo típico de Uruguay, de origen africano, interpretado por numerosas comparsas durante el carnaval.

CANDOMBLÉ s.m. Culto practicado en Brasil, en el que predominan los ritos o ceremonias africanas.

CANDONGA s.f. Fam. Chasco o burla que se hace de palabra. **2.** Colomb. Pendiente, joya. **3.** Hond. Lienzo con el que se faja el vientre de los bebés.

CANDONGO, A adj. y s. Fam. Astuto y zalamero. **2.** Fam. Holgazán.

CANDOR s.m. (lat. candor). Inocencia, ingenuidad, candidez. **2.** Poét. Blancura.

CANDOROSO, A adj. Que tiene candor o inocencia.

CANECA s.f. Frasco cilíndrico de barro vidriado que, lleno de agua caliente, se utiliza para dar calor. **2.** Colomb. Recipiente donde se tira la basura. **3.** Colomb. y Ecuad. Tambor de hojalata para transportar petróleo y otros líquidos.

CANECILLO s.m. ARQ. Ménsula que sobresale de un plano y sostiene un miembro voladizo o sirve para apear un arco resaltado.

CANECO, A adj. Bol. Ebrio, borracho.

CANÉFORA s.f. (gr. kanifóros). ANT. GR. Muchacha que llevaba sobre su cabeza las canastillas sagradas durante las ceremonias religiosas.

CANELA s.f. (del fr. ant. canele). Condimento para aromatizar dulces y otros alimentos. **2.** Corteza de diversas plantas aromáticas, especialmente del canelo. **3.** Madera comercial de origen americano. ◆ adj. y s.m. Se dice del color marrón claro con un tono rojizo, como el de la canela (condimento). ◆ adj. Que es de este color. (Es invariable en género.) ◇ **Canela fina**, o **en rama** Fig. y fam. Cosa muy fina y exquisita. (También simplemente canela.)

1. CANELO o **CANELA**, pueblo amerindio, aculturado lingüísticamente por los quechuas, que habita en la cuenca del río Napo (Ecuador). SIN.: napo.

2. CANELO, A adj. Se dice del perro o el caballo que es de color canela. ◆ s.m. Árbol de 7 a 8 m de alt., de hojas parecidas a las del laurel, originario de la India, Ceilán y China, de cuya corteza se extrae la canela.

CANELÓN o **CANALÓN** s.m. Pieza de pasta de harina, rellena y enrollada en forma tubular. (Suele usarse en plural.) **2.** Venez. Rizo que las mujeres se hacen en el pelo.

CANESÚ s.m. (fr. canezou). Pieza superior de una camisa, blusa o vestido, a la que se cosen el cuello, las mangas y el resto de la prenda.

CANEVÁS s.m. Conjunto de puntos de posición conocida, que sirve de base para una medición topográfica.

CANGA s.f. Conglomerado arcilloso-ferruginoso que ocupa grandes extensiones en el Brasil oriental. **2.** Amér. Merid. Mineral de hierro que tiene arcilla.

CANGAGUA s.f. Colomb. y Ecuad. Tierra empleada para hacer adobes.

CANGALLA s.f. Argent. y Chile. Desperdicios minerales. **2.** Bol. Aparejo que se utiliza para que las bestias transporten carga. **3.** Colomb. Animal o persona enflaquecidos.

CANGALLAR v.tr. Bol. y Chile. Robar en las minas. **2.** Chile. Defraudar al fisco.

CANGILÓN s.m. Recipiente de barro o metal atado a la maroma de la noria. **2.** Recipiente grande de barro o metal, generalmente en forma de cántaro, para transportar o guardar líquidos. **3.** Recipiente utilizado en diversos aparatos de transporte, carga o elevación de materiales. **4.** Cada uno de los pliegues en forma de cañón que tenían los cuellos apanalados o escarolados.

CANGREJA s.f. MAR. Vela trapezoidal que va envergada por su relinga superior a una percha oblicua y por el pujamen de la botavara.

CANGREJAL s.m. Argent. y Urug. Terreno pantanoso e intransitable por la abundancia de cangrejillos negruzcos.

CANGREJERA s.f. Nido de cangrejos.

CANGREJO s.m. (dim. del ant. cangro). Crustáceo decápodo braquiuro, con el abdomen atrofiado y replegado bajo el cefalotórax, y dotado de un par de grandes pinzas. ◇ **Cangrejo de río** Cangrejo de agua dulce, que se caracteriza sobre todo por su apéndice o punta cefálica triangular. SIN.: ástaco. **Cangrejo ermitaño** Crustáceo que protege su abdomen blando en el caparazón vacío de un gasterópodo.

de mar

de río

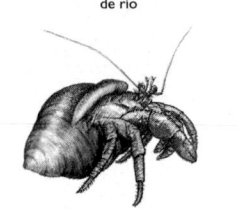

ermitaño

rabioso

■ CANGREJOS

CANGRENA s.f. → GANGRENA.

CANGRO s.m. Colomb. y Guat. Cáncer.

CANGUELO s.m. (voz caló, de kandela, apesta). Esp. Miedo, temor.

CANGUIL s.m. Ecuad. Maíz pequeño muy apreciado.

CANGURO s.m. (del ingl. ant. kangooroo). Mamífero australiano del orden marsupiales, con las extremidades traseras muy desarrolladas, que le permiten desplazarse mediante saltos. (La hembra tiene una bolsa en el vientre donde lleva la cría.) **2.** Prenda de vestir deportiva, de tejido impermeable, provista de capucha y con un único bolsillo centrado en la parte delantera. ◆ s.m. y f. Esp. Persona contratada para cuidar niños en ausencia de sus padres.

CANÍBAL adj. y s.m. y f. (de caríbal, caribe, indígena de las Antillas). Antropófago. **2.** Fig. Se dice de la persona cruel y feroz.

CANIBALISMO s.m. Antropofagia. **2.** PSICOANÁL. Fantasma del estadio oral, que consiste en querer incorporar, devorándolo, el objeto amado.

CANIBALIZAR v.tr. Utilizar las piezas en buen estado de un aparato irreparable o fuera de uso para construir uno nuevo o reparar uno aprovechable. **2.** Fig. Acaparar una empresa o producto el espacio, el público o las ventas de otra empresa o producto.

CANICA s.f. (del bearnés canique). Bola pequeña de vidrio u otra materia dura, de uno o varios colores. ◆ **canicas** s.f.pl. Juego de niños con varias de estas bolas. ◇ **Botársele a alguien la canica** Méx. Fam. Enloquecer.

CANICHANA, pueblo amerindio de lengua homónima, que habita en el NO de Bolivia (cuenca del Machupo) entre el pueblo mojo. (Se dedica a la caza y a la pesca.)

CANICHE adj. y s.m. Se dice de una raza de perros pequeños de pelo lanoso y rizado.

■ CANICHE

CANICIE s.f. (lat. canities). Decoloración del sistema piloso.

CANÍCULA s.f. (lat. canicula, estrella Sirio). Período del año en que arrecia el calor. **2.** ASTRON. Tiempo en el que la estrella Sirio sale y se pone con el Sol, y que, en la antigüedad, coincidía con el inicio del verano en la latitud de El Cairo.

CANICULAR adj. Relativo a la canícula.

CÁNIDO, A adj. y s.m. Relativo a una familia de mamíferos carnívoros, dotados de numerosos molares y garras no retráctiles, buenos corredores, como el lobo, el perro y el zorro.

CANIJO, A adj. Fam. Débil y enfermizo o raquítico. **2.** Méx. Fam. Difícil, complicado: está canijo que podamos ir de vacaciones. **3.** Méx. Malo, desalmado.

CANILLA s.f. Hueso largo de la pierna o del brazo. **2.** Cualquiera de los huesos principales del ala de un ave. **3.** Llave, dispositivo. **4.** Pequeño cilindro metálico en el que se enrolla el hilo en una lanzadera. **5.** Colomb. y Perú. Pantorrilla. **6.** Méx. Fig. Fuerza física. **7.** Perú. Juego de dados. ◆ **canillas** s.f.pl. Piernas, especialmente si son muy delgadas.

CANILLERA s.f. Máquina que enrolla el hilo en las canillas. **2.** Amér. Central. Temor, miedo. **3.** Amér. Central. Temblor de piernas originado por el miedo. **4.** Argent. y Chile. Almohadilla que protege la parte anterior de la pierna.

CANILLITA s.m. Amér. Merid. y Dom. Muchacho que vende periódicos o billetes de lotería.

CANINO, A adj. Relativo al can. **2.** Se dice de las cualidades que suelen atribuirse a los perros: lealtad canina; hambre canina. ◆ adj. y s.m. Se dice del diente, a menudo puntiagudo, situado entre los incisivos y los premolares.

CANJE s.m. (del ital. cangiare). Cambio, trueque o permuta: canje de prisioneros.

CANJEAR v.tr. Intercambiar una cosa por otra, especialmente documentos o prisioneros.

CANJIAR s.m. Puñal indio.

CANNABÁCEO, A adj. y s.f. Relativo a una

■ CANGURO

familia de plantas del orden urticales, a la que pertenecen el cáñamo y el lúpulo.

CANNABIS s.m. Polvo obtenido de la resina, hojas e inflorescencia femenina de una variedad de cáñamo, que produce efectos hipnóticos.

CANNABISMO s.m. Intoxicación por abuso de cannabis.

CANO, A adj. (lat. *canus*, blanco). Canoso. **2.** *Fig.* y *poét.* Blanco, del color de la nieve.

CANOA s.f. (voz arawak). Embarcación ligera, sin puente, propulsada a remo, pala, vela o motor. **2.** Amér. Cualquier clase de canal para conducir el agua. **3.** Chile. Vaina ancha y grande de los cocos de la palmera. **4.** Chile, Colomb., C. Rica, Cuba, Nicar. y P. Rico. Artesa o cajón de forma oblonga que sirve para recoger mieles en los trapiches, dar de comer a los animales, etc.

■ **CANOA** biplaza.

CANÓDROMO n.m. Lugar donde se celebran carreras de galgos.

CANOERO, A s. Persona que tiene por oficio gobernar una canoa.

CANON s.m. (lat. *canon*, *-onis*, del gr. *kanón*, tallo, vara, regla, norma). Conjunto de preceptos o normas. **2.** Cosa que se considera perfecta en su género, en especial la figura humana de proporciones ideales. **3.** Lista oficial de los libros considerados como inspirados por Dios. **4.** Chile. Pago por un alquiler. **5.** CATOL. Conjunto de oraciones y ceremonias de la misa, desde el Sanctus hasta el Pater noster. **6.** DER. Prestación pecuniaria periódica por el aprovechamiento o explotación de una concesión pública. **7.** MÚS. Forma de composición musical en la que sucesivamente van entrando las voces o instrumentos, repitiendo cada uno el canto de la que antecede. **8.** TEOL. CRIST. Ley o regla establecida por la autoridad legítima de la Iglesia. ◆ **cánones** s.m.pl. *Derecho canónico.

CANONESA s.f. En las abadías flamencas y alemanas, mujer que vive en comunidad religiosa, sin hacer votos solemnes.

CANONICAL adj. Relativo al canónigo.

CANONICATO s.m. Canonjía.

CANÓNICO, A adj. Conforme a los cánones y demás disposiciones eclesiásticas. **2.** Regular, conforme a las reglas. **3.** Relativo al canónigo. ◇ **Edad canónica** Edad requerida por el derecho eclesiástico para acceder a ciertas funciones o desempeñar ciertos cargos; edad madura. **Forma**, o **ecuación, canónica** MAT. Forma, o ecuación, simple, en la que puede expresarse, mediante un cambio de variables, un cierto número de formas o de ecuaciones.

CANÓNIGA s.f. *Fam.* Siesta que se duerme antes de comer.

CANÓNIGO s.m. (bajo lat. *canonicus*, clérigo). Dignatario eclesiástico que forma parte del cabildo catedral (*canónigo titular*) o que desempeña una función pastoral o administrativa en la diócesis (*canónigo honorario*).

CANONISTA s.m. y f. Especialista en derecho canónico.

CANONIZACIÓN s.f. Acción de canonizar.

CANONIZAR v.tr. [7]. Declarar el papa que un beato es oficialmente santo. **2.** *Fig.* Establecer que alguien o algo sirvan de canon o modelo: *canonizar una conducta*.

CANONJÍA s.f. Dignidad y beneficio de canónigo. **2.** *Fig.* y *fam.* Empleo de poco trabajo y bastante provecho.

CANOPE s.m. Urna funeraria, típica del Egipto faraónico, que estaba destinada a contener las vísceras de un cadáver momificado.

CANORO, A adj. Se dice del ave de canto melodioso. **2.** Grato y melodioso.

CANOSO, A adj. Que tiene canas: *barba canosa*. SIN.: *cano*.

CANOTIÉ s.m. (fr. *canotier*). Sombrero de paja, de ala plana y copa baja y cilíndrica rodeada de una cinta.

CANSADO, A adj. Que produce cansancio: *un trabajo cansado*. **2.** Que cansa con su trato.

CANSADOR, RA adj. Argent., Chile y Urug. Que resulta cansado, pesado o aburrido.

CANSANCIO s.m. Falta de fuerzas motivada por la realización de un esfuerzo o la falta de reposo. **2.** Hastío, aburrimiento.

CANSAR v.tr. y prnl. (lat. *campsare*). Causar cansancio. **2.** *Fig.* Causar molestia o fastidio por ser monótono o reiterativo: *cansarse de oír siempre lo mismo.* **3.** Agotar la fertilidad de la tierra de labor. ◇ **¡Me canso!** Méx. *Fam.* ¡Por supuesto!, ¡claro que sí!

CANSERA s.f. *Fam.* Molestia y enojo causados por impertinencia. **2.** Colomb. Tiempo perdido en algún empeño.

CANSINO, A adj. Que denota cansancio o falta de fuerza y energía: *paso cansino*.

CANTABLE adj. Que puede cantarse. ◆ s.m. Parte de un libreto de zarzuela escrito en verso para ser cantado.

CANTÁBRICO, A adj. y s. De Cantabria o del Cantábrico.

CÁNTABRO, A adj. y s. De Cantabria. **2.** De un pueblo prerromano asentado en el N de la península Ibérica, en la actual Cantabria. (De fuerte influencia celta, los cántabros tenían una organización tribal, con acusadas formas matriarcales y una seminomada. Nunca fueron totalmente romanizados y, tras la invasión musulmana, constituyeron con los astures el foco del reino de Asturias.)

CANTADOR, RA o **CANTAOR, RA** s. Persona que canta, especialmente cante flamenco.

1. CANTAL s.m. Canto de piedra.

2. CANTAL s.m. Queso de leche de vaca, de pasta dura, elaborado en la región francesa de Auvernia.

CANTALETA s.f. Cantinela, repetición molesta. **2.** Colomb. Regañina continuada.

CANTALETEAR v.tr. Colomb. Repetir insistentemente las cosas.

CANTAMAÑANAS s.m. y f. *Fam.* Persona informal, irresponsable y que no merece crédito.

CANTANTE s.m. y f. Persona que se dedica profesionalmente a cantar. ◆ Persona que manda, dispone, etc., en un negocio, conversación, etc.

CANTAOR, RA s. → CANTADOR, A.

1. CANTAR v.tr. e intr. Emitir con los órganos de la voz una serie de sonidos modulados. **2.** *Fig.* Ensalzar: *cantar al amor.* **3.** *Fig.* y *fam.* Hacer que alguien confiese lo que sabe. **4.** En ciertos juegos de naipes, decir en voz alta los puntos conseguidos: *cantar veinte en bastos.* ◆ v.intr. Producir sonidos estridentes, especialmente los insectos, haciendo vibrar una parte de su cuerpo. ◇ **Cantar de plano** Confesar todo lo que se sabe. **Cantarlas claras** Decir la verdad sin ambages y destempladamente. **Cantar las verdades** a alguien Echarle en cara alguna cosa.

■ **CANOPE.** Vasos o urnas funerarias de la Baja época; madera estucada y policromada. (Museo del Louvre, París.)

---

2. CANTAR s.m. Composición poética breve, nacida de la lírica popular, destinada al canto. ◇ **Cantar de gesta** Poema épico o heroico que narra las hazañas de un personaje histórico o legendario, característico de la literatura medieval. **Ser otro cantar** *Fam.* Ser distinto. ENCICL. El cantar de gesta tuvo un carácter esencialmente oral. Concebido y declamado por juglares profesionales, se dividen en estrofas, que se cantaban en dos o tres frases melódicas, alternadas en una especie de salmodia. La acción gira en torno a personajes históricos o legendarios. El poema exalta esencialmente el ideal de un mundo feudal y de una civilización cristiana dominada por el espíritu de cruzada contra los infieles, como en el *Cantar de *Roldán* y el *Cantar de Mío *Cid.* En España solo se conservan el *Mío Cid* y un fragmento del de *Roncesvalles*, además de algún cantar prosificado parcialmente en las crónicas medievales.

CÁNTARA s.f. Cántaro. **2.** Medida de capacidad para líquidos equivalente a 16,133 l.

CANTARANO s.m. (ital. *canterano*). Mueble que sirve de cómoda y escritorio.

CANTARELA s.f. En el violín o la guitarra, prima.

CANTARERA s.f. Poyo o armazón de madera para poner cántaros.

CANTÁRIDA s.f. (lat. *cantharis*, *-aridis*). Insecto coleóptero verde dorado, de 2 cm de long., frecuente en los fresnos, y que fue utilizado para preparar vesicatorios y afrodisíacos.

CANTARIDINA s.f. Alcaloide tóxico y congestionante, extraído de la cantárida.

CÁNTARO s.m. (lat. *cantharus*, copa grande con dos asas). Recipiente de barro o metal para contener y transportar líquidos, que tiene una abertura angosta, la barriga ancha y la base estrecha, generalmente con una o dos asas. ◇ **Llover a cántaros** En abundancia, con mucha fuerza.

CANTATA s.f. (voz italiana). Composición musical escrita para una o varias voces con acompañamiento instrumental.

CANTATRIZ s.f. Mujer cantante.

CANTAUTOR, RA s. Cantante que interpreta sus propias composiciones.

CANTAZO s.m. Pedrada.

CANTE s.m. Canción popular andaluza. **2.** Acción de cantar.

CANTEGRIL s.m. Urug. Barrio marginal de chabolas.

CANTERA s.f. Terreno del que se extrae piedra u otras materias primas. **2.** Lugar, institución, etc., donde se forman personas con capacidades específicas para alguna disciplina: *cantera de jugadores de fútbol.*

CANTERÍA s.f. Arte y técnica de labrar piedras para la construcción. **2.** Obra de piedra labrada.

CANTERO, A s. Trabajador de una cantera. **2.** Persona que tiene por oficio labrar piedras para la construcción. ◆ s.m. Extremo de algo duro que puede partirse con facilidad: *un cantero de pan.* **2.** Parcela de terreno de labor alargada y estrecha. **3.** Amér. Cuadro de un jardín. **4.** Amér. Espacio de jardín o de huerta donde se siembra y trabaja.

CÁNTICO s.m. Canto religioso de acción de gracias. **2.** Nombre de ciertas poesías profanas: *cántico nupcial.* **3.** Canto de exaltación o de ánimo.

CANTIDAD s.f. (lat. *quantitas*, *-atis*). Carácter de lo que puede ser medido o contado, o lo que es susceptible de crecimiento o de disminución: *medir una cantidad.* **2.** Porción abundante de algo o gran número de cosas. **3.** Suma de dinero. **4.** Duración atribuida a una sílaba en la pronunciación. ◇ **(En) cantidad** Mucho, en abundancia: *me gusta en cantidad.* **En cantidades industriales** *Fam.* Muchísimo.

CANTIGA o **CÁNTIGA** s.f. Composición poética medieval destinada al canto, especialmente la galaicoportuguesa.

CANTIL s.m. (de 2. *canto*). Desnivel o escalón en la costa o el fondo del mar. **2.** Borde de un despeñadero.

CANTILENA s.f. (lat. *cantilena*). Canción o

poema breve épico-lírico que la crítica romántica consideró el núcleo primitivo de los cantares de gesta. **2.** Cantinela.

CANTILEVER adj. y s.m. TECNOL. **a.** Se dice de un tipo de puente metálico cuyas vigas principales se prolongan en voladizo y soportan a su vez una viga de luz reducida. **b.** Se dice de una suspensión en voladizo.

CANTIMPLA adj. Amér. Tonto, bobo.

CANTIMPLORA s.f. (cat. ant. *cantiplora*). Recipiente para llevar y beber agua en un viaje o excursión, que suele tener forma de botella aplanada. **2.** Colomb. Recipiente para llevar la pólvora. **3.** Guat. Bocio, papera.

CANTINA s.f. (ital. *cantina*). Establecimiento público donde se sirven bebidas y, a veces, comestibles. **2.** Argent. Fonda. **3.** Méx. Mueble para guardar botellas de licor, copas y vasos.

CANTINELA s.f. Cosa que se repite insistentemente y que resulta molesta, como un sonido o algo que dice una persona. (También *cantilena*.)

CANTINERA s.f. Mujer que sigue a las tropas con el fin de venderles comestibles o bebidas.

CANTINERO, A s. Propietario de una cantina o persona que trabaja en una cantina.

CANTIZAL s.m. Terreno cubierto de cantos o piedras.

1. CANTO s.m. (lat. *cantus, -i,* llanta de metal en una rueda).Extremidad o lado de cualquier sitio o cosa: *el canto de la mesa.* **2.** Lado opuesto al filo de los instrumentos cortantes. **3.** Corte del libro opuesto al lomo. **4.** Grueso de alguna cosa: *tabla de dos centímetros de canto.* **5.** Dimensión menor de una escuadría. **6.** Colomb. Falda, regazo. <> **Al canto** Inmediato, inevitable: *discusión al canto.* **De canto** De lado, no de plano.

2. CANTO s.m. (lat. *cantus, -us,* de *canere,* cantar). Acción y efecto de cantar: *el canto del gallo.* **2.** Cada una de las partes en que se divide un poema épico: *los veinticuatro cantos de la Odisea.* **3.** Nombre de otras composiciones literarias de distinto género: *un canto a la naturaleza.* **4.** Arte de cantar. <> **Al canto del gallo** *Fam.* Al amanecer. **Canto del cisne** Última obra o actuación de una persona.

3. CANTO s.m. (de *1. canto*). Piedra pequeña, especialmente la redondeada y alisada: *canto rodado.*

CANTÓN s.m. Esquina. **2.** En Suiza, cada uno de los estados que componen la Confederación. **3.** En Francia, subdivisión de un distrito. **4.** En Bolivia y Costa Rica, área administrativa menor, equivalente al municipio español. **5.** En Ecuador, división administrativa menor que la provincia y constituida por la cabecera cantonal y las parroquias. **6.** Hond. En medio de una llanura, parte alta y aislada. **7.** HERÁLD. Cada uno de los cuatro ángulos que pueden considerarse en el escudo. **8.** HIST. Cada una de las ciudades o demarcaciones territoriales españolas que se proclamaron autónomas en julio de 1873: *el cantón murciano.*

CANTONADO, A adj. HERÁLD. Se dice de la pieza principal del escudo, cuando la acompañan otras iguales colocadas en cada cantón.

CANTONAL adj. y s.m. y f. Relativo al cantón o al cantonalismo; partidario del cantonalismo. SIN.: *cantonalista.*

CANTONALISMO s.m. Doctrina política que defiende la división del estado en cantones federados.

CANTONALISTA adj. y s.m. y f. Cantonal.

CANTONERA s.f. Pieza puesta en las esquinas de libros, muebles, etc., para refuerzo, protección o adorno. **2.** Mueble que encaja en un rincón. SIN.: *rinconera.* <> **Cantonera engomada** Lengüeta de papel adhesivo que permite fijar estampas o fotografías por sus ángulos en las hojas de un álbum.

CANTONÉS, SA adj. y s. De Cantón. ◆ s.m. Variedad del chino hablada en la región de Cantón.

CANTOR, RA adj. y s. (lat. *cantor, -oris*).Que canta, especialmente si se dedica profesionalmente. **2.** *Fig.* Se dice de la persona que narra o describe algo de forma poética. ◆ adj. Se

dice del ave capaz de emitir sonidos melodiosos y variados, como el mirlo y el ruiseñor.

CANTORA s.f. Chile. Orinal.

CANTORAL s.m. Libro que contiene las oraciones y la música que se cantan a coro en los oficios divinos.

CANTORÍA s.f. En las iglesias italianas, tribuna para los cantores.

CANTÚA s.f. Cuba. Dulce seco elaborado con coco, boniato, ajonjolí y azúcar.

CANTUESO s.m. Espliego.

CANTURREAR o **CANTURRIAR** v.intr. *Fam.* Cantar a media voz.

CANTURREO s.m. Acción de canturrear.

CANTUS FIRMUS s.m. Tema que sirve de base para una obra musical polifónica y que se enuncia a menudo en valores de notas largas.

CANTUTA s.f. Amér. Clavel de flor sencilla.

CÁNULA s.f. (lat. *cannula*).Tubo de goma u otro material flexible que se emplea en diversos aparatos de laboratorio y en medicina para drenar, evacuar o introducir porciones de líquido. **2.** Porción terminal de la jeringa, donde se coloca la aguja. **3.** Caña pequeña.

CANUTAS (PASARLAS) loc. Cuba y Esp. Indica que una persona se encuentra en una situación difícil, apurada o arriesgada.

CANUTILLO s.m. Tejido en el que los cordoncillos corren siempre en dirección de la urdimbre y los hilos son de algodón cardado.

CANUTO s.m. (mozár. *qannūt*). Porción de caña comprendida entre dos nudos. **2.** Tubo cerrado por un extremo y, a veces, con una tapa en el otro, que tiene distintos usos, como transportar planos, diplomas, etc. **3.** Chile. Apelación despectiva que se da a los ministros y pastores protestantes. **4.** Chile. Nombre dado a los fieles de este culto. **5.** Esp. *Fam.* Cigarrillo de marihuana, hachís, etc. **6.** Méx. Sorbete de leche, azúcar y huevo, cuajado en forma de canuto.

CANZONE s.f. Canción italiana ejecutada a varias voces.

CANZONETISTA s.f. Mujer que canta canciones en público.

CAÑA s.f. (lat. *canna*). Planta herbácea que alcanza una altura de 3 a 5 m, de tallo hueco y flexible, hojas anchas y ásperas y flores en panojas terminales muy ramosas y es originaria de Europa meridional. (Familia gramíneas.) **2.** Tallo de una planta gramínea, en general hueco y nudoso. **3.** Vara larga, delgada y flexible, de longitud variable, que se emplea para pescar. **4.** Vaso para beber vino o cerveza, generalmente cónico, alto y estrecho. **5.** Cantidad de bebida que cabe dentro de este vaso. **6.** Canilla del brazo o de la pierna. **7.** Tuétano. **8.** Parte de la bota que cubre la pierna. **9.** Parte de la caja de un arma portátil que encaja el cañón. **10.** Fuste de una columna. **11.** Parte del remo comprendida entre la pala y el luchadero. **12.** Canción popular andaluza de tono melancólico. **13.** Amér. Merid. Aguardiente destilado de la caña de azúcar. **14.** Colomb. Cierto baile. **15.** Colomb. Noticia falsa, fanfarronada. <> **Caña de azúcar,** o **dulce,** o **Castilla** Planta tropical cultivada por el azúcar que se extrae de su tallo, que alcanza una altura de 2 a 5 m. (Familia gramíneas.) **Caña de bambú** Madera que se utiliza para la fabricación de cañas de pescar, formada por seis secciones triangulares talladas en bambú.

CAÑACORO s.m. Planta de flores agrupadas en espigas y semillas globosas, cultivada en zonas cálidas por su rizoma rico en féculas. (Es originaria de la India; se utilizan sus semillas para fabricar cuentas de rosario; familia cannáceas.)

flor

■ **CAÑACORO**

CAÑADA s.f. Espacio de tierra entre dos elevaciones poco distantes entre sí. **2.** Camino natural por el que pasa el ganado trashumante. **3.** Argent., Par. y Urug. Terreno bajo entre lomas, bañado de agua y con vegetación propia de tierras húmedas.

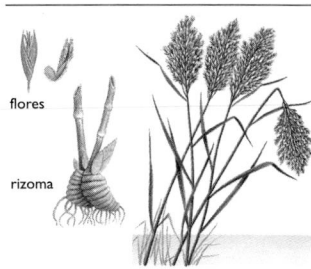

flores

rizoma

■ **CAÑA** común.

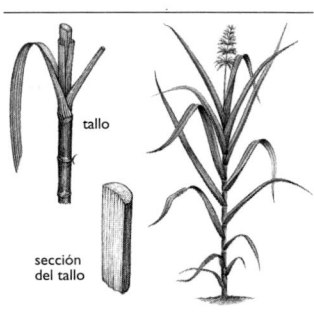

tallo

sección del tallo

■ **CAÑA** DE AZÚCAR

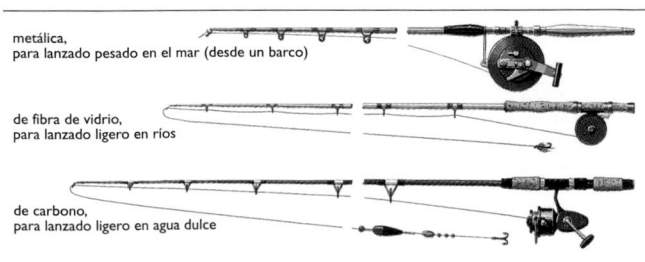

metálica, para lanzado pesado en el mar (desde un barco)

de fibra de vidrio, para lanzado ligero en ríos

de carbono, para lanzado ligero en agua dulce

■ **CAÑA.** Cañas de pescar.

CAÑADILLA s.f. Molusco gasterópodo, de concha cubierta de aguijones, que puede alcanzar un tamaño de 8 cm de long.; es comestible y vive en las costas del Mediterráneo.

■ CAÑADILLA

CAÑADÓN s.m. Argent., Cuba y Urug. Cauce antiguo y profundo entre dos lomas o sierras.
CAÑAFÍSTULA o **CAÑAFÍSTOLA** s.f. Árbol grande y frondoso, de 10 m de alt., tronco ramoso, hojas compuestas, flores amarillas en racimos colgantes y fruto en legumbre leñosa de pulpa negruzca y dulce que tiene propiedades laxantes. (Familia cesalpiniáceas.) **2.** Fruto de esta planta.
CAÑAHEJA s.f. Planta fragante de las regiones mediterráneas y de Asia occidental, de tallo hueco, que mide hasta 2 m de alt. y de la que se obtiene una gomorresina. (Familia umbelíferas.)
CAÑAMAR s.m. Terreno plantado o sembrado de cáñamo.
CAÑAMAZO s.m. Tela de cáñamo, lino o algodón, de hilos dobles, que se emplea para bordar.
CAÑAMERO, A adj. Relativo al cáñamo.
CÁÑAMO s.m. (hispano-lat. *cannabum*). Planta de hojas palmeadas, cultivada por su tallo, que proporciona una excelente fibra textil, y por sus semillas. (Familia cannabáceas.) **2.** Fibra obtenida del cáñamo; materia textil hecha con dicha fibra. ◇ **Cáñamo de Manila** Fibra textil extraída del abacá. **Cáñamo índico** Variedad de *Cannabis sativa*, de la que se obtiene el hachís y la marihuana.
CAÑAMÓN s.m. Semilla del cáñamo, que se emplea como alimento para pájaros.
CAÑAREJO s.m. Planta herbácea de flores amarillas. (Familia umbelíferas.)
CAÑAVERA s.f. Carrizo.
CAÑAVERAL s.m. Terreno poblado de cañas o cañaveras.
CAÑAZO s.m. Golpe dado con una caña.
CAÑERÍA s.f. Conducto formado de caños por donde circula un fluido.
CAÑERO, A adj. Relativo a la caña de azúcar.

CAÑÍ adj. y s.m. y f. [pl. *cañís*]. Gitano.
CAÑIHUA s.f. Perú. Mijo que comen los indios y con el que, una vez fermentado, elaboran chicha.
CAÑINQUE adj. Amér. Canijo, enclenque.
CAÑIZAL o **CAÑIZAR** s.m. Cañaveral.
CAÑIZO s.m. Armazón de cañas entretejidas.
CAÑO s.m. Tubo por el que sale agua: *una fuente de dos caños*. **2.** Tubo que forma parte de una tubería de conducción de líquidos o gases. **3.** Conducto de desagüe. **4.** MAR. Canal estrecho, aunque navegable, de un puerto o bahía. **5.** MIN. Galería de mina. **6.** MÚS. Cañón del órgano, por donde entra y sale el aire que produce el sonido.
CAÑÓN s.m. Arma de fuego para disparar proyectiles de gran calibre, compuesta por un tubo dispuesto sobre una base, generalmente móvil. **2.** Tubo de un arma de fuego. **3.** Pieza

■ BÓVEDA DE **CAÑÓN** de la iglesia de Santa Fe de Conques, Francia (s. XI).

hueca y larga a modo de caña: *cañón de anteojo*. **4.** Valle estrecho y encajado, con paredes abruptas. **5.** Cañada. **6.** Pliegue cilíndrico que se hace en la ropa almidonada. **7.** Parte córnea y hueca de la pluma del ave. **8.** Pluma de ave que empieza a nacer. ◆ adv. Fam. Muy bien: *pasarlo cañón*. ◇ **Bóveda de cañón** ARQ. Bóveda formada por la traslación de un arco según una directriz. **Cañón de chimenea** Conducto de humo que, atravesando todas las plantas de un edificio, sobresale del tejado. **Cañón de electrones** Aparato productor de un haz intenso de electrones muy rápidos. **Cañón de nieve** Aparato para lanzar nieve artificial sobre las pistas de esquí. **Cañón submarino** Depresión alargada y estrecha, de vertientes abruptas, que accidenta los fondos marinos. (*V. ilustr. pág. siguiente.*)

cañón de los hermanos Bureau (s. XV)

cañón Renacimiento (s. XVI)

cañón de Gribeauval (s. XVIII)

cañón de 75 mm (1914)

■ CAÑONES

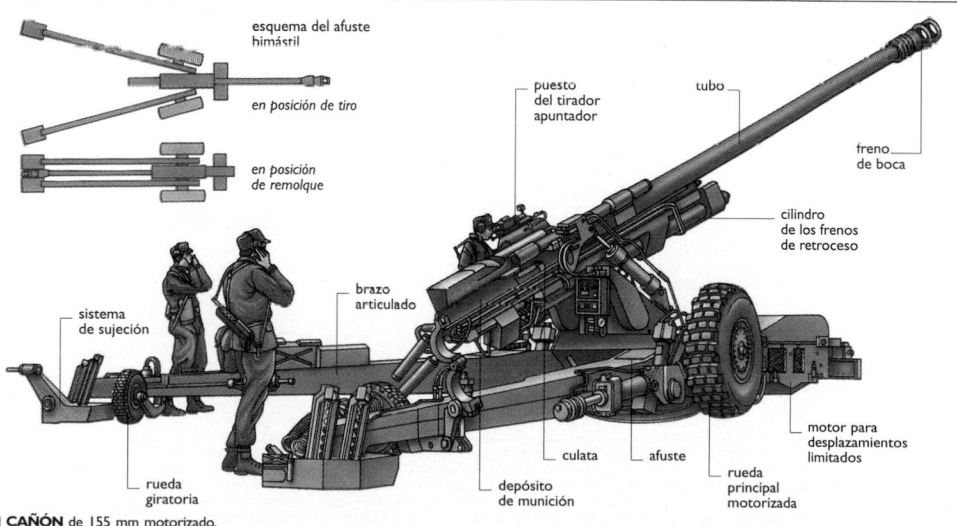

■ **CAÑÓN** de 155 mm motorizado.

■ **CAÑÓN.** El cañón de Chelly, en Arizona.

CAÑONAZO s.m. Disparo efectuado por un cañón. **2.** Señal o ruido que produce ese disparo.

CAÑONEAR v.tr. y prnl. Disparar cañonazos.

CAÑONERA s.f. Abertura en una pared, el costado de un barco o un parapeto, en que se coloca la boca del cañón.

CAÑONERO, A adj. Se dice de la embarcación con uno o varios cañones. **2.** Se dice del jugador que tiene un tiro potente.

CAÑUELA s.f. Planta gramínea forrajera de hojas anchas.

CAÑUTILLO s.m. Tubito de vidrio que se emplea en trabajos de pasamanería y bordado. **2.** Hilo metálico, brillante o mate, que se usa para bordar.

CAOBA s.f. (taíno *kaóban*). Árbol de tronco alto, recto y grueso, que produce una excelente madera. (Familia meliáceas.) **2.** Madera de este árbol. **3.** Que es de color marrón rojizo, como el de esta madera.

CAODAÍSMO s.m. Religión instituida por Ngô van Chiên en 1926, que adopta diversos aspectos del budismo, del taoísmo, del confucianismo y del cristianismo.

CAOLÍN s.m. (fr. *kaolin*, de Kao Ling, lugar del norte de China). Roca arcillosa, blanca y desmenuzable, compuesta esencialmente por caolinita, que entra en la composición de la porcelana dura.

CAOLINITA s.f. MINER. Silicato natural de aluminio, perteneciente al grupo de las arcillas.

CAOLINIZACIÓN s.f. Alteración de ciertas rocas feldespáticas con formación superficial de arcilla, debida a la humedad.

CAOS s.m. (lat. *chaos*, del gr. *káos, -ous*, abismo). Confusión, desorden absolutos. **2.** FILOS. Confusión general de los elementos y de la materia antes de la creación del mundo. **3.** GEOMORFOL. Acumulación de bloques producida por la erosión en ciertas clases de rocas. ◇ **Teoría del caos** Teoría que estudia los fenómenos en los que interviene el azar, y que presentan regularidades que pueden ser descritas matemáticamente.

CAÓTICO, A adj. Relativo al caos: *situación caótica.*

CAPA s.f. (lat. tardío *cappa*). Prenda de vestir larga y suelta, sin mangas, abierta por delante, que se lleva sobre el vestido. **2.** Capote de torero. **3.** Cada una de las partes de grosor uniforme y superpuestas que forman algo. **4.** Sustancia que se aplica o se extiende sobre otra: *capa de pintura.* **5.** *Fig.* Categoría o clase social. **6.** *Fig.* Pretexto con que se encubre un designio: *conspirar con capa de amigos.* **7.** Hoja entera de tabaco que envuelve exteriormente las hojas torcidas de los cigarros puros. **8.** Color del pelo y la piel de ciertos animales. **9.** FÍS.

Conjunto de los estados electrónicos de un átomo, caracterizados por un mismo número cuántico principal. **10.** GEOL. Masa de terreno sedimentario que presenta caracteres homogéneos. ◇ **Andar,** o **ir, de capa caída** *Fam.* Ir decayendo o ir perdiendo intensidad y fuerza. **Capa límite** Fina película que envuelve un cuerpo en movimiento con respecto a un fluido y que constituye la sede de fenómenos aerodinámicos y térmicos que afectan al comportamiento de este cuerpo. **Capa pluvial** Capa que usa el sacerdote en algunas funciones litúrgicas. **Defender a capa y espada** Defender enérgicamente a alguien o algo. **Hacer alguien de su capa un sayo** Obrar con libertad en cosas o asuntos que solo le atañen a él.

CAPACETE s.m. ARM. **a.** Casco de metal sin cresta ni visera, a veces terminado en punta, que tenía la superficie cincelada. **b.** Pieza que se coloca en los proyectiles perforantes para proteger la punta de la ojiva.

CAPACHA s.f. Capacho, recipiente. **2.** Bol. y Chile. Prisión, cárcel.

CAPACHO s.m. Cesto para llevar la compra. **2.** Recipiente de esparto, cuero u otro material flexible que se usa para transportar materiales de construcción. SIN.: *capacha.* **3.** TAUROM. Toro que tiene las astas caídas y abiertas.

CAPACIDAD s.f. Espacio en un recipiente, un local u otra cosa para contener algo: *la capacidad de un cajón; la capacidad de un local.* **2.** Cualidad, circunstancia o aptitud para hacer o desarrollar algo. **3.** DER. Aptitud legal. **4.** ELECTR. **a.** Cantidad de electricidad que puede restituir un acumulador cuando se descarga. **b.** Cociente entre la carga de un condensador y la diferencia de potencial entre sus armaduras. **5.** INFORMÁT. Cantidad de información que un canal o vía puede transmitir o que una computadora puede tratar por unidad de tiempo. ◇ **Capacidad de una memoria electrónica** Cantidad de información que puede contener esta memoria. **Capacidad torácica,** o **vital** Cantidad máxima de aire que puede entrar en los pulmones partiendo del estado de espiración forzada. **Medida de capacidad** Recipiente utilizado para medir líquidos y áridos.

CAPACITACIÓN s.f. Acción y efecto de capacitar.

CAPACITANCIA s.f. ELECTR. Impedancia que presenta un condensador a una frecuencia determinada.

CAPACITAR v.tr. y prnl. Hacer a alguien apto para desarrollar una actividad. ◆ v.tr. Dar derecho a alguien para hacer algo.

CAPACITIVO, A adj. ELECTR. Relativo a la capacidad.

CAPACITÓMETRO s.m. Aparato para medir capacidades eléctricas.

CAPADOCIO, A adj. y s. De Capadocia.

CAPANGA s.m. Argent. y Urug. Capataz, guardaespaldas, matón.

CAPAR v.tr. (lat. vulg. *cappare*). Castrar. **2.** *Fig. y fam.* Acortar o cercenar.

CAPARAZÓN s.m. Cubierta dura y sólida formada por el tegumento engrosado de diversos animales, cuyo cuerpo protege. **2.** Cubierta con que se protege algo. **3.** GEOL. Formación superficial fuertemente consolidada, de espesor considerable, que se da en los suelos de regiones tropicales secas. SIN.: *coraza.*

CAPARRÓN s.m. Yema o botón de la planta.

CAPARROSA s.f. MINER. Nombre de diversos minerales del grupo de los sulfatos hidratados.

CAPATAZ s.m. (del lat. *caput*, cabeza). Persona encargada de dirigir y vigilar a un grupo de trabajadores. **2.** Persona encargada de la labranza y administración de las haciendas de campo.

CAPAZ adj. (lat. *capax, -acis*, que tiene mucha cabida). Que tiene capacidad, aptitud o disposición para algo. **2.** Grande, espacioso o suficiente para contener algo: *un armario capaz.* **3.** *Fig.* Que tiene buen talante, es instruido, diestro. ◆ adv. Amér. Posiblemente. ◇ **Arco capaz de un ángulo dado** Arco de círculo formado por los puntos desde los que se ve bajo este ángulo el segmento que une sus extremos. **Capaz que** Méx. Quizá, probablemente,

a lo mejor: *capaz que llueve; capaz que saco la lotería.*

CAPAZO s.m. Espuerta grande.

CAPCIOSO, A adj. (lat. *captiosus*). Artificioso, engañoso, que induce a error: *pregunta capciosa.*

CAPEA s.f. Fiesta taurina con novillos o becerros en la que participan aficionados. **2.** TAUROM. Acción de capear.

CAPEAR v.tr. *Fam.* Eludir con habilidad alguna dificultad, entretener con evasivas. **2.** Capotear al toro. **3.** Adoptar una embarcación una determinada posición para sortear un estado peligroso o desfavorable del mar. **4.** Chile y Guat. Faltar a clase. **5.** Méx. Cubrir con huevo batido algún alimento para luego freírlo: *capear las papas.*

CAPELÁN s.m. Pez parecido al bacalao, de unos 30 cm de long. (Familia gádidos.)

CAPELINA s.f. Capellina.

CAPELLÁN s.m. Titular de la capellanía. **2.** Sacerdote que ejerce sus funciones en una institución religiosa, seglar o castrense, o en una casa particular.

CAPELLANÍA s.f. Beneficio irregular que consiste en el derecho a recibir los frutos de unos bienes con la obligación de celebrar unas misas o unos actos religiosos, previamente determinados.

CAPELLINA s.f. Pieza de la armadura que cubre la parte superior de la cabeza. **2.** Vendaje en forma de gorro. SIN.: *capelina.*

CAPEO s.m. Acción de capear.

CAPERUZA s.f. Pieza que cubre o protege la extremidad de algo. SIN.: *capucha, capuchón.* **2.** Capucha que no va cosida o atada a la prenda de vestir.

CAPELO s.m. Sombrero rojo que es insignia de los cardenales. **2.** *Fig.* Dignidad de cardenal. **3.** Méx. Campana de cristal para resguardar del polvo el objeto que contiene. **4.** HERÁLD. Figura que timbra el exterior del escudo de los dignatarios eclesiásticos.

CAPI s.m. Bol. Harina blanca de maíz. **2.** Chile. Vaina tierna de las leguminosas.

CAPIA s.f. Argent. y Colomb. Masa hecha con harina de capia y azúcar. **2.** Argent., Colomb. y Perú. Maíz blanco muy dulce que se usa para preparar golosinas. **3.** Bol. Harina de maíz tostado. **4.** Bol. Masa hecha con esa harina.

CAPIALZAR v.tr. (cat. *capalçar*, de *cap*, cabeza, y *alçar*, levantar) [7]. Levantar un arco por uno de sus frentes para formar el declive volteado sobre una puerta o ventana.

CAPIALZO s.m. Declive del intradós de una bóveda.

CAPIBARA s.m. Carpincho.

CAPICATÍ s.m. Planta de Argentina y Paraguay, de raíz muy aromática y de sabor cálido y acre, que se usa para elaborar un licor especial. (Familia ciperáceas.)

CAPICÚA adj. y s.m. (cat. *cap-i-cua*, cabeza y cola). Se dice del número que es igual leído de izquierda a derecha que de derecha a izquierda. ◆ s.m. Jugada consistente en hacer dominó con una ficha que puede colocarse en cualquiera de los dos extremos.

CAPIGUARA s.m. Carpincho.

CAPILAR adj. (lat. *capillaris*). Relativo al cabello: *loción capilar.* ◆ s.m. y adj. ANAT. Vaso muy fino, a veces de 5 micras de diámetro solamente, situado entre las arteriolas y las vénulas. ◇ **Tubo capilar** Tubo de diámetro muy pequeño en el que se manifiestan fenómenos de capilaridad.

CAPILARIDAD s.f. Cualidad de capilar. **2.** Conjunto de los fenómenos que se producen en la superficie de un líquido, en particular cuando este está dentro de un tubo capilar.

CAPILARITIS s.f. Inflamación de los vasos capilares.

CAPILLA s.f. (lat. tardío *cappella*). Sala con altar en determinados edificios o en ciertas casas particulares. **2.** Iglesia pequeña anexa a otra mayor, o parte integrante de esta, con altar y advocación particular. **3.** Cuerpo de músicos de una iglesia. **4.** Pliego que se entrega suelto durante la impresión de una obra. **5.** *Fig.* Pequeño grupo de adictos a una persona o una idea. ◇ **Capilla ardiente** Oratorio fúnebre provisional donde se celebran las primeras exequias por un fallecido. **Capilla posa** Capilla situada en las esquinas de los atrios conventuales del s. XVI. **Estar en capilla** Situación del reo desde que se le notifica la condena a muerte hasta que es conducido al lugar de ejecución; estar en trance de sufrir una prueba difícil o de conocer un resultado esperado.

CAPILLO s.m. (lat. vulgar *cappellus*, vestidura de la cabeza).Vestidura de tela que se pone en la cabeza del niño al bautizarlo. **2.** Envoltura intermedia del cigarro puro, entre la tripa y la capa. **3.** MAR. Cubierta de hojalata o madera con que se preservan de la humedad las bitácoras cuando están forradas de cobre.

CAPIPARDO s.m. Hombre plebeyo, artesano.

CAPIROTADA s.f. Aderezo para carne, elaborado principalmente con hierbas, huevos y ajos. **2.** Amér. Plato criollo a base de carne, choclo tostado, queso, manteca y otras especias. **3.** Méx. Dulce que se prepara con trozos de pan blanco remojado en miel con queso rayado y cacahuate.

CAPIROTAZO s.m. Golpe dado haciendo resbalar con violencia, sobre la yema del pulgar, el envés de la última falange de otro dedo de la misma mano. SIN.: *capirote*.

CAPIROTE s.m. Gorro puntiagudo forrado de tela que cubre totalmente la cabeza, y se lleva en las procesiones de semana santa. **2.** Caperuza pequeña con que se cubre la cabeza de los halcones para la caza. **3.** Capirotazo. **4.** Antiguo tocado femenino, alto y cónico. **5.** Muceta con capucha, del color respectivo de cada facultad, que usan los doctores en ciertos actos. ⟷ **Tonto de capirote** *Fam.* Muy tonto.

CAPISAYO s.m. Colomb. Camiseta.

CAPITACIÓN s.f. (lat. *capitatio, -onis*). Impuesto que se paga por persona.

1. CAPITAL adj. (lat. *capitalis*). Que constituye el origen, cabeza o parte vital de algo: *cuestión capital*. **2.** Fig. Principal, muy grande. ◆ s.f. Ciudad donde reside el gobierno de un estado o los organismos administrativos de algunas de sus divisiones territoriales. **2.** IMPR. Letra, generalmente mayúscula, que empieza un capítulo o un párrafo. **3.** MIL. Bisectriz del ángulo saliente de una fortificación.

2. CAPITAL s.m. Dinero y conjunto de bienes que se poseen. **2.** Factor económico constituido por el dinero. **3.** Según el marxismo, producto de un trabajo colectivo que no pertenece a los que lo realizan sino al propietario de los medios de producción, que lo incrementa mediante la plusvalía. ⟷ **Capital humano** Conjunto de conocimientos poseídos o adquiridos por una o varias personas, dentro de la escala de la economía nacional, y que pueden ser utilizado para mejorar la producción. **Capital social** Capital que los socios de una sociedad aportan para el desarrollo de esta. **Capital técnico** Bienes de producción. **El gran capital** Conjunto de las personas (físicas o jurídicas) que poseen los principales bienes de producción.

CAPITALIDAD s.f. Condición de ser capital de un estado.

CAPITALISMO s.m. Sistema económico y social basado en la propiedad privada de los medios de producción y en el capital como generador de riqueza. **2.** En la teoría marxista, régimen económico, político y social que descansa en la búsqueda sistemática del beneficio gracias a la explotación de los trabajadores por los propietarios de los medios de producción y de cambio. ENCICL. A los caracteres esenciales del capitalismo se añaden otros rasgos específicos como la libertad de empresa, la libertad de producir y de vender con el mínimo de restricciones por parte de los poderes públicos y la no participación, en general, del estado en las tareas económicas, dejadas en manos del sector privado. En Europa occidental, los orígenes del capitalismo se remontan al renacimiento. A partir del s. XVII se produce una primera acumulación de capital y empiezan a configurarse las bases de los estados modernos. En el s. XVIII se origina una aceleración del progreso técnico e industrial en Gran Bretaña, que conduce a la consolidación del sistema capitalista. El capitalismo ha pasado por diversas etapas, desde el liberalismo económico puro hasta el intervencionismo estatal. En el mundo contemporáneo es el sistema económico hegemónico.

CAPITALISTA adj. Relativo al capitalismo. ◆ s.m. y f. Persona que posee capital o lo proporciona a una empresa.

CAPITALIZACIÓN s.f. Acción de capitalizar. ⟷ **Capitalización bursátil** Valor obtenido multiplicando el número de acciones de una sociedad por su curso en bolsa.

CAPITALIZAR v.tr. [7]. Fijar el capital que corresponde a determinado rendimiento o interés: *capitalizar una venta*. **2.** Utilizar una renta transformándola en medio de producción.

CAPITÁN, NA s.m. y f. (bajo lat. *capitanus*, jefe). Oficial de los ejércitos de Tierra y Aire, de grado intermedio entre el teniente y el comandante. ◆ s.m. Oficial del cuerpo de jefes de la Armada. **2.** Genéricamente, caudillo militar. **3.** Persona que capitanea un buque mercante. **4.** Jugador que representa a su equipo. **5.** Cuba y Méx. Maître, jefe de comedor. ◆ s.f. Esposa del capitán. ⟷ **Capitán de corbeta** Capitán de la Armada de grado intermedio entre el teniente de navío y el capitán de fragata. **Capitán de fragata** Capitán de la Armada de grado intermedio entre el capitán de corbeta y capitán de navío. **Capitán de navío** Capitán de la Armada de grado intermedio entre el capitán de fragata y el contralmirante. **Capitán general** Jefe superior del ejército que desempeñaba además funciones de gobierno como las de virrey; grado supremo en la milicia española; primera autoridad de cada una de las regiones militares del territorio español.

CAPITANA s.f. y adj. Embarcación de una flota que arbola la insignia de un almirante.

CAPITANEAR v.tr. Mandar una tropa en condición de capitán. **2.** Encabezar una sublevación o acción semejante. **3.** Fig. Dirigir un grupo de personas.

CAPITANÍA s.f. Cargo de capitán del ejército. **2.** Compañía de soldados, con sus oficiales subalternos, mandados por un capitán. **3.** Edificio donde reside el capitán general, con oficinas y organismos donde funcionan a sus inmediatas órdenes. ⟷ **Capitanía general** Jefatura superior de un distrito o región militar desempeñada por el capitán general.

CAPITEL s.m. (occitano ant. *capitel*). ARQ. Parte superior de una columna, un pilar o una pilastra, más ancho que estas y con distinta ornamentación.

CAPITOLINO, A adj. Relativo al capitolio.

CAPITOLIO s.m. (lat. *capitolium*). Templo principal de una colonia romana. **2.** Edificio que sirve de centro de la vida municipal o parlamentaria. **3.** Acrópolis.

CAPITONÉ adj. (fr. *capitonné*). Galic. Acolchado. ◆ adj. y s.m. Galic. Se dice del vehículo destinado al transporte de muebles.

CAPITOSTE s.m. Fam. Cabecilla, jefe de un grupo.

CAPITULACIÓN s.f. Tratado en el que se estipulan las condiciones de una rendición. **2.** Pacto hecho entre dos o más personas sobre algún negocio. **3.** En el s. XV, tipo de contrato firmado entre los monarcas y ciertos particulares, para emprender determinadas acciones. **4.** En la península Ibérica, sistema por el que se sometían algunas ciudades y territorios musulmanes al ser reconquistados por los cristianos. ◆ **capitulaciones** s.f.pl. Convenciones que regulaban el estatuto de los extranjeros, principalmente en el Imperio otomano. ⟷ **Capitulaciones matrimoniales** Convención en que se estipulan, con ocasión del matrimonio, las condiciones de la sociedad conyugal con relación a los bienes presentes o futuros.

1. CAPITULAR v.intr. (bajo lat. *capitulare*). Rendirse, especialmente en una guerra, estipulando condiciones con el enemigo. **2.** Fig. Ceder, someter una persona su voluntad. ◆ v.intr. y tr. Pactar, hacer algún ajuste o concierto.

2. CAPITULAR adj. (del bajo lat. *capitulum*, reunión de religiosos). Relativo a un cabildo secular o eclesiástico o de una orden religiosa. ◆ adj. y s.f. Se dice de la letra adornada que empieza un capítulo. ◆ s.f. HIST.

Ordenanza emanada de los reyes merovingios y carolingios.

CAPITULEAR v.intr. Argent., Chile y Perú. Cabildear.

CAPÍTULO s.m. (lat. *capitulum*, cabecita, letra capital). División que se hace en los libros y otros escritos para el mejor orden de la exposición. **2.** Apartado, tema, punto particular sobre el que se trata. **3.** Junta que celebran los religiosos y clérigos seglares para las elecciones de prelados y para otros asuntos. **4.** BOT. Inflorescencia de pequeñas flores apretadas unas con otras e insertas en el pedúnculo ensanchado, como en la margarita. ⟷ **Llamar, o traer, a alguien a capítulo** Obligarle a que dé cuenta de su conducta.

CAPNOMANCIA o **CAPNOMANCÍA** s.f. (del gr. *kapnós*, vapor, y *manteia*, adivinación). Adivinación por medio del humo.

CAPO s.m. (voz italiana). Jefe de una organización mafiosa.

CAPÓ s.m. (fr. *capot*). Cubierta que protege el motor o el maletero de un vehículo.

CAPOEIRA s.f. Arte marcial brasileño que se practica con acompañamiento musical. (Es al tiempo lucha y danza, juego y ritual; en su origen, la practicaban los esclavos para entrenarse en el combate, que les estaba prohibido.)

1. CAPÓN s.m. (lat. vulgar *cappo, -onis*). Pollo castrado que se ceba para comerlo. **2.** Haz de sarmientos de vid. **3.** MAR. Cadena o cabo grueso que sirve para mantener suspendida el ancla por el arganeo.

2. CAPÓN s.m. Fam. Golpe dado en la cabeza con los nudillos.

CAPONERA s.f. Jaula donde se tiene a los capones. **2.** Hueco practicado en la pared de un túnel para poder cobijarse al pasar un tren. **3.** Pequeña construcción cuyas armas flanquean los fosos de una plaza fuerte.

CAPORAL s.m. (ital. *caporale*). Hombre que dirige un grupo de personas. **2.** Hombre que tiene a su cargo el ganado de la labranza. **3.** Amér. Capataz de una estancia ganadera. **4.** MIL. Cabo de escuadra.

CAPOTA s.f. Cubierta plegable de ciertos carruajes y automóviles. **2.** Tocado femenino su jeto con cintas por debajo de la barba. **3.** Tela del paracaídas.

CAPOTAJE s.m. (fr. *capotage*). Vuelco de un automóvil o de un avión.

CAPOTAR v.intr. Volcar un vehículo quedando en posición invertida. **2.** Dar con la proa en tierra una aeronave.

CAPOTAZO s.m. TAUROM. Lance con el capote para atraer o desviar al toro.

CAPOTE s.m. Prenda de abrigo a manera de capa, pero con mangas y menos vuelo. **2.** Prenda de abrigo semejante a un chaquetón que forma parte del uniforme de ciertos ejércitos. **3.** Chile. Paliza. **4.** TAUROM. Capa corta, ligera y de colores vivos que usan los toreros para la lidia. ⟷ **Capote de paseo** TAUROM. Capa corta, con adornos lujosos, que lleva el torero al hacer el paseíllo. **Decir alguien para su capote** algo Fam. Recapacitarlo, decírselo a sí mismo. **Echar un capote** Ayudar a que se halla en apuro.

CAPOTEAR v.tr. Torear con la capa. SIN.: *capear*. **2.** Fig. Eludir con habilidad y astucia las dificultades y compromisos. SIN.: *capear*. **3.** Fig. Entretener a alguien con engaños y evasivas.

CAPOTERA s.f. Hond. Percha para colgar ropa. **2.** Venez. Maleta hecha de lienzo y abierta por los extremos.

CAPPA s.f. → KAPPA.

CAPRICHO s.m. (ital. *capriccio*). Deseo vehemente y repentino de una cosa o de hacer algo, generalmente sin causa justificada: *ceder a los caprichos de un niño*. **2.** Variación injustificada en una cosa o en la conducta de alguien. **3.** B. ART. Obra con aspecto de fantasía imaginativa y espontánea. **4.** MÚS. Pieza instrumental o vocal, de forma libre.

CAPRICHOSO, A adj. Que actúa o se hace por capricho.

CAPRICORNIO s.m. Nombre genérico que se da a algunos insectos coleópteros de la familia cerambícidos, caracterizados por sus largas antenas. ◆ adj. y s.m. y f. Se dice de

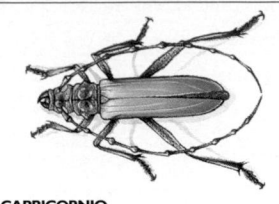

■ CAPRICORNIO

la persona nacida entre el 22 de diciembre y
el 20 de enero, bajo el signo de Capricornio.
(El plural es *capricornio*; suele escribirse con
mayúscula.) [V. parte n. pr.]

CAPRIFOLIÁCEO, A adj. y s.f. Relativo a una
familia de plantas gamopétalas, como la madreselva, el viburno y el saúco.

CAPRINO, A adj. Cabrío. ◆ adj. y s.m. Relativo a una subfamilia de mamíferos rumiantes
de la familia bóvidos, de cuernos replegados
hacia atrás.

CAPROLACTAMA s.f. Compuesto químico
que por policondensación da una poliamida
utilizada en la producción de fibras sintéticas.

CÁPSIDE s.f. BIOL. Conjunto de proteínas que
envuelven el material genético (ADN y ARN)
de un virus.

CAPSIENSE s.m. y adj. Facies cultural del paleolítico final y del epipaleolítico en el N de
África.

CÁPSULA s.f. (lat. *capsula*, dim. de *capsa*,
caja). Envoltura soluble de ciertos medicamentos. **2.** Compartimiento de una nave o satélite espacial habitable por un animal o un
hombre. **3.** Casquillo metálico o de otro material que recubre o cierra el gollete de una
botella. **4.** ANAT. Nombre dado a diversas envolturas del organismo. **5.** ARM. Alvéolo cilíndrico metálico que contiene el cebo y sirve
para comunicar el fuego a la carga de un cartucho. **6.** BOT. Fruto seco que se abre por varias hendiduras o por sus poros. **7.** QUÍM. Vasija
hemisférica para realizar ebulliciones. ◇ **Cápsula espacial** Compartimiento estanco recuperable de una nave espacial.

1. CAPSULAR adj. Relativo a la cápsula o parecido a esta.

2. CAPSULAR v.tr. Cubrir con una cápsula el
gollete de una botella.

CAPTACIÓN s.f. Acción de captar. **2.** DER. Acción que consiste en provocar, mediante maniobras reprensibles, el consentimiento para
una donación o un legado.

CAPTADOR, RA adj. y s. Que capta. ◆ s.m.
TECNOL. Dispositivo sensible a las variaciones
de una magnitud física, que proporciona una
señal útil, normalmente eléctrica. SIN.: *detector.* ◇ **Captador solar** Colector solar.

CAPTAR v.tr. (lat. *captare*, tratar de agarrar). Percibir o comprender algo a través de
los sentidos o del intelecto: *captar una pregunta, un matiz.* **2.** Recoger sonidos, imágenes,
etc., externos para transformarlos o registrar-
los. **3.** Recoger humo, polvo, agua, etc., procedentes de distintos lugares. **4.** Asegurar el paso
de la corriente eléctrica de un cable o carril
conductor a los órganos motores de un vehículo. ◆ v.tr. y prnl. Atraer a alguien llamando su
atención, creándole interés, etc.

CAPTURA s.f. (lat. *captura*). Acción de capturar. **2.** Persona, animal o cosa que han sido
capturados. **3.** GEOGR. Fenómeno por el cual
un río desvía en provecho propio los afluentes
e incluso el curso de otro río.

CAPTURAR v.tr. Apresar a un delincuente
que se persigue, a un animal que huye o a personas o materiales enemigos.

CAPUCHA s.f. Pieza con que se cubre la cabeza, cosida a una prenda de vestir o a una bufanda. SIN.: *capucho.* **2.** Saco de tela con que
se cubre la cabeza para no ser reconocido o
para no ver. **3.** Caperuza para proteger el extremo de algo.

CAPUCHINA s.f. Planta ornamental, originaria de América del Sur, cuya especie más común tiene hojas redondas y flores anaranjadas. (Familia tropeoláceas.)

CAPUCHINO, A adj. y s. Se dice del religioso

o religiosa de una rama reformada de la orden
de los frailes menores, creada en el s. XVI y que
llegó a ser completamente autónoma en 1619.
◆ s.m. Café con un poco de leche hervida caliente y espumosa, que suele servirse espolvo-
reado con canela o chocolate en polvo.

CAPUCHÓN s.m. Capucha de una prenda de
vestir. **2.** Caperuza para proteger el extremo
de algo. **3.** Anticonceptivo de barrera pequeño
y rígido que se coloca por encima del cuello
uterino.

CAPUERA s.f. Argent. y Par. Parte de la selva
desbrozada para el cultivo.

CAPULÍN o **CAPULÍ** s.m. Árbol de hojas alternas y flores pequeñas y blancas, cuyo fruto
es una drupa esférica, de color negro rojizo y
de sabor agradable; es originario de América.
(Familia rosáceas.) **2.** Fruto de esta planta.

CAPULINA s.f. Araña negra muy venenosa
que vive en México. (Familia terídidos.)

CAPULLO, A adj. y s. *Fam.* Estúpido, necio;
malintencionado. ◆ s.m. Yema floral a punto
de abrirse. **2.** Envoltura de ciertas crisálidas,
como el gusano de seda, y de los huevos de
las arañas. **3.** Esp. *Vulg.* Prepucio.

CAQUÉCTICO, A adj. y s. Relativo a la caquexia; que padece caquexia.

CAQUEXIA s.f. (lat. *cachexia*, del gr. *kakhe-
xía*, mala constitución física). Estado de debilidad y delgadez extrema del cuerpo, que
constituye la fase terminal de ciertas enfermedades o infecciones crónicas.

1. CAQUI adj. y s.m. (ingl. *khaki*, del persa
hak, polvo). Se dice del color que es de una
tonalidad intermedia entre el amarillo ocre y
el verde gris. ◆ adj. Que es de este color: *pantalones caqui.* (Suele ser invariable en plural.)
◆ s.m. Tela de este color, usada para uniformes militares.

2. CAQUI s.m. Árbol de hoja caduca y fruto
en baya, rojo y comestible, originario de Japón. (Familia ebenáceas.) **2.** Fruto de este árbol, de pulpa blanda y dulce, que tiene el aspecto de un tomate.

1. CARA s.f. (gr. arcaico *kára*, cabeza). Parte
anterior de la cabeza del ser humano. **2.** Expresión del rostro que revela un estado de ánimo o de salud determinados: *poner buena
cara a alguien; tener mala cara.* **3.** Superficie
de algo: *escribir por una sola cara.* **4.** Fachada
o frente: *la cara de un edificio.* **5.** Anverso de
las monedas y medallas. **6.** *Fig.* Aspecto, apariencia, cariz: *este guiso tiene buena cara.*
7. Esp. *Fig.* Desfachatez, descaro. **8.** MAT. **a.** Cada
uno de los polígonos que limitan un poliedro.
b. Cada uno de los planos que limitan un ángulo poliedro. ◇ **Caérsele a alguien la cara de
vergüenza** *Fam.* Sentirse avergonzado. **Cara a
cara** De forma descubierta, sin esconderse,
una persona frente a otra. **Cara de pocos
amigos** *Fig.* y *fam.* Semblante desagradable o
adusto. **Cruzar la cara** a alguien Darle una bofetada en la cara. **Dar la cara** Responder de
los propios actos y afrontar las consecuencias.
Dar, o **sacar, la cara por** alguien Defenderlo o
responder por él. **De cara** Enfrente. **A cara o
cruz** Procedimiento para decidir algo que
consiste en lanzar una moneda al aire, apos-
tando uno que, al llegar al suelo, quedará hacia
arriba la cara y el otro a que quedará la cruz.
Echar en cara Reprochar algo a alguien. **Lavar
la cara** Adular o lisonjear a alguien; mejorar una cosa de forma superficial. **Partirle,** o
romperle, la cara a alguien *Fig.* y *fam.* Expresión
de amenaza. **Plantar cara** a alguien Desafiar,
especialmente a un superior, discutiendo lo

que dice. **Poner cara de circunstancias** Adoptar una expresión afectadamente triste o seria
con que se trata de estar a tono con cierta situación. **Tener la cara dura** Esp. Ser un caradura.
Verse las caras *Fam.* Encontrarse una persona
con otra para discutir algo o para reñir.

2. CARA, pueblo amerindio, act. extinguido,
perteneciente al grupo quiteño de la familia
quechua. Antes de la conquista española hablaban una lengua propia, pero más tarde
adoptaron el quechua. Constituyeron un reino que abarcaba gran parte del act. Ecuador
y que fue conquistado por los incas.

CARABA s.f. **Ser la caraba** Esp. *Fam.* Ser extraordinario tanto en sentido positivo como
negativo.

CARABELA s.f. (port. *caravela*). Embarcación de vela usada en los ss. XV y XVI, rápida y
de reducido tonelaje, que desempeñó un destacado papel en los grandes descubrimientos.

■ CARABELA (s. XV).

CARABINA s.f. (fr. *carabine*). Arma de fuego parecida al fusil pero con el cañón más corto y normalmente rayado. **2.** Esp. *Fig.* y *fam.* Persona, generalmente mujer, que solía acom-
pañar a una pareja de enamorados en sus
salidas para evitar que hicieran algo considerado indecoroso.

CARABINERO, A s.m. y f. Miembro de un
cuerpo encargado de la persecución del contrabando. **2.** Miembro de la policía militarizada de
Italia. ◆ s.m. Soldado armado con carabina.

CARABINO s.m. En los ss. XVI y XVII, soldado
de caballería ligera.

CÁRABO s.m. (gr. *kárabos*). Insecto coleóptero nocturno, de unos 2 cm de long., cuerpo
alargado, color negro o metálico, que se alimenta de gusanos, babosas y caracoles. (Familia carábidos.) **2.** Ave rapaz nocturna, de unos
70 cm. de long., común en los bosques de Europa y Asia.

■ CÁRABO

■ CÁRABO dorado.

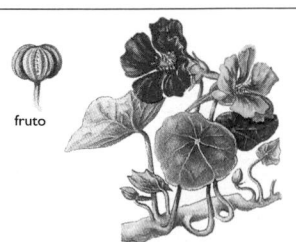

fruto

■ CAPUCHINA

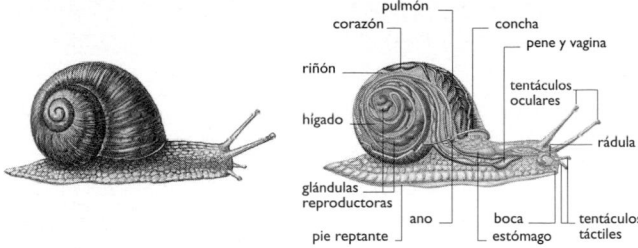

■ CARACOL. Vista general y sección.

pulmón
corazón
concha
riñón
pene y vagina
hígado
tentáculos oculares
rádula
glándulas reproductoras
ano
boca
tentáculos táctiles
pie reptante
estómago

CARACA s.f. Cuba. Torta de harina de maíz.

CARACAL s.m. Lince originario de África y del SE de Asia, de pelaje leonado y orejas negras prolongadas con largos mechones.

CARACHA s.f. (quechua *karáča*). Amér. Sarna de las personas. **2.** Amér. Merid. Enfermedad de las llamas y otros animales, parecida a la roña. SIN.: *carache.*

CARACHUPA s.f. Perú. Zarigüeya.

CARACOL s.m. Molusco gasterópodo pulmonado, provisto de concha univalva y espiral, capaz de alojar todo el cuerpo del animal. **2.** Concha de este molusco. **3.** Pieza de un mecanismo de relojería. **4.** Rizo alargado de cabello. **5.** Vuelta que realiza el caballo sobre sí mismo. **6.** Méx. Camisón ancho y corto que las mujeres usan para dormir. **7.** ANAT. Parte del oído interno formada por un conducto arrollado en espiral. SIN.: *cóclea.* ◆ **caracoles** s.m.pl. Canto popular andaluz, de carácter ligero y festivo. ◆ **Interj.** Expresa asombro.

CARACOLA s.f. Caracol marino, con la concha en espiral y de forma cónica. **2.** Concha de este caracol.

CARACOLADA s.f. Plato de caracoles guisados.

CARACOLEAR v.intr. Hacer caracoles el caballo.

CARACOLILLO s.m. Planta de jardín, de hojas romboidales y flores grandes, blancas y azules, aromáticas y enroscadas en forma de caracol. (Familia papilionáceas.) **2.** Flor de esta planta. (Suele usarse en plural.) **3.** Café de grano más pequeño y redondo que el común. **4.** Defecto que presenta a veces el hilo textil debido a una torsión excesiva.

CARÁCTER s.m. (lat. *character, -eris*) [pl. *caracteres*]. Conjunto de cualidades psíquicas y afectivas que condicionan la conducta de cada ser humano, distinguiéndolo de los demás. **2.** Individualidad moral, especialmente definida por la fuerza de voluntad: *ser todo un carácter.* **3.** Condición, índole, naturaleza: *visita de carácter privado.* **4.** Modo de decir o estilo. **5.** Natural o genio. **6.** Signo de escritura. (Suele usarse en plural.) **7.** Letra de imprenta. **8.** Pieza colada cuya huella forma el signo de imprenta. **9.** Estilo o forma de los signos de la escritura. **10.** Señal espiritual e indeleble que imprimen los sacramentos. **11.** En genética, particularidad transmisible según las leyes de la herencia. **12.** INFORMÁT. Cualquier símbolo (letra del alfabeto, cifra, signo de puntuación, etc.) que puede recibir un tratamiento; elemento de información de algunos dígitos binarios (6 a 8 en general), considerado como unidad de información por ciertos órganos de una computadora. ◇ **Carácter adquirido**

GENÉT. Rasgo distintivo no innato, que surge en el individuo como adaptación al medio. **Imprimir carácter** Dar o dotar de ciertas condiciones esenciales y permanentes a alguien o algo.

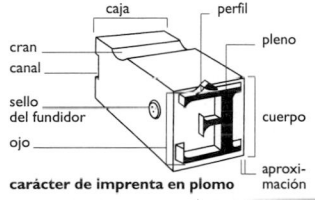

carácter de imprenta en plomo

caja
perfil
cran
pleno
canal
sello del fundidor
cuerpo
ojo
aproximación

carácter digitalizado de fotocomposición

fragmento aumentado

línea de límite superior
AV
H
línea de límite inferior
línea de base
x kp
a

AV: ancho vertical
H: altura de las mayúsculas
x: altura de las minúsculas

a: talud
kp: altura «kp»

elementos que describen un carácter

■ CARACTERES de composición.

CARACTERIAL adj. Relativo al carácter psíquico. **2.** PSIQUIATR. Se dice del niño o adolescente cuyas manifestaciones patológicas consisten esencialmente en relaciones de oposición respecto al medio escolar o familiar.

CARACTERÍSTICA s.f. Lo que constituye el carácter distintivo o la particularidad de alguien o de algo. **2.** Argent. y Urug. Prefijo telefónico. **3.** MAT. **a.** Parte entera de un logaritmo decimal escrito con una parte decimal positiva. **b.** En una matriz, rango.

CARACTERÍSTICO, A adj. Que caracteriza: *signo característico.* ◆ **s.** Actor que representa papeles de persona de edad.

CARACTERIZACIÓN s.f. Acción y efecto de caracterizar.

CARACTERIZAR v.tr. y prnl. [7]. Determinar a alguien o algo por sus cualidades peculiares: *la franqueza le caracteriza.* ◆ **v.tr.** Representar un actor su papel con verdad y fuerza de expresión. ◆ **caracterizarse** v.prnl. Componer el actor su fisonomía o vestirse conforme al tipo o figura que ha de representar.

CARACTEROLOGÍA s.f. Estudio de los tipos de carácter.

CARACÚ s.m. Amér. Hueso con tuétano que se pone en ciertos guisos. ◆ **adj. y s.m.** Argent., Bol., Chile, Par. y Urug. Se dice de una raza de ganado vacuno, de pelo corto y fino y cola delgada, más útil para carne que para el trabajo.

CARACUL adj. y s.m. → **KARAKUL.**

CARADO, A adj. Con los adverbios *bien* o *mal,* que tiene buen o mal aspecto, que inspira o no confianza: *persona mal carada.*

CARÁDRIDO adj. y s.m. Relativo a una familia de aves zancudas, buenas voladoras y excelentes corredoras, como el chorlito y el avefría.

CARADRIFORME adj. y s.f. Relativo a un orden de aves zancudas, de talla mediana o pequeña, y alas largas y puntiagudas, que incluye al chorlito.

CARADURA adj. y s.m. y f. *Fam.* Que se comporta con desvergüenza, descaro y de forma irrespetuosa. SIN.: *sinvergüenza.*

¡CARÁFITA! interj. Chile. Expresa extrañeza o enojo.

CARAGUATÁ s.f. Planta herbácea textil, que crece en América del Sur. (Familia bromeliáceas.) **2.** Fibra producida por esta planta.

CARAÍTA adj. y s.m. y f. Relativo a una secta judía que rechaza la tradición de los rabinos y solo admite las Escrituras; miembro de dicha secta.

CARAJÁ s.m. Pueblo amerindio agricultor del centro de Brasil, que vive a orillas del Araguaia.

CARAJILLO s.m. *Fam.* Bebida compuesta de café y coñac, anís u otro licor.

CARAJO s.m. *Vulg.* Miembro viril. ◆ **interj.** *Vulg.* Expresa enojo o sorpresa. ◇ **Irse algo al carajo** *Vulg.* Acabar mal una situación. **Mandar al carajo** *Vulg.* Despedir con malos modos.

CARAMANCHEL s.m. Chile. Cantina. **2.** Colomb. Tugurio. **3.** Ecuad. Puesto del vendedor ambulante. **4.** Perú. Cobertizo.

CARAMAÑOLA o **CARAMAYOLA** s.f. (fr. *carmagnol,* soldado francés). Amér. Merid. Cantimplora de soldado.

¡CARAMBA! interj. Expresa admiración, extrañeza o enojo.

CARÁMBANO s.m. (del ant. *carámalo,* del lat. *calamus,* caña). Pedazo puntiagudo de hielo que se forma al congelarse el agua que cae de algún sitio.

CARAMBOLA s.f. Jugada de billar consistente en hacer que una bola toque las otras dos. **2.** *Fig. y fam.* Doble efecto que resulta de una sola acción. **3.** *Fig. y fam.* Acierto debido más a la suerte que a la habilidad. **4.** Baya amarilla de unos 5 cm de diámetro, fruto del carambolo. ◇ **Por carambola** *Fam.* Indirectamente, por casualidad.

CARAMBOLO s.m. Árbol tropical de hojas compuestas y ovaladas, y flores rojas, cuyo fruto es la carambola. (Familia oxalidáceas.)

CARAMELIZAR v.tr. y prnl. [7]. Convertir azúcar en caramelo. ◆ **v.tr.** Bañar un alimento en azúcar a punto de caramelo.

CARAMELO s.m. (port. *caramelo*). Golosina compuesta de azúcar y un cuerpo graso, como la leche o la crema, aromatizado. **2.** Azúcar fundido y tostado por la acción del fuego. ◇ **Punto de caramelo** Grado que alcanza el azúcar al ser cocido para la preparación de pasteles y confitería.

CARAMILLO s.m. (lat. *calamellus*). Nombre con que se designan la flauta campestre, el oboe, el clarinete y diversos instrumentos pastoriles. **2.** Tubo cónico con agujeros que produce la melodía en una cornamusa o gaita. **3.** Registro grave del clarinete actual. **4.** Planta de tallo leñoso, pubescente, y hojas casi fili-

percutor
cierre
alza
cañón
punto de mira
culata
caja
anillo del fuste
cargador (6 cartuchos)
palanca de montar
gatillo

CARACTERÍSTICAS:
Winchester modelo 94
calibre: 30-30 (7,62)
longitud: 0,96 m
peso: 3,00 kg

■ CARABINA

formes agrupadas en espigas. (Familia quenopodiáceas.) **5.** *Fig.* Chisme, enredo.

CARANCHO s.m. Argent. y Urug. Ave de la familia de las falcónidas, de medio metro de long., cola generalmente pardusca con capuchón más oscuro, y que se alimenta de animales muertos, insectos, reptiles, etc. **2.** Perú. Búho.

CARANDAÍ o **CARANDAY** s.m. Palmera alta, originaria de Brasil y muy abundante en América del Sur, cuya madera se emplea en construcción y las hojas hacer sombreros y pantallas. (Familia palmáceas.)

CARÁNGANO s.m. Amér. Central, Colomb., Cuba, Ecuad., Perú y Venez. Piojo. **2.** Colomb. y Venez. Instrumento musical que hace las veces de bajo.

CARANTOÑAS s.f.pl. Halagos y lisonjas para conseguir algo.

CARANTOÑERO, A s. *Fam.* Persona que hace carantoñas.

CARAÑA s.f. Resina medicinal, sólida, quebradiza, gris amarillenta y de mal olor, que se obtiene de ciertos árboles de América.

CARAO s.m. Árbol tropical de gran tamaño, con flores en racimos rosados y fruto leñoso, de 50 cm de long., con celdillas que contienen una melaza de propiedades tónicas depurativas. (Familia cesalpiniáceas.)

CARÁOTA s.f. Venez. Frijol, poroto.

CARAPA s.f. Árbol de las Antillas, de la cual los nativos extraían un aceite con el que se teñían el cuerpo, y cuya madera se conoce como andiroba. (Familia meliáceas.)

CARAPACHO s.m. Caparazón de las tortugas, cangrejos y otros animales. **2.** Cuba. y Ecuad. Guiso que se hace en la misma concha de los mariscos.

¡CARAPE! interj. Expresa extrañeza o enojo.

CARAPULCA s.f. Perú. Guiso de carne, papas y ají.

CARAQUEÑO, A adj. y s. De Caracas.

CARATE s.m. Enfermedad de la piel debida a un treponema, frecuente en América Central y América del Sur.

CARATO s.m. Amér. Jagua. **2.** P. Rico. Bebida refrescante hecha con jugo de guanábana y aderezada con azúcar y agua. **3.** Venez. Bebida refrescante que puede estar hecha con arroz o maíz molido o bien con jugo de piña o de guanábana, y aderezada con azúcar y agua.

CARÁTULA s.f. (del ant. *carátura,* brujería, del lat. *character,* signo mágico). Careta, máscara. **2.** Portada de un libro o de la funda de un disco. **3.** *Fig.* Mundo del teatro. **4.** Argent. Cubierta para guardar y presentar legajos u otros documentos administrativos. **5.** Argent. Denominación, rótulo de un expediente de un caso judicial. **6.** Méx. Esfera del reloj.

CARATULAR v.tr. Argent. Rotular un expediente o legajo.

CARAVANA s.f. (persa *karawān,* recua de caballería). Grupo de personas, especialmente comerciantes, que utilizan caballerías como medio de transporte y se unen para evitar los peligros del viaje en algunas zonas de África y Asia. **2.** Expedición en carros por regiones extensas y desérticas. **3.** Hilera compacta de automóviles que avanzan lentamente por una carretera. **4.** Automóvil o remolque grande de acondicionado para vivienda.

CARAVANERA s.f. En oriente, posada para las caravanas.

CARAVANERO, A s. Persona que dirige o guía una caravana.

CARAVANING s.m. Forma de cámping practicada por quienes viajan y se albergan en una caravana.

¡CARAY! interj. Expresa enojo o extrañeza.

CARAYÁ s.m. Argent., Colomb. y Par. Nombre de dos especies de simios americanos vegetarianos, arborícolas y diurnos, de tamaño mediano, cola larga y muy prensil, pelaje espeso, largo y lustroso.

CARBÁMICO, A adj. Se dice del ácido NH_2CO_2H, desconocido en estado libre, pero que puede ser aislado a partir de sus sales y ésteres.

CARBILAMINA s.f. Isonitrilo.

CARBÓGENO s.m. Mezcla de un 90 % de oxígeno y de un 10 % de gas carbónico, estimulante del centro respiratorio.

CARBOHEMOGLOBINA s.f. Combinación inestable de dióxido de carbono con hemoglobina.

CARBÓN s.m. (lat. *carbo, -onis*). Combustible sólido de color negro, de origen vegetal, que contiene una elevada proporción de carbono. **2.** Brasa después de apagada. **3.** Carboncillo que se utiliza para dibujar. **4.** Enfermedad criptogámica de los vegetales, especialmente de los cereales, debida a hongos que forman en los ovarios de sus flores un polvo negro constituido por las esporas de este parásito, con lo que se detiene la formación de semillas. ◇ **Carbón activo,** o **activado** Carbón especialmente tratado para aumentar sus propiedades de absorción de los gases. **Carbón animal,** o **negro animal** Residuo que procede de la calcinación de los huesos en fosas cerradas, utilizado como decolorante. **Carbón de coque** Carbón con un contenido medio en materias volátiles, que por destilación proporciona un coque duro muy útil en siderurgia. **Carbón de leña,** o **vegetal** Producto rico en carbono que resulta de la carbonización de la madera a temperaturas de 300-400 °C. **Carbón mineral,** o **de piedra** Carbón fosilizado procedente de antiguas acumulaciones de materias vegetales. **Papel carbón** Papel recubierto por una capa de carbono graso, que permite obtener copias de un escrito o dibujo. **ENCICL.** El carbón, característico de finales de la era primaria especialmente, engloba la antracita, la hulla y el lignito, que se diferencian por su contenido de carbono y de materias volátiles. El carbón, base de la revolución industrial, se ha visto superado desde el punto de vista económico (después de 1950) por el petróleo, pero sigue siendo la segunda fuente de energía en importancia, ya que proporciona aproximadamente un 30 % del consumo total de energía en el mundo.

CARBONADA s.f. Carne cocida picada y asada en las ascuas o en la parrilla. **2.** Amér. Merid. Guiso elaborado con trozos de carne, choclo, zapallo, papas y arroz.

CARBONADO, A adj. Que contiene carbono. ◆ s.m. Diamante negro utilizado en los instrumentos de perforación.

CARBONARIO, A adj. y s. (del ital. *carbonaro*). Relativo al carbonarismo; miembro de esta sociedad.

CARBONARISMO s.m. Sociedad política secreta, creada en Italia a principios del s. XIX para fomentar las ideas liberales. (Tuvo su correlato en España a partir de 1858.)

CARBONATADO, A adj. Se dice de la roca constituida esencialmente por carbonatos, como la caliza o la dolomía.

CARBONATAR v.tr. y prnl. Transformar en carbonato.

CARBONATO s.m. Sal o éster del ácido carbónico.

CARBONCILLO s.m. Barrita cilíndrica de carbón ligero, que sirve para dibujar.

CARBONERA s.f. Lugar donde se guarda el carbón. **2.** Pila de leña para hacer carbón.

CARBONERO, A s. Persona que comercia con el carbón. ◆ adj. Relativo a la fabricación o a la venta del carbón. ◆ adj. y s.m. Se dice del carguero destinado al transporte de carbón. ◆ s.m. Árbol de unos 12 m de alt., cuya madera, dura, blanquecina y correosa, se emplea para pilotes por su resistencia a la acción del agua. (Familia caparidáceas.) **2.** Árbol cuya madera produce excelente carbón. (Familia cesalpiniáceas.) **3.** Pájaro de pico corto, afilado y casi cónico, y cabeza negra. ◇ **Fe del carbonero** Fe religiosa e ingenua.

CARBÓNICO, A adj. Relativo al carbono: *bebida carbónica.* **2.** Se dice de un anhídrido (CO_2) que resulta de la combinación del carbono con el oxígeno, llamado también *gas carbónico* y *dióxido de carbono.* **3.** Se dice de la bebida que contiene anhídrido carbónico en disolución.

ENCICL. El anhídrido carbónico es un gas incoloro e inodoro, de sabor ligeramente agrio. No es tóxico, pero una atmósfera que lo contenga en una proporción superior al 30 % produce asfixia. De densidad 1,52, se licúa fácilmente por compresión. En la atmósfera está en una proporción del 0,03 %; lo produce las combustiones y las respiraciones y lo destruye la función clorofílica. A –79 °C forma *nieve carbónica,* sólido que se sublima sin fundir y que se emplea como refrigerante (hielo seco). Es bastante soluble en agua y bajo presión forma el *agua de seltz,* siendo utilizado para la elaboración de bebidas carbónicas.

CARBONÍFERO, A adj. Que contiene carbón. ◆ s.m. y adj. Período geológico de la era primaria, durante el cual se formaron los yacimientos de carbón a partir de grandes bosques pantanosos y donde aparecen los primeros reptiles.

CARBONILADO, A adj. Se dice de un compuesto que contiene el radical carbonilo.

CARBONILLA s.f. Carbón vegetal menudo. **2.** Ceniza del carbón. **3.** Coque menudo.

CARBONILO s.m. Radical bivalente formado por un átomo de carbono y otro de oxígeno.

CARBONITRURACIÓN s.f. Procedimiento termoquímico de cementación del acero por carbono y nitrógeno.

CARBONIZACIÓN s.f. Transformación de un cuerpo en carbón. **2.** Operación que consiste en impregnar la lana con un ácido para carbonizar las impurezas vegetales que pueda contener.

CARBONIZADOR s.m. Aparato que sirve para la carbonización y, especialmente, para la carbonización o combustión incompleta de la madera.

■ **CARBÓN.** Explotación de carbón a cielo abierto en Sudáfrica.

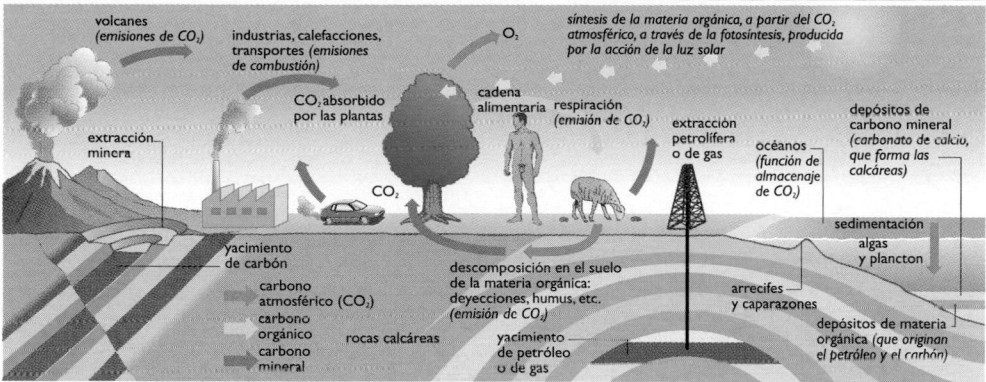

CICLO DEL CARBONO

Labels in figure:
volcanes (emisiones de CO₂)

industrias, calefacciones, transportes (emisiones de combustión)

O₂

síntesis de la materia orgánica, a partir del CO₂ atmosférico, a través de la fotosíntesis, producida por la acción de la luz solar

CO₂ absorbido por las plantas

cadena alimentaria

respiración (emisión de CO₂)

extracción petrolífera o de gas

océanos (función de almacenaje de CO₂)

depósitos de carbono mineral (carbonato de calcio, que forma las calcáreas)

extracción minera

CO₂

yacimiento de carbón

carbono atmosférico (CO₂)

carbono orgánico

carbono mineral

rocas calcáreas

descomposición en el suelo de la materia orgánica: deyecciones, humus, etc. (emisión de CO₂)

yacimiento de petróleo o de gas

arrecifes y caparazones

sedimentación algas y plancton

depósitos de materia orgánica (que originan el petróleo y el carbón)

CARBONIZAR v.tr. y prnl. [7]. Quemar completamente, transformar en carbón.

CARBONO s.m. No metal que se encuentra en la naturaleza en estado cristalizado (diamante, grafito), molecular (fulerenos) o amorfo más o menos puro (hulla, antracita, lignito). **2.** Elemento químico (C), de número atómico 6 y masa atómica 12,011.⋄ **Carbono 14** Isótopo radiactivo del carbono que se forma en la atmósfera y que permite estimar la edad de los restos arqueológicos que contienen materias orgánicas. **Ciclo del carbono** Conjunto cíclico de las transferencias naturales de este elemento, de la atmósfera a las plantas verdes, de estas a los animales, al suelo, y de nuevo a la atmósfera. **Fibra de carbono** Material ultraligero de gran resistencia utilizado en aeronáutica y en la fabricación de componentes de vehículos.
ENCICL. Las combinaciones del carbono son muy numerosas. Los compuestos que unen con el hidrógeno, el oxígeno y el nitrógeno entran en la constitución de los organismos vivos y se estudian dentro de la química orgánica. El resto de las combinaciones entran en el campo de la química inorgánica. Al arder forma anhídrido carbónico (CO₂) o monóxido de carbono (CO). El monóxido de carbono es un gas incoloro, inodoro y muy tóxico, que se origina en combustiones incompletas y tiene una densidad de 0,97. En rocas y suelos el carbono se encuentra en forma de carbonatos. Todas las variedades del carbono son sólidas e insolubles en los disolventes habituales, pero solubles en metales fundidos como el hierro. Con el hidrógeno forma compuestos muy diversos, los *hidrocarburos*, y se combina con el silicio y con otros metales formando *carburos*.

CARBONOSO, A adj. Que contiene carbón: *roca carbonosa.* **2.** Parecido al carbón.

CARBOQUÍMICA s.f. Química industrial de los productos derivados de la hulla.

CARBORUNDO o **CARBORÚNDUM** s.m. (marca registrada). Carburo de silicio artificial, utilizado como abrasivo.

CARBOXIHEMOGLOBINA s.f. Combinación, difícilmente disociable, del óxido de carbono con la hemoglobina, que se forma durante una intoxicación por óxido de carbono.

CARBOXILASA s.f. Enzima que, en el curso del metabolismo de los glúcidos, separa el grupo CO₂H (carboxilo) del ácido pirúvico, que se transforma en aldehído acético.

CARBOXÍLICO, A adj. Se dice de los ácidos que contienen el radical carboxilo.

CARBOXILO s.m. Radical univalente —COOH de los ácidos carboxílicos.

CARBUNCLO s.m. (lat. *carbunculus*, carboncillo, rubí). Antiguo nombre de una piedra preciosa de color rojo oscuro, el granate.

CARBUNCO s.m. Enfermedad infecciosa septicémica que afecta al ser humano y a ciertos animales domésticos (rumiantes, caballos, conejos), debida a una bacteria específica, descubierta por Pasteur. SIN.: *carbuncosis.*

CARBUNCOSO, A adj. Relativo al carbunco. SIN.: *carbuncal.*

CARBÚNCULO s.m. Rubí. **2.** HERÁLD. Pieza que rodea el campo del escudo y que está formada por ocho radios flordelisados.

CARBURACIÓN s.f. Operación que tiene por objeto someter ciertos cuerpos a la acción del carbono. **2.** Acción de añadir aire al carburante para obtener una mezcla detonante.

CARBURADOR s.m. Aparato que prepara la mezcla de gasolina y de aire en los motores de explosión.

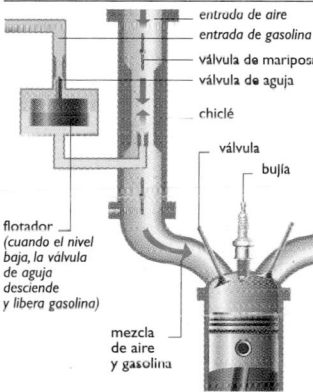

Labels in figure:
entrada de aire
entrada de gasolina
válvula de mariposa
válvula de aguja
chiclé
válvula
bujía
flotador (cuando el nivel baja, la válvula de aguja desciende y libera gasolina)
mezcla de aire y gasolina

CARBURADOR

CARBURANTE adj. y s.m. Que contiene un hidrocarburo. ◆ s.m. Combustible de los motores de explosión o de combustión interna.

CARBURAR v.tr. Efectuar la carburación. ◆ v.intr. *Fam.* Funcionar con normalidad: *carburar bien un cerebro.*

CARBURO s.m. Combinación del carbono con otro cuerpo simple, especialmente la que se forma con el calcio y que se utiliza para el alumbrado.

CARBURORREACTOR s.m. Queroseno para motores de aviación a reacción.

CARCA adj. y s.m. y f. (de *carcunda*). *Fam.* Se dice de la persona de ideas retrógradas. SIN.: *carcunda, carcundia.* ◆ s.f. Amér. Olla para cocer la chicha.

CARCACHA s.f. Automóvil viejo y en muy malas condiciones.

CARCAJ s.m. (persa *tarkaš*). Caja o estuche en que se llevaban las flechas.

CARCAJADA s.f. (voz de origen onomatopéyico). Risa ruidosa.

CARCAJEAR v.intr. y prnl. Reír a carcajadas. ◆ carcajearse v.prnl. Burlarse, no hacer caso.

CARCAMAL s.m. y f. y adj. *Fam.* Persona vieja y achacosa.

CARCAMÁN s.m. *Argent. Desp.* Carcamal, persona vieja y achacosa.

CARCASA s.f. (fr. *carcassa*, osamenta, armazón). Conjunto de piezas que sostienen los órganos activos de una máquina eléctrica. **2.** Parte exterior de lo envuelve. **3.** Proyectil incendiario y de iluminación que se disparaba con piezas de artillería.

CÁRCAVA s.f. (del ant. *cácavo*, del lat. *caccabus*, cazuela). Hoya que suelen hacer las avenidas de agua. **2.** Zanja o foso. ◆ **cárcavas** s.f.pl. Serie de barrancos, separados por aristas, que la erosión excava en las vertientes de materiales blandos deleznables, desprovistos de vegetación.

CÁRCAVO s.m. (del ant. *cácavo*, del lat. *caccabus*, cazuela). Hueco en que juega el rodezno de los molinos.

CARCAVÓN s.m. Cárcava profunda producida por las avenidas de agua.

CÁRCEL s.f. (de *Carcel*, relojero francés que la inventó en 1800). Lámpara de aceite con un mecanismo de relojería combinado con un pistón.

CÁRCEL s.f. (lat. *carcer*, *cris*). Lugar donde el condenado cumple la pena de privación de libertad impuesta por una autoridad. SIN.: *penal, penitenciaría, prisión.* **2.** *Fig.* Lugar donde una persona se encuentra a disgusto y contra su voluntad. **3.** TECNOL. Instrumento para mantener unidas y apretadas entre sí dos piezas de madera.

CARCELARIO, A adj. Relativo a la cárcel.

CARCELERO, A s. Persona que tiene por oficio cuidar de los prisioneros ◆ adj. Carcelario.

CARCHI s.m. Colomb. Carne salada.

CARCINÓGENO adj. y s. Cancerígeno.

CARCINOIDE s.m. Variedad de cáncer.

CARCINOLOGÍA s.f. Cancerología. **2.** Parte de la zoología que trata de los crustáceos.

CARCINOMA s.m. (gr. *karkinoma*). Cáncer de estructura epitelial predominante.

CARCINOMATOSO, A adj. Relativo al carcinoma.

CARCOMA s.f. Coleóptero cuya larva excava galerías en la madera. (Familia anóbidos.) **2.** Polvo que produce este insecto después de digerir la madera que ha roído. **3.** *Fig.* Preocupación grave y continua que mortifica y consume a alguien.

CARCOMER v.tr. y prnl. Roer la carcoma la madera o llenarse algo de carcoma. **2.** *Fig.* Corroer poco a poco el ánimo o la salud el peso de alguna aflicción o remordimiento.

CARCUNDA adj. y s.m. y f. *Desp.* Carca. SIN.: *carcundia.* **2.** *Desp.* Carlista.

CARDA s.f. Cardado. **2.** TEXT. **a.** Máquina en la que se efectúa el cardado de las materias textiles. **b.** Peine de cardado a mano.

CARDADA s.f. Porción de lana que se carda de una vez.

CARDADO, A adj. TEXT. Se dice de la materia

textil que ha sido peinada con las cardas.
◆ s.m. Acción y efecto de cardar. SIN.: *carda*.
CARDAMOMO s.m. (lat. *cardamomum*, del gr. *kardámomon*). Planta del sureste asiático, de fruto triangular, cuyas semillas tienen un sabor picante. (Familia zingiberáceas.) **2.** Fruto de esta planta.
CARDÁN s.m. y adj. (fr. *cardan*).Mecanismo que permite el desplazamiento angular relativo de dos árboles cuyos ejes geométricos se cortan en un punto.

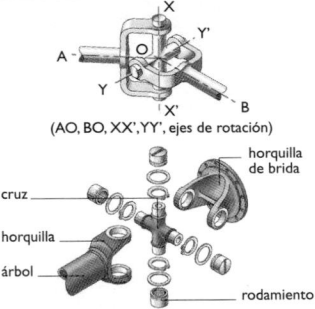

(AO, BO, XX',YY', ejes de rotación)

horquilla de brida
cruz
horquilla
árbol
rodamiento

■ **CARDÁN.** Transmisión de cardán.

CARDAR v.tr. Peinar y limpiar las materias textiles antes de hilarlas. **2.** Sacar el pelo con la carda a un paño o felpa. **3.** Peinar o cepillar el cabello desde la punta a la raíz para que el peinado quede hueco.
1. CARDENAL s.m. Miembro del sacro colegio, elector y consejero del papa. **2.** Ave de América, de penacho rojo escarlata. (Familia fringílidos.) **3.** Amér. Pájaro de colores muy vivos. **4.** Chile. Geranio.
2. CARDENAL s.m. Equimosis.
CARDENALATO s.m. Dignidad de cardenal.
CARDENALICIO, A adj. Relativo a los cardenales o al cardenalato: *dignidad cardenalicia*.
CARDENCHA s.f. Planta que alcanza los 2 m de alt., común en los lugares incultos, con flores purpúreas, utilizada para cardar los paños en la percha. (Familia dipsacáceas.)

■ **CARDENCHA**

CARDENILLO s.m. Carbonato básico de cobre que se forma por la acción del anhídrido carbónico atmosférico cuando se expone el citado metal al aire húmedo. **2.** Acetato básico de cobre impuro. **3.** Color verde semejante al del acetato de cobre.
CÁRDENO, A adj. y s.m. (lat. tardío *cardinus*, azulado). Morado. ◆ adj. TAUROM. Se dice del toro en cuya piel se mezclan pelos blancos y negros.
CARDÍACO, A o **CARDIACO, A** adj. y s. (lat. *cardiacus*, del gr. *kardiakós*). Relativo al corazón o a la región cardial del estómago; que padece una enfermedad del corazón.
1. CARDIAL adj. Relativo al cardias.
2. CARDIAL adj. ARQUEOL. Se dice de un tipo de vasija de arcilla hecha a mano, decorada mediante la aplicación en el barro tierno de una concha de *Cardium*.
CARDIALGIA s.f. Dolor localizado en la zona del cardias.

CARDIAS s.m. Orificio superior del estómago por el que este se comunica con el esófago.
CÁRDIGAN s.m. (ingl. *cardigan*). Saco de punto con manga larga y escote en pico, que se cierra por delante.
CARDILLO s.m. Planta herbácea, de hojas coriáceas cuyas pencas se comen cocidas. (Familia compuestas.) SIN.: *tagarnina*. **2.** Méx. Reflejo del sol producido por medio de un espejo.
CARDINAL adj. (lat. *cardinalis*, principal). Principal, fundamental. ◇ **Número cardinal** Número que expresa cantidad, como uno, dos, tres, cuatro, etc.; número que expresa la potencia de un conjunto. **Punto cardinal** Cada uno de los cuatro puntos de referencia que permiten orientarse: norte, sur, este y oeste. **Virtud cardinal** TEOL. CRIST. Cada una de las cuatro virtudes (prudencia, justicia, fortaleza y templanza) que se consideran la base de todas las virtudes morales.
CARDIOGRAFÍA s.f. Radiografía del corazón. **2.** Estudio del corazón con la ayuda del cardiógrafo.
CARDIÓGRAFO s.m. Aparato que registra los movimientos del corazón.
CARDIOGRAMA s.m. Gráfico obtenido con la ayuda de un cardiógrafo.
CARDIOLOGÍA s.f. Parte de la medicina que se ocupa del estudio de las enfermedades del corazón.
CARDIÓLOGO, A s. Médico especialista en cardiología.
CARDIOMEGALIA s.f. Aumento del volumen del corazón.
CARDIOMIOPATÍA s.f. Afección poco frecuente del músculo cardíaco, con efectos sobre la función respiratoria.
CARDIOPATÍA s.f. Enfermedad del corazón.
CARDIOPULMONAR adj. Relativo al corazón y a los pulmones a la vez.
CARDIORRENAL adj. Relativo al corazón y a los riñones a la vez.
CARDIOVASCULAR adj. Relativo al corazón o al sistema circulatorio.
CARDITIS s.f. Inflamación del tejido muscular del corazón.
CARDO s.m. (lat. *cardus, -us*). Diversas plantas espinosas que corresponden a las familias compuestas, dipsacáceas, papaveráceas, solanáceas y umbelíferas. (Entre sus especies más conocidas figuran el *cardo dorado*, el *cardo estrellado*, el *cardo borriquero* o *borriqueño*, que alcanza 3 m de alto, el *cardo de cardadores*, el *cardo santo*, narcótico y purgante, y el *cardo azul*, de hojas espinosas azuladas.) **2.** Esp. Fig. Persona arisca. SIN.: *cardo borriquero* o *borriqueño*.

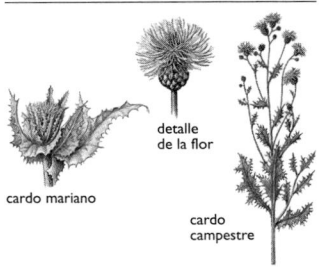

cardo mariano
detalle de la flor
cardo campestre

■ **CARDO**

CARDÓN s.m. (lat. tardío *cardo, -onis*). Cardencha. **2.** Amér. Merid. y Méx. Nombre de diversas plantas arbóreas, abundantes en las regiones áridas, de la familia de las cactáceas, de flores grandes, fruto carnoso y tronco cilíndrico.
CARDUMEN s.m. (de *carda*). Banco de peces. (También *cardume*.) **2.** Chile y Urug. Multitud y abundancia de cosas.
CAREAR v.tr. (de *cara*).Confrontar unas personas con otras para aclarar la verdad o resolver algún asunto, especialmente con fines policíacos o judiciales: *carear al acusado con sus*

delatores. **2.** Fig. Cotejar. **3.** Argent., Colomb. y P. Rico. Enfrentar dos gallos para conocer su modo de pelear.
CARECER v.intr. (lat. vulgar *carescere*) [37]. Tener carencia de algo.
CAREL s.m. Borde superior de una embarcación pequeña donde se fijan los remos.
CARELIO, A adj. y s. De Carelia. **2.** De un pueblo ugrofinés que vive en Rusia (República de Carelia) y en Finlandia.
CARENA s.f. (lat. *carina*, quilla de la nave). Obra viva, parte más sumergida de la nave. **2.** Compostura del casco de un barco. **3.** AERON. Cuerpo fusiforme cuya resistencia al avance es muy reducida. **4.** BOT. Quilla. ◇ **Centro de carena** Punto de aplicación de la resultante de las distintas fuerzas de empuje vertical que se ejercen sobre un cuerpo sumergido en un líquido.
CARENADURA s.f. Acción de carenar una embarcación.
CARENAR v.tr. Limpiar, pintar o reparar la carena de una embarcación. **2.** Dar forma de carena a un móvil a fin de reducir su resistencia al aire.
CARENCIA s.f. (lat. *carens, -ntis*). Falta o privación de alguna cosa: *carencia afectiva*.◇ **Período de carencia** En seguros, lapso de tiempo inicial en que el asegurado no tiene derecho todavía a percibir las prestaciones.
CARENCIAL adj. Relativo a la carencia. ◇ **Enfermedad carencial** Enfermedad debida a la carencia de determinadas sustancias en el organismo.
CARENERO s.m. Lugar del puerto donde se carenan los buques.
CARENTE adj. Que carece de algo.
CAREO s.m. Acción y efecto de carear.
CARERO, A adj. Fam. Que vende caro.
CARESTÍA s.f. (bajo lat. *caristia*, escasez de víveres). Circunstancia de ser elevado el precio de las cosas de uso común: *la carestía de la vida*. **2.** Falta o escasez de algo, especialmente de víveres.
CARETA s.f. Máscara o mascarilla para cubrir la cara. **2.** ESGR. Mascarilla de alambre con que los practicantes de la esgrima se cubren el rostro para protegerlo.
CARETO, A adj. Se dice del animal de la raza caballar o vacuna de cara blanca, con el resto de la cabeza de color oscuro.
CAREY s.m. (voz taína de Santo Domingo). Tortuga marina de los mares cálidos, que alcanza hasta 1 m de long. y cuyos huevos son muy apreciados como manjar. **2.** Materia córnea que se obtiene del caparazón de este animal, utilizada en marquetería y otras artes decorativas.

■ **CAREY**

CARGA s.f. Acción de cargar. **2.** Conjunto de cosas que se transportan a hombros, a lomo o en cualquier vehículo. **3.** Peso sostenido por una estructura: *la carga soportada por una viga*. **4.** Sentimiento, situación o circunstancia penosa que una persona siente como excesivos: *la carga de una enfermedad*. **5.** Repuesto de cierto material, contenido en un depósito, que se introduce en determinados utensilios: *carga de un bolígrafo*. **6.** Cantidad de pólvora, explosivo u otro producto destinado a asegurar la propulsión de un proyectil o a producir un efecto determinado. **7.** Sustancia que se añade a un material para darle cuerpo. **8.** Gravamen o tributo que se impone a una persona o cosa: *carga fiscal*. **9.** En ciertos deportes de equipo, acción de desplazar a un contrario mediante un choque violento. **10.** HIDROL. Conjunto de los materiales, en disolución o en suspensión transportados o arrastrados por un curso de agua. ◇ **Buque de carga** Barco destinado exclusivamente al transporte de mercancías. **Carga afectiva** Posibilidad, para una idea o una representación, de suscitar en un sujeto reacciones afectivas intensas. **Carga alar** Peso soportado teóricamente por cada metro cuadrado del ala de un avión. **Carga de espacio,** o **espacial** Carga eléctrica debida a la presencia, en la porción de espacio considerada, de electrones o de iones. **Carga de profundidad** Explosivo arrojadizo antisubmarino, dotado de una cabeza explosiva, que explosiona a una determinada profundidad regulable gracias a una espoleta hidrostática. **Carga de rotura** Esfuerzo de tracción medido en kg/mm², necesario para romper una barra en los ensayos de metales o de materiales de construcción. **Carga de un acumulador** Operación durante la cual se hace pasar por el acumulador una corriente de sentido inverso a la que dicho aparato proporcionará. **Carga de una máquina,** o **red** Potencia activa o aparente suministrada o absorbida por una máquina o una red. **Carga eléctrica** Cantidad de electricidad que posee un cuerpo. **Carga hueca** ARM. Carga explosiva de gran poder perforante, organizada de tal modo que sus efectos se concentran a lo largo de su eje. **Carga límite** Carga máxima que puede transportar un curso de agua sin formar aluviones. **Cargas sociales** Conjunto de gastos derivados de la seguridad social que competen a la empresa. **Volver a la carga** Insistir en un empeño o un asunto.

CARGADA s.f. Argent. *Fam.* Burla, broma.

CARGADERA s.f. Cabo para arriar o cerrar las velas volantes o de cuchillo.

CARGADERO s.m. Sitio donde se cargan y descargan mercancías. **2.** Matadero o viga que, a modo de dintel, se pone en un vano de gran luz.

CARGADILLA s.f. Colomb. Tirria, manía.

CARGADO, A adj. Se dice del tiempo o de la atmósfera bochornosos. **2.** Fuerte, espeso, saturado: *un café cargado.* **3.** HERÁLD. Se dice de toda pieza sobre la que figura otra. ◇ **Cargado de espaldas,** o **hombros** Algo jorobado. **Dados cargados** Dados preparados para hacer trampa en el juego.

CARGADOR, RA adj. y s. Se dice de la persona que tiene por oficio cargar mercancías para su transporte. **2.** Amér. Mozo de cordel. ◆ s.m. Dispositivo para cargar algo. **2.** Pieza del arma de fuego que contiene los proyectiles. SIN.: *peine.*

CARGADORA s.f. y adj. Máquina para la carga de materiales en las minas, canteras, etc.

CARGAMENTO s.m. Conjunto de mercancías que carga una embarcación.

CARGANTE adj. Esp. *Fam.* Enojoso, pesado, fastidioso.

CARGAR v.tr. (lat. vulgar *carricare*) [2]. Poner peso sobre una persona, un animal o un vehículo para que lo transporten. **2.** Llenar, poner mucho o demasiado de algo en algún sitio: *cargar de especias una comida.* **3.** Fig. Aumentar, añadir: *cargar un veinte por ciento a una factura.* **4.** Fig. Imponer a las personas o cosas un gravamen, carga u obligación. **5.** Fig. Imputar, achacar: *cargar la culpa a otra persona.* **6.** Poner en un receptáculo o dispositivo el material que está destinado a contener: *cargar una pistola.* **7.** Adeudar en el debe de una cuenta. **8.** Acumular electricidad: *cargar una batería.* **9.** Acometer, atacar, arremeter. **10.** En ciertos deportes de equipo, desplazar un jugador a un contrario mediante un choque violento con el cuerpo. **11.** INFORMÁT. Transmitir información a una computadora desde un soporte de memoria a otro: *cargar el programa desde el CD-ROM.* **12.** MAR. Replegar, recoger una vela alrededor de la verga. **13.** TECNOL. Completar, aumentar una cantidad dada de materia añadiendo nuevas porciones. ◆ v.tr. y prnl. Incomodar, molestar, cansar. ◆ v.intr. Estribar o descansar una cosa sobre otra: *cargar el techo sobre dos vigas.* **2.** Con la prep. *con,* llevarse, tomar. **3.** Fig. Tomar o tener sobre sí algún peso u obligación. **4.** Con la prep. *sobre,* imputar a alguien culpas o defectos ajenos; instar, importunar a alguien para que condes-

cienda con lo que se pide. ◆ v.intr. y prnl. Inclinarse una cosa hacia alguna parte: *cargar la tempestad hacia el puerto.* ◆ **cargarse** v.prnl. Echar el cuerpo hacia alguna parte. **2.** Fig. Irse aglomerando y condensando las nubes. **3.** Fig. Con la prep. *de,* llegar a tener abundancia de ciertas cosas: *cargarse de deudas.* **4.** Fam. Matar a alguien o romper o estropear algo: *cargarse un jarrón.* **5.** Esp. Fig. Suspender el profesor a un alumno. ◇ **Cargársela,** o **cargárselas** Recibir las consecuencias desagradables de algún acto propio o ajeno.

CARGAZÓN s.f. Argent. Recargamiento, exceso de adornos.

CARGO s.m. Fig. Dignidad, empleo, oficio: *cargo de senador.* **2.** Fig. Gobierno, dirección, custodia: *tener alguien una nave a su cargo.* **3.** Fig. Obligación, precisión de hacer, o de hacer cumplir, alguna cosa. **4.** Fig. Falta que se imputa a alguien en su comportamiento. **5.** Pago que se hace o debe hacerse con dinero de una cuenta, y apuntamiento de que de él se hace. **6.** Acción de cargar. **7.** Carga o peso. **8.** Buque de carga. ◇ **A cargo de** Locución con que se indica que algo está confiado al cuidado de una persona; a expensas, a costa de. **Cargo de conciencia** Lo que la grava. **Hacerse cargo** Esp. y Méx. Encargarse una persona de alguien o de algo; formarse la idea completa de algo, considerando todas sus circunstancias.

CARGOSEAR v.tr. e intr. Amér. Merid. Molestar reiteradamente a alguien.

CARGOSO, A adj. Pesado, grave. **2.** Molesto, cargante, gravoso. **3.** Argent., Chile y Urug. Persona que molesta reiteradamente, cargante.

CARGUERO, A adj. Que lleva carga. ◆ s.m. Buque destinado exclusivamente al transporte de mercancías.

CARI adj. Argent. y Chile. De color marrón o plomizo. **2.** Chile. Pimienta de la India.

CARIACO s.m. Amér. Bebida elaborada con jarabe de caña, cazabe y papas.

CARIACONTECIDO, A adj. Fam. Que muestra en el semblante aflicción o sobresalto.

CARIAR v.tr. y prnl. Producir caries.

CARIÁTIDE s.f. (lat. *caryatis, -atidis,* del gr *Karyatis, -atidos,* mujer de Karyai, ciudad de Laconia, donde había un templo dedicado a Ártemis). Estatua de mujer con vestidura talar que sirve como soporte arquitectónico vertical.

■ **CARIÁTIDES** del Erecteion en la Acrópolis de Atenas; finales del s. V a.C.

CARIBE adj. y s.m. y f. De una familia de pueblos amerindios que, procedentes de las costas central y oriental de Venezuela, poblaron las Antillas desde el s. XIII gracias a su belicosidad y dominio de la navegación. (Posteriormente se dispersaron por diversas regiones americanas, de las Guayanas al Mato Grosso, y desde la costa atlántica, entre el Amazonas y el Orinoco, hasta el Magdalena.) ◆ adj. Caribeño. ◆ s.m. Familia lingüística que comprende las lenguas y dialectos hablados por los pueblos caribes. **2.** Pez teleósteo muy voraz

que vive en aguas dulces de las zonas tropicales de Sudamérica. SIN.: *piraña.* ◆ s.m. y adj. GEOMORFOL. Serie sedimentaria metamórfica de la costa venezolana y la isla Trinidad, afectada por el arco geotectoclinal del Caribe.

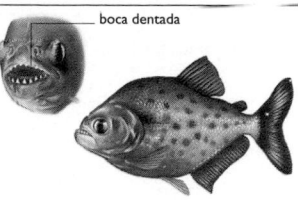

boca dentada

■ **CARIBE**

ENCICL. El núcleo más compacto de los caribes se halla en Venezuela y las Guayanas. Su cultura se asemeja a la de los arawak y constituyen clanes exogámicos. La familia lingüística caribe comprende más de cien lenguas y dialectos.

CARIBEÑO, A adj. y s. Del Caribe.

CARIBLANCO s.m. Artiodáctilo parecido al jabalí, pero más pequeño y feroz. (Familia tayasuidos.)

CARIBÚ s.m. Reno americano, de carne comestible. (Familia cérvidos.)

CARICATO s.m. (voz italiana, *exagerado*). Cantante de ópera que representa papeles de bufo. **2.** Amér. Caricatura. **3.** Esp. Actor que basa su actuación en la imitación de personajes conocidos.

CARICATURA s.f. (voz italiana). Dibujo o pintura satírica o grotesca de una persona o cosa. **2.** Ridiculización de alguien o de algo. **3.** Copia poco afortunada de una obra de arte. **4.** Méx. Cortometraje de dibujos animados.

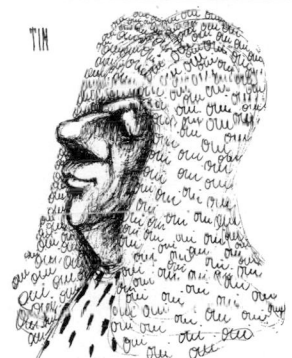

■ **CARICATURA** de De Gaulle, por Tim (Louis Mitelberg), con motivo del referéndum de 1969.

CARICATURESCO, A adj. Relativo a la caricatura.

CARICATURISTA s.m. y f. Dibujante de caricaturas.

CARICATURIZAR v.tr. [7]. Hacer una caricatura.

CARICIA s.f. (ital. *carezza*). Acción de rozar suavemente con la mano a alguien o algo para demostrar cariño o delectación, respectivamente. **2.** Roce o impresión suave de algo que produce una sensación agradable: *la caricia del sol.* **3.** Beso, abrazo o cualquier demostración de amor o afecto.

CARIDAD s.f. (bajo lat. *caritas, -atis,* amor, cariño). Limosna o auxilio que se presta a los necesitados. **2.** Sentimiento que hace auxiliar a los pobres o necesitados. **3.** Tratamiento usado en algunas órdenes religiosas femeninas y en algunas congregaciones masculinas. **4.** TEOL. CRIST. Virtud teologal del amor a Dios y al prójimo, opuesta a la envidia y a la animadversión. ◇ **Hijas de la caridad** Congregación de religiosas dedicadas al cuidado de pobres y enfermos, fundada en 1633 por san Vicente de Paúl.

CARIES s.f. (lat. *caries*, podredumbre) [pl. *caries*]. Lesión de tipo ulceroso en los tejidos duros del organismo. **2.** Enfermedad criptogámica del trigo que altera los granos. ◇ **Caries dentaria**, o **dental** Enfermedad de los dientes consistente en una lesión que evoluciona desde el exterior hacia el interior y que desemboca en una pérdida de sustancia formando una cavidad.

CARILLA s.f. Plana o página.

CARILLÓN s.m. (fr. *carillon*). Conjunto de campanas acordadas, que repican ejecutando una melodía. **2.** Reloj con estas campanas. **3.** MÚS. Instrumento de percusión que consiste en una serie de tubos o láminas de acero afinadas en distintos tonos.

CARIMBA s.f. Amér. Marca producida por el carimbo.

CARIMBO s.m. Bol. Hierro para marcar las reses y antiguamente a los esclavos.

CARIÑO s.m. (del lat. *carere*, carecer). Sentimiento de amor o afecto hacia alguien o algo. **2.** *Fig.* Expresión y señal de dicho sentimiento. (Suele usarse en plural.) **3.** *Fig.* Esmero con que se hace o se trata algo: *cuidar los libros con cariño.*

CARIÑOSO, A adj. Que siente o demuestra cariño.

CARIO, A adj. Amér. Guaraní.

CARIOCA adj. y s.m. y f. De Río de Janeiro.

CARIOCINESIS s.f. Mitosis.

CARIOFILÁCEO, A adj. y s.f. Relativo a una familia de plantas dicotiledóneas de hojas opuestas y tallo hinchado con nudos, como el clavel o la saponaria.

CARIOGAMIA s.f. Fusión de los núcleos de los gametos masculino y femenino, después de la fecundación.

CARIÓPSIDE s.f. Fruto seco indehiscente, soldado a la única semilla que contiene.

CARIOTIPO s.m. GENÉT. Representación fotográfica de los cromosomas de una célula en su estado de condensación máxima, reunidos en pares de ejemplares idénticos y clasificados según su medida. **2.** Conjunto de los cromosomas de las células de un ser vivo.

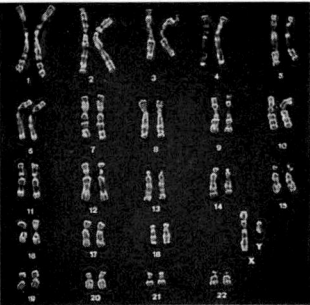

■ **CARIOTIPO** masculino normal (46, XY).

CARISMA s.m. (lat. *charisma*, del gr. *kárisma*, gracia, beneficio). Cualidad extraordinaria que se atribuye a una persona y le confiere una superioridad de carácter ético, heroico, religioso, etc. **2.** Don espiritual extraordinario que concede Dios a algunas personas en beneficio de la comunidad.

CARISMÁTICO, A adj. Que tiene carisma.

CARITATIVO, A adj. Que ejercita la caridad. **2.** Relativo a la caridad.

CARIUCHO s.m. Ecuad. Guiso de carne y papas con ají.

CARIZ s.m. Aspecto que toma un asunto en su desarrollo: *tomar el asunto otro cariz.* **2.** Aspecto de la atmósfera.

CARLANCA s.f. Collar provisto de puntas de hierro para proteger a los perros de las mordeduras de los lobos. **2.** Chile y Hond. Molestia causada por una persona machacona y fastidiosa. **3.** Colomb. y C. Rica. Grillete. **4.** Ecuad. Palo que se pone en la cabeza de los animales para que no entren en los sembrados. **5.** Hond. Persona machacona y fastidiosa.

CARLÍN s.m. (del ital. *carlino*, de Carlos de Anjou, rey de Nápoles). Antigua moneda italiana, de valores diversos. **2.** Moneda acuñada por Carlos II de Navarra.

CARLINGA s.f. (fr. *carlingue*). Parte del avión donde se acomodan la tripulación y los pasajeros. **2.** En los barcos de madera, pieza fuerte situada paralelamente a la quilla, para reforzarla.

CARLINO, A adj. y s.m. Se dice del perro parecido al dogo, de talla pequeña, pelo corto y morro negro y chato. ◆ s.m. Carlín.

CARLISMO s.m. Tendencia y sistema político de los partidarios de la línea de la casa de Borbón española que desciende del infante Carlos María Isidro, hijo de Carlos IV.

ENCICL. Como movimiento histórico el carlismo tuvo su origen en el pretendiente Carlos María Isidro (1788-1855), que en 1833 aspiró al trono que ocupó Isabel II, y fue proclamado rey con el nombre de Carlos V por sus partidarios, provocando una guerra civil, que se prolongó en el período de las llamadas *guerras *carlistas* (1833-1876). [V. parte n. pr.] Políticamente, trajo el enfrentamiento entre el mundo agrario, tradicionalista, proteccionista, foralista y profundamente religioso, que representaba, y una sociedad burguesa, centralista, laica, a favor de la libre economía y de la revolución industrial del país. El carlismo entró en un momento crítico al morir sin descendencia Alfonso Carlos de Borbón y Austria-Este (Alfonso Carlos I, 1849-1936). Un sector del movimiento reconoció (pacto de Estoril, 20 dic. 1957) al pretendiente de la línea isabelina, Juan de Borbón, conde de Barcelona, pero la mayoría apoyó, o a Javier de Borbón Parma, o a su hijo Carlos Hugo, quien posteriormente fundó el Partido carlista o renunció a las pretensiones dinásticas.

CARLISTA adj. y s.m. y f. Relativo al carlismo; partidario de esta tendencia y sistema político.

CARLOVINGIO, A adj. y s. Carolingio.

CARMAÑOLA s.f. Saco de faldón corto usado por los revolucionarios franceses.

CARMELITA adj. Carmelitano. ◆ adj. y s.m. y f. Se dice del religioso o religiosa de la orden del Carmelo. ◆ s.f. Flor de la capuchina que se come en ensalada.

ENCICL. La reforma más importante realizada en la orden de las carmelitas fue debida a santa Teresa de Jesús y san Juan de la Cruz (s. XVI). Esta reforma dio lugar a la división de la orden en dos ramas: la de los *carmelitas descalzos*, que aceptaron la reforma, y la de los *carmelitas de la antigua observancia*, popularmente llamados *calzados*, que siguieron la primitiva regla. La reforma del Carmelo se enfrentó a la oposición de grandes sectores, pero mereció la protección de Felipe II. La Santa Sede aprobó definitivamente la reforma teresiana en 1572.

CARMELITANO, A adj. Relativo a la orden del Carmelo. SIN.: *carmelita.*

CARMELO s.m. Convento de carmelitas. **2.** Orden de los carmelitas. (Suele escribirse con mayúscula.)

1. CARMEN s.m. (del ant. *carme*, del ár. *karm*, viña, viñedo). Quinta granadina con huerto o jardín.

2. CARMEN s.m. (lat. *carmen, -inis*). Composición poética escrita en latín.

CARMENAR v.tr. y prnl. (lat. *carminare*, cardar). Desenredar y limpiar el cabello, la lana, la seda, etc.

CARMESÍ s.m. (hispano-ár. *qarmazî*, de *qármaz*, cochinilla). Materia colorante de un grana muy vivo. ◆ adj. y s.m. Se dice del color grana muy vivo.

CARMÍN adj. y s.m. (fr. *carmin*). Se dice del color rojo intenso o encendido, como el del pigmento de la cochinilla. ◆ adj. Que es de este color. (Es invariable.) ◆ s.m. Sustancia compacta y grasa que se usa para pintarse los labios y que se presenta en forma de barra pequeña. **2.** Pigmento rojo intenso obtenido de la hembra de la cochinilla del nopal.

CARMINATIVO, A adj. y s.m. Se dice del medicamento que favorece la expulsión de gases del intestino.

CARNACIÓN s.f. Coloración de la carne.

CARNADA s.f. Carnaza, cebo. **2.** *Fig.* y *fam.* Trampa para atraer a alguien.

CARNADURA s.f. Encarnadura.

CARNAL adj. y s.m. Relativo a la carne o parte material del ser humano, en contraposición al espíritu: *amor carnal; apetitos carnales.* **2.** Se dice de los parientes colaterales en primer grado: *tío carnal.*

CARNALIDAD s.f. Cualidad de carnal.

CARNAVAL s.m. (ital. *carnevale*). Período de tres días que precede al miércoles de ceniza. **2.** Fiesta popular que se celebra en tales días.

CARNAVALADA s.f. Acción propia del carnaval.

CARNAVALESCO, A adj. Relativo al carnaval.

CARNAVALITO s.m. Argent. Baile colectivo, de ritmo vivo, cuya música es acompañada por coplas en español o quechua.

CARNAZA s.f. Cara de las pieles que ha estado en contacto con la carne. **2.** Carne abundante y de mala calidad o de animales muertos. **3.** Cebo de carne para cazar o pescar. SIN.: *carnada.* **4.** Amér. *Fig.* Víctima inocente de un perjuicio.

CARNE s.f. (lat. *caro, carnis*). Sustancia fibrosa del cuerpo del ser humano y de los animales, situada bajo la piel y que constituye los músculos. **2.** Parte del cuerpo de los animales preparada para el consumo humano: *carne de res.* **3.** Parte mollar de la fruta. **4.** Dulce elaborado con la pulpa de ciertas frutas: *carne de membrillo.* **5.** El cuerpo humano en contraposición al espíritu: *la carne es débil.* ◇ **Carne blanca** Carne de aves o reses tiernas. **Carne de cañón** *Fig.* Tropa destinada a puestos de mayor peligro; gente a la que se trata sin miramientos. **Carne de gallina** *Fig.* Piel de una persona que, debido al frío o a una emoción, toma el aspecto de un ave sin plumas. **Carne de pluma** Carne de ave. **Criar**, o **echar**, o **cobrar, carnes** *Fam.* Engordar. **En carne viva** Se dice de la parte del cuerpo sin piel: *una herida en carne viva.* **Metido en carnes** Se dice de la persona algo gruesa sin llegar a la obesidad.

CARNÉ o **CARNET** s.m. (voz francesa, *libreta de apuntes*) [pl. *carnés* o *carnets*]. Tarjeta de identificación. ◇ **Carné**, o **carnet, de identidad** *Documento nacional de identidad.

CARNEADA s.f. Argent., Chile, Par. y Urug. Acción y efecto de carnear, descuartizar las reses.

CARNEAR v.tr. Amér. Matar y descuartizar las reses para el consumo. **2.** Chile y Méx. *Fam.* Engañar o hacer burla de alguien.

1. CARNERO s.m. (de *carne*). Rumiante doméstico, macho de la oveja, de grandes cuernos arrollados en espiral, que se cría para aprovechar su carne y su lana. **2.** Argent., Chile y Par. Persona que no se adhiere a una huelga o protesta de sus compañeros. **3.** Argent., Chile, Par. y Perú. Persona sin voluntad ni iniciativa propias.

■ **CARNERO** merino.

2. CARNERO s.m. (lat. *carnarium*). Lugar donde se echan los cadáveres. ◇ **Cantar para el carnero** Amér. Morirse.

CARNESTOLENDAS s.f.pl. Carnaval.

CARNET s.m. → CARNÉ.

CARNICERÍA s.f. Establecimiento o puesto donde se vende carne destinada al consumo. **2.** Fig. y fam. Mortandad causada por una guerra o una catástrofe: *la batalla resultó una carnicería*. **3.** Ecuad. Matadero.

CARNICERO, A adj. y s.m. Se dice del animal perteneciente al orden carnívoros. ◆ adj. Fig. Cruel y sanguinario: *una venganza carnicera*. ◆ s. Persona que tiene por oficio vender carne destinada al consumo. ◇ **Diente carnicero** ZOOL. Tipo especial de diente de los carnívoros.

CÁRNICO, A adj. Relativo a la carne destinada al consumo: *conservas cárnicas*.

CARNITAS s.f.pl. Méx. Carne de cerdo frita.

CARNÍVORO, A adj. y s. Se dice del animal que se alimenta de carne. ◆ adj. y s.m. Relativo a un orden de mamíferos terrestres provistos de zarpas, de caninos sobresalientes (colmillos) y de molares más o menos cortantes, que se alimentan sobre todo de presas animales. (El orden carnívoros comprende el gato, el perro, la hiena, el oso, etc.) ◆ adj. y s.f. Se dice de determinadas plantas capaces de capturar, digerir y absorber pequeños animales, principalmente insectos.

CARNOSIDAD s.f. Lesión vegetante de aspecto carnoso. **2.** Carne que sobresale en alguna parte del cuerpo.

CARNOSO, A adj. Que tiene la consistencia u otra característica propia de la carne. **2.** Que tiene mucha masa de carne: *manos carnosas*. **3.** BOT. Se dice de los órganos vegetales formados por tejidos parenquimatosos, blandos y llenos de jugo.

CARNUTOS, pueblo de la Galia, con dos ciudades principales, *Autrícum* (Chartres) y *Cenabum* (Orleans). El *bosque de los carnutos* era el punto de reunión de los druidas de las Galias.

1. CARO adv.m. A un alto precio: *vender caro*. **2. CARO, A** adj. (lat. *carus*). Que tiene un precio elevado. **2.** Amado, querido: *caro amigo*.

CAROCHA s.f. → CARROCHA.

CARÓFITO, A adj. Relativo a un grupo de plantas acuáticas sin flores que presentan a la vez caracteres de alga verde y de musgo, de tallo erguido y con ramificaciones dicotómicas regulares.

CAROLA s.f. (fr. *carole*). Antigua danza en la que los bailarines daban vueltas agarrados del dedo de la mano.

CAROLINGIO, A adj. y s. Relativo a Carlomagno, a su familia o dinastía, o a su tiempo. SIN.: *carlovingio*.

1. CAROLINO, A adj. Relativo a los reyes que llevan el nombre de Carlos.

2. CAROLINO, A adj. y s. De las islas Carolinas, archipiélago de Oceanía.

CAROLUS s.m. Nombre de ciertas monedas flamencas del reinado de Carlos V y de las acuñadas en otros lugares a imitación de estas.

CARONA s.f. Manta, tela o almohadilla que se pone entre la silla o albarda y el sudadero, para que no se lastimen las caballerías.

CAROTA s.m. y f. Esp. Fam. Caradura, atrevido: *ser un carota*.

CAROTENO s.m. (del lat. *carota*, zanahoria). Pigmento amarillo o rojo que se encuentra en los vegetales (sobre todo en la zanahoria) y en los animales (cuerpo amarillo del ovario).

CARÓTIDA s.f. y adj. (gr. *karotís*, *-ídos*). Cada una de las arterias que conducen la sangre del corazón a la cabeza e irrigan el cuello, la cara, el cráneo y el encéfalo.

CAROZO s.m. (lat. vulgar *carudium*, del gr. *karídion*, avellana). Raspa de la mazorca del maíz. **2.** Hueso de las frutas como el melocotón, la ciruela y similares.

1. CARPA s.f. (lat. tardío *carpa*). Pez de agua dulce, de la familia ciprínidos, que vive en las aguas tranquilas y profundas de ríos y lagos. ◇ **Salto de la carpa** DEP. Zambullida en la que el cuerpo del nadador debe mantenerse doblado por las caderas y con las piernas rectas sin flexionar.

2. CARPA s.f. Toldo sostenido por un armazón, bajo el cual se desarrolla un espectáculo de circo, una fiesta, una feria, etc. **2.** Amér. Tienda de campaña. **3.** Amér. Toldo, tenderete.

CARPACCIO s.m. (voz italiana). Carne o pescado crudos cortados en finas láminas maceradas en aceite y limón.

CARPANEL adj. Se dice del arco elipsoidal formado por varias porciones de circunferencias cuyos centros siempre son impares.

CARPANTA s.f. Fam. Hambre violenta.

CARPE s.m. (occitano *carpe*). Árbol de madera blanca y densa y de unos 25 m de alt. (Familia betuláceas.)

CARPE DÍEM loc. (lat. *carpe diem*, disfruta del día presente). Se emplea para exhortar al goce de la vida.

CARPELAR adj. BOT. Relativo al carpelo.

CARPELO s.m. (del gr. *karpós*, fruto). Cada una de las piezas florales cuyo conjunto forma el pistilo de las flores.

CARPENTO s.m. Vehículo cubierto, de dos ruedas, que se utilizaba en procesiones y ceremonias fúnebres.

CARPETA s.f. (fr. *carpette*). Funda para guardar o transportar papeles, documentos, etc., formada por una cartulina o un plástico doblados por la mitad. **2.** Argent. y Urug. Tapete verde que cubre la mesa de juego. **3.** Argent. y Urug. Fig. y fam. Habilidad o experiencia en el trato con los demás. **4.** ECON. Factura de los valores o efectos públicos o comerciales que se presentan al cobro, al canje o a la amortización.

CARPETANO, A adj. y s. De un pueblo hispánico prerromano, que habitaba la zona del S de la meseta (entre el río Guadiana y el Guadarrama).

CARPETAZO s.m. **Dar carpetazo** Suspender la tramitación de una solicitud o expediente; dar por terminado un asunto.

CARPETOVETÓNICO, A adj. y s. Desp. Arraigadamente español, que excluye o ignora toda influencia extranjera. SIN.: *celtibérico*.

CARPIANO, A adj. Relativo al carpo.

CARPÍN s.m. Pez de agua dulce parecido a la carpa pero sin barbillas, que rara vez excede los 40 cm de long. (Familia ciprínidos.)

CARPINCHO s.m. Roedor de América del Sur, fácilmente domesticable, de un metro de long. que vive a orillas de ríos y lagunas alimentándose de peces y hierbas. (Es el roedor más grande que se conoce.) SIN.: *capibara*, *capiguara*.

■ **CARPINCHO**

CARPINTERÍA s.f. Taller de carpintero. **2.** Oficio o arte del carpintero. **3.** Conjunto de todas las piezas de madera de una casa, local o edificio. ◇ **Carpintería metálica** Carpintería realizada con perfiles metálicos.

CARPINTERO s.m. (del lat. *carpentarius*, carpintero de carretas). Persona que tiene por oficio trabajar la madera, y fabricar o arreglar objetos de madera. ◇ **Carpintero de ribera** Persona que trabaja en la construcción o reparación de barcos.

■ **CARPA**

CARPO s.m. (gr. *karpós*, articulación de la muñeca). ANAT. Parte del esqueleto de la mano que corresponde a la muñeca y en el que se articulan el antebrazo y con el metacarpo.

CARQUESIA o **CARQUEXIA** s.f. Arbusto característico de suelos montañosos, frecuente en la península Ibérica. (Familia papilionáceas.)

1. CARRACA s.f. (voz de origen onomatopéyico). Instrumento de madera que produce un ruido seco y desapacible. **2.** Ave de pico curvado, tarsos cortos y plumaje duro, de colores muy vivos. (Familia corácidos.) **3.** Colomb. Mandíbula o quijada seca de algunos animales. **4.** TECNOL. **a.** Mecanismo que tienen algunas herramientas, consistente en una rueda dentada y un trinquete, para que el movimiento de vaivén del mango solo actúe en un sentido. **b.** Herramienta para hacer taladros.

2. CARRACA s.f. Barco de grandes dimensiones utilizado durante la edad media y hasta fines del s. XVII. **2.** Artefacto, aparato o máquina viejos o deteriorados.

CARRAGAEN s.m. Alga rodofícea de fronde plana o crespa, más o menos larga y ancha. (Familia gigartitináceas.)

CARRALEJA s.f. Insecto coleóptero de talla mediana o grande, sin alas y élitros cortos, parecido a la cantárida. (Familia meloidos.)

CARRAMPLÓN s.m. Colomb. y Venez. Fusil.

CARRAÓN s.m. Trigo de poca altura, con espigas dísticas comprimidas, como también el grano, parecido al de la escanda. (Familia gramíneas.)

CARRARA s.m. Mármol blanco extraído de los alrededores de Carrara, ciudad italiana.

CARRASCA s.f. (voz prerromana). Encina, especialmente la de pequeño tamaño. **2.** Colomb. y Venez. Instrumento músico que tiene unas muescas que se raspan con un palillo.

CARRASCAL s.m. Terreno o monte poblado de carrascas. **2.** Chile. Pedregal.

CARRASCO s.m. Carrasca. **2.** Amér. Extensión grande de terreno cubierto de vegetación leñosa. ◆ s.m. y adj. *Pino carrasco*.

CARRASPADA s.f. Bebida compuesta de vino tinto rebajado con agua, miel y especias.

CARRASPEAR v.intr. (voz de origen onomatopéyico). Toser para aclararse la voz o librarse de la carraspera.

CARRASPEO s.m. Acción de carraspear.

CARRASPERA s.f. Aspereza en la garganta, que enronquece la voz.

CARRASPIQUE s.m. (del occitano *taraspic*). Planta de hojas lanceoladas y flores de color purpúreo rosado, cultivada como ornamental. (Familia crucíferas.)

CARRASPOSO, A adj. y s. Que padece carraspera. ◆ adj. Colomb., Ecuad. y Venez. Áspero al tacto, que raspa la mano.

CARRASQUEÑO, A adj. Relativo a la carrasca o semejante a ella. **2.** Fig. y fam. Áspero.

CARRERA s.f. (lat. vulgar *carraria*). Acción de correr cierto espacio: *darse una carrera para llegar a tiempo*. **2.** Calle que fue antes camino: *la carrera de san Jerónimo*. **3.** Trayecto: *el importe de la carrera de un taxi*. **4.** Fig. Conjunto de estudios, repartidos en varios cursos, que capacitan para ejercer una profesión: *carrera de farmacia, de ingeniero*. **5.** Profesión, actividad. **6.** Fig. Línea de puntos que se sueltan en una labor de malla: *una carrera en las medias*. **7.** Fig. Camino o curso que sigue una persona en sus acciones. **8.** Curso de un astro. **9.** Viga dispuesta horizontalmente a lo largo de un muro, que sirve para dar asiento a las viguetas del suelo. **10.** Competición de velocidad: *carreras de caballos; carrera ciclista*. **11.** Conjunto o serie de cosas dispuestas en hilera o en orden: *carrera de árboles*. **12.** MEC. Camino que recorre en un sentido todo órgano sujeto a un movimiento de vaivén: *carrera del émbolo dentro del cilindro*. ◇ **A la carrera** Muy deprisa. **Carrera de armamentos**, o **armamentística** MIL. Acumulación progresiva de armamento, basada en la estrategia disuasoria. **Carrera de Indias** Denominación que recibía la ruta habitualmente seguida por las flotas españolas que viajaban por el Atlántico entre las Indias y España. **Hacer carrera** Prosperar, lograr un buen puesto.

CARREREAR v.tr. Méx. Dar prisa a alguien para que haga algo: *no me carrerees que me pones nerviosa.*

CARRERILLA s.f. Sucesión rápida ascendente o descendente de sonidos o notas musicales.◇ **De carrerilla** De memoria, sin reflexión. **Tomar carrerilla** Tomar impulso para efectuar un salto, para decir algo, etc.

CARRERISTA s.m. y f. Persona aficionada o concurrente a las carreras de caballos. **2.** Persona que hace carreras de velocípedos, bicicletas, etc.

CARRETA s.f. (cat. *carreta*). Carro largo, estrecho y más bajo que el ordinario, generalmente de ruedas sin llanta, y con una lanza a la cual se sujeta el yugo. **2.** Ecuad. Carrete de hilo. **3.** Venez. Carretilla.

CARRETADA s.f. Carga que lleva una carreta o un carro. **2.** *Fig.* y *fam.* Gran cantidad de algo.

CARRETE s.m. (fr. *caret*). Cilindro, agujereado por el centro y con bordes en sus bases, sobre el que se enrolla un hilo o una lámina. **2.** Hilo o lámina que se enrolla en este cilindro. **3.** Conductor eléctrico, aislado y arrollado sobre sí mismo, en una o varias capas. **4.** Cilindro en el que se enrolla la película fotográfica. **5.** Rollo de película para hacer fotografías.

CARRETEAR v.tr. Transportar una cosa en carro o carreta. **2.** Guiar un carro o carreta.

CARRETEL s.m. Amér. Carrete de la caña de pescar. **2.** Amér. y Can. Carrete de hilo para coser. **3.** MAR. Carrete grande que se emplea a bordo, principalmente para arrollar el cordel de la corredera.

CARRETELA s.f. (ital. *carrettella*). Vehículo hipomóvil descubierto, de cuatro ruedas, que en la parte delantera lleva un asiento con respaldo y en la posterior, tras el asiento, una capota plegable. **2.** Chile. Vehículo de dos ruedas, que se dedica por lo general al acarreo de bultos.

CARRETERA s.f. Vía de comunicación entre poblaciones, debidamente acondicionada y asfaltada, destinada a la circulación de vehículos.◇ **Carretera de cuota** Méx. Carretera de peaje.

CARRETERÍA s.f. Establecimiento del carretero.

CARRETERO s.m. Persona que tiene por oficio construir o guiar carros y carretas.◇ **Hablar, o jurar, como un carretero** Hablar o jurar con expresiones groseras.

CARRETILLA s.f. Carro pequeño, en ocasiones con una rueda y dos varas por donde se ase con las manos y otras veces provisto de cuatro ruedas, destinado a ser arrastrado o empujado, con el que se transportan materiales a corta distancia.◇ **De carretilla** De memoria, sin reflexión: *decir la lección de carretilla.*

CARRETILLADA s.f. Lo que cabe en una carretilla.

CARRETÓN s.m. Carro pequeño. **2.** Armazón en que gira la rueda del afilador.

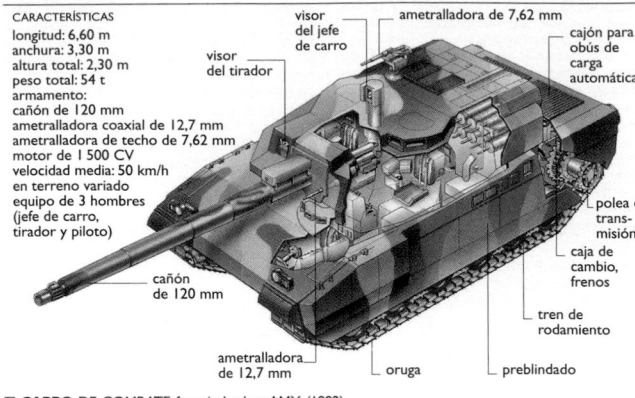

CARACTERÍSTICAS
longitud: 6,60 m
anchura: 3,30 m
altura total: 2,30 m
peso total: 54 t
armamento:
cañón de 120 mm
ametralladora coaxial de 12,7 mm
ametralladora de techo de 7,62 mm
motor de 1 500 CV
velocidad media: 50 km/h
en terreno variado
equipo de 3 hombres
(jefe de carro,
tirador y piloto)

visor del jefe de carro — ametralladora de 7,62 mm — cajón para obús de carga automática — visor del tirador — cañón de 120 mm — polea de transmisión — caja de cambio, frenos — tren de rodamiento — ametralladora de 12,7 mm — oruga — preblindado

■ **CARRO** DE COMBATE francés Leclerc AMX (1992).

CARRETONAJE s.m. Chile. Transporte en carretón. **2.** Chile. Precio de cada uno de estos transportes.

CARRETONERO s.m. Colomb. Trébol.

CARRIC o **CARRICK** s.m. (fr. *carrik*) [pl. *carrics* o *carriques*]. Especie de levitón o gabán con una o varias esclavinas.

CARRICERO s.m. Ave paseriforme de cuerpo esbelto, cabeza alargada y pico recto, que vive en zonas pantanosas. (Familia sílvidos.)

CARRICOCHE s.m. *Desp.* Automóvil viejo o de mal aspecto. **2.** Carro cubierto con caja de un automóvil.

CARRIEL s.m. Amér. Bolsa de viaje. **2.** Colomb., Ecuad. y Venez. Maletín de cuero.

CARRIL s.m. (del lat. *currilis,* relativo al carro). Barra de hierro o acero laminado que, junto a otra paralela, sirve de guía a los trenes y tranvías. **2.** Banda longitudinal en que puede subdividirse una vía pública y que está destinada al tránsito de una sola fila de vehículos. **3.** Señal que dejan en el suelo las ruedas de un carruaje u otro vehículo. **4.** Surco hecho con el arado.

CARRILANO s.m. Chile. Obrero del ferrocarril. **2.** Chile. Ladrón, bandolero.

CARRILLO s.m. Parte carnosa de la cara, desde la mejilla hasta el borde inferior de la mandíbula.◇ **Comer a dos carrillos** *Fam.* Comer con avidez y voracidad.

CARRILLUDO, A adj. Que tiene abultados los carrillos.

CARRIOLA s.f. Cochecito de bebé.

CARRIZAL s.m. Terreno poblado de carrizos.

CARRIZO s.m. (del lat. *carex, -icis*). Planta herbácea que crece cerca del agua, de raíz larga y rastrera, tallo recto y liso y flores que

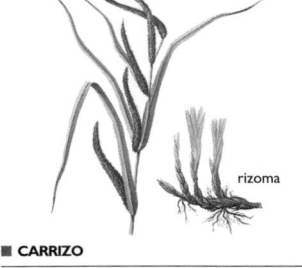

rizoma

■ **CARRIZO**

crecen en panojas. (Familia gramíneas.) SIN.: *cañavera.* **2.** Venez. Planta gramínea de tallos nudosos que en su interior contienen agua dulce y fresca.

CARRO s.m. (lat. *carrus*). Carruaje consistente en una plataforma con barandillas, montada generalmente sobre dos ruedas, con lanza o varas para enganchar el tiro. **2.** Carga de un carro. **3.** Artefacto ligero provisto de ruedas que se usa para pequeños traslados. SIN.: *carrito.* **4.** Parte corredera de una máquina que transporta algo de un lugar a otro del mecanismo. **5.** Amér. Central, Colomb., Méx., Perú, P. Rico y Venez. Automóvil. **6.** P. Rico y Venez. Carreta.◇ **Carro de combate** Vehículo automóvil blindado y provisto de cadenas, armado con cañones, ametralladoras, etc. **Parar el carro** *Fam.* Contenerse o moderarse el que está enojado u obra de manera improcedente. **Tirar del carro** Hacer una o más personas el trabajo del que otras también deberían formar parte.

CARROCERÍA s.f. Parte de los vehículos automóviles o ferroviarios que, asentada sobre el bastidor, reviste el motor y otros órganos y sirve para transportar pasajeros o carga. **2.** Esp. Establecimiento o taller en que se construye, vende o repara dicha parte del vehículo.

CARROCERO, A s. Constructor de carrocerías o de vehículos tirados por animales.

CARROCHA o **CAROCHA** s.f. Conjunto de huevecillos del pulgón, de la abeja maestra o de otros insectos.

CARROMATO s.m. (ital. *carro matto*). Carro grande con toldo, arrastrado generalmente por más de una caballería.

CARRONADA s.f. (ingl. *carronade*). Cañón de artillería de marina, de bronce, corto y de poco peso (ss. XVIII y XIX).

CARROÑA s.f. (ital. *carogna*). Carne corrompida.

CARROZA s.f. (ital. *carrozza*). Vehículo tirado por caballos, de cuatro ruedas, con suspensión y cubierto, de gran lujo. **2.** Vehículo o plataforma sobre ruedas adornados con una decoración de fantasía, que desfila por las calles con motivo de determinados festejos y ce-

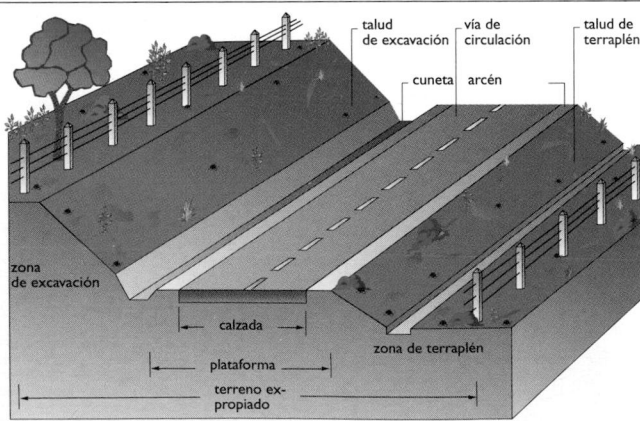

talud de excavación — vía de circulación — talud de terraplén — cuneta — arcén — zona de excavación — calzada — zona de terraplén — plataforma — terreno expropiado

■ **CARRETERA.** Vista de excavación y sección de una carretera.

lebraciones populares. **3.** Argent., Chile, Méx., Par. y Urug. Vehículo especial en el que se transporta a los difuntos al cementerio. SIN.: *carroza fúnebre.* ◆ s.m. y f. y adj. Esp. *Fam.* Persona que es mayor y tiene ideas, usos y costumbres anticuados.

CARROZAR v.tr. [7]. Poner carrocería a un vehículo.

CARRUAJE s.m. (cat. *carruatge*). Vehículo de tracción animal formado por un armazón de madera o hierro montado sobre ruedas y, generalmente, destinado al transporte de personas.

CARRUAJERO, A s. Amér. Persona que fabrica carruajes.

CARRUATA s.f. Pita de la Guayana y otras regiones de América, usada para hacer cuerdas muy resistentes. (Familia amarilidáceas.)

CARRUSEL s.m. (fr. *carrousel*).Tiovivo. **2.** Cabalgata. **3.** Esp. Aparato destinado al transporte de cargas, objetos o mercancías.

CÁRSICO, A, CÁRSTICO, A o **KÁRSTICO, A** adj. Se dice del relieve propio de las regiones calcáreas en que el agua ha disuelto el carbonato de calcio, especialmente en el subsuelo, creando grutas, dolinas, lapiaces, etc. **2.** Relativo a este relieve: *formación cársica.*

CARSO o **KARST** s.m. Región de relieve cársico.

CARTA s.f. (lat. *charta*, papel). Escrito dirigido a una persona ausente para comunicarle algo. **2.** Menú o minuta: *comer a la carta.* **3.** Mapa: *carta de navegación.* **4.** Denominación que se aplica a determinados documentos: *carta constitucional.* **5.** Antiguo título que concedía franquicias, privilegios. **6.** Conjunto formado por las leyes constitucionales de un estado, establecidas por concesión del soberano y no por los representantes del pueblo. **7.** Ley, regla fundamental. **8.** Naipe. ◇ **A carta cabal** Íntegramente, por completo: *ser honrado a carta cabal.* **Carta abierta** Carta dirigida a una persona y destinada a la publicidad. **Carta blanca** Poder para obrar con entera libertad. **Carta de ajuste** Imagen de control que sirve para verificar la calidad de las transmisiones en televisión. **Carta de ciudadanía** Argent. Documento por el que el estado otorga la nacionalidad a un residente en el país; *carta de naturaleza.* **Carta de naturaleza** Derecho que se concede a un extranjero a ser considerado como natural de un país; legitimación o reconocimiento oficial que se da a una cosa o a un asunto. **Carta otorgada** Documento constitucional concedido por un monarca sin intervención de las cortes o el parlamento. **Echar las cartas** Hacer ciertas combinaciones con los naipes para tratar de adivinar sucesos futuros u ocultos. **Enseñar las cartas** Mostrar alguien los medios de que dispone o que piensa poner en juego para cierta cosa. **Jugar la última carta** Emplear el último recurso en un caso de apuro. **No saber a qué carta quedarse** *Fam.* Estar alguien indeciso en el juicio o en la resolución que ha de tomar. **Po-** ner las cartas boca arriba Poner de manifiesto los propósitos, opiniones, etc. **Tomar cartas en un asunto** *Fam.* Intervenir en él.

CARTABÓN s.m. (occitano ant. *escartabont*). Instrumento de dibujo lineal en forma de triángulo rectángulo isósceles. **2.** CONSTR. Ángulo que forman en el caballete las dos vertientes de una cubierta.

CARTAGENERO, A adj. y s. De Cartagena (c. de Colombia o c. de España).

CARTAGINENSE adj. y s.m. y f. De Cartago. SIN.: *cartaginés.*

CARTAGINÉS, SA adj. y s. Cartaginense.

CARTAPACIO s.m. Carpeta de gran tamaño. **2.** Conjunto de papeles contenidos en esa carpeta. **3.** Cuaderno para tomar apuntes.

CARTEADO, A adj. y s.m. Se dice del juego de naipes que no es de envite.

CARTEARSE v.prnl. Escribirse cartas recíprocamente: *cartearse con alguien.*

CARTEL s.m. (cat. *cartell*). Papel, pieza de tela, o plástico, etc., con inscripciones impresas o manuscritas que se coloca en un lugar visible para anunciar algo o informar de ello. **2.** MIL. Convención pactada entre ejércitos beligerantes para permitir cierto género de relaciones, como canje de prisioneros, comercio entre súbditos de países belligerantes, etc. **3.** PESC. Red para pescar sardinas ◇ **Ser de**, o **tener, cartel** Tener fama o buena reputación: *ser un torero de cartel.* (V. ilustr. pág. siguiente.)

CÁRTEL s.m. (alem. *Kartell*).Alianza local o regional de narcotraficantes. **2.** Agrupación de empresas que, conservando la individualidad, tiene como fin principal evitar la competencia y controlar la producción.

CARTELA s.f. (ital. *cartella*). Pedazo de cartón, madera, etc., a modo de tarjeta, donde se apunta o escribe algo. **2.** Pieza o elemento triangular o en forma de ángulo recto que, fijada a una superficie vertical, sostiene otra superficie que forma ángulo con la primera. **3.** HERÁLD. Pieza honorable, pequeña y rectangular, colocada en sentido vertical.

CARTELADO, A adj. HERÁLD. Se dice del escudo o pieza sembrado de cartelas.

CARTELERA s.f. Sección de un periódico en que se anuncian los espectáculos. **2.** Armazón con superficie adecuada para fijar carteles, especialmente los de los espectáculos públicos.

CARTELERO, A s. Persona que fija carteles.

CARTELISTA s.m. y f. Artista especializado en la creación de carteles.

CARTEO s.m. Acción y efecto de cartearse.

CÁRTER s.m. (de J. H. *Carter*, su inventor). Envoltura protectora de las piezas de un mecanismo. **2.** Depósito lubricante de un vehículo automóvil.

CARTERA s.f. Utensilio de bolsillo a modo de libro, hecho con piel u otro material flexible, para llevar dinero, papeles, documentos, etc. **2.** Bolsa de piel o plástico, con tapadera y generalmente con asa, para llevar libros, documentos, etc. **3.** *Fig.* Conjunto de valores, efectos comerciales o pedidos de que dispone una sociedad mercantil o industrial. **4.** Cargo de ministro de gobierno: *ocupar la cartera de hacienda; ministro sin cartera.* ◇ **En cartera** En estudio, en proyecto. **Sociedad de cartera** B. Y BOLSA. Sociedad que posee participaciones en valores mobiliarios. (Los holdings y las sociedades de inversión son sociedades de cartera.)

CARTERÍA s.f. Oficina de correos donde se recibe y despacha la correspondencia.

CARTERISTA s.m. y f. Ladrón de carteras de bolsillo.

CARTERO, A s. Persona que reparte las cartas del correo.

CARTESIANISMO s.m. Filosofía de *Descartes y de sus discípulos, que ha influido en pensadores como Malebranche, Leibniz o Spinoza. **2.** Cualidad de cartesiano, metódico.

CARTESIANO, A adj. y s. Relativo a la doctrina de Descartes. **2.** Metódico, racional, lógico. ◇ **Producto cartesiano de dos conjuntos A y B** Conjunto, simbolizado por A × B, de pares ordenados (x, y), tales que $x \in$ A e $y \in$ B.

CARTILAGINOSO, A adj. Relativo al cartílago; de la naturaleza del cartílago.

CARTÍLAGO s.m. (lat. *cartilago, -aginis*). Tejido resistente y elástico que forma el esqueleto del embrión antes de la aparición del hueso y

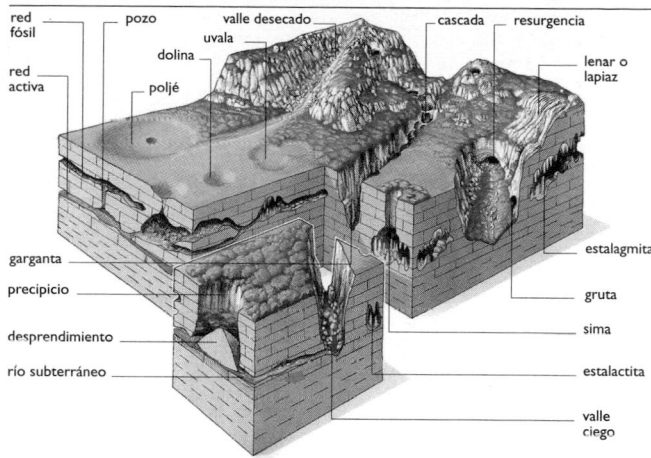

■ RELIEVE **CÁRSICO**

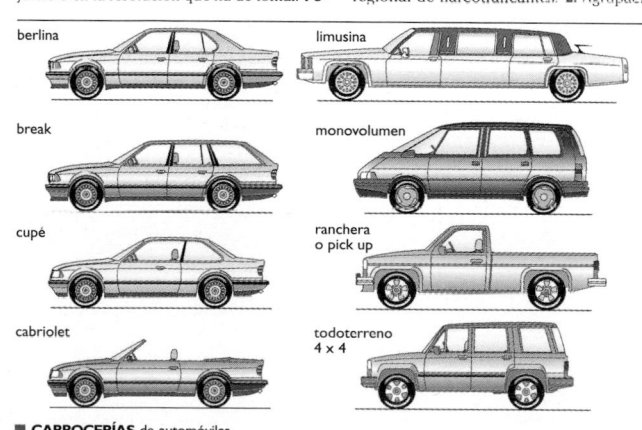

■ **CARROCERÍAS** de automóviles.

■ EL ARTE DE LOS CARTELES

El cartel moderno, de gran formato y elevada tirada, nació hacia 1865-1870 en Francia de la mano de Jules Chéret, quien aplicó los progresos logrados en Inglaterra con la cromolitografía. El tratamiento inicial de Chéret, de estilo desenfadado, evolucionó hacia un marcado efectismo inspirado en las estampas japonesas y los trabajos de Gauguin, al que más tarde se incorporarían los arabescos típicos del modernismo (Mucha, Cappiello, etc.). Posteriormente, y pese a su eminente función publicitaria, el cartelismo supo incorporar también las aportaciones de las vanguardias artísticas, como el constructivismo, el surrealismo, el pop art, etcétera.

Jan Lenica. Cartel (h. 1960) del artista polaco para una producción del ballet *El lago de los cisnes* en el gran teatro de Varsovia. Los cartelistas polacos cultivan un diseño de espíritu a veces fantástico, humorístico o surrealista, en un efecto cromático mágico de ascendencia eslava.

Joan Miró. Titulado *Aidez l'Espagne* (1937), Miró realizó este grabado en apoyo de la causa republicana. Sirvió de base para un sello (de 1 franco) y un cartel, y en él se combinan el rojo, amarillo y el blanco y negro sobre un fondo azul, con un texto muy simple, un grito de ayuda, y una imagen muy expresiva: un hombre con un puño en alto de grandes proporciones que se levanta como símbolo por la libertad.

William Bradley. Cartel (1894) del artista americano para la revista *The Chap-Book*, publicada en Chicago. Una versión geometrizada del modernismo realizada por uno de los mejores grafistas americanos de finales del siglo XIX, claramente influenciado por el británico Beardsley.

Toulouse-Lautrec. Para este cartel (1895), anuncio de una exposición de carteles en París, el artista reutilizó una de sus litografías *(La pasajera del 54)*, realizada con un delicado estilo. Desde los años 1880, el arte publicitario se ha convertido en la pasión de numerosos coleccionistas.

Ramón Casas. Cartel anunciador de *Anís del Mono* (1898), considerado como otros de sus carteles publicitarios como verdaderas obras de arte de tono menor, hoy se han convertido en clásicos decorativos.

que persiste en el adulto en el pabellón de la oreja, en la nariz y en las terminaciones de los huesos. (Algunos peces, como el esturión o la raya, poseen un esqueleto que permanece siempre en estado de cartílago.)

CARTILLA s.f. Libro para aprender las letras del alfabeto. **2.** Cuaderno donde se anotan ciertas circunstancias o datos referentes a determinada persona: *cartilla de ahorros; cartilla de la seguridad social.* ◇ **Cantarle, o leerle, a** alguien **la cartilla** *Fam.* Reprender o advertir con seriedad y firmeza. **Cartilla militar, o naval** MIL. Documento de identidad de las personas sujetas al servicio militar, en el ejército o en la marina, respectivamente.

CARTISMO s.m. Movimiento político y social reformista surgido en el Reino Unido entre 1837 y 1848 principalmente como reacción ante la ley electoral que discriminaba a la clase obrera.

CARTISTA adj. y s.m. y f. Relativo al cartismo; partidario de este movimiento.

CARTIVANA s.f. Tira de papel o tela que se pone en las láminas u hojas sueltas para encuadernarlas.

CARTOGRAFÍA s.f. Arte y técnica que tiene por objeto trazar y publicar mapas.

CARTOGRAFIAR v.tr. [19]. Trazar la carta geográfica de una porción de la superficie terrestre.

CARTÓGRAFO, A s. Especialista en cartografía.

CARTOGRAMA s.m. Esquema cartográfico en el que se han representado datos estadísticos.

CARTOMANCIA o **CARTOMANCÍA** s.f. Arte de adivinar el futuro a partir de combinaciones de naipes.

CARTOMÁNTICO, A adj. y s. Relativo a la cartomancia; que practica la cartomancia.

CARTOMETRÍA s.f. Medición de las líneas trazadas sobre los mapas.

CARTÓN s.m. (ital. *cartone*). Material constituido por una plancha gruesa de pasta de papel endurecida o por varias hojas de papel superpuestas y adheridas unas a otras. **2.** Modelo realizado sobre papel grueso, cartón o lienzo para un tapiz, fresco o vidriera: *los cartones de Goya.* **3.** Paquete formado generalmente por diez cajetillas de cigarrillos. **4.** Cartulina con varios números para participar en el bingo. ◇ **Cartón de paja** Cartón fabricado con paja trinchada. **Cartón ondulado** Cartón que presenta acanaladuras regularmente espaciadas, pegadas sobre una o entre dos hojas de papel. **Cartón pasta** Cartón fabricado con pasta de papel y materias plásticas, que sirve para fabricar objetos por moldeado. **Cartón piedra** Esp. Cartón obtenido con pasta de papel fuertemente prensada, con el que se fabrican elementos de decoración interior.

CARTONAJE s.m. Conjunto de obras de cartón.

CARTONÉ s.m. (fr. *cartonné*). Encuadernación que se hace con tapas de cartón, forradas de papel.

CARTONERÍA s.f. Establecimiento donde se fabrica o vende cartón.

CARTONERO, A adj. Relativo al cartón. ◆ s. Persona que hace o vende cartones.

CARTOON s.m. (voz inglesa). Cada uno de los dibujos que componen una película de dibujos animados. **2.** *Por ext.* Película de dibujos animados o historieta gráfica.

CARTOTECA s.f. Lugar donde se conservan y clasifican los mapas.

CARTUCHERA s.f. Estuche o canana donde se llevan los cartuchos.

CARTUCHO s.m. (fr. *cartouche*). Cilindro de cartón, de metal, de lienzo, etc., que contiene una cantidad determinada de explosivo, especialmente una carga completa para un arma de fuego. **2.** Envoltorio cilíndrico o en forma de cucurucho: *un cartucho de monedas; un cartucho de avellanas.* **3.** Cartela con los extremos arrollados y una superficie plana en la que se inscribe una leyenda o un escudo de armas. **4.** Bucle oval en el que quedan aislados los dos nombres principales del faraón en las inscripciones jeroglíficas. (La presencia de cartuchos en un texto jeroglífico permite a un

egiptólogo identificar rápidamente al faraón al que se hace alusión.)

■ **CARTUCHO.** A la izquierda, el cartucho de Ramsés II (Lúxor).

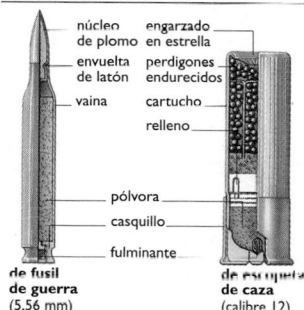

núcleo de plomo	engarzado en estrella
envuelta de latón	perdigones endurecidos
vaina	cartucho
	relleno
pólvora	
casquillo	
fulminante	

de fusil de guerra (5,56 mm)   **de escopeta de caza** (calibre 12)

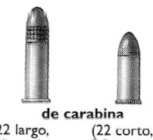

de pistola automática (9 mm)   **de carabina** (22 largo, 5,5 mm)   (22 corto, 5,5 mm)

■ **CARTUCHOS**

CARTUJA s.f. Orden religiosa fundada por san Bruno. (Suele escribirse con mayúscula.) **2.** Monasterio de dicha orden.

■ **CARTUJA** de Miraflores; s. XV (Burgos).

CARTUJANO, A adj. Relativo a la Cartuja. ◆ adj. y s. Cartujo. **2.** Se dice del caballo o yegua que presenta las señales más características de la raza andaluza.

CARTUJO, A adj. y s. Se dice del religioso de la orden de san Bruno. ◆ s.m. *Fam.* Hombre taciturno o muy retraído.

CARTULARIO s.m. (bajo lat. *chartularium*). Libro manuscrito en el que se copiaban los privilegios y títulos de una persona, una corporación o una comunidad. **2.** Escribano, especialmente el que custodiaba las escrituras.

CARTULINA s.f. (ital. *cartulina*). Cartón delgado, muy terso.

CARUATA s.f. Venez. Carruata.

CARÚNCULA s.f. ANAT. Abultamiento o prominencia en ciertos órganos: *carúncula lacrimal.* **2.** Excrecencia carnosa o córnea en el pico, el cuello o la frente de ciertas aves.

CARURÚ s.m. Planta herbácea que crece en América y se emplea para la fabricación de lejía. (Familia amarantáceas.)

CASA s.f. (lat. *casa*, choza, cabaña). Edificio o parte de él destinado a vivienda. **2.** Lugar en que habita una persona o familia. **3.** Familia, conjunto de miembros de una familia que viven juntos. **4.** Linaje, ascendencia o descendencia de una familia noble: *casa de Austria.* **5.** Establecimiento industrial o comercial. **6.** Establecimiento donde se desarrollan determinadas actividades o se prestan ciertos servicios: *casa de empeños; casa de comidas; casa de beneficencia; casa de citas.* **7.** Casilla del tablero de los juegos de ajedrez, damas y otros parecidos. **8.** ASTROL. Cada una de las doce divisiones iguales en forma de huso, en que se considera dividido el cielo. ◇ **Caérsele** a alguien **la casa encima** Preferir salir que quedarse en casa; producirle tristeza un contratiempo. **Casa consistorial** o **casas consistoriales** Edificio donde está instalada la administración municipal y donde se reúne el ayuntamiento. **Casa de Dios,** o **de oración,** o **del Señor** Templo o iglesia. **Casa de fieras** Zoológico. **Casa del rey** Conjunto de personas civiles (*casa civil*) y militares (*casa militar*) al servicio del soberano. **Casa madre** Principal establecimiento de una orden religiosa. **Casa real** Conjunto de los miembros de una familia real. **Como una casa** Término de comparación usado para ponderar lo grande o lo grave de una cosa. **De la casa** Muy amigo de la familia y que la visita a menudo; preparado o de uso corriente en el lugar en que se vende o se sirve: *vino de la casa.* **Echar la casa por la ventana** *Fam.* Derrochar, gastar con espléndidez en alguna ocasión. **Empezar la casa por el tejado** Empezar algo por donde debería concluir. **Quedar todo en casa** Redundar los beneficios en provecho de la familia o persona de que se trate. (*V. ilustr. pág. siguiente.*)

CASACA s.f. Saco de vestir ceñido al cuerpo, con faldones y manga larga, que se usó en el s. XVIII en España por influencia francesa. **2.** Saco de vestir o abrigo corto.

1. CASACIÓN s.f. (de *2. casar*). Anulación, por una jurisdicción de rango superior, de una sentencia dictada en última instancia por una jurisdicción civil, penal o administrativa.

2. CASACIÓN s.f. (ital. *cassazione*). Suite instrumental compuesta por fragmentos breves, ligeros y aire popular que se ejecutaba al aire libre.

CASADERO, A adj. Que está en edad de casarse: *una hija casadera.*

CASADO, A adj. y s. Se dice de la persona que ha contraído matrimonio.

CASAL s.m. Casa de campo o solariega. **2.** Amér. Merid. Pareja de macho y hembra: *un casal de lechuzas.*

CASALICIO s.m. Casa, edificio importante.

CASAMATA s.f. (ital. *casamatta*). Bóveda o construcción blindada que protege armas pesadas.

CASAMENTERO, A adj. y s. Se dice de la persona que se dedica a proponer o arreglar bodas.

CASAMIENTO s.m. Acción de casar. **2.** Ceremonia nupcial.

CASANOVA s.m. Tenorio.

1. CASAR v.intr. y prnl. (lat. *cassare*). Contraer matrimonio: *casó a los veinte años con el rey de Francia.* ◆ v.tr. Dar en matrimonio: *ya ha casado a dos de sus hijos.* **2.** Unir en matrimonio: *les casó el juez.* **3.** *Fig.* Ordenar, unir una cosa con otra de forma que armonicen: *casar las piezas de un vestido.* ◆ v.intr. *Fig.* Coincidir dos o más cosas o corresponderse entre sí. ◇ **No casarse con nadie** *Fam.* Conservar la independencia de las propias opiniones o actitudes.

2. CASAR v.tr. (de *casa*). DER. Anular, derogar.

CASATA s.f. (ital. *cassata*). Pastel helado, con frutas variadas, de origen siciliano.

CASBA s.f. → KASBA.

CASCA s.f. Hollejo de la uva pisada y exprimida. **2.** Corteza molturada de encina y otros árboles, empleada en tenería.

CASCABEL s.m. (occitano *cascavel*). Bola pequeña de metal, hueca y agujereada, con un trocito de hierro o latón en su interior que, al moverse, choca con las paredes y produce un tintineo. **2.** Conjunto de placas córneas de

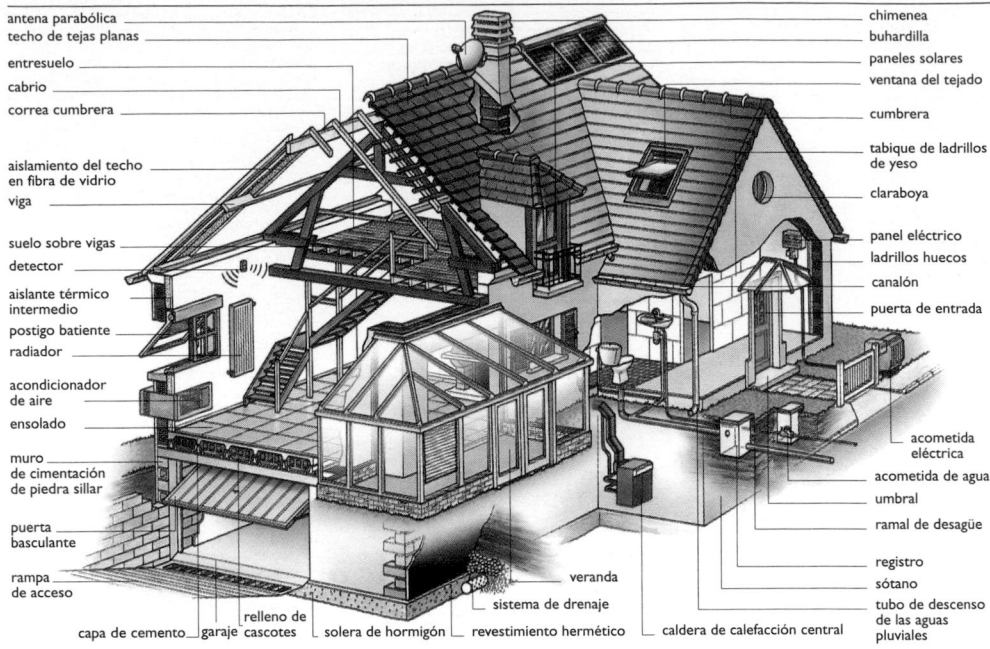

■ **CASA.** Elementos, partes y espacios que constituyen una casa unifamiliar.

antena parabólica
techo de tejas planas
entresuelo
cabrio
correa cumbrera
aislamiento del techo en fibra de vidrio
viga
suelo sobre vigas
detector
aislante térmico intermedio
postigo batiente
radiador
acondicionador de aire
ensolado
muro de cimentación de piedra sillar
puerta basculante
rampa de acceso
capa de cemento
rellено de cascotes
garaje
solera de hormigón
revestimiento hermético
sistema de drenaje
veranda
caldera de calefacción central

chimenea
buhardilla
paneles solares
ventana del tejado
cumbrera
tabique de ladrillos de yeso
claraboya
panel eléctrico
ladrillos huecos
canalón
puerta de entrada
acometida eléctrica
acometida de agua
umbral
ramal de desagüe
registro
sótano
tubo de descenso de las aguas pluviales

la cola de la serpiente de cascabel que producen un sonido al cual el reptil debe su nombre. ◇ **Serpiente de cascabel** Crótalo. **Ser un cascabel** Ser muy alegre.

CASCABELEAR v.tr. *Fam.* Dar esperanzas vanas de alguna cosa a alguien para que ejecute algo que se pretende. ◆ v.intr. Hacer ruido de cascabeles. **2.** *Fig. y fam.* Actuar con ligereza.

CASCABELEO s.m. Ruido de cascabeles, o parecido a él.

CASCABELERO, A adj. y s. *Fam.* Se dice de la persona de poco juicio, especialmente la que es alegre y desenfadada.

CASCABELILLO s.m. Variedad de ciruelo de fruto pequeño y redondo, de color púrpura oscuro y de sabor dulce.

CASCABILLO s.m. Cascabel, bola de metal. **2.** Cáscara que envuelve el grano de los cereales. **3.** Cúpula de la bellota.

CASCADA s.f. (ital. *cascata*, caída). Corriente de agua que cae desde cierta altura debido a un brusco desnivel del cauce. **2.** Conjunto de fuegos de artificio dispuestos de manera que sus elementos caigan imitando una cascada.

CASCADO, A adj. Que está estropeado por el uso. **2.** Se dice de la voz que carece de fuerza, sonoridad, entonación, etc. **3.** *Fam.* Se dice de la persona cansada o enferma.

CASCADURA s.f. Acción y efecto de cascar. **2.** Pez de tronco alargado y comprimido, con una coraza de placas dispuestas en dos filas a cada lado, boca ínfera, con dos barbillas, y labios gruesos, que vive en las lagunas y lagos de Sudamérica. (Familia callíctidos.)

CASCAJO s.m. Conjunto de fragmentos de piedra y otros materiales. **2.** Conjunto de frutos secos, como almendras, avellanas y nueces. **3.** *Fam.* Objeto sin valor, estropeado o inútil: *no se fía de su automóvil, es un cascajo*. **4.** Persona decrépita.

CASCANUECES s.m. (pl. *cascanueces*). Utensilio parecido a unas tenazas, que sirve para partir nueces, avellanas, etc. **2.** Ave granívora semejante al cuervo.

CASCAR v.tr. y prnl. (del lat. *quassare*, sacudir, golpear) [1]. Romper alguna cosa quebradiza en trozos o hacer en ella una rotura o una grieta de modo que no llegue a separarse en trozos: *cascar una nuez.* **2.** Perder la voz su so-

noridad y entonación. ◆ v.tr. *Esp. Fam.* Pegar, golpear a alguien. ◆ v.tr. e intr. *Esp. Fam.* Charlar. **2.** *Esp. Fig. y vulg.* Morir.

CÁSCARA s.f. (de *cascar*). Corteza o cubierta exterior de algunas cosas: *cáscara del huevo; la cáscara de la almendra.* **2.** Corteza de los árboles. **3.** METAL. Molde constituido por una simple placa ajustada a la forma del modelo original. ◆ **¡cáscaras!** interj. *Fam.* Expresa sorpresa o admiración.

CASCARILLA s.f. Corteza o capa más delgada y quebradiza que la cáscara.

CASCARÓN s.m. Cáscara del huevo, en especial la de un ave. **2.** Parte de una cúpula, generalmente semiesférica, situada entre el tambor y la linterna. ◇ **Cascarón de nuez** *Fam.* Embarcación muy pequeña. **Salir del cascarón** Dejar de ser una persona joven e inexperta, enfrentarse a la vida.

CASCARRABIAS s.m. y f. (pl. *cascarrabias*). *Fam.* Persona que se irrita fácilmente.

CASCARRIA o CAZCARRIA s.f. Lodo o barro que salpica y se adhiere en las piernas o en la parte baja de la ropa. (Suele usarse en plural.)

CASCO s.m. (de *cascar*). Objeto generalmente semiesférico, de un material resistente, que cubre la cabeza y la protege de golpes y heridas. **2.** Pedazo o trozo que resulta de la rotura de algo quebradizo o del estallido de la bomba. **3.** Uña del pie o de la mano de una caballería. **4.** Copa del sombrero. **5.** Aparato de escucha telefónica o radiofónica. **6.** *Esp. y Méx.* Envase de vidrio para bebidas. **7.** AERON. Parte inferior del fuselaje de un hidroavión, situada bajo la línea de flotación. **8.** AUTOM. Cuerpo metálico rígido que hace las veces de chasis y de carrocería. **9.** BOT. Nombre de determinadas piezas florales que recuerdan un casco, como el conjunto de pétalos de ciertas orquídeas. **10.** CONSTR. Estructura continua, ligera y delgada, de superficie curva, a la que se le confiere rigidez. **11.** MAR. Cuerpo del buque, independientemente de los aparejos y arboladura. ◆ **cascos** s.m.pl. *Fam.* Cabeza, parte del cuerpo y también entendimiento. ◇ **Alegre, o ligero, de cascos** *Fam.* Se dice de la persona de poca reflexión y juicio. **Calentar los cascos** Excitar o inquietar a alguien con algún estímulo o promesa. **Cascos azules** Nombre que se da a los miembros de los cuerpos mili-

tares especiales de las Naciones unidas. **Casco urbano** Conjunto de edificios agrupados de una población, por oposición a las afueras o al término municipal. **Romperse, o calentar se, los cascos** *Fam.* Reflexionar mucho sobre algo o preocuparse mucho por ello; generalmente para encontrar una solución.

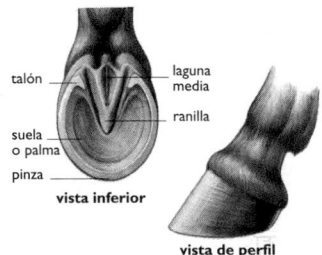

■ **CASCO** de caballo.

talón
laguna media
ranilla
suela o palma
pinza
vista inferior
vista de perfil

CASCOL s.m. Resina de un árbol de Guayana, que sirve para fabricar lacre negro.

CASCOTE s.m. Conjunto de escombros que resultan del derribo de una construcción o de una obra de albañilería. **2.** Trozo de metralla o fragmento pequeño de un proyectil hueco de artillería.

CASEACIÓN s.f. Acción de cuajarse la leche.

CASEIFICACIÓN s.f. Acción y efecto de caseificar. **2.** MED. Transformación en cáseum de los tejidos necrosados de las lesiones tuberculosas.

CASEIFICAR v.tr. [1]. Transformar en caseína. **2.** Separar la caseína de la leche.

CASEÍNA s.f. (del lat. *caseus*, queso). Sustancia proteica que contiene la mayor parte de los prótidos de la leche. ◇ **Caseína vegetal** Sustancia nitrogenada extraída del gluten.

CASEOSO, A adj. Que es parecido al queso o tiene sus propiedades.

CASERÍA s.f. *Chile.* Hábito de comprar en una determinada tienda.

CASERÍO s.m. Conjunto de casas en zona rural que no llegan a constituir un pueblo. **2.** *Esp.*

Casa de campo, con instalaciones y tierras anexas a ella.

CASERNA s.f. (fr. *caserne*). Bóveda a prueba de bombas construida bajo un baluarte.

CASERO, A adj. Que se hace o cría en casa: *pan casero*. **2.** Que se hace entre personas de confianza: *función casera*. **3.** Se dice de la persona a la que le gusta estar en su casa. **4.** DEP Se dice del árbitro o del arbitraje que favorece al equipo local. ◆ **s.** Dueño o administrador de una casa de alquiler. **2.** Guardián de una casa de campo. **3.** Chile y Cuba. Persona que suele llevar a casa los artículos de consumo habitual. **4.** Chile, Ecuad. y Perú. Cliente habitual de un establecimiento.

CASERÓN s.m. Casa grande y destartalada.

CASETA s.f. Casa pequeña de construcción ligera con una sola planta. **2.** Casilla o garita donde se cambian de ropa los bañistas, especialmente en la playa. **3.** Construcción pequeña y ligera, generalmente provisional, que se emplea para algun servicio, como albergar un espectáculo en una feria o resguardar a leñadores, peones camineros, guardagujas, etc. **4.** Perrera, casilla donde se guarece un perro guardián. **5.** Méx. Cabina telefónica.

CASETE o **CASSETTE** s.m. o f. (fr. *cassette*). Pequeña caja de plástico que contiene una cinta magnética arrollada en dos bobinas y dispuesta de forma que puede ser grabada o reproducida al ser introducido el conjunto en el aparato adecuado. ◆ **s.m.** Esp. Magnetófono preparado para grabar y reproducir estas cintas.

CASETÓN s.m. (ital. *cassettone*). Compartimento cuadrado o poligonal rodeado de molduras y generalmente adornado con un motivo escultórico en el centro, que se utiliza en la decoración de techos y bóvedas o en la parte interior y cóncava de los arcos.

■ **CASETÓN** Bóveda de casetones, en la capilla del canónigo Muñoz. (Catedral de Cuenca.)

CÁSEUM s.m. MED. Producto resultante de una forma de necrosis (necrosis gaseosa), originada por la acción del bacilo de Koch sobre los tejidos.

CASH s.m. Dinero en efectivo: *pagar en cash*.

CASH AND CARRY (voces inglesas, *pague y llévaselo*) expresión con que se designa un tipo de autoservicio destinado fundamentalmente a comerciantes detallistas, en el que estos se proveen de artículos y mercancías que pagan al contado y pueden retirar inmediatamente. (V. parte n. pr., **cash and carry** [cláusula].)

CASH-FLOW s.m. (voz inglesa). Capacidad de autofinanciación de una empresa, representada por el conjunto de beneficios netos, una vez deducidos impuestos y amortizaciones.

CASI o **CUASI** adv.c. (lat. *quasi*, como si). Indica que no se da, ocurre o existe completamente o que se expresa, aunque falta muy poco para ello: *casi cien hombres*.

CASIA s.f. (lat. *casia*). Planta herbácea o arbusto de flores generalmente amarillas. (Familia cesalpiniáceas.) **2.** Vaina y pulpa purgante del fruto de esta planta.

CASIDA s.f. (ár. *qassida*). En la literatura árabe, término que significa poema en general, pero que en la época arcaica (antes del s. VIII) designa una oda dividida en tres partes.

CASILLA s.f. Caseta pequeña y aislada, en especial la que tiene alguna función concreta: *casilla de boletos*. **2.** Cada una de las divisiones del papel rayado verticalmente o en cuadrículas. **3.** Cada uno de los compartimentos del casillero, o de algunas cajas, estanterías, etc. **4.** Cada uno de los cuadros que componen el tablero del ajedrez, las damas u otros juegos parecidos. **5.** Cuba. Trampa para cazar pájaros. **6.** Ecuad. Retrete. ◇ **Casilla postal** Amér. Apartado de correos. **Sacar de sus casillas** Fam. Hacer que alguien pierda la paciencia.

CASILLERO s.m. Mueble dividido en casillas o compartimentos para tener clasificados papeles u otros objetos.

CASIMBA s.f. Amér. Pozo de agua, manantial. **2.** Amér. Vasija o barril para recoger agua de lluvia o de un manantial. **3.** Cuba y Perú. Agujero en la playa para extraer agua potable.

CASIMIR s.m. (voz francesa). Cachemir.

CASINETE s.m. Argent., Chile, Hond. y Perú. Tela de inferior calidad que el cachemir. **2.** Ecuad., Perú y Venez. Paño barato.

CASINO s.m. (ital. *casino*, pequeña casa elegante). Asociación privada de carácter recreativo y cultural, cuyos miembros suelen pertenecer a un determinado grupo social o político. **2.** Edificio o local donde desarrolla sus actividades esta asociación. **3.** Local donde se practican juegos de azar con apuesta.

CASIS s.m. (lat. *cassis, -idis*, casco de una armadura). Arbusto parecido al grosellero, de 1 a 2 m de alt., que produce bayas negras comestibles con las que se elabora un licor. **2.** Licor fabricado con el fruto de este arbusto.

CASITA o **KASSITA** adj. y s.m. y f. De un pueblo del Zagros central, en el O de Irán. (En Babilonia reinó una dinastía casita de 1595 aprox. a 1153 a.C.)

CASITERITA s.f. Óxido de estaño natural SnO_2, principal mineral de este metal.

CASMODIA s.f. (del gr. *kasmódia*, bostezar). Enfermedad consistente en bostezar mucho.

CASO s.m. (lat. *casus, -us*, caída, accidente). Suceso, acontecimiento: *ocurrir un caso extraordinario*. **2.** Oportunidad, ocasión: *llegado el caso, actúare*. **3.** Asunto o materia de que se trata. **4.** LING. Cada uno de los aspectos bajo los cuales se presenta una palabra flexionable del tipo nominal o pronominal y que corresponden a diferentes relaciones sintácticas adquiridas por esta palabra. **5.** MED. Manifestación de una enfermedad: *registrarse algunos casos de cólera*. ◇ **A caso hecho** A propósito. **Caso de conciencia** Cuestión dudosa en materia moral. **Caso fortuito** DER. Hecho no previsible o aunque previsible, inevitable. **Hacer caso de** Tener en consideración a alguna persona, en especial atendiendo a lo que dice; obedecer una orden o tener en cuenta un consejo. **Hacer caso omiso** No tener en cuenta una orden o recomendación. **Hacer, o venir al caso** Fam. Ser conveniente u oportuno; tener relación con el asunto de que se trata. **Poner por caso** Dar por supuesta alguna cosa; poner por ejemplo. **Ser un caso** Fam. Distinguirse por alguna característica generalmente negativa.

CASONA s.f. Caserón.

CASORIO s.m. Fam. Casamiento mal concertado o de poco lucimiento. **2.** Fig. Festejo que acompaña a una boda.

CASPA s.f. Pequeñas láminas de descamación que caen de la capa córnea del cuero cabelludo.

CASPIROLETA s.f. Amér. Bebida refrescante hecha de leche, huevos, canela, azúcar y algún otro ingrediente.

¡CÁSPITA! interj. (ital. *càspita*). Expresa extrañeza o admiración.

CASPOSO, A adj. Que tiene caspa. **2.** Esp. Fam. y desp. Que está anticuado o pasado de moda.

CASQUERO, A s. Persona que vende despojos de las reses.

CASQUETE s.m. Pieza de la armadura, de forma redondeada y de pequeñas dimensiones, que servía para proteger la cabeza. **2.** Cubierta de tela, cuero, etc., que se ajusta a la cabeza. ◇ **Casquete esférico** Porción de la superficie de una esfera, limitada por un plano que no pasa por el centro de la esfera. **Casquete glaciar** Masa de nieve y de hielo que recubre las regiones polares.

CASQUIJO s.m. Conjunto de fragmentos de piedras o de ladrillos, empleada para hacer hormigón y como grava para pavimentar.

CASQUILLO s.m. Cartucho metálico vacío: *un casquillo de bala*. **2.** Parte metálica de una lámpara eléctrica que permite conectarla con el circuito. **3.** Anillo o abrazadera de metal que refuerza la extremidad de una pieza de madera. **4.** Amér. Herradura.

CASQUIVANO, A adj. Fam. Se dice de la persona que actúa con poca reflexión y juicio, o que coquetea y establece relaciones de forma pasajera, sin ningún compromiso. **2.** Se dice de lo que es propio de estas personas.

CASSETTE s.m.o f. (voz francesa) → **CASETE.**

CASTA s.f. Ascendencia y descendencia de una persona o animal. **2.** En algunas sociedades, grupo cerrado de personas que constituye una clase especial diferenciada por su raza, religión o costumbres. **3.** Cada uno de los grupos sociales cerrados y endogámicos que componen la población de la India. **4.** En los insectos sociales, conjunto de individuos que aseguran las mismas funciones (los soldados en las termes, las obreras en las abejas, etc.). ◇ **De casta** Cualidades de una persona o animal que la caracterizan como miembro del grupo o especie al que pertenece. **ENCICL.** El sistema de castas de la India incluye una multitud de castas y subcastas que es posible agrupar, de acuerdo con la pureza decreciente, en cinco grandes categorías: las cuatro «órdenes» (*varna*), compuestas por los *brahmanes* (sacerdotes y maestros), los *kṣatriya* (reyes y guerreros), los *vaiśya* (mercaderes y agricultores) y los *śūdra* (artesanos y sirvientes), además de los antes llamados *intocables* (fuera de la varna).

CASTAÑA s.f. (lat. *castanea*). Fruto comestible del castaño, rico en almidón. **2.** Especie de moño que se hacen las mujeres en la parte posterior de la cabeza. **3.** Excrecencia córnea de la pata de los caballos. **4.** Esp. Fig. y fam. Golpe, bofetada, cachete. **5.** Esp. Fig. y fam. Borrachera. ◇ **Castaña de agua** Planta acuática de hermosas flores blancas, cuyo fruto es comestible. **Castaña de Indias** Fruto y semilla del castaño de Indias. **Castaña pilonga, apilada, o maya** Castaña que se seca al humo y se guarda todo el año. **Sacar las castañas del fuego** Sacar a alguien de un apuro o resolverle algún problema.

CASTAÑAR s.m. Terreno poblado de castaños.

CASTAÑERO, A s. Persona que tiene por oficio vender castañas.

CASTAÑETA s.f. Sonido que se produce tras presionar la yema del dedo medio con el pulgar y hacerla resbalar hasta chocar en el pulpejo. **2.** Castañuela. **3.** TAUROM. Moña, lazo de cintas negras que se ponen los toreros.

CASTAÑETAZO s.m. Golpe fuerte y seco que se da con las castañuelas o con los dedos. **2.** Estallido que se produce al reventar una castaña puesta al fuego. **3.** Crujido o chasquido que suelen dar las articulaciones de los huesos. SIN.: *castañetada*.

CASTAÑETEAR v.intr. Chocar los dientes de una mandíbula contra los de otra: *castañetear los dientes por el frío*. **2.** Producir chasquidos o crujidos los rótulos de las rodillas al andar. **3.** Producir la perdiz macho unos sonidos a manera de chasquidos. ◆ **v.tr.** Tocar las castañuelas.

CASTAÑO, A adj. y s.m. (lat. tardío *castaneus*). Se dice del color marrón oscuro como el de la cáscara de la castaña. ◆ **s.m.** Árbol de hojas dentadas, que puede alcanzar 35 m de alt. y vivir durante varios siglos. (Sus frutos, las castañas, están rodeados por una cúpula espinosa. Además del **castaño común**, son apreciados el *castaño americano*, el *castaño de Japón* y el *castaño de Indias*, cuyas hojas son muy

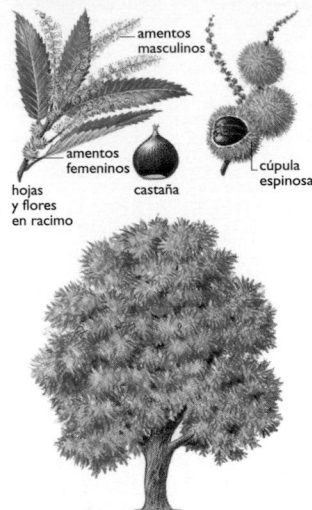

amentos masculinos

amentos femeninos

cúpula espinosa

hojas y flores en racimo

castaña

■ **CASTAÑO**

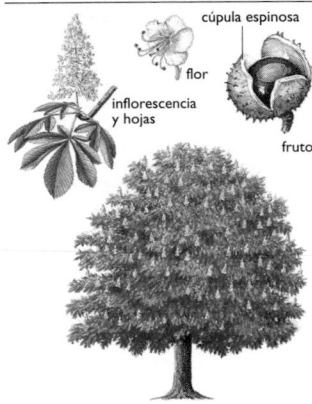

cúpula espinosa

flor

inflorescencia y hojas

fruto

■ **CASTAÑO** de Indias.

ricas en vitamina P; familias fagáceas e hipocastanáceas.) **2.** Madera de este árbol. ◆ adj. Que es de este color. ◇ **Pasar de castaño oscuro** *Fam.* Ser una cosa demasiado enojosa o intolerable.

CASTAÑOLA s.f. Pez comestible de forma oval, hocico romo y convexo, boca oblicua y grandes ojos. (Familia brámidos.)

CASTAÑUELA s.f. Instrumento de percusión compuesto por dos piezas cóncavas de madera o de marfil, que se sujeta a los dedos con un cordón de modo que dichas piezas puedan chocar entre sí. (Suele usarse en plural.) **2.** Planta herbácea delgada y de raíz tuberosa, que crece en Andalucía en sitios pantanosos. (Familia ciperáceas.) ◇ **Como unas castañuelas** *Fam.* Muy alegre.

CASTELLANA s.f. Copla de cuatro versos, de romance octosílabo.

CASTELLANÍA s.f. Durante la época feudal, señorío territorial o jurisdicción con leyes propias, dependiente de un castillo.

CASTELLANISMO s.m. Palabra, expresión o giro propios de Castilla, pero diferente del español general. **2.** Palabra, expresión o giro procedentes del castellano introducido en otra lengua. **3.** Estima o admiración por la cultura o las tradiciones de las provincias castellanas.

CASTELLANIZACIÓN s.f. Acción y efecto de castellanizar o castellanizarse.

CASTELLANIZAR v.tr. [7]. Imprimir rasgos característicos de la lengua castellana a un vocablo de otro idioma. **2.** Imprimir rasgos, cualidades o costumbres que se consideran propias de Castilla.

CASTELLANO, A adj. y s. Del antiguo reino de Castilla, o de las actuales comunidades de Castilla-León y Castilla-La Mancha. ◆ adj. y s.m. Variedad del español hablada en el centro de España. **2.** Español, lengua española. ◆ s. Señor o señora de un castillo. ◆ s.m. Alcaide. **2.** NUMISM. Moneda de oro acuñada en Castilla, en la edad media.

ENCICL. Los orígenes del romance castellano se centran en las montañas de Cantabria. Dentro del área del castellano primitivo se han distinguir tres variedades: el dialecto montañés, arcaizante; el dialecto del SE, marcado por la influencia navarrorriojana; y el burgalés, que desde el s. X representó el foco de innovación lingüística. Como consecuencia de la reconquista y repoblación realizada por Castilla, el romance castellano fue extendiéndose por el S y fuera de la Península (América), formando así los subdialectos andaluz, murciano, extremeño, canario y español de América.

CASTELLONENSE adj. y s.m. y f. De Castellón.

CASTICISMO s.m. Cualidad de castizo. **2.** LING. Tendencia a usar palabras, expresiones o giros propios de la tradición de la lengua, evitando los extranjerismos.

CASTIDAD s.f. Continencia sexual por motivos morales o religiosos.

CASTIGADOR, RA adj. y s. Que castiga: *clima castigador.* **2.** *Fig.* y *fam.* Se dice de la persona que se enamora.

CASTIGAR v.tr. (lat. *castigare*) [2]. Imponer o infligir un castigo. **2.** Hacer sufrir física o moralmente: *castigar con la indiferencia, con reproches.* **3.** Dañar algo algún fenómeno natural: *la sequía ha castigado la región.* **4.** Someter una cosa a un desgaste o deterioro: *los tintes frecuentes castigan el cabello.* **5.** *Fig.* y *fam.* Tratar de enamorar a alguien con pasatiempo o vanidad. **6.** TAUROM. Quebrantar el poderío del toro en la ejecución de las suertes.

CASTIGO s.m. Pena impuesta por una ha cometido un delito o falta. **2.** Tormento, daño, perjuicio.

CASTILLA s.m. Amér. Idioma español. ◆ s.f. Chile. Bayetón.

CASTILLADO, A adj. HERÁLD. Se dice de la pieza sembrada de castillos.

CASTILLETE s.m. Armazón que sostiene los conductores de una línea de alta tensión, los cables de los teleféricos o de los pozos mineros, etc.

CASTILLO s.m. (lat. *castellum*, fuerte, reducto). Edificio o conjunto de edificios cercados de murallas, baluartes, fosos y otras fortificaciones. **2.** HERÁLD. Figura artificial que se representa con almenas, puerta, ventanas y torreones almenados. **3.** MAR. Parte de la cubierta alta de un buque entre el palo trinquete y la proa. **4.** MIL. Emblema del arma de ingenieros del ejército de tierra. ◇ **Castillo de fuego** Armazón para fuegos artificiales. **Castillos en el aire,** o **de naipes** *Fam.* Esperanzas sin fundamento alguno.

CASTINA s.f. (del alem. *kalkstein,* de *kalk,* cal, y *stein,* piedra). Caliza utilizada en el tratamiento de la fundición en los altos hornos, como fundente y depurador.

CASTING s.m. (voz inglesa). Selección de personas para actuar en una película, un anuncio publicitario, etc.

CASTIZO, A adj. Genuino, típico de un determinado lugar o época: *lenguaje castizo.* ◆ adj. y s. Méx. Se dice del cuarterón, nacido en América del cruce de mestizos y españoles.

CASTO, A adj. (lat. *castus*). Se dice de la persona que practica la castidad y de lo que es propio de estas personas.

CASTOR s.m. (lat. *castor, -oris*). Mamífero roedor de América del Norte y de Europa, de patas posteriores palmeadas y cola aplanada, que construye su vivienda a orillas de ríos o lagos, haciendo diques de gran extensión, y se alimenta de hojas y raíces. **2.** Piel de este animal.

■ **CASTOR** americano.

CASTÓREO s.m. (lat. *castoreum*). Secreción olorosa de la región anal del castor, empleada en farmacia y en perfumería.

CASTRACIÓN s.f. Ablación de los órganos genitales. (En la hembra, la operación se lla-

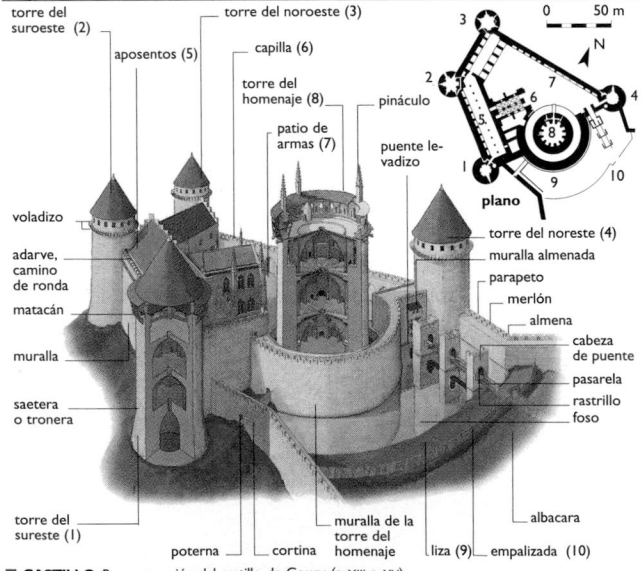

torre del suroeste (2)

torre del noroeste (3)

aposentos (5)

capilla (6)

torre del homenaje (8)

pináculo

patio de armas (7)

puente levadizo

voladizo

adarve, camino de ronda

matacán

muralla

saetera o tronera

torre del sureste (1)

poterna

cortina

muralla de la torre del homenaje

liza (9)

empalizada (10)

torre del noreste (4)

muralla almenada

parapeto

merlón

almena

cabeza de puente

pasarela

rastrillo

foso

albacara

plano

0   50 m

N

■ **CASTILLO.** Reconstrucción del castillo de Coucy (s. XIII-s. XV).

ma *ovariectomía*.) ◇ **Complejo de castración** PSICOANÁL. Respuesta fantasmal a las preguntas que suscita en el niño la diferencia anatómica de los sexos.

CASTRADO adj. y s.m. y f. Que ha sido castrado. (Entre los ss. XVI y XVIII fueron famosos muchos cantantes castrados, como Farinelli, que conservaban voz de soprano o contralto al ser castrados en la infancia.)

CASTRAR v.tr. (lat. *castrare*). Practicar una castración. **2.** *Fig.* Debilitar, apocar: *castrar el entendimiento.* **3.** Quitar a las colmenas parte de los panales con miel.

CASTRENSE adj. (lat. *castrensis*). Relativo al ejército o a la profesión militar.

CASTRISMO s.m. Sistema político de ideología comunista instaurado en Cuba en 1959 como resultado de la revolución dirigida por Fidel Castro.

CASTRISTA adj. y s.m. y f. Relativo al castrismo; partidario del castrismo.

CASTRO s.m. (lat. *castrum*). Recinto fortificado prerromano de la península Ibérica, generalmente situado en una elevación del terreno, del que tomó nombre la *cultura de los *castros.* (V. parte n. pr.)

CASUAL adj. (lat. *casualis*). Que sucede por casualidad: *encuentro casual.* **2.** GRAM. Relativo al caso. ◇ **Por un casual** *Fam.* Por casualidad.

CASUALIDAD s.f. Combinación de circunstancias que no pueden preverse ni evitarse y cuya causa se ignora. **2.** Caso o acontecimiento imprevisto.

CASUARIO s.m. (lat. moderno *casuarius*). Ave corredora de Australia, que mide 1,50 m, de plumaje parecido a la crin y que presenta sobre el cráneo un casco óseo coloreado.

■ CASUARIO

CASUISTA adj. y s.m. y f. Se dice del teólogo especialista en casuística.

CASUÍSTICA s.f. Parte de la teología moral que se ocupa de resolver los casos de conciencia. **2.** Conjunto de los diversos casos particulares que pueden preverse en determinada materia.

CASULLA s.f. (bajo lat. *casubla*). Vestidura litúrgica en forma de capa que se utiliza en la celebración de la misa.

CASUS BELLI s.m. (voces latinas). Acto susceptible de provocar hostilidades entre dos pueblos.

CATA s.f. Acción de catar. **2.** Porción de algo que se prueba: *una cata de sandía.* **3.** Argent. y Chile. Cotorra, perico. **4.** Colomb. Cosa oculta o encerrada. **5.** Colomb. y Méx. Sondeo que se hace de un terreno para ver los materiales que contiene.

CATABÁTICO, A adj. → KATABÁTICO.

CATABÓLICO, A adj. Relativo al catabolismo.

CATABOLISMO s.m. Conjunto de las reacciones bioquímicas que llevan a la transformación de la materia viva en desechos, y que constituyen la parte destructora del metabolismo.

CATABRE o **CATABRO** s.m. Colomb. Recipiente, de calabaza o similar, usado para transportar granos, frutas, etc.

CATACALDOS s.m. y f. (pl. *catacaldos*). *Fam.* Persona que inicia muchas actividades y no se dedica con constancia a ninguna. **2.** Persona entrometida.

CATACLISMO s.m. (lat. *cataclysmos*, diluvio, del gr. *kataklismós*). Desastre de grandes pro-

porciones producido por un fenómeno natural, como un terremoto o un huracán. **2.** *Fig.* Trastorno grande en el orden familiar, social o político.

CATACRESIS s.f. (lat. *catachresis*, del gr. *katákrisis*) [pl. *catacresis*]. Metáfora que consiste en emplear una palabra con un sentido diferente del original para designar una cosa que carece de nombre especial: *al hablar de la hoja de una espada se produce una catacresis.*

CATACUMBAS s.f.pl. (lat. tardío *catacumbae*). Galerías subterráneas con nichos rectangulares en las paredes, en las cuales los primitivos cristianos, especialmente en Roma, enterraban a los muertos y practicaban las ceremonias del culto.

CATADIÓPTRICO, A adj. Se dice de un sistema óptico que comprende a la vez lentes y espejos.

CATADOR, RA s. Persona que cata. **2.** Persona que tiene por oficio catar los vinos. **3.** Persona que por experiencia es hábil para apreciar algo: *buen catador de pintura.*

CATADURA s.f. *Desp.* Aspecto o semblante.

CATAFALCO s.m. Armazón cubierto con una tela negra que representa un sepulcro y que se levanta en los templos para celebrar los funerales por un difunto. SIN.: *túmulo.*

CATALÁN, NA adj. y s. De Cataluña. ◆ s.m. Lengua románica hablada en Cataluña, Andorra, País Valenciano, parte del dep. francés de Pyrénées-Orientales, franja oriental de Aragón, islas Baleares y ciudad de Alguer, en Cerdeña.
ENCICL. El catalán es una de las lenguas románicas en que se fragmentó el latín a la caída del imperio Romano. La invasión islámica y el largo proceso de la reconquista favorecieron la diversificación lingüística en la península Ibérica. La influencia del imperio Carolingio fue decisiva para el desarrollo de Cataluña, tanto en el terreno político como en el cultural. En contraste con los dos romances occidentales (el castellano y el francés), el catalán se mantiene más fiel a su origen latino y conserva más formas ya superadas por aquellos. La lengua catalana mantiene su mayor vitalidad en Cataluña. La zona de menor vitalidad corresponde al departamento francés de Pyrénées-Orientales.

CATALANIDAD s.f. Cualidad o condición de catalán.

CATALANISMO s.m. Movimiento político que propugna una forma de autogobierno para Cataluña y defiende sus valores históricos y culturales. **2.** Estima o admiración por la cultura y las tradiciones de Cataluña. **3.** Palabra, expresión o giro procedentes de la lengua catalana incorporado a otra lengua: *retal es un catalanismo del español.*

CATALANISTA adj. y s.m. y f. Relativo al catalanismo; partidario de esta tendencia.

CATALAUNOS s.m.pl. Pueblo galo cuya c. pral. era *Catalaunum* (act. Châlons-sur-Marne).

CATALÉCTICO, A adj. y s.m. (lat. *catalecticus*, del gr. *kataliktikós*). Se dice de un verso griego o latino en el que alguno de los pies es imperfecto. SIN.: *catalecto.*

CATALEJO s.m. Anteojo.

CATALEPSIA s.f. (gr. *katálipsis*). Trastorno nervioso repentino caracterizado por la pérdida momentánea de movilidad y de sensibilidad del cuerpo. (El cuerpo permanece paralizado y con una ligera hipertonía, que se pone en evidencia con la movilización pasiva de los segmentos de los miembros. La catalepsia se observa en la histeria, el sueño hipnótico, la esquizofrenia y diversas psicosis.)

CATALÉPTICO, A o **CATALÉPSICO, A** adj. y s. (gr. *kataliptikós*). Relativo a la catalepsia; que padece catalepsia.

CATALICORES s.m. (pl. *catalicores*). Pipeta larga para catar o probar vinos y licores.

CATALINETA s.f. Pez de unos 30 cm de long., color amarillo con fajas oscuras, cola ahorquillada y escamas ásperas, que vive en el mar Caribe. (Familia hemúlidos.)

CATÁLISIS s.f. (gr. *katálysis*, disolución). Modificación de la velocidad de una reacción química producida por ciertos cuerpos que se encuentran sin alteración al final del proceso.

CATALÍTICO, A adj. Relativo a la catálisis. ◇ **Estufa catalítica** Aparato calefactor en que

el combustible, generalmente gaseoso, quema sin producir llama en presencia de un catalizador.

CATALIZADOR s.m. Cuerpo que provoca una catálisis.

CATALIZAR v.tr. [7]. Actuar como catalizador en una reacción. **2.** Provocar alguien o algo una reacción, mediante su intervención o por su sola presencia. **3.** Atraer y agrupar fuerzas, opiniones, sentimientos, etc.

CATALOGACIÓN s.f. Acción y efecto de catalogar.

CATALOGAR v.tr. [2]. Registrar y clasificar cosas para crear un catálogo o incluirlas en uno ya elaborado. **2.** Considerar algo o a alguien de la manera que se expresa.

CATÁLOGO s.m. (lat. *catalogus*, del gr. *katálogos*). Lista o relación ordenada de libros, monedas, pinturas, precios, etc., que suele tener una pequeña descripción de cada elemento y otros datos de interés.

CATALPA s.m. Árbol de hojas grandes y flores en gruesos racimos, de 15 m de alt., originaria de América del Norte. (Familia bignoniáceas.)

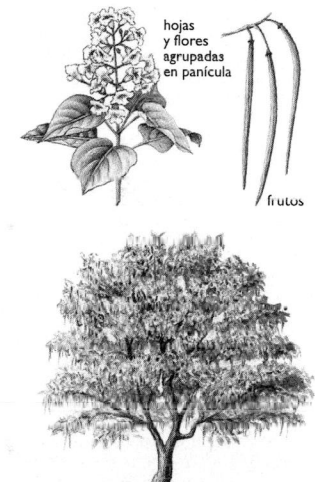

hojas y flores agrupadas en panícula

frutos

■ CATALPA

CATAMARÁN s.m. Embarcación de vela o motor formada por dos cascos alargados, unidos por una armadura rígida. **2.** Balsa formada por la unión de troncos de árbol de longitud desigual, usada en la India.

■ CATAMARÁN. *Charente-Maritime I* (eslora: 25,90 m; manga: 13,20 m; desplazamiento: 9,9 t).

CATAMARQUEÑO, A adj. y s. De Catamarca.

CATAPLASMA s.f. (gr. *katáplasma*, emplasto). Masa medicinal espesa que se aplica, entre dos paños, sobre una parte del cuerpo para combatir una inflamación. **2.** *Fig.* y *fam.* Persona achacosa o molesta.

CATAPLEJÍA s.f. Trastorno neurológico de origen psíquico que consiste en la pérdida repentina de movimiento ante un estímulo emotivo muy intenso, conservando perfectamente lúcida la conciencia.

CATAPLINES s.m.pl. Esp. *Vulg.* Testículos.

¡CATAPLUM! Onomatopeya con que se imita un ruido, en especial el que se produce en una caída o explosión.

CATAPULTA s.f. (lat. *catapulta*, del gr. *katapéltis*). Máquina de guerra antigua que se usaba para lanzar proyectiles. **2.** Dispositivo constituido por una plataforma deslizante sobre una viga, que sirve para el lanzamiento de aviones desde un buque de guerra.

CATAPULTAR v.tr. Lanzar proyectiles con una catapulta. **2.** *Fig.* Lanzar hacia el éxito o la fama.

CATAR v.tr. (lat. *captare*, tratar de agarrar). Probar algo para examinar su sabor.

CATARAÑA s.f. Lagarto propio de las Antillas. **2.** Garza real.

CATARATA s.f. (lat. *cataracta*). Cascada de mucha altura y volumen de agua en el curso de un río. **2.** MED. Opacidad del cristalino del ojo o de sus membranas, que produce ceguera completa o parcial.

CATARINA s.f. Méx. Mariquita, insecto coleóptero. SIN.: *catarinita*.

CÁTARO, A adj. y s. Seguidor de una secta maniquea de la edad media que se distinguía por una extremada sencillez en las costumbres, extendida por distintas regiones de Europa y que en el mediodía de Francia recibió la denominación de albigense.

CATARRAL adj. Relativo al catarro.

CATARRINO, A adj. y s.m. Relativo a un borden de primates que comprende los simios del antiguo continente, de orificios nasales muy próximos, cola no prensil y provistos de 32 dientes. (Los macacos y los babuinos pertenecen a dicho suborden.)

CATARRO s.m. (lat. *catarrhus*). Inflamación aguda o crónica de las mucosas del aparato respiratorio, especialmente de la garganta y la nariz, acompañada de hipersecreción y de tos, fiebre y dolores musculares.

CATARSIS s.f. (gr. *katharsis*, purificación). Palabra con la que Aristóteles designa el efecto de purificación producido en los espectadores por una representación trágica. **2.** Método psicoterapéutico basado en la descarga

emotiva, ligada a la exteriorización del recuerdo de hechos traumatizantes y reprimidos.

CATÁRTICO, A adj. (gr. *kathartikós*). Relativo a la catarsis. **2.** Se dice de los laxantes de acción suave.

CATASTRAL adj. Relativo al catastro.

CATASTRO s.m. (fr. antic. *catastre*). Censo estadístico que contiene la descripción física, económica y jurídica de las fincas rústicas y urbanas de una población. **2.** HIST. Contribución única impuesta por Felipe V en Cataluña, en sustitución del antiguo sistema fiscal vigente hasta entonces.

CATÁSTROFE s.f. (gr. *katastrophí*, ruina, trastorno). Suceso desgraciado que altera gravemente el orden regular de las cosas. ◇ **Teoría de las catástrofes** Teoría matemática que permite describir fenómenos discontinuos mediante modelos continuos simples.

CATASTRÓFICO, A adj. Relativo a una catástrofe o que tiene sus características.

CATASTROFISMO s.m. Teoría que atribuía a cataclismos los cambios acontecidos en la superficie de la Tierra.

CATATAR v.tr. Perú. Hechizar, fascinar.

CATATONÍA s.f. Síndrome psicomotor de ciertas formas de esquizofrenia, caracterizado sobre todo por el negativismo, la oposición, la catalepsia y los estereotipos gestuales.

CATATÓNICO, A adj. y s. Relativo a la catatonía; que padece catatonía. **2.** *Por ext.* Paralizado mentalmente, sin capacidad de respuesta, a causa de una fuerte impresión o un gran cansancio psíquico.

CATAURO s.m. Antillas. Cesto hecho de yagua, que se usa para llevar alimentos.

CATAVIENTO s.m. MAR. Hilo prendido de una verga que sirve para indicar la dirección del viento, a modo de veleta.

CATAVINO s.m. Tubo para aspirar, por el canillero, el vino que se quiere probar. **2.** Taza pequeña y chata de metal en la que se examina el vino que se va a degustar.

CATAVINOS s.m. y f. (pl. *catavinos*). Persona que tiene por oficio catar los vinos.

CATAZONAL adj. GEOL. Se dice de la zona profunda de la corteza terrestre donde se desarrolla un metamorfismo de alta temperatura y elevada presión.

CAT-BOAT s.m. (ingl. *catboat*) [pl. *cat-boats*]. Velero pequeño con una sola vela y sin foque.

CATCH s.m. Lucha libre.

CATE s.m. (caló *caté*, bastón). Esp. Golpe, en especial el que se da con el puño. **2.** Esp. *Fig.* y *fam.* Suspenso en un examen o asignatura.

CATEADOR, RA s. Amér. Persona que hace catas para encontrar minerales.

CATEAR v.tr. (de *cate*). Amér. Registrar la po-

licía la casa de alguien o a una persona al entrar en algún lugar para revisar que no porte armas. **2.** Amér. Merid. Explorar terrenos en busca de una veta mineral. **3.** Esp. *Fam.* Suspender en los exámenes.

CATECISMO s.m. (lat. tardío *catechismus*, del gr. *katikhismós*). Instrucción religiosa elemental. **2.** Obra elemental que contiene, en forma de preguntas y respuestas, la explicación del dogma y de la moral cristiana. **3.** Libro, volumen formado por la misma obra. **4.** Libro que contiene la exposición concisa de los principios fundamentales de una doctrina, ciencia o arte.

CATECOLAMINA s.f. Sustancia del grupo de las aminas cuya acción es análoga a la del simpático y que desempeña el papel de neurotransmisor. (La adrenalina o la dopamina son catecolaminas.)

CATECÚ s.m. Sustancia astringente y curtiente extraída de la madera de una acacia de la India.

CATECUMENADO s.m. Período de formación religiosa antes del bautismo.

CATECÚMENO, A s. (lat. tardío *cathechumenus*, del gr. *katikhoúmenos*). Persona que se está instruyendo en la doctrina católica para poder recibir el bautismo.

CÁTEDRA s.f. (lat. *cathedra*, silla). *Fig.* Cargo o plaza de catedrático. **2.** *Fig.* Conjunto de personas y medios que se hallan bajo la autoridad de un catedrático. **3.** Asiento elevado desde donde explica un profesor. **4.** Local en que está instalado ese asiento, donde se dan las clases. **5.** Cargo o dignidad pontificia o episcopal. ◇ **Poner**, o **sentar**, **cátedra** Saber mucho de algo o ser muy hábil en ello.

CATEDRAL s.f. (de *cátedra*). Iglesia episcopal de una diócesis. SIN.: *seo.* ◇ **Como una catedral** Pondera la grandeza o la importancia de algo.

CATEDRALICIO, A adj. Relativo a la catedral.

CATEDRÁTICO, A s. (lat. *cathedraticum*). Persona que ocupa el nivel más alto del escalafón docente en los centros oficiales de enseñanza secundaria o universitaria.

CATEGORÍA s.f. (gr. *katigoría*, cualidad que se atribuye a un objeto). Cada uno de los grupos en que puede clasificarse a las personas o cosas atendiendo a unos criterios o características determinados. **2.** Cada uno de los grados establecidos en una profesión o carrera. **3.** Nivel, calidad, importancia. **4.** FILOS. Según Kant, cada uno de los doce conceptos fundamentales del entendimiento puro, que sirven de forma *a priori* al conocimiento. **5.** LING. Unidad de clasificación gramatical que puede corresponder a la clase, al sintagma o a las modificaciones que pueden sufrir las clases. **6.** MAT. Conjunto de elementos, llamados objetos, a cada par de los cuales está asociado un conjunto de transformaciones que satisfacen ciertos axiomas.

CATEGORICIDAD s.f. LÓG. Propiedad de una teoría deductiva cuando todos sus modelos son isomorfos.

CATEGÓRICO, A adj. (lat. *categoricus*, del gr. *katigorikós*). Que afirma o niega de una manera absoluta, sin condición ni alternativa alguna: *un juicio categórico*. **2.** FILOS. Relativo a las categorías.

CATEGORIZAR v.tr. [7]. Clasificar u ordenar por categorías.

CATENARIO, A adj. y s.f. (lat. *catenaria*, de *catena*, cadena). F. C. Se dice del sistema de suspensión de cable eléctrico que sirve para alimentar las locomotoras eléctricas, y que lo mantiene a una distancia rigurosamente constante del suelo. **2.** MEC. Se dice de la curva formada, bajo la influencia de su propio peso, por un hilo homogéneo, grave, flexible e inextensible, suspendido por sus dos extremos de dos puntos fijos.

CATEQUESIS s.f. (lat. tardío *catechesis*, del gr. *katíkhisis*). Instrucción de la doctrina cristiana. **2.** Enseñanza del catecismo para recibir el bautismo o la primera comunión.

CATEQUISTA s.m. y f. Persona que enseña el catecismo.

CATEQUÍSTICO, A adj. Relativo a la catequesis. **2.** Parecido al catecismo.

■ **CATAPULTA** romana.

■ **CATAPULTA.** Lanzamiento en catapulta, desde un portaaviones, de un avión Rafale.

CATEQUIZAR v.tr. (lat. tardío *catechizare,* del gr. *katikhízein*) [7]. Instruir a alguien en una doctrina, especialmente en la religión católica.

CATERING s.m. (voz inglesa). Servicio de restaurante prestado a aviones, empresas, colegios, etc.

CATERVA s.f. (lat. *caterva*). *Desp.* Multitud de personas o cosas en desorden o de poca importancia.

CATETE s.m. Chile. Guiso de harina en caldo de cerdo. **2.** Chile. Nombre popular del demonio. ◆ adj. Chile. Molesto, majadero, hostigoso.

CATÉTER s.m. (gr. *kathetír,* sonda de cirujano). Sonda que se introduce en un conducto natural.

CATETERISMO s.m. Introducción de un catéter en un conducto natural con fines exploratorios o terapéuticos.

1. CATETO s.m. (lat. *cathetus,* del gr. *káthetos,* perpendicular). Cada uno de los dos lados que forman el ángulo recto de un triángulo rectángulo.

2. CATETO, A s. Esp. *Fam.* Paleto, falto de cultura y trato social.

CATETÓMETRO s.m. Instrumento de física que sirve para medir la distancia vertical de dos puntos.

CATGUT s.m. (voz inglesa, de *cat,* gato, y *gut,* intestino). Hilo reabsorbible empleado en cirugía para la sutura de las heridas.

CATILINARIO, A adj. y s.f. (de *Catilinarias,* discursos de Cicerón). Se dice del texto oral o escrito vehemente dirigidos contra alguien.

CATINGA s.f. (del guaraní *kati,* olor pesado). Bosque formado por árboles generalmente de hoja caduca y que almacenan una gran cantidad de agua en el tronco, por lo que este tiene forma de tonel. **2.** *Amér.* Olor fuerte y desagradable que despiden algunos animales y plantas. **3.** Chile. *Desp.* Nombre que dan los marinos a los soldados de tierra.

CATÍO pueblo amerindio de la familia lingüística chibcha, anteriormente muy belicoso, que vive en la costa atlántica de Colombia, cerca de la desembocadura del Cauca. (Se dedica a la agricultura.)

CATIÓN s.m. Ion de carga positiva.

CATIRE, A adj. y s. Colomb., Cuba, Perú y Venez. Rubio de ojos verdosos o amarillentos.

CATITEAR v.intr. Argent. Cabecear involuntariamente los ancianos.

CATIZUMBA s.f. *Amér. Central.* Multitud, muchedumbre.

CATOCHE s.m. Méx. *Fam.* Mal humor, displicencia.

CATÓDICO, A adj. Relativo al cátodo. ⬦ **Rayos catódicos** Haz de electrones emitidos por el cátodo de un tubo de vacío recorrido por una corriente. **Tubo catódico,** o **de rayos catódicos** Tubo de vacío en el que los rayos catódicos son dirigidos sobre una superficie fluorescente y su impacto en ella produce una imagen visible. (Constituye el elemento esencial de los aparatos receptores de televisión y de las consolas de visualización de computadoras.)

CÁTODO s.m. (gr. *káthodos,* camino descendente). ELECTR. Electrodo de salida de la corriente en una cuba electrolítica (polo negativo), o electrodo que es la fuente primaria de electrones en un tubo electrónico.

CATOLICIDAD s.f. Carácter católico. **2.** Conjunto de los católicos; mundo católico.

CATOLICISMO s.m. Conjunto de la doctrina, instituciones y prácticas de la Iglesia católica romana. ⬦ **Catolicismo social** Movimiento de pensamiento y de acción, nacido en el s. XIX al mismo tiempo que la revolución industrial, animado por la moral cristiana y el espíritu evangélico, que es de justicia y de caridad.

ENCICL. Según la doctrina católica, Jesucristo designó como jefe de la Iglesia al papa, sucesor de san Pedro; los obispos están bajo su autoridad. La iglesia es infalible cuando se pronuncia en materia de fe, sea a través de un concilio ecuménico, sea por el propio papa hablando ex cáthedra. Los principales dogmas de la doctrina católica están contenidos en el símbolo de los apóstoles: creencia en el ser de Dios y en la Trinidad, misterios de la encarnación, la redención y la resurrección, con todas las creencias que de ellos derivan, como la resurrección de la carne y la vida eterna. Los Autos de la redención se aplican a través de los siete sacramentos.

CATÓLICO, A adj. y s. (lat. *catholicus,* del gr. *katholikós,* general, universal). Relativo al catolicismo; que profesa el catolicismo. ◆ adj. Se dice de la Iglesia cristiana que reconoce el magisterio supremo del papa, obispo de Roma. **2.** Universal, que se extiende a todo el mundo. ⬦ **No estar muy católico** No estar muy sano ni perfecto. **Viejos católicos** Católicos que no aceptaron adherirse al dogma de la infalibilidad del papa en 1870 (constituyen una Iglesia independiente con alrededor de 600 000 fieles); miembros de una Iglesia cismática holandesa, llamada *Iglesia de Utrecht,* heredera del jansenismo del s. XVIII.

CATOLIZACIÓN s.f. Acción y efecto de catolizar.

CATOLIZAR v.tr. [7]. Convertir a la fe católica; predicarla, propagarla.

1. CATÓN s.m. (de *Catón* el Viejo, estadista romano) Censor severo, en especial de las costumbres.

2. CATÓN s.m. (de *Dionisio Catón,* poeta latino). Libro compuesto de frases y períodos cortos para ejercitar en la lectura a los principiantes.

CATÓPTRICA s.f. Parte de la óptica que trata de la reflexión de la luz.

CATÓPTRICO, A adj. Relativo a la reflexión de la luz.

CATORCE adj.num.cardin. y s.m. Diez más cuatro. ◆ adj.num.ordin. y s.m. y f. Decimocuarto.

CATORCEAVO, A o **CATORZAVO, A** adj. y s.m. Se dice de cada una de las partes que resultan de dividir un todo en catorce partes iguales.

CATOS, pueblo de Germania establecido en las inmediaciones del Taunus y que fue un duro adversario de Roma.

CATRE s.m. (port. *catre*). Cama ligera, generalmente plegable, para una sola persona.

CATRÍN, NA s.m. Méx. Persona elegante y presumida. ◆ adj. y s. Guat. y Nicar. Persona de mucho dinero, ricachón. **2.** Guat. y Nicar. Elegante, bien vestido.

CATÚN s.m. Período del calendario maya que equivalía a 20 años de 360 días.

CATUQUINA o **CATUKINA,** pueblo amerindio agricultor y cazador-pescador, que vive en el NO de Brasil, a orillas del Juruá.

CATURRA s.f. Chile. Cotorra o loro pequeño.

CATUTO s.m. Chile. Pan con forma cilíndrica que está hecho de trigo machacado y cocido.

CAUCEL s.m. C. Rica, Hond. y Nicar. Gato montés americano cuya piel está manchada como la del jaguar.

CAUCHA s.f. Chile. Planta herbácea de hojas más o menos espinosas en el borde, que se usa como antídoto de la picadura de arañas venenosas. (Familia umbelíferas.)

CAUCHAL s.m. Terreno poblado de caucheras. SIN.: *cauchera.*

CAUCHERA s.f. Planta de la que se extrae el caucho. **2.** Cauchal.

CAUCHERO, A adj. y s. Relativo al caucho; persona que tiene por oficio buscar o trabajar el caucho.

CAUCHO s.m. Sustancia elástica y resistente que procede de la coagulación del látex de varios árboles de los países tropicales. **2.** Colomb. y Venez. Banda de caucho vulcanizado que recubre exteriormente la cámara de la rueda de un vehículo, cubierta. **3.** Venez. Prenda de vestir que se usa para resguardarse de la lluvia. ⬦ **Caucho sintético** Grupo de sustancias obtenidas por polimerización y que poseen las propiedades elásticas del caucho natural. **Caucho vulcanizado** Caucho tratado mediante azufre y calor.

ENCICL. El *caucho natural* es un polímero del isopreno $(C_5H_8)_{12}$, de masa molecular comprendida entre 200 000 y 300 000, constituido por largas cadenas moleculares, flexibles, con forma y simetría particulares. Se presenta en forma de masa translúcida, incolora o amarillenta. El oxígeno provoca la ruptura de las cadenas en eslabones isoprénicos, en fragmentos cada vez más pequeños; por ello, tras el estirado, es necesario vulcanizarlo para que mantenga sus propiedades de elasticidad y resistencia y se obtiene una masa frágil, la *ebonita.* También hay *cauchos sintéticos,* copolímeros de butadieno y estireno, que se utilizan principalmente en la fabricación de neumáticos, en sustitución del caucho natural. La producción mundial de caucho natural oscila entre 4,5 y 5 Mt, de los que tres cuartas partes corresponden a Malasia, Indonesia y Tailandia. La producción mundial del caucho sintético supera ligeramente los 10 Mt. El máximo productor es EUA, seguido de Japón y Francia.

CAUCIÓN s.f. (lat. *cautio, -onis*) DER. Garantía que una persona da a otra de que cumplirá lo pactado, prometido o mandado, mediante la presentación de fiadores, la obligación de bienes o la prestación de juramento. ⬦ **Caución de conducta** DER. Pena de caución existente en España, que se utiliza solamente en el delito de amenazas y coacciones, y cuya aplicación queda al arbitrio del juez.

CAUCIONAMIENTO s.m. Acto en virtud del cual se da caución por otro.

CAUCIONAR v.tr. Dar caución. **2.** Precaver cualquier daño o perjuicio.

CAUCOS, ant. pueblo del NO de Germania, que se dedicó a la piratería y devastó las regiones costeras. Arrasó la Galia en el s. III.

CAUDADO, A adj. HERÁLD. → CAUDATO.

1. CAUDAL s.m. (lat. *capitalis,* principal) Cantidad de bienes o de dinero que tiene una persona. **2.** Cantidad de agua que pasa en un segundo por un punto dado de una corriente de agua. **3.** Cantidad de fluido, radiación, etc., por unidad de tiempo. **4.** *Fig.* Abundancia de algo: *un caudal de conocimientos.* ⬦ **Caudal hereditario,** o **relicto** Conjunto de bienes que quedan tras la muerte de una persona y que constituían su patrimonio.

2. CAUDAL adj. (del lat. *cauda*). Relativo a la cola: *plumas caudales.* ⬦ **Aleta caudal** Aleta situada en la parte terminal de la cola de los cetáceos, peces y crustáceos.

CAUDALOSO, A adj. Se dice de la corriente que lleva mucha agua: *río caudaloso.*

CAUDATO, A o **CAUDADO, A** adj. HERÁLD. Se dice del cometa cuya cola o una de sus puntas es de esmalte diferente.

CAUDILLAJE s.m. Mando de un caudillo. **2.** *Amér.* Caciquismo. **3.** Argent., Chile y Perú. Conjunto o sucesión de caudillos. **4.** Argent. y Perú. Época de su predominio histórico.

CAUDILLISMO s.m. Sistema político del caudillaje.

CAUDILLO s.m. (lat. *capitellum*). Jefe o guía, especialmente en la guerra. **2.** Título aplicado en España al general Franco desde 1936 hasta su muerte. ◆ **caudillos** s.m.pl. Dirigentes, a la vez políticos y militares, surgidos a partir de la emancipación en el área rioplatense.

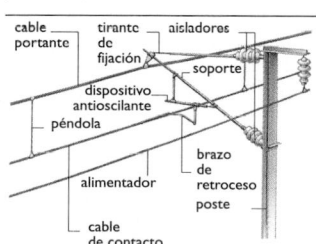

cable portante
tirante de fijación
aisladores
soporte
dispositivo antioscilante
péndola
brazo de retroceso
alimentador
poste
cable de contacto

■ SISTEMA **CATENARIO**

CAUJAZO s.m. Árbol americano cuya madera se emplea en la construcción. (Familia borragináceas.)

CAULA s.f. Chile, Guat. y Hond. Treta, engaño, ardid.

CAULESCENTE adj. Se dice de la planta cuyo tallo se distingue fácilmente de la raíz por estar muy desarrollado.

CAURÍ s.m. Gasterópodo de concha blanca y brillante que sirvió de moneda en la India y en el África negra.

CAURO s.m. (lat. *caurus*). Noroeste, viento que sopla de esta parte.

1. CAUSA s.f. (lat. *causa*). Cosa o suceso que se considera como fundamento u origen de algo: *conocer la causa de un fenómeno*. **2.** Circunstancia o motivo para hacer algo de una manera determinada: *no sé la causa que le impulsó a hacerlo*. **3.** DER. Fin que busca una persona que se obliga hacia otra; conjunto de circunstancias que determinan la situación de una persona en justicia desde el punto de vista legal. **4.** FILOS. Antecedente lógico o real que produce un efecto.◇ **A causa de** Por efecto, a consecuencia de.

2. CAUSA s.f. Discusión y resolución de un asunto. **2.** Empresa, ideal o fin por el que se toma interés o partido: *abrazar la causa liberal*. **3.** Proceso criminal. **4.** DER. Pleito.◇ **Causa matrimonial** Causa que afecta al matrimonio y a su validez o nulidad, y la referente a los derechos y deberes conyugales y a la separación de los esposos.

3. CAUSA s.f. Chile y Perú. Comida ligera. **2.** Perú. Puré de papas con lechuga, choclo, queso fresco y ají, que se sirve frío.

CAUSAHABIENTE s.m. y f. DER. Persona que por transmisión o sucesión adquiere los derechos de otra.

CAUSAL adj. (lat. *causalis*). Se dice de la relación de causa entre dos o más seres o hechos. ◇ **Conjunción causal** Conjunción que introduce una oración causal. **Oración causal** Oración subordinada que expresa la causa real o lógica de lo que se expresa en la oración principal.

CAUSALIDAD s.f. Relación que une una o varias causas a uno o varios efectos.◇ **Principio de causalidad** Principio filosófico según el cual todo hecho tiene una causa, de modo que las mismas causas en las mismas condiciones producen los mismos efectos.

CAUSANTE adj. y s.m. y f. Que causa algo. ◆ s.m. y f. DER. Persona de quien proviene el derecho que tiene otra persona.

CAUSAR v.tr. y prnl. Producir un efecto o una consecuencia: *la tormenta causó grandes pérdidas*. ◇ **Causar estado** Quedar firme una resolución administrativa o judicial, por no existir recurso contra ella, o haber transcurrido el plazo fijado por la ley.

CAUSATIVO, A adj. Que es origen o causa de algo. ◆ adj. y s.m. LING. Factitivo.

CAUSEO s.m. Chile. Comida ligera, generalmente de fiambres y alimentos fríos, que se hace fuera de las horas acostumbradas.

CÁUSTICA s.f. Superficie que envuelve los rayos luminosos reflejados o refractados, sobre la cual se encuentra una acumulación de luz.

CAUSTICIDAD s.f. Cualidad de cáustico. **2.** Fig. Malignidad o mordacidad en lo que se dice o escribe.

CÁUSTICO, A adj. y s.m. (lat. *causticus*, del gr. *kaustikós*, que quema). Que ataca los tejidos orgánicos. ◆ adj. Fig. Mordaz, agresivo: *una respuesta cáustica*.

CAUTELA s.f. (lat. *cautela*). Precaución, reserva. **2.** Astucia, maña para engañar.

CAUTELAR adj. Preventivo, precautorio. **2.** Se dice de las medidas o reglas que sirven para prevenir la consecución de determinado fin o precaver lo que pueda dificultarla.

CAUTELOSO, A adj. Que obra con cautela o implica cautela.

CAUTERIO s.m. (lat. *cauterium*, del gr. *kautérion*). Cauterización. **2.** Barra metálica calentada o sustancia química empleadas para quemar superficialmente los tejidos con el fin de producir una revulsión o, de manera más intensa, para destruir las partes enfermas u obtener una acción hemostática. **3.** Fig. Remedio que corrige o ataca eficazmente algún mal.

CAUTERIZACIÓN s.f. Acción de cauterizar.

CAUTERIZAR v.tr. [7]. Quemar una herida para cicatrizarla. **2.** Fig. Aplicar un remedio enérgico.

CAUTIVAR v.tr. (lat. tardío *captivare*). Aprisionar al enemigo en la guerra. **2.** Fig. Atraer, captar, seducir: *cautivar al auditorio*.

CAUTIVERIO s.m. Estado de la persona o animal privado de libertad, en especial el de la persona cautivada en una guerra.

CAUTIVIDAD s.f. Cautiverio.

CAUTIVO, A adj. y s. (lat. *captivus*). Que está privado de libertad. **2.** Fig. Que está dominado por una pasión o emoción hacia alguien o algo.

CAUTO, A adj. (lat. *cautus*). Cauteloso.

1. CAVA s.f. y adj. (lat. *cavus*, hueco). Cada una de las dos grandes venas, cava superior y cava inferior, que recogen la sangre de la circulación general y desembocan en la aurícula derecha del corazón.

2. CAVA s.f. (de *cavar*). Acción de cavar, remover la tierra. **2.** Lugar subterráneo en el que se guarda o conserva el vino. **3.** Foso que rodea un castillo o fortaleza. ◆ s.m. Nombre con que se comercializa el vino espumoso del tipo del champán elaborado en España.

CAVADOR, RA s. Persona que tiene por oficio cavar la tierra.

CAVADURA s.f. Acción y efecto de cavar.

CAVALIER s.m. Nombre que se daba, en Inglaterra, a los realistas bajo el mandato de Carlos I, por oposición a los parlamentarios puritanos.

CAVAR v.tr. e intr. (lat. *cavare*). Abrir, levantar o mover la tierra con la azada u otra herramienta semejante. **2.** Hacer un hoyo, galería o zanja en la tierra. ◆ v.intr. Fig. Meditar profundamente: *cavar en los misterios de la fe*.

CAVATINA s.f. (voz italiana, de *cavata di voce*, partido que se saca de la voz). MÚS. Breve fragmento de ópera destinado a una sola voz.

CAVERNA s.f. (lat. *caverna*). Concavidad natural muy profunda en la tierra o en las rocas. **2.** MED. Cavidad que se forma en un órgano a consecuencia de una enfermedad, después de evacuada la materia que lo ocupaba.

CAVERNARIO, A adj. Propio de las cavernas, o que tiene sus características.

CAVERNÍCOLA adj. y s.m. y f. (del lat. *caverna* y *colore*, habitar). De las cavernas, en especial del que vive en ellas. SIN.: *troglodita*. **2.** Fig. y fam. Retrógrado.

CAVERNOSIDAD s.f. Oquedad natural de la tierra, cueva. SIN.: *cavernidad*.

CAVERNOSO, A adj. Relativo o semejante a las cavernas: *oscuridad cavernosa*. **2.** Se dice del sonido sordo y bronco: *voz cavernosa*. **3.** Que tiene muchas cavernas.

CAVETO s.m. (ital. *cavetto*). Moldura cóncava cuyo perfil se aproxima a un cuarto de círculo.

CAVIAR s.m. (del turco *haviâr*). Huevas de esturión aderezadas.

CAVICORNIO, A adj. y s.m. (del lat. *cavus*, hueco, y *cornu*, cuerno). Relativo a un grupo de rumiantes cuyos cuernos huecos parten de unas prolongaciones óseas del cráneo.

CAVIDAD s.f. (lat. *cavitas*, *-atis*). Espacio hueco en un cuerpo o una superficie cualquiera, en especial en el organismo de los seres vivos: *las cavidades de una roca; cavidad bucal; cavidad cotiloidea*. ◇ **Cavidad resonante** Recinto encerrado por paredes conductoras, utilizado para mantener en el valor deseado una señal de alta frecuencia.

CAVILACIÓN s.f. Acción y efecto de cavilar.

CAVILAR v.tr. e intr. (lat. *cavillari*, bromear, emplear sofismas). Reflexionar de forma profunda o con preocupación sobre algo.

CAVILOSO, A adj. Propenso a cavilar. **2.** Colomb. Quisquilloso, camorrista.

CAVITACIÓN s.f. Formación de cavidades llenas de vapor o de gas en el seno de un líquido en movimiento, cuando la presión en un punto del líquido resulta inferior a la tensión del vapor.

CAYADO s.m. (lat. vulgar hispánico *cajatus*). Bastón grueso con el extremo curvado: *el cayado del pastor*. SIN.: cayada, gancho. **2.** Báculo pastoral de los obispos. **3.** Nombre que se da a algunas estructuras anatómicas en razón de su forma: *cayado de la aorta*.

CAYAPA, pueblo amerindio del NO de Ecuador (Esmeraldas) de expertos pescadores canoeros, que habla un dialecto barbacoa de la familia lingüística chibcha.

CAYAPÓ, grupo amerindio agricultor que forma el núcleo principal de la familia ge y que vive en la margen izq. del Araguaia (Brasil).

CAYO s.m. Islote llano y arenoso del mar de las Antillas y el golfo de México.

1. CAYUCO s.m. Amér. Embarcación india de una pieza, más pequeña que la canoa, con el fondo plano y sin quilla. **2.** Esp. Embarcación parecida a un bote pero de mayor tamaño.

2. CAYUCO, A adj. y s. Antillas y Méx. Se dice de la persona que tiene la cabeza estrecha y alargada.

CAZ s.m. Canal para tomar y conducir el agua de un lugar a otro.

CAZA s.f. Acción de cazar: *la caza del jabalí*. **2.** Conjunto de animales que se cazan. **3.** Carne de animal de caza. **4.** Persecución al alcance de algo o alguien. ◆ s.m. Avión pequeño de combate o reconocimiento, de gran velocidad y poder de maniobra. SIN.: *avión de caza*. ◇ **Andar,** o **ir, a la caza de algo** o alguien Poner todos los medios para encontrar o conseguir lo que se pretende. **Caza de asalto** Caza especializado en el ataque a objetivos terrestres. **Caza de interceptación** Interceptor.

CAZABE s.m. (taíno *cacábi*). Amér. Central, Antillas, Colomb. y Venez. Torta hecha de harina de mandioca.

CAZABOMBARDERO s.m. y adj. Avión de combate preparado para bombardear un objetivo.

CAZADERO, A adj. Que puede ser cazado. ◆ s.m. Lugar donde se caza o que es apropiado para cazar.

CAZADOR, RA s. y adj. Persona que caza. **2.** Se dice de los animales que cazan por instinto. ◆ s.m. Nombre que se daba, desde el s. XVIII, a los soldados de ciertos cuerpos de infantería y de caballería ligera. **2.** Piloto de un avión de caza. ◇ **Cazador furtivo** Cazador que caza sin la debida autorización.

CAZADORA s.f. Esp. y Méx. Prenda deportiva de abrigo abierta por delante que llega hasta la cintura. GEOSIN.: Argent., Chile y Urug. *campera*.

CAZALLA s.f. Aguardiente seco y fuerte que se elabora en Cazalla de la Sierra, Sevilla.

CAZAMINAS s.m. (pl. *cazaminas*). Barco costero encargado de detectar las minas de profundidad con ayuda de un sonar.

CAZAR v.tr. (del lat. *capere*, agarrar) [7]. Buscar o perseguir animales para atraparlos o matarlos. **2.** Fig. y fam. Conseguir con destreza algo bueno o difícil. **3.** Fig. y fam. Atraer a alguien con halagos o engaños. **4.** Fig. y fam. Sorprender a alguien, especialmente en una acción que deseaba ocultar. **5.** Fig. Conquistar a alguien con el fin de casarle.

CAZASUBMARINO s.m. Buque de guerra destinado a la caza y destrucción de submarinos, provisto de cargas de profundidad.

CAZATORPEDERO s.m. y adj. Buque de guerra preparado para combatir contra los torpederos.

CAZCALEAR v.intr. Andar de una parte a otra, como si se estuviera muy ocupado, sin hacer nada.

CAZCARRIA s.f. → CASCARRIA.

CAZO s.m. Utensilio de cocina que consiste en un recipiente esférico, con un mango largo. SIN.: *cacillo*.

CAZOLADA s.f. Cantidad de comida que cabe en una cazuela.

CAZOLETA s.f. Cazo pequeño. **2.** Receptáculo pequeño de algunos objetos: *la cazoleta de la pipa*. **3.** ARM. **a.** Guarda de la empuñadura de una espada que sirve para proteger la mano. **b.** En las antiguas armas de fuego, cavidad que contenía la pólvora para cebarlas.

CAZÓN s.m. Tiburón pequeño.

CAZUELA s.f. Utensilio para cocinar, especialmente para cocer o guisar alimentos, que consiste en un recipiente redondo, más ancho que hondo, con dos asas. **2.** Cazolada. **3.** Guiso de legumbres y carne picada que se prepara en varios países de América. **4.** TEATR. **a.** Paraíso, conjunto de asientos de la planta más alta de algunos teatros. **b.** Parte del teatro al que solo podían concurrir mujeres.

CAZURRERÍA s.f. Cualidad de cazurro. SIN.: *cazurría*.

CAZURRO, A adj. y s. *Fam.* Se dice de la persona de pocas palabras, huraño, encerrado en sí mismo. **2.** Basto, zafio.

CAZUZO, A adj. Chile. Hambriento.

CD s.m. (sigla del inglés *compact disc*). *Disco compacto.

CD-I s.m. (sigla del inglés *compact disc interactive*). *Disco compacto interactivo.

CD-ROM s.m. (sigla del inglés *compact disc read only memory*, disco compacto de memoria de solo lectura). Disco compacto de gran capacidad de memoria, para almacenar textos, imágenes y sonido, que, leídos por una unidad de lectura láser, son procesados por una microcomputadora y visualizados en un monitor.

CDV s.m. (sigla del inglés *compact disc vídeo*). *Disco compacto de vídeo.

CE s.f. Nombre de la letra *c*. ◇ **Ce cedilla** Nombre de la letra *ç*. (También *ce con cedilla* o *cedilla*.) **Ce por be** o **ce por ce** Con todos los detalles: *contar algo ce por be*. **Por ce o por be** Por un motivo o por otro: *por ce o por be nunca puede venir*.

CEBA o.f. Cebo dado al ganado para engordar. **2.** Amér. Cebo de escopeta.

CEBADA s.f. Planta cereal, con flores en espiga, de interés industrial, nutritivo y forrajero. (Familia gramíneas.) **2.** Semilla de esta planta. ◇ **Cebada mondada** Granos de cebada pasados entre dos muelas a fin de despojarlos de su primera cáscara. **Cebada perlada** Granos de cebada pasados entre dos muelas muy apretadas para quitarles todo el salvado y reducirlos a pequeñas bolas harinosas.

■ CEBADA — espiga

CEBADAL s.m. Terreno sembrado de cebada.

CEBADERA s.f. Morral para dar cebada al ganado en el campo. **2.** Cajón para la cebada.

CEBADERO s.m. Lugar destinado a cebar animales. **2.** Abertura superior de un horno, por la que se introduce el mineral, el fundente y el combustible.

CEBADO, A adj. Amér. Se dice de la fiera que por haber probado carne humana es más temible. **2.** Urug. Se dice de la persona acostumbrada a que le resuelvan los problemas. ◆ s.m. ELECTR. Régimen variable de ciertos fenómenos que preceden al régimen permanente. ◇ **Cebado de la bomba** Política económica que tiende, mediante el aumento de los gastos públicos, a la reanimación de la actividad económica. **Cebado de una bomba** MEC. Acción de llenar de agua una bomba y su tubo de aspiración.

CEBADOR, RA adj. Que ceba. ◆ s.m. Frasco que contenía la pólvora que se vertía en la cazoleta de las armas de fuego. **2.** ELECTR. Dispositivo utilizado para iniciar la descarga en el interior de determinados tipos de tubos de descarga, como los tubos fluorescentes.

CEBADURA s.f. Acción y efecto de cebar o cebarse.

CEBAR v.tr. Alimentar a los animales para engordarlos, generalmente para aprovechar su carne. *cebar unos capones.* **2.** *Fig.* Poner cebo en un anzuelo, un cepo o una trampa para atrapar animales. **3.** Colocar el cebo en un cartucho, en una carga explosiva. **4.** Con referencia a máquinas, aparatos o motores, ponerlos en condiciones de empezar a funcionar. **5.** Alimentar de combustible un horno, lámpara, etc. **6.** Amér. Merid. Preparar la infusión de mate. ◆ v.tr. y prnl. *Fig.* Fomentar en una persona un sentimiento o pasión: *cebar el alma con esperanzas.* ◆ **cebarse** v.prnl. *Fig.* Encarnizarse, ensañarse, irritarse.

CEBICHE s.m. C. Rica, Ecuad., Méx., Pan. y Perú. Plato de pescado o marisco crudo, cortado en trozos pequeños y preparado con un adobo de jugo de limón, cebolla picada, sal y ají.

CÉBIDO, A adj. y s.m. Relativo a una familia de primates de la familia cébidos, de cola prensil y nariz chata, que viven en las zonas forestales de América tropical, como el capuchino y el mono araña.

CEBO s.m. (lat. *cibus*, alimento, manjar). Comida que se da a los animales para alimentarlos o engordarlos. **2.** Añagaza que sirve para atraer la caza o la pesca, y que se coloca en el anzuelo o en el cepo. **3.** *Fig.* Estímulo que aumenta la intensidad de un sentimiento o pasión. **4.** *Fig.* Porción de combustible con que se alimenta un horno, una lámpara, etc. **5.** Sustancia simple o mezcla pirotécnica que entra en la fabricación de excitadores para detonación.

CEBOLLA s.f. (lat. *cepulla*, cebolleta). Planta hortense cuyo bulbo, de un sabor y olor fuertes y picantes, es comestible y se emplea mucho en cocina. (Familia liliáceas.) **2.** Bulbo de esta planta. **3.** Cualquier bulbo de planta: *cebolla de tulipán.* **4.** *Fig.* Corazón del madero o pieza de madera acebollados. ◇ **Cebolla albarrana**, o **chirle** Planta herbácea medicinal, de bulbo semejante al de la cebolla común. (Familia liliáceas.)

CEBOLLAR s.m. Terreno sembrado de cebollas.

CEBOLLERO, A adj. Relativo a la cebolla.

CEBOLLETA s.f. Planta vivaz de bulbo grande y umbela de flores blancas. (Familia liliáceas.) **2.** Cebolla común que, después de plantada, se vuelve a plantar y se come tierna antes de florecer.

CEBOLLINO s.m. Planta que crece espontánea en todo el mundo, y que se cultiva por sus hojas huecas y cilíndricas que se emplean como condimento. (Familia liliáceas.) **2.** Simiente de cebolla. **3.** *Fig.* Persona necia e indiscreta.

CEBÓN, NA adj. y s. Se dice del animal que está cebado.

CEBRA s.f. Mamífero ungulado de África, parecido al caballo, de 1,90 m de long. y pelaje blanquecino con rayas negras o pardas.

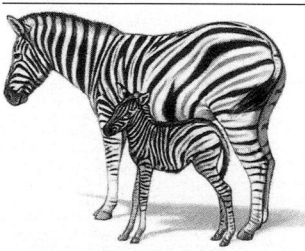

■ CEBRA hembra y su cría.

CEBRADO, A adj. Se dice del animal que tiene manchas como las de la cebra.

CEBRERO s.m. y adj. Queso blando, maduro y salado, que se elabora con leche de vaca.

CEBÚ s.m. (pl. *cebúes* o *cebús*). Mamífero bovino parecido al buey, caracterizado por poseer una o dos gibas encima de la cruz. (Familia bóvidos.)

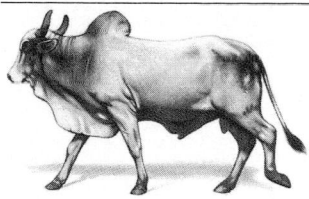

■ CEBÚ

CEBUANO, A adj. y s. Relativo al cebú. ◆ s.m. Lengua malayoindonesia del grupo indonesio hablada en Filipinas.

CECA s.f. (hispano-ár. *sékka*, abrev. de *dâr as-sékka*, casa de la moneda). Lugar donde se acuña moneda; casa de moneda. **2.** Argent. Cruz, reverso de la moneda. ◇ **De ceca en meca** o **de la ceca a la meca** o **la ceca y la meca** *Fam.* De un sitio a otro: *haber corrido la ceca y la meca.*

CECAL adj. Relativo al intestino ciego.

CECEAR v.intr. (de *ce*, letra). Pronunciar con ceceo.

CECEO s.m. Timbre particular de la *c* española. **2.** Pronunciación de la *s* como *z*: *es ceceo decir caza por casa.*

CECIAL s.m. Pescado seco y curado al aire.

CECIDIA o.f. Agalla que los parásitos animales o vegetales producen sobre los vegetales.

■ CEBOLLAS — blanca, roja, amarilla

CECILIA s.f. Anfibio ápodo y carente de ojos que vive en América del Sur.

CECINA s.f. Carne salada, enjuta y secada al aire, al sol o al humo. **2.** Argent. Tira de carne delgada, sin sal y seca. **3.** Chile. Embutido de carne.

CEDA s.f. → ZEDA.

CEDACILLO s.m. Planta herbácea que crece en prados y bosques, con espiguillas acorazonadas y violáceas. (Familia gramíneas.)

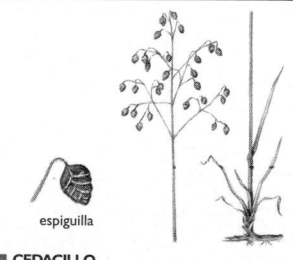

■ CEDACILLO — espiguilla

CEDAZO s.m. (del lat. vulgar *cribrum saetaceum*, criba hecha de cerdas). Instrumento formado por un aro y una tela metálica o de cerdas, que sirve para cerner la harina, el suero, etc. **2.** Red grande para pescar.

CEDENTE adj. y s.m. y f. DER. Que cede su derecho o sus bienes.

CEDER v.tr. (lat. *cedere*, retirarse, marcharse). Dar algo a alguien de forma voluntaria: *ceder los bienes*. **2.** DEP. Pasar un jugador la pelota a otro de su mismo equipo para que continúe la jugada. ◆ **v.intr.** Desaparecer o disminuir la fuerza o intensidad de algo como el viento, la fiebre, el dolor, etc. **2.** Dejar de oponer resistencia: *ceder a sus ruegos*. **3.** Perder algo su resistencia, rigidez o la forma que le es propia: *ceder el sillón bajo el peso de alguien*.

CEDERRÓN s.m. CD-ROM.

CEDILLA s.f. Signo gráfico que se ponía en castellano bajo la letra *c*, y que se usa en catalán, portugués y francés, ante las vocales *a*, *o*, *u*, para darle el sonido de *s* sorda. **2.** Nombre de la letra *ç*.

CEDOARIA s.f. (bajo lat. *zedoarium*). Raíz medicinal de sabor algo amargo y olor aromático, que se obtiene de ciertas plantas propias de la India oriental. (Familia cingiberáceas.)

CÉDRIDE s.f. Fruto del cedro.

CEDRINO, A adj. Relativo al cedro: *tabla cedrina*.

CEDRO s.m. (lat. *cedrus*). Árbol de Asia y África, de unos 40 m de alt., de tronco grueso, ramas extendidas horizontalmente en planos superpuestos, hojas persistentes y punzantes, y madera aromática, compacta y duradera. (Familia abietáceas.) **2.** Madera de este árbol. **3.** Madera comercial de origen americano que se usa para hacer las cajas de los cigarros puros.

fruto
y hojas

■ **CEDRO** del Atlas (norte de África).

CEDRÓN s.m. Planta aromática de propiedades medicinales, originaria de Perú. (Familia verbenáceas.) **2.** Árbol que crece en América Meridional, cuya semilla es eficaz contra las calenturas y el veneno de las serpientes. (Familia simarubáceas.)

CÉDULA s.f. (lat. tardío *schedula*, hoja de papel, página). Documento, generalmente oficial, en que se acredita o se notifica algo: *cédula personal*; *cédula testamentaria*; *cédula de citación*. **2.** Papel pequeño escrito o para escribir en él. SIN.: *ficha*. ◇ **Cédula de composición** Documento con que se legitimaba la presencia de un extranjero en las Indias españolas. **Cédula de identidad** Argent., Chile y Urug. Tarjeta de identidad, documento. **Cédula hipotecaria** Título representativo de un crédito garantizado con hipoteca. **Cédula real** Despacho expedido por el rey, por el que se promulgaba una ley o se concedía una gracia o un privilegio.

CEDULARIO s.m. Reunión de reales cédulas.

CEFALALGIA s.f. (gr. *kephalalgía*, de *kepalí*, cabeza, y *álgos*, dolor). MED. Cefalea.

CEFALEA s.f. (lat. *cephalaea*, del gr. *kephalaía*). MED. Dolor de cabeza.

CEFÁLICO, A adj. (lat. *cephalicus*, del gr. *kephalikós*, de la cabeza). Relativo a la cabeza.

CEFALÓPODO, A adj. y s.m. (del gr. *kepalí*, cabeza, y *poys, podos*, pie). Relativo a una clase de moluscos marinos, carnívoros y nadadores, cuya cabeza presenta unos tentáculos provistos de ventosas, y que se desplazan expulsando agua por un sifón. (El calamar o el pulpo pertenecen a dicha clase.)

CEFALORRAQUÍDEO, A adj. Relativo a la cabeza y a la médula o a la columna vertebral. ◇ **Líquido cefalorraquídeo** Líquido claro contenido entre las meninges.

CEFALOTÓRAX s.m. (del gr. *kepalí*, cabeza, y *thórax*, pecho). Región anterior del cuerpo de ciertos crustáceos y arácnidos, que comprende la cabeza y el tórax fusionados.

CEFEIDA s.f. ASTRON. Estrella de luminosidad variable, según un período corto o medio de tiempo (entre algunas horas y un centenar de horas).

CÉFIRO s.m. (lat. *zephyrus*, del gr. *zéphyros*). Poniente, viento templado y húmedo que sopla del oeste. **2.** *Poét.* Viento suave y apacible. **3.** Tela de algodón casi transparente.

CEGAJOSO, A adj. y s. Se dice de la persona que habitualmente tiene cargados y llorosos los ojos.

CEGAR v.intr. (lat. *caecare*) [4]. Perder enteramente la vista. ◆ **v.tr.** Quitar la vista, privar de la vista a alguien. **2.** *Fig.* Cerrar, tapar u obstruir. ◆ **v.tr.** e intr. Dejar momentáneamente ciego a alguien debido a una luz muy intensa y repentina. ◆ **v.tr.** y **prnl.** *Fig.* Ofuscar u obcecar el entendimiento o la razón: *cegar una pasión el alma*.

CEGARRITA adj. y s.m. y f. *Fam.* Se dice de la persona que por debilidad de la vista entorna los ojos para ver.

CEGATO, A adj. y s. *Fam.* Corto o escaso de vista: *mirada cegata*.

CEGESIMAL adj. Relativo al sistema CGS.

CEGUERA s.f. Pérdida de la visión, parcial o completa. **2.** Enfermedad que produce una pérdida de visión. **3.** Ofuscación que impide razonar con claridad. ◇ **Ceguera psíquica** Agnosia. **Ceguera verbal** Alexia.

CEIBA s.f. Árbol originario de las regiones tropicales, de madera blanca y blanda, que mide hasta 70 m y de cuyos frutos se extrae el miraguano, que se utiliza como relleno de almohadas, etc. (Familia bombacáceas.)

CEIBAL s.m. Lugar plantado de ceibas o ceibos.

CEIBO s.m. Árbol de las Antillas, de flores rojas. (Familia papilionáceas.)

CEJA s.f. (lat. *cilia*, pl. de *cilium*, párpado, ceja). Parte prominente de la cara, situada encima de cada uno de los ojos, curvada, móvil y cubierta de pelos: *cejas muy pobladas*. **2.** Pelo que sobresale un poco en ciertas cosas: *ceja de la encuadernación*. **4.** Amér. Merid. Sección de un bosque cortado por un camino. **5.** MÚS. **a.** Pieza de madera o de marfil aplicada en el mástil de un instrumento de cuerda o en el bastidor de un piano o de un clave, para apoyo de las cuerdas. **b.** Pieza suelta que se aplica transversalmente sobre la encordadura de la guitarra y sirve para elevar la entonación del instrumento. SIN.: *cejilla*. ◇ **Hasta las cejas** Hasta el máximo, al extremo. **Metérsele**, o **ponérsele** alguien **entre ceja y ceja** alguna cosa Fijarse un pensamiento a propósito. **Quemarse las cejas** *Fam.* Estudiar mucho. **Tener entre cejas**, o **entre ceja y ceja**, a alguien No poder soportarlo.

CEJAR v.intr. Retroceder, andar hacia atrás, especialmente las caballerías que tiran de un carruaje. **2.** *Fig.* Ceder en un asunto, replegar un empeño: *no ceja en su empeño de descubrir la verdad*. (Se usa en frases negativas.)

CEJIJUNTO, A adj. Que tiene las cejas muy pobladas y con ninguna o muy poca separación entre ellas. **2.** *Fig.* Ceñudo.

CEJILLA s.f. Ceja de los instrumentos de cuerda.

CEJUDO, A adj. Que tiene las cejas muy pobladas y largas.

CELACANTO s.m. Pez marino que habita en las costas de las islas Comores y Célebes, de aletas carnosas y cuerpo macizo, de 1,50 m de long. aprox. (Es la única especie viva del orden de los crosopterigios.)

■ **CELACANTO**

1. CELADA s.f. Pieza de la armadura que cubría la cabeza. **2.** Hombre de armas que la usaba.

2. CELADA s.f. Asechanza dispuesta con disimulo: *ser víctima de una celada*.

CELADÓN s.m. Tipo de porcelana procedente de Extremo oriente, de color verde pálido.

■ **CELADÓN.** Vasija china de celadón, época Song del norte; ss. X-XIII. (Museo Guimet, París.)

CELADOR, RA adj. Que cela o vigila. ◆ s. Persona que se ocupa de la vigilancia de un lugar público: *celador de hospital*.

CELAJE s.m. Aspecto del cielo cuando lo cubren nubes tenues y de varios matices. (Suele usarse en plural.)

1. CELAR v.tr. e intr. (lat. tardío *zelari*, tener celos). Vigilar con particular cuidado el cumplimiento de las leyes u obligaciones: *celar la observancia de un reglamento*. ◆ v.tr. Vigilar a una persona por recelo hacia ella.

2. CELAR v.tr. y prnl. (lat. *celare*). Encubrir, ocultar: *celar algún secreto*.

3. CELAR v.tr. (lat. *caelare*, de *caelum*, cincel). Grabar en láminas de metal o madera para sacar estampas. **2.** Esculpir o cortar metal, piedra o madera.

CELDA s.f. (lat. *cella*). Habitación pequeña y con poco mobiliario, especialmente en una cárcel, convento o monasterio. **2.** Casilla de una tabla o cuadro: *rellenar solo las celdas sombreadas*. **3.** Celdilla de un panal.

CELDILLA s.f. Cada uno de los alvéolos de cera de que se componen los panales de las abejas. **2.** Célula, pequeña celda, cavidad o seno.

CELEBÉRRIMO, A adj. Muy célebre.

CELEBRACIÓN s.f. Acción de celebrar: *la celebración de un juicio*. **2.** Fiesta o acto solemne con que se conmemora un acontecimiento.

CELEBRANTE adj. y s.m. Se dice del sacerdote que dice la misa.

CELEBRAR v.tr. (lat. *celebrare*, frecuentar). Realizar un acto público, como una reunión, un espectáculo, etc.: *celebrar un concierto benéfico*. **2.** Hacer solemne una función, ceremonia, junta, contrato o cualquier otro acto jurídico: *celebrar consejo*. **3.** Alabar, aplaudir: *celebrar la hermosura de las flores*. **4.** Festejar a una persona, cosa o acontecimiento: *celebrar un cumpleaños*. ◆ v.tr. e intr. Decir misa u oficiar cualquier ceremonia religiosa.

CÉLEBRE adj. (lat. *celeber, -bris, -bre*, frecuentado). Famoso, que tiene fama.

CELEBRET s.m. En la Iglesia católica, documento firmado por el obispo que se exige a todo sacerdote que quiera celebrar misa en una iglesia donde no es conocido.

CELEBRIDAD s.f. (lat. *celebritas, -tis*, frecuentación). Cualidad de célebre. **2.** Persona famosa: *considerar a uno una celebridad.*

CELEMÍN s.m. (hispano-ár. *ṯumanī*, pl. de *ṯumnīya*, vaso de barro). Medida de capacidad para áridos. (En Castilla equivale a 4,625 l; la doceava parte de una fanega.) **2.** Antigua medida agraria de superficie que en Castilla equivalía a unos 537 m².

CELENTÉREO, A adj. y s.m. (del gr. *koilos*, hueco, y *énteros*, intestinos). Se dice del animal acuático de simetría radiada cuyo cuerpo, formado por dos paredes que limitan la cavidad digestiva, está provisto de tentáculos urticantes. (La hidra y la medusa son celentéreos.)

CELEQUE adj. Hond. y Salv. Se dice de la fruta tierna o en leche.

CÉLERE adj. (lat. *celer, -eris*). Pronto, rápido.

CELERIDAD s.f. (lat. *celeritas, -atis*). Rapidez, prontitud: *obrar con celeridad y energía.*

CELERÍFERO s.m. Vehículo de dos ruedas sin pedales, unidas entre sí por un listón de madera sobre el que se puede ir sentado. (Es el precursor de la bicicleta.)

CELESTA s.f. Instrumento de percusión, con teclado, provisto de macillos que golpean una lámina de acero y cobre.

CELESTE adj. (lat. *caelestis*). Relativo al cielo: *los cuerpos celestes.* ◆ adj. y s.m. Se dice del color azul claro.

CELESTIAL adj. Del cielo, como morada de la divinidad y de los bienaventurados. **2.** *Fig.* Delicioso, placentero, muy agradable: *quietud celestial.*

CELESTINA s.f. (de *La Celestina*, obra de F. de Rojas). Alcahueta. (V. parte n.pr.) ◇ **Polvos de la madre Celestina** Polvos mágicos que obran por arte de birlibirloque.

CELESTINESCO, A adj. Propio de celestina o alcahueta.

CELESTINO s.m. y adj. Religioso de una orden de eremitas, fundada en 1251 por san Pedro Celestino.

CELÍACO, A adj. (lat. *coeliacus*, del gr. *koiliakós*, del vientre). Relativo al abdomen. **2.** Se dice de la enfermedad caracterizada por la aparición de trastornos en la absorción intestinal como consecuencia de una intolerancia al gluten, que se manifiesta especialmente en lactantes. ◆ adj. y s. Que padece esta enfermedad. ◇ **Plexo celíaco** Conjunto de fibras nerviosas simpáticas que rodean la zona del tronco celíaco.

CELIBATO s.m. (lat. *caelibatus, -us*). Soltería: *las excelencias del celibato.* ◇ **Celibato eclesiástico** Obligación de guardar perfecta castidad que la iglesia católica impone a sus ministros sagrados, bajo la forma de voto perpetuo y solemne, implícito en la ordenación.

CÉLIBE adj. y n.m. y f. (lat. *caelebs, ibis*) Que no se ha casado. SIN.: *soltero.*

CELIDONIA s.f. (lat. *chelidonia*) Planta herbácea de hojas verdes por el haz y amarillentas por el envés, y flores en umbelas, pequeñas y amarillas. (Crece cerca de los muros; también *celidonia mayor;* familia papaverá-

ceas.) ◇ **Celidonia menor** Planta herbácea de tallo tendido y hojas lustrosas, venenosa, que se ha empleado en farmacia. (Familia ranunculáceas.)

CELIOSCOPIA s.f. Examen endoscópico de la cavidad peritoneal.

CELLA s.f. Naos.

CELLISCA s.f. (del lat. *cingulum*, cincha). Temporal de agua y nieve muy menuda, acompañadas de fuerte viento.

1. CELO s.m. (lat. *zelus*, ardor, celos, del gr. *zilos*). Conjunto de fenómenos asociados al apetito sexual que aparecen en algunos animales en la época de reproducción: *estar un animal en celo.* **2.** Tiempo periódico en que se producen esos fenómenos. **3.** Esp. Cuidado y esmero en el cumplimiento de los deberes o interés activo y eficaz por una causa o persona. ◆ **celos** s.m.pl. Sentimiento que experimenta una persona cuando teme o sospecha que la persona amada quiere o desea a otra, o cuando siente que otra persona prefiere a una tercera en lugar de a ella: *tener celos de alguien.* **2.** Sentimiento de envidia que provoca el deseo de tener o disfrutar de algo que tienen o disfrutan los demás.

2. CELO s.m. (de *Cello*, marca registrada). Tira de papel o plástico transparente, adhesivo por uno de sus lados, que se emplea para pegar.

CELOFÁN s.m. (marca registrada). Película transparente de celulosa que se emplea para envolver cosas. SIN.: *celofana; papel celo.*

CELOMA s.m. Cavidad interna de los animales superiores, cuyos vestigios en el hombre son el pericardio, la pleura y el peritoneo.

CELOMADO, A adj. y s.m. Se dice de los animales triploblásticos cuyo mesodermo forma una cavidad interna o celoma.

CELOSÍA s.f. Enrejado tupido de madera, metal u otro material a través del cual se puede ver sin ser visto.

CELOSIADO, A adj. HERÁLD. Se dice del escudo o pieza cubierto de otras piezas alargadas que se entrecruzan en forma de sotuer.

CELOSO, A adj. Que tiene celo o celos: *un hombre celoso.* **2.** Amér. Se dice del arma de fuego, trampa o resorte que se dispara o funciona con demasiada facilidad.

CELTA adj. y s.m. y f. De un grupo de pueblos que ocuparon una parte de la vieja Europa y que hablaban una lengua indoeuropea. ◆ s.m. Lengua indoeuropea hablada por los celtas.

ENCICL. Los pueblos celtas se individualizaron hacia el II milenio. Parece que su hábitat primitivo era el SO de Alemania. En el transcurso del I milenio invadieron la Galia y la península Ibérica (celtíberos), las islas Británicas, Italia, los Balcanes y Asia Menor (Galacia). Los germanos y los romanos (siglo III a.C.) destruyeron el poder celta, que solo se mantuvo en Irlanda. Casi toda Europa, excepto el valle del Guadalquivir y el Levante, fue zona de asentamientos celtas (cántabros, astures y galaicos en el N; lusitanos y célticos en Portugal; vetones, carpetanos y quizá vacceos en la meseta). Las principales características de su arte, conocido por la decoración de las armas, la acuñación de monedas y la estatuaria religiosa, son el dinamismo, la esquematización, el triunfo de las líneas curvas y de los entrelazos que transfiguran lo real.

CELTIBÉRICO, A adj. y s. Celtíbero. **2.** *Desp.* Carpetovetónico.

CELTÍBERO, A o **CELTIBERO, A** adj. y s. De un pueblo prerromano de la península Ibérica, de cultura céltica, que asimiló formas de vida ibéricas, cuyos principales centros eran Clunia y Numancia. ◆ s.m. Lengua primitiva de la península Ibérica, que se extinguió a comienzos de la era cristiana.

CÉLTICO, A adj. Celta.

CELTISMO s.m. Doctrina que supone que la lengua céltica es origen de la mayoría de las modernas. **2.** Tendencia de algunos arqueólogos a reputar como célticos los monumentos megalíticos.

CELTISTA s.m. y f. Persona que se dedica al estudio de la lengua y la literatura célticas.

CÉLULA s.f. (lat. *cellula*, dim. de *cella*, celda). Pequeña celda, cavidad o seno. **2.** Grupo que

funciona de forma independiente dentro de una organización general: *célula comunista.* **3.** AERON. Conjunto de las estructuras del ala y del fuselaje de un avión. **4.** BIOL. Elemento constitutivo de todo ser vivo. ◇ **Célula fonorreceptora** Cabeza de lectura. **Célula fotoeléctrica** Dispositivo que transforma la luz en corriente eléctrica. **Célula fotovoltaica**, o **solar** ELECTRÓN. Dispositivo que utiliza el efecto fotovoltaico y convierte directamente en electricidad una parte de la energía de la radiación del Sol o de otra fuente de luz. SIN.: *fotopila.* **Célula madre** Célula del embrión o de ciertos tejidos del adulto que es capaz de dividirse indefinidamente y generar, en cada división, dos células idénticas a ella y, también, producir nuevos linajes celulares especializados. (Las células madre pueden engendrar todos los tipos de células del organismo y se pueden utilizar en numerosas aplicaciones biológicas y médicas.) ENCICL. Toda célula está rodeada en su totalidad por una *membrana* y contiene un *citoplasma* de apariencia homogénea en el cual flotan los *orgánulos* (núcleo, mitocondrias, vacuolas, ribosomas, etc.). El núcleo, desnudo en los organismos procariotas (bacterias), está rodeado por una membrana en los eucariotas. Este núcleo contiene los cromosomas. Los *protistos* son eucariotas unicelulares. Animales y plantas están constituidos por miles de millones de células diversificadas, pese a lo cual su ciclo reproductivo pasa por un estadio de una sola célula, el *huevo.*

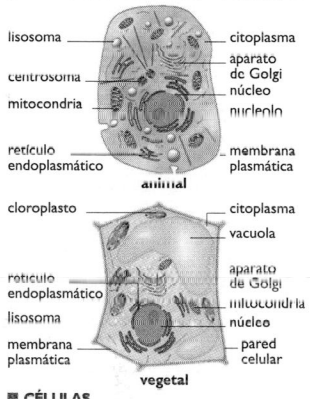

lisosoma — citoplasma
centrosoma — aparato de Golgi
— núcleo
mitocondria — nucleolo
retículo endoplasmático — membrana plasmática
animal

cloroplasto — citoplasma
— vacuola
retículo endoplasmático — aparato de Golgi
lisosoma — mitocondria
— núcleo
membrana plasmática — pared celular
vegetal

■ **CÉLULAS**

CELULADO, A adj. Con células o distribuido en células.

CELULAR adj. Relativo a las células. **2.** Se dice de las prisiones con celdas individuales. **3.** Se dice del vehículo para el traslado de presos. ◆ s.m. Amér. Teléfono portátil autónomo que puede efectuar y recibir llamadas desde cualquier punto, dentro de un área de cobertura determinada. GEOSIN.: Esp. *móvil.* ◇ **Membrana celular** Envoltura de la célula viva. **Régimen celular** Régimen en el que se mantiene aislados a los presos. **Teoría celular** BIOL. Teoría según la cual la célula es el elemento fundamental de la vida.

CELULASA s.f. Enzima que poseen determinados flagelados y bacterias y que les permite digerir la celulosa.

CELULÍTICO, A adj. Relativo a la celulitis.

CELULITIS s.f. *Fam.* Acumulación subcutánea de grasa que da a la piel un aspecto acolchado y punteado *(piel de naranja)*, especialmente en los muslos y las nalgas *(cartucheras)*. **2.** Inflamación del tejido conjuntivo, especialmente del tejido celular subcutáneo.

CELULOIDE s.m. (marca registrada). Materia plástica muy maleable en caliente, pero muy inflamable, obtenida tratando la nitrocelulosa con alcanfor. **2.** *Por ext.* Cinta cinematográfica.

CELULOSA s.f. Sustancia macromolecular del grupo de los glúcidos, de fórmula $(C_6H_{10}O_5)_n$, contenida en la membrana de las células vegetales.

■ CELIDONIA

fruto (silicua)

221

CELULÓSICO, A adj. Que es de la naturaleza de la celulosa o que la contiene.

CEMENTACIÓN s.f. METAL. Calentamiento de una pieza metálica en contacto con un cemento que, mediante difusión de este en toda la masa metálica *(cementación profunda o a fondo)* o en su superficie *(cimentación superficial)*, le permite adquirir ciertas propiedades particulares de dureza, ductilidad, etc.

CEMENTAR v.tr. Someter al proceso de cementación.

CEMENTERIO s.m. (lat. tardío *coementerium,* del gr. *koimitírios,* dormitorio). Lugar donde se entierra a los muertos. **2.** Lugar al que determinados animales van a morir y en el que se acumulan sus osamentas: *cementerio de elefantes.* **3.** Terreno en el que se acumulan vehículos destinados al desguace.

CEMENTERO, A adj. Relativo al cemento.

CEMENTISTA s.m. y adj. Persona que fabrica o emplea cemento.

CEMENTITA s.f. Carburo de hierro de fórmula C₃Fe, constituyente de los aceros.

CEMENTO s.m. (lat. *caementum,* canto de construcción, piedra sin escuadrar). Materia pulverulenta que forma con el agua o con una solución salina una pasta plástica capaz de aglomerar, al endurecerse, sustancias muy variadas. **2.** ANAT. Sustancia ósea que recubre el marfil de la raíz de los dientes. **3.** GEOL. Materia que consolida las rocas detríticas al cristalizar en los espacios comprendidos entre los fragmentos rocosos. **4.** METAL. Materia que, al ser calentada en contacto con un metal, se descompone y permite la difusión, a elevada temperatura, de uno o varios de sus elementos en la superficie de dicho metal. ⬦ **Cemento metalúrgico** Cemento obtenido a partir de una mezcla que contiene un 30 % de clínker y un 70 % de escoria de alto horno, con una pequeña cantidad de sulfato cálcico. **Cemento portland** Cemento muy resistente que contiene al menos un 65 % de clínker. (También *portland.*) **Cemento rápido** Cemento cuyo fraguado tiene lugar en pocos minutos.

CEMENTOSO, A adj. Que tiene las características del cemento: *materia cementosa.*

CEMITA s.f. Amér. Pan de salvado y harina.

CEMPASÚCHIL s.m. Méx. Planta herbácea cuyas flores, de color amarillo o anaranjado, se emplean como ofrenda para los muertos. (Familia compuestas.) **2.** Méx. Flor de esta planta.

CEMPOAL s.m. Planta herbácea de flores amarillas medicinales que crece en México y se cultiva en Europa, donde se le da el nombre de *clavel de Indias.* (Familia compuestas.)

CENA s.f. (lat. *cena,* comida de las tres de la tarde). Última comida que se toma al atardecer o por la noche. **2.** Acción de tomar esta comida. **3.** En el culto católico conmemoración de la última Cena, que se celebra el jueves santo. **4.** En el culto protestante, comunión. ⬦ **Santa,** o **última, Cena** Última comida de Jesucristo con sus apóstoles, la víspera de su pasión, durante la cual instituyó la eucaristía.

CENACHO s.m. (mozár. *șannāč,* canasta). Espuerta honda y flexible, con una o dos asas, para llevar comestibles.

CENÁCULO s.m. (lat. *cenaculum,* comedor). Sala donde Jesucristo reunió a sus discípulos para celebrar la última Cena. **2.** *Fig.* Reunión o conjunto de personas con aficiones literarias, artísticas, etc., comunes.

CENADOR, RA s.m. Espacio generalmente de planta circular que suele haber en los jardines, cercado de plantas trepadoras, parras o árboles.

CENADURÍA s.f. Méx. Fonda en la que se sirven comidas, especialmente de noche.

CENAGAL s.m. Lugar lleno de cieno. **2.** *Fig.* y *fam.* Asunto apurado.

CENAGOSO, A adj. Lleno de cieno: *aguas cenagosas.*

CENAR v.tr. e intr. (lat. *cenare,* de *cena,* comida de las tres de la tarde). Tomar algo de cena, última comida: *cenar en un restaurante; cenar pescado.*

CENCEÑO, A adj. Delgado o enjuto: *un viejo cenceño y encorvado.*

CENCERRADA s.f. Ruido de cencerros, cuernos, etc., especialmente el que se hace con fines burlescos o festivos.

CENCERREAR v.intr. Sonar insistentemente cencerros o armar ruido con ellos. **2.** *Fig.* y *fam.* Rechinar, chirriar.

CENCERRO s.m. (voz de origen onomatopéyico). Campanilla de metal, generalmente tosca, que se ata al cuello de las reses. ⬦ **Estar como,** o **más loco que, un cencerro** *Fam.* Estar muy loco o hacer locuras.

CENCUATE o **CINCUATE** s.m. Méx. Culebra inofensiva de color amarillo o rojo con manchas oscuras.

CENDAL s.m. Tejido de seda parecido al tafetán, al que remplazó en el s. XIV. **2.** MAR. Embarcación de guerra de tres palos, usada antiguamente por los moros.

CENEFA s.f. (ár. *șanîfa,* borde). Tira o lista con dibujos, generalmente repetición de un mismo motivo, que se coloca como adorno en los bordes de algunas prendas de ropa o a lo largo de los muros, pavimentos o techos. **2.** Banda vertical y central de la casulla de un sacerdote, de tela o color diferente al resto de la prenda.

CENESTESIA s.f. (del gr. *koinós,* común, y *aisthiois,* sensación). Conjunto de las sensaciones internas del organismo.

CENESTÉSICO, A adj. Relativo a la cenestesia.

CENETES → ZANĀTA.

CENETISTA adj. y s.m. y f. Relativo a la CNT (Confederación nacional del trabajo); miembro de dicha organización.

CENIA s.f. Máquina simple para elevar el agua y regar terrenos.

CENICERO s.m. Recipiente donde se echa la ceniza y los residuos del cigarro, cigarrillo o pipa. **2.** Espacio debajo de la rejilla del hogar, para recoger la ceniza.

CENICIENTA s.f. (de *Cenicienta,* personaje de *La Cenicienta,* cuento de Perrault). Persona o cosa injustamente postergada, poco considerada o despreciada.

CENICIENTO, A adj. De color gris claro, como la ceniza: *una mañana cenicienta.*

CENIT, CÉNIT o **ZENIT** s.m. (del ár. *samt arra's,* el paraje de la cabeza). Punto del hemisferio celeste situado en la vertical de un lugar de la Tierra. CONTR.: *nadir.* **2.** *Fig.* Momento de apogeo de alguien o algo: *estar en el cenit de su carrera.*

CENITAL adj. Relativo al cenit. ⬦ **Distancia cenital** Distancia angular de un punto al cenit. **Distancia cenital de una estrella** Ángulo que forma con la vertical del lugar el rayo visual que va del ojo del observador a la estrella. **Iluminación cenital** ARQ. Iluminación conseguida mediante claraboyas.

CENIZA s.f. (del lat. *cinis, -eris,* ceniza). Polvo mineral de color gris claro que queda como residuo de una combustión completa. **2.** Residuos de un cadáver, restos mortales. (Suele usarse en plural.) ⬦ **Cenizas volcánicas** GEOL. Partículas finas y sólidas que proyecta un volcán en erupción y que, al caer, se depositan en estratos blandos. **Miércoles de ceniza** Para los católicos, primer miércoles de cuaresma.

CENIZO s.m. *Fam.* Persona que trae mala suerte. **2.** Mala suerte: *dar el cenizo.*

CENOBIO s.m. (lat. tardío *coenobium,* del gr. *koinóbios,* vida en común). Monasterio.

CENOBITA s.m. (lat. tardío *coenobita*). Monje que vive en comunidad (en oposición a *anacoreta*). ◆ s.m. y f. *Fig.* Persona ascética.

CENOBÍTICO, A adj. Relativo al cenobita o al cenobio.

CENOBITISMO s.m. Forma de vida cenobítica.

CENOTAFIO s.m. (lat. *cenotaphium,* del gr. *kenotáphios*). Monumento funerario que no contiene el cadáver del personaje a quien se dedica.

CENOTE s.m. GEOMORFOL. Grandes depósitos naturales de agua alimentados por corrientes subterráneas.

CENOZOICO, A adj. (del gr. *koinós,* nuevo, y *zoon,* animal). GEOL. Se dice de los terrenos y formaciones correspondientes a las eras terciaria y cuaternaria.

CENSAR v.intr. Hacer el censo o padrón de los habitantes de un lugar. ◆ v.tr. Registrar en un censo.

CENSATARIO, A s. Persona obligada a pagar el canon de un censo.

CENSITARIO, A adj. Relativo al censo. ⬦ **Sufragio censitario** Sistema en el que el derecho al voto queda reservado a los contribuyentes que pagan una cantidad mínima de impuestos.

CENSO s.m. (lat. *census, -us*). Padrón o lista de la población o riqueza de un país, de una provincia o de una localidad. **2.** DER. Sujeción de bienes inmuebles al pago de un canon o rédito anual en retribución de un capital que se recibe en dinero o del dominio pleno o menos pleno que se transmite de los mismos bienes. **3.** HIST. Contribución pagada por los vasallos a su señor. ⬦ **Censo electoral** DER. y POL. Registro general de los ciudadanos con derecho a voto.

CENSOR, RA adj. Que censura: *actitud censo-*

frete	entrelazo	puntas de diamante
besantes	grecas	ondas
billetes	meandros	hojas y dardos
chapelet (rosario compuesto)	rosario de olivas	frondas
dientes de sierra	ovas y dardos	guirnalda
ajedrezado	palmetas y espiras	sogueado
dentículos	perlas	trenzado

■ **CENEFA**

de peral, de hojas
el envés.
por una mez-
etálicos.

ra. ◆ s. (lat. *censor, -oris*). Funcionario encargado de censurar los escritos y obras destinados a la difusión. **2.** Persona que tiene tendencia a censurar o criticar las acciones y costumbres de los demás. ◆ s.m. En la antigua Roma, magistrado que gozaba de una inviolabilidad y de un prestigio especiales, y cuya función consistía en empadronar a los ciudadanos, inventariar los bienes y vigilar las costumbres. ◇ **Censor jurado de cuentas** Persona capacitada legalmente para analizar, controlar u organizar contabilidades y balances empresariales.

CENSUAL adj. (lat. *censualis*). Relativo al censo.

CENSUALISTA s.m. y f. Persona a cuyo favor se impone un censo o que tiene derecho a percibir sus réditos.

CENSURA s.f. (lat. *censura*). Reprobación o juicio negativo de la conducta, forma de actuar, etc., de los demás. **2.** Examen que hace un gobierno de los libros, periódicos, obras de teatro, películas, etc., antes de permitir su difusión. **3.** Comisión de personas encargadas de este examen. **4.** Juicio eclesiástico que reprueba severamente. **5.** Entre los antiguos romanos, oficio y dignidad de censor. **6.** PSICOANÁL. Función de control que regula el acceso de deseos inconscientes a la conciencia, deformándolos.

CENSURAR v.tr. Reprobar o criticar la conducta, la forma de actuar, las costumbres, etc., de los demás: *censurar una costumbre*. **2.** Examinar y formar juicio el censor de un texto, doctrina, película, etc. **3.** Suprimir o prohibir la difusión de parte de una obra, por motivos políticos o morales.

CENT s.m. Moneda fraccionaria que vale 1/100 de la unidad monetaria principal en diversos países (Australia, Canadá, EUA, etc.)

CENTAURA s.f. Planta herbácea perenne, de tallo ramoso, hojas coriáceas y vilano rojizo. (Familia coriáceas.)

CENTAURO s.m. (lat. *centaurus*, del gr. *kéntauros*). Ser fabuloso de la mitología griega, mitad hombre y mitad caballo.

CENTAVO, A adj. y s.m. Centésimo, cada una de las cien partes en que se divide un todo. ◆ s.m. Moneda fraccionaria que vale 1/100 de la unidad monetaria principal en numerosos países iberoamericanos.

CENTELLA s.f. (lat. *scintilla*, chispa). Rayo, especialmente de poca intensidad. **2.** Chispa, partícula incandescente. ◇ **Como una centella** Con mucha rapidez y diligencia.

CENTELLEANTE adj. Que centellea.

CENTELLEAR v.intr. Despedir rayos de luz trémulos en forma de destellos. **2.** *Fig.* Brillar mucho los ojos de una persona.

CENTELLEO s.m. Acción de centellear. **2.** Fenómeno de fluctuación variable de la intensidad de radiación de una estrella.

CENTÉN s.m. Moneda de oro acuñada en España durante el s. XVII, que tenía un valor de cien escudos. **2.** Moneda de oro acuñada en España en 1854 por Isabel II.

CENTENA s.f. Conjunto de cien unidades.

CENTENAR s.m. Centena. ◇ **A centenares** En gran número.

CENTENARIO, A adj. (lat. *centenarius*). Relativo a la centena. ◆ adj. y s. Que tiene cien o más años de edad o de existencia: *árboles centenarios*. ◆ s.m. Fecha en que se cumplen una o más centenas de años de algún suceso: *el centenario del nacimiento de Cervantes*. **2.** Celebración de esa fecha.

1. CENTENO s.m. Planta cereal y forrajera, de tallo delgado y flexible, hojas planas y estrechas, espiga larga, delgada y comprimida. (Es originaria de Asia y el sur de Europa; familia gramíneas.) **2.** Grano de esta planta.

2. CENTENO, A adj.num.ordin. y s. (lat. *centenus*). Que corresponde en orden al número cien. SIN.: *centésimo*.

CENTESIMAL adj. Dividido en cien partes iguales. **2.** Relativo a las divisiones de una escala graduada en cien partes iguales.

CENTÉSIMO, A adj.num.ordin. y s. (lat. *centesimus*). Que corresponde en orden al número cien. SIN.: *centeno*. ◆ adj. y s. Se dice de cada una de las partes que resultan de dividir

un todo en cien partes iguales. ◆ s.m. Moneda fraccionaria que vale 1/100 de peso en Uruguay y Chile.

CENTIÁREA s.f. Centésima parte del área, equivalente a 1 m² (símb. ca).

CENTÍGRADO, A adj. Que tiene la escala dividida en cien grados: *termómetro centígrado*. ◆ s.m. Centésima parte del grado, unidad del ángulo (símb. cgr).

CENTIGRAMO s.m. Centésima parte del gramo (símb. cg).

CENTILA s.f. Centésima parte de un conjunto de datos clasificados según cierto orden.

CENTILITRO s.m. Centésima parte del litro (símb. cl).

CENTILOQUIO s.m. (del lat. *centum*, ciento, y *loqui*, hablar). Obra literaria compuesta de cien partes o tratados.

CENTÍMETRO s.m. Centésima parte del metro (símb. cm).

CÉNTIMO, A adj. (fr. *centime*). Centésimo, que cabe cien veces en un todo. ◆ s.m. Moneda fraccionaria que vale 1/100 de la unidad monetaria de determinados países, como el euro, el dólar, el shilling, etc. SIN.: *cent*. ◇ **Sin un céntimo** Sin dinero: *estar sin un céntimo*.

CENTINELA s.m. y f. (ital. *sentinella*, vigilancia, de *sentire*, oír). Soldado que vigila un puesto. ◆ s.m. y f. *Fig.* Persona que vigila u observa.

CENTINODIA s.f. Planta de tallo cilíndrico nudoso y hojas enteras oblongas. (Familia poligonáceas.)

CENTOLLO s.m. Decápodo marino comestible de gran tamaño, cuerpo oval, espinoso y con las patas muy largas. (Familia maidos.) SIN.: *centolla*.

CENTÓN s.m. (lat. *cento, -onis*). Manta, dosel o toldo hecho de muchas piezas de paño o tela de diversos colores. **2.** Obra literaria, en verso o en prosa, compuesta de fragmentos tomados de diversos autores.

CENTRADO, A adj. Se dice de las cosas cuyo centro se halla en la posición que debe ocupar. **2.** Se dice de la persona que piensa o actúa equilibradamente y sin dispersarse. ◆ s.m. Determinación de la posición del centro geométrico, de gravedad, etc., de una figura, pieza o aparato. **2.** Operación que consiste en alinear los ejes de todas las piezas de un conjunto mecánico. ◇ **Sistema centrado** Conjunto de lentes o espejos cuyos centros de curvatura están alineados en una misma recta, llamada eje óptico.

CENTRAL adj. Relativo al centro. **2.** Que está en el centro. **3.** Principal, fundamental: *premisas centrales de una teoría*. ◆ s.f. Instalación para la producción de energía eléctrica partiendo de otras formas de energía: *central eólica; central heliotérmica; central electronuclear*. **2.** Nombre genérico de determinadas instalaciones y dispositivos en los que se operan ciertos tratamientos cuyos resultados se distribuyen a diversos puestos de utilización, como por ejemplo una central de climatización. ◆ s.f. y adj. Oficina o establecimiento principal de una empresa, institución o servicio público. ◆ s.m. Cuba y P. Rico. Ingenio azucarero cuando funciona con maquinaria de vapor.

◇ **Central telefónica** Estación en que concurren los circuitos telefónicos de un sector de abonados y en la que se efectúan las comunicaciones necesarias para establecer la comunicación entre estos. **Fuerza central** FÍS. Fuerza cuya dirección pasa por un punto fijo. (V. ilustr. pág. siguiente.)

CENTRALISMO s.m. Sistema político o administrativo que concentra el poder y la gestión en un gobierno único o central, sin dejar ninguna competencia a poderes periféricos o locales. ◇ **Centralismo democrático** Modo de organización interna de un movimiento político o sindical, especialmente el de los comunistas, que intenta sintetizar la democracia con la unidad.

CENTRALISTA adj. y s.m. y f. Relativo al centralismo; partidario de este sistema. ◆ s.m. y f. P. Rico. Dueño de un ingenio azucarero.

CENTRALITA s.f. Aparato telefónico que permite conectar las llamadas hechas a un mismo número con diversos aparatos. **2.** Lugar donde está instalado dicho aparato.

CENTRALIZACIÓN s.f. Acción y efecto de centralizar.

CENTRALIZAR v.tr. y prnl. [7]. Reunir varias cosas en un centro común, o hacerlas depender de un poder central: *centralizar las operaciones bancarias*. **2.** POL. Asumir el poder público central las facultades atribuidas a organismos locales o regionales.

CENTRAR v.tr. Determinar el centro de algo. **2.** Colocar una cosa de manera que su centro coincida con el de otra o de forma que quede en el lugar adecuado: *centrar un cuadro en la pared*. **3.** Hacer que la atención, el interés o varias acciones se dirijan a un punto determinado. ◆ v.tr. e intr. DEP. Lanzar la pelota de un lugar a otro del terreno de juego, especialmente desde el banda hacia el área de la portería contraria. ◆ centrar se v.prnl. Conseguir el equilibrio o el estado emocional adecuados que permitan desenvolverse con seguridad en un lugar, situación o ambiente.

CÉNTRICO, A adj. Central, relativo al centro.

CENTRIFUGACIÓN s.f. Acción de centrifugar. **2.** Separación de los componentes de una mezcla por la fuerza centrífuga.

CENTRIFUGADO s.m. Centrifugación.

CENTRIFUGAR v.tr. [2]. Someter a la acción de la fuerza centrífuga.

CENTRÍFUGO, A adj. (del lat. *centrum*, centro, y *fugere*, huir). Que tiende a alejar del centro: *fuerza centrífuga*. ◇ **Bomba centrífuga** Bomba rotativa cuyo principio se funda en la acción de la fuerza centrífuga.

CENTRIOLO s.m. Corpúsculo central del centrosoma.

CENTRÍPETO, A adj. (del lat. *centrum*, centro, y *petere*, dirigirse). Que tiende a aproximar al centro: *fuerza centrípeta*.

CENTRISMO s.m. Tendencia o ideología de los partidos políticos de centro.

CENTRISTA adj. y s.m. y f. Partidario del centrismo político.

CENTRO s.m. (lat. *centrum*). Punto o zona de una cosa que se halla en el centro, más o menos equidistante de los extremos o límites: *el centro del país es muy montañoso*. **2.** Lugar o punto de donde parten o a donde se dirigen una o varias acciones particulares: *ser el centro de todas las miradas*. **3.** Población o lugar donde se concentra una determinada actividad: *centro político de la región*. **4.** Establecimiento u organismo dedicado a una determinada actividad: *centro de enseñanza*. **5.** Conjunto de tendencias y organizaciones políticas situadas entre la derecha y la izquierda. **6.** Acción de centrar, lanzar la pelota. **7.** Población, complejo urbanístico o sector de una ciudad o barrio, en el cual se agrupan los comercios y oficinas. **8.** Cuba. Saya de color que se trasluce por el traje de género claro que se le sobrepone. **9.** Cuba. Tirilla de lienzo que se pone en las camisas. **10.** Hond. Chaleco. **11.** MAT. Punto respecto del cual todos los puntos de una figura geométrica son simétricos de dos a dos: *centro de la circunferencia*. ◇ **Centro de acción** METEOROL. Anticiclón o depresión que tiene un carácter duradero, o incluso permanente. **Centro de mesa** Adorno que se coloca en el

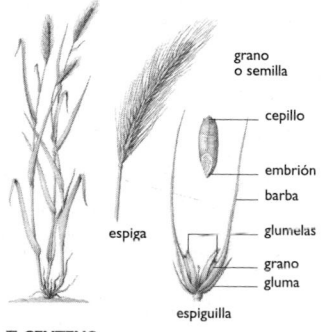

grano
o semilla

cepillo

embrión

barba

glumelas

grano
gluma

espiguilla

espiga

■ **CENTENO**

centro de una mesa. **Centro nervioso** Grupo de neuronas que forman parte de la sustancia gris del sistema nervioso central y tienen una función determinada.

CENTROAMERICANO, A adj. y s. De América Central.

CENTROEUROPEO, A adj. y s. De los países situados en la Europa central.

CENTRÓMERO s.m. Granulación que existe en cada cromosoma y que participa en la formación del huso durante la mitosis.

CENTROSOMA s.m. BIOL. Granulación situada cerca del núcleo de las células vivas, que interviene en la mitosis.

CENTUNVIRO s.m. (lat. *centumvir*). ANT. ROM. Miembro de un tribunal civil, competente en los procesos de sucesión y de propiedad, que comprendía ciento cinco miembros.

CENTUPLICAR v.tr. y prnl. (lat. *centuplicare*) [1]. Ser o hacer cien veces mayor. ◆ v.tr. Multiplicar una cantidad por ciento.

CÉNTUPLO, A adj. y s.m. Que es cien veces mayor.

CENTURIA s.f. (lat. *centuria*). Siglo, período de cien años. **2.** ANT. ROM. Unidad política, administrativa y militar formada por cien ciudadanos.

CENTURIÓN s.m. Oficial que en la legión romana mandaba una centuria.

CENURO s.m. Tenia parásita del intestino delgado del perro.

CENZONTLE s.m. Méx. Pájaro de color gris pardo cuya voz abarca una extensa gama de sonidos y que es capaz de imitar el canto de otras aves.

CEÑIDOR s.m. Faja, correa o cosa análoga con que se ciñe la cintura.

CEÑIR v.tr. y prnl. (lat. *cingere*) [81]. Rodear, ajustar, apretar o colocar algo de manera que rodee, ajuste o apriete: *ceñirse la espada; ceñir a uno con los brazos*. ◆ v.tr. Cerrar o rodear una cosa a otra: *ceñir las murallas un caserío*. ◆ v.intr. y prnl. MAR. **a.** En el deporte de la vela, navegar el yate contra viento en el menor ángulo que le sea posible para ganar barlovento. **b.** Llevar el viento lo más cerrado posible con la proa: *ceñirse un navío al viento*. ◆ **ceñirse** v.prnl. *Fig.* Amoldarse, concretarse, limitarse: *ceñirse a un tema; ceñirse a sus posibilidades económicas*. **2.** TAUROM. Arrimarse al toro.

CEÑO s.m. (lat. tardío *cinnus*, señal hecha con los ojos). Gesto de disgusto o preocupación que consiste en arrugar la frente y el entrecejo: *permanecer con el ceño fruncido*. **2.** *Fig.* Aspecto amenazante que toman ciertas cosas o asuntos: *regresamos asustados por el ceño del cielo*.

CEÑUDO, A adj. Que tiene fruncido el ceño o sobrecejo en señal de disgusto o preocupación: *mirar con un aire ceñudo*.

CEPA s.f. (del lat. *cippus*). Parte del tronco de un árbol o una planta que está dentro de la tierra y unida a las raíces. **2.** Tronco y planta de la vid. **3.** Raíz o principio de alguna cosa, como el de las astas y cola de los animales. **4.** *Fig.* Tronco u origen de una familia o linaje: *hijosdalgos de rancia cepa*. ◇ **Cepa microbiana** BIOL. Conjunto de individuos de la misma especie que existen en una colonia o cultivo. **De pura cepa** Auténtico, con los caracteres propios de una clase.

CEPEDA s.f. Lugar donde abundan matas de cuyas cepas se hace carbón.

CEPEJÓN s.m. Base de la raíz axonomorfa, generalmente gruesa y muy desarrollada.

CEPELLÓN s.m. Masa de tierra que se deja adherida a las raíces de una planta para trasplantarla.

CEPILLADO s.m. Acción de cepillar, alisar o limpiar con un cepillo.

CEPILLAR v.tr. Alisar con cepillo la madera o los metales. **2.** Limpiar con un cepillo: *cepillar un traje*. **3.** *Fig.* Adular, lisonjear: *cepillar al jefe*. **4.** *Fig.* y *fam.* Pasar un vehículo velozmente, rozando a otro o a una persona. **5.** *Esp. Fig.* y *fam.* Birlar, desplumar: *cepillarle el reloj a alguien*. ◆ v.tr. y prnl. *Esp.* y *fam.* Matar, asesinar. ◆ **cepillarse** v.prnl. *Esp.* y *Méx. Fig.* y *fam.* Realizar el acto sexual con una persona.

CEPILLO s.m. Utensilio para cepillar una superficie, formado por filamentos fláccidos fijados sobre una base de madera, plástico u otro material, con mango o sin él: *cepillo para dientes; cepillo para el pelo*. **2.** Herramienta de carpintería formada por un prisma cuadrangular de madera, que lleva embutida en una abertura transversal una cuchilla que sobresale un poco de la cara que ha de ludir con la madera que se quiere labrar. **3.** Herramienta provista de púas de hierro, utilizada para limpiar paramentos, juntas y elementos metálicos como trabajo de preparación que precede a un acabado. **4.** Arquilla con una ranura que sirve para recoger limosnas y donativos: *el cepillo de las ánimas*.

CEPO s.m. (lat. *cippus*, mojón). Trampa para cazar que consiste en dos piezas que se cierran aprisionando al animal cuando este lo toca. **2.** Dispositivo que inmoviliza los vehículos automóviles mal estacionados por medio del bloqueo de una rueda. **3.** Conjunto de dos vigas entre las cuales se sujetan otras piezas de madera. **4.** Utensilio compuesto de una o dos varillas de madera o metal, que sirve para sujetar los periódicos y revistas sin doblarlos.

5. Instrumento de t consistía en dos c círculo agujer el cuello

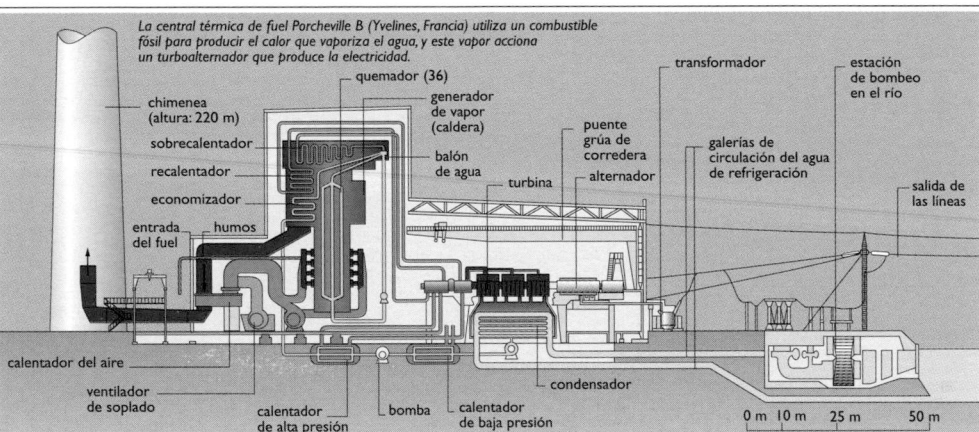

La central térmica de fuel Porcheville B (Yvelines, Francia) utiliza un combustible fósil para producir el calor que vaporiza el agua, y este vapor acciona un turboalternador que produce la electricidad.

chimenea (altura: 220 m) — sobrecalentador — recalentador — economizador — entrada del fuel — humos — quemador (36) — generador de vapor (caldera) — balón de agua — turbina — puente grúa de corredera — alternador — transformador — galerías de circulación del agua de refrigeración — estación de bombeo en el río — salida de las líneas — calentador del aire — ventilador de soplado — calentador de alta presión — bomba — calentador de baja presión — condensador

0 m 10 m   25 m   50 m

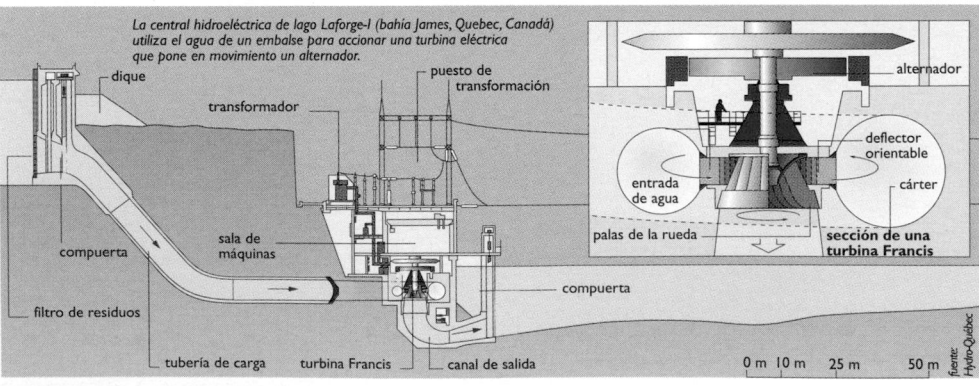

La central hidroeléctrica de lago Laforge-I (bahía James, Quebec, Canadá) utiliza el agua de un embalse para accionar una turbina eléctrica que pone en movimiento un alternador.

dique — transformador — puesto de transformación — alternador — compuerta — sala de máquinas — deflector orientable — entrada de agua — cárter — palas de la rueda — sección de una turbina Francis — filtro de residuos — tubería de carga — turbina Francis — canal de salida — compuerta

fuente: Hydro-Quebec

0 m 10 m   25 m   50 m

■ **CENTRALES.** Funcionamiento de una central térmica y de una central hidroeléctrica.

rtura o de castigo que
gruesos maderos con medio
eado que al unirse aprisionaban
s pies o las manos del reo. **6.** Gajo
ma de árbol. ◇ **Cepo del ancla** Pieza que
se adapta a la caña del ancla, en sentido perpendicular a ella y al plano de los brazos.

CEPORRO s.m. Cepa vieja arrancada para la lumbre. **2.** *Fig.* Persona torpe de entendimiento.

CEQUÍ s.m. (ár. *sikkī*, cierta moneda).Moneda de oro de valor variable, que circulaba en diferentes estados italianos y del Mediterráneo oriental.

CERA s.f. (lat. *cera*). Sustancia sólida de origen animal, vegetal o mineral, que se reblandece por la acción del calor, especialmente la elaborada por las abejas, con la que estas construyen los panales. **2.** Objeto de cera: *las ceras del museo Tussaud.* **3.** Conjunto de velas que se emplean en alguna ceremonia religiosa. **4.** Nombre de algunas sustancias parecidas a la cera. **5.** ZOOL. Membrana que cubre la base del pico de ciertas aves como la paloma, la gallina o el loro.◇ **Cera virgen** Cera que no está melada; cera que está en el panal y sin labrar.

CERAMBÍCIDO, A adj. y s.m. Relativo a una familia de insectos coleópteros de largas antenas, cuya longitud llega a alcanzar los 5 cm, de colores brillantes y cuyas larvas excavan galerías en los árboles.

CERÁMICA s.f. Arte y técnica de fabricar objetos de barro, loza y porcelana. **2.** Conjunto de estos objetos.

■ **CERÁMICA.** Porcelana blanda de Vincennes sobre fondo azul lapislázuli (h. 1753).
[Museo nacional de cerámica, Sèvres.]

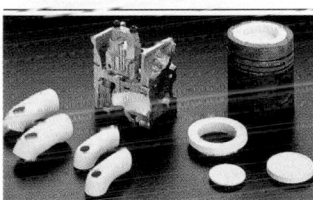

■ **CERÁMICA** Industrial. Piezas de automóvil (en color blanco).

CERÁMICO, A adj. Relativo a la cerámica: *artes cerámicas.* **2.** Se dice de los materiales manufacturados que no son ni metales ni productos orgánicos.

CERAMISTA s.m. y f. Persona que tiene por oficio fabricar o decorar cerámica.

CERASTA o **CERASTAS** s.f. (lat. *cerastes*) [pl. *cerastas*]. Serpiente venenosa de África y Asia de unos 75 cm de long., llamada también *víbora cornuda* debido a las dos puntas que tiene situadas encima de los ojos.

CERATO s.m. (lat. *ceratum*).Ungüento elaborado con cera y aceite.

CERAUNIA s.f. (lat. *ceraunia*, del gr. *keraunós*, rayo).Nombre con el que se designaban unas herramientas prehistóricas, también llamadas *piedras de rayo.*

CERBATANA s.f. (ár. vulgar *zarbaṭāna*). Tubo largo y estrecho que sirve para lanzar, soplando con fuerza, dardos u otros proyectiles.

1. CERCA adv.l. y t. (lat. *circa*, alrededor).Indica proximidad, generalmente inmediata: *aquí cerca; cerca de las tres de la madrugada.* ◇ **Cerca de** Aproximadamente, poco menos

de: *cerca de dos mil hombres.* **De cerca** A corta distancia: *mirar de cerca.*

2. CERCA s.f. (de *cercar*).Valla,tapia o muro con que se rodea un terreno, casa o finca.

CERCADO s.m. Terreno o lugar limitado por una cerca o un seto. **2.** Cerca, vallado o tapia. **3.** Bol. y Perú. División territorial que comprende la capital de un estado o provincia y los pueblos que dependen de esa capital.

CERCANÍA s.f. Circunstancia de estar cerca.
◆ **cercanías** s f.pl. Zona que está cerca o alrededor de un lugar: *tren de cercanías; vivir en las cercanías de una ciudad.*

CERCANO, A adj. Próximo, inmediato.

CERCAR v.tr. (lat. tardío *circare*, dar la vuelta) [1]. Rodear un sitio con un vallado, muro, etc., de manera que quede delimitado, cerrado o resguardado. **2.** Rodear varias personas a alguien o algo: *cercar la policía un edificio.* **3.** Asediar una fortaleza o plaza con intención de expugnarla.

CERCARIA s.f. ZOOL. Larva de las duelas.

CERCÉN (A) loc. Enteramente, por la base o el arranque: *cortar un brazo a cercén.* (También *a cercen.*)

CERCENADURA s.f. Acción y efecto de cercenar. **2.** Porción que se quita de lo que ha sido cercenado.

CERCENAMIENTO s.m. Cercenadura.

CERCENAR v.tr. (lat. *circinare*, redondear). Cortar las extremidades o extremos de algo a cercén. **2.** Disminuir, reducir, acortar.

CERCETA s.f. (lat. vulgar *cercedula*). Pato salvaje de pequeño tamaño que vive en Europa y Asia.

CERCHA s.f. Cimbra, armazón.

CERCHADO s.m. Operación que consiste en encorvar las ramas flexibles de los árboles frutales y, especialmente, de la vid.

CERCHAR v.tr. Efectuar un cerchado.

CERCIORARSE v.prnl. (lat. tardío *certiorare*).Asegurarse de que se tiene la certeza de algo; *cerciorarse de un hecho.*

CERCO s.m. (lat. *circus*, círculo). Cosa que rodea algo. **2.** Aro que ciñe la cuba, la rueda de carro y otros objetos. **3.** Auréola que rodea algunos astros, como el Sol y a veces la Luna. **4.** Asedio de una plaza o ciudad: *alzar el cerco; poner cerco a una villa.* **5.** Esp. Marco,moldura en que se encajan algunas cosas. **6.** Esp. Marco de ventana fijado al muro.

CERCOPITECO s.m. (lat. *cercopithecus*, del gr. *kērkopithēkos*). Simio de cola larga, del que existen varias especies en África, de pequeñas dimensiones, tronco ágil y rostro menudo, miembros delgados y fuertes que presentan un pulgar muy desarrollado. (Familia cercopitécidos.)

■ **CERCOPITECO** de cara negra.

CERDA s.f. (lat. vulgar *cirra*, mechón de pelos).Pelo grueso y duro de la cola y crin de las caballerías, y del cuerpo del jabalí, etc. **2.** Mies segada. **3.** Manojo pequeño de lino sin rastrillar. ◆ **cerdas** s.f.pl. Lazo de cerda para cazar perdices. ◇ **Ganado de cerda** Ganado porcino.

CERDADA s.f. Piara de cerdos. **2.** *Fam.* Acción innoble,vil o grosera.

CERDAMEN s.m. Manojo de cerdas preparadas para brochas, cepillos, etc.

CERDEAR v.intr. *Fam.* Comportarse sucia o deslealmente.

CERDO, A s. (de *cerda*). Mamífero domésti-

co,de cuerpo grueso, patas cortas provistas de cuatro dedos, cabeza grande y hocico cilíndrico,criado por su carne y su cuero. (El cerdo gruñe; su cría también se llama *lechón* o *cochinillo*; familia suidos.) SIN.: *cochino, puerco, marrano.* ◆ s. y adj. Persona desaliñada y sucia. **2.** *Fig.* Persona grosera, sin modales o sin escrúpulos. ◇ **Cerdo hormiguero** Mamífero africano que se nutre de insectos. (Orden tubulidentados.)

■ **CERDO** doméstico.

■ **CERDO** HORMIGUERO

CEREAL s.m. y adj. (lat. *cerealis*, de la diosa Ceres).Planta,generalmente de la familia gramíneas, como el trigo, centeno, maíz, etc., cuyas semillas sirven, sobre todo una vez reducidas a harina,para la alimentación del hombre y de los animales domésticos. **2.** Semilla de esta planta.

ENCICL. Los cereales se cultivan desde la aparición de la agricultura. Sus granos, enteros (arroz) o molidos (trigo, maíz, mijo), constituyen la base alimentaria de los países en vías de desarrollo. En los países desarrollados los cereales tienen una gran importancia para la economía, tanto en la alimentación humana, dada la gran cantidad de productos que se extrae de ellos,especialmente el trigo (pan,pastas alimentarias, pastelería, galletas), como en la alimentación animal, sobre todo para la cría de aves de corral y del cerdo (trigo, avena, centeno, maíz, sorgo), o en la industria (cerveza, alcohol, almidón).

CEREALÍCOLA adj. Relativo al cultivo y producción de cereales.

CEREALICULTURA s.f. Cultivo de cereales.

CEREALISTA adj. Relativo a la producción y comercio de cereales. ◆ s.m. y f. Persona que se dedica especialmente a las cuestiones y problemas referentes a los cereales.

CEREBELO s.m. (lat. *cerebellum*, dim. de *cerebrum*, cerebro). Centro nervioso encefálico situado debajo del cerebro, detrás del tronco cerebral, que interviene en el control de las contracciones musculares y en el equilibrio.

CEREBRAL adj. Relativo al cerebro: *enfermedad cerebral.* **2.** Se dice de la persona en la que predomina la reflexión y el cálculo sobre los sentimientos, especialmente a la hora de tomar decisiones; también se dice de las cosas relacionadas con estas personas.

CEREBRO s.m. (lat. *cerebrum*).Parte superior y más voluminosa del encéfalo, constituido por los hemisferios cerebrales y las estructuras que los unen. **2.** Encéfalo o totalidad de la masa nerviosa contenida en el cráneo. **3.** Conjunto de las facultades mentales. **4.** Persona sobresaliente en actividades culturales, científicas o técnicas. **5.** Inteligencia,talento o capacidad de juicio de una persona. **6.** Persona que concibe o dirige un plan de acción: *el cerebro del atraco.* ◇ **Cerebro electrónico** Nombre que se da a determinados disposi-

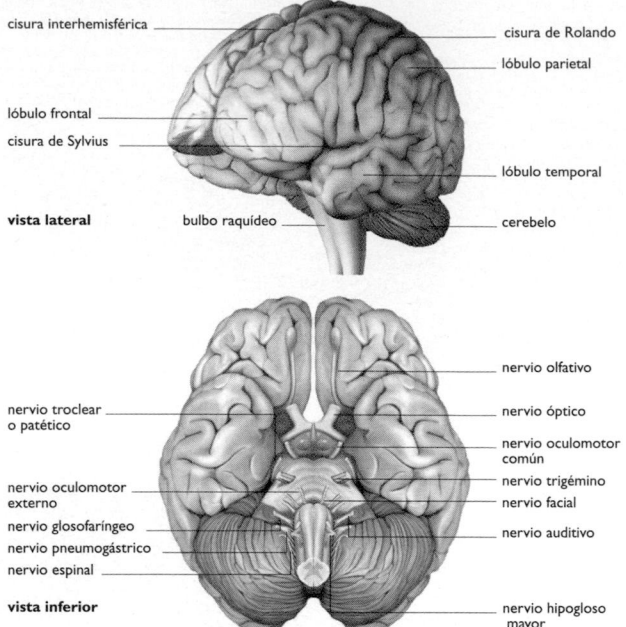

cisura interhemisférica

cisura de Rolando

lóbulo parietal

lóbulo frontal

cisura de Sylvius

lóbulo temporal

vista lateral · bulbo raquídeo

cerebelo

nervio olfativo

nervio troclear
o patético

nervio óptico

nervio oculomotor
común

nervio oculomotor
externo

nervio trigémino

nervio facial

nervio glosofaríngeo

nervio pneumogástrico

nervio auditivo

nervio espinal

vista inferior

nervio hipogloso
mayor

■ CEREBRO

tivos electrónicos que pueden efectuar ciertas operaciones, como el cálculo o el control de máquinas, sin la intervención directa del hombre.

CEREBROESPINAL adj. Relativo al cerebro y a la médula espinal. (*También cerebrospinal*.)

CEREMONIA s.f. (lat. *caeremonia*, **práctica religiosa**). Acto solemne que se celebra de acuerdo con determinadas normas dictadas por la ley o la costumbre. **2.** Solemnidad, deferencia, amabilidad excesiva. ◇ **De ceremonia** Con toda solemnidad: *vestirse de ceremonia*.

CEREMONIAL adj. Relativo al uso de las ceremonias. ◆ s.m. Conjunto de normas y formalidades de una ceremonia. **2.** Libro en que están escritas las ceremonias que se deben observar en cada una de las solemnidades de la iglesia, de una corporación, etc.

CEREMONIOSO, A adj. Que actúa siguiendo escrupulosamente las ceremonias. **2.** Que acostumbra a comportarse con una formalidad exagerada.

CÉREO, A adj. (lat. *cereus*). De cera o de aspecto semejante al de la cera: *la cérea frente de un anciano*.

CERERÍA s.f. Establecimiento donde se trabaja o vende la cera.

CERERO, A s. Persona que tiene por oficio labrar o vender la cera. ◆ s.m. Arbusto de América del Norte y de Asia cuyos frutos dan una cera que sirve para hacer velas.

CERETANO, A adj. y s. De Cerdaña.

CEREZA s.f. (del ant. *ceresa*, del lat. *cerasium*). Fruto comestible del cerezo, redondo, de piel lisa de color rojo y pulpa muy jugosa y dulce. **2.** Amér. Central, Antillas, Colomb. y Pan. Cáscara del grano de café.

CEREZAL s.m. Terreno poblado de cerezos.

CEREZO s.m. Árbol frutal, de unos 5 m de alt., con el tronco liso y ramoso, hojas lanceoladas, flores blancas y fruto comestible (la cereza). [Familia rosáceas.] **2.** Madera de este árbol. ◇ **Cerezo silvestre** Árbol de los bosques de Europa que ha dado lugar a las variedades cultivadas con frutos dulces.

CERÍFERO, A adj. Se dice de la planta cuyas glándulas segregan cera.

CERILLA s.f. Vela de cera, muy delgada y larga. **2.** Esp. Fósforo para encender.

CERILLERO, A s. Persona que tiene por oficio vender fósforos o cerillas y tabaco en algunos locales, como cines, cafés, etc.

CERILLO s.m. Méx. Fósforo para encender.

CERIO s.m. (del asteroide *Ceres*). Metal duro, brillante, el más común del grupo de los lantánidos, extraído de la cerita y que se utiliza, en aleación con el hierro, en la fabricación de las piedras de encendedor. **2.** Elemento químico (Ce), de número atómico 58 y masa atómica 140,116.

CERITA s.f. Silicato hidratado natural de calcio, hierro y cerio.

CERMEÑA s.f. Fruto del cermeño, especie de pera pequeña, muy aromática y sabrosa.

frutos

flores

sección
del fruto

■ CEREZO

CERMEÑO s.m. Espec[...] acorazonadas y vellosas por [...]

CERMET s.m. Material formado [...] cla de productos cerámicos y óxidos m[...]

CERNADA s.f. (del lat. *cinis, -eris*, ceniza). Ceniza vegetal que queda sin disolver en el cernadero, después de haber echado la lejía sobre la ropa, y que se aprovecha para abono. **2.** VET. Cataplasma de ceniza y otros ingredientes usada para fortalecer las partes lastimadas de las caballerías.

CERNADERO s.m. (del lat. *cinis, -eris*, ceniza). Lienzo basto que se pone sobre la ropa, al hacer la colada, para colar la lejía.

CERNE adj. Se dice de lo que es sólido y fuerte, en especial de la madera: *madera cerne*. ◆ s.m. Parte más dura y sana del tronco de los árboles.

CERNEDOR s.m. Torno para cerner harina.

CERNEJA s.f. (lat. vulgar *cernicula*, pl. de *cerniculum*, separación de los cabellos). Mechón de pelo que cuelga del menudillo de las caballerías. (Suele usarse en plural.)

CERNER o CERNIR v.tr. (lat. *cernere*, separar) [29]. Separar con el cedazo una materia reducida a polvo de las partes más gruesas, especialmente la harina del salvado: *cerner la harina*. ◆ **cernerse** v.prnl. Mantenerse en el aire las aves o los insectos, moviendo las alas sin apartarse del lugar en que están. **2.** *Fig.* Amenazar de cerca algún mal: *cernerse la muerte sobre alguien*.

CERNÍCALO s.m. (lat. *cerniculum*, criba, cedazo). Ave de rapiña, parecida al halcón, muy común en España, de plumaje rojizo con manchas negras, que se alimenta de pequeños vertebrados y de insectos. ◆ s.m. y adj. *Fig.* Hombre ignorante y rudo.

hembra · macho

■ CERNÍCALOS

CERNIDO s.m. Acción de cerner. **2.** Cosa cernida, y especialmente la harina para hacer el pan.

CERNIDOR s.m. Aparato que sirve para cerner el producto resultante de la molienda.

CERNIR v.tr. → CERNER.

CERO adj.num.cardin. (ital. *zero*). Ninguno. ◆ adj.num.ordin. y s.m. y f. Que corresponde en orden al origen o punto de partida de una serie, o antecede a lo que está numerado: *kilómetro cero; el año cero*. ◆ s.m. Nombre del número *0*. **2.** Signo numérico representado por la cifra 0, con que se nota el valor nulo de una magnitud y que, colocado en un determinado lugar de un número (unidades, decenas, etc.), indica la ausencia de unidades del orden correspondiente. **3.** Absolutamente nada: *su fortuna se redujo a cero*. **4.** Punto de partida de la escala de graduación de un instrumento de medida. **5.** Valor de la temperatura de fusión del hielo en las escalas centesimales y en las de Réaumur. ◇ **Aparato de cero** Aparato de medida en el cual la igualdad de dos magnitudes se constata por el regreso de una indicación a la graduación cero. **Cero absoluto** Temperatura de –273,15 °C. **Número cero** Ejemplar de una publicación periódica que precede al lanzamiento del primer número. **Punto cero** Temperatura del hielo fundido, que corresponde a una temperatura Celsius de 0 °C y a una temperatura termodinámica de 273,15 K. **Ser un cero (a la izquierda)** *Fam.* Ser inútil, no valer para nada, no merecer ninguna consideración de los demás.

CEROSO, A adj. Que tiene alguna característica propia de la cera, como el color, la textura, etc. SIN.: *ceruminoso*.

CEROTE s.m. Mezcla de pez y cera con que los zapateros enceran los hilos con que cosen. **2.** *Fig.* y *fam.* Miedo, temor.

CERQUILLO s.m. Círculo o corona de cabello que queda después de rapar la parte superior e inferior de la cabeza. (Se practica en algunas órdenes religiosas católicas.)

CERRADA s.f. Franja de la piel del animal, correspondiente al cerro o espinazo.

CERRADERO s.m. Parte de la cerradura de los cotres, maletas, etc., en la cual se encaja el pestillo. **2.** Parte de la cerradura de una puerta o ventana que consiste en una pieza metálica fija al marco, bien empotrada, bien superpuesta, en la que se encaja el pestillo o se introduce el extremo de las varillas de las fallebas.

CERRADO, A adj. Que no tiene ninguna abertura. **2.** Incomprensible, oculto y oscuro. **3.** Se dice de la persona que se encierra en sí misma o en sus ideas o costumbres, y que no es abierta a las ideas ajenas o las acepta con dificultad; también indica torpeza o dificultad para comprender. **4.** Se dice de la persona introvertida, que tiene dificultad para expresar sus sentimientos o pensamientos o para relacionarse con los demás; también se dice de las cosas propias de esta persona: *es muy cerrado: no se relaciona con nadie; tiene un carácter muy cerrado*. **5.** *Fig.* Muy cargado de nubes: *cielo cerrado*. **6.** *Fig.* Se dice del acento de la persona cuya pronunciación presenta rasgos locales muy marcados: *hablar un andaluz muy cerrado*. **7.** FONÉT. Se dice de una vocal pronunciada con la boca casi cerrada. **8.** MAT. **a.** Se dice del intervalo que contiene sus extremos. **b.** Se dice del conjunto que contiene todos sus puntos de acumulación. ◆ s.m. Cercado, huerto, prado.

CERRADURA s.f. Mecanismo de cierre que se acciona manualmente por medio de un accesorio, por lo general amovible (llave, tirador, etc.), o bien automáticamente mediante algún dispositivo eléctrico o electrónico. **2.** Cerramiento, acción de cerrar.

CERRAJA s.f. (lat. *serratula*, *betónica*). Planta de la familia compuestas, de flores amarillas, que contiene un látex blanco.

CERRAJERÍA s.f. Oficio de cerrajero. **2.** Taller o sitio donde se fabrican y venden cerraduras, llaves, herrajes para muebles y otros objetos de hierro.

CERRAJERO s.m. Persona que tiene por oficio hacer y reparar cerraduras, llaves y otros instrumentos de metal.

CERRAMIENTO s.m. Acción de cerrar. SIN.: *cierre*. **2.** Cosa que sirve para cerrar o tapar una abertura. **3.** División hecha con tabique en una habitación o estancia.

CERRAR v.tr. (lat. tardío *serare*, de *sera*, cerrojo) [10]. Hacer que el interior de un lugar o receptáculo quede incomunicado con el exterior: *cerrar una habitación, una botella*. **2.** Tratándose de partes del cuerpo o de cosas articuladas, juntarlas unas con otras: *cerrar los ojos*. **3.** *Fig.* Entorpecer, interrumpir el curso, la carrera de algo o de alguien: *cerrar el paso*. **4.** Interrumpir el funcionamiento de una máquina accionando un dispositivo: *cerrar la televisión*. **5.** *Fig.* Concluir ciertas cosas, ponerles término: *cerrar la sesión, un plazo, una empresa*. **6.** *Fig.* Dar por firmes y terminados los ajustes, contratos, etc.: *cerrar un trato*. **7.** Ir detrás o en último lugar: *cerraba el desfile una unidad de artillería*. **8.** Encoger o doblar lo que estaba extendido: *cerrar el paraguas*. **9.** Tratándose de sobres, paquetes o cosas semejantes, disponerlos de modo que no sea posible ver lo que contienen ni abrirlos sin despegarlos o romperlos por alguna parte. ◆ v.tr. y prnl. Tapar u obstruir aberturas, huecos, conductos, etc.: *cerrar un agujero*. **2.** Cicatrizar las heridas. ◆ v.tr., intr. y prnl. Encajar o asegurar en su marco la hoja de una puerta, ventana, etc.: *cerrar una puerta*. ◆ v.intr. y prnl. Llegar la noche a su plenitud: *cerrar la noche*. ◆ **cerrarse** v.prnl. Mostrarse reacio a admitir ideas, opiniones nuevas o amistades. **2.** Encapotarse el cielo, la atmósfera, etc. ◇ **Cerrar la boca** Callar. **Cerrar plaza** TAUROM. Ser un toro el último que se lidia de la corrida.

CERRAZÓN s.f. Oscuridad grande por cubrirse el cielo de nubes muy negras. **2.** *Fig.* Obstinación. **3.** *Fig.* Torpeza o dificultad para entender una cosa. **4.** Argent. Niebla espesa que dificulta la visibilidad.

CERRERO, A adj. Amér. *Fig.* Inculto, grosero, tosco, brusco. **2.** Venez. Se dice del café y otras bebidas fuertes y amargas.

CERRIL adj. Se dice de las caballerías y del ganado vacuno indómitos. **2.** Se dice del terreno escabroso. **3.** *Fig.* y *fam.* Obstinado, terco. **4.** *Fig.* y *fam.* Tosco, grosero.

CERRILLAR v.tr. Poner el cordoncillo a una moneda o medalla.

CERRO s.m. (lat. *cirrus*, rizo, copete, crin). Elevación de tierra aislada, menor que el monte. **2.** Cuello o pescuezo del animal. **3.** Espinazo o lomo. ◇ **Por los cerros de Úbeda** *Fam.* Por un lugar muy remoto y fuera de camino; fuera de propósito.

CERROJAZO s.m. Acción de echar el cerrojo recia y bruscamente. **2.** *Fig.* Interrupción brusca de una actividad que todavía no se ha terminado: *dar cerrojazo a una reunión*.

CERROJO s.m. (del ant. *berrojo*). Cerradura formada por un pasador prismático o cilíndrico de hierro, sostenido horizontalmente que cerrarlo de un lado para otro. **2.** Mecanismo que cierra la recámara de algunas armas de fuego. ◇ **Hacer el cerrojo** En fútbol, reforzar un equipo su juego defensivo retrasando jugadores de la línea media e incluso de la delantera.

CERTAMEN s.m. (lat. *certamen*, lucha, combate). Concurso abierto para estimular con premios el cultivo de las ciencias, las letras o las artes. **2.** Discusión literaria.

CERTERO, A adj. Que acierta o da en el punto previsto: *un tirador certero*. **2.** Que es razonable, justo o conforme a la verdad: *respuesta certera*.

CERTEZA s.f. Conocimiento seguro, claro y evidente de las cosas. SIN.: *certidumbre*, *certitud*.

CERTIDUMBRE s.f. Certeza.

CERTIFICACIÓN s.f. Certificado, documento en que se da fe de la veracidad de algo. **2.** Acción de certificar.

CERTIFICADO, A adj. y s.m. Se dice de las cartas o envíos postales que, mediante un franqueo adicional, son anotados en una lista especial de las oficinas de correos, lo cual se acredita por el resguardo que expide la administración, que se hace responsable en caso de extravío. ◆ s.m. Documento público o privado en que se da fe de la veracidad de un hecho. SIN.: *certificación*. ◇ **Certificado de buena conducta** Documento que certifica la buena conducta de una persona. **Certificado de escolaridad** Certificado que acredita haber cursado los estudios obligatorios de educación general básica. **Certificado de trabajo** Certificado que el empresario proporciona al trabajador que lo solicita, en el cual consta la clase y duración de los servicios prestados en la empresa. **Certificado médico** Documento suscrito por un médico en un papel timbrado, o en impreso de modelo oficial, en que certifica una determinada situación sanitaria.

CERTIFICAR v.tr. (lat. *certificare*) [1]. Afirmar una cosa, darla por cierta: *certificar la inocencia de alguien*. **2.** Hacer registrar los envíos por correo, obteniendo un resguardo que acredite el envío. **3.** DER. Dar fe de la veracidad de un hecho por medio de un certificado.

CERTIFICATORIO, A adj. Que certifica o sirve para certificar.

CERÚLEO, A adj. y s.m. (lat. *caeruleus*, de *caelum*, cielo). Se dice del color azul del cielo. ◆ Que es de este color.

CERUMEN s.m. Sustancia grasa, pardusca, formada por las glándulas del conducto auditivo externo.

CERUSA s.f. (bajo lat. *cerussa*). Carbonato básico de plomo, llamado también *blanco de cerusa* o *blanco de plata*, utilizado en pintura.

CERUSITA s.f. Carbonato natural de plomo ($PbCO_3$).

CERVAL adj. Del ciervo o relacionado con él. **2.** Se dice del miedo muy grande.

CERVANTINO, A adj. Relativo a Cervantes.

CERVANTISMO s.m. Influencia de las obras de Cervantes en la literatura general. **2.** Giro o locución cervantina. **3.** Estudio crítico de la vida y obra de Cervantes.

CERVANTISTA adj. y s.m. y f. Se dice de la persona que se dedica al estudio de la obra de Cervantes.

CERVATO s.m. Ciervo que tiene menos de seis meses.

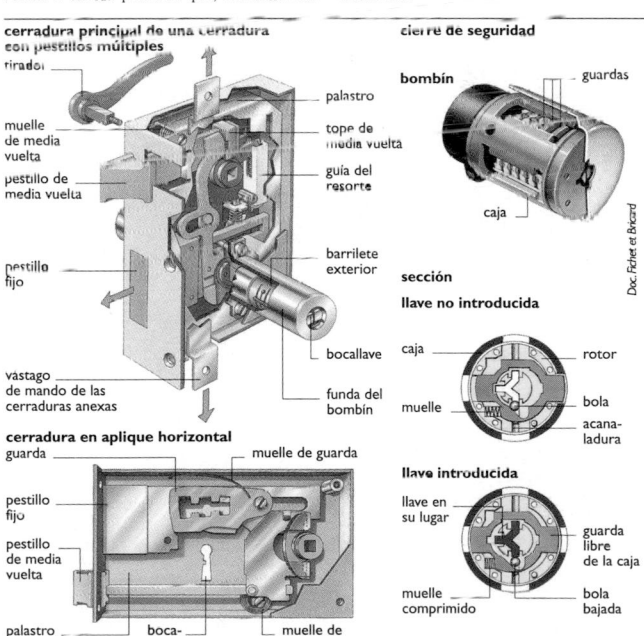

cerradura principal de una cerradura con pestillos múltiples
- tirador
- palastro
- muelle de media vuelta
- tope de media vuelta
- pestillo de media vuelta
- guía del resorte
- pestillo fijo
- barrilete exterior
- vástago de mando de las cerraduras anexas
- bocallave
- funda del bombín

cierre de seguridad
- bombín
- guardas
- caja

sección
llave no introducida
- caja
- rotor
- muelle
- bola
- acanaladura

llave introducida
- llave en su lugar
- guarda libre de la caja
- muelle comprimido
- bola bajada

cerradura en aplique horizontal
- guarda
- muelle de guarda
- pestillo fijo
- pestillo de media vuelta
- palastro
- bocallave
- muelle de media vuelta

Doc. Fichet et Bricard

■ **CERRADURA.** Dos tipos de cerradura con sistema de cierre de seguridad.

CERVECEO s.m. Fermentación de la cerveza.

CERVECERÍA s.f. Fábrica de cerveza. **2.** Establecimiento donde se vende cerveza.

CERVECERO, A adj. Relativo a la cerveza. ◆ s. Persona que tiene por oficio elaborar o vender cerveza.

CERVELLINA s.f. Planta herbácea de hojas alternas, inflorescencias en racimos, flores blanquecinas o púrpuras y fruto en silícula comprimida. (Familia crucíferas.)

CERVEZA s.f. (lat. *cervesia*). Bebida alcohólica de baja graduación, obtenida por la fermentación del azúcar de la cebada germinada bajo la acción de la levadura y perfumada con lúpulo.

CERVICAL adj. Relativo al cuello: *vértebra cervical.* **2.** Relativo al cuello del útero.

CERVICITIS s.f. Inflamación del cuello del útero. SIN.: *metritis cervical.*

CÉRVIDO, A adj. y s.m. Relativo a una familia de rumiantes de aspecto esbelto y ágil, como el ciervo, el alce y el reno. (Los machos poseen cuernos macizos, ramificados y caducos, llamados astas.)

CERVIGUILLO s.m. Parte exterior de la cerviz de los animales, cuando es gruesa y abultada.

CERVIZ s.f. (lat. *cervix, -icis*). Parte posterior del cuello del hombre y de los animales. ◇ **Bajar,** o **doblar, la cerviz** Humillarse. **Levantar la cerviz** Engreírse, ensoberbecerse. **Ser duro de cerviz** Ser indómito.

CERVUNO, A adj. Cerval.

CESACIÓN s.f. Acción de cesar. SIN.: *cesamiento.*

CESALPINIÁCEO, A adj. y s.f. Relativo a una familia de plantas leguminosas que crecen en los países cálidos, como el algarrobo y la acacia.

CESAMIENTO s.m. Cesación.

CESANTE adj. Que cesa. ◆ adj. y s.m. y f. Se dice de la persona a quien se priva de su empleo.

CESANTEADO, A adj. y s. Amér. Se dice de la persona a la que le ha sido rescindido el contrato laboral.

CESANTEAR v.tr. Amér. Rescindir el contrato laboral a alguien.

CESANTÍA s.f. Estado de cesante.

CESAR v.intr. (lat. *cessare,* entretenerse, descansar). Interrumpirse o acabarse algo: *cesar*

una guerra. **2.** Dejar de hacer algo que se estaba haciendo: *cesar de trabajar.* **3.** Dejar de desempeñar un cargo o empleo: *cesar en la dirección de la empresa.*

CÉSAR s.m. Título concedido a los sucesores de Julio César y, a partir de Adriano (117-138), al heredero del Imperio.

CESÁREA s.f. Operación quirúrgica que consiste en extraer el feto por incisión de la pared abdominal y del útero cuando el parto resulta imposible por vía natural.

CESÁREO, A adj. Relativo al imperio o a la majestad imperial.

CESARIANO, A adj. y s. Relativo al césar, en especial a Julio César; partidario de este emperador romano.

CESARISMO s.m. Sistema de gobierno en el que un solo hombre asume todo el poder.

CESARISTA s.m. y f. Partidario o servidor del cesarismo.

CESAROPAPISMO s.m. Sistema de gobierno autocrático que concentra la autoridad temporal y espiritual en la persona del emperador: *el cesaropapismo carolingio.*

CESE s.m. Acción de cesar: *cese de las hostilidades, de un cargo.* **2.** Formalidad o diligencia con que se hace constar un cese.

CESIO s.m. (lat. *caesius,* azul verdoso). Metal alcalino, blando y de color amarillo plateado. **2.** Elemento químico (Cs), de número atómico 55 y masa atómica 132,905.

CESIÓN s.f. (lat. *cessio, -onis*). DER. Transmisión de la propiedad o titularidad de una cosa o derecho a otra persona.

CÉSPED s.m. (lat. *caespes, -itis*). Vegetación tupida en pequeños manojos, que se desarrolla en el suelo por medio de tallos rastreros numerosos, cortos y densos. **2.** Tepe.

CESSETANO, A adj. y s. → **COSETANO.**

CESTA s.f. (lat. *cista*). Recipiente hecho de mimbres, cañas o varillas de madera entrelazados. **2.** Parte del capitel comprendida entre el astrágalo y el ábaco. **3.** Especie de pala, larga, acanalada y curva, hecha de cestería, que sirve para jugar a la pelota. SIN.: *chistera.* **4.** Modalidad de pelota vasca que se juega con esta pala.

CESTADA s.f. Lo que cabe en una cesta.

CESTERÍA s.f. Establecimiento donde se hacen o venden cestos o cestas. **2.** Procedimien-

to de fabricación de recipientes u otros objetos mediante el entrecruzado alternativo de fibras o materias vegetales.

CESTERO, A s. Persona que tiene por oficio hacer o vender cestos o cestas.

1. CESTO s.m. Cesta grande, más ancha que alta. **2.** En baloncesto, aro de hierro sujeto horizontalmente en lo alto de un poste de madera y provisto de una red, en el que debe introducirse el balón. **3.** Tanto conseguido en baloncesto.

2. CESTO s.m. (lat. *caestus*). Guantelete recubierto de plomo, utilizado por los antiguos atletas en el pugilato.

CESTODO, A adj. y s.m. (fr. *cestodes*). Relativo a una clase de gusanos planos parásitos, como la tenia.

CESURA s.f. (lat. *caesura,* corte). Pausa situada en el interior de un verso que sirve para regular el ritmo y lo divide en dos hemistiquios. **2.** MÚS. Pausa de la frase musical.

CETA s.f. → **ZETA.**

CETÁCEO, A adj. y s.m. (del lat. *cetus,* monstruo marino). Relativo a un orden de mamíferos marinos, adaptados a la vida acuática por su cuerpo pisciforme y sus miembros anteriores transformados en aletas, como la ballena, el cachalote, el delfín y la marsopa.

CETANO s.m. Hidrocarburo saturado de fórmula $C_{16}H_{34}$. ◇ **Índice de cetano** Magnitud que caracteriza la facilidad de inflamación de un combustible para motor diesel.

CETÓGENO, A adj. Se dice de los alimentos o de los regímenes alimenticios que producen la formación de cetonas en el organismo.

CETONA s.f. Nombre genérico de los derivados carbonosos secundarios R—CO—R' (siendo R y R' dos radicales hidrocarbonados).

CETONIA s.f. Insecto de color verde dorado, del orden coleópteros, de 2 cm de long., que se alimenta de flores sobre las que vive, especialmente rosas.

CETÓNICO, A adj. Que posee la función cetona.

CETONURIA s.f. Tasa de cuerpos cetónicos en la orina.

CETOSA s.f. QUÍM. Azúcar que posee la función cetona.

CETOSIS s.f. MED. Aumento de la tasa de cuerpos cetónicos en la sangre.

CETRERÍA s.f. Arte de criar, amaestrar, enseñar y curar halcones y demás aves apropiadas para la caza de volatería. **2.** Deporte de la caza de aves y de algunos cuadrúpedos con determinados pájaros de presa.

CETRERO, A s. Persona que cría, domestica y enseña a las aves que se emplean en la caza de cetrería. **2.** Persona que se dedica a este tipo de caza.

CETRINO, A adj. y s.m. (lat. tardío *citrinus,* análogo al limón). Se dice del color amarillo verdoso. ◆ adj. De color cetrino.

CETRO s.m. (lat. *sceptrum,* del gr. *skiptros,* bastón). Bastón de mando que usan como distintivo ciertas dignidades como los reyes o emperadores. **2.** *Fig.* Dignidad de rey o de emperador. **3.** *Fig.* Preeminencia en algo.

CEUGMA s.m. LING. → **ZEUGMA.**

CEUTÍ adj. y s.m. y f. De Ceuta.

CFC s.m. (sigla). Clorofluorocarbono.

CGS s.m. (sigla). Sistema de unidades en el que los fundamentales son el centímetro, el gramo y el segundo.

CH s.f. Dígrafo que en español representa un sonido prepalatal, africado y sordo. Es la cuarta letra del alfabeto español y tercera de sus consonantes.

CHABACANERÍA s.f. Cualidad de chabacano. SIN.: *chabacanada.* **2.** Dicho o hecho chabacano. SIN.: *chabacanada.*

CHABACANO, A adj. Grosero, de mal gusto. ◆ s.m. Méx. Albaricoquero. **2.** Méx. Fruto de este árbol.

CHABELA s.f. Bol. Bebida elaborada con vino y chicha.

CHABELÓN adj. y s.m. Guat. Se dice del hombre cobarde.

CHABOLA s.f. (vasc. *txabola,* cabaña). Esp. Vivienda hecha con materiales de desecho o de mala calidad que carece de condiciones

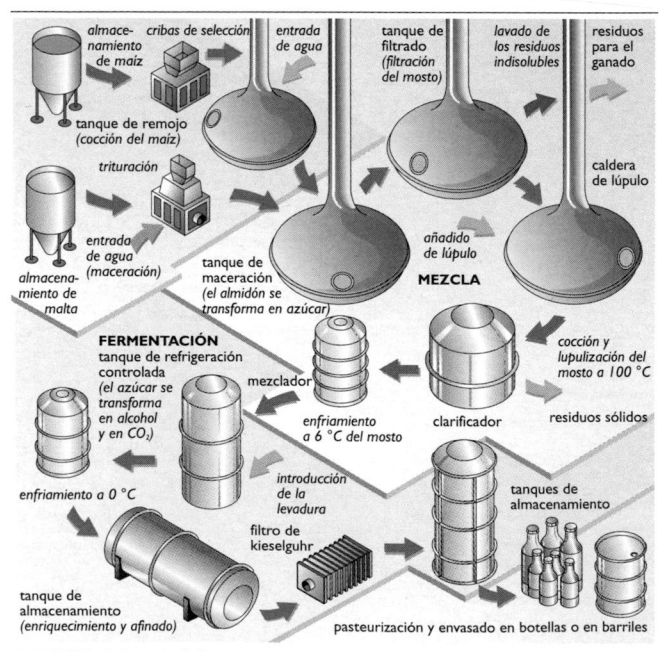

■ **CERVEZA.** Elaboración de la cerveza.

de habitabilidad; generalmente está situada en zonas suburbiales sin urbanizar. **2.** Esp. Barraca, choza o refugio, generalmente construido en el campo y con carácter provisional.

CHABOLISMO s.m. Esp. Forma de hábitat caracterizada por unas condiciones de degradación urbana y en donde se producen fenómenos de marginación social.

CHACA s.f. Chile. Marisco comestible.

CHACAL s.m. (fr. *chacal*) Mamífero carnívoro parecido al lobo, pero de menor tamaño, con el pelaje pardo rojizo o gris amarillento, que se alimenta especialmente de carroña y desperdicios; vive en las regiones templadas de Asia y África. (El chacal gañe; familia cánidos.)

■ **CHACAL** de dorso negro.

CHACALÍN, NA s. Amér. Central. Niño. ◆ s.m. Amér. Central. Camarón, crustáceo.

CHACANEAR v.intr. y tr. Chile. Espolear con fuerza a la cabalgadura. **2.** Chile. Importunar.

1. CHÁCARA s.f. Amér. Chacra, granja.

2. CHÁCARA s.f. Colomb. Monedero.

CHACARERA s.f. Argent., Bol. y Urug. Baile de ritmo rápido que se acompaña con castañeteos y zapateo. **2.** Argent., Bol. y Urug. Música y letra de este baile.

CHACARERO, A adj. Amér. Relativo a la chacara. ◆ s. Amér. Dueño de una chácara o granja. **2.** Amér. Persona que trabaja en ella. ◆ s.m. Chile. Tipo de sándwich que tiene algunas verduras y carne.

CHACARRACHACA s.f. Fam. Ruido de alboroto o disputa.

CHACHA s.f. Criada. **2.** Fam. Niñera.

CHACHACOMA s.f. Chile. Planta medicinal, de flores amarillas y hojas pequeñas.

CHACHACHÁ s.m. Composición musical de origen cubano, derivada de la combinación de determinados ritmos de rumba y de mambo, de compás de cuatro por cuatro. **2.** Baile que se ejecuta al ritmo de esta música.

CHACHAGUATO, A adj. y s. Amér. Central. Gemelo, mellizo.

CHACHALACA s.f. Amér. Central y Méx. Ave galliforme de plumas muy largas, verdor tornasoladas en la cola, sin cresta ni barbas, de carne comestible y cuya voz es un grito estridente. (Familia penelópidos.) ◆ s.f. y adj. Amér. Central. Fig. Persona locuaz.

CHACHAPOYA, pueblo amerindio quechuizado que habitaba a orillas del río Marañón (Perú), y que en el s. XV fue sometido por el inca Túpac Yupanqui.

CHÁCHARA s.f. (ital. *chiacchiera*). Fam. Palabrería. **2.** Conversación frívola o intrascendente. **3.** Méx. Objeto de poco valor. ◆ **cháncharas** s.f.pl. Baratijas, cosas menudas y de poco valor.

CHACHAREAR v.intr. Fam. Hablar mucho y sin sustancia.

CHACHARERO, A adj. y s. Fam. Charlatán. ◆ s.m. Méx. Vendedor de chácharas.

1. CHACHO, A s. Fam. Muchacho, joven. ◆ adj. y s. Amér. Central. Hermano pequeño.

2. CHACHO, A adj. Salv. Que se presenta a pares.

CHACINA s.f. Cecina. **2.** Carne de puerco adobada, con la cual suelen hacer embutidos, fiambres o conservas.

CHACINERÍA s.f. Establecimiento donde se vende chacina.

CHAC-MOOL s.m. Escultura de piedra de la cultura precolombina tolteca y maya-tolteca, que representa una figura humana reclinada, con las piernas flexionadas y un recipiente sobre el vientre. (Estas esculturas han sido relacionadas con algún tipo de ceremonia ritual.)

■ **CHAC-MOOL.** Templo de los Guerreros en Chichén Itzá: arte maya-tolteca (900-1200).

CHACO s.m. (quechua *čáku*, cacería). Amér. Montería con ojeo que hacían antiguamente los indios. **2.** Amér. Territorio surcado de pequeños ríos que forman lagunas y pantanos. **3.** Amér. Lugar roturado y llano en las cercanías de los pueblos, donde se cultiva arroz, café, tabaco y caña de azúcar.

CHACOLÍ s.m. (vasc. *txakolin*). Vino blanco o tinto, aromático, de sabor ácido y poca graduación, que se elabora en Cantabria, el País Vasco y Chile.

CHACOLOTEAR v.intr. Hacer ruido algunos objetos duros al entrechocar, especialmente las herraduras que están poco sujetas. SIN.: chapear.

CHACOLOTEO s.m. Acción de chacolotear. **2.** Ruido que hacen algunos objetos duros al entrechocar.

CHALÓN s.m. Lagarto de Filipinas de 30 cm de long., parecido a la salamanquesa. (Familia gecónidos.)

CHACONA s.f. Danza de movimiento lento y tiempo ternario, quizá de origen mexicano, que apareció en España en el s. XVI. **2.** Composición poética para dicho baile.

CHACONADA s.f. Tela de algodón de calidad intermedia entre el percal y la muselina.

CHACOTA s.f. (voz de origen onomatopéyico). Burla. *tomar a chacota.* **2.** Alegría ruidosa con que se celebra algo.

CHACOTEAR v.intr. Hacer chacota.

CHACOTEO s.m. Acción de chacotear.

1. CHACRA s.f. (quechua *čákra*). Amér. Granja. **2.** Chile. Terreno de extensión reducida destinado al cultivo de hortalizas. **3.** Chile. Nombre que recibe la sección de una propiedad destinada al cultivo de hortalizas. **4.** Chile. Propiedad rural de extensión reducida destinada a diversos cultivos y lugar de descanso. ◇ **Helársele la chacra** a alguien Chile. Fracasar una persona en un trabajo o negocio, generalmente de naturaleza agrícola. **Venir de la chacra** Chile. Ser ignorante, poco avisado o ingenuo; tener hábitos rústicos.

2. CHACRA s.m. (voz sánscrita, *rueda, disco*). En el yoga, cada uno de los siete centros energéticos invisibles que se supone tiene el individuo.

CHACUACO s.m. Horno de manga para tratar minerales de plata. **2.** Méx. Chimenea alta, particularmente la de los ingenios azucareros o de las fábricas.

CHADIANO, A adj. y s. De Chad (África).

CHADOR s.m. Velo con que las mujeres musulmanas se cubren la cabeza y parte del rostro.

CHAFA adj. y s.f. Méx. Se dice de los artículos

de mala calidad o mal hechos. **2.** Méx. Se dice de la persona que hace mal las cosas.

CHAFADURA s.f. Acción y efecto de chafar o chafarse.

CHAFALLAR v.tr. Fam. Hacer o remendar una cosa de forma chapucera.

CHAFALMEJAS s m. y f. (pl. *chafalmejas*). Fam. Pintamonas.

CHAFAR v.tr. y prnl. (voz de origen onomatopéyico). Aplastar. ◆ v.tr. Arrugar y deslucir la ropa. **2.** Esp. Fig. y fam. Estropear o echar a perder un proyecto, una idea, un asunto, etc. **3.** Esp. Fig. y fam. Cortar a alguien en una conversación o concurrencia, dejándole sin argumentos.

CHAFARIZ s.m. En las fuentes monumentales, parte elevada donde están puestos los caños por donde sale el agua.

CHAFARRINADA s.f. Borrón, mancha. **2.** Pintura mal ejecutada.

CHAFARRINAR v.tr. Deslucir con manchas y borrones.

CHAFARRINÓN s.m. Chafarrinada.

CHAFLÁN s.m. (fr. *chanfrein*). Superficie oblicua plana que se obtiene cortando la arista de un cuerpo sólido (bloque de piedra, madero, etc.). **2.** Fachada que sustituye una esquina de un edificio.

CHAGAS. Enfermedad, o mal, de Chagas Parasitosis que afecta a varios millones de sudamericanos y que es debida a un protozoo flagelado, el *Trypanosoma cruzi*, transmitido al hombre por artrópodos hematófagos. SIN.: *tripanosomiasis americana.*

CHAGRA s.m. y f. Ecuad. Labrador, campesino. ◆ s.f. Colomb. Chacra.

CHAGUAL s.m. Argent., Chile y Perú. Planta bromeliácea de tronco escamoso y flores verdosas, cuya médula es comestible y cuyas fibras se utilizan para hacer cordeles.

CHAGUALA s.f. Pendiente o arete que llevaban los indios en la nariz. **2.** Colomb. Zapato viejo. **3.** Colomb. Herida.

CHAGUALÓN s.m. Colomb. Árbol con que se elaboran resinas o incienso.

CHÁGUAR s.m. Amér. Merid. Especie de agave que se utiliza como planta textil.

CHAGUARAL s.m. Argent. Lugar poblado de chaguares.

CHAGÜÍ s.m. Ecuad. Pájaro de pequeño tamaño que abunda en Perú.

CHAHUISTLE s.m. Méx. Hongo microscópico que ataca las hojas y los tallos del maíz, el trigo y otras gramíneas. ◇ **Caerle el chahuistle a alguien** Méx. Sobrevenirle algún mal; acercársele a alguien una persona molesta.

CHAIRA s.f. (gall. *chaira*). Cuchilla de zapatero. **2.** Cilindro de acero con mango para afilar cuchillas.

CHAJÁ s.m. Argent., Par. y Urug. Ave zancuda de unos 85 cm de long. y color grisáceo, que se caracteriza por su fuerte grito. (Familia anímidos.)

CHAJUÁN s.m. Colomb. Bochorno, calor.

CHAL s.m. (fr. *châle*). Prenda femenina de lana, seda, etc., que se pone sobre los hombros y los brazos como abrigo o adorno.

CHALA s.f. Amér. Merid. Hoja que envuelve la mazorca del maíz. **2.** Amér. Merid. Cigarrillo hecho con tabaco envuelto en una hoja de maíz seca. **3.** Chile. Sandalia.

CHALACO, A adj. y s. De Callao.

CHALALA s.f. Chile. Sandalia tosca que usan los indios.

CHALÁN, NA adj. y s. (fr. *chaland*, cliente de un mercader). Se dice de la persona que trata en compras y ventas, especialmente de caballerías o ganado. **2.** Se dice de la persona poco escrupulosa en sus tratos. ◆ s.m. Colomb. y Perú. Picador, domador de caballos. **2.** Méx. Ayudante de albañil, peón.

CHALANA s.f. (fr. *chaland*). Embarcación pequeña de fondo plano, sin puente, destinada al transporte de mercancías en ríos y canales. ◇ **Chalana cisterna** Chalana especialmente construida para transportar líquidos sin envasar.

CHALANEAR v.tr. Negociar con destreza y habilidad. **2.** Amér. Adiestrar caballos.

CHALANESCO, A adj. *Desp.* Propio de chalanes.

CHALAR v.tr. y prnl. (voz caló). Volver loco. **2.** Enamorar perdidamente: *me chalaron sus ojazos.*

CHALATE s.m. Méx. Caballo matalón.

CHALAZA s.f. (del lat. moderno *chalaza*). Ligamento en espiral que sostiene la yema del huevo en medio de la clara.

CHALAZIÓN s.m. Lesión pequeña de aspecto tumoral que aparece en el borde libre de los párpados.

CHALCHA s.f. Chile. Papada.

CHALCHAL s.m. Argent., Par. y Urug. Árbol empleado en ornamentación, de hasta 10 m de alto, con fruto rojo dulce y flores amarillentas.

CHALCHALERO s.m. Argent. Zarzal.

CHALCHIHUITE s.m. Guat. y Salv. Baratija. **2.** Méx. Piedra semipreciosa de distintos colores, la más apreciada de color verde, que se utiliza en joyería.

CHALÉ s.m. → CHALET.

CHALECO s.m. (del turco *ielék*). Prenda de vestir sin mangas, hasta la cintura y abrochada por delante, que se suele colocar encima de la camisa. **2.** Parte trasera y baja del cuello de un toro. ◇ **Chaleco antibalas** Chaleco confeccionado con un material resistente a las balas que se pone para proteger el torso de los disparos. **Chaleco salvavidas** Chaleco de lona relleno de placas de corcho o plástico que se pone para no ahogarse en el agua.

CHALEQUERA s.f. TAUROM. Estocada baja dada en el chaleco.

CHALEQUERO, A s. Persona que tiene por oficio hacer chalecos.

CHALET o **CHALÉ** s.m. (voz francesa) [pl. *chalets* o *chalés*]. Casa unifamiliar con jardín, generalmente de pequeñas dimensiones y situada en las afueras o fuera de la ciudad.

CHALINA s.f. Corbata ancha que se ata con lazadas y es usada por ambos sexos. **2.** Argent., Colomb. y C. Rica. Chal estrecho usado por las mujeres.

CHALLA s.f. Argent. y Chile. Chaya.

CHALLENGE s.m. (voz inglesa). Competición deportiva en la que el ganador conserva el título obtenido hasta que un competidor le despoja de él en una prueba posterior. **2.** Trofeo de esta competición.

CHALLENGER s.m. y f. (voz inglesa). Atleta que desafía oficialmente al campeón de un título o de un challenge para desposeerlo.

CHALLULLA s.f. Perú. Pez de río sin escamas.

CHALÓN s.m. Urug. Mantón negro.

CHALONA s.f. Bol. Carne de oveja, salada y secada al sol. **2.** Perú. Carne de carnero acecinada.

CHALOTE s.m. (fr. *échalotte*). Planta hortense parecida a la cebolla que se utiliza como condimento. (Familia liliáceas.)

CHALUPA s.f. (fr. *chaloupe*). Esp. Embarcación pequeña y pesada, a remos o a motor, destinada al servicio de los barcos. **2.** Méx. Canoa de fondo más o menos plano. **3.** Méx. Tortilla de maíz pequeña pero gruesa, con frijoles, queso y otros ingredientes por encima.

CHAM → SHAM.

1. CHAMA s.f. Acción y efecto de chamar.

2. CHAMA, grupo lingüístico de la familia pano, que incluye a los pueblos conibo, setebo y chipibo, que viven en la cuenca del Ucayali (Perú).

CHAMACO, A s. Méx. Niño, muchacho.

CHAMADA s.f. Chamarasca.

CHAMAGOSO, A adj. Méx. Descuidado, sucio, basto.

CHAMAL s.m. Argent. y Chile. Paño utilizado por los indios araucanos para cubrirse de cintura para abajo. **2.** Chile. Túnica de lana gruesa utilizada por las indias araucanas.

CHAMÁN o **SHAMÁN** s.m. Hechicero de algunas religiones (Asia septentrional, América del Norte, etc.), que entra en comunicación con los espíritus, utilizando para ello las técnicas del éxtasis y del trance y tiene dotes de curación y adivinación.

CHAMANISMO s.m. Conjunto de creencias y

prácticas mágicas centradas en la persona del chamán.

CHAMANTO s.m. Chile. Chamal con una abertura para la cabeza. **2.** Chile. Manto de lana con rayas de colores que usan los campesinos.

CHAMAR v.tr. Chamarilear.

CHAMARASCA s.f. Leña menuda y hojarasca que levantan mucha llama de poca duración. SIN.: *chamada, chámara*. **2.** Llama producida por estos materiales. SIN.: *chamada, chámara*.

CHAMARILEAR v.tr. Comerciar con objetos usados. SIN.: *chamar*.

CHAMARILEO s.m. Acción y efecto de chamarilear.

CHAMARILERO, A s. (del ant. *chambariles*, instrumentos de zapatero). Persona que tiene por oficio chamarilear.

CHAMARRA s.f. Prenda de vestir de abrigo que llega por lo general hasta la cintura o la cadera. **2.** Amér. Central. Engaño o fraude. **3.** Amér. Central y Venez. Prenda de lana que puede usarse como manta o chamal.

CHAMARRETA s.f. Saco de vestir corto y holgado.

CHAMARRITA s.f. Argent. Baile semejante a la polca, en el que las parejas forman de vez en cuando una rueda.

CHAMARRO s.m. Hond. Prenda rústica de vestir que consiste en una manta de lana o de una materia semejante.

CHAMBA s.f. Esp. *Fam.* Casualidad favorable, acierto casual. **2.** Méx. Empleo, trabajo. **3.** Méx. *Fam.* Trabajo ocasional y mal remunerado.

CHAMBADO s.m. Argent. y Chile. Cuerna, recipiente rústico para transportar o beber líquidos.

CHAMBEADOR, RA adj. Méx. *Fam.* Se dice de la persona que trabaja mucho o es muy eficiente en su trabajo.

CHAMBEAR v.intr. Méx. *Fam.* Trabajar.

CHAMBELÁN s.m. (fr. *chambellan*). Noble que se encargaba de acompañar y servir al rey. **2.** Méx. Muchacho que acompaña a una joven en la celebración de su quince cumpleaños.

CHAMBERGO, A adj. y s.m. (de C. *Schömberg*, militar francés). Se dice del soldado que formaba parte del regimiento creado en 1669 por la reina gobernadora Mariana de Austria, para desempeñar las funciones del cuerpo de guardia real en el Madrid. **2.** Se dice del sombrero de copa más o menos acampanada y de ala ancha levantada por un lado y sujeta con presilla. **3.** *Por ext.* Sombrero. ◆ adj. y s.f. Se dice de la casaca del uniforme de dicho regimiento.

CHAMBERÍ adj. y s. Perú. Se dice de la persona ostentosa.

CHAMBISTA adj. y s.m. y f. Méx. Se dice de la persona que trabaja sin interés o no cumple bien su trabajo.

CHAMBÓN, NA adj. y s. *Fam.* Torpe o poco hábil. **2.** Se aplica a la persona que consigue por casualidad alguna cosa.

CHAMBONADA s.f. *Fam.* Desacierto propio del chambón. **2.** *Fam.* Ventaja obtenida por casualidad.

CHAMBONEAR v.intr. Amér. *Fam.* Hacer las cosas torpemente.

CHAMBOROTE adj. Ecuad. Se dice del ají blanco. **2.** Ecuad. *Fig.* Se dice de la persona de nariz larga.

CHAMBRA s.f. (del fr. *robe de chambre*, ropa de cámara). Blusa corta femenina, que se coloca sobre la camisa. SIN.: *chapana*.

CHAMBRANA s.f. (fr. ant. *chambranle*). Labor o adorno de piedra o madera que se pone alrededor de una puerta, ventana o chimenea de calefacción. **2.** Listón que une dos patas de un mueble para afirmarlo. **3.** Colomb. y Venez. Bullicio, algazara.

CHAMBRITA s.f. Méx. Saco de bebé tejido.

CHAMBURGO s.m. Colomb. Charco, remanso.

CHAMELO s.m. Juego de dominó para cuatro personas.

CHAMICADO, A adj. Chile y Perú. Taciturno. **2.** Chile y Perú. Borracho.

CHAMICERA s.f. Zona de monte quemada.

CHAMICO s.m. (quechua *čamíko*). Amér. Merid., Cuba y Dom. Arbusto silvestre, variedad del estramonio. (Familia solanáceas.)

CHAMIZA s.f. (gall.-port. *camiça*, de *chama*, llama). Planta herbácea que nace en tierras húmedas, utilizada para hacer los techos de las chozas. (Familia gramíneas.) **2.** Leña menuda.

CHAMIZO s.m. Árbol o leño medio quemado. **2.** Choza cubierta de chamiza, cañas o ramas. **3.** *Fig. y fam.* Tugurio.

CHAMORRA s.f. Fam. Cabeza esquilada.

CHAMORRO, A adj. y s. De las islas Marianas. **2.** Que tiene la cabeza esquilada. ◆ adj. Se dice de una variedad de trigo mocho con el grano blando, de poco salvado, cuya espiga es pequeña y achatada. ◆ s. Lengua hablada en las islas Marianas. **2.** Méx. Pantorrilla.

CHAMOTA s.f. Arcilla cocida utilizada en cerámica.

CHAMPA s.f. Amér. Central. Tienda de palma o cobertizo rústico. **2.** Amér. Merid. Masa compacta de raíces y tierra; raigambre. **3.** Argent. y Chile. Cabello largo y abundante, generalmente rizado. **4.** Chile. Pelo pubiano abundante.

1. CHAMPÁN o **CHAMPAGNE** s.m. Vino blanco o rosado espumoso, muy apreciado, del tipo que se elabora en la comarca francesa de Champagne. SIN.: *champaña*.

2. CHAMPÁN s.m. (malayo *čampán*, del chino *san pan*, tres tablas). Sampán, embarcación.

CHAMPAÑAZO s.m. Chile. *Fam.* Fiesta familiar en la que se bebe champaña.

CHAMPAR v.tr. *Fam.* Decir algo desagradable o echar en cara algún beneficio.

CHAMPIÑÓN s.m. Hongo comestible de laminillas libres y anillo membranoso que se cultiva sobre mantillo, en lugares muy húmedos y aireados. (Clase basidiomicetes; familia agaricáceas.)

■ **CHAMPIÑÓN** silvestre.

CHAMPOLA s.f. Amér. Central, Cuba y Dom. Refresco hecho con pulpa de guanábana y leche. **2.** Chile. Refresco de chirimoya.

CHAMPÚ s.m. (ingl. *shampoo*) [pl. *champús* o *champúes*]. Composición líquida jabonosa que se utiliza para lavar el pelo.

CHAMPURRADO, A s.m. Méx. Bebida elaborada con maíz, agua o leche, chocolate, azúcar y canela.

CHAMPURRAR v.tr. *Fam.* Chapurrar, mezclar un licor con otro.

CHAMPÚS s.m. Colomb. Champuz.

CHAMPUZ s.m. Ecuad. y Perú. Gachas de harina de maíz, azúcar y zumo de naranjilla.

CHAMUCHINA s.f. Cosa de poco valor. **2.** Argent., Chile, Cuba, Ecuad., Hond. y Perú. Populacho.

CHAMULA → TZOTZIL.

CHAMUSCAR v.tr. y prnl. (port. *chamuscar*, de *chama*, llama) [1]. Quemar ligeramente algo por la parte exterior. ◆ v.tr. Méx. Vender a bajo precio. ◆ **chamuscarse** v.prnl. *Fig. y fam.* Escamarse, desconfiar. **2.** Colomb. Enojarse.

CHAMUSCO s.m. Chamusquina.

CHAMUSQUINA s.f. Acción de chamuscar o chamuscarse. **2.** *Fig. y fam.* Camorra o riña. ◇ **Oler a chamusquina** Esp. *Fam.* Tener sospechas o miedo por el mal aspecto que presenta un asunto o una situación.

1. CHAN s.m. Amér. Central. Chía, refresco.

2. CHAN → SHAM.

3. CHAN o **CHEN** s.m. → SHAN.

CHANADA s.f. *Fam.* Engaño, chasco.

1. CHANCA s.f. Argent., Chile, Ecuad. y Perú. Trituración.

2. CHANCA, confederación de pueblos amerindios rival de los incas, que la anexionaron en el s. XV.

CHANCACA s.f. Amér. Pasta de maíz o trigo tostado y molido con miel. **2.** Amér. Central, Chile y Perú. Dulce sólido hecho con melaza de caña de azúcar y maní molido.

CHANCADORA s.f. Amér. Trituradora.

CHANCAR v.tr. [1]. Amér. Central, Argent., Chile y Perú. Triturar, machacar. **2.** Chile y Ecuad. Fig. Ejecutar una cosa mal o a medias. **3.** Chile y Perú. Golpear, maltratar. **4.** Chile y Perú. Fig. Apabullar. **5.** Perú. Fig. Estudiar con ahínco.

CHANCE s.m. o f. (voz francesa). Amér. Oportunidad o posibilidad.

CHANCEAR v.intr. y prnl. Bromear o hacer burla.

CHANCHADA s.f. Amér. Fig. y fam. Acción sucia y censurable, cochinada.

CHÁNCHARRAS MÁNCHARRAS s.f.pl. Fam. Pretextos para dejar de hacer una cosa.

CHANCHERÍA s.f. Amér. Establecimiento donde se vende carne de cerdo y embuchados. **2.** Chile. Sitio destinado a la crianza de chanchos.

CHANCHERO, A s. Amér. Persona que cría o cuida chanchos o que comercia con ellos.

CHANCHIRO s.m. Colomb. Andrajo.

CHANCHO, A s. (de Sancho, nombre propio de persona aplicado al cerdo). Amér. Cerdo, puerco. ◆ adj. y s. Amér. Sucio, desaseado. ◆ s.m. **Chancho eléctrico** Chile. Enceradora.

CHANCHULLERO, A adj. y s. Que hace chanchullos.

CHANCHULLO s.m. Fam. Acuerdo o negocio turbio y generalmente ilícito que se hace para obtener un beneficio.

CHANCILLERÍA s.f. Antiguo tribunal superior de justicia español.

CHANCLA s.f. Chancleta, calzado. ◆ **Estar hasta las chanclas** Fig. y fam. Estar alguien muy borracho.

CHANCLETA s.f. Calzado sin talón o con el talón doblado. **2.** Amér. Merid. Fam. y desp. Mujer o niña, especialmente la recién nacida. ◇ **Tirar la chancleta** Argent. Fig. y fam. Perder la virginidad o tener muchas aventuras amorosas una mujer; cambiar de golpe una persona diferentes aspectos de su conducta.

CHANCLETEAR v.intr. Andar en chancletas. **2.** Hacer ruido con las chancletas al andar.

CHANCLETEO s.m. Ruido que se hace al andar en chancletas.

CHANCLO s.m. Calzado de madera o suela gruesa, para preservarse de la humedad o del barro. **2.** Calzado de caucho o de materia elástica que se coloca sobre los zapatos para protegerlos de la humedad o del barro.

CHANCRO s.m. Lesión ulcerosa que tiene tendencia a extenderse y destruir las zonas próximas. **2.** Lesión de diversos árboles por la que se introducen los parásitos. ◇ **Chancro blando** Enfermedad venérea de evolución benigna. **Chancro indurado,** o **sifilítico** Lesión inicial de la sífilis.

CHANCUCO s.m. Colomb. Contrabando de tabaco.

CHÁNDAL s.m. (fr. chandail) [pl. chándales o chandals]. Esp. Conjunto de pantalón y suéter o saco que se usa para hacer deporte. **2.** Esp. Suéter grueso, generalmente usado para entrenamientos deportivos.

CHANDE s.f. Colomb. Sarna.

CHANFAINA s.f. (cat. samfaina). Guiso de asaduras o de varias verduras troceadas.

CHANFLE s.m. Argent. y Chile. Golpe o corte oblicuo. **2.** Argent., Chile y Méx. Chaflán. **3.** Méx. Golpe oblicuo que se da a una pelota para que describa una trayectoria diferente a la normal.

CHANFLÓN, NA adj. Tosco, de mala calidad o de mal gusto.

1. CHANGA s.f. Amér. Merid. y Cuba. Chanza, burla. **2.** Amér. Merid. Trabajo temporal, generalmente en tareas poco importantes. **3.** Amér. Merid. Servicio que presta el changador y retribución que se le da.

2. CHANGA s.f. P. Rico. Insecto dañino para las plantas. **2.** P. Rico. Fig. Persona perversa. **3.** P. Rico. Vulg. Colilla del cigarro de marihuana.

CHANGADOR s.m. Argent., Bol. y Urug. Mozo que en las estaciones y aeropuertos se encarga de transportar el equipaje de los pasajeros. **2.** Chile. Obrero agrícola sin sueldo ni trabajo fijos.

CHANGAR v.intr. [2]. Amér. Merid. Hacer trabajos poco importantes. **2.** Bol. y Par. Prestar un servicio el mozo de cuerda.

CHANGARRO s.m. Méx. Local o establecimiento comercial pequeño.

CHANGLE s.m. Chile. Hongo comestible que crece en los robles.

CHANGO, A adj. y s. Chile. Torpe y fastidioso. **2.** Dom., P. Rico y Venez. Bromista. ◆ s. Argent., Bol. y Méx. Niño, muchacho. **2.** P. Rico. Persona de modales afectados. ◆ s.m. Méx. Mono o, en general, cualquier simio.

CHANGUEAR v.intr. y prnl. Antillas y Colomb. Bromear, chancear.

CHANGÜÍ s.m. Fam. Engaño, burla: dar changüí a alguien. **2.** Argent. Fam. Ventaja que se da a alguien, especialmente en un juego o deporte. **3.** Cuba y P. Rico. Baile popular.

CHANO. adv. Chano, chano Fam. Paso a paso, poco a poco.

CHANQUETE s.m. Pez teleósteo comestible, de pequeño tamaño, semejante a la cría del boquerón. (Familia góbidos.)

CHANTAJE s.m. (fr. chantage). Presión o coacción que se efectúa sobre alguien para obtener un beneficio, amenazándolo con hacer algo que le perjudique.

CHANTAJEAR v.tr. Hacer chantaje a alguien.

CHANTAJISTA s.m. y f. Persona que chantajea.

CHANTAR v.tr. (gall.-port. chantar, plantar, cavar). Plantar. **2.** Fam Vestir o poner: chantar el abrigo a alguien. **3.** Fam. Decir algo cara a cara: se la chantó. **4.** Amér. Merid. Actuar con brusquedad o violencia. **5.** Argent., Ecuad. y Perú. Decir a alguien las cosas clara y rudamente, plantar. **6.** Chile. Dar gol pes. **7.** Chile. Poner a alguien en su lugar.

CHANTILLÍ o **CHANTILLY** s.m. (fr. chantilly). Crema hecha de nata o clara de huevo batidas con azúcar hasta montarlas.

CHANTRE s.m. (fr. chantre, cantor). Canónigo cuya misión es dirigir el canto en los oficios religiosos.

CHANZA s.f. (ital. ciancia, broma). Broma, burla hecha sin malicia: ser motivo de chanzas. **2.** Dicho alegre y gracioso.

CHAÑACA s.f. Chile. Sarna.

CHAÑAR s.m. Amér. Merid. Árbol espinoso y de corteza y flores amarillas. (Familia papilionáceas.) **2.** Amér. Merid. Fruto de dicha planta, dulce y comestible.

CHAÑO s.m. Chile. Manta basta de lana usada como colchón o como prenda de abrigo.

CHAPA s.f. Lámina delgada y de grosor uniforme, de cualquier material duro. **2.** Pieza pequeña de metal, redonda o de otra forma, que se usa como distintivo. **3.** Chapeta. **4.** Trozo de piel con que un zapatero refuerza algunas costuras del calzado. **5.** Carrocería del automóvil. **6.** Fig. y fam. Seso, cordura, formalidad. **7.** Amér. Cerradura. **8.** Esp. Tapa de metal que cierra herméticamente las botellas. **9.** DEP. Lámina estrecha y metálica, en pelota vasca, señalada sobre el frontón la línea de falta. **10.** METAL. Placa metálica delgada, obtenida por laminación en frío o en caliente. ◆ s.m. y f. Ecuad. Fam. Agente de policía. ◆ s.f.pl. Esp. Juego que se tiran por alto dos monedas iguales para que caigan de determinada manera. **2.** Esp. Juego infantil en el que se avanza con tapas metálicas de botella por un recorrido dibujado en el suelo. ◇ **Células en chapas** Células protectoras de algunos epitelios como el intestinal. **Hacer chapas** Esp. Fam. Ejercer la prostitución.

CHAPADA s.f. Nombre dado en Brasil a los relieves tabulares, generalmente de arenisca.

CHAPADO, A adj. Chapeado. **2.** Hermoso, gallardo. ◆ s.m. Acción de chapar. ◇ **Chapado a la antigua** Muy apegado a hábitos y costumbres anticuados.

CHAPALEAR v.intr. Chapotear.

CHAPALETA s.f. Válvula de una bomba hidráulica.

CHAPALETEO s.m. Acción y efecto de chapalear. SIN.: chapaleo. **2.** Rumor de las aguas al chocar con la orilla. **3.** Ruido que produce la lluvia al caer.

CHAPAPOTE s.m. Antillas. Asfalto.

CHAPAR v.tr. Cubrir con chapa. **2.** Colomb. y Perú. Mirar, acechar. **3.** Perú. Apresar.

CHAPARRA s.f. Coscoja. **2.** Chaparro, mata de encina o roble. **3.** Automóvil antiguo de caja ancha y poco elevada.

CHAPARRADA s.f. Chaparrón.

CHAPARRAL s.m. Terreno poblado de chaparros, propio de América del Sur.

CHAPARREAR v.impers. Llover con fuerza e intensidad.

CHAPARRERAS s.f.pl. Méx. Cubiertas, por lo general de cuero, formados por dos perneras separadas que cubren los pantalones y se sujetan a la cintura con correas, y que usan los charros para montar a caballo.

CHAPARRO, A adj. y s. Esp. Se dice de la persona rechoncha y de baja estatura. **2.** Méx. Se dice de la persona de baja estatura. ◆ s.m. Arbusto o mata ramosa de encina o roble. **2.** Amér. Central. Planta de ramas nudosas con las que se hacen bastones.

CHAPARRÓN s.m. (voz de origen onomatopéyico). Lluvia breve e intensa. **2.** Fig. Abundancia de algo que sobreviene con intensidad. **3.** Fig. Reprimenda fuerte.

CHAPATA s.f. Pan aplanado y alargado.

CHAPE s.m. Chile. Nombre que se da a varios moluscos. **2.** Chile y Colomb. Trenza de pelo. ◆ **chapes** s.m.pl. Chile. Coletas.

CHAPEADO, A adj. Se dice de la moneda antigua, de metal vil, revestida con una capa plateada. **2.** Chile. Se dice de la persona bien vestida. **3.** Chile. Acicalado. **4.** Chile. Adornado con joyas. **5.** Chile. Adinerado. **6.** Colomb. y Méx. Se dice de la persona que tiene las mejillas sonrosadas o con buenos colores. ◆ s.m. Cobertura de una superficie con una capa de metal.

CHAPEAR v.tr. Chapar. **2.** Amér. Central. Limpiar la tierra de malas hierbas. ◆ v.intr. Chacolotear. ◆ **chapearse** v.prnl. Amér. Ponerse colorete. **2.** Chile. Medrar, mejorar de situación económica.

CHAPECA s.f. Argent. Trenza o coleta de pelo. **2.** Argent. Ristra de ajos.

CHAPELA s.f. (vasc. txapel). Esp. Boina o gorra redonda.

CHAPEO s.m. (fr. chapeau). Sombrero.

CHAPERA s.f. Plano inclinado con travesaños que se usa en las obras en sustitución de escaleras.

CHAPERO s.m. Esp. Fam. Hombre que ejerce la prostitución con otros hombres.

CHAPERÓN s.m. Alero de madera que suele ponerse en algunos tejados para apoyar en él los escalones.

CHAPETA s.f. Mancha rosada de origen congestivo, que aparece en las mejillas. SIN.: chapa.

1. CHAPETÓN s.m. Chaparrón, lluvia breve e intensa.

2. CHAPETÓN s.m. Méx. Rodaja de plata con que se adornan los arneses de montar.

3. CHAPETÓN, NA adj. y s. Amér. Se dice del español o europeo recién llegado a América. ◆ s.m. Chapetonada.

CHAPETONADA s.f. Primera enfermedad que sufre un europeo recién llegado a algunos países americanos. **2.** Amér. Inexperiencia, error por falta de información. **3.** Ecuad. Novatada.

CHAPICO s.m. Chile. Arbusto espinoso de hojas perennes que se utilizan para teñir de amarillo.

1. CHAPÍN s.m. Calzado con suela de corcho o madera con punta en que se introducía el zapato calzado para protegerlo del barro. (Era un calzado usado antiguamente, principalmente por las mujeres.) **2.** Par. Parecido al pez cofre, que vive en los mares tropicales. (Familia ostracióntidos.)

2. CHAPÍN, NA adj. y s. Amér. Central. Guatemalteco. ◆ adj. y s.m. Colomb., Guat. y Hond. Se dice de la persona que tiene las piernas y pies torcidos.

CHAPINISMO s.m. Palabra, expresión o mo-

231

do de hablar propio de los chapines o guatemaltecos.

CHAPISCA s.f. Amér. Central. Recolección del maíz.

CHAPISTA s.m. y f. Persona que trabaja en chapa de metal.

CHAPISTERÍA s.f. Fabricación de chapa metálica. **2.** Taller donde se trabaja la chapa. **3.** Conjunto de objetos realizados en chapa.

CHAPITEL s.m. (fr. ant. *chapitel*). Remate en forma piramidal de una torre. **2.** Capitel.

CHAPODAR v.tr. Podar un árbol para evitar que eche muchas hojas y dé pocos frutos.

CHAPOLA s.f. Colomb. Mariposa, lepidóptero.

CHAPÓN s.m. Borrón grande de tinta. **2.** TEXT. Pieza metálica de sección en forma de T invertida, revestida de guarnición o cinta de carda.

CHAPONA s.f. Urug. Saco, prenda de vestir.

CHAPOPOTE s.m. Méx. Sustancia negra y espesa que se obtiene del petróleo y que se usa principalmente para asfaltar caminos o como impermeabilizante.

CHAPOTEAR v.intr. (voz de origen onomatopéyico). Hacer ruido en el agua agitándola o moviéndola, especialmente con los pies o las manos: *el niño chapotea en la bañera.* ◆ v.tr. Humedecer repetidamente y sin frotar algo con una esponja o paño empapado.

CHAPOTEO s.m. Acción de chapotear.

CHAPUCEAR v.tr. (fr. ant. *chapuisier*, desbastar madera de forma grosera). Hacer un trabajo con chapucería.

CHAPUCERÍA s.f. (fr. ant. *chapuiserie*, trabajo grosero de un carpintero). Descuido o torpeza en la realización de un trabajo. **2.** Trabajo mal hecho o sucio. **3.** Embuste, mentira.

CHAPUCERO, A adj. Hecho con chapucería: *trabajo chapucero.* ◆ adj. y s. Se dice de la persona que hace chapucerías. **2.** Embustero. ◆ s. Herrero que fabrica cosas bastas de hierro. **2.** Vendedor de hierro viejo.

CHAPUL s.m. Colomb. Libélula.

CHAPULÍN s.m. Amér. Central. Niño pequeño. **2.** Amér. Central y Méx. Langosta, saltamontes.

CHAPURRADO s.m. Fam. Mezcla de licores. **2.** Cuba. Bebida hecha con ciruelas cocidas, agua, clavo y azúcar.

CHAPURRAR v.tr. Chapurrear. **2.** Fam. Mezclar un licor con otro.

CHAPURREAR v.tr. e intr. Hablar con dificultad o de manera incorrecta un idioma.

CHAPURREO s.m. Acción y efecto de chapurrear.

1. CHAPUZ s.m. Acción de chapuzar o chapuzarse.

2. CHAPUZ s.m. (fr. ant. *chapuis*, mesa mal hecha). Chapuza.

CHAPUZA s.f. Esp. Chapucería, trabajo mal hecho o sucio. **2.** Esp. Fam. Trabajo de poca importancia realizado por cuenta propia. **3.** Méx. Trampa, engaño.

CHAPUZÓN v.tr., intr. y prnl. (del ant. *zapuzar*, de *pozo*) [7]. Meter o meterse de cabeza o de golpe en el agua.

CHAPUZÓN s.m. Acción y efecto de chapuzar o chapuzarse: *darse un chapuzón.*

CHAQUÉ s.m. (fr. *jaquette*). Prenda de vestir masculina de etiqueta, parecida a la levita, con faldones que se van estrechando desde la cintura.

CHAQUEÑO, A adj. y s. Del Chaco.

CHAQUETA s.f. (fr. *jaquette,* chaqué). Esp. Saco, prenda de abrigo.

CHAQUETE s.m. (fr. *jacquet*). Juego parecido al de damas, con un tablero dividido en dos compartimientos, que se juega con treinta fichas y dos dados. **2.** Tablero de este juego.

CHAQUETEAR v.intr. y tr. Irón. Huir, escapar. **2.** Esp. Fam. Cambiar de opinión o bando.

CHAQUETEO s.m. Esp. Fam. Acción de chaquetear.

CHAQUETERO, A adj. y s. Esp. Fam. Se dice de la persona que chaquetea.

CHAQUETILLA s.f. Saco de vestir más corto que el ordinario.

CHAQUETÓN s.m. Prenda de abrigo parecida al saco, pero más larga.

CHAQUIÑÁN s.m. Ecuad. Atajo, vereda.

CHAQUIRA s.f. Cuentecilla de vidrio o abalorio que llevaban los españoles para vender a los indios. **2.** Argent., Bol., Chile, Ecuad., Méx., Pan., Perú y Venez. Cuenta de vidrio o plástico, abalorio.

CHARA s.f. Chile. Avestruz joven.

CHARABÁN s.m. Vehículo descubierto tirado por caballos, con dos o más filas de asientos.

CHARABÓN s.m. Argent. Ñandú que comienza la muda de su plumón. **2.** Argent. Fig. y fam. Persona joven torpe e inexperta.

CHARADA s.f. (fr. *charade*). Pasatiempo que consiste en adivinar una palabra a partir de su significado y de la combinación de sílabas que forman otras palabras.

CHARAL s.m. Méx. Pez comestible de cuerpo pequeño y espinoso, de unos 5 cm de long. y muy delgado, que abunda en los lagos y lagunas. (Se consume seco.) **2.** Méx. Persona o animal muy flaco.

CHARAMUSCA s.f. Méx. Dulce de azúcar en forma de tirabuzón, acaramelado y duro.

CHARANGA s.f. (voz de origen onomatopéyico). Banda musical popular. **2.** Conjunto musical de origen militar con solo instrumentos de viento, especialmente los de metal, que le dan un sonido de popular. **3.** Fam. Fiesta familiar con baile.

CHARANGO s.m. Instrumento musical de cinco cuerdas, hecho con madera o con el caparazón de un armadillo.

CHARANGUERO, A adj. y s. Relativo a la charanga. **2.** Chapucero.

CHARAPA s.f. Ecuad. y Perú. Tortuga pequeña y comestible.

CHARAPE s.m. Méx. Bebida elaborada con pulque, panocha, miel, clavo y canela.

CHARATA s.f. Argent. y Bol. Ave arborícola de plumaje gris con tonos pardos, que se alimenta de frutos e insectos.

CHARCA s.f. Masa de agua estancada en una pequeña hondonada del terreno, generalmente permanente.

CHARCAL s.m. Terreno con charcos.

CHARCO s.m. Masa de agua u otro líquido acumulada en un hoyo o cavidad del terreno. ◇ **Pasar,** o **cruzar, el charco** Fam. Atravesar el mar, especialmente el océano Atlántico.

CHARCÓN, NA adj. Argent. y Bol. Se dice de la persona o animal doméstico que no engorda nunca.

CHARCUTERÍA s.f. Establecimiento donde se venden diversos tipos de fiambres y alimentos elaborados con carne, generalmente de cerdo.

CHARCUTERO, A s. Persona que tiene o trabaja en una charcutería.

CHARLA s.f. Fam. Acción de charlar. **2.** Conferencia informal. **3.** Ave paseriforme de unos 30 cm de long., de color pardo aceitunado y la región ventral amarillo leonada con pintas negras. (Familia túrdidas.) SIN.: *cagaaceite.*

CHARLADOR, RA adj. y s. Charlatán. **2.** Aficionado a hablar.

CHARLAR v.intr. Fam. Hablar demasiado y sobre temas intrascendentes. SIN.: *charlatanear.* **2.** Fam. Hablar dos o más personas entre sí por mero pasatiempo.

CHARLATÁN, NA adj. y s. (ital. *ciarlatano*). Se dice de la persona que habla mucho o que es poco discreto. **2.** Embaucador. ◆ s.m. Vendedor que anuncia sus productos hablando mucho y a voces.

CHARLATANERÍA s.f. Cualidad de charlatán. **2.** Conjunto de cosas dichas por un charlatán.

CHARLESTÓN s.m. (de *Charleston,* c. de Estados Unidos). Baile de origen afroamericano, que se puso de moda en la década de 1920 y posteriormente en la de 1970. **2.** Música de este baile, de ritmo rápido. (Se pronuncia también *chárleston.*)

CHARLISTA s.m. y f. Persona que da una charla o conferencia relativa a un tema poco trascendente.

CHARLOTADA s.f. Espectáculo taurino de carácter cómico. **2.** Esp. Actuación grotesca o excéntrica.

CHARLOTEAR v.intr. Charlar.

CHARLOTEO s.m. Acción de charlar.

CHARNELA s.f. (fr. *charnière*). Bisagra, herraje compuesto de dos planchas articuladas. **2.** Articulación de las dos valvas de los moluscos lamelibranquios. ◇ **Charnela de un pliegue** GEOL. Parte de un pliegue en la que se unen los dos flancos.

CHAROL s.m. (port. *charao,* laca). Barniz celulósico que se adhiere perfectamente al material sobre el que se aplica y le proporciona un brillo lustroso y permanente. **2.** Cuero tratado con este barniz: *zapatos de charol.* **3.** Amér. Central, Bol., Colomb., Cuba, Ecuad. y Perú. Bandeja.

CHAROLA s.f. Bol., Méx. y Perú. Bandeja. **2.** Méx. Fam. Documento o placa que sirve como identificación a una autoridad o persona acreditada: *charola de policía; enseñó su charola de periodista para poder entrar.*

CHAROLADO, A adj. Brillante como el charol. ◆ s.m. Proceso de cubrir metal, cartón piedra u otro material con un barniz espeso de aceite de copal. **2.** Operación de recubrir el cuero con charol. **3.** Operación que consiste en impregnar la piel de becerro con aceite de linaza, mezclado con negro de humo, en el curtido vegetal o al cromo.

CHAROLAR v.tr. Barnizar con charol o con otro líquido análogo.

CHAROLÉS, SA adj. Se dice de una raza de reses bovinas que proporciona una carne de gran calidad, originaria de la región francesa de Charolais.

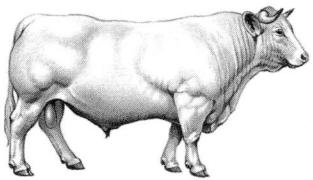

■ **CHAROLÉS.** Toro de raza charolesa.

CHAROLISTA s.m. y f. Persona que tiene por oficio dorar o charolar.

CHARQUEAR v.tr. Amér. Secar la carne al sol para conservarla. **2.** Amér. Merid. Hacer charqui de carne o fruta.

CHARQUECILLO s.m. Perú. Congrio seco y salado de carne o fruta.

CHARQUI o **CHARQUE** s.m. Amér. Merid. Carne salada y secada al sol. **2.** Amér. Merid. Tajada de algunas frutas que ha sido secada al sol.

CHARQUICÁN s.m. (araucano *čarkikan,* guisar con charqui). Amér. Merid. Guiso de charqui con papas y otras legumbres.

CHARRA s.f. Guat. y Hond. Sombrero de ala ancha y bajo de copa.

CHARRADA s.f. Baile de los charros de Salamanca. **2.** Dicho o hecho propio de un charro de Salamanca. **3.** Fig. y fam. Obra o adorno demasiado recargado, de mal gusto.

1. CHARRÁN s.m. Ave palmípeda de cabeza negra y cuerpo gris, de unos 40 cm de long., que vive en regiones costeras.

■ **CHARRÁN**

2. CHARRÁN adj. y s.m. Se dice del hombre que actúa sin escrúpulos, pillo, tunante.

CHARRANADA s.f. Acción propia del charrán.

CHARRANEAR v.intr. Vivir o comportarse como un charrán.

CHARRANERÍA s.f. Condición de charrán.

CHARRAR v.tr. Hablar en exceso o de manera indiscreta.

CHARRASCA s.f. (voz de origen onomatopéyico). Fam. Sable o arma similar que puede desenvainarse. SIN.: *charrasco*. **2.** Fam. Navaja con muelles.

CHARRASQUEAR v.tr. Amér. Merid. Rasguear un instrumento de cuerda.

CHARRETERA s.f. Divisa militar que se sujeta sobre el hombro y de la cual penden flecos, que suele designar la graduación. **2.** Fig. y fam. Albardilla, almohadilla que llevan los aguadores.

1. CHARRO, A s. y adj. Méx. Jinete dedicado a la cría de ganado, que viste traje especial, compuesto de saco con bordados, camisa blanca, sombrero de ala ancha y alta copa cónica, y pantalón ajustado para los hombres y falda larga para las mujeres. ◆ adj. Relativo a estos criadores.

■ CHARRO mexicano a caballo, s. XX.
(Museo nacional de historia, México)

2. CHARRO, A adj. y s. De Salamanca. **2.** Esp. Fig. Basto y rústico: *adorno charro*.

1. CHARRÚA s.f. Embarcación pequeña que servía para remolcar otras mayores.

2. CHARRÚA, familia lingüística de América del Sur emparentada con el guaicurú, cuyos pueblos, act. extinguidos, ocupaban en la época del descubrimiento una extensa región en la costa septentrional del Río de la Plata y zonas de la costa meridional.

CHÁRTER adj. y s.m. (ingl. *charter*). Se dice del avión fletado por una compañía de turismo o por un grupo para obtener una tarifa menos elevada que la de las líneas regulares. **2.** Se dice del vuelo con que hace este avión.

CHARTREUSE s.m. (voz francesa). Licor aromático fabricado antiguamente por los monjes de la Gran Cartuja de Saint-Pierre-de-Chartreuse en Francia y actualmente en Voiron (Isère).

CHASCA s.f. Leña menuda procedente de la poda. **2.** Conjunto de ramas que se coloca sobre la leña dispuesta para hacer carbón. **3.** Bol., Chile y Perú. Greña, cabellera enmarañada. **4.** Chile. Mechón de la crin del caballo que le cae sobre la frente.

CHASCAR v.intr. [1] Chasquear, dar chasquidos. ◆ v.tr. Hacer que algo, especialmente la lengua, produzca un chasquido.

CHASCARRILLO s.m. Fam. Anécdota, cuentecillo o frase equívoco y gracioso.

CHASCÁS s.m. Casco con cimera plana y cuadrada, que usaban los polacos y más tarde regimientos de lanceros de toda Europa.

1. CHASCO s.m. Decepción que produce un suceso inesperado o adverso: *llevarse un chasco*. **2.** Burla o engaño: *dar un chasco*.

2. CHASCO, A adj. Bol., Chile y Perú. Se dice del cabello recio y ensortijado.

CHASCÓN, NA adj. Chile. Se dice del cabello enmarañado, enredado, greñudo.

CHASCONEAR v.tr. Chile. Enredar, enmarañar. **2.** Chile. Tirar del pelo.

CHASIS s.m. (fr. *châssis*, de *châsse*, cofre). Armazón que soporta la carrocería de un vehículo. **2.** Armazón que envuelve o soporta algo: *el chasis de una ventana*. ◇ **Chasis portaplacas** Estuche en el que se coloca la placa sensible de un aparato fotográfico. (Se pronuncia tb. *chasís*.)

CHASPONAZO s.m. (voz de origen onoma-

topéyico). Señal que deja una bala al rozar un cuerpo duro.

CHASQUEAR v.tr. Dar un chasco a alguien. **2.** Dejar de cumplir una promesa. **3.** Hacer que algo produzca un chasquido, como el látigo, los dedos o la lengua. ◆ v.intr. Dar un chasquido, especialmente la madera u otra cosa cuando se abre por sequedad. SIN.; *chascar*. ◆ chasquearse v.prnl. Sufrir una decepción.

CHASQUI o **CHASQUE** s.m. Indio que servía de correo durante el imperio inca. **2.** Argent., Bol., Chile, Perú y Urug. Emisario, mensajero.

CHASQUIDO s.m. Ruido seco como el que se hace al sacudir el látigo, al separar la lengua del paladar o al romperse la madera.

CHASSÉ s.m. (voz francesa). COREOGR. Paso de baile en el que una pierna se coloca en una de las posiciones abiertas y se dobla después, sosteniendo todo el peso del cuerpo.

CHAT s.m. o f. Comunicación interactiva en tiempo real realizada mediante sistemas informáticos de usuarios conectados a una red.

CHATARRA s.f. (del vasc. *txatar*). Conjunto de piezas o residuos metálicos casi inservibles. **2.** Objeto o máquina de metal que ya no es útil. **3.** Fam. Conjunto de monedas metálicas de poco valor.

CHATARRERO, A s. Persona que tiene por oficio comerciar con la chatarra.

1. CHATEAR v.intr. Esp. Beber chatos.

2. CHATEAR v.intr. (de *chat*). Tomar parte en un chat.

CHATELPERRONIENSE s.m. y adj. Primer período cultural del paleolítico superior, que se caracteriza por una industria que desarrolla los utensilios de hueso.

CHATEO s.m. Acción de chatear. **2.** Esp. Acción de beber chatos de vino.

CHATIÑO, tribu amerindia de lengua zapoteca que vive en el S del est. de Oaxaca (México). [Son agricultores y siguen creencias animistas.]

CHATO, A adj. (lat. vulgar *plattus*, plano, aplastado). Se dice de la nariz poco prominente y aplastada. **2.** Que es romo, o más plano o corto que otras cosas de su misma clase. ◆ adj. y s. Que tiene la nariz pequeña y poco prominente. ◆ s.m. y f. Esp. y Méx. Fam. Vaso bajo y ancho para vino; bebida tomada en él.

CHATÓN s.m. (fr. *chaton*, punto donde se engasta una piedra preciosa). Piedra preciosa gruesa engastada en una joya.

CHATRE adj. Chile y Ecuad. Elegante y acicalado.

CHATRIA s.m. Miembro de la casta noble y guerrera de la India, la segunda en dignidad.

CHATTERTON s.m. Cinta aislante y adhesiva empleada por los electricistas para aislar los hilos conductores.

CHATUNGO, A adj. Apelativo cariñoso.

CHATURA s.f. Argent. y Urug. Mediocridad vital, artística o intelectual.

CHAUCHA s.f. Argent. Vaina de algunas simientes. **2.** Amér. Merid. Fruto del poroto. GEO-SIN.: Amér. Central y Méx. *ejote*; Esp. *judía*. **3.** Chile, Ecuad. y Perú. Papa temprana o menuda que se suele usar como simiente. ◆ **chauchas** s.f.pl. Amér. Merid. Monedas de poco valor, calderilla. ◇ **Faltarle una chaucha para el peso** Chile. No estar en sus cabales una persona.

CHAUCHERA s.f. Chile y Ecuad. Monedero.

CHAUVINISMO o **CHOVINISMO** s.m. (fr. *chauvinisme*, de N. *Chauvin*, soldado entusiasta del primer imperio francés). Patriotismo exagerado y desprecio por lo extranjero.

CHAUVINISTA o **CHOVINISTA** adj. Relativo al chauvinismo. ◆ adj. y s. Fig. Se dice de la persona que actúa con chauvinismo.

CHAVAL, LA adj. y s. (caló *čavále*, vocativo pl. de *čavó*, muchacho). Esp. Fam. Niño o muchacho.

CHAVALONGO s.m. Argent. y Chile. Dolor de cabeza muy fuerte, generalmente acompañado de fiebre.

CHAVEA s.m. Fam. Muchacho.

CHAVETA s.f. (ital. dialectal *ciavetta*, dim. de *ciave*, llave). Clavija que se introduce a presión en un agujero abierto en una de las dos piezas que se han de ajustar. ◇ **Perder la chaveta** Fam. Volverse loco.

CHAVETERO s.m. Abertura o ranura longitudinal para alojar una chaveta.

CHAVO s.m. Moneda de cobre de poco valor. **2.** Méx. Niño o joven. ◇ **Estar sin,** o **no tener, o quedarse sin, un chavo** No tener dinero, estar arruinado.

CHAYA s.f. Argent. Carnaval. **2.** Argent. y Chile. Juego de los días de carnaval.

CHAYAR v.intr. Argent. Mojarse unos a otros por juego durante la chaya o carnaval. **2.** Argent. Festejar el carnaval.

CHAYO s.m. Cuba y Méx. Arbusto de fruto y tronco espinosos, cuyas hojas tiernas se comen cocidas. (Familia euforbiáceas.)

CHAYOTE s.m. (náhuatl *čayútli*). Fruto de la chayotera, dulce y en forma de pera.

CHAYOTERA s.f. Planta trepadora que crece en América, Canarias y Valencia, de hojas grandes y lobuladas, cuyo fruto es el chayote. (Familia cucurbitáceas.)

CHE s.f. Nombre del dígrafo *ch*.

¡CHE! interj. En Valencia y parte de América Meridional, se usa para llamar la atención, manifestar sorpresa, alegría, etc., o como muletilla en la conversación.

CHECA s.f. Organismo que funciona como policía política. **2.** Local utilizado por este organismo.

CHECAR v.tr. [1]. Méx. Verificar, comprobar algo. **2.** Méx. Marcar un empleado en una tarjeta la hora de entrada y salida en su trabajo. **3.** Méx. Fam. Vigilar celosamente a alguien.

CHECHÉN, pueblo musulmán del N del Cáucaso que vive principalmente en la República de Chechenia (Rusia).

CHECHENO, A adj. y s. De Chechenia.

CHÉCHERES s.m.pl. Colomb. y C. Rica. Cachivaches, baratijas.

CHECK-LIST s.f. (ingl. *checklist*) [pl. *checklists*] AERON. Serie de operaciones que permiten verificar el funcionamiento de todos los dispositivos y mecanismos de una aeronave antes del despegue.

CHECO, A adj. y s. De la región formada por Bohemia, Moravia y una parte de Silesia. **2.** De la República Checa. **3.** Checoslovaco. ◆ s.m. Lengua eslava que se habla en Bohemia, Moravia y una parte de Silesia.

CHECOSLOVACO, A adj. y s. De Checoslovaquia. SIN.: *checo*.

CHEDITA s.f. Explosivo compuesto de clorato potásico o sódico y dinitrotolueno.

CHEF s.m. (voz francesa). Jefe de cocina de un restaurante, hotel, etc.

CHEIK o **SHEIK** s.m. Jeque.

CHEJE s.m. Amér. Central. Especie de pájaro carpintero. **2.** Hond. y Salv. Eslabón.

CHELI s.m. Jerga madrileña que entremezcla elementos castizos y marginales.

CHELÍN s.m. (Ingl. *shilling*). Unidad monetaria de Austria, sustituida por el euro en 2002. **2.** Moneda fraccionaria británica que valía una vigésima parte de la libra esterlina.

CHEN s.m. → SHAN.

CHENILLA s.f. (fr. *chenille*, oruga). Tejido afelpado de fibras de seda y lana, de textura semejante a la piel de oruga, que se usa en la confección de prendas de punto.

CHENQUE s.m. Chile. Caverna, cueva.

CHEPA s.f. Fam. Joroba, giba.

CHÉPICA s.f. Chile. Planta parecida a la grama. (Familia gramíneas.)

CHEPOSO, A adj. Fam. Que tiene chepa.

CHEQUE s.m. (ingl. *cheque* o *check*). Documento que sirve a una persona (*librador*) para retirar, en su provecho o en provecho de un tercero (*tomador, tenedor* o *beneficiario*), una suma de los fondos disponibles de su cuenta bancaria. ◇ **Cheque a la orden** Cheque que lleva el nombre del tomador, precedido por la cláusula *a la orden*, y que puede ser endosado. **Cheque al portador** Cheque que no lleva el nombre del tomador y que puede ser cobrado por cualquier persona. **Cheque cruzado,** o **barrado,** Cheque sobre el que se han trazado dos líneas paralelas transversales, en las que se indica el banco o la sociedad a los cuales ha de hacerse efectivo el pago. **Cheque de viaje,** o **de viajero** Cheque nominativo para uso de turistas, emitido por un banco y que

Figura humana sedente
(Museo prehistórico y etnográfico Pigorini, Roma).

El rey dorado (Museo del oro, Bogotá).

■ CHIBCHA

puede hacerse efectivo en otro banco o establecimiento comercial mediante la firma del mismo. **Cheque documentario** Cheque que solo puede abonarse si va acompañado de un determinado documento, como factura, póliza del seguro, etc. **Cheque en blanco** Cheque firmado sin indicación de la suma. **Cheque nominativo** Cheque que lleva el nombre del tomador y que no puede ser endosado. **Cheque sin fondos** Cheque que no puede abonarse por falta de fondos suficientes en la cuenta del librador.

CHEQUEAR v.tr. Examinar, revisar. **2.** Consignar, expedir, facturar: *chequear el equipaje.*

CHEQUEO s.m. Acción y efecto de chequear. **2.** Revisión médica completa.

CHEQUERA s.f. Amér. Talonario de cheques. **2.** Amér. Cartera para guardar el talonario.

CHERCÁN s.m. Chile. Pájaro parecido al ruiseñor.

CHERCHA s.f. Hond. y Venez. Chacota, burla.

CHEREMÍS s.m. Lengua ugrofinesa de la región media del Volga.

CHERICLES s.m. Ecuad. Ave trepadora, especie de loro.

CHERKÉS adj. y s.m. y f. De un pueblo del Cáucaso septentrional, compuesto por tres grupos principales, los adigué, los kabarda y los cherkeses propiamente dichos. (Islamizados en s. XVI, lucharon contra la penetración rusa hasta 1859. La mayor parte de ellos emigró al Imperio otomano.)

CHERNA s.f. (lat. tardío *acerna*). Pez marino de cuerpo voluminoso y color grisáceo, de hasta 1 m de long. (Familia serránidos.)

CHERNOZIOM s.m. (voz rusa) [pl. *chernozioms*]. Suelo negro muy fértil, típico de las estepas frías y secas del Este de Europa (Ucrania, especialmente), que también se encuentra en ciertas regiones de Canadá.

CHEROKEE o **CHEROQUI**, pueblo amerindio del grupo lingüístico iroqués que vive en Estados Unidos (Oklahoma y Carolina del Norte).

CHÉSTER s.m. y adj. (de *Chester*, c. de Gran Bretaña). Queso inglés de pasta dura, elaborado con leche de vaca.

CHEUTO, A adj. Chile. Que tiene el labio partido o deformado.

CHÉVERE adj. Colomb. y Venez. Excelente, muy bueno. **2.** Cuba, Perú y Venez. Magnánimo, considerado, transigente. **3.** Ecuad., Perú, P. Rico y Venez. Bonito, agradable. ◆ s.m. Cuba, P. Rico y Venez. Atildado, presuntuoso, engreído. **2.** Venez. Valentón, fanfarrón.

CHEVIOT s.m. (ingl. *cheviot*) [pl. *cheviots*]. Lana de una raza de carneros de origen escocés. **2.** Tela fina hecha con esta lana.

CHEYENE, pueblo indio del grupo algonquino de América del Norte, que act. vive en reservas en Montana y Oklahoma. (Fueron masacrados por el ejército entre 1864 y 1868.)

CHÍA s.f. Méx. Planta leñosa de 1,5 m de alt., de flores azules, cuya semilla desprende, en remojo, gran cantidad de mucílago. **2.** Méx. Bebida refrescante elaborada con la semilla de esta planta. SIN.: *chan*.

CHIANTI s.m. Vino tinto de la región italiana de la Toscana. (Suele consumirse joven.)

CHIBCHA adj. y s.m. y f. De un pueblo amerindio precolombino que habitaba en los altiplanos de la cordillera Oriental de Colombia (dep. de Boyacá, Cundinamarca y parte de Santander). ◆ s.f. Familia lingüística amerindia.

ENCICL. Al llegar los españoles (1536) los chibchas estaban integrados en pequeños estados más o menos independientes y rivales; el más importante era el de Zipa. Su organización social, presidida por el jefe, comprendía los nobles, investidos de poderes absolutos, los guerreros o *gueches*, los sacerdotes y el pueblo. Cultivaban la tierra en regadío, practicaban el comercio con sus vecinos y trabajaban el oro (adornos y discos moneda), cuya abundancia dio origen a la leyenda de El Dorado. Su dios Chimichagua era el creador de todo lo existente. Su cultura declinó en el s. XVIII.
La familia lingüística chibcha se extiende desde el S de Honduras hasta el N de los Andes, incluyendo las mesetas colombiana y peruana. La forman diversas lenguas, habladas sobre todo en Panamá (guaimí), O de Colombia (cuna y páez) y Ecuador (cayapa).

CHIBOLO s.m. Amér. Cuerpo redondo y pequeño. **2.** Amér. Chichón.

CHIBUQUÍ s.m. (turco *čibūq*). Pipa turca de tubo largo y recto.

CHIC adj. (voz francesa) [pl. *chic*]. Distinguido, elegante, especialmente en el atuendo personal. ◆ s.m. Elegancia, buen gusto: *tener mucho chic*.

1. CHICA s.f. Criada, muchacha de servicio. **2.** Méx. Moneda de plata de tres centavos.

2. CHICA s.f. Baile afrocubano parecido al fandango.

CHICANO, A adj. y s. Que es de origen mexicano y reside en EUA.

CHICARRÓN, NA adj. y s. Esp. *Fam.* Se dice de la persona joven, alta y robusta.

1. CHICHA s.f. (voz de creación expresiva). Esp. Carne del cuerpo humano. **2.** Esp. *Fam.* Carne comestible.

2. CHICHA s.f. (voz de los indios cuna de Panamá). Bebida alcohólica americana, que se obtiene de la fermentación del maíz en agua azucarada. **2.** Chile. Bebida que se obtiene de la fermentación del zumo de uva o de manzana. ◇ **No ser ni chicha ni limonada,** o **limoná** *Fam.* No tener carácter definido; no valer para nada.

CHÍCHARO s.m. (del lat. *cicer, -eris,* garbanzo). Colomb. Cigarro de mala calidad. **2.** Cuba y Méx. Planta trepadora leguminosa, de flores blancas o rojizas, que se cultiva por su fruto comestible. GEOSIN.: Argent., Chile, Colomb. y Urug. *arveja;* Esp. *guisante.* **3.** Cuba y Méx. Fruto de esta planta, de pequeño tamaño, forma redondeada y color verde. GEOSIN.: Argent., Chile, Colomb. y Urug. *arveja;* Esp. *guisante.*

CHICHARRA s.f. Cigarra. **2.** Timbre eléctrico de sonido sordo. **3.** *Fig.* y *fam.* Persona muy habladora. **4.** TECNOL. Mecanismo utilizado en talleres y barcos para abrir taladros en sitios difíciles o poco accesibles.

CHICHARRÓN s.m. (voz de origen onomatopéyico). Residuo frito y requemado que dejan las pellas del cerdo al derretirse la manteca. (Suele usarse en plural.) **2.** *Fig.* Alimento requemado. **3.** *Fig.* y *fam.* Persona muy tostada por el sol. **4.** Méx. Fritura de harina con el color y la consistencia del chicharrón.

CHICHE s.m. Amér. Juguete infantil. **2.** Amér. Alhaja, joya de bisutería. **3.** Argent., Chile y Urug. Objeto decorativo pequeño y de buen gusto. ◆ s.f. Pecho de la mujer. ◆ adj. Amér. Merid. Pequeño, delicado, bonito. **2.** Salv. Se dice de la persona muy blanca o rubia.

CHICHEAR v.intr. y tr. Emitir repetidamente el sonido *ch* para llamar la atención o manifestar desagrado.

CHICHEME s.m. Amér. Central. Bebida elaborada con maíz cocido y sin moler, azúcar, leche y algún otro ingrediente.

CHICHEO s.m. Acción y efecto de chichear.

CHICHERÍA s.f. Amér. Establecimiento donde se vende chicha, bebida alcohólica.

CHICHERO, A adj. Amér. Relativo a la chicha, bebida alcohólica. ◆ s. Amér. Persona que fabrica o vende chicha. ◆ s.m. Perú. Chichería.

CHICHI adj. Amér. Central. Cómodo, fácil. ◆ s.f. Méx. Teta, ubre. ◇ **Dar la chichi** Méx. Amamantar.

CHICHICUILOTE s.m. Méx. Ave pequeña, parecida a la paloma, de color gris en el vientre y más oscuro en el dorso, pico delgado y recto, que vive cerca del mar, lagos o pantanos.

CHICHIGUA s.f. Amér. Central y Méx. Nodriza. **2.** Colomb. Cosa o cantidad pequeña, insignificante.

CHICHIMECA adj. y s.m. y f. De un grupo de pueblos amerindios originario del N de México, que en el s. XIII se establecieron en la meseta central del país.

ENCICL. Los chichimecas destruyeron el imperio tolteca de Tula en 1224. En su cap., Tenayuca, levantaron un templo a Tláloc y Tezcatlipoca que inspiró las pirámides aztecas. En 1327 se trasladó la capital a Texcoco; en esa época los chichimecas adoptaron la cultura de los aztecas. Entre 1357-1409, con el reinado de Techotlala, se dividieron en principados independientes. Su hijo Ixtlilxóchitl I (1409-1418) fue derrotado y muerto por los tepanecas, pero el reino aún vivió de 1431 a 1472 un período de esplendor con su hijo Netzahualcóyotl. Los chichimecas rompieron sus vínculos con los aztecas en 1516.

■ CHICHIMECA. Pirámide de Tenayuca.

CHICHIMECO, A adj. y s. Chichimeca.

CHICHINAR v.tr. Méx. Chamuscar, quemar.

CHICHOLO s.m. Bol. y Urug. Dulce que va envuelto en una hoja de mazorca de maíz.

CHICHÓN s.m. Hinchazón que se forma en la cabeza por efecto de un golpe.

CHICHONA adj.f. Méx. Que tiene voluminosos pechos.

CHICHONERA s.f. Gorro para preservar a los niños pequeños de golpes en la cabeza.

CHICLE, CHICLÉ o **CHICLET** s.m. (náhuatl *tzíctli*).Golosina hecha de una goma aromatizada que se mastica y no se traga.

CHICLÉ o **CHICLER** s.m. Orificio calibrado que sirve para controlar la salida de combustible en las canalizaciones de un carburador. SIN.: *surtidor.*

CHICLOSO, A adj. Méx. Se dice de algo que tiene la consistencia del chicle ► s.m. Méx. Dulce pegajoso con la consistencia del chicle.

CHICO, A adj. Pequeño, de poco tamaño.► s. y adj. Niño o adolescente.► s. Muchacho que hace recados y ayuda en trabajos de poca importancia. **2.** *Fam.* Apelativo que se da a una persona de cualquier edad, con la que se tiene confianza: *bueno, chico, me voy.* **3.** *Fam.* Novio.

CHICOCO, A adj. y s. Chile. Pequeño, joven. **2.** Chile. Se dice de la persona de baja estatura.

CHICOLEAR v.intr. (voz de origen onomatopéyico). Decir chicoleos. ► **chicolearse** v.prnl. Perú. Recrearse, divertirse.

CHICOLEO s.m. *Fam.* Piropo.

CHICORIA s.f. Achicoria.

CHICOTAZO s.m. Amér. Golpe dado con el chicote, látigo. **2.** TAUROM. Capotazo rápido por bajo.

CHICOTE s.m. *Fam.* Cigarro puro. **2.** Amér. Látigo, azote largo.

CHICOTEAR v.tr. Amér. Dar chicotazos. **2.** Amér. Producir un ruido característico una cosa dura y flexible.

CHICOZAPOTE s.m. Méx. Árbol de más de 30 m de alt., de flores blancas y cuyo fruto comestible, del mismo nombre, es carnoso, de sabor muy dulce, mide de 5 a 7 cm de diámetro y tiene las semillas negras brillantes.

CHICUELINA s.f. (de *Chicuelo*, matador de toros español). TAUROM. Lance de capa dado con los brazos a la altura del pecho en sentido contrario a la trayectoria del toro.

CHIFA s.m. Chile y Perú. Restaurante de comida china.

CHIFFONNIER s.m. → **CHIFONIER**.

CHIFLA s.f. Silbato. **2.** Acción de chiflar.

CHIFLADO, A adj. y s. *Fam.* Maníatico, perturbado.

CHIFLADURA s.f. Acción y efecto de chiflar o chiflarse.

CHIFLAR v.tr. y prnl. Hacer burla o escarnio de uno en público. **2.** *Fam.* Agradar mucho una persona o cosa a alguien. ► v.intr. Silbar con la chifla o emitir un sonido semejante con la boca. ► **chiflarse** v.prnl. *Fam.* Perder las facultades mentales.

CHIFLE s.m. (de *chiflar*, silbar). Argent. Cantimplora, frasco aplanado. **2.** Argent. y Urug. Recipiente de cuerno para llevar líquidos.

CHIFLÓN s.m. Garza acuática, de plumaje amarillento con el copete azul oscuro y patas negras, que vive en América Meridional. (Familia ardeidos.) **2.** Amér. Viento que se cuela en un lugar, o corriente tenue de aire. **3.** Chile Derrumbe de piedra suelta en una mina.

CHIFONIER o **CHIFFONNIER** s.m. (fr. *chiffonnier*). Cómoda estrecha y alta, de cajones de poca capacidad en los que se suelen guardar papeles, joyas o ropa.

CHIGRE s.m. MAR. Torno con el eje de giro horizontal, destinado al servicio de carga y descarga en una embarcación.

CHIGUA s.f. Bol. y Chile. Cesto ovalado hecho con cuerdas o cortezas de árboles, utilizado como cuna u otros usos domésticos.

CHIGÜIL s.m. Ecuad. Masa elaborada con maíz, huevos, queso y manteca, envuelta en hojas de choclo y cocida al vapor.

CHIGÜINI s.m. Amér. Central. Chiquillo, desmedrado.

CHIHUAHUA s.m. y adj. Perro de una raza de pequeño tamaño oriunda de México, de ojos u orejas grandes y pelo corto.

CHIISMO s.m. Rama de la religión musulmana que considera que la sucesión de Abú Bakr al califato era ilegal y que el califato debía volver a los descendientes de Alí.

ENCICL. El chiismo se diferencia del sunnismo, corriente mayoritaria del islam, por haber introducido el tema de la Pasión (martirio de Husayn y otros 'alidas), la idea del carácter semidivino del imán y las del «retorno» del imán

muerto o desaparecido (doctrina del «imán oculto»). El chiismo duodecimano (que reconoce a doce imâms) es la religión nacional de Irán desde el s. XVI.

CHIITA o **CHIÍ** adj. y s.m. y f. Relativo al chiismo; seguidor de esta rama islámica. SIN.: *shiita, shií.*

CHIJETAZO (COMO) loc. Argent. *Fam.* Rápidamente, con violencia. (También *como chiquetazo* o *como chisguete.*)

CHIJETE s.m. Argent. *Fam.* Chorro de líquido que sale violentamente, chisguete. **2.** Argent. *Fam.* Chiflón, corriente de aire.

CHIKUNGUNYA s.m. (voz swahili). Virus transmitido por un mosquito, que causa una enfermedad epidémica. **2.** Enfermedad causada por este virus, cuyos síntomas son fiebre alta, erupción cutánea y dolores articulares y de cabeza. (También *fiebre de chikungunya.*)

CHILABA s.f. Túnica larga con capucha y mangas anchas, que se usa en el Magreb.

CHILACAYOTE s.m. Méx. Variedad de calabaza, cuyo fruto comestible del mismo nombre, se emplea en la elaboración de diversos guisos. (Familia cucurbitáceas.)

CHILANGO, A adj. y s. Méx. Que es originario de la ciudad de México.

CHILAQUILES s.m.pl. Méx. Guiso hecho con trozos de tortilla de maíz fritos en manteca y adobados con chile y otros ingredientes.

CHILAR s.m. Terreno poblado de chiles.

CHILATE s.m. Amér. Central. Bebida hecha con chile, maíz tostado y cacao.

CHILATOLE s.m. Méx. Bebida de chile y atole de maíz.

CHILCA s.f. (quechua *čílka*). Colomb. y Guat. Arbusto resinoso y balsámico utilizado en veterinaria para tratar tumores.

CHILCANO s.m. Perú. Caldo hecho con cabeza de pescado.

CHILCO s.m. Chile. Fucsia silvestre.

CHILE s.m. (náhuatl *čilli*). Amér. Central y Méx. Planta herbácea anual, de la que existen numerosas variedades que son cultivadas por sus frutos. (También se cultivan ciertas especies muy parecidas de la misma familia, llamadas *ajís* en América Meridional y Antillas y *guindillas* en España; familia solanáceas.) **2.** Amér. Central y Méx. Fruto de esta planta, generalmente alargado y de sabor picante, fundamental en la cocina mexicana. *chile jalapeño, chile costeño.* **3.** Guat. *Fig.* Mentira, cuento. (Suele usarse en plural.)

CHILELITENSE s.m. y adj. Unidad geológica de Chile y Argentina caracterizada por un conjunto de mantos, brechas y tobas de porfiritas, cuyo espesor alcanza los 4 000 m.

CHILENISMO s.m. Palabra, expresión o modo de hablar propio de los chilenos.

CHILENITA s.f. Plata bismutífera granuda, de superficie amarillenta, encontrada en Copiapó, Chile.

CHILENO, A adj. y s. De Chile. ► s.m. Variedad del español en Chile.

CHILILLO s.m. Amér. Central. Látigo, azote.

CHILINDRINA s.f. Méx. Variedad de pan de huevo.

CHILINDRÓN s.m. Guiso de carne que se lleva como condimento tomate, pimiento y cebolla. **2.** Condimento que acompaña a este guiso: *pollo al chilindrón.*

CHILINGUEAR v.tr. Colomb. Mecer, columpiar.

■ CHIHUAHUA

1. CHILLA s.f. (de *chillar*). Silbato que emplean los cazadores para imitar el chillido de la liebre, conejo, zorra, etc.

2. CHILLA s.f. (lat. *scindula*). CONSTR. Tabla delgada de baja calidad, utilizada en coberturas y tabiques.

3. CHILLA s.f. Mamífero carnívoro parecido al zorro, que vive en Chile, de pelaje negro o grisáceo. (Familia cánidos.) **2.** Cuba. Falta de dinero.► **Estar en la chilla, o en la purita chilla** Méx. Estar sin dinero.

CHILLADO s.m. Techo hecho con listones y chillas.

CHILLAR v.intr. (del ant. *chirlar*, del lat. *fistulare*, tocar la flauta). Emitir chillidos. **2.** Gritar. **3.** Hablar muy alto, especialmente para reprender o mostrar desacuerdo. **4.** Chirriar: *chillar una puerta.* **5.** Méx. Llorar.

CHILLERÍA s.f. Conjunto de chillidos o voces descompasadas. **2.** Regaño, reprensión en voz alta: *echar una chillería.*

CHILLIDO s.m. Sonido inarticulado de la voz, agudo y estridente.

CHILLÓN, NA adj. y s. *Fam.* Que chilla mucho. ► adj. Se dice del sonido agudo, desagradable o molesto. **2.** *Fig.* Se dice del color demasiado vivo o mal combinado. **3.** Méx. Llorón. **4.** Méx. Cobarde.

CHILMOLE s.m. Méx. Salsa o guiso de chile con tomate u otra legumbre.

CHILPAYATE s.m. Méx. Niño, chaval.

CHILPE s.m. Chile. Andrajo, pedazo o jirón de ropa muy usada. **2.** Ecuad. Cabuya, cordel. **3.** Ecuad. Hoja seca de maíz.

CHILPOSO, A adj. Chile. Desharrapado, andrajoso, harapiento.

CHIMACHIMA s.f. Ave falconiforme de color amarillento y alas parduscas, que vive en Argentina. (Familia falcónidos.)

CHIMANGO s.m. Ave falconiforme de unos 30 cm de long., color blancuzco y acanelado y dorso oscuro, que vive en América Meridional. (Familia falcónidos.)

CHIMARSE v.prnl. Amér. Central. Lastimarse, herirse.

CHIMBA s.f. Amér. Merid. Trenza pequeña de pelo. **2.** Chile y Perú. Orilla opuesta de un río.

CHIMBADOR, RA s. Ecuad. y Perú. Indígena experto en atravesar ríos.

CHIMBAR v.tr. Ecuad. y Perú. Atravesar un río.

CHIMDILO s.m. Colomb. Murciélago.

CHIMBO, A adj. y s. Amér. Se dice de un dulce hecho con huevos, almendras y almíbar.

CHIMENEA s.f. (fr. *cheminée*). Conducto destinado a evacuar los humos de una casa o un horno. **2.** Espacio hueco construido en una habitación para encender un fuego y que tiene un conducto para evacuar el humo. **3.** Conducto cilíndrico: *chimenea de ventilación.* **4.** Paso estrecho más o menos vertical que se abre en un muro rocoso o glaciar. **5.** GEOL. Canal simple o múltiple por el que remonta la lava y los materiales de proyección volcánica. **6.** MIN. Galería de un yacimiento de acentuada pendiente, horadada en el mineral, del carbón o el estéril, y en la que no existe vía férrea. **7.** MIN. Excavación estrecha que se abre en el cielo de una labor de mina, o hueco que resulta a causa de un hundimiento.► **Chimenea de hadas** GEOMORFOL. Columna de tierra, coronada por una piedra, que es producto de la erosión, en especial de la acción de las aguas de arroyada. (*V. ilustr. pág. siguiente.*)

CHIMICHURRI s.m. Salsa picante para condimentar carnes, elaborada con vinagre, cebolla, ajo y especias.

CHIMINANGO s.m. Colomb. Árbol mimosáceo de gran altura y corpulencia.

CHIMÓ s.m. Venez. Pasta para mascar de extracto de tabaco y una sal carbonatada.

CHIMOJO s.m. Cuba. Medicamento popular, constituido principalmente por la mezcla de tabaco, cáscara de banano y salvia, entre otros ingredientes, de acción antiespasmódica.

CHIMPANCÉ s.m. (voz indígena africana). Simio antropoide de África ecuatorial, de brazos largos, cuerpo cubierto de pelo oscuro, excepto en la cara, costumbres arborícolas y terrestres, sociable y con dotes para el aprendizaje. (Existen dos especies, el chimpancé co-

■ CHIMPANCÉ

mún *[Pan troglodytes]* y el chimpancé pigmeo o bonobo *[Pan paniscus]*; el chimpancé común mide 1,40 m, pesa 75 kg y vive hasta 50 años, aproximadamente.)

CHIMUELO, A adj. Méx. Se dice de la persona a la que le falta uno o más dientes.

1. CHINA s.f. Piedra pequeña. **2.** Juego en el que se presentan las dos manos cerradas para adivinar la que contiene un pequeño objeto. **3.** Esp. Trozo de hachís. ◇ **Tocarle la china** Corresponder a alguien la mala suerte.

2. CHINA s.f. (de *China,* estado de Asia). Arbusto parecido a la zarzaparrilla, cuyo rizoma se utiliza en medicina. (Familia liliáceas.) **2.** Raíz de esta planta. **3.** Tejido de seda o lienzo que viene de China. **4.** Esp. Porcelana de China, o porcelana en general.

3. CHINA s.f. (quechua *čína,* hembra de los animales). Amér. India empleada como sirvienta o niñera. **2.** Amér. Merid. India o mestiza en general. **3.** Argent. Mujer del gaucho.

CHINACO s.m. Méx. Hombre del pueblo que peleó en la guerra de la independencia y colaboró en la reforma del s. XIX.

CHINAMO s.m. Amér. Central. Barraca o cobertizo que se construye durante las fiestas populares para vender comidas y bebidas.

CHINAMPA s.f. Méx. Terreno flotante en el que se cultivan verduras y flores. (En el pasado era el sistema de cultivo de la zona lacustre del Valle de México y actualmente todavía se emplea en algunas partes de la misma.)

CHINAMPERO, A adj. y s. Méx. Se dice del cultivador de chinampas. ◆ adj. Se aplica al producto que se cultiva en las chinampas.

CHINANTECA, pueblo amerindio agricultor de México que vive en las montañas entre los estados de Veracruz y Oaxaca, de lengua de la familia otomangue, que presenta afinidades con el zapoteca.

CHINARRO s.m. Piedra mayor que una china.

CHINATA s.f. Cuba. Piedra pequeña.

CHINATEADO s.m. METAL. Capa de piedras pequeñas que se echa sobre el mineral grueso

para hacer la carga de los hornos de destilación del mercurio en Almadén.

CHINCHAR v.tr. *Vulg.* Molestar o fastidiar con insistencia. ◆ **chincharse** v.prnl. Fastidiarse.

CHINCHE s.f. (del lat. *cimex, -icis*). Insecto parásito, de cuerpo aplastado, que desprende un olor acre y repulsivo y chupa la sangre de aves y mamíferos taladrando la piel con picaduras irritantes. **2.** Chincheta. ◆ adj. y s.m. y f. *Fam.* Se dice de la persona chinchosa. ◇ **Chinche de agua** Insecto que vive en las aguas estancadas, de cuerpo alargado y terminado en un tubo respiratorio. (Las picaduras del chinche de agua pueden ser dolorosas; orden heterópteros.)

CHINCHETA s.f. Clavo pequeño, de cabeza grande circular y plana, y punta corta y muy fina, que se hunde por simple presión del pulgar.

CHINCHIBÍ s.m. Amér. Bebida de jengibre fermentada.

CHINCHILLA s.f. Mamífero roedor de América del Sur, de unos 25 cm de long. sin la cola, muy apreciado por su pelaje fino y sedoso, de coloración grisácea. **2.** Piel de este animal: *un abrigo de chinchilla.*

CHINCHÍN s.m. Música interpretada por una banda callejera. **2.** *Fam.* Brindis.

CHINCHÓN s.m. Aguardiente anisado de fuerte graduación.

CHINCHORRERÍA s.f. *Fam.* Exigencia o meticulosidad excesiva. **2.** *Fam.* Chisme, habladuría.

CHINCHORRO s.m. (de *chinche*). Red barredera. **2.** Embarcación de remos pequeña. **3.** Antillas, Chile, Colomb., Méx. y Venez. Hamaca hecha de red. **4.** Pan. *Fig.* Látigo.

CHINCHOSO, A adj. y s. *Fam.* Molesto y pesado.

CHINCHUDO, A adj. y s. Argent. *Fam.* Malhumorado, irritable.

CHINCHULÍN s.m. Argent. y Urug. Intestino de ovino o vacuno, asadura. (Suele usarse en plural.)

CHINCOL s.f. Amér. Merid. Ave fringílida pequeña parecida al gorrión. **2.** Chile. Persona baja. **3.** Chile. *Fig.* Órgano sexual masculino, especialmente el del niño. ◇ **De chincol a jote** Chile. Indica que, desde el menor al mayor, todos están incluidos.

CHINÉ adj. (del fr. *chiner,* tejer con hilo de varios colores). Se dice del tejido de seda cuyos dibujos se estampan sobre el hilo antes de tejer.

CHINEAR v.tr. Amér. Central. Llevar en brazos o a cuestas. **2.** C. Rica. Mimar, cuidar con cariño y esmero. **3.** C. Rica y Guat. Cuidar niños como china o niñera. **4.** Guat. *Fig.* Preocuparse mucho por alguien o algo.

CHINELA s.f. (del ant. *chanela*). Zapatilla de tela o de cuero flexible, sin talón.

CHINERÍO s.m. Amér. Merid. Conjunto de chinos, mestizos o indios.

CHINERO s.m. Armario o alacena en que se guardan piezas de china o porcelana.

CHINESCO, A adj. Que procede de China o que tiene características chinas. ◆ s.m. Instrumento de percusión compuesto de una armadura metálica, donde cuelgan campanillas y cascabeles, y un mango.

CHINGA s.f. Amér. Mofeta. **2.** Argent. Cosa muy molesta o fastidiosa: *fue una chinga no ir a la fiesta.* **3.** Argent. *Vulg.* Acción y efecto de chingar. **4.** C. Rica. Colilla del cigarro. **5.** Venez. Borrachera.

CHINGADA s.f. De la chingada Argent. y Méx. *Vulg.* Muy mal, pésimamente: *me siento de la chingada.* **Mandar,** o **irse, a la chingada** Argent. y Méx. *Vulg.* Deshacerse de alguien, rechazarlo.

CHINGANA s.f. Amér. Merid. Taberna en que suele haber canto y baile.

CHINGAR v.tr. [2]. Importunar o molestar. **2.** *Vulg.* Realizar el acto sexual. **3.** *Fam.* Beber habitualmente vino o licores. **4.** Amér. Central. Cortarle el rabo a un animal. **5.** Amér. Central y Méx. *Vulg.* Dañar o perjudicar a alguien, abusar alevosamente de él. **6.** Méx. Arruinar alguna cosa, estropearla. ◆ v.intr. Argent. y Urug. Colgar más de un lado que de otro. ◆ **chingarse** v.prnl. Emborracharse, ponerse ebrio. **2.** Amér. Merid. Fallar, fracasar, frustrarse. **3.** Méx. Padecer alguien fatigas o contratiempos, afrontar circunstancias desfavorables.

CHINGO, A adj. Amér. Central. Se dice del animal rabón. **2.** Amér. Central. Se dice del vestido corto. **3.** Amér. Central y Venez. Chato, romo desnarigado. **4.** Colomb. y Cuba. Pequeño, diminuto. **5.** C. Rica. Desnudo. **6.** Nicar. Bajo de estatura. **7.** Venez. Deseoso, ávido. ◆ s.m. Méx. *Vulg.* Conjunto muy grande de cosas, cantidad exagerada de algo.

CHINGOLO s.m. Méx. Pájaro que vive en Argentina, de unos 12 cm de long., de cabeza gris, vientre blancuzco y dorso pardo, cuyo canto es monótono y agradable.

CHINGÓN, NA adj. Méx. *Vulg.* Extraordinario, muy bueno.

CHINGUE s.m. Chile. Mofeta.

CHÍNGUERE s.m. Méx. *Vulg.* Bebida alcohólica en general.

CHINGUIRITO s.m. Cuba. Aguardiente de caña, de mala calidad.

CHINITA s.f. Chile. Mariquita, coleóptero.

CHINO, A adj. y s. De China. **2.** Amér. Merid. Se dice de la persona aindiada. **3.** Colomb. Se dice del indio o india no civilizados. **4.** Cuba. Se dice del hijo de una persona negra y otra mulata. **5.** Méx. Se dice de la persona que tiene el pelo rizado. **6.** Perú. Cholo, mestizo. ◆ s. Amér. Merid. Persona de clase social baja. **2.** Amér. Merid. Criado o sirviente. **3.** Amér. Merid. Persona que puede ser cariñosa o despectiva. ◆ s.m. Lengua hablada en China bajo diversas formas dialectales y que se escribe mediante un sistema ideográfico. **2.** Méx. Pelo rizado. ◆ **chinos** s.m.pl. Juego que consiste en acertar el número total de monedas u otros objetos pequeños que, con un máximo de tres, esconden los jugadores en la mano cerrada. ◇ **Colador chino** Esp. Colador de agujeros finos, de forma cónica. **Engañar como un chino** *Fam.* Engañar a alguien crédulo fácilmente. ENCICL. China se divide en siete zonas dialectales: una al norte, la del «mandarín», cuyos diversos dialectos de los que se ha extraído la lengua estándar, o *putonghua,* los habla 70 % de la población total del país; tres al centro (*wu, gan* y *xiang*) y tres en el sur (*min, hakka* y *yue*). La identidad de escritura (ideogramas) compensa esta diversidad dialectal.

CHINOTIBETANO s.m. Familia de lenguas que agrupa el chino y el tibetano-birmano.

CHINTZ s.m. Tela de algodón estampada y con un brillo satinado, usada en tapicería.

CHIP s.m. (voz inglesa) [pl. *chips* o *chipes*]. ELECTRÓN. Placa delgada de silicio, de unos pocos milímetros cuadrados de superficie, que sirve de soporte de las partes activas de un circuito integrado.

CHIPA s.f. Colomb. Cesto de paja que se usa para recoger frutas y legumbres. **2.** Colomb. Rodete o rosca que se coloca en la cabeza para mantener en pie una vasija redonda, etc. **3.** Colomb. Rollo, materia enrollada.

■ **CHIMENEAS** DE HADAS en el valle de Pasa Dağ en Capadocia, Turquía.

CHIPÁ s.m. Argent., Par. y Urug. Torta de harina de mandioca o maíz.

CHIPACO s.m. Argent. Torta de harina de trigo.

CHIPE s.m. Chile. *Vulg.* Dinero. (Se usa más en plural.) ◇ **Tener**, o **dar, chipe** Chile. *Fig. y fam.* Tener o dar libertad de acción.

CHIPÉN adj. (*caló* čipén, vida, y čipé, verdad). *Esp. Fam.* Excelente, magnífico.

CHIPIAR v.tr. Amér. Central. Importunar, molestar.

CHIPICHIPI s.m. Méx. Llovizna.

CHIPIL adj. y s.m. y f. Méx. Se dice del niño que reclama excesiva atención de sus padres por celos u otras causas.

CHIPIRÓN s.m. Calamar pequeño.

CHIPOLO s.m. Colomb., Ecuad. y Perú. Juego de naipes.

CHIPOTE s.m. Amér. Central. Golpe que se da con la mano. **2.** Guat. y Méx. Chichón.

CHIPPEWA → OJIBWA.

CHIPRIOTA adj. y s.m. y f. De Chipre.

CHIQUEADORES s.m.pl. Adornos de carey de forma circular que antiguamente usaban en México las mujeres. **2.** Méx. Círculos de papel u otro vegetal que se untan con sebo u otra sustancia y se colocan en las sienes como remedio casero para el dolor de cabeza.

CHIQUEAR v.tr. Cuba y Méx. Mimar a una persona. **2.** Hond. Contonear el cuerpo al caminar.

CHIQUEO s.m. Cuba y Méx. Mimo, halago.

CHIQUERO s.m. (mozár. *širkáir*, cabaña, granero). Pocilga, establo o cobertizo donde se recogen los cerdos. **2.** TAUROM. **a.** Compartimento del toril, **b.** Toril.

CHIQUIGÜITE o **CHIQUIHUITE** s.m. Guat., Hond. y Méx. Cesto o canasta sin asas.

CHIQUILICUATRO s.m. *Fam.* Mequetrefe, hombre insignificante.

CHIQUILLADA s.f. Acción propia de chiquillos.

CHIQUILLERÍA s.f. *Fam.* Multitud de chiquillos.

CHIQUILLO, A adj. y s. Niño, muchacho.

CHIQUITEAR v.tr. Méx. *Fam.* Dar o tomar algo en pocas cantidades o poco a poco, para que dure más.

CHIQUITÍN, NA o **CHIQUIRRITÍN, NA** adj. y s. *Fam.* Que es de corta edad.

1. CHIQUITO, YUNCARIRSH o **TARAPE-COSI,** pueblo amerindio que vive en el N del Chaco y en el SE de Bolivia.

2. CHIQUITO, A adj. y s. Muy pequeño. ◇ **Andarse con,** o **en, chiquitas** *Fam.* Usar rodeos o pretextos para esquivar o diferir algo.

CHIRA s.m. y adj. Formación y grupo del eoceno superior de Perú.

CHIRAPA s.f. Bol. Andrajo, jirón de ropa. **2.** Perú. Lluvia con sol.

CHIRCA s.f. Árbol de madera dura, hojas ásperas, flores amarillas y fruto en almendra. (Familia euforbiáceas.) **2.** Nombre de diversas plantas leñosas que crecen en zonas cálidas de América. (Familia apocináceas.)

CHIRCAL s.m. Terreno poblado de chircas.

CHIRIBITA s.f. (de *chibit*, onomatopeya del chisporreo). Chispa, partícula inflamada. (Suele usarse en plural.) **→ chiribitas** s.f.pl. *Fam.* Lucecillas que aparecen por alguna anormalidad en el interior de los ojos.

CHIRIBITAL s.m. Colomb. Erial, tierra estéril.

CHIRIBITIL s.m. Desván o cuarto pequeño.

CHIRICATANA s.f. Ecuad. Poncho de tela basta.

CHIRICAYA s.f. Amér. Central y Méx. Dulce de leche y huevo.

CHIRIGOTA s.f. *Fam.* Burla, broma. ◇ **Chirigotas de Cádiz** Comparsas que se reúnen para cantar en carnaval; canciones de burla que suelen cantar estas comparsas.

CHIRIGOTERO, A adj. Que dice o hace chirigotas.

CHIRIGUANO, pueblo amerindio del grupo guaraní, de la familia tupí-guaraní, que vive en Bolivia, a orillas del Pilcomayo.

CHIRIMBOLO s.m. Utensilio u objeto de forma extraña que no se sabe cómo nombrar.

CHIRIMÍA s.f. (fr. ant. *chalemie*). Instrumento de viento de madera, parecido al clarinete, con diez agujeros y boquilla con lengüeta de caña.

CHIRIMOYA s.f. (voz indígena americana). Fruto comestible y azucarado del chirimoyo, de cáscara verdosa y pulpa blanca y carnosa, que contiene pepitas negras.

CHIRIMOYO s.m. Árbol originario de América tropical, que mide unos 8 m de alt. y cuyo fruto es la chirimoya. (Familia anonáceas.)

CHIRINGO s.m. Hond. Harapo. **2.** P. Rico. Caballo pequeño, de mala calidad.

CHIRINGUITO s.m. Esp. Quiosco o establecimiento pequeño situado al aire libre en que se sirven bebidas y comidas ligeras.

CHIRINOLA s.f. (de la batalla de *Cerignola*). Discusión acalorada. **2.** Conversación alegre y animada. **3.** Juego parecido al de los bolos. **4.** Cosa de poca importancia y trascendencia.

CHIRIPA s.f. Lance o tanto conseguidos inesperadamente en el juego de billar. **2.** *Fig. y fam.* Casualidad favorable.

CHIRIPÁ s.m. Amér. Merid. Prenda de vestir del gaucho que consiste en un paño rectangular pasado entre las piernas y sujeto a la cintura por la faja. **2.** Argent. Pañal que se pone a los niños.

CHIRIPADA s.f. Méx. *Fig. y fam.* Casualidad favorable, hecho afortunado.

CHIRIPERO, A s. Persona que consigue algo por chiripa.

CHIRIVÍA s.f. Planta herbácea de raíz blanca o rojiza, carnosa y comestible. (Familia umbelíferas.)

CHIRLA s.f. (voz vasca). Lamelibranquio de pequeño tamaño, con la concha en forma de cuña, apreciado por su carne comestible. (Familia donácidos.)

CHIRLE adj. *Fam.* Insípido, falto de sustancia. **2.** Argent. Desleído, inconsistente. **3.** Argent. *Fig.* Carente de gracia o interés.

CHIRLO s.m. Herida larga en la cara. **2.** Señal que deja esta herida.

CHIROLA s.f. Argent. Moneda antigua de níquel de cinco, diez o veinte centavos. **2.** Chile. Moneda de veinte centavos o de poco valor. **→ chirolas** s.f.pl. Argent. Chauchas, monedas de poco valor.

CHIRONA s.f. *Fam.* Cárcel, prisión.

CHIROSO, A adj. Amér. Central. Andrajoso.

CHIROTE s.m. Ecuad. y Perú. Pájaro parecido al pardillo, con una mancha roja en el pecho. (Familia ictéridos.) **→** adj. y s. C. Rica. *Fig.* Grande, hermoso. **2.** Perú. *Fig.* Se dice de la persona ruda o poco inteligente.

CHIRRIAR v.intr. (voz de origen onomatopéyico) [19]. Producir un sonido agudo al roce de un objeto con otro: *los goznes de esta puerta chirrían.* **2.** Producir un sonido agudo y carente de armonía un animal, especialmente las aves. **3.** *Fig. y fam.* Desafinar o desentonar.

CHIRRIDO s.m. Sonido producido al chirriar.

CHIRUCA s.f. (marca registrada). Bota de lona con suela de goma, ligera y resistente.

CHIRULA s.f. Flauta pequeña que se usa en el País Vasco y en el Béarn.

CHIRUSA o **CHIRUZA** s.f. Argent. *Desp.* Mujer de comportamiento vulgar y afectado. **2.** Argent. y Urug. Mujer de clase social baja.

¡CHIS! interj. Se usa para pedir silencio.

CHISA s.f. Colomb. Larva de un género de escarabajos, dañina para los cultivos.

CHISGARABÍS s.m. (voz de origen onomatopéyico). *Esp. Fam.* Persona insignificante, poco formal y chismosa.

CHISGUETE s.m. (voz de origen onomatopéyico). *Fam.* Trago de vino. **2.** *Fam.* Chorro de un líquido que sale con violencia.

CHISME s.m. Noticia verdadera o falsa con que se murmura o se pretende difamar a alguien. **2.** *Esp.* y Méx. *Fam.* Objeto o trasto pequeño o poco útil.

CHISMEAR v.intr. Fam. Chismorrear.

CHISMORREAR v.intr. *Fam.* Contar chismes.

CHISMORREO s.m. *Fam.* Acción de chismorrear.

CHISMOSO, A adj. y s. Que chismorrea.

CHISPA s.f. (voz de origen onomatopéyi-

co). Partícula incandescente que salta de algo que se está quemando o de la fricción de algunos cuerpos. **2.** Cantidad pequeña de algo: *una chispa de sal.* **3.** Gota de lluvia pequeña y escasa. **4.** *Fig.* Ingenio, gracia, agudeza. **5.** *Esp. Fam.* Embriaguez. **6.** ELECTR. Fenómeno luminoso debido a la brusca descarga que se produce cuando se aproximan dos cuerpos electrizados de diferentes potenciales ◇ **Echar chispas** *Fam.* Estar muy enojado.

CHISPAZO s.m. Acción de saltar una chispa. **2.** Señal o daño que causa una chispa. **3.** *Fig.* Suceso aislado y de poca importancia que precede a otros de mayor entidad relacionados con él: *los primeros chispazos del enfrentamiento.* (Suele usarse en plural.)

CHISPEANTE adj. Que chispea. **2.** *Fig.* Que abunda en detalles de ingenio y agudeza.

CHISPEAR v.intr. Echar chispas. **2.** Relucir o destellar mucho. **3.** Lloviznar o nevar muy débilmente.

CHISPO, A adj. *Fam.* Achispado, borracho.

CHISPORROTEAR v.intr. *Fam.* Despedir chispas reiteradamente.

CHISQUERO s.m. Encendedor de bolsillo.

¡CHIST! interj. Se usa para pedir silencio.

CHISTAR v.intr. (voz de origen onomatopéyico). Empezar a decir algo o hacer ademán de hablar. (Se utiliza sólo en frases negativas.) ◇ **Sin chistar** Sin hablar, sin decir palabra.

CHISTE s.m. (de *chistar*). Frase o historia corta improvisada, relatada o dibujada que contiene un doble sentido, una alusión burlesca o un disparate destinado a provocar la risa. **2.** Colomb., Esp. y Méx. Gracia, chispa.

CHISTERA s.f. (vasc. *ristera*). Cesta para poner lo que se ha pescado, angosta por la boca y ancha por abajo. **2.** Esp. *Fig. y fam.* Sombrero masculino de ceremonia, de copa alta. **3.** DEP. Cesta.

CHISTORRA s.f. Embutido de origen navarro semejante al chorizo, pero más delgado.

CHISTOSO, A adj. Que usa de chistes. **2.** Se dice de cualquier suceso que tiene chiste.

CHITA s.f. Astrágalo, hueso. **2.** Juego que consiste en poner una chita en un sitio determinado e intentar acertarla con piedras. ◇ **A la chita callando** Esp. *Fam.* Con disimulo o en secreto. **¡Por la chita!** Chile. *Fam.* ¡Caramba!

CHITICALLA s.m. y f. (de *chito y callar*). *Fam.* Persona muy callada y reservada.

¡CHITÓN! o **¡CHITO!** interj. (voces de origen onomatopéyico). *Fam.* Se usa para imponer silencio.

CHIVA s.f. Amér. Perilla, barba. **2.** Amér. Central. Manta. **3.** Chile. *Fam.* Mentira. **4.** Méx. *Fam.* Objeto cuyo nombre no se conoce o no se quiere mencionar: *písame la chiva para abrir la botella.* **5.** Venez. Red para llevar legumbres y verduras. **→ chivas** s.f.pl. Méx. Objetos personales: *recoge todas tus chivas.*

CHIVADO, A adj. Argent. *Fam.* Transpirando.

CHIVAR v.tr. y prnl. Amér. Fastidiar, molestar, engañar. **→** v.intr. Argent. *Vulg.* Transpirar. **→ chivarse** v.prnl. Amér. Merid. y Guat. Enojarse, irritarse. **2.** Esp. Descubrir una información que perjudica a alguien: *un alumno se chivó de los que rompieron la pizarra.*

CHIVARRAS s.f.pl. Méx. Calzones de cuero peludo de chivo.

CHIVATAZO s.m. Esp. *Fam.* Delación, acción y efecto de chivarse.

CHIVATEAR v.intr. Argent. y Chile. Jugar los niños con algarabía.

CHIVATO, A s. Chivo de entre seis meses y un año de edad. **→** adj. **2.** Colomb. y Esp. Soplón, delator. **→** s.m. Esp. Dispositivo que advierte de una anormalidad o avisa de algo.

CHIVICOYO s.m. Ave galliforme que vive en las zonas desérticas del O norteamericano, cuya carne es muy apreciada. (Familia fasiánidos.)

CHIVO, A s. (voz de origen onomatopéyico). Cría de la cabra desde que deja de mamar hasta que llega a la edad de procrear. ◇ **Chivo expiatorio** Macho cabrío que sacrificaban los israelitas para expiar o borrar sus pecados; *Fig.* persona sobre la que se hacen recaer las culpas que comparte con otros.

CHIVUDO, A adj. y s.m. Argent. *Fig. y fam.* Malhumorado. **2.** Argent., Cuba, Perú y Venez. *Fam.* Que lleva barba larga.

CHOAPINO s.m. Chile. Alfombra tejida a mano.

CHOCANTE adj. Que choca, que produce extrañeza o sorpresa. **2.** Argent., Colomb., C. Rica, Ecuad., Méx. y Perú. Antipático, fastidioso, que provoca rechazo.

CHOCANTERÍA s.f. Amér. Merid., Méx. y Pan. Impertinencia, cosa desagradable y molesta.

CHOCAR v.intr. [1]. Contactar violentamente dos cuerpos: *chocar dos trenes.* **2.** *Fig.* Pelear, combatir. **3.** *Fig.* Estar en desacuerdo, discutir: *acabaron chocando por una tontería.* **4.** *Fig.* Causar algo extrañeza: *me chocó su actitud.* ◆ v.tr. e intr. Dar la mano en señal de saludo, felicitación, etc. ◆ v.tr. Hacer contactar una cosa con otra. **2.** Unir copas, vasos, etc., al hacer un brindis.

CHOCARRERÍA s.f. Cualidad de chocarrero. **2.** Chiste grosero.

CHOCARRERO, A adj. Grosero. ◆ adj. y s. Que tiene por costumbre decir chocarrerías.

CHOCHA s.f. Becada.

CHOCHAL s.m. y adj. Formación y calizas del pérmico medio de Guatemala central.

CHOCHEAR v.intr. Tener debilitadas las facultades mentales por la vejez. **2.** *Fig.* y *fam.* Sentir y expresar alguien mucho cariño o simpatía por una persona o cosa hasta parecer chocho: *chochear con su nieta.*

CHOCHEZ s.f. Cualidad de chocho. SIN.: *chochera.* **2.** Dicho o hecho de la persona que chochea. SIN.: *chochera.*

1. CHOCHO s.m. Altramuz. **2.** Esp. y Méx. *Vulg.* Vulva.

2. CHOCHO o **POPOLOCA DE OAXACA,** pueblo amerindio agricultor mexicano del est. de Oaxaca, de la familia lingüística otomangue.

3. CHOCHO, A adj. Que chochea.

CHOCLO s.m. (quechua *čókklo*). Amér. Merid. Mazorca tierna de maíz. **2.** Amér. Merid. Humita. **3.** Argent. *Fig.* y *fam.* Gran cantidad de algo. ◇ **Un choclo** Mucho, demasiado.

CHOCLÓN s.m. Chile. Lugar en que celebran reuniones políticas los partidarios de un candidato durante el período electoral. **2.** Chile y Perú. Reunión de mucha gente, multitud.

CHOCO, A adj. Amér. Se dice de la persona o animal que carece de un miembro. **2.** Bol. Que es de color rojo oscuro. **3.** Chile. Rabón. **4.** Colomb. Se dice de la persona de tez morena. **5.** Guat. y Hond. Tuerto, torcido. ◆ s.m. Amér. Merid. Perro de aguas. **2.** Bol. Sombrero de copa. **3.** Chile. Tueco. **4.** Chile. Arma de fuego de cañón recortado usada por bandidos. **5.** Chile. Espasmo vaginal durante el coito. **6.** Perú. Simio de pelo blanco.

CHOCOLATE s.m. (náhuatl *xocoatl*, de *xoco*, amargo y *atl*, agua). Mezcla elaborada esencialmente con cacao y azúcar molidos, a la que se le puede añadir mantequilla de cacao y otros productos (leche, almendras, etc.), que se consume en tabletas, bombones, etc. **2.** Bebida preparada con esta mezcla. **3.** Esp. *Fam.* Hachís. ◆ adj. y s.m. Se dice del color marrón como el del chocolate. ◆ adj. Que es de este color.

CHOCOLATERA s.f. Recipiente para preparar o servir el chocolate líquido.

CHOCOLATERÍA s.f. Fábrica de chocolate. **2.** Establecimiento en el que se vende o donde se sirve chocolate.

CHOCOLATERO, A adj. y s. Que le gusta mucho el chocolate. ◆ s. Persona que fabrica o vende chocolate.

CHOCOLATINA s.f. Pastilla o tableta pequeña de chocolate. SIN.: *chocolatín.*

CHÓFER o **CHOFER** s.m. y f. (fr. *chauffeur*) [pl. *chóferes* o *chofers*]. Esp. y Méx. Conductor de automóvil, especialmente el que lo tiene por oficio. (En algunos países de Hispanoamérica, se pronuncia siempre aguda.)

CHOIYOILITENSE s.m. y adj. Fase eruptiva del triásico superior de Argentina y Chile.

CHOL, pueblo amerindio agricultor de la familia lingüística maya que en época precolombina ocupaba la región que iba de Tabasco (México) a Honduras, y que se debió en gran parte el esplendor cultural maya. (Actualmente existen grupos en el est. de Chiapas y en Guatemala.)

CHOLA s.f. *Fam.* Cholla, cabeza.

CHOLERÍO s.m. Amér. Merid. Conjunto de cholos.

CHOLETA s.f. Chile. Tela ordinaria utilizada para forros de vestidos.

CHOLGA s.f. Argent. y Chile. Molusco bivalvo semejante al mejillón.

CHOLLA s.f. *Fam.* Cabeza. **2.** Talento, juicio. **3.** Amér. Central. Pereza, cachaza.

CHOLLAR v.tr. Amér. Central. Desollar, pelar.

CHOLLO s.m. Esp. *Fam.* Ganga, cosa beneficiosa conseguida con poco esfuerzo.

CHOLO, A adj. y s. Amér. Mestizo de blanco e india. ◆ adj. Amér. Indio que ha adoptado las costumbres de la sociedad urbana e industrial. **2.** Amér. Merid. Apelativo cariñoso que se da a un niño, un muchacho, etc. **3.** Chile. Peruano.

CHOLÓN, pueblo amerindio de Perú, de la familia lingüística chibcha, que vive junto al Huallaga.

CHOMPA o **CHOMBA** s.f. Amér. Merid. Suéter.

CHOMPIPE s.f. Amér. Central. Pavo, ave gallinácea.

CHON, familia lingüística amerindia que incluye las lenguas de los patagones y los fueguinos.

CHONGO s.m. Chile. Cuchillo sin filo. **2.** Dom. y P. Rico. Caballo malo. **3.** Guat. Rizo de pelo. **4.** Méx. Moño de pelo o trenza. ◆ **chongos** s.m.pl. Méx. Dulce típico elaborado con leche cuajada, azúcar y canela.

CHONGUEAR v.intr. y prnl. Guat. y Méx. Burlarse, chunguearse.

CHONO, pueblo amerindio, act. extinguido, que vivía de la pesca y la recolección en el archipiélago de los Chonos.

CHONTAL adj. y s.m. y f. De un grupo de pueblos amerindios agricultores y pescadores de la familia lingüística maya que viven en México. **2.** Amér. Central, Colomb. y Venez. Rústico e inculto. ◆ s.m. Lengua de la familia lingüística maya-quiché.

CHOP s.m. Jarra grande, a veces con tapadera, que sirve para beber cerveza.

CHOPE s.m. Chile. Palo que sirve para cavar las tierras, extraer tubérculos, etc. **2.** Chile. Garfio de hierro. **3.** Chile. Guantada, puñetazo.

CHOPERA s.f. Lugar poblado de álamos o chopos.

CHOPO s.m. (del lat. *populus*). Álamo.

1. CHOPPER s.m. (voz inglesa, *hacha, cuchilla*) Útil prehistórico tallado sobre un canto rodado de sílex o piedra similar.

2. CHOPPER s.m. (voz angloamericana). Motocicleta alargada con manubrio alto, en la que el piloto va inclinado hacia atrás.

CHOP-SUEY s.m. Plato típico de la cocina china, en el que se saltean diferentes verduras cortadas en tiras y que se suele acompañar con trozos de pollo o de cerdo.

CHOQUE s.m. Acción de chocar. **2.** *Fig.* Enfrentamiento, disputa. **3.** MED. Shock. **4.** MIL. Encuentro violento con el enemigo hasta llegar al cuerpo a cuerpo. ◇ **Batallón de choque** Unidad táctica de infantería compuesta de comandos. **De choque** Se dice de una doctrina, un sistema o una acción aplicada con fuerza para que tenga gran eficacia. **Ensayo de choque** Procedimiento destructivo para medir la fragilidad de un metal o de una aleación.

CHOQUEZUELA s.f. Rótula, hueso.

CHORCHA s.f. Méx. Reunión de amigos en la que se charla animadamente.

CHOREAR v.intr. y prnl. Chile. Molestar en exceso, fastidiar.

CHORIZAR v.tr. [7]. Esp. *Vulg.* Robar.

CHORIZO s.m. Embutido elaborado con carne de cerdo, picada y condimentada con sal y otros ingredientes. **2.** Balancín, palo usado por los equilibristas. **3.** Argent. Embutido de carne porcina o vacuna, que generalmente se sirve asado. **4.** Argent., Par. y Urug. Carne de lomo vacuno, de forma alargada, situada a cada uno de los lados del espinazo. **5.** Argent., Par. y Urug. Mezcla de barro y paja para construir paredes. **6.** Esp. *Vulg.* Ratero, ladrón.

CHORLA s.f. Ave parecida a la ganga, pero de mayor tamaño.

CHORLITO s.m. (voz de origen onomatopéyico). Ave de patas altas y delgadas y pico recto. (Familia carádridos.)

CHORLO s.m. (fr. *schorl*, del alem. *schörl*). Variedad de turmalina de color negro, que se encuentra en cristales, especialmente en granitos.

1. CHORO s.m. Chile. Mejillón. **2.** Chile. *Vulg.* Ladrón. **3.** Chile. *Vulg.* Órgano genital femenino. ◇ **Sacar** a alguien **los choros del canasto** Chile. Molestar causando una fuerte irritación.

2. CHORO, A adj. Chile. *Fam.* Se dice de la persona que destaca por su carácter valiente y decidido. **2.** Chile. Se dice de alguien o algo de cualidades sobresalientes.

CHÔRO s.m. Conjunto musical instrumental popular brasileño. **2.** Música que interpreta.

CHOROTE s.m. Colomb. Vasija hecha de barro. **2.** Cuba. Bebida espesa. **3.** Venez. Variedad de chocolate que se prepara con cacao cocido en agua y se endulza con azúcar sin refinar.

CHOROTEGA, pueblo amerindio de la familia lingüística otomangue, act. extinguido, que comprendía los grupos chiapaneca y chorotega, y vivía en el centro de Chiapas y en la costa mexicana del Pacífico.

■ **CHOROTEGA.** Metate de la cultura chorotega, Costa Rica. (Museo de América, Madrid.)

CHOROTÍ o **ZOLATA,** pueblo amerindio pescador y recolector del Chaco, de la familia lingüística mataco-macá.

CHORRADA s.f. Porción de líquido que se añade a la medida justa. **2.** Esp. *Fig.* Sandez, tontería.

CHORREADO, A adj. Se dice de la res que tiene chorreras. **2.** Amér. Sucio, manchado.

CHORREADURA s.f. Chorreo. **2.** Mancha que deja un líquido que ha caído chorreando.

CHORREAR v.intr. y tr. Salir un líquido en forma de chorro: *la herida chorrea sangre.* ◆ v.intr. *Fig.* y *fam.* Ir apareciendo o sucediendo ciertas cosas lentamente y sin interrupción: *chorreaban los últimos visitantes.* ◆ v.tr. *Fam.* Reprender, echar una bronca severa.

CHORREO s.m. Acción y efecto de chorrear.

CHORREÓN s.m. Chorreadura.

CHORRERA s.f. Lugar por donde cae una cantidad pequeña de líquido. **2.** Señal que deja el agua por donde ha corrido. **3.** Trecho corto de un río por donde el agua corre a más velocidad a causa del desnivel. **4.** Adorno de muselina o de encaje que cubre desde el cuello, el cierre de la camisa o del vestido por delante. ◆ **chorreras** s.f.pl. Cintas verticales del mismo color que la capa de la res vacuna, pero de tono más oscuro, que van colocadas del lomo al vientre.

CHORRETADA s.f. *Fam.* Chorro de un líquido que sale con fuerza.

CHORRILLO s.m. *Fig.* y *fam.* Acción continua de recibir o gastar una cosa. **2.** Méx. Diarrea.

CHORRO s.m. (voz de origen onomatopéyico). Porción de un líquido o fluido que sale de una abertura o cae con fuerza y continuidad. **2.** Flujo sucesivo de cosas iguales. ◇ **A chorros** Copiosamente, con abundancia. **Chorro de arena** METAL. y TECNOL. Procedimiento para limpiar superficies metálicas con arena proyectada, mediante aire comprimido, a gran velocidad a través de una boquilla o tobera. **Chorro de voz** *Fig.* Emisión enérgica de voz.

CHORUS s.m. Unidad formal del jazz basada en la improvisación de un tema.

CHOTACABRAS s.m. (pl. *chotacabras*). Ave caprimulgiforme de unos 30 cm de long., de plumaje pardo o rojizo, que durante la noche caza los insectos al vuelo manteniendo el pico muy abierto.

CHOTEAR v.tr. Cuba y Méx. Bromear, tratar algo en tono de broma. **2.** Méx. Convertir algo en un lugar común. ✦ **chotearse** v.prnl. Esp. *Fam.* Burlarse. **2.** Méx. Vulgarizarse o desacreditarse una persona o cosa.

CHOTEO s.m. Esp. y Méx. *Vulg.* Burla, pitorreo.

CHOTIS s.m. (alem. *schottisch*, baile escocés). Baile de parejas, de movimiento moderado y de compás de cuatro tiempos, muy popular en Madrid desde fines del s. XIX. **2.** Música de este baile.

CHOTO, A s. (voz de origen onomatopéyico). Esp. Cría de la cabra mientras mama. **2.** Esp. Ternero. ◇ **Como una chota** Esp. *Fam.* Chiflado, alocado, extravagante.

CHOTT s.m. Depresión cerrada en las regiones áridas, generalmente originada por el viento, cuyo fondo está ocupado por una sebja. **2.** Tierra salada que rodea una sebja, en el N de África.

CHOTUDO adj. Urug. Se dice del hombre de pene grande.

CHOTUNO, A adj. Se dice de la cría de cabra mientras está mamando.

CHOUCROUTE, CHOUCROUT o **CHUCRUT** s.m. Plato típico alsaciano elaborado con col fermentada, acompañado de diversos productos de charcutería (salchichas, tocino ahumado, jamón, etc.) y de papas o legumbres.

CHOVA s.f. (fr. ant. *choe*). Ave de unos 35 cm, de plumaje negro lustroso y patas rojas. (Familia córvidos.) **2.** Corneja.

CHOVINISMO s.m. → CHAUVINISMO.

CHOVINISTA adj. y s.m. y f. → CHAUVINISTA.

CHOW CHOW adj. y m. (pl. *chow-chow*). Se dice del perro de una raza de origen chino, robusto y de pelo largo.

CHOYA s.f. Guat. Pereza, pesadez. **2.** Méx. *Fam.* Cabeza.

CHOZA s.f. Cabaña construida con troncos, cañas o paja. **2.** Vivienda pobre construida toscamente y con materiales de mala calidad.

CHRISTMAS s.m. (del ingl. *Christmas card*, tarjeta de Navidad) [pl. *christmas*]. Tarjeta ilustrada de felicitación de Navidad.

CHUAN s.m. (fr. *chouan*). Campesino realista del O de Francia, que en 1793 luchó contra el gobierno revolucionario. (La revuelta de los chuanes se prolongó hasta 1800.)

CHUASCLE s.m. Méx. Trampa.

CHUBASCO s.m. (port. *chuvasco*, de *chuva*, lluvia). Lluvia intensa de corta duración, generalmente acompañada de viento. **2.** *Fig.* Adversidad o contratiempo transitorio.

CHUBASQUERO s.m. Impermeable, prenda para la lluvia con capucha.

CHUCÁN, NA adj. Amér. Central. Bufón, cho carrero.

CHUCAO s.m. Ave paseriforme de plumaje pardo, rojizo en el pecho y blanco manchado de negro en el vientre. (Familia rinocríptidos.)

CHÚCARO, A adj. Amér. Se dice del ganado, especialmente equino y vacuno que no ha sido domado o que es arisco.

CHUCHA s.f. Argent. y Chile. *Vulg.* Vulva.

1. CHUCHERÍA s.f. Objeto pequeño, poco útil y de poco valor, pero muy vistoso. **2.** Alimento ligero y apetitoso.

2. CHUCHERÍA s.f. Caza de pájaros que se realiza con redes, lazos, liga, etc.

1. CHUCHO s.m. *Fam.* Perro.

2. CHUCHO s.m. Amér. Estremecimiento del cuerpo, escalofrío. **2.** Amér. Fiebre intermitente. **3.** Argent. y Urug. *Fam.* Miedo.

3. CHUCHO s.m. Cuba. Interruptor de la corriente eléctrica en un circuito determinado.

CHUCHOCA s.f. Amér. Merid. Maíz cocido y seco que se usa como condimento.

CHUCLA s.f. Pez óseo bastante común en las costas mediterráneas, de color gris plateado con rayas pardas y de carne poco apreciada.

CHUCRUT s.m. → CHOUCROUTE.

CHUECA s.f. Tocón de un árbol. **2.** Hueso redondeado o parte de él que encaja en el hueco de otro en una articulación. **3.** *Fig.* y *fam.* Burla, chasco.

CHUECO, A adj. Amér. Se dice de la persona con las piernas arqueadas. **2.** Amér. Torcido.

CHUFA s.f. Planta que crece en lugares húmedos, de tubérculos pequeños comestibles del mismo nombre, con los que se elabora la horchata. (Familia ciperáceas.)

CHUFLA o **CHUFLETA** s.f. *Fam.* Broma, burla.

CHUICO s.m. Chile. Garrafa.

CHULADA s.f. Chulería. **2.** Bravuconada, insolencia.

CHULAPO, A o **CHULAPÓN, NA** s. Chulo, madrileño castizo.

CHULEAR v.tr. Esp. *Fam.* Explotar a una persona que ejerce la prostitución. ✦ v.intr. Esp. Presumir, jactarse de algo.

CHULERÍA s.f. Insolencia o arrogancia en el comportamiento. **2.** Dicho o hecho insolente y arrogante. **3.** Gracia y donaire en lo que se dice o hace. **4.** Conjunto de chulos. **5.** Esp. Valentonería, bravuconería.

CHULESCO, A adj. Relativo a los chulos.

CHULETA s.f. (cat. de Valencia *xulleta*, dim. de *xulla*). Costilla de buey, ternera, carnero o cerdo sin descarnar destinada al consumo. **2.** *Fig.* y *fam.* Bofetada. **3.** *Fig.* Pieza que se añade a alguna obra manual para rellenar un hueco. **4.** Esp. *Fam.* Papel con notas que un estudiante lleva escondido para copiar en los exámenes escritos. ✦ adj. y s.m. y f. Chulo, arrogante.

CHULO, A adj. y s. (ital. *ciullo*, niño). Que hace y dice las cosas con chulería. SIN. *chuleta*. **2.** Esp. y Méx. *Fam.* Bonito, gracioso. ✦ adj. Esp. Chulesco. ✦ s. Esp. Madrileño castizo. ✦ s.m. Argent., Bol. y Perú. Gorro tejido de lana. **2.** Esp. *Fam.* Hombre que vive de una persona que ejerce la prostitución.

1. CHULLO o **CHULLU** s.m. Argent., Bol. y Perú. Gorro tejido de lana.

2. CHULLO, A adj. y s. Bol., Ecuad. y Perú. Persona de la clase media.

CHULLPA s.f. ARQUEOL. Monumento funerario precolombino en forma de torre, construido por los aimara como tumba de sus jefes.

■ **CHULLPA** funeraria.
(Sitio arqueológico de Sillustani, Perú.)

CHUMACERA s.f. (port. *chumaceira*). Soporte de un árbol de transmisión sobre el cual gira un eje o una pieza.

CHUMAR v.tr. y prnl. *Fam.* Beber, embriagarse. ✦ **chumarse** v.prnl. Argent., Ecuad. y Urug. Emborracharse.

CHUMBE s.m. Amér. Merid. Ceñidor, faja.

CHUMBERA s.f. Nopal.

1. CHUMBO s.m. Argent. *Vulg.* Revólver o pistola. **2.** Argent. *Vulg.* Balazo, tiro.

2. CHUMBO, A adj. Se dice del higo que es fruto de la chumbera o nopal. ◇ **Higuera chumba** Chumbera o nopal.

CHUNCHO, A s. y adj. Nombre dado por los incas a los pueblos que habitaban en las laderas orientales de los Andes. **2.** Perú. Indio no aculturado, especialmente de la Amazonia. ✦ s.m. Chile. Lechuza. **2.** Chile. Gafe, persona que trae mala suerte.

CHUNCHUL s.m. Chile. Intestino, especialmente de vacuno o de cordero, que se come guisado.

CHUNGA s.f. (caló *čungo*, feo, pesado). *Fam.* Broma, burla: *hablar en chunga*.

CHUNGO, A adj. *Fam.* Que es de mala calidad. **2.** *Fam.* Difícil. ✦ adv.m. Mal.

CHUNGUEARSE v.prnl. *Fam.* Burlarse de alguien.

CHUÑA s.f. Ave zancuda corredora, de más de 70 cm de long., de cuello y patas largos y pico corto, que vive en campo abierto y terrenos arbolados de Argentina, Bolivia y Brasil. (Se alimenta de pequeños vertebrados e invertebrados.) **2.** Argent. Arrebatiña.

CHUÑO s.m. Amér. Merid. Fécula de papa. **2.** Amér. Merid. Comida que se prepara con fécula de papa y leche. **3.** Chile. *Vulg.* Semen.

CHUPA s.f. (fr. *jupe*). Parte del vestido que cubría el tronco, con cuatro faldones y mangas ajustadas. **2.** Esp. Chaqueta, cazadora. ◇ **Poner como chupa de dómine** Insultar, reprender a alguien duramente.

CHUPADA s.f. Acción de chupar.

CHUPADO, A adj. *Fam.* Que es muy flaco. **2.** Esp. *Fam.* Que es muy fácil.

CHUPADURA s.f. Acción y efecto de chupar o chuparse.

CHUPALLA s.f. Chile. Planta bromeliácea que tiene las hojas en forma de roseta y cuyo jugo se emplea en medicina natural. **2.** Chile. Sombrero de paja hecho con tirillas de las hojas de esta planta.

CHUPAMIRTO s.m. Méx. Colibrí.

CHUPAR v.tr. (voz de origen onomatopéyico). Tomar con los labios o la lengua el jugo o sustancia de algo. **2.** Absorber, atraer, aspirar un líquido: *el papel secante chupa la tinta.* **3.** Humedecer algo con la lengua o la boca: *chupar un lapicero.* **4.** *Fig.* y *fam.* Obtener beneficios con habilidad. **5.** Amér. Merid. Beber en abundancia. **6.** Hond. Fumar. ✦ v.intr. Méx. *Vulg.* Ingerir bebidas alcohólicas: *estuvieron chupando toda la noche.* ✦ **chuparse** v.prnl. Irse enflaqueciendo o desmedrando. **2.** Sufrir, aguantar algo.

CHUPARROSA s.f. Méx. Colibrí.

CHUPATINTAS s.m. (pl. *chupatintas*). *Desp.* Oficinista. SIN. *cagatintas*.

CHUPE s.m. (quechua *čupi*, sopa). Chile y Perú. Guiso elaborado con papas, carne o pescado, queso, ají, tomate, etc.

CHUPETE s.m. Objeto de goma o látex en forma de tetina, rematado por una pieza, que se da a chupar a los bebés.

CHUPETEAR v.tr. e intr. Chupar con insistencia.

CHUPETÓN s.m. Acción y efecto de chupar con fuerza.

CHUPINAZO s.m. *Fam.* Cañonazo, disparo. **2.** PIROTEC. Disparo de un cohete hecho con un mortero, generalmente para señalar el inicio de una fiesta.

CHUPO s.m. Colomb. Chupete.

CHUPÓN, NA adj. Que chupa. ✦ adj. y s. Esp. Que se adueña de dinero con astucia o engaño. ✦ s.m. Vástago que brota en las ramas principales, tronco o raíces de un árbol y le chupa la savia. **2.** Caramelo largo que se va chupando. **3.** Méx. Chupete.

CHUPÓPTERO, A s. *Fam.* Persona que, sin trabajar, disfruta de uno o varios sueldos o ventajas a costa de otras personas.

CHUQUISA s.f. Chile y Perú. Mujer sexualmente promiscua o prostituta.

CHURANA s.f. Amér. Merid. Aljaba que usan los indios.

CHURINGA s.f. ANTROP. Objeto ritual que sirve de receptáculo del alma de los muertos o de los seres vivos que han de venir.

CHURLENGO s.m. Argent. Charabón, ñandú. **2.** Argent. *Fig.* Persona de piernas largas y delgadas. **3.** Argent. y Chile. Cría del guanaco.

CHURRASCO s.m. Carne asada a la brasa. **2.** Argent. Asado hecho al aire libre.

CHURRASQUEAR v.intr. Argent., Par. y Urug. Hacer y comer churrascos.

CHURRE s.m. *Fam.* Grasa gruesa y sucia que escurre de algo.

CHURRERÍA s.f. Establecimiento donde se hacen o venden churros.

CHURRERO, A s. Persona que hace o vende churros.

◼ EL CHURRIGUERISMO

El churriguerismo fue fundamentalmente un estilo decorativo. Totalmente ecléctico en cuanto a las formas de construcción, se adaptaba superponiendo sus recargadas formas ornamentales a la sencillez de los elementos arquitectónicos. Aunque originario de España, tuvo gran predicamento en América, donde sus audacias ornamentales alcanzaron insólitos recargamientos.

Santuario de Ocotlán. En la ciudad mexicana de Tlaxcala, sobre una antigua ermita, se alzó en el s. XVIII este templo. En su fachada retablo, muy ornamentada, se ven dos torres de ladrillo rojo rematadas por sendos campanarios de piedra blanca.

Universidad de Valladolid. La fachada es una de las obras más significativas en España. Realizada entre 1715 y 1718, cuenta con esculturas de Antonio Tomé y sus hijos Narciso y Diego.

CHURRETE o **CHURRETÓN** s.m. Esp. Mancha, generalmente producida por una sustancia que chorrea.

CHURRÍAS s.f.pl. Diarrea.

CHURRIENTO, A adj. Que tiene churre o está manchado de churre.

CHURRIGUERESCO, A adj. Relativo al churriguerismo. **2.** Fig. Se dice de algo muy recargado, de mal gusto: *vestido churrigueresco*.

CHURRIGUERISMO s.m. Estilo artístico del barroco tardío español, que toma su nombre del arquitecto José Benito Churriguera. **2.** Exceso de ornamentación.

ENCICL. La interpretación del barroco español formulada por los Churriguera (segunda mitad del s. XVII y primera mitad del s. XVIII) asumió los contenidos del decorativismo plateresco a través de la ornamentación exhaustiva y fantasiosa, con inclusión de elementos de influencia árabe y se implantó también en Hispanoamérica, especialmente en México, con adaptaciones originales. Entre los seguidores de los Churriguera destacaron, en España, A. García de Quiñones, Pedro de Ribera, Leonardo de Figueroa, Francisco Hurtado y Narciso Tomé, y, en América, Francisco Guerrero y Torres y L. Rodríguez.

CHURRIGUERISTA adj. y s.m. y f. Se dice del artista que adopta los principios del churriguerismo.

CHURRINCHE s.m. Argent. y Urug. Pájaro migratorio de pequeño tamaño y de plumaje generalmente pardo.

1. CHURRO s.m. Masa de harina, agua y sal a la que se da una forma alargada con un aparato especial, se fríe en aceite y se suele espolvorear con azúcar. **2.** Fam. Casualidad favorable: *acertar por churro*. **3.** Esp. Fam. Chapucería, cosa mal hecha. **4.** Méx. Fam. Película cinematográfica de muy mala calidad.

2. CHURRO, A adj. y s. Se dice de la oveja cuya lana es más basta y larga que la merina. ◆ adj. Se dice de la lana de esta oveja.

CHURRULLERO, A adj. y s. (de *Chorrillo*, nombre de un hostal de Nápoles). Charlatán.

CHURRUSCAR v.tr. y prnl. [1]. Quemar la superficie de algo.

CHURRUSCO s.m. Pedazo de alimento, especialmente pan, demasiado tostado.

CHURUGUARA s.m. y adj. Formación del terciario venezolano constituida por arcillas, areniscas y calizas.

CHURUMBEL s.m. (voz caló). Esp. Niño, hijo.

CHURUMBELA s.f. Instrumento de viento parecido a la chirimía, pero más pequeño. **2.** Amér. Bombilla para tomar el mate.

CHUSCA s.f. Chile. Mujer ordinaria de vida disipada. **2.** Chile. Fam. Amante.

CHUSCADA s.f. Dicho o hecho de chusco.

CHUSCO, A adj. y s. Que tiene gracia y picardía: *anécdota chusca*. ◆ adj. Perú. Se dice del perro de raza indefinida. ◆ s.m. Mendrugo, pedazo de pan. **2.** Ración de pan de munición.

CHUSMA s.f. (genovés ant. *ciüsma*). Fam. Conjunto de gente vulgar o despreciable. ◆ adj. y s.f. Argent. Desp. Persona chismosa y entrometida.

CHUSMEAR v.intr. Argent. Fam. Chismorrear, explicar noticias.

CHUSMERÍO s.m. Argent. Fam. Acción y efecto de chusmear.

CHUSPA s.f. Amér. Merid. Bolsa, morral. **2.** Urug. Bolsa pequeña para llevar el tabaco.

CHUSQUE s.m. Colomb. Planta gramínea muy alta, variedad del bambú.

CHUSQUERO adj. y s.m. Oficial del ejército que ha ascendido desde soldado raso.

CHUSQUISA s.f. Chile y Perú. Prostituta.

CHUT s.m. (pl. *chuts*). Acción y efecto de chutar. SIN.: *tiro*.

CHUTAR v.tr. e intr. Lanzar el balón de fútbol con el pie. ◆ **chutarse** v.prnl. Esp. Fam. Inyectarse una dosis de droga.

CHUTE s.m. Chut. **2.** Esp. Fam. Acción de inyectarse droga.

CHUVA s.m. Simio platirrino de dorso negro y vientre amarillo, que vive en las selvas del Amazonas.

CHUVASHI, pueblo turco que habita principalmente a lo largo del Volga medio, en la República de Chuvashia (Rusia).

CHUYO, A adj. Bol. y Ecuad. Aguado, poco espeso.

CHUZA s.f. Argent. Espolón del gallo. **2.** Argent. y Urug. Lanza rudimentaria, parecida al chuzo. **3.** Méx. En el juego del boliche o bolos, lance en el que se derriban todos los palos de una vez y con una sola bola. ◆ **chuzas** s.f.pl. Argent. Fig. y fam. Cabellos largos, lacios y duros. ◇ **Hacer chuza** Méx. Fig. Destruir algo por completo.

CHUZAR v.tr. [7]. Colomb. Pinchar, herir.

CHUZO s.m. Palo provisto de un pincho de hierro. **2.** Carámbano, pedazo puntiagudo de hielo. **3.** Chile. Barra de hierro cilíndrica y puntiaguda que se usa para abrir los suelos. **4.** Chile. Caballo viejo, de mala calidad. **5.** Chile. Fig. Persona incompetente, torpe. **6.** Cuba. Látigo de cuero retorcido que se va adelgazando hacia la punta. ◇ **Caer,** o **llover,** o **nevar, chuzos de punta** Fam. Caer granizo, llover o nevar con mucha fuerza. **Echar chuzos** Fam. Proferir amenazas en tono arrogante; enojarse mucho.

Cía., abrev. de *compañía*.

CIABOGA s.f. (de *ciar* y *bogar*). Maniobra de dar vuelta en redondo a una embarcación de remos, bogando los de una banda y ciando los de otra. **2.** Maniobra del mismo tipo de una embarcación de vapor sirviéndose en este caso del timón y la máquina.

CIANAMIDA s.f. Cuerpo derivado del amoníaco por sustitución de un átomo de hidrógeno por el grupo —CN.

CIANHÍDRICO, A adj. Se dice del ácido de fórmula HCN, soluble en agua y tóxico violento. SIN.: *ácido prúsico*.

CIANOFÍCEO, A adj. y s.f. Relativo a una clase de algas unicelulares o de filamentos pluricelulares, de coloración verde azulada, cuyas células carecen de núcleo claramente diferenciado.

CIANÓGENO s.m. (del gr. *kýnos*, azul, y *gennon*, engendrar). QUÍM. Gas tóxico e incoloro, compuesto por carbono y nitrógeno (C_2N_2), a veces empleado como gas de combate.

CIANOSIS s.f. Coloración azul o amoratada de la piel, debida a una oxigenación insuficiente de la sangre.

CIANÓTICO, A adj. y s. Relativo a la cianosis; que padece cianosis.

CIANURACIÓN s.f. Fijación del ácido cianhídrico sobre un compuesto orgánico. **2.** Cementación del acero por inmersión en un baño a base de cianuro alcalino fundido. **3.** Tratamiento de los minerales de oro y de plata en una solución de cianuro alcalino.

CIANURO s.m. Sal del ácido cianhídrico, muy tóxica.

CIAR v.intr. [19]. Remar hacia atrás para que la embarcación retroceda o para que dé una vuelta en redondo.

CIÁTICA s.f. Dolor fuerte debido a la compresión de las raíces del nervio ciático, a la salida del canal raquídeo, o a una neuritis.

CIÁTICO, A adj. (lat. vulgar *sciaticus*). Relativo a la cadera y al isquion. ◆ adj. y s.m. Se dice del nervio que recorre los músculos del muslo, de la pierna y del pie.

CIBERCAFÉ s.m. Establecimiento en el que los clientes pueden utilizar computadoras para conectarse a Internet y consumir bebidas y algún alimento. SIN.: *café internet*.

CIBERESPACIO s.m. (angloamericano *cyberspace*). INFORMÁT. Espacio virtual donde se hallan los recursos de información numérica, a los que puede accederse a través de redes informáticas de comunicación.

CIBERNAUTA s.m. y f. Persona que utiliza las redes informáticas de comunicación.

CIBERNÉTICA s.f. Ciencia que estudia los mecanismos de comunicación y de control en los sistemas electrónicos y los seres vivos.

CIBERNÉTICO, A adj. Relativo a la cibernética. **2.** Se dice del arte que representa, valiéndose de los recursos de la técnica moderna, objetos en movimiento. **3.** Se dice del aparato o mecanismo utilizado en un entorno de realidad virtual: *guante cibernético*. ◆ s. Especialista en cibernética.

CÍBOLO, A s. (de *Cíbola*, c. del S de EUA). Bisonte americano.

CIBONEY o **SIBONEY,** pueblo amerindio que poblaba las Antillas, y que fue arrinconado en los extremos occidentales de las islas de Cuba y La Española, por las invasiones de los arawak y de los caribes. (Se dedicaba a la agricultura y la pesca.)

CIBORIO s.m. Baldaquín que corona un altar, de origen paleocristiano. **2.** Copa sagrada, provista de tapa, en que se conservan las hostias consagradas.

CIBUCÁN s.m. Colomb., Dom. y Venez. Talega de tela muy basta usada para exprimir la yuca rallada y para hacer el cazabe.

CICA s.f. Árbol o arbusto gimnospermo de las regiones tropicales, parecido a la palmera.

flor abierta   inflorescencia femenina   flor masculina

■ **CICA**

CICADINO, A adj. y s.f. Relativo a una clase de plantas gimnospermas de tronco simple con un penacho de grandes hojas pinnadas en el extremo.

CICATEAR v.intr. *Fam.* Escatimar algo para gastar poco.

CICATERÍA s.f. Cualidad de cicatero. **2.** Acción propia del cicatero.

CICATERO, A adj. y s. (del ár. *saqqāt*, vendedor de baratillo). Ruin, mezquino, tacaño. **2.** Que concede mucha importancia a cosas pequeñas o se ofende por ellas.

CICATRÍCULA s.f. BIOL. Disco pequeño germinativo que encierra el núcleo hembra del huevo.

CICATRIZ s.f. (lat. *cicatrix, -icis*). Señal que queda de una herida, llaga, etc., en un tejido orgánico. **2.** *Fig.* Impresión que deja en el ánimo un sentimiento.

CICATRIZACIÓN s.f. Acción y efecto de cicatrizar o cicatrizarse.

CICATRIZAL adj. Relativo a la cicatriz.

CICATRIZANTE adj. y s.m. Que favorece y acelera la cicatrización.

CICATRIZAR v.tr., intr. y prnl. (del lat. *cicatricare*) [7]. Curar completamente una herida o llaga. **2.** *Fig.* Borrar o superar los efectos de un sentimiento.

CÍCERO s.m. (lat. *Cicero*, Cicerón, político y orador latino). Unidad de medida tipográfica equivalente a doce puntos tipográficos.

CICERONE s.m. y f. (voz italiana, de *Cicerón*, político y orador latino). Persona que enseña y explica a los visitantes las características más interesantes del lugar visitado.

CICINDELA s.f. (lat. *cicindela*, luciérnaga). Insecto coleóptero de 1 cm de long., mandíbulas desarrolladas y élitros verdes moteados de amarillo, parecido al cárabo, que destruye las babosas y las larvas fitófagas.

CICLACIÓN s.f. Transformación de una cadena abierta en otra cerrada, en un compuesto químico.

CICLÁDICO, A adj. Relativo a las Cícladas y a su civilización antigua.

CICLAMATO s.m. Edulcorante de síntesis empleado en regímenes hipocalóricos.

CICLAMEN s.m. Planta herbácea de flores blancas o rosadas, de la que se cultivan algunas variedades como plantas ornamentales. (Familia primuláceas.)

CICLAMOR s.m. (del fr. ant. *sicamor*). Árbol de 5 a 10 m de alt., de flores rosadas, que apa-

recen en primavera, antes que las hojas, y se cultiva como ornamental, aunque también puede ser silvestre. (También *árbol de Judas*; familia cesalpiniáceas.)

CICLANO s.m. Hidrocarburo cíclico saturado.

1. CICLAR v.tr. (del ár. *şáqual*, pulir). Pulir y abrillantar las piedras preciosas.

2. CICLAR v.tr. Efectuar una ciclación.

CÍCLICO, A adj. Relativo a un ciclo. **2.** Que ocurre en ciclos: *enseñanza cíclica.* **3.** QUÍM. Se dice del compuesto orgánico cuya molécula contiene una cadena cerrada ◇ **Música cíclica** Composición en la que uno o varios temas reaparecen en todos los movimientos de la misma.

CICLISMO s.m. Ejercicio y deporte que se practica con la bicicleta.

CICLISTA adj. Relativo al ciclismo. ◆ s.m. y f. Persona que se desplaza en bicicleta o que practica el deporte del ciclismo.

CICLO s.m. (lat. *cyclus*, del gr. *kýklos*, círculo). Sucesión de fenómenos que se repiten periódicamente en un orden determinado: *el ciclo de las estaciones.* **2.** Sucesión de hechos que forman un todo. **3.** *Fig.* Serie de conferencias u otros actos culturales relacionados entre sí por el tema, las personas, la entidad organizadora, etc. **4.** Conjunto de obras literarias, generalmente poemas épicos, agrupadas en torno a un hecho o a un héroe. **5.** Cada uno de los períodos en que están divididos los planes de estudio de los diversos niveles educativos. **6.** ASTRON. Sucesión periódica de fenómenos astronómicos que se reproducen en el mismo orden. **7.** FÍS. Transformación de un sistema que vuelve a su estado inicial. **8.** MAT. Circunferencia a la que se asocia un sentido de recorrido. **9.** QUÍM. Cadena cerrada de átomos, especialmente de carbono, que existe en las moléculas de ciertos compuestos orgánicos. ◇ **Ciclo biosférico, o bioquímico, del carbono, del nitrógeno,** etc. Paso periódico de estos elementos químicos a través de los organismos animales y vegetales, el aire, el suelo y las aguas. **Ciclo de cuatro tiempos** Ciclo de un motor de explosión que comprende cuatro fases (admisión, compresión, explosión y escape), durante las vueltas de cigüeñal. **Ciclo de dos tiempos** Ciclo de un motor de explosión en el que todas las fases se realizan durante una sola vuelta de cigüeñal. **Ciclo de erosión** Conjunto de estados sucesivos del relieve, debidos a la acción de diversos agentes de erosión. **Ciclo de un motor de explosión** Sucesión de las fases necesarias para el funcionamiento de un motor de explosión, que se

recen en primavera, antes que las hojas, y se reproducen en cada uno de los cilindros. **Ciclo económico** Período de tiempo que comporta una fase ascendente de la economía, una crisis o cambio de tendencia, una fase de depresión y una recuperación. **Ciclo lunar** Período de aproximadamente diecinueve años, al cabo de los cuales las fases de la Luna vuelven a presentarse en las mismas fechas. **Ciclo menstrual** Conjunto de manifestaciones fisiológicas que se producen periódicamente en la mujer y en otros mamíferos, que comportan modificaciones de la mucosa uterina, la ovulación y la menstruación, si no ha habido fecundación. **Ciclo por segundo** Unidad de frecuencia para los fenómenos vibratorios equivalente a un período completo en una unidad de tiempo. **Ciclo reproductor** Sucesión de formas de un ser vivo de una generación a la siguiente. **Ciclo solar** Período de veintiocho años tras el cual el año vuelve a empezar por el mismo día de la semana; período de aproximadamente once años que separa dos máximos o dos mínimos sucesivos del número de manchas solares observadas.

ENCICL. En economía se distinguen: los ciclos de larga duración, conocidos como *ciclos de Kondratiev*, que abarcan un período del orden de medio siglo; ciclos de período medio, alrededor de diez años, llamados *ciclos de Juglar,* y ciclos de período corto, unos dos años, denominados *ciclos de Kitchin.* Cada uno de estos ciclos comprende un período de crecimiento (por ej., la etapa 1850-1873) y un período de depresión (por ej., 1873-1895). Algunos economistas aceptan la existencia de ciclos del orden de un siglo, o incluso de un milenio.

CICLO-CROSS s.m. (ingl. *cyclo-cross*). Modalidad deportiva del ciclismo y del cross-country practicada en un terreno accidentado.

CICLOHEXANO s.m. Ciclano (C_6H_{12}), utilizado en la fabricación del nailon.

CICLOIDE s.f. (gr. *kykloeidis*, de aspecto circular). MAT. Curva plana descrita por un punto de una circunferencia que gira, sin deslizarse, sobre una recta fija.

CICLOMOTOR s.m. Bicicleta provista de un motor, cuya cilindrada máxima es de 50 cm^3.

CICLÓN s.m. (ingl. *ciclone*, del gr. *kykloyn*, dar vueltas). Viento muy violento. **2.** Perturbación atmosférica correspondiente a una zona

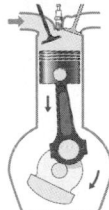 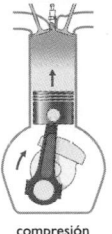 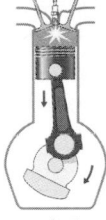 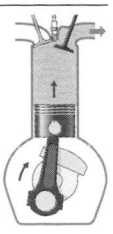

admisión   compresión   explosión   escape

■ **CICLO** DE CUATRO TIEMPOS de un motor de explosión.

■ **CICLAMEN** cultivado.

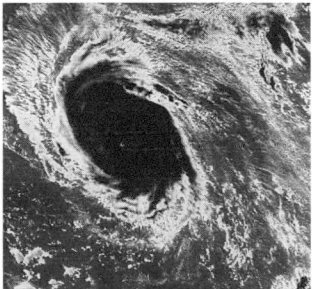

■ **CICLÓN.** El ciclón tropical *Andrew* sobre el golfo de México, al oeste de Florida, (franja clara, arriba a la derecha) el 25 de agosto de 1992, captado por un satélite meteorológico GOES.

de bajas presiones, que produce vientos fuertes y precipitaciones. **3.** Aparato destinado a recuperar las partículas de desperdicios industriales arrastradas por un fluido. ◇ **Ciclón tropical** Huracán que se forma sobre los mares intertropicales. SIN.: *huracán, tifón. (V. ilustr. pág. siguiente.)*

CICLÓNICO, A adj. GEOGR. Relativo a los ciclones. SIN.: *ciclonal.*

CÍCLOPE o **CICLOPE** s.m. (lat. *cyclops, -opis*, del gr. *kyklops, -opos*). Gigante de la mitología griega que tenía un solo ojo en medio de la frente.

CICLOPENTANO s.m. Ciclano (C_5H_{10}), que forma parte de la molécula de ciertos esteroles.

CICLÓPEO, A adj. De los cíclopes. **2.** *Fig.* Gigantesco, enorme. **3.** ARQUEOL. Se dice de una construcción irregular formada por enormes bloques de piedra, en general sin mortero, puestos unos sobre otros.

CICLOPROPANO s.m. Ciclano gaseoso e inflamable (C_3H_6), empleado como anestésico.

CICLOSTILAR v.intr. Esp. Obtener copias mediante ciclostilo.

CICLOSTILO o **CICLOSTIL** s.m. (del gr. *kýklos*, círculo, y *stýlos*, columna). Esp. Aparato que sirve para copiar muchas veces un escrito o dibujo por medio de una tinta especial sobre una plancha gelatinosa.

CICLÓSTOMO, A adj. y s.m. Relativo a una clase de peces agnatos, muy primitivos y sin mandíbulas.

CICLOTIMIA s.f. Estado mental en el que existe una alternancia de fases de euforia y depresión, que son de tipo maníaco o de tipo melancólico. SIN.: *psicosis maníaco-depresiva.*

CICLOTRÓN s.m. Acelerador circular de partículas electrizadas pesadas.

CICLOTURISMO s.m. Turismo que se hace en bicicleta.

CICÓNIDO, A adj. y s.m. Relativo a una familia de aves zancudas que viven en llanuras y pantanos, como la cigüeña y el marabú.

CICUTA s.f. (lat. *cicuta*). Planta de tallo hueco, flores pequeñas y hojas perennes, de las que se extrae un alcaloide tóxico, la cicutina. (Familia umbelíferas.) **2.** Veneno extraído de esta planta. ◇ **Cicuta menor** Etusa.

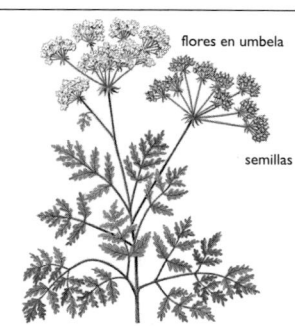

flores en umbela

semillas

■ **CICUTA** mayor.

CICUTINA s.f. Alcaloide muy venenoso que se encuentra en la cicuta mayor.

CID s.m. Hombre muy valiente.

CIDRA s.f. Fruto del cidro, parecido al limón pero de mayor tamaño, de piel gruesa, utilizado en confitería y en perfumería.

CIDRADA s.f. Conserva de cidra.

CIDRO s.m. (del lat. *citrus*, limonero). Árbol de unos 5 m, de tronco liso y ramoso, hojas perennes verdes por el haz y rojizas por el envés, y flores encarnadas olorosas, cultivado por sus frutos o cidras.

CIDRONELA s.f. (fr. *citronnelle*, de *citron*, limón). Melisa.

CIEGO, A adj. y s. (lat. *caecus*). Privado de la vista. ◆ adj. y s.m. ANAT. Se dice de la parte inicial del intestino grueso, por debajo de la entrada del intestino delgado, desprovista de sali-

da y en la que se halla el apéndice vermicular. ◆ adj. Incapaz de darse cuenta de algo. **2.** *Fig.* Ofuscado, poseído con vehemencia de alguna pasión: *estar ciego de ira.* **3.** Se dice de un canal o una abertura sin salida. **4.** Se dice de un conducto o de un muro sin aberturas o huecos. ◇ **A ciegas** Sin ver; sin conocimiento, sin reflexión. **Ponerse ciego** Esp. Hartarse de algo, especialmente comida, bebida o drogas.

CIELITO s.m. Argent. y Chile. Cante y baile rural de movimientos lentos, ejecutado por hasta diez parejas.

CIELO s.m. (lat. *caelum*). Espacio infinito en el que se mueven los astros, que, visto desde la Tierra, forma una bóveda circunscrita por el horizonte. **2.** Lugar considerado la morada de Dios, de los ángeles y de los bienaventurados. **3.** Dios o su providencia: *quiera el cielo que*

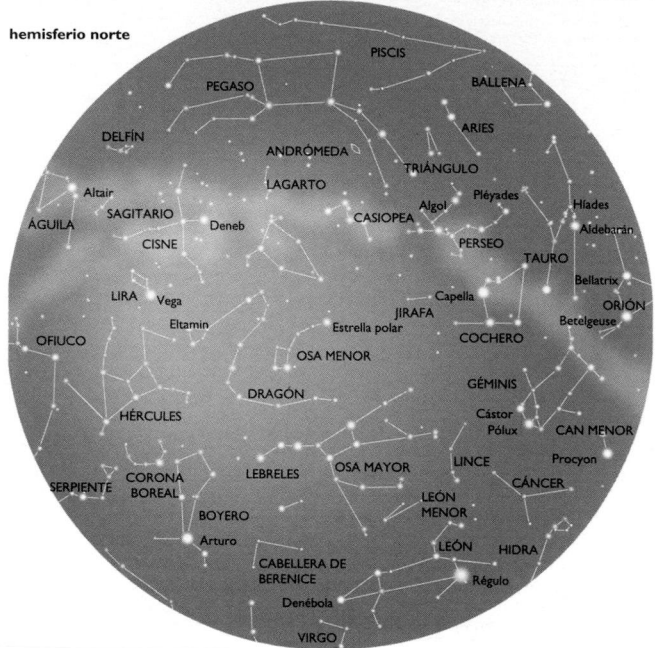

hemisferio norte

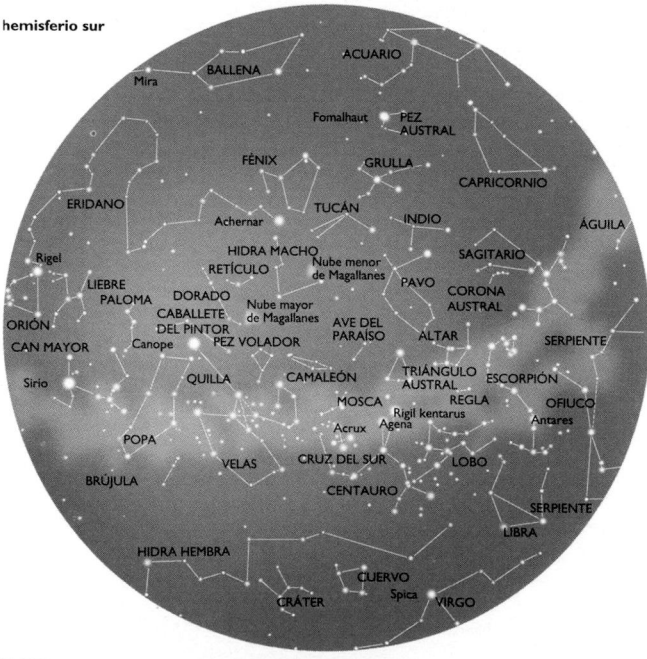

hemisferio sur

■ **CIELO.** Principales constelaciones con las estrella más brillantes.

tengas razón. **4.** *Fig.* Parte superior que cubre alguna cosa. **5.** Expresión cariñosa dirigida a una persona. ◆ **¡cielos!** interj. Expresa extrañeza, admiración, enojo, etc. ◇ **Bajado,** o **caído,** o **llovido,** o **venido, del cielo** Oportuno e inesperado, obtenido sin esfuerzo. **Cielo de la boca** Paladar. **Cielo raso** Techo plano con el enlistonado o encañizado revocado con yeso. **Clamar al cielo** Causar indignación una cosa por ser injusta. **En el cielo** Muy a gusto. **Explotación a cielo abierto** Explotación minera en la superficie del terreno, al aire libre (por oposición a la *explotación subterránea* mediante galerías de mina). **Mover,** o **remover, cielo y tierra** *Fam.* Hacer todas las gestiones posibles para el logro de una cosa. **Séptimo cielo** En la astronomía antigua, cielo de Saturno, el más lejano de los planetas conocidos entonces; lugar o situación de felicidad completa.

CIEMPIÉS s.m. (pl. *ciempiés*). Artrópodo terrestre de cuerpo anillado, que tiene numerosas patas. (Tiene entre 10 y 175 pares de patas, según las especies.)

CIEN adj.num.cardin. y ordin. y s.m. y f. Apócope de *ciento: cien dólares; cien personas.* (Se emplea antepuesto al sustantivo.)

CIÉNAGA s.f. Lugar cenagoso o pantanoso.

CIENCIA s.f. (lat. *scientia*, conocimiento). Conjunto de conocimientos objetivos sobre ciertas categorías de hechos, de objetos o de fenómenos, que se basa en leyes comprobables y en una metodología de investigación propia. **2.** Rama de ese conjunto de conocimientos. **3.** *Fig.* Saber, sabiduría, erudición. ◆ **ciencias** s.f.pl. Disciplinas basadas fundamentalmente en el cálculo y la observación (por oposición a *letras*). ◇ **A,** o **de, ciencia cierta** Con seguridad. **Ciencia ficción** Género literario y cinematográfico que se basa en la evolución de la humanidad y en particular en las consecuencias de sus progresos científicos. **Ciencia infusa** En teología católica, ciencia recibida directamente de Dios; saber que se posee por naturaleza, sin haberlo adquirido mediante estudio o investigación. **Ciencia pura** Ciencia independiente de toda aplicación técnica. **Ciencias aplicadas** Investigaciones que emplean los resultados científicos en las aplicaciones técnicas. **Ciencias exactas** Ciencias cuyo método conjuga las matemáticas con la experimentación. **Ciencias humanas** Ciencias que estudian los diferentes aspectos del ser humano y de la sociedad, como la historia, la psicología, etc. **Ciencias naturales** Ciencias que estudian los diferentes aspectos de la naturaleza, como la botánica, la zoología, etc. **Ciencias ocultas** Conjunto de conocimientos y prácticas cuyos principios resultan inaccesibles a la experimentación científica, y que incluye disciplinas como la astrología, la nigromancia, el espiritismo, etc. **Ciencias sociales** Conjunto de ciencias (sociología, economía, etc.) que estudian los diferentes aspectos de las sociedades humanas. **Gaya ciencia** Arte de la poesía en tiempo de los trovadores.

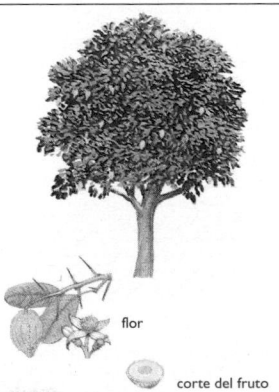

■ **CIDRO**

flor

corte del fruto

■ **CIENCIA FICCIÓN.** Una escena de *La guerra de las galaxias,* de George Lucas (1977).

CIENCIOLOGÍA s.f. Doctrina desarrollada por el estadounidense Lafayette Ronald Hubbard en 1950. (Difundida a través de una organización de carácter sectario, los seguidores de esta filosofía religiosa buscan la felicidad a través de la comprensión de uno mismo y de los demás como seres espirituales.) SIN.: *dianética.*

CIENMILÉSIMO, A adj. Se dice de cada una de las partes que resultan de dividir un todo en cien mil partes iguales.

CIENMILÍMETRO s.m. Centésima parte de un milímetro.

CIENMILLONÉSIMO, A adj. Se dice de cada una de las partes que resultan de dividir un todo en cien millones de partes iguales.

CIENO s.m. (lat. *caenum*, fango). Depósito arcilloso y blando que se forma en el fondo de ríos, mares, lagos y zonas húmedas. **2.** *Fig.* Deshonra, descrédito.

CIENSAYOS s.m. (pl. *ciensayos*). Pájaro fabuloso con plumaje de colores muy diversos.

CIENTIFICISMO s.m. FILOS. Corriente que considera que no existe más conocimiento verdadero que el científico. SIN.: *cientismo.*

CIENTIFICISTA adj. y s.m. y f. Relativo al cientificismo; partidario de esta corriente. SIN.: *cientista.*

CIENTÍFICO, A adj. (lat. *scientificus*). Relativo a una ciencia o a una ciencia: *método científico; obra científica.* ◆ s. Persona que se dedica a la investigación científica.

CIENTO adj.num.cardin. y s.m. (lat. *centum*). Diez veces diez. (Se usa esta forma cuando precede a otro numeral que se suma, p. ej. *ciento cincuenta.* En el resto de casos se suele utilizar la forma apocopada *cien.*) ◆ adj.num.ordin. y s.m. y f. Centésimo, que corresponde en orden al número cien. ◆ **cientos** s.m.pl. Impuesto castellano, vigente desde el s. XVII hasta 1845, que consistía en un recargo del 4 % sobre la alcabala. ◇ **Por ciento** Indica porcentaje. (Va precedido de un numeral o *tanto.*)

CIERNE s.m. Acción de cerner o fecundarse la flor de algunas plantas. ◇ **En cierne,** o **en ciernes** En preparación, en proceso de formación.

CIERRE s.m. Acción y efecto de cerrar o cerrarse. **2.** Cerradura o cosa que sirve para cerrar. **3.** Persiana o reja con que se cierran las aberturas o huecos de puertas y ventanas. **4.** Bloque de acero que sirve para obturar la abertura posterior de un arma de fuego. **5.** Dispositivo que permite unir las partes separadas de una prenda de vestir. **6.** Clausura temporal de tiendas y establecimientos mercantiles. **7.** Acción de dar por finalizada la edición de una publicación periódica. ◇ **Cierre centralizado** Sistema mecánico que permite abrir y cerrar las puertas en un automóvil. **Cierre metálico** Mampara o cortina móvil, de madera o metal, con que se cierran los escaparates de las tiendas.

CIERRO s.m. Chile. Tapia, cerca o vallado. **2.** Chile. Sobre de carta o tarjeta.

1. CIERTO adv.afirm. Con certeza.

2. CIERTO, A adj. (lat. *certus,* decidido). Verdadero: *una noticia cierta.* **2.** Seguro, que no ofrece duda: *no tener un plan cierto.* **3.** Que no está determinado o precisado: *una cierta manera de actuar.* **4.** Que se encuentra en pequeña cantidad: *mostrar cierta desgana.* ◇ **Por cierto** A propósito; ciertamente, en verdad.

CIERVO, A s. (lat. *cervus*). Mamífero rumiante, de piel rojiza, de hasta 1,50 m de alt.,

que vive en manadas en los bosques de Europa, Asia y América. (La especie europea, que pesa unos 150 kg, es objeto de caza. El macho posee unas astas o cuernos ramificados; su cría es el cervatillo; el ciervo brama y, cuando está en celo, berrea; familia cérvidos.) ◆ s.m. **Ciervo volante** Insecto coleóptero de unos 8 cm, que excava profundas galerías en los robles. (El macho posee unas grandes mandíbulas semejantes a los cuernos del ciervo.)

macho

hembra

■ **CIERVOS** europeos.

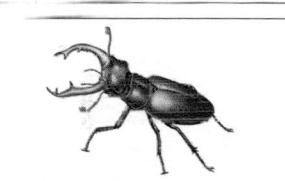

■ **CIERVO VOLANTE**

CIERZO s.m. (del lat. *cercius*). Viento fuerte y frío del N.

CIFOESCOLIOSIS s.f. Deformación compleja de la columna vertebral, que consiste en la asociación de una cifosis y de una escoliosis.

CIFOSIS s.f. (del gr. *kyphós,* encorvado). Desviación anormal hacia atrás de la columna vertebral.

CIFRA s.f. (ár. *şifr,* vacío, cero). Signo o carácter que sirve para representar un número. **2.** Suma, cantidad. **3.** Abreviatura, representación de las palabras con solo varias o una de sus letras; palabra escrita de este modo. **4.** Sistema de signos convenidos para una escritura secreta. **5.** MÚS. Escritura de música mediante números.

CIFRADO s.m. MÚS. Conjunto de caracteres numéricos situados encima de las notas del bajo para indicar los acordes que han de formarse.

CIFRAR v.tr. Escribir en clave o en cifras. **2.** Fundar, apoyar una persona o cosa en otra: *cifra sus esperanzas en el examen.* **3.** *Fig.* Evaluar cuantitativamente algo. **4.** *Fig.* Compendiar, reducir a una sola cosa algo de mayor valor. **5.** MÚS. Colocar sobre ciertas notas del bajo cifras que corresponden a los acordes.

CIGALA s.f. Crustáceo decápodo parecido a la langosta, de unos 15 cm de long., dotado de largas pinzas.

CIGARRA s.f. Insecto abundante en la región mediterránea, de unos 5 cm de long., que se alimenta de savia, y cuyo macho posee un aparato en el abdomen con el que produce un sonido estridente y monótono. (La cigarra estridula o chirría; orden Mhomópteros.)

■ **CIGARRA**

CIGARRAL s.m. Casa toledana de recreo rodeada de huerta, situada en las afueras de la ciudad.

CIGARRERA s.f. Caja para guardar cigarros puros. **2.** Petaca, estuche para cigarros.

CIGARRERÍA s.f. Amér. Establecimiento donde se vende tabaco.

CIGARRERO, A s. Persona que hace o vende cigarros.

CIGARRILLO s.m. Cilindro de papel muy delgado relleno de tabaco picado o en hebra, que se enciende por un extremo para fumar por el otro.

CIGARRO s.m. Cilindro de hojas de tabaco secas para fumar. SIN.: *cigarro puro, puro.* **2.** Ecuad. Libélula.

CIGOMA s.m. ANAT. Hueso del pómulo.

CIGOMÁTICO, A adj. (del gr. *zýgoma, -atos,* arco cigomático). Relativo al pómulo o a la mejilla. **2.** ANAT. Se dice de la apófisis del hueso temporal, que se articula con el hueso malar del pómulo y forma el arco cigomático.

CIGOMICETAL adj. y s.f. Relativo a un orden de ficomicetes con micelio muy ramoso que se multiplica por endosporas y sexualmente. SIN.: *cigomicete.*

CIGOMORFO, A adj. → ZIGOMORFO.

CIGOÑAL s.m. Pértiga apoyada sobre un pie de horquilla, con un recipiente atado a un extremo, para sacar agua de pozos poco profundos.

CIGOÑINO s.m. Cría de la cigüeña.

CIGOTO o **ZIGOTO** s.m. Célula resultante de la fecundación o unión del gameto masculino y el gameto femenino.

CIGUATERA s.f. Enfermedad que afecta a los peces y crustáceos de las costas del golfo de México y se transmite a las personas que los comen.

CIGUATO, A adj. y s. Que padece ciguatera.

CIGÜEÑA s.f. (lat. *ciconia*). Ave zancuda migratoria, de cuello y pico largos, cuya especie más conocida, la cigüeña blanca de alas negras, alcanza más de 1 m de alt. (La cigüeña crotora o chirría.) **2.** Codo que tienen los tornos y otras máquinas en la prolongación del eje, para dar con la mano movimiento rotatorio.

CIGÜEÑAL s.m. MEC. Eje que transforma el movimiento rectilíneo alternativo del conjunto pistón-biela de un motor térmico en movimiento circular.

CIGÜEÑUELA s.f. Ave caradriforme de plumaje negro y blanco y largas patas rosadas, que vive en Europa central y meridional, África y Asia.

CILAMPA s.f. C. Rica y Salv. Llovizna.

CILANCO s.m. Charco que se forma en la orilla o en el fondo de un río cuando este se seca.

CILANTRO s.m. Planta herbácea de 30 a 60 cm de alt., de tallo glabro y brillante, flores rojizas y semilla elipsoidal aromática, usada como estomacal o como condimento. (Familia umbelíferas.)

CILIADO, A adj. Provisto de cilios. ◆ s.m. Protozoo provisto de cilios vibrátiles.

CILIAR adj. (del lat. *cilia,* pl. de *cilium,* pár-

pado, ceja). Relativo a los cilios. **2.** Relativo a las cejas. ◇ **Músculos ciliares** Músculos anulares situados alrededor de la córnea y que regulan la abertura del iris.

CILICIO s.m. (lat. *cilicium,* paño fabricado con piel de cabra de Cilicia). Faja de cerdas o cadenas metálicas pequeñas con puntas, que se lleva ceñida al cuerpo por mortificación.

CILINDRADA s.f. Capacidad de los cilindros de un motor de explosión. (Se expresa en centímetros cúbicos o en litros.)

CILINDRADO s.m. Acción de cilindrar.

CILINDRAR v.tr. Comprimir con un cilindro o rodillo. ◆ v.intr. MEC. Efectuar en el torno el desbaste o alisado de una pieza cilíndrica.

CILÍNDRICO, A adj. Que tiene forma de cilindro. **2.** MAT. Relativo al cilindro. ◇ **Engranaje cilíndrico** Engranaje en el que los piñones tienen sus ejes paralelos. **Superficie cilíndrica** Superficie engendrada por una recta *(generatriz)* que se desplaza paralelamente a una dirección fija apoyándose sobre una curva plana fija *(directriz)* cuyo plano corta la dirección dada.

CILINDRO s.m. (lat. *cylindrus,* del gr. *kylindros*). Cuerpo geométrico limitado por una superficie cilíndrica y dos planos paralelos que cortan las generatrices. **2.** Nicar. Bombona usada para contener gases y líquidos. **3.** MEC. Pieza en cuyo interior se mueve el pistón de un motor, de una bomba, etc. **4.** TECNOL. Rodillo para laminar metales, dar brillo a los tejidos, imprimir papel, etc. ◇ **Cilindro de revolución** o **cilindro recto de base circular** Cilindro engendrado por la rotación de un rectángulo alrededor de uno de sus lados. **Cilindro urinario** BIOL. Residuo microscópico de los tubos del riñón, que se encuentra en la orina durante las nefritis.

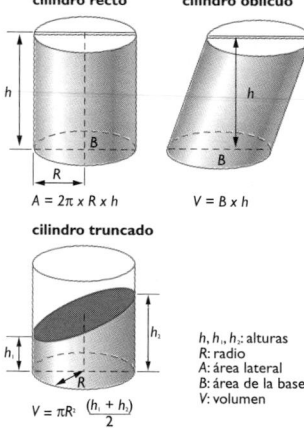

cilindro recto   cilindro oblicuo

$A = 2\pi \times R \times h$ $V = B \times h$

cilindro truncado

h, h_1, h_2: alturas
R: radio
A: área lateral
B: área de la base
V: volumen

$V = \pi R^2 \cdot \dfrac{(h_1 + h_2)}{2}$

■ **CILINDROS** (geometría).

■ **CIGÜEÑA** blanca o común.

CILINDROEJE s.m. ANAT. Axón.

CILINDROIDE adj. Que se parece en la forma a un cilindro.

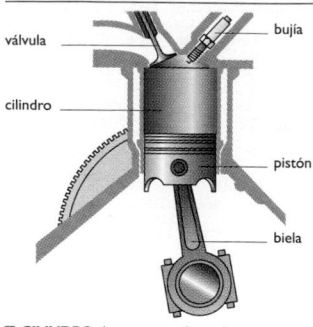

válvula   bujía

cilindro   pistón

biela

■ **CILINDRO** de un motor de explosión.

CILINDROSELLO s.m. Instrumento cilíndrico, generalmente de piedra, grabado en hueco con signos, símbolos y textos, que se hacía rodar sobre arcilla fresca. (Se utilizaba como sello en Mesopotamia [IV milenio], y más tarde en la mayoría de los países del antiguo oriente.)

CILIO s.m. (lat. *cilium,* pestaña). Flagelo o filamento protoplasmático muy tenue que ciertas células animales y vegetales poseen en gran número y que, por sus movimientos rítmicos, permiten el desplazamiento de la célula en su medio líquido o crean en el organismo una corriente líquida.

CILLA s.f. (lat. *cella,* celda). Casa o cámara donde se recogían los granos y frutos de los diezmos.

CILLERERO s.m. (de *cillero,* bodega). Mayordomo en los monasterios de algunas órdenes religiosas.

CIMA s.f. (lat. *cyma,* tallo joven). Parte más alta de algo, especialmente de una elevación del terreno. **2.** Grado máximo de perfección que se puede alcanzar. **3.** *Fig.* Fin o complemento de una obra o cosa. **4.** BOT. Inflorescencia formada por un eje principal acabado por una flor que lateralmente tiene uno o varios ejes secundarios que se ramifican del mismo modo. ◇ **Dar cima** Concluir algo felizmente.

CIMACIO s.m. ARQ. Moldura cuyo perfil dibuja una S con los extremos tendiendo hacia la horizontal, generalmente con la parte superior cóncava y la inferior convexa.

CIMARRA. Hacer la cimarra Chile. No asistir voluntariamente a clase.

CIMARRERO, A adj. y s. Chile. Se dice del que hace la cimarra.

CIMARRÓN, NA adj. y s. Se dice del animal que vive en libertad, especialmente, si era doméstico y se hace salvaje. **2.** Se dice de la planta silvestre, especialmente si existe la especie cultivada. **3.** Se dice del esclavo americano que huía al campo. ◆ adj. y s.m. Argent. y Urug. Se dice del mate sin azúcar.

CIMARRONADA s.f. Amér. Manada de cimarrones.

CIMASA s.f. Enzima de la levadura de la cerveza que produce la descomposición de la glucosa en alcohol y anhídrido carbónico en la fermentación alcohólica.

CIMBA s.f. Bol. y Perú. Trenza que usan algunos indios.

CIMBADO s.m. Bol. Látigo trenzado.

CIMBALARIA s.f. Planta herbácea de pequeñas hojas redondas lobuladas y flores purpúreas con una mancha amarilla, que se usa como adorno de paredes. (Familia escrofulariáceas.)

CIMBALERO, A s. Persona que toca el címbalo.

CÍMBALO s.m. (lat. *cymbalum*). Instrumento musical de percusión que consta de un platillo de metal que se cuelga o que se sostiene en la mano, y al que se dan golpes o se hace cho-

CILINDROSELLO. Matriz y sello estampado (Mesopotamia, h. 2200 a.C.) [Museo del Louvre, París.]

car con otro platillo. (Suele usarse en plural.) SIN.: *platillo*.

CIMBEL s.m. Cuerda fina que une el ave que sirve de señuelo a la punta del cimillo. **2.** Ave u objeto con esa forma que se emplea como señuelo.

CIMBORRIO o **CIMBORIO** s.m. (lat. *cimborium*). Cuerpo cilíndrico que sirve de base a la cúpula y en el que se practican vanos de iluminación. SIN.: *tambor*. **2.** Linterna que remata una cúpula.

CIMBORRIO del monasterio de Santes Creus (Tarragona).

CIMBRA s.f. (fr. ant. *cindre*). Curvatura interior de un arco o de una bóveda. **2.** Armazón que sostiene las dovelas de un arco o una bóveda durante su construcción. ⬦ **Plena cimbra** Cimbra que forma un semicírculo.

CIMBRADO s.m. Colocación de las cimbras en la construcción de un arco o una bóveda. **2.** COREOGR. Paso de baile que se hace doblando rápidamente el cuerpo por la cintura.

CIMBREANTE adj. Que cimbrea: *tallos cimbreantes*. **2.** *Fig.* Se dice de la figura, talle o forma de andar garbosa o graciosa.

CIMBREAR v.tr. y prnl. Imprimir movimiento vibratorio a un objeto largo, delgado y flexible, que está sujeto por un extremo. SIN.: *cimbrar*. **2.** *Fig.* Mover el cuerpo o una parte de él con garbo y soltura. **3.** Colocar las cimbras en una obra.

CIMBREÑO, A adj. Que se cimbra.

CIMBREO s.m. Acción y efecto de cimbrar.

CIMBRIO, A adj. y s. De un pueblo germánico que, con los teutones, invadió la Galia en el s. II a.C. (Fueron derrotados por Mario en Vercelli [101 a.C.].) ⬥ **cimbrios** s.m.pl. Nombre que se dio en España a los miembros de la iz-

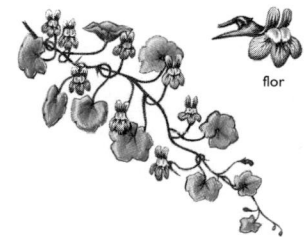

CIMBALARIA

quierda monárquica que colaboraron coyunturalmente con la I república.

CIMBRÓN s.m. Argent., Colomb. y C. Rica. Tirón fuerte o súbito del lazo u otra cuerda. **2.** Ecuad. Punzada, dolor.

CIMBRONAZO s.m. Argent. Cimbrón, tirón fuerte. **2.** Argent., Colomb. y C. Rica. *Fig.* Estremecimiento nervioso muy fuerte.

CIMENTACIÓN s.f. Acción de cimentar. **2.** Consolidación de un pozo petrolífero por inyección de cemento tras el entibado.

CIMENTAR v.tr. [10]. Poner los cimientos de un edificio. **2.** *Fig.* Establecer los principios o fundamentos de algo no material: *cimentar una teoría*.

CIMERA s.f. (lat. *chimaera*). Adorno que forma la parte superior de un casco. **2.** HERÁLD. Timbre formado por una o varias figuras, situado en lo más alto del yelmo.

CIMERIO, A adj. y s. De un ant. pueblo nómada de origen tracio, que en el s. VII a.C. invadió Asia Menor.

CIMERO, A adj. Que remata por lo alto una cosa elevada.

CIMIENTO s.m. (lat. *caementum*, canto de construcción). Parte de un edificio situada bajo tierra que constituye su base o sustento. (Suele usarse en plural.) **2.** *Fig.* Principio o fundamento de algo no material: *los cimientos de la tolerancia*. ⬦ **Abrir los cimientos** Hacer las zanjas para poner los cimientos. **Echar**, o **poner, los cimientos** de algo Disponer o hacer las cosas necesarias para que pueda llevarse a cabo.

CIMILLO s.m. (lat. *cimbalum*, especie de platillos) Vara pequeña a la que se ata, mediante un cimbel, el ave que sirve de señuelo.

CIMITARRA s.f. Sable oriental ancho y curvado.

CIMPA s.f. Perú. Cimba, trenza.

CINABRIO s.m. (lat. *cinnabari*). Sulfuro natural de mercurio, de fórmula HgS, de color rojo bermellón, del que se extrae este metal.

CINACINA s.f. Árbol de hojas estrechas y menudas y flores olorosas amarillas y rojas, originario de América Meridional. (Familia cesalpiniáceas.)

CINÁMICO, A adj. Se dice de un alcohol, un ácido o un aldehído derivados del propenilbenceno.

CINAMOMO s.m. (lat. *cinamomo*). Árbol de madera dura y aromática, flores blancas y fruto parecido a una cereza pequeña, del que se extrae un aceite usado en medicina y en la industria. (Familia meliáceas.) **2.** Sustancia aromática citada por los antiguos, que podía ser la canela o la mirra.

CINC o **ZINC** s.m. (fr. *zinc*) [pl. *cincs* o *zincs*]. Metal de color blanco azulado, poco alterable, de densidad 7,14, cuyo punto de fusión es de 419 °C. **2.** Elemento químico (Zn), de número atómico 30 y masa atómica 65,39. ENCICL. El cinc se encuentra en la naturaleza, generalmente, en estado de sulfuro (blenda) o de carbonato (calamina). Poco oxidable en frío, se utiliza en forma de placas para el recubrimiento de tejados. El hierro galvanizado se obtiene por depósito galvánico o por templado en un baño de cinc fundido. El cinc forma parte de la composición de numerosas aleaciones (latón, maillechort, etc.). El óxido (ZnO) o «blanco de cinc» se emplea en la fabricación de pinturas y en la industria del vidrio.

CINCADO s.m. Operación consistente en revestir de cinc una superficie u objeto metálicos. **2.** Resultado de esta operación.

CINCATO s.m. Sal del anhídrido de fórmula ZnO.

CINCEL s.m. (fr. ant. *cisel*). Herramienta para labrar a golpe de martillo piedra, metal y madera, con boca cerrada y recta de doble bisel.

CINCELADURA s.f. Acción y efecto de cincelar. SIN.: *cincelado*.

CINCELAR v.tr. Labrar con cincel u otra herramienta piedra, metal y madera.

CINCHA s.f. (lat. *cingula*). Faja con que se asegura la silla o albarda sobre la cabalgadura, ciñéndola por debajo de la barriga: *cincha de brida, de jineta*. ⬦ **A raja cincha** o **a revienta cinchas** Argent. Muy rápidamente; con exceso, sin medida.

CINCHADURA s.f. Acción de cinchar.

CINCHAR v.tr. Asegurar la silla o albarda apretando las cinchas. **2.** Asegurar un barril, rueda, etc., con cinchas. **3.** Argent. *Fig.* y *fam.* Apoyar, alentar con entusiasmo, especialmente en competiciones deportivas. **4.** Argent. y Urug. Procurar afanosamente que se cumpla algo como uno desea. **5.** Argent. y Urug. Trabajar con esfuerzo.

CINCHERA s.f. Parte del cuerpo de las caballerías en que se pone la cincha. **2.** Enfermedad que padecen las caballerías en la parte del cuerpo en que se les coloca la cincha.

CINCHO s.m. (lat. *cingulum*). Faja o cinturón. **2.** Aro de hierro con que se aseguran los barriles, maderos ensamblados, etc. **3.** Méx. Cincha de la silla de montar. **4.** ARQ. Porción de arco saliente en el intradós de una bóveda en cañón.

CINCO adj. num. cardin. y s.m. (lat. *quinque*). Cuatro más uno. ⬥ adj. num. ordin. y s.m. y f. Quinto. ⬥ s.m. Chile, C. Rica y Méx. Moneda de cinco centavos. **2.** Venez. Especie de guitarra de cinco cuerdas. ⬦ **Ni cinco** *Fam.* Sin dinero: *a fin de mes no tengo ni cinco*.

CINCOENRAMA s.f. (del lat. *quinquefolium*). Planta herbácea de hojas compuestas con cinco hojuelas, flores amarillas y raíz medicinal. (Familia rosáceas.)

CINCONINA s.f. Alcaloide que se extrae de la corteza del árbol de la quina.

CINCUATE s.m. Méx. → **CENCUATE.**

CINCUENTA adj. num. cardin. y s.m. (lat. *quinquaginta*). Cinco veces diez. ⬥ adj. num. ordin. y s.m. y f. Quincuagésimo. ⬦ **Los (años) cincuenta** Década que empieza en el año cincuenta y termina en el año cincuenta y nueve.

CINCUENTAVO, A adj. y s.m. Se dice de cada una de las partes que resultan de dividir un todo en cincuenta partes iguales.

CINCUENTENA s.f. Conjunto de cincuenta unidades. **2.** Edad de cincuenta años.

CINCUENTENARIO s.m. Fecha en que se cumplen cincuenta años de algún suceso; también celebración de esta fecha.

CINCUENTENO, A adj. Quincuagésimo.

CINCUENTÍN s.m. Moneda castellana de plata acuñada en el s. XVII.

CINCUENTÓN, NA adj. y s. Se dice de la persona que tiene entre 50 y 60 años de edad.

CINE s.m. (abrev. de *cinematógrafo*). Establecimiento destinado a la proyección de películas cinematográficas. **2.** Cinematografía. ⬦ **Cine continuado** Argent. Sesión continua. **Cine de arte y ensayo** Cine que proyecta películas fuera de la red comercial normal. **Cine de artista** Obra cinematográfica realizada por un artista plástico, pintor, escultor, etc. **Cine de autor** Realizaciones cinematográficas más o menos desligadas de condicionamientos comerciales y en las que se expresa de forma personal la creatividad del director. **De cine** *Fam.* Muy bien, excelentemente: *jugar de cine*.

CINEASTA s.m. y f. Persona que trabaja en cinematografía, especialmente el realizador o director.

CINECLUB s.m. Asociación que tiene por finalidad la divulgación de la cultura cinematográfica.

CINEFILIA s.f. Afición grande por el cine.

CINÉFILO, A adj. y s. Se dice de la persona muy aficionada al cine.

CINEGÉTICA s.f. Arte de la caza.

■ LA CINEMATOGRAFÍA

La realización de una película se desarrolla en diferentes etapas: búsqueda de la financiación por el o los productores; elección de los actores y de las localizaciones; rodaje (de tres a diez semanas para un largometraje); montaje, y doblaje y mezclas de sonido (que consiste en unir equilibradamente, en una única banda, las diferentes fuentes o contenidos sonoros: palabras, música, efectos, etc.).

El maquillaje. Su función básica es la de conseguir que la piel y el rostro de los actores resulten naturales ante la cámara. Y en películas de ciencia-ficción como esta (*Terminator 2*, de James Cameron, 1991) permite crear todo tipo de efectos irreales.

Rodaje en estudio. Una vez elaborado el guion, que describe cada escena y detalla los diálogos, y elegidos los actores (casting), el rodaje puede exigir importantes recursos materiales (decorados, grúas, bastidores, etc.).

Rodaje de bajo presupuesto. Desde 1945 el cine europeo produce numerosas películas de autor, caracterizados por bajos presupuestos y rodajes en decorados naturales. En la imagen, *Le silence de la mer* (1949) de Jean-Pierre Melville.

El montaje. Para ensamblar y dar continuidad a los planos, el montador proyecta sincrónicamente las imágenes sobre la pantalla, al tiempo que escucha la banda de sonido (diálogos, ruidos) por los altavoces.

Los efectos especiales. Estos efectos suelen realizarse en el estudio o en laboratorios especializados y dependen cada vez más de la informática y la tecnología digital.

La grabación. Las últimas etapas de la posproducción se desarrollan en un auditorio: a la vez que se proyecta el film (en este caso, *Lolita*, de S. Kubrick, con Sue Lyon), se graban ciertos ruidos y la música para, posteriormente, proceder a realizar las mezclas.

CINEGÉTICO, A adj. (gr. *kynegetikós*). Relativo a la cinegética.

CINEMA s.m. Cine.

CINEMASCOPE s.m. (marca registrada). Procedimiento cinematográfico de proyección sobre una pantalla amplia por descompresión óptica de la imagen previamente deformada en la cámara cinematográfica.

CINEMATECA s.f. Filmoteca.

CINEMÁTICA s.f. (del gr. *kínema, -atos*, movimiento). Parte de la mecánica que estudia el movimiento de los cuerpos, con independencia de las fuerzas que lo producen.

CINEMÁTICO, A adj. Relativo al movimiento: *fórmula cinemática.*

CINEMATOGRAFÍA s.f. Arte de representar imágenes en movimiento sobre una pantalla por medio de la fotografía.

ENCICL. Después de haber creado las imágenes, el hombre creó procesos técnicos para fijar sus sueños como si fueran reales: cuarto oscuro, cámara oscura, linterna mágica, etc. A finales del s. XIX, con el nacimiento del cinematógrafo, se aúna una técnica todavía nueva, la *fotografía*, que asocia la química (las superficies sensibles) y la óptica (los objetivos) y un sistema capaz de registrar y luego restituir de manera satisfactoria el análisis del movimiento real. Esto era imposible antes de la aparición de placas fotográficas suficientemente sensibles, hacia 1870-1880. T. Edison se inclinó por películas de celuloide de cortometraje que el espectador solo podía ver individualmente gracias al kinetoscopio (1891). Los hermanos Lumière fueron los primeros en crear un aparato que aseguraba una adecuada grabación y proyección de películas. El 28 de diciembre de 1895, se realizó en París la primera proyección pública pagada, considerada como el bautismo de la industria cinematográfica. Al principio era una simple curiosidad científica, una diversión de feria, pero el cinematógrafo Lumière reveló con rapidez sus inmensas posibilidades, tanto artísticas y expresivas como comerciales e industriales. A partir de 1896, G. Mélies inventó los primeros trucos mientras rodaba ficciones en su estudio. Gracias a los magos poetas como él, se pasa rápidamente de una realidad grabada (ya sea de ficción o documental) a una imaginería que echa mano de todos los recursos. En pocos años, se descubren los principios básicos de los efectos especiales. Las patentes técnicas se multiplicaron (Gaumont, Pathé, etc.). A principios del s. XX los aparatos adquirieron su forma definitiva: la cámara se diferencia del proyector. Las aportaciones posteriores solo son mejoras de los dispositivos iniciales destinadas a dar una mayor ilusión de realidad. Pronto surgió la idea de colorear los filmes, primero a mano y luego de forma mecánica; fue en 1932-1934, con la adopción del Technicolor (proceso tricromático por sustracción), cuando se inicia la expansión del cine en color. De la misma manera, aunque en sus orígenes el cine era mudo no dejaba de ser sonoro: las proyecciones se acompañaban con música (piano u orquesta). Alrededor de 1927, el éxito de *El cantante de jazz*, película presentada como el primer largometraje *hablado*, impuso un nuevo tipo de espectáculo. Una vez hablado y en colores, el cine aún buscaba ir más allá de las imágenes planas, pero el elevado costo de las técnicas de imágenes en tres dimensiones orientó la evolución hacia procesos ópticos como el Cinemascope (originalmente concebido en 1953 para combatir el éxito de la televisión), las panorámicas o diferentes formatos grandes o esféricos, o hacia procesos sonoros como el estéreo dolby o la cuadrafonía. A partir de la década de 1970, la televisión brindó al cine técnicas de video específicas y la informática ofreció a los realizadores el campo infinito de las imágenes digitales. Por otro lado, nuevas salas de proyección ponen a prueba estas nuevas técnicas: los sistemas Imax 2D o 3D permiten al espectador, en el caso del 3D, la visión de imágenes en tres dimensiones gracias a una técnica de visión estereoscópica. En algunos parques de atracciones, con instalaciones que recurren cada vez más a las técnicas digitales, el cine llega a simular perfectamente la realidad gracias a las tecnologías de realidad virtual, y se vuelve a situar entre las atracciones de feria.

CINEMATOGRAFIAR v.tr. [19]. Impresionar una película cinematográfica.

CINEMATOGRÁFICO, A adj. Relativo a la cinematografía.

CINEMATÓGRAFO s.m. Aparato que proyecta imágenes en movimiento sobre una pantalla.

CINEMÓGRAFO s.m. Instrumento para determinar y registrar las velocidades.

CINEMÓMETRO s.m. Indicador de velocidad.

CINEOL s.m. Éter-óxido que se extrae de las hojas del eucalipto y que se usa en medicina.

CINERAMA s.m. (marca registrada). Procedimiento cinematográfico que utilizaba la yuxtaposición, en una misma pantalla, de tres imágenes obtenidas de tres proyectores distintos.

CINERARIA s.f. Planta ornamental de hojas grandes, plateadas y vellosas, y con flores de diversos colores parecidas a las margaritas. (Familia compuestas.)

CINERARIO, A o **CINÉREO, A** adj. Que contiene cenizas de cadáveres: *urna cineraria*.

CINERITA s.f. GEOL. Cenizas volcánicas consolidadas.

CINESCOPIO s.m. Cámara cinematográfica que registra las imágenes catódicas de la televisión para la ulterior repetición de una emisión en directo.

CINÉSICA s.f. Parte de la teoría de la comunicación que estudia los gestos y movimientos corporales.

CINESIS s.f. Modificación de la velocidad de locomoción de un animal en respuesta a una variación de intensidad de un estímulo exterior.

CINESITERAPIA s.f. Quinesioterapia.

CINESTESIA s.f. Conjunto de sensaciones de origen muscular o articulatorio que informan acerca de la posición de las diferentes partes del propio cuerpo en el espacio.

CINESTÉSICO, A adj. Relativo a la cinestesia.

CINETECA s.f. Méx. Filmoteca.

CINETES, pueblo prerromano de la península Ibérica que, según Heródoto, se estableció en el S de Portugal.

CINÉTICA s.f. Parte de la mecánica que se ocupa del movimiento. **2.** Estudio de la velocidad de las reacciones químicas.

CINÉTICO, A adj. Relativo a la cinética o al movimiento. ◇ **Arte cinético** Forma de arte abstracto contemporáneo derivada del constructivismo y basada en la ilusión óptica (*op art*), el carácter cambiante de la obra y su movimiento virtual o real. (Principales «cinetistas»: los franceses de origen húngaro Vasarely y Nicolas Schöfer [1912-1992], el belga Bury, el venezolano Jesús Rafael Soto y el israelita Yaacov Agam.) **Energía cinética** Energía de un cuerpo en movimiento. (Para un sólido en traslación, la energía cinética es el semiproducto de su masa multiplicado por el cuadrado de su velocidad.)

CINETISMO s.m. Carácter del arte cinético. **2.** Arte cinético.

CINGALÉS, SA adj. y s. De Sri Lanka, ant. Ceilán. ◆ s.m. Lengua indoaria hablada en Sri Lanka.

CÍNGARO, A o **ZÍNGARO, A** adj. y s. (ital. *zingaro*). Gitano. (Suele reservarse este nombre, de una manera imprecisa, para aludir a los gitanos de Europa central y oriental, especialmente a los húngaros.) **2.** Se dice de los músicos bohemios o vestidos de bohemios que actúan en music-halls, etc. ◆ s.m. Lengua indoirania hablada por los gitanos.

CINGIBERÁCEO, A adj. y s.f. Relativo a una familia de plantas monocotiledóneas muy apreciadas como condimento, como el jengibre.

1. CINGLAR v.tr. (fr. *cingler*; del escand. ant. *sigla*, navegar). Mover una embarcación con un solo remo puesto a popa.

2. CINGLAR v.tr. (fr. *cingler*; del fr. ant. *cengle*, cincha). Trabajar el hierro para limpiarlo de escorias.

CÍNGULO s.m. Cordón de seda o lino con una borla en cada extremo que sirve para ceñir el alba del sacerdote. **2.** ANAT. Parte de la circunvolución cerebral que rodea al cuerpo calloso, constituida por fascículos de asociación entre la circunvolución callosa y el hipocampo.

CINIA o **ZINNIA** s.f. Planta originaria de México, cultivada por sus flores ornamentales, de la que existen numerosas variedades. (Familia compuestas.)

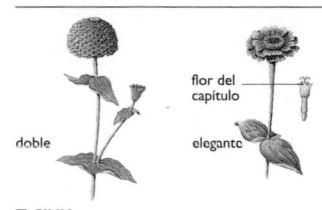

doble — flor del capítulo — elegante

■ **CINIA**

CÍNICO, A adj. y s. (lat. *cynicus*). Que hace alarde de no creer en la rectitud ni en la sinceridad. ◆ adj. y s.m. Se dice de los filósofos griegos de la escuela fundada por Antístenes que pretendían vivir en consonancia con la naturaleza y se oponían radicalmente a las convenciones sociales. (Diógenes fue el principal representante de la escuela de los cínicos.)

CÍNIFE s.m. (lat. *sciniphes* o *ciniphes*). Mosquito.

CINÍPEDO, A adj. y s.m. Relativo a una familia de insectos himenópteros de pequeño tamaño, cuyas larvas son endoparásitas de otros insectos o de tejidos vegetales.

CINISMO s.m. (lat. *cynismus*). Cualidad de cínico. **2.** Doctrina de los filósofos cínicos.

CINOCÉFALO, A adj. y s.m. (gr. *kynoképhalos*). Se dice de los primates catarrinos cuya cabeza es alargada, como la de un perro.

CINOGLOSA s.f. (gr. *kynóglossos*). Planta de hojas rugosas y flores violáceas, que se cultiva con fines decorativos. (Familia borragináceas.)

CINQUECENTO s.m. Siglo XVI, referido a la historia y la cultura italianas. SIN.: *quinientos*.

CINQUÉN s.m. y adj. Moneda castellana de vellón del s. XVI.

CINQUILLO s.m. Juego de cartas en que a partir de la carta número cinco los jugadores van depositando su jugada correlativamente por uno u otro extremo hasta el rey o hasta el as. **2.** MÚS. **a.** Grupo de cinco notas. **b.** Ritmo característico de la música cubana.

CINTA s.f. (lat. *cincta*, p. f. de *cingere*, ceñir). Tira larga, delgada y estrecha de tela, papel u otro material flexible, que sirve para atar, ceñir, reforzar, adornar u otros usos. **2.** ARQ. Adorno que imita una cinta. **3.** MAR. Tablazón situada por encima de la línea de flotación. **4.** TEXT. Forma en que aparecen dispuestas las materias textiles durante las operaciones de hilatura. ◇ **Cinta adhesiva** Tira de celofán o materia plástica cubierta de un producto adherente para aplicarla sobre una superficie. **Cinta aislante** Cinta adhesiva que se utiliza para aislar los empalmes de los conductores eléctricos. **Cinta azul** Trofeo que antaño se concedía al barco que atravesaba con mayor rapidez el Atlántico. **Cinta cinematográfica** Película, cinta de celuloide con imágenes fotográficas. **Cinta magnética** Cinta de material plástico en que se registran sonidos o imágenes que después pueden reproducirse mediante un aparato adecuado. **Cinta métrica** Cinta de acero o de tela reforzada, dividida en unidades del sistema métrico decimal, que se emplea para medir longitudes. **Cinta perforada** Cinta de papel en la que las cifras y las letras quedan registradas mediante perforaciones. **Cinta transportadora** Dispositivo para transportar de forma continuada personas o mercancías.

CINTARAZO s.m. Golpe dado de plano con la espada.

CINTILAR v.tr. Centellear, despedir destellos de luz.

CINTILLO s.m. Chile. Diadema, cinta para el cabello. **2.** Colomb. Collar pequeño.

CINTO s.m. (lat. *cinctus, -us*). Faja para ceñir y ajustar la cintura: *llevar la espada al cinto*.

CINTRA s.f. Curvatura interior de un arco o bóveda.

CINTURA s.f. Parte del cuerpo humano entre el tórax y las caderas. **2.** Parte de una prenda de vestir que coincide con esa parte del cuerpo. **3.** ANAT. Estructura anatómica de disposición circular, irregular o elíptica: *cintura escapular*. **4.** MAR. Ligadura que se da a las jarcias o cabos contra sus respectivos palos. ◇ **Meter en cintura** Esp. y Méx. *Fam.* Obligar a alguien a comportarse de la forma debida. **Tener cintura** Argent. *Fig.* y *fam.* Tener habilidad y destreza para salir del paso o resolver situaciones.

CINTURÓN s.m. Tira de cuero, plástico, tela u otro tejido con la que se sujeta y ciñe a la cintura una prenda de vestir. **2.** *Fig.* Conjunto de cosas que rodea algo: *cinturón industrial*. **3.** Carretera o conjunto de carreteras que rodean el núcleo urbano de una ciudad. **4.** En judo y otros deportes, cada uno de los grados del luchador. ◇ **Cinturón de radiación** ASTRON. Zona del espacio que rodea un planeta, dotada de campo magnético, en la que se encuentran numerosas partículas atómicas confinadas por este campo. **Cinturón de seguridad** Dispositivo destinado a mantener en su asiento a los pasajeros de un automóvil o de un avión, en caso de accidente.

CIPAYO s.m. (persa *sipahi*). En los ss. XVIII y XIX, soldado indio al servicio de Francia, de Portugal y de Gran Bretaña.

CIPE adj. C. Rica, Hond. y Salv. Se dice del niño enfermizo.

CIPERÁCEO, A adj. y s.f. (del lat. *cyperum*). Relativo a una familia de plantas herbáceas propias de lugares húmedos, próximas a las gramíneas, cuyo tallo es de sección triangular, como la juncia.

CIPO s.m. (lat. *cippus*). Hito, mojón, pilón. **2.** ARQUEOL. Pequeña estela funeraria o votiva.

CIPOLINO, A adj. y s.m. Se dice de una roca metamórfica constituida por un mármol impuro que contiene diversos minerales (mica, serpentina).

CIPOTE s.m. Esp. *Vulg.* Pene. **2.** Hond., Nicar. y Salv. Muchacho, chiquillo.

CIPRÉS s.m. (lat. tardío *cypressus*). Árbol de tronco recto, ramas erguidas y copa fusiforme y alargada, con hojas pequeñas, perennes, de color verde oscuro. (Es un árbol común en el S de Europa; se suelen plantar en fila para cortar el viento.) **2.** Madera de esta planta.

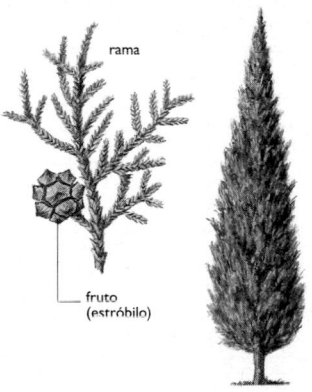

rama
fruto (estróbilo)

■ **CIPRÉS**

CIPRESAL s.m. Terreno poblado de cipreses.

CIPRINICULTURA s.f. Parte de la piscicultura que se ocupa de la cría de ciprínidos y sobre todo de carpas y tencas.

CIPRÍNIDO, A adj. y s.m. Relativo a una fa-

■ EL CIRCO

Herencia de la Antigüedad, la palabra circo aparece por primera vez en la fachada de un establecimiento francés en 1807, y designaba entonces tanto un espacio como un espectáculo. La noción de proeza física se manifiesta en un conjunto de diferentes técnicas con un rasgo común: la acrobacia.

Funambulistas. Herederos de los volatineros sobre cuerda, los funambulistas han adaptado su arte a las nuevas exigencias escenográficas del circo introduciendo una dramaturgia simplificada o elementos de la danza.

Domadores. Los números de circo con grandes fieras siguen siendo hoy los más impresionantes. Uno de los animales más cuidadosamente adiestrados es el tigre, cuya fuerza y flexibilidad le permiten la ejecución de números espectaculares.

Escudero, caballo y clown. Soporte vivo de ejercicios acrobáticos, y animal siempre regio y elegante en sus paseos por la pista, el caballo ha acompañado el nacimiento del circo moderno, al igual que el clown o el escudero.

Clowns. El arte del clown es una de las raras disciplinas nacidas en la pista. El dúo cómico aparece hacia 1865, cuando se empiezan a codificar sus relaciones y números humorísticos. Música y maquillaje juegan un papel esencial en la caracterización de estos personajes.

---

milia de peces de agua dulce, como la carpa, el barbo, la tenca, etc.

CIRCA adv.t. (voz latina). Se usa precediendo a fechas y significa *hacia, aproximadamente*. (Se abrevia *c.*)

CIRCADIANO, A adj. Se dice del ritmo biológico que regula las funciones fisiológicas del cuerpo y el comportamiento del ser vivo, cuya periodicidad es de 24 horas aprox. (entre 21 y 27 horas).

CIRCE s.f. (de *Circe*; personaje mitológico). Mujer astuta y engañosa.

CIRCENSE adj. Relativo al circo: *espectáculo circense*.

CIRCO s.m. (lat. *circus*). Edificio con gradas, en forma de cuadrilátero alargado cuyos lados menores describen dos curvas asimétricas, donde se disputaban las carreras de carros, se luchaba o se hacían ejercicios gimnásticos en la antigua Roma. **2.** Espectáculo consistente en actuaciones variadas de payasos, acróbatas, fieras, etc. **3.** Recinto circular en el que se ofrece este espectáculo. **4.** Gran depresión circular rodeada de montañas situada en la superficie de la Luna o de otros planetas. ⬦ **Circo glaciar** Depresión de forma semicircular, de pendientes acusadas, originada por un glaciar.

ENCICL. El creador del circo fue el inglés Philip Astley (1742-1814), quien abrió una sucursal en París en 1783. El veneciano Antonio Franconi (1737-1836) y sus hijos se hicieron cargo después de la Revolución francesa. Luis Dejean (1792-1870) construyó el circo Napoleón, el actual circo de Invierno, inaugurado en 1852 y dirigido después de 1934 por la familia Bouglione. En la actualidad, la mayor parte de los circos se han convertido en sociedades y razones sociales; los más importantes son Amar, Pinder, Alexis Gruss y Arlette Gruss en Francia, Knie en Suiza, Roncalli y Krone en Alemania, Ringling Bros. y Barnum Bailey y The Big Apple Circus en Estados Unidos. También existen colectivos de artistas en la CEI y múltiples compañías de teatro acrobático en Chi-

na. Tras su inicio en 1980, se desarrolló un «nuevo circo», que utiliza algunos códigos tradicionales del espectáculo para elaborar formas diferentes. Plume, Archaos y Baroque en Francia, el circo de Soleil en Canadá, Grosch u O en Alemania y Suiza son los más significativos.

CIRCÓN s.m. Silicato de circonio, que proporciona gemas transparentes, amarillas, verdes, marrones, rojoamarillentas (variedad llamada *jacinto*, muy apreciada), incoloras o amarillo paja *(jargón de Ceilán)* o azulverdosas, con un índice de refracción elevado pero de dureza débil.

CIRCONA s.f. Óxido de circonio, de fórmula ZrO_2.

CIRCONIO s.m. Metal de color blanco grisáceo, de densidad 6,5, parecido al titanio, cuyo punto de fusión es de 1 857 °C. **2.** Elemento químico (Zr), de número atómico 40 y masa atómica 91,224. (El circonio se utiliza en aleaciones en la industria nuclear y química por su gran resistencia a la corrosión.)

CIRCUIR v.tr. [88]. Rodear, estar o poner alrededor: *circuir los árboles un estanque*.

CIRCUITO s.m. (lat. *circuitus, -us*). Terreno comprendido dentro de un perímetro cualquiera. **2.** Contorno. **3.** Red de comunicaciones: *circuito de carreteras*. **4.** Recorrido turístico o de una prueba deportiva con retorno al punto de partida: *el circuito automovilístico de Montecarlo*. **5.** Recorrido de un producto comercial desde su fabricación hasta que llega al consumidor. **6.** Sucesión de conductores y otros elementos eléctricos por los que pasa la corriente. **7.** Conjunto de las salas de cine que dependen de una misma empresa exhibidora. ⬦ **Circuito cerrado** Circuito por el que la corriente pasa de un extremo al otro. **Circuito económico** Representación de los hechos económicos como resultado de encadenamientos de operaciones interdependientes y no separadas. **Circuito impreso** Circuito montado sobre un soporte aislante. **Circuito integrado** Pastilla de silicio en la que se encuen-

tran transistores, diodos y resistencias formando una función electrónica compleja miniaturizada. **Circuito lógico** Circuito formado por operadores que efectúan las operaciones lógicas fundamentales como la negación (NO), la intersección (Y) y la reunión (O).

CIRCULACIÓN s.f. (del lat. *circulare* o *circulari, redondear*). Acción y efecto de circular. **2.** Tránsito por las vías urbanas, ferrocarriles, caminos, etc.: *código de la circulación*. ⬦ **Circulación atmosférica** Conjunto de los movimientos efectuados por las grandes masas de aire del globo terrestre. **Circulación monetaria** Cantidad de moneda que circula durante un cierto lapso de tiempo. **Circulación sanguínea** Movimiento de la sangre que es enviada por el corazón a los órganos a través de las arterias y que vuelve de los órganos al corazón por las venas después de pasar por los capilares.

ENCICL. En el ser humano, la circulación sanguínea es doble (existe circulación mayor o general y menor o pulmonar) y completa (no hay mezcla entre la sangre arterial y la venosa). Orgánicamente comprende el corazón (motor central) y los vasos sanguíneos: arterias que salen del corazón; venas, que llegan a él, y sistema capilar, en el que la sangre arterial aporta oxígeno y nutrientes a los tejidos y la venosa recoge las sustancias de deshecho.

1. CIRCULAR v.intr. Andar o moverse siguiendo una dirección determinada: *circular por la izquierda*. **2.** Correr o pasar una cosa de una persona a otra: *circular un rumor*. **3.** Moverse algo por un circuito: *la sangre circula por las venas*. ◆ v.tr. Asegurar la circulación de un fluido en una instalación.

2. CIRCULAR adj. Relativo al círculo. **2.** De figura de círculo. ◆ s.f. Cada una de las cartas o avisos iguales dirigidos a diversas personas para notificarles algo. ⬦ **Funciones circulares** MAT. Funciones trigonométricas. **Permutación circular** Operación que consiste en remplazar cada elemento de un grupo ordenado por el elemento siguiente y el último por el primero. **Psicosis circular** PSIQUIATR. Psicosis maníaco-depresiva.

CIRCULATORIO, A adj. Relativo a la circulación. ◇ **Aparato circulatorio** Conjunto de los órganos que aseguran la circulación de la sangre y de la linfa (corazón, arterias, capilares y venas).

CÍRCULO s.m. Porción de plano comprendida y limitada por una circunferencia. **2.** Conjunto de personas que forma el grupo de relación personal y afectiva de alguien: *círculo de amistades*. **3.** Elemento o ambiente social en que vive una persona. **4.** Asociación de personas que tiene intereses comunes, especialmente lúdicos o recreativos: *círculo de amigos de la ópera*. **5.** Cerco, signo supersticioso: *círculo mágico*. **6.** Circunscripción administrativa existente en diferentes países, y particularmente en el Sacro imperio romano germánico. ◇ **Círculo de altura** Círculo de la esfera celeste paralelo al horizonte, en un lugar determinado. **Círculo horario** Círculo máximo de la esfera celeste que pasa por un astro y por los polos celestes. **Círculo máximo de una esfera** Sección de la esfera por un plano que pasa por su centro. **Círculo menor de una esfera** Sección de la esfera por un plano que no pasa por su centro. **Círculo vicioso** Razonamiento que conduce al punto de partida.

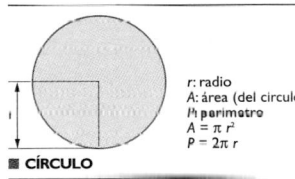

r: radio
A: área (del círculo)
P: perímetro
$A = \pi r^2$
$P = 2\pi r$

■ CÍRCULO

CIRCUMPOLAR adj. Que está alrededor del polo. ◇ **Estrella circumpolar** Estrella que permanece siempre por encima del horizonte de un lugar determinado.

CIRCUNCENTRO s.m. Centro de la circunferencia circunscrita a un triángulo.

CIRCUNCIDAR v.tr. Practicar la circuncisión.

CIRCUNCISIÓN s.f. Práctica ritual de algunas religiones que consiste en cortar circularmente una parte del prepucio. **2.** MED. Operación quirúrgica para corregir la fimosis.

CIRCUNCISO, A adj. Se dice de la persona circuncidada.

CIRCUNDAR v.tr. (lat. *circumdare*). Cercar, rodear.

CIRCUNFERENCIA s.f. Perímetro de un círculo. (La relación entre la longitud de la circunferencia y su diámetro es constante. Se representa con la letra griega π.) **2.** Contorno de una superficie, territorio, mar, etc.

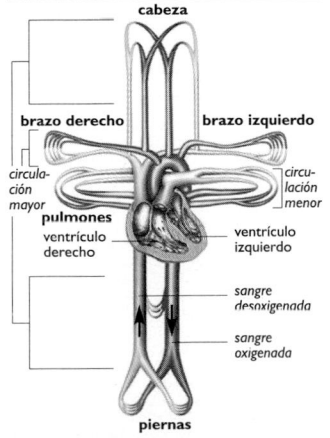

cabeza

brazo derecho   brazo izquierdo

circula-   circu-
ción   lación
mayor   menor

pulmones

ventrículo   ventrículo
derecho   izquierdo

sangre
desoxigenada

sangre
oxigenada

piernas

■ CIRCULACIÓN sanguínea.

CIRCUNFERIR v.tr. [79]. Circunscribir, limitar.

CIRCUNFLEJO, A adj. (lat. *circumflexus*, p. de *circumflectere*). Curvado, doblado en arco. **2.** ANAT. Se dice de ciertos nervios o vasos que envuelven un hueso. ◆ adj. y s.m. Se dice del acento ortográfico representado por una línea sinuosa (a) o por el signo (â), y que tiene diversos usos en distintas lenguas.

CIRCUNLOCUCIÓN s.f. Modo de hablar en el que se expresa el pensamiento de una manera indirecta. (Constituye un tropo de sentencia.)

CIRCUNLOQUIO s.m. Expresión de una idea sencilla mediante muchas palabras.

CIRCUNNAVEGAR v.tr. [2]. Navegar alrededor de un lugar.

CIRCUNSCRIBIR v.tr. y prnl. [54]. Reducir algo a ciertos límites: *circunscribirse a los hechos*. **2.** GEOMETR. Trazar una figura alrededor de otra, de modo que la toque en el mayor número posible de puntos.

CIRCUNSCRIPCIÓN s.f. Acción y efecto de circunscribir. **2.** División administrativa, militar o religiosa de un territorio.

CIRCUNSCRITO, A adj. Se dice de la figura que circunscribe a otra.

CIRCUNSPECCIÓN s.f. Cualidad de circunspecto.

CIRCUNSPECTO, A adj. Que se comporta con seriedad y comedimiento. **2.** Serio, comedido: *actitud circunspecta*.

CIRCUNSTANCIA s.f. (lat. *circumstantia*, lo circundante). Acción, hecho o situación que influye en la forma de ser y de actuar de una persona. **2.** Situación, contexto en que se produce algo: *tener en cuenta las circunstancias*. (Se suele usar en plural.) **3.** DER. PEN. Motivo que, al concurrir con ciertos hechos, modifica la responsabilidad y, en consecuencia, la pena. (Las circunstancias pueden ser eximentes, atenuantes y agravantes.) ◇ **De circunstancia** Que está influido por una situación ocasional: *una sonrisa de circunstancias*.

CIRCUNSTANCIAL adj. Que depende de las circunstancias. **2.** LING. Se dice de un complemento preposicional o una oración subordinada que indican una circunstancia de lugar, tiempo, causa, etc.

CIRCUNSTANTE adj. (lat. *circumstans, -ntis*,

p. activo de *circumstare*, estar alrededor). Que está alrededor. ◆ adj. y s.m. y f. Que está presente: *solo los circunstantes podrán comprobarlo*.

CIRCUNVALACIÓN s.f. Acción de circunvalar: *autobús de circunvalación*. **2.** Línea que construye el ejército que asedia una plaza para defenderse contra los ejércitos que acuden en defensa de los asediados.

CIRCUNVALAR v.tr. (lat. *circumvallare*). Rodear un lugar.

CIRCUNVECINO, A adj. Se dice de una cosa que está en los alrededores de otra.

CIRCUNVOLUCIÓN s.f. Vuelta o rodeo de alguna cosa. **2. Circunvoluciones cerebrales**, repliegues de la corteza cerebral de los mamíferos, limitados por surcos.

CIRENAICO, A o **CIRENEO, A** adj. y s. De Cirene. ◆ adj. y s.m. Relativo a la escuela filosófica fundada por Aristipo en Cirene, en el s. V a.C., que consideraba como bien supremo los placeres de los sentidos.

CIRIAL s.m. Candelero alto que llevan los monaguillos en algunas funciones religiosas.

CIRÍLICO, A adj. (de san *Cirilo*, a quien se atribuye este alfabeto). Se dice del alfabeto eslavo con que se transcribe el ruso, el serbocroata, el búlgaro, el ucraniano, el macedonio y algunas lenguas no eslavas de las repúblicas ex soviéticas.

CIRINEO s.m. (de *Simón Cireneo*, personaje del Nuevo Testamento). *Fam.* Persona que ayuda a otra.

CIRIO s.m. (lat. *cereus*, de cera). Vela de cera larga y gruesa. **2.** Árbol de hasta 18 m de alt., de tronco recto y suculento, ramas espinosas y flores tubulares. (En algunas de sus especies el tronco se bifurca en otros ramificaciones; familia fouquieriáceas.) **3.** Esp. *Fig.* Jaleo, trifulca: *formarse un cirio*. ◇ **Cirio pascual** Cirio que se bendice solemnemente en la vigilia pascual y se conserva hasta el día de la Ascensión. *(V. ilustr. pág. siguiente.)*

CIRQUERO, A adj. Argent. Relativo al circo. ◆ adj. y s. Argent. *Fig.* y *fam.* Extravagante, histriónico. ◆ s. Argent. Persona que forma parte de la compañía de un circo.

CIRRÍPEDO, A adj. y s.m. (del lat. *cirrus*, rizo, y *pes, pedis*, pie). Relativo a una subclase de crustáceos marinos, fijos o parásitos (La anátifa pertenece a dicha subclase.)

mayúsculas	minúsculas	valor	mayúsculas	minúsculas	valor	mayúsculas	minúsculas	valor	mayúsculas	minúsculas	valor
А	а	a	Р	р	r	**serbio** letras en desuso			**búlgaro** letras en desuso		
Б	б	b	С	с	s	Й	й		Ы	ы	
В	в	v	Т	т	t	Щ	щ		Э	э	
Г	г	g, gu	У	у	u	Ъ	ъ		diferente pronunciación		
Д	д	d	Ф	ф	f	Ы	ы		Щ	щ	cht
Е	е	e, ie	Х	х	j	Ь	ь		Ъ	ъ	e *(sonido sordo y breve)*
Ж	ж	zh	Ц	ц	ts	Э	э		**ucraniano** letras en desuso		
З	з	z	Ч	ч	ch	Ю	ю		Ъ	ъ	
И	и	i	Ш	ш	sh	Я	я		Ы	ы	
Й	й	i	Щ	щ	sch	letras suplementarias			Э	э	
К	к	k	Ъ	ъ	signo duro	ђ	ђ	d'z' = dz	diferente pronunciación		
Л	л	l	Ы	ы	i (sonido medio)	Ј	ј	marca de palatización	Г	г	gh, h
М	м	m	Ь	ь	marca de palatización	Љ	љ	lj = l	letras suplementarias		
Н	н	n	Э	э	e	Њ	њ	nj = ñ	Є	є	ié, yé
О	о	o	Ю	ю	iu, yu	Ћ	ћ	t's' = ts	І	і	i
П	п	p	Я	я	ia, ya	Џ	џ	dž = dzh	Ї	ї	i, yi

■ CIRÍLICO. Alfabeto cirílico.

■ CIRIO

CIRRO s.m. Nube de las capas altas de la atmósfera, de aspecto sedoso, fibroso y discontinuo. SIN.: *cirrus*. **2.** Zarcillo de ciertas plantas. **3.** Apéndice rizado y flexible de ciertos invertebrados (gusanos, moluscos y crustáceos).

■ CIRROS

CIRROCÚMULO o **CIRROCUMULUS** s.m. Nube de la familia de los cirros con aspecto de pequeños mechones, como clavos en forma de arrugas muy finas. (Cuando aparecen estas nubes se habla de *cielo aborregado*.)

■ CIRROCÚMULOS

CIRROESTRATO o **CIRROSTRATUS** s.m. Nube de la familia de los cirros con aspecto de velo tenue.

CIRROSIS s.f. (del lat. *scirrhos*, tumor duro). Proceso degenerativo caracterizado por la fibrosis progresiva de un órgano con destrucción de la estructura. **2.** MED. Inflamación intersticial crónica de algún órgano.

CIRRÓTICO, A adj. y s. Relativo a la cirrosis; que padece esta enfermedad.

CIRUELA s.f. (lat. *cereola*). Fruto del ciruelo. ◇ **Ciruela pasa** Ciruela que puede ser o ya ha sido secada y conservada sin que fermente.

CIRUELO s.m. Árbol de flores blancas que aparecen antes que las hojas, cultivado principalmente por su fruto, la ciruela. (Familia rosá-

ceas.) ◆ s.m. y adj. *Fig.* y *fam.* Hombre muy necio e incapaz. ◇ **Ciruelo de China** Árbol originario de China, de la familia sapindáceas, de fruto azucarado y comestible.

hojas
y flores

frutos

sección
del fruto

■ CIRUELO

CIRUGÍA s.f. (lat. *chirurgia*). Parte de la medicina que se ocupa de la curación o tratamiento de las afecciones y enfermedades mediante la intervención directa manual o instrumental. ◇ **Cirugía plástica** Parte de la cirugía que se ocupa de reconstruir un órgano o una parte del cuerpo dañados o malformados. ENCICL. La cirugía moderna tiene numerosas aplicaciones: reparación de traumatismos, tratamiento de infecciones (p. ej. abscesos), lucha contra las consecuencias de afecciones (ablación de una glándula hormonal muy activa, etc.), corrección de malformaciones, trasplantes de órganos deficientes.

CIRUJA s.m. y f. Argent. Persona que busca entre los desperdicios objetos para vender.

CIRUJANO, A s. y adj. Médico especialista en cirugía.

CIRUJEAR v.tr. Argent. Realizar actividades propias del ciruja.

CISALPINO, A adj. Situado entre los Alpes y Roma.

CISANDINO, A adj. Situado del lado oriental de los Andes.

CISCAR v.tr. y prnl. [1]. Esp. Fam. Ensuciar, evacuar el vientre. ◆ v.tr. Fam. Avergonzar, intimidar, crear inseguridad o confusión a alguien.

CISCO s.m. Carbón cribado en fragmentos de 10 a 20 mm. **2.** Esp. Fig. y fam. Bullicio, reyerta. ◇ **Hacer cisco** Esp. Fam. Destrozar completamente algo; abatir completamente a alguien.

CISÍPEDO, A adj. Que tiene el pie dividido en dedos.

CISMA s.m. (lat. tardío *schisma, -atis*). Ruptura de la unión en la Iglesia cristiana. **2.** División, escisión en un partido, un grupo, etc.: *cisma literario; cisma político*.

CISMÁTICO, A adj. y s. Que promueve un cis-

ma o se adhiere a él. ◆ adj. Relativo al cisma. **2.** Colomb. Melindroso.

CISMONTANO, A adj. Situado en la parte de acá de los montes respecto a un lugar desde donde se considera.

CISNE s.m. (fr. ant. *cisne*, lat. vulgar *cicinus*). Ave palmípeda anseriforme, de cuello largo y flexible, que vive en las aguas dulces y se nutre de vegetales y animales acuáticos.

■ CISNE común.

CISORIO, A adj. Se dice del arte de trinchar la caza: *arte cisoria*.

CISTA s.f. Enterramiento prehistórico, generalmente individual, constituido por cuatro losas laterales y una quinta, horizontal, formando la cubierta.

CISTEÍNA s.f. Aminoácido sulfuroso que, por su oxidación, que da cistina, desempeña un papel de oxidorreductor y de puente entre dos cadenas proteínicas.

CISTERCIENSE adj. y s.m. y f. Relativo a una orden monástica nacida en la abadía benedictina de Cîteaux, cerca de Dijon y cuyo fundador fue en 1115 san Bernardo de Claraval; miembro de esa orden. ENCICL. Los cistercienses observan la regla de san Benito. A fines del s. XVII se creó la rama reformada de los trapenses. En España, en 1133 se inició la primera fundación, en Castilla, a petición de Alfonso VII. Le siguieron las de La Oliva, Fitero, Las Huelgas, Veruela, Santes Creus y Poblet. Los cistercienses españoles intervinieron en la fundación de órdenes militares, como las de Calatrava y Alcántara. Al igual que ocurrió en otros lugares, la primitiva sencillez cisterciense dio paso en España a un gran esplendor, como lo atestiguan los monasterios de Sobrado (Galicia), La Oliva (Navarra), Veruela (Aragón) y Poblet (Cataluña).

CISTERNA s.f. (lat. *cisterna*, de *cista*, cesta). Depósito de agua de un retrete. **2.** Se emplea en aposición para designar los vehículos o barcos acondicionados para transportar líquidos: *camión cisterna*. **3.** Depósito subterráneo en el que se recoge y conserva el agua de la lluvia. **4.** Depósito o recipiente para productos petrolíferos.

CISTICERCO s.m. (del gr. *kýstis, -eos*, vejiga, y *képhos*, cola). ZOOL. Último estado larvario de la tenia, que vive enquistada en los músculos o bajo la lengua del cerdo o del buey. (En el caso del cenuro, el cisticerco puede ser tan grande como el huevo de una gallina y se sitúa en los centros nerviosos.)

CISTICERCOSIS s.f. Enfermedad causada por la existencia de cisticercos en el cuerpo de un mamífero. SIN.: *ladrería*.

CÍSTICO, A adj. Relativo a la vejiga, especialmente a la de la orina, y a la vesícula biliar.

CISTINA s.f. Sustancia que resulta de la unión de dos moléculas de cisteína por un puente de tipo disulfuro.

CISTITIS s.f. Inflamación de la vejiga, especialmente de la urinaria.

CISTOSCOPIA s.f. Examen endoscópico de la vejiga urinaria.

CISTOSTOMÍA s.f. Formación de una abertura o fístula en la vejiga urinaria.

CISTOTOMÍA s.f. Incisión de la vejiga urinaria.

■ CIRROESTRATOS

CISTRO s.m. Instrumento musical de cuerdas metálicas que se pulsan mediante plectro, de mástil largo y cuerpo en forma de pera con fondo plano. (ss. XVI y XVII).

CISTRÓN s.m. Fragmento de gen que forma una unidad funcional.

CISURA s.f. Rotura o hendidura sutil. **2.** ANAT. Nombre que reciben los surcos largos y profundos que dividen la superficie de algunas vísceras.

CITA s.f. (del lat. *citare*, poner en movimiento). Acuerdo entre dos o más personas para encontrarse un día, hora y lugar determinados. **2.** Referencia oral o escrita de las palabras de otra persona para apoyar o confirmar algo que se dice o escribe. ◇ **Cita espacial** AS-TRONÁUT. Maniobra mediante la que dos o más vehículos espaciales coinciden en puntos muy próximos del espacio.

CITACIÓN s.f. DER. Diligencia por la que se comunica a una persona el llamamiento hecho por un juez para que comparezca a un acto judicial.

CITADINO, A s. Amér. Habitante de la ciudad.

CITANIA s.f. Castro prerromano de la cultura castreña, cuando tiene tal envergadura que constituye una verdadera aglomeración urbana.

CITAR v.tr. (lat. *citare*). Acordar dos o más personas un día, hora y lugar determinados para encontrarse. **2.** Reproducir el nombre o las palabras de alguien para apoyar o confirmar lo que se dice o escribe: *citar a los clásicos; citar las fuentes.* **3.** DER. Notificar una citación. **4.** TAUROM. Provocar el torero al toro para que embista.

CITARA s.f. (ár. *sitara*, tabique). Pared cuyo grosor es igual que la anchura de un ladrillo. **2.** Durante la edad media, en España, tropas que formaban los flancos del cuerpo principal.

CÍTARA s.f. (lat. *cithara*). Instrumento musical originario de la antigua Grecia, semejante a la lira. **2.** En etnomusicología, cualquier instrumento de cuerda desprovisto de mástil. **3.** Instrumento cuyas cuerdas se extienden sobre una caja trapezoidal.

CITAREDO s.m. (del gr. *kitharodós*). Poeta o artista que cantaba acompañándose con la cítara.

CITARILLA s.f. Pared de ladrillos puestos alternativamente de plano y de canto u oblicuamente: *citarilla sardinel.*

CITATORIO, A adj. y s.f. DER. Se dice del mandamiento con que se cita a una persona para que comparezca ante el juez.

CITELO s.m. Roedor parecido a la marmota. (Familia esciúridos.)

CITERIOR adj. (lat. *citerior, oris*). Situado en la parte de acá.

CITIZEN BAND s.f. (ingl. *Citizens' band*). Banda de frecuencia de 27 MHz aprox. que se utiliza para las comunicaciones entre particulares, especialmente a bordo de los automóviles.

CITOCROMO s.m. Pigmento respiratorio presente en todas las células vivas.

CITODIAGNÓSTICO s.m. Método de diagnóstico fundado en el examen microscópico de células tomadas por punción, raspado o frotis.

CITOGENÉTICA s.f. Parte de la genética que estudia los cromosomas y las enfermedades relacionadas causadas por un número o una estructura anormales de los mismos.

CITÓLISIS s.f. BIOL. Disolución o destrucción de los elementos celulares.

CITOLOGÍA s.f. Parte de la biología que estudia la célula en sus diferentes aspectos morfológicos, bioquímicos, etc.

CITOLÓGICO, A adj. Relativo a la citología.

CITOPLASMA s.m. Parte fundamental, viva, de la célula, que contiene el núcleo, las vacuolas, el condrioma y otras inclusiones.

CITOPLASMÁTICO, A adj. Relativo al citoplasma.

CITOSTÁTICO, A adj. y s.m. Se dice de las sustancias que inhiben las divisiones celulares.

CITOSTOMA s.m. Abertura por donde entran las partículas alimenticias en las células de membrana resistente.

CITRATO s.m. QUÍM. Sal del ácido cítrico.

CÍTRICO, A adj. (del lat. *citreus*, limonero). Relativo a los frutos ácidos. **2.** Se dice de un ácido-alcohol que se extrae del zumo del limón. ◆ **cítricos** s.m.pl. Agrios.

CITRÓN s.m. Limón, fruto.

CIUDAD s.f. (lat. *civitas, -atis*). Población de infraestructura urbana compleja, donde vive un conjunto de personas que se dedican principalmente a actividades industriales y comerciales, y donde se encuentran instituciones políticas y sociales importantes. **2.** Lo urbano (por oposición a *rural*). **3.** Conjunto de edificios destinados a un fin determinado: *ciudad universitaria; ciudad sanitaria.* **4.** Antiguamente, población de mayor importancia que una villa. ◇ **Ciudad abierta** Ciudad que no está defendida en tiempo de guerra. **Ciudad dormitorio** Localidad suburbana con una función fundamentalmente residencial. **Ciudad jardín** Conjunto de casas rodeadas de espacios verdes y jardines. **Ciudad lineal** Ciudad que se desarrolla en longitud, paralelamente a una vía de comunicación. **Ciudad santa** Ciudad honrada por los fieles de una religión. **Ciudad satélite** Núcleo incluido dentro del área suburbana de una ciudad principal, con un nivel de empleo lo suficientemente desarrollado como para dar ocupación a gran parte de la población que reside en él.

CIUDADANÍA s.f. Cualidad y derecho de ciudadano. **2.** Vínculo público que une a una persona con la organización estatal. **3.** Civismo. **4.** Conjunto de ciudadanos que forman una nación o un pueblo. ◇ **Derecho de ciudadanía** ANT. Conjunto de los derechos públicos y privados que poseían los ciudadanos según la ciudad o el estado al que pertenecían, siempre que se tratara de hombres libres.

CIUDADANO, A adj. Relativo a la ciudad o a sus habitantes. ◆ s. Súbdito de un estado, que posee capacidad jurídica para ejercer sus derechos políticos.

CIUDADELA s.f. (ital. *cittadella*, dim. de *città*, ciudad). Fortaleza situada en el interior de una ciudad.

CIUDADREALEÑO, A adj. y s. De Ciudad Real (España).

CIUTI s.f. y adj. Variedad de cepa vinífera española cultivada especialmente en Almería.

CIVET s.m. (voz francesa). Guiso de liebre o de cualquier otra pieza de caza o pesca, cocinado con vino, cebolla y la sangre del animal.

CIVETA s.f. (fr. *civette*, gato de algalia). Mamífero carnívoro de pelaje gris con bandas y manchas negras, que mide 50 cm de long. (Familia vivérridos.) SIN. *civeta.*

CÍVICO, A adj. Relativo a la ciudadanía o a los ciudadanos como colectividad política: *manifestación cívica.* **2.** Patriótico. **3.** Relativo al civismo: *protesta cívica.*

CIVIL adj. (lat. *civilis*). Que tiene relación con los ciudadanos o les concierne. **2.** Que no es militar ni eclesiástico: *matrimonio civil; jurisdicción civil; arquitectura civil.* **3.** DER. Concerniente a las relaciones e intereses privados en orden al estado de las personas, régimen de la familia, condición de los bienes y los contratos: *ley, acción civil.* ◆ s.m. *Esp. Fam.* Miembro del cuerpo de la Guardia civil. ◇ **Código civil** Conjunto de las leyes relativas al estado y a la capacidad de las personas, a la familia, al patrimonio, a la transmisión de los bienes y a los contratos y obligaciones. **Parte civil** Persona que actúa en su nombre, en su interés privado, contra un acusado, en un proceso penal. **Registro civil** Registro en el que constan los nacimientos, matrimonios, defunciones y demás hechos relativos al estado civil de las personas.

CIVILIDAD s.f. Civismo, amabilidad.

CIVILISTA adj. y s.m. y f. Se dice del especialista en derecho civil.

CIVILIZACIÓN s.f. Acción de civilizar; hecho de ser civilizado. **2.** Conjunto de caracteres propios de la vida intelectual, artística, moral y material de un país o una sociedad: *civilización china.* **3.** Conjunto de los comportamientos y de los valores que representan el progreso humano y la evolución positiva de las sociedades (en oposición a *barbarie*). **4.** Estado de máximo desarrollo económico, político y social alcanzado por una o varias sociedades.

CIVILIZADOR, RA adj. y s. Que civiliza.

CIVILIZAR v.tr. y prnl. [7]. Introducir en una comunidad una cultura que se considera más desarrollada. **2.** Hacer a alguien más educado o sociable.

CIVISMO s.m. (fr. *civisme*). Cualidad de buen ciudadano. **2.** Cortesía.

CIZALLA s.f. (fr. *cisaille*). Guillotina manual para cortar papel, fotografías, etc., utilizada especialmente en las imprentas. **2.** Tijera para cortar planchas metálicas. (Se usa a menudo en plural.) **3.** Cortadura o fragmento de cualquier metal.

CIZALLADO s.m. Acción de cortar una plancha metálica con cizalla.

CIZALLAMIENTO s.m. Tipo de deformación en que los planos de una pieza se desplazan unos respecto a otros paralelamente a sí mismos.

CIZAÑA s.f. (lat. tardío *zizania, -orum*). Planta de la familia gramíneas, de granos tóxicos, común en los prados y los cultivos, donde impide el crecimiento de los cereales. **2.** Cualquier planta o mala hierba silvestre de crecimiento exuberante. **3.** *Fig.* Persona o cosa que daña o perjudica a otra echándola a perder. ◇ **Meter, o sembrar, cizaña** *Fig.* Provocar polémica o enemistad entre personas.

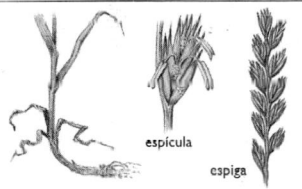

espícula

espiga

■ CIZAÑA

CIZAÑERO, A adj. y s. Que mete cizaña.

1. CLAC a.m. (fr. *claque*) [pl *claques*] Sombrero de copa alta, plegable. **2.** Conjunto de personas que reciben dinero por aplaudir. SIN.: *claca, claque.*

2. CLAC s.m. (voz onomatopéyica). Sonido breve y seco, como el que se produce al mover un pestillo.

CLACTONIENSE s.m. y adj. (de *Clacton-on-Sea*, c. británica). Facies del paleolítico inferior que constituye la primera industria caracterizada por lascas.

CLADÓCERO, A adj. y s.m. Relativo a un orden de pequeños crustáceos de agua dulce que nadan con la ayuda de largas antenas remeras, como la pulga de agua.

CLAIM s.m. (voz inglesa). Concesión minera de metales o minerales preciosos.

CLAMAR v.intr. Pedir algo con vehemencia: *clamar venganza; la tierra clamaba por agua.* ◆ v.tr. e intr. Gritar: *clamar maldiciones.*

CLÁMIDE s.f. (lat. *chlamys, -ydis*). Capa de lana, utilizada en la antigüedad griega y romana, que se ataba al hombro mediante una fíbula.

CLAMOR s.m. (lat. *clamor, -oris*). Conjunto de gritos o ruidos fuertes: *el clamor de la muchedumbre, el clamor del mar embravecido.*

CLAMOREAR v.tr. e intr. Producir clamor.

CLAMOREO s.m. Clamor repetido y continuado.

CLAMOROSO, A adj. Que va acompañado de clamor. **2.** Espectacular, extraordinario: *un clamoroso fracaso.*

CLAMP s.m. Pinzas quirúrgicas que se usan para interrumpir una hemorragia.

CLAN s.m. (voz inglesa). Grupo social irlandés o escocés formado por un número determinado de familias que descienden de un antepasado común y reconocen la autoridad de un jefe. **2.** Grupo de personas unidas por una comunidad de intereses u opiniones. ◇ **Clan totémico** Unidad sociológica que designa un conjunto de individuos consanguíneos, para los cuales un tótem representa el antepasado común.

CLANDESTINIDAD s.f. Situación de clandestino.

CLANDESTINO, A adj. (lat. *clandestinus*). Que se hace de forma secreta u oculta para eludir la ley: *emisora clandestina.* ➥ adj. y s. Se dice de la persona que actúa de forma secreta u oculta para eludir la ley.

CLAPO s.m. Méx. Cáscara de la nuez.

CLAQUE s.f. Clac de teatro.

CLAQUÉ s.m. (fr. *claquettes*). Baile de origen estadounidense en el que la punta y el talón del zapato, provistos de láminas metálicas, desempeñan el papel de instrumentos de percusión.

CLAQUETA s.f. CIN. Instrumento compuesto de dos trozos de madera unidos por un gozne y montados sobre una tablilla donde se anotan el título de la película y el número del plano que se va a rodar.

CLARA s.f. Materia blanca, albuminosa y transparente que rodea la yema del huevo. **2.** Esp. Cerveza con gaseosa o limonada.

CLARABOYA s.f. (fr. *claire-voie,* de *claire,* claro, y *voie,* vía). Ventana abierta en el tejado, el techo o la parte alta de una pared.

CLAREAR v.tr. Dar claridad. ➥ v.impers. Empezar a amanecer: *clarear el día.* **2.** Empezar a despejarse el cielo. ➥ v.intr. y prnl. Transparentar: *clarearse una tela.*

CLAREO s.m. Tala de árboles para aclarar bosques o montes muy espesos.

CLARETE adj. y s.m. (fr. ant. *clairet*). Se dice del vino tinto más claro de lo normal.

CLARETIANO, A adj. y s. Relativo a una congregación religiosa fundada por san Antonio María Claret; miembro de dicha congregación.

CLARIDAD s.f. Cualidad de lo que es, se percibe o se hace de forma clara: *distinguir algo con claridad; pensar con claridad; hablar con claridad.* **2.** Efecto que produce la luz: *la claridad de una linterna.*

CLARIFICACIÓN s.f. Acción de clarificar.

CLARIFICADOR, RA adj. Que sirve para clarificar: *unas palabras clarificadoras.*

CLARIFICADORA s.f. Amér. Vasija en que se clarifica el guarapo del azúcar.

CLARIFICAR v.tr. (lat. *clarificare*) [1]. Hacer clara o más clara una cosa, especialmente un líquido u otra sustancia: *clarificar el vino.* SIN.: *aclarar.* **2.** Explicar algo para que sea más fácil de comprender. SIN.: *aclarar.*

CLARÍN s.m. Instrumento de viento parecido a la trompeta pero más pequeño y de sonido más agudo. **2.** Registro del órgano cuyos sonidos son una octava más agudos que los del registro análogo llamado trompeta.

CLARINADA s.f. Toque del clarín.

CLARINETE s.m. Instrumento musical de viento de la familia de la madera, provisto de llaves y de lengüeta sencilla. ➥ s.m. y f. Clarinetista.

CLARINETISTA s.m. y f. Persona que toca el clarinete.

CLARISA s.f. y adj. Religiosa de la orden contemplativa fundada por san Francisco de Asís y santa Clara, en 1212.

CLARIVIDENCIA s.f. Facultad de comprender y discernir con claridad: *discurrir con clarividencia.* **2.** Videncia, perspicacia.

CLARIVIDENTE adj. y s.m. y f. (fr. *clairvoyant*). Que posee clarividencia.

1. CLARO adv.m. De forma sincera y abierta: *hablar claro.* ◇ **Ver claro** Comprender, dilucidar.

2. CLARO, A adj. (lat. *clarus*). Que recibe luz o mucha luz: *una habitación clara.* **2.** Se dice del color poco subido: *azul claro.* **3.** Transparente, terso, limpio: *unos cristales claros.* **4.** Se dice de la sustancia poco viscosa: *chocolate claro.* **5.** Que es poco tupido o espeso: *bosque claro.* **6.** Que se distingue o se percibe bien: *una letra clara; una voz clara.* **7.** Inteligible, fácil de comprender. **8.** Capaz de comprender, perspicaz, agudo: *mente clara.* ➥ s.m. Espacio que media entre algunas cosas: *un claro en el bosque.* **2.** Ventana o tronera por donde entra luz en un espacio cerrado. (Suele usarse en plural.) ◇ **A las claras** Manifiesta, públicamente. **Claro de luna** Luz de la luna. **En claro** Sin dormir. **Poner en claro** Aclarar, clarificar.

CLAROSCURO s.m. Procedimiento pictórico que consiste en distribuir de manera adecuada las luces y sombras en un dibujo o pintura para sugerir relieve y profundidad. **2.** Contraste de luz y sombras.

CLASE s.f. (lat. *classis*). Conjunto de personas que, por sus características o intereses comunes, constituyen una unidad homogénea: *clase media; clase política.* **2.** Cada una de las categorías en que pueden clasificarse las personas o las cosas según su importancia o su naturaleza: *una tela de clase superior.* **3.** Conjunto de características personales que hacen que una persona destaque sobre las demás: *tener clase; ser una mujer con clase.* **4.** Lección que da el maestro. **5.** Asignatura o tema que se explica: *clase de aritmética.* **6.** Conjunto de alumnos que estudian la misma asignatura en un aula. **7.** Aula. **8.** ESTADÍST. En una distribución estadística de una variable continua, cada uno de los intervalos sucesivos en los que está dividido el intervalo total de variación de la variable considerada. **9.** HIST. NAT. Cada una de las grandes divisiones de un tipo de seres vivos, subdividida a su vez en órdenes. ➥ **clases** s.f.pl. LÓG. Conjunto de objetos que poseen todos uno o varios caracteres comunes y que son los únicos en este caso. ◇ **Clase de equivalencia** MAT. En un conjunto provisto de una relación de equivalencia, cada uno de los subconjuntos formados por los elementos equivalentes entre sí. **Clase social** Grupo de personas que poseen un lugar históricamente determinado en el seno de la sociedad y que se distinguen por su modo de vida. **Clases pasivas** Denominación oficial bajo la que se comprenden los cesantes, jubilados, retirados, inválidos, viudas y huérfanos que gozan de un haber pasivo o pensión.

CLASICISMO s.m. Tendencia artística que se caracteriza por el sentido de las proporciones, el gusto por las composiciones equilibradas y estables y la búsqueda de la armonía de formas. ◇ **Clasicismo francés** Conjunto de tendencias y teorías que se manifestaron en Francia durante el reinado de Luis XIV y que se expresaron en obras literarias y artísticas consideradas como modélicas.

CLASICISTA adj. y s.m. y f. Relativo al clasicismo; partidario de esta tendencia.

CLÁSICO, A adj. (lat. *classicus,* de primera clase). Se dice de la lengua, el estilo, las obras, los artistas, etc., pertenecientes a la época de mayor esplendor de una evolución artística o literaria. **2.** Se dice del arte y la literatura griegos y romanos. **3.** Por oposición a romántico o barroco, se dice de cualquier creación del espíritu humano en que la razón y el equilibrio predominan sobre la pasión o la exaltación. **4.** Principal o notable en algún concepto. **5.** Típico, característico. ➥ adj. y s. Se dice de los que se adaptan a las normas consideradas como fórmulas de perfección. ◇ **Escuela clási-**

ca ECON. Conjunto de las doctrinas defendidas por un conjunto de autores, desde finales del s. XVIII hasta mediados del s. XIX, que propugnaban principalmente la libertad de la producción y de los intercambios. **Lógica clásica** Lógica bivalente que comprende obligatoriamente ciertas leyes, sobre todo la del tercio excluso y la de no contradicción. **Lógicas no clásicas** Conjunto de sistemas lógicos que comprende las lógicas modales y plurivalentes. **Música clásica** Música de los grandes autores, por oposición a la música folklórica, al jazz, etc.

CLASIFICACIÓN s.f. Acción y efecto de clasificar. ◇ **Estación de clasificación** Conjunto de vías en las que se efectúa la clasificación de los vagones de mercancías según su destino. **Sociedad de clasificación** Sociedad generalmente privada que tiene por objeto la vigilancia de la construcción y el mantenimiento de los buques mercantes.

CLASIFICADOR, RA adj. y s. Que clasifica. ➥ s.m. Objeto o mueble con departamentos para guardar y clasificar documentos.

CLASIFICAR v.tr. [1]. Dividir u ordenar por clases o categorías. **2.** Determinar la clase o grupo a que corresponde una cosa. **3.** Proteger documentos que pueden comprometer la seguridad del estado. ➥ **clasificarse** v.prnl. Obtener determinado puesto en una competición.

CLASIFICATORIO, A adj. Que sirve para clasificar: *prueba clasificatoria.*

CLASISMO s.m. Actitud o práctica discriminatoria que una clase social privilegiada mantiene respecto a otra.

CLASISTA adj. y s.m. y f. Partidario de las diferencias de clase o que se comporta con fuerte conciencia de ellas: *actitud clasista.*

CLÁSTICO, A adj. Desmontable. **2.** Frágil, quebradizo. ➥ adj. y s.m. GEOL. Se dice de los depósitos formados por fragmentos de rocas preexistentes, como los conglomerados y las areniscas.

CLASTOMANÍA s.f. PSIQUIATR. Tendencia o impulso patológico a la destrucción.

CLAUDÁTUR s.m. Corchete, signo ortográfico.

CLAUDICACIÓN s.f. Acción de claudicar. **2.** MED. Falla de un órgano o sistema en cuanto a la eficacia y rendimiento de su función.

CLAUDICAR v.intr. (lat. *claudicare,* cojear) [1]. Ceder, rendirse o someterse. **2.** Faltar a los deberes o principios.

CLAUDIO, A adj. Se dice de una variedad de ciruela muy dulce y jugosa. **2.** Se dice del árbol que la produce.

CLAUSTRAL adj. Relativo al claustro.

CLAUSTRO s.m. (lat. *claustrum,* cerradura o cierre). Parte de un monasterio o templo formada por galerías abiertas alrededor de un patio o jardín. **2.** Junta constituida por los profesores de un centro de enseñanza, o por el rector y los representantes de todos los estamentos de una universidad. **3.** Reunión de dicha junta. **4.** Monasterio, estado monástico. ◇ **Claustro materno** Matriz de la hembra de un mamífero.

■ **CLAUSTRO** del monasterio cisterciense de Alcobaça (Portugal) [s. XIV].

CLAUSTROFOBIA s.f. Temor morboso a los espacios cerrados.

CLAUSTROMANÍA s.f. Comportamiento del enfermo que se encierra en un lugar y teme salir de él.

---

boquilla

tubo acústico

cuerpo superior

llave

anillo

cuerpo inferior

pabellón

■ **CLARINETE**

CLÁUSULA s.f. (lat. *clausula*, conclusión). DER. Disposición incluida en un contrato, tratado, testamento o documento similar. **2.** LING. Estructura oracional que está unida a otra u otras con las que forma una oración compuesta denominada *período*. ◇ **Cláusula compromisoria** Cláusula por la cual las partes se comprometen a someter a arbitraje las cuestiones que puedan surgir relativas a la ejecución del contrato. **Cláusula penal** Cláusula que fija el importe de los perjuicios o intereses a pagar en caso de incumplimiento del contrato. **Cláusula resolutoria** Cláusula que prevé que el acto se resuelva automáticamente en caso de que una de las partes incumpla su compromiso o cuando suceda un acontecimiento imprevisible.

CLAUSULADO s.m. Conjunto de cláusulas.

CLAUSURA s.f. (voz latina). Acto o ceremonia de clausurar un congreso, certamen, etc. **2.** En los conventos de religiosos, recinto interior donde no pueden entrar personas ajenas sin un permiso especial. **3.** Obligación que tienen determinados religiosos de no salir de cierto recinto, y prohibición a los seglares de entrar en él. **4.** Tipo de vida religiosa.

CLAUSURAR v.tr. Poner fin a un congreso, certamen, etc. **2.** Cerrar la autoridad competente un establecimiento o local.

CLAVA s.f. Palo de madera cuyo grueso aumenta progresivamente desde la empuñadura hasta el extremo opuesto.

CLAVADO, A adj. Fijo, puntual: *a la hora clavada*. **2.** Fig. Muy parecido: *ser clavado a su padre*. ◆ s.m. Argent. y Méx. Salto desde un trampolín u otro sitio de altura.

CLAVADURA s.f. Herida producida en el pie de un animal al ponerle la herradura.

CLAVAR v.tr. Introducir un clavo u otra cosa aguda en un cuerpo. **2.** Sujetar, fijar con clavos. **3.** Fijar la mirada en alguien o algo. **4.** Causar una clavadura. ◆ v.tr. y prnl. Introducir una cosa más o menos puntiaguda en otra. **2.** Fig. y fam. Engañar a uno causándole perjuicio. **3.** Fig. y fam. Dejar atónito a alguien.

CLAVARIO s.m. En Castilla, oficio o dignidad de guardián de un castillo o convento que tenía el caballero de algunas órdenes militares.

CLAVAZÓN s.f. Conjunto de clavos.

CLAVE s.m. (lat. *clavis*). Clavicémbalo. ◆ s.f. Información o idea necesaria para entender una cosa o resolver un asunto: *la clave de la cuestión*. **2.** Persona o cosa que tiene una importancia fundamental o decisiva. (Se usa a menudo en aposición: *punto clave*.) **3.** Convención o conjunto de convenciones necesarias para efectuar las operaciones de cifrar y descifrar. **4.** ARQ. Piedra central con que se cierra un arco o una bóveda. **5.** MÚS. Signo al principio de un pentagrama que indica el nombre de los sonidos y su altura exacta en la escala musical: *clave de sol, de fa, de do*. ◆ **claves** s.f pl. Instrumento musical cubano que consiste en dos bastoncillos redondos de madera dura, que se usan golpeándolos uno contra otro. ◇ **Clave de acceso** INFORMÁT. Código para utilizar un programa, una computadora, o para consultar un conjunto de datos almacenados en una memoria auxiliar.

■ **CLAVICÉMBALO** (entre 1697 y 1789).

clave de *fa* (en 4.ª y 3.ª línea)

clave de *sol* (en 2.ª y 1.ª línea)

clave de *do* (en 1.ª, 2.ª, 3.ª y 4.ª línea)

■ **CLAVES** de música.

CLAVEL s.m. (cat. *clavell*). Planta cariofilácea de flores rosas, púrpura, blancas o de colores mezclados, algunas de cuyas variedades se cultivan en jardinería por su belleza y por su perfume. **2.** Flor de esta planta. ◇ **Clavel doble**, o **reventón** Clavel de color rojo oscuro, con muchos pétalos.

clavel remilgón

clavel de la florista

■ **CLAVELES**

CLAVELITO s.m. Planta herbácea con tallos ramosos y multitud de flores blancas o rosas. (Familia cariofiláceas.) **2.** Flor de esta planta.

CLAVELLINA s.f. (cat. *clavellina*). Clavel, especialmente el de flores sencillas. **2.** Planta herbácea semejante al clavel pero de tallos y flores más pequeños.

CLAVERA s.f. Molde para formar las cabezas de los clavos. **2.** Boca o ensanchamiento por donde entra el clavo.

CLAVERO s.m. Árbol tropical de la familia mirtáceas, de hojas perennes y flores blancas. (El capullo proporciona el clavo de especia.)

CLAVETE s.m. Púa con que se toca la bandurria.

CLAVETEAR v.tr. Poner clavos o adornar con clavos. **2.** Herretear, echar o poner herretes.

CLAVICÉMBALO s.m. Instrumento musical de cuerda y teclado cuyas cuerdas se hieren desde la parte inferior con picos de pluma. SIN.: *clavecímbano*.

CLAVICORDIO s.m. (del lat. *clavis*, llave, y *chorda*, cuerda de un instrumento). Instrumento musical de cuerda y teclado, precursor del piano, que tiene una caja rectangular y las cuerdas están dispuestas transversalmente.

CLAVÍCULA s.f. (lat. *clavicula*, llavecita). Hueso largo, situado a cada lado del cuello, que une el omóplato con el esternón.

CLAVICULAR adj. Relativo a la clavícula.

CLAVIJA s.f. (lat. *clavicula*, llavecita). Pieza de metal, madera u otra materia, que se encaja en un agujero para sujetar o ensamblar algo. **2.** Pieza que se conecta a la base de un enchufe para establecer un contacto eléctrico. **3.** Pieza pequeña de madera o metal que sirve para tensar las cuerdas de un instrumento musical. **4.** Pieza de metal, con una argolla, que se utiliza en la escalada. ◇ **Apretar las clavijas** a alguien *Fam.* Apremiarlo o exigirle el máximo esfuerzo.

CLAVIJERO s.m. Parte de un instrumento musical en que están insertas las clavijas.

CLAVILLO o **CLAVITO** s.m. Pasador de las varillas de un abanico o las hojas de unas tijeras.

CLAVO s.m. (lat. *clavus*). Pieza de hierro de longitud y grosor variables, puntiaguda por un extremo y con una cabeza en el otro, que sirve para unir o asegurar dos piezas o para adornar algo. **2.** Fig. Dolor físico o moral agudo. **3.** Zona central de un forúnculo. **4.** Argent. y Chile. Artículo que no se vende. **5.** MED. Instrumento largo, puntiagudo, de diámetro relativamente estrecho, empleado en la fijación de cierto tipo de fracturas. ◇ **Agarrarse a**, o **de, un clavo ardiendo** *Fam.* Valerse de cualquier medio para salvarse de un peligro o conseguir algo. **Clavo de especia** Capullo seco de la flor del clavero, que se usa como condimento. **Dar en el clavo** *Fam.* Acertar en lo que se hace o dice.

CLAXON s.m. (tr. *Klaxon*, marca registrada). Bocina eléctrica de un automóvil.

CLEARANCE s.f. (voz inglesa, *aclaración*). MED. Relación entre la velocidad de eliminación de una sustancia química por un órgano (hígado, riñón) y la concentración de esta sustancia en la sangre, que refleja el funcionamiento del órgano.

CLEMÁTIDE s.f. (lat. *clematis, -idis*). Planta leñosa trepadora, de tallo rojizo y flores blancas de olor suave, muy común en los árboles, que invade a veces los árboles. (Familia ranunculáceas.)

CLEMBUTEROL s.m. Sustancia química anabolizante que aumenta la masa muscular.

CLEMENCIA s.f. Benevolencia y compasión con que se juzga o castiga a alguien.

CLEMENTE adj. (lat. *clemens, -tis*). Que tiene clemencia.

CLEMENTINA s.f. Variedad de mandarina.

CLEMENTINO, A adj. Relativo a alguno de los papas de nombre Clemente.

CLEPSIDRA s.f. (lat. *clepsydra*). Reloj que mide el tiempo mediante el paso regular de agua de un recipiente a otro. (Es de origen egipcio.)

CLEPTOMANÍA s.f. (del gr. *klépteis*, robar, y *manía*, locura). Trastorno patológico que impulsa a robar.

CLEPTÓMANO, A adj. y s. Se dice de la persona que padece cleptomanía.

CLERECÍA s.f. (bajo lat. *clericía*). Clero, conjunto de clérigos. **2.** Estado de clérigo.

CLERGYMAN s.m. (voz inglesa, *clérigo*). Traje clerical que está compuesto por un saco de vestir y pantalón oscuro y alzacuellos, usado en sustitución del traje talar.

CLERICAL adj. y s.m. Relativo al clero, partidario del clericalismo.

CLERICALISMO s.m. Ideología favorable a la intervención del clero en los asuntos públicos.

CLERICATO s.m. Estado clerical. SIN.: *clericatura*.

CLÉRIGO s.m. Hombre que ha recibido alguna de las órdenes sagradas que otorga la Iglesia cristiana.

CLERO s.m. (lat. tardío *clerus*). Conjunto de clérigos. SIN.: *clerecía*. **2.** Clase sacerdotal en la Iglesia católica. ◇ **Clero castrense** Clero que desempeña su ministerio en el ejército y la armada. **Clero regular** Clero formado por los religiosos sacerdotes. **Clero secular** Clero que no pertenece a una orden religiosa.

CLERUCO s.m. ANT. GR. Colono griego que continuaba siendo ciudadano de su país.

CLERUQUÍA s.f. ANT. GR. Colonia de clerucos.

CLIC s.m. (ingl. *click*, voz onomatopéyica) [pl. *clics*]. Sonido o ruido muy breve y de baja intensidad, semejante al que se produce al pulsar un interruptor o un botón. **2.** Pulsación de un botón o tecla. **3.** Sonido que se realiza mediante una doble oclusión producida por el dorso de la lengua y por los labios, semejante a un ruido de succión.

CLICA s.f. (voz de origen onomatopéyico). Molusco lamelibranquio marino, con valvas iguales en forma de corazón.

CLICAR v.intr. [1]. Esp. INFORMÁT. Pulsar una tecla del ratón una vez situado el puntero en un botón o icono de la pantalla.

CLICHÉ o **CLISÉ** s.m. (fr. *cliché*). Soporte material sobre el que ha sido grabado o impresionado un texto o una imagen con vistas a su reproducción. **2.** Concepto o expresión que, a fuerza de repetirse, se ha estereotipado.

CLIENTE, A s. (lat. *cliens, -tis,* protegido). Persona que compra en un comercio o que utiliza los servicios de un profesional, especialmente si lo hace de forma habitual.

CLIENTELA s.f. Conjunto de clientes.

CLIENTELISMO s.m. *Desp.* Apoyo, amparo o trato de favor que la persona o asociación que tiene el poder da a sus partidarios.

CLIMA s.m. (lat. *clima, -atis,* inclinación de la superficie terrestre del ecuador al polo). Conjunto de los fenómenos meteorológicos que caracterizan el estado medio de la atmósfera y su evolución en un lugar determinado. **2.** Conjunto de condiciones o circunstancias que rodean algo o a alguien. **3.** Conjunto de las condiciones de temperatura, humedad y presión de un espacio cerrado.

ENCICL. Las grandes zonas climáticas corresponden a bandas de latitud simétricas respecto al ecuador. La banda intertropical es cálida: el clima ecuatorial es propio del ecuador; por disminución de las precipitaciones se pasa al clima tropical y al clima árido en los trópicos. La vertiente oriental de los continentes, principalmente de Asia, goza de un clima monzónico. En las zonas templadas dominan tres grandes tipos de clima: el clima oceánico, que afecta a las vertientes occidentales de los continentes bajo la influencia de los vientos del O; el clima continental, en las zonas centrales y vertientes orientales de dichos continentes; y el clima mediterráneo, en las latitudes más bajas, que sufre influencias subtropicales. En las proximidades de los polos reina un clima polar.

CLIMATÉRICO, A adj. Se dice del tiempo peligroso por alguna circunstancia. **2.** Relativo al climaterio. ◇ **Año climatérico** ANT. Año de vida cuya cifra es múltiplo de 7 o de 9, que se considera crítico.

CLIMATERIO s.m. (lat. *climactericus*). Período de la vida caracterizado por una disminución de la actividad de las glándulas sexuales.

CLIMÁTICO, A adj. Relativo al clima. ◇ **Estación climática** Estación del año que se caracteriza por la benignidad de su clima.

CLIMATIZACIÓN s.f. Acción de climatizar. **2.** Conjunto de las condiciones de temperatura, humedad y presión de un espacio cerrado.

CLIMATIZAR v.tr. [7]. Dar a un espacio cerrado una presión, humedad y temperatura determinadas.

CLIMATOLOGÍA s.f. Ciencia que describe los climas, los explica y los clasifica por zonas. **2.** Clima de una zona determinada.

ENCICL. Aunando la meteorología y las técnicas de estudio de la atmósfera, la climatología se ocupa tanto de aspectos fundamentales (climatología analítica, prospectiva, etc.) como de sus aplicaciones (agroclimatología, bioclimatología, etc.). También se ocupa de la reconstrucción de los climas de las eras geológicas (paleoclimatología).

CLÍMAX s.m. (lat. *climax, -acis,* gradación retórica) [pl. *clímax*]. Momento culminante de un proceso o una acción. **2.** Etapa final hacia la cual tiende un ecosistema en su desarrollo. **3.** Gradación retórica ascendente.

CLINCH s.m. (voz inglesa). DEP. Posición en la que quedan abrazados los boxeadores y que limita la libertad de movimientos.

CLÍNICA s.f. Establecimiento privado destinado al cuidado de cierto número de enfermos. **2.** Parte práctica de la enseñanza de la medicina que se ocupa del examen del enfermo y del tratamiento en presencia de estudiantes.

CLÍNICO, A adj. Relativo a la clínica: *análisis clínico*. ◆ s. Médico que se dedica a la práctica clínica.

CLÍNKER o **KLÍNKER** s.m. Producto que se obtiene de calcinar un crudo de cemento durante el tiempo necesario para que sus elementos se combinen totalmente. SIN.: *clinca*.

CLINÓMETRO s.m. Instrumento para medir la inclinación de un plano sobre el horizonte.

CLINORRÓMBICO, A adj. Monoclínico.

CLIP s.m. (voz inglesa) [pl. *clips*]. Grapa de diferentes tamaños y formas que sirve para sujetar papeles. **2.** Horquilla para sujetar el cabello. **3.** Corchete, broche o pendiente con resorte. **4.** Videoclip.

CLÍPER s.m. (ingl. *clipper,* de *clip,* cortar con tijeras). Velero largo y estrecho capaz de alcanzar grandes velocidades.

CLISADO s.m. ART. GRÁF. Acción de clisar.

1. CLISAR v.tr. (del fr. *cliché,* soporte de impresión). ART. GRÁF. Elaborar, con la ayuda de un metal fusible o de plástico fotopolimerizable, placas sólidas que reproducen en relieve la impresión de una composición tipográfica, destinadas a la tirada de múltiples ejemplares.

2. CLISAR v.tr. (del caló *clisos,* los ojos). *Fam.* Mirar fijamente.

CLISÉ s.m. → CLICHÉ.

CLISTER s.m. (lat. *clyster, -eris*). Enema. SIN.: *clisterio*.

CLISTRO s.m. FÍS. Tubo electrónico para generar o amplificar microondas en comunicaciones y radares.

CLITORIDECTOMÍA s.f. Extirpación quirúrgica del clítoris.

CLÍTORIS s.m. (gr. *kleitorís*). Pequeño órgano eréctil situado en la parte superior de la vulva.

CLIVAJE s.m. Operación que consiste en quitar de un diamante la parte defectuosa, corregir su forma y tallarlo en función de su estructura cristalográfica.

CLOACA s.f. (voz latina). Conducto, generalmente subterráneo, por donde van las aguas sucias o inmundicias. **2.** Orificio común de las vías urinarias, intestinales y genitales de las aves y otros vertebrados.

CLOASMA s.m. Conjunto de manchas amarillentas en la piel de la cara, que es de origen hormonal. (Es muy común en las embarazadas.)

1. CLON s.m. (gr. *klon*). Conjunto de organismos que proceden de la reproducción vegetativa o asexual de un mismo individuo. **2.** Molécula biológica, célula o ser vivo obtenidos por clonación. ◆ s.m. y f. Persona que se considera idéntica a otra.

2. CLON o **CLOWN** s.m. (ingl. *clown*) [pl. *clones* o *clowns*]. Payaso músico y malabarista que forma pareja con el augusto.

CLONACIÓN s.f. Obtención, mediante manipulación biológica, de una serie de moléculas idénticas (ácidos nucleicos) o de seres unicelulares (bacterias) o multicelulares (anfibios, mamíferos, etc.) con un material genético idéntico. ◇ **Clonación reproductiva** Clonación que consiste en crear, a partir de una célula extraída del cuerpo de una persona o un animal adultos, un individuo genéticamente idéntico a aquel del cual procede dicha célula. **Clonación terapéutica** Clonación que consiste en crear in vitro linajes de células madre, que se utilizan para tratar enfermedades degenerativas o ciertas discapacidades físicas sufridas por el donante del material genético. (Este procedimiento, que evita el riesgo de rechazo inmunitario, está en proceso de desarrollo.)

ENCICL. Algunos fenómenos naturales se asimilan a las clonaciones (gemelos verdaderos, partenogénesis, etc.). El cultivo de tejidos celulares representa la técnica de clonación más antigua. También se conoce la clonación de plantas adultas por micropropagación. El nacimiento de la oveja Dolly, primer clon de mamífero adulto (1996), abrió perspectivas económicas y médicas considerables pero también desató conflictos éticos fundamentales.

CLONADO, A adj. y s.m. Amér. INFORMÁT. Clónico.

CLONAL adj. Clónico.

CLONAR v.tr. BIOL. Realizar la clonación de un organismo. **2.** *Por ext.* Hacer una copia exacta de una cosa.

CLÓNICO, A adj. Relativo al clon: *una oveja clónica.* ◆ adj. y s. Que es idéntico a otra persona, físicamente o en algún otro aspecto. ◆ s.m. y adj. INFORMÁT. Equipo informático que reproduce un modelo patentado con elementos compatibles de distintas marcas.

CLONUS s.m. Serie de contracciones sucesivas e involuntarias de los músculos flexores y extensores, que provocan el temblor de una parte de un miembro del cuerpo.

CLOQUEAR v.intr. Cacarear la gallina clueca.

CLORACIÓN s.f. Tratamiento del agua con cloro para hacerla potable.

CLORADO, A adj. Que contiene cloro. ◆ s.m. Operación que consiste en someter una materia textil a la acción del cloro.

CLORAL s.m. Tricloroaldehído de fórmula CCl_3—CHO, obtenido por acción del cloro sobre el alcohol etílico. ◇ **Hidrato de cloral** Mezcla de cloral y agua, usada como calmante.

CLORAMFENICOL s.m. Antibiótico de amplio espectro usado principalmente en el tratamiento de las fiebres tifoidea y paratifoidea.

CLORATO s.m. Sal del ácido clórico.

CLORHIDRATO s.m. Sal que deriva del ácido clorhídrico y de una base nitrogenada.

CLORHÍDRICO, A adj. Relativo a las combinaciones del cloro y del hidrógeno. ◇ **Ácido clorhídrico** Solución acuosa del cloruro de

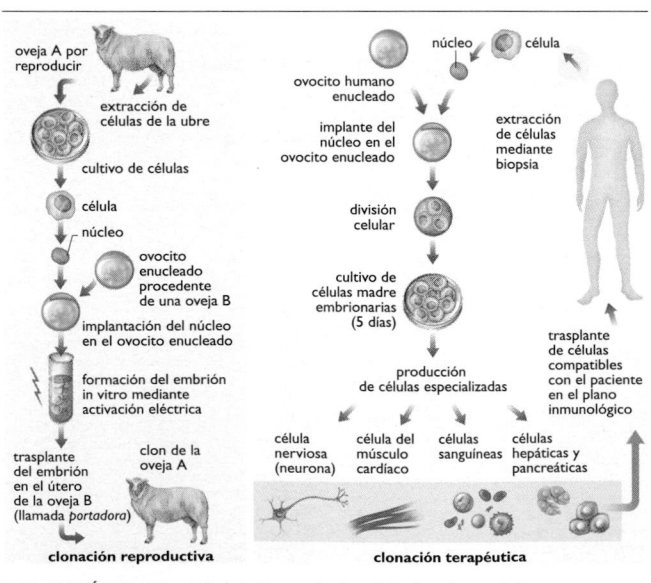

oveja A por reproducir

extracción de células de la ubre

cultivo de células

célula

núcleo

ovocito enucleado procedente de una oveja B

implantación del núcleo en el ovocito enucleado

formación del embrión in vitro mediante activación eléctrica

trasplante del embrión en el útero de la oveja B (llamada *portadora*)

clon de la oveja A

clonación reproductiva

núcleo   célula

ovocito humano enucleado

implante del núcleo en el ovocito enucleado

extracción de células mediante biopsia

división celular

cultivo de células madre embrionarias (5 días)

producción de células especializadas

trasplante de células compatibles con el paciente en el plano inmunológico

célula nerviosa (neurona)

célula del músculo cardíaco

células sanguíneas

células hepáticas y pancreáticas

clonación terapéutica

■ **CLONACIÓN.** Principios de la clonación reproductiva y de la clonación terapéutica.

hidrógeno HCl, gas incoloro de olor fuerte y sofocante.

CLÓRICO, A adj. Se dice del ácido de fórmula $HClO_3$.

CLORITO s.m. Sal del ácido cloroso.

CLORO s.m. (gr. *khlorós*, verde claro). Gas (Cl_2) tóxico, de color verdoso y olor sofocante. **2.** Elemento químico (Cl), de número atómico 17 y masa atómica 35,453, que pertenece al grupo de los halógenos.

ENCICL. El cloro es un gas de densidad 2,5 que funde a –35 ºC, y está dotado de una gran actividad química. Bastante soluble en el agua, se combina con la mayoría de los no metales y ataca numerosos metales. En presencia de luz, reacciona explosivamente con el hidrógeno dando ácido clorhídrico (HCl). En la naturaleza se encuentra en forma de cloruros, de los cuales el más importante es el cloruro sódico, NaCl (sal marina y sal gema). La lejía es una disolución de cloruro e hipoclorito sódico. El cloro se emplea como desinfectante y decolorante (papel, algodón, lino).

CLOROFÍCEO, A adj. y s.f. Relativo a una clase de algas marinas y de agua dulce, llamadas también algas verdes, que poseen clorofila como único pigmento.

CLOROFILA s.f. (del gr. *khlorós*, verde claro, y *fíllon*, hoja). Pigmento verde de los vegetales, fijado a los cloroplastos, que se forma únicamente en presencia de luz.

CLOROFÍLICO, A adj. Relativo a la clorofila. ◇ **Función clorofílica** Fotosíntesis.

CLOROFLUOROCARBONO s.m. Nombre genérico de un grupo de compuestos que contienen cloro, flúor y carbono, utilizados como agentes frigorígenos y como gases propulsores en los aerosoles. Se conoce también con la sigla CFC; sus múltiples aplicaciones, su volatilidad y su estabilidad química provoca su acumulación en la alta atmósfera, que según algunos científicos, causa la destrucción de la capa protectora de ozono.)

CLOROFORMIZAR v.tr. [7]. Someter a la acción anestésica del cloroformo.

CLOROFORMO s.m. Líquido incoloro de fórmula $CHCl_3$, de olor etéreo, que resulta de la acción del cloro sobre el alcohol, y que se utilizaba como anestésico.

CLOROMETRÍA s.f. Dosificación del cloro contenido en un cloruro decolorante.

CLOROMICETINA s.f. Cloranfenicol.

CLOROPICRINA s.f. Derivado nitrado del cloroformo, empleado como gas de combate y para matar roedores.

CLOROPLASTO s.m. Corpúsculo de las células vegetales coloreado por la clorofila, que asegura la fotosíntesis.

CLOROSIS s.f. Anemia poco frecuente en la actualidad, caracterizada por una intensa palidez en el rostro, que solía manifestarse casi exclusivamente en las mujeres durante la pubertad o la adolescencia. **2.** Desaparición parcial de la clorofila en las hojas de un vegetal, por lo que se vuelven amarillentas.

CLOROSO, A adj. Se dice del ácido no aislado, de fórmula $HClO_2$. **2.** Relativo a la clorosis. **3.** Que padece clorosis.

CLORÓTICO, A adj. y s. Que padece clorosis.

CLORPROMACINA s.f. Neuroléptico intenso del grupo de las fenotiacinas, el primero que se logró sintetizar.

CLORURADO, A adj. Que tiene un cloruro.

CLORURAR v.tr. Transformar un cuerpo en cloruro.

CLORURO s.m. Combinación del cloro con un cuerpo simple o compuesto, salvo el oxígeno. ◇ **Cloruro de cal** Mezcla de cloruros e hipocloritos, empleada como decolorante.

CLÓSET s.m. Amér. Armario o ropero empotrado en la pared. GEOSIN.: Argent. y Urug. *placard*; Esp. *armario empotrado*. ◇ **Salir del clóset** Amér. Hacer pública una persona su condición de homosexual. GEOSIN.: Esp. *salir del armario*.

CLOWN s.m. (voz inglesa) [pl. *clowns*]. → **2. CLON.**

CLUB s.m. (voz inglesa, *mazo*) [pl. *clubs* o *clubes*]. Asociación deportiva, cultural o política. **2.** Local de reunión para conversar, leer

o jugar. **3.** Palo de golf. ◇ **Club nocturno** Establecimiento donde se puede bailar y consumir bebidas, especialmente por la noche, y ocasionalmente, se ofrecen espectáculos.

CLUBISTA s.m. y f. Miembro de un club.

CLUECO, A adj. y s.f. Se dice del ave cuando empolla los huevos o cuida a sus polluelos.

CLUNIACENSE adj. y s.m. Relativo a la orden o al monasterio de Cluny; miembro de esta orden religiosa.

CLUPEIDO, A adj. y s.m. Relativo a una familia de teleósteos marinos o de agua dulce, como la sardina y el arenque.

CLUSE s.f. (voz francesa). GEOGR. Garganta transversal en un pliegue anticlinal.

CNEORÁCEO, A adj. y s.f. BOT. Se dice de las plantas dicotiledóneas arbustivas, de hojas estrechas y esparcidas y fruto en drupa, como el olivillo.

CNIDARIO, A adj. y s.m. Relativo a un subtipo de celentéreos provistos de células urticantes llamadas nematocistos.

Co., abrev. de la palabra inglesa *company*, compañía.

COA s.f. Palo aguzado y endurecido al fuego con que los indios americanos labraban la tierra. **2.** Chile. Jerga de los delincuentes. **3.** Méx., Pan. y Venez. Pala usada para labranza. **4.** Venez. Siembra.

COACH s.m. (voz inglesa, *carroza, autocar, vagón*). Carrocería cerrada de automóvil, con dos puertas y cuatro ventanillas y con el respaldo del asiento delantero abatible para permitir el acceso a las plazas posteriores.

COACCIÓN s.f. (lat. *coactio, nis*). Fuerza o violencia física o psíquica hecha contra alguien para obligarlo a decir o hacer algo. **2.** DER. Delito que consiste en impedir a otro con violencia un estar legítimamente autorizado, que haga lo que la ley no prohíbe o lo obligue a efectuar un determinado acto, sea justo o injusto.

COACCIONAR v.tr. Ejercer coacción.

COACERVAR v.tr. y prnl. (lat. *coacervare*). Juntar o amontonar.

COACTIVO, A adj. Que implica coacción.

COADJUTOR, RA adj. y s. Se dice de la persona que ayuda y acompaña a otra en ciertas cosas. **2.** Se dice del religioso adjunto al superior. ● adj. y s.m. **Obispo coadjutor** Obispo adjunto a otro obispo para ayudarle, con derecho a futura sucesión o sin él.

COADMINISTRADOR, RA adj. y s. Que administra conjuntamente con otro.

COADQUISICIÓN s.f. Adquisición en común entre dos o más personas.

COADUNAR v.tr. y prnl. Unir, mezclar, añadir ciertos elementos a otros.

COADYUVANTE adj. y s.m. Se dice del medicamento que contribuye a la eficacia de la medicación fundamental. ● s.m. y f. DER. **a.** En lo contencioso administrativo, parte que, juntamente con el fiscal, sostiene la resolución administrativa impugnada. **b.** El que interviene en una contienda judicial, apoyando la posición de una de las dos partes.

COADYUVAR v.tr. e intr. (lat. tardío *coadjuvare*). Contribuir o ayudar a la consecución de una cosa.

COAGENTE adj. y s.m. y f. Que coopera para conseguir algún fin.

COAGULACIÓN s.f. Fenómeno por el cual un líquido orgánico (sangre, linfa, leche) precipita en una masa sólida o coágulo.

COAGULANTE adj. y s.m. Que facilita o acelera la coagulación.

COAGULAR v.tr. y prnl. Formar o formarse coágulo o cuajo. **2.** Actuar sobre una solución coloidal provocando el fenómeno de la coagulación.

COÁGULO s.m. (lat. *coagulum*). Masa de sustancia coagulada.

COAHUILTECA, pueblo amerindio act. extinguido, que vivía a orillas del río Grande (NE de México y S de Texas).

COAIQUER → **2. PASTO.**

COALA s.m. → **KOALA.**

COALESCENCIA s.f. Estado de coalescente. **2.** Aglomeración de las gotitas en una emulsión formando gránulos más voluminosos. **3.** Adherencia de dos partes de un tejido u órgano.

COALESCENTE adj. Que forma una sola pieza, aunque esté compuesto por piezas de orígenes distintos.

COALICIÓN s.f. Alianza entre países, partidos o personalidades del mundo político e industrial con un fin común y por un límite de tiempo determinado. **2.** HIST. Nombre que se dio a las ligas formadas por algunas naciones europeas contra Luis XIV de Francia y contra la Revolución y el Imperio franceses.

COALICIONISTA s.m. y f. Miembro o partidario de una coalición.

COALIGAR v.tr. y prnl. [2]. Coligar.

COÁLTAR o **COALTAR** s.m. Brea de hulla que se emplea en medicina en tratamientos tópicos de afecciones de la piel.

COANA s.f. Orificio posterior de las fosas nasales, abierto a la rinofaringe.

COAPTACIÓN s.f. BIOL. Ajuste inmediato y perfecto de dos órganos de un mismo individuo que se han formado separadamente o de dos individuos de sexo opuesto (órganos copuladores generalmente).

COARTACIÓN s.f. Acción de coartar. **2.** MED. Reducción de la aorta.

COARTADA s.f. Circunstancia de haber estado ausente un presunto culpable en el lugar y el momento en que se perpetró un delito, que se utiliza como prueba de inocencia.

COARTAR v.tr. (lat. *coartare*). Limitar o impedir algo con una fuerza no física: *coartar la libertad*.

COASEGURO s.m. Contrato en el que varios aseguradores asumen simultáneamente el riesgo, dentro de los límites del valor del bien asegurado.

COATÍ s.m. Mamífero carnívoro de cuerpo y hocico alargados y con el pelaje rojizo o gris amarillento, que se alimenta de lagartos e insectos; vive en América desde el N de México hasta el N de Argentina.

■ **COATÍ**

COAUTOR, RA s. Autor junto con otro u otros. **2.** DER. Persona que ha cometido una infracción en participación directa y principal con otras personas.

COAXIAL adj. Que tiene el mismo eje que otro cuerpo. ◇ **Cable coaxial** Cable integrado por dos conductores concéntricos y separados por una sustancia dieléctrica. **Hélices coaxiales** Conjunto formado por dos hélices de avión que giran en sentido inverso, de tal modo que el árbol hueco de una de ellas gira en el interior del árbol hueco de la otra.

COBA s.f. Esp y Méx. *Fam.* Adulación exagerada e interesada para conseguir algo: *dar coba.*

COBÁLTICO, A adj. Relativo al cobalto.

COBALTINA s.f. Arseniosulfuro natural de cobalto de fórmula AsCoS.

COBALTO s.m. (alem. *kobalt*). Metal de color gris, dúctil y algo maleable, de densidad 8,9, cuyo punto de fusión es de 1 490 ºC. **2.** Elemento químico (Co), de número atómico 27 y masa atómica 58,933, que se emplea en aleaciones con el cobre, el hierro y el acero, y en la preparación de ciertos pigmentos azules.) ◇ **Bomba de cobalto** Generador de rayos terapéuticos, emitidos por una carga de radiocobalto y utilizado en el tratamiento de los tumores cancerosos. **Cobalto 60,** o **radiactivo** Radiocobalto.

COBALTOTERAPIA s.f. Tratamiento mediante rayos gamma (γ) emitidos por el cobalto 60.

COBARDE adj. y s.m. y f. (fr. ant. *coart*).Que muestra falta de valor ante situaciones peligrosas o que conllevan riesgo.

COBARDÍA s.f. Cualidad de cobarde.

COBAYA s.m. o f. Pequeño mamífero del orden de los roedores, originario de América del Sur. (Se emplea en la experimentación científica.) SIN.: *conejo de Indias*. **2.** Persona o animal sometido a observación o experimentación para probar algo. SIN.: *conejillo de Indias*.

■ COBAYA

COBEA s.f. Planta trepadora de flores azules en campanilla, originaria de México.

COBERTERA s.f. Tapa de una olla u otro recipiente. ◆ adj. y s.f. Se dice de las plumas de ave situada en la inserción de las remeras y timoneras.

COBERTIZO s.m. Tejado saledizo para guarecerse de la lluvia. **2.** Sitio cubierto, generalmente de forma rudimentaria, para resguardar a personas, animales o cosas.

COBERTOR s.m. Colcha o manta.

COBERTURA s.f. Acción de cubrir o proteger algo. **2.** Cosa que sirve para tapar o resguardar algo. **3.** Alcance de algunos servicios, como los de telecomunicaciones: *cobertura nacional.* **4.** Conjunto de prestaciones que ofrece un servicio: *la cobertura de un seguro médico.* **5.** FIN. Conjunto de valores que sirven como garantía de una operación financiera o comercial. **6.** GEOL. Conjunto de sedimentos que cubren un zócalo. **7.** MIL. Dispositivo de protección de una zona o de una operación.

COBIJA s.f. Teja semicilíndrica que, puesta con la parte cóncava hacia abajo, abraza dos canales de un tejado. **2.** Méx. y Venez. Manta. ◆ cobijas s.f.pl. Amér. Ropa de cama, especialmente la de abrigo.

COBIJAR v.tr. y prnl. Albergar, dar hospedaje. **2.** Fig. Amparar, proteger. **3.** Cubrir o tapar.

COBIJO s.m. Acción de cobijar: *dar cobijo.* **2.** Lugar que sirve para cobijarse.

COBISTA s.m. y f. Esp. *Fam.* Persona que da coba para conseguir algo.

COBLA s.f. Copla, unidad métrica de la poesía trovadoresca que equivale a la estrofa.

COBO s.m. C. Rica. Manta peluda que se pone sobre la cama. **2.** Cuba. Caracol grande cuyo interior es rosa y nacarado.

COBOL s.m. (acrónimo del ingl. *common business oriented language*). Lenguaje de programación utilizado para resolver los problemas de gestión.

COBRA s.f. Serpiente venenosa de las regiones cálidas de África y Asia, cuya longitud rebasa los 4 m. (La cobra asiática también se denomina *cobra de anteojos* por el dibujo que puede verse detrás de su cuello cuando el animal se asusta y dilata la piel; familia elápidos.)

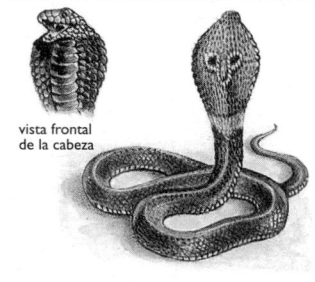

vista frontal
de la cabeza

■ COBRA

COBRADERO, A adj. Que puede o debe ser cobrado.

COBRADOR, RA s. Persona que tiene por oficio cobrar.

COBRANZA s.f. Acción de cobrar, especialmente la contribución.

COBRAR v.tr. Recibir una cantidad como pago de algo. **2.** Adquirir, conseguir: *cobrar fama.* **3.** Tomar o sentir algún afecto: *cobrar cariño a alguien.* **4.** Aprehender, recoger: *cobrar las piezas de caza.* ◆ v.tr. e intr. Recibir una paliza. ◆ cobrarse v.prnl. Recobrarse, recuperarse: *cobrarse del susto.*

COBRE s.m. (lat. *cuprum*). Metal de color rojizo, de densidad 8,9, cuyo punto de fusión es de 1084 °C. **2.** Elemento químico (Cu), de número atómico 29 y masa atómica 63,546.

3. Objeto de ese metal. **4.** ART. GRÁF. Plancha grabada sobre cobre. ◇ **cobres** s.m.pl. MÚS. Conjunto de los instrumentos metálicos de viento de una orquesta. ◇ **Batir el cobre** *Fam.* Tratar un asunto con mucha viveza y empeño. **Cobre amarillo** Latón. **Cobre blanco** Aleación de cobre, cinc y arsénico. **Cobre rojo** Cobre puro.

ENCICL. Después de la plata, es el mejor conductor del calor y la electricidad. Es maleable y dúctil y, en contacto con el aire, se cubre por una capa tóxica de carbonato básico. Se extrae sobre todo de la calcopirita ($CuFeS_2$). Actúa como monovalente en los compuestos *cuprosos* como el óxido Cu_2O, rojo, y como divalente en los compuestos *cúpricos*, como el óxido CuO, negro. Las numerosas aleaciones de cobre se utilizan en la mayoría de las industrias por la gran variedad de sus propiedades: las *ligeras*, se usan en las industrias eléctrica, automovilística y de electrodomésticos; los *latones* (cobre y zinc) por su facilidad de trabajado, en perfilados y laminados; los *bronces* (cobre y estaño) por sus características mecánicas y de rozamiento, en fundiciones y moldeado de piezas mecánicas.

COBREADO s.m. Operación que consiste en revestir una superficie con una capa de cobre.

COBREAR v.tr. Recubrir con cobre.

COBREÑO, A adj. Que es de cobre.

COBRIZO, A adj. Parecido al cobre en el color: *tez cobriza.* **2.** Que contiene cobre.

COBRO s.m. Acción de cobrar.

1. COCA s.f. (quechua *kuka*). Arbusto de flores blanquecinas y fruto en baya roja, cuyas hojas tienen una acción estimulante y proporcionan la cocaína. **2.** Hoja de esta planta. **3.** *Fam.* Cocaína.

2. COCA s.f. Moño redondo con que se recogen el cabello las mujeres. **2.** *Fam.* Cabeza. **3.** *Fam.* Golpe dado con los nudillos en la cabeza de alguien.

COCACHO s.m. Amér. Merid. Golpe dado en la cabeza. **2.** Perú. Variedad de frijol que se endurece al cocer.

COCA-COLA s.f. (marca registrada). Bebida compuesta de extractos de hojas de coca sin cocaína y de nuez de cola.

COCADA s.f. Bol., Colomb. y Perú. Especie de turrón. **2.** Perú. Provisión de hojas de coca.

COCAÍNA s.f. Alcaloide extraído de las hojas de coca, anestésico local y excitante del sistema nervioso central, cuyo uso prolongado da lugar a una toxicomanía grave.

COCAINISMO s.m. Adicción a la cocaína. SIN.: *cocainomanía.*

COCAINÓMANO, A adj. y s. Adicto a la cocaína.

COCÁN s.m. Perú. Pechuga de ave.

COCAVÍ s.m. Argent., Bol. y Perú. Provisión de víveres para un viaje.

COCCIDIO, A adj. y s.m. Relativo a un orden de esporozoos, parásitos de las células epiteliales.

COCCIDIOSIS s.f. Enfermedad grave y muy común en el ganado y en las aves de corral, cuyo agente es un coccidio.

COCCÍGEO, A adj. Relativo al cóccix.

COCCIÓN s.f. (lat. *coctio, -onis*). Acción de cocer o cocerse. SIN.: *cocedura, cocimiento.*

CÓCCIX s.m. → COXIS.

COCEADOR, RA adj. y s. Se dice del animal, especialmente del caballo, que tiene el hábito de cocear.

COCEAR v.intr. Dar o tirar coces. **2.** *Fig.* y *fam.* Resistirse a algo.

COCEDERO, A adj. Cocedizo. ◆ s.m. Lugar donde se cuece algo: *un cocedero de vino.* **2.** Lugar donde hace mucho calor.

COCEDIZO, A adj. Fácil de cocer. SIN.: *cocedero.*

COCER v.tr. (lat. vulgar *cocere*) [31]. Mantener un alimento en agua u otro líquido hirviendo hasta que se ponga blando. **2.** Someter ciertas cosas a la acción del calor para que adquieran propiedades determinadas: *cocer el pan.* **3.** *Fig.* Pensar o tramar algo: *cocer un plan.* ◆ v.intr. Hervir: *el agua cuece.* **2.** Fermentar: *el vino cuece.*

COCHA s.f. Chile, Colomb. y Ecuad. Charco, laguna.

COCHADA s.f. Colomb. Cocción.

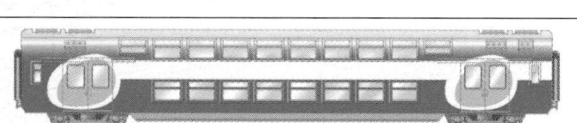

vagón de tren de cercanías de dos pisos

vagón tipo Corail Téoz

símbolos e inscripciones de un vagón tipo Corail Téoz

dispositivo electroneumático de cierre de las puertas y mando a distancia de la iluminación

número de identificación del vagón

distancia entre los pivotes de los bogies y longitud

50 87 29-83 219-8

160 F

velocidad máxima de circulación

sonorización

características de explotación

marcas de frenado

doc. SNCF

vehículo equipado con circuito principal de freno y canalización general de sonorización

tara, masa total y número de asientos

■ **COCHES** de ferrocarril y significado de sus indicadores.

■ LOS COCHES HIPOMÓVILES

Existe una gran diversidad de coches para el transporte de personas, según las diferentes épocas y países. Pero todos están constituidos por un tren, formado por el conjunto de las ruedas y el eje, y por un cuerpo central que descansa sobre dicho tren.

«Tribus» inglés. Tipo de cab de dos ruedas, cerrado por tres de sus lados, con entrada por delante y el cochero en la parte trasera; grabado del s. XIX. (Col. part.)

Carroza de la época de Luis XIII. Pesado y espacioso vehículo cerrado de cuatro ruedas, cubierto y con suspensión, y a veces muy lujoso; grabado. (Biblioteca nacional, París.)

Diligencia inglesa. Coche con cuatro plazas interiores y varias hileras de banquetas exteriores, utilizado para el servicio público; grabado del s. XIX. (Col. part.)

Cabriolé francés. Coche ligero con capota móvil, conducido por el pasajero; grabado del s. XIX. (Col. part.)

Landó-calesa francés. Coche de cuatro ruedas y cuatro plazas frente a frente, con doble capota móvil y asiento para el cochero en su parte delantera; grabado del s. XIX. (Col. part.)

Berlina francesa. Coche cerrado, con suspensión, de cuatro ruedas, que alberga cuatro plazas en su interior, con dos portezuelas vidriadas, cubierto por una capota y con asiento para el cochero en su parte delantera; grabado del s. XIX. (Col. part.)

COCHAMBRE s.m. o f. (de *cochino*). *Fam.* Suciedad, basura.

COCHAMBROSO, A adj. y s. *Fam.* Lleno de cochambre.

COCHAYUYO s.m. Amér. Merid. Alga marina comestible con tallo en forma de cinta.

COCHE s.m. Vehículo que sirve para el transporte de personas y cosas. **2.** Esp. y Méx. Automóvil. **3.** Méx. Cerdo, puerco. **4.** F. C. Vagón de un tren. ◇ **Coche cama** Vagón dispuesto con literas para poder dormir. **Coche correo** Vagón reservado al servicio de correos. **Coche fúnebre** Vehículo construido para llevar los difuntos al cementerio. **Coche restaurante** Vagón preparado para el servicio de comidas. **En el coche de san Fernando** *Fam.* Andando.

COCHERA s.f. Lugar donde se encierran y guardan vehículos automóviles.

COCHERO s.m. y f. Persona que tiene por oficio guiar vehículos tirados por caballos.

COCHIFRITO s.m. Esp. Guisado de cabrito o cordero medio cocido y después frito y condimentado.

COCHINADA s.f. *Fam.* Porquería, suciedad. SIN.: *cochinería.* **2.** *Fig.* y *fam.* Acción ruin, grosera. SIN.: *cochinería.*

COCHINILLA s.f. Insecto de pequeño tamaño que produce graves plagas en los cultivos, sobre todo en los frutales. **2.** Crustáceo terrestre que vive debajo de las piedras o en lugares oscuros y húmedos. SIN.: *cochinilla de humedad.* ◇ **Cochinilla de san Antón** Mariquita.

COCHINILLO s.m. Cochino o cerdo de leche.

COCHINO, A s. (de *coch,* interjección para llamar al cerdo). Cerdo. **2.** Cerdo cebado que se destina a la matanza. ◆ s. y adj. *Fig* y *fam.* Persona sucia y desaseada, o indecorosa.

COCHITRIL s.m. → CUCHITRIL

COCHIZO s.m. Parte más rica de una mina.

COCHO, A adj. Que está cocido. **2.** Colomb. Crudo. ◆ s.m. Chile. Mazamorra de harina tostada.

COCIDO s.m. Guiso elaborado a base de carne, garbanzos, tocino y, a veces, jamón, chorizo, papas, puerros, apios, zanahorias, etc.

COCIENTE s.m. (bajo lat. *quotiens, -ntis*). Resultado de la operación aritmética de la división. ◇ **Cociente electoral** Resultado de la división del número de sufragios emitidos por el número de puestos a proveer entre las diversas listas, cuando el sistema electoral se basa en la representación proporcional. **Cociente intelectual (CI)** PSICOL. Relación de la edad mental de un niño, determinada por tests de nivel intelectual del tipo Binet y Simon, con la edad real; para los adultos, índice de la superioridad o inferioridad de la capacidad intelectual de un adulto, determinada por tests del tipo Weschler-Bellevue, con relación a la de individuos de su mismo grupo de edad. (El cociente intelectual medio es igual a 100.) **Cociente respiratorio** FISIOL. Relación entre el volumen de gas carbónico espirado y el volumen del oxígeno absorbido durante el mismo tiempo por un animal o un vegetal.

COCIMIENTO s.m. Cocción. **2.** TEXT. Baño dispuesto con diversos ingredientes para preparar y abrir los poros de la lana, a fin de que reciba mejor el tinte.

COCINA s.f. (voz del lat. vulgar). Pieza de la casa en que se guisa la comida. **2.** Dispositivo o aparato en el que se hace fuego o produce calor para guisar los alimentos: *cocina eléctrica.* **3.** Arte de preparar la comida: *cocina francesa.* ◇ **Libro de cocina** Libro de recetas para preparar comidas.

COCINAR v.tr. e intr. Guisar. ◆ v.intr. *Fam.* Entremeterse en asuntos ajenos.

COCINERÍA s.f. Chile y Perú. Tienda de comidas preparadas, figón.

COCINERO, A s. Persona que cocina, especialmente lo que lo hace por oficio.

COCINILLA s.f. Hornillo portátil que funciona con electricidad o con combustibles líquidos o gaseosos.

COCKER adj. y s.m. (voz inglesa). Se dice del perro de caza de pelo largo y con orejas muy largas y colgantes.

■ COCKER

COCKNEY s.m. y f. (voz inglesa). Londinense caracterizado por su acento popular. ◆ s.m. Argot londinense.

CÓCLEA s.f. Parte u órgano de un animal o una planta en forma de espiral. **2.** MEC. Tornillo de Arquímedes.

COCLEARIA s.f. Planta crucífera de las zonas costeras y de los lugares húmedos, que se usaba como antiescorbútico.

1. COCO s.m. Fruto del cocotero. **2.** Segunda cáscara de este fruto. **3.** *Fig. y fam.* Cabeza. ◇ **Leche de coco** Albumen líquido y blanco contenido en la nuez de coco.

2. COCO s.m. (voz de creación expresiva). Ser fantástico con el que se asusta a los niños para que obedezcan. **2.** *Fam.* Persona muy fea.

3. COCO s.m. (gr. *kókkos,* grano, semilla). Bacteria de forma redondeada.

4. COCO s.m. Danza típica del noreste y norte de Brasil.

COCOCHA s.f. Protuberancia carnosa en la parte baja de la cabeza de la merluza y el bacalao.

COCODRILO s.m. (lat. *krokódeilos*). Reptil carnívoro de gran tamaño, del orden crocodilianos, que vive en los grandes ríos de zonas intertropicales.

COCOL s.m. Méx. Figura con forma de rombo. **2.** Méx. Pan que tiene esta forma. **3.** Méx. Cocoliste.

COCOLÍA s.f. P. Rico. Cangrejo de mar.

COCOLICHE s.m. Argent. y Urug. Jerga que remeda la mezcla de italiano y español del período inmigratorio, difundida y recreada por el sainete. **2.** Argent. y Urug. *Desp.* Habla poco inteligible.

COCOLISTE s.m. Méx. Cualquier enfermedad epidémica. **2.** Méx. Tifus.

COCOLITOS s.m.pl. Escamas fósiles de un protista marino del período cretácico cuya acumulación constituye depósitos sedimentarios marinos.

CÓCORA s.m. y f. y adj. *Fam.* Persona molesta e impertinente.

COCOROCO, A adj. Chile. Altanero, ufano.

COCOTAL s.m. Terreno poblado de cocoteros.

COCOTERO s.m. Palmera tropical, que alcanza 25 m de alt., con una corteza anillada, grandes hojas y flores en racimo, cuyo fruto es el coco.

■ COCOTERO

COCOTTE s.f. (voz francesa). Prostituta de lujo.

CÓCTEL o **COCTEL** s.m. (ingl. *cocktail*). Mezcla de bebidas alcohólicas u otros líquidos y hielo. SIN.: *combinado.* **2.** Reunión en la que se suele beber cócteles. **3.** Mezcla de cosas homogéneas o heterogéneas. ◇ **Cóctel Molótov** Botella explosiva a base de gasolina.

COCTELERA s.f. Recipiente en que se mezclan los componentes para preparar un cóctel.

COCUISA s.f. Colomb., P. Rico y Venez. Especie de pita. **2.** Colomb., P. Rico y Venez. Hilo obtenido de esta planta.

COCUMA s.f. Perú. Mazorca asada de maíz.

COCUYO s.m. Árbol de las Antillas de unos 10 m de alt., de hojas lanceoladas, fruto del tamaño de una aceituna y madera muy dura empleada en construcción. (Familia sapotáceas.) **2.** Coleóptero de América tropical, de unos 3 cm de long., con dos manchas amarillentas a los lados del tórax, por las que despide de noche una luz azulada. (Familia elatéridos.)

CODA s.f. (ital. *coda*, cola, extremo). Período musical con el que finaliza un fragmento o un episodio de dicho fragmento. **2.** COREOGR. **a.** Tercera y última parte de un paso a dos. **b.** Final de un ballet clásico. **3.** FONÉT. Margen final de una sílaba.

CODAL adj. Que consta de un codo. **2.** Que tiene medida o figura de codo. ◆ s.m. Pieza

de la armadura que protegía el codo. **2.** Madero atravesado horizontalmente entre las jambas de un vano o entre los hastiales de una excavación. **3.** Cada uno de los listones en que se asegura la hoja de la sierra. **4.** Cada una de las dos reglas que se colocan transversalmente en las cabezas de un madero para desalabear sus caras. **5.** CONSTR. Aguja que mantiene las paredes de un tapial.

CODASTE s.m. MAR. Madero vertical o perfil metálico que limita la parte posterior del buque.

CODAZO s.m. Golpe dado con el codo.

CODEADOR, RA adj. y s. Amér. Merid. Pedigüeño.

CODEAR v.intr. Mover los codos o dar golpes con ellos. ◆ v.tr. Amér. Merid. Pedir reiteradamente o con insistencia, sonsacar. ◆ **codearse** v.prnl. *Fig.* Tratarse de igual a igual una persona con otra: *codearse con la aristocracia.*

CODEÍNA s.f. (gr. *kódeia* o *ródya*, cabeza de la adormidera). Alcaloide extraído del opio que tiene propiedades analgésicas y narcóticas. (Se usa para calmar la tos.)

CODERA s.f. Pieza ovalada, de adorno o de remiendo, que se pone en los codos de un saco de vestir.

CODESO s.m. (lat. vulgar *cutisus*). Arbusto, de hasta 7 m de alt., de flores amarillas en racimos, a menudo cultivada como planta ornamental. (Familia papilionáceas.)

CÓDEX s.m. (lat. *codex*). Códice. **2.** Farmacopea oficial de un país.

CÓDICE s.m. Manuscrito de importancia histórica o literaria que se presenta en forma de libro encuadernado, especialmente el anterior a la invención de la imprenta.

ENCICL. Los *códices precolombinos* son unos manuscritos prehispánicos, escritos sobre papel de amate, o piel de venado raspada, en tiras de 10 o más metros de largo, dobladas en forma de acordeón. Se dividen en tres grupos, según su contenido y estilo: *a)* los códices aztecas que contienen el calendario augúrico, entre los que destaca, por su belleza, el *códice borbónico; b)* el grupo encabezado por el *códice Borgia,* proveniente de Tlaxcala o Cholula, que presenta la sabiduría de los sacerdotes con mayor riqueza que los aztecas; y *c)* los códices mixtecas, como el *códice Nuttal,* el de *Viena* y el *Bodley,* que presentan cronologías de dinastías reinantes. Se conservan cuatro códices mayas precolombinos: el *de Dresde,* el *Grolier,* el *Peresiano* y el *Tro-cortesiano.*

■ CÓDICE Nuttal, con pinturas realizadas sobre piel de ciervo donde se anotaba la historia dinástica y política de los mixtecas.
(British Museum, Londres.)

CODICIA s.f. (bajo lat. *cupiditia*). Deseo excesivo de riquezas u otras cosas.

CODICIAR v.tr. Desear mucho riquezas u otras cosas.

CODICILAR adj. Relativo al codicilo.

CODICILO s.m. Acto posterior a un testamento y que lo modifica; documento que lo contiene.

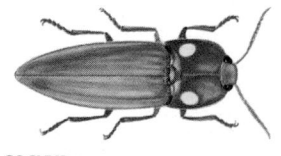

■ COCUYO

CODICIOSO, A adj. y s. Que tiene codicia. ◆ adj. TAUROM. Se dice del toro que embiste con vehemencia.

CODIFICACIÓN s.f. Acción y efecto de codificar. **2.** Conjunto de códigos utilizados en un mensaje. **3.** INFORMÁT. Operación consistente en representar una información mediante un código, por ejemplo, representar cada carácter alfanumérico mediante un conjunto de bits de valor 0 a 1.

CODIFICADOR, RA adj. Que codifica. ◆ s.m. Dispositivo que efectúa automáticamente la codificación de los elementos de un mensaje literal en código.

CODIFICAR v.tr. [1]. Reunir en un libro un conjunto de normas relativas a una rama del derecho: *codificar leyes.* **2.** Enunciar un mensaje mediante un código. **3.** Atribuir a algo cierto valor o propiedad mediante un sistema de códigos.

CÓDIGO s.m. (lat. *codex, -icis,* libro). Conjunto de preceptos legislativos que reglamentan las diversas instituciones constitutivas de una rama del derecho: *código civil, penal.* **2.** Sistema de signos y reglas que permite formular y comprender un mensaje. **3.** Signo que tiene un valor o propiedad determinados. **4.** Conjunto de símbolos sin modificar la información que expresa. **5.** INFORMÁT. Conjunto de reglas que proporcionan una correspondencia biunívoca que permite representar datos, programas u otras informaciones con vistas a facilitar su tratamiento automático o su transmisión. ◇ **Código de barras** Código consistente en un conjunto de trazos verticales de distinto grosor y número que sirven para identificar algo, especialmente un producto. **Código genético** Sucesión de bases nitrogenadas a lo largo de una hélice de ADN de las células vivas, que determina rigurosamente la sucesión de los aminoácidos en las proteínas que han sido elaboradas por estas células. **Código postal** Número de una dirección postal que representa la provincia, el encaminamiento y el distrito postal del destinatario.

CODILLERA s.f. Tumor blando que produce el callo de la herradura en el codillo del caballo cuando este está acostado.

CODILLO s.m. En los cuadrúpedos, coyuntura del brazo próxima al pecho; parte comprendida entre esta unión y la rodilla. **2.** BOT. Parte de la rama que queda unida al tronco por el nudo, después de haber sido cortada.

CODO s.m. (lat. *cubitus, -i*). Articulación situada en la parte media de las extremidades superiores, que une el brazo con el antebrazo. **2.** Parte de la manga de una prenda de vestir que cubre el codo. **3.** Trozo de tubo metálico que permite variar la dirección de las cañerías o conducciones. **4.** Parte doblada de un tubo o cañería. **5.** Antigua medida de longitud equivalente a la distancia que separa el codo del extremo del dedo medio, alrededor de 50 cm. ◆ adj. Méx. Tacaño, agarrado. ◇ **Alzar,** o **empinar,** o **levantar, el codo** *Fam.* Tomar bebidas alcohólicas, especialmente si se hace en exceso. **Codo a,** o **con, codo** En colaboración con otra persona. **De codos** Apoyado en los codos. **Hablar por los codos** *Fam.* Hablar mucho. **Hincar los codos** Estudiar con ahínco.

CODON s.m. Segmento muy corto de la hélice de ADN de las células vivas, que determina la síntesis de un aminoácido definido.

CODOÑATE s.m. (cat. *codonyat*). Dulce de membrillo.

CODORNIZ s.f. (lat. *coturnix, -icis*). Ave gallinácea migratoria, de plumaje marrón con manchas amarillas y rojizas y pequeñas rayas longitudinales blancas. (Su carne es apreciada; familia fasiánidos.)

■ CODORNIZ

COEDICIÓN s.f. Edición de una obra realizada conjuntamente por dos o más editores.

COEDUCACIÓN s.f. Educación que se da conjuntamente a alumnos de ambos sexos.

COEFICIENTE s.m. Número con que se representa de forma convencional el grado o intensidad de una determinada cualidad o fenómeno: *coeficiente de inteligencia; coeficiente de adherencia.* **2.** MAT. En un monomio, factor constante que multiplica la parte algebraica variable. ◇ **Coeficiente angular de una recta** Número que representa su inclinación con respecto a la horizontal; es igual a la tangente trigonométrica del ángulo de inclinación.

COÉFORA s.m. y f. En la Grecia antigua, persona que llevaba las ofrendas destinadas a los muertos.

COENDÚ s.m. Roedor con el cuerpo cubierto de espinas y una larga cola prensil, de pelaje marrón oscuro con motas blancas. (Vive en América del Sur, familia eretizóntidos.)

■ **COENDÚ**

COENZIMA s.m. Parte no proteica de la enzima, necesaria para el desarrollo de la catálisis bioquímica.

COERCER v.tr. (lat. *coercere*) [25]. Limitar, refrenar o reprimir.

COERCIBILIDAD s.f. Cualidad de coercible. **2.** DER. Posibilidad que tiene el estado de imponer coactivamente la observancia de una norma o, en su defecto, la sanción correspondiente.

COERCIÓN s.f. Acción de coercer.

COERCITIVO, A adj. Que coerce. ◇ **Campo coercitivo** Valor mínimo del campo magnético en que debe ponerse una barra de acero previamente imantada para anular su imantación.

COETÁNEO, A adj. y s. (lat. *coetaneus*). Que es de la misma edad o tiempo.

COEXISTENCIA s.f. Existencia simultánea de personas o cosas. ◇ **Coexistencia pacífica** Principio según el cual dos o más estados que pertenecen a sistemas políticos distintos participan en una organización del mundo que acepta la existencia de cada uno de ellos.

COEXISTIR v.intr. Existir simultáneamente personas o cosas.

COFA s.f. (cat. *cofa*). MAR. Plataforma colocada en el cuello de los palos machos.

COFIA s.f. (lat. tardío *cofia*). Tocado femenino de tela con que se mantiene recogido el cabello, típico de algunas profesiones como la de camarera o enfermera. **2.** Caperuza que recubre la cápsula de los musgos. **3.** Membrana fetal que cubre a veces la cabeza del feto en el momento del parto.

COFÍN s.m. Cesto o canasto, de esparto o mimbre, para llevar frutos y otras cosas: *un cofín de pasas.*

COFINANCIACIÓN s.f. Financiación realizada simultáneamente por dos o más instituciones financieras.

COFRADE s.m. y f. (del lat. *frater, -tis*). Miembro de una cofradía.

COFRADÍA s.f. Asociación de personas de un mismo oficio o bajo una misma advocación religiosa para fines mutualistas o espirituales: *cofradía de pescadores.*

COFRE s.m. (fr. *coffre*). Mueble parecido al arca, generalmente de tapa convexa. **2.** Caja con cerradura, para guardar objetos de valor. **3.** Colomb. Joyero, cajita para guardar joyas. **4.** Méx. Tapa que protege el motor de los automóviles. ◇ **Pez cofre** Pez óseo de los mares cálidos, de caparazón rígido. (Orden tetraodontiformes.)

COGEDERA s.f. Utensilio para recoger fruta, que consiste en unas tijeras montadas en el extremo de un palo y un cestillo para echar la fruta.

COGEDERO, A adj. Que puede ser agarrado. ◆ s.m. Mango o asidero.

COGEDOR s.m. Pala para recoger la basura.

COGER v.tr. (lat. *colligere*, recoger, allegar) [27]. Asir o tomar con la mano una cosa. **2.** Alcanzar o apresar a alguien o algo que huye: *coger a un ladrón.* **3.** Sobrevenir, sorprender: *coger con las manos en la masa.* **4.** Amér. *Vulg.* Realizar el acto sexual. **5.** Esp. Pasar a tener una enfermedad o un sentimiento determinados: *coger una borrachera; coger un resfriado; coger rabia.* **6.** Esp. Montar en un vehículo: *coger el autobús.* **7.** Esp. Atropellar a alguien un vehículo: *al cruzar la calle le cogió un automóvil* **8.** Esp. Llegar a tener algo que se desea o se necesita: *coger tanda.* **9.** Esp. Proveerse de algo, contratar, alquilar: *coger entradas para el cine.* **10.** Esp. Abarcar, ocupar cierto espacio: *la alfombra coge toda la habitación.* **11.** Esp. Alcanzar, llegar junto a una persona o cosa que va delante. **12.** Esp. y Méx. Entender, comprender: *coger el sentido de un chiste.* **13.** Esp. y Méx. Captar, recibir: *coger radio París.* **14.** Esp. TAUROM. Herir o enganchar el toro a una persona con los cuernos. ◆ v.intr. Esp. Seguido de la conj. *y* y otro verbo, indica una resolución o determinación: *cogió y se metió en un bar.* **2.** Esp. Hallarse a cierta distancia: *la casa coge lejos del centro.* **3.** Esp. *Vulg.* Caber: *no coger los niños en un sitio.* ◆ **cogerse** v.prnl. Esp. Asirse, agarrarse a algo para no caer. ◇ **Coger desprevenido** Sorprender a alguien con una acción, noticia, etc., para la que no estaba preparado.

COGESTIÓN s.f. Participación de los trabajadores en la gestión de la empresa, sin que ello suponga una alteración de las relaciones de producción.

COGIDA s.f. TAUROM. Acción de enganchar el toro con los cuernos al torero.

COGITABUNDO, A adj. Pensativo, meditabundo.

COGITAR v.tr. Pensar, meditar, reflexionar.

COGITATIVO, A adj. Que tiene facultad de pensar.

COGNACIÓN s.f. Consanguinidad entre personas por descendencia femenina. **2.** Parentesco.

COGNADO, A s. DER. ROM. Persona unida a otras por lazos de parentesco natural, y, especialmente, pariente por descendencia femenina.

COGNICIÓN s.f. Conocimiento, acción y efecto de conocer. **2.** DER. Conocimiento judicial de un asunto, para resolverlo. **3.** PSICOL. Conjunto de estructuras y actividades psicológicas cuya función es el conocimiento, por oposición a los dominios de la afectividad.

COGNITIVO, A adj. Relativo a la cognición. ◇ **Ciencias cognitivas** Conjunto de ciencias relativas a la cognición, como la psicología, la lingüística, la epistemología, etc.

COGNOSCIBLE adj. Que puede ser conocido SIN.: *conocible.*

COGNOSCITIVO, A adj. Relativo al conocimiento: *potencia cognoscitiva.*

COGOLLO s.m. (lat. *cucullus*, capucha de un vestido). Yema apical, considerablemente desarrollada en ciertas plantas, como la col, lechuga, etc. **2.** Brote de cualquier vegetal. **3.** *Fig.* Lo mejor o más selecto de alguna cosa. **4.** Núcleo o centro vital de algo. **5.** Parte alta de la copa del pino, que se desecha para madera.

COGOLLUDO, A adj. Se dice de la hortaliza que tiene mucho cogollo.

COGORZA s.f. (de *cohorzar*, celebrar un banquete fúnebre). Esp. *Vulg.* Borrachera.

COGOTE s.m. Parte superior y posterior del cuello. ◇ **Estar hasta el cogote de algo** o alguien Estar harto de sufrir una situación incómoda o a una persona.

COGOTERA s.f. Trozo de tela sujeto en la parte posterior de una prenda que cubre la cabeza, para resguardar la nuca del sol o la lluvia.

2. Sombrero que se pone a las bestias de tiro para protegerlas del sol.

COGOTUDO, A adj. Que tiene el cogote muy grueso. **2.** *Fig.* y *fam.* Muy orgulloso. ◆ adj. y s. Amér. Se dice de la persona adinerada y orgullosa.

COGUJADA s.f. (del lat. *cucullatus*, provisto de capucha). Ave paseriforme, algo mayor que el gorrión, provista de un gran copete.

COGULLA s.f. (lat. tardío *cuculla*, capucha de un vestido). Vestidura monacal con capucha y de mangas muy anchas o sin mangas, que se lleva sobre el hábito.

COHABITACIÓN s.f. Acción de cohabitar. **2.** Simultaneidad en el ejercicio del poder de un presidente de la república y un gobierno de tendencia opuesta.

COHABITAR v.intr. Vivir juntas dos o más personas. **2.** Vivir juntas dos personas como si estuvieran casadas.

COHECHAR v.tr. (lat. *conficere*). Sobornar a un juez o funcionario público. **2.** Alzar el barbecho o dar a la tierra la última labor antes de sembrarla.

COHECHO s.m. Acción y efecto de cohechar o dejarse cohechar: *delito de cohecho.* **2.** Tiempo de cohechar la tierra.

COHERENCIA s.f. Conexión lógica entre dos cosas o entre las partes o elementos de algo sin que se opongan ni contradigan entre sí: *coherencia de un discurso.* **2.** FÍS. Carácter de un conjunto de vibraciones que presentan una diferencia de fase constante. **3.** LING. Estado de un sistema lingüístico cuando sus componentes aparecen en conjuntos solidarios. **4.** LÓG. Propiedad de un sistema lógico por la cual de este sistema no pueden derivarse contradicciones.

COHERENTE adj. (lat. *cohaerens, -tis*). Que tiene coherencia. **2.** GEOL. Se dice de una roca cuyos elementos están soldados entre sí.

COHESIÓN s.f. (del lat. *cohaerere*). Acción y efecto de reunirse o adherirse las cosas entre sí o la materia de que están formadas.

COHESOR s.m. Aparato creado por Branly para la recepción de señales electromagnéticas.

COHETE s.m. Artificio pirotécnico consistente en un cartucho lleno de pólvora u otro explosivo, generalmente sujeto al extremo de una varilla, que se eleva en el aire y explota produciendo efectos luminosos. **2.** Artefacto propulsado por reacción merced a la combustión de una carga de pólvora u otro explosivo: *cohete de señales; cohete lanzacabos.* **3.** Motor cohete. **4.** Conjunto constituido por el motorcohete y el aparato que vehicula (proyectil, satélite, etc.). ◇ **Al cohete** Argent. *Fam.* Inútilmente, en vano. **Cohete sonda** Cohete utilizado para la exploración de la alta atmósfera.

■ **COHETE.** El cohete japonés H2.

COHIBIR v.tr. (lat. *cohibire*) [57]. Impedir a alguien o algo actuar con libertad o naturalidad a una persona. **2.** Méx. Obligar a alguien a que actúe de una manera determinada.

COHOBO s.m. Piel de ciervo. **2.** Ciervo.

COHOMBRILLO s.m. Planta medicinal de tallos rastreros, hojas acorazonadas y flores amarillas, que crece en las regiones mediterráneas; también recibe el nombre de cohombrillo amargo. (Familia cucurbitáceas.) **2.** Fruto de esta planta.

COHOMBRO s.m. (lat. *cucumis, -eris*). Pepino. ◇ **Cohombro de mar** Equinodermo de cuerpo alargado, cilindroide, y con la boca rodeada de tentáculos. (Familia holotúridos.)

COHONESTAR v.tr. (lat. *cohonestare*, realzar o embellecer). Armonizar o hacer compatible una cualidad, actitud o acción con otra. **2.** Dar visos de honesta a una acción indecorosa.

COHORTE s.f. Unidad táctica de base de la legión romana, o cuerpo de tropas auxiliares. **2.** *Fam.* Grupo de personas, especialmente si van armadas. **3.** Conjunto, serie: *cohorte de males.* **4.** ESTADÍST. Conjunto de personas o de parejas que han vivido un mismo acontecimiento demográfico en el curso de un mismo período.

COIHUÉ s.m. Argent. y Chile. Árbol de hojas caducas y cuya madera es muy semejante a la del roble. (Familia fagáceas.) **2.** Argent. y Chile. Madera de esta planta, utilizada en carpintería y ebanistería.

COIMA s.f. (voz portuguesa). Concubina. **2.** Pago que recibe el dueño de un garito por preparar las mesas de juego. **3.** Argent., Chile, Perú y Urug. Acción de coimear, sobornar. **4.** Argent., Chile, Perú y Urug. Soborno, regalo.

COIMEAR v.tr. Argent., Chile, Perú y Urug. Dar o recibir coimas o sobornos.

COIMERO, A s. Argent., Chile, Perú y Urug. Persona que recibe o acepta coimas, sobornos.

COINCIDENCIA s.f. Circunstancia de coincidir dos o más personas o cosas en algo. **2.** Cosa, aspecto o característica que coincide. **3.** MAT. Estado de dos figuras geométricas que se superponen.

COINCIDIR v.intr. (lat. *coincidere*). Concurrir dos o más personas en un mismo lugar. **2.** Ocurrir dos o más cosas al mismo tiempo. **3.** Ajustarse materialmente una cosa con otra. **4.** Tener dos o más personas la misma opinión sobre algo.

COINÉ s.f. → KOINÉ.

COIPA s.f. Tierra rica en sales potásicas, abundante en los Andes.

COIPO s.m. Argent. y Chile. Mamífero roedor, que tiene un pelaje similar al de la nutria, de gran calidad.

■ **COIPO**

COIRÓN s.m. Bol. y Chile. Planta gramínea de hojas duras y punzantes, que se utiliza principalmente para techar casas.

COITO s.m. (lat. *coitus, -us*). Cópula de un macho con una hembra, en la especie humana y en los animales superiores.

COITUS INTERRUPTUS s.m. (voces latinas). Método anticonceptivo que consiste en retirar el pene del interior de la vagina antes de la eyaculación.

COJEAR v.intr. Andar con movimiento o ritmo desigual por algún problema físico, como una lesión, la falta de un pie, una pierna o una pata, etc. **2.** Moverse un mueble por falta de estabilidad o por tener mal asiento. **3.** *Fig.* y *fam.* Adolecer de algún vicio o defecto.

COJERA s.f. Defecto o lesión que impide andar con normalidad.

COJIJOSO, A adj. Quejón o susceptible.

COJÍN s.m. (lat. *coxa*). Almohadón.

COJINETE s.m. MEC. Elemento que sirve para soportar y guiar un eje o árbol de maquinaria.

COJITRANCO, A adj. y s. *Desp.* Se dice del cojo, especialmente del que da grandes zancadas.

COJO, A adj. y s. (lat. vulgar *coxus*). Que cojea de un pie, una pierna, una pata, o los tiene defectuosos. ◆ adj. *Fig.* Incompleto, mal equilibrado, que carece de una parte necesaria: *frase coja; verso cojo.*

COJÓN s.m. (lat. vulgar *coleo, -onis*). *Vulg.* Testículo. ◆ **¡cojones!** interj. *Vulg.* Expresa sorpresa, alegría, dolor, etc. (El uso de esta voz se considera inconveniente.) ◇ **Tener cojones** *Vulg.* Tener hombría, no amilanarse.

COJONUDO, A adj. *Vulg.* Muy bien.

COJUDO s.m. Amér. Merid. Estúpido, imbécil. **2.** Argent., Par. y Urug. Caballo destinado a la procreación.

COK s.m. → COQUE.

COL s.f. (lat. *caulis*). Planta hortense de la familia crucíferas, de tallo carnoso y hojas anchas y lampiñas, que crece espontánea en las costas de Europa occidental. (Presenta numerosas variedades, todas comestibles, que se distinguen por el color y forma de sus hojas y por el tamaño: col roja o lombarda, col de Bruselas, coliflor, col brécol, etc.)

col

coliflor   col de Bruselas

■ **COLES**

1. COLA s.f. (lat. vulgar *coda*). Parte del cuerpo de numerosos vertebrados, posterior al ano, a menudo alargada y flexible, que es una prolongación de la columna vertebral. **2.** Prolongación alargada en lo posterior de algo: *vestido de cola.* **3.** Parte posterior o final de una cosa (por oposición a *cabeza* o *principio*): *cola de un ejército en marcha; cola de un avión.* **4.** Fila de personas que esperan su turno. **5.** Pecíolo de las hojas; pedúnculo de las flores y de los frutos. **6.** Estela luminosa formada por gas y polvo, que prolonga la cabeza de un cometa en dirección opuesta al Sol. **7.** La fracción más pesada de una mezcla de hidrocarburos. ◇ **Cola de caballo** ANAT. Conjunto de fibras nerviosas contenidas en la parte baja del conducto raquídeo, formadas por raíces de los nervios lumbares, sacros y del coxis; BOT. helecho con tallos estriados y entrenudos frecuentemente verticilados, que crece en prados y lugares húmedos; *Fig.* peinado con los cabellos recogidos atrás con un nudo o un pasador, de forma que caigan sobre la nuca y

■ **COLA** DE MILANO

la espalda. **Cola de milano, o de pato** Espiga de ensamblaje, en forma de trapecio, con la base menor en el arranque, utilizada en arquitectura y carpintería. **Cola de zorra** Planta gramínea de tallo erguido y panoja cilíndrica. **Tener, o traer, cola** algo *Fam.* Tener o traer consecuencias graves.

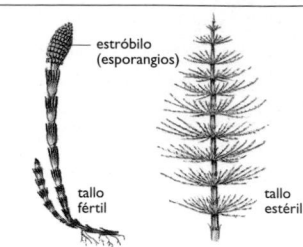

estróbilo (esporangios)

tallo fértil   tallo estéril

■ **COLA** DE CABALLO

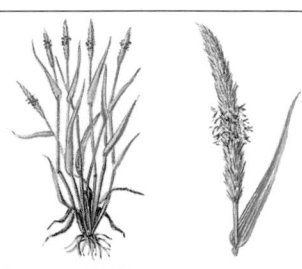

■ **COLA** DE ZORRA

2. COLA s.f. (gr. *kólla*). Pasta fuerte, traslúcida y pegajosa, que, disuelta en agua caliente, sirve para adherir cosas. **2.** Sustancia que se adiciona a determinados productos industriales (papel, pinturas, etc.) ◇ **Cola de pescado** Cola preparada a partir de pescados, utilizada para clarificar vinos. **No pegar ni con cola** Ser una cosa notablemente incongruente con otra.

3. COLA s.f. Árbol africano cuyo fruto (*nuez de cola*) se emplea como tónico y estimulante.

COLABORACIÓN s.f. Acción de colaborar. **2.** Trabajo o cosa hecho por dos o más personas conjuntamente. **3.** Trabajo que se hace para una editorial, un periódico, etc.

COLABORACIONISMO s.m. Conjunto de ideas, actitudes y tendencias favorables a la colaboración con un régimen que la mayoría de los ciudadanos de una nación consideran opresivo o nefasto, especialmente si se trata de un régimen de ocupación.

COLABORACIONISTA adj. y s.m. y f. Relativo al colaboracionismo; partidario del colaboracionismo.

COLABORADOR, RA s. Persona que colabora.

COLABORAR v.intr. Trabajar con otras personas, especialmente en obras intelectuales. **2.** Realizar un trabajo determinado para una editorial, un periódico, etc., sin formar parte de la plantilla. **3.** Contribuir una cosa en la formación de otra.

COLACIÓN s.f. (lat. *collatio, -onis*, acción de conferir). Acción de conferir un beneficio eclesiástico o un grado universitario. **2.** Comida ligera. **3.** Comparación o cotejo de una cosa con otra. **4.** Amér. Golosina de formas diversas, hecha de masa ligera y recubierta de un baño de azúcar. ◇ **Colación de bienes** DER. Manifestación que un heredero forzoso hace de los bienes que recibió gratuitamente en vida del causante para que le sean descontados. **Sacar, o traer, a colación** *Fam.* Aducir pruebas o razones en favor de una causa; mencionar en una conversación cierto asunto.

COLACIONAR v.tr. Cotejar o confrontar. **2.** Traer a colación y partición.

1. COLADA s.f. Lavado de la ropa de la casa: *hacer la colada.* **2.** Operación que se hace en los altos hornos para sacar el hierro fundido.

3. Vertido del metal fundido en el molde o la lingotera. **4.** Colomb. Postre similar al arroz con leche. **5.** Masa de lava líquida que fluye por la ladera de un volcán hasta que solidifica. ◇ **Colada en surtidor** Vertido del metal fundido en un canal vertical que descemboca en la parte inferior del molde.

2. COLADA s.f. Esp. Espada de gran calidad.

COLADERA s.f. Méx. Cloaca. **2.** Méx. Sumidero agujereado.

COLADERO s.m. Fam. Centro de enseñanza donde resulta muy fácil aprobar. **2.** Camino o paso estrecho. **3.** Colador.

COLADO, A adj. Esp. Fig. y fam. Se dice del que está muy enamorado. **2.** METAL. Se dice del hierro que sale fundido del cubilote y se vierte en los moldes, y, en general, de todo metal que previa fusión ha sido moldeado: *estufa de hierro colado*.

COLADOR s.m. Utensilio para colar líquidos que está formado por una tela metálica o plástica, o por una plancha con agujeros y un mango. SIN.: *coladero*.

COLADURA s.f. Acción y efecto de colar líquidos. **2.** Fig. y fam. Equivocación.

COLÁGENO s.m. Proteína compleja que constituye la sustancia intercelular del tejido conjuntivo.

COLAGENOSIS s.f. Enfermedad debida a una alteración difusa del colágeno.

COLAGOGO, A adj. y s.m. Se dice de la sustancia que provoca la excreción biliar.

COLANILLA s.f. Pasador pequeño con que se cierran puertas y ventanas.

COLAPEZ s.f. *Cola de pescado.

COLAPSAR v.tr. Producir un colapso en un lugar o una cosa. ◆ v.intr. y prnl. Sufrir un colapso. **2.** Esp y Méx. Fig. Paralizar o disminuir mucho una actividad.

COLAPSO s.m. (lat. *collapsus, -us*, caída, hundimiento). Alteración repentina y brusca de las funciones vitales que produce una debilidad extrema. **2.** Falla de la presión arterial en el curso de una enfermedad, operación quirúrgica, etc. **3.** Laxitud de un órgano o de las paredes de una víscera o vaso. **4.** Fig. Paralización o disminución de una actividad.

COLAR v.tr. y prnl. (lat. *colare*) [17]. Filtrar un líquido. **2.** QUÍM. Separar las partes solubles con la ayuda de una lejía. *colar las cenizas*. ◆ v.tr. o intr. Fam. Pasar una cosa con engaño o artificio: *colar un billete falso*. **2.** Fam. Hacer creer algo que no es verdad: *colar una mentira*. ◆ v.intr. Fam. Pasar por un lugar estrecho: *colarse por una brecha*. ◆ **colarse** v.prnl. Fam. Introducirse subrepticiamente o sin permiso en un sitio. **2.** Fam. Equivocarse. **3.** Esp. Fam. Enamorarse perdidamente.

COLATERAL adj. Se dice de las cosas que están a uno y otro lado de otra principal: *altar colateral*. **2.** Se dice de la arteria, vena o nervio que proceden de un tronco principal o desembocan en él. **3.** Se dice del punto cardinal (NE, NO, SE, SO) situado entre otros dos, a igual distancia de ambos. **4.** Que se produce de forma involuntaria como consecuencia de las acciones realizadas para alcanzar un fin determinado: *daños colaterales*. ◆ adj. y s.m. y f. Se dice del pariente que no lo es por línea directa, como los primos.

COLBAC s.m. Morrión de pelo, con una manga cónica lateral de paño, utilizado como cubrecabeza por determinados cuerpos militares en el s. XIX.

COLBERTISMO s.m. Sistema económico del que Colbert fue el teórico y el generalizador, y que constituye la versión francesa del mercantilismo.

COLCHA s.f. (fr. ant. *colche*, lecho). Cobertura de cama para adorno o abrigo.

COLCHADURA s.f. Acción y efecto de acolchar una tela.

COLCHAR v.tr. Acolchar una tela.

COLCHÓN s.m. Saco rectangular y aplanado, relleno de cualquier materia blanda o elástica, o provisto de muelles en su interior, cosido por todos sus lados y de tamaño apropiado para dormir sobre él. **2.** Cosa que se usa como colchón. ◇ **Colchón de aire** Sistema de suspensión de un vehículo o una embarcación, en que la función de transporte se realiza por

aire, bajo una ligera sobrepresión infiltrada bajo el aparato. **Colchón hinchable**, o **neumático**, o **de viento** Colchón de tela recauchutada o de materia plástica y relleno de aire que se pone sobre el agua para tumbarse sobre él.

COLCHONETA s.f. Colchón delgado y estrecho. **2.** Colchón hinchable.

COLCÓTAR s.m. (hispano-ár. *qulquṭār*). Óxido férrico que se emplea para pulir el vidrio.

COLD-CREAM s.m. (ingl. *cold cream*). Pomada hecha con grasa de ballena, cera y aceite de almendras dulces, utilizada en cosmética y como excipiente en dermatología.

COLEADA s.f. Sacudida que dan con la cola algunos animales. **2.** Amér. Acción de colear una res para derribarla.

COLEAR v.intr. Mover la cola. **2.** Fam. Durar un asunto o sus consecuencias más de lo previsto. ◆ v.tr. Colomb. Molestar. **2.** Méx. y Venez. Tirar de la cola de una res para derribarla. ◆ v.tr. y prnl. Chile. Negar o frustrar a alguien un intento o pretensión.

COLECCIÓN s.f. (del lat. *colligere*). Conjunto de cosas de la misma clase reunidas por afición o interés: *una colección de sellos*. **2.** Fig. Gran cantidad de personas o cosas: *una colección de disparates*. **3.** Conjunto de modelos nuevos presentados una temporada por los profesionales del vestido: *la colección de otoño-invierno*. **4.** MED. Acumulación de líquido o de gas en una cavidad del organismo.

COLECCIONAR v.tr. Hacer una colección.

COLECCIONISMO s.m. Afición a coleccionar.

COLECCIONISTA s.m. y f. Persona que colecciona una cosa por afición.

COLECISTECTOMÍA s.f. Extirpación de la vesícula biliar.

COLECISTITIS s.f. Inflamación de la vesícula biliar.

COLECISTOGRAFÍA s.f. Radiografía de la vesícula biliar tras su preparación mediante una sustancia de contraste.

COLECISTOSTOMÍA s.f. CIR. Operación quirúrgica consistente en practicar una abertura en la vesícula biliar.

COLECTA s.f. (del lat. *collecta*, neutro pl. del p. *collectus*, cogido). Recogida de donativos, generalmente para fines benéficos. **2.** CATOL. Oración que el sacerdote dice en la misa antes de la epístola.

COLECTAR v.tr. Recaudar, recoger, especialmente dinero.

COLECTICIO, A adj. Se dice del cuerpo de tropa compuesto de gente nueva y sin disciplina. **2.** Se dice del tomo formado por obras sueltas.

COLECTIVERO s.m. Argent. y Perú. Persona que maneja un colectivo o autobús.

COLECTIVIDAD s.f. Grupo de personas que comparten unos mismos intereses o ideas. SIN.: *colectivo*.

COLECTIVISMO s.m. Sistema económico que propugna la propiedad en común de los medios de producción en beneficio de la colectividad.

COLECTIVIZACIÓN s.f. Acción de colectivizar.

COLECTIVIZAR v.tr. [7]. Convertir en colectiva una propiedad privada. **2.** ECON. Poner los medios de producción y de intercambio al servicio de la colectividad por medio de la expropiación o la nacionalización. ◆ v.tr. y prnl. Aplicar la doctrina o las doctrinas colectivistas. ◆ **colectivizarse** v.prnl. Agruparse para defender intereses comunes.

COLECTIVO, A adj. (lat. *collecticius*). Que es realizado por un grupo de personas: *un trabajo colectivo*. **2.** Que afecta a una colectividad: *una tragedia colectiva*. ◆ adj. y s.m. Se dice del sustantivo singular que denota un conjunto de personas o cosas, como *docena, leña o ejército*. ◆ s.m. Colectividad. **2.** Argent., Bol. y Perú. Vehículo de transporte de pasajeros, autobús. SIN.: *ómnibus*. **3.** Chile. Taxi con recorrido fijo que recoge pasaje hasta llenarse.

COLECTOR, RA adj. Que recoge. ◆ s.m. Conducto principal que en la conducción de aguas, vapor, etc., recibe los ramales secundarios. **2.** Pieza de una dinamo o un motor

eléctrico contra la que rozan las escobillas. **3.** Zona de un transistor en la que se recoge la señal amplificada. ◇ **Colector de admisión** Tubo que hace de enlace entre el carburador o el filtro de aire y la culata de un motor de explosión. **Colector de escape** Tubo que recoge los gases quemados de un motor para su evacuación. **Colector de ondas** Conductor eléctrico cuya función es captar ondas hercianas.

COLÉDOCO s.m. y adj. Conducto formado por la reunión de los conductos hepático y cístico que lleva la bilis al duodeno.

COLEGA s.m. y f. (lat. *collega*). Persona que tiene la misma profesión que otra, especialmente si es liberal. **2.** Fam. Compañero, amigo.

COLEGIADO, A adj. y s. Que pertenece a un colegio profesional. ◆ adj. Se dice del conjunto de profesionales o practicantes de una actividad que está constituido en colegio. **2.** Formado por varias personas: *dirección colegiada*. ◆ s.m. DEP. Árbitro de fútbol.

1. COLEGIAL adj. Relativo al colegio: *cuota colegial*. ◇ **Cabildo colegial** REL. Cabildo de canónigos establecidos en una iglesia que no tiene sede episcopal.

2. COLEGIAL, LA s. Persona que asiste a cualquier colegio. **2.** Persona que tiene beca o plaza en un colegio. **3.** Fig. Persona joven inexperta y tímida. ◆ s.m. pl. **colegiales** Miembros de un colectivo que desempeñó una fuerte influencia a fines del reinado de Fernando VI, defensor de los intereses de la aristocracia.

COLEGIALIDAD s.f. Carácter de las instituciones organizadas colegialmente.

COLEGIARSE v.prnl. Afiliarse a un colegio profesional. **2.** Constituirse en colegio las personas que comparten la misma profesión.

COLEGIATA s.f. Iglesia no catedral que posee un cabildo de canónigos. SIN.: *iglesia colegial*.

COLEGIO s.m. (lat. *collegium*, conjunto de colegas). Institución destinada a la enseñanza primaria o secundaria. ◇ **Colegio electoral** Conjunto de electores de una misma unidad electoral; lugar al que acuden los electores para depositar su voto. **Colegio mayor** Residencia de estudiantes de enseñanza superior, donde se desarrollan actividades destinadas a completar su formación académica profesional. **Colegio menor** Residencia de estudiantes de enseñanzas de grado medio. **Colegio profesional** ADM. y DER. Corporación con personalidad jurídica propia, cuyo fin es ordenar el ejercicio de una determinada profesión y defender los intereses profesionales de los colegiados. **Colegio universitario** Centro de enseñanza superior adscrito a la universidad estatal. **Sacro colegio cardenalicio** Cuerpo formado por los cardenales de la Iglesia romana.

COLEGIR v.tr. (lat. *colligere*, recoger, allegar) [91]. Deducir una cosa de otra. **2.** Juntar o reunir cosas que están sueltas.

COLEGISLADOR, RA adj. Se dice del cuerpo que concurre con otro para la formación de las leyes.

COLÉMBOLO, A adj. y s.m. Relativo a un orden de insectos muy pequeños (entre 0,5 y 5 mm), primitivos, sin alas ni metamorfosis, que pululan en todos los suelos vegetales.

COLEMIA s.f. Tasa elevada de bilis en la sangre, que es síntoma de icfericia.

COLÉNQUIMA s.m. Tejido de sostén de los vegetales superiores, formado casi únicamente por celulosa.

COLEÓPTERO, A adj. y s.m. (gr. *koleópteros*). Relativo a un orden de insectos de metamorfosis completa, provistos de piezas bucales masticatorias y de alas posteriores plegables, protegidas por un par de élitros córneos, como el abejorro o la mariquita.

COLEÓPTILO s.m. Vaina que rodea el tallo joven de las gramíneas y que segrega la auxina, hormona del crecimiento.

CÓLERA s.f. (lat. tardío *cholera, -erum*). Fig. Ira, enojo muy violento. **2.** Bilis, líquido amargo segregado por el hígado. ◆ s.m. Enfermedad epidémica contagiosa, producida por el vibrión colérico y caracterizada por diarrea, vómitos, sed intensa, calambres dolorosos en los miembros, adelgazamiento rápido, y abatimiento profundo con descenso de la temperatura, que puede causar la muerte. ◇ **Cólera nostras** Diarrea estacional observada en Europa y debida a un colibacilo. **Montar en cólera** Airarse, encolerizarse.

COLERÉTICO, A adj. y s.m. Se dice de la sustancia o el alimento, como la alcachofa, el boldo, etc., que incrementa la secreción biliar.

COLÉRICO, A adj. Que se encoleriza fácilmente. ◆ adj. y s. Relativo a la cólera o al cólera; que padece cólera.

COLERIFORME adj. Que es característico del cólera o constituye un síntoma de esa enfermedad: *diarrea coleriforme.*

COLERINA s.f. Forma premonitoria del cólera o forma benigna del cólera nostras.

COLERO s.m. Amér. Ayudante del capataz de una mina.

COLESTEROL s.m. Esterol de origen animal presente en todas las células, en la sangre y, en mayor proporción, en la bilis. SIN.: *colesterina.*

COLESTEROLEMIA s.f. Tasa de colesterol en la sangre. (La colesterolemia normal está entre 1,50 y 2,50 g por litro.)

COLETA s.f. Cabello, o mechón del mismo, recogido con una goma o una cinta en la parte posterior o lateral de la cabeza. **2.** Coletilla. ◇ **Cortarse la coleta** Cesar en una actividad u oficio; especialmente dejar de torear.

COLETAZO s.m. Golpe que se da con la cola. **2.** Manifestación de algo que se está terminando: *dar los últimos coletazos.*

COLETILLA s.f. Adición breve a lo escrito o hablado, generalmente con el fin de salvar alguna omisión o de reforzar lo que antes se ha escrito o dicho.

COLETO s.m. (ital. antic. *colletto*). Vestidura de ante o cuero que se ajustaba al cuerpo hasta la cintura, usada por la tropa en los ss. XVI y XVII. **2.** Fam. Interior de una persona. ◇ **Echarse una cosa al coleto** Fam. Comérsela o bebérsela.

COLGADERO s.m. Utensilio o dispositivo para colgar algo.

COLGADIZO s.m. Tejadillo adosado a un muro.

COLGADO, A adj. Fam. Se dice de la persona que se ha quedado esperando algo que no se ha cumplido: *quedamos pero me dejó colgado.* **2.** Que está sin resolver: *todavía nos queda un tema colgado.* **3.** Que está obsesionado o dominado por algo. **4.** Fam. Que está bajo los efectos de una droga. ◆ adj. y s. Se dice de la persona que actúa de forma poco usual, al margen de las conveniencias sociales.

COLGADOR s.m. Percha portátil para colgar una prenda de vestir, generalmente de forma triangular, que tiene un gancho para colgarla, a su vez, de la varilla de un armario.

COLGADURA s.f. Tapiz o tela con que se cubre y adorna una pared interior o exterior, un balcón, etc.

COLGAJO s.m. Cosa antiestética o de poco valor que cuelga de un sitio. **2.** Porción de frutas colgadas para conservarlas.

COLGANTE adj. Que cuelga. ◆ s.m. Joya o adorno que cuelga de un collar, pulsera, cadena, etc.

COLGAR v.tr. (lat. *collocare,* colocar) [12]. Poner una cosa suspendida de otra sin que llegue a apoyarse en el suelo. **2.** Fam. Ahorcar. **3.** Fig. Imputar: *colgar a alguien la culpa de algo.* **4.** Revestir o adornar con tapices y colgaduras. **5.** Incorporar textos, imágenes, aplicaciones, etc., a una página web. **6.** Esp. Entre estudiantes, suspender en un examen: *me han colgado en matemáticas.* ◆ v.intr. Estar una cosa suspendida de otra: *una lámpara colgaba del techo.* **2.** Cortar una comunicación telefónica poniendo en su lugar el receptor. ◆ **colgarse** v.prnl. Adquirir dependencia de una cosa, en especial de una droga. **2.** Fam. Quedarse bloqueada una computadora o un programa.

COLIBACILO s.m. Bacteria presente en el suelo y a menudo en el agua, la leche y ciertos alimentos, que vive normalmente en el intestino del ser humano y de los animales, pero que puede invadir diferentes tejidos y órganos y convertirse en patógena.

COLIBACILOSIS s.f. Enfermedad causada por el colibacilo.

COLIBRÍ s.m. (fr. *colibri*). Nombre de ciertas aves de América, de pequeño tamaño (algunas no son mayores que un abejorro) y pico largo, que hunden en las flores para absorber su néctar. (Su vuelo es muy rápido, y su plumaje, brillante.) SIN.: *pájaro mosca, picaflor.*

■ **COLIBRÍ**

CÓLICO, A adj. (lat. *colicus morbus*). Relativo al colon. ◆ s.m. Dolor en el colon y, por ext., cualquier dolor de la cavidad abdominal o de un órgano hueco, con un principio y un final bruscos. ◇ **Cólico hepático** Dolor agudo de las vías biliares. **Cólico nefrítico** Dolor agudo provocado por la obstrucción súbita de un uréter.

COLIFLOR s.f. Variedad de col cuyos pedúnculos forman una pella blanca y compacta, que constituye una hortaliza muy apreciada.

COLIGAR v.tr. y prnl. (lat. *colligare*) [2]. Unir, aliar: *coligarse dos naciones.*

COLIGATIVO, A adj. Se dice de la propiedad de una sustancia que solo depende de la concentración molecular de esa sustancia y no de su naturaleza.

COLIGUACHO s.m. Chile. Especie de tábano negro con los bordes del tórax y el abdomen cubiertos de pelos anaranjados o rojizos.

COLIGÜE s.m. Argent. y Chile. Planta gramínea trepadora de hojas perennes y madera muy dura.

COLILLA s.f. (del lat. *coda,* rabo). Punta del cigarro que queda después de fumar el resto.

COLIMADOR s.m. (del lat. *collimatio, -onis*). Instrumento óptico que permite obtener un haz de rayos luminosos paralelos. **2.** Anteojo que va montado sobre los grandes telescopios astronómicos, para facilitar su puntería. **3.** Elemento del visor de tiro aéreo.

COLIMAR v.tr. Obtener un haz de rayos paralelos a partir de un foco luminoso.

COLIMBA s.f. Argent. Fam. Servicio militar. ◆ s.m. Argent. Fam. Recluta, soldado mientras recibe la instrucción militar obligatoria.

COLIMBIFORME adj. y s.m. Relativo a un orden de aves acuáticas de tamaño mediano y plumaje denso, al que pertenece el colimbo. SIN.: *gaviforme.*

COLIMBO s.m. (gr. *kólymbos*). Ave palmípeda de pico largo y recto, que bucea para capturar peces y vive en las costas de los países fríos. (Familia gávidos.)

COLÍN, NA adj. Se dice del caballo o yegua con el rabo cortado a un tercio aproximadamente de su base. **2.** Se dice del piano de cola pequeño. ◆ s.m. Barrita de pan larga y del grosor de un dedo.

1. COLINA s.f. (ital. *collina*). Monte pequeño y de formas suaves. SIN.: *alcor.*

2. COLINA s.f. Simiente de coles y berzas.

3. COLINA s.f. (del gr. *kholé*, bilis). Cuerpo nitrogenado que interviene en la composición de la materia viva y protege la célula hepática.

COLINABO s.m. Variedad de col, de raíz muy gruesa.

COLINDANTE adj. Que colinda. **2.** Se dice de los propietarios de fincas que colindan.

COLINDAR v.intr. Lindar entre sí dos o más fincas, términos municipales, etc.

COLINÉRGICO, A adj. Se dice de los elementos nerviosos cuyo mediador químico es la acetilcolina, tales como los nervios parasimpáticos y las fibras preganglionares del simpático.

COLINESTERASA s.f. Enzima que asegura la rápida destrucción de la acetilcolina formada en las terminaciones de los nervios parasimpáticos, limitando así la duración de los efectos inducidos por dichos nervios.

COLINETA s.f. Venez. Dulce de almendra y huevo.

COLIRIO s.m. (lat. *collyrium*). Medicamento que se aplica en la conjuntiva del ojo.

COLIRRÁBANO s.m. Variedad de col.

COLIRROJO s.m. Ave paseriforme que tiene la cola de color castaño rojizo. (Familia túrdidos.)

COLISA s.f. (fr. *coulisse*). Plataforma giratoria sobre la cual gira la cureña sin ruedas de un cañón. **2.** Cañón montado de ese modo.

COLISEO s.m. Teatro o sala de espectáculos con capacidad para un gran número de personas.

COLISIÓN s.f. Choque violento entre dos o más cuerpos, de los cuales al menos uno está en movimiento. **2.** Fig. Enfrentamiento entre ideas, principios o intereses opuestos, o entre las personas que los representan o defienden. **3.** Fís. Fenómeno que consiste en una interacción más o menos violenta entre dos o más partículas que se acercan hasta una distancia del orden de su tamaño.

COLISIONAR v.tr. y prnl. Chocar violentamente dos o más cuerpos entre sí. **2.** Fig. Oponerse ideas, principios o intereses o las personas que los representan o defienden.

COLISTA s.m. y f. Irón. Persona que espera en una cola. **2.** Irón. Persona o equipo que ocupa el último puesto de la clasificación en una competición.

COLITIS s.f. (del lat. *colon*). Inflamación del colon.

COLLADO s.m. (del lat. *collis*). Colina, pequeña elevación. **2.** Depresión suave del terreno por donde se puede pasar fácilmente de un lado a otro de una sierra.

COLLAGE s.m. (voz francesa). Conjunto de textos, imágenes. etc., de procedencia diversa, agrupados formando una unidad. **2.** ART. MOD. Y CONTEMP. Procedimiento de composición plástica, musical y literaria que consiste en introducir en una obra elementos heterogéneos preexistentes, para crear contrastes inesperados.

COLLALBA s.f. Ave paseriforme de la familia túrdidos, del tamaño de una alondra, con pico recto y plumaje suave y abundante.

COLLAR s.m. (lat. *collare*). Adorno que rodea el cuello: *collar de perlas.* **2.** Insignia de algunas magistraturas, dignidades y órdenes de caballería. **3.** Aro o correa de cuero o de metal que se coloca en el cuello de algunos animales domésticos. **4.** Banda de plumas que rodea el cuello de algunas aves, cuyo color difiere del resto del cuerpo. **5.** Abrazadera o anillo metálico circular que rodea una tubería, un conducto, etc., para fijarlos a un apoyo.

COLLAREJA s.f. Colomb. y C. Rica. Paloma de color azul, apreciada por su carne. **2.** Méx. Comadreja.

COLLARÍN s.m. Aparato ortopédico de forma circular que se coloca alrededor del cuello para inmovilizar las vértebras cervicales. **2.** Alzacuello de los eclesiásticos. **3.** Reborde que rodea el orificio de la espoleta de las bombas, para facilitar su manejo.

COLLARINO o **COLLARÍN** s.m. ARQ. Moldura que rodea la parte superior del fuste de una columna.

COLLEJA s.f. (lat. vulgar *caulicula*). Planta herbácea de hojas blanquecinas y flores blancas en panojas colgantes, que en algunas partes se come como verdura. (Familia cariofiláceas.)

COLLERA s.f. Collar de cuero o lona, relleno de paja, borra, etc., que se pone al cuello de las caballerías o bueyes para evitar que el correaje y demás arreos los lastimen. **2.** TAUROM. Pareja de jinetes que acosan a una res en el campo para derribarla. ◆ **colleras** s.f.pl. Chile y Colomb. Gemelos de camisa.

COLLIE s.m. y f. y adj. Perro pastor que pertenece a una raza escocesa, de cabeza fina, hocico alargado y pelo largo y abundante.

COLMADO s.m. Esp. Tienda de comestibles. **2.** Esp. Establecimiento donde se sirven bebidas y comidas, principalmente mariscos: *un colmado andaluz.*

COLMAR v.tr. (lat. *cumulare*). Llenar un recipiente hasta que el contenido rebase los bordes: *colmar un vaso de vino.* **2.** *Fig.* Satisfacer plenamente: *la victoria colmó sus aspiraciones.* **3.** *Fig.* Llenar algo o a alguien de atenciones, quejas, alabanzas o insultos: *colmar de atenciones.*

COLMATAR v.tr. AGRIC. Rellenar y fertilizar artificialmente los terrenos bajos o estériles con limos depositados por las aguas. ◆ **colmatarse** v.prnl. GEOMORFOL. Rellenarse una depresión o cuenca con los materiales arrastrados por una corriente de agua u otro agente de transporte.

COLMENA s.f. Habitáculo donde se refugia, reproduce y guarda la miel un enjambre de abejas. (La colmena puede ser natural o estar hecha de forma artificial, con una caja de madera, de corcho, etc.) **2.** Comunidad de abejas que vive en ese habitáculo. **3.** *Fig.* Edificio o lugar donde viven apiñadas gran cantidad de personas. **4.** Méx. Abeja.

COLMENAR s.m. Lugar donde están las colmenas o conjunto de colmenas.

COLMENERO, A s. Persona que tiene colmenas o cuida de ellas.

COLMENILLA s.f. Seta comestible, de sombrerillo alveolado, consistente y carnoso, de pie liso y cilíndrico y color amarillento oscuro. (Clase ascomicetes.)

cónica   redonda

■ COLMENILLAS

COLMILLEJA s.f. Pez de agua dulce, de forma alargada, que presenta seis barbitas en el labio superior.

COLMILLO s.m. (lat. vulgar *columellus*). Diente agudo colocado entre el último incisivo y el primer molar. **2.** Cada uno de los incisivos prolongados en forma de cuerno que tienen los elefantes en la mandíbula superior.

COLMILLUDO, A adj. Que tiene grandes colmillos. **2.** *Fig.* Sagaz, astuto, difícil de engañar.

1. COLMO s.m. Parte de una sustancia que rebasa los bordes del recipiente que la contiene. **2.** Grado máximo de algo. **3.** *Fig.* Complemento o término de alguna cosa con que se expresa su grado máximo: *el colmo de la felicidad.* ◇ **Para colmo** Expresa que a un acontecimiento negativo le sigue otro que es tan to o más: *ha llegado tarde y, para colmo, bebido y armando escándalo.* **Ser el colmo** Ser inadmisible o intolerable alguna cosa.

2. COLMO, A adj. Que está colmado.

COLOBO s.m. Simio de África ecuatorial, de cuerpo alargado, color blanco y negro, cola larga y pelaje largo y sedoso, próximo a los semnopitecos. (Familia cercopitécidos.)

COLOCACIÓN s.f. Acción de colocar. **2.** Situación, disposición de una cosa. **3.** Empleo, trabajo remunerado. **4.** DEP. Posición que en la cancha debe adoptar un jugador, de acuerdo con la táctica que emplea su equipo o su compañero.

COLOCADO, A adj. Que tiene un empleo. **2.** *Esp.* Que se encuentra bajo los efectos de una droga o del alcohol. ◆ adj. y s. En las carreras de caballos, se dice del que llega en segundo lugar a la meta.

COLOCAR v.tr. y prnl. (lat. *collocare*) [1]. Poner a una persona o cosa en su debido lugar o en un lugar determinado: *colocar los libros en un estante.* **2.** Proporcionar o conseguir un empleo o condición determinada de vida: *colocarse en una fábrica.* ◆ v.tr. Invertir un capital. **2.** Vender una mercancía o hallarle mercado. **3.** *Esp. Fam.* Producir una droga efectos alucinógenos en quien la consume. ◆ **colocarse** v.prnl. Estar bajo los efectos alucinógenos de una droga.

COLOCHO, A adj. y s. *Salv.* Se dice de la persona que tiene el cabello rizado. ◆ s.m. *Amér. Central.* Viruta o doladura de madera. **2.** *Amér. Central.* Rizo, tirabuzón. **3.** *Salv.* Servicio, favor.

COLODIÓN s.m. (del gr. *kollódes*, pegajoso). Solución de nitrocelulosa en una mezcla de alcohol y éter, que se utiliza en fotografía, farmacia, etc.

COLODRA s.f. Recipiente de madera que usan los pastores para ordeñar las cabras, ovejas y vacas. **2.** Recipiente de madera en que se tiene el vino que se va midiendo y vendiendo al detall. **3.** Estuche que contiene agua o hierba mojada en que el segador lleva la piedra de afilar.

COLODRILLO s.m. Parte posterior de la cabeza.

COLOFÓN s.m. (gr. *kolophón, -ónos*). Texto o anotación al final de los libros. **2.** *Fig.* Término, remate de un asunto.

COLOFONIA s.f. Resina amarilla, sólida y transparente, que queda como residuo de la destilación de la trementina.

COLOGARITMO s.m. MAT. Logaritmo del inverso del número real considerado:

$$\text{colg}\ a = \lg\frac{1}{a} = -\lg\ a.$$

COLOIDAL adj. De los coloides. ◇ **Estado coloidal** Estado de dispersión de la materia en el seno de un líquido, caracterizado por la presencia de partículas de tamaño comprendido por término medio entre 0,2 y 0,002 micras.

COLOIDE adj. y s.m. Se dice de un sistema físico-químico en el cual partículas de una sustancia se encuentran suspendidas en un líquido sin formar disolución, gracias a una clase de equilibrio dinámico llamado estado coloidal.

COLOMBIANISMO s.m. Palabra, expresión o giro propios del español de Colombia. **2.** Estima o admiración por la cultura y las tradiciones de Colombia.

COLOMBIANO, A adj. y s. De Colombia. ◆ s.m. Variedad del español que se habla en Colombia.

COLOMBINO, A adj. Relativo a Cristóbal Colón.

COLOMBO s.m. Arbusto del África tropical, cuya raíz posee propiedades astringentes y tónicas.

COLOMBOFILIA s.f. Afición a la cría, adiestramiento, cuidado, etc., de palomas, en especial, de las mensajeras.

COLOMBÓFILO, A adj. y s. Que se dedica a la colombofilia.

COLON s.m. (lat. *colon*). Parte del intestino grueso que empieza en el ciego y termina en el recto. (Se divide en colon *ascendente, transverso y descendente.*)

COLÓN s.m. Unidad monetaria principal de Costa Rica. **2.** Unidad monetaria de El Salvador, junto con el dólar EUA.

COLONATO s.m. Sistema de explotación agrícola de tierras por medio de colonos.

1. COLONIA s.f. Territorio ocupado y administrado por una potencia extranjera, de la que depende en los planos político, económico, cultural, etc. **2.** Conjunto de extranjeros oriundos de un mismo país que viven en la misma ciudad o en la misma región: *la colonia española de París.* **3.** Conjunto de personas que pasan temporadas en un sitio que no es su lugar habitual de residencia, con fines recreativos, de veraneo, etc. **4.** Grupo de animales que viven en colectividad: *colonia de abejas.* **5.** Méx. Barrio urbano, cada una de las zonas en que se dividen las ciudades. **6.** Méx. Coloniaje. **7.** HIST. Población que se expatriaba e iba a vivir a otro país. ◇ **Colonia penitenciaria** Colonia en la que los condenados cumplen la pena que les ha sido impuesta.

2. COLONIA s.f. (de *Colonia*, c. de Alemania). *Agua de colonia.

COLONIAJE s.m. *Amér.* Nombre dado al período colonial español de la historia de América.

COLONIAL adj. Relativo a una colonia, territorio. ◆ adj. s. Se dice de los productos alimenticios que eran traídos de las colonias. ◇ **Arte colonial** Cualquiera de las modalidades artísticas surgidas en los territorios colonizados por las potencias europeas. (El arte co-

lonial de la América española se denomina también arte *hispanocolonial* o *hispanoamericano.*)

COLONIALISMO s.m. Doctrina que tiende a legitimar la dominación política y económica de un territorio o de una nación por el gobierno de un estado extranjero.

COLONIALISTA adj. y s.m. y f. Relativo al colonialismo; partidario de esta doctrina.

COLONIZACIÓN s.f. Establecimiento de un grupo de personas en un territorio con la intención de poblarlo y explotar sus riquezas. ENCICL. En la época moderna, la ocupación territorial, junto a la explotación económica y a la dominación política y cultural, constituyó el sistema de expansión de muchas naciones europeas. Los pioneros de esta expansión fueron los portugueses, que establecieron factorías litorales en las costas africanas y asiáticas para la obtención de oro, esclavos y especies, y en la segunda mitad del s. XVI colonizaron Brasil. El imperio español, que alcanzó sus límites máximos hacia 1570, se centró en el Nuevo Mundo. Castilla impuso un régimen de explotación sistemática controlado por el estado cuya única función era suministrar materias primas y metales preciosos a la península. Otros colonialismos importantes de la época fueron el francés y el inglés (costas norteamericanas) y el neerlandés (Insulindia). Desde 1880, y hasta principios del s. XX, la búsqueda de nuevos mercados y de materias primas provocó el resurgimiento del colonialismo (repartición de África entre las grandes potencias europeas, sobre todo Gran Bretaña y Francia). En las últimas décadas ha aparecido una estrategia neocolonial en la que países formalmente independientes se encuentran de hecho sujetos a las fluctuaciones de un mercado dominado por las grandes potencias. (*V. ilustr. pág. siguiente.*)

COLONIZAR v.tr. [1]. Establecer colonia o colonias en un territorio o transformar un país en colonia. **2.** Poblar de colonos una región.

COLONO s.m. (lat. *colonus, labriego*) Habitante inmigrado o descendiente de inmigrados de una colonia. **2.** DER. Labrador arrendatario de tierras.

COLOQUIAL adj. Relativo al coloquio. **2.** Se dice del lenguaje usado corrientemente en la conversación: *estilo coloquial.*

COLOQUÍNTIDA s.f. (lat. tardío *coloquinthida*). Planta de tallos rastreros, cuyo fruto proporciona una pulpa amarga y purgante. (Familia cucurbitáceas.)

■ COLOQUÍNTIDAS

COLOQUIO s.m. Conversación entre dos o más personas. **2.** Discusión organizada para tratar un tema determinado, que se desarrolla bajo el cuidado de un moderador.

COLOR s.m. (lat. *color, -oris*). Impresión que produce en el ojo la luz emitida por los focos luminosos o difundida por los cuerpos. **2.** Sustancia preparada para pintar o dar a las cosas un tinte determinado. **3.** *Fig.* Carácter peculiar o aparente de una cosa: *la situación presenta colores sombríos.* **4.** Animación, vida: *una descripción llena de color.* **5.** Señal distintiva que adopta un país, una entidad, un equipo, etc.: *defender los colores nacionales.* **6.** *Fig.* Ideología o partido al que pertenece alguien. **7.** Timbre de la voz. **8.** HERÁLD. Nombre dado a los esmaltes distintos de los forros y de los metales. ◇ **Dar color** Cubrir con un color la superficie de las cosas; vivificar, dar animación. **De color** Se dice eufemísticamente de las personas mulatas o de raza negra. **De, o en, color** Distinto de blanco y negro. **De color**

de rosa Agradable, halagüeño. **Ponerse de mil colores** Cambiarle a alguien el color del rostro por vergüenza, cólera, etc. **Sacarle,** o **salirle, los colores** a alguien Sonrojar o sonrojarse. **Tomar color** Adquirir una cosa el color o el aspecto que corresponde a la transformación que se está operando en ella.

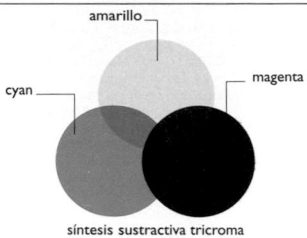

síntesis sustractiva tricroma

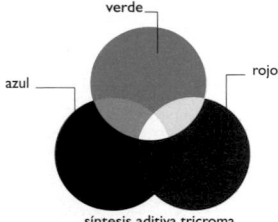

síntesis aditiva tricroma

■ **COLOR.** Las dos técnicas de restitución de los colores en tricromía.

COLORACIÓN s.f. Acción de colorear. **2.** Estado de un cuerpo coloreado: *la coloración de la piel.*
1. COLORADO, pueblo amerindio de Ecuador (Santo Domingo de los Colorados), del grupo talamanca-barbacoa de la familia lingüística chibcha. (Son cazadores y pescadores.)
2. COLORADO, A adj. y s.m. Rojo. ◇ **Poner,** o **ponerse, colorado** Avergonzar o avergonzarse.

COLORANTE s.m. y adj. Sustancia soluble, natural o sintética, que se utiliza para dar a una materia (un tejido, un alimento, etc.) una coloración distinta de la propia.
COLORATURA s.f. y adj. MÚS. **a.** Ornamentación de la melodía. **b.** Cantante, especialmente soprano, capaz de grandes virtuosismos vocales.
COLOREADO s.m. Transformación, por procedimientos electrónicos, de imágenes en blanco y negro en imágenes en color.
COLOREAR v.tr. y prnl. Dar color, o teñir de color. ◆ v.tr. Transformar imágenes por coloreado. **2.** *Fig.* Justificar o cohonestar una acción poco justa. ◆ v.intr. Mostrar algunos frutos el color colorado que les es propio en la madurez. ◆ v.intr. y prnl. Tirar a colorado.
COLORETE s.m. Cosmético de color encarnado que suele aplicarse en las mejillas.
COLORIDO s.m. Disposición y grado de intensidad de los diversos colores de algo. **2.** *Fig.* Color, animación.
COLORIMETRÍA s.f. Conjunto de técnicas que permite definir y catalogar los colores. **2.** QUÍM. Método de análisis cuantitativo basado en la medida de los colores.
COLORÍMETRO s.m. Aparato que sirve para definir un color por comparación con un patrón.
COLORÍN, NA adj. Chile. Se dice de la persona de pelo rojizo. ◆ s.m. Color vivo y llamativo. (Suele usarse en plural.) **2.** Jilguero. **3.** Méx. Árbol de ramas espinosas y madera blanca, de flores comestibles, rojas y agrupadas en racimos. **4.** Méx. Fruto de esta planta.
COLORINCHE adj. Amér. *Fam.* Se dice de una mala combinación de colores con resultado chillón.
COLORISMO s.m. Tendencia artística que se caracteriza por la exageración del colorido.
COLORISTA adj. y s.m. y f. Se dice del pintor que se expresa sobre todo mediante el color. **2.** Se dice del escritor que emplea imágenes y descripciones muy expresivas.
COLOSAL adj. De estatura o proporciones mayores que las naturales: *una estatua colosal.* **2.** *Fig.* Excelente, extraordinario: *un discurso colosal.*
COLOSO s.m. (lat. *colossus*). Estatua que ex-

cede mucho del tamaño natural: *el coloso de Rodas.* **2.** *Fig.* Persona o cosa sobresaliente.
COLPOSCOPIA s.f. Exploración del conducto vaginal y del cuello del útero por método endoscópico.
COLQUICINA s.f. Alcaloide extraído de las semillas del cólquico, utilizado en el tratamiento de la gota, pero muy tóxico en dosis elevadas. (Esta sustancia bloquea las mitosis celulares.)
CÓLQUICO s.m. (lat. *colchicum*). Planta herbácea de flores rosadas, muy venenosa a causa de la colquicina que contiene. (Familia liliáceas.)

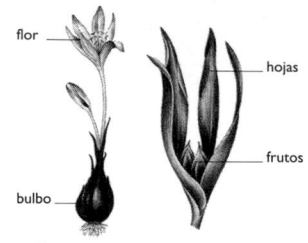

■ **CÓLQUICO**

COLT s.m. (de S. *Colt,* ingeniero estadounidense). Pistola automática de 11,43 mm, cuya forma definitiva salió al mercado en EUA en 1911. **2.** En el Lejano oeste, revólver.
COLÚBRIDO, A adj. y s.m. Relativo a una familia de serpientes cuyos colmillos pueden ser venenosos, y estar situados en la parte posterior de la boca, o no venenosos, como la culebra. (Los colúbridos forman una familia que incluye el 80 % de los ofidios.)
COLUMBARIO s.m. (del lat. *columba*, paloma). Conjunto de nichos en que se conservaban las cenizas de los cadáveres incinerados.
COLUMBICULTURA s.f. Parte de la avicultura que se ocupa de la cría y mejora de la paloma y especies afines.
COLUMBIFORME adj. y s.m. Relativo a un or-

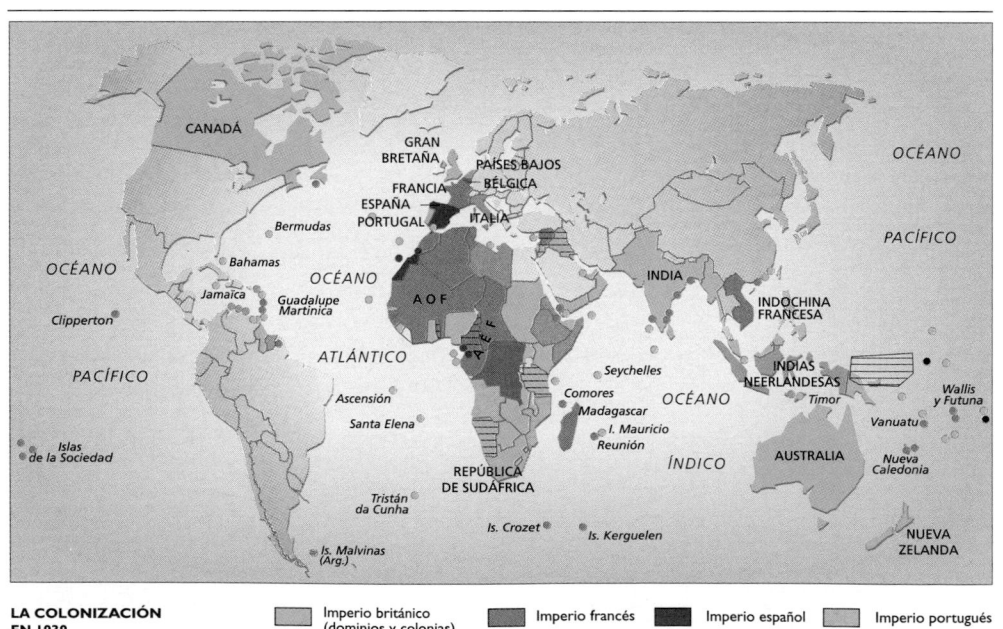

LA COLONIZACIÓN EN 1939

Imperio británico (dominios y colonias)
Imperio francés
Imperio español
Imperio portugués
Imperio neerlandés
Imperio italiano
Imperio belga
Mandatos de la SDN

den de aves de cuerpo macizo, con costumbres terrestres y vegetarianas, como la paloma y la tórtola. (Algunas de las especies incapaces de volar *[drontes]* fueron exterminadas por el ser humano.)

COLUMBINO, A adj. Relativo a la paloma.
◆ s.m. Color amoratado de algunos granates.

COLUMBIO s.m. Niobio.

COLUMBRAR v.tr. Atisbar, vislumbrar.

COLUMBRETE s.m. Arrecife poco elevado en medio del mar.

COLUMELA s.f. Órgano animal o vegetal en forma de columna, en particular eje de la concha en espiral de los moluscos gasterópodos. **2.** ANAT. Eje cónico del caracol o cóclea del oído interno.

COLUMNA s.f. (lat. *columna*). Elemento arquitectónico vertical de soporte constituido por un fuste de sección circular o poligonal y, generalmente, una base y un capitel. **2.** Monumento conmemorativo de forma cilíndrica y alargada. **3.** Conjunto de cosas colocadas ordenadamente una sobre otra, formando una columna o pilar. **4.** *Fig.* Persona o cosa que sirve de referencia, apoyo o protección. **5.** Sección vertical de una página impresa o manuscrita, dividida por un espacio: *pagina a tres columnas.* **6.** Espacio fijo reservado en un periódico a la colaboración de un columnista. **7.** FÍS. Masa de fluido que tiene la forma de un cilindro de eje vertical: *columna de humo, de agua.* **8.** MAT. En un determinante o una matriz, conjunto de elementos dispuestos perpendicularmente a una fila. **9.** MIL. **a.** Porción de tropa dispuesta en formación de poco frente y mucho fondo. **b.** Parte de un ejército en campaña. ○ **Columna barométrica** Mercurio del tubo de un barómetro, que se encuentra por encima del nivel del mercurio de la cubeta. **Columna basáltica** GEOL. Prisma que compone un conjunto de gran regularidad, formada por el enfriamiento perpendicular de lava, basáltica generalmente. (Pueden alcanzar 30-45 m de altura.) **Columna embebida** Columna que está parcialmente embutida en el muro. **Columna montante** Canalización principal de un inmueble, a la que están conectados los tubos o cables que conducen el agua, el gas o la electricidad a la vivienda de cada abonado. **Columna vertebral** Tronco óseo que se extiende desde la base de la cráneo al extremo inferior de las piernas, en los animales vertebrados. (En el hombre, esta constituida por la superposición de treinta y tres vértebras y presenta cuatro zonas de curvatura.) SIN.: *raquis.* **Quinta columna** Conjunto de personas infiltrado en el ejército enemigo o en una organización que no es la suya,

■ **COLUMNAS** BASÁLTICAS de la Calzada de los Gigantes, en Irlanda del Norte.

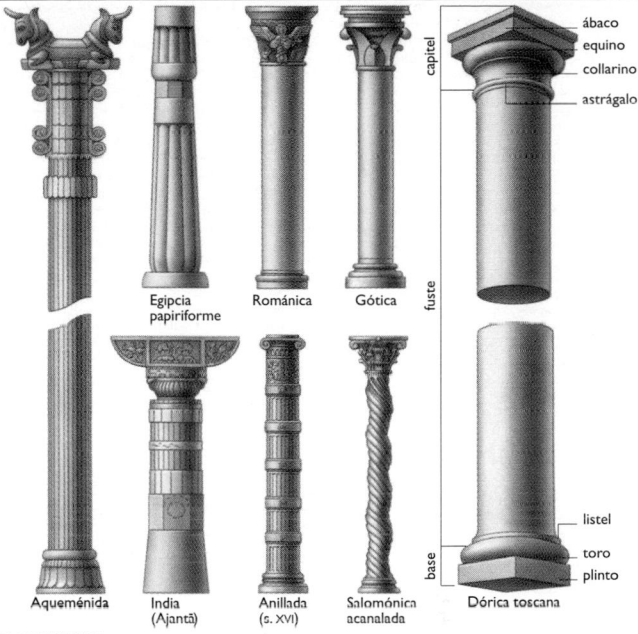

Egipcia papiriforme

Románica

Gótica

Aqueménida

India (Ajantā)

Anillada (s. XVI)

Salomónica acanalada

Dórica toscana

capitel — ábaco, equino, collarino, astrágalo

fuste

base — listel, toro, plinto

■ **COLUMNAS**

y que se dedica al espionaje, sabotaje y otras acciones.

COLUMNARIO, A adj. Se dice de la moneda de plata acuñada en América en el s. XVIII, con un sello en el que están esculpidas dos columnas y la inscripción *plus ultra.*

COLUMNATA s.f. Serie de columnas separadas regularmente que adornan un edificio o que forman parte de su sustentación.

COLUMNISTA s.m. y f. Periodista o colaborador de un periódico en el que se le reserva un espacio fijo, que normalmente ocupa una columna.

COLUMPIAR v.tr. y prnl. (del gr. *kolymban*, zambullirse). Impulsar a alguien que está sentado en un columpio o imprimir un movimiento semejante a algo.

COLUMPIO s.m. Asiento o tabla que se suspende de unas cuerdas o cadenas, para mecerse. **2.** Chile. Mecedora, balancín.

COLUNELA s.f. En los ejércitos españoles durante el s. XVI, agrupación táctica de varias compañías, que solía contar con unos mil hombres.

COLURIA s.f. Presencia en la orina de los elementos de la bilis, constante en las ictericias.

COLURO s.m. (gr. *kóloyros*, de *kólos*, truncado, y *oyrá*, cola). Cada uno de los dos meridianos de la esfera celeste. (El primero contiene los dos solsticios; y el segundo, los dos equinoccios.)

COLUSIÓN s.f. Acuerdo secreto para engañar o causar perjuicio.

COLUTORIO s.m. (del lat. *colluere*, lavar o rociar). Medicamento antiséptico líquido que sirve para enjuagarse la boca.

COLUVIÓN s.f. GEOL. Depósito resultante de una movilización y desplazamiento a poca distancia sobre una vertiente.

COLZA s.f. (fr. *colza*). Planta forrajera de flores amarillas, cultivada por sus semillas que proporcionan hasta un 45 % de aceite. (Familia crucíferas.)

1. COMA s.f. (lat. *comma*, miembro del período). Signo ortográfico de puntuación (,) que se emplea para separar elementos dentro de la oración, para encerrar incisos o aclaraciones, para señalar omisiones, etc.; normalmente indica una pausa breve dentro de la frase. **2.** Signo aritmético que se utiliza en la escritura de números decimales para separar su parte entera de la decimal. SIN.: *coma decimal.* **3.** Sistema de representación de un número fraccionario en la memoria de una computadora. **4.** Microintervalo que representa la quinta parte de un tono. **5.** Cada una de las nueve partes en que se divide un tono teórico e imperceptible. (1/8 y 1/9, según la escala adoptada, entre el re sostenido y el mi bemol.)

2. COMA s.m. Estado caracterizado por la falta de motricidad voluntaria y de sensibilidad, acompañado de pérdida más o menos profunda de la conciencia con conservación de las funciones vegetativas.

COMADRE s.f. (lat. tardío *commater*). Madrina de una criatura, respecto a la madre, el padre o el padrino de esta. **2.** *Fam.* Vecina o amiga de confianza. **3.** *Fam.* Mujer chismosa.

COMADREAR v.intr. *Fam.* Chismorrear, murmurar.

COMADREJA s.f. (de *comadre*). Mamífero carnívoro, de unos 25 cm de long., cuerpo alargado y flexible, patas cortas, pelaje leonado en el dorso y blanco en el vientre. (Vive en setos y zonas boscosas, y se defiende emitiendo una secreción fétida por sus glándulas odoríferas anales; familia mustélidos.)

■ **COMADREJA**

COMADREO s.m. *Fam.* Acción de comadrear.

COMADRERÍA s.f. *Fam.* Conjunto de chismes, habladurías.

COMADRERO, A adj. y s. Aficionado a comadrear.

COMADRÓN, NA s. Auxiliar médico cuya función está limitada a los partos y a la vigilancia de las embarazadas, pero que puede dispensar el conjunto de cuidados médicos prescritos o aconsejados por un ginecólogo.

COMAL s.m. Amér. Central y Méx. Disco bajo y

delgado de barro sin vidriar o de metal para cocer tortillas de maíz, tostar café o cacao o para asar cualquier tipo de alimentos.

COMALIA s.f. Enfermedad de algunos animales, especialmente del ganado lanar, consistente en una hidropesía general.

COMANCHE adj. y s.m. y f. De un pueblo amerindio de América del Norte (Oklahoma, Colorado, Wyoming, Kansas), del grupo shoshon, que habla una lengua de la familia lingüística uto-azteca, y que vive act. en reservas en Wyoming.

COMANDANCIA s.f. Empleo de comandante. **2.** Territorio sujeto militarmente a él. **3.** Oficina donde despacha. ⬦ **Comandancia de marina** Subdivisión de un departamento marítimo.

COMANDANTE s.m. Oficial de los ejércitos de tierra y aire, de grado intermedio entre el de capitán y el de teniente coronel. **2.** Militar que ejerce el mando de un puesto, fuerte o plaza. **3.** Oficial o jefe del cuerpo general de la armada que tiene el mando de un buque de guerra o mercante, de un centro de la marina de guerra, de un arsenal, etc. **4.** Piloto que tiene el mando de una aeronave.

COMANDAR v.tr. Mandar un ejército, una flota, etc.

COMANDITA s.f. (fr. *commandite*). **Sociedad en comandita** Sociedad comercial en la que una parte de los asociados aporta capital sin tomar parte en la gestión del negocio.

COMANDITARIO, A adj. Relativo a la sociedad en comandita. **2.** Persona que suministra capital en una sociedad en comandita.

COMANDO s.m. Formación militar de pocos efectivos, encargada de misiones especiales y que actúa aisladamente. **2.** Soldado que integra un comando. **3.** Grupo reducido que efectúa acciones aisladas de tipo guerrillero. **4.** INFORMÁT. Cualquier instrucción que genera varias acciones preestablecidas.

COMANOS o **COMANIANOS** → CUMANOS.

COMARCA s.f. (de *marca*, frontera). Territorio que tiene una extensión más circunscrita y reducida que una región, con una clara unidad geográfica y unos límites bastante precisos, que comprende un buen número de aldeas y lugares.

COMARCAL adj. Relativo a la comarca.

COMATOSO, A adj. Relativo al coma, estado vegetativo.

COMBA s.f. Curvatura que toma un cuerpo alargado cuando se encorva. **2.** Esp. Juego infantil en que hay que saltar por encima de una cuerda que se hace pasar, en un movimiento giratorio continuo, por debajo de los pies y sobre la cabeza del que salta. **3.** Esp. Cuerda que se usa para este juego.SIN.: *saltador*.

COMBADURA s.f. Acción y efecto de combar.

COMBAR v.tr. y prnl. Encorvar, torcer.

COMBATE s.m. Lucha entablada entre personas o animales, especialmente la que está reglada, como en los deportes de lucha. **2.** Lucha contra un obstáculo, una enfermedad, una idea, etc., para erradicarlos: *el combate contra la intolerancia*. **3.** MIL. Enfrentamiento limitado en el espacio y en el tiempo de formaciones aéreas, terrestres o navales adversarias. ⬦ **Fuera de combate** Vencido, imposibilitado para continuar la lucha.

COMBATIENTE adj. Que combate. ⬦ s. Persona que toma parte directa en un combate, una guerra o una riña. ⬦ s.m. Pez pequeño de colores vivos, originario de Tailandia. (Los machos libran combates a menudo mortales.) ⬦ adj. y s.m. ZOOL. Se dice de una raza de aves de corral, de 30 cm de long., caracterizada por los combates furiosos, pero poco peligrosos, de los machos.⬦ **No combatiente** Personal militar que no toma parte activa en el combate.

COMBATIR v.intr. y tr. Luchar con las armas en un combate. ⬦ v.intr. Luchar personas o animales, especialmente según unas reglas, como en los deportes de lucha. ⬦ v.tr. Luchar contra un obstáculo, una enfermedad, una idea, etc., para vencerlos o erradicarlos: *combatir la corrupción, la enfermedad.* ⬦ v.tr., intr. y prnl. Fig. Agitar el ánimo los sentimientos o pasiones.

COMBATIVIDAD s.f. Cualidad o condición de combativo.

COMBATIVO, A adj. Inclinado o dispuesto al combate, a la contienda o a la polémica.

COMBE s.f. (voz francesa). GEOGR. Depresión formada en la parte central de un anticlinal, constituida por capas blandas recubiertas por capas duras.

COMBINA s.f. Vulg. Combinación, especialmente plan, artimaña.

COMBINACIÓN s.f. Acción de combinar: *combinación de colores.* **2.** Plan, artimaña. **3.** Dispositivo mecánico interno de una caja fuerte que permite su apertura. **4.** Clave que da la posición de dicho dispositivo para que se abra la cerradura. **5.** Cóctel, combinado. **6.** Enlace entre diversos medios de transporte público. **7.** Prenda de vestir femenina de una sola pieza que se lleva debajo del vestido. **8.** QUÍM. Unión de varios cuerpos simples para formar un compuesto homogéneo, distinto de los componentes. ⬦ **Combinación de orden n de m elementos** MAT. Cada uno de los grupos que pueden formarse con *n* de los *m* elementos, de modo que dos grupos difieran al menos en un elemento.

COMBINADA s.f. DEP. Prueba que reúne varias especialidades de un deporte.

COMBINADO, A adj. MIL. Que afecta a las fuerzas de diferentes países que integran una coalición: *operación combinada; mando combinado.* ⬦ s.m. Conjunto, mezcla de elementos diversos. **2.** Cóctel, mezcla de licores. **3.** Aparato telefónico o radiotelefónico en el que el micrófono y el auricular están reunidos en el mismo dispositivo por medio de una sola empuñadura. **4.** Aparato que presenta a la vez las características del avión y del helicóptero.

COMBINADOR s.m. Aparato destinado a regular la marcha de los vehículos eléctricos combinando los circuitos de los motores.

COMBINAR v.tr. (lat. tardío *combinare*, de *bini*, dos cada vez). Unir cosas diversas de manera que formen un conjunto coherente y equilibrado: *combinar unas letras.* **2.** Fig. Concertar, disponer varios elementos para conseguir un fin: *combinar un plan de actuación.* ⬦ v.tr. y prnl. QUÍM. Producir una combinación: *combinar el hidrógeno y el oxígeno.*

COMBINAT s.m. (ruso *kombinat*) [pl. *combinats*]. En la URSS, unidad industrial que agrupaba, en un territorio determinado, un conjunto de establecimientos industriales de actividades solidarias. **2.** En la URSS, conjunto de regiones industriales con aptitudes complementarias, por ello, ligadas por intercambios privilegiados.

COMBINATORIA s.f. MAT. **a.** Conjunto de las relaciones distribucionales de los elementos de un conjunto. **b.** Análisis de estas relaciones.

COMBINATORIO, A adj. Relativo a las combinaciones o a la combinatoria. ⬦ **Análisis combinatorio** MAT. Dominio de las matemáticas, en el que se trata de los grupos finitos de elementos, engendrados por ciertas operaciones o por la combinación de ciertas operaciones.

1. COMBO s.m. Pequeña formación de músicos. (Proviene del jazz, donde se aplica a los pequeños conjuntos.) **2.** Amér. Mazo, almádana. **3.** Chile y Perú. Puñetazo.

2. COMBO, A adj. Que está combado. ⬦ s.m. Asiento sobre el que se colocan los toneles y las cubas.

COMBURENTE adj. y s.m. (del lat. *comburere*). Se dice de un cuerpo que, por combinación con otro, produce la combustión de este último. (El oxígeno es comburente pero no combustible.)

COMBUSTIBLE adj. y s.m. Que puede arder, o que arde con facilidad. ⬦ s.m. Material cuya combustión produce energía calorífica. **2.** Material capaz de desprender energía por fisión o fusión nucleares.

COMBUSTIÓN s.f. Acción de arder o quemarse una materia. **2.** Tercer tiempo del funcionamiento de un motor, en el ciclo de cuatro tiempos. **3.** QUÍM. Conjunto de fenómenos que acompañan a la combinación de un cuerpo con oxígeno.

COMECHINGÓN, pueblo amerindio que vi-

vía en las cuevas de las sierras de Córdoba (Argentina).

COMECOCOS s.m. y adj. (pl.*comecocos*).ESP. Fam. Persona o cosa que absorbe los pensamientos o la atención de alguien. ⬦ s.m. y f. Persona que maneja o convence a alguien. ⬦ s.m. Juego electrónico que consiste en un laberinto cerrado por el que circula una bola con boca, manejada por el jugador, que devora dibujos y ha de ir salvando los obstáculos que se encuentra a su paso.

COMECOME s.m. Amér. Merid. Comezón, desazón interior.

COMEDERO s.m. Recipiente donde se echa la comida a algunos animales.

COMEDIA s.f. (lat. *comoedia*). Obra dramática. **2.** Obra teatral o cinematográfica destinada a provocar la risa mediante la descripción de costumbres y caracteres, o mediante la sucesión de situaciones extravagantes o graciosas. **3.** Fig. Suceso de la vida real, capaz de interesar y mover a risa. **4.** Fig. Farsa o fingimiento: *hacer la comedia.* ⬦ **Comedia de capa y espada** En el teatro español del s. XVII, la que describe las costumbres de los caballeros de aquel tiempo. ⬦ **Comedia musical** Género teatral o cinematográfico en el que se alternan las escenas de baile, las canciones, los textos hablados y la música. (La comedia musical surgió a finales del s. XIX en EUA y Gran Bretaña.)

COMEDIANTE, A s. Actor, el que representa en el teatro. **2.** Fig. y fam. Persona que aparenta lo que no siente.

COMEDIDO, A adj. Prudente o contenido a la hora de hablar y actuar: *ser comedido a la hora de opinar.*

COMEDIMIENTO s.m. Cortesía, moderación, urbanidad.

COMEDIÓGRAFO, A s. Escritor de comedias.

COMEDIRSE v.prnl. (del lat. *commetiri*) [89]. Moderarse, contenerse. **2.** Amér. Acomedirse, prestarse espontáneamente para hacer algo.

COMEDÓN s.m. Pequeña acumulación de materia sebácea, con el extremo de color negro, que se forma en la piel.

COMEDOR, RA s.m. Habitación destinada en las casas para comer. **2.** Conjunto de los muebles de dicha habitación. **3.** Establecimiento destinado a servir comidas a personas determinadas: *el comedor de una fábrica.* ⬦ adj. y s. Comilón.

COMEJÉN s.m. Termes.

COMENDADOR s.m. (del fr. ant. *comendeor*, persona que manda). Caballero que tiene encomienda en alguna de las órdenes militares o de caballeros. ⬦ **Comendador de los creyentes** Título de los antiguos sultanes de Turquía. **Gran comendador** Primer dignatario de la orden de Malta, inmediatamente después del gran maestre.

COMENDATARIO, A adj. y s. Se dice del eclesiástico secular que goza de un beneficio regular en encomienda.

COMENDATORIO, A adj. Se dice de los papeles y cartas de recomendación.

COMENSAL s.m. y f. (bajo lat. *commensalis*). Persona que come junto a otras en una misma mesa o celebración: *un banquete de trescientos comensales.* ⬦ adj. y s.m. BIOL. Se dice de ciertas especies animales que viven asociadas a otras, aprovechándose de los restos de sus comidas, pero sin perjudicarlas.

COMENSALISMO s.m. BIOL. Forma de vida característica de las especies comensales.

COMENTAR v.tr. (lat. *commentari*, meditar). Realizar o hacer comentarios.

COMENTARIO s.m. Observación, opinión o juicio personal que se hace de algo o alguien. **2.** Explicación, ilustración o crítica del sentido de una obra, discurso, etc. ⬦ **comentarios** s.m.pl. Fam. Murmuraciones, interpretaciones sobre un hecho o un dicho. **2.** Título que se da a algunas memorias históricas escritas con brevedad, concisamente. ⬦ **Comentario de texto** Valoración, análisis o estudio en el que se interpreta tanto el fondo como la forma de un texto.

COMENTARISTA s.m. y f. Persona que comenta noticias de actualidad en los medios de comunicación: *un comentarista deportivo*.

COMENTO s.m. Acción de comentar. **2.** Comentario de una obra. **3.** Embuste, murmuración.

COMENZAR v.tr. (del lat. *initiare*, iniciar, instruir) [5]. Empezar, dar principio a algo. ◆ v.intr. Empezar, pasar algo de no existir a existir.

COMER v.tr., intr. y prnl. (lat. *comedere*). Tomar alimento por la boca, masticándolo y pasándolo al estómago. ◆ v.tr. e intr. Tomar los alimentos que componen la comida principal del día. ◆ v.tr. y prnl. En algunos juegos de mesa (ajedrez, damas), ganar una pieza al contrario: *comerse un alfil*. **2.** *Fig.* Gastar, consumir: *comerse la estufa todo el carbón*. **3.** *Fig.* Sentir comezón física o moral: *estar comidos por la envidia*. **4.** *Fig.* Hacer que una cosa parezca más pequeña: *la barba le come el rostro*. ◆ **comerse** v.prnl. *Fig.* Suprimir letras, palabras, sonidos, etc., en una conversación o escrito: *comerse las eses*. ◇ **Comer** algo o a alguien **con los ojos** Mirarlo con codicia, envidia, amor o cólera. **Ser de buen comer** Ser persona de comer mucho. **Sin comerlo ni beberlo** *Fam.* Sin hacer nada para recibir daño o provecho.

COMERCIAL adj. Relativo al comercio: *redes comerciales*. **2.** Que tiene aceptación en el mercado y se vende bien. ◆ s.m. *Amér.* Anuncio publicitario.

COMERCIALIZAR v.tr. [7]. Dar a un producto condiciones y organización comercial para su venta.

COMERCIANTE adj. y s.m. y f. Que comercia. ◆ s.m. y f. Persona que es propietaria de un establecimiento comercial.

COMERCIAR v.intr. Comprar, vender o permutar géneros, con fin lucrativo: *comerciar en frutas*.

COMERCIO s.m. (lat. *commercium*). Acción de comerciar. **2.** Establecimiento donde se comercia. **3.** Conjunto de establecimientos comerciales: *el comercio no cierra los sábados*. **4.** Trato o relación entre personas: *no tener comercio con los vecinos*. ◇ **Código de comercio** Conjunto de leyes que rigen la actividad comercial. **Comercio electrónico** ECON. Modo de distribución de los productos y de los servicios a través de las páginas web de las empresas (También *comercio o venta en línea*.) **Comercio exterior** ECON. Conjunto de las transacciones mercantiles que los ciudadanos de un país hacen con el resto del mundo. **Comercio interior** ECON. Conjunto de las transacciones mercantiles realizadas dentro de un mismo país. **Comercio internacional** ECON. Conjunto de los intercambios mercantiles entre estados.

COMESTIBLE adj. (lat. tardío *comestibilis*). Que puede comerse. ◆ s.m. Cualquier producto que sirve de alimento: *una tienda de comestibles*. (Suele usarse en plural.)

COMETA s.m. (del lat. *coma*, crin o cabellera). Cuerpo celeste del sistema solar de pequeñas dimensiones que, cuando se acerca al Sol, deja tras de sí una cola luminosa de miles de kilómetros. ◆ s.f. Juguete que consiste en una armazón ligera de forma poligonal, cubierta de papel o de tela, unida con una cuerda larga, y que se hace volar echándolo al aire para que la corriente de aire lo eleve y mueva. ENCICL. Los cometas están constituidos por un *núcleo* irregular de hielo, rocas y polvo, de dimensiones kilométricas, que gira sobre sí mismo. Cuando el cometa se acerca al Sol, este calienta y evapora el hielo al tiempo que libera y esparce polvo; se forma entonces una nebulosidad, la *cabellera*, luminosa por efecto de la luz solar difundida por el gas y por su fluorescencia al contacto con el gas. Prolongada en dirección opuesta al Sol, la cabellera produce una hermosa *cola de gas* (o *de plasma*) azulada y rectilínea cuya longitud puede alcanzar centenares de millones de kilómetros. Por su parte, el polvo expulsado del núcleo por efecto de la presión de la radiación solar forma una *cola de polvo* amarillenta, más larga, difusa y curva. Desde la antigüedad se han registrado cerca de 1 200 apariciones de cometas, y cada año se descubre una veintena

de ellos. Sin embargo, se cree que existe cerca de un billón de cometas, distribuidos en un amplio halo en los confines del sistema solar.

■ COMETA. El cometa Brörsen-Metcalf, fotografiado el 4 de septiembre de 1989.

COMETER v.tr. Realizar una acción que constituye un error, una falta o un delito.

COMETIDO s.m. Comisión, encargo. **2.** Deber, obligación.

COMEZÓN s.f. (lat. *comestio, -onis*, acción de comer) Picazón, picor. **2.** *Fig.* Desasosiego, intranquilidad.

CÓMIC s.m. (ingl. *comic*) [pl. *cómics* o *comics*]. Relato o historia contada mediante viñetas o recuadros que contienen ilustraciones gráficas, generalmente acompañadas de un texto. **2.** Publicación que contiene uno o varios de estos relatos. *(V. ilustr. pág. siguiente.)*

COMICASTRO, A s. *Desp.* Cómico malo.

COMICIAL adj. Relativo a los comicios. ◇ **Mal comicial** Epilepsia.

COMICIDAD s.f. Cualidad de cómico, diverti do: *la comicidad de una escena*.

COMICIOS s.m.pl. (del lat. *comitium*, lugar donde se reunía el pueblo). Asambleas del pueblo romano, en número de tres: *comicios curiados, centuriados y tributos*. **2.** En el s. XIX, reuniones de electores para nombrar los miembros de asambleas deliberantes, etc. **3.** Elecciones.

CÓMICO, A adj. Relativo a la comedia: *teatro cómico*. **2.** Gracioso, que hace reír: *situación cómica*. ◆ s. *Fam.* Actor. ◇ **Cómico de la legua** Actor que va representando de pueblo en pueblo.

COMIDA s.f. Alimento, sustancia que se come y proporciona energía al organismo. **2.** Acción de comer o tomar alimentos a una hora determinada del día, especialmente al mediodía. **3.** Alimento que se toma a mediodía; generalmente es el principal y más completo del día. SIN.: *almuerzo*.

COMIDILLA s.f. *Fig.* y *fam.* Tema de murmuración o chismorreo: *ser alguien la comidilla del pueblo*. *Fam.* Gusto o agrado especial que alguien encuentra en las cosas a las que tiene afición.

COMIENZO s.m. Principio o inicio de algo: *el comienzo de la película*.

COMILLA s.f. Signo ortográfico que se pone antes y después de una cita textual o de una expresión que tiene un sentido especial; suele usarse en plural. (Las comillas pueden ser simples [''], o dobles [«»].)

COMILÓN, NA adj. y s. *Esp.* Que come mucho.

COMILONA s.f. (del lat. *comedo, -onis*). *Fam.* Comida abundante.

COMINEAR v.intr. Entremeterse el hombre en cosas propias de mujeres.

COMINERÍA s.f. Menudencia, insignificancia en dichos o hechos. (Suele usarse en plural.)

COMINO s.m. (lat. *cuminum*). Planta herbácea de flores pequeñas y rojizas y fruto de olor aromático y sabor acre. (Familia umbelíferas.) **2.** Fruto y semilla de esta planta. **3.** *Esp.* y *Méx. Fig.* Cosa de ínfima importancia o valor: *me im-*

porta un comino. **4.** *Esp.* y *Méx.* Persona de pequeño tamaño, especialmente los niños.

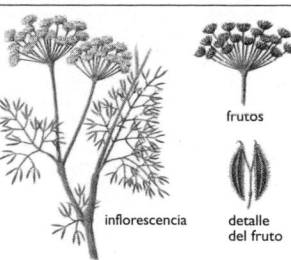

frutos

inflorescencia   detalle del fruto

■ COMINO

COMISAR v.tr. Declarar que una cosa ha caído en comiso: *comisar la correspondencia de alguien*. SIN.: *decomisar*.

COMISARÍA s.f. Empleo del comisario. **2.** Oficina del comisario.

COMISARIATO s.m. Comisaría. **2.** *Colomb., Nicar.* y *Pan.* Economato, almacén.

COMISARIO, A s. (del lat. *committere*, confiar). Persona que desempeña un cargo o función por encargo de una autoridad superior: *comisario europeo; comisario de una exposición*. **2.** Persona oficialmente encargada de hacer respetar los reglamentos en ciertas pruebas deportivas. ◇ **Comisario de policía** Agente del cuerpo general de policía, que cuida del cumplimiento y ejecución de las leyes y órdenes de la autoridad relativa al orden público. **Comisario político** Delegado del poder civil o de un partido político que, en determinados ejércitos, tiene como misión fundamental la educación y la vigilancia político-social de la unidad en que está destinado.

COMISCAR v.tr. e intr. [1]. Comer a menudo y en poca cantidad. SIN.: *comisquear*.

COMISIÓN s.f. Acción de cometer: *la comisión de un delito*. **2.** Misión encargada a alguien. **3.** Conjunto de personas delegadas temporalmente para hacer alguna cosa: *una comisión de estudiantes*. **4.** Retribución o porcentaje que se percibe en concepto de mediación en un negocio o compra. **5.** Contrato por el que alguien se compromete a realizar algo por cuenta de otro: *comisión mercantil*. ◇ **Comisión parlamentaria** Organismo de trabajo creado por las cámaras, integrado por un número restringido de miembros de estas, con el fin de dictaminar o informar sobre los asuntos sometidos a ellas.

COMISIONADO, A adj. y s. (del lat. *committere*, poner juntos). Persona encargada de una comisión.

COMISIONAR v.tr. Delegar un poder, atribuir una función a alguien. **2.** Hacer el encargo de comprar o de vender mercancías.

COMISIONISTA s.m. y f. Persona que media en un negocio o compra a cambio de una comisión.

COMISO s.m. DER. **a.** Pena de pérdida de la mercancía, en que incurre el que comercia con géneros prohibidos o falta a un contrato en que se estipuló esta sanción. **b.** Pena accesoria de privación de los efectos o instrumentos de un delito. **c.** Mercancía decomisada.

COMISORIO, A adj. DER. Obligatorio o válido por determinado tiempo o aplazado para cierto día: *pacto comisorio; pacto de ley comisoria*.

COMISURA s.f. Zona de unión de los bordes de una abertura orgánica: *la comisura de los labios*.

COMITÉ s.m. (voz francesa). Conjunto reducido de personas que, representando a una colectividad más numerosa, tiene a su cargo determinadas gestiones o funciones. ◇ **Comité central** Órgano dirigente de un partido político compuesto por miembros elegidos. **Comité de empresa** *Esp.* Órgano colegiado y representativo de los trabajadores de una empresa para la defensa de sus intereses.

COMITENTE s.m. y f. Cliente que encarga a un comisionista comprar o vender mercancías por su cuenta, de forma onerosa.

◼ EL CÓMIC

De *La familia Fenouillard,* «historia en imágenes» del pionero Christophe,
a la modernidad gráfica de la «mujer trampa» de Enki Bilal, el cómic nunca
ha dejado de evolucionar. Armonizando con sutileza texto e imagen,
ha ido abriendo progresivamente su tradicional vertiente humorística y de aventuras
a temáticas más «adultas», y hoy se ha impuesto como un formidable medio
de expresión, universal y en sintonía con el espíritu de su época.

Jungle Jim. En 1934, sirviéndose de técnicas
propias de los ilustradores populares,
Alex Raymond creó *Jungle Jim,* máximo
exponente del cómic realista estadounidense.
(© K.F.S.)

La familia Fenouillard. Esta serie familiar
y humorística de Christophe —seudónimo
de Georges Colomb— fue publicada
por el *Petit Français illustré* entre 1889 y 1893.
Reeditada constantemente, sigue siendo
hoy uno de los modelos del género.
(© Pierre Horay.)

Spiderman.
Las aventuras
del «hombre
araña» empezaron
a publicarse en Estados
Unidos en 1962, convirtiendo
enseguida al personaje en uno
de los más populares de los
llamados «comic books».
(© Marvel Characters-Panini SPA.)

Mafalda. El argentino Quino
creó en 1962 a esta niña
precoz, contestataria
y polémica que cuestiona
el mundo de los adultos.
(© Joaquín S. Lavado, QUINO,
Todo Mafalda, Editorial Lumen.)

La mujer trampa.
Creada por Enki Bilal
en 1986, la bella y trágica
«mujer trampa» simboliza
la renovación del cómic
contemporáneo.
(© Les Humanoïdes Associés.)

Corto Maltés. Concebido por el italiano Hugo Pratt en 1967, este marino
libertario constituye uno de los últimos héroes románticos del cómic.
(© CONG, S.A./Publicado en España por Norma Editorial.)

COMITIVA s.f. (del lat. tardío *comitiva dignitas,* categoría de conde, acompañante del emperador). Acompañamiento, séquito, cortejo.

CÓMITRE s.m. Persona que en las galeras dirigía la boga y a cuyo cargo estaba el castigo de los galeotes.

COMMEDIA DELL'ARTE s.f. (voces italianas). Forma teatral italiana, particularmente floreciente en el s. XVI, basada en la improvisación (acrobacias, pantomimas, etc.) y en una tipología de personas tradicionales («máscaras»): Arlequín, Pantalón, Matamoros, Scaramouche, etc.

COMO adv.m. Expresa idea de equivalencia, semejanza o igualdad; introduce el segundo término de una comparación de igualdad: *pasar como una exhalación.* **2.** Expresa el modo de suceder o de ser de algo: *como dijiste.* ◆ prep. En calidad de: *asistir a una boda como testigo.* ◆ conj.caus. Porque: *como llegué tarde no pude verle.* ◆ conj.cond. Si: *como no me creas me enojaré.* ◆ conj.cop. Que: *¡tanto tiempo como llevo diciéndotelo y aún no lo sabes!* ◇ **Como quiera que** De cualquier modo que: *como quiera que sea, no hay remedio;* dado que.

CÓMO adv.m.interrog. (lat. vulgar *quomo,* contracción de *quomodo,* ¿de qué manera? o de la manera que). Introduce una interrogación acerca del modo o manera de ser, suceder o hacer algo: *¿cómo va?; no sé cómo empezar.* **2.** Introduce una interrogación acerca del motivo o razón de ser, suceder o hacer algo: *¿cómo dices esto?* ◆ adv.m.exclam. Expresa admiración o sorpresa: *¡cómo llueve!* ◆ s.m. Modo, manera: *lo importante es el cómo se vive.* ◇ **Cómo no** Sí: *—¿Vienes? —¡Cómo no!*

CÓMODA s.f. Mueble con tablero de mesa, provisto de cajones. (Suele estar en el dormitorio y sirve para guardar ropa.)

COMODATO s.m. DER. Contrato en virtud del cual una de las partes *(comodante)* entrega a la otra *(comodatario)* una cosa, para que use de ella durante cierto tiempo y se la devuelva una vez finalizado el uso o el tiempo.

COMODIDAD s.f. Cualidad de cómodo. **2.** Cosa que hace la vida más fácil, hace sentirse cómodo o facilita la estancia en un lugar o la realización de ciertas tareas.

COMODÍN s.m. En algunos juegos de naipes, carta que toma el valor que le da el jugador que la posee. **2.** *Fig.* Persona o cosa que sirve para fines diversos, según las necesidades del momento. **3.** *Fig.* Pretexto habitual o poco justificado.

CÓMODO, A adj. (lat. *commodus,* conveniente, apropiado u oportuno). Que se usa, consigue, lleva, etc., con facilidad, sin ningún inconveniente, molestia, etc.: *llevar ropa cómoda.* **2.** Que proporciona comodidad, bienestar o descanso: *unos sillones cómodos.* **3.** Oportuno, fácil, acomodado. **4.** Que está a gusto, bien, sin sentirse cohibido. **5.** Comodón.

COMODÓN, NA adj. *Fam.* Que busca la comodidad y evita el esfuerzo.

COMODORO s.m. (ingl. *commodore*). Título que se da, en la marina de algunos países, a los oficiales al mando de una división naval.

COMOQUIERA adv.m. De cualquier manera.

COMPACTACIÓN s.f. Acción de compactar. **2.** TECNOL. Apisonamiento de la tierra para comprimirla e incrementar su densidad.

COMPACTADOR, RA adj. INFORMÁT. Se dice del programa que reduce por codificación la extensión de los datos sin pérdida de información.

COMPACTADORA s.f. Instrumento de obras públicas destinado a aglomerar y comprimir uniformemente los elementos constitutivos de una calzada.

COMPACTAR v.tr. Hacer compacto.

COMPACT DISC s.m. (voces inglesas). *Disco compacto.* **2.** Aparato para la reproducción de discos compactos.

COMPACTIBLE adj. Que puede hacerse más compacto.

COMPACTO, A adj. (lat. *compactus*). Se dice de los cuerpos de textura apretada y poco porosa: *madera compacta.* **2.** Apretado, apiñado:

un grupo compacto de personas. ◆ s.m. Disco compacto.

COMPADECER v.tr. y prnl. (lat. *compati*) [37]. Sentir compasión. ◆ **compadecerse** v.prnl. Estar en armonía o tener buena relación una cosa con otra: *la modestia no se compadece con la fama.*

COMPADRAJE s.m. *Fam.* Unión o pacto de varias personas para ayudarse mutuamente.

COMPADRAZGO s.m. Relación de parentesco que contrae el padrino de una criatura con los padres de esta. **2.** Compadraje.

COMPADRE s.m. (lat. *compater, -patris*). Padrino de un niño con respecto a los padres de este y viceversa. **2.** *Fam.* Tratamiento que utilizan los hombres entre sí: *oiga, compadre, ¿cómo le fue?*

COMPADREAR v.intr. Tratarse familiarmente con el apelativo *compadre*. **2.** Entablar o tener una relación amistosa dos o más personas, generalmente con fines poco lícitos. **3.** Argent., Par. y Urug. Fanfarronear, bravuconear, alardear.

COMPADRERÍA s.f. Relación entre compadres, amigos o camaradas.

COMPADRITO s.m. Argent., Par. y Urug. *Fam.* Tipo popular pendenciero, afectado en sus ropas y maneras de vestir.

COMPAGINACIÓN s.f. Acción de compaginar o compaginarse.

COMPAGINAR v.tr. y prnl. Poner en buen orden cosas que tienen alguna relación o conexión mutua. **2.** Hacer compatibles dos o más actividades entre sí: *compagina los estudios con el deporte.* ◆ v.tr. IMPR. Ajustar, distribuir las galeradas en planas. ◆ **compaginarse** v.prnl. *Fig.* Corresponder bien una cosa con otra: *compaginarse el respeto con las buenas costumbres.*

COMPAÑA s.f. Esp. *Fam.* Compañía.

COMPAÑERISMO s.m. Vínculo que existe entre compañeros. **2.** Concordia y buena correspondencia entre ellos.

COMPAÑERO, A s. (lat. merovingio *companio, onis*). Persona con la que se comparte la estancia en un lugar, un trabajo, los estudios u otra actividad. **2.** Persona con la que se comparte la misma ideología o forma parte del mismo partido político. **3.** *Fig.* Cosa que hace juego o tiene correspondencia con otra u otras.

COMPAÑÍA s.f. Circunstancia de estar acompañado. **2.** Persona, animal o cosa que acompaña. **3.** Cuerpo de actores, formado para representar en los teatros. **4.** Sociedad o junta de varias personas unidas para un mismo objeto, especialmente para fines comerciales o industriales. **5.** MIL. Primera unidad orgánica, administrativa y táctica que existe en los ejércitos regulares y que está bajo el mando de un capitán. ◇ **Compañía de comercio y de navegación** Sociedad que recibía del estado el privilegio o monopolio de comerciar con las colonias.

COMPARACIÓN s.f. Acción de comparar: *comparación de resultados.* **2.** Igualdad y proporción correspondiente entre las cosas que se comparan. **3.** Figura retórica de pensamiento que consiste en establecer explícitamente una relación de similitud entre dos objetos. SIN.: *símil.* ◇ **Grados de comparación** Grados de significación del adjetivo y del adverbio (positivo, comparativo y superlativo) que expresan una idea de evaluación con respecto a un punto de comparación, o una idea de superioridad independiente de toda comparación.

COMPARADO, A adj. Que procede por comparación. ◇ **Anatomía comparada** Parte de la anatomía que se ocupa del estudio de las variaciones de una misma estructura en las diferentes especies animales. **Gramática, o lingüística, comparada** Rama de la lingüística que estudia las relaciones entre las lenguas. **Literatura comparada** Rama de la historia de la literatura que estudia las relaciones entre las literaturas de diferentes países y la evolución de un género o de un tema literario en épocas distintas o en dominios culturales diferentes.

COMPARADOR s.m. METROL. Instrumento

amplificador utilizado para comparar una dimensión de una pieza con la de un patrón.

COMPARANZA s.f. Comparación.

COMPARAR v.tr. (lat. *comparare*). Examinar dos o más cosas para descubrir sus relaciones, diferencias o semejanzas. **2.** Establecer una relación de semejanza entre dos cosas.

COMPARATISMO s.m. Gramática comparada y período de su desarrollo científico.

COMPARATISTA s.m. y f. Especialista en gramática comparada o en literatura comparada.

COMPARATIVO, A adj. Que compara o sirve para comparar. ◆ adj. y s.m. Se dice del grado de significación de los adjetivos y de los adverbios, que expresa una cualidad igual, superior o inferior.

COMPARECENCIA s.f. DER. Hecho de comparecer ante alguna autoridad: *comparecencia ante el juez.*

COMPARECER v.intr. (del lat. *parescere*, de *parere*, aparecer o parecer) [37]. Presentarse una persona en un lugar donde ha sido convocada o donde ha quedado con alguien: *compareció ante el juez para prestar declaración.*

COMPARECIENTE s.m. y f. DER. Persona que comparece ante el juez.

COMPARSA s.f. (voz italiana, *acción de comparecer*). Conjunto de personas que, en una obra teatral o cinematográfica, figuran, pero no hablan o apenas lo hacen. **2.** Conjunto de personas que desfilan en una fiesta popular vestidas con trajes de una misma clase. ◆ s.m. y f. Persona que forma parte del acompañamiento.

COMPARSERÍA s.f. Conjunto de comparsas que participan en una representación teatral o cinematográfica.

COMPARTIMENTACIÓN s.f. Acción y efecto de compartimentar.

COMPARTIMENTAR v.tr. Dividir un barco en compartimentos estancos. **2.** *Fig.* Dividir o agrupar algo material o inmaterial en compartimentos estancos.

COMPARTIMENTO o **COMPARTIMIENTO** s.m. Acción de compartir. **2.** Cada una de las partes en que se divide un espacio, mediante paredes u otro tipo de separación.

COMPARTIR v.tr. (del lat. *partiri*, partir o repartir). Dar una persona parte de lo que tiene para que los demás puedan disfrutarlo con ella. **2.** Consumir, poseer o usar algo con otras personas: *compartir vivienda.* **3.** Tener la misma opinión que otro o tener, por simpatía con otra persona, el mismo sentimiento o estado de ánimo: *no compartir la misma opinión que otro.*

COMPÁS s.m. Instrumento de dibujo y medición, compuesto por dos varillas que acaban en punta en el extremo inferior y están articuladas por un eje en su extremo superior. **2.** Brújula, especialmente la usada en navegación. **3.** MÚS. **a.** Cada uno de los períodos de tiempo iguales en que se marca el ritmo de una frase musical, cuya división natural viene indicada en el pentagrama por unas líneas verticales. **b.** Ritmo o cadencia de una frase musical. ◇ **Compás de espera** *Fig.* Detención de un asunto por un espacio de tiempo corto. **Compás de vara** Compás en el que la punta y el trazador se deslizan sobre una barra horizontal. **Compás giroscópico** MAR. Compás construido de acuerdo con la estabilidad mecánica del giroscopio, y, por ello, insensible a las influencias magnéticas. **Llevar el compás** Seguir el ritmo.

COMPASADO, A adj. Moderado, cuerdo.

COMPASAR v.tr. Medir con el compás. **2.** *Fig.* Acomodar o adecuar el ritmo, frecuencia o intensidad de algo: *compasar los gastos.*

COMPASIÓN s.f. (del lat. *compati*). Sentimiento de lástima hacia el mal o desgracia ajenos: *sentir compasión por un enfermo.*

COMPASIVO, A adj. Que tiene compasión o es propenso a sentirla. **2.** Que denota compasión: *ser de condición compasiva.*

COMPATIBILIDAD s.f. Cualidad de compatible. **2.** INFORMÁT. **a.** Cualidad relativa de dos computadoras, en que uno puede ejecutar programas escritos para el otro sin necesidad de traducción o reescritura. **b.** Cualidad de va-

rios programas o ficheros, que les permiten constituir, reunidos, un conjunto coherente de tratamiento.

COMPATIBILIZAR v.tr. [7]. Hacer compatible: *compatibilizar el trabajo con la familia.*

COMPATIBLE adj. Que puede existir, ocurrir o hacerse al mismo tiempo que otra cosa y de forma armónica con ella: *hacer compatible el trabajo con la diversión.* **2.** Se dice de la persona que por su carácter congenia con otra. **3.** TECNOL. Se dice de las computadoras, sistemas de telecomunicación, etc., que poseen características de compatibilidad. ◇ **Sucesos compatibles** ESTADÍST. Sucesos que pueden producirse simultáneamente.

COMPATRIOTA s.m. y f. Respecto a una persona, otra de su misma patria.

COMPELER v.tr. (lat. *compellere*, empujar en bloque). Intentar obligar a alguien, con fuerza o por autoridad, a hacer algo.

COMPENDIAR v.tr. Reducir a compendio: *compendiar un discurso en unas líneas.*

COMPENDIO s.m. (lat. *compendium*, ahorro, economía o abreviación). Exposición breve de los aspectos fundamentales de una materia.

COMPENETRACIÓN s.f. Acción y efecto de compenetrarse.

COMPENETRARSE v.prnl. Penetrar las partículas de una sustancia entre las de otra. **2.** *Fig.* Llegar dos personas a estar muy unidas o a identificarse en sus ideas y sentimientos.

COMPENSACIÓN s.f. Acción de compensar. **2.** Cosa con que se compensa: *una compensación económica.* **3.** DER. Modo de extinción de dos obligaciones recíprocas. **4.** ECON. Operación financiera en la que las compras y las ventas se liquidan mediante transferencias recíprocas. **5.** MED. Mecanismo por el cual un órgano disminuido o el organismo entero palía la alteración de una función fisiológica. **6.** TECNOL. Ajuste, corrección de una desviación en un parámetro u órgano de una máquina.

COMPENSADOR, RA adj. Que compensa. ◆ s.m. Aparato destinado a compensar una diferencia o, más corrientemente, una variación.

COMPENSAR v.tr. y prnl. Neutralizar el efecto de una cosa con el de otra. **2.** Dar o hacer una cosa en resarcimiento del daño o molestias causados.

COMPENSATORIO, A adj. Que compensa o iguala.

COMPETENCIA s.f. Acción y efecto de competir. **2.** Empresa o comercio que compite con otra en el mercado. **3.** Incumbencia. **4.** Capacidad para el desarrollo de algo. **5.** Amér. Competición. **6.** DER. Conjunto de funciones atribuidas por un ordenamiento a un órgano de una persona jurídica de la administración del estado. **7.** GEOGR. Aptitud de un fluido para desplazar elementos de una talla determinada. **8.** LING. Conjunto de conocimientos lingüísticos interiorizados por las personas que utilizan una lengua. ◇ **Régimen de libre competencia** Régimen económico en que la creación de las empresas privadas es libre y los poderes públi

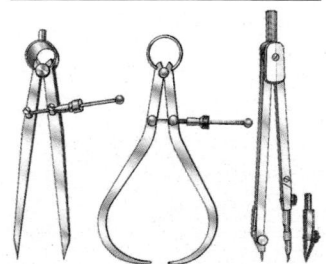

de muelle   de espesores   de dibujo con
                             puntas
                             intercambiables

■ **COMPÁS**

269

cos solo intervienen para garantizar el libre juego de las leyes económicas.

COMPETENTE adj. Se dice de la persona a quien compete o incumbe alguna cosa: *la autoridad competente.* **2.** Experto, apto: *un ayudante competente.*

COMPETER v.intr. Ser algo responsabilidad de alguien: *la sanidad compete al gobierno.*

COMPETICIÓN s.f. Competencia. **2.** Acción y efecto de competir, especialmente en deportes, certámenes, etc.

COMPETIDOR, RA adj. y s. Que compite. **2.** Se aplica a quienes concurren al mercado ofreciendo los mismos productos.

COMPETIR v.intr. y prnl. (lat. *competere,* ir al encuentro de algo) [89]. Luchar entre sí dos o más personas, animales o cosas para conseguir un mismo objetivo o para alcanzar una mejor posición o estado: *competir para ganar el premio.* ◆ v.intr. Tener uno dos o más personas o cosas cualidades parecidas o un grado similar de perfección: *competir en belleza.*

COMPETITIVIDAD s.f. Capacidad para competir. **2.** Rivalidad o competencia para conseguir algo.

COMPETITIVO, A adj. Relativo a la competición o a la competencia. **2.** Capaz de competir con otros: *precios competitivos.*

COMPILACIÓN s.f. Acción y efecto de compilar. **2.** Colección de varias noticias, leyes o materias. **3.** INFORMÁT. Operación de traducir un programa al lenguaje máquina de una computadora.

COMPILADOR, RA adj. y s. Que compila. ◆ s.m. INFORMÁT. Programa que traduce a lenguaje máquina un programa escrito en lenguaje simbólico.

COMPILAR v.tr. (lat. *compilare,* saquear o plagiar). Reunir en un solo cuerpo de obra, extractos de diferentes libros, documentos, etc.: *compilar un cancionero popular.* **2.** INFORMÁT. Traducir a lenguaje máquina un programa escrito en lenguaje simbólico.

COMPINCHE s.m. y f. *Fam.* Amigo, camarada.

COMPLACENCIA s.f. Satisfacción o placer con que se hace o se recibe algo. **2.** Tolerancia excesiva.

COMPLACER v.tr. (lat. *complacere,* gustar a varios a la vez) [37]. Satisfacer los deseos o gustos de otro: *complacer a los hijos.* ◆ **complacerse** v.prnl. Alegrarse, hallar plena satisfacción en una cosa: *complacerse en la familia, en la virtud.*

COMPLACIENTE adj. Propenso a complacer.

COMPLEJIDAD o **COMPLEXIDAD** s.f. Cualidad de complejo.

COMPLEJO, A adj. (lat. *complexus,* que abarca). Que se compone de elementos diversos: *un problema complejo.* **2.** Que es difícil de comprender por estar formado de diversos aspectos. ◆ s.m. Conjunto de varias cosas. Conjunto de edificios o instalaciones destinados a una determinada actividad o que están situados en el mismo lugar: *complejo deportivo; complejo industrial.* **3.** *Fam.* Sentimiento de inferioridad, conducta tímida o inhibida. (Suele usarse en plural.) **4.** QUÍM. Compuesto formado por uno o varios átomos o por un ion central, generalmente metálico, ligado a un cierto número de iones o de moléculas. **5.** PSICOANÁL. Conjunto de sentimientos y recuerdos parcial o totalmente inconscientes, que determinan una manera estereotipada de comportarse para con los demás. ◇ **Cantidad compleja** Cantidad que está expresada en unidades de distintos órdenes. **Complejo absorbente** EDAFOL. Conjunto de los coloides electronegativos que tienen poder absorbente en el suelo. **Número complejo** Número que consta de una parte real y otra imaginaria.

COMPLEMENTAR v.tr. Dar complemento a una cosa.

COMPLEMENTARIEDAD s.f. Cualidad de lo que es complementario. ◇ **Principio de complementariedad** FÍS. Principio enunciado por Bohr según el cual los aspectos, corpuscular y ondulatorio, de la radiación y de la materia, son formas «complementarias» de una misma realidad.

COMPLEMENTARIO, A adj. Que forma el complemento de una cosa. ◇ **Arcos,** o **ángulos, complementarios** Conjunto de dos arcos o dos ángulos cuya suma vale 90°. ◇ **Colores complementarios** Conjunto de un color primario y de un color derivado cuya mezcla óptica produce el color blanco. (El verde es el color complementario del rojo; el violeta, del amarillo; el anaranjado, del azul.) ◇ **Complementario de un conjunto N (incluido en un conjunto M)** MAT. Conjunto formado por los elementos de *M* que no pertenecen a *N.*

COMPLEMENTO s.m. (lat. *complementum*). Cosa que se añade a algo para completarlo o hacerlo más completo. **2.** BIOL. Mezcla de globulinas que intervienen en las reacciones inmunológicas. **3.** LING. Palabra o grupo de palabras que se añade a otras para completar o precisar su sentido. **4.** MAT. Ángulo que hay que añadir a un ángulo agudo para obtener un ángulo recto. ◇ **Escala de complemento** Cuadros de mando no profesionales del ejército, que pueden ser llamados a prestar servicio en filas cuando el alto mando lo estime conveniente.

COMPLETAR v.tr. Hacer completa una cosa.

COMPLETAS s.f.pl. Última parte del oficio divino, después de las vísperas, destinada a santificar el reposo de la noche.

COMPLETITUD s.f. LÓG. Propiedad de una teoría deductiva no contradictoria, en la que toda fórmula es decidible.

COMPLETIVO, A adj. Se dice de lo que completa y llena. ◆ adj. y s.f. **Oración completiva** GRAM. Oración subordinada que sirve de complemento a la principal.

COMPLETO, A adj. (lat. *completus*). Entero, lleno, cabal: *la obra completa de Galdós.* **2.** Acabado, perfecto. ◇ **Al completo** Completo, entero, lleno.

COMPLEXIDAD s.f. → COMPLEJIDAD.

COMPLEXIÓN s.f. Constitución fisiológica propia de una persona o de un animal: *ser de complexión fuerte.*

COMPLEXO, A adj. Complejo. ◆ adj. y s.m. ANAT. Se dice de uno de los músculos principales para el movimiento de la cabeza.

COMPLICACIÓN s.f. Embrollo, dificultad. **2.** Concurrencia de cosas diversas. **3.** MED. Fenómeno que sobreviene en el curso evolutivo de una enfermedad y que dificulta o impide la curación.

COMPLICADO, A adj. Compuesto de muchas partes: *un mecanismo complicado.* **2.** Difícil de entender, abordar o resolver por estar formado de diversos aspectos: *una cuestión complicada.* **3.** Se dice de la persona cuyo carácter y conducta son difíciles de entender.

COMPLICAR v.tr. y prnl. (lat. *complicare*) [1]. *Fig.* Hacer una cosa complicada o difícil de comprender o resolver: *complicar una situación.* ◆ v.tr. Mezclar, unir cosas diversas entre sí. **2.** Mezclar o comprometer a alguien en un asunto. ◆ **complicarse** v.prnl. Confundirse, embrollarse: *complicar un fenómeno con otro.*

CÓMPLICE s.m. y f. (lat. *complix, -icis*). Persona que participa en un delito sin ser el autor material o participa en él junto con otros: *detener a un ladrón y a sus cómplices.* ◆ adj. Que muestra adhesión o complicidad: *le dirigió una mirada cómplice.*

COMPLICIDAD s.f. Cualidad de cómplice: *probar la complicidad de alguien en un delito.*

COMPLOT o **COMPLÓ** s.m. (voz francesa) [pl. *complots*]. Conjunto de maniobras secretas y concertadas contra alguien, particularmente contra la seguridad interior del estado.

COMPLUTENSE adj. y s.m. y f. De Alcalá de Henares (España).

COMPONADO, A adj. HERÁLD. Se dice de la pieza formada por cuadros de esmaltes alternados.

COMPONEDOR, RA s. Persona que compone. **2.** Argent., Chile y Colomb. Persona diestra en tratar dislocaciones de huesos, algebrista. ◆ s.m. Regla o listón en que el tipógrafo reúne los caracteres a fin de formar líneas de igual longitud. ◇ **Amigable componedor** DER. Persona cuya decisión o sentencia se han comprometido a acatar las partes afectadas por una divergencia.

COMPONENDA s.f. Arreglo o transacción poco escrupulosa entre varias personas.

COMPONENTE adj. y s.m. Que compone o entra en la composición de un todo ◆ s.m. QUÍM. Elemento que se combina con otro o con otros para formar un cuerpo compuesto. **2.** TECNOL. Constituyente elemental de una máquina, aparato o circuito. ◆ s.f. MAT. Proyección de un vector sobre uno de los ejes o planos de un sistema de coordenadas. **2.** MEC. Cada una de las fuerzas que contribuyen a la formación de una resultante.

COMPONER v.tr. [60]. Formar un todo juntando o disponiendo adecuadamente elementos diversos. **2.** Escribir obras literarias, musicales, etc.: *componer versos, música.* **3.** Ordenar, reparar, restablecer el buen estado estropeado: *componer una puerta.* **4.** *Amér. Merid.* Colocar en su lugar los huesos dislocados. **5.** IMPR. Reproducir un texto juntando los caracteres tipográficos y formando palabras, líneas y planas. ◆ v.tr. y prnl. Formar parte de un todo, ser elemento constituyente.: *una obra que se compone de varias partes; la palabra se compone de sílabas.* **2.** Adornar, acicalar. ◇ **Componérselas** *Fam.* Ingeniárselas para conseguir algo.

COMPORTA s.f. Canasta para transportar las uvas en la vendimia.

COMPORTAMIENTO s.m. Manera de comportarse; conjunto de reacciones de un individuo, conducta. **2.** PSICOL. Conjunto de reacciones de un organismo que actúa en respuesta a un estímulo procedente de su medio interno o del medio externo y observables objetivamente.

COMPORTAR v.tr. Sufrir, tolerar. **2.** Implicar: *este asunto comporta unos riesgos.* ◆ **comportarse** v.prnl. Portarse, conducirse: *comportarse con educación.*

COMPOSICIÓN s.f. Acción y efecto de componer. **2.** Obra científica, literaria o musical. **3.** Forma o manera en que algo está compuesto. **4.** Ajuste, convenio entre dos o más personas. **5.** ART. GRÁF. Acción de juntar manual, mecánica o automáticamente los caracteres tipográficos para formar con ellos palabras, líneas y planas. **6.** B. ART. Estructura de una obra, la obra misma. **7.** QUÍM. Proporción de los elementos que entran en una composición química. ◇ **Formar,** o **hacer, una composición de lugar** Meditar las circunstancias de un asunto y formar una idea, determinación o proyecto. **Ley de composición** MAT. Ley que permite definir un elemento de un conjunto C a partir de un par ordenado de elementos de C (ley interna) o de un par formado por un elemento de C y un elemento de otro conjunto (ley externa).

COMPOSITOR, RA s. Autor de una obra musical o persona que compone música para otros, en especial si se dedica a ello profesionalmente.

COMPOST s.m. Mezcla de residuos orgánicos, cal y tierra que se transforma en mantillo por fermentación.

COMPOSTELANO, A adj. y s. De Santiago de Compostela (España).

COMPOSTURA s.f. Acción y efecto de componer. **2.** Comedimiento, moderación, prudencia: *guardar la compostura.* **3.** Aspecto aseado y arreglado de una persona o una cosa.

COMPOTA s.f. (fr. *compote,* compuesta). Dulce de fruta hervida con agua y azúcar.

COMPOTERA s.f. Recipiente en el que se guarda o se sirve compota, mermelada, etc.

COMPOUND adj. (voz inglesa, *compuesto*). Se dice de ciertos aparatos asociados. ◇ **Máquina compound** Máquina en la que el vapor actúa sucesivamente en varios cilindros de diámetros desiguales.

COMPRA s.f. Acción de comprar. **2.** Esp. y Méx. Cosa o conjunto de cosas compradas.

COMPRAR v.tr. (lat. *comparare,* proporcionar, adquirir). Adquirir algo a cambio de cierta cantidad de dinero. **2.** Sobornar: *comprar al juez.*

COMPRAVENTA s.f. Negocio que consiste en comprar objetos usados para revenderlos. **2.** DER. Contrato consensual, bilateral, oneroso, generalmente conmutativo, y traslativo de dominio, por el cual una de las partes se obliga a entregar una cosa determinada y la otra a pagar por ella un precio cierto en dinero o signo que lo represente.

COMPRENDER v.tr. (lat. *comprehendere*). Entender, percibir: *comprender un texto.* **2.** Encontrar razonables, justificados o naturales los actos o sentimientos de alguien: *comprendo los motivos de su enojo.* **3.** Rodear por todas partes. ◆ v.tr. y prnl. Contener, llevar o incluir dentro de sí: *la colección comprende 30 títulos.*

COMPRENSIÓN s.f. Acción o facultad de comprender: *texto de difícil comprensión.* **2.** LÓG. Totalidad de los caracteres contenidos en una idea general, un concepto o un conjunto.

COMPRENSIVO, A adj. Que comprende, contiene o incluye dentro de sí varias cosas. **2.** *Fig.* Que tiende a la benevolencia o tolerancia. **3.** LÓG. Que abarca en su significación un número más o menos grande de caracteres.

COMPRESA s.f. Trozo de gasa, tela u otro material, empleado para empapar líquidos y para comprimir o curar alguna parte del organismo.

COMPRESIBILIDAD s.f. Propiedad de un cuerpo de disminuir su volumen bajo la influencia de una presión. ◇ **Coeficiente de compresibilidad** Cociente entre la presión ejercida sobre un cuerpo y la disminución unitaria de volumen que resulta.

COMPRESIÓN s.f. Acción y efecto de comprimir: *bomba de compresión.* **2.** En un motor, presión alcanzada por la mezcla detonante en la cámara de explosión, antes de su encendido. CONTR.: *dilatación.* ◇ **Máquina frigorífica de compresión** Máquina frigorífica en la que el fluido frigorígeno se pone en circulación por medio de un compresor mecánico.

COMPRESIVO, A adj. CIR. Que sirve para comprimir: *venda compresiva.*

COMPRESOR, RA adj. Que comprime o sirve para comprimir. ◆ s.m. Aparato que sirve para comprimir un fluido a una presión dada. ◇ **Compresor frigorífico** Aparato de una instalación frigorífica que aspira los vapores formados en el evaporador, comprimiéndolos a una presión tal que el fluido se licua a la temperatura del condensador.

COMPRIMIDO, A s.m. Pastilla farmacéutica que contiene cierta dosis de medicamento en un pequeño volumen. ◆ adj. Reducido a menor volumen por presión.

COMPRIMIR v.tr. y prnl. (lat. *comprimere*). Reducir el volumen de algo mediante presión.

COMPROBACIÓN s.f. Acción y efecto de comprobar.

COMPROBANTE s.m. Documento que se extiende para atestiguar una transacción, trato o gestión.

COMPROBAR v.tr. (lat. *comprobare*) [17]. Verificar, confirmar una cosa mediante demostración o pruebas que la acreditan como cierta: *comprobar una cuenta, la verdad.*

COMPROMETEDOR, RA adj. y s. Que compromete o expone a un peligro: *papeles comprometedores.*

COMPROMETER v.tr. y prnl. Exponer a un riesgo o peligro: *comprometer la buena reputación.* **2.** Asignar o adquirir una obligación, hacer responsable: *comprometerse a cumplir algo.* **3.** Acordar formalmente la realización de una cosa, en especial una operación comercial.

COMPROMETIDO, A adj. Se dice de la situación difícil, peligrosa o complicada. **2.** Se dice de la persona u obra que toma partido en materia política o social.

COMPROMISARIO, A adj. y s. Se dice de la persona que participa en representación de otra en un asunto o negocio. ◆ s.m. Persona a quien los electores designan para que proceda a la elección de quien haya de ocupar un cargo, o para que los represente. **2.** Árbitro.

COMPROMISO s.m. (del lat. *computare*). Acuerdo obtenido mediante concesiones recíprocas. **2.** Situación comprometida o difícil. **3.** Acto con el que los novios anuncian su intención de casarse. **4.** DER. Convenio por el cual se decide someter un litigio a un árbitro. ◇ **De compromiso** De importancia: *visita de compromiso;* por obligación o necesidad; para complacer.

COMPUERTA s.f. Dispositivo que sirve para controlar el paso del agua de un canal, una presa, etc.

COMPUESTO, A adj. Formado por varios elementos. **2.** Se dice de un orden arquitectónico creado por los romanos y adoptado por los arquitectos clásicos, caracterizado especialmente porque el capitel combina las volutas del jónico y las hojas de acanto del corintio. ◆ adj. y s.f. Relativo a una familia de plantas herbáceas cuyas flores, pequeñas y numerosas, están reunidas en capítulos apretados que parecen a veces flores simples, como la margarita y el amargón. ◆ s.m. Agregado de varias cosas que componen un todo. ◇ **Aplicación compuesta** MAT. La que resulta de aplicar sucesivamente un cierto conjunto en un segundo y este en un tercero. **(Material) compuesto** Material compuesto por elementos distintos la unión de los cuales confiere a la mezcla propiedades que no poseen los integrantes por separado. **Palabra compuesta** Palabra formada por varias palabras o elementos que forman una unidad significativa. (Por ej.: *claroscuro, mediodía.*) **Tiempo compuesto** Tiempo de un verbo que se conjuga con el participio pasado precedido del auxiliar (haber).

ENCICL. Se investiga mucho sobre los materiales compuestos debido a su ligereza y resistencia. En nuestros días tienen muchas aplicaciones en la construcción aeronáutica (timones, alas de avión), aeroespacial, naval (mástiles y cascos de navíos), automovilística (carrocerías, parachoques), en las industrias mecánica y eléctrica, para la fabricación de artículos deportivos (esquís, raquetas de tenis, tablas para velear), etc. Los más extendidos constan de una matriz de resina orgánica (epóxidos, poliésteres, policarbonatos, polietilenos, etc.) reforzada por una armadura de fibras (vidrio, carbono, boro, poliamidas, etc.). Para las aplicaciones a altas temperaturas se recurre a los compuestos carbono-carbono (fibras y matriz de carbono) o cerámica-cerámica.

COMPULSA s.f. Acción de compulsar. SIN.: *compulsación.* **2.** DER. Copia de un documento compulsada o cotejada con su original.

COMPULSAR v.tr. Comprobar un texto con el original o con el de otras ediciones o copias. **2.** DER. Sacar compulsas.

COMPULSIÓN s.f. PSIQUIATR. Tipo de conducta en el que el sujeto se siente impulsado a actuar a causa de una fuerza interior a la que no puede resistir sin angustia.

COMPULSIVO, A adj. Relativo a la compulsión.

COMPULSORIO, A adj. y s.m. Se dice del mandato que da el juez para compulsar un instrumento o proceso.

COMPUNCIÓN s.f. Acción de compungir. **2.** Estado de compungido. **3.** REL. Pesar por haber ofendido a Dios.

COMPUNGIR v.tr. y prnl. [43]. Apenar, entristecer.

COMPUTACIONAL adj. Relacionado con la informática: *lingüística computacional.*

COMPUTADOR, RA adj. y s. Que computa o calcula. ◆ s.m. Computadora. **2.** Calculador, aparato o máquina de cálculo.

COMPUTADORA s.f. Calculador, aparato o máquina de cálculo. **2.** INFORMÁT. Máquina automática para el tratamiento de la información, que obedece a programas formados por sucesiones de operaciones aritméticas y lógicas. SIN.: *computador.* GEOSIN.: Esp. *ordenador.* ◇ **Computadora personal** Computadora que permite realizar un tratamiento completo de la información y trabajar con ella autónomamente sin estar conectado a una red informática. (Se abrevia *PC.*)

ENCICL. Una computadora comprende una parte física *(hardware),* constituida por circuitos electrónicos de alta integración, y una parte no física *(software).*

El hardware agrupa uno o varios procesadores, una memoria, unidades de entrada-salida y unidades de comunicación. El procesador ejecuta, instrucción tras instrucción, los programas contenidos en la memoria. Entre las unidades de entrada-salida figuran el teclado, la pantalla, las unidades de almacenamiento en discos o cintas magnéticas, la impresora, etc.; estas unidades permiten la introducción de datos y la salida de resultados. Las unidades de comunicación autorizan la conexión de la computadora con terminales o con otras computadoras organizadas en redes. El software se escribe en un lenguaje particular que la computadora es capaz de traducir en una serie limitada de instrucciones elementales directamente realizables por los circuitos electrónicos. El encadenamiento de instrucciones es susceptible de ser modificado por los resultados mismos de las operaciones que se efectúan o por la llegada de nuevas informaciones procedentes del exterior. La función de una computadora se limita a ordenar, clasificar, calcular, seleccionar, buscar, editar y representar informaciones que previamente han sido codificadas según una representación binaria.

COMPUTAR v.tr. Determinar indirectamente una cantidad por el cálculo de ciertos datos. **2.** Contar o considerar una cosa, en general o de manera determinada, como equivalente, en cantidad o en calidad, a cierto valor.

COMPUTERIZAR v.tr. [7]. Introducir datos en la memoria de una computadora.

CÓMPUTO s.m. Determinación indirecta de una cantidad mediante el cálculo de ciertos datos. ◇ **Cómputo eclesiástico,** o **pascual** Cálculo que determina el tiempo para uso eclesiástico y en particular en la fecha de la Pascua.

COMULGANTE adj. y s.m. y f. Que comulga.

COMULGAR v.tr. e intr. (del lat. *communicare*) [2]. Administrar o recibir la comunión. ◆ v.intr. *Fig.* Compartir con otro u otros los mismos principios, ideas o sentimientos: *co*

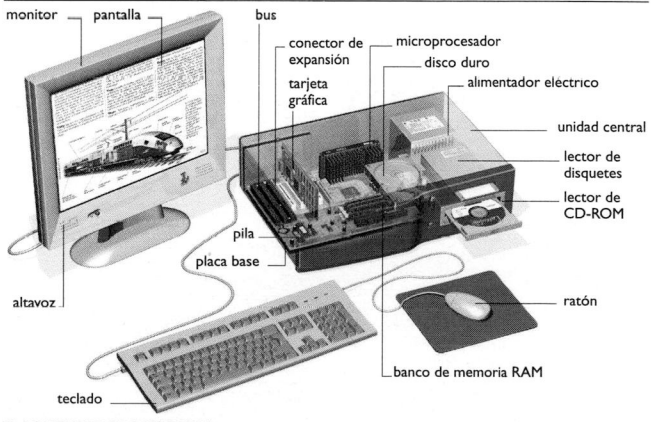

monitor — pantalla — bus
conector de expansión — microprocesador
tarjeta gráfica — disco duro
— alimentador electrico
— unidad central
— lector de disquetes
pila — lector de CD-ROM
placa base
altavoz — ratón
banco de memoria RAM
teclado

■ **COMPUTADORA** PERSONAL

mulgan en las mismas ideas. ◇ **Comulgar con ruedas de molino** Creer las cosas más inverosímiles, dejarse engañar.

COMULGATORIO s.m. En las iglesias católicas, barandilla situada delante del altar, ante la que los fieles se arrodillan para tomar la comunión.

COMÚN adj. (lat. *communis*). Que no es privativo de uno, sino compartido por dos o más al mismo tiempo: *obra común; amigo común.* **2.** Relativo a la mayoría o a todo el mundo: *interés común.* **3.** Ordinario, regular, corriente, vulgar, frecuente: *expresión poco común.* ◆ s.m. Comunidad, generalidad de personas. ◆ **comunes** s.m.pl. Bienes comunales que se destinan al aprovechamiento directo y gratuito de los vecinos. ◇ **El común de las gentes, o de los mortales** La mayor parte de la gente. **En común** Denota que se goza o posee una cosa por muchos y no por uno en particular; conjuntamente. **Nombre común** LING. Nombre que se puede aplicar a todos los seres o cosas de la misma especie, y no indica rasgos individualizadores (por oposición a *nombre propio*). **Por lo común** De forma usual.

COMUNA s.f. Forma de autoorganización de los habitantes de una localidad. **2.** Célula básica de convivencia, alternativa a la organización familiar. **3.** Amér. Municipio, ayuntamiento. ◇ **Comuna popular** En China, organismo que agrupa varias aldeas con el fin de mejorar la agricultura y de coordinar los trabajos de interés general.

COMUNAL adj. Se dice de la propiedad poseída en común por los vecinos de un municipio, y en especial de las tierras, prados y bosques.

COMUNERO, A adj. y s. Relativo a las Comunidades de Castilla, movimiento insurreccional del s. XVI, o a otros alzamientos populares de Nueva Granada o Paraguay en el s. XVIII; partidario de dichas Comunidades o alzamientos. ◆ s.m. Persona que tiene parte indivisa con otro u otros en un inmueble, un derecho, etc. ◆ **comuneros** s.m.pl. Pueblos que tienen comunidad de pastos.

COMUNICACIÓN s.f. Acción y efecto de comunicar o comunicarse: *estar en comunicación con alguien.* **2.** Escrito en que se comunica algo: *presentar una comunicación.* **3.** Medio de unión: *la comunicación entre dos pueblos.* **4.** PSICOL. Transmisión de la información en el seno de un grupo, considerada en sus relaciones con la estructura de este grupo. ◆ **comunicaciones** s.f.pl. Correos, telégrafos, teléfonos, etc.: *cortar las comunicaciones.* ◇ **Comunicación de masas** SOCIOL. Conjunto de técnicas que permiten la difusión de mensajes escritos o audiovisuales a una audiencia numerosa y heterogénea.

COMUNICADO s.m. Aviso o información transmitido oficialmente; información difundida por los medios de comunicación.

COMUNICAR v.tr. (lat. *comunicare*, compartir, tener comunicaciones con alguien) [1]. Hacer saber una cosa: *comunicar una noticia.* **2.** Hacer partícipe a otra persona o cosa de algo que se tiene: *comunicar alegría.* ◆ v.tr., intr. y prnl. Esp. y Méx. Conversar o tratar con alguno de palabra o por escrito. ◆ v.intr. Esp. Dar un teléfono, al marcar un número, la señal indicadora de que la línea está ocupada. ◆ v.intr. y prnl. Esp. y Méx. Tener correspondencia o paso unas cosas con otras: *la alcoba comunica con el baño.*

COMUNICATIVO, A adj. Que tiene facilidad para comunicar a otro lo que piensa o siente: *sonrisa comunicativa.* **2.** Fácil y accesible al trato de los demás: *persona comunicativa.*

COMUNICÓLOGO, A s. Profesional de los medios de comunicación de masas.

COMUNIDAD s.f. Cualidad de común, compartido por dos o más: *comunidad de intereses.* **2.** Conjunto de personas que conviven bajo ciertas reglas o que tienen intereses comunes: *comunidad de propietarios, comunidad religiosa.* **3.** Grupo social al que pertenece una persona: *ocasionar daños materiales a la comunidad.* **4.** HIST. Agrupación de varias villas y aldeas dependientes de un núcleo urbano principal, cabeza de estas. ◇ **Comunidad autónoma** Denominación adoptada por la constitución española de 1978 para designar a las regiones y nacionalidades históricas que, en virtud de la nueva organización territorial del poder del estado, están dotadas de autonomía. **Comunidad terapéutica** PSIQUIATR. Método de tratamiento que utiliza el medio social formado por los enfermos y el personal de un hospital psiquiátrico, considerado como el agente terapéutico principal. **En comunidad** En común, juntos.

COMUNIÓN s.f. (lat. *communio, -onis*). Participación en lo que es común. **2.** Congregación de personas que profesan la misma fe religiosa. **3.** REL. **a.** Recepción del sacramento de la eucaristía. **b.** Parte de la misa en la que se recibe este sacramento. **c.** Canto ejecutado en este momento. **d.** Sacramento de la eucaristía. ◇ **Comunión de los santos** Comunidad espiritual de todos los cristianos vivos y muertos.

COMUNISMO s.m. Doctrina económica, política y social que defiende una organización social basada en la colectivización de los medios de producción, la distribución de los bienes de consumo según las necesidades de cada uno y la supresión de las clases sociales. **2.** Sistema económico, político y social basado en esa doctrina. ◇ **Comunismo primitivo** Hipótesis según la cual las sociedades primitivas estarían caracterizadas por la ausencia de propiedad privada.

ENCICL. El partido comunista (1918) de Lenin pretendió convertir la revolución rusa (1917) en una revolución mundial. Con los sectores izquierdistas de la socialdemocracia creó la III internacional, cuyo órgano ejecutivo era el Komintern. Como su proyecto no era factible a corto plazo, Lenin impulsó la creación de partidos comunistas locales: Bulgaria (1919), Francia (1920), Italia (1921), China y Japón (1921), España (1921), etc., algunos de ellos ilegalizados poco después de su nacimiento. Con Stalin en el poder (1927) la causa del comunismo se confundió con la de la URSS. En los años treinta, el movimiento adoptó la táctica de los frentes populares contra los fascismos (España y Francia, 1936). Se establecieron regímenes afines a la URSS en Alemania oriental y Rumania (1946), Polonia (1947) y Checoslovaquia (1948), bajo la coordinación soviética del Kominform (1947). El enfrentamiento del presidente yugoslavo Tito con el poder central de Moscú originó la primera crisis del sistema, compensada por el triunfo de la revolución china en 1949. El Partido comunista chino encabezó en los años sesenta la disidencia interna del movimiento. Algunos partidos occidentales, encabezados por el italiano, proclamaron la total autonomía de los partidos comunistas nacionales y desarrollaron una política de integración parlamentaria que condujo al eurocomunismo. Al final de los años ochenta el proceso de reformas soviético (perestroika), unido a la inoperancia de la economía planificada, originó un proceso de apertura pluralista y de transformación (hacia la economía de mercado) en los países del este Europeo y la URSS. En Europa el mayor partido comunista, el italiano se orientó hacia la izquierda socialista en 1991. En América Latina, los primeros partidos comunistas (Argentina, Uruguay, Chile, Brasil, México, Cuba, Perú) surgieron a raíz de la revolución rusa de 1917. A ellos se unieron en 1929-1932 los partidos de Colombia, Venezuela y Ecuador. Estancado a partir de la segunda guerra mundial, el comunismo latinoamericano se vio dinamizado por el triunfo de la revolución cubana (1959). Abrogados el pacto de Varsovia y el Comecon y habiéndose desintegrado la URSS y Yugoslavia, el comunismo sigue presente en Asia y Cuba.

COMUNISTA adj. y s.m. y f. Relativo al comunismo; seguidor de esta doctrina. **2.** Relativo a cualquiera de los partidos comunistas; miembro de uno de ellos.

COMUNITARIO, A adj. Relativo a la comunidad o a una comunidad. **2.** Relativo a la Unión europea.

COMUÑA s.f. Trigo mezclado con centeno.

CON prep. (lat. *cum*). Indica el instrumento, medio o modo para hacer algo: *recibir con agrado; abrir con una llave.* **2.** Indica que una persona acompaña a otra o hace algo junto a ella: *llegó con su padre; trabaja conmigo.* **3.** Indica el contenido de un recipiente: *una bolsa con dinero.* **4.** Indica una característica o cualidad de un objeto o una persona: *una casa con balcón.* **5.** Indica idea de reciprocidad o de comparación: *se escribe con ella.* **6.** Indica idea de relación o comunicación: *hablar con todos.* **7.** Antepuesta al infinitivo, equivale a gerundio: *con declarar se eximió del tormento;* **8.** o a la conjunción concesiva *aunque: con ser tan antiguo le han postergado.* **8.** A pesar de: *con lo joven que es y ya es director.* **9.** Se utiliza al comienzo de ciertas exclamaciones: *¡con lo que me estaba divirtiendo!* ◆ conj.cond. **Con (tal) que** o **con solo que** En el caso de que.

CONATO s.m. (lat. *conatus, -us,* esfuerzo). Inicio de una acción que no llega a realizarse plenamente: *un conato de incendio.* **2.** Intento, tendencia.

CONCATENACIÓN s.f. Acción y efecto de concatenar. **2.** Encadenamiento lógico y evidente de las ideas, las causas y los efectos de los elementos constitutivos de una frase. **3.** Figura de dicción que consiste en repetir la última o últimas palabras de un verso en el principio del verso siguiente.

CONCATENAR o **CONCADENAR** v.tr. (lat. tardío *concatenare*). Unir o enlazar unas cosas con otras.

CONCAUSA s.f. Causa que, junto con otra, produce un determinado efecto.

CONCAVIDAD s.f. Cualidad de cóncavo. **2.** Lugar cóncavo.

CÓNCAVO, A adj. Se dice de la línea o superficie curva que, respecto del que la mira, tiene su parte más deprimida en el centro. CONTR.: *convexo.*

CONCEBIR v.intr. y tr. (lat. *concipere*) [89]. Quedar fecundada la hembra. **2.** *Fig.* Formar en la mente idea o concepto de algo: *no concibo tal disparate.* ◆ v.tr. *Fig.* Empezar a experimentar un sentimiento o deseo: *concebir esperanzas.* **2.** *Galic.* Expresar, redactar, contener: *una carta concebida en estos términos.*

CONCEDER v.tr. Dar, otorgar, atribuir: *conceder una beca; no conceder importancia.* **2.** Convenir en lo que alguien dice o afirma: *concedo que tienes razón.*

CONCEJAL, LA s. Miembro de un concejo o ayuntamiento.

CONCEJALÍA s.f. Oficio o cargo de concejal.

CONCEJO s.m. (lat. *concilium*). Ayuntamiento. **2.** Reunión de los vecinos de una localidad o distrito para tratar de asuntos de interés común. **3.** Municipio. **4.** Reunión de algunas juntas.

CONCELEBRAR v.tr. Celebrar entre varios un acto litúrgico.

CONCENTRACIÓN s.f. Acción y efecto de concentrar o concentrarse. **2.** ECON. Conjunto de lazos que se establece entre empresas para luchar contra la competencia; puede establecerse en un mismo estadio (concentración horizontal) o en distintos estadios (concentración vertical) de la producción de un producto. **3.** FÍS. Masa de un cuerpo disuelto por unidad de volumen de una disolución. ◇ **Concentración parcelaria** Reunión de diferentes parcelas en una, efectuando una redistribución de la propiedad rural para racionalizar la explotación agrícola.

CONCENTRADO, A adj. Que contiene menos agua de la que suele tener. ◆ s.m. Extracto de una sustancia obtenido por eliminación de agua. ◇ **Leche concentrada** Leche que se obtiene tras haber extraído alrededor del 65 % de su agua y que puede reconstituirse por adición de agua. **Leche concentrada azucarada** o **condensada.** Leche concentrada a la que una fuerte proporción de azúcar da una consistencia de jarabe.

CONCENTRAR v.tr. y prnl. Reunir en un centro o punto: *concentrar tropas.* **2.** *Fig.* Fijar la atención con intensidad. ◆ v.tr. TECNOL. Eliminar de un mineral nativo, por un procedimiento mecánico o químico, la mayor cantidad posible de cuerpos extraños o de ganga. ◆ **concentrarse** v.prnl. Reunirse. **2.** Abstraerse. ◇ **Concentrar una solución** FÍS. Hacer que una sustancia espese eliminando parte del agua que contiene.

CONCÉNTRICO, A adj. MAT. Se dice de las curvas o superficies que tienen el mismo centro: *círculos concéntricos.*

CONCEPCIÓN s.f. (lat. *conceptio, -onis*). Acción y efecto de concebir: *una concepción clara de la vida.* **2.** Acto de la unión de los dos gametos, masculino y femenino, para la formación de un nuevo ser.

CONCEPCIONISTA adj. y s.f. Relativo a alguna de las congregaciones y a la orden de la Inmaculada Concepción; religiosa de alguna de estas congregaciones.

CONCEPTÁCULO s.m. BOT. Cavidad pequeña en la que se forman los gametos, en algunas algas, como las fucáceas.

CONCEPTISMO s.m. Estilo literario caracterizado por la complicación conceptual.
ENCICL. Referido, en contraposición al culteranismo, a una de las dos vertientes del barroco español, el conceptismo se caracteriza por el recurso del ingenio, el uso sutil y alambicado de conceptos que da lugar a asociaciones inesperadas, efectos de antítesis y toda suerte de juegos verbales. En el elogio súbito de los conceptos está la agudeza, término clave de la percepción y escritura de Quevedo y Gracián, los más destacados conceptistas.

CONCEPTISTA adj. y s.m. y f. Relativo al conceptismo; que cultiva el conceptismo.

CONCEPTO s.m. (lat. *conceptus, -us*). Idea abstracta y general. **2.** Pensamiento o idea expresado con palabras. **3.** Opinión: *tener un gran concepto de alguien.* **4.** Sentencia, dicho ingenioso.

CONCEPTUAL adj. FILOS. Relativo al concepto. ◇ **Arte conceptual** Tendencia artística contemporánea que da más importancia a la idea que a la realidad material de la obra. (Está representada, desde finales de la década de 1960, por los estadounidenses Joseph Kosuth y Lawrence Weiner, el británico Victor Burgin y la alemana Hanne Darboven.)

CONCEPTUALISMO s.m. Doctrina escolástica según la cual el concepto tiene una realidad distinta de la palabra que lo expresa, realidad que solo se encuentra en el espíritu.

CONCEPTUALISTA adj. y s.m. y f. Relativo al conceptualismo; partidario de esta doctrina.

CONCEPTUALIZAR v.tr. [7]. Organizar en conceptos.

CONCEPTUAR v.tr. [18]. Formar concepto, opinión o juicio.

CONCEPTUOSO, A adj. Sentencioso, lleno de conceptos demasiado sutiles o complicados.

CONCERNIENTE adj. Relacionado con lo que se expresa.

CONCERNIR v.intr. (lat. *concernere*) [46]. Corresponder a alguien la realización de algo: *defenderte en el juicio concierne al abogado.* **2.** Interesar algo a alguien, o afectarle de alguna manera: *esta ley concierne a todos.*

CONCERTACIÓN s.f. Acción y efecto de concertar, pactar: *política de concertación.*

CONCERTANTE adj. Que concierta. **2.** MÚS. Se dice de una composición musical que supone intercambios entre distintos planos sonoros, vocales o instrumentales, sin que predomine ninguno de ellos.

CONCERTAR v.tr. y prnl. (lat. *concertare*, combatir o pelear) [10]. Acordar o pactar una cosa entre dos o más personas: *concertar una entrevista.* ◆ v.intr. y prnl. Concordar, convenir entre sí una cosa con otra: *la codicia se concierta con la malicia.*

CONCERTINA s.f. Instrumento musical en el que se utiliza el principio de la lengüeta metálica libre, que vibra al paso de una corriente alterna de aire, producida por un fuelle natural.

CONCERTINO s.m. (voz italiana). MÚS. **a.** Concierto de dimensiones reducidas. **b.** Conjunto de solistas de un *concerto grosso.* **c.** Primer violín de una orquesta.

CONCERTISTA s.m. y f. Instrumentista que toca en un concierto. **2.** Solista de un concierto.

CONCERTO s.m. (voz italiana). **Concerto grosso** Sucesión de movimientos en el que la orquesta se divide en *ripieno* y *concertino.*

CONCESIÓN s.f. Acción de conceder. **2.** Cosa que se concede. **3.** Acción de ceder en una posición ideológica o en una actitud. ◇ **Concesión administrativa** Contrato por el que la administración concede a un particular el derecho a ejecutar una obra o a asegurar un servicio, a cambio de percibir un determinado canon de los usuarios.

CONCESIONARIO, A adj. y s. Se dice de la persona o empresa que recibe una concesión en exclusiva de un organismo público o privado para construir, vender un producto o explotar un negocio.

CONCESIVO, A adj. Que se concede o puede concederse. ◆ adj. y s.f. **Conjunción concesiva** LING. Conjunción que sirve para introducir una oración concesiva. **Oración concesiva** LING. Oración subordinada introducida por una conjunción concesiva que expresa una objeción o impedimento para el cumplimiento de lo que se dice en la oración principal, sin que ello impida su realización. (Ej.: *aunque llegues tarde, podrás asistir.*)

CONCHA s.f. (lat. tardío *conchula*, dim. *concha*). Envoltura dura, de naturaleza calcárea, que cubre el cuerpo de numerosos moluscos y de algunos otros animales invertebrados (braquiópodos). **2.** Carey, materia córnea traslúcida. **3.** Amér. *Vulg.* Órgano genital de la mujer. **4.** ARM. Pieza cóncava de la empuñadura de una espada, que sirve para proteger la mano. **5.** ARQ. Bóveda en cuarto de esfera, decorada con estrías y que recuerda la forma de una concha. **6.** MAR. Ensenada o golfo muy cerrado y profundo. **7.** TEATR. Mueble colocado en medio del proscenio para ocultar al apuntador. ◇ **Meterse en su concha** Retraerse, apartarse del trato de la gente. **Tener con-**

chas, o **más conchas que un galápago** Ser astuto o cauteloso.

CONCHABAR v.tr. (del lat. *conclave*, habitación reservada). Unir, juntar, asociar. ◆ v.tr. y prnl. Amér. Merid. Asalariar, tomar sirviente a sueldo. **2.** Chile. Cambiar cosas de escaso valor. ◆ **conchabarse** v.prnl. *Fam.* Unirse dos o más personas para algún fin, generalmente ilícito.

CONCHABO s.m. Amér. Merid. Contratación rudimentaria del servicio doméstico, mediante un intermediario. **2.** Chile. Cambio, permuta.

CONCHERO s.m. Depósito de conchas de moluscos que caracterizan ciertas culturas prehistóricas.

CONCHESTA s.f. Acumulación de nieve amontonada por el viento.

CONCHIL s.m. Gasterópodo marino de gran tamaño cuya concha no tiene púas ni tubérculos.

CONCHO s.m. Amér. Poso, sedimento. **2.** Amér. Resto de comida. **3.** Chile. *Fam.* Hijo menor de una familia. **4.** Dom. Taxi. **5.** Ecuad. Túnica de la mazorca de maíz.

CONCHUDO, A adj. y s. Amér. *Fam.* Sinvergüenza, caradura. **2.** Amér. *Vulg.* Estúpido, bobo. **3.** Méx. Se dice de la persona perezosa que se aprovecha del trabajo de los demás. **4.** Méx. *Fig.* Indiferente, desentendido.

CONCIENCIA s.f. Conocimiento que el ser humano tiene de su propia existencia, de sus estados, de sus actos y de las cosas: *tener conciencia de la propia capacidad.* **2.** Integridad moral: *un hombre de conciencia.* ◇ **A conciencia** Bien hecho, con solidez, sin fraude ni engaño. **Conciencia de clase** Conciencia que tiene una persona de pertenencia a una clase social, que implica practicar los valores que se consideran propios de ella y por medio de los cuales se ve a sí misma en relación con otras clases. **En conciencia** Con honradez, con justicia, sinceramente. **Tomar conciencia (de algo)** Percatarse intencionadamente de ello.

CONCIENCIACIÓN s.f. Acción mediante la cual se pretende que alguien tome conciencia de algo.

CONCIENCIAR v.tr. Hacer adquirir conciencia de algo. ◆ **concienciarse** v.prnl. Adquirir conciencia de algo.

CONCIENZUDO, A adj. Que obra o está hecho a conciencia: *un trabajo concienzudo.*

1. CONCIERTO s.m. (ital. *concerto*). Espectáculo en el que se interpretan obras musicales. **2.** MÚS. Composición musical en la que uno o más instrumentos se destacan del acompañamiento de la orquesta.

2. CONCIERTO s.m. (del lat. *concertare*, combatir, discutir). Acción y efecto de concertar una cosa o concertarse para algún fin. **2.** Convenio entre dos o más personas o entidades sobre un bien común.

CONCILIÁBULO s.m. Junta para intrigar o tratar de algo que es o se presume ilícito.

CONCILIACIÓN s.f. Acción y efecto de conciliar. **2.** DER. Avenencia de las partes en un acto previo a la iniciación de un procedimiento contencioso.

1. CONCILIAR v.tr. (lat. *conciliare*). Concertar, poner de acuerdo: *conciliar a las personas en litigio.* **2.** Conformar doctrinas aparentemente contrarias. ◆ **conciliarse** v.prnl. Granjear, atraerse las voluntades y la benevolencia: *conciliarse el respeto de todos.*

2. CONCILIAR adj. Relativo a los concilios.

CONCILIATORIO, A adj. Que puede o pretende conciliar: *actitud conciliatoria.*

CONCILIO s.m. (lat. *concilium*, reunión, asamblea). Asamblea regular de obispos y teólogos, que deciden cuestiones de doctrina o de disciplina eclesiásticas.

CONCISIÓN s.f. Cualidad de conciso.

CONCISO, A adj. (del lat. *concisus, -onis*). Breve y preciso en el modo de expresar los conceptos.

CONCITAR v.tr. Excitar los sentimientos de una persona contra otra; promover discordias o sediciones.

CONCIUDADANO, A s. Cada uno de los ciudadanos de una misma ciudad, respecto de

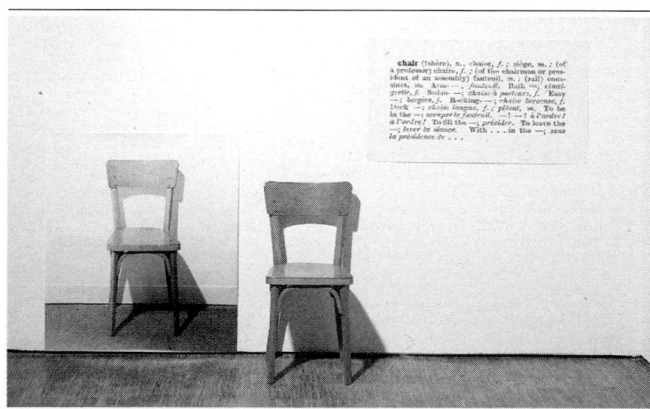

■ ARTE **CONCEPTUAL.** *One and Three Chairs* (Una y tres sillas), instalación de Joseph Kosuth compuesta por silla, fotografía y definición de diccionario (1965). [MNAM, París.]

los demás. **2.** Cada uno de los naturales de una misma nación, respecto de los demás.

CÓNCLAVE o **CONCLAVE** s.m. (lat. *concla-ve*, habitación pequeña). Asamblea de cardenales reunidos para elegir papa. **2.** *Fig.* Junta para tratar algún asunto.

CONCLAVISTA s.m. Persona encargada del servicio de los cardenales durante la elección del papa.

CONCLUIR v.tr. e intr. (lat. *concludere*) [88]. Acabar, terminar: *concluir un trabajo, un plazo; la sesión ha concluido.* ➤ v.tr. Inferir, deducir: *de lo que ha dicho se concluye que tiene razón.* ➤ v.intr. Finalizar, rematar: *después de mucho pensar, concluyó por quedarse un mes más.*

CONCLUSIÓN s.f. Acción y efecto de concluir. **2.** Fin de una cosa: *la conclusión de la guerra.* **3.** Consecuencia de un razonamiento: *llegar a una conclusión.* **4.** DER. Cada una de las afirmaciones contenidas en un escrito de calificación penal. ➤ **conclusiones** s.f.pl. DER. Escrito que resume las pruebas practicadas en el juicio declarativo de mayor cuantía, en el caso de que ninguna de las partes haya solicitado la celebración de vista pública. ◇ **En conclusión** En suma, por último.

CONCLUSO, A adj. Que está terminado.

CONCLUYENTE adj. Categórico, decisivo.

CONCOMERSE v.prnl. Consumirse de impaciencia, arrepentimiento, envidia o cualquier otro sentimiento.

CONCOMITANCIA s.f. Simultaneidad de dos o varios hechos.

CONCOMITANTE adj. Que acompaña a algo o actúa al mismo tiempo. ◇ **Variaciones concomitantes** LÓG. Variaciones simultáneas y proporcionales de ciertos fenómenos.

CONCOMITAR v.tr. (lat. *concomitari,* acompañar). Acompañar una cosa a otra en una acción.

CONCORDANCIA s.f. Correspondencia o conformidad de una cosa con otra: *concordancia de opiniones.* **2.** GEOL. Disposición paralela de las capas sedimentarias, que revela una continuidad en su formación. **3.** LING. Relación entre palabras que varían simultáneamente: *concordancia entre sujeto y verbo.* ◇ **Concordancia de fases** FÍS. Estado de varias vibraciones sinusoidales de la misma naturaleza e idéntico período, en el que la diferencia de fases es nula.

CONCORDANTE adj. Que concuerda: *opiniones concordantes.* **2.** GEOL. Se dice de un terreno que reposa en concordancia sobre la capa subyacente.

CONCORDAR v.intr. (lat. *concordare*) [17]. Coincidir, guardar concordancia, estar de acuerdo: *los datos concuerdan.* ➤ v.tr. Armonizar o poner de acuerdo una cosa con otra o varias entre sí. ➤ v.tr. e intr. LING. Guardar concordancia las palabras variables de una oración.

CONCORDATO s.m. REL. Convenio solemne entre la Santa Sede y la autoridad suprema de un país, para reglamentar las relaciones mutuas entre la Iglesia católica y el estado.

CONCORDE adj. De acuerdo, conforme.

CONCORDIA s.f. Conformidad, unión, acuerdo, convenio, armonía.

CONCRECIÓN s.f. (lat. *concretio, -onis*). Acción y efecto de concretar. **2.** Reunión de partículas para formar un cuerpo sólido. **3.** Formación sólida en los tejidos vivos: *concreciones biliares.* **4.** GEOL. Masa de materia cristalizada que resulta de la precipitación, alrededor de un germen, de sales disueltas en las aguas de percolación.

CONCRETAR v.tr. Reducir a lo más esencial la materia de que se trata: *concretar un relato.* **2.** Precisar alguna cosa: *concretemos la cita: a las tres en punto en tu casa.* ➤ **concretarse** v.prnl. Limitarse a tratar de una sola cosa, sin hacer referencia a otras.

CONCRETO, A adj. Se dice de cualquier objeto considerado en sí mismo, con exclusión de cuanto pueda serle extraño o accesorio. **2.** Particular, determinado: *un hecho concreto.* **3.** Real, que puede captarse por los sentidos. ➤ s.m. Concreción. **2.** Amér. Cemento armado. ◇ **Arte concreto** Arte abstracto geométrico, considerado como realidad objetiva

y como creación de hechos plásticos. **En concreto** En resumen, en conclusión. **Música concreta** Lenguaje sonoro que utiliza los ruidos producidos por diversos objetos grabados en cinta magnetofónica y susceptibles de transformación. **Nombre concreto** LING. Término que designa un ser o un objeto asequibles a los sentidos. **Pensamiento concreto** PSICOL. Pensamiento cuyas estructuras operatorias se apoyan directamente en la realidad.

CONCUBINA s.f. (lat. *concubina*). Mujer que convive con un hombre con el que no está casada.

CONCUBINATO s.m. Estado de un hombre y una mujer que conviven sin estar casados entre sí.

CONCULCACIÓN s.f. Acción y efecto de conculcar.

CONCULCAR v.tr. (lat. *conculcare,* pisotear) [1]. Quebrantar, infringir: *conculcar las normas de la moral.*

CONCUÑADO, A s. (lat. *cognatus,* pariente consanguíneo). Con respecto a una persona, el cuñado de un hermano suyo o el cónyuge de un cuñado.

CONCUÑO, A s. Amér. Concuñado.

CONCUPISCENCIA s.f. Deseo de bienes o placeres materiales, especialmente, los placeres sexuales.

CONCUPISCENTE adj. (del lat. *concupiscens, -tis*). Que tiende a la concupiscencia.

CONCURRENCIA s.f. Acción de concurrir. **2.** Reunión en un mismo lugar o tiempo de personas, sucesos o cosas. ◇ **Concurrencia de créditos** DER. Reunión de los créditos que poseen varios acreedores contra una misma persona, que no quiere o no puede satisfacerlos, para determinar su efectividad y la preferencia entre ellos.

CONCURRENTE adj. y s.m. y f. Que concurre: *elementos concurrentes de un hecho.*

CONCURRIR v.intr. (lat. *concurrere,* correr junto a otros). Coincidir, juntarse en un mismo lugar o tiempo diferentes personas, sucesos o cosas. **2.** Contribuir, influir. **3.** Acudir en un lugar junto con otras personas: *concurrir a un certamen académico.*

CONCURSANTE adj. y s.m. y f. Que participa en un concurso o certamen.

CONCURSAR v.intr. Tomar parte en un concurso o certamen. **2.** DER. Ordenar que los bienes de una persona se pongan en concurso de acreedores.

CONCURSO s.m. (del lat. *concurrere*). Competición entre varias personas en quienes concurren las mismas condiciones, para escoger a la mejor o mejores: *concurso de poesía, de belleza.* **2.** Competencia entre varias empresas que quieren encargarse de ejecutar una obra o prestar un servicio, a fin de elegir la propuesta más ventajosa. **3.** Concurrencia. **4.** DER. Medio utilizado para proveer ciertos cargos o empleos públicos. ◇ **Concurso de acreedores** DER. Procedimiento judicial para aplicar el activo de un deudor al pago de sus acreedores.

CONCUSIÓN s.f. Exacción hecha por un funcionario en provecho propio.

CONDADO s.m. Dignidad de conde. **2.** Territorio bajo la jurisdicción de un conde. **3.** En Canadá, EUA, Gran Bretaña y algunos países de la Commonwealth, división administrativa.

CONDAL adj. Relativo al conde o a su dignidad.

CONDE, ESA s. (lat. *comes, -itis,* compañero). Miembro de la nobleza de categoría inferior al de marqués y superior al de vizconde. ➤ s.f. Esposa del conde. ➤ s.m. Dignatario del Imperio romano. **2.** Personaje a quien los monarcas de la alta edad media confiaban misiones civiles y militares. **3.** En el régimen feudal, señor que gobierna una comarca.

CONDECORACIÓN s.f. Acción de condecorar. **2.** Distintivo que se concede a una persona, o en ocasiones, con carácter colectivo, a una unidad militar, en consideración y como recompensa a sus méritos contraídos.

CONDECORAR v.tr. Conceder o imponer una condecoración.

CONDENA s.f. Extensión y grado de la sentencia. **2.** Parte de la sentencia que dicta un juez o tribunal, en la cual se impone la pena al

acusado de un delito o falta. **3.** Pronunciamiento contenido en el fallo o parte dispositiva de la sentencia en la que el juez o tribunal resuelve la controversia de un pleito civil o contencioso administrativo. **4.** Testimonio que da el escribano de la sentencia para indicar el destino del reo. **3.** ◇ **Condena condicional** Condena que deja en suspenso la ejecución de la pena siempre que el reo se halle en unas circunstancias determinadas, como haber delinquido por primera vez.

CONDENACIÓN s.f. Acción de condenar o condenarse. **2.** Pena eterna.

CONDENADO, A adj. y s. Que ha sido castigado con una pena por haber cometido un delito. **2.** Réprobo. **3.** *Fig.* y *fam.* Que perjudica, disgusta o molesta.

CONDENAR v.tr. (lat. *condemnare*). Dictar el juez o el tribunal sentencia, por la que se impone al acusado la pena correspondiente al delito o falta cometidos. **2.** Desaprobar o reprobar una doctrina u opinión. **3.** Obligar, reducir, forzar. **4.** Tabicar permanentemente o tapiar una habitación o una abertura de un muro. ➤ **condenarse** v.prnl. En la religión católica, ir al infierno.

CONDENATORIO, A adj. Que contiene condena o puede motivarla.

CONDENSACIÓN s.f. Acción de condensar o condensarse. **2.** Paso de un vapor del estado gaseoso al estado líquido. **3.** Unión de varias moléculas químicas, con eliminación de otras generalmente sencillas (agua, cloruro de hidrógeno, etc.).

CONDENSADOR, RA adj. Que condensa. ➤ s.m. FÍS. Componente eléctrico para aumentar la capacidad eléctrica y la carga sin aumentar el potencial, constituido por dos armaduras conductoras separadas por un medio aislante. **2.** ÓPT. Sistema óptico convergente que sirve para concentrar un flujo luminoso sobre una superficie o en una dirección determinada. (En el microscopio ilumina el objeto examinado.) **3.** TÉRM. **a.** Aparato que sirve para condensar un vapor. **b.** En una instalación frigorífica, aparato en el que el fluido frigorífico, previamente comprimido, pasa del estado de vapor al estado líquido, por la acción de un agente exterior (agua, aire).

CONDENSAR v.tr. y prnl. (lat. *condensare*). Reducir el volumen de una cosa, dándole mayor densidad, especialmente pasar un gas al estado líquido. **2.** Apretar unas cosas contra otras para hacerlas más tupidas. ➤ v.tr. *Fig.* Reducir la extensión de un texto o exposición sin quitarle nada de lo esencial.

CONDESCENDENCIA s.f. Acción de condescender. **2.** Cualidad de condescendiente. **3.** Actitud de la persona condescendiente.

CONDESCENDER v.intr. (lat. *condescendere*) [29]. Acceder o acomodarse a la voluntad o parecer de otro.

CONDESCENDIENTE adj. Se dice de la persona que actúa con condescendencia. **2.** Que denota o implica condescendencia.

CONDESTABLE s.m. Antiguamente, el que ejercía en nombre del rey la primera autoridad en la milicia. **2.** Suboficial de la armada, especialista en artillería.

CONDESTABLÍA s.f. Dignidad de condestable.

CONDICIÓN s.f. (lat. *condicio, -onis*). Cualidad o circunstancia para que una cosa sea u ocurra. **2.** Índole, naturaleza, modo de ser de las personas o cosas: *niño de condición rebelde.* **3.** Estado, situación o categoría social: *ser de condición humilde.* **4.** DER. Hecho incierto y futuro del que se hace depender la existencia de los efectos jurídicos de un negocio. **5.** MAT. Relación impuesta por el enunciado de un problema entre los datos y la incógnita. ➤ **condiciones** s.f.pl. Aptitud o disposición. **2.** Circunstancias: *condiciones climáticas.* ◇ **A condición (de) que** Con tal que, siempre que. **Condiciones normales de presión y temperatura** Presión de 760 mm de mercurio y temperatura de 0 ºC.

CONDICIONADO, A adj. Condicional, que incluye y lleva consigo una condición o requisito. ◇ **Estímulo condicionado** PSICOL. Cualquier señal (un timbre, una luz) que, tras haber sido asociada a la presentación de un estímulo incondicionado, provoca por sí misma una reacción en el sujeto.

CONDICIONAL adj. Que incluye una condición. ◆ adj. y s.f. GRAM. Se dice de la oración subordinada que expresa una condición para que se efectúe la acción, el proceso o el estado expresado por la oración principal. ⋄ **Condicional compuesto**, o **perfecto** LING. En la clasificación tradicional de los tiempos verbales, antepospretérito. **Condicional simple** LING. En la clasificación tradicional de los tiempos verbales, pospretérito. **Proposición condicional** LÓG. Implicación.

CONDICIONAMIENTO s.m. Acción y efecto de condicionar, determinar las condiciones. **2.** PSICOL. Procedimiento experimental mediante el cual se construye un comportamiento nuevo en un ser vivo, creando una relación entre este comportamiento y un estímulo cualquiera incapaz de desencadenarlo de modo natural.

CONDICIONANTE adj. Que determina o condiciona. ◆ s.m. Circunstancia que condiciona.

CONDICIONAR v.tr. Hacer depender una cosa de alguna condición. **2.** Influir una persona o cosa sobre otras: *el clima condiciona el ritmo de trabajo.* ◆ v.intr. Acomodarse una cosa a otra.

CONDIGNO, A adj. Que corresponde a una cosa o se deriva de ella: *el condigno castigo.*

CONDÍLEO, A adj. Relativo al cóndilo.

CÓNDILO s.m. (lat. *condylus*). Eminencia redondeada, pero no esférica, de la extremidad articular de un hueso.

CONDILOMA s.m. Tumor benigno viral que se transmite por vía sexual y afecta a la piel o a las mucosas de la zona anal y genital.

CONDIMENTACIÓN s.f. Acción de condimentar. **2.** Conjunto de condimentos que se usa para condimentar un alimento.

CONDIMENTAR v.tr. Añadir a un alimento determinadas sustancias para darle más sabor, como sal, pimienta, azafrán, etc. SIN.: *sazonar.*

CONDIMENTO s.m. (lat. *condimentum*). Sustancia que se emplea en pequeña cantidad para condimentar.

CONDISCÍPULO, A s. (lat. *discipulus*). Con relación a una persona, otra que estudia o ha estudiado al mismo tiempo bajo la dirección de un mismo maestro.

CONDOLENCIA s.f. Manifestación con que se expresa el pesar o dolor por algún hecho desgraciado. **2.** Pésame.

CONDOLERSE v.prnl. [30]. Compadecerse.

CONDOMINIO s.m. (del lat. *dominus*). Amér. Edificio poseído en régimen de propiedad horizontal. **2.** DER. **a.** Derecho de dominio en común que tienen dos o más personas sobre una cosa. **b.** Derecho de soberanía ejercido en común por varias potencias sobre un país.

CONDÓN s.m. (de *Condom*, higienista inglés que inventó los preservativos). Preservativo masculino.

CONDONACIÓN s.f. Acción y efecto de condonar: *condonación de la deuda.*

CONDONAR v.tr. Perdonar o remitir una pena o deuda.

CÓNDOR s.m. (quechua *cúntur*). Ave rapaz originaria de América, de unos 3 m de envergadura, de color negro y blanco, con el cuello y la cabeza desnudos y de color rojo oscuro. (Es común en los Andes y el S de California; familia catártidos.)

CONDOTIERO s.m. (ital. *condottiere, -ero*, de *condotta*, conducta). En la edad media y el renacimiento, jefe de soldados mercenarios en Italia.

CONDRIOMA s.m. Conjunto de los condriosomas.

CONDRIOSOMA s.m. Orgánulo en forma de grano pequeño, bastoncillo o filamento, presente en el citoplasma de toda célula animal o vegetal. SIN.: *mitocondria.*

CONDROBLASTO s.m. Célula cartilaginosa.

CONDROCALCINOSIS s.f. Trastorno metabólico que se manifiesta por crisis dolorosas localizadas en las articulaciones importantes, parecidas a crisis de gota.

CONDRODISTROFIA s.f. Conjunto de afecciones hereditarias que desembocan en un enanismo disarmónico.

CONDROMA s.m. Tumor benigno del tejido cartilaginoso.

CONDROSARCOMA s.m. Tumor maligno del tejido cartilaginoso.

CONDRÓSTEO, A adj. y s.m. Relativo a una subclase de peces cartilaginosos, dotados de escamas óseas, como el esturión.

CONDUCCIÓN s.f. Conjunto de tuberías, cables, etc., para conducir un fluido. **2.** Acción de transmitir el calor, la electricidad, etc. **3.** Acción de transmitir los estímulos nerviosos. **4.** Esp. y Méx. Acción y efecto de conducir.

CONDUCIR v.tr. (lat. *conducere*) [77]. Dirigir y guiar hacia un lugar. **2.** Gobernar, regir. **3.** Ser causa de que una persona o cosa llegue a cierto estado: *su irresponsabilidad lo conducirá al despido.* **4.** Transportar de una parte a otra. **5.** Dirigir o presentar un programa televisivo. **6.** Guiar un vehículo automóvil. GEOSIN.: Amér. *manejar.* ◆ v.intr. Llevar, dar acceso. **2.** Convenir, ser a propósito para algún fin. ◆ **conducirse** v.prnl. Comportarse, proceder de cierta manera.

CONDUCTA s.f. Manera de comportarse una persona. **2.** Iguala que se hace con el médico.

CONDUCTANCIA s.f. BIOL. Propiedad de la membrana de las células que define su permeabilidad a los iones. **2.** ELECTR. Valor inverso de la resistencia.

CONDUCTISMO s.m. Corriente de la psicología científica que se asigna el comportamiento como objeto de estudio y la observación como método, y que excluye de su campo, como inverificables por naturaleza, los datos de la introspección. SIN.: *behaviorismo.*

ENCICL. El conductismo, en su deseo de elevar la psicología al rango de ciencia objetiva, propone establecer leyes constantes que relacionen el estímulo con la respuesta, de forma que se pueda prever el comportamiento si se conoce el estímulo. Nacido a principios del s. XX en EUA, el conductismo tomó impulso a partir de la publicación de los artículos de J. B. Watson (1913). Esta concepción determinista y reductora permitió a la psicología experimentar un desarrollo considerable, sobre todo gracias a Clark Hull (1884-1952), Edward Tolman (1886-1959) y Burrhus Skinner (1904-1990).

CONDUCTIVIDAD s.f. Propiedad que tienen los cuerpos de transmitir el calor o la electricidad. SIN.: *conductibilidad.* **2.** FISIOL. Facultad de propagación del impulso nervioso a lo largo de los nervios. SIN.: *conductibilidad.*

CONDUCTIVO, A adj. Que permite conducir el calor y la electricidad.

CONDUCTO s.m. (bajo lat. *conductus*). Canal o tubo por el que circula un fluido. **2.** Camino que sigue una instancia, orden o documento. **3.** Fig. Persona por quien se dirige un negocio o pretensión, o por quien se tiene noticia de una cosa. ⋄ **Conducto auditivo externo** Canal que atraviesa el hueso temporal, por el que los sonidos llegan al tímpano. **Conducto auditivo interno** Canal que atraviesa el peñasco, por el que pasan los nervios auditivo y facial. **Conducto eferente** Conducto por donde salen las secreciones de las glándulas. **Conductos de Havers** Conductos nutricios de los huesos largos. **Por conducto de** A través de, por medio de.

CONDUCTOR, RA adj. y s. Que conduce, especialmente vehículos de motor. ◆ adj. y s.m. Se dice del cuerpo capaz de transmitir calor o electricidad. ◆ s.m. Presentador de un programa de radio o televisión en el que se suceden diferentes secciones, como entrevistas, llamadas telefónicas, reportajes, actuaciones, etc. **2.** Amér. Cobrador de billetes en un vehículo.

CONDUMIO s.m. Comida que se come con pan. **2.** Fam. Comida en general.

CONECTAR v.tr. (ingl. *to connect*, unir). Poner en contacto, unir. **2.** En los circuitos eléctricos, máquinas, etc., establecer una conexión.

CONECTIVO, A adj. Que sirve para conectar. ◆ adj. y s.f. LÓG. Se dice de la conjunción que permite componer una proposición compleja a partir de una o de varias proposiciones simples. ◆ s.m. BOT. Parte de la antera que une las dos tecas.

CONEJAR s.m. Lugar arbolado donde viven los conejos en estado salvaje. **2.** Vivar o sitio ç especialmente acondicionado para criar conejos.

CONEJERO, A adj. Que caza conejos. ◆ s. Persona que cría o vende conejos.

CONEJILLO, A s. **Conejillo de Indias** Cobaya.

CONEJO, A s. (lat. *cuniculus*). Mamífero roedor, salvaje o doméstico, muy prolífico; tiene el pelo espeso, de color generalmente gris, orejas tan largas como la cabeza, patas posteriores más largas que las anteriores, y cola muy corta. (El conejo de campo, o de monte, es una presa apreciada y vive en terrenos arbolados y arenosos, donde excava madrigueras colectivas. El conejo se cría para aprovechar su carne y, a veces, su piel; familia lepóridos.)

■ **CONEJO** doméstico.

CONEJUNO, A adj. Relativo al conejo. **2.** Parecido al conejo.

CONEPATL s.m. Méx. Zorrillo.

CONEXIÓN s.f. Relación o enlace entre personas, ideas, cosas, etc. **2.** En un aparato o parte de un sistema que asegura la unión o conexión con otros. **3.** Puesta en funcionamiento de circuitos, aparatos o máquinas eléctricas o electrónicas.

CONEXIONARSE v.prnl. Ponerse en conexión.

CONEXO, A adj. (lat. *connexus*, p. de *connectere*, conectar). Que tiene conexión: *temas conexos.* **2.** MAT. Se dice de un espacio topológico tal que no existe participación del mismo en dos partes cerradas no vacías o en dos partes abiertas no vacías.

CONFABULACIÓN s.f. Acción y efecto de confabularse.

CONFABULAR v.intr. (lat. *confabulari*, conversar). Conferir, conversar, tratar familiarmente. ◆ **confabularse** v.prnl. Ponerse de acuerdo varias personas para realizar una acción, generalmente en contra de alguien.

CONFALÓN s.m. (ital. *confalone*). Bandera.

CONFECCIÓN s.f. Acción y efecto de confeccionar algo, especialmente prendas de vestir. **2.** Hechura de las prendas de vestir. **3.** Actividad de fabricar prendas de vestir. ◆ **confecciones** s.f.pl. Prendas de vestir que se venden hechas, a diferencia de las que se encargan a medida.

CONFECCIONAR v.tr. (lat. *conficere*). Producir alguien una obra material, combinando sus diversos elementos o ingredientes, especialmente las que requieren un trabajo manual, como prendas de vestir, comidas, etc. **2.** Por ext. Preparar o hacer algo que requiere un proceso intelectual, como una idea, una teoría, etc.

CONFEDERACIÓN s.f. Acción de confederar. **2.** Unión de estados soberanos que constituye una forma transitoria cuyo punto final consis-

■ **CÓNDOR** de los Andes.

te bien en su disolución, bien en su transformación en estado federal. **3.** Agrupación de asociaciones sindicales, deportivas, etc.: *Confederación general del trabajo*.

CONFEDERADO, A adj. y s. Relativo a una confederación. ◆ **confederados** s.m.pl. Estados, pueblos, personas unidos contra un adversario: *el ejército de los confederados*.

CONFEDERAR v.tr. y prnl. (lat. *confoederare*, asociar por tratado). Hacer alianza o unión entre varias personas, naciones o estados.

CONFEDERATIVO, A adj. Federativo. **2.** Relativo a la confederación.

CONFERENCIA s.f. Disertación en público sobre una cuestión científica, literaria, doctrinal, etc. **2.** Reunión de dos o más personas para tratar de un negocio, asunto, etc. **3.** Reunión de representantes de gobiernos o estados para tratar asuntos internacionales. ◇ **Conferencia de prensa** Reunión en el curso de la cual una o varias personalidades se dirigen a los periodistas y responden a sus preguntas. **Conferencia episcopal** Reunión de todos los obispos de una nación o territorio. **Conferencia telefónica** Esp. y Méx. Conversación por teléfono entre poblaciones distintas.

CONFERENCIANTE s.m. y f. Persona que pronuncia una conferencia o disertación.

CONFERENCISTA s.m. y f. Amér. Conferenciante.

CONFERIR v.tr. (lat. *conferre*) [79]. Conceder a alguien dignidad, empleo o facultades. **2.** Comunicar cierta cualidad o valor a alguien o algo.

CONFESANDO, A s. Persona que acude al tribunal de la penitencia.

CONFESANTE adj. y s.m. y f. Que confiesa en juicio.

CONFESAR v.tr. e intr. (bajo lat. *confessare*) [10]. Manifestar algo que se había mantenido oculto. **2.** Declarar la verdad obligado por las circunstancias. **3.** Oír el confesor al penitente. ◆ v.tr. y prnl. Declarar el penitente al confesor sus pecados. **2.** Reconocer alguien lo que no puede negar, por motivos de razón, fe, etc.

CONFESIÓN s.f. Acción y efecto de confesar. **2.** Afirmación pública de la fe que uno profesa: *la confesión de Augsburgo*. **3.** Credo religioso y conjunto de personas que lo profesan.

CONFESIONAL adj. Relativo a una confesión religiosa. **2.** Se dice del estado que reconoce como propia en su constitución una o varias confesiones religiosas.

CONFESO, A adj. y s. Se dice de la persona que ha confesado haber cometido un delito o falta. ◆ adj. Judío convertido.

CONFESONARIO o **CONFESIONARIO** s.m. Cabina con celosías a los lados, en cuyo interior se sienta el sacerdote para confesar.

CONFESOR s.m. Cristiano que había hecho manifestación de su fe. **2.** Sacerdote que oye las confesiones.

CONFETI s.m. (ital. *confetti*, pl. de *confetto*, confite). Conjunto de papelitos de diversos colores que se arrojan en determinadas fiestas y procesiones, especialmente en carnaval.

CONFIADO, A adj. Crédulo. **2.** Que tiene confianza excesiva y es poco precavido.

CONFIANZA s.f. Seguridad que alguien tiene en sí mismo, en otro o en una cosa. **2.** Familiaridad en el trato. **3.** Ánimo, aliento y vigor para obrar. ◇ **De confianza** Se dice de la persona con quien se tiene trato familiar o en quien puede confiarse; que inspira seguridad o confianza porque posee las cualidades recomendables para su cometido. **En confianza** Con seguridad; en secreto.

CONFIANZUDO, A adj. Que se toma demasiada confianza. **2.** Confiado, crédulo.

CONFIAR v.intr. y prnl. (lat. *confidere*) [19]. Tener confianza, seguridad en una cosa. ◆ v.tr. Poner una persona o cosa al cuidado de alguien. **2.** Decir, explicar en confianza. ◆ **confiarse** v.prnl. Franquearse.

CONFIDENCIA s.f. Revelación reservada o secreta, especialmente si es personal.

CONFIDENCIAL adj. Que se hace o se dice en confianza o en secreto, reservado.

CONFIDENTE, A s. Persona a quien se con-

fían secretos e intimidades. **2.** Persona que transmite a otra, en forma confidencial, información que a esta última le interesa conocer. ◆ s.m. Asiento formado por dos o tres sillones de respaldo dispuestos en forma de S.

CONFIGURACIÓN s.f. Disposición de las partes que componen una cosa y le dan su peculiar forma o manera de ser. **2.** INFORMÁT. Conjunto de elementos que constituyen un sistema informático, como la unidad central, procesadores de entrada y salida, memoria central y auxiliar, y líneas de intercomunicaciones.

CONFIGURAR v.tr. y prnl. Dar o adquirir determinada configuración.

CONFÍN adj. (del lat. *confinis*, contiguo). Que confina o linda. ◆ s.m. Límite o frontera entre dos territorios. **2.** Punto más lejano a que alcanza la vista. **3.** Punto o zona más alejados respecto del que se toma como referencia.

CONFINADO, A adj. y s. Que sufre la pena de confinamiento. ◆ adj. Desterrado.

CONFINAMIENTO s.m. Acción y efecto de confinar. SIN.: *confinación*. **2.** Pena grave restrictiva de la libertad consistente en la residencia forzosa del condenado en un determinado lugar. **3.** Situación de una especie animal que habita un espacio reducido.

CONFINAR v.tr. Desterrar a alguien imponiéndole la pena de confinamiento. ◆ v.intr. Lindar dos cosas o personas, estar contiguas o inmediatas. ◆ **confinarse** v.prnl. Encerrarse, recluirse.

CONFIRMACIÓN s.f. Acción y efecto de confirmar. **2.** Prueba o hecho que confirma la verdad y certeza de un suceso, dictamen, etc. **3.** Para los católicos, sacramento, habitualmente administrado por el obispo, que completa la gracia conferida por el bautismo. **4.** Para los protestantes, acto sin valor sacramental por el que se confirman públicamente los votos del bautismo antes de ser admitido a la cena. **5.** DER. Ratificación de un acto jurídico para su plena eficacia en derecho.

CONFIRMANDO, A s. Persona que va a recibir el sacramento de la confirmación.

CONFIRMAR v.tr. (lat. *confirmare*). Corroborar la verdad o certeza de una cosa. **2.** Revalidar lo ya aprobado. **3.** REL. Administrar la confirmación. ◆ v.tr. y prnl. Asegurar, dar mayor firmeza.

CONFIRMATORIO, A adj. Se dice del auto o sentencia por el que se confirma otro anterior. SIN.: *confirmativo*.

CONFISCACIÓN s.f. Acción de confiscar.

CONFISCAR v.tr. (lat. *confiscare*, incorporar al fisco) [1]. Atribuir al fisco bienes de propiedad privada. **2.** Apropiarse la autoridad de una mercancía prohibida que circula en el mercado ilegalmente.

CONFITAR v.tr. Cubrir con baño de azúcar frutas cocidas. **2.** Cocer las frutas en almíbar.

CONFITE s.m. (cat. *confit*). Dulce en forma de bola pequeña que se elabora con una masa de azúcar y algún otro ingrediente.

CONFITERÍA s.f. Establecimiento en el que se elaboran y se venden dulces y pasteles. **2.** Conjunto de los productos de este establecimiento. **3.** Amér. Merid. Bar, cafetería.

CONFITERO, A s. Persona que tiene por oficio elaborar o vender dulces y confituras.

CONFITURA s.f. Dulce elaborado con azúcar refinado o cristalizado y frutas frescas o jugo de frutas frescas.

CONFITURÍA s.f. Colomb. Confitería, establecimiento.

CONFLAGRACIÓN s.f. *Fig.* Hecho de estallar un conflicto entre pueblos o naciones, especialmente una guerra. **2.** Incendio, fuego o siniestro.

CONFLAGRAR v.tr. (lat. *conflagrare*). Inflamar, quemar.

CONFLICTIVIDAD s.f. Cualidad de conflictivo: *alto índice de conflictividad en una zona*.

CONFLICTIVO, A adj. Lleno de conflicto. **2.** Relativo al conflicto. **3.** Se dice del tiempo, situación, circunstancias, etc., en los que se origina conflicto.

CONFLICTO s.m. (lat. *conflictus, -us*, de *confli-*

gere, chocar). Oposición o desacuerdo: *conflicto generacional*. **2.** Choque, combate, lucha, pugna. **3.** *Fig.* Apuro, dificultad, peligro. **4.** PSICOANÁL. Oposición vivida por el individuo entre las pulsiones y las prohibiciones sociales y entre las distintas instancias del aparato psíquico. **5.** PSICOL. Estado de un ser vivo sometido a motivaciones incompatibles. ◇ **Conflicto colectivo de trabajo** DER. Conflicto que enfrenta a una pluralidad de trabajadores con uno o varios empresarios, a resultas de una discusión o controversia sobre las condiciones de trabajo. **Conflicto de competencia** DER. Conflicto que se produce cuando dos órganos jurisdiccionales pretenden conocer el mismo asunto o los dos pretenden inhibirse de él.

CONFLUENCIA s.f. Acción de confluir. **2.** Lugar donde confluyen dos o más cosas.

CONFLUIR v.intr. (lat. *confluere*) [88]. Juntarse en un lugar dos o más ríos, corrientes de agua, caminos, etc. **2.** Concurrir en un sitio mucha gente. **3.** *Fig.* Concurrir diversos factores en un determinado hecho o fenómeno.

CONFORMACIÓN s.f. Disposición de las partes que forman una cosa, especialmente inmaterial. **2.** QUÍM. Disposición que puede tomar una molécula orgánica por rotación alrededor de uno o varios enlaces simples. **3.** TECNOL. Operación para dar forma a una plancha o placa.

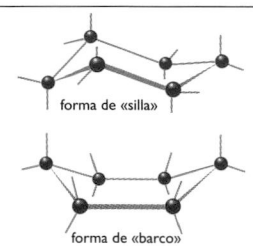

forma de «silla»

forma de «barco»

■ **CONFORMACIÓN.** Las dos principales conformaciones químicas del ciclohexano.

CONFORMACIONAL adj. **Análisis conformacional** QUÍM. Estudio de los factores que determinan las conformaciones preferidas de una molécula.

CONFORMADOR s.m. Instrumento que permite tomar la medida o configuración exacta del perfil de un objeto.

CONFORMAR v.tr., intr. y prnl. (lat. *conformare*, dar forma). Dar o adquirir una forma o característica determinada. **2.** Ajustar, hacer coincidir una cosa con otra. ◆ v.intr. y prnl. Estar de acuerdo dos personas. ◆ v.tr. Poner el conforme en un escrito. ◆ **conformarse** v.prnl. Aceptar sin protesta algo que puede considerarse malo, insatisfactorio o insuficiente.

CONFORME adj. (lat. tardío *conformis*, muy semejante). Acorde con otra cosa tomada como término de comparación, que se corresponde con ciertos principios u órdenes. **2.** Que está de acuerdo con otro o con una cosa: *están conformes con la decisión*. ◆ s.m. Fórmula que se pone al pie de un escrito para indicar aprobación o validez. ◆ adv.m. Según, con arreglo a. **2.** Tan pronto como, a medida que. ◇ **Según y conforme** De igual suerte o manera que.

CONFORMIDAD s.f. Cualidad o actitud de conforme. ◇ **De conformidad** Con unión. **En conformidad** Conforme, según, con arreglo a.

CONFORMISMO s.m. Cualidad o actitud de conformista.

CONFORMISTA adj. y s.m. y f. Que está de acuerdo con lo oficialmente establecido o que se conforma por rutina u oportunismo a las tradiciones y a las costumbres.

CONFORT s.m. (voz francesa). Galic. Comodidad, bienestar.

CONFORTABLE adj. Que proporciona confort. **2.** Que conforta, anima.

CONFORTACIÓN s.f. Acción y efecto de confortar. SIN.: *confortamiento*.

CONFORTANTE adj. Confortador.

CONFORTAR v.tr. y prnl. (lat. *confortare*). Animar, consolar, dar vigor.

CONFRATERNIDAD s.f. Unión o relación entre personas que confraternizan.

CONFRATERNIZAR v.intr. [7]. Tratarse dos o más personas con amistad y companerismo. **2.** Hermanarse una persona con otra.

CONFRONTACIÓN s.f. Acción de confrontar.

CONFRONTAR v.tr. Examinar conjuntamente dos o más cosas para averiguar sus semejanzas o diferencias. **2.** Poner a dos personas una frente a otra para que defiendan sus respectivas afirmaciones. ◆ v.tr. y prnl. Encarar con una actitud de oposición una situación, problema o dificultad. ◆ v.intr. Confinar, lindar.

CONFUCIANISMO o **CONFUCIONISMO** s.m. Doctrina de Confucio y de sus discípulos (en especial Mengzi y Xunzi), basada en la importancia de la bondad y del espíritu ritual, que se enriqueció con especulaciones sobre la naturaleza humana, la virtud, la educación y el ideal político.

CONFUCIANO, A adj. y s. Relativo al confucianismo; seguidor de esta doctrina. SIN.: *confucianista, confucionista*.

CONFUNDIR v.tr. y prnl. (lat. *confundere*). Tomar o hacer que alguien tome erróneamente una cosa por otra. **2.** Mezclar varias personas o varias cosas de modo que no puedan distinguirse unas de otras. **3.** Alterar el orden de algo. **4.** *Fig.* Turbar, dejar o quedar confuso. **5.** *Fig.* Humillar, abatir el orgullo: *le confundió con su desprecio*.

CONFUSIÓN s.f. Falta de orden, de concierto y de claridad. **2.** DER. Situación que se produce cuando una persona es titular de dos situaciones jurídicas, cuya atribución simultánea a un mismo sujeto es contraria a su propia naturaleza. ○ **Confusión mental** Síndrome psiquiátrico caracterizado por la disolución más o menos completa de la conciencia, por trastornos de la ideación, la percepción y la memoria por una desorientación espacio temporal y, frecuentemente, por onirismo.

CONFUSIONISMO s.m. Confusión y oscuridad en las ideas o en el lenguaje.

CONFUSO, A adj. Oscuro, dudoso, ambiguo. **2.** Difícil de distinguir, poco perceptible. **3.** Mezclado, desordenado. **4.** *Fig.* Turbado, temeroso, avergonzado.

1. CONGA s.f. Danza popular cubana, de origen africano, que se ejecuta por grupos colocados en fila doble y al compás de un tambor. **2.** Composición musical de cuatro tiempos, con la que se acompaña este baile. **3.** Instrumento musical de percusión de origen afrocubano, parecido al tambor pero de 1 m de altura aprox., cuya base es más estrecha que la parte superior.

2. CONGA s.f. Roedor que alcanza hasta 30 o 40 cm, de color ceniciento o rojizo, de carne comestible, que vive en las Antillas.

CONGAL s.m. Méx. Prostíbulo.

CONGELACIÓN s.f. Acción y efecto de congelar. SIN.: *congelamiento*. **2.** ECON. Proceso por el cual, mediante la intervención estatal, una variable económica permanece sin modificación sensible.

CONGELADO s.m. Alimento conservado a bajas temperaturas para mantener sus propiedades nutritivas.

CONGELADOR s.m. Aparato utilizado para la congelación y conservación en tal estado de alimentos y otras sustancias. **2.** Compartimiento de congelación en los refrigeradores.

CONGELAR v.tr. y prnl. (lat. *congelare*). Transformar una líquido en sólido mediante el frío. **2.** Enfriar un sólido hasta congelar la parte líquida que contiene: *congelar carne*. **3.** Detener o aplazar el curso o desarrollo de algún proceso (legislativo, educativo, político, etc.). **4.** Efectuar una congelación de precios, salarios, etc.

CONGÉNERE adj. y s.m. y f. Respecto a una persona o cosa, otra del mismo género, clase u origen.

CONGENIAR v.intr. Avenirse una persona con otra u otras por tener el mismo genio, carácter o inclinaciones.

CONGÉNITO, A adj. (lat. *congenitus*, engendrado juntamente). Connatural, originado en la época fetal: *enfermedades congénitas*. **2.** Que se engendra juntamente con otra cosa.

CONGESTIÓN s.f. (lat. *congestio*, acumulación). Acumulación anormal de sangre en los vasos sanguíneos de un órgano. **2.** *Fig.* Acumulación, aglomeración en general.

CONGESTIONAR v.tr. y prnl. Producir congestión.

CONGLOMERACIÓN s.f. Acción y efecto de conglomerar o conglomerarse.

CONGLOMERADO s.m. (del lat. *conglomerare*, amontonar). Aglomeración. **2.** Masa compacta que resulta de unir fragmentos de una sustancia. **3.** Roca sedimentaria detrítica, formada por cantos rodados (pudingas) o angulosos (brechas) de otras cosas ulteriormente cimentadas. **4.** ECON. Forma de expansión de una firma por medio de fusiones o del control de distintas empresas que fabrican productos muy diversificados.

CONGLOMERAR v.tr. Aglomerar. ◆ **conglomerarse** v.prnl. Agruparse fragmentos o corpúsculos de una misma o de diversas sustancias de modo que resulte una masa compacta.

CONGLUTINAR v.tr. Unir, pegar una cosa con otra. ◆ **conglutinarse** v.prnl. Conglomerarse por medio de una sustancia viscosa, bituminosa, etc.

CONGO s.m. Cuba y Méx. Cada uno de los huesos mayores de las piernas posteriores del cerdo.

CONGOJA s.f. (cat. *congoixa*, del lat. vulgar *congustia*, angostura). Fatiga y aflicción del ánimo.

CONGOJAR v.tr. y prnl. Acongojar.

CONGOJOSO, A adj. Que produce congoja. **2.** Afligido, angustiado.

CONGOLA s.f. Colomb. Pipa de fumar.

CONGOLEÑO, A adj. y s. De la República del Congo.

CONGOÑA s.f. Argent. Hierba mate.

CONGOSTO s.m. Desfiladero entre montañas.

CONGRACIAR v.tr. y prnl. Conseguir o atraerse la benevolencia o la estimación de alguien.

CONGRATULACIÓN s.f. Acción y efecto de congratular.

CONGRATULAR v.tr. y prnl. (lat. *congratulari*). Manifestar alegría y satisfacción una persona a quien ha sucedido algo favorable.

CONGREGACIÓN s.f. Reunión de personas religiosas o seglares que se rigen por los mismos estatutos o que tienen unos mismos fines piadosos. **2.** Junta o asamblea para tratar de alguna cosa. ○ **Congregación de los fieles** La Iglesia católica. **Congregaciones romanas** Comisiones permanentes de cardenales cuya función es despachar los asuntos ordinarios de la Iglesia.

CONGREGACIONALISMO s.m. Forma de organización de la Iglesia protestante, basada en la autoridad y en la autonomía de las comunidades locales.

CONGREGACIONALISTA adj. y s.m. y f. Relativo al congregacionalismo; partidario de este sistema.

CONGREGANTE, A s. Miembro de una congregación.

CONGREGAR v.tr. y prnl. (lat. *congregare*) [2]. Juntar, reunir.

CONGRESAL s.m. y f. Amér. Congresista.

CONGRESISTA s.m. y f. Miembro de un congreso, cuerpo legislativo. **2.** Persona que asiste a un congreso.

CONGRESO s.m. (lat. *congressus, -us*). Cuerpo legislativo compuesto por diputados o representantes nombrados por elección. **2.** Edificio donde este cuerpo celebra sus sesiones. **3.** Junta o asamblea de varias personas para deliberar sobre intereses o estudios comunes: *congreso político*. **4.** Reunión de soberanos, embajadores o delegados de diversos países.

CONGRIO s.m. (lat. *congrum*, acusativo de *conger*). Pez marino, de 2 a 3 m de long. y de color gris azulado oscuro, que vive en las hendiduras de las rocas. (Familia cóngridos.)

CONGRUENCIA s.f. Conveniencia, oportuni-

dad, ilación o conexión de ideas, palabras, etc. **2.** MAT. **a.** Igualdad, dependencia: *congruencia de dos figuras*. **b.** Relación que expresa que dos números dan el mismo resto cuando se les divide por un mismo número o módulo. ○ **Congruencia de rectas** Familia de rectas que depende de dos parámetros.

CONGRUENTE adj. Que implica congruencia. SIN.: *congruo*. **2.** Se dice de dos números que dan el mismo resto cuando se los divide por el mismo número.

CONGUITO s.m. Amér. Ají o chile.

CÓNICA s.f. Curva que resulta de cortar la superficie de un cono circular por un plano (circunferencia, elipse, hipérbola o parábola).

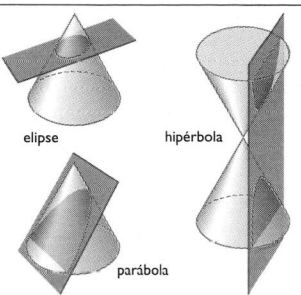

elipse   hipérbola   parábola

■ **CÓNICA.** Las tres familias de cónicas, y su obtención mediante la intersección de un cono y un plano.

CONICIDAD s.f. Cualidad de cónico. **2.** Forma cónica.

CÓNICO, A adj. Relativo al cono. **2.** De forma de cono.

CONIDIO s.m. BOT. Espora responsable de la reproducción asexual de los hongos.

CÓNIDO, A adj. y s.m. Relativo a una familia de moluscos gasterópodos de concha cónica provistos de un órgano venenoso.

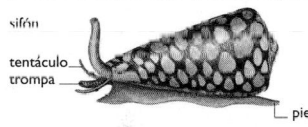

sifón
tentáculo
trompa
pie

■ **CÓNIDO**

CONÍFERO, A adj. y s.f. BOT. Relativo a un orden de gimnospermas formado fundamentalmente por árboles de hoja perenne, resinosos, cuyos frutos tienen forma cónica, como el pino y el abeto.

CONIRROSTRO adj. y s.m. Que tiene pico cónico y corto, como ciertas aves, sobre todo granívoras, como el gorrión, el pardillo y el pinzón.

CONJETURA s.f. (lat. *conjectura*). Juicio que se forma de una cosa o acaecimiento por las señales o indicios que se advierten.

CONJETURAR v.tr. Suponer algo por conjeturas.

CONJUGACIÓN s.f. Acción de conjugar o combinar de dos o más cosas. **2.** BIOL. Modo de reproducción sexual isógama de ciertos protozoos ciliados y de ciertas algas verdes. **3.** LING. Flexión propia del verbo, que adopta formas distintas según los accidentes de per-

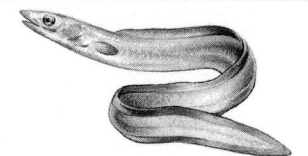

■ **CONGRIO**

sona, número, tiempo, modo y voz. **4.** LING. Conjunto de estas formas, ordenadas en paradigmas. (En español se distinguen tradicionalmente tres conjugaciones regulares [según que los infinitivos terminen en *ar, er, ir*].)

CONJUGADO, A adj. MAT. Se dice de dos elementos entre los cuales existe una correspondencia determinada. ◆ adj. y s.f. Relativo a una subclase de algas verdes unicelulares o filamentosas, que no producen nunca esporas móviles.⬦ **Puntos conjugados** GEOMETR. Puntos que dividen un segmento de recta según una división armónica; ÓPT. sistema de dos puntos tales que un haz de rayos que parte de uno se encuentra en el otro.

CONJUGAR v.tr. y prnl. (lat. *conjugare*, unir) [2]. Unir, enlazar, combinar.⬦ **Conjugar un verbo** Enumerar todas sus formas, en todos los tiempos y modos, en todas las personas del singular y del plural.

CONJUNCIÓN s.f. Acción y efecto de unirse dos o más cosas. **2.** ASTRON. Encuentro aparente de dos o más astros en la misma parte del cielo. **3.** LING. Partícula invariable que sirve para unir dos palabras u oraciones, estableciendo un enlace gramatical entre ellas, aunque a veces signifique contrariedad o separación de sentido. **4.** LÓG. Unión de dos proposiciones por medio de la partícula *y*, que generalmente se simboliza por Λ o &.

CONJUNTAR v.tr. y prnl. Armonizar los elementos de un conjunto para aumentar su eficacia.

CONJUNTIVA s.f. Mucosa que cubre la cara posterior de los párpados y la cara anterior de la esclerótica.

CONJUNTIVAL adj. Relativo a la conjuntiva.

CONJUNTIVITIS s.f. Inflamación de la conjuntiva.

CONJUNTIVO, A adj. Que junta o une.⬦ **Locución conjuntiva** LING. Grupo de palabras que desempeña el papel de una conjunción, como *a fin de que*, *a pesar de que*, etc. **Tejido conjuntivo** ANAT. Tejido animal que realiza funciones de sostén o de protección.

CONJUNTO, A adj. Unido o simultáneo a otra cosa o tendente a un mismo fin: *esfuerzo conjunto*. ◆ s.m. Agrupación de varios elementos en un todo: *un conjunto de reglas*. **2.** Totalidad de una cosa, considerada sin atender a sus partes o detalles: *el conjunto de la sociedad rechaza su propuesta*. **3.** Grupo de intérpretes vocales o instrumentales que ejecutan composiciones a varias partes. **4.** Juego de prendas de vestir que combinan adecuadamente. **5.** Coro que actúa en una revista musical. **6.** MAT. y ESTADÍST. Colección de elementos o de números que tienen en común una o varias propiedades que los caracterizan.⬦ **Conjunto cociente** MAT. Conjunto de las clases de equivalencia formado en un conjunto C por una relación de equivalencia. **Conjunto finito** MAT. Conjunto con un número limitado de elementos. **Conjunto infinito** MAT. Conjunto no finito. **Teoría de conjuntos** Parte de las matemáticas que estudia las propiedades de los conjuntos y las operaciones a las que pueden ser sometidos.

CONJUNTOR s.m. Dispositivo utilizado en telefonía para la conexión de conductores. SIN.: *jack*.

CONJURA s.f. Conjuración.

CONJURACIÓN s.f. Confabulación, conspiración. SIN.: *conjura*. **2.** Acuerdo concertado secretamente por juramento común, para subvertir el orden de un estado. SIN.: *conjura*.

CONJURADO, A adj. y s. Que participa en una conjuración.

CONJURAR v.intr. y prnl. Aliarse varias personas para llevar a término alguna empresa, generalmente de carácter secreto, subversivo o fuera de la ley. ◆ v.tr. Invocar la presencia y la manifestación de algún espíritu o ser sobrenatural. **2.** Pronunciar exorcismos contra el demonio, para alejarlo de un lugar o del cuerpo de una persona. **3.** Pedir con instancia o con alguna especie de autoridad. **4.** Tomar juramento a alguien. **5.** *Fig.* Impedir, evitar algún daño o peligro.

CONJURO s.m. Acción y efecto de conjurar.

2. Palabras mágicas que se utilizan para conjurar. **3.** Ruego encarecido.

CONLLEVAR v.tr. Llevar consigo, tener como consecuencia: *jugar tan rápido conlleva numerosos errores*. **2.** Sufrir, tolerar el genio y las impertinencias de una persona. **3.** Soportar con resignación una enfermedad, una pena o una situación desagradable.

CONMEMORACIÓN s.f. Acción de conmemorar. **2.** REL. Memoria de un santo que se hace en su fiesta, cuando esta concurre con otra festividad mayor.

CONMEMORAR v.tr. (lat. *conmemorare*). Celebrar solemnemente el recuerdo de una persona o acontecimiento.

CONMENSURABLE adj. Se dice de cualquier cantidad que tenga con otra una medida común. 2. Que puede medirse o ser medido.

CONMENSURAR v.tr. Medir con igual o debida proporción.

CONMIGO pron.pers. Forma del pronombre personal tónico de 1ª persona del singular cuando se una a la preposición *con*. Funciona como complemento circunstancial.

CONMINACIÓN s.f. Acción y efecto de conminar.

CONMINAR v.tr. (lat. *comminari*). Amenazar con alguna pena o castigo, especialmente lo que tiene potestad o fuerza para hacerlo.

CONMINATORIO, A adj. y s. DER. Se dice del mandamiento que incluye amenaza de alguna pena, y del juramento con que se conmina a una persona.

CONMINUTO, A adj. CIR. Se dice de una fractura que presenta numerosos fragmentos.

CONMISERACIÓN s.f. (lat. *commiseratio, -onis*). Compasión por el mal o desgracia ajena.

CONMIXTIÓN s.f. DER. Mezcla de cosas sólidas, fungibles, pertenecientes a distintos dueños. (Es una de las modalidades de la accesión de bienes inmuebles.)

CONMOCIÓN s.f. Alteración violenta del ánimo o del cuerpo. **2.** Levantamiento, tumulto, disturbio.⬦ **Conmoción cerebral**, estado de pérdida pasajera de la conciencia, secundario a un traumatismo de relativa intensidad.

CONMOCIONAR v.tr. y prnl. Producir una conmoción.

CONMONITORIO s.m. Memoria o relación escrita de algunas cosas o noticias.

CONMOVER v.tr. y prnl. [30]. Enternecer, emocionar o impresionar: *el discurso conmovió a los asistentes*. **2.** Sacudir, hacer temblar, mover fuertemente: *el terremoto conmovió la ciudad*.

CONMUTA s.f. Amér. Conmutación, permuta.

CONMUTABILIDAD s.f. Cualidad de conmutable.

CONMUTACIÓN s.f. Acción y efecto de conmutar. **2.** Cambio de circuito de una corriente eléctrica; en general, acción de abrir, cerrar o dirigir un circuito eléctrico. **3.** Conjunto de las operaciones necesarias para poner en comunicación a dos abonados telefónicos. **4.** DER. Cambio de una pena por otra menos rigurosa; indulto parcial. SIN.: *retruécano*. **5.** INFORMÁT. Técnica de envío de datos entre dos computadoras conectadas por una red de transmisión.

CONMUTADOR, RA adj. Que conmuta. ◆ s.m. Aparato destinado a sustituir una porción de circuito por otra, o bien a modificar sucesivamente las conexiones de varios circuitos. **2.** Dispositivo que permite establecer la conexión entre dos abonados telefónicos. **3.** Amér. Centralita telefónica.

CONMUTAR v.tr. (lat. *conmutare*). Trocar, permutar, cambiar una cosa por otra.

CONMUTATIVIDAD s.f. Carácter de lo que es conmutativo.

CONMUTATIVO, A adj. Relativo a la conmutación. **2.** DER. Se dice de los contratos cuando el interés pecuniario de las prestaciones de las partes se determina en el momento de la celebración de estos. **3.** LÓG. y MAT. Se dice de la propiedad de ciertas operaciones cuyo resultado no varía cambiando el orden de sus términos o elementos.

CONMUTATRIZ s.f. ELECTR. Convertidor que

sirve para transformar corriente alterna en corriente continua o viceversa.

CONNACIONAL adj. y s.m. y f. Que pertenece a la misma nación que otro.

CONNATURAL adj. Propio o conforme a la naturaleza del ser de que se trata.

CONNATURALIZAR v.tr. [7]. Hacer connatural. ◆ **connaturalizarse** v.prnl. Acostumbrarse a una cosa: *connaturalizarse con el trabajo*.

CONNIVENCIA s.f. Acuerdo o complicidad entre varias personas. SIN.: *confabulación*. **2.** Tolerancia de un superior con las faltas de sus subordinados.

CONNIVENTE adj. (lat. *conivens, -tis*). Que actúa con connivencia. **2.** Referido a las partes de una planta, que tienden a aproximarse. ⬦ **Válvulas conniventes** En el hombre, repliegues existentes en la mucosa intestinal.

CONNOTACIÓN s.f. Acción y efecto de connotar. **2.** Parentesco en grado remoto.

CONNOTADO, A adj. Amér. Notable, conspicuo.

CONNOTAR v.tr. Sugerir una palabra otra significación, además de la primera: *«León» denota el animal de este nombre y connota 'valentía'*.

CONNUBIO s.m. *Poét.* Matrimonio.

CONO s.m. (lat. *conus*). Cuerpo geométrico limitado por una superficie cónica de directriz cerrada, su vértice, y un plano que la corta y que constituye su base. **2.** ANAT. Prolongación en forma de cono de ciertas células de la retina, sede de la visión de los colores. **3.** HIST. NAT. Fruto de las coníferas.⬦ **Cono de fricción**, o **de embrague** Aparato compuesto por dos conos, macho y hembra, que al penetrar uno en el otro giran solidariamente los troncos a los cuales van unidos. **Cono de revolución** Sólido engendrado por la rotación de un triángulo rectángulo alrededor de uno de sus catetos. **Cono de sombra** Sombra en forma de cono, proyectada por un planeta en la dirección opuesta a la del sol. **Cono oblicuo** Cono en el que la recta que une el vértice con el centro de la base es oblicua con respecto al plano de esta. **Cono volcánico** Relieve formado por la acumulación de los productos emitidos por un volcán (lavas y proyecciones) alrededor de la chimenea.

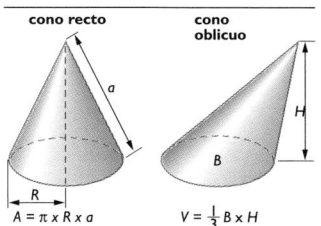

cono recto

cono oblicuo

$A = \pi \times R \times a$

$V = \frac{1}{3} B \times H$

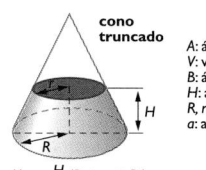

cono truncado

A: área
V: volumen
B: área de la base
H: altura
R, r: radios
a: arista

$V = \pi \frac{H}{3} (R^2 + r^2 + Rr)$

■ **CONOS** de base circular.

CONOCEDOR, RA adj. y s. Que conoce bien la naturaleza y propiedades de una cosa. SIN.: *sabedor*.

CONOCER v.tr. (lat. vulgar *conoscere*) [37]. Tener información, por el ejercicio de las facultades intelectuales, de la naturaleza, cualidades y relaciones de las cosas. **2.** Saber diferenciar unas cosas de otras: *conocer las hierbas buenas y las malas*. **3.** Reconocer: *después de tantos años de ausencia conoció aún la casa donde había vivido*. **4.** Tener noticia, información de algo: *ya conocemos los resultados*. **5.** Ocuparse de un asunto con facultad legítima para ello: *el juez conoció una causa*. **6.** *Fig.* Tener relaciones sexuales con una persona. ◆ v.tr. y prnl. Tener una idea formada del carácter o la forma de ser de una persona. **2.** Tener trato o relación con alguien.

CONOCIBLE adj. → **COGNOSCIBLE.**

CONOCIDO, A adj. Famoso, ilustre: *un conocido escritor* ◆ s. Persona con quien se tiene trato, pero sin amistad.

CONOCIMIENTO s.m. Acción y efecto de conocer. **2.** Facultad de comprender y de conocer: *el misterio del amor se escapa al conocimiento*. **3.** Conciencia de la propia existencia. ◆ **conocimientos** s.m.pl. Nociones, datos o ideas que se conocen de una determinada ciencia o materia: *conocimientos de historia*.

CONOIDAL adj. Relativo al conoide.

CONOIDE adj. y s.m. Se dice de la superficie engendrada por una recta que se apoya constantemente sobre una recta fija y es paralela a un plano fijo. ◆ adj. Que tiene forma parecida a la de un cono.

CONOPEO s.m. CATÓL. Velo de seda o de damasco que recubre el sagrario.

CONOPIAL adj. (del lat. *conopeum*, pabellón de cama). ARQ. Se dice del arco formado por dos curvas simétricas, alternativamente convexa y cóncava, cuya unión forma un ángulo agudo.

CONQUE conj.consec. Anuncia una consecuencia natural de lo que acaba de decirse o de lo que se tiene ya sabido.

CONQUENSE adj. y s.m. y f. De Cuenca (España). SIN.: *cuencano*.

CONQUILIOLOGÍA s.f. Parte de la malacología que estudia las conchas de los moluscos.

CONQUILIÓLOGO, A s. Biólogo especialista en conquiliología.

CONQUISTA s.f. Acción de conquistar: *la conquista del oeste*. **2.** Cosa o persona conquistada.

CONQUISTADOR, RA adj. y s. Que conquista. **2.** Se dice de la persona que busca y consigue que otras personas sientan atracción, deseo o amor por ella. ◆ s.m. Nombre dado a los españoles que fueron a conquistar América.

CONQUISTAR v.tr. (lat. *conquirere*, buscar por todas partes). Apoderarse, hacerse dueño de una cosa por medio de las armas u otra acción enérgica. **2.** *Fig.* Conseguir algo con esfuerzo, habilidad o venciendo dificultades: *conquistar un alto cargo*. **3.** *Fig.* Ganar la voluntad de alguien: *conquistar los corazones*. **4.** *Fig.* Conseguir una persona que otra sienta atracción, deseo o amor por ella.

CONSABIDO, A adj. Sabido de antemano, expresado anteriormente o que es habitual o frecuente.

CONSAGRACIÓN s.f. Acción consagrar. **2.** REL. **a.** Acto por el cual se efectúa en la misa la conversión del pan y del vino en el cuerpo y sangre de Jesucristo. **b.** Momento de la misa en que se efectúa este acto. **c.** Rito litúrgico por el que se dedica al servicio de Dios una persona o cosa que, de este modo, entra en la categoría de lo sagrado: *la consagración de un templo*.

CONSAGRAR v.tr. (lat. tardío *consacrare*). Erigir un monumento o celebrar un homenaje para perpetuar la memoria de una persona, suceso, etc. **2.** REL. **a.** Realizar el acto de la consagración eucarística. **b.** Dedicar al servicio de Dios. ◆ v.tr. y prnl. Dedicar trabajo, esfuerzo y entusiasmo en la consecución de algo: *consagrar su vida al estudio*. **2.** Lograr fama o reputación por causa de algo que se expresa: *esta novela le consagró como un gran literato*.

CONSANGUÍNEO, A adj. y s. (lat. *consanguineus*). Se dice de las personas que tienen un ascendente común. **2.** Pariente por parte paterna: *hermano consanguíneo*.

CONSANGUINIDAD s.f. Parentesco natural de las personas que pertenecen a un mismo tronco de familia y poseen caracteres hereditarios semejantes.

CONSCIENCIA s.f. (lat. *conscientia*). Conciencia.

CONSCIENTE adj. Que tiene conciencia, conocimiento: *ser consciente de las responsabili-*

dades. **2.** Se dice de un nivel de la estructura de la personalidad en que se tiene conciencia de los fenómenos psíquicos.

CONSCRIPCIÓN s.f. *Galic.* Reclutamiento, quinta. **2.** Argent. Servicio militar.

CONSCRIPTO, A adj. **Padres conscriptos** Senadores romanos. ◆ s.m. Amér. Merid. Recluta, quinto, soldado que recibe la instrucción militar obligatoria.

CONSECUCIÓN s.f. Acción y efecto de conseguir.

CONSECUENCIA s.f. Hecho o acontecimiento que se sigue o resulta necesariamente de otro: *las consecuencias de una guerra*. **2.** Cualidad de la persona consecuente. **3.** Proposición que se deduce lógicamente de otra o de un sistema de proposiciones dado. ◇ **A consecuencia** Por efecto, como resultado de. **En consecuencia** Conforme a lo dicho, mandado o acordado anteriormente. **Por consecuencia** Da a entender que una cosa se infiere de otra. **Ser de consecuencia** Ser de importancia. **Tener, o traer, consecuencia** Tener, o traer, resultados, o producir necesariamente otros.

CONSECUENTE adj. Se dice de la persona que actúa de acuerdo a sus ideas y principios. **2.** Que es el resultado de algo. ◆ s.m. Proposición que se deduce de otra que se llama antecedente. **2.** MAT. y LÓG. El segundo de dos enunciados unidos por una relación de implicación. ◇ **Río consecuente** GEOGR. Río que, en un relieve en pendiente, fluye siguiendo una dirección paralela al buzamiento de las capas geológicas.

CONSECUTIVO, A adj. Que sigue inmediatamente a algo: *tres días consecutivos*. ◆ adj. y s.f. **Conjunción consecutiva** LING. Conjunción que sirve para introducir oraciones consecutivas. **Oración consecutiva** LING. Oración subordinada que expresa la consecuencia real o lógica de la que se ha expresado en la principal o en la oración de la que depende.

CONSEGUIR v.tr. (lat. *consequi*). Lograr lo que se pretende o desea. SIN.: *alcanzar*.

CONSEJA s.f. Cuento, fábula, leyenda.

CONSEJERÍA s.f. Cargo y función de consejero. **2.** Departamento del consejo de gobierno de las comunidades autónomas; oficina o edificio donde se encuentra este departamento.

CONSEJERO, A s. Persona que aconseja o sirve para aconsejar. **2.** Esp. y Méx. Persona que forma parte de algún consejo o, en determinadas regiones o estados, de un ministerio.

CONSEJO s.m. (lat. *consilium*). Advertencia u opinión que se da a alguien sobre cómo se debe obrar en un asunto: *seguir un consejo*. **2.** Organismo formado por un conjunto de personas encargadas de realizar una determinada labor legislativa, administrativa o judicial. **3.** Reunión celebrada por este organismo: *convocar un consejo*. **4.** Corporación consultiva encargada de informar al gobierno sobre determinada materia o ramo de la administración pública. **5.** En España, durante el Antiguo régimen, cuerpo consultivo que asesoraba al rey en cuestiones de gobierno y actuaba como tribunal superior. ◇ **Consejo de administración** Órgano permanente y colegiado de las sociedades anónimas, con poderes ejecutivos, designado por los accionistas en junta general. **Consejo de disciplina** Asamblea encargada de hacer respetar las reglas de una profesión, la disciplina en un instituto, etc. **Consejo de familia** Órgano que, por mandato de la ley, interviene en la tutela de un menor o un incapacitado. **Consejo de gobierno** Órgano institucional de gobierno de las comunidades autónomas. **Consejo de guerra** En algunos países, tribunal de justicia encargado de las causas de la jurisdicción militar. **Consejo de ministros** Reunión de los ministros bajo la presidencia del jefe de gobierno. **Consejo municipal** Asamblea electiva presidida por el alcalde y encargada de deliberar sobre los asuntos del municipio.

CONSENSO s.m. Asenso, consentimiento. **2.** Acuerdo o conformidad en algo entre todas las personas que forman una colectividad, corporación, etc.

CONSENSUAL adj. Relativo al consenso. **2.** DER. Se dice del contrato que se perfeccio-

na por el mero consentimiento de los contratantes.

CONSENSUAR v.tr. [18]. Alcanzar un acuerdo entre dos o más personas o asociaciones.

CONSENTIDO, A adj. y s. Mimado con exceso. ◆ adj. y s.m. Se dice del marido que tolera la infidelidad de su mujer.

CONSENTIMIENTO s.m. Acción y efecto de consentir: *dar su consentimiento*.

CONSENTIR v.tr. e intr. [79]. Permitir algo o condescender a que se haga. ◆ v.tr. Mimar con exceso, ser muy indulgente con alguien. **2.** Resistir, sufrir, admitir: *este estante consiente mucho peso*. **3.** DER. Otorgar, obligarse. ◆ v.intr. y prnl. Ceder, aflojarse las piezas que componen un mueble, construcción, etc. ◆ **consentirse** v.prnl. Empezar a rajarse o henderse algo: *el buque se consintió al varar*.

CONSERJE s.m. y f. (fr. *concierge*). Persona que tiene por oficio custodiar un edificio o establecimiento público.

CONSERJERÍA s.f. Local de un edificio destinado al conserje. **2.** Oficio y ejercicio de conserje.

CONSERVA s.f. Sustancia alimenticia esterilizada y envasada herméticamente, en virtud de cierta preparación, se conserva durante mucho tiempo. **2.** MAR. Compañía que se hacen varias embarcaciones, navegando juntas para auxiliarse o defenderse mutuamente.

CONSERVACIÓN s.f. Acción y efecto de conservar o conservarse: *edificio en buen estado de conservación*. ◇ **Conservación de los suelos** Conjunto de medidas adoptadas para luchar contra la erosión del suelo. **Ley de conservación** Ley según la cual, bajo ciertas condiciones, ciertas magnitudes físicas permanecen constantes en la evolución de un sistema dado.

CONSERVACIONISTA adj. y s.m. y f. Que tiende a conservar una cosa o una situación.

CONSERVADOR, RA adj. y s. Que conserva. **2.** Que es partidario del conservadurismo. **3.** Se dice del partido político caracterizado por el mantenimiento de los valores y estructuras tradicionales y opuesto a cualquier cambio. ◆ s. Persona que tiene por oficio conservar los fondos de un museo o de una sección de un museo.

CONSERVADURÍA s.f. Oficina del conservador. **2.** Cargo de conservador en algunas dependencias públicas.

CONSERVADURISMO s.m. Doctrina política que defiende los valores y estructuras tradicionales y se opone a las innovaciones políticas o sociales. **2.** Actitud o tendencia conservadora.

CONSERVAR v.tr. y prnl. (lat. *conservare*). Mantener una cosa en buen estado: *preservarla de alteraciones*: *conservar la salud*. ◆ v.tr. Continuar la práctica de una costumbre, virtud, etc. **2.** Guardar con cuidado una cosa: *conservar un recuerdo*.

CONSERVATORIO, A adj. Relativo a las conservas: *industria conservera*. ◆ s.m. Centro oficial para la enseñanza y el fomento de la música, declamación, danza académica, etc. **2.** Argent. Colegio o academia particular.

CONSERVERÍA s.f. Actividad relativa a la fabricación de conservas.

CONSERVERO, A adj. Relativo a las conservas: *industria conservera*. ◆ s. Persona que tiene por oficio hacer conservas. **2.** Industrial de conservas.

CONSIDERABLE adj. Grande, cuantioso: *una fortuna considerable*. **2.** Digno de consideración: *un hecho considerable*.

CONSIDERACIÓN s.f. Acción y efecto de considerar: *someter a consideración*. **2.** Urbanidad, respeto, deferencia: *tener consideración con los mayores*. ◇ **De consideración** Importante. **En consideración** En atención. **Tomar en consideración** Considerar algo digno de atención.

CONSIDERADO, A adj. Que actúa con consideración y respeto. **2.** Que es muy respetado y admirado.

CONSIDERANDO s.m. DER. En las sentencias y autos, cada uno de los párrafos separados en que se aprecian los puntos de derecho invocados por las partes.

CONSIDERAR v.tr. (lat. *considerare*, examinar atentamente). Reflexionar una cosa con atención: *considerar las posibilidades.* **2.** Tratar a alguien con urbanidad, respeto y deferencia. ◆ v.tr. y prnl. Juzgar, estimar.

CONSIGNA s.f. Orden que se da a un subordinado. **2.** Orden que dan los dirigentes de un partido político, sindicato, etc., a sus afiliados. **3.** Lugar en una estación de tren, autobús, etc., donde se deposita y guarda el equipaje provisionalmente. **4.** PSICOL. Instrucciones para la aplicación de un test, con vistas a asegurar la invariabilidad de las condiciones a las que se someten los sujetos.

CONSIGNACIÓN s.f. Cantidad de dinero consignada en presupuesto para un determinado fin. **2.** Depósito efectuado por el deudor en el lugar señalado por la ley a título de garantía o a título liberatorio. **3.** Remisión de mercancías a una persona o personas determinadas, distintas del destinatario.

CONSIGNADOR, RA s. Persona que consigna sus mercancías o naves a la disposición de un corresponsal suyo.

CONSIGNAR v.tr. (lat. *consignare*). Manifestar por escrito las opiniones, votos, doctrinas, etc.: *consignar un hecho.* **2.** Señalar una cantidad de dinero en el presupuesto para un fin determinado. **3.** Entregar algo por vía de depósito: *consignar las maletas.* **4.** Enviar una mercancía a su destinatario. **5.** Méx. Entregar un preso a su justicia.

CONSIGNATARIO, A adj. y s.m. Se dice de la empresa o de la persona a quien va consignada una mercancía.

CONSIGO pron.pers. Forma del pronombre personal tónico reflexivo de 3ª persona cuando se une a la preposición *con*. Funciona como complemento circunstancial.

CONSIGUIENTE adj. (del lat. *consequi*). Que es el resultado de algo o se deduce de ello. ◇ **Por consiguiente** Como consecuencia.

CONSILIARIO, A s. Consejero, persona que aconseja.

CONSISTENCIA s.f. Cualidad de la materia que no se rompe ni se deforma con facilidad. **2.** Cualidad de un argumento, idea, teoría, etc., que no puede refutarse con facilidad. **3.** LÓG. Propiedad de un sistema lógico cuando no contiene como teoremas a todas sus fórmulas bien formadas.

CONSISTENTE adj. Que tiene consistencia. **2.** Que consiste en lo que se indica.

CONSISTIR v.intr. (lat. *consistere*). Ser, estar formado por lo que se indica. **2.** Estar una cosa fundada o basada en otra: *su encanto consiste en su sencillez.*

CONSISTORIAL adj. Relativo a un consistorio: *casa consistorial.*

CONSISTORIO s.m. (lat. *consistorium*, lugar de reunión). En algunas ciudades y villas de España, ayuntamiento o cabildo secular. **2.** Asamblea de cardenales convocada por el papa. **3.** Asamblea de ministros protestantes o de rabinos.

CONSOL s.m. Procedimiento de navegación radioeléctrico que utiliza señales audibles.

CONSOLA s.f. (fr. *console*). Mesa adosada a una pared sobre la que se colocan objetos decorativos. **2.** INFORMÁT. Periférico o terminal de una computadora que permite la comunicación directa con la unidad central. ◇ **Consola de juego** Aparato electrónico que se conecta a un monitor de televisión y en el que se introducen cartuchos o casetes de juegos de vídeo. **Consola de órgano** Mueble fijo o móvil que agrupa los mandos del instrumento. **Consola gráfica,** o **de visualización** Periférico o terminal de una computadora que posee una pantalla catódica para la exposición o el trazado de los resultados.

CONSOLACIÓN s.f. Acción de consolar o consolarse. **2.** Cosa que consuela. ◇ **Premio de consolación** Premio de menor importancia que se concede en algunos casos a los concursantes que no han tenido suerte.

CONSOLADOR, RA adj. y s. Que consuela. ◆ s.m. Objeto en forma de pene en erección que se utiliza principalmente en la masturbación femenina.

CONSOLAR v.tr. y prnl. (lat. *consolari*) [17].

Aliviar la pena o el sufrimiento de alguien: *sus palabras me consolaron.*

CONSOLIDACIÓN s.f. Acción y efecto de consolidar.

CONSOLIDAR v.tr. (lat. *consolidare*). Dar firmeza o solidez a una cosa: *consolidar un muro.* **2.** Fig. Hacer que una cosa inmaterial adquiera firmeza o solidez: *consolidar el poder.* **3.** Convertir una deuda flotante en deuda a largo plazo.

CONSOMÉ s.m. (fr. *consommé*). Caldo, especialmente el de carne.

CONSONANCIA s.f. Fig. Acuerdo, armonía o conformidad entre personas o cosas: *no existe consonancia entre las diferentes partidos.* **2.** Afinidad entre dos o más sonidos, emitidos sucesivamente o, sobre todo, simultáneamente. **3.** Coincidencia de sonidos vocálicos y consonánticos a partir de la última vocal acentuada, en dos o más versos. **4.** Uso inmotivado, o no requerido por la rima, de voces consonantes muy próximas unas de otras.

CONSONANTE adj. (del lat. *consonare*, sonar juntamente). Que tiene consonancia: *rima consonante.* ◆ s.f. Sonido articulado resultante del cierre, completo o parcial, de la boca, seguido de una apertura; letra que representa este tipo de sonido. ◇ **Acorde consonante** MÚS. Acorde cuya percepción produce un efecto acústico satisfactorio.

CONSONÁNTICO, A adj. Relativo a las consonantes o a la consonancia.

CONSONANTISMO s.m. LING. Sistema consonántico de una lengua.

CONSONAR v.intr. [17]. Estar en consonancia. **2.** Formar consonancia.

CONSORCIO s.m. (lat. *consortium*). Unión de varias cosas que contribuyen a un mismo fin, especialmente de varias empresas, con vistas a operaciones conjuntas. **2.** Argent. Entidad constituida por los dueños de un edificio de propiedad horizontal.

CONSORTE s.m. y f. (lat. *consors, -tis*, que tiene la misma suerte). Cónyuge. **2.** Se usa en aposición de nombres como *rey, príncipe,* etc., para indicar que la persona comparte el título por matrimonio. **3.** Persona que juntamente con otra es responsable de un delito.

CONSPICUO, A adj. (lat. *conspicuus*, visible o notable). Ilustre, visible, sobresaliente: *un conspicuo artista.*

CONSPIRACIÓN s.f. Acción y efecto de conspirar.

CONSPIRADOR, RA s. Persona que conspira.

CONSPIRAR v.intr. (lat. *conspirare*, respirar juntos, estar de acuerdo). Ponerse de acuerdo varias personas para obrar contra alguien, especialmente contra el poder establecido. **2.** Fig. Concurrir varias cosas, un hecho, una situación, generalmente malo: *la malicia y la ignorancia conspiran a corromper las costumbres.*

1. CONSTANCIA s.f. Firmeza y perseverancia en la realización de una actividad: *estudiar con constancia.* ◇ **Constancia perceptiva** PSICOL. Permanencia en la percepción de ciertas características de un objeto, a pesar de las modificaciones del campo sensorial.

2. CONSTANCIA s.f. Acción y efecto de hacer constar alguna cosa de manera fehaciente: *dejar constancia de los hechos.*

CONSTANTÁN s.m. Aleación de cobre y de níquel (generalmente 40 %) cuya resistencia eléctrica es prácticamente independiente de la temperatura.

CONSTANTE adj. Que tiene constancia, firmeza y perseverancia. **2.** Que persiste, dura o no se interrumpe. ◆ s.f. Tendencia que se manifiesta de forma duradera. **2.** Fig. Característica física (punto de fusión o de ebullición, densidad, etc.) que permite la identificación de un cuerpo puro. **3.** MAT. Cantidad de valor fijo; número independiente de las variables que figuran en una ecuación. ◇ **Constante fundamental** FÍS. Valor fijo de ciertas magnitudes particulares (masa y carga del electrón, constante de Planck, etc.) que desempeñan un papel importante en física.

CONSTANTINOPOLITANO, A adj. y s. De Constantinopla.

CONSTAR v.intr. Estar compuesto un todo de determinadas partes: *la obra consta de tres ac-*

tos. **2.** Figurar, estar, hallarse: *su nombre no consta en la lista.* **3.** Ser cierto y evidente: *me consta que tienes razón.*

CONSTATACIÓN s.f. Acción y efecto de constatar.

CONSTATAR v.tr. Comprobar un hecho, establecer su veracidad o dar constancia de él: *constatar la muerte de alguien.*

CONSTELACIÓN s.f. (lat. *constellatio, -onis*). Grupo de estrellas próximas en la esfera celeste, que aparentemente forman una figura que recibe un nombre particular. **2.** Fig. y fam. Grupo de cosas o personas: *una constelación de manchas.*

CONSTELADO, A adj. Galic. Estrellado, lleno de estrellas. **2.** Fig. Sembrado, cubierto.

CONSTELAR v.tr. Galic. Cubrir o llenar.

CONSTERNACIÓN s.f. Sentimiento de abatimiento, disgusto, pena o indignación.

CONSTERNAR v.tr. y prnl. (lat. *consternare*). Causar abatimiento, disgusto, pena o indignación a alguien.

CONSTIPADO s.m. Catarro, resfriado, destemple general del cuerpo ocasionado por alterarse la transpiración.

CONSTIPAR v.tr. (lat. *constipare*, ceñir). Cerrar los poros impidiendo la transpiración. ◆ **constiparse** v.prnl. Resfriarse, acatarrarse.

CONSTITUCIÓN s.f. Acción de constituir o constituirse. **2.** Manera de estar constituido algo. **3.** Conjunto de caracteres morfológicos, fisiológicos y psíquicos de un individuo. **4.** Conjunto de leyes fundamentales que establecen la forma de gobierno, regulan las relaciones entre gobernantes y ciudadanos, y determinan la organización de un estado. **5.** Forma de gobierno de un estado: *constitución parlamentaria.* **6.** Ordenanza o estatuto que forma parte de las normas con que se gobierna una corporación.

CONSTITUCIONAL adj. y s.m. y f. Relativo a la constitución de un estado; partidario de ella: *derechos constitucionales.* **2.** Que se ajusta o es conforme a la constitución de un país. ◆ adj. Propio de la constitución de un individuo o relativo a ella: *defecto constitucional.*

CONSTITUCIONALIDAD s.f. Cualidad de lo que se ajusta o es conforme a la constitución de un país.

CONSTITUCIONALISMO s.m. Doctrina política que propugna la organización y reglamentación de los estados a través de la adopción de una constitución. **2.** Régimen constitucional. **3.** Respeto a las formas constitucionales.

CONSTITUIR v.tr. (lat. *constituere*) [88]. Formar, componer, ser parte o elemento esencial de un todo. **2.** Otorgar o adquirir cierta calidad, condición o situación legal: *constituir heredero.* ◆ v.tr. y prnl. Fundar, establecer, ordenar: *constituir una sociedad.* ◆ **constituirse** v.prnl. Asumir obligación, cargo o cuidado. **2.** Personarse, presentarse.

CONSTITUTIVO, A adj. y s.m. Que forma parte de la constitución y composición de algo: *los elementos constitutivos de un cuerpo.*

CONSTITUYENTE adj. y s.m. Constitutivo. ◆ adj. y s.f. Se dice de las cortes, asambleas, congresos, etc., que tienen como misión establecer una constitución política. ◆ s.m. LING. Cada uno de los elementos de una unidad sintáctica.

CONSTREÑIR v.tr. (lat. *constringere*) [81]. Obligar, forzar a que se haga algo. **2.** Apretar y cerrar como oprimiendo.

CONSTRICCIÓN s.f. Acción de constreñir.

CONSTRICTOR, RA adj. Que constriñe o aprieta. **2.** ANAT. Se dice del músculo que cierra ciertos canales u orificios. ◇ **Boa constrictor** Boa cuyo nombre se debe a su manera de apretar entre sus pliegues a los animales que quiere ahogar.

CONSTRUCCIÓN s.f. Acción y efecto de construir. **2.** Actividad y técnica de construir: *la construcción aeronáutica.* **3.** Obra construida. **4.** PSICOANÁL. Elaboración que hace el analista de la historia del paciente a partir de los fragmentos dispersos que este le revela. ◇ **Construcción civil** Obra pública. **Construcción de material** Amér. Merid. y P. Rico. Construcción hecha de ladrillos.

CONSTRUCTIVISMO s.m. Movimiento artístico del s. XX que privilegia una construcción geométrica de las formas.
ENCICL. De origen ruso, el movimiento fue de naturaleza espiritual y estética en los hermanos Gabo y Pevsner, autores del *Manifiesto realista* de 1920, así como en Maliévich, en la misma época. Todos ellos buscaban en las construcciones escultóricas o pictóricas de líneas y planos la expresión de una esencia del universo; por el contrario, el movimiento tendió hacia realizaciones prácticas en Tatlin (quien lo había inaugurado con sus «relieves pictóricos», composiciones de 1914), con quien hacia 1923 coincidiera Malévich y Lissitski en un mismo deseo de aplicación a la arquitectura, al diseño y a las artes gráficas. En occidente, movimientos como De Stijl se incluyen en el constructivismo, en sentido amplio, así como la escultura abstracta de tendencia geométrica; el arte cinético nació también del constructivismo.

CONSTRUCTIVISTA adj. y s.m. y f. Relativo al constructivismo; adscrito a este movimiento.

CONSTRUCTIVO, RA adj. Se dice de lo que construye o sirve para construir.

CONSTRUCTOR, RA adj. y s. Que construye, especialmente si se dedica a la construcción de obras de arquitectura o ingeniería.

CONSTRUIR v.tr. (lat. *construere*) [88]. Hacer una obra material o inmaterial, ordenando y juntando los elementos necesarios de acuerdo con un plan: *construir un edificio; construir una teoría.* **2.** LING. Ordenar y enlazar debidamente las palabras en la oración o frase. **3.** MAT. Trazar: *construir un polígono.*

CONSUBSTANCIACIÓN s.f. → CONSUSTANCIACIÓN.

CONSUBSTANCIAL adj. → CONSUSTANCIAL.

CONSUEGRO, A s. (del lat. *consocrus, consuegra*). Suegro o suegra del hijo o la hija de una persona.

CONSUELDA s.f. Planta herbácea de 1 m de alt., que crece en lugares húmedos y se emplea en medicina. (Familia borragináceas.)

CONSUELO s.m. Acción y efecto de consolar o consolarse. **2.** Cosa que consuela.

CONSUETUDINARIO, A adj. (del lat. *consuetudo, -udinis,* costumbre). Que se rige por la costumbre. ◇ **Derecho consuetudinario** Usos y costumbres jurídicas de un país, una región, comarca o lugar.

CÓNSUL, LESA s.m. y f. (lat. *consul, -ulis,* magistrado de la República de Roma). Agente diplomático que se encarga de la protección y defensa de los súbditos del país que representa y de los intereses de estos, en una ciudad del extranjero. ◆ s.m. En Roma, magistrado de los dos investidos, que ostentaba la máxima autoridad. **2.** En Francia, nombre de cada uno de los tres jefes del poder ejecutivo desde 1799 (año VIII) hasta el imperio (1804). ◆ s.f. Mujer del cónsul. SIN.: *cónsula.* ◇ **Cónsul general** Jefe del servicio consular de su nación.

CONSULADO s.m. Cargo de cónsul. **2.** Oficina y jurisdicción de un cónsul. **3.** Tribunal que se encargaba de resolver los pleitos de los comerciantes de mar y tierra. **4.** Función de cónsul en la república romana, y duración de su mandato.

CONSULAR adj. Relativo al cónsul o al consulado: *autoridad consular.* **2.** Se dice de la jurisdicción que ejerce el cónsul establecido en un puerto o plaza de comercio.

CONSULTA s.f. Acción y efecto de consultar. **2.** Acción de examinar el médico al paciente. **3.** Despacho donde el médico visita a los enfermos. **4.** Parecer o dictamen que por escrito o de palabra se pide o se da acerca de una cosa. **5.** Reunión de dos o más médicos para discutir el diagnóstico y tratamiento de un determinado caso clínico.

CONSULTAR v.tr. (lat. *consultare*). Someter una duda, caso o asunto a la consideración de otra persona. **2.** Pedir parecer, dictamen o consejo y deliberar sobre un determinado asunto: *consultar antes de tomar una decisión.* **3.** Buscar información en un libro o texto: *consultar un diccionario.*

CONSULTIVO, A adj. Que está establecido para dar asesoramiento o consejo en determinadas materias: *comisión consultiva.*

CONSULTOR, RA adj. y s. Se dice de la persona o empresa dedicada a atender consultas sobre un tema determinado: *consultor bursátil.* **2.** Que consulta. ◆ s.m. **Consultor del Santo Oficio** Magistrado de la Inquisición que daba su parecer antes que el ordinario y que, posteriormente, hacía de suplente de los abogados de los presos pobres.

CONSULTORIO s.m. Establecimiento donde uno o varios médicos reciben a los pacientes. **2.** Establecimiento privado donde se atienden consultas sobre una materia determinada: *consultorio jurídico.* **3.** Sección de periódicos, radio, etc., en la que se contesta a consultas formuladas por el público.

CONSUMACIÓN s.f. Acción y efecto de consumar. ◇ **La consumación de los siglos** El fin del mundo.

CONSUMADO, A adj. Se dice de la persona que posee una cualidad en su grado máximo o es perfecto en una actividad: *un consumado hipócrita; artista consumado.*

CONSUMAR v.tr. Llevar a cabo totalmente una cosa: *no llegar a consumar un crimen.*

CONSUMIBLE adj. Que puede consumirse o ser consumido: *productos consumibles.* **2.** DER. Se dice de los bienes que se consumen con el uso.

CONSUMICIÓN s.f. Acción de consumir o consumirse. **2.** Producto, generalmente una bebida, que se consume en un café, bar, etc.

CONSUMIDO, A adj. *fam.* Muy delgado. SIN.: *chupado.*

CONSUMIDOR, RA adj. y s. Que consume. ◆ s. Persona física o jurídica que adquiere, utiliza o disfruta algún tipo de bien o servicio, que recibe de quien lo produce, suministra o expide.

■ EL CONSTRUCTIVISMO

En la concepción del constructivismo según Tatlin, el artista se convierte en un ingeniero-producto cuya función social es participar en la transformación del mundo. Ello explica la audacia de la torre del proyecto del *Monumento a la Tercera Internacional* o la riqueza del diseño soviético durante la década de 1920, tanto en materia de escenografía como de objetos cotidianos.

Vladimir Tatlin. Maqueta en madera (1920) del *Monumento a la Tercera Internacional;* proyecto de Tatlin para una torre de 400 metros de altura con elementos móviles.

Alexandra Exter. Proyecto de escenografía (1924). Esta artista rusa, vinculada a todas las vanguardias del momento, contribuyó decisivamente en los años veinte a una profunda renovación de las artes escénicas. (Col. part.)

Gerrit Thomas Rietveld. Maqueta de la casa Schröder-Schräder (1923) que Rietveld construyó en Utrecht, y que constituye la plasmación en arquitectura de las teorías del grupo De Stijl.
(Museo Central de Utrecht, Holanda.)

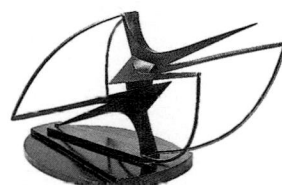

Antoine Pevsner. *Proyección en el espacio* (1927); escultura en bronce oxidado negro. Frente a la escultura maciza tradicional, aquí se sugieren de una manera dinámica las relaciones geométricas esenciales.
(Museo de Arte de Baltimore.)

CONSUMIR v.tr. (lat. *consumere*). Utilizar una cosa como fuente de energía o materia prima: *una industria que consume electricidad*. **2.** Tomar una persona alimentos u otros productos para satisfacer sus necesidades o gustos: *consumir mucha fibra*. **3.** Tomar una consumición en un café, bar, etc.: *los clientes están obligados a consumir*. ◆ v.tr. y prnl. Destruir, extinguir, gastar: *el fuego consumió la casa*. **2.** *Fig.* y *fam.* Causar desasosiego, afligir: *los celos la consumen*.

CONSUMISMO s.m. Tendencia al consumo excesivo de bienes sin aparente necesidad.

CONSUMISTA adj. Relativo al consumismo.

CONSUMO s.m. Acción de consumir una energía, un alimento u otros productos: *sociedad de consumo*. **2.** Gasto de lo que con el uso se extingue o destruye: *consumo de gasolina*.

CONSUNCIÓN s.f. Enflaquecimiento, extenuación. **2.** Consumición, acción y efecto de consumir.

CONSUNO (DE) loc. Juntamente, de común acuerdo.

CONSUSTANCIACIÓN o **CONSUBSTANCIACIÓN** s.f. REL. Doctrina luterana según la cual el cuerpo y la sangre de Jesucristo se hallan presentes en la eucaristía, sin que por ello quede destruida la sustancia del pan y del vino.

CONSUSTANCIAL o **CONSUBSTANCIAL** adj. Que está íntimamente unido a algo. **2.** De la misma sustancia: *las tres personas de la Santísima Trinidad son consustanciales*.

CONTABILIDAD s.f. Conjunto de cuentas de las operaciones económicas que realiza una empresa, sociedad u organismo público. **2.** Parte de la economía que estudia las operaciones económicas que realiza una empresa, sociedad u organismo público. **3.** Cualidad de contable. ◇ **Contabilidad analítica** Procedimiento que permite a las empresas evaluar sus costos sin intervención de la contabilidad general. **Contabilidad material** Contabilidad relativa a las materias primas, los productos en curso de elaboración y los productos elaborados. **Contabilidad nacional** Presentación cuantitativa del conjunto de las informaciones relativas a la actividad económica nacional. **Contabilidad por partida doble** Registro de operaciones comerciales que se inscribe en dos escrituras iguales y de sentido contrario, en las que cada operación se analiza y el valor desplazado se asienta en el Debe y en el Haber. **Contabilidad pública** Conjunto de reglas especiales aplicables a la gestión de los fondos públicos.

CONTABILIZADORA s.f. Máquina que sirve para establecer documentos contables o comerciales que incluyen uno o varios cálculos.

CONTABILIZAR v.tr. [7]. Registrar una partida o cantidad en un libro de cuentas.

CONTABLE adj. Que puede ser contado. ◆ s.m. y f. Esp. Persona que tiene por oficio llevar la contabilidad de una empresa, sociedad u organismo público. ◇ **Hecho contable** Fenómeno económico, hecho, acto o negocio jurídico productor de un movimiento de la estructura patrimonial de la empresa, susceptible de captación, medida y representación, a través de la técnica contable. **Método contable** Conjunto de normas cuyo fin es el registro de los hechos contables para la aplicación de los sistemas contables. **Sistema contable** Conjunto de postulados y leyes para la representación de las masas patrimoniales y la conexión de los instrumentos conceptuales de la contabilidad.

CONTACTAR v.intr. Establecer o mantener contacto con alguien.

CONTACTO s.m. (lat. *contactus, -us*). Hecho de tocarse dos cosas o personas. **2.** Trato o correspondencia entre personas. **3.** Conexión entre dos partes de un circuito eléctrico. **4.** Persona que actúa de enlace con una empresa, organización, organismo, etc., ◇ **Lentes de contacto** Lentes correctoras de la visión que se aplican directamente sobre la córnea. **Línea,** o **hilo, de contacto** En las instalaciones de tracción eléctrica, hilo conductor contra el que frota el pantógrafo o el trole. **Punto de contacto** MAT. Punto común a una curva y a

su tangente, a dos curvas tangentes, etc. **Toma de contacto** MIL. Acción destinada a precisar sobre el terreno la posición del enemigo.

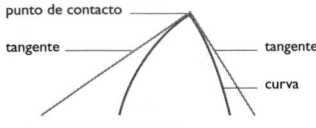

■ PUNTO DE **CONTACTO** de una curva.

CONTACTOLOGÍA s.f. Parte de la oftalmología que se ocupa de las lentes de contacto, de sus indicaciones y contraindicaciones.

CONTACTOR s.m. Interruptor automático que sirve para restablecer los enlaces entre distintos circuitos o aparatos eléctricos.

CONTADERO, A adj. Que puede o debe contarse: *20 días contaderos desde la fecha*.

CONTADO, A adj. Raro, poco. (Suele usarse en plural: *nos vemos en contadas ocasiones*.) ◆ s.m. **Al contado** Se dice de una forma de efectuar el pago, que consiste en entregar el comprador al vendedor el importe completo de la mercancía en el momento de su entrega o en un lapso de tiempo muy corto: *pagar al contado; venta al contado*.

CONTADOR, RA adj. y s. Que cuenta o relata. ◆ s.m. Aparato que sirve para medir, contar o registrar ciertas magnitudes o determinados efectos mecánicos (cantidades de gas, de electricidad, de agua, etc.). **2.** HIST. Funcionario de la administración real española que varió en sus atribuciones según la época. ◆ s. Persona que tiene por oficio llevar la contabilidad de una empresa, sociedad u organismo público. SIN.: *contable*. ◇ **Contador Geiger,** o **de centelleo** Instrumentos que sirven para detectar y contar las partículas emitidas por un cuerpo radiactivo.

CONTAGIAR v.tr. y prnl. Transmitir a uno, o adquirir una enfermedad infecciosa directa o indirectamente de una persona o animal enfermos a otra u otro: *contagiar la gripe*. **2.** *Fig.* Comunicar o adquirir costumbres, gustos, vicios, etc.

CONTAGIO s.m. (lat. *contagium*, de *tangere*, tocar). Acción de contagiar o contagiarse.

CONTAGIOSO, A adj. Que se contagia: *enfermedad contagiosa; risa contagiosa*. **2.** Que padece una enfermedad que se contagia.

CONTAINER s.m. (voz inglesa) [pl. *containers*.]. Contenedor.

CONTAMINACIÓN s.f. Acción y efecto de contaminar o contaminarse. **2.** FÍS. NUCL. Estado de una sustancia maculada por una impureza radiactiva, que emite una radiación peligrosa. **3.** LING. Alteración de la forma de una palabra o texto por influencia de otro.

ENCICL. Aunque también puede ser el resultado de causas naturales (emanaciones volcánicas, radiactividad natural), la contaminación es fundamentalmente obra del hombre (combustiones, vertidos industriales y domésticos, tratamientos agrícolas e industriales y actividades nucleares). La contaminación atmosférica es tal vez la más importante, ya que al provocar un aumento de los gases de efecto invernadero, principalmente CO_2, contribuye a largo plazo al calentamiento del planeta. Además del dióxido de carbono, contaminan también la atmósfera los óxidos de nitrógeno y el monóxido de carbono, los hidrocarburos no quemados, el benceno de los derivados oxigenados de los hidrocarburos, y el plomo procedente de los antidetonantes de la gasolina. La contaminación del suelo se debe esencialmente a los residuos agrícolas y urbanos. La primera es relativamente escasa, pero la segunda (básicamente basuras domésticas e industriales) plantea problemas debido a su abundancia y a su variada composición. Algunos residuos son biodegradables (papeles, residuos alimentarios) y otros pueden ser reciclados (vidrios, metales, cartones); otros aún, como los plásticos, deben ser incinerados. La contaminación de las aguas la producen sobre todo las aguas de alcantarillado, los efluen-

tes industriales y las mareas negras. La contaminación radiactiva puede producirse en todas las fases del combustible nuclear, pero sobre todo en la explotación de los reactores y de las plantas de reciclaje y en el almacenamiento de los residuos.

CONTAMINANTE adj. y s.m. Que contamina.

CONTAMINAR v.tr. y prnl. (lat. *contaminare*). Alterar nocivamente una sustancia u organismo por efecto de los residuos procedentes de la actividad humana o por la presencia de determinados gérmenes microbianos. **2.** Contagiar. **3.** *Fig.* Pervertir, corromper. **4.** Alterar la forma de una palabra o texto por influencia de otro.

CONTANTE adj. Se dice del dinero efectivo. (Se usa principalmente en la loc. *contante y sonante*.)

CONTAR v.tr. (lat. *computare*) [17]. Determinar la cantidad de unidades que hay en un conjunto de elementos. **2.** Referir o narrar un suceso, una historia, etc., imaginarios o reales: *contar su vida*. **3.** Dar por supuesta una cosa que va a suceder, tener por cierto. **4.** Hacer un cálculo: *cuenta lo que nos hemos gastado*. ◆ v.tr. y prnl. Incluir a una persona o una cosa en el número, clase u opinión que les corresponde: *sin contar con él, somos dos*. ◆ v.intr. Decir los números por orden. **2.** Tener presente a una persona o cosa, o confiar en ella: *puedes contar con mi ayuda*. (Seguido de la prep. *con*.) **3.** Tener importancia: *ella cuenta mucho en mi vida*. **4.** Se usa con el significado de *tener, haber, existir*, hablando de cosas que pueden numerarse: *contar pocos años*.

CONTEMPLACIÓN s.f. Acción de contemplar. **2.** TEOL. Estado de la persona que está absorta en la vista y consideración de Dios o en los misterios de la religión. ◆ **contemplaciones** s.f.pl. Complacencias, miramientos.

CONTEMPLAR v.tr. (lat. *contemplari*). Mirar durante largo tiempo y con atención: *contemplar el mar*. **2.** Considerar o tener en cuenta: *en el artículo no se contempla*. **3.** Complacer, ser muy condescendiente con alguien.

CONTEMPLATIVO, A adj. Relativo a la contemplación. **2.** Que contempla o suele contemplar. ◇ **Vida contemplativa** Vida consagrada a la contemplación.

CONTEMPORANEIDAD s.f. Cualidad de contemporáneo.

CONTEMPORÁNEO, A adj. y s. Que existe al mismo tiempo o es de la misma época que otra persona o cosa: *Voltaire y Franklin fueron contemporáneos*. ◆ adj. Que es de la época actual: *arte contemporáneo*.

CONTEMPORIZAR v.intr. [7]. Acomodarse al gusto o la voluntad de otro con algún fin, generalmente para evitar conflictos.

CONTENCIÓN s.f. Acción y efecto de contener o contenerse. ◇ **Medios de contención** Procedimiento o aparato que inmoviliza momentáneamente una parte del cuerpo humano con un objetivo terapéutico.

CONTENCIOSO, A adj. Que tiene por costumbre contradecir o discutir lo que otros afirman. **2.** DER. Se dice de las materias que son objeto de litigio, con oposición entre partes. **3.** DER. Se dice del procedimiento judicial mediante el cual se ventilan. ◆ s.m. **Contencioso administrativo** DER. Proceso que se sigue contra actos de la administración pública que violan el ordenamiento jurídico o lesionan intereses privados, protegidos por el derecho administrativo.

CONTENDER v.intr. (lat. *contendere*) [29]. Pelear, luchar, competir. **2.** Disputar, debatir.

CONTENDIENTE adj. y s.m. y f. Que contiende.

CONTENEDOR s.m. Recipiente muy grande y metálico, de dimensiones normalizadas internacionalmente, que sirve para transportar mercancías a grandes distancias.

CONTENENCIA s.f. Parada o suspensión momentánea que hacen algunas aves en el aire, especialmente las de rapiña. **2.** COREOGR. Paso de lado, en el cual parece que se contiene o detiene el que danza.

CONTENER v.tr. y prnl. (lat. *continere*) [63]. Llevar o encerrar dentro de sí una cosa a otra:

este libro contiene profundas verdades. **2.** Detener, reprimir, moderar.

CONTENIDO, A adj. Que no exterioriza sus sentimientos o emociones. ◆ s.m. Cosa contenida en otra: *el contenido de una botella; el contenido de un discurso.* **2.** Tema o argumento de una obra o escrito. **3.** LING. Significado o sentido abstracto, conceptual, de un signo lingüístico o enunciado.

CONTENTADIZO, A adj. Que es fácil de contentar: *espíritu contentadizo.*

CONTENTAR v.tr. Satisfacer o complacer a alguien. ◆ **contentarse** v.prnl. Conformarse, darse por satisfecho: *contentarse con poco.*

CONTENTIVO, A adj. y s.m. CIR. Se dice del medio apto para la contención de algo.

CONTENTO, A adj. (lat. *contentus*). Alegre, feliz. ◆ s.m. Alegría, satisfacción: *mostraron su contento por lo resultado.* ◇ **Darse por contento** Encontrar satisfactoria una cosa, aunque no sea lo que se desea o espera.

CONTEO s.f. Amér. Cuenta, acción de contar.

CONTERA s.f. Pieza, generalmente de metal, que recubre la punta de un bastón, un paraguas, un arma blanca, etc., para protegerla. **2.** *Fig.* Fin o remate de algo.

CONTERTULIO, A s. Con respecto a una persona, otra que asiste a la misma tertulia.

CONTESTA s.f. Amér. Contestación.

CONTESTACIÓN s.f. Acción de contestar. **2.** Oposición o rechazo a lo establecido.

CONTESTADOR s.m. Aparato que permite registrar un mensaje telefónico o dar informaciones automáticas a la persona que llama a un teléfono. (También *contestador automático.*)

CONTESTANO, A adj. y s. De un pueblo ibero que habitaba entre los ríos Júcar y Segura. Sus principales ciudades fueron *Saitabi* (act. Játiva) y *Ilici* (act. Elche).

CONTESTAR v.tr. (lat. *contestari,* empezar una disputa con testigos). Dar una respuesta, de forma oral o escrita, a lo que se pregunta, se habla o se escribe, o a una acción o comportamiento. **2.** Adoptar una actitud de rechazo, protesta o duda contra algo o alguien, especialmente contra lo establecido o las autoridades. **3.** Oponer una objeción o inconveniente a una orden o indicación.

CONTESTATARIO, A adj. y s. Que adopta una actitud de rechazo contra lo establecido.

CONTEXTO s.m. Conjunto de circunstancias en que se sitúa un hecho. **2.** LING. Conjunto de los elementos (fonema, morfema, frase, etc.) que preceden o siguen a una unidad lingüística dentro de un enunciado y que pueden determinar su correcta interpretación.

CONTEXTUALIZAR v.tr. [7] Situar en un determinado contexto.

CONTEXTUAR v.tr. [18] Acreditar con textos.

CONTEXTURA s.f. Disposición, forma en que están unidas las partes que contienen un todo. **2.** *Fig.* Constitución física de una persona.

CONTIENDA s.f. Acción de contender. **2.** Encuentro deportivo entre dos equipos.

CONTIGO pron.pers. Forma del pronombre personal tónico de 2ª persona del singular cuando se une a la preposición *con.* Funciona como complemento circunstancial.

CONTIGÜIDAD s.f. Cualidad de contiguo.

CONTIGUO, A adj. (lat. *contiguus*). Que está junto a otra cosa.

CONTINENCIA s.f. Acción de contener. **2.** Abstinencia en la satisfacción de los placeres, especialmente del sexual. **3.** MED. Estado de un esfínter que funciona normalmente.

CONTINENTAL adj. Relativo al continente, superficie de tierra. **2.** Relativo al conjunto de países que forman un continente. ◇ **Clima continental** Clima que se da en las regiones interiores de los continentes, y que se caracteriza por las grandes oscilaciones de temperatura entre el verano y el invierno y por la escasez de lluvias, más frecuentes en verano.

CONTINENTALIDAD s.f. Conjunto de rasgos climáticos determinados por la ausencia de influencia marítima, que se aprecia en las zonas interiores de los continentes.

1. CONTINENTE s.m. Gran extensión de tierra

limitada por uno o varios océanos. (Se puede usar como contraposición de *isla.*) ◇ **Antiguo, o viejo, continente** Europa, Asia y África. **Nuevo continente** América.

2. CONTINENTE adj. (lat. *continens, -entis,* p. activo de *continere,* contener). Que posee y practica la continencia. ◆ s.m. Cosa que contiene dentro de sí a otra. **2.** Aspecto, actitud, compostura.

CONTINGENCIA s.f. Posibilidad de que una cosa suceda o no. **2.** Suceso que puede suceder o no, especialmente de carácter negativo. **3.** Riesgo.

CONTINGENTAR v.tr. ECON. Limitar la importación o la distribución de un producto.

1. CONTINGENTE s.m. Tropa o conjunto de tropas de un ejército: *contingente militar.* **2.** Parte proporcional que cada uno aporta cuando son varios los que contribuyen a un mismo fin. **3.** Cuota que se señala a un país o a un industrial para la importación, exportación o producción de mercancías.

2. CONTINGENTE adj. FILOS. Que puede suceder o no: *acontecimiento contingente.*

CONTINUACIÓN s.f. Acción de continuar. **2.** Parte o cosa con que se continúa algo. ◇ **A continuación** Inmediatamente detrás o después de lo que se expresa.

CONTINUADOR, RA adj. y s. Que continúa algo empezado por otra persona, como una obra arquitectónica, una doctrina, etc.

CONTINUAR v.tr. [18]. Proseguir lo comenzado: *continuar con su trabajo.* ◆ v.intr. Persistir, durar, permanecer: *la miseria continúa.* ◆ **continuarse** v.prnl. Seguir, extenderse.

CONTINUIDAD s.f. Unión natural que tienen entre sí las partes de un todo homogéneo. **2.** Circunstancia de hacer o suceder algo sin interrupción.

CONTINUO, A adj. (lat. *continuus*). Que se produce sin interrupción, en el espacio o en el tiempo. **2.** Que se repite con frecuencia. ◆ s.m. Todo compuesto de partes unidas entre sí. **2.** Conjunto compuesto de partes entre las cuales no se establece separación o diferenciación. ◇ **Bajo continuo** Bajo que sirve de acompañamiento instrumental en las composiciones de los ss. XVII y XVIII. **De continuo** Continuamente. **Función continua en un punto** Función *f*(*x*) que tiende hacia un límite igual a *f*(*y₀*) cuando *x* tiende a *y₀*. **Máquina continua de hilar** Máquina de hilar que permite transformar la mecha en hilo, dándole una cierta torsión y arrollándola sobre un soporte. **Potencia del continuo** Potencia del conjunto de los puntos de una recta, o del conjunto R de los números reales.

CONTÍNUUM s.m. (lat. *continuum*). Conjunto de elementos tales que puede pasarse de uno a otro de manera continua. ◇ **Contínuum espacio-tiempo** En las teorías relativistas, espacio de cuatro dimensiones, de las cuales la cuarta es el tiempo.

CONTONEARSE v.prnl. Mover con afectación los hombros y caderas al andar.

CONTONEO s.m. (del lat. *canto, -onis*). Acción de contonearse.

CONTORNADO, A adj. Se dice de ciertas medallas romanas cuyo contorno era de mayor relieve. **2.** HERÁLD. Se dice de los animales representados de perfil y que están vueltos a la siniestra.

CONTORNEAR v.tr. Trazar el contorno de algo. **2.** Dar vueltas alrededor de un lugar.

CONTORNEO s.m. Acción de contornear.

CONTORNO s.m. (voz italiana). Línea formada por el límite de un dibujo, figura o superficie. **2.** Territorio que rodea un lugar o población: *los contornos de la ciudad.* (Suele usarse en plural.) **3.** Canto de una moneda o una medalla. ◇ **Contorno aparente** MAT. Límite extremo de una figura vista en perspectiva o en proyección cilíndrica.

CONTORSIÓN s.f. Movimiento brusco por el que el cuerpo o una parte de él adopta una posición forzada.

CONTORSIONARSE v.prnl. Hacer contorsiones.

CONTORSIONISTA s.m. y f. Artista de circo que ejecuta contorsiones difíciles.

1. CONTRA prep. (lat. *contra*). Indica oposición o pugna entre personas o cosas: *todos contra la guerra.* **2.** Expresa contacto o apoyo: *la apretó contra su pecho.* **3.** A cambio de, a condición de: *contra rembolso.* ◆ s.m. MÚS. Pedal del órgano. ◆ s.f. Dificultad, inconveniente o aspecto desfavorable de algo. (Se usa el género masculino en la loc. *los pros y los contras.*) ◆ **contras** s.m.pl. Bajos más profundos en algunos órganos. ◇ **Llevar, o hacer, a alguien la contra** *Fam.* Oponerse a lo que dice o intenta.

2. CONTRA adj. y s.m. y f. (apócope de *contrarrevolucionario*). Relativo a la oposición armada al sandinismo y, en general, al gobierno revolucionario instalado en Nicaragua en 1979; miembro de dicha oposición.

CONTRAALISIO s.m. Se dice del viento que sopla en las capas altas de la atmósfera, en dirección opuesta al alisio. (Como sustantivo, suele usarse en plural.)

CONTRAALMIRANTE O **CONTRALMIRANTE** s.m. Oficial general de la armada de grado inmediatamente inferior al vicealmirante.

CONTRAARMIÑOS s.m.pl. HERÁLD. Armiños con los esmaltes cambiados, siendo el campo, sable, y las motas, plata.

CONTRAATACAR v.tr. e intr. [1]. Atacar al contrario como respuesta a un ataque suyo previo.

CONTRAATAQUE s.m. Acción de contraatacar.

CONTRABAJO s.m. Instrumento musical de cuerda, de forma parecida a la del violín pero mucho más grande y de tono más grave. **2.** Voz más grave que la del bajo ordinario. ◆ s.m. Persona que toca el contrabajo. SIN.: *contrabajista.*

CONTRABAJÓN s.m. Instrumento musical de viento de la familia de la madera, de lengüeta doble, que tiene el pabellón más pequeño que el bajón y que suena una octava más grave que este.

CONTRABALANCEAR v.tr. Equilibrar el peso de un platillo de la balanza poniendo pesos en el otro. **2.** *Fig.* Compensar o contrapesar el efecto de algo con otra cosa.

CONTRABANDISTA adj. y s.m. y f. Que hace habitualmente contrabando.

CONTRABANDO s.m. Actividad ilegal que consiste en comerciar con productos estancados prohibidos en un país, o en comerciar con productos sin pagar los derechos de aduana correspondientes. **2.** Conjunto de mercancías importadas o exportadas a través de estas actividades.

CONTRABARRERA s.f. Segunda fila de localidades en las plazas de toros.

CONTRABATERÍA s.f. Batería que se pone frente a otra para anular su actividad. **2.** Acción de la artillería que tiene por objeto anular, neutralizar o disminuir el fuego de las baterías enemigas.

CONTRABATIR v.tr. Disparar contra una batería enemiga.

CONTRACAMPO s.m. CIN. Contraplano.

CONTRACARRIL s.m. Carril que se coloca en el interior de una vía para guiar las pestañas de las ruedas en las agujas, pasos a nivel, etcétera.

CONTRACARRO adj. MIL. Que se opone a la acción de los carros de combate y de otros vehículos blindados: *arma, mina contracarro.*

CONTRACCIÓN s.f. Acción de contraer o contraerse. **2.** FISIOL. Respuesta mecánica de un músculo ante una excitación, que consiste en el acortamiento y engrosamiento de sus fibras. **3.** LING. Metaplasmo que consiste en hacer de dos palabras una sola. (Así, *al, del,* por *a* y *el* y *de* y *el.*)

CONTRACEPCIÓN s.f. Conjunto de métodos empleados para impedir la fecundidad. SIN.: *anticoncepción.*

ENCICL. El método de contracepción más empleado y eficaz es la «píldora», que contiene un estrógeno y un progestativo. El dispositivo intrauterino (DIU) es un pequeño aparato que se introduce en la cavidad del útero, y se deja alojado en él durante varios años. El preservativo masculino, satisfactorio desde el punto de

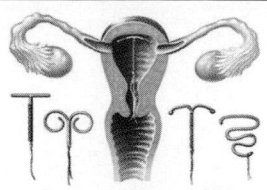

dispositivo intrauterino o DIU

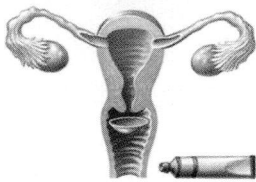

diafragma y crema espermicida

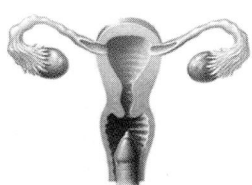

preservativo

■ **CONTRACEPCIÓN** local.

vista contraceptivo, además es un medio seguro de prevención de las enfermedades de transmisión sexual.

CONTRACHAPADO s.m. Material formado por láminas delgadas de madera, encoladas y superpuestas de forma que las fibras alternen en direcciones perpendiculares.

CONTRACLAVE s.f. Cada una de las dovelas colocadas al lado de la clave de una bóveda o un arco.

CONTRACORRIENTE s.f. METEOROL. Corriente derivada y de dirección opuesta a la de la principal de que procede. **2.** QUÍM. Procedimiento que consiste en dar movimientos opuestos a dos cuerpos que tienen que actuar uno sobre otro.

CONTRÁCTIL adj. Que es capaz de contraerse.

CONTRACTILIDAD s.f. Cualidad de contráctil. SIN.: *contractibilidad*.

CONTRACTO, A adj. LING. Que ha sufrido contracción.

CONTRACTURA s.f. Contracción muscular duradera e involuntaria.

CONTRACUBIERTA s.f. Parte interior de la cubierta de un libro. **2.** Cubierta posterior de una revista o un libro.

CONTRACULTURA s.f. Conjunto de manifestaciones sociales y culturales que exteriorizan una rebelión contra las actividades ideológicas y artísticas dominantes.

CONTRADANZA s.f. (fr. *contredanse*). Baile popular de origen inglés, muy en boga en los ss. XVII y XVIII, ejecutado por parejas que hacen figuras, al mismo tiempo.

CONTRADECIR v.tr. [75]. Decir o hacer alguien lo contrario de lo que otro dice. ◆ **contradecirse** v.prnl. Decir o hacer alguien lo contrario de lo que él mismo piensa o ha dicho o hecho. **2.** Oponerse, contraponerse.

CONTRADICCIÓN s.f. Acción de contradecir o contradecirse. **2.** Oposición, contrariedad. **3.** FILOS. **a.** Escisión de un mismo sustrato en el que dos términos se oponen y superan su oposición reconciliándose. **b.** Movimiento dialéctico cuyos términos son realidades diferenciadas y no idénticas. **4.** LÓG. Proposición falsa para cualquier valor de sus variables.

CONTRADICTORIO, A adj. Que está en contradicción con otra cosa. **2.** Se dice de la persona que se contradice o incurre en contra-

dicciones. ◇ **Proposiciones contradictorias** LÓG. Proposiciones opuestas tales que la falsedad de una de ellas implica la verdad de la otra.

CONTRADIQUE s.m. Dique destinado a consolidar o reforzar el dique principal.

CONTRAER v.tr. y prnl. (lat. *contrahere*) [65]. Encoger o reducir a menor volumen o extensión. ◆ v.tr. Adquirir una enfermedad, vicio, obligación, vínculo de parentesco o cosa parecida. ◆ **contraerse** v.prnl. Limitarse, dedicarse exclusivamente a algo.

CONTRAESCARPA s.f. Disminución progresiva, de abajo arriba, del espesor de un muro, cuyo paramento o cara externa es perfectamente vertical. **2.** FORT. Talud o pendiente que está en el lado exterior de las paredes de un foso.

CONTRAESPALDERA s.f. Plantación de árboles frutales en línea y sostenidos por enrejados o alambres sin apoyarlos en muro alguno.

CONTRAESPIONAJE s.m. Actividad que se lleva a cabo para detectar y reprimir el espionaje de un país, tanto en el interior como en el exterior del territorio nacional.

CONTRAFAGOT o **CONTRAFAGOTE** s.m. Instrumento musical de viento de la familia de la madera, de tono más grave que el fagot.

CONTRAFAJADO, A adj. HERÁLD. Se dice del escudo cortado y fajado, de modo que las fajas del jefe están opuestas a las del otro esmalte, situadas en la punta.

CONTRAFALLAR v.tr. En algunos juegos de naipes, poner un triunfo superior al que había jugado el que falló antes.

CONTRAFIGURA s.f. Persona o maniquí con aspecto muy parecido a otra persona, con la que pueden ser confundidos; especialmente se decía de las que sustituían a los actores de una representación teatral.

CONTRAFUEGO s.m. Operación consistente en quemar una parte de bosque, en la dirección en que avanza un incendio, a fin de crear un vacío que impida dicho avance.

CONTRAFUERTE s.m. Pieza de cuero que refuerza la parte posterior del calzado, por encima del talón. **2.** ARQ. Parte de una obra que sobresale del paramento de un muro y que está destinada a reforzarlo. **3.** GEOGR. Parte de una montaña formada por una arista secundaria que se apoya contra una arista principal.

■ **CONTRAFUERTES** de la catedral de Gerona.

CONTRAFUGA s.f. MÚS. Modalidad de fuga, en la cual la repetición del tema se ejecuta en sentido inverso al establecido comúnmente.

CONTRAGOLPE s.m. DEP. Jugada rápida sobre la meta del equipo contrario, que sorprende a su defensa descolocada y avanzada. **2.** MED. Efecto que se produce en una parte del cuerpo por un golpe sufrido en otra.

CONTRAHAZ s.f. Revés en las ropas o cosas semejantes.

CONTRAHECHO, A adj. y s. (de *contrecho*). Se dice de la persona de cuerpo torcido o deforme.

CONTRAHIERBA s.f. Planta herbácea de tallo nudoso y raíz fusiforme, que crece en América Meridional y se utiliza en medicina como contraveneno. (Familia moráceas.)

CONTRAHIERRO s.m. Pieza metálica ajustada y apretada contra la hoja cortante o hierro de algunos utensilios, para desbastar madera (cepillo, garlopa), que facilita el acepillado y la evacuación de las virutas.

CONTRAINDICACIÓN s.f. Circunstancia particular que se opone al empleo de un medicamento.

CONTRALECHO (A) loc. Se dice de la forma de colocar los sillares, de modo que el plano medio de sus lechos de cantera se encuentra vertical al plano de hilada.

CONTRALMIRANTE s.m. → CONTRAALMIRANTE.

CONTRALOR s.m. (fr. *contrôleur*, empleado administrativo). Funcionario de la casa real de los Austria, que se ocupaba de las cuentas. **2.** Chile, Colomb., Méx. y Venez. Funcionario encargado de controlar los gastos públicos.

CONTRALORÍA s.f. Chile, Colomb., Méx. y Venez. Oficina de la nación encargada de revisar las diversas cuentas del gobierno.

CONTRALTO s.m. (voz italiana). MÚS. Voz media entre la de tiple y la de tenor. ◆ s.m. y f. MÚS. Persona que tiene esta voz.

CONTRALUZ s.f. Aspecto de una cosa o una persona vistos desde el lado opuesto a la luz; fotografía tomada de esta manera. ◇ **A contraluz** Mirando un objeto o una persona por el lado opuesto a la luz.

CONTRAMAESTRE s.m. (cat. ant. *contramaestre*). Jefe o encargado de los obreros, en algunos talleres o fábricas. **2.** MAR. **a.** Suboficial jefe de marinería que dirige las tareas de a bordo. **b.** Oficial de mar que dirige la marinería bajo las órdenes del oficial de guerra.

CONTRAMANO (A) loc. En dirección contraria a la acostumbrada o a la prescrita por la autoridad.

CONTRAMARCHA s.f. Vuelta atrás por el camino ya andado. **2.** Operación o maniobra de una tropa militar, que consiste en retroceder o volver en la dirección contraria a la que se seguía.

CONTRAMINA s.f. MIL. Galería de mina que construye el defensor para apoderarse de la mina contraria o para volarla.

CONTRAMURALLA s.f. Contramuro.

CONTRAMURO s.m. Muro adosado a otro para servirle de refuerzo o apoyo.

CONTRA NATURA loc. (voces latinas, *contra la naturaleza*). Indica que algo es antinatural, que va contra las leyes de la naturaleza.

CONTRAOFENSIVA s.f. Ofensiva que se emprende contra la realizada por el enemigo.

CONTRAORDEN s.f. Orden con que se revoca otra dada previamente.

CONTRAPARTIDA s.f. Compensación, cosa que compensa o resarce a otra. **2.** Asiento para corregir algún error en la contabilidad por partida doble.

CONTRAPASO s.m. COREOGR. Paso dado en sentido contrario al del anterior.

CONTRAPEAR v.tr. Aplicar hojas de madera unas con otras, de forma que sus fibras queden cruzadas. **2.** Revestir con chapas delgadas de madera muebles u objetos construidos con madera de otra clase.

CONTRAPELO (A) loc. **a.** En dirección opuesta a la inclinación natural del pelo. **b.** *Fam.* En contra de la tendencia natural de algo, o a la fuerza.

CONTRAPESAR v.tr. Hacer una cosa de contrapeso a otra. **2.** *Fig.* Compensar el efecto de una cosa con el de otra de efecto contrario: *contrapesar la firmeza con la generosidad.*

CONTRAPESO s.m. Peso con que se equilibra otro peso o una fuerza: *el contrapeso de un elevador.* **2.** *Fig.* Cosa que compensa, equilibra o modera a otra.

CONTRAPICADO s.m. CIN. Plano tomado desde un ángulo de toma, del mismo nombre, en el que la cámara se sitúa debajo del objeto filmado, según un eje vertical.

CONTRAPLANO s.m. CIN. Plano tomado desde un ángulo de toma en el que la cámara se sitúa por encima del objeto filmado, según un eje casi vertical.

CONTRAPONER v.tr. [60]. Poner dos cosas juntas una enfrente de otra para apreciar sus diferencias. ◆ v.tr. y prnl. Oponer: *contraponer su voluntad a la de otra persona.*

CONTRAPORTADA s.f. Última página de una revista, un periódico, etc., o envés de una funda de disco.

CONTRAPOSICIÓN s.f. Acción y efecto de contraponer o contraponerse.

CONTRAPRESTACIÓN s.f. DER. En los negocios bilaterales, conjunto de prestaciones a que se obligan recíprocamente las partes.

CONTRAPRODUCENTE adj. Que produce un efecto opuesto al que se desea o pretende obtener.

CONTRAPROGRAMACIÓN s.f. Programación realizada por una cadena de televisión en función de la programación de las otras cadenas, para hacerles la competencia.

CONTRAPUERTA s.f. Puerta situada inmediatamente detrás de otra.

CONTRAPUNTA s.f. Punto fijo en rotación y móvil en traslación, que, en un torno, sirve de punto de apoyo a la pieza que se está trabajando.

CONTRAPUNTEAR v.tr. Cantar de contrapunto. ◆ v.tr. y prnl. *Fig.* Zaherir una persona a otra. ◆ **contrapuntearse** v.prnl. Enojarse o enemistarse dos personas.

CONTRAPUNTISTA s.m. y f. MÚS. Compositor que utiliza el contrapunto.

CONTRAPUNTÍSTICO, A adj. Relativo al contrapunto.

CONTRAPUNTO s.m. Contraste entre dos cosas simultáneas o que están juntas. **2.** Argent., Chile y Urug. Certamen poético entre payadores. **3.** MÚS. **a.** Técnica de composición musical que consiste en combinar varias líneas melódicas. **b.** Composición musical escrita según las reglas de esta técnica.

CONTRARIAR v.tr. [19]. Poner obstáculos al deseo, propósito, intención, etc. de una persona. **2.** Disgustar o afligir a alguien.

CONTRARIEDAD s.f. Contratiempo o dificultad imprevista que impide o retrasa el logro de algo. **2.** Disgusto, decepción. **3.** Oposición entre dos cosas.

CONTRARIO, A adj. (lat. *contrarius*). Opuesto, adverso a una cosa. **2.** Que daña o perjudica. ◆ s. Enemigo, adversario o rival. **2.** Persona que pleitea con otra. ◆ s.m. Impedimento, embarazo, contradicción. **3.** GRAM. Palabra que tiene un significado opuesto a otra: *alto y bajo son contrarios.* ◇ **Al, o por el, o todo lo, contrario** De forma totalmente distinta u opuesta. **Juicio contrario o proposición contraria** LÓG. Juicio o proposición que enuncia dos cosas contrarias. **Llevar, o hacer, la contraria** *Fam.* Oponerse a las iniciativas, opiniones, deseos, etc., de alguien.

CONTRARRELOJ adj. y s.f. (pl. *contrarreloj*). Se dice de la prueba deportiva que consiste en cubrir una determinada distancia en el menor tiempo posible. ◆ adv. Muy deprisa. (También se escribe *contra reloj*.)

CONTRARRESTAR v.tr. y prnl. Neutralizar una cosa los efectos, generalmente negativos, de otra.

CONTRARREVOLUCIÓN s.f. Movimiento encaminado a combatir una revolución o a destruir sus resultados.

CONTRARREVOLUCIONARIO, A adj. y s. Relativo a la contrarrevolución; partidario de la contrarrevolución.

CONTRASELLO s.m. Sello pequeño que se estampa sobre el principal para dificultar las falsificaciones.

CONTRASENTIDO s.m. Acción, actitud o razonamiento contrario a la lógica.

CONTRASEÑA s.f. Palabra, frase o señal que solo conocen los pertenecientes a un mismo bando u organización, y que les sirve para reconocerse entre sí.

CONTRASTAR v.intr. (lat. *contrastare*, oponerse). Mostrar una persona o cosa una gran diferencia con otra cuando se comparan: *su agradable sonrisa contrasta con la aspereza de su voz.* ◆ v.tr. Someter a prueba algo para comprobar su valor, autenticidad o pureza.

CONTRASTE s.m. Acción y efecto de contrastar. **2.** Oposición o diferencia notable que existe entre personas o cosas. **3.** Marca estampada en las aleaciones de metales nobles para atestiguar que su ley se ajusta a las normas legales. **4.** TELEV. Diferencia de intensidades de iluminación entre las partes más claras y las más oscuras de una imagen. ◇ **Sustancia de contraste** Sustancia opaca a los rayos X, que se introduce en el organismo para visualizar en las radiografías las cavidades o conductos que no son espontáneamente perceptibles.

CONTRASUJETO s.m. MÚS. Frase musical que acompaña la entrada de un tema, sobre todo en la fuga.

CONTRATA s.f. Contrato hecho para ejecutar una obra material o prestar un servicio por precio determinado, especialmente con la administración pública.

CONTRATACIÓN s.f. Acción de contratar.

CONTRATAR v.tr. Pactar, convenir, hacer contratos o contratas; en general, hacer operaciones de comercio. **2.** Ajustar, mediante convenio, un servicio.

CONTRATENOR s.m. MÚS. **a.** Voz masculina más aguda que la de tenor, que corresponde a la femenina de contralto. **b.** MÚS. Cantante que tiene esta voz.

CONTRATIEMPO s.m. Suceso o accidente inesperados que causan un perjuicio o que dificultan la realización de algo. **2.** MÚS. Procedimiento rítmico que consiste en emitir un sonido sobre un tiempo débil o sobre la parte débil de un tiempo, al que se hace seguir un silencio sobre el tiempo fuerte o la parte fuerte del tiempo que le sigue.

CONTRATIMBRE s.m. Marca estampada en los papeles timbrados para indicar una modificación del valor del timbre original.

CONTRATIPAR v.tr. Hacer contratipos.

CONTRATIPO s.m. Facsímil de una imagen fotográfica, obtenido al fotografiar dicha imagen. **2.** Copia positiva de una película, obtenida a partir de una copia del negativo original.

CONTRATISTA adj. y s.m. y f. Se dice de la persona que realiza una obra por contrata.

CONTRATO s.m. Convenio o acuerdo oral o escrito, en el que dos o más partes se obligan a cumplir unas determinadas obligaciones. **2.** Documento en que consta un convenio o acuerdo escrito. ◇ **Contrato basura** *Fam.* Contrato que ofrece unas condiciones muy malas, generalmente a tiempo parcial y con una remuneración muy baja. **Contrato blindado** Contrato que contempla una fuerte indemnización en caso de rescisión.

CONTRATUERCA s.f. MEC. Tuerca de seguridad con que se aprieta otra tuerca para evitar que esta se afloje.

CONTRAVALACIÓN s.f. FORT. Línea establecida por el sitiador de una plaza para protegerse de las salidas de los sitiados.

CONTRAVALOR s.m. Valor comercial que se da a cambio de algo.

CONTRAVAPOR s.m. Sistema que permite la inversión del vapor y sirve para frenar un tren que circula a gran velocidad.

CONTRAVENCIÓN s.f. Incumplimiento de una ley, norma o mandato establecidos.

CONTRAVENENO s.m. Sustancia que tiene una acción contraria a la de uno o varios tóxicos determinados.

CONTRAVENIR v.tr. [78]. Obrar en contra de una ley, norma o mandato.

CONTRAVENTANA s.f. Puerta de madera que se pone en la parte exterior de una ventana o balcón para regular el paso de la luz y para resguardar del frío y del calor.

CONTRAVEROS s.m.pl. HERÁLD. Veros que están unidos de a dos por su base y que son del mismo esmalte, siempre que este sea argent o azur.

CONTRAVÍA s.f. Vía paralela a la que sigue un tren.

CONTRAVIENTO s.m. Conjunto de piezas utilizadas en una construcción para mantener indeformable una estructura.

CONTRAYENTE adj. y s.m. y f. Se dice de la persona que contrae matrimonio.

CONTRI s.m. Chile. Molleja, estómago de las aves. **2.** Chile. *Fig.* Corazón, entraña, lo más interior de algo.

CONTRIBUCIÓN s.f. Acción de contribuir.

2. Cosa con que se contribuye a un fin: *la contribución intelectual.* **3.** Imposición fiscal a los beneficiados por una obra o servicio de la administración. ◇ **Poner a contribución** Recurrir a cualquier medio que pueda cooperar en la consecución de algún fin.

CONTRIBUIR v.intr. (lat. *contribuere*) [88]. Dar una cantidad de dinero para un determinado fin en el que participan otras personas. **2.** *Fig.* Ayudar y cooperar con otras personas al logro de algún fin. ◆ v.tr. e intr. Pagar una persona la cuota que le corresponde por un impuesto.

CONTRIBUTIVO, A adj. Relativo a las contribuciones o impuestos.

CONTRIBUYENTE adj. y s.m. y f. Que contribuye. **2.** Que paga contribución o impuestos al estado.

CONTRICIÓN s.f. Arrepentimiento por haber obrado mal. **2.** TEOL. Arrepentimiento por haber ofendido a Dios: *acto de contrición.*

CONTRINCANTE s.m. y f. Persona o grupo con los que se compite o rivaliza.

CONTRISTAR v.tr. y prnl. Entristecer, poner triste.

CONTRITO, A adj. Arrepentido, abatido y triste por haber cometido una falta.

CONTROL s.m. (fr. *contrôler*). Comprobación, inspección o intervención. **2.** Dirección, mando, regulación. **3.** Lugar donde se verifica alguna inspección. ◇ **Control de natalidad** Expresión traducida del inglés *birth control*, utilizada para designar el conjunto de procedimientos que tienden a modificar la natalidad. **Control remoto** Dispositivo que regula a distancia el funcionamiento de un aparato, máquina, etc. GEOSIN.: Esp. *mando a distancia.*

CONTROLADOR, RA adj. y s. Que controla. ◆ s. **Controlador aéreo** Técnico encargado de controlar y dirigir la navegación aérea desde un aeropuerto.

CONTROLAR v.tr. Comprobar, intervenir, inspeccionar. **2.** Dirigir, regular, dominar, moderar.

CONTROVERSIA s.f. (lat. *controversia*). Discusión reiterada sobre algún asunto.

CONTROVERTIR v.intr. e tr. [79]. Mantener una controversia.

CONTUBERNIO s.m. *Desp.* Alianza o asociación vituperable. **2.** Amancebamiento.

CONTUMACIA s.f. Cualidad de contumaz.

CONTUMAZ adj. (lat. *contumax, -acis*). Obstinado en la defensa o en la comisión de un error o acción censurable. ◆ adj. y s.m. y f. Se dice de la persona que ha sido declarada judicialmente en rebeldía por no comparecer en un juicio.

CONTUMELIA s.f. (lat. *contumelia*). Injuria u ofensa dicha a una persona.

CONTUNDENCIA s.f. Cualidad de contundente.

CONTUNDENTE adj. Que produce o es capaz de producir una contusión: *instrumento contundente; golpe contundente.* **2.** *Fig.* Rotundo o convincente, sin dejar lugar a dudas: *discurso contundente.*

CONTURBAR v.tr. y prnl. Inquietar, turbar.

CONTUSIÓN s.f. Lesión causada por un golpe o una compresión, sin herida exterior.

CONTUSIONAR v.tr. y prnl. Causar contusión o contusiones.

CONTUSO, A adj. y s. Que padece una contusión.

CONUCO s.m. Antillas, Colomb. y Venez. Heredad o campo pequeño con su rancho. **2.** Cuba, Dom. y P. Rico. Montículo de tierra en el que se siembran ritualmente las raíces de la yuca.

CONUQUERO, A s. Antillas, Colomb. y Venez. Persona que explota un conuco.

CONURBACIÓN s.f. Conjunto de poblaciones vecinas cuyos extrarradios se han unido.

CONURBADO s.m. Amér. Conurbación.

CONVALECENCIA s.f. Estado de convaleciente; período de tiempo que dura.

CONVALECER v.intr. (lat. *convalescere*) [37]. Estar recuperándose de una enfermedad, un accidente o una intervención quirúrgica: *el herido convalece en el hospital.* **2.** *Fig.* Estar volviendo a una situación de normalidad alguien o algo tras un período de crisis, un conflicto, etc.: *la economía convalece tras los años de recesión.*

CONVALECIENTE adj. y s.m. y f. Se dice de la persona que se está recuperando tras una enfermedad.

CONVALIDACIÓN s.f. Acción de convalidar.

CONVALIDAR v.tr. Declarar válido o confirmar la validez de algo ya aprobado: *convalidar unos estudios por otros.*

CONVECCIÓN s.f. Movimiento de un fluido bajo la influencia de diferencias de temperatura. **2.** Movimiento vertical del aire, de origen a menudo térmico u orográfico.

CONVECINO, A adj. y s. Que es vecino de otra persona. ◆ adj. Cercano, próximo.

CONVECTOR s.m. Aparato de calefacción en el cual el aire se calienta por convección en contacto con una superficie de caldeo.

CONVENCER v.tr. (lat. *convincere*) [25]. Conseguir con argumentos o pruebas que una persona actúe o piense de una manera determinada. **2.** *Fam.* Gustar o satisfacer a una persona o una cosa. ◆ **convencerse** v.prnl. Llegar a creer o pensar algo por las razones de otra persona o por la propia reflexión.

CONVENCIMIENTO s.m. Acción de convencer. **2.** Creencia firme.

CONVENCIÓN s.f. Conveniencia, conformidad. **2.** Norma o práctica admitida por costumbre, acuerdo o tradición: *las convenciones sociales.* **3.** Convenio entre naciones, organismos o individuos. **4.** Asamblea o reunión de personas para tratar de un determinado asunto. **5.** Nombre dado a algunas asambleas nacionales constituyentes. **6.** En EUA, congreso de un partido, reunido con vistas a designar un candidato para la presidencia.

CONVENCIONAL adj. Que resulta de una convención o pacto. **2.** Se dice de las cosas que se ajustan a los cánones fijados por la tradición o costumbre: *boda convencional.* **3.** Se dice de la persona que actúa según los convencionalismos sociales. **4.** Se dice de las armas clásicas o tradicionales con exclusión de las nucleares, biológicas y químicas. ◆ s.m. y f. Persona que forma parte de una convención o asiste a ella.

CONVENCIONALISMO s.m. Práctica u opinión que por comodidad o conveniencia social se considera norma. **2.** FILOS. Concepción según la cual los axiomas de las ciencias, los principios morales, las bases del lenguaje, etc., solo constituyen sistemas de convenciones.

CONVENIENCIA s.f. Cualidad de conveniente. **2.** Cosa o situación conveniente: *mirar solo su propia conveniencia.*

CONVENIENTE adj. Que conviene: *temperatura conveniente; no es conveniente que te vean demasiado.* SIN.: *oportuno, adecuado.*

CONVENIO s.m. Acuerdo o pacto. ◇ **Convenio colectivo** Acuerdo tomado entre asalariados y empresarios para reglamentar las condiciones de trabajo.

CONVENIR v.intr. (lat. *convenire*, ir al mismo lugar) [78]. Ser una cosa buena, oportuna o útil para alguien o algo. **2.** Coincidir. **3.** Ser de un mismo parecer u opinión. ◆ v.tr. y prnl. Acordar algo con alguien.

CONVENTILLO s.m. Amér. Merid. Casa de vecindad.

CONVENTO s.m. (lat. *conventus, -us,* reunión). Casa donde viven en comunidad miembros de una orden religiosa.

CONVENTUAL adj. y s.m. y f. Relativo al convento. ◆ s.m. Monje, miembro de una comunidad monástica.

CONVERGENCIA s.f. Acción y efecto de convergir. **2.** Ligera inclinación hacia el interior de las partes delanteras de las ruedas directrices de un automóvil detenido. **3.** BIOL. Tendencia evolutiva de diversos organismos, pertenecientes a grupos muy diferentes, hacia formas, estructuras o funciones semejantes. **4.** MAT. Propiedad de determinadas sucesiones y series, que consiste en poseer un límite o suma finitos, respectivamente. **5.** ÓPT. Inverso de la distancia focal. ◇ **Convergencia de los meridianos** Variación del ángulo (acimut) en el cual un mismo círculo máximo de la esfera corta los meridianos sucesivos. **Línea de convergencia** OCEANOGR. Límite entre dos masas de

agua de densidades diferentes. **Línea de convergencia intertropical** Línea de contacto entre los dos alisios.

CONVERGENTE adj. Que converge. **2.** MAT. Se dice de las sucesiones que tienen límite finito o de las series sumables. ◇ **Lente convergente** Lente que hace converger los rayos paralelos.

CONVERGER v.intr. [27]. Convergir.

CONVERGIR v.intr. (lat. tardío *convergere*) [43]. Dirigirse a un mismo punto dos o más líneas, caminos, etc. **2.** *Fig.* Concurrir al mismo fin los dictámenes u opiniones de dos o más personas. **3.** MAT. Para sucesiones y series, poseer un límite.

CONVERSACIÓN s.f. Acción de conversar, hablar. ◇ **Dar conversación** Entretener a una persona hablando con ella.

CONVERSACIONAL adj. Relativo a la conversación. **2.** INFORMÁT. Que es interactivo.

CONVERSADOR, RA adj. y s. Se dice de la persona que conversa, especialmente la de conversación amena y agradable. ◆ adj. Amér. Charlatán.

CONVERSAR v.intr. (lat. *conversari,* vivir en compañía). Hablar unas personas con otras.

CONVERSIÓN s.f. Acción y efecto de convertir o convertirse. **2.** Cambio de la tasa de interés de una deuda pública. **3.** Transformación del resultado de una medida expresado con ciertas unidades en un nuevo resultado expresado con otras unidades. **4.** Operación metalúrgica realizada en un convertidor. **5.** MIL. Cambio de la dirección del frente de combate de un ejército. **6.** PSIQUIAT. Trasposición de un conflicto psíquico, con tentativa de resolución de este, en ciertos síntomas somáticos.

CONVERSO, A adj. y s. Se dice de la persona que ha cambiado de religión, especialmente cuando se ha convertido al cristianismo. **2.** En los ss. XIV al XVI, se decía del judío o musulmán que se convertía al cristianismo. ◆ s.m. En algunas órdenes religiosas, lego.

CONVERTIBILIDAD s.f. Cualidad de convertible. **2.** Cualidad de una moneda que, por medio de ciertos procedimientos internacionales, puede cambiarse por otras monedas.

CONVERTIBLE adj. Que puede ser convertido o transformado: *obligaciones convertibles en rentas.* ◆ adj. y s.m. Se dice del automóvil descapotable. ◇ **Avión convertible** Avión que puede efectuar la propulsión vertical u horizontal.

CONVERTIDOR s.m. Máquina destinada a transformar la corriente eléctrica. **2.** Aparato que permite hacer variar de manera continua, entre determinados límites, el valor de un par motor. **3.** Gran retorta metálica con revestimiento interior refractario, ácido o básico, en la que se produce una reacción de oxidación y que se utiliza en las metalurgias del acero, del cobre y del níquel. **4.** INFORMÁT. Aparato o dispositivo que permite cambiar el modo de representación de una información.

CONVERTIR v.tr. y prnl. (lat. *convertere*) [79]. Mudar, transformar. **2.** Hacer que alguien adquiera una creencia religiosa que antes no profesaba. **3.** Hacer cambiar a alguien o cambiar algún las ideas, opiniones, o actitudes en otras.

CONVEXIDAD s.f. Cualidad de convexo. **2.** Parte o forma convexas.

CONVEXO, A adj. (lat., *convexus*). Se dice de la línea o superficie curva que, respecto del que la mira, tiene su parte más saliente en el centro. CONTR.: *cóncavo.* **2.** MAT. Se dice de un conjunto lineal tal que, si *a* y *b* son dos cualesquiera de sus elementos, contiene todos los elementos del intervalo cerrado [*a, b*].

CONVEYOR s.m. Transportador continuo en circuito cerrado, utilizado para el transporte de materias en piezas o fardos.

CONVICCIÓN s.f. Convencimiento. ◆ **convicciones** s.f.pl. Ideas religiosas, éticas o políticas en las que alguien cree firmemente.

CONVICTO, A adj. y s. Se dice del acusado cuyo delito ha sido probado legalmente, aunque no lo haya confesado. **2.** Presidiario.

CONVIDAR v.tr. (del lat. *invitare*). Rogar a alguien que participe en un acto o celebración. **2.** Ofrecer a alguien que haga algo que

se supone grato para él. **3.** *Fig.* Animar o estimular a hacer algo: *el silencio convidaba a la lectura.*

CONVINCENTE adj. Que convence.

CONVITE s.m. (cat. *convit*). Acción de convidar. **2.** Banquete o comida al que asisten personas que han sido convidadas.

CONVIVENCIA s.f. Acción de convivir. **2.** Relación entre los que conviven.

CONVIVIR v.intr. Vivir con otras personas.

CONVOCAR v.tr. (lat. *convocare,* llamar a reunión) [1]. Llamar a una o varias personas para que acudan a un acto o lugar determinados: *convocar a los socios a una asamblea.*

CONVOCATORIA s.f. Acción de convocar. SIN.: *convocación.* **2.** Anuncio o escrito con que se convoca.

CONVOCATORIO, A adj. Que convoca. SIN.: *convocador.*

CONVOLUTO, A adj. BOT. Arrollado en espiral.

CONVOLVULÁCEO, A adj. y s.f. Relativo a una familia de plantas de tallo voluble y pétalos soldados, como la campanilla.

CONVOY s.m. (fr. *convoi*). Tren. **2.** Conjunto de vehículos de transporte que tienen el mismo destino. **3.** Serie de vagones unidos unos con otros y arrastrados por la misma máquina. **4.** Escolta o guardia.

CONVULSIÓN s.f. Contracción muscular violenta, involuntaria y de origen patológico. **2.** *Fig.* Agitación política o social de carácter violento que transforma la normalidad de la vida colectiva. **3.** GEOL. Sacudida producida por un terremoto.

CONVULSIONAR v.tr. y prnl. Producir convulsiones.

CONVULSIONARIO, A adj. Que padece convulsiones. ◆ adj. y s. Se dice de los fanáticos jansenistas de principios del s. XVIII, que se entregaban, bajo el efecto de la exaltación religiosa, a manifestaciones de histeria colectiva.

CONVULSIVO, A adj. Relativo a la convulsión o que tiene sus características.

CONVULSO, A adj. (lat. *convulsus*). Que padece convulsiones. **2.** *Fig.* Que está muy excitado.

CONYUGAL adj. Relativo a los cónyuges: *domicilio conyugal.*

CÓNYUGE s.m. y f. (lat. *conjux, -ugis*). Esposo o esposa de una persona.

CONYUGICIDIO s.m. Acción de matar uno de los cónyuges al otro.

COÑA s.f. Esp. *Vulg.* Ironía o burla con que se dice algo: *decir algo en coña.* **2.** Esp. *Vulg.* Cosa molesta o fastidiosa: *hacer cola es una coña.*

COÑAC s.m. (fr. *cognac,* de Cognac, c. de Francia) [pl. *coñacs*]. Bebida alcohólica elaborada en la región francesa de Cognac, que se obtiene por destilación del vino y se añeja en toneles.

COÑAZO s.m. Esp. *Vulg.* Persona o cosa pesada y molesta. ◇ **Dar el coñazo** Esp. *Vulg.* Molestar.

COÑEARSE v.prnl. Esp. *Vulg.* Burlarse.

COÑETE adj. Chile y Perú. Tacaño, mezquino.

COÑO s.m. (lat. *cunnus*). *Vulg.* Parte externa del aparato genital femenino. **2.** Chile. *Vulg.* Español. ◆ interj. *Vulg.* Expresa enojo, extrañeza.

COOKIE s.f. (voz inglesa). INFORMÁT. Archivo pequeño que envía un servidor web al disco duro del internauta que visita este sitio web, y que contiene información sobre las preferencias y las pautas de navegación de dicho internauta.

COOL adj. (voz inglesa). Se dice de un estilo de jazz aparecido a finales de los años cuarenta, de ritmo menos complejo que el be-bop.

COONA s.f. Planta venenosa con cuyo jugo los indios envenenaban las flechas; hoja de esta planta.

COOPERACIÓN s.f. Acción y efecto de cooperar. **2.** Política de entendimiento y de intercambios entre dos estados. **3.** Política de ayuda económica en beneficio de los países subdesarrollados. **4.** Método de acción económica por el que personas que tienen intereses comunes constituyen una empresa en la que los derechos de todos a la gestión son iguales y las ganancias realizadas son repartidas entre los asociados.

COOPERANTE s.m. y f. Persona que, a título de cooperación institucional o particular, presta su ayuda profesional en un país en vías de desarrollo.

COOPERAR v.intr. (lat. *cooperare*). Obrar conjuntamente dos o más personas o entidades para conseguir un mismo fin.

COOPERATIVISMO s.m. Tendencia favorable a la cooperación en el campo económico y social. SIN.: *cooperatismo*. **2.** Tendencia favorable a las cooperativas.

COOPERATIVA s.f. Asociación de compradores, vendedores o productores cuyo fin es ofrecer las condiciones que sean más ventajosas para todos. **2.** Establecimiento donde se venden los artículos suministrados por una asociación de este tipo.

COOPERATIVISTA adj. y s.m. y f. Relativo al cooperativismo. **2.** s.m. y f. Persona que pertenece a una cooperativa.

COOPTACIÓN s.f. Designación de un nuevo miembro de una asamblea, comunidad o corporación por los miembros que la integran.

COORDENADO, A adj. y s.f. Se dice de la línea que junto a otras sirve para determinar la posición de un punto, y a los ejes y planos a que se refieren dichas líneas. (Suele usarse en plural.) ◇ **Coordenadas geográficas** En los mapas, cuadrícula de líneas (meridianos y paralelos) que permiten localizar un punto de la superficie terrestre.

COORDINACIÓN s.f. Acción y efecto de coordinar. **2.** GRAM. Relación gramatical que se establece entre dos proposiciones independientes entre sí. **3.** QUÍM. Valencia particular que explica la unión de varias moléculas en un complejo. **4.** QUÍM. Número total de iones o de átomos unidos a un elemento central

COORDINADO, A adj. Se dice del átomo o radical químico que, en un compuesto complejo, está unido al átomo central por valencias de coordinación. ◇ **Conjunción coordinada** GRAM. Palabra que sirve para unir oraciones sin dependencia de subordinación. **Oración coordinada** GRAM. Oración independiente unida a otra independiente por conjunción coordinada.

COORDINAR v.tr. Organizar los distintos recursos y actividades destinados a alcanzar un objetivo común. **2.** Disponer ordenadamente varias cosas siguiendo un método. **3.** Unir dos o más elementos de la misma categoría con una conjunción coordinada.

COPA s.f. (lat. vulgar *cuppa*). Vaso con pie, generalmente de vidrio, que sirve para beber. **2.** Bebida, generalmente alcohólica, que cabe en este vaso. **3.** Trofeo de forma parecida a la de este vaso, que se concede al vencedor de una competición deportiva; esta misma competición. **4.** Parte hueca del sombrero. **5.** Conjunto de las ramas de un árbol, con su follaje o sin él. **6.** Carta del palo de copas; as de copas. ◆ **copas** s.f.pl. Palo de la baraja española representado por la figura de una copa. ◇ **Apurar la copa** Llegar al extremo del dolor, pena, calamidad, infortunio u otro padecimiento.

COPAIBA s.f. (port. *copaíba*). Secreción oleorresinosa del copayero, utilizada antiguamente con fines terapéuticos.

COPAL s.m. Resina que se extrae de diversos árboles tropicales (coníferas o cesalpiniáceas) y que se utiliza para fabricar barnices.

COPAR v.tr. (fr. *couper*, cortar). *Fig.* Conseguir todos los puestos en unas elecciones o en cualquier otro asunto. **2.** Apresar por sorpresa al enemigo. **3.** En los juegos de azar, hacer una apuesta equivalente a todo el dinero de que dispone la banca.

COPARTÍCIPE s.m. y f. Persona que participa con alguien en alguna cosa.

COPAYERO s.m. Árbol resinoso que crece en América tropical. (Familia cesalpiniáceas.)

COPEAR v.intr. Tomar copas en un bar, discoteca, etc.

COPEC s.m. → KOPEK.

COPELA s.f. Pequeño crisol, hecho de huesos calcinados, que sirve para la copelación.

◇ **Horno de copela** Horno de reverbero o bóveda o plaza movibles, en que se efectúa la copelación.

COPELAR v.tr. Fundir minerales o metales, mediante oxidación, en una copela o en un horno de copela.

COPEO s.m. Acción de copear.

COPÉPODO, A adj. y s.m. Relativo a una subclase de crustáceos de pequeño tamaño, que forman parte del plancton de agua dulce o salada.

COPERO, A adj. Relativo a una copa deportiva o a la competición para ganarla: *partido copero.* ◆ s.m. Hombre que tenía por oficio traer la copa y dar de beber a su señor.

COPETE s.m. (de *copo*, mechón). Tupé levantado sobre la frente. **2.** Colmo que rebasa del borde de un recipiente, especialmente en los refrescos y bebidas heladas. **3.** Penacho de plumas que llevan algunas aves sobre la cabeza. **4.** Adorno situado en la parte superior de algunos muebles, como armarios, sillones o espejos. **5.** Argent. *Fig.* Breve resumen y anticipación de una noticia periodística, que sigue inmediatamente al título. **6.** R. de la Plata. Hierba seca o espuma que corona la boca del mate, cuando está bien cebado. ◇ **De alto copete** Se dice de la persona que pertenece a una clase social noble o alta.

COPETÍN s.m. Amér. Aperitivo, cóctel. **2.** Amér. Copa de licor.

COPETUDO, A adj. Que es de alto copete.

COPIA s.f. (lat. *copia*, abundancia). Reproducción exacta de un escrito, impreso, composición musical, obra artística, etc. **2.** Persona muy parecida a otra. **3.** Acción de copiar. **4.** Gran cantidad, abundancia: *una copia de datos.* **5.** CIN. Ejemplar de una película.

COPIADO s.m. Reproducción automática de una pieza efectuada por una máquina a partir de un modelo.

COPIADOR, RA adj. y s. Que copia. **2.** Multicopista. ◆ s.m. Libro o registro en el que se conserva la copia de la correspondencia enviada. ◇ **Máquina copiadora de cortar** Máquina que permite obtener una o varias piezas a partir de un modelo.

COPIAR v.tr. Hacer una cosa, especialmente una obra artística, igual a otra que se toma como modelo. **2.** Hacer un examen valiéndose fraudulentamente de un libro, apuntes, etc. **3.** Imitar a una persona. **4.** Escribir lo que otro dice o dicta.

COPIHUE s.m. Chile. Arbusto trepador de flores rojas y blancas y fruto en forma de baya.

COPILOTO s.m. Piloto cuya función consiste en asistir al primer piloto.

COPIÓN, NA adj. y s. *Desp.* Que copia fraudulentamente o imita a alguien.

COPIOSIDAD s.f. Cualidad de copioso.

COPIOSO, A adj. Abundante, cuantioso: *una comida copiosa.*

COPISTA s.m. y f. y adj. Persona que tiene por oficio copiar escritos u obras literarias, especialmente la que copiaba manuscritos antes de la invención de la imprenta. **2.** IMPR. Obrero que efectúa la copia de los clichés sobre una forma de impresión.

COPLA s.f. (lat. *copula*, lazo o unión). Composición poética de cuatro versos de arte menor, de rima asonante en los pares y libre en los impares, que está destinada a ser cantada. **2.** Canción popular española derivada del cuplé e influenciada por varios géneros; género musical constituido por estas canciones populares. ◆ **coplas** s.f.pl. *Fam.* Versos. ◇ **Andar en coplas** Ser algo muy público y notorio, especialmente lo que afecta negativamente a la opinión o estimación que se tiene de una persona.

ENCICL. Esta composición lírica popular, imitada por los poetas cultos, tenía en la edad media, en el renacimiento y aún en épocas posteriores un sentido tan difuso y amplio que designaba prácticamente todo tipo de estrofas. Un uso más preciso del término permite distinguir las siguientes modalidades: copla castellana, copla caudata, copla de arte mayor y la copla de pie quebrado, que utilizó Jorge Manrique en las célebres *Coplas a la muerte*

del maestre don Rodrigo, mejor conocidas como *Coplas a la muerte de su padre.*

COPLANARIO, A adj. MAT. Se dice de los puntos, rectas, vectores libres paralelos, etc., situados en un mismo plano.

COPLEAR v.intr. Hacer, decir o cantar coplas.

COPLERO, A s. Persona que compone coplas. **2.** *Desp.* Mal poeta.

1. COPO s.m. (de *copa*). Porción pequeña y ligera de nieve trabada que cae cuando nieva. **2.** Porción pequeña de una sustancia que, por su aspecto y ligereza, se asemeja a un copo de nieve: *copos de avena.* **3.** Porción de cáñamo, lana u otra materia dispuesta para hilarse.

2. COPO s.m. Acción de copar. **2.** Bolsa de red con que terminan varias artes de pesca; pesca capturada en esta bolsa.

COPOLIMERIZACIÓN s.f. QUÍM. Polimerización efectuada a partir de una mezcla de dos o varios monómeros.

COPOLÍMERO s.m. QUÍM. Sustancia química obtenida por copolimerización.

COPÓN s.m. Copa grande de metal, con tapa rematada por una cruz, en la que se guardan las hostias consagradas.

COPRA s.f. Médula del coco de la palma, partida en trozos y desecada, que se utiliza para la extracción del aceite de coco.

COPRETÉRITO s.m. LING. Tiempo verbal que expresa una acción pasada no acabada, simultánea a otra pasada y acabada. SIN.: *pretérito imperfecto.*

COPRODUCCIÓN s.f. Producción cinematográfica en la que intervienen productoras de diversos países.

COPROFAGIA s.f. Ingestión de excrementos.

COPRÓFAGO, A adj. y s. (del gr. *kopros,* estiércol, y *phagein,* comer). Que come excrementos.

COPROFILIA s.f. PSICOL. Placer de manipular, tocar u oler los excrementos.

COPROLITO s.m. Excremento fósil. **2.** Cálculo intestinal de excrementos endurecidos.

COPROLOGÍA s.f. Estudio biológico de los excrementos.

COPROPIEDAD s.f. Propiedad compartida por dos o más personas.

COPROPIETARIO, A adj. y s. Persona que posee una propiedad junto con otra u otras.

COPTO, A adj. y s. Relativo a los cristianos de Egipto y de Etiopía, que profesan el monofisismo. ◆ s.m. LING. Lengua camiticosemítica derivada del antiguo egipcio, escrita en un alfabeto derivado del griego y que actualmente se usa como lengua litúrgica de la Iglesia copta.

COPUCHA s.f. Chile. Vasija que sirve para varios usos domésticos. **2.** Chile. *Fig.* Mentira. ◇ **Hacer copuchas** Chile. Inflar los carrillos.

COPUCHENTO, A adj. Chile. Exagerado, mentiroso.

COPUDO, A adj. Que tiene mucha copa: *una encina copuda.*

CÓPULA s.f. (lat. *copula*). Acto en el que el órgano sexual masculino se introduce en el órgano sexual femenino. **2.** Ligamento, unión. **3.** LING. Palabra que une el sujeto de una proposición con el predicado: *los verbos ser y estar son cópulas más frecuentes.*

COPULACIÓN s.f. Acción de copular.

COPULAR v.tr. Realizar la cópula o acto sexual.

COPULATIVO, A adj. Que une o enlaza una cosa con otra. ◇ **Conjunción copulativa** La que une frases o elementos de frases de igual rango sintáctico. **Oración copulativa** La relacionada con una u otras por mera adición o por dependencia común de una misma principal. **Verbo copulativo** Verbo que no constituye el núcleo significativo del predicado de la oración, sino que más bien ejerce una función de cópula.

COPYRIGHT s.m. (voz inglesa) [pl. *copyrights*]. Derecho exclusivo de un autor o de su editor de explotar durante varios años una obra literaria, artística o científica. **2.** Marca impresa de este derecho (simb. ©), junto a la que se escribe el año de la primera edición y el nombre del titular de los derechos de autor de la obra.

COQUE o **COK** s.m. (ingl. *coke*) [pl. *coques*].

Combustible obtenido de la destilación de la hulla, que se usa en metalurgia y altos hornos y en la fabricación de abrasivos y colorantes.

COQUEAR v.intr. Argent. y Bol. Mascar acullico.

COQUERÍA s.f. Fábrica o lugar donde se destila la hulla para obtener el coque.

COQUETA s.f. (fr. *coquette*, de *coqueter*, coquetear). Mueble en forma de mesa estrecha, provisto de un espejo y en el que se dejan los utensilios para peinarse, maquillarse, etc.

COQUETEAR v.intr. Tratar de agradar y atraer a alguien por vanidad o pasatiempo. **2.** Tener una relación o contacto superficial con una actividad, ideología, etc.

COQUETEO s.m. Acción de coquetear.

COQUETERÍA s.f. Cualidad de coqueto. **2.** Falta de naturalidad en los modales y adornos.

COQUETO, A adj. y s. Que coquetea. **2.** Se dice de la persona presumida que tiene esmero en su arreglo personal. ◆ adj. Se dice del lugar o del objeto que tiene cierto encanto y está bien dispuesto: *una vivienda coqueta.*

COQUILLA s.f. Molde permanente, por lo general metálico, utilizado en fundición.

COQUILLO s.m. Cuba. Tela de algodón blanco y fino que se usó para confeccionar vestidos antes de introducirse el uso del dril.

COQUINA s.f. Molusco bivalvo, comestible, que abunda en las costas andaluzas.

COQUITO s.m. Ave gallinácea, parecida a la tórtola, que vive en América. (Familia colúmbidos.) **2.** Amér. Nombre de diversas plantas de distintas familias, en especial palmáceas.

COQUIZACIÓN s.f. Transformación de la hulla y los residuos pesados del petróleo en coque por la acción del calor. SIN.: *coquificación.*

1. CORA s.f. (ár. *kūra*, país). Circunscripción provincial de la España musulmana.

2. CORA, pueblo amerindio agricultor de la familia lingüística nahua, que vive en la sierra de Nayarit (México).

CORACERO s.m. Soldado que llevaba coraza, especialmente en la caballería.

CORACHA s.f. Saco de cuero que se usa para transportar mercancías como el cacao, el tabaco, etc., de América.

CORACIFORME adj. y s.f. Relativo a un orden de aves de plumaje brillantemente coloreado, que hacen sus nidos en agujeros, como el cálao, el martín pescador, el abejaruco, etc.

CORACOIDES adj. y s.f. Se dice de una apófisis del omóplato de los mamíferos. ◆ s.m. Hueso de las aves y los reptiles que corresponde al omóplato de los mamíferos.

CORAJE s.m. (fr. ant. *corages*). Valor, energía, decisión: *trabajar con coraje.* **2.** Rabia, enojo o irritación violenta: *dar coraje la injusticia.*

CORAJINA s.f. Fam. Arrebato de ira.

CORAJUDO, A adj. Capaz de obrar con coraje. **2.** Propenso a la cólera.

1. CORAL s.m. (lat. tardío *corallum*). Octocoralario de los mares cálidos, de una altura máxima de 30 cm, que vive fijo a una cierta profundidad, constituido por una colonia de pólipos sobre un eje calcáreo. (Tipo cnidarios; orden gorgonarios.) **2.** Materia calcárea, roja o blanca, que forma el esqueleto de los corales y que se utiliza en joyería. ◇ **Serpiente de coral** Serpiente muy venenosa de América, de cuerpo anillado de color negro, amarillo y rojo.

2. CORAL adj. Relativo al coro. **2.** Se dice de la obra literaria, cinematográfica o televisiva en la que aparecen muchos personajes y ninguno de ellos tiene un protagonista destacado por encima de los demás. ◆ s.f. Conjunto de personas que interpretan al unísono o a varias voces alguna obra musical. ◆ s.m. Composición vocal armonizada a cuatro voces y ajustada a un texto de carácter religioso; composición instrumental inspirada en este canto.

CORALARIO, A adj. y s.m. ZOOL. Antozoo.

CORALERO, A s. Persona que extrae el coral del fondo del mar o que comercia con él.

CORALÍFERO, A adj. Que contiene corales.

CORALILLO s.m. Méx. Serpiente venenosa, con anillos de color rojo, amarillo y negro alternados, que vive en regiones calurosas cercanas a la costa.

CORALINA s.f. Alga marina calcárea que vive adherida a las rocas. (Familia coralináceas.)

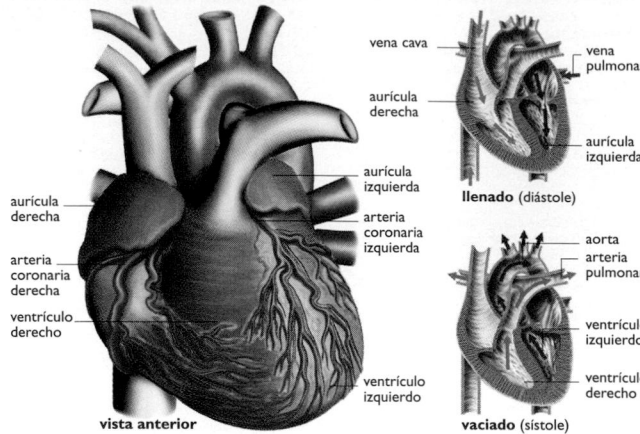

■ **CORAZÓN** y ciclo cardíaco.

CORALINO, A adj. Relativo al coral o que por su forma se parece a él.

CORAMBRE s.f. Conjunto de cueros o pieles.

CORÁNICO, A adj. Relativo al Corán.

CORAZA s.f. (del lat. *coriacea*, hecha de cuero). Pieza de la armadura que protegía la espalda y el pecho. **2.** Blindaje. **3.** Cubierta de envoltura rígida que recubre el cuerpo de algunos animales, como la tortuga, el cocodrilo, etc. **4.** GEOL. Caparazón.

CORAZÓN s.m. (del lat. *cor*). Órgano torácico, hueco y muscular, de forma ovoide, que constituye el órgano principal de la circulación de la sangre. **2.** Sede de la sensibilidad afectiva y de los sentimientos, especialmente de la bondad y el amor: *tener buen corazón.* **3.** Sede del ánimo o del valor: *tener un valeroso corazón.* **4.** Apelativo cariñoso. **5.** Interior o centro de algo: *el corazón de la ciudad.* **6.** Carta del palo de corazones. **7.** BOT. Parte de la madera más vieja, dura y de color más o menos oscuro, que ocupa el centro del tronco y de las ramas de muchos árboles. ◆ **corazones** s.m.pl. Palo de la baraja francesa representado por la figura de un corazón rojo. ◇ **Abrir el corazón** Manifestar los sentimientos con toda franqueza. **A corazón abierto** Se dice de la intervención quirúrgica en la que, antes de abrir la cavidad cardíaca, se desvía la circulación por un aparato llamado *corazón artificial.* **A corazón cerrado** Se dice de la intervención quirúrgica en la que se actúa sin detener la acción fisiológica del corazón. **Anunciarle, dar-**

le, o **decirle,** a alguien **el corazón** una cosa Hacérsela presentir. **Con el corazón en la mano** Con toda franqueza y sinceridad. **De,** o **de todo, corazón** Con verdad, seguridad y afecto; se dice de la persona buena, de buena voluntad. **Encogérsele** a alguien **el corazón** Acobardarse; sentir compasión o aflicción. **No caberle** a alguien **el corazón en el pecho** Estar muy sobresaltado o inquieto; ser magnánimo, animoso. **No tener corazón** Ser insensible. **Partirle,** o **romperle, el corazón** Causar gran pena a alguien o sentirla él.

ENCICL. Está situado en el mediastino de la cavidad torácica. Se compone de una túnica muscular gruesa (*miocardio*), una membrana que reviste la superficie interna del miocardio y limita las cavidades cardíacas (*endocardio*) y una membrana serosa que recubre la superficie externa del miocardio (*pericardio*). Está dividido en cuatro cavidades: dos aurículas (derecha e izquierda) y dos ventrículos (derecho e izquierdo). La aurícula y el ventrículo derechos se comunican y están separados de la aurícula y el ventrículo izquierdos, que también se comunican, por los tabiques interauricular e interventricular. Los ventrículos son piramidal-triangulares y en la base tienen dos clases de orificios: los *auriculoventriculares* comunican aurículas y ventrículos —el derecho, llamado tricúspide, lleva una válvula triple, y el izquierdo, llamado mitral, lleva una válvula doble de *mitra*— y los *arteriales,* que comunican el ventrículo izquierdo con la aorta y el derecho con la arteria pulmonar. Estos orificios llevan válvulas triples (válvulas sigmoideas). La aurícula derecha posee los orificios de las venas cavas y del seno de las venas coronarias. La aurícula izquierda recibe las cuatro venas pulmonares. Las arterias y venas coronarias vascularizan el corazón. Hay también un *sistema nervioso intrínseco* que asegura las contracciones del corazón y el sincronismo auriculoventricular, y un *sistema nervioso extrínseco* que adapta el trabajo del corazón a las necesidades del organismo. Las contracciones cardíacas provocan la propulsión de la sangre, de 60 a 80 veces por minuto en el adulto normal, enviando al mismo tiempo hacia los pulmones la sangre del corazón derecho y hacia el resto del organismo la sangre del corazón izquierdo. Cada revolución cardíaca comprende tres tiempos: *sístole auricular, sístole ventricular* (contracciones auriculares o ventriculares de bombeo de la sangre hacia la arteria pulmonar y la aorta) y *diástole* (tiempo en que el corazón se vuelve a llenar).

CORAZONADA s.f. Presentimiento. **2.** Impulso repentino que mueve a ejecutar una acción.

CORAZONCILLO s.m. Planta cuyas hojas contienen numerosas glándulas traslúcidas que las hacen aparecer como si estuvieran acribilladas de agujeros y cuyas flores, de co-

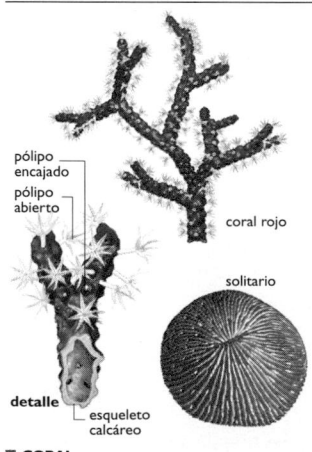

■ **CORAL**

lor amarillo, se han utilizado en infusiones vulnerarias y balsámicas. (Familia hipericáceas.)

CORBACHO s.m. Azote o látigo usado por el cómitre para castigar a los galeotes.

CORBATA s.f. (ital. *corvatta*, croata o corbata). Banda de tela que se pone alrededor del cuello, por debajo de la camisa, y se anuda por delante, quedando las puntas sueltas por encima del pecho. **2.** Insignia de ciertas órdenes civiles. **3.** Divisa honorífica que se ata en el asta de banderas y estandartes. **4.** Colomb. Parte anterior del cuello de los galeotes. **5.** Colomb. *Fig.* Empleo de poco esfuerzo y bien remunerado.

CORBATÍN s.m. Corbata corta que se ata por detrás con un broche, o por delante con un lazo sin que sus puntas caigan sobre el pecho.

CORBETA s.f. (fr. *corvette*). Barco de guerra de tonelaje medio, con armas antisubmarinas **2.** Barco de guerra antiguo más pequeño que la fragata.

CORCEL s.m. (fr. ant. *coriser*). Caballo ligero de gran alzada.

CORCHAR v.tr. Colomb. Confundir, aturullar. **2.** MAR. Trenzar, torcer conjuntamente varias filásticas formando los cordones que constituyen los cabos.

CORCHEA s.f. MÚS. Nota musical cuya duración equivale a la mitad de una negra.

CORCHERO, A adj. Relativo al corcho. ◆ s. Persona que tiene por oficio descorchar los alcornoques.

CORCHETA s.f. Pieza hembra de un corchete, en la que entra el macho.

CORCHETE s.m. (fr. *crochet*, gancho, dim. de *croc*). Cierre de metal compuesto de dos piezas, un macho y una hembra, que se enganchan una con otra. **2.** Pieza macho de este tipo de cierre que entra en la corcheta. **3.** Signo de puntuación que sirve para encerrar un conjunto de palabras o números y su representación es [ ]. **4.** Utensilio de madera con unos dientes de hierro que utilizan los carpinteros para sujetar el madero que han de labrar.

CORCHO s.m. (del lat. *cortex, -icis*, corteza). Tejido vegetal formado por células muertas que recubre la parte exterior de las raíces, el tronco o las ramas de algunos árboles, como el alcornoque. **2.** Tapón de este material. **3.** Objeto flotante de este material que se usa para sujetar las artes de pesca.

CORCHOLATA s.f. Méx. Tapón metálico para cerrar botellas.

¡CÓRCHOLIS! interj. Esp. Expresa extrañeza, contrariedad o enojo.

CORCOVA s.f. (bajo lat. hispánico *cucurvus*, encorvado). Curvatura anómala de la espalda, del pecho, o de ambos a la vez. SIN.: *joroba*. **2.** Chile. Día o días de fiesta que siguen a una celebración.

CORCOVAR v.tr. Doblar o torcer una cosa dándole forma curva.

CORCOVO a.m. Salto que da un animal encorvando el lomo.

CORDADA s.f. Grupo de alpinistas unidos por una misma cuerda.

CORDADO, A adj. y s.m. Relativo a un tipo de animales que se caracterizan por tener un eje gelatinoso dorsal, como los vertebrados, los procordados y los estomocordados.

CORDAJE s.m. Conjunto de cuerdas. **2.** MAR. Jarcia de una embarcación.

CORDAL s.m. Pieza de madera situada en la parte inferior de un instrumento de cuerda y que sirve para atar las cuerdas.

CORDEL s.m. (cat. *cordell*). Cuerda delgada. **2.** Cualquier clase de líneas de fondo que llevan un anzuelo. ◇ **A cordel** En línea recta.

CORDELERÍA s.f. Establecimiento donde se fabrican o venden cordeles y otros objetos de cáñamo. **2.** Oficio del cordelero.

CORDELERO, A s. Persona que tiene por oficio fabricar o vender cordeles y otros objetos de cáñamo.

CORDERILLO s.m. Piel de cordero curtida con su lana.

CORDERO, A s. (del lat. *cordus*, tardío, especialmente aplicado a los corderos). Cría de la oveja de menos de un año, cuya piel es muy apreciada. (La hembra del cordero es la oveja; el cordero bala.) **2.** *Fig.* Persona dócil y humilde. ◆ s.m. Piel de cordero adobada. ◇ **Cordero pascual** Cordero inmolado cada año por los israelitas para conmemorar la salida de Egipto. **El Cordero de Dios** Jesucristo.

■ CORDERO

CORDIAL adj. Afectuoso, amistoso. **2.** Se dice del medicamento que sirve para fortalecer el corazón. ◆ s.m. Bebida para confortar a los enfermos.

CORDIALIDAD s.f. Cualidad de cordial o afectuoso. **2.** Actitud cordial.

CORDIERITA s.f. Silicato natural de aluminio, magnesio y hierro.

CORDIFORME adj. Que tiene forma de corazón.

CORDILA s.f. (gr. *kordílos*). Atún recién nacido.

CORDILLERA s.f. Cadena de montañas alineadas a lo largo de un eje, formada por la aproximación de dos placas litosféricas.

CORDILLERANO, A adj. Amér. Relativo a la cordillera, y especialmente a la de los Andes.

CORDITA s.f. Explosivo muy potente, compuesto de nitrocelulosa y nitroglicerina.

CÓRDOBA s.m. Unidad monetaria de Nicaragua.

CORDOBÁN s.m. (de *Córdoba*, c. de España). Piel curtida de macho cabrío o de cabra, que se trabajaba originariamente en Córdoba.

CORDOBÉS, SA adj. y s. De Córdoba (España).

CORDÓN s.m. Cuerda o cordel, generalmente de estructura tubular, fabricado con materiales finos: *el cordón de los zapatos*. **2.** Cable eléctrico de pequeño diámetro y muy flexible, cubierto generalmente por un aislamiento textil o plástico. **3.** Conjunto de personas alineadas para impedir el paso de una a otro de la línea que forman: *cordón policial*. **4.** Nombre de diversas estructuras del organismo: *cordón espermático, medular*. **5.** Amér. Merid. y Cuba. Bordillo de la acera. **6.** Colomb. Corriente de agua de un río. **7.** ARQ. Moldura, adornada o no, que sobresale horizontalmente en una fachada. ◆ **cordones** s.m.pl. Divisa militar que sirve de distintivo y que se lleva sujeta en la hombrera. ◇ **Cordón litoral** Lengua de arena formada en un golfo o bahía por residuos depositados por una corriente costera, y que encierra a veces por detrás una capa de agua. **Cordón sanitario** Conjunto de medidas de tipo higiénico y sanitario que se toman en una región para impedir la propagación de una epidemia. **Cordón umbilical** Conducto flexible que une el feto con la placenta.

CORDONCILLO s.m. Lista con cierto relieve que forma el tejido de algunas telas. **2.** Cordón muy fino, de hilo, seda, oro o plata, que se emplea para bordar. **3.** Labor que se hace en el canto de las monedas.

CORDONERO, A s. Persona que tiene por oficio fabricar o vender cordones, flecos, etc.

CORDURA s.f. Prudencia, sensatez, juicio: *obrar con cordura*.

CORE s.f. → **KORE**.

COREA s.f. (lat. *chorea*). Síndrome neurológico caracterizado por movimientos bruscos y anormales que afectan a una gran parte del cuerpo. SIN.: *baile de san Vito*. **2.** Danza antigua que por lo común se acompaña con canto.

COREANO, A adj. y s. De Corea. ◆ s.m. Lengua que se habla en Corea del Norte y Corea del Sur.

COREAR v.tr. Acompañar con coros o repetir a coro lo que alguien canta o dice. **2.** *Fig.* Asentir ostensiblemente, a veces por adulación, al parecer ajeno.

COREGA o **COREGO** s.m. (gr. *khoregós*). ANT. GR. Ciudadano que costeaba la organización de los coros de los concursos dramáticos y musicales.

COREICO, A adj. y s. Relativo a la corea; que padece esta enfermedad.

COREOGRAFÍA s.f. Conjunto de pasos, figuras y evoluciones de un ballet. **2.** Arte y técnica de componer bailes o danzas y, en general, el arte de la danza. **3.** Transcripción de la danza por medio de signos escenográficos.

COREOGRÁFICO, A adj. Relativo a la coreografía.

COREÓGRAFO, A s. Persona que compone la coreografía de un ballet.

COREUTA s.m. y f. Miembro del coro, en el teatro griego.

CORIÁCEO, A adj. Que tiene el aspecto o las características del cuero.

CORIBANTE s.m. Sacerdote del culto de Cibeles.

CORIFEO s.m. (lat. *coryphaeus*). *Fig.* Persona que asume la representación de otros, y se expresa por ellos. **2.** Director del coro, en el teatro griego.

CORIMBO s.m. Inflorescencia en la que los pedúnculos son de longitud desigual pero cuyas flores están situadas en el mismo plano, como la del peral o del manzano.

CORINDÓN s.m. (fr. *corindon*, del tamul *kurundam*, rubí). Alúmina cristalizada, la más dura después del diamante, que se utiliza como abrasivo o en joyería. (Sus variedades más bellas son el *rubí* y el *zafiro*.)

CORINTIO, A adj. y s. De Corinto. ◆ adj. Se dice de un orden arquitectónico clásico, aparecido a finales del s. v a.C., caracterizado por un capitel adornado con dos hileras de hojas de acanto y por un entablamento ricamente decorado.

CORINTO s.m. Variedad de vid de las regiones vitícolas de Oriente, cuyo fruto es objeto de un importante comercio.

CORION s.m. (gr. *khórion*). Membrana externa del embrión de los vertebrados superiores.

CORISTA s.f. Persona que canta o baila como miembro del coro de una revista musical o es pectáculo semejante. ◆ s.m. y f. Persona que canta en un coro, especialmente de una ópera, zarzuela, etc.

CORITO, A adj. Desnudo. **2.** *Fig.* Encogido y pusilánime.

CORIZA s.f. (lat. *coryza*). Inflamación de la mucosa de las fosas nasales. SIN.: *romadizo*.

CORLADURA s.f. Barniz que se usaba para dar una tono dorado a una pieza plateada y bruñida.

CORLAR v.tr. Cubrir una pieza plateada y bruñida con corladura. SIN.: *corlear*.

CORMA s.f. (ár. *qúrma*). Cepo formado por dos piezas de madera que se adaptaban al pie de una persona o de un animal para impedir que andase libremente. **2.** *Fig.* Molestia o gravamen.

CORMO s.m. Aparato vegetativo de una planta caracterizado por poseer un sistema de tejidos conductores y estar bien diferenciado en raíz, tallo y hojas.

CORMÓFITO, A adj. y s.m. Se dice de las plantas cuyo aparato vegetativo es un cormo (por oposición a *talófito*).

CORMORÁN s.m. (fr. *cormoran*, de *corp*, cuervo, y *marenc*, marino). Ave palmípeda piscívora, de 60 a 80 cm de long., plumaje oscuro, que vive en las costas y lagos.

■ CORMORÁN grande.

CORNAC o **CORNACA** s.m. (port. *cornaca*). Persona encargada de domar, cuidar y guiar un elefante.

CORNÁCEO, A adj. y s.f. Relativo a una familia de plantas dialipétalas en la que se incluye el cornejo.

CORNADA s.f. Golpe o herida producida por un animal con la punta del cuerno.

CORNADO s.m. Moneda de vellón que llevaba en el anverso la figura del rey. (Se acuñó en Castilla y Navarra.)

CORNALINA s.f. Variedad roja del ágata, empleada en bisutería.

CORNAMENTA s.f. Conjunto de los cuernos de un animal.

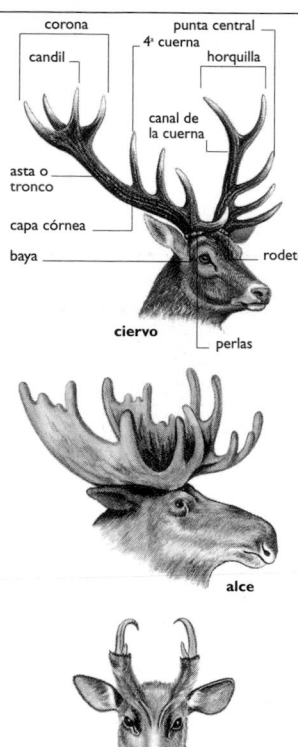

corona

punta central

4ª cuerna

candil

horquilla

canal de la cuerna

asta o tronco

capa córnea

baya

rodete

ciervo

perlas

alce

muntiaco

■ **CORNAMENTA.** Diferentes formas de cornamentas.

CORNAMUSA s.f. (fr. *cornemuse*). Instrumento musical de viento compuesto por un depósito de aire y unos tubos provistos de lengüetas. **2.** MAR. Pieza de hierro o de metal para amarrar los cabos.

CORNATILLO s.m. Aceituna larga y encorvada cuya forma se asemeja a un cuerno.

CÓRNEA s.f. (del lat. *corneus*, de cuerno). Capa membranosa transparente en forma de disco abombado, que constituye la parte anterior del globo ocular.

CORNEAR v.tr. Dar cornadas.

CORNEJA s.f. (lat. *cornicula*, diminutivo de *cornix*, *-icis*). Nombre común de diversas aves paseriformes parecidas al cuervo pero de menor talla y pico más puntiagudo. SIN.: *chova*.

CORNEJO s.m. (del lat. *cornus*, *-i*). Arbusto de flores amarillas o blancas, fruto en drupa y madera muy dura. (Familia cornáceas.) SIN.: *sanguino*.

CÓRNEO, A adj. Que tiene la apariencia o las características del cuerno. **2.** Relativo a la córnea del ojo.

CÓRNER s.m. (pl. *córners* o *córneres*). En el fútbol y otros deportes de equipo, jugada en la que el balón sale del campo cruzando la línea de meta después de haber sido tocado por un jugador del equipo defensor. **2.** Lanzamiento que se concede al equipo atacante tras haberse efectuado esta jugada y que se realiza desde una esquina del campo.

CORNETA s.f. Instrumento musical de viento formado por un tubo enrollado, sin llaves ni pistones, utilizado sobre todo en el ejército. **2.** MIL. Estandarte que termina en dos puntas. ◆ s.m. y f. Persona que toca la corneta. ◇ **Corneta acústica** Aparato con forma de pequeño cuerno hueco que se usaba para ampliar la sensibilidad sonora de las personas sordas.

CORNETE s.m. ANAT. Cada una de las tres láminas óseas arrolladas sobre sí mismas, que forman parte del esqueleto de las fosas nasales.

CORNETÍN s.m. (de *cuerno*). Instrumento musical de viento de la familia del cobre, parecido a la corneta pero con tres pistones. ◆ s.m. y f. Persona que toca este instrumento.

CORNEZUELO s.m. Enfermedad de las gramíneas causada por un ascomicete.

CORN FLAKES s.m.pl. (voces angloamericanas). Alimento presentado bajo la forma de copos horneados, preparado a partir de sémola de maíz.

CORNICABRA s.f. Árbol que crece en las regiones mediterráneas, de cuya corteza se obtiene la trementina de Chío. (Familia terebintáceas.)

CÓRNICO s.m. Lengua celta que se hablaba en Cornualles.

CORNIJAL s.m. CONSTR. Punta, ángulo o esquina. **2.** CRIST. Lienzo con el que el sacerdote se limpia los dedos en el lavatorio de la misa.

CORNISA s.f. (gr. *koronís*, *-idos*, remate). Elemento arquitectónico decorativo, compuesto por una serie de molduras, que se pone entre la parte superior de la fachada y el inicio del tejado. **2.** Parte superior del entablamento. **3.** Moldura que remata un mueble, pedestal, puerta o ventana, o que cubre el ángulo formado por el cielo raso y la pared. **4.** Formación de nieve que orla la mayor parte de las aristas afiladas a partir de cierta altura. **5.** GEOMORFOL. Escarpe rocoso abrupto, de altura más o menos constante, que corona una pendiente suave.

CORNISAMENTO o **CORNISAMIENTO** s.m. Entablamento, conjunto formado por arquitrabe, friso y cornisa.

1. CORNO s.m. Instrumento musical de viento de la familia del metal, formado por un tubo cónico y curvado. ◇ **Corno inglés** Instrumento musical de viento de la familia de la made-

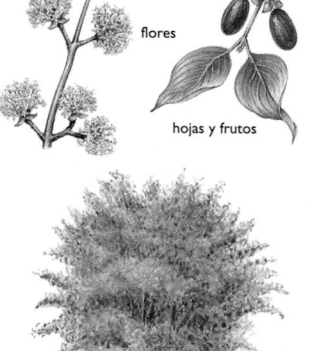

flores

hojas y frutos

■ **CORNEJO**

ra, parecido al oboe pero de mayor tamaño y sonido más grave.

2. CORNO s.m. (voz italiana, *cuerno*). Tocado de los dux de Venecia, en forma de bonete cónico.

CORNUCOPIA s.f. (del lat. *cornu copia*, la abundancia del cuerno). Espejo pequeño de marco tallado y dorado, que suele tener uno o más brazos a modo de candelabros. **2.** Vaso con forma de cuerno, rebosante de frutas y flores, que entre los griegos y los romanos simbolizaba la abundancia.

CORNUDO, A adj. Que tiene cuernos. ◆ adj. y s. *Fig.* y *vulg.* Se dice de la persona cuya pareja le es infiel con otra persona.

CORNÚPETA s.m. y f. (lat. tardío *cornupeta*). Cornúpeto. **2.** *Fig.* Cornudo.

CORNÚPETO s.m. Res brava de lidia. SIN.: *cornúpeta*.

CORO s.m. (lat. *chorus*, danza en corro o coro de una tragedia). Conjunto de personas que cantan juntas una composición musical. **2.** Fragmento de una obra musical o pieza musical destinado a ser cantado por un conjunto numeroso de voces. **3.** Conjunto de actores o actrices que cantan o declaman con un ritmo particular un fragmento de texto en determinadas obras teatrales, especialmente en las tragedias clásicas. **4.** Parte de una iglesia donde se sitúan los cantores o en la que se reúnen los eclesiásticos o religiosos para cantar o rezar oficios. **5.** Canto o rezo comunitario de los oficios divinos en iglesias y monasterios. **6.** REL. Cada uno de los nueve grupos en que se dividen los espíritus angélicos. ◇ **A coro** De manera simultánea entre varias personas. **Hacer coro** Apoyar la opinión de otra persona.

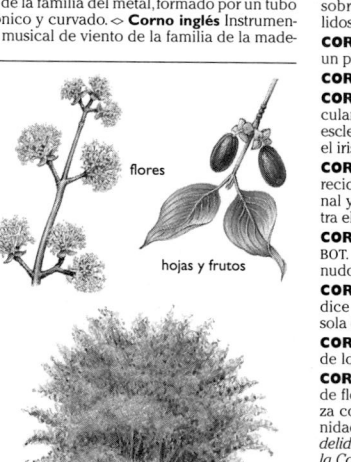

■ **CORO** de la catedral de Toledo.

COROCHA s.f. Larva de coleóptero que vive sobre las hojas de la vid. (Familia crisomélidos.)

COROGRAFÍA s.f. Descripción geográfica de un país o territorio.

COROIDEO, A adj. Relativo a la coroides.

COROIDES s.f. Membrana pigmentada y vascularizada del ojo, situada entre la retina y la esclerótica, que se prolonga hacia adelante en el iris.

COROJO o **COROZO** s.m. Árbol de fruto parecido al coco que crece en América Meridional y el endospermo de sus semillas suministra el marfil vegetal. (Familia palmáceas.)

COROLA s.f. (lat. *corolla*, corona pequeña). BOT. Conjunto de pétalos de una flor, a menudo de vistosos colores.

COROLARIO, A adj. y s.m. LÓG. y MAT. Se dice de la proposición que se deduce por sí sola de lo demostrado anteriormente.

COROLOGÍA s.f. Estudio de la distribución de los seres vivos sobre la superficie terrestre.

CORONA s.f. (lat. *corona*). Cerco de ramas, de flores o de metal, con que se ciñe la cabeza como señal de premio, recompensa o dignidad. **2.** *Fig.* Dignidad y autoridad real: *jurar fidelidad a la corona*. **3.** *Fig.* Reino o monarquía: *la Corona de Aragón*. **4.** Aureola de los santos. **5.** Conjunto de flores y de hojas dispuestas en círculo: *corona mortuoria*. **6.** Parte del diente que, recubierta de esmalte, sobresale del maxilar. **7.** Unidad monetaria principal de Dinamarca, Eslovaquia, Estonia, Islandia, Noruega, República Checa y Suecia. **8.** Determinadas piezas de moneda en diversos países. **9.** Coronilla, parte de la cabeza. **10.** Tonsura que se hace a los clérigos y monjes en la cabeza: *la* *corona clerical.* **11.** AUTOM. Rueda dentada que engrana en ángulo recto con el piñón del extremo del árbol de transmisión. **12.** FORT. Conjunto de obras de fortificación de trazado abastionado. ◇ **Ceñir,** o **ceñirse, la corona** Empezar a reinar. **Corona circular** MAT. Superficie comprendida entre dos circunferencias coplanarias y concéntricas. **Corona de sondeo** Trépano de forma anular, que gira en el fondo del agujero de sonda disgregando el terreno. **Corona imperial** Planta de adorno de flores azafranadas dispuestas en círculo en la extremidad del tallo, que termina en una corona de hojas. (Familia liliáceas.) **Corona solar** Región externa de la atmósfera del sol, difusa y de temperatura muy alta. **Triple corona** La tiara papal.

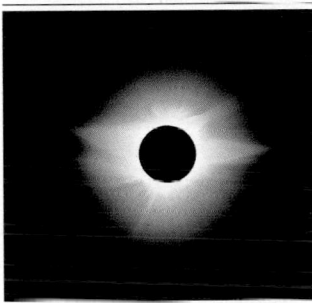

■ **CORONA** SOLAR. Fotografía obtenida en México durante el eclipse total de Sol que tuvo lugar el 11 de julio de 1991.

CORONACIÓN s.f. Acción de coronar o coronarse un rey o emperador. **2.** Coronamiento o conclusión de una obra. **3.** Coronamiento, adorno que remata un edificio.

CORONAMIENTO s.m. Elemento arquitectónico decorativo que se pone a modo de corona en la parte superior de un edificio. **2.** Conclusión o fin de una obra. **3.** OBST. Momento en que la cabeza u otra parte del feto asoma al exterior.

CORONAR v.tr. y prnl. Poner una corona en la cabeza, en especial ponerla sobre la cabeza de un rey o emperador para dar por empezado su reinado. ◆ v.tr. *Fig.* Poner o hallarse en la parte superior de algo. **2.** *Fig.* Acabar, concluir, perfeccionar, completar una obra. ◆ **coronarse** v.prnl. Producirse el coronamiento del feto.

CORONARIO, A adj. Se dice del vaso sanguíneo que irriga el corazón.

CORONARITIS s.f. Inflamación de las arterias coronarias.

CORONDEL s.m. (cat. *corondell*). IMPR. Regleta que se pone en el molde para dividir la plana en columnas.

CORONEL s.m. (ital. *colonnello*, columna de soldados). Oficial de los ejércitos de tierra y aire, de grado inmediatamente superior al de teniente coronel e inmediatamente inferior al de general de brigada. **2.** Cuba. Cometa grande.

CORONILLA s.f. Parte superior y posterior de la cabeza humana, de donde arranca el pelo en distintas direcciones. **2.** Planta herbácea o arbusto anual o perenne, de flores amarillas. (Familia papilionáceas.) ◇ **Andar,** o **ir, de coronilla** *Fam.* Hacer una cosa con todo esfuerzo y diligencia. **Estar hasta la coronilla** *Fam.* Estar harto de una cosa.

CORONOGRAFÍA s.f. Radiografía de las arterias coronarias y sus ramificaciones realizada con un líquido de contraste. SIN.: *arteriografía coronaria selectiva, coronarografía.*

CORONÓGRAFO s.m. Instrumento óptico que sirve para el estudio de la corona solar.

CORONTA s.f. Amér. Merid. Mazorca del maíz después de desgranada.

COROSOL s.m. Árbol tropical cuyo fruto es comestible. (Familia anonáceas.)

COROTOS s.m.pl. Colomb. y Venez. Trastos, cosas.

COROZA s.f. Capa de junco, generalmente con caperuza, que usan los labradores gallegos para protegerse de la lluvia. **2.** Capirote de papel engrudado y de figura cónica que se ponía por castigo en la cabeza de ciertos condenados por la Inquisición.

COROZO s.m. → COROJO.

CORPACHÓN s.m. *Fam.* Cuerpo grande y fuerte de una persona. **2.** Cuerpo de ave despojado de las pechugas y piernas.

CORPIÑO s.m. Prenda de vestir femenina, ajustada y sin mangas, que cubre del busto a la cintura y generalmente se ata con cordones.

CORPORACIÓN s.f. (ingl. *corporation*). Persona jurídica constituida por la agrupación de varias personas con una finalidad común: *las cámaras de comercio y los colegios de abogados son corporaciones.*

CORPORAL adj. Relativo al cuerpo. ◆ s.m. Lienzo bendecido sobre el cual coloca el sacerdote la hostia y el cáliz. ◇ **Arte corporal** Forma de arte contemporáneo en la que el artista toma como material su propio cuerpo. SIN.: *body art.*

CORPORALIDAD s.f. Cualidad de corporal.

CORPORATIVISMO s.m. Doctrina económico-social que preconiza la creación de instituciones profesionales corporativas dotadas de poder económico, social e incluso político.

CORPORATIVO, A adj. Relativo a una corporación.

CORPOREIZAR v.tr. [23]. Dar cuerpo a una idea u otra cosa no material. SIN.: *corporificar.*

CORPÓREO, A adj. (lat. *corporeus*). Corporal. **2.** Que tiene cuerpo o volumen.

CORPULENCIA s.f. Cualidad de corpulento.

CORPULENTO, A adj. (lat. *corpulentus*) Que tiene el cuerpo grande, de gran tamaño.

CORPUS s.m. (voz latina, *cuerpo*). Recopilación de textos sobre una misma materia, doctrina, etc., u obras de un mismo autor. **2.** LING. Conjunto finito de enunciados escritos o registrados, constituido para su análisis lingüístico.

CORPUS CHRISTI s.m. Fiesta católica en honor a la Eucaristía. (También *Corpus.*)

CORPUSCULAR adj. Relativo a los corpúsculos o a los átomos. ◇ **Teoría corpuscular** FÍS. Teoría basada en la discontinuidad de la materia, la electricidad y la energía.

CORPÚSCULO s.m. (lat. *corpusculum*, dim. de *corpus*, cuerpo). Partícula de materia de tamaño microscópico. **2.** Partícula elemental, electrizada o no, proveniente de la desintegración del átomo. **3.** MED. Nombre que reciben, por su tamaño microscópico, diversas estructuras histológicas, hemáticas o patológicas.

CORRAL s.m. Espacio cerrado y descubierto, generalmente adosado a una casa rural, donde se tienen los animales domésticos, como gallinas, conejos, etc. **2.** Patio cerrado, rodeado de viviendas, donde se representaban comedias: *el corral de la Pacheca.* **3.** Amer. Lugar donde se encierran los bueyes o caballos para contarlos, herrarlos, etc.

CORRALEJA s.f. Amér. Central. Barrera, valla.

CORRALIZA s.f. Corral, espacio cerrado y descubierto.

CORRASIÓN s.f. Erosión producida por el viento que transporta arena.

CORREA s.f. (lat. *corrigia*). Tira de cuero. **2.** Cinta de cuero para sujetar los pantalones. **3.** CONSTR. Cada uno de los maderos o viguetas colocados horizontalmente, en sentido longitudinal, sobre los pares de las armaduras, que sirven de apoyo a los cabios de la cubierta. **4.** MEC. Órgano de transmisión constituido por una tira o banda flexible (de cuero, tejido o materia sintética), que sirve para conectar dos ejes de rotación por medio de poleas. ◆ **correas** s.f.pl. Tiras delgadas de cuero sujetas a un mango, para sacudir el polvo. ◇ **Tener correa** *Fam.* Tener paciencia para soportar bromas o burlas sin enojarse; tener resistencia para el trabajo corporal.

CORREAJE s.m. Conjunto de correas.

CORRECCIÓN s.f. Acción de corregir un error o defecto. **2.** Tachadura, anotación o señal que queda en una cosa al corregirla. **3.** Cualidad de correcto. **4.** Modificación hecha en una obra para mejorarla. **5.** Acción de reprender o amonestar a alguien. **6.** Argent. Conjunto de hormigas carnívoras que se desplazan formando columnas. **7.** ART. GRÁF. Control de la composición con indicación y rectificación de los errores.

CORRECCIONAL adj. Que sirve o se usa para corregir. ◆ s.m. Establecimiento penitenciario donde se recluye a los menores que han cometido un delito o falta, o cuyo comportamiento es peligroso.

CORRECTIVO, A adj. y s.m. Que corrige o atenúa. ◆ s.m. Castigo que se impone a una persona para corregirla.

CORRECTO, A adj. (lat. *correctus*, p. de *corrigere*, corregir). Que no tiene ningún error o defecto, o es conforme a las reglas establecidas. **2.** Comedido, cortés, educado. **3.** Que ha sido enmendado. ◇ **Políticamente correcto** Que se considera correcto desde un punto de vista ético o social.

CORRECTOR, RA adj. y s. Que corrige. ◆ s. Persona que tiene como oficio corregir las faltas de ortografía o la redacción de un texto antes de su impresión definitiva: *corrector de estilo.* ◆ s.m. AGRIC. Sustancia o producto que mejora las propiedades físicas de un suelo.

CORREDERA s.f. Ranura o carril por donde corre o se desliza una pieza de un mecanismo. **2.** Pieza que se desliza sobre dicha ranura o carril. **3.** MAR. Aparato que sirve para medir la velocidad aparente de un barco. ◇ **Corredera de distribución** TECNOL. Órgano mecánico animado de un movimiento de traslación, que asegura la distribución de un fluido según una ley determinada. **Puerta,** o **ventana, corredera** Puerta o ventana que se abre deslizándose por unas guías metálicas.

CORREDIZO, A adj. Que se desata o se corre con facilidad: *nudo corredizo.*

CORREDOR, RA adj. y s. Que corre. ◆ s. Persona que participa en una carrera deportiva. **2.** Persona que por oficio actúa de intermediario en determinados tipos de operaciones de compraventa. ◆ s.m. Pasillo, pieza de paso, larga y estrecha, de un edificio o casa. ◇ **Corredor aéreo** Itinerario que deben seguir los aviones. **Corredor de aludes** Barranco que corta una vertiente montañosa y que siguen regularmente los aludes.

CORREDURÍA s.f. Oficio de corredor. **2.** Oficina donde trabaja el corredor.

CORREGIDOR, RA adj. Que corrige. ◆ s.m. Oficial nombrado por el rey para que representase la soberanía real en aquellos municipios que lo pidiesen o cuya situación hiciese conveniente el envío de un delegado real.

CORREGIMIENTO s.m. Cargo de corregidor; territorio de su jurisdicción.

CORREGIR v.tr. (lat. *corrigere*) [91]. Rectificar, subsanar los errores o defectos de algo, o dejar de tener una falta o defecto algo. **2.** Reprender o censurar a alguien. **3.** Examinar el profesor los ejercicios de los alumnos. **4.** AGRIC. Mejorar las propiedades del suelo con un producto adecuado. ◆ **corregirse** v.prnl. Rectificarse, enmendarse.

CORREHUELA o **CORREGÜELA** s.f. Nombre de diversas plantas herbáceas o volubles, de las familias asclepiadáceas, convolvuláceas, hipuridáceas y poligonáceas.

■ **CORREHUELA**

CORRELACIÓN s.f. Relación recíproca o mutua entre dos o más cosas. ◇ **Coeficiente de correlación** ESTADÍST. Índice que indica el grado de relación entre dos variables aleatorias. **Función de correlación** Función matemática que indica el grado de correlación de una variable con otra.

CORRELATIVO, A adj. Que tiene o indica una correlación. **2.** LING. **a.** Se dice de las palabras que al usarse juntas en un período, señalan relación mutua entre las oraciones o elementos sintácticos en que figuran, como *cuanto... tanto, tal... cual.* **b.** Se dice de las oraciones unidas con estas palabras.

CORRELATO s.m. Elemento que está en correlación con otro.

CORRELIGIONARIO, A adj. y s. Se dice de la persona que tiene la misma religión o ideología que otra.

CORRELIMOS s.m. (pl. *correlimos*). Nombre de diversas aves caradriformes de la familia escolopácidos.

CORRELÓN, NA adj. Amér. Se dice de la persona que corre mucho. **2.** Colomb., Guat., Méx. y Venez. Cobarde.

CORRENTADA s.f. Amér. Merid. Corriente fuerte de un río o arroyo.

CORRENTINO, A adj. y s. De Corrientes, provincia de Argentina.

CORRENTÍO adj. Se dice del líquido que corre. **2.** *Fig.* y *fam.* Desenvuelto, desenfadado o ligero.

CORRENTOSO, A adj. Amér. Se dice del curso de agua de un río o arroyo de corriente muy rápida.

1. CORREO s.m. (cat. *correu*). Persona encargada de llevar cartas y mensajes de un lugar a otro. **2.** Esp. y Méx. Servicio público que se encarga del transporte y reparto de la correspondencia. **3.** Esp. y Méx. Conjunto de cartas y paquetes expedidos o recibidos a través de dicho servicio. **4.** Esp. y Méx. Oficina donde se recibe, clasifica y entrega la correspondencia. ◆ adj. y s.m. Se dice del medio de locomoción que transporta la correspondencia: *tren correo; avión correo.* ◇ **Correo electrónico** Sistema de mensajería electrónica que permite intercambiar mensajes entre computadoras interconectadas a través de una red. SIN.: *e-mail.*

2. CORREO s.m. DER. Responsable con otro u otros de un delito. **2.** Esp. y Ecuad. DER. Coautor del delito de adulterio de la mujer.

CORREOSO, A adj. Blando, flexible y difícil de partir. **2.** *Fig.* Se dice de la persona que tiene correa o resistencia física.

CORRER v.intr. (lat. *currere*). Trasladarse de un lugar a otro moviendo las piernas de modo que a cada paso hay un momento en que ninguno de los dos pies tocan el suelo. **2.** Trasladarse rápidamente. **3.** Moverse progresivamente de una parte a otra los fluidos. **4.** Transmitirse, comunicarse una cosa de unos a otros: *la noticia corrió rápidamente.* **5.** Transcurrir el tiempo: *correr los días.* **6.** Apresurarse a poner en ejecución una cosa. **7.** Participar en una carrera. **8.** Ir devengándose una paga o salario: *el alquiler corre desde principios de año.* **9.** Ir, pasar, extenderse de una parte a otra: *un seto de boj corre a lo largo de la verja.* ◆ v.tr. Perseguir, acosar: *correr perros a pedradas.* **2.** Echar o pasar un dispositivo de cierre. **3.** Echar, tender o recoger las velas, cortinas, etc. **4.** Estar expuesto a contingencias o peligros; arrostrarlos, pasar por ellos: *correr riesgos inútiles.* **5.** Recorrer, ir o transitar por un lugar: *correr mundo.* **6.** Recorrer los comercios, visitar a los clientes un corredor para comprar o vender algo: *correr fincas.* **7.** *Fam.* Aplazar una fecha, una cita, etc. **8.** Chile y Méx. Echar fuera, despachar a alguien de un lugar. ◆ v.tr. y prnl. Hacer que una cosa pase o se deslice de un lado para otro. **2.** Avergonzar, confundir: *correrse de vergüenza.* ◆ v.tr. Costear: *correr con los gastos.* ◆ **correrse** v.prnl. Hacerse a la derecha o izquierda los que están en línea. **2.** Esparcirse la tinta, pintura, etc., por el papel o lienzo, dejando los trazos borrosos. **3.** Esp. *Vulg.* Llegar al orgasmo. ◇ **Correr a cargo,** o **por cuenta, de** Ser de incumbencia un asunto de una oficina o persona determinada.

CORRERÍA s.f. Incursión de gente armada en territorio enemigo para saquearlo. **2.** Viaje corto.

CORRESPONDENCIA s.f. Acción de corresponder o corresponderse. **2.** Comunicación entre dos o más personas por carta. **3.** Conjunto de cartas y paquetes que se transportan, reparten o reciben. **4.** Palabra de un idioma que equivale a otra de otro idioma. **5.** MAT. Relación entre dos conjuntos que permite pasar de un elemento del primero a uno del segundo.

CORRESPONDER v.intr. Tocar o pertenecer. **2.** Compensar a una persona dándole o haciendo algo equivalente a lo que se ha recibido de ella, ya sea material o inmaterial. ◆ v.intr. y prnl. Tener proporción o conexión una cosa con otra. **2.** Responder una persona a otra con el mismo sentimiento que esta tiene hacia ella. ◆ **corresponderse** v.prnl. Comunicarse por escrito una persona con otra.

CORRESPONDIENTE adj. Que corresponde a algo o se corresponde con algo. **2.** Se dice del miembro de determinadas asociaciones que colabora con ellas por correspondencia. **3.** Se dice de dos ángulos iguales formados por una secante que corta dos rectas paralelas y situados en un mismo lado de la secante, uno de ellos interior y el otro exterior. ◆ adj. y s.m. y f. Que tiene correspondencia con una persona o corporación.

CORRESPONSAL s.m. y f. Periodista enviado a una determinada población o a un país extranjero de forma sistemática y por encargo envía crónicas o informaciones de actualidad de ese lugar al medio de comunicación para el que trabaja. ◆ adj. y s.m. y f. Se dice de la persona que mantiene correspondencia con otra.

CORRESPONSALÍA s.f. Cargo de corresponsal de un medio de comunicación.

CORRETAJE s.m. Comisión que percibe el corredor o intermediario por su gestión.

CORRETEADA s.f. Chile y Perú. Acción y efecto de corretear o perseguir.

CORRETEAR v.intr. Ir corriendo de un lado para otro. **2.** Callejear. ◆ v.tr. Amér. Perseguir, acosar.

CORREVEIDILE s.m. y f. (pl. *correveidile*). Persona chismosa.

CORREVERÁS s.m. (pl. *correverás*). Juguete que se mueve por un resorte oculto.

CORRIDA s.f. Espectáculo en el que se lidian toros en una plaza cerrada. **2.** Acción de correr cierto espacio. **3.** Canto popular andaluz. (Suele usarse en plural.)

CORRIDO, A adj. y s. *Fam.* Se dice de la persona de mucha experiencia, especialmente sexual. ◆ adj. Que supera la medida o peso exactos. **2.** Se dice del elemento arquitectónico que va de un lado a otro sin interrupción: *balcón corrido; capitel corrido.* **3.** Esp. Avergonzado. ◆ s.m. Composición musical popular propia de México, Venezuela y otros países latinoamericanos. ◇ **De corrido** Con presteza y sin entorpecimientos.

CORRIENTE adj. Que es ordinario o habitual. **2.** Que tiene un trato o comportamiento sencillo o natural con los demás. **3.** Que corre. **4.** Se dice de la semana, del mes, etc., actual, en curso. ◆ s.f. Fluido que corre por un cauce de conducción. **2.** *Fig.* Curso o movimiento de los sentimientos y de las tendencias. ◇ **Agua corriente** Agua potable que se distribuye por tuberías a las casas. **Al corriente** Sin retraso, con exactitud; enterado de algo. **Corriente aérea** METEOROL. Movimiento del aire en la atmósfera. **Corriente alterna** Corriente eléctrica que circula alternativamente en uno u otro sentido, cuya intensidad es una función periódica del tiempo, de valor medio nulo. **Corriente continua** Corriente eléctrica que tiene siempre el mismo sentido. **Corriente de aire** Masa de aire que se desplaza de un sitio a otro. **Corriente de fango** Deslizamiento en masa,

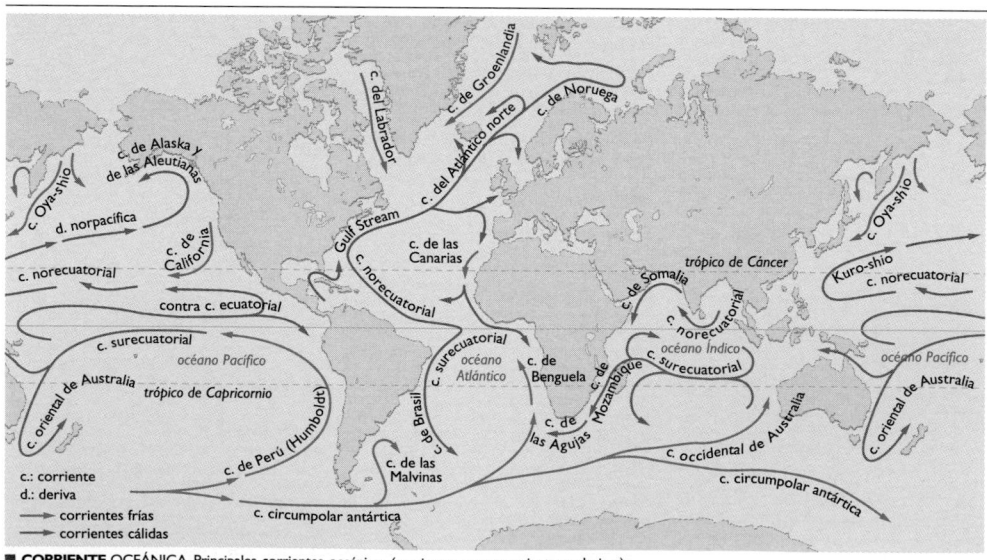

■ **CORRIENTE** OCEÁNICA. Principales corrientes oceánicas (corrientes, contracorrientes y derivas).

en estado pastoso, de fango empapado en agua. **Corriente de marea** Corriente a veces violenta en la proximidad de las costas y de los estrechos, provocada por los movimientos de flujo y reflujo de las mareas. **Corriente inducida** Corriente que se origina en una masa metálica conductora que se desplaza en el seno de un campo magnético. **Corriente oceánica,** o **marina** Movimiento que arrastra masas considerables de agua en la superficie y, en ocasiones, en las profundidades de los océanos. **Corriente portadora** Corriente alterna de frecuencia elevada que se modula con el fin de transmitir señales. **Corrientes de Foucault** Corrientes eléctricas inducidas en masas metálicas sometidas a campos magnéticos variables. **Corriente y moliente** *Fam.* Que no destaca por nada especial. **Dejarse llevar por la corriente** Seguir la opinión o comportamiento de los demás, sin cuestionarlos ni oponerse al curso de los acontecimientos. **Ir,** o **navegar, contra la corriente** Pensar u obrar de manera contraria a la predominante. **Llevar,** o **seguir, la corriente** Dar la razón a una persona, no contrariarla, aunque no se esté de acuerdo con ella. **Al corriente** Con información actualizada y reciente: *poner al corriente.*

CORRILLO s.m. Corro de personas que hablan o discuten, separadas del resto de personas que hay en un lugar.

CORRIMIENTO s.m. Acción y efecto de correr o correrse. **2.** *Fig.* Vergüenza, rubor. **3.** GEOL. Empuje lateral que provoca el desplazamiento de masas de terreno lejos de su lugar de origen. ◇ **Manto de corrimiento** Paquete de capas de terreno que se separa de su lugar de origen y queda superpuesto de manera anómala a zonas de terreno más recientes.

CORRO s.m. Grupo de personas que forman un círculo para hablar o rodear a alguien. **2.** En la bolsa, espacio circular rodeado por una balaustrada, alrededor de la cual se reúnen los agentes de cambio. **3.** Juego de niños que consiste en formar un círculo agarrándose de las manos y cantar dando vueltas en derredor. **4.** Espacio circular o casi circular.

CORROBORACIÓN s.f. Acción y efecto de corroborar.

CORROBORAR v.tr. y prnl. (lat. *corroborare*). Confirmar una idea, un hecho, una teoría, etc., con nuevos argumentos o datos.

CORROER v.tr. y prnl. (lat. *corrodere*) [31]. Desgastar lentamente un agente un material inorgánico o un tejido orgánico. **2.** *Fig.* Causar algo inquietud o sufrimiento.

CORROMPER v.tr. y prnl. (lat. *corrompere*). Alterar, echar a perder, pudrir: *el calor corrompe la carne.* **2.** *Fig.* Viciar, pervertir: *corromper a la juventud.* ◆ v.tr. Sobornar, cohechar.

CORRONCHOSO, A adj. Amér. Central, Colomb. y Venez. Rudo, tosco.

CORROSCA s.f. Colomb. Sombrero de paja gruesa tejido a mano, con grandes alas, que usan los campesinos.

CORROSIÓN s.f. Acción y efecto de corroer o corroerse.

CORROSIVO, A adj. Que corroe. **2.** Mordaz, cáustico.

CORRUPCIÓN s.f. Acción y efecto de corromper o corromperse.

CORRUPTELA s.f. Mala costumbre o abuso en contra de la ley. **2.** Corrupción.

CORRUPTO, A adj. Que está corrompido.

CORRUSCO s.m. *Fam.* Mendrugo, pedazo de pan duro. SIN.: *cuscurro.*

CORSARIO, A adj. y s. (del lat. *cursus,* acción de correr). Se dice de los tripulantes de la embarcación que, en virtud de contrato estipulado con el estado bajo cuyo pabellón navegaban, atacaban a barcos mercantes de otros países. ◆ adj. Se dice de la embarcación en la que navegaban estos tripulantes.

CORSÉ s.m. (fr. *corset*). Prenda interior femenina para ceñir el cuerpo desde el busto hasta las caderas, generalmente provista de ballenas. ◇ **Corsé ortopédico** Corsé para corregir las deformaciones de la columna vertebral.

CORSELETE s.m. Corsé muy ceñido, que cubre desde el busto hasta el inicio de la pierna.

CORSETERÍA s.f. Establecimiento donde se fabrican o venden corsés.

1. CORSO s.m. Campaña de los navíos corsarios. **2.** Armamento especial de un navío destinado a este género de operaciones: *armar en corso.* ◇ **Patente de corso** Cédula con la que el gobierno de un estado autorizaba dicha campaña.

2. CORSO, A adj. y s. De Córcega. ◆ s.m. Lengua hablada en Córcega, cuyas formas septentrionales se aproximan al toscano y las meridionales a los dialectos del S de Italia.

CORTA s.f. Acción de cortar árboles u otras plantas.

CORTACÉSPED s.m. Máquina para igualar o cortar el césped o la hierba.

CORTACIRCUITOS s.m. (pl. *cortacircuitos*). Dispositivo destinado a interrumpir, por fusión de uno de sus elementos, el circuito en el que está intercalado, cuando la intensidad de la corriente que circula por él sobrepasa un cierto valor.

CORTADA s.f. Amér. Herida hecha con un instrumento cortante. **2.** Argent. Calle corta que suele tener un único acceso. **3.** Argent., R. de la Plata y Urug. Atajo.

CORTADERA s.f. Cuña de acero sujeta a un mango que se usa para cortar el hierro candente. **2.** Argent., Chile y Cuba. Planta herbácea de hojas con bordes cortantes, que crece en lugares pantanosos y cuyo tallo se usa para tejer cuerdas. (Familia gramíneas.)

CORTADILLO s.m. **Azúcar de cortadillo** El que se expende fraccionado en pequeños trozos o terrones.

CORTADO, A adj. Se dice del modo de escribir en que los conceptos se exponen separadamente, en cláusulas breves y sueltas. **2.** Esp. y Méx. Se dice de la persona tímida y retraída. **3.** HERÁLD. Se dice del escudo dividido horizontalmente en dos partes iguales. ◆ s.m. Café con algo de leche. **2.** COREOGR. Cabriola con salto violento.

CORTADOR, RA adj. Que corta. ◆ s. Persona que corta, prueba y ajusta una pieza de acuerdo con un modelo.

CORTADORA s.f. MIN. Máquina utilizada para cortar y rebajar por capas el carbón en las minas. **2.** Nombre genérico de diversas máquinas que sirven para cortar: *cortadora de chapas; cortadora de césped.*

CORTADURA s.f. Herida producida por un instrumento cortante. **2.** Paso entre dos montañas. **3.** Corte, división o hendidura. ◆ **cortaduras** s.f.pl. Recortes, porciones sobrantes de cualquier recortadura.

CORTAFRÍO s.m. Cincel fuerte para cortar hierro o metales duros en frío. **2.** Instrumento que usan los hojalateros para cortar la plancha metálica.

CORTAFUEGO o **CORTAFUEGOS** s.m. (pl. *cortafuegos*). Franja ancha de terreno sin vegetación que se hace en un bosque, sembrado, etc., para impedir la propagación del fuego. **2.** Muro grueso que con igual finalidad separa edificios o partes de un edificio. **3.** INFORMÁT. Esp. Sistema informático que, situado entre la red privada de un usuario o empresa e Internet, garantiza la seguridad de las comunicaciones (evita intrusiones y virus, protege información privada, etc.). SIN.: *firewall.*

CORTANTE adj. Que corta, especialmente con filo capaz de cortar.

CORTAPAPELES s.m. (pl. *cortapapeles*). Plegadera.

CORTAPISA s.f. (cat. ant. *cortapisa,* adorno de los vestidos). Condición o restricción que dificulta y limita la realización de algo.

CORTAPLUMAS s.m. (pl. *cortaplumas*). Navaja pequeña.

CORTAPUROS s.m. (pl. *cortapuros*). Instrumento para cortar la punta del cigarro puro.

CORTAR v.tr. (lat. *cortare*). Dividir una cosa en dos o más partes o separar una parte del todo, utilizando un instrumento afilado: *cortar un pastel; cortar las uñas.* **2.** Hacer una raja o hendidura en la superficie de algo con un instrumento afilado: *se cortó en el dedo.* **3.** Atravesar o separar una superficie o una sustancia: *la carretera corta el pueblo.* **4.** Dar la forma conveniente a las piezas de que se compone una prenda de vestir o un calzado. **5.** Separar un mazo de cartas o naipes en dos montones después de haber sido barajadas por el adversario. **6.** Atajar, detener, impedir el curso o paso: *cortar la retirada.* **7.** *Fig.* Censurar, suprimir una parte de una obra: *cortar un párrafo de un artículo.* **8.** *Fig.* Suspender o interrumpir la continuidad de una acción o proceso: *cortar una conversación.* ◆ v.tr. y prnl. Ser muy intenso y penetrante el aire o el frío: *hace un frío que corta.* **2.** Separar las partes que componen la leche o las salsas u otras preparaciones culinarias, perdiendo estas su homogeneidad. ◆ v.intr. Tomar el camino más corto: *cortar por un atajo.* **2.** Tener una cosa capacidad para hacer una raja o hendidura o para dividir una cosa en dos o más partes: *estas tijeras cortan bien.* **3.** Chile. Tomar una dirección. ◆ **cortarse** v.prnl. Herirse o hacerse un corte. **2.** Abrirse una tela o vestido por los dobleces o arrugas. **3.** Esp. y Méx. Turbarse, faltarle a uno la palabra, quedarse sin saber qué decir.

CORTARRAÍCES s.m. (pl. *cortarraíces*). Máquina para cortar raíces o tubérculos.

CORTAÚÑAS s.m. (pl. *cortaúñas*). Instrumento para cortar las uñas.

CORTAVIENTO s.m. Pieza situada en la parte delantera de un vehículo, que sirve para reducir la resistencia del aire.

1. CORTE s.m. Acción de cortar o cortarse. **2.** Raja o herida producidas por un instrumento cortante. **3.** Filo, arista fina de un instrumento cortante. **4.** Arte de cortar prendas de vestir: *corte y confección.* **5.** Cantidad de tela o cuero necesaria para hacer un vestido, calzado, etc. **6.** Manera como está confeccionada una prenda de vestir: *un traje de corte impecable.* **7.** Interrupción de una acción o proceso: *corte publicitario.* **8.** Interrupción del paso o el acceso por un camino, circuito, canal, etc.: *corte del suministro eléctrico.* **9.** Sección que resulta al cortar algo con un plano. **10.** Superficie que forman los cantos de un libro. **11.** Conjunto de operaciones consistentes en dividir longitudinalmente un tronco de árbol o un madero rollizo. **12.** *Fig.* y *fam.* Réplica o contestación ingeniosa e inesperada que dejan al interlocutor sin capacidad de reacción. **13.** BIOL. Tenue lámina orgánica que permite la observación microscópica de las células por transparencia. **14.** TECNOL. Operación por la cual un instrumento cortante arranca materia, en forma de virutas, de la pieza que se trabaja. ◇ **Ángulo de corte** Ángulo formado por la cara cortante de una herramienta con el plano tangente a la pieza que se trabaja. **Corte geológico** Perfil establecido según un trazado lineal, de acuerdo con un mapa topográfico y el mapa geológico correspondiente.

2. CORTE s.f. (lat. vulgar *cors, cortis,* recinto, corral). Población donde reside el rey. **2.** Conjunto de personas que componen la familia y la comitiva del rey. **3.** Amér. Tribunal de justicia. ◆ **cortes** s.f.pl. A partir del s. XIX, asamblea parlamentaria española. **2.** Asambleas legislativas de las comunidades autónomas de Aragón, Castilla-La Mancha, Castilla y León, Comunidad Valenciana y Navarra. **3.** Durante el Antiguo régimen, asambleas convocadas por el rey para asesorarle en las tareas legislativas y para votar la concesión de impuestos y subsidios. ◇ **Corte celestial** Cielo. **Hacer la corte** Cortejar, galantear.

ENCICL. Las cortes medievales hispánicas, surgidas de la *curia plena* entre los ss. XII y XIII, se estructuraron por estamentos (clero, nobleza, ciudades) y tuvieron una función consultiva y sobre todo fiscal (las de Aragón, también legislativa). Desde el s. XVI entraron en decadencia y en el s. XVIII, unificadas en las cortes de Castilla, eran meras instancias protocolarias. La constitución de Cádiz (1812) creó unas cortes monocamerales de carácter legislativo moderno. De 1837 hasta la dictadura de 1923 se mantuvieron las cortes bicamerales (senado y congreso de diputados), para volver al monocameralismo con la Segunda república. Durante el franquismo aparecieron unas cortes corporativas, en parte de designación directa (por el jefe del estado), en parte indirecta (por instituciones como la familia, el sindicato y el municipio). Tras la reforma de 1976 se volvió al bicameralismo por sufragio universal, consagrado por la constitución de 1978, y hecho efectivo en 1979.

CORTEDAD s.f. *Fig.* Falta o escasez de talento, cultura o inteligencia. **2.** *Fig.* Falta de ánimo y decisión. SIN.: *encogimiento, pusilanimidad.* **3.** Cualidad de corto.

CORTEJAR v.tr. Tratar de enamorar o seducir a una mujer. **2.** Hablar entre sí los novios.

CORTEJO s.m. (ital. *corteggio*). Acción de cortejar. **2.** Conjunto de personas que se trasladan con solemnidad de un sitio a otro en una ceremonia.

CORTÉS adj. Amable y educado: *un joven cortés; un gesto cortés.* ◇ **Amor cortés** Se dice del amor idealista y vasallático propio de la poesía trovadoresca.

CORTESANO, A adj. (ital. *cortigiano*). De la corte del rey. ◆ s. Persona que forma parte de la corte de un rey. ◆ s.f. Prostituta, especialmente la que es elegante y tiene cultura.

CORTESÍA s.f. Cualidad de cortés. **2.** Demostración o actitud cortés. **3.** Regalo, dádiva. **4.** Gracia o merced. **5.** Prórroga que se concede en el cumplimiento de algo. **6.** Espacio en blanco que se deja en algunos libros o impresos.

CÓRTEX s.m. (lat. *cortex*). Corteza, parte externa de algunos órganos. ◇ **Córtex cerebral** ANAT. Revestimiento superficial, compuesto por sustancia gris, de los hemisferios cerebrales. SIN.: *corteza cerebral.*

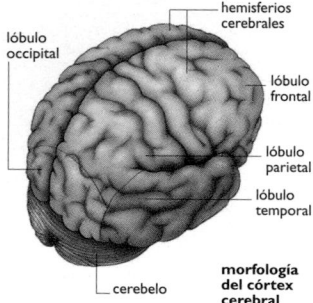

lóbulo
occipital

hemisferios
cerebrales

lóbulo
frontal

lóbulo
parietal

lóbulo
temporal

cerebelo

**morfología
del córtex
cerebral**

■ **CÓRTEX**

CORTEZA s.f. (lat. *corticea*). Parte externa de algunos cuerpos y órganos animales o vegetales que tienen una estructura más o menos concéntrica. **2.** *Fig.* Apariencia externa de algo no material: *la corteza de un problema.* **3.** FÍS. Parte externa del átomo, que rodea al núcleo, formada por electrones dispuestos en capas o niveles de energía. **4.** GEOL. Zona superficial del globo terráqueo, de un espesor medio de 35 km bajo los continentes *(corteza continental)* y de 10 km bajo los océanos *(corteza oceánica).*

CORTI. Órgano de Corti Receptor periférico de la audición, formado por un conjunto de células ciliadas.

CORTICAL adj. Relativo a la corteza.

CORTICOIDE s.m. Nombre genérico aplicado a las hormonas corticosuprarrenales, sus derivados y a la corticoestimulina.

CORTICOSTEROIDE s.m. Hormona esteroide de la corteza suprarrenal.

CORTICOSTERONA s.f. Hormona del grupo de los glucocorticoides secretada por el córtex suprarrenal.

CORTICOSUPRARRENAL adj. Relativo a la región periférica de la glándula suprarrenal, cuyas hormonas actúan sobre el metabolismo de las sustancias orgánicas y minerales.

CORTICOTERAPIA s.f. Tratamiento a base de corticoides.

CORTICOTROFINA s.f. Hormona de la hipófisis que estimula la secreción de la corteza suprarrenal. SIN.: *ACTH.*

CORTIJO s.m. Hacienda y casa de labranza características de Andalucía y Extremadura.

CORTINA s.f. (lat. tardío *cortina*, del lat. *cohors*, recinto). Pieza, generalmente de tela, que se cuelga para adornar o cubrir puertas, ventanas, etc. **2.** *Fig.* Conjunto de aconteci-

mientos o circunstancias que encubren, velan u ocultan algo. **3.** Lienzo de muralla entre dos baluartes. ◇ **Cortina de hierro** Amér. Telón de acero.

CORTINADO s.m. Argent. y Urug. Cortinaje.

CORTINAJE s.m. Conjunto de cortinas.

CORTINARIO s.m. Hongo con el sombrerillo carnoso que se une al pie mediante una cortina. (Existen unas 400 especies, de las cuales muchas son comestibles y otras venenosas, e incluso mortales.)

cortinario
de montaña
mortal

cortinario grande
comestible

■ **CORTINARIOS**

CORTINILLA s.f. Cortina pequeña, especialmente la que cubre los cristales de algunos vehículos.

CORTISONA s.f. Hormona corticosuprarrenal que posee propiedades antiinflamatorias y metabólicas.

1. CORTO s.m. (apócope). Cortometraje.

2. CORTO, A adj. (lat. *curtus*). Que tiene poca longitud o un tamaño pequeño, en comparación con otros de su misma especie. **2.** Breve, que tiene poca duración. **3.** Que es escaso o no alcanza hasta donde debiera. **4.** Esp. y Méx. *Fig.* Tímido, encogido. **5.** Esp. y Méx. *Fig.* Que tiene poco talento, inteligencia o cultura.

CORTOCIRCUITO s.m. Fenómeno eléctrico que se produce al unir con un conductor de resistencia muy débil dos puntos entre los cuales existe una diferencia de potencial.

CORTOMETRAJE s.m. Película cuya duración es inferior a los treinta minutos. (Se abrevia *corto.*)

CORÚA s.f. Ave marina, de pico recto y comprimido en la punta, plumaje de color negro verdoso con rayas en el cuello, buena nadadora y notable zambullidora, que vive en las Antillas. (Familia falacrocorácidos.)

CORUÑÉS, SA adj. y s. De La Coruña (España).

CORVA s.f. Parte de la pierna opuesta a la rodilla.

CORVADURA s.f. Parte por donde se tuerce, dobla o encorva una cosa. **2.** Curvatura.

CORVATO s.m. Cría del cuervo.

CORVAZA s.f. Tumoración que aparece en la parte posterior e inferior de las extremidades del ganado equino.

CORVEJÓN s.m. Parte de la pata posterior de los solípedos, en la articulación entre la tibia y el fémur, que corresponde a la rodilla humana.

CORVETA s.f. (fr. *courbette*). Movimiento del caballo que consiste en andar o sostenerse sobre las patas traseras manteniendo las delanteras en el aire.

CÓRVIDO, A adj. y s.m. Relativo a una familia de aves paseriformes con el pico fuerte y ligeramente curvado, como el cuervo, la urraca, etc.

CORVINA s.f. Pez teleósteo marino, de cuerpo alargado y de gran tamaño, carne muy sabrosa, color marrón con manchas negras en el dorso y plateado en el vientre, que vive en el Mediterráneo y el Atlántico.

CORVINO, A adj. Relativo al cuervo o que se asemeja a él.

CORVO, A adj. (lat. *curvus*). Curvo.

CORZO, A s. (del ant. *corzar* o *acorzar*, dejar sin cola). Rumiante de unos 70 cm de alt., pelaje gris rojizo, cola corta, astas erectas adornadas con numerosas protuberancias, que

vive en Europa y Asia. (El corzo brama; su cría es el gabato; familia cérvidos.)

■ **CORZO**

CORZUELA s.f. Rumiante de pequeño tamaño que vive en América del Sur. (Familia cérvidos.)

COSA s.f. (lat. *causa*, motivo). Palabra con que se designa todo lo que existe, o puede concebirse como existente, ya sea corporal o espiritual, natural o artificial, real o abstracto, como entidad separada. **2.** Objeto inanimado (por oposición a *ser viviente*). **3.** En oraciones negativas, nada: *no hacer cosa de provecho.* **4.** *Fam.* Asunto: *no andar bien las cosas.* ◇ **Como si tal cosa** *Fam.* Con indiferencia o como si no hubiera pasado nada. **Cosa juzgada** DER. Cuestión resuelta por sentencia firme. **Poquita cosa** Se dice de la persona física o moralmente pequeña o débil.

COSACO, A adj. y s. (kirguiz *kasak*, caballero). De una población de los confines meridionales de Rusia, formada por campesinos libres y soldados que defendía las fronteras rusas y polacas de los turcos y de los tártaros. ◆ s.m. Soldado de un cuerpo de infantería y caballería ruso, reclutado según las normas de las poblaciones cosacas. (Sometidos a Rusia desde 1654, en el s. XIX formaron cuerpos de élite dentro del ejército imperial. En 1917 combatieron en su mayoría contra los bolcheviques.)

COSARIO, A s.m. Recadero o mensajero.

COSCACHO s.m. Amér. Merid. Coscorrón, golpe dado en la cabeza con los nudillos.

COSCOJA s.f. Árbol de corta altura, achaparrado, follaje denso, cuyo fruto es una bellota recubierta por una cúpula de escamas. (Familia fagáceas.) **2.** Hoja seca de la carrasca o encina. **3.** Argent. Rueda de metal situada en el puente del freno de la caballería.

COSCOJO s.m. (lat. *cusculium*, coscoja). Agalla producida por el quermes en la coscoja. ◆ **coscojos** s.m.pl. Piezas de hierro, a modo de cuentas, que forman con la salivera los sabores del freno.

COSCOLINO, A adj. y s. Méx. *Fam.* Se dice de la persona que tiene muchas relaciones amorosas o le gusta coquetear.

COSCOMATE s.m. Méx. Troje cerrada de barro y zacate, parecida a una gran copa sin pie, para conservar el maíz.

COSCORRÓN s.m. (voz de origen onomatopéyico). Golpe dado en la cabeza. **2.** Chile. Variedad del poroto, planta. **3.** Colomb. Mendrugo de pan. **4.** Colomb. Puñetazo.

COSECANTE s.f. MAT. Inverso del seno de un ángulo o el inverso de un arco (símb. cosec).

COSECHA s.f. (ant. p. f. de *coger*). Conjunto de frutos que se recogen de la tierra al llegar la época en que están maduros. **2.** Acción de recogerlos. **3.** Temporada en que se recogen. **4.** *Fig.* Conjunto de ciertas cosas no materiales. ◇ **Ser de la cosecha de alguien** *Fam.* Estar inventado, proyectado o realizado por él.

COSECHADORA s.f. **Cosechadora trilladora** Máquina que corta las mieses, separa el grano y expulsa la paja.

COSECHAR v.intr. y tr. Recoger los frutos de la tierra al llegar la época en que están maduros. **2.** Obtener algo como resultado de un esfuerzo o trabajo.

COSECHERO, A s. Persona que cosecha.

COSELETE s.m. (fr. ant. *corselet*). Coraza ligera, generalmente de cuero. **2.** Soldado que llevaba coselete. **3.** Tórax de los insectos cuando los tres segmentos que lo componen están fuertemente unidos entre sí.

COSENO s.m. MAT. Seno del complemento de un ángulo (símb: cos).

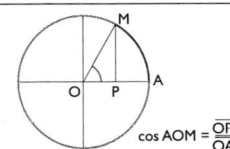

$$\cos AOM = \frac{\overline{OP}}{\overline{OA}}$$

■ COSENO

COSER v.tr. (lat. *consuere*). Unir con hilo enhebrado en una aguja dos o más pedazos de tela u otro material semejante. **2.** Hacer dobladillos, pespuntes y otras labores de aguja. **3.** *Fig.* Unir estrechamente. **4.** Acribillar: *coser a puñaladas.* ◇ **Máquina de coser** Máquina de uso doméstico o industrial que realiza mecánicamente el cosido de tejidos o cueros. **Ser algo coser y cantar** *Fam.* Ser muy fácil.

COSETANO, A o **CESSETANO, A** adj. y s. De Cosetania, territorio en la época prerromana y romana comprendía aprox. la mitad de la provincia de Tarragona, en torno a su capital.

COSIDO s.m. Acción y efecto de coser.

COSIFICACIÓN s.f. Acción de cosificar.

COSIFICAR v.tr. [1]. Convertir en cosa algo que no lo es o considerarlo y tratarlo como cosa.

COSMÉTICA s.f. Técnica de fabricación y empleo de productos cosméticos.

COSMÉTICO, A adj. y s.m. Se dice del producto destinado a limpiar, cuidar y embellecer la piel o el cabello.

CÓSMICO, A adj. Relativo al universo o cosmos. **2.** Se dice del orto u ocaso de un astro que coincide con la salida del sol. ◇ **Rayos cósmicos** Radiación compleja, de gran energía, procedente del espacio, que al atravesar la atmósfera arranca electrones a los átomos, produciendo la ionización del aire.

COSMÓDROMO s.m. Base de lanzamiento de naves espaciales.

COSMOGONÍA s.f. Ciencia que estudia la formación de los objetos celestes: planetas, estrellas, sistemas de estrellas, galaxias, etc. **2.** FILOS. Concepción sobre el origen del mundo.

COSMOGÓNICO, A adj. Relativo a la cosmogonía.

COSMOGRAFÍA s.f. (del gr. *kósmos*, mundo, y *gráphein*, describir). Parte de la astronomía que estudia los sistemas astronómicos del universo, utilizando nociones elementales de las ciencias matemáticas y físicas.

COSMOLOGÍA s.f. Parte de la astronomía que estudia la estructura y la evolución del universo considerado en su conjunto.

COSMOLÓGICO, A adj. Relativo a la cosmología.

COSMONAUTA s.m. y f. Astronauta. (Designaba en especial a los tripulantes de las naves espaciales soviéticas.)

COSMOPOLITA adj. y s.m. y f. (del gr. *kósmos*, mundo, y *polítes*, ciudadano). Relativo a las personas que han vivido en muchos países y han adquirido algunas de sus costumbres. ◆ adj. Se dice de los grupos sociales y de los lugares donde hay personas de muchos países distintos. **2.** BOT. y ZOOL. Se dice de una especie animal o vegetal que vive de forma natural en todas o casi todas las regiones del mundo.

COSMOPOLITISMO s.m. Condición de cosmopolita.

COSMOS s.m. (lat. *cosmos*, gr. *kósmos*). Mundo, conjunto de todo lo existente. **2.** Universo, considerado en su conjunto como un todo ordenado (por oposición a *caos*).

COSMOVISIÓN s.f. Modo de concebir e interpretar el universo.

1. COSO s.m. Plaza o lugar cercado para corridas de toros y otras fiestas públicas. **2.** Calle principal en algunas poblaciones.

2. COSO s.m. **Coso de los sauces** Mariposa nocturna de alas marrones, de 6 a 9 cm de envergadura, cuyas orugas excavan galerías en la madera de los árboles (Familia cósidos).

COSQUILLAS s.f.pl. (voz de origen onomatopéyico). Sensación producida por el roce suave sobre ciertas partes del cuerpo, que provoca involuntariamente la risa y, continuada, da convulsiones. ◆ **Buscarle las cosquillas a alguien** *Fam.* Hacer lo posible por impacientarle.

COSQUILLEAR v.tr. Hacer cosquillas.

COSQUILLEO s.m. Sensación parecida a las cosquillas pero más leve.

COSQUILLOSO, A adj. *Fig.* Que es muy susceptible.

1. COSTA s.f. (lat. *costa*, lado, costilla). Tierra que bordea la orilla del mar o de grandes ríos o lagos. **2.** Argent. Faja de terreno que se extiende al pie de una sierra.

2. COSTA s.f. (de *costar*). Costo de manutención del trabajador, cuando se añade al salario. **2.** Cantidad que se paga por una cosa. ◆ **costas** s.f.pl. Gastos ocasionados por una acción o suceso, especialmente los producidos por la administración de justicia. ◇ **A costa de** Mediante, a fuerza de; a expensas. **A toda costa** Sin limitación.

COSTADILLO s.m. **Torear de costadillo** TAUROM. Torear de perfil preparando la huida.

COSTADO s.m. Parte lateral exterior, entre el pecho y la espalda, del cuerpo humano. **2.** Lado, flanco: *los dos costados de la calle.* ◇ **Por los cuatro costados** Por todas partes; por parte de los abuelos paternos y maternos. **Punta de costado** Dolor muy agudo, punzante, persistente un cierto tiempo, localizado en la pared torácica, que inmoviliza, impidiendo los movimientos respiratorios amplios.

COSTAL adj. (lat. *costalis*). ANAT. Relativo a las costillas. ◆ s.m. Saco grande de tela ordinaria. ◇ **Estar, o quedarse, hecho un costal de huesos** *Fam.* Estar o quedarse muy flaco.

COSTALADA s.f. Golpe recibido al caer de espaldas o de costado. SIN.: *costalazo.*

COSTALEARSE v.prnl. Chile. Recibir una costalada. **2.** Chile. *Fig.* Sufrir un desengaño o decepción.

COSTANERA s.f. Cuesta, terreno en pendiente. **2.** Argent. Avenida que corre a lo largo de la costa del mar o de un río.

COSTANILLA s.f. Calle corta y con más pendiente que las que la rodean.

COSTAR v.intr. (lat. *constare*) [17]. Ser pagada o tener que ser pagada una cosa a determinado precio: ¿*cuánto cuestan estos libros?* **2.** *Fig.* Causar u ocasionar una cosa disgustos, molestias, perjuicios, etc.: *este asunto le costará problemas.* ◆ **Costarle caro** algo a alguien *Fam.* Ocasionarle mucho perjuicio o daño.

COSTARRICENSE adj. y s.m. y f. De Costa Rica. ◆ s.m. Modalidad adoptada por el español en Costa Rica.

COSTARRIQUEÑISMO s.m. Vocablo o giro propio de los costarriqueños.

COSTARRIQUEÑO, A adj. y s. Costarricense.

COSTE s.m. Esp. Costo, valor de una mercancía.

1. COSTEAR v.tr. y prnl. Pagar el valor de una cosa. ◆ **costearse** v.prnl. Producir lo suficiente para cubrir los gastos. **2.** Argent., Chile y Urug. Tomarse la molestia de ir hasta un sitio, distante o de difícil acceso.

2. COSTEAR v.tr. Navegar sin perder de vista la costa. **2.** Ir por el costado o borde de un lugar: *costear el río.* **3.** Esquivar una dificultad o un peligro. **4.** *Fam.* Mofarse, burlarse de uno.

COSTEÑO, A adj. y s. De la costa.

COSTEO s.m. Perú. Mofa, burla a expensas de alguien.

COSTERO, A adj. Costeño. ◆ s.m. Cada una de las dos piezas más inmediatas a la corteza, que salen al aserrar un tronco en el sentido de su longitud. **2.** Cada uno de los dos muros que forman los costados de un alto horno.

COSTILLA s.f. Cada uno de los huesos alargados y curvados que forman la caja torácica. **2.** Cada uno de estos huesos, con la carne adherida a él, de las reses para el consumo. **3.** *Fig.* y *fam.* Esposa. **4.** Cuaderna de un buque. ◆ **costillas** s.f.pl. Espalda, dorso. ◇ **Costilla flotante** Costilla que no está unida al esternón. **Medir las costillas** a alguien *Fam.* Pegarle.

COSTILLAR s.m. Conjunto de costillas. **2.** Parte del cuerpo en que están las costillas.

COSTINO, A adj. Chile. Costeño.

1. COSTO s.m. Valor o precio que tiene una mercancía. GEOSIN.: Esp. *coste.* ◇ **Costo de distribución** Diferencia entre el precio de venta de un bien al consumidor y el precio de producción. **Costo de la vida** Noción que resume, en un período determinado, el nivel de los precios de cierto número de bienes y servicios que entran en un presupuesto tomado como referencia y su evolución entre dos o varios períodos. **Costo de producción** Conjunto de las remuneraciones pagadas en el proceso de producción de una mercancía.

2. COSTO s.m. (lat. *costus*). Planta herbácea, de propiedades tónicas, diuréticas y carminativas, que crece en las regiones tropicales. (Familia compuestas.) **2.** Raíz de esta planta.

COSTOSO, A adj. Que cuesta mucho.

COSTRA s.f. (lat. *crusta*). Producto desecado de la secreción de una mucosa o una herida. **2.** Corteza que se forma sobre una sustancia blanda y húmeda: *la costra del pan.*

COSTUMBRE s.f. (lat. *consuetudo, -udinis*).

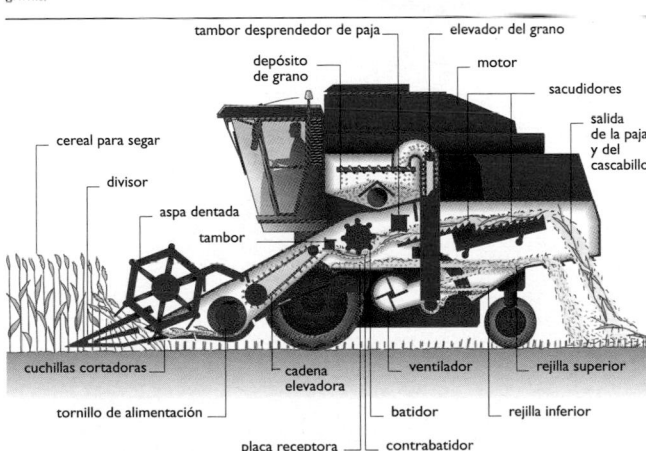

cereal para segar
divisor
aspa dentada
tambor
cuchillas cortadoras
tornillo de alimentación
tambor desprendedor de paja
depósito de grano
placa receptora
cadena elevadora
contrabatidor
batidor
ventilador
elevador del grano
motor
sacudidores
rejilla inferior
rejilla superior
salida de la paja y del cascabillo

■ COSECHADORA TRILLADORA

Manera de obrar establecida por un largo uso o adquirida por repetición de actos de la misma especie. **2.** DER. Norma jurídica establecida en virtud del uso o los hechos constantes y repetidos. ◆ **costumbres** s.f.pl. Conjunto de prácticas y usos de una persona o una colectividad. ◇ **De costumbre** Usual y ordinario, de manera acostumbrada.

COSTUMBRISMO s.m. Tendencia literaria y artística que se basa en la descripción de las costumbres de un país o región.
ENCICL. En España se entiende por costumbrismo, de modo más concreto, una corriente literaria decimonónica de signo romántico que mantuvo su vigor a través de periódicos y revistas. Larra, Estébanez Calderón y Mesonero Romanos, las tres principales figuras del costumbrismo, contribuyeron con artículos y cuadros descriptivos en la revista *Cartas españolas* (1831). Otros cultivadores del género participaron en el *Semanario pintoresco español*, fundado por Mesonero en 1836, y en la obra colectiva *Los españoles pintados por sí mismos* (1843). Esta actitud sobrevivió en las novelas de costumbres de Fernán Caballero y en la línea ideológica de novelistas como Alarcón y Pereda. En Hispanoamérica, el costumbrismo formó parte de prácticamente todo tipo de narraciones, pues con ello no solo se buscaba que las obras se hallaran más cerca de los lectores locales, sino también que ofrecieran un ambiente típicamente americano que las diferenciara de las obras europeas. Por esa razón se encuentran rasgos costumbristas tanto en los autores que siguieron esa tendencia (José T. Cuéllar, José López Portillo y Cirilo Villaverde), como en escritores que van más allá de la corriente, según se aprecia en figuras como Domingo F. Sarmiento, Esteban Echeverría, Ignacio M. Altamirano y Jorge Isaacs.

COSTUMBRISTA adj. y s.m. y f. Relativo al costumbrismo; adscrito al costumbrismo.

COSTURA s.f. (lat. vulgar *consutura*). Acción de coser. **2.** Actividad o arte de coser: *dedicarse a la costura.* **3.** Serie de puntadas que une dos piezas cosidas. ◇ **Alta costura** Confección de prendas de vestir de gran calidad y exclusivas para cada cliente; conjunto de los grandes modistas que crean estos modelos originales. **Meter en costura** a alguien *Fam.* Hacerle entrar en razón.

COSTURAR v.tr. Amér. Coser.

COSTURERA s.f. Mujer que tiene por oficio coser.

COSTURERO s.m. Pequeño mueble, caja, estuche, etc., para guardar los útiles de costura. **2.** Cuarto de costura.

1. COTA s.f. (del lat. *quota pars,* qué parte, *quota nota,* qué cifra). Número que indica la diferencia entre los niveles en los planos topográficos. **2.** Altura de un punto sobre el nivel del mar u otro plano de nivel. **3.** MAT. El menor de los mayorantes (*cota superior*) o el mayor de los minorantes (*cota inferior*).

2. COTA s.f. (fr. ant. *cote*). Cierto tipo de arma defensiva. ◇ **Cota de armar, o de armas** Vestidura sin mangas o de mangas cortas y anchas, que se llevaba debajo de la armadura. **Cota de mallas** Armadura de cuero, guarnecida con piezas de hierro, que cubría el cuerpo.

COTANA s.f. Muesca que se abre en la madera para encajar allí otro madero o una espiga. **2.** Escoplo con que se abre dicha muesca.

COTANGENTE s.f. MAT. Valor recíproco de la tangente de un ángulo (símb. cotg).

COTARRO s.m. Reunión bulliciosa. ◇ **Alborotar el cotarro** *Fam.* Alterar, turbar la tranquilidad de un grupo de personas. **Dirigir el cotarro** Esp. *Fam.* Mandar en algún asunto. **El amo del cotarro** Esp. *Desp.* Persona que manda en un lugar.

COTEJAR v.tr. Confrontar una cosa con otra u otras teniéndolas a la vista.

COTEJO s.m. Acción de cotejar.

COTELÉ s.m. Chile. Pana, tejido.

COTENSE s.m. Bol., Chile y Urug. Tela basta de cáñamo.

COTERRÁNEO, A adj. y s. Persona que es del mismo país que otra.

COTIDAL adj. (voz inglesa). GEOGR. Se dice de una curva que pasa por todos los puntos en que se produce la marea a la misma hora.

COTIDIANO, A o **CUOTIDIANO, A** adj. (lat. *quotidianus*). Diario: *trabajo cotidiano.*

COTILEDÓN s.m. (gr. *kotyledón, -ónos,* hueco en un recipiente o cavidad en la cadera). ANAT. Lóbulo de la placenta. **2.** BOT. Lóbulo carnoso o foliáceo inserto en el eje de la plántula, en la semilla.

1. COTILLA s.m. y f. *Fam.* Persona chismosa y murmuradora.

2. COTILLA s.f. (del fr. ant. *cote,* armadura de cuero o malla). Esp. Corsé con ballenas.

COTILLEAR v.intr. Esp. Chismorrear.

COTILLEO s.m. Esp. Acción de cotillear.

COTILLO s.m. Parte del martillo y otras herramientas que sirve para golpear.

COTILLÓN s.m. (fr. *cotillon*). Baile bullicioso con que finaliza una fiesta. **2.** Danza efectuada por un grupo de cuatro u ocho personas.

COTILO s.m. ANAT. Cavidad articular de un hueso.

COTILOIDEO, A adj. ANAT. Se dice de la cavidad articular del hueso ilíaco en la que encaja la cabeza del fémur.

1. COTIZA s.f. (fr. *cotice*). HERÁLD. Banda o barra de anchura reducida.

2. COTIZA s.f. Colomb. y Venez. Especie de alpargata usada por la gente del campo.

COTIZACIÓN s.f. Acción de cotizar. **2.** Precio que alcanza un valor en la bolsa. ◇ **Valores fuera de cotización** Valores negociables sin recurrir a los agentes de cambio.

COTIZAR v.intr. (fr. *coter,* por confusión con *cotiser*) [7]. Pagar o recaudar una cuota, especialmente la impuesta por los sindicatos a sus asociados: *cotizar a la seguridad social, a un partido.* ◆ v.tr. y prnl. Asignar el precio de un valor en la bolsa o en el mercado. ◆ **cotizarse** v.prnl. Alcanzar un precio determinado una mercancía. **2.** Valorar a una persona o cosa, o alguna de sus características.

1. COTO s.m. (lat. *cautum*). Terreno acotado. **2.** Término, límite: *poner coto a los desmanes.*

2. COTO s.m. (gr. *kóttos*). Pez de cabeza grande y boca ancha que mide de 10 a 30 cm de long. y vive en aguas dulces bien oxigenadas o en las costas rocosas. (Familia cótidos). **2.** Simio aullador de América del Sur, de color castaño oscuro.

■ COTO

3. COTO s.m. (quechua *koto*). Amér. Merid. Bocio.

COTÓN s.m. (fr. *coton*). Tela de algodón estampada de varios colores.

COTONA s.f. Amér. Camiseta fuerte de algodón u otra materia.

COTONADA s.f. Tela tejida con fibras de algodón puro mezcladas con fibras diferentes.

COTONÍA s.f. Tela blanca de algodón, especie de lona delgada, que forma cordoncillo.

COTONIFICIO s.m. Industria del algodón.

COTORRA s.f. Ave trepadora americana, parecida al papagayo, pero de menor tamaño. (Familia sitácidos). **2.** *Fig.* y *fam.* Persona que cotorrea. **3.** Urraca.

COTORREAR v.intr. Hablar excesivamente. **2.** Méx. Engañar a alguien para hacer burla: *me cotorrearon diciéndome que había sacado la lotería.* **3.** Méx. *Fam.* Hacer burla

de alguien: *siempre se lo cotorrean por tonto.*
4. Méx. *Fam.* Conversar animadamente.

COTOTO s.m. Amér. Hinchazón en la cabeza por efecto de un golpe.

COTUDO, A adj. Amér. Que tiene coto o bocio.

COTURNO s.m. (lat. *cothurnus*). ANT. Calzado con suela gruesa que llevaban los actores de la tragedia griega y romana.

COULOMB s.m. (de *Coulomb,* físico francés). En la nomenclatura internacional, culombio.

COUNTRY s.m. y adj. (voz inglesa). Estilo de música popular aparecido hacia 1920 en el SE de EUA, procedente de los folclores escocés, galés e irlandés. (Se modernizó en los años 1960 con el *country-rock* y se integró en la música pop.). ◆ s.m. Barrio de viviendas unifamiliares y espacios de recreación compartidos.

COUPAGE s.m. (voz francesa). Acción de mezclar dos o más vinos de distinta graduación.

COVACHA s.f. Cueva pequeña. **2.** Vivienda humilde y pobre. **3.** Ecuad. Tienda donde se venden comestibles. **4.** Méx. Habitación del portero situada debajo de la escalera.

COVADERA s.f. Chile. Espacio de tierra de donde se extrae guano.

COVALENCIA s.f. Unión química entre dos átomos por la que comparten un par de electrones.

COVARIANZA s.f. ESTADÍST. Valor medio del producto de los términos homólogos entre dos variables centradas.

COWBOY o **COW-BOY** s.m. (voz inglesa) [pl. *cowboys* o *cow-boys*]. Persona que cuida del ganado en un rancho estadounidense.

COWPER s.m. Aparato de inversión que se utiliza en siderurgia para la recuperación del calor latente de los gases de los altos hornos y para el recalentamiento del aire que se introduce en las toberas.

COW-POX s.m. (ingl. *cowpox*). Viruela que afecta al ganado vacuno.

COXAL adj. Relativo a la cadera. ◇ **Hueso coxal** Hueso ilíaco.

COXALGIA s.f. Artritis tuberculosa de la cadera.

COXARTRITIS s.f. Coxitis. SIN.: *coxartria.*

COXIS o **CÓCCIX** s.m. (gr. *kókkyx, -ygos*) [pl. *coxis* o *cóccix*]. Hueso formado por la fusión de varias vértebras rudimentarias, en la extremidad del sacro.

COXITIS s.f. Artrosis de la cadera. SIN.: *coxartria, coxartritis.*

COY s.m. (neerlandés *kooi*). Trozo rectangular de lona que, colgado de sus cuatro puntas, sirve de cama en un barco.

COYA s.f. Entre los antiguos peruanos, mujer del inca, señora, soberana o princesa. (Desde los tiempos de Topa Inca, por menos, existía la costumbre de que la *coya* fuera una hermana del inca.)

COYOL s.m. Amér. Central y Méx. Palmera de mediana altura con espinas largas. **2.** Amér. Central y Méx. Fruto de esta planta, del que se extrae una bebida y de cuya semilla se hacen dijes, botones, etc.

COYOLAR s.m. Amér. Central y Méx. Terreno poblado de coyoles.

■ COTORRA

COYOLEO s.m. Amér. Especie de codorniz.

COYOTE s.m. Mamífero carnívoro de América del Norte, parecido al lobo y al chacal.

■ COYOTE

COYOTERO, A adj. y s. Méx. Se dice del perro amaestrado para perseguir coyotes.

COYUNDA s.f. Correa fuerte, o soga de cáñamo, con que se uncen los bueyes al yugo. **2.** *Fig.* Unión matrimonial. **3.** Nicar. Látigo.

COYUNTURA s.f. (del romance *conjungere,* juntar). Circunstancia que caracteriza una situación en un momento determinado. **2.** Circunstancia adecuada para conseguir algo. **3.** Articulación movible de un hueso con otro.

COYUNTURAL adj. Relativo a la coyuntura.

COYUYO s.m. Argent. Cigarra grande. **2.** Argent. Tuco, insecto coleóptero. **3.** Argent. Luciérnaga.

COZ s.f. (lat. *calx, -cis,* talón). Acción de levantar y sacudir violentamente hacia atrás una o las dos patas posteriores un caballo u otro équido. **2.** Golpe dado de este modo. **3.** Retroceso producido por el disparo de un arma de fuego. **A coces** *Fam.* Con desconsideración, despóticamente.

CPU s.f. (sigla del inglés *central processing unit,* unidad central de proceso). INFORMÁT. Conjunto de la memoria principal, la unidad aritmeticológica y los registros de control de una computadora.

CRAC o **CRACK** s.m. ECON. Quiebra financiera, situación de la bolsa en la que baja cotización de los valores provoca desconfianza en los mercados.

1. CRACK s.m. (voz inglesa, *famoso*). Persona que destaca notablemente en su especialidad: *un crack de la edición.* **2.** Jugador de fútbol o de cualquier otro deporte de gran calidad y extraordinarias facultades.

2. CRACK s.m. (voz inglesa, *latigazo*). Cocaína cristalizada fumable, muy tóxica.

CRACKING s.m. (voz inglesa) Procedimiento de refino que modifica la composición de una fracción de petróleo por el efecto combinado de la temperatura, la presión y, generalmente, de un catalizador.SIN.: *craqueo.*

CRACOVIANA s.f. Danza popular de origen polaco, de moda en España hacia 1840.

CRAMPÓN s.m. (fr. *crampon*).Sobresuela de puntas metálicas que se fija en la suela del calzado de montaña para andar sobre el hielo sin resbalar.

CRAN s.m. (voz francesa).Muesca de las letras de imprenta que sirve para comprobar si se ha colocado correctamente en el componedor.

CRANEAL adj. Relativo al cráneo. SIN.: *craneano.*

CRÁNEO s.m. (gr. *kraníon*). Cavidad ósea que contiene y protege el encéfalo en los vertebrados.

CRANEOFARINGIOMA s.m. Tumor intracraneal situado por encima de la pared posterior de la faringe y desarrollado a partir de secuelas embrionarias de la región de la hipófisis.

CRANEOPATÍA s.f. Enfermedad del cráneo.

CRANEOSTENOSIS s.f. Malformación congénita caracterizada por la contracción prematura de las hendiduras de la cavidad craneana, provocando una deformación del cráneo.

CRÁPULA s.f. (lat. *crapula,* embriaguez, borrachera).Disipación, libertinaje. **2.** Borrachera. s.m. y f. Persona de vida licenciosa.

CRAQUEAR v.tr. Realizar el cracking de un producto petrolífero.

CRAQUELADO s.m. (fr. *craquelé*). En cerámica, procedimiento decorativo que utiliza los dibujos formados por las grietas de un vidriado cuyo coeficiente de dilatación o elasticidad no concuerda con el de la pasta. **2.** Cuarteado que presentan las pinturas antiguas.

CRAQUEO s.m. Cracking.

CRASCITAR v.intr. Graznar el cuervo.

CRASH s.m. (voz inglesa).Aterrizaje forzoso efectuado por un avión sin tren de aterrizaje. **2.** ECON. Crac.

CRASIS s.f. En griego, contracción particular de vocales, indicada por un signo especial.

CRASITUD s.f. Cualidad de craso, grueso.

CRASO, A adj. Grueso, gordo o espeso. **2.** *Fig.* Burdo, grosero: *error craso; crasa ignorancia.*

CRASULÁCEO, A adj. y s.f. Relativo a una familia de plantas dicotiledóneas carnosas que crecen en países templados y cálidos.

CRÁTER s.m. (lat. *crater, -eris*).Depresión situada en la parte superior de un volcán, por donde salen los materiales de proyección y la lava. **Cráter meteórico** Depresión casi circular causada por el impacto de un meteorito en la superficie de un astro, en particular de la Luna. **Lago de cráter** Lago formado en el cráter de un volcán apagado.

CRÁTERA o **CRATERA** s.f. Vasija de boca ancha y con dos asas utilizado en la antigüedad para mezclar el agua y el vino.

■ CRÁTERA con volutas originaria de Lucania; principios del s. IV a.C. (Museo del Louvre, París.)

CRATÓN s.m. GEOL. Sector de la corteza terrestre que solo puede experimentar deformaciones de tipo germánico.

CRAWL s.m. (voz inglesa). → CROL.

CREACIÓN s.f. Acción de crear; cosa creada. **2.** Mundo, todo lo creado.

CREACIONISMO s.m. Antigua teoría biológica según la cual los animales y las plantas fueron creados de forma súbita y aislada, y que considera que las especies no han sufrido ninguna evolución desde su creación. (Esta doctrina, de inspiración religiosa, niega la evolución de la vida sobre la Tierra y ha sido descartada por la comunidad científica.) **2.** Corriente poética hispanoamericana de vanguardia, surgida en París de la obra de V. Huidobro, en contacto con renovadores franceses (Apollinaire, Reverdy), que propugnaba

la libertad creativa y la autonomía de la imagen, sin injerencias del entorno referencial.

CREADOR, RA adj. y s. Que crea. s.m. Dios. (Se escribe con mayúscula.)

CREAR v.tr. (lat. *creare*).Hacer algo de nada. **2.** Instituir, fundar: *crear una empresa.* **3.** Formar, forjar: *crear enemistades.* **4.** Componer artística o intelectualmente. **crearse** v.prnl. Imaginarse, formarse en la mente: *crearse un mundo de ilusiones*

CREATINA s.f. Sustancia nitrogenada, producto del metabolismo de los prótidos, que se encuentra en los músculos y, en muy baja proporción (0,01 o 0,02 %), en el plasma sanguíneo.

CREATININA s.f. Desecho nitrogenado derivado de la creatina.

CREATIVIDAD s.f. Capacidad humana de producir contenidos mentales de cualquier tipo.

CREATIVO, A adj. Relativo a la creatividad. **2.** Se dice de la persona con gran capacidad de creación. s. Persona encargada de tener ideas originales, de crear productos originales en la publicidad industrial o comercial.

CRECER v.intr. (lat. *crescere*) [37]. Aumentar de tamaño, de intensidad, de número, etc.: *crecer un río.* **2.** Extenderse, propagarse: *crecer un rumor.* **3.** Aumentar la parte iluminada de la Luna. **4.** Añadir puntos en las labores de media o ganchillo. **crecerse** v.prnl. Adquirir al guien más ánimo, decisión y atrevimiento: *crecerse ante las dificultades.* **2.** Engreírse o envanecerse.

CRECES s.f.pl. Aumento aparente de volumen que adquiere el trigo, la sal, etc., cuando se traspasa de una parte a otra. **Con creces** Más de lo necesario.

CRECIDA s.f. Aumento del caudal de una corriente de agua.

CRECIDO, A adj. Grande con respecto a su edad. **2.** Que es elevado: *cifras crecidas.* **3.** Orgulloso, soberbio.

CRECIENTE adj. Que está creciendo. s.m. **Creciente (de la Luna)** Período durante el cual crece la parte iluminada de la Luna, comprendido entre el novilunio y el plenilunio. **Cuarto creciente** Fase de la Luna, intermedia entre el novilunio y el plenilunio, en la que es visible la mitad del disco lunar. **Función creciente** En un intervalo (a, b) Función $f(x)$ de la variable x definida en este intervalo, tal que la relación $f(x) - f(x')$ sea positiva cualquiera que sean los números x y x' pertenecientes al intervalo (a, b).

CRECIMIENTO s.m. Desarrollo progresivo de un ser vivo o de una cosa, considerados en su aspecto cuantitativo, como la talla, el peso, el valor numérico, etc. **Crecimiento cero** Ausencia de desarrollo demográfico y económico en un país. **Crecimiento económico** Aumento de las distintas magnitudes que caracterizan la actividad económica.

CREDENCIA s.f. REL. Mesa sobre la que se colocan los objetos necesarios para el culto.

CREDENCIAL adj. Que acredita. s.f. Documento que acredita el nombramiento de un empleado público para poder tomar posesión de su cargo. **Cartas credenciales** Documento que entrega un embajador o ministro para que se le admita y reconozca como tal.

CREDIBILIDAD s.f. Cualidad de creíble.

CREDITICIO, A adj. Relativo al crédito público y privado.

CRÉDITO s.m. (lat. *creditum*).Aceptación de algo como cierto. **2.** Reputación: *gozar de gran crédito.* **3.** Acto por el cual un banco o un organismo financiero efectúa un anticipo de fondos; aplazamiento que se concede a un rembolso; importe del anticipo. **4.** Unidad valorativa de una materia o asignatura. **A crédito** Sin pago inmediato. **Apertura de crédito** Compromiso de poner una suma de dinero a disposición de alguien. **Carta de crédito, o carta-orden de crédito** Documento que entrega un banquero a su cliente y que permite a este obtener fondos de otro banco. **Crédito a corto plazo** Crédito concedido por un período inferior a un año. **Crédito a largo plazo** Crédito concedido para inversiones en bienes de capital. **Crédito a plazo medio** Crédito

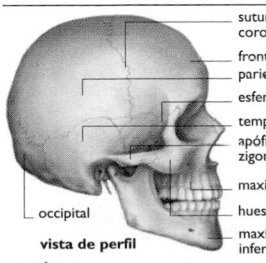

sutura coronal
frontal
parietal
esfenoides
temporal
apófisis zigomática
maxilar
hueso malar
maxilar inferior
occipital
vista de perfil

■ CRÁNEO

concedido por un plazo comprendido, en general, entre uno y dos años. **Crédito blando** Crédito a bajo interés o por debajo del preferencial. **Crédito documentado** Modalidad del crédito a corto plazo en la que el beneficiario solo puede disponer de la cantidad acreditada contra entrega de los documentos relativos a la compraventa en que se va a emplear. **Crédito oficial** Crédito que la administración pública gestiona a través de entidades oficiales financieras con el fin de apoyar determinadas actividades o sectores. **Crédito público** Conjunto de actos y compromisos que nacen de la facultad que tiene el estado de contratar una deuda pública a través del empréstito; cantidad de dinero consignada en una partida del estado de gastos de un presupuesto público. **Dar crédito** Creer.

CREDO s.m. Oración cristiana de profesión de fe que contiene los artículos fundamentales de la fe. **2.** *Fig.* Conjunto de doctrinas u opiniones que comparte una colectividad. ◇ **En un credo** *Fam.* En muy poco tiempo.

CREDULIDAD s.f. Cualidad de crédulo.

CRÉDULO, A adj. Que cree con excesiva facilidad.

CREE o **CRI,** pueblo amerindio algonquino de la región de los Grandes Lagos, en la bahía de Hudson.

CREENCIA s.f. Firme asentimiento y conformidad con una cosa. **2.** Completo crédito prestado a un hecho o noticia. **3.** Religión, secta.

CREER v.intr. (lat. *credere*) [34]. Dar por cierta una cosa que no está comprobada o demostrada. **2.** Tener confianza en algo: *creer en la justicia.* **3.** Tener fe en los dogmas de una religión. ◆ v.tr. Tener la impresión de que una persona dice la verdad: *no te creo.* **2.** Tener cierta opinión sobre algo: *creo que es verdad.* ◆ **creerse** v.prnl. Considerar una persona que tiene una posición social relevante o que tiene cierta cualidad o virtud, aunque no sea verdad: *se cree inteligente.*

CREÍBLE adj. Que puede o merece ser creído.

CREÍDO, A adj. Satisfecho de sí mismo, de sus propias cualidades o virtudes.

1. CREMA s.f. (fr. *crème*). Sustancia grasa de la leche (3 a 4 %) con que se hace la mantequilla. **2.** Sopa de puré tamizada y espesada con leche y yemas de huevo: *crema de verduras.* **3.** Natillas espesas. **4.** Nata de la leche. **5.** Sustancia de consistencia pastosa empleada en dermatología y cosmética. **6.** Pasta compuesta de ceras disueltas en esencia de trementina, etc.: *crema para calzado.* **7.** Licor espeso: *crema de cacao.* **8.** Queso fundido. **9.** *Fig.* Persona o cosa más selecta de un conjunto o colectividad: *la crema de la sociedad.*

2. CREMA s.f. (alteración del gr. *trepa, -atos*). Diéresis.

CREMACIÓN s.f. (lat. *crematio, -onis*). Acción de quemar.

CREMALLERA s.f. (fr. *crémaillère*). Sistema de cierre flexible consistente en dos tiras de tela con hileras de pequeños dientes metálicos o de plástico que engranan entre sí al efectuar el movimiento de apertura o cierre. **2.** Barra de madera o metálica provista de dientes para diversos oficios mecánicos. **3.** Pieza de acero que encaja en una rueda dentada y sirve para transformar un movimiento rectilíneo en movimiento de rotación, o viceversa. **4.** En algunas vías férreas, riel suplementario provisto de dientes, en los cuales engrana una rueda dentada dispuesta en la locomotora.

CREMATÍSTICA s.f. Economía política, y especialmente la parte de esta que se refiere al dinero. **2.** Interés pecuniario de un negocio.

CREMATÍSTICO, A adj. (gr. *crematistikós*). Relativo a la crematística.

CREMATORIO, A adj. De la cremación. ◆ s.m. Lugar donde se incineran cadáveres. ◇ **Horno crematorio** Horno en que se incineran cadáveres.

CREMERÍA s.f. Argent. Establecimiento donde se elaboran algunos de los productos derivados de la leche, como mantequilla o queso.

CREMONA s.f. Falleba con dos varillas que se deslizan en sentido longitudinal mediante un sistema accionado por un puño o manija.

CREMOSO, A adj. Que tiene la naturaleza o el aspecto de la crema. **2.** Que tiene mucha crema: *leche cremosa.*

CRENCHA s.f. Raya que divide el cabello en dos partes. **2.** Cada una de estas dos partes.

CRENOTERAPIA s.f. MED. Terapia con aguas minerales.

CREOLE s.m. Lengua criolla.

CREOSOTA s.f. (del gr. *kréas*, carne, y *sózein*, preservar). Líquido incoloro, de olor fuerte y cáustico que se extrae del alquitrán por destilación.

CREOSOTAR v.tr. Impregnar de creosota la madera para protegerla.

CREP o **CRÊPE** s.f. (fr. *crêpe*). Torta ligera de harina, huevos, leche y mantequilla.

CREPÉ s.m. Tejido fino de aspecto rugoso que puede confeccionarse con fibras de seda, lana, poliéster u otro material. **2.** Caucho bruto obtenido por secado en aire caliente de un coagulado de látex. **3.** Bola de cabello postizo usado para dar mayor volumen al peinado.

CREPITACIÓN s.f. Acción de crepitar. **2.** Ruido que se produce al crepitar algo, especialmente la madera al arder. **3.** MED. Ruido anormal producido por un líquido y el aire en los alvéolos pulmonares.

CREPITAR v.intr. (lat. *crepitare*). Producir chasquidos repetidamente una cosa que arde.

CREPUSCULAR adj. Relativo al crepúsculo: *luz crepuscular.* ◇ **Estado crepuscular** PSIQUIATR. Obnubilación de la conciencia.

CREPÚSCULO s.m. (lat. *crepusculum*). Claridad al salir o ponerse el sol; especialmente la del anochecer. **2.** Tiempo que dura esta claridad.

CRESCENDO s.m. y adv. (voz italiana). MÚS. Aumento progresivo de la intensidad de los sonidos. ◇ **In crescendo** En aumento, cada vez más.

CRESO s.m. (de *Creso*, último rey de Lidia). Hombre muy rico.

CRESOL s.m. Fenol derivado del tolueno que se extrae del alquitrán.

CRESPÍN s.m. Argent. Pájaro de unos 30 cm de long., de color pardo con el pecho amarillo.

CRESPO, A adj. (lat. *crispus*, rizado u ondulado). Se dice del cabello ensortijado o rizado. **2.** *Fig.* Irritado, alterado. **3.** Se dice del estilo artificioso y oscuro.

CRESPÓN s.m. Tejido que presenta un característico aspecto ondulado: *crespón de China.* **2.** Tela o cinta negra que se utiliza como señal de luto.

CRESTA s.f. (lat. *crista*). Carnosidad o carúncula de la cabeza de algunas gallináceas; en el ma-

cho está más desarrollada. **2.** Copete, moño o penacho de pluma de algunas aves. **3.** *Fig.* Cumbre peñascosa de una montaña. **4.** *Fig.* Cima de una ola coronada de espuma. ◇ **Potencia de cresta** ELECTR. Valor instantáneo máximo de la potencia durante un cierto período de tiempo.

CRESTADO, A adj. Que tiene cresta.

CRESTERÍA s.f. Adorno continuo calado que se utilizó en la edad media y en el renacimiento para rematar las partes altas de los edificios. **2.** Conjunto de almenas de las antiguas fortificaciones.

CRESTOMATÍA s.f. (gr. *khrestomátheia*, de *khrestós*, útil, y *manthánein*, aprender). Colección de textos escogidos destinados a la enseñanza.

CRETA s.f. Roca caliza de origen orgánico, blanda, formada por finísimos restos de equinodermos, moluscos y otros organismos y caparazones de foraminíferos.

CRETÁCEO, A adj. y s.m. GEOL. Cretácico. **2.** adj. Que tiene la naturaleza de la creta o que la contiene.

CRETÁCICO, A adj. y s.m. GEOL. Se dice del tercer y último período de la era secundaria (entre los 136 millones de años y los 65 millones de años), durante el cual se extinguieron los dinosaurios. SIN.: *cretáceo.* ◆ adj. Relativo a este período. SIN.: *cretáceo.*

CRETENSE adj. y s.m. y f. De Creta.

CRETINISMO s.m. Forma de atraso intelectual producido por hipotiroidismo.

CRETINO, A adj. y s. (fr. *crétin*). Estúpido, necio. **2.** Que padece cretinismo.

CRETONA s.f. (fr. *cretonne*, de *Creton*, población de Normandía). Tejido de algodón confeccionado siguiendo la plantilla de la armadura de la tela.

CREUTZFELT-JAKOB. Enfermedad de Creutzfelt-Jakob Encefalopatía espongiforme que afecta al ser humano.

CREYENTE adj. y s.m. y f. Que tiene una determinada fe religiosa. ◆ **creyentes** s.m.pl. Nombre que se dan los musulmanes a sí mismos.

CRI → **CREE.**

CRÍA s.f. Acción de criar. **2.** Animal que se está criando. **3.** Conjunto de animales que nacen de una sola vez.

CRIADERO, A adj. Fecundo en criar. ◆ s.m. Lugar destinado a la cría de determinados animales y plantas. **2.** MIN. Agregado de sustancias inorgánicas de útil explotación, que se hallan entre la masa de un terreno.

CRIADILLA s.f. Testículo de los animales. **2.** Tubérculo de la planta de la papa.

CRIADO, A s. Persona que sirve a otra, especialmente en el servicio doméstico, a cambio de un salario. ◆ adj. Con los adverbios *bien* o *mal*, se dice de la persona bien o mal educada.

CRIADOR, RA adj. Que nutre y alimenta. ◆ adj. y s.m. Se aplica a Dios como autor de la creación. ◆ s. Persona que se dedica a criar ciertos animales. **2.** Vinicultor.

CRIANCERO, A adj. Chile. Que cría animales. ◆ s. Argent. Pastor trashumante del S.

CRIANDERA s.f. Amér. Nodriza.

CRIANZA s.f. Acción de criar. **2.** Época de la lactancia. **3.** Atención, cortesía, educación. (Suele usarse con los adjetivos *buena* o *mala*). **4.** Chile. Conjunto de animales nacidos en una finca y destinados a ella. ◇ **Crianza de los vinos** Conjunto de cuidados a que se someten los vinos, después de fermentados, para acabar su formación.

CRIAR v.tr. (lat. *creare*) [19]. Nutrir, alimentar, amamantar. **2.** Cuidar y educar a un niño. **3.** Cuidar animales para su explotación industrial. **4.** Cultivar plantas. **5.** Someter el vino, después de la fermentación, a ciertas operaciones y cuidados. ◆ v.tr. y prnl. Producir, engendrar. ◆ **criarse** v.prnl. Crecer, desarrollarse.

CRIATURA s.f. Niño recién nacido o de poca edad. **2.** Ser creado por la divinidad.

CRIBA s.f. Instrumento para cribar, compuesto por un aro o un marco al cual está asegurado un cuero agujereado o una tela metálica. **2.** *Fig.* Selección para separar lo verdadero o

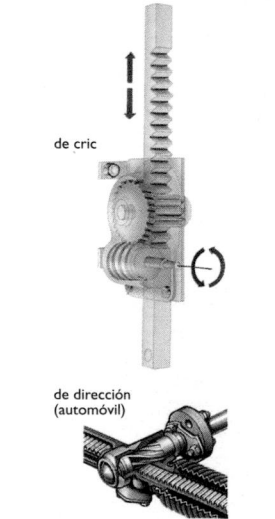

de cric

de dirección
(automóvil)

■ **CREMALLERAS**

bueno de lo que no lo es. **3.** BOT. Tabique perforado, transversal u oblicuo, de los vasos cribosos. ◇ **Criba de Eratóstenes** Método que permite establecer una tabla de números primos.

CRIBADO s.m. Acción y efecto de cribar.

CRIBAR v.tr. (lat. *cribare*). Pasar una semilla o un mineral por la criba para limpiarlo de impurezas o separar las partes menudas de las gruesas.

CRIBOSO, A adj. BOT. Se dice de los vasos que tienen cribas y sirven para conducir la savia descendente de los vegetales.

CRICKET s.m. → CRÍQUET.

CRICOIDES adj. y s.m. (gr. *krikoeidés*, circular, de *kríkos*, anillo, círculo, y *eidos*, forma). Cartílago de la laringe, en forma de anillo.

CRIMEN s.m. (lat. *crimen, -minis*). Delito grave, en especial el que conlleva derramamiento de sangre. ◇ **Crimen contra la humanidad** Ejecución de un plan concertado (genocidio, deportación, exterminación, esclavización) inspirada en motivos políticos, filosóficos, raciales o religiosos y perpetrado contra una parte o la totalidad de un grupo de población civil. **Crimen de guerra** Violación del derecho de guerra.

ENCICL. Los crímenes de guerra o contra la humanidad, definidos en 1945 por la ONU, son materia de derecho internacional. Los crímenes contra la humanidad no prescriben. Los que se cometieron durante la segunda guerra mundial se juzgaron en el Tribunal internacional de Nuremberg.

CRIMINAL adj. y s.m. y f. Que ha cometido un crimen. • adj. Relativo al crimen: *responsabilidad criminal*. **2.** Se dice de la ley, instituto o acción destinados a perseguir y castigar los crímenes: *ley de enjuiciamiento criminal*.

CRIMINALIDAD s.f. Cualidad o circunstancia que determina un crimen. **2.** Proporción de los crímenes cometidos en un lugar y un tiempo determinados.

CRIMINALISTA s.m. y f. y adj. Abogado que se dedica a asuntos penales. **2.** Persona dedicada al estudio de las materias criminales o penales.

CRIMINOLOGÍA s.f. Estudio científico de los hechos criminales.

CRIMINÓLOGO, A s. y adj. Especialista en criminología.

CRIN s.f. (lat. *crinis*, cabello o cabellera). Conjunto de pelos largos y duros que tienen algunos animales en la cerviz, en la parte superior del cuello y en la cola. ◇ **Crin vegetal** Materia filamentosa extraída del agave y otras plantas.

CRINOLINA s.f. Méx. Miriñaque.

CRÍO, A s. Criatura, niño de poca edad.

CRIOCONDUCTOR, RA adj. y s.m. Se dice de un conductor eléctrico llevado a muy baja temperatura para que disminuya su resistividad.

CRIOELECTRÓNICA s.f. Parte de la electrónica que recurre a las criotemperaturas y, más especialmente, a los superconductores para el funcionamiento de equipos.

CRIOGENIA s.f. Generación de temperaturas muy bajas, lo más cercanas posible al cero absoluto (−273,15 °C). **2.** Técnica de diseñar métodos prácticos para generar temperaturas muy bajas y mantenerlas.

CRIOGENIZACIÓN s.f. MED. Proceso por el cual la temperatura de un organismo se hace descender hasta −190 °C, para congelarlo y lograr su conservación.

CRIOLLISMO s.m. Exaltación de las cualidades, arte, costumbres, etc., criollas.

CRIOLLO, A adj. y s. (port. *criuolo*). Se dice del hispanoamericano nacido o descendiente de europeos, especialmente españoles. • adj. Se dice de las cosas o costumbres propias de los países hispanoamericanos. • adj. y s.m. Se dice de la lengua mixta fruto de la fusión de una lengua europea y una lengua indígena.

ENCICL. A pesar de ser un grupo reducido comparado con el de los mestizos, los criollos representaron la clase dominante en la etapa colonial. Desarrollaron un proceso de diferenciación concencial respecto a los españoles europeos, monopolizadores de los altos cargos de la administración y de la Iglesia. Artífices principales de la emancipación, los criollos comenzaron a perder su hegemonía en el s. XX, con la irrupción, en unos casos, de una burguesía mestiza vinculada a la economía europea, o de las masas mestizas, en otros, que desencadenaron un proceso revolucionario.

■ **CRIOLLO.** Retrato de una mujer criolla.
(Museo Smithsonian de arte americano, Washington.)

CRIOLOGÍA s.f. Parte de la física que estudia el agua en estado sólido (hielo, granizo, etc.) y los fenómenos relativos a las bajas temperaturas.

CRIOLUMINISCENCIA s.f. Emisión de luz fría por ciertos cuerpos sometidos a temperatura muy baja.

CRIOSCOPIA s.f. Fís. Medida del descenso de la temperatura de fusión de un disolvente cuando se disuelve en él una sustancia. SIN · *criometría*.

CRIOSTATO s.m. Aparato que sirve para mantener temperaturas muy bajas.

CRIOTEMPERATURA s.f. Temperatura inferior a los 120 °K.

CRIOTERAPIA s.f. Tratamiento de enfermedades por medio del frío.

CRIOTRÓN s.m. Dispositivo electrónico basado en la superconductividad de ciertos metales a muy baja temperatura.

CRIOTURBACIÓN s.f. Desplazamiento de partículas del suelo bajo los efectos de alternancias de hielo y de deshielo. SIN.: *gelituración*.

CRIPTA s.f. (lat. *crypta*). Lugar subterráneo en que se enterraba a los muertos. **2.** Capilla pequeña situada en la parte subterránea de una iglesia, generalmente bajo el altar mayor.

CRIPTESTESIA s.f. Capacidad para percibir sensaciones o informaciones que escapan a la inmensa mayoría de seres humanos.

CRÍPTICO, A adj. (del gr. *krýptein*). Oscuro, enigmático: *lenguaje críptico*.

CRIPTÓFITO, A adj. Se dice de las plantas de las regiones áridas cuyas partes aéreas solo aparecen durante un corto período cada año.

CRIPTOGAMIA s.f. Estudio de las plantas criptógamas.

CRIPTÓGAMO, A adj. y s.f. Relativo a las plantas pluricelulares que carecen de flores, frutos y semillas (por oposición a *fanerógamas*). [Las *criptógamas* comprenden tres tipos: *talófitas* (algas, hongos), *briófitos* (musgos) y *pteridófitos* (helechos).] ◇ **Criptógamas vasculares** Nombre dado a los pteridófitos, por poseer vasos.

CRIPTOGENÉTICO, A adj. MED. Se dice de la enfermedad cuyo origen se desconoce.

CRIPTOGRAFÍA s.f. Técnica para asegurar la transmisión de información privada, que utiliza una escritura convencional secreta, de manera que sea ilegible para cualquiera que no posea la clave de descifrado.

CRIPTOGRAMA s.m. Especie de crucigrama. **2.** Mensaje escrito mediante un sistema cifrado o codificado.

CRIPTÓN s.m. → KRIPTÓN.

CRÍQUET o **CRICKET** s.m. (ingl. *cricket*) Juego de pelota inglés que se practica con bates de madera.

CRIS s.m. (pl. *cris*). Puñal malayo de hoja ondulada en forma de llama.

CRISÁLIDA s.f. (gr. *khrysallís, -idos*, de *khrysós*, dorado). Insecto, especialmente el lepidóptero, que se halla entre el estadio de oruga y el de mariposa.

CRISANTEMO s.m. Planta ornamental, con flores de variado colorido, muy utilizada para guarnecer tumbas. (Familia compuestas.) **2.** Flor de esta planta.

CRISELEFANTINO, A adj. Se dice de una técnica de la antigüedad que empleaba oro y marfil para la realización de estatuas, y de las estatuas labradas con esta técnica.

CRISIS s.f. (gr. *krísis*, decisión, de *krínein*, separar, juzgar). Situación difícil y tensa de cuyo fin depende la reanudación de la normalidad. **2.** Manifestación aguda de un trastorno físico o mental. ◇ **Crisis económica** Ruptura del equilibrio entre la producción y el consumo, que se traduce en una caída general de las magnitudes económicas, principalmente inversión, nivel de empleo, renta y consumo. **Crisis ministerial** Período intermedio entre la dimisión de un gobierno y la formación de otro; dimisión del gobierno. **Crisis nerviosa** Estado de agitación breve y súbito acompañado de gritos y de gesticulación, sin pérdida del conocimiento.

ENCICL. Hasta mediados del s. XIX las crisis económicas aún eran de subproducción agrícola, y afectaban sobre todo al medio rural. Después, el desarrollo de la industria pesada y las comunicaciones y la incorporación de los sistemas monetarios provocaron crisis de sobreproducción industrial, más largas y extensas. En un tercer momento, los factores financieros se transformaron en determinantes y causaron crisis bursátiles (el *crac* de la Bolsa de Nueva York en 1929). La crisis surgida en 1973, luego de la cuadruplicación de los precios del petróleo, ofreció aspectos originales: su duración y la simultaneidad de fenómenos antieconómicos, como el desempleo que coexiste con la inflación (estanflación). En octubre de 1987, el mercado bursátil internacional sufrió otro *crac* de gran amplitud, consecuencia directa de la especulación financiera y reflejo de la precariedad monetaria internacional. En 1991 una nueva crisis, ligada a la guerra del Golfo, sacudió la economía mundial. En 1997, otro *crac* bursátil afectó a los principales países asiáticos y, en 2007, una crisis financiera, que tuvo su origen en Estados Unidos, hizo tambalear el sistema bancario internacional.

CRISMA s.m. (lat. tardío *chrisma, -atis*, acción de ungir). Mezcla de aceite y bálsamo que se utiliza en las consagraciones y en la administración de ciertos sacramentos. • s.f. *Fam.* Cabeza: *romperse la crisma*.

CRISMERA s.f. Recipiente para el crisma.

CRISMÓN s.m. Monograma de Cristo, compuesto por las letras griegas X y P o P acompañada por las letras α y ω y cruzadas en su trazo vertical por una barra horizontal.

CRISOBERILO s.m. Aluminato natural de berilo, que forma parte de algunas piedras finas.

CRISÓBULA s.f. Edicto de un emperador bizantino sellado con la bula de oro.

CRISOCOLA s.f. Silicato hidratado de cobre, de color azul turquesa intenso.

CRISOL s.m. (cat. ant. y dialectal *cresol*). Recipiente de tierra refractaria, metal, aleación, etc., que se utiliza en el laboratorio para fundir o calcinar. **2.** *Fig.* Medio de purificación moral o intelectual, de ensayo o de análisis. **3.** INDUSTR. Parte inferior de un alto horno, donde se acumula el metal fundido.

CRISOLITA s.f. Variedad de peridoto verde claro.

CRISOMÉLIDO, A adj. y s.m. Relativo a una familia de coleópteros de colores brillantes y aspecto metálico, la mayoría de ellos perjudiciales para las plantas.

CRISOPRASA s.f. Variedad de calcedonia de color verdoso.

CRISPACIÓN s.f. Acción y efecto de crispar. SIN.: *crispamiento*.

CRISPAR v.tr. y prnl. Contraer repentina y pasajeramente los músculos de una parte del cuerpo. **2.** *Fig.* Irritar, exasperar.

CRISPATURA s.f. MED. Contracción de los músculos debida a una irritación nerviosa.

CRISTAL s.m. (lat. *crystallus*). Vidrio compuesto por tres partes de sílice, dos de óxido de plomo y una de potasa. **2.** Lámina de cristal o vidrio con que se forman las vidrieras, ventanas, etc. **3.** Cuerpo sólido, que puede adoptar una forma geométrica bien definida, caracterizado por una distribución regular y periódica de los átomos. ◇ **Cristal de roca** Cuarzo hialino, duro y límpido, que en su forma primitiva se presenta en prismas hexagonales finalizados en pirámides de seis caras laterales. **Cristal líquido** Sustancia líquida dotada de estructura cristalina.

CRISTALERA s.f. Cierre o puerta de cristales. **2.** Armario con cristales.

CRISTALERÍA s.f. Juego de vasos, copas y jarros de cristal que se usan para el servicio de mesa. **2.** Establecimiento donde se fabrican o se venden objetos de cristal. **3.** Conjunto de esos objetos. **4.** Fabricación y comercio de vasos, copas y otros objetos de cristal.

CRISTALINIDAD s.f. QUÍM. Propiedad de un compuesto macromolecular que corresponde a una disposición regular de las macromoléculas entre sí.

CRISTALINO, A adj. Que es de cristal o tiene sus características. ◆ s.m. Elemento del ojo, en forma de lente biconvexa, situado en el globo ocular, detrás de la pupila, y que forma parte de los medios refringentes que hacen converger los rayos luminosos sobre la retina. ◇ **Sistema cristalino** Conjunto de los elementos de simetría característicos de la red de un cristal. (Existen siete sistemas cristalinos, que se designan con el nombre de la forma-tipo correspondiente.)

cúbico
$a = b = c$
$\alpha = \beta = \gamma = \frac{\pi}{2}$

tetragonal
$a = b \neq c$
$\alpha = \beta = \gamma = \frac{\pi}{2}$

rómbico
$a \neq b \neq c$
$\alpha = \beta = \gamma = \frac{\pi}{2}$

monoclínico
$a \neq b \neq c$
$\alpha = \gamma = \frac{\pi}{2} \neq \beta$

triclínico
$a \neq b \neq c$
$\alpha \neq \beta \neq \gamma \neq \frac{\pi}{2}$

romboédrico
$a = b = c$
$\alpha = \beta = \gamma \neq \frac{\pi}{2}$

hexagonal
$a = b \neq c$
$\alpha = \beta = \frac{\pi}{2}$
$\gamma = 2\frac{\pi}{3}$

■ **CRISTALINO.** Los siete sistemas cristalinos.

CRISTALIZADOR s.m. Recipiente de vidrio para verter una disolución y que cristalice.

CRISTALIZAR v.intr. y prnl. [7]. Tomar cierta sustancia forma o estructura cristalina. ◆ v.intr. *Fig.* Tomar forma definida un proyecto, una idea o un sentimiento: *las diversas propuestas cristalizaron en un manifiesto.* ◆ v.tr. Hacer tomar a una sustancia forma o estructura cristalina.

CRISTALOGRAFÍA s.f. Ciencia que estudia los cristales y las leyes que rigen su formación.

CRISTALOIDE adj. Parecido, semejante a un cristal. ◆ adj. y s.m. Se dice del cuerpo disuelto que puede ser dializado.

CRISTALOMANCIA o **CRISTALOMANCÍA** s.f. Procedimiento de adivinación fundado en la contemplación de objetos de vidrio o de cristal.

CRISTALOQUÍMICA s.f. Rama de la química que se ocupa del estudio de los medios cristalizados.

CRISTERO, A adj. y s. HIST.: Relativo a la sublevación contra el gobierno del presidente mexicano Calles; partidario de esta sublevación.

CRISTIANAR v.tr. *Fam.* Bautizar.

CRISTIANDAD s.f. Conjunto de los países, los pueblos o los fieles cristianos. **2.** Observancia de la ley de Cristo.

CRISTIANÍA s.m. Movimiento que permite al esquiador efectuar un viraje o una parada mediante un cuarto de vuelta brusco.

CRISTIANISMO s.m. Conjunto de las religiones que se basan en las enseñanzas de Jesucristo. **2.** Conjunto de las personas que tienen esta religión.

ENCICL. El cristianismo se funda en la revelación divina inaugurada por el Antiguo testamento y manifestada en las enseñanzas (la Buena Nueva) de Jesucristo, hijo de Dios y salvador del mundo. De manera progresiva, el cristianismo elaboró una fe común con base en la trinidad, la encarnación y la redención. Tras la muerte de Jesús, los apóstoles difundieron el cristianismo. San Pedro fue el primer obispo de Roma, pero el apóstol más activo difusor de la doctrina fue san Pablo. Aunque sufrió persecuciones desde el s.I, el número de adeptos aumentó hasta que finalmente Constantino lo reconoció (edicto de Milán, 313) y Teodosio lo declaró religión oficial del Estado (fines del s. IV). Durante la edad media se extendió, a pesar de que, desde su nacimiento, se enfrentó con graves problemas: las herejías, el cisma de Oriente (1054), que separó la iglesia bizantina de la latina, el cisma de Occidente (1378) y la Reforma (s. XVI), que separó el protestantismo de la iglesia romana. Frenado por el auge del racionalismo en el s. XVIII, se difundió por todo el mundo en s. XIX gracias a las misiones. Con el movimiento ecuménico y el concilio Vaticano II, el cristianismo intenta superar sus divisiones (católicos, protestantes, ortodoxos) y recobrar su unidad.

CRISTIANIZAR v.tr. y prnl. [7]. Convertir al cristianismo a alguien. **2.** Conformar una cosa con el dogma o con el rito cristiano.

CRISTIANO, A adj. (lat. *christianus*). Relativo al cristianismo: *la fe cristiana.* **2.** Conforme a la doctrina y a la moral del cristianismo: *una vida cristiana.* ◆ adj. y s. Que profesa el cristianismo. ◆ s. *Fam.* Persona, alma viviente. ◇ **Cristiano antiguo,** o **viejo** Denominación que en España y Portugal se daba a los cristianos que descendían de cristianos, por oposición a cristiano nuevo, como moros y judíos conversos. **Hablar en cristiano** *Fam.* De forma clara y comprensible; en una lengua que conozca el interlocutor.

CRISTINO, A adj. y s. Partidario de la regente María Cristina y de su hija Isabel, en oposición a carlista, durante la primera guerra carlista; relativo a este bando.

CRISTO s.m. Jesucristo. (Se escribe con mayúscula.) [V. parte n. pr. Jesús.] **2.** Crucifijo. ◇ **Estar,** o **ponerse, hecho un Cristo** *Fam.* Tener un aspecto deplorable. **Ni Cristo** *Fam.* Nadie.

CRISTOBALINA s.f. Planta herbácea de raíz negruzca, que florece de mayo a junio y da unas bayas venenosas. (Familia ranunculáceas.)

CRISTOBALITA s.f. Variedad de sílice (SiO_2) cristalizada.

CRISTOFUÉ s.m. Ave paseriforme algo mayor que la alondra, de color amarillo verdoso, abundante en Venezuela. (Familia tiránidos.)

CRISTOLOGÍA s.f. Parte de la teología consagrada a la persona y a la obra de Cristo.

CRITERIO s.m. (lat. *criterium*). Principio o norma de discernimiento o decisión: *criterio de verdad.* **2.** Opinión que se tiene sobre algo. **3.** Juicio o discernimiento.

CRITÉRIUM s.m. Prueba deportiva no oficial que sirve para poder apreciar los méritos de los participantes: *critérium ciclista.*

CRÍTICA s.f. Conjunto de opiniones o juicios que responden al análisis de algo. **2.** Conjunto de los que se dedican profesionalmente a emitir estos juicios: *la crítica es unánime.* **3.** Acción de criticar, censurar. **4.** FILOS. Parte de la lógica que estudia los criterios de verdad.

CRITICAR v.tr. [1]. Examinar y juzgar una obra artística, literaria, etc. **2.** Expresar una opinión o un juicio negativos sobre una persona o cosa.

CRITICASTRO, A s. Persona que critica algo sin conocimiento ni autoridad.

CRITICISMO s.m. Sistema filosófico fundado sobre la crítica del conocimiento y cuyo promotor fue Kant.

CRÍTICO, A adj. (lat. *criticus*). Relativo a la crítica. **2.** *Fig.* Se dice de los valores de las magnitudes, como masa, temperatura, presión, etc., para las que se produce un cambio en las propiedades de un cuerpo o en las características de un proceso. **3.** Decisivo, preciso, oportuno: *momento crítico.* **4.** MED. Relativo a la crisis de una enfermedad. ◆ adj. y s. Que juzga las cualidades y los defectos de una obra artística, de un hecho, costumbre, etc., especialmente si se dedica a ello profesionalmente.

CROAR v.intr. (voz de origen onomatopéyico). Cantar la rana o el sapo.

CROATA adj. y s.m. y f. De Croacia. ◆ s.m. Lengua eslava que tiene el estatuto de lengua oficial en Croacia y, junto al bosnio y el serbio, en Bosnia-Herzegovina.

CROCANTE s.m. Picada de almendras tostadas y cubiertas de caramelo que se usa en repostería. SIN.: *crocanti.*

CROCANTI s.m. Crocante. **2.** Helado cubierto de crocante.

CROCHÉ s.m. (fr. *crochet*). Labor de ganchillo.

CROCHET s.m. (voz francesa). En boxeo, golpe que se da lateralmente, con el brazo doblado en forma de gancho.

CROCO s.m. (lat. *crocum*). Azafrán.

CROCODILIO, A adj. y s.m. Relativo a un orden de reptiles de vida acuática, con paladar óseo, dientes implantados en alvéolos y esternón abdominal.

CROISSANT s.m. (voz francesa) [pl. *croissants*]. → CRUASÁN.

CROL o **CRAWL** s.m. (ingl. *crawl*). Estilo de natación que consiste en una rotación vertical alternativa de los brazos y un movimiento pendular continuo de los pies.

CROMADO s.m. Operación consistente en revestir una superficie metálica con un baño 0de cromo. **2.** Resultado de dicha operación.

CROMAR v.tr. Dar un baño de cromo a una pieza metálica.

CROMÁTICO, A adj. Relativo a los colores. **2.** Relativo a la cromatina. **3.** MÚS. Se dice de una serie de sonidos que proceden por semitonos ascendentes o descendentes. ◇ **Abstracción cromática** Tipo de pintura abstracta creado por Newman, Rothko, etc. (En el mundo anglosajón se denomina *color-field painting,* pintura del campo de color.)

CROMATINA s.f. Sustancia característica del núcleo de las células, que fija los colorantes básicos, como la fucsina.

CROMATISMO s.m. Cualidad de cromático. **2.** MÚS. Sistema cromático.

CROMATO s.m. Sal del ácido crómico.

CROMATÓFORO s.m. Célula de la piel del ser humano y de los animales que contiene un pigmento que da color al tegumento.

CROMATOGRAFÍA s.f. Método de separación de los constituyentes de una mezcla, fun-

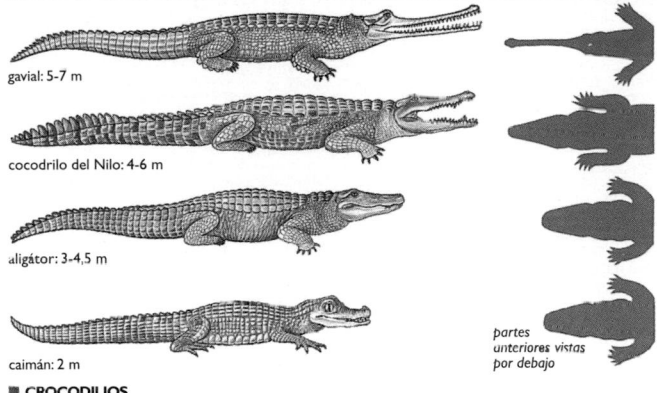

gavial: 5-7 m

cocodrilo del Nilo: 4-6 m

aligátor: 3-4,5 m

caimán: 2 m

*partes
anteriores vistas
por debajo*

■ CROCODILIOS

■ CRÓTALO diamantino.

■ CRUCERO de la catedral de Santo Domingo de la Calzada (La Rioja).

dado en su adsorción selectiva por sólidos pulverulentos o en su partición entre dos disolventes.

CROMATOGRAMA s.m. Imagen obtenida por cromatografía.

CROMISTA s.m. y f. Técnico encargado de controlar y eventualmente de retocar las películas obtenidas en fotograbado por selección de colores, para asegurar la calidad deseada en la reproducción del original.

CRÓMLECH s.m. (fr. *cromlech*) [pl. *crómlechs*]. Monumento megalítico formado por varios menhires dispuestos en círculo.

CROMO s.m. (gr. *khroma*, color). Metal de color blanco azulado, duro, inoxidable, que se emplea como revestimiento protector y en determinadas aleaciones. **2.** Elemento químico (Cr), de número atómico 24 y masa atómica 51,996. **3.** Cromolitografía.

CROMOLITOGRAFÍA s.f. Impresión de imágenes con colores superpuestos mediante procedimientos litográficos. **2.** Estampa obtenida por este procedimiento.

CROMOSFERA s.f. Capa media de la atmósfera solar, entre la fotosfera y la corona.

CROMOSO, A adj. Se dice de los compuestos del cromo divalente.

CROMOSOMA s.m. Orgánulo de la célula que se halla en el interior del núcleo y contiene el material genético.
ENCICL. Los cromosomas se disponen por pares en las células diploides (23 pares, es decir, 46 cromosomas en el ser humano, por ejemplo) y por unidades en las células haploides (23 cromosomas en los gametos humanos). Cada cromosoma está formado por una única macromolécula de ADN asociada a proteínas.

telómero — ADN

brazo largo

centrómero

brazo corto — histona

cromatidio

■ CROMOSOMA (estructura).

CROMOSÓMICO, A adj. Relativo a los cromosomas.

CRÓNICA s.f. (lat. *chronica, -orum*). Recopilación de hechos históricos en orden cronológico. **2.** Artículo periodístico en que se comenta algún tema de actualidad. **3.** ESTADÍST.

Sucesión ordenada de observaciones de una variable en fechas sucesivas situadas a intervalos de tiempo iguales.

CRÓNICO, A adj. Se dice de una enfermedad que no tiene curación y se padece durante mucho tiempo: *bronquitis crónica*. **2.** Se dice del problema, mal o defecto que es permanente o dura desde hace mucho tiempo.

CRONICÓN s.m. Narración histórica, anónima muchas veces, y sin la unidad interna que suele caracterizar a la crónica.

CRONISTA s.m. y f. Autor de una crónica.

CRONOESCALADA s.f. En ciclismo, carrera contrarreloj que discurre por un tramo ascendente.

CRONOFOTOGRAFÍA s.f. Procedimiento de análisis del movimiento mediante fotografías sucesivas.

CRONOGRAFÍA s.f. Cronología.

CRONÓGRAFO s.m. Reloj de precisión que permite medir intervalos de tiempo. **2.** Aparato que permite evidenciar mediante métodos gráficos la duración de un fenómeno.

CRONOGRAMA s.m. Representación gráfica de un conjunto de hechos en función del tiempo.

CRONOLOGÍA s.f. Sucesión en el tiempo de los acontecimientos históricos. **2.** Ciencia que se ocupa de determinar el orden y las fechas de los sucesos históricos.

CRONOLÓGICO, A adj. De la cronología: *tabla cronológica*.

CRONOMETRAJE s.m. Acción de cronometrar.

CRONOMETRAR v.tr. Medir el tiempo exacto durante el cual se realiza una acción, una prueba deportiva o una operación industrial.

CRONOMETRÍA s.f. Parte de la física que se ocupa de la medida del tiempo.

CRONOMÉTRICO, A adj. Relativo a la cronometría o al cronómetro.

CRONÓMETRO s.m. Reloj de precisión, reglado en diferentes posiciones y a temperaturas variadas, provisto de un certificado oficial de homologación y control.

CRÓNULO s.m. FARM. Forma de administración de medicamentos de acción prolongada.

CROQUET s.m. (voz inglesa). Juego que consiste en hacer pasar bajo unos aros unas bolas de madera, golpeándolas con un mazo, siguiendo un trayecto determinado.

CROQUETA s.f. (fr. *croquant*, crujiente). Porción de masa hecha con carne, pollo, pescado, etc., ligada con bechamel, rebozada y frita, a la que se da forma ovalada o redonda.

CROQUIS s.m. (voz francesa). Dibujo rápido a mano alzada, que solo esboza la imagen de un ser o una cosa.

CROSOPTERIGIO, A adj. y s.m. Relativo a un orden de peces marinos huesudos, de cuerpo macizo cuya estructura recuerda la de los primeros anfibios. (El celacanto es su único representante.)

CROSS s.m. Cross-country. **2.** En boxeo, golpe cruzado, levemente ascendente.

CROSS-COUNTRY s.m. (voz inglesa). Carrera de atletismo por terrenos variados con obstáculos. (Se abrevia *cross*.)

CROSSING-OVER s.m. (voz inglesa). BIOL. Cruzamiento de dos cromosomas, en el transcurso de la formación de las células reproductoras, que permite nuevas combinaciones de caracteres hereditarios. SIN.: *entrecruzamiento*.

CRÓTALO s.m. (lat. *crotalum*). Variedad de castañuelas de madera o de metal. **2.** Serpiente venenosa de la familia crotálidos, básicamente americana, llamada también serpiente de cascabel a causa del cascabel formado por estuches córneos, restos de mudas, situado al final de la cola.

CROTORAR v.intr. Producir la cigüeña un ruido peculiar con el pico.

CROW (ingl. *Crow*). → **2. CUERVO.**

CROWN-GLASS s.m. (ingl. *crown glass*). Vidrio blanco de primera calidad, que se utiliza en óptica, a menudo combinado con el flint.

CRUASÁN o **CROISSANT** s.m. (fr. *croissant*) [pl. *cruasanes* ó *croissants*]. Bollo en forma de media luna.

CRUCE s.m. Acción de cruzar. **2.** Interferencia en las conversaciones telefónicas o emisiones radiadas. **3.** Punto donde se cortan mutuamente dos líneas. **4.** Lugar en que se cruzan dos o más calles o carreteras.

CRUCERÍA s.f. Conjunto de nervios moldurados que refuerzan y adornan las aristas de las bóvedas. ◇ **Bóveda de crucería** Bóveda que se apoya o parece apoyarse en ojivas que se cruzan.

CRUCERO s.m. Embarcación de guerra rápida, armada con cañones y destinada a la vigilancia en alta mar, al apoyo de una escuadra o convoy y a la protección de los aviones y barcos de línea. **2.** Viaje turístico en barco que dura varios días y en el que se hacen escalas turísticas. **3.** Espacio de una iglesia donde se cruza la nave central y la transversal. **4.** Hombre que lleva la cruz en las procesiones y otras funciones sagradas. **5.** Méx. Cruce de dos calles, avenidas o caminos.

CRUCETA s.f. Cruz o aspa que resulta de la intersección de dos líneas paralelas. **2.** MEC. En las máquinas de vapor y motores de combustión, parte del mecanismo que sirve para transmitir al cigüeñal, por medio de la biela, el movimiento del vástago del émbolo. ◆ s.m. Chile. Torniquete colocado en las entradas para que las personas pasen ordenadamente de una en una. **2.** Colomb. Llave, dispositivo. **3.** Méx. Palo con los extremos terminados en cruz.

CRUCIAL adj. Decisivo para el desarrollo de algo.

CRUCÍFERO, A adj. Que tiene o lleva la insignia de la cruz. ◆ adj. y s.f. Relativo a una familia de plantas herbáceas cuya flor tiene cuatro pétalos libres dispuestos en cruz y seis estambres, dos de los cuales son más pequeños y cuyo fruto es una silicua. (Son crucíferas la mostaza, la col, el berro, etc.)

CRUCIFICADO s.m. **El Crucificado** *Por antonom.* Jesús. (Se escribe con mayúscula.)

CRUCIFICAR v.tr. (lat. *crucifigere*) [1]. Fijar o clavar a alguien en una cruz. **2.** *Fig.* y *fam.* Molestar, perjudicar. **3.** *Fig.* y *fam.* Criticar con saña.

CRUCIFIJO s.m. Efigie o imagen de Cristo crucificado.

■ **CRUCIFIJO.** *Cristo crucificado*, de Velázquez (h. 1632). [Museo del Prado, Madrid.]

CRUCIFIXIÓN s.f. Acción y efecto de crucificar. **2.** Suplicio de Jesucristo en la cruz. **3.** Representación artística de este suplicio.

CRUCIFORME adj. En forma de cruz.

CRUCIGRAMA s.m. Pasatiempo que consiste en rellenar un casillero con palabras a partir de unas definiciones dadas.

CRUDA s.f. Méx. Malestar después de una borrachera.

CRUDEZA s.f. Cualidad de crudo. **2.** *Fig.* Rigor o aspereza.

CRUDILLO s.m. Tela áspera y dura, semejante al lienzo crudo, usada para entretelas.

CRUDO, A adj. (lat. *crudus*). Se dice de un alimento cuando no ha sido preparado por medio de la acción del fuego, o cuando no lo está suficientemente. **2.** Se dice de la fruta que no está madura. **3.** Que no ha sufrido la preparación necesaria para su uso o manipulación. **4.** *Fig.* Se dice de un relato, noticia, película, etc., que no oculta ningún aspecto por desagradable que resulte: *una cruda descripción de la realidad.* **5.** Se dice del estilo realista y que choca con los convencionalismos. **6.** Se dice del tiempo muy frío y desapacible: *un crudo invierno.* **7.** Se dice del color blanco amarillento, parecido al de la seda cruda. ◆ adj. y s.m. Se dice del petróleo bruto, sin refinar. ◆ s.m. Chile y Perú. Especie de arpillera, tela. **2.** Méx. Tela de cáñamo utilizada para hacer sacos y empacar. ◇ **Estar** alguien **crudo** Méx. *Fam.* Padecer el malestar que sigue a una borrachera.

CRUEL adj. Que disfruta haciendo sufrir o contemplando el sufrimiento ajeno. **2.** *Fig.* Violento, duro, sangriento; que causa sufrimiento: *una derrota cruel.*

CRUELDAD s.f. Cualidad de cruel. **2.** Acción cruel.

CRUENTO, A adj. (lat. *cruentus*). Sangriento.

CRUJÍA s.f. (ital. *corsìa*). Corredor largo de un edificio, que da acceso a piezas situadas a ambos lados. **2.** Espacio comprendido entre dos muros de carga. **3.** MAR. Espacio de popa a proa en medio de la cubierta de una embarcación mayor. SIN.: *galería.*

CRUJIDO s.m. Acción y efecto de crujir.

CRUJIR v.intr. Hacer un ruido como el que se produce al quebrarse una rama o romperse un hueso.

CRÚOR s.m. (lat. *cruor,* sangre). FISIOL. Parte de la sangre que se coagula.

CRUP s.m. (ingl. *croup*). Localización laríngea de la difteria, cuyas falsas membranas obstruyen el orificio glótico, produciendo una disnea laríngea grave.

CRUPIER s.m. y f.(fr. *croupier*) [pl. *crupiers*]. Empleado de una casa de juego, que dirige las partidas, promueve las apuestas y canta los números.

CRUPÓN s.m. Trozo de piel de buey o de vaca, perteneciente a la grupa y el lomo del animal.

CRURAL adj. (lat. *cruralis*). Relativo a las extremidades inferiores.

CRUSTÁCEO, A adj. Que tiene costra. ◆ adj. y s.m. Relativo a una clase de artrópodos generalmente acuáticos, de respiración branquial, y cuyo caparazón está formado por quitina impregnada de caliza (cangrejo, gamba, percebe, etc.).

CRUZ s.f. (lat. *crux, crucis*). Figura formada por dos líneas que se cruzan perpendicularmente. **2.** Madero hincado verticalmente en el suelo y atravesado en su parte superior por otro, que suele ser más corto, en que antiguamente se clavaba o ataba a los condenados. **3.** *Fig.* Sufrimiento o agobio prolongado. **4.** Reverso de una moneda (por oposición a *cara* o *anverso*). **5.** En los cuadrúpedos, parte alta del lomo, donde se cruzan los huesos de las extremidades anteriores con el espinazo. **6.** Condecoración, objeto o joya en forma de cruz. ◇ **Cruz de Lorena** Cruz que tiene dos travesaños. **Cruz de Malta** Cruz de cuatro brazos iguales que se ensanchan en los extremos. **Cruz de San Andrés** Cruz en forma de X. **Cruz gamada** Cruz de brazos iguales cuyos extremos doblan en la misma dirección. **Cruz griega** Cruz cuyos brazos son de longitud igual. **Cruz latina** Cruz que tiene un brazo más largo que los otros tres. **Cruz roja** Insignia de los servicios de sanidad, constituida por una cruz roja sobre fondo blanco reconocida y protegida por las convenciones internacionales. **Cruz svástica** Cruz gamada cuyos extremos doblan a la derecha. **Cruz tau** Cruz que tiene forma de T. **Cruz y raya** Expresa el firme propósito de no volver a tratar de un asunto o con alguna persona. **Gran cruz** La mayor dignidad en la mayoría de órdenes de distinción. **Hacerse cruces,** o **la cruz** *Fam.* Demostrar admiración o extrañeza por alguna cosa.

CRUZADA s.f. Expedición militar realizada con una finalidad religiosa, especialmente las realizadas contra los infieles o herejes durante la edad media y las encaminadas a recuperar los *Santos Lugares. (V. parte n. pr.) **2.** Tropa que iba a esta expedición. **3.** Campaña, conjunto de actos o esfuerzos aplicados a un fin.

CRUZADO, A adj. y s. Se dice del que se alistaba para alguna cruzada. ◆ adj. Se dice de la prenda de vestir en la que puede sobreponerse un delantero sobre otro. **2.** Se aplica a un animal nacido de un cruzamiento. ◆ s.m. Unidad monetaria principal de Brasil de 1986 a 1990. (En este período sustituyó al cruzeiro.) ◇ **Fuego cruzado** MIL. Fuego que converge sobre el mismo objetivo y procede de distintos puntos. **Palabras cruzadas** Juego que consiste en adivinar unas palabras que, colocadas en forma de cuadrado, pueden leerse tanto horizontal como verticalmente.

CRUZAMEN s.m. MAR. Longitud de las vergas en los barcos de cruz.

CRUZAMIENTO s.m. BIOL. Reproducción sexual a partir de dos individuos de distinta cruz.

CRUZAR v.tr. y prnl. [7]. Atravesar una cosa sobre otra, especialmente formando una cruz. **2.** Intercambiar palabras, saludos, sonrisas, etc. **3.** Juntar un macho y una hembra de una

misma especie pero de distinta raza para que procreen: *cruzar una yegua inglesa con un caballo árabe.* ◆ v.tr. Atravesar una calle, el campo, etc., pasando de una parte a otra. ◆ v.intr. Pasar por delante de una persona o cosa. ◆ **cruzarse** v.prnl. Pasar por un lugar dos o más personas, vehículos, etc., en distinta dirección. **2.** Atravesarse, interponerse una cosa ante otra.

CRUZEIRO s.m. Antigua unidad monetaria principal de Brasil. (De 1986 a 1990 fue sustituida por el cruzado, y en 1994, por el real.)

CTENÓFORO, A adj. y s.m. Relativo a un tipo de celentéreos marinos desprovistos de células urticantes que presentan una clase particular de simetría.

CTÓNICO, A adj. MIT. Se aplica a las divinidades infernales.

1. CU s.f. Nombre de la letra *q.*

2. CU s.m. Nombre con que los cronistas españoles designaban a un templo mexicano precolombino.

CUACAR v.tr. [1]. Amér. *Vulg.* Gustar, cuadrar alguna cosa.

CUÁCARA s.f. Chile. Blusa ordinaria. **2.** Colomb. y Venez. Levita.

CUACHE, A adj. Guat. Se dice de la cosa que consta de dos partes iguales y ofrece duplicidad. ◆ adj. y s. Guat. Gemelo, mellizo.

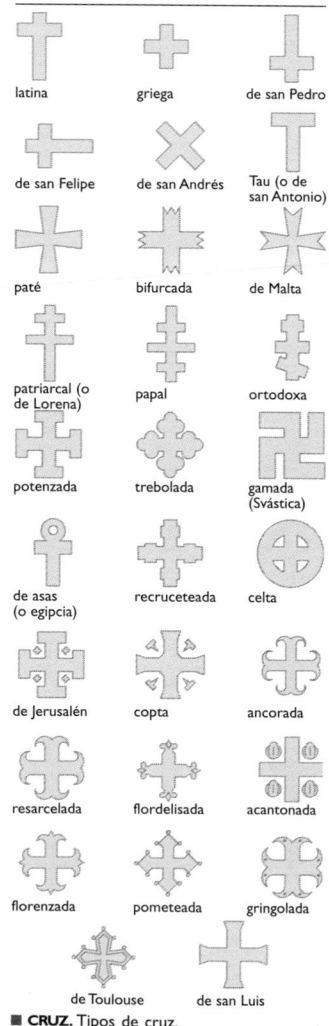

latina	griega	de san Pedro
de san Felipe	de san Andrés	Tau (o de san Antonio)
paté	bifurcada	de Malta
patriarcal (o de Lorena)	papal	ortodoxa
potenzada	trebolada	gamada (Svástica)
de asas (o egipcia)	recruceteada	celta
de Jerusalén	copta	ancorada
resarcelada	flordelisada	acantonada
florenzada	pometeada	gringolada
de Toulouse	de san Luis	

■ **CRUZ.** Tipos de cruz.

CUACO s.m. Harina de la raíz de yuca. **2.** Méx. Rocín, caballo.

CUADERNA s.f. Elemento rígido transversal del casco de una embarcación que forma parte del costillaje o armazón: *cuaderna maestra*. ◇ **Cuaderna vía** Estrofa compuesta por cuatro versos alejandrinos monorrimos aconsonantados. SIN.: *tetrástrofo monorrimo*.

CUADERNILLO s.m. Conjunto de cinco pliegos de papel.

CUADERNO s.m. (de *quaderno*, cuádruple). Conjunto de algunos pliegos de papel, doblados y cosidos en forma de libro. SIN.: *libreta*. ◇ **Cuaderno de bitácora** MAR. Libro en que se anotan las incidencias ocurridas durante la navegación.

CUADOS, pueblo germánico que vivía en la actual Moravia y desapareció en el s.IV d.C.

CUADRA s.f. (lat. *quadra*, cuadrado). Caballeriza. **2.** Conjunto de caballos de un mismo propietario. **3.** Grupo de corredores de caballos que pertenecen a un mismo equipo. **4.** Cuarta parte de una milla. **5.** Sala o pieza espaciosa. **6.** Amér. Manzana de casas. **7.** Amér. Medida de longitud cuya equivalencia varía según los países. **8.** Perú. Sala para recibir.

CUADRADILLO s.m. Barra de hierro poco gruesa y de sección cuadrada. **2.** Regla prismática de sección cuadrada. **3.** Azúcar de pilón cortado en terrones cuadrados.

CUADRADO, A adj. Que tiene la forma de un cuadrilátero de lados iguales y ángulos rectos. **2.** Fig. Perfecto, cabal. **3.** Fig. Se dice de la persona de complexión fuerte y musculosa. ◆ s.m. Figura geométrica que tiene cuatro lados iguales y cuatro ángulos rectos. **2.** ART. GRÁF. Pequeña pieza de metal del mismo cuerpo que las letras de imprenta, que sirve para completar intervalos o blancos. **3.** MAT **a.** Cuadrilátero que tiene sus lados iguales y sus ángulos rectos. **b.** Resultado de multiplicar un factor por sí mismo: *metro cuadrado*. ◇ **Cuadrado perfecto** Número que tiene raíz cuadrada exacta. **Elevar al cuadrado** Multiplicar un número por sí mismo. **Matriz cuadrada** MAT. Matriz que posee tantas filas como columnas.

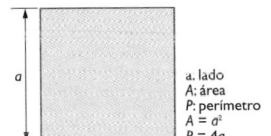

a: lado
A: área
P: perímetro
$A = a^2$
$P = 4a$

■ **CUADRADO**

CUADRAFONÍA s.f. Procedimiento de registro y de reproducción de sonidos a través de cuatro canales.

CUADRAGENARIO, A adj. (lat. *quadragenarius*). Que tiene cuarenta años o más pero no llega a los cincuenta.

CUADRAGÉSIMA s.f. Cuaresma. **2.** Primer domingo de cuaresma.

CUADRAGÉSIMO, A adj. Que corresponde en orden al número cuarenta: *el cuadragésimo día*. ◆ adj. y s.m. Cuarentavo.

CUADRANGULAR adj. Que tiene cuatro ángulos.

CUADRÁNGULO s.m. Figura geométrica formada por cuatro puntos y seis rectas que los unen dos a dos, cortándose estas en tres vértices diferentes.

CUADRANTE s.m. Antiguo instrumento astronómico de medida de ángulos, que tiene forma de una cuarta parte de círculo y está dividido en grados, minutos y segundos. **2.** MAT. Cuarta parte de la circunferencia: *un cuadrante equivale a 90 °*. **3.** En geometría analítica, cada uno de los ángulos rectos formados por los ejes de coordenadas. ◇ **Cuadrante solar** Superficie plana en la que se han trazado unas líneas, que permiten conocer la hora de acuerdo con la sombra que proyecta el Sol.

CUADRAR v.tr. Dar a una cosa figura de cuadro o de cuadrado. **2.** Amér. Sentar bien o mal en una persona una cosa. **3.** Venez. Lucirse,

agradar, quedar airoso. **4.** Tratándose de cuentas, balances, etc., hacer que coincidan los totales del debe y el haber. **5.** MAT. Efectuar una cuadratura. ◆ v.intr. Conformarse o ajustarse una cosa con otra. **2.** Agradar una cosa. **3.** Méx. Fam. Gustar, parecer bien una persona o una cosa a alguien: *me cuadra su manera de ser*. ◆ **cuadrarse** v.prnl. Ponerse una persona en posición erguida y con los pies en escuadra. **2.** Mostrar una persona firmeza o gravedad de forma repentina. **3.** Chile. Suscribirse con una importante cantidad de dinero, o dar de hecho esa cantidad o valor. **4.** TAUROM. Quedarse quieto el toro, con las cuatro patas en firme, sin adelantar ni atrasar ninguna.

CUADRÁTICO, A adj. MAT. **a.** Del cuadrado. **b.** Se dice de un valor elevado al cuadrado: *media cuadrática*. ◇ **Forma cuadrática** MAT. Aplicación que, a un vector de un espacio vectorial, hace corresponder un número calculado como polinomio de segundo grado de los componentes de ese vector.

CUADRATÍN s.m. IMPR. Cuadrado que tiene por cada lado tantos puntos como el tipo de letra al que pertenece.

CUADRATURA s.f. (lat. *quadratura*). ASTRON. **a.** Posición de dos astros en relación con la Tierra cuando sus direcciones forman un ángulo recto. **b.** Fase del primero y del último cuarto de la Luna. **2.** GEOM. Construcción geométrica de un cuadrado equivalente a un área dada. **3.** MAT. En análisis, evaluación de un área por medio de una integral. **4.** TECNOL. Conjunto de las piezas que mueven las agujas de un reloj. ◇ **Magnitudes en cuadratura** Magnitudes sinusoidales de la misma frecuencia, entre las que existe una diferencia de fase de un cuarto de período.

CUÁDRICEPS s.m. y adj. Músculo anterior del muslo, formado por cuatro haces que se reúnen en la rótula.

CUÁDRICO, A adj. y s.f. Se dice de las superficies de segundo orden, representadas por una ecuación de segundo grado.

CUADRÍCULA s.f. Dibujo consistente en una serie de cuadros formados por la intersección de líneas verticales y horizontales.

1. CUADRICULAR v.tr. Trazar líneas que formen una cuadrícula: *cuadricular un papel*. **2.** Someter una cosa a un orden o a una estructura muy rígida.

2. CUADRICULAR adj. De la cuadrícula.

CUADRIDIMENSIONAL adj. Que tiene cuatro dimensiones.

CUADRIENAL o **CUATRIENAL** adj. Que dura cuatro años: *rotación cuadrienal*. **2.** Que tiene lugar o se repite cada cuatro años: *los juegos olímpicos son cuadrienales*.

CUADRIENIO o **CUATRIENIO** s.m. Período de cuatro años.

CUADRIFOLIO s.m. Motivo decorativo formado por cuatro partes de círculos tangentes, característico del arte gótico.

CUADRIFOLIADO, A adj. BOT. Que tiene las hojas dispuestas en grupos de cuatro.

CUADRIGA s.f. Carro tirado por cuatro caballos enganchados de frente. **2.** Tiro de cuatro caballos enganchados.

CUADRIGÉMINO, A adj. y s.m. ANAT. Se dice de cuatro pequeños tubérculos situados en la base del cerebro de los mamíferos y que están en relación con las vías ópticas y las vías auditivas.

S_1, S_2, S_3, S_4: vértices
$S_1 S_2 S_3 S_4$: cuadrángulo

■ **CUADRÁNGULO.** Construcción del cuadrángulo $S_1 S_2 S_3 S_4$.

CUADRIL s.m. Hueso que forma el anca. **2.** Anca. **3.** Cadera.

CUADRILÁTERO, A adj. Que tiene cuatro lados. ◆ s.m. Figura geométrica que tiene cuatro lados. **2.** Lugar donde se disputan los combates de boxeo o de lucha. SIN.: *ring*. **3.** MIL. Posición estratégica que se apoya sobre cuatro puntos o zonas fortificadas. ◇ **Cuadrilátero completo** Figura formada por cuatro rectas y sus puntos de intersección dos a dos. **Cuadrilátero esférico** Figura formada sobre la superficie de una esfera por una serie cerrada de cuatro arcos de círculos máximos.

CUADRILLA s.f. Conjunto de personas que se reúnen para realizar un trabajo. **2.** Grupo de jinetes que dan vueltas en un carrusel o ejercicio ecuestre. **3.** COREOGR. Número par de parejas que bailan realizando figuras derivadas de las antiguas contradanzas. **4.** HIST. **a.** Grupo armado de la Santa Hermandad, que perseguía la delincuencia en una pequeña demarcación. **b.** Cualquiera de las cuatro partes de que se componía el consejo de la Mesta. **5.** TAUROM. Conjunto de diestros que lidian toros bajo las órdenes de un matador.

CUADRILLAZO s.m. Amér. Merid. Ataque de varias personas contra una.

CUADRILONGO, A adj. Rectangular.

CUADRINOMIO s.m. Expresión algebraica que consta de cuatro términos.

CUADRIPOLO s.m. Parte de una red eléctrica comprendida entre dos pares de bornes de acceso.

CUADRIRREME adj. y s.m. Se dice de una antigua embarcación de cuatro hileras de remos.

CUADRISÍLABO, A adj. ▸ CUATRISÍLABO.

CUADRIVALENTE adj. Que tiene por valencia química 4.

CUADRO s.m. (lat. *quadrum*, cuadrado). Pintura, dibujo o grabado ejecutado sobre papel, tela, etc., generalmente con un marco, que se cuelga en la pared para adornar. **2.** Objeto o figura con forma de cuadrado. **3.** Espectáculo de la naturaleza o escena que se ofrece a la vista y despierta en el ánimo algún sentimiento. **4.** Descripción literaria. **5.** Conjunto de nombres, cifras u otros datos presentados gráficamente de manera que se advierta la relación existente entre ellos. **6.** Conjunto de personas que dirigen y coordinan un equipo o una actividad profesional: *el cuadro técnico de la empresa*. **7.** Conjunto de piezas y dispositivos que regulan un aparato o máquina: *cuadro de mandos*. **8.** Elemento principal de sostén de una galería de mina, trapezoidal o en forma de pórtico. **9.** Colector de ondas utilizado en radiotecnia. **10.** Chile. Calzón, prenda interior femenina. **11.** Colomb. Pizarra, encerado. **12.** MIL. Antigua formación militar de infantería que daba frente por cuatro caras. **13.** TEATR. Subdivisión de un acto señalada por un cambio de decorado. ◇ **Cuadro de control** Conjunto de los aparatos de mando, medida, ajuste y seguridad de una máquina, de un grupo de máquinas o de una instalación completa. **Cuadro de honor** Lista de los alumnos de más mérito. **Cuadro de mandos** Conjunto de instrumentos situados a la vista del piloto o del conductor, con el fin de permitirle vigilar la marcha de su vehículo. **Cuadro vivo, o plástico** Escenificación de un tema religioso, histórico, etc., realizado con personajes vivientes que permanecen inmóviles en el escenario. **Estar, o quedarse, en cuadro** Fam. Estar o quedarse muy pocos en un lugar en que antes había muchos.

CUADRÚMANO, A o **CUADRUMANO, A** adj. y s.m. Que tiene cuatro manos: *los simios son cuadrúmanos*.

CUADRÚPEDO, A adj. y s.m. (lat. tardío *quadrupes, -edis*). Se dice del animal que anda o se sostiene sobre los cuatro pies.

CUÁDRUPLE adj. Que se repite cuatro veces o está formado por cuatro elementos iguales o similares. ◆ adj. y s.m. Cuádruplo.

CUÁDRUPLEX s.m. y adj. Sistema de transmisión telegráfica que permite la transmisión simultánea de cuatro despachos distintos.

CUADRUPLICAR v.tr. [1]. Ser o hacer cuádruple una cosa. **2.** Multiplicar por cuatro.

CUÁDRUPLO, A adj. y s.m. Que contiene un

número cuatro veces exactamente. SIN.: *cuádruple*.

CUAIMA s.f. Serpiente ágil y venenosa, negra en el dorso, que vive en la región oriental de Venezuela. (Familia crotálidos.) **2.** *Venez. Fam.* Persona lista, peligrosa y cruel.

CUAJADA s.f. Parte de la leche obtenida por coagulación natural o artificial, que sirve para elaborar el queso. **2.** Requesón.

1. CUAJAR v.tr. y prnl. (lat. *coagulare*). Hacer que un líquido se haga pastoso o llegue a solidificarse. ◆ v.intr. *Fig.* Gustar, ser aceptado. ◆ v.intr. y prnl. *Fig.* Obtener el resultado o éxito esperados. ◆ **cuajarse** v.prnl. Llenarse completamente.

2. CUAJAR s.m. Última cavidad del estómago de los rumiantes, que segrega el jugo gástrico.

CUAJARÓN s.m. Porción de sangre o de otro líquido cuajado.

CUAJO s.m. Sustancia con que se cuaja un líquido, especialmente materia para cuajar la leche, contenida en el cuajar de los rumiantes. **2.** *Fam.* Calma, lentitud. ◇ **De cuajo** De raíz.

CUAL pron.relat. (lat. *qualis*). Equivale al pronombre relativo *que*, y va precedido del artículo *el, la, lo, los, las*: *la muchacha de la cual me hablaste*. ◆ pron.relat.correlativo. Se emplea en oraciones comparativas denotando idea de igualdad o semejanza cualitativa, o modal: *dulce cual la miel*. ◆ adv.m.relat. Equivale a *como, así como, de igual manera que*: *escuchamos su demanda cual si frisase en locura*.

CUÁL pron.interrog. Pregunta sobre las personas o cosas, en interrogación directa o indirecta, o en frase exclamativa o dubitativa: *¿cuál es tu nombre?*

CUALIDAD s.f. (lat. *qualitas, -atis*). Aspecto distintivo y peculiar que caracteriza a una persona o cosa y que contribuye a que sea como es. **2.** Virtud, aspecto positivo de la manera de ser de una persona: *tener buenas cualidades*. **3.** Calidad.

CUALIFICACIÓN s.f. Categoría de un trabajador según su formación y experiencia.

CUALIFICADO, A adj. Se dice del obrero especialmente preparado para una determinada fase de producción.

CUALIFICAR v.tr. [1]. Calificar.

CUALITATIVO, A adj. Relativo a la calidad, a la naturaleza de las cosas: *análisis cualitativo*.

CUALQUIER pron.indef. Apócope de *cualquiera*. (Se emplea antepuesto al sustantivo en singular: *cualquier tipo; cualquier persona*.)

CUALQUIERA pron.indef. (pl. *cualesquiera*). Indica un elemento indeterminado o sin valor del conjunto del que forma parte. ◆ s.m. y f. (pl. *cualquieras*). Persona vulgar y poco importante. ◆ s.f. (pl. *cualquieras*). Prostituta.

1. CUAN adv.c. Apócope de *cuanto*. (Se emplea antepuesto al adjetivo o al adverbio, excepto delante de *mayor, menor, más* y *menos*: *cayó cuan largo era*.)

2. CUAN s.m. *Colomb.* Cuerda de esparto.

CUÁN adv.interrog. y exclam. Apócope de *cuánto*. (Se emplea antepuesto al adjetivo o al adverbio, excepto delante de *mayor, menor, más* y *menos*: *¡cuán triste estaba!*)

CUANDO adv.t.relat. (lat. *quando*). Introduce oraciones de matiz temporal con el significado de *en el punto, en el tiempo, en la ocasión en que*: *la catástrofe ocurrió cuando intentaban desembarcar*. **2.** A veces tiene un antecedente en la oración principal, que puede ir seguido del verbo *ser*: *el lunes es cuando las sesiones son más borrascosas*. ◆ prep. Indica tiempo y equivale a *durante*: *cuando la guerra se pasó hambre*. ◆ conj.cond. En caso de que, si: *cuando él lo dice será verdad*. ◆ conj.advers. Aunque: *no faltaría a la verdad cuando le fuera en ello la vida*. (En este caso puede ir reforzado con el adv. *aun*.) ◆ conj.conc. Puesto que: *cuando tú lo dices será verdad*. ◆ conj.cop. Se emplea en el lugar de *que* con algunos verbos que suelen exigirla: *esperaba cuando viniese su señor*. ◇ **De cuando en cuando** Algunas veces, de tiempo en tiempo.

CUÁNDO adv.t.interrog. En qué tiempo: *¿cuándo vendrás?* **2.** Se sustantiva precedido del artículo *el*: *el porqué, el cómo y el cuándo*.

◆ conj.distrib. Equivale a unas veces y otras veces: *cuándo con razón, cuándo sin ella*.

CUANTÍA s.f. Cantidad en su significación concreta. **2.** Importancia: *un problema de menor cuantía*. **3.** DER. Cantidad a que asciende el importe de lo reclamado por la demanda en los juicios civiles ordinarios.

CUÁNTICO, A adj. FÍS. Relativo a los cuantos y a los cuantones: *mecánica cuántica*. ◇ **Números cuánticos** Conjunto de cuatro números que definen las características de cada uno de los electrones planetarios de un átomo. **Teoría cuántica** Teoría física que trata del comportamiento de los objetos físicos a nivel microscópico (átomos, núcleos, partículas).

ENCICL. La teoría cuántica tiene un triple origen: el estudio de Planck (1900) sobre la «radiación de cuerpo negro» con base en la hipótesis de la cuantificación de la energía luminosa; el artículo de Einstein (1905) sobre el efecto fotoeléctrico que, retomando la hipótesis de Planck, inventa el «grano» de luz; el modelo atómico de Bohr (1913), que explica el espectro en rayas de los átomos al suponer que la energía de los electrones está cuantificada. Con el señalamiento de un «objeto» de tipo nuevo, el artículo de Einstein representa el inicio auténtico de la teoría cuántica. Así, el «grano» de luz, llamado *fotón* en 1929, no se reducía a uno de dos «objetos» (onda o partícula) de la física clásica. La discontinuidad entre la teoría clásica y la cuántica se inscribe en la relación de definición de la teoría cuántica, propuesta por Planck: $E = h$ (*nu*) (un concepto de naturaleza corpuscular —la energía *E*— se halla ligado a un concepto ondulatorio —la frecuencia *nu*— por medio de *h*, la constante de Planck, cuyo valor numérico delimita el dominio cuántico). Los objetos cuánticos pueden clasificarse en dos grandes categorías —los bosones y los fermiones—, que se distinguen una de la otra por la manera en que estos objetos se comportan cuando se hallan en gran número (se habla de *comportamiento estático*).

CUANTIFICACIÓN s.f. Acción de cuantificar.

CUANTIFICADO, A adj. FÍS. Se dice de una magnitud que no puede variar más que de una manera discontinua por cantidades distintas y múltiples de un mismo valor elemental.

CUANTIFICADOR s.m. MAT. y LÓG. Símbolo que indica que una propiedad se aplica a todos los elementos de un conjunto, o solamente a algunos de ellos: *el cuantificador universal, el cuantificador existencial*.

CUANTIFICAR v.tr. [1]. Determinar la cantidad de algo. **2.** FÍS. Imponer a una magnitud una variación discontinua por cantidades distintas y múltiples de una misma variación elemental.

CUANTIMÁS adv.m. Contracción de *cuanto y más*.

CUANTIOSO, A adj. Grande en cantidad.

CUANTITATIVO, A adj. Relativo a la cantidad: *análisis cuantitativo*.

1. CUANTO o **QUANTO** s.m. FÍS. Cantidad mínima de energía que puede ser emitida, propagada o absorbida.

2. CUANTO, A pron.relat. En correlación con *tanto* o con *todo*, expresos o tácitos, compara oraciones denotando idea de equivalencia o igualdad cuantitativa: *cuanta alegría él lleva, tanta tristeza nos deja*. **2.** Con el antecedente omiso significa *todo lo que*: *iba anotando cuantas novedades se ofrecían*. **3.** En plural y precedido de *unos* u otro pronombre indefinido, tiene el significado de *algunos*: *tengo unos cuantos*. ◆ adv.c.relat. Antepuesto a otros adverbios o correspondiéndose con *tanto*, compara oraciones e indica equivalencia cuantitativa: *cuanto más habla, menos le entiendo*. ◆ adv.t.relat. Enlaza oraciones subordinadas temporales indicando simultaneidad y equivale a mientras: *durará la privanza cuanto durare la obediencia*. ◇ **Cuanto antes** Con diligencia, lo más pronto posible.

CUÁNTO, A pron.interrog. y exclam. Sirve para preguntar por la cantidad, o intensidad de algo: *¿cuántos necesitas?* ◆ adv.c.interrog. y exclam. En qué grado o manera, hasta qué punto, qué cantidad: *¡cuánto has dormido!*

CUANTON s.m. FÍS. Objeto del que trata específicamente la teoría cuántica.

CUÁQUERO, A s. Miembro de una secta religiosa fundada en 1652 por un joven zapatero inglés, George Fox, como reacción contra el ritualismo y el conformismo de la Iglesia anglicana, que se extendió sobre todo en EUA.

CUARANGO s.m. Árbol originario de Perú, muy apreciado por su corteza. (Familia rubiáceas.)

CUARCÍFERO, A adj. Que contiene cuarzo.

CUARCITA s.f. Roca dura, constituida principalmente por cuarzo, que se emplea para el empedrado de las calles.

CUARENTA adj.num.cardin. y s.m. (lat. vulgar *quaraginta*). Cuatro veces diez. ◆ adj.num. ordin. y s.m. y f. Que corresponde en orden al número cuarenta. ◇ **Los (años) cuarenta** Década que empieza en el año cuarenta y termina en el cincuenta.

CUARENTAVO, A adj. y s.m. Se dice de cada una de las partes que resultan de dividir un todo en tres partes iguales.

CUARENTENA s.f. Conjunto de cuarenta unidades. **2.** Aislamiento preventivo de personas, animales o cosas que proceden de algún lugar en que hay una enfermedad contagiosa. **3.** *Fig.* Suspensión del asenso a una noticia o hecho para asegurarse de su veracidad.

CUARENTÓN, NA adj. y s. *Fam.* Cuadragenario.

CUARESMA s.f. (del lat. tardío *quadragesima dies*, día cuadragésimo). Para los católicos, período de cuarenta y seis días, dedicado a la penitencia, que abarca desde el miércoles de ceniza hasta el domingo de pascua. **2.** Penitencia y privación de alimentos: *hacer cuaresma; romper la cuaresma*.

CUARESMAL adj. Relativo a la cuaresma.

CUARTA s.f. Palmo, medida. **2.** *Argent.* Soga, cadena o barra utilizada para tirar de un vehículo que está atascado o tiene defectos mecánicos. **3.** *Méx.* Látigo para las caballerías. **4.** MÚS. En la escala diatónica, intervalo de cuatro grados.

CUARTANA s.f. Variedad de fiebre palúdica con recidivas cada cuatro días.

CUARTAZO s.m. *Cuba, Méx.* y *P. Rico.* Golpe dado con la cuarta o látigo.

CUARTEAR v.tr. Partir o dividir una cosa en partes. **2.** Descuartizar. **3.** Andar zigzagueando por una cuesta, para suavizar la subida o bajada. ◆ **cuartearse** v.prnl. Henderse, agrietarse una pared, un techo, etc.

1. CUARTEL s.m. Edificio donde se aloja la tropa en una guarnición permanente. **2.** Cada uno de los distritos o términos en que se suelen dividir las grandes poblaciones. ◇ **Cuartel de invierno** Acantonamiento que ocupaban las tropas durante esta estación, entre dos campañas; tiempo que dura. **Cuartel general** Conjunto de los que asesoran al general jefe de una gran unidad; lugar donde se establece este órgano de mando. **Sin cuartel** Sin pacificación, sin tregua: *lucha sin cuartel*.

2. CUARTEL s.m. (cat. *quarter*). HERÁLD. Una o varias de las divisiones o subdivisiones en que puede distribuirse el escudo.

CUARTELADA s.f. Pronunciamiento militar de escasa trascendencia. SIN.: *cuartelazo*.

CUARTELADO, A adj. HERÁLD. Se dice del escudo dividido en cuarteles.

CUARTELAR v.tr. HERÁLD. Dividir un escudo en cuarteles.

CUARTELERO, A adj. y s. Relativo al cuartel. ◆ s.m. Soldado que cuida del aseo y seguridad del dormitorio que ocupa su compañía.

CUARTELILLO s.m. Local donde está instalado un puesto o retén de policía, guardias municipales, bomberos, etc.

CUARTEO s.m. Acción de cuartear o cuartearse.

CUARTERÍA s.f. *Chile, Cuba* y *Dom.* Casa de vecindad, por lo común en una hacienda de campo.

CUARTERO, A adj. *Amér.* Se dice del animal que tira de una carreta.

CUARTERÓN, NA adj. y s. Nacido de mestizo y española o de español y mestiza. ◆ s.m. Cada uno de los cuadros que hay entre los peinazos de las puertas y ventanas. **2.** Postigo, puertecilla de una ventana. **3.** Cuarta parte de una cosa. **4.** Medida de peso igual a la cuarta parte de la libra.

CUARTETA s.f. Estrofa de cuatro versos generalmente octosílabos, con rima solo en los pares.

CUARTETO s.m. Estrofa compuesta por cuatro versos de más de ocho sílabas. **2.** MÚS. **a.** Composición escrita en cuatro partes. **b.** Conjunto de sus ejecutantes.

CUARTILLA s.f. Cuarta parte de un pliego de papel. **2.** Medida de capacidad para áridos igual a la cuarta parte de la fanega. **3.** Medida de peso igual a la cuarta parte de la arroba. **4.** Parte que media entre el menudillo y la corona del casco de las caballerías. **5.** Antigua moneda mexicana de plata.

CUARTILLO s.m. Medida para líquidos que es cuarta parte de la azumbre (0,504 l). **2.** Medida para áridos, que es cuarta parte del celemín (1,156 l). **3.** Moneda de vellón castellana que equivalía a la cuarta parte de un real.

CUARTO, A adj.num.ordin. y s. (lat. *quartus*). Que corresponde en orden al número cuatro. ◆ adj. y s.m. Se dice de cada una de las partes que resultan de dividir un todo en cuatro partes iguales. ◆ s.m. Habitación, parte o pieza de una casa. **2.** Cuarta parte de algo: *un cuarto de hora.* **3.** Cada una de las fases de la Luna. **4.** Denominación que se aplicaba a las monedas de cuatro maravedís. **5.** Servidumbre de un rey o de una reina: *cuarto militar de Su Majestad.* **6.** Abertura longitudinal que se hace por golpe en las partes laterales de los cascos de las caballerías. **7.** Esp. *Fig.* y *fam.* Dinero. (Suele usarse en plural.) ○ **Cuarta enfermedad** Nombre que se da a algunas enfermedades, en relación con otras del mismo tipo y más clásicas, **Cuarto de final** DEP. Cada una de las cuatro antepenúltimas competiciones del campeonato que se ganan por eliminación del contrario y no por puntos. (Suele usarse en plural.) **Cuarto delantero, trasero** Parte anterior o posterior de los cuadrúpedos. **Cuarto oscuro** Argent. Cabina electoral. **De tres al cuarto** De poca categoría.

CUARTUCHO s.m. *Desp.* Habitación ruin.

CUARZO s.m. (fr. *quarz*). Sílice cristalizada que se encuentra en numerosas rocas (granito, arena, gres, etc.). [El cuarzo habitualmente incoloro (cristal de roca), puede tener tam-

■ **CUARZO.** Cristal de cuarzo hialino con inclusiones «en cabello» de rutilo.

bién coloración blanca, violeta (falsa amatista), negra (cuarzo ahumado), etc.]

CUASIA s.f. (lat. botánico *quassia*, en honor a *Quassy*, hechicero de Surinam). Arbusto con hojas compuestas y flores rojas, de cuya corteza y raíz se obtiene una sustancia amarga y tónica; es originario de América tropical. (Familia simarubáceas.)

CUASICASTRENSE adj. Se dice de los bienes que adquiere el hijo de familia ejerciendo cargo público, profesión o arte liberal.

CUASICONTRATO s.m. DER. Acto lícito y vo-

luntario que produce, aun sin mediar convención expresa, obligaciones.

CUASIDELITO s.m. DER. Hecho no delictivo por el que, interviniendo culpa o negligencia, se causa daño a otro.

CUASIUSUFRUCTO s.m. DER. Usufructo de las cosas consumibles.

CUATE, A adj. y s. (náhuatl *cóatl*, serpiente, mellizo).Guat. y Méx. Amigo, camarada. **2.** Méx. Mellizo, gemelo.

CUATEQUIL s.m. Méx. Maíz.

CUATERNARIO, A adj. y s.m. Que consta de cuatro unidades o elementos. **2.** GEOL. Se dice de la era geológica comprendida entre los 2 millones de años y la actualidad, en la que se producen los grandes cambios climáticos y aparecen los homínidos. **3.** GEOL. Según algunas escuelas actuales, se dice del período geológico, último de la era cenozoica, comprendido entre los 2 millones de años y la actualidad. ◆ adj. GEOL. Relativo a la era o el período cuaternarios. **2.** QUÍM. Se dice del compuesto que contiene cuatro elementos diferentes.

CUATERNIO s.m. MAT. Número hipercomplejo formado por el conjunto de cuatro números reales, tomados en un orden determinado y que se combinan siguiendo ciertas leyes.

CUATEZÓN, NA adj. Méx. Se dice del animal que debería tener cuernos y carece de ellos.

CUATREÑO, A adj. Se dice del novillo que tiene cuatro años y no ha cumplido cinco.

CUATRERO, A adj. y s. Se dice del ladrón que hurta bestias, especialmente caballos.

CUATRICROMÍA s.f. Impresión en cuatro colores (amarillo, magenta, cyan y negro).

CUATRIENAL adj. → CUADRIENAL.

CUATRIENIO s.m. → CUADRIENIO.

CUATRILLIZO, A s. y adj. Cada uno de los niños que nace en un parto cuádruple.

CUATRILLÓN s.m. Un millón de trillones (10^{24}).

CUATRIMESTRAL adj. Que dura cuatro meses. **2.** Que sucede o se repite cada cuatro meses.

CUATRIMESTRE s.m. Período de tiempo de cuatro meses.

CUATRIMOTOR s.m. y adj. Avión que posee cuatro motores.

CUATRIRREACTOR s.m. y adj. Avión provisto de cuatro reactores.

CUATRIRREMO s.m. ANT. Navío de cuatro filas de remeros, o de cuatro remeros por remo.

CUATRISÍLABO, A o **CUADRISÍLABO, A** adj. Tetrasílabo.

CUATRO adj.num.cardin. y s.m. (lat. *quattuor*). Tres y uno. **2.** Se usa para indicar una cantidad pequeña: *cayeron cuatro gotas.* ◆ adj.num.ordin. y s.m. y f. Cuarto. ◆ s.m. Méx. *Fam.* Trampa, celada: *ponerle a alguien un cuatro.* **3.** P. Rico. y Venez. Guitarra de cuatro cuerdas. ○ **Cuatro por cuatro** Vehículo todoterreno.

CUATROCENTISTA adj. y s.m. y f. Relativo al quattrocento; escritor o artista de este período.

CUATROCIENTOS, AS adj.num.cardin. y s.m. Cuatro veces ciento. ◆ adj.num.ordin. y s.m. y f. Cuadringentésimo. ◆ s.m. Siglo XV. **2.** Quattrocento.

CUATROPEADO s.m. COREOGR. Movimiento de danza.

CUAUHXICALLI s.m. Méx. Recipiente de piedra, esculpido en forma de animal, que usaban los sacerdotes aztecas para poner el corazón y la sangre de víctimas humanas.

■ **CUAUHXICALLI** azteca.
(Museo nacional de antropología, México.)

CUBA s.f. (lat. *cupa*). Recipiente de madera para contener líquidos. **2.** *Fig.* y *fam.* Persona que bebe mucho. **3.** Líquido que cabe en una cuba. **4.** METAL. Parte principal de ciertos tipos de hornos metalúrgicos, que abarca la zona de fusión. ○ **Estar como,** o **hecho, una cuba** Estar borracho.

CUBA-LIBRE s.m. (pl. *cuba-libres*). Bebida alcohólica, mezcla de ron o ginebra con un refresco de cola.

CUBANICÚ s.m. Cuba. Planta silvestre cuyas hojas, pulverizadas, se usan para curar llagas y heridas. (Familia eritroxiláceas.)

CUBANISMO s.m. Vocablo o giro privativo de Cuba.

CUBANO, A adj. y s. De Cuba. ◆ s.m. Modalidad adoptada por el español en Cuba.

CUBATA s.m. *Fam.* Cuba-libre.

CUBEBA s.f. (ár. *kubāba*). Arbusto trepador, de hojas lisas y fruto a modo de pimienta, liso, de color pardo oscuro, con un cabillo de cada baya más largo que esta. (Familia piperáceas.) **2.** Fruto de esta planta.

CUBELO s.m. FORT. Cuerpo redondo puesto en los ángulos de las murallas o cortinas.

CUBERTERÍA s.f. Conjunto de cucharas, tenedores, cuchillos y demás utensilios que se utilizan para el servicio de mesa.

CUBETA s.f. Recipiente poco profundo y de base rectangular: *cubeta de revelado.* **2.** Depósito de mercurio en la parte inferior de ciertos barómetros. **3.** Depresión del terreno sin avenamiento hacia el exterior. **4.** Méx. Balde.

CUBICACIÓN s.f. Acción de cubicar. **2.** Volumen que cubica un cuerpo.

CUBICAJE s.m. Cilindrada, total de las cilindradas de un motor.

CUBICAR v.tr. [1]. Determinar la capacidad o volumen de un cuerpo conociendo sus dimensiones: *cubicar una habitación.* **2.** Tener determinado cubicaje. **3.** Elevar un número al cubo.

CÚBICO, A adj. Que tiene figura de cubo geométrico, o es parecido a él: *forma cúbica.* **2.** Relativo al cubo, producto de tres factores iguales de un número: *raíz cúbica.* **3.** Se dice de las unidades del sistema métrico decimal, destinadas a la medida de volúmenes, que equivalen a un cubo, cuya arista es igual a la unidad lineal correspondiente. **4.** Se dice del sistema cristalográfico cuyas formas holoédricas se caracterizan por tener tres ejes principales y perpendiculares entre sí.

CUBÍCULO s.m. Recinto pequeño.

CUBIERTA s.f. Lo que se pone encima de una cosa para taparla o cubrirla. **2.** Parte exterior de la techumbre de un edificio y armazón que sustenta dicha techumbre. **3.** Parte exterior del libro encuadernado. **4.** Envuelta protectora, de tejido recubierto de caucho, que rodea la cámara de aire o neumático propiamente dicho. **5.** Cada uno de los pisos horizontales que unen los costados del barco y lo dividen en el sentido de la altura. **6.** MIL. Dispositivo de protección de una zona o una operación. ○ **Cubierta vegetal** Conjunto de vegetales que cubren un suelo. (*V. ilustr. pág. siguiente.*)

CUBIERTO, A adj. Provisto de una cubierta. **2.** Ocupado, lleno. ◆ s.m. Servicio de mesa para cada uno de los comensales. **2.** Juego de cuchara, tenedor y cuchillo. **3.** Cada una de estas tres piezas. **4.** Comida que se sirve en una fonda, hotel o restaurante por un precio determinado. ○ **A cubierto** Bajo techado, protegido; en posesión de un saldo acreedor en la cuenta de los créditos. **Cielo cubierto** Cielo tapado por las nubes.

CUBIL s.m. Lugar donde se recogen para dormir los animales, principalmente las fieras.

CUBILETE s.m. (del fr. *gobelet*, vaso sin pie ni asa). Recipiente sin asa y en forma de vaso que se emplea para remover los dados en ciertos juegos. **2.** Recipiente metálico que se emplea como molde en pastelería. **3.** Amér. Sombrero de copa.

CUBILETEAR v.intr. *Fig.* Valerse de mañas y artificios para lograr un fin. **2.** Manejar los cubiletes.

CUBILETERO, A s. Prestidigitador que emplea cubiletes. ◆ s.m. Cubilete de cocinero o pastelero.

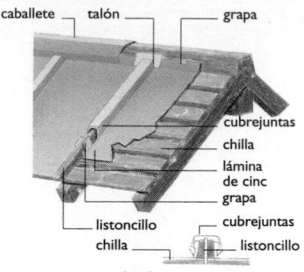

caballete — talón — grapa

cubrejuntas
chilla
lámina
de cinc
grapa

listoncillo — cubrejuntas
chilla — listoncillo

de cinc

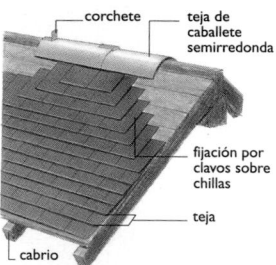

corchete — teja de caballete semirredonda

fijación por clavos sobre chillas

teja

cabrio

de pizarra

teja de caballete — mortero

colocación sobre cabios triangulares

de tejas árabes

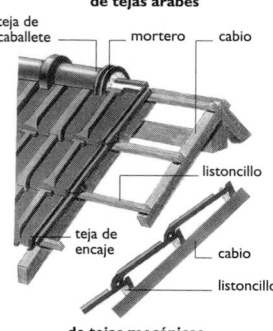

teja de caballete — mortero — cabio

listoncillo

teja de encaje — cabio

listoncillo

de tejas mecánicas

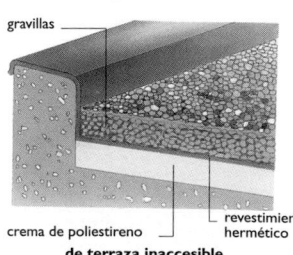

gravillas

crema de poliestireno — revestimiento hermético

de terraza inaccesible

■ **CUBIERTAS**

CUBILOTE s.m. Horno metalúrgico de cuba, con envoltura metálica y revestimiento refractario interior, utilizado para refundir lingotes de hierro y, a veces, acero.

CUBISMO s.m. Estilo artístico, surgido a principios del s. XX (1908-1920), que se caracteriza por la descomposición de la realidad en figuras geométricas; sustituyó los tipos de representación procedentes del renacimiento por métodos nuevos y más autónomos de construcción plástica.
ENCICL. Al abandonar, a comienzos del s. XX, la concepción clásica del espacio y de la figuración, el cubismo revolucionó la pintura. La influencia de Cézanne y el descubrimiento del arte negro y de las artes primitivas abrieron camino a los trabajos de Picasso y de Braque. Con el período analítico, el cubismo adoptó una multiplicidad de ángulos visuales para alcanzar una visión total y crear un «objeto estético extremadamente estructurado», que favoreció el monocromatismo y el estudio de la luz (Juan Gris). De un modo progresivo, la síntesis de la imagen fue sustituyendo al procedimiento analítico. La fase sintética del cubismo es la de la organización del cuadro en un todo coherente con algunos signos esenciales, geométricos, y con elementos extraídos de la realidad. El color volvió a cobrar importancia, en especial con el «cubismo órfico» de Delaunay. En escultura destacaron Brâncusi, Archipenko, J. Csácky, Duchamp-Villon, Laurens, Lipchitz, Zadkine, etc. La vanguardia española no residente en París entró en el movimiento cubista en la década de los veinte, asimilándolo parcialmente (neocubismo). Cabe destacar los pintores D. Vázquez Díaz, A. Arteta, Gustavo de Maeztu y los escultores Mateo Hernández y Victorio Macho.

CUBISTA adj. y s.m. y f. Relativo al cubismo; adscrito al cubismo.

CÚBITO s.m. (lat. cubitus, -ti, codo). Hueso más grueso del antebrazo, que tiene en su extremo superior una apófisis (olécranon) que forma el saliente del codo.

1. CUBO s.m. (lat. cubus). Cuerpo geométrico de seis caras, cuyas aristas y ángulos son iguales. ◇ **Cubo de aire** Volumen de aire. **Cubo de un número** Producto de tres factores iguales a este número: *27 es el cubo de 3.* **Cubo de un sólido** Su volumen. **Cubo perfecto** Número entero que es el cubo de otro número entero.

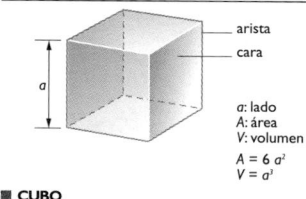

arista
cara

a: lado
A: área
V: volumen
$A = 6 a^2$
$V = a^3$

■ **CUBO**

2. CUBO s.m. Pieza central en que se encajan los rayos de las ruedas de diversos vehículos. **2.** Esp. y Méx. Balde.

CUBRECÁLIZ s.m. Tela de seda que cubre el cáliz y la patena.

CUBRECAMA s.m. Cobertor o colcha con que se cubre la cama.

CUBREJUNTA s.f. Placa metálica que cubre la junta de dos piezas.

CUBREOBJETOS s.m. (pl. *cubreobjetos*). Lámina de vidrio muy fina con que se recubren los objetos que se quieren examinar al microscopio.

CUBREPIÉS s.m. (pl. *cubrepiés*). Manta pequeña que se pone a los pies de la cama.

CUBREPLATOS s.m. (pl.*cubreplatos*). Campana metálica que sirve para cubrir un plato.

CUBRICIÓN s.f. Acción de cubrir el macho a la hembra.

CUBRIR v.tr. y prnl. (lat. *cooperire*) [53]. Ocultar y tapar una cosa con otra: *la nieve cubre el camino.* **2.** Fig. Proteger, defender: *cubrirse del fuego enemigo.* **3.** Fig. Ocultar, disimular: *cubrir un defecto.* ◆ v.tr. Llenar, no dejar espa-

cio vacío: *los libros cubrían la mesa.* **2.** Llenar, hacer objeto: *cubrir de atenciones.* **3.** Ocupar una plaza, puesto, etc. **4.** Pagar, satisfacer una deuda. **5.** Montar el macho a la hembra para fecundarla. **6.** Recorrer una distancia. **7.** Encargarse de una noticia, reportaje o información periodística. ◆ **cubrirse** v.prnl. Ponerse el sombrero, la gorra u otra prenda. **2.** Suscribir un empréstito o emisión de valores. **3.** Vestirse. **4.** Tomar precauciones para un posible riesgo: *cubrirse con un seguro.* **5.** ESGR. Mantenerse en guardia. **6.** TAUROM. Protegerse el torero con el engaño, el picador con el caballo y el toro cuando permanece a la defensiva.

CUCABURRA s.m. Ave coraciforme tropical, que caza insectos y reptiles.

CUCALÓN s.m. Chile. Civil que asiste a las maniobras del ejército en calidad de espectador o de reportero.

CUCAMBA adj. y s.f. Perú. Se dice de la mujer gorda, pequeña y desgarbada. ◆ adj. y s.m. y f. Hond. Cobarde.

CUCAMONAS s.f.pl. *Fam.* Carantoñas, halagos, caricias.

CUCAÑA s.f. (ital. *cuccagna*). Palo largo, untado de jabón o de grasa, por el cual se ha de andar en equilibrio o trepar por él para tomar como premio un objeto atado a su extremo. **2.** Fig. Lo que se consigue con poco trabajo.

CUCAR v.tr. [1]. Guiñar el ojo. **2.** Hacer burla, mofar.

CUCARACHA s.f. (de *cuca,* oruga o larva de mariposa). Insecto aplanado de costumbres nocturnas, que se mueve rápidamente y vive en lugares oscuros y húmedos. (Varias de sus especies tropicales se alimentan de residuos humanos; orden dictióptero.)

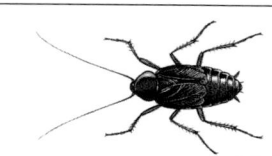

■ **CUCARACHA**

CUCARRO, A adj. Chile. Se dice del trompo que baila mal. **2.** Chile. Fig. Ebrio, borracho. ◆ s.m. Chile. Trompo.

CUCHA s.f. Méx. Ramera, prostituta.

CUCHARA s.f. (del lat. *cochlear, -aris*). Instrumento compuesto de un mango y una parte cóncava, que sirve para comer alimentos líquidos o poco consistentes. **2.** Cualquier utensilio en forma de cuchara que se emplea en diversos oficios. **3.** Pala metálica articulada de una máquina excavadora, de una grúa, etc., que sirve para recoger y trasladar tierra o materiales de desecho o de construcción. **4.** Utensilio para sacar y transportar metal líquido o vidrio fundido. **5.** Amér. Central, Amér. Merid., Can., Cuba y Méx. Instrumento de albañilería para remover la mezcla, consistente en una plancha metálica triangular y con mango de madera. ◇ **De cuchara** *Fam.* Se dice del militar que no ha estudiado en una academia. **Meter con cuchara** *Fam.* Explicar algo a alguien minuciosamente cuando no lo comprende. **Meter cuchara** Intervenir alguien en algún asunto que no le concierne.

CUCHARADA s.f. Porción que cabe en una cuchara. ◇ **Meter cucharada** Entrometerse en los asuntos ajenos.

CUCHARETEAR v.intr. *Fam.* Revolver la olla o cazuela con la cuchara. **2.** Fig. Entrometerse una persona en asuntos que no le incumben.

CUCHARILLA s.f. Cuchara pequeña para azúcar o para dar vueltas a un líquido que se toma en taza o vaso. **2.** Señuelo, generalmente de metal, en forma de cuchara sin mango y provisto de anzuelos. **3.** Enfermedad del hígado en los cerdos.

CUCHARÓN s.m. Cuchara grande con mango largo que se sirve para servir alimentos líquidos o para cocinar. **2.** Guat. Tucán.

CUCHÉ adj. (del fr. *couche,* capa). Se dice del papel recubierto con un baño especial

■ EL CUBISMO

A partir de 1907 algunos artistas parisinos, empujados por la búsqueda del rigor pictórico, decidieron «tratar la naturaleza» únicamente a partir «del cilindro, la esfera y el cono», tal como había propuesto Cézanne, aunque finalmente utilizaron el rectángulo, el círculo, la pirámide y el cubo.

Pablo Picasso. *Retrato de Daniel-Henry Kahnweiler;* cubismo analítico (1910). Implosión en minúsculas facetas de la efigie del marchante de arte. (Art Institute, Chicago.)

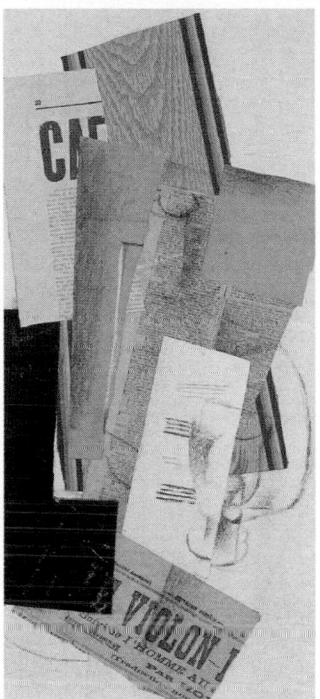

Juan Gris. *La Plaza Ravignan. Naturaleza muerta en un paisaje* (1915). El estudio del pintor en Bateau-Lavoir, en el barrio parisino de Montmartre, donde también trabajó Picasso, se abre y se ilumina sobre la plaza (o la calle) Ravignan. (Museum of Art, Filadelfia.)

Georges Braque. *El violín;* cubismo sintético en papel pegado (1913-1914). Construcción severa y armoniosa, metáfora a un tiempo de lo real y de su presencia a través de los fragmentos de periódico pegados encima de la tela. (Col. part.)

---

que mejora su opacidad e impermeabilidad, para que la pureza de la impresión quede realizada.

CUCHEPO s.m. Chile. Mutilado de las piernas. **2.** Chile. Carrito que suele usar este.

CUCHETA s.f. Litera de un barco, un ferrocarril, etc.

CUCHÍ s.m. Argent., Bol. y Perú. Cochino, animal.

CUCHICHEAR v.intr. (voz de origen onomatopéyico). Hablar en voz baja o al oído a alguien.

CUCHICHEO s.m. Acción y efecto de cuchichear.

CUCHICHIAR v.intr. [19]. Cantar la perdiz.

CUCHILLA s.f. Instrumento de hierro acerado para cortar. **2.** Hoja de un arma o instrumento cortante. **3.** Hoja de afeitar. **4.** Cuchillo grande. **5.** Cuchillo de hoja ancha y corta para cocina y carnicería. **6.** Poét. y fig. Espada, arma blanca. **7.** Cumbre o loma alargada y estrecha de paredes verticales. **8.** Vela triangular o trapezoidal, característica de las embarcaciones denominadas latinas o de aparejo latino. SIN.: *vela de cuchillo.* **9.** Argent., Cuba y Urug. Eminencia prolongada cuyas pendientes se extienden hasta el llano.

CUCHILLADA s.f. Golpe dado con el cuchillo u otra arma semejante. **2.** Herida que resulta de este golpe. ◆ **cuchilladas** s.f.pl. Aberturas hechas en un vestido para dejar ver una prenda que se lleva debajo.

CUCHILLAR s.m. Montaña con varias cumbres alargadas y estrechas de paredes verticales.

CUCHILLAZO s.m. Amér. Cuchillada.

CUCHILLERO, A s. Persona que hace o vende cuchillos. ◆ s.m. Amér. Merid. y Hond. Persona pendenciera y diestra en el manejo del cuchillo que utiliza en sus peleas.

CUCHILLO s.m. (lat. *cultellus,* diminutivo de *culter*). Instrumento cortante formado por una hoja, generalmente de acero de un solo corte, y un mango. **2.** Cada uno de los colmillos inferiores del jabalí. **3.** Fig. Cosa cortada o terminada en ángulo agudo. **4.** Estructura triangular de maderas o hierros que, junto

con otras del mismo tipo, sirve para sostener un tejado o cubierta. **5.** Pieza, generalmente triangular, que se pone en los vestidos para ensanchar su vuelo. **6.** Arista de prisma que soporta el fiel de una balanza. ◇ **Cuchillo eléctrico** Utensilio de cocina compuesto por un pequeño motor eléctrico con mango que mueve, de modo alternativo, unas láminas de acero. **Pasar a cuchillo** Dar muerte a un grupo de personas que se han rendido o han sido vencidas o apresadas. **Vela de cuchillo** Cuchilla.

CUCHIPANDA s.f. (de *cocho,* cocido, y *pando,* hinchado, lleno, vanidoso). Fam. Francachela, juerga.

CUCHITRIL s.m. Habitación o vivienda pequeña y desaseada. **2.** Pocilga.

CUCHO, A adj. Méx. Fam. Se dice de la persona que tiene el labio leporino. **2.** Méx. Por ext. y Fam. Estropeado, mal hecho: *te quedó cucho trabajo.* ◆ s.m. Chile. Gato. **2.** Colomb. Rincón.

CUCHUCO s.m. Colomb. Sopa de carne de cerdo y cebada.

CUCHUFLETA s.f. Fam. Dicho burlesco que provoca risa.

CUCHUGO s.m. Amér. Merid. Cada una de las dos cajas de cuero que suelen llevarse en el arzón de la silla de montar. (Suele usarse en plural.)

CUCHUMBO s.m. Amér. Juego de dados. **2.** Amér. Central. Cubilete para los dados.

CUCLILLAS (EN) loc.adv. Con las piernas dobladas de modo que las nalgas se apoyen en los talones sin llegar a tocar el suelo.

CUCLILLO s.m. Ave muy común en los bosques de Europa occidental, insectívora, con el dorso gris y el vientre blanco con rayas marrones, de unos 35 cm de long. SIN.: *cuco.*

1. CUCO s.m. Fam. Cuna portátil para el bebé. SIN.: *moisés.*

2. CUCO, A adj. Bonito, gracioso y coqueto. ◆ adj. y s. Esp. Astuto, taimado, ladino. ◆ s.m. Cuclillo.

CUCÚ s.m. Canto del cuclillo. **2.** Reloj de pared, de madera, provisto de una ventanilla por la que aparece, cada hora, media hora o cuarto de hora, una figurita que imita el canto del cuco.

CUCUBANO s.m. P. Rico. Luciérnaga.

CUCUFATO, A adj. Perú. Se dice de la persona beata, mojigata.

CUCUIZA s.f. Amér. Hilo obtenido de la pita.

CUCULÍ s.m. Paloma torcaz del tamaño de las domésticas, pero de forma más esbelta, que vive en América Meridional. (Familia colúmbidos.)

CUCÚRBITA s.f. (lat. *cucurbita,* calabaza). Parte inferior de la caldera del alambique.

CUCURBITÁCEO, A adj. y s.f. Relativo a una familia de plantas dicotiledóneas, de fuertes tallos trepadores y flores amarillas, a la que pertenecen la calabaza, el pepino y el melón.

CUCURUCHO s.m. Recipiente de papel o cartón en forma cónica que se usa para contener cosas que se venden a granel. **2.** Helado que se sirve en un barquillo cónico; también este barquillo. **3.** Capirote que se ponían los disciplinantes o penitentes. **4.** Colomb., C. Rica, Dom., Nicar., P. Rico y Venez. Elevación natural de un terreno. **5.** Colomb., C. Rica, Dom., Nicar., P. Rico y Venez. Parte más alta de algo.

CUDÚ s.m. Artiodáctilo de gran tamaño, con el pelaje corto y gris con rayas transversales blancas. (El macho presenta cuernos que forman tres o cuatro espirales; vive en África; familia bóvidos.)

CUECA s.f. Amér. Merid. Danza de pareja suelta que se baila con unos pañuelos con que se trazan figuras. **2.** Chile. Baile popular, de ritmo vivo, que se baila por parejas y constituye la danza nacional chilena por excelencia.

CUELLO s.m. (lat. *collum*). Parte del cuer-

■ CUCLILLO

po comprendida entre el tronco y la cabeza. **2.** Parte de una prenda de vestir o adorno suelto que rodea el cuello. **3.** Parte más estrecha y delgada de un cuerpo o de un órgano: *cuello de la botella; cuello de la matriz.* **4.** Parte del cuerpo del caballo que va desde la cabeza hasta el codillo y el pecho. **5.** Parte comprendida entre el tallo de una planta y la zona de ramificación.

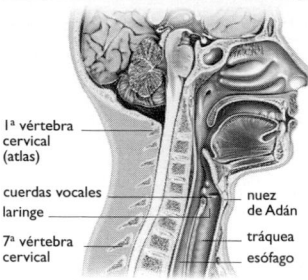

1ª vértebra cervical (atlas)

cuerdas vocales
laringe

nuez de Adán

7ª vértebra cervical

tráquea
esófago

■ CUELLO

CUENCA s.f. (lat. *concha*, concha de molusco). Cavidad del cráneo en que se encuentra el ojo. **2.** Depresión topográfica menos profunda que un valle en la que las aguas se concentran en un río, un lago o un mar. **3.** Amplio yacimiento de hulla o de hierro que forma una unidad geográfica y geológica. **4.** OCEANOGR. Depresión extensa del fondo oceánico. ◇ **Cuenca de hundimiento** GEOMORFOL. Depresión tectónica resultante de fallas. **Cuenca de recepción** Embudo natural de gran pendiente que recoge las aguas de arroyada caídas en la montaña y que forma la parte superior de un torrente. **Cuenca hidrográfica** Región avenada por un río y sus afluentes. **Cuenca sedimentaria** Amplia hondonada en un zócalo donde las capas sedimentarias se han acumulado en capas concéntricas, las más recientes en el centro y las más antiguas hacia el exterior.

CUENCANO, A adj. y s. Conquense. **2.** De Cuenca (Ecuador).

CUENCO s.m. Recipiente hondo y ancho, sin borde o labio, que se usa para beber, trasvasar pequeñas cantidades de líquido, etc. **2.** Concavidad, parte o sitio cóncavo.

CUENTA s.f. Acción y efecto de contar. **2.** Cálculo, cómputo u operación aritmética: *echar las cuentas de los gastos.* **3.** Nota escrita en la que se detalla el valor de un conjunto de servicios o de cosas adquiridas: *la cuenta del restaurante.* **4.** Razón, satisfacción de algo: *dar cuenta de lo ocurrido.* **5.** Responsabilidad de una persona con algo o alguien: *los gastos corren de mi cuenta.* **6.** Bolita o pieza perforada con que se hacen rosarios, collares, etc. **7.** CONTAB. Cada una de las divisiones del libro Mayor, que captan, representan y miden elementos del balance de situación, del patrimonio o de situaciones especiales. ◇ **A cuenta** Se dice de la cantidad que se da o recibe sin finalizar la cuenta. **Ajustar las cuentas** a alguien *Fam.* Reprenderle con amenaza. **Caer**, o **dar, en la cuenta** *Fam.* Percatarse de algo que no se comprendía o no se había notado. **Cuenta corriente** Contrato entre dos personas que convienen que el saldo solo será exigible al finalizar aquel. **Cuenta corriente bancaria** Cuenta abierta por un banquero a sus clientes alimentada por los depósitos de cada titular. **Dar cuenta de** *Fam.* Acabar una cosa gastándola o malgastándola; informar de algo. **Darse cuenta de algo** Percatarse de ello. **Estar fuera**, o **salir, de cuenta**, o **cuentas** Haber cumplido una mujer embarazada el período de gestación. **Tener en cuenta** Considerar importante algo o a alguien para un fin.

CUENTAGOTAS s.m. (pl.*cuentagotas*). Pequeño instrumento que permite verter y contar gota a gota un líquido. ◇ **A**, o **con, cuentagotas** Con tacañería; muy poco a poco.

CUENTAHÍLOS s.m. (pl.*cuentahílos*). Peque-

ña lupa de gran aumento montada sobre un eje, que sirve para contar los hilos de un tejido, examinar un dibujo, un negativo, etc.

CUENTAKILÓMETROS s.m. (pl. *cuentakilómetros*). Contador que registra las revoluciones de las ruedas de un vehículo e indica el número de kilómetros recorridos.

CUENTARREVOLUCIONES s.m. Dispositivo que cuenta el número de vueltas dadas por un árbol o eje móvil en un tiempo determinado. SIN.: *cuentavueltas.*

CUENTEAR v.intr. *Amér.* Chismorrear, comadrear. **2.** *Méx.* Engañar, decir mentiras.

CUENTISTA s.m. y f. Escritor de cuentos. ◆ adj. y s.m. y f. *Fam.* Chismoso. SIN.: *cuentero.* **2.** *Fam.* Exagerado, aspaventero, presumido.

1. CUENTO s.m. (lat. *computus*, cuenta). Narración de un suceso. **2.** Narración breve, oral o escrita, de un suceso ficticio en el que generalmente intervienen pocos personajes: *cuento de hadas.* **3.** Género literario de este tipo de narración. **4.** *Fam.* Mentira que se explica sobre una persona, generalmente para hacer que esta se enoje con otra. **5.** Chiste, historieta. **6.** Cómputo: *el cuento de los años.* ◇ **A cuento** Al propósito: *venir a cuento.* **Dejarse**, o **quitarse, de cuentos** *Fam.* Omitir los rodeos e ir a lo sustancial de una cosa. **Tener cuento**, o **mucho cuento** *Esp.* Se dice de la persona que finge algo, generalmente un dolor, tristeza, etc. **Traer a cuento** Introducir un tema relacionado con lo que se trata. **Sin cuento** Incontable.

2. CUENTO s.m. Pieza metálica en la punta de una pica, una lanza, un bastón, etc.

CUERA s.f. Hond. Polaina burda.

CUERAZO s.m. *Amér.* Latigazo.

CUERDA s.f. (lat. *chorda*). Conjunto de hilos de lino, cáñamo, u otra materia semejante, torcidos y formando un solo cuerpo cilíndrico, largo y flexible que sirve para atar o sujetar cosas. **2.** Hilo hecho de tripa de carnero, a veces envuelta por alambre en hélice, que, por vibración, produce los sonidos en ciertos instrumentos músicos. **3.** Conjunto de instrumentos de música que producen el sonido mediante la vibración de cuerdas simples o dobles, como el violín, la viola, el contrabajo, etc. **4.** Cada una de las cuatro voces fundamentales de tiple, contralto, tenor y bajo. **5.** Parte propulsora del mecanismo del reloj. **6.** MAT. Segmento que une dos puntos de una curva. ◇ **Aflojar**, o **apretar, la cuerda** Disminuir, o aumentar el rigor de la ley, disciplina, etc. **Andar**, o **bailar, en la cuerda floja** Hallarse en una situación peligrosa o crítica. **Cuerda del tímpano** Nervio que atraviesa la caja del tímpano a lo largo de su membrana. **Cuerda floja** Alambre con poca tensión sobre el cual hacen ejercicios los acróbatas. **Cuerdas vocales** Pliegues musculares del interior de la laringe que al pasar el aire vibran y producen la voz. **Dar cuerda** a alguien Hacer que una persona hable mucho. **Por bajo**, o **debajo de, cuerda** De manera reservada o secreta. **Tener cuerda para rato** *Fam.* Ser propenso a hablar con demasiada extensión. **Tener mucha cuerda** *Fam.* Tener mucha salud, gran vitalidad; sufrir bromas o burlas sin enojarse.

CUERDO, A adj. y s. (del lat. *cordatus*). Que no padece ningún trastorno mental. **2.** Prudente.

CUEREADA s.f. *Amér.* Azotaina. **2.** *Amér.* Merid. Temporada en que se obtienen los cueros secos.

CUEREAR v.tr. *Amér. Merid.* Ocuparse en las operaciones de la cuereada. **2.** *Argent. Fig. y fam.* Chismorrear, hablar mal de alguien. **3.** *Argent. y Urug.* Despellejar. **4.** *Ecuad. y Nicar.* Azotar.

CUERIZA s.f. *Amér.* Azotaina.

CUERNA s.f. Cuerno macizo que algunos animales, como el ciervo, mudan todos los años. **2.** Trompa semejante al cuerno bovino, que se utilizó en la montería y que aún usan algunas personas en el campo para comunicarse. **3.** Vaso rústico hecho con un cuerno de buey.

CUERNO s.m. (lat. *cornu*). Órgano par, duro y puntiagudo, que tienen en la cabeza muchos rumiantes, y que constituye una prolongación ósea del hueso frontal. **2.** Órgano semejante que tienen los rinocerontes. **3.** Materia que

forma el estuche córneo de las astas de los bovinos, empleada en la industria. **4.** Extremidad de una cosa que remata en punta y se asemeja al cuerno. **5.** Instrumento musical de viento, en forma de cuerno, que tiene un sonido semejante al de la trompa. ◆ **cuernos** s.m.pl. *Fig. y vulg.* Con el verbo *poner*, faltar a la fidelidad conyugal. **2.** *Fig. y vulg.* Con los verbos *llevar, tener,* etc., ser objeto de infidelidad conyugal. ◇ **Cuerno de niebla** Instrumento destinado, a bordo de un barco, a producir señales sonoras en tiempo de niebla. **Echar**, o **enviar**, o **mandar, al cuerno** Despedir a alguien con enojo y malos modales; prescindir de algo con desagrado y violencia. **Irse al cuerno** *Fam.* Malograrse. **Oler**, o **saber, a cuerno quemado** *Fam.* Oler mal una cosa; producir una impresión desagradable; despertar sospechas.

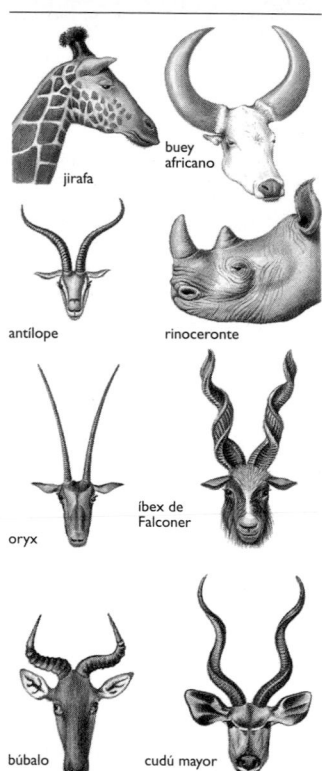

jirafa

buey africano

antílope

rinoceronte

oryx

íbex de Falconer

búbalo

cudú mayor

■ CUERNOS de algunos mamíferos.

CUERO s.m. (lat. *corium*, piel del ser humano o los animales). Pellejo que cubre la carne de los animales. **2.** Piel de cabra u otro animal que, cosida y pegada, se usa para contener líquidos (vino, aceite). SIN.: *odre.* **3.** Pellejo del buey y otros animales, especialmente después de curtido y preparado para ciertos usos. ◇ **Cuero cabelludo** Parte de la piel del cráneo cubierta por el cabello. **En cueros (vivos)** Desnudo; completamente arruinado. **Sacar el cuero** *Argent. Fig. y fam.* Chismorrear, hablar mal de alguien.

CUERPEAR v.intr. *Argent. y Urug.* Esquivar, capotear, evadirse.

CUERPO s.m. (lat. *corpus, -oris*). Conjunto de las partes materiales de un ser vivo. **2.** Tronco (por oposición a *cabeza* y *extremidades*). **3.** Cadáver. **4.** Objeto material: *la caída de los cuerpos.* **5.** Sustancia material, orgánica o inorgánica: *cuerpo sólido, líquido, gaseoso.* **6.** Cualquier cosa de extensión limitada que produce impresión en los sentidos por cualidades que le son propias. **7.** Grueso, densidad, espesura, solidez: *una tela de poco cuerpo; vino de mucho cuerpo.* **8.** Parte principal de algo: *el cuer-*

po de un edificio, de un texto. **9.** Conjunto de personas que forman un pueblo, comunidad o asociación, o que ejercen la misma profesión: *cuerpo médico.* **10.** Conjunto de reglas o principios: *el cuerpo de una doctrina.* **11.** MAT. Nombre dado a diversos elementos anatómicos u órganos. **12.** IMPR. **a.** Tamaño de un carácter tipográfico. **b.** Distancia que separa una línea de texto de la siguiente sin interlineado. **13.** MAT. En álgebra moderna, anillo tal que, si se suprime el elemento neutro de la primera ley de composición interna, el conjunto restante forma un grupo en relación con la segunda ley. **14.** MIL. Conjunto de personas que poseen determinados conocimientos técnicos y que forman una institución militar. ◇ **A cuerpo (gentil)** Sin prenda de abrigo o protección. **A cuerpo de rey** Con todo regalo y comodidad. **A cuerpo descubierto,** o **limpio** Sin protección ni ayuda. **Cuerpo a cuerpo** Se dice de la lucha sin armas. **Cuerpo a tierra** MIL. Posición del soldado para protegerse del fuego enemigo, que consiste en echarse al suelo boca abajo. **Cuerpo compuesto** Cuerpo formado por la unión de varios elementos químicos diferentes. **Cuerpo de ejército** MIL. Conjunto de tropas formado por varias divisiones. **Cuerpo de guardia** MIL. Lugar donde descansan los soldados que hacen guardia. **Cuerpo del delito** Elemento material que sirve para probar un delito. **Cuerpo diplomático** Conjunto de representantes de las potencias extranjeras ante un gobierno. **Cuerpo muerto** MAR. Ancla de grandes dimensiones, que sirve para fondear los buques en rada. **Cuerpo propio** FILOS. Para la fenomenología, conjunto de relaciones vividas por el sujeto con su cuerpo, al término de las cuales este no puede concebirse como un objeto. **Cuerpo simple** Cuerpo que solo contiene un elemento químico. **De cuerpo presente** Se dice del cadáver que todavía no ha sido enterrado. **En cuerpo y alma** *Fam.* Totalmente, con total dedicación. **Hacer de,** o **del, cuerpo** *Fam.* Evacuar el vientre. **Pedir el cuerpo algo** Apetecerlo, desearlo. **Tomar cuerpo** Aumentar de tamaño materialmente o empezar a realizarse o a adquirir importancia.

CUERUDO, A adj. Amér. Se dice de las caballerías torpes. **2.** Amér. Que tiene la piel muy gruesa y dura. **3.** Colomb. Tonto, lerdo.

1. CUERVO s.m. (lat. *corvum*). Ave paseriforme de gran tamaño, con el plumaje, las patas, los ojos y el pico negros, que se alimenta de carroña, pequeños animales y frutos. (El cuervo grazna; familia córvidos.)

■ **CUERVO**

2. CUERVO o **CROW,** pueblo amerindio de lengua siux de las llanuras de América del Norte (Montana, Wyoming), act. internado en reservas en Montana.

CUESCO s.m. Hueso de la fruta. **2.** *Fam.* Pedo ruidoso. **3.** Chile. Persona enamorada. **4.** Chile. Cabeza. **5.** Méx. Masa de mineral grande y redondeada. ◇ **Cuesco de lobo** *Pedo de lobo.

CUESTA s.f. (lat. *costa,* costilla, lado). Terreno en pendiente. **2.** En una región de estructura débilmente inclinada en la que alternan capas duras y capas blandas, forma de relieve caracterizada por un talud de perfil cóncavo en pendiente pronunciada (frente) y por una ladera suavemente inclinada en sentido contrario (reverso). ◇ **A cuestas** Sobre los hombros o espaldas; a su cargo, sobre sí. **Cuesta de enero** *Fam.* Período de dificultades económicas que coincide con el primer mes del año y que es el resultado de los gastos extraordinarios de las fiestas de Navidad. **Hacerse** a alguien **cuesta arriba** algo Sentirlo mucho, hacerlo con gran esfuerzo. **Ir cuesta abajo** Decaer, declinar.

CUESTACIÓN s.f. Petición de limosnas para un fin piadoso o benéfico.

CUESTIÓN s.f. Aspecto controvertible, problema que se trata de resolver, tema sobre el cual se discute. **2.** Pregunta de un cuestionario o encuesta. **3.** Disputa, riña. **4.** MAT. Problema. ◇ **Cuestión de confianza** Asunto que un gobierno o su presidente presenta al parlamento, haciendo depender su continuidad de la aprobación de dicho asunto.

CUESTIONABLE adj. Dudoso, que puede discutirse.

CUESTIONAR v.tr. Poner en duda lo que se acepta como cierto.

CUESTIONARIO s.m. Lista de cuestiones o preguntas a las que se debe dar una respuesta. **2.** Programa de examen u oposición. **3.** Libro que trata de cuestiones.

CUESTOR s.m. En la antigua Roma, magistrado encargado de las funciones financieras. **2.** En las asambleas legislativas francesas, miembro encargado de dirigir el empleo de los fondos, la administración interior y material de la asamblea.

CUETE s.m. Lonja de carne que se saca del muslo de la res. **2.** Méx. Borrachera.

CUEVA s.f. (del lat. *cavus,* hueco). Cavidad de la tierra, natural o artificial. **2.** Sótano.

CUÉVANO s.m. (lat. *cophinus*). Cesto de mimbres grande y hondo, para la vendimia y otros usos.

CUEZO s.m. Artesa que usan los albañiles para amasar el yeso.

CÚFICO, A adj. Se dice de la más antigua de las formas de escritura árabe, rígida y angular, empleada en inscripciones de monumentos y monedas.

CUFIFO, A adj. Chile. Se dice de la persona borracha.

CUI o **CUIS** s.m. (pl.*cuis* o *cuises*). Amér. Merid. Cobaya.

CUICATECO, pueblo amerindio del NO del est. mexicano de Oaxaca, que habla una lengua del grupo otomangue.

CUIDADO s.m. Interés y atención que se pone en hacer algo: *secar la vajilla con cuidado.* **2.** Acción de cuidar algo o a alguien. **3.** Preocupación o temor. **4.** Seguido de la prep. *con* y un nombre significativo de persona, denota enojo contra ella: *¡cuidado con la niña, si será mal educada!* ◆ **interj.** Se emplea en son de amenaza o para advertir de la proximidad de un peligro o la contingencia de caer en error: *¡cuidado, no te caigas!* ◇ **De cuidado** Cauteloso, peligroso; enfermo de gravedad. **Traer sin cuidado** *Fam.* No importar.

CUIDADOR, RA adj. y s. Persona que se encarga de cuidar a otra, una cosa o un lugar, especialmente, persona que asiste a un deportista durante las competiciones. **2.** Amér. Preparador, entrenador.

CUIDADOSO, A adj. Que cuida sus cosas o pone cuidado en lo que hace.

CUIDAR v.tr. e intr. (lat. *cogitare,* pensar). Asistir, especialmente a un enfermo. **2.** Guardar una cosa o tratarla con esmero para que se conserve en buen estado. **3.** Poner cuidado, atención e interés al hacer algo. ◆ **cuidarse** v.prnl. Preocuparse uno por su salud, darse buena vida. **2.** Seguido de la preposición *de,* vivir con advertencia respecto de algo.

CUIJA s.f. Saurio de pequeño tamaño, nocturno, que emite un sonido especial, y que es frecuente en las regiones cálidas de México. (Familia gecónidos.) **2.** Méx. Lagartija muy delgada y pequeña de las regiones cálidas.

CUIS s.m. (pl.*cuises*). Amér. Merid. → CUI.

CUITA s.f. (del lat. *coactus*). Pena, aflicción, desventura.

CUITADO, A adj. Afligido o desventurado. **2.** *Fig.* Apocado, tímido.

CUITLATECA o **POPOLOCA DE MICHOACÁN,** pueblo amerindio que ocupaba una extensa región de la costa del Pacífico, al S del río Balsas (México); act., muy reducido, vive en el est. de Guerrero.

CUJA s.f. Bolsa de cuero asida a la silla del caballo, que sirve para colocar la extremidad inferior de la lanza o de la bandera.

CUJINILLO s.m. Guat. Alforja o maleta que se tercia sobre una bestia, para acarrear el agua. (Suele usarse en plural.) ◆ **cujinillos** s.m.pl. Hond. Alforjas.

CUJITO s.m. Cuba. Persona extremadamente delgada.

CULANTRILLO s.m. Nombre de varios hele-

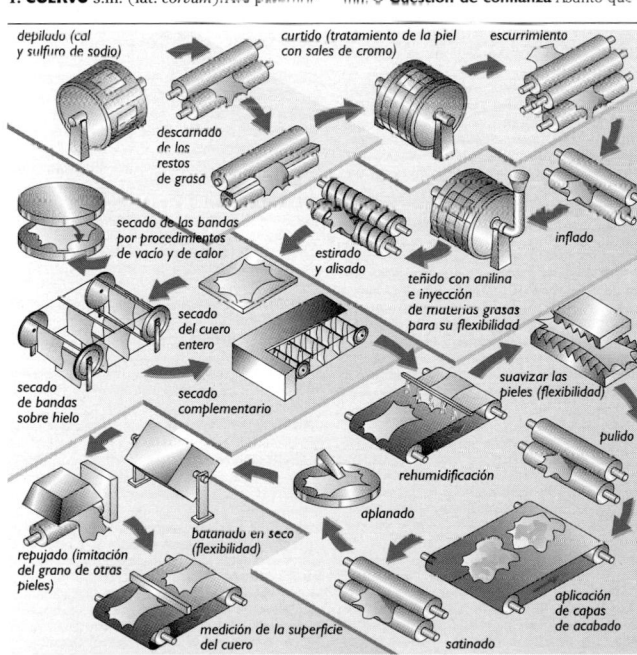

■ **CUERO.** Elaboración del cuero.

depilado (cal y sulfuro de sodio)

curtido (tratamiento de la piel con sales de cromo)

escurrimiento

descarnado de los restos de grasa

secado de las bandas por procedimientos de vacío y de calor

estirado y alisado

inflado

teñido con anilina e inyección de materias grasas para su flexibilidad

secado del cuero entero

suavizar las pieles (flexibilidad)

secado de bandas sobre hielo

secado complementario

pulido

rehumidificación

repujado (imitación del grano de otras pieles)

batanado en seco (flexibilidad)

aplanado

aplicación de capas de acabado

medición de la superficie del cuero

satinado

chos de largos pecíolos, delgados y oscuros. (Familia polipodiáceas.)

CULATA s.f. Parte posterior de un arma de fuego portátil que sirve para asirla y apoyarla en el momento de disparar. **2.** *Fig.* Parte posterior de algunas cosas. **3.** Anca, parte posterior de las caballerías. **4.** Pieza de acero destinada a asegurar la obturación del orificio posterior del cañón de un arma de fuego. **5.** Cubierta que cierra la parte superior de los cilindros en un motor de explosión. **6.** Faceta tallada en la parte inferior de una piedra de joyería. **7.** CARN. Cuarto trasero de las reses bovinas.

CULEAR v.intr. Chile y Méx. *Vulg.* Realizar el acto sexual. ◆ **culearse** v.prnl. Méx. *Vulg.* Asustarse, acobardarse: *se culeó y no quiso discutir.*

CULEBRA s.f. (lat. *colubra*). Nombre dado a todas las serpientes de la familia colúbridos, y más particularmente a las que están desprovistas de veneno o no lo pueden inyectar. (La *culebra de collar* mide hasta 2 m de long. y vive en lugares húmedos.)

■ **CULEBRA** de collar.

CULEBREAR v.intr. Andar haciendo eses.
CULEBRILLA s.f. Cría de la culebra. **2.** Enfermedad herpética, propia de países tropicales.
CULEBRINA s.f. Pieza de artillería larga y de pequeño calibre, utilizada entre los ss. XV y XVIII.

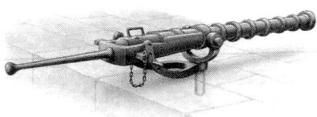

■ **CULEBRINA** (s. XVI).

CULEBRÓN s.m. *Fam.* Serial de televisión con muchos episodios en el que se establecen numerosas relaciones sentimentales y situaciones melodramáticas entre los personajes. **2.** *Fig.* y *fam.* Hombre astuto y malicioso.
CULERA s.f. Remiendo en los calzones o pantalones sobre la parte que cubre las asentaderas.
CULERO, A adj. Méx. *Vulg.* Se dice de la persona cobarde. **2.** Méx. *Vulg.* Se dice de la persona que no cumple sus promesas.
CULÍ s.m. Nombre que se daba a los hindúes, a los chinos y a otros asiáticos que eran contratados para ir a trabajar en una colonia. SIN.: *coolie.*
CULIBLANCO s.m. Nombre común de varios pájaros de Europa con la rabadilla blanca.
CULINARIO, A adj. Relativo a la cocina.
CULLE s.m. Lengua prehispánica de Perú.
CULMINACIÓN s.f. Acción y efecto de culminar. **2.** Paso de un astro por su punto más elevado por encima del horizonte. **3.** Tiempo que dura este paso.
CULMINANTE adj. Que llega a la posición más elevada, a la situación más relevante o interesante: *momento culminante de una obra.*
CULMINAR v.intr. Llegar algo al punto culminante. **2.** ASTRON. Pasar un astro por el meridiano superior del observador. ◆ v.tr. Acabar o terminar algo.
CULO s.m. (lat. *culus*). Conjunto de nalgas de una persona, o parte semejante de ciertos animales. **2.** *Fam.* Ano. **3.** *Fig.* y *fam.* Extremidad inferior o posterior de una cosa: *culo de una vasija.* **4.** *Fig.* y *fam.* Porción muy pequeña de

un líquido que queda en el fondo de un recipiente. ◇ **Culo de lámpara** ARQ. Adorno que figura en ciertas bóvedas o en los techos artesonados; ART. GRÁF. viñeta colocada al final de un capítulo. **Ir de culo** Esp. *Fam.* Tener muchos asuntos que resolver en poco tiempo.
CULOMBIO s.m. (de *Coulomb,* físico francés). Unidad de medida de cantidad de electricidad y de carga eléctrica (símb. C) equivalente a la cantidad de electricidad que transporta en 1 segundo una corriente de 1 amperio.
CULOTE s.m. ARM. Parte posterior del proyectil. **2.** INDUSTR. Restos de metal que quedan en el fondo del crisol.
CULPA s.f. (lat. *culpa*). Falta más o menos grave cometida voluntariamente. **2.** Responsabilidad, causa imputable. **3.** DER. Acción u omisión no dolosa, pero realizada sin la diligencia debida, que causa un resultado dañoso, previsible y penado por la ley.
CULPABILIDAD s.f. Circunstancia de ser culpable.
CULPABILIZAR v.tr. [7]. Considerar que una persona es culpable de un daño o falta.
CULPABLE adj. y s.m. y f. Se dice de la persona que tiene la culpa de una cosa. **2.** DER. **a.** Que ha incurrido en culpa. **b.** Responsable de un delito o falta.
CULPAR v.tr. y prnl. Atribuir la culpa a alguien.
CULTALATINIPARLA s.f. *Fam.* Lenguaje pedante.
CULTERANISMO s.m. Estilo literario caracterizado por sus metáforas violentas, alusiones oscuras, hipérboles extremadas, latinismos, etc.
ENCICL. El culteranismo es una modalidad del barroco español, acuñada a principios del s. XVII. Conocido también como *gongorismo,* por el nombre de su principal representante, Luis de Góngora, significó un enriquecimiento del poder creativo, original y expresivo del lenguaje, aunque por la complicación y oscuridad de su estilo fue objeto de abundantes detracciones y burlas.
CULTERANO, A adj. y s. Relativo al culteranismo; escritor adscrito a este estilo literario. ◆ adj. Oscuro, alambicado.
CULTISMO s.m. Palabra, giro o expresión tomado directamente de una lengua clásica, especialmente el latín o el griego, por lo que no ha sufrido ninguna transformación fonética regular.
CULTIVADO, A adj. Se dice de la persona culta y refinada.
CULTIVAR v.tr. (bajo lat., *cultivare*). Trabajar la tierra para que produzca plantas y frutos. **2.** *Fig.* Hacer lo necesario para mejorar o potenciar una facultad, actividad, amistad, etc. **3.** *Fig.* Ejercitar una ciencia o arte. **4.** MICROB. Sembrar y hacer crecer en un medio adecuado un germen.
CULTIVO s.m. Acción de cultivar. **2.** Tierra o plantas cultivadas. ◇ **Cultivo hidropónico,** o **sin suelo** Método que consiste en cultivar plantas en un medio líquido que contiene elementos nutritivos. **Cultivo microbiano, de tejidos** BIOL. Técnica consistente en hacer vivir y desarrollarse microorganismos o tejidos en un medio preparado al efecto. **Sistema de cultivo** Combinación, en el tiempo y en el espacio, de las producciones vegetales practicadas en una explotación agrícola o en una región.
CULTO, A adj. (lat. *cultus,* p. de *colere,* cultivar). Dotado de cultura o conocimientos. **2.** Que implica cultura. **3.** Se dice de lo que es propio de las personas cultas: *lengua culta.* **4.** Se dice de las tierras y plantas cultivadas. ◆ s.m. Homenaje de reverencia que el ser humano tributa a la divinidad o a lo sagrado. **2.** Conjunto de actos y ceremonias con que se tributa ese homenaje. **3.** Admiración que es objeto alguien o algo.
CULTURA s.f. Acción de cultivar, especialmente las facultades humanas. **2.** Conjunto de conocimientos científicos, literarios y artísticos adquiridos. **3.** Conjunto de estructuras sociales, religiosas, etc., y de manifestaciones intelectuales, artísticas, etc., que caracterizan una sociedad o una época: *cultura helénica.* ◇ **Cultura de masas** Conjunto de los hechos

ideológicos comunes a una gran masa de personas consideradas al margen de las distinciones de estructura social, difundidos en su seno por medio de técnicas industriales. **Cultura física** Desarrollo racional del cuerpo mediante ejercicios apropiados. **Lengua de cultura,** o **de civilización** Lengua que ha servido o sirve de vehículo de expresión a una civilización y a una literatura importantes.
CULTURAL adj. Relativo a la cultura.
CULTURALISMO s.m. Corriente de la antropología norteamericana que considera que toda cultura dada modela una personalidad individual típica, una estructura psicológica, un comportamiento, unas ideas y una mentalidad particular.
CULTURISMO s.m. Práctica sistemática de ejercicios destinados a desarrollar la musculatura.
CULTURISTA adj. y s.m. Que practica el culturismo.
CULTURIZAR v.tr. [7]. Educar, dar cultura.
CUMA s.f. Amér. Central. Cuchillo grande.
CUMANGOTO, pueblo amerindio de la costa venezolana, perteneciente a la familia caribe.
CUMANÉS, SA o **CUMANAGOTO, A** adj. y s. De Cumaná.
CUMANOS, COMANOS o **COMANIANOS,** pueblo turco que ocupó las estepas del S de Rusia a partir del s. XI, y que fundó un gran imperio nómada que se extendía hasta el Dniéper.
CUMARINA s.f. Sustancia olorosa que se extrae del haba tonca o que se obtiene en ocasiones, por síntesis.
CUMBAMBA s.f. Colomb. Barbilla, mentón.
CUMBARÍ adj. Argent. Se dice de un ají pequeño, rojo y muy picante.
CUMBIA s.f. Baile típico de Colombia, que tiene sus orígenes en el cumbé (danza de Guinea Ecuatorial).
CUMBRE s.f. (lat. *culmen, -inis*). Parte más elevada de una montaña u otra elevación del terreno. **2.** *Fig.* Punto más alto o máximo grado de desarrollo al que puede llegar algo. **3.** Conferencia internacional que reúne a los dirigentes de los países implicados en un problema particular.
CÚMEL o **KÜMMEL** s.m. Licor alcohólico de origen ruso, aromatizado con comino.
CUMICHE s.m. Amér. Central. El hijo menor de una familia.
CUM LAUDE (voces latinas, *con laureles*). Calificación máxima de una tesis doctoral.
CUMPA s.m. y f. Amér. Merid. Amigo, camarada. **2.** Amér. Merid. Compadre.
CUMPLEAÑOS s.m. (pl. *cumpleaños*). Aniversario del nacimiento de una persona y fiesta que se celebra.
CUMPLIDERO, A adj. Se dice del plazo que se ha de cumplir a cierto tiempo.
CUMPLIDO, A adj. Exacto en todos los cumplimientos, atenciones y muestras de urbanidad para con los otros. **2.** Completo, lleno, cabal. **3.** Acabado, perfecto. **4.** Largo o abundante. ◆ s.m. Muestra de cortesía. SIN.: *cumplimiento.*
CUMPLIDOR, RA adj. y s. Que cumple o da cumplimiento.
CUMPLIMENTAR v.tr. Poner en ejecución una orden, diligencia o trámite. **2.** Saludar o felicitar con determinadas normas a alguien importante. **3.** Rellenar un impreso, formulario, etc.
CUMPLIMENTERO, A adj. y s. *Fam.* Que hace demasiados cumplimientos.
CUMPLIMIENTO s.m. Acción de cumplir o cumplirse. **2.** Cumplido, muestra de cortesía. **3.** Perfección en el modo de obrar o de hacer alguna cosa.
CUMPLIR v.tr. (lat. *complere,* llenar o completar). Ejecutar, llevar a cabo. **2.** Llegar a tener cierta edad o un número determinado de años o meses. ◆ v.intr. Hacer que se debe o corresponde: *cumplir con sus obligaciones.* **2.** Convenir, importar. **3.** Seguido de la prep. *con,* satisfacer una obligación o cortesía: *cumplir lo acordado.* ◆ v.intr. y prnl. Terminar o vencer un plazo: *el viernes cumple el plazo de inscripción.* ◇ **Por cumplir** Por cortesía.

CÚMULO s.m. (lat. *cumulus*). Montón, multitud, acumulación. **2.** Concentración de estrellas pertenecientes a un mismo sistema galáctico. **3.** Concentración de galaxias en el espacio. **4.** Nube blanca de contornos definidos, cuya base es plana, mientras que la parte superior, en forma de cúpula, dibuja protuberancias redondeadas.◇ **Cúmulo abierto** Cúmulo relativamente poco cerrado, que comprende solo algunos centenares de estrellas. **Cúmulo globular** Cúmulo muy concentrado, aproximadamente esférico, formado por varios cientos de miles de estrellas.

■ CÚMULOS

CUMULOESTRATO s.m.pl. Estratocúmulo.

CUMULONIMBO s.m. Formación de nubes de grandes dimensiones, de gran desarrollo vertical y aspecto oscuro, que, muy a menudo, anuncia tormenta.

■ CUMULONIMBOS

CUMULOVOLCÁN s.m. Volcán cuya lava, ácida y viscosa, se solidifica y obstruye la chimenea.

1. CUNA s.f. (lat. *cunam*). Cama especial para bebés o niños pequeños, generalmente provista de barandillas. **2.** *Fig.* Lugar de nacimiento de una persona o cosa. **3.** *Fig.* Estirpe, linaje. **4.** Origen o principio.

2. CUNA, pueblo amerindio de la familia chibcha que habita en el istmo de Panamá. Los cuna se dedican a la agricultura, la pesca y la manufactura (alfarería, cestería, tejidos, talla de madera).

CUNCUNA s.f. Chile. Oruga. **2.** Colomb. Paloma silvestre.

CUNDIR v.intr. Dar mucho de sí o producir mucho provecho algo. **2.** Propagarse algo inmaterial: *cundir el pánico, un rumor.* **3.** Extenderse en todas direcciones un líquido, especialmente el aceite. **4.** Adelantar, progresar en cualquier trabajo: *cundir el estudio.*

CUNECO, A s. Venez. Cumiche.

CUNEIFORME adj. De figura de cuña. **2.** Se dice de la escritura en forma de cuña, propia de la mayor parte de pueblos del antiguo oriente, inventada por los sumerios en el transcurso del IV milenio. ● adj. y s.m. Se dice de cada uno de los tres huesos del tarso que se articulan con el escafoide y los metatarsianos.

CUNERO, A adj. y s. Expósito.

CUNETA s.f. (ital. *cunetta,* charco y zanja en los fosos de fortificaciones). Zanja existente en cada uno de los lados de una carretera o un camino, destinada a recoger las aguas de lluvia.

CUNICULTURA s.f. Cría del conejo doméstico.

CUNNILINGUS s.m. Excitación de los órganos genitales femeninos que se realiza con la boca.

CUÑA s.f. Pieza de madera o de metal terminada en ángulo diedro, muy agudo, que sirve para hender cuerpos sólidos, para ajustar uno con otro, etc. **2.** *Fig.* Influencia o medio que se emplea para lograr algún fin. **3.** En los medios audiovisuales, breve espacio publicitario que se emite en medio de un programa. **4.** Noticia breve que se incluye en texto escrito para ajustar mejor la compaginación. **5.** Nombre de tres huesos del tarso. **6.** Movimiento de los esquís, en el que estos quedan dispuestos en forma de V, con las espátulas juntas. **7.** Amér. Influencia, enchufe. **8.** MAT. Parte de un cuerpo de revolución comprendida entre dos planos que pasan por el eje del cuerpo: *cuña esférica.* ◇ **Cuña esférica** Parte de la esfera comprendida entre los planos de dos semicírculos máximos. **Meter cuña** Encizañar.

CUÑADO, A s. Hermano o hermana de un cónyuge o cónyuge de un hermano o hermana. SIN.: *hermano político.*

CUÑO s.m. (lat. *cuneus,* cuña). Troquel para sellar monedas, medallas y otros objetos análogos. **2.** Dibujo que deja este sello.◇ **De nuevo cuño** Que ha aparecido recientemente.

CUOTA s.f. (der. culto del lat. *quota pars*). Parte o porción fija o proporcional. **2.** Cantidad de dinero que pagan cada uno de los miembros de una sociedad, asociación, etc. ◇ **Cuota de pantalla** ESTADÍST. Porcentaje de audiencia que atiende en un momento dado a un determinado programa televisivo. **Muestreo por cuota** ESTADÍST. Modelo reducido de una población que permite la designación de un muestreo representativo.

CUOTIDIANO, A adj. → COTIDIANO.

CUPÉ s.m. (fr. *coupé*). Automóvil de dos o cuatro plazas, con dos puertas y techo fijo. **2.** Vehículo tirado por caballos, cerrado y de cuatro ruedas, que generalmente era de dos plazas. **3.** Parte anterior de una diligencia.

CUPEROSIS s.f. MED. Coloración roja de la cara, debida a una dilatación de los vasos capilares.

CUPILCA s.f. Chile. Mazamorra suelta que se prepara con una mezcla de harina tostada de trigo y vino agrio o chicha de uvas o manzanas.

CUPLÉ s.m. (fr. *couplet*). Canción de carácter ligero y de melodía fácil, que se popularizó, sobre todo, desde principios del s. XX hasta el período de entreguerras.

CUPLETISTA s.f. Artista que canta cuplés.

CUPO s.m. Cuota, parte proporcional que corresponde a un pueblo o a un particular en un impuesto, empréstito o servicio. **2.** Colomb., Méx. y Pan. Cabida. **3.** Colomb., Méx. y Pan. Plaza en un vehículo.

CUPÓN s.m. Cualquier porción de papel que forma con otras iguales un conjunto, y puede separarse para hacer uso de ella. **2.** Cada una de las partes de una acción o una obligación que periódicamente se van cortando para presentarlas al cobro de los intereses vencidos. ◇ **Cupón de respuesta internacional** Cupón que se adjunta a una carta dirigida al extranjero y que permite obtener, en el país de destino, sellos de correos por el valor del franqueo ordinario.

CUPRESÁCEO, A adj. y s.f. Relativo a una familia de coníferas resinosas, a la que pertenecen el enebro y algunas variedades de ciprés.

CUPRESINO, A adj. *Poét.* Relativo al ciprés.

CÚPRICO, A adj. (del lat. *cuprum,* cobre).

■ CUNEIFORME. Ejemplo de esta escritura; kudurru casita; h. 1 200 a.C.
(Museo del Louvre, París.)

Relativo al cobre o que lo contiene. **2.** Se dice de los compuestos de cobre divalente.

CUPROALEACIÓN s.f. Aleación rica en cobre, como el latón o el bronce.

CUPROALUMINIO s.m. Aleación de cobre y aluminio, llamada impropiamente *bronce de aluminio.*

CUPROAMONIACAL adj. **Licor cuproamoniacal** Solución amoniacal de óxido de cobre, que disuelve la celulosa.

CUPRONÍQUEL s.m. Aleación de cobre y de níquel.

CUPROPLOMO s.m. Aleación de cobre y plomo, utilizada como aleación antifricción.

CUPROSO, A adj. Se dice de los compuestos de cobre univalente.

CÚPULA s.f. (ital. *cùpola,* dim. del lat. *cupa, cuba*). Bóveda semiesférica, semielíptica o en forma de segmento esférico, que en ciertos edificios cubre una planta circular o poligonal. **2.** ANAT. Nombre que se da a la parte más alta de ciertos órganos. **3.** BOT. Órgano que sostiene o envuelve las bases de los frutos de las fagáceas.

■ CÚPULA sobre tambor de la basílica de Superga, cerca de Turín, construida por Filippo Juvarra (1715-1718).

■ CÚPULA sobre pechinas enmarcadas por dos semicúpulas en la mezquita de Solimán (Süleyman) en Istanbul (s. XVI).

CUPULÍFERO, A adj. y s.f. Relativo a un antiguo grupo de plantas, generalmente arborescentes, cuyos frutos reposan en una cúpula.

CUQUERÍA s.f. Cualidad de cuco. **2.** Picardía, astucia.

CUQUILLO s.m. ORNITOL. Cuco.

1. CURA s.m. Sacerdote católico.

2. CURA s.f. (lat. *cura,* cuidado). Curación. **2.** Conjunto de tratamientos a que se somete a un enfermo o herido. (Se dice también de la aplicación de ciertos productos y apósitos sobre una determinada lesión.) **3.** Chile. Borrachera.◇ **No tener cura** Ser incorregible.

CURACA s.m. En el imperio incaico, jefe o gobernador de un ayllu.

CURAÇAO s.m. → CURASAO.

CURACIÓN s.f. Acción y efecto de curar o curarse.

CURADERA s.f. Chile. Cura, borrachera.

CURADO, A adj. y s. Chile. Ebrio, borracho. ◆ s.m. Acción y efecto de curar, secar o preparar algo para su conservación.

CURADOR, RA s. DER. Persona elegida o nombrada para cuidar de los bienes o negocios del menor, del ausente o de algunos incapacitados.

CURAGUA s.f. Amér. Merid. Maíz de grano duro y hojas dentadas. (Familia gramíneas.)

CURALOTODO s.m. Fam. Remedio aplicable a muchas cosas.

CURANDERO, A s. Persona que, sin tener estudios de medicina, se dedica a curar aplicando procedimientos sin base científica.

CURANTO s.m. Chile. Guiso de mariscos, carnes y legumbres que se cuecen en un hoyo tapado con piedras calientes.

CURAR v.intr. y prnl. (lat. curare, cuidar). Sanar, recobrar la salud. **2.** Chile. Embriagarse, emborracharse. ◆ v.tr. Sanar, poner bien a una persona o animal, a un organismo o a una parte de él que están enfermos. **2.** Secar o preparar convenientemente una cosa para su conservación, especialmente las carnes y pescados por medio de la sal, el humo, etc. **3.** Curtir o preparar la piel de un animal para fabricar objetos con ella. ◆ v.tr. y prnl. Aplicar los remedios necesarios para que un enfermo recobre la salud. **2.** Extinguir una pasión.

CURARE s.m. Veneno vegetal, de acción paralizadora, con el cual los indios del Amazonas, del Orinoco y de las selvas de las Guayanas embadurnan sus flechas. (Se emplea también en medicina como antitetánico y relajante muscular.)

CURASAO o **CURAÇAO** s.m. (de Curaçao, isla de las Antillas Neerlandesas). Licor fabricado con cáscaras de naranjas, azúcar y aguardiente.

CURATELA s.f. DER. Institución cuasi familiar que somete los bienes de los incapaces a guarda y protección.

CURATIVO, A adj. Que sirve para curar.

CURATO s.m. Cargo espiritual del cura. **2.** Territorio que está bajo su jurisdicción.

CURBARIL s.m. Árbol que crece en América tropical. (Familia cesalpiniáceas.)

CURCO, A adj. y s. Chile, Ecuad. y Perú. Jorobado.

CURCULIÓNIDO, A adj. y s.m. Relativo a una familia de coleópteros que comprende las formas conocidas como gorgojos.

CÚRCUMA s.f. (ár. kúrkum). Planta herbácea que crece en Asia oriental, de cuyo rizoma se extrae un producto empleado como colorante y como especia. (Familia cingiberáceas.)

CURCUNCHO, A adj. y s. Amér. Merid. Jorobado.

CURDA adj. y s.m. y f. Esp. Borracho. ◆ s.f. Esp. Borrachera.

CURDO, A adj. y s. → KURDO.

CUREÑA s.f. Armazón de madera o de metal que sirve de soporte y de vehículo de transporte al cañón de artillería.

CURÍ s.m. Árbol que da una piña grande, con piñones como castañas que se comen cocidos; es originario de América Meridional. (Familia araucariáceas.)

CURIA s.f. (voz latina, local del Senado y otras asambleas). En Roma, subdivisión de la tribu. (Había 10 curias por tribu.) **2.** Lugar donde se reunía el senado romano. **3.** Este mismo senado. **4.** Organismo administrativo, judicial y de gobierno de la Santa Sede (curia romana) o de las diócesis católicas (curia diocesana). **5.** Conjunto de abogados, procuradores y empleados en la administración de justicia. **6.** Tribunal donde se tratan los negocios contenciosos, especialmente los canónicos. ◇ **Curia regis** Órgano fundamental del gobierno monárquico en la edad media.

CURIAL adj. Relativo a la curia. ◆ s.m. Empleado subalterno de los tribunales de justicia.

CURIARA s.f. Embarcación de vela y remo más ligera y larga que la canoa, que usan los indios de la América Meridional.

CURICHE s.m. Bol. Cenagal que queda en una zona llana después de una crecida. **2.** Chile. Persona muy morena o negra.

CURIE s.m. (de Pierre y Marie Curie, físicos). Antigua unidad de medida de radiactividad (símb. Ci) equivalente a la actividad de una cantidad de núcleos radiactivos cuyo número de transiciones nucleares espontáneas por segundo es de $3,7 \times 10^{10}$.

CURIETERAPIA s.f. Tratamiento por radiación radiactiva.

CURIO s.m. Elemento químico (Cm), radiactivo, de número atómico 96, descubierto en 1944 por G. Seaborg al bombardear el plutonio 239 con núcleos de helio.

CURIOSEAR v.intr. y tr. Fisgonear, husmear, intentar enterarse de algo que no le incumbe.

CURIOSIDAD s.f. Deseo de saber y averiguar algo. **2.** Cosa o circunstancia curiosa, rara, extraña. **3.** Aseo, limpieza. **4.** Esmero y cuidado en lo que se hace.

CURIOSO, A adj. y s. (lat. curiosus). Que tiene curiosidad. ◆ adj. Que llama la atención o despierta la curiosidad. **2.** Limpio, aseado, ordenado. **3.** Que hace su trabajo con mucho cuidado. ◆ s. Curandero.

CURIQUINGUE s.m. Ave falconiforme de pico y patas fuertes, que constituía el ave sagrada de los incas. (Familia falcónidos.)

CURITA s.f. Tira adhesiva por una cara, en cuyo centro tiene un apósito esterilizado que se coloca sobre heridas pequeñas para protegerlas. SIN.: tirita.

CURLING s.m. (voz inglesa). Deporte de invierno practicado sobre hielo, con una piedra pulida, en forma de disco, que se hace deslizar hacia una meta.

CUROS s.m. → KUROS.

CURRANTE s.m. y f. Esp. Fam. Trabajador.

CURRAR v.tr. Esp. Fam. Trabajar.

CURRICÁN s.m. (port. corrição). Aparejo de pesca de un solo anzuelo.

CURRÍCULO s.m. Currículum vítae. **2.** Plan de estudios. **3.** Conjunto de estudios y prácticas destinadas a que el alumno pueda ampliar lo que ha aprendido. **4.** Método de organización de las actividades educativas y de aprendizaje en función de los contenidos, de los métodos y de las técnicas didácticas.

CURRÍCULUM VÍTAE s.m. (lat. curriculum vitae, carrera de la vida). Conjunto de datos relativos al estado civil, los estudios y las aptitudes profesionales de una persona. (También currículum o currículo.)

1. CURRO s.m. Esp. Fam. Trabajo.

2. CURRO, A adj. Fam. Majo, afectado en los movimientos o en el vestir.

CURRUCA s.f. Ave paseriforme insectívora de unos 15 cm de long., de plumaje pardo en la región dorsal y blanco en la ventral, de canto agradable. (Familia sílvidos.)

■ **CURRUCA** mosquitera.

CURRUTACO, A adj. y s. (de curro y retaco, rechoncho). Fam. Muy afectado en el uso de las modas. **2.** Pequeño y bastante grueso.

CURRY s.m. (voz inglesa). Mezcla de especias, principalmente jengibre, clavo, azafrán y cilantro: arroz, pollo al curry.

CURSAR v.tr. Estar estudiando cierta materia en un centro dedicado a este fin. **2.** Hacer que algo siga una tramitación o proceso.

CURSI adj. y s.m. y f. Se dice de la persona que intenta ser fina y elegante pero resulta afectada y ridícula. ◆ adj. Se dice de algo que pretende ser fino y elegante pero resulta ridículo y de mal gusto.

CURSILERÍA s.f. Cosa cursi. SIN.: cursilada. **2.** Cualidad de cursi.

CURSILLO s.m. Curso de poca duración. **2.** Breve serie de conferencias acerca de una materia.

CURSIVO, A adj. y s.f. Se dice de la letra de imprenta que se caracteriza por su inclinación y por parecerse a la escritura a mano.

CURSO s.m. Movimiento del agua u otro líquido trasladándose en masa continua por un cauce. **2.** Serie de estados por los que pasa una acción, un asunto, un proceso cualquiera. **3.** Movimiento continuo en el tiempo, encadenamiento: el curso de los años. **4.** Período de tiempo destinado a la explicación de lecciones, prácticas o seminarios en las escuelas y universidades, o a la celebración de sesiones en academias o corporaciones parecidas. **5.** Conjunto orgánico de enseñanzas expuestas en un período de tiempo. **6.** Conjunto de estudiantes que pertenecen o han pertenecido al mismo grado de estudios. **7.** Circulación, difusión entre la gente: moneda de curso legal. **8.** Evolución de una enfermedad. **9.** Movimiento real o aparente de los astros: el curso del sol. **10.** Explicación orgánica de una disciplina. ◇ **Dar curso** Remitir, tramitar; soltar, dar rienda suelta. **En curso** Actual.

CURSOR s.m. Pieza pequeña que se desliza a lo largo de otra mayor en algunos aparatos. **2.** ASTRON. Hilo móvil que atraviesa el campo de un micrómetro y que sirve para medir el diámetro aparente de un astro. **3.** INFORMÁT. Marca intermitente, visible en una pantalla, que indica la posición en la que puede realizarse una acción de escritura, como añadido, borrado, inserción o sustitución de caracteres.

CURSUS HONÓRUM s.m. (lat. cursus honorum, sucesión de honores). Orden en el que debía efectuarse forzosamente la carrera política en Roma y las condiciones exigidas para ocupar las magistraturas.

CURTIDO, A adj. Avezado, baqueteado, experimentado. **2.** Méx. Sonrojado, avergonzado. ◆ s.m. Acción y efecto de curtir las pieles. ◆ **curtidos** s.m.pl. Amér. Encurtidos.

CURTIDURÍA s.f. Establecimiento donde se curten y trabajan las pieles. SIN.: tenería.

CURTIEMBRE s.m. Amér. Taller donde se curten y trabajan las pieles, curtiduría, tenería.

CURTIENTE adj. y s.m. Que sirve o es propio para curtir pieles: licores curtientes.

CURTIR v.tr. Someter la piel de los animales a una preparación y tratamiento adecuados para transformarla en cuero. **2.** Hacer que algo azotando. ◆ v.tr. y prnl. Fig. Endurecer o tostar el cutis el sol o el aire. **2.** Acostumbrar a una persona a situaciones difíciles para que adquiera madurez y resistencia.

CURÚ s.m. Perú. Larva de la polilla.

CURUCÚ s.m. Amér. Quetzal.

CURUCUTEAR v.intr. Colomb. y Venez. Cambiar de sitio los trastos.

CURUL adj. (lat. curulis). Se decía de una silla de marfil reservada a ciertos magistrados romanos, y de las magistraturas de las que dicha silla constituía el símbolo.

CURURASCA s.f. Perú. Ovillo de hilo.

CURURO, A adj. Chile. Que es de color negro. ◆ s.m. Chile. Especie de rata campestre, de color negro y muy dañina.

CURVA s.f. Línea curva. **2.** En una carretera, camino, línea férrea, etc., tramo que se aparta de la dirección recta y toma forma curva. **3.** Gráfica que representa las variaciones de un fenómeno: curva de temperatura. **4.** MAT. Lugar geométrico de las posiciones sucesivas de un punto que se mueve de acuerdo con una ley determinada.

CURVAR v.tr. y prnl. Dar forma curva a algo.

CURVATURA s.f. Desvío de la dirección recta. ◇ **Radio de curvatura en un punto** MAT. Radio del círculo osculador en dicho punto.

CURVILÍNEO, A adj. Formado por curvas.

CURVÍMETRO s.m. Instrumento que sirve para medir la longitud de las líneas curvas.

CURVO, A adj. (lat. curvus). Que constantemente se aparta de la dirección recta, sin formar ángulos: línea curva.

CUSCA s.f. Colomb. Borrachera. **2.** Colomb. Colilla de cigarro. **3.** Méx. Vulg. Prostituta. ◇ **Hacer la cusca** Molestar, importunar o perjudicar a alguien.

CUSCÚS s.m. (ár. kuskus). Especialidad culinaria del N de África, preparada con sémola de trigo cocida al vapor, carne, legumbres, verduras y salsas. **2.** Sémola con que se elabora. SIN.: *alcuzcuz, cuzcuz.*

CUSCUTA s.f. (bajo lat. *cuscuta*). Planta sin hojas, raíces ni clorofila, parásita de los cereales y otras plantas, a los que rodea con sus tallos ramificados, provistos de haustorios.

CUSHING, Síndrome de Cushing Conjunto de alteraciones observadas principalmente en la mujer joven, debidas a un exceso de secreción de las hormonas corticosuprarrenales y relacionadas con un tumor en la corteza suprarrenal o con un adenoma de la hipófisis.

CUSMA s.f. Perú. Camisa usada por los indios de las serranías.

CUSPE s.m. Mamífero roedor que vive en la vertiente del Pacífico de América del Sur. (Familia dasipróctidos.)

CÚSPIDE s.f. (lat. *cuspis, -idis,* punta u objeto puntiagudo). Cumbre puntiaguda de los montes. **2.** Remate superior y en punta de una cosa. **3.** Punto o momento culminante de algo: *la cúspide de la fama, del poder.* **4.** BOT. Punta afilada y alargada. **5.** GEOMETR. Punto donde concurren los vértices de todos los triángulos que forman las caras de la pirámide o de las generatrices del cono.

CUSTODIA s.f. (lat. *custodia,* de *custos, -odis,* guardián). Acción de custodiar. **2.** Persona o escolta que custodia a un preso. **3.** Pieza de oro, plata, etc., en que se expone la eucaristía, para la veneración de los fieles. **4.** Chile. Consigna de una estación o aeropuerto, donde los viajeros depositan temporalmente sus equipajes y paquetes.

CUSTODIAR v.tr. Guardar, vigilar.

CUSTODIO adj. y s.m. Que custodia: *ángel custodio.*

CUSUCO s.m. Amér. Central. Armadillo. **2.** Salv. Lío, dificultad.

CUSUSA s.f. Amér. Central. Aguardiente de caña.

CUTACHA s.f. Amér. Central. Machete pequeño.

CUTAMA s.f. Chile. Costal, talego. **2.** Chile. *Fig.* Persona torpe y pesada.

CUTÁNEO, A adj. Relativo a la piel. **2.** Se dice de diversos músculos que tienen por lo menos una de sus inserciones en la piel.

CUTARA s.f. Cuba. y Méx. Chancleta. **2.** Hond. Zapato alto hasta la caña de la pierna.

CUTBACK s.m. Betún asfáltico fluidificado por un disolvente que se evapora una vez aplicado aquel.

1. CÚTER s.m. (ingl. *cutter*). Pequeña embarcación de vela con un solo mástil.

2. CÚTER o **CUTTER** s.m. (ingl. *cutter,* corta-

■ **CUSTODIA,** obra de Juan de Arfe. (Catedral de Sevilla.)

dor, de *cut,* cortar). Instrumento para cortar papel, cartón, etc., compuesto de un mango en cuyo interior hay una cuchilla dividida en varios trozos, que se eliminan cuando han perdido el filo.

CUTÍ s.m. (fr. *coutil,* del lat. *culcita,* colchón). Tejido cruzado y muy ceñido, de hilo o algodón, utilizado para confeccionar la tela de colchones, de ropa de trabajo, etc.

CUTÍCULA s.f. Película o piel delgada. **2.** ANAT. **a.** Epidermis o capa más externa de la piel. **b.** Cualquier membrana muy fina que recubra una estructura: *cutícula dental.* **3.** BOT. Película superficial de los tallos jóvenes y de las hojas, que contiene cutina. **4.** ZOOL. Zona superficial del tegumento de los artrópodos (insectos, crustáceos), que contiene quitina.

CUTINA s.f. Sustancia impermeable contenida en la cutícula de los vegetales.

CUTIRREACCIÓN s.f. Test destinado a detectar diversas enfermedades, como tuberculosis y alergias, que consiste en depositar sobre la piel escarificada ciertas sustancias (tuberculina, alérgenos, etc.), que producen o no una reacción visible.

CUTIS s.m. (lat. *cutis,* piel o pellejo). Piel de una persona, especialmente la del rostro.

CUTRE adj. Tacaño, mezquino. **2.** *Por ext.* Miserable, sucio o de mala calidad: *un hotel cutre.*

CUTTER s.m. (voz inglesa, *cortador,* de *cut,* cortar). → **2. CÚTER.**

CUTUCO s.m. Salv. Calabaza. **2.** Salv. Fruto de esta planta.

CUY s.m. Amér. Merid. Cobaya.

CUYANO, A adj. y s. De Cuyo (Argentina).

CUYO, A pron.relat.poses. (lat. *cutus*). Forma equivalente al pronombre *quo* en función adjetiva: *el amigo a cuya casa me dirijo; la mujer de cuyos padres me hablaste.*

CYAN s.m. y adj. Color azul verdoso. ♦ adj. Que es de este color.

CZARDA s.f. Baile popular húngaro.

D s.f. Quinta letra del alfabeto español, y cuarta de sus consonantes. (Representa un sonido dental sonoro, oclusivo en posición inicial absoluta o tras *l* o *n*, y fricativo en las demás posiciones.) **2.** Abrev. de *don.* ⋄ **D** Cifra romana que vale *quinientos*; MÚS. en la notación inglesa y alemana, nota *re.* **Día D** Fecha prefijada de una acción militar: *el día D a la hora H.*

DABLE adj. Posible: *es dable que venga hoy.*

DACA. Toma y daca → TOMAR.

DA CAPO loc.adv. (voces italianas, *desde el principio*). MÚS. Volviendo a repetir la obra ejecutada desde el principio.

DACHA s.f. Casa de campo rusa, en las afueras de una gran ciudad.

DACIO, A adj. y s. De Dacia.

DACIÓN s.f. (del lat. *datio, -onis*). DER. Acción y efecto de dar. ⋄ **Dación en pago** DER. Pago de una deuda en que el deudor, de acuerdo con el acreedor, transmite la propiedad de una cosa diferente de la debida.

DACRIADENITIS s.f. Inflamación de la glándula lacrimal.

DACRIOCISTITIS s.f. Inflamación del saco lacrimal situado en el ángulo interior del ojo.

DACTILAR adj. (del gr. *dáktylos*). Digital: *huellas dactilares.*

DACTÍLICO, A adj. y s.m. MÉTRIC. Se dice de un metro o de un verso en el que domina el dáctilo.

DÁCTILO s.m. MÉTRIC. Pie de la poesía grecolatina compuesto por una sílaba larga y seguida de dos breves.

DACTILOGRAFÍA s.f. Mecanografía. **2.** Estudio de las huellas dactilares.

DACTILOGRAFIAR v.tr. [19]. Mecanografiar.

DACTILÓGRAFO, A s. Mecanógrafo. ◆ s.m. Instrumento de teclado que sirve para hacer percibir por el tacto los signos de las palabras, a los sordomudos ciegos. **2.** Nombre antiguo de la máquina de escribir.

DACTILOLOGÍA s.f. Técnica de comunicarse con los dedos o con el abecedario manual, utilizada especialmente por los sordomudos.

DACTILOSCOPIA s.f. Procedimiento de identificación de personas por medio de las huellas digitales.

DADÁ s.m. y adj. (fr. *dada*, voz infantil que designa el caballo). Movimiento artístico y literario fundado en 1916, que se basaba en el absurdo y ponía en tela de juicio los modos de expresión tradicionales.

ENCICL. Los orígenes del movimiento dadá deben atribuirse a dos grupos diferentes: un cenáculo de escritores refugiados en Suiza durante la primera guerra mundial (Tristan Tzara, Hans Arp, etc.), que procedieron a la «invención» del nombre que debía agruparlos; y un grupo de Nueva York (Marcel Duchamp, Francis Picabia y Man Ray) que adoptaban actitudes iconoclastas muy semejantes a las del grupo de Zurich. La unión de ambas tendencias se produjo en Lausana en 1918, y el movimiento se extendió (Max Ernst, André Breton) hasta que, a partir de 1920, la mayoría de dadaístas evolucionaron hacia la acción revolucionaria o hacia el surrealismo.

DADAÍSMO s.m. Movimiento dadá.

DADAÍSTA adj. y s.m. y f. Relativo al dadaísmo; adscrito a este movimiento.

DÁDIVA s.f. (bajo lat. *dativa*, pl. de *dativum*, donativo). Cosa que se da voluntaria o desinteresadamente.

DADIVOSO, A adj. y s. Propenso a hacer dádivas.

1. DADO s.m. Pieza cúbica que en cada una de las caras tiene señalados puntos, desde uno hasta seis, o figuras, y se utiliza en varios juegos de azar. **2.** Pieza cúbica de metal de una máquina, que sirve de apoyo a los ejes, tornillos, etc. **3.** ARQ. Neto.

2. DADO, A adj. Que ha sido determinado o fijado. ⋄ **Dado que** Siempre que, a condición que; puesto que. **Ser dado a** Sentir inclinación o tendencia hacia algo.

DADOR, RA adj. y s. Que da. ◆ s.m. Librador de una letra de cambio. **2.** Jugador que distribuye las cartas. **3.** Átomo, ion o molécula que

■ EL MOVIMIENTO DADÁ

El dadaísmo fue la consecuencia directa de un movimiento de rebelión contra la situación cada vez más inquietante del mundo occidental desde mediados del s. XIX, que alcanzó su paroxismo en la hecatombe de la primera guerra mundial. La provocación y la burla fueron las armas esenciales de los dadaístas.

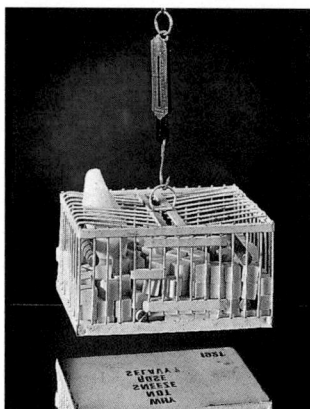

Marcel Duchamp. *WHY NOT SNEEZE ROSE SELAVY?* (1921), objeto manufacturado o *ready-made* (transformado). Más allá de sus retruécanos visuales y lingüísticos, esta obra dedicada al «doble femenino» de Duchamp, Rose Sélavy («Rosa Eslavida»), es un claro precursor del surrealismo.
(Col. L. y W. Arensberg; museo de arte de Filadelfia.)

Raoul Hausmann. *Tatlin en su casa* (1920), fotomontaje realizado en Berlín. Subversivo por lo absurdo de su propuesta, este collage pretende rendir homenaje al constructivista ruso Tatlin. (Col. part., Berlín.)

cede electrones, en el transcurso de una reacción química.

DAGA s.f. Arma blanca de mano, de hoja ancha, corta y puntiaguda. **2.** Punta que corona una apófisis del hueso frontal de los cérvidos. **3.** Defensa del jabalí.

DAGAME s.m. Cuba. Árbol silvestre de tronco elevado, copa pequeña de hojas menudas y flores blancas. (Familia rubiáceas.)

DAGUERROTIPIA s.f. Procedimiento fotográfico inventado por Daguerre (h. 1837), que consiste en fijar químicamente en una lámina de plata pura, dispuesta sobre un soporte de cobre, la imagen obtenida en la cámara oscura.

DAGUERROTIPO s.m. (de J. *Daguerre*, su inventor, y el gr. *t'pos*, golpe). Dispositivo que permite registrar una imagen sobre una placa yodada superficialmente. **2.** Imagen obtenida por daguerrotipia.

DAGUESTANO, A adj. y s. De Daguestán.

DAIQUIRI s.m. Cóctel preparado con zumo de limón, ron y azúcar.

DAKIN. Líquido de Dakin Solución diluida de hipoclorito de sodio y permanganato de potasa, empleada para desinfectar llagas.

DAKOTA, pueblo de América del Norte de la familia lingüística siux, que habitaba en el curso alto del Mississippi y las grandes praderas del O norteamericano, y que desde 1862 vive en reservas.

DALA s.f. (fr. *dale*). MAR. Canal de algunas embarcaciones, por donde se vierte al mar el agua que achica la bomba de desagüe.

DALAI-LAMA o **TALAI-LAMA** s.m. (traducción mongola del tibetano *rgyal-tso*). Jefe espiritual del budismo tibetano, considerado como el representante del Avalokitesvara.

DALIA s.f. (de *Dahl*, botánico sueco). Planta herbácea de raíces tuberculosas y flores ornamentales del mismo nombre de la que se cultivan numerosas variedades. (Familia compuestas.)

raíces

■ **DALIA**

DALLA s.f. Guadaña. SIN.: *dalle.*
DALLAR v.tr. Guadañar.

DÁLMATA adj. y s.m. y f. De Dalmacia. ◆ adj. y s.m. Se dice del perro de una raza de pelaje corto y blanco con numerosas manchas negras o marrón oscuro. ◆ s.m. Lengua muerta que se habló en las costas de Dalmacia.

■ **DÁLMATA**

DALMÁTICA s.f. (del lat. tardío *dalmatica vestis*, túnica de los dálmatas). Vestidura litúrgica de mangas anchas que usan los diáconos y subdiáconos. **2.** Túnica blanca y púrpura de mangas largas que usaban los emperadores romanos. **3.** Prenda de vestir solemne que usaban los reyes en la edad media.

DALTONIANO, A adj. y s. Relativo al daltonismo; daltónico.

DALTÓNICO, A adj. Que padece daltonismo.

DALTONISMO s.m. (de *Dalton*, físico inglés). Defecto de la visión que afecta a la percepción de los colores, y produce normalmente la confusión entre el rojo y el verde.

DAMA s.f. (tr. *dame*). Mujer distinguida, de clase social elevada o de alta educación. **2.** Mujer cortejada o pretendida por un hombre. **3.** Actriz que interpreta un papel principal. **4.** En el juego de ajedrez y en la baraja francesa, reina. **5.** En el juego de damas, peón coronado que se puede desplazar en diagonal por todo el tablero. ◆ **damas** s.f.pl. Juego practicado entre dos personas con veinticuatro piezas que avanzan en diagonal sobre un tablero o damero de sesenta y cuatro escaques, si es a la española, o con cuarenta piezas sobre uno de cien escaques, si es a la polonesa. (También *juego de damas*). ◇ **Dama de honor** Mujer que acompaña y sirve a una novia, a una princesa o a señoras principales en bodas, celebraciones, etc.; título que se da en concursos o ceremonias a las jóvenes que siguen en méritos a la más destacada. **Dama de noche** Planta de flores blancas muy olorosas durante la noche. (Familia solanáceas.)

DAMAJAGUA s.m. Ecuad. Árbol de tronco grueso, con cuya corteza interior elaboran los indios vestidos y esteras de corteza.

DAMAJUANA s.f. (del fr. *dame-jeanne*, señora Juana). Recipiente en forma de garrafa grande, de gres o de vidrio, revestido generalmente con una funda de mimbre, cuya capacidad oscila entre 20 y 50 l.

DAMALISCO s.m. Antílope africano de lomo inclinado y coloración uniforme. (Familia bóvidos.)

DAMÁN s.m. Mamífero herbívoro ungulado parecido a la marmota, originario de África y de Asia Menor, de unos 50 cm.

DAMASANA s.f. Amér. Damajuana.

DAMASCENO, A adj. y s. De Damasco. SIN.: *damaceno, damasquino.*

DAMASCO s.m. (de *Damasco*, c. de Siria). Tejido de seda o de lana de un solo color, con dibujos mates sobre fondo satinado, que se obtienen mezclando hilos de diferentes gruesos. ◇ **Acero de damasco** Acero muy fino.

DAMASQUINAR v.tr. Incrustar con un martillo hilos u hojas de oro, plata, cobre, etc., en los cortes previamente realizados en una superficie metálica.

DAMASQUINO, A adj. Damasceno. **2.** Se dice de la ropa u otra labor confeccionada con damasco.

DAMERO s.m. Tablero de madera, dividido en sesenta y cuatro escaques o casillas, blancas y negras, alternativamente, sobre el cual se juega a las damas. **2.** Superficie dividida en cuadrados iguales. **3.** Pasatiempo parecido al crucigrama, en el que, a partir de unas definiciones, se completa un casillero donde se lee una frase.

DAMISELA s.f. (fr. ant. *dameisele*). Muchacha con pretensiones de dama.

DAMNACIÓN s.f. Condenación.

DAMNIFICADO, A adj. y s. Que ha sido dañado, especialmente cuando ha resultado afectado por un desastre de carácter colectivo: *los damnificados por un terremoto.*

DAMNIFICAR v.tr. [1]. Causar daño, especialmente un desastre de carácter colectivo.

DAMPER s.m. (voz inglesa). TECNOL. Amortiguador del extremo del cigüeñal de un motor para anular las vibraciones.

DAN s.m. (voz japonesa, *clase, rango*). Grado de calificación de los judokas titulares del cinturón negro: *de primer, segundo dan.*

DANAKIL → **AFAR.**

DANCING s.m. (abrev. del ingl. *dancing house*, casa de baile) [pl. *dancings*]. Establecimiento público donde se baila.

DANDI o **DANDY** s.m. (ingl. *dandy*). Hombre de gran elegancia en su actitud y aspecto.

DANDISMO s.m. Moda indumentaria y estética, basada en el refinamiento de la elegancia continuamente renovada, asociada a cierto amaneramiento del carácter.

DANÉS, SA adj. y s. De Dinamarca. SIN.: *dinamarqués.* ◆ s.m. Lengua germánica hablada en Dinamarca y Groenlandia. ◇ **Gran danés** Perro de una raza de pelo corto y de gran tamaño, originaria de Dinamarca.

DANTELADO, A adj. HERÁLD. Se dice del escudo dividido en triángulos isósceles de esmaltes alternados.

DANTESCO, A adj. Que inspira terror, especialmente cuando se trata de algo de grandes proporciones. **2.** Relativo al poeta Dante Alighieri.

DANTO s.m. Amér. Central. Pájaro de plumaje negro y azulado y pecho rojizo sin plumas.

DANZA s.f. Acción de danzar. **2.** Sucesión de posiciones y de pasos ejecutados al compás de un ritmo musical. ◇ **Danza de la muerte,** o **macabra** Tema iconográfico frecuente en la edad media, en el que aparecen gentes de toda edad y condición en una danza frenética, guiados por un esqueleto. **Danza moderna** Forma contemporánea adoptada por la danza tradicional, surgida del rechazo a aceptar las reglas de la danza académica, que se caracteriza por una mayor libertad de expresión y de movimientos. **En danza** En continua actividad, de un lado para otro. (*V. ilustr. pág. siguiente.*)

DANZANTE, A s. y adj. Persona que danza. **2.** Fig. y fam. Persona ligera de juicio o entrometida.

DANZAR v.intr. y tr. (fr. ant. *dancier*) [7]. Bailar, ejecutar una sucesión de pasos al compás de la música. ◆ v.intr. Ir o moverse de un lado para otro: *las hojas danzaban al viento.* **2.** *Fig. y fam.* Entrometerse en un asunto.

DANZARÍN, NA s. Persona que danza, especialmente cuando lo hace con destreza.

DAÑABLE adj. Dañino, perjudicial.

DAÑAR v.tr. y prnl. Causar daño o perjuicio físico o moral: *el sol la daña la vista; dañar su reputación.* **2.** Deteriorarse o estropearse algo: *dañarse la cosecha.*

DAÑINO, A adj. Que daña. SIN.: *dañoso.*

DAÑO s.m. (lat. *damnum*). Efecto de dañar o dañarse. **2.** Amér. Maleficio, mal de ojo. ◆ **daños** s.m.pl. DER. Delito consistente en todo daño causado voluntariamente en la propiedad ajena, siempre que los hechos no queden comprendidos en otro precepto del código penal. ◆ **Daños y perjuicios** Valor de la pérdida que ha sufrido y de la ganancia que ha dejado de obtener una persona por culpa de otra.

DAO s.m. → **TAO.**

DAR v.tr. (lat. *dare*) [15]. Ceder: *dar pan a los pobres.* **2.** Poner en manos o a disposición de otro: *dar un paso de agua.* **3.** Proponer, indicar: *dar tema para un libro.* **4.** Conferir, conceder un empleo u oficio: *dar el título de marqués.* **5.** Conceder: *¿da usted su permiso?* **6.** Ordenar, aplicar: *dar las órdenes oportunas.* **7.** Ceder algo a cambio de otra cosa: *te lo doy por poco dinero.* **8.** Producir beneficio, rendir fruto: *esta tierra da mucho fruto.* **9.** Transmitir, mostrar: *dar una buena película.* **10.** Comunicar felicitaciones, pésames, etc.: *dar la enhorabuena.* **11.** Seguido de ciertos sustantivos, hacer, practicar o ejecutar la acción que estos significan: *dar un paseo, una bofetada.* **12.** Con palabras que expresan daño o dolor, ejecutar la acción significada por estas: *dar una puñalada.* **13.** Causar, ocasionar, provocar: *dar problemas; dar asco.* **14.** Importar, significar, valer: *¡qué más da!* **15.** Celebrar u ofrecer un baile, banquete, fiesta, etc.: *dar una recepción.* **16.** Accionar un dispositivo, generalmente para permitir el paso de la luz, el agua, etc. **17.** Explicar una lección, pronunciar una conferencia. **18.** Repartir los naipes: *dar las cartas.* ◆ v.tr. e intr. Sonar en el reloj las campanadas correspondientes a una hora determinada: *dar las seis.* **2.** Golpear, pegar. ◆ v.intr. Sobrevenir, empezar a sentir: *le dio una embolia.* **2.** Seguido de las prep. *con, contra* y *en,* encontrar, acertar, chocar: *dar en el clavo.* **3.** Estar orientado o situado en determinada dirección o lugar: *la ventana da al jardín.* **4.** Seguido de la prep. *por,* empezar alguien a sentir mucha afición por algo: *le ha dado por la pesca.* ◆ v.intr. y prnl. Seguido de la prep. *por,* creer o considerar: *dar por bien empleado.* ◆ **darse** v.prnl. Suceder,

■ LA DANZA

La forma estructurada y definida del ballet clásico se inscribe dentro del vasto patrimonio coreográfico, siempre renovado, de la humanidad. Ritual o religiosa, la danza conecta al ser humano con las pulsiones cósmicas; recreativa en las fiestas populares o en los bailes, convierte la diversión en un entramado de relaciones sociales; espectacular en teatros o festivales, invita al público a sentirse partícipe junto a los bailarines de un gran acto cultural. Celebración del movimiento, la danza se reafirma como un fenómeno de comunicación universal.

El legong. Esta danza la interpretan muchachas muy jovencitas en Bali, y la tradición le atribuye un origen divino.

El tango. Nace a principios del s. XX como un baile lascivo y se transforma luego en espectáculo. En la foto, *Tango Argentino*, de Juan Carlos López, durante una representación de 1984 en París.

Nicholas Brothers. Inmortalizados en la película *Stormy Weather* (A. L. Stone, 1943), sus acrobacias ilustran los momentos más legendarios del claqué.

La sardana. Se baila en Cataluña desde el s. XVI, habitualmente en las plazas públicas, y constituye una de las danzas folklóricas más vivas.

El flamenco. Escenifica el encuentro entre España y los gitanos en una danza que une el cante y el zapateado. En la foto, Cristina Hoyos en la coreografía de *Caminos andaluces* en 1994.

---

v.prnl. Suceder, existir, determinar: *se da la circunstancia de que...* **2.** Cesar, ceder la resistencia: *el suéter se ha dado bastante.* **3.** Seguido de la prep. *a* y de un nombre o un verbo en infinitivo, entregarse a algo con ahínco: *darse a la bebida.* ◇ **Dar de sí** Extenderse, ensancharse, especialmente las telas y pieles; producir, rendir. **Dar (en) qué pensar** Propiciar ocasión o motivo para sospechar. **Darse a conocer** Hacer saber alguien quién es; descubrir alguien su carácter y cualidades. **Dárselas de** *Fam.* Presumir: *dárselas de valiente.* **Dar tras** *Fam.* Perseguir a alguien, acosarlo con furia.

DARBISMO s.m. Doctrina religiosa de J. N. Darby (1800-1882), que rechaza toda organización eclesiástica. (Es un calvinismo estricto que se extendió por los países anglosajones.)

DARBUKA s.f. Instrumento musical de percusión de terracota, con un parche de piel tensado que se golpea con la mano, originario del Magreb y del Oriente medio.

DARDANISMO s.m. Destrucción voluntaria de la producción o de los excedentes, que permite mantener los precios elevados.

DARDO s.m. (fr. *dard*). Arma arrojadiza alargada y acabada en punta, especialmente la intermedia entre la flecha y la jabalina. **2.** *Fig.* Dicho agudo o satírico que se dirige contra alguien o algo. **3.** Aguijón venenoso de la abeja o el escorpión. **4.** AGRIC. Brote pequeño de un árbol frutal.

DARES. Dares y tomares *Fam.* Cantidades dadas y recibidas; enfrentamientos y problemas entre dos o más personas.

DARGUINIOS → DARWA.

DÁRICO s.m. Moneda de oro persa acuñada por Darío I, que se empleó hasta la época helenística.

DARMSTADTIO s.m. (de *Darmstadt*, c. de Alemania). Elemento químico (Ds), de número atómico 110, obtenido artificialmente por fusión nuclear.

DÁRSENA s.f. (ital. *dàrsena*). MAR. Parte más resguardada de un puerto.

DARTROS s.m. (fr. *dartre*). Lesión de la piel en forma de costras o exfoliaciones.

DARTROSIS s.f. Enfermedad de la papa, causada por un hongo.

DARVINIANO, A o **DARWINIANO, A** adj. Relativo al darvinismo.

DARVINISMO o **DARWINISMO** s.m. (de C. *Darwin*, naturalista británico). Teoría biológica formulada por Charles Darwin en su obra *El origen de las especies*, según la cual la evolución de los seres vivos se produce por la lucha por la vida y la selección natural.

DARVINISTA o **DARWINISTA** adj. y s.m. y f. Darvinista; partidario del darvinismo.

DARWA o **DARGUINIOS,** pueblo caucásico musulmán de Daguestán, islamizado a partir del s. XI.

DASOCRACIA s.f. Parte de la dasonomía que estudia el régimen de explotación más conveniente para los montes y bosques.

DASONOMÍA s.f. (del gr. *dásos*, bosque espeso, y *nómos*, ley). Ciencia que estudia la conservación, cultivo y aprovechamiento de los montes y bosques.

DAT s.m. (sigla del inglés *digital audio tape*). Banda magnética que registra digitalmente el sonido. ◇ **Casete DAT** Casete de registro que utiliza este tipo de banda.

DATA s.f. Indicación de lugar y tiempo que aparece en un documento para fechar su escritura o ejecución. **2.** Fecha en que sucede o se hace algo. **3.** Partida o conjunto de partidas que componen el descargo de lo recibido en una cuenta.

DATACIÓN s.f. Acción y efecto de datar o fechar. **2.** Fórmula en un documento que manifiesta la fecha en que ha sido extendido.

DATAR v.tr. Poner la data o determinarla si no se conoce. ● v.tr. y prnl. Anotar en las cuentas partidas de data, abonar o acreditar. ● v.intr. Existir desde una determinada época o fecha: *el manuscrito data del s. XVII.*

DATARÍA s.f. Tribunal de la cancillería de la curia romana, suprimido en 1967.

DÁTIL s.m. (lat. *datylus*). Fruto comestible del datilero o palmera datilera, en forma de elipse, de pulpa azucarada y nutritiva. **2.** *Fam.* Dedo de la mano. ◇ **Dátil de mar** Molusco comestible de forma y color parecidos a los del dátil, pero más alargado.

DATILERO, A adj. y s.m. Se dice de la palmera cuyo fruto, el dátil, está agrupado en grandes racimos y se cultiva en regiones cálidas y secas, pero irrigadas, como los oasis.

frutos   racimo de dátiles

■ **DATILERO.** Palmera datilera.

DATIVO, A adj. (lat. *dativus*). DER. Nombrado por un juez. ● s.m. y adj. Caso de las lenguas con declinaciones, que indica el destinatario o beneficiario de la acción del verbo y que cumple la función de complemento indirecto.

DATO s.m. (lat. *datum*, p. de *dare*). Elemento que sirve de base a un razonamiento o a una investigación. **2.** Resultado de observaciones o de experiencias. **3.** Representación convencional de una información bajo la forma conveniente para su tratamiento por computadora. **4.** MAT. Cada una de las cantidades conocidas que son citadas en el enunciado de un problema y que constituyen la base para su resolución. ⬦ **Análisis de datos** Procedimiento de elaboración de datos recogidos por la estadística destinado a facilitar la utilización de estos.

DATURA s.f. Planta herbácea muy tóxica, de flores tubulares. (Muchas especies exóticas se cultivan con fines medicinales u ornamentales; el estramonio proporciona la *daturina*, alcaloide narcótico y antiespasmódico; familia solanáceas.)

DAUDÁ s.f. Chile. Planta morácea que crece en América Meridional.

DAYAK, pueblo de Malaysia y Borneo, que habla una lengua malayo-polinesia.

DAZIBAO s.m. (voz china). Periódico mural de China, escrito a mano, que se expone en espacios públicos.

DDT s.m. (sigla de *dicloro difenil tricloroetano*). Insecticida muy tóxico. (Se escribe también *dedeté*. Su uso está prohibido en España desde 1977.)

1. DE prep. (lat. *de*). Indica la materia de que está hecha una cosa: *mesa de madera*. **2.** Indica posesión o pertenencia: *el libro de Pedro*. **3.** Expresa la atribución del contenido al continente: *vaso de vino*. **4.** Expresa el asunto o tema de que se trata: *lección de historia*. **5.** Indica la naturaleza o condición de una persona o cosa: *caballo de carreras*. **6.** Indica el tiempo en que sucede una cosa: *trabajar de noche*. **7.** Indica el origen o procedencia: *venir de casa*. **8.** Denota la causa de algo: *morirse de miedo*. **9.** Expresa el modo de estar o de producirse algo: *estar de pie, derribar de un golpe*. **10.** Indica el destino o la finalidad: *máquina de afeitar*. **11.** Precediendo a un infinitivo, expresa condición: *de saberlo, no habría venido*. **12.** En correlación con la prep. *a*, equivale a *desde*: *volé de Nueva York a Tokio*. **13.** En correlación con la prep. *en*, indica cambio de lugar o estado: *de mal en peor, de pueblo en pueblo*. **14.** Denota ilación: *de esto se sigue*. **15.** Interviene en numerosos modismos: *fuera de serie*. **16.** Acompañado de un adverbio, forma numerosas locuciones: *antes de, delante de, lejos de*.

2. DE s.f. Nombre de la letra *d*.

DEA s.f. Poét. Diosa.

DEAMBULAR v.intr. (lat. *deambulare*). Andar o pasear sin un objetivo determinado.

DEAMBULATORIO s.m. Galería semicircular que rodea la capilla mayor de una iglesia.

DEÁN s.m. Párroco católico de la parroquia más importante de la ciudad. ⬦ **Deán de la catedral** Funcionario eclesiástico de la Iglesia anglicana inmediatamente inferior al obispo. **Deán del cabildo** Presidente de este cuerpo.

DEANATO s.m. Dignidad y oficio de deán. SIN.: *deanazgo*. **2.** Territorio eclesiástico del deán. SIN.: *deanazgo*.

DEBACLE s.f. Desastre, catástrofe, ruina.

DEBAJO adv.l. En lugar o puesto inferior a otro que sirve de referencia: *debajo de la mesa; está debajo*. **2.** Fig. Con sumisión o subordinación a otras personas o a otras cosas: *por debajo del director*.

DEBATE s.m. Acción de debatir.

DEBATIR v.tr. Discutir, tratar una cuestión personas con puntos de vista distintos: *debatir un problema, un proyecto*. ◆ **debatirse** v.prnl. Luchar para escapar o librarse de algo: *debatirse entre la vida y la muerte*.

DEBE s.m. Parte de una cuenta en la que se anotan las cantidades que ha de pagar una persona o entidad. (Suele escribirse con mayúscula.) ⬦ **Debe y haber** Pasivo y activo.

DEBELAR v.tr. Vencer por la fuerza de las armas al enemigo.

1. DEBER v.tr. (lat. *debere*). Seguido de un infinitivo, expresa obligación de que se haga lo que se infinitivo indica: *debo trabajar*. **2.** Tener obligación de cumplir o satisfacer una deuda: *deber una invitación*. **3.** Seguido de un infinitivo y generalmente con la prep. *de*, expresa suposición de que ha sucedido, sucede o sucederá algo: *debe de haber venido; deben de ser las tres*. ◆ **deberse** v.prnl. Sentirse obligado a mostrar obediencia, gratitud, respeto, etc.: *te debes a tu profesión*. **2.** Tener algo una causa, ser consecuencia de algo: *esta situación se debe a un error*.

2. DEBER s.m. Obligación que afecta a cada persona de actuar según los principios de la moral, la autoridad o su propia conciencia: *cumple con tu deber*. **2.** Deuda. **3.** Trabajo que un alumno debe realizar fuera de las horas de clase. (Suele usarse en plural.)

DEBIDO, A adj. Justo, razonable: *con el debido respeto*. ⬦ **Como es debido** Como corresponde o es correcto: *portarse como es debido*. **Debido a** A causa de, en virtud de.

DÉBIL adj. y s.m. y f. (lat. *debilis*). Que no tiene suficiente fuerza física o moral: *estar muy débil; ser una persona débil*. ◆ adj. Fig. Escaso, insuficiente: *luz débil*. **2.** Se dice de un fonema cuando su lugar, en una palabra o en un grupo fonético, se expone a alteraciones o cambios que lo hacen menos perceptible. **3.** QUÍM. Se dice del ácido, base o electrólito poco disociados. ◆ s.m. y f. **Débil mental** Persona que padece debilidad mental.

DEBILIDAD s.f. Estado de falta o escasez de fuerza física o moral. **2.** Galic. Gusto o preferencia exagerada por alguien o algo. ⬦ **Debilidad mental** Insuficiencia del desarrollo intelectual que se define oficialmente por un coeficiente intelectual comprendido entre 50 y 80, pero que permite el aprendizaje de la lectura y la escritura.

DEBILITAMIENTO s.f. Acción y efecto de debilitar o debilitarse. SIN.: *debilitación*.

DEBILITAR v.tr. y prnl. Disminuir la resistencia o la fuerza física o moral.

DEBITAR v.tr. Adeudar, cargar una cantidad en el debe de una cuenta.

DÉBITO s.m. Deuda. **2.** Conjunto de cantidades anotadas en el debe de una cuenta y que representan bienes o derechos poseídos por la empresa.

DEBLA s.f. MÚS. Cante popular andaluz de cuatro versos.

DEBOCAR v.tr. e intr. [1]. Argent. Vomitar.

DÉBOULÉ s.m. (fr. *déboulé*). COREOGR. Paso compuesto por dos medias vueltas seguidas, efectuadas girando rápidamente sobre medias puntas o puntas.

DEBUT s.m. (fr. *début*) [pl. *debuts*]. Estreno, presentación de un artista o de un espectáculo, o comienzo de una actividad cualquiera.

DEBUTANTE adj. y s.m. y f. Que debuta en una actividad.

DEBUTAR v.intr. Realizar un debut.

DEBYE s.m. (de P. *Debye*, físico estadounidense). Unidad de momento dipolar eléctrico que sirve para evaluar el momento de las moléculas polares.

DECABRISTA adj. y s.m. y f. → DECEMBRISTA.

DÉCADA s.f. Período de diez años: *la última década del s. XIX*. **2.** Poét. Período de diez días. **3.** Poét. Conjunto de diez elementos, especialmente de libros y capítulos: Las Décadas de Tito Livio.

DECADENCIA s.f. Acción y efecto de decaer. **2.** Período en el que un estado, cultura, movimiento, etc., tienden a debilitarse y desintegrarse.

DECADENTE adj. Que decae o refleja decadencia. **2.** Que gusta de lo pasado de moda estéticamente. **3.** Decadentista.

DECADENTISMO s.m. Corriente literaria y estética de finales del s. XIX, caracterizada por el escepticismo de sus temas y la propensión a un refinamiento exagerado.

DECADENTISTA adj. y s.m. y f. Relativo al decadentismo; partidario del decadentismo.

DECAEDRO s.m. Cuerpo geométrico de diez caras.

DECAER v.intr. (lat. *decidere*) [72]. Perder gradualmente fuerza o importancia, pasar a un estado o situación inferior: *su prestigio ha decaído*. **2.** Separarse una embarcación de su rumbo a causa del viento, la marejada o la corriente.

DECAGONAL adj. Relativo al decágono. **2.** Que tiene diez lados.

DECÁGONO s.m. Figura geométrica de diez lados.

DECAGRAMO s.m. Medida de masa (símb. dag) que vale 10 gramos.

DECAIMIENTO s.m. Decadencia, acción y efecto de decaer. **2.** Flaqueza, debilidad.

DECALAJE s.m. Galic. Falta de correspondencia o concordancia entre dos cosas, dos personas, dos situaciones, etc.

DECALCIFICACIÓN s.f. → DESCALCIFICACIÓN.

DECALCIFICAR v.tr. y prnl [1]. → DESCALCIFICAR.

DECALITRO s.m. Medida de capacidad (símb. dal) que vale 10 litros.

DECÁLOGO s.m. Conjunto de los diez mandamientos de la ley de Dios dados a Moisés en el monte Sinaí. **2.** Fig. Conjunto de reglas, preceptos, etc. que se consideran básicos para ejercer una actividad.

DECALVAR v.tr. Rapar la cabeza a una persona, generalmente como castigo por un delito.

DECÁMETRO s.m. Medida de longitud (símb. dam) que vale 10 m. **2.** Cadena o cinta de acero de 10 m para medir distancias en un terreno.

DECANATO s.m. Dignidad de decano. **2.** Período de tiempo en el que se ejerce esta dignidad. **3.** Despacho oficial del decano.

DECANO, A adj. y s. (lat. *decanus*, cabo de diez soldados). Se dice de la persona más antigua o de más edad de una comunidad, cuerpo, junta, etc. ◆ s. Persona que dirige una facultad universitaria o que preside determinadas corporaciones.

DECANTACIÓN s.f. Acción y efecto de decantar o decantarse.

DECANTADOR s.m. Aparato o instalación para efectuar la decantación de un líquido.

DECANTAR v.tr. Inclinar suavemente un recipiente sobre otro para que caiga el líquido sin que salga el poso. **2.** Limpiar de impurezas un líquido haciendo que se depositen en el fondo del recipiente: *decantar un jarabe*. ◆ **decantarse** v.prnl. Inclinarse, tender o propender: *decantarse hacia otras ideas*.

DECAPADO s.m. Acción de decapar.

DECAPAR v.tr. Limpiar una superficie quitando la capa de impurezas que la recubre.

DECAPITACIÓN s.f. Acción de decapitar.

DECAPITAR v.tr. Cortar la cabeza: *decapitar a un reo*. SIN.: *descabezar*.

DECÁPODO, A adj. Relativo a un orden de crustáceos superiores, generalmente marinos, que tienen diez pares de grandes patas torácicas, cinco de las cuales son locomotoras, como el cangrejo de mar, el de río, el camarón, la langosta, etc.

DECARBOXILACIÓN s.f. Reacción enzimática que libera un grupo CO_2 a un radical carboxílico de un aminoácido.

DECÁREA s.f. Medida de superficie (símb. daa) que vale 10 áreas.

DECASÍLABO, A adj. y s.m. Se dice del verso de diez sílabas.

DECATLÓN o **DECATHLÓN** s.m. Competición masculina de atletismo que comprende 10 especialidades: carreras (100 m, 400 m, 1 500 m, 110 m vallas), pruebas de salto (altura, longitud, salto con pértiga) y de lanzamiento (peso, disco y jabalina).

DECCA s.m. (de *Decca*, empresa inglesa). Sistema de radionavegación marítima o aérea que permite señalar la posición mediante la recepción sincrónica de diferentes ondas puras.

DECELERACIÓN s.f. Aceleración negativa o reducción de la velocidad de un móvil.

DECELERAR v.intr. Efectuar una deceleración.

DECEMBRISTA o **DECABRISTA** adj. y s.m. y f. Relativo a la conspiración contra Nicolás I que se organizó en San Petersburgo, en diciembre de 1825. **2.** Se dice de la persona que participó en esta conspiración.

DECENA s.f. Conjunto de diez unidades. **2.** Sucesión de diez días consecutivos.

DECENAL adj. Que se repite cada decenio: *fiesta decenal*. **2.** Que dura un decenio.

DECENCIA s.f. Respeto exterior a las buenas costumbres o a las conveniencias sociales. **2.** *Fig.* Dignidad en la manera de actuar y expresarse. **3.** Respeto moral que impide avergonzar o herir la sensibilidad ajena.

DECENIO s.m. Período de diez años.

DECENTAR v.tr. (de *encetar,* empezar, emprender) [10]. Empezar a cortar o gastar algo: *decentar un jamón.* **2.** *Fig.* Empezar a perder lo que se había conservado sano: *decentar la salud.* ◆ **decentarse** v.prnl. Producirse úlceras por posición horizontal prolongada.

DECENTE adj. (lat. *decens, -ntis*). Que manifiesta o tiene decencia: *conducta decente.* **2.** Limpio, aseado, arreglado. **3.** De calidad o cantidad suficiente: *sueldo decente.*

DECENVIRATO s.m. Dignidad de decenviro. **2.** Tiempo que duraba esta dignidad.

DECENVIRO o **DECENVIR** s.m. Miembro de un colegio de diez magistrados en la antigua Roma, cuyas funciones variaron según las épocas.

DECEPCIÓN s.f. Sentimiento de pesar que se experimenta al ocurrir algo de modo distinto a como se esperaba o deseaba.

DECEPCIONAR v.tr. Causar decepción: *su actuación me decepcionó.*

DECESO s.m. Muerte.

DECHADO s.m. (lat. *dictatum,* texto dictado). Ejemplo, modelo que puede imitarse: *ser un dechado de virtudes.*

DECIBELIO o **DECIBEL** s.m. Décima parte del *bel* (símb. dB), que sirve en acústica para definir una escala de intensidad sonora. (La voz media tiene una intensidad de 55 dB.)

DECIDIBILIDAD s.f. LÓG. Propiedad de una fórmula decidible.

DECIDIBLE adj. LÓG. Se dice de una fórmula que es demostrable o refutable en una teoría deductiva.

DECIDIDO, A adj. Que se comporta con decisión y audacia: *persona decidida.*

DECIDIR v.tr. (lat. *decidere*). Formar juicio definitivo sobre un asunto, controversia, etc.: *decidió no opinar.* **2.** Hacer que alguien forme juicio definitivo sobre algo: *tus palabras me han decidido.* ◆ v.tr. y prnl. Resolver, tomar una resolución: *se decidió a salir.*

DECIDOR, RA adj. y s. Que habla con gracia y soltura.

DECIGRAMO s.m. Décima parte del gramo (símb. dg).

DECILA s.f. ESTADÍST. Décima parte de un conjunto de datos clasificados en un orden determinado.

DECILITRO s.m. Décima parte del litro (símb. dl).

DÉCIMA s.f. Cada una de las diez partes en que se divide un todo. **2.** Décima parte de un grado del termómetro clínico: *tener unas décimas de fiebre.* **3.** HIST. Diezmo. **4.** MÉTRIC. Estrofa de diez versos octosílabos con rima consonante abba; ac; cddc. SIN.: *espinela.*

DECIMAL adj. Se dice de cada una de las diez partes iguales en que se divide un todo. **2.** Que tiene por base el número diez. ◆ adj. y s.m. Se dice del número con que se representa una unidad entera más partes de la unidad, que se separan por una coma. ◇ **Logaritmo decimal** Logaritmo cuya base es diez. **Sistema decimal** Sistema de numeración de base diez.

DECIMALIZAR v.tr. [7]. Aplicar el sistema decimal a las magnitudes.

DECÍMETRO s.m. Décima parte del metro (símb. dm). ◇ **Doble decímetro** Regla de 2 dm de long., dividida en centímetros y milímetros.

DÉCIMO, A adj. y s.m. (lat. *decimus*). Se dice de cada una de las partes que resultan de dividir un todo en diez partes iguales. ◆ adj.num.ordin. y s. Que corresponde en orden al número diez. ◆ s.m. Boleto de lotería que vale la décima parte de un billete completo. **2.** Moneda de plata de Colombia, México y Ecuador.

DECIMOCTAVO, A adj.num.ordin. y s. Que corresponde en orden al número dieciocho.

DECIMOCUARTO, A adj.num.ordin. y s. Que corresponde en orden al número catorce.

DECIMONÓNICO, A adj. Relativo al s. XIX. **2.** *Desp.* Anticuado: *ideas decimonónicas.*

DECIMONOVENO, A o **DECIMONONO, A** adj.num.ordin. y s. Que corresponde en orden al número diecinueve.

DECIMOQUINTO, A adj.num.ordin. y s. Que corresponde en orden al número quince.

DECIMOSÉPTIMO, A adj.num.ordin. y s. Que corresponde en orden al número diecisiete.

DECIMOSEXTO, A adj.num.ordin. y s. Que corresponde en orden al número dieciséis.

DECIMOTERCERO, A o **DECIMOTERCIO, A** adj.num.ordin. y s. Que corresponde en orden al número trece.

1. DECIR v.tr. (lat. *dicere*) [75]. Expresar algo con palabras: *no tener nada que decir.* **2.** Asegurar, juzgar: *lo digo yo.* **3.** *Fam.* Llamar a alguien o algo de cierta manera: *le dicen Miguel.* **4.** *Fig.* Expresar, mostrar o dar a entender algo: *tu cara lo dice todo.* **5.** *Fig.* Contener un libro o escrito cierta información o doctrina: *en el letrero dice «No fumar».* **6.** Recitar, repetir de memoria o leyendo: *decir una poesía.* **7.** Armonizar una cosa con otra: *el pantalón no dice con ese calzado.* ◆ **decirse** v.prnl. Hablar consigo mismo, monologar interiormente: *me dije que no volvería.* ◇ **A decir verdad** En verdad. **Decir bien** Hablar en favor de alguien; explicarse con claridad y facilidad. **Decir entre,** o **para, sí** Razonar consigo mismo. **Decir misa** Celebrarla. **Decir por decir** Hablar sin fundamento. **Decir y hacer** Ejecutar algo inmediatamente y con rapidez. **¡Digo!** Expresión de sorpresa, asombro, etc. **El qué dirán** La opinión pública. **He dicho** Fórmula con que se indica que se ha terminado de hablar. **No decir nada** algo a alguien No importar a alguien, serle indiferente.

2. DECIR s.m. Dicho con que se expresa una persona: *parco en el decir.* **2.** Conjunto de habladurías: *el decir de las gentes.* **3.** Composición poética del s. XV de carácter didáctico, político y cortesano. ◇ **Ser un decir** Se usa para hacer una suposición o suavizar lo que se ha afirmado.

DECISIÓN s.f. Resolución adoptada en un caso de duda: *tomar una decisión.* **2.** Firmeza y valentía para realizar algo: *actuar con decisión.* **3.** Sentencia o fallo en cualquier pleito o causa. **4.** Parte dispositiva de una ley. ◇ **Teoría de la decisión** Teoría que, a partir de datos psicológicos, económicos, sociológicos, etc., intenta determinar el comportamiento óptimo en una situación determinada con ayuda de modelos matemáticos.

DECISIVO, A adj. Que decide o resuelve: *combate decisivo; argumento decisivo.*

DECISORIO, A adj. Relativo a la decisión: *poder decisorio.* **2.** Decisivo: *minoría decisoria.*

DECLAMACIÓN s.f. Acción o arte de declamar.

DECLAMAR v.intr. y tr. (lat. *declamare*). Hablar o recitar en voz alta, con la entonación adecuada y los ademanes convenientes. ◆ v.intr. Hablar y expresarse con demasiada vehemencia. **2.** Hablar en público o ejercitarse para ello.

DECLAMATORIA s.f. Manera de perorar vehemente.

DECLAMATORIO, A adj. Se dice del estilo, lenguaje, etc., enfático y exagerado.

DECLARACIÓN s.f. Acción y efecto de declarar o declararse: *declaración de amor.* **2.** DER. **a.** Deposición que hace el testigo o perito en causas criminales o civiles bajo juramento, y la que hace el reo sin juramento. **b.** Acto por el que un estado define la actitud que va a adoptar ante un hecho determinado.

DECLARANTE s.m. y f. DER. Persona que declara ante un juez o tribunal.

DECLARAR v.tr. (lat. *declarare*). Manifestar algo que está oculto, reservado o confuso: *declarar las intenciones.* **2.** DER. **a.** Manifestar a la administración la naturaleza y cantidad de una materia imponible. **b.** Dar a conocer la cantidad y naturaleza de una mercancía a los que está sometido su tráfico: *declarar las joyas en la*

aduana. **c.** Manifestar los juzgadores su decisión. ◆ v.tr. y prnl. Dar a conocer, confesar o explicar algo no manifiesto, etc. **2.** Adoptar una actitud ante algo. ◆ v.tr. e intr. DER. Manifestar un testigo o el reo ante el juez lo que saben acerca de lo que se les pregunta o expone. ◆ **declararse** v.prnl. Aparecer, manifestarse o producirse abiertamente algo: *declararse una enfermedad.* **2.** Decir a alguien que se está enamorado de él. **3.** MAR. Fijarse el viento en dirección, carácter e intensidad.

DECLARATORIO, A adj. DER. Que declara jurídicamente.

DECLINACIÓN s.f. Pendiente, inclinación del terreno. **2.** *Fig.* Declive, decadencia. **3.** ASTRON. Distancia angular de un astro o de un punto cualquiera del cielo al ecuador celeste, que se mide sobre un arco de círculo máximo perpendicular al ecuador. **4.** LING. Sistema de formas o casos que toman los nombres, los adjetivos, los pronombres y los artículos de las lenguas flexivas para indicar su función sintáctica. ◇ **Declinación magnética** Ángulo formado por el meridiano magnético, indicado por la aguja imantada, y el meridiano geográfico en un punto del globo terrestre.

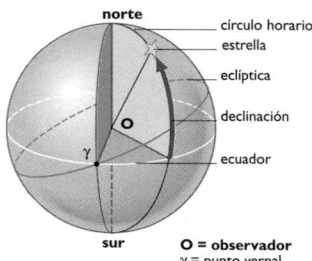

■ **DECLINACIÓN** (astronomía).

DECLINAR v.intr. (lat. *declinare*). Decaer, disminuir, aproximarse al fin: *las fuerzas declinan con la edad.* **2.** Alejarse un astro del ecuador celeste. **3.** *Fig.* Ir cambiando de naturaleza o de costumbre hasta llegar al extremo contrario. ◆ v.tr. Rehusar, renunciar: *declinar toda responsabilidad.* **2.** LING. Poner palabras en los casos gramaticales que le corresponde.

DECLINATORIA s.f. DER. Acto por el que un litigante rechaza o impugna la competencia de un tribunal.

DECLINATORIO s.m. Instrumento con una aguja imantada para medir la declinación de un terreno, utilizado en topografía.

DECLIVE s.m. (del lat. *declivis,* que forma cuesta). Inclinación del terreno o otra superficie: *tejado en declive.* **2.** *Fig.* Decadencia.

DECOCCIÓN s.f. Acción de sumergir un cuerpo en líquido en ebullición. **2.** Producto obtenido con esta operación.

DECODIFICACIÓN s.f. → DESCODIFICACIÓN.

DECODIFICADOR s.m. → DESCODIFICADOR.

DECODIFICAR v.tr. [1]. → DESCODIFICAR.

DECOLLAGE s.m. (fr. *décollage,* despegadura). Transformación de materiales de consumo para su incorporación a la obra artística.

DECOLORACIÓN s.f. Acción y efecto de decolorar o decolorarse.

DECOLORANTE s.m. Sustancia química que sirve para decolorar.

DECOLORAR v.tr. y prnl. Quitar o atenuar el color de una cosa.

DECOMISAR v.tr. (del lat. *comittere,* confiar). Comisar, confiscar una mercancía.

DECOMISO s.m. Acción de decomisar. **2.** Lo que ha sido decomisado.

DECONSTRUCCIÓN s.f. FILOS. Proceso de análisis crítico en el que se examinan por separado las partes de un conjunto estructurado y abstracto y mostrar así sus paradojas.

DECORACIÓN s.f. Acción o arte de decorar

■ DECORADO diseñado por Josep Mestres Cabanes para *Aida* en 1945 y restaurado por el taller de Jordi Castells para las representaciones que se celebraron en 2001 en el Gran teatro del Liceo de Barcelona.

2. Conjunto de cosas que decoran: *la decoración de una vivienda.*

DECORADO s.m. Conjunto de elementos que ambientan el escenario de obras teatrales, cinematográficas o programas de televisión. **2.** Decoración.

DECORADOR, RA s. y adj. Persona que tiene por oficio decorar interiores de edificios, locales, etc., o que proyecta o realiza una escenografía.

DECORAR v.tr. (lat. *decorare*). Adornar, engalanar un objeto. **2.** Poner en un lugar muebles, objetos y accesorios para embellecerlo. **3.** *Poét.* Condecorar.

DECORATIVO, A adj. Que decora, adorna. **2.** Relativo a la decoración ◇ **Artes decorativas** Disciplinas dedicadas a la producción de elementos decorativos y de objetos más o menos funcionales provistos de valor estético (tapicería, vidriería, pintura y escultura ornamentales, ebanistería, cerámica, orfebrería, etc.).

DECORO s.m. (lat. *decorum*, neutro del adj. *decorus*, adornado). Dignidad, nivel requerido conforme a una categoría: *vivir con decoro.* **2.** Respeto y atención que se debe a alguien: *tratar con decoro.* **3.** Pudor, decencia.

DECOROSO, A adj. Que tiene o manifiesta decoro: *conducta decorosa.*

DECORTICACIÓN s.f. CIR. Ablación de la envoltura conjuntiva de un órgano.

DECRECER v.intr. [37]. Hacerse menor: *decrecer las ganancias.* SIN.: *disminuir.*

DECRECIENTE adj. Que decrece. **2.** Que sigue un orden de mayor a menor. ◇ **Función decreciente** Función numérica, definida en un intervalo, que varía en sentido contrario al de la variable de la que depende. **Impuesto decreciente** Impuesto cuyo índice se reduce cuando la materia imponible aumenta. **Sucesión decreciente** Sucesión tal que a partir de cierto término se verifica $u_n + 1 \leq u_n$. **Sucesión estrictamente decreciente** Sucesión tal que a partir de un cierto término se verifica $u_{n+1} < u_n$, excluyendo la igualdad.

DECRECIMIENTO s.m. Disminución. **2.** MAT. Disminución del valor de una cantidad variable.

DECREMENTO s.m. Disminución. **2.** Disminución de las oscilaciones eléctricas.

DECREPITAR v.intr. Producir ruidos secos una sal al calentarse.

DECRÉPITO, A adj. y s. Que está en gran decadencia.

DECREPITUD s.f. Estado de decrépito.

DECRESCENDO adv. (voz italiana). MÚS. Disminuyendo progresivamente la intensidad de los sonidos. SIN.: *diminuendo.* ◆ s.m. MÚS. Serie de notas que se deben ejecutar con una progresiva disminución de intensidad.

DECRETAL adj. Relativo a las decretales. ◆ s.f. Carta en la que el papa decide sobre una consulta y sienta una regla de carácter general. ◆ **decretales** s.f.pl. Libro en que se reúnen las epístolas y decisiones papales.

DECRETAR v.tr. Ordenar por decreto: *decretar nuevas leyes.* **2.** Indicar en el margen el curso o respuesta que se ha de dar a un escrito.

DECRETAZO s.m. Decreto que se promulga sin haber sido pactado previamente entre las fuerzas políticas, generalmente de contenido polémico.

DECRETO s.m. (lat. *decretum*, de *decernere*, decidir). Decisión tomada por la autoridad competente en materia de su jurisdicción. **2.** Disposición del poder ejecutivo, de carácter general. **3.** Decisión de la autoridad eclesiástica, de carácter general ◇ **Decreto ley** o **decreto-ley** Decreto del gobierno que tiene fuerza de ley.

DECÚBITO s.m. (lat. *decubitus, -us*). Posición del cuerpo cuando reposa sobre un plano horizontal.

DE CUIUS s.m. (voces latinas, *del cual*). DER. Persona cuya sucesión queda abierta.

DECULTURACIÓN s.f. Pérdida de toda o parte de la cultura tradicional de una persona en beneficio de una cultura nueva.

DECUPLICAR o **DECUPLAR** v.tr. [1]. Hacer una cosa diez veces mayor: *decuplicar los precios.*

DÉCUPLO, A adj. y s.m. Que es diez veces mayor.

DECURIA s.f. HIST. En Roma, división de la centuria que agrupaba diez soldados.

DECURIÓN s.m. HIST. **a.** En Roma, jefe de una decuria. **b.** En las provincias romanas, miembro de una asamblea municipal.

DECURRENTE adj. BOT. Se dice de la hoja que se prolonga sobre el tallo.

DECURSO s.m. (lat. *decursus, -us*). Sucesión o transcurso del tiempo: *en el decurso de la historia.*

DECUSO, A adj. BOT. Se dice de las hojas opuestas cuando cada par de ellas forma ángulo recto con el superior e inferior inmediatos.

DEDADA s.f. Cantidad que se toma con el dedo: *una dedada de nata.* ◇ **Dedada de miel** *Fig.* y *fam.* Acción que se hace o cosa que se da a alguien para consolarlo o compensarlo de lo que no ha podido conseguir.

DEDAL s.m. (lat. *digitale*). Utensilio de metal, hueso, etc., cilíndrico y hueco, que sirve para proteger la punta del dedo que empuja la aguja al coser. **2.** Dedil de un operario.

DEDALERA s.f. Digital, planta.

DÉDALO s.m. (de *Dédalo*, personaje mitológico). Laberinto: *un dédalo de callejuelas.*

DEDAZO s.m. Méx. Acto por el que se designa a una persona para un cargo público sin seguir un procedimiento democrático.

DEDICACIÓN s.f. Acción de dedicar o dedicarse. **2.** Inscripción de la dedicación de un edificio.

DEDICAR v.tr. y prnl. (lat. *dedicare*) [1]. Destinar algo a un determinado fin o empleo: *dedicó su vida a la investigación.* ◆ v.tr. Poner una cosa bajo la advocación de Dios o de los santos, consagrándola al culto. **2.** Consagrar una cosa, especialmente una obra artística, a personajes eminentes, representaciones, hechos religiosos: *dedicar un monumento.* **3.** Ofrecer algo a una persona como obsequio: *dedicar un libro a alguien.* ◆ **dedicarse** v.prnl. Tener un oficio, ocupación o educación: *dedicarse a la enseñanza.*

DEDICATORIA s.f. Nota o escrito con que se dedica una obra a alguien.

DEDICATORIO, A adj. Que tiene o supone dedicación. SIN.: *dedicativo.*

DEDIL s.m. Funda de piel, caucho, etc., usada en ciertos oficios o trabajos, para proteger el dedo.

DEDILLO (AL) loc. Con todo detalle, perfectamente.

DEDO s.m. (lat. *digitus*). Cada uno de los apéndices articulados en que terminan las manos y los pies del ser humano y de algunos animales. **2.** Medida equivalente al ancho de un dedo: *un dedo de vino.* ◇ **A dedo** Al azar o por influencia. **A dos dedos de** *Fam.* Muy cerca de, a punto de. **Chuparse el dedo** *Fam.* Ser tonto, falto de capacidad. **Cogerse,** o **pillarse, los dedos** Esp. Sufrir las consecuencias de un descuido o equivocación. **Comerse,** o **chuparse, los dedos** Sentir gran placer con el sabor de algo que se come, o con lo que se oye o se ve. **Hacer dedo** Argent., Chile, Esp. y Urug. Hacer autostop. **No tener dos dedos de frente** Tener poco entendimiento. **Poner el dedo en la llaga** Acertar y señalar el origen de un mal, el punto difícil de una cuestión o lo que más afecta a una persona.

DEDUCCIÓN s.f. Acción y efecto de deducir: *hacer la deducción de los gastos.* **2.** Suma que, en determinados casos, se deduce de la renta tasable sometida a impuestos. **3.** LÓG. Razonamiento que, partiendo de hipótesis, conduce a la verdad de una proposición usando reglas de inferencia.

DEDUCIR v.tr. (lat. *deducere*) [77]. Sacar una conclusión u opinión a partir de la observación o el conocimiento de algo: *de tus palabras deduzco que estás en contra.* **2.** Rebajar, descontar de una cantidad: *deducir los gastos.*

DEDUCTIVO, A adj. Que procede por deducción lógica.

DE FACTO loc. (voces latinas, *de hecho*). DER. Se emplea para reconocer un hecho político por la existencia del hecho en sí.

DEFALCAR v.tr. [1]. → DESFALCAR.

DEFASADO, A adj. Se dice de una magnitud alterna que presenta una diferencia de fase con otra magnitud de la misma frecuencia.

DEFASAJE s.m. Diferencia de fases entre dos fenómenos alternativos de la misma frecuencia.

DEFECACIÓN s.f. Acción de defecar. **2.** En la industria azucarera, tratamiento de depuración que consiste en agregar determinada cantidad de cal al jugo extraído de los difusores: *defecación seca.*

DEFECAR v.tr. e intr. [1]. Evacuar el vientre. ◆ v.tr. Clarificar, poner claro, especialmente un licor.

DEFECCIÓN s.f. Acción de separarse de una causa con deslealtad.

DEFECTIVO, A adj. Defectuoso. **2.** LING. Se dice de una palabra declinable que no tiene todos sus casos, géneros o números. ◇ **Verbo defectivo** LING. Verbo que no tiene todos sus tiempos, modos o personas, como *abolir.*

DEFECTO s.m. Carencia de lo que se considera propio de alguien o de algo. **2.** Imperfección. **3.** DER. Vicio de una cosa, que disminuye su valor. ◆ **defectos** s.m.pl. IMPR. Pliegos que sobran de una tirada o que no se completará. ◇ **Defecto de forma** DER. Falta en que se incurre cuando no se aplican estrictamente las leyes procesales. **Defecto de masa** FÍS. Diferencia en la suma de las masas de las partículas constitutivas de un átomo y la masa de este átomo. **Defecto legal** DER. Falta de alguno de los requisitos exigidos por la ley para la validez de ciertos actos jurídicos. **En defecto de** A falta de, en lugar de. **Por defecto** Se dice de la diferencia o inexactitud que no llega a lo que debiera: *error por defecto;* se dice de la opción que se selecciona automáticamente si no se explicita lo contrario.

DEFECTUOSO, A adj. Imperfecto, con algún defecto.

DEFENDER v.tr. y prnl. (lat. *defendere*) [29]. Amparar, proteger de un daño o cosa perjudicial. ◆ v.tr. Presentar argumentos a favor de alguien o algo que es acusado o atacado: *defender al acusado; defender una teoría.* **2.** Luchar en favor de alguien o algo que es atacado: *defender sus ideas.*

DEFENDIDO, A adj. y s. Se dice de la persona a quien defiende un abogado. ◆ adj. HERÁLD. Se dice de todo animal aculado a otra figura.

DEFENESTRACIÓN s.f. Acción de defenestrar.

DEFENESTRAR v.tr. Destituir o echar a alguien de un cargo u ocupación. **2.** Arrojar a una persona por una ventana.

DEFENSA s.f. Acción de defender o defenderse. **2.** Protección, socorro: *acudir en defensa de otro.* **3.** Arma o instrumento con que alguien se defiende de un peligro. **4.** Mecanismo u órgano con que se defiende un animal o una planta, como la tinta de los cefalópodos, los cuernos de un toro, las espinas de una planta o el aguijón de la abeja o del escorpión. **5.** DEP. Conjunto de jugadores encargado de proteger la portería y detener el avance de las líneas de ataque del oponente. **6.** DER. **a.** Parte que se defiende; representación de esta parte. **b.** Exposición de los argumentos jurídicos que el defendido y su abogado oponen a la acusación. ◆ s.m. y f. DEP. Jugador que forma parte del equipo encargado de proteger la portería. ◆ defensas s.f.pl. Mecanismo biológico de un ser vivo mediante el cual se protege contra enfermedades o ataques. **2.** MAR. Conjunto de maderas, cuerdas o neumáticos viejos que se ponen a lo largo de la borda de un barco para amortiguar un golpe o impedir rozamientos contra el muelle u otra embarcación. **3.** MIL. Conjunto de organizaciones destinadas a proteger una plaza. ◇ **Defensa pasiva** MIL. Conjunto de medidas de protección que se exigen a la población civil en tiempos de guerra. **Legítima defensa** Violencia autorizada en ciertos casos para rechazar una agresión: *matar en legítima defensa.* **Mecanismo de defensa** PSICOANÁL. Proceso al servicio del yo, para luchar contra las tensiones resultantes de las exigencias del mundo exterior o contra todo lo que puede ser generador de angustia.

DEFENSIVA s.f. Situación o actitud del que trata de defenderse. ◇ **A la defensiva** En estado de defenderse, sin intención de atacar.

DEFENSIVO, A adj. Que sirve para defender.

DEFENSOR, RA adj. y s. Que defiende. ◆ s.m. Persona, en general un abogado, encargada de defender a un acusado en un juicio. ◇ **Defensor del pueblo** Esp. Persona que dirige la institución de ordenamiento constitucional encargada de la defensa de los derechos y libertades constitucionales frente a las arbitrariedades de la administración.

DEFERENCIA s.f. Muestra de amabilidad o de cortesía: *tener una deferencia con alguien.*

DEFERENTE adj. Que muestra o demuestra deferencia. ◆ adj. y s.m. ANAT. Se dice del conducto excretor del esperma que va del testículo a la uretra.

DEFERIR v.tr. (lat. *deferre*, dar, otorgar) [79]. Delegar alguien parte de su autoridad o poder. ◆ v.intr. Adherirse a la opinión de alguien o acceder a hacer algo por respeto, amabilidad o cortesía.

DEFERVESCENCIA s.f. MED. Disminución o desaparición de la fiebre.

DEFICIENCIA s.f. Carencia o imperfección de algo: *deficiencias auditivas, en la justicia.* **2.** Insuficiencia orgánica o psíquica. ◆ **Deficiencia mental** Insuficiencia del desarrollo intelectual, tanto en que se asuma en el déficit intelectual el aspecto clínico.

DEFICIENTE adj. Defectuoso o incompleto. **2.** Insuficiente, que no alcanza el nivel adecuado. ◆ adj. y s.m. y f. Se dice de la persona

---

que padece una deficiencia orgánica o psíquica.

DÉFICIT s.m. (del lat. *deficere,* faltar) [pl.*déficit* o *déficits*]. Cantidad que falta a los ingresos para que se equilibren con los gastos. **2.** Cantidad que falta para llegar al nivel necesario.

DEFICITARIO, A adj. Que se salda con déficit: *balance deficitario.*

DEFINICIÓN s.f. Acción y efecto de definir. **2.** Proposición o fórmula por medio de la cual se define. **3.** Explicación de una duda efectuada por una autoridad. **4.** LÓG. Proposición afirmativa que tiene por objeto hacer conocer exactamente la extensión y la comprensión de un concepto. **5.** TELEV. Grado de nitidez de una imagen transmitida, medido por su número de líneas. ◆ **definiciones** s.f.pl. Conjunto de estatutos y ordenanzas de las órdenes militares, excepto de la de Santiago. ◇ **Dominio de definición** MAT. Para una correspondencia entre dos conjuntos C y C', subconjunto de C cuyos elementos admiten elementos correspondientes en C'.

DEFINIDOR, RA adj. y s. Que define. ◆ s.m. Religioso delegado por el capítulo de su orden para tratar acerca de cuestiones disciplinarias, administrativas, etc.

DEFINIR v.tr. (lat. *definire*). Fijar y enunciar con claridad y exactitud el significado de una palabra. **2.** Delimitar, fijar o explicar la naturaleza o características de una persona o cosa. **3.** Decidir por autoridad legítima un punto dudoso de dogma, de disciplina, etc. **4.** Concluir una obra pictórica en sus menores detalles. ◆ v.tr. y prnl. Declarar una persona su opinión o posición sobre un asunto.

DEFINITIVO, A adj. Que decide o concluye sin admitir cambios: *acuerdo definitivo.* ◇ **En definitiva** En resumen, en conclusión.

DEFINITORIO, A adj. Que sirve para definir, diferenciar o precisar.

DEFLACIÓN s.f. ECON. Disminución general de los precios realizada por los poderes públicos, mediante una restricción de créditos, o la reducción de la masa monetaria y del gasto público.

DEFLACIONARIO, A adj. Deflacionista.

DEFLACIONISTA adj. y s. y f. ECON. Relativo a la deflación; partidario de esta política.

DEFLACTOR s.m. ECON. Índice de precios que sirve para corregir el valor monetario de una magnitud económica, permitiendo efectuar comparaciones a lo largo del tiempo.

DEFLAGRACIÓN s.f. Acción y efecto de deflagrar.

DEFLAGRAR v.intr. Arder rápidamente con llama y sin explosión.

DEFLECTOR, RA adj. ELECTRÓN. Que sirve para desviar la dirección de un fluido. ◆ s.m. Órgano que sirve para modificar la dirección de una corriente o flujo. **2.** AUTOM. Postigo móvil pequeño, colocado en el marco del cristal de la puerta delantera, que sirve para orientar el aire. ◇ **Bobinas deflectoras** Par de bobinas que originan una desviación análoga, por la acción de un campo magnético. **Placas deflectoras** Par de placas horizontales o verticales que, cuando se establece entre las mismas una diferencia de potencial, sirven para desviar los haces de electrones.

DEFLEXIÓN s.f. Estado de un miembro o de una parte del cuerpo que no está flexionada. **2.** FÍS. Cambio de dirección de un haz de electrones o partículas cargadas por la acción de un campo magnético.

DEFOLIACIÓN s.f. BOT. Caída prematura de las hojas de las plantas causada por enfermedades, fenómenos atmosféricos o productos defoliantes.

DEFOLIANTE adj. y s.m. Se dice del producto químico que causa defoliación.

DEFORESTACIÓN s.f. Acción y efecto de deforestar.

DEFORESTAR v.tr. Despojar de árboles y plantas un bosque.

DEFORMACIÓN s.f. Acción y efecto de deformar o deformarse. **2.** Alteración morfológica de una parte del organismo. ◇ **Deformación profesional** Hábitos adquiridos por la

---

práctica de una profesión y aplicados abusivamente a la vida corriente.

DEFORMAR v.tr. y prnl. Alterar una cosa en su forma: *deformar la realidad.*

DEFORME adj. Que presenta una gran irregularidad o anomalía en su forma.

DEFORMIDAD s.f. Cualidad de deforme. **2.** Cosa deforme: *tener una deformidad en el pie.* **3.** *Fig.* Error basto.

DEFRAUDACIÓN s.f. Acción y efecto de defraudar. **2.** DER. Infracción cometida mediante actos de resistencia o engaño para eludir el pago de impuestos.

DEFRAUDAR v.tr. (lat. *defraudare*). Resultar alguien o algo menos bueno o satisfactorio de lo que se esperaba: *la película premiada nos defraudó.* **2.** Eludir el pago de un impuesto.

DEFUERA adv.l. Fuera, por la parte exterior: *se ve por defuera.* (Suele ir precedido de la prep. *por.*)

DEFUNCIÓN s.f. (lat. *defunctio, -onis*). Muerte, fallecimiento.

DEGENERACIÓN s.f. Acción y efecto de degenerar. **2.** Alteración de una célula o tejido.

DEGENERADO, A adj. y s. Que es anormal mental o moralmente.

DEGENERAR v.intr. (lat. *degenerare*). Perder cualidades, pasar de una condición o estado a otro contrario y peor. **2.** Transformarse una cosa en algo peor: *el nerviosismo degeneró en histeria.* **3.** MAT. Descomponerse una curva en otras más simples.

DEGENERATIVO, A adj. Que causa o implica degeneración: *afección degenerativa.*

DEGLUCIÓN s.f. Acción de pasar el bolo alimenticio de la boca al esófago y después al estómago.

DEGLUTIR v.intr. y tr. Tragar un alimento.

DEGOLLADERO s.m. Lugar donde se degüellan las reses. **2.** Parte del cuello por donde se degüella al animal.

DEGOLLADOR, RA adj. y s. Que degüella. ◆ s.m. Cuchillo para degollar. **2.** Pescador encargado de cortar la cabeza y la lengua de los bacalaos. **3.** ORNITOL. Alcaudón.

DEGOLLADURA s.f. Herida hecha en la garganta. **2.** Escote que se hace en los vestidos femeninos.

DEGOLLAR v.tr. (lat. *decollare*, de *collum*, cuello) [17]. Matar a una persona o animal cortándole el cuello: *degollar las reses.* **2.** Escotar el cuello de un vestido.

DEGOLLINA s.f. Esp. *Fam.* Matanza de un gran número de personas o animales.

DEGRADACIÓN s.f. Acción y efecto de degradar o degradarse. **2.** Destrucción o alteración de las propiedades de un material macromolecular. **3.** EDAFOL. Descenso de la fertilidad del suelo. **4.** MIL. Pena que se aplica a los militares culpables de delitos de extrema gravedad, consistente en la destitución pública del grado. **5.** PINT. Cambio insensible y continuado en la intensidad del color o de la luz. ◇ **Degradación de la energía** Transformación irreversible de la energía de una forma a otra menos apta para producir trabajo mecánico.

DEGRADAR v.tr. (lat. tardío *degradare*). Desposeer o rebajar a una persona de la dignidad, honor, etc., que posee. ◆ v.tr. y prnl. Hacer indigno a alguien: *el uso de la violencia degrada a las personas.* **2.** Hacer perder a algo su valor, sus cualidades; deteriorar. **3.** PINT. Disminuir insensible y de forma continuada la viveza del color y el tamaño de las figuras para dar sensación de distancia.

DEGRAS s.m. Mezcla de aceite de pescado y de ácido nítrico utilizada para suavizar e impermeabilizar las pieles.

DEGÜELLO s.m. Acción de degollar.

DEGUSTACIÓN s.m. Acción de degustar.

DEGUSTAR v.tr. Probar una comida o bebida para valorar su sabor.

DEHESA s.f. (lat. tardío *defensa*, defensa). Terreno acotado destinado generalmente al pasto del ganado.

DEHISCENCIA s.f. BOT. Apertura espontánea de un órgano cerrado, como la antera o la vaina. **2.** FISIOL. y PATOL. Apertura, generalmente espontánea, de una estructura.

DEHISCENTE adj. BOT. Se dice del órgano cerrado que se abre espontáneamente cuando está maduro.

DEICIDA adj. y s.m. y f. Que es culpable o cómplice de la muerte de Cristo. **2.** Que mata o elimina a Dios.

DEICIDIO s.m. Asesinato de Dios, especialmente crucifixión de Cristo.

DEÍCTICO, A adj. LING. Que sirve para señalar o designar. **2.** s.m. LING. Elemento gramatical que realiza una deixis.

DEIDAD s.f. Cualidad de divino. **2.** Divinidad, especialmente referido a religiones politeístas.

DEIFICAR v.tr. [1]. Divinizar.

DEÍFICO, A adj. Relativo a Dios o a una divinidad.

DEÍSMO s.m. Doctrina religiosa que cree en la existencia de Dios y en la religión natural, pero que rechaza toda revelación.

DEÍSTA adj. y s.m. y f. Relativo al deísmo; adepto a esta doctrina.

DE IURE loc. (voces latinas, *según el derecho*). De derecho, de acuerdo con la ley: *reconocer un gobierno de iure.*

DEIXIS s.f. (pl. *deixis.*) LING. Función de algunos elementos lingüísticos que hace referencia a la situación en que se produce un enunciado, definido por su relación con el hablante, y con el lugar y el tiempo del enunciado. (Algunos de estos elementos son los pronombres, el tiempo verbal, los adverbios de lugar y de tiempo o los demostrativos.)

DEJACIÓN s.f. Acción y efecto de dejar: *hacer alguien dejación de sus deberes.* **2.** DER. Cesión, desistimiento o abandono de bienes, derechos o acciones.

DEJADEZ s.f. Abandono o falta de cuidado de uno mismo o de sus cosas. **2.** Debilidad física, decaimiento, flojera.

DEJANTE prep. Chile, Colomb. y Guat. Aparte de, además de.

DEJAR v.tr. (del lat. *laxare*, aflojar relajar). Poner o colocar algo en un lugar: *déjalo sobre la mesa.* **2.** Abandonar, apartarse o alejarse de una persona o cosa: *dejar la bebida.* **3.** Omitir: *no dejar punto ni coma.* **4.** Permitir que alguien haga algo: *déjame salir.* **5.** Producir ganancia: *las ventas no le dejan casi nada.* **6.** Confiar o encomendar algo a alguien: *te dejo al frente del negocio.* **7.** Permitir o hacer que alguien o algo quede en determinado estado: *dejar sumido en un profundo sueño, dejar sin luz.* **8.** No inquietar ni perturbar o molestar: *¡déjame en paz!* **9.** Dar una persona que se ausenta o hace testamento una cosa a alguien: *no ha dejado más que deudas.* **10.** Esp. y Méx. Prestar: *déjame tu automóvil.* ♦ v.tr. y prnl. Seguido de un infinitivo, indica el modo especial de suceder o ejecutarse lo que significa el verbo que lo acompaña: *luego le dejó marchar.* **2.** Cesar, no proseguir lo empezado: *saldremos cuando deje de llover.* ♦ **dejarse** v.prnl. Abandonarse, descuidarse alguien en sus actos, obligaciones o aspecto. ♦ **Dejar aparte, o a un lado, o fuera** Prescindir de una persona o cosa en un asunto; no ocuparse de algo por el momento. **Dejar atrás** Adelantar a alguien andando o corriendo: *no conseguirás dejarme atrás;* superar a alguien en cualquier asunto. **Dejar correr** Permitir, tolerar una cosa sin ocuparse

■ **DEHESA** extremeña.

más de ella. **Dejar que desear** Ser alguien o algo de calidad, estimación o aprecio inferior al que debería: *su obra deja mucho que desear.*

DÉJÀ-VU s.m. (voz francesa). Sensación de haber vivido anteriormente una situación que se está experimentando por primera vez.

DEJE o **DEJO** s.m. Pronunciación particular de un grupo lingüístico: *un deje andaluz, barriobajero.* **2.** Gusto peculiar que queda después de ingerir algo: *un deje saludo.* **3.** *Fig.* Sensación que queda después de una acción.

DEL, contracción de la prep. *de* y el art. *el*: *despacho del abogado.*

DELACIÓN s.f. Acción de delatar o denunciar.

DELANTAL s.m. (cat. *devantal*). Prenda de distintas formas que se pone en la parte delantera del cuerpo, que se usa para proteger la ropa. **2.** Mandil de cuero o tela fuerte.

DELANTE adv.l. (del lat. tardío *inante*). En posición anterior a algo que se toma como referencia o en primera posición de un conjunto: *ponte delante de mí.* **2.** En un lugar más cercano que otros con respecto a lo que se toma como punto de referencia o dejando atrás algo que se nombra: *siéntate delante.* **3.** En la parte exterior y principal de algo: *las faros de delante.* **4.** Enfrente. ♦ adv.m. A la vista, en presencia: *hablar delante de todos.*

DELANTERA s.f. Parte anterior de una cosa. **2.** Pieza de una prenda de vestir que se sitúa en la parte anterior del cuerpo. **3.** Distancia de ventaja que tiene una persona con respecto a otra que recorre un mismo camino: *llevar la delantera.* **4.** Asiento o serie de asientos situados en la primera fila de cada clase de localidades o de una plaza de toros, un teatro y otros locales de espectáculos: *ocupamos tres delanteras de andanada.* **5.** *Fam.* Pecho femenino. **6.** DEP. Línea de jugadores que se ocupan del ataque o la meta contraria. ♦ **Coger, o tomar, o ganar, la delantera** *Fam.* Anticiparse a alguien en una solicitud, empresa o negocio.

DELANTERO, A adj. Que está o va delante. ♦ s. Jugador de un equipo deportivo que forma parte de la línea de ataque o delantera. ♦ **Delantero centro** Jugador de un equipo que se coloca en medio de la línea de ataque.

DELATAR v.tr. Poner en conocimiento de una autoridad un delito o falta y la identidad de la persona que lo ha cometido. **2.** Descubrir, revelar. ♦ **delatarse** v.prnl. Dar a conocer una situación, intención, estado, etc., involuntariamente.

DELATOR, RA adj. y s. (lat. *delator, -oris*). Que delata.

DELAWARE o **LENAPE**, pueblo amerindio algonquino de la costa atlántica de EUA, entre el Hudson y Baltimore, que fue deportado a reservas de Oklahoma a fines del s. XIX.

DELCO s.m. (marca registrada). Esp. Dispositivo de encendido de los motores de explosión.

DELL s.m. (del lat. *deleatur*, suprime, borra). Signo de corrección tipográfica [ʃ] que indica que ha de efectuarse una supresión.

DELEBLE adj. (lat. *delebilis*). Que puede borrarse fácilmente.

DELECTACIÓN s.f. Deleite. ♦ **Delectación morosa** Complacencia deliberada en un pensamiento pecaminoso.

DELEGACIÓN s.f. Acción y efecto de delegar: *iré por delegación suya.* **2.** Cargo y oficina del delegado. **3.** Conjunto de personas con autoridad para representar a otras: *una delegación de padres.* **4.** Esp. Nombre de determinados organismos de la administración pública, de carácter provincial: *delegación de hacienda.* **5.** Méx. Área administrativa menor básica.

DELEGADO, A s. y adj. Persona en quien se delega una facultad o poder. ♦ **Delegado del gobierno** En España, representante del gobierno de la nación ante la administración de las comunidades autónomas.

DELEGAR v.tr. e intr. [2]. Transferir una persona o entidad a otro su autoridad a alguien para que actúe en representación suya en algún asunto.

DELEGATORIO, A adj. Que delega o que implica alguna delegación.

DELEITABLE adj. Deleitoso.

DELEITAR v.tr. y prnl. Producir deleite.

DELEITE s.m. Placer del ánimo o de los sentidos.

DELEITOSO, A adj. Que causa deleite.

DELETÉREO, A adj. *Poét.* Venenoso, mortífero: *vapor deletéreo.*

DELETREAR v.intr. y tr. Nombrar sucesivamente las letras que componen una palabra. **2.** Pronunciar poco a poco y por orden las letras de las sílabas, después las sílabas hasta formar la palabra completa.

DELETREO s.m. Acción de deletrear.

DELEZNABLE adj. Que puede ser despreciado o rechazado: *su conducta es vil y deleznable.* **2.** Que se disgrega o deshace fácilmente. **3.** Que se desliza y resbala con mucha facilidad.

1. DELFÍN s.m. (lat. *delphinus, -ni*). Mamífero marino de unos 2 m de long., del orden cetáceos, negruzco por encima y blanquecino por debajo, con hocico delgado y agudo, que vive en grupos en todos los mares y se alimenta de peces. (Familia delfínidos.)

■ **DELFÍN** mular.

2. DELFÍN s.m. (fr. *dauphin*). Heredero primogénito del rey de Francia. **2.** Sucesor, designado o probable, de una personalidad importante.

DELFINA s.f. Esposa del delfín de Francia.

DELFINÉS, SA adj. y s. Del Delfinado.

DELGA s.f. ELECTR. Cada una de las láminas o varas pequeñas de cobre que forman el colector de una dinamo.

DELGADEZ s.f. Cualidad de delgado.

DELGADO, A adj. (lat. *delicatus*, delicado). Flaco, que tiene poca carne. **2.** Fino, poco grueso. **3.** *Fig.* Se dice del terreno de poca sustancia, endeble o de escasa profundidad laborable.

DELIBERACIÓN s.f. Acción y efecto de deliberar.

DELIBERADO, A adj. Que se hace con premeditación: *la provocación fue deliberada.*

DELIBERANTE adj. Que delibera. **2.** Se dice de una junta o asamblea encargada de deliberar y cuyos acuerdos tienen eficacia ejecutiva.

DELIBERAR v.intr. (lat. *deliberare*). Examinar atentamente los pros y los contras de algo antes de tomar una decisión. ♦ v.tr. Decidir, resolver una cosa después de un cuidadoso examen.

DELIBERATIVO, A adj. Relativo a la deliberación. ♦ adj. y s.m. LING. Se dice de la forma verbal o de la construcción que expresa la idea de que el sujeto se pregunta sobre su decisión.

DELICADEZA s.f. Cualidad de delicado. **2.** Acción delicada.

DELICADO, A adj. Fácil de deteriorar, lastimar o romper. **2.** Débil, enfermizo: *delicado del estómago.* **3.** Fino, suave, tenue. **4.** Atento, educado y cortés. **5.** Exquisito, de gusto refinado: *un postre delicado, un paladar delicado.* **6.** Se dice de algo que por su complejidad exige tacto o cuidado: *un asunto delicado.* **7.** Escrupuloso o remilgado. **8.** Sutil, ingenioso.

DELICATESSEN s.m. o f. (voz inglesa, del alem. *Delikatessen*, delicadezas). Establecimiento donde se venden alimentos exquisitos ya preparados. ♦ s.f.pl. Platos o alimentos exquisitos que se venden preparados.

DELICIA s.f. (lat. *deliciae*). Placer vivo e intenso. **2.** Persona o cosa que causa alegría o placer.

DELICIOSO, A adj. Que causa delicia.

DELICTIVO, A adj. Relativo al delito. **2.** Que constituye delito.

DELICUESCENCIA s.f. FÍS. Propiedad que tienen ciertos cuerpos de absorber la humedad del aire hasta convertirse en líquidos.

DELICUESCENTE adj. FÍS. Dotado de delicuescencia.

DELIMITACIÓN s.f. Acción y efecto de delimitar.

DELIMITAR v.tr. Señalar los límites: *delimitar el campo.*

DELINCUENCIA s.f. Conjunto de crímenes y delitos en un tiempo y espacio determinados. **2.** Comisión de delitos.

DELINCUENTE adj. y s.m. y f. Que delinque.

DELINEANTE s.m. y f. Persona que tiene por oficio trazar planos o proyectos, generalmente ideados por otro.

DELINEAR v.tr. Trazar las líneas de una figura, especialmente de un plano.

DELINQUIR v.intr. (lat. *delinquere*) [44]. Cometer un delito.

DELIQUIO s.m. (lat. *deliquium*). Desmayo, éxtasis.

DELIRAR v.intr. (lat. *delirare*). Tener delirios: *delirar con la fiebre.* **2.** Fig. Hacer, pensar o decir disparates. SIN.: *desvariar.*

DELIRIO s.m. Trastorno psíquico caracterizado por la persistencia de ideas en oposición manifiesta a la realidad o al sentido común, generalmente causado por fiebre alta o intoxicación. **2.** Fig. Disparate, desvarío. ◇ **Delirio sistematizado** PSIQUIATR. Delirio en el que las ideas delirantes aparecen organizadas progresivamente y dan una impresión de coherencia y de lógica.

DELÍRIUM TRÉMENS s.m. (lat. científico, término creado por el Dr. Sutton). Estado de agitación con fiebre, temblor de piernas y brazos, onirismo y trastornos de la conciencia, propio del alcohólico crónico.

DELITESCENCIA s.f. MED. Desaparición brusca de los signos y síntomas de una enfermedad. **2.** QUÍM. Disgregación de un cuerpo por pérdida de agua.

DELITO s.m. (lat. *delictum*). DER. Hecho ilícito sancionado por la ley con una pena grave. ◇ **Delito común** Delito que no tiene carácter político. **Delito político** Delito cometido contra el orden político de un estado; delito determinado por móviles políticos.

DELTA s.f. Nombre de la cuarta letra del alfabeto griego (δ, Δ), derivada del signo fenicio *dalet*, que corresponde a la *d* española. ◆ s.m. GEOGR. Zona de acumulación aluvial de forma aproximadamente triangular, que se forma en la desembocadura de un río.

DELTOIDE adj. Que tiene forma de delta mayúscula.

DELTOIDEO, A adj. Relativo al deltoides.

DELTOIDES s.m. y adj. ANAT. Músculo triangu-

lar de la región superior del hombro, que sirve para elevar el brazo.

DEMACRAR v.tr. y prnl. Hacer que una persona pierda mucho peso quedando pálida y ojerosa, con aspecto de enfermo.

DEMAGOGIA s.f. Actitud que consiste en halagar las aspiraciones populares o los prejuicios de un gran número de personas para incrementar la propia popularidad y obtener o incrementar el poder.

DEMAGÓGICO, A adj. Relativo a la demagogia o al demagogo: *discurso demagógico.*

DEMAGOGO, A s. (gr. *demagogós*, que conduce al pueblo o capta su favor). Persona que practica la demagogia.

DEMANDA s.f. Petición, solicitud: *atender una demanda.* **2.** Pregunta. **3.** Empresa, intento, empeño. **4.** DER. **a.** Petición que un litigante sustenta en el juicio. **b.** Acción que se interpone en justicia para hacer reconocer un derecho: *interponer una demanda.* **5.** ECON. Cantidad de una mercancía o de un servicio que los consumidores están dispuestos a comprar a un precio y en un período determinado.

DEMANDADO, A adj. y s. DER. Se dice de la persona contra quien se intenta la acción en un juicio.

DEMANDANTE adj. y s.m. y f. DER. Se dice de la persona que interpone una acción en juicio.

DEMANDAR v.tr. (lat. *demandare*). Pedir, solicitar: *demandar ayuda.* **2.** Preguntar: *me demandó por la salud de mi esposo.* **3.** DER. Formular una demanda ante los tribunales.

DEMARCACIÓN s.f. Acción y efecto de demarcar. **2.** Terreno demarcado. **3.** Territorio en que una autoridad ejerce su jurisdicción. **4.** FONÉT. Indicación de los límites, inicial o final, de una unidad significativa.

DEMARCAR v.tr. [1]. Señalar o marcar los límites de algo, especialmente de un país o terreno.

DEMARRAJE s.m. Acción y efecto de demarrar.

DEMARRAR v.intr. Acelerar repentinamente la marcha en una carrera para distanciarse de los demás participantes.

DEMÁS pron. y adj.indef. El resto, la parte no mencionada de un todo: *ordene que salgan los demás.* ◆ adv.c. Además. ◇ **Por demás** En vano, inútilmente; en demasía. **Por lo demás** En lo que se refiere a otras consideraciones no mencionadas con anterioridad.

DEMASÍA s.f. Exceso, abuso. **2.** Atrevimiento, insolencia. ◇ **En demasía** Con exceso.

1. DEMASIADO adv.c. En demasía, con exceso: *llueve demasiado.*

2. DEMASIADO, A adj. Que está o se da en mayor número, cantidad o grado de lo conveniente o necesario: *has hecho demasiada comida.*

DEMENCIA s.f. Pérdida global, progresiva e irreversible de las facultades mentales: *demencia senil.* **2.** Locura, trastorno mental.

DEMENCIAL adj. Relativo a la demencia. **2.** Fig. Caótico, disparatado, desproporcionado.

DEMENTE adj. y s.m. y f. (lat. *demens, -tis*). Que padece demencia.

DEMÉRITO s.m. Falta de mérito. **2.** Acción por la cual se desmerece.

DEMIURGO s.m. (lat. *demiurgus*). Dios creador del alma del mundo, en la filosofía platónica.

1. DEMO s.m. (gr. *demos*, pueblo). Circunscripción administrativa de Grecia. **2.** En el Imperio bizantino, cada uno de los partidos en los que se dividía el pueblo de Constantinopla y las grandes ciudades.

2. DEMO s.f. Demostración del funcionamiento de un aparato u objeto nuevos. **2.** INFORMÁT. Programa de demostración.

DEMOCRACIA s.f. (lat. tardío *democratia*). Régimen político en el cual el pueblo ejerce la soberanía por sí mismo, sin mediación de un órgano representativo (*democracia directa*) o por representantes intermediarios (*democracia representativa*). **2.** País gobernado en régimen democrático. ◇ **Democracia cristiana** Movimiento cuyo fin es conciliar los principios democráticos y las exigencias de la fe cristiana. **Democracia popular** Régimen de los países que han adoptado el comunismo como forma de gobierno.

DEMÓCRATA adj. y s.m. y f. Partidario de la democracia. **2.** Relativo a uno de los dos grandes partidos políticos de EUA; miembro o partidario de dicho partido.

DEMOCRATACRISTIANO, A adj. y s. Democristiano.

DEMOCRÁTICO, A adj. y s. Relativo a la democracia; partidario de la democracia.

DEMOCRATIZAR v.tr. y prnl. [7]. Hacer democrática una sociedad, ley, institución, etc.

DEMOCRISTIANO, A adj. y s. Relativo a la democracia cristiana; partidario de la democracia cristiana. SIN.: *democratacristiano.*

DEMOGRAFÍA s.f. (gr. *demos*, pueblo y *gráfein*, describir). Ciencia que estudia estadísticamente las poblaciones humanas, su estado y sus variaciones. **2.** Tasa de la población humana en una región o un país determinados.

DEMOGRÁFICO, A adj. Relativo a la demografía.

DEMÓGRAFO, A s. Especialista en demografía.

DEMOLEDOR, RA adj. y s. Que demuele.

DEMOLER v.tr. [30]. Derribar o destruir una construcción. **2.** Fig. Destruir algo no material: *ha demolido todas sus teorías.*

DEMOLICIÓN s.f. Acción de demoler.

DEMONÍACO, A o **DEMONIACO, A** adj. Relativo al demonio. **2.** Perverso o astuto como el demonio. ◆ adj. y s. Poseído del demonio.

DEMONIO s.m. (lat. tardío *daemonium*). Diablo, nombre dado en diversas religiones al ángel rebelde o espíritu que encarna el mal. **2.** Satanás, príncipe de los demonios en las religiones cristiana y judía. **3.** Fam. Persona muy perversa, traviesa o hábil: *este niño es un demonio.* **4.** En la antigüedad, divinidad o espíritu bueno o malo, adscrito al destino de una persona, una ciudad, etc. ◆ interj. Fam. Expresa enojo o sorpresa. ◇ **Llevarse el demonio**, o **(todos) los demonios**, o **ponerse como, o hecho, un demonio** Encolerizarse o irritarse demasiado. **Tener el demonio**, o **los demonios, en el cuerpo** Fam. Ser excesivamente inquieto o travieso, o ser muy astuto.

DEMONISMO s.m. Creencia en la acción de los demonios. **2.** Forma de religión primitiva en la que los diversos acontecimientos de la existencia son considerados efecto de la lucha entre los espíritus (demonios) buenos y malos.

DEMONIZAR v.tr. [7]. Dar carácter demoníaco a algo o alguien.

DEMONOLOGÍA s.f. Estudio de la naturaleza y características de los demonios.

¡DEMONTRE! interj. Fam. Expresa enojo o disgusto.

DEMORA s.f. Tardanza, dilación, retraso: *debes acudir sin demora.* **2.** Temporada de dos meses que los amerindios estaban obligados a trabajar en las minas de la América española.

■ **DELTA.** La Camarga y el delta del Ródano, bajo la nieve invernal, vistos desde el satélite *Spot-1.*

3. DER. Tardanza en el cumplimiento de una obligación.

DEMORAR v.tr. Retardar. ◆ v.intr. y prnl. Detenerse en algún lugar.

DEMOROSO, A adj. y s. Chile. Se dice de la persona lenta, tarda.

DEMOSCOPIA s.f. ESTADÍST. Técnica de estudio de las orientaciones de la opinión pública sobre algún asunto. SIN.: encuesta.

DEMOSTRABILIDAD s.f. LÓG. Propiedad de toda fórmula de una teoría deductiva para la que existe una demostración.

DEMOSTRACIÓN s.f. Acción y efecto de demostrar. **2.** Manifestación exterior de sentimientos o intenciones. **3.** Exhibición pública de habilidad, fuerza u otra destreza. **4.** LÓG. Razonamiento que deduce la verdad de una proposición partiendo de axiomas que se han enunciado. **5.** MIL. Maniobra para inducir al adversario a un error o intimidarlo.

DEMOSTRAR v.tr. (lat. demonstrare) [17]. Probar de forma inequívoca la verdad de algo. **2.** Manifestar claramente cierta actitud o sentimiento: su tono demuestra exaltación. **3.** Enseñar a hacer algo mediante un ejercicio práctico: demostrar cómo funciona una máquina.

DEMOSTRATIVO, A adj. Que demuestra o sirve para demostrar. ◆ adj. y s.m. Se dice del pronombre o del adjetivo que sirve para señalar un objeto presente o citado, al tiempo que lo sitúa en relación con las personas gramaticales, como este, esa, aquello, etc.

DEMÓTICO, A adj. y s.m. Se dice de un tipo de escritura del antiguo Egipto, derivada de la escritura hierática y corrientemente utilizada a partir del s. VII a.C. **2.** Se dice del estado popular de una lengua, especialmente del griego moderno, por oposición al estado culto.

DEMUDACIÓN s.f. Acción y efecto de demudar o demudarse. SIN.: demudamiento.

DEMUDAR v.tr. Mudar, cambiar. ◆ v.tr. y prnl. Alterar de forma repentina una cosa, especialmente el color o la expresión de la cara: se demudó al conocer los resultados.

DEMULTIPLICACIÓN s.f. MEC. Relación de reducción de velocidad entre los dos piñones de una transmisión.

DENARIO s.m. Moneda romana antigua, aparecida en el s. III a.C.

DENDRITA s.f. (lat. dendrítis). Prolongación ramificada del citoplasma de una célula nerviosa. **2.** Forma ramificada en las tres direcciones espaciales que toman ciertos cristales.

DENDRÍTICO, A adj. Que tiene forma de dendrita. **2.** Se dice de una red fluvial densa y regularmente ramificada.

DENDROCLIMATOLOGÍA s.f. Datación absoluta de los climas mediante el estudio de las variaciones de espesor de los anillos de crecimiento de los árboles.

DENDROCRONOLOGÍA s.f. Método cronológico basado en el estudio de los anillos concéntricos anuales que aparecen en la sección transversal del tronco de los árboles.

DENDROGRAFÍA s.f. Descripción de los árboles.

DENEGACIÓN s.f. Acción y efecto de denegar: denegación de visado.

DENEGAR v.tr. [4]. No conceder una petición.

DENEGATORIO, A adj. Que incluye denegación.

DENGOSO, A adj. Melindroso, que muestra una delicadeza exagerada. SIN.: denguero.

1. DENGUE s.m. (voz de creación expresiva). Nombre común de una enfermedad aguda febril, de origen vírico, análoga a la gripe. **2.** Melindre, delicadeza afectada o exagerada en el lenguaje o en los modales. **3.** Amér. Contoneo. **4.** Méx. Berrinche. ◆ s.m. y f. Persona que hace melindres. ◆ dengues s.m.pl. Méx. Muecas, gestos con el rostro.

2. DENGUE s.m. Chile. Planta herbácea ramosa, de flores del mismo nombre, inodoras blancas, amarillas o rojas, que se marchita al menor contacto.

DENGUEAR v.intr. Hacer dengues o melindres.

DENIER s.m. (voz francesa). Unidad de medida de la finura de los hilos y de las fibras textiles equivalente al peso, evaluado en gramos, de una longitud de 9 000 m de hilo o de fibra.

DENIGRANTE adj. Que denigra, injuria.

DENIGRAR v.tr. (lat. denigrare). Hablar mal de una persona o cosa, destruyendo así su buena fama u opinión. **2.** Insultar, ultrajar.

DENIM s.m. Tejido de algodón muy resistente que se emplea en la confección de pantalones jeans y otras prendas y artículos, como ropa de baño, accesorios, etc.

DENODADO, A adj. Se dice de la persona valiente e intrépida: denodado luchador. **2.** Enérgico, decidido.

DENOMINACIÓN s.f. Acción y efecto de denominar o denominarse. ◇ **Denominación de origen** Denominación geográfica que se utiliza para garantizar que un producto es originario de determinada región o localidad.

DENOMINADOR, RA adj. y s. Que denomina. ◆ s.m. MAT. Término inferior de una fracción que indica en cuántas partes está dividida la unidad.

DENOMINAR v.tr. y prnl. Dar un nombre determinado a una persona o cosa.

DENOMINATIVO, A adj. Que implica o denota denominación.

DENOSTAR v.tr. (lat. dehonestare, deshonrar, infamar) [17]. Injuriar de palabra.

DENOTACIÓN s.f. Acción y efecto de denotar. **2.** LING. y LÓG. Relación existente entre un signo y un objeto real concreto perteneciente a la clase de objetos designada por aquel.

DENOTAR v.tr. Indicar, anunciar, significar.

DENOTATIVO, A adj. Que denota.

DENSIDAD s.f. Cualidad de denso: densidad de un líquido. **2.** Relación entre la masa de un determinado volumen de un cuerpo y la masa del mismo volumen de agua, o de aire, para los gases. ◇ **Densidad de corriente** ELECTR. Cociente entre la intensidad de la corriente que circula por un conductor y la superficie de su sección recta **Densidad de población** Número de habitantes por kilómetro cuadrado.

DENSIFICAR v.tr. y prnl. [1]. Hacer denso o más denso. **2.** TECNOL. Mejorar una madera por compresión.

DENSIMETRÍA s.f. Técnica de medida de densidades.

DENSÍMETRO s.m. Areómetro.

DENSO, A adj. (lat. densus). Compacto, que contiene mucha materia en poco espacio. **2.** Espeso, pastoso, poco fluido: líquido denso. **3.** Fig. Apiñado, apretado: un denso bosque. **4.** Fig. Que tiene mucho contenido. **5.** MAT. Se dice de la parte de un espacio topológico tal que, en todo abierto de este espacio, hay elementos de dicha parte.

DENTADO, A adj. Que tiene dientes o salientes en forma de dientes: hoja dentada.

DENTADURA s.f. Conjunto de los dientes de una persona o animal. **2.** Prótesis dentaria parcial o total: dentadura postiza.

DENTAL adj. Relativo a los dientes. ◆ adj. y s.f. FONÉT. Se dice del sonido que se articula aplicando la punta de la lengua contra los dientes: la d y la t son consonantes dentales. ◆ Palo donde se encaja la reja del arado.

DENTAR v.tr. [10]. Poner dientes o salientes en el borde de algo. ◆ v.intr. Echar los dientes un niño. SIN.: endentecer.

DENTARIO, A adj. Relativo a los dientes.

DENTELARIA s.f. Planta herbácea de rocalla, de flores violetas, cuyas raíces machacadas se utilizaban para curar el dolor de muelas. (Familia plumbagináceas.)

DENTELLADA s.f. Acción de clavar los dientes en algo. **2.** Señal o herida producida al morder. ◇ **A dentelladas** Con los dientes.

DENTELLADO, A adj. Que tiene dientes o salientes en forma de dientes. **2.** HERÁLD. Se dice de la pieza de perfil formado por dientes menudos.

DENTELLAR v.intr. Chocar los dientes unos contra otros.

DENTELLEAR v.tr. Mordisquear.

DENTELLÓN s.m. En la arquitectura clásica, cada uno de los pequeños bloques cúbicos que se disponen en hilera como ornamento de las cornisas. SIN.: dentículo.

DENTERA s.f. Sensación desagradable que se experimenta en dientes y encías en determinadas circunstancias, en particular al contacto con algún ácido o astringente. **2.** Fig. fam. Envidia.

DENTICIÓN s.f. (lat. dentitio, -onis). FISIOL. Formación, aparición y desarrollo de los dientes. (En el ser humano, la dentición primaria o de leche aparece entre los 6 y 34 meses, y se desprende entre los 6 y los 12 años; la dentición secundaria o permanente empieza hacia los 6 años por los primeros molares.) **2.** Número y disposición de las diferentes clases de dientes en las mandíbulas.

DENTICULADO, A adj. Que está provisto de dentículos.

DENTICULAR adj. Con forma de diente.

DENTÍCULO s.m. Diente pequeño o poco desarrollado. **2.** ARQ. Dentellón.

DENTÍFRICO, A adj. y s.m. (del lat. dens, -tis, diente, y fricare, frotar). Se dice del preparado específico para la limpieza de los dientes, cuidado de las encías y antisepsia de la boca.

DENTINA s.f. Marfil de los dientes.

DENTIRROSTRO, A adj. y s. MAT. Relativo a un antiguo suborden de aves caracterizadas por tener puntas y escotaduras a los lados del pico.

DENTISTA s.m. y f. Odontólogo.

DENTISTERÍA s.f. Amér. Merid. y C. Rica. Odontología. **2.** Colomb., C. Rica, Ecuad. y Venez. Consultorio del dentista, clínica dental.

DENTÓN, NA adj. y s. Dentudo. ◆ s.m. Pez provisto de dientes fuertes, semejantes a caninos, que vive en el Mediterráneo. (Familia espáridos.)

DENTRO adv.l. y t. (del lat. intro). En la parte interior de un espacio real o imaginario: dentro de la casa; dentro de mi alma. **2.** Durante un período de tiempo o al cabo de él: dentro de un momento.

DENTRODERA s.f. Colomb. Empleada del servicio doméstico que no cocina ni lava.

DENTUDO, A adj. Que tiene dientes desproporcionados.

DENUDACIÓN s.f. Acción de denudar o denudarse. **2.** Estado de un árbol despojado de su corteza o de su follaje; estado de la tierra privada de su vegetación, etc. **3.** CIR. Proceso por el que quirúrgicamente, o como consecuencia de una enfermedad, se priva a un órgano (diente, hueso, vena) de su cubierta normal.

DENUDAR v.tr. y prnl. Quitar lo que recubre una cosa en estado natural.

DENUEDO s.m. Esfuerzo, brío, arrojo: trabajar con denuedo.

DENUESTO s.m. Insulto, ofensa de palabra o por escrito.

DENUNCIA s.f. (lat. delatio, -onis). Acción de denunciar. **2.** DER. **a.** Notificación a la autoridad competente de una violación de la ley penal perseguible de oficio: presentar una denuncia. **b.** Documento en que consta dicha notificación.

DENUNCIAR v.tr. (lat. denuntiare). Comunicar a la autoridad un delito. **2.** Declarar públicamente el estado ilegal, irregular o indebido de alguna cosa: denunciar un tratado. **3.** Fig. Poner de manifiesto: sus modales denuncian su deficiente educación.

DENUNCIATORIO, A adj. Relativo a la denuncia.

DE OCCULTIS loc.adv. (voces latinas). Disimuladamente, en secreto.

DEOGRACIAS s.m. (del lat. Deo gratias, gracias a Dios) [pl. deogracias]. Fam. Se emplea para expresar el descanso que se experimenta al término de una situación difícil o enojosa.

DEONTOLOGÍA s.f. Parte de la ética que trata de los deberes y principios que afectan a una profesión: deontología médica.

DEONTOLÓGICO, A adj. Relativo a la deontología.

DEPARAR v.tr. Proporcionar, ofrecer: no sé que me deparará el destino. **2.** Poner delante, presentar.

DEPARTAMENTAL adj. Relativo a un departamento.

DEPARTAMENTO s.m. Parte en que se divide

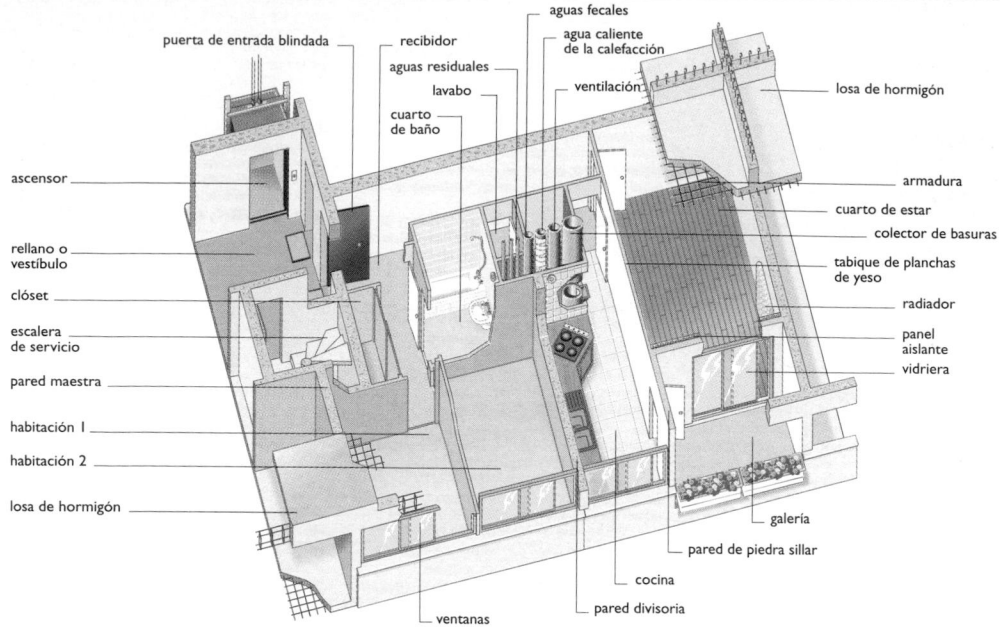

puerta de entrada blindada
recibidor
aguas fecales
agua caliente de la calefacción
aguas residuales
lavabo
ventilación
losa de hormigón
cuarto de baño
ascensor
armadura
cuarto de estar
colector de basuras
rellano o vestíbulo
tabique de planchas de yeso
clóset
radiador
escalera de servicio
panel aislante
pared maestra
vidriera
habitación 1
habitación 2
losa de hormigón
galería
pared de piedra sillar
cocina
ventanas
pared divisoria

■ **DEPARTAMENTO.** Organización de un departamento.

un espacio: *los departamentos de un tren, de una caja de herramientas, de un refrigerador.* **2.** Nombre con que se designan algunas divisiones administrativas de Hispanoamérica. (En Bolivia, Colombia, El Salvador, Guatemala, Honduras, Nicaragua, Paraguay, Perú y Uruguay constituye la división administrativa mayor; en Argentina es la menor [equivalente al municipio español]; y en algunas áreas de Venezuela, es de carácter intermedio, entre el estado o territorio y el municipio.) **3.** Ministerio o rama de la administración. **4.** Unidad estructural universitaria que se ocupa de una determinada disciplina o disciplinas afines. **5.** *Amér.* Vivienda independiente que ocupa total o parcialmente una de las plantas en que se divide un edificio. SIN.: *apartamento.* GEOSIN.: Esp. *piso.* ◇ **Departamento marítimo** Antigua división administrativa de la jurisdicción naval española, sustituida por la zona marítima.

DEPARTIR v.intr. Conversar, hablar.

DEPAUPERACIÓN s.f. Empobrecimiento.

DEPAUPERAR v.tr. (del lat. *pauper, -eris,* pobre). Empobrecer. ◆ v.tr. y prnl. Debilitar física o moralmente.

DEPENDENCIA s.f. Situación de la persona o cosa que depende de otra. **2.** Oficina que depende de otra superior. **3.** Conjunto de dependientes. **4.** ECON. Estado en el que se encuentra la economía de una nación con referencia a la de otra, y, especialmente, de un país desarrollado. **5.** POL. En sentido amplio, territorio no soberano, colonia. **6.** PSIQUIATR. Necesidad imperiosa de continuar consumiendo cierta droga a fin de disipar las molestias somáticas o psíquicas provocadas por la abstinencia. ◆ **dependencias** s.f.pl. Cosas accesorias de otra principal.

DEPENDER v.intr. Estar subordinada una cosa a las condiciones que le impone otra; estar una cosa conectada con otra. **2.** Estar una persona bajo el dominio o autoridad de otra, necesitar del auxilio o protección de esta.

DEPENDIENTE, A adj. Que depende. (Como adjetivo se utiliza, tanto para masculino como para femenino, la forma *dependiente.*) ◆ s. Persona que sirve a alguien o es subalterno de una autoridad. **2.** Auxiliar del comerciante.

DEPILACIÓN s.f. Acción de depilar o depilar-

se. **2.** TECNOL. Eliminación del pelo que cubre una piel, para curtirla.

DEPILAR v.tr. y prnl. Quitar el pelo o el vello de una parte del cuerpo.

DEPILATORIO, A adj. y s.m. Que sirve para depilar: *crema depilatoria.*

DEPLECIÓN s.f. ASTRON. Disminución local del campo de gravedad de un astro. **2.** MED. Disminución de la cantidad de líquido, en particular de sangre, contenido en el organismo o en un órgano.

DEPLORABLE adj. Lamentable, digno de ser deplorado.

DEPLORAR v.tr. (lat. *deplorare*). Lamentar, sentir pena y disgusto.

DEPONENTE adj. y s.m. LING. En gramática latina, se dice del verbo que posee solo desinencias pasivas y sentido activo.

DEPONER v.tr. [60]. Abandonar, dejar a un lado: *deponer una actitud hostil.* **2.** Privar a una persona de su empleo, retirarle sus honores, dignidades, etc.: *algunos militares fueron depuestos.* **3.** Declarar ante el juez u otro magistrado. **4.** Guat., Hond., Méx. y Nicar. Vomitar. ◆ v.intr. Evacuar el vientre. ◇ **Deponer las armas** Cesar en la lucha armada; pedir o hacer la paz.

DEPORTACIÓN s.f. DER. **a.** Pena consistente en trasladar a un condenado a un lugar determinado, normalmente ultramarino. **b.** Internamiento en un campo de concentración situado en el extranjero o en un lugar aislado.

DEPORTAR v.tr. (lat. *deportare,* trasladar). Condenar a deportación.

DEPORTE s.m. (del ingl. *sport*). Conjunto de los ejercicios físicos que se presentan en forma de juegos, individuales o colectivos, practicados observando ciertas reglas. ◇ **Deportes de invierno** Deportes que se desarrollan sobre la nieve (esquí, bobsleigh), y el hielo (patinaje, hockey).

DEPORTISMO s.m. Afición de los deportes o ejercicio de ellos.

DEPORTISTA s.m. y f. y adj. Persona que práctica algún deporte, especialmente si lo hace habitualmente o como profesional.

DEPORTIVIDAD s.f. Cualidad de deportivo. **2.** Correcta observancia de las reglas del juego. **3.** Imparcialidad, nobleza, generosidad.

DEPORTIVO, A adj. Relativo a los deportes. **2.** Que se ajusta a las normas de corrección que deben darse en el deporte. **3.** Ropa o calzado informal y cómodo. ◆ s.m. Automóvil de dos puertas, carrocería aerodinámica y gran potencia.

DEPOSICIÓN s.f. Exposición o declaración. **2.** Destitución de un empleo, cargo o dignidad. **3.** Evacuación de vientre. **4.** Tema iconográfico que representa el cuerpo de Cristo colocado al pie de la cruz, una vez descendido de ella. **5.** DER. Declaración verbal ante un juez o tribunal.

DEPOSITANTE s.m. y f. y adj. DER. Persona que entrega una cosa en depósito.

DEPOSITAR v.tr. Poner algo o a alguien en un sitio determinado. **2.** Poner algo bajo custodia: *depositar dinero en un banco.* **3.** Poner algo no material como esperanzas, ilusiones, etc., en algo o en alguien: *la oposición depositó su confianza en el gobierno.* **4.** Poner a una persona, mediante orden judicial, en un lugar donde pueda manifestar libremente su voluntad sin temor a ser amenazada por ello. **5.** Sedimentar, posar sedimento un líquido. ◆ **depositarse** v.prnl. Caer en el fondo de un líquido una materia que esté en suspensión.

DEPOSITARÍA s.f. Lugar donde se hacen los depósitos. **2.** Cargo de depositario.

DEPOSITARIO, A adj. y s. DER. Se dice de la persona en quien se deposita una cosa. ◆ s. Intermediario al que son confiadas unas mercancías para que las venda en nombre de su propietario.

DEPÓSITO s.m. Acción de depositar o depositarse. **2.** Cosa depositada. **3.** Lugar destinado a guardar, almacenar o retener alguna cosa. **4.** Recipiente destinado a contener productos líquidos o gaseosos. **5.** Acción de depositar dinero, valores, etc., en un organismo crediticio que los garantiza. **6.** DER. Contrato por el que una persona, depositante o deponente, entrega algo a otra, depositario, con la obligación de guardarla y restituirla. **7.** F. C. Cochera de locomotoras con su correspondiente servicio de reparaciones y conservación de material. **8.** GEOMORFOL. Acumulación de materia sólida efectuada por un agente de transporte, como depósitos eólicos, fluviales, marinos. ◇ **Depósito bancario**

Suma de dinero confiada a un banco. **Depósito de cadáveres** Local existente en los cementerios, hospitales, etc., en los que se guarda el cadáver antes de proceder a su inhumación. **Depósito legal** Envío obligatorio a la administración de ejemplares de una obra o de una publicación impresa, fotografiada o grabada.

DEPRAVACIÓN s.f. Acción de depravar o depravarse. **2.** Inclinación antinatural en los instintos o el comportamiento.

DEPRAVAR v.tr. y prnl. (lat. *depravare*). Viciar, adulterar, corromper.

DEPRECACIÓN s.f. Plegaria, invocación, súplica.

DEPRECAR v.tr. [1]. Suplicar, pedir con humildad e insistencia.

DEPRECIACIÓN s.f. Disminución del valor de un bien, especialmente de una moneda. **2.** Situación de depreciado.

DEPRECIAR v.tr. y prnl. Disminuir el valor o precio de una cosa.

DEPREDACIÓN s.f. Saqueo acompañado de violencia y destrucción. **2.** Exacción injusta y gravosa realizada por un soberano o gobernante. **3.** Sistema de alimentación propio de los animales depredadores. **4.** PREHIST. Modo de adquisición de alimento en la época prehistórica consistente en la caza y la recolección.

DEPREDADOR, RA adj. y s.m. Que depreda. **2.** Se dice del animal que caza animales de otras especies para alimentarse.

DEPREDAR v.tr. (lat. *depraedari*). Efectuar una depredación.

DEPRESIÓN s.f. Acción de deprimir o deprimirse. **2.** Superficie de terreno que está más baja o hundida que la que la rodea. **3.** Decaimiento del ánimo o de la voluntad. **4.** ECON. Fase del ciclo económico en la que las posibilidades de ganancia alcanzan su nivel mínimo. **5.** FÍS. Disminución de la presión. **6.** PSIQUIATR. Estado patológico caracterizado por un decaimiento del sentimiento del valor personal, por pesimismo, y por la inhibición o disminución de las funciones psíquicas. ◇ **Depresión barométrica** Masa atmosférica dominada por bajas presiones y que es el centro de movimientos ascendentes.

ENCICL. PSIQUIATR. La depresión admite distintos grados, desde la forma más profunda (melancolía) hasta distintas depresiones neuróticas de carácter reactivo. Se caracteriza por una disminución de la actividad psíquica e intelectual, así como por la presencia de autoacusaciones de culpas imaginarias o exageradamente aumentadas. Hay un deseo de la propia muerte que se traduce a nivel somático por una sensación de cansancio y de falta de ánimo. En la psicosis maníaco-depresiva, emparentada con la depresión, alternan episodios maníacos y episodios melancólicos.

DEPRESIVO, A adj. Que deprime el ánimo. **2.** PSIQUIATR. Propenso a la depresión: *carácter depresivo*.

DEPRESOR, RA adj. y s. Que deprime o humilla. ◆ adj. y s.m. ANAT. Se dice de algunos músculos cuya principal acción estriba en hacer que descienda uno de los puntos en que se insertan. ◆ s.m. MED. Nombre que se aplica a algunos instrumentos que tienen como finalidad apartar, haciéndolos descender, determinados órganos o parte de ellos: *depresor de lengua*.

DEPRIMENTE adj. Que deprime, debilita, abate o resta energía. **2.** Que pone triste o desmoraliza.

DEPRIMIDO, A adj. PSIQUIATR. Se dice de la persona que padece un proceso depresivo mental.

DEPRIMIR v.tr. y prnl. (lat. *deprimere*). Abatir, quitar el ánimo. ◆ v.tr. Reducir el volumen de un cuerpo por medio de la presión. **2.** Hundir alguna parte de la superficie de un cuerpo. ◆ **deprimirse** v.prnl. Disminuirse el volumen de un cuerpo o deformarse a causa de un hundimiento parcial. **2.** Estar una superficie o línea más baja que las inmediatas. **3.** PSIQUIATR. Padecer una depresión.

DEPRISA adv.m. Con prontitud, aceleradamente. ◇ **Deprisa y corriendo** Con precipitación, atropelladamente.

DE PROFUNDIS s.m. (voces latinas, *desde lo profundo del abismo*). Sexto de los siete salmos penitenciales que comienza con estas palabras y se recita en la liturgia de difuntos.

DEPURACIÓN s.f. Acción y efecto de depurar o depurarse.

DEPURADO, A adj. Que alcanza gran perfección por estar muy trabajado: *estilo depurado*.

DEPURADOR, RA adj. y s. Que depura. ◆ s.m. Aparato que se utiliza para eliminar las impurezas de un producto.

DEPURADORA s.f. Aparato o instalación que depura las aguas.

DEPURAR v.tr. y prnl. Quitar las impurezas de una cosa. **2.** *Fig.* Perfeccionar el estilo o el lenguaje. ◆ v.tr. Someter a investigación una institución, partido político, etc., para hallar las personas afectas a las directrices de los mismos. **2.** Eliminar de dichos organismos a la persona o personas halladas desafectas a ellos.

DEPURATIVO, A adj. y s.m. MED. Se dice de determinadas sustancias a las que se atribuye el efecto de purificar los humores del organismo.

DEPURATORIO, A adj. INDUSTR. Que sirve para depurar.

DEQUEÍSMO s.m. LING. Uso incorrecto de la locución *de que* cuando el régimen verbal no admite la preposición *de*.

DERBI o **DERBY** s.m. (ingl. *derby*). Vehículo de tracción animal de cuatro ruedas, abierto y muy ligero. **2.** Prueba hípica que se celebra anualmente en Epsom (Gran Bretaña). **3.** Esp. Encuentro deportivo entre equipos vecinos.

DERECHA s.f. Lo que está situado con respecto a la persona al lado opuesto del corazón. **2.** Parte de una asamblea deliberante, que se sienta habitualmente a la derecha del presidente, y que está constituida por los representantes de los partidos conservadores. **3.** Conjunto de los que tienen ideas conservadoras. ◇ **A derechas** Indica que una cosa se hace bien o como se debe. **Ceder la derecha** Ponerse al lado izquierdo de una persona en señal de cortesía.

DERECHAZO s.m. En boxeo, golpe que se da con la derecha. **2.** TAUROM. Pase de muleta ejecutado con la mano derecha.

DERECHISMO s.m. POL. Actitud propia de la derecha política.

DERECHISTA adj. y s.m. y f. POL. Perteneciente a la derecha política.

DERECHIZACIÓN s.f. POL. Tendencia a adoptar actitudes o posiciones de derechas, conservadoras.

1. DERECHO adv. Directamente, sin rodeos: *ir derecho al problema*.

2. DERECHO, A adj. (lat. vulgar *derectus*, rectō, directo). Recto, siempre en la misma dirección, sin ángulos ni torceduras. **2.** Erguido, no encogido ni encorvado. **3.** En posición vertical. **4.** Se dice de las partes del cuerpo que están situadas al lado opuesto al del corazón: *mano derecha*. **5.** Se dice de lo que está situado con respecto a la persona al lado opuesto del corazón: *ir por el camino de la derecha*. **6.** Se dice de la orilla o margen de un río que cae a la derecha de quien se coloca mirando hacia donde corren las aguas. **7.** *Fig.* Justo, sincero. ◆ s.m. Conjunto de leyes, preceptos y reglas que deben obedecer las personas en su vida social. **2.** Ciencia que estudia las leyes y su aplicación: *estudiar la carrera de derecho*. **3.** Facultad para hacer o exigir algo que comúnmente se considera justo y razonable: *tiene derecho a quejarse; derecho a una vivienda digna*. **4.** Facultad de hacer o exigir todo lo que la ley o autoridad establece en favor de alguien o que le permite quien puede hacerlo. **5.** Justicia, razón. **6.** Lado mejor labrado de una tela, papel, tabla, etc. ◆ **derechos** s.m.pl. Lo que un estado, una región, una provincia, una ciudad o un particular tiene derecho a cobrar. ◇ **Derecho administrativo** Rama del derecho público que tiene por objeto el funcionamiento de la administración y sus relaciones con los particulares. **Derecho canónico** Conjunto de normas jurídicas dictadas por la Iglesia católica, que regulan su or-

ganización y las relaciones de los fieles con la jerarquía en lo relativo al fuero externo. SIN.: *cánones*. **Derecho civil** Rama del derecho privado que se refiere al estado y capacidad de las personas, la familia, el patrimonio, la transmisión de bienes, los contratos y las obligaciones. **Derecho común** El derecho romano y el derecho canónico; en España, derecho civil aplicable en toda el área del estado. **Derecho constitucional** Rama del derecho público que define la estructura y las relaciones de los poderes públicos así como la participación de los ciudadanos en su formación. **Derecho de gentes** Antigua denominación del derecho internacional público. **Derecho divino** Derecho que viene de Dios. **Derecho escrito** Derecho expresado en un texto elaborado a este efecto por el legislador. **Derecho fiscal** Parte del derecho público que se refiere a los impuestos y a las técnicas que permiten recaudarlos. **Derecho foral** Derecho aplicable en las regiones o comarcas españolas que poseen una legislación civil particular. **Derecho internacional privado** Conjunto de reglas que sirven para dilucidar los conflictos entre personas de nacionalidades diferentes. **Derecho internacional público** Conjunto de reglas que los estados aplican en sus relaciones. **Derecho laboral** Conjunto de reglas y normas que rigen las relaciones entre los empresarios y los empleados. **Derecho natural** Conjunto de normas que toman en consideración la naturaleza del ser humano y su finalidad en el mundo. **Derecho penal** Conjunto de reglas que definen, previenen y sancionan las infracciones. **Derecho positivo** El establecido por las leyes y sancionado o reconocido por el poder público. **Derecho privado** Conjunto de reglas que rigen las relaciones de los individuos entre ellos. **Derecho público** Conjunto de reglas relativas a la organización del estado y a sus relaciones con los particulares. **Derechos civiles** Conjunto de derechos reconocidos y garantizados por las leyes a los ciudadanos de un estado. **Derechos humanos** Conjunto de derechos y libertades considerados como inherentes a la naturaleza humana, lo que implica especialmente su aplicación y respeto por todo el poder político. **Derechos reales** Impuesto que grava las transmisiones de bienes y otros actos civiles. **Estado de derecho** Sistema de organización de la sociedad en el que el conjunto de relaciones políticas y sociales está sometido a un derecho.

DERECHOHABIENTE s.m. y f. DER. Persona que deriva su derecho de otra.

DERECHURA s.f. Cualidad de derecho.

DERIVA s.f. Desviación de un barco o un avión de su ruta por efecto de una corriente o del viento. **2.** Orza móvil sumergida para reducir la deriva de un barco, especialmente de vela. **3.** Plano vertical de una acronave, provisto de timones de dirección. **4.** ARM. Ángulo que hay que desviar la puntería de un arma para corregir la derivación. ◇ **Deriva de los continentes** Teoría desarrollada por Wegener, según la cual los continentes flotarían en el sima después de la escisión de un continente único. **Deriva genética** BIOL. En una población limitada, evolución debida al azar. **Ir a la deriva** Ir una embarcación sin gobierno, a merced de las olas.

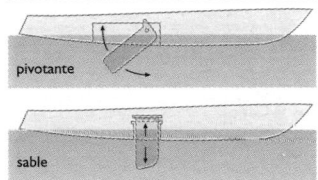

pivotante

sable

■ **DERIVAS** de un buque.

DERIVABLE adj. MAT. Se dice de la función que admite una derivada en un punto o en un intervalo.

DERIVACIÓN s.f. Acción de derivar o derivarse. **2.** Cosa que deriva de otra: *el haiku es una derivación del haikai*. **3.** Conducción, camino, cable, etc., que sale de otro. **4.** ARM. Desviación de un proyectil en relación con el plano de tiro, debido a su rotación o a lo largo de la trayectoria. **5.** ELECTR. Comunicación por medio de un segundo conductor entre dos puntos de un circuito cerrado. **6.** LING. Procedimiento para la formación de palabras que consiste en añadir un sufijo o un prefijo a otra palabra o radical. **7.** MAT. Cálculo de la derivada de una función. **8.** MED. Desvío de líquidos orgánicos de un circuito natural. ◇ **En derivación** ELECTR. Se dice de los circuitos bifurcados entre los que se reparte la corriente. SIN.: *en paralelo.*

DERIVADA s.f. MAT. Límite hacia el cual tiende el cociente entre el incremento de una función y el incremento arbitrario de la variable independiente, cuando este último tiende a cero.

DERIVADO, A adj. y s.m. GRAM. Se dice de una palabra que deriva de otra. ◆ s.m. QUÍM. Cuerpo obtenido por la transformación de otro: *una sal es un derivado de un ácido.* ◇ **Corrientes derivadas** Corrientes eléctricas que circulan por diversas derivaciones.

DERIVAR v.intr. y prnl. (lat. *derivare,* desviar una corriente de agua). Proceder, originarse una cosa de otra. ◆ v.intr. Tomar una cosa una dirección nueva. **2.** LING. Proceder una palabra de otra. **3.** MAR. Desviarse una nave del rumbo. ◆ v.tr. Cambiar la dirección de una cosa. **2.** Encaminar, conducir una cosa. **3.** ELECTR. Establecer una comunicación por medio de un conductor o hilo derivado. **4.** LING. Formar una palabra por derivación. ◇ **Derivar una función** MAT. Buscar su derivada.

DERMATITIS s.f. (del gr. *dérma, -atos,* piel). Inflamación de la dermis. SIN.: *dermitis.*

DERMATOHELIOSIS s.f. Afección de la piel causada por una exposición excesiva a los rayos solares.

DERMATOLOGÍA s.f. Parte de la medicina que se ocupa de las enfermedades de la piel.

DERMATÓLOGO, A s. y adj. Médico especialista en dermatología.

DERMATOMIOSITIS s.f. Enfermedad de origen desconocido que ataca a la piel y a los músculos estriados.

DERMATOSIS s.f. Nombre genérico de las enfermedades de la piel.

DERMESTO s.m. Insecto coleóptero gris o negruzco, que alcanza 1 cm de long. y se alimenta de carne seca, plumas, etc.

DÉRMICO, A adj. Relativo a la dermis. **2.** Relativo a la piel.

DERMIS s.f. Capa de la piel, la intermedia entre la más superficial o epidermis y la más profunda o hipodermis.

DERMITIS s.f. Dermatitis.

DERMOGRAFISMO s.m. Aparición de marcas elevadas y rojizas en la piel cuando se hacen en ella trazos con un estilete o con la uña.

DEROGACIÓN s.f. Acción de derogar: *derogación de una ley.*

DEROGAR v.tr. (lat. *derogare,* anular parte de una ley) [2]. Anular o modificar una ley o precepto con una ley o precepto nuevos.

DEROGATORIO, A adj. DER. Que deroga: *cláusula derogatoria.*

DERRAMA s.f. Impuesto temporal o extraordinario. **2.** Repartición de un impuesto o un gasto eventual entre varias personas que deben pagarlo.

DERRAMAMIENTO s.m. Acción de derramar o derramarse: *derramamiento de sangre.*

DERRAMAR v.tr. y prnl. (lat. vulgar *diramare*). Hacer que un líquido o cosas menudas salgan de un recipiente y se esparzan: *derramar la leche sobre la mesa.* ◆ v.tr. Repartir o distribuir entre los vecinos de una localidad los impuestos o cargas. ◆ **derramarse** v.prnl. Esparcirse desordenadamente. **2.** Desembocar una corriente de agua en un lugar.

DERRAME s.m. Derramamiento. **2.** Corte oblicuo practicado a los lados del hueco de una puerta o ventana, para facilitar la abertura de los batientes o para dar más luz. SIN.: *derramo.* **3.** MED. Existencia de una cantidad anormal de líquido en alguna estructura, órgano o cavidad: *derrame de sangre.*

DERRAPAR v.intr. Patinar de lado un automóvil.

DERREDOR s.m. Circuito, contorno de una cosa: *en derredor de la mesa.*

DERRENGADO, A adj. Se dice del animal que tiene borrado el saliente óseo de la cadera como consecuencia de una fractura del hueso ilíaco.

DERRENGAR v.tr. y prnl. (lat. vulgar *derenicare,* de *renes,* riñones) [2]. Lastimar la columna vertebral de una persona o los lomos de un animal a la altura de los riñones. SIN.: *deslomar, desriñonar.* **2.** Inclinar a un lado más que a otro. **3.** Cansar, fatigar.

DERRETIMIENTO s.m. Acción de derretir o derretirse.

DERRETIR v.tr. y prnl. (de *retir*) [89]. Disolver una cosa sólida o pastosa por la acción del calor. ◆ **derretirse** v.prnl. *Fig.* y *fam.* Mostrarse muy enamorado y tierno. **2.** *Fig.* y *fam.* Impacientarse, inquietarse.

DERRIBA s.f. Colomb., Méx., Nicar. y Pan. Acción y efecto de desmontar.

DERRIBAR v.tr. (de *riba*). Tirar, hacer caer al suelo un edificio u otra construcción. **2.** Tirar, hacer caer al suelo una cosa o a una persona que está de pie o en un lugar alto. **3.** *Fig.* Hacer perder a una persona su empleo, poder, estimación o dignidad.

DERRIBO s.m. Acción y efecto de derribar. **2.** Conjunto de materiales que se obtienen de la demolición de un edificio.

DERRICK s.m. (voz inglesa). Torre de armazón metálica que soporta la maquinaria de perforación de un pozo de petróleo. SIN.: *torre de sondeo.* **2.** Grúa usada en obras públicas.

DERRISCAR v.tr. y prnl. [1]. Cuba y P. Rico. Despeñar.

DERROCAMIENTO s.m. Acción de derrocar.

DERROCAR v.tr. [1]. Despeñar, precipitar. **2.** Derribar un edificio. **3.** *Fig.* Hacer caer a una persona de su empleo, poder o dignidad.

DERROCHADOR, RA adj. y s. Que derrocha o malbarata.

DERROCHAR v.tr. (del mozár. *rocha,* roca). Malgastar el dinero u otra cosa. **2.** Tener en gran abundancia una cualidad buena: *derrochar simpatía.*

DERROCHE s.m. Abundancia de una cualidad buena. **2.** Acción de derrochar.

1. DERROTA s.f. Acción de derrotar a alguien en una contienda bélica, una competición, etc. **2.** Efecto de ser derrotado en una contienda bélica, una competición, etc.

2. DERROTA s.f. (de *derromper,* romper o cortar). Camino o senda. **2.** MAR. **a.** Rumbo de un buque, en el sentido de dirección. **b.** Navegación o ruta que se hace para ir de un punto a otro.

1. DERROTAR v.tr. Vencer a alguien en una contienda bélica, una competición, etc.

2. DERROTAR v.intr. TAUROM. Tirar derrotes.

DERROTE s.m. TAUROM. Golpe que da el toro con las astas, levantando la cabeza.

DERROTERO s.m. *Fig.* Camino, dirección. **2.** *Fig.* Camino tomado para lograr el fin propuesto: *ir alguien por malos derroteros.* **3.** Línea, dirección o camino señalado en la carta de navegación para gobierno de los pilotos. **4.** Libro de navegación que contiene estas direcciones o caminos. **5.** Derrota, rumbo que sigue una embarcación.

DERROTISMO s.m. Cualidad de derrotista.

DERROTISTA adj. y s.m. y f. Se dice de la persona que muestra una actitud pesimista sobre el resultado de cualquier empresa. ◆ adj. Que presagia la derrota.

DERRUBIAR v.tr. y prnl. Formar derrubios.

DERRUBIO s.m. Depósito formado por fragmentos de rocas que se acumulan en las laderas y fondo de valles.

DERRUIR v.tr. (lat. *diruere*) [88]. Derribar un edificio.

DERRUMBADERO s.m. Despeñadero, precipicio. **2.** *Fig.* Riesgo o peligro al que se expone alguien al hacer algo.

DERRUMBAMIENTO s.m. Acción y efecto de derrumbar o derrumbarse. SIN.: *derrumbe.*

DERRUMBAR v.tr. y prnl. (del lat. *rupes,* precipicio, ribazo). Derribar o hundir un edi-

ficio, construcción, etc. **2.** Precipitar, despeñar. ◆ **derrumbarse** v.prnl. Perder una persona el ánimo o la fuerza moral.

DERVICHE s.m. (del persa *darvis,* pobre o fraile pobre). Miembro de una cofradía musulmana de monjes mendicantes que practican la mística.

DESABASTECER v.tr. y prnl. [37]. Dejar de abastecer.

DESABOLLADOR s.m. Instrumento utilizado por algunos artesanos para desabollar.

DESABOLLAR v.tr. Quitar las abolladuras.

DESABORDARSE v.prnl. MAR. Separarse una embarcación de otra después de haberla abordado.

DESABORIDO, A adj. Que no tiene poco o ningún sabor o sustancia. ◆ adj. y s. *Fam.* Se dice de la persona sosa, sin gracia o sin interés.

DESABOTONAR v.tr. y prnl. Abrir una prenda de vestir, sacando los botones de los ojales. ◆ v.intr. *Fig.* Abrirse los capullos de las flores.

DESABRIDO, A adj. (de *sabor*). Que tiene poco o ningún sabor o sustancia. **2.** Se dice del tiempo destemplado, desigual. **3.** Esp. *Fig.* Áspero y desagradable en el trato.

DESABRIGAR v.tr. y prnl. [2]. Quitar la ropa que abriga.

DESABRIGO s.m. Acción y efecto de desabrigar o desabrigarse. **2.** *Fig.* Desamparo, abandono.

DESABRIMIENTO s.m. Cualidad de desabrido. **2.** *Fig.* Disgusto o pena. **3.** *Fig.* Actitud desabrida o áspera.

DESABROCHAR v.tr. Soltar o abrir los broches, corchetes, botones, etc., de una prenda de vestir u otro objeto.

DESACATAR v.tr. y prnl. Faltar al respeto a una autoridad que está ejerciendo. **2.** No aceptar o desobedecer una ley u orden.

DESACATO s.m. DER. Delito que se comete al calumniar, injuriar, insultar o amenazar a una autoridad en el ejercicio de sus funciones.

DESACEITAR v.tr. Separar de una materia el aceite que contiene.

DESACERAR v.tr. y prnl. Eliminar la aceración de un producto, herramienta, etc., para conferirle las propiedades del hierro exento de carbono.

DESACERTAR v.tr. [10]. No acertar.

DESACIERTO s.m. Dicho o hecho que resulta equivocado, inoportuno o poco apropiado.

DESACOMODAR v.tr. Dejar sin comodidad a una persona o cosa. ◆ v.tr. y prnl. Quitar el empleo u ocupación a alguien.

DESACOMODO s.m. Acción y efecto de desacomodar.

DESACONSEJAR v.tr. Disuadir, aconsejar a alguien no hacer una cosa.

DESACOPLAR v.tr. Separar lo que estaba acoplado. **2.** ELECTR. Desconectar dos circuitos eléctricos.

DESACORDAR v.tr. y prnl. [17]. Destemplar un instrumento musical. ◆ v.tr. *Fig.* Poner desacuerdo, desunir.

DESACORDE adj. Que no concuerda con otra cosa.

DESACOSTUMBRADO, A adj. Extraño, fuera de lo común: *desacostumbrado interés.*

DESACOSTUMBRAR v.tr. y prnl. Perder o hacer perder a alguien una costumbre.

DESACREDITAR v.tr. y prnl. Hacer perder el buen crédito o la reputación a alguien o algo.

DESACTIVAR v.tr. Manipular la espoleta o sistema detonador de un artefacto explosivo para evitar su explosión. **2.** Anular o disminuir la actividad o funcionamiento de un proceso dinámico, de una organización, etc.

DESACUERDO s.m. Falta de acuerdo o conformidad.

DESAFECCIÓN s.f. Desafecto. **2.** DER. Decisión por la que la administración retira del dominio público un bien determinado, suprimiéndolo del uso o servicio público al que estaba destinado.

DESAFECTO, A adj. Que no siente o muestra afecto por alguien o algo. **2.** Que se muestra contrario a alguien o algo, especialmente a un régimen político: *los desafectos al régimen* *se encontraban en el exilio.* ◆ s.m. Falta de afecto o cariño.

DESAFERRAR v.tr. y prnl. Soltar algo que está aferrado. ◆ v.tr. *Fig.* Disuadir a alguien de una opinión que sostiene tenazmente.

DESAFIANTE adj. Que desafía.

DESAFIAR v.tr. [19]. Retar, provocar a combate, contienda o discusión. **2.** Enfrentarse con valor a una situación difícil o peligrosa. **3.** Hacer frente al enojo de una persona u oponerse a sus opiniones y mandatos. **4.** Contradecir aparentemente una ley o fenómeno: *desafiar las leyes de la naturaleza.* **5.** TAUROM. Pararse el toro ante el bulto y, sin arrancarse, escarbar la arena y humillar hasta dar con el hocico en el suelo.

DESAFICIONAR v.tr. y prnl. Hacer perder la afición.

DESAFINAR v.intr. y prnl. Apartarse la voz o un instrumento del tono adecuado. **2.** *Fig.* y *fam.* Decir cosas indiscretas o inoportunas. ◆ v.tr. Hacer que un instrumento pierda el tono adecuado.

DESAFÍO s.m. Acción y efecto de desafiar. **2.** MÚS. Composición popular brasileña, en la que dos cantores se hacen preguntas y se contestan sucesivamente.

DESAFORADO, A adj. Excesivamente grande o intenso. **2.** Que actúa sin tener en cuenta la ley o la justicia.

DESAFORAR v.tr. [17]. Actuar en contra del fuero. **2.** Quitar a alguien sus fueros o privilegios. ◆ **desaforarse** v.prnl. Descomponerse, perder la serenidad.

DESAFORO s.m. Acción y efecto de desaforar o desaforarse.

DESAFORTUNADO, A adj. y s. Que no tiene fortuna o buena suerte: *desafortunado en amores.* **2.** Que no es oportuno o acertado: *comentario desafortunado.*

DESAFUERO s.m. Abuso o atropello cometido contra la ley. **2.** DER. Acto que priva de fuero al que lo tenía. **3.** HIST. En la edad media, acto por el que el rey vulneraba los fueros y privilegios del vasallo en los reinos de Aragón, Castilla y Navarra.

DESAGRADAR v.intr. y prnl. Provocar desagrado.

DESAGRADECER v.tr. [37]. No agradecer un beneficio o favor recibido.

DESAGRADECIDO, A adj. y s. Que no agradece un beneficio o favor recibido. **2.** Que es propio de las personas desagradecidas.

DESAGRADO s.m. Disgusto, sensación negativa que produce algo que no agrada. **2.** Actitud que refleja disgusto: *escuchar con desagrado.*

DESAGRAVIAR v.tr. y prnl. Reparar el agravio hecho a alguien. **2.** Compensar el perjuicio causado.

DESAGRAVIO s.m. Acción de desagraviar.

DESAGREGAR v.tr. y prnl. [2]. Separar, apartar lo que está unido.

DESAGUADERO s.m. Desagüe.

DESAGUAR v.tr. [3]. Extraer, quitar el agua de un lugar. ◆ v.intr. Entrar, desembocar una corriente de agua en el mar. ◆ v.intr. y prnl. Vaciarse un depósito o recipiente de los desagüe. **2.** Orinar.

DESAGÜE s.m. Acción de desaguar. **2.** Conducto o canal por donde desagua un líquido. SIN.: *desaguadero.*

DESAGUISADO, A s.m. Agravio, delito, insulto. **2.** Destrozo, fechoría. ◆ adj. Hecho contra la ley o la razón.

DESAHOGADO, A adj. Se dice del lugar amplio o espacioso. **2.** Que disfruta de bienestar económico o lo tiene.

DESAHOGAR v.tr. y prnl. [2]. Expresar violentamente una pena o un estado pasional para aliviarse. **2.** Aliviar a alguien de un trabajo, aflicción, etc. ◆ **desahogarse** v.prnl. Hacer confidencias una persona a otra, expansionarse. **2.** Salir del ahogo de las deudas contraídas.

DESAHOGO s.m. Acción y efecto de desahogar o desahogarse. **2.** Cualidad de desahogado. **3.** Alivio de la pena, trabajo o aflicción. ◇ **Vivir con desahogo** *Fam.* Disfrutar de bienestar económico o tenerlo.

DESAHUCIAR v.tr. Considerar el médico al enfermo sin esperanza de salvación. **2.** DER. Despedir o expulsar al inquilino o arrendatario de una finca rústica o urbana. ◆ v.tr. y prnl. Quitar a alguien la esperanza de conseguir algo que desea.

DESAHUCIO s.m. Acción de desahuciar.

DESAIRADO, A adj. Se dice de la situación del que queda menospreciado o desatendido. **2.** Se dice de la persona que no queda airosa en lo que pretende o tiene a su cargo. **3.** Que carece de garbo.

DESAIRAR v.tr. Despreciar, desatender, desestimar.

DESAIRE s.m. Acción de desairar. **2.** Falta de garbo.

DESAJUSTAR v.tr. Hacer que una cosa deje de estar ajustada.

DESAJUSTE s.m. Falta de ajuste.

DESALACIÓN s.f. Acción y efecto de desalar. SIN.: *desalado.*

DESALAR v.tr. Quitar la sal a una cosa: *desalar el bacalao.*

DESALENTAR v.tr. y prnl. [10]. Desanimar, quitar el ánimo.

DESALFOMBRAR v.tr. Quitar las alfombras.

DESALIENTO s.m. Decaimiento del ánimo, falta de vigor o de esfuerzo.

DESALINEAR v.tr. y prnl. Hacer perder la posición de las cosas o las personas que están colocadas en línea recta o alineadas.

DESALINIZACIÓN s.f. Acción y efecto de desalinizar.

DESALINIZAR v.tr. [7]. Quitar o disminuir la salinidad del agua del mar para convertirla en potable o para ciertos usos industriales.

DESALIÑADO, A adj. Que carece de aliño.

DESALIÑAR v.tr. y prnl. Producir desaliño.

DESALIÑO s.m. Descuido en el aseo personal, falta de aseo. **2.** Negligencia, descuido.

DESALMADO, A adj. y s. Cruel, malvado.

DESALMENAR v.tr. Quitar o destruir las almenas de un castillo u otro edificio.

DESALMIDONAR s.m. Operación textil destinada a eliminar los productos amiláceos de los tejidos.

DESALMIDONAR v.tr. Proceder al desalmidonado.

DESALOJAR v.tr. Hacer salir a alguien o algo de un lugar. **2.** Abandonar un lugar dejándolo vacío. ◆ v.intr. Dejar voluntariamente el alojamiento.

DESALOJO s.m. Acción y efecto de desalojar. SIN.: *desalojamiento.*

DESALQUILAR v.tr. Dejar de tener alquilado un lugar o una cosa. ◆ **desalquilarse** v.prnl. Quedar sin inquilinos un local.

DESAMARRAR v.tr. y prnl. MAR. Soltar las amarras de una embarcación. **2.** Dejar una embarcación sobre una sola ancla o amarra.

DESAMBIENTADO, A adj. Que está fuera de su ambiente habitual y se encuentra inadaptado.

DESAMBIGUAR v.tr. [3]. Hacer desaparecer la ambigüedad o el carácter dudoso o incierto de una cosa.

DESAMOR s.m. Falta de amor o amistad.

DESAMORTIZACIÓN s.f. Acción legal encaminada a liberar y entregar a la contratación general las propiedades inmuebles acumuladas en poder de entidades incapacitadas para enajenar sus bienes.

DESAMORTIZAR v.tr. [7]. Proceder a una desamortización.

DESAMPARAR v.tr. Abandonar, dejar sin amparo. **2.** DER. Dejar una cosa renunciando a todo derecho sobre ella.

DESAMPARO s.m. Acción y efecto de desamparar.

DESAMUEBLAR v.tr. Dejar sin muebles una casa o parte de ella.

DESANCLAR v.tr. MAR. Levantar las anclas para zarpar.

DESANDAR v.tr. [8]. Recorrer en sentido contrario un camino recorrido previamente.

DESANGELADO, A adj. Falto de gracia, soso.

DESANGRAMIENTO s.m. Acción y efecto de desangrar o desangrarse.

DESANGRAR v.tr. y prnl. Hacer que una persona o un animal pierda mucha sangre o toda la sangre. **2.** *Fig.* Empobrecer a alguien, haciéndole gastar sus bienes.

DESANIDAR v.intr. Abandonar el nido las aves.

DESANIMADO, A adj. Se aplica a la persona que muestra desánimo. **2.** Que tiene poca animación.

DESANIMAR v.tr. y prnl. Quitar el ánimo o la animación.

DESÁNIMO s.m. Falta de ánimo, fuerza o energía.

DESANUDAR v.tr. Deshacer un nudo. **2.** *Fig.* Aclarar, desenmarañar.

DESAPACIBLE adj. Que es desagradable a los sentidos. **2.** Se dice del tiempo desagradable debido a las inclemencias. **3.** Se dice de la persona que carece de amabilidad y consideración y es propenso a la irritación.

DESAPAREJAR v.tr. Desaparejar.

DESAPARECER v.intr. [37]. Ocultarse, quitarse de la vista de alguien repentina o gradualmente. **2.** Dejar de ser o existir: *desaparecer en una guerra.*

DESAPARECIDO, A s. y adj. Persona que está en paradero desconocido o muerta sin que se sepa dónde está el cuerpo, víctima de una catástrofe, represión policial o política, secuestro, etc.

DESAPAREJAR v.tr. y prnl. Quitar el aparejo a una caballería. **2.** Desaparejar. ◆ v.tr. MAR. Desarbolar.

DESAPARICIÓN s.f. Acción y efecto de desaparecer.

DESAPARTAR v.tr. y prnl. Apartar.

DESAPASIONAR v.tr. y prnl. Hacer perder la pasión o interés.

DESAPEGARSE v.prnl. [2]. Desprenderse del apego o afecto a una persona o cosa.

DESAPEGO s.m. Acción y efecto de desapegarse.

DESAPERCIBIDO, A adj. Inadvertido: *pasar desapercibido.*

DESAPERCIBIMIENTO s.m. Desprevención.

DESAPLICADO, A adj. Falto de aplicación.

DESAPOLILLAR v.tr. Quitar la polilla. ◆ **desapolillarse** v.prnl. *Fig.* y *fam.* Salir de casa después de haber pasado mucho tiempo recluido en ella.

DESAPORCAR v.tr. [17]. Quitar la tierra arrimada al pie de las plantas.

DESAPOSENTAR v.tr. Privar del aposentamiento al que lo tenía. **2.** *Fig.* Apartar, echar de sí.

DESAPRENSIÓN s.f. Falta de justicia o de moral en determinados actos, generalmente por desprecio a los derechos de los demás.

DESAPRENSIVO, A adj. y s. Que tiene desaprensión.

DESAPRESTAR v.tr. Someter un tejido a la acción del vapor para quitarle apresto.

DESAPRETAR v.tr. y prnl. [10]. Aflojar lo que está apretado.

DESAPROBACIÓN s.f. Acción y efecto de desaprobar.

DESAPROBAR v.tr. Considerar que una acción o conducta no está bien, no es buena o no es conforme con algo.

DESAPROPIAR v.tr. Quitar a uno la propiedad de una cosa. ◆ **desapropiarse** v.prnl. Desprenderse, renunciar a algo que se posee.

DESAPROVECHAMIENTO s.m. Acción y efecto de desaprovechar.

DESAPROVECHAR v.tr. Desperdiciar, emplear mal una cosa: *desaprovechar el tiempo.*

DESAPUNTAR v.tr. Borrar lo apuntado. **2.** Dejar de apuntar con un arma o hacer perder la puntería a alguien.

DESARBOLAR v.tr. MAR. Quitar o derribar la arboladura de una nave.

DESARENAR v.tr. Quitar la arena.

DESARMADOR s.m. Méx. Destornillador.

DESARMAR v.tr. Separar las piezas de que se compone una cosa: *desarmar un aparato de radio.* **2.** *Fig.* Aplacar los ánimos de una persona. **3.** *Fig.* Dejar a una persona sin respuesta o reacción confundiéndola o sorprendiéndola: *su inesperada respuesta lo desarmó y no supo qué contestar.* **4.** En esgrima, quitar el arma del adversario con un movimiento rápido de la propia. **5.** Retirar de una embarcación la artillería y el aparejo. **6.** Quitar o hacer entregar a una persona, a un cuerpo o a una plaza, las armas que tiene: *desarmar al enemigo.* **7.** TAUROM. Arrebatar el toro a los trastos de la mano del torero, dejándolo indefenso. ◆ **v.intr.** TAUROM. Taparse el toro mediante derrotes. ◇ **Desarmar un país** MIL. Retirar las armas a los ciudadanos, disolver sus tropas y desmantelar sus plazas.

DESARME s.m. Acción de desarmar. **2.** Acción concertada entre naciones tendente a limitar, suprimir o prohibir la fabricación o empleo de determinadas armas.

ENCICL. Los esfuerzos para limitar los efectos de los conflictos bélicos estuvieron representados en el s. XIX por los congresos pacifistas internacionales y la creación de la Cruz roja. La Sociedad de naciones, creada por el tratado de Versalles (1919), llevó a cabo una acción en favor de la paz basada en el arbitraje, la seguridad y el desarme. La ONU prevé en su carta (1945) la limitación y control de armamento. Tras la crisis de Cuba (1961-1962), que puso en evidencia el peligro de un enfrentamiento nuclear, EUA y la URSS entablaron negociaciones directas que condujeron a diversos acuerdos parciales, a los que, a partir de 1969, se sumaron las negociaciones SALT sobre la limitación de armamentos estratégicos (tratados firmados en Moscú en 1972 y 1974) y, a partir de 1977, las conversaciones que condujeron a la firma de los acuerdos de Viena (1979). Entre 1979 y 1985 diversos acontecimientos marcaron una importante escalada de tensión entre la OTAN y el pacto de Varsovia: en 1980 la URSS rechazó la negociación con la OTAN; en 1982 fracasaron las recién inauguradas conversaciones START (EUA-URSS), sobre reducción de armas estratégicas; en 1983 la OTAN y el pacto de Varsovia iniciaron el despliegue de euromisiles, y en 1985 la OTAN y el congreso norteamericano aprobaron la iniciativa de defensa estratégica (plan de defensa espacial contra los misiles nucleares). Los acuerdos de Washington entre Reagan y Gorbachov (1987), por los que ambos se comprometían a eliminar los euromisiles de alcance intermedio, abrieron nuevas perspectivas en el terreno del desarme. En 1990 se firmó en París un acuerdo de no enfrentamiento y colaboración entre la OTAN y el pacto de Varsovia, y la *Carta de París* de la Conferencia sobre seguridad y cooperación en Europa (CSCE), en la que se convino la reducción de fuerzas convencionales en Europa. En 1991 se disolvió el pacto de Varsovia, se firmó el tratado START de reducción de armas nucleares estratégicas y la OTAN propuso reducir su arsenal en un 80 %. La guerra del Golfo (1990-1991) puso de manifiesto la necesidad de controlar el suministro de armas a terceros países y la escasa efectividad de los convenios sobre armas químicas y biológicas. Bush y Yeltsin acordaron la reducción escalonada de dos tercios de los misiles nucleares de largo alcance (1992) y la reducción a la tercera parte de sus arsenales atómicos (1993). También en 1993, 120 países firmaron el tratado de armas químicas (TAQ), que prohíbe la investigación, producción, almacenaje y empleo de este tipo de armas. En 1996 Rusia, Francia, China, Gran Bretaña y EUA firmaron el tratado para la prohibición de pruebas nucleares y comenzaron las primeras negociaciones para la prohibición de minas antipersona.

DESARRAIGADO, A adj. y s. Que ha perdido los vínculos afectivos con su país, familia, etc.

DESARRAIGAR v.tr. y prnl. [2]. Arrancar de raíz un árbol o una planta. **2.** Separar a alguien del lugar en que tiene su hogar y sus vínculos sociales y afectivos. **3.** *Fig.* Eliminar una pasión, una costumbre o un vicio: *desarraigar un amor; desarraigar la droga.*

DESARRAIGO s.m. Acción y efecto de desarraigar.

DESARRAPADO, A adj. → DESHARRAPADO.

DESARREGLAR v.tr. y prnl. Deshacer el orden, arreglo o disposición que tenía una cosa.

DESARREGLO s.m. Acción y efecto de desarreglar.

DESARRENDAR v.tr. [10]. Dejar o hacer dejar una finca que se tenía arrendada.

DESARROLLABLE adj. Que puede ser desarrollado. ◆ adj. y s.f. MAT. Se dice de la superficie que puede desarrollarse sobre un plano sin desgarraduras. (Un cono es desarrollable, pero una esfera no.)

DESARROLLADO, A adj. Que ha logrado un buen desarrollo. **2.** Se dice de los países que han alcanzado un sistema productivo moderno y eficiente y un alto grado de crecimiento económico. ◆ s.m. TECNOL. Transformación de un tronco o rollizo de madera en una lámina fina y continua.

DESARROLLADORA s.f. Máquina que efectúa el desarrollado de la madera.

DESARROLLAR v.tr. y prnl. Desenrollar lo que está arrollado. ◆ *Fig.* Hacer pasar una cosa del orden físico, intelectual o moral por una serie de estados sucesivos, cada uno de ellos más perfecto o más complejo que el anterior: *desarrollar la capacidad intelectual.* ◆ **v.tr.** *Fig.* Llevar a cabo una idea, un proyecto, etc., que necesita cierto tiempo. **2.** *Fig.* Explicar con detalle y amplitud un tema. ◆ **desarrollarse** v.prnl. *Fig.* Suceder una cosa de un modo determinado: *los acontecimientos se desarrollaron de manera imprevista.* ◇ **Desarrollar un cálculo** Efectuar las operaciones sucesivas que constituyen este cálculo. **Desarrollar una función en serie** Formar la serie entera que, en un cierto intervalo, tenga por suma la función considerada. **Desarrollar una superficie sobre otra** En el caso de superficies aplicables, establecer la ley de correspondencia entre sus elementos.

DESARROLLISMO s.m. Concepción economicista del desarrollo que tiende a primar los aspectos cuantitativos despreciando los cualitativos, especialmente los costos sociales.

DESARROLLO s.m. Acción y efecto de desarrollar o desarrollarse. **2.** Distancia que recorre una bicicleta cuando sus pedales dan una vuelta completa. **3.** ECON. Mejora cualitativa y durable de una economía y de su funcionamiento. **4.** MAT. Aplicación, sobre un plano, de una superficie desarrollable o de un poliedro. **5.** MÚS. Parte central de una sonata o de una fuga, que sigue a la exposición, y en la que el o los temas se transforman. ◇ **Desarrollo humano sostenible** ECON. Proceso de desarrollo en el que el tamaño y crecimiento de la población y los modos de vida están acordes con las posibilidades de producción del ecosistema. (El desarrollo humano se mide por el *índice de desarrollo humano* [*IDH*].) **Desarrollo sostenible** o **sustentable** ECON. Proceso de crecimiento económico en el que la tecnología, la explotación de los recursos y la organización social y política satisfacen las necesidades del presente sin comprometer la capacidad de satisfacer las de las generaciones futuras. **País en vías de desarrollo** Expresión que se aplica a los países subdesarrollados.

DESARROPAR v.tr. y prnl. Desabrigar.

DESARRUGAR v.tr. y prnl. [2]. Hacer desaparecer las arrugas.

DESARRUMAR v.tr. MAR. Deshacer la estiba de las mercancías. SIN.: *desatorar.*

DESARTICULACIÓN s.f. Acción y efecto de desarticular. **2.** MED. a. Luxación. b. Amputación por la línea de articulación.

DESARTICULAR v.tr. y prnl. Hacer salir un miembro de su articulación. ◆ v.tr. Separar las piezas de una máquina o artefacto. **2.** *Fig.* Quebrantar un plan, una organización.

DESARTILLAR v.tr. Quitar la artillería a un buque, fortaleza, etc.

DESARZONAR v.tr. Derribar el caballo de la silla al jinete.

DESASADO, A adj. Que tiene rotas las asas: *taza desasada.*

DESASEAR v.tr. Quitar el aseo o limpieza, ensuciar: *desasear la casa.*

DESASIMIENTO s.m. Acción de desasir o desasirse. **2.** Desprendimiento o despego por la posesión de cosas.

DESASIMILACIÓN s.f. Conjunto de reacciones químicas, exotérmicas, que, en los seres vivos, transforman las sustancias orgánicas

complejas en productos más simples, que finalmente son excretados.

DESASIR v.tr. y prnl. [45]. Soltar algo que está asido o sujeto. ◆ **desasirse** v.prnl. *Fig.* Desprenderse de una cosa o renunciar a ella. **2.** *Fig.* Dejar de estar asido o sujeto a algo.

DESASISTIR v.tr. Desatender, desamparar.

DESASNAR v.tr. *Fam.* Quitar la rudeza a una persona por medio de la enseñanza.

DESASOCIAR v.tr. y prnl. Disolver una asociación.

DESASOSEGAR v.tr. y prnl. [10]. Quitar el sosiego o tranquilidad: *las alarmantes noticias la desasosegaron.*

DESASOSIEGO s.m. Falta de sosiego.

DESASTILLAR v.tr. *Amér.* Sacar astillas de la madera.

DESASTRADO, A adj. y s. Se dice de la persona que tiene un aspecto descuidado, desaseado. ◆ adj. Desgraciado, infeliz.

DESASTRE s.m. Suceso que causa mucho daño o destrucción. **2.** *Fig.* y *fam.* Cosa mal hecha, de mala calidad o que produce mala impresión. **3.** *Fig.* y *fam.* Persona falta de suerte o habilidad, o que tiene mal aspecto. ◇ **Desastre natural** Suceso de origen natural (inundaciones, incendios, erupciones, sismos) que provoca un grave perjuicio para la vida humana, el medio natural, etc.

DESASTROSO, A adj. Que implica desastre.

DESATADO, A adj. Que no tiene freno o moderación en sus actos.

DESATAR v.tr. y prnl. Soltar lo que está atado: *desatar las cuerdas de un paquete.* ◆ **desatarse** v.prnl. *Fig.* Perder la contención y la mesura en la forma de hablar o de comportarse. **2.** *Fig.* Desencadenarse, estallar con violencia: *desatarse un temporal.*

DESATASCADOR, RA adj. y s.m. Que desatasca.

DESATASCAR v.tr. y prnl. [1]. Sacar del atascadero. **2.** Limpiar, dejar libre un conducto que está obstruido: *desatascar una tubería.*

DESATAVIAR v.tr. [19]. Quitar los atavíos.

DESATELIZAR v.tr. [7]. Hacer que un ingenio espacial en órbita alrededor de la tierra o de otro astro abandone su órbita.

DESATENCIÓN s.f. Acción de desatender. **2.** Falta de atención, respeto o cortesía.

DESATENDER v.tr. [29]. No atender debidamente a alguien o algo que requiere atención o cuidado: *desatender el trabajo.* **2.** No atender o hacer caso: *desatender un consejo.*

DESATENTADO, A adj. Sin orden, moderación o cordura.

DESATENTO, A adj. Distraído, que no pone la atención debida. ◆ adj. y s. Descortés.

DESATERRAR v.tr. [10]. *Amér.* Quitar los escombros.

DESATIERRE s.m. *Amér.* Escombrera.

DESATINAR v.intr. Decir o hacer desatinos. **2.** Perder el tino o el juicio. ◆ v.tr. Turbar el sentido, hacer perder el tino.

DESATINO s.m. Falta de tino, acierto o cordura. **2.** Dicho o hecho desacertado.

DESATORAR v.tr. Desatascar. **2.** Desarrumar, deshacer la estiba de las mercancías. **3.** Quitar los escombros de una excavación.

DESATORNILLAR o **DESTORNILLAR** v.tr. Sacar un tornillo dándole vueltas.

DESATRACAR v.tr. y prnl. [1]. Apartar una embarcación de otra o del atracadero, levando el ancla o soltando lo que la ata. ◆ v.intr. Apartarse la embarcación de otra o del lugar donde está atracada.

DESATRANCAR v.tr. [1]. Quitar la tranca que asegura el cierre de una puerta o ventana. **2.** Desatascar, desembozar.

DESATUFARSE v.prnl. Desintoxicarse del tufo. **2.** Desenojarse.

DESATURDIR v.tr. y prnl. Quitar el aturdimiento.

DESAUTORIZACIÓN s.f. Acción y efecto de desautorizar.

DESAUTORIZAR v.tr. y prnl. [7]. Quitar autoridad, poder, crédito o estimación: *desautorizar un acto.*

DESAVENENCIA s.f. Falta de avenencia entre dos personas o cosas.

DESAVENIR v.tr. y prnl. [78]. Producir desavenencia.

DESAVENTAJADO, A adj. Que es peor que otra cosa con que se compara.

DESAVÍO s.m. Desorden, desaliño, incomodidad.

DESAYUNADOR s.m. Méx. Habitación pequeña contigua a la cocina que se utiliza como comedor informal.

DESAYUNAR v.tr., intr. y prnl. Tomar algo de desayuno. ◆ **desayunarse** v.prnl. Fig. Tener la primera noticia de un suceso cuando ya es sabido por los demás.

DESAYUNO s.m. Primer alimento que se toma por la mañana. **2.** Acción de desayunar.

DESAZOLVAR v.tr. Méx. Eliminar los residuos acumulados que taponan un conducto.

DESAZÓN s.f. Desabrimiento, insipidez. **2.** Picazón, molestia causada por una cosa que pica. **3.** Fig. Sensación de inquietud o desasosiego.

DESAZONAR v.tr. Quitar la sazón o el sabor a la comida. ◆ v.tr. y prnl. **2.** Fig. Producir disgusto o desasosiego.

DESBABAR v.tr. Méx., Perú, P. Rico y Venez. Quitar la baba al café y al cacao.

DESBALAGAR v.tr. [2]. Méx. Dispersar, esparcir.

DESBANCAR v.tr. [1]. Quitar a alguien de una posición o consideración privilegiada y ocuparla uno mismo: *desbancar al campeón.* **2.** Ganar un jugador todo el dinero que el banquero aporta. ◆ v.intr. Arrastrar la corriente de un río fragmentos de hielo rotos y medio fundidos por el deshielo.

DESBANDADA s.f. Acción de desbandarse. ✧ **En, o a la, desbandada** Desordenadamente: *huir en desbandada.*

DESBANDARSE v.prnl. Separarse desordenadamente: *desbandarse una manada.*

DESBARAJUSTAR v.tr. Producir desbarajuste.

DESBARAJUSTE s.m. Desorden o gran confusión.

DESBARATAMIENTO s.m. Acción de desbaratar o desbaratarse.

DESBARATAR v.tr. Deshacer o estropear algo: *desbaratar el peinado.* **2.** Derrochar, malgastar el dinero o los bienes: *desbaratar la fortuna.* **3.** Frustrar, impedir que se realicen ideas, intrigas, planes, etc. ◆ **desbaratarse** v.prnl. Fig. Descomponerse, perder la serenidad o circunspección habitual.

DESBARBADO, A adj. Que carece de barba. ◆ s.m. Operación que consiste en quitar el excedente de metal o rebaba de una pieza matrizada o estampada. **2.** Acción de desbarbar las piezas de hierro o de metal.

DESBARBADORA s.f. Máquina para desbarbar piezas de metal colado.

DESBARBAR v.tr. Quitar las rebabas de una pieza moldeada o trabajada. **2.** AGRIC. Cortar la raíz de una planta. **3.** ENCUAD. Cortar los bordes irregulares que sobresalen de las hojas de un libro.

DESBARRAR v.intr. Esp. Discurrir, hablar u obrar sin lógica ni razón.

DESBASTADO s.m. Acción de dar una primera forma a una pieza.

DESBASTADOR s.m. Herramienta para desbastar.

DESBASTADORA s.f. Primera carda con que comienza la operación de cardado de la lana.

DESBASTAR v.tr. Quitar las partes más bastas de una pieza que se va a trabajar: *desbastar un bloque de mármol.* ◆ v.tr. y prnl. Fig. Educar a una persona para que pierda su rudeza o tosquedad.

DESBASTE s.m. Acción y efecto de desbastar. **2.** Estado de un material destinado a labrarse, despojado de las partes más bastas.

DESBLOQUEAR v.tr. Eliminar o quitar el bloqueo. **2.** Permitir la variación de salarios o precios. **3.** Levantar una autoridad la prohibición de transportar o vender alimentos, de disponer libremente de créditos o de cuentas bancarias, etc.

DESBLOQUEO s.m. Acción y efecto de desbloquear.

DESBOCADO, A adj. Se aplica a la pieza de artillería que tiene la boca más ancha que el resto del ánima. **2.** Se dice de la caballería que galopa precipitada y alocadamente sin obedecer la acción del freno. ◆ adj. y s. Fig. y fam. Que no tiene freno o moderación en sus actos.

DESBOCAR v.tr. [1]. Quitar, romper o estropear la boca a una cosa: *desbocar una botella.* ◆ v.intr. Desembocar una corriente de agua. ◆ **desbocarse** v.prnl. Abrirse más de lo normal una abertura: *desbocarse las mangas de un suéter.* **2.** Fig. Descomponerse, perder la calma. **3.** EQUIT. Lanzarse a galopar alocadamente una caballería dejando de obedecer la acción del freno y las riendas.

DESBORDAMIENTO s.m. Acción y efecto de desbordar. **2.** INFORMÁT. Situación que se produce en los registros de una computadora en el curso de una operación aritmética.

DESBORDAR v.intr. y prnl. Salir algo, especialmente un líquido, de los bordes o límites de un cauce o recipiente: *desbordarse un río, una piscina.* **2.** Rebasar, sobrepasar. **3.** Ser algo excesivo, debido generalmente a su exaltación.

DESBOTONAR v.tr. Cuba. Quitar los botones y la guía a las plantas, para impedir su crecimiento y hacer que sus hojas aumenten de tamaño.

DESBRAGUETADO, A adj. Fam. Que lleva desabrochada la bragueta.

DESBRAVAR v.tr. Amansar el ganado cerril: *desbravar un caballo salvaje.* **2.** Hacer que desaparezcan los gases disueltos en una bebida. ◆ v.intr. y prnl. Deshogarse el ímpetu de la cólera. **2.** Perder los licores su fuerza: *el coñac se ha desbravado.*

DESBRIDAR v.tr. CIR. Cortar las bridas o adherencias que taponan una cavidad infectada o que inmovilizan un órgano.

DESBRIZNAR v.tr. Reducir una cosa a briznas o desmenuzarla.

DESBROZADORA s.f. Máquina que sirve para desbrozar un lugar.

DESBROZAR v.tr. [7]. Quitar la broza de un lugar, un camino, etc.

DESBROZO s.m. Acción de desbrozar. SIN.: *desbroce.* **2.** Cantidad de broza que produce la monda de los árboles y la limpieza de las tierras o de las acequias.

DESBULLADOR s.m. Tenedor para desbullar las ostras.

DESBULLAR v.tr. (del port. *esbulhar,* pelar). Separar la concha de las ostras.

DESCABALAR v.tr. y prnl. Quitar, romper o perder alguna de las partes que componen un conjunto, dejándolo incompleto.

DESCABALGAR v.intr. [2]. Desmontar, bajar de una cabalgadura. ◆ v.tr. y prnl. Desmontar un cañón.

DESCABELLADO, A adj. Que es contrario a la razón o a la prudencia: *ideas descabelladas.*

DESCABELLAR v.tr. y prnl. Despeinar, desgreñar. ◆ v.tr. TAUROM. Matar al toro, hiriéndolo entre las últimas vértebras cervicales con el verduguillo.

DESCABELLO s.m. TAUROM. Acción y efecto de descabellar.

DESCABEZADO, A adj. y s. Que no razona con serenidad: *persona descabezada.* **2.** Que tiene poca memoria o carece de ella. SIN · *desmemoriado.*

DESCABEZAR v.tr. [7]. Cortar o arrancar la cabeza: *descabezar un clavo.* **2.** Fig. Cortar la parte superior de algo: *descabezar las vides.* **3.** Argent. y Colomb. Destituir. **4.** Bol. y P. Rico. Disminuir la graduación de un licor añadiéndole agua. ◆ **descabezarse** v.prnl. Fig. y fam. Esforzarse en averiguar algo, sin lograrlo. SIN.: *descalabazarse.* ✧ **Descabezar el, o un, sueño** Adormilarse un poco.

DESCACHALANDRADO, A adj. Amér. Desaliñado, andrajoso.

DESCACHALANDRARSE v.prnl. Amér. Descuidarse en el vestido y aseo personal.

DESCACHAR v.tr. Chile, Colomb., Méx. y Venez. Descornar. **2.** Méx. Recortar las puntas de las cachas del ganado.

DESCACHARRAR v.tr. y prnl. Romper, destrozar: *descacharrar un juguete.*

DESCACHAZAR v.tr. [7]. Amér. Quitar la cachaza al guarapo.

DESCAFEINADO s.m. y adj. Café al que se ha extraído la mayor parte de cafeína.

DESCALABRADURA s.f. Herida producida por un golpe recibido en la cabeza. **2.** Cicatriz que queda de esa herida.

DESCALABRAR v.tr. y prnl. Herir de un golpe a una persona, especialmente en la cabeza. ◆ v.tr. Fig. Causar un descalabro.

DESCALABRO s.m. Suceso en que se experimenta un gran daño o perjuicio: *descalabro electoral.*

DESCALCIFICACIÓN o **DECALCIFICACIÓN** s.f. Disminución de la cantidad de calcio contenido en el organismo.

DESCALCIFICAR o **DECALCIFICAR** v.tr. y prnl. [1]. Hacer perder a un cuerpo o a un organismo el calcio que contiene.

DESCALIFICACIÓN s.f. Acción y efecto de descalificar.

DESCALIFICAR v.tr. [1]. Desacreditar o desprestigiar a alguien: *descalificar al director.* **2.** En algunas competiciones, poner fuera de concurso por infracción del reglamento.

DESCALZAR v.tr. y prnl. [7]. Quitar el calzado. ◆ v.tr. Quitar el calzo o cuña que inmoviliza un objeto. **2.** Socavar la tierra alrededor del pie o la base: *descalzar un árbol.*

DESCALZO, A adj. Con los pies desnudos: *andar descalzo.* ◆ adj. y s. Se dice de las comunidades reformadas de diversas órdenes religiosas.

DESCAMACIÓN s.f. Desprendimiento, caída de las escamas. **2.** Proceso de desprendimiento de las capas más superficiales de la epidermis. **3.** Disgregación de una roca coherente en forma de escamas más o menos concéntricas.

DESCAMAR v.tr. Escamar. ◆ **descamarse** v.prnl. Desprenderse la piel en forma de pequeñas escamas.

DESCAMBIAR v.tr. Cambiar o deshacer un cambio o una compra. **2.** Amér. Convertir billetes o monedas grandes en dinero menudo equivalente, o viceversa.

DESCAMINAR v.tr. y prnl. Desencaminar.

DESCAMISADO, A adj. Fam. Que no lleva camisa o lleva los faldones de ésta por fuera del pantalón. ◆ adj. y s. Fig. y desp. Miserable, muy pobre. ◆ **descamisados** s.m.pl. Nombre dado a los miembros de las clases humildes, especialmente en Argentina a los obreros partidarios de Perón.

DESCAMPADO, A adj. y s.m. Se aplica al terreno despejado y limpio de maleza.

DESCANSAR v.intr. Cesar en el trabajo o una actividad, reposar para reponer fuerzas. **2.** Fig. Tener alivio después de superar un daño o una preocupación: *no descansaré hasta que acabe de pagar la casa.* **3.** Poner un trabajo o una preocupación al cuidado de cierta persona de confianza: *la dirección de la empresa descansa en su hijo.* **4.** Reposar, dormir: *esta noche he descansado bien.* **5.** Estar sin cultivo uno o más años la tierra de labor. **6.** Estar enterrado, reposar en el sepulcro. ◆ v.tr. e intr. Asentar o apoyar una cosa sobre otra: *la viga descansa sobre dos columnas.* ◆ v.tr. Aliviar o ayudar a alguien en el trabajo. ✧ **¡Descansen!** Voz de mando preventiva para descansar el arma.

DESCANSILLO s.m. CONSTR. Plataforma mayor que el escalón, en que acaban los tramos consecutivos de una escalera. SIN.: *descanso.*

DESCANSO s.m. Cesación o pausa en el trabajo o actividad. **2.** Cosa que proporciona alivio físico o moral. **3.** Asiento sobre el que se apoya o asegura una cosa. **4.** Intermedio en un espectáculo o representación. **5.** Calzado de abrigo para la nieve. **6.** Posición militar contraria a la de firmes. **7.** CONSTR. Descansillo. ✧ **Descanso semanal** Interrupción del trabajo por un tiempo mínimo semanal de veinticuatro horas, que el empresario ha de conceder a sus asalariados.

DESCANTILLAR o **DESCANTONAR** v.tr. y prnl. Romper o quebrar las aristas o cantos de una cosa. ◆ v.tr. Fig. Desfalcar o rebajar algo de una cantidad.

DESCAPIROTAR v.tr. y prnl. Quitar el capirote a un ave de presa dispuesta para volar.

DESCAPITALIZACIÓN s.f. Acción y efecto de descapitalizar o descapitalizarse.

329

DESCAPITALIZAR v.tr. y prnl. [7]. Hacer perder las riquezas históricas o culturales acumuladas por un país o grupo social. **2.** Disminuir el valor de un capital.

DESCAPOTABLE adj. y s.m. Se dice de los automóviles cuya capota puede replegarse, dejándolos descubiertos.

DESCAPOTAR v.tr. Bajar o plegar la capota de un automóvil.

DESCAPSULACIÓN s.f. Ablación de la cápsula de una víscera.

DESCARADO, A adj. y s. Que habla u obra con desvergüenza, descortés y atrevidamente, o sin pudor.

DESCARAPELADO, A adj. Méx. Descascarado.

DESCARAPELAR v.tr. y prnl. Méx. Descascarar, resquebrajar.

DESCARARSE v.prnl. Hablar u obrar con descaro.

DESCARBONATAR v.tr. Quitar el anhídrido carbónico de una sustancia.

DESCARBURACIÓN s.f. Eliminación de todo el carbono, o parte de él, de un producto metalúrgico.

DESCARBURAR v.tr. Efectuar una descarburación.

DESCARGA s.f. Acción de descargar. **2.** Proyectil disparado. **3.** Aflujo rápido de las aguas estancadas. **4.** ARQ. Sistema de construcción que consiste en trasladar la carga de fábrica sobre unos puntos de apoyo sólidos. ◇ **Corriente de descarga** Corriente marina que provoca el vaciado de una bahía o un golfo de abertura reducida. **Descarga eléctrica** Fenómeno que se produce cuando un cuerpo electrizado pierde su carga.

DESCARGADERO s.m. Lugar destinado para descargar.

DESCARGADOR, RA adj. y s. Que descarga. ◆ s.m. Persona que tiene por oficio descargar mercancías. **2.** Aparato compuesto de dos piezas metálicas entre las que salta una chispa eléctrica, en las estaciones radiotelegráficas de emisión de ondas amortiguadas. **3.** Dispositivo mecánico que permite descargar mediante movimientos de báscula un tonel, un contenedor, una vagoneta, etc.

DESCARGAR v.tr. [2]. Quitar o aliviar la carga de un lugar: *descargar los paquetes*. **2.** Producir lluvia, granizo u otro fenómeno atmosférico una nube, tormenta, etc. **3.** Dar un golpe, un disparo, etc.: *descargar una patada*. **4.** Transferir información a la memoria de una computadora desde otra, especialmente a través de Internet u otra red informática. SIN.: *bajar*. ◆ v.tr. y prnl. Disparar con arma de fuego, o extraer de ella la carga: *descargar una pistola*. **2.** Anular una carga eléctrica. **3.** *Fig.* Liberar de una preocupación u obligación a alguien. **4.** *Fig.* Desahogar el enojo, el mal humor o la irritación sobre alguien o algo. ◆ v.intr. Desembocar una corriente de agua en otra, en el mar o en un lago. ◆ **descargarse** v.prnl. Eximirse de sus obligaciones encargando a otro lo que debía ejecutar por sí. **2.** Dar satisfacción a los cargos que se hacen a las personas procesadas o sometidas a expediente.

DESCARGO s.m. Acción de descargar. **2.** DER. **a.** Satisfacción, respuesta o excusa de la acusación o cargo que se hace a una persona. **b.** Acto por el cual se exime a alguien de un cargo. ◇ **En descargo** Como excusa o disculpa.

DESCARGUE s.m. Descarga de un peso o transporte.

DESCARNACIÓN s.f. Acción de descarnar las pieles y cueros.

DESCARNADO, A adj. Se dice de los asuntos, descripciones o relatos crudos o realistas.

DESCARNADOR, RA adj. Que descarna. ◆ s.m. Instrumento de acero que usan los dentistas para despegar de la encía una muela o un diente. **2.** Cuchilla ancha, con dos empuñaduras y filo embotado, que se usa para descarnar las pieles.

DESCARNADURA s.f. Acción y efecto de descarnar.

DESCARNAR v.tr. y prnl. Quitar la carne al hueso o a la piel. **2.** *Fig.* Quitar o arrancar la capa superficial de algo: *descarnar una pared*. **3.** *Fig.* Dejar escuálido y enflaquecido.

DESCARO s.m. Desvergüenza, insolencia.

DESCAROZAR v.tr. [7]. Amér. Quitar el hueso o carozo a las frutas.

DESCARRIAR v.tr. (de *carro*) [19]. Apartar a alguien o algo del camino que debe seguir. ◆ **descarriarse** v.prnl. Apartarse una res del rebaño. **2.** Separarse o perderse alguien de los demás con quienes iba en compañía. **3.** *Fig.* Apartarse alguien de la conducta considerada razonable y adecuada.

DESCARRILADOR s.m. Dispositivo que permite provocar el descarrilamiento de los vagones, para proteger las instalaciones situadas en un nivel inferior.

DESCARRILAMIENTO s.m. Acción y efecto de descarrilar.

DESCARRILAR v.intr. Salir fuera del carril: *descarrilar un tren*.

DESCARRÍO s.m. Acción y efecto de descarriar o descarriarse. SIN.: *descarriamiento*.

DESCARTAR v.tr. Apartar, rechazar: *descartar una posibilidad*. ◆ **descartarse** v.prnl. En algunos juegos de naipes, dejar las cartas que se consideran inútiles.

DESCARTE s.m. Acción y efecto de descartar o descartarse. **2.** Cartas desechadas.

DESCARTELIZACIÓN s.f. Disolución legal de un cártel de productores.

DESCASAR v.tr. y prnl. Alterar o descomponer la disposición de dos cosas que casaban bien. **2.** Separar a los que, no estando legítimamente casados, viven como tales. ◆ v.tr. Deshacer un matrimonio. **2.** IMPR. Alterar la disposición de las planas que componen una forma para ordenarlas de otro modo.

DESCASCARAR v.tr. Quitar la cáscara, en especial a un fruto. ◆ **descascararse** v.prnl. *Fig.* Desprenderse y caer la cáscara de algunas cosas.

DESCASCARILLAR v.tr. y prnl. Quitar la envoltura de los frutos y semillas. **2.** Hacer saltar en pequeños trozos o cascarillas la capa que cubre la superficie de algo, como una pared o un objeto esmaltado.

DESCASTADO, A adj. y s. Esp. Que muestra distanciamiento con sus familiares o amigos.

DESCASTAR v.tr. Exterminar una especie animal, en especial si es dañina.

DESCATALOGADO, A adj. Que ya no figura en catálogo.

DESCATOLIZAR v.tr. y prnl. [7]. Apartar de la religión católica.

DESCEBAR v.tr. Quitar el cebo a una munición o el detonador de un cartucho cebado.

DESCENDENCIA s.f. Conjunto de descendientes. **2.** Casta, estirpe.

DESCENDENTE adj. Que desciende: *marea descendente*. ◆ **Línea descendente** Sucesión de individuos procedentes de un mismo antepasado.

DESCENDER v.intr. (lat. *descendere*) [29]. Bajar, pasar de un lugar alto a otro bajo: *descender por las escaleras; el arroyo desciende entre cascadas*. **2.** *Fig.* Pasar de una dignidad o estado a otro inferior: *descender de categoría; la temperatura ha descendido*. **3.** Proceder, por generaciones sucesivas, de una persona o linaje: *desciende de familia noble*. **4.** Derivarse, proceder una cosa de otra: *tal consecuencia desciende de tal principio*. **5.** Pasar de lo general a lo particular: *descender a los detalles*. **6.** Bajar, disminuir el nivel de las aguas. **7.** Dirigirse una embarcación hacia la desembocadura del río en que navega. ◆ v.tr. e intr. Hacerse más pequeño el valor o la cuantía de una cosa. ◆ v.tr. Bajar, poner en un lugar más bajo: *descender las maletas del altillo*.

DESCENDIENTE s.m. y f. Persona o animal que desciende de otro.

DESCENDIMIENTO s.m. Acción de descender o bajar a alguien o algo de un lugar. **2.** Representación del cuerpo de Cristo muerto, desclavado de la cruz, pero todavía no depositado en el suelo.

DESCENSO s.m. Acción de descender. **2.** Pérdida regular de altitud de un avión. **3.** DEP. Prueba de esquí realizada en pistas de fuerte pendiente, sin puertas que sortear y en la que solo cuenta la rapidez del corredor. ◇ **Descenso non stop** DEP. En esquí, descenso que se efectúa la víspera de la competición, para reconocer la pista.

DESCENTRADO, A adj. Se dice del instrumento o de la pieza de una máquina cuyo centro está fuera de la posición debida. Se dice de la persona que no tiene la atención puesta en lo que hace. **3.** Que no está en el lugar que le corresponde.

DESCENTRALIZACIÓN s.f. Acción y efecto de descentralizar.

DESCENTRALIZAR v.tr. [7]. Hacer menos dependientes del poder o la administración central ciertas funciones, servicios, atribuciones, etc.

DESCENTRAMIENTO s.m. Acción de descentrar. **2.** ÓPT. **a.** Defecto de alineación de los centros de las lentes. **b.** Acción de descentrar el objetivo de una cámara fotográfica.

DESCENTRAR v.tr. y prnl. Sacar una cosa de su centro o bajar de estar centrada. **2.** ÓPT. Efectuar un descentramiento.

DESCEÑIR v.tr. y prnl. [81]. Soltar lo que ciñe o está ceñido.

DESCEPAR v.tr. Arrancar de raíz los árboles o plantas que tienen cepa. ◆ **desceparse** v.prnl. TAUROM. Desprenderse el cuerno de la cabeza del toro por la cepa.

DESCERCAR v.tr. [1]. Derribar una muralla o un cercado. **2.** Levantar o forzar a levantar el sitio puesto a una plaza o fortaleza.

DESCERCO s.m. Acción de descercar.

DESCEREBRADO, A adj. y s. *Fam.* Que actúa sin pensar, alocado. **2.** MED. Que no tiene cerebro o que carece de actividad funcional en él por lesión medular.

DESCEREZAR v.tr. [7]. Quitar la carne de la baya o cereza que recubre la semilla del café.

DESCERRAJAR v.tr. Arrancar o forzar la cerradura de una puerta, cofre, etc. **2.** *Fig.* y *fam.* Disparar tiros con arma de fuego.

DESCERRUMARSE v.prnl. Herirse una caballería la articulación del menudillo con la cerruma.

DESCHAPAR v.tr. Bol., Ecuad. y Perú. Descerrajar una cerradura.

DESCHARCHAR v.tr. Amér. Central. Dejar a alguien sin su empleo.

DESCHAVETARSE v.prnl. Amér. Perder el juicio, atolondrarse.

DESCIFRAR v.tr. Descubrir el significado de un mensaje cifrado escrito en caracteres o lengua desconocidos: *descifrar una inscripción*. **2.** *Fig.* Llegar a comprender algo intrincado y difícil de entender.

DESCIMBRAR v.tr. ARQ. Quitar las cimbras de una obra.

DESCINCHAR v.tr. Quitar o soltar las cinchas.

DESCLASADO, A adj. y s. Que ha dejado de pertenecer a una determinada clase social o ha perdido la conciencia de pertenecer a ella.

DESCLAVADOR s.m. Cincel de boca ancha, recta y poco afilada, usado para sacar clavos.

DESCLAVAR v.tr. Arrancar o quitar los clavos a alguna cosa. SIN.: *desenclavar*. **2.** Desprender una cosa del clavo con que la asegura o sujeta: *desclavar un cuadro*. SIN.: *desenclavar*. **3.** Desengastar las piedras preciosas de la guarnición de metal. SIN.: *desenclavar*.

DESCOCADO, A adj. y s. Que muestra descoco.

DESCOCADOR s.m. Instrumento formado por una cizalla unida a una pértiga que sirve para descocar los árboles.

DESCOCAR v.tr. [1]. Quitar las orugas de los árboles.

■ **DESCENSO** en esquí alpino.

DESCOCARSE v.prnl. (de *2. coca,* cabeza) [1]. *Fam.* Hablar o actuar con descoco.

DESCOCO s.m. *Fam.* Descaro, especialmente en las costumbres y en el modo de vestir.

DESCODIFICACIÓN o **DECODIFICACIÓN** s.f. Acción y efecto de descodificar.

DESCODIFICADOR, RA o **DECODIFICADOR, RA** adj. Que descodifica. ◆ s.m. Dispositivo que sirve para descodificar.

DESCODIFICAR o **DECODIFICAR** v.tr. [1]. Descifrar una información codificada.

DESCOGOTADO, A adj. *Fam.* Que tiene el cogote pelado y descubierto.

DESCOLAR v.tr. Quitar a la pieza de paño la punta o el extremo opuesto a aquel en que está el sello o la marca de fábrica. **2.** Seccionar los músculos depresores de la cola del caballo para mantenerla horizontal.

DESCOLGAR v.tr. [12]. Quitar algo de donde está colgado: *descolgar un cuadro.* **2.** Bajar poco a poco de un lugar elevado a alguien o algo sosteniéndolo con una cuerda, cadena o cinta: *descolgar un mueble desde el balcón.* **3.** Separar el auricular del teléfono de su soporte. ◆ v.tr. y prnl. En algunas pruebas deportivas, dejar atrás un corredor a sus competidores: *descolgarse del pelotón.* ◆ **descolgarse** v.prnl. Bajar una persona por una cuerda u otra cosa parecida: *descolgarse por un muro.* **2.** *Fig.* y *fam.* Decir o hacer una cosa inesperada o inoportuna: *se descolgó con unas desafortunadas declaraciones.* **3.** Presentarse inesperadamente una persona en un lugar.

DESCOLLAR v.intr. y prnl. [17]. Sobresalir, destacar: *descollar en los estudios.*

DESCOLONIZACIÓN s.f. Proceso de independencia de una colonia del país extranjero del que depende.

DESCOLONIZAR v.tr. [7]. Poner un país fin a una situación colonial; proceder a la descolonización.

DESCOLORAR v.tr. y prnl. Decolorar.

DESCOLORIDO, A adj. Que ha perdido o disminuido su color natural.

DESCOMBRAR v.tr. Quitar los escombros de un lugar: *descombrar un solar.*

DESCOMBRO s.m. Acción y efecto de descombrar.

DESCOMEDIDO, A adj. Excesivo, desmesurado, desproporcionado.

DESCOMEDIMIENTO s.m. Acción y efecto de descomedirse.

DESCOMEDIRSE v.prnl. [89]. Perder el comedimiento, la cortesía o la moderación: *descomedirse ante sus superiores.*

DESCOMPASADO, A adj. Descomedido, desmedido, excesivo: *tamaño descompasado.*

DESCOMPENSACIÓN s.f. Acción y efecto de descompensar. **2.** MED. Agravamiento del estado de un órgano, de un organismo, cuando el fenómeno de compensación de la enfermedad en curso no es posible.

DESCOMPENSAR v.tr. y prnl. Hacer perder la compensación o equilibrio.

DESCOMPONER v.tr. y prnl. [60]. Separar las diversas partes que forman un todo, particularmente un compuesto. **2.** Desordenar, alterar el orden de algo: *descomponer la casa.* **3.** Averiar, impedir el funcionamiento de algo. **4.** Pudrir una materia orgánica: *el calor descompuso la fruta.* ◆ v.tr. *Fig.* Enojar, irritar, encolerizar a alguien: *los insultos lo descompusieron.* ◆ **descomponerse** v.prnl. Indisponerse, perder la salud. **2.** *Fig.* Perder la serenidad o la circunspección habitual.

DESCOMPOSICIÓN s.f. Acción y efecto de descomponer o descomponerse: *cadáver en descomposición; la descomposición del rostro.* **2.** *Fam.* Diarrea.

DESCOMPOSTURA s.f. Falta de compostura. **2.** Descomposición.

DESCOMPRESIÓN s.f. Disminución de la presión. **2.** INFORMÁT. Acción de comprimir un archivo informático. ◇ **Síndrome de descompresión** Trastornos que sobrevienen a los submarinistas, buzos, etc., cuando la vuelta a la presión atmosférica es demasiado rápida.

DESCOMPRESOR s.m. Aparato que sirve para reducir la presión de un fluido contenido en un depósito.

DESCOMPUESTO, A adj. Estropeado. **2.** Irritado, encolerizado. **3.** Indispuesto. **4.** *Amér.* Central, Chile, Perú y P. Rico. Borracho.

DESCOMULGAR v.tr. [2]. Excomulgar.

DESCOMUNAL adj. Muy grande: *una obra descomunal.*

DESCONCENTRACIÓN s.f. DER. ADM. Acción de conceder mayores poderes a los órganos del estado en las colectividades territoriales.

DESCONCEPTUAR v.tr. y prnl. [18]. Desacreditar, descalificar.

DESCONCERTANTE adj. Que desconcierta.

DESCONCERTAR v.tr. [10]. *Fig.* Sorprender, turbar el ánimo de una persona: *el incendio nos desconcertó.* ◆ v.tr. y prnl. Desordenar, turbar el orden, composición y concierto. **2.** Dislocar los huesos.

DESCONCHABAR v.tr. y prnl. *Amér.* Central, Chile y Méx. Descomponer, descoyuntar.

DESCONCHADO s.m. Parte de la superficie de una pared o un objeto de loza o porcelana en la que ha saltado algún trozo de la capa de yeso, esmalte, pintura, etc., que la cubre.

DESCONCHADURA s.f. Desconchado.

DESCONCHAR v.tr. y prnl. Hacer saltar algún trozo de la capa de yeso, esmalte, pintura, etc., que cubre la superficie de un objeto.

DESCONCHINFLADO, A adj. Méx. *Fam.* Descompuesto, estropeado.

DESCONCHÓN s.m. Desconchado grande.

DESCONCIERTO s.m. (del lat. *concertare,* combatir, discutir). *Fig.* Confusión o desorientación. **2.** *Fig.* Falta de orden o concierto.

DESCONECTAR v.tr. Interrumpir la conexión entre aparatos, tuberías, etc., que están en contacto. **2.** Interrumpir la conexión con una fuente de energía. **3.** Deshacer o interrumpir una persona la relación o comunicación con alguien o algo.

DESCONEXIÓN s.f. Acción de desconectar.

DESCONFIANZA s.f. Falta de confianza.

DESCONFIAR v.intr. [19]. Tener desconfianza: *desconfiar de alguien.*

DESCONGELACIÓN s.f. Acción de descongelar o descongelarse.

DESCONGELAR v.tr. Hacer que algo deje de estar congelado. **2.** ECON. Liberar magnitudes económicas, como precios, salarios o alquileres, que se hallaban congelados.

DESCONGESTIONAR v.tr. y prnl. Disminuir o quitar la congestión: *descongestionar los pulmones.* **2.** Disminuir la aglomeración o acumulación: *descongestionar el tráfico.*

DESCONOCEDOR, RA adj. Que desconoce o ignora.

DESCONOCER v.tr. [37]. No conocer, ignorar: *desconocer los hechos.* **2.** No reconocer a una persona o cosa que habíamos conocido antes por haber cambiado su aspecto, su comportamiento, etc. **3.** No hacer caso de una cosa, especialmente una norma o regla.

DESCONOCIDO, A adj. y s. No conocido.

DESCONOCIMIENTO s.m. Ignorancia.

DESCONSIDERACIÓN s.f. Acción y efecto de desconsiderar.

DESCONSIDERAR v.tr. Tratar a alguien sin consideración o respeto.

DESCONSOLAR v.tr. y prnl. [17]. Producir desconsuelo: *su desgracia me desconsuela.*

DESCONSUELO s.m. Angustia, aflicción, falta de consuelo: *llorar con desconsuelo.*

DESCONTADO (POR) loc. *Fam.* Sin duda alguna, dado por cierto o por hecho.

DESCONTAMINACIÓN s.f. Operación que tiende a eliminar o reducir los agentes y efectos de la contaminación.

DESCONTAMINAR v.tr. Eliminar o reducir la contaminación del medio ambiente o de otra cosa.

DESCONTAR v.tr. [17]. Disminuir la cantidad o rebajar el precio de algo. **2.** Abonar al contado, antes de su vencimiento, los valores que se había decidido comprar a plazos, rebajando la cantidad que se estipule en concepto de intereses. ◆ **descontarse** v.prnl. Perder la cuenta de lo que se lleva contado o equivocarse al contar algo.

DESCONTENTADIZO, A adj. y s. Que se descontenta con facilidad. **2.** Difícil de contentar.

DESCONTENTAR v.tr. y prnl. Causar descontento.

DESCONTENTO, A adj. Que siente disgusto o insatisfacción. ◆ s.m. Sentimiento de disgusto o insatisfacción.

DESCONTÓN s.m. Méx. *Fam.* Golpe.

DESCONTROL s.m. Falta de control y de orden.

DESCONTROLAR v.tr. y prnl. Hacer que algo o alguien pierda el control o dominio.

DESCONVENIENCIA s.f. Inconveniente, molestia o perjuicio.

DESCONVENIR v.intr. y prnl. [78]. No ser de una misma opinión dos o más personas. **2.** No estar en conveniente proporción y concordancia dos o más personas o cosas. **3.** No convenir entre sí dos objetos visibles.

DESCONVOCAR v.tr. [1]. Anular una convocatoria: *desconvocar una huelga.*

DESCORAZONAMIENTO s.m. Acción y efecto de descorazonar.

DESCORAZONAR v.tr. y prnl. Desanimar, desalentar: *el suspenso lo descorazonó.*

DESCORCHADOR, RA adj. Que descorcha. ◆ s. Persona que tiene por oficio descorchar el alcornoque para sacar el corcho. ◆ s.m. Sacacorchos.

DESCORCHAR v.tr. Sacar el corcho que cierra un envase: *descorchar una botella.* **2.** Quitar o arrancar el corcho al alcornoque.

DESCORCHE s.m. Acción y efecto de descorchar. **2.** Prima que cobran determinados empleados por cada botella que consume el cliente.

DESCORDAR v.tr. [17]. TAUROM. Descabellar al toro.

DESCORNAR v.tr. y prnl. [17]. Quitar o arrancar los cuernos a un animal. ◆ **descornarse** v.prnl. *Fig.* y *fam.* Descabezarse. **2.** *Esp.* Esforzarse, poner todo el empeño en conseguir alguna cosa.

DESCORRER v.tr. Correr una cosa en el sentido contrario al que se había corrido anteriormente, generalmente para descubrirla o abrirla. **2.** Correr en sentido contrario al trayecto recorrido.

DESCORT s.m. → **DISCOR.**

DESCORTÉS adj. y s.m. y f. (de *2. corte*). Que habla o actúa con descortesía.

DESCORTESÍA s.f. Falta de cortesía.

DESCORTEZADOR, RA s. Persona que tiene por oficio descortezar troncos en los depósitos de madera o en el área de corta.

DESCORTEZADURA s.f. Trozo de corteza que se arranca a una cosa. **2.** Parte descortezada de una cosa.

DESCORTEZAR v.tr. y prnl. [7]. Quitar la corteza.

DESCOSER v.tr. y prnl. Deshacer o soltar las puntadas de lo que está cosido.

DESCOSIDO s.m. Parte descosida en una prenda. ◇ **Como un descosido** *Fam.* Con ahín co o exceso.

DESCOSTRAR v.tr. Quitar la costra, corteza o capa superficial.

DESCOYUNTAR v.tr. y prnl. Dislocar, desencajar un hueso: *descoyuntar la cadera.* **2.** Desencajar una cosa articulada.

DESCRÉDITO s.m. Disminución o pérdida del crédito o reputación.

DESCREER v.intr. [34]. Dejar de creer en algo: *descreer en la amistad.* **2.** Desconfiar o dudar de alguien o algo: *descree de las soluciones milagrosas.*

DESCREÍDO, A adj. y s. Que no tiene fe religiosa, porque ha dejado de tenerla.

DESCREIMIENTO s.m. Incredulidad, falta o abandono de fe o de confianza. SIN.: *descreencia.*

DESCREMADO, A adj. Sin crema o grasa: *leche descremada.*

DESCREMAR v.tr. Quitar la crema o grasa a la leche, yogur, etc.

DESCRIBIR v.tr. [54]. Representar por medio del lenguaje: *describir un rostro.* **2.** Dibujar un cuerpo al moverse una línea, una figura o una trayectoria imaginarias: *el balón describió un círculo debido al efecto que llevaba.*

DESCRIPCIÓN s.f. Acción y efecto de descri-

331

bir. **2.** DER. Inventario. **3.** LING. Estudio de una lengua o de un estado de la lengua que sea a la vez un inventario de las unidades fónicas, léxicas y sintácticas, y de sus variaciones morfológicas, así como la representación estructural de sus combinaciones. **4.** LÓG. Procedimiento lógico para la caracterización de objetos singulares.

DESCRIPTIVO, A adj. Que describe: *gramática descriptiva.* ◇ **Anatomía descriptiva** Parte de la anatomía que describe las formas y la disposición de cada órgano. **Geometría descriptiva** Parte de la geometría en la que se representan figuras del espacio con ayuda de figuras planas.

DESCRIPTOR, RA adj. y s. Que describe. ◆ s.m. INFORMÁT. Palabra clave que define el contenido de un documento y que permite localizarlo en el seno de un archivo manual o automatizado.

DESCRISMAR v.tr. y prnl. *Fam.* Golpear a alguien con fuerza en la cabeza. ◆ **descrismarse** v.prnl. *Fig. y fam.* Descabezarse.

DESCRISTIANIZAR v.tr. [7]. Apartar o separar del cristianismo.

DESCRUZAR v.tr. [7]. Hacer que algo deje de estar cruzado: *descruzar las piernas.*

DESCUAJAR v.tr. (del lat. *coagulare*, liquidar, descoagular). Arrancar de cuajo una planta o un árbol. ◆ v.tr. y prnl. Licuar lo que está cuajado o solidificado: *descuajar la sangre.*

DESCUAJARINGAR o **DESCUAJERINGAR** v.tr. y prnl. [2]. Estropear algo, aflojando la unión entre sus partes o desuniéndolas: *descuajaringar una silla.* ◆ **descuajaringarse** o **descuajeringarse** v.prnl. *Fig. y fam.* Sentirse muy cansada una persona después de haber realizado mucho esfuerzo físico. **2.** *Fig. y fam.* Desternillarse de risa.

DESCUAJE s.m. Descuajo.

DESCUAJERINGADO, A adj. Amér. Desvencijado. **2.** Amér. Descuidado en el aseo y en el vestir.

DESCUAJO s.m. Acción de descuajar, arrancar de raíz. SIN.: *descuaje.*

DESCUARTIZAMIENTO s.m. Acción de descuartizar. **2.** Suplicio que consistía en descuartizar a un condenado.

DESCUARTIZAR v.tr. [7]. Dividir un cuerpo en cuartos o pedazos: *descuartizar una res.*

DESCUBIERTA s.f. MAR. **a.** Reconocimiento del horizonte al salir y ponerse el sol. **b.** Inspección matutina y vespertina del aparejo de un buque. **2.** MIL. **a.** Reconocimiento del terreno, para ver si en las inmediaciones hay enemigos. **b.** Patrulla, avanzadilla o tropa que hace este servicio.

DESCUBIERTO, A adj. Que no está cubierto. **2.** Se dice de la persona que está expuesta a cargos o reconvenciones, adeudado. ◆ s.m. Anticipo de fondos o de crédito que hace un banquero a un comerciante. **2.** Déficit en una cuenta. ◇ **Al descubierto** Al raso, sin albergue, a la inclemencia del tiempo. **Estar en descubierto** Tener algún un déficit en su cuenta bancaria. **Vender al descubierto** Vender en bolsa valores que no se poseen.

DESCUBRIDOR, RA adj. y s. Que descubre algo desconocido, especialmente el autor de un descubrimiento geográfico o científico.

DESCUBRIMIENTO s.m. Acción y efecto de descubrir, especialmente tierras o cosas científicas: *descubrimiento de la penicilina.* **2.** La cosa descubierta.

DESCUBRIR v.tr. [53]. Dar a conocer algo: *descubrir sus secretos al mundo.* **2.** Dejar a la vista algo que estaba cubierto o tapado. **3.** Encontrar algo que no se conocía o estaba escondido: *descubrir una isla.* **4.** Divisar, percibir desde lejos: *desde aquí se descubre la ciudad.* ◆ **descubrirse** v.prnl. Quitarse de la cabeza el sombrero u otra prenda similar: *al entrar en la iglesia se descubrió.* **2.** TAUROM. **a.** Bajar el toro la cabeza para acometer. **b.** Quedarse el torero sin protección por no señalar bien la salida al toro con el engaño.

DESCUENTO s.m. Reducción de la cantidad o el precio de algo. **2.** Cantidad descontada. **3.** Adelanto que hace el banco del importe de

una letra de cambio antes de su vencimiento, rebajando la cantidad que se estipule en concepto de intereses. **4.** Ejercicio del derecho, concedido en la adquisición de un título, de reclamar su entrega en un plazo de cinco días. ◇ **Política del descuento** Política económica basada en la tasa de redescuento.

DESCUEVE s.m. Chile. *Vulg.* Grado máximo de excelencia de una persona, cosa o circunstancia.

DESCUIDAR v.tr. y prnl. No prestar el cuidado o la atención debidos a una cosa o persona: *descuidar la educación de los hijos.* ◆ v.tr. e intr. Descargar, eximir a alguien de un cuidado u obligación. ◆ v.intr. Asegurar a alguien que se hará lo que se ha mandado o encargado; se usa en imperativo: *descuida, que no pienso volver nunca más.*

DESCUIDERO, A adj. y s. Se dice del ladrón que hurta aprovechando descuidos.

DESCUIDO s.m. Distracción, falta de atención: *el origen del gol fue un descuido de la defensa.* **2.** Falta de cuidado en el aseo personal o en la indumentaria: *vestir con descuido.*

DESCULAR v.tr. y prnl. *Vulg.* Desfondar, romper o quitar el fondo.

DESDAR v.tr. [15]. Dar vueltas en sentido inverso a un manubrio, carrete u otro dispositivo similar.

DESDE prep. (de *des*, desde, del lat. *de ex*, desde dentro, y *2. de*). Indica el punto de origen de algo o el punto a partir del cual se empieza a contar o empieza a suceder alguna cosa; se refiere tanto al tiempo como al espacio: *no lo he visto desde que se fue; ha venido desde América para verte.* **2.** Indica la perspectiva o el enfoque con que se aborda un tema, se expone un punto de vista, etc.

DESDECIR v.intr. [75]. Desmentir algo o a alguien: *desdecir sus palabras.* **2.** *Fig.* No corresponder el carácter, conducta o aspecto de alguien o algo con su origen, educación o clase: *su grosería desdice de su familia.* **3.** *Fig.* No ser algo de la misma calidad que lo que lo rodea o acompaña: *este vino desdice de la comida.* ◆ **desdecirse** v.prnl. Decir lo contrario o volverse atrás de algo dicho anteriormente: *el acusado se desdijo de su confesión.*

DESDÉN s.m. (occitano *desdenh*). Indiferencia y desapego: *actuar con desdén.* ◇ **Al desdén** Con descuido afectado.

DESDENTADO, A adj. Que no tiene dientes o tiene muy pocos. ◆ adj. y s.m. Relativo a un orden de mamíferos desprovistos de dientes o con dientes reducidos, al que pertenecen el armadillo y el oso hormiguero, entre otros.

DESDENTAR v.tr. y prnl. [10]. Quitar, sacar o perder los dientes.

DESDEÑABLE adj. Que es despreciable o insignificante.

DESDEÑAR v.tr. (lat. *dedignari*). Tratar con desdén, rechazar: *desdeñar a un pretendiente.* ◆ v.tr. y prnl. Considerar indigno, inapropiado o poco importante.

DESDEÑOSO, A adj. y s. Que manifiesta desdén e indiferencia.

DESDIBUJAR v.tr. y prnl. Hacer confusos o borrosos los perfiles y contornos de una imagen, un dibujo, etc. **2.** Olvidar paulatinamente los detalles de un suceso determinado: *desdibujarse los recuerdos de la infancia.*

DESDICHA s.f. Desgracia, adversidad, motivo de aflicción.

DESDICHADO, A adj. y s. Desgraciado, desafortunado. **2.** *Fig. y fam.* Sin carácter o sin malicia.

DESDIFERENCIACIÓN s.f. BIOL. Pérdida total o parcial de los caracteres particulares de una célula o de un tejido vivo.

DESDINERAR v.tr. Hacer que un país se empobrezca despojándolo de moneda. ◆ **desdinerarse** v.prnl. Hacer una inversión excesiva de dinero o quedarse sin dinero.

DESDOBLAMIENTO s.m. Acción y efecto de desdoblar. **2.** *Fig.* Explicación, aclaración de un texto, doctrina, etc. ◇ **Desdoblamiento de personalidad** Trastorno psíquico consistente en la existencia, en una misma persona, de dos personalidades, una normal y otra patológica, que presenta carácter de automatismo y está vinculada a motivaciones inconscientes.

DESDOBLAR v.tr. y prnl. Extender lo que está doblado: *desdoblar un pañuelo.* **2.** *Fig.* Hacer que una cosa se divida en dos o más cosas iguales o de similares características: *desdoblar una imagen, un cargo.* ◇ **Desdoblar un tren** F.C. Poner en marcha un tren que tiene el mismo horario que el precedente, pero adelantado o retrasado con relación a este último.

DESDORAR v.tr. y prnl. Quitar el oro de algo dorado. **2.** *Fig.* Desacreditar o deslucir el buen nombre o la buena fama de una persona o una cosa.

DESDORO s.m. Descrédito del prestigio, la credibilidad o la fama de alguien o de algo.

DESEABILIDAD s.f. ECON. Utilidad de un bien o de un servicio.

DESEAR v.tr. (lat. *desiderare*). Sentir atracción por algo hasta el punto de quererlo poseer o alcanzar: *desear riquezas.* **2.** Querer algo determinado, generalmente bueno: *desear felicidad.*

DESECACIÓN s.f. Acción y efecto de desecar. **2.** Eliminación de la humedad en el cuerpo.

DESECAR v.tr. y prnl. [1]. Secar, eliminar la humedad de un cuerpo.

DESECATIVO, A adj. Que tiene la propiedad de desecar.

DESECHABLE adj. Que se puede desechar. **2.** Se dice de los objetos que se usan solo una vez.

DESECHAR v.tr. Dejar de usar algo por considerarlo inútil. **2.** Apartar de sí una idea, un temor o una sospecha: *desechar el miedo.* **3.** Re-

GRANDES DESCUBRIMIENTOS DE LOS SIGLOS XV Y XVI	
1445	los portugueses exploran la desembocadura del Senegal
1488	el portugués Bartolomeu Dias alcanza el cabo de Buena Esperanza
1492	el genovés Cristóbal Colón cruza el Atlántico y descubre América (Bahamas) al servicio de España
1492-1493 y 1493-1496	Cristóbal Colón explora las Antillas (Cuba, Haití y Guadalupe) por cuenta de España
1497	el italiano Giovanni Caboto explora el litoral canadiense al servicio de Inglaterra
1497	el portugués Vasco da Gama llega a las Indias después de haber rodeado el cabo de Buena Esperanza
1498 y 1502-1504	Cristóbal Colón explora las costas del continente americano (actuales Venezuela y Honduras)
1500	el portugués Pedro Álvares Cabral alcanza las costas de Brasil
1501-1502	el florentino Amerigo Vespucci costea América del Sur. Dará nombre al continente americano
1509	el portugués Afonso de Albuquerque ocupa Goa, fundando así la potencia portuguesa de las Indias
1519	el conquistador español Hernán Cortés emprende la conquista de México
1519-1522	primera vuelta al mundo, emprendida por el portugués Fernando de Magallanes y acabada por el español Juan Elcano
1524	el florentino Giovanni da Verrazano alcanza Carolina del Sur por cuenta de Francisco I
1531	el español Francisco Pizarro llega a Perú
1535	el francés Jacques Cartier explora el estuario del San Lorenzo

chazar o no tener en cuenta algo: *desechar una propuesta.*

DESECHO s.m. Cosa que se desecha por considerarlo inútil: *desecho radiactivo.* **2.** Residuo que queda de una cosa, después de haber escogido lo mejor. **3.** *Fig.* Desprecio, vilipendio: *ser un desecho de la sociedad.* **4.** Amér. Atajo, senda.

DESECONOMÍA s.f. ECON. Repercusión negativa en una unidad económica, manifestada por el aumento desproporcionado de los costos.

DESELECTRIZAR v.tr. y prnl. [7]. Descargar de electricidad un cuerpo.

DESEMBALAJE s.m. Acción de desembalar.

DESEMBALAR v.tr. Deshacer un embalaje: *desembalar una caja.*

DESEMBALDOSAR v.tr. Arrancar las baldosas.

DESEMBALSAR v.tr. y prnl. Dar salida al agua de un embalse.

DESEMBALSE s.m. Acción de desembalsar.

DESEMBARAZAR v.tr. y prnl. [7]. Dejar a una persona o una cosa libre de obstáculos o impedimentos: *desembarazar el paso.* ◆ **desembarazarse** v.prnl. *Fig.* Apartar alguien de sí lo que le estorba para algún fin: *desembarazarse de alguien.*

DESEMBARAZO s.m. Desenvoltura, decisión.

DESEMBARCADERO s.m. Lugar destinado al embarque o desembarco por mar de pasajeros y mercancías.

DESEMBARCAR v.tr. [1]. Sacar personas o mercancías de un barco o avión. ◆ v.intr. y prnl. Salir de una embarcación o avión.

DESEMBARCO s.m. Acción de desembarcar. SIN.: *desembarque.* **2.** Operación militar que realiza en tierra la dotación de un buque o de una escuadra, o las tropas que llevan. ◇ **Desembarco aéreo** Acción de situar en tierra, por medios aéreos, tropas y material de guerra.

DESEMBARGAR v.tr. [2]. Quitar el impedimento o embarazo a una cosa. **2.** DER. Levantar el embargo o secuestro de una cosa: *desembargar una finca.*

DESEMBARGO s.m. DER. Acción y efecto de desembargar.

DESEMBARQUE s.m. Desembarco, acción de desembarcar.

DESEMBARRANCAR v.tr. e intr. [1]. Sacar o salir a flote una nave embarrancada.

DESEMBARRAR v.tr. Quitar el barro de algo.

DESEMBAULAR v.tr. [22]. Sacar algo de un baúl, arca u otro mueble similar. **2.** *Fig. y fam.* Decir o expresar algo que se mantenía callado o en secreto: *desembaular los recuerdos.*

DESEMBOCADURA s.f. Lugar en el que una corriente de agua desemboca en otra, en el mar o en un lago: *la desembocadura del Ebro.* **2.** Salida de una calle.

DESEMBOCAR v.intr. [1]. Entrar una corriente de agua en otra, en el mar o en un lago. **2.** Salir o tener salida una calle, un camino, conducto, pasillo, etc., a un determinado lugar. **3.** Tener un asunto o situación determinado desenlace.

DESEMBOJAR v.tr. Quitar, desprender los capullos de seda del embojo o enramada.

DESEMBOLSAR v.tr. Pagar o entregar una cantidad de dinero.

DESEMBOLSO s.m. Pago o entrega de dinero. **2.** *Fig.* Cantidad de dinero que se paga.

DESEMBOTAR v.tr. y prnl. Hacer que lo que estaba embotado deje de estarlo.

DESEMBOZAR v.tr. [2]. Quitar el embozo: *desembozar el rostro.* **2.** Desatascar un conducto: *desembozar una tubería.*

DESEMBRAGAR v.tr. [2]. MEC. Desprender del árbol motor un mecanismo o parte de él mediante el embrague.

DESEMBRAGUE s.m. Acción y efecto de desembragar. ◇ **Palanca de desembrague** Dispositivo que comanda el mecanismo que permite desembragar y embragar en un automóvil.

DESEMBRIAGAR v.tr. y prnl. [2]. Quitar la embriaguez.

DESEMBRIDAR v.tr. Quitar las bridas a una caballería.

DESEMBROLLAR v.tr. *Fam.* Desenredar, deshacer un embrollo.

DESEMBUCHAR v.tr. *Fig. y fam.* Dar alguien información que antes ocultaba: *la policía hizo que el detenido desembuchara lo que sabía.* **2.** Echar las aves lo que tienen en el buche.

DESEMEJANZA s.f. Diferencia, falta de semejanza.

DESEMEJAR v.intr. Existir desemejanza. ◆ v.tr. Desfigurar.

DESEMPACAR v.tr. [1]. Deshacer las pacas en que van las mercancías. **2.** Deshacer el equipaje. ◆ **desempacarse** v.prnl. *Fig.* Aplacarse, mitigarse, desenojarse.

DESEMPACHAR v.tr. y prnl. Quitar el empacho o indigestión. ◆ **desempacharse** v.prnl. Perder el empacho o timidez.

DESEMPACHO s.m. Desenvoltura, falta de timidez.

DESEMPALAGAR v.tr. y prnl. [2]. Quitar a alguien el empalago. ◆ v.tr. Quitar el agua estancada y sucia de un molino que dificulta el movimiento de la rueda.

DESEMPALMAR v.tr. Desconectar un empalme o conexión.

DESEMPAÑAR v.tr. y prnl. Limpiar una cosa empañada: *desempañar los cristales.* ◆ v.tr. Quitar los pañales a un niño.

DESEMPAPELAR v.tr. Quitar el papel que envuelve o cubre una cosa.

DESEMPAQUETAR v.tr. Sacar una cosa del paquete en el que está.

DESEMPAREJAR v.tr. y prnl. Desigualar lo que estaba parejo. **2.** Hacer que algo o alguien deje de formar pareja.

DESEMPASTAR v.tr. Quitar el empaste de una muela.

DESEMPATAR v.tr. e intr. Deshacer un empate.

DESEMPATE s.m. Acción de desempatar.

DESEMPEDRAR v.tr. [10]. Arrancar las piedras de un empedrado.

DESEMPEGAR v.tr. [2]. Quitar el baño de pez a una cosa empegada.

DESEMPEÑAR v.tr. Realizar una persona las labores o las funciones que corresponden a su cargo, profesión, papel o empleo: *desempeña el cargo de presidente desde hace dos años; el debutante desempeñó bien su papel.* **2.** Recuperar, mediante el pago de una cantidad acordada, lo que uno tenía en poder de otro en garantía de préstamo: *después de mucho ahorro pudo desempeñar las joyas de su madre.* ◆ v.tr. y prnl. Librar a alguien de los empeños o deudas que tenía contraídos.

DESEMPEÑO s.m. Acción de desempeñar.

DESEMPERNAR v.tr. Quitar los pernos que sujetan las piezas, bastidores, vías, etc.: *desempernar un carril.*

DESEMPLEADO, A adj. y s. Se dice del trabajador que está sin empleo. SIN.: *desocupado.* GEOSIN.: Esp. *parado.*

DESEMPLEO s.m. Situación de la persona que se encuentra privada de trabajo o sin trabajo. SIN.: *desocupación.* GEOSIN.: Esp. *paro.*

DESEMPOLVAR v.tr. y prnl. Quitar el polvo a algo. ◆ v.tr. *Fig.* Volver a usar lo que se había abandonado. **2.** Traer a la memoria o consideración algo que estuvo mucho tiempo olvidado: *desempolvar recuerdos.*

DESEMPONZOÑAR v.tr. Quitar la ponzoña o el daño que esta produce.

DESENALBARDAR v.tr. Quitar la albarda a una caballería. **2.** Desaparejar las bestias.

DESENAMORAR v.tr. y prnl. Hacer perder el afecto o amor.

DESENCADENADOR, RA adj. Que desencadena. ◇ **Esquema desencadenador** ETOL. Configuración perceptiva capaz de desencadenar en una especie animal determinada un comportamiento innato.

DESENCADENAMIENTO s.m. Acción y efecto de desencadenar.

DESENCADENAR v.tr. Soltar a alguien que está amarrado con cadenas. ◆ v.tr. y prnl. Hacer que comience una actividad determinada, especialmente cuando implica violencia: *desencadenar una guerra.* ◆ **desencadenarse** v.prnl. *Fig.* Estallar con violencia las fuerzas naturales o las pasiones: *desencadenarse una tormenta.*

DESENCAJAR v.tr. y prnl. Desunir una cosa del encaje que tenía con otra. **2.** Separar, desuniendo sus juntas, dos tubos contiguos en una conducción de aguas. ◆ **desencajarse** v.prnl. Desfigurarse, descomponerse el semblante por enfermedad, o por una alteración psíquica.

DESENCAJE s.m. Acción y efecto de desencajar o desencajarse. SIN.: *desencajamiento*

DESENCAJONAMIENTO s.m. Acción de sacar a un toro o una vaca del vagón en que es transportado.

DESENCAJONAR v.tr. Sacar algo de un cajón. **2.** Sacar a un toro o una vaca del vagón en que es transportado.

DESENCALLAR v.tr. e intr. Poner a flote una embarcación encallada.

DESENCAMINAR v.tr. Apartar a alguien del camino que debe seguir. **2.** *Fig.* Apartar a una persona de un buen propósito, inducirla a que haga lo que no es justo ni le conviene.

DESENCANTAR v.tr. y prnl. Deshacer un encantamiento mágico. **2.** Desilusionar, decepcionar: *su película desencantó a sus fans.*

DESENCANTO s.m. Acción y efecto de desencantar o desencantarse: *sufrir un desencanto.* SIN.: *desencantamiento.*

DESENCAPOTAR v.tr. y prnl. Quitar el capote. ◆ v.tr. Hacer que levante la cabeza la caballería que suele llevarla baja. ◆ **desencapotarse** v.prnl. *Fig.* Despejarse, aclararse el cielo, horizonte, etc.

DESENCAPRICHAR v.tr. y prnl. Disuadir a alguien de un capricho.

DESENCARCELAR v.tr. Excarcelar, sacar de la cárcel.

DESENCERRAR v.tr. [10]. Sacar algo del lugar en que está encerrado. **2.** Abrir algo que está cerrado. **3.** Descubrir lo que está oculto.

DESENCHUECAR v.tr. [1]. Amér. Enderezar lo que está torcido.

DESENCHUFAR v.tr. Separar el enchufe de una máquina o aparato del lugar donde está conectado a la corriente eléctrica.

DESENCINTAR v.tr. Quitar las cintas que atan o adornan una cosa. **2.** Quitar el encintado a un pavimento.

DESENCLAVAR v.tr. Desclavar.

DESENCLAVIJAR v.tr. TECNOL. Quitar las clavijas.

DESENCOBRAR v.tr. Quitar el cobreado por disolución química o electrolítica.

DESENCOFRADO s.m. Acción de desencofrar.

DESENCOFRAR v.tr. Quitar los encofrados de una obra de hormigón armado, después de haberse endurecido este.

DESENCOGER v.tr. [27]. Estirar o extender lo que estaba encogido o arrugado. ◆ **desencogerse** v.prnl. *Fig.* Perder la timidez.

DESENCOGIMIENTO s.m. Acción de desencoger. **2.** *Fig.* Desembarazo, desenfado.

DESENCOLAR v.tr. y prnl. Despegar lo que está pegado con cola.

DESENCOLERIZAR v.tr. y prnl. [7]. Apaciguar a alguien que está encolerizado o furioso.

DESENCONAR v.tr. y prnl. Desinflamar, quitar la inflamación. **2.** *Fig.* Apaciguar, quitar el encono o enojo. ◆ **desenconarse** v.prnl. Suavizarse, perder la aspereza una cosa.

DESENCONO s.m. Acción y efecto de desenconar o desenconarse. SIN.: *desenconamiento.*

DESENCORDAR v.tr. [17]. Quitar las cuerdas a un instrumento, especialmente a los instrumentos de música.

DESENCORVAR v.tr. Enderezar algo que está encorvado o torcido.

DESENCUADERNADO s.m. *Fig. y fam.* Baraja, conjunto de naipes.

DESENCUADERNAR v.tr. y prnl. Deshacer la encuadernación de un libro o un cuaderno.

DESENCUADRE s.m. Aparición simultánea de dos imágenes parciales en la pantalla durante una proyección cinematográfica.

DESENDEMONIAR v.tr. Desposeer, lanzar los demonios del cuerpo de alguien. SIN.: *desendiablar.*

DESENDIOSAR v.tr. Humillar al que se muestra endiosado.

DESENFADADERAS s.f.pl. *Fam.* Recursos para salir de los problemas y dificultades.

DESENFADADO, A adj. Que muestra desenfado o desenvoltura. **2.** Se dice del lenguaje, ambiente, situación, etc., alegre, animado y libre de formalidades.

DESENFADAR v.tr. y prnl. Quitar el enfado o enojo a una persona.

DESENFADO s.m. Desenvoltura, desparpajo. **2.** Diversión, expansión, esparcimiento.

DESENFILADO, A adj. MIL. Se dice del itinerario o de la zona de terreno al abrigo de la vista y del fuego del enemigo.

DESENFILAR v.tr. y prnl. MIL. Disponer las tropas, armas u obras de forma que permanezcan invisibles para el enemigo y protegidas contra su fuego.

DESENFOCAR v.tr. [1]. Recoger o captar la imagen de un objeto sin nitidez o con un enfoque indebido. **2.** Cambiar el verdadero sentido de algo o no verlo con claridad.

DESENFOQUE s.m. Falta de enfoque o enfoque defectuoso. **2.** Defecto de una imagen fotográfica o cinematográfica por falta de nitidez en el enfoque de sus figuras.

DESENFRENADO, A adj. y s. Que no tiene freno, contención o moderación.

DESENFRENAR v.tr. Quitar el freno. ◆ **desenfrenarse** v.prnl. *Fig.* Perder el freno o moderación en la conducta.

DESENFRENO s.m. Acción y efecto de desenfrenarse. SIN.: *desenfrenamiento*.

DESENFUNDAR v.tr. Sacar una cosa de su funda: *desenfundar la pistola*.

DESENFURECER v.tr. y prnl. [37]. Apaciguar a alguien que está enfurecido o furioso.

DESENGANCHAR v.tr. Soltar lo que está enganchado. ◆ **desengancharse** v.prnl. Dejar de ser adicto a una droga.

DESENGAÑAR v.tr. y prnl. Hacer conocer a alguien la verdad sobre algo o alguien para deshacer el engaño o error en que está. **2.** Hacer que alguien pierda la esperanza o ilusión de conseguir lo que pretende.

DESENGAÑO s.m. Acción y efecto de desengañar.

DESENGARZAR v.tr. y prnl. [7]. Desprender lo que está engarzado: *desengarzar un brillante de un anillo*.

DESENGASTAR v.tr. Sacar una cosa de su engaste.

DESENGRANAR v.tr. MEC. Separar las piezas que componen un engranaje.

DESENGRASAR v.tr. Quitar o limpiar la grasa de algo. ◆ v.intr. *Fam.* Enflaquecer, quedarse flaco. **2.** Quitarse el sabor o la sensación de grasa.

DESENGRASE s.m. Acción de desengrasar. **2.** Operación consistente en frotar, limpiar y pulir una materia, con vistas a una ulterior manipulación.

DESENGROSAR v.tr. e intr. [17]. Adelgazar, enflaquecer.

DESENGRUDAR v.tr. Quitar el engrudo.

DESENHEBRAR v.tr. y prnl. Sacar o salirse la hebra de la aguja.

DESENJAEZAR v.tr. [7]. Quitar los jaeces de una caballería.

DESENJALMAR v.tr. Quitar la enjalma a una caballería.

DESENLACE s.m. Acción y efecto de desenlazar. **2.** Final de un suceso, de una narración, de una obra literaria, cinematográfica o televisiva, donde se resuelve la trama.

DESENLADRILLAR v.tr. Deshacer el enladrillado.

DESENLAZAR v.tr. y prnl. [7]. Desatar los lazos, desasir y soltar lo que está atado. ◆ v.tr. *Fig.* Dar desenlace a un asunto o una dificultad, especialmente a una obra literaria, cinematográfica o televisiva.

DESENLODAR v.tr. Quitar el lodo a una cosa.

DESENLOSAR v.tr. Deshacer el enlosado.

DESENLUTAR v.tr. y prnl. Quitar el luto.

DESENMALLAR v.tr. Recoger los peces de las redes.

DESENMARAÑAR v.tr. Desenredar.

DESENMASCARAR v.tr. y prnl. Quitar la máscara. **2.** *Fig.* Descubrir la manera de ser de alguien dando a conocer los verdaderos propósitos, sentimientos, etc., que intenta esconder: *desenmascarar al culpable*.

DESENMOHECER v.tr. [37]. Quitar el moho. **2.** Desentumecer.

DESENMUDECER v.intr. y prnl. [37]. Verse alguien libre del impedimento natural que tenía para hablar. ◆ v.intr. Romper el silencio.

DESENOJAR v.tr. y prnl. Hacer perder a alguien el enojo.

DESENREDAR v.tr. Deshacer un enredo. **2.** *Fig.* Poner orden a lo que estaba confuso y desordenado. ◆ **desenredarse** v.prnl. *Fig.* Salir de una dificultad o lance.

DESENROLLAR v.tr. y prnl. Extender lo que está enrollado, deshacer un rollo.

DESENROSCAR v.tr. y prnl. [1]. Extender lo que está enroscado. **2.** Sacar o salirse un tornillo o tuerca de donde está enroscado.

DESENSAMBLAR v.tr. y prnl. Separar las piezas de madera ensambladas.

DESENSARTAR v.tr. Desprender lo que está ensartado.

DESENSIBILIZACIÓN s.f. Tratamiento que hace desaparecer la sensibilidad del organismo respecto a ciertas sustancias (polen, polvo, proteínas, etc.). **2.** Disminución de la sensibilidad de una emulsión fotográfica.

DESENSIBILIZADOR s.m. Producto que disminuye la sensibilidad de una emulsión fotográfica.

DESENSILLAR v.tr. Quitar la silla a una caballería.

DESENTENDERSE v.prnl. [29]. Fingir que no se entiende algo. **2.** Dejar de ocuparse de algo o no hacerse cargo de ello: *desentenderse de un problema*.

DESENTERRAR v.tr. [10]. Sacar algo que está enterrado: *desenterrar un tesoro*. **2.** *Fig.* Sacar algo del olvido: *desenterrar las antiguas tradiciones*.

DESENTONAR v.intr. Desafinar la voz o un instrumento. ◆ v.intr. y prnl. Estar algo o alguien en contraste desagradable con lo que hay o sucede alrededor.

DESENTRAMPAR v.tr. y prnl. *Fam.* Librar a alguien de las trampas o deudas que tiene.

DESENTRAÑAMIENTO s.m. Acción de desentrañar.

DESENTRAÑAR v.tr. Penetrar, averiguar lo más dificultoso de una materia o asunto.

DESENTRENAR v.tr. y prnl. Perder el entrenamiento o hacer algo o la habilidad para hacerlo.

DESENTRONIZAR v.tr. [7]. Destronar. **2.** *Fig.* Deponer a alguien de la autoridad que tenía.

DESENTUMECER v.tr. y prnl. [37]. Quitar el entumecimiento a un miembro del cuerpo: *desentumecer las piernas*.

DESENTUMECIMIENTO s.m. Acción y efecto de desentumecer.

DESENVAINAR v.tr. Sacar un arma blanca de la vaina. **2.** Sacar de una vaina las semillas que contiene.

DESENVENDAR v.tr. y prnl. Desvendar.

DESENVOLTURA s.f. Agilidad, facilidad, gracia, soltura. **2.** *Fig.* Despreocupación, desvergüenza.

DESENVOLVER v.tr. y prnl. [38]. Quitar la envoltura a algo. **2.** *Fig.* Desarrollar, hacer pasar una cosa por una serie de estados sucesivos. ◆ v.tr. *Fig.* Descifrar o aclarar una cosa que está oscura o enredada. ◆ **desenvolverse** v.prnl. *Fig.* Hablar u obrar con soltura o habilidad, manejarse.

DESENVOLVIMIENTO s.m. Acción y efecto de desenvolver o desenvolverse.

DESENVUELTO, A adj. Que tiene desenvoltura: *persona desenvuelta*.

DESENZARZAR v.tr. y prnl. [7]. Sacar algo de las zarzas en que está atrapado. **2.** *Fam.* Separar a los que riñen o disputan.

DESENZOLVAR v.tr. Méx. Destapar un conducto, limpiarlo.

DESEO s.m. (lat. *desidium*, deseo erótico). Acción y efecto de desear. **2.** Atracción sexual. **3.** PSICOL. Movimiento intenso de la voluntad hacia la consecución de algo.

DESEOSO, A adj. Que desea algo intensamente.

DESEQUILIBRAR v.tr. Hacer perder el equilibrio o la posición vertical. **2.** Hacer perder la estabilidad mental a una persona. ◆ **desequilibrarse** v.prnl. Perder el equilibrio o la posición vertical. **2.** Perder la estabilidad mental.

DESEQUILIBRIO s.m. Falta de equilibrio. **2.** ECON. Exceso de oferta o de demanda que tiende a destruir una situación de equilibrio económico. ◇ **Desequilibrio mental** Psicopatía.

DESERCIÓN s.f. Acción de desertar.

DESERTAR v.intr. (fr. *déserter*). Dejar de frecuentar un lugar. **2.** Abandonar una persona una obligación, una organización: *desertar de sus deberes; desertar de un partido*. **3.** MIL. Abandonar un soldado la unidad militar a la que pertenece sin autorización.

DESÉRTICO, A adj. Relativo al desierto. **2.** Se dice del lugar que no está poblado por seres vivos.

DESERTIZACIÓN s.f. Transformación de un terreno en desierto. SIN.: *desertificación*.

DESERTOR, RA adj. y s. (fr. *déserteur*). Que deserta: *los soldados desertores*.

DESESCALADA s.f. Disminución progresiva de la intensidad o el valor de algo.

DESESCOMBRAR v.tr. Descombrar.

DESESCORIAR v.intr. Separar las escorias e impurezas del metal o del vidrio en fusión.

DESESPERACIÓN s.f. Alteración del ánimo causada por la consideración de un mal irreparable o por la impotencia de lograr éxito. **2.** Pérdida total de la esperanza.

DESESPERADO, A adj. y s. Que ha perdido la esperanza. ◇ **A la desesperada** Acudiendo a remedios extremos para lograr lo que parece imposible conseguir: *actuar a la desesperada*.

DESESPERANTE adj. Que desespera.

DESESPERANZADOR, RA adj. Que hace perder la esperanza.

DESESPERANZAR v.tr. [7]. Hacer perder la esperanza. ◆ **desesperanzarse** v.prnl. Perder la esperanza.

DESESPERAR v.tr. Hacer perder la paciencia o la tranquilidad. **2.** Perder la esperanza de que algo ocurra. ◆ **desesperarse** v.prnl. Perder la paciencia o la tranquilidad.

DESESTABILIZAR v.tr. [7]. Hacer perder la estabilidad. ◆ **desestabilizarse** v.prnl. Perder la estabilidad.

DESESTALINIZACIÓN s.f. Conjunto de medidas tomadas en la URSS y en los demás países socialistas tras la muerte de Stalin para combatir el estalinismo.

DESESTANCO s.m. HIST. Acción y efecto de poner fin a los estancos administrativos de determinados productos.

DESESTIMACIÓN s.f. Acción y efecto de desestimar. SIN.: *desestima*.

DESESTIMAR v.tr. Denegar, rechazar: *desestimó sus observaciones*. **2.** Tener poca estimación a algo.

DESEXCITACIÓN s.f. Retorno de una molécula, un átomo o un núcleo excitados a su estado de energía mínima.

DESFACHATEZ s.f. Descaro, desvergüenza.

DESFALCAR o **DEFALCAR** v.tr. [1]. DER. Sustraer una persona dinero o bienes que estaban bajo su custodia.

DESFALCO s.m. DER. Acción y efecto de desfalcar.

DESFALLECER v.intr. [37]. Perder las fuerzas y estar a punto de desmayarse. **2.** Perder el ánimo.

DESFALLECIMIENTO s.m. Acción y efecto de desfallecer. **2.** MED. Fase inicial de síncope.

DESFASADO, A adj. Que no se ajusta a las tendencias o circunstancias del momento.

DESFASE s.m. Falta de ajuste entre una persona y otra: *el desfase entre la producción y las ventas*. **2.** Falta de ajuste entre una persona o cosa y otra en relación con las tendencias o circunstancias del momento.

DESFAVORABLE adj. Adverso, perjudicial, contrario: *situación desfavorable*.

DESFAVORECER v.tr. [37]. Perjudicar a una persona o cosa favoreciendo a otra. **2.** Dejar de favorecer a alguien: *la suerte me desfavoreció.*

DESFECHA s.f. Canción breve inspirada en el asunto de otra poesía, de la que presenta una condensación.

DESFIBRADO s.m. Operación que consiste en desfibrar.

DESFIBRADORA s.f. Máquina que sirve para desfibrar la madera.

DESFIBRAR v.tr. Quitar las fibras a algo.

DESFIBRILACIÓN s.f. Método terapéutico que emplea un shock eléctrico para detener la fibrilación del músculo cardíaco.

DESFIBRILADOR s.m. Instrumento que sirve para desfibrilación.

DESFIGURACIÓN s.f. Acción y efecto de desfigurar o desfigurarse. SIN.: *desfiguramiento.*

DESFIGURAR v.tr. Cambiar la forma o las características externas de una cosa. **2.** *Fig.* Referir algo alterando las verdaderas circunstancias: *desfigurar los hechos.* ✦ v.tr. y prnl. Afear o deformar el rostro de una persona. ✦ **desfigurarse** v.prnl. Alterarse el color o la expresión del rostro a causa de una emoción o una impresión.

DESFIGURO s.m. Méx. Ridículo: *hizo un desfiguro la otra noche; una serie de desfiguros.*

DESFILADERO s.m. Paso estrecho entre montañas.

DESFILAR v.intr. (fr. *défiler*). Marchar gente en fila. **2.** Ir saliendo la gente de alguna parte. **3.** MIL. Pasar las tropas en formación ante un superior, monumento, etc.

DESFILE s.m. Acción de desfilar.

DESFLORACIÓN s.f. Acción y efecto de desflorar. SIN.: *desfloramiento.*

DESFLORAR v.tr. Ajar, estropear, quitar a una cosa su buena apariencia. **2.** *Fig.* Tratar un asunto o materia superficialmente. **3.** MED. Romper el himen.

DESFOGAR v.tr. y prnl. [2]. Exteriorizar una pasión o estado de ánimo violentamente.

DESFOGUE s.m. Acción y efecto de desfogar o desfogarse.

DESFONDAMIENTO s.m. Acción de desfondar o desfondarse. SIN.: *desfonde.*

DESFONDAR v.tr. y prnl. Quitar o romper el fondo a algo, especialmente un recipiente o mueble. **2.** Quitar una cosa fuerza o ímpetu a un deportista: *desfondarse un corredor.* ✦ v.tr. Dar a la tierra labores profundas.

DESFORESTACIÓN s.f. Acción de destruir los bosques: *la desforestación de la selva.*

DESFOSFATAR v.tr. Eliminar parte de los fosfatos del suelo o del agua.

DESFOSFORACIÓN s.f. METAL. Operación que consiste en eliminar el fósforo del hierro y el acero.

DESFOSFORAR v.tr. Efectuar la desfosforación.

DESFRENAR v.tr. y prnl. Soltar el freno.

DESGAIRE s.m. Descuido, despreocupación. **2.** Ademán de desprecio. ◇ **Al desgaire** Con descuido.

DESGAJADURA s.f. Rotura de una rama que se lleva consigo parte del tronco.

DESGAJAR v.tr. y prnl. Separar una rama del tronco con violencia. **2.** Dividir una cosa en las partes que la componen: *desgajar una naranja.* **3.** Separar una cosa de otra.

DESGALICHADO, A adj. (de un cruce entre *desgalibado* y *desdichado*). Desgarbado, falto de gracia y elegancia.

DESGALILLARSE v.prnl. Amér. Central. Desgañitarse.

DESGANA s.f. Falta de apetito. **2.** Falta de interés, indiferencia, fastidio: *trabajar con desgana.*

DESGANAR v.tr. Quitar el deseo o las ganas de hacer algo. ✦ **desganarse** v.prnl. Perder el apetito. **2.** *Fig.* Perder las ganas de hacer algo.

DESGANO s.m. Amér. Desgana.

DESGAÑITARSE v.prnl. (de *gañir*, aullar). *Fam.* Gritar o vocear una persona haciendo un gran esfuerzo.

DESGARBADO, A adj. Falto de garbo.

DESGARRADO, A adj. y s. Que actúa con descaro.

DESGARRADOR, RA adj. Que desgarra: *aullido desgarrador.*

DESGARRADURA s.f. Desgarrón.

DESGARRAMIENTO s.m. Acción y efecto de desgarrar.

DESGARRAR v.tr. y prnl. Rasgar o romper una cosa de poca consistencia o resistencia, como papel o tela, tirando de ella. **2.** *Fig.* Causar una gran tristeza o pena a una persona.

DESGARRIATE s.m. Mex. *Fam.* Desorden.

DESGARRO s.m. Rotura que se hace en una cosa de poca consistencia o resistencia, como papel o tela, tirando de ella: *tener un desgarro en la camisa.* **2.** *Fig.* Descaro, desvergüenza. **3.** *Fig.* Chulería, fanfarronería. **4.** OBST. Herida lineal que, en ciertos casos, se produce en el periné durante el parto.

DESGARRÓN s.m. Desgarro grande, rotura. **2.** Jirón, trozo desgarrado de una tela.

DESGASIFICAR v.tr. [1]. Eliminar el aire o el gas contenido en un líquido o en un producto sólido fundido. **2.** Eliminar los gases y sedimentos que quedan en las cisternas de un petrolero después de la descarga.

DESGASOLINAR v.tr. Extraer los hidrocarburos líquidos de un gas natural.

DESGASTAR v.tr. y prnl. Gastar parte de la superficie de una cosa por el uso o el roce. ✦ **desgastarse** v.prnl. *Fig.* Perder fuerza, debilitarse.

DESGASTE s.m. Acción y efecto de desgastar o desgastarse.

DESGLACIACIÓN s.f. GEOGR. Recesión de los glaciares.

DESGLOSAR v.tr. Dividir una cosa en las partes que la componen para considerar cada parte por separado. **2.** Separar una hoja, pliego, etc., de otros con los cuales está encuadernado. **3.** DER. Separar algunas hojas de una pieza de autos.

DESGLOSE s.m. Acción y efecto de desglosar.

DESGOBERNAR v.tr. [10]. Gobernar mal. **2.** Alterar el orden o dirección de una cosa.

DESGOBIERNO s.m. Desorden, falta de gobierno: *reinar el desgobierno en una casa.*

DESGOLLETAR v.tr. Quitar el gollete o cuello a una recipiente. ✦ v.tr. y prnl. Aflojar o quitar las prendas que rodean el cuello.

DESGRACIA s.f. Suerte adversa. **2.** Suceso o acontecimiento que causa pena o sufrimiento: *ocurrir una desgracia.* **3.** Mal que constituye un perpetuo motivo de aflicción. **4.** Pérdida de gracia, favor o valimiento: *caer en desgracia.* ◇ **Hecho una desgracia** Muy sucio, estropeado o roto.

DESGRACIADO, A adj. y s. Que padece o implica desgracia. **2.** Desafortunado. ✦ s. *Fam.* y *desp.* Persona a la que se atribuye poco valor.

DESGRACIAR v.tr. y prnl. Echar a perder, malograr, impedir su desarrollo, quitar la gracia.

DESGRANADORA s.f. Máquina para desgranar el maíz, el lino, el algodón, etc.

DESGRANAR v.tr. Sacar o separar los granos de una cosa. **2.** Pasar una a una las cuentas del rosario cuando se reza. **3.** Decir varias cosas una detrás de otra. ✦ **desgranarse** v.prnl. Soltarse las piezas ensartadas.

DESGRASAR v.tr. Quitar o limpiar la grasa de algo.

DESGRAVAR v.tr. DER. Reducir los impuestos o los aranceles de una mercancía.

DESGREÑAR v.tr. y prnl. Despeinar, desordenar el cabello. ✦ **desgreñarse** v.prnl. Reñir, pelearse acaloradamente.

DESGUACE s.m. Acción y efecto de desguazar: *estar un automóvil para el desguace.* **2.** Esp. Lugar donde se desguaza.

DESGUARNECER v.tr. [37]. Quitar la fortaleza o la fuerza a una plaza, a un castillo, etc. **2.** Quitar la guarnición o adorno a una cosa. **3.** Quitar las guarniciones a una caballería. **4.** Quitar piezas esenciales a una cosa.

DESGUAZAR v.tr. [7]. Deshacer un buque, automóvil, máquina, etc., total o parcialmente. **2.** Amér. Romper alguna cosa, rasgándola.

DESGUINCE s.m. TECNOL. Utensilio con que se cortan los trapos en los molinos de papel.

DESHABILLÉ s.m. (voz francesa). *Salto de cama.

DESHABITAR v.tr. Dejar de habitar un lugar o casa. **2.** Dejar un lugar sin habitantes.

DESHABITUACIÓN s.f. Acción y efecto de deshabituar.

DESHABITUAR v.tr. y prnl. [18]. Hacer perder a alguien un hábito, especialmente si es perjudicial: *deshabituarse del tabaco.*

DESHACER v.tr. y prnl. [66]. Hacer que una cosa hecha quede al principio de hacerla, generalmente descomponerla en sus diversas partes: *deshacer una trenza.* **2.** Convertir algo sólido en líquido: *deshacer chocolate.* ✦ v.tr. Derrotar a alguien en un enfrentamiento, especialmente deportivo. **2.** Partir, separar en partes: *deshacer una res.* **3.** *Fig.* Hacer que un acuerdo o negocio pierda su validez: *deshacer un trato.* ✦ **deshacerse** v.prnl. *Fig.* Manifestar vehementemente pena, malestar o inquietud: *deshacerse en lágrimas.* **2.** *Fig.* Trabajar con mucho esfuerzo e interés. **3.** *Fig.* Estropearse, lisiarse: *deshacerse las manos fregando.* **4.** *Fig.* Desaparecer una cosa. **5.** Desprenderse de algo molesto: *deshacerse de los trastos viejos.* **6.** Desvivirse, esforzarse por complacer a alguien: *se deshace por sus hijos.* **7.** Prodigar en extremo a un persona alabanzas o atenciones: *deshacerse en cumplidos.*

DESHARRAPADO, A o **DESARRAPADO, A** adj. y s. Andrajoso, lleno de harapos.

DESHECHA s.f. COREOGR. Mudanza de la danza española que se hace con el pie contrario, deshaciendo la misma que se había hecho.

DESHECHIZAR v.tr. [7]. Deshacer un hechizo.

DESHECHO, A adj. Se dice del temporal, la lluvia, borrasca, etc., fuertes y violentos. **2.** Amér. Merid. Desaliñado. ✦ s.m. Amér. Desecho, atajo.

DESHELAR v.tr. y prnl. [10]. Convertir una cosa helada en líquido.

DESHERBAR v.tr. [10]. Arrancar las hierbas perjudiciales de un campo. SIN.: *desyerbar.*

DESHEREDACIÓN s.f. DER. Declaración explícita de voluntad por la que el testador priva de su legítima a un heredero forzoso. SIN.: *desheredamiento.*

DESHEREDADO, A adj. y s. Pobre, menesteroso.

DESHEREDAR v.tr. Excluir a una persona de una herencia: *desheredó a sus hijos.*

DESHIDRATACIÓN s.f. Acción y efecto de deshidratar. **2.** Operación o técnica de conservación de los productos alimenticios que consiste en extraer de un producto la humedad o parte del agua que contiene. **3.** MED. Estado de un organismo que ha perdido parte de su agua.

DESHIDRATADORA s.f. Aparato que sirve para disminuir la tasa de humedad de los forrajes hasta un 10 %, para asegurar su conservación.

DESHIDRATAR v.tr. y prnl. Quitar a un cuerpo el agua que contiene o parte de ella. ✦ **deshidratarse** Perder un cuerpo el agua que contiene o parte de ella.

DESHIDROGENACIÓN s.f. Acción de deshidrogenar. **2.** Oxidación de un compuesto orgánico por liberación de hidrógeno, bajo la acción de un enzima (deshidrogenasa).

DESHIDROGENAR v.tr. Quitar uno o varios átomos de hidrógeno a un compuesto químico.

DESHIELO s.m. Acción y efecto de deshelar o deshelarse, especialmente la nieve y el hielo en primavera como consecuencia de la elevación de la temperatura: *el deshielo se produce en primavera.* **2.** Época del año en que la nieve y el hielo se deshielan como consecuencia del aumento de la elevación de la temperatura. **3.** Conjunto de cambios llevados a cabo en URSS tras la muerte de Stalin.

DESHILACHAR v.tr. y prnl. Deshilar una tela formando hilachas.

DESHILADO s.m. Acción y efecto de deshilar o deshilarse. **2.** Labor que se hace con aguja en una tela sacando o juntando hilos y haciendo calados con los que quedan.

DESHILAR v.tr. y prnl. Sacar hilos de una tela dejándola en forma de fleco.

DESHILVANADO, A adj. Que no tiene enlace ni trabazón entre sus partes: *discurso deshilvanado* ✦ s.m. Acción y efecto de deshilvanar.

DESHILVANAR v.tr. y prnl. Quitar los hilvanes a una tela.

335

■ **DESIERTO** de clima árido de inviernos cálidos (Namibia).

DESHINCHAR v.tr. y prnl. Hacer que una parte del cuerpo de una persona o animal pierda la hinchazón: *deshincharse un tobillo*. **2.** Sacar el contenido de una cosa hinchada. **3.** *Fig.* y *fam.* Desahogar la cólera o enojo, abandonar la presunción o vanidad.

DESHIPOTECAR v.tr. [1]. Cancelar o suspender una hipoteca.

DESHOJADURA s.f. Acción de deshojar o deshojarse.

DESHOJAR v.tr. y prnl. Quitar las hojas a algo, especialmente los pétalos a una flor: *deshojar un libro; deshojar una margarita*.

DESHOJE s.m. Acción de deshojar una planta para facilitar la madurez del fruto.

DESHOLLINADOR, RA adj. y s. Que deshollina, especialmente la persona que se dedica profesionalmente a ello. ◆ s.m. Utensilio para deshollinar chimeneas.

DESHOLLINAR v.tr. Quitar el hollín de las chimeneas. **2.** Limpiar techos y paredes.

DESHONESTIDAD s.f. Cualidad de deshonesto. **2.** Dicho o hecho deshonesto.

DESHONESTO, A adj. Que no es honesto.

DESHONOR s.m. Pérdida del honor.

DESHONRA s.f. Pérdida de la honra. **2.** Cosa deshonrosa. ◇ **Tener a deshonra** Considerar una persona que algo es indecente o indecoroso para su forma de vivir.

DESHONRAR v.tr. y prnl. Quitar la honra. ◆ v.tr. Injuriar. **2.** Despreciar y escarnecer a alguien.

DESHONROSO, A adj. Que implica deshonra o incurre en ella.

DESHORA s.f. Tiempo inoportuno, no conveniente. ◇ **A deshora**, o **deshoras** Fuera de hora o tiempo: *comer a deshora*.

DESHORNAR v.tr. Sacar del horno algo que se estaba cociendo en él.

DESHUESADORA s.f. Máquina o aparato que sirve para quitar los huesos a la carne de un animal o a un fruto.

DESHUESAR v.tr. Quitar los huesos a la carne de un animal o a un fruto. SIN.: *desosar*.

DESHUMANIZACIÓN s.f. Acción de deshumanizar.

DESHUMANIZAR v.tr. [7]. Quitar carácter humano a alguien o algo, especialmente a las obras de arte. ◆ **deshumanizarse** v.prnl. Perder una persona su carácter humano.

DESHUMIDIFICACIÓN s.f. Acción de eliminar la humedad. SIN.: *deshumectación*.

DESIDERATA s.f. (voz latina, *cosas deseadas*). Lista de cosas que se desea adquirir, especialmente libros en las bibliotecas.

DESIDERATIVO, A adj. (del lat. *desdiderare*, desear). Que expresa deseo: *oración desiderativa*.

DESIDERÁTUM s.m. (lat. *desideratum,* cosa deseada). Deseo o aspiración. **2.** Cosa más digna de ser apreciada en su línea.

DESIDIA s.f. (lat. *desidia*). Descuido, negligencia, dejadez.

DESIDIOSO, A adj. y s. Que actúa con desidia o que la muestra.

DESIERTO, A adj. (lat. *desertus, -a, -um*, p. de *deserere*, abandonar, desertar). Se dice del lugar que no está poblado por personas o donde no hay gente: *calles desiertas.* **2.** Se dice de la subasta o certamen en que nadie toma parte; se dice del premio o trofeo que a nadie se adjudica: *el primer premio quedó desierto.* ◆ s.m. Región extensa y seca de escasa población y vegetación debida a la escasez de precipitaciones.

■ **DESIERTO** de clima árido de inviernos fríos (provincia de Xinjiang, noroeste de China).

DESIGNACIÓN s.f. Acción y efecto de designar.

DESIGNAR v.tr. (lat. *designare*). Nombrar a una persona o cosa. **2.** Señalar a alguien para desempeñar un empleo, cargo o función: *designar a alguien como director.* **3.** Formar designio o propósito de realizar algo.

DESIGNATIVO, A adj. y s. Que implica o denota designación.

DESIGNIO s.m. (bajo lat. *designium*). Pensamiento, idea, intención para realizar algo.

DESIGUAL adj. Que no es igual. **2.** De distinto nivel, no liso: *superficie desigual.* **3.** *Fig.* Inconstante, variable.

DESIGUALAR v.tr. Hacer que una persona o cosa no sea igual a otra.

DESIGUALDAD s.f. Cualidad de desigual. **2.** Elevación o depresiones de un terreno o una superficie. **3.** MAT. Relación algebraica en la que figuran dos cantidades desiguales separadas por un signo > (mayor que) o < (menor que).

DESILUSIÓN s.f. Pérdida de la ilusión. **2.** Desengaño.

DESILUSIONAR v.tr. y prnl. Hacer sufrir una desilusión.

DESIMANAR o **DESIMANTAR** v.tr. y prnl. Hacer que algo pierda la imanación.

DESINCRUSTAR v.tr. Quitar las incrustaciones.

DESINDUSTRIALIZACIÓN s.f. Reducción de la producción industrial de un sector, una región, un país o lugar. **2.** Reducción del número de puestos de trabajo en un sector industrial de un país.

DESINENCIA s.f. (del lat. *desinens, -ntis,* el que cesa, p. activo de *desinere,* cesar, terminar). LING. Morfema final o parte final de una palabra que indica algún tipo de variación gramatical, como el género, el número, el tiempo verbal, etc.

DESINFECCIÓN s.f. Acción de desinfectar.

DESINFECTANTE adj. y s.m. Se dice de la sustancia, el agente físico o producto que sirve para desinfectar.

DESINFECTAR v.tr. y prnl. Eliminar los gérmenes nocivos de una cosa.

DESINFLAMACIÓN s.f. Acción y efecto de desinflamar.

DESINFLAMAR v.tr. y prnl. Hacer que una parte del cuerpo de una persona o animal pierda la inflamación.

DESINFLAR v.tr. y prnl. Sacar el aire o el gas que contiene un cuerpo inflado. **2.** *Fig.* y *fam.* Desanimar, desilusionar. **3.** *Fig.* y *fam.* Disminuir la importancia de algo.

DESINFORMACIÓN s.f. Acción de desinformar. **2.** Falta de información.

DESINFORMAR v.tr. Informar ocultando o manipulando datos.

DESINHIBICIÓN s.f. Acción y efecto de desinhibir o desinhibirse.

DESINHIBIR v.tr. y prnl. Hacer que alguien pierda sus inhibiciones.

DESINSACULAR v.tr. Sacar las papeletas o cédulas en que se hallan los nombres de las personas insaculadas.

DESINSECTACIÓN s.f. Eliminación de los insectos nocivos de un lugar por procedimientos físicos, químicos o biológicos.

DESINTEGRACIÓN s.f. Acción y efecto de desintegrar o desintegrarse. **2.** FÍS. Transformación espontánea o provocada de un núcleo atómico o de una partícula elemental, dando lugar a uno o varios átomos o a otras partículas.

DESINTEGRAR v.tr. y prnl. Dividir una cosa en fragmentos o en las partes que la componen. **2.** FÍS. Provocar una desintegración.

DESINTERÉS s.m. Falta de interés. **2.** Desapego y desprendimiento de todo provecho personal, próximo o remoto.

DESINTERESADO, A adj. Que actúa sin interés. **2.** Que siente desinterés por alguna cosa: *alumnos desinteresados.* **3.** Que se hace o dice sin ánimo de obtener ningún beneficio: *esfuerzo desinteresado.*

DESINTERESARSE v.prnl. Perder alguien el interés por una persona o cosa.

DESINTOXICACIÓN s.f. Tratamiento destinado a anular la dependencia con respecto a un tóxico, como el alcohol o los estupefacientes.

DESINTOXICAR v.tr. y prnl. [1]. Hacer desaparecer en una persona una intoxicación. **2.** *Fig.* Hacer desaparecer en una persona los efectos de una información negativa.

DESINVERSIÓN s.f. Acción de suprimir o reducir las inversiones en un sector económico o en una empresa.

DESISTIR v.intr. (lat. *desistere*). Abandonar un propósito o intento que se había empezado: *tras un largo esfuerzo, desistió.* **2.** DER. Abdicar, abandonar un derecho.

DESJARRETAR v.tr. Cortar a una res las patas por el jarrete. **2.** *Fig.* y *fam.* Debilitar a alguien.

DESLABONAR v.tr. y prnl. Desunir o separar eslabones. **2.** *Fig.* Desunir una cosa de otra de la que forma parte.

DESLAVAZADO, A adj. Desordenado, alterado. **2.** Blando, falto de firmeza.

DESLAVE s.m. Amér. Derrubio.

DESLEAL adj. y s.m. y f. Que obra sin lealtad: *amigo desleal.*

DESLEALTAD s.f. Cualidad de desleal.

DESLEIMIENTO s.m. Acción y efecto de desleir.

DESLEÍR v.tr. y prnl. (del lat. *eligere,* escoger, seleccionar) [82]. Disolver una cosa sólida o pastosa en un líquido: *desleír azúcar en leche.*

DESLENGUADO, A adj. *Fig.* Que habla con desvergüenza y atrevimiento.

DESLENGUAMIENTO s.m. *Fam.* Acción y efecto de deslenguarse.

DESLENGUAR v.tr. [3]. Quitar o cortar la lengua. ◆ **deslenguarse** v.prnl. *Fig.* y *fam.* Faltar al respeto. SIN.: *descomedirse.*

1. DESLIAR v.tr. y prnl. [19]. Deshacer algo que esté atado, liado o envuelto.

2. DESLIAR v.tr. [19]. Quitar las lías, heces o partículas sólidas que enturbian el vino.

DESLIGAR v.tr. y prnl. [2]. Desatar las ligaduras. **2.** *Fig.* Separar una cosa de otra. **3.** *Fig.* Librar de un compromiso, obligación, etc.

DESLINDAR v.tr. Señalar los límites de una cosa o entre varias cosas. **2.** *Fig.* Diferenciar una cosa de otra señalando las características que no comparten.

DESLINDE s.m. Acción y efecto de deslindar. SIN.: *deslindamiento.* **2.** DER. Operación por la cual se determinan los límites materiales de una finca o terreno. SIN.: *deslindamiento.*

DESLIZ s.m. Error leve por falta de reflexión, especialmente cuando se trata de una falta moral relacionada con el sexo: *tener un desliz.* **2.** Deslizamiento.

DESLIZAMIENTO s.m. Acción y efecto de deslizar o deslizarse. ◇ **Superficie de deslizamiento** GEOL. Superficie a lo largo de la cual dos porciones de terreno han resbalado en relación mutua.

DESLIZANTE adj. Que desliza o se desliza. ◇ **Vector deslizante** MAT. Vector de módulo y sentido fijos, que puede tener como origen cualquier punto de una recta dada (*recta de aplicación*).

DESLIZAR v.tr. y prnl. [7]. Pasar una persona una cosa sobre la superficie de otra suavemente. **2.** Introducir una cosa en un lugar disimuladamente. **3.** *Fig.* Decir con disimulo algo intencionado. ◆ **deslizarse** v.prnl. Moverse sobre una superficie suavemente. **2.** *Fig.* Salir de un lugar o entrar en algún lugar disimuladamente. **3.** *Fig.* Transcurrir el tiempo, una acción o un suceso. **4.** *Fig.* Cometer un error, indiscreción, falta, etc.

DESLOCALIZAR v.tr. [7]. Trasladar una empresa alguno de sus centros de producción a otra zona geográfica, generalmente para abaratar los costes de mano de obra y obtener mejoras fiscales.

DESLOMAR v.tr. Herir a un animal dándole golpes en el lomo. **2.** *Fam.* Dar una paliza a alguien. ◆ v.tr. y prnl. *Fam.* Cansar o agotar mucho la dureza de un trabajo o esfuerzo.

DESLUCIMIENTO s.m. Acción y efecto de deslucir.

DESLUCIR v.tr. y prnl. [48]. Quitar una cosa la gracia o el atractivo a otra.

DESLUMBRAMIENTO s.m. Acción y efecto de deslumbrar o deslumbrarse.

DESLUMBRANTE adj. Que deslumbra. SIN.: *deslumbrador.*

DESLUMBRAR v.tr. y prnl. Hacer el exceso de luz que una persona pierda momentáneamente la visión. **2.** *Fig.* Causar una persona o una cosa por belleza una fuerte impresión.

DESLUSTRAR v.tr. Quitar el lustre a una cosa. **2.** Quitar la transparencia al vidrio o al cristal frotándolo con esmeril o por otro procedimiento.

DESMADEJAR v.tr. y prnl. Causar flojedad y debilidad en el cuerpo.

DESMADRARSE v.prnl. *Fam.* Actuar una persona sin inhibiciones, sin atenerse a las normas establecidas.

DESMADRE s.m. Acción y efecto de desmadrarse. **2.** *Fam.* Desorden, confusión.

DESMAGNETIZACIÓN s.f. Acción y efecto de desmagnetizar. **2.** Creación de un dispositi-

vo de protección individual de los buques contra las minas magnéticas.

DESMAGNETIZAR v.tr. [7]. Hacer que algo pierda la imantación.

DESMALEZAR v.tr. [7]. Amér. Quitar la maleza.

DESMALLAR v.tr. y prnl. Deshacer o cortar las mallas.

DESMAMAR v.tr. Destetar.

1. DESMÁN s.m. (del ant. *desmanarse,* desbandarse, dispersarse las tropas). Desorden, alteración del orden público: *desmanes callejeros.* **2.** Acto que implica abuso de autoridad: *el dictador cometió numerosos desmanes.*

2. DESMÁN s.m. (del sueco *desman-ratta,* rata de almizcle). Mamífero de hocico con forma de trompa y color pardusco, que mide unos 15 cm de long. (El desmán vive cerca de los ríos de los Pirineos y de Rusia y se alimenta de insectos acuáticos; orden insectívoros.)

■ **DESMÁN** de los Pirineos.

DESMANCHAR v.tr. Amér. Abandonar el grupo o compañía del que se forma parte, alejarse de las amistades. ◆ v.intr. Amér. Desbandarse, huir, salir corriendo. **2.** Amér. Quitar las manchas. ◆ **desmancharse** v.prnl. Amér. Salirse de la manada un animal.

DESMANDARSE v.prnl. Insubordinarse, propasarse, sublevarse.

DESMANO (A) loc. A trasmano.

DESMANOTADO, A adj. y s. *Fam.* Torpe, inhábil, desmañado.

DESMANTELAMIENTO s.m. Acción y efecto de desmantelar.

DESMANTELAR v.tr. Destruir una fortificación. **2.** *Fig.* Dejar un lugar sin muebles o los complementos necesarios. **3.** MAR. Desarbolar o desaparejar una embarcación.

DESMAÑADO, A adj. y s. Torpe, inhábil, desmanotado.

DESMAÑARSE v.prnl. Méx. Despertarse muy temprano.

DESMAQUILLADOR, RA adj. y s.m. Que sirve para desmaquillar.

DESMAQUILLAR v.tr. y prnl. Quitar el maquillaje del rostro o del cuerpo de una persona.

DESMARAÑAR v.tr. Desenredar.

DESMARCARSE v.prnl. [1]. DEP. Librarse un jugador de un equipo del marcaje de un adversario.

DESMATERIALIZACIÓN s.f. Aniquilación de las partículas materiales y correlativa aparición de energía. **2.** Desaparición pretendidamente paranormal de un objeto material.

DESMAYADO, A adj. Se dice del color pálido.

DESMAYAR v.tr. (fr. anal. *esmaïer,* perturbar, espantar). Causar desmayo. ◆ v.intr. *Fig.* Perder ánimo, valor o energía. ◆ **desmayarse** v.prnl. Sufrir un desmayo, perder el conocimiento. SIN.: *desvanecerse.*

DESMAYO s.m. Pérdida momentánea del conocimiento. **2.** Desaliento, pérdida de las fuerzas.

DESMEDIDO, A adj. Excesivo, falto de medida: *un desmedido afán de riquezas.*

DESMEDIRSE v.prnl. [89]. Desmandarse, excederse.

DESMEDRAR v.tr. y prnl. Deteriorar. ◆ v.intr. Decaer, debilitarse, enflaquecer.

DESMEJORAMIENTO s.m. Acción y efecto de desmejorar.

DESMEJORAR v.intr. y prnl. Ir perdiendo la salud. ◆ v.tr. y prnl. Ajar, deslucir, hacer perder el lustre y la perfección.

DESMELENAMIENTO s.m. Acción y efecto de desmelenar o desmelenarse.

DESMELENAR v.tr. y prnl. Despeinar, desor-

denar el cabello. ◆ **desmelenarse** v.prnl. *Fig.* y *fam.* Perder una persona sus inhibiciones y actuar con libertad y, generalmente, sin moderación.

DESMEMBRACIÓN s.f. Acción y efecto de desmembrar o desmembrarse.

DESMEMBRAR v.tr. [10]. Separar los miembros de un cuerpo. ◆ v.tr. y prnl. *Fig.* Dividir una colectividad: *desmembrarse un estado, un partido.*

DESMEMORIADO, A adj. y s. Que tiene mala memoria o que carece de ella.

DESMEMORIARSE v.prnl. *Fig.* Dejar de tener en la memoria, olvidarse. **2.** Perder la memoria.

DESMENTIDO s.m. Acción y efecto de desmentir. SIN.: *desmentida.*

DESMENTIR v.tr. [79]. Decir o demostrar que algo no es verdad: *desmentir una noticia.* **2.** Ser una cosa peor de lo que le corresponde por su origen, circunstancias o estado. ◆ v.intr. *Fig.* Desviarse una cosa de la línea, nivel o dirección que le corresponde.

DESMENUZAMIENTO s.m. Acción y efecto de desmenuzar o desmenuzarse.

DESMENUZAR v.tr. y prnl. [7]. Deshacer algo en fragmentos muy pequeños, especialmente con los dedos: *desmenuzar el pescado.* ◆ v.tr. *Fig.* Analizar minuciosamente algo: *desmenuzar un discurso.*

DESMERECEDOR, RA adj. Que desmerece: *una actitud desmerecedora de aprobación.*

DESMERECER v.tr. [37]. No merecer algo o hacerse indigno de ello. ◆ v.intr. Perder algo parte de su valor: *un automóvil desmerece con el uso.* **2.** Ser una persona o cosa inferior a otra con la que se compara: *la imitación desmerece del original.*

DESMERECIMIENTO s.m. Acción y efecto de desmerecer.

DESMESURA s.f. Falta de mesura o moderación.

DESMESURADO, A adj. Excesivo, mayor de lo común.

DESMESURARSE v.prnl. Descomedirse, excederse, insolentarse, atreverse.

DESMIGAJAR v.tr. y prnl. Desmenuzar una cosa, especialmente un alimento. SIN.: *desmigar.*

DESMILITARIZACIÓN s.f. Medida de seguridad prevista por tratado que prohíbe toda presencia o actividad militar en una zona determinada.

DESMILITARIZAR v.tr. [7]. Efectuar una desmilitarización.

DESMINERALIZACIÓN s.f. MED. Eliminación excesiva de sales minerales por la orina o las heces en el curso de ciertas enfermedades.

DESMIRRIADO, A adj. → ESMIRRIADO.

DESMITIFICAR v.tr. y prnl. [1]. Quitar el concepto o sentido mítico a algo o alguien.

DESMOCHADORA s.f. Máquina que sirve para desmochar.

DESMOCHAR v.tr. Dejar mocho algo quitándole la punta o parte superior: *desmochar un árbol, un toro, una rama.*

DESMOCHE s.m. Acción de desmochar.

DESMOCHO s.m. Conjunto de partes desmochadas de una cosa.

DESMOGAR v.intr. [2]. Mudar los cuernos el venado y otros animales.

DESMOLASA s.f. Enzima que provoca una oxidación o una reducción.

DESMOLDEAR v.tr. METAL. Extraer una pieza de fundición del molde en que ha sido colada.

DESMONETIZAR v.tr. [7]. Prohibir el uso de un metal en la acuñación de monedas. ◆ v.tr. y prnl. Argent., Chile, Par. y P. Rico. Despreciar, desacreditar.

DESMONTAR v.tr. Separar las piezas que componen una cosa: *desmontar un reloj.* SIN.: *desarmar.* **2.** Derribar un edificio o parte de él. **3.** Poner el mecanismo de disparo de un arma de fuego en posición de que no funcione. **4.** Limpiar un monte. de vegetación. **5.** Allanar un terreno. ◆ v.tr., intr. y prnl. Bajar a una persona de una caballería o de un vehículo.

DESMONTE s.m. Acción y efecto de desmontar. **2.** Operación que consiste en limpiar de vegetación parte de un terreno para hacer un camino, carretera, vía férrea, canal, etc. **3.** Conjunto de escombros que resulta de desmontar un terreno. **4.** Terreno desmontado. (Suele usarse en plural.)

DESMORALIZACIÓN s.f. Acción y efecto de desmoralizar o desmoralizarse.

DESMORALIZADOR, RA adj. y s. Que desmoraliza.

DESMORALIZAR v.tr. y prnl. [7]. Hacer perder la moral o las buenas costumbres. **2.** Hacer perder el valor o la decisión: *desmoralizarse por algún fracaso.*

DESMORONADIZO, A adj. Que tiende a desmoronarse.

DESMORONAMIENTO s.m. Acción y efecto de desmoronar o desmoronarse.

DESMORONAR v.tr. y prnl. (de *borona*, pan de mijo o de maíz, migaja). Deshacer poco a poco un cuerpo formado por una aglomeración de elementos: *desmoronar una pared.* ◆ **desmoronarse** v.prnl. *Fig.* Perder una persona el ánimo o el valor poco a poco.

DESMOTADO s.m. TEXT. Acción y efecto de desmotar.

DESMOTAR v.tr. Quitar las motas, cadillos o partículas vegetales adheridas a la lana. **2.** Quitar la semilla al algodón después de la recolección.

DESMOTIVAR v.tr. Hacer perder a alguien la motivación o el interés por algo.

DESMOVILIZAR v.tr. [7]. Licenciar a las tropas.

DESMULTIPLICACIÓN s.f. Proporción en que es reducida la velocidad en la transmisión de un movimiento.

DESNACIFICACIÓN s.f. Conjunto de medidas que se tomó en Alemania después de 1945 para eliminar los residuos del nacionalsocialismo.

DESNACIONALIZAR v.tr. y prnl. [7]. Quitar el carácter nacional a alguien o algo. **2.** Restituir al sector privado una empresa o industria previamente nacionalizada o expropiada.

DESNARIGAR v.tr. y prnl. [2]. *Fam.* Quitar la nariz a alguien o herírsela gravemente.

DESNATADORA s.f. Máquina que sirve para desnatar.

DESNATAR v.tr. Quitar la nata a la leche o a un producto lácteo.

DESNATURALIZACIÓN s.f. Acción y efecto de desnaturalizar o desnaturalizarse.

DESNATURALIZAR v.tr. y prnl. [7]. Hacer perder a una cosa las propiedades, cualidades o condiciones naturales. **2.** Privar a alguien del derecho de naturaleza.

DESNATURARSE v.prnl. Romper un vasallo los lazos de vasallaje que había establecido con el rey de Castilla.

DESNEBULIZACIÓN s.f. Conjunto de procedimientos que tienen por objeto eliminar la niebla, principalmente en los aeródromos.

DESNICOTINIZAR v.tr. [7]. Quitar o reducir la cantidad de nicotina del tabaco.

DESNITRACIÓN s.f. Acción de eliminar del suelo o de las aguas los compuestos nitratos que contienen.

DESNITRIFICACIÓN s.f. QUÍM. Acción y efecto de desnitrificar.

DESNITRIFICAR v.tr. [1]. QUÍM. Extraer el nitrógeno de una sustancia.

DESNIVEL s.m. Diferencia de nivel o altura entre dos o más puntos. **2.** Parte del terreno o del piso en que hay un cambio de nivel: *tropezó con un desnivel.*

DESNIVELAR v.tr. y prnl. Hacer que una cosa tenga desnivel.

DESNUCAR v.tr. y prnl. [1]. Fracturar los huesos de la nuca.

DESNUCLEARIZAR v.tr. y prnl. [7]. Prohibir o limitar el almacenamiento, la posesión y la fabricación de armas nucleares. **2.** Prohibir o limitar la instalación de centrales de energía nuclear.

DESNUDAR v.tr. y prnl. (lat. *denudare*). Dejar desnuda a una persona, quitarle la ropa o parte de ella. **2.** *Fig.* Quitar lo que cubre o adorna una cosa: *desnudar la espada.* ◆ **desnudarse** v.prnl. *Fig.* Rechazar, apartar de sí una cosa: *desnudarse de prejuicios.*

DESNUDEZ s.f. Cualidad de desnudo.

DESNUDISMO s.m. Nudismo.

DESNUDISTA adj. y s.m. y f. Nudista.

DESNUDO, A adj. Que no lleva el cuerpo cubierto de ropa o lleva muy poca. **2.** *Fig.* Que no tiene adornos, complementos o revestimientos: *una sala desnuda.* **3.** Que carece de algo, especialmente inmaterial: *desnudo de hipocresía.* ◆ s.m. B. ART. Representación del cuerpo humano o de parte de él desprovisto de ropas. ◇ **Al desnudo** Descubiertamente, a la vista de todos.

DESNUTRICIÓN s.f. Estado patológico del organismo debido a una nutrición deficiente o a trastornos en el metabolismo.

DESNUTRIRSE v.prnl. Padecer desnutrición.

DESOBEDECER v.tr. [37]. No hacer lo que alguien manda: *desobedecer las órdenes.*

DESOBEDIENCIA s.f. Acción y efecto de desobedecer. ◇ **Desobediencia civil**, o **pacífica** Resistencia pacífica.

DESOBEDIENTE adj. Que desobedece o tiende a desobedecer.

DESOBLIGADO, A adj. Méx. Irresponsable: *es un padre muy desobligado.*

DESOBSTRUIR v.tr. [88]. Quitar las obstrucciones. **2.** Desembarazar, desocupar.

DESOCUPACIÓN s.f. Desempleo.

DESOCUPADO, A adj. y s. Que no está ocupado, ocioso. **2.** Desempleado.

DESOCUPAR v.tr. Dejar libre un lugar. **2.** Sacar lo que hay dentro de alguna cosa. ◆ **desocuparse** v.prnl. Quedar libre de un empleo u ocupación

DESODORANTE adj. y s.m. Que neutraliza el mal olor.

DESODORIZAR v.tr. [7]. Neutralizar el mal olor.

DESOÍR v.tr. [84]. Desatender, no atender o hacer caso a alguien o algo.

DESOJAR v.tr. y prnl. Romper el ojo de un instrumento. ◆ **desojarse** v.prnl. *Fig.* Mirar con mucho ahínco para ver o hallar una cosa.

DESOLACIÓN s.f. Acción y efecto de desolar o desolarse.

DESOLADOR, RA adj. Que desuela o aflige: *paisaje desolador.* **2.** Que está destruido.

DESOLAR v.tr. [17]. Asolar, destruir: *desolar las murallas.* ◆ v.tr. y prnl. Entristecer, apenar.

DESOLDAR v.tr. y prnl. [17]. Quitar la soldadura.

DESOLLADERO s.m. Lugar donde se desuellan reses.

DESOLLADO, A adj. y s. *Fam.* Descarado, desvergonzado. ◆ s.m. B. ART. Representación de una persona o animal despojados de su piel.

DESOLLAR v.tr. y prnl. (del lat. vulgar hispánico *exfollare*, sacar la piel) [17]. Quitar la piel o parte de ella a una persona o animal: *desollar un conejo.* SIN.: *despellejar.* ◆ v.tr. *Fig. y fam.* Causar a alguien grave daño moral, material o económico. **2.** *Fig.* Criticar duramente.

DESOPILANTE adj. Que es divertido o causa risa.

DESOPILAR v.tr. y prnl. Curar la opilación.

DESORBITAR v.tr. y prnl. Hacer que una cosa se salga de su órbita. ◆ v.tr. *Fig.* Alterar, interpretar con exageración.

DESORCIÓN s.f. Fenómeno que consiste en abandonar un sólido, por encima de cierta temperatura, los gases que ha absorbido o adsorbido.

DESORDEN s.m. Falta de orden. **2.** Alteración del orden público, social, etc.: *desórdenes callejeros.* (Suele usarse en plural.) **3.** Falta de orden en las costumbres, especialmente si es un exceso. (Suele usarse en plural.)

DESORDENAR v.tr. y prnl. Alterar el orden de una cosa. ◆ **desordenarse** v.prnl. Descomedirse, excederse.

DESOREJADO, A adj. y s. *Fam.* Vil, infame, abyecto. ◆ adj. Amér. Central y Colomb. Tonto. **2.** Amér. Merid. y Pan. Que tiene mal oído para la música. **3.** Argent., Chile y Colomb. Sin asas. **4.** Argent., Cuba y Urug. Derrochador. **5.** Argent. y Urug. Irresponsable, desfachatado.

DESOREJAR v.tr. Cortar las orejas.

DESORGANIZACIÓN s.f. Acción y efecto de desorganizar.

DESORGANIZAR v.tr. y prnl. [7]. Alterar la disposición de un conjunto de personas o cosas que estaba organizado.

DESORIENTACIÓN s.f. Acción y efecto de desorientar. ◇ **Desorientación espaciotemporal** Estado patológico que se caracteriza por la incapacidad de situarse en el espacio y en el tiempo.

DESORIENTAR v.tr. y prnl. Hacer perder la orientación. **2.** *Fig.* Confundir, ofuscar, turbar.

DESORILLAR v.tr. Quitar las orillas a algo, especialmente a una tela o papel.

DESOSAR v.tr. [9]. Deshuesar.

DESOVAR v.intr. Depositar sus huevos las hembras de los peces, insectos y anfibios.

DESOVE s.m. Acción y efecto de desovar. **2.** Época en la que las hembras de los peces y anfibios desovan.

DESOVILLAR v.tr. Deshacer un ovillo.

DESOXIDANTE adj. y s.m. Que desoxida.

DESOXIDAR v.tr. y prnl. Quitar el óxido a una sustancia. ◆ v.tr. Limpiar de óxido un metal.

DESOXIGENAR v.tr. y prnl. Desoxidar, quitar el oxígeno.

DESOXIRRIBONUCLEICO, A adj. **Ácido desoxirribonucleico** BIOQUÍM. ADN.

DESPABILADERAS s.f.pl. Instrumento a modo de tijeras que sirve para cortar la parte quemada del pabilo. SIN.: *despabilador, despavesaderas.*

DESPABILAR v.tr., intr. y prnl. Espabilar. ◆ v.tr. Cortar la parte quemada del pabilo para avivar la luz. SIN.: *despavesar, espabilar.*

DESPACHADERAS s.f.pl. *Fam.* Atrevimiento, descaro al responder. **2.** Facilidad o desparpajo para resolver asuntos o dificultades.

DESPACHANTE s.m. y f. Argent. Dependiente de comercio. ◆ s.m. **Despachante de aduana** Argent., Par. y Urug. Agente que tramita el despacho de las mercancías en la aduana.

DESPACHAR v.tr., intr. y prnl. (fr. ant. *despeechier*). Acabar un trabajo. ◆ v.tr. e intr. Atender a un cliente en un establecimiento público, especialmente una tienda o un bar. **2.** Vender algo en un establecimiento público, especialmente una tienda. **3.** Esp. y Méx. Resolver o tratar un asunto o negocio. ◆ v.tr. Enviar a una persona o cosa a alguna parte. **2.** *Fam.* Despedir, echar a una persona de un trabajo. ◆ v.tr. y prnl. *Fig. y fam.* Matar. ◆ v.intr. *Fam.* Morir. ◆ **despacharse** v.prnl. Desembarazarse de una cosa. **2.** Esp. *Fam.* Hablar sin contención, decir alguien todo lo que le parece: *despacharse a gusto.*

DESPACHERO, A s. Chile. Persona que tiene un despacho o tienda.

DESPACHO s.m. Habitación o local donde se realiza un trabajo no manual. **2.** Conjunto de muebles de esta habitación o local. **3.** Acción y efecto de despachar. **4.** Establecimiento o parte de este donde se vende o despacha algo. **5.** Comunicación transmitida por telégrafo, teléfono, etc. **6.** Expediente, resolución. **7.** Chile. Establecimiento pequeño donde se venden comestibles. **8.** DER. Escrito que se utilizan las autoridades judiciales para comunicarse entre sí. **9.** DER. INTERN. Comunicación oficial, especialmente la que se establece entre el gobierno de una nación y sus representantes en los distintos países extranjeros.

DESPACHURRAMIENTO s.m. Acción y efecto de despachurrar o despachurrarse.

DESPACHURRAR v.tr. y prnl. *Fam.* Aplastar una cosa haciendo presión sobre ella o dándole un golpe. SIN.: *espachurrar.*

DESPACIO adv.m. (de *de espacio*). Poco a poco, lentamente: *andar despacio.* **2.** Amér. En voz baja. ◆ adv.t. Con tiempo suficiente, con detenimiento: *mañana hablaremos despacio de esto.* ◆ interj. Expresa comedimiento o moderación.

DESPACIOSO, A adj. Espacioso, lento, pausado.

DESPALILLADO s.m. Acción y efecto de despalillar.

DESPALILLAR v.tr. Quitar los palillos a las hojas del tabaco o el escobajo a la uva.

DESPAMPANANTE adj. *Fam.* Asombroso, llamativo, que llama mucho la atención: *mujer despampanante.*

DESPAMPANAR v.tr. Quitar los pámpanos a las vides. **2.** *Fig.* y *fam.* Dejar atónito.

DESPANCAR v.tr. [1]. Bol. y Perú. Separar la envoltura o panca de la mazorca del maíz.

DESPANZURRAR v.tr. y prnl. *Fam.* Despachurrar, reventar.

DESPAPAYE s.m. Méx. *Vulg.* Desorden.

DESPAPUCHO s.m. Perú. Disparate, tontería.

DESPARAFINADO s.m. Operación que consiste en quitar la parafina a un aceite mineral o al petróleo bruto.

DESPARASITAR v.tr. Eliminar los parásitos de un organismo.

DESPAREJAR v.tr. y prnl. Separar dos cosas que forman par o pareja.

DESPAREJO, A adj. Dispar, desigual.

DESPARPAJO s.m. *Fam.* Desenvoltura para decir o hacer algo: *moverse con desparpajo.* **2.** *Amér. Central.* Desorden, confusión.

DESPARRAMAMIENTO s.m. Acción y efecto de desparramar o desparramarse.

DESPARRAMAR v.tr. y prnl. Esparcir, separar lo que está junto o amontonado. ◆ v.tr. *Fig.* Malgastar, derrochar. **2.** *Argent.* Diluir un líquido espeso. **3.** *Argent., Méx., Par.* y *P. Rico.* Divulgar una noticia. ◆ **desparramarse** v.prnl. *Fam.* Echarse cómoda y desordenadamente en alguna parte.

DESPARRAMO s.m. *Argent., Chile* y *Cuba.* Acción y efecto de desparramar o desparramarse. **2.** *Chile* y *Urug. Fig.* Desbarajuste, desconcierto.

DESPATARRARSE v.prnl. *Fam.* Quedar o ponerse con las piernas muy abiertas.

DESPAVESADERAS s.f.pl. Despabiladeras.

DESPAVESAR v.tr. Despabilar, cortar la parte quemada del pabilo. **2.** Quitar la ceniza de las brasas.

DESPAVORIDO adj. Que siente gran pavor o miedo: *huir despavorido.*

DESPAVORIR v.intr. y prnl. [55]. Llenar de pavor o miedo.

DESPECHARSE v.prnl. Sentir despecho.

DESPECHO s.m. (del lat. *despectus, us,* desprecio). Indignación o resentimiento causado por un desengaño, que incita a la venganza. ◇ **A despecho de** A pesar de, contra la voluntad.

DESPECHUGAR v.tr. [2]. Quitar la pechuga a un ave. ◆ **despechugarse** v.prnl. *Fig.* y *fam.* Dejar el pecho o parte de él al descubierto, quitándose la ropa que lo cubre o desabrochándose la misma.

DESPECTIVO, A adj. (lat. *despectus, -us,* desprecio). Despreciativo. ◆ adj. y s.m. Se dice del sufijo, la palabra o expresión que denota o implica desprecio.

DESPEDAZAMIENTO s.m. Acción y efecto de despedazar o despedazarse.

DESPEDAZAR v.tr. y prnl. [7]. Hacer pedazos. **2.** *Fig.* Causar un gran dolor moral.

DESPEDIDA s.f. Acción y efecto de despedir o despedirse. **2.** Expresión o gesto que usa una persona para decirle adiós a otra. **3.** Copla final de ciertos cantos populares en la que la persona que canta se despide del público.

DESPEDIR v.tr. (del lat. *expetere,* reclamar, reivindicar) [89]. Lanzar una cosa con violencia otra cosa que estaba en su interior: *un volcán despide lava.* **2.** Esparcir una cosa otra que sale de su interior: *despedir buen olor.* **3.** Apartar, separar. ◆ v.tr. y prnl. Decir adiós a una persona utilizando una expresión o gesto, generalmente cualquier fórmula estereotipada para ello. **2.** Echar a una persona de un trabajo.

DESPEDREGAR v.tr. [2]. Limpiar de piedras un lugar.

DESPEGAR v.tr. y prnl. [2]. Separar una cosa de otra a la que está pegada o muy junta. **2.** TAUROM. Torear distanciado del toro. ◆ v.intr. Separarse una aeronave de la superficie sobre la cual está al levantar el vuelo. ◆ **despegarse** v.prnl. Perder el afecto o el interés que se sentía a alguien o algo. **2.** DEP. Separarse del grupo uno de los participantes de la carrera. **3.** MIL. Abandonar una unidad o una posición rompiendo el contacto con el

enemigo. ◇ **Despegar los labios** Hablar: *no despegó los labios en toda la tarde.*

DESPEGO s.m. Falta de afecto o interés hacia alguien o algo.

DESPEGUE s.m. Acción y efecto de despegar una aeronave. **2.** ECON. Etapa de impulso inicial que conduce a un crecimiento económico autosostenido.

DESPEINAR v.tr. y prnl. Deshacer el peinado, desordenar o enredar el cabello.

DESPEJADO, A adj. Se dice del lugar que no tiene objetos que obstaculizan el paso a través de él. **2.** Que entiende las cosas con rapidez y obra convenientemente.

DESPEJAR v.tr. (port. *despejar,* vaciar, desembarazar). Desocupar un lugar. **2.** MAT. Aislar por medio del cálculo la incógnita de una ecuación para calcular su valor en función de las otras cantidades que figuran en ella. ◆ v.tr. e intr. Alejar un jugador el balón de su área de juego. ◆ v.tr. y prnl. Aclarar una duda. **2.** Hacer que una persona recobre la claridad mental. **3.** Espabilar, mantener despierto. ◆ **despejarse** v.prnl. Adquirir o mostrar desenvoltura en el trato. **2.** Hacer desaparecer las nubes del cielo.

DESPEJE o **DESPEJO** s.m. Acción y efecto de despejar o despejarse.

DESPELLEJAMIENTO s.m. Desuello. **2.** Suplicio que consistía en despellejar vivo al condenado.

DESPELLEJAR v.tr. y prnl. Desollar. **2.** Criticar cruelmente.

DESPELOTARSE v.prnl. *Esp. Fam.* Desnudarse.

DESPELOTE s.m. *Argent.* y *Urug. Vulg.* Desorden, confusión.

DESPELUCAR v.tr. y prnl. [1]. *Chile, Colomb.* y *Pan.* Despeluzar, descomponer. ◆ v.tr. *Argent.* y *Méx. Fam.* Robar, ganar en el juego a alguien todo el dinero.

DESPELUZAR v.tr. [1]. *Cuba* y *Nicar.* Despelumar, dejar a alguien sin dinero.

DESPENALIZACIÓN s.f. Acción y efecto de despenalizar.

DESPENALIZAR v.tr. [7]. Dejar de considerar la autoridad competente algo como delito: *despenalizar el aborto.*

DESPENDER v.tr. Derrochar, malgastar.

DESPENSA s.f. (del ant. *despesa,* gasto). Lugar de la casa donde se guardan las provisiones de alimentos. **2.** Provisión de comestibles. **3.** Méx. Lugar bien asegurado que se destina en las minas a guardar los minerales ricos.

DESPENSERO, A s. Persona que tiene por oficio encargarse de la despensa.

DESPEÑADERO s.m. Precipicio, abismo, cavidad o declive alto. **2.** *Fig.* Riesgo o peligro a que alguien se expone.

DESPEÑAR v.tr. y prnl. Precipitar, arrojar a una persona o cosa desde un lugar alto o un precipicio.

DESPEPITARSE v.prnl. Hablar o gritar con vehemencia o con enojo. **2.** *Fig.* Sentir gran afición por algo o desear mucho una cosa.

DESPERCUDIDO, A adj. *Amér.* De piel clara. **2.** *Chile.* Despabilado, vivo, despejado.

DESPERDICIAR v.tr. Malgastar, gastar dinero, tiempo, etc., en cosas inútiles o que no lo merecen: *desperdiciar una buena ocasión.*

DESPERDICIO s.m. (bajo lat. *disperdotio, -onis,* acción de perderse totalmente). Acción de desperdiciar. **2.** Residuo que queda al usar una cosa. (Suele usarse en plural.) ◇ **No tener desperdicio** Ser muy útil, de mucho provecho: *el discurso no tiene desperdicio.*

DESPERDIGAR v.tr. y prnl. [2]. Dispersar.

DESPEREZARSE v.prnl. [7]. Estirar los miembros para desentumecerse o quitarse la pereza: *se levantó y se desperezó.*

DESPERFECTO s.m. Daño o deterioro que sufre algo: *la inundación ocasionó desperfectos en los desagües.* **2.** Defecto o falta que tiene una cosa.

DESPERNADO, A adj. Cansado de andar.

DESPERNANCARSE v.prnl. [1]. *Amér.* Despatarrarse.

DESPERNAR v.tr. y prnl. [10]. Cortar o estropear las piernas.

DESPERSONALIZACIÓN s.f. Acción y efecto

de despersonalizar o despersonalizarse. **2.** PSIQUIATR. Alteración de la conciencia del cuerpo o de la vivencia corporal, caracterizada por un sentimiento de extrañeza, que se da en ciertos trastornos psíquicos.

DESPERSONALIZAR v.tr. y prnl. [7]. Hacer perder a una persona su personalidad.

DESPERTADOR, RA adj. y s. Que despierta. ◆ adj. y s.m. Se dice del reloj que suena a la hora que previamente se ha fijado.

1. DESPERTAR v.tr. [10]. Interrumpir el sueño de alguien: *el ruido lo despertó.* **2.** *Fig.* Hacer que una cosa ya olvidada vuelva a la memoria: *despertar un recuerdo.* **3.** *Fig.* Hacer que alguien se dé cuenta del estado de engaño en el que vive y recapacite. **4.** *Fig.* Producir un sentimiento, deseo o sensación: *despertar simpatías.* ◆ v.intr. y prnl. Dejar de estar dormido. **2.** Producirse un sentimiento, deseo o una sensación en una persona. **3.** *Fig.* Hacerse más listo y astuto. ◆ **despertarse** v.prnl. Volver una cosa ya olvidada a la memoria.

2. DESPERTAR s.m. Momento en el que se interrumpe el sueño de alguien. **2.** Modo de despertarse. **3.** Inicio de una actividad.

DESPEZUÑARSE v.prnl. Estropearse las pezuñas un animal. **2.** *Chile, Colomb., Hond.* y *P. Rico. Fig.* Andar muy deprisa. **3.** *Chile, Colomb., Hond.* y *P. Rico. Fig.* Poner mucho empeño en algo.

DESPIADADO, A adj. Inhumano, cruel.

DESPICARSE v.prnl. [1]. *Argent.* Perder el gallo de pelea la parte más aguda del pico.

DESPIDO s.m. Acción y efecto de despedir a alguien de un trabajo.

DESPIECE s.m. Acción y efecto de dividir algo en piezas, especialmente la carne de un animal destinado a la alimentación.

DESPIERTO, A adj. (del lat. vulgar *expertus,* de *expergisci,* despertarse). Que no está durmiendo. **2.** *Fig.* Espabilado, listo, inteligente.

DESPILARAMIENTO s.m. MIN. Explotación de los pilares de mineral.

DESPILARAR v.tr. MIN. Recuperar el mineral que forma los pilares, quitando o extrayendo los mismos.

DESPILFARRADOR, RA adj. y s. Que despilfarra.

DESPILFARRAR v.tr. (de *pelfa,* variante dialectal de *felpa*). Malgastar el dinero de manera irreflexiva.

DESPILFARRO s.m. Acción y efecto de despilfarrar.

DESPIMPOLLAR v.tr. Quitarlos pimpollos superfluos a la vid.

DESPINOCHAR v.tr. Quitar las hojas a las mazorcas de maíz.

DESPINTAR v.tr. Quitar la pintura. **2.** *Fig.* Cambiar, desfigurar una cosa. ◆ v.tr. y prnl. *Chile, Colomb.* y *P. Rico.* Retirar, apartar la vista: *no despintar la mirada mientras se habla.* (Suele usarse en forma negativa.) ◆ **despintarse** v.prnl. Perder algo el color. **2.** *Fam.* Borrársele a alguien el recuerdo de una persona o cosa: *no se me va a despintar nunca su cara de sorpresa.*

DESPINTE s.m. *Chile.* Mineral de calidad inferior.

DESPIOJAR v.tr. y prnl. Quitar los piojos. **2.** *Fig.* y *fam.* Sacar a alguien de la miseria.

DESPIOLE s.m. *Argent.* Situación de confusión y desorden, jaleo.

DESPIPORRE s.m. *Fam.* Desorden festivo, escándalo.

DESPISTADO, A adj. y s. Se dice de la persona que presta poca atención a lo que ocurre a su alrededor y comete desaciertos y distracciones: *no saluda porque es muy despistada.*

DESPISTAR v.tr. y prnl. Desorientar, desconcertar, distraer.

DESPISTE s.m. Acción y efecto de despistar. **2.** *Argent.* Salida involuntaria de un automóvil de la pista de competición.

DESPITORRADO, A adj. Se dice del toro de lidia que tiene rota una o las dos astas, pero mantiene punta en ellas.

DESPLACER v.tr. [37]. Disgustar.

DESPLANCHAR v.tr. y prnl. Arrugar algo planchado.

DESPLANTAR v.tr. Desarraigar una planta.

◆ **v.tr. y prnl.** Desviar una cosa de la línea vertical. ◆ **desplantarse v.prnl.** Perder un bailarín o un esgrimidor la planta o postura recta.

DESPLANTE s.m. Dicho o hecho arrogante, descarado o insolente. **2.** Postura irregular de un bailarín o un esgrimidor. **3.** TAUROM. Adorno que consiste en volverse de espaldas al toro, arrojando a veces el engaño y arrodillándose.

DESPLAYADO s.m. Argent. Playa de arena que queda descubierta en la marea baja. **2.** Argent., Guat. y Urug. Descampado, terreno abierto desprovisto de árboles o construcciones.

DESPLAYAR v.intr. Retirarse el mar de la playa.

DESPLAYE s.m. Chile. Acción y efecto de desplayar. ◇ **Zona de desplaye** Región comprendida entre la bajamar más baja y la pleamar más alta.

DESPLAZADO, A adj. Se dice de la persona descentrada, no adaptada al sitio o ambiente en que está: *sentirse desplazado.*

DESPLAZAMIENTO s.m. Acción y efecto de desplazar o desplazarse. **2.** Volumen de agua, que un buque desaloja cuando flota y cuyo peso es igual al peso total de la embarcación. **3.** QUÍM. Reacción en el curso de la cual un átomo o grupo atómico remplaza a otro en un compuesto. **4.** PSICOANÁL. Traslado de la energía psíquica ligada a un deseo inconsciente hacia un objeto sustitutivo. ◇ **Actividad de desplazamiento** ETOL. Conjunto de movimientos que realiza un animal sin relación con el comportamiento que pretende desarrollar y que se manifiesta en las situaciones de conflicto. SIN.: *actividad de sustitución.*

DESPLAZAR v.tr. (fr. *déplacer*, de *place*, lugar) [7]. Desalojar un cuerpo, especialmente una embarcación, un volumen de agua u otro líquido, igual al de la parte de su casco sumergida: *desplazar un barco cuatro mil toneladas.* **2.** Quitar una persona a otra del puesto o cargo que ocupa o del papel que desempeña. ◆ **v.tr.** Mover del lugar en el que está. ◆ **desplazarse v.prnl.** Ir de un lugar a otro.

DESPLEGAR v.tr. y prnl. [4]. Extender, desdoblar o soltar lo que está plegado, arrollado o recogido. **2.** MIL. Hacer pasar una persona con autoridad los soldados del orden de marcha al de combate, del de columna de batalla y del profundo o cerrado al extenso y abierto. ◆ **v.tr.** Fig. Realizar una actividad o manifestar una cualidad. ◆ **desplegarse v.prnl.** ESGR. Tirarse a fondo.

DESPLIEGUE s.m. Acción y efecto de desplegar o desplegarse.

DESPLOMARSE v.prnl. Perder una construcción la posición vertical. **2.** Caer una cosa de gran peso a plomo. **3.** Fig. Caer una persona sin conocimiento o sin vida. **4.** Fig. Arruinarse, perderse.

DESPLOME s.m. Acción y efecto de desplomarse.

DESPLUMAR v.tr. y prnl. Quitar las plumas a un ave. ◆ **v.tr.** Fig. y fam. Dejar a alguien sin dinero.

DESPOBLACIÓN s.f. Acción y efecto de despoblar o despoblarse. SIN.: *despoblamiento.*

DESPOBLADO s.m. Lugar sin habitantes, especialmente un antes estuvo poblado.

DESPOBLAR v.tr. y prnl. [17]. Dejar un lugar sin habitantes o con muy pocos. ◆ **v.tr.** Fig. Dejar un lugar sin lo que hay en él habitualmente: *despoblar un terreno de árboles.*

DESPOETIZAR v.tr. [7]. Quitar a una cosa su carácter poético.

DESPOJAR v.tr. (lat. *despoliare*). Quitar a una persona algo, con violencia. SIN.: *desposeer.* **2.** DER. Quitar la posesión de los bienes o habitación que tenía una persona, para dársela a su legítimo dueño, precediendo sentencia para ello. ◆ **despojarse v.prnl.** Quitarse alguna prenda de vestir.

DESPOJO s.m. Acción de despojar o despojarse. **2.** Botín que se toma del enemigo vencido. **3.** Fig. Lo que se pierde por la muerte o por el paso del tiempo. ◆ **despojos s.m.pl.** Sobras, restos o desperdicios. **2.** Restos mortales de una persona. **3.** Materiales aprovechables de un edificio que se derriba. **4.** Partes y órganos, de menos valor que la carne, de un ave o una res destinada a la alimentación. (Los despojos de un ave son la cabeza, el pescuezo, los alones, las patas y la molleja; los de una res, la cabeza, las manos, la asadura y el vientre.)

DESPOLARIZANTE adj. y s.m. FÍS. Se dice del producto empleado en la fabricación de pilas eléctricas para impedir ciertas acciones electroquímicas que modifican las condiciones de funcionamiento de la pila.

DESPOLARIZAR v.tr. [7]. FÍS. Hacer que algo pierda la polarización.

DESPOLIMERIZACIÓN s.f. Degradación de un polímero en monómeros que pueden combinarse de nuevo para formar otros polímeros.

DESPOLITIZACIÓN s.f. Acción y efecto de despolitizar o despolitizarse.

DESPOLITIZAR v.tr. y prnl. [7]. Quitar el carácter político a algo o a alguien: *despolitizar un acto público.*

DESPORRONDINGARSE v.prnl. [2]. Colomb. y Venez. Fam. Despilfarrar.

DESPORTILLADURA s.f. Acción y efecto de desportillar o desportillarse.

DESPORTILLAR v.tr. y prnl. Deteriorar una cosa, especialmente un recipiente, haciéndole un portillo en su boca o canto.

DESPOSADO, A adj. y s. Recién casado.

DESPOSAR v.tr. (lat. *desponsare*). Unir una persona con autoridad competente en matrimonio a dos personas. ◆ **desposarse v.prnl.** Casar, contraer matrimonio. SIN.: *maridar.* **2.** Contraer esponsales.

DESPOSEER v.tr. [34]. Despojar, quitar a una persona algo, con violencia. ◆ **desposeerse v.prnl.** Renunciar una persona a lo que posee.

DESPOSORIO s.m. DER. Promesa que se hacen mutuamente dos personas para contraer matrimonio. (Suele usarse en plural.)

DESPOSTADOR s.m. Argent. Persona que tiene por oficio unir en matrimonio a dos personas.

DESPOSTAR v.tr. Amér. Merid. Descuartizar una res o un ave.

DESPOSTILLAR v.tr. Amér. Desportillar.

DÉSPOTA s.m. (gr. *despótis*, dueño, señor absoluto). Gobernante que ejerce su poder sin limitarse a las leyes. **2.** HIST. Príncipe que gozaba en su territorio de gran independencia respecto al poder central. ◆ **s.m. y f.** Persona que abusa de su poder o autoridad sobre los demás.

DESPOTADO s.m. HIST. Territorio del imperio bizantino gobernado por un príncipe que gozaba de gran independencia respecto al poder central.

DESPÓTICO, A adj. (gr. *despotikós*). Relativo al déspota o al despotismo. **2.** Absoluto, sin ley, tiránico.

DESPOTISMO s.m. Forma de gobierno en la cual el gobernante ejerce su poder sin limitarse a las leyes. **2.** Poder o autoridad que una persona ejerce abusivamente sobre los demás. ◇ **Despotismo ilustrado** HIST. Despotismo monárquico conforme con las ideas de la ilustración, que se desarrolló en varios países europeos a lo largo de la segunda mitad del s. XVIII.

DESPOTIZAR v.tr. [7]. Amér. Merid. Gobernar despóticamente, tiranizar.

DESPOTRICAR v.intr. y prnl. [1]. Fam. Dirigir críticas, protestas o expresiones ofensivas contra alguien: *despotricar contra el gobierno.*

DESPRECIABLE adj. Digno de ser despreciado. **2.** MAT. Que se puede despreciar sin cometer un error superior al máximo admitido en la aproximación con que se ha decidido trabajar.

DESPRECIAR v.tr. y prnl. Considerar a alguien indigno de estimación y tratarlo con desdén. **2.** Considerar algo de poco valor o importancia: *despreciar la amistad, una propuesta.* **3.** MAT. Omitir términos en alguna expresión o cifras decimales.

DESPRECIATIVO, A adj. Que implica o denota desprecio.

DESPRECIO s.m. Acción y efecto de despreciar.

DESPRENDER v.tr. y prnl. Separar o despegar algo que está unido o sujeto a otra cosa: *desprenderse una roca.* ◆ **v.tr.** QUÍM. Separar un producto volátil de una combinación. ◆ **desprenderse v.prnl.** Fig. Librarse de una persona o una cosa material o inmaterial que se sienten o perciben como una carga: *desprenderse de un abrigo viejo.* Fig. Dar o vender voluntariamente o por necesidad algo que se posee: *desprenderse de las joyas.* **2.** Fig. Deducirse, inferirse: *de sus palabras se desprende enojo.*

DESPRENDIDO, A adj. Dadivoso, desinteresado, generoso.

DESPRENDIMIENTO s.m. Acción y efecto de desprender o desprenderse. **2.** Fig. Generosidad, largueza, desinterés. **3.** B. ART. Representación del descendimiento del cuerpo de Cristo. **4.** MED. Separación entre tejidos que normalmente se hallan adheridos. **5.** MED. Fase de la expulsión de la cabeza del feto.

DESPREOCUPACIÓN s.f. Falta de preocupación. **2.** Descuido, negligencia.

DESPREOCUPARSE v.prnl. Dejar de preocuparse por alguien o algo. **2.** Dejar de atender a alguien o algo.

DESPRESAR v.tr. Amér. Merid. Descuartizar, despedazar, trinchar un ave.

DESPRESTIGIAR v.tr. y prnl. Quitar el prestigio a alguien o algo: *desprestigiar al clero.*

DESPRESTIGIO s.m. Acción y efecto de desprestigiar o desprestigiarse.

DESPRESURIZAR v.tr. [7]. Quitar o disminuir la presurización de una aeronave.

DESPREVENCIÓN s.f. Falta de prevención.

DESPREVENIDO, A adj. Que no está prevenido o preparado. **2.** Desprovisto de lo necesario.

DESPROLIJO, A adj. Argent., Chile y Urug. Falto de prolijidad, poco esmerado.

DESPROPORCIÓN s.f. Falta de proporción.

DESPROPORCIONAR v.tr. Quitar la proporción a algo.

DESPROPÓSITO s.m. Dicho o hecho fuera de razón o sentido.

DESPROVEER v.tr. [39]. Quitar lo necesario a las provisiones a alguien.

DESPROVISTO, A adj. Que carece de algo necesario.

DESPUÉS adv.t. Indica posterioridad en el tiempo con respecto al momento en que se habla o del que se habla: *iré después de clase.* ◆ **adv.l.** Indica posterioridad en el espacio con respecto al punto en el que se encuentra o del que se habla: *el banco está después de la panadería.* ◆ **adv.** Indica posterioridad en el rango, jerarquía o preferencia: *es el que manda más, después del director.* ◆ **adj.** Con sustantivos que indican división de tiempo, expresa posterioridad: *un año después.* ◇ **Después de** Tiene valor concesivo: *después de lo que hice por ti, me pagas con tu indiferencia.*

DESPUESITO adv.t. Guat., Méx. y P. Rico. Fam. Después, dentro de un momento, en seguida.

DESPULPADOR s.m. Instrumento que sirve para extraer la pulpa de un fruto.

DESPULPAR v.tr. Sacar o deshacer la pulpa de un fruto.

DESPUMACIÓN s.f. Acción y efecto de despumar. **2.** Extracción o separación de las escorias e impurezas.

DESPUMAR v.tr. Espumar, quitar la espuma.

DESPUNTAR v.tr. y prnl. Quitar o gastar la punta de alguna cosa: *despuntar un lápiz.* ◆ **v.tr.** Argent. Remontar un río u otro caudal de agua por las márgenes hasta las puntas. ◆ **v.intr.** Empezar a brotar una planta: *despuntar la cebada.* **2.** Fig. Distinguirse, sobresalir una persona en una actividad. **3.** Empezar a manifestarse o aparecer algo, especialmente la luz del sol.

DESPUNTE s.m. Acción y efecto de despuntar o despuntarse. **2.** Argent. y Chile. Leña delgada o desmocho.

DESQUEJE s.m. Multiplicación artificial de los vegetales por esqueje.

DESQUICIAR v.tr. y prnl. Desencajar una puerta o ventana de su quicio. **2.** Fig. Hacer perder a una cosa el orden. **3.** Fig. Hacer perder a una persona el aplomo y la seguridad.

DESQUITAR v.tr. y prnl. Compensar a alguien de una pérdida o contratiempo.

DESQUITE s.m. Acción y efecto de desquitar.

DESRASPAR v.tr. Quitar el escobajo de la uva pisada antes de ponerla a fermentar.

DESRATIZACIÓN s.f. Acción y efecto de desratizar.
DESRATIZAR v.tr. [7]. Exterminar las ratas y ratones de un lugar.
DESREGLAMENTACIÓN s.f. ECON. Supresión de las normas y regulaciones gubernamentales y jurídicas que permite el libre funcionamiento de las fuerzas de la oferta y la demanda.
DESREGULACIÓN s.f. ECON. *Anglic.* Proceso de liberalización o desreglamentación.
DESRIELAR v.intr. y prnl. Amér. Central, Bol., Chile, Perú y Venez. Descarrilar.
DESRIÑONAR v.tr. y prnl. Derrengar, descaderar.
DESRIZAR v.tr. y prnl. [7]. Deshacer los rizos de algo: *desrizar el cabello.*
DESRODRIGAR v.tr. [2]. AGRIC. Quitar los rodrigones a una planta, especialmente una vid.
DESTACADO, A adj. Que destaca o sobresale: *un destacado filósofo.*
DESTACAMENTO s.m. Grupo de soldados separado de su núcleo orgánico o táctico para realizar una misión determinada.
DESTACAR v.tr. y prnl. [1]. MIL. Separar un grupo de soldados de su núcleo orgánico o táctico para realizar una misión determinada. 2. MÚS. Ejecutar las notas con nitidez, pero sin martilleo. ◆ v.tr. Poner de relieve las cualidades de algo: *destacar el rojo sobre el negro.* ◆ v.intr. y prnl. Fig. Sobresalir: *destaca por su buen gusto.* SIN.: *descollar.*
DESTACE s.m. Acción y efecto de destazar.
DESTAJAR v.tr. Ecuad. y Méx. Destazar, descuartizar una res.
DESTAJISTA s.m. y f. Persona que trabaja a destajo. SIN.: *destajero.*
DESTAJO s.m. Trabajo que se paga en función del volumen de trabajo realizado. 2. Fig. Obra o empresa que una persona toma por su cuenta. ◇ **A destajo** Con empeño, sin descanso y aprisa; Argent. y Chile. A bulto, a ojo. **Hablar a destajo** Fig. y fam. Hablar demasiado.
DESTALONAR v.tr. y prnl. Quitar o romper el talón del calzado. 2. TECNOL. Afilar un útil de manera que durante el trabajo la cara del útil que está frente a la superficie trabajada no entre en contacto con esta superficie.
DESTAPAR v.tr. Quitar la tapa o el tapón de un recipiente: *destapar una botella.* ◆ v.tr. y prnl. Descubrir algo que estaba oculto. ◆ **destaparse** v.prnl. Fig. Mostrar alguien sentimientos o intenciones que estaban ocultos.
DESTAPE s.m. Acción y efecto de destapar o destaparse. 2. Fam. Acción de desnudarse un artista total o parcialmente en una película o espectáculo.
DESTARA s.f. Peso que se descuenta de lo que se ha pesado con tara.
DESTARAR v.tr. Descontar la tara de lo que se ha pesado con ella.
DESTARTALADO, A adj. y s. Deteriorado, desordenado, desproporcionado.
DESTAZAR v.tr. [7]. Dividir en piezas o pedazos, especialmente la carne de un animal destinada a la alimentación.
DESTEJER v.tr. y prnl. Deshacer algo que se ha tejido. 2. Fig. Desbaratar lo dispuesto o tramado.
DESTELLAR v.tr. (lat. *destillare,* gotear). Despedir destellos.
DESTELLO s.m. Resplandor de luz intensa y de breve duración. 2. Fig. Manifestación momentánea de alguna cualidad en alguien o algo: *destello de alegría.*
DESTEMPLANZA s.f. Falta de templanza en las condiciones atmosféricas. 2. Falta de moderación en el comportamiento: *comer con destemplanza.* 3. Sensación de malestar, a veces acompañada de escalofríos o febrícula.
DESTEMPLAR v.tr. Alterar la armonía y el buen orden de algo. ◆ v.tr. y prnl. Desafinar un instrumento musical de cuerda: *destemplar la guitarra.* 2. Hacer perder el temple a un metal. ◆ **destemplarse** v.prnl. Sentir malestar físico. 2. Fig. Perder la moderación. 3. Chile, Ecuad., Guat., Méx. y Perú. Sentir dentera. (En México se usa siempre como loc.: *destemplarse los dientes.*)

DESTEÑIR v.tr., intr. y prnl. [81]. Quitar el tinte a una cosa o empalidecer los colores.
DESTERNILLARSE v.prnl. Romperse las ternillas o cartílagos. 2. Fig. Reírse mucho y de modo estentóreo: *desternillarse de risa.*
DESTERRAR v.tr. (de *tierra*) [10]. Expulsar una autoridad competente a alguien del país al que legalmente pertenece. 2. Fig. Apartar o alejar algo inmaterial: *desterrar una idea de la mente.* 3. Fig. Abandonar o hacer abandonar una costumbre, hábito o práctica: *la calefacción ha desterrado el uso del brasero.*
DESTERRONADOR s.m. Instrumento que sirve para desterronar.
DESTERRONAR v.tr. y prnl. Deshacer o romper los terrones.
DESTETAR v.tr. y prnl. Hacer que un niño o una cría de animal termine el período de lactancia. SIN.: *desmamar.* ◆ v.tr. Fig. Hacer que un hijo se valga por sí mismo fuera del hogar.
DESTETE s.m. Acción y efecto de destetar o destetarse.
DESTIEMPO (A) loc. Fuera de tiempo, en momento inoportuno: *pitar penalti por una entrada a destiempo.*
DESTIERRO s.m. Pena que consiste en expulsar a una persona de un territorio determinado. 2. Lugar donde vive la persona desterrada. 3. Lugar alejado o incomunicado.
DESTILACIÓN s.f. Operación que consiste en vaporizar parcialmente un líquido y en condensar los vapores formados para separarlos: *la destilación del vino proporciona alcohol.* 2. Operación que consiste en liberar un sólido de sus componentes gaseosos: *el coque se obtiene por destilación de la hulla grasa.*
DESTILADO s.m. Producto obtenido por destilación.
DESTILADOR, RA adj. y s. Que destila. ◆ s.m. Alambique. 2. Reactor nuclear de pequeñas dimensiones, en el cual la materia activa es una sal de uranio disuelta en agua corriente.
DESTILAR v.tr. (del lat. *destillare,* gotear). Efectuar una destilación. 2. Segregar una cosa una sustancia gota a gota. ◆ v.intr. Salir una sustancia gota a gota. ◆ v.tr. y prnl. Mostrar alguna cualidad o sentimiento de manera muy intensa: *el poema destila ternura.*
DESTILERÍA s.f. Establecimiento donde se efectúan destilaciones.
DESTINAR v.tr. (lat. *destinare*). Señalar o determinar una cosa para algún uso o tarea. 2. Designar a una persona para un empleo o ejercicio, o para que preste sus servicios en determinado lugar. 3. Enviar algo a alguien o a un lugar.
DESTINATARIO, A s. Persona a quien se envía o dirige algo.
DESTINO s.m. Lugar al que se dirige una persona o cosa. 2. Uso o empleo que se da a una cosa: *su destino es servir de apoyo.* 3. Empleo u ocupación que se destina a una persona: *un destino de cartero.* 4. Lugar donde está destinada una persona para ejercer su empleo o prestar sus servicios. 5. Fuerza o causa que determina lo que va ocurrir de manera inexorable. 6. Conjunto de sucesos que se considera determinado por esa fuerza o causa. 7. Situación a la que una persona o cosa ha de llegar inevitablemente.
DESTITUCIÓN s.f. Acción y efecto de destituir.
DESTITUIR v.tr. (lat. *destituere,* abandonar, suprimir) [88]. Desposeer a alguien de su empleo o cargo: *destituir a un ministro.*
DESTOCARSE v.prnl. [1]. Quitarse alguien del sombrero o la prenda de vestir que le cubre la cabeza.
DESTOCONAR v.tr. Quitar los tocones a un árbol después de cortado.
DESTORCER v.tr. y prnl. [31]. Deshacer algo que está retorcido. ◆ v.tr. Fig. Enderezar algo que está torcido: *destorcer una vara.*
DESTORNILLADOR s.m. Instrumento que sirve para atornillar y destornillar.
DESTORNILLAR v.tr. → DESATORNILLAR.
DESTRABAR v.tr. y prnl. Quitar las trabas.
DESTRAL s.m. (lat. hispánico *dextralis*). Hacha pequeña.

DESTRENZAR v.tr. y prnl. [7]. Deshacer las trenzas del pelo.
DESTREZA s.f. (de *diestro*). Agilidad, soltura, habilidad, arte.
DESTRIPADOR, RA adj. y s. Que destripa.
DESTRIPAR v.tr. Sacar las tripas a un animal: *destripar un toro.* 2. Fig. y fam. Despedazar, reventar. 3. Fig. y fam. Destruir el efecto de un relato anticipando el desenlace o solución. ◆ v.intr. Méx. Fam. Abandonar los estudios.
DESTRIPATERRONES s.m. (pl. *destripaterrones*). Fam. Jornalero que trabaja la tierra.
DESTRONAMIENTO s.m. Acción y efecto de destronar.
DESTRONAR v.tr. Echar a un rey del trono. 2. Fig. Quitar a alguien o algo la posición preeminente que ocupa.
DESTROZAR v.tr. y prnl. [7]. Romper o hacer trozos una cosa: *destrozar un sillón.* 2. Fig. Causar un gran daño moral o físico a una persona. ◆ v.tr. Fig. Estropear, dejar algo en mal estado: *destroza el calzado jugando al fútbol.* 2. Causar un grave daño a algo. 3. Derrotar a una persona de manera contundente en un enfrentamiento.
DESTROZO s.m. Acción y efecto de destrozar o destrozarse.
DESTROZÓN, NA adj. y s. Que destroza o rompe mucho las cosas.
DESTRUCCIÓN s.f. Acción y efecto de destruir.
DESTRUCTIVO, A adj. Que destruye o puede destruir.
DESTRUCTOR, RA adj. Que destruye. ◆ s.m. Buque de guerra de tonelaje medio, rápido, fuertemente armado, encargado especialmente de misiones de escolta.
DESTRUIR v.tr. y prnl. (lat. *destruere*) [88]. Deshacer o reducir a trozos pequeños una cosa material, o hacerla desaparecer: *destruir la cosecha, destruir pruebas.* Fig. Hacer desaparecer o inutilizar algo inmaterial: *destruir las esperanzas.*
DESTUSAR v.tr. Amér. Central. Quitar la hoja al maíz.
DESTUTANARSE v.prnl. Amér. Esforzarse, desvivirse.
DESUARDADO s.m. Operación que consiste en eliminar la suarda de la lana bruta.
DESUELLO s.m. Acción y efecto de desollar o desollarse. SIN.: *despellejamiento.*
DESUERAR v.tr. Quitar el suero a algo.
DESULFITACIÓN s.f. Operación que consiste en eliminar parte del anhídrido sulfuroso con que se había enriquecido el mosto o el vino por sulfitación.
DESULFURACIÓN s.f. Operación que consiste en extraer el azufre o los compuestos sulfurados de una sustancia.
DESULFURAR v.tr. Efectuar una desulfuración.
DESUNCIR v.tr. [42]. Desyugar.
DESUNIÓN s.f. Acción y efecto de desunir o desunirse.
DESUNIR v.tr. y prnl. Separar algo que está unido. 2. Fig. Introducir discordia entre dos o más personas: *desunir un equipo.*
DESUSADO, A adj. Inusual, desacostumbrado, insólito: *un desusado interés por la artesanía.* 2. Que no se usa: *voz desusada.*
DESUSAR v.tr. y prnl. Dejar de usar.
DESUSO s.m. Falta de uso: *expresión caída en desuso.*
DESVAÍDO, A adj. Se dice del color pálido y poco intenso. 2. Que tiene las líneas del contorno desdibujadas. 3. Que es poco claro y preciso.
DESVALIDO, A adj. y s. Desamparado, falto de ayuda o protección.
DESVALIJAMIENTO s.m. Acción y efecto de desvalijar. SIN.: *desvalijo.*
DESVALIJAR v.tr. Robar a alguien todo lo que tiene o lleva encima.
DESVALIMIENTO s.m. Desamparo, falta de ayuda y protección.
DESVALORIZACIÓN s.f. Disminución del valor de una moneda fiduciaria con relación al oro. 2. Fig. Disminución del valor, del crédito, de la eficacia.

DESVALORIZAR v.tr. y prnl. [7]. Hacer perder valor a alguien o algo.

DESVÁN s.m. (de *vano*, vacío, inútil). Parte de la casa situada inmediatamente debajo del tejado, que suele destinarse a guardar cosas en desuso.

DESVANECEDOR, RA adj. Que desvanece. ◆ s.m. Aparato que sirve para desvanecer parte de una fotografía al sacarla en papel.

DESVANECER v.tr. y prnl. (de *evanescere*, desaparecer) [37]. Hacer desaparecer algo disminuyendo su densidad o intensidad de forma gradual: *el humo se desvaneció lentamente*. **2.** *Fig.* Hacer desaparecer una idea, imagen o un sentimiento de la mente: *desvanecer la duda*. ◆ **desvanecerse** v.prnl. Desmayarse, sufrir un desmayo: *se desvaneció al oír la noticia*. **2.** Evaporarse la parte volátil de una cosa.

DESVANECIMIENTO s.m. Acción y efecto de desvanecer o desvanecerse. **2.** RADIODIF. Disminución temporal de la intensidad de las señales radioeléctricas. SIN.: *fading*.

DESVARIAR v.intr. [19]. Delirar, hacer, pensar o decir disparates.

DESVARÍO s.m. Dicho o hecho propios de la persona que desvaría. **2.** Estado en que se encuentra la persona que desvaría. **3.** *Fig.* Monstruosidad, cosa fuera de lo común.

DESVELAR v.tr. y prnl. (del lat. *evigilare*, despertar). Quitar el sueño a alguien. ◆ v.tr. Descubrir o poner de manifiesto algo oculto: *desvelar un secreto*. ◆ **desvelarse** v.prnl. *Fig.* Esforzarse o desvivirse por alguien o por algo: *desvelarse por aprobar.*

DESVELO s.m. Acción y efecto de desvelar o desvelarse.

DESVENAR v.tr. Méx. Quitar las nervaduras a los chiles para que piquen menos.

DESVENCIJAR v.tr. y prnl. Aflojar, desunir o separar las partes de una cosa.

DESVENDAR v.tr. y prnl. Quitar o desatar la venda con que está atada o cubierta una cosa. SIN.: *desenvendar.*

DESVENO s.m. Arco que en el centro del bocado forma el hueco necesario para alojar la lengua del caballo. **2.** Brida.

DESVENTAJA s.f. Circunstancia o situación menos favorable de una persona o cosa con respecto a otra.

DESVENTURA s.f. Desgracia, suerte adversa.

DESVENTURADO, A adj. Que padece o implica desventuras o desgracias. ◆ adj. y s. Que es apocado, tímido. **2.** Tacaño, miserable.

DESVERGONZARSE v.prnl. [24]. Perder la vergüenza.

DESVERGÜENZA s.f. Falta de vergüenza, comedimiento o dignidad. **2.** Dicho o hecho atrevido o irrespetuoso.

DESVESTIR v.tr. y prnl. [89]. Desnudar, quitar la ropa.

DESVIACIÓN s.f. Acción y efecto de desviar o desviarse. **2.** Desplazamiento lateral de un cuerpo respecto a su posición media: *desviación del aparato*. **3.** Camino distinto del habitual, que han de seguir los vehículos cuando un tramo de la carretera no está operativo. **4.** ESTADÍST. Discrepancia, diferencia algebraica entre dos valores. **5.** PSICOL. Actitud de una persona o de un subgrupo que contesta, transgrede y se aparta de las reglas y normas en vigencia en un grupo o sistema social determinado. ◇ **Desviación aritmética,** o **absoluta** ESTADÍST. Media aritmética de las desviaciones de los datos estadísticos, tomadas en valor absoluto, con respecto a su media aritmética. **Desviación cuadrática media,** o **tipo** ESTADÍST. Raíz cuadrada de la media de los cuadrados de las desviaciones de los elementos, cuando estas se toman con respecto a la media aritmética.

DESVIACIONISMO s.m. Separación o distanciamiento de la línea que determina un partido político u otra organización de los que se forma parte.

DESVIACIONISTA adj. y s.m. y f. Relativo al desviacionismo; partidario de esta actitud.

DESVIADOR, RA adj. Que desvía o aparta. ◆ s.m. Instrumento que permite desviar de la vertical un pozo en perforación. **2.** ELECTRÓN. Bobina magnética que, en un tubo catódico, sirve para desviar el haz electrónico que explora la pantalla para formar la imagen. ◇ **Desviador del chorro** Dispositivo que permite orientar el chorro de un turborreactor o de un cohete.

DESVIAR v.tr. y prnl. (lat. *deviare*) [19]. Apartar, separar de su lugar, camino o dirección a una persona o cosa. **2.** *Fig.* Disuadir o apartar a alguien de su propósito.

DESVINCULACIÓN s.f. Acción y efecto de desvincular o desvincularse. **2.** HIST. Liberación o desamortización de un bien vinculado, especialmente de un mayorazgo.

DESVINCULAR v.tr. y prnl. Anular el vínculo o relación que une varias cosas o personas: *desvincularse de su familia.*

DESVÍO s.m. Desviación, acción y efecto de desviar. **2.** Desviación, camino distinto del habitual. **3.** *Fig.* Desapego, frialdad. **4.** Amér. Merid. y P. Rico. Apartadero de una línea férrea. **5.** F. C. Dispositivo para bifurcar o unir vías de ferrocarril.

DESVIRGAR v.tr. [2]. Hacer perder la virginidad a una mujer.

DESVIRTUAR v.tr. y prnl. [18]. Hacer que algo pierda la virtud, rigor, sustancia o mérito.

DESVITRIFICACIÓN s.f. Cristalización del vidrio por la acción del calor, causando una pérdida de transparencia.

DESVITRIFICAR v.tr. [1]. Efectuar la desvitrificación.

DESVIVIRSE v.prnl. Mostrar mucho interés por una persona o cosa.

DESYEMAR v.tr. Sacar las yemas superfluas de un árbol o una vid.

DESYERBAR v.tr. Desherbar.

DESYUGAR v.tr. [2]. Quitar el yugo.

DETALL (AL) loc. Al por menor: *venta al detall.* CONTR.: *al por mayor.*

DETALLAR v.tr. (fr. *détailler*). Contar o explicar una cosa con todos los detalles. **2.** Vender al detall.

DETALLE s.m. (fr. *détail*). Pormenor, circunstancia o parte de algo, considerados como secundarios. **2.** Rasgo de atención, cortesía o delicadeza; regalo de poca importancia que se da como muestra de afecto o cortesía. **3.** Fragmento o aspecto parcial de algo, especialmente de una obra de arte.

DETALLISTA adj. y s.m. y f. Se dice de la persona que cuida mucho de los detalles o que tiene detalles con otra. **2.** Se dice del comerciante que vende al por menor. ◆ adj. y s. Se dice del establecimiento comercial que vende al por menor.

DETASA s.f. DER. Rectificación de los portes pagados en los ferrocarriles, u otros medios de transporte, para efectuar la debida rebaja y obtener la devolución del exceso cobrado.

DETECCIÓN s.f. Acción de detectar. **2.** MIL. Operación que tiene por objeto determinar la posición de los aviones, submarinos, etc.

DETECTAR v.tr. Descubrir la presencia de alguien o algo que no se percibe a simple vista.

DETECTIVE s.m. y f. Persona que tiene por oficio investigar asuntos por encargo de un cliente. SIN.: *detective privado.* **2.** Oficial de policía que investiga delitos.

DETECTOR, RA adj. Que sirve para detectar. ◆ s.m. Cualquier aparato utilizado para detectar, descubrir o poner de manifiesto la presencia de un cuerpo o de un fenómeno oculto: *detector de gases tóxicos, de mentiras.*

DETENCIÓN s.f. Acción y efecto de detener o detenerse. **2.** Detenimiento, tardanza. **3.** DER. Privación de libertad. ◇ **Detención preventiva** La que se impone a una persona que se supone ha intervenido en un hecho delictivo.

DETENER v.tr. y prnl. (lat. *detinere*) [63]. Impedir que algo o alguien siga moviéndose o realizando una actividad. ◆ v.tr. Arrestar, poner en prisión: *detener al presunto asesino.* ◆ **detenerse** v.prnl. Pararse. **2.** Pararse a reflexionar sobre algo: *detenerse en un poema*; *detenerse a pensar.*

DETENIDO, A adj. y s. Arrestado, preso. ◆ adj. Minucioso.

DETENIMIENTO s.m. Atención o detención que se pone al realizar una actividad, al explicar algo o al reflexionar sobre un asunto.

DETENTACIÓN s.f. DER. Acción de detentar.

DETENTADOR, RA s. DER. Persona que detenta. SIN.: *detentor.*

DETENTAR v.tr. DER. Retener alguien sin derecho lo que no le pertenece.

DETERGENTE adj. y s.m. Que disuelve o deja en suspensión las manchas y suciedad.

DETERGER v.tr. (lat. *detergere*, de *tergere*, enjuagar, limpiar) [27]. Limpiar un objeto sin producir abrasión ni corrosión.

DETERIORAR v.tr. y prnl. (lat. tardío *deteriorare*). Estropear una cosa, echarla a perder.

DETERIORO s.m. Acción y efecto de deteriorar o deteriorarse. ◇ **Deterioro mental** PSIQUIATR. Pérdida de alguna de las capacidades intelectuales de la persona.

DETERMINACIÓN s.f. Acción y efecto de determinar. **2.** Osadía, valor o resolución en la manera de actuar.

DETERMINADO, A adj. y s. Osado, valeroso. ◆ adj. LING. Se dice del elemento que ha de ser completado por otro llamado *determinante*, para definir y precisar su significación. ◇ **Artículo determinado** Artículo que se emplea con un nombre que designa un objeto individualmente determinado (*el, la, lo, los, las*).

DETERMINANTE adj. Que determina. ◆ s.m. LING. **a.** En sintaxis, término que completa la idea principal contenida en otro término. **b.** Palabra que acompaña al sustantivo y limita o concreta su referencia. **2.** MAT. Expresión que se forma según ciertas leyes y que se representa con la ayuda de cantidades alineadas según un número igual de líneas y columnas.

DETERMINAR v.tr. y prnl. (lat. *determinare*). Tomar o hacer tomar una resolución. SIN.: *decidir.* **2.** Fijar algo con precisión: *determinar la fecha de un examen.* SIN.: *establecer.* **3.** Discernir y precisar algo a partir de los datos conocidos: *determinar las causas de ciertos síntomas.* **4.** Motivar cierta cosa un efecto concreto: *su política determinó la recesión económica.* **5.** DER. Sentenciar. **6.** LING. Precisar el determinante el significado del sustantivo al que acompaña.

DETERMINATIVO, A adj. Que determina o resuelve.

DETERMINISMO s.m. FILOS. Teoría filosófica según la cual los fenómenos naturales y los hechos humanos están motivados por las circunstancias o condiciones en que se producen.

DETERMINISTA adj. y s.m. y f. Relativo al determinismo; partidario de esta teoría.

DETERSIÓN s.f. Acción de deterger o limpiar.

DETERSORIO, A adj. y s.m. Detergente. SIN.: *detersivo.*

DETESTABLE adj. Que merece ser detestado por su maldad.

DETESTAR v.tr. (lat. *detestari*, alejar con imprecaciones tomando a los dioses como testigos). Aborrecer, odiar.

DETIENEBUEY s.m. BOT. Gatuña, planta.

DETONACIÓN s.f. Acción y efecto de detonar. **2.** Ruido fuerte producido por una explosión; se dice, específicamente, del ruido producido por el motor de un vehículo cuando la combustión es anómala.

DETONADOR s.m. Dispositivo que sirve para provocar la detonación de un explosivo.

DETONANTE adj. Que es capaz de producir una detonación. **2.** *Fig.* Chocante, estridente, chillón. **3.** Se dice del explosivo cuya velocidad de reacción es de varios kilómetros por segundo. ◆ s.m. Sustancia o mezcla que puede producir detonación. ◇ **Mezcla detonante** Mezcla de gases cuya inflamación ocasiona una reacción explosiva.

DETONAR v.intr. (del lat. *tonare*, tronar). Producir un estampido. **2.** Explotar, estallar: *detonar un artefacto.* **3.** *Fig.* Llamar la atención.

DETRACCIÓN s.f. Acción de detraer.

DETRACTAR v.tr. Denigrar, hablar mal de alguien o algo.

DETRACTOR, RA adj. y s. Difamador. **2.** Que se opone a una opinión o a una persona.

DETRAER v.tr. y prnl. (lat. *detrahere*) [65]. Sustraer, tomar parte de una cosa. **2.** *Fig.* Denigrar, infamar.

DETRÁS adv.l. (de *tras*). En la parte posterior: *esconderse detrás de la puerta.* ◇ **Por detrás** A espaldas de alguien, en su ausencia.

DETRIMENTO s.m. (lat. *detrimentum*, pérdida). Daño, perjuicio, quebranto.

DETRÍTICO, A adj. GEOL. Se dice de toda formación sedimentaria resultante de la disgregación mecánica de rocas preexistentes.

DETRITÍVORO, A adj. y s.m. Se dice del animal o de la bacteria que se nutren de detritos orgánicos de origen natural o industrial.

DETRITO s.m. (lat. *detritus, -us*, acción de quitar restregando). Residuo resultante de la disgregación de una masa sólida, particularmente de una roca. (Suele usarse en plural.) SIN.: *detritus.*

DETRITÓFAGO, A adj. y s.m. Detritívoro.

DETUMESCENCIA s.f. MED. Disminución del volumen de una hinchazón.

DEUDA s.f. (lat. *debita*, pl. de *debitum*, deuda). Obligación de pagar o devolver algo, generalmente dinero. **2.** Obligación moral de dar o devolver algo inmaterial: *estar en deuda con su tutor.* **3.** Pecado, falta. **4.** Conjunto de obligaciones a cargo del estado, compuesto por la deuda interior y la deuda exterior. SIN.: *deuda pública.*
ENCICL. La *deuda interior* consta de la *deuda flotante*, contratada por el tesoro y representada especialmente por los depósitos o valores (bonos del tesoro) a corto plazo, de la *deuda amortizable* o *pignoruble*, que el estado debe rembolsar en dinero en un plazo determinado, en condiciones y tiempo fijados por el acto del empréstito (deuda a largo plazo y deuda a medio plazo), de la *deuda perpetua* y de la *deuda vitalicia*, constituida por el conjunto de pensiones a cargo del tesoro. La *deuda exterior* es la que se paga en el extranjero y con moneda extranjera.

DEUDO, A s. Pariente o familiar.

DEUDOR, RA adj. y s. (lat. *debitor, -oris*). Que debe algo. ◆ s. DER. Sujeto pasivo de una relación jurídica, especialmente de una obligación.

DEUS EX MÁCHINA loc. (lat. *deus ex machina*, dios [bajado] por medio de una máquina). Intervención imprevista que resuelve una situación dramática.

DEUTERIO s.m. QUÍM. Isótopo del hidrógeno (D), de masa atómica 2, que forma con el oxígeno el agua pesada.

DEUTEROSTOMA adj. y s.m. Se dice del animal cuyo desarrollo embrionario asigna al blastoporo la función de ano, y cuya boca se forma secundariamente. (Los *deuterostomas* comprenden los equinodermos, los procordados y los vertebrados.)

DEUTÓN s.m. QUÍM. Núcleo del átomo del deuterio, formado por un protón y un neutrón. SIN.: *deuterón.*

DEVALUACIÓN s.f. Acción de devaluar o devaluarse.

DEVALUAR v.tr. y prnl. [18]. Disminuir el valor de la moneda de un país en el mercado de los cambios, como consecuencia de una depreciación monetaria anterior o para favorecer la exportación. **2.** Quitar valor a una cosa.

DEVANADERA s.f. Instrumento que sirve para devanar hilo, seda, mangas de incendio, etc.

DEVANADO s.m. Acción de devanar. **2.** Hilo de cobre que forma parte del circuito de ciertos aparatos o máquinas eléctricas.

DEVANADORA s.f. Pieza de la máquina de coser que sirve para devanar la bobina.

DEVANÁGARI s.m. y adj. Escritura moderna del sánscrito clásico y de algunas lenguas de la India. SIN.: *nāgari.*

DEVANAR v.tr. (del lat. *panus*, hilo de trama puesto en la devanadera). Arrollar hilo, seda o algo semejante formando un ovillo o carrete. ◆ **devanarse** v.prnl. Cuba y Méx. Retorcerse de risa, dolor, llanto, etc.

DEVANEO s.m. Acción realizada por puro entretenimiento. **2.** Relación amorosa superficial y pasajera.

DEVASTACIÓN s.f. Acción y efecto de devastar.

DEVASTAR v.tr. (lat. *devastare*). Destruir, arrasar un edificio, una población, etc.

DEVENGAR v.tr. [2]. Adquirir derecho a retribución como pago de un trabajo, servicio, etc.: *devengar salarios.*

DEVENGO s.m. Acción de devengar. **2.** Cantidad devengada.

1. DEVENIR v.intr. (fr. *devenir*) [78]. Acaecer. **2.** Llegar a ser, transformarse.

2. DEVENIR s.m. FILOS. Movimiento progresivo por el cual las cosas se transforman.

DEVERBAL adj. y s.m. LING. Se dice de la palabra que deriva de un verbo.

DE VISU loc.adv. (voces latinas, *de vista, por haberlo visto*). Con sus propios ojos, por sí mismo.

DEVOCIÓN s.f. (lat. *devotio, -onis*, abnegación). Veneración y fervor religiosos. **2.** Respeto y admiración que se siente hacia alguien. **3.** Predilección, afición especial. **4.** Oración o práctica religiosa.

DEVOCIONARIO s.m. Libro que contiene oraciones y prácticas piadosas para uso de los fieles.

DEVOLUCIÓN s.f. Acción de devolver: *devolución de excedentes.* **2.** Cosa para devolver.

DEVOLUTIVO, A adj. DER. Que devuelve.

DEVOLVER v.tr. (lat. *devolvere*, rodar tumbado) [38]. Volver una cosa al estado o situación que tenía. **2.** Restituir una cosa a la persona que la poseía. **3.** Corresponder a un favor o a un agravio. **4.** Vomitar lo contenido en el estómago. **5.** Dar a la persona que hizo un pago la cantidad de diferencia entre el dinero entregado y el importe exacto. ◆ **devolverse** v.prnl. Amér. Volverse, dar la vuelta.

DEVÓNICO, A adj. y s.m. Se dice del cuarto período de la era primaria, durante la cual aparecieron los primeros vertebrados terrestres y las primeras plantas vasculares, o de los terrenos y fósiles que datan de este período.

DEVORAR v.tr. Comer con ansia y apresuradamente. **2.** Comer un animal a otro o a una persona. **3.** Fig. Destruir o consumir totalmente: *el fuego devoró el matorral.* **4.** Fig. Leer con avidez.

DEVOTIO s.f. (voz latina, *voto, consagración*) HIST. Relación por la que unos guerreros se vinculaban personalmente a un jefe.

DEVOTO, A adj. y s. (lat. *devotus*, lleno de celo, sumiso, entregado). Que tiene devoción. **2.** Que siente o quiere admiración por una persona. ◆ adj. Se dice de la imagen, templo o lugar que inspira devoción.

DEXIOCARDIA s.f. (del gr. *dexiós*, derecho, y *kardía*, corazón). Posición anormal del corazón en el lado derecho de la cavidad torácica, causada generalmente por una malformación congénita. SIN.: *dextrocardia.*

DEXTRINA s.f. Sustancia gomosa, de color blanco amarillento, que se extrae del almidón y se usa en tintorería.

DEXTROCARDIA s.f. Dexiocardia.

DEXTRÓGIRO, A adj. QUÍM. Se dice del compuesto que hace girar el plano de polarización de la luz a la derecha: *la glucosa es dextrógira.* CONTR.: *levógiro.*

DEXTROSA s.f. QUÍM. Glucosa.

DEY s.m. Oficial de jenízaros en las regencias berberiscas.

DEYECCIÓN s.f. Defecación de los excrementos; excremento. ◆ **Cono de deyección** Acumulación detrítica efectuada por un torrente en el extremo inferior de su curso.

DHARMA s.m. En el hinduismo y budismo, ley universal que rige el orden de los seres y las cosas.

DÍA s.m. (lat. *dies*). Tiempo que tarda la Tierra en dar una vuelta sobre sí misma, equivalente a 24 horas, que se emplea, tiempo que tarda un astro del sistema solar en dar una vuelta sobre sí mismo. **2.** Parte de este tiempo en que dura la claridad del sol. **3.** Tiempo atmosférico que hace durante el día o parte de él: *día soleado.* **4.** Fecha en que se conmemora algún acontecimiento: *el día de santa Clara.* ◆ **días** s.m.pl. Fig. Vida de una persona: *llegó al fin de sus días.* ◇ **Abrirse**, o **despuntar**, o **rayar**, o **romper, el día** Amanecer. **A tantos días fecha**, o **días vista** Expresión usada en letras y pagarés para indicar que serán abonados al cumplirse los días que se expresan, a contar desde la fe-

cha o desde la aceptación. **Al día** Al corriente, sin retraso, con exactitud: *llevar el trabajo al día.* **Buenos días** Fórmula usada para saludar por la mañana. **Dar el día** Irón. Causar molestias, importunar. **Del día** De actualidad; fresco, reciente, hecho en el mismo día. **Día civil** Día solar medio cuya duración es de 24 h exactas y se cuenta a partir de 0 h. **Día de autos** Día en que sucedió un hecho determinado, que generalmente ya se ha mencionado. **Día de fiesta**, o **festivo** Día en que no se trabaja por ser fiesta oficial o eclesiástica. **Día del juicio final** Según la doctrina cristiana, último día de los tiempos, en que Dios juzgará a los vivos y a los muertos; *Fig.* y *fam.* se usa para designar una fecha muy lejana o que no llegará nunca. **Día de misa** Aquel en que la Iglesia mandaba que se oyese misa. **Día de trabajo**, o **laborable** Día en que oficialmente se trabaja. **Día hábil** DER. Día laborable para las oficinas públicas, tribunales y otras entidades. **Día lectivo** Día en que oficialmente se da clase en los centros de enseñanza. **Día (solar) medio** Intervalo de tiempo que separa dos pasos consecutivos por el meridiano de un lugar de un sol ficticio (sol medio) que se supone se desplaza a una velocidad constante por el ecuador celeste. **Día sideral**, o **sidéreo** ASTRON. Tiempo que tarda la Tierra en dar una vuelta sobre sí misma, calculado respecto de la dirección del punto vernal (aprox. 23 h 56 m 4 s). **Día verdadero** Intervalo de tiempo, cercano a las 24 h, pero variable según la época del año, que separa dos pasos consecutivos del Sol por el meridiano de un lugar. **Día y noche** Constantemente, a todas horas. **El día de mañana** En el futuro. **En su día** A su tiempo, en el momento oportuno. **Poner al día** Actualizar, renovar. **Vivir al día** Gastar todo aquello de que se dispone, sin ahorrar nada.

DIABETES s.f. (lat. *diabetes*, del gr. *diabētēs*). Enfermedad que se caracteriza por exceso de azúcar en la sangre y se manifiesta por una abundante eliminación de orina.
ENCICL. La *diabetes mellitus*, o *diabetes sacarina*, es una afección a menudo hereditaria que puede manifestarse desde la infancia. Se caracteriza por una alteración del metabolismo de los glúcidos. El tratamiento debe tener en cuenta, además de la determinación de azúcar sanguíneo (glucemia) y de su detección en la orina (glucosuria), la dosificación de la hemoglobina glucosilada. El régimen alimenticio y los medicamentos (insulina, hipoglucemiantes de síntesis) permiten a los diabéticos evitar las complicaciones nerviosas y vasculares a que podrían estar expuestos. La *diabetes bronceada*, la *diabetes insípida* y la *diabetes renal* son enfermedades distintas.

DIABÉTICO, A adj. y s. Relativo a la diabetes; que padece diabetes.

DIABLADA s.f. Amér. Comparsa de máscaras en procesiones, fiestas, etc.

DIABLEAR v.intr. *Fam.* Hacer diabluras.

DIABLESA s.f. *Fam.* Diablo hembra.

DIABLESCO, A adj. Diabólico.

DIABLILLO, A s. Persona traviesa y astuta.

DIABLO s.m. (lat. tardío *diabolus*, del gr. *diábolos*). Ser sobrenatural que en diversas creencias y religiones representa al mal. **2.** *Fig.* Persona traviesa, inquieta o atrevida, intrigante o hábil para conseguir lo que se propone. ◆ interj. *Fam.* Expresa extrañeza, sorpresa, admiración o disgusto. (También *¡diablos!*) ◇ **Donde el diablo perdió el poncho** Argent., Chile y Perú. *Fam.* En un lugar lejano o poco transitado. **Pobre diablo** *Fam.* Persona infeliz, sin malicia o de poco carácter. **Tener el diablo**, o **los diablos, en el cuerpo** *Fam.* Ser excesivamente inquieto o travieso; ser muy astuto.

DIABLURA s.f. Travesura.

DIABÓLICO, A adj. (lat. *diabolicus*, del gr. *diabolikós*). Relativo al diablo. **2.** *Fig.* y *fam.* Malo, perverso. **3.** *Fig.* Enrevesado, intrincado.

DIÁBOLO s.m. Juguete formado por dos conos unidos por sus vértices, que se lanza al aire y se recoge por medio de un cordón tensado entre dos palos.

DIACETILMORFINA s.f. Denominación científica de la heroína.

DIÁCIDO s.m. Cuerpo que posee dos funciones ácidas.

DIACLASA s.f. Fisura de una roca, que facilita la penetración del agua.

DIACONAL adj. Relativo al diácono.

DIACONATO o **DIACONADO** s.m. CATOL. Segunda de las órdenes mayores por la cual el subdiácono recibe la dignidad y atribuciones de diácono.

DIACONISA s.f. (lat. tardío *diaconissa*). En la iglesia primitiva, mujer que estaba encargada de funciones de caridad. **2.** Entre los protestantes, mujer que se consagra a obras de piedad y caridad.

DIÁCONO s.m. (lat. tardío *diaconus*, del gr. *diákonos*, **sirviente**).Entre los católicos,aquel que ha recibido la orden inmediatamente inferior al sacerdocio. **2.** Entre los protestantes, laico encargado del cuidado de los pobres y de la administración de los fondos de la iglesia.

DIACRÍTICO, A adj. y s.m. (*gr. diakritikós*, que distingue).Se dice del signo gráfico que da un valor especial a un carácter de un alfabeto: *la diéresis es un diacrítico*.

DIACRONÍA s.f. Estudio de la evolución de un hecho, fenómeno o circunstancia sociales a través del tiempo.

DIACRÓNICO, A adj. Se aplica a los fenómenos que ocurren a lo largo del tiempo y a los estudios referentes a ellos. (Se opone a *sincrónico*.) ⬦ **Lingüística diacrónica** Estudio de los fenómenos lingüísticos desde el punto de vista de su evolución en el tiempo.

DIACÚSTICA s.f. Parte de la física que estudia la refracción de los sonidos.

DÍADA s.f. FILOS. Unión de dos principios que se completan recíprocamente.

DIADELFO, A adj. (del gr. *di-*, dos, y *adelfós*, hermano).BOT. Se dice del estambre que está soldado a otro por el filamento, formando dos haces distintos; planta o flor con los estambres soldados de esta manera.

DIADEMA s.f. (lat. *diadema*, del gr. *diádima,-atos*). Cinta o banda que se utiliza para sujetar los cabellos. **2.** Adorno de oro, plata o pedrería, en forma de media corona, usado por las mujeres como complemento de un traje de gala. **3.** Arco de los que cierran por la parte superior algunas coronas. **4.** Corona, aureola o cerco que ciñe la cabeza.

DIADOCO s.m. Título dado a los generales de Alejandro Magno que se disputaron el imperio tras su muerte (323 a.C.).

DIÁFANO, A adj. (gr. *diaphanís*, transparente). Se dice del cuerpo que deja pasar la luz casi en su totalidad. **2.** *Fig.* Claro, límpido, transparente.

DIAFANOSCOPIA s.f. MED. Procedimiento de examen que consiste en iluminar por transparencia ciertos órganos o ciertas partes del cuerpo.

DIÁFISIS s.f. ANAT. Parte media de un hueso largo que, en el ser humano que no ha terminado el crecimiento, está separada de la epífisis por sendos cartílagos.

DIAFONÍA s.f. Interferencia de señales que proviene de dos emisores, de dos circuitos o de dos zonas de un mismo registro.

DIAFORESIS s.f. (lat. tardío *diaphoresis*, del gr. *diaphórisis*, evacuación de humores). MED. Transpiración abundante.

DIAFORÉTICO, A adj. y s.m. (gr. *diaphoritikós*).Que provoca la transpiración.

DIAFRAGMA s.m. (lat. tardío *diaphragma*, del gr. *diáfragma, -atos*, separación, barrera). Músculo transversal que separa las cavidades torácica y abdominal, cuya contracción provoca el aumento del volumen de la caja torácica y, como consecuencia, la inspiración. **2.** Abertura de diámetro regulable que sirve para variar la cantidad de luz que entra en un aparato óptico o fotográfico. **3.** Membrana de caucho que, situada de manera que obture el cuello del útero, se emplea como método anticonceptivo femenino. **4.** Tabique transversal que separa los tubos de diversos instrumentos o máquinas.

DIAFRAGMAR v.intr. FOT. Disminuir la abertura de un objetivo, cerrando el diafragma.

DIAFRAGMÁTICO, A adj. ANAT. Relativo al diafragma.

DIAGÉNESIS s.f. Conjunto de fenómenos que aseguran la transformación de un sedimento móvil en una roca coherente.

DIAGNOSIS s.f. (pl. *diagnosis*.) BIOL. Descripción científica, breve pero precisa, de una especie, un género o una familia. **2.** MED. Conocimiento diferencial de los signos y síntomas de la enfermedad que presenta un enfermo. SIN.: *diagnóstico*.

DIAGNOSTICAR v.tr. [1]. MED. Determinar una enfermedad a través del examen de los signos y síntomas que presenta.

DIAGNÓSTICO, A adj. (gr. *diagnostikós*, distintivo).MED. **a.** Relativo a la diagnosis. **b.** Que sirve para reconocer. ⬦ s.m. ECON. Conclusión prospectiva del análisis de la situación económica de una región o una empresa. **2.** INFORMÁT. Resultado de un examen destinado a detectar los errores que pueden existir en una parte material de una computadora o en un programa. **3.** MED. Diagnosis.

DIAGONAL adj. y s.f. (lat. *diagonalis*, del gr. *diagónios*). Se dice de la recta que une dos vértices no consecutivos de un polígono, o dos vértices de un poliedro que no pertenecen a la misma cara. ⬦ **En diagonal** Oblicuamente. **Matriz diagonal** Matriz cuadrada en la que todos los elementos exteriores a la diagonal principal son nulos.

DIAGONALIZABLE adj. MAT. Se dice de la matriz cuadrada para la que existe una matriz semejante diagonal.

DIAGONALIZACIÓN s.f. MAT. Para una matriz cuadrada considerada como operador de una transformación lineal de un espacio vectorial, operación consistente en buscar una base para la cual la matriz de la transformación se reduzca a una matriz diagonal.

DIAGRAFÍA s.f. Arte de dibujar valiéndose de un diágrafo.

DIÁGRAFO s.m. Instrumento que permite reproducir objetos o dibujos con ayuda de una cámara clara.

DIAGRAMA s.m. (gr. *diágramma*, dibujo, trazado). Representación gráfica de las variaciones de un fenómeno o de la correlación de los factores o las partes de un conjunto. ⬦ **Diagrama de Venn** Representación gráfica de operaciones tales como la reunión y la intersección, efectuada en teoría de conjuntos. **Diagrama floral** BOT. Representación del número y la disposición de los verticilos de una flor. **Diagrama termodinámico** Representación gráfica del estado termodinámico de un sistema en el que determinadas variables se toman como coordenadas (volumen, presión, temperatura).

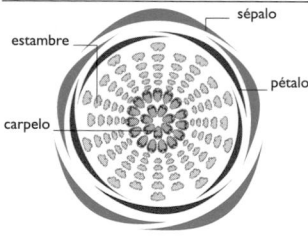

■ **DIAGRAMA** FLORAL de una rosácea.

DIAGRAMACIÓN s.f. ART. GRÁF. Amér. Acción y efecto de diagramar.

DIAGRAMAR v.tr. ART. GRÁF. Amér. Realizar una maqueta de una revista, libro, etc.

DIAGUITA, pueblo amerindio agricultor ya extinguido que vivía en el NO de Argentina (Catamarca, SO de Salta) y Chile (entre los ríos Copiapó y Choapa), del que destaca el grupo calchaquí. Se han descubierto poblados fortificados (*pucará*),objetos de cobre,oro y plata, y urnas funerarias de cerámica.Tras la conquista de su territorio por los españoles, concluida en 1670, los diaguita fueron trasladados a las proximidades de Buenos Aires.

DIAL s.m. (ingl. *dial*). Superficie graduada sobre la que se mueve un indicador que señala o mide una determinada magnitud, como el peso, el voltaje o la longitud de onda: *el dial de un aparato de radio*.

DIALCOHOL s.m. QUÍM. Cuerpo que tiene dos veces la función alcohol.

DIALECTAL adj. Relativo a un dialecto: *variantes dialectales*.

DIALECTALISMO s.m. Palabra, sonido o giro propios de un dialecto. **2.** Cualidad de dialectal.

DIALÉCTICA s.f. Arte de discutir o argumentar. **2.** Razonamiento que, al igual que un diálogo, contiene oposiciones y diversidad de pensamientos y se encamina hacia una síntesis. **3.** Evolución de las cosas, mediante la oposición y la superación de la oposición. **4.** Sutilezas, argucias, distinciones ingeniosas e inútiles.

DIALÉCTICO, A adj. y s. (gr. *dialektikós*, referente a la discusión).Relativo a la dialéctica; que profesa la dialéctica.

DIALECTO s.m. (gr. *diálektos*, manera de hablar).Variedad de una lengua hablada en un determinado territorio. **2.** Lengua que procede o se deriva de otra.

DIALECTOLOGÍA s.f. Parte de la lingüística que estudia los dialectos.

DIALECTÓLOGO, A s. y adj. Persona que se dedica a la dialectología.

DIALIPÉTALO, A adj. BOT. Se dice de la corola de pétalos libres. ⬦ adj. y s.f. BOT. Relativo a una antigua subclase de angiospermas de pétalos libres o separados.

DIALISÉPALO, A adj. BOT. Se dice del cáliz de sépalos libres o separados.

DIÁLISIS s.f. (gr. *diálysis*). Separación de los constituyentes de una mezcla o disolución, basada en la propiedad que poseen las membranas de filtrar más fácilmente unas moléculas que otras. **2.** Depuración artificial de la sangre basada en el mismo principio y destinada a eliminar las sustancias nocivas o tóxicas, especialmente en caso de insuficiencia renal. ⬦ **Diálisis peritoneal** Diálisis en la que se utiliza el peritoneo como membrana de filtración y de intercambio entre la sangre y un líquido inyectado.

DIALIZADOR s.m. Aparato para efectuar la diálisis.

DIALIZAR v.tr. [7]. Analizar una sustancia por medio de la diálisis.

DIALOGANTE adj. Que está dispuesto a dialogar y negociar o a discutir sobre una cuestión sin imponer su criterio u opinión.

DIALOGAR v.intr. [2]. Hablar una persona con otra sosteniendo un diálogo.

DIALOGÍSTICO, A adj. Relativo al diálogo. **2.** Que está escrito en diálogo.

DIÁLOGO s.m. (lat. *dialogus*, del gr. *diálogos*). Conversación entre dos o más personas que exponen sus opiniones alternativamente. **2.** Debate entre personas, grupos o ideologías de opiniones distintas y aparentemente irreconciliables, en busca de llegar a un acuerdo. **3.** FILOS. Forma de expresión filosófica que comporta un modo de pensar esencialmente no dogmático. **4.** LIT. **a.** Género literario en que se finge una plática o controversia. **b.** Obra literaria en verso o en prosa que está escrita en forma de diálogo.

DIALOGUISTA s.m. y f. Persona que escribe diálogos.

DIAMAGNÉTICO, A adj. y s.m. Se dice de la sustancia que, sometida a un campo magnético, toma una imantación dirigida en sentido inverso.

DIAMAGNETISMO s.m. Propiedad de las sustancias diamagnéticas.

DIAMANTADO, A adj. TECNOL. Se dice de aquello en cuya constitución entra el polvo de diamante.

DIAMANTE s.m. (lat. vulgar *diamas, -antis*). Piedra preciosa compuesta de carbono puro cristalizado. **2.** Instrumento que usan los vidrieros para cortar el vidrio. **3.** Carta del palo de diamantes. ⬦ adj. IMPR. Se dice de la edición de tamaño y caracteres pequeños. ⬦ **diamantes** s.m.pl. Palo de la baraja francesa representado por la forma de un diamante o rombo rojo. ⬦ **Diamante (en) bruto** El que está aún sin labrar; persona que tiene muchas cualidades, pero carece de educación o expe-

riencia. **Punta de diamante** B. ART. Ornamento en forma de pirámide de poca altura que se labra en las piedras u otras materias.
ENCICL. El diamante es el más duro de los minerales naturales. De densidad 3,5, cristaliza en el sistema cúbico. El *diamante carbonado*, de color negro, se emplea para la perforación de rocas duras. El *incoloro* es valorado como una de las piedras preciosas más bellas. Generalmente se talla en facetas para aumentar su brillo.
Algunos diamantes son muy célebres. El *Regente* (museo del Louvre), adquirido en 1717 por el duque de Orleans, es considerado el más puro; su masa es de 137 quilates (27,4 g). El *Cullinam* (Torre de Londres), hallado en 1905 en Transvaal, es el más grande del mundo; su masa bruta, antes de la talla, era de 3106 quilates (621,2 g).

■ **DIAMANTE** EN BRUTO

■ **DIAMANTE.** Talla de un diamante.

DIAMANTÍFERO, A adj. Que contiene diamantes: *terreno diamantífero.*
DIAMANTINO, A adj. Relativo al diamante. **2.** *Fig.* y *poét.* Que tiene las cualidades propias del diamante, especialmente brillo o dureza: *personalidad diamantina.*
DIAMANTISTA s.m. y f. Persona que tiene por oficio labrar o vender diamantes.
DIAMETRAL adj. Relativo al diámetro. **2.** Que divide una superficie en dos partes equivalentes. **3.** *Fig.* Directo, absoluto, total.
DIÁMETRO s.m. (gr. *diámetros,* diametral). Línea recta que une dos puntos de una circunferencia, una curva cerrada o una superficie esférica, pasado por su centro; anchura de un objeto circular, cilíndrico o esférico. ◇ **Diámetro aparente** de un astro ASTRON. Ángulo bajo el cual se percibe, desde un lugar de observación, la imagen de un astro que no presenta un aspecto puntiforme.
DIAMIDA s.f. Cuerpo que posee dos veces la función amida.
DIAMINA s.f. Cuerpo que posee dos veces la función amina.
DIAMINOFENOL s.m. Derivado del pirogalol, cuyo cloruro se emplea en fotografía.
DIANA s.f. (ital. *diana*). Punto central de un blanco de tiro. ◇ **Hacer diana** Alojar el proyectil en la diana. **Toque de diana** Toque militar de corneta o trompeta, dado para que la tropa se levante.
DIANÉTICA s.f. Cienciología.
¡DIANTRE! interj. Expresa sorpresa o enojo.
DIAPASÓN s.m. (lat. *diapason,* del gr. *diá pason khordon,* a través de todas las cuerdas). MÚS. **a.** Altura relativa de un sonido determinado, dentro de una escala sonora. **b.** Instrumento que al vibrar produce un tono determinado: *diapasón de horquilla.* **c.** Pieza de madera que cubre el mástil del violín y de otros instrumen-

tos de arco. **d.** Distancia exacta que separa los agujeros de los instrumentos de viento. **e.** Relación entre el diámetro de un tubo de órgano y su longitud.
DIAPÉDESIS s.f. (gr. *diapídisis*). MED. Paso de los elementos celulares de la sangre a través de los capilares.
DIAPIRO s.f. GEOL. Ascenso de rocas profundas, plásticas y de baja densidad a través de terrenos suprayacentes.
DIAPOSITIVA s.f. Imagen fotográfica positiva en soporte transparente que se proyecta sobre una pantalla.
DIARERO, A s. Argent. y Urug. Diariero.
DIARIERO, A s. Amér. Merid. Persona que tiene por oficio vender diarios o periódicos.
DIARIO, A adj. Que ocurre, se hace, etc., todos los días. ◆ s.m. Libro o cuaderno donde se escriben cada día sucesos y reflexiones. **2.** Periódico que se publica todos los días. ◇ **A diario** Todos los días, cada día. **De diario** De todos los días: *ropa de diario.* **Diario de navegación** MAR. Libro que está obligado a llevar cada oficial náutico. **Diario hablado** Noticiario radiofónico.
DIARISMO s.m. Amér. Periodismo.
DIARQUÍA s.f. Gobierno simultáneo de dos soberanos.
DIARREA s.f. (lat. tardío *diarrhoea,* del gr. *diárroia*). Deposiciones líquidas y frecuentes, causadas por una intoxicación, una infección, etc.
DIARREICO, A adj. Relativo a la diarrea.
DIARTROSIS s.f. ANAT. Articulación que permite una gran movilidad (rodilla, codo), en la que los huesos están unidos por una cápsula fibrosa, cuyas superficies están recubiertas de cartílago.
DIASCOPIO s.m. Instrumento óptico de los vehículos blindados para observar el exterior.
DIÁSPORA s.f. (gr. *diaspora,* dispersión). Conjunto de comunidades judías establecidas fuera de Palestina, a partir del Exilio (s. VI a.C.). **2.** Conjunto de diversas comunidades con un mismo origen y establecidas en países diferentes. **3.** Dispersión de un pueblo o una etnia a través del mundo.
DIASPRO s.m. Variedad de jaspe.
DIASTASA s.f. Amilasa.
DIÁSTOLE s.f. (lat. *diastole,* del gr. *diastoli,* dilatación). FISIOL. Fase de dilatación en los movimientos rítmicos del corazón por oposición a *sístole.* **2.** Licencia poética propia de la prosodia clásica que consiste en alargar una vocal breve.
DIASTÓLICO, A adj. Relativo a la diástole: *soplo diastólico.*
DIATÉRMANO, A adj. Que deja pasar el calor. SIN.: *diatérmico.*
DIATERMIA s.f. Terapéutica que utiliza el calor producido por una corriente de alta frecuencia.
DIATOMEA s.f. (gr. *diátomos,* cortado por la mitad). Alga unicelular provista de una concha silícea bivalva, a menudo finamente decorada, que vive en el mar o en el agua dulce.

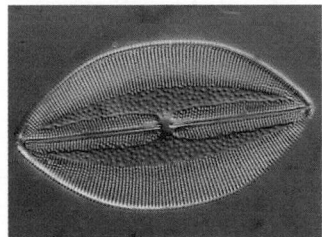

■ **DIATOMEA**

DIATÓMICO, A adj. QUÍM. Se dice de la molécula formada por dos átomos.
DIATOMITA s.f. Roca sedimentaria silícea formada esencialmente por diatomeas.
DIATÓNICO, A adj. MÚS. Que procede por la alternancia de tonos y semitonos.

DIATRIBA s.f. (del lat. *diatriba,* discusión filosófica, del gr. *diatribí,* entretenimiento). Discurso o escrito que contiene un ataque violento: *lanzar una diatriba contra alguien.*
DIAZOICO, A adj. y s.m. Se dice de ciertos cuerpos orgánicos cuya molécula contiene un grupo de dos átomos de nitrógeno, utilizados para la preparación de numerosos colorantes.
DIBUJANTE s.m. y f. Persona que se dedica profesionalmente a dibujar.
DIBUJAR v.tr. y prnl. Representar figuras de personas, animales o cosas con un lápiz, carboncillo, etc. ◆ v.tr. *Fig.* Describir la realidad con palabras. ◆ **dibujarse** v.prnl. *Fig.* Aparecer o revelarse lo que estaba callado u oculto. **2.** Aparecer de forma vaga e imprecisa la silueta de una cosa.
DIBUJO s.m. Arte y técnica de dibujar. **2.** Representación gráfica en la que la imagen se traza, de modo más o menos complejo, sobre una superficie o fondo. **3.** En una pintura, delineación de las figuras y su ordenación general, consideradas independientemente del colorido. **4.** Motivo decorativo, natural o artificial de ciertos objetos. ◇ **Dibujo del natural** Dibujo que se hace copiando directamente del modelo. **Dibujo lineal** Dibujo que representa figuras geométricas trazadas con escuadra, compás, etc. **Dibujos animados** Película en la que los personajes son figuras dibujadas animadas mediante técnicas cinematográficas. **Dibujo técnico** Dibujo geométrico y a escala con fines técnicos. (*V. ilustr. pág. siguiente.*)
DICACIDAD s.f. Agudeza, mordacidad ingeniosa.
DICARBONILADO, A adj. Que contiene dos veces el grupo carbonilo.
DICARIO s.m. Célula con dos núcleos, característica de los hongos superiores.
DICARIÓTICO, A adj. Relativo al dicario.
DICCIÓN s.f. (lat. *dictio, onir*). Manera de hablar o escribir. **2.** Pronunciación.
DICCIONARIO s.m. Obra de consulta en que se recogen un conjunto de palabras de una o más lenguas, generalmente por orden alfabético, seguidas de su definición o traducción a otra lengua. **2.** Recopilación de las palabras relativas a una ciencia, a una técnica, etc., ordenadas alfabéticamente. ◇ **Diccionario enciclopédico** Diccionario que, aparte de las informaciones sobre las palabras en sí mismas, contiene explicaciones científicas, históricas, literarias, etc., de las realidades designadas.
DICCIONARISTA s.m. y f. Lexicógrafo.
DÍCERES s.m.pl. Amér. Murmuraciones.
DICETONA s.f. Cuerpo que posee dos veces la función cetona.
DICHA s.f. (lat. *dicta,* cosas dichas). Felicidad. **2.** Suerte.
DICHARACHERO, A adj. y s. *Fam.* Propenso a decir dicharachos o que conversa animada y jovialmente.
DICHARACHO s.m. *Fam.* Dicho chocante por gracioso, impropio, vulgar, indecente, etc.
DICHO s.m. Palabra o conjunto de palabras que resume una idea o enseñanza y se consideran de juiciosa, como «es mejor tener que desear». **2.** Expresión oral ocurrente y oportuna. **3.** DER. Deposición del testigo. ◇ **Dicho y hecho** Expresa la prontitud con que se hace algo.
DICHOSO, A adj. Feliz. **2.** Que implica o conlleva dicha: *época dichosa.* **3.** *Fam.* Fastidioso, molesto: *¡dichoso despertador!*
DICIEMBRE s.m. (lat. *december, -bris*). Duodécimo y último mes del año. (Tiene 31 días.)
DICLINO, A adj. Se dice de la flor que tiene órganos de un solo sexo (estambres o pistilo).
DICOTILEDÓNEO, A adj. y s.f. Relativo a una clase de plantas cuya semilla tiene una plántula con dos cotiledones, generalmente de hojas horizontales, con nerviación ramificada y con las dos caras distintas; lo son vivaces, tienen formaciones secundarias, lo que las diferencia de las *monocotiledóneas.*
DICOTOMÍA s.f. (gr. *dikhtomía*). División en dos elementos o partes, especialmente cuando son opuestos. **2.** ASTRON. Fase de la Luna en su primer y último cuadrante. **3.** BOT. División de ciertos tallos en ramas bifurcadas.

■ EL DIBUJO

Técnica de representación gráfica que,
mediante la infinita variedad de trazos,
rayas, difuminados o veladuras,
pretende evocar o reproducir fielmente
las formas del mundo visible o bien dar
vida a figuras imaginarias. El dibujo es
pues la expresión de la individualidad
del dibujante o del artista que sostiene
entre sus dedos los instrumentos que
él ha elegido: puntas metálicas, grafito,
sanguina, tiza, lápiz, carboncillo, pastel,
pluma o pincel, tinta... e, incluso, la
pantalla de la computadora.

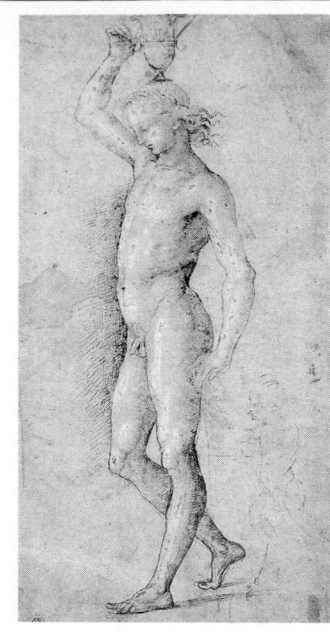

El Perugino. *Baco*, dibujo al grafito realzado
con tiza blanca. El grafito, una forma
cristalizada del carbón, da a este dibujo
la precisión naturalista de su trazo, dotándolo
de un dinamismo que contrasta con
el clasicismo a veces demasiado contenido
de El Perugino pintor. El mismo grafito,
que con unas rayas oblicuas subraya la luz
marcada con la tiza blanca, contribuye
a modelar el dibujo.
(Galería de los Uffizi, Florencia.)

Pieter Saenredam. *Vista de Bois-le-Duc*,
tinta (plumilla) y acuarela. Su sencilla
composición en friso, paralela a la nave
de la catedral, así como la leyenda inscrita
en el muro del convento (en el centro)
y la fecha (19 de julio de 1632),
contribuyen a dotar esta obra de un carácter
documental que a su vez emana poesía.
(Museo Real de Bellas Artes, Bruselas.)

Antoine Watteau. *Savoyardo sentado*, grafito
y sanguina. En este retrato de un «inmigrante»
que vive de ofrecer sus servicios en las calles
de París, y sirviéndose de la combinación
entre gruesos trazos bicolor y pinceladas,
el artista aúna la precisión documental
y la evocación de una vida incierta. Watteau
utilizó también a menudo otra técnica
conocida como «los tres lápices», basada
en combinar grafito, sanguina y tiza blanca.
(Galería de los Uffizi, Florencia.)

Henri Matisse. *Visage (rostro)*, pincel y tinta
china (1950). Matisse utiliza una técnica
económica y fulgurante, cercana
a la tradición oriental de China y Japón,
para esbozar y sintetizar el tema.
(Fondation Dina Vierny-Musée Maillol, París.)

4. LÓG. División de un concepto en otros dos
que agotan toda su extensión.

DICOTÓMICO, A adj. Relativo a la dicotomía.

DICÓTOMO, A adj. (gr. *dikhótomos*). Que se
divide en dos: *tallo dicótomo.* **2.** Se dice de la
Luna cuando solo se ve la mitad de su disco.

DICROÍSMO s.m. Pleocroísmo.

DICROMÁTICO, A adj. De dos colores.

DÍCROTO, A adj. Se dice del latido arterial
que se aprecia como un pulso doble.

DICTADO s.m. Acción de dictar para que otro
escriba. **2.** Ejercicio escolar cuya finalidad es
el aprendizaje de la ortografía. ◆ **dictados**
s.m.pl. *Fig.* Conjunto de preceptos, indicaciones o sugerencias de la razón o de la conciencia. ◇ **Al dictado** Indica que algo se hace por
mandato o indicación de alguien o algo.

DICTADOR, RA s. (lat. *dictator*). Persona
que concentra en sí todos los poderes. **2.** Persona que abusa de su poder y autoridad.
◆ s.m. ANT. ROM. Durante la república, magistrado supremo investido en caso de crisis de
los poderes políticos y militares.

DICTADURA s.f. Ejercicio sin control del poder absoluto y soberano. **2.** Tiempo durante el
cual ejerce el poder un dictador. **3.** ANT. ROM.
Magistratura extraordinaria ejercida por el dictador. ◇ **Dictadura del proletariado** Según el
marxismo, período transitorio en el que los
representantes del proletariado deben ejercer todo el poder para acabar con el estado
burgués y establecer una sociedad sin clases.

DICTÁFONO s.m. (marca registrada). Aparato fonográfico que recoge y reproduce lo
que se habla o dicta.

DICTAMEN s.m. (lat. tardío *dictamen*, acción de dictar). Opinión que emite sobre una
materia alguien con autoridad en ella.

DICTAMINAR v.intr. y tr. Dar dictamen sobre
algo.

DÍCTAMO s.m. (del gr. *díktamnon*). BOT.
Planta labiada originaria de Creta que se utilizaba para curar heridas y llagas. ◇ **Díctamo
blanco** Planta herbácea de tallo pubescente,
hojas sencillas ovaladas y flores blancas o rosadas en racimos terminales. (Familia rutáceas.)
Díctamo real Amér. Planta de tallo quebradizo que destila un jugo lechoso y curativo.

DICTAR v.tr. (lat. *dictare*). Decir o leer algo
a una persona para que lo vaya escribiendo.
2. Dar, expedir, pronunciar leyes, fallos, decretos, etc. **3.** *Fig.* Inspirar la conciencia, la razón,
etc., un comportamiento a alguien: *haz lo que
te dicte el corazón.*

DICTATORIAL adj. Relativo a la dictadura o
al dictador.

DICTERIO s.m. (lat. *dicterium*). Insulto dirigido a alguien.

DICTIÓPTERO, A adj. y s.m. Relativo a un orden de insectos con metamorfosis incompleta
y alas reticuladas, como la cucaracha, la mantis, etc.

DIDÁCTICA s.f. Parte de la pedagogía que estudia las técnicas y métodos de enseñanza.

DIDÁCTICO, A adj. (gr. tardío *didaktikós*).
Que tiene por objeto enseñar o instruir; pedagógico. **2.** Relativo a la didáctica.

DIDACTISMO s.m. Cualidad de didáctico.
SIN.: *didacticismo.*

DIDASCALIA s.f. En el teatro antiguo, indicaciones dadas a un actor por el autor sobre su
manuscrito.

DIDIMIO s.m. Tierra rara que es una mezcla
del neodimio y del praseodimio.

DÍDIMO, A adj. (gr. *dídimos*, doble, gemelo).
BOT. Se dice de todo órgano formado por dos
lóbulos iguales y colocados simétricamente.

DIDJERIDOO o **DIDJERIDU** s.m. (voz de
una lengua australiana). Instrumento de
viento de los aborígenes australianos formado
por una larga pieza de madera hueca.

DIDUCCIÓN s.f. FISIOL. Movimiento lateral
del maxilar inferior.

DIECINUEVE adj.num.cardin. y s.m. Diez
más nueve. ◆ adj.num.ordin. y s.m. y f. Decimonono.

DIECINUEVEAVO, A adj. y s.m. Se dice de
cada una de las partes que resultan de dividir
un todo en diecinueve partes iguales.

DIECIOCHESCO, A adj. Relativo al s. XVIII.
SIN.: *dieciochista.*

DIECIOCHO adj.num.cardin. y s.m. Diez más ocho. ✦ adj.num.ordin. y s.m. y f. Decimoctavo.

DIECIOCHOAVO, A adj. y s.m. Se dice de cada una de las partes que resultan de dividir un todo en dieciocho partes iguales.

DIECISÉIS adj.num.cardin. y s.m. (del lat. *sedecim*). Diez más seis. ✦ adj.num.ordin. y s.m. y f. Decimosexto.

DIECISEISAVO, A adj. y s.m. Se dice de cada una de las partes que resultan de dividir un todo en dieciséis partes iguales.

DIECISIETE adj.num.cardin. y s.m. Diez más siete. ✦ adj.num.ordin. y s.m. y f. Decimoséptimo.

DIECISIETEAVO, A adj. y s.m. Se dice de cada una de las partes que resultan de dividir un todo en diecisiete partes iguales.

DIEDRO s.m. y adj. (del gr. *di-*, dos, y *édra*, asiento, base). MAT. Porción de espacio comprendida entre dos semiplanos, o caras, concurrentes en una recta o arista. **2.** En aviación, ángulo formado por el plano horizontal y el plano de las alas de un avión. ◇ **Ángulo plano, o rectilíneo, de un diedro** MAT. Sección de un diedro por un plano perpendicular a la arista.

DIELÉCTRICO, A adj. y s.m. Se dice de la sustancia aislante o mal conductora de la electricidad

DIENCEFÁLICO, A adj. Relativo al diencéfalo.

DIENCÉFALO s.m. Parte del cerebro situada entre los hemisferios cerebrales, que comprende el tálamo, el hipotálamo y las paredes del tercer ventrículo.

DIENO s.m. Hidrocarburo dietilénico.

DIENTE s.m. (lat. *dens, dentis*). Pieza dura y blanca que crece en la boca de la mayoría de los vertebrados y sirve para triturar los alimentos y para morder; en especial se usa para designar las que están en la parte delantera. (En los mamíferos, se distinguen, de delante hacia atrás, los incisivos, los caninos, los premolares y los molares.) **2.** Punta o resalto en el borde de un objeto, especialmente de algunas herramientas: *los dientes de una sierra*. **3.** Saliente de una rueda de engranaje. **4.** Cumbre aguda y aislada. ◇ **Dar diente con diente** Fam. Temblar de frío o de miedo. **Diente de ajo** Cada una de las partes en que se divide la cabeza del ajo, separadas por una envoltura blanquecina o amarillenta. **Diente de leche** Cada uno de los de la primera dentición de los mamíferos. **Diente de león** Amargón. **Diente de lobo** Clavo grande. **Diente de perro** Formón o escoplo hendido que usan los escultores. **Enseñar, o mostrar, los dientes** Fam. Ponerse en actitud desafiante. **Entre dientes** Fam. Se aplica generalmente a la manera de hablar o decir algo murmurando o refunfuñando, sin que se entienda claramente lo que se dice. **Hincar el diente** Fam. Apropiarse de algo que pertenece a otra persona; criticar o desacreditar a alguien; emprender un asunto con decisión. **Pelar el diente** Amér. Central y Colomb. Sonreír insistentemente con coquetería; halagar a alguien, adular; Méx. Fam. ponerse alguien agresivo. **Poner los dientes largos** Fam. Provocar en alguien un deseo intenso o envidia. **Rechinarle los dientes** Fam. Ser víctima una persona de un acceso de rabia o desesperación. **Tener (buen) diente** Ser muy comedor.

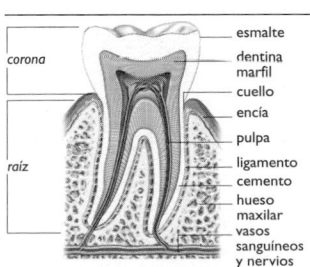

■ **DIENTE.** Sección de un molar.

corona — esmalte
— dentina
marfil
— cuello
— encía
— pulpa
raíz —
— ligamento
cemento
hueso
maxilar
vasos
sanguíneos
y nervios

DIÉRESIS s.f. (lat. *diaresis*, del gr. *diaíresis*, división, separación) [pl. *diéresis*]. CIR. División, separación de dos partes cuya continuidad podría resultar nociva. **2.** FONÉT. Pronunciación en dos sílabas de dos vocales consecutivas que en otros casos forman diptongo. **3.** GRAM. Signo ortográfico (¨) que en español se coloca sobre la vocal *u* de los grupos constituidos por *gu + e, i* para indicar que la *u* debe pronunciarse.

DIERGOL s.m. Propergol formado por dos ergoles líquidos, un combustible y un comburente, que se inyectan separadamente en la cámara de combustión.

DIÉSEL o **DIESEL** s.m. (de R. *Diesel*, ingeniero alemán) [pl. *diéseles* o *dieseles*]. Motor de combustión interna que consume aceites pesados y que funciona por autoencendido del combustible inyectado por aire fuertemente comprimido. SIN.: *motor diésel*.

DIESELELÉCTRICO, A adj. Se dice de la locomotora cuya potencia es suministrada por un motor diésel, el cual acciona un generador eléctrico que suministra corriente a los motores acoplados a los ejes.

DÍES IRAE s.m. (lat. *dies irae*, día de ira). Canto de la misa de difuntos en la liturgia católica romana.

DIESIS o **DIESI** s.f. (lat. *diesis*, del gr. *díesis*, separación, disolución). MÚS. Alteración que eleva un semitono cromático la nota que precede. ✦ adj. Se dice de la misma nota afectada por este signo: «*fa» diesis*. ◇ **Doble diesis** Alteración que eleva dos semitonos cromáticos la nota que precede.

DIESTRA s.f. Mano derecha.

DIESTRO, A adj. (lat. *dexter dextra, dextrum*). Que está en el lado derecho. **2.** Se dice de la persona que usa preferentemente la mano derecha. **2.** Que tiene habilidad y experiencia para realizar una determinada actividad (Suele usarse con la preposición *en*.) ✦ s.m. TAUROM. Matador de toros. ◇ **A diestro y siniestro** Sin tino, sin orden; sin discreción ni miramiento.

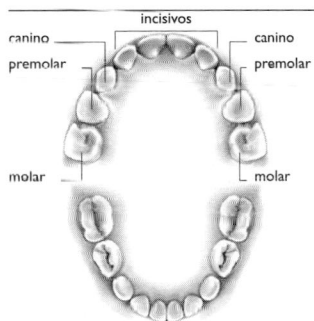

incisivos
canino — — canino
premolar — — premolar
molar — — molar

■ **DIENTES.** Dentadura infantil.

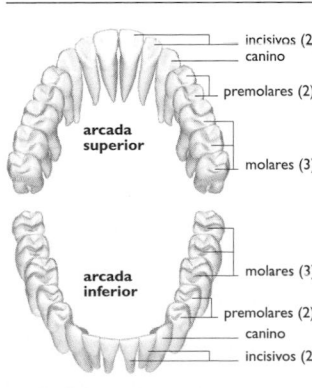

incisivos (2)
canino
premolares (2)
arcada superior
molares (3)
molares (3)
arcada inferior
premolares (2)
canino
incisivos (2)

■ **DIENTES.** Dentadura de un adulto.

1. DIETA s.f. Supresión de una parte o de la totalidad de los alimentos o uso exclusivo de algunos, generalmente con fines médicos o de control de peso. **2.** Conjunto de alimentos que un ser vivo toma habitualmente. **3.** Retribución o indemnización diarias que se dan a un trabajador que, por motivos laborales, debe desplazarse fuera de la población donde trabaja o reside y que le sirven para cubrir gastos de desplazamiento, alojamiento o manutención. (Suele usarse en plural.) ◇ **Dieta hídrica** Régimen que incluye solo agua, infusiones, zumos de fruta, etc.

2. DIETA s.f. (lat. *diaeta*, del gr. *díaita*, manera de vivir). Asamblea deliberante en algunos países (Polonia, Hungría, Suecia, Suiza, etc.).

DIETARIO s.m. (bajo lat. *dietarium*). Libro en que se anotan los ingresos y gastos diarios. **2.** Agenda.

DIETÉTICA s.f. Parte de la medicina que estudia el valor alimenticio de los alimentos y las enfermedades que provoca la mala nutrición, así como la determinación de las cantidades de alimentos que convienen a las diversas categorías de consumidores.

DIETÉTICO, A adj. (lat. tardío *diaeteticus*, del gr. *diaititikós*). Relativo a la dieta o a la dietética.

DIETILÉNICO, A adj. Que posee dos veces el carácter etilénico.

DIETISTA s.m. y f. Médico especialista en dietética.

DIEZ adj.num.cardin. y s.m. (lat. *decem*). Nueve más uno. ✦ adj.num.ordin. y s.m. y f. Décimo.

DIEZMAR v.tr. Separar una de cada diez personas o cosas. **2.** Fig. Causar gran mortandad en un país la guerra, las epidemias u otra calamidad.

DIEZMERO s.m. HIST. Persona que cobraba diezmos.

DIEZMILÉSIMO, A adj. y s.m. Se dice de cada una de las partes que resultan de dividir un todo en diez mil partes iguales.

DIEZMO s.m. En la edad media y el antiguo régimen, parte variable del producto de las cosechas y de la ganadería, generalmente la décima parte, que se entregaba a la Iglesia. (En España, se abolió definitivamente en 1841.)

DIFAMACIÓN s.f. Acción de difamar. **2.** Información que se publica o se dice de una persona en contra de su buena opinión y fama.

DIFAMAR v.tr. (lat. *diffamare*). Desacreditar a alguien publicando o diciendo cosas contra su buena opinión y fama. SIN.: *infamar*.

DIFAMATORIO, A adj. Que difama.

DIFÁSICO, A adj. ELECTR. Se dice de la corriente de dos fases.

DIFENOL s.m. Cuerpo que posee dos veces la función fenol.

DIFERENCIA s.f. Cualidad, rasgo o característica que distingue a una persona o cosa de otra. **2.** Fig. Controversia, discrepancia o incompatibilidad entre dos o más personas. **3.** MAT. Resultado de la sustracción de dos magnitudes: *2 es la diferencia entre 7 y 5*. ◇ **A diferencia de** Denota la discrepancia que hay entre dos personas o cosas comparadas entre sí. **Diferencia de dos conjuntos A y B** Conjunto que se nota A – B, formado por los elementos de A que no pertenecen a B. **Diferencia simétrica de dos conjuntos A y B** Conjunto formado por los elementos de A que no pertenecen a B y por los elementos de B que no pertenecen a A, es decir, reunión de las diferencias A – B y B – A.

DIFERENCIACIÓN s.f. Acción y efecto de diferenciar o diferenciarse. **2.** BIOL. En el curso del desarrollo de un ser vivo, aparición de varios tipos diferentes de células, de tejidos o de órganos, a partir de un mismo tronco original. **3.** MAT. Cálculo de una o varias diferenciales.

DIFERENCIADOR s.m. Órgano de cálculo analógico o numérico que efectúa automáticamente el cálculo de diferenciales y derivadas.

DIFERENCIAL adj. Relativo a la diferencia. **2.** MAT. Que procede por diferencias infinitamente pequeñas. ✦ adj. y s.m. Se dice del mecanismo de engranajes que permite transmitir a un árbol rotativo un movimiento equivalente a la suma o a la diferencia de otros dos movimientos. ◆ s.f. MAT. Incremento infinitésimo de una variable, sea independiente, o función de otra u otras. ◇ **Psicología diferencial** Parte de la psicología que estudia las diferencias entre individuos, especialmente en sus cualidades intelectuales. **Tarifa diferencial** Tarifa de transporte calculada en función inversa del peso y de la distancia.

DIFERENCIAR v.tr. Averiguar, percibir y señalar diferencias entre dos o más cosas o personas. **2.** Constituir algo la diferencia entre dos o más cosas o personas. **3.** MAT. Calcular la diferencial de una función. ◆ **diferenciarse** v.prnl. Distinguirse, no ser igual.

DIFERENDO s.m. Amér. Merid. Diferencia, discrepancia entre instituciones o estados.

DIFERENTE adj. Diverso, distinto. ◆ adv.m. De modo distinto: *hablar diferente.*

DIFERIDO, A adj. INFORMÁT. Se dice del tratamiento de datos que se ejecuta en una fase distinta y ulterior de la de su adquisición o de su almacenamiento. **2.** TELECOM. En el servicio internacional, se dice del telegrama al que se aplica tarifa reducida y se transmite después de los telegramas ordinarios y despachos de prensa; en el servicio interior y nacional, se dice del telegrama que el expedidor entrega en la oficina de telégrafos en hora nocturna para ser cursado a la mañana siguiente. ◆ s.m. **En diferido** Se dice de la emisión radiofónica o televisiva transmitida después de su grabación.

DIFERIR v.tr. (lat. *diferre*) [79]. Aplazar, retardar o suspender la ejecución de una cosa. ◆ v.intr. Haber diferencias, diferenciarse: *diferimos en este punto.*

DIFÍCIL adj. (lat. *difficilis*). Que requiere inteligencia, habilidad y esfuerzo para hacerlo, superarlo, entenderlo, etc. **2.** Descontentadizo, rebelde o poco tratable: *un niño difícil.*

DIFICULTAD s.f. (lat. *difficultas, -atis*). Cualidad de difícil. **2.** Objeción opuesta a lo que alguien sostiene o propone: *poner dificultades.* **3.** Situación difícil de resolver, especialmente por falta de dinero: *pasar muchas dificultades.* (Suele usarse en plural.)

DIFICULTAR v.tr. Hacer difícil o más difícil algo: *el frío dificulta el ascenso a la cumbre.* ◆ v.intr. Estimar difícil una cosa.

DIFICULTOSO, A adj. Difícil, que implica dificultad.

DIFLUENCIA s.f. División de un curso de agua, o de un glaciar, en varios brazos que no vuelven a reunirse.

DIFLUENTE adj. y s.m. Que se desarrolla en direcciones divergentes o se dispersa.

DIFRACCIÓN s.f. Desviación que sufre la propagación de las ondas acústicas, luminosas, hercianas, rayos X, etc., cuando encuentran un obstáculo o una abertura de dimensiones sensiblemente iguales a su longitud de onda.

DIFRACTAR v.tr. y prnl. Efectuar la difracción.

DIFTERIA s.f. (gr. *diphthéra*, piel, membrana). Enfermedad contagiosa debida a la toxina del bacilo de Klebs-Löffler, que se propaga a diferentes órganos (corazón, hígado, sistema nervioso, etc.). [Se manifiesta por una fuerte angina blanca, caracterizada por falsas membranas adherentes que invaden la garganta, inflamación de ganglios del cuello y grave estado general.]

DIFTÉRICO, A adj. y s. Relativo a la difteria; que padece difteria.

DIFUMINAR v.tr. Esfumar los trazos del lápiz. ◆ v.tr. y prnl. Volver imprecisos los contornos de algo.

DIFUMINO s.m. Rollo pequeño de papel poroso o de piel suave que se utiliza para esfumar los trazos del lápiz.

DIFUNDIR v.tr. y prnl. (lat. *diffundere*). Hacer que la luz, un fluido, etc., se extienda en todas las direcciones. **2.** *Fig.* Divulgar, propagar: *difundir una noticia.*

DIFUNTO, A adj. y s. (lat. *defunctus*, p. p. de *defungi*, pagar una deuda). Se dice de la persona que ha fallecido. ◇ **Misa de difuntos** Misa que se celebra por un muerto.

DIFUSIÓN s.f. Acción y efecto de difundir o difundirse. **2.** Número total de ejemplares de una publicación que ha llegado efectivamente al público. **3.** FÍS. **a.** Movimiento de un conjunto de partículas en un medio ambiente bajo la acción de diferencias de concentración, temperatura, etc. **b.** Dispersión de una radiación incidente (luz, rayos X, sonido, etc.) en todas las direcciones al atravesar ciertos medios. **c.** Cambio de la dirección o de la energía de una partícula tras una colisión con otra partícula. **4.** MED. Distribución de una sustancia en el organismo.

DIFUSIONISMO s.m. Teoría antropológica desarrollada en el s. XX según la cual las diferencias entre las culturas se explican por la difusión de rasgos culturales particulares a partir de unas regiones determinadas.

DIFUSIONISTA adj. y s.m. y f. Relativo al difusionismo; partidario de esta doctrina.

DIFUSIVO, A adj. Que tiene la propiedad de difundir o difundirse.

DIFUSO, A adj. Derramado, propagado: *dolor difuso; luz difusa.* **2.** Poco preciso: *una difusa sensación de angustia.*

DIFUSOR, RA adj. Que difunde. ◆ s.m. Accesorio de iluminación que da una luz difusa. **2.** Parte del carburador de un motor de explosión en la cual se efectúa la mezcla carburada. **3.** Altavoz. **4.** Aparato que sirve para extraer el jugo azucarado de la remolacha. **5.** Conducto que sirve para aminorar la velocidad de circulación de un fluido, aumentando su presión. **6.** Boquilla ajustada a la boca de las mangas de incendio para proyectar el agua pulverizándola. **7.** Parte de un túnel aerodinámico situada a continuación de la cámara de medición o tramo de pruebas.

DIGAMMA s.f. Nombre de la sexta letra del alfabeto griego arcaico derivada del signo fenicio *wau*; tenía la forma de la F latina y era una fricativa velar. SIN.: *wau.*

DIGÁSTRICO, A adj. y s.m. Se dice del músculo que tiene dos grupos de fibras musculares separados por un tendón.

DIGERIBLE o **DIGESTIBLE** adj. Que se puede digerir con facilidad.

DIGERIR v.tr. (lat. *digerere*, distribuir) [79]. Transformar un alimento en sustancia asimilable. **2.** *Fig.* Asimilar y superar una desgracia u ofensa: *no poder digerir un insulto.* **3.** *Fig.* Entender y asimilar ideas, noticias, enseñanzas, etc.: *digerir una lectura.*

DIGESTIBILIDAD s.f. FISIOL. Aptitud de una sustancia para ser digerida.

DIGESTIBLE adj. → **DIGERIBLE.**

DIGESTIÓN s.f. (lat. *digestio, -onis*). Proceso por el cual un alimento es transformado, en el aparato digestivo, en una sustancia asimilable.

ENCICL. La digestión es una función animal y vegetal puramente química (hidrólisis enzimática). En ella los alimentos (o las reservas internas del organismo) se descomponen por acción de los jugos digestivos (enzimas) y por la fijación de agua, en moléculas solubles muy pequeñas, capaces de circular a través de la sangre de los animales, o a través de la savia de los vegetales, y de incorporarse a las células. La digestión es *externa* cuando el organismo segrega jugos digestivos alrededor del alimento (bacterias, plantas insectívoras, diversos animales como arañas o estrellas de mar). Se denomina *interna* cuando tiene lugar en el interior de un aparato digestivo.

DIGESTIVO, A adj. Relativo a la digestión. ◆ s.m. Medicamento o sustancia que facilita la digestión. ◇ **Aparato digestivo** Conjunto de órganos que participan en la digestión. **Jugo digestivo** Líquido segregado por una glándula digestiva y que contiene enzimas.

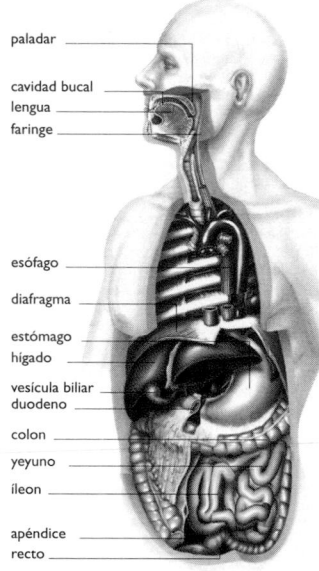

paladar
cavidad bucal
lengua
faringe
esófago
diafragma
estómago
hígado
vesícula biliar
duodeno
colon
yeyuno
íleon
apéndice
recto

■ APARATO **DIGESTIVO**

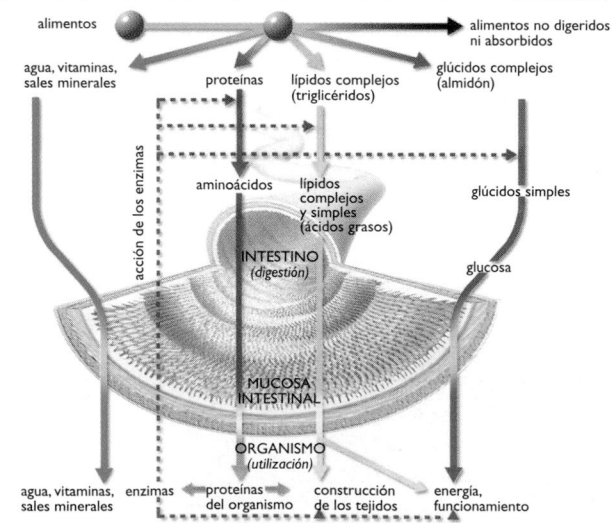

alimentos — alimentos no digeridos ni absorbidos

agua, vitaminas, sales minerales — proteínas — lípidos complejos (triglicéridos) — glúcidos complejos (almidón)

acción de los enzimas

aminoácidos — lípidos complejos y simples (ácidos grasos) — glúcidos simples

INTESTINO (*digestión*) — glucosa

MUCOSA INTESTINAL

ORGANISMO (*utilización*)

agua, vitaminas, sales minerales — enzimas — proteínas del organismo — construcción de los tejidos — energía, funcionamiento

■ **DIGESTIÓN**

DIGESTO s.m. Recopilación metódica de derecho. (El más célebre es el *Digesto* de Justiniano [533].)

DIGESTÓLOGO, A s. Médico especialista en enfermedades del aparato digestivo.

DIGESTOR s.m. Aparato que sirve para extraer las partes solubles de ciertas sustancias.

DIGITACIÓN s.f. MÚS. **a.** Indicación escrita del orden en que deben usarse los dedos en una ejecución musical. **b.** Movimiento de los dedos al tocar un instrumento musical.

DIGITADO, A adj. Que tiene forma semejante a un dedo.

1. DIGITAL adj. (lat. *digitalis*). Relativo a los dedos. **2.** Que se expresa o suministra los datos por medio de números. SIN.: *numérico*.

2. DIGITAL s.f. Planta de tallo sencillo o poco ramoso, hojas lanceoladas y flores con forma de un dedo de guante, que crece en los sotobosques claros, en suelo silíceo. (Familia escrofulariáceas.)

deadaiera   de flores grandes

■ **DIGITALES**

DIGITALINA s.f. Sustancia que se extrae de la hoja de la digital, que se usa como medicamento para enfermedades cardíacas y que en grandes dosis es muy tóxica.

DIGITALIZAR v.tr. [7]. INFORMÁT. Codificar numéricamente una información.

DIGITÍGRADO, A adj. y s.m. ZOOL. Que al andar apoya en el suelo solo los dedos, como el gato.

DÍGITO, A adj. y s.m. Se dice del número que en el sistema de numeración decimal se expresa con una sola cifra. ◆ s.m. Elemento de información digital que puede tomar un número determinado de valores determinados. ◇ **Dígito binario** Bit.

DIGITOPLASTIA s.f. Intervención quirúrgica que consiste en la reconstrucción plástica de uno o varios dedos.

DIGITOPUNTURA s.f. Método terapéutico derivado de la acupuntura que consiste en presionar con los dedos diferentes puntos del cuerpo.

DIGITOXINA s.f. Heteróxido extraído de la digital, próximo a la digitalina.

DIGLOSIA s.f. LING. Situación de coexistencia de dos lenguas en una comunidad de hablantes en la que una de las dos lenguas tiene una condición político-social inferior.

DIGNARSE v.prnl. (lat. *dignare*, juzgar digno). Acceder, consentir en lo que otro solicita o quiere.

DIGNATARIO, A s. (del lat. *dignitas*, dignidad). Persona investida de una dignidad.

DIGNIDAD s.f. (lat. *dignitas*, dignidad). Cualidad de digno. **2.** Cargo honorífico y de autoridad: *la dignidad de condestable*.

DIGNIFICAR v.tr. y prnl. (lat. tardío *dignificare*) [1]. Hacer digno o presentar como tal.

DIGNO, A adj. (lat. *dignus*). Que merece lo que se expresa: *ser digno de recompensa*. **2.** Que corresponde al mérito y condición de alguien o algo. **3.** Que se comporta con responsabilidad, seriedad y respeto o que inspira respeto. **4.** Decente, no humillante: *una casa digna*.

DÍGRAFO s.m. Grupo de dos letras que representan un solo sonido: *la ch es un dígrafo*.

DIGRAMA s.m. LING. Dígrafo.

DIGRESIÓN s.f. (lat. *digressio*, de *digredi*, apartarse). Parte de un discurso o conversación que no tiene relación directa con el asunto de que se trata.

DIHOLÓSIDO s.m. QUÍM. ORG. Compuesto que resulta de la unión de dos osas: *la lactosa y la sacarosa son diholósidos*.

DIHUEÑE o **DIHUEÑI** s.m. Chile. Nombre vulgar de varios hongos comestibles de los cuales los indios obtienen una especie de chicha.

DIJE s.m. Joya, relicario y otras alhajas que suelen llevarse colgadas como adorno. ◆ adj. Chile. Fam. Simpático, afable.

DIJES s.m.pl. Bravatas.

DILACERAR v.tr. y prnl. Desgarrar la carne de una persona o animal.

DILACIÓN s.f. (lat. *dilatio, -onis*). Retraso o detención de algo.

DILAPIDACIÓN s.f. Acción de dilapidar.

DILAPIDAR v.tr. (lat. *dilapidare*, lanzar piedras pequeñas). Despilfarrar, malgastar los bienes.

DILATABILIDAD s.f. FÍS. Propiedad de los cuerpos de dilatarse por calentamiento.

DILATACIÓN s.f. Acción y efecto de dilatar o dilatarse. **2.** FÍS. Aumento del volumen de un cuerpo por elevación de la temperatura, sin cambios en la naturaleza del mismo. **3.** MED. Aumento del calibre de un conducto natural, sea patológicamente (dilatación de los bronquios), sea terapéuticamente (dilatación del útero).

DILATADOR, RA adj. Que dilata. ◆ adj. y s.m. ANAT. Se dice del músculo que al contraerse dilata las paredes de las cavidades en que se inserta. ◆ s.m. CIR. Instrumento que sirve para dilatar un orificio o una cavidad.

DILATAR v.tr. y prnl. (lat. *dilatare*). Hacer que algo aumente de volumen. **2.** Hacer que un conducto natural se ensanche. **3.** Aplazar o retrasar: *dilatar un acto*. ◆ **dilatarse** v.prnl. Extenderse mucho en un discurso, una narración o una explicación.

DILATÓMETRO s.m. FÍS. Instrumento para medir la dilatación.

DILATORIA s.f. Dilación, retraso: *andar con dilatorias*. (Suele usarse en plural.)

DILATORIO, A adj. DER. Que retrasa o aplaza un juicio o la tramitación de un asunto.

DILECCIÓN s.f. (lat. *dilectio, -onis*). Amor tierno y puro.

DILECTO, A adj. (lat. *dilectus*, p. pasivo de *diligere*). Que se ama o aprecia con dilección.

DILEMA s.m. (lat. *dilemma*, del gr. *dílimma*). Situación de alguien cuando tiene que decidir entre dos cosas igualmente buenas o malas. **2.** Razonamiento formado por dos premisas contradictorias, pero que conducen a una misma conclusión que, por consecuencia, se impone.

DILETANTE adj. y s.m. y f. (ital. *dilettante*). Se dice de la persona que cultiva un arte o ciencia por simple afición o sin la preparación necesaria.

DILETANTISMO s.m. Cualidad de diletante.

DILIGENCIA s.f. (lat. *diligentia*). Cuidado, esfuerzo y eficacia en hacer algo. **2.** Prontitud o rapidez en hacer algo. **3.** Fam. Negocio, gestión, encargo. **4.** Vehículo tirado por caballos, grande, que se utilizaba para el transporte de viajeros entre poblaciones. **5.** DER. **a.** Celo en el desempeño de una función, la ejecución de algún acto o en las relaciones con otras personas. **b.** Cumplimiento de una resolución judicial. **c.** Acta en la que se consignan las actuaciones judiciales.

DILIGENCIAR v.tr. Hacer las diligencias o gestiones oportunas para algo. **2.** DER. Tramitar un asunto mediante las oportunas diligencias.

DILIGENTE adj. (lat. *diligens, -tis*, lleno de celo, escrupuloso). Se dice de la persona que hace las cosas con cuidado, esmero y prontitud. **2.** Que se hace con cuidado, esmero y rapidez.

DILUCIDACIÓN s.f. Acción de dilucidar.

DILUCIDAR v.tr. Explicar, aclarar un asunto o una cuestión.

DILUCIÓN s.f. (lat. *dilutio, -onis*). Acción de

diluir o diluirse. **2.** Sustancia que se obtiene al diluir o diluirse algo en un líquido.

DILUIR v.tr. y prnl. (lat. *diluere*) [88]. Aumentar la proporción de un líquido, alterando su contenido por añadidura de cierta cantidad de agua u otro líquido: *diluir el alcohol con agua*. **2.** Desleír, disolver.

DILUVIANO, A adj. Relativo al diluvio universal o que hiperbólicamente se compara con él: *aguacero diluviano*.

DILUVIAR v.intr. Llover copiosamente.

DILUVIO s.m. (lat. *diluvium*). Inundación que cubrió toda la tierra, según la Biblia. Se usa también *diluvio universal*. **2.** Fig. y fam. Lluvia muy abundante. **3.** Fig. y fam. Abundancia de algo: *un diluvio de felicitaciones*.

DIMANACIÓN s.f. Acción de dimanar.

DIMANAR v.intr. (lat. *dimanare*). Provenir el agua de sus manantiales. **2.** Fig. Provenir, derivar o tener origen una cosa de otra: *el poder dimana del pueblo*.

DIMENSIÓN s.f. (lat. *dimensio, -onis*). Cada una de las magnitudes necesarias para la evaluación de las figuras planas y de los sólidos (longitud, anchura, altura o profundidad). **2.** Fig. Importancia o gravedad de algo: *una tragedia de grandes dimensiones*. **3.** FÍS. Cada una de las magnitudes fundamentales (longitud, masa, tiempo, etc.) a las que se puede reducir toda magnitud física. **4.** MAT. Número máximo de vectores linealmente independientes que pueden hallarse en un espacio vectorial. ◇ **Cuarta dimensión** Tiempo. (Se usa en la teoría de la relatividad.)

DIMENSIONAL adj. Relativo a la dimensión. ◇ **Análisis dimensional** FÍS. Estudio de las dimensiones de las magnitudes físicas, que sirven para verificar la homogeneidad de una fórmula o para establecer, por similitud, unos modelos de sistemas complejos.

DIMENSIONAR v.tr. Determinar las dimensiones o, de manera más general, las características que conviene dar a un elemento mecánico, hidráulico, neumático o eléctrico para que desempeñe convenientemente el papel que le corresponde en el conjunto del que forma parte. **2.** Argent. y Méx. Estimar o ponderar la magnitud de una situación o acontecimiento.

DIMES. Dimes y diretes Fam. Contestaciones, discusiones o debates entre dos o más personas: *andar en dimes y diretes con alguno*.

DIMICADO, A adj. Argent. Calado o deshilado que se hace en las telas blancas.

DIMINUENDO adv. (voz italiana). MÚS. Decresciendo.

DIMINUTIVO, A adj. Se dice del sufijo que adoptan ciertas palabras para expresar pequeñez, poca importancia, intensidad o afectividad. (Los sufijos diminutivos más usuales en español son *-ito, -ico, -illo* e *-ín* con sus correspondientes femeninos y plurales.) ◆ s.m. Palabra modificada por un sufijo diminutivo.

DIMINUTO, A adj. Que tiene un tamaño muy pequeño.

DIMISIÓN s.f. Renuncia de algo que se posee, especialmente los empleos y cargos.

DIMISIONARIO, A adj. y s. Que presenta o ha presentado su dimisión: *ministro dimisionario*.

DIMITIR v.tr. e intr. (lat. *dimittere*). Renunciar a un cargo.

DIMORFISMO s.m. Propiedad de los cuerpos dimorfos. ◇ **Dimorfismo sexual** BIOL. Conjunto de rasgos no indispensables para la reproducción y que permiten distinguir los dos sexos de una especie.

DIMORFO, A adj. Que se presenta con dos formas diferentes. **2.** MINER. Que puede cristalizar en dos sistemas diferentes.

DIN, conjunto de normas unificadoras de tolerancias, tamaños, etc., de elementos industriales.

DINA s.f. Unidad de medida de fuerza (símb. din) equivalente a 10^{-5} newton.

DINAMARQUÉS, SA adj. y s. Danés.

DINÁMICA s.f. Parte de la mecánica que estudia las relaciones entre las fuerzas y los movimientos. ◇ **Dinámica de grupo** PSICOL. Estudio experimental de la evolución de pequeños grupos, que atañe especialmente a las comunicaciones, decisiones y creatividad. **Dinámica de las poblaciones** ECON. Conjunto de procesos que determinan el tamaño y composición de una población.

DINÁMICO, A adj. (gr. *dynamikós*, potente, fuerte). Relativo a la dinámica. **2.** Que implica movimiento o lo produce. **3.** *Fig. y fam.* Se aplica a la persona muy activa y emprendedora. **4.** B. ART. Se dice de un arte caracterizado por la fuerza y el movimiento.

DINAMISMO s.m. Cualidad de dinámico. **2.** Diligencia, prontitud en el obrar. **3.** FILOS. Doctrina según la cual los elementos materiales se reducen a combinaciones de fuerzas.

DINAMISTA adj. y s.m. y f. Partidario del dinamismo, doctrina filosófica.

DINAMITA s.f. Sustancia explosiva, inventada por Nobel, que está compuesta por nitroglicerina y un cuerpo absorbente que convierte al explosivo en estable.

DINAMITAR v.tr. Hacer saltar o destruir algo mediante dinamita.

DINAMITERO, A adj. y s. Persona especializada en voladuras con dinamita.

DINAMIZAR v.tr. [7]. Hacer que algo o alguien se desarrolle o sea más dinámico. **2.** En homeopatía, aumentar la homogeneidad y la acción terapéutica de un medicamento por dilución, trituración, etc.

DINAMO o **DÍNAMO** s.f. Máquina que transforma la energía mecánica en energía eléctrica, en forma de corriente continua. SIN.: *máquina dinamoeléctrica.*

DINAMOELÉCTRICO, A adj. Relativo a la conversión de la energía mecánica en eléctrica o viceversa. ◇ **Máquina dinamoeléctrica** Dinamo.

DINAMOGÉNESIS s.f. FISIOL. Desarrollo, mediante estímulo, de la función de un órgano.

DINAMOMÉTRICO, A adj. Relativo a la medición de fuerzas.

DINAMÓMETRO s.m. Aparato que sirve para medir fuerzas.

DINAR s.m. Unidad monetaria de Argelia, Bahrayn, Iraq, Jordania, Kuwayt, Libia, Macedonia, Serbia y Túnez. **2.** NUMISM. Moneda de oro acuñada en los países islámicos, que se difundió en la península Ibérica durante la edad media. (Los dinares almorávides, llamados por los cristianos *morabatinos* [maravedíes], fueron convertidos por estos en su propia unidad monetaria.)

DINASTA s.m. (gr. *dynástis*, príncipe, soberano). ANT. GR. Soberano que reinaba en un pequeño territorio.

DINASTÍA s.f. (gr. *dynásteia*, dominación, gobierno). Serie de reyes o soberanos de un país pertenecientes a una misma familia. **2.** Familia cuyos miembros van traspasando de generación en generación su poder o influencia en un área determinada: *una dinastía de banqueros.*

DINÁSTICO, A adj. y s. Relativo a la dinastía; partidario de una dinastía.

DINASTISMO s.m. Fidelidad y adhesión a una dinastía.

DINERAL s.m. Cantidad grande de dinero.

DINERARIO, A adj. Relativo al dinero.

DINERILLO s.m. Antigua moneda de vellón. **2.** *Fam.* Cantidad pequeña de dinero.

DINERO s.m. (lat. *denarius*, moneda de plata romana). Conjunto de monedas y billetes de curso legal. **2.** Caudal, fortuna. ◇ **Dinero caliente** ECON. Dinero sometido a una rápida circulación para beneficiarse de las variaciones de las tasas de interés. SIN.: *hot money.* **Dinero contante y sonante** Dinero que se tiene en monedas o billetes para usarlo en cualquier momento. **Dinero de bolsillo** *Fam.* El destinado a cubrir gastos cotidianos o inmediatos, por oposición al destinado a gastos fijos. **Dinero de san Pedro** Contribución que los príncipes cristianos recaudaban para entregar al papa. **Dinero negro** Dinero que circula al margen de los circuitos de cualquier tipo de registro o control por parte de la autoridad monetaria. **Interés**, o **precio, del dinero** Tasa a la que pueden procurarse préstamos a largo, medio o corto plazo, en el mercado de capitales.

DINGO s.m. Mamífero cánido parecido al lobo, de pelaje amarillo rojizo, que vive en Australia.

DINGUI s.f. Bote neumático de salvamento.

DINITROTOLUENO s.m. Derivado dos veces nitrado del tolueno que entra en la composición de determinados explosivos.

DINKA, pueblo nilótico de Sudán, emparentado con los nuer.

DINOSAURIO, A adj. y s.m. (del gr. *deinós*, terrible, extraordinaio, y *sayros*, lagarto). Relativo a un grupo de reptiles fósiles de la era secundaria que comprende animales de tamaño y morfología muy diversos. (Aparecieron en el triásico hace unos 200 millones de años y desaparecieron hace unos 65 millones de años.)

DINTEL s.m. (fr. *lintel*). Elemento horizontal de madera, piedra o hierro, que cubre el vano de una puerta o ventana y soporta la carga del muro superior.

DIÑAR v.tr. (voz caló). Esp. *Fam.* Dar, entregar. ◆ **diñarse** v.prnl. Esp. *Fam.* Fugarse, escaparse. ◇ **Diñarla** Esp. *Fam.* Morir. **Diñársela** Esp. *Fam.* Engañar a alguien.

DIOCESANO, A adj. y s. Relativo a la diócesis; miembro de una diócesis. ◆ adj. y s.m. Se dice del obispo o arzobispo que tiene una diócesis a su cargo.

DIÓCESIS s.f. (lat. tardío *diocesis*) [pl. *diócesis*]. Territorio colocado bajo la jurisdicción de un obispo. **2.** HIST. Circunscripción administrativa del Imperio romano, creada por Diocleciano, que agrupaba varias provincias y que estaba colocada bajo la autoridad de un vicario.

DIODO s.m. ELECTR. Componente electrónico utilizado como rectificador de corriente (tubo de dos electrodos, unión de dos semiconductores). ◇ **Diodo electroluminiscente** Diodo que emite unas radiaciones luminosas cuando es recorrido por una corriente eléctrica.

DIOICO, A adj. BOT. Se dice de la planta que tiene las flores masculinas y las flores femeninas en pies separados, como el cáñamo, lúpulo y la palmera datilera.

DIOLA, pueblo que habita entre los ríos Casamance (Senegal) y Gambia.

DIONEA s.f. (del gr. *Aionaia,* epíteto de Afrodita). Atrapamoscas.

DIONISÍACO, A o **DIONISIACO, A** adj. (gr. *dionysiakós*). Relativo a Dioniso. **2.** En la filosofía de Nietzsche, lo irracional e instintivo en el ser humano, entendido como afirmación de la vida o voluntad de vivir, por oposición a *apolíneo.*

DIONISIAS s.f.pl. En la Grecia antigua, fiestas en honor de Dionisio.

DIOPTRÍA s.f. Unidad de medida de convergencia de los sistemas ópticos (símb. δ) equivalente a la convergencia de un sistema óptico cuya distancia focal es 1 m en un medio cuyo índice de refracción es 1.

DIÓPTRICA s.f. Parte de la física que se ocupa de la refracción de la luz.

DIOPTRIO s.m. Superficie óptica que separa dos medios transparentes de distinta refringencia.

DIORAMA s.m. Panorama o lienzo de grandes dimensiones con figuras pintadas y con el que, presentado en una sala oscura y utilizando juegos de luces, se da la sensación de movimiento real. (El primer diorama fue instalado en París en 1822 por Daguerre y Bouton.)

DIORITA s.f. Roca plutónica constituida esencialmente por plagioclasa, anfíbol y mica.

DIOS, A s. (lat. *deus*). En las religiones politeístas, ser inmortal, dotado de poderes sobrenaturales y al que se rinde culto. **2.** Persona de cualidades excepcionales. **3.** En las religiones monoteístas, ser supremo, creador y dueño del universo y de los destinos humanos, al que se rinde culto. (Suele escribirse con mayúscula.) ◆ **interj.** Expresa admiración, asombro, dolor, extrañeza o susto. (También *¡Dios mío!*) ◇ **A la buena de Dios** *Fam.* Al azar, sin preparación, de cualquier manera. **Dios mediante** Si Dios quiere: *llegaré, Dios mediante, el próximo jueves.* **Hacer** algo **como Dios manda** *Fam.* Hacerlo bien, con acierto. **La de Dios es Cristo** *Fig. y fam.* Gran disputa, riña o pelea.

DIOSCOREÁCEO, A adj. y s.f. Relativo a una familia de plantas monocotiledóneas que crecen en las regiones cálidas y templadas, como el ñame.

DIOSTEDÉ s.m. Ave trepadora de América Meridional, de plumaje negro, con el pecho y las extremidades de las alas amarillas. (Familia ranfástidos.)

DIÓXIDO s.m. QUÍM. Óxido que contiene dos átomos de oxígeno.

diplodocus
(25 m)

tiranosaurio
(13 m)

triceratops
(8 m)

estegosaurio
(7 m)

■ **DINOSAURIOS**

■ **DIOSA.** Coatlicue, diosa azteca de la vida y de la muerte. (Museo nacional de antropología de México.)

DIPLOBLÁSTICO, A adj. Se dice del animal que solo tiene dos hojas embrionarias en lugar de tres, como la medusa.

DIPLOCOCO s.m. (del gr. *diploys*, doble, y *kókkos*, grano). Bacteria cuyos elementos, esféricos, están agrupados de dos en dos (neumococos, meningococos, etc.).

DIPLODOCUS o **DIPLODOCO** s.m. Dinosaurio herbívoro, de unos 25 m. de long., cuello y cola muy alargados, que vivía en América en el cretácico.

DIPLOIDE adj. BIOL. Se dice de la célula cuyo núcleo tiene un número par de cromosomas o de la fase del ciclo biológico en que las células tienen esta característica.

DIPLOMA s.m. (lat. *diploma, -atis*, documento oficial) Título expedido para acreditar la obtención de un grado académico o un premio o para certificar la asistencia a un curso o seminario. **2.** Documento autorizado por un soberano con sello y armas.

DIPLOMACIA s.f. Parte de la política que se ocupa de las relaciones internacionales. **2.** Carrera o profesión de diplomático. **3.** *Fig. y fam.* Tacto o habilidad para tratar a las personas.

DIPLOMADO, A adj. y s. Se dice de la persona que ha obtenido una titulación académica al finalizar los estudios de una escuela universitaria o el primer ciclo de una facultad universitaria. **2.** Se dice de la persona que ha obtenido una titulación al finalizar los estudios en organismos y centros docentes estatales o privados que imparten enseñanzas no incluidas en los niveles educativos oficialmente establecidos.

DIPLOMAR v.tr. y prnl. Dar un título académico o universitario a alguien.

DIPLOMÁTICA s.f. Ciencia que estudia las reglas formales que rigen la elaboración de los escritos que dan cuenta de actos jurídicos (cartas, títulos) o hechos jurídicos (correspondencia, relaciones, etc.).

DIPLOMÁTICO, A adj. Relativo a la diplomacia. **2.** Relativo al diploma. **3.** *Fig.* Que tiene un trato muy correcto con las personas y sabe decir las cosas sin molestar. ◆ adj. y s. Se dice de la persona que representa a su país en el extranjero.

DIPLOMATURA s.f. Grado de diplomado universitario; conjunto de estudios necesarios para obtenerlo.

DIPLOPÍA s.f. (del gr. *diploys*, doble, y *óps*, vista). Trastorno de la visión que hace ver dobles los objetos.

DIPNEO, A adj. y s. Se dice del animal dotado de respiración branquial y pulmonar.

DIPNOO, A adj. y s.m. Relativo a una pequeña subclase de peces óseos que pueden respirar por branquias o por pulmones, según el medio en que se hallan. SIN.: *dipneusto*.

DIPOLAR adj. FÍS. Que tiene dos polos.

DIPOLO s.m. FÍS. Conjunto de dos polos magnéticos o eléctricos de signos opuestos, situados a poca distancia.

DIPSACÁCEO, A adj. y s.f. (del gr. *dípsakos*, cardencha). Relativo a una familia de plantas

herbáceas gamopétalas parecidas a las compuestas, como la cardencha.

DIPSOMANÍA s.f. Necesidad irresistible e intermitente de beber grandes cantidades de bebidas alcohólicas.

DIPSOMANÍACO, A, o **DIPSOMANIACO, A** adj. y s. Que padece dipsomanía. SIN.: *dipsómano*.

DÍPTERO, A adj. (gr. *dipteros*). Que tiene dos alas. **2.** ARQ. Se dice de los edificios clásicos rectangulares, con peristilo y doble hilera de columnas a los lados. ◆ adj. y s.m. Relativo a un orden de insectos que posee un solo par de alas membranosas en el segundo anillo del tórax, un par de balancines (utilizados para mantener el equilibrio durante el vuelo) en el tercer anillo, y cuyas piezas bucales están dispuestas para la succión o para picar, como la mosca y el mosquito.

DÍPTICO s.m. (gr. *diptykhos*). Obra de arte compuesta por dos paneles, fijos o móviles. **2.** En la antigüedad, registro público formado por dos tabletas articuladas por una bisagra.

■ **DÍPTICO** en madera; anónimo s. XVI.
(Museo de Santa Cruz, Toledo.)

DIPTONGACIÓN s.f. Proceso de transformación de una vocal en diptongo. **2.** Pronunciación de dos vocales en una sílaba, formando diptongo.

DIPTONGAR v.tr. y prnl. [2]. Pronunciar dos vocales en una sílaba. ◆ v.intr. y prnl. En gramática histórica, alterarse el timbre de una vocal, de manera que se desdoble en un diptongo.

DIPTONGO s.m. (lat. tardío *diphtongus*, del gr. *díphthoggos*). Unión de dos vocales diferentes y contiguas que se pronuncian en una sola sílaba.

DIPUTACIÓN s.f. Acción de diputar. **2.** Conjunto de diputados o reunión de personas nombradas como representación de un cuerpo. **3.** Edificio o salón donde los diputados provinciales celebran sus sesiones. **4.** Cargo de diputado. ◇ **Diputación foral** Entidad pública de los territorios históricos forales de Álava, Guipúzcoa y Vizcaya, que se ocupa de gestionar los intereses económico-administrativos del territorio foral. **Diputación permanente** Institución parlamentaria española representativa de las cortes en el periodo de vacaciones o en el supuesto de que hayan sido disueltas o haya expirado su mandato. **Diputación provincial** Entidad pública territorial española, que se ocupa de gestionar los intereses económico-administrativos de las provincias.

ENCICL. Las diputaciones, nacidas de las comisiones de recaudación de impuestos en las cortes, se hicieron permanentes en la Corona de Aragón entre los ss. XIV y XV. Recibieron el nombre de Generalitat o Diputación del General, en Cataluña y Valencia, y de Diputación del General, en Aragón. La diputación de Navarra se constituyó definitivamente en 1509, y la de Castilla, en 1525, con atribuciones únicamente tributarias. Tras la guerra de Sucesión, las de la Corona de Aragón fueron integradas en la Diputación general del reino, nacida de las cortes castellanas. La constitución de Cádiz (1812) propuso la diputación permanente de las cortes y la creación, junto con las provincias, de las diputaciones provinciales, para el gobierno económico de las mismas. Las atribuciones de las diputaciones forales de Nava-

rra y el País Vasco fueron recortadas después de las guerras carlistas.

Tras la constitución de 1978, Aragón y Navarra dieron el nombre de diputación a sus gobiernos respectivos: la Diputación general de Aragón y la Diputación foral de Navarra. La Diputación general de La Rioja es el órgano legislativo de dicha comunidad, mientras que la Diputación regional de Cantabria es el conjunto de instituciones cántabras de autogobierno.

DIPUTADO, A s. Persona nombrada por los electores para componer una cámara legislativa o designada por una corporación para que la represente. ◇ **Diputado del congreso** Miembro de una de las cámaras de las cortes que representan al pueblo español. **Diputado provincial** Persona elegida por un distrito para que lo represente en la diputación provincial.

DIPUTAR v.tr. (lat. *deputare*, evaluar, estimar). Reputar, juzgar de cierta manera: *diputar válido; diputar como falso; diputar por bueno.* **2.** Destinar o elegir a alguien para una función determinada. **3.** Designar una colectividad a uno o más de sus miembros para que la representen.

DIQUE s.m. (neerlandés *dijk*). Muro grueso construido para contener las aguas, elevar su nivel o desviar su curso. **2.** Cavidad revestida de fábrica en la orilla de una dársena, río, etc., con compuertas para llenarla o vaciarla, y donde se hacen entrar los buques para limpiarlos o carenarlos. **3.** *Fig.* Obstáculo que actúa como defensa de algo perjudicial. ◇ **Dique flotante** Estructura de hierro o acero a modo de dique, móvil y flotante, que permite carenar los navíos. **Dique seco,** o **de carena** Esclusa que puede vaciarse y en la que puede repararse un buque.

■ **DIQUE** SECO en la bahía de Margueira, en Lisboa.

DIQUELAR v.tr. Ver, comprender, advertir.

DIRECCIÓN s.f. Acción de dirigir o dirigirse. **2.** Camino o rumbo que uno sigue cuando se mueve. **3.** Sentido, modo de recorrer un camino o trayectoria. **4.** Indicación precisa del lugar donde alguien habita o se encuentra un establecimiento, etc. **5.** Persona o conjunto de personas encargadas de dirigir una sociedad, establecimiento, negocio, etc. **6.** Cargo de director. **7.** Despacho u oficina del director. **8.** Tendencia u orientación que sigue alguien o algo en función de sus objetivos: *las negociaciones avanzan en la dirección adecuada.* **9.** AUTOM. Mecanismo que, gobernado por el volante, permite orientar las ruedas directrices de un vehículo. **10.** INFORMÁT. **a.** Información constituida por un símbolo o un número, generalmente una cadena de caracteres, que identifica de manera biunívoca un emplazamiento en la memoria de una computadora. **b.** Emplazamiento de memoria identificado por un símbolo o un número. ◇ **Dirección de una fuerza** MEC. Dirección de su recta de aplicación. **Dirección general** Subdivisión principal de un ministerio que se ocupa de un área determinada. (*V. ilustr. pág. siguiente.*)

DIRECCIONAL adj. Que emite o recibe en una sola dirección.

DIRECCIONAMIENTO s.m. INFORMÁT. Acción de establecer el acceso a un elemento

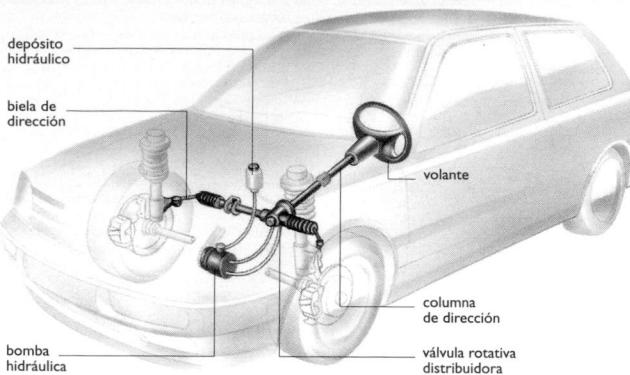

depósito
hidráulico

biela de
dirección

volante

columna
de dirección

válvula rotativa
distribuidora

bomba
hidráulica

■ **DIRECCIÓN** por cremallera de un automóvil.

para leer o modificar el contenido de una célula de memoria o establecer una vía de transmisión de informaciones entre dos unidades de una computadora.

DIRECCIONAR v.tr. INFORMÁT. Proporcionar la dirección de un elemento situado en la memoria de una computadora.

DIRECTA s.f. Velocidad mayor de las que permite el cambio de marchas de un vehículo automóvil.

DIRECTIVA s.f. Conjunto de personas que gobiernan una corporación, sociedad, etc. **2.** Norma o conjunto de normas.

DIRECTIVO, A adj. y s.m. Que tiene función de dirigir o es miembro de una directiva.

DIRECTO, A adj. Derecho, en línea recta. **2.** Que se dirige a su destino sin detenerse en puntos intermedios. **3.** Inmediato, sin intermediarios. **4.** Se aplica a la persona que actúa afrontando las cosas con claridad y se expresa sin rodeos, y a sus actos: *una pregunta directa*. **5.** Que mantiene una relación de parentesco que solo incluye ascendientes y descendientes: *sucesión en línea directa*. ◆ adj. y s.m. Se dice del tren que no se detiene en las estaciones principales. ◆ s.m. En boxeo, golpe que se ejecuta extendiendo bruscamente el brazo hacia adelante. ◇ **Complemento directo** GRAM. Complemento de un verbo transitivo que expresa la persona o cosa sobre la que recae la acción verbal. **En directo** Se dice de la emisión de radiodifusión o televisión que se transmiten sin grabación previa.

DIRECTOR, RA adj. Que dirige: *función directora; órgano director*. (El femenino también es *directriz: ruedas directrices*.) ◆ s. Persona que dirige una empresa, organismo, conjunto musical, etc. **2.** CIN. Responsable artístico de una película cinematográfica, que manda y coordina al equipo encargado de la elaboración de la misma. ◇ **Director espiritual** Sacerdote que aconseja a una persona en asuntos morales o que se ocupa de su formación espiritual.

DIRECTORIO, A adj. Que es oportuno o adecuado para dirigir. ◆ s.m. Conjunto de normas o instrucciones que rigen una materia. **2.** Conjunto de personas que dirigen o gobiernan una asociación, partido u organismo similar. **3.** INFORMÁT. Sistema de organización de las unidades de información, especialmente ficheros.

DIRECTRIZ s.f. y adj.f. Norma o conjunto de normas e instrucciones que se establecen o se tienen en cuenta al proyectar una acción o un plan: *las directrices del nuevo negocio*. **2.** En una turbina, cada una de las paletas que tienen por función dirigir el fluido propulsor hacia las paletas o álabes de la rueda móvil. **3.** GEOMETR. **a.** Línea sobre la que se apoya constantemente otra (generatriz) para engendrar una superficie. **b.** Recta que sirve, con el foco, para definir las cónicas. ◆ adj.f. Que dirige: *ruedas directrices*. (También *directora*.)

DIRHAM s.m. Unidad monetaria principal de la Unión de Emiratos Árabes y de Marruecos.

DIRIGENCIA s.f. Amér. Conjunto de dirigentes políticos, gremiales, etc.

DIRIGENTE adj. y s.m. y f. Que dirige: *dirigente sindical*. ◇ **Clase dirigente** Grupo social que ejerce una influencia preponderante sobre otros grupos sociales en el campo económico, político e ideológico.

DIRIGIBLE adj. Que puede ser dirigido. ◆ s.m. y adj. Aeróstato más ligero que el aire, que está equipado con hélices propulsoras y provisto de un sistema de dirección. SIN.: *globo dirigible*.

■ **DIRIGIBLE** británico *Skyship 500.*
Longitud: 50 m; diámetro: 18,65 m; peso: 3,185 t;
volumen: 5 131 m³; velocidad máxima: 115 km/h.

DIRIGIR v.tr. y prnl. (lat. *dirigere*, de *regere*, reinar) [43]. Hacer que algo vaya hacia un lugar determinado. ◆ v.tr. Gobernar, regir, dar reglas para el manejo de una empresa, negocio, asunto, etc. **2.** Encaminar, enderezar, dedicar a determinado fin los pensamientos, intenciones, atenciones, etc.: *dirigir todos sus esfuerzos a un mismo fin*. **3.** Aconsejar, guiar, hacer seguir a alguien cierta conducta. **4.** Hacer que alguien o algo sea el destinatario de lo que se expresa: *dirigir una carta al diario; dirigir un discurso al enardecido público*.

DIRIGISMO s.m. Sistema según el cual el gobierno ejerce un poder de orientación o de decisión en materia económica.

DIRIMENTE adj. DER. Se dice de la circunstancia que impide la celebración del matrimonio a aquel en quien concurra y que lo anula en el caso de que se hubiere celebrado sin dispensa.

DIRIMIR v.tr. (lat. *dirimere*, partir, separar). Anular un contrato o deshacer un vínculo entre dos o más personas. **2.** Acabar o resolver una dificultad o controversia: *dirimir una contienda*.

DIRTY REALISM s.m. (voz inglesa). *Realismo sucio.

DISACÁRIDO s.m. QUÍM. ORG. Diholósido.

DISÁMARA s.f. BOT. Fruto que resulta de la unión de dos sámaras, como el del arce.

DISARMONÍA s.f. Alteración del funcionamiento normal de un grupo de actividades orgánicas que están correlacionadas entre sí.

DISARTRIA s.f. Dificultad de articular las palabras como resultado de una parálisis o de una ataxia de los centros nerviosos que rigen los órganos fonatorios. SIN.: *anartria*.

1. DISCAL adj. MED. Relativo a los discos intervertebrales. ◇ **Hernia discal** MED. Desplazamiento del disco del espacio que ocupa entre dos cuerpos vertebrales.

2. DISCAL adj. y s.m. Discomicete.

DISCALCULIA s.f. PSIQUIATR. Dificultad de aprendizaje del cálculo vinculado a una dificultad de utilización del sistema simbólico.

DISCAPACIDAD s.f. Cualidad de discapacitado.

ENCICL. Una discapacidad puede ser sensorial (visual, auditiva) o incluso mental (deficiencia intelectual, problema psiquiátrico). Las causas, muy variadas, consisten sobre todo en traumatismos, malformaciones, anomalías genéticas, infecciones, enfermedades cardiovasculares, respiratorias o reumáticas.

DISCAPACITADO, A adj. y s. (calco del ingl. *disabled*). Se dice de la persona que padece alguna limitación en sus facultades físicas o mentales y que le impide o dificulta realizar las actividades consideradas propias de una vida normal.

DISCAR v.tr. [1]. Argent. y Urug. Marcar un número de teléfono.

DISCENTE adj. y s.m. y f. Que recibe enseñanza.

DISCERNIMIENTO s.m. Acción de discernir. **2.** Capacidad para discernir. **3.** DER. Nombramiento o ratificación judicial o del consejo de familia que habilita a una persona para ejercer un cargo.

DISCERNIR v.tr. (lat. *discernere*) [46]. Distinguir o diferenciar una cosa de otra: *discernir entre el bien y el mal*. **2.** Conceder un premio o una distinción. **3.** DER. Designar el juez a alguien para una función, particularmente la tutela de un menor.

DISCINESIA s.f. Trastorno de la actividad motriz, sea cual sea su causa.

DISCIPLINA s.f. (lat. *disciplina*, enseñanza, educación). Conjunto de reglas para mantener el orden y la subordinación entre los miembros de un cuerpo. **2.** Sujeción de las personas a estas reglas. **3.** Arte, ciencia o rama de conocimiento: *abarca disciplinas muy diversas, como la heráldica y la informática*. **4.** Látigo que sirve de instrumento de penitencia. (Suele usarse en plural.) ◇ **Disciplina de voto** Actitud política por la que los miembros de un partido o de un grupo parlamentario siguen las directrices de voto de su partido o de su grupo.

DISCIPLINANTE adj. y s.m. y f. Que se disciplina.

DISCIPLINAR v.tr. Imponer, hacer guardar la disciplina o reglas: *disciplinar a los alumnos*. ◆ v.tr. y prnl. Azotar con disciplinas por mortificación o castigo.

DISCIPLINARIO, A adj. Que sirve para mantener la disciplina o para imponer algún castigo o sanción. **2.** Se dice de cualquiera de las penas que se imponen por vía de corrección: *abrir un expediente disciplinario a alguien*.

DISCÍPULO, A s. Persona que recibe las enseñanzas de un maestro, o que cursa en una escuela. **2.** Persona que sigue el pensamiento de un maestro o una escuela: *Aristóteles fue discípulo de Platón*. ◆ s.m. REL. Cada uno de los doce apóstoles de Jesús.

DISC-JOCKEY s.m. y f. (del ingl. *disc jockey*). Persona que escoge y presenta los discos en programas de radio y discotecas. SIN.: *pinchadiscos, pincha*.

1. DISCO s.m. (lat. *discus*, gr. *dískos*). Cuerpo plano y delgado con forma circular. **2.** Lámina circular de materia plástica para el registro y la reproducción de sonidos. **3.** Tejo que lanzan los atletas. **4.** Pieza circular giratoria empleada para marcar en algunos modelos de teléfono. **5.** Cada una de las tres señalizaciones luminosas de que consta un semáforo. **6.** *Fig.* y *fam.* Tema de conversación que se repite con impertinencia y monotonía. **7.** ASTRON. Superficie aparente de un astro o de un sistema so-

lar. **8.** F. C. Placa móvil que, por su colocación o por su color, indica si una vía está libre o no. **9.** INFORMÁT. Soporte circular recubierto de una superficie magnetizable que permite grabar informaciones en forma binaria sobre pistas concéntricas para formar una memoria de discos. ◇ **Disco compacto (CD)** ELECTRÓN. Disco que utiliza la técnica de grabación digital del sonido. **Disco compacto interactivo (CD-I)** ELECTRÓN. Sistema constituido por un microprocesador y un lector de discos compactos, que se conecta a un televisor, para la exploración interactiva de informaciones. **Disco compacto de vídeo (CDV)** ELECTRÓN. Disco compacto en el que están registrados programas audiovisuales reproducibles a través del televisor. **Disco duro** INFORMÁT. Disco de gran capacidad constituido por un soporte rígido y estático, revestido de material magnetizable. **Disco flexible** INFORMÁT. Disquete. **Disco óptico** INFORMÁT. Disco en el que la grabación y la lectura se hacen por procedimiento óptico. **Discos intervertebrales** ANAT. Cartílagos elásticos que separan dos vértebras superpuestas. **Discos musculares** Cada uno de los elementos alternativamente claros y oscuros, que constituyen las fibrillas de los músculos estriados.
ENCICL. En el disco de larga duración (LP) el registro era mecánico, derivado de los registros en cilindros de los primeros fonógrafos. Un buril grababa en cera un surco cuyas orillas se modulaban de acuerdo con las vibraciones sonoras. El sistema permitía la estereofonía, con el registro en cada orilla de una de las vías. A partir de la grabación en cera, se realizaba por electrólisis un molde metálico que, más tarde, se utilizaba para la impresión en serie de discos de material vinílico plástico. Los registros así obtenidos (microsurcos) no podían borrarse. En el disco magnético, el surco se reemplaza con pistas concéntricas y el registro se lleva a cabo por medio de una cabeza cuyo campo magnético se modula con una señal eléctrica. Este tipo de discos se emplea en informática de varias maneras: en discos blandos, o disquetes, y discos duros. Su capacidad, según los formatos, va de 2 a 15 megabytes para los disquetes y de 50 megabytes a 5 gigabytes, o más, para los discos duros. El registro magnético permite borrar a voluntad y reescribir sobre el mismo soporte. Con la aparición del disco compacto (CD), el disco se ha convertido en soporte de registro no solo de sonido, sino también de imágenes fijas o animadas, textos y conjuntos informáticos. La información se guarda en formato digital: la amplitud de la señal analógica de origen se mide en intervalos regulares (preparación) y se expresa en forma de números (cuantifica-

■ **DISCO.** La lanzadora china de disco Cao Qi en el movimiento de rotación previo al lanzamiento (peso del disco: 1 kg).

ción). Estos últimos se codifican en lenguaje binario y se graban en la cara de un disco en forma de microalvéolos a lo largo de una pista espiral. La lectura se lleva a cabo con un rayo láser, del centro del disco hacia la periferia. Desarrollada inicialmente para el CD de audio, la técnica de registro digital en la actualidad se aplica a toda una familia de productos: CD-I (discos compactos interactivos), CD ROM (discos compactos solo de lectura), CDV (disco compacto de vídeo), DVD (disco digital versátil), etc. Ya existen también discos compactos que pueden grabarse en forma doméstica.
2. DISCO s.m. y adj. (apócope de *discoteca*). Estilo de música popular destinada especialmente a ser bailada, de moda entre 1975 y comienzos de los años ochenta. ◆ s.f. *Fam.* Discoteca, local donde se baila.
DISCÓBOLO s.m. (gr. *diskóbolos*). ANT. GR. Y ROM. Atleta que lanzaba el disco o el tejo.
DISCOGRAFÍA s.f. Conjunto de discos de un tema determinado, un autor, etc.
DISCOGRÁFICO, A adj. Relativo al disco o a la discografía.
DISCOIDAL adj. En forma de disco. SIN.: *discoideo*.
DÍSCOLO, A adj. y s. (lat. tardío *dyscolus*, del gr. *dýskolos*, de trato desagradable, malhumorado). Desobediente, indócil, rebelde: *un joven díscolo*.
DISCOMICETE adj. y s.m. BOT. Relativo a un orden de hongos ascomicetes con peritecio en forma de copa, como la trufa y la colmenilla; los ascos que lleva en la parte superior se abren ampliamente en la madurez.
DISCONFORME adj. Que no está conforme con algo. **2.** Falto de acuerdo o correspondencia.
DISCONFORMIDAD s.f. Cualidad de disconforme; desacuerdo.
DISCONTINUIDAD s.f. Cualidad de discontinuo. **2.** MAT. Carencia de continuidad de una función en un punto.
DISCONTINUO, A adj. Intermitente, que no tiene continuidad: *línea discontinua*. **2.** FILOS. que está constituido de elementos originalmente exteriores unos a otros.
DISCOPATÍA s.f. MED. Enfermedad de los discos intervertebrales.
DISCOR o **DESCORT** s.m. Canción breve, frecuente en la poesía del s. XV, de tema amoroso o satírico, compuesta por un número variable de estrofas, con predominio de versos breves.
DISCORDANCIA s.f. Falta de concordancia. **2.** GEOL. Disposición de una serie de capas que reposan sobre otras más antiguas, que no les son paralelas.
DISCORDANTE adj. Que presenta discordancia. **2.** GEOL. Se dice de un terreno que se encuentra en discordancia con respecto a las capas subyacentes.
DISCORDAR v.intr. (lat. *discordare*) [17]. Discrepar, desentonar, diferenciarse entre sí dos o más cosas. **2.** Disentir, estar en desacuerdo con otro. **3.** MÚS. No estar acordes las voces o los instrumentos.
DISCORDE adj. (lat. *discors, -dis*). Que discuerda. SIN.: *discordante*. **2.** MÚS. Disonante.
DISCORDIA s.f. (lat. *discordia*). Desavenencia, diversidad, oposición de pareceres u opiniones.
DISCOTECA s.f. (de *disco*, y gr. *thḗki*, caja para depositar algo). Local donde se baila y escucha música de discos. (Se abrevia *disco*.) **2.** Colección ordenada de discos. **3.** Local o mueble en que se guarda esta colección.
DISCRECIÓN s.f. (lat. *discretio, -onis*, discernimiento, selección). Sensatez, prudencia y tacto para juzgar u obrar. **2.** Reserva o prudencia para guardar un secreto o para no contar lo que se sabe y no hay necesidad de que conozcan los demás. ◇ **A discreción** Según el arbitrio, antojo o voluntad de alguien; sin límites o en la cantidad que considere oportuna o necesaria.
DISCRECIONAL adj. Que se deja al juicio o discreción de alguien y no está sometido a reglas. ◇ **Poder discrecional** DER. Facultad otorgada a un funcionario, tribunal o presidente de una asamblea para tomar la decisión que estime conveniente.

DISCREPANCIA s.f. Aspecto sobre el que dos o más personas discrepan o están en desacuerdo. **2.** Disentimiento o desacuerdo personal entre dos o más personas.
DISCREPAR v.intr. Estar en desacuerdo una persona con otra o alguien con algo: *discrepar del coordinador; discrepar en las soluciones*. SIN.: *disentir*. **2.** Carecer de armonía, identidad o correspondencia dos o más cosas: *discrepar dos teorías*.
DISCRETO, A adj. y s. (lat. *discretus*, p. de *discernere*, distinguir). Que actúa con discreción, prudencia o tacto. ◆ adj. Que se hace con discreción o sencillez: *acto discreto*. **2.** MAT. Se dice de la magnitud compuesta de unidades distintas, por oposición a las magnitudes continuas (longitud, tiempo), o de una variación (de un fenómeno, de un proceso, etc.) que tiene lugar por cantidades enteras.
DISCRIMINACIÓN s.f. Acción de discriminar: *discriminación positiva*.
DISCRIMINANTE adj. Que discrimina. ◆ s.m. MAT. Expresión formada con los coeficientes de una ecuación de segundo grado y que sirve para determinar la existencia y la naturaleza de las raíces reales.
DISCRIMINAR v.tr. (lat. *discriminare*). Diferenciar o distinguir una cosa de otra. **2.** Dar trato de inferioridad a una persona o colectividad, generalmente por razón de su raza, religión o ideología.
DISCRIMINATORIO, A adj. Que discrimina.
DISCROMATOPSIA s.f. Trastorno de la visión de los colores.
DISCROMÍA s.f. Alteración de la pigmentación cutánea.
DISCULPA s.f. Acción de disculpar o disculparse. **2.** Razón que se da o se encuentra para justificar un error o una falta, o para demostrar que alguien no es culpable o responsable de algo.
DISCULPAR v.tr. y prnl. Justificar algo o a alguien dando razones o argumentos que constituyen la disculpa.
DISCURRIR v.intr. (lat. *discurrere*, correr de un sitio para otro). Pensar, razonar, reflexionar sobre una cosa o tratar de ella con cierto método: *discurrir sobre un problema*. **2.** Transcurrir el tiempo o una acción que se desarrolla en el tiempo: *discurrir los días, los acontecimientos*. **3.** Fluir un río o una corriente de agua por su cauce: *el río discurre entre montañas*. ◆ v.tr. Idear, inventar.
DISCURSEAR v.intr. *Fam.* e *irón.* Pronunciar discursos con frecuencia.
DISCURSIVO, A adj. Relativo al discurso. **2.** Que discurre, reflexivo, meditabundo. **3.** LÓG. Que procede por etapas, de una proposición a otra por razonamiento.
DISCURSO s.m. (lat. *discursus, -us*). Exposición sobre un tema determinado, realizada en público por un orador, con intención laudatoria o persuasiva. **2.** Enunciado o conjunto de enunciados con que se expresa, de forma escrita u oral, un pensamiento, razonamiento, sentimiento o deseo. **3.** Capacidad de discurrir, pensar y deducir unas cosas a partir de otras. **4.** Escrito didáctico o tratado de poca extensión sobre una materia determinada. **5.** Transcurso, espacio, duración de tiempo. **6.** LING. Unidad lingüística superior a la frase u oración. **7.** LÓG. Lenguaje lógico que sirve para desarrollar el pensamiento.
DISCUSIÓN s.f. (lat. *discussio, -onis*). Acción de discutir: *sostener una discusión*.
DISCUTIR v.tr. e intr. (lat. *discutere*, quebrar, disipar, decidir). Examinar y tratar una cuestión, presentando consideraciones favorables y contrarias. **2.** Disputar, sostener opiniones opuestas. ◆ v.tr. Manifestar una opinión crítica o contraria a algo o a alguien: *le gusta discutir sus argumentos*.
DISECACIÓN s.f. Preparación de un animal muerto para que mantenga apariencia de vivo.
DISECAR v.tr. [1]. Preparar un animal muerto para que mantenga apariencia de vivo. **2.** Dividir en partes o abrir un organismo para su estudio o examen. **3.** Preparar una planta, secándola para su conservación.
DISECCIÓN s.f. Práctica que consiste en divi-

dir en partes o abrir un organismo para su estudio o examen.

DISEMBRIOMA s.m. Lesión tumoral formada a partir de restos embrionarios.

DISEMBRIOPLASIA s.f. Trastorno grave del desarrollo de un tejido durante la vida intrauterina, que es causa de anomalías importantes.

DISEMINACIÓN s.f. Acción y efecto de diseminar o diseminarse. **2.** BOT. Dispersión natural de las semillas y, en general, de toda clase de disemínulos.

DISEMINAR v.tr. y prnl. (lat. *disseminare*). Extender o esparcir: *diseminar una noticia*.

DISEMÍNULO s.m. BOT. Cada uno de los órganos que, producidos por vía agámica o sexual, se pueden separar de un individuo y, diseminados, producir uno igual al que los engendró.

DISENSIÓN s.f. Disentimiento. **2.** *Fig.* Contienda, riña, disputa.

DISENSO s.m. Disentimiento. **2.** DER. Negativa. ◇ **Mutuo disenso** DER. Conformidad de las partes en disolver o dejar sin efecto el contrato u obligación existente entre ellos.

DISENTERÍA s.f. (gr. *dysentería*). Enfermedad infecciosa o parasitaria que provoca una diarrea dolorosa y sangrante. ◇ **Disentería amebiana** Afección crónica producida por las amebas, que se caracteriza por úlceras intestinales y complicaciones hepáticas.

DISENTÉRICO, A adj. Relativo a la disentería.

DISENTIMIENTO s.m. Acción y efecto de disentir.

DISENTIR v.intr. [79]. Discrepar, no estar de acuerdo: *disentir de alguien o de algo*.

DISEÑADOR, RA s. Persona que diseña, especialmente la que lo hace profesionalmente: *diseñador de modas*. **2.** Especialista en diseños.

DISEÑAR v.tr. (ital. *disegnare*, dibujar). Hacer un diseño: *diseñar una nueva máquina*. **2.** Idear, determinar la forma concreta de algo.

DISEÑO s.m. Representación sobre una superficie de la forma de un objeto, de una figura, etc., que sirve de modelo para su realización. **2.** Disciplina que tiene por objeto una armonización del entorno humano, desde la concepción de los objetos de uso hasta el urbanismo. **3.** Aspecto exterior de algo que ha sido diseñado: *una moto de diseño futurista*.

◇ **De diseño** Se dice del objeto que tiene un diseño moderno: *lámpara de diseño*. **Diseño asistido por computadora** Conjunto de técnicas informáticas para la concepción y gestión de proyectos de diseño de nuevos productos. **Diseño gráfico** Grafismo. **Diseño industrial** Dibujo técnico.

■ **DISEÑO** ASISTIDO POR COMPUTADORA de vehículos automóviles.

DISERTACIÓN s.f. Acción y efecto de disertar. **2.** Escrito o discurso en que se diserta.

DISERTAR v.intr. (lat. *dissertare*). Tratar detenidamente sobre una materia, especialmente en público: *disertar sobre el románico*.

DISFAGIA s.f. Dificultad de tragar los alimentos, incluso líquidos.

DISFAVOR s.m. Desaire o desprecio.

DISFONÍA s.f. Denominación genérica de los trastornos de la fonación.

DISFRAZ s.m. Traje que representa a un animal, personaje, etc., en especial el que se lleva en ciertas fiestas: *disfraz de carnaval*. **2.** Artificio con que se deforma la apariencia de algo para que no sea reconocido. **3.** *Fig.* Simulación con que se disimula u oculta algo.

DISFRAZAR v.tr. y prnl. [7]. Cambiar el aspecto de alguien o algo para que no sea conocido. **2.** Vestir a alguien de manera que sea difícil reconocerlo o que cambie completamente su aspecto. ◆ v.tr. *Fig.* Disimular con palabras los verdaderos sentimientos.

DISFRUTAR v.intr. (bajo lat. *exfructare*). Gozar, sentir placer: *disfrutar de la vida*. ◆ v.tr. e intr. Tener o poseer una cosa buena o gratificante: *disfrutar de unas vacaciones*. SIN.: gozar. **2.** Aprovechar una cosa o sacar beneficio de ella: *disfrutar de una beca*.

DISFRUTE s.m. Acción de disfrutar.

DISFUERZO s.m. Perú. Melindre, remilgo.

DISFUNCIÓN s.f. Funcionamiento irregular, anormal, exagerado o disminuido de un órgano, de un mecanismo, etc. **2.** SOCIOL. Conjunto de las dificultades de adaptación de una unidad social a su contexto.

DISGENESIA s.f. Denominación genérica de las malformaciones congénitas.

DISGRAFÍA s.f. Alteración de la facultad de escribir, sin que existan lesión neurológica ni déficit intelectual.

DISGREGACIÓN s.f. Acción y efecto de disgregar.

DISGREGAR v.tr. y prnl. (lat. tardío *disgregare*) [2]. Apartar, separar, desunir las partes integrantes de una cosa.

DISGREGATIVO, A adj. Que tiene virtud o facultad de disgregar.

DISGUSTAR v.tr. y prnl. Causar disgusto. ◆ **disgustarse** v.prnl. Pelearse o enemistarse una persona con otra.

DISGUSTO s.m. Sentimiento, pesadumbre o inquietud causados por una desgracia o contrariedad. **2.** Cosa que produce sentimiento, pesadumbre o inquietud. **3.** Fastidio, tedio. ◇ **A disgusto** Contra la voluntad y gusto de alguien.

DISHIDROSIS s.f. Trastorno de la sudoración que produce lesiones en la piel.

DISIDENCIA s.f. Divergencia que conduce a una persona o a un grupo a oficializar su postura crítica en el seno de una organización o a colocarse en una situación de ruptura en el seno de una comunidad. **2.** Cualidad de disidente.

DISIDENTE adj. y s.m. y f. Que se separa de una doctrina, creencia o partido.

DISIDIR v.intr. Ser disidente.

DISÍMBOLO, A adj. Méx. Disímil, disconforme, diferente.

DISIMETRÍA s.f. Falta de simetría.

DISIMÉTRICO, A adj. Que carece de simetría.

DISÍMIL adj. Distinto, diferente.

DISIMILACIÓN s.f. FONÉT. Fenómeno fonético por el que se altera un sonido para diferenciarse de otro igual o semejante dentro de una misma palabra.

DISIMILITUD s.f. Diferencia.

DISIMULACIÓN s.f. Disimulo.

DISIMULAR v.tr. (lat. *dissimulare*). Ocultar, encubrir una cosa para que no se vea o no se note: *disimular un defecto de la madera*. **2.** Ocultar un sufrimiento, etc. **3.** Fingir, simular el conocimiento de una cosa. **4.** Disfrazar, desfigurar una cosa representándola distinta de lo que es. **5.** Ocultar una cosa mezclándola con otra para que no se conozca. **6.** Disculpar, tolerar una cosa afectando ignorarla o no dándole importancia.

DISIMULO s.m. Acción de disimular. **2.** Actitud de la persona que disimula.

DISIPACIÓN s.f. Acción de disipar. **2.** Cualidad y actitud de disipado. **3.** FÍS. Pérdida de energía mecánica, eléctrica, etc., por transformación en energía térmica.

DISIPADO, A adj. y s. Entregado con exceso a placeres y diversiones.

DISIPADOR, RA adj. y s. Que despilfarra y malgasta los bienes o el dinero.

DISIPAR v.tr. y prnl. (lat. *dissipare*, desparramar, aniquilar). Desvanecer, disolver o evaporar una cosa por la disgregación y dispersión de sus partes. **2.** Hacer desaparecer algo: *disipar todas las dudas*. ◆ v.tr. Despilfarrar, malgastar: *disipar alguien su fortuna*.

DISJUNTO, A adj. MAT. Se dice de dos conjuntos que no tienen ningún elemento común. ◇ **Intervalo disjunto** MÚS. Intervalo que

■ **EL DISEÑO**

En sus inicios, y tras distanciarse de las «artes decorativas» para sumarse al auge industrial del s. XX, el movimiento del diseño intentó centrarse en la función del objeto en el entorno, y dio primacía a la estructura en relación a la forma. La Alemania de la Bauhaus, y Estados Unidos más tarde, fueron sus principales focos de creación y desarrollo.

Marcel Breuer. Silla «Wassily» en tubo de acero y cuero negro (1925). Estas creaciones, que podrían considerarse como de alta tecnología unos años antes, se contraponen al estilo art déco predominante en la época.

Ronald Cecil Sportes. Sofá de estructura metálica realizado, en 1983, por el diseñador francés para el Elíseo. La suavidad de sus formas contrasta con la fantasía desbordada, propia del diseño italiano.

separa dos notas que no se siguen en la escala, por oposición a *intervalo conjunto*.

DISKETTE s.m. → **DISQUETE.**

DISLALIA s.f. (del gr. *dys-*, defecto, y *lalein*, charlar). Trastorno en la pronunciación debido a malformación o defecto de los órganos que intervienen en el habla.

DISLATE s.m. Disparate, absurdo.

DISLEXIA s.f. (del gr. *dys-*, defecto, y *léxis*, habla, dicción). Dificultad específica en el aprendizaje de la lectura en un niño que no presenta ningún otro déficit intelectual o sensorial y que está sometido a un régimen normal de escolarización.

DISLÉXICO, A adj. y s. Relativo a la dislexia. **2.** Que padece dislexia.

DISLIPIDEMIA o **DISLIPEMIA** s.f. MED. Aumento anormal de los valores del colesterol o de otros lípidos en la sangre.

DISLOCACIÓN s.f. Acción y efecto de dislocar o dislocarse. SIN.: *dislocadura*. **2.** Separación de las partes de un todo; dispersión. **3.** FÍS. Defecto de un cristal caracterizado por la ausencia de átomos a lo largo de una línea de la red.

DISLOCAR v.tr. y prnl. (del gr. *dys-*, defecto, y lat. *locare*, colocar) [1]. Desencajar una cosa, especialmente un hueso o miembro del cuerpo: *dislocarse el codo.* **2.** *Fig.* Alterar.

DISLOQUE s.m. *Fam.* El colmo, el grado sumo.

DISMENORREA s.f. Denominación genérica de los trastornos de flujo menstrual, especialmente de los dolorosos.

DISMINUCIÓN s.f. Acción y efecto de disminuir.

DISMINUIDO, A adj. y s. Minusválido.

DISMINUIR v.tr., intr. y prnl. (lat. *deminuere*) [88]. Hacer menor, menos numeroso o menos intenso algo: *disminuir el desempleo, el calor.*

DISMORFIA s.f. Dismorfismo.

DISMORFISMO s.m. Anomalía en la forma de una parte del cuerpo.

DISNEA s.f. (del gr. *dyspnoia*). Dificultad para respirar, acompañada de una sensación de molestia o de opresión.

DISOCIACIÓN s.f. Acción y efecto de disociar. **2.** QUÍM. Ruptura de un compuesto químico en elementos susceptibles de volverse a combinar de igual manera o de otra. ⇔ **Disociación de la personalidad** PSIQUIATR. Ruptura de la unidad psíquica, considerada como uno de los principales síntomas de la esquizofrenia.

DISOCIAR v.tr. y prnl. (lat. *dissociare*). Separar una cosa de otra. **2.** Separar los distintos componentes de una sustancia: *disociar un ácido.*

DISOLUBLE adj. Soluble, que puede disolverse. **2.** DER. Que se puede romper, disolver, anular.

DISOLUCIÓN s.f. (lat. *dissolutio*). Acción y efecto de disolver. **2.** *Fig.* Relajación o debilitamiento de la moralidad. **3.** *Fig.* Ruptura de los lazos o vínculos existentes entre dos o más personas. **4.** DER. **a.** Ruptura de un contrato de asociación o de sociedad por las partes, el poder administrativo o el juez. **b.** Procedimiento mediante el cual el poder ejecutivo pone fin a los poderes de una asamblea antes del plazo legal. **5.** FÍS. Absorción de un gas o de un sólido por un líquido que forma con él una solución. **6.** GEOMORFOL. Erosión química consistente en la acción de las aguas meteóricas sobre algunos elementos que constituyen las rocas. **7.** TECNOL. Solución viscosa de caucho que sirve para reparar las cámaras de los neumáticos.

DISOLUTO, A adj. y s. (lat. *dissolutus*). Entregado a la disolución, relajación de costumbres.

DISOLVENTE adj. y s.m. Que tiene la propiedad de disolver. **2.** *Fig.* Que causa una corrupción moral. ⇒ s.m. Líquido volátil incorporado a las pinturas y barnices para obtener las características requeridas para su aplicación.

DISOLVER v.tr. y prnl. (lat. *dissolvere*) [38]. Disgregar una sustancia en un líquido: *disolver el azúcar en la leche.* **2.** Separar, desunir lo que está unido, deshacer un grupo de personas: *disolver una manifestación.* ⇒ v.tr. FÍS. y QUÍM.

Hacer pasar al estado de disolución un cuerpo por la acción de otro cuerpo, generalmente líquido.

DISONANCIA s.f. Sonido desagradable. **2.** *Fig.* Falta de consonancia, conformidad o proporción entre algunas cosas. **3.** MÚS. Falta de concordancia en la audición de dos o más sonidos sucesivos o, sobre todo, simultáneos.

DISONANTE adj. Que destaca por no guardar una relación de consonancia con los demás elementos de un conjunto. SIN.: *discordante.* **2.** Que no guarda consonancia armónica con los demás sonidos de un conjunto. SIN.: *discordante.*

DISONAR v.intr. (lat. *dissonare*) [17]. Faltar consonancia o armonía entre dos o más sonidos emitidos sucesiva o simultáneamente. **2.** *Fig.* Resultar algo extraño, inoportuno. **3.** *Fig.* Discrepar, estar en desacuerdo: *disonar de la opinión general.*

DISORTOGRAFÍA s.f. Dificultad específica en el aprendizaje de la ortografía en niños que no presentan déficit intelectual ni sensorial y que están normalmente escolarizados.

DISPAR adj. Desigual, diferente.

DISPARADA s.f. Argent., Méx., Nicar. y Urug. Acción de echar a correr de repente o de partir con precipitación, fuga. ⇔ **A la disparada** Argent., Chile, Par., Perú y Urug. *Fig.* Precipitada y atolondradamente. **De una disparada** Argent. *Fam.* Con gran prontitud, al momento. **Pegar una disparada** Argent. *Fig.* Dirigirse rápidamente hacia un lugar.

DISPARADERO s.m. Disparador de un arma de fuego. ⇔ **Poner a alguien en el disparadero** *Fam.* Provocarlo para que diga o haga lo que de por sí no diría o no haría.

DISPARADOR s.m. Pieza del mecanismo de un arma de fuego portátil que al ser accionada provoca el movimiento de la palanca de disparo. **2.** FOT. Mecanismo que libera el obturador de la cámara.

DISPARAR v.tr. y prnl. (lat. *disparare*, separar). Hacer que un arma lance un proyectil. **2.** Accionar el disparador de una cámara fotográfica. ⇒ v.tr. Lanzar con violencia una cosa. **2.** Méx. *Fam.* Invitar ⇒ **dispararse** v.prnl. Ponerse bruscamente en movimiento, ir o aumentar precipitadamente algo. **2.** Perder la moderación y mostrar irritación o enojo con palabras y gestos excesivos.

DISPARATAR v.intr. (lat. *desbaratare*, dorrotar, desconcertar). Decir o hacer disparates.

DISPARATE s.m. Dicho o hecho contrario a la razón, a la normalidad o a determinadas reglas establecidas. **2.** *Fam.* Atrocidad, exceso.

DISPAREJO, A adj. Dispar, desigual.

DISPAREUNIA s.f. Dolor provocado en la mujer por las relaciones sexuales.

DISPARIDAD s.f. Desigualdad, diferencia: *disparidad de criterios.*

DISPARO s.m. Acción y efecto de disparar o dispararse. **2.** Impacto que se produce al disparar un arma. **3.** DEP. En algunos deportes de pelota, y especialmente en el fútbol, tiro potente que impulsa el balón con gran fuerza, generalmente hacia la portería.

DISPENDIO s.m. (lat. *dispendium*, gasto). Gasto excesivo, por lo general innecesario.

DISPENDIOSO, A adj. Caro, costoso.

DISPENSA s.f. Privilegio que exime a alguien del cumplimiento de una norma: *dispensa papal.* **2.** Documento en que consta ese privilegio.

DISPENSAR v.tr. (lat. *dispensare*). Conceder, otorgar: *dispensar elogios.* **2.** Eximir a alguien de una obligación o de lo que se considera como tal: *dispensan su falta de asistencia al acto.* ⇒ v.tr. e intr. Perdonar una falta leve o lo que se considera como tal.

DISPENSARIO s.m. Local en que se realiza la visita médica sin que los pacientes puedan residir en él. SIN.: *ambulatorio.*

DISPEPSIA s.f. (del gr. *péttein*, cocer, digerir). Digestión difícil.

DISPÉPTICO, A adj. y s. Relativo a la dispepsia; que padece dispepsia.

DISPERSAR v.tr. y prnl. (fr. *disperser*). Separar aquello que está junto o reunido.

DISPERSIÓN s.f. (lat. *dispersio, -onis*). Acción y efecto de dispersar. **2.** Fenómeno ba-

lístico consistente en que, al disparar varias veces con una misma arma en idénticas condiciones, los impactos no coinciden. **3.** ESTADÍST. Expresión de alejamiento, más o menos grande, de los términos de una serie, los unos respecto a los otros o respecto a un valor central tomado como media. **4.** FÍS. Descomposición de una radiación compleja en diferentes radiaciones. **5.** QUÍM. Mezcla homogénea de dos o más sustancias, cualquiera que sea su estado físico, repartidas de modo uniforme.

DISPERSO, A adj. y s. (lat. *dispersus*, p. de *dispergere*, esparcir). Que está dispersado.

DISPLASIA s.f. (del gr. *dys-*, defecto, y *plásso*, formar). Trastorno del desarrollo de los tejidos que ocasiona malformaciones.

DISPLAY s.m. (voz inglesa). Soporte publicitario, generalmente de cartón, para vitrinas y escaparates. **2.** INFORMÁT. Terminal de salida de información de una computadora, capaz de editar los resultados en algún medio físico.

DISPLICENCIA s.f. Falta de afecto o interés: *tratar con displicencia.* **2.** Desaliento o vacilación en la ejecución de alguna cosa.

DISPLICENTE adj. (lat. *displicens, -tis*, p. activo de *displicere*, desagradar). Que desagrada o disgusta: *trato displicente.* ⇒ adj. y s.m. y f. Falto de interés, entusiasmo o afecto.

DISPONER v.tr. y prnl. (lat. *disponere*, poner separadamente) [60]. Colocar, poner en orden de manera conveniente: *disponer la mesa.* ⇒ v.tr. Preparar algo para un fin: *dispuso todo lo necesario para la recepción.* **2.** Deliberar, mandar lo que se ha de hacer: *el general dispuso el plan de ataque.* ⇒ v.intr. Dejar que una persona utilice algo o se sirva de alguien sobre lo que no tiene derecho: *puede disponer de mí,* ⇒ **disponerse** v.prnl. Prepararse para hacer alguna cosa, tener la intención de hacerla: *disponerse a salir.*

DISPONIBILIDAD s.f. Cualidad de disponible. **2.** Cantidad disponible. **3.** Situación del funcionario que temporalmente se encuentra sin destino.

DISPONIBLE adj. Que puede ser utilizado libremente: *espacio disponible.* **2.** Se dice de la situación del militar o funcionario en servicio activo sin destino, pero que puede ser destinado inmediatamente.

DISPOSICIÓN s.f. Acción y efecto de disponer o disponerse. **2.** Estado de ánimo para hacer algo: *estar en buena disposición.* **3.** Aptitud, capacidad, soltura. **4.** Deliberación, orden, mandato de una autoridad: *aceptar las disposiciones del superior.* **5.** Medio que se emplea para ejecutar un propósito, o para atenuar o evitar un mal. **6.** DER. Cada uno de los puntos regulados por una ley o una decisión judicial. ⇔ **A (la) disposición de alguien** Fórmula de cortesía con que alguien se ofrece a otro. **Estar, o hallarse, en disposición** *Fam.* Hallarse en condiciones para algún fin.

DISPOSITIVO, A adj. Que dispone. ⇒ s.m. Pieza o conjunto de piezas que constituyen un aparato, una máquina; el mismo aparato: *un dispositivo de alarma.* **2.** MIL. Despliegue de los medios de una formación terrestre, naval o aérea adoptados para la ejecución de una misión. ⇔ **Parte dispositiva** DER. Parte de un acto legislativo o de una decisión judicial que dispone de forma imperativa.

DISPRAXIA s.f. Desorden de la realización motriz, unida a un trastorno de la representación corporal y de la organización espacial.

DISPROSIO s.m. Metal de color blanco, del grupo de las tierras raras, cuyo punto de fusión es de 1 407 °C aprox. **2.** Elemento químico (Dy), de número atómico 66 y masa atómica 162,50.

DISPUESTO, A adj. Apto, capaz, preparado o a punto para llevar a cabo cierta cosa. ⇔ **Bien, o mal, dispuesto** Con ánimo favorable, o adverso: *estar bien dispuesto para hacer algo.*

DISPUTA s.f. Acción de disputar.

DISPUTAR v.tr. y prnl. (lat. *disputare*, examinar o discutir una cuestión). Contender con otro para alcanzar o defender alguna cosa: *se disputan el primer puesto.* ⇒ v.intr. Discutir, altercar. ⇒ v.tr. Debatir, discutir.

DISQUERATOSIS s.f. Anomalía de la formación de la capa córnea de la piel, observada en numerosas dermatosis.

DISQUETE o **DISKETTE** s.m. INFORMÁT. Soporte magnético de información, de pequeña capacidad, parecido a un disco de pequeño formato, empleado en microinformática y en burótica.

DISQUETERA s.f. INFORMÁT. Parte de un sistema informático en que se introducen los disquetes para su grabación o lectura.

DISQUISICIÓN s.f. (lat. *disquisitio, -onis*, de *disquerere*, indagar). Análisis o exposición rigurosa y detallada de un tema.

DISRUPCIÓN s.f. Abertura brusca de un circuito eléctrico.

DISRUPTIVO, A adj. Que produce disrupción. **2.** ELECTR. Se dice de la descarga eléctrica que produce chispa. ◇ **Campo disruptivo** En un condensador, campo eléctrico capaz de provocar una disrupción. **Librea disruptiva** BIOL. Conjunto de las manchas o rayas de color que tienen diferentes animales (mariposas, peces, cebra, leopardo) y que engañan a los depredadores sobre el verdadero contorno de la presa. (Se trata de un caso particular de homocromía.)

DISTAL adj. Se dice de las partes de un organismo situadas en la posición más alejada del centro de este.

DISTANCIA s.f. Espacio lineal que media entre dos personas o cosas. **2.** Intervalo de tiempo entre dos sucesos, personas, etc. **3.** *Fig.* Diferencia notable entre unas cosas y otras. **4.** Alejamiento, falta de afecto entre personas. **5.** Longitud del segmento que une dos puntos, o longitud mínima de los caminos posibles de un punto a otro. **6.** MAT. Para dos números *x* e *y* del cuerpo de números reales, valor absoluto de la diferencia *x − y*. ◇ **A distancia** Desde lejos o apartadamente. **Distancia angular** Ángulo formado por las semirrectas que unen al observador con dos puntos considerados. **Guardar las distancias** *Fig.* No permitir familiaridad en el trato.

DISTANCIACIÓN s.f. Distanciamiento.

DISTANCIAMIENTO s.m. Acción y efecto de distanciar. **2.** Enfriamiento de la relación amistosa y disminución de la frecuencia en el trato entre dos personas. **3.** Alejamiento de una persona en su relación con un grupo humano, ideología, etc. **4.** En teatro, procedimiento estético que consiste, a través de las técnicas particulares de la actuación y de la puesta en escena, en destruir la ilusión y en sustituir la identificación del espectador con el actor por una actitud crítica. (Es característico del teatro de Bertolt Brecht.)

DISTANCIAR v.tr. y prnl. Apartar, alejar, poner a distancia.

DISTANTE adj. Que dista. **2.** Apartado, lejano, remoto. **3.** *Fig.* Que no admite familiaridades en su trato.

DISTAR v.intr. (lat. *distare*, estar apartado). Estar una persona o cosa separada de otra por una determinada distancia. **2.** *Fig.* Diferenciarse notablemente una persona o cosa de otra.

DISTENA s.f. MINER. Silicato natural de aluminio.

DISTENDER v.tr. [29]. Aflojar lo que está tenso o tirante. ◆ v.tr. y prnl. MED. Producir una tensión violenta en un tejido, tendón o ligamento de una articulación.

DISTENSIÓN s.f. Acción y efecto de distender: *distensión de ligamentos.*

DÍSTICO s.m. (gr. *dístikhos*, que tiene dos hileras). Entre los griegos y latinos, composición poética formada por un hexámetro y un pentámetro. **2.** En la poesía castellana, composición que consta de dos versos con los cuales se expresa un concepto completo.

DISTIMIA s.f. Trastorno de la regulación de los estados de ánimo (excitación o depresión).

DISTINCIÓN s.f. (lat. *distinctio, -onis*). Acción y efecto de distinguir o distinguirse. **2.** Diferencia que hace a cada cosa distinta de las demás. **3.** Premio, honor o privilegio concedido a alguien: *recibir muchas distinciones.* **4.** Elegancia, buenas maneras, refinamiento: *dar un toque de distinción.* **5.** Consideración y amabilidad especial que se tiene con alguien: *tratar con distinción.*

DISTINGO s.m. Distinción lógica en una proposición de dos sentidos, de los cuales uno se concede y otro se niega. **2.** Sutileza o reparo

que se indica con cierta sutileza, minuciosidad o malicia.

DISTINGUIDO, A adj. Que denota distinción, elegancia: *modales distinguidos.*

DISTINGUIR v.tr. (lat. *distinguere*, separar, dividir) [56]. Reconocer a una persona o cosa por aquello que la diferencia de otra. **2.** Manifestar la diferencia que hay entre dos cosas que se pueden confundir. **3.** Reconocer un objeto a pesar de la dificultad que pueda haber para verlo. **4.** Caracterizar. **5.** Otorgar a alguien un premio, honor o privilegio. **6.** Preferir, mostrar particular estimación por alguien: *lo distingue con su amistad.* **7.** LÓG. Especificar de manera precisa los diversos sentidos de una proposición o las diversas acepciones de una palabra. ◆ v.tr. y prnl. Hacer que una cosa se diferencie de otra por medio de alguna particularidad, señal, divisa, etc. ◆ **distinguirse** v.prnl. Destacar, sobresalir entre otros: *distinguirse un escritor por su riqueza léxica.*

DISTINTIVO, A adj. Que distingue o sirve para distinguir una cosa de otras: *los rasgos distintivos de una consonante.* ◆ s.m. Insignia, señal, brazalete u otro objeto cualquiera usado para distinguir o reconocer a alguien.

DISTINTO, A adj. (lat. *distinctus*, p. de *distinguere*, separar, dividir). Que no es lo mismo, igual o que es otro. **2.** Que se percibe con claridad: *voz distinta.* ◆ **distintos** adj.pl. Diversos, varios: *problema con distintas soluciones.*

DISTOCIA s.f. (del gr. *dys*, mal, y *tókos*, parto). Dificultad en el parto provocada por una anomalía de origen maternal o fetal.

DISTOMIASIS s.f. Enfermedad parasitaria provocada por una duela. ◆ **Distomiasis sanguínea** Bilharziosis.

DISTONÍA s.f. Anomalía del tono muscular. ◇ **Distonía neurovegetativa** Trastorno del funcionamiento de los sistemas simpático y parasimpático, causa de múltiples síntomas.

DISTORSIÓN s.f. Acción y efecto de distorsionar, torcer, deformar. **2.** Torsión de una parte del cuerpo. **3.** *Fig.* Desequilibrio, falta de armonía en una evolución. **4.** Aberración geométrica de un instrumento óptico, que deforma las imágenes. **5.** ACÚST. Deformación parasitaria de una señal (distorsión de amplitud, de frecuencia, de fase).

DISTORSIONAR v.tr. Producir una distorsión: *distorsionar el sonido.* **2.** *Fig.* Torcer, deformar.

DISTRACCIÓN s.f. Acción y efecto de distraer o distraerse. **2.** Cosa que atrae la atención, especialmente la que divierte o entretiene.

DISTRAER v.tr. y prnl. (lat. *distrahere*) [65]. Entretener, hacer algo para divertir o animar: *distraer con cuentos.* **2.** Apartar, desviar. **3.** Desviar la atención de alguien: *lo distrajo el ruido de la puerta.* ◆ v.tr. Malversar, sustraer fondos o dinero.

DISTRAÍDO, A adj. y s. Que se distrae con facilidad. **2.** Que toca atención en lo que ocurre a su alrededor. ◆ adj. Chile y Méx. Desaliñado, desaseado.

DISTRIBUCIÓN s.f. Acción y efecto de distribuir. **2.** Ordenación y reparto de las distintas piezas que componen el interior de una vivienda. **3.** AUTOM. Accionamiento y gobierno, por el motor, de ciertos órganos y dispositivos auxiliares. **4.** CIN. Fase intermedia de la explotación de películas, entre la producción y la exhibición. **5.** ECON. **a.** Conjunto de operaciones mediante las cuales los productos y los servicios llegan a los diversos consumidores dentro del marco nacional. **b.** Parte de la ciencia económica que estudia los mecanismos de formación de ingresos. **6.** MEC. Manera como el fluido motor se reparte y actúa en el cilindro de una máquina de émbolo. **7.** URBAN. Conjunto de las instalaciones y de los medios empleados para permitir y asegurar el abastecimiento de agua potable, gas, etc., a una población. ◆ **distribuciones** s.f.pl. TECNOL. Conjunto de los dispositivos mecánicos que regulan la admisión y el escape del fluido motor.

DISTRIBUCIONAL adj. LING. Relativo a la distribución de los elementos de un enunciado. ◇ **Lingüística distribucional** Teoría lingüística basada en la distribución de los elementos lingüísticos.

DISTRIBUIDOR, RA adj. y s. Que distribuye. **2.** Se dice de la persona o entidad que efectúa la comercialización de uno o varios productos, generalmente con exclusividad. ◆ s.m. Pieza de paso de una casa donde convergen varias habitaciones. **2.** AUTOM. Mecanismo del encendido que distribuye la corriente secundaria a las bujías. **3.** TECNOL. Canalización que sirve para repartir o expedir un producto en varias direcciones. ◇ **Distribuidor automático** Aparato que, mediante la introducción de monedas, suministra objetos de pequeño tamaño o líquidos.

DISTRIBUIDORA s.f. CIN. Empresa dedicada a la comercialización de películas cinematográficas.

DISTRIBUIR v.tr. (lat. *distribuere*) [88]. Repartir una cosa entre varias personas, designando lo que corresponde a cada una: *distribuir equitativamente el trabajo.* **2.** Comercializar un producto. ◆ v.tr. y prnl. Repartir, dividir una cosa en partes, designando a cada una de ellas su destino o colocación.

DISTRIBUTIVIDAD s.f. MAT. Carácter de una operación distributiva con relación a otra operación.

DISTRIBUTIVO, A adj. Relativo a la distribución. **2.** LÓG. Que se aplica a cada una de las partes de un todo. **3.** MAT. Se dice de la operación que, efectuada sobre una suma de términos, da el mismo resultado que se obtiene sumando los resultados obtenidos efectuando esta operación sobre cada término de la suma. ◇ **Conjunción distributiva** Conjunción que sirve para introducir oraciones distributivas. **Justicia distributiva** La que da a cada uno lo que le corresponde. **Oración coordinada distributiva** Oración compuesta en la que se enumeran y contraponen sujetos, predicados, tiempos, lugares, etc., enlazándose por simple yuxtaposición.

DISTRITO s.m. (lat. *districtus, -us*, de *distringere*, separar). Subdivisión territorial con fines administrativos o jurídicos. (La extensión varía según los estados en que ha sido adoptada.) **2.** Área administrativa utilizada en distintos países latinoamericanos con significación diferente. ◇ **Distrito federal** Nombre dado, en las repúblicas federales de América y en Australia, al territorio que constituye la capital general de la federación, sin pertenecer a ningún estado en particular. **Distrito postal** Cada uno de los sectores en que se halla dividido un municipio de cierta entidad de población, a efectos de reparto a los usuarios de los servicios de correos y telégrafos. **Distrito universitario** Cada una de las divisiones del territorio nacional que engloba una o varias universidades, a las que se adscriben otros centros docentes.

DISTROFIA s.f. Lesión orgánica debida a un trastorno de la nutrición.

DISTURBIO s.m. (del lat. *disturbare*, estorbar). Perturbación, alteración de la tranquilidad y orden público.

DISUADIR v.tr. (lat. *dissuadere*). Convencer a alguien con razones a cambiar de opinión o desistir de su propósito.

DISUASIÓN s.f. Acción y efecto de disuadir. **2.** MIL. Acción llevada a cabo por un país para desalentar a un eventual adversario de emprender contra él un acto de agresión, probándole que lo que pretende conseguir con dicho acto es inferior a los daños que el país amenazado está determinado a infligirle.

DISUASIVO, A adj. Que disuade o puede disuadir. SIN.: *disuasorio.*

DISUASORIO, A adj. Disuasivo.

DISURIA s.f. (lat. *dysuria*). Dificultad o dolor en la evacuación de orina.

DISYUNCIÓN s.f. Acción y efecto de separar y desunir. **2.** LÓG. Conectiva lógica binaria que corresponde en su sentido intuitivo al de la conjunción gramatical alternativa *o*. (Se escribe con la notación V.)

DISYUNTIVA s.f. Situación en la que se ha de elegir entre dos opciones.

DISYUNTIVO, A adj. Que desune, separa o expresa incompatibilidad. ◇ **Conjunción disyuntiva** Conjunción que sirve para introducir oraciones disyuntivas. **Oración coordinada disyuntiva** Oración que expresa una disyunción, es decir, que una de las oraciones excluye a las demás.

DISYUNTOR s.m. ELECTR. Interruptor automático de corriente, que funciona cuando hay una variación anormal de la intensidad o de la tensión.

1. DITA s.f. Amér. Central y Chile. Deuda.

2. DITA s.f. P. Rico. Vasija hecha con la segunda corteza del coco.

DITIRÁMBICO, A adj. Relativo al ditirambo.

DITIRAMBO s.m. (lat. *dithyrambus*, del gr. *dithyrambos*, epíteto de Baco). En la antigüedad, canto litúrgico en honor de Dioniso. **2.** Poema lírico, escrito en tono entusiasta. **3.** *Fig.* Alabanza entusiasta y generalmente exagerada.

DITISCO s.m. Insecto coleóptero carnívoro, de hasta 5 cm de long., cuerpo ovalado y patas posteriores nadadoras, que vive en las aguas dulces.

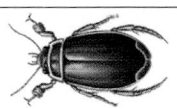
■ **DITISCO** macho.

DIU s.m. Método anticonceptivo consistente en un aparato que se coloca en el interior del útero e impide el anidamiento del óvulo fecundado.

DIUCA s.f. Ave de Argentina y Chile, cuyo macho es de color gris plomizo, con el vientre y la garganta blancos y el abdomen castaño rojizo, y la hembra es de tonos parduscos. (Familia fringílidos.)

DIURESIS s.f. (del gr. *diouréo*, orinar). Secreción de orina.

DIURÉTICO, A adj. y s.m. Se dice de la sustancia que favorece la secreción de orina. (Se puede también usar contra la hipertensión arterial, los edemas y la insuficiencia cardíaca.)

DIURNO, A adj. (lat. *diurnus*). Relativo al día, en oposición a nocturno. **2.** Que transcurre, tiene lugar o se hace durante el día o tiempo en que hay luz. **3.** Se dice de los animales que desarrollan su actividad durante el día y de las flores que sólo se abren durante el día. ◆ **s.m.** REL. Libro de rezo eclesiástico, que contiene el oficio divino desde laudes hasta completas. SIN.: *diurnal.* ◇ **Movimiento diurno** Movimiento cotidiano aparente del movimiento del cielo, debido al movimiento de rotación de la Tierra sobre sí misma.

DIVAGACIÓN s.f. Acción y efecto de divagar.

DIVAGAR v.intr. (lat. tardío *divagare*) [2]. Separarse del asunto de que se trata, hablar o escribir sin concierto ni precisión. **2.** Vagar, errar. **3.** HIDROL. Salirse de madre un río, desplazar su cauce.

DIVALENTE adj. Que tiene valencia 2.

DIVÁN s.m. Asiento mullido sin brazos ni respaldo, generalmente estrecho y alargado, con almohadones sueltos, en el que se puede tender una persona.

DIVERGENCIA s.f. Acción y efecto de divergir. **2.** Establecimiento de una reacción en cadena en un reactor atómico. **3.** MAT. Propiedad de una serie cuya suma de términos no tiene límite.

DIVERGENTE adj. Que diverge. ◇ **Lente divergente** ÓPT. Lente que hace que diverjan los rayos primitivamente paralelos.

DIVERGIR v.intr. [43]. Irse apartando sucesivamente de una línea, camino, etc. **2.** *Fig.* Discrepar, disentir.

DIVERSIDAD s.f. Abundancia de cosas distintas. **2.** Diferencia, variedad.

DIVERSIFICACIÓN s.f. Acción y efecto de diversificar. **2.** Estrategia de desarrollo de una empresa, que consiste en ampliar la gama de actividades y mercados a los que se dedica.

DIVERSIFICAR v.tr. y prnl. [1]. Hacer diversa una cosa que era única.

DIVERSIFORME adj. Que presenta diversidad de formas.

DIVERSIÓN s.f. Acción y efecto de divertir. **2.** Espectáculo, juego, fiesta, etc., que divierte.

DIVERSO, A adj. (lat. *diversus*). Diferente, distinto. **2.** Que tiene variedad o abundancia de cosas distintas.

DIVERTÍCULO s.m. MED. Cavidad anormal que comunica con un órgano hueco.

DIVERTICULOSIS s.f. MED. Enfermedad caracterizada por la presencia de numerosos divertículos.

DIVERTIDO, A adj. Que divierte. **2.** Alegre, aficionado a divertirse. **3.** Argent., Chile, Guat. y Perú. Ligeramente bebido.

DIVERTIMENTO s.m. COREOGR. **a.** En el ballet clásico, serie de danzas que se sitúan generalmente al final del primer acto. **b.** Composición coreográfica que se introduce en una ópera. **2.** MÚS. Intermedio en una fuga.

DIVERTIMIENTO s.m. Diversión. **2.** Divertimento.

DIVERTIR v.tr. y prnl. (lat. *divertere*, apartarse) [79]. Hacer disfrutar a alguien entreteniéndolo. SIN.: *entretener, recrear.*

DIVIDENDO s.m. ECON. Parte del interés o del beneficio que corresponde a cada accionista. **2.** MAT. En una división, número que se divide por otro.

DIVIDIR v.tr. y prnl. (lat. *dividere*). Partir, separar algo en partes: *dividir un pastel.* **2.** Repartir algo entre varias personas: *dividir el trabajo.* **3.** *Fig.* Separar introduciendo discordia entre las personas: *dividir a la opinión pública.* ◆ v.tr. MAT. Efectuar una división. **2.** TECNOL. Marcar divisiones o escalas matemáticamente exactas en los instrumentos de precisión utilizados en metrología.

DIVIESO s.m. Forúnculo.

DIVINIDAD s.f. Naturaleza de lo divino. **2.** Ser divino, dios, deidad. **3.** *Fig.* Persona o cosa dotada de gran belleza o hermosura.

DIVINIZAR v.tr. [1]. Atribuir carácter divino a alguien o algo. **2.** *Fig.* Alabar excesivamente a alguien.

DIVINO, A adj. (lat. *divinus*). Relativo a Dios o a los dioses. **2.** *Fig.* Sublime, excepcional, exquisito, adorable, maravilloso.

DIVISA s.f. Insignia o emblema que es el símbolo de una persona, familia, grado, etc. **2.** Decoración esculpida o pintada, que se compone de una inscripción acompañada o no de figuras. **3.** ECON. a. Título de crédito que se expresa en moneda extranjera y es pagadero en su país de origen. **b.** Moneda extranjera. **4.** HERÁLD. Lema o mote expresado en términos sucintos o por algunas figuras, que puede ir escrito en un listel. **5.** MIL. Símbolo de cada una de las jerarquías militares. **6.** TAUROM. Distintivo de las ganaderías, consistente en un lazo de cintas de colores que, por medio de un arponcillo, se clava en el morrillo de los toros destinados a la lidia.

DIVISAR v.tr. y prnl. Ver a distancia y confusamente un objeto: *divisar las cumbres de las montañas a lo lejos.*

DIVISIBILIDAD s.f. MAT. Cualidad de lo que es divisible sin resto.

DIVISIBLE adj. Que puede dividirse. **2.** MAT. Que se divide exactamente o que no da resto en la división.

DIVISIÓN s.f. (lat. *divisio, -onis*). Acción y efecto de dividir. **2.** DEP. Agrupación que se hace de los clubes, según méritos o condiciones. **3.** MAT. Operación por la cual se halla, a partir de dos números, llamados dividendo y divisor, dos números llamados cociente y resto, tales que el dividendo sea igual al producto del cociente por el divisor más el resto. **4.** MIL. Unidad militar en la que se agrupan formaciones de todas las armas y servicios: *división motorizada.* ◇ **División administrativa** Parte del territorio de un estado, con rango inferior al gobierno nacional. **División celular** Procedimiento de reproducción de las células. (Se distinguen la *división directa,* o amitosis, y la *división indirecta,* o mitosis.) **División del trabajo** Especialización de los trabajadores en tareas diferenciadas.

DIVISIONARIO, A adj. Se dice de la moneda que tiene legalmente un valor convencional superior al efectivo, como la de cobre. ◆ s.m. General que manda una división.

DIVISIONISMO s.m. Puntillismo, técnica pictórica.

DIVISMO s.m. Condición de divo.

DIVISOR s.m. y adj. En una división, número por el que se divide otro. **2.** MEC. Parte de las máquinas-herramienta que sirve para hacer divisiones. ◇ **Común divisor** Número que divide exactamente a otros: *el 5 es divisor de 15 y 20.* **Divisor de cero** En un anillo, elemento *a* no nulo al que se puede asociar un segundo elemento *b,* tal que el producto $a \times b$ sea nulo. **Máximo común divisor** El mayor de todos los divisores comunes de varios números: *el 15 es máximo común divisor de 30 y 45.*

DIVISORIO, A adj. Que establece una separación o división: *línea divisoria.*

DIVO, A s. (lat. *divus,* de *deus,* dios). Artista, en especial cantante de ópera, de gran mérito y fama, que sobresale o destaca entre otros. ◆ adj. y s. Altivo, engreído.

DIVORCIAR v.tr. y prnl. Disolver legalmente un matrimonio cuando se reúnen las condiciones necesarias que establece la ley. **2.** *Fig.* Separar, apartar lo que está unido o debe estarlo.

DIVORCIO s.m. (lat. *divortium*). Disolución legal de un matrimonio válido cuando se reúnen las condiciones necesarias que establece la ley. **2.** *Fig.* Separación, divergencia. **3.** Colomb. Cárcel de mujeres.
ENCICL. La mayoría de las legislaciones fundamentan el divorcio en el carácter contractual del matrimonio, a pesar de la indisolubilidad que le atribuyen determinadas religiones y personas. Las principales causas legales de divorcio son el cese de la convivencia conyugal, en algunos casos con proceso previo de separación, y los malos tratos al otro cónyuge. Las distintas legislaciones distinguen entre el divorcio solicitado de mutuo acuerdo o por uno solo de los cónyuges. En el primer caso, se acompaña a la demanda un convenio regulador de las condiciones del divorcio. La sentencia desvincula a los cónyuges, liquida el régimen patrimonial y regula la guardia y custodia de los hijos menores.

DIVULGACIÓN s.f. Acción y efecto de divulgar: *divulgación científica.*

DIVULGAR v.tr. y prnl. (lat. *divulgare*) [2]. Propagar, publicar, extender, poner al alcance del público una cosa: *divulgar una noticia.*

DIVULSIÓN s.f. CIR. Dilatación forzada de un canal o conducto (recto, útero).

DIXIELAND s.m. Estilo de jazz, nacido en el sur de EUA a principios del s. XX, que resulta de una combinación del ragtime, el blues y las marchas militares, y se practica por pequeños grupos que se libran a la improvisación colectiva. (También *dixie.*)

DNA → ADN.

DNI s.m. (sigla.) *Documento nacional de identidad.

1. DO s.m. (ital. *do*). Nota musical, primer grado de la escala. ◇ **Do de pecho** Una de las notas más agudas que alcanza la voz de tenor; *Fig.* esfuerzo extraordinario.

2. DO adv.l. (del ant. *o,* del lat. *ubi*). Poét. Donde. **2.** Poét. De donde.

DÓ adv.interrog. Poét. Dónde: *¿dó vas, triste de ti?* **2.** Poét. De dónde.

DOBERMAN adj. y s.m. (alem. *Dobermann,* del nombre del aficionado que hizo los cruces para obtener esta raza). Perro guardián que pertenece a una raza de origen alemán, de figura esbelta y pelo negro, raso y duro.

■ **DOBERMAN**

DOBLA s.f. (de *doble*). Moneda de oro castellana de la baja edad media. (La dobla logró arrinconar al maravedí de oro y fue la unidad áurea principal en Castilla hasta la reforma monetaria de 1497.) **2.** Chile. Beneficio que el dueño de una mina concede a alguien para que saque durante un día todo el mineral que pueda. **3.** Chile. *Fig.* y *fam.* Provecho que saca alguien de una cosa a la que no ha contribuido.

■ **DOBLA** con la efigie de Pedro I el Cruel (h. 1360). [Museo arqueológico, Madrid.]

DOBLADILLO s.m. Pliegue que se hace en el borde de una tela, cosido de modo que el canto quede oculto y no se pueda deshilar. **2.** Hilo fuerte usado para hacer calceta.

DOBLADO, A adj. Se aplica a la persona robusta y de pequeña o mediana estatura. **2.** Se aplica al terreno escabroso o quebrado. **3.** *Fig.* Que muestra algo distinto de lo que siente o piensa.

DOBLADOR, RA adj. y s. Persona que efectúa el doblaje de una película, en especial si se dedica a ello profesionalmente.

DOBLADURA s.f. Parte por donde se dobla o pliega algo. **2.** Señal que queda en la parte por donde se ha doblado algo.

DOBLAJE s.m. CIN. Grabación de los diálogos de una película en una lengua diferente de la original.

DOBLAR v.tr. (lat. tardío *duplare,* hacer algo doble). Poner una sobre otra dos partes de algo flexible: *doblar una sábana, una hoja de papel.* **2.** Hacer doble el tamaño, número o cantidad de algo: *doblar la apuesta.* **3.** Hacer un actor dos papeles en una misma obra. **4.** Pasar a otro lado de una esquina, cerro, etc., cambiando de dirección en el camino. **5.** *Fig.* y *fam.* Dejar a alguien baldado a causa de una paliza. **6.** Méx. *Fam.* Derribar a alguien de un balazo. **7.** CIN. Sustituir los diálogos de una banda sonora original por su traducción en otro idioma. **8.** DEP. En las carreras sobre pista, distanciarse un corredor de otro una vuelta completa. ➧ v.tr. y prnl. Torcer algo formando ángulo: *doblar un alambre.* ➧ v.intr. Tocar las campanas en señal de duelo por la muerte de alguien ➧ v.intr. y prnl. Ceder a la persuasión, a la fuerza o al interés. ➧ **doblarse** v.prnl. Hacerse un terreno más desigual y quebrado.

DOBLE adj. y s.m. Duplo. **2.** En el juego del dominó, se aplica a la ficha que tiene el mismo número de puntos en los dos cuadrados: *el doble cuatro.* ➧ adj. Que se compone de dos partes, de dos cosas iguales o de la misma especie. **2.** En los tejidos y otras cosas, que es más grueso o consistente de lo normal. ➧ adj. y s. *Fig.* Simulado, falso, hipócrita. ➧ s.m. Doblez. ➧ s.m. y f. Persona que tiene un gran parecido con otra y que puede sustituirla sin que se note. **2.** Persona que sustituye a un actor o una actriz de cine o televisión en las escenas peligrosas o que requieren alguna habilidad especial. ➧ adv.m. Dos veces una cantidad, un número o tamaño. ➧ **dobles** s.m.pl. DEP. Partido en el que intervienen, formando equipo, dos concursantes. ◇ **Doble enlace** QUÍM. Enlace entre dos átomos formado por dos pares de electrones. (Se representa por el signo = colocado entre los dos átomos.) **Flor doble** BOT. Flor que tiene más pétalos de lo normal en ella. **Punto doble** MAT. Punto que, en una transformación, coincide con su imagen.

DOBLEGAR v.tr. y prnl. (lat. *duplicare,* hacer algo doble) [2]. Doblar, torcer una cosa encorvándola. **2.** *Fig.* Someter, obligar a obedecer.

DOBLETE s.m. En billar, jugada en la que se obliga a la bola contraria a dar en una banda para volver a la opuesta. **2.** Piedra falsa que se obtiene fijando un cuerpo coloreado detrás de un pedazo de cristal. **3.** LING. Par de palabras que tienen la misma etimología, pero que han evolucionado de distinta manera: *las palabras* delicado *y* delgado *son un doblete, porque las dos proceden del latín* delicatus. ◇ **Doblete electrónico** Conjunto de dos electrones mediante el cual se forma el enlace de los átomos en determinadas moléculas. **Hacer doblete** Desempeñar un actor dos papeles en la misma obra; DEP. conseguir dos títulos en un mismo año o en un mismo torneo.

DOBLEZ s.m. Parte que se dobla o pliega de una cosa. **2.** Pliegue que queda en la parte por donde se ha doblado una cosa. ➧ s.m. o f. *Fig.* Cualidad de la persona que actúa con falsedad o hipocresía, expresando lo contrario de lo que se siente realmente.

DOBLÓN s.m. (de *dobla*). Moneda de oro española de la edad moderna.

■ **DOBLÓN** de dos escudos (1607) de la época de Felipe III. (Casa de la moneda, Madrid.)

DOCA s.f. Chile. Planta rastrera de la familia de las aizoáceas, de flores rosadas y fruto comestible.

DOCE adj.num.cardin. y s.m. (lat. *duodecim*). Diez más dos. ➧ adj.num.ordin. y s.m. Duodécimo. ◇ **Doce por ocho** MÚS. Compás a cuatro tiempos, que tiene una negra punteada (o tres corcheas) por unidad de tiempo.

DOCEAÑISTA adj. y s.m. y f. Relativo a la constitución aprobada por las cortes de Cádiz en 1812; partidario de esta constitución.

DOCEAVO, A o **DOZAVO, A** adj. y s.m. Se dice de cada una de las partes que resultan de dividir un todo en doce partes iguales.

DOCENA s.f. Conjunto de doce cosas: *docena de huevos.*

DOCENCIA s.f. Enseñanza.

DOCENTE adj. (lat. *docens, -tis,* p. de *docere,* enseñar). Que enseña o instruye. **2.** Relativo a la enseñanza: *estamento docente.*

DOCETISMO s.m. Doctrina religiosa de los primeros siglos del cristianismo que enseñaba que el cuerpo de Cristo no fue más que una pura apariencia y que la pasión y muerte de Jesús no tiene ninguna realidad.

DÓCIL adj. (lat. *docilis,* que aprende fácilmente). Obediente, que hace lo que se le manda o aconseja, o que es fácil de educar: *animal dócil.* **2.** Se aplica a la materia que puede ser labrada con facilidad: *un metal dócil.*

DOCILIDAD s.f. Cualidad de dócil.

DOCIMASIA s.f. (gr. *dokimasía,* prueba, ensayo). ANT. GR. En Atenas, indagación sobre los ciudadanos llamados a ocupar ciertas funciones. **2.** MED. Investigación de las circunstancias causantes de la muerte por medio de exámenes especiales de ciertos órganos.

DOCTO, A adj. y s. (lat. *doctus,* p. de *docere,* enseñar). Que tiene muchos conocimientos.

DOCTOR, RA s. (lat. *doctor, -oris,* maestro, el que enseña). Médico. **2.** Persona que posee un doctorado. **3.** Persona que enseña una ciencia o arte. ◇ **Doctor de la Iglesia** Escritor eclesiástico de gran autoridad, notable por su santidad de vida, la pureza de ortodoxia o el valor de su ciencia. **Doctor de la ley** Intérprete de los libros del Antiguo testamento. **Doctor honoris causa** Título honorífico que conceden las universidades a una persona eminente.

DOCTORADO s.m. Grado máximo académico conferido por una universidad u otro establecimiento autorizado para ello. **2.** Estudios necesarios para obtener este grado.

DOCTORAL adj. Relativo al doctor o al doctorado: *tesis doctoral.*

DOCTORANDO, A s. Persona que va a pasar el examen para el grado de doctor o que estudia para ello.

DOCTORAR v.tr. Dar el título o grado de doctor a alguien. ➧ **doctorarse** v.prnl. Obtener el título o grado de doctor. **2.** TAUROM. Tomar la alternativa.

DOCTRINA s.f. (lat. *doctrina*). Conjunto de ideas, enseñanzas o principios básicos defendidos por un movimiento religioso, ideológico, político, etc. **2.** Conjunto de conocimientos teóricos sobre un tema. **3.** Opinión o conjunto de ideas de un autor o escuela. **4.** DER. Conjunto de trabajos que tienen por objeto exponer o interpretar el derecho, y que constituye una de las fuentes de las ciencias jurídicas.

DOCTRINAL adj. Relativo a la doctrina. ➧ s.m. Libro que contiene reglas y preceptos.

DOCTRINARIO, A adj. y s. Partidario de una doctrina determinada, especialmente la de un partido político o una institución. **2.** Que atiende más a las doctrinas y teorías abstractas que a la práctica.

DOCTRINARISMO s.m. Cualidad de doctrinario.

DOCTRINERO s.m. Párroco o cura que, durante la colonización americana, servía en una iglesia de un pueblo de españoles o de indios.

DOCUDRAMA s.m. Género de radio y televisión que contiene características propias del drama y del documental.

DOCUMENTACIÓN s.f. Acción y efecto de documentar o documentarse. **2.** Conjunto de documentos con que se acredita una cosa, generalmente oficial, legal o histórica. **3.** Conjunto de operaciones, métodos, etc., que facilita la recopilación, almacenamiento, búsqueda y circulación de documentos e información. ◇ **Documentación automática** INFORMÁT. Técnica de documentación que se basa en la utilización de la informática.

DOCUMENTADO, A adj. Enterado. **2.** Se dice de la persona que posee noticias o pruebas acerca de un asunto. **3.** Se dice del memorial, pedimento, etc., acompañado de los documentos necesarios. **4.** Se dice de la persona que tiene documentos de identidad personal.

DOCUMENTAL adj. Que se basa en documentos o relacionado con ellos: *prueba documental.* ➧ s.m. Película cinematográfica realizada basándose en documentos tomados de la realidad, generalmente de carácter pedagógico o informativo.

DOCUMENTALISTA adj. y s.m. y f. Relativo al tratamiento de documentos; que estudia o elabora documentos: *escuela documentalista.* ➧ s.m. y f. Persona que trabaja documentales.

DOCUMENTAR v.tr. Probar o demostrar algo con documentos. ➧ v.tr. y prnl. Informar a alguien de las pruebas relacionadas con un asunto.

DOCUMENTO s.m. (lat. *documentum,* enseñanza, ejemplo). Escrito con que se acredita una cosa, generalmente oficial, legal o histórica. ◇ **Documento nacional de identidad** (DNI) Tarjeta oficial que sirve para la identificación de los súbditos españoles. SIN.: *carné de identidad.*

DODECAEDRO s.m. MAT. Poliedro de doce caras.

DODECAFÓNICO, A adj. Relativo al dodecafonismo.

DODECAFONISMO s.m. Técnica musical basada en el empleo de los doce sonidos de la escala cromática temperada occidental.

DODECAFONISTA adj. y s.m. y f. Se dice del compositor que practica el dodecafonismo.

DODECÁGONO s.m. MAT. Polígono que tiene doce ángulos y doce lados.

DODECASÍLABO, A adj. y s.m. Que tiene doce sílabas.

DODO s.m. Dronte.

DOGAL s.m. (lat. tardío *ducale*). Cuerda o

soga con un nudo corredizo que se ata al cuello de las caballerías para dirigirlas. **2.** Soga para ahorcar a un reo.

DOGARESA s.f. (ital. *dogaressa*). Mujer del dux.

DOGMA s.m. (lat. *dogma, -atis*, del gr. *dógma*, decisión, decreto). Punto fundamental de doctrina, en religión o en filosofía, que no se puede poner en duda. **2.** Conjunto de creencias u opiniones; principios: *el dogma católico.*

DOGMÁTICA s.f. REL. Exposición sistemática de las verdades de la fe.

DOGMÁTICO, A adj. Relativo al dogma. ◆ adj. y s. Que expresa una opinión de manera categórica e irrefutable: *tono dogmático.*

DOGMATISMO s.m. Actitud que no admite discusión sobre la afirmación de ciertas ideas, creencias u opiniones. **2.** Filosofía o religión que rechaza categóricamente la duda y la crítica.

DOGMATIZAR v.tr. [7]. Afirmar o exponer algo de forma dogmática. **2.** Enseñar los dogmas, especialmente los religiosos.

1. DOGO s.m. Dux.

2. DOGO, A adj. y s.m. Se dice de diferentes razas de perros guardianes, de cabeza gruesa, hocico achatado y orejas pequeñas con la punta doblada.

DOGON, pueblo negro de Malí, de lengua nigeriano-congoleña, que vive en la meseta de Bandiagara.

DOLADERA s.f. Herramienta afilada para afinar o desbastar la madera.

DÓLAR s.m. (ingl. *dollar*). Unidad monetaria principal de EUA, Australia, Canadá, Hong Kong, Liberia, Nueva Zelanda y Zimbabwe, y de otros países de influencia anglosajona.

DOLBY s.m. (marca registrada). Procedimiento de reducción del ruido de fondo de las grabaciones sonoras, en especial de las musicales. **2.** Dispositivo que utiliza este procedimiento.

DOLCE adv. (voz italiana). MÚS. Con suavidad.

DOLCISSIMO adv. (voz italiana). MÚS. De una manera muy suave.

DOLDRUMS s.m.pl. (voz inglesa). METEOROL. Zona de bajas presiones ecuatoriales.

DOLENCIA s.f. Indisposición, enfermedad.

DOLER v.intr. (lat. *dolere*) [30]. Tener sensación de dolor en alguna parte del cuerpo: *le duele una pierna.* ◆ v.intr. y prnl. Causar disgusto, pesar, dolor o arrepentimiento: *duele verlo sufrir.* ◆ dolerse v.prnl. Quejarse o lamentarse de algo que causa pesar.

DOLICOCÉFALO, A adj. y s. Se dice de la persona cuyo cráneo es más largo que ancho. CONTR.: *braquicéfalo.*

DOLICOCOLON s.m. Intestino grueso anormalmente largo.

DOLIENTE adj. Enfermo, que padece enfermedad.

DOLINA s.f. (voz eslava, *valle*). GEOGR. Pequeña depresión circular con fondo llano, característica de la morfología cárstica.

DOLMÁN s.m. → DORMÁN.

DOLMEN s.m. (fr. *dolmen*). Monumento megalítico construido con una losa horizontal que se apoya sobre bloques verticales que forman las paredes de la cámara funeraria.

DOLO s.m. (lat. *dolus*, astucia, fraude). DER. Maniobra fraudulenta destinada a engañar.

DOLOMÍA s.f. (fr. *dolomie*, de Dolomieu, geólogo francés). Roca sedimentaria constituida esencialmente de dolomita a la que se mezcla a menudo calcita, cuya diferente disolución origina relieves ruiniformes característicos.

DOLOMITA s.f. Carbonato natural doble de calcio y magnesio.

DOLOR s.m. (lat. *dolor, -oris*). Sensación penosa y desagradable que se siente en una parte del cuerpo. **2.** Sentimiento anímico de sufrimiento producido por una gran contrariedad: *el dolor de una desgracia.* ◇ **Dolor de corazón** Fig. Sentimiento, pena, aflicción por un daño causado. **Dolor moral** PSIQUIATR. Tristeza profunda, acompañada de autoacusaciones injustificadas, que constituye uno de los síntomas principales del estado depresivo. **Estar con dolores** Estar en los preliminares del parto una mujer.

DOLORIDA s.f. Perú. Plañidera, mujer contratada para llorar en los entierros.

DOLORIDO, A adj. Que duele ligeramente o se resiente de un dolor. **2.** Apenado, desconsolado, lleno de dolor y angustia.

DOLOROSA s.f. y adj. Imagen de la Virgen afligida por la muerte de Jesús. (Con este significado, suele escribirse con mayúscula.)

DOLOROSO, A adj. Que causa dolor: *golpe doloroso.* **2.** Lamentable, lastimoso, que mueve a compasión: *suceso doloroso.*

DOLOSO, A adj. (lat. *dolosus*). DER. Que presenta el carácter del dolo, del fraude, del engaño: *anular un contrato doloso.*

DOM s.m. (del lat. *dominus*, dueño, señor). Título que se da a ciertos religiosos (benedictinos, cartujos, etc.). **2.** Título de honor que se da a los nobles en Portugal.

DOMA s.f. Acción y efecto de domar. SIN.: *domadura.*

DOMADOR, RA s. Persona que doma. **2.** Persona que exhibe y maneja fieras domadas.

DOMAR v.tr. (lat. *domare*). Amansar, hacer dócil a un animal salvaje. **2.** Fig. Sujetar, someter, reprimir: *domar el carácter.*

DOMEÑAR v.tr. (del lat. *dominium*, dominio). Domar, sujetar, someter: *domeñar la voluntad.*

DOMESTICACIÓN s.f. Acción y efecto de domesticar.

DOMESTICAR v.tr. [1]. Hacer doméstico o dócil a un animal salvaje. ◆ v.tr. y prnl. Hacer tratable a una persona de carácter áspero o rebelde.

DOMÉSTICO, A adj. (lat. *domesticus*). Relativo a la casa o al hogar: *trabajo doméstico.* **2.** Se dice del animal que ha sido domesticado. ◆ adj. y s. Se dice de la persona que tiene por oficio servir en una casa. ◆ s.m. Ciclista que tiene la misión de ayudar al corredor principal de su equipo.

DOMICILIACIÓN s.f. Esp. Autorización para realizar pagos o cobros con cargo a una cuenta bancaria.

DOMICILIAR v.tr. Autorizar un pago o un cobro con cargo a una cuenta bancaria. ◆ domiciliarse v.prnl. Establecer, fijar alguien su domicilio en un lugar.

DOMICILIARIO, A adj. Relativo al domicilio. **2.** Que se ejecuta o cumple en el domicilio del interesado: *arresto domiciliario.* ◆ s. Persona que tiene domicilio en un lugar.

DOMICILIATARIO, A s. DER. Tercera persona en cuyo domicilio es pagable un efecto comercial, en general un efecto bancario.

DOMICILIO s.m. (lat. *domicilium*). Vivienda fija y permanente donde habita o se hospeda una persona. ◇ **A domicilio** En el propio domicilio del interesado. **Domicilio conyugal** Domicilio común de los esposos. **Domicilio legal** Lugar en que la ley presume que se encuentra una persona para el ejercicio de sus derechos y el cumplimiento de sus obligaciones. **Domicilio social** Domicilio de una empresa.

DOMINACIÓN s.f. Acción de dominar, especialmente un soberano sobre un pueblo o una nación sobre otra. ◆ dominaciones s.f.pl. Nombre con que san Pablo alude a las jerarquías angélicas; en la clasificación del Seudo-

■ **DOLMEN** en Moustoir-Ac, en el Morbihan (Bretaña francesa; h. 4 000 a.C.).

Dionisio, primer coro de la segunda jerarquía angélica.

DOMINANCIA s.f. BIOL. Estado presentado por un carácter o un gen dominante. **2.** ETOL. Superioridad de un animal sobre sus congéneres, establecida como resultado de relaciones agresivas y que se manifiesta por medio de comportamientos particulares. **3.** FISIOL. Cometido funcional predominante de una de las dos partes de un órgano par y simétrico.

DOMINANTE adj. Que domina: *tendencia dominante.* **2.** Se aplica a la persona que tiende a dominar y dirigir a los que la rodean. **3.** Se aplica al carácter hereditario que siempre se manifiesta en el fenotipo. ◆ s.f. ESTADÍST. Moda. **2.** MÚS. Quinto grado de la escala, y una de las tres notas generatrices. ◇ **Especie dominante** La especie más frecuente en una región o asociación. **Séptima de dominante** Acorde mayor que contiene una séptima menor, situada a partir del 5° grado de una escala.

DOMINAR v.tr. (lat. *dominare*). Tener dominio sobre personas o cosas: *dominar la situación.* **2.** Fig. Conocer a fondo una ciencia o arte. **3.** Divisar algo desde una altura: *dominar todo el valle.* ◆ v.tr. y prnl. Contener, reprimir, sujetar una acción, sentimiento, pasión, etc.: *dominar el odio.* ◆ v.intr. y tr. Ser una cosa más alta que otras entre las que está. **2.** Resaltar, ser una cosa más perceptible que otras: *un color que domina.*

DÓMINE s.m. (lat. *dominus*, amo, maestro). Maestro de gramática latina. **2.** Maestro que emplea métodos anticuados. **3.** Desp. Persona que pretende dar lecciones sin tener conocimientos ni cualidades para ello.

DOMINGO s.m. Séptimo día de la semana.

DOMINGUEJO s.m. Dominguillo. **2.** Amér. Persona insignificante.

DOMINGUERO, A adj. Fam. Que sucede o se suele usar en domingo. ◆ adj. y s. Desp. Se dice de la persona que acostumbra a salir o divertirse solamente los domingos o días festivos. ◆ s. Desp. Conductor que solo utiliza el automóvil los días festivos para salir de la ciudad. **2.** Por ext. y desp. Conductor inexperto.

DOMINGUILLO s.m. Muñeco con un contrapeso en la base que, movido en cualquier dirección, siempre vuelve a la vertical.

DOMÍNICA o **DOMINICA** s.f. En lenguaje y estilo eclesiástico, domingo.

DOMINICAL adj. Relativo al domingo: *descanso dominical.* ◇ **Oración dominical** El padrenuestro.

DOMINICANISMO s.m. Palabra, expresión o giro propios del español de la República Dominicana. **2.** Estima o admiración por la cultura y las tradiciones de la República Dominicana.

DOMINICANO, A adj. Dominico, relativo a la orden de Santo Domingo. ◆ adj. y s. De la República Dominicana. ◆ s.m. Variedad del español que se habla en la República Dominicana.

DOMINICO, A adj. y s. De la orden de santo Domingo. ◆ s.m. Variedad de banano de pequeño tamaño. **2.** Ave paseriforme de América Meridional, con el pico alargado, recto, robusto y grueso, que se alimenta de frutas, semillas, granos, etc. (Familia fringílidos.)

ENCICL. La orden de los dominicos, u orden de predicadores, fundada por santo Domingo de Guzmán (1215) para luchar contra la herejía albigense, se orientó hacia una forma de vida comunitaria y democrática guiada únicamente por la predicación de la palabra de Dios. Los dominicos españoles destacaron en la defensa de la fe católica, ejerciendo funciones judiciales en el tribunal de la Inquisición. Fray Bartolomé de las Casas sobresalió en la empresa evangelizadora de América.

1. DOMINIO s.m. (lat. *dominium*, propiedad). Acción de dominar o dominarse. **2.** Poder, autoridad, fuerza, etc., que tiene una persona sobre alguien o algo. **3.** Lugar en el que alguien ejerce la máxima autoridad. **4.** Fig. Campo que corresponde a una ciencia o a una actividad de tipo intelectual o artístico: *el dominio de la literatura.* **5.** Propiedad agraria: *amplió sus dominios con la compra de un cortijo.* **6.** Plenitud de los atributos que las leyes

359

reconocen al propietario de una cosa para disponer de ella. **7.** INFORMÁT. Parte de una dirección de Internet que identifica un sitio web y que describe el tipo de empresa u organización a la que pertenece o bien el país donde está registrado. **8.** LING. Territorio donde se habla una lengua o dialecto. **9.** MAT. Conjunto en el que cada elemento tiene definida una función o una operación. ✦ **dominios** s.m.pl. Territorios bajo el poder de un rey o de un estado. ◇ **Dominio del estado** Bienes del estado divididos en dominio público y en dominio privado; administración de estos bienes. **Dominio privado** Conjunto de bienes del estado o de la colectividad pública sometidos a las reglas del derecho privado. **Dominio público** Conjunto de bienes que pertenecen al estado o a una colectividad local que, por ser indispensables al logro del bien común, están sometidos a un régimen protector particular. **Dominio real** HIST. En la época feudal, conjunto de posesiones que dependían directamente del rey. **Ser del dominio común**, o **público** Ser una cosa sabida de todos.

2. DOMINIO o **DOMINION** s.m. Nombre dado, especialmente antes de 1947, a diversos estados miembros de la Commonwealth (Canadá, Australia, Nueva Zelanda, etc.).

DOMINÓ s.m. (del lat. *domino*, yo gano). Juego de mesa para un máximo de cuatro jugadores en el que se utilizan 28 fichas rectangulares, divididas en dos partes iguales, cada una de las cuales tiene de 0 a 6 puntos. **2.** Conjunto de fichas que se emplean en este juego. **3.** Traje talar con capucha, usado como disfraz.

DOMO s.m. (fr. *dôme*). ARQ. Cúpula o bóveda semiesférica. **2.** GEOGR. Relieve de forma toscamente semiesférica. **3.** TECNOL. Depósito esférico que remata una caldera.

DOMPEDRO s.m. Bacín, orinal.

1. DON s.m. (lat. *donum*). Dádiva o regalo, material o inmaterial, especialmente el concedido por un ser superior. **2.** Cualidad natural, talento, habilidad: *tener el don de la palabra*. ◇ **Don de gentes** Habilidad para tratar, convencer o atraer la simpatía de otras personas. **Don de lenguas** REL. Manifestación carismática en la Iglesia cristiana primitiva que consistía en la emisión de una serie de sonidos y palabras ininteligibles para los oyentes de la asamblea sin la ayuda del don de la interpretación: SIN.: *glosolalia*.

2. DON, ÑA s. (lat. *dominum*). Tratamiento de cortesía que se antepone al nombre de pila de una persona: *don Felipe; doña Juana*. **2.** Palabra que se antepone a un nombre o adjetivo para motejar a una persona que se caracteriza por el uso y abuso de lo que esa palabra expresa: *doña virtudes*. **3.** Amér. Voz que se usa para dirigirse a una persona cuyo nombre se desconoce. ◇ **Don nadie** Persona poco conocida, o con escaso poder.

DONA s.f. Amér. Central, Méx. y P. Rico. Rosquilla de masa esponjosa frita en aceite y cubierta con chocolate o azúcar.

DONACIÓN s.f. Acción de donar. **2.** Cosa donada. **3.** MED. Acción de ofrecer una persona un órgano propio para efectuar un trasplante o para investigación. ◇ **Donación esponsalicia** Donación realizada antes de celebrarse el matrimonio a favor de uno de los contrayentes o de ambos.

DONADOR, RA adj. y s. Donante.

DONAIRE s.m. (lat. tardío *donarium*, donativo). Gracia y ingenio para expresarse: *hablar con donaire*. **2.** Chiste u ocurrencia graciosa. **3.** Gallardía, garbo, soltura de cuerpo: *caminar con donaire*.

DONANTE adj. y s.m. y f. Se dice de la persona que hace una donación: *donante de sangre; donante de bienes*. ◇ **Donante universal** Persona del grupo sanguíneo 0 que puede donar sangre a personas que pertenecen a cualquier otro grupo sanguíneo.

DONAR v.tr. (lat. *donare*). Dar algo voluntariamente.

DONATARIO, A s. DER. Persona que recibe una donación.

DONATISMO s.m. Cisma del obispo Donato, en el s. IV, que negaba todo valor a los sacramentos administrados por los obispos indignos o los juzgados como tales.

DONATIVO s.m. (lat. *donativum*). Regalo, dádiva.

DONCEL s.m. (cat. *donzell*). Joven adolescente. **2.** En Castilla, durante los ss. XIV y XV, paje o caballero joven, antes de ser armado.

DONCELLA s.f. (del lat. *domina*, señora). Mujer joven, especialmente la que es virgen. **2.** Criada encargada de tareas del hogar ajenas a la cocina.

DONCELLEZ s.f. Estado de la persona que conserva su virginidad. SIN.: *doncellería*.

DONDE adv.l. (del lat. *unde*). En el lugar en que sucede algo o está algo o alguien: *donde ellos están*. (Puede ir precedido de diversas preposiciones.) **2.** *Fam.* A casa de, en casa de, o el sitio en que está: *mañana iré donde Juan*. **3.** Adonde: *irás donde tú quieras*. ✦ **pron.relat.** Introduce oraciones subordinadas adjetivas: *la ciudad donde nací*. **2.** Con las preposiciones *de* y *por*, indica deducción o consecuencia: *estaban juntos, de donde deduje que eran amigos*.

DÓNDE adv.l.interrog. En qué lugar sucede algo o está algo o alguien: *¿dónde estás?; dime dónde irás*. ◇ **Por dónde** Por qué razón, causa o motivo: *por dónde se habrá enterado*.

DONDEQUIERA adv.l. En cualquier parte: *ponlo dondequiera*.

DONDIEGO s.m. Planta herbácea, originaria de América, cultivada por sus flores, grandes y coloreadas, que se abren al anochecer. (Familia nictagináceas.) SIN.: *dondiego de noche*. ◇ **Dondiego de día** Planta anual, de flores de corolas azules que se abren con el día y se cierran al ponerse el sol. (Familia convolvuláceas.)

1. DONG s.m. Unidad monetaria de Vietnam.

2. DONG o **TONG**, pueblo de China (Hunan, Guizhou, Guangxi) vinculado al grupo lingüístico thai.

DONGUINDO s.m. Variedad de peral, cuyas peras, de forma irregular, son grandes y de carne azucarada.

DONJUÁN s.m. Hombre que tiene facilidad para seducir y conquistar a las mujeres.

DONJUANISMO s.m. Conjunto de caracteres y cualidades propias de don Juan Tenorio. **2.** Conjunto de rasgos y cualidades propios de un donjuán.

DONOSO, A adj. Que tiene donaire.

DONOSTIARRA adj. y s.m. y f. De San Sebastián (España).

DONOSURA s.f. Donaire, gracia.

DONUT s.m. (marca registrada). Bollo en forma de rosquilla recubierto o relleno con algún ingrediente dulce.

DOPADO, A adj. Se dice del deportista que se dopa. ✦ s.m. Dopaje. **2.** ELECTRÓN. Adición de una cantidad mínima de impurezas a un monocristal para transformarlo en semiconductor.

DOPAJE s.m. Acción de dopar o doparse.

DOPAMINA s.f. Denominación usual de la hidroxitiramina, precursora de la adrenalina y hormonas próximas.

DOPAR v.tr. y prnl. (ingl. *to dope*, drogar). DEP. Administrar fármacos o sustancias estimulantes para potenciar artificialmente el rendimiento. ✦ v.tr. ELECTRÓN. Añadir impurezas a un monocristal.

DOPING s.m. (voz inglesa). Dopaje.

DOPPLER. Efecto Doppler FÍS. Modificación de la frecuencia de las vibraciones sonoras o las radiaciones electromagnéticas que se produce cuando la fuente de una emisión está en movimiento relativo respecto de un observador. (Se utiliza en medicina para estudiar la circulación sanguínea, y en astronomía para determinar la velocidad de los cuerpos celestes.)

DOQUIER o **DOQUIERA** adv.l. Dondequiera: *doquiera que vaya*.

DORADA s.f. (lat. *aurata*). Pez teleósteo del Atlántico y del Mediterráneo, de color dorado en los costados y la cabeza, de carne muy estimada. (Familia espáridos.)

DORADILLO, A adj. y s.m. Argent., C. Rica y Urug. Se dice de las caballerías de color melado brillante.

DORADO, A adj. Se dice del color que es amarillo como el oro o tiene el brillo del oro. **2.** Recubierto de una capa fina de oro o de

otra sustancia parecida. **3.** *Fig.* Esplendoroso, feliz: *época dorada*. **4.** Chile y Cuba. Se dice de las caballerías de color melado. ✦ s.m. Doradura. **2.** Arte de ornamentar las cubiertas de los libros encuadernados mediante estampaciones a las que se aplica oro fino. **3.** Argent., Par. y Urug. Pez fluvial, de unos 70 cm de long., de color dorado con el vientre plateado, muy apreciado para la pesca deportiva. ✦ **dorados** s.m.pl. Conjunto de adornos metálicos o de objetos de latón.

DORADOR, RA s. Persona que tiene por oficio dorar.

DORADURA s.f. Acción y efecto de dorar. SIN.: *dorado*.

DORAR v.tr. (lat. *deaurare*). Recubrir con una capa fina de oro: *dorar los cantos de un libro*. **2.** Dar el color u otras características del oro. **3.** *Fig.* Presentar algo desagradable dándole una apariencia mejor o más agradable: *dorar a alguien la verdad*. ✦ v.tr. y prnl. CULINAR. **a.** Freír o asar ligeramente con aceite o manteca. **b.** Cubrir un manjar con una ligera capa de yema de huevo. ✦ **dorarse** v.prnl. Tomar color dorado: *las espigas se doran en el campo*.

DÓRICO, A adj. y s. De la Dórida. ✦ s.m. Variedad dialectal del griego antiguo que se hablaba en esta región. (El dórico es uno de los cuatro principales dialectos del griego antiguo.) ◇ **Modo dórico** MÚS. Modo griego clásico más importante. **Orden dórico** El más antiguo de los órdenes de arquitectura griega, definido por una columna acanalada de aristas vivas, sin basa, un capitel sin molduras y un entablamento con triglifos y metopas alternados.

DORÍFORA s.f. Insecto coleóptero, de 1 cm de long., que se alimenta de las hojas de la papa.

DORIO, A adj. y s. De un pueblo guerrero indoeuropeo que invadió Grecia a fines del segundo milenio a.C., del que Esparta conservó muchos rasgos.

DORMÁN o **DOLMÁN** s.m. (fr. *dolman*, del turco *dolamân*, traje largo y ceñido de mangas estrechas). Saco de uniforme, con adornos de alamares y vueltas de piel.

DORMICIÓN s.f. REL. En la liturgia antigua, muerte de la Virgen.

DORMIDA s.f. Acción de dormir. **2.** Amér. Merid. Lugar donde se pernocta.

DORMILÓN, NA adj. y s. *Fam.* Que duerme mucho o se duerme con facilidad.

DORMIR v.intr., tr. y prnl. (lat. *dormire*) [85]. Estar, entrar o hacer entrar en el estado periódico de reposo, durante el cual se suspenden o quedan inactivos los sentidos y los movimientos voluntarios. **2.** Reposar, descansar: *dejar dormir un asunto*. ✦ v.intr. Pernoctar: *dormir en un hotel*. ✦ v.tr. Anestesiar. ✦ **dormirse** v.prnl. *Fig.* Quedarse un miembro del cuerpo sin sensibilidad y con una sensación de hormigueo: *dormirse un pie*. **2.** *Fig.* Descuidarse o no esforzarse lo suficiente.

DORMITAR v.intr. (lat. *dormitare*). Dormir con sueño poco profundo.

DORMITIVO, A adj. y s.m. Que posee propiedades somníferas.

DORMITORIO s.m. Habitación destinada a dormir. **2.** Conjunto de los muebles que componen esta habitación.

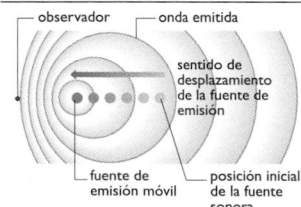

Cuando la fuente se acerca al observador, este percibe las ondas sonoras o electromagnéticas con una frecuencia superior a la de emisión. Si la fuente se aleja, las percibe a una frecuencia inferior.

■ **DOPPLER.** Efecto Doppler.

DORNAJO s.m. Cuenco redondo y pequeño que sirve para fregar, dar de comer a los animales, etc. SIN.: *dornillo*.

DORSAL adj. Relativo al dorso o al lomo: *vértebras dorsales*. **2.** FONÉT. Se dice de un fonema en cuya articulación interviene el dorso de la lengua. ◆ s.m. Número que llevan los deportistas en la espalda para distinguirlos durante el juego o competición. ◆ s.f. Cordillera submarina. **2.** Línea continua de montañas terrestres o submarinas. ◇ **Dorsal barométrica** Línea continua de altas presiones.

DORSALGIA s.f. Dolor en la espalda, particularmente en la columna vertebral.

DORSO s.m. (lat. *dorsum*, espalda). Parte posterior de una cosa. **2.** ZOOL. Parte posterior o superior del tronco de los vertebrados, desde los hombros hasta la pelvis.

DOS adj.num.cardin. y s.m. (lat. *duos*). Uno más uno. ◆ adj.num.ordin. y s.m. Segundo: *el número dos de la lista*. ◆ s.m. ◇ **Cada dos por tres** Con frecuencia, a menudo. **Dos por cuatro** MÚS. Medida de dos tiempos, que tiene la blanca como unidad de medida. **Dos por dieciséis** MÚS. Medida de dos tiempos, que tiene la corchea por unidad de medida. **Dos por ocho** MÚS. Medida poco utilizada, a dos tiempos, que tiene la negra por unidad de medida.

DOSCIENTOS, AS adj.num.cardin. y s.m. (del lat. *ducenti*). Dos veces cien. ◆ adj. num.ordin. y s.m. Duocentésimo.

DOSEL s.m. Coronamiento de un trono, sitial, púlpito o lecho. **2.** Antepuerta o tapiz.

DOSELETE s.m. Miembro ornamental voladizo que se coloca sobre estatuas, sillas de coro, etc., para resguardarlas.

DOSIFICADOR s.m. Aparato que sirve para dosificar.

DOSIFICAR v.tr. [1]. Establecer una dosis, especialmente de un medicamento. **2.** *Fig.* Realizar algo en pequeñas dosis.

DOSÍMETRO s.m. Aparato que sirve para medir las dosis de irradiaciones absorbidas.

DOSIS s.f. (gr. *dósis*, acción de dar, porción). Cantidad de un medicamento que se prescribe para lograr una acción determinada. **2.** *Fig.* Cantidad o porción de algo: *una gran dosis de humanidad*.

DOSSIER s.m. (fr. *dossier*). Expediente, legajo, sumario. **2.** Conjunto de documentos o informaciones referentes a un asunto.

DOTACIÓN s.f. Acción de dotar. **2.** Conjunto de aquello con que alguien o algo está dotado. **3.** Personal de un taller, oficina, etc. **4.** Tripulación de un buque.

DOTAR v.tr. Dar una dote a la mujer que va a casarse o a ingresar en una orden religiosa. **2.** *Fig.* Añadir a una persona o cosa alguna cualidad o característica para mejorarla o perfeccionarla: *dotar de inteligencia*. **3.** Proveer de personal o de dinero.

DOTE s.m. o f. (lat. *dos, dotis*). Conjunto de bienes o dinero que aporta la mujer al matrimonio, o el que dispone para casarse. ◆ **dotes** s.f.pl. Conjunto de cualidades de una persona o cosa: *dotes de mando*.

DOVELA s.f. Piedra aparejada, con forma de cuña, cuya yuxtaposición sirve para formar arcos, bóvedas o las molduras de una puerta, ventana, cornisa o dosel en arco. **2.** Piedra que forma el saliente sobre el plano de una arcada, o en medio de un dintel. **3.** OBR. PÚBL. **a.** Elemento curvo prefabricado, de hormigón o de fundición, ensamblado por compresión, para formar el revestimiento de un túnel. **b.** Elemento de estructura comprendido entre dos planos transversales contiguos, que forma un tramo transversal que constituye un puente de hormigón pretensado construido mediante salientes sucesivos.

DOVELAJE s.m. Conjunto de dovelas.

DOVELAR v.tr. Labrar una piedra dándole forma de dovela.

DOWN. Síndrome de Down Aberración cromosómica caracterizada por una deficiencia intelectual y modificaciones somáticas particulares, como talla pequeña, extremidades cortas, región occipital aplanada, hendiduras palpebrales oblicuas y angostas, con repliegue del ángulo cutáneo interno de los párpados.

DOXOLOGÍA s.f. Fórmula de alabanza a la Santísima Trinidad, en la liturgia católica. **2.** Enunciado que se limita a reproducir una opinión común o una apariencia.

DOZAVO, A adj. y s.m. → **DOCEAVO**.

DRACMA s.f. (lat. *drachma*, del gr. *drakhmé*). Unidad principal de peso y de moneda de la antigua Grecia. **2.** Unidad monetaria de Grecia, sustituida en 2002 por el euro.

DRACONIANO, A adj. Relativo a Dracón, legislador de Atenas: *código draconiano*. **2.** *Fig.* Se dice de las leyes o providencias muy severas: *medidas draconianas*.

DRAGA s.f. (ingl. *drag*). Máquina excavadora que sirve para extraer escombros y materiales que se hallan bajo las aguas, o cualquier maquinaria destinada a extraer o elevar tierras o áridos. **2.** Barco dragador.

DRAGADO s.m. Acción y efecto de dragar.

DRAGADOR, RA adj. y s.m. Se dice de la embarcación provista de una máquina para dragar. **2.** Se dice de la persona que trabaja a bordo de una draga.

DRAGALINA s.f. Máquina mixta de excavación.

■ **DRAGALINA**

DRAGAMINAS s.m. (pl. *dragaminas*). Barco de guerra pequeño equipado para el dragado de minas.

DRAGAR v.tr. [2]. Excavar y limpiar de piedras, barro o arena el fondo de los puertos, vías fluviales, canales, etc.

DRAGO s.m. Árbol de los países cálidos, grueso, ramificado y liso, copa ancha de color blanco amarillento y en forma de campana, y fruto en forma de baya de color anaranjado. (Puede alcanzar más de 20 m de alt. y vivir más de mil años; familia liliáceas.)

DRAGOMÁN s.m. HIST. Antiguo nombre de los intérpretes oficiales en Constantinopla y en todo el levante musulmán.

1. DRAGÓN s.m. (lat. *draco, -onis*). Monstruo fabuloso que se representa con alas y con cola de serpiente, y que echa fuego por la boca. **2.** Reptil parecido al lagarto. **3.** Pez marino, de cuerpo alargado, cabeza de gran tamaño, plana y ancha, con dos ojos en el dorso, y grandes aletas dorsales, sobre todo en los machos. (Familia caliónimidos.) **4.** Soldado de un cuerpo militar de caballería creado en el s. XVI para combatir a pie o a caballo.

2. DRAGÓN s.m. Embarcación de vela usada en competiciones deportivas, con velas triangulares a proa y trapezoidales a popa.

DRAGONA s.f. Especie de charretera.

DRAGONEAR v.intr. Amér. Ejercer un cargo sin tener título para ello. **2.** Amér. Alardear, jactarse de algo.

DRAGONTEA s.f. Planta herbácea vivaz, de rizoma feculento y grueso, que se cultiva como planta de adorno, a pesar de su mal olor durante la floración. (Familia aráceas.)

DRAG QUEEN s.f. (voces inglesas). Artista o cantante masculino que actúa vestido con atuendos propios de mujer (peluca, zapatos de plataforma, etc.) y exhibe maneras exageradamente femeninas. SIN.: *reinona*. **2.** *Por ext.* Travesti.

DRAISIANA o **DRAISINA** s.f. (de K. F. *Drais*, ingeniero alemán). Antiguo vehículo de dos ruedas, movido por la acción alternativa de los pies contra el suelo y provisto de un pivote de dirección.

■ **DRAISIANAS.** Grabado del s. XIX.
(Centro nacional de arte moderno, París)

■ **DRAGO**

DRAKKAR, DRAKE o **DREKI** s.m. Barco utilizado por los antiguos escandinavos para sus expediciones, propulsado a remos y con una vela cuadrada. (Es el barco característico de los vikingos.)

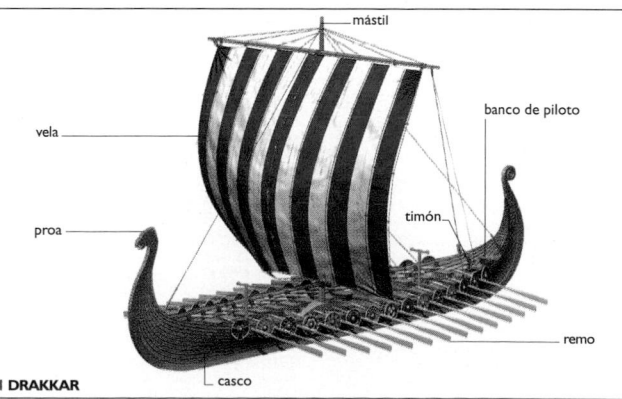

■ **DRAKKAR**

mástil

banco de piloto

vela

proa

timón

remo

casco

DRALÓN s.m. (marca registrada). Fibra sintética de fabricación alemana.

DRAMA s.m. (lat. tardío *drama, -atis,* del gr. *drama,* acción, pieza teatral).Obra teatral,escrita para ser representada. **2.** Obra teatral o cinematográfica de tema triste o desgraciado, que no llega a alcanzar la intensidad de la tragedia. **3.** Género literario que comprende las obras escritas para ser representadas. **4.** *Fig.* Suceso o situación de la vida real en el que ocurren desgracias o hay personas que las sufren. ◇ **Drama litúrgico** En la edad media, representación de textos sagrados. **Drama satírico** En la antigua Grecia,obra cómica en la que el coro estaba compuesto de sátiros y que acompañaba a todas las trilogías trágicas en las representaciones oficiales.

DRAMÁTICA s.f. Arte de componer y poner en escena obras dramáticas.SIN.: *dramaturgia.*

DRAMÁTICO, A adj. (lat. *dramaticus,* del gr. *dramatikós*).Relativo al teatro: *género dramático.* **2.** *Fig.* Que emociona y conmueve, patético: *el huracán provocó una situación dramática.* ◆ adj. y s. Se dice del autor o actor de obras dramáticas.

DRAMATISMO s.m. Cualidad de dramático.

DRAMATIZACIÓN s.f. Acción y efecto de dramatizar.

DRAMATIZAR v.tr. [7]. Dar forma y condiciones dramáticas a algo. **2.** *Fig.* Exagerar un suceso o situación con el fin de emocionar y conmover.

DRAMATURGIA s.f. Dramática. **2.** Conjunto de las obras dramáticas de un autor o una época. **3.** Tratado sobre la composición de obras de teatro.

DRAMATURGO, A s. (gr. *dramatoyrgós*).Autor de obras dramáticas.

DRAMÓN s.m. Drama en que se exageran los efectos dramáticos.

DRAPEADO s.m. Acción de drapear.

DRAPEAR v.tr. Disponer o dibujar los pliegues de los paños.

DRAQUE s.m. Amér. Bebida confeccionada con agua,aguardiente y nuez moscada.

DRÁSTICO, A adj. (gr. *drastikós,* activo, energético). Enérgico, de gran severidad: *medidas drásticas.* **2.** Que actúa rápida y violentamente: *efecto drástico.*

DRÁVIDA adj. y s.m. y f. De un conjunto de pueblos que se extiende desde el S de la India y Sri Lanka hasta Birmania,cuya unidad es de tipo cultural lingüístico.

DRAVÍDICO, A adj. y s. De los drávidas. ◆ adj. Se dice de la lengua de estos pueblos. ◆ s.m. Estilo artístico medieval del S de la India, que se manifiesta especialmente por la construcción de templos o recintos múltiples de gopuras monumentales.

DRAW-BACK s.m. (ingl. *drawback*). Devolución,en la reexportación de productos elaborados, de los derechos de aduana pagados por las materias primas que han servido para fabricarlos.

DREKI s.m. → DRAKKAR.

DRENAJE s.m. Acción y efecto de drenar. **2.** Méx. Instalación en una casa,pueblo o ciudad que sirve para sacar las aguas negras. **3.** MED. Evacuación de secreciones de una herida, un absceso o una cavidad del organismo con una cánula. ◇ **Drenaje linfático** Masaje terapéutico,que se realiza con movimientos suaves,lentos y circulares, para estimular la circulación linfática.

DRENAR v.tr. (fr. *drainer*).Avenar. **2.** Realizar un drenaje en una herida.

DRÍADE o **DRÍADA** s.f. (lat. *dryas, -adis,* del gr. *dryás, dryádos*).MIT. Ninfa de los bosques.

DRIBLAR v.tr. e intr. Esp. y Méx. Fintar.GEOSIN.: *regatear.*

DRIBLING s.m. (del ingl. *to dribble*). Esp. y Méx. Finta.GEOSIN.: Amér. Central y Merid. *gambeta;* Esp. *regate.*

1. DRIL s.m. Simio cinocéfalo de Camerún, parecido al mandril, de 70 cm de long. sin la cola, pelaje oscuro y cara negra.

2. DRIL s.m. (ingl. *drill*).Tela fuerte de hilo o de algodón sin tratar, generalmente de color crudo. (Se utiliza principalmente para ropa de verano, de trabajo o fundas.)

DRIOPITECINO, A adj. y s.m. Relativo a un grupo de primates antropoides fósiles, que vivieron en amplias zonas boscosas de Eurasia y África desde el final del oligoceno hasta el final del mioceno.

DRIPPING s.m. Procedimiento pictórico que consiste en hacer gotear el color fluido por el fondo horadado de un recipiente que el pintor desplaza por encima del soporte para obtener colores y salpicaduras sobre este. **2.** Cuadro obtenido por este procedimiento.

DRIVE s.m. (voz inglesa). En tenis, golpe de derecha. **2.** En el golf, golpe de larga distancia dado desde la salida de un agujero.

DRIVER s.m. (voz inglesa). En el golf, palo con que se ejecuta el drive. **2.** INFORMÁT. Programa que gestiona la información interna de la computadora.

DRIZA s.f. (ital. *drizza*).MAR. Cuerda que sirve para izar las vergas. ◇ **Puño de driza** Punto de la verga o de la vela donde se ata la driza.

DROGA s.f. Nombre genérico de los alucinógenos, barbitúricos y, en general, de todas las sustancias estupefacientes o con propiedades toxicomaníacas. **2.** Nombre genérico de ciertas sustancias usadas en química, industria, medicina, etc. **3.** Nombre genérico, inespecífico y antiguo de los medicamentos.

ENCICL. La droga se caracteriza por provocar fenómenos de hábito y tolerancia a dosis cada vez más elevadas y, sobre todo, de dependencia (conjunto de síntomas físicos y psíquicos que aparecen en el llamado síndrome de abstinencia), que induce a la inmediata necesidad y, por consiguiente, a su búsqueda. Además de los estupefacientes, se suelen considerar drogas el alcohol, el tabaco y algunos fármacos psicotrópicos (barbitúricos, ansiolíticos). La distinción entre droga *dura* (que genera dependencia física y psíquica) y *blanda* (que no comporta dependencia psíquica) constituye un importante elemento evaluatorio en el tratamiento y pronóstico de las toxicomanías.

DROGADICCIÓN s.f. Adicción a las drogas.

DROGADICTO, A adj. y s. Adicto a las drogas.SIN.: *toxicómano.*

DROGAR v.tr. [2]. Administrar drogas. ◆ drogarse v.prnl. Tomar o consumir drogas.

DROGUERÍA s.f. Comercio de productos de limpieza, pinturas y sustancias parecidas. **2.** Establecimiento donde se venden estos productos. **3.** Amér. Central. Farmacia.

DROGUERO, A s. Persona que comercia con productos de droguería. **2.** Amér. Persona tramposa,que contrae deudas y no las paga.

DROGUETE s.m. (fr. *droguet*).Tejido de lana listada de varios colores,que suele estar adornado con flores entre las listas.

DROMEDARIO s.m. (lat. *dromedarius,* del gr. *dromás, -ádos*).Camello con una sola joroba,utilizado como medio de transporte y bestia de carga en los desiertos de África y Arabia.

■ **DROMEDARIO**

DRÓMONA s.f. Barco de guerra propulsado por remos,típico de la flota bizantina.

DRONTE s.m. Ave de las islas Mascareñas; maciza e incapaz de volar, que fue exterminada en el s.XVIII.

DROP-GOAL s.m. (voz inglesa). En rugby, puntapié dado al balón inmediatamente después de un rebote y que,en pleno juego,lo impulsa por encima de la barra del campo contrario. (También *drop.*)

DROSERA s.f. Planta herbácea que crece en terrenos pantanosos y turberas de las regiones cálidas y templadas, con hojas de limbo redondeado cubierto por pelos glandulares que capturan y digieren los insectos que se posan sobre ellos.SIN.: *rosela.*

flor

pelos glandulares
o tentáculos

■ **DROSERA**

DROSOFILA s.f. Insecto díptero muy frecuente en lugares habitados y que se utiliza en numerosos experimentos de genética.

DRUGSTORE s.m. (voz angloamericana). Establecimiento comercial dedicado a la venta al por menor de diversas mercancías (productos farmacéuticos y alimenticios, libros, discos, perfumería, tabacos, artículos de regalo, etc.), dotado además de cafetería y snackbar, cuyo horario comercial es mucho más amplio que el de otros establecimientos.

DRUIDA, ESA s. (lat. *druida*). Sacerdote celta.

DRUÍDICO, A adj. Relativo a los druidas.

DRUIDISMO s.m. Religión de los celtas.

DRUMLIN s.m. (voz irlandesa).GEOGR. Montículo elíptico y alargado constituido por elementos de morrena, característico de los países de acumulación glaciar.

DRUPA s.f. (lat. *druppa,* aceituna madura). BOT. Fruto carnoso redondeado cuyo endocarpio forma un hueso (cereza, albaricoque, ciruela,etc.).

DRUPÁCEO, A adj. BOT. **a.** Que se parece a una drupa. **b.** Que tiene fruto una drupa.

DRUSO, A adj. y s. De un pueblo de Oriente próximo (Líbano, Siria, Israel), que practica desde el s.XI una religión iniciática surgida del chiismo ismailí de los fatimíes.

DRY adj. y s.m. (voz inglesa). Seco, referido al champán, vermú, jerez,etc.

DRY-FARMING s.m. (voz inglesa). Método de cultivo empleado en las regiones semiáridas, que intenta retener el agua en las tierras por medio de frecuentes labores superficiales durante la época de barbecho.

DUAL adj. (lat. *dualis*). Que reúne dos caracteres o fenómenos distintos,o una relación de interacción o reciprocidad. ◆ adj. y s.m. LING. En ciertas lenguas como el sánscrito, el griego antiguo o el germánico antiguo, número gramatical que se emplea en las declinaciones y las conjugaciones para designar dos personas o dos cosas. **2.** LÓG. Se dice de dos relaciones de orden tales que si,para la primera,*a* precede a *b,* para la segunda,*b* precede a *a.* **3.** MAT. Se dice del espacio vectorial constituido por las formas lineales sobre un espacio vectorial.

DUALIDAD s.f. Cualidad de dual. **2.** Existencia de dos caracteres o fenómenos opuestos o complementarios en una misma persona o cosa: *la dualidad del ser humano.* **3.** MAT. Correspondencia biunívoca entre dos conjuntos, con iguales leyes formales, por lo que a toda aserción relativa a los elementos de uno corresponde una aserción relativa a los elementos del otro.

DUALISMO s.m. Pensamiento religioso o filosófico que admite dos principios,como la materia y el espíritu, el cuerpo y el alma, el bien y el mal, opuestos desde sus orígenes.CONTR.: *monismo.* **2.** Dualidad: *el dualismo de partidos.* **3.** HIST. Sistema político que, de 1867 a 1918,reguló las relaciones entre Austria y Hungría.

DUALISTA adj. y s.m. y f. Relativo al dualismo; partidario del dualismo.

DUBITACIÓN s.f. Duda.

DUBITATIVO, A adj. Que implica o denota duda: *carácter dubitativo.*

DUBLÉ s.m. (fr. *doublé*). En bisutería y orfebrería, chapeado en oro sobre latón o similar, que se obtiene sometiendo las hojas de ambos metales a una fuerte presión.

DUBNIO s.m. Elemento químico artificial (Db), de número atómico 105 y masa atómica 262,114.

DUCADO s m Título nobiliario de duque. **2.** Conjunto de tierras y señoríos a los que estaba unido el título del que y sobre los que ejercía su autoridad. **3.** Antigua moneda, generalmente de oro, con diferente valor según el país.

DUCAL adj. Relativo al duque: *palacio ducal.*

DUCE s.m. (voz italiana). Título adoptado por Mussolini, jefe de la Italia fascista desde 1922 hasta 1945.

DUCENTÉSIMO, A adj.num.ordin. y s. Que corresponde en orden al número doscientos: *ocupa el ducentésimo lugar en el escalafón.* ◆ adj. y s.m. Se dice de cada una de las partes que resultan de dividir un todo en doscientas partes iguales.

DUCHA s.f. (fr. *douche*). Aplicación de agua en forma de chorro o de lluvia sobre el cuerpo o una parte de él para limpiarlo o refrescarlo, o con fines medicinales. **2.** Aparato o instalación para ducharse. GEOSIN.: Méx. *regadera.*

DUCHAR v.tr. y prnl. Dar una ducha.

DUCHO, A adj. (lat. *ductus*, conducido, guiado). Diestro, hábil, experto: *ser alguien ducho en una materia.*

DÚCTIL adj. Se dice de los metales que se pueden extender mecánicamente en alambres o hilos, sin romperse. **2.** Maleable, que cambia de forma con facilidad. **3.** *Fig.* Se dice de la persona dócil y condescendiente.

DUCTILIDAD s.f. Cualidad de dúctil.

DUDA s.f. Vacilación o indeterminación ante varias posibilidades juicios o decisiones: *asaltar la duda a alguien.* **2.** Cuestión que implica o denota vacilación o indeterminación. **3.** Falta de convicción o firmeza en la fe religiosa. ◇ **Sin duda** Con certeza.

DUDAR v.intr. (del lat. *dubitare*). Tener duda de algo: *duda antes casarse o quedarse soltero.* ◆ v.tr. Dar poco crédito a algo: *dijo que vendría, pero yo lo dudo.*

DUDOSO, A adj. Que implica o denota duda: *persona de moral dudosa.* **2.** Que tiene dudas sobre algo. **3.** Que es poco probable: *es dudoso que te propongan para el cargo.*

DUELA s.f. (fr. ant. *douelle*). Cada una de las tablas que forman las paredes curvas de los toneles, cubas, barriles, etc. **2.** Gusano plano, de unos 3 cm de long., que en estado adulto parasita el hígado de varios mamíferos (personas, corderos y bueyes), y es agente de las distomatosis. (Familia esquistosómidos.) **3.** Méx. Cada una de las tablas angostas con un piso o entarimado.

1. DUELO s.m. (bajo lat. *duellum*). Combate entre dos adversarios, según unas normas establecidas, para reparar alguna cuestión de honor. **2.** Enfrentamiento dialéctico, deportivo o de otro tipo entre dos equipos, jugadores o participantes. ◇ **Duelo judicial** En la alta edad media, combate entre un acusador y un acusado, admitido como prueba jurídica.

2. DUELO s.m. (lat. tardío *dolus*). Dolor o lástima, especialmente por la muerte de alguien. **2.** Reunión de personas que asisten al entierro o a los funerales de alguien.

DUENDE s.m. Espíritu que la gente cree que habita en algunas casas, causando en ellas trastornos y estruendo y asustando a la gente. **2.** Ser fantástico de los cuentos que altera, positiva o negativamente, la vida de la gente. **3.** Gracia o encanto especial, casi mágico, que tiene una persona o cosa: *esa ciudad tiene mucho duende.*

DUENDO, A adj. Manso, doméstico: *palomas duendas.*

DUEÑO, A s. (lat. vulgar *domnus*). Poseedor de una cosa respecto a esta. **2.** Jefe de la casa respecto de los criados. ◆ s.f. Mujer de edad y generalmente viuda que, en las casas principales, acompañaba a la señora o estaba al frente de la servidumbre. **2.** Monja o beata que vivía en comunidad y solía ser mujer principal. ◇ **Hacerse dueño** de algo Disponer de la cosa que se expresa; imponer la propia voluntad, con o sin el consentimiento de los demás. **Ser (muy) dueño de** hacer algo *Fam.* Tener derecho a hacerlo. **Ser dueño de sí mismo** Saber alguien dominar sus impulsos y actuar con serenidad y reflexión.

DUERMEVELA s.m. *Fam.* Sueño ligero, inquieto e interrumpido con frecuencia.

DUETO s.m. (ital. *duetto*). Pieza vocal o instrumental que necesita, respectivamente, de dos cantantes o de dos instrumentos. SIN.: *dúo.* **2.** Conjunto de dos voces o instrumentos. SIN.: *dúo.*

DUGO s.m. Amér. Central. Ayuda, auxilio.

DUGÓN o **DUGONGO** s.m. Mamífero marino de 3 m de long. y cuerpo macizo, que vive en el litoral del océano Índico. (Orden sirenios.)

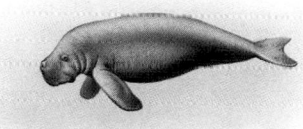

■ **DUGÓN**

DULA s.f. (ár. vulgar *dūla*, turno, alternativa). Cada una de las porciones de tierra que se riegan por turno de una misma acequia.

DULCAMARA s.f. Planta sarmentosa de tallo leñoso, tóxica, con flores violetas y bayas rojas.

DULCE adj. (lat. *dulcis*). Se dice del sabor agradable, como el del azúcar o la miel. **2.** Que no es agrio, amargo o salado, comparado con otras cosas de la misma especie: *agua dulce.* **3.** Insípido, soso: *el guiso está dulce.* **4.** *Fig.* Grato, agradable: *voz dulce.* **5.** *Fig.* Afable, afectuoso: *carácter dulce.* **6.** METAL. Maleable, dúctil, poco duro y no frágil: *acero dulce.* ◆ s.m. Alimento en cuya composición entra el azúcar como elemento fundamental. **2.** Fruta cocida con azúcar o almíbar. **3.** Amér. Chancaca, azúcar mascabado. **4.** Méx. Caramelo. ◇ **Dulce de leche** Argent. y Urug. Dulce que se prepara cociendo, a fuego lento, leche y azúcar hasta que adquiere un color marrón claro y consistencia espesa. **Tirarse al dulce** Chile. *Vulg.* Entablar una relación amorosa.

DULCEACUÍCOLA adj. Que habita en las aguas dulces: *fauna dulceacuícola.*

DULCERÍA s.f. Confitería.

DULCERO, A adj. Confitero. **2.** *Fam.* Aficionado al dulce.

DULCIFICAR v.tr. [1]. Hacer dulce o más dulce. **2.** Mitigar la acerbidad, hacer suave y grata una cosa.

DULCINEA s.f. (de *Dulcinea del Toboso*, personaje de *El Quijote*). *Fam.* Mujer amada: *fue a ver a su dulcinea.*

DULCÍSONO, A adj. (lat. *dulcisonus*). *Poét.* Que suena dulcemente.

DULCITA s.f. QUÍM. Materia azucarada que se obtiene del melampiro.

DULÍA s.f. (gr. *douleía*, esclavitud). **Culto de dulía** Culto de homenaje que se rinde a los ángeles y a los santos, por oposición al culto de adoración llamado *latría*, que se rinde solo a Dios.

DULLETA s.f. Prenda doméstica enguatada o forrada. **2.** Prenda de abrigo de los eclesiásticos, que se pone sobre la sotana.

DULZAINA s.f. (fr. ant. *douçaine*). MÚS. Instrumento de viento, hecho de madera, parecido por su forma al clarinete pero de tonos más altos.

DULZAINERO, A s. Persona que toca la dulzaina.

DULZAINO, A adj. *Fam.* y *desp.* Demasiado dulce.

DULZÓN, NA adj. *Fam.* Que es excesivamente dulce, empalagoso. SIN.: *dulzarrón.*

DULZOR s.m. Cualidad de dulce. **2.** Sabor dulce.

DULZURA s.f. Dulzor. **2.** *Fig.* Afabilidad, suavidad o bondad que expresa o denota una persona o cosa: *dulzura de carácter; hablar con dulzura.* ◆ **dulzuras** s.f.pl. Palabras o expresiones cariñosas.

1. DUMA s.f. (voz rusa, *consejo*). Asamblea legislativa rusa durante el reinado de Nicolás II.

2. DUMA s.f. Palmera africana de tallo bifurcado.

DUMDUM o **DUM-DUM** s.f. Bala explosiva, con incisiones en forma de cruz, que produce heridas muy graves.

DUMPER s.m. (voz inglesa). OBR. PÚBL. Volcador automotor sobre neumáticos, equipado con una caja basculante.

DUMPING s.m. (voz angloamericana). Venta de una mercancía en un mercado extranjero a un precio inferior al del mercado interior o, como consecuencia de circunstancias de orden monetario o social, a un precio inferior al precio de costo de los competidores extranjeros.

DUNA s.f. (neerlandés *duin*). Colina formada por un montón de arena acumulada por el viento.

■ **DUNA** del desierto de Namibia.

DUNDERA s.f. Amér. Simpleza, tontería.

DUNDO, A adj. Amér. Tonto.

DÚO s.m. (lat. *duo*, dos). Pieza vocal o instrumental que necesita, respectivamente, de dos cantantes o de dos instrumentos. SIN.: *dueto.* **2.** Conjunto de dos voces o instrumentos. SIN.: *dueto.* ◇ **A dúo** Entre dos personas.

DUODECIMAL adj. Duodécimo. **2.** Se dice del sistema de numeración de base doce.

DUODÉCIMO, A adj.num.ordin. y s. Que corresponde en orden al número doce. ◆ adj. y s.m. Se dice de cada una de las partes que resultan de dividir un todo en doce partes iguales.

DUODENAL adj. Relativo al duodeno.

DUODENITIS s.f. Inflamación del duodeno.

DUODENO, A adj. y s.m. Duodécimo. ◆ s.m. Primer segmento del intestino que sigue al estómago y en el que desemboca el canal pancreático y el colédoco.

DUOPOLIO s.m. Situación de privilegio en la que el comercio o la explotación de algo depende solo de dos personas o empresas.

DÚPLEX s.m. y adj. (lat. *duplex*, *-icis*). Vivienda que consta de dos plantas unidas por una escalera interior. **2.** Enlace eléctrico o radioeléctrico entre dos puntos, que se puede utilizar simultáneamente en ambos sentidos.

DÚPLICA s.f. DER. Escrito que presenta el demandado contestando a la réplica del actor o demandante.

DUPLICACIÓN s.f. Acción de duplicar o duplicarse. **2.** BIOL. Fenómeno por el cual existe con carácter doble cualquier estructura orgánica. **3.** GENÉT. Mutación o aberración cromosómica por la que un segmento cromosómico se repite en el mismo cromosoma o en la misma serie cromosómica. **4.** TELECOM. Acción y efecto de establecer un dúplex. SIN.: *duplexado.*

DUPLICADO s.m. Copia de un escrito que se hace por si el original se pierde o se necesitan dos ejemplares. **2.** Ejemplar doble o repetido de una obra. **3.** LING. Doblete.

DUPLICAR v.tr. y prnl. [1]. Hacer dos veces mayor una cosa o multiplicar por dos una cantidad. ◆ v.tr. Ser dos veces mayor una cosa o cantidad que otra. **2.** DER. Contestar el demandado la réplica del actor. **3.** TELECOM. Establecer una instalación en dúplex. SIN.: *duplexar.*

DUPLICATIVO, A adj. Que duplica o dobla.

DUPLICIDAD s.f. Cualidad de doble: *duplicidad de cargos.* **2.** Doblez, falsedad.

DUPLO, A adj. y s.m. (lat. *duplus*). Que contiene dos veces el número o cantidad de algo: *el duplo de cinco es diez.* SIN.: *doble.*

DUQUE, ESA s. (fr. ant. *duc*). Título nobiliario inferior al de príncipe y superior a los de marqués y conde. ◆ s.m. Título del que estaba en posesión antiguamente el soberano de un ducado. **2.** En la organización feudal, primera dignidad de la jerarquía señorial. **3.** Antiguo carruaje de lujo de cuatro ruedas y dos plazas, con un asiento a la zaga para los criados. ◇ **Duque de alba** MAR. Conjunto de pilones hincados en el fondo de una dársena o río y en el cual se amarran los barcos. **Gran duque** Título de algunos príncipes soberanos.

DURACIÓN s.f. Tiempo que transcurre desde el principio hasta el final de algo: *la duración de la cinta es de 90 minutos.* **2.** MÚS. Tiempo durante el cual debe mantenerse un sonido, una nota o un silencio, que varía según el movimiento y el compás de cada fragmento musical.

DURADERO, A adj. Que dura mucho: *amistad duradera.* SIN.: *durable.*

DURALUMINIO s.m. (marca registrada). Aleación ligera de aluminio, de alta resistencia mecánica.

DURAMADRE s.f. ANAT. Capa más externa y resistente de las tres que constituyen las meninges.

DURAMEN s.m. (voz latina). Parte central, más seca y compacta, del tronco y de las ramas gruesas de un árbol.

DURANTE prep. Indica el espacio de tiempo en el que sucede o se produce algo: *durante la recepción habló el director.*

DURAR v.intr. (lat. *durare*). Existir o estar ocurriendo algo en un cierto espacio de tiempo: *la película duró dos horas.* **2.** Permanecer, aguantar.

DURATIVO, A adj. LING. Se dice de una forma verbal que considera una acción en su desarrollo y en su duración.

DURAZNERO s.m. Árbol originario de Asia, de hojas lanceoladas y flores rosadas cuyo fruto es el durazno. GEOSIN.: Esp. *melocotonero.*

DURAZNILLO s.m. Planta herbácea de tallos ramosos y flores rosáceas o blancas, que forman espigas laterales; crece en las orillas de los ríos y lagos del hemisferio norte. (Familia poligonáceas.)

DURAZNO s.m. (lat. *duracinus,* de carne fuertemente adherida al hueso). Duraznero. **2.** Fruto de este árbol. GEOSIN.: Esp. *melocotón.*

DUREZA s.f. Cualidad de duro. **2.** B. ART. **a.** Falta de armonía, de suavidad en los contornos. **b.** Oposición demasiado viva de los colores. **3.** MED. Callosidad. SIN.: *induración.* **4.** MINER. Resistencia que opone un mineral a ser rayado por otro: *el diamante es el mineral de mayor dureza.* **5.** QUÍM. Contenido en el agua de sales disueltas de calcio y magnesio, principalmente sulfatos. ◇ **Cláusula de dureza** Cláusula que atenúa el carácter automático del divorcio en aquellos casos en que se pueden derivar consecuencias muy graves para uno de los cónyuges o para los hijos.

DURHAM s.f. y adj. Raza bovina originaria de Durham y de York, de cuerpo robusto y patas cortas, que se cría para aprovechar su carne.

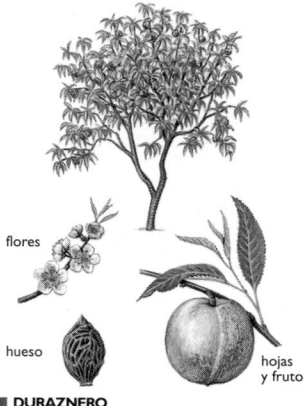

flores

hueso

hojas y fruto

■ **DURAZNERO**

DURILLO s.m. Arbusto de hojas coriáceas persistentes y flores blancas en ramilletes terminales, muy abundante en los matorrales de la península Ibérica. (Familia caprifoliáceas.)

DURINA s.f. Enfermedad contagiosa de los équidos producida por un *Trypanosoma.*

DURMIENTE adj. y s.m. y f. Que duerme. ◆ s.m. Madero colocado horizontalmente, sobre el cual se apoyan otros, verticales u horizontales, que distribuye la carga sobre el suelo. **2.** F. C. Traviesa de vía férrea. **3.** MAR. Cada una de las piezas que forman la cintura interior de un buque y que sirven para ligar las cuadernas entre sí y para sostener los baos por sus extremos.

DURO, A adj. (lat. *durus*). Se dice del cuerpo poco blando, o que ofrece fuerte resistencia a ser penetrado, partido, rayado y que no cede fácilmente a la presión. **2.** *Fig.* Difícil, penoso: *vida dura.* **3.** *Fig.* Violento, cruel, insensible: *palabras duras.* **4.** *Fig.* Terco y obstinado: *ser duro de mollera.* **5.** *Fig.* Se dice del rayo X más penetrante. ◆ s.m. Moneda que valía cinco pesetas. **2.** CIN. Actor que interpreta un personaje insensible. ◆ adv.m. Con fuerza, con violencia: *pégale duro.* ◇ **Agua dura** Agua que, por contener ciertos compuestos minerales, no forma espuma con el jabón. **Duro y parejo** Argent., Chile, Colomb., Méx., Par., Perú y Urug. *Fam.* Con fuerza y constancia. **Mar dura** Mar cuyas olas son cortas y picadas.

DUTY-FREE s.m. (ingl. *duty-free shop,* tienda exenta de impuestos). Tienda de artículos libres de impuestos.

DUUNVIRATO s.m. HIST. **a.** Dignidad y cargo de duunviro. **b.** Tiempo en que cada pareja de duunviros goza de esta dignidad. **c.** Régimen político en que el gobierno se encomendaba a duunviros.

DUUNVIRO s.m. (lat. *duumvir*). HIST. Magistrado romano que ejercía un cargo conjuntamente con otro magistrado.

DUX s.m. (lat. *dux, ducis,* guía, conductor). HIST. Jefe electivo de las antiguas repúblicas de Génova y Venecia.

DVD s.m. (sigla del angloamericano *digital versatile disc*). Videodisco en el que las imágenes y sonidos se hallan grabados en formato digital.

1. E s.f. Sexta letra del alfabeto español, y segunda de sus vocales. **2.** Nombre de la letra *e*. **3.** Base de los logaritmos neperianos. ◇ **E** MÚS. En la notación inglesa y alemana, nota *mi*.

2. E conj.cop. Se usa en lugar de *y* para evitar la repetición del mismo sonido antes de palabras que empiecen por *i* o *hi*: *Juan e Ignacio; padre e hijo.*

3. E, abrev. de *este.*

¡EA! interj. (lat. *eia*). Se usa, sola o repetida, para animar o estimular a alguien o para dar énfasis a algo que se acaba de decir o se va a decir.

EBANISTA s.m. y f. Persona que tiene por oficio hacer muebles y objetos con maderas finas.

EBANISTERÍA s.f. Arte u oficio del ebanista. **2.** Taller del ebanista. **3.** Conjunto de obras de objetos y muebles hechos con maderas finas.

ÉBANO s.m. (lat. *ebenus*). Árbol del sudeste de Asia que proporciona la madera del mismo nombre. **2.** Madera negra, dura y pesada de este árbol. ◇ **Ébano vivo** Nombre que daban los negreros a los negros.

hojas

■ **ÉBANO**

EBENÁCEO, A adj. y s.f. Relativo a una familia de árboles o arbustos de las regiones tropicales, entre los que se encuentra el ébano.

EBIONITA adj. y s.m. y f. Se dice de los miembros de ciertas sectas judeocristianas extendidas por el oriente cristiano en los ss. II y III, que negaban la divinidad de Cristo.

ÉBOLA s.m. Virus que ocasiona una infección contagiosa y epidémica grave, caracterizada por fuertes hemorragias y fiebre, y que provoca la muerte en poco tiempo; también la enfermedad producida por este virus.

EBONITA s.f. (ingl. *ebonite*). Material plástico que se obtiene del caucho endurecido por adición de azufre, y que tiene propiedades aislantes.

E-BOOK s.m. (voz angloamericana) [pl. *e-books*]. *Libro electrónico.

EBORARIO, A adj. Ebúrneo.

EBRANCADO, A adj. HERÁLD. Se dice del árbol o del tronco que tiene ramas cortadas.

EBRIEDAD s.f. Estado de ebrio.

EBRIO, A adj. y s. (lat. *ebrius*). Que tiene las facultades mentales trastornadas por efecto del consumo excesivo de bebidas alcohólicas. SIN.: *beodo, borracho.* ◆ adj. *Fig.* Ofuscado por una pasión: *ebrio de amor.*

EBULLICIÓN s.f. (lat. *ebullitio, -onis*). Estado de un líquido que hierve formando burbujas de vapor al ser sometido a altas temperaturas, o al estar en fermentación o efervescencia.

EBULLOSCOPIA s.f. Medida del aumento de temperatura de ebullición de un disolvente cuando se disuelve en él una sustancia. SIN.: *ebullometría.*

EBULLOSCOPIO s.m. Aparato que sirve para determinar las temperaturas de ebullición. SIN.: *ebullómetro.*

EBÚRNEO, A adj. (lat. *eburneus*). Relativo al marfil o que tiene sus características: *dientes ebúrneos.* SIN.: *eborario.*

ECAPACLE s.m. Méx. Planta de la familia de las leguminosas, que posee propiedades medicinales.

ECARTÉ s.m. (fr. *écarté*, descartado). Juego de cartas que se juega generalmente entre dos personas, con 32 naipes.

ECCEHOMO s.m. (lat. *ecce homo*, he aquí el hombre, palabras pronunciadas por Poncio Pilato). Representación de Jesucristo coronado de espinas y con una caña como cetro. **2.** *Fig.* Persona cubierta de heridas, de aspecto lastimoso. (También *ecce homo.*)

ECCEMA o **ECZEMA** s.m. o f. (gr. *ékzma, -atos*). Enfermedad de la piel, de naturaleza inflamatoria, caracterizada por un eritema y por finas vesículas epidérmicas. (Según su origen, se diferencian varios tipos de eccema: *utópico* o *constitucional*, que implica una predisposición genética; *de contacto* [provocado por detergentes, cosméticos, metales, tejidos, medicamentos, etc.], e *infeccioso* [origen microbiano]).

ECCLESIA s.f. → **ECLESIA**.

ECDISONA s.f. Hormona que determina la muda de las larvas de insectos y de crustáceos.

ECFONEMA s.m. RET. Exclamación que aparece como inciso en un enunciado.

ECG, abrev. de *electrocardiograma.*

ECHADA s.f. Acción y efecto de echar o echarse. **2.** Méx. Fanfarronada.

ECHADO, A adj. y s. C. Rica y Nicar. Indolente, perezoso.

ECHADOR, RA adj. y s. Cuba, Méx. y Venez. Bravucón, fanfarrón, hablador. ◇ **Echador de cartas** Persona que practica la cartomancia.

ECHAR v.tr. (lat. *jactare*, arrojar, lanzar). Dar un impulso a algo que se tiene agarrado con la mano para que vaya a parar a alguna parte: *echar una piedra.* **2.** Despedir algo de sí un fluido: *echar humo una chimenea.* **3.** Dejar caer o introducir algo en un sitio determinado: *echar azúcar al café; echar un folleto en el buzón.* **4.** Derribar, demoler: *echar una puerta abajo.* **5.** Expulsar a alguien de un lugar. **6.** Destituir a alguien de su empleo o dignidad. **7.** Producir un organismo animal algo que nace y forma parte de él: *echar los dientes el niño.* **8.** Juntar a un animal macho con su hembra para que procreen: *echar el semental a la yegua.* **9.** Poner o aplicar algo: *echar pomada en la herida.* **10.** Dar a un instrumento el movimiento

■ **ECCEHOMO**, por Pedro de Mena, s. XVII. (Monasterio de las Descalzas reales, Madrid.)

necesario para cerrar: *echar el cerrojo, la llave.*
11. Confiar algo a la suerte: *echarlo a cara o cruz.* **12.** Jugar una partida de un juego: *echar una partida de dados.* **13.** Dar, entregar, repartir: *echar de comer al perro.* **14.** Hacer cálculos: *echar cuentas.* **15.** Suponer o conjeturar: *¿qué edad le echas?* **16.** Decir o pronunciar algo: *echar un piropo, maldiciones.* **17.** Con algunos nombres, hacer lo que estos expresan: *echar un vistazo, una firma.* **18.** Condenar a una pena o reclusión: *le han echado dos años de prisión.* **19.** Esp. Proyectar una película o representar una obra teatral o musical: *¿qué película echan hoy?* ◆ v.tr. e intr. Dar una planta hojas, flores o frutos. ◆ v.tr. y prnl. Mover el cuerpo o parte de él en una determinada dirección: *echar la cabeza a un lado.* **2.** Con la preposición *a* y un infinitivo, ser causa o motivo de la acción que expresa dicho infinitivo: *echar a rodar la pelota.* **3.** Poner una prenda de vestir a una persona sobre el cuerpo: *echarse el saco sobre los hombros.* ◆ v.intr. Dirigirse en una determinada dirección: *echar calle abajo.* ◆ v.intr. y prnl. Seguido de la prep. *a* y un infinitivo, empezar a hacer lo que indica el infinitivo: *echarse a llorar.* ◆ **echarse** v.prnl. Arrojarse, precipitarse: *echarse al agua.* **2.** Tenderse en posición horizontal: *echarse en la cama.* **3.** Ponerse las aves sobre los huevos para empollarlos. **4.** Dedicarse a una cosa: *echarse a la buena vida.* **5.** Empezar a tener cierto trato o relación con alguien: *echarse novia.* ◇ **Echar a perder** Deteriorar, estropear, malograr algo o a alguien. **Echar de menos** Advertir la ausencia o falta de una persona o cosa y sentir pena por ello. **Echarse atrás** *Fam.* Eludir un compromiso, desistir de alguna cosa. **Echarse encima** *Fig.* Ser inminente o muy próxima una cosa: *se echan encima las fiestas;* llegar de forma inesperada: *se nos echó encima la policía.*

ECHARPE s.m. (fr. *écharpe*). Chal, prenda femenina.

ECHAZÓN s.f. MAR. Operación que consiste en echar al mar una parte o toda la carga de un barco con el fin de aligerarlo de peso.

ECHÓN, NA adj. y s. Venez. Fanfarrón, jactancioso.

ECHONA s.f. Argent. y Chile. Hoz para segar.

ECIDIO s.m. Forma de fructificación de la roya del trigo localizada en las hojas del agracejo.

ECLAMPSIA s.f. (gr. *eklampsis,* aparición súbita). Crisis convulsiva que sobreviene a las mujeres embarazadas debido a una toxicosis gravídica.

ECLECTICISMO s.m. Método que consiste en escoger de entre diversos sistemas las tesis que parecen más aceptables, para formar con ellas un cuerpo de doctrina. **2.** Doctrina así formada. **3.** Tendencia artística que trata de reunir y conciliar elementos del pasado para crear un estilo nuevo. **4.** Actitud de la persona que adopta una posición indefinida en su forma de pensar o actuar.

ECLÉCTICO, A adj. y s. (gr. *eklektikós,* miembro de una escuela filosófica que profesaba escoger las mejores doctrinas de todos los sistemas). Relativo al eclecticismo; partidario del eclecticismo o adscrito a él. **2.** Se dice de la persona que adopta una actitud o

una posición indefinida en su forma de pensar o actuar.

ECLESIA o **ECCLESIA** s.f. Asamblea de ciudadanos que gozaban de sus derechos políticos en una ciudad griega antigua, y particularmente en Atenas.

ECLESIAL adj. Relativo a la Iglesia: *comunidad eclesial.* SIN.: *eclesiástico.*

ECLESIÁSTICO, A adj. (lat. *ecclesiasticus,* del gr. *ekklisiastikós*). Eclesial. ◆ s.m. Clérigo, sacerdote.

ECLESIOLOGÍA s.f. Parte de la teología que trata de la naturaleza y vida de la Iglesia.

ECLÍMETRO s.m. Instrumento topográfico que sirve para medir las pendientes.

ECLIPSAR v.tr. y prnl. Producir un eclipse. **2.** Hacer que una persona o una cosa parezca menos valiosa o importante al compararla con otra: *la gloria de César eclipsó la de Pompeyo.* ◆ **eclipsarse** v.prnl. Ausentarse o evadirse: *eclipsarse con disimulo de una reunión.*

ECLIPSE s.m. (lat. *eclipsis,* del gr. *ékleipsis,* deserción, desaparición). ASTRON. Desaparición temporal completa (eclipse total) o parcial (eclipse parcial) de un astro producida por la interposición de un cuerpo entre este astro y el ojo del observador o entre este astro y el sol que lo ilumina. ◇ **Eclipse de Luna** Desaparición de la Luna en el cono de sombra de la Tierra. **Eclipse de Sol** Desaparición del Sol producida por la interposición de la Luna entre este astro y la Tierra.

ECLÍPTICA s.f. ASTRON. **a.** Círculo máximo de la esfera celeste descrito en un año por el Sol en su movimiento propio aparente, o por la Tierra en su movimiento real de revolución alrededor del Sol. **b.** Plano determinado por este gran círculo.

ECLÍPTICO, A adj. (lat. *eclipticus,* gr. *ekleiptikós*). Relativo al eclipse o a la eclíptica.

ECLISA s.f. (fr. *éclisse*). Plancha metálica que une dos carriles.

ECLOGITA s.f. Roca metamórfica constituida por granate y piroxeno sódico, que se forma a muy alta presión.

ECLOSIÓN s.f. Brote, nacimiento, aparición súbita.

ECMNESIA s.f. PSIQUIATR. Trastorno que consiste en la pérdida de la memoria reciente sin que afecte a la memoria de acontecimientos pasados, de manera que los recuerdos son tan vivos que el paciente los revive como si pertenecieran al presente.

ECO s.m. (lat. *echo, echus,* del gr. *īkso,* sonido). Repetición de un sonido debido al cho-

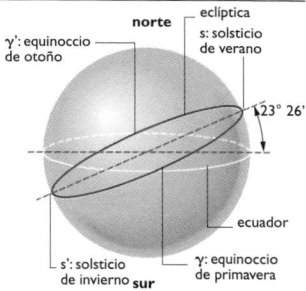

■ **ECLÍPTICA**

LOS ECLIPSES TOTALES Y PARCIALES DE SOL DE 2001 A 2010

fecha	tipo	duración máxima	zona de visibilidad
21 de junio de 2001	total	4 min 56 s	África austral
14 de diciembre de 2001	parcial	3 min 53 s	Océano Pacífico
10 de junio de 2002	parcial	0 min 23 s	Océano Pacífico
4 de diciembre de 2002	total	2 min 04 s	África austral, océano Índico
31 de mayo de 2003	parcial	3 min 37 s	Groenlandia, norte de Escocia
23 de noviembre de 2003	total	1 min 57 s	Antártida
8 de abril de 2005	mixto	0 min 42 s	Pacífico sur, América Central
3 de octubre de 2005	parcial	4 min 32 s	España, Argelia, Libia, Sudán, Etiopía
29 de marzo de 2006	total	4 min 07 s	África, Turquía, Rusia
22 de setiembre de 2006	parcial	7 min 09 s	Guyana, Surinam, Atlántico sur
7 de febrero de 2008	parcial	2 min 12 s	Antártida
1 de agosto de 2008	total	2 min 27 s	Groenlandia, Rusia, China
26 de enero de 2009	parcial	7 min 54 s	Océano Índico, Indonesia
22 de julio de 2009	total	6 min 39 s	India, Nepal, China, océano Pacífico
15 de enero de 2010	parcial	11 min 07 s	África central, India, Birmania, China
11 de julio de 2010	total	5 min 20 s	Pacífico sur

LOS ECLIPSES TOTALES DE LUNA DE 2001 A 2010

fecha	tamaño	zona de visibilidad
9 de enero de 2001	1,19	Europa, África, Asia
16 de mayo de 2003	1,13	América, África y Europa
9 de noviembre de 2003	1,02	Europa, África occidental, este de América
4 de mayo de 2004	1,30	América del Sur, África, Próximo oriente, este de Europa
28 de octubre de 2004	1,31	Europa, África occidental, América
3 de marzo de 2007	1,24	África, Europa, Asia
28 de agosto de 2007	1,48	Nueva Zelanda, islas del Pacífico
21 de febrero de 2008	1,11	América, Europa, África occidental
21 de diciembre de 2010	1,26	América del Norte, América Central

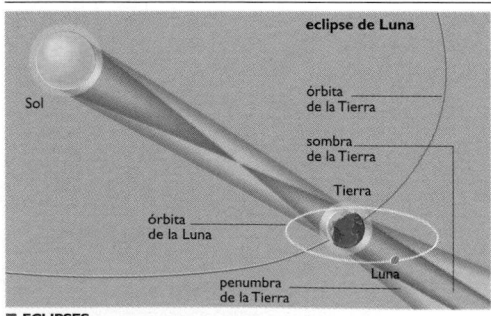
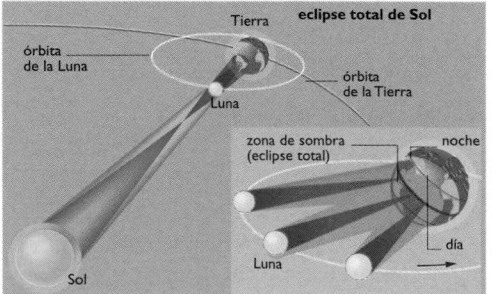

■ **ECLIPSES**

que de las ondas sonoras con un obstáculo y su reflexión. **2.** Sonido que se percibe a lo lejos, de manera débil y confusa: *el eco de los tambores.* **3.** *Fig.* Rumor o noticia no verificada. **4.** Difusión que alcanza un suceso: *sus palabras tuvieron mucho eco.* **5.** *Fig.* Influencia de alguien o algo: *aún se perciben ecos del cubismo en su obra.* **6.** Onda electromagnética emitida por un radar que vuelve al punto de partida después de reflejarse en un obstáculo. **7.** Imagen perturbadora de televisión, debida a una onda indirecta que ha recorrido un trayecto más largo que la onda directa. **8.** INFORMÁT. Método de comparación para detectar eventuales errores de transmisión, entre una señal emitida y una señal recibida, por reemisión de la señal recibida hacia el emisor de origen. ◇ **Hacer eco** Hacerse notable y digno de atención y reflexión. **Hacerse eco** Aceptar algo y contribuir a su difusión.

¡ECO!, ¡ÉCOLE! o **¡ECOLECUÁ!** interj. Méx. ¡Exactamente! **2.** Méx. ¡Aquí está!

ECOENCEFALOGRAMA s.m. Registro gráfico, por ecografía, de las estructuras del cerebro.

ECOFISIOLOGÍA s.f. Parte de la ecología que trata del funcionamiento de los procesos fisiológicos de los seres vivos, bajo la acción de factores ecológicos tales como la luz, la presión o la temperatura.

ECOGRAFÍA s.f. MED. **a.** Método de exploración del interior de un cuerpo, que utiliza la reflexión o eco de los ultrasonidos en los órganos. **b.** Imagen obtenida de ese modo.

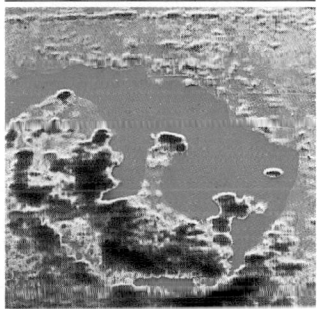

■ **ECOGRAFÍA** de un feto de 12 semanas.

ECOLALIA s.f. (de *eco* y el gr. *lalein*, hablar). PSIQUIATR. Perturbación del habla que consiste en repetir el enfermo las palabras oídas o las dichas por él mismo.

ECOLOCACIÓN s.f. Modo particular de orientación basado en el principio del eco, que emplean algunos animales, como murciélagos y cetáceos, y aplicado por el ser humano en sistemas como el radar.

ECOLOGÍA s.f. (del gr. *oikos*, casa, y *lógos*, tratado). Estudio científico de las relaciones entre los seres vivos y el medio ambiente en que viven. **2.** Defensa y protección del medio ambiente.

ENCICL. La palabra *ecología* fue creada en 1866 por el biólogo alemán Ernst Haeckel. Sin embargo, no adquirió importancia hasta la década de 1930, a partir de los trabajos relativos a la acción de las condiciones físicas del ambiente (factores *abióticos*) en los seres vivos y la acción de estos últimos sobre su ambiente (factores *bióticos*). Más tarde la ecología se desarrolló con la integración de conocimientos de la biología y otras ciencias (geología, climatología, economía, etc.). La ecología fundamental estudia la estructura y el funcionamiento de los ecosistemas, en los que las transferencias de energía y materia (cadenas alimenticias, ciclos ecológicos) determinan la rapidez de crecimiento de la biomasa (productividad). La ecología aplicada toma en cuenta la acción del ser humano en la tarea de limitar las consecuencias nefastas de su actividad (degradación del ambiente, polución, reducción de la biodiversidad, etc.) y favorecer la gestión racional de la naturaleza.

Después de 1960, las preocupaciones ecológicas han sido el motor de movimientos asociativos, ideológicos (*ecologismo*) y políticos.

ECOLÓGICO, A adj. Relativo a la ecología.

ECOLOGISMO s.m. Extensión y generalización de los conceptos de la ecología transferidos al terreno de la realidad social.

ECOLOGISTA adj. y s.m. y f. Relativo al ecologismo; que defiende el ecologismo.

ECOLOGIZAR v.tr. [7]. Hacer ecológico.

ECÓLOGO, A s. Especialista en ecología.

ECOMETRÍA s.f. ARQ. Técnica de descubrir y modificar los puntos de reflexión de los sonidos en los edificios ya construidos o por construir.

ECONOMATO s.m. Almacén de mercancías, creado y mantenido por empresa pública o privada, destinado exclusivamente a su personal, donde pueden adquirir los productos en condiciones económicamente ventajosas. **2.** Cargo y despacho del ecónomo.

ECONÓMETRA s.m. y f. Especialista en econometría.

ECONOMETRÍA s.f. Investigación económica basada en el análisis matemático y en la estadística.

ECONOMÍA s.f. (gr. *oikonomía*, administración de una casa). Administración organizada de los bienes: *vivir con economía.* **2.** Buena distribución del tiempo y de otras cosas inmateriales: *economía de esfuerzos.* **3.** Reducción de gasto: *economía de palabras.* **4.** Conjunto de actividades de una colectividad humana relativas a la producción y consumo de las riquezas. **5.** Sistema económico de un país, una región, etc. ◆ **economías** s.f.pl. Ahorros: *gastar todas las economías.* **2.** Reducción de gastos en un presupuesto. ◇ **Economía concertada** Sistema económico intermedio entre la economía liberal, que supone la ausencia de toda intervención del estado, y la economía dirigida o planificada, que comporta una planificación autoritaria impuesta. **Economía de mercado** Sistema económico en el que los precios se regulan en función de la oferta y la demanda. **Economía doméstica,** o **privada** Administración organizada del dinero de una familia. **Economía mixta** Sistema que permite organizar, en el seno de ciertas empresas, la colaboración entre las colectividades públicas y la iniciativa privada; coexistencia del sector público y el sector privado en economía. **Economía política** Disciplina singular que trata de las relaciones sociales de producción y distribución, así como las leyes que las regulan. **Economía social** Parte de la economía dedicada a las estructuras y organizaciones que permiten la participación activa de los trabajadores en el capital y gestión de las mismas, como las cooperativas o las sociedades anónimas laborales. **Economía sumergida** Actividad económica que se mantiene al margen de la normativa legal, y que incluye desde actividades relativamente legales hasta algunas prohibidas o delictivas. **Economías de escala** Ganancias logradas por una empresa mediante una reducción de los costos medios de producción a través de un aumento de sus dimensiones. **Economías externas** Las realizadas por empresas fuera de su propio esfuerzo y que son el resultado de un entorno favorable.

ECONOMICISMO s.m. Doctrina que concede primacía a los hechos económicos en la explicación de los fenómenos sociales y políticos. SIN.: *economismo.*

ECONÓMICO, A adj. (gr. *oikonomikós*, relativo a la administración de una casa). Relativo a la economía. **2.** Poco costoso: *producto económico.* **3.** Que gasta poco o requiere poco esfuerzo. ◇ **Ciencia económica** Ciencia que estudia la producción, distribución y consumo de los bienes y los recursos naturales para satisfacer las necesidades humanas.

ECONOMISTA adj. y s.m. y f. Especialista en economía.

ECONOMIZAR v.tr. [7]. Ahorrar, reservar alguna parte del gasto ordinario: *economizar el dinero.* **2.** *Fig.* Ahorrar, evitar un trabajo, riesgo, dificultad, etc.: *economizar esfuerzos.*

ECÓNOMO s.m. y adj. (gr. *oikonómos*). Eclesiástico que regenta una parroquia vacante

hasta el nombramiento del párroco, o bien por ausencia o enfermedad de este.

ECOSISTEMA s.m. ECOL. Unidad fundamental de estudio de la ecología constituida por una comunidad de seres vivos (biocenosis), el medio natural en el que vive (biotopo) y el conjunto de fenómenos atmosféricos y climatológicos a los que está sometida.

ENCICL. Los ecosistemas —un bosque, un lago, un campo cultivado o un simple charco de agua— son sistemas termodinámicamente abiertos que reciben energía del exterior (sol, materia orgánica) y la transmiten a los ecosistemas vecinos a través de los flujos de materia o los desplazamientos de animales (migración). Su estudio se basa fundamentalmente en la teoría de sistemas y en la cibernética, que asimilan el ecosistema a un conjunto de elementos bióticos (especies) y abióticos en constante interacción. Un ecosistema será más estable cuanto mayor sea su diversidad. Esta complejidad solo se obtiene en los ecosistemas maduros, generalmente antiguos.

ECOTIPO s.m. ECOL. Forma particular que adopta una especie viva cuando habita en un medio bien determinado, como la orilla del mar, alta montaña, aglomeración urbana, etc.

ECOTONO s.m. ECOL. Zona fronteriza entre dos medios naturales diferentes.

ECOTURISMO s.m. Actividad turística por la que se intenta disfrutar de la naturaleza sin dañar su equilibrio.

ECOVIRUS s.m. Virus del grupo enterovirus que, en el ser humano, actúa como agente de la meningitis, de erupciones cutáneas o de fiebres aisladas.

ECTIMA s.f. Infección en forma de costra de la piel.

ECTINITA s.f. Roca metamórfica que se ha formado por simple recombinación de la materia de una roca preexistente, sin aporte exterior.

ECTODÉRMICO, A adj. Relativo al ectodermo o que deriva de él.

ECTODERMO s.m. Capa u hoja embrionaria externa que proporciona la piel y sus anexos, y el sistema nervioso.

ECTOPARÁSITO, A adj. y s.m. ZOOL. Se dice de un parásito externo, como la pulga y la chinche de cama.

ECTOPIA s.f. Anomalía congénita en la posición de un órgano, especialmente de las vísceras.

ECTOPLASMA s.m. MICROB. Zona superficial hialina del citoplasma de determinados protozoos. **2.** PARAPSICOL. Cuerpo material que se desprende del médium en estado de trance.

ECTROPIÓN s.m. MED. Estado de los párpados vueltos hacia fuera.

ECU s.m. (sigla de *European currency unit*). Antigua unidad monetaria del Sistema monetario europeo (SME), que entró en vigor en marzo de 1979. (Ha sido remplazada por el euro.)

ECUACIÓN s.f. (del lat. *aequare*, igualar). Cantidad con la que debe ser modificada la posición de un cuerpo celeste para conducirlo a la posición que ocuparía si estuviera animado por un movimiento uniforme. **2.** MAT. Igualdad que solo se verifica para valores convenientes de determinadas cantidades que figuran en ella, o incógnitas. ◇ **Ecuación de dimensión,** o **dimensional** Fórmula que indica cómo, en un sistema coherente de unidades, una unidad derivada depende de las unidades fundamentales. **Ecuación del tiempo** Diferencia entre el tiempo solar medio y el tiempo solar verdadero. **Ecuación de una curva** En geometría plana, relación que une las coordenadas de un punto de esta curva; en geometría del espacio, sistema formado por las ecuaciones de dos superficies que, al cortarse, determinan la curva. **Ecuación diferencial** Ecuación en la que figuran una función incógnita de una variable y sus derivadas de diferentes órdenes respecto a dicha variable. **Ecuación integral** Ecuación que une una función incógnita de una variable y una integral definida en la que figura dicha función. **Ecuación personal** Corrección que debe hacerse a una observación de un fenómeno fugitivo, del que se quiere apreciar exactamente el instante en que se ha producido.

ECUADOR s.m. (del lat. *aequare*, igualar). Círculo imaginario de la esfera terrestre cuyo plano es perpendicular a la línea de los polos. **2.** MAT. Paralela de radio máximo de una superficie de revolución. ◇ **Ecuador celeste** Gran círculo de la esfera celeste, perpendicular al eje del mundo y que sirve como punto de referencia para las coordenadas ecuatoriales. **Ecuador magnético** Lugar de los puntos de la superficie terrestre en los que la inclinación es nula.

ECUALIZADOR s.m. ELECTR. Red que corrige tensiones y respuestas de amplitud y frecuencia o de fase y frecuencia, mediante una bobina especial que actúa como autotransformador.

ECUÁNIME adj. Que tiene ecuanimidad.

ECUANIMIDAD s.f. Imparcialidad en los juicios. **2.** Tranquilidad o serenidad de ánimo.

ECUATORIAL adj. Relativo al ecuador. ◆ s.m. Telescopio o anteojo provisto de montura ecuatorial. ◇ **Clima ecuatorial** Clima de las regiones cercanas al ecuador, que se caracteriza por una temperatura constantemente elevada y una pluviosidad abundante y regular, con dos máximos, que corresponden a los equinoccios. **Coordenadas ecuatoriales de un astro** Su ascensión recta y su declinación. **Montura ecuatorial** Dispositivo que permite hacer girar un instrumento astronómico alrededor de dos ejes perpendiculares, uno de los cuales es paralelo al eje del mundo. **Placa ecuatorial** BIOL. CEL. Plano mediano de una célula en el que los cromosomas fisurados se agrupan durante la mitosis, antes de separarse en dos grupos iguales.

ECUATORIANISMO s.m. Palabra, giro o expresión propios del español hablado en Ecuador.

ECUATORIANO, A adj. y s. De Ecuador. ◆ s.m. Variedad del español hablada en Ecuador.

ECUESTRE adj. (lat. *equester*). Relativo al caballo. **2.** Se dice de la representación plástica de una figura a caballo. **3.** Relativo al caballero o a la caballería. ◇ **Orden ecuestre** Clase privilegiada de la antigua Roma, constituida por los caballeros.

■ **ECUESTRE.** Estatua ecuestre de Manuel Belgrano. (Plaza de Mayo, Buenos Aires.)

ECÚMENE s.m. Orbe, mundo habitado.

ECUMÉNICO, A adj. (gr, *oikumenikos*, de *oikumene*, tierra habitada). Universal, que se extiende a todo el orbe. ◇ **Concilio ecuménico** Concilio al que son invitados todos los obispos católicos y que preside el papa o sus legados.

ECUMENISMO s.m. Movimiento que defiende la unión de todas las Iglesias cristianas en una sola.

ENCICL. El ecumenismo contemporáneo tiene su origen en la conferencia internacional protestante de Edimburgo (1910). El consejo ecuménico de las Iglesias, fundado en 1948, cuya sede se encuentra en Ginebra, agrupa a un gran número de Iglesias protestantes y a la mayor parte de las ortodoxas orientales. Tras el concilio Vaticano II (1962), la Iglesia católica, durante largo tiempo ajena a este movimiento, multiplicó los contactos con los no católicos y

los no cristianos (encuentro auspiciado por el papa Juan Pablo II, el 27 de octubre de 1986, en Asís, de representantes de todas las religiones del mundo).

ECUMENISTA adj. y s.m. y f. Relativo al ecumenismo; partidario del ecumenismo.

ÉCUYÈRE o **ECUYERE** s.f. (voz francesa). Amazona de circo.

ECZEMA s.m. o f. → **ECCEMA.**

EDAD s.f. (lat. *aetas, -atis*, vida, tiempo que se vive). Tiempo que una persona u otro ser vivo ha vivido desde su nacimiento. **2.** Tiempo, época: *edad de la ilusión; edad escolar.* **3.** Cada una de las divisiones empleadas en las periodizaciones de la prehistoria (*edad de la piedra, edad de los metales*) y de la historia (*edad antigua* [hasta el s. V], *edad media* [del s. V a fines del s. XV], *edad moderna* [s. XV hasta la Revolución francesa], *edad contemporánea* [ss. XIX y XX]). ◇ **De edad** Viejo o próximo a la vejez. **Edad del pavo** Adolescencia. **Edad de oro** Período de esplendor. **Edad escolar** Edad en la que los niños deben asistir a la escuela. **Edad mental** Nivel de desarrollo intelectual de una persona. **Tercera edad** Período que sigue a la edad adulta, en la que cesan las actividades profesionales.

EDÁFICO, A adj. Perteneciente o relativo al suelo o a los factores relacionados con este y que tienen una profunda influencia en la distribución de los seres vivos.

EDAFOGÉNESIS s.f. Formación y evolución de los suelos.

EDAFOLOGÍA s.f. Ciencia que estudia las características físicas, químicas y biológicas de los suelos.

EDAFOLÓGICO, A adj. Relativo a la edafología.

EDAM s.m. (de *Edam*, c. de Holanda). Queso elaborado con leche de vaca, en forma de bola generalmente cubierta de parafina roja, típico de Holanda. (En España se llama también *queso de Holanda* o *queso de bola*.)

EDECÁN s.m. (fr. *aide de camp*). Ayudante de campo en la milicia antigua. **2.** *Irón.* Acompañante o correveidile de alguien. ◆ s.m. y f. Méx. Persona que en reuniones oficiales y actos públicos especiales atiende a los invitados o participantes.

EDELWEISS s.m. (voz alemana, de *edel*, hermoso, y *weiss*, blanco). Planta herbácea con hojas y tallos vellosos, cuyas flores están agrupadas en cabezuelas rodeadas por brácteas blancas y lanudas; crece en las montañas de Europa occidental. (Familia compuestas.)

■ **EDELWEISS**

EDEMA s.m. (gr. *oídima, -ímatos*, hinchazón, tumor). Hinchazón patológica del tejido subcutáneo o de otros órganos, como el pulmón y la glotis, por infiltración de líquido seroso.

EDÉN s.m. (hebr. *eden*, deleite). Según el Antiguo testamento, paraíso terrenal. (Suele escribirse con mayúscula.) **2.** Lugar agradable y ameno.

EDÉNICO, A adj. Relativo al edén.

EDETANOS, pueblo ibérico de la España primitiva que en la época de la romanización estaba establecido entre los ríos Júcar y Mijares y cuyo centro era *Edeta* (act. Liria).

EDICIÓN s.f. (lat. *editio, -onis*, parto, publicación). Preparación de un texto, una obra musical, un programa radiofónico o de televisión para su publicación o emisión. **2.** Conjunto de ejemplares de una obra impresa de

una sola vez sobre el mismo molde. **3.** *Fig.* Cada celebración de un acto que se repite con determinada periodicidad: *la novena edición de una exposición.* **4.** INFORMÁT. Preparación de datos, en el curso de una operación de tratamiento en computadora con vistas a una operación posterior; impresión, normalmente en forma de texto, de los resultados de los tratamientos en una computadora. ◇ **Edición crítica** Edición que establece el estado original de una obra cotejando el texto o textos originales que se conservan de la misma. **Edición diamante** IMPR. Edición hecha en tamaño muy pequeño y con caracteres muy menudos.

EDICTO s.m. (lat. *edictum*). Mandato, decreto publicado por la autoridad competente. ◇ **Edicto matrimonial** Edicto que se fija en razón de un matrimonio, para que quien tenga noticia de algún impedimento lo denuncie.

EDÍCULO s.m. (lat. *aediculum*). Edificio pequeño.

EDIFICACIÓN s.f. Acción de edificar. **2.** Obra edificada.

EDIFICANTE adj. Que infunde buenos sentimientos. SIN.: *edificador, edificativo.*

EDIFICAR v.tr. (lat. *aedificare*) [1]. Construir un edificio u otro lugar para albergar personas. **2.** *Fig.* Infundir, con el buen ejemplo, sentimientos de piedad y virtud.

EDIFICIO s.m. (lat. *aedificium*). Construcción hecha con materiales resistentes y destinada a albergar personas.

EDIL, LA s. (lat. *aedilis*). Concejal, miembro de un ayuntamiento. ◆ s.m. Magistrado romano encargado de la administración municipal.

EDILICIO, A adj. Argent. y Urug. Concerniente a los edificios o a la construcción.

EDÍPICO, A adj. Relativo al complejo de Edipo.

EDIPO. Complejo de Edipo Conjunto de sentimientos amorosos y hostiles que cada niño siente en relación con sus padres durante el estadio fálico (atracción sexual hacia el progenitor de sexo opuesto y odio hacia el del mismo sexo, que considera rival), y cuyo resultado normal es la identificación con el progenitor del mismo sexo.

EDITAR v.tr. (fr. *éditer*). Preparar un texto, una obra musical, un programa radiofónico o de televisión para su publicación o emisión. **2.** INFORMÁT. Presentar de una forma y sobre un soporte que faciliten su utilización los resultados de los tratamientos efectuados sobre una computadora.

EDITOR, RA adj. y s.f. (lat. *editor, -oris*, autor, fundador). Se dice de la empresa que edita libros, revistas, discos, etc. ◆ s. Persona que tiene por oficio editar textos para su publicación. **2.** Filólogo que realiza la edición crítica de una obra. ◆ s.m. INFORMÁT. Programa de utilidad que permite redactar, modificar, corregir, reorganizar y archivar textos.

EDITORIAL adj. Relativo al editor o a la edición. ◆ s.m. Artículo sin firma de una publicación periódica que suele aparecer en un lugar determinado de la misma y recoge la opinión de la dirección sobre un tema de actualidad. ◆ s.f. Empresa que se dedica a editar o preparar textos para su publicación.

EDITORIALISTA s.m. y f. Persona que escribe el editorial en un periódico.

EDOMETRÍA s.f. Técnica que tiene por objeto el estudio y la medida del asiento de los suelos bajo los fundamentos.

EDÓMETRO s.m. Aparato de laboratorio que sirve para calcular el asiento del suelo bajo el peso de la edificación.

EDOMITAS o **IDUMEOS,** pueblo semítico establecido al SE del mar Muerto, descendiente de Esaú *(Edom)* y sometido por David. En la época grecorromana, los edomitas fueron llamados *idumeos.*

EDREDÓN s.m. (fr. *édredon*). Plumón muy fino con el que se confeccionan colchas y otras prendas de abrigo. **2.** Cobertor formado por dos tejidos superpuestos y unidos mediante pespuntes y relleno de una capa de plumón, miraguano o fibra artificial.

EDUCACIÓN s.f. Acción o conjunto de ellas destinadas a desarrollar en la persona su capacidad intelectual, una determinada facultad o el carácter: *educación audiovisual*. **2.** Conocimiento de las costumbres y buenos modales conforme a ciertas normas y costumbres de la sociedad: *persona sin educación*. ◇ **Educación a distancia** Modalidad de enseñanza que se realiza por correo u otro medio de comunicación, sin que el alumno asista habitualmente a clase. **Educación especial** Modalidad de enseñanza primaria para niños a quienes no conviene un régimen normal de escolarización, por sus minusvalías físicas o mentales, o bien por su inadaptación social. **Educación física** Conjunto de ejercicios corporales que tienden a mejorar las cualidades físicas del ser humano. **Educación social** Conjunto de acciones de la educación no formal dirigida a colectivos con escasos recursos.

EDUCACIONAL adj. Relativo a la educación. **2.** Amér. Educativo.

EDUCADOR, RA adj. y s. Que educa. ◆ s. **Educador social** Persona que se dedica profesionalmente a la educación social.

EDUCANDO, A adj. y s. Que está recibiendo educación.

EDUCAR v.tr. (lat. *educare*) [1]. Formar o instruir a una persona. **2.** Desarrollar o perfeccionar las facultades intelectuales, morales o cognitivas para un determinado fin. **3.** Desarrollar o perfeccionar el rendimiento físico por medio del ejercicio: *educar los abdominales; educar la mano izquierda para escribir*. **4.** Perfeccionar o desarrollar mediante la enseñanza los sentidos o las aptitudes: *educar el oído; educar el paladar; educar la mente*.

EDUCATIVO, A adj. Relativo a la educación: *sistema educativo*. **2.** Que sirve, es adecuado o esta pensado para educar: *juegos educativos*.

EDULCORANTE adj. y s.m. Se dice de la sustancia que comunica sabor dulce.

EDULCORAR v.tr. (bajo lat. *edulcorare*, de *dulcor*, dulzura). Añadir azúcar u otra sustancia dulce a un alimento o a un medicamento para modificar su sabor. **2.** Hacer que algo penoso, duro o difícil resulte más agradable o soportable. SIN.: *dulcificar, endulzar*.

EDUOS, pueblo de la Galia céltica, cuya ciudad pral. era Bibracte. Aunque aliados de los romanos, se unieron temporalmente a Vercingetórix.

EFE s.f. Nombre de la letra *f*. ◆ efes s.f.pl. Aberturas que ciertos instrumentos de cuerda tienen a ambos lados del puente.

EFEBO s.m. (lat. *ephebus*). Poét. Adolescente, en especial si es atractivo.

EFECTISMO s.m. Cualidad de efectista. **2.** Acción de las cosas efectistas.

EFECTISTA adj. Que pretende causar mucho efecto o llamar la atención: *recursos efectistas*.

EFECTIVIDAD s.f. Cualidad de efectivo.

EFECTIVO, A adj. Que produce el efecto deseado: *métodos efectivos*. SIN.: *eficaz*. **2.** Real, verdadero o que se cumple: *poder efectivo*. **3.** Válido: *hizo efectiva su renuncia el lunes*. ◆ s.m. Dinero en monedas o billetes: *pagar en efectivo; disponer de efectivo*. **2.** ESTADÍST. Número de elementos de una población o de una serie estadística. ◆ efectivos s.m.pl. Tropas que componen una unidad del ejército. ◇ **Hacer efectivo** Realizar un acción que se ha planeado; pagar o cobrar una cantidad, crédito o documento.

EFECTO s.m. (lat. *effectus, -us*, de *efficere*, producir un efecto). Resultado de una acción o cosa que resulta de otra: *el efecto de un medicamento*. **2.** Fin o propósito con el que se hace algo. **3.** Impresión viva causada en el ánimo. **4.** Artículo o documento mercantil. **5.** Fenómeno particular en física, biología, etc.: *efecto Joule*. **6.** Rotación que se imprime a una bola o a una pelota para que adquiera trayectorias voluntariamente anormales. ◆ efectos s.m.pl. Bienes u objetos que se poseen: *efectos personales*. ◇ **Al efecto de** o **a**, o **para, efectos de** Con la finalidad de. **Efecto de colusión** Efecto de comercio puesto en circulación sin que se haya realizado ningún negocio, con vistas a obtener, fraudulentamente, fondos por medio del descuento. **Efecto de comercio** Nombre genérico de cualquier título a la orden, transmisible por endoso, y que hace constar la obligación de

pagar una cantidad de dinero en una época determinada. (La letra de cambio, el pagaré y el cheque son efectos de comercio.) **Efecto invernadero** Elevación de la temperatura de la atmósfera próxima a la corteza terrestre, por la dificultad de disipación de la radiación calorífica, debida a la presencia de una capa de óxidos de carbono procedentes de las combustiones industriales. **Efecto mariposa** Resultado que es consecuencia de una casualidad o un imprevisto. **Efecto público** Título emitido por el estado, el municipio u otras entidades públicas. **Efectos especiales** Trucos que se utilizan en cine y teatro para lograr que ciertas imágenes y sonidos parezcan reales. **En efecto** Se usa para expresar asentimiento. **Hacer efecto** Causar buena impresión. **Llevar a efecto** Realizar una acción determinada. **Surtir efecto** Dar algo el resultado que se esperaba. **Tener efecto** Ocurrir o producirse una cosa.

EFECTUAR v.tr. y prnl. [18]. Ejecutar, realizar algo.

EFEDRINA s.f. Alcaloide extraído de la *Ephedra vulgaris*, que se usa en otorrinolaringología por sus efectos vasoconstrictores.

EFÉLIDE s.f. Pequeña mancha amarillenta de la epidermis.

EFEMÉRIDES s.f.pl. (lat. *ephemeris, -idis*, memorial diario). Sucesos notables ocurridos en diferentes épocas. **2.** Libro que indica los acontecimientos sucedidos el mismo día del año, en diferentes épocas. **3.** Obra que enumera los acontecimientos previsibles a lo largo de un año. ◇ **Efemérides astronómicas** ASTRON. Tablas que dan, para cada día del año, los valores de algunas magnitudes astronómicas variables, en particular las de las coordenadas de los planetas, de la Luna y del Sol.

EFENDI s.m. (voz turca). Título que recibían los sabios, magistrados y dignatarios en el Imperio otomano.

EFERENCIA s.f. Transmisión de sangre o linfa, de una secreción o un impulso nervioso, desde una parte del organismo a otra periférica a ella.

EFERENTE adj. ANAT. Se dice de la formación anatómica, como un nervio o un vaso, que conduce o transmite sangre o linfa, una secreción o un impulso nervioso, de una parte del organismo a otra periférica a ella.

EFERVESCENCIA s.f. Fenómeno de desprenderse burbujas de la masa de un líquido, debido a la fermentación o a una reacción química. **2.** *Fig.* Agitación, inquietud: *efervescencia política*.

EFERVESCENTE adj. Que está o puede estar en efervescencia.

EFESIO, A adj. y s. De Éfeso. SIN.: *efesino*.

EFICACIA s.f. (lat. *efficacia*). Capacidad de producir un buen efecto.

EFICAZ adj. (lat. *efficax, -acis*). Que produce el efecto deseado: *remedio eficaz*. SIN.: *efectivo*. **2.** Se dice de la persona que realiza con eficiencia su trabajo o función. ◇ **Intensidad eficaz de una corriente alterna** Intensidad de una corriente continua que produciría el mismo desprendimiento de calor en un mismo conductor en el mismo intervalo de tiempo.

EFICIENCIA s.f. Capacidad para cumplir o realizar bien una función.

EFICIENTE adj. (lat. *efficiens, -tis*, p. activo de *efficere*). Que tiene o actúa con eficiencia: *persona eficiente*. ◇ **Causa eficiente** En la filosofía escolástica, fenómeno que provoca otro.

EFIGIE s.f. (lat. *effigies*). Imagen dibujada, pintada o esculpida que representa una persona. **2.** *Fig.* Persona que muestra tan vivamente un sentimiento o un estado que puede tomarse como representación del mismo: *ser la efigie de la bondad*.

EFÍMERO, A adj. (gr. *ephímeros*, que solo dura un día). Que es pasajero o dura muy poco. **2.** Que dura un solo día.

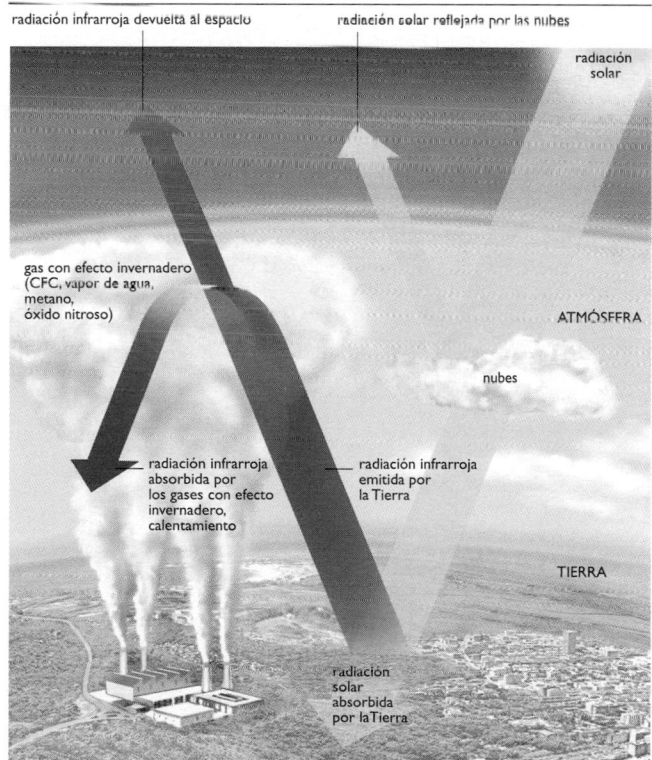

radiación infrarroja devuelta al espacio

radiación solar reflejada por las nubes

radiación solar

gas con efecto invernadero (CFC, vapor de agua, metano, óxido nitroso)

ATMÓSFERA

nubes

radiación infrarroja absorbida por los gases con efecto invernadero, calentamiento

radiación infrarroja emitida por la Tierra

TIERRA

radiación solar absorbida por laTierra

■ **EFECTO** INVERNADERO

EFLORESCENCIA s.f. QUÍM. **a.** Transformación de las sales hidratadas que pierden parte del agua de cristalización en contacto con el aire. **b.** Polvo resultante de este proceso.

EFLORESCENTE adj. Que se halla en estado de eflorescencia. **2.** Se dice del mineral cubierto por una capa de óxido metálico.

EFLUENTE adj. Se dice del fluido que brota o mana de una fuente. ◆ s.m. **Efluente pluvial** Aguas residuales de lluvia. **Efluente urbano** Conjunto de las aguas sobrantes, residuales y superficiales evacuadas por las alcantarillas de las poblaciones.

EFLUVIO s.m. (lat. *effluvium,* acto de manar). Emisión o exhalación de pequeñas partículas o vapores de un cuerpo. **2.** *Fig.* Irradiación en lo inmaterial: *efluvio de bondad.* **3.** ELECTR. Descarga eléctrica de luminiscencia débil que se produce en la proximidad de un conductor sin que este se caliente demasiado.

EFOD s.m. Vestidura litúrgica de los sacerdotes israelitas.

EFORATO s.m. Dignidad de éforo.

ÉFORO s.m. Magistrado de Esparta, elegido anualmente.

EFUSIÓN s.f. Derramamiento de un líquido: *efusión de sangre.* **2.** *Fig.* Muestra intensa de sentimientos afectuosos o alegres: *saludar con efusión.* **3.** Salida de un gas por un poro u orificio pequeño.

EFUSIVO, A adj. Que manifiesta mucho afecto y alegría. ◇ **Roca efusiva** GEOL. Roca resultante de un enfriamiento del magma desparramado en contacto con el aire.

EGAGRÓPILA s.f. Bola de residuos de alimentos no digeridos que ciertas rapaces pequeñas regurgitan.

EGEO, A adj. Relativo al Egeo. ◆ adj. y s. De un conjunto de pueblos prehelénicos, cuya civilización se desarrolló en las islas y en las costas del mar Egeo en el III y II milenios a.C. y a los que sucedió la civilización micénica. ◆ s.m. Variedad del griego moderno hablado en las islas del mar Egeo.

EGESTA s.f. Conjunto de materias expulsadas por el tubo digestivo.

ÉGIDA o **EGIDA** s.f. (lat. *aegis, -idis,* del gr. *aíx, aigós,* cabra). Escudo o coraza maravillosos de Zeus y de Atenea. **2.** *Fig.* Protección, defensa.

EGIPÁN s.m. Ser fabuloso, mitad cabra y mitad hombre.

EGIPCIACO, A o **EGIPCÍACO, A** adj. y s. Egipcio.

EGIPCIO, A adj. y s. De Egipto. ◆ s.m. Lengua camitosemítica del antiguo Egipto.

EGIPTOLOGÍA s.f. Estudio de la antigüedad egipcia.

EGLANTINA s.f. Arbusto espinoso, de hojas alternas con estípulas y bellas flores. (Familia rosáceas.)

EGLEFINO s.m. Pez del mar del Norte, de 1 m de long., parecido al bacalao, que se consume ahumado. (Familia gádidos.)

ÉGLOGA s.f. (lat. *ecloga,* del gr. *eklogí,* selección). Composición poética de tema pastoril.

EGO s.m. (voz latina, *yo*). FILOS. Sujeto consciente y pensante. **2.** PSICOANÁL. El *yo.* **3.** ANTROPOL. El sujeto considerado como término de referencia en términos de parentesco.

EGOCÉNTRICO, A adj. y s. Que muestra egocentrismo.

EGOCENTRISMO s.m. Tendencia a considerar solo el propio punto de vista y los propios intereses.

EGOÍSMO s.m. (fr. *égoïsme,* del lat. *ego,* yo). Cualidad de egoísta.

EGOÍSTA adj. y s.m. y f. Se dice de la persona que antepone el interés propio al ajeno, aunque acarree perjuicio a los demás; también se dice de sus acciones y comportamiento.

EGÓLATRA adj. y s.m. y f. Que manifiesta egolatría.

EGOLATRÍA s.f. (del lat. *ego,* yo, y *latreia,* adoración). Culto excesivo de la propia persona.

EGOTISMO s.m. (ingl. *egotism*). Manía de hablar una persona sobre sí misma.

EGOTISTA adj. y s.m. y f. Que manifiesta egotismo.

EGREGIO, A adj. (lat. *egregius,* el que se destaca del rebaño). Insigne o ilustre.

EGRESAR v.intr. Amér. Terminar un ciclo de estudios medios y superiores con la obtención del título correspondiente.

EGRESO s.m. (lat. *egressus, -us*). Gasto o partida de descargo en una cuenta. **2.** Amér. Acción de egresar. **3.** ECON. Gasto.

¡EH! interj. Se emplea para llamar la atención: *¡eh, cuidado!* **2.** Se emplea para reforzar una advertencia: *que no te vea hacerlo de nuevo, ¡eh!* **3.** *Fam.* Se emplea para pedir que se repita algo que no se ha oído bien: *¿eh? ¿qué decías?*

ÉIDER s.m. (islandés *aedur*). Pato marino que anida en las costas escandinavas y cuyo plumón se usa en la confección de edredones. (Mide unos 60 cm de long.)

■ **ÉIDER** macho.

EIDÉTICO, A adj. (lat. *ethicus,* del gr. *ithikós,* moral, relativo al carácter). FILOS. En fenomenología, relativo a la esencia de las cosas. ◇ **Imagen eidética** PSICOL. Revivisciencia de una percepción después de haber estado latente cierto tiempo.

EIDETISMO s.m. Facultad de volver a ver, con gran agudeza sensorial, objetos percibidos cierto tiempo atrás, sin creer en la realidad material del fenómeno.

EINSTENIO s.m. (de A. *Einstein,* físico alemán). Elemento químico (Es), artificial, de número atómico 99.

EIRÁ s.m. Argent. y Par. Pequeño carnívoro semejante al hurón, de poco más de un metro de long., de patas relativamente largas, pelaje pardo oscuro, corto y liso, que se alimenta de pequeños mamíferos y miel.

EJE s.m. (lat. *axis*). Varilla o barra que atraviesa un cuerpo giratorio. **2.** Pieza transversal, situada en la parte inferior de un vehículo y afirmada en el cubo de las ruedas en las que aquel se apoya. **3.** Línea imaginaria alrededor de la cual se mueve un cuerpo: *el eje de la Tierra.* **4.** Línea que divide por la mitad una superficie: *el eje de la calzada.* **5.** *Fig.* Aspecto esencial de una obra o empresa: *el eje de un negocio, de una novela.* **6.** *Fig.* Fundamento de un raciocinio, escrito, conducta, etc.: *el eje de una nueva ideología.* ◇ **Eje cerebrospinal** Conjunto de la médula espinal y del encéfalo. **Eje del mundo** Diámetro que pasa por los polos de la esfera celeste y es perpendicular al ecuador celeste. **Eje de repetición,** o **de simetría de orden n** de una figura Recta tal que la figura coincide con su posición primitiva después de una rotación de $\frac{1}{n}$ vuelta alrededor de dicha recta. **Eje de revolución** Recta alrededor de la cual una figura de revolución se superpone a sí misma por rotación. **Eje de rotación** Recta alrededor de la cual puede girar una figura o cuerpo sólido. **Eje de simetría** Recta en relación con la cual los puntos de una figura son simétricos dos a dos. **Eje óptico de una lente** Recta que pasa por los centros de curvatura de sus dos caras. **Ejes de referencia** Rectas que se cortan y en relación con las cuales se fija la posición de un elemento variable. **Partir por el eje a alguien** *Fam.* Causarle un perjuicio o contrariedad.

EJECUCIÓN s.f. Acción de ejecutar: *la ejecu-*

ción de un plan, de una obra musical. **2.** Manera de ejecutar algo: *una ejecución impecable.*

EJECUTAR v.tr. (del lat. *exsequi,* seguir hasta el final). Hacer una cosa ideada o proyectada: *ejecutar un proyecto.* **2.** Hacer una cosa por mandato o encargo: *ejecutar las órdenes.* **3.** Realizar un acto: *ejecutar un movimiento.* **4.** Aplicar la pena de muerte a un condenado. **5.** Tocar una pieza musical. **6.** DER. Reclamar el cumplimiento de una deuda o la aplicación de una sentencia por vía o procedimiento ejecutivo. **7.** INFORMÁT. Interpretar la unidad central de un sistema informático las instrucciones de un programa cargado en la memoria principal.

EJECUTIVA s.f. Junta directiva de una empresa o asociación.

EJECUTIVO, A adj. Que ha de ser ejecutado de forma inmediata. ◆ adj. y s.m. Se dice del poder encargado de aplicar las leyes. ◆ s. Persona que realiza tareas directivas en una empresa o asociación.

EJECUTOR, RA adj. y s. (lat. *exsecutor*). Que ejecuta. ◆ s.m. **Ejecutor de la justicia** Verdugo.

EJECUTORIA s.f. Diploma en que consta legalmente la nobleza de una persona o familia. **2.** Acción que ennoblece. SIN.: *timbre.* **3.** DER. Sentencia firme.

EJECUTORIO, A adj. DER. Firme.

EJEMPLAR adj. (lat. *exemplaris*). Que sirve de ejemplo o que merece ser puesto como ejemplo: *vida ejemplar.* **2.** Que sirve de enseñanza por escarmentar: *castigo ejemplar.* ◆ s.m. Cada una de las obras obtenidas de un mismo original: *edición de diez mil ejemplares.* **2.** Individuo de una especie, raza, género, etc. **3.** Objeto que forma parte de una colección.

EJEMPLARIDAD s.f. Cualidad de ejemplar.

EJEMPLARIZAR v.tr. [7]. Dar ejemplo o buen ejemplo.

EJEMPLIFICACIÓN s.f. Acción y efecto de ejemplificar.

EJEMPLIFICAR v.tr. [1]. Demostrar o autorizar con ejemplos.

EJEMPLO s.m. (lat. *exemplum*). Persona, cosa, acción o conducta dignas de ser imitadas: *un ejemplo a seguir.* **2.** Hecho o texto que se cita para aclarar o ilustrar una afirmación. ◇ **Dar ejemplo** Actuar de manera que el comportamiento sirva de ejemplo a otras personas. **Por ejemplo** Se emplea para introducir un ejemplo o caso que sirva de modelo.

EJERCER v.tr. e intr. (lat. *exercere,* agitar, hacer trabajar sin descanso) [25]. Realizar las actividades propias de una profesión: *ejercer de médico; ejercer la abogacía.* **2.** Realizar una acción, influjo, poder, etc.: *ejercer la tiranía; ejercer un control.* **3.** Hacer lo que permite un derecho o privilegio: *ejercer el derecho a voto.*

EJERCICIO s.m. (lat. *exercitium*). Acción y efecto de ejercer: *el ejercicio del poder.* **2.** Actividad corporal o intelectual que permite la adquisición o el mantenimiento de una facultad o capacidad: *ejercicios de matemáticas; ejercicios gimnásticos; hacer ejercicios al piano.* **3.** Pregunta o prueba de las que componen un examen u oposición. **4.** Trabajo intelectual que sirve de práctica de lo aprendido en una lección. **5.** Período comprendido entre dos inventarios contables o dos presupuestos. ◆ **ejercicios** s.m.pl. Sesión de instrucción militar práctica. ◇ **Ejercicios espirituales** Práctica religiosa en que un grupo de personas, bajo la dirección de un sacerdote que los predica, se dedican durante unos días a la meditación, oración y reflexión. **En ejercicio** Se dice de la persona que está ejerciendo su profesión o cargo.

EJERCITACIÓN s.f. Acción de ejercitar o ejercitarse.

EJERCITAR v.tr. (lat. *exercitare*). Ejercer un poder, facultad, etc.: *ejercitar un derecho.* **2.** Dedicarse al ejercicio de un arte, oficio o profesión: *ejercitar la pintura.* ◆ v.tr. y prnl. Hacer que se practique algo para adiestrarse en ello: *ejercitarse en esgrima.*

EJÉRCITO s.m. (lat. *exercitus, -us*). Conjunto de las fuerzas militares de una nación. **2.** Cada uno de los cuerpos militares en que se divide este conjunto: *ejército de tierra; ejército del aire.* **3.** Conjunto numeroso de soldados o de

personas armadas bajo las órdenes de un jefe.
4. *Fig.* Grupo numeroso de personas o animales: *un ejército de hormigas.*
ENCICL. A lo largo de la historia la forma y la importancia de los ejércitos reflejaron la demografía, la evolución técnica, la riqueza y el tipo de sociedad de donde surgieron las guerras. Se distinguen diversos tipos de ejércitos que han podido coexistir simultáneamente. Desde la antigüedad los ejércitos de mercenarios, compuestos por extranjeros contratados por un estado o un soberano, participaron en los conflictos regionales. Los ejércitos feudales constituyeron la reunión temporal de vasallos bajo la autoridad de un señor (nobles a caballo rodeados de soldados a pie). Los ejércitos, formados por habitantes de una nación obligados a servir durante un largo plazo, caracterizan los sistemas militares europeos del s. XIX. En el ejército nacional, todo ciudadano es un soldado potencial. Los avances de la táctica y de la técnica, y el deseo de disponer de forma automática de una fuerza armada (ejército permanente) llevó a los estados a instaurar el servicio militar activo, seguido de la posibilidad de incorporación al ejército de reserva o al ejército territorial. Una de estas formas es la milicia, que existió ya en las repúblicas comunales de la edad media y que en la actualidad está en vigor en Suiza; este tipo de ejército se basa en fuerzas reclutadas entre los habitantes de una nación llamados a un servicio corto, con una movilización rápida.

EJIDAL adj. Relativo al ejido.
EJIDARIO, A s. Méx. Persona que forma parte de un ejido.
EJIDATARIO, A s. Campesino que disfruta de tierras en un ejido.
EJIDO s.m. (del ant. *exir,* salir, del lat. *exire*). Terreno inculto en las afueras de una población, destinado a usos comunes diversos, como lugar de recreo, para establecer las eras, estacionar el ganado, etc. **2.** Méx. Terreno concedido por el gobierno a un grupo de campesinos para su explotación.
EJOTE s.m. Amér. Central y Méx. Fruto del frijol. GEOSIN.: Amér. Merid. *chaucha;* Esp. *judía.* **2.** Amér. Central y Méx. *Fig.* Puntada grande y mal hecha en la costura.
EKELE s.m. Unidad monetaria de Guinea Ecuatorial.
EL, LA, LOS, LAS art.det. (lat. *ille, illa, illum*). Se anteponen a los nombres para individualizarlos y para indicar su género y su número.
ÉL, ELLA pron.pers. (lat. *ille,* aquel) [pl. *ellos, ellas*]. Forma tónica de la 3ª persona del singular, que designa algo o a alguien distinto del emisor y el receptor en un acto de comunicación. (Funciona como sujeto, predicado nominal o como complemento precedido de preposición; cuando funciona como sujeto, predicado nominal y complemento directo o indirecto solo se refiere a persona: *él no lo sabe; sale con él; es muy él.*)
ELABORACIÓN s.f. Acción y efecto de elaborar: *pan de elaboración artesanal.* ◇ **Elaboración de los metales** METAL. Conjunto de operaciones que permiten extraer el metal de su mineral, tras el refinado del metal bruto, para obtener un metal puro.
ELABORAR v.tr. (lat. *elaborare*). Preparar un producto transformando una o varias materias en una serie de operaciones: *elaborar el chocolate.* **2.** Idear algo complejo: *elaborar un plan.* **3.** METAL. Practicar una elaboración.
ELAFEBOLIAS s.f.pl. ANT. GR. Fiestas en honor de Artemisa cazadora. (Se celebran en Atenas y en Fócida, en el mes de elafebolión.)
ELAFEBOLIÓN s.m. ANT. GR. Noveno mes del calendario ático, que corresponde a marzo-abril.
ELÁFODO s.m. Mamífero artiodáctilo rumiante, llamado también ciervo de mechón, por su mechón de largos pelos en lo alto de la cabeza.
ELÁGICO, A adj. **Ácido elágico** QUÍM. Ácido obtenido por oxidación del ácido gálico.
ELASTICIDAD s.f. Propiedad que poseen determinados cuerpos de recuperar su forma cuando la fuerza que los deformaba cesa.

2. Cualidad de elástico. **3.** ECON. Facultad de variación de un fenómeno en función de la variación de otro. ◇ **Límite de elasticidad** Valor máximo de la fuerza deformadora que actúa sobre un cuerpo cuya deformación desaparece totalmente cuando cesa la fuerza. **Módulo de elasticidad** Cociente entre la deformación producida por una fuerza y el valor de esta.
ELÁSTICO, A adj. (gr. *elastos,* dúctil). Se dice del cuerpo que se puede estirar o deformar, y, al cesar la fuerza que lo altera, recobrar su forma anterior: *goma elástica.* **2.** *Fig.* Que puede ser aplicado a distintas circunstancias. ◆ s.m. Tejido, cinta o cordón elástico. **2.** Parte de una prenda de vestir hecha de un punto más elástico que el resto, en especial la parte superior del calcetín.
ELASTINA s.f. BIOQUÍM. Proteína que constituye el principal componente de los tejidos conjuntivo, óseo y cartilaginoso. (Se utiliza en la fabricación de cosméticos.)
ELASTÓMERO s.m. Polímero natural o sintético que presenta propiedades elásticas.
ELATÉRIDO, A adj. y s.m. Relativo a una familia de insectos coleópteros que al caer sobre el dorso, saltan produciendo un ruido seco. (Las larvas de la familia *elatéridos,* a menudo vegetarianas, son perjudiciales.)
ELATERIO s.m. (lat. *elaterium,* purgante obtenido del cohombro). Cohombro silvestre.
ELATIVO s.m. LING. Superlativo absoluto.
ELE s.f. Nombre de la letra *l.*
¡ELE! interj. *Fam.* Se usa para jalear o asentir.
ELEATA adj. y s.m. y f. Eleático.
ELEÁTICO, A adj. y s. De Elea. **2.** Relativo a la escuela filosófica de Elea; miembro de esta escuela.
ELÉBORO s.m. (lat. *helleborus,* del gr. *elléboros*). Planta vivaz, de hojas en abanico, cuyas flores se abren en invierno. (Familia ranunculáceas.) ◇ **Eléboro blanco** Planta herbácea de hojas anchas y flores agrupadas en panículas, cuya cepa, carnosa, es venenosa.

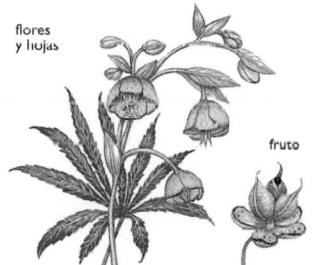

flores y hojas

fruto

■ **ELÉBORO** fétido.

ELECCIÓN s.f. (lat. *electio, -onis*). Acción de elegir: *votaciones para la elección de gobernador.* **2.** Nombramiento de una persona para un cargo, hecho por votación. **3.** Posibilidad de elegir: *no tener otra elección.* ◆ **elecciones** s.f.pl. Votación para elegir cargos. ◇ **Elección de domicilio** DER. Acto por el que se elige un domicilio legal. **Tratamiento de elección** Forma de tratamiento más idónea para una determinada afección.
ELECCIONARIO, A adj. Amér. Electoral.
ELECTIVO, A adj. Que se hace o se da por elección: *cargo electivo.*
ELECTO, A adj. Que ha sido elegido. ◆ adj. y s. Se dice de la persona elegida para una dignidad, empleo, cargo, etc., mientras no toma posesión: *el presidente electo.*
ELECTOR, RA adj. y s. Que elige o tiene derecho o potestad para elegir. ◆ s. Persona que reúne las condiciones exigidas por la ley para ejercitar el derecho de sufragio. ◆ s.m. HIST. Miembro de un colegio constituido, en 1138, por tres arzobispos y cuatro duques, para proponer a la dieta germánica un candidato para el Sacro imperio. (A partir de 1438 el colegio de electores dejó de influir en la elección del

emperador y la corona pasó a ser monopolio de los Habsburgo.)
ELECTORADO s.m. Conjunto de electores. **2.** HIST. **a.** Dignidad de los príncipes u obispos electores en el Sacro imperio romano germánico. **b.** País sometido a la jurisdicción de un elector germánico: *el electorado de Tréves.*
ELECTORAL adj. Relativo a los electores o a las elecciones: *ley electoral.* **2.** Relativo a la dignidad o a la cualidad de elector. **3.** HIST. Relativo a la dignidad o a la cualidad de elector del Sacro imperio.
ELECTORALISMO s.m. Intervención de consideraciones puramente electorales en la política de un partido.
ELECTORALISTA adj. y s.m. y f. Relativo al electoralismo; partidario de esta actitud.
ELECTORERO, A s. Persona que lleva a cabo intrigas a favor de un candidato en unas elecciones.
ELECTRETO s.m. (ingl. *electret*). Cuerpo cuyas moléculas conservan una orientación dada por las líneas de fuerza de un campo eléctrico.
ELECTRICIDAD s.f. Forma de energía que manifiesta su acción por fenómenos mecánicos, caloríficos, luminosos, químicos, etc. **2.** Aplicaciones de esta energía. ◇ **Cantidad de electricidad** Producto de la intensidad de una corriente eléctrica por el tiempo de circulación. **Electricidad animal** Descargas producidas por diversos peces que paralizan así a sus presas o a sus depredadores. SIN.: *bioelectricidad.*
ENCICL. La materia está constituida por átomos que contienen un número igual de electrones (de carga negativa) que de protones (de carga positiva); por tanto, es eléctricamente neutra. Un déficit de electrones da lugar a una carga eléctrica positiva; un exceso de electrones, a una carga eléctrica negativa. La electricidad, que se ocupa de su estudio, abarca varios campos. La *electrostática* es el estudio de las cargas en reposo; la *electrocinética,* el de las cargas en movimiento. Teorías en principio distintas, la electricidad y el magnetismo se unificaron en el *electromagnetismo.* En efecto, una corriente eléctrica crea una inducción magnética, y un imán en movimiento es capaz de inducir una corriente en un conductor. Esto permite dilucidar la naturaleza de las ondas de radio, de la luz, de los rayos X o de los gamma, que son *ondas electromagnéticas* de la misma naturaleza, pero de frecuencias distintas. Gracias al electromagnetismo, la electricidad encontró aplicaciones industriales y se convirtió en un indicador energético sinónimo de desarrollo económico. De esta manera, las corrientes alternas, durante mucho tiempo desconocidas, dieron lugar a las aplicaciones industriales más importantes de la *electrotécnica.* Su utilización en alta frecuencia permitió la comunicación a largas distancias, al mismo tiempo que el descubrimiento de la estructura granular condujo al desarrollo de la *electrónica.*
ELECTRICISTA adj. y s.m. y f. Se dice del especialista en electricidad o en instalaciones eléctricas.
ELÉCTRICO, A adj. Relativo a la electricidad o que es producido por ella: *luz eléctrica.* **2.** Que sirve para producir electricidad o es utilizado por ella: *aparato eléctrico.*
ELECTRIFICAR v.tr. [1]. Hacer que una máquina, una instalación, etc., funcionen con energía eléctrica. **2.** Establecer en un lugar instalaciones de suministro de electricidad.
ELECTRIZACIÓN s.f. Acción y efecto de electrizar o electrizarse.
ELECTRIZANTE adj. Que electriza o sirve para electrizar.
ELECTRIZAR v.tr. y prnl. [7]. Comunicar o producir la electricidad en un cuerpo. **2.** *Fig.* Entusiasmar, emocionar.
ELECTRO s.m. (lat. *electrum,* del gr. *ēlektron*). Ámbar, resina fósil de color amarillento. **2.** Aleación natural de cuatro partes de oro y una de plata, de color parecido al del ámbar, que se emplea en orfebrería. **3.** *Fam.* Electrocardiograma.
ELECTROACÚSTICO, A adj. y s.f. Se dice de la técnica de conversión de señales acústicas

en señales eléctricas y viceversa, cuya finalidad es la producción, transmisión, grabación y reproducción de los sonidos. **2.** Se dice de la música que utiliza esta técnica. (La música electroacústica agrupa la *música concreta* y la *música electrónica.*)

ELECTROAFINIDAD s.f. Propiedad de un elemento químico para transformarse en ion, captando o perdiendo electrones.

ELECTROCAPILARIDAD s.f. Variación de la tensión superficial debido a la acción de un campo eléctrico.

ELECTROCARDIOGRAFÍA s.f. Técnica de la realización e interpretación de los electrocardiogramas.

ELECTROCARDIÓGRAFO s.m. Aparato que permite hacer electrocardiogramas.

ELECTROCARDIOGRAMA s.m. Gráfico que se obtiene mediante el registro de las corrientes producidas por la contracción del músculo cardíaco y permite el diagnóstico de las afecciones del miocardio y de los trastornos del ritmo. (Se abrevia *electro.*)

ELECTROCAUTERIO s.m. MED. Instrumento empleado para la coagulación de los tejidos mediante el calor, y que realiza su acción por medio de una corriente eléctrica.

ELECTROCHOQUE s.m. → ELECTROSHOCK.

ELECTROCINESIS s.f. ETOL. Desplazamiento de un animal provocado por un campo eléctrico.

ELECTROCINÉTICA s.f. Estudio de las corrientes eléctricas.

ELECTROCOAGULACIÓN s.f. MED. Técnica de destrucción de los tejidos mediante corrientes de alta frecuencia, utilizada para destruir algunos tumores sin riesgo de diseminación ni hemorragia.

ELECTROCOPIA s.f. Procedimiento de reproducción de imágenes basado en la electrostática.

ELECTROCUCIÓN s.f. (ingl. *electrocution*). Muerte producida por el paso de una corriente eléctrica por el organismo.

ELECTROCUTAR v.tr. y prnl. (ingl. *electrocute*). Producir una electrocución.

ELECTRODIAGNÓSTICO s.m. Diagnóstico de las enfermedades de los nervios y de los músculos mediante su excitación con una corriente eléctrica moderada.

ELECTRODIÁLISIS s.f. Purificación iónica de un líquido entre dos membranas semipermeables en presencia de un campo eléctrico.

ELECTRODINÁMICA s.f. Parte de la física que estudia la acción dinámica de las corrientes eléctricas.

ELECTRODINAMÓMETRO s.m. Aparato que mide la intensidad de una corriente eléctrica.

ELECTRODO s.m. (ingl. *electrode*). En un voltámetro, tubo de gas enrarecido o arco eléctrico, extremo de cada uno de los conductores fijados a los polos de un generador eléctrico. (El que comunica con el polo positivo es el *ánodo,* y el otro, el *cátodo.*)

ELECTRODOMÉSTICO, A adj. y s.m. Se dice del aparato eléctrico de uso doméstico, como la plancha, el aspirador, el refrigerador, etc.

ELECTROENCEFALOGRAFÍA s.f. Registro y estudio de los electroencefalogramas.

ELECTROENCEFALOGRAMA s.m. Gráfico que se obtiene por el registro de los potenciales eléctricos de las neuronas del cerebro, mediante unos electrodos que se fijan en el cuero cabelludo. (Las ondas varían de amplitud y de frecuencia según el nivel de la actividad del cerebro.)

ELECTROEROSIÓN s.f. Formación de pequeños cráteres en la superficie de un conductor sometido a una sucesión extremadamente rápida de descargas eléctricas de corta duración.

ELECTROFISIOLOGÍA s.f. Parte de la fisiología que estudia las corrientes eléctricas producidas por los organismos vivos y la acción de las corrientes eléctricas en ellos.

ELECTRÓFONO s.m. Aparato que reproduce los sonidos grabados en un disco de vinilo.

ELECTROFORESIS s.f. Método de separación de los constituyentes de las soluciones coloi-

dales utilizando la acción de un campo eléctrico sobre las micelas cargadas eléctricamente.

ELECTROFORMACIÓN s.f. METAL. Procedimiento de obtención de piezas formadas directamente por electrodeposición.

ELECTRÓGENO, A adj. Que produce electricidad.

ELECTROIMÁN s.m. Aparato que sirve para la producción de campos magnéticos, gracias a un sistema de bobinas con núcleo de hierro dulce, recorridas por una corriente eléctrica.

ELECTRÓLISIS o **ELECTROLISIS** s.f. Descomposición química de determinadas sustancias fundidas o en solución mediante el paso de una corriente eléctrica. (Se obtiene aluminio por electrólisis de la alúmina.)

ELECTRÓLITO o **ELECTROLITO** s.m. Compuesto químico que, fundido o disuelto, puede descomponerse por electrólisis.

ELECTROLIZADOR s.m. Aparato destinado a producir las corrientes que se emplean para la electrólisis.

ELECTROLIZAR v.tr. [7]. Someter un cuerpo a la electrólisis.

ELECTROLUMINISCENCIA s.f. Luminiscencia provocada por un fenómeno eléctrico.

ELECTROMAGNÉTICO, A adj. Relativo al electromagnetismo.

ELECTROMAGNETISMO s.m. Parte de la física que estudia las interacciones entre corrientes eléctricas y campos magnéticos.

ELECTROMECÁNICA s.f. Ciencia de las aplicaciones comunes de la electricidad y la mecánica.

ELECTROMECÁNICO, A adj. (lat. *mechanicus*). Se dice de todo dispositivo mecánico de mando eléctrico. ◆ s. Profesional de la electromecánica.

ELECTROMETALURGIA s.f. Utilización de las propiedades térmicas y electrolíticas de la electricidad para la producción, refino o tratamiento térmico de los productos metalúrgicos.

ELECTROMETRÍA s.f. Conjunto de métodos que se sirven de electrómetros para medir las magnitudes eléctricas.

ELECTRÓMETRO s.m. Instrumento para medir magnitudes eléctricas, principalmente diferencias de potencial, que se basa en la acción de las fuerzas electrostáticas.

ELECTROMIOGRAFÍA s.f. Estudio de los fenómenos eléctricos que acompañan la contracción muscular.

ELECTROMOTOR, RA adj. Que produce electricidad bajo la influencia de una acción química o mecánica. ◆ s.m. Aparato que transforma la energía eléctrica en energía mecánica.

ELECTROMOTRIZ adj.f. Electromotora.

ELECTRÓN s.m. (ingl. *electron,* de *electric, eléctrico,* y *anion,* anión). Partícula de carga eléctrica negativa que se halla alrededor del átomo. (El número y la disposición de los electrones de la capa más periférica determinan la valencia y las propiedades químicas del elemento.) **2.** Aleación ligera a base de magnesio.

ELECTRONEGATIVO, A adj. Se dice de un elemento o de un radical que se dirige al ánodo en la electrólisis: *los halógenos, el oxígeno y los metaloides son elementos electronegativos.*

ELECTRÓN-GRAMO s.m. (pl. *electrones-gramo*). Masa total de los electrones contenidos en un átomo gramo de hidrógeno.

ELECTRÓNICA s.f. Parte de la física que estudia las variaciones de las magnitudes eléctricas, como campos electromagnéticos, cargas, corrientes y tensiones eléctricas para captar, transmitir y aprovechar información. **2.** Técnica de la aplicación industrial de estos fenómenos.

ELECTRÓNICO, A adj. Relativo al electrón: *haz electrónico.* **2.** Que funciona según los principios de la electrónica: *microscopio electrónico.* ◇ **Música electrónica** Música que utiliza oscilaciones eléctricas para crear sonidos.

ELECTRONUCLEAR adj. **Central electronuclear** Central eléctrica que utiliza la energía térmica producida por un reactor nuclear.

ELECTRONVOLTIO s.m. Unidad de medida

de energía utilizada en física nuclear (símb. eV), equivalente a la energía adquirida por un electrón acelerado bajo una diferencia de potencial de 1 voltio en el vacío, que es, aproximadamente, $1,60219 \times 10^{-19}$ julios.

ELECTROÓPTICA s.f. Parte de la física que estudia los fenómenos electroópticos. **2.** Conjunto de técnicas para la construcción de dispositivos que transforman señales ópticas en señales electrónicas y viceversa.

ELECTROÓSMOSIS s.f. Filtración de un líquido a través de una pared por la acción de una corriente eléctrica.

ELECTROPOSITIVO, A adj. Se dice del elemento o del radical que se dirige al cátodo en la electrólisis: *los metales y el hidrógeno son electropositivos.*

ELECTROPUNTURA s.f. Método terapéutico que consiste en hacer pasar una corriente eléctrica por los tejidos mediante agujas.

ELECTROQUÍMICA s.f. Técnica de las aplicaciones de la energía eléctrica a las operaciones químicas.

ELECTRORRADIOLOGÍA s.f. Especialidad médica que engloba las aplicaciones de la electricidad y de las radiaciones al diagnóstico y tratamiento de las enfermedades.

ELECTROSCOPIO s.m. Instrumento que permite detectar las cargas eléctricas y determinar su signo.

ELECTROSHOCK o **ELECTROCHOQUE** s.m. Terapéutica de algunas enfermedades mentales que consiste en hacer pasar a través del cerebro de una corriente eléctrica, que provoca, durante un corto espacio de tiempo, una crisis epiléptica.

ELECTROSTÁTICA s.f. Parte de la física que trata de los fenómenos de la electricidad en equilibrio sobre los cuerpos electrizados.

ELECTROTECNIA o **ELECTROTÉCNICA** s.f. Estudio de las aplicaciones técnicas de la electricidad.

ELECTROTERAPIA s.f. Tratamiento de las enfermedades que se basa en la aplicación de la electricidad en sus distintas formas.

ELECTROTERMIA s.f. Estudio de las transformaciones de la energía eléctrica en calor. **2.** Utilización de este fenómeno en electrometalurgia.

ELECTROTROPISMO s.m. ETOL. Reacción de orientación de algunos animales con relación a un campo eléctrico.

ELECTROVALENCIA s.f. Valencia química de un elemento o de un radical, definida por los fenómenos de electrólisis.

ELECTROVÁLVULA s.f. Válvula que regula el caudal de un fluido y está dirigida por un electroimán.

ELECTUARIO s.m. (lat. tardío *electuarium*). Medicamento hecho con varios ingredientes, generalmente vegetales, y jarabe o miel.

ELEFANCÍACO, A o **ELEFANCIACO, A** adj. y s. Elefantiásico.

ELEFANTE, A s. (lat. *elephas, -antis,* del gr. *eléphas, -antos*). Mamífero ungulado de las bord(?) proboscídeos, herbívoro, con la piel muy gruesa, largos incisivos superiores que utiliza como defensa, y con una trompa prensil que constituye la nariz y labio superior; hay dos especies, la asiática y la africana. (Con una altura de 2 a 3,7 m y un peso de hasta 6 t, el elefante es el animal terrestre más voluminoso; puede vivir cien años y su gestación dura veintiún meses; el elefante barrita; la especie africana [género *Loxodonta*] está muy amenazada y su caza está sujeta a una reglamentación muy severa.) ◆ s.m. **Año del elefante** Año en que, según la tradición musulmana, nació Mahoma. ◇ **Elefante blanco** Amér. Cosa que cuesta mucho mantener y no produce utilidad. **Elefante marino** Foca de hasta 6 m de long. y 3 t de peso, con un apéndice nasal, alargado y móvil en el caso del macho, que vive en los mares australes y antárticos.

ELEFANTIÁSICO, A adj. y s. Relativo a la elefantiasis; que padece elefantiasis. SIN.: *elefancíaco, elefanciaco.*

ELEFANTIASIS s.f. Enfermedad parasitaria que da a la piel un aspecto rugoso, como el del elefante, y que, a veces, produce la hinchazón de los tejidos. SIN.: *elefancía.*

ELEFANTINO, A adj. Relativo al elefante.

ELEGANCIA s.f. (lat. *elegantia*). Cualidad de elegante.

ELEGANTE adj. (lat. *elegans, -tis*, distinguido, de buen gusto). Que tiene distinción, es sencillo y de buen gusto. **2.** Se dice de la persona que se comporta con naturalidad y viste de forma armoniosa y sencilla. **3.** Que tiene distinción y gracia: *movimientos elegantes*.

ELEGANTOSO, A adj. Amér. *Fam.* Muy elegante; que pretende ser elegante.

ELEGÍA s.f. (lat. *elegia*, del gr. *elegeía*). Composición poética de la lírica grecorromana formada por hexámetros y pentámetros alternados. **2.** Poema lírico que generalmente expresa sentimientos de tristeza.

ELEGÍACO, A o **ELEGIACO, A** adj. (gr. *elegeiakós*). Relativo a la elegía. **2.** Lastimero o triste como la elegía: *tono elegíaco*. **⇒ s.** Poeta que compone elegías.

ELEGIDO, A adj. y s. En lenguaje teológico, predestinado por la voluntad de Dios a la gloria eterna. **⇒ adj. El pueblo elegido** REL. El pueblo hebreo.

ELEGIR v.tr. (lat. *eligere*, sacar, arrancar, escoger) [91]. Seleccionar a alguien o algo entre varios: *elegir un plato del menú*. **2.** Nombrar o designar por votación a una persona para un premio, cargo o dignidad. **3.** REL. Predestinar para la salvación.

ELEMENTADO, A adj. Chile y Colomb. Distraído, alelado.

ELEMENTAL adj. Relativo al elemento. **2.** Relativo a los principios o elementos de una ciencia o arte: *física elemental*. **3.** *Fig.* Que es básico, primordial o esencial: *normas elementales*. **4.** Que es obvio, evidente: *una verdad elemental*.

ELEMENTO s.m. (lat. *elementum*). Parte de una cosa que puede ser percibida y analizada independientemente de las demás partes constitutivas de esa cosa. **2.** *Fig.* Cada uno de los pares de una pila eléctrica o de un acumulador. **3.** Chile y P. Rico. *Fig. y fam.* Persona de cortos alcances. **4.** Esp. *Fig.* Persona conceptuada positiva o negativamente. **5.** LING. Forma prefija o sufija, generalmente de formación culta, procedente de una voz latina o griega, que sirve para la composición de palabras: *anti-* y *pre-* son *elementos prefijos*. **6.** MAT. Cada uno de los objetos que componen un conjunto. **7.** QUÍM. Clase de átomos que tienen el mismo número atómico. (La comparación de las propiedades físicas y químicas de los elementos llevó, en 1869, al químico ruso Mendeléiev a proponer una clasificación periódica que se ha ido validando con las posteriores investigaciones de la física acerca de la estructura de los átomos.) **⇒ elementos** s.m.pl. Fundamentos, nociones, primeros principios de las ciencias y artes: *elementos de geometría*. **2.** Conjunto de fuerzas de la naturaleza: *luchar contra los elementos*. **⇒ Elemento neutro** En un conjunto dotado de una ley de composición interna, elemento *e* tal que, compuesto con cualquier otro elemento *a*, da por resultado *a*. **Elementos simétricos** En un conjunto dotado de una ley de composición interna con elemento neutro, elementos cuya composición da el elemento neutro. **Estar alguien en su elemento** Estar alguien en la situación más cómoda, agradable y apropiada. **Los cuatro elementos** El aire, el fuego, la tierra y el agua,

considerados por los antiguos como los componentes últimos de la realidad. (*V. ilustr. pág. siguiente*.)

ELENCO s.m. (lat. *elenchus*, apéndice de un libro, del gr. *élegkhos*). Conjunto de artistas que intervienen en un espectáculo: *elenco dramático*. **2.** Esp. Catálogo, índice.

CLEOTECNIA s.f. Técnica de la fabricación, conservación y análisis de los aceites. SIN.: oleotecnia.

ELEPÉ s.m. Disco musical de larga duración, en especial en soporte de vinilo.

ELEVACIÓN s.f. Acción de elevar o elevarse. **2.** Parte de cualquier cosa que está más alta que lo de alrededor. **3.** Cualidad de elevado: *la elevación de los pensamientos*. **4.** COREOGR. Capacidad del bailarín para saltar y efectuar movimientos en el aire. **5.** GEOMETR. Representación de un objeto o de la fachada de una construcción, proyectados sobre el plano vertical paralelo al eje de este objeto. **6.** MAT. Formación de una potencia de un número o de una expresión: *elevación al cubo*. **7.** REL. Momento de la misa en que el sacerdote eleva la hostia y el cáliz después de la consagración.

ELEVADO, A adj. Alto: *edificio elevado*. **2.** Sublime, excelso: *pensamiento elevado*.

ELEVADOR, RA adj. Que eleva: *bomba elevadora de aguas subterráneas*. **2.** Se dice del aparato capaz de levantar, suspender y bajar cargas. **⇒ adj. y s.m.** ANAT. Se dice del músculo cuya acción es levantar las partes en que se insertan. **⇒ s.m.** Mecanismo o aparato utilizado para transportar verticalmente, o por pendientes muy pronunciadas, carga o personas. **⇒ Elevador de tensión** Transformador elevador que proporciona en los bornes del arrollamiento secundario una tensión superior a la aplicada al primario.

ELEVADORISTA s.m. y f. Amér. Persona que tiene por oficio manejar un elevador.

ELEVALUNAS s.m. (pl. *elevalunas*). Mecanismo para subir los cristales de las ventanillas en los automóviles, que puede ser manual o eléctrico.

ELEVAMIENTO s.m. Elevación.

ELEVAR v.tr. y prnl. (lat. *elevare*). Hacer que algo ocupe un sitio más alto. **2.** *Fig.* Mejorar la condición social o laboral de alguien. **⇒ v.tr.** *Fig.* Dirigir un escrito o petición a una autoridad: *elevar sus súplicas*. **2.** MAT. **a.** Multiplicar un número por sí mismo tantas veces como indica su exponente: *elevar un número al cuadrado*. **b.** Trazar una perpendicular a una recta o a un plano, partiendo de un punto tomado sobre la recta o el plano. *elevar una perpendicular a un plano*.

ELEVÓN s.m. Aleta móvil o superficie de control de una aeronave, que actúa a la vez como estabilizador y como alerón.

ELFO s.m. (ingl. *elf*). Genio de la mitología nórdica que simboliza las fuerzas de la naturaleza y, en especial, los fenómenos atmosféricos.

ELÍCITO, A adj. FILOS. Completamente voluntario: *actos elícitos*.

ELIDIR v.tr. (lat. *elidere*, expulsar golpeando). Frustrar, malograr, desvanecer una cosa. **2.** GRAM. **a.** Suprimir, en la escritura o en la pronunciación, la vocal final de una palabra ante la vocal inicial de la palabra siguiente. **b.** Omitir una o más palabras de una oración cuyo significado se sobreentiende.

ELIMINACIÓN s.f. Acción y efecto de eliminar. **2.** FISIOL. Excreción. **3.** MAT. Operación que consiste en hacer desaparecer una incógnita de un sistema de ecuaciones. **⇒ Reacción de eliminación** QUÍM. Reacción en la que dos radicales monovalentes se separan simultáneamente de una molécula orgánica.

ELIMINAR v.tr. (lat. *eliminare*, hacer salir, expulsar). Hacer que algo desaparezca o deje de existir: *eliminar barreras arquitectónicas*. **2.** Excluir a alguien de un grupo o de un asunto. **3.** *Fam.* Matar. **4.** DEP. Dejar a un concursante o equipo fuera de la competición o torneo. **5.** MAT. Efectuar la eliminación de una incógnita. **6.** MED. Expeler fuera del organismo las sustancias de desecho.

ELIMINATORIA s.f. DEP. Prueba preliminar que sirve para eliminar participantes.

ELIMINATORIO, A adj. Que elimina o sirve para eliminar.

ELIPSE s.f. (del lat. *ellipsis*, del gr. *elleipsis*). MAT. Sección cónica con dos ejes de simetría en la que cada punto es tal que la suma de sus distancias a dos puntos fijos, llamados focos, es constante.

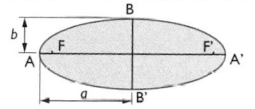

AA': eje mayor
BB': eje menor
F, F': focos
ГГ'. distancia focal

Área = A
$A = \pi \times a \times b$
Perímetro = P

$$P \approx \pi \sqrt{2(a^2 \times b^2) - \frac{(a-b)^4}{2,2}}$$

■ **ELIPSE**

ELIPSIS s.f. (lat. *ellipsis*, del gr. *élleipsis*, insuficiencia). CIN. y TELEV. Espacio y tiempo que se suprimen en los cambios de plano o secuencia. **2.** LING. Hecho sintáctico o estilístico que consiste en suprimir uno o varios elementos de la frase. **3.** PSICOL. En la terminología psicoanalítica, omisión de alguna palabra o idea que el paciente hace en el curso de una terapéutica analítica.

ELIPSOIDE s.m. MAT. Superficie cuádrica que admite tres planos de simetría ortogonales dos a dos y tres ejes de simetría ortogonales dos a dos, que se cortan en un mismo punto o centro del elipsoide. **⇒ Elipsoide de revolución** Superficie engendrada por la rotación de una elipse alrededor de uno de sus ejes.

ELÍPTICO, A adj. (gr. *elleiptikós*). Que tiene forma de elipse. **2.** LING. Que está omitido: *sujeto elíptico*. **3.** MAT. Relativo a la elipse.

ELÍSEO, A adj. Relativo a los Campos Elíseos, morada de las almas de los héroes y de las personas virtuosas, según la mitología grecorromana. **⇒ s.m.** Paraíso.

ELISIÓN s.f. LING. Supresión, en la escritura o en la pronunciación, de la vocal final de una palabra ante la vocal inicial de la palabra siguiente o de la *h* muda; generalmente se señala con un apóstrofo.

ÉLITE o **ELITE** s.f. (fr. *élite*). Grupo minoritario de personas que reúnen unas características selectas dentro del ámbito al que pertenecen: *élite intelectual; élite social*.

ELITISTA adj. y s.m. y f. Relativo a la élite. **2.** Partidario del predominio de las élites. **3.** Que se comporta como miembro de una élite.

ÉLITRO s.m. (gr. *élytron*, envoltorio). Ala anterior, coriácea, de ciertos insectos, como los coleópteros, los ortópteros, etc., que protege el ala posterior membranosa cuando está en reposo.

ELIXIR o **ELÍXIR** s.m. (del ár. *'iksīr*, piedra filosofal, polvos empleados para hacer oro). Medicamento líquido formado por una o varias sustancias disueltas en alcohol. **2.** Remedio maravilloso. **3.** Piedra filosofal.

ELLE s.f. Nombre del dígrafo *ll*.

ELLO pron.pers. (lat. *illum*, aquello). Forma neutra tónica de la 3ª persona del singular. Designa algo que ya se ha mencionado. Funcio-

elefanta

cría

africano   asiático

■ **ELEFANTES**

GRUPO

IA	IIA	IIIB	IVB	VB	VIB	VIIB	VIII			IB
1 1,0079 **H** hidrógeno										
3 6,941 **Li** litio	4 9,0122 **Be** berilio									
11 22,9898 **Na** sodio	12 24,3050 **Mg** magnesio									
19 39,0983 **K** potasio	20 40,078 **Ca** calcio	21 44,9559 **Sc** escandio	22 47,88 **Ti** titanio	23 50,9415 **V** vanadio	24 51,9961 **Cr** cromo	25 54,9380 **Mn** manganeso	26 55,847 **Fe** hierro	27 58,9332 **Co** cobalto	28 58,6934 **Ni** níquel	29 63,546 **Cu** cobre
37 85,4678 **Rb** rubidio	38 87,62 **Sr** estroncio	39 88,9058 **Y** itrio	40 91,224 **Zr** circonio	41 92,9064 **Nb** niobio	42 95,94 **Mo** molibdeno	43 (98) **Tc** tecnecio	44 101,07 **Ru** rutenio	45 102,9055 **Rh** rodio	46 106,42 **Pd** paladio	47 107,8682 **Ag** plata
55 132,9054 **Cs** cesio	56 137,327 **Ba** bario	57 138,9055 **La** lantano	72 178,49 **Hf** hafnio	73 180,9479 **Ta** tántalo	74 183,84 **W** tungsteno	75 186,207 **Re** renio	76 190,23 **Os** osmio	77 192,22 **Ir** iridio	78 195,08 **Pt** platino	79 196,9665 **Au** oro
87 (223) **Fr** francio	88 226,0254 **Ra** radio	89 227,0278 **Ac** actinio	104 261,1089 **Rf** rutherfordio	105 262,1144 **Db** dubnio	106 263,1186 **Sg** seaborgio	107 264,12 **Bh** bohrio	108 265,1306 **Hs** hassio	109 (268) **Mt** meitnerio	110 **Ds** darmstadtio	111 **Rg** roentgenio

Los electrones se encuentran dispuestos en capas sucesivas en torno al núcleo. Los elementos que figuran en una misma línea, o **período**, cuentan con el mismo número de capas: una sola en el caso del hidrógeno y el helio, dos para el siguiente período (del litio al neón), y así sucesivamente. Las 18 columnas de la tabla periódica se reparten en **9 grupos**, numerados en cifras romanas. Esta cifra equivale al número de electrones de valencia; es decir, el número de electrones susceptibles de participar en una combinación química. La capa electrónica periférica de los elementos de una misma columna presenta la misma configuración, lo que indica que tienen unas propiedades químicas análogas. Los elementos de los subgrupos III B al VII B tienen, particularmente, unas propiedades muy parecidas, y se les denomina «elementos de transición». Los elementos de grupo 0 terminan cada período y forman la familia de los gases nobles. La **masa atómica** de los elementos se establece sobre la base de la del isótopo 12 del carbono, que equivale exactamente a 12. Los números que aparecen entre paréntesis corresponden a la masa atómica del isótopo más estable, que es aquel que tiene el período más largo. Los elementos que figuran sobre un fondo más oscuro son todos artificiales (a excepción de Tc, Np y Pu), y fueron sintetizados mediante el bombardeo de núcleos por haces de partículas o de iones —en el caso de los más pesados, en particular— en el transcurso de experimentos en aceleradores.

número atómico / masa atómica / símbolo / nombre

LANTÁNIDOS

58 140,115 **Ce** cerio	59 140,9076 **Pr** praseodimio	60 144,24 **Nd** neodimio	61 (145) **Pm** prometio	62 150,36 **Sm** samario	63 151,965 **Eu** europio	64 157,25 **Gd** gadolinio

ACTÍNIDOS

90 232,0381 **Th** torio	91 231,0359 **Pa** protactinio	92 238,0289 **U** uranio	93 (237,0482) **Np** neptunio	94 (244) **Pu** plutonio	95 (243) **Am** americio	96 (247) **Cm** curio

■ **ELEMENTOS.** Tabla de clasificación periódica de los elementos químicos.

---

na como sujeto o como complemento precedido de preposición. ◆ s.m. PSICOANÁL. Una de las tres instancias psíquicas descritas por Freud, y que constituye el polo pulsional de la personalidad.

ELLOS, AS pron.pers. → ÉL, ELLA.

ELOCUCIÓN s.f. Manera de expresarse oralmente. **2.** Conjunto de oraciones que constituyen un pensamiento concreto.

ELOCUENCIA s.f. Facultad de hablar de manera clara, fluida y persuasiva. **2.** Eficacia de las palabras, gestos o actitudes en la comunicación.

ELOCUENTE adj. Que tiene elocuencia: *orador elocuente; silencio elocuente.*

ELODEA s.f. Planta de agua dulce de origen americano, de tallos largos y poco ramificados, que se planta a menudo en los acuarios. (Familia hidrocaritáceas.)

ELOGIAR v.tr. Hacer elogios: *elogiar una obra.*

ELOGIO s.m. (lat. *elogium,* epitafio). Alabanza que se hace a una persona o cosa: *merecer grandes elogios.*

ELOGIOSO, A adj. Que elogia o es digno de ser elogiado: *comportamiento elogioso.*

ELONGACIÓN s.f. ASTRON. Distancia angular de un astro al Sol para un observador terrestre. **2.** FÍS. Abscisa, en un momento dado, de un punto animado de un movimiento vibratorio. (Su valor máximo es la *amplitud.*) **3.** MED. Aumento accidental o terapéutico de la longitud de un miembro o de un nervio.

ELOTADA s.f. Méx. Merienda a base de elotes.

ELOTE s.m. (náhuatl *élotl*). Amér. Central y Méx. Mazorca tierna de maíz.

ELUCIDACIÓN s.f. Explicación aclaratoria.

ELUCIDAR v.tr. Dilucidar.

ELUCTABLE adj. Que se puede vencer luchando: *perderse en elucubraciones.*

ELUCUBRACIÓN s.f. Acción y efecto de elucubrar.

ELUCUBRAR o **LUCUBRAR** v.tr. (lat. *elucubrari*). Divagar, reflexionar, hacer cábalas.

ELUDIR v.tr. (lat. *eludere,* escapar jugando). Evitar, impedir que algo tenga efecto, con algún pretexto, habilidad o astucia: *eludir una pregunta.*

ELUVIÓN s.m. GEOL. Conjunto de fragmentos de roca que permanecen *in situ* tras su de-

flor

■ **ELODEA**

sagregación por los agentes atmosféricos, a menudo por ausencia de un agente transportador suficientemente potente.

ELZEVIRIANO, A adj. Relativo a los elzevirios. ◆ adj. y s.m. Se dice de unos caracteres tipográficos que reproducen los tipos que empleaban los Elzevir.

ELZEVIRIO o **ELZEVIR** s.m. Volumen impreso o publicado por los Elzevir, familia neerlandesa de libreros e impresores del s. XVII.

EMACIACIÓN s.f. Adelgazamiento exagerado por causa patológica.

E-MAIL s.m. (voz angloamericana). *Correo electrónico.

EMANACIÓN s.f. Acción por la que las sustancias volátiles abandonan, en estado gaseoso, los cuerpos que las contienen. **2.** QUÍM. Cuerpo simple gaseoso que proviene de la desintegración del radio, del torio o del actinio, llamado, según los casos, radón (Rn), torón o actinón.

EMANAR v.intr. y tr. (lat. *emanare*). Desprenderse de un cuerpo algo, como olor, luz, etc. **2.** Provenir una cosa de otra: *el poder emana del pueblo.*

EMANCIPACIÓN s.f. Acción de emancipar o emanciparse. **2.** Acto jurídico que confiere a un hijo menor de edad el gobierno de su persona y la capacidad de cumplir los actos de la vida civil. **3.** Proceso de toma de conciencia de una colonia que conduce a la reclamación de su independencia política.

EMANCIPAR v.tr. y prnl. (lat. *emancipare*). Liberar a alguien de la subordinación o sujeción. ◆ v.tr. DER. Conferir la emancipación a

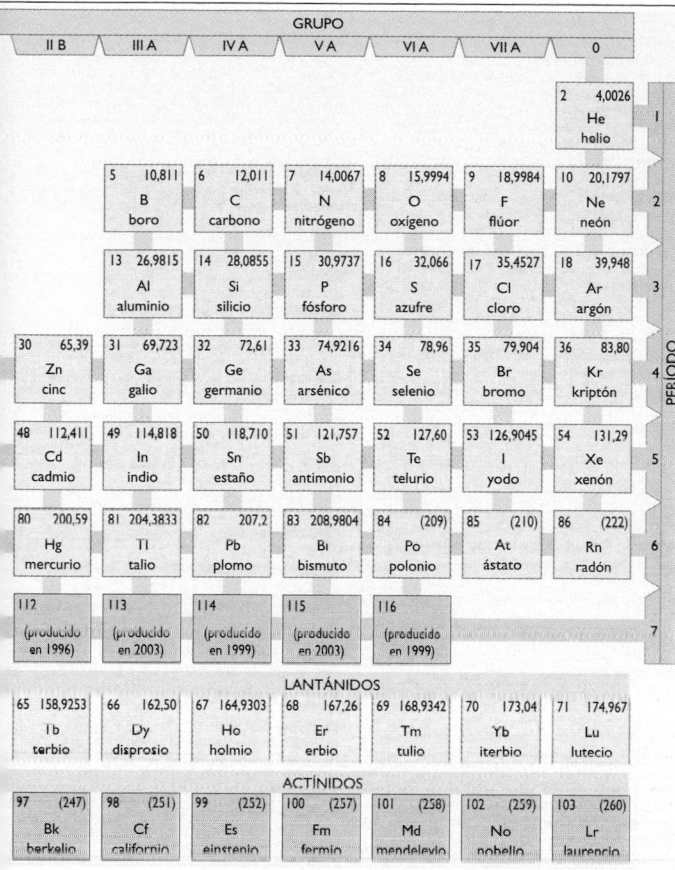

	GRUPO					
II B	III A	IV A	V A	VI A	VII A	0

LANTÁNIDOS

ACTÍNIDOS

un menor de edad. ◆ **emanciparse** v.prnl. Acceder a la emancipación política.

EMASCULACIÓN s.f. Castración de un macho.

EMASCULAR v.tr. (lat. *emasculare*, castrar). Castrar.

EMBADURNAR v.tr. y prnl. Untar algo con una sustancia cremosa o pastosa.

EMBAÍR v.tr. (lat. *invadere*, invadir, acometer) [50]. Embaucar, hacer creer lo que no es.

EMBAJADA s.f. (occitano ant. *ambaissada*, encargo).Cargo de embajador. **2.** Edificio que alberga las oficinas y la residencia del embajador. **3.** Conjunto de personas que están bajo las órdenes del embajador. **4.** Mensaje para tratar algún asunto importante, en especial los que se envían recíprocamente los jefes de estado por medio de sus embajadores.

EMBAJADOR, RA s. Agente diplomático de primera clase, con misión permanente cerca de otro gobierno, representante del estado por lo envía y de la persona de su jefe de estado. **2.** *Fig.* Emisario, mensajero.

EMBALAJE s.m. Acción de embalar objetos. **2.** Papel, tela, caja, etc., con que está embalado un objeto. **3.** Valor de este embalaje. ◇ **Embalaje perdido** Embalaje que solo se puede utilizar una vez.

1. EMBALAR v.tr. (de *2. bala*). Envolver o empaquetar un objeto que se ha de transportar.

2. EMBALAR v.intr. y prnl. (fr. *emballer*). Aumentar notablemente la velocidad una corredor o un vehículo. ◆ **embalarse** v.prnl. Dejarse llevar por un afán, deseo, sentimiento, etc.

3. EMBALAR v.tr. e intr. Méx. Introducir la bala en un cañón sin poner carga de pólvora.

EMBALDOSADO s.m. Acción de embaldosar. **2.** Pavimento de baldosas.

EMBALDOSAR v.tr. Cubrir con baldosas un pavimento, pared, etc.

EMBALLENAR v.tr. Armar con ballenas una prenda de vestir.

EMBALSADERO s.m. Lugar hondo y pantanoso donde se suelen recoger el agua de la lluvia o de los ríos desbordados.

EMBALSADO s.m. Argent. Formación vegetal, típica de algunos arroyos y esteros, y particularmente de la laguna Iberá.

EMBALSAMADOR, RA adj. y s. Que embalsama.

EMBALSAMAR v.tr. Preparar un cadáver con sustancias balsámicas o antisépticas para evitar su putrefacción. ◆ v.tr. y prnl. Perfumar.

EMBALSAR v.tr. y prnl. Acumular agua en una balsa u otra depresión del terreno.

EMBALSE s.m. Acción de embalsar. **2.** Gran depósito que se forma artificialmente para almacenar las aguas de un río o arroyo.

EMBALUMAR v.tr. Cargar con cosas de mucho volumen o peso. ◆ **embalumarse** v.prnl. Cargarse excesivamente de ocupaciones graves y embarazosas.

EMBANASTAR v.tr. Meter algo en una banasta o cesta: *embanastar uva*. ◆ v.tr. y prnl. *Fig.* Meter demasiada gente en un espacio cerrado.

EMBANCADURA s.f. Obstáculo en un río.

EMBANQUETAR v.tr. Méx. Hacer banquetas o aceras en las calles.

EMBARAZADO, A adj. y s.f. Que lleva un feto o un embrión: *mujer embarazada*.

EMBARAZAR v.tr. y prnl. (port. *embaraçar*) [7]. Poner encinta a una mujer. ◆ v.tr. Embargar, estorbar. **2.** Hacer que alguien se sienta cohibido o turbado. ◆ **embarazarse** v.prnl. Hallarse impedido con cualquier obstáculo.

EMBARAZO s.m. Estado de la mujer encinta, desde la fecundación hasta el parto. **2.** Acción de embarazar. ◇ **Embarazo psicológico** Conjunto de manifestaciones somáticas que evocan un embarazo sin que haya habido fecundación y ligado a motivaciones inconscientes. ENCICL. El embarazo es el desarrollo dentro del útero del producto de la fecundación (huevo), que se convierte en embrión, se rodea de membranas y se alimenta de la madre a través de la placenta. El embrión se denomina feto a partir de los 3 meses. El embarazo tiene una duración media de 270 a 280 días y termina con el parto. El *embarazo extrauterino* es el desarrollo del huevo fecundado fuera del útero (trompas y abdomen).

EMBARAZOSO, A adj. Que embaraza, incomoda o cohíbe: *situación embarazosa*.

EMBARBAR v.tr. TAUROM. Sujetar al toro por las astas.

EMBARBECER v.intr. (lat. *imbarbescere*) [37]. Echar barba.

EMBARBILLADO s.m. Acoplamiento oblicuo de dos piezas de madera.

EMBARBILLAR v.tr. e intr. Unir mediante un embarbillado.

EMBARCACIÓN s.f. MAR. **a.** Nombre genérico de todo objeto cóncavo flotante que sirve para el transporte por agua. **b.** Embarco. **c.** Tiempo que dura una travesía.

EMBARCADERO s.m. Muelle, escollera o pontón para facilitar el embarque y desembarque. **2.** Lugar de salida y de llegada de los barcos que realizan el servicio de transporte de viajeros. **3.** Pendiente de hormigón o escalera que permiten bajar hasta la orilla. **4.** Construcción rural destinada a embarcar productos en vagones de ferrocarril o en camiones.

EMBARCADO, A adj. **Aviación embarcada** Conjunto de los aviones y helicópteros pertenecientes a las fuerzas aeronavales, con base en portaaviones.

EMBARCAR v.tr., intr. y prnl. [1] Introducir mercancías en un vehículo, en especial en un barco o avión, o hacer que los viajeros entren en él. ◆ v.tr. y prnl. *Fig.* Incluir a alguien en una empresa arriesgada: *embarcarse en un negocio*. ◆ v.tr. TAUROM. Tirar de la res con el capote o muleta para ejercer sobre ella el mando.

EMBARCO s.m. Acción de embarcar o embarcarse.

EMBARGADO, A adj. y s. DER. Se dice de la persona a la que han embargado bienes. ◆ adj. Se dice de los bienes que han sido objeto de embargo.

EMBARGAR v.tr. [2]. *Fig.* Suspender, paralizar, enajenar los sentidos: *la emoción me embarga*. **2.** Estorbar, impedir algo, en especial un movimiento. SIN.: *embarazar*. **3.** DER. Retener una autoridad judicial los bienes de alguien para satisfacer una deuda.

EMBARGO s.m. Acción y efecto de embargar. **2.** Ocupación e intervención judicial de determinados bienes, con la finalidad de sujetarlos al cumplimiento de responsabilidades derivadas de un débito. **3.** Prohibición del comercio y transporte de armas decretada por un gobierno. **4.** Incautación de un barco neutral o sospechoso, mientras se espera una decisión de captura o liberación. ◇ **Embargo de retención** DER. Embargo efectuado por un acreedor (embargador) sobre una persona que retiene las sumas debidas o los objetos muebles que pertenecen al deudor del embargador (embargado). **Embargo ejecutivo** Embargo de los bienes muebles del deudor, que exige un título ejecutorio y va precedido de una orden. **Embargo preventivo** Medida acordada en favor del acreedor que le permite poner los bienes muebles de su deudor en manos de la justicia, para evitar que este los haga desaparecer o disminuya su valor. **Sin embargo** No obstante, sin que lo previamente expresado constituya obstáculo o impedimento: *con lo*

375

mal que se encontraba podía haberse quedado en casa, sin embargo vino.

EMBARQUE s.m. Acción y efecto de embarcar. **2.** Destino de un marino a un buque de guerra donde debe prestar servicio durante un período reglamentario.

EMBARRADA s.f. Argent., Chile y Colomb. Error grande, patochada.

EMBARRADILLA s.f. Méx. Empanadilla grande de rellena de dulce de leche, coco, huevo y otros ingredientes.

1. EMBARRADO s.m. Revestimiento de barro o tierra en paredes o muros.

2. EMBARRADO, A adj. Méx. Se dice de la ropa que queda muy ajustada.

EMBARRANCAR v.intr. y tr. [1]. Encallarse una embarcación en el fondo. **2.** *Fig.* Atascarse en una dificultad. ◆ **embarrancarse** v.prnl. Atascarse en un barranco o atolladero.

1. EMBARRAR v.tr. y prnl. Untar, cubrir o manchar con barro u otra materia semejante. **2.** Amér. *Fig.* Calumniar, desacreditar. **3.** Amér. Cometer un delito. **4.** Amér. Central y Méx. Complicar a alguien en un asunto sucio. ◆ v.tr. Revocar con barro o tierra.

2. EMBARRAR v.tr. y prnl. Colocar una palanca debajo de un peso para levantarlo.

EMBARULLAR v.tr. *Fam.* Crear barullo o lío al mezclar cosas desordenadamente. ◆ v.tr. y prnl. *Fam.* Hacer o decir cosas atropellada y desordenadamente.

EMBASAMIENTO o **EMBASAMENTO** s.m. Basa de un edificio.

EMBASTAR v.tr. (de *basta*). Hilvanar una tela: *embastar el bajo de la falda.*

EMBATE s.m. Golpe fuerte del mar. **2.** Ataque fuerte y súbito de algo, especialmente de algún estado o pasión: *embate de genio.* ◆ **embates** s.m.pl. Vientos periódicos del Mediterráneo, después de la canícula.

EMBAUCAR v.tr. [1]. Engañar a alguien aprovechándose de su ingenuidad o falta de experiencia.

EMBAULAR v.tr. [22]. Meter algo dentro de un baúl. **2.** *Fig. y fam.* Comer mucho y con ansia. ◆ v.tr. y prnl. *Fig.* Meter gente muy apretada en un sitio estrecho.

EMBEBER v.tr. Absorber un cuerpo sólido otro en estado líquido. **2.** Encajar una cosa dentro de otra: *embeber una persiana en el muro.* ◆ v.intr. Encogerse, apretarse, tupirse: *la lana embebe.* ◆ **embeberse** v.prnl. *Fig.* Embelesarse. **2.** *Fig.* Instruirse radicalmente y con fundamento en una materia: *embeberse en filosofía.* **3.** TAUROM. Quedarse el toro parado y con la cabeza alta al recibir la estocada.

EMBEBIDO, A adj. ARQ. Se dice de la columna que se integra aparentemente en un muro u otro elemento arquitectónico. ◆ s.m. TEXT. Acortamiento que experimentan los hilos de urdimbre en el tejido.

EMBEJUCAR v.tr. [1]. Antillas, Colomb. y Venez. Cubrir, envolver con bejucos. **2.** Colomb. Desorientar. ◆ **embejucarse** v.prnl. Colomb. Enojarse, airarse. **2.** Colomb. y Venez. Enredarse.

EMBELECADOR, RA adj. y s. Que embeleca o sirve para embelecar.

EMBELECAR v.tr. [1]. Engañar con halagos y zalamerías.

EMBELECO s.m. Engaño que consiste en halagar a alguien para conseguir de él lo que se quiere. **2.** *Fig. y fam.* Persona o cosa molesta.

EMBELEÑAR v.tr. Adormecer con beleño.

EMBELESAR v.tr. y prnl. (de *belesa*, planta con propiedades narcóticas). Causar algo tanto placer que permite olvidarse de todo.

EMBELESO s.m. Efecto de embelesar o embelesarse. SIN.: *embelesamiento.* **2.** Persona o cosa que embelesa.

EMBELLECEDOR, RA adj. y s.m. Que embellece: *crema embellecedora.* ◆ s.m. Chapa metálica brillante con la que se adornan diversas partes de las carrocerías de los automóviles.

EMBELLECER v.tr. y prnl. [37]. Hacer bello a alguien o algo.

EMBELLECIMIENTO s.m. Acción y efecto de embellecer.

EMBERO s.m. Madera fina de color marrón grisáceo que se obtiene de una meliácea, y que se utiliza en ebanistería y plácado.

EMBERRINCHARSE v.prnl. *Fam.* Enojarse mucho, encolerizarse. SIN.: *emberrenchinarse.*

EMBESTIDA s.f. Ataque impetuoso y violento, en especial el del toro.

EMBESTIR v.tr. e intr. (ital. *investire*, atacar con violencia) [89]. Arrojarse con ímpetu sobre una persona o cosa, en especial un toro. ◆ v.tr. *Fig. y fam.* Acometer para pedir algo con impertinencia o para inducir a algo.

EMBETUNADO s.m. Acción y efecto de embetunar.

EMBETUNAR v.tr. Cubrir con betún.

EMBICADURA s.f. MAR. Acción y efecto de embicar.

EMBICAR v.intr. (del port. *bico*, pico) [1]. Dirigirse a tierra en línea recta con una embarcación. ◆ v.tr. Cuba. Embocar, acertar a introducir una cosa en una cavidad. **2.** Cuba. Beber alcohol en exceso. **3.** MAR. Poner una verga en dirección oblicua en señal de luto.

EMBIJADO, A adj. Méx. Dispar, formado de piezas desiguales.

EMBIJAR v.tr. y prnl. Pintar o teñir con bija. ◆ v.tr. Hond. y Nicar. Ensuciar, manchar.

EMBIJE s.m. Acción y efecto de embijar.

EMBLEMA s.m. o f. (lat. *emblema*, adorno en relieve, del gr. *émblima*). Figura simbólica acompañada de una leyenda explicativa. ◆ s.m. Figura, atributo, ser u objeto concretos destinados a simbolizar una noción abstracta, o a representar a una colectividad, un personaje, etc.: *la paloma es el emblema de la paz.*

EMBLEMÁTICO, A adj. Relativo al emblema o que lo incluye.

EMBOBAMIENTO s.m. Efecto de embobar o embobarse.

EMBOBAR v.tr. y prnl. Hacer que una persona quede absorta ante algo sorprendente.

EMBOCADURA s.f. Acción de embocar: *la embocadura de los tubos.* **2.** Sabor de un vino. SIN.: *emboque.* **3.** Parte del bocado del caballo que penetra en la boca. **4.** MAR. Boca de un canal, un río o un puerto. **5.** MÚS. Boquilla, parte de un instrumento de viento a la que se aplica la boca.

EMBOCAR v.tr. [1]. Meter por la boca. **2.** MAR. Entrar por un paso estrecho. **3.** MÚS. Poner los labios en la boquilla de un instrumento de viento para tocarlo.

EMBOCHINCHAR v.tr. y prnl. Amér. Merid. Alborotar.

EMBOCINADA s.f. Colomb. Objetivo plenamente alcanzado.

EMBODEGAR v.tr. [2]. Meter y guardar en la bodega, vino, aceite, etc.

EMBOJAR v.tr. Poner embojos alrededor de los zarzos donde se crían los gusanos de seda.

EMBOJO s.m. Enramada que se dispone en los criaderos de gusanos de seda para favorecer la formación de capullos.

EMBOLADA s.f. Movimiento de vaivén que hace un émbolo dentro de un cilindro.

EMBOLADO s.m. *Fam.* Mentira, embuste: *meter un embolado.*

EMBOLADOR s.m. Colomb. Lustrabotas.

1. EMBOLAR v.tr. TAUROM. Poner bolas de madera en las puntas de los cuernos de una res.

2. EMBOLAR v.tr. Dar la última mano de bol para dorar.

EMBOLATAR v.tr. Colomb. Dilatar, demorar. **2.** Colomb. y Pan. Engañar. **3.** Colomb. y Pan. Enredar, enmarañar. ◆ **embolatarse** v.prnl. Colomb. Estar absorbido por un asunto, entretenerse. **2.** Colomb. Perderse, extraviarse. **3.** Colomb. Alborotarse. **4.** Pan. Entregarse al jolgorio.

EMBOLIA s.f. (lat. *embolismus*, intercalación). Obstrucción de un vaso sanguíneo por un coágulo o un cuerpo extraño transportado por la sangre hasta el lugar donde el calibre es insuficiente para permitir su paso. ◇ **Embolia gaseosa** Obstrucción de los vasos por burbujas de gas acompañada de una brusca descompresión del aire respirado, o que penetran a través de una herida de los vasos.

EMBOLISMAL adj. Se decía del año al que se le incluía un mes suplementario de treinta días. SIN.: *embolístico.*

EMBOLISMAR v.tr. *Fam.* Meter chismes y enredos.

ÉMBOLO s.m. (lat. *embolus*, del gr. *émbolos*, pene). MEC. Disco o pieza cilíndrica de metal que se mueve alternativamente entre dos fluidos, a diferente presión, destinado a transmitir un esfuerzo motor. **2.** MED. Coágulo, burbuja de aire u otro cuerpo extraño que, arrastrado por la circulación sanguínea, puede producir una embolia.

EMBOLSAR v.tr. Cobrar una cantidad de dinero. **2.** Guardar una cosa en la bolsa. ◆ **embolsarse** v.prnl. *Fam.* Ganar una cantidad de dinero.

EMBOLSO s.m. Acción y efecto de embolsar o embolsarse.

EMBONADA s.f. Acción y efecto de embonar una embarcación.

EMBONAR v.tr. Forrar exteriormente con tablones el casco de una embarcación para ensanchar su manga. ◆ v.intr. Cuba, Ecuad. y Méx. Empalmar, unir una cosa con otra.

EMBONO s.m. Forro de tablones con que se embona una embarcación.

EMBOQUE s.m. En ciertos juegos, paso de la bola por el aro o por una parte estrecha. **2.** Abertura del escenario hacia el teatro. **3.** *Fig. y fam.* Engaño. **4.** Embocadura de un vino. **5.** Chile. Boliche, juguete.

EMBOQUILLADO s.m. y adj. Cigarrillo con boquilla.

EMBOQUILLAR v.tr. Poner boquilla a un cigarrillo.

EMBORRACHAMIENTO s.m. *Fam.* Embriaguez.

EMBORRACHAR v.tr. y prnl. Poner ebrio o borracho. **2.** Atontar o perturbar los sentidos: *la altura me emborracha.* ◆ **emborracharse** v.prnl. Mezclarse los colores.

EMBORRADURA s.f. Acción de emborrar. **2.** Material para emborrar.

EMBORRAR v.tr. Rellenar con borra.

EMBORRASCAR v.tr. y prnl. [1]. Irritar, enfurecer. ◆ **emborrascarse** v.prnl. Hacerse borrascoso el tiempo. **2.** Amér. Empobrecerse y perderse la veta en las minas.

EMBORRONAR v.tr. Hacer borrones en un escrito, dibujo, etc. **2.** *Desp. y fam.* Escribir. **3.** *Fig.* Llenar un papel de dibujos o garabatos hechos deprisa y sin mucho gusto.

EMBORUCARSE v.prnl. [1]. Méx. Confundirse.

EMBOSCADA s.f. (ital. *imboscata*). Acción y efecto de emboscar. **2.** *Fig.* Asechanza, intriga. **3.** Operación de guerra que consiste en ocultar una tropa en un lugar para atacar a otra por sorpresa. **4.** Tropa que se embosca.

EMBOSCAR v.tr. y prnl. (ital. *imboscare*) [1]. Apostar una partida de gente en un sitio para atacar por sorpresa a alguien que ha de acudir a él. ◆ **emboscarse** v.prnl. Introducirse y ocultarse entre el ramaje: *emboscarse en la espesura.* **2.** *Fig.* Escudarse en una ocupación cómoda para no hacer frente a una obligación.

EMBOTAR v.tr. Venez. Dejar la ropa enjabonada algún tiempo.

EMBOTADO, A adj. ESGR. Se dice del florete cuya punta se embota con un botón para que no ofrezca peligro.

EMBOTADURA s.f. Efecto de embotar un instrumento cortante.

1. EMBOTAR v.tr. y prnl. Cubrir, engrosar o mellar el filo o la punta de un instrumento cortante. **2.** Debilitar, quitar agudeza o eficacia a los sentidos: *embotar la mente.*

2. EMBOTAR v.tr. Poner algo dentro de un bote: *embotar tabaco; embotar tomate.*

EMBOTELLADO s.m. Acción de embotellar un líquido.

EMBOTELLADOR, RA s. Persona que tiene por oficio embotellar. ◆ adj. y s. Se dice de la máquina que sirve para embotellar.

EMBOTELLAMIENTO s.m. Acción y efecto de embotellar.

EMBOTELLAR v.tr. Introducir un líquido en botellas. **2.** Obstruir el tráfico rodado en una vía pública. **3.** *Fig.* Aprender de memoria algo. **4.** Impedir que las naves enemigas salgan al mar.

EMBOTICAR v.tr. y prnl. [1]. Chile. Medicar.

EMBOZAR v.tr. y prnl. [7]. Obstruir un con-

El embrague es un mecanismo que permite desconectar el motor del resto de la transmisión para cambiar de velocidad. En la posición de desembrague, el tope se acciona con el pedal y, mediante un sistema de palancas, el plato de presión se separa y la transmisión de potencia se interrumpe.

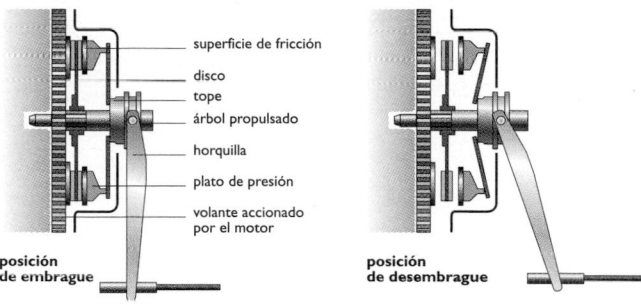

superficie de fricción
disco
tope
árbol propulsado
horquilla
plato de presión
volante accionado por el motor

posición de embrague

posición de desembrague

■ **EMBRAGUE.** Funcionamiento del sistema de embrague de un automóvil.

ducto: *embozar una cañería.* **2.** Cubrir el rostro por la parte inferior con un pañuelo o una prenda de vestir. **3.** *Fig.* Disfrazar u ocultar una opinión o un plan. **4.** TAUROM. Recoger el toro con el capote cuando viene arrancado.

EMBOZO s.m. Doblez de la sábana por la parte que toca al rostro. **2.** Parte de una prenda con que se emboza el rostro una persona. **3.** Cada una de las tiras que guarnecen los lados de la capa. **4.** *Fig.* Cautela o prudencia con que se dice algo tratando de ser poco claro: *hablar sin embozo.*

EMBRAGAR v.tr. (fr. *embrayer*) [2]. Pisar el pedal del embrague en un vehículo para cambiar la marcha.

EMBRAGUE s.m. Mecanismo que permite poner en movimiento una máquina acoplándola al motor. **2.** Pedal con que se acciona este mecanismo.

EMBRAVECER v.tr. y prnl. [37]. Hacer que una persona o un animal se enfurezcan o irriten. ◆ **embravecerse** v.prnl. Encresparse el mar.

EMBRAZADO, DA adj. HERÁLD. Se dice del escudo partido, en forma triangular, por dos líneas cuyo vértice toca en la mitad de uno de los flancos del escudo.

EMBRAZADURA s.f. Acción y efecto de embrazar. **2.** Asa por donde se embraza un escudo.

EMBRAZAR v.tr. [7]. Meter el brazo por el asa del escudo.

EMBREADURA s.f. Acción y efecto de embrear. SIN.: *embreado.*

EMBREAR v.tr. Untar con brea.

EMBRIAGADOR, RA adj. Que embriaga.

EMBRIAGAR v.tr. y prnl. (del ant. *embriago*, borracho, del lat. vulgar *ebriacus*) [2]. Emborrachar, causar embriaguez. **2.** *Fig.* Enajenar, extasiar: *embriagar un perfume.*

EMBRIAGUEZ s.f. Estado de excitación psíquica y de falta de coordinación motriz, por la ingestión masiva de alcohol, barbitúricos o ciertos estupefacientes, o a la intoxicación por óxido de carbono. **2.** Enajenación del ánimo: *la embriaguez del éxito.*

EMBRIDAR v.tr. Poner la brida a las caballerías. **2.** Obligar al caballo a llevar y mover bien la cabeza.

EMBRIOGÉNESIS s.f. Transformaciones sucesivas que sufre un organismo animal o vegetal, desde el estado de huevo o espora hasta el estado adulto.

EMBRIOLOGÍA s.f. Parte de la biología que estudia el embrión.

EMBRIOLÓGICO, A adj. Relativo a la embriología.

EMBRIÓN s.m. (gr. *émbryon*). Organismo en vías de desarrollo, a partir del huevo fecundado hasta la realización de una forma capaz de vida autónoma y activa (larva, polluelo, etc.). [Se llama *feto* al embrión humano de más de tres meses.] **2.** *Fig.* Fase primitiva e incipiente en el desarrollo de algo: *embrión de una novela.*

EMBRIONARIO, A adj. Relativo al embrión. **2.** En estado rudimentario.

EMBRIOPATÍA s.f. Enfermedad de un embrión, que da lugar a numerosas malformaciones congénitas.

EMBROCACIÓN s.f. MED. **a.** Aplicación en una parte enferma de un líquido graso. **b.** Líquido que se aplica.

1. EMBROCAR v.tr. [1]. Vaciar el contenido de un recipiente en otro poniéndolo boca abajo. ◆ v.tr. y prnl. Hond. Poner boca abajo cualquier cosa. ◆ v.tr., intr. y prnl. Méx. Ponerse una prenda de vestir por la cabeza.

2. EMBROCAR v.tr. [1]. Devanar en la broca los hilos y cordoncillos de seda. **2.** Sujetar con brocas o clavos las suelas para hacer zapatos.

3. EMBROCAR v.tr. [1]. TAUROM. Embestir el toro al diestro entre las astas.

EMBROCHALADO s.m. Parte del armazón que forma un marco alrededor del hueco de la chimenea o de una escalera.

EMBROCHALAR v.tr. TECNOL. Sostener con un brochal.

EMBROLLAR v.tr. y prnl. (fr. *embrouiller*). Causar embrollos. ◆ v.tr. Chile y Urug. Apropiarse de algo mediante engaño.

EMBROLLO s.m. Enredo o lío de cosas entremezcladas: *embrollo de hilos.* **2.** Embuste, mentira. **3.** *Fig.* Situación complicada de la que no se sabe cómo salir: *meterse en un embrollo.*

EMBROLLÓN, NA adj. y s. Que embrolla. SIN.: *embrollador.*

EMBROMAR v.tr. Gastar una broma. **2.** Engañar por diversión y sin intención de ofender. ◆ v.tr. Amér. Fastidiar, molestar. ◆ v.tr. y prnl. Amér. Perjudicar, causar daño moral o material. **2.** Chile y Perú. Entretener, hacer perder el tiempo.

EMBRONCARSE v.prnl. [1]. Argent. *Fam.* Enojarse.

EMBROQUE s.m. TAUROM. Momento de ganar el toro el terreno del diestro.

EMBRUJAMIENTO s.m. Acción y efecto de embrujar.

EMBRUJAR v.tr. Hechizar, ejercer sobre al-

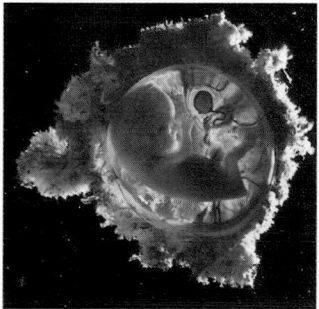

■ **EMBRIÓN** de 7 semanas.

guien una acción de hechicería o brujería, generalmente dañosa. **2.** Ejercer sobre alguien un atractivo extraordinario.

EMBRUJO s.m. Embrujamiento. **2.** Hechizo, atractivo o encanto misterioso: *el embrujo de la Alhambra.*

EMBRUTECER v.tr. y prnl. [37]. Entorpecer las facultades del espíritu: *el exceso de alcohol embrutece.*

EMBRUTECIMIENTO s.m. Acción y efecto de embrutecer.

EMBUCHADO s.m. Embutido de carne de cerdo entera o picada y condimentada. **2.** *Fig.* Asunto tras el cual se oculta algo de más gravedad e importancia. **3.** *Fig.* Introducción fraudulenta de votos en una urna electoral. **4.** *Fig.* y *fam.* Texto de su propia invención que añade un actor de teatro en su papel. SIN.: *morcilla.*

EMBUCHADORA s.f. Aparato utilizado para el embuchamiento de las aves.

EMBUCHAMIENTO s.m. Acción de embuchar a un ave.

EMBUCHAR v.tr. Embutir carne picada en un buche o tripa de animal. **2.** Cebar un ave introduciendo comida en su buche. **3.** *Fam.* Comer mucho, deprisa y casi sin masticar. **4.** IMPR. Colocar hojas o cuadernillos impresos unos dentro de otros.

EMBUDAR v.tr. Hacer entrar la caza en un lugar cerrado que se estrecha gradualmente para conducirla hasta donde se la espera.

EMBUDO s.m. (lat. tardío *imbutum*). Utensilio en forma de cono que sirve para trasvasar líquidos. **2.** Cavidad que va estrechándose y puede ser natural o formada por la explosión de un proyectil.

EMBURUJAR v.tr. y prnl. *Fam.* Hacer que se formen burujos. ◆ v.tr. *Fig.* Amontonar y mezclar desordenadamente cosas. **2.** Cuba. Emburrullar o confundir a alguien. ◆ **emburujarse** v.prnl. Colomb., Méx., P. Rico y Venez. Arrebujarse, cubrirse bien el cuerpo.

EMBUSTE s.m. Mentira, en especial la disfrazada con artificio.

EMBUSTERO, A adj. y s. Que dice embustes. ◆ adj. Chile. Que comete erratas al escribir.

EMBUTICIÓN s.f. TECNOL. Operación mediante la cual se da forma cóncava o hueca a una chapa metálica, introduciéndola en una matriz de acero o de hierro colado con ayuda de un macho o estampa. SIN.: *embutido.*

EMBUTIDO s.m. Acción y efecto de embutir. **2.** Tripa rellena de carne de cerdo u otra carne picada y condimentada. **3.** Amér. Entredós de bordado o de encaje. **4.** TECNOL. Embutición.

EMBUTIR v.tr. (del ant. *embotir*, de *boto*, odre). Introducir carne picada y condimentada en una tripa para hacer embutido. **2.** Llenar, meter una cosa dentro de otra y apretarla: *embutir la lana en un colchón.* **3.** Martillear, comprimir, en frío o en caliente, una pieza de metal para darle una forma determinada. **4.** Hundir la cabeza de un tornillo o clavo en el material en que se introduce. **5.** Incluir, encajar con arte materias diferentes o de distintos colores en un objeto. **6.** *Fig.* Reducir, condensar.

EME s.f. Nombre de la letra *m.* **2.** Eufemismo por *mierda.*

EMENAGOGO s.m. y adj. (gr. *agein*, empujar, y *emmina*, menstruación). Medicamento o tratamiento que provoca o regula la menstruación.

EMERGENCIA s.f. Suceso o accidente que requieren auxilio inmediato. **2.** Acción de emerger. **3.** Cosa que emerge.

EMERGENTE adj. ÓPT. Que sale de un medio después de haberlo atravesado.

EMERGER v.intr. (lat. *emergere*) [27]. Brotar o salir a la superficie del agua u otro líquido. **2.** Salir o aparecer por detrás o del interior de algo.

EMERITENSE adj. y s.m. y f. De Mérida (España).

EMÉRITO, A adj. Se dice del funcionario retirado que disfruta de algún premio por sus buenos servicios, en especial al profesor universitario que puede seguir impartiendo algunas clases.

EMERSIÓN s.f. Movimiento de un cuerpo que sale de un fluido en el que estaba sumergido.

2. ASTRON. Reaparición de un astro después de una ocultación. **3.** GEOL. Levantamiento de un continente, debido a una fuerza profunda o al descenso del nivel medio de los mares.

EMÉTICO, A adj. y s.m. (lat. *emeticus,* del gr. *emetikós*). Se dice de la sustancia o el medicamento que provocan el vómito.

EMETINA s.f. Alcaloide de la raíz de ipecacuana, usado en el tratamiento de la amebiasis.

EMÉTROPE adj. y s.m. y f. Que tiene visión normal.

EMIGRACIÓN s.f. Acción y efecto de emigrar. **2.** Conjunto de emigrantes. **3.** ZOOL. Migración.

EMIGRADO, A s. Persona que vive en la emigración, generalmente por causas políticas.

EMIGRANTE adj. Que emigra. ◆ s.m. y f. Persona que vive en un país o región que no es el suyo propio.

EMIGRAR v.intr. (lat. *emigrare,* mudar de casa). Dejar una persona el lugar de origen para establecerse en otro país o región temporal o definitivamente, por motivos económicos o sociales. **2.** Dejar un animal un lugar para buscar otro con mejores condiciones climáticas, mayores recursos alimenticios, etc.

EMIGRATORIO, A adj. Relativo a la emigración.

EMILIANO, A adj. y s. De la Emilia-Romaña. ◇ **Escuela emiliana** Escuela artística de la región de Emilia. (La escuela emiliana de pintura tuvo un papel preponderante en la historia de arte italiano, principalmente gracias a Correggio y a los Carracci.)

EMINENCIA s.f. (lat. *eminentia*). Cualidad de eminente. **2.** Persona eminente en cierto campo. **3.** Elevación del terreno. **4.** ANAT. Nombre dado a diversos salientes óseos. **5.** REL. Título concedido a los obispos, al gran maestre de la orden de Malta y a los cardenales. ◇ **Eminencia gris** Consejero íntimo que maniobra en la sombra.

EMINENTE adj. (lat. *eminens, -tis*). Alto, elevado: *terreno eminente.* **2.** *Fig.* Que sobresale entre los de su clase: *profesor eminente.*

EMINENTÍSIMO, A adj. Tratamiento honorífico que se concede a la persona a quien corresponde el grado de *eminencia.*

EMIR s.m. (ár. *'amīrel,* que manda). En el mundo musulmán, jefe, persona que tiene una dignidad política o militar.

EMIRATO s.m. Estado gobernado por un emir. **2.** Dignidad de emir. **3.** Tiempo que dura el gobierno de un emir.

EMISARIO, A s. Persona enviada a un lugar para llevar un mensaje, tratar un asunto o mediar en una situación. ◆ s.m. Canal o curso de agua que evacua el sobrante de una laguna, un lago, etc.: *el Ródano es el emisario del lago Leman.* **2.** Canal de desagüe de las aguas de drenaje.

EMISIÓN s.f. Acción y efecto de emitir: *emisión de luz.* **2.** Serie de cosas emitidas a la vez: *emisión de sellos.* **3.** Programa o parte de un programa de radio o televisión que se emite con continuidad. **4.** Operación que consiste en poner en circulación moneda, títulos, valores, efectos públicos, de comercio o bancarios. ◇ **Emisión de voz** Producción de un sonido articulado.

EMISOR, RA adj. y s. Que emite. ◆ adj. Se dice del establecimiento que goza del privilegio de emisión. ◆ s.m. y f. Persona que emite o produce el mensaje en el acto de la comunicación. ◆ s.m. Aparato que emite señales electromagnéticas portadoras de mensajes telegráficos, sonidos o imágenes. **2.** ELECTRÓN. Unión semiconductora, unida generalmente a la masa, que forma un transistor con la base y el colector.

EMISORA s.f. RADIODIF. Estación de emisión de radio.

EMITIR v.tr. (lat. *emittere*). Arrojar, despedir, producir una cosa otra que sale de ella: *emitir rayos, calor, sonidos.* **2.** Exponer, expresar, manifestar: *emitir un juicio.* **3.** Poner en circulación: *emitir billetes de banco.* ◆ v.tr. e intr. Hacer una emisión de radio o de televisión.

EMMENTAL o **EMMENTHAL** s.m. Variedad de queso gruyère de formato grande, fabrica-

do inicialmente en el Emmental (Suiza) y después en el Jura francés.

EMOCIÓN s.f. (gr. *émotion*). Turbación súbita o agitación pasajera producidas por un sentimiento de miedo, sorpresa, alegría, cólera, etc.

EMOCIONABLE adj. Que tiene tendencia a emocionarse.

EMOCIONANTE adj. Que causa o produce emoción.

EMOCIONAR v.tr. y prnl. Causar emoción.

EMOLIENTE adj. y s.m. MED. Que relaja y ablanda los tejidos.

EMOLUMENTO s.m. Remuneración que corresponde a un cargo o empleo.

EMOTIVIDAD s.f. Capacidad de experimentar emociones o sentimientos. **2.** Capacidad de una cosa para causar emoción: *algunos cuentos están escritos con gran emotividad.*

EMOTIVO, A adj. Relativo a la emoción: *trastornos emotivos.* **2.** Que produce o denota emoción: *palabras emotivas.* **3.** Se dice de la persona que se emociona fácilmente.

EMPACADO s.m. Operación de empacar.

EMPACADORA s.f. Máquina para empacar.

recogida de la hozada

enrollamiento y prensado

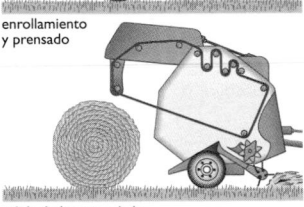
salida de la paca o bala

■ **EMPACADORA.** Funcionamiento de una empacadora.

EMPACAMIENTO s.m. Amér. Acción y efecto de empacarse.

EMPACAR v.tr. [1]. Hacer pacas o balas de una cosa. **2.** Empaquetar. **3.** Méx. Poner en conserva. ◆ v.intr. y tr. Amér. Hacer las maletas.

EMPACARSE v.prnl. [1]. Amér. Pararse una caballería y no querer seguir.

EMPACHADA s.f. Méx. Acción y efecto de empacharse.

EMPACHAR v.tr. y prnl. (fr. ant. *empeechier,* impedir, estorbar). Causar indigestión una comida: *los dulces me empachan.* **2.** Llegar a hartar algo a alguien por reiterativo y excesivo: *tantas zalamerías me empachan.* ◆ empacharse v.prnl. Sentir vergüenza.

EMPACHO s.m. Indisposición causada por comer en exceso y sufrir una digestión difícil, que comporta náuseas e incluso vómitos. **2.** Cansancio o aburrimiento causados por algún exceso: *empacho de lectura.* **3.** Cortedad, vergüenza, turbación.

EMPACÓN, NA adj. Amér. Se dice del caballo o yegua que se empaca.

EMPADRARSE v.prnl. Encariñarse un niño de forma exagerada con su padre o padres.

EMPADRONAMIENTO s.m. Acción de empadronar o empadronarse. **2.** Padrón, registro.

◇ **Empadronamiento de la población** Operación estadística elemental que consiste en el recuento de los individuos de un territorio por unidades administrativas.

EMPADRONAR v.tr. y prnl. Inscribir a alguien en el padrón o registro.

EMPAJAR v.tr. Cubrir o rellenar algo con paja. **2.** Chile. Mezclar con paja. **3.** Chile, Colomb., Ecuad. y Nicar. Techar de paja. ◆ empajarse v.prnl. Chile. Echar los cereales mucha paja y poco fruto. **2.** P. Rico y Venez. Hartarse, llenarse de comida.

EMPALAGADA s.f. Méx. Empalago.

EMPALAGAR v.intr. y prnl. [2]. Causar desagrado o cansancio un alimento, en especial si es dulce. **2.** *Fig.* Cansar o fastidiar una persona o cosa por ser excesivamente sentimental, artificiosa o amable: *me empalaga su manera de hablar.*

EMPALAGO s.m. Acción y efecto de empalagar o empalagarse. SIN.: *empalagamiento.*

EMPALAMIENTO s.m. Acción y efecto de empalar.

EMPALAR v.tr. Atravesar a alguien con un palo. ◆ empalarse v.prnl. Chile. Envararse, entumecerse. **2.** Chile y Perú. Obstinarse, encapricharse.

EMPALICAR v.tr. [1]. Chile. Engatusar.

EMPALIDECER v.tr. e intr. [37]. Poner o ponerse pálido. **2.** Perder o hacer disminuir el valor o la importancia de una cosa por comparación con otra.

EMPALIZADA s.f. Cercado o vallado hecho con estacas o tablas estrechas yuxtapuestas, clavadas en el suelo, que sirve de defensa o para cercar un lugar.

EMPALIZAR v.tr. [7]. Rodear de empalizadas: *empalizar un jardín.* **2.** Construir empalizadas o estacadas. **3.** Cortar a manera de muro o pared: *empalizar un seto.*

EMPALMADO s.m. CARP. Ensamblaje, por empalme, de piezas de madera cortas en sentido longitudinal.

EMPALMADORA s.f. CIN. Instrumento utilizado para unir por sus extremos dos fragmentos de película cinematográfica.

EMPALMAR v.tr. (de *empalomar,* coser la relinga a la vela con ligadas fuertes). Unir dos maderos, tubos, cables, etc., para que conserven la continuidad. **2.** *Fig.* Ligar o combinar planes, ideas, etc. ◆ v.intr. Unirse o corresponderse dos ferrocarriles, carreteras, etc.: *el camino empalma con la carretera.* ◆ v.intr. y prnl. Seguir o suceder una cosa a continuación de otra sin interrupción. ◆ empalmarse v.prnl. Esp. *Fam.* Excitarse sexualmente el hombre, con erección del pene.

EMPALME s.m. Acción de empalmar. **2.** Punto en que empalman dos cosas. **3.** Cosa que empalma con otra. **4.** Ensamble de piezas de madera por sus extremos, de modo que queden en prolongación. **5.** Conexión eléctrica. **6.** Punto de encuentro de dos líneas férreas. **7.** Punto de arranque de un ramal.

EMPAMPARSE v.prnl. Amér. Merid. Extraviarse en la pampa.

EMPANADA s.f. Pastel salado de forma plana consistente en una envoltura de masa hojaldrada rellena de distintos ingredientes. **2.** *Fig.* Acción y efecto de encubrir o disimular una cosa. ◇ **Empanada mental** Esp. *Fig. y fam.* Confusión mental.

EMPANADILLA s.f. Pastel hojaldrado pequeño de forma de media luna relleno de ingredientes dulces o salados, que se fríe en aceite o se cuece al horno.

EMPANAR v.tr. Rebozar carne o pescado con huevo batido, harina o pan rallado, para freírlo. **2.** Rellenar una empanada. ◆ empanarse v.prnl. Sofocarse los sembrados por exceso de simiente.

EMPANIZAR v.tr. [7]. Méx. Empanar.

EMPANTANAR v.tr. y prnl. Inundar un terreno de agua y barro. **2.** *Fig.* Detener o dilatar el curso de un asunto.

EMPAÑAR v.tr. Envolver a un niño en pañales. ◆ v.tr. y prnl. Quitar la tersura, el brillo o la transparencia de una cosa. **2.** Cubrirse un cristal de vapor de agua. **3.** *Fig.* Manchar u oscurecer la fama, el mérito, etc.: *empañar el buen nombre de la familia.*

EMPAÑETAR v.tr. Amér. Central, Ecuad. y P. Rico. Embarrar, cubrir una pared con mezcla de barro, paja y boñiga. **2.** Colomb. y P. Rico. Enlucir, encalar las paredes.

EMPAPADA s.f. Méx. Acción y efecto de empaparse.

EMPAPAR v.tr. y prnl. Hacer que algo quede completamente impregnado de un líquido: *empapar un algodón*. **2.** Penetrar un líquido un cuerpo de modo que este absorba todo el líquido que pueda contener: *la lluvia empapó la colada*. **3.** Absorber y retener un cuerpo algún líquido: *la bayeta empapa bien el agua*. ◆ **empaparse** v.prnl. Fig. Llenarse o imbuirse de algo, como un sentimiento, una idea, etc.: *empaparse de moral cristiana*. **2.** Fig. y fam. Enterarse bien de una cosa: *empápate antes de castigarla*. **3.** Fam. Empacharse, hartarse de comida.

EMPAPELADO s.m. Recubrimiento de papel de una superficie. **2.** Papel con que se recubre una superficie. **3.** Méx. Pescado cocido dentro de un papel.

EMPAPELAR v.tr. Cubrir con papel, especialmente con papel pintado, una pared. **2.** Esp. Fam. Formar causa criminal o expediente administrativo a alguien.

EMPAPUZAR v.tr. y prnl. [7]. Fam. Hartar, hacer comer demasiado.

1. EMPAQUE s.m. Fam. Distinción, presencia en la forma o en los modales. **2.** Seriedad algo afectada. **3.** Amér. Acción y efecto de empacarse un animal. **4.** Chile, Perú y P. Rico. Descaro, desfachatez.

2. EMPAQUE s.m. Acción y efecto de empacar **2.** Envoltura y armazón de un paquete. **3.** Colomb. y C. Rica. Trozo de material para mantener herméticamente cerradas dos piezas distintas. **4.** Méx. Trozo de hule que sirve para apretar dos piezas de un aparato y evitar que se escape el líquido o vapor que por ahí fluye.

EMPAQUETADO s.m. Operación de empaquetar. SIN.: *empaquetamiento*.

EMPAQUETADURA s.f. Arandela, disco o guarnición que se emplea para impedir la fugas o escapes de fluidos por las uniones de los tubos, en las válvulas de las llaves de paso, etc.

EMPAQUETAR v.tr. Meter en un paquete. **2.** Fig. Acomodar en un recinto a un número excesivo de personas. **3.** Fig. y fam. Imponer un castigo a alguien **4.** Argent Fig y fam. Envolver, engañar a alguien.

EMPARAMAR v.tr. y prnl. Colomb. y Venez. Aterir, helar. **2.** Colomb. y Venez. Mojar la lluvia o la humedad.

EMPARCHAR v.tr. y prnl. Poner parches.

EMPARDAR v.tr. Argent. y Urug. Empatar, igualar, particularmente en el juego de cartas.

EMPAREDADO, A adj. y s. Que está recluido por castigo, penitencia o por propia voluntad. ◆ s.m. Sándwich.

EMPAREDAR v.tr. y prnl. Encerrar a una persona en un sitio privado de comunicación con el exterior. ◆ v.tr. Ocultar en el espesor de una pared o entre dos paredes.

EMPAREJAMIENTO s.m. Unión de dos cosas en pareja.

EMPAREJAR v.tr. y prnl. Unir formando una pareja. ◆ v.tr. Poner una cosa al mismo nivel que otra: *emparejar el poste con la puerta*. ◆ v.intr. Alcanzar o llegar a ponerse junto a otro que iba delante. **2.** Ser pareja una cosa con otra. **3.** ZOOL. Aparear. ◆ **emparejarse** v.prnl. Méx. Equilibrarse económicamente gracias a una actividad secundaria o ilícita.

EMPARENTADO, A adj. Se dice de las lenguas que, en evoluciones diferentes, proceden de una misma lengua hablada anteriormente.

EMPARENTAR v.intr. [10]. Contraer parentesco por casamiento: *emparentar con la nobleza*.

EMPARRADO s.m. Sujeción de los sarmientos o ramas a tutores o soportes. **2.** Conjunto de los vástagos y hojas de una o varias parras, sostenidas por una armazón apropiada, forman cubierto. **3.** Fig. y fam. Peinado que consiste en cubrir con el pelo largo de los lados de la cabeza la calvicie de la parte superior.

EMPARRAR v.tr. Hacer o formar emparrado.

EMPARRILLADO s.m. Armazón horizontal de vigas o barras cruzadas que, en los terrenos deleznables o aguanosos, sirve de base firme de cimentación. **2.** En los diques de carena, conjunto de maderos trabados sobre los que descansa el buque.

EMPARVAR v.tr. Poner en parva las mieses.

EMPASTADO, A adj. Argent., Chile y Urug. Se dice del campo que tiene pasto para el ganado.

EMPASTADOR, RA adj. Que empasta. ◆ s.m. Pincel para empastar. **2.** Instrumento usado en odontología para rellenar con pasta el túnel fraguado en una pieza dentaria. ◆ s. Amér. Encuadernador de libros.

EMPASTADURA s.f. Chile. Acción y efecto de empastar un libro.

EMPASTAR v.tr. Cubrir o rellenar algo con pasta. **2.** Rellenar con una pasta especial el hueco producido por las caries en los dientes. **3.** Encuadernar en pasta los libros. ◆ v.tr. y prnl. Argent. y Chile. Padecer meteorismo el animal. **2.** Chile, Méx. y Nicar. Empradizar un terreno. **3.** PINT. Poner el color en bastante cantidad sobre la tela para que cubra la imprimación. ◆ **empastarse** v.prnl. Chile. Llenarse de maleza un sembrado.

EMPASTE s.m. Acción de empastar. **2.** Pasta especial empleada para rellenar una cavidad en una pieza dentaria en el tratamiento de las caries. **3.** Unión perfecta de los colores de una pintura **4.** Relieve producido en una tela mediante la aplicación de espesas capas de pasta. **5.** Argent. y Urug. Meteorismo del ganado.

EMPASTELAR v.tr. y prnl. IMPR. Mezclar o barajar las letras de un molde o composición tipográfica de modo que no formen sentido.

EMPATAR v.tr. y prnl. (ital. *impattare*). Obtener el mismo número de votos o de tantos que el adversario en una votación o competición deportiva. ◆ v.tr. Can., Colomb., C. Rica, Méx. P. Rico y Venez. Empalmar juntar una cosa con otra. **2.** Colomb. Gastar el tiempo en cosas molestas.

EMPATE s.m. Acción y efecto de empatar. **2.** Situación que se produce en una votación o competición deportiva cuando los contrincantes obtienen el mismo número de votos o tantos.

EMPATÍA s.f. Facultad de identificarse con otro grupo o persona, de ponerse en su lugar y percibir lo que siente. **2.** PSICOL. Proyección imaginaria o mental de sí mismo en los elementos de una obra de arte o de un objeto natural.

EMPAVESADA s.f. Defensa que se hacía con los paveses o escudos. **2.** MAR. **a.** Encerado clavado por la parte exterior de la borda, que sirve de protección. **b.** Conjunto de adornos de la borda de los barcos para ciertas solemnidades.

EMPAVESADO, A adj. Armado de pavés. ◆ s.m. Soldado que llevaba pavés u otra arma defensiva. **2.** MAR. Conjunto de banderas y gallardetes con que se empavesaba la borda de los barcos.

EMPAVESAR v.tr. Formar empavesadas o adornar con ellas.

EMPAVONAR v.tr. Chile. Dar color empañado a los vidrios. **2.** Colomb. y P. Rico. Untar, pringar.

EMPECATADO, A adj. Muy malo, travieso, díscolo. **2.** Condenado, endemoniado, maldito.

EMPECER v.tr. [37]. Dañar, causar perjuicios. ◆ v.intr. Impedir, obstar.

EMPECINADO, A adj. Terco, obstinado.

EMPECINAMIENTO s.m. Acción de empecinarse.

EMPECINAR v.tr. Untar algo con pecina o pez.

EMPECINARSE v.prnl. Obstinarse en una idea, opinión, etc.

EMPEDAR v.tr. Argent. y Méx. Vulg. Emborrachar.

EMPEDERNIDO, A adj. Que tiene muy arraigado un vicio o costumbre: *fumador empedernido*.

EMPEDERNIR v.tr. y prnl. [55]. Endurecer mucho ago. ◆ **empedernirse** v.prnl. Fig. Hacerse alguien insensible.

EMPEDRADO s.m. Acción de empedrar. **2.** Pavimento formado de adoquines o de piedras

partidas, sentados y apisonados de manera que constituyan una superficie resistente y apta para facilitar el tránsito.

EMPEDRAR v.tr. [10]. Cubrir el suelo con piedras clavadas en la tierra o ajustadas unas con otras. **2.** Fig. Cubrir una superficie con objetos extraños a ella: *empedrar de almendras un pastel*.

EMPEGADO s.m. Tela o piel untada de pez.

EMPEGADURA s.f. Baño de pez que se da interiormente a ciertas vasijas, pellejos, etc.

EMPEGAR v.tr. [2]. Bañar o cubrir con pez. **2.** Marcar con pez al ganado lanar.

1. EMPEINE s.m. Parte superior del pie comprendida entre el principio de la pierna y el principio de los dedos. **2.** Parte del calzado que cubre esta parte del pie.

2. EMPEINE s.m. (del lat. *pecten*, pelo del pubis). Pubis.

3. EMPEINE s.m. (lat. vulgar *impedigo, -iginis*). Enfermedad del cutis que lo pone áspero y encarnado, y provoca picazón. **2.** Planta hepática, muy común en los lugares húmedos. (Familia marchantiáceas.)

EMPELLA s.f. Pala, parte superior del calzado. **2.** Amér. Pella de manteca.

EMPELLAR v.tr. (lat. *impellere*, impulsar). Empujar, dar empellones.

EMPELLÓN s.m. Empujón dado con el cuerpo. ◇ **A empellones** Fam. Bruscamente.

EMPELOTARSE v.prnl. Fam. Desnudarse, quedarse en cueros. **2.** Fam. Enredarse las personas, en especial a causa de una riña. **3.** Cuba y Méx. Enamorarse apasionadamente. **4.** Cuba y Méx. Encapricharse, tener antojo de algo.

EMPENACHAR v.tr. Adornar algo con penachos de plumas.

EMPENADO, A adj. HERÁLD. Se dice de las flechas o dardos que tienen plumas de diferente esmalte en el cabo.

EMPENAJE s.m. Cada una de las superficies de la parte trasera de las alas o de la cola del avión que le dan estabilidad. **2.** Conjunto de aletas colocadas en la parte posterior de un proyectil destinadas a asegurar su estabilidad.

EMPEÑAR v.tr. (del ant. *peños*, prenda). Entregar algo de valor en depósito para obtener un préstamo de cuya devolución responde lo entregado: *empeñar las joyas*. **2.** Utilizar a alguien como mediador para conseguir algo: *empeñar a Juan en el asunto*. ◆ **empeñarse** v.prnl. Endeudarse o entramparse. **2.** Insistir con tesón en algo: *puesto que te empeñas lo te diré*. **3.** Interceder para que otro consiga lo que pretende: *empeñarse por alguno*.

EMPEÑO s.m. Acción de empeñar o empeñarse. **2.** Deseo vehemente de hacer o conseguir algo. **3.** Tesón y constancia. **4.** Intento, empresa: *morir en el empeño*. **5.** Obligación de pagar que asume el que empeña una cosa. **6.** Méx. Casa de empeños.

EMPEÑOSO, A adj. Amér. Se dice de la persona con grandes deseos de lograr algún fin y que trabaja en ello con perseverancia.

EMPEORAMIENTO s.m. Acción y efecto de empeorar.

EMPEORAR v.tr. Hacer que una cosa sea peor de lo que era. ◆ v.intr. y prnl. Poner o ponerse peor: *este mes ha empeorado el tiempo; el enfermo empeora*.

EMPEQUEÑECER v.tr. [37]. Reducir el tamaño de una cosa. **2.** Disminuir o quitar importancia a una cosa al compararla con otra.

EMPEQUEÑECIMIENTO s.m. Acción y efecto de empequeñecer.

EMPERADOR, TRIZ s. (lat. *imperator, -oris*, el que manda). Soberano de un imperio: *Napoleón fue nombrado emperador por el senado*. ◆ s.m. Soberano del Sacro imperio romano germánico. **2.** Pez espada. **3.** ZOOL. Pez de hasta 2 m de long., con el cuerpo comprimido y recubierto de tubérculos escamosos. (Familia luváridos.) ◆ s.f. Mujer del emperador.

EMPEREJILAR v.tr. y prnl. Fam. Emperifollar.

EMPEREZAR v.intr. y prnl. [7]. Dejarse dominar por la pereza. ◆ v.tr. Fig. Demorar, retardar.

EMPERGAMINAR v.tr. Cubrir o forrar con pergamino, en especial los libros.

EMPERICARSE v.prnl. [1]. Méx. Encaramarse en un lugar.

EMPERIFOLLAR v.tr. y prnl. *Fam.* Adornar con profusión y esmero: *emperifollarse para una ceremonia.*

EMPERNADO s.m. Acción de empernar. **2.** Ensamblaje por medio de pernos. **3.** Método especial para la sustentación de un techo de excavación.

EMPERNAR v.tr. Afianzar con pernos.

EMPERO conj.advers. Pero, sin embargo. (Se puede colocar en el interior o al final del período; actualmente, su uso es afectado o literario.)

EMPERRARSE v.prnl. *Fam.* Empeñarse en algo.

EMPESADO s.m. Operación que consiste en añadir engrudo de almidón al hilo o tela, para aumentar su peso.

EMPETATAR v.tr. Amér. Cubrir con petate.

EMPEZAR v.tr. e intr. (de *pieza*) [5]. Pasar una cosa de no existir, ocurrir o hacerse a existir, ocurrir o hacerse: *el curso empieza en septiembre.* ◆ v.tr. Comenzar a usar o consumir una cosa: *empezar una hogaza.* ◆ v.intr. Seguido de la prep. *a* y un infinitivo, expresa comienzo de la acción contenida en dicho infinitivo: *empezar a llover.* ◇ **Para empezar** Expresa enfáticamente el comienzo de una acción: *para empezar, se olvidó el vino.*

EMPIECE s.m. *Fam.* Acción de empezar.

EMPIEMA s.m. (del gr. *pýon*, pus). MED. Acumulación de pus en una cavidad natural.

EMPIETANDO adj. HERÁLD. Se dice del ave rapaz representada con su presa entre las garras.

EMPIEZO s.m. Colomb., Ecuad. y Guat. Empiece.

EMPILCHAR v.tr. y prnl. Argent. y Urug. Vestir, en especial si se aplica gran esmero en ello: *se empilchó para la fiesta.*

EMPILUCHAR v.tr. y prnl. Chile. Desnudar.

EMPINADO, A adj. Muy alto. **2.** Que tiene una pendiente muy pronunciada. **3.** Estirado, orgulloso.

EMPINAR v.tr. Poner una cosa erguida o vertical: *empinar la cabeza.* **2.** Inclinar un recipiente, sosteniéndolo en alto, para beber: *empinar la bota.* ◆ v.intr. y prnl. *Fig.* y *fam.* Beber bebidas alcohólicas. ◆ **empinarse** v.prnl. Ponerse alguien sobre las puntas de los pies, o un animal sobre las dos patas traseras levantando las delanteras. **2.** *Fig.* Alcanzar gran altura los árboles, torres, montañas, etc.

EMPINGOROTADO, A adj. Se dice de la persona de clase social elevada que presume de ello. **2.** Encopetado, ensoberbecido.

EMPINGOROTAR v.tr. y prnl. Encumbrar o elevar a alguien a una posición social ventajosa.

EMPIOJARSE v.prnl. Méx. Llenarse de piojos.

EMPIPADA s.f. Chile, Ecuad. y P. Rico. Atracón, hartazgo.

EMPÍREO, A adj. y s.m. (gr. *empýrios*, en llamas). MIT. Se dice de la parte más elevada del cielo, habitada por los dioses. ◆ s.m. Cielo, gloria, paraíso.

EMPIREUMA s.m. (del gr. *empyreýein*, poner a asar). QUÍM. Sabor y olor acres que adquiere una materia orgánica sometida a la acción de un fuego violento.

EMPIREUMÁTICO, A adj. Relativo al empireuma.

EMPÍRICO, A adj. (lat. *empiricus*, del gr. *em-peirikós*). Que se apoya exclusivamente en la experiencia y la observación, y no en la teoría: *procedimiento empírico.* ◆ adj. y s. Que procede empíricamente. **2.** FILOS. Partidario del empirismo.

EMPIRIOCRITICISMO s.m. Teoría epistemológica de fines del s. XIX y principios del s. XX, que se propone una crítica de la experiencia, con el objetivo de eliminar los conceptos metafísicos que desvirtúan el conocimiento.

EMPIRISMO s.m. Método fundado únicamente en la experiencia y la observación. **2.** Doctrina filosófica desarrollada en el s. XVIII en Gran Bretaña, según la cual todos los conocimientos proceden de la experiencia sensible. (Locke y Hume son sus principales representantes.) ◇ **Empirismo lógico** Movimiento filosófico representado principalmente por el círculo de Viena que, negando cualquier significado a los enunciados metafísicos, se esforzó en dar una forma lógica y axiomática a las proposiciones empíricas sobre las cuales se fundamentan las ciencias de la materia. SIN.: *neopositivismo, positivismo lógico.*

ENCICL. Opuesto al racionalismo de Descartes o de Leibniz, el empirismo considera al espíritu humano una *tabla rasa* que solo puede adquirir conocimientos probables, aunque experimentales, elaborados a partir de las sensaciones y su asociación según ciertas leyes. Después de contribuir en gran medida, durante el Siglo de las Luces, a la búsqueda de causas de las pretensiones de la metafísica, ejerció una influencia determinante en la evolución ulterior del pensamiento anglosajón.

EMPITONAR v.tr. TAUROM. Prender el toro el bulto con el pitón.

EMPIZARRAR v.tr. Cubrir un techo u otra superficie con pizarra.

EMPLANTILLAR v.tr. Chile y Perú. Rellenar con cascotes los cimientos de una pared.

EMPLASTAR v.tr. Poner emplastos. **2.** *Fam.* Entorpecer o detener la marcha de un asunto. ◆ **emplastarse** v.prnl. Embadurnarse o ensuciarse con cualquier compuesto pegajoso.

EMPLASTECER v.tr. [37]. Igualar y llenar las desigualdades de una superficie que se va a pintar.

EMPLÁSTICO, A o **EMPLÁSTRICO, A** adj. Que tiene las características y adherencias propias del emplasto. **2.** MED. Se dice de la sustancia que tiene poder supurativo o disolutivo.

EMPLASTO s.m. (lat. *emplastrum*, del gr. *émplastron*). Preparado medicamentoso de uso externo, elaborado con una sustancia espesa que se extiende en un paño y se coloca sobre la parte del cuerpo que se quiere curar. **2.** *Fig.* y *fam.* Arreglo chapucero. **3.** *Fig.* y *fam.* Persona de salud delicada. **4.** Amér. *Fig.* y *fam.* Parche, pegote. **5.** METAL. Defecto superficial local en una pieza de fundición constituida por una mezcla de arena y metal fundido.

1. EMPLAZAMIENTO s.m. Colocación de una cosa en un lugar determinado. **2.** Lugar donde está emplazado algo. **3.** GEOGR. Configuración propia del lugar ocupado por un establecimiento humano y que le proporciona los elementos locales de vida material y las posibilidades de expansión.

2. EMPLAZAMIENTO s.m. Acción y efecto de emplazar, citar.

1. EMPLAZAR v.tr. (de *plaza*) [7]. Colocar o situar una cosa en un lugar determinado. ◆ **emplazarse** v.prnl. Estar una cosa, en especial una población, situada en un lugar.

2. EMPLAZAR v.tr. (de *plazo*) [7]. Citar a alguien en un lugar y momento determinados, en especial para que justifique algo. **2.** DER. Requerir judicialmente a una persona para que acuda ante el juez o tribunal competente.

EMPLEADO, A s. Persona que ocupa un cargo o empleo retribuido, y, especialmente, dependiente asalariado que trabaja en una oficina o establecimiento mercantil. ◆ s.f. **Empleada de hogar** Esp. Persona que presta sus servicios en los trabajos domésticos de un hogar.

EMPLEAR v.tr. y prnl. (fr. arcaico *empleiier*). Dar trabajo, empleo. ◆ v.tr. Hacer servir una cosa para un fin determinado: *emplear el agua para regar.* **2.** Gastar o consumir algo, especialmente tiempo y dinero: *emplear todas las energías.* ◆ **emplearse** v.prnl. Esforzarse para la consecución de un fin determinado: *emplearse a fondo para los exámenes finales.*

EMPLEO s.m. Acción de emplear. **2.** Ocupación laboral que desempeña alguien para ganarse la vida. **3.** ECON. Nivel de ocupación de los trabajadores en un país o de una profesión. **4.** MIL. Cada uno de los escalones en la jerarquía militar. ◇ **Suspender de empleo** Sancionar a un empleado con una interrupción temporal de su ocupación laboral.

EMPLOMADO s.m. Cubierta fabricada en plomo. **2.** Conjunto de las piezas de plomo que forman el armazón de una vidriera.

EMPLOMADURA s.f. Acción y efecto de emplomar. **2.** Argent. y Urug. Empaste de un diente.

EMPLOMAR v.tr. Cubrir, asegurar o soldar con plomo, en especial los cristales de una vidriera. **2.** Poner sellos de plomo a las cosas que se precintan. **3.** Argent. y Urug. Rellenar con una pasta especial los huecos dejados en los dientes por la caries; empastar.

EMPLUMAR v.tr. Poner plumas a una cosa o persona: *emplumar un sombrero.* **2.** Amér. Central y Cuba. Engañar a alguien. **3.** Ecuad. y Venez. Enviar a alguien a algún sitio de castigo. **4.** Esp. *Fig.* y *fam.* Arrestar, condenar. ◆ v.intr. Emplumecer. **2.** Chile, Colomb., Ecuad. y P. Rico. Huir, fugarse.

EMPLUMECER v.intr. [37]. Echar plumas las aves.

EMPOBRECER v.tr. [37]. Hacer pobre o más pobre. **2.** Hacer que algo pierda valor o calidad: *tu trabajo se empobrece con tanta cita de autor.*

EMPOBRECIMIENTO s.m. Acción y efecto de empobrecer o empobrecerse: *el empobrecimiento del suelo de cultivo.*

EMPOLLAR v.tr. y prnl. (de *pollo*). Incubar los huevos un ave. ◆ v.tr. Esp. *Fig.* y *fam.* Estudiar mucho, generalmente de memoria. ◆ v.intr. Producir pollos las aves o crías las abejas. **2.** Ampollar, levantar ampollas.

EMPOLLÓN, NA adj. y s. Esp. *Fam.* Se dice del estudiante que empolla.

EMPOLVADO, A adj. Méx. Que no está al día en una profesión: *este doctor está un poco empolvado.*

EMPOLVAR v.tr. y prnl. Poner polvos, especialmente para maquillarse. ◆ **empolvarse** v.prnl. Cubrirse de polvo una cosa.

EMPONCHADO, A adj. Amér. Merid. Se dice del que está cubierto con el poncho. **2.** Argent. *Fig.* y *fam.* Muy abrigado.

EMPONZOÑAMIENTO s.m. Acción y efecto de emponzoñar.

EMPONZOÑAR v.tr. y prnl. Envenenar, poner ponzoña en algo, especialmente en una comida o bebida. **2.** *Fig.* Corromper, dañar, envilecer: *los residuos industriales emponzoñan el medio ambiente.*

EMPORCAR v.tr. y prnl. [6]. Ensuciar, llenar de porquería: *emporcarse los pies.*

EMPORIO s.m. (lat. *emporium*, mercado). Lugar donde concurrían para el comercio personas de distintos lugares. **2.** Centro comercial de un país. **3.** *Fig.* Lugar destacado por su riqueza material o por sus actividades culturales, artísticas, etc. **4.** Amér. Central. Gran establecimiento comercial donde se puede comprar todo lo necesario para una casa.

EMPOTRAR v.tr. Hacer que algo quede encajado y fijo en un lugar, especialmente en el interior de una pared o en el suelo. ◆ **empotrarse** v.prnl. Quedar algo encajado en otra cosa, en especial como consecuencia de un choque: *la moto se empotró contra el muro.*

EMPOTRERAR v.tr. Amér. Meter el ganado en el potrero para que paste.

EMPRENDEDOR, RA adj. Que emprende con resolución acciones, que tiene iniciativas, en especial en los negocios: *joven emprendedor.* **2.** Que es propio de estas personas: *carácter emprendedor.*

EMPRENDER v.tr. Empezar o dar principio a una obra o empresa, en especial cuando exige esfuerzo o riesgo: *emprender un negocio.* ◇ **Emprenderla a** *Fam.* Empezar a dar gritos, golpes o disparos: *discutieron hasta que la emprendió a golpes con él.* **Emprenderla con,** o **contra** Importunar o agredir a una persona o casa de forma continua.

EMPREÑAR v.tr. Preñar a una hembra. ◆ v.intr. y prnl. Quedarse preñada una hembra: *la yegua empreñó de un pura sangre.*

EMPRESA s.f. Acción de emprender. **2.** Acción arriesgada o de cierta dificultad, en especial cuando se emprende con la intervención de varias personas. **3.** Símbolo o figura enigmática. **4.** DER. Conjunto de actividades, bienes patrimoniales y relaciones de hecho. **5.** ECON. Unidad económica de producción de bienes y servicios. ◇ **Empresa de trabajo temporal** (ETT) Empresa que ejerce de intermediaria entre empresas que buscan trabajadores temporales y personas que buscan empleo. **Empresa pública** Empresa cuyo capital es total o parcialmente de titularidad estatal, así como la responsabilidad y resultados de su gestión.

EMPRESARIAL adj. Relativo a las empresas o a los empresarios.

EMPRESARIO, A s. Director de una empresa, que reúne los factores de producción y los dispone con arreglo a un plan para obtener su mejor rendimiento. **2.** Propietario o contratista de una obra, explotación o industria que concierta los servicios de otras personas a cambio de una remuneración. ◆ adj. Argent. Empresarial: *sector empresarial.*

EMPRÉSTITO s.m. Contrato en virtud del cual una persona física o jurídica participa en la financiación de una empresa u organismo público a cambio de una rentabilidad fija y periódica, y con la promesa de serle devuelto el importe de esta participación al cabo de un período de tiempo. **2.** Importe de esta participación.

EMPRETECER v.intr. y prnl. [37]. Ecuad. Ennegrecer.

EMPRIMAR v.tr. Dar una segunda carda a la lana o repasarla para hacer el paño más fino. **2.** *Fig. y fam.* Engañar a alguien abusando de su inexperiencia para hacerle pagar algo, o para divertirse a su costa. **3.** PINT. Imprimar.

EMPUERCAR v.tr. [1]. Argent. y Méx. Emporcar, ensuciar.

EMPUJADA s.f. Argent., Guat., Urug. y Venez. Empujón.

EMPUJAR v.tr. (del lat. *impellere,* impulsar). Hacer fuerza contra algo o alguien para desplazarlo. **2.** *Fig.* Hacer que una persona pierda el puesto o cargo. **3.** *Fig.* Hacer presión, intrigar o impulsar para hacer o conseguir algo: *empujó a su hijo a estudiar derecho.*

EMPUJE s.m. Acción de empujar. **2.** *Fig.* Energía o resolución con que se acomete una determinada acción o actividad. **3.** Fuerza vertical dirigida de abajo arriba, a la que está sometido todo cuerpo sumergido en un líquido. **4.** Fuerza que ejerce un elemento de construcción sobre sus soportes. **5.** Fuerza de propulsión que desarrolla un motor de reacción. (El empuje es una fuerza que se mide en newtons. No debe confundirse con la potencia, que se expresa en caballos.) ◇ **Centro de empuje.** Punto de aplicación de la resultante de las fuerzas de empuje. **Empuje de tierra.** Presión ejercida sobre un muro de contención por la tierra que este sostiene.

EMPUJÓN s.m. Impulso fuerte que se da a una persona o cosa que lo mueve o desplaza. **2.** Avance rápido dado a una obra trabajando con ahínco en ella. ◇ **A empujones.** *Fam.* Con violencia, bruscamente.

EMPULGAR v.tr. [2]. Preparar el arco o la ballesta para disparar.

EMPULGUERA s.f. Cada uno de los extremos de la verga de la ballesta, provistos de un ojete para afianzar en él la cuerda. **2.** MAR. Ojo, anillo o asa que se forma por medio de una cos tura escrita en el chicote de un cabo o cable. ◆ **empulgueras** s.f.pl. Cuerda, cadenilla o candado o instrumento con el que se apretaban los dedos pulgares de un prisionero.

EMPUNTAR v.tr. Colomb. y Ecuad. Orientar, encauzar, guiar. ◆ v.intr. Colomb. y Ecuad. Irse, marcharse. ◆ **empuntarse** v.prnl. Venez. Empecinarse, insistir uno en un tema.

EMPUÑADURA s.f. Guarnición o puño de una espada o un fusil, de algunas herramientas y utensilios como un bastón o un paraguas.

EMPUÑAR v.tr. Asir una cosa por la empuñadura: *empuñar el bastón; empuñar un látigo.* **2.** Chile. Cerrar la mano para formar o presentar el puño.

EMPUÑIDURA s.f. MAR. **a.** Cada uno de los cabos que sujetan los puños de grátil de las velas. **b.** Amarradura con que se hace firme el puño de una cangreja u otra vela a una botavara o pico.

EMPURPURADO, A adj. Que está vestido de color púrpura.

EMPURRARSE v.prnl. Amér. Central. Enfurruñarse, emberrincharse.

EMPUTECER v.tr. y prnl. [37]. Prostituir.

EMÚ s.m. Ave corredora de gran tamaño, parecida al avestruz, incapaz de volar, de plumaje marrón, y cuyas alas, muy reducidas, se esconden bajo las plumas. (El emú puede alcanzar una velocidad de 50km/h; familia dromiceidos.)

EMULACIÓN s.f. Acción de emular.

EMULAR v.tr. y prnl. (lat. *aemulari*).Imitar el comportamiento de otra persona, procurando igualarla o superarla.

EMULGENTE adj. Se dice de las arterias y de las venas de los animales que conducen la sangre que va a los riñones.

ÉMULO, A s. (lat. *aemulus*). Que trata de emular o imitar a otro.

EMULSIÓN s.f. (lat. *emulgere,* ordeñar). Medio heterogéneo constituido por la dispersión en forma de glóbulos finos de un líquido en otro líquido en fase continua. **2.** Preparación farmacéutica que contiene una sustancia emulsionante (mucílago de goma, yema de huevo) destinada a mantener en suspensión, en forma de partículas finas, cuerpos insolubles. **3.** Mezcla sensible a la luz depositada en forma de capa fina sobre placas, películas o papeles destinados a la fotografía.

EMULSIONANTE s.m. Producto capaz de facilitar y, a veces, incluso estabilizar las emulsiones.

EMULSIONAR v.tr. Poner en estado de emulsión.

EMUNCIÓN s.f. FISIOL. Eliminación de alguna sustancia por vías naturales.

EMUNTORIO s.m. (del lat. *emungere,* limpiar los mocos). Órgano o abertura natural o artificial del cuerpo que da salida a las secreciones.

EN prep. (lat. *in*). Expresa relación de lugar, tiempo, modo o manera, medio o instrumento, precio, etc.: *vivir en el campo; en la noche de autos; conservar en naftalina; viajar en tren; me lo dejó en diez pesos.* **2.** Precediendo a un infinitivo, forma oraciones adverbiales: *esforzarse en callar.* **3.** Precediendo a ciertos sustantivos y adjetivos, forma complementos adverbiales: *hablar en broma.*

ENACIADO s.m. Súbdito de los reyes cristianos españoles unido a los moros por vínculos de amistad o interés.

ENAGUA s.f. (del ant. *naguas,* del taíno de Santo Domingo). Prenda interior femenina que se lleva bajo la falda desde la cintura abajo. (Suele usarse en plural.) **2.** Combinación, prenda de este mismo uso que baja desde los hombros. ◆ **enaguas** s.f.pl. Méx. Falda.

ENAGÜILLAS s.f.pl. Falda corta que se usa en algunos trajes masculinos, como el escocés y el griego.

ENAJENACIÓN s.f. Acción y efecto de enajenar o enajenarse. SIN.: *enajenamiento.* **2.** Trastorno mental que impide al individuo llevar una vida compatible con la vida social. SIN.: *enajenación mental.* **3.** *Fig.* Distracción o falta de atención.

ENAJENADO, A adj. y s. Loco. ◆ s. DER. Persona que sufre una enfermedad o deficiencia persistente de carácter psíquico que le impide gobernarse por sí misma.

ENAJENAR v.tr. (de *ajeno*). DER. Vender, ceder o donar la propiedad, el dominio o el derecho sobre una cosa. ◆ v.tr. y prnl. *Fig.* Poner a alguien fuera de sí, hacerle perder la razón: *la cólera lo enajena.* **2.** Producir una visión o un pensamiento una fuerte impresión o admiración a alguien, hasta el punto de absorber su atención o sus sentidos. ◆ **enajenarse** v.prnl. Apartarse del trato que se tenía con alguien: *enajenarse de un amigo.* **2.** Privarse de algo.

ENÁLAGE s.f. (gr. *anallagí,* inversión, cam-
bio). GRAM. Figura de construcción gramatical que consiste en usar unas partes de la oración por otras o en alterar sus accidentes normales.

ENALBARDAR v.tr. Poner la albarda a una caballería. SIN.: *albardar.*

ENALTECER v.tr. y prnl. [37]. Ensalzar.

ENALTECIMIENTO s.m. Acción y efecto de enaltecer.

ENAMORADIZO, A adj. y s. Que se enamora con facilidad.

ENAMORADO, A adj. y s. Se dice de la persona que siente amor por otra: *pareja de enamorados.* **2.** Se dice de la persona que siente gran afición o entusiasmo por algo: *enamorado de la música.*

ENAMORAMIENTO s.m. Acción y efecto de enamorar o enamorarse.

ENAMORAR v.tr. Hacer alguien o algo que una persona sienta amor por ella. ◆ v.tr. e intr. Hacer una cosa que alguien sienta gran afición o entusiasmo por ella: *el Caribe enamora.* ◆ **enamorarse** v.prnl. Empezar a sentir amor por una persona: *se enamoró de ella en cuanto la vio.* **2.** Aficionarse mucho a una cosa: *enamorarse de la ópera.*

ENAMORISCARSE o **ENAMORICARSE** v.prnl. [1]. *Fam.* Enamorarse levemente de alguien. **2.** Empezar a enamorarse.

ENANCARSE v.prnl. [1]. Amér. Subirse a las ancas. **2.** Amér. *Fig.* Meterse alguien donde no lo llaman.

ENANISMO s.m. Trastorno del crecimiento de origen genético, metabólico o endocrino, caracterizado por alcanzar el individuo una talla por debajo de los límites considerados normales para su especie o raza.

ENANO, A adj. (del lat. *nanus*). Se dice de lo que es diminuto en su especie. ◆ s. Persona que padece enanismo. **2.** Persona muy pequeña. **3.** *Fig. y fam.* Se usa como apelativo cariñoso dirigido a los niños. ◆ adj. y s.f. ASTRON. Se dice de las estrellas que tienen a la vez un pequeño volumen y una débil luminosidad intrínseca. ◇ **Disfrutar como un enano.** *Fam.* Pasarlo muy bien.

ENANTE s.f. Felandrio acuático.

ENANTEMA s.m. MED. Erupción roja en las mucosas de las cavidades naturales.

ENÁNTICO, A adj. Del aroma de los vinos.

ENANTIOMORFO, A adj. Que está formado por las mismas partes dispuestas en orden inverso, de forma que sean simétricas en relación con un plano. **2.** QUÍM. Se dice de los compuestos que son inversos ópticos.

ENARBOLADO s.m. Conjunto de piezas de madera ensambladas que forman la armadura de una torre o bóveda.

ENARBOLAR v.tr. Levantar en alto una bandera, estandarte, etc. ◆ **enarbolarse** v.prnl. Ponerse el caballo sobre las dos patas traseras levantando las delanteras. SIN.: *encabritarse.* **2.** Enojarse mucho una persona.

ENARCAR v.tr. y prnl. [1]. Arquear, dar forma de arco: *enarcar las cejas.* ◆ v.tr. Poner cercos o arcos a las cubas o toneles. ◆ **enarcarse** v.prnl. Encogerse, intimidarse.

ENARDECER v.tr. y prnl. [37]. Excitar o avivar: *enardecer los ánimos.* ◆ **enardecerse** v.prnl. Inflamarse una parte del cuerpo.

ENARDECIMIENTO s.m. Acción de enardecer o enardecerse.

ENARENAR v.tr. y prnl. Echar arena para cubrir una superficie: *enarenar una calle.* ◆ **enarenarse** v.prnl. MAR. Encallar o varar las embarcaciones.

ENARMONÍA s.f. MÚS. Relación entre dos notas consecutivas que solo se distinguen por una coma y que, en la práctica, se confunden; por ej., en un piano, *do* sostenido y *re* bemol se ejecutan con la misma tecla.

ENARMÓNICO, A adj. MÚS. Se dice de las notas de nombre distinto pero que, por efecto de los sostenidos y los bemoles, tienen la misma entonación.

ENASTADO, A adj. Que tiene astas o cuernos. **2.** Que tiene mango.

ENASTAR v.tr. Poner el mango o asta a un arma o una herramienta.

ENCABALGAMIENTO s.m. Acción y efecto de encabalgar. **2.** Armazón de maderos cruza-

■ EMÚ

dos donde se apoya alguna cosa. **3.** MÉTRIC. Licencia métrica que consiste en enlazar el final de un verso con el principio de otro.

ENCABALGAR v.intr. [2]. Apoyarse una cosa sobre otra. ◆ v.tr. Proveer de caballos. **2.** Solapar, imbricar.

ENCABESTRAR v.tr. Poner el cabestro a los animales. **2.** *Fig.* Atraer o seducir a alguien. ◆ **encabestrarse** v.prnl. Enredarse la bestia una mano en el cabestro con que está atada.

ENCABEZADO s.m. Argent., Guat. y Méx. Titular de un periódico.

ENCABEZAMIENTO s.m. Acción de encabezar. **2.** Fórmula, expresión o conjunto de expresiones que se ponen al comienzo de una carta o escrito.

ENCABEZAR v.tr. [7]. Ir una persona en primer lugar o en cabeza de algo: *encabezar una manifestación, una clasificación.* **2.** Figurar en primer lugar de una lista. **3.** Poner el encabezamiento de una carta, un libro o cualquier escrito. **4.** Amér. Acaudillar, dirigir a otros. **5.** ENOL. Agregar alcohol a los vinos para aumentar su graduación.

ENCABILLAR v.tr. MAR. Sujetar o asegurar con cabillas.

ENCABRITAR v.tr. Provocar agitación o excitación en algo o a alguien. ◆ **encabritarse** v.prnl. Empinarse el caballo. **2.** *Fig.* Levantarse la parte anterior de una embarcación, aeroplano, etc., súbitamente hacia arriba. **3.** *Fig.* Enojarse, cabrearse.

ENCABRONAR v.tr. y prnl. Esp. y Méx. *Vulg.* Hacer enojar, disgustar profundamente a alguien.

ENCABUYAR v.tr. Cuba, P. Rico y Venez. Liar o envolver alguna cosa con cabuya.

ENCACHADO, A adj. Chile. Bien presentado. ◆ s.m. Solado de piedra o revestimiento de hormigón con que se refuerza el cauce de una corriente de agua, para evitar las erosiones o derrubios. **2.** Capa de cimentación o lecho formada de piedras piramidales sobre la cual se construye la superficie o pavimento de una carretera.

ENCACHAR v.tr. Hacer un encachado. **2.** Poner las cachas o piezas del mango a un cuchillo o a una navaja. **3.** Chile. Bajar la cabeza el animal vacuno para embestir. ◆ **encacharse** v.prnl. Chile y Venez. Empecinarse, encapricharse.

ENCADENADO, A adj. Se dice del verso que se inicia con el final del verso anterior. ◆ s.m. CIN. Transición gradual de una imagen que desaparece mientras aparece la otra por sobreimpresión. **2.** CONSTR. **a.** Armadura de hierro que sirve para impedir la separación de los muros de una construcción. **b.** Operación consistente en colocar dicha armadura.

ENCADENAMIENTO s.m. Acción y efecto de encadenar: *encadenamiento de presos.* **2.** Conexión, trabazón. **3.** COREOGR. Conjunto de pasos que constituyen una fase coreográfica. **4.** MÚS. Yuxtaposición lógica de dos acordes.

ENCADENAR v.tr. y prnl. Sujetar o atar con una cadena. **2.** *Fig.* Impedir algo, como una obligación, una afición, prejuicios, etc., que una persona actúe libremente. **3.** *Fig.* Trabar y enlazar unas cosas con otras, de modo que guarden algún tipo de relación entre ellas.

ENCAJADO, A adj. HERÁLD. Se dice del escudo formado por ángulos entrantes y salientes, que lo dividen.

ENCAJADURA s.f. Acción de encajar. **2.** Encaje, lugar en que se encaja algo.

ENCAJAMIENTO s.m. Descenso del feto en la cavidad pelviana, por debajo del plano del estrecho superior de la pelvis.

ENCAJAR v.tr. Meter una cosa dentro de otra ajustadamente: *encajar una ficha en la ranura.* **2.** Recibir un daño, especialmente un golpe. **3.** *Fig. y fam.* Introducir inoportunamente algo en una conversación. **4.** *Fig.* Reaccionar bien y convenientemente ante una desgracia, contratiempo, represión o advertencia: *encajar un castigo.* **5.** *Fig. y fam.* Hacer oír algo a alguien causándole molestia o enojo. **6.** *Fig. y fam.* Dar algo a alguien engañándolo o causándole molestia: *le encajaron un medicamento caducado.* **7.** MED. Realizar el encajamiento. ◆ v.intr. Quedar una cosa ajustada en otra. **2.** *Fig. y fam.* Ser alguien o algo oportuno o adecuado: *esta fotografía no encaja en este artículo.* **3.** Coincidir, completarse o confirmarse recíprocamente una cosa con otra: *las dos versiones encajan.*

ENCAJE s.m. Acción de encajar una cosa en otra. **2.** Tejido calado, de mallas finas, que forma un fondo de redecilla decorado con dibujos más opacos y de formas variadas. **3.** Encajadura, hueco en que se mete o encaja una pieza. **4.** Superficie de unión de dos piezas, dispuesta de manera que asegure la inmovilidad de estas: *encaje de maderos.* **5.** ENCUAD. Hoja o pliego de número de páginas variable que se coloca en el interior de otro pliego. ◆ **encajes** s.m.pl. Objetos de adorno hechos de encaje. **2.** HERÁLD. Particiones del escudo en formas triangulares alternas, de color y metal, y encajadas unas en otras. ◇ **Encaje de aguja** Encaje hecho con hilo de lino blanco, con todas las variantes del punto de festón. **Encaje de bolillos** Encaje hecho sobre mundillo o almohadilla, con hilos arrollados sobre bolillos.

ENCAJETILLAR v.tr. Meter los cigarrillos o el tabaco picado en cajetillas.

ENCAJONADO s.m. Acción y efecto de encajonar. **2.** Obra de tapia de tierra, que se hace encajonando la tierra y apisonándola dentro de tapiales.

ENCAJONAR v.tr. Meter una cosa o animal dentro de un cajón. **2.** Construir cimientos en cajones o zanjas abiertas. **3.** Reforzar un muro a trechos con machones formando encajonados. **4.** Plantar en una caja llena de tierra: *encajonar naranjos.* ◆ v.tr. y prnl. Meter algo o a alguien en un sitio estrecho: *encajonar un batallón.* ◆ **encajonarse** v.prnl. Pasar a circular un río o un arroyo por un lugar muy estrecho.

ENCAJOSO, A adj. Méx. Pedigüeño, desfachatado, desconsiderado.

ENCALABRINAR v.tr. y prnl. Turbar los sentidos el olor o vaho de una cosa: *el vino lo encalabrinó.* **2.** Hacer concebir a alguien ambiciones, deseos, ilusiones, etc. **3.** Excitar, irritar. ◆ **encalabrinarse** v.prnl. *Fam.* Obstinarse en una cosa por capricho.

ENCALADO s.m. Acción y efecto de encalar o blanquear. **2.** Procedimiento de apelambrado de las pieles que consiste en aplicarles una pasta alcalina o de cal.

ENCALADURA s.f. Acción y efecto de encalar los terrenos, las semillas y los árboles.

ENCALAMBRARSE v.prnl. Chile, Colomb. y P. Rico. Entumecerse, aterirse.

ENCALAMOCAR v.tr. y prnl. [1]. Colomb. y Venez. Alelar.

ENCALAR v.tr. Cubrir algo con cal, especialmente para blanquearlo: *encalar una pared.* **2.** Esparcir cal en los terrenos de cultivo para mejorarlos.

ENCALILLARSE v.prnl. Chile. Endeudarse.

ENCALLADERO s.m. Lugar donde puede encallar un barco.

ENCALLADURA s.f. Acción y efecto de encallar.

ENCALLAR v.intr. Varar una embarcación en un banco de arena o encajonarse entre piedras. ◆ v.intr. y prnl. *Fig.* Quedar detenido un asunto o empresa por alguna dificultad.

ENCALLECER v.tr. y prnl. [37]. Hacer que se formen callos en alguna parte del cuerpo: *encallecer las manos.* **2.** *Fig.* Endurecerse, curtirse.

ENCALLECIMIENTO s.m. Acción y efecto de encallecer.

ENCALLEJONAR v.tr. y prnl. Meter algo por un callejón, o por un paso estrecho y largo. ◆ **encallejonarse** v.prnl. TAUROM. Meterse el toro entre tablas sin querer abandonar el callejón.

ENCALMADO, A adj. Se dice del tiempo calmoso, sin la más ligera brisa. **2.** MAR. Se dice de un barco de vela que, por escasez de viento, adelanta muy poco o no puede moverse.

ENCALMAR v.tr. y prnl. Tranquilizar a una persona. ◆ **encalmarse** v.prnl. Quedarse en calma el mar o el viento.

ENCALVECER v.intr. [37]. Quedarse calvo.

ENCAMADA s.f. Argent. y Urug. *Vulg.* Acción de acostarse juntos para mantener relaciones sexuales.

ENCAMAR v.tr. Tender o echar una cosa en el suelo. ◆ **encamarse** v.prnl. Meterse en la cama por enfermedad. **2.** *Vulg.* Acostarse para mantener relaciones sexuales. **3.** Tumbarse o abatirse las mieses. **4.** Agazaparse las piezas de caza o echarse en los lugares que buscan para su descanso.

ENCAMINAR v.tr. Poner a alguien en camino, enseñarle el camino. ◆ v.tr. y prnl. Dirigir hacia un punto determinado: *encaminar los pasos; encaminarse hacia la libertad.* **2.** *Fig.* Enderezar la intención hacia un fin determinado. ◆ **encaminarse** v.prnl. Ir a un lugar.

ENCAMISADO s.m. CONSTR. Acción de revestir con una capa continua las paredes interiores de un conducto. **2.** MEC. Fijación de una camisa o forro de acero delgado en un cilindro de motor.

ENCAMISAR v.tr. y prnl. Poner una camisa o funda: *encamisar las butacas.* **2.** *Fig.* Encubrir, disimular, disfrazar una cosa.

ENCAMONADO, A adj. ARQ. Que está hecho con camones, armazones de caña o listones: *bóveda encamonada.*

ENCAMOTARSE v.prnl. Amér. Merid., C. Rica y Nicar. *Fam.* Enamorarse.

ENCAMPANAR v.tr. y prnl. Colomb., Dom., P. Rico y Venez. Encumbrar a alguien. **2.** TAUROM. Levantar el toro parado la cabeza como desafiando. ◆ v.tr. Méx. Involucrar a alguien en una empresa generalmente fallida. **2.** Méx. Engañar con halagos y promesas. ◆ **encampanarse** v.prnl. Colomb. Enamorarse. **2.** Perú. Complicarse un asunto. **3.** Venez. Internarse, avanzar hacia dentro.

ENCANALLAR v.tr. y prnl. Convertir a alguien en un canalla.

ENCANAMENTO s.m. ARQ. Conjunto formado por las cabezas de las carreras que sobresalen al exterior y que sostienen una cornisa o parte voladiza de la fachada.

ENCANARSE v.prnl. Quedarse envarado por el llanto o la risa.

ENCANASTAR v.tr. Poner dentro de una canasta.

ENCANDELILLAR v.tr. Amér. Merid. Sobrehilar una tela. ◆ v.tr. y prnl. Amér. Merid. y Hond. Encandilar, deslumbrar.

ENCANDILADO, A adj. *Fam.* Erguido, levantado.

ENCANDILAR v.tr. y prnl. (de *candela*, lumbre). Deslumbrar o pasmar, generalmente con falsas apariencias. **2.** Suscitar un deseo o ilusión. ◆ **encandilarse** v.prnl. Encenderse los ojos por la bebida o la pasión. **2.** P. Rico. Enojarse.

ENCANECER v.intr. y prnl. [37]. Volverse canoso: *encaneció muy joven.* **2.** *Fig.* Ponerse algo mohoso: *encanecerse el pan.* **3.** *Fig.* Envejecer una persona. ◆ v.tr. Hacer salir canas.

ENCANECIMIENTO s.m. Efecto de encanecer.

ENCANIJAR v.tr. Poner canijo, débil y enfermizo. ◆ **encanijarse** v.prnl. Méx. Enojarse.

ENCANILLADO s.m. TEXT. Operación que consiste en arrollar en una canilla el hilo destinado a constituir la trama de un tejido.

ENCANILLADORA s.f. TEXT. Máquina que sirve para arrollar el hilo de trama sobre una canilla.

ENCANILLAR v.tr. TEXT. Poner en las canillas el hilo de la trama o formar canillas para lanzaderas.

ENCANTADO, A adj. Muy complacido: *encantado de conocerte.* **2.** Esp. Que está distraído o embobado.

ENCANTADOR, RA adj. y s. Que tiene poder para encantar. ◆ adj. Muy amable, agradable, simpático o bello: *niño encantador.*

ENCANTAMIENTO s.m. Acción y efecto de encantar o encantarse.

ENCANTAR v.tr. Ejercer sobre algo o alguien artes de magia. **2.** Gustar o complacer mucho: *me encanta el chocolate.* ◆ **encantarse** v.prnl. Permanecer inmóvil contemplando una cosa o distraerse de lo que se está haciendo.

ENCANTE s.m. (cat. *encant*). Lugar en que se hacen ventas en pública subasta, especialmente de objetos de segunda mano.

ENCANTO s.m. Encantamiento. **2.** *Fig.* Atractivo. **3.** Apelativo cariñoso. ◆ **encantos** s.m.pl. Atractivos físicos de una persona: *mostrar sus encantos.*

1. ENCAÑADO s.m. Enrejado de cañas que se pone en los jardines para enredar las plantas.

2. ENCAÑADO s.m. Conducto para conducir el agua.

ENCAÑAR v.tr. Hacer pasar el agua por un encañado o conducto.

ENCAÑIZADA s.f. Cerca de cañas que se dispone junto a la desembocadura de los ríos o en las albuferas o mares de poco fondo, para encerrar la pesca. **2.** Encañado, enrejado de cañas.

ENCAÑONADO, A adj. Se dice del humo y del viento que circulan con cierta fuerza por sitios estrechos.

ENCAÑONAR v.tr. Apuntar con un arma de fuego. **2.** Hacer pasar el agua de una corriente por un conducto estrecho o por una tubería.

ENCAPOTAMIENTO s.m. Acción y efecto de encapotar o encapotarse.

ENCAPOTAR v.tr. y prnl. Cubrir con el capote. ◆ **encapotarse** v.prnl. Cubrirse el cielo de nubes, especialmente de nubes oscuras que amenazan lluvia. **2.** Fig. Poner gesto de enojo frunciendo el ceño.

ENCAPRICHARSE v.prnl. Empeñarse en conseguir un capricho: *encapricharse con un juguete.*

ENCAPSULAR v.tr. Meter en cápsulas.

ENCAPUCHAR v.tr. y prnl. Cubrir o tapar con capucha.

ENCARAMAR v.tr. y prnl. Subir o poner a algo o a alguien en un lugar alto y difícil de alcanzar. **2.** fam. Colocar a alguien en un puesto alto y honorífico.

ENCARAR v.tr. Poner dos cosas cara a cara o poner una cosa con la cara hacia un determinado lugar: *encarar dos armarios.* **2.** Afrontar una situación difícil o complicada con una determinada actitud, generalmente con resolución y decisión. **3.** Dirigir la puntería, la mirada, los pasos, etc., hacia determinado lugar. ◆ **encararse** v.prnl. Fig. Oponerse a una persona o cosa con una actitud agresiva o desafiante: *se encaró con los asaltantes.*

ENCARCELAMIENTO s.m. Acción y efecto de encarcelar. SIN.: *encarcelación.*

ENCARCELAR v.tr. Poner a alguien preso en la cárcel: *encarcelar a un delincuente.* **2.** Asegurar con yeso, cal o cemento una pieza de madera o de hierro: *encarcelar una reja.*

ENCARECEDOR, RA adj. y s. Que encarece o que exagera.

ENCARECER v.tr. y prnl. (de *caro*) [37]. Aumentar el precio de una cosa. *encarecer los productos de consumo.* ◆ v.tr. Fig. Alabar mucho las cualidades de una persona o cosa. *encarecieron su belleza y su bondad.* **2.** Fig. Pedir o encargar con empeño o insistencia.

ENCARECIMIENTO s.m. Acción y efecto de encarecer. ◇ **Con encarecimiento** Con insistencia o empeño.

ENCARGADO, A adj. Que ha recibido un encargo. ◆ s. Persona que tiene a su cargo un establecimiento, negocio, etc., en representación del dueño o interesado. ◇ **Encargado de cátedra** Profesor no numerario que ocupa una cátedra vacante. **Encargado de curso** Profesor no numerario de universidad que enseña una disciplina de la que no existe plaza dotada de catedrático, agregado o adjunto. **Encargado de negocios** Agente diplomático de categoría inferior al ministro plenipotenciario.

ENCARGAR v.tr. [1]. Ordenar o pedir a alguien que haga algo. **2.** Ordenar o pedir una persona a otra que le suministre o sirva algo. ◆ v.intr. Argent. y Méx. Quedar embarazada una mujer. ◆ **encargarse** v.prnl. Tener o tomar alguien una cosa bajo su cuidado o responsabilidad: *encargarse del mantenimiento.*

ENCARGO s.m. Acción y efecto de encargar. **2.** Cosa encargada. ◇ **Estar de encargo** Argent. y Méx. Estar embarazada.

ENCARIÑAR v.tr. Hacer que una persona o animal tome cariño a alguien o algo. ◆ **encariñarse** v.prnl. Tomar cariño a alguien o algo.

ENCARNACIÓN s.f. Adopción de una forma

---

material o carnal por parte de un ser espiritual. **2.** Personificación, representación de una idea, doctrina, etc.

ENCARNADO, A adj. y s.m. Se dice del color rojo o colorado: *tela encarnada.* ◆ adj. Que es de este color. **2.** REL. Que está unido a la naturaleza humana: *el Verbo encarnado.*

ENCARNADURA s.f. Cualidad de la carne viva con respecto a la curación de las heridas: *tener buena encarnadura.*

ENCARNAR v.intr. Adoptar un ser espiritual una forma material o carnal. ◆ v.tr. Fig. Personificar, representar alguna idea o doctrina: *un juez que encarna la justicia.* **2.** Fig. Representar un personaje de una obra teatral, cinematográfica, etc.: *encarnar el papel de malo.* ◆ **encarnarse** v.prnl. Introducirse una uña en la carne produciendo molestias. **2.** Fig. Mezclarse o unirse una cosa con otra.

ENCARNE s.m. MONT. Parte del animal muerto que se da a la jauría.

ENCARNIZAMIENTO s.m. Crueldad con que alguien se ceba en el daño de otro.

ENCARNIZARSE v.prnl. [7]. Cebarse los animales en su víctima. **2.** Fig. Mostrarse cruel y despiadado.

ENCARPETAR v.tr. Guardar algo en carpetas, en especial papeles. **2.** Amér. Merid. y Nicar. Dar carpetazo, suspender la tramitación de una solicitud o un expediente.

ENCARRERARSE v.prnl. Méx. Acelerar el paso. **2.** Méx. Encarrilarse.

ENCARRILAR v.tr. y prnl. Dirigir o enderezar un carro, automóvil, etc., para que siga el camino o carril debido. ◆ v.tr. Fig. Dirigir una cosa o a una persona por el camino adecuado o acertado. **2.** Colocar sobre los carriles los vehículos que se han salido de las vías.

ENCARTACIÓN s.f. Empadronamiento para el pago de tributos en virtud de la carta de privilegio. **2.** Reconocimiento del vasallaje al señor que hacían los pueblos, pagándole tributo. **3.** Territorio al cual se hacen extensivos fueros y exenciones de una comarca limítrofe.

ENCARTAR v.tr. En los juegos de naipes, jugar al contrario o al compañero una carta a la cual pueda asistir. **2.** DER. Procesar a una persona. **3.** ENCUAD. Colocar encartes. ◆ **encartarse** v.prnl. Tomar un jugador cartas del mismo palo que otro, para así obligarlo a que las siga, y poder descartarse de las que lo perjudican.

ENCARTE s.m. Acción y efecto de encartar o encartarse en los juegos de naipes. **2.** Hoja o pliego que se coloca, suelto, en un libro ya encuadernado.

ENCARTONADO s.m. Acción y efecto de encartonar. **2.** ENCUAD. Tipo de encuadernación en que los cartones de la cubierta van revestidos de papel de color.

ENCARTONADOR, RA s. Persona que tiene por oficio encartonar los libros para encuadernarlos.

ENCARTONAR v.tr. Cubrir algo con cartones para protegerlo. **2.** Encuadernar con tapas de cartón revestidas de papel. SIN.: *cartoné.*

ENCARTUCHAR v.tr. Meter la pólvora en los cartuchos. ◆ v.tr. y prnl. Chile, Colomb., Ecuad. y P. Rico. Enrollar en forma de cucurucho.

ENCASCOTAR v.tr. Rellenar con cascotes una cavidad.

ENCASILLADO s.m. Conjunto de casillas. **2.** Lista de candidatos apoyados por el gobierno en las elecciones.

ENCASILLAR v.tr. Poner en casillas. **2.** Clasificar a personas o cosas.

ENCASQUETAR v.tr. y prnl. Encajar bien algo en la cabeza, como el sombrero, gorra, etc. **2.** Fig. Enseñar a alguien o persuadirlo de algo a fuerza de insistencia. **3.** Fig. Encargar a alguien una cosa molesta o pesada. ◆ **encasquetarse** v.prnl. Formarse una idea en la mente de forma obstinada.

ENCASQUILLADOR s.m. Colomb., Ecuad. y Perú. Herrador.

ENCASQUILLAR v.tr. Poner casquillos. **2.** Amér. Herrar una caballería. **3.** Cuba. Fig. y fam. Acobardarse, acoquinarse. ◆ **encasquillarse** v.prnl. Atascarse un arma de fuego con el casquillo de la bala al disparar.

ENCASTAR v.tr. Mejorar una casta de animales por cruzamiento.

ENCASTILLADO, A adj. Fig. Orgulloso o soberbio.

ENCASTILLAMIENTO s.m. Acción y efecto de encastillar o encastillarse.

ENCASTILLAR v.tr. Apilar o poner unas cosas sobre otras: *encastillar los maderos.* **2.** Fortificar con castillos. ◆ **encastillarse** v.prnl. Encerrarse en un castillo para defenderse. **2.** Fig. Refugiarse en un lugar alto o de difícil acceso. **3.** Fig. Perseverar con tesón u obstinación en un parecer.

ENCASTRAR v.tr. Acoplar dos piezas.

ENCATRADO s.m. Argent. y Chile. Catre.

ENCAUCHADO, A adj. y s. Colomb., Ecuad. y Venez. Se dice de la tela impermeabilizada con caucho. ◆ s.m. Colomb., Ecuad. y Venez. Ruana o poncho impermeabilizado con caucho.

ENCAUCHAR v.tr. Cubrir con caucho.

ENCAUSAR v.tr. DER. Procesar o formar causa a alguien.

ENCÁUSTICA s.f. Encáustico. **2.** B. ART. Procedimiento de pintura a base de colores diluidos en cera fundida, cuya aplicación se realiza en caliente.

ENCÁUSTICO, A adj. Se dice de la pintura o del barniz preparados con ceras. ◆ s.m. Preparado a base de cera fundida que sirve para recubrir las superficies pulimentadas, pavimentos, etc., a fin de darles brillo o preservarlos de la humedad. SIN.: *encáustica.*

ENCAUSTO s.m. (gr. *egkaystos*, pintado con fuego). Tinta roja con la que escribían solo los emperadores. SIN.: *encauste.*

ENCAUZAMIENTO s.m. Acción y de encauzar.

ENCAUZAR v.tr. [7]. Conducir una corriente por un cauce. **2.** Fig. Encaminar, dirigir, normalizar, regular: *encauzar el debate.*

ENCEBOLLADO s.m. Guiso de carne o pescado hecho con mucha cebolla: *encebollado de bacalao.*

ENCEFALALGIA s.f. Dolor de cabeza muy intenso.

ENCEFÁLICO, A adj. Relativo al encéfalo: *masa encefálica.*

ENCEFALINA s.f. NEUROL. Sustancia polipeptídica de bajo peso molecular, neuromediador del sistema nervioso central provisto de propiedades antálgicas.

ENCEFALITIS s.f. NEUROL. Proceso inflamatorio que afecta al encéfalo.

ENCÉFALO s.m. (gr. *egképhalon*). Conjunto de centros nerviosos, cerebro, cerebelo y tronco cerebral, contenidos en la cavidad craneal de los vertebrados.

ENCEFALOGRAFÍA s.f. Descripción anatómica del encéfalo. ◇ **Encefalografía gaseosa** Técnica radiológica que permite, mediante insuflación de aire o gas en el canal raquídeo o en los ventrículos cerebrales, visualizar, por contraste, los espacios por donde circula el líquido cefalorraquídeo.

ENCEFALOMIELITIS s.f. Inflamación del cerebro y de la médula espinal.

ENCEFALOPATÍA s.f. Afección del encéfalo. ◇ **Encefalopatía espongiforme** Encefalopatía provocada por un prion, caracterizada por trastornos nerviosos sensitivos y motores, que se transmite por la ingestión de carne contaminada. (Afecta tanto a los seres humanos [enfermedad de Creutzfelt-Jakob y kuru, mortales ambas] como a los animales [encefalopatía espongiforme bovina, conocida como *enfermedad de las vacas locas*, y *scrapie* o prurito ovino en ovejas y cabras].)

ENCELAMIENTO s.m. Acción y efecto de encelar o encelarse.

ENCELAR v.tr. Dar celos o poner celoso. ◆ **encelarse** v.prnl. Concebir celos de alguien. **2.** Estar en celo un animal.

ENCELLA s.f. (del lat. *fiscella*). Molde o recipiente para hacer quesos y requesones.

ENCELLAR v.tr. Dar forma en la encella: *encellar el queso.*

ENCENAGARSE v.prnl. [2]. Meterse en el cieno o ensuciarse en él. **2.** Fig. Envilecerse.

ENCENDEDOR, RA adj. y s. Que enciende.

◆ s.m. Utensilio de pequeño tamaño para encender, que tiene combustible gaseoso o líquido y produce llama o chispa. GEOSIN.: Esp. *mechero*; P. Rico. *yesquero.*

ENCENDER v.tr. (lat. *incendere*) [29]. Prender fuego, incendiar, quemar. **2.** Conectar un circuito eléctrico: *encender la luz.* ◆ v.tr. y prnl. Causar un sentimiento intenso o una pasión en alguien. **2.** *Fig.* Provocar enfrentamientos. **3.** *Fig.* Irritar o excitar a alguien. **4.** *Fig.* Ruborizarse, ponerse rojo el rostro.

ENCENDIDO, A adj. Que es de color rojo muy subido: *tener el rostro encendido.* ◆ s.m. Acción de encender: *el encendido de una caldera.* **2.** Inflamación, mediante un quemador o una bujía, de la mezcla gaseosa en un motor de explosión. **3.** Dispositivo que realiza esta inflamación.

ENCENIZAR v.tr. y prnl. [7]. Echar ceniza sobre algo.

ENCEPAR v.tr. Poner algo en un cepo. **2.** Poner un cepo. **3.** Asegurar mediante un cepo. ◆ v.intr. y prnl. Arraigar bien las plantas y los árboles.

ENCERADO s.m. Acción y efecto de encerar. **2.** Capa ligera de cera con que se cubren los muebles. **3.** Lienzo impermeabilizado con cera u otra materia. **4.** Esp. Cuadro de hule, etc., usado para escribir en él con clarión o tiza.

ENCERADOR, RA s. Persona que tiene por oficio encerar.

ENCERADORA s.f. Aparato electrodoméstico que sirve para encerar el suelo.

ENCERAR v.tr. Aplicar cera a algo: *encerar una superficie.*

ENCERRADERO s.m. Lugar donde se recoge el rebaño. **2.** TAUROM. Lugar destinado a encerrar los toros.

ENCERRAR v.tr. [10]. Recluir a alguien en un sitio de donde no pueda salir o escaparse: *encerrar en la cárcel.* **2.** Guardar o meter algo en un sitio cerrado: *encerrar el dinero en una caja.* **3.** *Fig.* Contener, llevar implícita una cosa: *encerrar un peligro.* **4.** Poner cosas escritas entre ciertos signos que las separan del resto del escrito: *encerrar entre paréntesis.* **5.** En el juego de las damas y en otros de tablero, poner al contrario en situación de no poder mover las piezas. ◆ **encerrarse** v.prnl. Recluirse voluntariamente en un lugar cerrado para apartarse de los demás: *encerrarse para meditar.*

ENCERRONA s.f. *Fam.* Celada, asechanza, emboscada: *preparar una encerrona.* **2.** En el dominó, cierre del juego cuando quedan muchas fichas en manos de los jugadores. **3.** Corrida de toros, novillos o becerros, celebrada en local cerrado y sin público que haya pagado su localidad.

ENCESTAR v.tr. En baloncesto, introducir el balón en el cesto. **2.** Meter algo en una cesta.

ENCESTE s.m. En baloncesto, tanto que se consigue al encestar el balón.

ENCHA s.f. Durante la edad media y en Castilla, reparación por los daños producidos en la guerra.

ENCHAPADO s.m. Hoja de madera de poco espesor, obtenida por corte o por desarrollo.

ENCHARCAMIENTO s.m. Acción y efecto de encharcar.

ENCHARCAR v.tr. y prnl. [1]. Cubrir de agua un terreno formando charcos. **2.** *Fig.* Causar empacho de estómago al beber mucho.

ENCHASTRAR v.tr. y prnl. Argent. *Fam.* Ensuciar, embadurnar.

ENCHASTRE s.m. Argent. *Fam.* Acción y efecto de enchastrar.

ENCHILADA s.f. En el juego del tresillo, puesta común que recoge quien gana un lance determinado. **2.** Guat., Méx. y Nicar. Tortilla de maíz aderezada con chile y rellena de diversos manjares.

ENCHILADO s.m. Cuba y Méx. Guisado de mariscos con salsa de chile.

ENCHILAR v.tr. Amér. Central y Méx. Aderezar con chile algún manjar. ◆ v.tr. y prnl. Méx. y Nicar. *Fig.* Fastidiar, enojar, exasperar a alguien.

ENCHINAR v.tr. Empedrar con chinas o piedrecillas. **2.** Méx. Formar rizos en los cabellos. ◇ **Enchinar el pelo** Méx. Rizarlo. **Enchinarse el cuerpo** Méx. Ponerse la carne de gallina.

ENCHINCHAR v.tr. Guat. y Méx. Molestar, fastidiar. ◆ **enchincharse** v.prnl. Amér. Enojarse, embroncarse.

ENCHIPAR v.tr. Colomb. Enrollar.

ENCHIQUERAR v.tr. Encerrar al toro en el chiquero. **2.** *Fig. y fam.* Meter en prisión.

ENCHIRONAR v.tr. *Fam.* Meter a alguien en chirona, encarcelar.

ENCHIVARSE v.prnl. Colomb., Ecuad. y P. Rico. Encolerizarse.

ENCHUECAR v.tr. y prnl. [1]. Chile y Méx. *Fam.* Torcer, encorvar.

ENCHUFAR v.tr. Empalmar dos tubos o piezas semejantes introduciendo el extremo de una en el de la otra. **2.** ELECTR. Encajar las dos piezas de un enchufe para establecer una conexión eléctrica. ◆ v.tr. y prnl. Esp. *Fig. y fam.* Dar u obtener un empleo, cargo o situación ventajosos por enchufe.

ENCHUFE s.m. (de *chuf*, voz onomatopéyica). Acción y efecto de enchufar. **2.** Dispositivo o aparato compuesto de dos piezas que encajan una en otra y sirven para conectar un aparato eléctrico a los hilos conductores de la corriente. **3.** Esp. *Fig. y fam.* Influencia o recomendación para obtener un cargo o situación ventajosos.

ENCHUMBAR v.tr. Antillas y Colomb. Ensopar, empapar de agua.

ENCÍA s.f. (lat. *gingiva*). Mucosa muy vascularizada que rodea la base de los dientes.

ENCÍCLICA s.f. (gr. *egkýklios*, circular). Carta solemne que el papa dirige a los obispos y a los fieles adoctrinando en cuestiones de fe o de costumbres.

ENCICLOPEDIA s.f. (del gr. *enkýklo paideía*, educación en círculo, panorámica). Conjunto de todas las ciencias o de todas las partes de una ciencia. **2.** Obra en que se expone metódicamente el conjunto de los conocimientos humanos o de los referentes a una ciencia. **3.** Enciclopedismo. **4.** Diccionario enciclopédico.

ENCICL. Desde la antigüedad (Aristóteles) hasta la edad media (*Etimologías* de Isidoro de Sevilla, *Libro del tesoro* de Brunetto Latini) y el renacimiento, la palabra *enciclopedia* conserva su sentido griego, es decir, «educación que incluye el círculo completo de conocimientos». Fue a principios del s. XVII, con Francis Bacon, cuando aparece la enciclopedia en el sentido moderno del término. Durante el s. XVII y a principios del s. XVIII se impuso el orden alfabético del diccionario y la *Enciclopedia* de Diderot como modelo del género. Con la *Enciclopedia metódica* de la Libraire Panckouke (1781) comenzó la edición de la enciclopedia moderna que, tanto por su forma de exposición metódica como por la presentación alfabética, busca resumir el conjunto de los conocimientos. Entre las grandes enciclopedias de los ss. XIX y XX se hallan el *Diccionario universal* de P. Larousse y la *Enciclopedia británica*. En español, la *Enciclopedia universal ilustrada* de Espasa-Calpe (1908-1930, 82 vols.) fue la pionera.

ENCICLOPÉDICO, A adj. Relativo a la enciclopedia: *diccionario enciclopédico.*

ENCICLOPEDISMO s.m. Ideología de los colaboradores de la *Enciclopedia* y de sus seguidores.

ENCICLOPEDISTA adj. y s.m. y f. Relativo a la *Enciclopedia* o al enciclopedismo; colaborador de la *Enciclopedia*, seguidor de los principios de esta obra.

ENCIELAR v.tr. Chile. Poner techo o cubierta a una cosa.

ENCIERRO s.m. Acción y efecto de encerrar o encerrarse. **2.** Lugar donde se encierra a alguien o donde alguien se mantiene voluntariamente encerrado. **3.** Situación de aislamiento o clausura en que se mantiene una persona por voluntad propia o ajena. **4.** Acción de conducir los toros al toril antes de la corrida, en especial cuando es una fiesta popular. **5.** TAUROM. Lugar de una plaza de toros donde se encierra a los toros hasta el momento de la corrida.

ENCIMA adv.l. (de *cima*). Indica posición superior de una cosa respecto a otra que está más baja en su misma vertical y en contacto o no con ella: *el libro está encima de la mesa.* **2.** *Fig.* En situación superior, más elevada: *gastar por encima de sus posibilidades.* **3.** Cubriendo u ocultando otra cosa: *ponerse un abrigo encima de la camisa.* **4.** Expresa un peso o carga sobre algo o alguien: *echarse mucho trabajo encima.* **5.** *Fig.* Indica la admisión y aceptación de un trabajo, culpa o pena: *echarse encima una responsabilidad.* **6.** Sobre sí, consigo: *no llevo encima ni un duro.* **7.** Cerca, de inmediata realización: *ya están encima las fiestas.* ◆ adv.c. Además, por añadidura. ◇ **Echarse encima de** alguien Contradecir violentamente o vituperar a alguien. **Por encima** Superficialmente, de pasada: *repasar por encima los apuntes.* **Por encima de** A pesar de alguien o algo.

ENCIMERA s.f. Esp. Superficie plana que cubre los muebles y electrodomésticos de una cocina y aloja el fregadero.

ENCIMERO, A adj. Que está o se pone encima: *sábana encimera.*

ENCIMOSO, A adj. y s. Méx. Se dice de la persona molesta y latosa.

ENCINA s.f. (lat. vulgar *ilicina*). Árbol de tronco grueso y ramificado y hoja perenne, que tiene por fruto la bellota y es muy frecuente y típica en la península Ibérica. (Familia fagáceas.) **2.** Madera de este árbol.

ENCINAR o **ENCINAL** s.m. Bosque poblado de encinas.

ENCINO s.m. Méx. Nombre de diversas fagáceas de tronco grande ramificado (*encino amarillo, encino cascalote*, etc.).

ENCINTA adj. Se dice de la mujer que está embarazada.

ENCINTADO s.m. Acción y efecto de encintar. **2.** Hilera de piedra que forma el borde de una acera, de un andén, etc.

ENCINTAR v.tr. Adornar una cosa con cintas. **2.** Poner el encintado o bordillo de la acera.

ENCIZAÑAR v.tr. Provocar cizaña, discordia.

ENCLAUSTRAR v.tr. y prnl. Meter, encerrar en un claustro o convento. ◆ **enclaustrarse** v.prnl. Apartarse de la vida social, para lleva

---

La función de un sistema de encendido consiste en proporcionar una chispa, producida por las bujías para inflamar la mezcla de aire y gasolina. La bobina transforma la corriente de la batería en corriente de alta tensión, el condensador almacena las cargas eléctricas y el distribuidor de encendido reparte la corriente de alta tensión por las diferentes bujías.

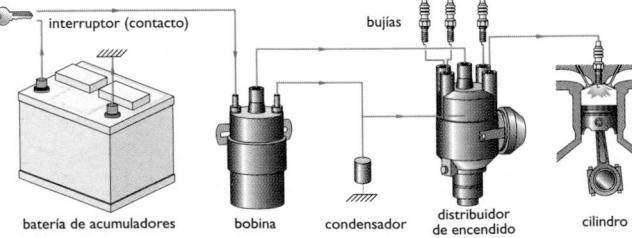

■ **ENCENDIDO.** Sistema de encendido clásico de un motor de explosión.

una vida retirada o para hacer algo que exige mucha dedicación y concentración.

ENCLAVADO, A adj. Se dice del hueso fracturado al que se ha colocado un clavo como técnica de osteosíntesis. **2.** ARQ. Se dice de un tipo de entramado en que las uniones o ensambladuras están enclavadas. **3.** HERÁLD. Se dice del escudo partido, etc., que enclava una o dos piezas cuadradas en la otra partición. **4.** MED. Se dice de las estructuras que tienen bloqueadas sus posibilidades de movimiento.

ENCLAVADURA s.m. Muesca por donde se unen dos maderos.

ENCLAVAMIENTO s.m. Acción y efecto de enclavar. **2.** Dispositivo mecánico, eléctrico o de cualquier otro tipo, destinado a subordinar el accionamiento de un aparato al estado o posición de otro u otros. **3.** CIR. Fijación de una fractura mediante una prótesis en forma de clavo.

ENCLAVAR v.tr. Clavar, asegurar, fijar con clavos. **2.** Fig. Traspasar, atravesar de parte a parte. **3.** Practicar un enclavamiento en el tratamiento de una fractura de un hueso largo. ◆ **enclavarse** v.prnl. Estar situado en un lugar.

ENCLAVE s.m. Territorio o lugar rodeado por otro, o lugar donde se enclava otro. **2.** Grupo étnico, político, ideológico o lingüístico que convive o se encuentra inserto en otro más extenso y de características diferentes.

ENCLENQUE adj. y s.m. y f. Enfermizo, débil, raquítico: *niño enclenque*.

ÉNCLISIS s.f. (pl. *énclisis*). LING. Fenómeno gramatical que consiste en la unión de una forma átona a la palabra que la precede: en *devuélveselo, se y lo son partículas en énclisis*.

ENCLÍTICO, A adj. y s. (*gr. egklitikós, de egklínein, apoyar*). LING. Que participa de la énclisis: *nnnombre enclítico*.

ENCLOSURE s.f. (voz inglesa). Técnica utilizada por los grandes propietarios británicos de los ss. XVI al XVIII, que consistía en cercar las tierras adquiridas tras el reparto de las tierras comunales, impidiendo el acceso de los campesinos a los prados, con lo que se creaba una mano de obra barata para la naciente industria.

ENCOCHAR v.intr. Recoger pasajeros un vehículo, en especial un taxi.

ENCOCORAR v.tr. y prnl. Fam. Causar a alguien un gran enojo o mucha molestia.

ENCOFRADO s.m. Bastidor de madera, de metal o de otra materia, que sirve de molde al hormigón. **2.** Revestimiento de madera para sostener la tierra en las galerías de las minas o contener los materiales de construcción hasta su fraguado completo en la obra.

ENCOFRADOR, RA s. Persona que tiene por oficio encofrar.

ENCOFRAR v.tr. Formar o colocar un encofrado.

ENCOGER v.tr., intr. y prnl. [27]. Estrechar, reducir a menor volumen o extensión. ◆ v.tr. y prnl. Retirar contrayendo el cuerpo o alguna parte de él: *encoger las piernas; encogerse de hombros*. **2.** Fig. Apocar el ánimo, acobardarse, dejarse dominar.

ENCOGIMIENTO s.m. Acción y efecto de encoger. **2.** Fig. Cualidad de la persona tímida, poco decidida o fácilmente influenciable.

hoja de la parte
baja del árbol   frutos

■ ENCINA

ENCOHETARSE v.prnl. C. Rica. Enfurecerse, encolerizarse.

ENCOJAR v.tr. y prnl. Poner cojo a alguien.

ENCOLADO, A adj. Chile. Fig. Muy acicalado. **2.** Chile y Méx. Fig. Vanidoso. ◆ s.m. Acción y efecto de encolar.

ENCOLADOR, RA s. Persona que tiene por oficio encolar.

ENCOLADORA s.f. Máquina que sirve para encolar.

ENCOLADURA s.m. Encolamiento.

ENCOLAMIENTO s.m. Acción y efecto de encolar. SIN.: *encoladura*.

ENCOLAR v.tr. Pegar con cola una cosa: *encolar las maderas*. **2.** Aprestar con cola la pasta de papel. **3.** Dar una o más capas de cola caliente a una superficie que ha de pintarse al temple. **4.** Clarificar vinos con gelatina, clara de huevo, etc. **5.** TEXT. **a.** Impregnar la urdimbre con una cola. **b.** Aprestar una tela.

ENCOLERIZAR v.tr. y prnl. [7]. Enfurecer, poner colérico a alguien.

ENCOMENDADO s.m. En las órdenes militares, dependiente del comendador. **2.** Indio de una encomienda.

ENCOMENDAR v.tr. [10]. Encargar a alguien que haga alguna comisión o cuide de una persona o cosa. **2.** Dar encomienda, hacer comendador a alguien. ◆ v.intr. Llegar a tener encomienda de orden. ◆ **encomendarse** v.prnl. Entregarse, confiarse al amparo de alguien: *encomendarse a todos los santos*.

ENCOMENDERÍA s.f. Perú. Abacería.

ENCOMENDERO, A s. Persona que lleva encargos de otro. **2.** Cuba. Persona que se dedica a suministrar carne a la ciudad. **3.** Perú. Comerciante de una tienda de comestibles. ◆ s.m. HIST. Persona que por concesión real tenía indios encomendados.

ENCOMIAR v.tr. Alabar con vehemencia a alguien o algo: *encomiar un trabajo*.

ENCOMIÁSTICO, A adj. Que alaba o contiene alabanza: *palabras encomiásticas*.

ENCOMIENDA s.f. Encargo que se hace a alguien de que haga alguna comisión o cuide de una persona o cosa. **2.** Dignidad de encomendador de una orden militar o civil. **3.** Jurisdicción sobre un territorio y rentas que se otorgaba a esta dignidad. **4.** Cruz que llevan los caballeros de las órdenes militares. **5.** Institución jurídica implantada por España en América en 1503 para reglamentar las relaciones entre españoles e indígenas. **6.** Amér. Merid., C. Rica, Guat. y Pan. Envío que se manda por correo u otro servicio público de transporte, paquete postal.
ENCICL. La encomienda consistía en la cesión por parte del rey a un súbdito español (encomendero) de la percepción del tributo o servicio personal que el indio debía pagar a la corona, a cambio de su evangelización por el beneficiario de la cesión. La primera, en Santo Domingo, fue de servicio personal y provocó desastrosos efectos sobre la población, originando un conflicto que desembocó en las leyes de Burgos (1512), que no pusieron fin a los abusos. La conquista de México impulsó el desarrollo de encomiendas de tributos en el continente. Las Leyes nuevas (1542), que denegaron la concesión de nuevas encomiendas, provocaron en Perú la sublevación acaudillada por Gonzalo Pizarro. Los títulos más rigurosos de las Leyes nuevas fueron revocados y durante el s. XVII se siguieron concediendo encomiendas, aunque se limitó su rasgo hereditario. En el s. XVIII se inició su desaparición.

ENCOMIO s.m. (gr. *egkómion*, elogio). Alabanza vehemente: *digno de encomio*.

ENCOMIOSO, A adj. Chile y Guat. Encomiástico.

ENCONAMIENTO s.m. Inflamación de una herida o llaga. **2.** Fig. Encono.

ENCONAR v.tr. y prnl. (lat. *inquinare*, manchar, mancillar). Empeorar o inflamar una herida o llaga: *la herida se enconó con el polvo*. **2.** Fig. Hacer que en una lucha, discusión, etc., los contendientes se exciten excesivamente: *enconar el ánimo*. ◆ **enconarse** v.prnl. Pringarse, ensuciarse, mancharse.

ENCONCHARSE v.prnl. Amér. Meterse en su concha, retraerse.

ENCONO s.m. Animadversión, rencor. **2.** Colomb. Llaga con supuración.

ENCONOSO, A adj. Propenso a sentir animadversión hacia otras personas.

ENCONTRADIZO, A adj. Hacerse el encontradizo Procurar coincidir con una persona en un lugar sin que parezca que se hace intencionadamente.

ENCONTRADO, A adj. Opuesto o contrario a otra cosa: *caracteres encontrados*.

ENCONTRAR v.tr. y prnl. (del lat. *in contra*, en contra) [17]. Hallar. **2.** Coincidir o entrar en contacto una cosa con otra. ◆ v.tr. Formar una opinión o juicio sobre una cosa, asunto o persona: *encuentro interesante tu propuesta*. ◆ **encontrarse** v.prnl. Oponerse o enfrentarse una persona o cosa con otra. **2.** Reunirse una persona con otra u otras en un mismo lugar: *hemos quedado en encontrarnos con ellos en la puerta del teatro*.

ENCONTRONAZO s.m. Golpe accidental entre dos cuerpos, de los cuales uno ha de estar en movimiento. SIN.: *encontrón*. **2.** Discusión o enfrentamiento puntual entre dos personas: *tuvo un encontronazo con su padre por el tema de las salidas nocturnas*. SIN.: *encontrón*.

ENCOPETADO, A adj. De alto copete o categoría social. **2.** Que presume demasiado de sí mismo o de alguna de sus cualidades.

ENCOPETAR v.tr. y prnl. Elevar en alto o formar copete. ◆ **encopetarse** v.prnl. Fig. Vanagloriarse, presumir o alabarse demasiado.

ENCOPRESIS s.f. (pl. *encopresis*). Defecación involuntaria de un niño de más de tres años que no padece ninguna afección orgánica.

ENCORAJAR v.tr. Dar coraje, valor. ◆ **encorajarse** v.prnl. Encorajinarse.

ENCORAJINARSE v.prnl. Fam. Encolerizarse. **2.** Chile. Echarse a perder un negocio.

ENCORCHAR v.tr. Poner tapones de corcho a las botellas.

ENCORDADURA s.f. Conjunto de las cuerdas de un instrumento musical.

ENCORDAR v.tr. [17]. Poner cuerdas a los instrumentos de música. **2.** Rodear, ceñir. ◆ **encordarse** v.prnl. ALP. Atarse el montañista a la cuerda de seguridad.

ENCORNADURA s.f. Cornamenta. **2.** Forma de los cuernos de un animal.

ENCORNAR v.tr. [17]. Dar cornadas el toro contra algo.

ENCOROZAR v.tr. [7]. Chile. Emparejar una pared.

ENCORSELAR v.tr. y prnl. Amér. Encorsetar.

ENCORSETAR v.tr. y prnl. Fam. Restringir la libertad o someter a unas normas muy rígidas. **2.** Poner corsé.

ENCORVADURA s.f. Acción y efecto de encorvar. SIN.: *encorvamiento*.

ENCORVAR v.tr. y prnl. Hacer que una cosa tome forma curva. ◆ **encorvarse** v.prnl. Inclinarse una persona doblando la espalda, generalmente por la edad, por una enfermedad o por algún dolor.

ENCOSTRAR v.tr. Cubrir con costra. ◆ **encostrarse** v.prnl. Formar costra una cosa.

ENCRESPADURA s.f. Acción y efecto de encrespar o rizar el cabello.

ENCRESPAMIENTO s.m. Acción y efecto de encrespar o encresparse.

ENCRESPAR v.tr. y prnl. Ensortijar o rizar el cabello con rizos pequeños. **2.** Erizar una emoción fuerte el pelo, plumaje, etc. **3.** Enfurecer o irritar mucho a una persona o animal: *encresparse por un insulto*. **4.** Fig. Producir olas en el mar: *el viento encrespó violentamente el mar*. ◆ **encresparse** v.prnl. Fig. Complicarse un asunto.

ENCRESTADO, A adj. Altivo, orgulloso.

ENCRIPTAR v.tr. INFORMÁT. Ocultar datos mediante una clave.

ENCRUCIJADA s.f. Lugar donde se cruzan dos o más calles o caminos. **2.** Fig. Situación difícil que puede resolverse de diversas maneras y en la que no se sabe qué conducta seguir.

ENCUADERNACIÓN s.f. Acción de encuadernar. **2.** Cubierta o forro de cartón, plástico u otro material con que se encuaderna un libro.

■ **ENCUADERNACIÓN** del *Missale cisterciense* (1910) realizada para el monasterio de Poblet.

ENCUADERNADOR, RA s. Persona que tiene por oficio encuadernar.

ENCUADERNAR v.tr. Coser o pegar las hojas o pliegos que formarán un libro y ponerle cubiertas o tapas.

ENCUADRAR v.tr. Encerrar una cosa en un marco o cuadro. **2.** *Fig.* Encajar o ajustar una cosa dentro de otra. **3.** CIN. y FOT. Efectuar un encuadre. **4.** TELEV. Ajustar la frecuencia de repetición de imagen de un televisor, para mantener la imagen fija en la pantalla. ◆ v.tr. y prnl. Incorporar.

ENCUADRE s.m. Fragmento de espacio que capta el visor de una cámara fotográfica o cinematográfica; también el plano obtenido a través del visor. **2.** TELEV. Ajuste de la imagen en la pantalla.

ENCUARTAR v.tr. Enganchar el encuarte a un vehículo.

ENCUARTE s.m. Caballería de refuerzo que, para subir cuestas o salir de malos pasos, se añade al tiro de un carruaje.

ENCUARTELAR v.tr. Méx. Acuartelar.

ENCUBADO s.m. Operación que consiste en dejar que las uvas fermenten dentro de cubas. **2.** MIN. **a.** Acción de encubar un pozo minero, o de colocar un revestimiento o blindaje metálico en aquellos puntos en que atraviesa capas acuíferas. **b.** El propio revestimiento.

ENCUBAR v.tr. Echar un líquido en las cubas. **2.** MIN. Entibar en redondo el interior de un pozo.

ENCUBRIMIENTO s.m. Acción de encubrir. **2.** DER. Ocultación de un delito o de sus culpables, con el fin de eludir la acción de la justicia.

ENCUBRIR v.tr. [53]. Ocultar algo para impedir que sea percibido: *encubrir un disparate.* **2.** Hacer lo necesario para que no llegue a saberse algo. **3.** DER. Participar en el encubrimiento de un delito o delincuente.

ENCUCLILLARSE v.prnl. Méx. Ponerse en cuclillas.

ENCUENTRO s.m. Coincidencia o reunión de dos o más personas o cosas en un mismo lugar. **2.** Entrevista o reunión entre dos o más personas. **3.** Competición deportiva. ◇ **Ir al encuentro de alguien** Ir en su busca concurriendo en un mismo sitio con él.

ENCUERADO, A adj. Colomb., Cuba, Dom., Méx. y Perú. En cueros, desnudo.

ENCUERAR v.tr. Méx. Desnudar.

ENCUESTA s.f. (fr. *enquête*). Serie de preguntas que se hace a un conjunto de personas para reunir datos o conocer su opinión sobre algún asunto: *encuesta sociológica.* **2.** Investigación, pesquisa.

ENCUESTADOR, RA s. Persona que realiza encuestas.

ENCUESTAR v.tr. Someter a encuesta. ◆ v.intr. Hacer encuestas.

ENCUETARSE v.prnl. Méx. Emborracharse.

ENCULARSE v.prnl. Argent. *Fam.* Enojarse, enfadarse. **2.** Méx. *Vulg.* Enamorarse.

ENCUMBRAMIENTO s.m. Acción de encumbrar o encumbrarse. **2.** *Fig.* Ensalzamiento o enaltecimiento de alguien.

ENCUMBRAR v.tr. y prnl. Levantar una cosa.

2. *Fig.* Colocar a alguien en una posición social o laboral elevada: *encumbrarse en el liderazgo.* ◆ **encumbrarse** v.prnl. *Fig.* Envanecerse, vanagloriarse.

ENCURTIDO s.m. Fruto o legumbre que se ha conservado en vinagre.

ENCURTIR v.tr. Conservar en vinagre ciertos frutos o legumbres.

ENDE adv.l. (lat. *inde,* de allí). **Por ende** Por lo tanto.

ENDEBLE adj. (lat. vulgar *indebilis*). Que es débil, que tiene poca resistencia. **2.** *Fig.* De escaso valor: *versos endebles.*

ENDECÁGONO, A adj. Que tiene once ángulos. ◆ s.m. Polígono que tiene once ángulos y, por consiguiente, once lados: *un endecágono regular.*

ENDECASÍLABO, A adj. y s.m. (gr. *hendekasyllabos*). Se dice del verso de once sílabas, de acentuación variable.

ENDECHA s.f. (lat. *indicta,* cosas proclamadas públicamente). LIT. Composición poética de carácter luctuoso sin forma estrófica definida, que aparece frecuentemente en versos pentasílabos, hexasílabos o heptasílabos, en forma de romancillos, redondillas y versos sueltos. ◇ **Endecha real** Composición poética de carácter similar al de la endecha, pero de tono más solemne, que consta de varios cuartetos de tres versos heptasílabos y otro endecasílabo que forma asonancia con el segundo.

ENDEMIA s.f. Enfermedad que afecta a una región o país determinados de forma habitual o en determinadas épocas.

ENDÉMICO, A adj. Se dice de la enfermedad que afecta habitualmente a una región o país. **2.** *Fig.* Se dice de actos o sucesos que se repiten frecuentemente en un país: *revueltas endémicas.* **3.** Se dice de las especies vegetales y animales de área restringida, que son oriundas del país donde se encuentran y solo se encuentran en él.

ENDEMISMO s.m. Cualidad de endémico. **2.** Distribución geográfica limitada, propia de las especies vivas endémicas.

ENDEMONIADO, A adj. y s. Poseído por el demonio. **2.** Malo, perverso. ◆ adj. Se dice de lo que fastidia, molesta o da mucho trabajo: *carácter endemoniado.* **2.** De muy mala calidad o muy desagradable: *olor endemoniado.*

ENDENANTES adv. Amér. *Vulg.* Hace poco.

ENDENTAR v.tr. [10]. Encajar una cosa en otra que tenga dientes o muescas. **2.** Labrar o formar los dientes de una rueda.

ENDENTECER v.intr. [37]. Empezar los niños a echar dientes.

ENDEREZADO, A adj. y s. Que es favorable o adecuado para algo.

ENDEREZAMIENTO s.m. Acción de enderezar o enderezarse.

ENDEREZAR v.tr. y prnl. (del bajo lat. *directiare*) [7]. Poner derecho o vertical lo que está torcido, inclinado, o tendido: *enderezar un árbol; enderezar un caballo.* **2.** *Fig.* Enmendar o corregir el comportamiento de una persona. **3.** *Fig.* Dirigir u orientar algo en una dirección o hacia un fin u objetivo: *enderezar el rumbo; enderezar los pasos a la salida; enderezan sus esfuerzos hacia el fin del conflicto.* **4.** *Fig.* Enmendar o arreglar algo que no va bien para que empiece a funcionar: *enderezar un negocio; enderezar un equipo una mala temporada.*

ENDEUDAR v.tr. Hacer que alguien contraiga deudas. ◆ **endeudarse** v.prnl. Contraer deudas: *se endeuda con todo el mundo: siempre pidiendo dinero o favores.*

ENDIABLADO, A adj. *Fig.* y *fam.* Endemoniado.

ENDÍADIS s.f. (gr. *én dia dyoin,* una cosa por medio de dos) [pl. *endíadis*]. Figura retórica que consiste en expresar un solo concepto con dos nombres coordinados.

ENDIBIA o **ENDIVIA** s.f. Planta herbácea cuyas hojas largas, lanceoladas y apretadas entre sí, se blanquean protegiéndolas de la luz y se consumen cocidas o en ensalada. (Familia compuestas.)

ENDILGAR v.tr. [2]. *Fam.* Hacer que alguien reciba o tenga que soportar algo molesto o desagradable: *endilgar una bazofia; endilgar un sermón.*

ENDIÑAR v.tr. Esp. *Fam.* Dar un golpe.

ENDIOSAMIENTO s.m. Acción y efecto de endiosar o endiosarse.

ENDIOSAR v.tr. Considerar a alguien un dios y tratarlo como tal. **2.** Ensalzar desmesuradamente a alguien. ◆ **endiosarse** v.prnl. *Fig.* Engreírse, ensoberbecerse.

ENDITARSE v.prnl. Chile. Endeudarse.

ENDIVIA s.f. → ENDIBIA.

ENDOBLASTO s.m. BIOL. Hoja embrionaria interna que da lugar al tubo digestivo, a sus glándulas anexas, hígado y páncreas, y al aparato respiratorio.

ENDOCÁRDICO, A adj. Relativo al endocardio.

ENDOCARDIO s.m. Membrana que recubre internamente las cavidades del corazón.

ENDOCARDITIS s.f. (pl. *endocarditis*). Inflamación del endocardio, que puede afectar a las válvulas.

ENDOCARPIO o **ENDOCARPO** s.m. BOT. Parte más interna del pericarpio de un fruto.

ENDOCRINO, A adj. ANAT. Se dice de la glándula que produce hormonas o secreciones que se vierten directamente en la sangre, como la hipófisis, el tiroides, los ovarios, los testículos y las suprarrenales.

ENDOCRINOLOGÍA s.f. Parte de la biología y de la medicina que estudia el desarrollo, las funciones y las enfermedades de las glándulas endocrinas.

ENDOCRINÓLOGO, A s. Médico especialista en endocrinología.

ENDODERMIS s.f. (pl.*endodermis*). BOT. Capa más profunda de la corteza primaria de las raíces y tallos.

ENDODONCIA s.f. Parte de la odontología que estudia la patología y tratamiento de las enfermedades de la pulpa y raíz dentarias. **2.** Tratamiento de las enfermedades de la pulpa dentaria.

ENDOGAMIA s.f. Régimen de reproducción en el cual los cruzamientos se realizan entre individuos que tienen parentesco biológico. **2.** ETNOL. Obligación que tiene un individuo de contraer matrimonio en el interior de su propio grupo.

ENDÓGENO, A adj. Que se forma en el interior. **2.** GEOL. Se dice de una roca que se forma en el interior de la tierra, como las volcánicas, plutónicas y metamórficas.

ENDOMETRIO s.m. Mucosa que recubre el interior del útero.

ENDOMETRIOSIS s.f. (pl. *endometriosis*). Enfermedad ginecológica caracterizada por la presencia de mucosa uterina normal fuera de la cavidad del útero.

ENDOMETRITIS s.f. (pl. *endometritis*). Inflamación del endometrio.

ENDOMINGARSE v.prnl. [2]. Arreglarse y vestirse con ropa especial, como de fiesta.

ENDOMORFISMO s.m. MAT. Morfismo de un conjunto en sí mismo.

ENDOPARÁSITO, A adj. y s.m. BIOL. Se dice del parásito que habita dentro del cuerpo de su huésped, como la tenia.

ENDOPLASMA s.m. Parte interna o central del cuerpo celular de los seres unicelulares.

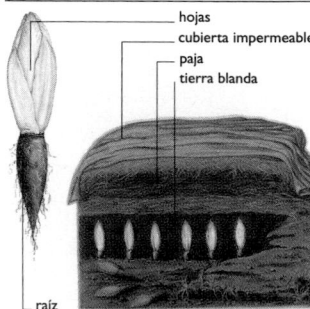

hojas
cubierta impermeable
paja
tierra blanda

raíz

■ **ENDIBIA** y sistema de cultivo.

ENDORFINA s.f. FISIOL. Sustancia polipeptídica, neuromediador del sistema nervioso central, con propiedades antálgicas. SIN.: *endomorfina*.

ENDORREÍSMO s.m. GEOGR. Fenómeno que consiste en la afluencia de las aguas de una región hacia el interior de esta, sin que lleguen a desaguar en el mar.

ENDOSANTE s.m. y f. Persona que endosa o cede un documento de crédito a un tercero.

ENDOSAR v.tr. (fr. *endosser*). Ceder a favor de otro un documento de crédito, haciéndolo constar en el dorso: *endosar una letra de cambio*. **2.** *Fig.* Traspasar a alguien una carga, trabajo o cosa molesta.

ENDOSATARIO, A s. Persona que se beneficia con un endoso.

ENDOSCOPIA s.f. Examen de una cavidad interna del cuerpo con un endoscopio.

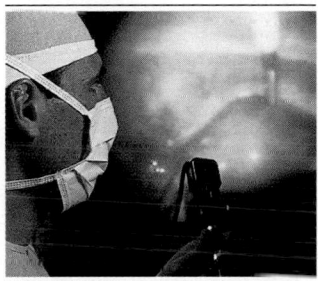

■ **ENDOSCOPIA.** Localización del campo operatorio en una cavidad interna del cuerpo antes de una operación quirúrgica.

ENDOSCOPIO s.m. MED. Aparato óptico, provisto con un dispositivo de iluminación, que se introduce en una cavidad del organismo para examinarla.

ENDOSFERA s.f. Núcleo central de la parte sólida de la esfera terrestre.

ENDÓSMOSIS o **ENDOSMOSIS** s.f. (pl. *endósmosis* o *endosmosis*). Penetración de agua en las células vivas, debido a que la concentración molecular es más elevada en su interior que en el medio líquido que las rodea.

ENDOSO s.m. Acción y efecto de endosar. **2.** Mención firmada en el dorso de un efecto comercial, que transfiere su propiedad a otra persona.

ENDOSPERMA o **ENDOSPERMO** s.m. BOT. Tejido haploide, propio de las plantas gimnospermas, que asegura la nutrición del embrión cuando madura la semilla.

ENDOTELIAL adj. Del endotelio. **2.** Que tiene la estructura de un endotelio.

ENDOTELIO s.m. HISTOL. Tejido formado por células planas que recubre los vasos y las cavidades internas.

ENDOTÉRMICO, A adj. QUÍM. Se dice de una transformación que absorbe calor.

ENDOTOXINA s.f. Toxina contenida en algunas bacterias que solo se libera después de la destrucción del microorganismo.

ENDOVENOSO, A adj. Intravenoso.

ENDRIAGO s.m. (de *hidria*, serpiente de muchas cabezas, y *drago*, dragón). Monstruo fabuloso que tiene una mezcla de facciones humanas y de las de varias fieras.

ENDRINA s.f. (del lat. vulgar [*pruna*] *atrina*, ciruelas negruzcas). Fruto del endrino.

ENDRINO, A adj. y s.m. Se dice del color negro azulado, como el de la endrina. ◆ adj. Que es de este color. ◆ s.m. Ciruelo silvestre de ramas espinosas, hojas lanceoladas, y fruto pequeño, esférico, de color negro azulado y áspero al gusto.

ENDROGARSE v.prnl. [2]. Chile, Méx. y Perú. Contraer deudas. **2.** Dom. y P. Rico. Drogarse.

ENDULZAR v.tr. y prnl. [7]. Hacer dulce una cosa. **2.** *Fig.* Atenuar, suavizar: *endulzar el sufrimiento*.

ENDURECER v.tr. y prnl. [37]. Poner dura una cosa. **2.** *Fig.* Hacer más fuerte a alguien, acos-

tumbrándolo a trabajar y a soportar la fatiga. **3.** *Fig.* Hacer a alguien más severo e inflexible.

ENDURECIMIENTO s.m. Acción y efecto de endurecer. **2.** TECNOL. Modificación de las propiedades mecánicas y estructurales de un material, debida a una deformación permanente, producida en frío o en caliente.

ENE s.f. Nombre de la letra n. **2.** Nombre del signo potencial indeterminado en álgebra. ◆ adj. Expresa cantidad indeterminada: *ene veces*.

ENEA s.f. → ANEA.

ENÉADA o **ENEADA** s.f. Conjunto de nueve cosas parecidas.

ENEAGONAL adj. Que tiene nueve ángulos.

ENEÁGONO s.m. Polígono que tiene nueve ángulos y, por lo tanto, nueve lados.

ENEASÍLABO, A adj. y s.m. Se dice de un verso de nueve sílabas.

ENEBRAL s.m. Terreno poblado de enebros.

ENEBRINA s.f. Fruto del enebro.

ENEBRO s.m. (lat. vulgar *juniperus*). Arbusto de hasta 6 m de alt., de tronco ramoso, copa espesa, hojas espinosas y bayas de color violeta que poseen propiedades diuréticas. (Familia cupresáceas.)

hojas y frutos

fruto

■ **ENEBRO**

ENELDO s.m. (del lat. *anethulum*). Planta herbácea de hasta 1 m de alt., de hojas con segmentos divididos en lacinias filiformes y flores amarillas. (Familia umbelíferas.)

ENEMA s.m. (lat. *enema, -atis*, del gr. *énema*). Inyección de una masa líquida en la cavidad rectal, a través del orificio del ano, con fines laxantes, terapéuticos o diagnósticos. SIN.: *lavativa*.

ENEMIGA s.f. Enemistad, odio, oposición.

ENEMIGO, A adj. (lat. *inimicus*). Que es contrario a algo o a alguien, o es opuesto a ellos: *enemigo del alcohol*. **2.** Que tiene mala voluntad a otro y le desea o hace mal. **3.** Rival: *derrotar al enemigo*.

ENEMISTAD s.f. (lat. vulgar *inicitas, -atis*). Relación de aversión u odio entre personas.

ENEMISTAR v.tr. y prnl. Hacer que dos personas sean enemigas, o hacer perder la amistad existente entre dos o más personas: *se enemistó con la familia*. SIN.: *indisponer*.

ENEOLÍTICO, A adj. y s.m. Calcolítico.

ENERGÉTICA s.f. FÍS. Ciencia y técnica que se ocupa de la producción de la energía, de su empleo y de la conversión de sus diferentes formas.

ENERGÉTICO, A adj. Relativo a la energía.

ENERGÍA s.f. (lat. tardío *energia*, del gr. *enérgeia*, fuerza en acción). Potencia activa de un organismo. **2.** Capacidad para obrar o producir un efecto. **3.** Vigor: *quedarse sin energías*. **4.** Fuerza de voluntad, tesón en la actividad. **5.** FÍS. Facultad que posee un sistema de cuerpos de proporcionar trabajo mecánico o su equivalente. ◇ **Energía renovable** Energía cuyo consumo no agota las fuentes naturales que la producen (las radiaciones solares, el viento, las mareas, etc.). **Fuentes de energía** Materias primas y fenómenos naturales utilizados para la producción de energía, como carbón, hidrocarburos, uranio, hulla blanca, sol, geotermia, viento, marea, etc.

ENCICL. El concepto de «energía» es básico en física. En la física clásica y en química, no hay creación ni destrucción de energía sino solo transformación de una forma en otra (principio de Lavoisier) o transferencia de energía de un sistema a otro (principios de Carnot). En cambio, en la física de las altas energías (por ej., en las reacciones nucleares), son posibles

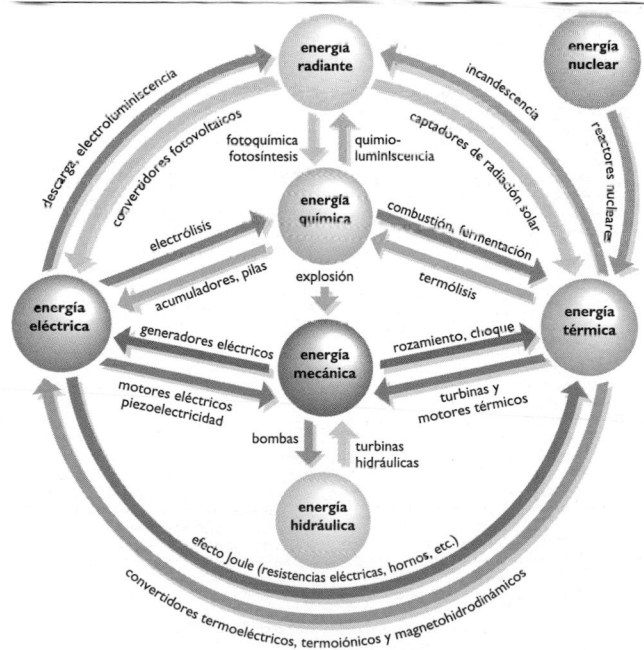

■ **ENERGÍA.** Conversiones de las siete principales formas de energía.

las transformaciones recíprocas de energía en materia según la fórmula de Einstein: $E = mc^2$, en la que E es la variación de energía, m la variación de la masa y c la velocidad de la luz. Por último, de acuerdo con las leyes de la termodinámica, toda conversión de energía va acompañada de pérdidas; es decir, la energía de la primera forma no se transforma íntegramente en energía de la segunda forma. Tales pérdidas son particularmente importantes en la conversión de energía térmica en energía mecánica, por ej., en los motores térmicos.

ENÉRGICO, A adj. Que tiene energía o vigor: *respuesta enérgica.*

ENERGIZAR v.intr. y prnl. [7]. Colomb. Actuar con ímpetu. ◆ v.tr. Colomb. Estimular, dar energía.

ENERGÚMENO, A s. (gr. *energoúmenos,* influido por un mal espíritu). Persona poseída por el demonio. **2.** *Fig.* Persona colérica y que suele expresarse con violencia: *gritar como un energúmeno.*

ENERO s.m. (lat. vulgar *jenuarius*). Primer mes del año. (Tiene 31 días.)

ENERVACIÓN s.f. Acción y efecto de enervar. **2.** En la edad media, suplicio que consistía en quemar los tendones de las corvas y las rodillas. **3.** MED. Sección traumática o quirúrgica de un nervio o grupo de nervios.

ENERVAMIENTO s.m. Enervación, acción y efecto de enervar.

ENERVAR v.tr. y prnl. (lat. *enervare*). Debilitar o quitar la fuerza o la energía física o mental a alguien. **2.** Poner nervioso. ◆ v.tr. MED. Practicar una enervación.

ENÉSIMO, A adj. Se usa para indicar que algo se dice una vez más, aparte de las veces que ya se ha dicho anteriormente: *te lo digo por enésima vez, recoge tus cosas.* **2.** MAT. Se dice de lo que ocupa un lugar indeterminado en una sucesión o serie.

ENFADADIZO, A adj. Esp. Propenso a enfadarse o enojarse.

ENFADAR v.tr. y prnl. (del gall.-port. *enfadar-se,* desalentarse, cansarse). Enojar.

ENFADO s.m. Enojo. **2.** Esp. Impresión desagradable y molesta.

ENFADOSO, A adj. Colomb., Esp. y Méx. Molesto, enojoso, fastidioso.

ENFAJILLAR v.tr. Amér. Central y Méx. Envolver con fajilla los impresos para ponerlos en el correo.

ENFAJINADO s.m. Obra de defensa formada por capas de fajinas sobrepuestas y cargadas con piedras, para proteger las obras fluviales y marítimas.

ENFAJINAR v.tr. Proteger con fajinas las obras fluviales o marítimas.

ENFANGAR v.tr. y prnl. [2]. Cubrir o ensuciar con fango. ◆ **enfangarse** v.prnl. *Fig.* y *fam.* Mezclarse en negocios sucios o vergonzosos, envilecerse.

ENFARDAR v.tr. Hacer fardos. **2.** Empaquetar mercancías.

ÉNFASIS s.m. (lat. *emphasis,* del gr. *émphasis,* demostración, explicación) [pl. *énfasis*]. Fuerza de expresión o de entonación con que se realza la importancia de lo que se dice o se lee: *puso mucho énfasis en su queja.* **2.** Afectación o intencionalidad precisa que se refleja en el tono de la voz o en el gesto: *se notaba un énfasis especial en su discurso.*

ENFÁTICO, A adj. Que contiene o denota énfasis: *afirmación enfática.* **2.** Que expresa algo con énfasis. **3.** GRAM. Se dice de las partículas o expresiones que se intercalan en el lenguaje solo para acentuar la expresión: *pronombre enfático.*

ENFATIZAR v.tr. (ingl. *emphasize*) [7]. Dar énfasis. **2.** Poner énfasis en la expresión de algo.

ENFEBRECIDO, A adj. Febril.

ENFERMAR v.intr. Contraer enfermedad. ◆ v.tr. Causar enfermedad.

ENFERMEDAD s.f. Alteración del funcionamiento de un órgano o del organismo animal o vegetal causada por algún factor externo o interno. **2.** *Fig.* Alteración del estado o del funcionamiento normal de algo o de alguien: *enfermedades del espíritu.* ◇ **Enfermedad pro-**

fesional DER. Enfermedad producida a consecuencia del trabajo y que ocasiona al trabajador una incapacidad para el ejercicio normal de su profesión, s.o. la muerte.

ENFERMERÍA s.f. Sala de algunos establecimientos donde se instala o atiende a los enfermos, heridos, lesionados, etc.: *enfermería de una plaza de toros.*

ENFERMERO, A s. Persona que tiene por oficio asistir a los enfermos.

ENFERMIZO, A adj. Propenso a padecer enfermedades. **2.** Propio de una persona enferma: *aspecto enfermizo; siente una pasión enfermiza.*

ENFERMO, A adj. y s. (lat. *infirmus,* débil, endeble). Que tiene o padece una enfermedad. ◇ **Unción de los enfermos** REL. Extremaunción.

ENFERMOSO, A adj. Amér. Central, Colomb., Ecuad. y Venez. De salud frágil, enfermizo.

ENFERVORIZAR v.tr. y prnl. [7]. Despertar en alguien fervor o entusiasmo: *enfervorizar a las masas.*

ENFEUDACIÓN s.f. Contrato feudal por el que el señor enajenaba una tierra y la entregaba para que fuese tenida en feudo dependiente de él. **2.** Acto por el que se unía un bien o un derecho a un feudo.

ENFEUDAR v.tr. Entregar a título de feudo.

ENFIESTARSE v.prnl. Chile, Colomb., Hond., Méx., Nicar. y Venez. Estar de fiesta, divertirse.

ENFILAR v.tr. (fr. *enfiler*). Dirigir hacia un lugar determinado la puntería o la orientación de algo, como un telescopio, una visual o un cañón. **2.** Tomar un camino para ir a algún lugar: *enfilar una calle.* **3.** Poner cosas en fila.

ENFISEMA s.m. (gr. *emphýsema, -tos,* hinchazón). MED. Hinchazón del tejido celular por introducción de aire, a consecuencia de un traumatismo de las vías respiratorias. ◇ **Enfisema pulmonar** Dilatación excesiva y permanente de los alvéolos pulmonares, con ruptura de los tabiques interalveolares.

ENFISEMATOSO, A adj. y s. Relativo al enfisema; que padece enfisema.

ENFITEUSIS s.f. (pl. *enfiteusis*). DER. Contrato y derecho real que consiste en la cesión del dominio útil de una finca, mediante el pago anual de un canon a la persona cedente, la cual se reserva el dominio directo de la finca.

ENFITEUTA s.m. y f. Persona que tiene el dominio útil de la enfiteusis.

ENFITÉUTICO, A adj. Relativo a la enfiteusis.

ENFLAQUECER v.tr., intr. y prnl. [37]. Poner o ponerse flaco o más flaco. ◆ v.intr. *Fig.* Perder ánimo o desfallecer: *enflaquecer en su propósito.*

ENFLAQUECIMIENTO s.m. Acción y efecto de enflaquecer.

ENFLAUTADA s.f. Hond. Patochada, disparate.

ENFLAUTAR v.tr. Soplar o hinchar una cosa. **2.** *Fam.* Hacer creer a alguien algo que no es verdad. **3.** Colomb., Guat. y Méx. *Fam.* Encajar algo inoportuno o molesto.

ENFLORACIÓN s.f. Procedimiento de extracción en frío de los perfumes de ciertas flores por contacto con cuerpos grasos.

ENFOCAR v.tr. [1]. Dirigir un foco de luz hacia cierto lugar u objeto. **2.** Hacer que la imagen de un objeto obtenida en un aparato óptico se produzca exactamente en un plano u objeto determinado, como una placa fotográfica, etc. **3.** *Fig.* Analizar, estudiar o examinar un asunto para adquirir una visión clara de él y resolverlo acertadamente.

ENFOQUE s.m. Acción y efecto de enfocar.

ENFOSCAR v.tr. [1]. Poner mortero en un muro para enlucirlo. **2.** Tapar los agujeros que quedan en una pared recién construida.

ENFRASCARSE v.prnl. (ital. *infrascarsi,* enredarse) [1]. Aplicarse con mucha intensidad a una cosa: *enfrascarse en la lectura.*

ENFRENAR v.tr. Poner el freno a una caballería. **2.** Con el adv. *bien,* hacer que una caballería lleve la cabeza derecha y bien puesta. **3.** *Fig.* Refrenar, reprimir.

ENFRENTAMIENTO s.m. Acción de enfrentar.

ENFRENTAR v.tr. y prnl. Poner frente a frente en una comparación, competición, lucha, etc.:

enfrentar a dos rivales. **2.** Afrontar, arrostrar, hacer frente: *enfrentar las adversidades; enfrentarse a las adversidades.*

ENFRENTE adv.l. A cierta distancia de alguien o de algo y en dirección opuesta a ellos o delante de ellos: *vivir enfrente del mar.* ◆ adv.m. En contra de alguien o en pugna con alguien: *tenía enfrente un adversario muy difícil.*

ENFRIAMIENTO s.m. Acción de enfriar o enfriarse. **2.** Catarro.

ENFRIAR v.tr., intr. y prnl. [19]. Hacer que baje la temperatura de un cuerpo hasta ponerlo frío o más frío: *enfriar el agua.* ◆ v.tr. y prnl. *Fig.* Entibiar, amortiguar: *sus relaciones se han enfriado.* ◆ v.tr. Méx. *Fam.* Matar. ◆ **enfriarse** v.prnl. Acatarrarse.

ENFRIJOLADA s.f. Méx. Tortilla de maíz rellena de diversos ingredientes y bañada en crema de frijol.

ENFULLINARSE v.prnl. Chile y Méx. Amoscarse, amostazarse.

ENFUNCHAR v.tr. y prnl. Cuba y P. Rico. Disgustar, fastidiar.

ENFUNDAR v.tr. Poner una cosa dentro de su funda: *enfundar la espada.* **2.** Poner una funda sobre algo para protegerlo: *enfundar los muebles.* ◆ **enfundarse** v.prnl. *Fig.* Ponerse o cubrirse con una prenda de vestir: *enfundarse un abrigo.*

ENFURECER v.tr. y prnl. [37]. Hacer que alguien se ponga furioso. ◆ **enfurecerse** v.prnl. *Fig.* Agitarse el viento, el mar, etc.

ENFURECIMIENTO s.m. Acción y efecto de enfurecer o enfurecerse.

ENFURRUÑAMIENTO s.m. Acción y efecto de enfurruñarse.

ENFURRUÑARSE v.prnl. *Fam.* Enojarse. **2.** *Fam.* Encapotarse el cielo.

ENFURRUSCARSE v.prnl. [1]. Chile. *Fam.* Enfurruñarse.

ENFURTIDO s.m. TEXT. Operación de enfurtir.

ENFURTIR v.tr. y prnl. (cat. *enfortir,* fortalecer). TEXT. Dar a los tejidos de lana el cuerpo correspondiente abatanándolos.

ENGAITAR v.tr. *Fam.* Engatusar.

ENGALANAR v.tr. y prnl. Arreglar con galas y adornos.

ENGALGADURA s.f. Acción y efecto de poner las rastras o galgas a un carruaje o carro. **2.** MAR. Acción y efecto de engalgar.

ENGALGAR v.tr. [2]. Apretar la galga contra el cubo de la rueda de un carruaje para impedir que gire. **2.** MAR. Afirmar a la cruz de un ancla el cable de un anclote para que no garre el buque.

ENGALLAMIENTO s.m. Acción y efecto de engallar.

ENGALLAR v.tr. y prnl. Poner erguido, especialmente la cabeza del caballo mediante el freno. ◆ **engallarse** v.prnl. Engreírse, envalentonarse.

ENGALLE s.m. Parte del arnés de lujo de los caballos que consiste en dos correas que se reúnen en una hebilla en la parte superior de la collera.

ENGANCHAR v.tr., intr. y prnl. Agarrar o sujetar una cosa con un gancho o con algo similar. ◆ v.tr. *Fig.* y *fam.* Atraer, conquistar. **2.** Alistar a alguien como soldado. **3.** F. C. Unir, acoplar dos unidades o vehículos, entre sí, como vagones, coches, etc., que constituyen un tren. ◆ v.tr. e intr. Poner las caballerías en los carruajes. ◆ **engancharse** v.prnl. Quedarse prendido en un gancho, clavo, etc. **2.** Adquirir una adicción, especialmente a una droga.

ENGANCHE s.m. Acción de enganchar. **2.** Dispositivo o pieza que sirve para enganchar algo: *el enganche de un tren eléctrico.* **3.** Méx. Cantidad de dinero que se da en anticipo para comprar algo a plazos. **4.** MIL. Acto voluntario de alistarse en el ejército.

ENGANCHÓN s.m. Desgarrón o deterioro que resulta al engancharse en una prenda de vestir.

ENGAÑABOBOS s.m. (pl. *engañabobos*). Cosa engañosa. ◆ s.m. y f. *Fam.* Embaucador, farsante.

ENGAÑAPICHANGA s.m. y f. Argent. Cosa

que engaña o defrauda con su apariencia, engañabobos.

ENGAÑAR v.tr. (lat. vulgar *ingannare*, escarnecer, burlarse de alguien). Hacer creer algo que no es verdad: *engañar a un inocente*. **2.** Estafar o defraudar a alguien. **3.** Ser infiel una persona a su pareja, **4.** Seducir una persona a otra. **5.** Entretener, distraer: *engañar el hambre.* **6.** Engatusar. ◆ v.tr. y prnl. Hacer ver una cosa distinta de como es, generalmente mejor o mayor. ◆ **engañarse** v.prnl. Negarse a admitir la verdad por ser más grato el error.

ENGAÑIFA s.f. *Fam.* Engaño, en especial el que consiste en adquirir algo aparentemente muy bueno o muy útil que finalmente resulta no serlo.

ENGAÑO s.m. Acción y efecto de engañar o engañarse. **2.** Cualquier arte o dispositivo para pescar. **3.** TAUROM. Instrumento con que se burla al toro. ◇ **Llamarse a engaño** Retraerse de lo pactado alegando haber sido engañado.

ENGAÑOSO, A adj. Que engaña o induce a engañarse.

ENGARABITAR v.intr. y prnl. Trepar o subir a un lugar elevado. ◆ v.tr. y prnl. Poner algo en forma de gancho o garabato, especialmente los dedos entumecidos por el frío. SIN.: *engarabatar.*

ENGARATUSAR v.tr. Amér. Central y Colomb. Engatusar.

ENGARBULLAR v.tr. *Fam.* Confundir o enredar las cosas.

ENGARCE s.m. Acción y efecto de engarzar. **2.** Pieza de metal en que se engarza una cosa.

ENGARROTAR v.tr. Agarrotar. ◆ v.tr. y prnl. Entumecer los miembros el frío o la enfermedad.

ENGARZAR v.tr. [7]. Trabar o enganchar cosas entre sí formando una cadena. **2.** Enlazar, relacionar. **3.** Engastar o hacer engarzar como una piedra preciosa, en un metal: *engarzar un rubí en oro.* **4.** Rizar o ensortijar el pelo.

ENGASTADO s.m. Operación que se realiza para fijar y mantener piedras preciosas por medio de dientes o labios de metal.

ENGASTAR v.tr. (lat. vulgar *incastrare*, insertar, articular). Encajar o embutir una cosa en otra. **2.** Encajar piedras preciosas o finas en oro, plata u otro metal.

ENGASTE s.m. Acción y efecto de engastar. **2.** Guarnición o cerco de metal en el que se encaja la piedra engastada. **3.** Perla que por un lado es plana y por el otro redonda.

ENGATILLADO s.m. *Fam.* Procedimiento que consiste en doblar, enlazar o machacar los bordes de dos chapas de metal para unirlos.

ENGATILLAR v.tr. Fallar el mecanismo de disparo de un arma de fuego. **2.** METAL. Unir dos chapas metálicas por medio de un engatillado.

ENGATUSAMIENTO s.m. *Fam.* Acción y efecto de engatusar.

ENGATUSAR v.tr. *Fam.* Ganar la voluntad de alguien con halagos y engaños: *dejarse engatusar.*

ENGAVILLAR v.tr. Poner la mies en gavillas.

ENGENDRAMIENTO s.m. Acción y efecto de engendrar.

ENGENDRAR v.tr. (lat. *ingenerare*). Producir un animal superior seres de su misma especie, por reproducción: *engendrar un hijo.* **2.** *Fig.* Causar o producir algo.

ENGENDRO s.m. Ser deforme o repulsivo. **2.** *Fig.* Plan u obra artística mal concebida o absurda. **3.** Feto.

ENGENTARSE v.prnl. Méx. Aturdirse por la presencia de mucha gente.

ENGLOBAR v.tr. Reunir varias cosas en una o incluir en un conjunto una cosa determinada.

ENGOBE s.m. Materia arcillosa con que se recubre una pieza de cerámica, antes de vidriarla.

ENGOLADO, A adj. *Fig.* Presuntuoso, afectado, especialmente en el modo de hablar. **2.** *Fig.* Se dice del tono de voz enfático o afectado. **3.** Que tiene gola. **4.** Méx. Muy acicalado.

ENGOLFAR v.tr. MAR. Meter una embarcación en un golfo. ◆ v.tr. y prnl. Entrar una embarcación en el mar hasta no ver tierra. ◆ **engolfarse** v.prnl. *Fig.* Ocuparse intensamente en

algún asunto, abstraerse en un pensamiento o sentimiento: *engolfarse en la lectura.*

ENGOLOSINAR v.tr. Excitar o provocar el deseo de alguien. ◆ **engolosinarse** v.prnl. Aficionarse mucho a algo.

ENGOMADO, A adj. Recubierto de una capa de goma adherente, que se diluye al contacto con un líquido. *papel engomado.* **2.** Chile, Emperifollado, atildado. ◆ s.m. Acción y efecto de engomar: *engomado de las telas.*

ENGOMAR v.tr. Impregnar y untar de goma: *engomar un papel.* **2.** Pegar con goma adherente. **3.** Mezclar una sustancia con goma.

ENGORDA s.f. Chile y Méx. Engorde o ceba. **2.** Chile y Méx. Conjunto de animales que se ceban para la matanza.

ENGORDAR v.intr. y prnl. Ponerse gordo o más gordo. **2.** *Fig. y fam.* Enriquecer. ◆ v.tr. Dar a alguien mucha comida para su engorde. SIN.: *cebar.*

ENGORDE s.m. Acción y efecto de engordar o cebar el ganado y otros animales domésticos para su consumo.

ENGORRAR v.tr. Venez. Incomodar, irritar, fastidiar.

ENGORRO s.m. Embarazo, impedimento, molestia.

ENGORROSO, A adj. Que ocasiona engorro o es causa de él.

ENGRAMA s.m. PSICOL. Huella que deja cualquier acontecimiento en la memoria.

ENGRANAJE s.m. Transmisión del movimiento mediante piñones o ruedas dentadas. **2.** Cilindro dentado que transmite un movimiento de rotación entre dos árboles o ejes. **3.** Disposición, acoplamiento o conjunto de ruedas que se engranan: *los engranajes del reloj.* **4.** *Fig.* Enlace o encadenamiento de ideas, circunstancias o hechos relacionados.

ENGRANAR v.intr. y tr. (fr. *engrener*). Endentar, encajar piezas dentadas. **2.** *Fig.* Enlazar, trabar ideas, frases, etc.

ENGRANDECER v.tr. [37]. Hacer grande o más grande una cosa. ◆ v.tr. y prnl. *Fig.* Elevar a alguien a una dignidad o categoría superior.

ENGRANDECIMIENTO s.m. Acción y efecto de engrandecer o engrandecerse.

ENGRAPADORA s.f. Utensilio para unir con grapas metálicas algo.

ENGRAPAR v.tr. Asegurar o sujetar con grapas.

ENGRASADOR, RA adj. y s. Que engrasa o lubrica. ◆ s.m. Aparato o dispositivo para la lubricación de una parte de una máquina.

ENGRASAR v.tr. y prnl. Untar con grasa: *engrasar un arma.* ◆ **engrasarse** v.prnl. Méx. Enfermar de saturnismo.

ENGRASE s.m. Acción de engrasar o engrasarse. **2.** Materia lubricante.

ENGREIMIENTO s.m. Acción y efecto de engreír o engreírse.

ENGREÍR v.tr. y prnl. [69]. Envanecer, enorgullecer. **2.** Amér. Mimar, aficionar, encariñar.

ENGRESCAR v.tr. y prnl. [1]. Incitar a alguien a que riña o arme jaleo. **2.** Meter a alguien en una broma u otra diversión.

ENGRINGARSE v.prnl. [2]. Amér. Copiar o adoptar los usos y costumbres de los gringos.

ENGROSAMIENTO s.m. Acción y efecto de engrosar o engrosarse.

ENGROSAR v.tr. y prnl. [17]. Hacer grueso o más grueso. ◆ v.tr. *Fig.* Aumentar, crecer: *engro-*

sar la lista de detenidos. ◆ v.intr. Hacerse más grueso y corpulento.

ENGRUDAR v.tr. Untar o dar con engrudo.

ENGRUDO s.m. (del lat. tardío *glus, -tis*, cola, goma). Masa de harina o almidón cocidos en agua, utilizada para pegar.

ENGRUMECERSE v.prnl. [37]. Hacerse grumos: *engrumecerse la sangre.*

ENGUALDRAPAR v.tr. Poner la gualdrapa a una caballería.

ENGUALICHAR v.tr. Argent., Chile y Urug. Hechizar, embrujar.

ENGUANTAR v.tr. y prnl. Cubrir las manos con guantes.

ENGUATAR v.tr. Esp. Entretelar con guata.

ENGÜINCHAR v.tr. Chile. → ENHUINCHAR.

ENGUIRNALDAR v.tr. Adornar con guirnaldas.

ENGUITARRARSE v.prnl. Venez. Vestirse de levita u otro traje de ceremonia.

ENGULLIR v.tr. e intr. (del ant. *engollir*, del cat. *gola*, garganta) [49]. Comer muy deprisa y casi sin masticar.

ENHARINAR v.tr. y prnl. Cubrir o espolvorear con harina. ◆ **enharinarse** v.prnl. *Fig.* y *fam.* Empolvarse.

ENHEBRAR v.tr. Pasar la hebra por el ojo de la aguja. **2.** Ensartar, pasar por un hilo, alambre, etc., varias cosas. **3.** *Fig.* Ensartar, hablar sin conexión: *enhebrar refranes.*

ENHESTAR v.tr. y prnl. [10]. Levantar en alto, poner vertical una cosa.

ENHIESTO, A o **INHIESTO, A** adj. (lat. *infestus*, hostil, dirigido contra alguien). Levantado, erguido: *cabeza enhiesta.*

ENHORABUENA s.f. Felicitación: *dar la enhorabuena.* ◆ adv.m. En buena hora, con fortuna.

ENHORAMALA adv.m. Con mala suerte.

ENHORNADO s.m. Acción de enhornar.

ENHORNAR v.tr. Meter algo en el horno. SIN.: *hornear.*

ENHORQUETAR v.tr. y prnl. Argent., Cuba, P. Rico y Urug. Poner a horcajadas.

ENHUINCHAR o **ENGÜINCHAR** v.tr. Chile. Ribetear.

ENIGMA s.m. (lat. *aenigma, -atis*, del gr. *aínigma*, frase equívoca u oscura). Cosa de la que debe adivinarse su significado o partir de una descripción o definición oscuras. **2.** Persona o cosa que es difícil de definir o de conocer a fondo. **3.** LIT. Composición, generalmente en verso, que equivale al acertijo.

ENIGMÁTICO, A adj. Que contiene o denota enigma: *mirada enigmática.*

ENILISMO s.m. Alcoholismo debido al abuso de vino.

ENJABEGARSE v.prnl. [2]. MAR. Enredarse algún cabo en el fondo del mar.

ENJABONADO, A adj. Cuba y Perú. Se dice de la caballería que tiene pelo oscuro sobre fondo blanco. ◆ s.m. Acción y efecto de enjabonar. SIN.: *enjabonadura.*

ENJABONAR v.tr. Aplicar jabón. **2.** *Fig. y fam.* Adular a alguien. **3.** *Fig.* Reprender.

ENJAEZAR v.tr. [7]. Poner los jaeces a una caballería.

ENJAGÜE s.m. Amér. Enjuague.

ENJALBEGADURA s.f. Acción y efecto de enjalbegar. SIN.: *enjalbegado.*

de dentado recto

de dentado helicoidal

tangente de rueda y tornillo sin fin

■ **ENGRANAJES**

ENJALBEGAR v.tr. [2]. Blanquear una pared, especialmente con cal.

ENJALMA s.f. (del lat. vulgar *salma*). Albarda ligera para bestias de carga.

ENJAMBRAR v.intr. (lat. *examinare*). Formar un nuevo enjambre una parte de las abejas de una colmena, para separarse y fundar una nueva colonia. ◆ v.tr. Encerrar dentro de las colmenas los enjambres o abejas que andan esparcidas. **2.** Sacar un enjambre de una colmena muy poblada de abejas.

ENJAMBRAZÓN s.f. Multiplicación de enjambres que consiste en la emigración de una parte de las abejas de una colmena. **2.** Época en que las abejas enjambran.

ENJAMBRE s.m. (lat. *examen*). Grupo de individuos que se segrega del resto de la colonia de abejas, generalmente por la aparición de una nueva reina. **2.** *Fig.* Conjunto numeroso de personas o cosas. **3.** ASTRON. Conjunto de estrellas o galaxias agrupadas por la gravitación.

ENJARCIAR v.tr. MAR. Poner la jarcia a una embarcación.

ENJARETADO s.m. Tablero formado de tablones pequeños que forman enrejado.

ENJARETAR v.tr. *Fig.* y *fam.* Hacer o decir algo muy deprisa, sin la debida tranquilidad. **2.** *Fig.* y *fam.* Hacer que una persona tenga que aguantar algo molesto o inoportuno. **3.** Hacer pasar una cinta o cordón por una jareta. **4.** Méx. y Venez. *Fam.* Intercalar, incluir.

ENJAULAR v.tr. Encerrar o meter dentro de una jaula. **2.** *Fig.* y *fam.* Encarcelar.

ENJOYAR v.tr. y prnl. Adornar con joyas. **2.** *Fig.* Adornar o enriquecer algo.

ENJUAGAR v.tr. (del lat. vulgar *exaquare*, lavar con agua) [2]. Aclarar con agua algo que se ha jabonado o fregado. ◆ v.tr. y prnl. Limpiar la boca y los dientes con líquido.

ENJUAGUE s.m. Acción de enjuagar. **2.** Líquido con que se enjuaga. **3.** Intriga o enredo para conseguir algo que no se espera lograr por medios normales.

ENJUGAR v.tr. (lat. tardío *exsucare*, dejar sin jugo) [2]. Secar, quitar la humedad. ◆ v.tr. y prnl. Limpiar o quitar las lágrimas, el sudor, la sangre o cualquier humedad del cuerpo. **2.** *Fig.* Cancelar o liquidar una deuda. ◆ **enjugarse** v.prnl. Adelgazarse, hacerse menos gordo.

ENJUICIAMIENTO s.m. Acción y efecto de enjuiciar. **2.** DER. Forma legal de proceder en la tramitación y terminación de los negocios judiciales.

ENJUICIAR v.tr. Someter una cuestión a examen o juicio. **2.** DER. **a.** Juzgar o sentenciar una causa. **b.** Instruir una causa.

ENJULIO o **ENJULLO** s.m. (lat. tardío *insubulum*). Rodillo en el que se enrolla la urdimbre.

ENJUNDIA s.f. (lat. *axungia*, grasa de cerdo). Grasa de un animal, especialmente de un ave. **2.** *Fig.* Cosa más sustanciosa e importante de algo inmaterial. **3.** *Fig.* Fuerza o vigor. **4.** *Fig.* Constitución o cualidad propia de la naturaleza de una persona.

ENJUNDIOSO, A adj. Que tiene enjundia: *un plato enjundioso; una opinión enjundiosa*.

ENJUTA s.f. ARQ. Cada uno de los espacios triangulares que deja en un cuadrado el círculo inscrito en él.

ENJUTO, A adj. (lat. *exsuctus*, p. de *exsugere*, chupar, secar). Flaco, delgado: *rostro enjuto*. **2.** Seco, sin agua o humedad. **3.** *Fig.* Parco y escaso en palabras y obras.

ENLACE s.m. Acción y efecto de enlazar o enlazarse. **2.** Unión, conexión. **3.** *Fig.* Casamiento. **4.** Persona que sirve para que por su mediación se comuniquen otros entre sí. **5.** Comunicación regular entre dos puntos del globo: *enlace aéreo*. **6.** *Fig.* Parentesco. **7.** FONÉT. Pronunciación que consiste en unir la última consonante de un vocablo con la vocal inicial del siguiente. SIN.: *liaison*. **8.** INFORMÁT. Acceso automatizado de un documento a otro o a otra parte del mismo documento. SIN.: *link*.

ENLACIAR v.tr., intr. y prnl. Poner lacio.

ENLADRILLADO s.m. Pavimento hecho con ladrillos.

ENLADRILLAR v.tr. Formar el pavimento con ladrillos.

ENLAJADO s.m. Venez. Suelo cubierto de lajas.

ENLATAR v.tr. Meter en latas. **2.** Amér. Cubrir con latas una armadura de techumbre.

ENLAZAR v.tr. [7]. Unir con lazos: *enlazar los cabellos*. **2.** Apresar a un animal arrojándole el lazo. ◆ v.tr. y prnl. Atar o unir una cosa con otra. ◆ v.intr. Empalmar, estar en combinación, en lugar y horas determinadas, un transporte con otro. ◆ **enlazarse** v.prnl. Casar, contraer matrimonio. **2.** *Fig.* Unirse las familias por medio de casamientos.

ENLISTONADO s.m. Conjunto de listones u obra hecha con listones.

ENLLANTAR v.tr. Poner llantas a las ruedas.

ENLODAMIENTO s.m. Acción y efecto de enlodar o enlodarse.

ENLODAR v.tr. y prnl. Manchar o cubrir una cosa con lodo. **2.** *Fig.* Manchar la reputación de alguien.

ENLOMAR v.tr. ENCUAD. Formar el lomo de un libro, haciendo un reborde en los primeros y últimos pliegos.

ENLOQUECER v.intr. y prnl. [37]. Perder el juicio o volverse loco. ◆ v.tr. Trastornar profundamente: *la miseria lo enloqueció.* ◆ v.tr. y prnl. Gustar una cosa exageradamente a alguien: *viajar me enloquece*.

ENLOQUECIMIENTO s.m. Acción y efecto de enloquecer o enloquecerse.

ENLOSADO s.m. Revestimiento del suelo con materiales de poco espesor y de amplia superficie. **2.** Acción y efecto de enlosar.

ENLOSAR v.tr. Pavimentar con losas o baldosas.

ENLOZAR v.tr. [7]. Amér. Cubrir con un baño de loza o de esmalte vítreo.

ENLUCIDO s.m. Revestimiento o segunda mano de revoque que se da a los muros o paredes para que presenten una superficie unida y lisa.

ENLUCIR v.tr. [48]. Revestir con enlucido. **2.** Limpiar, poner brillante la plata, las armas, etc.

ENLUTAR v.tr. y prnl. Cubrir o vestir de luto. **2.** *Fig.* Oscurecer, privar de luz y claridad. ◆ v.tr. *Fig.* Entristecer profundamente a alguien.

ENMADERADO s.m. Obra de madera con que se reviste el interior de una casa o un edificio, y, especialmente, muros o paredes. SIN.: *enmaderamiento*.

ENMADERAR v.tr. Cubrir con madera: *enmaderar un techo, una pared*.

ENMADRARSE v.prnl. Esp. Encariñarse excesivamente un niño con su madre.

ENMANGAR v.tr. [2]. Poner mango a un instrumento o utensilio.

ENMARAÑAMIENTO s.m. Acción y efecto de enmarañar o enmarañarse.

ENMARAÑAR v.tr. y prnl. Enredar una cosa, como el cabello, una madeja de hilo, etc. **2.** *Fig.* Hacer que un asunto sea confuso o de difícil solución.

ENMARCAR v.tr. [1]. Poner una lámina, dibujo, fotografía, etc., en un marco. **2.** Situar algo dentro de unos límites temporales, espaciales, estilísticos, culturales, etc.

ENMARILLECERSE v.prnl. [37]. Ponerse descolorido y amarillo.

ENMASCARADO, A s. Persona que lleva el rostro cubierto con una máscara.

ENMASCARAMIENTO s.m. Acción y efecto de enmascarar o enmascararse.

ENMASCARAR v.tr. y prnl. Cubrir el rostro con una máscara. **2.** *Fig.* Encubrir, disfrazar: *enmascarar sus intenciones*.

ENMASILLAR v.tr. Cubrir con plaste o masilla las irregularidades de una superficie para pintarla. **2.** Sujetar una cosa con masilla, especialmente los cristales de las vidrieras.

ENMELAR v.tr. [10]. Untar o endulzar con miel una cosa. **2.** Hacer miel las abejas.

ENMENDAR v.tr. y prnl. (lat. *emendare*) [10]. Corregir, quitar defectos a una persona o cosa: *enmendar un error*. **2.** Subsanar o reparar los daños: *enmendar un desastre*.

ENMENDATURA s.f. Amér. Enmienda, corrección.

ENMICADO s.m. Méx. Funda plástica.

ENMIENDA s.f. Corrección o eliminación de un error. **2.** Modificación o propuesta de modificación que se hace a un proyecto de ley, etc.: *votar una enmienda*. **3.** DER. Rectificación perceptible de errores en un escrito, que debe señalarse al final. ◆ **enmiendas** s.f.pl. AGRIC. Sustancias que se mezclan con la tierra para mejorar sus propiedades físicas.

ENMOHECER v.tr. y prnl. [37]. Cubrir de moho. **2.** *Fig.* Inutilizar, dejar en desuso.

ENMOHECIMIENTO s.m. Acción y efecto de enmohecer o enmohecerse.

ENMONARSE v.prnl. Chile y Perú. Emborracharse, embriagarse.

ENMONTARSE v.prnl. Amér. Volverse monte un campo, cubrirse de maleza.

ENMOQUETAR v.tr. Esp. Cubrir con moqueta o alfombra.

ENMUDECER v.intr. [37]. Quedar mudo o callado a causa del miedo, la sorpresa, etc. **2.** *Fig.* Guardar silencio cuando se debiera hablar. ◆ v.tr. Hacer callar a alguien.

ENMUDECIMIENTO s.m. Acción y efecto de enmudecer.

ENMUGRAR v.tr. Chile, Colomb. y Méx. Ensuciar, manchar con mugre.

ENMUGRECER v.tr. y prnl. [37]. Cubrir de mugre.

ENNEGRECER v.tr. y prnl. [37]. Poner negro o teñir de negro. ◆ v.intr. y prnl. *Fig.* Ponerse el cielo muy oscuro, nublarse.

ENNEGRECIMIENTO s.m. Acción y efecto de ennegrecer o ennegrecerse.

ENNOBLECER v.tr. y prnl. [37]. Conceder o adquirir un título de nobleza. **2.** *Fig.* Dignificar, dar carácter noble. **3.** *Fig.* Adornar, enriquecer.

ENNOBLECIMIENTO s.m. Acción y efecto de ennoblecer o ennoblecerse.

ENOFTALMOS s.m. (pl. *enoftalmos*). Hundimiento patológico del glóbulo ocular en la órbita.

ENOJADIZO, A adj. Que se enoja con facilidad.

ENOJAR v.tr. y prnl. (occitano ant. *enojar*, aburrir, fastidiar, molestar). Causar enojo. (De uso restringido en España.) SIN.: *enfadar*.

ENOJO s.m. Alteración del ánimo producida por algo que contraría o perjudica. **2.** Molestia, pena, trabajo.

ENOJÓN, NA adj. y s. Chile, Ecuad. y Méx. Irritable, quisquilloso.

ENOJOSO, A adj. Que causa enojo o molestia.

ENOL s.m. Nombre genérico de los compuestos que contienen un doble enlace de carbono y un grupo hidroxilo.

ENÓLICO, A adj. QUÍM. Relativo a los enoles. ◇ **Ácido enólico** Nombre dado a una serie de materias colorantes que se encuentran en los vinos tintos.

ENOLOGÍA s.f. (del gr. *oinós*, vino, y *logos*, tratado). Ciencia que estudia la conservación y la elaboración de los vinos.

ENOLÓGICO, A adj. Relativo a la enología.

ENÓLOGO, A adj. y s. Persona que se dedica a la enología.

ENOMETRÍA s.f. Determinación de la riqueza alcohólica de los vinos.

ENOMÉTRICO, A adj. Relativo a la enometría.

ENORGULLECER v.tr. y prnl. [37]. Hacer que alguien sienta orgullo: *los éxitos de sus hijos lo enorgullecen.*

ENORGULLECIMIENTO s.m. Acción y efecto de enorgullecer o enorgullecerse.

ENORME adj. (lat. *enormis*). Muy grande, excepcionalmente grande: *un monumento enorme; una deuda enorme; una enorme admiración.* **2.** Perverso, muy malo.

ENORMIDAD s.f. Cantidad muy grande. **2.** Disparate, desatino. **3.** Cualidad de enorme.

ENOTERÁCEO, A adj. y s.f. Onagráceo.

ENQUERRE s.m. **Armas de enquerre** HERÁLD. Armas falsas.

ENQUICIAR v.tr. y prnl. Poner una puerta, ventana, etc., en el quicio. **2.** *Fig.* Poner una cosa en orden: *enquiciar la sociedad*.

ENQUISTADO, A adj. Que tiene forma de quiste o parecido a él. **2.** Se dice del cuerpo extraño o de la lesión que permanece en un organismo sin inflamación aguda y que se rodea de tejido conjuntivo. **3.** *Fig.* Que está encajado en otra cosa. **4.** ZOOL. Se dice del animal en estado de vida latente rodeado de una membrana de protección.

ENQUISTAMIENTO s.m. MED. Fijación de un cuerpo extraño insoluble o de una lesión tórpida en un tejido.

ENQUISTARSE v.prnl. Encerrarse algo dentro de un quiste.

ENRABIAR v.tr. y prnl. Encolerizar a alguien.

ENRAIZAR v.intr. y prnl. [23]. Arraigar, echar raíces. **2.** *Fig.* Establecerse en un lugar.

ENRALECER v.intr. [37]. Ponerse ralo.

ENRAMADA s.f. Conjunto de ramas espesas entrelazadas. **2.** Adorno de ramas de árboles. **3.** Cobertizo hecho con ramas de árboles para sombra o abrigo.

ENRAMADO s.m. MAR. Conjunto de las cuadernas de una embarcación.

ENRAMAR v.tr. Cubrir con ramas entrelazadas, para adornar o para dar sombra. **2.** MAR. Armar y afirmar las cuadernas principales de una embarcación en construcción. ➡ v.intr. Echar ramas un árbol u otra planta.

ENRANCIAR v.tr. y prnl. Poner rancia una cosa.

ENRARECER v.tr., intr. y prnl. [37]. Hacer que algo sea raro o poco abundante. ➡ v.tr. y prnl. Dilatar un cuerpo gaseoso haciéndolo menos denso. **2.** Hacer menos respirable, contaminar **3.** *Fig.* Hacer que se enfríen o deterioren las buenas relaciones entre los integrantes de un grupo.

ENRARECIMIENTO s.m. Acción y efecto de enrarecer o enrarecerse.

ENRASAR v.tr. e intr. Igualar el nivel de una cosa con otra. **2.** Allanar la superficie de algo.

ENRASE s.m. Acción y efecto de enrasar. **2.** Parte superior de una obra de albañilería, dispuesta en un plano perfectamente horizontal.

ENRAYADO s.m. CONSTR. Maderamen horizontal con que se aseguran los cuchillos y medios cuchillos de un entramado de cubierta.

ENREDADERA adj. y f. Se dice de la planta de tallo voluble o trepador. ➡ s.f. Planta de tallos trepadores y flores en forma de campanilla, de color rosáceo con cinco radios más oscuros (Familia convolvuláceas).

ENREDADOR, RA adj. y s. Que enreda. **2.** *Fig.* y *fam.* Chismoso, embustero.

ENREDAR v.tr. y prnl. (de *red*). Enmarañar, liar una cosa con otra: *enredarse los cabellos.* **2.** Complicar un asunto. **3.** Esp. Entretener, hacer perder el tiempo. ➡ v.tr. Intrigar o tramar enredos. **2.** Comprometer a alguien en un asunto peligroso o expuesto. ➡ **enredarse** v.prnl. Meterse en dificultades y complicaciones. **2.** *Fam.* Tener un enredo amoroso con otra persona. **3.** *Fam.* Empezar una riña, discusión, etc. **4.** Trepar las enredaderas.

ENREDIJO s.m. *Fam.* Enredo, maraña de hilos o cosas flexibles.

ENREDISTA s.m. y f. Chile, Colomb. y Perú. Enredador, chismoso.

ENREDO s.m. Maraña que resulta de trabarse entre sí desordenadamente hilos u otras cosas flexibles. **2.** Asunto complicado o confuso y, a veces, peligroso o ilícito. **3.** Amancebamiento, relación pasajera. **4.** Argent., Dom. y Urug. *Fig.* y *fam.* Amorío. (Suele usarse en plural.) **5.** Nudo o conjunto de sucesos que preceden al desenlace en una obra cinematográfica, dramática o narrativa: *comedia de enredo.* ➡ **enredos** s.m.pl. *Fam.* Cosas diversas de poca importancia.

ENREDOSO, A adj. Que encierra enredos o dificultades: *un trabajo enredoso.* **2.** Chile y Méx. Enredador, chismoso.

ENREJADO s.m. Conjunto de rejas. **2.** Reja de cañas o varas entretejidas que sirve para cubrir algo o para que trepen las enredaderas.

ENREJAR v.tr. Poner rejas o cercar con rejas. **2.** Méx. Zurcir la ropa.

ENREVESADO, A adj. Difícil de hacer o entender. **2.** Intrincado, con muchas vueltas: *laberinto enrevesado.*

ENRIAMIENTO s.m. Acción de enriar las plantas textiles.SIN.: enriado.

ENRIAR v.tr. [19]. Macerar las fibras textiles

de los tallos del lino, cáñamo, yute, etc., mediante inmersión en el agua o por simple exposición al aire y con intervención de bacterias que hacen solubles las materias pécticas.

ENRIELAR v.tr. Chile. *Fig.* Encarrilar, encauzar un asunto, etc. ➡ v.tr. y prnl. Chile y Méx. Meter en el riel, encarrilar un vagón, vagoneta, etc.

ENRIENDAR v.tr. Argent. Poner las riendas.

ENRIPIAR v.tr. Poner ripio en un hueco.

ENRIQUECER v.tr. y prnl. [37]. Hacer rico o más rico: *el trabajo enriquece al país; se enriqueció con la lotería.* ➡ v.intr. y prnl. Hacerse rico o engrandecerse. **2.** Prosperar, mejorar: *la nación se enriquece.* ➡ v.tr. *Fig.* Hacer que alguien sea mejor o más rico en conocimientos, experiencias, cualidades, etc. **2.** Hacer que algo tenga mejores características: *enriquecer el suelo con abono.* ➡ **enriquecerse** v.prnl. MIN. Aumentar localmente el metal presente en una mena.

ENRIQUECIDO, A adj. FÍS. Se dice de un cuerpo en el que uno de sus componentes está en proporción más elevada que la normal.

ENRIQUECIMIENTO s.m. Acción y efecto de enriquecer o enriquecerse. **2.** Procedimiento que aumenta la cantidad de metal en un mineral o la concentración de un isótopo en una mezcla de isótopos.

ENRISCADO, A adj. Lleno de riscos.

1. ENRISTRAR v.tr. Poner la lanza en el ristre o bajo el brazo derecho para acometer.

2. ENRISTRAR v.tr. Hacer ristras con ajos, cebollas, etc.

ENROCAR v.tr. e intr. [1]. En el ajedrez, efectuar enroque.

ENROCARSE v.prnl. [1]. Quedarse algo trabado en las rocas del fondo del mar: *enrocarse un anzuelo.*

ENROJECER v.tr. y prnl. [37]. Poner rojo con el calor: *enrojecerse la leña.* ➡ v.tr., intr. y prnl. Hacer que se ponga roja una parte del cuerpo, especialmente el rostro por algún sentimiento o pasión, como la vergüenza o la ira: *el golpe le enrojeció el dedo; enrojeció de rabia; se enrojeció al verla.* ➡ v.tr. Dar color rojo a algo. *enrojecerse los labios.*

ENROJECIMIENTO s.m. Acción y efecto de enrojecer o enrojecerse.

ENROLAMIENTO s.m. Acción y efecto de enrolar o enrolarse.

ENROLAR v.tr. y prnl. (de *rol*). Alistar, inscribir, especialmente en el ejército o en el rol o lista de los tripulantes de un barco.

ENROLLAMIENTO s.m. Acción y efecto de enrollar o enrollarse.

ENROLLAR v.tr. y prnl. Poner algo en forma de rollo. ➡ **enrollarse** v.prnl. *Fig.* y *fam.* Establecer relaciones amorosas o sexuales con otra persona. **2.** Esp. *Fig.* y *fam.* Extenderse de manera ininterrumpida o repetitiva al hablar o al escribir. **3.** Esp. *Fig.* y *fam.* Relacionarse o tener un trato bueno con otras personas: *se enrolla bien con sus amigos.*

ENRONCHAR v.tr. Méx. Llenar de ronchas. **2.** Méx. *Fig.* Hartar a alguien.

ENRONQUECER v.tr. y prnl. [37]. Poner o quedarse ronco: *gritar mucho enronquece la voz.*

ENRONQUECIMIENTO s.m. Ronquera.

ENROQUE s.m. En el ajedrez, movimiento simultáneo del rey y la torre que se efectúa cuando todavía no han sido movidos, en que el rey se aproxima dos casillas hacia la posición de la torre, y esta salta sobre él y se coloca a su lado.

ENROSCAMIENTO s.m. Acción y efecto de enroscar o enroscarse.SIN.: enroscadura.

ENROSCAR v.tr. y prnl. [1]. Poner una cosa alargada en forma de rosca, dando vueltas sobre sí misma o sobre otra cosa. ➡ v.tr. Introducir algo con rosca en un agujero: *enroscar un tornillo.*

ENROSTRAR v.tr. Amér. Reprochar, echar en cara.

ENSABANADO, A adj. TAUROM. Se dice del toro que tiene negras u oscuras la cabeza y las extremidades y blanco el resto del cuerpo.

ENSACADO s.m. Acción de ensacar.

ENSACAR v.tr. [1]. Meter en saco o en sacos.

ENSAIMADA s.f. (cat. *ensaïmada*). Bollo de pasta hojaldrada en forma de espiral.

ENSALADA s.f. Plato que se sirve frío, elaborado con varios vegetales, crudos o cocidos, y a veces otros alimentos, sazonados con sal y otros condimentos. **2.** *Fig.* Mezcla confusa de cosas muy diferentes: *una ensalada de argumentos.* **3.** Cuba. Refresco preparado con agua de limón, hierbabuena y piña. ↷ **Ensalada de frutas** Macedonia. **Ensalada rusa** Ensaladilla.

ENSALADERA s.f. Recipiente en que se prepara y sirve la ensalada.

ENSALADILLA s.f. Esp. Plato frío elaborado básicamente con legumbres y verduras cortadas en trozos pequeños, hervidas y aderezadas con salsa mayonesa. (También *ensaladilla rusa* o *ensalada rusa.*)

ENSALIVAR v.tr. y prnl. Llenar o empapar de saliva.

ENSALMADOR, RA s. Persona que tenía por oficio ensalmar.

ENSALMAR v.tr. Curar utilizando ensalmos. **2.** Componer el ensalmador un hueso dislocado o roto.

ENSALMISTA s.m. y f. Persona que intenta curar mediante ensalmos.

ENSALMO s.m. Rezo o práctica supersticiosa con que se pretende curar. ↷ **Como por ensalmo** Con rapidez extraordinaria y por causas desconocidas.

ENSALZAMIENTO s.m. Acción y efecto de ensalzar.

ENSALZAR v.tr. (lat. vulgar *exaltiare*) [7]. Alabar, elogiar, enaltecer: *ensalzar las virtudes de alguien.* **2.** Exaltar, elevar a mayor auge y dignidad.

ENSAMBLADOR, RA adj. y s.m. INFORMÁT. Se dice del programa informático que traduce en lenguaje máquina los programas escritos en código de ensamblaje.

ENSAMBLADURA s.f. Acción y efecto de ensamblar. **2.** TECNOL. Unión, ajuste, acoplamiento de diversas piezas, de modo que formen un todo. ↷ **Lenguaje de ensambladura** INFORMÁT. Lenguaje formado por las instrucciones de una computadora escritas en forma simbólica, de modo que son fácilmente legibles.

empalme múltiple

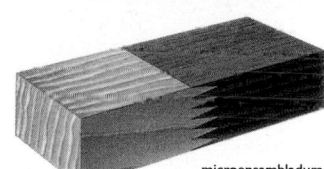

microensambladura

■ **ENSAMBLADURA** en madera.

ENSAMBLAJE s.m. Ensambladura. **2.** ART. CONTEMP. Assemblage.

ENSAMBLAR v.tr. (fr. ant. *ensembler*, juntar, reunir). Unir, juntar varias piezas que encajan entre sí. **2.** INFORMÁT. Traducir en lenguaje máquina un programa escrito en lenguaje de ensambladura.

ENSAMBLE s.m. Ensambladura.

ENSANCHADOR, RA adj. y s.m. Que ensancha o sirve para ensanchar.

ENSANCHAMIENTO s.m. Acción y efecto de ensanchar o ensancharse.

ENSANCHAR v.tr. (lat. vulgar *examplare*). Extender, dilatar, hacer más ancho o grande. **2.** Mostrar satisfacción efusivamente. ➡ v.intr. y prnl. Sentir vanidad u orgullo.

ENSANCHE s.m. Ensanchamiento. **2.** Reserva de tela que se deja en las costuras de un vestido. **3.** Esp. Ampliación del casco urbano de una ciudad.

ENSANGRENTAR v.tr. y prnl. [10]. Manchar de sangre. ✦ v.tr. Causar muertes o un derramamiento de sangre en un lugar.

ENSAÑAMIENTO s.m. Acción y efecto de ensañarse. **2.** DER. Circunstancia agravante de la responsabilidad penal que consiste en aumentar deliberada e innecesariamente el mal del delito.

ENSAÑARSE v.prnl. Dedicarse a hacer daño con placer o furia: *ensañarse con el enemigo.*

ENSARTAR v.tr. Pasar por un hilo, alambre, etc., varias cosas: *ensartar perlas en un collar.* **2.** Enhebrar en la aguja. **3.** Atravesar algo con un objeto puntiagudo: *el toro le ensartó el cuerno.* **4.** *Fig.* Decir muchas cosas de forma continua. ✦ v.tr. y prnl. Chile, Méx., Nicar., Perú y Urug. Engañar, hacer caer en una trampa o embuste.

ENSAYADA s.f. Méx. Acción y efecto de ensayar: *dar una ensayada antes del partido.*

ENSAYAR v.tr. e intr. Poner en práctica una cosa para perfeccionarla o antes de ejecutarla en público: *ensayar una canción.* ✦ v.tr. Probar, someter algo a determinadas condiciones para ver su funcionamiento o su resultado: *ensayar un nuevo sistema.* **2.** Someter un material a las operaciones físicas y químicas de prueba o reconocimiento: *ensayar un mineral; ensayar un lingote de oro.* ✦ v.intr. y prnl. Intentar, probar a hacer una cosa: *ensayar a entrenar un perro.*

ENSAYISMO s.m. Género literario constituido por los ensayos.

ENSAYISTA s.m. y f. Autor de ensayos.

ENSAYÍSTICA s.f. Ensayismo.

ENSAYÍSTICO, A adj. Relativo al ensayismo o al ensayo.

ENSAYO s.m. (lat. tardío *exagium,* acto de pesar algo).Acción y efecto de ensayar: *ensayo de la ceremonia.* **2.** Prueba que se hace de una cosa para ver si es apta para lo que se espera de ella. **3.** LIT. Género literario en prosa, de carácter didáctico, basado en reflexiones del autor sobre temas filosóficos, artísticos, históricos, etc. **4.** LIT. Obra de este género literario. **5.** MIN. Operación de buscar metales en un mineral del filón. ✧ **Cine de arte y ensayo** Local de cine que proyecta películas fuera de la red comercial normal. **Ensayo general** Representación completa de un espectáculo, realizada antes de presentarlo al público.

ENSEBAR v.tr. Untar con sebo.

ENSEGUIDA adv.t. A continuación, inmediatamente después.

ENSENADA s.f. Entrada de mar en la tierra formando un seno o refugio para las embarcaciones. **2.** Argent. Corral, lugar destinado a encerrar animales.

ENSEÑA s.f. Insignia o bandera que representa a una colectividad.

ENSEÑANTE adj. y s.m. y f. Que enseña.

ENSEÑANZA s.f. Acción y efecto de enseñar. **2.** Profesión o actividad del que enseña: *dedicarse a la enseñanza.* **3.** Sistema y método de dar instrucción a alguien: *enseñanza a distan-*

cia. **4.** Conocimiento, experiencia o suceso que sirve de aprendizaje: *la enseñanza de un fracaso.* ✧ **Enseñanza media,** o **secundaria** Enseñanza impartida entre la primaria y la superior, que proporciona al alumno conocimientos de cultura general. **Enseñanza primaria** Enseñanza impartida en la escuela, que da los conocimientos básicos al alumno. **Enseñanza privada** Enseñanza impartida en centros que no dependen del estado. **Enseñanza programada** Enseñanza basada en un avance sistemático mediante programas preestructurados e individualizados, generalmente preparados con métodos informáticos. **Enseñanza pública** Enseñanza impartida en centros que dependen del estado. **Enseñanza técnica** Enseñanza que tiene por finalidad la formación de obreros y empleados cualificados y especializados, y de técnicos superiores. **Enseñanza universitaria,** o **superior** Enseñanza impartida en universidades y escuelas superiores, que proporciona estudios especializados.

ENSEÑAR v.tr. (lat. *insignare,* marcar). Mostrar, poner algo delante de alguien para que lo vea: *enseñar un muestrario.* **2.** Hacer que alguien aprenda algo: *enseñar piano.* **3.** Dar advertencia o escarmiento: *la desgracia te enseñará.* **4.** Indicar, dar señas o instrucciones de una cosa: *enseñar el camino.* **5.** Dejar ver una cosa involuntariamente. ✦ **enseñarse** v.prnl. Acostumbrarse a una cosa.

ENSEÑOREARSE v.tr. y prnl. Hacerse señor y dueño.

ENSERES s.m.pl. Cosas necesarias para el servicio en una casa o para el ejercicio de una profesión.

ENSERIARSE v.prnl. Amér. Ponerse serio.

ENSIFORME adj. (del lat. *ensis,* espada, y *forma,* forma). Que tiene forma de espada.

ENSILADO s.m. Método de conservación de productos agrícolas que consiste en guardarlos en silos. SIN.: *ensilaje.* **2.** Alimento para el ganado que se obtiene de los forrajes húmedos, conservados en silos y transformados por fermentación láctica. SIN.: *ensilaje.*

ENSILADORA s.f. Máquina agrícola que desmenuza el forraje verde y lo transporta a un silo.

ENSILAR v.tr. Guardar en silos.

ENSILLADA s.f. GEOGR. Depresión del relieve entre dos alturas.

ENSILLADO, A adj. Se dice del cuadrúpedo, como el caballo o el toro, que tiene el lomo hundido.

ENSILLADURA s.f. Entrante que forma la columna vertebral en la región lumbar. **2.** Acción de ensillar. **3.** Parte de la caballería en la que se pone la silla de montar.

ENSILLAR v.tr. Poner la silla a una caballería.

ENSIMADO s.m. Operación que consiste en engrasar las fibras textiles para facilitar el cardado y el hilado.

ENSIMISMAMIENTO s.m. Acción y efecto de ensimismarse.

ENSIMISMARSE v.prnl. Abstraerse, concentrarse una persona aislándose de lo que la rodea. **2.** Chile y Colomb. Envanecerse, engreírse.

ENSOBERBECER v.tr. y prnl. [37]. Hacer que alguien se ponga soberbio. ✦ **ensoberbecerse** v.prnl. *Fig.* Agitarse, encresparse las olas.

ENSOBERBECIMIENTO s.m. Acción y efecto de ensoberbecer o ensoberbecerse.

ENSOMBRECER v.tr. y prnl. [37]. Oscurecer o cubrir algo de sombras. ✦ **ensombrecerse** v.prnl. *Fig.* Ponerse triste y melancólica una persona.

ENSOÑACIÓN s.f. Ensueño.

ENSOÑADOR, RA adj. y s. Que tiene ensueños.

ENSOÑAR v.tr. e intr. Tener ensueños o ilusiones.

ENSOPADA s.f. Méx. Acción y efecto de ensopar.

ENSOPAR v.tr. y prnl. Amér. Merid. Empapar.

ENSORDECER v.tr. [37]. Causar sordera: *la infección lo ensordeció.* **2.** *Fig.* Perturbar un ruido muy fuerte la capacidad de oír otra cosa: *la explosión nos ensordeció.* **3.** FONÉT. Convertir en sordo un fonema sonoro. ✦ v.intr. Contraer sordera: *ensordecer por la edad.*

ENSORDECIMIENTO s.m. Acción y efecto de ensordecer. **2.** FONÉT. Transformación de un fonema sonoro en sordo.

ENSORTIJAMIENTO s.m. Acción de ensortijar o ensortijarse. **2.** Conjunto de sortijas formadas en el cabello.

ENSORTIJAR v.tr. y prnl. Rizar el cabello, hilo, etc. ✦ v.tr. Efectuar la operación de anillado de los animales.

ENSUCIAMIENTO s.m. Acción y efecto de ensuciar o ensuciarse.

ENSUCIAR v.tr. y prnl. Manchar, poner sucio: *ensuciar la ropa.* **2.** *Fig.* Perjudicar el honor, el buen nombre, etc.: *ensuciar la fama con la conducta.* ✦ **ensuciarse** v.prnl. Evacuar el vientre manchándose.

ENSUEÑO s.m. Sueño o representación fantástica que se imagina mientras se duerme. **2.** Ilusión o fantasía improbable que alguien imagina y en la que se recrea. SIN.: *ensoñación.*

ENTABLADO s.m. Suelo de tablas. **2.** Conjunto de tablas que forman el armazón que sustenta el tejado de un edificio.

ENTABLADURA s.f. Efecto de entablar.

ENTABLAMENTO s.m. Parte superior de un edificio o de un orden arquitectónico, formado por el arquitrabe, el friso y la cornisa. **2.** Techo formado de tablas.

ENTABLAR v.tr. Iniciar una actividad que conlleva la relación con otra u otras personas, especialmente una conversación, un pleito, una lucha: *entablar una acción judicial.* **2.** Cubrir, cercar o asegurar con tablas. **3.** Colocar las piezas en el tablero para empezar el juego. **4.** Amér. Igualar, empatar. **5.** Argent. Acostumbrar al ganado mayor a ir en manada. ✦ **entablarse** v.prnl. Resistirse el caballo a volverse a una u otra mano, por falta de flexibilidad o por vicio.

ENTABLE s.m. Acción de entablarse el caballo. **2.** Manera de colocar las piezas en los juegos de tablero.

ENTABLERARSE v.prnl. TAUROM. **a.** Refugiarse la res en las tablas para defenderse. **b.** Refugiarse el diestro en las tablas al ser acosado por el toro.

ENTABLILLAR v.tr. Sujetar con tablillas y vendaje un miembro que tiene un hueso roto para mantenerlo en su sitio.

ENTADO, A adj. (fr. *enté*). HERÁLD. Se dice del escudo o de la pieza cuyo perfil forma entrantes y salientes.

ENTALEGAR v.tr. [2]. Meter en un talego o en talegos. **2.** *Fig.* Ahorrar, guardar, atesorar.

ENTALLA s.f. Corte o muesca que se hace en una piedra o trozo de madera.

ENTALLADURA s.f. Acción y efecto de entallar.

1. ENTALLAR v.tr., intr. y prnl. Ajustar una prenda de vestir al talle. **2.** Estar una prenda ajustada al talle.

2. ENTALLAR v.tr. Esculpir o grabar en madera, piedra, bronce, etc. **2.** Hacer una entalla.

ENTALLE s.m. Piedra dura grabada en hueco.

ENTALLECER v.intr. y prnl. [37]. Echar tallos las plantas y árboles.

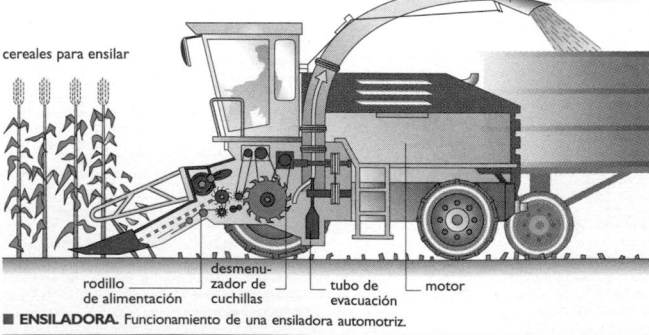

conducto de evacuación

cereales para ensilar

rodillo de alimentación — desmenuzador de cuchillas — tubo de evacuación — motor

■ **ENSILADORA.** Funcionamiento de una ensiladora automotriz.

ENTALPÍA s.f. FÍS. Magnitud termodinámica equivalente a la suma de la energía interna y del producto de la presión por el volumen.

ENTARIMADO s.m. Suelo cubierto con tablas.

ENTARIMAR v.tr. Cubrir el suelo con tablas o tarimas.

ÉNTASIS s.f. (lat. *entasis,* del gr. *ontasis,* tensión, intensidad). Abultamiento del fuste de una columna.

ENTE s.m. (lat. tardío *ens, entis*). Aquello que es o existe. **2.** Entidad, colectividad, corporación: *el ente público.* **3.** *Fig.* Persona ridícula o extraña. **4.** Argent. Asociación u organismo, particularmente el vinculado al estado.

ENTECARSE v.prnl. [1]. Chile. Obstinarse, emperrarse.

ENTECO, A adj. Se dice de la persona enfermiza, débil o muy flaca.

ENTELEQUIA s.f. (gr. *enelekhia,* de *entelis,* acabado, perfecto, y *ékhein,* tener). Ser o entidad fantástico o ficticio. **2.** En la filosofía de Aristóteles, realidad que ha alcanzado o está en vías de alcanzar su perfección.

ENTELERIDO, A adj. C. Rica, Hond. y Venez. Enteco, flaco, enclenque.

ENTENA s.f. Madero redondo de gran longitud y diámetro variable. **2.** MAR. Vara o percha encorvada y muy larga en la que se enverga la vela latina.

ENTENADO, A s. DER. Hijastro o hijo de un cónyuge, con respecto al otro, habido de un matrimonio anterior.

ENTENALLAS s.f.pl. Torno de mano para apretar piezas pequeñas.

ENTENDEDERAS s.f.pl. *Fam.* Entendimiento.

ENTENDER v.tr. (lat. *intendere,* extender) [29]. Percibir y comprender por medio de la inteligencia el sentido o significado de algo: *entender un problema.* **?** Percibir las causas o motivos de algo. **3.** Saber, averiguar el ánimo, carácter o modo de ser: *saber entender a los hijos.* **4.** Conocer las intenciones o móviles de alguien. **5.** Suponer, opinar, juzgar: *entiendo por su actitud que está nervioso.* **6.** Percibir y comprender el significado de lo que se dice en un idioma extranjero: *entender el inglés.* **7.** Percibir claramente lo que se oye o está escrito: *entender una conversación; no entiendo tu letra.* ◆ v.int. Seguido de la prep. *en* o *de,* tener conocimientos sobre una materia determinada: *entender en física; entender de automóviles.* **2.** En argot, ser homosexual: *a este local suele ir gente que entiende.* ◆ **entenderse** v.prnl. Avenirse, estar de acuerdo o tener buenas relaciones: *se entiende bien con todos.* **2.** *Fam.* Tener dos personas relaciones amorosas o sexuales de forma encubierta. **3.** Saber lo que se hace, estar acorde lo que se dice o hace con un pensamiento propio definido: *yo ya me entiendo.* **4.** Conocerse, comprenderse a sí mismo: *ni él mismo se entiende.* **5.** *Fig.* Saber manejar una cosa, saber su funcionamiento: *entenderse con las máquinas.* ◇ **Al entender de** Según juicio o modo de pensar de alguien. **Dar a entender** Decir algo encubierta o indirectamente.

ENTENDIDO, A adj. y s. Se dice de la persona que tiene muchos conocimientos sobre una materia: *entendido en música.* ◇ **Darse por entendido** Manifestar, fingir una persona que sabe algo.

ENTENDIMIENTO s.m. Inteligencia, facultad de comprender y de razonar. **2.** Juicio, aptitud para comprender algo. **3.** Acuerdo, relación amistosa entre pueblos o sus gobiernos.

ENTENEBRECER v.tr. y prnl. [37]. Oscurecer o llenar de tinieblas.

ENTENTE s.f. (voz francesa). Acción de entenderse, acuerdo. **2.** Acuerdo o concordia entre estados, grupos o empresas: *política de entente.*

ENTERADO, A adj. y s. *Fam.* Experto en una materia determinada. **2.** Chile. Orgulloso, estirado. **3.** Esp. Sabiondo, persona que presume de saber mucho. ◆ s.m. Diligencia que consiste en poner al pie de un documento, delante de la firma de la autoridad o persona interesada, la constatación de que se conoce el contenido del mismo.

ENTERALGIA s.f. Dolor intestinal.

ENTERAR v.tr. (de *entero*). Hacer conocer a alguien una noticia o un asunto. **2.** Chile. Completar, integrar una cantidad. **3.** Colomb., C. Rica, Hond. y Méx. Pagar, entregar dinero. ◆ **enterarse** v.prnl. Adquirir alguien conocimiento de algo que pasa delante de él, de lo que se dice, de lo que se lee.

ENTERCARSE v.prnl. [1]. Ponerse terco, obstinarse.

ENTERCIAR v.tr. Cuba. Empacar, formar tercios con una mercancía.

ENTEREZA s.f. Fortaleza, firmeza de ánimo: *obrar con entereza.*

ENTÉRICO, A adj. Relativo a los intestinos.

ENTERITIS s.f. (pl. *enteritis*). Inflamación del intestino delgado, generalmente acompañada de diarrea.

ENTERIZO, A adj. Que es de una sola pieza.

ENTERNECER v.tr. y prnl. [37]. *Fig.* Producir ternura: *su relato nos enterneció.* **2.** Ablandar, poner tierno.

ENTERNECIMIENTO s.m. Acción y efecto de enternecer o enternecerse.

ENTERO, A adj. (lat. *integer, -egra, -egrum*). Íntegro, que tiene todas sus partes: *compró un jamón entero.* **2.** *Fig.* Que tiene entereza: *carácter entero.* **3.** *Fig.* Recto, justo. **4.** Que no ha sido castrado: *caballo entero.* **5.** Guat., Perú y Venez. Idéntico. ◆ adj. MAT. Se dice de la serie cuyo término general depende de una variable compleja, z, que converge en el interior de un círculo de centro O, de radio R, eventualmente nulo o infinito, llamado radio de convergencia de la serie. ◆ adj. y s.m. MAT. Se dice de cada uno de los números sin fracciones más pequeñas que la unidad, tomada positiva o negativamente. ◆ s.m. Unidad de medida de los cambios bursátiles equivalente a la centésima parte del valor nominal de un título. **2.** Chile, Colomb. y C. Rica. Entrega de dinero. ◇ **Por entero** Totalmente, por completo.

ENTEROCOCO s.m. Diplococo del intestino que a veces es patógeno.

ENTEROCOLITIS s.f. (pl. *enterocolitis*). Inflamación del intestino delgado y del colon.

ENTEROQUINASA s.f. Enzima secretado por la mucosa intestinal, que activa la secreción pancreática.

ENTEROVIRUS s.m. Grupo de virus que se localizan en el tubo digestivo y que pueden provocar gastroenteritis, hepatitis viral A o poliomielitis.

ENTERRADOR, RA s. Sepulturero. ◆ s.m. TAUROM. Peón que intenta marear al toro a capotazos para que se eche, tras haber recibido la estocada.

ENTERRAMIENTO s.m. Entierro, acción de enterrar. **2.** Sepultura, fosa. **3.** Sepulcro, construcción donde se da sepultura al cadáver.

ENTERRAR v.tr. [10]. Poner bajo tierra: *enterrar un tesoro.* **2.** Dar sepultura a un cadáver: *enterrar en un mausoleo.* **3.** *Fig.* Ocultar una cosa debajo de otra, como si estuviera bajo tierra. **4.** *Fig.* Relegar algo al olvido: *enterrar los malos recuerdos.* **5.** *Fig.* Sobrevivir a alguien: *el abuelo enterró a toda la familia.* ◆ v.tr. y prnl. Amér. Clavar, hincar algo punzante, especialmente un arma. ◆ **enterrarse** v.prnl. *Fig.* Retirarse alguien del trato de los demás.

ENTIBACIÓN s.f. MIN. a. Acción de entibar. **b.** MIN. Conjunto de obras y reparaciones destinadas a proteger las excavaciones, galerías y pozos.

ENTIBADOR s.m. Persona que tiene por oficio entibar.

ENTIBAR v.tr. e intr. MIN. Apuntalar y sostener las tierras de una excavación con maderos o armazones.

ENTIBIAR v.tr. y prnl. Poner tibia o templada una cosa, especialmente un líquido: *entibiar el café.* **2.** *Fig.* Templar, moderar una pasión o un sentimiento: *entibiar el amor.*

ENTIBO s.m. Macizo de fábrica que sirve para sostener una bóveda y contrarrestar su empuje. SIN.: *estribo.* **2.** Madero que se utiliza en las minas para apuntalar.

ENTIDAD s.f. *Fig.* Valor o importancia de algo: *asunto de poca entidad.* **2.** Colectividad o asociación de personas de cualquier tipo, especialmente la que lleva a cabo una determi-

nada actividad reconocida jurídicamente: *entidad municipal; entidad deportiva.* **3.** Ente o realidad, especialmente cuando no es material. **4.** FILOS. Aquello que constituye la esencia de un ser. ◇ **Entidad morbosa** Enfermedad.

ENTIERRAR v.tr. Méx. Llenar de tierra o polvo.

ENTIERRO s.m. Acción de enterrar un cadáver. **2.** Comitiva que acompaña al cadáver que se lleva a enterrar. **3.** Ceremonia en la que se entierra un cadáver.

ENTINTADO s.m. Acción de entintar, particularmente los rodillos de una máquina de imprimir. SIN.: *entinte.*

ENTINTAR v.tr. Manchar o cubrir con tinta. **2.** *Fig.* Teñir algo, darle un color distinto del que tenía.

ENTOLDADO s.m. Conjunto de toldos que sirven para dar sombra. **2.** Lugar cubierto con toldos. **3.** Acción de entoldar.

ENTOLDAR v.tr. Cubrir con un toldo o con toldos.

ENTOMATADA s.f. Méx. Tortilla de maíz llena de diferentes ingredientes y bañada en salsa de tomate.

ENTOMÓFAGO, A adj. y s.m. Que se alimenta de insectos.

ENTOMÓFILO, A adj. Se dice de la planta cuya polinización es realizada por insectos.

ENTOMOLOGÍA s.f. (gr. *éntomos,* insecto, y *lógos,* tratado). Parte de la zoología que estudia los insectos.

ENTOMOLÓGICO, A adj. Relativo a la entomología.

ENTOMÓLOGO, A s. Persona que se dedica a la entomología.

ENTOMOSTRÁCEO, A adj. y s.m. Relativo a una antigua subclase de crustáceos inferiores que incluía la dafnia, la anatifa, etc.

ENTONACIÓN s.f. Acción y efecto de entonar. **2.** Movimiento melódico o musical de la frase, caracterizado por la variación de altura y tono de los sonidos.

ENTONADO, A adj. Acertado, fortalecido.

ENTONAR v.tr. e intr. Dar el tono debido al cantar algo: *entonar una canción; entonar bien.* **2.** Dar determinado tono a la voz: *entonar con voz fuerte.* **3.** Empezar a cantar para que los demás continúen en el mismo tono. **4.** Dar tensión y fuerza al organismo. **5.** Armonizar un conjunto de cosas: *entonar sus colores.* ◆ **entonarse** v.prnl. Animarse, entonarse una fiesta con la música. **2.** *Fig.* Envanecerse, engreírse.

ENTONCES adv.t. En un momento u ocasión determinados: *me enteré entonces.* ◆ adv.m. Expresa una consecuencia de lo dicho anteriormente: *no hablemos más.* ◆ interj. Se usa para hacer entender al interlocutor que lo que acaba de decir constituye un argumento a favor de lo que este rechazaba o negaba. ◇ **En, o por, aquel entonces** En aquel tiempo.

ENTONELAR v.tr. Meter en un tonel o en toneles.

ENTONTECER v.tr. [37]. Poner tonto. ◆ v.intr. y prnl. Volverse tonto.

ENTONTECIMIENTO s.m. Acción y efecto de entontecer.

ENTORCHADO s.m. Bordado hecho en oro o plata que llevan en el uniforme, como distintivo, los generales, ministros y otros altos funcionarios. **2.** Cuerda o hilo, alrededor del cual se enrolla otro para darle consistencia.

ENTORCHAR v.tr. Enrollar sobre una cuerda o hilo otro hilo o cuerda. **2.** Retorcer juntas varias velas para formar una antorcha.

ENTORNAR v.tr. Cerrar algo a medias: *entornar la puerta, los ojos.* ◆ v.tr. Torcer, inclinar, poner casi volcado: *entornar un recipiente.*

ENTORNO s.m. Ambiente, circunstancias, personas o cosas que rodean y afectan a alguien o algo. **2.** INFORMÁT. Sistema operativo, hardware e informaciones de software organizadas, con el que un proceso está destinado a operar. **3.** MAT. Para un punto a de un espacio topológico E, subconjunto de E que contiene un conjunto abierto del cual a sea elemento.

ENTORPECER v.tr. y prnl. [37]. Hacer torpe: *entorpecerse los miembros.* **2.** *Fig.* Hacer difícil

393

o trabajoso el funcionamiento, la percepción o la ejecución de algo.

ENTORPECIMIENTO s.m. Acción y efecto de entorpecer.

ENTRABAR v.tr. Chile, Colomb. y Perú. Trabar, estorbar.

ENTRADA s.f. Acción de entrar en alguna parte: *la entrada tuvo lugar a la hora en punto.* **2.** Acto de ser recibido en alguna colectividad, o de empezar a gozar de algo: *la entrada en el gobierno.* **3.** Espacio por donde se entra a alguna parte: *ir hacia la entrada.* **4.** Billete o boleto que sirve para asistir a un espectáculo: *comprar las entradas.* **5.** Conjunto de personas que asisten a un espectáculo: *ayer hubo una gran entrada.* **6.** Habitación o sala de una casa que comunica con el exterior y con las otras habitaciones. SIN.: *vestíbulo.* **7.** Ángulo entrante en la parte superior de la frente que se forma por la caída del cabello. **8.** Comienzo de una unidad de tiempo: *la entrada de la primavera, del año.* **9.** Plato que se sirve antes del principal. **10.** Cantidad de dinero recaudada en un espectáculo. **11.** Argent., Chile y Urug. Ingreso económico. **12.** Cuba y Méx. Arremetida, zurra. **13.** ECON. Cantidad inicial de dinero que debe depositarse al alquilar o comprar una vivienda, hacerse socio de un club, etc. **14.** INFORMÁT. Introducción de datos en una computadora. **15.** LING. Palabra o voz que se define en un diccionario o enciclopedia. **16.** MÚS. Escena de un ballet cortesano o de una ópera ballet. **17.** MÚS. Señal que hace el director para que los ejecutantes intervengan oportunamente. ◇ **Dar entrada** Méx. Aceptar un coqueteo; *Por ext.* acceder a algo no deseado: *si no te cae bien, para qué le diste entrada.*

ENTRADILLA s.f. Conjunto de frases iniciales de una noticia que resumen lo más importante de esta.

ENTRADO, A adj. Méx. *Fam.* Que está dedicado por completo a algo. **2.** Méx. *Fam.* Que acomete fácilmente empresas arriesgadas.

ENTRADOR, RA adj. Argent., C. Rica y Urug. Simpático, agradable. **2.** Chile y Perú. Entrometido, intruso. **3.** Perú y Venez. Que acomete fácilmente empresas arriesgadas.

ENTRAMADO s.m. Armazón de hierro o maderas unidas o entrecruzadas que sirve de soporte a una obra de albañilería, especialmente un suelo o una pared.

■ ENTRAMADO

ENTRAMAR v.tr. Hacer un entramado: *entramar un techo.*

ENTRAMBOS, AS adj. y pron.pl. Ambos.

ENTRAMPAR v.tr. Hacer que un animal caiga en una trampa. **2.** *Fig.* Enredar un negocio. ◆ **entramparse** v.prnl. Meterse en una situación difícil. **2.** *Fig.* y *fam.* Contraer muchas deudas.

ENTRANTE adj. y s.m. Se dice de la parte de una cosa que entra dentro de otra o forma parte de ella. ◆ s.m. Plato inicial de una comida.

ENTRAÑA s.f. (lat. *interanea,* intestinos). Conjunto de órganos de las cavidades torácica y abdominal. (Suele usarse en plural.) **2.** *Fig.* Parte más importante o esencial de algo: *la entraña del asunto.* **3.** *Fig.* Corazón, sentimientos: *ser de buenas entrañas.* (Suele usarse en plural.) **4.** *Fig.* Parte central o más oculta de algo: *las entrañas de la tierra.* (Suele usarse en plural.) ◇ **Arrancársele las entrañas** Sentir dolor, pesar, ante algún suceso lastimoso. **No tener entrañas** Ser cruel y desalmado. **Sacar las entrañas** Matar a alguien o hacerle mucho daño; hacer gastar a alguien cuanto tiene.

ENTRAÑABLE adj. Se dice del afecto o cariño muy íntimo, profundo y auténtico. **2.** Se dice de la persona o cosa que inspiran este tipo de afecto o cariño: *un amigo, una canción entrañable.*

ENTRAÑAR v.tr. Contener o llevar incluido en sí: *esto entraña un gran peligro.*

ENTRAR v.intr. (lat. *intrare*). Ir o pasar de fuera a dentro de un lugar. **2.** Penetrar total o parcialmente una cosa en el interior de otra: *la bala le entró por la espalda.* **3.** Encajar una cosa en otra: *entrar el anillo en el dedo.* **4.** Caber alguien o algo en un recinto o en un receptáculo: *ya no entraba nadie más en la sala.* **5.** *Fig.* Ser admitido o tener entrada en un determinado lugar: *en ese club no entran menores.* **6.** *Fig.* Incorporarse a una colectividad, a un cuerpo de empleados: *entrar como director de la empresa.* **7.** *Fig.* Empezar un período de tiempo: *entrar el verano.* **8.** *Fig.* Con la prep. *a* e infinitivo, dar principio a una acción: *entrar a hablar.* **9.** *Fig.* Seguir o adoptar un uso o una costumbre: *entrar en nuevas ideas.* **10.** *Fig.* Empezar a sentir algo: *entrar sed, prisa.* **11.** *Fig.* Ser contado con otros en un grupo o clase: *entrar en la lista de premiados.* **12.** *Fig.* Caber cierta porción o número de cosas para algún fin: *entrar seis naranjas en un kilo.* **13.** *Fig.* Estar incluido o formar parte de algo: *en la obra entran varios estilos.* **14.** *Fig.* Intervenir o tomar parte en algo: *entrar en la conversación.* **15.** *Fig.* Seguido de la prep. *en,* empezar a estar en un período o época determinados: *entrar en la adolescencia.* **16.** Empezar la intervención en un espectáculo o la interpretación musical en el momento preciso. **17.** TAUROM. Acometer, arremeter: *entrar al estado.* ◆ v.tr. Meter, introducir: *entrar la llave en la cerradura.* **2.** *Fig.* Acometer o influir en el ánimo de alguien. **3.** *Fam.* Ser una cosa de la aprobación de alguien. **4.** *Fam.* Aprender o comprender algo: *no le entra la química.* **5.** Estrechar o acortar una prenda de vestir: *entrar un vestido.* ◇ **No entrarle** alguien *Fam.* No tenerle simpatía.

ENTRE prep. (lat. *inter*). Indica situación de alguien o de algo dentro del espacio o del tiempo que separa dos cosas: *entre Madrid y Buenos Aires; entre las once y las doce.* **2.** Indica un estado o cualidad intermedio que posee características de los otros que se mencionan: *estaba entre alegre y triste.* **3.** Indica que una persona o cosa está rodeada de algo o en medio de algo: *lo metió entre las hojas del libro.* **4.** Indica pertenencia a una colectividad: *es una superstición entre actores.* **5.** Indica reciprocidad: *nos entendemos entre nosotros.* **6.** Indica participación o cooperación de dos o más componentes en una acción: *entre todos pintaron la casa.* **7.** Sirve para comparar dos elementos: *entre él y yo no existe gran diferencia de estatura.* **8.** Indica la operación aritmética de la división. **9.** Seguida de los pronombres personales *mí, ti, sí* y algunos verbos, denota la acción de estos o es interior, secreta: *hablaban entre sí.* ◇ **Entre (tanto) que** Expresa simultaneidad.

ENTREABRIR v.tr. y prnl. [53]. Abrir un poco o a medias.

ENTREACTO s.m. Intermedio, número que se ejecuta entre los actos de una función teatral. **2.** Intervalo de tiempo durante el cual se interrumpe la representación de un espectáculo, especialmente entre dos actos dramáticos.

ENTRECANAL s.f. Espacio entre las estrías de una columna.

ENTRECANO, A adj. Se dice del pelo o barba con algunas canas. **2.** Se dice de la persona que tiene así el pelo.

ENTRECAVAR v.tr. Cavar ligeramente, sin ahondar.

ENTRECEJO s.m. (lat. tardío *intercilium*). Espacio entre las dos cejas. **2.** Ceño, fruncimiento de la frente y cejas.

ENTRECERRAR v.tr. y prnl. [10]. Cerrar parcialmente algo.

ENTRECHOCAR v.tr. y prnl. [1]. Chocar dos cosas entre sí: *entrechocar los dientes.*

ENTRECLARO, A adj. y s. Que tiene alguna claridad: *noche entreclara.*

ENTRECOGER v.tr. [27]. Agarrar a alguien o algo de manera que no se pueda escapar fácilmente.

ENTRECOMAR v.tr. Poner entre comas.

ENTRECOMILLADO s.m. Palabra o palabras citadas entre comillas.

ENTRECOMILLAR v.tr. Poner entre comillas.

ENTRECORTAR v.tr. Cortar algo sin acabar de dividirlo. **2.** Emitir algo con intermitencias: *voz entrecortada.*

ENTRECOT s.m. (fr. *entrecôte*). Filete de carne de las costillas del buey.

ENTRECRUZAMIENTO s.m. Acción y efecto de entrecruzar o entrecruzarse. **2.** BIOL. Crossing-over.

ENTRECRUZAR v.tr. y prnl. [7]. Cruzar dos o más cosas entre sí: *entrecruzar los dedos.*

ENTRECUBIERTA s.f. Entrepuente.

ENTREDICHO s.m. Censuras canónica consistente en la privación de ciertos bienes espirituales, aunque sin perder la comunión con la Iglesia católica. ◇ **En entredicho** En duda, cuestionando su veracidad o conveniencia.: *poner en entredicho la honradez de alguien.*

ENTREDÓS s.m. (fr. *entre-deux*). Tira bordada de encaje o de tapicería, que se cose entre dos telas. **2.** Armario de poca altura que suele colocarse entre dos balcones.

ENTREFILETE s.m. Artículo pequeño de un periódico.

ENTREFINO, A adj. (de *fin,* lo sumo, lo perfecto). Que es de una calidad o de un grosor medio, entre fino y basto: *fideos entrefinos.* **2.** Se dice del vino de Jerez que tiene algunas de las cualidades del llamado fino.

ENTREFORRO s.m. Entretela de una prenda.

ENTREGA s.f. Acción y efecto de entregar o entregarse. **2.** Cosa que se entrega de una vez. **3.** Acción de entregar al adquisidor una cosa vendida. **4.** Atención, interés o esfuerzo en apoyo de una acción, persona o cosa. **5.** Publicación u obra cinematográfica que forma parte de una colección o una serie y que se ofrece al público por separado. **6.** Parte de un sillar o madero introducido en la pared.

ENTREGAR v.tr. (lat. *integrare,* reparar, rehacer). [1]. Poner en poder de otro: *entregar un paquete.* ◆ **entregarse** v.prnl. Ponerse alguien a disposición de otro, especialmente de la policía o la justicia. **2.** Dedicarse enteramente a algo: *entregarse al trabajo.* **3.** *Fig.* Abandonarse, dejarse dominar: *entregarse al vicio.* **4.** Declararse vencido o sin fuerzas para continuar una labor.

ENTREGUERRAS (DE) loc. Que sucede o se sitúa entre dos guerras, especialmente entre las dos guerras mundiales.

ENTREGUISMO s.m. Méx. *Fam.* Actitud pusilánime en una negociación, adoptada por cobardía o por soborno.

ENTREGUISTA s.m. y f. Argent., Chile, Méx., Par. y Urug. *Fam.* Persona que traiciona en una negociación a sus representados.

ENTRELAZADO, A adj. HERÁLD. Se dice de las figuras iguales que se entrelazan entre sí, cuando son en número de tres.

ENTRELAZAMIENTO s.m. Acción y efecto de entrelazarse. **2.** INFORMÁT. Técnica de organización de la memoria central de una computadora en la que las direcciones sucesivas se almacenan en bloques de memoria independientes.

ENTRELAZAR v.tr. y prnl. [7]. Enlazar o cruzar cosas entre sí: *entrelazar hilos; entrelazar las manos.*

ENTRELAZO s.m. Adorno formado por líneas o figuras entrelazadas.

ENTRELÍNEA s.f. Espacio entre dos líneas. **2.** Palabra o texto escrito entre dos líneas.

ENTRELINEAR v.tr. Escribir algo entre dos líneas.

ENTRELISTADO, A adj. Que tiene algún dibujo entre lista y lista.

ENTRELUCIR v.intr. [48]. Dejarse ver una cosa entre otras.

ENTREMEDIAS adv.t. y l. Entre uno y otro tiempo, espacio, lugar o cosa: *merendó, cenó y entremedias también estuvo comiendo.* SIN.: *entremedio.*

ENTREMEDIO, A adj. Intermedio, que está en medio de los extremos. ◆ adv.t. y l. Entremedias.

ENTREMÉS s.m. (cat. *entremès*, manjar entre dos platos principales). Plato ligero y frío que se sirve antes del primer plato. **2.** LIT. Obra dramática cómica de un solo acto, que solía representarse entre una y otra jornada de la comedia.

ENTREMESISTA s.m. y f. Escritor de entremeses.

ENTREMETER v.tr. Meter algo entre otras cosas de distinto tipo. ◆ **entremeterse** v.prnl. Ponerse alguien en medio o entre otros: *entremeterse en el bullicio.* **2.** Fig. Entrometerse una persona en asuntos que no le conciernen: *entremeterse en la conversación.*

ENTREMETIMIENTO s.m. Acción y efecto de entremeter o entremeterse.

ENTREMEZCLAR v.tr. Mezclar una cosa con otra.

ENTRENADOR, RA adj. y s. Se dice de la persona encargada del entrenamiento de una actividad, especialmente un deporte.

ENTRENAMIENTO s.m. Acción y efecto de entrenar o entrenarse. **2.** Preparación para un deporte o una competición.

ENTRENAR v.tr. y prnl. (fr. *entraîner*). Adiestrar y ejercitar para la práctica de un deporte u otra actividad.

ENTRENERVIOS s.m.pl. Espacios que quedan entre los nervios del lomo de un libro.

ENTRENUDO s.m. BOT. Espacio comprendido entre dos nudos de un tallo.

ENTREOÍR v.tr. [84]. Oír algo a medias o sin entenderlo del todo.

ENTREPANES s.m.pl. Tierras no sembradas situadas entre otras que lo están.

ENTREPAÑO s.m. Espacio de pared entre dos columnas, pilastras o huecos. **2.** Tabla pequeña o cuarterón que se mete entre los maderos transversales de puertas y ventanas.

ENTREPASO s.m. EQUIT. Marcha del caballo en la que marca cuatro tiempos.

ENTREPELADO, A adj. Argent. Se dice del caballo de pelos de diferentes colores mezclados.

ENTREPIERNA s.f. Parte interior de los muslos. **2.** Pieza de los pantalones por la parte interior de los muslos. **3.** Chile. Traje de baño de dimensiones muy reducidas.

ENTREPUENTE s.m. Espacio comprendido entre las dos cubiertas de un barco. (Suele usarse en plural.) SIN.: *entrecubierta.*

ENTRERRIANO, A adj. y s. De Entre Ríos.

ENTRERRIEL s.m. Entrevía.

ENTRESACAR v.tr. [1]. Escoger una cosa entre otras. **2.** Cortar algunos árboles de un monte para aclararlo.

ENTRESIJO s.m. (del lat. *trans*, a través, y *ilia*, vientre). Mesenterio. **2.** Fig. Cosa interior, escondida.

ENTRESUELO s.m. Planta inmediatamente superior a la del nivel de la calle.

ENTRETALLA s.f. Media talla, bajorrelieve. SIN.: *entretalladura.*

ENTRETANTO adv.t. Entre tanto, mientras. ◆ s.m. Intermedio, tiempo que media entre dos sucesos.

ENTRETECHO s.m. Chile y Colomb. Habitáculo en la parte más alta de la casa, inmediatamente bajo el tejado, desván.

ENTRETEJER v.tr. Mezclar, enlazar una cosa con otra: *entretejer hilos, ideas, palabras.* **2.** Poner en una tela hilos u otro material diferentes de los que se están tejiendo para hacer un dibujo o adorno.

ENTRETELA s.f. Tela, generalmente rígida y fuerte, que se pone entre la tela y el forro de una prenda de vestir como refuerzo. SIN.: *entreforro.* ◆ **entretelas** s.f.pl. Fig. y fam. Sentimientos que se perciben en lo más íntimo del corazón: *llegar a las entretelas.*

ENTRETELAR v.tr. Poner entretela. **2.** IMPR. Satinar, hacer que desaparezca la huella en los pliegos impresos.

ENTRETENCIÓN s.f. Amér. Entretenimiento, diversión.

ENTRETENER v.tr. y prnl. [63]. Distraer a alguien impidiéndole hacer algo. **2.** Hacer cosas para divertir, animar o distraer a alguien: *entretener a los niños.* ◆ v.tr. Retrasar un asunto con pretextos: *entretener una petición.* **2.** Hacer menos molesta y más soportable una cosa: *entretener la espera leyendo* **3.** Mantener, conservar.

ENTRETENIDA s.f. Mujer mantenida por su amante. **2.** Prostituta.

ENTRETENIDAMENTE adv. Méx. Divertidamente, de forma entretenida.

ENTRETENIDO, A adj. Que entretiene: *libro entretenido.* **2.** HERÁLD. Se dice de dos figuras iguales (*llaves*) que se entrelazan.

ENTRETENIMIENTO s.m. Acción y efecto de entretener o entretenerse. **2.** Cosa para entretener o divertir.

ENTRETIEMPO s.m. Tiempo intermedio entre el de frío o calor riguroso: *traje de entretiempo*

ENTREVENTANA s.f. Espacio macizo de pared entre dos ventanas.

ENTREVER v.tr. (fr. *entrevoir*) [35]. Ver confusamente una cosa: *entrever una luz a lo lejos.* **2.** Conjeturar, adivinar una cosa: *entrever sus intenciones.*

ENTREVERADO s.m. Venez. Asado de cordero o de cabrito aderezado con sal y vinagre.

ENTREVERAR v.tr. Intercalar, introducir una cosa entre otras. ◆ **entreverarse** v.prnl. Argent. Encontrarse dos masas de caballería y luchar cuerpo a cuerpo los jinetes. **2.** Argent. y Perú. Mezclarse desordenadamente.

ENTREVERO s.m. Amér. Merid. Acción y efecto de entreverarse. **2.** Argent., Chile, Perú y Urug. Embrollo, revoltijo, mezcolanza.

ENTREVÍA s.f. Espacio comprendido entre los bordes interiores de los carriles de una vía férrea. SIN.: *entrerriel.*

ENTREVIGADO s.m. Trabajo de albañilería que consiste en rellenar el espacio entre dos vigas. **2.** Relleno utilizado en este trabajo. **3.** Espacio que media entre dos vigas de un suelo.

ENTREVISTA s.f. (fr. *entrevue*). Reunión concertada entre dos o más personas para tratar un asunto. **2.** Diálogo entre un representante de los medios de difusión y una personalidad, en vistas a su divulgación. **3.** SOCIOL. Tipo de encuesta que tiene como fin establecer una relación de comunicación verbal entre el entrevistado y el entrevistador, con objeto de recoger informaciones y opiniones del primero.

ENTREVISTAR v.tr. (del ingl. *interview*). Realizar una entrevista. ◆ **entrevistarse** v.prnl. Tener una entrevista.

ENTRISMO s.m. Introducción sistemática en un partido o sindicato de militantes de otra organización, para modificar sus prácticas o sus objetivos.

ENTRISTECER v.tr. y prnl. [37]. Poner o ponerse triste. ◆ v.tr. Dar aspecto triste a algo.

ENTRISTECIMIENTO s.m. Acción y efecto de entristecer o entristecerse.

ENTROJAR v.tr. Guardar en una troje.

ENTROMETERSE v.prnl. Introducirse alguien en un sitio o medio sin corresponderle estar en él o sin ser llamado o invitado. **2.** Intervenir alguien oficiosa o indirectamente en un asunto ajeno.

ENTROMETIMIENTO s.m. Acción y efecto de entrometerse.

ENTRÓN, NA adj. Méx. Animoso, atrevido, valiente.

ENTRONCAMIENTO s.m. Acción y efecto de entroncar.

ENTRONCAR v.tr. [1]. Demostrar, probar el parentesco de una persona con una familia o un linaje. **2.** Establecer relación una cosa con otra. ◆ v.intr. Tener o contraer parentesco con una persona o con una familia por casamiento. ◆ v.intr. y prnl. Cuba, Perú y P. Rico. Empalmar, unirse o combinarse dos líneas de transporte.

ENTRONIZACIÓN s.f. Acción y efecto de entronizar o entronizarse.

ENTRONIZAR v.tr. y prnl. [7]. Colocar a alguien en el trono. **2.** Fig. Ensalzar o venerar a alguien. ◆ **entronizarse** v.prnl. Fig. Envanecerse, vanagloriarse.

ENTRONQUE s.m. Relación de parentesco entre personas que tienen un origen familiar común. **2.** Empalme de caminos, ferrocarriles, etc. **3.** Argent., Cuba y P. Rico. Acción y efecto de entroncar, empalmar. **4.** AERON. Línea de unión del ala con el fuselaje.

ENTROPÍA s.f. (gr. *entropía*, vuelta). FÍS. Medida termodinámica que permite evaluar la degradación de la energía de un sistema. **2.** SOCIOL. En la teoría de la comunicación, denominación que designa la incertidumbre de la naturaleza de un mensaje dentro de un conjunto de ellos.

ENTROPILLAR v.tr. Argent. y Urug. Acostumbrar a los caballos a vivir en tropilla.

ENTROPIÓN s.m. Inversión de los párpados hacia el globo del ojo.

ENTUBACIÓN s.f. Acción y efecto de entubar.

ENTUBADO s.m. MED. Introducción de un tubo en la laringe para analizar la asfixia, o en el estómago para los análisis biológicos o bacteriológicos. **2.** MIN. y PETRÓL. Operación que consiste en revestir las piezas de un pozo minero o de sondeo con segmentos tubulares de fundición o de acero.

ENTUBAR v.tr. Poner tubos o meter en tubo o en tubos.

ENTUERTO s.m. Injusticia: *deshacer entuertos.* **2.** Dolor intenso que aparece después del parto.

ENTUMECER v.tr. y prnl. (lat. *intumescere*, hincharse) [37]. Entorpecer algo el movimiento de un miembro: *el frío entumece las articulaciones.*

ENTUMECIMIENTO s.m. Acción y efecto de entumecer o entumecerse.

ENTUMIDA s.f. Méx. Acción y efecto de entumir.

ENTUMIR v.tr. Méx. Entumecer.

ENTURBIAMIENTO s.m. Acción y efecto de enturbiar o enturbiarse.

ENTURBIAR v.tr. y prnl. Poner turbio: *enturbiar el agua.* **2.** Fig. Alterar, aminorar, oscurecer: *enturbiar la mente.*

ENTUSIASMAR v.tr. y prnl. Causar o provocar entusiasmo en alguien: *le entusiasma la pintura.*

ENTUSIASMO s.m. (gr. *enthousismós*, arrobamiento, éxtasis). Exaltación emocional provocada por un sentimiento de admiración: *recibir con entusiasmo.* **2.** Adhesión fervorosa a una causa o empeño. **3.** Exaltación del ánimo bajo la inspiración divina: *el entusiasmo de los profetas.* **4.** Inspiración del escritor o del artista.

ENTUSIASTA adj. y s.m. y f. (fr. *enthousias-*

■ **ENTRELAZOS** en una veleta de bronce dorado; arte vikingo del s. VI.
(Museo de las antigüedades nacionales, Estocolmo.)

te). Que siente entusiasmo o es propenso a sentirlo. **2.** Que denota entusiasmo.

ENTUSIÁSTICO, A adj. (ingl. *enthusiastic*). Relativo al entusiasmo.

ENUCLEACIÓN s.f. Extirpación de un órgano después de una incisión.

ENUCLEAR v.tr. Practicar una enucleación.

ENUMERACIÓN s.f. Acción y efecto de enumerar. **2.** Figura retórica de pensamiento que consiste en presentar una serie de objetos, circunstancias o cualidades relativas a un mismo concepto o idea.

ENUMERAR v.tr. (lat. *enumerare*). Enunciar o exponer de forma sucesiva una serie de elementos, a veces con números.

ENUMERATIVO, A adj. Que enumera o que contiene una enumeración: *exposición enumerativa.*

ENUNCIACIÓN s.f. Enunciado. **2.** LING. Acto de utilización de la lengua en el que lo fundamental es el análisis del texto.

ENUNCIADO s.m. Acción y efecto de enunciar: *el enunciado de una cláusula.* **2.** LING. Secuencia finita de palabras delimitada por silencios muy marcados. **3.** MAT. Conjunto de datos de un problema, de una proposición o de una relación entre dos entes matemáticos: *el enunciado de un teorema.*

ENUNCIAR v.tr. (lat. *enuntiare*). Expresar oralmente o por escrito, formular: *enunciar un axioma.*

ENUNCIATIVO, A adj. Que enuncia.

ENURESIS s.f. (pl. *enuresis*). Emisión involuntaria de la orina, generalmente por la noche, que persiste o aparece a una edad en la que habitualmente ya se ha adquirido el dominio fisiológico de las micciones.

ENVAINADOR, RA adj. Que envaina. **2.** BOT. Se dice de una hoja cuya vaina rodea el tallo.

ENVAINAR v.tr. Meter un arma blanca en la vaina: *envainar la espada.* **2.** Envolver una cosa a otra ajustándose a manera de vaina.

ENVALENTONAMIENTO s.m. Acción y efecto de envalentonar o envalentonarse.

ENVALENTONAR v.tr. Infundir valentía o arrogancia. ◆ **envalentonarse** v.prnl. Ponerse atrevido o desafiante.

ENVANECER v.tr. y prnl. [37]. Infundir vanidad o soberbia: *se envaneció con su liderazgo.* **2.** Chile. Quedar vano el fruto de una planta por haberse secado o podrido su meollo.

ENVANECIMIENTO s.m. Acción y efecto de envanecer o envanecerse.

ENVARAMIENTO s.m. Acción y efecto de envarar o envararse.

ENVARAR v.tr. y prnl. Poner rígida una extremidad o entorpecer su movimiento. **2.** Mostrar orgullo o soberbia.

ENVASADOR, RA adj. y s. Que envasa. ◆ adj. **Máquina envasadora** Máquina automática para envasar productos en cadena. ◆ s.m. Embudo grande por el que se echan los líquidos en pellejos o toneles.

ENVASAR v.tr. Introducir en recipientes adecuados líquidos, granos, etc., para su transporte o conservación.

ENVASE s.m. Recipiente en que se conservan o transportan ciertos productos: *envase de plástico.* **2.** Acción y efecto de envasar.

ENVEDIJARSE v.prnl. Enredarse o hacerse vedijas el pelo, la lana, etc.

ENVEGARSE v.prnl. [2]. Chile. Empantanarse.

ENVEJECER v.tr., intr. y prnl. [37]. Hacer o hacerse viejo: *ha envejecido mucho desde el año último.*

ENVEJECIMIENTO s.m. Acción y efecto de envejecer o envejecerse. **2.** FÍS. Variación de las propiedades de las materias coloidales a lo largo del tiempo. **3.** FISIOL. Proceso de evolución de los organismos que han alcanzado el estado adulto. **4.** METAL. Fenómeno producido en ciertas aleaciones templadas o trabajadas en frío, que se manifiesta por un notable aumento de dureza en el transcurso de un mantenimiento prolongado a temperatura moderada. ◇ **Envejecimiento de la población** Aumento de personas de edad avanzada en la población de un país o región.

ENVELAR v.intr. Chile. Huir.

ENVENENAMIENTO s.m. Acción y efecto de

envenenar o envenenarse. **2.** Crimen que consiste en administrar una sustancia tóxica a una persona, con la intención de matarla.

ENVENENAR v.tr. y prnl. Hacer enfermar o matar a alguien con veneno introducido en el organismo. ◆ v.tr. Poner veneno en algo. **2.** *Fig.* Hacer que las relaciones entre personas degeneren en discordias o enemistad. **3.** *Fig.* Tergiversar o dar una interpretación errónea a las palabras o acciones.

ENVERAR v.intr. Empezar a tomar color de estar maduras las frutas, especialmente la uva.

ENVERDECER v.intr. [37]. Reverdecer una planta o el campo.

ENVERGADURA s.f. Distancia entre las puntas de las alas de las aves cuando están extendidas. **2.** Distancia entre las puntas de las alas de un avión. **3.** Distancia entre las puntas de los dedos de la mano de una persona cuando están extendidos en cruz. **4.** Importancia, fuste, prestigio: *asunto de envergadura.* **5.** MAR. Ancho de una vela contado en el grátil.

ENVERGAR v.tr. [2]. MAR. Sujetar a la verga: *envergar una vela.*

ENVERGUE s.m. MAR. Cabo delgado que sirve para envergar.

ENVERO s.m. Color dorado o rojizo que adquiere un fruto cuando empieza a madurar. **2.** Uva que tiene este color.

ENVÉS s.m. Revés, parte de algo opuesta a la cara.

ENVESADO, A adj. Que manifiesta o muestra el envés.

ENVIADO, A s. Persona enviada a alguna parte para cumplir una misión. ◇ **Enviado especial** Periodista encargado de recoger información en el mismo lugar de los hechos.

ENVIAR v.tr. (lat. tardío *inviare*, recorrer un camino) [19]. Hacer que alguien vaya a alguna parte: *enviar a los niños a la cama.* **2.** Hacer que algo se dirija o llegue a alguna parte: *enviar un cheque por correo.*

ENVICIAR v.tr. Mal acostumbrar, pervertir con un vicio: *enviciar a alguien con el juego.* ◆ v.intr. Echar las plantas muchas hojas y pocos frutos. ◆ **enviciarse** v.prnl. Acostumbrarse a hacer algo hasta convertirlo en una necesidad: *se envició con el paseo nocturno y ahora si no lo da, no duerme.*

ENVIDAR v.tr. (lat. *invitiare*). Esp. Hacer un envite en el juego.

ENVIDIA s.f. (lat. *invidia*, de *invidere*, mirar con malos ojos). Padecimiento de una persona al no tener o conseguir cosas que tiene o consigue otra persona. **2.** Deseo de hacer o tener lo que hace o tiene otra persona.

ENVIDIABLE adj. Digno de ser deseado y envidiado.

ENVIDIAR v.tr. Tener o sentir envidia: *envidiar el éxito.* ◇ **No tener,** o **tener poco, que envidiar** No ser inferior una persona o cosa a otra.

ENVIDIOSO, A adj. y s. Que tiene o siente envidia.

ENVIGAR v.tr. e intr. [2]. Asentar las vigas de una construcción.

ENVILECER v.tr. y prnl. [37]. Hacer vil o despreciable. **2.** Hacer descender el valor de algo.

ENVILECIMIENTO s.m. Acción y efecto de envilecer o envilecerse.

ENVINAGRAR v.tr. Sazonar con vinagre.

ENVINAR v.tr. Echar vino en el agua. **2.** Méx. Poner vino o licor en un postre.

ENVÍO s.m. Acción de enviar. **2.** Cosa enviada. **3.** Expedición de mercancías, de dinero en metálico, efectos, títulos, etc., hecha a una persona.

ENVIÓN s.m. Empujón.

ENVIRONMENT s.m. (voz inglesa, *ambiente*). ART. CONTEMP. Obra hecha de distintos elementos repartidos en un espacio en el que se puede transitar.

ENVISCAR v.tr. [1]. Untar con liga o con una materia viscosa las ramas de los árboles para cazar pájaros.

ENVITE s.m. Apuesta que se hace en algunos juegos, añadiendo cierta cantidad a los tantos ordinarios. **2.** *Fig.* Ofrecimiento de algo: *aceptar un envite.* **3.** Posición que, en esgrima, se toma con el arma, por la que se ofrece un blanco al

adversario con el fin de inducirlo al ataque. ◇ **Al primer envite** De buenas a primeras.

ENVIUDAR v.intr. Quedar viudo.

ENVOLTORIO s.m. Lío, conjunto de cosas atadas o envueltas. **2.** Envoltura, cosa que sirve para envolver.

ENVOLTURA s.m. Capa exterior que envuelve una cosa.

ENVOLVENTE adj. Que envuelve o rodea: *superficie envolvente.* ◆ s.f. MAT. **a.** Línea que envuelve a otra. **b.** Curva fija a la que otra curva plana, móvil en su plano, es constantemente tangente.

ENVOLVER v.tr. (lat. *involvere*) [38]. Cubrir una cosa total o parcialmente, rodeándola y ciñéndola con algo: *envolver un regalo.* **2.** Cubrir o rodear una cosa a otra. **3.** *Fig.* Acorralar a alguien dejándolo cortado y sin salida: *envolver con razones.* ◆ v.tr. y prnl. *Fig.* Mezclar o complicar a alguien en un asunto, haciéndole tomar parte en él.

ENVUELTA s.f. Revestimiento metálico del proyectil destinado a aumentar su adherencia en el ánima de un cañón rayado.

ENYERBAR v.tr. Méx. Dar a alguien un bebedizo para embrujarlo. ◆ **enyerbarse** v.prnl. Amér. Cubrirse de hierba un terreno.

ENYESADO s.m. Acción y efecto de enyesar. **2.** CIR. Vendaje que se coloca en casos de fractura para impedir la movilidad de los fragmentos óseos.

ENYESAR v.tr. Tapar o cubrir con yeso: *enyesar las paredes.* **2.** Abonar un terreno con yeso. **3.** Poner yeso en un vino para acidificarlo. **4.** CIR. Inmovilizar una parte del cuerpo cubriéndola con yeso.

ENYUGAR v.tr. [2]. Uncir y poner el yugo a los bueyes o mulas de labranza.

ENZARZAR v.tr. [7]. Cubrir o llenar un lugar o cosa con zarzas. **2.** *Fig.* Hacer que riñan dos o más personas. ◆ **enzarzarse** v.prnl. *Fig.* Enredarse en algo difícil o comprometido. **2.** *Fig.* Disputarse, pelearse. **3.** Enredarse en las zarzas.

ENZIMA s.m. o f. (del gr. *en*, dentro de, y *zými*, fermento). Proteína orgánica soluble, que provoca o acelera una reacción bioquímica.

ENZIMÁTICO, A adj. Relativo a los enzimas.

ENZIMOLOGÍA s.f. Ciencia que estudia los enzimas.

ENZIMOPATÍA s.f. Enfermedad hereditaria debida a la falta de participación de un enzima.

ENZOLVAR v.tr. Méx. Cegar un conducto.

ENZOOTIA s.f. Enfermedad epidémica que afecta a una o varias especies de animales de una sola localidad.

ENZUNCHAR v.tr. Sujetar, ceñir y reforzar con zunchos o flejes.

EÑE s.f. Nombre de la letra *ñ*.

EOCÉNICO, A adj. Relativo al eoceno.

EOCENO adj. y s.m. (del gr. *éos*, aurora, y *kainós*, nuevo). Se dice del segundo período de la era terciaria comprendido entre los 70 millones de años y los 50 millones de años durante el cual se empezó a formar la cadena alpina y se diversificaron los mamíferos.

1. EÓLICO, A adj. (de *Eolo*, dios de los vientos). Relativo al viento: *energía eólica.* **2.** Que funciona por acción del viento: *motor eólico.* ◇ **Acción eólica** Erosión producida por el viento en los desiertos, que se caracteriza por un trabajo de destrucción (deflación y corrimiento), y por un trabajo de acumulación (dunas). **Arpa eólica** Instrumento musical cuyas cuerdas vibraban con el viento.

2. EÓLICO, A adj. y s. De Eolia. SIN.: *eolio.*

EOLIO, A adj. y s. Eólico, de Eolia.

EOLÍPILA s.f. Aparato para medir la fuerza motriz del vapor de agua, inventado por Herón de Alejandría.

EOLITO s.m. (del gr. *éos*, aurora, y *líthos*, piedra). Fragmento de piedra de sílice modelado por la acción de agentes naturales, que se ha confundido con las piedras trabajadas en la prehistoria.

EOLIZACIÓN s.f. Acción del viento sobre la superficie terrestre. **2.** Erosión eólica.

EOSINA s.f. Materia colorante roja derivada de la fluoresceína.

EOSINOFILIA s.f. MED. Presencia excesiva de eosinófilos en la sangre.

EOSINÓFILO, A adj. y s.m. Se dice de los leucocitos polinucleares cuyo citoplasma contiene granulaciones sensibles a los colorantes ácidos, como la eosina.

¡EPA! interj. Chile y Perú. Se usa para animar. **2.** Hond., Perú y Venez. ¡Hola! **3.** Méx. Se usa para detener o avisar de algún peligro.

EPACTA s.f. (lat. *epactae*, del gr. *epaktaì emérai*, días intercalados). Número de días en que el año solar excede al año lunar.

EPAGNEUL adj. y s.m. Se dice del perro de diferentes razas de caza y de salón, de pelo largo y orejas colgantes.

EPARCA s.m. (gr. *eparkhos*). Gobernador de una provincia griega en el Imperio romano. **2.** Prefecto de Constantinopla durante el Imperio bizantino. **3.** Obispo entre los rusos y orientales.

EPARQUÍA s.f. (gr. *eparkhia*). Circunscripción civil del Imperio romano de Oriente. **2.** En la organización religiosa bizantina, subdivisión de la diócesis. **3.** Diócesis de un obispo o de un arzobispo.

EPATAR v.tr. y prnl. *Galic.* Deslumbrar y asombrar a alguien con la exhibición de algo propio.

EPAZOTE s.m. Méx. Planta herbácea de hojas olorosas y flores pequeñas, que se usa como condimento.

EPEIRA s.f. Araña muy común en Europa, de cefalotórax muy desarrollado, que teje telarañas en bosques y jardines. (Familia arácnidos.)

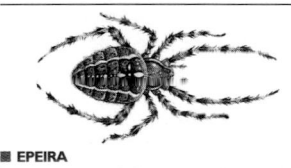

■ EPEIRA

EPEIROGÉNESIS s.f. → EPIROGÉNESIS.

EPÉNDIMO s.m. Membrana delgada que protege los ventrículos cerebrales y el conducto central de la médula espinal.

EPÉNTESIS s.f. (gr. *epenthesis*) [pl. *epéntesis*]. Aparición de una vocal o consonante no etimológicas en el interior de una palabra: *la presencia de la b en hombro (que procede del latín humerum) es un fenómeno de epéntesis.*

EPENTÉTICO, A adj. Relativo a la epéntesis: *vocal epentética.*

EPERLANO s.m. (fr. *éperlan*). Pez marino parecido al salmón, de unos de 25 cm y carne delicada, que aova en primavera en las desembocaduras de los ríos.

ÉPICA s.f. Género literario en verso en el que se narran hazañas de personajes heroicos o de pueblos, al que pertenece la epopeya.

■ EÓLICO. Motores eólicos de tres palas en Schleswig-Holstein (Alemania).

EPICANTO s.m. Repliegue cutáneo que aparece en el ángulo interno del ojo.

EPICARPIO o **EPICARPO** s.m. BOT. Película que cubre el fruto. (Se suele llamar corrientemente «*piel*» del fruto.)

EPICENO, A adj. (lat. *epicoenus*, del gr. *epíkoinos*, común). LING. Se dice del nombre que tiene el mismo género para designar a los dos sexos: *águila, perdiz y jilguero tienen género epiceno.*

EPICENTRO s.m. Punto de la superficie terrestre en donde un movimiento sísmico ha sido más intenso.

EPICICLO s.m. (gr. *epíkyklos*). En la antigua astronomía griega, supuesta trayectoria circular del Sol, la Luna y los planetas, cuyo centro describía a su vez un círculo más grande (deferente) alrededor de la Tierra.

EPICICLOIDAL adj. Relativo al epicicloide.
◇ **Tren epicicloidal** Tren de engranajes, algunos de cuyos ejes pueden girar sobre sí mismos alrededor del árbol que los dirige.

EPICICLOIDE s.f. MAT. Curva descrita por un punto de una curva móvil que gira sin deslizarse sobre una curva fija. **2.** MAT. Curva descrita por un punto de una circunferencia móvil que gira sin deslizarse sobre una circunferencia fija que puede ser interior o exterior a la móvil.

ÉPICO, A adj. (lat. *epicus*, del gr. *epikós*). Relativo a la epopeya o a la épica. **2.** *Fig.* e *irón.* Extraordinario, memorable: *una discusión épica.* **3.** Digno de ser cantado en verso: *hazaña épica.* **4.** Que cultiva el género de la épica.

EPICONDILITIS s.f. Inflamación de los tendones de los músculos que se insertan en el epicóndilo.

EPICÓNDILO s.m. Apófisis de la extremidad inferior del húmero.

EPICONTINENTAL adj. Se dice del mar u océano situado sobre la plataforma continental.

EPICRANEANO, A adj. ANAT. Que rodea el cráneo o se produce en su superficie: *aponeurosis epicraneana.*

EPICUREÍSMO s.m. Doctrina de Epicuro y de los epicúreos. **2.** *Fig.* Actitud de la persona que busca los placeres de la vida evitando el dolor. ENCICL. El epicureísmo conjuga en una perspectiva materialista una física atomista, inspirada en Demócrito, con una moral hedonista centrada en la búsqueda de los placeres naturales y necesarios, en la que la *ataraxia* es el fin último (*De rerum natura*, de Lucrecio, es la principal exposición). En competencia con el estoicismo en la busca de una sabiduría austera y desengañada, el epicureísmo fue acusado de preconizar la entrega a la inmoralidad y el desenfreno (tema de la «piara de Epicuro»), acusación que fue retomada y aumentada por la tradición cristiana. Se analizó con más justicia a partir del renacimiento y el s. XVII; el materialismo moderno (Marx) reivindicó su herencia.

EPICÚREO, A adj. y s. Relativo a Epicuro o al epicureísmo; partidario de esta doctrina. **2.** *Fig.* Voluptuoso, sensual.

EPIDEMIA s.f. (gr. *epidemía*, residencia en un lugar). Enfermedad infecciosa y contagiosa que aparece en forma aguda y masiva en un determinado lugar geográfico. **2.** *Fig.* Aparición repentina y masiva de algo que es considerado negativo.

EPIDÉMICO, A adj. Relativo a la epidemia.

EPIDEMIOLOGÍA s.f. Disciplina médica que estudia los factores que intervienen en la aparición de las enfermedades y de ciertos fenómenos mórbidos, así como su frecuencia, su distribución geográfica y su evolución, y se ocupa de la creación de medios para erradicarlos o prevenirlos. (La epidemiología se interesa por todas las enfermedades, no solo por las infecciones.)

EPIDEMIÓLOGO, A s. Persona que se dedica al estudio de la epidemiología.

EPIDÉRMICO, A adj. Relativo a la epidermis.

EPIDERMIS s.f. (lat. *epidermis*, del gr. *epidermis*) [pl. *epidermis*]. Membrana epitelial que cubre la superficie del cuerpo de los animales. (Los pelos, plumas, cuernos, uñas, garras y pezuñas son producciones de la epidermis.)

2. BOT. Película celular que cubre las hojas, los tallos y las raíces jóvenes.

EPIDERMOFITIA s.f. Afección debida al desarrollo de un hongo microscópico y parásito en la piel.

EPIDIASCOPIO o **EPIDIÁSCOPO** s.m. Aparato de proyección por reflexión y transparencia.

EPIDIDIMITIS s.f. (pl. *epididimitis*). Proceso infeccioso, agudo o crónico, del epidídimo.

EPIDÍDIMO s.m. ANAT. Estructura pequeña en forma de capuchón, situada en el polo superior de cada testículo.

EPIDOTA s.f. Silicato hidratado natural de aluminio, calcio y hierro, que se encuentra en las rocas débilmente metamórficas.

EPIDURAL adj. Situado alrededor de la duramadre y entre esta y el canal raquídeo óseo.
◇ **Anestesia epidural** o **epidural** Anestesia *peridural

EPIFANÍA s.f. (gr. *epipháneia*, aparición). Fiesta cristiana que se celebra el 6 de enero para conmemorar la manifestación de Cristo a los gentiles y que en el Evangelio figura como la adoración de Jesús por los Reyes Magos. (Suele escribirse con mayúscula.)

EPIFENOMENISMO s.m. Teoría filosófica según la cual la conciencia se añade a los fenómenos fisiológicos, sin influir en ellos.

EPIFENOMENISTA adj. y s.m. y f. Relativo al epifenomenismo; partidario de esta teoría filosófica.

EPIFENÓMENO s.m. (gr. *epiphainómena*, cosas que aparecen pronto o después). FILOS. Fenómeno que se suma a otro sin modificarlo.

EPÍFISIS s.f. (gr. *epíphysis*, excrecencia) [pl. *epífisis*]. Extremidad de un hueso largo, que contiene la médula roja. **2.** Glándula situada en la cara posterior del diencéfalo. SIN.: *glándula pineal.*

EPIFITIA s.f. Enfermedad contagiosa que afecta local o regionalmente a una especie vegetal.

EPIFITO, A adj. y s.m. Se dice de la planta fijada sobre otra, sin ser parásita, como es el caso de algunas orquídeas ecuatoriales y de los árboles.

EPIFONEMA s.m. (del gr. *epiphónema*, interjección). Figura retórica de pensamiento de las llamadas lógicas, que consiste en concluir una narración o pensamiento mediante una exclamación o reflexión profunda.

EPIGÁSTRICO, A adj. (del gr. *gastir, -trós*, vientre, estómago). Relativo al epigastrio.

EPIGASTRIO s.m. Parte superior del abdomen comprendida entre el ombligo y el esternón.

EPIGÉNESIS s.f. (pl. *epigénesis*). BIOL. Teoría según la cual el embrión se constituye gradualmente en el huevo por formación sucesiva de sus partes. **2.** GEOMORFOL. Sobreimposición. **3.** MINER. Sustitución de un mineral por otro en una roca.

EPIGEO, A adj. BOT. Se dice de una forma de germinación en la que el crecimiento de la gémula eleva los cotiledones por encima del suelo.

EPIGINO, A adj. BOT. Se dice de la pieza floral inserta encima del ovario. **2.** BOT. Se aplica al periantio o androceo insertos por encima del ovario, llamado en este caso *ínfero.*

EPIGLOTIS s.f. (pl. *epiglotis*). Cartílago que permite la oclusión de la glotis durante la deglución.

EPÍGONO s.m. (gr. *epígonos*, nacido después). Persona que sigue las tendencias o enseñanzas de otro, especialmente en materia artística, filosófica, etc. **2.** Persona que pertenece a la segunda generación.

EPÍGRAFE s.m. (gr. *epigraphé*, inscripción, título). Texto que precede a cada capítulo o división de un libro, a los artículos de periódico, etc., anunciando su contenido. **2.** Frase, sentencia o cita que se coloca al principio de un escrito sugiriendo algo de su contenido o lo que lo ha inspirado. **3.** Título, rótulo. **4.** Inscripción en piedra, metal, etc., para conservar el recuerdo de alguien o de algún suceso.

EPIGRAFÍA s.f. Ciencia auxiliar de la historia que estudia las inscripciones sobre materiales duros, como piedra, metal o madera.

EPIGRÁFICO, A adj. (lat. *graphicus*, dibujado magistralmente, del gr. *graphikós*, de la escritura o el dibujo). Relativo a la epigrafía.

EPIGRAFISTA s.m. y f. Persona que se dedica a la epigrafía.

EPIGRAMA s.m. (del gr. *epigramma*, inscripción). Composición breve, generalmente en verso en la que se expresa un pensamiento satírico o ingenioso.

EPIGRAMÁTICO, A adj. (lat. *grammaticus*, del gr. *grammatikós*). Relativo al epigrama.

EPIGRAMISTA s.m. y f. Autor de epigramas. SIN.: *epigramatista*.

EPILEPSIA s.f. (lat. *epilepsia*, del gr. *epilepsía*, interrupción brusca). Enfermedad que se manifiesta mediante crisis convulsivas paroxísticas, correspondientes a descargas encefálicas bilaterales o localizadas, que pueden ir acompañadas de pérdida de conciencia o de alucinaciones. ENCICL. Se distinguen dos formas de epilepsia: las crisis generalizadas, debidas a descargas encefálicas bilaterales súbitas, sincrónicas y simétricas, y las crisis parciales, debidas a una descarga en una zona parcial. Las primeras se presentan o bien en forma de *gran mal*, con la aparición sucesiva de rigidez del cuerpo, convulsiones generalizadas y, finalmente, coma profundo; o bien en forma de *pequeño mal*, específico del niño, con ausencia o suspensión brusca de las funciones de la conciencia de diez a quince segundos, y mioclonías. El pequeño mal desaparece en la pubertad o se transforma en gran mal.

EPILÉPTICO, A adj. y s. (lat. *epilepticus*, del gr. *epileptikós*). Relativo a la epilepsia; que padece esta enfermedad.

EPILOGAR v.tr. [2]. Compendiar un escrito.

EPÍLOGO s.m. (gr. *epílogos*). Recapitulación de todo lo dicho anteriormente, especialmente en una obra literaria. **2.** Parte añadida a algunas obras literarias, en la que se hace alguna consideración general acerca de ellas o se finaliza una acción secundaria. **3.** Suceso que ocurre después de otro que ya se consideraba como terminado y que cambia su final: *la fiesta tuvo un triste epílogo*.

EPIMACO s.m. Ave paseriforme de Nueva Guinea, con una larga cola y abanicos de grandes plumas a cada lado del pecho.

EPÍMONE s.f. (gr. *epimoné*, perseverancia). Figura retórica de pensamiento que consiste en una repetición insistente de una palabra con intención de dar cierto énfasis a lo que se dice.

EPIPALEOLÍTICO, A adj. y s.m. Se dice del período prehistórico que sigue al paleolítico a partir del holoceno, caracterizado por el desarrollo de las herramientas microlíticas, sin abandono de la economía de depredación, y que se opone, de este modo, al mesolítico.

EPIPLÓN s.m. (gr. *epíploon*). ANAT. Repliegue del peritoneo que une el estómago con el colon transverso (epiplón mayor) o el hígado con el estómago (epiplón menor).

EPIROGÉNESIS o **EPEIROGÉNESIS** s.f. (pl. *epirogénesis* o *epeirogénesis*). GEOL. Levantamiento o hundimiento conjunto de una gran parte de la corteza terrestre.

EPIROGÉNICO, A adj. Relativo a la epirogénesis.

EPIROTA adj. y s.m. y f. De Epiro. ◆ s.m. Dialecto dórico hablado en Epiro en la antigüedad.

EPISCLERITIS s.f. Inflamación superficial de la esclerótica, que se manifiesta por un ligero enrojecimiento del blanco del ojo.

EPISCOPADO s.m. Dignidad del obispo. **2.** Tiempo que dura el gobierno de un obispo. **3.** Conjunto de obispos: *el episcopado latinoamericano*. **4.** Orden sagrada por la que se recibe la plenitud del sacerdocio.

EPISCOPAL adj. (del lat. *episcopus*). Relativo al episcopado: *jurisdicción episcopal*.

EPISCOPALIANO, A adj. y s. Relativo al episcopalismo; partidario de esta doctrina. ◆ adj. **Iglesia episcopaliana** Nombre de la Iglesia anglicana en EUA.

EPISCOPALISMO s.m. Doctrina según la cual la asamblea de los obispos es superior al papa.

EPISCOPIO s.m. Aparato que sirve para proyectar objetos opacos en una pantalla por reflexión.

EPISIOTOMÍA s.f. Incisión de la vulva y de los músculos del periné, que se practica en algunos partos para facilitar el paso de la cabeza del feto.

EPISÓDICO, A adj. Circunstancial. **2.** Relativo al episodio.

EPISODIO s.m. (gr. *epeisódion*, parte del drama entre dos entradas del coro). Suceso que, enlazado con otros, forma un todo o conjunto. **2.** LIT. Suceso que constituye una unidad narrativa parcial y secundaria y que forma parte de la acción principal: *el episodio de los molinos de viento*.

EPISOMA s.m. Partícula celular del citoplasma, portadora de información genética.

EPISTASIS s.f. (gr. *epistasis*, dominación). BIOL. Carácter dominante de un gen sobre otro no alelo.

EPISTAXIS s.f. (gr. *epístaxis*). MED. Hemorragia nasal.

EPISTEMOLOGÍA s.f. Estudio crítico del desarrollo, métodos y resultados de las ciencias. ◇ **Epistemología genética** Teoría del conocimiento científico, desarrollada por J. Piaget, que confronta el análisis del propio desarrollo de este conocimiento en el niño, y el de la constitución del sistema de nociones utilizadas por una ciencia en particular a lo largo de su trayectoria.

EPISTEMOLÓGICO, A adj. Relativo a la epistemología.

EPÍSTOLA s.f. (lat. *epistula*, del gr. *epistolḗ*, mensaje escrito). Carta misiva que se escribe a una o varias personas. **2.** LIT. Composición poética en forma de carta, cuyo fin es moralizar, instruir o satirizar. **3.** REL. Fragmento de las epístolas del Antiguo y, en especial, del Nuevo Testamento que se lee o se canta durante la misa.

EPISTOLAR adj. Relativo a la epístola o carta.

EPISTOLARIO s.m. Colección o conjunto de cartas o epístolas de uno o varios autores.

EPITAFIO s.m. (lat. tardío *epithaphium*, del gr. *epitáfios*, fúnebre). Inscripción sepulcral.

EPITALAMIO s.m. (lat. *epithalamion*, del gr. *epithalámion*, relativo a las nupcias). LIT. Poema lírico compuesto con ocasión de una boda.

EPITAXIA s.f. Fenómeno de orientación mutua de los cristales de sustancias diferentes, debido a las estrechas analogías de la distribución de los átomos de las caras comunes. SIN.: *epitaxis*.

EPITELIAL adj. Relativo al epitelio.

EPITELIO s.m. (gr. *thilí*, pezón del pecho). HISTOL. Tejido formado por una o varias capas de células, que recubre el cuerpo, las cavidades internas y los órganos. (Se distinguen los *epitelios de revestimiento*, que constituyen la capa superficial de la piel [epidermis] y de las mucosas, y los *epitelios glandulares*, que tienen una función de secreción.)

EPITELIOMA s.m. Tumor maligno formado en el tejido epitelial.

EPITELIZACIÓN s.f. Regeneración del epitelio sobre el tejido conjuntivo, durante la cicatrización.

EPÍTETO s.m. (del gr. *epítheton*, añadido). Adjetivo que atribuye al nombre al que acompaña una cualidad inherente al mismo. **2.** Calificación injuriosa o elogiosa.

EPÍTOME s.m. (lat. *epitome*, del gr. *epitomé*, corte, resumen). Compendio en el que se expone lo más fundamental o preciso de una obra extensa.

EPIZOOTIA s.f. Enfermedad contagiosa que afecta a un gran número de animales.

EPO s.f. (acrónimo). Eritropoyetina.

ÉPOCA s.f. (gr. *epokhé*, detención, lugar del cielo donde un astro se detiene). Período de la historia marcado por un acontecimiento importante o por un estado de cosas: *la época de las cruzadas*. **2.** Momento determinado del año, de la vida de una persona o de una sociedad: *la época de la vendimia*. **3.** Tiempo de considerable duración caracterizado por algo. ◇ **De época** No contemporáneo o ambientado en un pasado no cercano: *película de época*. **Formar**, o **hacer**, **época** Tener un suceso mucha resonancia en el tiempo en que ocurre.

EPODO s.m. (lat. *apodos*). Estrofa lírica formada por dos versos desiguales. **2.** Composición poética que utiliza esta estrofa: *los epodos de Horacio son satíricos*. **3.** Parte lírica cantada en los coros de las tragedias después de la estrofa y antistrofa.

EPÓNIMO, A adj. (gr. *epónymos*). Que da su nombre a una cosa, especialmente una localidad o una época. ◇ **Magistrado epónimo** Arconte de Atenas que daba su nombre al año.

EPOPEYA s.f. (gr. *epopoeia*). Poema narrativo extenso de acciones bélicas y nobles y personajes heroicos. **2.** Conjunto de poemas que forman la tradición épica de un pueblo. **3.** *Fig.* Acción realizada con dificultades y sufrimientos.

EPÓXIDO s.m. QUÍM. Función de enlace de dos átomos vecinos de una cadena de carbono con un mismo átomo de oxígeno exterior a la cadena.

ÉPSILON s.f. Nombre de la quinta letra del alfabeto griego (ε, E), que corresponde a la *e* española.

EPSOMITA s.f. Sulfato natural hidratado de magnesio.

ÉPULIS s.m. Tumor inflamatorio de la encía.

EQUIÁNGULO adj. Que tiene los ángulos iguales: *un triángulo equiángulo es también equilátero*.

EQUIDAD s.f. (lat. *aequitas*, *-atis*). Cualidad que consiste en juzgar con imparcialidad. **2.** Cualidad que consiste en atribuir a cada uno aquello a lo que tiene derecho. **3.** DER. Justicia natural, por oposición a justicia legal y a justicia ideal.

EQUIDISTANCIA s.f. Cualidad de equidistante.

EQUIDISTANTE adj. Que equidista.

EQUIDISTAR v.intr. Estar a igual distancia dos o más puntos o cosas de un punto de referencia o entre sí: *todos los puntos de la circunferencia equidistan del centro*.

EQUIDNA s.m. Mamífero ovíparo de Australia y Nueva Guinea de unos 25 cm de long., excavador e insectívoro, con el cuerpo cubierto de pinchos y cuyo hocico se prolonga en una especie de pico córneo.

■ **EQUIDNA**

ÉQUIDO, A adj. y s.m. Relativo a una familia de mamíferos herbívoros ungulados que poseen un solo dedo por pata, como el caballo, la cebra y el asno.

EQUILÁTERO, A adj. GEOMETR. Se dice de la figura de lados iguales. **2.** GEOMETR. Se dice de las hipérbolas cuyas asíntotas son perpendiculares entre sí.

EQUILIBRADO, A adj. Se dice de la persona que es justa, prudente y sensata. ◆ s.m. Acción y efecto de equilibrar.

EQUILIBRADOR s.m. Órgano o dispositivo que mantiene el equilibrio: *los aviones están provistos de equilibradores automáticos*.

EQUILIBRAR v.tr. y prnl. Poner en equilibrio. **2.** *Fig.* Hacer que una cosa no exceda ni supere a otra o a otras. ◆ v.tr. MEC. Determinar la medida en que una pieza en rotación se halla desequilibrada.

EQUILIBRIO s.m. (lat. *aequilibrium*). Estado de reposo de un cuerpo, resultante de la actuación de fuerzas que se contrarrestan. **2.** Posición de estabilidad de un cuerpo que se mantiene sobre una base. **3.** *Fig.* Armonía, combinación adecuada entre cosas diversas. **4.** *Fig.* Capacidad de una persona de juzgar, opinar o actuar de manera justa, mesurada y sensata. **5.** QUÍM. Estado de un sistema de cuerpos cuya composición no varía por la ausencia de reacción o por la existencia de dos reacciones inversas de igual velocidad. ◆ **equilibrios** s.m.pl. *Fig.* Actos encaminados a sostener una situación dificultosa. ◇ **Equilibrio económico** Situación de un país o de un grupo de países caracterizada por la igualdad entre los volúmenes de oferta y de demanda en los mercados de bienes, capitales y trabajo, así como por una tendencia al retorno de la estabilidad y por la interdependencia de distintos mercados. **Equilibrio estable** Equilibrio en el que un cuerpo, ligeramente desplazado de su posición inicial, tiende a volver a ella. **Equilibrio indiferente** Equilibrio en el que un cuerpo, ligeramente apartado de su posición de equilibrio, permanece en equilibrio en su nueva posición. **Equilibrio inestable** Equilibrio en el que un cuerpo, separado de su posición, no la recupera. **Equilibrio natural** Estado de un ecosistema cuya biocenosis se mantiene largo tiempo sin grandes cambios, debido a que las condiciones climáticas, edáficas y bióticas son muy estables y se limitan unas a otras. **Equilibrio presupuestario** Situación en la que el presupuesto público anual debe asegurar la cobertura completa de los gastos ordinarios con los ingresos de carácter fiscal. **Sentido del equilibrio** Función que asegura el mantenimiento del cuerpo en equilibrio y cuyo centro principal es el cerebelo, que reacciona ante los mensajes del oído interno.

EQUILIBRISMO s.m. Conjunto de ejercicios que practica el equilibrista.

EQUILIBRISTA adj. y s.m. y f. Se dice de la persona que realiza ejercicios de destreza o de equilibrio acrobático.

EQUIMOLECULAR adj. QUÍM. Se dice de la mezcla que contiene distintos cuerpos en iguales proporciones moleculares.

EQUIMOSIS s.f. (gr. *ekkhýmosis*).MED. **a.** Mancha de la piel resultante de un derrame de sangre a nivel del tejido celular subcutáneo. **b** Presencia de sangre en el tejido valular al extravasarse por efracción de los vasos.

EQUIMÚLTIPLO, A adj. y s.m. MAT. Se dice de dos números con relación a otros dos cuando son el resultado de la multiplicación de estos últimos por un mismo número.

EQUINISMO s.m. MED. Deformación del pie que, al estar en tensión forzada, solo descansa sobre los dedos.

1. EQUINO s.m. (lat. *equinus*, erizo, del gr. *ekhînos*). ARQ. Moldura convexa gruesa, que forma el cuerpo del capitel dórico.

2. EQUINO, A adj. (del lat. *equus*, caballo). Relativo al caballo. ◆ **s.m.** Animal équido. ◇ **Pie equino** Deformidad del pie que solo permite apoyarse sobre los dedos.

EQUINOCCIAL adj. Relativo al equinoccio.

EQUINOCCIO s.m. (lat. *aequinoctium*). Momento del año en el que el Sol, en su movimiento propio aparente sobre la eclíptica, corta el ecuador celeste, y en que la duración del día y la noche es igual. (Existen dos equinoccios al año, el 20 o 21 de marzo y el 22 o 23 de septiembre.) ◇ **Línea de equinoccios** Recta de intersección de los dos planos de la eclíptica y del ecuador celeste.

EQUINOCOCO s.m. Cestodo que vive en el intestino de algunos animales carnívoros en estado adulto, cuya larva se desarrolla en el hígado de numerosos mamíferos.

EQUINOCOCOSIS s.f. Enfermedad parasitaria producida por la existencia del cisticerco del equinococo en los tejidos orgánicos.

EQUINODERMO, A adj. y s.m. Relativo a un tipo de animales marinos invertebrados que presentan simetría axial pentámera y están dotados de un sistema de ventosas, como el erizo de mar y la estrella de mar.

EQUIPAJE s.m. Conjunto de cosas que se llevan de viaje. **2.** MAR. Conjunto de marinería y tropa que constituye la dotación de un barco. **3.** MIL. Conjunto de ropas y efectos que forma parte de la impedimenta de un ejército en campaña.

EQUIPAL s.m. Méx. Silla de varas entretejidas, con el asiento y el respaldo de cuero o de palma tejida.

EQUIPAMIENTO s.m. Acción de equipar o equiparse. **2.** Conjunto de elementos con que

se equipa alguien o algo. ◇ **Equipamiento social** Conjunto de medios y de inversiones con los que los agentes sociales promueven con proyectos de acuerdo con sus necesidades, y que necesitan el concurso financiero de las entidades públicas.

EQUIPAR v.tr. y prnl. (fr. *équiper*, del escand. ant. *skipa*, equipar un barco). Proveer del conjunto de cosas necesario para un uso determinado.

EQUIPARACIÓN s.f. Acción de equiparar.

EQUIPARAR v.tr. (lat. *aequiparare*). Comparar una persona o cosa con otra, considerándolas o haciéndolas iguales o equivalentes.

EQUIPO s.m. Grupo de personas que realizan el mismo trabajo de manera organizada: *equipo médico*. **2.** Conjunto de personas que practican un deporte o un juego competitivo: *equipo de fútbol*. **3.** Conjunto de ropas y otras cosas para uso particular de una persona: *equipo de soldado*. **4.** Conjunto de objetos y material necesarios para un fin. **5.** Equipamiento.

EQUIPOLADO, A adj. HERÁLD. Se dice de cada uno de los cuatro puntos que se interpolan con otros cinco de diferente esmalte, estando dispuestos los nueve en forma de tablero de ajedrez.

EQUIPOLENCIA s.f. Relación existente entre dos o más vectores iguales, paralelos y del mismo sentido.

EQUIPOLENTE adj. Se dice del vector relacionado con otro por equipolencia.

EQUIPOTENCIAL adj. Que tiene el mismo potencial.

EQUIS s.f. Nombre de la letra *x*. **2.** Nombre del signo de la incógnita en los cálculos. ◆ adj. Que es o representa una cantidad indeterminada de aquello que se expresa: *equis veces*.

EQUISETAL adj. y s.f. Relativo a un orden de plantas sin flores, con prótalos unisexuados.

EQUISETO s.m. Planta que crece en lugares húmedos, de hasta 1,50 m de alto, tallo hueco, hojas dispuestas en verticilos y espigas terminales de esporangios en escamas, que producen esporas.

EQUITACIÓN s.f. (lat. *equitatio, -onis*). Arte o actividad de montar a caballo. **2.** Deporte de montar a caballo.

EQUITADOR s.m. Amér. Caballista, el que monta bien y sabe de caballos.

EQUITATIVO, A adj. Que tiene equidad.

ÉQUITE s.m. (lat. *eques, -itis*, jinete). Ciudadano romano perteneciente a una clase intermedia entre los patricios y los plebeyos.

EQUIUROIDEO, A adj. y s.m. Relativo a un grupo de metazoos vermiformes dotados de una larga trompa retráctil, que viven sobre todo en los litorales marinos.

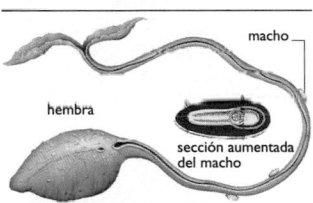

macho

hembra

sección aumentada del macho

■ **EQUIUROIDEO.** Bonelia verde.

EQUIVALENCIA s.f. Relación de igualdad en el valor, la potencia, etc., de dos o varias personas o cosas: *equivalencia de pesos*. **2.** Persona o cosa que equivale a otra. ◇ **Relación de equivalencia** Relación que une dos elementos *a* y *b* de un conjunto, que se verifica si *a* y *b* son el mismo elemento (relación reflexiva), es verdadera para *b* y *a* cuando lo es para *a* y *b* (relación simétrica), es verdadera para *a* y *c* si lo es para *a* y *b* por una parte, y para *b* y *c* por otra (relación transitiva).

EQUIVALENTE adj. Que equivale a otra cosa. ◆ s.m. Cosa que equivale a otra en cantidad o en calidad: *emplear equivalentes*. ◇ **Equivalente electroquímico** Cociente del peso atómico de cada elemento químico por su electrovalencia. **Equivalente mecánico del calor** Relación constante, igual a 4,185 julios por ca-

loría, que existe entre un trabajo determinado y la cantidad de calor correspondiente. **Equivalente químico** Cantidad de una determinada entidad química que en unas condiciones dadas suministra, desplaza o reacciona con un mol de átomos de hidrógeno o de otro átomo o grupo de átomos monovalentes. SIN.: *peso equivalente*. **Figuras equivalentes** Figuras con igual área, pero que pueden tener forma distinta. **Proyección equivalente** Proyección cartográfica que respeta las superficies y las proporciones, pero que deforma el dibujo de los continentes.

EQUIVALENTE-GRAMO s.m. (pl. *equivalentes-gramo*).QUÍM. Cantidad de una sustancia o radical cuya masa expresada en gramos es numéricamente igual a su equivalente químico.

EQUIVALER v.intr. [64]. Tener algo el mismo valor, potencia, etc., que otra cosa.

EQUIVOCACIÓN s.f. Acción de equivocar o equivocarse. **2.** Cosa que se hace o dice de forma equivocada.

EQUIVOCADA s.f. Méx. Acción y efecto de equivocarse.

EQUIVOCADO, A adj. Se dice de la cosa que contiene equivocación.

EQUIVOCAR v.tr. y prnl. [1]. Tomar por correcto o por cierto algo que no lo es: *equivocar el rumbo*. **2.** Hacer que alguien tome por correcto o cierto algo que no lo es.

EQUÍVOCO, A adj. (lat. *tardío aequivocus*). Que puede tener varios significados o interpretaciones. **2.** Se dice de la persona que por su aspecto o maneras hace sospechar inmoralidad. **3.** Relativo a dicha persona: *aspecto equívoco*. ◆ s.m. Malentendido.

1. ERA s.f. (lat. *tardío aera, -ae*, número, cifra, año).Sistema de cómputo cronológico en que se asigna a cada año, siglo o milenio un número de orden a partir de una fecha determinada. **2.** Período histórico caracterizado por un orden de cosas o por un acontecimiento importante: *la era atómica*. **3.** Punto de partida de una cronología determinada. **4.** GEOL. Subdivisión de primer orden de los tiempos geológicos.

2. ERA s.f. (lat. *area*, solar sin edificar). Espacio descubierto, llano y a veces empedrado, donde se trillan las mieses.

ERAL, LA s. (de *1. era*). Res vacuna que no pasa de dos años.

ERARIO s.m. Conjunto de bienes públicos. **2.** Lugar donde se guarda.

ERASMISMO s.m. Ideología suscitada en el s. XVI por el humanista Erasmo de Rotterdam, basada en un cristianismo moral y tolerante.

ERASMISTA adj. y s.m. y f. Relativo al erasmismo; partidario de esta ideología.

ERBIO s.m. (de *Ytterby*, localidad sueca). Metal del grupo de los lantánidos. **2.** Elemento químico (Er), de número atómico 68 y masa atómica 167,26.

ERE s.f. Nombre de la letra *r* en su sonido simple.

ERECCIÓN s.f. (lat. *erectio, -onis*).Acción de erigir o erigirse. **2.** Acción de ponerse erecta una cosa. **3.** FISIOL. Estado de rigidez de algunos tejidos orgánicos y de algunos órganos, en particular el pene, en estado de turgencia.

ERÉCTIL adj. Que puede levantarse, enderezarse o ponerse rígido.

ERECTO, A adj. Erguido, levantado: *ramas erectas*.

ERECTOR, RA adj. y s. Que erige. ◆ adj. FISIOL. Relativo a la erección: *músculo erector*.

EREMITA s.m. y f. (lat. *eremita*). Ermitaño, asceta que vive en soledad.

EREMÍTICO, A adj. Relativo a los eremitas.

EREPSINA s.f. Enzima del jugo intestinal que transforma las peptonas en aminoácidos.

ERETISMO s.m. (gr. *erethismós*, irritación). MED. Estado anormal de irritabilidad de algunos tejidos o sistemas nerviosos.

ERG s.m. (voz árabe). Región sahariana ocupada por las dunas.

ERGASTOPLASMA s.m. Orgánulo intracelular formado por una red compleja de pliegues membranosos, en el que se fijan los ribosomas.

ERGÁSTULA s.f. Prisión de la antigua Roma, generalmente subterránea, donde se encerra-

399

ban los esclavos castigados y los condenados a trabajos forzados.

ERGATIVO s.m. LING. Caso gramatical que, en algunas lenguas flexivas, indica el agente de una acción que se ejerce sobre un objeto.

ERGIO s.m. Unidad de medida de trabajo, de energía y de cantidad de calor (símb. erg), equivalente a 10^{-7} julios.

ERGO conj.consec. (voz latina). Por tanto, luego, pues.

ERGÓGRAFO s.m. Aparato utilizado para el estudio del trabajo muscular.

ERGOL s.m. Sustancia química susceptible de entrar en la composición de una mezcla propulsora.

ERGONOMÍA s.f. Estudio sobre la organización metódica del trabajo y el acondicionamiento del equipo en función de las características del trabajador. **2.** Búsqueda de una mejor adaptación entre una función, un hardware y el usuario. **3.** Cualidad de un hardware concebido de este modo.

ERGONÓMICO, A adj. Relativo a la ergonomía. **2.** Que se caracteriza por una buena ergonomía.

ERGOSTEROL s.m. Esterol presente en los tejidos animales o vegetales, que puede transformarse en vitamina D por la influencia de los rayos ultravioletas.

ERGOTAMINA s.f. Base nitrogenada tóxica, extraída del cornezuelo del centeno, que se utiliza en medicina como simpaticolítico.

ERGOTERAPIA s.f. Terapéutica basada en la actividad física o manual, aplicada especialmente en las afecciones mentales como medio de readaptación social.

ERGOTINA s.f. (fr. *ergotine*). Alcaloide del cornezuelo del centeno.

ERGOTISMO s.m. Intoxicación producida por el cornezuelo de centeno, que se manifiesta por trastornos nerviosos y psíquicos o por trastornos vasculares.

ERGUÉN s.m. Árbol espinoso de poca altura y copa muy extendida, de cuyas semillas se extrae aceite. (Familia sapotáceas.)

hojas y fruto

■ **ERGUÉN**

ERGUIMIENTO s.m. Acción y efecto de erguir o erguirse.

ERGUIR v.tr. y prnl. (lat. *erigere*) [80]. Levantar y poner derecha una cosa: *erguía el cuello para ver por encima de las cabezas.*

ERIAL adj. y s.m. Se dice de la tierra o campo sin cultivar ni labrar.

ERICÁCEO, A adj. y s.f. (del lat. *erice*, jara, del gr. *eryggos*). Relativo a una familia de plantas dicotiledóneas gamopétalas, como el brezo, el rododendro y la azalea.

ERIGIR v.tr. [43]. Construir o levantar un edificio o un monumento. **2.** Fundar o instituir algo. ◆ v.tr. y prnl. Elevar a cierta condición: *erigirse en cabecilla.*

ERINA s.f. CIR. Instrumento que sirve para mantener separados los tejidos durante una operación.

ERISIPELA s.f. (lat. *erysipelas, -atis*, del gr. *erysípelas, -atos*). Enfermedad infecciosa, debida a un estreptococo, caracterizada por una inflamación de la piel, que afecta sobre todo a la dermis y se localiza frecuentemente en la cara.

ERISIPELATOSO, A adj. Relativo a la erisipela.

ERISTALIS s.m. Mosca grande de abdomen amarillo y negro, parecida a una avispa. (Familia sírfidos.)

ERÍSTICA s.f. Arte de la controversia.

ERITEMA s.m. (lat. *erythima*, rubicundez). Enrojecimiento de la piel provocado por una congestión cutánea.

ERITRASMA s.f. MED. Dermatosis muy frecuente en las ingles, que se caracteriza por una placa de color rojo amarronado simétrica y es debida a una micosis.

ERITREO, A adj. y s. De Eritrea. ◆ adj. Relativo al mar Rojo.

ERITROBLASTO s.m. Célula progenitora de los eritrocitos, que conserva su núcleo.

ERITROBLASTOSIS s.f. Presencia patológica de eritroblastos en la sangre.

ERITROCITO s.m. Hematíe.

ERITROFOBIA s.f. Temor obsesivo a ruborizarse en público.

ERITROMICINA s.f. Antibiótico activo contra las bacterias grampositivas y contra las del género *Brucella*.

ERITROPOYETINA s.f. Hormona que contribuye a aumentar la producción de hematíes. (Esta sustancia puede ser natural, segregada por el riñón o el hígado; o bien, sintética, utilizada por algunos deportistas para aumentar su rendimiento.)

ERIZADO, A adj. BOT. Se dice de la planta y de sus órganos cubiertos de pelos tiesos, rígidos, casi punzantes.

ERIZAMIENTO s.m. Acción y efecto de erizar o erizarse.

ERIZAR v.tr. y prnl. [7]. Levantar, poner algo rígido y tieso, especialmente el pelo. ◆ v.tr. *Fig.* Llenar o estar llena una cosa de obstáculos o asperezas.

ERIZO s.m. (lat. *ericius*). Mamífero insectívoro de unos 20 cm de long., caracterizado por sus púas agudas en el dorso y los costados, y por la facultad de arrollarse en forma de bola, que se alimenta de insectos, gusanos, moluscos y reptiles. **2.** *Fig. y fam.* Persona de carácter áspero. **3.** BOT. Cúpula erizada de pinchos que recubre los frutos del castaño. **4.** MIL. Conjunto de puntas de hierro que coronaba una muralla, etc., para dificultar el paso sobre ella. **5.** MIL. Obstáculo formado por maderos unidos con alambre de espino. ◇ **Erizo de mar**, o **marino** Animal equinodermo marino con caparazón calcáreo globuloso, cubierto de púas móviles y cuyas glándulas reproductoras son comestibles. (Clase equínidos.)

■ **ERIZO**

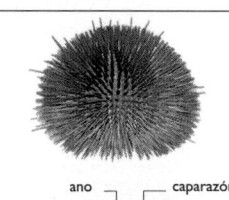

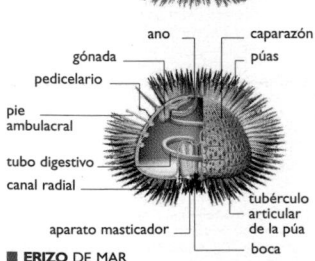

ano
gónada
pedicelario
pie ambulacral
tubo digestivo
canal radial
aparato masticador

caparazón
púas

tubérculo articular de la púa
boca

■ **ERIZO** DE MAR

ERKE o **ERQUE** s.m. Argent. Instrumento musical de viento parecido a la trompeta, con embocadura lateral, cuyo pabellón se prolonga en dos o más cañas insertadas entre sí hasta alcanzar entre 2 y 6 m de long.

ERKENCHO o **ERQUENCHO** s.m. Argent. Trompeta rústica cuyo pabellón se construye con un cuerno de vacuno en el que se inserta una boquilla de caña terminada a modo de lengüeta.

ERMITA s.f. (del lat. *eremita*, ermitaño). Capilla o iglesia pequeña situada en despoblado o en las afueras de una población.

ERMITAÑO, A s. (del ant. *ermitano*, del bajo lat. *eremitanem*). Persona que vive en una ermita y cuida de ella. **2.** Asceta que vive en soledad. ◆ s.m. Decápodo marino, de abdomen blando y grande, que protege alojándose en la concha vacía de algún molusco. (Familia pagúridos.)

EROGACIÓN s.f. Acción y efecto de erogar. **2.** Méx. Gasto, pago.

EROGAR v.tr. (lat. *erogare*) [2]. Distribuir bienes o caudales. **2.** Bol. Gastar el dinero. ◆ v.intr. Méx. Gastar, pagar.

ERÓGENO, A adj. Que provoca excitación sexual o es susceptible de sentirla: *zonas erógenas.* SIN.: *erotógeno.*

EROS s.m. (voz griega, *amor*). PSICOANÁL. Conjunto de las pulsiones de vida en la teoría freudiana.

EROSIÓN s.f. (lat. *erosion, -onis*, de *erodere*, roer, corroer). Conjunto de fenómenos de desgaste de la corteza terrestre, constituidos por la degradación del relieve y el transporte y acumulación de los materiales arrancados, producidos por agentes geológicos y por seres vivos. **2.** Desgaste producido en la superficie de un cuerpo por la fricción de otro. **3.** *Fig.* Pérdida o disminución de prestigio o de influencia de una persona o una institución. ◇ **Erosión del suelo** Degradación debida principalmente a la acción del ser humano. **Erosión diferencial** Ablación desigual resultante de las diferencias de resistencia de las distintas rocas frente a los agentes de erosión. **Erosión regresiva** Excavación que se desplaza remontando el curso de un río, torrente, etc., a causa de un descenso del nivel de base. **Sistema de erosión** Combinación relativamente constante, en una zona climática, de distintos procesos de erosión. **Superficie de erosión** Superficie que resulta de un largo trabajo de erosión.

EROSIONAR v.tr. Producir erosión. ◆ v.tr. y prnl. *Fig.* Desgastar el prestigio o influencia de una persona, partido, etc.

EROSIVO, A adj. Relativo a la erosión.

ERÓTICO, A adj. (lat. *eroticus*, del gr. *erotikós*, relativo al amor). Relativo al amor, especialmente al sexual. **2.** Que excita sexualmente.

EROTISMO s.m. Búsqueda de la excitación y el placer sexual. **2.** Carácter de erótico. **3.** PSICOANÁL. Aptitud de la excitación de las zonas erógenas para acompañarse de placer sexual.

EROTIZAR v.tr. y prnl. [7]. Dar carácter erótico a algo o alguien.

EROTÓGENO, A adj. Erógeno.

EROTOLOGÍA s.f. Estudio del amor físico y de las obras eróticas.

EROTOMANÍA s.f. PSIQUIATR. Trastorno mental caracterizado por una obsesión sexual.

EROTÓMANO, A adj. y s. PSIQUIATR. Que padece erotomanía.

ERQUE s.m. Argent. → **ERKE.**

ERQUENCHO s.m. Argent. → **ERKENCHO.**

ERRABUNDO, A adj. Errante.

ERRADICACIÓN s.f. Acción de erradicar: *la erradicación de la miseria.* **2.** Supresión de una infección contagiosa en un territorio, mediante el tratamiento y la vacunación de los individuos o mediante la destrucción del vector.

ERRADICAR v.tr. [1]. Arrancar de raíz o eliminar completamente algo.

ERRAJ o **HERRAJ** s.m. Cisco de huesos de aceituna machacados.

ERRANTE adj. Que anda vagando. SIN.: *errabundo.*

ERRAR v.tr., intr. y prnl. (lat. *errare*) [11].

No acertar, equivocarse. ◆ v.intr. Andar vagando, sin destino o sin domicilio fijo.

ERRATA s.f. (lat. *errata*, pl. de *erratum*, cosa errada). Equivocación en un texto escrito: *fe de erratas*.

ERRÁTICO, A adj. Que va de un sitio a otro sin rumbo fijo. **2.** Inestable o inconstante. **3.** MED. Intermitente, irregular. ◇ **Bloque errático** GEOL. Bloque redondeado o anguloso que subsiste después del retroceso de un glaciar.

ERRE s.f. Nombre de la letra *r*, especialmente en su sonido fuerte o vibrante múltiple. ◇ **Erre que erre** Fam. Con obstinación, tercamente.

ERRONA s.f. Chile. Suerte en que no acierta el jugador.

ERRÓNEO, A adj. Que contiene error: *suposición errónea*.

ERROR s.m. Concepto o expresión falsos, no conformes a la verdad: *el examen estaba plagado de errores*. **2.** Acción desacertada o equivocada: *fue un error llegar tarde a la entrevista*. **3.** Conducta reprochable, particularmente desde un punto de vista religioso: *vivir en el error*. **4.** DER. Conocimiento falso o disconformidad entre el conocimiento y la realidad de las cosas en cualquier acto o contrato jurídico. ◇ **Error absoluto** Diferencia entre el valor exacto de una magnitud y el valor dado por su medida. **Error relativo** Relación entre el error absoluto y el valor de la dimensión medida.

ERSE adj. (ingl. *Erse*). Relativo a los habitantes de la alta Escocia. ◆ s.m. Dialecto gaélico hablado en Escocia.

ERUBESCENCIA s.f. Vergüenza, rubor.

ERUBESCENTE adj. Avergonzado, ruborizado.

ERUCIFORME adj. ZOOL. Se dice de la larva de insecto con aspecto de oruga.

ERUCTAR v.intr. (lat. *eructare*). Echar por la boca y con ruido los gases del estómago.

ERUCTO s.m. Acción y efecto de eructar. **2.** Gases expelidos al eructar.

ERUDICIÓN s.f. Saber profundo en un tipo de conocimientos, especialmente en los referentes a disciplinas literarias e históricas.

ERUDITO, A adj. y s. (lat. *eruditus*, de *erudire*, quitar la rudeza). Que tiene erudición.

ERUPCIÓN s.f. (lat. *eruptio, -onis*, de *erumpere*, precipitarse afuera). Expulsión violenta de algo contenido en un sitio: *erupción volcánica*. ◇ **Erupción cromosférica** Fenómeno de la actividad solar que se manifiesta por el incremento repentino y temporal de las emisiones de radiaciones electromagnéticas y de corpúsculos de una región de la cromosfera, y provoca importantes trastornos en el campo magnético de la Tierra.

ERUPCIONAR v.tr. Colomb. Hacer erupción un volcán.

ERUPTIVO, A adj. Relativo a la erupción o que procede de esta. ◇ **Enfermedad eruptiva** Enfermedad que se caracteriza por la aparición de manchas o lesiones rojizas en la piel, como el sarampión, la escarlatina, la rubéola, etc. **Roca eruptiva** Roca que procede de la cristalización del magma.

ESBATIMENTO s.m. (ital. *sbattimento*). PINT. Sombra que hace un cuerpo sobre otro.

ESBELTEZ s.f. Cualidad de esbelto.

ESBELTO, A adj. (ital. *svelto*). Delgado, alto y de formas ágiles.

ESBIRRO s.m. (ital. *sbirro*). Persona que sirve a otra que le paga para realizar lo que se le ordena, especialmente actos violentos o amenazas. **2.** Persona que tiene por oficio prender a las personas o ejecutar personalmente órdenes de una autoridad. **3.** Desp. Alguacil.

ESBOZAR v.tr. [7]. Bosquejar.

ESBOZO s.m. (ital. *sbozzo*). Bosquejo.

ESCABECHAR v.tr. Poner en escabeche. **2.** Fig. y fam. Matar. **3.** Esp. Fig. y fam. Suspender a alguien en un examen.

ESCABECHE s.m. (del ár. *sikbâŷ*, guiso de carne con vinagre). Adobo de aceite, vinagre, laurel y otras especias para macerar carne o pescado. **2.** Pescado en escabeche. **3.** Argent. Fruto en vinagre, encurtido.

ESCABECHINA s.f. Esp. Fam. Gran destrozo, estrago. **2.** Esp. Fam. Cantidad de suspensos muy superior a lo normal en un examen.

ESCABEL s.m. (lat. *scabellum*). Tarima pequeña colocada delante de la silla para descansar los pies. **2.** Asiento pequeño y sin respaldo. **3.** Fig. Persona o circunstancia de que alguien se aprovecha para medrar.

ESCABINATO s.m. DER. Tribunal formado por jueces que no son expertos en materia jurídica (legos) y por jueces expertos en materia jurídica (letrados) que deliberan conjuntamente.

ESCABIOSA s.f. (del lat. *scabiosus*, áspero, rugoso). Planta de flores blancas o azuladas, que se utilizaba contra las enfermedades de la piel. (Familia dipsacáceas.)

ESCABIOSO, A adj. Relativo a la sarna.

ESCABROSIDAD s.f. Cualidad de escabroso.

ESCABROSO, A adj. (lat. tardío *scabrosus*). Se dice del terreno abrupto, áspero, quebrado. **2.** Fig. Se dice del asunto difícil de manejar o resolver. **3.** Fig. Áspero, duro: *carácter escabroso*. **4.** Fig. Que está al borde de lo inmoral u obsceno.

ESCABULLARSE v.prnl. Antillas, Colomb. y Venez. Escabullirse.

ESCABULLIRSE v.prnl. [49]. Irse disimuladamente de un lugar. **2.** Escaparse una cosa de las manos: *escabullirse una anguila*.

ESCACHARRAR v.tr. y prnl. Estropear una cosa, especialmente un aparato.

ESCAFANDRA s.f. (fr. *scaphandre*, del gr. *skáfi andrós*, bote y esquife para hombre). Traje protector herméticamente cerrado, que usan los buzos para sumergirse, en el que la circulación del aire está asegurada por medio de una bomba. ◇ **Escafandra autónoma** Aparato respiratorio individual, que permite a un submarinista evolucionar por debajo del agua sin ningún enlace o dependencia con la superficie. **Escafandra espacial** Escafandra que llevan los astronautas ya sea dentro de las naves, durante las fases más delicadas de los vuelos espaciales, o para salir a realizar trabajos en el espacio.

ESCAFANDRISTA s.m. y f. Submarinista provisto de escafandra.

ESCAFOIDES s.m. y adj. (del gr. *skáfi*, bote, y *eidos*, aspecto) [pl. *escafoides*]. ANAT. Hueso más externo del carpo. SIN.: *hueso navicular*. **2.** Hueso situado en la parte superior y central del tarso.

ESCAFÓPODO, A adj. y s.m. Relativo a un orden de moluscos que tienen la concha en forma de tubo.

ESCAJOCOTE s.m. Árbol corpulento, de América Central, cuyo fruto tiene el aspecto de una bola de algodón cuando se le quita la cáscara.

ESCALA s.f. (lat. *scala*, escalón, escalera). Escalera portátil. **2.** Serie graduada de cosas distintas, pero de la misma especie. SIN.: *gama*. **3.** Sucesión de notas musicales ordenadas por tono. **4.** Serie de divisiones de un instrumento de medida. **5.** Sistema de niveles o grados que constituyen una jerarquía o una estructura jerarquizada. **6.** Serie continua y progresiva: *escala de precios*. **7.** Fig. Tamaño o proporción en que se desarrolla un plano o idea. **8.** En una representación gráfica, cartográfica o fotográfica, o en una maqueta, un modelo reducido, etc., proporción entre una longitud determinada y la longitud correspondiente. (La escala puede estar indicada mediante un número que expresa esta proporción o mediante una línea o guion.) **9.** Lugar previsto en el recorrido de una línea aérea o marítima donde se detiene una nave para abastecerse de combustible, descargar o cargar mercancías, recoger pasajeros, etc. **10.** MIL. Escalafón. ◆ **escalas** s.f.pl. HIST. Establecimientos comerciales fundados por las naciones cristianas en los países infieles. ◇ **En escala** Por mayor, en grueso. **Hacer escala** Detenerse un avión o barco para abastecerse de combustible, descargar o cargar mercancías, recoger pasajeros, etc. ENCICL. En la música occidental, las escalas se dividen en *diatónicas* y *cromáticas*. Hay dos clases de escalas diatónicas: la *mayor*, que consta de cinco tonos y dos semitonos, y la *menor*, de tres tonos, un tono y medio y tres semitonos. Todas las escalas toman el nombre de la nota por la que empiezan. Cada escala cromática incluye los doce sonidos de la escala.

ESCALADA s.f. Acción de escalar. SIN.: *escalamiento, escalo*. **2.** Fig. Aumento o intensificación progresiva de una acción o de una variable económica: *escalada de violencia; escalada de precios*. **3.** ALP. Acción de trepar por una gran pendiente. **4.** DEP. Prueba ciclista en la que los participantes deben ascender cuestas prolongadas o con fuerte inclinación. ◇ **Escalada artificial** ALP. Escalada que se practica con presas y apoyos artificiales. **Escalada libre** ALP. Escalada que se practica con los apoyos que ofrece la roca.

ESCALADOR, RA adj. y s. Que escala. ◆ s. ALP. Persona que practica la escalada alpina.

ESCALAFÓN s.m. Lista de los funcionarios de la administración, clasificados según su empleo, antigüedad, etc.

ESCALAMIENTO s.m. DER. Acción de entrar en un lugar por vía no destinada al efecto. SIN.: *escalo*.

ESCÁLAMO s.m. (del lat. *scalmus*). MAR. Estaca pequeña y redonda, fijada en la borda de una embarcación, a la cual se ata el remo.

1. ESCALAR v.tr. Subir, trepar a una gran altura. **2.** Entrar subrepticia o violentamente en un lugar cercado. **3.** Fig. Subir puestos en el escalafón social. **4.** Entrar en una plaza u otro lugar valiéndose de escalas.

2. ESCALAR adj. MAT. Se dice de una magnitud enteramente definida por su medida en función de una cierta unidad. ◆ s.m. MAT. En un espacio vectorial definido sobre un cuerpo conmutativo K, cada uno de los elementos de K.

ESCALARIS s.m. Pez de cuerpo comprimido verticalmente, de 15 cm de long., originario de América del Sur, que a menudo se cría en acuario. (Familia cíclidos.)

■ ESCALARIS

ESCALDADO, A adj. Fam. Receloso por haber sido escarmentado. ◆ adj. y s.m. Se dice de los cereales que han sufrido los efectos de un calor excepcional y como consecuencia los granos han quedado pequeños y arrugados.

ESCALDAMIENTO s.m. Acción y efecto de escaldar. SIN.: *escaldadura*.

ESCALDAR v.tr. y prnl. Bañar una cosa con agua hirviendo. ◆ **escaldarse** v.prnl. Escocerse, ponerse roja e inflamarse la piel.

ESCALDE s.m. Enfermedad que ocasionan las bacterias en diversas plantas.

ESCALDO s.m. LIT. Poeta escandinavo autor de una saga.

ESCALENO adj. (lat. tardío *scalenus*, del gr. *skalinós*, cojo, oblicuo). MAT. Se dice del triángulo que tiene los tres lados desiguales.

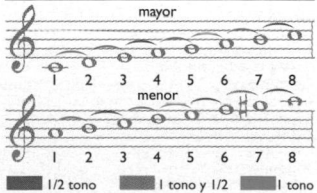

■ ESCALAS musicales.

◆ s.m. y adj. ANAT. Músculo de forma irregularmente triangular que va de las vértebras cervicales a las dos primeras costillas.

ESCALERA s.f. (del lat. *scalaria*, peldaños). Serie de escalones para subir y bajar, o que comunica dos superficies a distinto nivel. **2.** En el póquer, combinación de cinco cartas de valor correlativo. **3.** Corte irregular en el pelo, en forma de escalón. ◇ **Escalera de caracol,** o **de husillo** Escalera de forma helicoidal. **Escalera de mano** Escalera portátil, formada de dos largueros paralelos unidos a intervalos iguales por travesaños. **Escalera de servicio** Escalera accesoria que tienen algunos edificios para el servicio doméstico y para los proveedores. **Escalera mecánica** Escalera de peldaños articulados en la que no es necesario realizar el movimiento de subida o bajada.

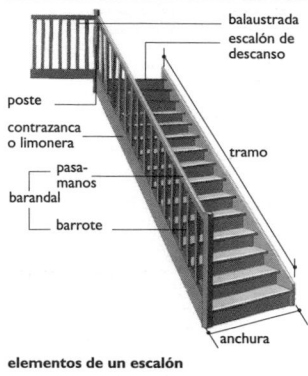

balaustrada
escalón de descanso
poste
contrazanca o limonera
pasamanos
barandal
barrote
tramo
anchura

elementos de un escalón

altura
huella
escalón
nariz
contrahuella

■ **ESCALERA**

ESCALERILLA s.f. Escalera de pocos escalones.

ESCALFADO, A adj. Se dice de la pared mal encalada y que forma burbujas.

ESCALFAR v.tr. (del lat. *calefacere*). Cocer en agua hirviendo o caldo un huevo sin la cáscara.

ESCALINATA s.f. (ital. *scalinata*). Escalera exterior de un solo tramo y hecha de fábrica.

ESCALIO s.m. Tierra yerma que se destina al cultivo.

ESCALO s.m. Acción de escalar. **2.** DER. Escalamiento.

ESCALOFRIANTE adj. Aterrador, horrible: *un grito escalofriante*. **2.** Asombroso.

ESCALOFRIAR v.tr., intr. y prnl. [19]. Producir escalofríos.

ESCALOFRÍO s.m. (del ant. *calofrío*, de *calor* y *frío*). Contracción muscular de breve duración, debida a una sensación de frío repentino.

ESCALÓN s.m. Peldaño. **2.** Grado de una serie continua y progresiva.

ESCALONAMIENTO s.m. Acción y efecto de escalonar.

ESCALONAR v.tr. y prnl. Situar ordenadamente personas o cosas dejando entre ellos intervalos espaciales. ◆ v.tr. Hacer algo en diferentes etapas: *escalonar la salida de vacaciones*.

ESCALOPE s.m. Loncha delgada de carne empanada y frita. SIN.: *escalopa*.

ESCALPAR v.tr. Arrancar el cuero de la cabeza con el cabello adherido.

ESCALPELO s.m. (lat. *scalpellum*). Bisturí con corte en uno o ambos lados, utilizado principalmente en disecciones anatómicas.

ESCALPO s.m. Cabellera arrancada del cráneo junto con la piel y que algunos pueblos amerindios de América septentrional conservaban como trofeo de guerra.

ESCAMA s.f. (lat. *squama*). Cada una de las láminas que cubren el cuerpo de ciertos animales, córneas en los reptiles, y óseas en los peces. **2.** Cosa que tiene esta forma: *jabón en escamas*. **3.** Parte más alta y externa del hueso temporal. **4.** BOT. Hoja rudimentaria que protege las yemas en invierno. **5.** MED. Laminilla epidérmica que se desprende de la piel, particularmente en las dermatosis.

ESCAMADA s.f. Méx. *Fam.* Susto.

ESCAMAR v.tr. Quitar las escamas a los peces. **2.** Méx. *Fam.* Asustar, intimidar. ◆ v.tr. y prnl. *Fam.* Hacer que una persona desconfíe de alguien o algo.

ESCAMOLES s.m.pl. Méx. Hueva comestible de cierto tipo de hormiga, muy apreciable por su sabor.

ESCAMÓN, NA adj. Receloso o desconfiado.

ESCAMONDAR v.tr. Cortar las ramas inútiles de un árbol.

ESCAMONDO s.m. Acción y efecto de escamondar. SIN.: *escamonda*.

ESCAMONEA s.f. Planta herbácea, que crece en Asia Menor y Siria, de la que se obtiene una gomorresina muy purgante. (Familia convolvuláceas.) **2.** Gomorresina de esta planta.

ESCAMOSO, A adj. Que tiene escamas.

ESCAMOTEAR v.tr. (fr. *escamoter*). Robar con habilidad y astucia. **2.** Eliminar algo de modo arbitrario. **3.** Hacer desaparecer de la vista a una persona o una cosa con habilidad.

ESCAMOTEO s.m. Acción y efecto de escamotear.

ESCAMPADA s.f. *Fam.* Intervalo de tiempo en que deja de llover.

ESCAMPAR v.intr. Dejar de llover. ◆ v.tr. Despejar un sitio.

ESCÁMULA s.f. Pequeña escama, como las que recubren las alas de las mariposas.

ESCANCIAR v.tr. (del gót. *skankjan*). Servir el vino u otra bebida alcohólica. ◆ v.intr. Beber vino.

ESCANDA s.f. (lat. tardío *scandula*). Trigo que crece terrenos pobres, cuyo grano se adhiere con fuerza al cascabillo.

ESCANDALERA s.f. *Fam.* Escándalo o alboroto grandes.

ESCANDALIZAR v.tr. y prnl. [7]. Producir o causar escándalo. ◆ **escandalizarse** v.prnl. Mostrarse indignado u horrorizado por algo.

ESCANDALLAR v.tr. Aplicar el escandallo a una mercancía. **2.** Sondear, medir el fondo del mar con el escandallo.

ESCANDALLO s.m. (cat. *escandall*). Procedimiento para determinar el valor, peso o calidad de un conjunto de cosas tomando al azar una de ellas como tipo. **2.** Parte de la sonda que sirve para reconocer la calidad del fondo del agua.

ESCÁNDALO s.m. (lat. *scandalum*, del gr. *skándalon*). Alboroto, tumulto. **2.** Acción deshonesta, inmoral, que conmueve la opinión pública. **3.** Acción que provoca indignación o que es digna de desprecio. ◇ **Escándalo público** DER. Delito que se caracteriza por una conducta contraria a la moral pública o a las buenas costumbres.

ESCANDALOSO, A adj. Que provoca o causa escándalo: *acto escandaloso*. **2.** Se dice de la persona que es inquieta o revoltosa.

ESCANDINAVO, A adj. y s. De Escandinavia.

ESCANDIO s.m. Metal muy ligero, de propiedades muy parecidas a las de los lantánidos, de densidad 3,0, cuyo punto de fusión es de 1 538 ºC. **2.** Elemento químico (Sc), de número atómico 21 y masa atómica 44,956. (Se emplea en la industria aeroespacial.)

ESCANDIR v.tr. (lat. *scandere*, medir versos). Medir un verso contando el número de pies o de sílabas de que consta.

ESCANEAR v.tr. Digitalizar un documento (texto o imagen) mediante un escáner.

ESCÁNER o **SCANNER** s.m. Aparato de teledetección capaz de captar, gracias a un dispositivo que opera por exploración, las radiaciones electromagnéticas emitidas por superficies extensas. **2.** ART. GRÁF. Aparato que sirve para digitalizar un documento (texto o imagen). **3.** MED. Aparato de radiodiagnóstico compuesto por un sistema de tomografía y una computadora que analiza los datos para reconstruir imágenes de las diversas partes del organismo en finas capas.

ESCANSIÓN s.f. (lat. *scansio, -onis*). Acción de escandir.

ESCANTILLÓN s.m. (fr. *échantillon*). Regla o patrón para trazar las líneas según las cuales se han de labrar las piezas.

ESCAÑA s.f. Planta herbácea que presenta el tallo desnudo en la parte superior y la espiga comprimida lateralmente.

ESCAÑO s.m. (lat. *scamnun*, escambel). Banco que ocupan los diputados en las cámaras legislativas. **2.** Acta de diputado. **3.** Banco con respaldo.

ESCAPADA s.f. Acción de escapar, salir de un lugar deprisa u ocultamente. **2.** Esfuerzo que permite a un corredor distanciarse del pelotón. **3.** TAUROM. Huida apresurada del toro. ◇ **En una escapada** A escape.

ESCAPAR v.intr. y prnl. (del lat. *cappa*, capa). Salir de un encierro, o de alguna enfermedad o peligro. **2.** Quedar fuera del dominio o influencia de una persona o cosa. **3.** Salir alguien deprisa u ocultamente. ◆ v.intr. Ponerse fuera del alcance de cierta cosa, no ser asequible. ◆ **escaparse** v.prnl. Salirse un fluido por algún resquicio. **2.** Soltarse cualquier cosa que está sujeta: *escaparse algún punto de media.* **3.** No poder retener algo. **4.** Decir o hacer algo involuntariamente o sin pensar: *se le escapó la risa.* **5.** *Fig.* No advertir o no darse cuenta de algo: *escapársele a alguien el sentido de un chascarrillo.*

ESCAPARATE s.m. (neerlandés ant. *schaprade*, armario, especialmente el cocina). Esp. Espacio de un establecimiento comercial, generalmente acristalado y situado a la entrada, donde se exponen las mercancías.

ESCAPARATISTA s.m. y f. Esp. Persona que tiene por oficio decorar escaparates.

ESCAPATORIA s.f. Acción de escapar o escaparse. **2.** *Fam.* Medio para escapar de un aprieto o dificultad. **3.** Lugar por donde se escapa.

ESCAPE s.m. Acción de escapar o escaparse. **2.** *Fig.* Salida, solución. **3.** Pérdida de un fluido por un orificio o grieta. **4.** Expulsión a la atmósfera de los gases de la combustión de un motor térmico. **5.** Dispositivo que permite esta expulsión. **6.** Mecanismo que regula el movimiento del péndulo de un reloj. ◇ **A escape** Con gran rapidez. **Escape libre** Tubo de escape desprovisto de silenciador.

ESCAPISMO s.m. Actitud del que se evade de la realidad. **2.** Espectáculo consistente en escapar de ataduras y encierros exagerados.

ESCAPO s.m. (lat. *scapus*). ARQ. Fuste de la columna. **2.** BOT. Tallo que, arrancando de un rizoma, bulbo, etc., está desprovisto de hojas y presenta las flores en el ápice. SIN.: *bohordo*.

ESCÁPULA s.f. (lat. *scapula*). Omóplato.

ESCAPULAR adj. ANAT. Relativo a la escápula. ◇ **Cintura escapular** Esqueleto del hombro, formado por tres huesos: clavícula, esternón y escápulas.

ESCAPULARIO s.m. (bajo lat. *scapularia*, de *scapularis*, que cuelga de los hombros). Distintivo de algunas órdenes religiosas que consiste en una tira de tela que cuelga sobre el pecho y la espalda. **2.** Objeto devoto similar usado por seglares.

ESCAPULOHUMERAL adj. Relativo a la escápula y al húmero.

ESCAQUE s.m. Cada una de las casillas del tablero de ajedrez o damas. ◆ **escaques** s.m.pl. Juego de ajedrez.

ESCAQUEADO, A adj. HERÁLD. Jaquelado.

ESCAQUEARSE v.prnl. Esp. Desaparecer, eludir o esquivar un trabajo.

ESCARA s.f. MED. Costra negruzca que se forma sobre la piel, las llagas, etc., por necrosis de los tejidos.

ESCARABAJEAR v.intr. Bullir, agitarse. **2.** *Fig.* y *fam.* Desazonar a alguien un pensamiento. **3.** *Fig.* Trazar garabatos.

ESCARABAJEO s.m. *Fam.* Acción de escarabajear.

ESCARABAJO s.m. (del lat. *scarabaeus*). Nombre dado a diversos coleópteros, en particular los de cuerpo ovalado y patas cortas. ◇ **Escarabajo sagrado,** o **pelotero,** o **bolero** Coleóptero que se alimenta de los excrementos de los herbívoros. **Escarabajo sanjuanero** Coleóptero de Europa central y occidental que vuela en el crepúsculo en el mes de junio. (El adulto y la larva o *gusano blanco*, que vive bajo tierra durante tres años, son herbívoros y muy dañinos.)

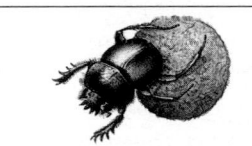

■ ESCARABAJO SAGRADO

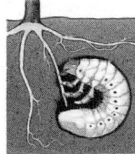

adulto

larva (gusano blanco)

■ ESCARABAJO SANJUANERO

ESCARABEIDO, A adj. y s.m. Relativo a una familia de insectos coleópteros que tienen antenas formadas por laminillas, como el escarabajo pelotero.

ESCARABEO s.m. ARQUEOL. Representación escultórica del escarabajo pelotero.

ESCARAMUJO s.m. Rosal silvestre del cual provienen los rosales cultivados. (Familia rosáceas.)

ESCARAMUZA s.f. En la guerra, combate de poca importancia, especialmente el sostenido por las avanzadas de los ejércitos. **2.** Riña o discusión poco violenta.

ESCARAMUZAR v.intr. [7]. Sostener una escaramuza. **2.** Revolver el caballo a un lado y otro.

ESCARAPELA s.f. Roseta de cintas o plumas que se utiliza como adorno o distintivo y generalmente se coloca en el sombrero.

ESCARAPELAR v.intr. Colomb. Ajar, manosear. → v.intr. y prnl. Colomb., C. Rica y Venez. Quitar la cáscara, pelar, desconchar. → **escarapelarse** v.prnl. Perú. Ponérsele a alguien carne de gallina.

ESCARBADIENTES s.m. (pl. *escarbadientes*). Palillo para limpiarse los dientes.

ESCARBAR v.tr. Remover la tierra u otra cosa semejante para buscar algo. **2.** Atizar la lumbre removiéndola. **3.** *Fig.* Escudriñar, fisgar. → v.tr. y prnl. Hurgar, tocar repetida e insistentemente con los dedos u otra cosa.

ESCARBILLO s.m. Residuo de combustible, no quemado del todo, que se escapa de un hogar.

ESCARCEAR v.intr. Argent., Urug. y Venez. Hacer escarceos el caballo.

ESCARCELA s.f. (ital. *scarsella*, bolsa para el dinero). Especie de bolsa que se colgaba de la cintura. **2.** Especie de cofia de mujer. **3.** ARM. Pieza de la armadura que cubría el muslo.

ESCARCEO s.m. Aventura amorosa superficial. **2.** Oleaje menudo que se levanta en la superficie del mar, en lugares donde hay corrientes. → **escarceos** s.m.pl. *Fig.* Acciones o divagaciones poco serias o poco profundas. **2.** Vueltas que dan los caballos.

ESCARCHA s.f. Capa de hielo que se forma sobre el terreno y la vegetación en las madrugadas de invierno.

ESCARCHADO s.m. Cierto bordado hecho con oro o plata sobre tela.

ESCARCHAR v.intr. Formarse escarcha. → v.tr. Preparar dulces de modo que el azúcar cristalice en la capa exterior. **2.** Hacer que en el aguardiente cristalice el azúcar en un ramo de anís. **3.** Cubrir una superficie con talco u otra sustancia semejante a la escarcha.

ESCARDA s.f. Escardo. **2.** Época del año en que se realiza esta labor.

ESCARDAR v.tr. Arrancar las hierbas nocivas de un sembrado. **2.** *Fig.* Separar en una cosa lo malo de lo bueno.

ESCARDO s.m. Acción de escardar o desherbar. SIN.: *escarda*.

ESCARIADO s.m. Acción y efecto de escariar.

ESCARIADOR s.m. Herramienta para escariar.

ESCARIAR v.tr. Agrandar o redondear un agujero abierto en metal, o el diámetro de un tubo.

ESCARIFICACIÓN s.f. Acción y efecto de escarificar. **2.** ETNOL. Adorno corporal realizado mediante pequeñas incisiones en la piel, que practican ciertos pueblos primitivos, generalmente melanodermos. **3.** MED. Proceso de formación de una escara.

ESCARIFICADO s.m. Acción de escarificar la tierra.

ESCARIFICADOR, RA adj. Que escarifica. → s.m. AGRIC. Instrumento agrícola que sirve para mullir la tierra sin voltearla. **2.** CIR. Instrumento para hacer pequeñas incisiones en la piel.

ESCARIFICAR v.tr. (lat. *scarificare*, rascar) [1]. Hacer una incisión muy superficial en la piel para provocar la salida de una pequeña cantidad de linfa o sangre. **2.** Mullir la tierra con el escarificador.

ESCARIOSO, A adj. BOT. Se dice de los órganos delgados y traslúcidos.

ESCARLATA adj. y s.m. (hispano-ár. *iškirlāta*, del ár. *siqillāt*, tejido de seda brocado de oro). Se dice del color rojo intenso: *mejillas escarlata*. → adj. Que es de este color.

ESCARLATINA s.f. Enfermedad febril contagiosa que se caracteriza por la formación de manchas escarlatas en la piel y en las mucosas y dolor de garganta.

ESCARMENTAR v.intr. [10]. Aprender de la experiencia propia o ajena para evitar nuevos daños o problemas. → v.tr. Corregir con rigor al que ha errado para que se enmiende.

ESCARMIENTO s.m. (del ant. *escarnir*, escarnecer). Acción de escarmentar. **2.** Represión severa.

ESCARNECER v.tr. (del ant. *escarnir*, del germ. *skernjan*) [37]. Burlarse de una persona para humillarla o despreciarla.

ESCARNIO s.m. Burla humillante o despreciativa. SIN.: *escarnecimiento*.

ESCARO s.m. (gr. *skáros*). Pez de los arrecifes coralinos, de colores variados y brillantes, que mide de 20 a 30 cm de long.

ESCAROLA s.f. (lat. tardío *escariola*). Planta hortense de hojas rizadas que se comen en ensalada.

ESCARPA s.f. (ital. *scarpa*). Declive áspero de cualquier terreno. SIN.: *escarpadura*, *escarpe*. **2.** Talud interior del foso de una fortificación.

ESCARPADO, A adj. Que tiene mucha pendiente: *ladera escarpada*. **2.** Se dice del terreno o lugar rocoso, con pendientes pronunciadas o con fuertes desniveles.

ESCARPAR v.tr. (ital. *scarpare*). Cortar una montaña o terreno en plano inclinado.

ESCARPE s.m. Escarpa, declive. **2.** ARM. Parte de la armadura, formada de placas modeladas, que servía para proteger el pie.

ESCARPIA s.f. Clavo con cabeza acodillada. SIN.: *alcayata*.

ESCARPÍN s.m. (ital. *scarpino*, de *scarpa*, zapato). Zapato de terciopelo acuchillado y con punta roma. **2.** Calzado interior que se colocaba encima de la media o el calcetín. **3.** Argent. y Urug. Calzado de bebé, hecho con lana o hilo tejidos, que cubre el pie y el tobillo.

ESCARZA s.f. Enfermedad del pie del caballo, consistente en una retracción de la parte posterior.

ESCASAMENTE adv.m. Con poca cantidad. **2.** Apenas, con dificultad.

ESCASEAR v.intr. Faltar: *el pan escasea*.

ESCASEZ s.f. Insuficiencia, falta de una cosa. **2.** Pobreza, falta de lo necesario para vivir.

ESCASO, A adj. (lat. vulgar *excarsus*, entresacado). Poco, insuficiente en cantidad o número. **2.** Con insuficiente cantidad o número de la cosa que se expresa: *escasos recursos*.

ESCATIMAR v.tr. Dar lo menos posible de algo: *no escatimar esfuerzos*.

ESCATOFAGIA s.f. (del gr. *skór, skatós*, excremento, y *phagein*, comer). Hábito de ingerir excrementos, que se considera patológico en las personas.

ESCATÓFILO, A adj. (del gr. *skór, skatós*, excremento, y *fílos*, amigo). Se dice de ciertos insectos que viven o se desarrollan en los excrementos.

ESCATOL s.m. QUÍM. Compuesto, con olor de materia fecal, que tiene su origen en la putrefacción de las proteínas.

1. ESCATOLOGÍA s.f. (del gr. *eskhatos*, último, y *lógos*, tratado). Conjunto de doctrinas y creencias relacionadas con el destino último del ser humano y del universo.

2. ESCATOLOGÍA s.f. (del gr. *skór, skatós*, excremento, y *lógos*, tratado). Estudio de los excrementos.

1. ESCATOLÓGICO, A adj. Relativo a la escatología, conjunto de doctrinas y creencias.

2. ESCATOLÓGICO, A adj. Relativo a los excrementos.

ESCAUPIL s.m. Sayo acolchado con algodón que usaban los antiguos mexicanos para defenderse de las flechas enemigas.

ESCAYOLA s.f. (ital. *scagliuola*). Yeso calcinado que, amasado con agua, se emplea como material plástico en escultura, para sacar moldes, para sostener huesos fracturados, etc.

ESCAYOLAR v.tr. Inmovilizar un miembro del cuerpo con una venda de escayola.

ESCENA s.f. (lat. *scaena*, escenario, teatro, del gr. *skiné*, choza, tienda). Parte del teatro donde actúan los actores. **2.** Caracterización del escenario para que represente el lugar donde se supone que ocurre la acción: *cambio de escena*. **3.** *Fig.* Arte dramático. **4.** Parte de una obra dramática que tiene una unidad en sí, suficiente para caracterizarla. **5.** *Fig.* Suceso o acción real digna de atención al que se asiste como espectador: *escena terrorífica*. **6.** Actuación algo teatral o exagerada para impresionar. ◇ **Poner en escena** Representar una obra dramática en el teatro.

ESCENARIO s.m. Lugar del teatro en que se actúa o lugar en que se desarrolla la acción de una película. **2.** Lugar de un suceso. **3.** Conjunto de cosas o circunstancias que se consideran en torno a alguno o algún suceso.

ESCÉNICO, A adj. Relativo a la escena.

ESCENIFICACIÓN s.f. Acción y efecto de escenificar.

ESCENIFICAR v.tr. [1]. Representar una obra literaria en un escenario. **2.** Adaptar un texto literario para que sea representado.

ESCENOGRAFÍA s.f. Estudio y práctica de toda forma de expresión capaz de inscribirse en el universo del teatro, el espectáculo y la organización espacial. **2.** Decorado de una obra dramática.

ESCENOGRÁFICO, A adj. Relativo a la escenografía.

ESCENÓGRAFO, A s. Autor de una escenografía o especialista en escenografía.

ESCEPTICISMO s.m. Cualidad de escéptico. **2.** Doctrina epistemológica que pone en duda la posibilidad del conocimiento de la realidad objetiva.

ESCÉPTICO, A adj. y s. (gr. *skeptikós*, que observa sin afirmar). Que duda de lo que está probado o es incuestionable. **2.** Relativo al escepticismo; partidario de esta doctrina.

ESCIALÍTICO, A adj. Se dice del dispositivo de iluminación que no proyecta sombras, utilizado en cirugía.

ESCIÉNIDO, A adj. y s.m. Relativo a una familia de peces óseos teleósteos, que viven en las aguas poco profundas de los mares cálidos y templados, como el corvallo y el verrugato.

ESCIENTE adj. *Poét.* Que sabe.

ESCIFOZOO, A adj. y s. Acalefo.

ESCÍNCIDO, A adj. y s.m. Relativo a una familia de reptiles lacértidos, que vive principalmente en las regiones áridas de África, Asia meridional y Australia, como el eslizón.

ESCINDIR v.tr. y prnl. (lat. *scindere*, rasgar). Cortar o dividir algo.

ESCINTILOGRAFÍA s.f. Estudio gráfico de las

emisiones radiactivas de un órgano determinado.

ESCIRRO s.m. MED. Tumor constituido por un epitelioma acompañado de una reacción fibrosa.

ESCISIÓN s.f. (lat. *scissio, -onis*). Acción y efecto de escindir. **2.** División, separación de personas que formaban una asociación o partido. **3.** CIR. Extirpación, mediante un instrumento cortante, de un órgano o de parte de él.

ESCISIONISTA adj. Que produce una división.

ESCISIPARIDAD s.f. Fisiparidad.

ESCITA adj. y s.m. y f. De un pueblo de lengua irania, establecido entre el Danubio y el Don a partir del s. XII a.C. (Fueron jinetes y guerreros temibles; desaparecieron en el s. II a.C.)

ESCITAMÍNEO, A adj. y s.f. Relativo a un orden de plantas monocotiledóneas con ovario ínfero y estambres de dos tipos, uno de los cuales es estéril, como el banano.

ESCIÚRIDO, A adj. y s.m. Relativo a una familia de mamíferos roedores de pequeña talla, como la ardilla.

ESCLARECER v.tr. [37]. *Fig.* Hacer más claro o comprensible algo: *esclarecer un asunto.* SIN.: *aclarar.* ◆ v.intr. Empezar a amanecer.

ESCLARECIDO, A adj. Ilustre, distinguido, insigne: *un esclarecido filósofo.*

ESCLARECIMIENTO s.m. Acción y efecto de esclarecer.

ESCLAVA s.f. Pulsera sin adornos y que no se abre.

ESCLAVINA s.f. (del gr. *sklabinós*). Prenda de vestir en forma de capa pequeña, que se echa sobre los hombros.

ESCLAVISMO s.m. Sistema social fundado en la esclavitud.

ESCLAVISTA adj. y s.m. y f. Relativo al esclavismo; que practica o defiende la esclavitud.

ESCLAVITUD s.f. Estado de la persona sometida por otra a un régimen que la priva de libertad y la fuerza a realizar determinadas funciones económicas, a veces a cambio de alojamiento y sustento mínimos. **2.** *Fig.* Dependencia excesiva de alguien o algo, como un trabajo o una obligación. **3.** *Fig.* Dependencia excesiva de las pasiones y sentimientos.

ENCICL. La esclavitud aparece ligada a economías primitivas que basan su potencial en la fuerza humana y animal. Aceptada en la antigua Grecia y en Roma, como un sistema natural, fue sustituida paulatinamente durante la edad media por la servidumbre. Los descubrimientos, especialmente el de América, impulsaron la captura y traslado de negros africanos para trabajar en las plantaciones de Brasil o las Antillas. También la América española importó esclavos africanos, ya que las leyes prohibían la esclavización de indígenas. El movimiento abolicionista, iniciado en Gran Bretaña a principios del s. XIX, provocó prohibiciones internacionales que dificultaran el comercio de esclavos. Las reiteradas condenas internacionales a la esclavitud (acta de Berlín [1885], conferencia colonial de Bruselas [1890], convención de Ginebra [1926], declaración de los derechos humanos de la ONU [1948]), se explican por el hecho de que la esclavitud no ha desaparecido por completo (como es el caso de algunos países del Tercer mundo).

ESCLAVIZACIÓN s.f. Acción y efecto de esclavizar.

ESCLAVIZAR v.tr. [7]. Hacer esclavo a alguien. **2.** *Fig.* Hacer trabajar a alguien como si fuese un esclavo, sin compensarlo por su esfuerzo.

ESCLAVO, A adj. y s. (gr. bizantino *sklábos,* eslavo). Que se encuentra bajo el dominio absoluto de un amo, quien lo ha capturado o comprado, y carece de libertad. **2.** *Fig.* Sometido rigurosa o fuertemente a alguien o algo.

ESCLAVÓN, NA adj. y s. Eslavo. **2.** Eslavón. ◆ s.m. En la Córdoba omeya, esclavo de procedencia nórdica, frecuentemente eunuco, y que era adquirido en los mercados de Verdún y Praga. SIN.: *eslavo.*

ESCLERAL adj. Relativo a la esclerótica.

ESCLERÉNQUIMA s.f. BOT. Tejido vegetal de sostén.

ESCLERODERMIA s.f. Enfermedad de las fibras colágenas de la dermis, que endurece la piel y reduce su flexibilidad y movilidad.

ESCLERÓFILO, A adj. BOT. Que tiene las hojas duras, con la cutícula espesa y, por ello, bien adaptadas a la sequía.

ESCLERÓGENO adj. MED. Que engendra la formación de tejido escleroso.

ESCLERÓMETRO s.m. Instrumento que sirve para medir la dureza de los sólidos, según el esfuerzo que se necesita para rayarlos.

ESCLEROPROTEÍNA s.f. Proteína muy resistente, como la queratina.

ESCLEROSAR v.tr. y prnl. MED. Provocar artificialmente la esclerosis. ◆ **esclerosarse** v.prnl. Alterarse un órgano o tejido con producción de esclerosis.

ESCLERÓSICO, A adj. Escleroso.

ESCLEROSIS s.f. (gr. *sklírosis*). MED. Endurecimiento patológico de un tejido o un órgano debido al aumento anormal y progresivo de células de tejido conjuntivo que forman su estructura. ◇ **Esclerosis múltiple** MED. Enfermedad crónica del sistema nervioso que provoca trastornos sensoriales y motores (marcha inestable, movimientos poco firmes, temblores, alteración en la pronunciación, etc.).

ESCLEROSO, A adj. y s. Relativo a la esclerosis; que padece esta enfermedad.

ESCLERÓTICA s.f. (del gr. *sklírosis*, endurecimiento). Membrana externa del globo ocular, resistente y de naturaleza conjuntiva, que forma el blanco del ojo.

ESCLERÓTICO, A adj. Relativo a la esclerosis.

ESCLUSA s.f. (fr. *écluse*). Obra construida en las vías de agua, con puertas de entrada y salida, que permite a los barcos franquear un desnivel, llenando de agua o vaciando el espacio comprendido entre dichas puertas. **2.** Puerta de dicha obra.

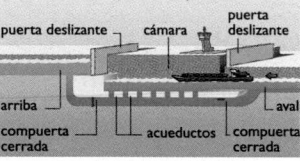

Entrada del buque en la cámara: *la puerta de abajo se abre y la de arriba se cierra; la compuerta superior está cerrada y la inferior permanece abierta.*

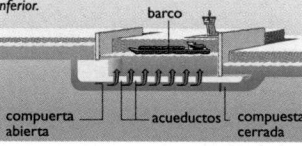

Llenado de la cámara: *las dos puertas están cerradas, la cámara se llena por debajo (fondo), gracias a los acueductos, tras la abertura de la compuerta superior y el cierre de la compuerta inferior.*

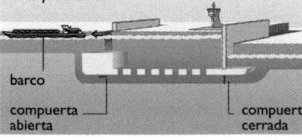

Salida del buque de la cámara: *la puerta de abajo continúa cerrada y la puerta de arriba se abre; las compuertas inferior y superior permanecen en el estado precedente.*

■ **ESCLUSA.** Funcionamiento de una esclusa fluvial.

ESCLUSADA s.f. Cantidad de agua que fluye en el intervalo de tiempo que media entre la apertura y el cierre de una esclusa.

ESCLUSERO, A s. Persona encargada del manejo de las puertas de una esclusa.

ESCOA s.f. (cat. *escoa*). Punto de mayor curvatura de la cuaderna de un buque.

ESCOBA s.f. (lat. *scopa*). Utensilio para barrer

que se hace con un manojo de ramas flexibles o de diversos filamentos, atado al extremo de un palo o caña. **2.** Arbusto de 2 m de alt., con ramas angulosas, verdes y lampiñas, y flores amarillas en racimo, que se emplea para hacer escobas. (Familia papilionáceas.) **3.** Juego de naipes de baraja española que consiste en tratar de sumar 15 puntos en cada uno de los turnos. **4.** Colomb. y Hond. Planta malvácea de hojas mucilaginosas. **5.** C. Rica y Nicar. Pequeño arbusto de la familia de las borragináceas del cual se hacen escobas. ◇ **Camión escoba** Vehículo que sigue al grupo de ciclistas para recoger a los deportistas que abandonan la competición.

ESCOBADA s.f. Cada uno de los movimientos que se hacen con la escoba al barrer para arrastrar la suciedad.

ESCOBAJO s.m. Raspa que queda del racimo después de quitarle las uvas. **2.** Escoba vieja.

ESCOBAR v.tr. Barrer con escoba.

ESCOBAZO s.m. Golpe dado con una escoba. **2.** Argent. y Chile. Barredura ligera. ◇ **Echar a escobazos** *Fam.* Despedir a alguien de mala manera.

ESCOBÉN s.m. Conducto de fundición o acero moldeado que se abre a uno u otro lado de la roda de un barco para dar paso a la cadena del ancla.

ESCOBETA s.f. Méx. Escobilla recia y corta hecha con raíz de zacatón o con fibras plásticas.

ESCOBILLA s.f. Escoba pequeña, de cerdas o de alambre. **2.** Pieza conductora destinada a garantizar, mediante contacto por rozamiento, la conexión eléctrica entre un órgano móvil y otro fijo.

ESCOBILLAR v.tr. Limpiar con la escobilla, cepillar. **2.** Méx. En ciertos bailes, hacer un movimiento rápido con los pies restregando el suelo. ◆ v.intr. Amér. En algunos bailes tradicionales, zapatear suavemente. ◆ **escobillarse** v.prnl. TAUROM. Abrírsele al toro la punta del cuerno, por haber corneado en objetos duros.

ESCOBILLEO s.m. Amér. Acción y efecto de escobillar. SIN.: *escobillado.*

ESCOBILLÓN s.m. Cepillo unido al extremo de un astil, que se usa para barrer el suelo. **2.** Cepillo cilíndrico con mango para limpiar el cañón de un arma de fuego. **3.** CIR. Pequeño instrumento que sirve para limpiar o drenar una cavidad natural.

ESCOBÓN s.m. Escoba de palo largo para limpiar objetos o cuerpos huecos, techos, hornos, etc.

ESCOCEDURA s.f. Acción y efecto de escocer o escocerse.

ESCOCER v.intr. [31]. Causar escozor: *el alcohol escuece en la herida.* **2.** *Fig.* Causar desagrado o aflicción: *los disgustos escuecen.* ◆ **escocerse** v.prnl. *Fig.* Irritarse una parte del cuerpo: *escocerse los pies.* **2.** Sentirse dolido por algo: *escocerse de una contrariedad.*

ESCOCÉS, SA adj. y s. De Escocia. ◆ adj. y s.m. Se dice de un tejido a cuadros de diversos colores. ◆ s.m. Lengua céltica hablada en Escocia.

ESCOCIA s.f. (lat. *escotia*, del gr. *skotía*, oscuridad). ARQ. Moldura de perfil cóncavo constituido por el acorde de dos arcos de círculo de diferente diámetro. SIN.: *escota.*

ESCOCIMIENTO s.m. Escozor.

ESCODA s.f. Martillo con punta o corte en ambos lados, para labrar piedras y picar paredes.

ESCODADURA s.f. Huella que deja en la piedra la escoda.

ESCODAR v.tr. Labrar con la escoda los paramentos de un sillar. **2.** Picar paredes o muros con la escoda.

ESCOFINA s.f. (del lat. *scobina*). Lima de dientes gruesos y triangulares, usada para desbastar algo se ha de labrar.

ESCOFINAR v.tr. Limar con la escofina.

ESCOGER v.tr. [27]. Tomar a una o más personas o cosas entre otras: *escoger un regalo; escoger a un representante.*

ESCOGIDO, A adj. Selecto: *gente escogida.*

ESCOLANÍA s.f. Escuela de música de un monasterio. **2.** Coro de niños de las iglesias.

ESCOLANO s.m. Miembro de una escolanía.

ESCOLAPIO, A adj. y s. Relativo a la orden de las Escuelas pías; miembro de esta orden.

ESCOLAR adj. Relativo al estudiante o a la escuela: *edad, año escolar.* ◆ s.m. y f. Estudiante que va a la escuela.

ESCOLARIDAD s.f. Período de tiempo durante el cual se asiste a la escuela. **2.** Tiempo que se asiste a un centro de enseñanza para llevar a cabo en él los estudios.

ESCOLARIZACIÓN s.f. Acción y efecto de escolarizar.

ESCOLARIZAR v.tr. [7]. Suministrar instrucción en régimen escolar: *escolarizar un país.*

ESCOLÁSTICA s.f. Filosofía cristiana que se enseñaba en las escuelas y universidades medievales, que ha formado una tradición filosófica que persiste hasta la actualidad. **2.** Enseñanza de las artes liberales en las escuelas monacales medievales.

ESCOLASTICISMO s.m. Filosofía enseñada en las universidades y escuelas eclesiásticas medievales. **2.** Exclusivismo de escuela.

ESCOLÁSTICO, A adj. y s. (lat. *scholasticus,* del gr. *skholastikós*). Relativo a la escolástica; partidario de esta corriente filosófica. **2.** Se dice de toda doctrina considerada dogmática.

ESCÓLEX s.m. (gr. *skólix, -ikos,* gusano). Extremidad anterior de la tenia, provista de ventosas.

ESCOLIAR v.tr. Poner escolios a un texto.

ESCOLIASTA s.m y f. Comentarista que pone notas en los textos antiguos. SIN.: *escoliador.*

ESCOLIO s.m. (gr. *skhólion*). Nota que se pone a un texto para explicarlo. **2.** Nota gramatical o crítica sobre autores antiguos.

ESCOLIOSIS s.f. (del gr. *skoliós,* oblicuo). Desviación lateral de la columna vertebral.

ESCOLIÓTICO, A adj. y s. Relativo a la escoliosis; que padece escoliosis.

ESCOLÍTIDO, A adj. y s.m. Relativo a una familia de insectos coleópteros muy pequeños, de cabeza corta y antenas en forma de maza, que excavan galerías en la madera de los árboles.

galería de puesta

galerías
de las larvas

■ ESCOLÍTIDO

ESCOLLAR v.intr. Argent. Tropezar una embarcación en un escollo. **2.** Argent. y Chile. *Fig.* Malograrse un propósito por haber tropezado con algún inconveniente.

ESCOLLERA s.f. Obra marítima hecha de piedras arrojadas al fondo del agua para formar un dique de defensa contra el oleaje, para servir de cimiento a un muelle, o para resguardar el pie de otra obra.

ESCOLLO s.m. (ital. *scoglio*). Peñasco a poca profundidad que no se ve bien y que constituye un peligro para la navegación. **2.** *Fig.* Cosa que supone un peligro, dificultad o riesgo para el desarrollo o la realización de algo.

ESCOLOPENDRA s.f. (lat. *scolopendra,* del gr. *skolópendra*). Artrópodo de unos 10 cm de long., provisto de veintiún pares de patas y un par de uñas venenosas.

■ ESCOLOPENDRA

ESCOLTA s.f. (ital. *scòrta*). Conjunto de personas que escoltan. **2.** Formación militar terrestre, aérea o naval encargada de escoltar. ◇ **Buque de escolta** Barco de guerra especialmente equipado para la protección y la lucha antisubmarina.

ESCOLTAR v.tr. (ital. *scortare*). Acompañar a alguien para proteger, vigilar o en señal de honra: *escoltar un convoy.*

ESCOMBRERA s.f. Conjunto de escombros o desechos de albañilería. **2.** Lugar donde se echan o se amontonan los escombros.

ESCOMBRERO, A adj. y s. Argent. Se dice de la persona exagerada o aparatosa.

ESCÓMBRIDO, A adj. y s.m. Relativo a una familia de peces óseos de alta mar, que suelen ser de color azul verdoso metálico, como la caballa y el atún.

ESCOMBRO s.m. Conjunto de los materiales de desecho, broza y cascote que quedan de una obra de albañilería, una mina o un derribo. ◇ **Hacer escombro** Argent. *Fam.* Magnificar la importancia de un hecho o el modo de realizarlo.

ESCONDER v.tr. y prnl. (del lat. *abscondere*). Poner a alguien o algo en un lugar o sitio retirado o secreto para no ser visto o encontrado fácilmente: *esconder a un fugitivo; esconder un tesoro.* **2.** *Fig.* Incluir o contener en sí una cosa que no es manifiesta a todos: *esconder un doble sentido.*

ESCONDIDAS s.f.pl. Amér. Juego del escondite. ◇ **A escondidas** De manera oculta.

ESCONDIDILLAS s.f.pl. Méx. Juego del escondite.

ESCONDIDOS s.m.pl. Perú. Juego del escondite.

ESCONDITE s.m. Escondrijo. **2.** Juego infantil en el cual uno de los jugadores busca a sus compañeros, que se han escondido previamente.

ESCONDRIJO s.m. Rincón o lugar oculto y retirado, adecuado para esconder o guardar algo.

ESCOPETA s.f. (ital. ant. *scoppietta*). Arma de fuego portátil, con uno o dos cañones montados en una caja. **2.** Término general con el que se han designado durante los ss. XV al XVIII diversas armas de fuego portátiles.

ESCOPETAZO s.m. Tiro de escopeta. **2.** Herida hecha por el tiro de una escopeta. **3.** *Fig.* Noticia o suceso súbito e inesperado.

ESCOPETEAR v.tr. Disparar repetidamente con la escopeta. ◆ **escopetearse** v.prnl. *Fig. y fam.* Dirigirse cumplidos o insultos dos o más personas recíprocamente.

ESCOPETEO s.m. Acción de escopetear o escopetearse.

ESCOPLEAR v.tr. Hacer un corte, canal o ranura en una pieza de madera, con un escoplo, formón, etc.

ESCOPLO s.m. (del ant. *escopro,* lat. *scalprum*). Herramienta para labrar madera que consiste en una barra de hierro acerado de sección rectangular, generalmente acabada en bisel.

ESCOPOLAMINA s.f. Alcaloide que se extrae de la mandrágora, parecido a la atropina, que tiene los mismos efectos que esta.

ESCORA s.f. (fr. ant. *escore*). Inclinación que toma una embarcación por la fuerza del viento sobre sus velas, por el ladeamiento de la carga, etc. **2.** Puntal que sostiene una embarcación en construcción o en reparación.

ESCORAJE s.m. MAR. Acción de escorar un barco.

ESCORAR v.intr. MAR. Inclinarse una embarcación por la fuerza del viento, por ladeamiento de la carga, etc. ◆ v.tr. MAR. Apuntalar una embarcación con escoras.

ESCORBÚTICO, A adj. Relativo al escorbuto.

ESCORBUTO s.m. (fr. *scorbut*). Enfermedad causada por la carencia de vitamina C en el organismo, que se caracteriza por hemorragias múltiples y caquexia progresiva. ◇ **Escorbuto infantil** Enfermedad propia de la primera infancia, que se caracteriza por dolores óseos y hemorragias subperiósticas.

ESCORCHADO, A adj. HERÁLD. Se dice del

animal que aparece degollado o despellejado y de color de gules.

ESCORIA s.f. (lat. *scoria*). Sustancia vítrea que sobrenada en un baño de metal fundido y contiene las impurezas. **2.** Materia que al ser golpeada suelta el hierro candente salido de la fragua. **3.** Residuo mineral de una combustión o de una fusión, y especialmente, subproducto de un proceso o tratamiento metalúrgico. **4.** *Fig.* Lo más despreciable de algo: *la escoria de la sociedad.* ◆ **escorias** s.f.pl. Denominación genérica de las materias terrosas de diversos combustibles, cenizas fundidas de los hornos que queman hulla o coque, residuos de altos hornos, cagafierro, etc. ◇ **Escoria básica** Residuo de la desfosforación del mineral de hierro, utilizado como abono. **Escoria volcánica** GEOL. Materia volcánica tosca, áspera al tacto y ligera.

ESCORIÁCEO, A adj. Que tiene la naturaleza de las escorias.

ESCORIACIÓN s.f. → EXCORIACIÓN.

ESCORIAL s.m. Montón de escorias de una fábrica metalúrgica. **2.** Sitio donde se echan o se amontonan las escorias de las fábricas metalúrgicas.

ESCORIAR v.tr. y prnl. → EXCORIAR.

ESCORPIO o **ESCORPIÓN** adj. y s.m. y f. (pl. *escorpio* o *escorpión*). Se dice de la persona nacida entre el 24 de octubre y el 22 de noviembre, bajo el signo de Escorpión. (Suele escribirse con mayúscula.) [V. parte n. pr.]

ESCORPIÓN s.m. (lat. *scorpio, -onis*). Artrópodo de los países cálidos, de un tamaño que varía entre los 3 y los 20 cm, dotado de un par de pinzas delanteras, cuyo abdomen móvil termina en un aguijón venenoso, y cuya picadura es dolorosa y en algunas especies, mortal. ◆ adj. y s.m. y f. Escorpio. ◇ **Escorpión de agua** Insecto de unos 5 cm de long., que vive en las aguas estancadas, carnívoro, plano y que respira por un tubo abdominal. (Orden hemípteros.) **Escorpión de mar** Pez de 15 a 30 cm de long., cuerpo subcilíndrico y cabeza grande, que presenta el cuerpo lleno de espinas y aguijones. (Familia cótidos.)

■ ESCORPIÓN

ESCORRENTÍA s.f. Sistema de desplazamiento de las aguas que se opone al estancamiento, a la arroyada y a la infiltración.

ESCORZAR v.tr. (lat. *scorciare*) [7]. Dibujar las cosas que se extienden en sentido oblicuo al plano del papel acortándolas según las reglas de la perspectiva.

ESCORZO s.m. Acción y efecto de escorzar. **2.** Posición o representación de una figura, especialmente humana, cuando una parte de ella está vuelta o presenta un giro con respecto al resto.

ESCORZONERA s.f. (cat. *escurçonera*). Planta herbácea de 40 a 100 cm de alt., cuya raíz, gruesa y carnosa, se emplea como alimento.

ESCOTA s.f. (fr. ant. *escote*). ARQ. Escocia, moldura. **2.** MAR. Cabo que sirve para templar y tensar las velas de manera que reciban bien el viento. ◇ **Puño de escota** MAR. En las velas redondas, puño o ángulo bajos; en las velas de cuchillo, puño bajo de popa.

ESCOTADO, A adj. HERÁLD. Se dice del escudo con una escotadura, división angular.

ESCOTADURA s.f. Escote de una prenda de vestir. SIN.: *escotado.* **2.** Depresión o incisura en el borde de una estructura anatómica, en especial de un hueso. **3.** HERÁLD. División angular de un escudo que cubre un cantón.

1. ESCOTAR v.tr. Hacer un escote en una prenda de vestir.

2. ESCOTAR v.tr. Pagar el escote: *entre todos escotaremos los gastos del viaje.*

1. ESCOTE s.m. (de *escotar*).Abertura alrededor del cuello en una prenda de vestir. **2.** Parte del busto que deja al descubierto una prenda escotada. **3.** Curva donde se insertan las mangas.

2. ESCOTE s.m. (fr. ant. *escot*, del fráncico *skot*, contribución en dinero). Parte que corresponde pagar a cada una de dos o más personas que han hecho un gasto en común.

ESCOTILLA s.f. MAR. Abertura en la cubierta de una embarcación que permite el acceso a los compartimientos interiores.

ESCOTILLÓN s.m. Trampa cerradiza en el suelo. **2.** TEATR. Parte del piso del escenario que puede abrirse para que aparezcan o desaparezcan personas o cosas.

ESCOTISMO s.m. Doctrina filosófica y teológica de Duns Escoto.

ESCOTISTA adj. y s.m. y f. Relativo al escotismo; partidario de esta doctrina.

ESCOTOMA s.m. Zona desprovista de visión en el campo visual.

ESCOTOS, nombre genérico de los piratas y aventureros irlandeses de la alta edad media y, en particular, de los colonos establecidos en Escocia en el s. VI que dieron nombre al país.

ESCOZOR s.m. Sensación de picor en la piel semejante a la que produce una quemadura. SIN.: *escocimiento.* **2.** *Fig.* Sentimiento o resentimiento por un desaire, desconsideración o reproche.

ESCRIBA s.m. Copista, escribano o secretario de distintos pueblos de la antigüedad, en especial de los egipcios. **2.** Doctor o intérprete de la ley entre los hebreos.

ESCRIBANA s.f. Mujer del escribano. **2.** Argent., Par. y Urug. Mujer que ejerce la escribanía o notaría.

ESCRIBANÍA s.f. Escritorio. **2.** Juego compuesto de tintero, secante, pluma y otras piezas, colocado en un soporte. **3.** Oficio u oficina del secretario judicial en los juzgados de primera instancia e instrucción. **4.** Argent., C. Rica, Ecuad., Par. y Urug. Notaría.

ESCRIBANO s.m. (bajo lat. *scriba, -anis*). Hombre que estaba autorizado para dar fe de las escrituras y demás actos que pasaban ante él. **2.** Coleóptero acuático con el segundo y tercer par de patas con misión impulsora y forma de barquilla. (Familia girínidos.) **3.** Ave de 20 cm de long., que habita en campos, praderas y jardines. (Familia fringílidos.) ◇ **Escribano apostólico** Secretario de la cancillería del papa.

ESCRIBIDOR, RA s. *Desp.* Mal escritor.

ESCRIBIENTE s.m. y f. Empleado de oficina que escribe o copia lo que le mandan.

ESCRIBIR v.tr. (lat. *scribere*) [54]. Representar las ideas, los sonidos o las expresiones lingüísticas por medio de letras u otros signos convencionales. **2.** Representar los sonidos musicales por medio de las notas y demás signos de la música. ◆ v.tr. e intr. Componer textos artísticos, literarios o científicos. **2.** Comunicar a alguien por escrito algo.

ESCRITO, A adj. *Fig.* Se dice de lo que tiene manchas o rayas que parecen letras o signos de escritura: *un melón escrito.* ◆ s.m. Cualquier cosa escrita, especialmente en un papel: *firmar un escrito.* **2.** Obra científica o literaria. **3.** DER. Alegación o pedimento en pleito o causa. ◇ **Estar escrito** Estar predestinado o ser inevitable. **Por escrito** Por medio de la escritura.

ESCRITOR, RA s. Autor de obras escritas e impresas.

ESCRITORIO s.m. (lat. tardío *scriptorium*). Mueble cerrado, con divisiones en su interior para guardar papeles. **2.** Aposento donde tienen su despacho las personas que se dedican a los negocios.

ESCRITURA s.f. Representación del pensamiento por signos gráficos convencionales. **2.** Conjunto de signos gráficos que expresan un enunciado, forma particular de escribir: *escritura cuneiforme, escritura apretada.* **3.** Conjunto de libros de la Biblia. (Con este significado se escribe con mayúscula.) SIN.: *escrituras, sa-* grada escritura, sagradas escrituras. **4.** Escrito, carta, documento. **5.** DER. Documento suscrito por las partes que intervienen en un negocio jurídico.

ESCRITURAR v.tr. Hacer constar en escritura pública un hecho, otorgamiento o contrato, para dar mayor seguridad jurídica al mismo.

ESCRITURARIO, A adj. DER. Que consta en escritura pública.

ESCRÓFULA s.f. (lat. tardío *scrofula*, dim. de *scrofa*, hembra del cerdo). Inflamación y absceso de origen tuberculoso, que alcanza principalmente los paquetes ganglionares linfáticos del cuello.

ESCROFULARIA s.f. Planta herbácea de tallo tetragonal y flores en panícula.

ESCROFULARIÁCEO, A adj. y s.f. Relativo a una familia de plantas gamopétalas, como la escrofularia, la digital y el dragón.

ESCROFULOSIS s.f. Adenopatía tuberculosa que se localiza con preferencia en el cuello.

ESCROFULOSO, A adj. y s. Relativo a la escrófula o de su naturaleza; que padece escrofulosis.

ESCROTAL adj. Relativo al escroto.

ESCROTO s.m. (lat. tardío *scrotum*). Bolsa que protege los testículos y las membranas que los envuelven.

ESCRUPULIZAR v.intr. [7]. Tener o poner escrúpulos: *escrupulizar en pequeñeces.*

ESCRÚPULO s.m. (lat. *scrupulus*, dim. de *scrupus*, guijarro).Duda y recelo que inquieta y desasosiega el ánimo o la conciencia: *no tener escrúpulos.* **2.** Aprensión de tomar algún alimento o usar algo por temor a la suciedad o al contagio. **3.** Escrupulosidad: *trabajar con escrúpulo.* ◇ **Sin escrúpulos** Falto de preocupación por obrar honrada y justamente.

ESCRUPULOSIDAD s.f. Característica de la persona que ejecuta las cosas que emprende con exactitud y minuciosidad.

ESCRUPULOSO, A adj. y s. (lat. *scrupulosus*). Se dice de la persona que tiene escrúpulos de conciencia. **2.** Se dice de la persona que tiene escrúpulos o aprensión. **3.** Se dice de la persona que actúa con escrupulosidad: *ser muy escrupuloso en el trabajo.* ◆ adj. Que se hace con escrupulosidad: *análisis escrupuloso.*

ESCRUTADOR, RA adj. Que examina con detenimiento: *mirada escrutadora.* ◆ adj. y s. Se dice de la persona que cuenta y computa los votos en una elección.

ESCRUTAR v.tr. (lat. *scrutari*, escudriñar, rebuscar). Explorar o examinar algo con detenimiento. **2.** Reconocer y contabilizar los sufragios de una votación.

ESCRUTINIO s.m. (lat. *scrutinium*, escudriñamiento). Acción de escrutar. **2.** Conjunto de operaciones que comprende una votación o una elección. **3.** ESTADÍST. Operación que tiene por objeto repartir en clases de unidades estadísticas sucesivas valores de los caracteres distintivos y completar las unidades de cada clase.

ESCUADRA s.f. Instrumento de dibujo lineal con figura de triángulo rectángulo isósceles, o compuesto solamente de dos reglas en ángulo recto. **2.** Instrumento formado por dos piezas ajustadas en ángulo recto y utilizado para verificar ángulos diedros rectos y para trazar ángulos planos rectos. **3.** Pieza de metal con dos ramas en ángulo recto, que se usa en carpintería, ebanistería, etc. **4.** Conjunto de barcos de guerra mandado, generalmente, por un vicealmirante. **5.** Grupo de soldados a las órdenes de un cabo. **6.** Plaza de cabo de este grupo de soldados. **7.** Amér. Revólver automático que tiene forma de escuadra. **8.** HERÁLD. Figura compuesta de medio palo y media faja que forman ángulos y cuyos extremos van pegados al borde del escudo. ◇ **A escuadra** En ángulo recto. **Escuadra de agrimensor** Instrumento de topografía para el levantamiento de planos o el trazado de alineaciones en el terreno. **Escuadra de albañil** Armadura que forma un ángulo recto en el vértice del cual pende una plomada. **Escuadra óptica** Moderna escuadra de agrimensura, en la que la realización del ángulo recto se consigue por métodos ópticos. **Falsa escuadra** Escuadra de brazos articulados.

ESCUADRACIÓN s.f. Operación que consiste en labrar un tronco o un bloque de piedra, transformándolos en un paralelepípedo de sección cuadrada o rectangular.

ESCUADRAR v.tr. Disponer un objeto, o labrar la materia para obtenerlo, de modo que sus caras planas formen entre sí ángulos rectos.

ESCUADREO s.m. Acción y efecto de escuadrar.

ESCUADRÍA s.f. Conjunto de las dos dimensiones de la sección transversal de un madero labrado a escuadra.

ESCUADRILLA s.f. Grupo de aviones que realizan un mismo vuelo al mando de un jefe. **2.** Escuadra de buques de pequeño porte.

ESCUADRÓN s.m. Unidad táctica y administrativa de caballería, al mando de un capitán, división básica del regimiento. **2.** Unidad táctica y administrativa de las fuerzas aéreas: *escuadrón de cazabombarderos.* ◇ **Escuadrón de la muerte** Denominación de diferentes grupos armados de extrema derecha de algunos países latinoamericanos.

ESCUADRONAR v.tr. Formar escuadrones.

ESCUALIDEZ s.f. Cualidad de escuálido.

ESCUÁLIDO, A adj. (lat. *squalidus*, áspero, tosco).Flaco,macilento.◆ adj. y s.m. Relativo a una familia de peces selacios de cuerpo alargado con hendiduras branquiales a los lados, detrás de la cabeza, como el tiburón o el pez sierra.

ESCUALO adj. y s. Relativo a un superorden de peces elasmobranquios, como el tiburón o la lija.

ESCUCHA s.f. Acción de escuchar. **2.** Control de comunicaciones o conversaciones ajenas, especialmente telefónicas. **3.** MIL. Detección por el sonido de la presencia y actividad del enemigo. ◆ s.m. Centinela que se adelanta de noche para observar de cerca los movimientos del enemigo. ◇ **A la escucha** Dispuesto para escuchar.

ESCUCHAR v.tr. (del lat. *auscultare*).Aplicar el oído para oír: *escuchar a través de la puerta.* **2.** Prestar atención a lo que se oye: *escuchar música.* **3.** Atender a lo que alguien dice: *escuchar un consejo.* **4.** Méx. Oír. ◆ **escucharse** v.prnl. Hablar o recitar con pausas afectadas.

ESCUCHIMIZADO, A adj. Muy flaco y débil.

ESCUCHÓN, NA adj. y s. Que escucha con curiosidad indiscreta o lo que no debe.

ESCUDAR v.tr. y prnl. Amparar y resguardar con el escudo. ◆ v.tr. Resguardar o defender de algún peligro. ◆ **escudarse** v.prnl. *Fig.* Usar algo como pretexto.

ESCUDERÍA s.f. Conjunto de corredores y personal técnico adscrito a una marca, asociación, club, etc., automovilísticos. **2.** Servicio y ministerio del escudero.

ESCUDERIL adj. Relativo al empleo de escudero.

ESCUDERO s.m. Paje que acompañaba a un caballero para llevarle el escudo y servirlo, o persona que servía a otra de distinción y tenía la obligación de asistirla en determinadas cosas. **2.** Hidalgo, persona de clase noble.

ESCUDETE s.m. Objeto semejante a un escudo pequeño. ◇ **Injerto de escudete** Injerto que consiste en introducir un trozo de corteza provisto de una yema. SIN.: *injerto de yema.*

ESCUDILLA s.f. (lat. *scutella*, copita, bandeja). Recipiente ancho y de forma de media esfera, en que se suele servir la sopa y el caldo.

ESCUDILLAR v.tr. Distribuir comida en escudillas. **2.** Echar caldo hirviendo sobre el pan con que se hace la sopa.

ESCUDILLO s.m. Antigua moneda castellana de oro.

ESCUDO s.m. (lat. *scutum*). Arma defensiva consistente en una lámina grande de cuero, madera o metal que protege el tronco y se sujeta con el brazo. **2.** Placa blindada que llevan las piezas de artillería para proteger a los soldados que las manejan. **3.** *Fig.* Amparo, defensa o protección. **4.** Especie de encofrado o mamparo metálico muy resistente, que sirve para proteger el frente de trabajo de una obra o excavación que se realiza en terreno flojo. **5.** Parte dura o córnea de diversos animales, especialmente la que cubre el cuerpo de algunos peces. **6.** Disposición del pelo cerca de las ubres de la vaca. **7.** Chapa de metal que rodea el ojo de la cerradura. **8.** Moneda de oro o de plata que llevaba un escudo de armas grabado en una de sus caras. **9.** Unidad monetaria de Cabo Verde. **10.** Unidad monetaria de Portugal, sustituida por el euro en 2002. **11.** Unidad monetaria de Chile entre 1960 y 1975. **12.** GEOL. Vasta superficie constituida por terrenos muy antiguos y nivelados por la erosión. **13.** HERÁLD. Campo en forma de escudo, en que se pintan los blasones.

ESCUDRIÑAMIENTO s.m. Acción y efecto de escudriñar.

ESCUDRIÑAR v.tr. (del lat. *scrutinium*, escudriñamiento). Tratar de averiguar todos los detalles de algo oculto o no manifiesto: *escudriñar el asunto*. **2.** Mirar con mucha atención algo o a alguien para descubrir algo en ello.

ESCUELA s.f. (lat. *schola*, del gr. *skholí*, tiempo libre, estudio). Establecimiento donde se imparte la primera enseñanza. **2.** Institución colectiva, de carácter público o privado, donde se imparte cualquier tipo de enseñanza: *escuela de teología; escuela de pintura*. **3.** Establecimiento donde se cursan determinadas carreras: *escuela de bellas artes, de comercio*. **4.** Edificio donde se imparte cualquiera de estos tipos de enseñanza. **5.** Conjunto de personas que comparten una misma doctrina filosófica, científica o artística: *escuela aristotélica; escuela flamenca*. **6.** Conjunto de los discípulos o seguidores de un maestro: *crear escuela*. **7.** Método o sistema de enseñanza: *escuela moderna*. **8.** Enseñanza que se da o se adquiere: *tener buena escuela*. **9.** Lo que en algún modo alecciona o da ejemplo y experiencia: *la escuela de la vida*. ⋄ **Alta escuela** Equitación sabia o académica. **Baja escuela** Conjunto de ejercicios que se enseñan al caballo de buena doma. **Escuela activa** Práctica pedagógica centrada en el aprendizaje activo de los alumnos, en situaciones vitales, que recogen sus intereses y además están próximas

a su realidad social. **Escuela normal**, o **del magisterio** En algunos países, centro de enseñanza donde se cursan los estudios para obtener el título de maestro de primera enseñanza. **Escuela técnica superior** Centro universitario donde se imparten enseñanzas técnicas superiores de ingeniería y arquitectura. **Escuela universitaria** Centro universitario donde se imparten enseñanzas del primer ciclo que conducen al grado de diplomado o ingeniero técnico.

ESCUETO, A adj. Sin rodeos o palabras innecesarias: *explicación escueta*. **2.** Breve o pequeño: *ganancias escuetas*. **3.** Sin adornos o detalles superfluos: *dibujo escueto*.

ESCUINCLE, A s. Méx. *Fam*. Chiquillo, chaval.

ESCULINA s.f. Glucósido extraído de la corteza del castaño de Indias, que posee la acción de la vitamina P.

ESCULPIR v.tr. (lat. imperial *sculpere*, del lat. *scalpere*, rascar, esculpir). Cincelar piedra, madera, etc.: *esculpir un bajorrelieve*. **2.** Grabar.

ESCULTISMO o **ESCUTISMO** s.m. Organización mundial, creada en 1909 por Baden-Powell, que tiene por objeto organizar a niños y adolescentes de ambos sexos en grupos jerarquizados, con el fin de desarrollar en ellos cualidades morales y deportivas.

ESCULTOR, RA s. (lat. *sculptor, -oris*). Persona que hace esculturas, especialmente si se dedica profesionalmente.

ESCULTÓRICO, A adj. Relativo a la escultura: *obra escultórica*. SIN.: *escultural*.

ESCULTURA s.f. (lat. *sculptura*). Arte de esculpir. **2.** Obra del escultor. **3.** Conjunto de estas obras realizadas en una época o por un autor determinado: *la escultura griega*.

ESCULTURAL adj. Que participa de las proporciones y caracteres exigidos para la belleza de la estatua: *formas esculturales*. **2.** Escultórico.

ESCUNA s.f. (ingl. *schooner*). MAR. Goleta.

ESCUPIDERA s.f. Pequeño recipiente que sirve para escupir en él. **2.** Argent., Chile, Ecuad. y Venez. Orinal, bacín.

ESCUPIDERO s.m. Lugar donde se escupe.

ESCUPIDOR s.m. Chile y P. Rico. Recipiente para escupir.

ESCUPIDURA s.f. Saliva, sangre o flema escupida. **2.** Excoriación en los labios.

ESCUPIÑA s.f. Molusco bivalvo comestible, de 5 cm de long., que vive en la arena.

ESCUPIR v.intr. Arrojar saliva o flema por la boca. ◆ v.tr. *Fig*. Arrojar algo de la boca con violencia: *escupir insultos*. **2.** *Fig*. Despedir un cuerpo a la superficie otra sustancia que estaba mezclada o unida a él, o que formaba parte de su masa: *el basalto escupe la humedad*. **3.** TAUROM. Expulsar de su cuerpo el toro el estoque después de tenerlo clavado. ◆ **escupirse** v.prnl. TAUROM. **a.** Salirse el toro de la suerte, por blando, al sentir el hierro. **b.** Irse el diestro del centro de la suerte, por temor o por cualquier accidente.

ESCUPITAJO s.m. *Fam*. Esputo.

ESCURANA s.f. Amér. Oscuridad.

ESCURIALENSE adj. Relativo al monasterio de El Escorial.

ESCURREPLATOS s.m. (pl. *escurreplatos*). Escurridero especial para los platos.

ESCURRIDERO s.m. Lugar o dispositivo donde se coloca algo para que se escurra. SIN.: *escurridor*.

ESCURRIDIZO, A adj. Que se escurre o se desliza fácilmente o que hace escurrir o deslizar: *suelo escurridizo; el jabón es muy escurridizo*. **2.** Que evita algo, que no se compromete.

ESCURRIDO, A adj. Delgado y sin curvas: *persona escurrida*. **2.** P. Rico. Confuso, avergonzado. **3.** TAUROM. Se dice del toro enjuto, de pocas carnes. ◆ s.m. Acción de escurrir. SIN.: *escurrimiento*. **2.** TECNOL. Operación consistente en extraer de un producto el líquido que lo empapa, por la acción de la fuerza centrífuga o por presión.

◼ LA ESCULTURA EN EL SIGLO XX

Después de ocho siglos de arte figurativo de enorme riqueza –desde los pórticos románicos a las estatuas de Rodin–, la escultura occidental, sin renunciar completamente a la representación de la naturaleza, se va alejando de ella progresivamente, especialmente bajo la influencia de movimientos como el expresionismo, el cubismo, el dadaísmo y de las distintas formas de abstracción geométrica o lírica que les suceden.

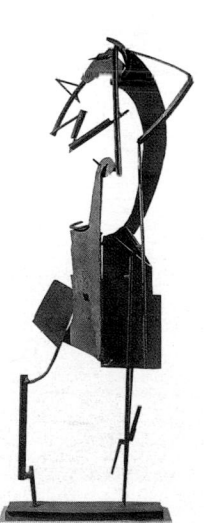

Barry Flanagan. *La liebre y la campana* (1981); bronce. Este artista británico, inspirado por Rodin pero, sobre todo, por Lewis Carroll y Alfred Jarry, destaca esencialmente por su sentido del humor. (Col. part.)

Julio González. *Mujer peinándose* (h. 1931); construcción en hierro recortado y soldado. Esta técnica, que también utilizó Picasso, se halla relacionada con el proceso cubista de análisis y recomposición de la forma. (MNAM, París.)

Constantin Brancusi. *Princesa X* (1916); bronce. Depuración formal de esencia simbólica, y búsqueda de lo absoluto y lo inmutable. (MNAM, París.)

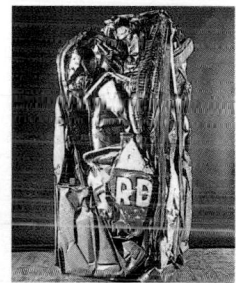

César. *Ricard* (1962); compresión «dirigida» de un automóvil. Una forma de «apropiación» del universo moderno de los «nuevos realistas», aunque con un evidente control del artista sobre el resultado de su operación creativa. (MNAM, París.)

Louise Bourgeois. *Cúmulo* (1969); mármol. Expresión surrealista misteriosa que sugiere una sexualidad latente. (MNAM, París.)

ESCURRIDOR s.m. Escurridero. **2.** Colador para escurrir las viandas después de lavadas, hervidas, etc.

ESCURRIDURA s.f. Última gota o resto de un líquido que quedan en un vaso, recipiente, etc.

ESCURRIMIENTO s.m. Acción de escurrir o escurrirse.

ESCURRIR v.tr. y prnl. Hacer o dejar que una cosa mojada suelte el agua o líquido que retiene: *escurrir la ropa.* ◆ v.intr. y prnl. Caer poco a poco el líquido contenido en un recipiente. **2.** Correr, resbalar una cosa por encima de otra. ◆ v.tr. Apurar las últimas gotas del contenido de un recipiente. ◆ **escurrirse** v.prnl. Deslizarse algo, especialmente de entre las manos.

ESCUSADO s.m. Excusado, retrete.

ESCUSÓN s.m. (fr. ant. *escuçon,* de *escu,* escudo). HERÁLD. Escudo pequeño de armas.

ESCÚTER o **SCOOTER** s.m. (pl. *escúteres* o *scooters*). Vehículo de dos ruedas, de cuadro abierto y con motor protegido por un capó, en el que la persona que lo maneja o conduce va sentada, en lugar de ir montada a horcajadas.

ESCUTISMO s.m. → ESCULTISMO.

ESDRUJULIZAR v.tr. [7]. Dar acentuación esdrújula a una palabra.

ESDRÚJULO, A adj. y s.m. (ital. *sdrucciolo,* de *sdrucciolare,* deslizarse). Se dice de la voz que lleva el acento en la antepenúltima sílaba, como *máximo, mecánica* o *súbito.* ◇ **Verso esdrújulo** Verso acabado en palabra esdrújula.

1. ESE s.f. Nombre de la letra *s.* **2.** Eslabón de una cadena en forma de S. **3.** Grapa de acero en forma de S. ◆ **eses** s.f.pl. Aberturas que ciertos instrumentos de cuerda tienen a ambos lados del puente. ◇ **Hacer eses** *Fam.* Balancearse al andar por estar ebrio.

2. ESE, A pron. y adj.dem. (lat. *ipse, ipsa, ipsum,* mismo) [pl. *esos, esas*]. Indica proximidad en el espacio o en el tiempo respecto a la persona que escucha: *quiero esa; ese libro.* **2.** Pospuesto a un sustantivo, toma a veces un matiz despectivo: *el crío ese.* **3.** Designa a alguien con cierto matiz despectivo: *díselo a ese.* ◇ **Ni por esas** Expresión con que se comenta la imposibilidad de hacer o conseguir algo.

ESECILLA s.f. Pieza pequeña en forma de ese, como las asas con que se traban algunos botones.

ESENCIA s.f. (lat. *esentia*). Naturaleza propia y necesaria, por la que cada ser es lo que es; conjunto de sus caracteres constitutivos. **2.** *Fig.* Lo más puro y acendrado de una cosa. **3.** Perfume líquido con gran concentración de una sustancia aromática. **4.** QUÍM. Sustancia líquida muy volátil y de olor muy penetrante que se obtiene de ciertos vegetales o que está formada por una mezcla de hidrocarburos. ◇ **Quinta esencia** Quinto elemento que consideraba la filosofía antigua en la composición del universo.

ESENCIAL adj. Relativo a la esencia. **2.** Sustancial, principal, necesario: *principios esenciales.* ◇ **Enfermedad esencial** MED. Enfermedad de causa desconocida.

ESENCIERO s.m. Frasco para esencia.

ESENIO, A adj. y s. De una secta judía (s. II a.C.- s. I) cuyos miembros vivían en comunidades y llevaban una vida ascética.

ESERINA s.f. Alcaloide muy tóxico de la haba del calabar.

ESFACELO s.m. (del gr. *sphákelos,* gangrena seca). MED. Tejido necrosado en vías de eliminación.

ESFENOIDAL adj. Relativo al esfenoides.

ESFENOIDES s.m. y adj. (gr. *sphinoeidís,* de forma de cuña). Hueso de la cabeza situado en la base del cráneo.

ESFERA s.f. (lat. *sphaera,* del gr. *sphara,* pelota). Sólido o espacio limitado por una superficie curva cuyos puntos equidistan todos de otro interior llamado centro. **2.** Espacio a que se extiende la acción, el influjo, etc., de una persona o cosa. **3.** *Fig.* Rango, condición social de una persona. **4.** Círculo en que giran las manecillas del reloj. ◇ **Esfera celeste** ASTRON. Esfera imaginaria, de radio indeterminado, que tiene por centro el ojo del observador y sirve para definir la dirección de los astros

independientemente de su distancia. **Esfera de influencia** Región del globo en la que, explícita o tácitamente, se reconoce a una gran potencia unos derechos de intervención particulares.

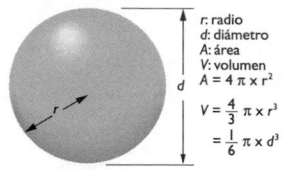

r: radio
d: diámetro
A: área
V: volumen
$A = 4 \pi \times r^2$
$V = \dfrac{4}{3} \pi \times r^3$
$= \dfrac{1}{6} \pi \times d^3$

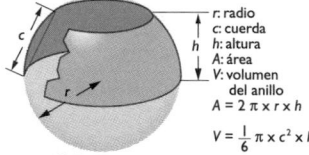

r: radio
c: cuerda
h: altura
A: área
V: volumen del anillo
$A = 2 \pi \times r \times h$
$V = \dfrac{1}{6} \pi \times c^2 \times h$

zona esférica

■ **ESFERA** y zona esférica.

ESFÉRICO, A adj. Relativo a la esfera. **2.** Que tiene forma de esfera: *figura esférica.* ◆ s.m. En algunos deportes, balón.

ESFEROGRÁFICO, A s. Amér. Merid. Bolígrafo.

ESFEROIDAL adj. Relativo al esferoide o que tiene esa forma.

ESFEROIDE s.m. GEOMETR. Elipsoide de revolución aplanado. (La superficie de la Tierra es un *esferoide.*)

ESFERÓMETRO s.m. Instrumento que permite medir la curvatura de las superficies esféricas.

ESFIGMOMANÓMETRO s.m. Aparato que permite medir la presión arterial.

ESFINGE s.f. (lat. *sphinx, -ngis,* del gr. *sphígx, -ggós*). Monstruo con cuerpo de león y cabeza humana, a veces con alas de grifo, que en Egipto custodiaba los santuarios funerarios. (La

más famosa es la de Gizeh. La esfinge pasó después a Grecia, donde fue relacionada sobre todo con la leyenda de Edipo.) **2.** *Fig.* Persona que no trasluce sus sentimientos e ideas, impenetrable, enigmática. **3.** Diversos lepidópteros de la familia esfíngidos.

■ **ESFINGE** de Gizeh (Egipto, Imperio antiguo, IV dinastía); al fondo, la pirámide de Keops.

ESFÍNGIDO, A adj. y s.m. Relativo a una familia de mariposas provistas de larga trompa, y que presentan las alas anteriores largas y estrechas.

ESFÍNTER s.m. (lat. *sphincter,* del gr. *sphigktó*). Músculo que sirve para cerrar un conducto natural del cuerpo.

ESFINTERIANO, A adj. Relativo al esfínter.

ESFORZADO, A adj. Alentado, animoso, valiente.

ESFORZAR v.tr. [13]. Obligar a alguien o algo a hacer un esfuerzo superior al normal: *esforzar la mente, el oído.* ◆ **esforzarse** v.prnl. Hacer un gran esfuerzo físico o intelectual para lograr algo: *esforzarse para aprobar.*

ESFUERZO s.m. Empleo enérgico de las fuerzas física, intelectual o moral para lograr algo. **2.** FÍS. Fuerza que tiende a deformar un material por tracción, compresión, flexión, torsión o cizallamiento.

ESFUMAR v.tr. (ital. *sfummare*). Extender los trazos de lápiz de un dibujo con el esfumino. SIN.: esfuminar. **2.** Rebajar los tonos de una composición pictórica, y principalmente los contornos. ◆ **esfumarse** v.prnl. *Fig.* Desvane-

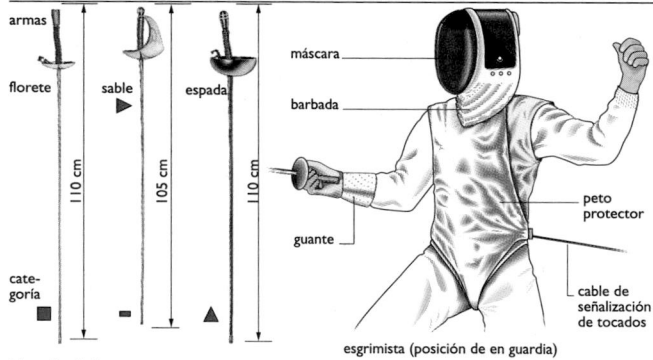

armas

florete

sable

espada

máscara

barbada

peto protector

guante

cable de señalización de tocados

categoría

110 cm

105 cm

110 cm

Un asalto de florete

esgrimista (posición de en guardia)

■ **ESGRIMA**

cerse. **2.** *Fig.* y *fam.* Marcharse, irse de un lugar, especialmente con rapidez y disimulo.

ESFUMINO s.m. (ital. *sfummino*). Pequeño rollo de piel o papel estoposo terminado en punta, utilizado para esfumar un dibujo. SIN.: *difumino*.

ESGRAFIADO s.m. Técnica decorativa para el exterior de edificios, consistente en la superposición de capas de revoque de distinto color, alguna de las cuales se quita en determinadas zonas, según un dibujo previo, con lo que se obtiene una decoración policroma.

ESGRAFIAR v.tr. (ital. *sgraffiare*) [19]. Decorar una pared o muro con esgrafiado.

ESGRIMA s.f. (occitano *escrima*). Arte del manejo del florete, la espada y el sable. **2.** Deporte de lucha en el que dos personas protegidas con un traje especial se enfrentan con espadas, floretes o sables.

ESGRIMIDOR, RA adj. y s. Persona que practica la esgrima.

ESGRIMIR v.tr. (del fránc̨ico *skermjan*, proteger, defender). Manejar un arma, especialmente una espada. **2.** *Fig.* Usar algo como ataque o defensa: *esgrimir argumentos*.

ESGRIMISTA s.m. y f. Argent., Chile, Ecuad., Perú y Venez. Esgrimidor.

ESGUAZAR v.tr. (ital. *sguazzare*, chapotear en el agua) [7]. Vadear, pasar de una parte a otra de un río o brazo de mar bajo.

ESGUÍN s.m. (vasc. *izokin*, salmón). Cría del salmón cuando aún no ha pasado del río al mar.

ESGUINCE s.m. Distensión de uno o varios ligamentos en una articulación. **2.** Ademán hecho con el cuerpo para evitar un golpe o caída.

ESLABÓN s.m. (del ant. *esclavón*, esclavo). Pieza que, enlazada con otras, forma una cadena. **2.** *Fig.* Elemento imprescindible para el enlace de una sucesión de hechos, argumentos, etc.: *el eslabón perdido*. **3.** Pieza de acero con que se golpea el pedernal para que salte la chispa. **4. eslabones** s.m.pl. En el golf, conjunto de hoyos de un terreno. **2.** Recorrido total de una prueba de golf.

ESLABONAR v.tr. y prnl. *Fig.* Unir o relacionar una sucesión de ideas, motivos, hechos, etc. ◆ v.tr. Unir unos eslabones con otros formando cadena.

ESLALON o **SLALOM** s.m. (noruego *slalom*). En esquí, descenso por un recorrido sinuoso jalonado de obstáculos que hay que franquear, marcados por postes coronados de banderines.

ESLAVISMO s.m. Paneslavismo. **2.** Estima o admiración por lo eslavo.

ESLAVÍSTICA s.f. Ciencia y estudio de las lenguas eslavas.

ESLAVO, A adj. y s. De un grupo de pueblos indoeuropeos que ocupa la mayor parte de Europa central y oriental y que habla lenguas del mismo origen (lenguas eslavas). ◆ s.m. Conjunto de lenguas indoeuropeas habladas en Europa oriental y central por los pueblos eslavos.

ENCICL. Los eslavos, 270 millones aprox., se dividen en *eslavos orientales* (rusos, ucranianos y bielorrusos), *eslavos occidentales* (polacos, checos, eslovacos y sorabos o serbios de Lusacia) y *eslavos meridionales* (serbios, croatas, búlgaros, eslovenos y macedonios).

ESLAVÓFILO, A adj. y s. Se dice de la persona que ensalza los valores espirituales tradicionales propios de Rusia.

ESLAVÓN, NA adj. y s. De Eslavonia. ◆ s.m. Lengua artificial desarrollada a partir del eslavo antiguo y utilizada antaño como lengua religiosa y literaria en Rusia, Serbia y Bulgaria.

ESLIZÓN s.m. Reptil escamoso de 20 cm de long., de patas muy cortas, que vive en los países mediterráneos.

ESLOGAN o **SLOGAN** s.m. (ingl. *slogan*) [pl. *eslóganes* o *slogans*]. Frase publicitaria o fórmula de propaganda, breve y contundente.

ESLORA s.f. (neerlandés *sloerie*). MAR. Longitud de una embarcación de proa a popa. **2.** MAR. Pieza o tablón longitudinal que forma el borde de las escotillas o de cualquier abertura de cubierta.

ESLOVACO, A adj. y s. De Eslovaquia. ◆ s.m. Lengua eslava hablada en Eslovaquia.

ESLOVENO, A adj. y s. De Eslovenia. **2.** De la rama más occidental de los eslavos del sur, que habitan en Eslovenia.

ESMALTADO, A adj. Que tiene esmalte o la naturaleza del esmalte. ◆ s.m. Acción y efecto de esmaltar. **2.** Operación que consiste en recubrir una pieza de cerámica o metálica con una capa de esmalte. **3.** FOT. Barnizado brillante de las copias fotográficas.

ESMALTADOR, RA s. Persona que tiene por oficio esmaltar piezas de cerámica o metálicas.

ESMALTAR v.tr. Cubrir con esmalte. **2.** *Fig.* Adornar o ilustrar con adornos.

ESMALTE s.m. (fráncico *smalt*). Sustancia vítrea, opaca o transparente, con la que se recubren algunas materias para darles brillo o color permanentes. (Generalmente está compuesto por arena silícea, una mezcla de potasa y sosa, y óxidos metálicos colorantes.) **2.** Labor que se hace con el esmalte. **3.** Objeto revestido o adornado de esmalte. **4.** Sustancia dura y blanca que, en el ser humano y algunos animales, recubre la corona de los dientes. **5.** HERÁLD. Nombre de los colores heráldicos. ◇ **Esmalte de uñas** Preparado para dar color y brillo a las uñas. **Pintura al esmalte** Pintura que, como vehículo, lleva barniz en lugar de aceite.

■ **ESMALTE** alveolado sobre bronce; copa china decorada con caquis de fines del s. XV.
(Museo de artes decorativas, París.)

■ **ESMALTE** campeado que representa una escena de construcción; arte mosano, h. 1160.
(Museo del Bargello, Florencia.)

ESMALTINA s.f. Arseniuro natural de cobalto.

ESMÉCTICO, A adj. (lat. *smecticus*, del gr. *smiktikós*). Se dice de una sustancia que sirve para desengrasar la lana. **2.** FÍS. Se dice de un estado mesomorfo en el cual los centros de las moléculas están situados en planos paralelos.

ESMEGMA s.m. Materia blanquecina que se deposita en los repliegues de los órganos genitales externos.

ESMERADO, A adj. Realizado con esmero: *trabajo esmerado*.

ESMERALDA s.f. (lat. *smaragdus*, del gr. *smáragdos*). Piedra preciosa de color verde brillante, compuesta por silicato doble de aluminio y berilio. ◆ adj. y s.m. Se dice del color verde semejante al de la esmeralda. ◆ adj.

Que es de este color. ◇ **Esmeralda de Brasil** Turmalina. **Esmeralda oriental** Variedad de corindón que es de color verde.

ESMERALDERO, A adj. y s. Colomb. Se dice de la persona que se dedica al comercio de esmeraldas.

ESMERAR v.tr. Pulir o limpiar. ◆ **esmerarse** v.prnl. Poner mucho cuidado en lo que se hace. **2.** Lucirse.

ESMEREJÓN s.m. Halcón de pequeño tamaño, rápido y agresivo, que habita normalmente en el N de Europa y Asia y emigra hacia el S de Asia y N de África en invierno.

ESMERIL s.m. (del gr. bizantino *smerí*). Materia pulverulenta compuesta de corindón, cuarzo o mica, magnetita y oligisto, que se usa para pulir metales y piedras preciosas: *papel o tela de esmeril*. **2.** Cristal esmerilado.

ESMERILADO, A adj. Se dice del cristal cuya superficie ha sido sometida a la acción de un abrasivo relativamente grueso. SIN.: *esmeril*. ◆ s.m. ÓPT. Operación intermedia entre el desbastado y el pulido. **2.** TEXT. Acción de suavizar el tacto de los tejidos de algodón, poniéndolos en contacto con un cilindro revestido de esmeril muy fino y que gira a gran velocidad.

ESMERILAR v.tr. Pulir con esmeril.

ESMERO s.m. Gran cuidado y atención que se pone en hacer algo: *trabajar con esmero*.

ESMIRRIADO, A o **DESMIRRIADO, A** adj. *Fam.* Flaco, raquítico.

ESMOQUIN o **SMOKING** s.m. (ingl. *smoking*) [pl. *esmóquines* o *smokings*]. Traje de etiqueta masculino, con solapas de seda.

ESMORECER v.intr. y prnl. [37]. C. Rica, Cuba y Venez. Desfallecer, perder el aliento.

ESNIFAR v.intr. y tr. (ingl. *to sniff*). Inhalar una droga por la nariz.

ESNOB o **SNOB** adj. y s.m. y f. (ingl. *snob*) [pl. *esnobs* o *snobs*]. Se dice de la persona que adopta e imita comportamientos, usos y formas que considera distinguidos o elegantes. ◆ adj. Propio de la persona esnob: *lenguaje esnob*.

ESNOBISMO o **SNOBISMO** s.m. Cualidad o actitud de esnob.

ESO pron.dem.neutro. (lat. *ipsum*, mismo). Se refiere a objetos o situaciones anteriormente aludidos, señalándolos sin nombrarlos.

ESOFÁGICO, A adj. Relativo al esófago.

ESOFAGITIS s.f. Inflamación del esófago.

ESÓFAGO s.m. (gr. *oisophagos*, de *oíso*, llevaré, y *phagein*, comer). Primera parte del tubo digestivo, comprendida desde la faringe hasta el cardias del estómago, cuyas paredes anterior y posterior, normalmente adaptadas una contra otra, solo se separan para dejar pasar el bolo alimenticio.

ESOFAGOSCOPIO s.m. Tubo especial para el examen endoscópico del esófago.

ESOTÉRICO, A adj. (gr. *esoterikós*, íntimo). Que es enseñado únicamente a los iniciados. **2.** Se dice de los conocimientos de las obras que son incomprensibles para los que no están iniciados: *lenguaje, poesía esotérica*. **3.** Oculto, misterioso o reservado.

ESOTERISMO s.m. Toda doctrina que requiere un cierto grado de iniciación para participar en ella. **2.** Parte de la filosofía pitagórica, cabalista o análoga, que no era conocida por los profanos.

ESOTRO, A adj.dem. y pron.dem. Contracción de *ese, esa* o *eso* y *otro*.

ESPABILAR v.tr. y prnl. Hacer que alguien se despierte o deje de estar adormilado. SIN.: *despabilar*. ◆ v.tr. e intr. Avivar y perfeccionar el entendimiento o el ingenio. SIN.: *despabilar*. ◆ v.tr. Despabilar una vela. ◆ v.intr. y prnl. *Fig.* Acabar una cosa con rapidez y prontitud. SIN.: *despabilar*.

ESPACHURRAR v.tr. y prnl. Despachurrar.

ESPACIADO s.m. IMPR. Conjunto de espacios que se ponen en una composición.

ESPACIADOR s.m. Tecla de una computadora o una máquina de escribir que deja espacios en blanco.

ESPACIAL adj. Relativo al espacio: *viajes espaciales*.

ESPACIALIDAD s.f. Carácter de espacial.

ESPACIAR v.tr. y prnl. Dejar un espacio entre dos o más cosas en el tiempo o en el espacio: *espaciar las visitas.* **2.** IMPR. En las composiciones tipográficas, separar las dicciones, las letras o los renglones con espacios o regletas. ✦ **espaciarse** v.prnl. Extenderse en el discurso oral o escrito.

ESPACIO s.m. (lat. *spatium,* campo para correr). Medio en el que se sitúan las cosas. **2.** Sitio ocupado por un cuerpo. **3.** Distancia entre dos o más cuerpos. **4.** Período de tiempo determinado: *hablar por espacio de una hora.* **5.** Cada una de las partes que componen un programa radiofónico o de televisión. **6.** IMPR. Pequeña pieza de metal, más baja que los caracteres tipográficos, que sirve para separar las palabras. **7.** MAT. Extensión indefinida de tres dimensiones que constituye el objeto de la geometría clásica, llamada *geometría del espacio.* **8.** MAT. Conjunto provisto de algunas estructuras algebraicas, geométricas o topológicas: *espacio vectorial, proyectivo, normado.* **9.** MÚS. Zona de separación entre dos líneas consecutivas del pentagrama. ◇ **Espacio aéreo** Zona atmosférica de soberanía de un estado, situada sobre el territorio terrestre y las aguas jurisdiccionales. **Espacio verde** Superficie reservada a parques y jardines en una zona urbana. **Espacio vital** Superficie indispensable para vivir una población dada.

ESPACIOSO, A adj. Se dice del lugar o recinto que tiene mucho espacio para lo que está destinado: *habitación espaciosa.*

ESPACIO-TIEMPO s.m. Espacio de cuatro dimensiones (las tres que corresponden al espacio ordinario y el tiempo) necesario para situar un acontecimiento, según la formulación de la teoría de la relatividad.

ESPADA s.f. (lat. *sphata,* pala de tejedor, espátula). Arma blanca, larga, recta, aguda y cortante, con guarnición y empuñadura. **2.** Carta del palo de espadas. **3.** Ejercicio de esgrima en que se utiliza la espada. ✦ s.m. y f. Persona diestra en el manejo de esta arma. ✦ s.m. TAUROM. Diestro que en la lidia mata al toro con estoque. ✦ **espadas** s.f.pl. Palo de la baraja española. ◇ **Entre la espada y la pared** En situación de tener que decidirse por una cosa u otra, sin escapatoria. **Espada de Damocles** Amenaza persistente de un peligro.

s. XV

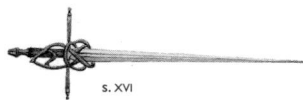

s. XVI

■ **ESPADAS**

ESPADACHÍN s.m. (ital. *spadaccino*). Hombre que maneja bien la espada.

ESPADAÑA s.f. Campanario formado por una sola pared, en la que están abiertos los huecos para colocar las campanas. **2.** Planta herbácea que crece junto a las aguas estancadas, parecida a una caña y cuyas flores forman una espiga compacta. (Familia tifáceas.) SIN.: *anea, enea.*

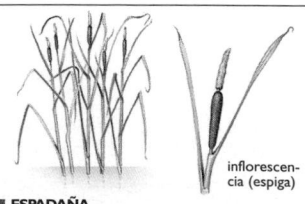

inflorescencia (espiga)

■ **ESPADAÑA**

ESPADAÑADA s.f. Salivazo, vómito o sangre que se arroja bruscamente por la boca.

ESPADAÑAL s.m. Terreno en que abunda la espadaña.

ESPADAÑAR v.tr. Abrir o separar el ave las plumas de la cola.

ESPADERO, A s. Persona que fabrica, compone o vende espadas.

ESPÁDICE s.m. (gr. *spádix, -ikos,* rama de palmera arrancada con sus frutos). BOT. Inflorescencia constituida por una espiga envuelta en una bráctea llamada *espata,* que se encuentra en los aros.

ESPADICIFLORO, A adj. y s.f. Relativo a un orden de plantas monocotiledóneas que presenta las inflorescencias dispuestas en espádice.

ESPADILLA s.f. Insignia roja, en forma de espada, que traen los caballeros de la orden militar de Santiago. **2.** As de espadas. **3.** MAR. Remo grande que sirve de timón en algunas embarcaciones menores.

ESPADÍN s.m. Espada de hoja muy estrecha o triangular, montada en una empuñadura más o menos adornada. **2.** Espada de hoja estrecha y empuñadura en cruz, usada por los cadetes como prenda de gala. **3.** Pez marino costero, casi tan gregario como el arenque, que en los períodos fríos penetra en la desembocadura de los ríos. (Familia clupeidos.)

ESPADÓN s.m. (lat. *spado, -onis*). Espada grande y ancha, utilizada entre los ss. XV y XVII, que se empuñaba con las dos manos.

ESPAGUETI s.m. (ital. *spaghetti*). Pasta alimenticia de harina de trigo en forma de cilindros macizos, largos y delgados.

ESPAHÍ s.m. (fr. *spahi*). Soldado de caballería turca. **2.** En Argelia, soldado de caballería del ejército francés.

ESPALACIÓN s.f. (ingl. *spallation*). FÍS. Fragmentación, en numerosas partículas, del núcleo de un átomo por efecto de un bombardeo corpuscular intenso.

ESPALDA s.f. (lat. tardío *spatula,* omóplato). Parte posterior del cuerpo humano y de algunos animales, desde los hombros hasta la región lumbar. **2.** Envés o parte posterior de una cosa. ◇ **A espaldas de alguien** En su ausencia, sin que se entere. **Caer(se) de espaldas** Asombrarse, sorprenderse mucho. **Espalda mojada** Méx. Persona que traspasa ilegalmente una frontera, especialmente la que lo hace de México a EUA cruzando el río Grande. **Guardar las espaldas** a alguien Protegerlo de algún peligro. **Por la espalda** A traición. **Tener cubiertas las espaldas** Estar a cubierto, tener protección suficiente.

ESPALDAR s.m. Espalda, parte posterior del cuerpo. **2.** Respaldo, parte de un asiento en que descansa la espalda. **3.** Conjunto de árboles plantados contra un muro, sobre el que las ramas se apoyan. **4.** Enrejado sobrepuesto a una pared para que trepen por él y se extiendan ciertas plantas. **5.** ARM. Pieza de la coraza y del coselete que cubría la espalda.

ESPALDARAZO s.m. Reconocimiento de la competencia o habilidad de alguien en una profesión o actividad. **2.** Golpe dado de plano con la espada en la espalda de alguien como ceremonia en el acto de armar caballero.

ESPALDARCETE s.m. ARM. Pieza de la armadura con que solo se cubría la parte superior de la espalda.

ESPALDARÓN s.m. ARM. Pieza de la armadura que cubría y defendía las espaldas.

ESPALDEAR v.tr. Chile. Defender a una persona.

ESPALDER s.m. Remero de galeras que regulaba los movimientos de los demás remeros. **2.** DEP. En los deportes de remo, remero que boga en la proa y gobierna con el remo a los demás.

ESPALDERA s.f. Espaldar, enrejado sobrepuesto a una pared. **2.** Línea de árboles frutales, alineados sobre hilos de hierro o sobre una tela, al aire libre. ✦ **espalderas** s.f. Aparato de gimnasia consistente en una armazón alta de barras horizontales de madera y fijada en la pared.

ESPALDILLA s.f. Cuarto delantero de las reses. **2.** Omóplato, especialmente el de los animales. **3.** Méx. Brazuelo o lacón del cerdo.

ESPALDÓN s.m. Barrera o dique destinado a resistir el empuje de la tierra o el agua. **2.** Parte maciza y saliente que queda en un madero al abrir en él una entalladura. **3.** FORT. Masa de tierra u otro material destinada a cubrir del fuego de enfilada. **4.** MEC. Variación brusca que forma la sección de una pieza, destinada a servir de apoyo o de tope.

ESPANTADA s.f. Huida o abandono súbito, ocasionado por el miedo: *pegar una espantada.* **2.** Huida repentina de un animal.

ESPANTADIZO, A adj. Que se espanta o asusta fácilmente.

ESPANTADOR, RA adj. Argent., Colomb. y Guat. Se dice del caballo espantadizo.

ESPANTAJO s.m. Cosa que se pone en un lugar para espantar, especialmente a los pájaros. **2.** *Fig.* Cosa o persona que infunde falso temor. **3.** Persona fea, ridícula o ridículamente vestida.

ESPANTALOBOS s.m. (pl. *espantalobos*). Arbusto de las regiones mediterráneas, de flores amarillas y legumbres vesiculares. (Familia papilionáceas.)

ESPANTAMOSCAS s.m. (pl. *espantamoscas*). Conjunto de plumas o tiras de papel que se emplea para espantar las moscas.

ESPANTAPÁJAROS s.m. (pl. *espantapájaros*). Espantajo, generalmente en forma de muñeco, que se pone en árboles y sembrados para ahuyentar a los pájaros.

ESPANTAR v.tr. (del lat. *expavere,* temer). Ahuyentar, echar de un lugar. ✦ v.tr. y prnl. Causar espanto o infundir miedo.

ESPANTO s.m. Terror. **2.** Méx. Fantasma. ◇ **De espanto** Muy intenso: *hacer un frío de espanto.*

ESPANTOSIDAD s.f. Méx. Cosa muy fea.

ESPANTOSO, A adj. Que causa espanto. **2.** *Fig.* Muy feo. **3.** Desmesurado: *hambre espantosa.*

ESPAÑOL, LA adj. y s. De España. ✦ s.m. Lengua hablada en los países de Hispanoamérica y en algunos territorios de cultura española.

ENCICL. El español es un idioma derivado del latín, en el que influyeron principalmente los sustratos ibérico y céltico. La primera unidad lingüística de Hispania fue consecuencia de la romanización. El latín de Hispania viene configurado por las interferencias en el uso hablado y el literario del latín durante la romanización, los rasgos dialectales latinos de colonos y soldados, y la persistencia de hábitos propios de las lenguas indígenas en el latín. Las invasiones germánicas favorecieron la progresiva diferenciación del latín, que desembocó en las diversas lenguas románicas. El árabe influyó de un modo especial en el léxico. En la etapa medieval fue constante la expansión del castellano y la desaparición de otros dialectos peninsulares. En el s. XIV, con el

■ **ESPADAÑA** de la iglesia de Nuestra Señora del Pilar (1732), en Buenos Aires.

nacimiento de la literatura, se creó una norma lingüística y el castellano se convirtió en lengua oficial del estado, estableciéndose como lengua de cultura. La fundación, en 1713, de la Real academia española de la lengua señaló, en el plano lingüístico, el paso a una nueva época.

El español de América. Hay pocos fenómenos de carácter lingüístico fundamental que separen el español americano del de España. En las divergencias dialectales del español americano influyeron los sustratos indígenas: arawak, caribe, náhuatl y maya, quechua, araucano o mapuche y guaraní. En el conjunto de fenómenos que caracterizan el español americano pueden señalarse el voseo, una mayor actividad de las formas derivadas con diminutivo u otros sufijos, y el léxico, que además del sustrato indígena presenta préstamos de diversas lenguas extranjeras (italianismos, anglicismos, etc.).

ESPAÑOLADA s.f. Acción, espectáculo, etc., en que se falsean, por exageración o por limitación al aspecto más espectacular, lo típico de España. **2.** Dicho o hecho propio de españoles.

ESPAÑOLETA s.f. (fr. *espagnolette*). *Galic.* Falleba.

ESPAÑOLISMO s.m. Palabra, giro o expresión propios del español. **2.** Estima o admiración a lo típico de España. **3.** Carácter español acentuado o definido.

ESPAÑOLISTA adj. y s.m. y f. Se dice de la persona que muestra gran estima o admiración por lo típico de España.

ESPAÑOLIZACIÓN s.f. Acción y efecto de españolizar

ESPAÑOLIZAR v.tr. y prnl. [7]. Dar carácter español. **2.** Dar forma española a una palabra o expresión de otro idioma.

ESPARADRAPO s.m. (ital. ant. *sparadrappo*). Tira de tela o papel cubierta con una sustancia adherente, que se usa para sujetar vendajes o cubrir heridas.

ESPARAVÁN s.m. Gavilán. **2.** VET. Tumor óseo en la parte interna del corvejón de los solípedos.

ESPARAVEL s.m. (cat. *esparver*). Red redonda para pescar en aguas poco profundas.

ESPARCETA s.f. (occitano *esparseto*). Pipirigallo.

ESPARCIDORA s.f. Máquina para esparcir el abono.

ESPARCILLA s.f. Planta herbácea de hojas laciniadas, cultivada como forraje. (Familia cariofiláceas.)

ESPARCIMIENTO s.m. Acción y efecto de esparcir. **2.** Actividad con que se ocupa el tiempo libre. **3.** Diversión, recreo.

ESPARCIR v.tr. y prnl. (lat. *spergere*) [42]. Separar, extender, desparramar algo que está junto o amontonado. **2.** Derramar extendiendo. **3.** Difundir, extender, especialmente una noticia. **4.** Divertir, recrear.

ESPÁRIDO, A adj. y s.m. Relativo a una familia de peces provistos de aletas pelvianas insertas en el tórax, con una sola aleta dorsal, que presenta un radio espinoso, como la breca.

ESPARRAGAL s.m. Lugar donde se cultivan espárragos.

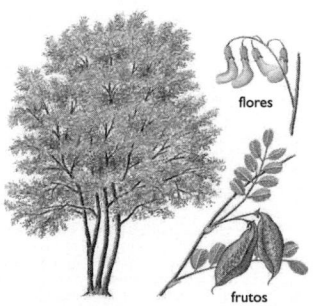
■ ESPANTALOBOS

ESPÁRRAGO s.m. (lat. *asparagus*, brote, tallino). Brote tierno y comestible de la esparraguera. **2.** TECNOL. Pasador o perno metálico con rosca en ambos extremos y sin cabeza que sirve para unir o asegurar dos piezas entre sí. ◇ **Enviar, o mandar, a freír espárragos** *Fam.* Se usa para despedir o rechazar a alguien de forma tajante.

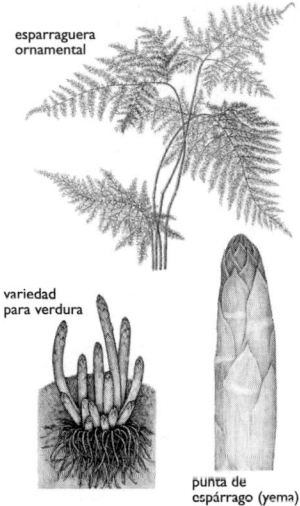

esparraguera ornamental

variedad para verdura

punta de espárrago (yema)

■ ESPÁRRAGO y esparraguera.

ESPARRAGÓN s.m. Tejido de seda que forma un cordoncillo muy grueso y fuerte.

ESPARRAGUERA s.f. Hortaliza de tallo recto, hojas en forma de aguja, agrupadas en haces, flores de color blanco verdoso y fruto en baya roja, los brotes de cuya raíz son comestibles. (Familia liliáceas.)

ESPARRANCADO, A adj. Que está demasiado separado o esparcido.

ESPARRANCARSE v.prnl. [1]. *Fam.* Ponerse con las piernas muy abiertas.

ESPARTANO, A adj. y s. De Esparta. ◆ adj. Austero, sobrio, que se ajusta a las normas con severidad.

ESPARTAQUISMO s.m. Movimiento socialista alemán, posteriormente comunista, dirigido por Karl Liebknecht y Rosa Luxemburgo, de 1914 a 1919, que agrupó elementos minoritarios de la socialdemocracia.

ESPARTAQUISTA adj. y s.m. y f. Relativo al espartaquismo; partidario de este movimiento.

ESPARTEÍNA s.f. Alcaloide que se obtiene de la retama, empleado como tónico cardíaco y diurético.

ESPARTERÍA s.f. Establecimiento donde se hacen o venden cosas de esparto. **2.** Oficio de espartero.

ESPARTERO, A s. Persona que fabrica o vende cosas de esparto.

ESPARTIZAL s.m. Terreno plantado de esparto. SIN.: espartal.

ESPARTO s.m. (lat. *spartum*, del gr. *spártos*, especie de retama). Planta herbácea que crece en el N de África y en el centro y S de la península Ibérica, cuyas hojas se utilizan en la fabricación de cuerdas, alpargatas, tejidos bastos, papel de imprenta, etc. (Familia gramíneas.) **2.** Fibra obtenida con las hojas de esta planta.

ESPARVERO s.m. Falconiforme rapaz delgado, caracterizado por su larga cola y alas cortas. (Familia accipítridos.)

ESPARZA s.f. Composición poética, frecuente en las canciones castellanas de los ss. XIV y XV, que se caracteriza por constar de una sola estrofa, generalmente de arte mayor.

ESPASMO s.m. (del gr. *spasmós*). Contrac-

ción involuntaria de las fibras musculares, especialmente de la musculatura lisa.

ESPASMÓDICO, A adj. (gr. *spasmódis*). Relativo al espasmo, o acompañado de este síntoma.

ESPASMOFILIA s.f. Afección del sistema nervioso caracterizada por calambres, hormigueos, crisis de agitación y malestar, en el curso de la cual aparecen crisis de tetania.

ESPASMOLÍTICO, A adj. y s.m. Antiespasmódico.

ESPATA s.f. BOT. Bráctea en forma de cucurucho que rodea ciertas inflorescencias.

ESPATARRARSE v.prnl. *Fam.* Despatarrarse.

ESPÁTICO, A adj. Se dice del mineral que se divide fácilmente en láminas. **2.** Que contiene espato.

ESPATO s.m. (alem. *spat*). Mineral pétreo de estructura laminar. ◇ **Espato de Islandia** Variedad transparente de calcita cristalizada, birrefringente, que se emplea en la fabricación de lentes para instrumentos ópticos.

ESPÁTULA s.f. Utensilio de metal, madera, etc., en forma de paleta plana. **2.** Parte anterior y curvada del esquí. **3.** Ave zancuda, de 80 cm de long., de pico ancho, que anida en las costas o en los cañaverales.

ESPECIA s.f. (lat. *species*, especie, mercancía). Sustancia aromática de origen vegetal, como el clavo, la nuez moscada, etc., utilizada para sazonar alimentos.

ESPECIACIÓN s.f. BIOL. Aparición de diferencias entre dos especies próximas, que motivan su separación definitiva.

ESPECIAL adj. (lat. *specialis*). Singular o particular, en oposición a general y ordinario. **2.** Muy adecuado o propio para algún efecto. ◇ **En especial** De forma singular o particular.

ESPECIALIDAD s.f. Parte de una ciencia o arte que tiene un cuerpo de doctrina suficiente para ejercerse de modo independiente. **2.** Aquello a que alguien se dedica con cierta exclusividad y competencia. **3.** Circunstancia de ser especial o carácter especial. ◇ **Especialidad farmacéutica** *Farm.* Específico, medicamento.

ESPECIALISTA adj. y s.m. y f. Se dice de la persona que se dedica a una especialidad o sobresale en ella. ◆ s.m. y f. CIN. Persona que sustituye al actor en escenas de riesgo o destreza.

ESPECIALIZACIÓN s.f. Acción y efecto de especializar. **2.** LING. Fenómeno semántico por el cual una palabra restringe el área de su significado.

ESPECIALIZAR v.intr. y prnl. [7]. Adquirir conocimientos especiales en una rama determinada de una ciencia o arte: *especializarse en pediatría.* ◆ v.tr. Limitar o restringir la potencialidad de alguien o algo para un determinado fin: *especializar la tierra en un cultivo.*

ESPECIAR v.tr. Sazonar un alimento con especias.

ESPECIE s.f. (lat. *species*, especie, mercancía). Conjunto de cosas que tienen ciertas características iguales. **2.** Grupo de personas, animales o vegetales con un aspecto parecido, un hábitat particular, fecundos entre sí pero generalmente estériles con individuos de otras especies: *la especie humana.* **3.** Clase, tipo: *una especie de flauta.* **4.** Noticia. **5.** Apariencia, pretexto. ◇ **En especie, o especies** En género y no en dinero. **Especie química** Cuerpo puro. **Especies sacramentales** TEOL. CATÓL. Apariencias del pan y del vino después de la transustanciación.

ESPECIERÍA s.f. Establecimiento donde se venden especias. **2.** Conjunto de especias.

ESPECIERO, A s. Persona que comercia con especias. ◆ s.m. Utensilio o recipiente para guardar las especias.

ESPECIFICACIÓN s.f. Acción y efecto de especificar.

ESPECIFICAR v.tr. [1]. Determinar o precisar algo señalando lo distintivo o característico.

ESPECIFICATIVO, A adj. Que especifica. **2.** GRAM. Se dice del adjetivo que expresa una cualidad que limita la aplicación del nombre a determinados objetos de los designados por él. ◇ **Oración especificativa** GRAM. Oración que limita o determina a algún elemento de la oración principal.

ESPECIFICIDAD s.f. Cualidad de específico.

ESPECÍFICO, A adj. Propio de una especie, de una cosa con exclusión de otra. ◆ s.m. Medicamento específico para una enfermedad. **2.** Medicamento fabricado al por mayor por un laboratorio y suministrado al público bajo una marca registrada.

ESPÉCIMEN s.m. (lat. *specimen, -iminis*) [pl. *especímenes*]. Ejemplar, muestra, modelo, señal.

ESPECIOSO, A adj. (lat. *speciosus*). *Fig.* Engañoso. **2.** Hermoso o perfecto.

ESPECTACULAR adj. Que impresiona o llama la atención por su vistosidad o por ser fuera de lo común.

ESPECTACULARIDAD s.f. Cualidad de espectacular.

ESPECTÁCULO s.m. (lat. *spectaculum, de spectare,* contemplar).Acción que se ejecuta en público para divertir o recrear. **2.** Conjunto de las actividades del teatro, del circo, etc.: *el mundo del espectáculo.* **3.** Acción o cosa llamativa y vistosa: *un espectáculo de luces.* **4.** Acción escandalosa, extravagante o inconveniente: *dar un espectáculo en la calle.*

ESPECTADOR, RA adj. y s. Que asiste a un espectáculo. ◆ adj. Que mira algo con atención.

ESPECTRAL adj. Relativo al espectro.

ESPECTRO s.m. (lat. *spectrum,* simulacro). Fantasma o figura irreal, normalmente terrorífica, que alguien ve o se imagina como si fuera real. **2.** Persona que ha llegado a un grado extremo de delgadez o decadencia física. **3.** *Fig.* Conjunto variado de elementos, aplicaciones, tendencias o rodeos de que consta algo: *alianza política de amplio espectro.* **4.** FÍS. Conjunto de las líneas resultantes de la descomposición de una luz compleja. **b.** Distribución de la intensidad de una onda, acústica o electromagnética, o de un haz de partículas, en función de la frecuencia o de la energía. **5.** MED. Conjunto de bacterias sobre las que es activo un antibiótico. ◇ **Espectro acústico** Distribución de la intensidad acústica en función de la frecuencia. **Espectro atómico,** o **molecular** Espectro de la radiación emitida por excitación de los átomos (espectro de rayas) o de las moléculas (espectro de bandas). **Espectro de absorción** Espectro que se obtiene haciendo que una radiación, continua en frecuencia, atraviese una sustancia que absorbe ciertas radiaciones características de ella. **Espectro de emisión** Espectro de la radiación electromagnética emitida por una fuente convenientemente excitada (llama, descarga o arco eléctricos, chispa). **Espectro de frecuencia** Representación, en función de la frecuencia, de las amplitudes, y eventualmente de las fases, de los componentes sinusoidales de una magnitud física en función del tiempo. **Espectro magnético,** o **eléctrico** Figura que materializa las líneas de fuerza de un campo magnético o eléctrico, obtenida esparciendo limaduras de hierro o partículas conductoras sobre una superficie donde se produce este campo.

ESPECTROFOTOMETRÍA s.f. Estudio realizado con un espectrofotómetro.

ESPECTROFOTÓMETRO s.m. Aparato que sirve para medir, en función de la longitud de onda, la relación entre valores de una misma magnitud fotométrica relativos a dos haces de radiaciones.

ESPECTROGRAFÍA s.f. Estudio de los espectros por medio del espectrógrafo.

ESPECTRÓGRAFO s.m. Aparato que sirve para registrar los espectros luminosos en una placa fotográfica. ◇ **Espectrógrafo de masas** Aparato que sirve para separar los átomos de uno o de varios cuerpos según sus masas.

ESPECTROGRAMA s.m. (de *espectro* y el gr. *grámma,* línea). Fotografía o diagrama de un espectro.

ESPECTROHELIÓGRAFO s.m. Instrumento que sirve para fotografiar los detalles de la superficie solar, mediante la utilización de la luz procedente de una radiación única del espectro.

ESPECTROMETRÍA s.f. Estudio de los espectros mediante el espectrómetro.

ESPECTRÓMETRO s.m. Aparato para medir la distribución de una radiación compleja en función de la longitud de onda o de la frecuencia si se trata de ondas, y de la masa o de la energía de las partículas individuales si se trata de partículas.

ESPECTROSCOPIA s.f. FÍS. Estudio de los espectros. ◇ **Espectroscopia de las radiofrecuencias,** o **herciana** FÍS. Conjunto de los estudios realizados sobre los fenómenos de interacción resonante, en especial, resonancia magnética, entre átomos, moléculas y ondas hercianas. **Espectroscopia nuclear** FÍS. Estudio de la distribución según su energía de las radiaciones electromagnéticas y de las partículas emitidas por un núcleo excitado.

ESPECTROSCÓPICO, A adj. Relativo a la espectroscopia.

ESPECTROSCOPIO s.m. (de *espectro* y el gr. *skopein,* mirar).Aparato destinado a observar los espectros luminosos.

ESPECULACIÓN s.f. Acción y efecto de especular. **2.** Operación comercial consistente en adquirir mercancías, valores o efectos públicos, con ánimo de obtener lucro en su reventa. **3.** FILOS. Conocimiento teórico y desinteresado cuyo fin es la contemplación del objeto.

ESPECULADOR, RA adj. y s. Que especula.

1. ESPECULAR v.tr. e intr. (lat. *speculari,* de *specula,* puesto de observación). Meditar, reflexionar. ◆ v.intr. Comerciar, negociar. **2.** Procurar provecho o ganancia con algo. **3.** Efectuar operaciones comerciales o financieras, cuyo beneficio se obtendrá por las variaciones en los precios de los cambios. ◆ v.intr. y prnl. Hacer cábalas.

2. ESPECULAR adj. (del lat. *speculum,* espejo). Se dice de los minerales compuestos por hojas brillantes. ◇ **Alucinación especular** Alucinación en la cual el sujeto ve su propia imagen como en un espejo. **Pulido especular** Pulido perfecto de una pieza mecánica. **Simetría especular** FÍS. y MAT. Simetría respecto a un plano.

ESPECULATIVO, A adj. Relativo a la especulación. **2.** Dado a la especulación. **3.** FILOS. Que tiene aptitud para especular.

ESPÉCULO s.m. (lat. *speculum,* espejo). Instrumento que utiliza el cirujano para dilatar ciertas cavidades del cuerpo y explorarlas.

ESPEJISMO s.m. Fenómeno óptico que consiste en ver la imagen invertida de objetos lejanos, como si se reflejasen en la superficie del agua, debido a la reflexión total de la luz cuando atraviesa capas de aire de densidad distinta. **2.** *Fig.* Apariencia seductora y engañosa.

ESPEJO s.m. (lat. *speculum*). Superficie pulida y, especialmente, vidrio pulido y metalizado que refleja la luz y da imágenes de los objetos. **2.** *Fig.* Cosa que representa otra: *el teatro es el espejo de la vida.* **3.** *Fig.* Persona o cosa digna de imitación: *espejo de virtudes.* ◇ **Espejo de Venus** Planta herbácea de flores de color blanco o violeta. (Familia campanuláceas.) **Espejo ustorio** Espejo cóncavo que puede inflamar objetos por concentración de los rayos solares en un punto llamado foco.

ESPEJUELO s.m. Reflejo producido en ciertas maderas cortadas a lo largo de los radios medulares. **2.** Utensilio de caza para atraer a las alondras. **3.** MINER. Yeso cristalizado en láminas brillantes. ◆ **espejuelos** s.m.pl. Cristales de los anteojos. **2.** Anteojos, instrumento óptico.

ESPELEOLOGÍA s.f. Ciencia y deporte que tienen por objeto el estudio o exploración de las cavidades naturales del subsuelo.

ESPELEOLÓGICO, A adj. Relativo a la espeleología.

ESPELEÓLOGO, A s. Persona que se dedica a la espeleología.

ESPELUZNANTE adj. Que espeluzna.

ESPELUZNAR v.tr. y prnl. Causar mucho miedo.

ESPELUZNO s.m. *Fam.* Escalofrío, estremecimiento.

ESPEO s.m. ARQUEOL. Templo o tumba subterránea egipcia.

ESPEQUE s.m. Palanca o barra recta de madera resistente. SIN.: *leva.*

ESPERA s.f. Acción de esperar. **2.** Paciencia, facultad de saberse contener y esperar. ◇ **A la,** o **en, espera de** Con la esperanza de que suceda algo. **Circuito de espera** AERON. Circuito que describen los aviones en las proximidades de un aeropuerto, cuando varios aparatos se disponen a aterrizar.

ESPERANTISTA adj. y s.m. y f. Relativo al esperanto; que habla esta lengua y defiende su difusión.

ESPERANTO s.m. (de *Esperanto,* seudónimo de Zamenhof). Lengua internacional, creada en 1887 por Zamenhof, que se basa en la máxima internacionalidad de las raíces y la invariabilidad de los elementos léxicos.

ESPERANZA s.f. (de *esperar*). Confianza de lograr una cosa o de que se realice lo que se desea. **2.** TEOL. CRIST. Una de las tres virtudes teologales. ◇ **Esperanza de vida** Duración media de la vida en un grupo humano determinado. **Esperanza matemática de una variable aleatoria discreta X** MAT. Media aritmética ponderada de los valores posibles xi de la variable X por su probabilidad pi.

ESPERANZAR v.tr., intr. y prnl. [7]. Dar esperanza.

ESPERAR v.tr. (lat. *sperare*).Tener esperanza de conseguir o se desea. **2.** Permanecer en un sitio hasta que llegue una persona o cosa. **3.** Confiar en, contar con la ayuda o colaboración de una persona o cosa. **4.** Dejar de hacer cierta cosa hasta que ocurra otra. **5.** Ser inevitable o inminente que suceda a alguien una cosa: *nos espera un largo viaje.* ◆ v.tr. e intr. Creer que ha de suceder una cosa. ◆ v.intr. Seguido de la prep. *en,* confiar en alguien: *esperar en el Señor.* ◆ **esperarse** v.prnl. Imaginarse, figurarse: *nadie se esperaba que vinieras.* ◇ **Ser de esperar** Indica que hay motivos para creer que va a ocurrir lo esperado.

ESPERMA s.m. o f. (lat. *sperma, -atis,* del gr. *spérma,* semilla, esperma). Líquido que secretan las glándulas reproductoras masculinas y que contiene los espermatozoides. ◇ **Esperma de ballena** Sustancia oleaginosa que se encuentra en la cabeza de ciertos cetáceos. SIN.: *espermaceti.*

ESPERMATICIDA adj. y s.m. Espermicida.

ESPERMÁTICO, A adj. Relativo al esperma o a los espermatozoides. ◇ **Cordón espermático** Conjunto del conducto deferente y de las venas y arterias del testículo.

ESPERMATIDA s.f. BIOL. Gameto masculino inmaduro que se convertirá en un espermatozoide.

ESPERMATOCITO s.m. Célula germinal masculina que experimenta la primera o la segunda división de la meiosis.

ESPERMATÓFITO, A adj. y s.m. Planta fanerógama.

ESPERMATÓFORO s.m. Órgano que contiene los espermatozoides en diversos invertebrados, y del que estos animales pueden desprenderse para pasarlo a las hembras.

ESPERMATOGÉNESIS s.f. (pl. *espermatogénesis*). Formación de las células reproductoras masculinas.

ESPERMATOGONIA s.f. ZOOL. Célula sexual masculina inmadura y diploide.

ESPERMATOZOIDE s.m. (del lat. *sperma, -atis,* y el gr. *zoon,* animal). Célula sexual masculina, constituida por una cabeza con núcleo haploide y un flagelo que asegura su desplazamiento. SIN.: *espermatozoo.*

ESPERMATOZOO s.m. (del lat. *sperma, -atis,* y el gr. *zoon,* animal). Espermatozoide.

ESPERMICIDA adj. y s.m. Se dice del medicamento o la sustancia química que destruye los espermatozoides. SIN.: *espermiticida.*

ESPERMOFILO s.m. Animal roedor parecido a la marmota.

ESPERNADA s.f. Remate de la cadena que suele tener el eslabón abierto.

ESPERÓN s.m. (ital. *sperone*). Espolón para embestir los buques.

ESPERONTE s.m. FORT. Obra en ángulo saliente que se hacía en las cortinas de las murallas.

ESPERPÉNTICO, A adj. Relativo al esperpento.

ESPERPENTO s.m. *Fam.* Persona o cosa extravagante y ridícula. **2.** Suceso o situación absurdos. **3.** LIT. **a.** Título dado por Ramón del Valle-Inclán a varias de sus obras, caracterizadas por presentar el sentido trágico de la vida con una estética deformada. **b.** Obra literaria que presenta rasgos parecidos a esas obras.

ESPESAMIENTO s.m. Acción y efecto de espesar.

ESPESANTE s.m. Materia que espesa o aumenta la viscosidad.

ESPESAR v.tr. y prnl. Hacer espeso o más espeso.

ESPESO, A adj. (lat. *spissus*). Se dice de la sustancia fluida que tiene mucha densidad o condensación. **2.** Se dice del conjunto o agregado de cosas, partículas, etc., muy próximas unas a otras. **3.** Grueso, recio. **4.** *Fig.* Enrevesado, de difícil comprensión. **5.** *Argent., Perú, Urug. y Venez. Fig.* Pesado, impertinente. **6.** *Argent. y Urug. Fig.* Referido a una situación, conflictiva, complicada.

ESPESOR s.m. Grosor de un sólido de forma laminar. **2.** Densidad o condensación de un fluido o una masa.

ESPESURA s.f. Cualidad de espeso. **2.** Vegetación densa.

ESPETAR v.tr. Atravesar algo con un instrumento puntiagudo. **2.** *Fig. y fam.* Decir a alguien algo que causa sorpresa o molestia.

ESPETERA s.f. Tabla con ganchos donde se cuelgan utensilios de cocina. **2.** Conjunto de utensilios de cocina que se cuelgan en esta tabla. **3.** *Fam.* Pecho de la mujer, especialmente cuando es muy voluminoso.

ESPETÓN s.m. Varilla de hierro u otro material, larga y delgada, como el asador o el estoque. **2.** Golpe dado con este instrumento.

1. ESPÍA adm. y f. (got. *spaiha*) Persona que espía u observa con disimulo. **2.** Persona que comunica al gobierno o mando militar o a una empresa de un país informaciones secretas de otro.

2. ESPÍA s.f. Cuerda o tirante con que se mantiene fijo y vertical un madero. **2.** MAR. Acción de espiar.

1. ESPIAR v.tr. (got. *spaihôn*) [19]. Observar algo o acechar a alguien con atención, continuidad y disimulo: *espiar al enemigo*.

2. ESPIAR v.intr. (port. *espiar*) [19]. MAR Tirar de un cabo firme en un objeto fijo para hacer mover una nave en dirección al mismo.

ESPICANARDO s.m. (lat. *spica nardi*, espiga del nardo). Planta, de 50 cm de alt., con tallo en caña delgada, inflorescencias terminales, y rizomas con numerosas raicillas fibrosas, de olor agradable, cuyo extracto se ha usado como perfume. (Familia gramíneas.) **2.** Rizoma de estas plantas.

ESPICHAR v.tr. Pinchar, punzar o herir con una cosa aguda o punzante. ◆ v.intr. *Fam.* Morir, acabar la vida. **2.** *Venez.* Perder aire el neumático a causa de un pinchazo. ◆ **espicharse** v.prnl. Cuba Enflaquecer, adelgazar.

ESPICHE s.m. Arma o instrumento puntiagudo. **2.** Estaca pequeña de madera o corcho para cerrar un agujero, como el de una cuba para que no se salga el líquido.

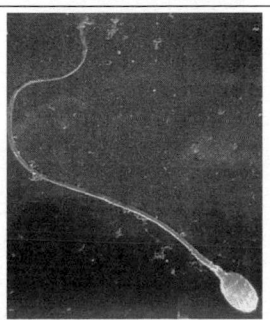

■ **ESPERMATOZOIDE**

ESPICIFORME adj. Que tiene forma de espiga.

ESPICILEGIO s.m. Colección de diplomas, tratados, etc. **2.** Florilegio.

ESPÍCULA s.f. Inflorescencia elemental de las gramíneas. **2.** Corpúsculo silíceo o calcáreo que forma parte del esqueleto de las esponjas. **3.** ASTRON. Elemento constitutivo de la cromosfera solar.

ESPIGA s.f. (lat. *spica*). Inflorescencia ramosa, simple, formada por un conjunto de flores hermafroditas, sésiles, dispuestas a lo largo de un eje. **2.** Conjunto de granos agrupados a lo largo de un eje. **3.** Vástago de un árbol que se introduce en otro para injertarlo. **4.** Extremo de una pieza de madera entallado que entre y encaje en un hueco de igual sección abierto en otra pieza que se ha de ensamblar con la primera. **5.** Parte saliente en una pieza metálica que se introduce en una cavidad.

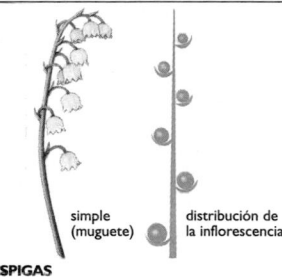

simple (muguete) · distribución de la inflorescencia

■ **ESPIGAS**

ESPIGADO, A adj. Se dice de las plantas que tienen espiga u otra inflorescencia ya formada. **2.** En forma de espiga.

ESPIGADOR, RA s. Persona que recoge las espigas del rastrojo.

ESPIGADORA s.f. Máquina-herramienta utilizada en los talleres de carpintería mecánica para labrar espigas de ensamblaje.

ESPIGAR v.tr. [2]. Recoger las espigas que han quedado en el rastrojo. **2.** Labrar espigas en una pieza de madera que se ha de ensamblar ◆ v.intr. Empezar los cereales a echar espiga. ◆ **espigarse** v.prnl. Crecer un niño mucho y en poco tiempo sin engordar.

ESPIGÓN s.m. Aguijón, punta o extremo del palo con que se aguija. **2.** Espiga áspera y espinosa. **3.** Columna que constituye el eje o núcleo de una escalera de caracol. **4.** Mazorca de maíz. **5.** OBR. PÚBL. Dique perpendicular a la orilla del mar o de un río para proteger un puerto contra el oleaje.

ESPIGUEAR v.intr. *Méx.* Mover el caballo la cola, sacudiéndola de arriba abajo.

ESPIGUEO s.m. Acción de espigar o recoger las espigas que han quedado en el rastrojo.

ESPIGUILLA s.f. Cinta estrecha o fleco, con picos, que se emplea como adorno.

ESPINA s.f. (lat. *spina*). Astilla pequeña y puntiaguda. **2.** *Fig.* Pena o sentimiento que pesan en la conciencia y causan intranquilidad: *tener una espina clavada en el corazón*. **3.** Excrecencia que, en los peces, toma formas distintas, ya sean simples asperezas puntiagudas de los huesos de la cabeza, ya sean radios duros, puntiagudos y formados de una sola pieza. **4.** ANAT. Nombre de diversas estructuras anatómicas óseas: *espinas ilíacas, ciáticas, etc.* **5.** BOT. **a.** Órgano, o parte orgánica axial apendicular, endurecido y puntiagudo. **b.** Árbol espinoso, originario de Australia. (Familia mimosáceas.) **6.** ZOOL. Columna vertebral. ◇ **Dar mala espina** Hacer que alguien desconfíe o recele. **Espina bífida** Malformación congénita de la columna vertebral, consistente en una hernia de parte del contenido del canal raquídeo. **Espina de Cristo,** o **santa,** o **vera** Arbusto de unos 3 m de alt., de hojas pecioladas, que presenta espinas estipuladas y flores de pequeño tamaño, amarillentas. (Familia ramnáceas.) **Sacarse la espina** Desquitarse de una pérdida, especialmente en el juego; hacer o decir algo que se ha estado reprimiendo. **San-**

ta espina Cada una de las espinas de la corona que ciñó la cabeza de Jesús durante su pasión.

ESPINACA s.f. (hispano-ár. *ispinâj*). Planta herbácea hortense, originaria de Asia central, cuyas hojas alargadas y verdes son comestibles. (Familia quenopodiáceas.)

inflorescencia

■ **ESPINACA**

ESPINAL adj. Relativo a la columna vertebral o espinazo. ◇ **Nervio espinal** Nervio craneal par, motor de los músculos del cuello, la laringe y la faringe.

ESPINAPEZ s.m. En los solados y entarimados, modo de disponer las piezas o tablas, que consiste en colocarlas diagonalmente en zigzag y con las testas machihembradas en ángulo recto.

1. ESPINAR s.m. Lugar donde crecen arbustos espinosos. **2.** *Fig.* Enredo, asunto que presenta muchas dificultades.

2. ESPINAR v.intr. y prnl. Pinchar o herir con espinas. ◆ v.tr. Proteger con tallos espinosos los árboles recién plantados.

ESPINAZO s.m. Columna vertebral.

ESPINEL s.m. PESC. Palangre de ramales cortos y cordel grueso.

1. ESPINELA s.f. (ital. ant. *spinella*). Mineral constituido por aluminato de magnesio, que puede dar piedras finas de color rosado, rojo, marrón rojizo, azul gris, azul violeta, grisáceo y verdoso. **2.** Grupo de minerales compuestos de óxidos dobles.

2. ESPINELA s.f. (de V. *Espinel*, escritor español). MÉTRIC. Décima.

ESPINETA s.f. (ital. *spinetta*). Instrumento de teclado, con cuerdas pulsadas.

ESPINGARDA s.f. (fr. ant. *espingarde*, balista de lanzar piedras). Escopeta muy larga que usaban los moros. **2.** *Fig.* Mujer alta, delgada y de aspecto desvaído. **3.** Cañón de artillería, mayor que el falconete y menor que la pieza de batir.

ESPINILLA s.f. Parte delantera de la pierna, entre la rodilla y el pie, donde se aprecia el hueso. **2.** Comedón.

ESPINILLERA s.f. Pieza rígida de protección que llevan los jugadores de algunos deportes para proteger la espinilla.

ESPINILLO s.m. *Argent.* Nombre de diversos árboles de la familia de las rosáceas o de las leguminosas, con espinas en sus ramas y flores esféricas de color amarillo, muy perfumadas.

ESPINO s.m. (lat. *spinus*). Árbol, de 4 a 6 m de alt., de ramas espinosas y flores blancas y olorosas. (Familia rosáceas.) **2.** *Argent.* Arbusto leguminoso de flores muy aromáticas y madera muy apreciada por sus vetas jaspeadas. **3.** *Cuba.* Arbusto silvestre de la familia de las rubiáceas, muy ramoso y espinoso. ◇ **Espino amarillo,** o **falso** Arbusto o árbol pequeño de 1 a 3 m de alt., de ramas espinosas y hojas blancas y lustrosas. (Familia oleanáceas.) **Espino artificial** Cable delgado formado de alambres de hierro torcidos conjuntamente y que lleva pinchos de trecho en trecho. **Espino cerval** Arbusto de frutos negros, cuyas semillas se emplean como purgantes.

ESPINOCELULAR adj. Relativo al estrato espinoso del tejido epitelial.

ESPINOSISMO s.m. Doctrina filosófica de Spinoza.

ESPINOSISTA adj. y s.m. y f. Relativo al espinosismo; partidario de esta doctrina.

ESPINOSO, A adj. (lat. *spinosus*). Que tiene espinas: *zarza espinosa*. **2.** *Fig.* Arduo, difícil, comprometido. **3.** ANAT. Se dice de algunas estructuras anatómicas atendiendo a su forma o a su relación con la columna vertebral: *apófisis espinosas*. ◆ s.m. Pequeño pez marino o de agua dulce, que presenta espinas en el dorso.

■ ESPINOSO macho.

ESPINUDO, A adj. Chile, C. Rica, Nicar. y Urug. Espinoso.

ESPIONAJE s.m. (fr. *espionnage*). Acción de espiar disimuladamente lo que se dice o hace. **2.** Actividad de espiar; conjunto de personas que se dedican a espiar con fines militares o políticos.◇ **Espionaje industrial** Búsqueda de información concerniente a la industria y, preferentemente, a los procedimientos de fabricación.

ESPIRA s.f. (lat. *spira*, espiral, del gr. *speira*).Vuelta de una línea espiral, de una hélice. **2.** Parte elemental de un arrollamiento eléctrico, cuyos extremos están por lo general muy cerca uno de otro. **3.** Conjunto de vueltas de una concha enrollada, como la de los gasterópodos.

ESPIRACIÓN s.f. Acción y efecto de espirar, especialmente en el aire de los pulmones.

ESPIRÁCULO s.m. ZOOL. Orificio para la evacuación del agua que baña las branquias internas de los renacuajos de los anuros.

ESPIRADOR, RA adj. FISIOL. Que participa en el movimiento espiratorio, de expulsión del aire de las vías respiratorias.

ESPIRAL adj. Relativo a la espira. **2.** Que tiene forma de espira: *broca espiral*. ◆ s.f. Espira. **2.** Serie de circunvoluciones o volutas. **3.** Pequeño resorte o muelle espiral de un reloj, que asegura su isocronismo. **4.** MAT. Curva plana cuyo radio polar crece, o decrece, mientras gira en el mismo sentido.◇ **Espiral precios-salarios** Repercusión recíproca de los incrementos de los precios y de los salarios en un proceso inflacionario.

ESPIRALADO, A adj. Arrollado en espiral.

ESPIRAR v.tr. e intr. (lat. *spirare*, soplar, respirar).FISIOL. Expulsar el aire de las vías respiratorias.◆ v.tr. Despedir un cuerpo cierto olor.

ESPIRATORIO, A adj. Relativo a la espiración.

ESPIRILO s.m. BIOL. Bacteria en forma de filamento alargado y dispuesta en espiral.

ESPIRILOSIS s.f. Enfermedad provocada por un espirilo.

ESPIRITADO, A adj. *Fam.* Se dice de la persona excesivamente delgada.

ESPIRITAR v.tr. y prnl. Introducir demonios o malos espíritus en el cuerpo de una persona. **2.** *Fig.* y *fam.* Agitar o irritar a alguien.

ESPIRITISMO s.m. Creencia basada en la existencia y la manifestación de espíritus; práctica que consiste en provocar la manifestación de espíritus y comunicarse con ellos con la ayuda de objetos (tablero ouija) o de personas en estado de trance hipnótico (médiums).

ESPIRITISTA adj. y s.m. y f. Relativo al espiritismo; persona que cree en el espiritismo o lo practica.

ESPIRITOSO, A adj. Espirituoso. **2.** Vivo, animoso.

ESPÍRITU s.m. (lat. *spiritus, -us*, soplo, espíritu). Principio inmaterial, sustancia incorpórea, en oposición a material, corpórea. **2.** Facilidad o agudeza para comprender. **3.** Ánimo, valor o brío: *recuperar sus espíritus*. **4.** Idea central, carácter fundamental, esencia de algo. **5.** En oposición a letra, sentido o intención real de un texto: *el espíritu de la ley*. **6.** Inclinación de alguien hacia algo: *espíritu de contradicción*. **7.** Sentimiento de solidaridad hacia una comunidad: *espíritu de clase*. **8.** Alma individual, especialmente la de un muerto. **9.** Ser inmaterial y sobrenatural: *no creer en es-*

píritus. **10.** FARM. Denominación dada a ciertos medicamentos volátiles: *espíritu de madera*. **11.** GRAM. Signo gráfico particular de la lengua griega. ◇ **Espíritu maligno** Demonio. **Pobre de espíritu** Persona tímida y de poca iniciativa; se dice de la persona que desprecia los honores y los bienes materiales.

ESPIRITUAL adj. Relativo al espíritu. **2.** Que está relacionado con lo religioso. **3.** Se dice de alguien o algo que tiene más relación con los sentimientos, la razón o lo religioso que con las cosas materiales.◆ adj. y s.m. Se dice de los miembros de una corriente de la orden de los franciscanos que, por fidelidad al ideal de absoluta pobreza del fundador, se separó de la orden en el s. XIII y se enfrentó al papado.

ESPIRITUALIDAD s.f. Cualidad de las personas o las cosas espirituales. **2.** Conjunto de principios o actitudes que constituyen la vida espiritual de una persona o colectividad.

ESPIRITUALISMO s.m. Doctrina filosófica que considera el espíritu como una realidad irreducible al cuerpo o materia y le atribuye un valor superior. (Se opone al materialismo.) **2.** Inclinación a la vida espiritual.

ESPIRITUALISTA adj. y s.m. y f. Relativo al espiritualismo; partidario de esta doctrina.

ESPIRITUALIZACIÓN s.f. Acción y efecto de espiritualizar o espiritualizarse.

ESPIRITUALIZAR v.tr. y prnl. [7]. Hacer espiritual o más espiritual a algo o a alguien. ◆ v.tr. Reducir algunos bienes a la condición de eclesiásticos.

ESPIRITUOSO, A adj. Que contiene mucho alcohol: *bebidas espirituosas*.

ESPIRITUSANTO s.m. C. Rica y Nicar. Flor del cacto, blanca y de gran tamaño.

ESPIROIDAL adj. Que tiene forma de espiral.

ESPIRÓMETRO s.m. Aparato que sirve para medir la capacidad respiratoria de los pulmones.

ESPIROQUETA s.f. (del gr. *speira*, espiral, y *khaîti*, cabellera). Microorganismo que presenta un filamento axial, alrededor del cual se arrolla el protoplasma en espiral. SIN.: *espiroqueto*.

ESPIROQUETOSIS s.f. Enfermedad causada por una espiroqueta.

ESPITA s.f. (gót. *spitus*, asador, espetón).Canuto que se mete en el agujero de un tonel u otro recipiente para que salga por él el líquido que contiene. **2.** Llave pequeña, dispositivo.

ESPITOSO, A adj. *Fam.* Que tiene mucha euforia, en especial por efecto de una droga.

ESPLÁCNICO, A adj. ANAT. Relativo a las vísceras.

ESPLENDER v.intr. (lat. *splendere*). *Poét.* Resplandecer.

ESPLENDIDEZ s.f. Cualidad de espléndido.

ESPLÉNDIDO, A adj. (lat. *splendidus*). Que destaca por su belleza, bondad o abundancia. **2.** Que es desprendido y generoso con los demás. **3.** Resplandeciente.

ESPLENDOR s.m. (lat. *splendor, -oris*). Momento en que algo llega al mayor grado de perfección o intensidad. **2.** Resplandor. **3.** *Fig.* Lustre, nobleza, magnificencia.

ESPLENDOROSO, A adj. Que resplandece: *luz esplendorosa; esplendorosa civilización*.

ESPLENECTOMÍA s.f. CIR. Extirpación del bazo.

ESPLÉNICO, A adj. (lat. *splenicus*, del gr. *splinikós*).ANAT. Relativo al bazo.

ESPLENITIS s.f. Inflamación del bazo.

ESPLENOMEGALIA s.f. Aumento patológico del tamaño del bazo.

ESPLIEGO s.m. (del ant. *espligo*, del lat. *spiculum*, dim. de *spicum*, espiga). Arbusto aromático, de hojas lanceoladas, flores olorosas y azuladas, de las que se extrae una esencia utilizada en perfumería, que crece en los terrenos secos y rocosos de la región mediterránea. SIN.: *lavanda*.

ESPLÍN s.m. (ingl. *spleen*, bazo, esplín, del gr. *splín*).Melancolía que produce falta de ilusiones e interés por la vida.

ESPOLADA s.f. Golpe dado con la espuela a la caballería para que ande. SIN.: *espolazo*.

ESPOLEAR v.tr. Aguijar con la espuela a la ca-

ballería. **2.** *Fig.* Incitar, estimular a alguien para que haga algo.

ESPOLETA s.f. (ital. *spoletta*). Mecanismo de un artefacto explosivo, que sirve para provocar la explosión de la carga. **2.** Horquilla que forman las clavículas del ave.

1. ESPOLÍN s.m. Espuela fija en el tacón de la bota.

2. ESPOLÍN s.m. (fr. u occitano *espoulin*). Tela de seda con flores o motivos esparcidos, y como sobretejidos, a la manera del brocado de oro o de seda. **2.** Lanzadera pequeña.

ESPOLIO s.m. (lat. *spolium*). Conjunto de bienes derivados de rentas eclesiásticas que, al morir un obispo sin testar, pasaban a formar parte de la Iglesia.

ESPOLIQUE s.m. Mozo que caminaba a pie delante de la caballería de su señor.

ESPOLÓN s.m. Pequeño saliente óseo que tienen algunas aves en las extremidades. **2.** ANAT. Nombre que se da al vértice del ángulo agudo que forman diversas estructuras al bifurcarse. **3.** ARQ. Contrafuerte. **4.** BOT. Protuberancia en la base de los pétalos o de los sépalos de algunas flores. **5.** CONSTR. Construcción en forma de ángulo agudo que se coloca en la base del pilar de un puente para repartir la presión del agua. SIN.: *tajamar*. **6.** MAR. Parte saliente y reforzada en que remataba la proa de ciertos navíos de guerra, usada como arma para embestir de costado las naves enemigas y hundirlas.

ESPOLVOREAR v.tr. Esparcir algo hecho polvo.

ESPONDEO s.m. (lat. *spondeus*, del gr. *spondeios*). MÉTRIC. CLÁS. Pie compuesto por dos sílabas largas.

ESPONDILARTRITIS s.f. Reumatismo inflamatorio que evoluciona por accesos y que afecta al raquis y articulaciones sacroilíacas.

ESPONDILITIS s.f. Inflamación de una o de varias vértebras.

ESPÓNDILO o **ESPÓNDIL** s.m. (lat. *spondylus*, del gr. *sphóndylos*).Vértebra.

ESPONGIARIO s.m. y adj. ZOOL. Nombre con que se designaba a los poríferos en la antigua taxonomía.

ESPONJA s.f. (lat. *spongia*, del gr. *spoggía*). Nombre con que se designa a los animales acuáticos poríferos. **2.** Masa porosa y elástica que constituye el esqueleto de algunos poríferos de los mares cálidos y que se manipula para ser usada como utensilio doméstico de higiene o limpieza, debido a su capacidad absorbente. **3.** Objeto que se fabrica con materiales sintéticos, imitando las características de esta masa, para los mismos usos. ◇ **Esponja de platino** Platino esponjoso, obtenido por calcinación de ciertas sales de este metal.

esponja silícea

esponja de «tocador»

■ ESPONJAS

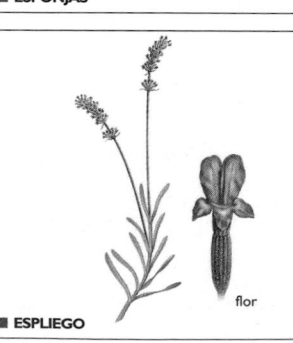

flor

■ ESPLIEGO

ESPONJAMIENTO s.m. Acción y efecto de esponjar o esponjarse. SIN.: *esponjadura.*

ESPONJAR v.tr. Hacer más poroso un cuerpo. ✦ **esponjarse** v.prnl. *Fig.* Envanecerse. **2.** Adquirir alguien aspecto saludable.

ESPONJERA s.f. Recipiente para colocar la esponja de baño.

ESPONJOSIDAD s.f. Cualidad de esponjoso.

ESPONJOSO, A adj. Se dice del cuerpo de aspecto o estructura muy porosa, como la esponja.

ESPONSALES s.m.pl. (lat. *sponsalis,* relativo a la promesa de casamiento). Promesa mutua de matrimonio, hecha con cierta solemnidad.

ESPONSALICIO, A adj. Relativo a los esponsales.

ESPÓNSOR o **SPONSOR** s.m. y f. (ingl. *sponsor*). Patrocinador que sufraga los gastos de una actividad cultural, deportiva, etc., a cambio de que aparezca su nombre.

ESPONTANEARSE v.prnl. Confesar algo voluntariamente a la autoridad, con el fin de ser perdonado o de obtener algún beneficio. **2.** Sincerarse con alguien.

ESPONTANEIDAD s.f. Cualidad de espontáneo. **2.** Naturalidad, falta de artificio o reserva.

ESPONTANEÍSMO s.m. Actitud o doctrina de quienes, en la extrema izquierda, tratan de desarrollar acciones revolucionarias en el pueblo, sin tener en cuenta partidos ni sindicatos, aprovechando acontecimientos que juzgan capaces de movilizar a las masas.

ESPONTANEÍSTA adj. y s.m. y f. Relativo al espontaneísmo; partidario de esta doctrina.

ESPONTÁNEO, A adj. (lat. *spontaneus,* de *sponte* voluntariamente). Se dice de lo que procede de un impulso interior. **2.** Se dice de la acción realizada por propia voluntad, sin coacción o indicación de otro. **3.** BOT. Se dice de la planta que crece de manera natural en un país, sin ser cultivada. ✦ adj. y s. Se dice del espectador que, en un momento determinado, interviene en el espectáculo por iniciativa propia, especialmente el que en una corrida de toros salta al ruedo.

ESPONTÓN s.m. (fr. *sponton*). Pica de mango corto que llevaban los oficiales de infantería durante los ss. XVII y XVIII.

ESPORA s.f. (gr. *sporá,* semilla, de *speírein,* sembrar). Elemento unicelular producido y diseminado por los vegetales y cuya germinación da lugar a un nuevo individuo (bacterias) o a una forma preparatoria de la reproducción sexuada (musgo, prótalo de helecho, micelio primario del hongo, tubo polínico de las plantas florales). [La espora masculina de las plantas florales es el grano de polen.]

ESPORÁDICO, A adj. (gr. *sporadikós,* disperso). Se dice de lo que es ocasional y aislado, sin relación con otras cosas o fenómenos. **2.** BOT. Se dice de las especies que aparecen raramente en forma de individuos aislados o casi aislados, en el seno de la asociación respectiva. **3.** MED. Se dice de la enfermedad que afecta a algunos individuos aisladamente.

ESPORANGIO s.m. (del gr. *sporá,* semilla, y *ággos,* vaso). BOT. Saco o receptáculo que contiene las esporas.

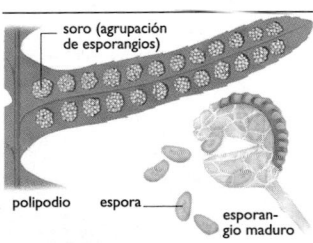

soro (agrupación de esporangios)

polipodio

espora

esporangio maduro

■ **ESPORANGIOS** de helecho.

ESPORÓFITO s.m. Organismo vegetal nacido de un óvulo fecundado y que, en la madurez, es portador de esporas.

ESPOROGONIO s.m. Nombre que se da, en los musgos, al conjunto del esporangio y de la seta o cerda que lo lleva.

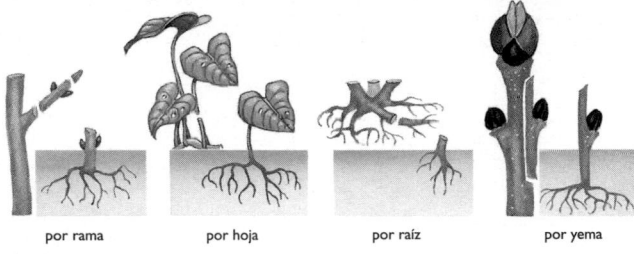

por rama   por hoja   por raíz   por yema

■ **ESQUEJE.** Diferentes tipos de esquejes.

ESPOROTRICOSIS s.f. Micosis causada por hongos del género *Sporothrichum.*

ESPOROZOO adj. y s.m. Relativo a un tipo de protozoos con reproducción alternante, sexual y por esporas.

ESPORTADA s.f. Cantidad que cabe en una espuerta.

ESPORULACIÓN s.f. BIOL. Formación de esporas; emisión de esporas.

ESPORULAR v.intr. Formar esporas, o pasar al estado de espora, cuando las condiciones de vida se hacen desfavorables.

ESPOSA s.f. Amér. Anillo episcopal. ✦ **esposas** s.f.pl. Objeto formado por dos aros unidos por una cadena que se sujeta a las muñecas de los detenidos o los presos para inmovilizar sus manos.

ESPOSAR v.tr. Sujetar a alguien con esposas.

ESPOSO, A s. (lat. *sponsus,* p. de *spondere,* prometer). Persona casada con otra.

ESPREA s.f. Méx. Llave que deja salir la gasolina en el motor del automóvil.

ESPRÍN, ESPRINT o **SPRINT** s.m. (ingl. *sprint*). Aceleración repentina y poco duradera que hace un corredor, particularmente al aproximarse a la meta. **2.** Carrera disputada en una distancia corta.

ESPRÍNTER o **SPRINTER** s.m. y f. (ingl. *sprinter*). Corredor de velocidad en pequeñas distancias o capaz de máximas velocidades al final de una carrera larga.

ESPUELA s.f. (gót. *spaúra*). Espiga de metal terminada en una ruedecita con puntas, que se ajusta al talón de la bota del jinete para picar a la cabalgadura. **2.** *Fig.* Aviso, estímulo, incitativo. **3.** En la riña de gallos, hoja de acero, aguda y cortante, con que se arma el espolón de los gallos. **4.** Amér. Espolón de las aves. ◊ **Espuela de caballero** BOT. Ranunculácea silvestre, de flores en espiga azules, rosadas o blancas y cáliz en forma de espuela.

ESPUERTA s.f. (lat. *sporta*). Recipiente cóncavo de esparto, palma u otra materia flexible, con dos asas pequeñas, para transportar escombros, tierras, etc. ◊ **A espuertas** A montones, en abundancia.

ESPULGAR v.tr. y prnl. [2]. Quitar las pulgas o piojos a alguien.

ESPULGO s.m. Acción de espulgar.

ESPUMA s.f. (lat. *spuma*). Conjunto de burbujas que se forman en la superficie de algunos líquidos. **2.** Conjunto de burbujas que se forman con el jugo y las impurezas segregadas por un alimento o sustancia al cocer en el agua. **3.** Masa espumosa que se encuentra a menudo en primavera sobre ciertas plantas. **4.** INDUSTR. Conjunto de escorias que sobrenadan en los metales en fusión. ◊ **Crecer como la espuma** *Fam.* Prosperar algo con rapidez. **Espuma de mar** Silicato natural de magnesio hidratado, blanquecino y poroso, con el que se fabrican pipas. **Espuma de nailon** Nailon especialmente preparado para obtener una gran elasticidad.

ESPUMADERA s.f. Utensilio de cocina en forma de paleta con agujeros que sirve para espumar y para sacar y escurrir los alimentos de un líquido caliente.

ESPUMAJE s.m. Masa abundante de espuma.

ESPUMAJEAR v.intr. Espumarajear.

ESPUMAJO s.m. Espumarajo.

ESPUMANTE s.m. Reactivo utilizado en el procedimiento de flotación para mantener una espuma persistente.

ESPUMAR v.tr. Quitar la espuma de la superficie de un líquido caliente. ✦ v.intr. Hacer espuma. SIN.: *espumear.*

ESPUMARAJEAR v.intr. Echar espumarajos. SIN.: *espumajear.*

ESPUMARAJO s.m. Salivazo espumoso arrojado por la boca. SIN.: *espumajo.*

ESPUMILLA s.f. Tela muy ligera, rala y delicada, semejante al crespón.

ESPUMOSO, A adj. Que tiene o hace mucha espuma: *leche espumosa; jabon espumoso.* ✦ adj. y s.m. Se dice del vino blanco y de la sidra que forman una ligera espuma o burbujas.

ESPUNDIA s.f. Úlcera maligna de las caballerías.

ESPURIO, A o **ESPÚREO, A** adj. (lat. *spurius*). Bastardo, degenerado. **2.** Falto de legitimidad o autenticidad. **3.** DER. CIV. Se dice del hijo de padre incierto o desconocido.

ESPURREAR v.tr. Rociar algo con un líquido arrojado por la boca. SIN.: *espurriar.*

ESPUTAR v.tr. Expectorar.

ESPUTO s.m. (lat. *sputum,* de *spuere,* escupir). Secreción de las vías respiratorias que se escupe de una vez por la boca en una expectoración.

ESQUEJAR v.tr. Plantar esquejes.

ESQUEJE s.m. (cat. *esqueix*). Brote joven arrancado de una planta, que, colocado en tierra húmeda, se nutre de raíces adventicias y es el origen de un nuevo tallo.

ESQUELA s.f. Notificación de la muerte de una persona que se envía particularmente o se publica en un periódico. **2.** Carta breve.

ESQUELÉTICO, A adj. Relativo al esqueleto. **2.** Muy flaco.

ESQUELETO s.m. (gr. *skeletós,* de *skéllein,* secar). Armazón del cuerpo de los vertebrados, de naturaleza ósea o, más raramente, cartilaginosa. **2.** Conjunto de partes duras de un animal cualquiera. **3.** Armadura, armazón: *el esqueleto de un barco.* **4.** *Fig.* y *fam.* Persona muy flaca. **5.** *Fig.* Bosquejo general, boceto. **6.** *Chile. Fig.* Bosquejo de una obra literaria. **7.** Colomb., C. Rica, Guat., Méx. y Nicar. *Fig.* Hoja de papel con un modelo impreso en el que se dejan espacios en blanco para rellenarlos a mano. (*V. ilustr. pág. siguiente.*)

ESQUEMA s.m. (lat. *schema, -atis,* figura geométrica). Representación de algo atendiendo solo a sus líneas o caracteres esenciales. **2.** Representación gráfica y simbólica de cosas inmateriales. **3.** Programa de puntos que se van a tratar, de actos que se van a realizar, etc., sin detallarlos. ◊ **Esquema trascendental** FILOS. Representación intermedia entre el concepto y los datos de la percepción.

ESQUEMÁTICO, A adj. Relativo al esquema. **2.** Que está explicado o hecho de una manera simple, a rasgos generales, sin entrar en detalles. **3.** Que esquematiza en exceso: *interpretación esquemática.* **4.** Que muestra la disposición de un objeto, de un órgano, etc.: *corte esquemático de la oreja.* ◊ **Estilo esquemático** Estilo pictórico de la prehistoria en la península Ibérica en el que se da la esquematización de las figuras, reducidas a símbolos.

ESQUEMATISMO s.m. Cualidad de esquemático. **2.** FILOS. Sistema basado en el esquema trascendental.

ESQUEMATIZAR v.tr. [7]. Reducir la exposición o enunciado de algo a un esquema.

ESQUÍ s.m. (fr. *ski*, del noruego *ski*, tronco cortado) [pl. *esquís* o *esquíes*]. Tabla larga y delgada, de madera, metal o materias sintéticas, que se usa para deslizarse sobre la nieve o el agua. **2.** Deporte que consiste en deslizarse con estas tablas sobre la nieve. (El esquí deportivo nació a finales del s. XIX en Noruega y en los Alpes.) ◇ **Esquí alpino** Esquí practicado en pendientes por lo general pronunciadas. (Como prueba deportiva comprende el descenso, prueba de velocidad en una distancia de 2,5 a 4 km, y dos eslálones: el especial y el gigante.) **Esquí de fondo** Esquí practicado en recorridos de poco desnivel. **Esquí náutico** Deporte acuático en que el deportista, unido por una cuerda a una lancha motora, se desliza sobre el agua a gran velocidad, manteniéndose sobre uno o dos esquís. **Esquí nórdico** Modalidad deportiva que engloba principalmente una carrera de esquí de fondo (con un tercio de recorrido llano, un tercio de pendiente suave y un tercio de descenso) y un salto a partir de un trampolín de 70, 90 o 150 m.

■ **ESQUÍ.** Prueba de esquí de fondo.

ESQUIADOR, RA s. Persona que practica el esquí.

ESQUIAR v.intr. Practicar el esquí.

ESQUIASCOPIA s.f. Método que permite determinar de una manera objetiva las características ópticas del ojo, fundado en el estudio de la sombra de la pupila sobre la retina.

ESQUIFADO, A adj. **Bóveda esquifada** Bóveda formada por la intersección de dos bóvedas de cañón y cuyo vértice está sustituido por una superficie plana.

ESQUIFE s.m. (cat. *esquif*). Bote que se lleva en una embarcación, especialmente para saltar a tierra. **2.** Embarcación de regatas de un solo remero, muy estrecha y ligera. SIN.: *skiff*. **3.** Modalidad de competición en el deporte náutico del remo. **4.** ARQ. Cañón de bóveda en figura cilíndrica.

ESQUILA s.f. (gót. *skilla*). Cencerro en forma de campana.

ESQUILADORA adj. y s.f. Se dice de la máquina que sirve para esquilar.

ESQUILAR v.tr. (del aragonés ant. *esquirar*, del gótico *skairan*). Cortar el pelo, vellón o lana de un animal.

ESQUILEO s.m. Acción de esquilar. SIN.: *esquila*. **2.** Lugar destinado para esquilar. **3.** Temporada en que se esquila.

ESQUILMAR v.tr. (del ant. *esquimar*, dejar un árbol sin ramas). *Fig.* Agotar una fuente de riqueza, por extraer de ella mayor provecho que el debido. **2.** Recoger los productos o provechos obtenidos del cultivo o la ganadería. **3.** Empobrecer las plantas la tierra en que se encuentran.

ESQUILMO s.m. Acción de esquilmar. **2.** Conjunto de productos o provechos de menor

cuantía obtenidos del cultivo o la ganadería. **3.** Chile. Escobajo de la uva.

ESQUIMAL adj. y s.m. y f. De un pueblo que vive en las tierras árticas de América y Groenlandia. (Los *esquimales* viven esencialmente de la caza y de la pesca y, cada vez en mayor medida, de la artesanía [escultura y pintura]. Están agrupados en dos familias lingüísticas: *inuit* y *yupit*. Su población experimenta un progresivo crecimiento demográfico.) ◆ s.m. Conjunto de lenguas habladas por los esquimales.

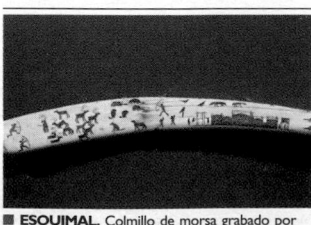

■ **ESQUIMAL.** Colmillo de morsa grabado por esquimales. (British Museum, Londres.)

ESQUINA s.f. Arista, especialmente la que resulta del encuentro de las paredes de un edificio. **2.** Sitio donde se juntan dos lados. ◇ **Doblar la esquina** Darle la vuelta.

ESQUINADO, A adj. Se dice de la persona de trato difícil.

ESQUINAR v.tr. e intr. Hacer o formar esquina. ◆ v.tr. Poner en esquina una cosa: *esquinar un armario*. ◆ v.tr. y prnl. *Fig.* Enemistar o indisponer a una persona con otra.

ESQUINAZO s.m. *Fam.* Esquina. **2.** Chile. Serenata. ◇ **Dar esquinazo** *Fam.* Dejar a una persona plantada.; rehuir el encuentro con alguien.

ESQUINERA s.f. *Amér.* Rinconera, mueble.

ESQUIRLA s.f. Astilla desprendida de un hueso, vidrio, piedra, madera, etc.

ESQUIROL s.m. y f. (voz catalana, *ardilla*). *Esp.* Obrero que no sigue la orden de huelga o que remplaza en su trabajo al huelguista.

ESQUISTO s.m. (lat. *schistos lapis*, del gr. *skhistós*, rajado). Nombre de las rocas sedimentarias o metamórficas que se exfolian mecánicamente en hojas. **2.** Roca metamórfica hojosa que presenta una débil recristalización.

ESQUISTOSIDAD s.f. Disposición de una roca sedimentaria o metamórfica en láminas delgadas.

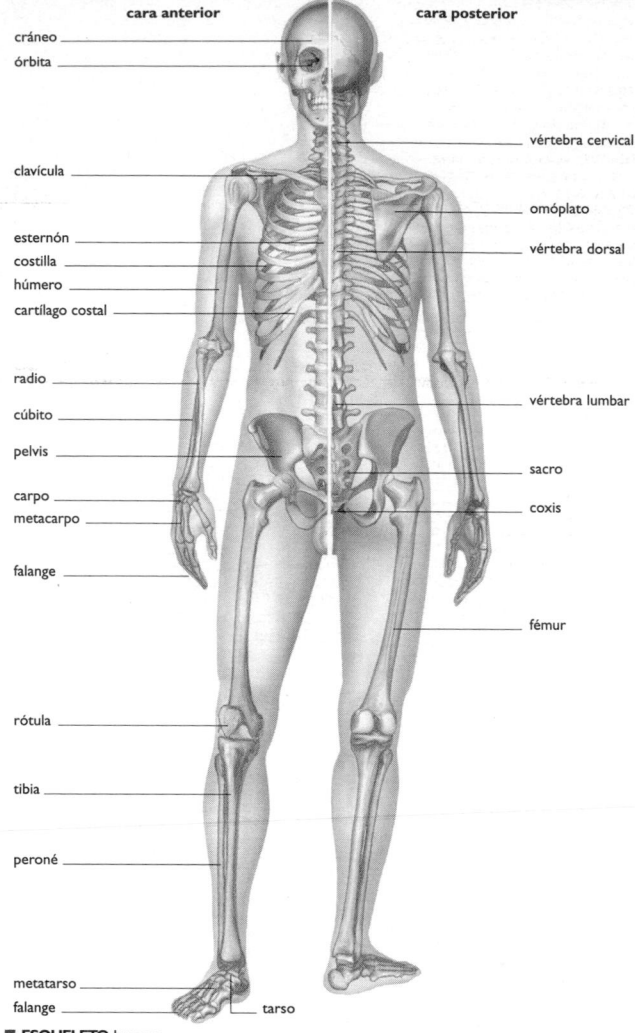

cara anterior — **cara posterior**

cráneo
órbita
vértebra cervical
clavícula
omóplato
esternón
vértebra dorsal
costilla
húmero
cartílago costal
radio
vértebra lumbar
cúbito
pelvis
sacro
carpo
coxis
metacarpo
falange
fémur
rótula
tibia
peroné
metatarso
falange
tarso

■ **ESQUELETO** humano.

ESQUISTOSOMIASIS s.f. Bilharziosis.

ESQUITE s.m. (náhuatl *izquitl*). Amér. Central y Méx. Guiso elaborado con granos de maíz cocidos con epazote y condimentados con limón y chile.

ESQUIVAR v.tr. y prnl. Procurar o conseguir con habilidad no hacer algo, no encontrarse con alguien o que no ocurra algo: *esquivar un peligro*.

ESQUIVO, A adj. Que esquiva o rehúye las atenciones y muestras de afecto: *mostrarse esquivo*.

ESQUIZOFASIA s.f. PSIQUIATR. Trastorno del lenguaje hablado que consiste en dar a las palabras un sentido diferente del habitual, abusar de los neologismos de manera que el discurso resulta incoherente e incomprensible.

ESQUIZOFÍCEO, A adj. y s.f. Cianofíceo.

ESQUIZOFRENIA s.f. (del gr. *skhízein*, partir, y *phrín*, inteligencia). Psicosis delirante crónica caracterizada por la pérdida de contacto con el mundo exterior.
ENCICL. La esquizofrenia, conocida antaño como *demencia precoz*, es una enfermedad del adulto joven. En principio se manifiesta por una escisión entre una vida intelectual brillante y una desorganización de las relaciones afectivas, con un estado anímico depresivo y sobre todo paradójico. Inmediatamente después aparecen alteraciones del comportamiento, que pasa a ser raro y autista, con excentricidad en la conducta, alucinaciones diversas sobre todo auditivas, e ideas delirantes. Va acompañada de problemas en el lenguaje que reflejan la alteración del desarrollo del pensamiento, que se vuelve hermético y caótico. Algunas investigaciones neuroquímicas intentan demostrar una alteración de la actividad de ciertos neurotransmisores.

ESQUIZOFRÉNICO, A adj. y s. Relativo a la esquizofrenia; que padece esta psicosis.

ESQUIZOGAMIA s.f. BIOL. Reproducción asexual de ciertos anélidos por división del organismo.

ESQUIZOGONIA s.f. BIOL. Reproducción asexual de los esporozoos que comporta cariorrexón tardía de las células.

ESQUIZOIDE adj. y s.m. y f. Se dice de la personalidad caracterizada por la introversión y la insociabilidad; que tiene esta personalidad.

ESQUIZOTIMIA s.f. Temperamento no patológico caracterizado por el retraimiento.

ESQUIZOTÍMICO, A adj. y s. Relativo a la esquizotimia; que tiene este temperamento.

ESTABILIDAD s.f. Cualidad de estable: *la estabilidad de una moneda*. **2.** ECON. Situación en la que no se producen oscilaciones en el volumen de empleo, producción, o en el índice general de precios de una unidad económica nacional. **3.** FÍS. Aptitud de una magnitud para recuperar un valor llamado *normal*, cuando momentánea y accidentalmente se aparta de él. **4.** MEC. Estado de un sólido en equilibrio, que tiende a volver a su posición inicial después de haber sido apartado de ella. **5.** METEOROL. Estado de la atmósfera caracterizado por la superposición de capas de densidades decrecientes hacia arriba. **6.** QUÍM. Cualidad de una combinación difícil de descomponer.

ESTABILIZACIÓN s.f. Acción y efecto de estabilizar o estabilizarse.

ESTABILIZADOR, RA adj. Que estabiliza. ◆ s.m. Dispositivo destinado a evitar o amortiguar las oscilaciones. **2.** Plano fijo de los que forman el empenaje de un avión, uno vertical y el otro horizontal. **3.** Sustancia incorporada a una materia para mejorar la estabilidad química. ◇ **Estabilizador de balance** Aparato que permite una importante reducción del balance de un barco por medio de aletas dispuestas a cada costado. **Estabilizador de tensión** Dispositivo que sirve para paliar las fluctuaciones de tensión de la red o sector, especialmente para proporcionar una tensión constante a los receptores de televisión.

ESTABILIZAR v.tr. y prnl. [7]. Hacer estable algo: *estabilizar los precios*.

ESTABLE adj. (lat. *stabilis*). Que se mantiene o permanece invariable e indefinidamente en el mismo estado, situación o lugar. **2.** MEC. Se dice de un equilibrio que no es destruido por

una variación débil de las condiciones. **3.** QUÍM. Se dice de un compuesto químico que resiste la descomposición.

ESTABLECER v.tr. [37]. Dejar puesto algo en un lugar para que permanezca y realice su función en él: *establecer controles de policía*. **2.** Crear algo que empieza a funcionar: *establecer una entidad*. **3.** Disponer lo que ha de regir o hacerse: *establecer una disciplina*. **4.** Expresar un pensamiento de valor general: *establecer una opinión*. ◆ **establecerse** v.prnl. Avecindarse. **2.** Abrir, crear alguien por su cuenta un establecimiento comercial.

ESTABLECIMIENTO s.m. Acción y efecto de establecer o establecerse: *el establecimiento de nuevas normas*. **2.** Lugar donde se realiza una actividad comercial, industrial, profesional, etc.: *establecimiento comercial, público*. ◇ **Establecimiento penal**, o **penitenciario** Prisión, cárcel.

ESTABLISHMENT s.m. (voz inglesa). Conjunto de personas con poder que defienden sus privilegios y procuran mantener el orden establecido.

ESTABLO s.m. (lat. *stabulum*). Lugar cubierto donde se encierra el ganado.

ESTABULACIÓN s.f. (lat. *stabulationem*, de *stabulum*, establo). Cría del ganado en establos. ◇ **Estabulación libre** Forma de alojamiento del ganado, principalmente bovino, en la que los animales no están sujetos.

ESTABULAR v.tr. (lat. *stabulare*). Criar el ganado en establos.

ESTACA s.f. Palo con punta en un extremo para clavarlo. **2.** Palo grueso. **3.** Clavo largo de hierro para clavar vigas y maderos. **4.** Amér. Pertenencia minera. **5.** Amér. Espolón de ave.

ESTACADA s.f. Serie de estacas clavadas en la tierra para cercar, atajar o defender algo. **2.** Serie de pilotes formando enjaretado, para proteger las márgenes de un puerto o para utilizar la corriente en un curso de agua. SIN.: *estacada de pilotes*. ◇ **Dejar en la estacada** Abandonar a alguien en una situación difícil o comprometida. **Quedar(se) en la estacada** Fracasar en una empresa; ser vencido en una disputa.

ESTACAR v.tr. [1]. Atar un animal a una estaca clavada en la tierra. **2.** Señalar el límite de un terreno con estacas. **3.** Amér. Extender algo sobre una superficie sujetándolo o clavándolo con estacas: *estacar un cuero*. ◆ **estacarse** v.prnl. Colomb. y C. Rica. Clavarse una astilla.

ESTACAZO s.m. Golpe fuerte dado con una

estaca, palo grueso. **2.** *Fig.* Varapalo, daño o contratiempo grande.

ESTACHA s.f. Cuerda o cable atado al arpón que se clava a las ballenas. **2.** Cabo grueso y resistente con que se ata una embarcación a otra fondeada o a un objeto fijo.

ESTACIÓN s.f. (lat. *statio, -onis*, permanencia, lugar de estancia). Cada uno de los cuatro períodos en que está dividido el año por los equinoccios y los solsticios. **2.** Período del año caracterizado por algo, especialmente por unas condiciones climáticas determinadas o por la realización de una actividad: *la estación de las lluvias; la estación de la vendimia*. **3.** Lugar donde un tren o un autobús se detienen para dejar o recoger viajeros, o para cargar o descargar mercancías; edificio o conjunto de instalaciones que hay en este lugar. **4.** Conjunto de instalaciones, fijas o móviles, destinadas a realizar una actividad determinada: *estación meteorológica*. **5.** Lugar en que se coloca el que, en las operaciones de topografía y geodesia, hace las observaciones. **6.** Lugar en que se hace alto para descansar durante un viaje, paseo, etc.: *hacer estación a mitad del camino*. **7.** REL. Cada una de las catorce pausas del vía crucis. ◇ **Estación de esquí**, o **de invierno** Conjunto de instalaciones donde se practica el esquí. **Estación de servicio** Conjunto de instalaciones destinadas al aprovisionamiento de vehículos automotores. **Estación emisora** Instalación emisora de radio o televisión. **Estación espacial**, u **orbital** Ingenio espacial con medios limitados de propulsión autónoma, destinado a realizar una misión determinada, en el espacio o en un astro, con cierta permanencia. **Estación marítima** Conjunto de instalaciones portuarias destinadas al tránsito de pasajeros y mercancías. **Estación término**, o **terminal** Estación situada en el punto inicial o final de un trayecto.
ENCICL. La división del año en cuatro estaciones es resultado del movimiento de la Tierra en torno al Sol. La primavera comienza en el equinoccio de primavera y termina en el solsticio de verano; vienen a continuación el verano, el otoño y el invierno, que respectivamente terminan en el equinoccio de otoño, el solsticio de invierno y el equinoccio de primavera. La Tierra no se desplaza a una velocidad constante sobre su órbita, pues es elíptica, lo que provoca una desigualdad en la duración de las estaciones. En la actualidad, la primavera, el verano y el invierno tienen en el hemisferio norte duraciones medias, respectivamente, de

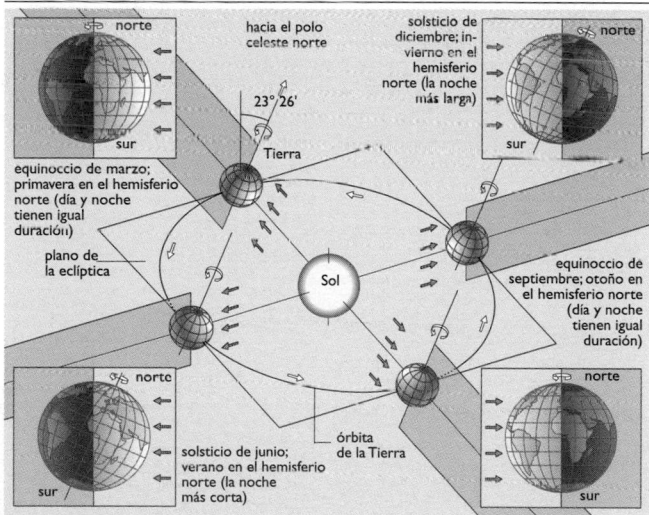

norte
hacia el polo celeste norte
solsticio de diciembre; invierno en el hemisferio norte (la noche más larga)
norte
sur
23° 26'
Tierra
equinoccio de marzo; primavera en el hemisferio norte (día y noche tienen igual duración)
plano de la eclíptica
Sol
equinoccio de septiembre; otoño en el hemisferio norte (día y noche tienen igual duración)
norte
norte
sur
sur
solsticio de junio; verano en el hemisferio norte (la noche más corta)
órbita de la Tierra
sur

■ **ESTACIÓN.** El fenómeno de las estaciones.
La división del año en estaciones resulta de la inclinación (23° 26') del eje de rotación de la Tierra con respecto a la perpendicular de su plano de traslación alrededor del Sol. Puesto que el eje de los polos mantiene a lo largo del año una dirección fija en el espacio, el Sol ilumina unas veces el polo norte y otras el polo sur, de modo que la duración del día en los diferentes puntos del globo varía.

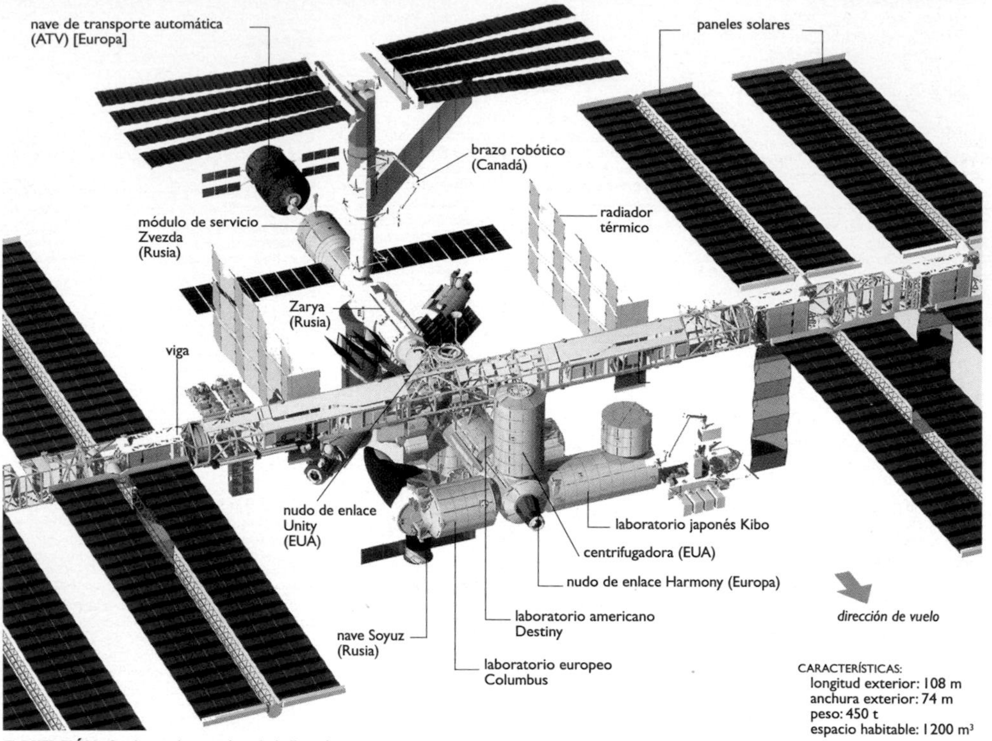

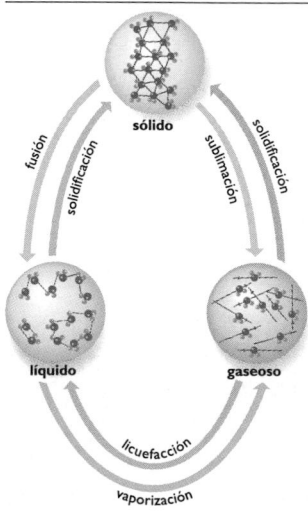

nave de transporte automática
(ATV) [Europa]

paneles solares

brazo robótico
(Canadá)

módulo de servicio
Zvezda
(Rusia)

radiador
térmico

Zarya
(Rusia)

viga

nudo de enlace
Unity
(EUA)

laboratorio japonés Kibo

centrifugadora (EUA)

nudo de enlace Harmony (Europa)

nave Soyuz
(Rusia)

laboratorio americano
Destiny

dirección de vuelo

laboratorio europeo
Columbus

CARACTERÍSTICAS:
longitud exterior: 108 m
anchura exterior: 74 m
peso: 450 t
espacio habitable: 1200 m³

■ **ESTACIÓN.** Configuración completa de la Estación espacial internacional (prevista para el año 2010).

92 d, 19 h; 93 d, 23 h; 89 d, 13 h; 89 d. (estas duraciones experimentan variaciones seculares). En el hemisferio sur las estaciones se invierten en relación con las del hemisferio norte. Su mecanismo es común al de todos los planetas cuyo eje de rotación no es perpendicular al plano de la órbita.

ESTACIONAL adj. Propio de una de las estaciones del año: *calenturas estacionales.*

ESTACIONAMIENTO s.m. Acción y efecto de estacionar o estacionarse. **2.** Zona señalizada en la vía pública para estacionar vehículos, generalmente de pago. ◇ **Disco de estacionamiento** Dispositivo que se encuentra en algunas de estas zonas y que indica la hora en la que el vehículo ha sido estacionado.

ESTACIONAR v.tr. y prnl. Colocar transitoriamente en un lugar, especialmente un vehículo.

ESTACIONARIO, A adj. Que permanece en el mismo punto o situación, sin adelanto ni retroceso: *la natalidad permanece estacionaria.* **2.** MAT. Se dice de una sucesión de números que, a partir de cierto estado, son todos iguales. ◆ s.m. Librero jurado de la baja edad media. **2.** En la antigüedad romana, soldado de un puesto de policía. ◇ **Estado estacionario** ECON. Situación teórica de un sistema económico que hubiese llegado al límite de su proceso de crecimiento. **Teoría del universo estacionario** FÍS. Teoría cosmológica según la cual el universo conserva una densidad de materia constante en el transcurso del tiempo.

ESTADA s.f. Estancia o permanencia en un lugar.

ESTADÍA s.f. Tiempo en que se permanece en algún sitio. **2.** MAR. Plazo estipulado para la carga y descarga de un barco mercante. **3.** TECNOL. Mira graduada utilizada para medir con el taquímetro la distancia entre dos puntos.

ESTADÍGRAFO, A s. Estadístico.

ESTADIO s.m. (lat. *stadium*). Lugar de grandes dimensiones donde se realizan competiciones deportivas y que tiene graderías para los espectadores. SIN.: *estádium.* **2.** Grado de desarrollo de un fenómeno: *los diferentes estadios de una evolución.* **3.** En la antigüedad griega, unidad de medida de longitud de 600 pies equivalente, según la región, a 147 o 192 m.

ESTADISTA s.m. y f. Persona experta en política que ejerce un alto cargo en la administración del estado.

ESTADÍSTICA s.f. (fr. *statistique*). Ciencia cuyo objeto es reunir una información cuantitativa concerniente a individuos, grupos, series de hechos, etc., y deducir de ella, gracias al análisis de estos datos, unos significados precisos o unas previsiones para el futuro. **2.** Cuadro numérico de un hecho que se presta a la estadística.

ESTADÍSTICO, A adj. Relativo a la estadística: *método estadístico.* ◆ s. Persona que se dedica a la estadística.

ESTÁDIUM s.m. Estadio.

ESTADIZO, A adj. Que lleva mucho tiempo sin moverse o renovarse: *aguas estadizas.*

ESTADO s.m. (lat. *statum*). Situación en que está una persona o cosa: *estado de salud; edificio en mal estado.* **2.** Condición de un cuerpo en cuanto a la cohesión, fluidez, distribución o ionización de sus átomos: *estado sólido, cristalino.* **3.** Entidad política que preside los destinos colectivos de una sociedad y que ejerce, por esta razón, el poder legal. ◇ **Ecuación de estado** FÍS. Ecuación entre las dimensiones que definen el estado de un cuerpo puro. **Estado benefactor** Estado que se basa en el principio de que el bienestar del individuo depende del de la colectividad. SIN.: *estado providencia.* **Estado civil** Condición de una persona en cuanto a las relaciones de familia, nacimiento, filiación, matrimonio y defunción. **Estado contable** Documento que reproduce el detalle o el análisis de cifras y datos extraídos de las cuentas contables. **Estado de ánimo** Estado moral en que se encuentra alguien, de alegría, tristeza, abatimiento, etc. **Estado de cosas** Conjunto de circunstancias que concurren en un asunto determinado. **Estado del bienestar** Sistema de organización social en que se procura compensar las deficiencias e injusticias de la economía de mercado con redistribuciones de renta y prestaciones sociales otorgadas a los menos favorecidos. **Estado de naturaleza** Estado hipotético de la humanidad, lógicamente anterior a la vida en sociedad. **Estado de necesidad** DER. PEN. Situación de peligro actual o inmediato para un bien jurídicamente protegido, que solo puede

sólido

fusión
solidificación
sublimación
solidificación

líquido
gaseoso

licuefacción

vaporización

■ **ESTADO.** Los estados de la materia y sus cambios.

evitarse mediante la lesión de un bien de otra persona, también protegido jurídicamente. **Estado de un sistema** FÍS. Conjunto de las características de un sistema necesarias y suficientes para su descripción y para la previsión de su evolución. **Estado límite** PSIQUIATR. Estructura patológica de la personalidad que se caracteriza por la combinación de alteraciones psicóticas, neuróticas y caracteriales, a las que se yuxtaponen elementos normales. **Estado mayor** Cuerpo de oficiales encargados en los ejércitos de informar técnicamente a los jefes superiores, distribuir las órdenes y procurar y vigilar su cumplimiento. **Estados generales** En el Antiguo régimen francés, asambleas convocadas por el rey de Francia para tratar asuntos importantes concernientes al estado. **Estado social y democrático de derecho** El caracterizado por la intervención de los poderes públicos en materias económicas y sociales y por la ampliación de derechos políticos individuales a esferas de ámbito colectivo y social (sanidad, educación, etc.). **Estar en estado** Estar preñada una mujer. **Golpe de estado** Acción de una autoridad que viola las formas constitucionales; conquista del poder político por medios ilegales. **Hombre de estado** Hombre que participa en la dirección del estado o desempeña un papel político importante. **Razón de estado** Consideración del interés público en nombre del cual se justifica una acción generalmente injusta. **Tercer estado** En el Antiguo régimen, grupo social que no pertenecía ni a la nobleza ni al clero.

ESTADOUNIDENSE adj. y s.m. y f. De Estados Unidos.

ESTADUAL adj. Amér. Relativo a los estados que integran una federación o confederación.

1. ESTAFA s.f. Acción de estatar. 2. Delito de apropiación patrimonial, en perjuicio de un tercero, realizado con ánimo de lucro y mediante engaño.

2. ESTAFA s.f. (ital. *staffa*, estribo). Lazo en el que un acróbata asegura la mano o el pie para hacer ejercicios sobre aparatos gimnásticos.

ESTAFADOR, RA s. Persona que estafa.

ESTAFAR v.tr. (ital. *staffare*, sacar el pie del estribo). Quitar a una persona dinero o algo de valor con engaño, o darle menos de lo que le corresponde, o cobrarle una cantidad de dinero superior a la justa. 2. No satisfacer lo que se ha prometido pagar.

ESTAFERMO s.m. (ital. *sta fermo*, está firme). Poste o maniquí que servía antiguamente para la instrucción de los caballeros en el empleo de la lanza.

ESTAFETA s.f. (ital. *staffeta*, de *corriere a staffeta*, correo especial que viaja a caballo). Oficina del servicio de correos, particularmente cada sucursal de la central en una población grande. 2. Correo ordinario que iba a caballo de un lugar a otro.

ESTAFILÍNIDO, A adj. y s.m. Relativo a una familia de coleópteros carnívoros, con élitros cortos y abdomen móvil.

ESTAFILINO, A adj. ANAT. Relativo a la úvula.

ESTAFILOCOCIA s.f. Infección causada por un estafilococo.

ESTAFILOCOCO s.m. (del gr. *staphylé*, racimo, y *kokkós*, grano). Bacteria de forma redondeada que se encuentra especialmente en la piel y las mucosas y cuyos individuos están agrupados en racimos. (Es una bacteria abundante en la naturaleza y una de sus especies, el *estafilococo dorado*, causa infecciones como los forúnculos, el ántrax, la septicemia, la osteomielitis, etc.)

ESTAFILOMA s.m. (lat. *staphyloma*, *-atis*, del gr. *staphýloma*). Tumor de la córnea del ojo.

ESTAFISAGRIA s.f. (del gr. *staphís*, uva, pasa, y *agría*, silvestre). Planta herbácea, llamada también *hierba piojera* y *matapiojos*, usada para combatir los piojos. (Familia ranunculáceas.)

ESTAGNACIÓN s.f. Estancamiento.

ESTAJADERA s.f. Martillo que usan los herreros. SIN.: *estajador*.

ESTAJANOVISMO o **STAJANOVISMO** s.m. (de A. G. *Stajánov*, minero ruso). En los países de economía socialista, método basado en la iniciativa del trabajador para aumentar el rendimiento.

ESTAJANOVISTA o **STAJANOVISTA** adj. y s.m. y f. Relativo al estajanovismo; partidario de este método.

ESTAJAR v.tr. Disminuir el espesor de una pieza de hierro.

ESTALACIÓN s.f. Cada una de las categorías en que se dividen los individuos de una comunidad o cuerpo.

ESTALACTITA s.f. (del gr. *stalaktós*, que gotea). Concreción calcárea alargada y puntiaguda que desciende del techo de algunas grutas.

■ ESTALACTITAS Y ESTALAGMITAS

ESTALAGMITA s.f. (del gr. *stalagmós*, goteo). Concreción calcárea alargada y puntiaguda que se forma en el suelo de algunas grutas.

ESTALAGMOMETRÍA s.f. Medida de la tensión superficial mediante la determinación de la masa o del volumen de una gota de líquido dispuesta en el extremo de un tubo capilar.

ESTALAGMÓMETRO s.m. Instrumento para medir la tensión superficial por medición del número de gotas en una cantidad de líquido.

ESTALINISMO o **STALINISMO** s.m. Teoría y conjunto de las prácticas políticas desarrolladas por Stalin y sus partidarios.

ESTALINISTA o **STALINISTA** adj. y s.m. y f. Relativo al estalinismo; partidario del estalinismo.

ESTALLAR v.intr. (del ant. *astiella*, astilla). Reventar algo de golpe, de manera violenta y produciendo ruido: *estallar un globo; estallar una bomba.* 2. Restallar: *estallar el látigo.* 3. *Fig.* Sobrevenir o iniciarse algo violento: *estallar la guerra; estallar la tormenta.* 4. *Fig.* Sentir y manifestar violentamente un sentimiento: *estallar de ira; estallar en llanto.*

ESTALLIDO s.m. Acción de estallar. 2. Ruido que produce algo al estallar.

ESTAMBRAR v.tr. Torcer la lana y convertirla en estambre.

ESTAMBRE s.m. (lat. *stamen*, urdimbre). Parte del vellón de lana compuesta de hebras largas. 2. Hilo de lana peinada, formado de estas hebras, y tela obtenida con este hilo. 3. Órgano sexual masculino de algunas flores, que consta de una parte estrecha, filamento, y otra ancha, antera, que contiene el polen.

■ **ESTAMBRES** de la flor del manzano.

antera

filamento

ESTAMENARA s.f. MAR. Madero de los que forman la armazón de una embarcación hasta la cinta.

ESTAMENTAL adj. Relativo al estamento.

ESTAMENTO s.m. (cat. *estament*). Grupo social integrado por las personas que tienen una misma situación jurídica y gozan de unos mismos privilegios.

ESTAMEÑA s.f. (lat. *texta staminea*). Tejido basto de estambre, usado principalmente para confeccionar hábitos.

ESTAMINADO, A adj. Se dice de la flor provista de estambres.

ESTAMINAL adj. Relativo a los estambres de las flores.

ESTAMÍNEO, A adj. (lat. *stamineus*). Que es de estambre. 2. Relativo al estambre.

ESTAMINÍFERO, A adj. (lat. *stamen*, estambre, y *ferre*, producir). Se dice de la flor que tiene solo estambres.

ESTAMPA s.f. Efigie o figura impresa. 2. *Fig.* Aspecto o apariencia de alguien o algo: *mujer de fina estampa.* 3. *Fig.* Reproducción, representación o ejemplo de alguien o algo: *ser la estampa de su padre.* 4. Molde o matriz huecos que sirven para el forjado de piezas. 5. Punzón o macho de embutir. 6. Imprenta o impresión: *dar un texto a la estampa.* 7. Huella, señal del pie.

ESTAMPACIÓN s.f. Acción y efecto de estampar. 2. Impresión en hueco, con ayuda de planchas grabadas en relieve, calentadas y sometidas a fuerte presión, sobre las tapas de los volúmenes encuadernados. 3. Elaboración, por deformación plástica de una masa de metal mediante matrices, para darle una forma y dimensión determinadas, parecidas a las definitivas. 4. Huella de una inscripción, de un sello o de un bajorrelieve, obtenida por presión sobre una hoja de papel mojado, un bloque de yeso húmedo o una cerámica sin cocer. ◇ **Estampación de telas** Procedimiento de tinción localizada, que forma, en la superficie de los tejidos, dibujos multicolores o de un solo color.

ESTAMPADO, A adj. y s.m. Se dice del tejido en que se estampan diferentes labores o dibujos. ◆ s.m. Estampación.

ESTAMPADOR, RA adj. Que estampa. ◆ s. Persona que tiene por oficio estampar.

ESTAMPADORA s.f. Máquina que sirve para estampar.

ESTAMPAR v.tr. e intr. Imprimir, sacar en estampas las figuras, dibujos o letras contenidos en un molde, ejerciendo presión sobre un papel, tela, etc., o sobre un objeto de metal, cuero, etc. 2. Dar al cuero un grano artificial por medio de la prensa o máquina de estampar. 3. Dar forma a las piezas de metal forjándolas entre matrices o estampas. 4. Imprimir en relieve sobre metal, cuero, cartón, etc. 5. Escribir, especialmente firmar: *estampar la firma.* ◆ v.tr. y prnl. Dejar marcada una señal o huella sobre una superficie mediante presión: *estampar una pisada en la arena.* 6. *Fig.* Producir algo una fuerte impresión en el ánimo: *estampar dulzura.* 7. *Fam.* Arrojar a alguien o algo haciéndolo chocar contra otra cosa: *estampar contra la pared.*

ESTAMPÍA (DE) loc. Con precipitación, muy de prisa: *salir de estampía.*

ESTAMPIDA s.f. Carrera rápida e impetuosa que emprende un grupo de personas o animales. 2. Amér. Huida impetuosa. ◇ **De estampida** *Fam.* Con precipitación, muy de prisa.

ESTAMPIDO s.m. Ruido fuerte y seco, como el producido por un disparo.

ESTAMPILLA s.f. Sello que contiene en facsímil la firma y rúbrica de una persona. 2. Sello con letrero para estampar en ciertos documentos. 3. Marca impresa por medio de cualquiera de estos sellos. 4. Marca de fábrica que proporciona indicaciones seguras sobre la datación y procedencia de los vasos de cerámica, tejas y ladrillos. 5. Amér. Sello de correos o fiscal.

ESTAMPILLADO s.m. Esp. Acción y efecto de estampillar.

ESTAMPILLAR v.tr. Esp. Sellar, marcar con estampilla.

ESTANCAMIENTO s.m. Acción y efecto de estancar. SIN.: *estancación.*

ESTANCAR v.tr. y prnl. [1]. Detener el curso de algo, especialmente de un fluido. ◆ v.tr. Prohibir el curso o venta libre de una mercancía, convirtiéndola en monopolio del estado o de una entidad.

ESTANCIA s.f. Permanencia en un lugar. **2.** Habitación o pieza de una vivienda destinada a ser utilizada ordinariamente. **3.** Argent., Chile, Perú y Urug. Hacienda agrícola destinada principalmente a la ganadería y a determinados tipos de cultivo extensivo. **4.** Cuba, Dom. y Venez. Casa de campo con huerta que está próxima a la ciudad. **5.** MÉTRIC. **a.** Estrofa formada por versos heptasílabos y endecasílabos en número variable, con rima libre. **b.** Composición poética formada por estas estrofas.

ESTANCIERO, A s. Persona que posee una estancia o finca, o que se ocupa de su mantenimiento.

ESTANCO, A adj. Completamente cerrado. ◆ s.m. Establecimiento donde se venden géneros estancados, especialmente sellos, tabaco y fósforos. **2.** Monopolio de la producción o venta de alguna mercancía, concedido por el estado en arrendamiento o administrado directamente por este. ◇ **Compartimiento estanco** Cualquier cosa totalmente independiente de otra.

ESTÁNDAR o **STANDARD** adj. (ingl. *standard*) [pl. *estándares* o *standards*]. Conforme a una norma de fabricación, a un modelo o a un tipo. **2.** Uniforme, comúnmente aceptado o utilizado. ◆ s.m. Regla establecida en una empresa para caracterizar un producto, un método de trabajo, una cantidad que producir, etc. ◇ **Desviación estándar** ESTADÍST. Desviación tipo. **Estándar de vida** Nivel de vida. **Precio estándar** Precio de orden establecido para todos los costos de la empresa a fin de obtener unos resultados contables independientes de la variación de los precios.

ESTANDARIZACIÓN o **ESTANDARDIZACIÓN** s.f. **1.** Acción y efecto de estandarizar. **2.** SOCIOL. Proceso por el que las actitudes, ideas y gustos son moldeados según un patrón común.

ESTANDARIZAR o **ESTANDARDIZAR** v.tr. [7]. Establecer un estándar, normalizar, unificar, simplificar. ◆ **estandarizarse** v.prnl. Adocenarse, perder los rasgos distintivos, las cualidades originales.

ESTANDARTE s.m. (fr. ant. *estandart*). Insignia o bandera que usan los cuerpos montados, las tropas de aviación y algunas corporaciones civiles o religiosas. **2.** BOT. Pétalo superior de la corola de las papilionáceas. SIN.: *vexilo.* **3.** ORNITOL. Conjunto de las barbas y barbillas de la pluma de un ave.

ESTANFLACIÓN s.f. (ingl. *stagflation*). Situación económica de un país que se caracteriza por el estancamiento o la recesión del crecimiento, a la vez que persiste el alza de los precios y los salarios, pese a mantenerse un nivel de desempleo relativamente importante.

ESTÁNNICO, A adj. QUÍM. Se dice de los compuestos del estaño tetravalente.

ESTANNÍFERO, A adj. Que contiene estaño.

ESTANNOSO, A adj. QUÍM. Se dice de los compuestos del estaño divalente.

ESTANQUE s.m. Extensión artificial de agua estancada. ◇ **Estanque lateral** Estanque lindante a una esclusa destinado a reducir la pérdida de agua cada vez que se abre la esclusa.

ESTANQUERO, A s. Propietario de un estanco o persona que trabaja en él. ◆ adj. y s. De un partido político chileno creado en 1826 por Diego Portales, que se enfrentó a los liberales o *pipiolos* con el apoyo del grupo de los *pelucones*, al que muchos de ellos se integraron en 1830. (Se denominó así porque entre 1824 y 1826 Portales había administrado el estanco del tabaco.)

ESTANQUILLO s.m. Estanco, lugar donde se venden géneros estancados. **2.** Ecuad. Taberna de vinos y licores. **3.** Méx. Tienda mal abastecida, tenducho.

ESTANTE s.m. Tabla horizontal que forma parte de un mueble o está adosada a la pared y sirve para colocar cosas encima. **2.** Amér. Madero incorruptible que sirve de sostén al armazón de las casas en las ciudades tropicales.

ESTANTERÍA s.f. Mueble formado por estantes superpuestos.

ESTANTIGUA s.f. (del lat. *hostis antiquus*, el viejo enemigo). Fantasma o visión que causa pavor; procesión de fantasmas. **2.** Fig. y fam. Persona alta, desgarbada y mal vestida.

ESTANTÍO, A adj. Que no tiene curso.

ESTAÑADOR, RA s. Persona que tiene por oficio estañar. ◆ adj. y s.m. Que sirve para estañar.

ESTAÑADURA s.f. **1.** Acción y efecto de estañar. **2.** METAL. Baño o revestimiento con que se ha estañado un recipiente u objeto.

ESTAÑAR v.tr. Cubrir o bañar con estaño, especialmente una pieza u objeto de otro metal. **2.** Soldar una cosa con estaño.

ESTAÑO s.m. (lat. *stagnum*). Metal de color blanco, brillante, relativamente ligero y muy maleable, de densidad 7,31, cuyo punto de fusión es de 232 ºC y el de ebullición de 2 507 ºC. **2.** Elemento químico (Sn), de número atómico 50 y masa atómica 118,710. ENCICL. Es inalterable en contacto con el aire. Se encuentra en la naturaleza sobre todo en estado de óxido, principalmente en Malaysia. Se alea con cobre para constituir los bronces; con el plomo forma aleaciones utilizadas en la soldadura de bajo punto de fusión. Se utiliza como metal de protección para el cobre y el hierro (hojalata).

ESTAQUEADERO s.m. Argent. y Urug. Lugar donde se ponen al aire, sujetas por estacas, las pieles de los animales recién desollados para que se oreen.

ESTAQUEADOR s.m. Argent. Persona que tiene por oficio estaquear cueros.

ESTAQUEAR v.tr. Argent. Estirar un cuero fijándolo con estacas. **2.** Argent. *Por ext.* En el s. XIX, atar las extremidades de una persona a cuatro estacas clavadas en el suelo de manera que los brazos y las piernas quedan muy estirados, y dejarla en esta posición durante mucho rato como forma de castigo.

ESTAQUILLA s.f. Clavo de hierro de 30 a 40 cm de long. que sirve para clavar vigas y maderos. **2.** Clavo pequeño de hierro, de forma piramidal y sin cabeza.

ESTAR v.intr. (lat. *stare*, estar en pie, estar inmóvil) [59]. Verbo de amplia gama significativa, según la función que desempeñe en la oración: 1º, en función predicativa con sentido de encontrarse, hallarse, permanecer: *el señor está en casa; estamos en octubre;* 2º, función auxiliar: *estuvieron trabajando; está cerrado; estoy sin dormir;* 3º, en función copulativa, va unido a sustantivos generalmente introducidos por preposición o por alguna otra partícula: *estar a régimen; estar de humor; estar en guardia; no estar para bromas;* 4º, con los adverbios *bien* y *mal* indica, respectivamente, sentido aprobatorio, salud, suficiencia, conveniencia, etc., o sus opuestos: *está bien que salgas; ya está bien de la gripe; estuvo mal lo que hiciste;* 5º, seguido de adjetivo expresa duración o mutabilidad: *la calle está sucia; avisa cuando estés lista.* ◇ **Estar de más** Sobrar, ser inútil o molesto. **Estar en todo** Atender con eficacia y a un tiempo muchas cosas. **Estar por ver** Dudar sobre la certeza o ejecución de algo.

ESTARCIDO s.m. Dibujo hecho estarciendo.

ESTARCIR v.tr. (lat. *extergere*, enjuagar, limpiar) [42]. Estampar formas, dibujos, etc., pasando una brocha sobre una plantilla donde esas formas han sido recortadas.

ESTASIOLOGÍA s.f. SOCIOL. Parte de la sociología política que estudia los partidos políticos.

ESTASIS s.f. (gr. *stasis*, estabilidad, fijeza). Detención o ralentización de la circulación de un líquido orgánico.

ESTATAL adj. Relativo al estado: *organización estatal.*

ESTATALIZAR v.tr. [7]. Poner bajo la intervención o administración del estado servicios, instituciones, empresas, etc., que eran de propiedad privada.

ESTATERA s.f. Unidad de peso y unidad monetaria de la Grecia antigua.

ESTÁTICA s.f. Parte de la mecánica que tiene por objeto el estudio del equilibrio de los sistemas de fuerzas.

ESTÁTICO, A adj. (del gr. *statikós*, relativo al equilibrio de los cuerpos). Relativo a la estática. **2.** Que no se mueve, que permanece en un mismo estado. **3.** *Fig.* Paralizado por el asombro o la emoción.

ESTATIFICAR v.tr. [1]. Poner bajo la intervención y administración del estado servicios, instituciones, empresas, etc., que eran de propiedad privada.

1. ESTATISMO s.m. Cualidad de estático.

2. ESTATISMO s.m. Sistema político en el que el estado interviene directamente en los campos económico y social.

ESTATISTA adj. y s.m. y f. Relativo al estatismo; partidario de este sistema político.

ESTATIZACIÓN s.f. Proceso por el cual una empresa o sector económico pasa a ser controlado directamente por el estado.

ESTATOCISTO s.m. FISIOL. Órgano hueco que contiene corpúsculos pesados, rodeado de una pared sensible, que proporciona información a los animales de numerosas especies sobre su orientación en el campo gravitatorio.

ESTATOR s.m. TECNOL. Parte fija de un motor o generador eléctrico (por oposición a la parte móvil o *rotor*).

ESTATORREACTOR s.m. AERON. Propulsor de reacción sin órgano móvil, constituido por una tobera termopropulsiva.

ESTATUA s.f. (lat. *statua*). Escultura que representa una figura humana o animal.

ESTATUARIA s.f. Arte de hacer estatuas.

ESTATUARIO, A adj. Relativo a las estatuas.

ESTATÚDER s.m. (neerlandés *stathouder* o *stadhouder*, lugarteniente). HIST. **a.** En los Países Bajos españoles, gobernador de provincia, elegido por el soberano. **b.** En las Provincias Unidas, jefe del poder ejecutivo de una provincia o del conjunto de la Unión.

ESTATUIR v.tr. (lat. *statuere*) [88]. Establecer, determinar especialmente lo que debe regir a personas o cosas: *estatuir normas.* **2.** Demostrar, establecer como verdad una doctrina o un hecho.

ESTATURA s.f. (lat. *statura*). Altura de una persona desde los pies a la cabeza.

ESTATUS o **STATUS** s.m. (voz latina) [pl. *estatus* o *status*]. Posición social de una persona, definida por comparación con la de su sociedad y determinada por ciertos atributos.

ESTATUTARIO, A adj. Estipulado en los estatutos o relativo a ellos.

ESTATUTO s.m. (lat. *statutum*). Conjunto de normas que rigen la organización y vida de una colectividad: *estatutos de una sociedad anónima, de un partido político.* ◇ **Estatuto de autonomía** Ley constitucional de una comunidad territorial autónoma en el interior de un estado.

ESTAY s.m. (fr. ant. *estay*). Cabo que sujeta la cabeza de un mástil al pie del inmediato y en dirección hacia proa. ◇ **Vela de estay** MAR. Vela de cuchillo izada en un estay.

1. ESTE s.m. (ingl. ant. *east*). Punto cardinal por donde sale el sol en los equinoccios (abrev. E). **2.** Región o lugar situados en dirección a este punto. ◆ adj. y s.m. Se dice del viento que sopla desde este punto.

2. ESTE, A pron. y adj. dem. (lat. *iste, ista, istud, ese*) [pl. *estos, as*]. Expresa proximidad en espacio y tiempo respecto a la persona que habla. **2.** *Desp. y vulg.* Se emplea para designar a una persona presente: *este no quiere venir.* **3.** La forma femenina se emplea en la correspondencia para referirse a la población donde está el que escribe: *llegué a esta en el primer tren.* (Como pronombre, también se usa la forma acentuada *éste, ésta, éstos, éstas.*)

ESTEARATO s.m. Sal o éster del ácido esteárico.

ESTEÁRICO, A adj. Se dice de un ácido contenido en las grasas animales y que se utiliza para fabricar velas.

ESTEARINA s.f. Compuesto de ácido esteárico y ácido palmítico, principal constituyente de las grasas animales.

ESTEATOMA s.m. MED. Tumor benigno formado por materia grasa.

ESTEATOPIGIA s.f. Presencia de una masa adiposa gruesa en la región del sacro y de las nalgas, que reposa sobre una curvatura lumbosacra muy pronunciada. (Es frecuente entre los bosquimanos y los hotentotes.)

ESTEATOSIS s.f. MED. Degeneración grasa de un tejido.

ESTEFANOTE s.m. Venez. Planta de la familia de las asclepiadáceas, que se cultiva en los jardines por sus hermosas flores blancas.

ESTEGANÓPODO, A adj. y s.m. Pelecaniforme.

ESTEGOCÉFALO, A adj. y s.m. Relativo a una subclase de anfibios fósiles del primario y del triásico, de cráneo bien osificado.

ESTEGOMIA s.f. Mosquito de los países cálidos que transmite la fiebre amarilla con su picadura.

1. ESTELA s.f. (lat. *aestuaria*, agitación del mar). Zona de turbulencia que deja tras de sí un cuerpo que se mueve en un fluido. **2.** Señal o rastro que deja en el aire un cuerpo luminoso en movimiento: *estela luminosa*.

2. ESTELA s.f. (gr. *stéli*). Monumento monolítico de carácter conmemorativo que se erige en posición vertical sobre el suelo. **2.** Por ext. Columna rota, cipo, lápida o pedestal que lleva una inscripción, generalmente funeraria.

■ ESTELA. maya. (Petén, Guatemala, s. IX.)

ESTELAR adj. Relativo a las estrellas: *magnitud estelar.* **2.** Fig. Extraordinario, de gran categoría o importancia: *figura estelar.* ◇ **Ganglio estelar** Ganglio cervical del sistema simpático que presenta ramificaciones en estrella.

ESTELIONATO s.m. DER. Fraude cometido por medio de un contrato que encubre la obligación o carga que pesa sobre un bien.

ESTELITA s.f. (marca registrada). Aleación de cobalto, cromo, volframio y molibdeno, utilizada por sus propiedades de resistencia al desgaste y al calor.

ESTEMMA s.m. ZOOL. Ojo simple de las larvas de los insectos superiores.

ESTENIO o ESTENO s.m. Antigua unidad de medida de fuerza (símb. sn) que equivalía a la fuerza que, en 1 segundo, comunica a una masa de 1 tonelada un aumento de velocidad de 1 metro por segundo.

ESTENODACTILOGRAFÍA s.f. Taquimecanografía.

ESTENOGRAFÍA s.f. (del gr. *stenós*, estrecho, y *gráphein*, escribir). Taquigrafía.

ESTENOGRAFIAR v.tr. [19]. Taquigrafiar.

ESTENOHALINO, A adj. ZOOL. Se dice del animal marino que solo puede vivir en aguas de salinidad constante.

ESTENORESTE o ESTENORDESTE s.m. Punto del horizonte equidistante del este y del noreste (abrev. ENE).

ESTENOSAJE s.m. Tratamiento de las fibras celulósicas para endurecerlas.

ESTENOSIS s.f. (del gr. *stenós*, estrecho). MED. Estrechamiento de un conducto o de un orificio.

ESTENOTERMO, A adj. Se dice del animal marino que solo puede vivir en un medio cuya temperatura varía muy poco.

ESTENOTIPIA s.f. Máquina para transcribir discursos a la misma velocidad que alguien habla y cuyos textos impresos tienen una forma muy simplificada. **2.** Técnica de estenotipia.

ESTENOTIPIAR v.tr. Escribir con la estenotipia.

ESTENOTIPISTA s.m. y f. Persona que tiene por oficio transcribir discursos con la estenotipia.

ESTENTÓREO, A adj. (lat. tardío *stentoreus*, relativo a *Sténtor*, héroe de la Ilíada). Se dice de la voz o el sonido humano o animal muy potentes: *carcajada estentórea*.

1. ESTEPA s.f. (fr. *steppe*, del ruso *estep*). Formación discontinua de vegetales xerófitos, con frecuencia herbáceos, de las regiones tropicales y de las regiones de clima continental semiáridas. **2.** Erial llano y muy extenso. ◇ **Arte de las estepas** Producción artística, en la edad del bronce, de los pueblos nómadas de las estepas euroasiáticas, que alcanzó su apogeo entre los ss. VIII y III a.C.

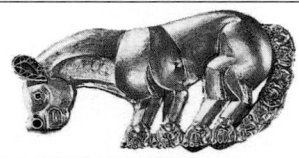

■ EL ARTE DE LAS ESTEPAS.
Placa de un escudo escita en forma de pantera, en oro con incrustaciones de esmalte y de ámbar; fines del s. VII-principios del s. VI a.C.
(Museo del Ermitage, San Petersburgo.)

2. ESTEPA s.f. (hispano-lat. *stippa*). Arbusto sin cápsulas, con ramas leñosas y erguidas empleado como leña. (Familia cistáceas.)

ESTEPARIO, A adj. Propio de la estepa, formación vegetal.

ESTEQUIOMETRÍA s.f. Parte de la química que estudia las proporciones en que se combinan los cuerpos.

ESTEQUIOMÉTRICO, A adj. Relativo a la estequiometría.

ÉSTER s.m. Compuesto que resulta de la acción de un ácido carboxílico sobre un alcohol, con eliminación de agua.

ESTERA s.f. (lat. *storea*). Tejido grueso de fibras vegetales usado especialmente como alfombra.

ESTERAL s.m. Argent. y Urug. Estero, terreno pantanoso.

ESTERAR v.tr. Cubrir con esteras el suelo de una habitación.

ESTERCOLADURA s.f. Acción de estercolar.

ESTERCOLAR v.tr. Abonar las tierras con estiércol.

ESTERCOLERO s.m. Lugar donde se recoge y fermenta el estiércol.

ESTERCÓREO, A adj. (lat. *stercoreus*). Relativo a los excrementos.

ESTERCULIÁCEO, A adj. y s.f. Relativo a una familia de plantas dialipétalas arbóreas, arbustivas o herbáceas, como el cacao.

1. ESTÉREO adj. (apócope). Estereofónico: *grabación estéreo; sistemas estéreo.* (Es invariable.)

2. ESTÉREO s.m. (apócope). Estereofonía.

3. ESTÉREO s.m. Unidad de medida de volumen (símb. st) equivalente a 1 m³, empleada para medir volúmenes de madera.

ESTERÉOBATO s.m. ARQ. Pedestal situado en la base de un edificio, columnata, etc.

ESTEREOCOMPARADOR s.m. Instrumento óptico utilizado en los levantamientos de planos mediante fotografías para efectuar mediciones de coordenadas de gran precisión y para deducir de ellas la situación de puntos topográficos.

ESTEREOESPECÍFICO, A adj. QUÍM. **a.** Se dice del catalizador que permite la formación de altos polímeros de estructura regular. **b.** Relativo a una reacción en la que un compuesto que posee una configuración determinada y única conduce a la formación de un compuesto que tiene asimismo una configuración única.

ESTEREOFONÍA s.f. Técnica de la reproducción de los sonidos registrados o radiodifundidos, caracterizada por la reconstitución espacial de las fuentes sonoras.

ESTEREOFÓNICO, A adj. Relativo a la estereofonía.

ESTEREOGNOSIA s.f. Percepción de la forma y los volúmenes de los cuerpos, utilizando las sensibilidades táctil y muscular.

ESTEREOGRAFÍA s.f. Técnica de representar los sólidos por proyección sobre un plano.

ESTEREOGRÁFICO, A adj. Relativo a la estereografía.

ESTEREOISOMERÍA s.f. QUÍM. Isomería que consiste en la distinta posición en el espacio de los átomos de una misma sustancia.

ESTEREOISÓMERO, A adj. Que presenta estereoisomería.

ESTEREOMETRÍA s.f. Parte de la geometría que se ocupa de la medida de los sólidos.

ESTEREOMÉTRICO, A adj. Relativo a la estereometría.

ESTEREOQUÍMICA s.f. Parte de la química que estudia la estructura tridimensional de los átomos de una molécula.

ESTEREOQUÍMICO, A adj. Relativo a la estereoquímica.

ESTEREORRADIÁN s.m. Unidad de medida de ángulo sólido (símb sr) equivalente al ángulo sólido que, teniendo su vértice en el centro de una esfera, abarca, sobre la superficie de esta esfera, un área equivalente a la de un cuadrado de lado igual al radio de la esfera.

ESTEREOSCOPIA s.f. Visión en relieve con la ayuda de un estereoscopio.

ESTEREOSCÓPICO, A adj. Relativo a la estereoscopia.

ESTEREOSCOPIO s.m. Instrumento óptico en el cual dos imágenes planas, superpuestas por la visión binocular, dan la impresión de una sola imagen en relieve.

ESTEREOTIPADO, A adj. Se dice de las ma-

■ ESTEPA. Paisaje estepario en la región del desierto de Gobi (Mongolia).

nifestaciones externas que se adoptan formulariamente o se repiten sin variación: *sonrisa estereotipada*.

ESTEREOTIPIA s.f. ART. GRÁF. Procedimiento que consiste en imprimir composiciones tipográficas con planchas fundidas en lugar de moldes compuestos de letras sueltas. **2.** PSICOL. Repetición inmotivada, automática e inadaptada a la situación, de palabras, movimientos o actitudes.

ESTEREOTÍPICO, A adj. Relativo a la estereotipia.

ESTEREOTIPO s.m. Concepción simplificada y comúnmente aceptada por un grupo sobre un personaje, aspecto de la estructura social o determinado programa social. **2.** ART. GRÁF. Cliché obtenido por colada de plomo fundido.

ESTEREOTOMÍA s.f. Técnica de cortar cuerpos sólidos para su empleo en la industria y en la construcción.

ESTEREOTÓMICO, A adj. Relativo a la estereotomía.

ESTERERÍA s.f. Lugar donde se hacen o venden esteras.

ESTERERO, A s. Persona que tiene por oficio hacer, vender o colocar esteras.

ESTÉRICO, A adj. QUÍM. Relativo a la configuración espacial de un compuesto químico.

ESTERIFICACIÓN s.f. QUÍM. Reacción reversible de un ácido carboxílico sobre un alcohol.

ESTERIFICAR v.tr. y prnl. [1]. QUÍM. Transformar en éster.

ESTÉRIL adj. (lat. *sterilis*). Que no da fruto, ni no produce nada. **2.** Que no contiene ningún elemento microbiano. **3.** BIOL. Se dice del animal que no es capaz de reproducirse por medios naturales. ◆ s.m. Roca no mineralizada.

ESTERILIDAD s.f. Cualidad de estéril.

ESTERILIZACIÓN s.f. Acción y efecto de esterilizar. **2.** Intervención quirúrgica practicada a una persona o un animal para hacerlos estériles.

ESTERILIZADO, A adj. Sometido a esterilización. ◇ **Leche esterilizada** Leche que ha sido sometida a una temperatura alta y que puede ser conservada varios meses.

ESTERILIZADOR, RA adj. Que esteriliza. ◆ s.m. Aparato que se emplea para esterilizar utensilios o instrumentos.

ESTERILIZAR v.tr. y prnl. [7]. Hacer estéril. ◆ v.tr. BACTER. y MICROB. Destruir los elementos microbianos de un medio que pueden provocar una infección.

ESTERILLA s.f. Tela de hilos gruesos y separados. **2.** Argent., Chile, C. Rica, Ecuad. y Urug. Tejido de trama parecida a la del cañamazo. **3.** Argent. y Ecuad. Rejilla para construir asientos.

ESTERLETE s.m. Pez muy próximo al esturión común, del que se distingue por tener el hocico más puntiagudo y por su menor tamaño.

ESTERNOCLEIDOMASTOIDEO adj. y s.m. ANAT. Se dice de un músculo que se inserta en el esternón, en la clavícula y la apófisis mastoides.

ESTERNÓN s.m. (fr. ant. *sternon*). Hueso plano situado en la parte anterior de la caja torácica al que están unidas las diez primeras costillas en el ser humano.

ESTERO s.m. (lat. *aestuarium*). Zona del litoral inundada durante la pleamar. **2.** Amér. Brazo que forman los ríos que enlazan unos cauces con otros. **3.** Bol., Colomb. y Venez. Aguazal, terreno cenagoso. **4.** Chile. Arroyo, riachuelo.

ESTEROIDE s.m. y adj. Compuesto químico orgánico de origen animal o vegetal que tiene una cadena carbonada con cuatro núcleos cíclicos enlazados.

ESTEROL s.m. QUÍM. Compuesto químico orgánico que tiene la estructura básica de los esteroides y una función alcohol, como el colesterol.

ESTERTOR s.m. (lat. *stertere*). Respiración anhelosa, con ronquido silbante, característica de la agonía y el coma. **2.** Ruido que produce el paso del aire por las vías respiratorias obstruidas por mucosidades.

ESTESIOLOGÍA s.f. Parte de la anatomía que se ocupa de los órganos de los sentidos.

ESTETA s.m. y f. Persona que muestra una inclinación muy fuerte por la belleza formal, o por el arte, y los antepone a cualquier otro valor. **2.** Persona especialista en estética.

ESTÉTICA s.f. Teoría filosófica de la belleza formal y del sentimiento que esta despierta en el ser humano. **2.** Teoría del arte. **3.** Aspecto exterior de algo o alguien desde el punto de vista de la belleza formal. ◇ **Estética industrial** Disciplina que, en la fabricación de los objetos, tiene en cuenta criterios estéticos, manteniendo la utilidad para la que están hechos.

ESTETICISMO s.m. Doctrina o actitud que concede una importancia primordial a los valores estéticos, especialmente en las obras literarias o artísticas. SIN.: *estetismo*.

ESTETICISTA adj. Relativo al esteticismo. ◆ s.m. y f. Persona que tiene por oficio cuidar y embellecer el cuerpo humano con cosméticos o tratamientos de belleza.

ESTÉTICO, A adj. (gr. *aisthitikós*, susceptible de percibirse por los sentidos). Relativo a la estética. **2.** Artístico o bello. ◇ **Cirugía estética** Parte de la cirugía plástica que se ocupa de mejorar la forma o el aspecto externo de una parte del cuerpo.

ESTETOSCOPIA s.f. MED. **a.** Auscultación por medio del estetoscopio. **b.** Conjunto de signos que aporta esta auscultación.

ESTETOSCOPIO s.m. (del gr. *stithos*, pecho, y *skopein*, examinar). Instrumento médico que sirve para auscultar, formado por un disco pequeño de metal unido a un tubo que se bifurca en dos auriculares.

ESTEVA s.f. (del lat. *stiva*). Pieza curva del arado en la parte posterior, sobre la que se apoya la mano.

ESTEVADO, A adj. y s. Que tiene las piernas torcidas en arco.

ESTHÉTICIENNE s.f. (voz francesa). Mujer esteticista.

ESTIAJE s.m. (fr. *étiage*). Nivel más bajo o caudal mínimo de un curso de agua. **2.** Período que dura este nivel.

ESTIBA s.f. Acción y efecto de estibar. SIN.: *estibación*. **2.** MAR. Colocación conveniente de las mercancías en un barco.

ESTIBADOR, RA s. Persona que tiene por oficio estibar en los muelles.

ESTIBADORA s.f. Máquina de manutención que permite colocar cargas de formas regulares, una encima de la otra, en dos o varios niveles.

ESTIBAR v.tr. (lat. *stipare*, amontonar). Apretar materiales o cosas sueltas para que ocupen el menor espacio posible. **2.** MAR. **a.** Distribuir convenientemente la carga de un barco. **b.** Cargar y descargar mercancías en los muelles.

ESTIBIADO, A adj. FARM. Que contiene antimonio.

ESTIBINA s.f. Sulfuro natural de antimonio y principal mena de este metal. SIN.: *antimonita*.

ESTIÉRCOL s.m. (lat. *stercus, -oris*). Excremento de animal. **2.** Conjunto de materias orgánicas, detritos animales y vegetales en descomposición, que constituyen un abono natural para las tierras.

ESTIGMA s.m. (lat. *stigma, -atis*, marca impuesta con hierro candente). Marca en el cuerpo, hecha con hierro candente, como castigo o como signo de esclavitud. **2.** *Fig.* Señal de infamia, de deshonra, de bajeza moral: *el estigma del vicio*. **3.** Marca o señal que aparece en el cuerpo a consecuencia de un proceso patológico. **4.** BOT. Parte superior del pistilo. **5.** ZOOL. Orificio respiratorio de las tráqueas, en los insectos y arácnidos. ◆ **estigmas** s.m.pl. Llagas de origen sobrenatural que aparecen en el cuerpo de ciertos místicos cristianos y que reproducen las de Jesús crucificado.

ESTIGMÁTICO, A adj. Relativo al estigma. **2.** Se dice de un sistema óptico que da una imagen neta de un punto u objeto.

ESTIGMATISMO s.m. ÓPT. Propiedad de un sistema óptico que es estigmático.

ESTIGMATIZAR v.tr. [7]. Marcar a alguien con un hierro candente. **2.** Ofender a una persona públicamente.

ESTILAR v.tr., intr. y prnl. Usar, acostumbrar, estar de moda: *ya no se estila el sombrero*.

ESTILETE s.m. (fr. *stylet*). Puñal de hoja estrecha y afilada. **2.** Instrumento quirúrgico.

ESTILICIDIO s.m. Goteo de un líquido que mana.

ESTILISMO s.m. Tendencia a cuidar exageradamente del estilo, atendiendo más a la forma que al fondo de la obra literaria. **2.** Actividad o profesión del estilista.

ESTILISTA s.m. y f. Escritor y orador que se distingue por lo esmerado y elegante de su estilo. **2.** Persona que tiene por oficio cuidar el estilo y la imagen, particularmente en el mundo de la moda y la decoración.

ESTILÍSTICA s.f. LING. Estudio científico del estilo en función a unos criterios léxicos, fonéticos, sintácticos y retóricos.

ESTILÍSTICO, A adj. Relativo al estilo.

ESTILITA adj. y s.m. Se dice de los anacoretas que vivían en lo alto de una columna.

ESTILIZACIÓN s.f. Acción y efecto de estilizar o estilizarse.

ESTILIZAR v.tr. [7]. Representar algo destacando sus rasgos más característicos o los que responden a la idea que se quiere transmitir. ◆ v.tr. y prnl. Hacer más esbelto o delgado.

ESTILO s.m. (lat. *stilus*). Modo peculiar de actuar, pensar o vivir: *estilo de vida*. **2.** Conjunto de rasgos o características que determinan a alguien o algo: *atuendo de estilo oriental*. **3.** Manera peculiar de ejecutar una obra, propia de un artista, un género, una época o un país: *estilo barroco*. **4.** Punzón metálico que se empleaba para escribir sobre tabletas de cera. **5.** Argent. y Urug. Canción típica que se compone de dos partes: una lenta, en compás binario, y otra rápida, en ternario, que se acompaña con la guitarra. **6.** Manera de contar los años. **7.** BOT. Región media del pistilo, comprendida entre el ovario y el estigma. ◇ **Por el estilo** Indica una vaga similitud. **Tener estilo** Tener elegancia y personalidad.

ESTILÓBATO s.m. (del gr. *stylos*, columna, y *baínein*, andar). ARQ. Pedestal o basamento sobre el cual se apoya una columnata.

ESTILOGRÁFICO, A adj. y s.f. (ingl. *stylographic*). Se dice de la pluma cuyo mango contiene un depósito de tinta.

ESTILOIDES adj. ANAT. Se dice de la apófisis ósea en forma de estilete.

ESTIMA s.f. Consideración o valoración que se hace de alguien o algo. **2.** Afecto o cariño que se siente por alguien o algo. **3.** MAR. Cálculo de la situación aproximada de un barco a partir de los rumbos seguidos y distancias navegadas.

ESTIMACIÓN s.f. Acción de estimar. **2.** Aprecio o consideración: *ganarse la estimación de los compañeros*. **3.** ESTADÍST. Búsqueda de uno o varios parámetros característicos de una población entre la que se ha efectuado un muestreo.

ESTIMAR v.tr., intr. y prnl. (lat. *aestimare*). Valorar, atribuir un valor. ◆ v.tr. y prnl. Sentir afecto por alguien o algo. ◆ v.tr. Juzgar, creer. **2.** ESTADÍST. Realizar una estimación. **3.** MAR. Verificar el cálculo de una estima.

ESTIMATIVA s.f. Facultad psíquica con que se juzga el aprecio que merecen las cosas.

ESTIMATIVO, A adj. Que constituye una estimación: *presupuesto estimativo*.

ESTIMATORIO, A adj. Relativo a la estimación.

ESTIMULANTE adj. Que estimula. SIN.: *estimulador*. ◆ adj. y s.m. Se dice de la sustancia o medicamento que incrementa o facilita el desarrollo de una actividad orgánica.

ESTIMULAR v.tr. (lat. *stimulare*, pinchar). Hacer que alguien sienta un deseo intenso de realizar algo, o hacer que algo se active, especialmente una actividad orgánica.

ESTIMULINA s.f. Hormona secretada por la hipófisis, cuya acción consiste en estimular la actividad de una glándula endocrina.

ESTÍMULO s.m. (lat. *stimulus*, aguijón). Cosa que estimula o incita a hacer algo. **2.** BIOL. Agente físico, químico, mecánico, o de otra índole, que desencadena una reacción funcional en un organismo. ◇ **Estímulo signo** ETOL. Estímulo capaz de desencadenar una reacción motora en un animal.

ESTÍO s.m. (lat. *aestivum [tempus]*). Poét. Verano.

ESTIPENDIO s.m. (lat. *stipendium*). Remuneración dada a una persona por su trabajo y servicio.

ESTÍPITE s.m. (lat. *stipes, -itis*, tronco, estaca). ARQ. Pilastra en forma de pirámide truncada, con la base menor hacia abajo. **2.** BOT. Tallo o tronco largo, no ramificado, que termina en un penacho de hojas, como en las palmeras; tallo simple de los helechos.

ESTÍPTICO, A adj. y s.m. (gr. *styptikós*, astringente). MED. Se dice del astringente poderoso, como el alumbre, las sales de plomo, de hierro, etc.

ESTIPTIQUEZ o **ESTITIQUEZ** s.f. Amér. Central, Chile, Colomb., Ecuad. y Venez. Estreñimiento.

ESTÍPULA s.f. (lat. *stipula*, rastrojo). BOT. Apéndice membranoso o foliáceo que se encuentra en el punto de inserción de las hojas.

ESTIPULACIÓN s.f. DER. **a.** Convenio, pacto, especialmente verbal. **b.** Cláusula de un contrato u otro documento.

ESTIPULAR v.tr. (lat. *stipulari*). Convenir o acordar algo. **2.** DER. Determinar verbalmente las condiciones de un contrato.

ESTIRADA s.f. Estirón, crecimiento rápido en altura.

ESTIRADO, A adj. Se dice de la persona distante y orgullosa en el trato con los demás. ◆ s.m. Operación que tiene por objeto obtener una mayor longitud y menor sección de una barra o un tubo, haciéndolos pasar en frío a través de una hilera. **2.** En el proceso de hilatura, operación que tiene por objeto adelgazar las cintas de fibras textiles. **3.** Procedimiento continuo de fabricación de vidrio plano directamente a partir de la masa vítrea blanda. ◇ **Banco de estirado** Máquina utilizada para el estirado de las cintas de fibras textiles.

ESTIRAMIENTO s.m. Acción y efecto de estirar o estirarse. **2.** Orgullo, arrogancia.

ESTIRAR v.tr. y prnl. Hacer fuerza en direcciones opuestas en los dos extremos de una cosa para alargarla. **2.** Atirantar, poner tenso y tirante. ◆ v.tr. Ir poniendo recto un miembro, especialmente los brazos, para desentumecerlo o desperezarse. **2.** *Fig.* Administrar el dinero con cuidado para atender con él el mayor número de necesidades. **3.** TECNOL. Realizar el estirado de una pieza metálica o de una cinta de fibra textil. ◆ v.intr. Tirar, hacer fuerza sujetando el extremo de algo: *estirar de la cuerda*. ◆ **estirarse** v.prnl. Desperezarse. **2.** Tenderse: *estirarse en la cama*. **3.** Crecer un niño o un adolescente.

ESTIRENO s.m. Hidrocarburo bencénico, de fórmula $C_6H_5CH=CH_2$, que sirve de materia prima para numerosas materias plásticas. SIN.: *estiroleno*.

ESTIRÓN s.m. Tirón brusco. **2.** Crecimiento rápido en altura.

ESTIRPE s.f. (lat. *stirpis, -pis*, base del tronco de un árbol). Linaje.

ESTITIQUEZ s.f. Amér. Central, Chile, Colomb., Ecuad. y Venez. → ESTIPTIQUEZ.

ESTIVACIÓN s.f. ZOOL. Letargo de algunos animales en verano.

ESTIVAL adj. (lat. *aestivalem*). Relativo al estío: *temporada estival*.

ESTO pron.dem.neutro. (lat. *istum*, eso). Se refiere a objetos o situaciones anteriores aludidos, señalándolos sin nombrarlos.

ESTOCADA s.f. Acción de clavar el estoque o espada de punta; herida producida por este pinchazo.

ESTOCAFÍS s.m. (neerlandés *stokvisch*, de *stock*, bastón, y *visch*, pez). Pejepalo.

ESTOCÁSTICO, A adj. (del gr. *stokhastés*, adivino). Se dice del proceso que solo está sometido al azar y que es objeto de análisis estadístico.

ESTOFA s.f. (fr. ant. *estofe*, materiales de todas clases). *Fig.* Calidad, clase. **2.** Tela o tejido de labores, generalmente de seda. ◇ **Gente de baja estofa** Se dice de la persona despreciable o grosera.

1. ESTOFADO s.m. Procedimiento de cocción que consiste en rehogar trozos de carne

u otro alimento y cocerlos a fuego lento en un recipiente bien tapado con agua, aceite, vino o vinagre, cebolla y especias; guiso elaborado de esta manera.

2. ESTOFADO s.m. Acción y efecto de estofar, acolchar una tela. **2.** Adorno que resulta de estofar un dorado.

1. ESTOFAR v.tr. (del ant. *estufar*, calentar como con una estufa). Cocer a fuego lento un alimento previamente rehogado, en un recipiente bien tapado con agua y varios ingredientes y especias.

2. ESTOFAR v.tr. Raer con la punta del garfio el color dado sobre el dorado de la madera para que se descubra el oro. **2.** Pintar sobre el oro bruñido algunos relieves a temple. **3.** Acolchar una tela o prenda.

ESTOICIDAD s.f. Entereza, impasibilidad.

ESTOICISMO s.m. Doctrina filosófica fundada por Zenón de Citio y, después, de Crisipo, Séneca, Epicteto y Marco Aurelio. **2.** Fortaleza, austeridad.

ENCICL. El estoicismo, junto con el epicureísmo, fue una de las doctrinas filosóficas más influyentes de la antigüedad. Se convirtió en fuente duradera de inspiración en el renacimiento. Se ha dividido en estoicismo antiguo (Zenón de Citio, Cleanto, Crisipo), estoicismo medio (Panaitios, Posidonio) y estoicismo latino (Epicteto, Séneca, Marco Aurelio). De manera general, el estoicismo es un racionalismo que liga en forma indisoluble la lógica, la física y la moral (esta última se desarrolló y popularizó particularmente en el estoicismo latino). Esta doctrina considera el universo como un todo gobernado por la razón y predica la aceptación del destino, el dolor y la muerte. El sabio es aquel que se comporta conforme al orden natural. Otros grandes temas estoicos: la igualdad natural y la solidaridad entre los seres humanos; la destrucción y renacimiento periódicos del universo (*el eterno retorno*).

ESTOICO, A adj. y s. (lat. *stoicus*, del gr. *stoikós*). Relativo al estoicismo, partidario de esta doctrina. **2.** *Fig.* Que manifiesta indiferencia por el placer y el dolor, o que tiene gran entereza ante la desgracia.

ESTOLA s.f. (lat. *stola*, vestido largo). Prenda de vestir femenina en forma de tira alargada de piel o material semejante que se lleva alrededor del cuello o sobre los hombros. **2.** Ornamento litúrgico en forma de tira ancha de tela que se lleva de forma distinta según se trate de un obispo, un sacerdote o un diácono. **3.** Prenda de vestir femenina en forma de túnica, ceñida a la cintura con una banda de tela, que se usaba antiguamente en Grecia y Roma.

ESTOLIDEZ s.f. Cualidad de estólido.

ESTÓLIDO, A adj. y s. (lat. *stolidus*). Bobo, estúpido.

ESTOLÓN s.m. (lat. *stolo, -onis*, retoño). BOT. Tallo aéreo rastrero, terminado en una yema, que cada cierta distancia echa raíces adventicias que producen nuevas plantas, como en la fresa. **2.** ZOOL. Yema que asegura la multiplicación asexual de ciertos animales marinos.

ESTOLONÍFERO, A adj. BOT. Que produce estolones.

ESTOMA s.m. (gr. *stóma, stómatos*, boca). BOT. Abertura microscópica de la epidermis de las plantas superiores, en especial de las hojas o partes verdes.

ESTOMACAL adj. Relativo al estómago. ◆ adj. y s.m. Se dice del medicamento o licor que tonifica el estómago y favorece la digestión.

ESTOMAGAR v.tr. y prnl. [2]. Empachar, causar indigestión.

ESTÓMAGO s.m. (lat. *stomachus*, del gr. *stómakos*, esófago). Parte del tubo digestivo en forma de bolsa situado bajo el diafragma, entre el esófago y el intestino delgado, donde los alimentos permanecen durante varias horas y se impregnan del jugo gástrico que coagula la leche e hidroliza las proteínas. ◇ **Tener estómago** Ser poco escrupuloso y delicado.

ENCICL. La parte superior del estómago, o *porción vertical*, comprende a su vez dos porciones superpuestas, la tuberosidad mayor, arriba, y el cuerpo del estómago, abajo, que acaba en la tuberosidad menor; la parte inferior, o *porción horizontal*, está separada del duodeno por el *píloro*. El orificio que comunica el estó-

mago con el esófago se llama *cardias*. El estómago tiene una función mecánica: almacena los alimentos y asegura su mezcla y evacuación progresiva. Tiene también una función química: el jugo gástrico, ácido cuyo enzima es la *pepsina*, tiene una función indispensable en la digestión de los prótidos y en la absorción de la vitamina B$_{12}$.

ESTOMATITIS s.f. Inflamación de la mucosa bucal.

ESTOMATOLOGÍA s.f. Parte de la medicina que se ocupa de las enfermedades de la boca y del sistema dentario.

ESTOMATÓLOGO, A s. Médico especialista en estomatología.

ESTOMATOPLASTIA s.f. Reconstrucción quirúrgica de la boca.

ESTOMOCORDADO, A adj. y s.m. Relativo a un grupo de animales marinos primitivos próximos a los cordados.

ESTONIO, A adj. y s. De Estonia. ◆ s.m. Lengua ugrofinesa hablada en Estonia.

ESTOPA s.f. (lat. *stuppa*). Residuo que dejan las operaciones de espadillado, rastrillado o peinado de las fibras textiles de lino y de cáñamo. **2.** Tela basta tejida con la hilaza de la estopa. **3.** Cuerda o cáñamo sin retorcer, usado para hacer juntas. **4.** MAR. Jarcia deshilada empleada para calafatear.

ESTOPADA s.f. Porción de estopa para hilar o para juntas de tuberías.

ESTOPEÑO, A adj. Relativo a la estopa. **2.** Hecho o fabricado de estopa.

ESTOPEROL s.m. Amér. Tachuela grande dorada o plateada que se usa como adorno en prendas de vestir.

ESTOPÍN s.m. Artificio con una composición fulminante que sirve para inflamar una carga explosiva.

ESTOPOR s.m. (fr. *stoppeur*). MAR. Aparato para frenar o retener la cadena del ancla.

ESTOQUE s.m. (fr. ant. *estoc*, punta de una espada). Espada estrecha con la que solo se puede herir de punta, utilizada en los ss. XV y XVI. **2.** Arma blanca, de forma prismática rectangular o cilíndrica, aguzada en la punta, que solía llevarse metida en un bastón. **3.** TAUROM. Espada para matar al toro.

ESTOQUEAR v.tr. Herir de punta con estoque o espada.

ESTOQUEO s.m. Acción de estoquear.

ESTOQUILLO s.m. Chile. Planta de tallo triangular y cortante que crece en terrenos húmedos. (Familia ciperáceas.)

ESTOR s.m. (fr. *store*, cortinilla). Cortina transparente que cubre el hueco de una ventana o balcón.

ESTORAQUE s.m. (lat. tardío *storax, -acis*). Árbol de las regiones tropicales, de cuyo tronco se obtiene un bálsamo oloroso, del mismo nombre. (Familia estiracáceas.)

ESTORBAR v.tr. Obstaculizar la ejecución de una cosa. **2.** *Fig.* Hacer que alguien se sienta molesto o incómodo: *el sol me estorba*.

ESTORBO s.m. Persona o cosa que estorba.

ESTORNINO s.m. (del lat. *sturnus*). Ave paseriforme, de unos 20 cm de long., plumaje oscuro con manchas blancas, insectívoro y frugívoro. (Familia estúrnidos.)

■ **ESTORNINO**

ESTORNUDAR v.intr. (lat. *sternutare*). Dar o hacer un estornudo.

ESTORNUDO s.m. (lat. tardío *sternutus*). Expulsión brusca de aire por la nariz y la boca mediante una contracción súbita de los músculos respiratorios, provocada por una excitación de la mucosa nasal.

ESTRÁBICO, A adj. y s. Relativo al estrabismo; que padece estrabismo.

ESTRABISMO s.m. (gr. *strabismós*, de *strabós*, bizco). Defecto de paralelismo de los ejes ópticos de los ojos que ocasiona un trastorno de la visión binocular.

ESTRADA s.f. (lat. *strata*). Camino, tierra hollada por donde se transita. **2.** Vía que se construye para transitar.

ESTRADIOL s.m. Estrógeno del ovario.

ESTRADIOTA s.f. Lanza de unos 3 m de long. que usaban los estradiotes.

ESTRADIOTE s.m. (ital. *stradiotto*). En los ss. XV y XVI, soldado de caballería ligera que era originario de Grecia o de Albania.

ESTRADO s.m. (lat. *stratum*, yacija). Tarima sobre la que se coloca el trono real, la mesa presidencial, etc., en un acto solemne. **2.** Lugar separado del público, donde solo tienen derecho a permanecer los agentes de cambio para recibir sus órdenes. ✦ **estrados** s.m.pl. Salas de los tribunales de justicia.

ESTRAFALARIO, A adj. (ital. dialectal *strafalario*). Fam. Desaliñado, extravagante: *persona estrafalaria; vestido estrafalario*.

ESTRAGAMIENTO s.m. Acción y efecto de estragar o estragarse.

ESTRAGAR v.tr. (del lat. *strages*, ruinas) [2]. Causar grandes daños o estragos: *estragar la cosecha*. ✦ v.tr. y prnl. Corromper o estropear el sentido de algo o la sensibilidad: *estragar el gusto*.

ESTRAGO s.m. Daño o destrucción causados por una guerra o por un agente natural. **2.** Daño o perjuicio moral.

ESTRAGÓN s.m. (fr. *estragon*). Planta herbácea aromática que suele usarse como condimento. (Familia compuestas.)

ESTRAL adj. Relativo al estro. ◇ **Ciclo estral** Conjunto de modificaciones periódicas de los órganos genitales femeninos, en relación con la liberación de los óvulos. (En la mujer, el *ciclo estral* dura 28 días y tiene dos fases: folicular y lútea; está bajo la dependencia de las hormonas, cesa provisionalmente durante el embarazo y definitivamente en la menopausia.)

ESTRAMBOTE s.m. Versos que a veces se añaden al final de una composición métrica, especialmente en un soneto.

ESTRAMBÓTICO, A adj. Fam. Extravagante, fuera de lo considerado normal o de buen gusto.

ESTRAMONIO s.m. (lat. botánico *stramonium*). Planta herbácea venenosa, de flores blancas, hojas grandes y fruto espinoso. (Familia solanáceas.)

ESTRANGULACIÓN s.f. Acción de estrangular o estrangularse: *muerte por estrangulación*.

ESTRANGULADOR, RA adj. y s. Que estrangula. ✦ s.m. Difusor, tubo Venturi o estrechamiento del conducto de aspiración para el paso del aire al carburador. **2.** Válvula dispuesta en la entrada de aire al carburador.

ESTRANGULAMIENTO s.m. Estrangulación.

ESTRANGULAR v.tr. y prnl. (lat. *strangulare*). Ahogar oprimiendo el cuello hasta impedir la respiración. **2.** Estrechar una vía o conducto por un punto: *estrangular una vena*. **3.** Impedir la continuación o la consumación de algo: *estrangular los planes*.

ESTRANGURIA s.f. (gr. *stranggoyría*). MED. Micción lenta y dolorosa, con pujo en la vejiga.

ESTRAPADA s.f. (ital. *strapatta*). Suplicio que consistía en izar al condenado a lo alto de un mástil y dejarlo caer hasta cerca del suelo.

ESTRAPALUCIO s.m. Fam. Estropicio, destrozo, trastorno.

ESTRAPERLEAR v.tr. Comerciar con artículos de estraperlo.

ESTRAPERLISTA adj. y s.m. y f. Se dice de la persona que se dedica al comercio de estraperlo.

ESTRAPERLO s.m. (de *Straperlo*, especie de ruleta, de *Strauss* y *Perlo*, sus propietarios). Comercio ilegal y clandestino de artículos intervenidos por el estado o sujetos a tasas. (Se aplica especialmente al comercio de artículos de primera necesidad en épocas de escasez.) **2.** Mercancía que es objeto de este tráfico.

ESTRATAGEMA s.f. (lat. *stratagema*, del gr. *strategema*, *-ímatos*). Ardid de guerra. **2.** Astucia, fingimiento: *valerse de estratagemas*.

ESTRATEGA s.m. (fr. *stratègue*, del gr. *strategós*). Militar especializado en estrategia. **2.** HIST. En Atenas, principal magistrado; jefe de un ejército.

ESTRATEGIA s.f. (gr. *strategía*, generalato). Arte de dirigir un conjunto de disposiciones para alcanzar un objetivo. **2.** Arte de coordinar la acción de las fuerzas militares, políticas, económicas y morales, implicadas en la conducción de un conflicto o en la preparación de la defensa de una nación o de una comunidad de naciones.

ESTRATÉGICO, A adj. Relativo a la estrategia.

ESTRATIFICACIÓN s.f. Disposición en capas superpuestas. **2.** GEOL. Disposición de los sedimentos o rocas sedimentarias en estratos superpuestos. **3.** PSICOL. Técnica particular de encuesta por sondeo, en la que la población a estudiar se divide previamente en estratos. **4.** SOCIOL. División de una sociedad en grupos jerarquizados y desiguales, en función de la profesión, estudios, riqueza, prestigio, etc.

ESTRATIFICADO, A adj. Que se presenta en capas o en estratos superpuestos. **2.** Se dice del producto fabricado con varios soportes (papel, telas, etc.) e impregnado de un barniz termoplástico.

ESTRATIFICAR v.tr. [1]. Disponer por capas superpuestas. ✦ v.tr. y prnl. Disponer en estratos.

ESTRATIGRAFÍA s.f. Parte de la geología que estudia las capas de la corteza terrestre para establecer el orden normal de superposición y la edad relativa. **2.** Método de investigación arqueológica que consiste en excavar y aislar el contenido de los niveles de un sitio, siguiendo la configuración que presentan.

ESTRATIGRÁFICO, A adj. Relativo a la estratigrafía. ◇ **Escala estratigráfica** Cronología de los acontecimientos que se han sucedido en la superficie de la Tierra en el transcurso de los períodos geológicos.

ESTRATO s.m. (lat. *stratum*, yacija). Capa de materiales que constituyen un terreno, en particular un terreno sedimentario. **2.** Nube baja, densa y gris, semejante a una capa de niebla paralela al horizonte. **3.** PSICOL. En una encuesta, subdivisión de una muestra en conjuntos homogéneos.

■ **ESTRATOS**

ESTRATOCÚMULO s.m. Capa continua o conjunto de bancos nubosos, generalmente finos y de espesor regular, de forma más extendida y plana que el altocúmulo.

■ **ESTRATOCÚMULOS**

ESTRATOFORTALEZA s.f. Bombardero norteamericano intercontinental.

ESTRATOPAUSA s.f. Zona de transición que separa la estratosfera y la mesosfera.

ESTRATOSFERA s.f. Capa de la atmósfera situada entre la troposfera y la mesosfera, que tiene un espesor de unos 30 km y en la que la temperatura es sensiblemente constante.

ESTRATOSFÉRICO, A adj. Relativo a la estratosfera.

ESTRATOVISIÓN s.f. Técnica de difusión de programas de televisión mediante emisores situados a bordo de aviones o de globos a gran altura, que permite el servicio de comunicaciones a grandes extensiones.

ESTRATOVOLCÁN s.m. Cono volcánico constituido por amontonamiento de coladas de lava que alternan con capas de proyecciones.

ESTRAVE s.m. (fr. ant. *estrave*). MAR. Remate de la quilla del barco.

ESTRAZA s.f. Trapo o pedazo de ropa basta. ◇ **Papel de estraza** Papel de tina, áspero y muy basto, sin encolar.

ESTRECHAMIENTO s.m. Acción y efecto de estrechar o estrecharse.

ESTRECHAR v.tr. Hacer estrecho o más estrecho. **2.** Fig. Manejar, empujar a decir o hacer algo: *estrechar al culpable a que confiese*. ✦ v.tr. y prnl. Abrazar o apretar algo o a alguien: *estrechar la mano*. **2.** Aumentar el cariño, la intimidad o el parentesco: *estrechar los lazos de amistad*. ✦ **estrecharse** v.prnl. Apretarse en un sitio para que quepa más gente. **2.** Disminuir los gastos. **3.** TAUROM. Ceñirse o arrimarse al ejecutar las suertes.

ESTRECHEZ s.f. Cualidad de estrecho. SIN.: *estrechura*. **2.** Fig. Dificultad, apuro, escasez de medios económicos: *vivir con estrecheces*. (Suele usarse en plural.) SIN.: *estrechura*. **3.** Fig. Limitación, pobreza o falta de amplitud intelectual o moral: *estrechez de miras*. SIN.: *estrechura*.

ESTRECHO, A adj. (lat. *strictus*, p. de *estringere*, estrechar). Que tiene menos anchura que la ordinaria o que otras cosas de la misma clase. **2.** Excesivamente ajustado o ceñido: *falda estrecha*. **3.** Fig. Cercano, íntimo: *estrecha amistad; estrecho parentesco*. ✦ adj. y s. Fam. y desp. Se dice de la persona que tiene unas convicciones morales muy estrictas o que no accede con facilidad a mantener relaciones sexuales. ✦ s.m. Brazo de mar comprendido entre dos tierras.

ESTRECHURA s.f. Estrechez.

ESTREGADURA s.f. Acción y efecto de estregar o estregarse. SIN.: *estregamiento*.

ESTREGAR v.tr. y prnl. [2]. Pasar con fuerza una cosa sobre otra: *estregar la ropa; estregarse los ojos*.

ESTRELLA s.f. (lat. *stella*). Astro dotado de luz propia. **2.** Astro o cuerpo celeste que brilla en el cielo, a excepción de la Luna y el Sol. **3.** Objeto u adorno, formado de líneas o ramas que irradian a partir de un punto central. **4.** Signo único o repetido que indica la categoría o la calidad de un restaurante, hotel, paraje turístico, etc. **5.** Fig. Persona que sobresale en su profesión por sus dotes excepcionales, especialmente un artista del cine o de la canción. **6.** Divisa o símbolo de determinadas jerarquías militares: *estrellas de capitán*. **7.** Insignia de ciertas condecoraciones. **8.** Influencia atribuida a los astros sobre la suerte de las personas. ◇ **Estrella de David** Signo distintivo de color amarillo, de seis puntas, símbolo del judaísmo. **Estrella de mar** Equinodermo de cuerpo radiado. SIN.: *estrellamar*. **Estrella doble** Conjunto de dos estrellas cercanas en el cielo. **Estrella enana** Estrella de densidad media muy alta y luminosidad relativamente débil. **Estrella errante,** o **errática** Planeta, cuerpo celeste opaco. **Estrella fugaz** Fenómeno luminoso provocado por el desplazamiento rápido de un corpúsculo sólido, generalmente de pequeñas dimensiones, incandescente debido a un frotamiento en las capas atmosféricas superiores. **Estrella gigante** Estrella con mucha luminosidad y poca densidad. **Estrella nova,** o **temporaria** Estrella joven que se caracteriza por los cambios bruscos y breves de brillo y espectro. **Estrella polar** Estrella que está en el extremo de la lanza de la constelación de la Osa Menor. **Estrella variable** Estrella sometida a importantes variaciones de brillo. **Tener,** o **nacer, con estrella** Tener suerte. **Ver las estrellas** *Fam.* Sentir un dolor físico muy fuerte e intenso.

ENCICL. Las estrellas nacen de la contracción de grandes nubes de materia interestelar (protoestrellas). Cuando su temperatura es muy elevada, se desencadenan reacciones termonucleares en sus regiones centrales. La evolución del proceso comporta una sucesión de períodos durante los cuales las estrellas se contraen bajo el efecto de su propia gravitación; la materia que las forma experimenta un calentamiento progresivo que permite el desencadenamiento de reacciones nucleares entre elementos cada vez más pesados. Durante la mayor parte de su vida, las estrellas extraen su energía de la transformación de hidrógeno en helio (caso del Sol actual). Cuando su combustible nuclear se agota, las estrellas pasan por una fase explosiva y a continuación experimentan una última fase de colapso gravitacional que genera, según sea la masa, una enana blanca, una estrella de neutrones o un agujero negro.

■ ESTRELLA DE MAR

LAS VEINTE ESTRELLAS MÁS BRILLANTES DEL FIRMAMENTO			
nombre usual	nombre oficial	magnitud aparente	distancia en años luz
Sirio	α Can Mayor	− 1,4	8,6
Canope	α Carena	− 0,6	300
Rigil Kentarus	α Centauro	− 0,3	4,35
Arturo	α Boyero	− 0,05	37
Vega	α Lira	+ 0,03	25,9
Capela	α Cochero	+ 0,1	42
Rigel	α Orión	+ 0,2	800
Procyon	α Can Menor	+ 0,4	11,4
Achernar	α Erídano	+ 0,5	140
Betelgeuse	α Orión	+ 0,5*	400
Agena	β Centauro	+ 0,6	500
Altair	α Águila	+ 0,8	17
Aldebarán	α Tauro	+ 0,9	65
Acrux	α Cruz del Sur	+ 0,9	300
Espiga	α Virgo	+ 1	270
Antares	α Escorpión	+ 1**	700
Pólux	β Géminis	+ 1,2	34
Fomalhaut	α Pez Austral	+ 1,2	25
Deneb	α Cisne	+ 1,3	3 000
Mimosa	β Cruz del Sur	+ 1,3	490

* *variable entre 0,1 y 1,2*
** *variable entre 0,9 y 1,8*

ESTRELLADO, A adj. Que tiene forma de estrella. **2.** Que está lleno de estrellas: *cielo estrellado*. ◇ **Bóveda estrellada** Bóveda con el intradós adornado con nervios, braguetones, cadenas, etc., formando una estrella.

ESTRELLAMAR s.f. Estrella de mar.

ESTRELLAR v.tr. y prnl. *Fam.* Arrojar con violencia una cosa contra algo duro o dejarla caer al suelo, haciéndola pedazos: *estrellar un vaso contra la pared*. ◆ v.tr. Freír huevos. ◆ **estrellarse** v.prnl. Caer o chocar violentamente contra una superficie dura, quedando malherido o muerto. **2.** *Fig.* Fracasar en un asunto por tropezar contra un obstáculo o una dificultad insuperable: *estrellarse los planes*.

ESTRELLATO s.m. Condición del artista que ha alcanzado el éxito.

ESTRELLÓN s.m. Bol., Dom., Ecuad. y Hond. Choque, encontrón.

ESTREMECER v.tr. [37]. Hacer temblar algo: *el terremoto estremeció los cimientos de los edificios.* **2.** *Fig.* Causar sobresalto algo extraordinario o imprevisto. *estremecer los ánimos.* ◆ **estremecerse** v.prnl. Temblar alguien con movimiento agitado y súbito: *estremecerse de frío.* **2.** *Fig.* Sentir una agitación o sobresalto repentinos: *estremecerse de miedo.*

ESTREMECIMIENTO s.m. Acción y efecto de estremecer o estremecerse.

ESTREMEZÓN s.m. Colomb. Estremecimiento.

ESTRENAR v.tr. Usar algo por primera vez: *estrenar un vestido.* **2.** Proyectar por primera vez una película en un cine o representar o ejecutar por primera vez una comedia u otro espectáculo. ◆ **estrenarse** v.prnl. Empezar a ejercer o a practicar un empleo, oficio, etc. **2.** Hacer un comerciante la primera transacción del día.

ESTRENO s.m. Acción de estrenar o estrenarse. **2.** Primera presentación ante el público de un lugar de una obra de teatro, película o espectáculo.

ESTREÑIMIENTO s.m. Evacuación dificultosa o infrecuente de heces duras y secas.

ESTREÑIR v.tr. y prnl. (lat. *stringere*, estrechar) [81]. Producir estreñimiento.

ESTRÉPITO s.m. (lat. *strepitus, -us*). Estruendo. **2.** *Fig.* Ostentación o exageración en la forma de hacer algo.

ESTREPITOSO, A adj. Que causa estrépito. **2.** Muy ostensible, espectacular.

ESTREPSÍPTERO, A adj. y s.m. Relativo a un orden de insectos minúsculos, parásitos de otros insectos.

ESTREPTOCOCIA s.f. Infección causada por un estreptococo.

ESTREPTOCÓCICO, A adj. Relativo a los estreptococos.

ESTREPTOCOCO s.m. (del gr. *streptós*, trenzado, redondeado, y *kókkos*, grano). Bacteria de forma redondeada que se agrupa con otras formando cadenas y de la que existen varias especies que causan enfermedades infecciosas graves, como la crisipela, el impétigo, etc.

ESTREPTOMICINA s.f. Antibiótico obtenido a partir de un moho del suelo, activo contra el bacilo de la tuberculosis y contra otras bacterias.

ESTRÉS o **STRESS** s.m. (ingl. *stress*) [pl. *estreses* o *stress*]. Estado de tensión exagerada a la que se llega por un exceso de actividad, de trabajo o de responsabilidad, y que conlleva trastornos físicos y psicológicos en la persona que lo padece.

ENCICL. El cerebro desencadena el estrés en situaciones que considera peligrosas, al estimular la secreción de corticoides y adrenalina de las suprarrenales. A continuación sucede una activación general no específica, física o psíquica, favorable a la defensa del organismo. Sin embargo, el estrés intenso o prolongado es fuente de diversos problemas (ansiedad, fatiga, úlcera gástrica, angina de pecho, eczema, etc.).

ESTRESAR v.tr. y prnl. Causar estrés.

ESTRÍA s.f. (lat. *stria*, surco). Ranura longitudinal de algunas columnas y pilastras. **2.** Línea fina en la superficie de un objeto, de una roca, etc. ◆ **estrías** s.f.pl. Cicatrices lineales de la piel, debidas a una distensión excesiva de las fibras de la dermis.

ESTRIADO, A adj. Que tiene estrías. ◇ **Cuerpos estriados** ANAT. Masas de sustancia gris situadas en la base del cerebro, que intervienen en el tono muscular y en la realización de los movimientos automáticos. **Músculo estriado** Músculo de contracción rápida y voluntaria, cuyas fibras muestran al microscopio una estriación transversal, debida a la alternancia de discos claros y oscuros en las fibrillas, por oposición al músculo liso.

ESTRIAR v.tr. y prnl. [19]. Formar estrías en una superficie.

ESTRIBACIÓN s.f. Ramal corto de una cadena montañosa.

ESTRIBAR v.intr. *Fig.* Fundarse o apoyarse una cosa en otra: *su atractivo estriba en su sencillez.* **2.** Descansar una cosa sobre otra sólida

y firme. **3.** Argent. Calzar el jinete los pies en el estribo.

ESTRIBERA s.f. Estribo de la montura, de un carruaje, etc. **2.** Argent. y Urug. Correa del estribo.

ESTRIBILLO s.m. Verso o conjunto de versos que se repiten al final de cada estrofa en algunas composiciones poéticas y, en ocasiones, aparece también en su inicio. **2.** Fórmula musical, vocal o instrumental, que se repite con regularidad en una composición. **3.** Palabra o frase que una persona utiliza o repite con frecuencia.

ESTRIBO s.m. Anillo de metal, suspendido por una correa a cada lado de la silla de montar y sobre el cual el jinete apoya el pie. **2.** Plataforma que, a modo de escalón, sirve para subir a algunos vehículos o bajar de ellos. **3.** Macizo de fábrica que sirve para sostener una bóveda y contrarrestar su empuje. **4.** Contrafuerte de un muro. **5.** Chapa de hierro doblada en ángulo recto por sus dos extremos que se emplea para asegurar la unión de ciertas piezas. **6.** Pequeña escala de cuerdas con barras de metal ligero que se utiliza en alpinismo para la escalada artificial. **7.** ANAT. Huesecillo de la parte media del oído. **8.** TAUROM. Parte saliente de madera que se extiende alrededor de la barrera de las plazas de toros, para servir de apoyo al torero cuando salta al callejón. ◇ **La del estribo** Argent., Méx. y Urug. Última copa o consumición que toma alguien antes de irse. **Perder los estribos** Desbarrar; hablar u obrar fuera de razón; impacientarse mucho.

ESTRIBOR s.m. (fr. ant. *estribord*). MAR. Costado derecho del barco, mirando de popa a proa. CONTR.: *babor*.

ESTRIBOTE s.m. En el s. XV, zéjel utilizado especialmente en poemas satíricos.

ESTRICCIÓN s.f. FÍS. **a.** Disminución de la sección de flujo de un fluido bajo la acción de elementos mecánicos o de otro flujo. **b.** Aproximación de las trayectorias de las partículas electrizadas que se somete un gas a una descarga eléctrica de gran intensidad, empleada para confinar los plasmas. **2.** METAL. Reducción de sección que experimenta una barreta metálica sometida a ensayo de tracción, poco antes de la rotura, en la zona donde esta se producirá.

ESTRICNINA s.f. (del gr. *strýkhnos*, nombre de varias solanáceas venenosas). Alcaloide muy tóxico extraído de la nuez vómica.

ESTRICOTE s.m. Venez. Vida licenciosa.

ESTRICTO, A adj. (lat. *strictus*, p. de *stringere*, estrechar). Exacto y riguroso: *sentido estricto; profesor estricto.* ◇ **Desigualdad estricta** MAT. Desigualdad que excluye la igualdad.

ESTRIDENCIA s.f. Cualidad de estridente. **2.** Sonido estridente. **3.** Cosa estridente.

ESTRIDENTE adj. (lat. *stridens, -ntis,* p. activo de *stridere,* chillar). Se dice del sonido agudo y chirriante. **2.** Que desentona o produce una sensación molesta por ser muy exagerado: *color estridente.*

ESTRIDOR s.m. (lat. *stridor, -oris*). MED. Sonido agudo que se produce en la inspiración.

ESTRIDOROSO, A adj. MED. Relativo al estridor.

ESTRIDULACIÓN s.f. Sonido estridente que emiten ciertos insectos, como los saltamontes, los grillos, las cigarras, etc.

ESTRIDULANTE adj. Que emite un sonido estridente.

ESTRIDULAR v.intr. (del lat. *stridulus,* estridente). Emitir un sonido estridente.

ESTRÍGIDO, A adj. y s.m. Relativo a una familia de aves rapaces nocturnas, como el búho y el mochuelo.

ESTRÍGILA s.f. (lat. *strigilem,* raedera). ANT. Raedera curva que se usaba para el aseo personal. **2.** ARQUEOL. Estría sinuosa utilizada como motivo ornamental en ciertos sarcófagos antiguos.

ESTRIOSCOPIA s.f. Estudio, por método fotográfico, del surco producido en el aire por un proyectil o por un perfil de ala ensayado en un túnel aerodinámico.

ESTRIPTÍS o **ESTRIPTIS** s.m. → STRIPTEASE.

ESTRO s.m. (lat. *oestrus,* tábano, delirio poético). Inspiración de los artistas. **2.** Moscardón. **3.** Modificación de la mucosa del útero, que permite la nidificación del huevo fecundado. **4.** En los animales, período de celo.

ESTRÓBILO s.m. (gr. *stróbilos,* peonza, piña). BOT. Fruto en forma de cono. **2.** ZOOL. Estado larvario de ciertas medusas.

ESTROBO s.m. (del lat. *struppus*). MAR. Trozo de cabo en forma de anillo o argolla que sirve para suspender una polea, sujetar el remo al tolete, etc.

ESTROBOSCOPIA s.f. Método de observación de un movimiento periódico muy rápido (vibración, rotación, etc.), a partir de unos destellos regulares cuya frecuencia es próxima a la del movimiento.

ESTROBOSCÓPICO, A adj. Relativo a la estroboscopia.

ESTROBOSCOPIO s.m. Aparato que sirve para observar por medio de estroboscopia.

ESTROFA s.f. (lat. *stropha,* del gr. *strophḗ,* vuelta, estrofa que canta el coro). Grupo de versos que forman una unidad y se ordenan de manera que presentan una correspondencia métrica con uno o varios grupos semejantes. **2.** Primera de las tres partes líricas cantadas por el coro de la tragedia griega.

ESTROFANTINA s.f. Alcaloide obtenido del estrofanto y utilizado como tónico cardíaco.

ESTROFANTO s.m. (del gr. *strophḗ,* vuelta, y *anphos,* flor). Arbusto de las regiones tropicales que contiene un veneno con el que los indígenas emponzoñan las flechas. (Familia apocináceas.) **2.** Sustancia que se extrae de las semillas de dicha planta.

ESTRÓFICO, A adj. Relativo a la estrofa. **2.** Dividido en estrofas.

ESTRÓGENO, A adj. y s.m. Se dice de la hormona secretada por el ovario y que interviene en la formación, mantenimiento y función de los órganos reproductores y mamas de la mujer.

ESTROMA s.m. ANAT. Tejido conjuntivo que forma el armazón de un órgano o de un tumor.

ESTROMBOLIANO, A adj. (de *Stromboli,* isla de Italia). Se dice de la erupción volcánica caracterizada por la alternancia de explosiones y de emisiones de lava.

ESTRONCIANA s.f. (ingl. *Strontian,* pueblo de Escocia). Óxido o hidróxido de estroncio, empleado en la fabricación de azúcar.

ESTRONCIO s.m. Metal alcalinotérreo, de color amarillo, parecido al calcio, de densidad 2,6, cuyo punto de fusión es de 757 °C. **2.** Elemento químico (Sr), de número atómico 38 y masa atómica 87,62.

ESTRONGILOSIS s.m. VET. Enfermedad parasitaria de algunos animales domésticos, provocada por nematodos.

ESTROPAJO s.m. Útil de limpieza para fregar

que consiste en un trozo de esparto machacado, o de otro material.

ESTROPAJOSO, A adj. Fam. Se dice de la manera de hablar o de pronunciar que es confusa y torpe. **2.** Fig. y fam. Se dice de la persona muy desaseada y andrajosa. **3.** Fig. y fam. Se dice del alimento, especialmente carne, fibroso y difícil de masticar.

ESTROPEAR v.tr. y prnl. Poner algo en mal estado o en peor estado del que tenía, especialmente dejándola inservible. **2.** Malograr o hacer fracasar un plan, proyecto, etc.

ESTROPICIO s.m. Destrozo o rotura estrepitosa pero poco importante de cosas: *estropicio de platos.* **2.** Jaleo o actividad que genera ruido y alguna molestia de poca importancia.

ESTRUCTURA s.f. (lat. *structura,* construcción, disposición, de *struere,* construir). Manera en que las diferentes partes de un conjunto, concreto o abstracto, están conectadas o relacionadas entre sí: *la estructura de una red de carreteras.* **2.** Armadura que constituye el esqueleto de algo y que sirve para sostener un conjunto: *la estructura de un edificio.* **3.** ECON. Conjunto de caracteres relativamente estables de un sistema económico en un período determinado (por oposición a *coyuntura*). **4.** FILOS. Conjunto ordenado y autónomo de elementos interdependientes cuyas relaciones están reguladas por leyes. **5.** GEOL. Disposición de las capas geológicas relacionadas unas con otras. **6.** MAT. Carácter de un conjunto resultante de las operaciones que se definen en él y de las propiedades de estas operaciones. **7.** QUÍM. Disposición espacial de los átomos, las moléculas o los iones en las especies químicas consideradas en sus distintos estados físicos. ◇ **Estructura de una roca** Disposición de los minerales que constituyen una roca, relacionados unos con otros.

ESTRUCTURACIÓN s.f. Acción y efecto de estructurar o estructurarse.

ESTRUCTURADO, A adj. Que tiene una determinada estructura.

ESTRUCTURAL adj. Relativo a la estructura o al estructuralismo. ◇ **Causalidad estructural** FILOS. Producción de efectos de una estructura sobre los elementos que la constituyen, según el lugar que estos ocupan en ella. **Geología estructural** Parte de la geología que estudia la estructura de la corteza terrestre. **Paro estructural** Paro de un país en el que las condiciones económicas fundamentales impiden que una fracción importante de la población encuentre trabajo. **Superficie estructural** Superficie constituida por la parte superior de una capa dura, puesta al descubierto por erosión de una capa blanda situada encima.

ESTRUCTURALISMO s.m. Teoría lingüística que considera la lengua como un conjunto autónomo y estructurado, en el que las relaciones definen los términos a los diversos niveles (fonemas, morfemas, frases). **2.** Corriente de pensamiento común a diversas ciencias humanas (psicología, antropología, etc.) que trata de definir un hecho humano en función

de un conjunto organizado y dar cuenta de este último con modelos matemáticos.

ESTRUCTURAR v.tr. y prnl. Dar estructura a algo: *estructurar un programa.*

ESTRUENDO s.m. (del ant. *atruendo,* del lat. *attonitus,* p. de *attonare,* tronar). Ruido muy grande: *el estruendo de una explosión.* **2.** Fig. Confusión, bullicio: *el estruendo del gentío.*

ESTRUENDOSO, A adj. Ruidoso, que causa estruendo: *ovación estruendosa.*

ESTRUJAR v.tr. (lat. vulgar *extorculare,* exprimir en el trujal). Apretar una cosa para sacarle el zumo: *estrujar un limón.* **2.** Apretar arrugando, aplastando o deformando: *estrujar un papel.* **3.** Fig. y fam. Sacar todo el partido posible: *estrujar la mente.*

ESTRUJÓN s.m. Acción y efecto de estrujar, apretar.

ESTUARIO s.m. (lat. *aestuarium*). Desembocadura de un río de gran anchura y caudal por donde el agua del mar penetra al subir la marea.

ESTUCADO s.m. Acción y efecto de estucar. **2.** PAPEL. Operación que consiste en cubrir la superficie de un papel o cartón con una o varias capas de baño de estucado en estado líquido, para dar al papel mejor aspecto y mejor aptitud para la impresión.

ESTUCADOR, RA s. Persona que tiene por oficio estucar. SIN.: *estuquista.*

ESTUCAR v.tr. [1]. Cubrir la superficie de una cosa con estuco.

ESTUCHE s.m. (occitano ant. *estug*). Caja o funda para guardar objetos: *estuche para los anteojos.* **2.** Conjunto de utensilios que se guardan en esta caja o funda: *estuche de aseo.*

ESTUCO s.m. (ital. *stucco*). Masa de yeso fino, agua y cola, polvo de mármol y creta que se usa para enlucir. **2.** Revestimiento mural decorativo realizado con este material.

ESTUDIADO, A adj. Fingido, afectado, que no es espontáneo: *gestos estudiados.*

ESTUDIANTADO s.m. Conjunto de estudiantes de un centro docente. SIN.: *alumnado.*

ESTUDIANTE s.m. y f. Persona que cursa estudios, particularmente de grado secundario o superior.

ESTUDIANTIL adj. Fam. Relativo a los estudiantes: *vida estudiantil.*

ESTUDIANTINA s.f. Grupo de estudiantes universitarios vestidos con trajes antiguos que canta y toca varios instrumentos, especialmente de cuerda. SIN.: *tuna.*

ESTUDIAR v.tr. Ejercitar el entendimiento para conocer o comprender algo: *estudiar matemáticas, música.* **2.** Pensar sobre un asunto detenidamente para resolverlo: *estudiar un proyecto, un fenómeno.* ◆ v.tr. e intr. Recibir conocimientos sobre una materia en un centro docente: *estudiar química en la universidad.*

ESTUDIO s.m. (lat. *studium,* aplicación, diligencia, estudio). Ejercicio del entendimiento para conocer o comprender algo: *interesarse en el estudio de las ciencias.* **2.** Trabajo en el que se expresan los resultados de una investi-

■ **ESTUARIO.** Vista del estuario del Sena, con El Havre y el puente de Normandía, desde el satélite Spot.

gación: *sabio estudio de un autor.* **3.** Conjunto de trabajos que preceden o preparan la ejecución de un proyecto: *estudio de un puerto.* **4.** Lugar donde una persona realiza sus tareas intelectuales o artísticas. **5.** Vivienda pequeña compuesta de una sola pieza principal, cocina y cuarto de baño. **6.** Fragmento de música instrumental o vocal compuesto para que una persona perfeccione una dificultad técnica. **7.** Dibujo, pintura o escultura que se hace como preparación para otra principal. **8.** *Fig.* Cuidado, afectación: *hablar con estudio.* ✦ **estudios** s.m.pl. Conjunto de cursos que conforman una carrera o un ciclo académico: *acabar los estudios de biología.* **2.** Edificio o conjunto de locales donde se realizan las tomas de vista o de sonido para el cine, la televisión, los programas de radio, etc. **3.** Chile y R. de la Plata. Bufete de abogado. ◇ **En estudio** Que está siendo objeto de análisis. **Sala de estudios** Sala de un centro docente donde los alumnos estudian fuera del horario de clases. **Tener estudios** Tener un título académico, especialmente universitario.

ESTUDIOSO, A adj. Que estudia mucho. ✦ s. Persona que se dedica al estudio de una materia y tiene un conocimiento amplio y profundo sobre esta.

ESTUFA s.f. (de *estufar*). Aparato que sirve para calentar un lugar cerrado. **2.** Habitación de un baño termal destinada a producir en los enfermos un sudor copioso. **3.** Aparato de calefacción para la cría de polluelos. **4.** Aparato usado en microbiología para mantener los cultivos a una temperatura constante. **5.** Aparato para el secado industrial. **6.** Cámara para la desecación artificial de la madera. **7.** Méx. Mueble de cocina con hornillas sobre el cual se guisan los alimentos, cocina. ◇ **Criar en estufa** *Fam.* Criar a alguien con cuidados excesivos.

ESTUFADO s.m. Acción de estufar.

ESTUFAR v.tr. Secar o calentar con una estufa.

ESTUFILLA s.f. Manguito, pieza tubular. **2.** Callentapiés.

ESTULTICIA s.f. (lat. *stultitiam*). Cualidad de estulto.

ESTULTO, A adj. (lat. *stultus*). Necio.

ESTUPEFACCIÓN s.f. Pasmo o asombro muy intenso.

ESTUPEFACIENTE adj. (lat. *stupefacens, -tis*, p. activo de *stupefacere*, causar estupor). Que produce estupefacción. ✦ s.m. Sustancia sedante que produce sensación de bienestar y puede provocar hábito.

ESTUPEFACTO, A adj. (lat. *stupefactus*, p. pasivo de *stupefacere*, causar estupor). Atónito, pasmado: *quedarse estupefacto.*

ESTUPENDO, A adj. (lat. *stupendus*). Que es muy bueno, bonito o sorprendente.

ESTUPIDEZ s.f. Cualidad de estúpido. **2.** Dicho o hecho propios de un estúpido: *un texto plagado de estupideces.*

ESTÚPIDO, A adj. y s. (lat. *stupidus*, aturdido, estupefacto). Que es muy torpe para comprender las cosas. ✦ adj. Que es propio de la persona muy torpe para comprender algo: *actitud estúpida; razonamiento estúpido.*

ESTUPOR s.m. (lat. *stupor, -oris*). Gran asombro. **2.** PSIQUIATR. Estado de inhibición motora de origen psíquico.

ESTUPOROSO, A adj. PSIQUIATR. Relativo al estupor.

ESTUPRADOR, RA s. Persona que estupra.

ESTUPRAR v.tr. (lat. *struprare*). Cometer estupro.

ESTUPRO s.m. (lat. *stuprum*). Delito que consiste en mantener una relación sexual con un menor valiéndose del engaño o de la superioridad que se tiene sobre él.

ESTURIÓN s.m. (bajo lat. *sturio, -onis*). Pez condróstеo de boca ventral, con cinco hileras longitudinales de placas en los lados, que vive entre un y dos años en los estuarios antes de acabar su crecimiento en el mar. (Las hembras, en el caso del *beluga* del mar Negro, llegan a medir hasta una long. de 6 m y un peso de 500 kg; desovan en agua dulce entre 100 000 y 2 millones de huevas, con las que se prepara el caviar.)

ESTÚRNIDO, A adj. y s.m. Relativo a una fa-

milia de paseriformes de pico grande y plumaje con vivos colores, como el estornino.

ESVÁSTICA o **SVÁSTICA** s.f. Cruz gamada. (También *swástica.*)

ESVIAJE s.m. (del cat. *biaix*, sesgo). Oblicuidad de la superficie de un muro o del eje de una bóveda respecto al frente de la obra.

1. ETA s.f. Nombre de la séptima letra del alfabeto griego (η, H), que corresponde a una *e* larga.

2. ETA adj. y s.m. y f. → **AETA.**

ETALAJE s.m. (fr. *étalage*, de *étaler*, exhibir, extender). Parte de un alto horno comprendida entre el vientre y las toberas.

ETAMÍN s.m. (fr. *étamine*). Tejido ralo y flexible. **2.** Cañamazo fabricado con lino o algodón y con mucho apresto.

ETANO s.m. QUÍM. Hidrocarburo saturado formado por dos átomos de carbono y seis de hidrógeno.

ETANOL s.m. Alcohol etílico.

ETAPA s.f. (fr. *étape*, localidad donde pernoctan las tropas). Punto de un recorrido que se establece como lugar de parada. **2.** Distancia entre dos puntos de un recorrido que se hace de una sola vez. **3.** *Fig.* Parte de una acción o proceso diferenciada de otra u otras: *proceder por etapas.* SIN.: *fase.* ◇ **Etapa propulsora** Parte autónoma y separable de un vehículo espacial, generalmente dotada de medios de propulsión, con ciertas funciones seguras durante una fase determinada del vuelo.

ETARRA adj. y s.m. y f. Relativo a ETA; miembro de ETA.

ETC., abrev. de *etcétera.*

ETCÉTERA s.m. (del lat. *et cetera*, y las demás cosas). Expresión que se añade al final de una enumeración para sustituir otros elementos de esta. (Se abrevia *etc.*)

ÉTER s.m. (lat. *aeter, -eris*, del gr. *aithér, -eros*, cielo). Fluido imponderable y elástico, que era considerado como el agente de transmisión de la luz. **2.** *Poét.* Cielo, bóveda celeste. **3.** QUÍM. Óxido de etilo (C_2H_5)$_2$O, líquido muy volátil, inflamable y buen disolvente. (Se empleaba como anestésico general en inhalaciones.) [También *éter sulfúrico.*]

ETÉREO, A adj. Relativo al éter. **2.** *Poét.* Vago, inmaterial, sutil, sublime.

ETERISMO s.m. Conjunto de fenómenos patológicos causados por la absorción de éter.

ETERNAL adj. Eterno.

ETERNIDAD s.f. Tiempo que no tiene principio ni fin. **2.** REL. Vida del alma después de la muerte: *pensar en la eternidad.* **3.** *Fig.* Espacio de tiempo muy largo: *hace una eternidad que no la he visto.*

ETERNIZAR v.tr. y prnl. [7]. Hacer durar algo mucho tiempo: *eternizar un proceso, un debate; la crisis se eterniza.* ✦ v.tr. Hacer durar para siempre: *eternizar un instante en una foto.* ✦ eternizarse v.prnl. Tardar mucho en hacer algo.

ETERNO, A adj. (lat. *aeternus*). Que no tiene principio ni fin: *Dios como ser eterno.* **2.** Que no tiene fin: *le juró amor eterno.* **3.** Válido o existente en todos los tiempos: *verdades eternas.* **4.** Que dura mucho. **5.** Que se repite con frecuencia o insistencia: *una espera eterna.*

ETEROMANÍA s.f. Intoxicación crónica por éter tomado mediante inhalación, bebida o inyección.

ETERÓMANO, A adj. y s. Se dice de la persona que es adicta al éter.

ETESIO, A adj. y s.m. (lat. *etesius*, del gr. *etésius*, anual). Se dice del viento que soplan periódicamente del N, durante el verano, sobre el Mediterráneo oriental.

■ **ESTURIÓN**

ETHOS o **ETOS** s.m. ANTROP. Carácter común de comportamiento o forma de vida que adopta un grupo de individuos que pertenecen a una misma sociedad.

ÉTICA s.f. (lat. *ethica*, del gr. *ithiká*). FILOS. **a.** Parte de la filosofía que estudia la valoración moral de los actos humanos. **b.** Conjunto de principios y normas morales que regulan las actividades humanas

ÉTICO, A adj. Relativo a la ética: *juicio ético.* ◇ **Dativo ético** GRAM. Dativo que se usa para expresar la ventaja, el inconveniente o el interés tomado en una acción.

ETILÉNICO, A adj. Se dice del compuesto, como el etileno, en cuya molécula existe un doble enlace carbono-carbono.

ETILENO s.m. Hidrocarburo gaseoso incoloro (C_2H_4), ligeramente oloroso, obtenido a partir del petróleo y que se encuentra en la base de muchas síntesis.

ETÍLICO, A adj. Que contiene el radical etilo: *alcohol etílico.* **2.** Que se produce por la ingestión excesiva de alcohol.

ETILISMO s.m. Alcoholismo.

ETILO s.m. (de *éter* y el gr. *yli*, materia). Radical monovalente C_2H_5, derivado del alcohol etílico.

ETILSULFÚRICO, A adj. Sulfovínico.

ÉTIMO s.m. (gr. *etymos*, sentido verdadero). LING. Palabra o raíz de que procede otra.

ETIMOLOGÍA s.f. (lat. *etymologia*, del gr. *etymología*, sentido verdadero de la palabra). Parte de la lingüística que estudia el origen y evolución de las palabras. **2.** Origen y evolución de una palabra.

ETIMOLÓGICO, A adj. Relativo a la etimología.

ETIMÓLOGO, A s. Persona que se dedica al estudio de la etimología. SIN.: *etimologista.*

ETINO s.m. QUÍM. Acetileno.

ETIOLOGÍA s.f. (lat. *aetiologia*, del gr. *aitiología*, de *aitia*, causa, y *logos*, tratado). Parte de la medicina que estudia las causas de las enfermedades.

ETIOLÓGICO, A adj. Relativo a la etiología.

ETÍOPE o **ETIOPE** adj. y s.m. y f. De Etiopía.

ETIÓPICO, A adj. Relativo a Etiopía. ◇ **Lenguas etiópicas** Lenguas semíticas habladas en Etiopía y Eritrea. (Son lenguas etiópicas el ge'ez y el amárico.)

ETIQUETA s.f. (fr. *étiquette*, rótulo o membrete). Trozo de papel o tela que se pone a una cosa, especialmente un producto que se ofrece al público, para indicar alguna información como composición, contenido, procedencia, talla, etc. **2.** Conjunto de reglas que deben seguirse en un acto oficial o solemne. **3.** Calificación que se aplica a alguien para englobarlo en un grupo que se caracteriza por seguir una determinada ideología o actitud. **4.** INFORMÁT. **a.** Instrucción particular en un programa. **b.** Conjunto de caracteres unido a un grupo de datos que sirve para identificarlo. ◇ **De etiqueta** Se dice de la fiesta o reunión solemne que exige llevar un traje adecuado; se dice del traje que debe llevarse a esta fiesta o reunión.

ETIQUETADORA s.f. Máquina para etiquetar botellas.

ETIQUETAR v.tr. Poner una etiqueta a algo. **2.** *Fig.* Poner una etiqueta a alguien.

ETIQUETERO, A adj. *Fam.* Se dice de la persona que se ajusta a las normas de etiqueta y exige lo mismo a los demás.

ETMOIDAL adj. Relativo al etmoides.

ETMOIDES s.m. Hueso impar del cráneo, que forma la parte superior del esqueleto de la nariz y cuya lámina acribillada, situada en el compartimento anterior de la base del cráneo, está atravesada por los nervios olfatorios.

ETNARCA s.m. ANT. ROM. **a.** Gobernador de las provincias de oriente, relativamente autónomas, vasallas de Roma. **b.** Jefe civil de las comunidades judías de la diáspora romana.

ETNARQUÍA s.f. Dignidad del etnarca. **2.** Provincia gobernada por un etnarca.

ETNIA s.f. Grupo de personas que pertenecen a una misma raza y comparten lengua y cultura.

ÉTNICO, A adj. (gr. *ethnikós*, de las nacio-

■ El arte de los etruscos

La evolución de la cultura etrusca –heredera de las antiguas culturas autóctonas, especialmente la de Villanova– se produce a lo largo de siete siglos sucesivos.

Los etruscos, excelentes navegantes y virtuosos herreros, no solo comerciaban en todo el Mediterráneo sino, incluso, con los príncipes celtas de la cultura de Hallstatt. Y fue a raíz de esta intensa actividad comercial que, además de propagar su técnica y su producción metalúrgica, su arte se enriqueció sin perder su identidad.

Cerveteri, necrópolis con túmulos. Las necrópolis etruscas se organizan a imagen y semejanza de las viviendas de los vivos, y se convierten así en verdaderas ciudades de los muertos, como en Cerveteri (ss. VII-VI a.C.).

Colgante con una representación de la cabeza del dios fluvial Aqueloo.
Los etruscos, experimentados orfebres, alcanzaron la perfección de su arte con la técnica del granulado, como lo demuestra el mobiliario funerario que realizaron entre los ss. VII y VI a.C., reflejo de su apogeo económico. Oro; s. VI a.C.
(Museo del Louvre, París.)

Estatuilla votiva.
El armamento y la estrategia militar de los hoplitas griegos llegaron a los romanos de la mano de los etruscos. Bronce, principios del s. IV a.C.
(Museo arqueológico, Florencia.)

Tarquinia, tumba del triclinio.
Tarquinia albergó en su día una verdadera escuela de pintura funeraria que, hasta principios del s. V a.C., perpetuó la tradición iconográfica de los banquetes y las danzas surgida durante el siglo anterior. Las líneas adquirieron una mayor fuerza expresiva y los personajes se integraron en el paisaje. Fresco, h. 470 a.C.; detalle que muestra el flautista con dos flautas. (Museo nacional, Tarquinia.)

Sarcófago de las Amazonas.
La libertad de las formas, el relieve, los juegos de luz y el patetismo de las escenas caracterizan este arte pictórico deudor de los logros de la pintura griega. Piedra caliza pulida y pintada; h. 360 a.C.
(Museo arqueológico, Florencia.)

nes). Relativo a la etnia: *influencias étnicas.* 2. Gentilicio.

ETNOCÉNTRICO, A adj. Relativo al etnocentrismo.

ETNOCENTRISMO s.m. Tendencia a sobrevalorar la etnia a la que se pertenece y a valorar las restantes en relación con aquella.

ETNOCIDIO s.m. Destrucción de una etnia.

ETNOGRAFÍA s.f. Parte de la antropología que describe las etnias.

ETNOGRÁFICO, A adj. Relativo a la etnografía.

ETNÓGRAFO, A s. Persona que se dedica al estudio de la etnografía.

ETNOLINGÜÍSTICA s.f. Parte de la lingüística que estudia las relaciones entre la lengua y el contexto sociocultural en el cual se utiliza.

ETNOLINGÜÍSTICO, A adj. Relativo a la etnolingüística.

ETNOLOGÍA s.f. Parte de la antropología que estudia las etnias.

ETNÓLOGO, A s. Persona que se dedica al estudio de la etnología.

ETNOMUSICOLOGÍA s.f. Parte de la musicología que estudia la música popular de una etnia.

ETNOPSIQUIATRÍA s.f. PSIQUIATR. Estudio de los desórdenes psíquicos que padece una persona en función de la etnia a la que pertenece.

ETOESPECIE s.f. ETOL. Conjunto de animales de características morfológicas y fisiológicas parecidas a las de los demás de su especie, de los que se diferencian únicamente por presentar distinto comportamiento.

ETOGRAMA s.m. Registro gráfico del conjunto de movimientos y desplazamientos espontáneos de un animal en libertad aparente.

ETOLIO, A adj. y s. De Etolia.

ETOLOGÍA s.f. Ciencia que estudia el comportamiento de los animales en su medio natural, que se interesa tanto por la evolución ontogenética como por la filogenética.

ETOLÓGICO, A adj. Relativo a la etología.

ETÓLOGO, A s. Persona que se dedica al estudio de la etología.

ETOPEYA s.f. (lat. *ethopeia,* del gr. *ithopoiía*). RET. Descripción del carácter, las costumbres y el modo de actuar de una persona.

ETOS s.m. ANTROP. → **ETHOS.**

ETRUSCO, A adj. y s. De un pueblo que vivió en Toscana a finales del s. VIII a.C. ◆ s.m. Lengua no indoeuropea hablada por los etruscos. ENCICL. Los etruscos fundaron poderosas y ricas ciudades, agrupadas en confederaciones, gobernadas por reyes *(lucumones),* y, hacia fines del s. VI a.C., por magistrados anuales y colegiados. Del s. VII al VI a.C. extendieron su dominio hasta Campania y la llanura del Po, y dotaron a Roma de su primer patrimonio monumental (reinados de Servio Tulio y de los Tarquinos). Por el particularismo de sus ciudades eran vulnerables a los ataques de los griegos, los samnitas, los galos y, sobre todo, los romanos, quienes, a partir del s. IV a.C. se apoderaron de la totalidad de Toscana. La civilización etrusca, que sobrevivió a las derrotas, influyó profundamente en la religión y las instituciones romanas. La evolución artística se desarrolló a lo largo de casi siete siglos y su apogeo correspondió al período arcaico (610-460 a.C.), del que se conservan, entre otros vestigios, vastas necrópolis (Cerveteri, Chiusi, Tarquinia, Volterra, etc.) con elementos arquitectónicos y adornos de pinturas murales en las cámaras funerarias.

ETRUSCOLOGÍA s.f. Ciencia que estudia el mundo etrusco, según los textos, monumentos y excavaciones.

ETT s.f. (sigla). *Empresa de trabajo temporal.

ETUSA s.f. BOT. Planta de raíz abultada y tronco derecho muy tóxica. SIN.: *cicuta menor.* (Familia umbelíferas.)

EUCALIPTO s.m. (del gr. *kalyptós,* cubierto, tapado). Árbol originario de Australia, de gran tamaño y hojas muy olorosas, que crece preferentemente en las regiones cálidas. (En Australia llega a medir hasta 100 m de alt.; familia mirtáceas.)

EUCALIPTOL s.m. Cineol.

EUCARIOTA s.m. Organismo con organización celular eucariótica. CONTR.: *procariota.*

EUCARIÓTICO, A adj. Se dice de la célula de un organismo que tiene el núcleo separado del citoplasma por una membrana.

EUCARISTÍA s.f. (gr. *eykharistía,* reconocimiento, acción de gracias). Sacramento cristiano según el cual el pan y el vino que el sacerdote consagra en la misa se transforman en el cuerpo y la sangre de Jesucristo.

EUCARÍSTICO, A adj. Relativo a la eucaristía. ◇ **Congreso eucarístico** Asamblea de clérigos y fieles que se reúnen para estudiar cuestiones relacionadas con la eucaristía y celebrar ceremonias litúrgicas en honor del Santísimo Sacramento.

EUCLIDIANO, A adj. Relativo a Euclides y a su método. SIN.: *euclídeo.* ◇ **Geometría euclidiana** Geometría que se basa en los postulados de Euclides.

EUDIOMETRÍA s.f. FÍS. Determinación de la composición de un gas mediante el eudiómetro.

EUDIOMÉTRICO, A adj. FÍS. Relativo a la eudiometría.

EUDIÓMETRO s.m. (del gr. *eydios,* sereno, tranquilo, y *metros,* medir). FÍS. Instrumento que sirve para medir las variaciones de volumen en las reacciones químicas entre gases.

EUDISTA s.m. Miembro de la congregación de Jesús y María, fundada en Caen, en 1643, por san Juan Eudes para la dirección de los seminarios.

EUÉ o **EWÉ,** pueblo negroafricano de Ghana, Togo y Benín, originario del actual país yoruba.

EUFEMISMO s.m. (gr. *ayphimismós,* de *eyphimós,* que habla bien). Palabra o expresión que se usa para sustituir otra que se considera de mal gusto, inoportuna o malsonante.

EUFEMÍSTICO, A adj. Relativo al eufemismo.

EUFILICAL adj. y s.f. Relativo a un orden de plantas con esporangios isospóricos y próta los bien desarrollados. SIN.: *filical.*

EUFONÍA s.f. (gr. *euphonía,* voz hermosa). Cualidad de los sonidos agradables al oído, a la que se recurre para dar cuenta de ciertos cambios fonéticos.

EUFÓNICO, A adj. Que tiene eufonía.

EUFORBIA s.f. (del lat. *euphorbium,* del gr *eyphórbion*). Planta herbácea o leñosa que segrega un látex blanco muy acre. (Familia euforbiáceas.)

EUFORBIÁCEO, A adj. y s.f. Relativo a una familia de plantas dicotiledóneas que comprende de alrededor de 7 000 especies. (El árbol del caucho o la mandioca pertenecen a la familia euforbiáceas.)

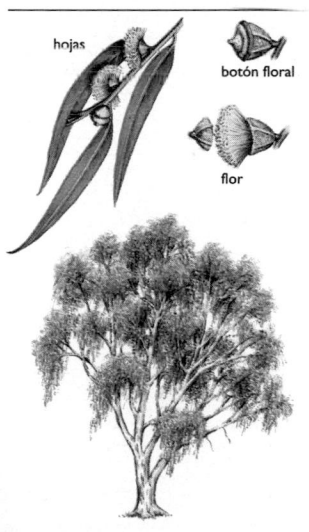

hojas
botón floral
flor

■ EUCALIPTO

EUFORIA s.f. (gr. *eyphoría,* de *eyphoros,* robusto, vigoroso). Estado de excitación psíquica que tiende al optimismo, provocada por ciertas satisfacciones físicas o psíquicas o por la administración de determinadas sustancias.

EUFÓRICO, A adj. Relativo a la euforia: *estado eufórico.* 2. Que denota euforia: *risas eufóricas.*

EUFRASIA s.f. (gr. *eyphrasía,* alegría). Planta herbácea vellosa, de tallo erguido y flores pequeñas, blancas, con rayas purpúreas y una mancha amarilla. (Familia escrofulariáceas.)

EUFUISMO s.m. Estilo literario afectado utilizado en la corte de Isabel I de Inglaterra.

EUGENESIA s.f. Conjunto de métodos para mejorar el patrimonio genético de los grupos humanos, limitando la reproducción de los individuos portadores de caracteres considerados desfavorables y promoviendo la de los portadores de caracteres considerados favorables; teoria que preconiza estos métodos.

EUGENÉSICO, A adj. Relativo a la eugenesia.

EUGENISTA s.m. y f. Persona que se dedica al estudio de la eugenesia.

EUNUCO s.m. (lat. *eunuchus,* del gr. *eynoykos*). Hombre castrado encargado de importantes funciones administrativas y militares, así como de la custodia de los harenes imperiales (antiguo Irán, Bizancio, China, mundo musulmán medieval, Imperio otomano).

EUPATORIO s.m. (gr. *eypatórion,* de *Eupátor,* sobrenombre de Mitrídates VI, rey de Ponto). Planta de 1,50 m de alt., de flores blancas y rosadas, propia de lugares húmedos. (Familia compuestas.)

EUPÁTRIDA s.m. Miembro de la nobleza de la antigua Grecia. (Tuvieron el poder en los ss. VIII y VII a.C.)

EUPEPSIA s.f. (del gr. *ey,* bien, y *péttein,* digerir). Digestión normal. CONTR.: *dispepsia.*

EUPÉPTICO, A adj. Se dice de la sustancia que facilita la eupepsia.

EURASIÁTICO, A adj. → EUROASIÁTICO.

¡EUREKA! interj. (gr. *eúreka,* he hallado, exclamación atribuida a Arquímedes). Se usa para expresar satisfacción o júbilo al resolver o conseguir algo.

EURIHALINO, A adj. Se dice del organismo marino capaz de soportar grandes variaciones de salinidad.

EURITERMIA s.f. Capacidad que tiene un organismo poiquilotermo para soportar grandes diferencias de temperatura.

EURITÉRMICO, A adj. Se dice del organismo poiquilotermo capaz de soportar grandes diferencias de temperatura.

EURITMIA s.f. Combinación armónica, especialmente en las proporciones, líneas, colores o sonidos.

EURÍTMICO, A adj. Relativo a la euritmia.

1. EURO s.m. Unidad monetaria de Alemania, Andorra, Austria, Bélgica, Chipre, Eslovaquia, Eslovenia, España, Finlandia, Francia, Grecia, Irlanda, Italia, Luxemburgo, Malta, Mónaco, Montenegro, Países Bajos, Portugal, San Marino y Ciudad del Vaticano, fraccionada en 100 céntimos [símb. €]. (Entró en vigor en 1999 [en.] y se puso en circulación en 2002 [en.].)

2. EURO s.m. (lat. *eurus*). Poét. Viento del este.

EUROASIÁTICO, A o **EURASIÁTICO, A** adj. Relativo a Eurasia (conjunto geográfico formado por Europa y Asia). ◆ adj. y s. Se dice del hijo de una persona europea y otra asiática.

EUROCENTRISMO s.m. Tendencia a estudiar la historia y civilización humana tomando a Europa como centro o protagonista de estas.

EUROCOMUNISMO s.m. Corriente ideológica de algunos partidos comunistas europeos que defendían la adaptación de las teorías comunistas a la situación política de los países de la Europa occidental. (La siguieron los partidos comunistas de España, Italia y Francia.)

EUROCONECTOR s.m. Esp. Clavija estándar de 24 varillas que sirve para conectar transmisiones europeas de sonido e imagen.

EUROCRÉDITO s.m. Crédito bancario que se realiza gracias a los recursos procedentes del mercado monetario internacional de eurodivisas, por oposición a los realizados en moneda nacional.

EURODIPUTADO, A s. Diputado del parlamento europeo.

EURODIVISA s.f. Divisa depositada en un banco europeo.

EURODÓLAR s.m. Dólar estadounidense depositado en un banco europeo fuera de EUA.

EUROESCÉPTICO, A adj. y s. Que desconfía de los beneficios del proceso de unión política europea.

EUROOBLIGACIÓN s.f. Valor liberado en eurodivisas o en unidades de cuenta y emitido por el mercado financiero internacional a través de bancos de distintas nacionalidades, agrupados circunstancialmente en agrupaciones internacionales de garantía.

EUROPEÍSMO s.m. Tendencia que propugna la unidad económica, política o cultural de las naciones europeas.

EUROPEÍSTA adj. y s.m. y f. Relativo al europeísmo; partidario de esta tendencia.

EUROPEIZACIÓN s.f. Acción y efecto de europeizar o europeizarse.

EUROPEIZAR v.tr. [23]. Dar carácter europeo. ◆ **europeizarse** v.prnl. Adquirir carácter europeo.

EUROPEO, A adj. y s. De Europa. ◆ adj. Relativo a la Unión europea.

EUROPIO s.m. Metal del grupo de los lantánidos. **2.** Elemento químico (Eu), de número atómico 63 y masa atómica 151,965.

EUSKERA o **EUSQUERA** s.m. Lengua hablada en el País Vasco español y francés y en la comunidad autónoma de Navarra. SIN.: *vasco, vascuence.*

EUSTÁTICO, A adj. Relativo al eustatismo.

EUSTATISMO s.m. Variación lenta del nivel general de los mares y océanos debido a un cambio climático o a movimientos tectónicos.

EUSTHENOPTERON s.m. Pez crosopterigio del devónico cuyas aletas pares constituyen una fase evolutiva anterior a la de las patas de los primeros anfibios.

■ EUSTHENOPTERON

EUTANASIA s.f. (gr. *eythanasía*). Muerte natural sin sufrimiento físico. **2.** Acción de provocar la muerte de un enfermo incurable para abreviar sus sufrimientos o su agonía, siempre y cuando lo solicite el propio enfermo o la persona que legalmente se haga cargo de ella. (Es ilegal en la mayoría de países.)

EUTÉCTICO, A adj. Se dice de la mezcla de cuerpos sólidos cuya fusión se realiza a una temperatura constante, como la de los cuerpos puros.

EUTERIO, A adj. y s.m. Placentario.

EUTEXIA s.f. Temperatura, o punto, de eutexia Temperatura de fusión de una mezcla eutéctica.

EUTOCIA s.f. Parto normal.

EUTRAPELIA s.f. (gr. *eutrapelía,* chiste, gracia). Moderación en las diversiones.

EUTROFIZACIÓN s.f. ECOL. Enriquecimiento natural o artificial del agua en materias nutritivas que favorece la proliferación de algas.

EVACUACIÓN s.f. Acción y efecto de evacuar.

EVACUADO, A s. Persona que ha sido obligada a abandonar un territorio en guerra, por razones de seguridad.

EVACUADOR, RA adj. Que sirve para evacuar: *conducto evacuador.*

EVACUAR v.tr. (lat. *evacuare*) [3 y 18]. Desalojar la autoridad competente a las personas que están en un lugar para evitar un peligro. **2.** Expulsar una persona excrementos o humores: *evacuar el vientre.* **3.** DER. Cumplir un trámite: *evacuar una diligencia.*

EVACUATORIO s.m. Lugar público destinado a evacuar excrementos u orinar.

EVADIR v.tr. y prnl. (lat. *evadere,* escapar). Evitar un peligro, una obligación o dificultad con arte y astucia: *evadir los impuestos.* ◆ **evadirse** v.prnl. Fugarse, escaparse.

EVAGINACIÓN s.f. MED. Salida de un órgano fuera de su vaina.

EVALUACIÓN s.f. Acción y efecto de evaluar. **2.** Valoración de los conocimientos, actitudes, aptitudes y rendimiento de un alumno. ◇ **Evaluación global** DER. FISC. Sistema de determinación de la base imponible sobre el monto total del impuesto, valorado según el rendimiento neto presunto a liquidar de forma colectiva.

EVALUAR v.tr. (fr. *évaluer*) [18]. Determinar el valor de alguien o algo. **2.** Valorar los conocimientos, actitudes, aptitudes y rendimiento de un alumno.

EVANESCENCIA s.f. Cualidad de evanescente.

EVANESCENTE adj. (del lat. *evanescere,* desaparecer). Que se desvanece.

EVANGELIARIO s.m. Libro litúrgico que contiene los evangelios de cada día del año.

EVANGÉLICO, A adj. Relativo al Evangelio. ◆ adj. y s. Relativo a la iglesia surgida de la Reforma; miembro de esta iglesia.

EVANGELIO s.m. (lat. *evangelium,* del gr. *evanggelios,* la buena nueva). Historia de la vida y doctrina de Jesucristo: *predicar el Evangelio.* (Con este significado suele escribirse con mayúscula.) **2.** Libro donde se recoge la historia de la vida y doctrina de Jesucristo. (Los evangelios son cuatro y sus autores son san Juan, san Lucas, san Mateo y san Marcos.) **3.** Pasaje del evangelio que se lee durante la misa. **4.** *Fig.* Religión cristiana. **5.** *Fig. y fam.* Verdad indiscutible.

EVANGELISMO s.m. Fiesta de la Anunciación en la Iglesia griega. **2.** Doctrina de la Iglesia evangélica.

EVANGELISTA s.m. Autor de un evangelio. **2.** Méx. Memorialista, persona que tiene por oficio escribir cartas u otros papeles que necesita la gente que no sabe hacerlo.

EVANGELIZACIÓN s.f. Acción y efecto de evangelizar.

EVANGELIZADOR, RA adj. y s. Que evangeliza.

EVANGELIZAR v.tr. [7]. Instruir a alguien en la doctrina del Evangelio, predicar la fe o las virtudes cristianas.

EVAPORACIÓN s.f. Transformación de un líquido en vapor, sin que se produzca ebullición.

EVAPORADOR s.m. Aparato que sirve para la deshidratación de frutas, legumbres, leche, etc. **2.** Elemento de una máquina frigorífica en el que el líquido frigorígeno se vaporiza produciendo frío.

EVAPORAR v.tr. y prnl. (lat. *evaporare*). Convertir un líquido en vapor. SIN.: *evaporizar, vaporizar.* **2.** *Fig.* Disipar, desvanecer. ◆ **evaporarse** v.prnl. *Fig.* Desaparecer una persona de un lugar sin que nadie se dé cuenta.

EVAPORITA s.f. Formación sedimentaria (sal gema y yeso), resultado de una evaporación.

EVAPORIZAR v.tr. y prnl. [7]. Evaporar, convertir en vapor. SIN.: *vaporizar.*

EVAPOTRANSPIRACIÓN s.f. Restitución a la atmósfera de parte del agua contenida en el suelo, gracias a la evaporación y a la transpiración de las plantas.

EVASIÓN s.f. Acción y efecto de evadir o evadirse. ◇ **De evasión** Se dice de la obra literaria o cinematográfica que solo pretende distraer al público haciéndole olvidar las preocupaciones diarias: *novela de evasión; película de evasión.* **Evasión de capital** Transferencia ilegal de capital a un país extranjero. **Evasión fiscal** Acción del contribuyente para evitar un determinado impuesto.

EVASIVA s.f. Recurso para eludir una dificultad o un compromiso.

EVASIVO, A adj. Que tiende a eludir una dificultad o un compromiso.

EVASOR, RA adj. Que evade.

EVECCIÓN s.f. ASTRON. Desigualdad periódica en el movimiento de la Luna.

EVEMERISMO s.m. Conjunto de las teorías antiguas y modernas sobre el origen de las religiones basadas en el pensamiento del griego Evémero (s. III a.C.), que consideraba lo sobre-

natural como una derivación de los hechos históricos trasladados al plano mitológico.

EVENTO s.m. (lat. *eventus, -tus*). Suceso o acontecimiento.

EVENTRACIÓN s.f. Ruptura de la pared muscular abdominal, que deja la piel como único medio de contención de las vísceras.

EVENTUAL adj. Que puede suceder o no, dependiendo del desarrollo de los acontecimientos. ◇ **Trabajador eventual** Trabajador temporal, que no está fijo en una empresa.

EVENTUALIDAD s.f. Cualidad de eventual. **2.** Hecho o circunstancia de realización incierta o conjetural.

EVERSIÓN s.f. (lat. *eversio, -onis*). Destrucción o desolación. **2.** Versión de una mucosa hacia fuera, en especial la de los labios.

EVICCIÓN s.f. (lat. *evictio, -onis,* de *evincere,* sacar de la posesión jurídicamente). DER. Acción de privar al adquiriente a título oneroso, en virtud de un derecho preexistente, de todo o parte de la cosa adquirida.

EVIDENCIA s.f. Certeza clara y manifiesta de algo. **2.** Amér. Prueba judicial. ◇ **En evidencia** En situación comprometida o en ridículo: *dejar a alguien en evidencia ante sus amigos;* en situación de ser públicamente conocido: *poner en evidencia la actuación del gobierno.*

EVIDENCIAR v.tr. y prnl. Hacer patente o manifiesta la certeza de una cosa.

EVIDENTE s.m. (lat. *evidens, -ntis*). Cierto, claro, patente y sin la menor duda.

EVISCERACIÓN s.f. Resección quirúrgica de una víscera.

EVITAR v.tr. (lat. *evitare*). Impedir que suceda algún mal, peligro o molestia: *evitar las dificultades.* **2.** Procurar no encontrarse en una situación determinada o con alguien a quien no se desea ver: *evitar una conversación; evita a su jefe para no darle explicaciones.* **3.** Intentar no encontrarse con una persona.

EVITERNO, A adj. (lat. *aeviternus*). Que tiene principio pero no fin: *los ángeles son eviternos.*

EVO s.m. (del lat. *aevum,* duración, tiempo, vida). REL. Duración de las cosas eternas. **2.** *Poét.* Duración de tiempo sin fin.

EVOCACIÓN s.f. Acción y efecto de evocar. ◇ **Evocación de recuerdos** Actividad mental que hace actuales los engramas mnémicos ya fijados.

EVOCADOR, RA adj. Que evoca.

EVOCAR v.tr. (lat. *evocare,* hacer salir llamando) [1]. Recrear en la memoria algo del pasado o de lugares lejanos: *evocar paisajes lunares.*

¡EVOÉ! o **¡EVOHÉ!** interj. (fr. *évohé*). ANT. ROM. Era usada por las bacantes para aclamar o invocar a Baco.

EVOLUCIÓN s.f. (fr. *évolution*). Acción y efecto de evolucionar. **2.** BIOL. Serie de transformaciones sucesivas que han experimentado los seres vivos durante las eras geológicas. **3.** MED. Sucesión de fases de una enfermedad: *la evolución de un tumor.*

EVOLUCIONAR v.intr. Sufrir cambios progresivos alguien o algo. **2.** Realizar movimientos describiendo curvas. **3.** Hacer un movimiento o cambio de formación una unidad táctica militar, especialmente una unidad naval o aérea.

EVOLUCIONISMO s.m. Teoría biológica que explica el desarrollo de una especie por evolución. **2.** Doctrina sociológica y antropológica según la cual la historia de las sociedades humanas se desarrolla de forma progresiva y continua.

EVOLUCIONISTA adj. y s.m. y f. Relativo al evolucionismo; partidario del evolucionismo.

EVOLUTA s.f. GEOMETR. Envolvente de las normales de un curva plana; para una curva cualquiera, curva cuyas tangentes son normales a la curva dada.

EVOLUTIVO, A adj. Relativo a la evolución. **2.** Que se produce por evolución.

EVOLVENTE s.f. y adj. GEOMETR. Curva que puede considerarse como descrita por un hilo arrollado en uno de sus extremos sobre una curva a la cual está fijo por el otro extremo y

que se desarrolla de manera que siempre permanece tenso.

EWÉ → **EUÉ.**

1. EX Partícula que se antepone a sustantivos o adjetivos de persona para indicar que este ha dejado de ser lo que aquellos significan: *ex ministro; ex alumno.*

2. EX s.m. y f. Persona que ya no es la pareja sentimental de alguien.

EXABRUPTO s.m. Dicho o hecho brusco e inconveniente.

EX ABRUPTO loc.adv. (voces latinas). De improviso.

EXACCIÓN s.f. (lat. *exactio, -onis,* acto de cobrar). Acción y efecto de exigir impuestos, multas, etc.

EXACERBACIÓN s.f. Acción y efecto de exacerbar o exacerbarse.

EXACERBAR v.tr. y prnl. (lat. *exacerbare*). Irritar, causar gran enojo. **2.** Hacer más intenso un sentimiento o agravar una enfermedad.

EXACTITUD s.f. Cualidad de exacto.

EXACTO, A adj. (lat. *exactus*). Medido, calculado o expresado con todo rigor: *la hora exacta.* **2.** Que es rigurosamente conforme a las reglas prescritas: *una disciplina exacta.* **3.** Que reproduce fielmente al modelo: *una copia exacta.* **4.** Que no tiene error lógico: *un razonamiento exacto.* ◆ interj. Expresa asentimiento.

EX AEQUO loc.adv. y adj. (voces latinas). En situación de igualdad o empate. (Se usa referido a los participantes en competiciones deportivas, concursos, oposiciones, etc.)

EXAGERACIÓN s.f. Acción de exagerar. **2.** Cosa exagerada.

EXAGERAR v.tr. e intr. (lat. *exaggerare,* colmar, amplificar). Presentar algo haciéndolo más grande o importante. **2.** Hacer que algo sobrepase los límites de lo normal, justo, necesario o conveniente.

EXAGERATIVO, A adj. Que exagera.

EXAGONAL adj. → **HEXAGONAL.**

EXÁGONO s.m. → **HEXÁGONO.**

EXALTACIÓN s.f. Acción y efecto de exaltar o exaltarse.

EXALTADO, A adj. Apasionado o entusiasta en exceso. ◆ s.m. Liberal extremista español del primer tercio del s. XIX.

EXALTAMIENTO s.m. Exaltación.

EXALTAR v.tr. (lat. *exaltare*). Elevar a una persona a una posición de gran dignidad. **2.** *Fig.* Alabar a alguien o algo realzando su mérito, valor o importancia con mucho énfasis. ◆ **exaltarse** v.prnl. Excitarse mucho por algo y perder la calma: *la discusión fue fuerte, todos se exaltaron mucho.*

EXAMEN s.m. (lat. *examen,* fiel de la balanza, acción de pesar, examen). Estudio minucioso de las cualidades y circunstancias de algo. **2.** Prueba que se realiza para comprobar la aptitud de una persona para realizar alguna actividad o la adquisición de unos conocimientos: *examen de inglés.* ◇ **Examen de conciencia** Examen crítico de la propia conducta. **Libre examen** Derecho que tiene cualquier persona de creer únicamente lo que su razón individual puede controlar.

EXAMINAR v.tr. (lat. *examinare,* examinar, pesar). Estudiar minuciosamente las cualidades y circunstancias de algo: *examinar una cuestión.* ◆ v.tr. y prnl. Juzgar la aptitud de una persona para realizar una actividad o la adquisición de unos conocimientos mediante un examen: *examinarse de una asignatura.*

EXANGÜE adj. (lat. *exsanguem*). Sin fuerzas. **2.** Muerto, sin vida.

EXANGUINOTRANSFUSIÓN s.f. Sustitución total o parcial de la sangre de un sujeto.

EXÁNIME adj. (lat. *exanimis*). Sin señales de vida. **2.** *Fig.* Que está muy debilitado, desmayado.

EX ANTE loc.adj. (voces latinas, *con anterioridad a*). Se usa para designar el período anterior a los hechos económicos que se analizan. CONTR.: *ex post.*

EXANTEMA s.m. (gr. *exanthima, -atos,* eflorescencia). Erupción cutánea que acompaña a ciertas enfermedades infecciosas, como la rubéola, la escarlatina, la erisipela, el tifus, etc.

EXARCA s.m. (gr. *éxarkos*, jefe, presidente). Funcionario militar que gobernaba un exarcado. **2.** Dignidad eclesiástica de la Iglesia oriental que administra un exarcado.

EXARCADO s.m. HIST. Circunscripción militar bizantina en la que gobernaba un exarca. **2.** Circunscripción eclesiástica administrada por un exarca.

EXÁRICO s.m. (ár. *šarīk*, partícipe, compañero). Aparcero musulmán de la edad media que pagaba una renta proporcional a los frutos de la cosecha. **2.** Siervo de la gleba de origen musulmán.

EXASPERACIÓN s.f. Acción y efecto de exasperar o exasperarse.

EXASPERAR v.tr. y prnl. (lat. *exasperare*). Irritar, enfurecer, enojar.

EXCARCELACIÓN o **EXCARCERACIÓN** s.f. Acción y efecto de excarcelar.

EXCARCELAR v.tr. Poner en libertad a un preso bajo la autoridad competente.

EX CÁTHEDRA o **EX CÁTEDRA** loc. (lat. *ex cathedra*, desde la cátedra).Con la autoridad propia de cierto cargo o posición. **2.** *Fig.* y *fam.* En tono magistral y decisivo.

EXCAVACIÓN s.f. Operación de hacer hoyos o cavidades en un terreno para construir una obra, exhumar monumentos u objetos de interés arqueológico. **2.** Hoyo o cavidad que resulta de esta operación.

EXCAVADORA s.f. Máquina para excavar. ◇ **Excavadora de cangilones** Excavadora provista de una cadena sin fin de cangilones. **Excavadora de cuchara de arrastre** Excavadora que actúa arañando el terreno mediante una cuchara.

EXCAVAR v.tr. Hacer hoyos o cavidades en un terreno.

EXCEDENCIA s.f. Situación laboral del trabajador, especialmente del empleado público, que ha obtenido un permiso para poder interrumpir temporalmente el desempeño de un cargo o empleo.

EXCEDENTE adj. y s.m. Sobrante, que sobra. ◆ adj. y s.m. y f. Se dice del trabajador, especialmente el empleado público, que ha obtenido un permiso para poder interrumpir temporalmente el desempeño de un cargo o empleo. ◆ s.m. Diferencia entre la producción social y el consumo. ◇ **Excedente de cupo** Persona que queda libre de hacer el servicio militar al sacar un número superior al del cupo correspondiente en el sorteo de las quintas.

EXCEDER v.tr. (lat. *excedere*, salir).Sobrepasar una persona o cosa un límite. ◆ v.intr. Sobrepasar una cosa un límite. ◆ v.tr. e intr. Superar una persona o cosa a otra en algo. ◆ **excederse** v.prnl. Sobrepasar una persona los límites de lo lícito o razonable.

EXCELENCIA s.f. (lat. *excellentia*).Cualidad de excelente. **2.** Tratamiento honorífico que se da a una persona por su dignidad y empleo. ◇ **Por excelencia** De forma excelente; por antonomasia.

EXCELENTE adj. (lat. *excellens, -ntis*, sobresaliente, mayor en altura).Se dice de la cosa que sobresale entre los de su género por sus cualidades: *un plato excelente.* **2.** Se dice de la persona que destaca por sus cualidades, especialmente por su bondad, mérito o estimación.

EXCELENTÍSIMO, A adj. Tratamiento honorífico que se da a la persona que le corresponde el tratamiento de excelencia.

EXCELSITUD s.f. Cualidad de excelso.

EXCELSO, A adj. (lat. *excelsus*, p. de *excellere*, ser superior). Se dice de la persona que tiene una cualidad en su grado más elevado.

EXCENTRACIÓN s.f. MEC. Desplazamiento del centro.

EXCÉNTRICA s.f. MEC. Dispositivo colocado sobre un eje de giro, que se utiliza para la dirección de algunos movimientos.

EXCENTRICIDAD s.f. Cualidad de excéntrico. **2.** Dicho o hecho extravagante o raro. **3.** Alejamiento del centro a un centro. ◇ **Excentricidad de la órbita de un planeta** ASTRON. Excentricidad de la elipse descrita alrededor del Sol. **Excentricidad de una cónica** MAT. Relación constante entre las distancias de un punto de la curva a un foco y a la directriz correspondiente.

EXCÉNTRICO, A adj. Situado fuera del centro. **2.** MAT. Se dice de la circunferencia que, encerrada dentro de otra, no tiene el mismo centro que esta última. ◆ adj. y s. *Fig.* Que es extravagante o raro.

EXCEPCIÓN s.f. (lat. *exceptio, -onis*).Acción de exceptuar. **2.** Persona o cosa que se aparta de una ley general: *la excepción de la regla.* **3.** DER. Título o motivo jurídico que el demandado alega para hacer ineficaz la acción del demandante. ◇ **A,** o **con, excepción de** Exceptuando la persona o cosa que se expresa. **De excepción** Extraordinario, privilegiado. **Estado de excepción** Situación político-social decretada por el gobierno de un territorio como grave que conlleva la suspensión de las garantías civiles.

EXCEPCIONAL adj. Que es una excepción de la regla común o que ocurre rara vez: *circunstancias excepcionales.* **2.** Extraordinario, único: *libro excepcional.*

EXCEPCIONAR v.tr. DER. Alegar excepción en el juicio: *excepcionar una incapacidad.*

EXCEPTO prep. (lat. *exceptus*, p. de *excepere*, sacar).A excepción de.

EXCEPTUAR v.tr. y prnl. [18]. Excluir algo o a alguien de la generalidad o de la regla común.

EXCESIVO, A adj. Que excede el límite de lo que se considera necesario o conveniente: *gordura excesiva.*

EXCESO s.m. (lat. *escessus, -us*, salida).Cantidad,acción,hecho,etc.,que excede de la medida o regla, o de lo razonable o lícito: *exceso de velocidad; exceso de confianza.* **2.** Abuso: *cometer excesos con la comida.*

EXCIPIENTE s.m. (lat. *excipiens, -ntis*, p. activo de *excipere*, sacar). Sustancia inactiva que se emplea en la composición de los medicamentos para darles consistencia.

EXCISIÓN s.f. (lat. *scissionem*, corte). CIR. Ablación de un tejido enfermo en una pequeña región del cuerpo: *excisión de un panadizo.*

EXCITABILIDAD s.f. Cualidad de excitable.

EXCITABLE adj. Que puede excitarse. **2.** Que se excita fácilmente.

EXCITACIÓN s.f. Acción y efecto de excitar o excitarse.

EXCITADOR, RA adj. Que excita. ◆ s.m. FÍS. Instrumento con mangos aislantes que sirve para descargar un condensador.

EXCITANTE adj. y s.m. Que excita.

EXCITAR v.tr. (lat. *excitare*).Hacer algo que se ponga en actividad. **2.** Hacer que se produzca o intensifique una actividad, estado o sentimiento. **3.** Incitar a una persona a actuar. **4.** FÍS. **a.** Hacer pasar un átomo, un núcleo o una molécula de un nivel de energía a otro superior. **b.** Producir un flujo de inducción magnética en un generador o motor eléctrico. ◆ v.tr. y prnl. Causar nerviosismo o impaciencia. **2.** Provocar deseo sexual.

EXCITATRIZ s.f. Máquina eléctrica secundaria que envía corriente al circuito inductor de un alternador.

EXCLAMACIÓN s.f. Grito o frase que expresa un sentimiento intenso y súbito, como dolor, alegría, admiración, etc. **2.** LING. Signo ortográfico que se pone al principio y al final de una oración exclamativa.

EXCLAMAR v.tr. e intr. (lat. *exclamare*).Decir bruscamente una expresión a consecuencia de cierta impresión recibida.

EXCLAMATIVO, A adj. Relativo a la exclamación. SIN.: *exclamatorio.* **2.** Se dice de la oración que expresa una exclamación.

EXCLAUSTRAR v.tr. y prnl. Permitir u ordenar a un religioso que abandone el claustro.

EXCLUIR v.tr. (lat. *excludere*, cerrar fuera) [88]. Sacar o dejar fuera de un grupo o situación a una persona o cosa. **2.** Descartar una cosa. ◆ **excluirse** v.prnl. Ser una persona o cosa incompatible con otra: *las dos opiniones se excluyen.*

EXCLUSIÓN s.f. (lat. *exclusio, -onis*).Acción y efecto de excluir o excluirse.

EXCLUSIVA s.f. Privilegio por el que alguien es el único autorizado para realizar algo. SIN.: *exclusividad.* **2.** Noticia o información cuyos derechos de difusión corresponden a un solo medio informativo.

EXCLUSIVE adv.m. De forma exclusiva: *hasta el tres de abril exclusive.* CONTR.: *inclusive.* (Se usa pospuesto a un sustantivo e indica que no debe tenerse en cuenta el elemento del grupo o de la serie mencionado.)

EXCLUSIVIDAD s.f. Cualidad de exclusivo. **2.** Exclusiva.

EXCLUSIVISMO s.m. Adhesión a alguien o algo,con exclusión de cualquier otra. **2.** Cualidad de exclusivo.

EXCLUSIVISTA adj. Relativo al exclusivismo.

EXCLUSIVO, A adj. Que excluye. **2.** Único o solo,con exclusión de cualquier otro. ◇ **Dedicación exclusiva** Dedicación a un único trabajo que ocupa toda la jornada laboral excluyendo la posibilidad de realizar cualquier otro trabajo.

EXCLUYENTE adj. Que excluye.

EXCOGITAR v.tr. Descubrir algo mediante la reflexión.

EXCOMULGADO, A s. Persona que ha sido excomulgada.

EXCOMULGAR v.tr. [2]. Apartar la autoridad eclesiástica a alguien de la comunidad de los fieles y del uso de los sacramentos. SIN.: *descomulgar.*

EXCOMUNIÓN s.f. Acción y efecto de excomulgar. **2.** Carta,edicto con que se intima y publica la censura.

EXCORIACIÓN o **ESCORIACIÓN** s.f. Pérdida de sustancia superficial de la piel, de origen traumático.

EXCORIAR o **ESCORIAR** v.tr. y prnl. (lat. *excoriare*, sacar la piel). Producir una excoriación.

EXCRECENCIA s.f. Formación de tipo tumoral que aparece haciendo prominencia sobre una superficie orgánica. **2.** Adherencia superflua. **3.** Excrecencia.

EXCRECIÓN s.f. Acción y efecto de excretar.

EXCREMENTO s.m. (lat. *excrementum*, secreción).Materia que expulsa un organismo animal que proviene de residuos indigeribles o de procesos catabólicos.

EXCRESCENCIA s.f. BOT. Prominencia debida a un crecimiento parcial y externo del tallo u otro órgano vegetal,que solo afecta a la epidermis o al tejido cortical. SIN.: *excrecencia.*

EXCRETAR v.intr. Expulsar los excrementos. SIN.: *excrementar.* **2.** Expeler una glándula las sustancias que elabora.

EXCRETAS s.f.pl. Sustancias de desecho eliminadas por el organismo.

EXCRETOR, RA adj. Relativo a la excreción. **2.** Que sirve para excretar: *aparato excretor.*

EXCULPACIÓN s.f. Acción y efecto de exculpar. **2.** Circunstancia que exculpa.

EXCULPAR v.tr. y prnl. (lat. *exculpare*). Librar a alguien de culpa.

EXCULPATORIO, A adj. Que exculpa.

EXCURSIÓN s.f. (lat. *excursio, -onis*, de *excurrere*, correr afuera).Viaje de corta duración, con finalidad deportiva,científica o recreativa.

EXCURSIONISMO s.m. Actividad de hacer excursiones como deporte o con fines lúdicos o científicos.

EXCURSIONISTA adj. Relativo al excursionismo. ◆ s.m. y f. (cat. *excursionista*).Persona que hace una excursión o practica el excursionismo.

EXCUSA s.f. Justificación que se da para justificar algo que se ha hecho o se ha dejado de hacer. **2.** Pretexto que se da para hacer o dejar de hacer algo. **3.** DER. Excepción o dispensa.

EXCUSADO, A adj. Superfluo o inútil. ◆ s.m. Retrete. ◆ **Impuesto sobre los bienes del clero concedido a Felipe II en 1567,y que consistía en una participación en el cobro de los diezmos.

EXCUSAR v.tr. y prnl. (lat. *excusare*, disculpar).Alegar excusas para justificar algo que se ha hecho o se ha dejado de hacer. ◆ v.tr. Evitar algo que resulta desagradable: *excusar una respuesta.* **2.** Librar a alguien de una obligación.

ÉXEAT s.m. (lat. *exeat*, que salga). Permiso que un obispo otorga a un sacerdote para que este abandone la diócesis.

EXECRABLE adj. Que merece ser condenado o reprobado con severidad.

EXECRACIÓN s.f. Acción y efecto de execrar. **2.** RET. Figura de pensamiento que se diferencia de la imprecación en los deseos de que sobrevenga algún mal recaen en la misma persona que los expresa.

EXECRAR v.tr. (lat. *execrari*, maldecir). Condenar o reprobar severamente a alguien o algo: *execrar una conducta.* **2.** Aborrecer, tener aversión. **3.** Condenar o maldecir una autoridad religiosa a alguien o algo.

EXEDRA s.f. ANT. Sala de conversación, con asientos, especie de locutorio.

EXÉGESIS o **EXEGESIS** s.f. Explicación o interpretación filológica, histórica o doctrinal de un texto, especialmente de la Biblia.

EXÉGETA o **EXEGETA** s.m. y f. Intérprete de un texto, especialmente de la Biblia.

EXEGÉTICO, A adj. (gr. *exegitikós*, propio para la exposición o la interpretación). Relativo a la exégesis: *comentario exegético.*

EXENCIÓN s.f. Acción y efecto de eximir.

EXENTO, A adj. (lat. *exemptus*, p. de *eximere*, eximir). Libre de una obligación o de algo negativo: *exento de impuestos.*

EXEQUÁTUR s.m. (lat. *exsequatur*, que se ejecute). Autorización que concede un jefe de estado a un diplomático extranjero para que ejerza sus funciones. **2.** Autorización que da un estado para que se ejecute una sentencia civil pronunciada en un estado extranjero.

EXEQUIAL adj. Relativo a las exequias.

EXEQUIAS s.f.pl. (lat. *exequiae*). Ceremonias religiosas que se hacen por los difuntos.

EXÉRESIS s.f. Ablación.

EXERGO s.m. (fr. *exergue*, del gr. *ex érgoy*, fuera de la obra). Espacio que se deja en la parte inferior de una moneda para poner una inscripción, una fecha, etc.

EXFOLIACIÓN s.f. Acción y efecto de exfoliar o exfoliarse. **2.** MED. Desprendimiento de las partes más superficiales de una estructura, comúnmente de un epitelio de revestimiento.

EXFOLIADOR, RA adj. Amér. Se dice del cuaderno que tiene las hojas ligeramente pegadas para desprenderlas fácilmente.

EXFOLIANTE adj. y s.m. y f. Se dice del producto cosmético que elimina las células muertas de la piel: *crema exfoliante.*

EXFOLIAR v.tr. y prnl. Dividir una cosa en láminas o escamas. ✦ **exfoliarse** v.prnl. Disgregarse una roca o mineral de textura laminada por levantamiento o desprendimiento sucesivo de hojas o escamas.

EXHALACIÓN s.f. Acción y efecto de exhalar o exhalarse. **2.** Estrella fugaz. **3.** Rayo, centella. ◇ **Como una exhalación** A toda velocidad.

EXHALAR v.tr. y prnl. Despedir gases, vapores u olores. **2.** *Fig.* Emitir una persona quejas, suspiros, etc. ✦ **exhalarse** v.prnl. *Fig.* Andar o correr aceleradamente hacia un sitio.

EXHAUSTIVIDAD s.f. Cualidad de exhaustivo.

EXHAUSTIVO, A adj. Que agota o apura por completo: *bibliografía exhaustiva.*

EXHAUSTO, A adj. (lat. *exhaustus*, p. de *exhaurire*, vaciar de agua, agotar). Apurado, agotado: *tierra exhausta.* **2.** Se dice de la persona que está cansada, sin fuerzas.

EXHIBICIÓN s.f. Acción y efecto de exhibir o exhibirse. **2.** Prueba deportiva que tiene carácter de espectáculo, sin ser válida para una clasificación.

EXHIBICIONISMO s.m. Comportamiento de quien desea exhibirse. **2.** Tendencia patológica a mostrar en público los órganos genitales.

EXHIBICIONISTA adj. Relativo al exhibicionismo. ✦ s.m. y f. Persona que tiene tendencia al exhibicionismo.

EXHIBIR v.tr. y prnl. (lat. *exhibere*). Mostrar en público. ✦ v.tr. Méx. Pagar una cantidad: *exhibió mil pesos al contado.* **2.** DER. Presentar escrituras, documentos, pruebas, etc., ante quien corresponda.

EXHORTACIÓN s.f. Acción de exhortar. **2.** Discurso o conjunto de palabras con el que se exhorta a alguien.

EXHORTAR v.tr. (lat. *exhortari*, de *hortari*, animar, estimular). Inducir a alguien con pa-

labras a que haga o deje de hacer algo: *lo exhortó a deponer las armas.*

EXHORTATIVO, A adj. Relativo a la exhortación. SIN.: *exhortatorio.* ◇ **Oración exhortativa** GRAM. Oración que expresa ruego o mandato.

EXHORTO s.m. Escrito por el que un juez o tribunal competente en un asunto pide a otro de igual categoría que ejecute alguna diligencia judicial que interesa al primero.

EXHUMACIÓN s.f. Acción de exhumar.

EXHUMAR v.tr. (lat. *exhumare*, de *humus*, tierra). Desenterrar restos humanos. **2.** *Fig.* Traer a la memoria el recuerdo de alguien o algo.

EXIGENCIA s.f. Acción de exigir. **2.** Pretensión caprichosa o desmedida. (Suele usarse en plural.): *no me vengas con exigencias.*

EXIGENTE adj. y s.m. y f. Que exige mucho o demasiado: *un jefe exigente.*

EXIGIR v.tr. (lat. *exigere*, cobrar, reclamar) [43]. Pedir una persona algo a lo que tiene derecho: *exigir los tributos.* **2.** *Fig.* Hacer una cosa que otra sea necesaria para complementarla o perfeccionarla: *este trabajo exige mucho tiempo.* **3.** *Fig.* Pedir o reclamar algo imperiosamente: *exigir silencio.*

EXIGUO, A adj. (lat. *exiguus*, de pequeña talla). Insuficiente, escaso.

EXILADO, A s. Galic. Exiliado.

EXILAR v.tr. y prnl. (fr. *exiler*). Galic. Exiliar.

EXILIADO, A s. (cat. *exiliat*). Persona que se ha visto obligada a abandonar su país, generalmente por razones políticas.

EXILIAR v.tr. Obligar a alguien a abandonar su país, generalmente por razones políticas. ✦ **exiliarse** v.prnl. Abandonar una persona su país, generalmente por razones políticas.

EXILIO s.m. (lat. *exilium*, destierro). Hecho de abandonar el país o el lugar donde se vive por propia voluntad o forzado por circunstancias políticas, económicas, etc. **2.** Lugar donde vive esa persona: *exilio dorado.*

EXIMENTE adj. Que exime. ◇ **Circunstancia eximente** Circunstancia que exime a una persona de su responsabilidad penal.

EXIMIO, A adj. (lat. *eximius*, privilegiado). Que es muy excelente.

EXIMIR v.tr. y prnl. (lat. *eximere*, sacar fuera). Liberar a alguien de algo, especialmente una obligación o culpa.

EXINSCRITO, A adj. MAT. Se dice de la circunferencia tangente a un lado del triángulo y a las prolongaciones de los otros dos.

EXISTENCIA s.f. Acto de existir. **2.** Vida de una persona. **3.** FILOS. Acto cuya potencia es la esencia, según el pensamiento clásico; modo de ser característico del ser humano, según el pensamiento contemporáneo. ✦ **existencias** s.f.pl. Conjunto de cosas de un establecimiento, especialmente mercancías, que no han tenido aún salida o no se han empleado. **2.** Conjunto de bienes pertenecientes, en una fecha determinada, a una empresa.

EXISTENCIAL adj. Relativo al acto de existir. ◇ **Cuantificador existencial** LÓG. Símbolo que se escribe ∃ (se lee *existe*), que expresa el hecho de que determinados elementos de un conjunto, por lo menos uno, verifican una propiedad dada.

EXISTENCIALISMO s.m. Doctrina filosófica que reflexiona sobre la noción de ser a partir de la existencia vivida por el ser humano.

EXISTENCIALISTA adj. y s.m. y f. Relativo al existencialismo; partidario de esta doctrina.

EXISTIR v.intr. (lat. *exsistere*, salir, nacer, aparecer). Tener una cosa realidad material o espiritual. **2.** Tener vida: *dejar de existir.*

ÉXITO s.m. (lat. *exitus, -us*, salida, resultado). Resultado muy bueno. **2.** Aprobación del público: *una comedia de éxito.*

EXLIBRIS s.m. (lat. *ex libris*, de entre los libros). Etiqueta o sello que se adhiere al verso de la tapa de un libro para indicar el nombre de su dueño. (También *ex libris.*)

EXOBIOLOGÍA s.f. Ciencia que estudia las posibilidades de existencia de vida en el universo, fuera de la Tierra.

EXOCRINO, A adj. Se dice de la glándula que libera su secreción en el exterior del orga-

nismo (como las glándulas sebáceas) o en alguna de sus cavidades (como las digestivas).

ÉXODO s.m. (gr. *éxodos*, salida). Emigración de un pueblo hacia otro país. **2.** Partida de mucha gente hacia un lugar: *el éxodo vacacional.* ◇ **Éxodo agrícola**, o **rural** Emigración de los habitantes del campo a la ciudad.

EXOFTALMIA s.f. Exoftalmos.

EXOFTALMOS s.m. Prominencia del globo ocular fuera de su órbita. SIN.: *exoftalmia.*

EXOGAMIA s.f. ANTROP. Regla que obliga a un individuo a escoger su cónyuge fuera del grupo al que pertenece.

EXOGÁMICO, A adj. Relativo a la exogamia.

EXÓGENO, A adj. Que se forma en el exterior de un cuerpo u organismo.

EXONERACIÓN s.f. Acción y efecto de exonerar o exonerarse.

EXONERAR v.tr. y prnl. Liberar a alguien de una carga u obligación. ✦ v.tr. Destituir a una persona de un cargo, especialmente si es público. ◇ **Exonerar el vientre** Expulsar los excrementos por el ano.

EXOPLANETA s.m. Planeta extrasolar.

EXORBITANCIA s.f. Exceso notable o exagerado.

EXORBITANTE adj. Que excede de lo que se considera normal: *precio exorbitante.*

EXORBITAR v.tr. Hacer que algo sobrepase los límites de lo que se considera normal.

EXORCISMO s.m. (lat. tardío *exorcismus*, del gr. *exorkismós*, acción de hacer prestar juramento). Conjunto de prácticas para expulsar el demonio o un espíritu maligno del cuerpo de una persona o de un lugar.

EXORCISTA s.m. y f. (lat. *exorcista*, del gr. *exorkistḗ*). Persona que practica el exorcismo. **2.** CATOL. Clérigo que había recibido el exorcistado.

EXORCISTADO s.m. CATOL. Orden menor que ocupaba el tercer lugar y que facultaba para practicar exorcismos. (Fue suprimida en 1972 por Paulo VI.)

EXORCIZAR v.tr. [7]. Expulsar una persona el demonio o un espíritu maligno del cuerpo de otra persona o de un lugar.

EXORDIO s.m. (lat. *exordium*, de *exordiri*, empezar a urdir una tela). Introducción o preámbulo de una obra, discurso o conversación.

EXORNAR v.tr. Adornar.

EXORREÍSMO s.m. Característica de la región cuyas aguas corrientes llegan al mar.

EXOSFERA s.f. Capa atmosférica que se extiende por encima de los 1 000 km aproximadamente, en la que las moléculas más ligeras escapan a la fuerza de la gravedad y se elevan lentamente hacia el espacio interplanetario.

EXÓSMOSIS o **EXOSMOSIS** s.f. FÍS. Corriente de líquido que se establece desde un sistema cerrado, por ejemplo una célula, hacia el exterior, a través de una membrana semiimpermeable, cuando el medio exterior es más concentrado.

EXOSQUELETO s.m. ZOOL. Esqueleto externo superficial.

EXÓSTOSIS s.f. Prominencia que aparece en un hueso, causada por un traumatismo, una inflamación o un trastorno de la osificación.

EXOTÉRICO, A adj. (gr. *exoterikós*, externo, público). Se dice de la doctrina filosófica y religiosa enseñada públicamente.

EXOTÉRMICO, A adj. QUÍM. Se dice de la transformación que desprende calor.

EXÓTICA s.f. Méx. Bailarina de cabaret.

EXÓTICO, A adj. (lat. *exoticus*, y del gr. *exotikós*, externo). Que pertenece a un país lejano: *fruta exótica.* **2.** Que es poco común: *personaje exótico.*

EXOTISMO s.m. (fr. *exotisme*). Cualidad de exótico.

EXOTOXINA s.f. Toxina difundida en el medio exterior por una bacteria.

EXPANDIDO, A adj. Se dice del material plástico que tiene una estructura celular.

EXPANDIR v.tr. y prnl. (lat. *expandire*). Hacer que algo que estaba apretado se extienda. **2.** Hacer un cuerpo que se dilate. **3.** Hacer algo sea conocido por más gente.

EXPANSIBILIDAD s.f. Tendencia de los cuerpos gaseosos a ocupar más espacio.

EXPANSIBLE adj. Fís. Que puede extenderse o dilatarse.

EXPANSIÓN s.f. (lat. *expansio, -onis*). Acción y efecto de expandir o expandirse. **2.** *Fig.* Exteriorización de un estado de ánimo. **3.** Recreo, distracción. ◇ **Expansión del universo** ASTRON. Teoría relativa a un estado de evolución permanente del universo y que implica que las distintas galaxias se alejan sistemáticamente las unas de las otras. (Esta teoría fue sugerida por W. De Sitter en 1917). **Expansión demográfica** Aumento del efectivo de una población por efecto de un crecimiento natural y/o un movimiento migratorio del que, globalmente, el saldo es positivo. **Expansión económica** Desarrollo económico.

EXPANSIONARSE v.prnl. Extenderse algo o ocupar más espacio. **2.** Dilatarse un gas. **3.** Manifestar una persona sus sentimientos a otra. **4.** Divertirse, recrearse.

EXPANSIONISMO s.m. Doctrina que preconiza la expansión territorial o económica de un país fuera de sus fronteras. **2.** Política de un país orientada a la expansión territorial o económica más allá de sus fronteras.

EXPANSIONISTA adj. Relativo al expansionismo; partidario de esta doctrina o política.

EXPANSIVO, A adj. Que tiende a expandirse. **2.** *Fig.* Que tiende a manifestar sus sentimientos o pensamientos. ◇ **Cemento expansivo** Cemento cuyo endurecimiento va acompañado de un aumento controlable de volumen.

EXPATRIACIÓN s.f. Acción y efecto de expatriar o expatriarse.

EXPATRIAR v.tr. y prnl. Hacer que una persona abandone su patria.

EXPECTACIÓN s.f. (lat. *exspectatio, -onis*). Estado de curiosidad o interés con que se espera algo: *había mucha expectación entre el público*. **2.** Contemplación de lo que se expone o muestra al público.

EXPECTANTE adj. Que espera algo con curiosidad o interés especial. **2.** DER. Se dice del hecho, la obligación o el derecho que, con certeza o sin ella, se espera que existan.

EXPECTATIVA s.f. Esperanza de conseguir una cosa. ◇ **Estar a la expectativa** Mantenerse sin actuar hasta ver qué pasa; estar atento para enterarse de algo cuando ocurra y obrar correspondientemente. **Expectativa de vida** Función que representa el promedio de vida que le queda a una persona a partir de una edad determinada, según las estadísticas.

EXPECTORANTE adj. y s.m. Que ayuda a expectorar.

EXPECTORAR v.tr. (lat. *expectorare*). Expulsar por la boca las secreciones depositadas en los bronquios. SIN.: *esputar*.

EXPEDICIÓN s.f. Acción y efecto de expedir. **2.** Viaje o marcha de un grupo de personas con un fin concreto, especialmente militar, científico o deportivo. **3.** Conjunto de personas que realizan este viaje o marcha. **4.** MIL. Operación realizada generalmente fuera del territorio nacional.

EXPEDICIONARIO, A adj. y s. Que lleva a cabo una expedición o forma parte de ella.

EXPEDIDOR, RA s. Persona que expide.

EXPEDIENTAR v.tr. Formar a una persona, especialmente un funcionario, expediente.

EXPEDIENTE s.m. Conjunto de documentos correspondientes a un asunto o negocio. **2.** Procedimiento administrativo para enjuiciar la actuación de una persona, especialmente un funcionario. **3.** Documento donde constan los servicios prestados por una persona durante su carrera profesional. **4.** Documento donde constan las calificaciones recibidas por un estudiante durante su carrera académica. ◇ **Cubrir el expediente** *Fam.* Hacer una persona solo lo indispensable en su quehacer para que no puedan castigarla o censurarla.

EXPEDIR v.tr. (lat. *expedire*, despachar) [89]. Enviar algo a un lugar mediante cualquier sistema de envío, como el correo: *expedir una carta, un telegrama*. **2.** Dar curso o despacho a un documento o una orden. **3.** Pronunciar un auto, decreto o resolución. ◆ **expedirse** v.prnl. Chile y Urug. Arreglárselas, componérselas.

EXPEDITIVO, A adj. Que obra con eficacia y rapidez.

EXPEDITO, A adj. Libre de obstáculos o inconvenientes.

EXPELER v.tr. (lat. *expellere*). Expulsar.

EXPENDEDOR, RA adj. y s. Que expende o gasta. ◆ s. Persona que vende al por menor algo, especialmente tabaco, sellos, billetes de lotería, billetes de ferrocarril o entradas para un espectáculo.

EXPENDEDURÍA s.f. Establecimiento donde se expenden al por menor artículos controlados por la administración, como tabaco o sellos.

EXPENDER v.tr. (lat. *expendere*, pesar moneda, gastar). Vender al por menor algo, especialmente tabaco, sellos, billetes de lotería, billetes de ferrocarril o entradas para un espectáculo. **2.** Gastar, hacer expensas.

EXPENDIO s.m. Argent., Méx., Perú y Urug. Venta al por menor. **2.** Méx. Expendeduría.

EXPENSAR v.tr. Chile y Méx. Costear los gastos de alguna gestión o negocio.

EXPENSAS s.f.pl. (del lat. *expensus*, p. de *expendere*, pesar moneda, gastar). Costas. ◇ **A expensas de** A costa de, por cuenta de, a cargo de.

EXPERIENCIA s.f. (lat. *experientia*, de *experiri*, intentar, ensayar). Conjunto de conocimientos que se adquiere con la práctica. **2.** Experimento. **3.** FILOS. **a.** Todo lo que es aprehendido por los sentidos y constituye la materia del conocimiento humano. **b.** Conjunto de fenómenos conocidos y conocibles.

EXPERIMENTACIÓN s.f. Acción y efecto de experimentar. **2.** EPISTEMOL. Utilización de medios técnicos para analizar la producción de fenómenos y comprobar las hipótesis científicas.

EXPERIMENTADO, A adj. Se dice de la persona que tiene experiencia.

EXPERIMENTADOR, RA adj. y s. Que experimenta.

EXPERIMENTAL adj. Fundado en la experiencia científica: *método experimental*. **2.** Que sirve de experimento: *avión experimental*.

EXPERIMENTAR v.tr. Someter una cosa a experimento, especialmente un producto, aplicándolo a alguien o algo. **2.** Percibir algo por propia experiencia. **3.** Sufrir alguien o algo un cambio de estado. **4.** Percibir una sensación o tener un determinado estado de ánimo. ◆ v.intr. Hacer experimentos con algo.

EXPERIMENTO s.m. (lat. *experimentum*, ensayo, prueba por la experiencia). Acción y efecto de experimentar. **2.** Prueba que consiste en provocar un fenómeno en determinadas condiciones, observar el desarrollo del mismo y verificar una hipótesis, como medio de investigación científica.

EXPERTO, A adj. y s. (lat. *expertus*, p. de *experiri*, intentar, ensayar). Que tiene mucha experiencia o conoce muy bien una materia.

EXPIACIÓN s.f. Acción y efecto de expiar.

EXPIAR v.tr. (lat. *expiare*) [19]. Borrar las culpas por medio de algún sacrificio. **2.** Cumplir un condenado una pena impuesta por sentencia judicial. **3.** *Fig.* Padecer las consecuencias de desaciertos: *expiar una imprudencia*.

EXPIRACIÓN s.f. Acción y efecto de expirar.

EXPIRAR v.intr. (lat. *expirare*, exhalar). Morir, dejar de vivir. **2.** *Fig.* Llegar un plazo o periodo de tiempo señalado para realizar algo al término de su duración.

EXPLANACIÓN s.f. Acción y efecto de explanar. **2.** *Fig.* Explicación de un texto o doctrina de sentido oscuro.

EXPLANADA s.f. (ital. *spianata*). Espacio de terreno llano o allanado. **2.** FORT. Parte más elevada de la muralla, sobre la cual se levantan las almenas.

EXPLANAR v.tr. Allanar, poner llano o igual una cosa. **2.** *Fig.* Explicar algo en detalle. **3.** Dar a un terreno la nivelación o el declive que se desea.

EXPLAYAR v.tr. y prnl. (de *playa*, por ser esta ancha y extensa). Extender o ensanchar. ◆ **explayarse** v.prnl. Extenderse mucho al hablar o al escribir: *explayarse en un tema*. **2.** *Fig.*

Divertirse. **3.** *Fig.* Expresar una persona a otra sus preocupaciones o sentimientos para desahogarse: *explayarse con un amigo*.

EXPLETIVO, A adj. (lat. *expletivus*, de *explere*, llenar del todo). LING. Se dice de la palabra o expresión que no es necesaria para el sentido de la frase, pero que le añade valores expresivos.

EXPLICACIÓN s.f. Acción y efecto de explicar, declarar o exponer una materia difícil en forma comprensible. **2.** Satisfacción dada a una persona o colectividad sobre actos o palabras que exigen ser justificados.

EXPLICADERAS s.f.pl. *Fam.* Manera de explicarse una persona.

EXPLICAR v.tr. (lat. *explicare*, desplegar) [1]. Exponer algo con claridad y precisión para que sea conocido o comprendido por alguien. **2.** Dar a conocer la causa, el motivo o la justificación de algo. ◆ **explicarse** v.prnl. Dar una persona a conocer lo que piensa o siente. **2.** Darse cuenta de algo, llegar a comprenderlo: *no me explico cómo lo consiguió*.

EXPLICATIVO, A adj. Que explica o sirve para explicar: *nota explicativa*. **2.** GRAM. Se dice del adjetivo que añade al sustantivo al que acompaña una cualidad complementaria. ◇ **Oración explicativa** Oración que añade al antecedente una explicación no indispensable, y que podría ser suprimida sin perjudicar esencialmente el sentido de la frase. (También *oración relativa explicativa*.)

EXPLICITAR v.tr. Hacer explícito algo.

EXPLÍCITO, A adj. (lat. *explicitus*). Expresado de manera clara y precisa.

EXPLORACIÓN s.f. Acción y efecto de explorar. **2.** MIL. Misión de reconocimiento de un territorio enemigo encomendada a una unidad que, en principio, debe evitar entrar en combate. **3.** TELEV. Modo de transmisión secuencial de la imagen.

EXPLORADOR, RA adj. y s. Que explora. ◆ s.m. Boy-scout. **2.** Soldado que recorre un territorio enemigo para reconocerlo. **3.** Buque ligero, idóneo para realizar misiones de reconocimiento o de superficie a distancia.

EXPLORAR v.tr. (lat. *explorare*, observar, examinar). Recorrer un territorio para conocerlo o investigarlo. **2.** Examinar minuciosamente una cosa para conocerla mejor. **3.** MED. Reconocer minuciosamente el estado de una parte interna del cuerpo para formar diagnóstico.

EXPLORATORIO, A adj. y s. Que sirve para explorar. ◆ adj. Relativo a la exploración de un enfermo.

EXPLOSIÓN s.f. (lat. *explosio, -ionis*, abucheo, expulsión ruidosa). Acción de romperse algo violenta y ruidosamente por exceso de presión en su interior. **2.** *Fig.* Manifestación súbita y violenta de un estado de ánimo: *explosión de alegría*. **3.** Tercer tiempo del funcionamiento de un motor con un ciclo de cuatro tiempos.

EXPLOSIONAR v.intr. Esp. Hacer explosión algo. ◆ v.tr. Esp. Hacer que algo explote.

EXPLOSIVO, A adj. Que explosiona o puede explosionar. ◆ adj. y s.f. Se dice de la consonante producida por un cierre completo de la boca, al que sucede una abertura brusca que permite al aire escaparse y determina una especie de explosión. ◆ s.m. Cuerpo capaz de transformarse rápidamente, por una violenta reacción química, en gas a temperatura elevada, produciendo una explosión.

EXPLOSOR s.m. Aparato que sirve para hacer explotar a distancia una carga explosiva mediante una corriente eléctrica.

EXPLOTACIÓN s.f. Acción y efecto de explotar. **2.** Conjunto de instalaciones para explotar un producto: *explotación agrícola; explotación minera*. **3.** ECON. Conjunto de operaciones que constituyen la actividad de una empresa. ◇ **Cuenta de explotación** Estado contable que inventaría los gastos y productos resultantes de la actividad normal de una empresa durante un ejercicio. **Explotación del éxito** MIL. Fase final de un combate que intenta sacar el máximo partido del éxito de un ataque.

1. EXPLOTAR v.intr. (lat. *explodere*, expul-

433

sar ruidosamente, de *plaudere*, aplaudir).
Hacer explosión algo.
2. EXPLOTAR v.tr. (fr. *exploiter*, sacar partido, del lat. *explicitum*, cosa desplegada o
desarrollada). Extraer minerales de una
mina. **2.** *Fig.* Sacar provecho o utilidad de algo.
3. Hacer una persona trabajar a otra de manera abusiva.
EXPOLIACIÓN s.f. Acción y efecto de expoliar.
EXPOLIADOR, RA adj. y s. Que expolia.
EXPOLIAR v.tr. (lat. *exspoliare*). Despojar a
alguien de una cosa con violencia o sin derecho.
EXPOLICIÓN s.f. RET. Figura que consiste en
repetir un mismo pensamiento con distintas
formas.
EXPOLIO s.m. Acción y efecto de expoliar.
EXPONENCIAL adj. Que tiene un exponente
variable, indeterminado o desconocido: *función exponencial*. **2.** MAT. Relativo al exponente. ◇ **Ecuación exponencial** Ecuación en la
que la incógnita está en un exponente.
EXPONENTE adj. Que expone. ◆ s.m. Persona o cosa representativa del género al que pertenece. **2.** MAT. Signo, letra o cifra que indican
la potencia a la que se eleva una cantidad. (Se
escribe a la derecha y encima de esta cantidad.)
EXPONER v.tr. (lat. *exponere*) [60]. Poner
una cosa a la vista de alguien. **2.** Someter a
la acción de algo: *exponer las plantas al sol*.
3. Expresar o explicar algo a alguien de manera ordenada: *exponer sus ideas*. **4.** Presentar
públicamente una empresa u organismo productos agrícolas, industriales, artísticos o científicos para estimular la producción, el comercio y la cultura. **5.** FOT. Someter una superficie
sensible a una radiación. ◆ v.tr. e intr. Presentar un artista su obra al público. ◆ v.tr. y prnl.
Poner a alguien en peligro: *exponer la
vida; exponerse a las críticas*.
EXPORTACIÓN s.f. Acción y efecto de exportar. **2.** Conjunto de cosas que se exportan.
EXPORTADOR, RA adj. y s. Que exporta.
EXPORTAR v.tr. Enviar o vender algo a un
país extranjero.
EXPOSICIÓN s.f. Acción y efecto de exponer
o exponerse. **2.** Presentación pública de productos agrícolas, industriales, artísticos o científicos por parte de una empresa u organismo
para estimular la producción, el comercio y la
cultura. **3.** Presentación pública de la obra de
un artista. **4.** Lugar donde se exponen estos
productos. **5.** Parte de una obra literaria en la
que se expone el tema. **6.** Situación de un objeto con respecto a los puntos cardinales del
horizonte. **7.** FOT. Acción de someter una superficie sensible a una radiación. **8.** MÚS. Parte
de una fuga o de una obra en forma de sonata
en la que se enuncia el tema. ◇ **Exposición de
motivos** DER. Conjunto de anotaciones que
preceden a la disposición de un proyecto de
ley, para explicar las razones de su origen. **Exposición universal** Exposición donde se presentan los productos de un gran número de
países. **Tiempo de exposición** FOT. Duración
conveniente de exposición de una placa sensible para obtener un negativo satisfactorio.
EXPOSÍMETRO s.m. FOT. Instrumento que sirve para calcular el tiempo de exposición.
EXPOSITIVO, A adj. Que expone o sirve para
exponer: *explicación expositiva*.
EXPÓSITO, A adj. y s. Se dice de la persona
que se ha criado en un hospicio desde recién
nacida.
EXPOSITOR, RA s. Artista que presenta su
obra públicamente. **2.** Empresa u organismo
que presenta productos agrícolas, industriales,
artísticos o científicos públicamente para estimular la producción, el comercio y la cultura.
◆ adj. y s. Que expone algo, especialmente
una teoría o doctrina, de manera ordenada.
EX POST loc.adj. (voces latinas, con *posterioridad a*). Se usa para designar el período
posterior a los hechos económicos que se
analizan. CONTR.: *ex ante*.
EXPRÉS adj. (fr. *exprès*). Se dice del servicio
de correos rápido y del documento o paquete
enviado a través de este servicio. ◆ adj. y s.m.
Expreso. **2.** Se dice del café elaborado en una

cafetera exprés. ◆ adj. y s.f. Se dice de la cafetera u olla que funciona a presión.
EXPRESAR v.tr. y prnl. (de *expreso*). Manifestar una persona lo que piensa o siente: *expresarse con gestos*. ◆ v.tr. Manifestar el artista lo que pretende con su arte. ◆ **expresarse**
v.prnl. Hablar o comunicarse por medio de la
palabra: *expresarse bien, mal*.
EXPRESIÓN s.f. (lat. *expressio, -onis*). Representación del pensamiento o de los sentimientos por medio de la palabra, de signos
exteriores, de gestos, etc.: *expresión de alegría*.
2. Palabra o frase: *expresión anticuada*. **3.** MÚS.
Facultad por la que un compositor o un intérprete pueden hacer perceptibles ciertas ideas
de una obra. ◆ **expresiones** s.f.pl. Memoria,
saludo afectuoso a un ausente por escrito o
por medio de tercera persona. ◇ **Expresión
algebraica** MAT. Conjunto de letras y números
unidos entre sí por signos de operaciones algebraicas, que indican las operaciones que
deberían efectuarse sobre las magnitudes dadas o desconocidas para deducir la magnitud
que depende de ellas. **Expresión corporal**
Modo de expresarse un artista a través de los
gestos y movimientos del cuerpo. **Expresión
manual** OBST. Presión que se realiza en el abdomen para ayudar a la expulsión del feto durante el parto. **Reducir a la mínima expresión**
Disminuir algo todo lo posible.
EXPRESIONISMO s.m. Movimiento artístico
iniciado en el primer tercio del s. XX que se
caracteriza por la intensidad de la expresión.
2. Intensidad y singularidad expresivas.
ENCICL. B. ART. Los precursores del expresionismo son, a finales del s. XIX, Van Gogh,
Munch, Ensor, en cuyos cuadros el vigor de la
pincelada y la combinación de colores insólitos están al servicio de la intensidad expresiva.
Esta corriente se desarrolló en Alemania con
las pinturas del grupo *Die Brüke* (Dresde, luego Berlín, 1905-1913), Kirchner, Nolde, Max
Pechstein, Karl Schmidt-Rottluff, etc., quienes
impregnados de primitivismo cultivaron las
simplificaciones formales, la violencia gráfica
y los colores irreales. En Munich, el grupo *Der
Blaue Reiter* evolucionó hacia la abstracción
lírica. La primera guerra mundial suscitó la crítica social de G. Grosz y de O. Dix (movimiento
de la *nueva objetividad*), en tanto que la robusta corriente flamenca se ilustra con las pinturas de la escuela de Laethem-Saint-Martin,
como las de Permeke, Van den Berghe, Gustave
De Smet. En México se desarrolló el expresionismo de los muralistas. La escuela francesa
ofrece individualidades fuertes, como Roualt y
Soutine. Después de 1945, se renació un renacimiento del expresionismo en las corrientes
que combinan la propensión al primitivismo
con la espontaneidad gestual tomada de los
surrealistas; en Europa el movimiento *Cobra*;
en Estados Unidos el *expresionismo abstracto*,

PRINCIPALES EXPOSICIONES UNIVERSALES		
fecha	ciudad	visitantes (en millones)
1851	Londres	6
1855	París	5,1
1862	Londres	6,2
1867	París	11
1873	Viena	7,2
1876	Filadelfia	9,8
1878	París	16
1889	París	32,3
1893	Chicago	2,5
1900	París	50
1904	San Luis	19,6
1915	San Francisco	18,7
1933-1934	Chicago	38
1935	Bruselas	20
1937	París	34
1939-1940	Nueva York	26
1958	Bruselas	41
1967	Montreal	50
1970	Ósaka	64
1992	Sevilla	42
2000	Hannover	18
2005	Aichi (Japón)	22

la *action painting* (con base en el gesto) de Pollock, De Kooning o el *abstraccionismo cromático* de Rothko o Newman.
COREOGR. En la danza moderna europea, el expresionismo se desarrolló sobre todo en la
Alemania de la república de Weimar. Con mucha influencia de los principios de Rudolf von
Laban, los coreógrafos (Mary Wigman, Kurt
Jooss) buscaron la adecuación entre el gesto
y el sentimiento que deben traducir y exacerbaron la forma en aras de la expresión. El nazismo obstaculizó el desarrollo del movimiento en Europa, pero no pudo detener la difusión
de sus enseñanzas (que impulsan al bailarín
a buscar por sí mismo el movimiento justo),
ya enraizadas en Estados Unidos. Tras la segunda guerra mundial, el expresionismo renació en Alemania e impregnó de manera notable la danza moderna contemporánea (Pina
Bausch).
LIT. El expresionismo floreció en especial en
Alemania entre 1910 y principios de la década
siguiente, ilustrado por novelistas (Heinrich
Mann, Alfred Döblin) y sobre todo por poetas
(Gottfried Benn, Georg Trakl). En el teatro, una
serie de dramaturgos (Walter Hasenclever,
Ernst Toller), directores de escena (Leopold
Jessner) y actores (Fritz Kortner) intentaron
—en los dramas que escribieron o representan-
taron— llevar a cabo la proyección violenta y
dislocada de la subjetividad del individuo, a
través de la composición de cuadros (*Statio-
nendrama*), el tratamiento del espacio escénico y la utilización de la luz.
CIN. El expresionismo cinematográfico, derivado de los experimentos de la vanguardia teatral (M. Reinhardt) y pictórica (Kokoschka, Ku-
bin), apareció después de la primera guerra
mundial. Con preferencia por los temas del
horror o de inspiración fantástica, este movimiento se dedicó a la tarea de expresar las
atmósferas o los estados del alma de los personajes, por medio del simbolismo y la estilización de decorados, la luz y el trabajo de los
actores. Robert Wiene (*El gabinete del doctor
Caligari*, 1919), Paul Wegener (*El golem*, 1920)
Fritz Lang (*Doctor Mabuse*, 1922) y F. W. Murnau (*Nosferatu el vampiro*, 1922) son representantes de esta tendencia.
MÚS. El expresionismo musical se caracterizó
por una gran riqueza de elementos variados
(cromatismo, agregados) para expresar los
sentimientos de manera exasperada. Los compositores de la escuela de Viena A. Schönberg,
A. Berg y A. von Webern son sus principales representantes.
EXPRESIONISTA adj. y s.m. y f. Relativo al
expresionismo; adscrito a este movimiento.
EXPRESIVIDAD s.f. Cualidad de expresivo.
EXPRESIVO, A adj. Que expresa con gran viveza sus ideas o sentimientos. **2.** Que expresa
con gran viveza una idea o un sentimiento de
una persona: *un gesto expresivo*. **3.** Afectuoso,
amoroso, cariñoso. **4.** MÚS. Lleno de sentimiento.
1. EXPRESO adv.m. Ex profeso, con particular
intención: *vino expreso para verte*.
2. EXPRESO, A adj. (lat. *expressus*, declarado, expresado, p. de *exprimere*, exprimir,
expresar). Que está claro, explícito o especificado: *orden expresa*. ◆ adj. y s.m. Se dice del
tren rápido de viajeros que para solo en las estaciones importantes. SIN.: *exprés*.
EXPRIMIDOR s.m. Utensilio que sirve para
extraer el zumo de los frutos.
EXPRIMIR v.tr. (lat. *exprimere*, exprimir, expresar de *premere*, apretar). Apretar o retorcer una cosa para extraer el zumo o líquido
que contiene: *exprimir una naranja*. **2.** *Fig.* Sacar todo el partido posible de alguien o algo:
exprimir el cerebro. **3.** *Fig.* Explotar a una persona.
EX PROFESO loc.adv. (voces latinas). Con
particular intención, a propósito. SIN.: *expresamente*.
EXPROMISSIO s.f. DER. ROM. Sustitución de
deudores en la que el nuevo deudor se compromete sin haberse puesto de acuerdo previamente con aquel al que sustituye.
EXPROPIACIÓN s.f. Acción y efecto de expropiar. ◇ **Expropiación forzosa** Transferencia coactiva de la propiedad de un particular

■ EXPRESIONISMO Y FAUVISMO

La pintura europea de las dos o tres primeras décadas del s. xx está marcada por una explosión de color y una simplificación elocuente de las formas. El fauvismo, corriente de origen francés que entronca con la plástica pura, rehúye las sutilezas del impresionismo para exagerar todo lo relativo a las sensaciones. El expresionismo, en cambio, se preocupa más por el contenido y el sentido humano de las obras. En Alemania, el expresionismo utiliza una paleta y un grafismo agresivos, que en los Países Bajos resultan más templados y contenidos.

Maurice de Vlaminck. *Restaurante de la Machine, en Bougival,* (h. 1905). Esta obra refleja, con una enorme crudeza y cierta rigidez, la pasión de este joven pintor por Van Gogh. (Museo de Orsay, París.)

André Dérain. *Barcos en el Sena* (1906). En esta tela, el fauvismo se manifiesta mediante la intensidad cromática y la libertad del trazo que, lejos de reflejar un desahogo puramente instintivo, muestran una relación deliberada entre los colores utilizados (azul/rojo verde/amarillo); la composición es meditada, y las diagonales de los barcos vistos desde un puente sugieren una profundidad y un movimiento parecidos a los que evocan los grabados japoneses. (MNAM, París.)

Henri Matisse. *Joven marinero II* (1907). El artista supera de manera deliberada a Gauguin, uno de sus modelos, e intenta llevar al extremo la creación de un espacio autónomo sirviéndose del color, depurando la forma, negando la perspectiva y el volumen, y eliminando cualquier sistema de referencia simbólica. (Col. part.)

Karl Schmidt-Rottluff. *Verano* (1913). Una estilización audaz que no es ajena a la influencia del arte negro, todavía más marcada en algunas esculturas de este artista así como en las de Kirchner y Pechstein. (Museo de la Baja Sajonia, Hannover.)

Oskar Kokoschka. Cartel de 1911 para la revista de «combate artístico» *Der Sturm,* editada en Berlín (1910-1932) por el escritor y músico Herwath Walden, quien en 1912 fundó una galería con el mismo nombre en la capital alemana. Esta inquietante imagen de Kokoschka es a un tiempo un autorretrato y la recreación de los dibujos que el artista hizo para su obra de teatro *El asesinato, esperanza de las mujeres.*

Constant Permeke. *El comedor de patatas* (1935). Simplificación formal y rudeza extrema del maestro del expresionismo flamenco. (Museos reales de bellas artes, Bruselas.)

Ossip Zadkine. *El hombre fulminado* o *Monumento a la ciudad devastada,* estatua de bronce en Rotterdam (1948-1951). La gesticulación mímica, de un barroquismo elocuente, y tratada mediante aristas y planos a la manera del cubismo, contribuye a expresar de manera incisiva el horror de la guerra.

a la administración pública, o a otro particular, por razón de interés público y previo pago de su valor económico.

EXPROPIAR v.tr. Quitar la autoridad competente una propiedad a una persona por motivos de utilidad pública, generalmente a cambio de una indemnización.

EXPUESTO, A adj. Peligroso, arriesgado.

EXPUGNAR v.tr. (lat. *expugnare*). Tomar un lugar por las armas.

EXPULSAR v.tr. (lat. *expulsare*). Hacer salir a una persona de un lugar: *expulsar del país; expulsar a un alumno*. **2.** Hacer que una cosa salga violentamente del interior de otra : *la chimenea expulsa humo*. SIN.: *expeler*.

EXPULSIÓN s.f. Acción y efecto de expulsar. **2.** Proyección del piloto al exterior del avión por medio de un asiento expulsable. **3.** Operación por la que se proyecta automáticamente fuera del arma la vaina del cartucho, después de un disparo. **4.** MED. Fase final del parto.

EXPULSIVO, A adj. y s.m. MED. Que acompaña o favorece la expulsión.

EXPULSOR, RA adj. Que expulsa. ◆ s.m. Mecanismo de un arma de fuego que efectúa la expulsión. SIN.: *eyector*.

EXPURGACIÓN s.f. Acción y efecto de expurgar. SIN.: *expurgo*.

EXPURGAR v.tr. (lat. *expurgare*) [2]. Eliminar lo peligroso o dañino de una cosa. **2.** Eliminar la autoridad competente los fragmentos ofensivos o erróneos de un texto.

EXQUISITEZ s.f. Cualidad de exquisito. **2.** Cosa exquisita.

EXQUISITO, A adj. (lat. *exquisitus*, de *exquirere*, rebuscar). Que tiene un gusto refinado o un trato delicado. **2.** Que es capaz de satisfacer a una persona de gusto refinado: *poema exquisito; vino exquisito*.

EXTASIAR v.tr. y prnl. Causar éxtasis: *extasiarse ante la belleza de un paisaje*.

ÉXTASIS s.m. (lat. tardío *ecstasis*, del gr. *ékstasis*, desviación). Estado de la persona que une su alma a Dios por medio de la contemplación y se muestra insensible a cualquier estímulo. **2.** Estado de la persona que siente una admiración o alegría muy intensas hasta el punto de ser insensible a cualquier estímulo. **3.** Droga sintética de efectos afrodisíacos y alucinógenos.

EXTEMPORÁNEO, A adj. Impropio del tiempo en que sucede. **2.** Que es inoportuno o inconveniente. **3.** FARM. Preparado fuera del tiempo adecuado.

EXTENDER v.tr. y prnl. (lat. *extendere*) [29]. Hacer que una cosa ocupe más espacio o superficie o todo el espacio o superficie que puede ocupar desplegándola, desenrollándola, etc.: *extender el mantel; extender los brazos*. **2.** Aumentar, ampliar, aplicando a más cosas algo originariamente más restringido: *extender su poder, un castigo*. **3.** Hacer que una noticia llegue a un gran número de personas ◆ v.tr. Poner por escrito un documento: *extender un certificado*. ◆ **extenderse** v.prnl. Ocupar una cosa cierto espacio. **2.** Durar una cosa cierto tiempo. **3.** Detenerse mucho en la explicación o narración de algo. **4.** *Fig.* Llegar la fuerza o la acción de una cosa a influir o actuar en otras. **5.** Ponerse alguien en posición horizontal.

EXTENSIÓN s.f. Acción y efecto de extender o extenderse: *la extensión del brazo*. **2.** Espacio ocupado por un cuerpo: *la extensión de un terreno*. **3.** Cada uno de los mechones postizos que se intercalan en una melena para darle mayor espesor y longitud. **4.** Amér. Aparato telefónico auxiliar que está conectado a la misma línea que el principal. **5.** Argent. y Méx. Cable que se añade a un aparato eléctrico para que pueda enchufarse desde más lejos. **6.** ESTADÍST. Diferencia entre el valor más grande y más pequeño de un grupo de observaciones o valores. **7.** FILOS. **a.** Propiedad de la materia por la cual los cuerpos ocupan espacio. **b.** Conjunto de objetos que puede designar un concepto. **8.** INFORMÁT. Parte del nombre de un archivo, situada después de un punto, que consiste en una cadena de un máximo de tres caracteres y es distintiva del tipo de archivo: *los archivos ejecutables llevan la extensión exe*. **9.** LING. Acción de extender por analogía el significado de una palabra. **10.** TELECOM. Lí-

nea telefónica conectada a una centralita: *póngame con la extensión dos, siete, cero*.

EXTENSIVO, A adj. Que se extiende o se puede extender, comunicar o aplicar a más personas o cosas que a las que ordinariamente comprende. ◇ **Cultivo extensivo** Cultivo que se extiende sobre una gran superficie, con poca inversión de capital y bajo rendimiento.

EXTENSO, A adj. Que tiene mucha extensión: *un extenso repertorio*. ◇ **Por extenso** Ampliamente y con todo detalle.

EXTENSÓMETRO s.m. Instrumento que sirve para medir las deformaciones producidas en un cuerpo por efecto de tensiones mecánicas.

EXTENSOR, RA adj. y s.m. Que extiende o hace que se extienda algo: *músculo extensor*.

EXTENUACIÓN s.f. Acción y efecto de extenuar o extenuarse.

EXTENUAR v.tr. y prnl. [18]. Debilitar o cansar en extremo: *extenuar las fuerzas*.

EXTERIOR adj. (lat. *exterior*, *-oris*, de *exterus*, externo). Que está fuera de algo: *un muro exterior*. **2.** Que existe fuera del individuo: *influencia exterior*. **3.** Aparente, visible por la parte de fuera: *aspecto exterior*. **4.** Se dice de la actividad comercial o política que se establece con un país extranjero. ◆ s.m. Parte externa de algo: *el exterior de un edificio*. **2.** Aspecto de una persona. **3.** Conjunto de países extranjeros: *las relaciones con el exterior*. ◆ **exteriores** s.m.pl. CIN. **a.** Escenas filmadas fuera de un estudio. **b.** Espacios al aire libre donde se ruedan estas escenas. ◇ **Ángulo exterior a una circunferencia** MAT. Ángulo cuyo vértice se encuentra en el exterior de una circunferencia y cuyos lados la cortan o tocan. **Ángulo exterior de un triángulo** o **polígono** MAT. Ángulo formado por un lado del triángulo, o del polígono, con la prolongación del lado adyacente. **Punto exterior a un conjunto** MAT. Aquel tal que existe un entorno del mismo en que no hay puntos del conjunto.

EXTERIORIZAR v.tr. y prnl. [7]. Mostrar a los demás los sentimientos o pensamientos.

EXTERMINACIÓN s.f. Exterminio.

EXTERMINAR v.tr. (lat. *exterminare*). Eliminar por completo una especie animal o vegetal o un grupo de personas que pertenecen a una misma raza o comparten una ideología. **2.** Eliminar o destruir por completo una cosa.

EXTERMINIO s.m. Acción y efecto de exterminar. SIN.: *exterminación*.

EXTERNALIZAR v.tr. Confiar una empresa una parte de su producción o de sus actividades a empresas externas.

EXTERNO, A adj. (lat. *externus*). Exterior o de fuera. **2.** Que se manifiesta exteriormente: *alegría externa*. **3.** No tapado: *parte externa de la planta*. ◆ adj. y s. Se dice del alumno que solo permanece en el centro educativo durante las horas de clase.

EXTEROCEPTIVO, A adj. **Sensibilidad exteroceptiva** Conjunto de informaciones recogidas por los receptores sensoriales situados en la superficie del cuerpo, estimulados por agentes externos al organismo, como sensaciones auditivas, táctiles, olfatorias, gustativas, etc.

EXTINCIÓN s.f. Acción y efecto de extinguir o extinguirse.

EXTINGUIR v.tr. y prnl. (lat. *extinguere*, apagar) [56]. Hacer que cese el fuego o la luz: *extinguir la llama, el día*. **2.** *Fig.* Hacer que una cosa desaparezca, especialmente poco a poco: *extinguir entusiasmo*. **3.** Hacer desaparecer una especie animal o vegetal.

EXTINTO, A adj. Que se ha extinguido: *cenizas extintas*. ◆ adj. y s. Muerto, difunto.

EXTINTOR, RA adj. Que extingue. ◆ s.m. y adj. Aparato que sirve para extinguir pequeños incendios.

EXTIRPACIÓN s.f. Acción y efecto de extirpar: *extirpación de un forúnculo* .

EXTIRPADOR, RA adj. Que extirpa. ◆ s.m. Instrumento agrícola que sirve para arrancar las malas hierbas y efectuar labores superficiales ligeras.

EXTIRPAR v.tr. (lat. *extirpare*, desarraigar). Arrancar de raíz una planta. **2.** Separar quirúrgicamente del organismo una parte dañada: *extirpar un tumor*. **3.** *Fig.* Hacer desaparecer ra-

dicalmente algo negativo fuertemente arraigado: *extirpar el terrorismo*.

EXTORNO s.m. Parte de la prima que el asegurador devuelve al asegurado por haberse modificado alguna de las condiciones de la póliza del seguro.

EXTORSIÓN s.f. (lat. *extorsio*, *-onis*, de *extorquere*, sacar por la fuerza). Acción y efecto de extorsionar.

EXTORSIONAR v.tr. Obtener algo utilizando la fuerza, violencia o amenaza: *extorsionar dinero a alguien*. **2.** Alterar el estado o desarrollo de algo causando molestias a alguien: *extorsionar los planes*.

EXTRA adj. (voz latina, *fuera*). Extraordinario, óptimo: *fruta extra*. ◆ adj. **2.** Que se sale de lo ordinario, habitual, previsto o acordado: *paga; hacer un extra para los invitados*. ◆ s.m. y f. Persona que participa en una película, representación teatral o espectáculo un texto, solo para ambientar una escena. SIN.: *comparsa, figurante*.

EXTRACCIÓN s.f. Acción y efecto de extraer: *la extracción de una muela*. **2.** Origen, linaje: *ser de noble extracción*. **3.** MAT. Operación que tiene por objeto encontrar la raíz de un número.

EXTRACORRIENTE s.f. Corriente que se produce en el aire en el momento en que se abre un circuito recorrido por una corriente eléctrica, debida al fenómeno de autoinducción, y que se manifiesta por un arco.

EXTRACTO s.m. Resumen de un escrito o exposición. **2.** Notificación de los movimientos de una cuenta bancaria en un período de tiempo determinado. **3.** Sustancia extraída de otra por una operación física o química: *extracto de quinquina*. **4.** Preparación soluble y concentrada obtenida a partir de un alimento: *extracto de carne*. **5.** Perfume concentrado.

EXTRACTOR, RA adj. Que extrae: *dispositivo extractor*. ◆ s.m. Aparato o pieza que sirve para extraer. **2.** Elemento mecánico que sirve para retirar la vaina de los cartuchos de la recámara o del cañón. **3.** Aparato que sirve para extraer la miel de los panales por aplicación de la fuerza centrífuga. **4.** CIR. Instrumento para extraer cuerpos extraños del organismo. **5.** QUÍM. Aparato que sirve para extraer una sustancia. **6.** TECNOL. Aparato o dispositivo que permite la aireación de un local o habitación.

EXTRADICIÓN s.f. Entrega de un presunto delincuente por parte del país donde se ha refugiado al país que lo reclama para juzgarlo.

EXTRADITAR v.tr. Entregar un país a un presunto delincuente que se ha refugiado en él al país que lo reclama para juzgarlo.

EXTRADÓS s.m. (fr. *extrados*, de *extra*, fuera, y *dos*, dorso). Superficie exterior de un arco, un ala de avión, etc.

EXTRAER v.tr. (lat. *extrahere*) [65]. Sacar una cosa del lugar donde está contenida: *extraer un pasaje de un libro*. **2.** Separar por medios físicos o químicos una sustancia de un cuerpo.

EXTRAESCOLAR adj. Que se desarrolla al margen del programa del plan de estudios: *actividad extraescolar*.

EXTRAGALÁCTICO, A adj. Que no pertenece a la galaxia donde está situado el sistema solar.

EXTRAJUDICIAL adj. Que se hace o trata al margen de la vía judicial.

EXTRALIMITACIÓN s.f. Acción y efecto de extralimitar o extralimitarse.

EXTRALIMITARSE v.prnl. Excederse en algo más allá de los límites legales, morales o razonables.

EXTRAMUROS adv.l. Fuera del recinto de una población.

EXTRANJERÍA s.f. Conjunto de normas que regulan las condiciones de la estancia de un extranjero en un país. **2.** Condición legal de la persona extranjera en el país donde reside.

EXTRANJERISMO s.m. Palabra, expresión o giro procedente de una lengua que se usa en otra. **2.** Estima o admiración por la cultura y las tradiciones de los países extranjeros.

EXTRANJERIZAR v.tr. y prnl. [7]. Dar carácter extranjero. ◆ **extranjerizar** v.prnl. Adquirir carácter extranjero.

EXTRANJERO, A adj. y s. (fr. *estrangier*, de *estrange*, extraño). De un país que no es el propio de la persona que habla. ◆ s.m. País o conjunto de países que no son el propio de la persona que habla: *viajar por el extranjero.*

EXTRANJIS (DE) loc. *Fam.* En secreto, ocultamente.

EXTRAÑAMIENTO s.m. Pena restrictiva de libertad que consiste en la expulsión de un condenado del territorio nacional por el tiempo que dura la condena.

EXTRAÑAR v.tr. y prnl. Causar extrañeza. ◆ v.tr. Echar de menos a alguien o algo: *extrañar a los padres.* **2.** Expulsar a alguien de un país.

EXTRAÑEZA s.f. Cualidad de extraño. **2.** Sorpresa o asombro. **3.** Cosa que asombra o sorprende por ser extraña. **4.** FÍS. Número cuántico que se emplea para caracterizar a ciertas partículas que están sujetas a interacciones de tipo fuerte.

EXTRAÑO, A adj. (lat. *extraneus*, exterior, extranjero, de *extra*, fuera). Raro, singular o extravagante. **2.** Que no tiene parte en algo: *extraño a la conversación.* ◆ adj. y s. Se dice de la persona que es de nacionalidad, familia o condición distinta de la que se nombra o sobreentiende: *propios y extraños.* ◇ **Cuerpo extraño** MED. Cuerpo que se encuentra, contra natura, en el interior de un organismo.

EXTRAOFICIAL adj. Que no tiene carácter oficial: *información extraoficial.*

EXTRAORDINARIO, A adj. Fuera del orden o regla natural o común: *suceso extraordinario.* **2.** Mayor o mejor que lo ordinario: *un talento extraordinario.* ◆ adj. y s.m. Número de una revista o periódico que se publica por algún motivo especial. ◆ s.m. Correo especial que se despacha con urgencia. **2.** Plato especial que se añade a la comida diaria.

EXTRAPARLAMENTARIO, A adj. Se dice de lo que está o de lo que ocurre fuera del parlamento: *comisión extraparlamentaria.* **2.** Que no tiene representación en el parlamento. ◆ s. Miembro de un partido político que no tiene representación en el parlamento.

EXTRAPIRAMIDAL adj. **Sistema extrapiramidal** Conjunto de centros nerviosos situados en el cerebro, que rigen los movimientos automáticos y semiautomáticos que acompañan la motricidad voluntaria. **Síndrome extrapiramidal** Conjunto de manifestaciones (temblores, hipertonía, acinesia, discinesia) debidas a una lesión del sistema extrapiramidal.

EXTRAPOLACIÓN s.f. Extensión, generalización. **2.** MAT. Procedimiento que consiste en prolongar una serie estadística introduciendo en los términos antiguos un término nuevo que obedece a la ley de la serie, o en determinar la ordenada de un punto situado en la prolongación de una curva y que verifica la ecuación de esta.

EXTRAPOLAR v.tr. Aplicar una conclusión a un dominio distinto para extraer hipótesis. **2.** MAT. Practicar la extrapolación.

EXTRARRADIO s.m. Sector que rodea el casco urbano de una población.

EXTRASENSORIAL adj. Que se percibe o acontece sin la intervención de los órganos sensoriales o que queda fuera de su alcance.

EXTRASÍSTOLE s.f. Contracción suplementaria del corazón, que sobreviene entre contracciones normales y que a veces produce un ligero dolor.

EXTRASOLAR adj. Que está situado fuera del Sistema solar: *planeta extrasolar.*

EXTRATERRESTRE adj. y s. De un planeta o conjunto de planetas exceptuando la Tierra. ◆ adj. Que está fuera del planeta Tierra: *espacio extraterrestre.* **2.** Relacionado con lo que está fuera del planeta Tierra.

EXTRATERRITORIAL adj. Fuera de los límites territoriales de una jurisdicción.

EXTRATERRITORIALIDAD s.f. Privilegio por el cual un diplomático, una embajada o un barco no pueden ser sometidos a la leyes del país donde se encuentran, sino que tienen derecho a regirse por las leyes de su propio país.

EXTRAUTERINO, A adj. Que se encuentra o evoluciona fuera del útero: *embarazo extrauterino.*

EXTRAVAGANCIA s.f. Cualidad de extravagante. **2.** Cosa extravagante.

EXTRAVAGANTE adj. y s.m. y f. Raro, fuera de lo normal: *idea extravagante.*

EXTRAVASARSE v.prnl. Salirse la sangre, savia, etc., del conducto en que están contenidos.

EXTRAVERSIÓN o **EXTROVERSIÓN** s.f. PSICOL. Rasgo de la personalidad caracterizada por exteriorizar fácilmente los sentimientos, comunicarse fácilmente con los demás y ser receptiva a las modificaciones de su entorno.

EXTRAVERTIDO, A o **EXTROVERTIDO, A** adj. y s. Se dice de la persona que exterioriza fácilmente sus sentimientos, se comunica fácilmente con los demás y es receptiva a las modificaciones de su entorno.

EXTRAVIADO, A adj. Se dice del lugar apartado y poco transitado. **2.** Que tiene costumbres moralmente reprobables.

EXTRAVIAR v.tr. [19]. Dejar de tener una cosa que se tenía porque no se sabe donde está: *extraviar las llaves.* **2.** No fijar la vista en un objeto determinado: *extraviar la mirada.* ◆ **extraviarse** v.prnl. Perderse, ir a parar algo a un lugar que se desconoce: *extraviarse un guante.* **2.** Perderse, equivocar el camino o dirección que se quería seguir. **3.** *Fig.* Seguir una conducta desordenada.

EXTRAVÍO s.m. Acción y efecto de extraviar o extraviarse. **2.** *Fig.* Desorden o inmoralidad en las costumbres: *los extravíos juveniles.* **3.** *Fam.* Molestia o perjuicio.

EXTREMADO, A adj. Que es sumamente bueno o malo en su género: *su extremada generosidad.* **2.** Que se sale de lo normal o llama la atención.

EXTREMAR v.tr. Llevar una cosa al extremo: *extremar los cuidados.* ◆ **extremarse** v.prnl. Esmerarse mucho en la ejecución de algo: *extremarse en el trabajo.*

EXTREMAUNCIÓN s.f. REL. Sacramento de la Iglesia católica que consiste en aplicar el sacerdote óleo sagrado a un enfermo en peligro de muerte. SIN.: *unción.*

EXTREMEÑO, A adj. y s. De Extremadura. ◆ s.m. Variedad del español hablada en Extremadura.

EXTREMIDAD s.f. Parte extrema o última de una cosa: *la extremidad de una cuerda.* **2.** *Fig.* Grado último que puede alcanzar algo. **3.** Pie, mano, pierna o brazo de una persona. (Suele usarse en plural). **4.** Pata de un animal. (Suele usarse en plural).

EXTREMISMO s.m. Tendencia a adoptar ideas o actitudes extremas o radicales.

EXTREMO, A adj. (lat. *extremus*, superlativo de *externus*, externo). Que está al final: *el límite extremo del territorio.* **2.** Se dice del lugar que está más alejado del punto en que se sitúa el que habla: *la parte extrema de la calle.* **3.** *Fig.* Que es el grado más elevado de una cosa: *frío extremo.* **4.** Excesivo, que sobrepasa los límites ordinarios: *extrema dulzura.* **5.** Que es radical o extremado: *la extrema derecha.* ◆ s.m. Parte que está al principio o al final de una cosa: *el extremo del cordón.* **2.** Punto último a que puede llegar algo: *al extremo de la paciencia.* **3.** Lo opuesto, lo contrario: *pasar de un extremo a otro.* **4.** Jugador de fútbol o de otro deporte de equipo que forma parte de la línea de ataque y se sitúa en la zona más cercana a la banda. **5.** MAT. Para un subconjunto E de un conjunto C provisto de una relación de orden, el mayor de sus minorantes, extremo inferior, o el menor de sus mayorantes, extremo superior. ◆ **extremos** s.m.pl. MAT. Términos que ocupan el primer y último lugar de una proposición. ◇ **Con,** o **en,** o **por, extremo** Muchísimo, excesivamente. **En último extremo** En último caso, si no hay otra solución o remedio.

EXTREMOSO, A adj. Que es muy expresivo en demostraciones cariñosas. **2.** Extremado en sus sentimientos o acciones.

EXTRÍNSECO, A adj. (lat. *extrinsecus*, de *extrim*, fuera, y *secus*, a lo largo de). Que no pertenece a la naturaleza de algo sino que es añadido. ◇ **Valor extrínseco** de una moneda Valor legal, convencional. SIN.: *valor facial.*

EXTROFIA s.f. **Extrofia vesical** Malformación de las vías urinarias en la que la vejiga desemboca directamente en la piel del abdomen.

EXTRORSO, A adj. BOT. Se dice de la antera que se abre hacia el exterior de la flor, como en las ranunculáceas. CONTR.: *introrso.*

EXTROVERSIÓN s.f. → EXTRAVERSIÓN.

EXTROVERTIDO, A adj. y s. → EXTRAVERTIDO.

EXTRUSIÓN s.f. GEOL. Aparición de materias volcánicas que resulta principalmente de la subida de una masa casi sólida, sin efusión ni proyección. **2.** TECNOL. Acción de dar a una materia moldeable la forma de un perfil de sección recta constante.

EXTRUSOR s.m. Máquina para la transformación de materiales plásticos, en la que el material fluidificado circula a través de una hilera.

EXUBERANCIA s.f. Cualidad de exuberante.

EXUBERANTE adj. Abundante, desbordante, desarrollado en exceso: *vegetación exuberante.*

EXUDACIÓN s.f. Acción y efecto de exudar. **2.** MED. Supuración patológica. **3.** METAL. Presencia anormal, en la superficie de una aleación, de uno de sus componentes.

EXUDADO s.m. MED. Producto que se encuentra en los tejidos por exudación de los líquidos o la sangre, a través de las paredes vasculares.

EXUDAR v.intr. y tr. Salir un líquido fuera de sus vasos o continentes. **2.** METAL. Presentar una exudación. ◆ v.intr. MED. Formarse un exudado.

EXULCERACIÓN s.f. MED. Ulceración superficial, en un relieve.

EXULTANTE adj. Que exulta.

EXULTAR v.intr. Mostrar alegría con mucha excitación.

EXVOTO s.m. Ofrenda que se hace a un imagen sagrada en señal de agradecimiento por un beneficio recibido. ◇ **Exvoto ibérico** Figura pequeña de bronce, de carácter votivo, de los santuarios ibéricos del S y SE de España. (También *ex voto.*)

■ **EXVOTOS** ibéricos de bronce procedentes de Collado de los Jardines. (Museo arqueológico, Madrid.)

EYACULACIÓN s.f. Acción y efecto de eyacular. ◇ **Eyaculación precoz** Eyaculación que se produce antes de la introducción del pene en la vagina o apenas iniciado el coito.

EYACULAR v.tr. Expulsar con fuerza un órgano, cavidad o conducto su contenido, especialmente semen.

EYECCIÓN s.f. FISIOL. Evacuación, expulsión: *eyección de orina.*

EYECTAR v.tr. Catapultar al exterior, especialmente los asientos del piloto y copiloto de un avión militar o prototipo de avión muy rápido.

EYECTOCONVECTOR s.m. Aparato de acondicionamiento de aire, similar a un convector de calefacción, que regula la temperatura de un local.

EYECTOR s.m. Aparato que sirve para la evacuación de un fluido. **2.** Expulsor.

EZQUERDEAR v.intr. Torcerse hacia la izquierda algo que debería estar recto, como una hilada de sillares, un muro, etc.

F s.f. Séptima letra del alfabeto español, y quinta de sus consonantes. (Representa un sonido fricativo labiodental sordo.) ◇ **F** MÚS. En la notación inglesa y alemana, nota *fa*.

FA s.m. Nota musical, cuarto grado de la escala de *do* mayor. ◇ **Clave de fa** Clave representada por una C invertida seguida de dos puntos, que indica que la nota situada en la línea del pentagrama que pasa entre los dos puntos es un *fa*.

FABADA s.f. Esp. Plato típico de la cocina asturiana preparado con judías blancas, chorizo, tocino y otros ingredientes.

FABIANO, A adj. y s. Relativo a la *Fabian society; miembro de dicha asociación.

FABLA s.f. Aragonés, variedad lingüística del navarroaragonés hablada en Aragón y parte de Navarra hasta el s. XV y reducida actualmente a los altos valles pirenaicos y pequeñas comarcas de Huesca.

FABLIAU s.m. (voz francesa) [pl. *fabliaux*]. Narración corta en verso, de carácter satírico, propia de los ss. XII y XIII franceses.

FABORDÓN s.m. (fr. *faux-bourdon*, de *faux*, falso, y *bourdon*, tono bajo). MÚS. Modalidad de canto que consistía en acompañar el canto litúrgico con sucesiones de tercera y de sexta, acordes que al final y al principio del inciso eran sustituidos por los de octava y de quinta.

FÁBRICA s.f. (lat. *fabrica*, oficio de artesano, arquitectura, taller). Edificación con las instalaciones adecuadas para la transformación de materias primas en productos semielaborados o de estos en productos finales. **2.** Fabricación: *defecto de fábrica*. **3.** Construcción hecha con piedra o ladrillo y argamasa: *pared de fábrica*. **4.** Invención o trama de historias, mentiras, etc.: *fábrica de embustes*. ◇ **Consejo de fábrica** Grupo de clérigos o de laicos que administran los bienes de una iglesia. **Precio de fábrica** Precio al que el fabricante vende sus productos al comercio.

FABRICACIÓN s.f. Acción y efecto de fabricar. **2.** Proceso de elaboración de un producto mediante una serie de operaciones.

FABRICADOR, RA adj. y s. Que inventa o dispone algo no material: *fabricador de embustes*.

FABRICANTE adj. Que fabrica. ◆ s.m. y f. Industrial.

FABRICAR v.tr. (lat. *fabricare*, componer, confeccionar) [1]. Hacer un producto industrial por medios mecánicos: *fabricar tejidos, muebles*. **2.** Construir, elaborar: *las abejas fabrican la miel*. **3.** *Fig.* Hacer, disponer o inventar algo no material: *fabricar historias*.

FABRIL adj. (lat. *fabrilis*, del artesano). Relativo a la fábrica o a sus operarios: *industria fabril*.

FÁBULA s.f. (lat. *fabula*, relato, conversación). Narración corta, frecuentemente en verso, de la que se extrae una moraleja o enseñanza: *las fábulas de Esopo*. **2.** Objeto de murmuración irrisoria o despreciativa: *ser la fábula del barrio*. **3.** Relato falso.

FABULACIÓN s.f. Acción y efecto de fabular. **2.** Tendencia en un enfermo psíquico a la invención, o a dar explicaciones falsas.

FABULADOR, RA s. Fabulista. **2.** Persona que fabula.

FABULAR v.tr. Inventar historias o fantasías.

FABULARIO s.m. Repertorio de fábulas.

FABULESCO, A adj. Propio o característico de la fábula como género literario.

FABULISTA s.m. y f. Autor de fábulas literarias.

FABULOSO, A adj. Que es imaginario o inventado. **2.** Se dice de la narración fantástica y de los temas que trata: *un relato fabuloso*. **3.** Extraordinario o muy grande en cantidad, número o calidad: *memoria fabulosa*.

FACA s.f. Cuchillo corvo. **2.** Cuchillo de grandes dimensiones y con punta.

FACCIÓN s.f. (lat. *factio, -onis*, manera de hacer, facción). Bando o grupo de gente que actúa con violencia o está en rebelión: *facción revolucionaria*. **2.** Grupo o partido con una manera de pensar o actuar propia dentro de un grupo más importante. **3.** Rasgo del rostro humano: *facciones regulares*. (Suele usarse en plural.) **4.** HIST. Nombre dado en España a cada uno de los grupos insurgentes absolutistas durante el trienio constitucional, de 1820 a 1823, y a los de los carlistas a lo largo de todo el s. XIX.

FACCIOSO, A adj. y s. (lat. *factiosus*). Perturbador de la paz pública. **2.** Que pertenece a una facción o parcialidad.

FACENDA o **FAZENDA** s.f. Explotación agrícola cafetera y ganadera de gran extensión, en el área cultural portuguesa de América del Sur.

FACERÍA s.f. Convenio de paz entre valles pirenaicos franceses y españoles vecinos, que incluía disposiciones para facilitar su convivencia.

FACERO, A adj. Relativo a la facería.

FACETA s.f. (fr. *facette*, dim. de *face*, cara). Cada una de las caras de un poliedro, especialmente cuando es pequeño: *las facetas de una esmeralda*. **2.** *Fig.* Cada uno de los aspectos que presenta un asunto: *considerar un problema en todas sus facetas*. **3.** ZOOL. Superficie de cada uno de los ocelos que constituyen los ojos compuestos de los artrópodos.

FACETADA s.f. Méx. Chiste sin gracia.

FACETAR v.tr. TECNOL. Tallar en facetas.

FACETO, A adj. (lat. *facetus*, elegante, gracioso). Méx. Chistoso sin gracia. **2.** Méx. Presuntuoso.

1. FACHA s.f. (ital. *faccia*, rostro). *Fam.* Aspecto o traza: *tener buena facha*. **2.** *Fam.* Persona o cosa muy fea, ridícula o extravagante: *estar hecho una facha*. SIN.: *adefesio*. **3.** Chile. Fachenda. ◆ **fachas** s.f.pl. Méx. Disfraz.

2. FACHA s.m. y f. Esp. Fascista.

FACHADA s.f. (ital. *facciata*). Parte exterior y generalmente principal de un edificio. **2.** Aspecto exterior: *la fachada de un buque*. **3.** Apariencia de alguien o algo que oculta la realidad: *todo en él es pura fachada*.

FACHENDA s.f. (ital. *faccenda*, quehacer, trabajo). *Fam.* Presunción, vanidad. ◆ s.m. y f. *Fam.* Persona fachendosa.

FACHENDEAR v.intr. Hacer ostentación fachendosa o vanidosa.

FACHENDOSO, A adj. y s. *Fam.* Presuntuoso, vanidoso. ◆ adj. Méx. Que viste de forma inadecuada. **2.** Méx. Que hace las cosas con descuido.

FACHINAL s.m. Argent. Lugar anegadizo cubierto de vegetación, como el junco o la paja brava.

FACHOSO, A adj. *Fam.* Que tiene mala facha. **2.** Chile, Ecuad. y Méx. Presuntuoso. **3.** Méx. Que viste de forma inadecuada.

FACIAL adj. (lat. *facialis*). Relativo al rostro. ◇ **Ángulo facial** Ángulo formado por la intersección de dos líneas, una desde los incisivos superiores al punto más saliente de la frente, y otra que va desde el conducto auditivo a los dientes. **Nervio facial** Séptimo nervio craneal que dirige los músculos cutáneos de la cara y del cráneo.

FACIES s.f. Aspecto de la cara: *facies cadavérica*. **2.** BOT. Fisonomía particular de una asociación vegetal en un lugar determinado. **3.** GEOL. Conjunto de características de una roca o terreno consideradas desde el punto de vista de su formación. **4.** PREHIST. Conjunto de rasgos que constituyen un aspecto particular de un período cultural.

FÁCIL adj. (lat. *facilis*, factible, fácil). Que no requiere gran esfuerzo o que no tiene obstáculos: *una lectura fácil*. **2.** Dócil, sociable: *carácter fácil*. **3.** Se dice de la mujer dispuesta a tener relaciones sexuales. **4.** Probable o posible: *es fácil que venga*. ◆ adv.m. Con facilidad.

FACILIDAD s.f. Capacidad o aptitud especial para hacer algo sin gran esfuerzo o con gran facilidad para el estudio. **2.** Condición o situación propicia o favorable para algo: *su cargo le ofre-*

ce más facilidad para decidir. ✦ **facilidades**
s.f.pl. Medios o condiciones para hacer más
fácil algo: *facilidades de pago.*

FACILITACIÓN s.f. Acción y efecto de facilitar.

FACILITAR v.tr. Hacer fácil o posible: *estos
datos facilitan mi trabajo.* **2.** Proporcionar o
entregar algo a alguien: *facilitar informes.*

FACINEROSO, A adj. y s. (lat. *facinerosus,* de
facinus, -inoris, hazaña, crimen). Malhechor.

FACISTOL s.m. (occitano ant. *faldestol*).
Atril grande de las iglesias donde se ponen libros para cantar. **2.** Antillas y Venez. Persona
pedante, vanidosa.

FACÓMETRO s.m. ÓPT. Instrumento que determina por lectura directa el número de diop-
trías de una lente.

FACÓN s.m. Argent., Bol. y Urug. Cuchillo grande, recto y puntiagudo, usado por los campesinos.

FACSÍMIL o **FACSÍMILE** s.m. (del lat. *fac si-
mile,* haz algo semejante). Reproducción
exacta de firmas, escritos, pinturas, dibujos, objetos de arte, etc. **2.** ART. GRÁF. Procedimiento
de transmisión a distancia de páginas montadas que permite la publicación simultánea de
revistas y periódicos en talleres distintos.

FACSIMILAR adj. Se dice de la reproducción,
edición, etc., hecha en facsímil.

FACTIBLE adj. Que se puede hacer.

FACTICIDAD s.f. FILOS. Carácter de lo que
existe de hecho y está desprovisto de necesidad.

FACTICIO, A adj. Que no es natural. ◇ **Idea
facticia** FILOS. Según Descartes, idea producida por el conocimiento racional o por la imaginación, por oposición a las ideas innatas o
adventicias.

FÁCTICO, A adj. Relativo al hecho o a los hechos ✧ **Poder fáctico** Grupo con mucho poder o influencia.

FACTITIVO, A adj. LING. Se dice del verbo
cuyo sujeto no realiza la acción sino que la
hace ejecutar. SIN.: *causativo, factivo.*

FACTIVO, A adj. LING. Factitivo.

FACTOR s.m. Agente, elemento que contribuye a causar un efecto. **2.** BIOL. Agente causal
hereditario que determina cierto carácter en
la descendencia. **3.** F. C. Persona que tiene por
oficio cuidar de la recepción, expedición y entrega de los equipajes, mercancías, etc., en las
estaciones de ferrocarril. **4.** MAT. Cada uno de
los números que figuran en una multiplicación. ◇ **Factor de liberación** MED. Péptido
secretado por el hipotálamo, que desencadena la secreción de una de las hormonas del
lóbulo anterior de la hipófisis SIN.: *releasing
factor.* **Factor de multiplicación** Número de
neutrones liberados cuando un neutrón
desaparece en el curso de una reacción nuclear. **Factor de potencia** Relación entre la
potencia activa disipada en un circuito eléctrico, expresada en vatios, y la potencia aparente,
expresada en voltiamperios. **Factores de producción** Elementos que concurren en la producción de los bienes o de los servicios, esencialmente el capital y el trabajo. **Factores
primos de un número** MAT. Números primos,
distintos o no, cuyo producto es igual a este
número. **Factor general,** o **G** PSICOL. Aptitud
general intelectual de una persona, que corresponde a la correlación entre los resultados
que haya obtenido en diversos tests de nivel.

FACTORAJE s.m. Técnica financiera consistente en una transferencia de créditos comerciales por parte de un titular a un intermediario financiero (factor) que gestiona y garantiza
el cobro. (También *factoring.*)

FACTORÍA s.f. Fábrica. **2.** Establecimiento de
comercio o industrial fundado por una nación
o por particulares en el extranjero. **3.** Empleo
y oficina del factor. **4.** En Latinoamérica, campamento que establecen las expediciones ba-
lleneras en las costas de la Antártida.

FACTORIAL adj. En estadística y psicología,
se dice de los tests elegidos en función de los
resultados de análisis factoriales, considerados buenos indicadores de determinados factores. ◇ **Análisis factorial** Método estadístico
que tiene como finalidad la búsqueda de factores comunes a un conjunto de variables que

tienen entre sí grandes correlaciones. **Factorial de** n Producto de los *n* primeros números
enteros: *el factorial de 5 es 5! = 5 × 4 × 3 × 2
× 1 = 120.*

FACTORIZACIÓN s.f. MAT. Transformación
de una expresión en producto de factores.

FACTÓTUM s.m. y f. (del lat. *fac totum,* haz
todo) [pl. *factótums*]. Fam. Persona de plena
confianza de otra y que en nombre de esta
desempeña sus funciones.

FACTUAL adj. Relativo a los hechos.

FACTURA s.f. Escrito donde figuran el detalle
y el precio de las mercancías vendidas o de
los servicios prestados y que se entrega a la
persona que paga dicho precio. **2.** Hechura,
ejecución: *la factura de un tejido.* **3.** Argent. Panecillo dulce, horneado o frito, que suele fabri-
carse y venderse en las panaderías.

FACTURACIÓN s.f. Acción y efecto de facturar. **2.** Conjunto de operaciones contables que
comprenden desde el simple registro de pedidos hasta la contabilización y control estadístico de los elementos de la factura. **3.** Servicio
o sección donde se llevan a cabo estas operaciones: *departamento de facturación.*

FACTURAR v.tr. Extender facturas. **2.** Registrar mercancías o equipajes en las estaciones
de ferrocarriles o terminales de aeropuerto
para que sean remitidos a su destino. **3.** Ganar
una persona o una empresa una determinada
cantidad de dinero por los servicios o ventas
registrados en facturas: *facturó diez millones el
año pasado.*

FÁCULA s.f. (lat *facula,* dim. de *fax, -cis,* antorcha). ASTRON. Zona pequeña muy brillante
del disco solar, cuya aparición precede generalmente a la de una mancha solar.

FACULTAD s.f. (lat. *facultas, -atis*). Aptitud,
capacidad para ejercer una actividad. *perder
facultades; la facultad de pensar.* **2.** Autoridad
y derecho hacer una cosa: *conceder facultad para dirigir.* **3.** Centro universitario que
coordina las enseñanzas de una determina-
da rama del saber. ◇ **Facultades mentales**
PSIQUIATR. Conjunto de funciones psíquicas
de una persona.

FACULTAR v.tr. Autorizar, conceder facultat-
des a alguien para hacer algo.

FACULTATIVO, A adj. Relativo a una facultad: *dictamen facultativo.* **2.** Voluntario, no obligatorio: *trabajo facultativo.* ✦ s. Esp. Médico o
cirujano.

FACUNDIA s.f. Exceso o facilidad de palabra.

FACUNDO, A adj. Que tiene facundia.

FADING s.m. (voz inglesa). RADIODIF. Desvanecimiento.

FADO s.m. (port. *fado,* del lat. *fatum,* destino). Canción popular portuguesa de carácter
melancólico.

FAENA s.f. (cat. valenciano *faena,* quehacer, trabajo). Trabajo corporal: *faenas del
campo.* **2.** Fig. Trabajo mental: *faena de investigación.* **3.** Fam. Mala pasada. **4.** Chile. Trabajo
duro de realizar. **5.** Chile. Grupo de trabajadores que realizan una tarea común. **6.** Chile. Lugar donde estos realizan la tarea. **7.** Guat. Trabajo que en una hacienda se hace fuera de
horario. **8.** TAUROM. Conjunto de las suertes
realizadas, especialmente con la muleta, desde el primer pase hasta la estocada o descabello final. ◇ **Meterse en faena** Entregarse de
lleno a una tarea o actividad.

FAENAR v.tr. Realizar un trabajo, especialmente los pescadores profesionales.

FAENERO s.m. Chile. Trabajador del campo.

FAETÓN s.m. (de *Faetón,* en la mitología
griega, hijo del Sol). Vehículo tirado por caballerías, de cuatro ruedas, alto, ligero y descubierto, con dos asientos paralelos.

FAFARACHERO, A adj. Amér. Fanfarrón, jactancioso.

FAGAL adj. y s.f. Relativo a un orden de plantas dicotiledóneas, de flores sin pétalos y unisexuadas, agrupadas en amentos, con fruto inserto en una cúpula, como el roble y el haya.

FAGEDENISMO s.m. Tendencia de una úlcera
a extenderse de forma indefinida.

FAGO s.m. MICROB. Bacteriófago.

FAGOCITAR v.tr. MED. Destruir por fagocitosis.

FAGOCITARIO, A adj. Relativo a la fagocitosis o a los fagocitos.

FAGOCITO s.m. (del gr. *phágos,* comilón, y
kýtos, célula). Célula del organismo que fago-
cita, como los leucocitos y las células del tejido reticuloendotelial.

FAGOCITOSIS s.f. Proceso por el que algunas
células absorben partículas, microbios, etc., las
engloban con seudópodos y después los digieren.

FAGOT s.m. (fr. ant. *fagot*). Instrumento musical de viento, de madera y lengüeta doble, que
en la orquesta constituye el bajo de la familia
de los oboes. ✦ s.m. y f. Fagotista.

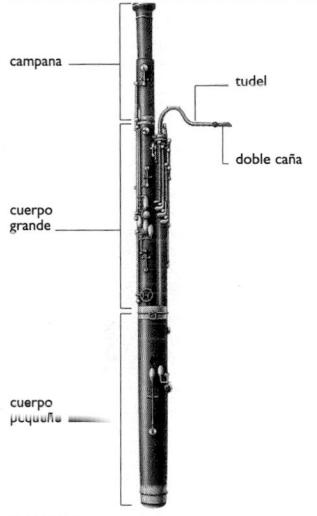

campana
tudel
doble caña
cuerpo
grande
cuerpo
pequeño

■ **FAGOT**

FAGOTISTA s.m. y f. Persona que en un conjunto musical toca el fagot.

FAIR PLAY s.m. (voces inglesas) Juego limpio, respeto por las reglas de un deporte, deportividad.

FAISÁN, NA s. (occitano ant. *faisan*). Ave
gallinácea originaria de Asia, que en algunas
especies alcanza los 2 m de long., de cola larga y plumaje brillante, sobre todo en el macho,
y de carne apreciada. ◇ **Faisán neocelandés**
Ave de Nueva Zelanda y Australia, de largos
dedos, que deposita los huevos en montones
de vegetales en descomposición, de hasta 4 m
de alt., para que se incuben solos.

■ **FAISÁN** común macho.

FAISANERÍA s.f. Lugar dedicado a la cría de
faisanes.

FAJA s.f. (lat. *fascia,* venda, faja, de *fascis,*
haz). Tira de tela u otro material que rodea
una persona o una cosa ciñéndola: *la faja de
un bebé.* **2.** Prenda interior femenina de materia elástica que rodea la cintura con fines estéticos o terapéuticos. **3.** Banda usada como
insignia o distintivo honorífico por algunos
cargos militares, civiles o eclesiásticos. **4.** Porción más larga que ancha, especialmente de
terreno. **5.** ARQ. Moldura ancha y de poco vuelo. **6.** HERÁLD. Pieza que se coloca horizontalmente en la mitad del escudo y que ocupa la
tercera parte del mismo.

FAJADA s.f. Amér. Acometida, embestida.

FAJADOR s.m. DEP. Púgil de gran resistencia a los golpes del adversario.

FAJADURA s.f. Acción y efecto de fajar o fajarse.

FAJAMIENTO s.m. Fajadura.

1. FAJAR v.tr. y prnl. Rodear o envolver con faja. ◆ v.tr. Argent. *Fig. y fam.* Cobrar en exceso por una venta o servicio. **2.** C. Rica, Dom. y P. Rico. Emprender con ahínco un trabajo o estudio: *se fajó con la reparación de la máquina.* **3.** Cuba. Seducir a una mujer. **4.** Dom. y P. Rico Pedir dinero prestado. **5.** Méx. *Vulg.* Acariciar y besar a alguien con lascivia, excitarse sexualmente con caricias.

2. FAJAR v.tr. y prnl. Amér. Merid., C. Rica y Cuba. Golpear a uno, pegarle: *los vecinos fajaron al ladrón.* **2.** C. Rica, Cuba y Dom. Liarse a golpes: *fajarse a puñetazos.*

FAJÍN s.m. Faja o ceñidor de seda de determinados colores y distintivos que usan los generales y algunos cargos civiles.

FAJINA s.f. (ital. *fascina*). Leña ligera para encender. **2.** Conjunto de haces de mies que se pone en las eras. **3.** Méx. Comida que se hace al mediodía, en el trabajo del campo. **4.** FORT. Haz de ramas muy apretadas que se usan para revestimientos. **5.** MIL. Toque de formación para las comidas.

FAJITAS s.f.pl. Platillo típico de la cocina tex-mex hecho con carne cortada a tiras y verduras condimentadas que se colocan sobre una tortilla de harina de trigo.

FAJO s.m. Haz, atado, paquete de cosas: *un fajo de leña, de billetes de banco.* **2.** Méx. *Vulg.* Golpe, cintarazo. ◆ **fajos** s.m.pl. Prendas con que se viste a los recién nacidos.

FAJÓN s.m. Moldura ancha de yeso que enmarca una puerta o una ventana.

FAKIR s.m. → FAQUIR.

FALACHAS o **FALASHAS**, judíos negros de Etiopía, act. establecidos en Israel.

FALACIA s.f. Cualidad de falaz. **2.** Mentira, engaño.

FALAFEL s.m. (voz árabe). Albóndiga de pasta de garbanzo muy especiada que se sirve a menudo dentro de un pan pita. (Es típica del Próximo oriente.) **2.** *Por ext.* Bocadillo que se hace con esta pasta.

FALANGE s.f. (lat. *phalanx, -gis,* del gr. *phálanx, -ggos,* garrote, rodillo, línea de batalla). Cada uno de los huesos alargados que componen los dedos. **2.** Conjunto de tropas numeroso. **3.** ANT. GR. En la época clásica, formación de combate en la que los hoplitas formaban una masa de varias hileras. **4.** ANT. GR. Infantería macedónica que formaba una masa compacta protegida por escudos y provista de largas lanzas. **5.** POL. Organización política de carácter paramilitar y generalmente de tendencias derechistas: *Falange española.*

FALANGERO s.m. Marsupial australiano arborícola, algunas de cuyas especies, dotadas de un patagio, pueden planear.

FALANGETA s.f. ANAT. Falange distal o ungular del dedo.

FALÁNGIDO, A adj. ANAT. Relativo a la falange.

FALANGINA s.f. ANAT. Falange segunda o media del dedo.

FALANGISMO s.m. Tendencia política de la Falange española.

FALANGISTA adj. y s.m. y f. Relativo a la falange, partido político, especialmente a la Falange española; militante de este partido.

FALANSTERIO s.m. (fr. *phalanstère*). Asociación de producción del sistema ideado por Fourier, en la que los trabajadores vivían en comunidad.

FALASHAS → FALACHAS.

FALAZ adj. (lat. *fallax, -acis*). Falso o engañoso: *argumentos falaces.*

FALCA s.f. Cuña o pieza que se coloca bajo un cuerpo para inmovilizarlo o afirmarlo: *poner una falca bajo la puerta.* **2.** Colomb. Cerco que se pone como suplemento a la paila. (Suele usarse en plural). **3.** Méx. y Venez. Canoa grande provista de techo. **4.** MAR. Tabla que, colocada con cada sobre la borda de una embarcación menor, impide que entre el agua.

FALCADO, A adj. Que tiene una curvatura semejante a la de la hoz. **2.** HERÁLD. Se dice de la cruz cuyos brazos rematan en media luna.

FALCAR v.tr. [1]. Colocar una falca o falcas en algo: *falcar un automóvil.*

FALCATA s.f. Espada curva empleada por las tribus prerromanas del E y S de la península Ibérica.

FALCIFORME adj. Que tiene forma de hoz.

FALCÓN s.m. Cañón de los ss. XVI-XVII.

FALCONETE s.m. Pieza pequeña de artillería, reducción del falcón.

FALCÓNIDO, A adj. y s.m. Relativo a una familia de aves que comprende la mayoría de las rapaces diurnas, como el águila y el halcón.

FALDA s.f. Parte del vestido o prenda de vestir que va desde la cintura hacia abajo. **2.** Regazo. **3.** Parte de la carne bovina que, en el despiece, comprende la región inferior de las paredes abdominales. **4.** ARM. Parte de la armadura que colgaba desde la cintura hacia abajo. **5.** GEOGR. Sector bajo de una vertiente montañosa. ◆ **faldas** s.f.pl. Mujer o mujeres, en oposición al hombre. ◇ **Falda del pistón** Superficie lateral del pistón que asegura su guía en el interior del cilindro.

FALDAR s.m. ARM. Parte de la armadura que caía desde el extremo inferior del peto.

FALDEAR v.tr. Caminar por la falda de una montaña.

FALDELLÍN s.m. Falda corta.

FALDEO s.m. Argent., Chile y Cuba. Falda de un monte.

FALDERO, A adj. Relativo a la falda. **2.** *Fig.* Aficionado a tratar con mujeres.

FALDICORTO, A adj. Corto de falda.

FALDILLAS s.f.pl. Partes de una prenda de vestir que cuelgan de la cintura.

FALDISTORIO s.m. Sillón de tijera usado en ciertas solemnidades religiosas.

FALDÓN s.m. Parte de las prendas de vestir que cae suelta desde la cintura. **2.** Parte inferior de alguna ropa, colgadura, etc. **3.** CONSTR. **a.** Vertiente triangular de un tejado. **b.** Conjunto de los dos lienzos y el dintel que forman la boca de una chimenea. **4.** EQUIT. Parte de una silla sobre la que apoya la piernas el jinete.

FALDRIQUERA s.f. → FALTRIQUERA.

FALENA s.f. (gr. *phálaina*). Mariposa de la familia geométridos, algunas de cuyas especies son dañinas para los cultivos y bosques.

FALENCIA s.f. Argent. En lenguaje administrativo, quiebra de un comerciante. **2.** Argent. Carencia, defecto.

FALERNO s.m. Vino que se cosechaba en Campania (región de Italia), muy apreciado en la antigua Roma.

FALIBLE adj. Que se puede equivocar: *toda persona es falible.* **2.** Que puede fallar.

FÁLICO, A adj. Relativo al falo. ◇ **Estadio fálico** PSICOANÁL. Fase de la sexualidad infantil, entre los 3 y los 6 años, en la que las pulsiones se organizan alrededor del falo.

FALISMO s.m. Culto rendido en algunas culturas al falo.

1. FALLA s.f. (lat. vulgar *falla*). Defecto material de una cosa. GEOSIN.: Esp. *fallo.* **2.** Falta, quebrantamiento de la obligación de alguien. GEOSIN.: Esp. *fallo.* **3.** Amér. Deficiencia en el funcionamiento. GEOSIN.: Esp. *fallo.* **4.** Amér. Error, equivocación. GEOSIN.: Esp. *fallo.*

2. FALLA s.f. (fr. *faille*). Fractura de una capa geológica, acompañada de un desplazamiento vertical, oblicuo u horizontal de los bloques. ◇ **Escarpe de falla** GEOGR. Talud rígido, casi siempre de trazado rectilíneo, creado por una falla.

3. FALLA s.f. (voz catalana, del lat. *facula*, antorcha). Conjunto de figuras de madera y cartón que reproducen de forma satírica escenas y personajes de actualidad, y que se construyen en Valencia para quemarlas. ◆ **fallas** s.f.pl. Festejos que se celebran en Valencia, durante los que se queman estas figuras en la noche de san José.

FALLADO, A adj. GEOL. Cortado por fallas.

1. FALLAR v.intr. Fracasar, no dar algo el resultado esperado: *fallar una estrategia.* ◆ v.tr. En algunos juegos de cartas, poner un triunfo por no tener el palo que se juega. **2.** Perder algo su firmeza y resistencia: *fallar una pared.*

2. FALLAR v.tr. (del lat. *afflare,* soplar, dar con algo, encontrar). DER. Decidir un litigio o proceso, pronunciando un tribunal, un jurado o una autoridad el fallo o sentencia.

FALLEBA s.f. (ár. vulgar *jallâba*). Varilla de hierro acodillada en sus extremos, que sirve para cerrar las puertas o ventanas.

FALLECER v.intr. [37]. Morir.

FALLECIDO, A s. Persona muerta.

FALLECIMIENTO s.m. Acción de fallecer.

FALLERO, A adj. Relativo a las fallas de Valencia. ◆ s. Persona que toma parte en las fallas de Valencia.

FALLIDO, A adj. (p. del ant. *fallir,* faltar, errar). Frustrado, que no alcanza lo que pretende o espera: *intento fallido.* **2.** Se dice de la cantidad o crédito que no se puede cobrar.

1. FALLO s.m. Esp. Falla, defecto: *fallos de serie.* **2.** Esp. Falla, deficiencia. **3.** Esp. Falla, error.

2. FALLO s.m. Decisión tomada por una autoridad sobre un asunto: *el fallo de un concurso.* **2.** DER. Sentencia del juez, tribunal o árbitro.

FALLUTO, A adj. Argent. y Urug. *Vulg.* Hipócrita.

FALO s.m. (lat. *phallus,* del gr. *phallós,* emblema de la generación). Pene. **2.** Hongo basidiomicete de olor repelente y forma fálica.

FALOCRACIA s.f. Comportamiento de la persona que tiene la idea de que el hombre es superior a la mujer.

FALSACIÓN s.f. Acción y efecto de falsar.

FALSAR v.tr. EPISTEMOL. Contrastar una proposición con los hechos de forma que se pueda refutar.

FALSARIO, A adj. y s. Que inventa falsedades, especialmente calumniosas.

FALSEADOR, RA adj. Que falsea o falsifica alguna cosa.

FALSEAMIENTO s.m. Acción y efecto de falsear.

FALSEAR v.tr. Corromper o falsificar una cosa haciéndola disconforme con la verdad, la exactitud, etc.: *falsear los hechos.* **2.** ARQ. Desviar ligeramente un corte de la perpendicular. ◆ v.intr. Perder algo su firmeza y resistencia: *la columna falsea.* **2.** Disonar una cuerda de un instrumento musical.

FALSEDAD s.f. Cualidad de falso. **2.** Dicho o hecho falso.

FALSEO s.m. ARQ. **a.** Acción y efecto de falsear un corte. **b.** Corte o cara de una piedra o madero falseados. SIN.: *alambor.*

FALSETE s.m. (fr. *fausset*). Voz artificial, más aguda que la natural.

FALSÍA s.f. Falsedad, hipocresía.

FALSIFICACIÓN s.f. Acción y efecto de falsificar.

FALSIFICAR v.tr. (del lat. *falsificatus,* falsificado) [1]. Imitar fraudulentamente, hacer una cosa falsa: *falsificar una firma, moneda, una obra de arte.*

■ **FALLA** normal en las areniscas rojas del triásico.

FALSILLA s.f. Hoja de papel con líneas muy señaladas, que se pone debajo de otra para que aquellas sirvan de guía.

FALSO, A adj. (lat. *falsus*, p. de *fallere*, engañar). No verdadero, no auténtico o no correspondiente a la verdad: *perlas falsas; falsas promesas.* **2.** Que no es real, aparente: *falsa modestia.* **3.** Engañoso, fingido, traidor: *persona falsa; una falsa mirada.* **4.** Galic. Torpe, inadecuado: *falsa maniobra.* **5.** CONSTR. En arquitectura y otras artes, se dice de la pieza que suple la falta de dimensiones o de fuerza: *falso pilote.* ◆ s.m. Pieza de la misma tela que se pone interiormente en la parte del vestido donde la costura hace más fuerza. **2.** Ruedo de un vestido. ◇ **Armas falsas** HERÁLD. Armas que violan las leyes heráldicas. SIN.: *armas de enquerre.* **De, o en, o sobre, falso** Con intención contraria a la que se quiere dar a entender. **Entrar en falso** TAUROM. Acometer la ejecución de una suerte y abandonar el designio sin consumarla. **Falso testimonio** DER. PEN. Delito consistente en la declaración de un testigo, perito o intérprete que falta maliciosamente a la verdad en una causa civil o criminal. **Nota falsa** MÚS. Nota afinada en sí misma, pero emitida cuando no le corresponde.

FALTA s.f. (del lat. vulgar *fallitus*, p. del lat. *fallere*, faltar). Carencia o privación de una cosa necesaria o útil: *falta de medios económicos.* **2.** Acto contrario al deber u obligación: *falta de respeto.* **3.** Ausencia de una persona del sitio en que hubiera debido estar: *su falta al acto fue muy notoria.* **4.** Cualidad o circunstancia que quita perfección a una cosa: *no encuentro ninguna falta en tu traje.* **5.** Error, equivocación: *falta de ortografía.* **6.** DEP. Infracción del reglamento en un determinado deporte. **7.** DER. Hecho ilícito sancionado con una pena leve. **8.** FISIOL. Supresión de la regla o menstruo en la mujer, principalmente durante el embarazo. **9.** JUEG. Suerte simple de la pelota que comprende los números del 1 al 18 inclusive. ◇ **A falta de** En sustitución de. **Echar en falta** Sentir la necesidad de algo o alguien; notar que falta algo o alguien. **Hacer falta** Ser preciso para algún fin. **Sin falta** Puntualmente, con seguridad.

FALTAR v.intr. No haber o no estar una persona o cosa donde debiera estar o haber menos de lo necesario: *falta un jugador para completar el equipo; aquí falta aire.* **2.** No tener o haber una cualidad o circunstancia que debiera existir: *le faltó valor para decírselo.* **3.** Quedar un tiempo por transcurrir o alguna acción sin realizar: *falta una hora para salir; falta firmar la carta.* **4.** No acudir a un sitio donde se tenía que ir: *faltar a la cita.* **5.** Dejar de existir, fallecer, morir. **6.** No cumplir alguien con lo que debe o se espera de él: *faltar a sus obligaciones.* **7.** Dejar de tratar a una persona con la consideración debida: *ha faltado a su director.* **8.** Cometer adulterio uno de los cónyuges. ◇ **Faltar poco para** Estar a punto de suceder algo: *faltó poco para que los alcanzaran.*

FALTO, A adj. Carente o necesitado de algo: *falto de cariño.*

FALTÓN, NA adj. *Fam.* Que falta con frecuencia a sus obligaciones o citas. **2.** *Fam.* Que comete faltas de respeto u ofende a otros.

FALTRIQUERA o **FALDRIQUERA** s.f. (de *faldica*, dim. de *falda*). Bolsa pequeña que se ata a la cintura y se lleva colgada debajo del vestido o delantal. **2.** Bolsillo de una prenda de vestir.

FALÚA s.f. Embarcación pequeña que emplean los jefes y autoridades de marina en los puertos. **2.** Embarcación ligera de vela latina.

FALUCHO s.m. Falúa, embarcación de vela latina. **2.** Argent. Sombrero de dos picos que usaban los diplomáticos y los jefes militares en las funciones de gala y recepciones oficiales.

FALUN s.m. (voz provenzal). Depósito calcáreo rico en restos fósiles, que data del terciario.

FAMA s.f. (lat. *fama*, rumor, voz pública). Reconocimiento público de las extraordinarias cualidades de alguien o algo: *la fama de un héroe.* **2.** Opinión sobre alguien o algo en determinado ambiente o medio: *tener buena o mala fama.*

FAMÉLICO, A adj. Hambriento, que tiene mucha hambre.

FAMILIA s.f. (lat. *familia*, conjunto de criados y esclavos, familia, de *famulus*, sirviente). Conjunto de personas emparentadas que viven juntas, especialmente el padre, la madre y los hijos. **2.** Grupo de personas con parentesco sanguíneo o legal entre ellas. **3.** Dinastía, estirpe, origen social de una persona: *ser de familia aristocrática.* **4.** Prole, hijos: *estar cargado de familia.* **5.** Conjunto de personas o cosas que tienen alguna condición común: *familia espiritual.* **6.** Chile. Enjambre de abejas. **7.** HIST. NAT. Unidad sistemática de las clasificaciones de los seres vivos que comprende cierto número de géneros y es de categoría inferior al orden. ◇ **De buena familia** Que pertenece a una familia con buena posición económica y social. **En familia** Sin gente extraña, en la intimidad. **Familia de curvas** MAT. Conjunto de curvas que dependen de uno o varios parámetros. **Familia de lenguas** Grupo de lenguas que tienen un origen común o vínculos de parentesco estructurales estrechos. **Familia de palabras** Grupo de palabras procedentes de una raíz común. **Familia de vectores** MAT. Conjunto constituido por un determinado número de vectores. **Familia indexada** MAT. Sucesión de elementos tomados de un conjunto a los que se hace corresponder de forma biunívoca la sucesión de los números naturales. **Familia nuclear** ANTROP. Conjunto formado por el padre, la madre y sus hijos.

FAMILIAR adj. (lat. *familiaris*). Relativo a la familia. **2.** Se dice del trato sencillo y sin ceremonia: *una relación muy familiar.* **3.** Que resulta conocido: *una voz familiar.* **4.** LING. Se dice de una palabra o de una construcción característica de la lengua coloquial. **5.** Que tiene un tamaño o capacidad superior al modelo normal: *automóvil familiar; envase familiar.* ◆ adj. y s.m. y f. Pariente: *el director es un familiar suyo.* ◆ s.m. HIST. **a.** Consejero íntimo del rey, en la edad media. **b.** Agente de la Inquisición española no retribuido, sin obligaciones bien definidas. ◇ **Hacerse familiar** familiarizarse.

FAMILIARIDAD s.f. Naturalidad y confianza en el trato.

FAMILIARIZAR v.tr. [7]. Hacer familiar o común una cosa: *familiarizar a alguien con la vida del campo.* ◆ **familiarizarse** v.prnl. Llegar a tener trato familiar con alguien: *familiarizarse con los nuevos compañeros.* **2.** Adaptarse o acostumbrarse a algo: *familiarizarse con el bullicio de la ciudad.*

FAMOSO, A adj. (lat. *famosus*). Que tiene fama, buena o mala: *Cervantes es un escritor famoso; se hizo famoso por su crueldad.* **2.** Se dice de la persona o cosa de la que se habla mucho: *esta noche lucirá su famoso vestido azul.*

■ **FALÚA** en el Nilo.

FÁMULO, A s. (lat. *famulus*, criado, sirviente). *Fam.* Criado, doméstico, sirviente.

FAN s.m. y f. (voz inglesa) [pl. *fans*]. Admirador o seguidor de una persona o de una moda.

FANAL s.m. (ital. *fanale*). Linterna o luz empleadas a bordo de una embarcación y para el balizamiento de las costas. **2.** Campana de cristal para resguardar algún objeto, luz, etc. **3.** Farol de locomotora.

FANARIOTAS, grupo social griego, que tomó su nombre del barrio griego de Estambul, *Fanar*, formado por nobles, prelados y ricos comerciantes que participaron, a partir del s. XVII, en el sistema administrativo del Imperio otomano y desempeñaron un importante papel en la lucha por la independencia de Grecia (1830).

FANÁTICO, A adj. y s. (lat. *fanaticus*, del templo, exaltado, frenético, de *fanum*, templo). Que defiende con apasionamiento y celo desmedidos una creencia, una causa, un partido, etc.: *creyente fanático.* **2.** Que es muy aficionado a una cosa: *fanático de la música.*

FANATISMO s.m. (fr. *fanatisme*). Apasionamiento a favor de una creencia o partido.

FANATIZAR v.tr. (fr. *fanatiser*) [7]. Provocar el fanatismo: *fanatizar a las masas.*

FANDANGO s.m. Canción o baile, ejecutado por una pareja, con acompañamiento de castañuelas, al compás 3/4 o 6/8. **2.** *Fig.* y *fam.* Bullicio, jaleo.

FANDANGUERO, A adj. y s. Aficionado a bailes y festejos.

FANDANGUILLO s.m. Baile popular parecido a los fandangos andaluces.

FANÉ adj. (voz francesa). Ajado, estropeado.

FANECA s.f. Pez gadiforme comestible de unos 30 cm, con tres aletas dorsales y tres anales, que vive en el Atlántico y Mediterráneo. (Familia gádidos.)

FANEGA s.f. (ár. *faniqa*, saco grande, medida equivalente al contenido de un saco). Esp. Medida de capacidad para áridos que es distinta según las regiones. **2.** Esp. Porción de áridos que cabe en una fanega. ◇ **Fanega de tierra** Esp. Medida agraria de superficie que varía según las regiones.

FANEGADA s.f. Fanega de tierra.

FANERA s.f. ANAT. Órgano de origen epitelial, como los pelos, las plumas, las uñas, las garras y las pezuñas.

FANERÓGAMO, A adj. y s. (del gr. *phanerós*, aparente, y *gamos*, matrimonio). Relativo a un tipo de plantas que se reproducen por flores y semillas. (El tipo *fanerógamas* incluye las angiospermas y las gimnospermas.) SIN.: *espermatófito.*

FANFARREAR v.intr. Fanfarronear.

FANFARRIA s.f. Fanfarronada. **2.** Banda militar de música.

FANFARRÓN, NA adj. y s. (voz de creación expresiva). Se dice de la persona que presume con ostentación de alguna cualidad o posesión.

FANFARRONADA s.f. Dicho o hecho del fanfarrón.

FANFARRONEAR v.intr. Decir o hacer fanfarronadas.

FANFARRONERÍA s.f. Cualidad de fanfarrón. **2.** Fanfarronada.

FANG, PAMUE o **PAHOUIN**, pueblo de Gabón, Camerún y Guinea Ecuatorial, que habla una lengua bantú.

FANGAL s.m. Terreno lleno de fango.

FANGO s.m. (cat. *fang*). Mezcla de tierra y agua que se forma en una corriente de agua o en un lugar donde queda agua estancada. **2.** *Fig.* Deshonra que cae sobre una persona, o indignidad en que vive.

FANGOSO, A adj. Lleno de fango. **2.** *Fig.* Semejante al fango.

FANGOTERAPIA s.f. Tratamiento a base de baños de barro.

FANÓN s.m. Prenda de vestir ornamental en forma de doble esclavina cerrada, con la inferior más larga que la superior, que lleva el papa sobre el alba en la misa pontifical. **2.** ZOOL. Producción córnea, como las crines de los caballos y de otros animales.

FANOTRÓN s.m. Tubo electrónico de vapor

de mercurio, usado como rectificador de corriente.

FANTASEAR v.intr. Dejar correr la fantasía o imaginación. **2.** Preciarse, vanagloriarse de algo que no se posee: *fantasear de rico.* ◆ v.tr. Imaginar algo por medio de la fantasía.

FANTASÍA s.f. (gr. *phantasía*, aparición, espectáculo, imagen). Facultad de la mente para representar cosas inexistentes. **2.** Producto mental creado por la imaginación o que no tiene fundamento real. (Suele usarse en plural.) **3.** MÚS. Obra instrumental que hasta el s. XVIII tenía una estructura bastante libre y a veces contrapuntística, y que en el s. XIX se convirtió en una yuxtaposición de episodios de carácter improvisado. ◇ **De fantasía** Se dice de los objetos de adorno de bisutería; se aplica de la prenda de vestir u objeto adornados de forma vistosa y que se considera poco corriente.

FANTASIOSO, A adj. Que tiene mucha imaginación. **2.** Vanidoso, presuntuoso.

FANTASMA s.m. (lat. *phantasma*, del gr. *phántasma*, aparición, imagen, espectro). Aparición o imagen de algo imaginado, o de un ser inmaterial, como el alma de un difunto. **2.** Imagen o recuerdo fijados en la fantasía. ◆ s.m. y f. Esp. *Fam.* Persona presuntuosa o que alardea de algo que no posee. ◆ s.m. o f. Cosa que infunde temor o persona que simula una aparición o un espectro. (Suele preferirse en forma masculina.) ◆ adj. Se dice de una cosa inexistente, dudosa o poco precisa: *noticia, venta, buque fantasma.* ◇ **Embarazo fantasma** Situación en que una hembra cree estar embarazada, cuando en realidad no lo está.

FANTASMADA s.f. Esp. *Fam.* Acción o palabras propias de un fanfarrón.

FANTASMAGORÍA s.f. (fr. *fantasmagorie*). Arte y técnica de representar figuras mediante ilusiones ópticas. **2.** *Fig.* Fantasía, producto mental de la imaginación.

FANTASMAGÓRICO, A adj. Relativo a la fantasmagoría.

FANTASMAL adj. Del fantasma. **2.** Que es o parece irreal.

FANTASMÓN, NA adj. y s. Fantasma, presuntuoso.

FANTÁSTICO, A adj. (lat. *phantasticus*, del gr. *phantastikós*). Quimérico, aparente, irreal. **2.** Relativo a la fantasía. **3.** Estupendo, asombroso. **4.** *Fig.* Presuntuoso y orgulloso. **5.** Se dice del género literario, cinematográfico o artístico en el que aparecen elementos sobrenaturales o irracionales.

FANTI, pueblo de Ghana que habla una lengua kwa.

FANTOCHADA s.f. Dicho o hecho propio de fantoche.

FANTOCHE s.m. (fr. *fantoche*, del ital. *fantoccio*). Títere, figura pequeña de pasta u otra materia que se mueve con cuerdas. **2.** *Fig. y fam.* Persona de figura ridícula, grotesca o pequeña. **3.** *Fig.* Fanfarrón, fachendoso.

FANZINE s.m. Revista de poco presupuesto y poca difusión hecha por aficionados a un tema concreto.

FAÑOSO, A adj. Antillas, Can., Méx. y Venez. Gangoso.

FAQUÍN s.m. Ganapán, mozo de cuerda.

FAQUIR o **FAKIR** s.m. (del ár. *faqīr*, pobre, mendigo). Santón musulmán o hindú que vive de forma austera y practica actos extremos de mortificación. **2.** Artista circense que se mortifica el cuerpo en público sin sufrir ningún daño.

FAQUIRISMO s.m. Conjunto de actividades de los faquires, que tienen apariencia extraordinaria y se atribuyen a un poder sobrenatural.

FARA s.f. Colomb. Zarigüeya.

FARADAY s.m. (de *Faraday*, físico británico). Cantidad de electricidad, igual a 96 490 culombios, que disocia un equivalente gramo de un electrólito.

FARÁDICO, A adj. Se dice de la corriente de inducción.

FARADIO s.m. (de *Faraday,* físico británico). Unidad de medida de capacidad eléctrica (símb. F) equivalente a la capacidad de un condensador eléctrico entre cuyas armaduras aparece una diferencia de potencial de 1 voltio cuando está cargado con una cantidad de electricidad de 1 culombio.

FARADIZACIÓN s.f. Utilización terapéutica de las corrientes eléctricas en psiquiatría.

FARALÁ s.m. Volante, banda de tela plisada o fruncida con que se adornan cortinas, tapetes, enaguas, vestidos, etc. **2.** *Fam.* Adorno excesivo y de mal gusto.

FARALLÓN s.m. (cat. *faralló*). Roca alta y tajada que sobresale en el mar o en la costa. **2.** Parte superior y saliente de un filón o de una roca.

FARAMALLA s.f. (del ant. *farmalio*, engaño, del bajo lat. hispánico *malfarium*, crimen). Méx. *Fam.* Situación exagerada, aparatosa o escandalosa con que se pretende llamar la atención.

FARAMALLERO, A adj. y s. Chile y Méx. Bravucón, farolero.

FARANDOLA s.f. Danza típica de Provenza que se baila formado una cadena con las manos agarradas.

FARÁNDULA s.f. Arte, ambiente y profesión de las personas dedicadas al teatro.

FARANDULEAR v.intr. Fanfarronear.

FARANDULERO, A adj. y s. Relativo a la farándula. **2.** Se dice de la persona que habla mucho para confundir o engañar.

FARAÓN s.m. Soberano del antiguo Egipto. **2.** Juego de naipes parecido al monte y en el que se emplean dos barajas.

FARAÓNICO, A adj. Relativo a los faraones y a su época. **2.** Grandioso, fastuoso: *proyecto faraónico.*

FARAUTE s.m. Mensajero, heraldo. **2.** Rey de armas de segunda clase. **3.** *Fam.* Persona bulliciosa y entrometida.

1. FARDA s.f. Contribución que pagaban los musulmanes y los judíos en los reinos cristianos.

2. FARDA s.f. Conjunto de ropas atadas.

3. FARDA s.f. (ár. *farḍ*, muesca). CARP. Corte hecho en un madero para encajar la barbilla de otro.

FARDAJE s.m. Conjunto de fardos que constituye una carga. SIN.: *fardería.*

FARDAR v.intr. Esp. *Fam.* Alardear, presumir de algo.

FARDEL s.m. Talega o saco de los pastores y caminantes.

FARDO s.m. (de *fardel*). Paquete grande y apretado que se hace con cosas para transportarlas.

FARDÓN, NA adj. Esp. *Fam.* Que resulta atractivo o que sirve para fardar. **2.** Se dice de la persona que farda.

FARFALLÓN, NA adj. y s. Farfullador, chapucero.

FARFÁN s.m. Soldado cristiano al servicio de los musulmanes.

FÁRFARA s.f. Membrana cortical del huevo de las aves, que rodea por completo la clara del huevo y está adherida a la superficie interior de la cáscara.

FARFOLLA s.f. Envoltura de la panoja del maíz, mijo o panizo. **2.** *Fig.* Cosa de mucha apariencia y poca entidad.

FARFULLA s.f. Defecto de la fonación que consiste en la pronunciación precipitada y poco diferenciada de las palabras. ◆ s.m. y f. y adj. *Fam.* Persona que tiene este defecto.

FARFULLADOR, RA adj. y s. Que habla farfullando. SIN.: *farfullero.*

FARFULLAR v.tr. (voz de origen onomatopéyico). Decir una cosa de manera atropellada y confusa. **2.** *Fig. y fam.* Hacer una cosa con atropello y confusión.

FARINÁCEO, A adj. Harinoso.

FARINGE s.f. (gr. *phárygx, -ggos*). Conducto muscular y membranoso que une las fosas nasales y la boca hasta el esófago, en la que las vías digestivas se cruzan con las vías respiratorias.

FARÍNGEO, A adj. Relativo a la faringe. **2.** Se dice del sonido que se articula acercando la raíz de la lengua a la pared posterior de la faringe.

FARINGITIS s.f. Inflamación de la faringe.

FARIÑA s.f. Argent., Colomb., Perú y Urug. Harina gruesa de mandioca.

FARISAICO, A adj. Relativo a los fariseos. **2.** *Fig.* Hipócrita, que actúa como un fariseo.

FARISEÍSMO s.m. Hipocresía.

FARISEO, A s. *Fig.* Persona hipócrita, especialmente si aparenta una virtud o una creencia que no tiene. ◆ s.m. Miembro de una secta judía aparecida en el s. II a.C., caracterizada por su fervor y austeridad, a la que la tradición cristiana atribuye una preocupación excesiva por los signos externos de cumplimiento de la Ley.

FARMACÉUTICO, A adj. (lat. *pharmaceuticus,* del gr. *pharmakeytikós*). Relativo a la farmacia. ◆ s. Persona que se dedica a la farmacia o que regenta una farmacia.

FARMACIA s.f. (gr. *pharmakeía,* empleo de los medicamentos). Ciencia que estudia la composición y la preparación de medicamentos. **2.** Establecimiento donde se venden medicamentos.

FÁRMACO s.m. (gr. *phármakon,* medicamento). Medicamento.

FARMACODEPENDENCIA s.f. Estado de la persona que experimenta una necesidad absoluta de ingerir un medicamento a intervalos regulares.

FARMACODINAMIA s.f. Parte de la farmacología que estudia los efectos de los medicamentos sobre el organismo.

FARMACOLOGÍA s.f. Ciencia que estudia los medicamentos y su uso.

FARMACOLÓGICO, A adj. Relativo a la farmacología.

FARMACÓLOGO, A s. Persona que se dedica a la farmacología.

FARMACOPEA s.f. (gr. *pharmakopoiía,* confección de drogas). Libro oficial de los medicamentos y su descripción, destinado a ayudar a los farmacéuticos en la práctica de su profesión.

FARO s.m. (lat. *pharo,* del gr. *Pháros,* isla del ant. Egipto). Torre elevada con un potente foco luminoso para guiar los barcos y los aviones durante la noche. **2.** Proyector de luz situado en la parte delantera de un vehículo. **3.** *Fig.* Persona o cosa que sirve de guía moral o intelectual.

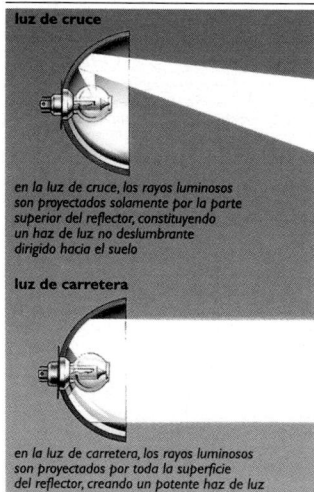

luz de cruce

en la luz de cruce, los rayos luminosos son proyectados solamente por la parte superior del reflector, constituyendo un haz de luz no deslumbrante dirigido hacia el suelo

luz de carretera

en la luz de carretera, los rayos luminosos son proyectados por toda la superficie del reflector, creando un potente haz de luz que alcanza más de 100 m

■ **FARO.** Los modos de alumbrado de una lámpara de faro de automóvil.

FAROL s.m. Utensilio que consiste en una caja hecha o guarnecida de una materia transparente, con una luz en su interior para que alumbre. **2.** Dicho o hecho jactancioso que carece de fundamento. **3.** *Fig. y fam.* Persona jactanciosa, muy amiga de llamar la atención.

4. Esp. JUEG. Jugada o envite falso que se hace para deslumbrar o desorientar. **5.** TAUROM. Lance de frente dado con la capa, que consiste en girar el diestro pasándose esta por la cabeza al efectuarlo. ◆ **Adelante con los faroles** *Fam.* Se usa para animar a alguien o a uno mismo a continuar o perseverar en un intento, a pesar de las dificultades que se presentan. **Echarse,** o **marcarse,** o **tirarse, un farol** Decir algo exagerado o prometer algo sin fundamento.

FAROLA s.f. Farol grande para el alumbrado público.

FAROLAZO s.m. Amér. Central y Méx. Trago de licor: *lo invitaron a darse un farolazo.*

FAROLEAR v.intr. Fanfarronear.

FAROLERO, A adj. y s. Fanfarrón. ◆ s. Persona que tenía por oficio cuidar de las farolas del alumbrado público.

FAROLILLO s.m. Farol hecho de papel de colores, de distintas formas, que se emplea como adorno en verbenas y fiestas. ◆ **farolillos** s.m.pl. Planta herbácea de unos 80 cm de alt., de flores azules o blancas, que se cultiva en jardines y florece todo el verano. (Familia campanuláceas.) ◇ **Farolillo rojo** Último clasificado en algunas competiciones deportivas.

FARPA s.f. Punta de las que quedan al hacer una escotadura en el borde de algunas cosas, como banderas, estandartes, etc.

1. FARRA s.f. Juerga, fiesta bulliciosa: *irse de farra.* SIN.: *parranda.* **2.** Argent. y Urug. Burla. ◇ **Tomar a alguien para la farra** Argent., Par. y Urug. *Fam.* Burlarse de alguien.

2. FARRA s.f. Pez parecido al salmón, que vive en lagos alpinos, muy apreciado por su carne.

FÁRRAGO s.m. (lat. *farrago, -aginis,* mezcla de varios granos, compilación de poco valor). Conjunto de cosas desordenadas o ideas inconexas.

FARRAGOSO, A adj. Desordenado y confuso: *texto farragoso.*

FARREAR v.intr. Andar de farra.

FARRISTA adj. y s.m. y f. Aficionado a la farra, juerga.

FARRO s.m. (del lat. *far, farris,* especie de trigo, harina). Cebada a medio moler, remojada y mondada.

FARRUCA s.f. Cante y baile flamenco de ritmo binario y de influjo galaicoasturiano.

FARRUCO, A adj. y s. (dim. de *Francisco*). Gallego o asturiano recién salido de su tierra. ◆ adj. **2.** Esp. *Fam.* Valiente, desafiante, terco.

FARRUTO, A adj. Bol. y Chile. Enteco, enfermizo.

FARSA s.f. (fr. ant. *farse,* pieza cómica breve, de *fars,* relleno). Obra dramática de estilo y temática diferentes, según la sociedad y la época. **2.** Pieza cómica breve. **3.** *Fig.* Cosa que se hace para aparentar o engañar. **4.** *Desp.* Obra dramática chabacana y grotesca. *Fig.*

FARSANTE, A adj. y s. (ital. *farsante*). *Fam.* Que finge ser lo que no es o sentimientos falsos.

FARSETO s.m. (ital. *farsetto*). Jubón acolchado que se ponía debajo de la armadura.

FASCES s.f.pl. Emblema del fascismo. **2.** ANT. ROM. Insignia del lictor romano, formada por un haz de varas en torno a un hacha.

FASCIA s.f. ANAT. Formación aponeurótica que recubre músculos u órganos.

FASCIACIÓN s.f. BOT. Anomalía de una planta consistente en que algunos órganos se aplanan y se agrupan en haces.

FASCIAL s.m. ARQ. Piedra o sillar más alto de un edificio.

FASCICULADO, A adj. Dispuesto en fascículos. **2.** ARQ. Se dice de la columna compuesta, como mínimo, de cinco columnillas unidas. **3.** BOT. Se dice de la raíz en la que no se puede distinguir el eje principal.

FASCICULAR adj. Relativo al fascículo.

FASCÍCULO s.m. (lat. *fasciculus,* dim. de *fascis,* haz). Entrega, cada uno de los cuadernos impresos en que se divide y expone una obra que se publica por partes. **2.** ANAT. Haz de fibras musculares o nerviosas. **3.** BOT. Hacecillo. ◇ **Fascículo de His** ANAT. Fascículo de fibras nerviosas del corazón que empieza en el

nudo de Tawara y se divide en dos ramas para transmitir el influjo nervioso a los ventrículos.

FASCINACIÓN s.f. Acción y efecto de fascinar.

FASCINANTE adj. Que fascina.

FASCINAR v.tr. (lat. *fascinare,* embrujar). Atraer, seducir, retener la atención.

FASCIO s.m. (voz italiana), Liga o agrupación italiana de acción política o social.

FASCISMO s.m. (ital. *fascismo*). Régimen establecido en Italia de 1922 a 1945, fundado por Mussolini y basado en la dictadura de un partido único, la exaltación nacionalista y el corporativismo. **2.** Doctrina encaminada al establecimiento de un régimen jerarquizado, nacionalista y totalitario.

ENCICL. El fascismo apareció en 1919 con la creación por parte de Mussolini de los Fascios italianos de combate, milicias formadas por los llamados camisas negras, que iniciándose en un vago programa socializante, se orientaron hacia los presupuestos tradicionales de la extrema derecha nacionalista. Llegó al poder cuando el rey Víctor Manuel III, para poner fin a la crisis ministerial, nombró a Mussolini primer ministro (oct. 1922), y consagró su victoria tras la célebre «marcha de Roma». Mussolini estableció progresivamente una dictadura de partido único, censura y represión de las libertades, basada en el culto al jefe (el Duce), a la obediencia y al racismo. Su política interior, centrada en el desarrollismo y la industrialización acelerada, no consiguió solucionar los problemas socioeconómicos, que se agravaron con la crisis de 1929. En el exterior, practicó una política expansionista con el afán de restablecer el antiguo Imperio romano (invasiones de Libia [1922-1933] y Etiopía [1935-1936]) y se comprometió en la segunda guerra mundial del lado de Hitler (desde 1940). Las sucesivas derrotas desacreditaron al régimen, que se hundió definitivamente con la derrota alemana de 1945.

Extendido a otros regímenes distintos, como la Alemania de Hitler, donde el racismo proario y el antisemitismo ocuparon un lugar destacado, y la España de Franco, inducida a desarrollar el espíritu corporativista en nombre de valores tradicionales (ejército, iglesia), el término fascismo se aplica a todo sistema político que se caracteriza por su rechazo simultáneo del socialismo y del igualitarismo democrático.

FASCISTA adj. y s.m. y f. Relativo al fascismo; partidario del fascismo.

FASCISTIZACIÓN s.f. Proceso a través del cual una sociedad o grupo adquiere características propias del fascismo.

FASE s.f. (gr. *phásis,* aparición de una estrella). Cada uno de los estados sucesivos de un fenómeno en evolución: *las fases de un combate, de una enfermedad.* **2.** Cada uno de los aspectos sucesivos con que la Luna y otros planetas se presentan a la vista humana, según los ilumina el Sol. **3.** ELECTR. Cada una de las corrientes alternas de la misma frecuencia e intensidad, pero retrasadas en el tiempo unas respecto de otras, que, producidas en un mismo generador y acopladas, originan las corrientes polifásicas. **4.** FÍS. **a.** Estado, forma de agregación de la materia. **b.** Cantidad $\omega t + \varphi$ cuyo coseno da el modo de variación de una magnitud sinusoidal. **5.** INDUSTR. Conjunto de actividades efectuadas en un mismo puesto de trabajo, para o en una misma unidad de producción. **6.** QUÍM. Parte homogénea de un sistema de sustancias en contacto y en interacción las unas con las otras. ◇ **En fase** Se dice de dos o más fenómenos periódicos que varían de la misma manera en cada instante.

FASEOLÁCEO, A adj. BOT. Parecido a una semilla de frijol o judía. SIN.: *faseoliforme.*

FASIÁNIDO, A adj. y s.m. Relativo a una familia de aves gallináceas de mediano tamaño, pico fuerte y mejillas desnudas y verrugosas, como el galli, el faisán o la perdiz.

FASÍMETRO s.m. Aparato para la medir el desfase de dos tensiones sinusoidales de igual frecuencia.

FÁSMIDO, A adj. y s.m. Relativo a una familia de insectos ortópteros de cuerpo alargado y

fino que viven preferentemente en las regiones cálidas.

FASO s.m. Argent. y Urug. Cigarrillo.

FAST-FOOD s.m. (voz angloamericana) [pl. *fast-food*]. Tipo de comida cuya elaboración está totalmente automatizada, que se sirve empaquetada para consumirla con rapidez o para llevársela, resultando muy económica.

FASTIDIAR v.tr. y prnl. Causar fastidio. **2.** *Fig.* Enojar o molestar. **3.** Echar a perder algo. ◇ **Estar fastidiado** Esp. Encontrarse mal de salud.

FASTIDIO s.m. Disgusto o molestia producidos por una contrariedad o por algo que causa desagrado. **2.** *Fig. y fam.* Enojo, cansancio.

FASTIDIOSO, A adj. Que causa fastidio.

FASTIGIO s.m. (lat. *fastigium,* pendiente, inclinación). Cúspide, vértice. **2.** *Fig.* Apogeo, grado superior que puede alcanzar algo.

FASTO, A adj. (lat. *fastus, -a, -um,* de *fas,* lo permitido). En la antigua Roma, se decía del día en que era lícito tratar los negocios públicos y administrar justicia. **2.** Memorable, venturoso. ◆ s.m. Fausto, suntuosidad, lujo extraordinario. ◆ **fastos** s.m.pl. Tablas cronológicas de los antiguos romanos: *fastos consulares.* **2.** Anales o relación de sucesos memorables por orden cronológico.

FASTUOSIDAD s.f. Cualidad de fastuoso.

FASTUOSO, A adj. (lat. *fastuosus*). Hecho con fausto, suntuosidad o lujo extraordinario.

FATAL adj. Inevitable o predestinado: *destino fatal.* **2.** Aciago, nefasto, funesto: *consecuencias fatales.* **3.** Mortal: *accidente fatal.* **4.** Esp. Malo, pésimo: *un examen fatal.* ◆ adv.m. Muy mal.

FATALIDAD s.f. Cualidad de fatal. **2.** Destino, fuerza a la que se atribuye la determinación de lo que ha de suceder. **3.** Adversidad inevitable.

FATALISMO s.m. Teoría que considera todos los acontecimientos como irrevocables y previamente establecidos por una causa única y sobrehumana. **2.** Actitud de la persona que acepta los acontecimientos sin intentar modificarlos.

FATALISTA adj. y s.m. y f. Relativo al fatalismo; partidario de esta teoría. **2.** Se dice de la persona que acepta los acontecimientos sin intentar influir en ellos.

FATÍDICO, A adj. (lat. *fatidicus*). Que vaticina el porvenir, anunciando generalmente desgracias. **2.** Desgraciado, nefasto.

FATIGA s.f. Sensación de pérdida de fuerza que se experimenta después de un trabajo, físico o intelectual, prolongado o intenso. **2.** Molestia ocasionada por la respiración fatigosa o difícil. **3.** *Fig.* Molestia, penalidad. (Suele usarse en plural.) **4.** Esfuerzo que soporta, por unidad de sección, un cuerpo sometido a fuerzas exteriores. **5.** Deterioro interno de un material sometido a esfuerzos repetidos superiores al límite de resistencia e inferiores al límite de elasticidad.

FATIGADOR, RA adj. Que fatiga a otro.

FATIGAR v.tr. y prnl. (lat. *fatigare*) [2]. Causar fatiga. ◆ v.tr. Fastidiar, molestar.

FATIGOSO, A adj. Que causa fatiga.

FATIMÍ o **FATIMITA** adj. y s.m. y f. Relativo a los Fatimíes, dinastía musulmana. (V. parte n. pr.)

FATUA s.f. → FETUA.

FATUIDAD s.f. Cualidad de fatuo. **2.** Dicho o hecho fatuo.

FATUO, A adj. y s. (lat. *fatuus,* soso, extravagante, insensato). Que manifiesta una presunción ridícula.

FAUCES s.f.pl. ANAT. Parte posterior de la boca de los mamíferos.

FAUNA s.f. (lat. *fauna,* de *Fauna,* diosa romana de la fecundidad). Conjunto de especies animales que viven en una región o un medio: *la fauna alpina.* **2.** Obra que describe los animales de un país.

FAUNESA s.f. Ninfa que tenía las mismas costumbres y los mismos rasgos que los faunos, con quienes se unía.

FAUNO s.m. (lat. *faunus*). Divinidad campestre de los romanos de apariencia humana y cuernos y patas de cabra.

1. FAUSTO s.m. (lat. *fastus, -us,* orgullo, so-

berbia). Suntuosidad, pompa, lujo extraordinario.
2. FAUSTO, A adj. Que causa alegría o felicidad.

FAUVISMO s.m. (fr. *fauvisme*). Corriente pictórica desarrollada en París a principios del s. XX.

ENCICL. Entre los fauvistas se hallan varios alumnos del taller de Gustave Moreau (quien manifestaba no creer en otra realidad que la del *sentimiento interior*): Matisse, Marquet, Charles Camoin (1879-1965), Henri Manguin (1874-1949); dos autodidactas que compartían su amor por Van Gogh y trabajaban juntos en Chatou: Vlaminck y Derain; un normando, Othon Friesz (1879-1949), al que siguieron Dufy y Braque. Matisse y Vlaminck ya eran fauvistas antes de 1905, al igual que Van Dongen y Varlat, otro precursor. Hacia 1908, las audacias del fauvismo se difuminaron en algunos autores y, en otros, abrieron la puerta de nuevas libertades, de modo que todos estos artistas siguieron caminos diferentes.

FAUVISTA adj. y s.m. y f. Relativo al fauvismo; seguidor de esta corriente pictórica.

FAVELA s.f. (voz brasileña). Barraca en la periferia de las grandes ciudades de Brasil.

FAVO s.m. (lat. *favus*, panal). MED. Dermatosis debida a un hongo microscópico.

FAVOR s.m. (lat. *favor*, *-oris*, favor, simpatía). Ayuda, servicio o protección que se presta por afecto o cortesía: *hacer un favor a alguien*. **2.** Beneficio, preferencia, protección, aprobación: *gozar del favor del público*. **3.** Ayuda prestada arbitrariamente a alguien por una persona con autoridad. **4.** Situación de alguien que recibe la confianza de una persona con autoridad. **5.** Concesión amorosa o sexual que le hace una mujer a un hombre. **6.** Colomb. Moño, lazo de cinta. <> **A,** o **en, favor de** En beneficio y utilidad de uno: *testar a favor de alguien*; a beneficio, en virtud de. **¡Por favor!** Se usa para hacer una petición de forma educada. **Tener a su favor** Servir a alguien para su beneficio.

FAVORABLE adj. (lat. *favorabilis*). Conveniente, propicio: *viento favorable*.

FAVORECER v.tr. [37]. Ayudar, socorrer a alguien. **2.** Dar o hacer un favor a alguien. **3.** Apoyar, secundar un intento, empresa u opinión. ◆ v.intr. Sentar bien a una persona una cosa haciéndola más atractiva.

FAVORITISMO s.m. Parcialidad de la persona que atiende antes al favor que al mérito o a la equidad.

FAVORITO, A adj. (fr. *favori*, *-ite*). Que se estima o aprecia con preferencia. ◆ adj. y s. DEP. Que tiene muchas posibilidades de ganar una competición. ◆ s. Valido, privado, persona que goza del favor de un rey o autoridad.

FAX s.m. (apócope de *telefax*). Servicio de telecopia que utiliza la red telefónica para enviar y recibir documentos. **2.** Aparato para enviar o recibir estos documentos. **3.** Documento enviado o recibido mediante este servicio.

FAYA s.f. (fr. *faille*). TEXT. Tejido compuesto de urdimbre de seda y trama poco densa, que forma canutillos en el sentido de la trama.

FAYENZA s.f. (fr. *faille*). Loza fina fabricada en la ciudad de Faenza. **2.** Loza fina cubierta con esmalte estannífero.

FAYUCA s.f. Méx. Contrabando, estraperlo.

FAYUQUERO, A adj. y s. Méx. Contrabandista, estraperlista.

FAZ s.f. (lat. *facies*, aspecto, rostro). Rostro o cara. **2.** Anverso, lado principal de una cosa. **3.** Superficie o lado de una cosa. <> **Sacra,** o **Santa, Faz** REL. Imagen del rostro de Jesús.

FAZAÑA s.f. Sentencia o fallo dictado por los jueces castellanos de los ss. X y XI, basándose en su propio albedrío.

FAZENDA s.f. → FACENDA.

fcem, abrev. de **fuerza contraelectromotriz*.

FE s.f. (lat. *fides*, fe, confianza). Creencia en una cosa no basada en evidencias o argumentos racionales. **2.** Conjunto de creencias religiosas. **3.** Confianza que alguien tiene en sí mismo, en otro o en una cosa: *tener fe en sus posibilidades*. **4.** Creencia en verdades religiosas reveladas, que orienta el pensamiento y la

acción. **5.** DER. Documento que acredita o certifica una cosa: *fe de bautismo, de viudedad*. <> **A fe (mía)** o **por mi fe** En verdad. **Buena fe** Honradez, sinceridad, ingenuidad. **Dar fe** Declarar la verdad de lo presenciado o afirmar la autenticidad de un hecho. **Fe de erratas** Lista de las erratas de un libro o texto impreso con sus respectivas enmiendas, y que está inserta en el mismo. **Mala fe** Malicia, mala intención.

FEACIOS, pueblo mítico que, según la *Odisea*, habitaba en la isla de Corcira (act. Corfú), donde Nausica acogió a Ulises.

FEALDAD s.f. (lat. *fidelitatem*, fidelidad). Cualidad de feo.

FEBRERO s.m. (lat. *febrarius*). Segundo mes del año. (Tiene 28 días o 29 si el año es bisiesto.)

FEBRÍCULA s.f. MED. Fiebre inferior a los 38 °C, generalmente duradera, que suele manifestarse al atardecer o por la noche.

FEBRÍFUGO, A adj. y s.m. Que hace bajar la fiebre.

FEBRIL adj. Relativo a la fiebre. **2.** *Fig.* Vehemente o muy intenso: *actividad febril; deseo febril*.

FEBRONIANISMO s.m. Doctrina de Febronius, condenada por Clemente XIII en 1764, que pretendía limitar la influencia directa del papa al favorecer a una Iglesia católica nacional en Alemania.

FECAL adj. (del lat. *faex*, impureza). FISIOL. Relativo a las heces.

FECALOMA s.f. Acumulación de materias fecales endurecidas que obstruyen el recto o el colon.

FECHA s.f. (p. del ant. *facer*, hacer). Indicación del tiempo y a veces del lugar en que se hace u ocurre algo, especialmente la puesta al principio o al fin de un escrito. **2.** Tiempo o momento determinado: *yo no estaba aquí en esa fecha*. **3.** Tiempo o momento actual: *hasta la fecha no ha habido noticias*. **4.** Número de días que median entre dos momentos determinados: *esta carta ha tardado tres fechas*.

FECHADOR s.m. Utensilio para estampar fechas. **2.** Chile, Méx. y Perú. Matasellos.

FECHAR v.tr. Poner fecha a un escrito: *fechó la carta antes de partir*. **2.** Determinar la fecha de un acontecimiento, documento, objeto, etc.

FECHORÍA s.f. (del ant. *fechor*, el que hace). Acción mala, delito.

FÉCULA s.f. (lat. *faecula*, dim. de *faex*, poso, impureza). Sustancia pulverulenta, compuesta de granos de almidón, abundante en determinados tubérculos, como la papa.

FECULENCIA s.f. Estado de una sustancia feculenta. **2.** Estado de un líquido que deposita sedimentos.

FECUNDABILIDAD s.f. Aptitud de las mujeres de ser fecundadas.

FECUNDABLE adj. Que puede ser fecundado.

FECUNDACIÓN s.f. Acción de fecundar. **2.** BIOL. Unión de dos células sexuales, masculina y femenina (dos gametos), cada una de las cuales contiene *n* cromosomas, que origina el huevo o cigoto cuyo desarrollo da lugar a un nuevo individuo. <> **Fecundación artificial** BIOL. Fecundación del óvulo en condiciones no naturales. **Fecundación in vitro** BIOL. Fecundación del óvulo fuera del organismo, en un medio de cultivo apropiado, seguida de la implantación del huevo, después de las primeras divisiones, en un útero que permita su nidación.

FECUNDAR v.tr. (lat. *fecundare*). Hacer fecunda o productiva una cosa. **2.** BIOL. Unir o unirse el elemento reproductor masculino al femenino para engendrar un nuevo ser.

FECUNDIDAD s.f. Cualidad de fecundo.

FECUNDIZACIÓN s.f. Acción y efecto de fecundizar.

FECUNDIZAR v.tr. [7]. Hacer que una cosa pueda producir o admitir fecundación: *fecundizar un terreno con los abonos*.

FECUNDO, A adj. (lat. *fecundus*). Capaz de reproducirse por medios naturales. **2.** *Fig.* Se dice de la persona que produce abundantes obras o resultados. **3.** Fértil, que produce mucho: *tierra fecunda*.

FEDATARIO s.m. DER. Funcionario que certifica o da fe, especialmente el notario.

FEDAYIN s.m. Miembro de los comandos guerrilleros palestinos.

FEDERACIÓN s.f. (lat. *foederatio*, *-onis*, alianza). Agrupación de estados, con frecuencia subsiguiente a una confederación, que constituye una unidad internacional distinta, superpuesta a los estados miembros, y a la que pertenece exclusivamente la soberanía externa. **2.** Agrupación orgánica de colectividades humanas con un fin común: estados, asociaciones, sindicatos, etc. **3.** DEP. Organismo que regula un deporte y agrupa a todos los equipos de esta modalidad deportiva.

FEDERADO, A adj. Que forma parte de una federación: *ciudades federadas*. ◆ s. Miembro de una confederación. **2.** HIST. Insurrecto parisiense de la Comuna de 1871.

1. FEDERAL adj. y s.m. y f. Relativo a la federación; partidario del federalismo. ◆ adj. Se dice del sistema de gobierno de una confederación de estados autónomos que en los asuntos de interés general están sujetos a las decisiones de una autoridad central.

2. FEDERAL s.m. Ave paseriforme que vive en América meridional, de plumaje negro con el cuello y pecho rojos. (Familia ictéridos.)

FEDERALISMO s.m. Sistema político en el que varios estados independientes traspasan a una autoridad superior una parte de sus funciones.

FEDERALISTA adj. y s.m. y f. Relativo al federalismo; partidario de este sistema. <> **Partido federalista** Primer partido político que existió en EUA, liderado por industriales, banqueros y comerciantes del noreste.

FEDERAR v.tr. y prnl. (lat. *foederare*, unir por medio de una alianza, de *foedus, -eris*, tratado, alianza). Formar federación o unir a una federación.

FEDERATIVO, A adj. Relativo a la federación. ◆ s. Dirigente de una federación.

FEED-BACK s.m. (ingl. *feedback*). Retroacción. **2.** Capacidad del emisor, en un acto de comunicación, para recoger las reacciones de los receptores y, de acuerdo con la actitud de estos, modificar su mensaje.

FEELING s.m. (voz inglesa, *sentimiento*). Emoción y sensibilidad con que se interpreta una música. **2.** Sentimiento, generalmente positivo.

FEÉRICO, A adj. (fr. *féerique*). Maravilloso, mágico.

FÉFERES s.m.pl. Colomb., C. Rica, Cuba, Dom., Ecuad. y Méx. Bártulos, trastos, chismes.

FEHACIENTE adj. Que prueba algo considerándolo irrefutable. **2.** DER. Que da fe en juicio.

FEÍSMO s.m. Tendencia estética que concede valor a lo feo.

■ **FECUNDACIÓN** IN VITRO, realizada por inyección directa de un espermatozoide en el óvulo.

FELACIÓN s.f. Excitación bucal del pene. SIN.: *fellatio.*

FELANDRIO s.m. **Felandrio acuático** Planta de unos 2 m de alt., de fruto diurético y narcótico. (Familia umbelíferas.) SIN.: *enante.*

FELDESPÁTICO, A adj. Relativo al feldespato. **2.** Que contiene feldespato.

FELDESPATO s.m. (alem. *feldspat*). Aluminosilicato natural de potasio, sodio o calcio, frecuente en las rocas eruptivas.

FELDESPATOIDE s.m. Silicato natural presente en las rocas con escaso sílice.

FELIBRE s.m. y f. (occitano *felibre*). Poeta o escritor en lengua de oc.

FELIBRISMO s.m. Escuela literaria creada en 1854 para recuperar la lengua provenzal como lengua literaria.

FELICIDAD s.f. (lat. *felicitas, -tatis*). Estado de ánimo de la persona alegre y satisfecha por la situación en que vive. **2.** Cosa que produce este estado de ánimo: *tenerte a mi lado es mi mayor felicidad.* **3.** Suerte feliz: *salir con felicidad de un empeño.*

FELICITACIÓN s.f. Acción de felicitar: *mi más sincera felicitación.* **2.** Expresión o escrito con que se felicita: *felicitación navideña.*

FELICITAR v.tr. y prnl. (lat. *felicitare*, hacer feliz). Expresar buenos deseos hacia alguien. **2.** Expresar a alguien satisfacción y alegría con motivo de algún suceso favorable a esa persona: *felicitar por la victoria.*

FÉLIDO, A adj. y s.m. Relativo a una familia de mamíferos carnívoros digitígrados, de garras retráctiles, caninos desarrollados y molares cortantes y poco numerosos, como el gato, el león, el lince o el tigre.

FELIGRÉS, SA s. (del lat. vulgar hispánico *fili eclesiae*, hijo de la iglesia). Persona que pertenece a una parroquia.

FELIGRESÍA s.f. Conjunto de feligreses de una parroquia. **2.** Parroquia, territorio que está bajo la jurisdicción de un cura párroco.

FELINO, A adj. (lat. *felinus*, de *feles*, gato). Relativo al gato. **2.** Que es característico del gato: *movimientos felinos.* ◆ adj. y s.m. Félido.

FELIZ adj. (lat. *felix, -icis*). Que siente o tiene felicidad: *existencia feliz.* **2.** Que ocasiona felicidad: *feliz acontecimiento.* **3.** Acertado u oportuno: *respuesta feliz; feliz intervención.*

FELLATIO s.f. Felación.

FELODERMIS s.f. Tejido vegetal que produce el felógeno hacia el interior de la planta, habitualmente poco desarrollado.

FELÓGENO, A adj. y s.m. Se dice del tejido vegetal que produce el felodermis.

FELÓN, NA adj. y s. Que comete felonía.

FELONÍA s.f. (fr. *félonie*). Deslealtad, ofensa o traición.

FELPA s.f. Tela suave de algodón, seda, lana, etc., con pelo o pelusilla. **2.** *Fig.* y *fam.* Paliza o represión severa.

FELPADA s.f. Argent. y Urug. Felpa, paliza o reprimenda.

FELPAR v.tr. Cubrir con felpa. ◆ v.intr. Méx. *Fam.* Morir. **2.** Méx. Acabarse algo por completo: *felpó la botella.*

FELPEAR v.tr. Argent. y Urug. *Fam.* Pegar o reprender ásperamente a alguien.

FELPILLA s.f. Cordón o tira de pasamanería afelpados.

FELPUDO, A adj. Afelpado. ◆ s.m. Esterilla afelpada que suele ponerse a la entrada de las casas o al pie de las escaleras para limpiarse los zapatos.

FELÚS s.m. Moneda de cobre con el menor valor dentro del sistema monetario musulmán.

fem. abrev. de **fuerza electromotriz.*

FEMENIL adj. (lat. tardío *feminilis*, de *femina*, mujer). Relativo a la mujer.

FEMENINO, A adj. (lat. *femininus*, de *femina*, mujer). Relativo a la mujer o propio de la mujer. **2.** Se dice del individuo o del órgano animal o vegetal apto para producir células fecundables. ◆ adj. y s.m. LING. **a.** Se dice del género gramatical de los nombres que designan seres del sexo femenino, de otros nombres que poseen la misma terminación y de los adjetivos y determinantes que concuerdan con ellos: *un nombre, un pronombre, un adjetivo femenino.* **b.** Se dice del nombre, adjetivo o determinante de este género gramatical.

FEMENTIDO, A adj. Que no es fiel a su palabra: *fementido rufián.* **2.** Engañoso, falso.

FÉMINA s.f. Mujer.

FEMINEIDAD s.f. Cualidad de femenino. SIN.: *feminidad.*

FEMINIDAD s.f. Femineidad. **2.** Conjunto de características físicas y psicológicas consideradas como femeninas, por oposición a las que son atribuidas al hombre.

FEMINISMO s.m. Conjunto de movimientos cuya doctrina común es la de mejorar la situación de la mujer en la sociedad, y que esta acepte sus derechos y capacidades.

ENCICL. El feminismo tuvo su origen en el s. XVIII, creció durante la Revolución francesa (con O. de Gouges) y se desarrolló durante el s. XIX, relacionado con las ideas sansimonianas y fourieristas e impulsado por F. Tristan, P. Roland, etc. Más adelante, la lucha por la igualdad de derechos (el movimiento de las «sufragistas», animado por E. Pankhurst en Gran Bretaña) y la influencia de la obra de S. Beauvoir abrieron la brecha para la militancia de la década de 1970 (*Women's Lib* estadounidense, MLF), que reivindicaba para las mujeres la libre disposición de sus cuerpos y la abolición de toda forma de discriminación.

FEMINISTA adj. y s.f. Relativo al feminismo; partidario del feminismo.

FEMINIZACIÓN s.f. Acción de feminizar o feminizarse.

FEMINIZAR v.tr. y prnl. [7]. Hacer que adquiera rasgos femeninos.

FEMINOIDE adj. Se dice del conjunto de caracteres de feminidad que presenta un individuo del sexo masculino. Se dice del individuo que presenta estos caracteres.

FEMORAL adj. Relativo al fémur.

FEMOROCUTÁNEO, A adj. Se dice de un nervio sensitivo importante de la parte externa del muslo, y de la neuralgia de la que puede ser el centro.

FÉMUR s.m. (lat. *femur, -oris*, muslo) Hueso que forma el eje del muslo, el más fuerte y largo de los huesos del cuerpo. (Las partes del fémur son: la *cabeza*, el *trocánter medio*, la *diáfisis* y los *cóndilos.*)

FENANTRENO s.m. Hidrocarburo cíclico $C_{14}H_{10}$, isómero del antraceno.

FENAQUISTISCOPIO s.m. Aparato antiguo que daba la ilusión de movimiento por la persistencia de las sensaciones ópticas.

FENATO s.m. Combinación de fenol con una base.

FENDA s.f. Grieta abierta en la madera.

FENEC s.m. Mamífero carnívoro parecido al zorro, que vive en el N de África, de unos 60 cm, con enormes orejas. (Familia cánidos.)

■ **FENEC**

FENECER v.intr. (del ant. *fenir*, acabar) [37]. Morir, fallecer. **2.** Acabar o tener fin una cosa.

FENECIMIENTO s.m. Acción de fenecer.

FENG SHUI s.m. (chino *feng*, viento, y *shui*, agua). Arte ancestral basada en la cosmogonía china, que busca la mejora de las condiciones ambientales que fomentan el bienestar y la armonía personal del individuo con su entorno.

FENIANO, A adj. y s. Relativo al movimiento de liberación de Irlanda, dirigido contra la dominación británica; partidario de este movimiento. (V. parte n. pr., **Fraternidad republicana irlandesa.*)

FENICIO, A adj. y s. De un antiguo pueblo semítico, que ocupó el corredor del litoral sirio, o Fenicia. ◆ s.m. Lengua semítica de este pueblo, cuyo alfabeto sirvió para transcribir el griego. **2.** Vino seco español, elaborado en Sanlúcar de Barrameda.

FÉNICO, A adj. **Ácido fénico** Fenol.

FENILALANINA s.f. Aminoácido esencial, presente en múltiples proteínas y precursor bioquímico de algunas hormonas como la adrenalina y la tiroxina.

FENILBUTAZONA s.f. Medicamento antiinflamatorio y analgésico.

FENILCETONURIA s.f. Enfermedad hereditaria debida al déficit de fenilalanina, que se manifiesta por una deficiencia intelectual grave y trastornos neurológicos.

FENILO s.m. QUÍM. ORG. Radical monovalente —C_6H_5, derivado del benceno.

FÉNIX s.m. o f. (lat. *phoenix, -icis,* del gr. *phoinix, -ikos*). Ave fabulosa de la mitología egipcia a la que la leyenda atribuía el poder de renacer de sus propias cenizas, por lo que se convirtió en símbolo de la inmortalidad. SIN.: *ave fénix.* **2.** *Fig.* Persona o cosa única en su género: *el fénix de los ingenios.*

FENOBARBITAL s.m. Medicamento barbitúrico, sedante e hipnótico.

FENOCRISTAL s.m. GEOL. Cristal de una roca volcánica que por su tamaño destaca sobre el fondo uniforme constituido por pequeños cristales.

FENOL s.m. (del gr. *phaímein*). Derivado oxigenado (C_6H_5OH) del benceno, presente en el alquitrán de hulla y producido industrialmente a partir del benceno. **2.** Compuesto análogo al anterior, derivado de los hidrocarburos bencénicos.

FENOLFTALEÍNA s.f. QUÍM. Derivado del fenol, utilizado como indicador de color.

FENÓLICO, A adj. Relativo al fenol y a sus derivados.

FENOLOGÍA s.f. Parte de la meteorología que estudia las repercusiones del clima sobre los fenómenos biológicos de ritmo periódico, como el florecimiento o la migración.

FENOMENAL adj. *Fam.* Que es muy grande, muy bueno o muy hermoso: *éxito, comida, mujer fenomenal.* **2.** Fenoménico.

FENOMÉNICO, A adj. Relativo al fenómeno.

FENOMENISMO s.m. FILOS. Doctrina que limita el conocimiento humano al de los fenómenos.

FENÓMENO s.m. (lat. tardío *phaenomenon,* del gr. *phainómenon*). Cosa o hecho que puede percibirse por los sentidos: *fenómeno óptico, acústico.* **2.** Manifestación de una actividad que se produce en la naturaleza: *fenómeno atmosférico.* **3.** Suceso: *las crisis políticas son un fenómeno frecuente.* **4.** *Fam.* Persona o cosa extraordinaria o monstruosa. **5.** Cosa extraordinaria o sorprendente. **6.** FILOS. Lo que es percibido por los sentidos, lo que aparece o se manifiesta a la conciencia. ◆ adj. Magnífico, estupendo. ◆ adv.m. Muy bien: *pasarlo fenómeno.*

FENOMENOLOGÍA s.f. Estudio filosófico de los fenómenos, que consiste esencialmente en describirlos y en describir las estructuras de la conciencia que tienen que ver con ellos.

FENOMENOLÓGICO, A adj. Relativo a la fenomenología.

FENOMENÓLOGO, A s. Filósofo que utiliza el método fenomenológico.

FENOPLÁSTICO s.m. QUÍM. Resina obtenida por condensación del fenol o sus derivados con aldehídos.

FENOTIACINA s.f. Derivado azufrado y aminado del fenol, base de múltiples antihistamínicos y neurolépticos.

FENOTÍPICO, A adj. Relativo al fenotipo.

FENOTIPO s.m. BIOL. Conjunto de caracteres que se manifiestan visiblemente en un individuo y que expresan la interacción de su genotipo con su medio.

FEO, A adj. (lat. *foedus, -a, -um,* vergonzoso, feo). Que impresiona de forma desagradable a los sentidos, especialmente a la vista. **2.** *Fig.* Que causa desagrado y es bastante reprobable: *es feo escupir en la calle.* **3.** *Fig.* Que tiene aspecto malo o desfavorable: *el tiempo se* *pone feo.* ◆ s.m. Desaire manifiesto y grosero: *le hizo un feo al no aceptar el regalo.*

FEOCROMOCITOMA s.m. Tumor de la médula suprarrenal que provoca accesos de hipertensión.

FEOFÍCEO, A adj. y s.f. Feófito.

FEÓFITO, A adj. y s.m. Relativo a una clase de algas marinas comunes en las costas, que contienen un pigmento marrón que enmascara la clorofila. SIN.: *alga parda.*

FERAL adj. Cruel, feroz.

FERALIAS s.f.pl. (voz latina). Fiestas romanas en honor de los muertos.

FERAZ adj. (lat. *ferax, -acis*). Se dice del terreno muy fértil: *vega feraz.*

FÉRETRO s.m. (lat. *feretrum*). Ataúd.

FERIA s.f. (lat. *feria,* día de fiesta). Mercado, generalmente anual, que se celebra en lugar público y días señalados y fiestas que se celebran con tal ocasión. **2.** Lugar público en que se exponen los géneros de este mercado. **3.** Conjunto de instalaciones temporales destinadas a diversiones y espectáculos, que se montan con ocasión de determinadas fiestas. **4.** Instalación donde se exhiben, con periodicidad determinada, productos de un ramo industrial o comercial para su promoción y venta. **5.** C. Rica. Propina. **6.** Méx. Moneda fraccionaria, cambio. **7.** CATOL. Día de la semana en que no se celebra ninguna fiesta religiosa. ◇ **Irle como en feria** Méx. Irle muy mal: *le fue como en feria en el examen.*

FERIADO, A adj. Se dice del día en que están cerrados los tribunales y se suspenden los negocios de justicia. ◆ s.m. Argent. y Urug. Día de la semana laborable en que se suspende el trabajo por celebrarse alguna festividad.

FERIAL adj. Relativo a la feria o a los días de la semana. ◆ s.m. Feria, mercado de mayor importancia que el ordinario. **2.** Feria, lugar en que están expuestos los géneros de este mercado.

FERIANTE adj. y s.m. y f. Se dice de la persona que va a una feria para comprar o vender.

FERIAR v.tr. y prnl. Comprar algo en una feria. **2.** Regalar. ◆ v.tr. Vender, comprar, permutar. ◆ v.intr. Hacer fiesta o no varios días.

FERMATA s.f. (ital. *fermata,* parada). MÚS. **a.** Suspensión del movimiento del compás. **b.** Sucesión de notas de adorno, por lo común en forma de cadencia, que se ejecuta suspendiendo momentáneamente el compás.

FERMENTACIÓN s.f. Transformación de sustancias orgánicas por la acción de enzimas microbianas, acompañada con frecuencia de desprendimientos gaseosos. (La *fermentación alcohólica* transforma los jugos azucarados de los frutos en bebidas alcohólicas; la *fermentación acética* transforma el vino en vinagre; la *fermentación láctica* es responsable de la coagulación de la leche.)

FERMENTAR v.intr. Sufrir una sustancia una fermentación. **2.** Agitarse o alterarse los ánimos. ◆ v.tr. Hacer que una sustancia sufra una fermentación: *fermentar el vino, la leche.*

FERMENTATIVO, A adj. Que produce una fermentación.

FERMENTO s.m. (lat. *fermentum*). Agente productor de la fermentación de una sustancia.

FERMI s.m. (de E. *Fermi,* físico italiano). Unidad de medida de longitud utilizada en mecánica cuántica, equivalente a 10^{-15} m.

FERMIO s.m. (de E. *Fermi,* físico italiano). Elemento químico (Fm), artificial, radiactivo, de la familia de los transuránicos, de número atómico 100.

FERMIÓN s.m. Partícula que obedece a la estadística de Fermi-Dirac, al tener un spin múltiplo de 1/2, como el electrón, el nucleón, etc.

1. FERNANDINO, A adj. y s. De la isla de Fernando Poo.

2. FERNANDINO, A adj. y s. Relativo a cualquiera de los monarcas de nombre Fernando, especialmente Fernando VII; partidario de Fernando VII.

FEROCIDAD s.f. Cualidad de feroz.

FERODO s.m. (de *Ferodo,* empresa francesa). Material formado con fibras de amianto e hilos metálicos que se emplea principalmente para forrar las zapatas o segmentos de freno.

FEROMONA s.f. Sustancia secretada por un animal que actúa sobre el comportamiento de los animales de la misma especie.

FEROZ adj. (lat. *ferox, -ocis*). Se dice del animal que ataca y devora. **2.** Se dice de la persona cruel y sanguinaria. **3.** Se dice de algo que causa terror: *aspecto feroz.* **4.** Que es muy grande o intenso: *tener un hambre feroz.*

FERRADO, A adj. Férreo, de hierro.

FERRALITA s.f. Suelo rojizo de las regiones tropicales húmedas, caracterizado por la presencia de alúmina libre y de óxidos de hierro. SIN.: *laterita.*

FERRALÍTICO, A adj. Se dice del suelo en el que existe alúmina y hierro.

FERRARÉS, SA adj. y s. De Ferrara.

FERREIRO s.m. Rana arbórea de unos 8 cm de long., que vive en América meridional. (Familia hílidos.)

FÉRREO, A adj. (lat. *ferreus*). Que es de hierro o que lo contiene. **2.** Que tiene alguna de las propiedades del hierro. **3.** *Fig.* Duro, resistente: *carácter férreo.* **4.** Relativo al ferrocarril: *línea, vía, férrea.*

FERRERÍA s.f. Industria donde se procesa el mineral de hierro, reduciéndolo a metal.

FERRETERÍA s.f. Establecimiento donde se venden herramientas, utensilios de metal y otros materiales, que se utilizan en oficios manuales y en trabajos caseros.

FERRETERO, A s. Persona que posee una ferretería o que trabaja en ella.

FERRICIANURO s.m. QUÍM. Sal compleja formada por la unión de cianuro férrico y de un cianuro alcalino.

FÉRRICO, A adj. QUÍM. Se dice del compuesto de hierro trivalente: *cloruro férrico* $FeCl_3$.

FERRIMAGNETISMO s.m. Magnetismo particular presentado por las ferritas.

FERRITA s.f. Cerámica magnética compuesta de óxidos binarios de fórmula MFe_2O_4, en la que M representa uno o varios metales tales como níquel, manganeso, cinc, magnesio o cobre. **2.** METAL. Variedad alotrópica de hierro puro presente en las aleaciones ferrosas.

FERROALEACIÓN s.f. Aleación que contiene hierro.

FERROCARRIL s.m. (del lat. *ferrum,* hierro, y *carril*). Camino con dos rieles paralelos, sobre los cuales ruedan los trenes. SIN.: *vía férrea.* **2.** Tren que circula por este camino. **3.** Empresa que gestiona la explotación de este medio de transporte: *red nacional de ferrocarriles españoles.*
ENCICL. Desde 1830, en que se inauguró la primera línea de transporte de viajeros y mercancías entre Liverpool y Manchester, hasta la actualidad, se han tendido alrededor de 1 300 000 km de vías férreas. Las dos terceras partes, con redes densas, formadas por líneas principales conectadas a derivaciones secundarias, se encuentran en Europa, América del Norte y Japón. En el resto del mundo existen líneas aisladas que recorren extensiones inmensas y sirven de base para el establecimiento de redes locales en aquellas regiones donde se desarrollan las actividades humanas. Fuera del ámbito de los transportes urbanos de gran capacidad, en los que es imprescindible, el ferrocarril tiene gran importancia en los trayectos de distancia media. Varios países disponen de trenes de alta velocidad, con una media de 300 km/h. En España se inauguró en 1992 una primera línea de alta velocidad (AVE), entre Madrid y Sevilla.

FERROCARRILERO, A adj. y s. Amér. *Fam.* Ferroviario.

FERROCEMENTO s.m. Material constituido por un mortero de cemento fuertemente armado con hilos de acero de pequeño diámetro o con tela metálica de malla fina en varias capas.

FERROCERIO s.m. Aleación de hierro y cerio.

FERROCIANURO s.m. QUÍM. Sal compleja formada por la unión de cianuro férrico y de un cianuro alcalino. SIN.: *ferroprusiato.*

FERROCROMO s.m. Aleación de hierro y cromo para la fabricación de aceros inoxidables y especiales.

FERROELECTRICIDAD s.f. Propiedad que presentan determinados cristales de poseer una polarización eléctrica espontánea, permanente y reversible bajo la acción de un campo eléctrico exterior.

FERROMAGNÉTICO, A adj. Se dice de la sustancia dotada de ferromagnetismo.

FERROMAGNETISMO s.m. Propiedad de determinadas sustancias, como el hierro, el cobalto o el níquel, de adquirir una fuerte imantación.

FERROMANGANESO s.m. Aleación de hierro y manganeso, con una proporción de este último que puede alcanzar hasta el 80 %.

FERROMOLIBDENO s.m. Aleación de hierro y molibdeno (del 40 al 80 %).

FERRONÍQUEL s.m. Aleación de hierro y níquel.

FERROPRUSIATO s.m. Ferrocianuro.

FERROSO, A adj. Que es de hierro o lo contiene. **2.** QUÍM. Se dice de los compuestos del hierro divalente.

FERROVIARIO, A adj. (del lat. *ferrovia,* ferrocarril). Relativo a los ferrocarriles y a su explotación. ◆ s. Persona que trabaja en los ferrocarriles.

FERRUGINOSO, A adj. Que contiene hierro: *mineral ferruginoso; aguas ferruginosas.*

FERRY s.m. (apócope del ingl. *ferry-boat*). Embarcación acondicionada para el transporte de viajeros, vehículos automóviles y cargas. (También *ferry-boat.*)

FÉRTIL adj. (lat. *fertilis*). Que produce mucho: *terreno fértil; imaginación fértil.* **2.** Se dice del período en que algo es productivo. **3.** BIOL. Se dice de la hembra capaz de procrear. **4.** FÍS. Se aplica al elemento químico que puede convertirse en fisible por la acción de los neutrones.

FERTILIDAD s.f. Cualidad de fértil.

FERTILIZACIÓN s.f. Acción de fertilizar.

FERTILIZANTE adj. BOT. Se dice de la planta que acrecienta la fertilidad del suelo. ◆ s.m. y adj. Abono, producto que acrecienta la fertilidad del suelo.

FERTILIZAR v.tr. [7]. Fecundizar la tierra para que dé abundantes frutos.

FÉRULA s.f. (lat. *ferula,* cañaheja). Palmeta, instrumento usado por los maestros de escuela para castigar a los muchachos. **2.** *Fig.* Dominio que ejerce una persona sobre otra. **3.** CIR. Estructura dotada de cierta rigidez que se utiliza para inmovilizar una parte determinada del organismo, generalmente una extremidad, y conseguir la consolidación de una fractura. ◇ **Bajo la férula de** alguien Sujeto a él.

FÉRVIDO, A adj. Ardiente. **2.** Hirviente.

FERVIENTE adj. Que tiene fervor o actúa con él. SIN.: *fervoroso.*

FERVOR s.m. (lat. *fervor, -oris,* hervor). *Fig.* Celo apasionado, especialmente en prácticas religiosas: *rezar con fervor.* **2.** *Fig.* Interés grande o pasión con que se hace algo: *trabajar con fervor.* **3.** Calor intenso: *fervor estival.*

FERVORÍN s.m. Jaculatoria o exhortación breve. (Suele usarse en plural.)

FERVOROSO, A adj. Ferviente.

FESTEJAR v.tr. (cat. *festejar*). Organizar festejos en honor a alguien: *festejar a un huésped.* **2.** Galantear a una mujer. **3.** Conmemorar, celebrar: *festejar un aniversario.* **4.** Méx. Golpear, zurrar.

FESTEJO s.m. Acción y efecto de festejar. ◆ **festejos** s.m.pl. Actos públicos de diversión.

FESTERO, A adj. **Cantes y bailes festeros** Grupo de modalidades flamencas que entrañan un deliberado y bullicioso regocijo, en oposición al repertorio dramático del cante primitivo.

FESTÍN s.m. (fr. *festin*). Banquete espléndido. **2.** Festejo particular con comida, baile, etc.

FESTINACIÓN s.f. Celeridad, prisa. **2.** NEUROL. Tendencia involuntaria a acelerar la marcha.

FESTINAR v.tr. (lat. *festinare*). Amér. Apresurar, precipitar, activar.

FESTIVAL s.m. (ingl. *festival*). Serie de representaciones artísticas dedicadas a un género o artista determinado.

FESTIVIDAD s.f. Día en que la Iglesia conmemora un hecho o a un santo. **2.** Fiesta o solemnidad con que se celebra una cosa.

FESTIVO, A adj. Relativo a la fiesta. **2.** Se dice del día en que oficialmente no se trabaja: *los domingos son festivos.* **3.** Chistoso, que tiene gracia: *ocurrencia festiva.* **4.** Alegre, jubiloso: *tono festivo.*

FESTÓN s.m. (ital. *festone,* de *festa,* fiesta). Dibujo o recorte en forma de onda o puntas que adorna la orilla o el borde de una cosa. **2.** Bordado de realce cuyas puntadas están rematadas por un nudo, para que pueda cortarse la tela a ras del bordado sin que este se deshaga. **3.** ARQ. Adorno arquitectónico a manera de guirnalda o en forma de ondas o puntas.

FESTONEAR v.tr. Adornar con festón. SIN.: *festonar.* **2.** Constituir el borde ondulado de algo. SIN.: *festonar.*

FETA s.f. Argent. Lonja de fiambre.

FETAL adj. Relativo al feto.

FETÉN s.f. (pl. *fetén*). Esp. *Fam.* Verdad: *decir la fetén.* ✦ adj. Esp. Auténtico, verdadero, sincero. **2.** Esp. Que es muy bueno. ⬦ **Estar fetén** Esp. Estar muy bien.

FETICHE s.m. (fr. *fétiche,* del port. *feitiço,* hechizo). Objeto material al que se le rinde culto y se le atribuyen propiedades mágicas, benéficas. **2.** PSICOANÁL. Objeto inanimado o parte no sexual del cuerpo, capaz de convertirse por sí misma en objeto de la sexualidad.

FETICHISMO s.m. Culto o veneración que se tributa a un fetiche. **2.** *Fig.* Idolatría, veneración excesiva. **3.** PSICOANÁL. Conducta sexual de la persona condicionada por un fetiche. ⬦ **Fetichismo de la mercancía** Según la teoría marxista, ilusión por la cual el valor de intercambio de las mercancías aparece como el resultado de la relación entre ellas, cuando es el resultado de las relaciones sociales.

FETICHISTA adj. y s.m. y f. Relativo al fetichismo; que actúa con fetichismo.

FETIDEZ s.f. Olor desagradable.

FÉTIDO, A adj. (lat. *foetidus*). Que huele de manera muy desagradable.

FETO s.m. (lat. *fetus, us,* producto de un parto). Producto de la concepción de un animal vivíparo que no ha llegado todavía a término, pero que ya tiene las formas de la especie. (En el ser humano, se denomina feto al embrión desde el tercer mes de gestación hasta el nacimiento.)

FETUA o **FATUA** s.f. Respuesta dada por un muftí musulmán a una consulta jurídica.

FEÚCHO, A adj. *Desp.* Feo.

FEUDAL adj. Relativo al feudalismo o al feudo. ⬦ **Modo de producción feudal** Modo de producción caracterizado por el dominio de un grupo familiar propietario y por la supremacía del campo sobre la ciudad.

FEUDALISMO s.m. Sistema político, económico y social que se dio en Europa durante la edad media, que implicaba el predominio de una clase social de guerreros y la existencia de vínculos de dependencia entre señor y campesino. **2.** Potencia económica o social que recuerda la organización feudal: *feudalismo financiero.*

ENCICL. El régimen feudal se basaba en las relaciones de sujeción personal establecidas entre los campesinos y los señores; estos les entregaban tierras a cambio de bienes en especie y prestaciones, ejercían dominio sobre ellos y administraban justicia. Ante la inseguridad creada por la desintegración de la autoridad real, los pequeños propietarios (hombres libres) se pusieron bajo la protección de un señor más poderoso y se convirtieron en sus vasallos *(homenaje);* en algunos casos el vasallo recibía algunas tierras *(beneficio,* y a partir de los ss. IX-X, *feudo).* El feudalismo institucional tuvo su origen en la crisis del bajo imperio romano, se mantuvo hasta los ss. XIV-XV, pero persistió como sistema de relaciones de producción hasta las revoluciones liberales del s. XIX.

FEUDAR v.tr. Tributar, entregar el vasallo al señor en reconocimiento del señorío, o el súbdito al estado, cierta cantidad de dinero o en especies para las cargas y atenciones públicas.

FEUDATARIO, A adj. y s. Se dice del vasallo que estaba investido de un feudo.

FEUDISTA adj. y s.m. y f. Relativo al feudo; autor que escribe sobre feudos.

FEUDO s.m. (bajo lat. *feudum*). Tierra u otro bien de que un señor investía a un vasallo con determinadas obligaciones y derechos. **2.** Zona o parcela en que alguien ejerce gran influencia o dominio: *feudo de moralistas.*

FEUILLANTS s.m.pl. (voz francesa). HIST. Nombre dado, en 1781-1792, a los monárquicos «constitucionales» franceses, cuyo club tenía la sede en el antiguo convento de este nombre, cerca de las Tullerías.

FEZ s.m. (de *Fez,* c. de Marruecos). Gorro de lana en forma de cono truncado con una borla, generalmente rojo, utilizado en algunos países musulmanes.

FI s.f. Nombre de la vigésima primera letra del alfabeto griego (φ, Φ), que corresponde a la *f* española.

FIABILIDAD s.f. Cualidad de fiable. **2.** Probabilidad de que una pieza, dispositivo, circuito hidráulico, eléctrico o electrónico, o un equipo completo, pueda ser utilizado sin que falle durante un período de tiempo y en unas condiciones determinadas. **3.** PSICOL. Cualidad de un test, prueba, etc., para proporcionar resultados fiables. SIN.: *fidelidad.*

FIABLE adj. Digno de confianza.

FIACA s.f. Argent., Chile, Méx. y Urug. *Fam.* Pereza, flojera.

FIADO (AL) loc. Sin dar o tomar al momento presente el precio convenido: *comprar al fiado.* (También *de fiado.)*

FIADOR, RA s. DER. Persona que se compromete a satisfacer una obligación al acreedor si no lo hiciera el deudor. ✦ s.m. Pieza o dispositivo que sirve para asegurar algo: *fiador de la escopeta; fiador de un broche; fiador de una puerta.* **2.** Chile y Ecuad. Cinta que sujeta el sombrero por debajo de la barba.

FIAMBRE s.m. Carne cocida y preparada para que pueda conservarse y que se come fría, como el jamón o los embutidos. **2.** *Vulg.* Cadáver. **3.** Guat. Plato nacional elaborado con toda clase de carnes y conservas que se come frío el día de Todos los Santos. **4.** Méx. Ensalada de lechuga, pies de cerdo, cebolla, aguacate y chiles verdes.

FIAMBRERA s.f. Recipiente con tapa muy ajustada, para llevar alimentos. **2.** Argent. y Urug. Fresquera.

FIAMBRERÍA s.f. Argent., Chile y Urug. Establecimiento donde se venden o preparan fiambres.

FIANZA s.f. Fiador. **2.** DER. Garantía, personal o real, prestada para el cumplimiento de una obligación.

FIAR v.tr. (del lat. *fidere*) [19]. Asegurar a una persona que otra cumplirá lo que promete o

pagará lo que debe, obligándose, en caso de que no lo haga, a satisfacer por ella. **2.** Vender algo para cobrarlo más adelante. ✦ v.intr. Confiar y esperar con firmeza y seguridad: *fiar en Dios.* ✦ **fiarse** v.prnl. Confiar en alguien. ⬦ **Ser de fiar** Merecer confianza.

FIASCO s.m. (ital. *fiasco*). Chasco, fracaso.

FÍAT s.m. (lat. *fiat,* hágase). Consentimiento o mandato para que una cosa tenga efecto.

FIBRA s.f. (lat. *fibra,* filamento de las plantas). Filamento o célula alargada que constituye determinados tejidos animales y vegetales o determinadas sustancias minerales: *fibra muscular; fibra leñosa.* **2.** Elemento alargado natural o químico que por su flexibilidad y finura se utiliza para la elaboración de materias textiles. **3.** *Fig.* Vigor, energía, robustez. ⬦ **Fibra alimentaria** MED. Parte de los alimentos vegetales que al ingerirse favorece la secreción biliar y obstaculiza la absorción del colesterol y de sustancias tóxicas. **Fibra artificial** Fibra textil fabricada químicamente a partir de productos naturales o de sustancias proteicas vegetales o animales. **Fibra de vidrio** Filamento de vidrio muy delgado utilizado como aislante térmico, acústico y eléctrico y para reforzar materias plásticas. **Fibra neutra** Plano horizontal del casco de un barco no sometido a fatigas o esfuerzos longitudinales. **Fibra óptica** Filamento de sílice, vidrio u otro material dieléctrico, utilizado en telecomunicación, por el que se propaga la luz, visible o infrarroja. (La fibra óptica constituye el principal soporte utilizado en la transmisión de información en formato digital en las redes de alta velocidad.) **Fibra química** Fibra artificial o sintética. **Fibra sintética** Fibra textil fabricada a partir de productos obtenidos por síntesis.

■ **FIBRA.** Haz de fibras ópticas en sus fundas aislantes.

FIBRANA s.f. Fibra textil artificial a base de celulosa regenerada.

FIBRILACIÓN s.f. Serie de contracciones violentas e irregulares de las fibras del músculo cardíaco.

FIBRILAR adj. Relativo a las fibrillas.

FIBRILLA s.f. Elemento contráctil alargado, liso o estriado de las fibras musculares.

FIBRINA s.f. Sustancia proteica filamentosa procedente del fibrinógeno, que aprisiona los glóbulos de la sangre y de la linfa en la coagulación y contribuye a formar el coágulo.

FIBRINÓGENO s.m. Proteína del plasma sanguíneo que se transforma en fibrina en el curso de la coagulación.

FIBRINOGENOPENIA s.f. Déficit de fibrinógeno en el plasma sanguíneo, que dificulta la coagulación de la sangre y es causa de hemorragias graves.

FIBRINÓLISIS s.f. Fenómeno de degradación y disolución de la fibrina.

FIBROBLASTO s.m. Célula conjuntiva joven que genera las células del tejido fibroso.

FIBROCEMENTO s.m. (marca registrada). Material compuesto de cemento y amianto utilizado en la construcción.

FIBROÍNA s.f. BIOQUÍM. Proteína que constituye la parte esencial de la seda, a la que le confiere su solidez y elasticidad.

FIBROMA s.m. Tumor benigno constituido por tejido fibroso.

FIBROMATOSIS s.f. MED. Afección caracterizada por la existencia de varios fibromas.

FIBROMIALGIA s.f. Dolor muscular crónico de origen desconocido, que va acompañado de sensación de fatiga e insomnio.

FIBROMIOMA s.m. Tumor benigno que inva-

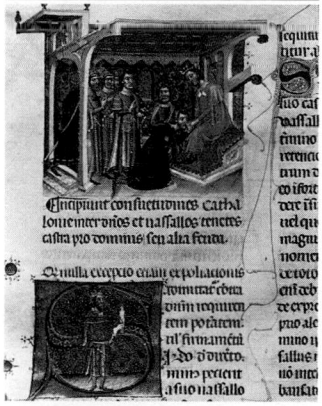

■ **FEUDALISMO.** Escena del juramento de vasallaje ante el conde rey del *Libro de los privilegios de la ciudad de Barcelona* (1380).
[Archivo municipal de historia, Barcelona.]

de un músculo liso, formado por nódulos fibrosos.

FIBROSCOPIO s.m. Endoscopio flexible en el que la luz está canalizada por un haz de fibras de cuarzo.

FIBROSIS s.f. MED. Proceso de formación de tejido fibroso.

FIBROSO, A adj. Que tiene muchas fibras: *carne fibrosa*. **2.** HISTOL. Se dice del tejido conjuntivo rico en fibras y pobre en células.

FÍBULA s.f. ANT. Alfiler o broche de metal que servía para sujetar los vestidos. (Se utilizó desde la edad del bronce hasta la edad media. Son de ornamentación rica, frecuentemente animalística, y existen muchos tipos: fíbulas ibéricas, galas y visigóticas.)

■ **FÍBULA** gala de bronce; s. V a.C. (Museo de antigüedades nacionales, Saint-Germain-en-Laye, Francia.)

FICCIÓN s.f. (lat. *fictio, -onis*). Acción y efecto de fingir o simular. **2.** Invención, creación de la imaginación: *personaje de ficción*.

FICHA s.f. (fr. *fiche*, estaca, ficha, de *ficher*, clavar). Placa pequeña de cartón, metal, etc., a la que se asigna un valor convencional: *fichas de la ruleta*. **2.** Pieza de ciertos juegos de mesa: *ficha de dominó, de parchís*. **3.** Hoja de papel o cartulina para tomar notas y que luego se coloca de forma ordenada junto a otras del mismo tema. **4.** DEP. Documento por el cual un jugador o un técnico queda adscrito por contrato a la disciplina de un club deportivo. ◇ **Ficha perforada** Rectángulo de cartulina gruesa y rígida en el que se inscriben, en forma de perforaciones, datos numéricos o alfabéticos.

FICHAJE s.m. Acción de fichar o contratar, especialmente a un deportista. **2.** Importe en metálico de este contrato. **3.** Persona que se ha fichado.

FICHAR v.tr. Rellenar una ficha con datos y clasificarla donde corresponda: *la policía ficha delincuentes*. **2.** Controlar a una persona o sospechar de ella por algo que no merece confianza o es desfavorable. **3.** Esp. DEP. Adquirir un club los servicios de un deportista mediante contrato o convenio. ◆ v.intr. Marcar los trabajadores en un reloj especial la hora de entrada y salida.

FICHERA s.f. Méx. Mujer que en algunos locales baila con los clientes o los acompaña a cambio del pago con fichas que se adquieren en el mismo local.

FICHERO s.m. Caja o mueble adecuados para contener fichas ordenadas. **2.** Conjunto de fichas o de tarjetas ordenadas. **3.** INFORMÁT. Conjunto organizado de informaciones del mismo tipo, que pueden utilizarse en un mismo tratamiento; soporte material de estas informaciones. SIN.: *archivo*.

FICOCIANINA s.f. Pigmento azul violáceo que se encuentra en las cianofíceas.

FICOERITRINA s.f. Pigmento característico de las algas rojas que permite la absorción de las radiaciones luminosas de corta longitud de onda que penetran en el mar.

FICOLOGÍA s.f. Parte de la botánica que estudia las algas.

FICOMICETE adj. y s.m. BOT. Sifomicete.

FICTICIO, A adj. Falso, no verdadero: *personaje ficticio*. **2.** Aparente, fingido: *el valor de los billetes de banco es puramente ficticio*.

FICUS s.m. Árbol o arbusto de origen tropical, cultivado como planta ornamental, por el caucho que se obtiene de su látex o por su fruto.

FIDANCIA s.f. Garantía o fianza que estaba obligado a dar el vasallo al señor en la Corona de Aragón, con la cual respondía del cumplimiento de sus obligaciones.

FIDEDIGNO, A adj. (del lat. *fide dignus*, digno de fe). Digno de fe y crédito.

FIDEICOMISARIO, A adj. Relativo al fideicomiso. ◆ adj. y s. Se dice del beneficiario real de una liberalidad dejada a otra persona por fideicomiso. ◆ s.m. Magistrado encargado de velar por la ejecución de los fideicomisos.

FIDEICOMISO s.m. (del lat. *fidei commissum*, confiado a la fe). DER. Disposición por la que el testador deja su herencia o parte de ella encomendada a la buena fe de una persona para que, en caso y término determinados, la transmita a otra persona o la invierta del modo que se le señale. **2.** DER. INTER. Situación jurídica por la que un país (fideicomitido), que se entiende sin capacidad suficiente para autogobernarse, es sometido a la tutela de la ONU.

FIDEÍSMO s.m. Doctrina según la cual la fe es la base del conocimiento religioso, negando todo valor a las pruebas racionales.

FIDELIDAD s.f. (lat. *fidelitas, -atis*). Cualidad de fiel, leal. **2.** Exactitud o precisión en la ejecución de algo. **3.** HIST. Juramento que prestaba el vasallo a su señor en señal de acatamiento. ◇ **Alta fidelidad** Técnica electrónica para reproducir el sonido sin distorsión de señal.

FIDELIZAR v.tr. [7]. En mercadotecnia, hacer que la clientela permanezca fiel a una marca, producto, empresa, etc.

FIDEO s.m. (voz mozárabe). Pasta de harina de trigo en forma de hilo más o menos delgado, corto y de grosor variable. **2.** Fig. y fam. Persona muy delgada.

FIDUCIA s.f. (lat. *fiducia*, confianza). Operación jurídica consistente en la transferencia de un bien a una persona, a condición de que lo devuelva después de un tiempo convenido y en unas condiciones determinadas.

FIDUCIARIO, A adj. DER. Que está encargado de un fideicomiso o tiene la carga de una fiducia: *heredero fiduciario*. ◆ adj. Se dice de los valores ficticios, basados solo en la confianza tenida en el que los emite: *título fiduciario*. ◇ **Circulación fiduciaria** Circulación de los billetes de banco.

FIEBRE s.f. (lat. *febris*). Elevación patológica de la temperatura central del cuerpo, por encima de lo normal, de los animales superiores y del ser humano. **2.** Conjunto de alteraciones que acompañan a este estado, como sudación, aceleración del pulso y de la respiración, sensación de calor, malestar, etc. **3.** Fig. Estado de tensión o de agitación de una persona o una colectividad: *fiebre política*. ◇ **Fiebre cuartana, terciana** Formas de paludismo en que los accesos de fiebre tienen lugar cada 72 horas o cada 48 horas. **Fiebre del heno** Síndrome alérgico primaveral, caracterizado por conjuntivitis, catarro nasal, asma, etc. **Fiebre de Malta, o mediterránea** Brucelosis.

1. FIEL adj. (lat. *fidelis*, de *fides*, fe). Se dice de la persona que es firme y constante en sus afectos, obligaciones o ideas, y cumple con los compromisos contraídos con alguien o algo: *se mantuvo fiel a sus principios*. **2.** Exacto, verídico. ◆ adj. y s.m. y f. Que sigue una doctrina o religión. **3.** REL. Que tiene fe, según prescribe su propia religión.

2. FIEL adj. (lat. *filum*, hilo). METROL. Se dice del instrumento de medida que da siempre la misma indicación cuando se encuentra bajo las mismas condiciones. ◆ s.m. Clavillo que asegura las hojas de las tijeras. **2.** Aguja que, en las balanzas y romanas, marca la igualdad de pesos cuando está en completa verticalidad.

FIELATO s.m. Oficina que había a la entrada de las poblaciones, donde se pagaba el impuesto de consumo.

FIELTRO s.m. (germ. *filt*). Paño hecho de borra, lana o pelo conglomerado, sin tejer, que se obtiene por prensado. (Se utiliza en la confección de sombreros y otras prendas de vestir.)

FIEMO s.m. (lat. vulgar *femus*). Fimo, estiércol.

FIERA s.f. Animal salvaje e indómito, especialmente el mamífero depredador. **2.** Fig. Persona cruel o de mal carácter. ◇ **Ponerse hecho una fiera** Enfurecerse alguien. **Ser una**

fiera para, o **en, algo** Fam. Ser muy bueno o un especialista en cierta actividad.

FIERABRÁS s.m. y f. (de *Fierabrás*, gigante sarraceno héroe de un cantar de gesta francés). Persona mala, ingobernable o traviesa.

FIEREZA s.f. Cualidad de fiero.

FIERO, A adj. (lat. *ferus*, silvestre, feroz). Relativo a las fieras. **2.** Feroz, duro, cruel: *aspecto fiero*. **3.** Grande, excesivo: *hambre fiera*.

FIERRO s.m. Amér. Hierro. **2.** Amér. Hierro, marca para el ganado. **3.** Argent., Chile, Méx. y Urug. *Vulg.* Puñal, arma blanca. **4.** Méx. Acelerador de un vehículo: *pisar el fierro*. ◆ **fierros** s.m.pl. Argent. Genéricamente, automotor. **2.** Méx. Dinero: *préstame unos fierros*.

FIESTA s.f. (lat. *festa*, pl. de *festum*). Reunión de personas para divertirse o celebrar algún acontecimiento. **2.** Conjunto de actos y diversiones que se organizan para regocijo público con motivo de un acontecimiento o fecha especial. (Suele usarse en plural.) **3.** Día oficialmente no laborable en que se celebra alguna solemnidad nacional, civil o religiosa. **4.** Alegría, regocijo, diversión o cosa que los provoca. **5.** Caricia o demostración de cariño. (Suele usarse en plural.) **6.** REL. Solemnidad con que la Iglesia católica celebra la memoria de un santo. ◆ **fiestas** s.f.pl. Conjunto de algunos días entre los cuales hay varios de fiesta: *las fiestas de Navidad; las fiestas de Pascua*. **2.** En ciertas regiones de España, festejos que se celebran una vez al año, generalmente con motivo de una conmemoración religiosa. SIN.: *fiesta mayor, fiestas mayores*. ◇ **Aguar la fiesta** *Fam.* Estropear o interrumpir con molestias u un momento de alegría. **Fiesta nacional** Esp. Día en que se celebra alguna solemnidad nacional; corrida de toros. **Hacer fiesta** Descansar un día laborable.

FIESTERO, A adj. y s. Que es muy aficionado a las fiestas.

FIFÍ adj. y s.m. y f. Argent., Par. y Urug. Se dice de la persona ociosa, presuntuosa e insustancial, perteneciente a una familia adinerada.

FIFIRICHE adj. C. Rica y Méx. Raquítico, flaco, enclenque.

FIFTY-FIFTY s.m. (voz inglesa). Yate de crucero en el que se ha dado la misma importancia a la propulsión mecánica y al velamen.

FÍGARO s.m. (de *Fígaro*, personaje de comedias). Barbero. **2.** Torera, chaquetilla ceñida.

FIGLE s.m. Instrumento músical de viento, de sonoridad grave.

FIGÓN s.m. (del ant. *figo*, tumor anal). Establecimiento de poca categoría donde se guisan y venden cosas de comer.

FIGONERO, A s. Persona encargada de un figón.

FIGULINA s.f. Estatuilla de barro cocido.

FIGULINO, A adj. (lat. *figulinus*, de barro, de *figulus*, alfarero). De barro cocido.

FIGURA s.f. (lat. *figura*, forma, estructura, figura, de *fingere*, dar forma). Forma exterior de un cuerpo por la que se diferencia de otro. **2.** Cosa dibujada o hecha de algún material: *figuras de cera*. **3.** Tipo, silueta: *su figura ha perdido esbeltez*. **4.** Cara, parte anterior de la cabeza desde la frente hasta la barba. **5.** Personaje, persona de renombre: *prestigiosa figura de nuestra literatura*. **6.** Cosa que representa o significa otra: *tomar el lobo la figura del cordero*. **7.** Serie de variaciones, evoluciones y posturas ejecutadas en la danza, el patinaje artístico, las demostraciones ecuestres, etc. **8.** Estatua, pintura, dibujo, que representa el cuerpo de una persona o un animal. **9.** GEOMETR. Espacio cerrado por líneas o superficies: *figura plana; figura del espacio*. **10.** JUEG. **a.** Pieza de algunos juegos de mesa. **b.** Naipe de cada palo que representa personas (rey, caballo y sota). **11.** MÚS. En la notación actual, signo que representa la duración o valor de un sonido o de un silencio. **12.** TEATR. Personaje de una obra dramática y actor que lo representa. ◇ **Figura decorativa** *Fig.* Persona que ocupa un puesto sin ejercer las funciones esenciales de este, o asiste a un acto solemne sin tomar parte activa en él. **Figura del delito** DER. Definición legal específica de cada delito que determina los elementos o caracteres típicos de este.

PRINCIPALES FIESTAS RELIGIOSAS

CRISTIANISMO		
Navidad	nacimiento de Cristo	25 de diciembre
Epifanía	manifestación de Cristo a los gentiles	6 de enero
Pascua de Resurrección	resurrección de Cristo	
Ascensión	ascensión de Cristo al cielo	40 días después de Pascua
Pentecostés	venida del Espíritu Santo a los Apóstoles	50 días después de Pascua
Trinidad	domingo siguiente a Pentecostés	
Asunción	elevación de la Virgen María al cielo	15 de agosto
Todos los Santos	Fiesta de Todos los Santos	1 de noviembre
JUDAÍSMO		
Purim	liberación de los judíos por Ester	antes de Pascua
Pesah	Pascua	marzo-abril
Šabu'ot	Pentecostés o fiesta de las Semanas	mayo-junio
Roš ha-šaná	Año Nuevo	inicios del otoño
Yom Kippur	Gran Perdón	10º día después de Roš ha-šaná
Sukkot	Fiesta de los Tabernáculos	septiembre-octubre
Hanuká	Fiesta de la Dedicación o de las Luces	noviembre-diciembre
ISLAM		
Conmemoración de la hégira		1 muharram
'Āšūrā o Achura (entre los chiítas)	conmemoración de la pasión de Husayn	10 muharram
Mawlid o Mūlūd	nacimiento del Profeta	12 rabī'al-awwāl (tercer mes del año)
Ramadán	mes del Corán y de ayuno	ramadán (noveno mes del año)
'Īd al-Fiṭr o Aid-el -Séghir	fin del Ramadán (Pequeña fiesta)	1 šawwāl (décimo mes del año)
'Īd al-adḥā o Aid-el-Kébir	sacrificio del cordero (Gran fiesta)	10 dū al-ḥiÿÿa (duodécimo mes del año)

En el calendario musulmán, que es puramente lunar, el año consta de 12 lunaciones de 29 o 30 días, esto es, de 354 o 355 días; en consecuencia, cuenta pues con 11 días menos que el año solar y no se corresponde ni con las estaciones ni con el año gregoriano.

FIGURACIÓN s.f. Acción y efecto de figurar o figurarse una cosa. **2.** CIN. Conjunto de extras o figurantes de una película. ◇ **Nueva figuración** En el arte contemporáneo, conjunto de corrientes figurativas que, frecuentemente con espíritu sociopolítico, se desarrollaron a partir de 1960.

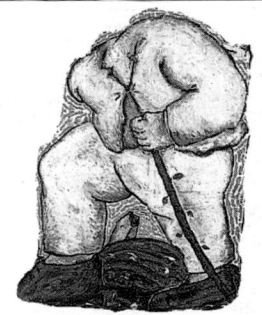

■ **FIGURACIÓN.** *En ruta* (1982), por J.C. Blais, una obra representativa de la «figuración libre». (Col. part.)

FIGURADO, A adj. Se dice del sentido de una palabra o expresión que no es el literal o recto, sino otro relacionado con este.
FIGURANTE, A s. Extra de una película, obra de teatro, etc. (Suele usarse en forma masculina.) **2.** Persona que desempeña una función poco importante.
FIGURAR v.tr. (lat. *figurare*, dar forma, representar). Representar, delinear y formar la figura de una cosa. **2.** Aparentar o fingir: *figuró una retirada.* ◆ v.intr. Destacar o sobresalir en alguna actividad o ser considerado importante en ciertos ambientes. **2.** Estar en un lugar determinado o formando parte de un conjunto de cosas: *figurar en la lista; el número figura al final de la hoja.* ◆ **figurarse** v.prnl. Imaginar se o suponer una persona algo que no conoce.
FIGURATIVO, A adj. Que representa una cosa. ◆ **Arte figurativo** Arte que representa las cosas de la naturaleza tal como las capta el ojo (por oposición a *abstracto* o no *figurativo*).
FIGURILLA s.f. Estatuilla de terracota, bronce, etcétera.
FIGURÍN s.m. (ital. *figurino*). Dibujo o modelo pequeño para trajes y adornos de moda. **2.** Revista de modas. **3.** *Fig.* Persona que viste con elegancia afectada.
FIGURINISTA s.m y f. Persona que se dedica profesionalmente a crear y dibujar figurines.
FIGURITA s.f. Argent. Estampa con que juegan los niños; cromo.
FIGURÓN s.m. *Fam.* Persona presumida que aparenta lo que no es. **2.** *Fam.* Mangoneador.
FIJA s.f. Argent. En el lenguaje hípico, competidor a quien se le adjudica un triunfo seguro. **2.** Argent. Información pretendidamente cierta respecto de algún asunto controvertido o posible. ◇ **Esfera de las fijas** Esfera celeste imaginaria que participa en el movimiento diurno de las estrellas.
FIJACIÓN s.f. Acción de fijar. **2.** Obsesión o idea fija. **3.** BIOL. Operación mediante la cual un tejido vivo se trata con un fijador antes de su examen microscópico. **4.** PSICOANÁL. Estadio en el que se fija la libido y que se caracteriza por la persistencia de sistemas de satisfacción vinculados a un objeto remoto.
FIJADO s.m. Operación mediante la cual una imagen fotográfica se convierte en inalterable a la luz.
FIJADOR, RA adj. Que fija. ◆ s.m. Producto mucilaginoso, con brillantina, que sirve para fijar los cabellos. SIN.: *fijapelo.* **2.** Líquido que, esparcido con pulverizador, sirve para fijar un dibujo sobre un papel. **3.** Baño utilizado para

el fijado de imágenes fotográficas. **4.** BIOL. Líquido que coagula las proteínas de las células sin alterar su estructura.
FIJAR v.tr. Clavar, pegar o sujetar algo en algún sitio: *fijar un clavo en la pared; fijar los esquís a las botas.* **2.** Dirigir, determinar, establecer o precisar: *fijar la atención en algo; fijar la residencia en la ciudad.* **3.** FOT. Tratar una emulsión fotográfica con un baño de fijado. ◆ v.tr. y prnl. Hacer estable una cosa o darle un estado o forma permanente. **2.** Precisar o puntualizar la cuantía, la fecha, el significado u otros detalles de algo. ◆ **fijarse** v.prnl. Percatarse, darse cuenta de algo que se ve o se tiene delante. **2.** Prestar o dirigir la atención con interés sobre algo.
FIJEZA s.f. Firmeza o seguridad de opinión. **2.** Persistencia, continuidad.
FIJISMO s.m. Creacionismo.
FIJISTA adj. y s.m. y f. Relativo al fijismo; partidario de esta teoría.
FIJO, A adj. (lat. *fixus*, p. de *figere*, clavar). Colocado de modo que no pueda moverse o desprenderse. **2.** Inmóvil: *mirada fija.* **3.** No sujeto a cambios: *precio fijo.* **4.** MAT. Se dice del vector de origen fijo. ◇ **Coma fija** INFORMÁT. Forma de representación de los números con ayuda de una cantidad determinada de cifras, en la que la coma decimal ocupa una posición fija con relación a uno de los extremos del conjunto de cifras. **De fijo** Seguramente, sin duda.
FIJÓN, NA adj. Méx. *Fam.* Se dice del que se fija continuamente en los defectos de los demás y le gusta criticar. ◇ **No haber fijón** Mex. No haber problema o inconveniente.
FILA s.f. (fr. *file*). Línea formada por personas o cosas colocadas unas detrás de otras: *ponerse en fila los soldados.* **2.** *Fig.* y *fam.* Tirria, odio, antipatía. ◆ **filas** s.f.pl. *Fig.* Bando, partido, agrupación. ◇ **En filas** En servicio militar activo: *entrar en filas.* **Fila india** Fila que forman varias personas una tras otra. **Llamar a filas** Convocar a una persona para que se aliste en el ejército.
FILACTERIA s.f. (lat. *phylacterium*, del gr. *phylaktērion*, salvaguarda, amuleto). Amuleto o talismán que se usaba antiguamente. **2.** Tira de piel o pergamino con pasajes de las Escrituras, que los judíos llevaban atada al brazo izquierdo o a la frente. **3.** Tira, banda o friso que se utilizó como elemento decorativo durante la edad media.
FILAMENTO s.m. (lat. *filamentum*). Cuerpo filiforme, flexible o rígido. **2.** BOT. Porción basilar alargada del estambre, que sostiene la antera. **3.** ELECTR. En los focos o lámparas eléctricas, hilo conductor muy fino que se pone incandescente cuando lo atraviesa la corriente. **4.** HISTOL. Nombre de diversas estructuras histológicas: *filamento axial de la cola del espermatozoo.*
FILAMENTOSO, A adj. Que tiene filamentos.
FILANTROPÍA s.f. (gr. *philanthrōpía*, sentimiento de humanidad, afabilidad, de *philein*, amar, y *ánthropos*, hombre). Cualidad de filántropo.
FILANTRÓPICO, A adj. Relativo a la filantropía.
FILÁNTROPO, A s. (gr. *philánthropos*). Persona que se destaca por su amor hacia sus semejantes y que emplea actividad, capital, etc., en beneficio de los demás.
FILAR v.tr. Fijarse en una persona o estar precavido contra ella.
FILARCA s.m. ANT. GR. Magistrado que dirigía las asambleas de cada una de las diez tribus de Atenas.
FILARIOSIS s.f. Enfermedad parasitaria ocasionada por individuos del género *Filaria*.
FILARMONÍA s.f. (del gr. *philein*, amar, y *armonía*, armonía). Afición a la música.
FILARMÓNICO, A adj. y s. Apasionado por la música. ◆ adj. y s.f. Se dice de determinadas sociedades musicales.
FILÁSTICA s.f. MAR. Hilos básicos de que se forman todos los cabos y jarcias.
FILATELIA s.f. (del gr. *philein*, amar, y *atelēs*, gratuito, pago, aplicado al sello). Estudio y colección de los sellos de correos.
FILATÉLICO, A adj. y s. Relativo a la filatelia; filatelista.

FILATELISTA s.m. y f. Coleccionista de sellos de correos.

FILATURA s.f. Hilandería.

FILERA s.f. Arte de pesca que se cala a la entrada de las albuferas y consiste en varias filas de redes que tienen unas nasas pequeñas en el extremo.

FILETA s.f. En las máquinas de hilatura, urdidores, telares, etc., cuadro o bastidor que sostiene las bobinas o carretes de alimentación.
1. FILETE s.m. (fr. *filet*). Lonja fina de carne, ave o pescado: *filete de ternera; filete de pollo; filete de huachinango.* **2.** Solomillo.
2. FILETE s.m. (ital. *filetto*, lista de moldura). Faja lisa y estrecha que separa dos molduras. **2.** Elemento superior de una cornisa. **3.** Espiral saliente del tornillo o de la tuerca. **4.** Remate que se hace en el borde de una prenda de vestir para que no se desgaste. **5.** Línea o lista fina de adorno. **6.** HISTOL. Nombre que suele darse a las finas ramificaciones nerviosas. **7.** IMPR. **a.** Lámina metálica, generalmente de la misma altura que los caracteres, terminada en una o más rayas de distintos gruesos. **b.** Trazo que se obtiene, en la impresión, por medio de esta lámina, y que se utiliza para separar o enmarcar los textos o las ilustraciones.

FILETEADO s.m. Argent. Ornamentación artesanal de filetes hecha sobre la carrocería de un vehículo. **2.** Argent. Técnica de este arte artesanía. **3.** TECNOL. Operación consistente en labrar una ranura helicoidal alrededor de una superficie cilíndrica. SIN.: *roscado.*

FILETEADOR, RA s. Persona que tiene por oficio hacer fileteados.

FILETEAR v.tr. Adornar con filetes.

FILÉTICO, A adj. Relativo a un fílum.

FILFA s.f. Mentira, noticia falsa, engañifa. **2.** Méx. Pifia.

FILIA s.f. Simpatía por alguien o afición por algo.

FILIACIÓN s.f. Acción y efecto de filiar o filiarse. **2.** Conjunto de datos que sirven para identificar a una persona. **3.** Afiliación a un partido o asociación o dependencia de una doctrina. **4.** DER. Lazo natural y jurídico que une a los hijos con sus padres.

FILIAL adj. Relativo al hijo. ◆ adj. y s.f. Se dice de la empresa que se encuentra, de hecho, bajo la dependencia o la dirección de una sociedad madre.

FILIAR v.tr. Tomar la filiación.

FILIBUSTERISMO s.m. Piratería, pillaje en el mar. **2.** Acción de los filibusteros. **3.** Obstruccionismo.

FILIBUSTERO s.m. Pirata del mar de las Antillas, que en los ss. XVI-XVIII saqueó las colonias españolas de América. **2.** Partidario de la independencia de las provincias ultramarinas españolas y, posteriormente, aventurero que intervino en las luchas políticas de los países latinoamericanos. **3.** Obstruccionista.

FILICAL adj. y s.f. Eufilical.

FILICIDA adj. y s.m. y f. Que comete filicidio.

FILICIDIO s.m. Muerte que uno de los padres da a un hijo.

FILIFORME adj. Que tiene forma de hilo.

FILIGRANA s.f. (ital. *filigrana*). Trabajo de orfebrería realizado con hilos de plata u oro. **2.** *Fig.* Obra hecha con gran habilidad y finura. **3.** PAPEL. Marca hecha en el cuerpo del papel durante su manufactura, y que solo es visible por transparencia.

FILIPÉNDULA s.f. (del lat. *filum*, hilo, y *pendulus*, colgante). BOT. Planta herbácea de hojas divididas en muchos segmentos desiguales, estípulas semicirculares y dentadas, flores blancas o rosadas y raíces tuberculadas. (Familia rosáceas.)

FILIPENSE adj. y s.m. Relativo al oratorio de san Felipe Neri; miembro de este oratorio. ◆ adj. y s.f. Relativo al instituto de religiosas puesto bajo la advocación de san Felipe Neri; religiosa de este instituto.

FILÍPICA s.f. (del lat. *philippica oratio*, discurso relativo a Filipo). Represión extensa y dura dirigida contra alguien.

FILIPINISMO s.m. Palabra, expresión o giro propios del español de Filipinas. **2.** Estima o admiración por la cultura y las tradiciones de Filipinas.

FILIPINISTA s.m. y f. Estudioso de las lenguas e historia de Filipinas.

FILIPINO, A adj. y s. De Filipinas.

FILISTEÍSMO s.m. Cerrazón de espíritu con respecto a las letras, artes, novedades, etc.

FILISTEO, A adj. y s. (lat. *philistaeus*, hebreo *pelisti*). De un pueblo indoeuropeo que participó en la migración de los **pueblos del mar* y se estableció en el s. XII a.C. en la costa de Palestina (región que se debe su nombre, el «país de los filisteos»).

FILLER s.m. (voz inglesa). Materia mineral finamente molida, que se añade al asfalto para la pavimentación de carreteras y que se utiliza también para modificar las propiedades de determinados materiales como el hormigón, las materias plásticas, etc.

FILM o **FILME** s.m. (voz inglesa) [pl. *films*]. Obra cinematográfica, película.

FILMACIÓN s.f. Acción y efecto de filmar. **2.** Película filmada. **3.** CIN. Rodaje.

FILMADORA s.f. Cámara cinematográfica de manejo sencillo y pequeño formato, destinada a usos no profesionales.

FILMAR v.tr. Tomar o fotografiar una escena en movimiento en una película. **2.** CIN. Rodar.

FILME s.m. → FILM.

FILMLET s.m. (pl. *filmlets*). Film publicitario breve.

FILMOGRAFÍA s.f. Conjunto de películas realizadas por un director, productor, o interpretadas por un actor.

FILMOLOGÍA s.f. Ciencia que estudia el cine, su estética y sus influencias.

FILMOTECA s.f. Local o establecimiento donde se conservan películas cinematográficas para su difusión y proyección con fines culturales. SIN.: *cinemateca.* **2.** Colección de films.

FILO s.m. Lado afilado de un instrumento cortante. ◇ **Al filo de** Muy cerca o alrededor: *al filo de la media noche.* **Dar (un) filo** Afilar, amolar; *Fig.* avivar, incitar. **De doble filo** o **de dos filos** Que puede tener dos efectos opuestos.

FILODENDRO s.m. Planta ornamental de hojas digitadas y flores olorosas. (Familia aráceas.)

raíces
aéreas

■ **FILODENDRO**

■ **FILIGRANA** de oro, detalle de una joya vikinga del s. VI. (Museo de antigüedades nacionales, Estocolmo.)

FILOGENÉTICO, A adj. Relativo a la filogenia.

FILOGENIA s.f. Formación y encadenamiento de líneas evolutivas animales o vegetales. SIN.: *filogénesis.* **2.** Estudio de esta formación.

FILOGÉNESIS s.f. Filogenia.

FILOLOGÍA s.f. Ciencia que estudia una lengua y la literatura producida en ella. **2.** Estudio de los textos y de su transmisión.

FILOLÓGICO, A adj. Relativo a la filología.

FILÓLOGO, A s. (lat. *philologus*, del gr. *philólogos*, aficionado a las letras, erudito). Persona que se dedica al estudio de la filología.

FILÓN s.m. Masa mineral que rellena la grieta de una formación rocosa. **2.** *Fig.* Materia, negocio o recurso del que se saca mucho provecho.

FILOSO, A adj. Que tiene filo. **2.** Méx. Se aplica a la persona bien preparada para hacer algo y dispuesta a emprenderlo de inmediato: *llegó filoso al examen.*

FILOSOFADOR, RA adj. y s. *Desp.* Que filosofa, en especial si aporta meditaciones banales.

FILOSOFAL adj. **Piedra filosofal.*

FILOSOFAR v.intr. Discurrir, meditar sobre los problemas y cuestiones de la filosofía. **2.** *Fam.* Expresar ideas sin valor sobre temas trascendentales.

FILOSOFASTRO, A s. *Desp.* Persona que pretende filosofar sin tener capacidad para ello.

FILOSOFÍA s.f. (gr. *philosophía*). Conjunto de consideraciones y reflexiones generales sobre los principios fundamentales del conocimiento, pensamiento y acción humanos, integrado en una doctrina o sistema: *la filosofía de Kant.* **2.** Conjunto de principios que se establecen o suponen para explicar u ordenar cierta clase de hechos: *filosofía de la historia.* **3.** *Fig.* Tranquilidad o conformidad para soportar los contratiempos.

ENCICL. La filosofía fue, en un principio, una reflexión científica sobre la naturaleza y las causas que provocan la existencia del universo, el ser humano y la sociedad. El pensamiento occidental se manifestó en este sentido desde del s. IV a.C. en Grecia, donde Platón y Aristóteles (s. IV a.C.) se erigieron en las grandes figuras de esta reflexión. Con la aparición del cristianismo, la filosofía se fue apartando poco a poco de la teología. La edad media (Bacon) y el renacimiento (Maquiavelo) plantearon la problemática del ser humano en el mundo y en la ciudad. Durante los ss. XVI y XVII, con Copérnico y Descartes se empezó a distinguir entre filosofía y problemas físicos: fue entonces cuando la ciencia adquirió su autonomía. La reflexión sobre el ser humano, su moral y su libertad, se fue haciendo más precisa gracias a los sistemas de Leibniz, Spinoza y, más tarde, de Kant. Este fue quien señaló la autonomía de la filosofía respecto de la metafísica, considerada como especulación acerca de lo que va más allá de la experiencia. Hegel, por su parte, creó una nueva forma de aproximación a la historia, mientras que Marx se propuso, en lugar de interpretarlo, transformar el mundo. Nietzsche hizo de la filosofía un medio para escapar a todas las servidumbres del espíritu. En este momento se constituyen y se separan de la filosofía las ciencias que tratan del ser humano. La psicología y la sociología adquieren autonomía propia, mientras que nace el psicoanálisis, con Freud; la lógica se constituye como disciplina independiente con Frege. Husserl sentó los fundamentos de la fenomenología y Heidegger llevó su reflexión hacia la ontología.

FILOSÓFICO, A adj. Relativo a la filosofía.

FILÓSOFO, A s. (lat. *philosophus*, del gr. *philósophos*, el que gusta de un arte, filósofo). Persona que, por profesión o estudio, se dedica a la filosofía. **2.** *Fam.* Persona que sabe vivir ajena a las preocupaciones.

FILOTAXIS s.f. BOT. Disposición de las hojas sobre el tallo de las plantas.

FILOXERA s.f. (del gr. *phûlon*, hoja, y *xirós*, seco). Insecto parecido al pulgón, que ataca las hojas y los filamentos de las raíces de la vid. **2.** Enfermedad de la vid, causada por este insecto.

FILTRACIÓN s.f. Acción y efecto de filtrar o

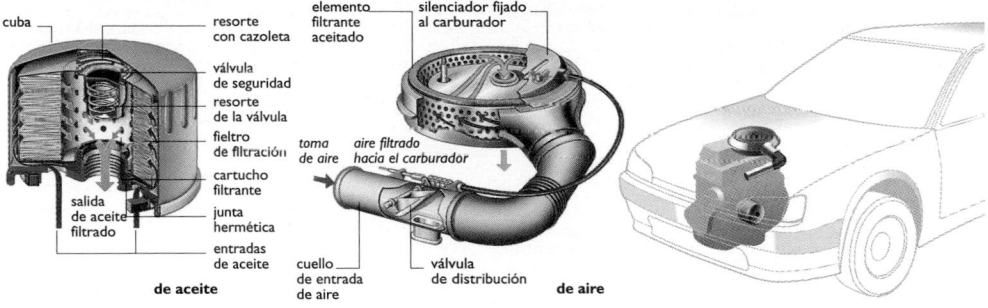

FILTROS de un motor de automóvil.

filtrarse. ◇ **Filtración óptica** Técnica que permite la investigación y perfeccionamiento de las informaciones contenidas en un objeto luminoso.

FILTRAR v.tr. Hacer pasar un fluido por un filtro. ➙ v.intr. y tr. Dejar un cuerpo sólido pasar un fluido a través de sus poros o resquicios. ➙ v.intr. y prnl. Penetrar un fluido a través de un cuerpo sólido. ➙ **filtrarse** v.prnl. Desaparecer inadvertidamente los bienes o el dinero. **2.** Dejar pasar subrepticiamente algo, en especial una noticia.

1. FILTRO s.m. Cuerpo poroso o aparato a través del cual se hace pasar un fluido, para limpiarlo de las materias que contiene en suspensión o separarlo de las materias con que está mezclado. **2.** FOT. Cuerpo transparente coloreado que se coloca delante de un objetivo para interceptar determinados rayos del espectro. **3.** TECNOL. Dispositivo que transmite la energía de una señal sonora o luminosa cuya frecuencia está comprendida en determinadas bandas y atenúa o suprime su paso en el caso contrario. **4.** fig. Prueba o dificultad que sir ve para seleccionar. ◇ **Filtro prensa** Aparato que filtra los líquidos a presión.

2. FILTRO s.m. (gr. *philtron*, de *philein*, amar). Poción a la que se atribuyen poderes mágicos, especialmente el de conseguir el amor de una persona. **2.** Poción venenosa.

FILUDO, A adj. Amér. Que tiene mucho filo.

FILUM s.m. Serie evolutiva de formas animales o vegetales.

FILVÁN s.m. Rebaba finísima que queda en el filo de una herramienta recién amolada.

FIMBRIA s.f. Borde inferior de la vestidura talar. **2.** Orla o franja de adorno.

FIMO s.m. Estiércol.

FIMOSIS s.f. (gr. *phímosis*). Estrechamiento del prepucio que impide descubrir el glande.

FIN s.m. o f. (lat. *finis*, límite, fin). Hecho de terminarse una cosa. (Suele usarse como masculino.) ➙ s.m. Final, cabo, extremidad o conclusión de una cosa: *fin de año*. **2.** Finalidad, objeto o motivo por lo que se hace una cosa: *actuar con fines inconfesables*. ◇ **A fin de** Con objeto de, para. **Al fin** Después de vencidos todos los obstáculos, por último. **Al fin y al cabo**, o **a la postre** Se emplea para introducir una afirmación en apoyo de algo que se acaba de decir y que, en cierto modo, está en oposición

con algo de lo que se ha hablado con anterioridad. **Dar**, o **poner, fin a algo** Terminarlo, acabarlo. **En fin** En resumidas cuentas, en pocas palabras. **En**, o **por, fin** Por último, finalmente. **Fin de fiesta** Actuación extraordinaria con que se acaba un espectáculo determinado. **Fin de semana** Últimos días de la semana (sábado y domingo), en que no se trabaja; Esp. maletín pequeño en que cabe justamente lo necesario para un viaje corto. **Sin fin** Sin número, infinitos, innumerables.

FINADO, A s. Persona muerta.

FINAL adj. Que remata, cierra o perfecciona una cosa. **2.** LING. Se aplica a la conjunción que indica finalidad, como *a fin de que, para*, etc. ➙ s.m. Fin, término, remate. ➙ s.f. Prueba última y decisiva de una competición deportiva o un concurso. ◇ **Causa final** El fin con el que o por el que se hace una cosa.

FINALIDAD s.f. Fin con que o por que se hace una cosa.

FINALISMO s.m. FILOS. Sistema que convierte las causas finales en el principio explicativo universal.

FINALISTA adj. y s.m. y f. Que llega a la prueba final en una competición deportiva, concurso literario, etc. **2.** FILOS. Relativo al finalismo; partidario de este sistema.

FINALIZAR v.tr. e intr. [7]. Hacer que algo llegue a su fin. ➙ v.intr. Terminarse o consumirse una cosa.

FINANCIACIÓN s.f. Acción de financiar.

FINANCIAR v.tr. (fr. *financer*). Suministrar dinero para la creación o desarrollo de una empresa. **2.** Sufragar los gastos de una actividad, obra, partido político, etc.

FINANCIERO, A adj. Relativo a las finanzas. ➙ s. Especialista en materia de operaciones financieras y de gestión de patrimonios privados o públicos.

FINANCISTA adj. y s.m. y f. Amér. Se dice de la persona que financia.

FINANZAS s.f.pl. (del fr. *finance*). Conjunto de bienes, especialmente dinero, que posee una persona. **2.** Conjunto de actividades mercantiles relacionadas con el dinero de los negocios, de la banca y de la bolsa. **3.** Conjunto de mercados o instituciones financieras de ámbito nacional o internacional.

FINAR v.intr. (del lat. *figicare*, fijar). Fallecer, morir. **2.** Finalizar.

FINCA s.f. (de *fincar*, permanecer). Superficie delimitada de terreno, perteneciente a un propietario o a varios pro indiviso. ◇ **Finca rústica** Finca que no está enclavada dentro de un perímetro urbano o zona urbanizada. **Finca urbana** Finca comprendida dentro de un casco urbano, zona urbanizada o sector previsto como zona de urbanización.

FINCAR v.intr. y prnl. [1]. Adquirir fincas. **2.** Méx. Construir una casa.

FINÉS, SA adj. y s. De Finlandia. SIN.: *finlandés*. ➙ s.m. Lengua ugrofinesa hablada en Finlandia. SIN.: *finlandés*.

FINEZA s.f. Finura. **2.** Atención u obsequio delicado que se hace a alguien.

FINGIMIENTO s.m. Acción de fingir.

FINGIR v.tr. y prnl. (lat. *fingere*, amasar, modelar, inventar) [43]. Dejar ver o hacer creer

con palabras o acciones algo que no es verdad. **2.** Dar existencia real a lo que no la tiene.

FINIQUITAR v.tr. Saldar una deuda o cuenta. **2.** fig. y fam. Acabar o concluir una cosa.

FINIQUITO s.m. (de *fin* y *quito*, libre, pagado de una deuda). Acción de finiquitar una cuenta. **2.** Documento en el que consta.

FINISECULAR adj. Relativo al fin de un siglo.

FINITISMO s.m. Doctrina metamatemática según la cual solo existen los entes matemáticos que pueden construirse por procesos finitos.

FINITO, A adj. (lat. *finitus*). Que tiene fin o término.

FINITUD s.f. FILOS. Cualidad de finito.

FIN-KEEL s.m. (ingl. *fin keel*). Quilla fija lastrada en su parte inferior, inserta en el casco de un velero.

FINLANDÉS, SA adj. y s. De Finlandia. SIN.: *finés*. ➙ s.m. Lengua ugrofinesa hablada en Finlandia. SIN.: *finés*.

FINO, A adj. Delgado, de poco grosor. **2.** Liso o suave, sin asperezas: *superficie fina*. **3.** Selecto, de buena calidad: *tela fina*. **4.** Elegante, esbelto, de facciones delicadas. **5.** Se dice de los sentidos agudos: *oído fino*. **6.** Astuto o hábil. **7.** Atento, amable, afectuoso. ➙ adj. y s.m. Se dice de una variedad de vino de Jerez, de color pajizo, aroma fuerte, delicado y transparente.

FINOLIS adj. y s.m. y f. Se dice de la persona que usa una finura exagerada o afectada.

FINOUGRO, A adj. y s.m. Ugrofinés.

FINTA s.f. (ital. *finta*, p. f. de *fingere*, fingir) Ademán o amago que se hace con intención de engañar a alguien. **2.** Ademán o amago que se hace en algunos deportes para esquivar o superar a un adversario. ◇ **Irse con la finta** Méx. Actuar dejándose llevar por las apariencias o por alguna situación engañosa.

FINTAR v.tr. e intr. En fútbol y otros deportes, hacer una finta. GEOSIN.: Argent. *gambetear*; Esp. y Méx. *driblar*; Esp. *regatear*.

FINURA s.f. Cualidad de fino.

FIORDO s.m. (noruego *fjord*). Antiguo valle glaciar invadido por el mar. (*V. ilustr. pág. siguiente.*)

FIQUE s.m. Colomb., Méx. y Venez. Fibra de la pita, de la que se hacen cuerdas.

FIREWALL s.m. (voz inglesa). INFORMÁT. Cortafuego.

FIRMA s.f. Nombre de una persona, generalmente acompañado de la rúbrica, estampado al pie de un escrito para atestiguar que se es el autor o bien que se aprueba su contenido. **2.** Acción de firmar. **3.** Conjunto de cartas y documentos que se firman. **4.** Nombre comercial, empresa o establecimiento mercantil.

FIRMAMENTO s.m. (lat. *firmamentum*, fundamento, apoyo). Espacio infinito en el que se mueven los astros.

FIRMÁN s.m. (persa *firman*, decreto). Edicto del soberano en el Imperio otomano y en Irán.

FIRMANTE adj. y s.m. y f. Que firma.

FIRMAR v.tr. Poner la firma en un escrito. ➙ **firmarse** v.prnl. Utilizar un determinado nombre o título en la firma.

FIRME adj. (lat. vulgar *firmis*). Que no cede o que no se mueve ni vacila: *la mesa está fir-*

sexúpara alada · hembra radícola sobre una raicilla

hoja afectada · agalla abierta

FILOXERA y hoja de viña parasitada.

■ **FIORDO.** Vista aérea de los fiordos de la región de Bergen (en el centro, en la parte baja de la foto), en Noruega, tomada por el satélite Spot.

me. **2.** *Fig.* Constante, entero, íntegro. ◆ adv.m. Con firmeza, con valor, con violencia. ◆ s.m. Capa sólida de terreno, sobre la cual se pueden poner los cimientos de una obra. **2.** Capa de cubierta o pavimento de una carretera, calle, etc. ◆ **¡firmes!** interj. MIL. Se usa como voz de mando reglamentaria para que la tropa en formación se cuadre si estaba descansando o vuelva la vista al frente cuando termina una alineación. ◇ **De firme** Con constancia e intensidad; mucho, con fuerza: *llueve de firme.* **En firme** Se dice de la operación de compra o venta a plazo, no rescindible.

FIRMEZA s.f. Cualidad de firme. ◇ **La firmeza** Argent. Baile tradicional de galanteo, de ritmo vivaz, en el que las parejas ejecutan la pantomima de lo expresado en el estribillo.

FIRULETE s.m. Amér. Merid. Adorno superfluo y de mal gusto. (Suele usarse en plural.)

FISCAL adj. (lat. *fiscalis*). Relativo al fisco: *exención fiscal.* **2.** DER. Relativo al oficio del fiscal. ◆ s.m. y f. Funcionario de la carrera judicial que representa y ejerce el ministerio público en los tribunales. **2.** Empleado que tiene a su cargo, de alguna forma, defender los intereses del fisco: *fiscal de tasas.* **3.** Persona que observa las acciones ajenas para sacarles faltas. **4.** Bol. y Chile. Seglar que cuida de una capilla rural, dirige las funciones del culto y auxilia al párroco. ◇ **Fiscal general del estado** Órgano jerárquico superior del ministerio fiscal.

FISCALÍA s.f. Cargo de fiscal. **2.** Oficina o despacho del fiscal.

FISCALIDAD s.f. Conjunto de los impuestos y otros gravámenes que han de pagarse a la administración pública.

FISCALIZACIÓN s.f. Acción de fiscalizar.

FISCALIZAR v.tr. [7]. Sujetar a la inspección fiscal. **2.** *Fig.* Observar las acciones u obras de alguien para sacarle faltas.

FISCO s.m. (lat. *fiscus,* cesta de mimbre donde se guardaba el dinero). Conjunto de los bienes del estado. **2.** Hacienda pública que recauda los impuestos de los contribuyentes. **3.** Moneda de cobre de Venezuela.

FISCORNO s.m. MÚS. Instrumento musical de viento, de metal, que pertenece a la familia del bugle.

FISGA s.f. Arpón para pescar peces grandes, consistente en una barra de hierro provista de tres o más dientes. **2.** Burla que se hace de una persona. **3.** Guat. y Méx. Banderilla del toreo.

FISGAR v.tr. (del lat. *figere,* clavar, hincar) [2]. Husmear, rastrear con el olfato. ◆ v.tr. e intr. Procurar enterarse indiscretamente de cosas ajenas.

FISGÓN, NA adj. y s. Que tiene por costumbre fisgar.

FISGONEAR v.tr. e intr. Fisgar cosas ajenas.

FISGONEO s.m. Acción de fisgonear.

FISIATRA s.m. y f. Persona que practica la fisiatría.

FISIATRÍA s.f. Naturismo.

FISIBLE adj. Se dice del elemento químico que puede sufrir una fisión nuclear.

FÍSICA s.f. Ciencia que estudia las propiedades generales de la materia y la energía (con exclusión de los que modifican la estructura molecular de los cuerpos, de los cuales se ocupa la química), y establece las leyes de los fenómenos naturales. ◇ **Física atómica** Estudio teórico y experimental de las propiedades del átomo aislado. **Física matemática** Parte de la física en la que las leyes físicas se traducen en funciones matemáticas. **Física recreativa** Conjunto de experimentos de física destinados a distraer o divertir.

ENCICL. Lo que hoy se conoce como «física», durante mucho tiempo —de Aristóteles a Newton— se llamó «filosofía natural». La física moderna, en esencia experimental y matemática, se desarrolló gracias al mejoramiento de los instrumentos de observación, la elaboración de teorías matemáticas y la agrupación de leyes dispersas en un conjunto coherente con base en definiciones y principios formulados con claridad. La mecánica ha sido básica en el desarrollo de la física, pues fue la primera en dar un «vuelco» científico. Con ella empezó el despegue verdadero de las ciencias físicas a principios del s. XVII (Kepler, Galileo, Huygens), antes de que Newton fundara la dinámica (1687). En el s. XVIII estudiosos como Euler, d'Alembert y Lagrange desarrollaron sus aplicaciones con la creación de la mecánica de fluidos. El reconocimiento de la existencia del vacío y de la presión atmosférica surge durante el s. XVII, gracias sobre todo a Pascal. Kepler fundó la óptica geométrica y Huygens esbozó la teoría ondulatoria de la luz, opuesta a la concepción corpuscular defendida por Newton. Con la demostración de Galileo sobre la naturaleza de los cuerpos celestes y los cuerpos terrestres, a principios del s. XVII, y la teoría de la gravitación universal de Newton, a fines del mismo siglo, la física ya era universal. En el s. XIX la electricidad tuvo un despliegue sobresaliente, y Maxwell aportó las ecuaciones del electromagnetismo. Apareció otra teoría general: la termodinámica, adelantada por Lavoisier y Laplace en el s. XVIII con el estudio del calor, pero realmente fundada por Sadi Carnot (1824), quien dedujo la primera de las relaciones entre calor y producción de energía mecánica. La mecánica estática (Maxwell, Boltzmann) se ocupó del aspecto microscópico de las leyes de la termodinámica al introducir la noción de probabilidad. A finales del s. XIX se elaboraron principios que iban a provocar la revisión de los conceptos fundamentales de la física. Las teorías de la relatividad establecieron un nexo entre masa y energía y condujeron a una concepción por completo nueva de la gravitación y de las relaciones entre masa, espacio y tiempo. Después del descubrimiento de los *quanta* por parte de Planck en 1900, Einstein demostró la existencia del *fotón,* un grano de luz. De nuevo se confrontaron las dos concepciones, ondulatoria y corpuscular, de la luz. Esta oposición solo

se superó con la creación de la mecánica cuántica, en 1924-1926, debida a L. de Broglie, Heisenberg y Schrödinger, afinada y completada por Dirac y Pauli. Después de reconocer la existencia de átomos, se cuestionó su estructura. Bohr elaboró un primer modelo a partir de los quanta en 1913. La estructura del núcleo empezó a precisarse a partir de 1930 con el descubrimiento del neutrón (1930-1932), de donde procede la constitución de la física nuclear que, en 1939, llevó a la fisión de átomos muy pesados. Después de la segunda guerra mundial nació una física más refinada: la de las partículas elementales o física de altas energías.

FISICALISMO s.m. Teoría epistemológica neopositivista que afirma que el lenguaje de la física puede formar un lenguaje universal, apropiado para todas las ciencias. (Fue elaborada por ciertos representantes del círculo de Viena.)

FÍSICO, A adj. (lat. *physicus,* del gr. *physikós,* relativo a la naturaleza). Relativo a la física. **2.** Relativo a la naturaleza y constitución corpórea o material: *geografía física; ejercicios físicos.* **3.** Cuba y Méx. Pedante, melindroso. ◆ s. Persona que se dedica a la física. ◆ s.m. Exterior de una persona, lo que forma su constitución y naturaleza.

FÍSICO-MATEMÁTICO, A adj. (lat. *mathematicus,* del gr. *mathimatikós,* estudioso, matemático). Relativo a la física y a las matemáticas a la vez.

FÍSICO-QUÍMICA s.f. Parte de la química que aplica las leyes de la física al estudio de los sistemas químicos.

FÍSICO-QUÍMICO, A adj. Relativo a la física y a la química a la vez. ◆ s. Especialista en físico-química.

FISIOCRACIA s.f. (del gr. *phýsis,* naturaleza, y *kratein,* dominar). Doctrina de los economistas que, con Quesnay, consideraban a la agricultura como la fuente esencial de la riqueza.

FISIÓCRATA adj. y s.m. y f. Fisiocrático; partidario de la fisiocracia.

FISIOCRÁTICO, A adj. Relativo a la fisiocracia.

FISIOGNÓMICA s.f. Estudio del carácter de los seres humanos por sus rasgos fisonómicos.

FISIOGRAFÍA s.f. Descripción geomorfológica de una región.

FISIOGRÁFICO, A adj. Relativo a la fisiografía.

FISIOLOGÍA s.f. (gr. *physiología,* estudio de la naturaleza). Parte de la biología que estudia las funciones orgánicas por medio de las cuales se manifiesta la vida y que aseguran el mantenimiento de la vida individual.

FISIOLÓGICO, A adj. Relativo a la fisiología.

FISIÓLOGO, A s. Persona que se dedica a la fisiología.

FISIÓN s.f. (ingl. *fission*). División del núcleo de un átomo pesado (uranio, plutonio, etc.) en dos o varios fragmentos, causado por un bombardeo de neutrones, con liberación de una enorme cantidad de energía y varios neutrones.

ENCICL. La energía liberada en una reacción de fisión procede de la desintegración de una parte de la masa del núcleo atómico fisionado. Los productos de la fisión son radiactivos; son la causa de los efectos radiactivos de las bombas atómicas y constituyen los residuos radiactivos de las centrales nucleares. Los neutrones que se desprenden al fisionarse un núcleo producen a su vez la fisión de otros núcleos vecinos, dando lugar a la reacción en cadena. Pueden sufrir la fisión, con mayor o menor probabilidad, todos los núcleos de elementos pesados a partir del torio. Los neutrones inductores de fisión pueden ser *lentos* (o térmicos), como en el caso del uranio 235, el uranio 233 y el plutonio 239, o *rápidos,* como en el caso del uranio 238.

FISIONAR v.tr. y prnl. Producir una fisión.

FISIONOMÍA s.f. → FISONOMÍA.

FISIONÓMICO, A adj. → FISONÓMICO, A.

FISIONOMISTA adj. y s.m. y f. → FISONOMISTA.

FISIOPATOLOGÍA s.f. Parte de la biología que estudia los trastornos funcionales que

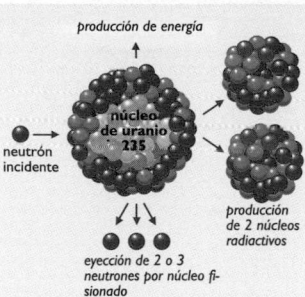

producción de energía

↑

núcleo
de uranio
235

neutrón
incidente

↙↓↘

producción
de 2 núcleos
radiactivos

eyección de 2 o 3
neutrones por núcleo fi-
sionado

■ **FISIÓN.** Principio de la fisión nuclear a partir del uranio 235.

perturban las funciones fisiológicas y son responsables de los síntomas patológicos.

FISIOPATOLÓGICO, A adj. Relativo a la fisiopatología.

FISIOTERAPEUTA s.m. y f. Persona que se dedica a la fisioterapia.

FISIOTERAPIA s.f. (del gr. *phýsis*, naturaleza, y *therapeía*, curación). Tratamiento médico por medio de agentes naturales: luz, calor, frío, electricidad, ejercicio, etc.

FISIPARIDAD s.f. Modo de reproducción asexual en el que el organismo se divide en dos partes.

FISÍPARO, A adj. Se dice de los seres que se multiplican por fisiparidad.

FISONOMÍA o **FISIONOMÍA** s.f. (del lat. *physionomon, -onis*, y del gr. *physiognómon*, quien sabe juzgar por la fisonomía) Aspecto particular del rostro de una persona, que la caracteriza. **2.** *Fig.* Aspecto exterior de las cosas.

FISONÓMICO, A o **FISIONÓMICO, A** adj. Relativo a la fisonomía.

FISONOMISTA o **FISIONOMISTA** adj. y s.m. y f. Se dice de la persona que recuerda fácilmente los rasgos fisonómicos.

FÍSTULA s.f. (lat. *fistula*, caño de agua, tubo) Cañón o conducto por donde pasa el agua o algún otro líquido. **2.** Instrumento musical de viento. **3.** MED. Conducto de origen congénito, traumático, quirúrgico o patológico, que comunica un órgano con el exterior o con otro órgano.

FISTULAR adj. Relativo a la fístula.

FISTULOSO, A adj. De forma de fístula o parecido a ella.

FISURA s.f. Fractura o hendidura longitudinal de un hueso. **2.** Solución de continuidad, de disposición lineal, en la piel o en una mucosa. **3.** GEOL. Hendidura en la superficie de una roca.

FITNESS s.m. Conjunto de ejercicios gimnásticos que se realizan para conseguir y mantener una buena forma física.

FITOBIOLOGÍA s.f. Parte de la biología que estudia los vegetales bajo un aspecto no sistemático.

FITÓFAGO, A adj. y s.m. (del gr. *phytón*, vegetal, y *phagein*, comer). Se dice del animal que se nutre de materias vegetales.

FITOFARMACIA s.f. Estudio y preparación de los productos antiparasitarios destinados al tratamiento de las enfermedades de las plantas.

FITOFLAGELADO, A adj. y s.m. Se dice de los protistas flagelados que poseen clorofila.

FITOGEOGRAFÍA s.f. Ciencia que estudia la distribución de las plantas sobre la Tierra.

FITOHORMONA s.f. Hormona vegetal.

FITOPATOLOGÍA s.f. Estudio de las enfermedades de las plantas.

FITOPLANCTON s.m. Plancton vegetal.

FITOSANITARIO, A adj. Relativo a los cuidados que deben dedicarse a las vegetales.

FITOSOCIOLOGÍA s.f. Estudio de las asociaciones vegetales.

FITOTRÓN s.m. Laboratorio equipado para estudiar las condiciones físicas y químicas en las que se desarrollan las plantas.

FITOZOO, A adj. y s.m. Zoófito.

FJELD s.m. (voz noruega).GEOGR. Plataforma rocosa modelada por un glaciar continental. SIN.: *fjell*.

FLABELO s.m. (lat. *flabellum*, abanico).Abanico grande con mango largo.

FLACIDEZ o **FLACCIDEZ** s.f. Cualidad de flácido.

FLÁCIDO, A o **FLÁCCIDO, A** adj. (lat. *flaccidus*). Blando, flojo y sin consistencia.

FLACO, A adj. (lat. *flaccus*, flojo, flácido). Se dice de la persona o animal muy delgados. **2.** *Fig.* Poco entero o poco resistente a las tentaciones. **3.** *Fig.* Endeble, sin fuerza: *argumento flaco.*

FLACURA s.f. Cualidad de flaco.

FLAGELACIÓN s.f. Acción de flagelar.

FLAGELADO, A adj. y s.m. Relativo a una clase de protozoos caracterizada por la posesión de flagelos.

FLAGELANTE s.m. y f. Penitente que se azotaba en público.

FLAGELAR v.tr. y prnl. (lat. *flagellare*). Dar golpes en el cuerpo a alguien con un flagelo. **2.** *Fig.* Dirigir reproches duros a alguien o algo.

FLAGELO s.m. (lat. *flagellum*, látigo, azote). Azote o instrumento para azotar. **2.** Azote, calamidad. **3.** BIOL. Filamento móvil que sirve de órgano locomotor a ciertos protozoos y a los espermatozoides.

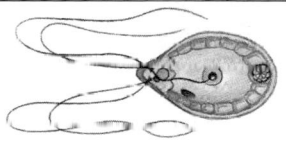

■ **FLAGELOS** de un protófito.

FLAGRANTE adj. Que es muy claro y evidente. SIN.: *fragante*. ◇ **Flagrante delito** DER. Delito que se está cometiendo o se acaba de cometer cuando el delincuente ha sido sorprendido.

FLAMA s.f. Llama, masa gaseosa en combustión que se eleva de los cuerpos que arden. **2.** Llama, pasión vehemente.

FLAMANTE adj. De apariencia vistosa y lucida. **2.** Nuevo, moderno, reciente, acabado de hacer o de estrenar. **3.** Se dice de la espada cuya hoja está ondeada en forma de llama.

FLAMBEAR v.tr. Quemar el licor con que se ha rociado un alimento, para darle un gusto específico.

FLAMBOYÁN o **FRAMBOYÁN** s.m. Árbol oriundo de México, de aproximadamente 15 m de alt., de tronco ramificado y flores muy vistosas y abundantes, de color rojo encendido. (Familia leguminosas.)

FLAMEAR v.intr. (cat. *flamejar*). Despedir llamas. **2.** MAR. Ondear las velas orientadas al filo del viento. **3.** MED. Quemar un líquido inflamable en superficies o recipientes que se quieren esterilizar, o pasar por la llama algún instrumento con el mismo fin. **4.** Ondear una bandera.

FLAMEN s.m. [pl. *flámines*]. ANT. ROM. Sacerdote vinculado al culto de un dios particular.

FLAMENCO, A adj. y s. (neerlandés *flaming*).De Flandes. **2.** Achulado. **3.** Se dice de la persona, especialmente de la mujer, de aspecto robusto y sano. ← adj. Se dice de lo andaluz que tiende a hacerse agitanado: *cante, aire, tipo flamenco.* ← s.m. Conjunto de cantes y bailes formados por la fusión de ciertos elementos del orientalismo musical andaluz dentro de unos peculiares moldes expresivos gitanos. **2.** Conjunto de dialectos neerlandeses hablados en Bélgica y en la región francesa de Dunkerque. **3.** Ave de 1,50 m de alt., de plumaje rosa, escarlata o blanco, con largas patas palmeadas, cuello largo y flexible y un pico acodado que le permite filtrar el limo de las aguas costeras y poco profundas. (Familia fenicoptéridos.) ◇ **Escuela flamenca** Conjunto de los artistas y de la producción artística

de los países de lengua flamenca antes de la constitución de la actual Bélgica. **Movimiento flamenco** Movimiento político y cultural aparecido en Bélgica en la segunda mitad del s.XIX, que preconiza la autonomía de Flandes y la limitación de la cultura francesa en el territorio flamenco.

ENCICL. Poco se sabe sobre las raíces históricas del flamenco, que como rito doméstico gitano se fue forjando paulatinamente durante siglos, sin difusión pública hasta fines del s. XVIII. En la Andalucía mestiza de los ss. XVI y XVII, en contacto con gente de diversas procedencias (moriscos, judaizantes, etc.), los gitanos se apropiaron, con deslumbrante intuición artística, de elementos de la música oriental (modos litúrgicos bizantinos, hebreos, melodías árabes) ya «andaluzados», adaptándolos a sus necesidades expresivas. Las más antiguas modalidades flamencas son las tonás, las siguiriyas y las soleares, de las que han derivado los distintos estilos conocidos en la actualidad: alegrías, fandangos, tientos, bulerías, serranas, saetas, peteneras, etc. El cante jondo y el baile flamenco, caracterizado por el zapateado y los estilos festeros, se difundieron enormemente a mediados del s. XIX, atravesando desde entonces diversas coyunturas de adulteración, autenticidad y renovación. Entre los grandes nombres del flamenco se encuentran los cantaores Tomás el Litri, Antonio Chacón, Antonio Mairena, Manolo Caracol, El Terremoto, La Niña de los Peines, Manuel Molina, Tomás Pavón, Lebrijano, Manuel Soto, Camarón de la Isla, José Menese, etc.; entre los tocaores, el Niño Ricardo, Melchor de Marchena, los Habichuela, etc.; los concertistas Manolo Sanlúcar, Paco de Lucía y Manuel Cano; y los bailaores Vicente Escudero, Carmen Amaya, Enrique el Cojo, Rafael de Córdoba, Estampío, Realito, Antonio, Manuela Vargas, Cristina Hoyos, Antonio Gades, etc.

■ **FLAMENCO** rosa.

FLAMENCOLOGÍA s.f. Estudio del cante y el baile flamenco.

FLAMENCÓLOGO, A adj. y s. Especialista en flamencología.

FLAMENQUERÍA s.f. Cualidad de flamenco, chulería.

FLAMENQUISMO s.m. Afición a las costumbres flamencas o achuladas. **2.** Flamenquería.

FLAMÍGERO, A adj. (del lat. *flamma*, llama, y *gerere*, llevar). Que arroja o despide llamas o imita su figura. **2.** ARQ. Se dice del último período del gótico, del s.XV, caracterizado por la decoración con curvas y contracurvas parecidas a lenguas de fuego.

FLAN s.m. (fr. *flan*). Dulce elaborado con yemas de huevo, leche y azúcar batidos y cuajados en un molde, puesto al baño María. ◇ **Como,** o **hecho, un flan** *Fig.* y *fam.* Muy nervioso o inquieto.

FLANCO s.m. (fr. *flanc*, costado). Lado, cada una de las dos partes laterales de un cuerpo. **2.** Costado, lado de un buque o de un cuerpo de tropa. **3.** ANAT. Parte lateral del tronco situada entre el reborde inferior de las costillas de un lado y el borde superior del hueso coxal de otro. **4.** FORT. Lado de un baluarte que enlaza las caras de este con las cortinas contiguas. **5.** HERÁLD. Cada uno de los rectángulos que ocupan el centro de los costados diestro y siniestro, en el escudo dividido hipotéticamente por dos líneas verticales y dos horizontales.

FLANQUEAR v.tr. Estar colocado en el flanco o lado de algo o alguien. **2.** MIL. Guardar los flancos del ejército.

FLAP s.m. (voz inglesa). AERON. Alerón que al abatirse aumenta la capacidad de sustentación del ala de un avión.

FLAQUEAR v.intr. Debilitarse, ir perdiendo la fuerza o la resistencia: *flaquear las piernas; flaquear una viga*. **2.** Estar en cierta materia menos preparado o enterado que en otras o que otros. **3.** Fig. Decaer el ánimo, aflojar en una acción.

FLAQUEZA s.f. Fragilidad o acción reprensible cometida por debilidad: *las flaquezas de la carne*. **2.** Cualidad de flaco.

FLASH o **FLAS** s.m. (voz angloamericana). Aparato que produce destellos luminosos intensos, para la toma de fotografías. **2.** Destello producido por este aparato. **3.** Información procedente de una agencia de prensa y transmitida rápidamente, de forma concisa, por radio o televisión durante una emisión o en una interrupción de la programación. **4.** CIN. Visión rápida de un plano de escasa duración. ◇ **Flash electrónico** FOT. Flash que utiliza descargas de condensador en un tubo con gas enrarecido.

FLASH-BACK s.m. (ingl. *flashback*). Secuencia cinematográfica que describe una acción pasada con respecto a la acción principal.

FLASHING s.m. CIN. Procedimiento que consiste en iluminar muy débilmente la película, de manera uniforme, antes, durante o después de la exposición de la cinta en la cámara o en la tiradora.

FLATO s.m. (lat. *flatus, -us*, soplo, flatulencia). Amér. Central, Colomb., Méx. y Venez. Melancolía, tristeza. **2.** Esp. Acumulación de gases en un punto limitado del tubo digestivo que produce un dolor pasajero.

FLATULENCIA s.f. Acúmulo de gases en la cavidad abdominal, en especial en el estómago y colon transverso.

FLATULENTO, A adj. Se dice de las sustancias que tienden a producir gases de fermentación en el tubo digestivo y, por lo tanto, meteorismo. ◆ adj. y s. Que padece flatulencia.

FLAUTA s.f. Instrumento musical de viento, formado por un tubo vacío y con agujeros. (Se distinguen la *flauta de pico* o *dulce*, de madera, con embocadura en un extremo y perforación cónica, y la *flauta travesera*, de madera o de metal, con la embocadura a un lado.) ◆ s.m. y f. Flautista. ◇ **Flauta de Pan** Instrumento músical compuesto por tubos de longitud desigual.

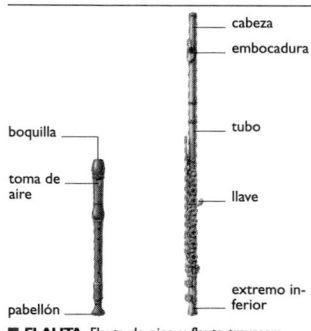

cabeza
embocadura
boquilla
tubo
toma de aire
llave
pabellón
extremo inferior

■ **FLAUTA.** Flauta de pico y flauta travesera.

FLAUTADO, A adj. De sonido parecido al de la flauta.

FLAUTÍN s.m. Instrumento musical de viento, pequeña flauta afinada a la octava superior de la flauta ordinaria.

FLAUTISTA s.m. y f. Músico que toca la flauta.

FLAVINA s.f. BIOL. Molécula orgánica perteneciente a un grupo que comprende la vitamina B2 (riboflavina), los pigmentos amarillos de numerosos animales y enzimas respiratorios.

FLEBITIS s.f. Inflamación de una vena, que afecta generalmente a las extremidades inferiores y que puede provocar la formación de un coágulo.

FLEBOTOMÍA s.f. MED. Incisión de una vena.

FLECHA s.f. (fr. *flèche*). Arma arrojadiza, que se dispara generalmente con arco, compuesta por una varilla delgada y ligera, o astil, en cuyo extremo va una punta afilada. **2.** Indicador de dirección con esta forma. **3.** AERON. Ángulo formado por el borde de ataque de un ala de un avión con la perpendicular al eje del fuselaje. **4.** ARQ. **a.** Remate cónico, piramidal o poligonal de un campanario, que se levanta a gran altura. **b.** Altura de la clave de un arco o bóveda sobre la línea de los arranques. **5.** MAT. Perpendicular trazada desde el punto medio de un arco de circunferencia a la cuerda que sostiene este arco.

■ **FLECHA** de la catedral de Santa María de la Regla (León).

FLECHAR v.tr. Herir o matar con flechas. **2.** Fig. y fam. Enamorar.

FLECHASTE s.m. MAR. Cada uno de los cabos delgados horizontales que forman las escalas que sirven para subir a los palos.

FLECHAZO s.m. Acción de disparar la flecha. **2.** Herida causada por una flecha. **3.** Fig. Enamoramiento súbito.

FLECHILLA s.f. Planta herbácea que, tierna, se utiliza como pasto para el ganado y crece en Argentina. (Familia gramíneas.)

FLECO s.m. (del lat. *floccus*, copo de lana). Adorno compuesto por una serie de hilos o cordoncillos colgantes de una tira de tela, pasamanería, etc. **2.** Flequillo. **3.** Borde de una tela deshilachado por el uso. **4.** Fig. Detalle o aspecto que queda por resolver en un asunto o negociación.

FLEJE s.m. (cat. dialectal *fleix*, fresno, fleje). Tira de hierro con los que se hacen los aros de las cubas y toneles y para ceñir las balas o fardos de ciertas mercancías. **2.** Pieza alargada y curva de acero que sirve para muelles y resortes.

FLEMA s.f. (lat. *phlegma, -atis*, mucosidad, humores, del gr. *phlégma*, inflamación, mucosidad). Mucosidad pegajosa que se arroja por la boca, procedente de las vías respiratorias. **2.** Fig. Tardanza, lentitud en las operaciones. **3.** Serenidad, impasibilidad.

FLEMÁTICO, A adj. (lat. *phlematicus*). Relativo a la flema. **2.** Tardo y lento en las acciones. **3.** Sereno, impasible.

FLEMÓN s.m. (lat. *phlegmone*, del gr. *phlegmoné*). MED. Inflamación difusa del tejido conjuntivo.

FLEMONOSO, A adj. Relativo al flemón.

FLEMOSO, A adj. Que tiene o causa flema.

FLEO s.m. (gr. *phleos, -o*, especie de junco acuático). Gramínea forrajera vivaz que crece en los prados, preferentemente en suelos secos y calcáreos.

FLEQUILLO s.m. Porción de cabello recortado que cae a manera de fleco sobre la frente.

FLETADOR, RA adj. y s. Que fleta. **2.** DER. En el contrato de fletamento, se dice del que entrega la carga que ha de transportarse.

FLETAMENTO o **FLETAMIENTO** s.m. Acción de fletar. **2.** DER. Contrato de transporte por mar.

FLETÁN s.m. Halibut.

FLETANTE s.m. y f. Chile y Ecuad. Persona que da en alquiler una nave o una bestia para transportar personas o mercaderías. **2.** DER. En el contrato de fletamento, naviero o quien lo represente.

FLETAR v.tr. (del cat. ant. y dialectal *fretar*). Alquilar un vehículo para el transporte de cosas o personas. **2.** Argent., Chile y Urug. Echar a una persona de su empleo. **3.** Argent., Chile y Urug. Fam. Enviar a alguien a alguna parte en contra de su voluntad. **4.** Chile y Perú. Fig. Soltar o espetar palabras agresivas o inconvenientes. ◆ v.tr. y prnl. Embarcar mercancías o personas en una nave para su transporte. ◆ **fletarse** v.prnl. Cuba. Largarse, marcharse de pronto. **2.** Méx. Emprender una tarea de manera forzada y a disgusto. **3.** Méx. Inclinarse.

FLETE s.m. (fr. *fret*). Precio estipulado para el alquiler de un medio de transporte, especialmente de un buque. **2.** Precio de transporte de mercancías por mar, tierra o aire. **3.** Carga que se transporta en un buque, camión o avión. **4.** Argent. Vehículo que hace transporte de mercancías por alquiler. **5.** Argent. El transporte mismo. **6.** Argent. y Urug. Caballo ligero. **7.** Cuba. Cliente de la fletera o prostituta.

FLETERA s.m. Cuba. Prostituta callejera.

FLETERO, A adj. Amér. Se dice del vehículo que se alquila para transporte. ◆ adj. y s. Amér. Se dice de la persona que tiene por oficio hacer transportes. ◆ s.m. Amér. Persona que cobra el precio del transporte. **2.** Chile y Perú. En los puertos, persona encargada de transportar personas o mercancías entre las naves y los muelles.

FLEXIBILIDAD s.f. Cualidad de flexible.

FLEXIBILIZAR v.tr. y prnl. [7]. Hacer flexible o más flexible: *flexibilizar un tejido*.

FLEXIBLE adj. (lat. *flexibilis*, de *flectere*, doblar). Que puede doblarse fácilmente. **2.** Fig. Se dice de la persona que cede o se acomoda fácilmente al dictamen o resolución de otra. ◆ adj. y s.m. Se dice del sombrero de fieltro flexible.

FLEXIÓN s.f. (lat. *flexio, -onis*). Acción y efecto de doblar o doblarse. **2.** Deformación de un sólido sometido a fuerzas que actúan sobre su plano de simetría o dispuestas simétricamente dos a dos con relación a dicho plano. **3.** GEOL. Forma intermedia entre la falla y el pliegue, en la que las capas han sido levantadas de una parte y hundidas por la otra, sin que se haya roto su continuidad. **4.** LING. Procedimiento morfológico que consiste en colocar como afijo, al final de un vocablo, desinencias con que se expresan las categorías gramaticales.

FLEXIONAR v.tr. y prnl. Hacer flexiones con el cuerpo o un miembro, generalmente en ejercicios gimnásticos.

FLEXIVO, A adj. LING. Que expresa relaciones gramaticales por medio de flexiones: *lenguas flexivas*.

FLEXO s.m. Esp. Lámpara de mesa con brazo flexible.

FLEXOGRAFÍA s.f. Procedimiento de impresión con formas en relieve, constituidas por planchas de caucho o de materia plástica.

FLEXOR, RA adj. Que doblo o hace que una cosa se doble con movimiento de flexión. ◆ adj. y s.m. ANAT. Se dice de varios músculos que ejercen un movimiento de flexión. CONTR.: *extensor*.

FLICTENA s.f. (gr. *phlýktaina*, pústula, vesícula). Ampolla, vejiga formada en la piel como consecuencia de una quemadura o de un rozamiento.

FLINTGLAS s.m. Cristal a base de plomo, dispersivo y refringente, utilizado en óptica. (También *flint-glass*.)

FLIPAR v.tr. Esp. Fam. Gustar mucho una cosa: *me flipa la música de este grupo*. ◆ v.intr. Esp. Fam. Estar una persona muy admirada, sorprendida o confundida: *yo flipo con este tío*.

◆ **fliparse** v.prnl. Esp. Fam. Someterse a la acción de estupefacientes.

FLIRT s.m. (voz inglesa). Acción de flirtear. SIN.: flirteo. **2.** Persona con la que se flirtea.

FLIRTEAR v.intr. (ingl. to flirt). Coquetear o entablar una relación amorosa superficial y pasajera. **2.** Manifestar simpatía o afición superficial por algo.

FLIRTEO s.m. Flirt, acción de flirtear.

FLOCADURA s.f. Guarnición de flecos.

FLOCULACIÓN s.f. Transformación reversible de un sistema coloidal bajo la acción de un factor exterior, con formación de pequeños copos. ◇ **Reacciones de floculación** Reacciones bioquímicas útiles para diagnosticar determinadas enfermedades, entre ellas la sífilis.

FLOGÍSTICO, A adj. Relativo al flogisto.

FLOGISTO s.m. (gr. phlogistós, consumido por el fuego). Fluido imaginado por los antiguos químicos para explicar la combustión.

FLOJEAR v.intr. Flaquear.

FLOJEDAD s.f. Debilidad y flaqueza en alguna cosa. **2.** Fig. Pereza, negligencia o descuido con que se hace algo.

FLOJERA s.f. Fam. Flojedad.

FLOJO, A adj. (lat. fluxus, fluido, flojo, blando). Mal atado, poco apretado o poco tirante. **2.** Que no tiene mucha actividad, fortaleza o vigor. ◆ adj. y s. Fig. Perezoso, negligente, descuidado y tardo para el trabajo, el estudio, etc.

FLOQUEADO, A adj. Guarnecido con flecos.

FLOR s.f. (lat. flos, floris). Órgano reproductor de las plantas con semilla (fanerógamas), generalmente con forma y color vistosos. **2.** Parte mejor y más selecta de algo: flor de harina. **3.** Piropo, requiebro. **4.** Virginidad. **5.** Capa superior y externa de algunos minerales o líquidos: la flor del vino. **6.** Parte exterior de las pieles curtidas que se puede pulimentar. **7.** Producto pulverulento obtenido por sublimación o descomposición: flor de azufre. **8.** Argent. Pieza agujereada de la ducha por donde sale el agua. **9.** Chile. Mancha pequeña y blanca que aparece en las uñas. ◇ **A flor de** Casi en la superficie; a punto de. **En flor** En el estado anterior al de la madurez, complemento o perfección. **Flor de** Amér. Merid. Seguido de un sustantivo indica abundancia o exceso de lo expresado por este. **Flor de estufa, o de invernadero** Persona muy mimada, delicada o propensa a pequeños achaques. **Flor de la edad, o de la vida** Juventud. **Flor de nieve** Edelweiss. **Flor de un día** Planta bulbosa, de la familia de las liliáceas, cultivada por sus flores decorativas, amarillas y rojizas. **Flor y nata** Lo mejor y más selecto.

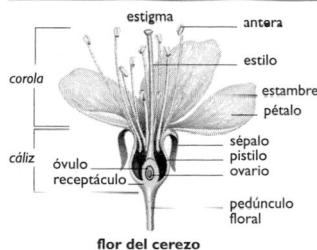

estigma — antera
corola
estilo
estambre
pétalo
cáliz — sépalo
óvulo — pistilo
receptáculo — ovario
pedúnculo floral

flor del cerezo

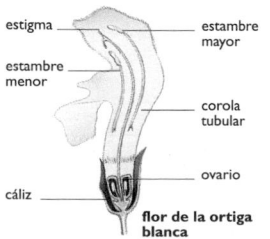

estigma — estambre mayor
estambre menor
corola tubular
ovario
cáliz

flor de la ortiga blanca

■ **FLOR.** Flores vistas en sección.

ENCICL. La flor está unida al tallo por un pedúnculo en cuya base se encuentra una bráctea. Una flor completa está compuesta por: un periantio, en el que se distingue un cáliz exterior, formado por sépalos, y una corola, formada por pétalos, a menudo coloreados y olorosos; un androceo, formado por los órganos masculinos, o estambres, cuya antera produce los granos de polen; un gineceo, o pistilo, órgano femenino, cuyo ovario, coronado por un estilo y un estigma, contiene los óvulos. Tras la fecundación, el ovario da un fruto, mientras que cada óvulo proporciona una semilla. En numerosos vegetales las flores son incompletas, sea por reducción del periantio o por ausencia de estambres o pistilo.

FLORA s.f. (de Flora, diosa itálica de las flores). Conjunto de las especies vegetales que crecen en una región. **2.** Libro que describe las plantas y permite la determinación de las especies. ◇ **Flora microbiana, o bacteriana** MED. Conjunto de bacterias, hongos microscópicos y protozoos que se encuentran en una cavidad del organismo que comunica con el exterior.

FLORACIÓN s.f. Eclosión de las flores. **2.** Tiempo que tiene lugar.

FLORAL adj. Relativo a la flor.

FLOREADO, A adj. MIL. Se dice de la diana o retreta que se toca en alguna solemnidad, y en la que interviene la música del regimiento, además de la banda.

FLOREAR v.tr. Adornar con flores. **2.** Méx. Hacer suertes y figuras con el lazo los charros mexicanos. ◆ v.intr. Vibrar la punta de la espada. **2.** Fam. Requebrar, echar flores. **3.** Amér. Florecer, brotar las flores. **4.** MÚS. En la técnica de la guitarra, tocar dos o tres cuerdas con tres dedos sucesivamente, pero sin parar.

FLORECER v.intr. y tr. (lat. florescere, empezar a florecer) [37]. Dar flores las plantas. ◆ v.intr. Fig. Prosperar. **2.** Fig. Vivir una persona o cosa insigne en un tiempo o lugar determinado. ◆ **florecerse** v.prnl. Ponerse mohoso: florecerse el pan.

FLORECIENTE adj. Próspero.

FLORECIMIENTO s.m. Acción de florecer o florecerse. **2.** Fig. Apogeo, en una ciudad o país, de la cultura, el arte, etc.

FLORENTINO, A adj. y s. De Florencia.

FLOREO s.m. Vibración o movimiento de la punta de la espada. **2.** Conversación, diálogo, movimiento, etc., vano y superfluo, hecho sin otro fin que el de hacer alarde de ingenio, maestría o mero pasatiempo. **3.** COREOGR. En la danza española, movimiento de uno de los pies en el aire. **4.** MÚS. Acción de florear en la guitarra.

FLORERÍA s.f. Méx. Floristería.

FLORERO s.m. Recipiente para poner flores.

FLORESCENCIA s.f. Época de prosperidad o esplendor. **2.** BOT. Época en que las plantas florecen.

FLORESTA s.f. (fr. ant. forest, selva). Terreno frondoso. **2.** Fig. Reunión de cosas variadas que se consideran agradables y de buen gusto.

FLORETE s.m. (fr. fleuret). Espada delgada, muy ligera, sin filo, terminada en un botón, que se utiliza en las competiciones de esgrima.

FLORÍCOLA adj. Que vive sobre las flores.

FLORICULTOR, RA s. Persona que se dedica a la floricultura.

FLORICULTURA s.f. Parte de la horticultura que se ocupa especialmente de las flores.

FLORIDANO, A adj. y s. De Florida.

FLORIDO, A adj. Que tiene flores. **2.** Fig. Selecto. **3.** Fig. Se dice del lenguaje o estilo muy adornado. ◇ **Pascua florida** Pascua de Resurrección.

FLORÍFERO, A adj. Que tiene o produce flores.

FLORILEGIO s.m. (de flor y el lat. legere, asir). Colección de fragmentos literarios selectos.

FLORÍN s.m. (cat. florí, del ital. fiorino). Moneda de oro que fue unidad internacional durante la edad media. **2.** Unidad monetaria principal de Hungría y Antillas Neerlandesas. **3.** Unidad monetaria de Países Bajos, sustituida por el euro en 2002.

FLORIPONDIO s.m. Arbusto de hasta 4 m de

alt., de flores blancas y muy olorosas en forma de embudo, de entre 18 y 30 cm, que crece en Perú. (Familia solanáceas.) **2.** Fig. y desp. Adorno desmesurado y de mal gusto, a veces en forma de flor grande.

FLORISTA s.m. y f. Persona que tiene por oficio vender flores.

FLORISTERÍA s.f. Establecimiento donde se venden flores.

FLORÍSTICO, A adj. Relativo a la flora de una localidad.

FLORITURA s.f. Conjunto de adornos añadidos a una melodía. **2.** Adorno, ornato accesorio.

FLORÓN s.m. (ital. fiorone). Cosa que da lustre, que honra. **2.** ARQ. Adorno en forma de flor grande que se usa en pintura y arquitectura. **3.** HERÁLD. Adorno que se pone en el círculo de algunas coronas.

FLÓSCULO s.m. (lat. flosculus, dim. de flos, floris, flor). BOT. Cada una de las pequeñas flores regulares cuya reunión forma todo o parte del capítulo de las compuestas.

FLOTA s.f. (fr. flotte). Conjunto de navíos cuyas actividades están coordinadas por una misma autoridad o que operan en una zona determinada. **2.** Conjunto de fuerzas navales de un país o de una compañía de navegación. **3.** Conjunto de aparatos de aviación para un servicio determinado. **4.** Chile y Ecuad. Fig. Muchedumbre, gentío: una lluvia invadió el estadio. **5.** Colomb. Autobús de servicio intermunicipal o interdepartamental: no alcanzó a abordar la flota. **6.** Colomb. Fig. Fanfarronada.

FLOTABILIDAD s.f. Fuerza que ejerce el empuje del agua sobre el volumen sumergido de un cuerpo, opuesta al peso total de este cuerpo. ◇ **Reserva de flotabilidad** Suplemento de flotabilidad correspondiente a la parte del casco de un barco que no está sumergida.

FLOTABLE adj. Que flota. **2.** Que permite conducir a flote armadías, balsas, etc. ◇ no flotable.

FLOTACIÓN s.f. Acción de flotar. **2.** Transporte de maderas a flote, por vía fluvial. **3.** Procedimiento de separación de las mezclas de sólidos finamente divididos, basado en la diferencia de tensión superficial con relación a sus partículas cuando están en suspensión en el agua. **4.** ECON. Estado de una moneda flotante. **5.** MAR. Plano correspondiente a la superficie del agua en calma en el contorno de un navío, que delimita la parte sumergida y emergida.

FLOTADOR, RA adj. Que flota en un líquido. ◆ s.m. Salvavidas, objeto para mantenerse a flote. **2.** Cuerpo ligero que flota sobre un líquido: el flotador de un sedal de pesca. **3.** Órgano que permite a un hidroavión posarse sobre el agua.

FLOTANTE adj. Que flota sobre un líquido. **2.** Que no está fijo: costillas flotantes. ◇ **Capital flotante** Capital que pasa rápidamente de un lugar a otro para aprovechar la variación del tipo de interés. **Coma flotante** Manera de representar un número en la que la posición de la coma no es fija con respecto a uno de los extremos del número; método que permite efectuar operaciones aritméticas sobre esta figura. **Deuda flotante** Parte de la deuda pública no consolidada, susceptible de aumento o de disminución diaria. **Fábrica flotante** Construcción realizada en un taller industrial situado en la costa y llevada seguidamente por vía marítima hasta su emplazamiento de explotación. **Moneda flotante** Moneda cuya paridad con respecto a las otras monedas no está determinada por una tasa de cambio fijo. **Motor flotante** Motor de automóvil montado sobre el bastidor mediante fijaciones elásticas.

FLOTAR v.intr. (fr. flotter). Permanecer en equilibrio en la superficie de un líquido. **2.** Difundirse en el ambiente algo inmaterial que impresiona o produce alguna sensación: un misterio flotaba a su alrededor. **3.** Ondear en el aire: flotar las banderas al viento. **4.** Estar sometida una moneda a flotación.

FLOTE s.m. Flotación, acción de flotar. ◇ **A flote** Manteniéndose sobre el agua; a salvo de un peligro, apuro o dificultad.

FLOTILLA s.f. Conjunto de barcos o aviones

pequeños que tienen una misma misión o un mismo tipo de actividad.

FLOU s.m. (voz francesa). CIN. y FOT. Disminución de la nitidez de la imagen.

FLUATACIÓN s.f. Procedimiento de impermeabilización y endurecimiento superficial de hormigones.

FLUCTUACIÓN s.f. Acción y efecto de fluctuar. **2.** Desplazamiento alternativo dentro de la masa de un líquido. **3.** Variación de una magnitud física a una y otra parte de un valor medio. **4.** Variación continua, transformación alternativa: *fluctuación de los precios.*

FLUCTUANTE adj. Que fluctúa.

FLUCTUAR v.intr. (lat. *fluctuari*, ser llevado de una parte a otra por las olas) [18]. Oscilar un cuerpo sobre las aguas por el movimiento de ellas. **2.** Variar, oscilar: *fluctuar los precios.* **3.** Tener una moneda un valor variable con respecto al oro o a otra moneda. **4.** *Fig.* Dudar en la resolución de algo: *fluctuar entre dos opciones.*

FLUENCIA s.f. Acción y efecto de fluir. **2.** Deformación lenta que experimenta un material sometido a una carga permanente.

FLUENTE adj. Fluyente. **2.** MED. Se dice de la lesión u órgano que supura o fluye.

FLUIDEZ s.f. Cualidad de fluido.

FLUÍDICA s.f. Tecnología que utiliza un fluido, así como compuestos sin piezas móviles, para realizar operaciones de amplificación, conmutación, lógica o memoria.

FLUÍDICO, A adj. Relativo al fluido.

FLUIDIFICACIÓN s.f. Acción de fluidificar.

FLUIDIFICADO, A adj. Se dice de un betún del que se ha disminuido la consistencia por incorporación de productos petrolíferos.

FLUIDIFICANTE adj. y s.m. Se dice de los medicamentos que convierten en más fluidas las secreciones bronquiales.

FLUIDIFICAR v.tr. Hacer pasar al estado fluido.

FLUIDO, A adj. y s.m. (lat. *fluidus*). Se dice de los cuerpos (gases y líquidos) que se adaptan con facilidad a los recipientes que los contienen. ◆ adj. Que corre fácilmente: *tinta muy fluida.* **2.** *Fig.* Fácil y natural: *lenguaje fluido.* ◆ s.m. Corriente eléctrica. **2.** Energía misteriosa que se supone poseen ciertas personas. ◇ **Circulación fluida** Circulación que se realiza sin atascos, de forma regular. **Mecánica de los fluidos** Parte de la mecánica que estudia los fluidos considerados como medios continuos deformables.

FLUIR v.intr. (lat. *fluere*) [88]. Correr o brotar un fluido: *fluir el agua.* **2.** *Fig.* Surgir de forma fácil y natural: *fluir las ideas.*

FLUJO s.m. (lat. *fluxus, -us*). Movimiento de un fluido o de otra cosa: *un flujo de aire fresco; un flujo de palabras.* **2.** Movimiento de subida de la marea. **3.** ECON. Suma de los intercambios efectuados por los distintos agentes de la vida económica. (La noción de flujo se opone a las nociones de *stock* o de *patrimonio*.) **4.** MED. Salida abundante, al exterior del organismo, de un líquido normal o patológico. **5.** METAL. Producto depositado en la superficie de un metal en fusión para afinarlo, fluidificarlo y protegerlo de la oxidación del aire. ◇ **Flujo de un vector a través de una superficie** Producto de la componente normal de este vector por la superficie de esta. **Flujo eléctrico, magnético** Flujo de los vectores campo eléctrico, campo magnético. **Flujo luminoso** Caudal de energía irradiada, evaluada de acuerdo con la sensación luminosa que produce.

FLÚOR s.m. (lat. *fluor, -oris*, flujo). No metal gaseoso, de color amarillo pálido. **2.** Elemento químico (F), de número atómico 9 y masa atómica 18,998. (Es muy reactivo y el elemento más electronegativo de todos.) ◇ **Espato de flúor** Fluorita.

FLUORESCEÍNA s.f. Materia colorante amarilla, con fluorescencia verde, extraída de la resorcina.

FLUORESCENCIA s.f. Propiedad de determinados cuerpos de emitir luz cuando reciben una radiación, que puede ser invisible, como los rayos ultravioletas, los rayos X, los rayos catódicos, etc.

FLUORESCENTE adj. Relativo a la fluorescencia. ◆ s.m. Tubo de cristal que produce luz fluorescente.

FLUORHÍDRICO, A adj. Se dice de un ácido (HF) compuesto de flúor e hidrógeno, utilizado en el grabado sobre vidrio.

FLUORITA s.f. QUÍM. Fluoruro natural de calcio (CaF_2), cuyos cristales amarillos, verdes o violetas se encuentran asociados al cuarzo o a la calcita en la ganga de los yacimientos mineros.

FLUOROCARBURO s.m. QUÍM. Combinación de carbono y flúor.

FLUOROGRAFÍA s.f. Procedimiento fotográfico consistente en impregnar al sujeto con productos fluorescentes que se fijan en los huecos y que hacen resaltar todos los detalles de estos últimos.

FLUORURO s.m. Compuesto de flúor. **2.** Sal del ácido fluorhídrico.

FLUS s.m. Colomb. y Venez. Terno, traje completo de hombre.

FLUTTER s.m. (voz inglesa). MED. Taquicardia importante de las aurículas, con ritmo ventricular dos o tres veces más lento.

FLUVIAL adj. (lat. *fluvialis*). Relativo a los ríos.

FLUVIÁTIL adj. Que vive o crece en los ríos o en las aguas corrientes: *depósitos fluviátiles.*

FLUVIOGLACIAR adj. Relativo a la acción de la corriente de agua que proviene del deshielo de los glaciares. ◇ **Complejo fluvioglaciar** GEOGR. Glacis de aluviones muy aplanado, extendido gracias a las aguas de los arroyos y a las aguas corrientes, que han depositado los glaciares cuaternarios.

FLUVIÓMETRO s.m. Aparato para medir el nivel de un río canalizado. SIN.: *fluviógrafo.*

FLUVIOMÉTRICO, A adj. Relativo a la medición del nivel y del caudal de los ríos.

FLUXIÓN s.f. (lat. *fluxio, -onis*, acto de correr un líquido). Edema y vasodilatación localizados que representan el estado inicial de una inflamación.

FLUXÓMETRO s.m. Galvanómetro especial para medir los flujos magnéticos.

FLUYENTE adj. Que fluye.

FLYSCH o **FLYSH** s.m. GEOL. Formación detrítica que se deposita en los geosinclinales y que se caracteriza por rápidas variaciones de aspecto (bancos calcáreos, areniscos, esquistosos).

FOB adj. y adv. (sigla del ingl. *free on board*). Se dice de una transacción comercial marítima en la que el precio convenido comprende todos los gastos ocasionados por el transporte de la mercancía hasta su destino en el navío designado por el comprador.

FOBIA s.f. (del gr. *phobeisthai*, temer). Aversión. CONTR.: *filia.* **2.** PSIQUIATR. Temor irracional a ciertos objetos o a situaciones o personas concretas, del que el sujeto que lo padece reconoce su carácter injustificado, pero del que no se puede librar. (Esta palabra entra en la composición de otros términos que designan distintas clases de miedos injustificados: *agorafobia, claustrofobia,* etc.)

FÓBICO, A adj. Relativo a la fobia. ◆ adj. y s. Que padece de neurosis fóbica. ◇ **Neurosis fóbica** PSIQUIATR. Neurosis cuyo principal síntoma está constituido por fobias.

FOCA s.f. (lat. *phoca,* del gr. *phóki*). Mamífero carnívoro acuático de 1,50 a 2 m de long., de cuerpo fusiforme, cabeza ligeramente deprimida, miembros anteriores cortos y oídos sin pabellón, que vive en las costas árticas, en los mares más cálidos (foca fraile del Mediterráneo) o en el hemisferio austral (foca leopardo). [Familia fócidos.] **2.** Piel de este animal.

■ **FOCA** común.

FOCAL adj. FÍS. Concerniente al foco de los espejos y lentes. ◇ **Distancia focal** Distancia del foco principal al centro óptico; en matemáticas, distancia entre los dos focos de una cónica.

FOCALIZAR v.tr. [7]. Hacer converger en un punto un haz luminoso o flujo de electrones.

FOCENSE adj. y s.m. y f. De Focea y de Fócida. SIN.: *foceo, focidio.*

FOCHA s.f. Ave zancuda, de unos 20 cm de long., de plumaje oscuro, parecida a la becada, que vive entre las cañas de lagos y estanques. (Familia rállidos.)

■ **FOCHA** común.

FOCO s.m. (lat. *focum,* hogar, fuego). Punto central de donde proviene algo: *el foco de la rebelión.* **2.** Lámpara que emite una luz potente. **3.** Amér. Globo de cristal en cuyo interior, donde se ha hecho el vacío, se halla un filamento que se pone incandescente al pasar por él la corriente eléctrica. GEOSIN.: Amér. Central, Antillas, Colomb. y Venez. *bombillo;* Esp. *bombilla.* **4.** Amér. Farola. **5.** Amér. Faro de vehículo. **6.** FÍS. Punto en el que se encuentran rayos inicialmente paralelos, después de la reflexión o refracción. **7.** MED. Centro productor de una enfermedad, centro principal de sus manifestaciones. ◇ **Foco de una cónica** Punto en el que se puede asociar una recta (directriz relativa a este foco), tal que la cónica es el conjunto de los puntos cuya relación de distancias con respecto al foco y a la directriz tiene un valor constante, denominado *excentricidad de la cónica.* **Profundidad de foco** Distancia máxima entre los puntos extremos del eje de un objetivo fotográfico sin que se altere la nitidez de la imagen.

FOCOMELIA s.f. Malformación congénita caracterizada por el acortamiento o ausencia de los segmentos medios de las extremidades, de modo que las manos o los pies quedan unidos directamente a la raíz del miembro, en la axila o en la ingle.

FOCOMELO, A adj. y s. Que padece focomelia.

FODONGO, A adj. Méx. Se dice de la persona perezosa y descuidada en su apariencia o en el arreglo y aseo de su casa.

FOETE s.m. Amér. Látigo.

FOFO, A adj. (voz de origen onomatopéyico). *Desp.* Blando y de poca consistencia: *carnes fofas.*

FOGAJE s.m. HIST. Tributo que se pagaba por casa o por hogar.

FOGARA s.f. (voz árabe). En el Sahara, galería subterránea que lleva el agua de irrigación captada al pie de las montañas.

FOGARADA s.f. Llamarada.

FOGATA s.f. Fuego que levanta llama.

FOGÓN s.m. Lugar de la cocina donde se hace fuego y se guisa. **2.** Utensilio para hacer fuego y cocinar, que puede funcionar con diversos combustibles: *fogón de gas, de petróleo.* **3.** Argent. En los ranchos y estancias, sitio donde arde el fuego para cocinar: *dejó el puchero en el fogón.* **4.** Argent., Chile, C. Rica y Urug. Fuego de leña u otro combustible que se hace en el suelo. **5.** TECNOL. En los hornos, calderas de vapor, etc., parte del hogar o lugar donde se echa el combustible.

FOGONADURA s.f. MAR. Cada uno de los agujeros de la cubierta por donde se hacen pasar los palos.

FOGONAZO s.m. Llama o fuego momentáneo que acompaña a un disparo o a la explosión brusca de algo.

FOGONERO, A s. Persona que tiene por oficio alimentar el fogón, especialmente en las máquinas de vapor.

FOGOSIDAD s.f. Cualidad de fogoso.

FOGOSO, A adj. Que pone pasión, ímpetu o entusiasmo en lo que hace: *carácter fogoso.*

FOGUEAR v.tr. Limpiar con fuego de pólvora un arma: *foguear la escopeta.* **2.** Acostumbrar a personas o caballos al fuego de la pólvora: *un soldado sin foguear.* **3.** *Fig.* Acostumbrar a alguien a las penalidades o trabajos de un estado u ocupación: *la vida lo ha fogueado.* **4.** TAUROM. Clavar al toro banderillas de fuego.

FOGUEO s.m. Acción y efecto de foguear. ◇ **Munición de fogueo** Munición que no tiene bala o la tiene de madera, y que se emplea para salvas, ejercicios, etc.

FOIE-GRAS s.m. → FUAGRÁS.

FOJA s.f. (cat. *fotja*). Hoja de papel de un documento legal.

FOLCLORE, FOLCLOR o **FOLKLORE** s.m. (ingl. *folk-lore*, de *folk*, gente, vulgo, y *lore*, erudición). Conjunto de tradiciones populares y costumbres relativas a la cultura y civilización de un país o región. **2.** Estudio científico de estas tradiciones.

FOLCLÓRICO, A o **FOLKLÓRICO, A** adj. Relativo al folclore: *danza folklórica.* ◆ s.m. y f. Persona que se dedica a cantar o bailar flamenco, coplas, tonadillas, etc.

FOLCLORISTA o **FOLKLORISTA** s.m. y f. Especialista en folclore.

FOLÍA s.f. (occitano ant. *folia*). Danza de origen portugués que pasó a Europa a través de España. (Suele usarse en plural.) **2.** Canto y danza popular canarios. (Suele usarse en plural.)

FOLIÁCEO, A adj. Relativo a las hojas de las plantas. **2.** Que tiene el aspecto de estas.

FOLIACIÓN s.f. Acción y efecto de foliar. **2.** Desarrollo de las yemas y brotes de las hojas en árboles y arbustos caducos. **3.** Época en que tiene lugar este fenómeno.

FOLIADO, A adj. BOT. Que tiene hojas.

FOLIADOR s.m. Instrumento que sirve para foliar. SIN.: *foliadora.*

1. FOLIAR adj. (del lat. *folium*, hoja) BOT. Relativo a las hojas.

2. FOLIAR v.tr. Numerar los folios de un manuscrito, registro o libro.

FOLIATURA s.f. Acción de foliar.

FÓLICO, A adj. (lat. *folliculus*, saquito, hollejo de las legumbres). **Ácido fólico** Vitamina contenida en las hojas de espinaca, en el hígado y en numerosos alimentos. SIN.: *vitamina B₉.*

FOLICULAR adj. Relativo a un folículo: *cavidad folicular.*

FOLICULINA s.f. Hormona segregada por el folículo ovárico.

FOLICULITIS s.f. Inflamación de un folículo piloso, lesión elemental del acné.

FOLÍCULO s.m. Fruto seco que deriva de un carpelo aislado y se abre por una sola hendidura. **2.** ANAT. Estructura macroscópica o microscópica en forma de saco (folículo piloso) o constituida por un montón de células (folículo ovárico).

FOLIO s.m. (lat. *folium*, hoja). Hoja de papel que resulta de cortar por la mitad un pliego, y cuyo tamaño equivale a dos cuartillas. **2.** Hoja de un libro o de un cuaderno, especialmente cuando se numera por hojas y no por páginas. ◇ **En folio** Se dice del pliego de impresión que ha sido doblado una vez, por lo que consta de dos hojas o cuatro páginas; se dice del libro, folleto, etc., cuyo tamaño iguala a la mitad de un pliego de papel sellado.

FOLÍOLO o **FOLIOLO** s.m. (lat. *foliolum*, hoja pequeña). Cada división del limbo de una hoja compuesta, como la de la acacia o la del castaño de Indias.

FOLK adj. y s.m. (voz angloamericana). Se dice de una corriente de la música pop originaria de EUA que combina elementos de la música tradicional y del rock y cuyas letras

suelen tener un carácter comprometido y contestario. SIN.: *folk song.*

FOLKLORE s.m. → FOLCLORE.

FOLKLÓRICO, A adj. → FOLCLÓRICO, A.

FOLKLORISTA s.m. y f. → FOLCLORISTA.

FOLLA s.f. Diversión teatral compuesta de varios pasos de comedia mezclados con música.

FOLLAJE s.m. Conjunto de hojas de un árbol o una planta. **2.** *Fig.* Palabrería, superfluidad en el discurso. **3.** B. ART. Adorno realizado con elementos vegetales enroscados sucesivamente unos con otros.

FOLLAR v.tr. e intr. (cat. *follar*). Esp. *Vulg.* Realizar el acto sexual.

FOLLETÍN s.m. Composición literaria publicada por entregas en un periódico. **2.** Obra literaria, teatral o cinematográfica de enredo, de gran simplicidad psicológica. **3.** Suceso o acontecimiento melodramático.

FOLLETINESCO, A adj. Relativo al folletín o que tiene sus características.

FOLLETINISTA s.m. y f. Escritor de folletines.

FOLLETO s.m. (ital. *foglietto*). Obra impresa, no periódica y de corta extensión, que no constituye un libro. (Suele tener más de cuatro páginas y menos de cuarenta y seis.) **2.** Impreso de poca extensión que informa de algo. **3.** Prospecto.

FOLLETÓN s.m. Galic. Folletín.

FOLLISCA s.f. Amér. Central, Antillas, Colomb. y Venez. Riña.

FOLLÓN, NA adj. y s. Flojo, perezoso. **2.** *Poét.* Cobarde y ruin. ◆ s.m. Cohete que no produce ruido. **2.** Ventosidad sin ruido. **3.** Esp. Escena, situación, relato, etc., en que hay gritos, discusiones y riñas; desorden, confusión.

FOLLONAS s.f.pl. Ecuad. Vestiduras femeninas que caen de la cintura abajo, como faldas, refajos y enaguas.

FOME adj. Chile. Soso. **2.** Chile. Aburrido, tedioso. **3.** Chile. Pasado de moda.

FOMENTACIÓN s.f. MED. Aplicación externa de fomentos.

FOMENTAR v.tr. (lat. tardío *fomentare*). *Fig.* Aumentar la actividad o intensidad de algo: *fomentar el turismo, una pasión.* **2.** Dar calor que vivifique o anime. **3.** MED. Aplicar fomentos a una parte enferma.

FOMENTO s.m. (lat. *fomentum*, bálsamo). Acción y efecto de fomentar. **2.** MED. Medicamento caliente, seco o húmedo, para calmar una inflamación, que se aplica en paños directamente sobre la parte afectada.

1. FON s.m. Unidad de sonoridad y percepción sonora equivalente a la sensación que produce un sonido de 1000 hercios de frecuencia y 1 decibelio de intensidad. (Se utiliza para medir la diferencia entre las sensaciones sonoras producidas por dos sonidos de intensidades distintas.)

2. FON, pueblo del S de Benín y Nigeria que habla una lengua kwa.

FONACIÓN s.f. Conjunto de fenómenos que intervienen en la producción de la voz.

FONADOR, RA adj. Relativo a la producción de sonidos vocales.

FONDA s.f. Establecimiento público donde se da hospedaje y se sirven comidas. **2.** Chile y Perú. Puesto o cantina en que se sirven comidas y bebidas. **3.** Méx. Establecimiento donde se sirve comida casera.

FONDABLE adj. Se dice de los parajes del mar donde pueden fondear los barcos.

FONDANT s.m. (voz francesa). Bombón hecho con una pasta azucarada. **2.** Jarabe espeso para recubrir pasteles.

FONDEADERO s.m. MAR. Lugar situado en la costa, un puerto o río, de profundidad suficiente para que pueda fondear una embarcación.

FONDEADO, A adj. Chile. Escondido, aislado.

FONDEAR v.tr. Reconocer el fondo del agua. **2.** Registrar una embarcación para ver si trae contrabando. **3.** Sumergir una mina amarrándola al fondo del mar. ◆ v.tr. e intr. Asegurar una embarcación por medio de anclas o pesos. ◆ v.tr. y prnl. Chile. Aislar, esconder.

FONDEO s.m. Acción de fondear un barco o una mina. **2.** Acción de registrar o reconocer una embarcación.

FONDERO, A s. Amér. Desp. Fondista.

FONDILLOS s.m.pl. Parte de un pantalón que cubre las nalgas.

1. FONDISTA s.m. y f. Persona que practica el esquí de fondo. **2.** Persona que participa en carreras de largo recorrido.

2. FONDISTA s.m. y f. Persona que regenta una fonda.

FONDO s.m. (lat. *fundus*). Parte inferior de un hueco o una concavidad: *el fondo de un pozo.* **2.** Superficie que está por debajo del agua: *el fondo del mar, de un río.* **3.** Parte opuesta al lugar desde el que se habla o a la entrada de un lugar: *al fondo a la derecha; el fondo del pasillo.* **4.** Profundidad: *un río de poco fondo.* **5.** Extensión interior de un edificio: *esta casa tiene mucho fondo.* **6.** Base visual, auditiva, etc., sobre la que se destaca alguna cosa: *un bordado sobre fondo rojo; música de fondo.* **7.** Fig. Parte esencial o constitutiva de algo: *el fondo del asunto.* **8.** Parte interior, íntima o profunda de las personas o de alguna de sus capacidades: *persona con buen fondo.* **9.** Conjunto de libros o documentos existentes en una biblioteca, librería o archivo, o conjunto de obras publicadas por una editorial. **10.** Primera capa de pintura, de tono neutro, con la que algunos pintores empiezan sus cuadros; campo de un cuadro sobre el que se destaca el tema: *un fondo de paisaje.* **11.** Decoración que cierra el escenario o, en la parte opuesta a la sala. **12.** Argent. Patio o parte posterior de un edificio. **13.** Cuba. Caldera usada en los ingenios. **14.** Méx. Saya blanca que las mujeres llevan debajo de las enaguas. **15.** DER. Lo que se refiere a la esencia y a la naturaleza de un acto jurídico, por oposición a la *forma.* **16.** FOT. Plano sobre el que destacan, en una fotografía, los objetos que constituyen los restantes planos. **17.** IMPR. Cada uno de los márgenes de las páginas de un libro. ◆ **fondos** s.m.pl. Dinero disponible: *no tener fondos.* **2.** Excedente de los valores de explotación, de los valores realizables y de los valores disponibles sobre los exigibles a corto plazo. ◇ **A fondo** En profundidad, de manera exhaustiva o con todo detalle. **Carrera de fondo** Carrera efectuada sobre un largo recorrido (como mínimo 5 000 m en atletismo). **Dar fondo** Fondear. **Echar a fondo** Echar a pique. **En el fondo** En último término. **Estar en fondos** Tener dinero disponible. **Fondo de comercio** Conjunto de los elementos necesarios a una explotación comercial o industrial. **Fondo de inversión mobiliaria** Sociedad financiera cuyo objeto son las inversiones en valores mobiliarios. **Fondo de reserva** Capital retirado por una empresa para prevenir ciertas eventualidades. **Fondo de vestido** COST. Forro de tela ligera. **Fondos de amortización** Fondos destinados por una empresa a realizar la amortización de capital. **Fondos públicos** Medios financieros en poder del estado; dinero adquirido por el estado. **Ir al fondo** Irse a pique, hundirse. **Irse a fondo** ESGR. Tenderse hacia adelante para tirar una estocada.

FONDÓN, NA adj. *fam.* y *desp.* Se dice de la persona que ha perdido la agilidad por haber engordado.

FONDUCHO s.m. Figón, fonda mala y pobre.

FONDUE s.f. (voz francesa). Plato compuesto de queso fundido en vino blanco, en el que se sumergen pequeños trozos de pan. ◇ **Fondue bourguignonne** Fondue a base de pequeños trozos de carne que se fríen en aceite hirviendo en el momento de consumirse y que se aderezan con salsas picantes.

FONEMA s.m. Unidad fonológica mínima que, dentro del sistema de la lengua, se opone a otras en contraste significativo.

FONEMÁTICA s.f. Parte de la fonología que estudia los fonemas.

FONEMÁTICO, A adj. Relativo a los fonemas.

FONENDOSCOPIO s.m. (del gr. *éndon*, dentro, y *skopein*, examinar). Instrumento médico empleado en la exploración clínica para auscultar los sonidos del organismo.

FONÉTICA s.f. Parte de la lingüística que estudia los sonidos del lenguaje desde el punto de vista de su articulación o de su recepción auditiva.

FONÉTICO, A adj. (gr. *phonitikós*). Relativo a los sonidos del lenguaje. ◇ **Escritura fonética**

457

Escritura cuyos signos gráficos corresponden a los sonidos del lenguaje.

FONETISTA s.m. y f. Especialista en fonética.

FONIATRA s.m. y f. Médico especialista en los trastornos de la voz.

FONIATRÍA s.f. Parte de la medicina que estudia los trastornos de la fonación.

FÓNICO, A adj. Relativo a los sonidos o a la voz.

FONO s.m. Fon. **2.** Receptor telefónico en el sistema telegráfico fonodúplex inventado por Edison. **3.** Argent., Bol. y Chile. Auricular del teléfono.

FONOCAPTOR s.m. Dispositivo que permite leer la grabación de un disco fonográfico.

FONOCARDIOGRAFÍA s.f. MED. Método de registro gráfico de los ruidos cardíacos.

FONOGRÁFICO, A adj. Relativo a la grabación mecánica de los sonidos.

FONÓGRAFO s.m. Aparato que reproduce y registra el sonido.

FONOGRAMA s.m. Gráfico que recoge la inscripción de las ondas sonoras en un fonógrafo. **2.** LING. Ideograma que representa un sonido; letra del alfabeto.

FONOLITA s.f. Roca volcánica ácida que contiene un feldespatoide y que se divide en losas sonoras por percusión.

FONOLOGÍA s.f. Parte de la lingüística que estudia los fonemas de una lengua.

FONOLÓGICO, A adj. Relativo a la fonología.

FONÓLOGO, A s. Especialista en fonología.

FONOMETRÍA s.f. Medida de la intensidad del sonido.

FONÓN s.m. Cuanto de energía acústica que es para las ondas acústicas lo que el fotón para las ondas electromagnéticas.

FONOTECA s.f. Establecimiento o archivo donde se conservan documentos sonoros de todo género.

FONOTECNIA s.f. Estudio de las maneras de obtener, transmitir, registrar y reproducir el sonido.

FONTANA s.f. (ital. *fontana*, del lat. *fontana aqua*, agua de fuente). *Poét.* Fuente, manantial de agua.

FONTANAL adj. *Poét.* Relativo a la fuente.

FONTANELA s.f. (fr. *fontanelle*, dim. de *fontaine*, fuente). Espacio de los que están situados entre los huesos de la bóveda craneal antes de su completa osificación.

FONTANERÍA s.f. Esp. Plomería, conjunto de instalaciones y oficio.

FONTANERO, A s. Esp. Plomero, persona que se ocupa de la conducción de aguas de un edificio.

FOOTING s.m. (voz francesa, del ingl. *to foot*, pisar). Práctica deportiva que consiste en andar y correr a diferentes ritmos, intercalando ejercicios gimnásticos.

FOQUE s.m. (neerlandés, *fok*). MAR. Vela triangular situada en la parte delantera de un navío, entre el trinquete y el bauprés. ◇ **Foque de mesana** Vela de estay que se instala entre el palo mayor y el de mesana.

FORADO s.m. Amér. Merid. Agujero hecho en una pared.

FORAJIDO, A adj. y s. Malhechor que vive fuera de la ley y alejado de lugares poblados, huyendo de la justicia.

FORAL adj. Relativo al fuero: *guardia foral.* ◇ **Bienes forales** Bienes que concede el dueño a otra persona mediante el pago de un reconocimiento o pensión anual.

FORALISMO s.m. Tendencia a privilegiar los fueros en los territorios tradicionales forales.

FORAMEN s.m. (voz latina). Agujero, orificio.

FORAMINÍFERO, A adj. y s.m. Relativo a una clase de rizópodos, generalmente marinos, cuyo protoplasma está protegido por una concha calcárea perforada por orificios minúsculos.

FORÁNEO, A adj. (bajo lat. *foraneus*). Forastero: *costumbres foráneas.*

FORASTERO, A adj. y s. (cat. *foraster*). Que viene de fuera. **2.** Relativo al que vive o está en

un lugar de donde no es vecino o en donde no ha nacido.

FORCEJEAR v.intr. (cat. *forcejar*, de *força*, fuerza). Hacer fuerza o esfuerzos para vencer una resistencia, a veces en contra de algo o de alguien.

FORCEJEO s.m. Acción de forcejear.

FÓRCEPS s.m. (lat. *forceps*, *-ipis*, tenazas) [pl. *fórceps*]. Instrumento en forma de pinza, que se utiliza para ayudar a extraer al bebé en los partos difíciles.

FORCIPRESIÓN s.f. CIR. Aplicación de una pinza sobre un vaso sanguíneo, lesionado o no, para detener la circulación.

1. FORENSE adj. Relativo al foro. SIN.: *judicial.* ◆ s.m. y f. *Médico forense.

2. FORENSE s.m. y f. En la edad media, habitante de las villas y aldeas de la isla de Mallorca.

FORERO, A adj. Perteneciente a fuero o conforme a él.

FORESTAL adj. (bajo lat. *forestalis*). Relativo a los bosques y a sus posibilidades de aprovechamiento: *repoblación forestal.*

FORESTAR v.tr. Poblar un terreno con plantas forestales.

FORFAIT s.m. (voz francesa). Contrato en el que el precio de una cosa o de un servicio se fija por adelantado en una cantidad invariable: *se incluye el transporte y el forfait para los remontes.* **2.** Evaluación por el fisco de las rentas o cifras a que ascienden los negocios de determinados contribuyentes. **3.** Suma que el propietario de un caballo comprometido a correr se ve obligado a pagar si no lo hace competir.

FORILLO s.m. Telón pequeño que se pone detrás del telón de foro.

FORJA s.f. Acción y efecto de forjar. **2.** Fragua de platero. **3.** Argamasa de cal, arena y agua para la construcción.

FORJADOR, RA adj. y s. Que forja. ◆ s. Persona que tiene por oficio la forja de metales. **2.** *Fig.* Creador o artífice de alguna cosa: *los forjadores de la independencia.*

FORJADURA s.f. Forja, acción y efecto de forjar.

FORJAR v.tr. (fr. *forger*). Dar forma, por lo general en caliente, mediante deformación plástica, a un metal o a una aleación, por golpes o por presión. SIN.: *fraguar.* **2.** *Fig.* Inventar, imaginar: *forjar ilusiones.* **3.** Crear, fabricar: *forjar un gran futuro.*

FORLANA o **FURLANA** s.f. Danza oriunda de Friul, muy popular en Venecia a principios del s. XVII.

FORMA s.f. (lat. *forma*). Modo, manera de hacer o proceder: *hablar de forma oficiosa.* **2.** Distribución peculiar de la materia que constituye cada cuerpo: *la forma de una mesa.* **3.** Apariencia externa de una cosa: *medicamento bajo forma de píldoras.* **4.** Condiciones físicas de una persona: *estar en plena forma.* **5.** Modo de expresar el pensamiento o cualidades del estilo: *interesa más la forma que el fondo de esta obra.* **6.** Patrón, norma o molde para dar forma a una cosa. **7.** DER. Aspecto exterior de un acto jurídico o de un juicio. **8.** IMPR. Número de moldes o páginas que se acuñan en cada rama para imprimir una cara de todo un pliego. **9.** LING. Aspecto bajo el cual se presenta una palabra o una construcción: *forma del singular, del plural.* **10.** MÚS. Estructura, plan de composición de una obra musical. **11.** TECNOL. Molde en que se vacía y forma alguna cosa. ◆ **formas** s.f.pl. Maneras, modales: *guardar las formas.* **2.** Contorno del cuerpo humano. ◇ **Dar forma a** Dar expresión precisa a algo que está todavía impreciso. **De cualquier forma** o **de todas formas** o **de una**

concha
calcárea

seudópodo

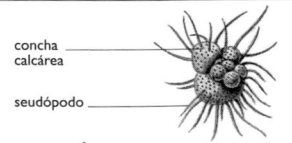

■ **FORAMINÍFERO.** Globigerina (x 40).

forma u otra Expresa que algo dicho antes, o que está en la mente del que habla y del que escucha, no impide lo que se dice a continuación. **De forma que** Indica consecuencia o resultado, de modo que se pueda hacer lo que se expresa a continuación. **En forma** Con formalidad, como es debido; en buenas condiciones físicas o de ánimo para cualquier cosa. **Forma lineal** Forma vinculada a un vector de espacio vectorial, que se calcula como polinomio homogéneo del primer grado de las coordenadas del vector. **Sagrada forma** Hostia pequeña para la comunión de los fieles. **Teoría de la forma** Teoría psicológica de origen alemán *(Gestalttheorie)*, que ha subrayado en especial los aspectos de configuración y, más en general, de totalidad, en la vida psíquica. SIN.: *gestaltismo.*

FORMACIÓN s.f. Acción de formar o formarse, proceso que provoca la aparición de algo que no existía antes: *la formación de una palabra, de un absceso.* **2.** Figura o determinación de la materia: *un cuerpo con buena formación.* **3.** Educación, instrucción: *la formación de un niño.* **4.** Grupo de personas: *formación política.* **5.** Orden particular adoptado por un grupo de bailarines o gimnastas en el lugar de la acción. **6.** GEOL. Capa constitutiva del suelo. **7.** MIL. **a.** Término genérico que designa a un grupo militar organizado. **b.** Despliegue realizado por una tropa, un conjunto de aviones o embarcaciones de guerra para la instrucción, la maniobra o el combate. ◇ **Formación ocupacional** Enseñanza no reglada que proporciona una capacitación laboral para desempeñar las tareas de una ocupación o puesto de trabajo determinados. **Formación profesional** Nivel educativo destinado a proporcionar una capacitación para el ejercicio profesional. **Formación reactiva** PSICOANÁL. Rasgo de comportamiento opuesto a un deseo reprimido. **Formación social** Realidad social históricamente determinada, producida por la superposición de varios tipos de modos de producción entre los que domina uno. **Formación vegetal** Grupo natural de plantas del mismo porte: árboles (bosque), hierbas altas (sabana), matorral, hierba baja (estepa), etc. (Una formación se considera *abierta* cuando en algunos lugares deja el suelo desnudo, y *cerrada* cuando lo cubre por entero.)

FORMAJE s.m. (fr. *fromage*, queso). Recipiente de barro, madera o mimbre, con orificios, empleado para escurrir y dar forma al queso.

FORMAL adj. (lat. *formalis*). Relativo a la forma. **2.** Se dice de la persona que tiene formalidad: *persona formal.* **3.** Que cumple con los requisitos que determina la ley o la moral: *compromiso formal.*

FORMALDEHÍDO s.m. Aldehído fórmico.

FORMALIDAD s.f. Seriedad y compostura en el comportamiento. **2.** Requisito indispensable para alguna cosa. (Suele usarse en plural.) **3.** Seriedad y responsabilidad en la manera de hacer las cosas. **4.** Ceremonial de ciertos actos públicos. **5.** DER. Operación de la que la ley hace depender la validez de un acto o el cumplimiento de una obligación.

FORMALISMO s.m. Aplicación y observancia rigurosa del método y fórmulas de una escuela en la enseñanza o en la investigación. **2.** Tendencia a concebir y expresar las cosas en su aspecto meramente formal. **3.** EPISTEMOL. Tesis que sostiene que la verdad de las ciencias solo depende de las reglas de utilización de los símbolos convencionales, por oposición a *intuicionismo.* **4.** LÓG. Doctrina según la cual los enunciados matemáticos son conjuntos de signos, vacíos de sentido en tanto que tales. ◇ **Formalismo ruso** Escuela de crítica literaria desarrollada entre 1916 y 1930, en Moscú, Leningrado y, posteriormente, en Praga, que se ocupó de definir las características propiamente literarias de una obra. (Sus principales representantes fueron Roman Jakobson, Víktor Chklovski, Óssip Brik, Yuri Tiniánov, Vladímir Propp.)

FORMALISTA adj. y s.m. y f. Relativo al formalismo. **2.** Partidario de esta tendencia. **3.** Que observa escrupulosamente las formas y tradiciones en cualquier asunto.

FORMALIZACIÓN s.f. Acción y efecto de formalizar.

FORMALIZAR v.tr. [7]. Hacer que algo cumpla con los requisitos que determina la ley o la moral: *formalizar un contrato, una relación*. **2**. Dar la última forma a una cosa. **3**. LÓG. Introducir explícitamente en una teoría deductiva las reglas de formación de las expresiones, o fórmulas, así como las reglas de inferencia según las cuales se razona.

FORMANTE s.m. FONÉT. En el análisis espectrográfico, banda que, junto con otras similares, caracteriza el timbre de un sonido.

FORMAR v.tr. y prnl. (lat. *formare*). Hacer o crear algo. ◆ v.tr. y prnl. Constituir, componer, integrar. ◆ v.tr. Adiestrar o educar. **2**. MIL. Disponer las tropas agrupadas de acuerdo con las reglas de la táctica: *formar en columna por compañías*. ◆ v.intr. Colocarse una persona en una formación. ◆ **formarse** v.prnl. Adquirir una persona desarrollo, aptitud o habilidad.

FORMATEAR v.tr. INFORMÁT. Dar un formato o estructura a un disco para que se pueda trabajar con él en la computadora.

FORMATIVO, A adj. Se dice de lo que forma o da forma.

FORMATO s.m. Tamaño de la tapa o de la cubierta de un libro. **2**. Tamaño o dimensión de algo. **3**. CIN. y FOT. Dimensión de un cliché fotográfico o de un fotograma de película. **4**. INFORMÁT. Estructura que caracteriza la presentación de la información en una computadora, durante una transmisión, o en un soporte de entrada o de edición de resultados.

FORMERO, A adj. Se dice del arco que sostiene el tramo de una bóveda de arista o de crucería y es paralelo al eje mayor del edificio. **2**. Se dice del arco en que descansa una bóveda vaída.

FORMIATO s.m. Sal del ácido fórmico.

FÓRMICA s.f. (marca registrada). Material estratificado, revestido de una resina artificial.

FÓRMICO, A adj. (del lat. *formica*, hormiga). QUÍM. Se dice de un ácido (HCOOH) que se encuentra en ortigas, hormigas, etc. ◇ **Aldehído fórmico** Líquido volátil (HCHO), de olor fuerte, obtenido por oxidación incompleta del alcohol metílico, que es un antiséptico muy eficaz. SIN.: *formaldehído*.

FORMIDABLE adj. (lat. *formidabilis*, temible). Muy grande, muy temible o asombroso. **2**. Extraordinario por lo bueno, lo grande, lo agradable, etc.

FORMOL s.m. (de *formaldehído*). Solución acuosa de aldehído fórmico, utilizada como antiséptico.

FORMÓN s.m. Instrumento parecido al escoplo, pero más ancho y plano.

FORMOSANO, A adj. y s. De Formosa.

FÓRMULA s.f. (lat. *formula*, marco, regla). Forma establecida para expresar alguna cosa o modo convenido para ejecutarla o resolver la. **2**. Escrito en que se enumeran los ingredientes de una cosa y el modo de hacerla, como un medicamento, un guiso, etc. **3**. Receta, prescripción facultativa. **4**. Expresión simbólica de la relación que existe entre dos o más variables, escrita mediante los signos de igualdad, desigualdad o los de las operaciones matemáticas. **5**. Expresión de una ley física. **6**. Conjunto de símbolos químicos y de números que indican la composición y, a veces, la estructura de una combinación química. **7**. Categoría de automóviles que poseen más o menos la misma potencia: *automóvil de fórmula 1*. **8**. DER. Modelo de acto jurídico. **9**. LÓG. Concatenación de un número finito de signos de un sistema formal. ◇ **Fórmula dentaria** Indicación esquemática del número y colocación de los dientes. **Fórmula floral** Indicación esquemática de la constitución de una flor. **Fórmula leucocitaria** Proporción de los diferentes tipos de leucocitos contenidos en la sangre. **Por fórmula** Para cubrir apariencias, para salir del paso.

FORMULACIÓN s.f. Acción y efecto de formular.

FORMULAR v.tr. Expresar, manifestar. **2**. Expresar algo con una fórmula. **3**. Reducir algo a términos claros y precisos. **4**. Recetar.

FORMULARIO, A adj. (lat. *formularius*, referente a las formas jurídicas). Relativo a las fórmulas o al formulismo. **2**. Que se hace para cubrir las apariencias. ◆ s.m. Compilación de fórmulas: *el códex es un formulario farmacéutico*. **2**. Impreso administrativo en el que se formulan las preguntas a las que los interesados han de responder.

FORMULISMO s.m. Sujeción excesiva a las fórmulas. **2**. Forma de actuar para disimular o cubrir las apariencias: *todo lo que hace es puro formulismo*.

FORMULISTA adj. y s.m. y f. Partidario del formulismo o habituado a él.

FORNICACIÓN s.f. Acción de fornicar.

FORNICADOR, RA adj. y s. Que fornica.

FORNICAR v.intr. y tr. (lat. *fornicare*, mantener relaciones sexuales con una prostituta, de *fornix, -icis*, lupanar) [1]. Tener relaciones sexuales fuera del matrimonio.

FORNIDO, A adj. Robusto, de gran corpulencia.

FORNITURA s.f. (fr. *fourniture*). Provisión, abasto, suministro. **2**. Guarnición, adorno, aderezo. **3**. Correaje y cartuchera que usan los soldados. (Suele usarse en plural.)

FORO s.m. (lat. *forum*, recinto sin edificar, plaza, vida judicial). En la antigua Roma, plaza que estaba situada entre el Capitolio y el Palatino, centro de la actividad política, religiosa, comercial y jurídica, correspondiente al ágora griega. (Con este significado suele escribirse con mayúscula). **2**. Plaza central de las ciudades antiguas de origen romano, en la que estaban situados los principales edificios públicos. **3**. Lugar en que actúan los tribunales de justicia. **4**. Por ext. Ejercicio de la abogacía. **5**. Reunión para discutir asuntos de interés actual, ante un auditorio que a veces interviene en la discusión. **6**. La parte del escenario de un teatro opuesta a la embocadura. **7**. DER. a. Contrato usado en especial en Galicia, Asturias y León, por el que el dueño de un bien inmueble (*aforante*), reservándose el dominio directo, cede sus derechos sobre este al *forero*, el cual se compromete al pago de una pensión anual, y a conservar dicho bien inmueble, mejorarlo y devolverlo en su caso. **b**. Carga o pensión que el forero paga al aforante en virtud del contrato de foro. **8**. INFORMÁT. En una red telemática, espacio público destinado al intercambio diferido de mensajes sobre un tema determinado. SIN.: *foro electrónico*. ◇ **Desaparecer por el foro** Marcharse sin que se note.

FOROFO, A s. Esp. *Fam.* Seguidor entusiasta e incondicional de una persona o cosa, en especial de un equipo deportivo.

FORRAJE s.m. (fr. *fourrage*). Cualquier sustancia vegetal, excepto los granos, que sirve para alimentar a los animales. **2**. Fig. y fam. Mezcla de cosas de poca importancia.

FORRAJEAR v.tr. Recoger forraje.

FORRAJERO, A adj. Se dice de las plantas o de las partes de estas que sirven para forraje.

FORRAR v.tr. (cat. *folrar*, de *foure*, vaina de una rama). Poner forro a una cosa. ◆ **forrarse** v.prnl. *Fam.* Ganar mucho dinero. **2**. *Fam.* Atiborrarse, hartarse.

FORRO s.m. Resguardo o cubierta que se pone a una cosa interior o exteriormente: *el forro de un vestido, de un libro*. **2**. Tela que se pone por la parte interior de las ropas o vestidos. **3**. Méx. *Fam.* Persona muy bella, guapa: *su hermana es un forro*. **5**. MAR. Revestimiento interior o exterior de una embarcación.

FORTACHÓN, NA adj. *Fam.* Fornido.

FORTALECER v.tr. y prnl. [37]. Dar vigor y fuerza material o moral. SIN.: *fortificar*.

FORTALECIMIENTO s.m. Acción y efecto de fortalecer.

FORTALEZA s.f. (occitano ant. *fortalessa*, fortificación). Fuerza y vigor. **2**. Recinto fortificado. **3**. REL. Entereza, firmeza para soportar la adversidad y practicar la virtud. ◇ **Fortaleza volante** Conjunto de bombarderos pesados norteamericanos (Boeing B-17, B-29, B-52, 1942-1952). SIN.: *estratofortaleza, superfortaleza*.

FORTE adv. (voz italiana). MÚS. Indica que un fragmento o pieza musical deben interpretarse con fuerza o intensidad. (Se abrevia *f* o *F*.) ◆ s.m. Pieza musical o fragmento que se interpreta de esta manera.

FORTEPIANO adv. (voz italiana). MÚS. Indica que un fragmento o pieza musical deben interpretarse con un *fuerte* seguido de un *piano*. ◆ s.m. Piano, instrumento musical.

FORTIFICACIÓN s.f. Acción de fortificar. **2**. Arte de construir las obras para la defensa militar. **3**. Obra, o conjunto de ellas, con que se fortifica una plaza o posición.

FORTIFICADOR, RA adj. Que fortifica. SIN.: *fortificante*.

FORTIFICAR v.tr. [1]. Fortalecer. ◆ v.tr. y prnl. MIL. Proteger con obras de defensa.

FORTÍN s.m. Fuerte pequeño.

FORTISSIMO adv. (voz italiana). MÚS. Indica que un fragmento o pieza musical deben interpretarse tan fuerte como sea posible. (Se abrevia *ff*.) ◆ s.m. Pieza musical o fragmento que se interpreta de esta manera.

FORTRAN s.m. (acrónimo del ingl. *formula translator*, traductor de fórmulas). INFORMÁT. Lenguaje de programación utilizado, especialmente, para los cálculos científicos y técnicos.

FORTUITO, A adj. (lat. *fortuitus*). Que sucede inopinada y casualmente.

FORTUNA s.f. (lat. *fortuna*). Causa indeterminable a la que se atribuyen los acontecimientos. **2**. Suerte favorable. **3**. Éxito, aceptación rápida. **4**. Hacienda, capital. ◇ **Fortuna de mar** Conjunto de los bienes marítimos, como el barco, los accesorios y fletes, de un armador, por oposición a su *fortuna de tierra*. **Golpe de fortuna** Suceso extraordinario, próspero o adverso, que sobreviene de repente y determina los acontecimientos futuros de una persona. **Hacer fortuna** Tener mucha aceptación algo. **Por fortuna** Por buena suerte, por

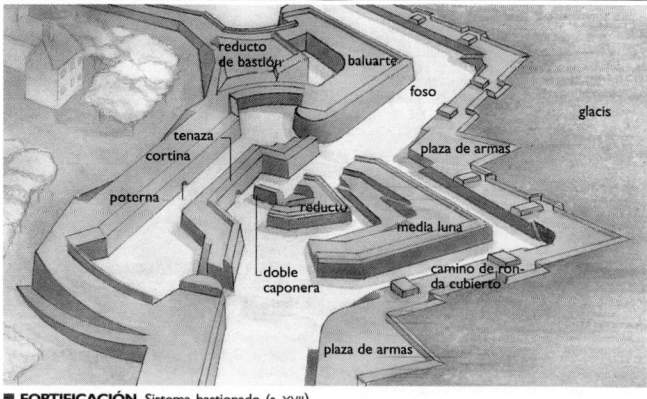

■ FORTIFICACIÓN. Sistema bastionado (s. XVII).

reducto de bastión
baluarte
foso
glacis
tenaza
cortina
plaza de armas
poterna
reducto
media luna
doble caponera
camino de ronda cubierto
plaza de armas

casualidad. **Probar fortuna** Intentar una empresa de resultado incierto.

FORÚNCULO o **FURÚNCULO** s.m. (lat. *furunculus,* bulto de la yema de la vid). Proceso inflamatorio de un folículo piloso y de la zona que lo rodea. SIN.: *divieso.*

FORUNCULOSO, A adj. Relativo al forúnculo.

FORZADO, A adj. No espontáneo: *risa forzada.* ◆ s.m. Galeote. ◇ **Cultivo forzado** Cultivo de plantas, como fresas, lechugas, etc., en condiciones no habituales.

FORZAMIENTO s.m. Acción de forzar.

FORZAR v.tr. y prnl. [13]. Hacer que algo ceda mediante la fuerza o la violencia. ◆ v.tr. *Fig.* Obligar a alguien a que haga una cosa contra su voluntad. **2.** Violar a una persona. **3.** Conquistar a fuerza de armas una plaza, castillo, etc.

FORZOSO, A adj. Necesario, inevitable, obligado.

FORZUDO, A adj. Que tiene mucha fuerza.

FOSA s.f. (lat. *fossa*). Hoyo en la tierra para enterrar uno o más cadáveres. **2.** Foso alrededor de una fortaleza. **3.** ANAT. Nombre dado a algunas estructuras óseas del organismo: *fosa canina; fosas nasales.* **4.** OCEANOGR. Depresión alargada del fondo de los océanos. SIN.: *fosa oceánica.* ◇ **Fosa séptica** Fosa destinada a la recepción y desintegración de las materias fecales contenidas en las aguas negras de las casas. **Fosa tectónica** Zona de la corteza terrestre, hundida entre dos fallas. SIN.: *graben.*

PRINCIPALES FOSAS OCEÁNICAS	
OCÉANO PACÍFICO	
Marianas	11 034 m
Tonga	10 882 m
Kuriles-Kamchatka	10 542 m
Filipinas	10 540 m
Bonin	10 347 m
Kermadec	10 047 m
Nueva Bretaña	9 140 m
OCÉANO ATLÁNTICO	
Puerto Rico	9 219 m
OCÉANO ÍNDICO	
Java	7 455 m

FOSCO, A adj. Hosco.

FOSFATADO, A adj. Que contiene algún fosfato: *alimento fosfatado.* **2.** Que se halla en estado de fosfato: *cal fosfatada.* ◆ s.m. Acción de fertilizar con fosfatos los terrenos de cultivo. **2.** Procedimiento termoquímico de protección de las aleaciones metálicas por la formación de fosfatos metálicos complejos.

FOSFATAR v.tr. METAL. Revestir una pieza metálica con una capa protectora de fosfatos complejos.

FOSFATASA s.f. Enzima que libera ácido fosfórico a partir de sus ésteres.

FOSFÁTIDO s.m. Lípido que contiene fósforo. SIN.: *fosfolípido.*

FOSFATO s.m. Sal del ácido fosfórico. **2.** Abono fosfatado.

FOSFENO s.m. Sensación luminosa elemental, que resulta de la compresión del ojo cuando los párpados están cerrados, o que aparece espontáneamente en algunas enfermedades.

FOSFINA s.f. Compuesto orgánico derivado del fosfuro de hidrógeno.

FOSFITO s.m. QUÍM. Sal del ácido fosforoso.

FOSFOCÁLCICO, A adj. Relativo al fósforo y al calcio: *metabolismo fosfocálcico.*

FOSFOLÍPIDO s.m. Fosfátido.

FOSFORADO, A adj. Que contiene fósforo.

FOSFORECER o **FOSFORESCER** v.intr. [37]. Emitir luz fosforescente.

FOSFORERA s.f. Estuche para fósforos.

FOSFORESCENCIA s.f. Propiedad que poseen ciertos cuerpos de desprender luz en la oscuridad, sin elevación apreciable de temperatura.

FOSFORESCENTE adj. Que fosforece.

FOSFÓRICO, A adj. Del fósforo. ◇ **Ácido fosfórico** Denominación dada a varios ácidos, entre ellos H_3PO_4. **Anhídrido fosfórico** Combinación (P_2O_5) de fósforo y oxígeno, formado por combustión viva.

FOSFORILACIÓN s.f. Reacción que transfiere un grupo fosfatado de un compuesto orgánico, y especialmente bioquímico, a otro.

FOSFORISMO s.m. Intoxicación por fósforo.

FOSFORITA s.f. Fosfato natural de calcio.

FÓSFORO s.m. (gr. *phosphóros,* portador de luz). No metal, cuya forma alotrópica de color blanco tiene una densidad de 1,82, punto de fusión de 44,1 °C y de ebullición de 280 °C. **2.** Elemento químico (P), de número atómico 15 y masa atómica 30,974. **3.** Palo pequeño de madera, papel enrollado, cartón, etc., con un extremo impregnado de una mezcla inflamable de fósforo y azufre, que se enciende al frotarlo contra una superficie rugosa. GEOSIN.: Esp. *cerilla;* Méx. *cerillo.*

ENCICL. Es un sólido polimorfo con dos variedades muy conocidas: el fósforo blanco (de color ámbar y muy tóxico) y el fósforo rojo (se obtiene lentamente por calentamiento moderado del fósforo rojo). El fósforo se encuentra en los seres vivos, en forma de fosfato de calcio, en los huesos y dientes y en el ADN. Se utiliza para la fabricación de fósforos para encender y productos fosforados (por ej., raticidas), así como para la preparación de bronces fosforados y la síntesis del ácido fosfórico.

FOSFOROSO, A adj. ◇ **Ácido fosforoso** Ácido (H_3PO_3). **Anhídrido fosforoso** Compuesto (P_2O_3) formado por la combustión lenta del fósforo.

FOSFURO s.m. Cuerpo resultante de la combinación del fósforo con otro elemento.

FOSGENO s.m. Combinación de cloro y óxido de carbono ($COCl_2$), que constituye un gas tóxico.

FÓSIL adj. y s.m. (lat. *fossilis,* que se saca cavando la tierra). Se dice del resto orgánico o trazas de actividad orgánica, tales como huellas o pisadas de animales, que se han conservado enterrados en los estratos terrestres anteriores al período geológico actual. **2.** *Fig.* y *fam.* Viejo, anticuado.

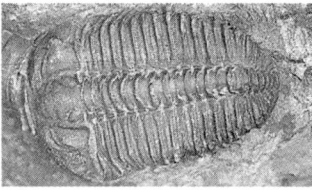

■ **FÓSIL.** El trilobites, un ejemplo de fósil del cámbrico.

FOSILÍFERO, A adj. Que contiene fósiles.

FOSILIZACIÓN s.f. Acción de fosilizarse. (En la fosilización se produce una mineralización pronunciada de las partes duras y una destrucción de las partes blandas.)

FOSILIZARSE v.prnl. [7]. Transformarse la materia orgánica en fósil. **2.** *Fig.* Estancarse alguien sin evolucionar.

FOSO s.m. (ital. *fosso*). Hoyo. **2.** Cavidad o espacio situado debajo de un escenario, donde se coloca la orquesta. **3.** Hoyo rectangular en el suelo de un taller de reparación de automóviles que sirve para arreglar cómodamente el motor desde abajo. **4.** FORT. Excavación profunda que rodea un castillo o fortaleza.

FOT s.m. → PHOT.

FOTO s.f. (apócope). *Fam.* Fotografía.

FOTOCÁTODO s.m. Cátodo de una célula fotoeléctrica.

FOTOCÉLULA s.f. Célula fotoeléctrica.

FOTOCINESIS s.f. Reacción de desplazamiento de los organismos debido a la excitación de un fotorreceptor y de la sensibilidad protoplasmática.

FOTOCOMPOSICIÓN s.f. IMPR. Procedimiento de composición que proporciona directamente los textos en películas fotográficas.

FOTOCONDUCTIVIDAD s.f. Propiedad de algunas sustancias por la que su resistencia

eléctrica varía cuando reciben una radiación luminosa.

FOTOCONDUCTOR, RA adj. Fotorresistente.

FOTOCOPIA s.f. Procedimiento de reproducción rápida de un documento mediante el revelado instantáneo de un negativo fotográfico. **2.** Fotografía obtenida por este procedimiento.

FOTOCOPIADORA s.f. Máquina para hacer fotocopias.

FOTOCOPIAR v.tr. Hacer fotocopias.

FOTOCRÓMICO, A adj. Se dice de un material vítrico cuya transmisión óptica varía por la acción de las radiaciones luminosas y, en particular, de la radiación solar.

FOTODERMATOSIS s.f. Estado inflamatorio de la piel, provocado por una exposición prolongada a los rayos ultravioletas. SIN.: *lucitis.*

FOTODIODO s.m. Diodo semiconductor en el que un rayo luminoso incidente determina una variación de la corriente eléctrica.

FOTOELASTICIDAD s.f. Propiedad que presentan algunas sustancias transparentes isótropas de volverse birrefringentes bajo la influencia de deformaciones elásticas.

FOTOELASTICIMETRÍA s.f. Estudio óptico de la distribución de las tensiones en masa de una pieza metálica, una obra de arte, etc.

FOTOELECTRICIDAD s.f. Producción de electricidad por acción de la luz.

FOTOELÉCTRICO, A adj. Se dice de todo fenómeno eléctrico provocado por la intervención de radiaciones luminosas.

FOTOEMISOR, RA adj. Que emite electrones por la acción de la luz.

FOTO-FIJA s.f. CIN. Fotografía que se toma de las escenas, durante su rodaje cinematográfico, para uso publicitario. ◆ s.m. y f. Fotógrafo que realiza estas fotos.

FOTOFOBIA s.f. Intolerancia anormal a la luz, generalmente debida a una enfermedad ocular o neurológica.

FOTÓFORO s.m. **1.** Lámpara portátil de manguito incandescente. **2.** Órgano luminoso de los organismos dotados de bioluminiscencia.

FOTOGÉNESIS s.f. BIOL. Producción de luz por parte de ciertas estructuras orgánicas.

FOTOGENIA s.f. Cualidad de fotogénico.

FOTOGÉNICO, A adj. Que es especialmente adecuado para la reproducción fotográfica o sale muy favorecido: *facciones fotogénicas; una mujer muy fotogénica.* **2.** FÍS. Relativo a los efectos químicos de la luz sobre algunos cuerpos.

FOTÓGENO, A adj. BIOL. Que produce luz.

FOTOGRABADO s.m. Procedimiento fotomecánico que permite obtener planchas de impresión. **2.** Lámina grabada o estampada por este procedimiento.

FOTOGRABAR v.tr. Grabar por medio de la fotografía.

FOTOGRAFÍA s.f. Técnica y arte de fijar, mediante la luz, imágenes sobre una superficie sensible, como una placa, una película, papel, etc. **2.** Imagen sobre papel obtenida mediante esta técnica: *álbum de fotografías.* ◇ **Fotografía aérea** Fotografía obtenida desde un avión, misil o satélite artificial, para cartografía, investigación militar o arqueológica, etc.

ENCICL. Inventada en 1816 por S. Niépce, y más tarde perfeccionada por Daguerre y W. H. F. Talbot, la fotografía se basa en la transformación de compuestos por la acción de la luz o radiaciones actínicas. En un aparato fotográfico —en esencia una cámara oscura en la que se colocó un objetivo— se forma una imagen por reacción fotoquímica en un soporte revestido con una delgada capa de uno de esos compuestos. La toma permite obtener una imagen latente, inestable e invisible. La emulsión donde se capturó la imagen debe procesarse con baños (revelado) que provoquen transformaciones químicas para volver los compuestos estables e insensibles a la luz. Se obtiene así una imagen negativa que servirá para realizar impresiones o una positiva (diapositiva) que es posible proyectar. La película en blanco y negro está formada por un soporte en el que se coloca una capa de gelatina con cristales de sales de plata en suspensión. La fotografía en color se basa en el principio según el cual tres colores fundamentales (rojo, verde y azul) bastan para reproducir todos los demás. A esa mezcla se le llama «aditiva». Actualmente, los procedimientos fotográficos aditivos son raros, y la mayor parte de las películas recurren a una mezcla «sustractiva» de colores. En los procesos sustractivos se utilizan tres colores complementarios: amarillo, magenta y cyan. Las películas llevan superpuestas tres imágenes monocromas, en cada uno de los colores mencionados. Durante la proyección de una diapositiva, esas capas funcionan como filtros y permiten reproducir los colores por sustracción de los colores complementarios contenidos en la luz blanca de la lámpara. En los aparatos de fotografía digital un microprocesador contenido en el aparato memoriza la imagen y un dispositivo permite su visualización en una pantalla, el tratamiento por computadora y la transmisión por diversos medios digitales. Es posible obtener imágenes en papel con una impresora.

FOTOGRAFIAR v.tr. [19]. Hacer una fotografía con una cámara fotográfica.

FOTOGRÁFICO, A adj. Relativo a la fotografía.

FOTÓGRAFO, A s. Persona que tiene por oficio hacer fotografías.

FOTOGRAMA s.m. Cada una de las fotografías que componen una película cinematográfica.

FOTOGRAMETRÍA s.f. Aplicación de la estereofotografía a los levantamientos topográficos y al trazado de formas y dimensiones de diversas cosas.

FOTÓLISIS s.f. Descomposición química por efecto de la luz.

FOTOLITO s.m. ART. GRÁF. Cliché fotográfico que reproduce el original sobre película o soporte transparente, empleado en la impresión offset y huecograbado.

FOTOLUMINISCENCIA s.f. Fenómeno de luminiscencia que consiste en el hecho de que una sustancia absorbe una radiación y la restituye luego en una longitud de onda diferente.

FOTOMATÓN s.m. (marca registrada) Cabina de uso público con una máquina que, en pocos minutos, obtiene el retrato, revela y fija el negativo, tira los positivos y entrega las copias secas.

FOTOMECÁNICO, A adj. Se dice de todo procedimiento de impresión en el que el cliché se obtiene por fotografía.

FOTOMETRÍA s.f. Parte de la física que trata de la medida de las magnitudes relativas a la radiación luminosa.

FOTÓMETRO s.m. Instrumento que mide la intensidad de una fuente luminosa.

FOTOMONTAJE s.m. Unión o combinación de imágenes fotográficas.

FOTOMULTIPLICADOR, RA adj. y s.m. Se dice de la célula fotoeléctrica de multiplicación de electrones.

FOTÓN s.m. Cuanto de energía luminosa.

FOTONOVELA s.f. Narración articulada en una secuencia de fotos fijas, a las que se superponen textos explicativos o diálogos de los personajes fotografiados.

FOTOPERÍODO s.m. Duración del día considerada desde el punto de vista de sus efectos biológicos.

FOTOPILA s.f. Célula fotovoltaica.

FOTOQUÍMICA s.f. Rama de la química que estudia los efectos de la luz sobre las reacciones químicas.

FOTO-ROBOT s.f. Retrato elaborado mediante descripciones hechas por testigos.

FOTORRECEPTOR s.m. BIOL. Neurorreceptor que recibe y traduce las sensaciones luminosas.

FOTORREPORTAJE s.m. Reportaje constituido esencialmente por documentos fotográficos.

FOTORRESISTENTE adj. Se dice de la sustancia cuya resistencia eléctrica varía en función de la intensidad de luz que recibe. SIN.: fotoconductor.

FOTOSENSIBILIZACIÓN s.f. MED. Sensibilización de la piel a la luz, principalmente solar, que se manifiesta por la aparición de eritemas.

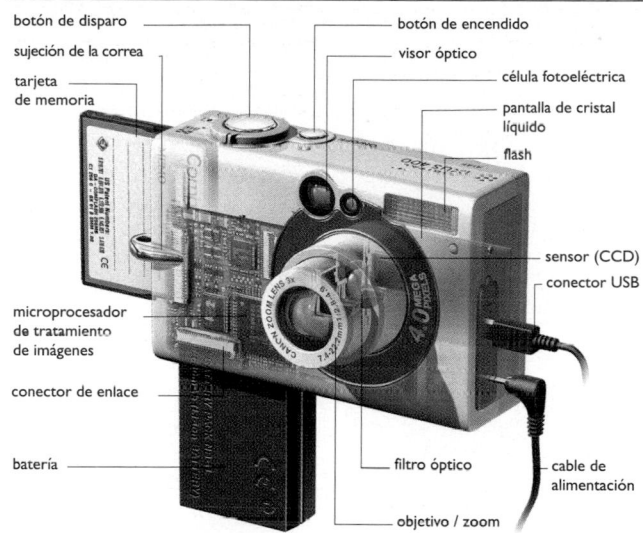

botón de disparo
sujeción de la correa
tarjeta de memoria
botón de encendido
visor óptico
célula fotoeléctrica
pantalla de cristal líquido
flash
sensor (CCD)
conector USB
microprocesador de tratamiento de imágenes
conector de enlace
batería
filtro óptico
cable de alimentación
objetivo / zoom

■ **FOTOGRAFÍA.** Cámara fotográfica digital.

FOTOSFERA s.f. ASTRON. Superficie luminosa que delimita el contorno aparente del Sol y de las estrellas.

FOTOSÍNTESIS s.f. Síntesis de un cuerpo químico o de una sustancia orgánica, como los glúcidos, realizada por las plantas clorofílicas mediante la energía luminosa. (La energía de origen solar se introduce en los grandes ciclos bioquímicos terrestres gracias a la fotosíntesis.) SIN.: función clorofílica.

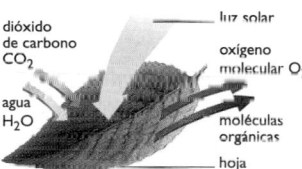

luz solar
dióxido de carbono CO_2
oxígeno molecular O_2
agua H_2O
moléculas orgánicas
hoja

■ **FOTOSÍNTESIS.** Esquema de la fotosíntesis.

FOTOSINTÉTICO, A adj. Relativo a la fotosíntesis.

FOTOTACTISMO s.m. BIOL. Movimiento de reacción de los seres unicelulares cuando se produce una brusca iluminación. SIN.: fototaxis.

FOTOTECA s.f. Archivo fotográfico.

FOTOTIPIA s.f. Técnica de impresión con tinta mediante gelatina bicromatada e insolada.

FOTOTIPO s.m. Imagen fotográfica obtenida por la técnica de la fototipia.

FOTOTRANSISTOR s.m. Transistor que utiliza el efecto fotoeléctrico.

FOTOTROPISMO s.m. Movimiento de ciertos organismos como respuesta al estímulo de la luz.

FOTOVOLTAICO, A adj. Relativo a la conversión de la energía luminosa en energía eléctrica. ◇ Célula fotovoltaica Pila eléctrica, que solo produce corriente cuando está iluminada. SIN.: fotopila.

FOULARD s.m. → FULAR.

FÓVEA s.f. ANAT. Depresión de la retina, situada en el centro de la mancha amarilla, donde la visión alcanza el máximo de nitidez.

FOX-HOUND s.m. (ingl. foxhound) [pl. foxhounds]. Raza de perros británica.

FOX-TERRIER s.m. (del ingl. fox terrier) [pl. fox-terriers]. Raza de perros terrier, de origen inglés, de la que existen dos variedades, la de pelo duro y la de pelo liso.

FOX-TROT s.m. (ingl. foxtrot). Baile binario de origen anglosajón, que se popularizó a partir de 1913.

FOYER s.m. (voz francesa). Sala de un teatro para esparcimiento de los espectadores durante los entreactos.

FRAC s.m. (fr. frac) [pl. fracs o fraques]. Prenda de vestir masculina de ceremonia, que cubre el cuerpo hasta la cintura, se puede abrochar por delante y lleva dos faldones por la parte posterior.

FRACASAR v.intr. (ital. fracassare, destrozar). No conseguir el resultado pretendido.

FRACASO s.m. Acción y efecto de fracasar. **2.** Fig. Suceso lastimoso e imprevisto: fracaso sentimental. ◇ Fracaso escolar Retraso en la escolaridad.

FRACCIÓN s.f. (lat. fractio, -onis). División de un todo en partes. **2.** Cada una de las partes en que un todo con relación a este. **3.** MAT. Operador formado por dos números enteros, a (numerador) y b (denominador), que se escribe ab y que define el resultado obtenido a partir de una magnitud, dividiéndola por b y multiplicándola por a, pudiéndose invertir ambas operaciones. **4.** PETRÓL. Producto obtenido por fraccionamiento o destilación fraccional de una mezcla. **5.** POL. Cada una de las facciones de un partido u organización. ◇ Fracción decimal MAT. Fracción cuyo denominador es una potencia de 10: $\dfrac{23}{100}$ o 0,23

FRACCIONADO, A adj. Se dice del proceso de destilación, congelación o cristalización de una mezcla líquida que se realiza por partes o fracciones, debido a la diferencia de los puntos de ebullición o fusión, o a la distinta solubilidad de sus componentes.

FRACCIONAL adj. Que tiende a la desunión, al fraccionamiento de un partido.

■ **FOX-TERRIER**

FRACCIONAMIENTO s.m. Acción y efecto de fraccionar. **2.** Méx. Terreno muy grande, urbanizado y dividido en lotes para la construcción de casas. **3.** Méx. Zona residencial construida en un terreno de este tipo: *viven en un fraccionamiento en las afueras de la ciudad.*

FRACCIONAR v.tr. y prnl. Separar en fracciones un todo.

FRACCIONARIO, A adj. Relativo a la fracción. **2.** Que tiene la forma de una fracción: *expresión fraccionaria.*

FRACTAL adj. y s.f. GEOMETR. Se dice del objeto matemático frecuente en la naturaleza que no se puede explicar por medio de las teorías clásicas y que tiene como origen la irregularidad o la fragmentación. ◆ adj. GEO-METR. Se dice de la parte de las matemáticas que estudia estos objetos: *geometría fractal.* (La naturaleza ofrece numerosos ejemplos de formas que presentan un carácter fractal: copos de nieve, ramificaciones de los bronquios y bronquiolos, redes hidrográficas, etc.)

■ **FRACTAL.** Representación informática de un conjunto de Mandelbrot, ejemplo de geometría fractal.

FRACTOGRAFÍA s.f. TECNOL. Técnica de lectura e interpretación de la rotura natural o provocada de un material, particularmente de los metales.

FRACTURA s.f. (lat. *fractura*). Acción de fracturar. **2.** Lugar por donde se rompe un cuerpo, y señal que deja. **3.** Ruptura violenta de un hueso o un cartílago duro. **4.** GEOL. Grieta de la corteza terrestre.

FRACTURACIÓN s.f. TECNOL. Activación de un pozo de petróleo por fisuración a alta presión de la roca de reserva.

FRACTURAR v.tr. y prnl. Romper con esfuerzo una cosa: *fracturar una piedra; fracturarse una pierna.*

FRAGANCIA s.f. Olor suave y agradable: *fragancia de jazmín.*

1. FRAGANTE adj. (lat. *fragans, -antis,* p. de *fragrare,* despedir olor). Que despide fragancia o buen olor.

2. FRAGANTE adj. Flagrante.

FRAGATA s.f. (ital. *fregata*). Barco de guerra que realiza misiones de escolta y patrulla. **2.** Barco de vela de la antigua marina, más ligero que el navío de línea y más pesado que la corbeta. **3.** ORNITOL. Rabihorcado.

FRÁGIL adj. (lat. *fragilis*). Quebradizo, que se rompe fácilmente. **2.** Poco fuerte para resistir las tentaciones. **3.** *Fig.* Fácil de estropearse, caduco y perecedero.

FRAGILIDAD s.f. Cualidad de frágil.

FRAGILIZACIÓN s.f. Tratamiento térmico que aumenta la fragilidad de un metal o una aleación por precipitación de un constituyente entre los cristales.

FRAGMENTACIÓN s.f. Acción y efecto de fragmentar.

FRAGMENTAR v.tr. y prnl. Reducir a fragmentos.

FRAGMENTARIO, A adj. Que está compuesto de fragmentos. **2.** Incompleto, no acabado.

FRAGMENTO s.m. (lat. *fragmentum*). Parte de algo fragmentado. **2.** *Fig.* Parte extraída o conservada de un libro, discurso, obra artística, etc.: *el fragmento de una novela.*

FRAGOR s.m. (lat. *frogor, -oris,* ruido de algo que se rompe). Ruido prolongado y estruendoso: *el fragor de la batalla.*

FRAGOSO, A adj. (lat. *fragosus*). Áspero, intrincado.

FRAGUA s.f. (del lat. *fabrica,* arte del herrero). Horno en que se calientan los metales para forjarlos.

FRAGUAR v.tr. (lat. *fabricari,* modelar, fabricar) [3]. Forjar una pieza de metal. **2.** *Fig.* Pensar y trazar la disposición de algo. ◆ v.intr. Llegar a trabar y endurecerse la cal, yeso, cemento, etc.

FRAILE s.m. (occitano, *fraire,* hermano). Religioso, especialmente el mendicante. **2.** Doblez hacia fuera de una parte del ruedo de los vestidos. ◇ **Fraile menor** Religioso de la orden de san Francisco de Asís. (Esta orden se divide en tres ramas: franciscanos, capuchinos y conventuales.)

FRAILECILLO s.m. Ave palmípeda de los mares árticos, de pico aplanado azul y rojo, de unos 35 cm de long., afín a los pájaros bobos. (Long. 30 cm; familia álcidos.)

■ **FRAILECILLO**

FRAILEJÓN s.m. Planta herbácea de flores de color amarillo oro, que crece en las cumbres y faldas de los páramos andinos. (Familia compuestas.)

FRAILESCO, A adj. Relativo a los frailes.

FRAILÍA s.f. Estado de clérigo regular.

FRAILUNO, A adj. *Fam.* y *desp.* Que es propio de frailes.

FRAMBOYÁN s.m. → FLAMBOYÁN.

FRAMBUESA s.f. (fr. *framboise*). Fruto comestible del frambueso, compuesto por pequeñas drupas, muy parecido a la zarzamora. (Tiene un olor fragante y suave y sabor agridulce.)

FRAMBUESO s.m. Planta subarbustiva parecida a la zarza, cultivada por sus frutos perfumados, las frambuesas. (Familia rosáceas.)

■ **FRAMBUESO**

FRÁMEA s.f. (lat. *framea*). Antigua arma arrojadiza de asta, cuya altura no sobrepasaba la estatura de una persona, cuyo hierro tenía forma de hoja de laurel.

FRANCACHELA s.f. *Fam.* Reunión de varias personas para divertirse y disfrutar de forma desordenada, en especial cuando se abusa de la comida o de la bebida.

FRANCÉS, SA adj. y s. De Francia. ◆ s.m. Lengua románica hablada en Francia, Luxemburgo, Mónaco, Canadá, Bélgica y Suiza, y en algunas ex colonias francesas y belgas. **2.** *Vulg.* Felación. ◇ **A la francesa** Al uso de Francia; con los verbos *despedirse, marcharse, irse,* significa hacerlo bruscamente, sin despedirse. ENCICL. El francés es una lengua románica surgida del latín vulgar hablado en la Galia después de la conquista romana. Esta lengua poseía numerosos dialectos, distribuidos en dos grandes grupos (lengua de oc y lengua de oïl); el franciano, hablado en la Île-de-France, acabó por suplantar a los otros dialectos y se convirtió en el francés. En los ss. XIV-XV el francés sustituyó al latín en todos sus usos y en los ss. XVII-XVIII se elaboró y codificó la lengua literaria.

FRANCESADA s.f. Dicho o hecho propio de franceses.

FRANCHIPANIERO s.m. Arbusto o árbol originario de América, que se cultiva por sus flores. (Familia apocináceas.)

FRANCHUTE, A s. *Desp.* Francés.

FRANCIANO s.m. Dialecto de la lengua de oïl hablado en la Île-de-France en la edad media, que constituye el origen del francés.

FRÁNCICO s.m. Lengua de los antiguos francos, que forma parte del germánico occidental.

FRANCIO s.m. Metal alcalino radiactivo, que es el más electropositivo de todos los elementos químicos. **2.** Elemento químico (Fr), de número atómico 87.

FRANCISCA s.f. Hacha de guerra de los francos y otros pueblos germánicos. ◇ **Francisca gálica** Hacha doble, emblema adoptado por el gobierno francés de Vichy (1940-1944).

FRANCISCANO, A s. y adj. Religioso o religiosa de la orden fundada por san Francisco de Asís. ◆ adj. Relativo a san Francisco de Asís o a su orden. ENCICL. La orden de los frailes menores, o franciscanos, es una orden mendicante fundada en 1209 como reacción contra el poder creciente del dinero en la sociedad eclesiástica y laica. Originariamente, los franciscanos no podían tener bienes, vivían de su trabajo o de la limosna y predicaban en las ciudades. En el s. XIII la orden se vio desgarrada entre la tendencia radical, fiel a la tradición de pobreza, y la tendencia conventual. En la actualidad, esta orden se organiza en tres ramas: los franciscanos propiamente dichos, los capuchinos y los conventuales.

FRANCMASÓN, NA s. (fr. *francmaçon*). Masón.

FRANCMASONERÍA s.f. Masonería.

FRANCMASÓNICO, A adj. Masónico.

1. FRANCO s.m. Unidad monetaria de Burundi, Comores, Djibouti, Liechtenstein, Madagascar, República de Guinea, República democrática del Congo, Ruanda y Suiza. **2.** Unidad monetaria de Andorra, Bélgica, Francia, Luxemburgo y Mónaco, sustituida en 2002 por el euro. ◇ **Franco CFA** Unidad monetaria principal de los países de la Comunidad financiera africana: Benín, Burkina Faso, Camerún, Chad, Costa de Marfil, Gabón, Guinea-Bissau, Guinea Ecuatorial, Malí, Níger, República Centroafricana, República del Congo, Senegal y Togo. **Franco CFP** Unidad monetaria principal de la comunidad francesa del Pacífico: Nueva Caledonia, Polinesia Francesa y Wallis y Futuna.

2. FRANCO, A adj. (del germ. *frank*). Sincero, afable y leal en su trato: *una franca amistad.* **2.** Desembarazado, libre y sin impedimento alguno: *entrada franca.* **3.** Patente, claro, sin lugar a dudas. ◆ adj. y s. De un pueblo germánico, tal vez originario de los países bálticos, que dio su nombre a la Galia romana después de haberla conquistado en los ss. V y VI. (Se distinguen dos grupos de pueblos francos: los *francos salios,* establecidos en el Ijsel, y los *francos del Rin,* instalados en la margen derecha del Rin, llamados *francos ripuarios.*) ◇ **Franco de porte** Se dice de las cartas o mercancías por cuyo porte no hay que pagar nada. **Puerto franco** o **zona franca** Puerto o región fronteriza en las que las mercancías extranjeras entran libremente sin tener que pagar derechos. **Villa franca** HIST. Ciudad que no pagaba franquicias.

FRANCOBORDO s.m. MAR. Distancia vertical entre la línea de máxima carga y la cubierta principal de una embarcación, medida en la mitad de su eslora. ◇ **Disco de francobordo** Señal trazada en los costados de un barco, que indica su calado máximo autorizado.

FRANCOCANADIENSE adj. y s.m. Se dice del francés de las regiones de Canadá de habla francesa.

FRANCOCANTÁBRICO, A adj. Se dice del arte que se desarrolló durante el paleolítico superior en el S de Europa.

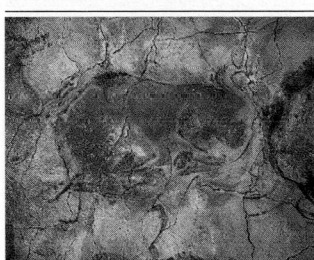

■ **FRANCOCANTÁBRICO.** Pintura rupestre, muestra del arte francocantábrico, que representa un bisonte. (Cueva de Altamira.)

FRANCOFILIA s.f. Cualidad de francófilo.
FRANCÓFILO, A adj. y s. Que siente estima o admiración por Francia y los franceses.
FRANCOFOBIA s.f. Cualidad de francófobo.
FRANCÓFOBO, A adj. y s. Que siente animadversión por Francia y los franceses.
FRANCOFONÍA s.f. Colectividad constituida por los pueblos que hablan francés.
FRANCÓFONO, A adj. y s. Que habla francés.
FRANCOLÍN s.m. Ave gallinácea parecida a la perdiz pero con plumaje gris en la cabeza, el vientre y el pecho.
FRANCOPROVENZAL adj. y s.m. Se dice de los dialectos franceses de la Suiza romanche, Saboya, el Delfinado, el Lionés y la Bresse.
FRANCOTE, A adj. *Fam.* Se dice de la persona de carácter abierto, que procede con sinceridad y llaneza.
FRANCOTIRADOR, RA s. Combatiente que no forma parte de un ejército regular, y lucha aisladamente. **2.** Persona que lleva una acción independiente, sin observar la disciplina de un grupo.
FRANELA s.f. (fr. *flanelle*). Tejido fino generalmente de lana cardada, perchado y ligeramente balanado.
FRANGOLLO s.m. Cuba. Dulce seco hecho de plátano y azúcar.
FRANGOLLÓN, NA adj. Amér. Se dice del que hace deprisa y mal una cosa: *ese frangollón reparó mal el auto.*
FRANJA s.f. (fr. *frange*). Faja, lista o tira: *franja horaria.* **2.** Guarnición de pasamanería para adornar especialmente los vestidos.
FRANKLIN s.m. (de B. *Franklin*, físico norteamericano). Unidad de carga eléctrica en el sistema CGS electrostático.
FRANQUEAR v.tr. Dejar una cosa desembarazada o libre para pasar: *franquear la entrada.* **2.** Pasar de una parte a otra venciendo alguna dificultad o impedimento: *franquear un río.* SIN.: *traspasar.* **3.** Pagar un envío postal, generalmente por medio de sellos de correo: *franquear una carta, un paquete.* ◆ **franquearse** v.prnl. Descubrir una persona a otra sus pensamientos, sentimientos o intimidades.
FRANQUEO s.m. Acción y efecto de franquear. SIN.: *franqueamiento.* **2.** Abono previo del importe del servicio postal. **3.** Importe de dicho servicio.
FRANQUEZA s.f. Sinceridad, familiaridad, sin ceremonias: *hablar con franqueza.*
FRANQUÍA s.f. Situación de la embarcación que tiene paso libre para hacerse a la mar o tomar determinado rumbo.
FRANQUICIA s.f. Exención determinada por las leyes o reglamentos, en materia de derechos, tasas o impuestos. **2.** DER. MERC. Contrato por el que un comerciante pone a disposición de otro comerciante sus conocimientos, su marca, su organización y su imagen publicitaria a cambio de una remuneración, fija o variable, en función de la cifra de negocios realizada por el comerciante que recibe la franquicia. SIN.: *franchising.* ◇ **Franquicia pos-**

tal Transporte gratuito de la correspondencia u objetos asimilados.
FRANQUICIADO, A s. y adj. DER. MERC. Persona que acepta una franquicia.
FRANQUICIADOR, RA s. DER. MERC. Persona o entidad que otorga una franquicia.
FRANQUISMO s.m. Régimen instaurado en España, en 1939, por Francisco Franco. **2.** Período histórico que comprende dicho régimen (1939-1975). **3.** Doctrina derivada de las Ideas de Franco y de su régimen político.
ENCICL. Se pueden distinguir en el franquismo tres etapas diferenciadas: la primera (1938-1957), caracterizada por el predominio político de la Falange y la autarquía económica; la segunda (1957-1973), de ideología desarrollista y tecnócrata, que marca el ascenso del Opus Dei y establece las bases de una economía capitalista con los planes de estabilización y desarrollo; y la tercera (1973-1975), que significa el acceso al poder de la alta burocracia y la preparación de la reforma política, que se veía inminente. Franco supo rodearse, en cada momento histórico, del sector político que mejor garantizaba la continuidad de su obra. Su régimen dictatorial se sustentó en unas fuerzas armadas vinculadas al alzamiento de 1936, una red represiva de las libertades, la fidelidad de la Iglesia católica y el apoyo de las oligarquías financieras españolas. La debilitación del franquismo, iniciada en la década de los sesenta, se acentuó a partir de 1970 (proceso de Burgos).
FRANQUISTA adj. y s.m. y f. Relativo a Franco o al franquismo; partidario de Franco o del franquismo.
FRASCA s.f. (ital. *frasca*). Hojarasca y ramas menudas. **2.** Méx. Fiesta, bulla, algazara.
FRASCO s.m. (got. *flasko*, funda de mimbre para una botella). Recipiente de cuello estrecho que sirve para contener líquidos. **2.** Contenido de un frasco.
FRASCUELINA s.f. (de *Frascuelo*, matador de toros). TAUROM. Estocada entera, hasta el puño.
FRASE s.f. (lat. *phrasis*, dicción, elocución, del gr. *phrásis*). Unidad lingüística, formada por más de una palabra, que presenta un enunciado de sentido completo. **2.** Conjunto de palabras a las que no se da valor. **3.** MÚS. Período melódico o armónico que tiene un sentido más o menos acabado. ◆ **Frase hecha** Frase que en sentido figurado y con forma inalterable es de uso coloquial y no incluye sentencia alguna. **Frase proverbial** Frase hecha que incluye una sentencia.
FRASEO s.m. MÚS. Arte de matizar y de hacer inteligible el discurso musical, poniendo de relieve sus divisiones y silencios.
FRASEOLOGÍA s.f. Conjunto de construcciones y expresiones propias de una lengua o de un escritor. **2.** Demasía de palabras o verbosidad redundante en lo escrito o hablado.
FRASQUETA s.f. Cuadro ligero que en las prensas de mano sirve para sujetar al tímpano el papel que se va a imprimir.
FRATÁS s.m. Instrumento para alisar el enlucido de una pared.
FRATASADO s.m. Operación de hacer áspera una pared para que agarre el enyesado.
FRATASAR v.tr. Igualar con el fratás la superficie de un muro.
FRATERNA s.f. Irón. Corrección o represión áspera.
FRATERNAL adj. (del lat. *fraternus*). Propio de hermanos o relativo a ellos: *amor fraternal.* SIN.: *fraterno.*
FRATERNIDAD s.f. Unión y buena correspondencia entre hermanos. **2.** Vínculo de solidaridad y amistad entre las personas o los miembros de una sociedad.
FRATERNIZAR v.intr. [7]. Tratarse como hermanos, amistosamente.
FRATERNO, A adj. (del lat. *fraternus*). Fraternal.
FRATRÍA s.f. ANT. GR. Grupo de familias, subdivisión de la tribu que se apoya en una base religiosa, social y política. **2.** ANTROP. Reunión de varios clanes, generalmente totémica. **3.** ESTADÍST. Conjunto de hijos de una misma pare-

ja de progenitores, colocándose desde el punto de vista de uno de estos hijos.
FRATRICIDA adj. y s.m. y f. (del lat. *fratricida*, de *frater*, hermano, y *caedere*, matar). Que comete fratricidio. ◆ adj. Que opone a seres que deberían ser solidarios: *luchas fratricidas.*
FRATRICIDIO s.m. Asesinato de un hermano.
FRAUDE s.m. (lat. *fraus, -dis*, mala fe, engaño). Acto realizado para eludir una disposición legal en perjuicio del estado o de terceros o para burlar los derechos de una persona o una colectividad: *fraude electoral; fraude fiscal.*
FRAUDULENCIA s.f. Fraude. **2.** Cualidad de fraudulento.
FRAUDULENTO, A adj. (lat. *fraudulentus*). Engañoso, falaz.
FRAY s.m. Apócope de *fraile.* (Se usa precediendo al nombre de los religiosos de ciertas órdenes.)
FRAZADA s.f. Manta de cama.
FREAK adj. y s.m. y f. (voz inglesa). *Fam.* y *desp.* Se dice de la persona de comportamiento o aspecto extravagantes.
FREÁTICO, A adj. **Capa freática** o **manto freático** Capa de agua subterránea formada por la filtración de las aguas de lluvia, que alimenta los manantiales.
FRECUENCIA s.f. (lat. *frequentia*, abundancia). Cualidad de frecuente. **2.** FÍS. Número de vibraciones por unidad de tiempo, en un fenómeno periódico. **3.** FÍS. Número de observaciones de un tipo dado de sucesos. ◆ **Alta frecuencia** Frecuencia de varios millones de hercios. **Baja frecuencia** En las telecomunicaciones, frecuencia comprendida entre 30 kHz y 300 kHz; en las aplicaciones industriales, frecuencia inferior a 250 kHz. **Con frecuencia** Circunstancia de repetirse algo muchas veces o en cortos intervalos de tiempo. **Frecuencia de pulso** Número de pulsaciones cardíacas por minuto. **Frecuencias acumuladas** ESTADÍST. Frecuencias que corresponden a un intervalo determinado de variación de los valores de la variable considerada o al conjunto de los valores inferiores a un valor fijado. **Gama de frecuencias** Conjunto de frecuencias comprendidas en un intervalo dado.
FRECUENCÍMETRO s.m. Aparato que sirve para medir la frecuencia de una corriente alterna.
FRECUENTACIÓN s.f. Acción de frecuentar.
FRECUENTAR v.tr. (lat. *frequentare*). Acudir a un lugar con frecuencia. **2.** Tratar a alguien con frecuencia. **3.** Repetir un acto a menudo.
FRECUENTATIVO, A adj. y s.m. LING. Iterativo.
FRECUENTE adj. (lat. *frequens, -tis*, abundante, asiduo, frecuente). Que ocurre o se repite a intervalos cortos de tiempo. **2.** Que ocurre muchas veces.
FREE JAZZ s.m. (voz angloamericana). Escuela de jazz, aparecida en EUA a principios de los años sesenta, que practica la improvisación íntegramente libre sin la obligación de interpretar la melodía.
FREELANCE adj. y s.m. y f. (voz inglesa) [pl. *freelance*]. Se dice de la persona, como un periodista, un redactor, etc., que colabora con una o varias empresas sin que exista vinculación laboral por medio de contrato.
FREE SHOP s.f. Negocio en aeropuertos o embarcaciones donde se pueden comprar productos sin pagar impuestos locales.
FREGADAZO s.m. Méx. *Vulg.* Golpe fuerte: *darse un fregadazo en la cabeza.*
FREGADERA s.f. Méx. *Vulg.* Cosa o situación muy molesta o perjudicial.
FREGADERO s.m. Pila o recipiente con desagüe donde se friegan los utensilios de cocina. SIN.: *fregador.* GEOSIN.: Chile, Colomb., y Méx. *lavaplatos;* Argent., Par. y Urug. *pileta.*
1. FREGADO s.m. Acción y efecto de fregar. **2.** *Fig.* y *fam.* Enredo o asunto embrollado y dificultoso. **3.** Escándalo, discusión, riña.
2. FREGADO, A adj. Amér. Majadero, fastidioso. **2.** Colomb., Ecuad. y Perú. Tenaz o terco. **3.** C. Rica, Ecuad. y Méx. Bellaco o perverso. **4.** C. Rica, Ecuad. y Pan. Exigente, severo. **5.** Méx. *Vulg.* Arruinado, en pésimas condiciones, en muy mal estado físico o moral: *quedó muy fregado después del divorcio.*

FREGAR v.tr. (lat. *fricare*, frotar) [4]. Limpiar una cosa restregándola con estropajo, cepillo, etc., empapado en agua y jabón u otro líquido adecuado. **2.** Restregar con fuerza una cosa con otra. **3.** Méx. *Vulg.* Estropear o echar a perder alguna cosa. **4.** Méx. *Vulg.* Provocar un daño muy grande a alguien: *lo fregaron de por vida.* ◆ v.tr. y prnl. Amér. *Fig.* y *fam.* Fastidiar o molestar.

FREGÓN, NA adj. Méx. Se dice de la persona muy buena o hábil en alguna actividad: *ser un fregón para los negocios.* **2.** Méx. *Vulg.* Se dice de la persona a la que le gusta molestar a los demás.

FREGONA s.f. Esp. *Desp.* Mujer que friega, sirvienta. **2.** Esp. *Desp.* Mujer ordinaria. **3.** Esp. Mocho.

FREGOTEAR v.tr. *Fam.* Fregar de prisa y mal o fregar con mucho movimiento.

FREGOTEO s.m. *Fam.* Acción y efecto de fregotear.

FREGUÉS s.m. y f. Amér. Merid. Cliente.

FREIDORA o **FREIDERA** s.f. Utensilio que sirve para freír alimentos en aceite.

FREIDURA s.f. Acción y efecto de freír.

FREIDURÍA s.f. Establecimiento público donde se consume especialmente pescado frito en general a la vista del público.

FREILA o **FREIRA** s.f. Religiosa de alguna de las órdenes militares.

FREILE o **FREIRE** s.m. (de *fraile*). Caballero profeso de ciertas órdenes militares. **2.** Sacerdote de alguna de ellas.

FREÍR v.tr. y prnl. (lat. *frigere*) [83]. Guisar un alimento en aceite hirviendo con sartén u otro utensilio de cocina. **2.** *Fig.* Molestar, importunar. **3.** *Fam.* Matar, asesinar a tiros. ◆ **freírse** v.prnl. Argent., Méx. y Urug. *Fig.* Sentir extremado ardor o calor.

FRÉJOL o **FRÍJOL** s.m. (del lat. *faseolus*). Esp. Judía, planta, fruto y semilla.

FRÉMITO s.m. (lat. *fremitus, -us*, de *fremere*, emitir un ruido sordo). Bramido. **2.** MED. Sensación de estremecimiento o vibración, especialmente la apreciada por palpación.

FRENADA s.f. Argent., Bol., Chile, Méx. y Par. Acción y efecto de frenar súbita y violentamente, frenazo. **2.** Argent. y Chile. *Fig.* y *fam.* Reprimenda, llamada de atención.

FRENADO s.m. Acción de frenar.

FRENADOR, RA adj. FISIOL. Que frena la actividad de determinados órganos.

FRENAR v.tr. Moderar o detener el movimiento por medio de un freno: *frenar un automóvil.* **2.** *Fig.* Contener o detener el desarrollo o la intensidad de algo: *frenar una iniciativa.*

FRENAZO s.m. Acción de frenar bruscamente.

FRENESÍ s.m. (lat. *phrenesis, -is,* del gr. tardío *phrénisis*). Locura, delirio furioso. **2.** *Fig.* Exaltación violenta y muy manifiesta.

FRENÉTICO, A adj. (lat. *phreneticus*). Afecto de frenesí. **2.** *Fam.* Furioso, rabioso.

FRÉNICO, A adj. ANAT. Relativo al diafragma. ◇ **Nervio frénico** ANAT. Nervio que rige las contracciones del diafragma.

FRENILLO s.m. Cerco de correa o de cuerda que se ajusta al hocico de algunos animales para que no muerdan. **2.** ANAT. Nombre de varias estructuras anatómicas que limitan el movimiento de algún órgano: *frenillo sublingual.*

FRENO s.m. (lat. *frenum*, freno, bocado). Mecanismo destinado a disminuir la velocidad o a detener un conjunto mecánico dotado de movimiento. **2.** Instrumento de hierro en el que se atan las riendas y que se coloca en la boca de las caballerías para sujetarlas y dirigirlas. **3.** Lo que aminora o detiene. **4.** *Fig.* Sujeción que modera los actos de una persona.

FRENOLOGÍA s.f. Teoría psicológica que pretendía estudiar el carácter y las funciones intelectuales de la persona basándose en la conformación externa del cráneo.

FRENOPATÍA s.f. Psiquiatría.

FRENOPÁTICO, A adj. Psiquiátrico.

FRENTE s.f. (lat. *frons, -tis*). Parte superior de la cara, comprendida entre las sienes y desde las órbitas oculares hasta que empieza la vuelta del cráneo. ◆ s.m. Parte delantera de algo. **2.** Organización política que agrupa a varios partidos en torno a un programa. **3.** METEO-

ROL. Superficie ideal que marca el contacto entre las masas de aire convergentes, diferenciadas por su temperatura y por su grado de humedad. **4.** MIL. **a.** Línea exterior presentada por una tropa en orden de batalla. **b.** Zona de combate. ◆ adv.l. Enfrente, en la parte opuesta. ◇ **Al frente** Al mando de un conjunto de personas. **Arrugar la frente** *Fam.* Mostrar en el semblante ira, enojo o miedo. **Frente colonizador,** o **pionero** GEOGR. Zona que separa las regiones aún sin roturar de las ya explotadas. **Frente de avance** MIN. En una galería, superficie de ataque. **Hacer frente** Resistir, oponerse al enemigo.

FREÓN s.f. (marca registrada). Fluido utilizado como agente frigorífico, que es un derivado clorado y fluorado del metano o etano.

1. FRESA s.f. (fr. *fraise*). Planta herbácea rastrera, que se propaga por estolones, de flores blancas o amarillentas y fruto comestible. (Familia rosáceas.) **2.** Fruto de esta planta, casi redondo, rojo, suculento y fragante, formado por aquenios dispuestos sobre el receptáculo floral. SIN.: *madroncillo.*

hojas
flor
frutos
silvestre
cultivada

■ **FRESAS**

2. FRESA s.f. Herramienta giratoria cortante con varios filos dispuestos regularmente alrededor de un eje. **2.** Instrumento montado en el torno, que sirve para el tratamiento de las lesiones dentales y para las intervenciones que tienen lugar en los tejidos duros de los dientes.

FRESADO s.m. Acción de fresar.

FRESADOR, RA s. Operario que se dedica al fresado de piezas con fresadora.

FRESADORA s.f. Máquina que sirve para el fresado.

FRESAL s.m. Terreno plantado con fresas.

FRESAR v.tr. Trabajar una pieza con una fresa.

FRESCA s.f. Frío moderado del ambiente: *cenar a la fresca.* **2.** Insolencia que se dice a alguien y que, aunque es verdad, es molesta u ofensiva: *soltar cuatro frescas.*

FRESCACHÓN, NA adj. Muy robusto y de color sano.

FRESCALES s.m. y f. (pl. *frescales*). Esp. *Fam.* Persona fresca, despreocupada y desvergonzada.

1. FRESCO s.m. (ital. *affresco*). Técnica de pintura mural que consiste en la aplicación de colores disueltos en agua sobre la pared recién revocada: *pintura al fresco.* **2.** Pintura mural que se realiza con esta técnica: *un fresco de Goya.*

2. FRESCO, A adj. (germ. occidental *frisk*, nuevo, joven, vivo). Moderadamente frío. **2.** Se dice del alimento que no ha sido manipulado para su conservación y conserva sus cualidades originales: *pescado fresco.* **3.** *Fig.* Reciente, acabado de suceder: *noticias frescas.* **4.** Que tiene el aspecto sano y juvenil: *tez fresca y rosada.* **5.** *Fig.* Se dice de la persona que se mantiene vigorosa y activa después de un esfuerzo o a pesar de su edad. **6.** *Fig.* Sereno, que no se inmuta ni en los peligros o contradicciones: *la noticia lo dejó tan fresco.* **7.** *Fig.* Se dice de la colonia o esencia que produce una sensación agradable: *colonia fresca.* **8.** Que ha descansado y está en condiciones de realizar un trabajo: *caballos frescos.* ◆ adj. y s. *Fig.* y *fam.* Se dice de la persona que actúa con frescura, descaro. ◆ s.m. Frescor agradable y no excesivo en el ambiente: *tomar el fresco.* **2.** Tejido ligero de estambre, usado para trajes de hombre en verano. **3.** Traje que se hace con él. **4.** Amér. Refresco, bebida fría. ◇ **Al fresco** A la intemperie: *dormir al fresco.* **Estar fresco** Esp. Estar frustrado en sus pretensiones.

FRESCOR s.m. Frescura, fresco.

FRESCOTE, A adj. *Fam.* Se dice de la persona rolliza que tiene el cutis terso y de buen color.

FRESCURA s.f. Cualidad de fresco. **2.** *Fig.* Descaro, desvergüenza. **3.** *Fig.* Impertinencia, respuesta fuera de propósito: *contestar una frescura.* **4.** *Fig.* Tranquilidad, despreocupación: *actuar con frescura.* **5.** Amenidad y fertilidad de un lugar lleno de verdor.

FRESNEDA s.f. (lat. *fraxinetum*). Sitio o lugar poblado de fresnos. SIN.: *fresnedo.*

FRESNO s.m. (lat. *fraxinus*). Árbol de hasta 40 m de alt., de madera clara, flexible y resistente, que crece en los bosques templados. (Familia oleáceas.)

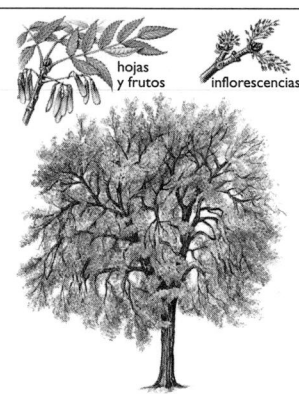

hojas y frutos
inflorescencias

■ **FRESNO**

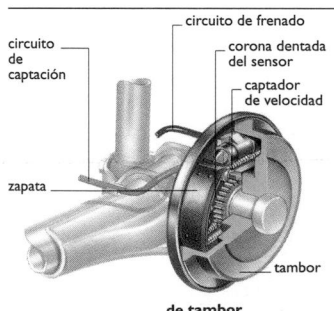

circuito de frenado
circuito de captación
corona dentada del sensor
captador de velocidad
zapata
tambor

de tambor

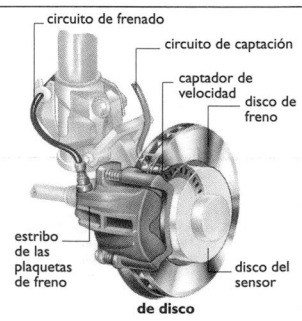

circuito de frenado
captador de velocidad
circuito de captación
disco de freno
estribo de las plaquetas de freno
disco del sensor

de disco

■ **FRENOS** de automóvil.

FRESÓN s.m. Variedad de fresa de mayor tamaño que la común.

FRESQUERA s.f. Armario o lugar de una casa, convenientemente ventilados, donde se dejan los alimentos para que se conserven frescos.

FRESQUERÍA s.f. Amér. Central, Ecuad., Perú y Venez. Establecimiento donde se hacen y venden bebidas frías y helados.

FRESQUISTA adj. y s.m. y f. Relativo a la técnica pictórica del fresco; pintor de frescos.

FREUDIANO, A adj. y s. PSIQUIATR. Relativo a Sigmund Freud o a sus teorías, especialmente del psicoanálisis; partidario de estas ideas o doctrinas.

FREUDISMO s.m. Teoría del funcionamiento psíquico normal y patológico desarrollada por Sigmund Freud.

FREUDOMARXISMO s.m. Combinación teórica del marxismo y el psicoanálisis.

FREZA s.f. Desove. **2.** Huevos de los peces, y pescado menudo recién salido de ellos. **3.** Tiempo del desove **4.** Señal u hoyo que hace un animal escarbando u hozando.

FREZAR v.intr. [7]. Desovar la hembra del pez.

FRIABILIDAD s.f. Facilidad de una cosa para romperse o desmenuzarse.

FRIALDAD s.f.Fig. Indiferencia, falta de interés, ardor o animación. **2.** Sensación de falta de calor. **3.** Anafrodisia.

FRICANDÓ s.m. (fr. fricandeau). Guiso de carne generalmente con setas, y servido con una salsa espesa.

FRICAR v.tr. (lat. fricare). [1]. Restregar.

FRICASÉ s.m. (fr. fricassée, p. de fricasser, guisar un fricasé). Guiso de carne cortada en trozos pequeños, parecido al fricandó.

FRICATIVO, A adj. y s.f. Se dice del sonido consonántico que se produce estrechando el canal vocal en alguno de sus puntos y haciendo salir el aire constreñido, de manera que su rozamiento produce un ruido más o menos fuerte.

FRICCIÓN s.f. Acción de frotar. **2.** Resistencia que ofrecen dos superficies en contacto al movimiento relativo de una de ellas con respecto a la otra. **3.** fig. Desavenencia entre personas o colectividades.

FRICCIONAR v.tr. y prnl. Frotar una parte del cuerpo con algo, especialmente con las manos.

FRIEGA s.f. Fricción que se hace como medio curativo. **2.** Amér. Molestia, fastidio.

FRIGÁNIDO, A adj. y s.m. Relativo a una familia de insectos tricópteros de cuatro alas peludas, cuya larva se construye una envoltura de hierbas y granos de arena y anida en los ríos de aguas rápidas.

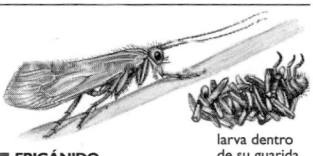
■ **FRIGÁNIDO**   larva dentro de su guarida

FRIGIDARIUM s.m. (voz latina). ANT. ROM. Estancia de las termas destinada al baño frío.

FRIGIDER o **FRIYIDER** s.m. Chile. Refrigerador.

FRIGIDEZ s.f. Incapacidad de la mujer para llegar al orgasmo. **2.** Frialdad, falta de calor.

FRÍGIDO, A adj. (lat. frigidum). Que padece frigidez. **2.** Poét. Frío.

FRIGIO, A adj. y s. De Frigia. ◇ **Gorro frigio** Tocado semejante al de liberto de la Roma antigua, que fue el emblema de la libertad durante la Revolución francesa.

FRIGORÍA s.f. Unidad de medida de cantidad de calor extraída (símb. fg), equivalente a una kilocaloría negativa y que vale $-4{,}185 \cdot 10^3$ julios.

FRIGORÍFICO, A adj. Que produce frío. ◆ s.m. y adj. Esp. Refrigerador.
ENCICL. Se distinguen dos tipos de máquinas frigoríficas: las de compresión y las de absor-

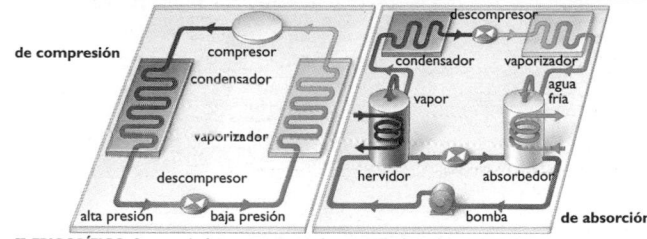

de compresión — compresor — condensador — vaporizador — descompresor — alta presión — baja presión

descompresor — condensador — vaporizador — vapor — agua fría — hervidor — absorbedor — bomba — de absorción

■ **FRIGORÍFICO.** Sistema de funcionamiento de las máquinas frigoríficas.

ción. En las de compresión, un fluido refrigerante se convierte en vapor en un vaporizador gracias a la elevación del calor del medio exterior; un compresor aspira los vapores producidos y los devuelve a un condensador que los enfría y se licúan; un descompresor deja pasar el congelante líquido hacia el vaporizador gracias a un descenso de la presión. En una máquina frigorífica de absorción, el congelante pasa de la fase vapor a la fase líquida, como en las de compresión, pero la compresión mecánica se remplaza por la transferencia entre una solución rica y una solución pobre de refrigerante, obtenida por medio del calor.

FRIGORÍGENO, A adj. y s.m. Que produce frío: fluido frigorígeno.

FRIJOL s.m. Amér. Central y Méx. Planta anual, originaria de América, de la que se cultivan varias especies por sus flores ornamentales y, sobre todo, por sus frutos comestibles y sus semillas, ricas en féculas. (Familia papilionáceas.) GEOSIN.: Amér. Merid. poroto; Esp. judía, alubia. **2.** Amér. Central y Méx. Semilla de esta planta, que se come cuando está madura y seca. GEOSIN.: Amér. Merid. poroto; Esp. judía, alubia.

hojas y frutos — flor

■ **FRIJOL** tierno o verde.

FRÍJOL s.m. → FRÉJOL.

FRIJOLILLO s.m. Amér. Nombre de diversas plantas leguminosas que tienen el fruto en legumbre.

FRIMARIO s.m. (fr. frimaire). Tercer mes del calendario republicano francés, que empieza el 21, 22 o 23 de noviembre.

FRINGÍLIDO, A adj. y s.m. (del lat. fringilla, pinzón). Relativo a una familia de aves paseriformes de pequeño tamaño y con plumaje de vivos colores, como el gorrión o el jilguero.

FRÍO, A adj. (lat. frigidus). Que tiene una temperatura baja o más baja de lo normal o ade-

■ **FRIGIO.** «Patriotas exaltados arrancan la corona del busto de Voltaire para sustituirla por el gorro frigio.» Detalle de una pintura a la aguada de los hermanos Lesueur. (Museo Carnavalet, París.)

cuado: ambiente frío; un café frío. **2.** Fig. Falto de afecto, pasión o sensibilidad. **3.** Fig. Sereno, que no se inmuta fácilmente. **4.** Fig. Poco sensible a los estímulos sexuales. **5.** Fig. Que es poco acogedor. **6.** Se dice del color del espectro cercano al azul: el verde es un color frío. ◆ s.m. Ausencia total o parcial de calor: en invierno hace frío. **2.** Sensación que experimenta el cuerpo animal en contacto con algo frío, por disminución del calor ambiental o por causas internas. ◇ **Frío artificial**, o **industrial** Procedimiento que permite la refrigeración y congelación de diversas sustancias para conservarlas. **Operación en frío** Operación realizada fuera de la fase aguda de la enfermedad. **Quedarse frío** Quedarse indiferente o atónito.

FRIOLENTO, A adj. Fam. Se dice de la persona muy sensible al frío.

FRIOLERA s.f. Cosa de poca monta. **2.** Fam. Gran cantidad de una cosa, especialmente de dinero: gastar una friolera en vestidos.

FRIOLERO, A adj. (del ant. frior, frialdad) Esp. Se dice de la persona muy sensible al frío.

FRISA s.f. Tela ordinaria de lana. **2.** Argent. y Chile. Pelo de algunas telas, como la felpa.

FRISAR v.tr. Levantar y rizar el pelo de un tejido. ◆ v.intr. y tr. Tener aproximadamente la edad que se expresa.

FRISBEE o **FRISBI** s.m. Disco de plástico que se lanza en el aire para que planee girando sobre sí mismo. **2.** Juego en el que se utiliza este disco.

FRISCA s.f. Chile. Soba, tunda, zurra.

FRISO s.m. ARQ. **a.** Parte del entablamento, entre el arquitrabe y la cornisa. **b.** Pieza larga y estrecha que se coloca en balcones y escaleras a la altura del pecho. **c.** Conjunto de elementos decorativos en forma de faja muy alargada y seguida.

FRISÓN, NA adj. y s. De Frisia. SIN.: frisio. ◆ adj. y s.f. Se dice de una raza bovina lechera francesa de pelaje negro. ◆ s.m. Lengua germánica occidental, hablada en el N de Países Bajos y en Alemania.

■ **FRISONA**

FRITA s.f. (fr. fritte). Mezcla de arena silicosa y de sosa, no fundida completamente, que entra en la composición de determinados productos cerámicos y del vidrio.

FRITADA s.f. Conjunto de alimentos fritos, en especial pescado. SIN.: fritura.

FRITADO s.m. Operación efectuada en pulvimetalurgia, a fin de realizar una aglomeración de los productos tratados con vistas a darles una cohesión y una rigidez suficientes. **2.** Vitrificación preparatoria incompleta de determinados materiales, en cerámica y en esmalte. SIN.: fritado.

FRITANGA s.f. *Desp.* Fritada, especialmente la abundante en grasa.

1. FRITAR v.tr. (de *frito*). Argent., Colomb. y Urug. Freír.

2. FRITAR v.tr. (fr. *fritter*). Someter a la operación de fritado.

FRITO, A adj. Exasperado o harto por la insistencia de algo molesto: *estar,tener frito.* ◆ s.m. Fritada. **2.** Cualquier manjar frito.◇ **Estar frito** Argent. *Fam.* Estar muy cansado físicamente; Argent., Chile y Perú. *Fam.* hallarse en una situación difícil o sin salida.

FRITURA s.f. Fritada.

FRIVOLIDAD s.f. Cualidad de frívolo. **2.** Dicho o hecho frívolo.

FRIVOLITÉ s.m. (voz francesa). Encaje que se teje a mano con una o dos lanzaderas y un ganchillo de acero.

FRÍVOLO, A adj. (lat. *frivolus*). Ligero, veleidoso,insustancial. **2.** Fútil y de poca sustancia.

FRIYIDER s.m. → **FRIGIDER.**

FRONDAS s.f.pl. Conjunto de hojas o ramas que forman espesura.

FRONDE o **FRONDA** s.f. (lat. *frons, frondis*). BOT. **a.** Hoja del helecho. **b.** Talo de las algas y líquenes cuando tiene aspecto foliáceo o laminar.

FRONDÍO, A adj. Colomb. y Méx. Sucio y desaseado.

FRONDOSIDAD s.f. Cualidad de frondoso.

FRONDOSO, A adj. (lat. *frondosus*). Con abundantes hojas y ramas. **2.** BOT. Se dice de los organismos vegetales provistos de frondas.

FRONTAL adj. (del ant. *fruente*, frente). Relativo a la frente. **2.** Que está situado en la parte delantera: *lavadora de carga frontal.* **3.** Se dice de la lucha o el enfrentamiento que es directo y total: *oposición frontal.* **4.** MAT. En geometría descriptiva, se dice de la recta paralela al plano vertical de proyección. ◆ s. y s.m. Se dice de uno de los huesos que contribuyen a formar la cavidad craneal. ◆ s.m. En el yelmo o celada, pieza en forma de media luna que caía sobre los ojos y protegía la vista y la frente. ◇ **Lóbulo frontal** Parte de los hemisferios cerebrales situada delante de la cisura de Silvio y que desempeña un papel importante en la motricidad, la regulación del humor y el dolor.

FRONTALERA s.f. Correa o cuerda de la cabezada y de la brida del caballo, que le ciñe la frente y sujeta las carrilleras.

FRONTALIDAD s.f. **Ley de la frontalidad** Principio fundamental de las esculturas arcaicas, que se caracteriza por la simetría del cuerpo humano, que nunca se aparta de su eje para hacer una flexión lateral.

FRONTENIS s.m. Juego de pelota que se juega en frontón con raquetas y pelotas de tenis.

FRONTERA s.f. (del ant. *fruente*, frente). Confín de un estado. **2.** Cualquier cosa que limita la extensión de otra.◇ **Frontera natural** Frontera formada por un elemento geográfico, como un río o una cordillera.

FRONTERIZO, A adj. Que está en la frontera. **2.** Que está enfrente de otra cosa.

FRONTERO, A adj. Puesto o colocado enfrente.

FRONTIL s.m. Pieza acolchada de materia basta que se pone a los bueyes entre su frente y la coyunda.

FRONTIS s.m. Frontispicio.

FRONTISPICIO s.m. (del lat. tardío *frontispicium*, de *frons, -tis*, frente, y *specere*, mirar). Fachada o delantera de un edificio, libro, etc. SIN.: *frontis.* **2.** ARQ. Frontón.

FRONTÓN s.m. Edificio o cancha dispuesta para jugar a la pelota vasca. **2.** ARQ. Remate triangular o semicircular de un pórtico, fachada o ventana. SIN.: *frontispicio.*

FROTADOR s.m. Tirilla situada en el canto de una caja de fósforos y revestida de un producto que facilita la inflamación de aquellos al frotar.

FROTAMIENTO s.m. Acción de frotar. SIN.: *frotación, frote.*

FROTAR v.tr. y prnl. (fr. *frotter*). Pasar repetidamente una cosa sobre otra con fuerza.

FROTIS s.m. MED. Método de exploración mi-

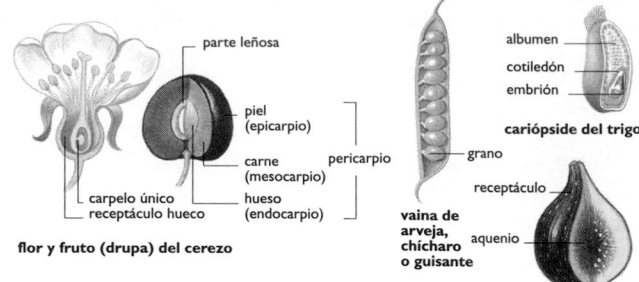

parte leñosa

piel
(epicarpio)

carne
(mesocarpio)   pericarpio

hueso
(endocarpio)

carpelo único
receptáculo hueco

flor y fruto (drupa) del cerezo

albumen

cotiledón

embrión

cariópside del trigo

grano

receptáculo

vaina de
arveja,
chícharo   aquenio
o guisante

higo

■ **FRUTOS** en sección.

croscópica de un fragmento de tejido o secreción, consistente en realizar una extensión sobre un portaobjetos y examinarla al microscopio.

FRUCTÍFERO, A adj. Que produce fruto.

FRUCTIFICAR v.intr. [1]. Convertirse la flor en fruto. **2.** *Fig.* Producir utilidad una cosa.

FRUCTOSA s.f. Osa de fórmula $C_6H_{12}O_6$, isómero de la glucosa, contenida en la miel y en numerosas frutas.SIN.: *levulosa.*

FRUCTUOSO, A adj. (lat. *fructuosus*).Que da fruto o utilidad.

FRUFRÚ s.m. (voz onomatopéyica). Ruido que producen al rozarse ciertas telas.

FRUGAL adj. (lat. *frugalis*, sobrio). Parco en comer y beber. **2.** Se dice de la comidas sencilla y poco abundante: *almuerzo frugal.*

FRUGALIDAD s.f. Cualidad de frugal.

FRUGÍVORO, A adj. (del lat. *frux*, fruto, y *vorare*, comer). Que se nutre de frutos o vegetales: *roedor frugívoro.*

FRUICIÓN s.f. Placer intenso.

FRUIR v.intr. (lat. *frui*, disfrutar) [88]. Sentir gran placer.

FRUMENTARIO, A adj. (del lat. *frumentum*, trigo, grano).Relativo al trigo y otros cereales.

FRUNCE s.m. Arruga o pliegue que se forma en una tela frunciéndola.SIN.: *fruncido.*

FRUNCIDO s.m. Acción de fruncir. **2.** Arruga o pliegue que se forma en una tela frunciéndola. SIN.: *frunce.*

FRUNCIMIENTO s.m. Acción de fruncir las cejas, la frente, etc.

FRUNCIR v.tr. [42]. Arrugar la frente, las cejas, etc.: *fruncir el ceño.* **2.** Arrugar una tela con arrugas pequeñas y paralelas. **3.** *Fig.* Estrechar y recoger una cosa.

FRUSLERÍA s.f. Cosa de poco valor o entidad.

FRUSLERO, A adj. (de *fruslera*, latón de poca consistencia). Fútil o frívolo.

FRUSTRACIÓN s.f. Acción y efecto de frustrar. **2.** DER. Realización de todos los actos que deberían producir un resultado delictivo, y que sin embargo no se produce por causas ajenas a la voluntad del agente. **3.** PSICOL. Estado de tensión psicológica engendrado por un obstáculo que se interpone entre un sujeto y un fin valorado positivamente por él.

FRUSTRANTE adj. Que frustra.

FRUSTRAR v.tr. (lat. *frustrari*, engañar, hacer inútil, frustrar).Privar a alguien de lo que esperaba: *frustrar las esperanzas de alguien.* ◆ v.tr. y prnl. Dejar sin efecto, malograr un intento.

FRUTA s.f. Fruto comestible. ◇ **Fruta de la pasión** Maracuyá. **Fruta del tiempo** Fruta que se come en la misma estación en que madura y se colecta; cosa que sucede con frecuencia en tiempo determinado. **Fruta de sartén** Esp. Masa frita, de varios nombres y figuras. **Fruta prohibida** *Fig.* Todo lo que no está permitido hacer o tomar.

FRUTAL s.m. y adj. Árbol o arbusto que se cultiva para la producción de frutos comestibles.

FRUTERÍA s.f. Tienda donde se vende fruta.

FRUTERO, A adj. Que sirve para llevar o contener fruta: *barco frutero.* ◆ s. Persona que vende fruta. ◆ s.m. Recipiente para poner fruta.

FRUTESCENTE adj. Se dice de la planta herbácea que tiene la base del tallo lignificada.

FRUTICULTURA s.f. Cultivo de plantas que producen frutas.

FRUTILLA s.f. BOT. Amér. Merid. Fresa.

FRUTILLAR s.m. Amér. Sitio donde se crían las frutillas.

FRUTILLERO, A s. Amér. Vendedor ambulante de frutillas.

FRUTO s.m. (lat. *fructus, -us,* usufructo, fruto, de *frui*, disfrutar). Órgano que contiene las semillas de una planta y que procede, generalmente, del ovario de la flor. (Se distinguen los *frutos secos* [vaina, cápsula y aquenio] y los *frutos carnosos* [drupa, baya], con frecuencia comestibles.) **2.** Producto de la tierra, como los vegetales o la fruta. **3.** Producto del ingenio o del trabajo humano. **4.** *Fig.* Utilidad, provecho, resultado. **5.** Hijo que lleva la mujer en su seno. ◆ **frutos** s.m.pl. DER. Productos regulares y periódicos que dan las cosas de acuerdo con su destino y sin pérdida de su sustancia, ya sea de forma natural, ya sea mediante el trabajo humano.◇ **Fruto seco** Fruto desecado, con o sin cáscara. SIN.: *fruta seca.* **Frutos pendientes** DER. Productos que permanecen unidos a lo que los produce, o productos producidos pero no abonados. **Frutos percibidos** DER. Productos separados de la cosa de la que proceden, o los ya abonados.

FTALEÍNA s.f. Materia colorante incolora en un medio ácido o neutro o de color rojo púrpura en un medio básico.

FTÁLICO, A adj. Se dice de un ácido derivado del benceno, utilizado en la fabricación de colorantes y resinas sintéticas.

FTIRIASIS s.f. (lat. *phthiriasis*, del gr. *phtheirasis*, de *phteir, phteiros*, piojo). Enfermedad de la piel producida por los piojos.

FU s.m. Bufido del gato.◇ **Ni fu ni fa** *Fam.* Indica que algo es indiferente, ni bueno ni malo.

FUAGRÁS o **FOIE-GRAS** s.m. (fr. *foie-gras*). Pasta de hígado, generalmente de ave o de cerdo.

FUCAL adj. y s.m. Relativo a un orden de algas pardas, feofíceas, cuyos talos pueden alcanzar gran complicación.

FÚCAR s.m. (de *Fugger*, familia de banqueros de Augsburgo). Hombre muy rico y hacendado.

¡FUCHI! interj. Amér. *Fam.* Expresa asco o repugnancia.

FUCHSIANO, A adj. (de L. *Fuchs*, matemático alemán).MAT. Se dice de las funciones trascendentes que permanecen invariables en determinadas transformaciones que constituyen el *grupo fuchsiano.*

FUCILAZO s.m. Relámpago sin ruido que ilumina la atmósfera en el horizonte por la noche.

FUCSIA s.f. (de L. *Fuchs*, botánico alemán). Arbusto originario de América, que se cultiva con frecuencia debido a sus flores rojas decorativas. (Familia enoteráceas.) ◆ adj. y s.m. Se dice del color semejante al de las flores de este arbusto. ◆ adj. Que es de este color.

FUCSINA s.f. Materia colorante roja, utilizada en citología y en bacteriología.

FUCUS s.m. (voz latina). Alga de color marrón oscuro, que abunda en las costas rocosas. (Familia fucáceas.)

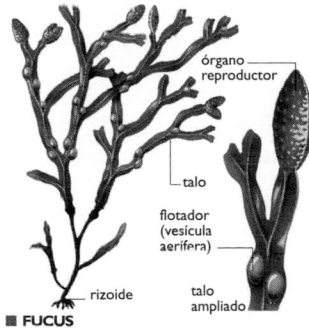

órgano reproductor

talo

flotador (vesícula aerífera)

rizoide

talo ampliado

■ **FUCUS**

FUEGO s.m. (lat. *focus*, hogar, hoguera). Desprendimiento de calor, luz y llamas, producido por la combustión de un cuerpo. **2.** Materia encendida en brasa o llama. **3.** Incendio **4.** Hoguera. **5.** *Fig.* Casa u hogar. **6.** *Fig.* Pasión, entusiasmo, ardor. **7.** Efecto de disparar las armas de fuego. **8.** Sensación de ardor o quemazón en una región determinada del organismo. ◆ interj. MIL. Se usa como voz de mando para ordenar abrir fuego. ◆ **fuegos** s.m.pl. Cohetes y otros artificios de pólvora que al quemarse producen luces de colores y detonaciones y que se hacen para diversión. SIN.: *fuegos artificiales.* ◇ **Abrir,** o **romper,** o **hacer, fuego** Empezar a disparar. **A fuego lento** Poco a poco, de forma imperceptible. **Fuego amigo** MIL. El producido por las propias tropas sobre sí mismas. **Fuego de san Telmo** Copete luminoso que aparece en las extremidades de los mástiles de los navíos o en los filamentos de las sogas, debido a la electricidad atmosférica. **Fuego eterno** Suplicio sin fin de los condenados por sus pecados. **Fuego fatuo** Llama errática que se produce en el suelo, especialmente en los cementerios, por la inflamación del fósforo de hidrógeno desprendido de las materias orgánicas en descomposición; *Fig.* ardor pasajero. **Jugar con fuego** Actuar de forma arriesgada **Pegar fuego** Incendiar.

FUEGUINO, A adj. y s. De alguno de los pueblos amerindios alacaluf o yahgán, ací extinguidos, de lengua y características físicas distintas pero de cultura bastante homogénea, muy rudimentaria. (Habitaban en el extremo meridional de América del Sur [Isla Grande de la Tierra del Fuego].)

FUELLE s.m. (lat. *follis*). Instrumento que sirve para producir aire a presión dirigido hacia un punto determinado. **2.** Arruga o pliegue de un vestido. **3.** Pieza de materia flexible que se pone en los lados de los bolsos o bolsas, carteras, etc., o en las máquinas de fotografiar, para aumentar o disminuir su volumen. **4.** F. C. En los trenes, corredor flexible que pone en comunicación dos vagones.

FUEL-OIL s.m. (ingl. *fuel oil*). Combustible líquido de color marrón oscuro o negro y con

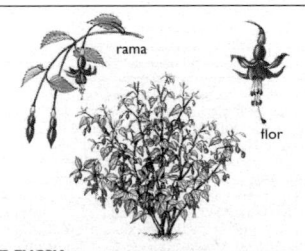

rama

flor

■ **FUCSIA**

sistencia viscosa, derivado del petróleo. SIN.: *mazut.* (También *fuel.*)

FUENTE s.f. (lat. *fons, -tis*). Manantial de agua que brota de la tierra. **2.** Construcción de piedra, hierro, etc., que sirve para que salga el agua por uno o varios caños dispuestos en él. **3.** Pila bautismal. **4.** Plato grande, circular u oblongo, que se usa para servir la comida. **5.** Cantidad de comida que cabe en este plato **6.** *Fig.* Sitio, hecho u ocasión de donde procede algo. **7.** Sistema que puede emitir de forma permanente energía, como calor, luz, electricidad, etc., o partículas. ◇ **De buena fuente** o **de buenas fuentes** Fidedigno. **Fuente de soda** Chile, Méx. y Venez. Bar, cafetería.

FUER s.m. (apócope de *fuero*). **A fuer de** A título de, en razón de, como.

FUERA adv.l. y t. (del ant. *fueras*, del lat. *foras, afuera*). A o en, la parte exterior de un espacio real o imaginario: *lo echó fuera de su casa.* **2.** Seguido de la prep. *de* y un sustantivo, excepto, salvo: *fuera de esto, no queda nada más.* **3.** Seguido de la prep. *de* y determinados nombres de acción, introduce el significado de privación o eliminación de la misma: *fuera de combate; fuera de acción.* ◆ interj. y s.m. Se usa para echar a alguien de un lugar: *¡fuera de mi vista!; ¡aquí se oía un fuera, allá un silbido.* ◇ **De fuera** De otra población o país; de la parte exterior. **Fuera borda** Fueraborda. **Fuera de banda** En algunos deportes de equipo, salida de la pelota del terreno de juego por una de sus bandas laterales. **Fuera de fondo** En algunos deportes de equipo, salida de la pelota del terreno de juego por una de las líneas de fondo. **Fuera de juego** En algunos deportes de equipo, posición irregular de un jugador con relación a sus adversarios.

FUERABORDA s.m. Motor instalado en la parte trasera y exterior de la borda de una embarcación; pequeña embarcación de recreo o de carreras, propulsada por un motor fuera borda. (También *fuera borda.*)

FUEREÑO, A adj. y s. Méx. Se dice del que proviene de una región, ciudad, país, etc., distinto del lugar en que se está: *en Semana santa llegan muchos fuereños a la ciudad.*

FUERISTA adj. y s.m. y f. Relativo a los fueros; versado en los fueros o que los defiende.

FUERO s.m. (lat. *forum*, plaza pública, vida pública y judicial). Conjunto de derechos o privilegios que se concedía a un territorio, ciudad o persona en la edad media. **2.** Derecho o privilegios que se conceden a ciertas actividades, principios, etc. (Suele usarse en plural.) **3.** Compilación de leyes antiguas. **4.** *Fig.* y *fam.* Arrogancia, presunción. (Suele usarse en plural.) ◇ **En el fuero interno,** o **interior, de** alguien En lo más íntimo. **Volver por los fueros de algo** Defenderlo de atropellos o ataques injustos.

ENCICL. A partir de la reconquista, en los reinos cristianos españoles surgieron costumbres, derechos locales y territoriales. De una parte, el fuero es una manifestación de los derechos locales territoriales (fueros municipales), y por otra define determinadas fuentes jurídicas de carácter territorial (fueros territoriales de regiones o reinos). Los fueros municipales, similares a las *consuetudines* o *costums* catalanas, *a las chartes* y *coutumes* francesas o a los *statuti* italianos, están compuestos por privilegios, costumbres y disposiciones reales o del propio consejo de la ciudad. Entre éstos destacan el fuero municipal de León, los fueros de Sepúlveda, el fuero extenso de Cuenca, el fuero de Madrid y los fueros de Jaca. Los fueros territoriales de regiones o reinos son, desde el s. XIII, redacciones en las que se reconoce el derecho tradicional de la región o reino (basadas en textos consuetudinarios, decisiones judiciales, privilegios y disposiciones legales). Destacan los siguientes: el Fuero de León, fuero juzgo, fuero real de Castilla, fuero general de Vizcaya, fuero general de Navarra, fueros de Aragón y *Furs* de Valencia. Los fueros territoriales desaparecieron con el centralismo borbónico o a lo largo del s. XIX (País Vasco), aunque se conservó el de Navarra. Con la configuración autonómica del territorio (constitución de 1978), algunos se actualizaron (Amejoramiento del fuero de Navarra) y otros fueron sustituidos por los estatutos de autonomía.

FUERTE adj. (lat. *fortis*). Que tiene fuerza y resistencia: *tela fuerte.* **2.** Robusto, corpulento: *en una lucha, no siempre vence el contrincante más fuerte.* **3.** Animoso, valiente: *hay que ser fuerte para vencer las dificultades.* **4.** Duro, difícil de labrar y trabajar: *el hierro es más fuerte que el plomo.* **5.** Firme o sujeto, muy agarrado: *lazo fuerte.* **6.** *Fig.* Grande, importante: *hacer afirmaciones muy fuertes; tener razones fuertes para callar.* **7.** Que es muy concentrado o tiene gran intensidad: *sabor fuerte; café fuerte.* **8.** Se dice del volumen de sonido muy elevado: *hablar muy fuerte.* **9.** Dotado de medios poderosos: *países económicamente fuertes.* **10.** Fig. Versado o docto en una ciencia o arte: *estar fuerte en matemáticas.* **11.** Se dice del terreno áspero y fragoso. **12.** FORT. Se dice del lugar resguardado con obras de defensa capaz de resistir los ataques del enemigo: *plaza fuerte.* **13.** QUÍM. Se dice de una base, un ácido, o un electrólito muy disociados. ◆ s.m. Aspecto o actividad en que más sobresale o destaca una persona: *su fuerte es la música.* **2.** Obra de fortificación que presenta cierto número de frentes. ◆ adv.l. Con fuerza: *pegar fuerte; atar fuerte.* **2.** Mucho, con exceso: *jugar fuerte.*

FUERZA s.f. (lat. tardío *fortia*). Capacidad de acción física. **2.** Eficacia para producir un efecto: *la fuerza de unas palabras.* **3.** Capacidad de soportar un peso o de oponerse a un impulso: *la fuerza de un dique.* **4.** Aplicación de la capacidad física o moral: *agarrar una cosa con fuerza.* **5.** Autoridad, poder. **6.** Uso de la violencia para obligar **7.** Vigor, vitalidad: *esta planta crece con mucha fuerza.* **8.** FÍS. Causa capaz de deformar un cuerpo o de modificar su estado de reposo o movimiento. (Toda fuerza está definida por su punto de aplicación, su dirección, su sentido y su intensidad. Según la ley fundamental de la dinámica, la aceleración que experimenta un punto material, considerada como vector, es proporcional a la fuerza que la produce.) ◇ **A fuerza de** Empleando con insistencia un medio o ejercitando una acción. **A la,** o **por, fuerza** Por necesidad. **Fuerza animal,** o **de sangre** Fuerza de un ser vivo empleada como motriz. **Fuerza bruta** Fuerza aplicada sin mesura ni inteligencia. **Fuerza contraelectromotriz** (fcem) Fuerza electromotriz inversa que se desarrolla en determinados aparatos eléctricos. **Fuerza de intervención** MIL. Unidades y medios militares organizados para entrar en acción con la máxima rapidez en caso de agresión o amenaza. **Fuerza de ley** DER. Carácter obligatorio análogo al de la ley. **Fuerza de un electrólito** Característica relativa a su mayor o menor disociación. **Fuerza electromotriz** (fem) Característica esencial de una fuente de energía eléctrica, que permite hacer circular una corriente por un circuito y determina la intensidad de esta corriente. **Fuerza mayor** Circunstancia imprevisible e inevitable que impide el

■ **FUERO.** Miniatura en una página del fuero juzgo, de la época de Chindasvinto.
(Biblioteca nacional, Madrid.)

cumplimiento de una obligación. **Fuerza política** Partido político, asociación, grupo de presión o movimiento de ideas que influye o pretende influir en la vida política, directa o indirectamente. **Fuerzas armadas** Conjunto de los ejércitos de tierra, mar y aire de un estado o de una organización supranacional. **Fuerzas de orden público,** o **del orden** Conjunto de cuerpos de seguridad del estado que tienen a su cargo el mantenimiento del orden interno. **Fuerzas productivas** Expresión marxista que designa el conjunto de elementos materiales y sociales que intervienen en el proceso productivo. **Fuerzas sociales** Conjunto de las clases sociales, grupos de interés y grupos de presión. **Fuerzas vivas** Clases y grupos impulsores y controladores de la actividad y la prosperidad de un país, localidad, etc.

FUETAZO s.m. Amér. Latigazo.

FUETE s.m. Amér. Látigo.

FUFÚ s.m. Colomb., Cuba y P. Rico. Comida hecha de plátano, ñame o calabaza. **2.** P. Rico. Hechizo, mal de ojo.

FUGA s.f. (lat. *fuga*). Acción y efecto de fugarse. **2.** Salida, escape accidental de un fluido por un orificio o abertura. **3.** Evasión al extranjero de valores necesarios para el propio país: *fuga de capitales*. **4.** Momento de auge o intensidad de una acción. **5.** MÚS. Composición musical de estilo contrapuntístico, basada en el uso de la imitación procedente de un tema generalmente corto, pero bien diferenciado. ◇ **Fuga de cerebros** Conjunto de movimientos migratorios de personal cualificado hacia países con niveles tecnológicos más elevados o con mayores oportunidades que los de los países de origen. **Punto de fuga** Punto de un dibujo en perspectiva en el que concurren rectas que son paralelas en la realidad.

FUGACIDAD s.f. Cualidad de fugaz.

FUGADO, A adj. MÚS. En forma de fuga.

FUGARSE v.prnl. [2]. Escaparse, huir.

FUGAZ adj. (lat. *fugax, -acis*). Que dura poco. **2.** Que huye y desaparece con velocidad.

FUGITIVO, A adj. y s. (lat. *fugitivus*). Se dice del que anda huyendo y escondiéndose. ◆ adj. Que pasa muy deprisa. **2.** *Fig.* Caduco, perecedero, de corta duración.

FUGUILLAS s.m. y f. Persona de genio vivo e impaciente.

FUINA s.f. (fr. *fouine*). Garduña.

FULANA s.f. Prostituta.

FULANI → **FULBÉ.**

FULANO, A s. (ár. *fulān,* tal). Designa a una persona cuyo nombre se desconoce o no se quiere decir. **2.** Persona indeterminada. **3.** *Fig.* Amante. ◇ **Fulano de tal** Se usa para indicar el nombre de una persona cualquiera.

FULAR o **FOULARD** s.m. (fr. *foulard*). Pañuelo o banda de tejido ligero que se usa como adorno, generalmente alrededor del cuello.

FULBÉ, FULANI o **PEUL,** conjunto de pueblos, nómadas y sedentarios, dispersos en África occidental, de Senegal a Camerún, que hablan una lengua nigerio-congoleña.

FULBITO s.m. Argent. y Urug. En fútbol, juego intrascendente, sin mayor espíritu competitivo.

FULCRO s.m. (lat. *fulcrum*, sostén, puntal, de *fulcire*, sustentar). Punto de apoyo de la palanca.

FULERENO s.m. (de R. B. *Fuller*, ingeniero norteamericano). QUÍM. Variedad cristalina de carbono cuya molécula consta de gran número de átomos. (Con ciertos iones metálicos, los fulerenos se vuelven superconductores y ferromagnéticos a muy baja temperatura, por lo que son de gran interés en electrónica.)

FULERO, A adj. Chapucero, inaceptable.

FÚLGIDO, A adj. (lat. *fulgidus*). Poét. Brillante, resplandeciente.

FULGIR v.intr. [43]. Poét. Brillar, resplandecer.

FULGOR s.m. (lat. *fulgor, -oris*). Resplandor y brillantez con luz propia.

FULGURACIÓN s.f. Acción de fulgurar. ◇ **Fulguración cromosférica** Aumento repentino de brillo de una región próxima a una mancha solar.

FULGURANTE adj. Resplandeciente, brillante.

FULGURAR v.intr. (lat. *fulgurare*, relampa-

guear). Brillar, resplandecer, despedir rayos de luz.

FULIENSE adj. y s.m. y f. Se dice del religioso de una rama de la orden del Cister reformada en 1577 y desaparecida en 1789.

FULIGINOSO, A adj. Que se parece al hollín. **2.** Oscurecido, ennegrecido.

FULL s.m. (del ingl. *full house*). En el póquer, conjunto formado por un trío y una pareja.

FULL CONTACT s.m. Deporte de lucha en el que se puede golpear con los puños y con los pies.

FULLERÍA s.f. Trampa y engaño que se comete en el juego. **2.** *Fig.* Astucia, cautela y arte con que se pretende engañar.

FULLERO, A adj. y s. Que hace fullerías o trampas en el juego. **2.** *Fam.* Chapucero, precipitado.

FULMICOTÓN s.m. (fr. *fulmicoton*). Algodón pólvora.

FULMINACIÓN s.f. Acción de fulminar.

FULMINANTE adj. Se dice de la enfermedad muy grave, repentina y generalmente mortal. **2.** *Fig.* Rápido. ◆ adj. y s.m. Apto para explotar produciendo fuerte ruido y brillante fulgor.

FULMINAR v.tr. (lat. *fulminare*, lanzar un rayo). Arrojar rayos. **2.** Herir, matar o dañar un rayo a alguien o algo. **3.** *Fig.* Causar muerte repentina una enfermedad. **4.** *Fig.* Dirigir a alguien una mirada muy irritada y colérica. **5.** *Fig.* Hacer que explote una materia explosiva. **6.** *Fig.* Dictar, imponer sentencias, excomuniones, etc.

FULMINATO s.m. QUÍM. Sal del ácido fulmínico. **2.** QUÍM. Cualquier materia explosiva.

FULMÍNICO, A adj. QUÍM. Se dice del ácido CNOH que forma sales detonantes.

FUMABLE adj. Susceptible de ser fumado.

FUMADERO s.m. Lugar o sitio destinado para fumar: *fumadero de opio*.

FUMADOR, RA adj. y s. Que tiene costumbre de fumar. ◇ **Fumador pasivo** Persona que inhala el humo producido por un fumador, especialmente la que no es fumadora.

FUMAGINA s.f. Enfermedad criptogámica de los vegetales, caracterizada por la formación de una capa negra en la superficie de las hojas.

FUMANTE adj. Se dice de ciertos ácidos muy concentrados, que humean en contacto con el aire húmedo: *ácido nítrico fumante*.

FUMAR v.tr. Humear. **2.** Cuba, Méx. y P. Rico. Dominar a alguien. **3.** Méx. *Fam.* Hacer caso a alguien. ◆ v.tr., intr. y prnl. Aspirar y despedir el humo del tabaco u otra sustancia herbácea, que se hace arder en pipas, cigarrillos o cigarros. ◆ **fumarse** v.prnl. *Fig.* y *fam.* Gastar, consumir indebidamente una cosa: *fumarse la paga del mes*. **2.** *Fig.* y *fam.* Descuidar una obligación.

FUMARADA s.f. Porción de humo que sale de una vez. **2.** Porción de tabaco que cabe en una pipa.

FUMARIÁCEO, A adj. y s.f. Relativo a una familia de plantas dialipétalas con el fruto en cápsula o en aquenio, a la que pertenece la amapola. SIN.: *papaveráceo*.

FUMAROLA s.f. (ital. *fumaruola*). Emisión de gases de origen volcánico.

FUMATA s.f. (ital. *fumata*). Columna de humo que sale de una chimenea de la capilla Sixtina, procedente de la combustión de las papeletas de votación de un cónclave, que cuando es blanca indica que ha sido elegido el nuevo papa.

FUMAZGO s.m. En el régimen señorial, en Castilla, tributo que debía pagar al señor el habitante de una casa situada en terreno propiedad de aquel.

FUMIGACIÓN s.f. Acción de fumigar.

FUMIGADOR, RA s. Persona que se dedica a fumigar los cultivos. ◆ s.m. Máquina para fumigar.

FUMIGANTE adj. Que fumiga. ◆ s.m. Pesticida que se evapora o se descompone en productos gaseosos en contacto con el aire o el agua.

FUMIGAR v.tr. (lat. *fumigare*, humear) [2]. Desinfectar algo por medio de humo, gas o vapores adecuados.

FUMIGATORIO, A adj. Relativo a la fumigación.

FUMÍGENO, A adj. Que produce humo.

FUMISTA s.m. y f. (fr. *fumiste*). Antiguamente, persona que tenía por oficio hacer o arreglar cocinas, chimeneas o estufas.

FUMISTERÍA s.f. Tienda o taller del fumista.

FUMÍVORO, A adj. Se dice de una chimenea que no produce humo. **2.** Se dice de un aparato que hace desaparecer el humo.

FUNAMBULESCO, A adj. Relativo al funámbulo o al funambulismo. **2.** *Fig.* Grotesco, extravagante.

FUNAMBULISMO s.m. Actividad del funámbulo.

FUNÁMBULO, A s. (lat. *funambulus*, de *funis*, cuerda, y *ambulare*, andar). Acróbata que realiza ejercicios de equilibrio sobre la cuerda floja, el alambre o el trapecio.

FUNCHE s.m. Antillas, Colomb. y Méx. Papilla elaborada con harina de maíz.

FUNCIÓN s.f. (lat. *functio, -onis*, cumplimiento, ejecución de algo). Actividad particular de cada órgano u organismo de los seres vivos, máquinas o instrumentos. **2.** Ejercicio de un empleo, facultad u oficio: *la función del juez*. **3.** Acto público, que constituye un espectáculo de cualquier clase, al que concurre mucha gente: *función académica, religiosa, de teatro*. **4.** Acción propia o característica de alguien o algo: *la función de un abogado es defender a su cliente*. **5.** LING. Papel sintáctico de una palabra o de un grupo de palabras dentro de una oración. **6.** MAT. Magnitud dependiente de una o varias variables. **7.** QUÍM. Conjunto de propiedades pertenecientes a un grupo de cuerpos: *función ácida*. ◇ **En función de** En relación de dependencia con lo que se expresa a continuación. **En funciones** En sustitución del que ejerce un cargo. **Función algebraica** MAT. Función que se calcula mediante las operaciones de álgebra. **Función compleja de una variable real** Función que consta de una parte real y una parte imaginaria. **Función definida en un intervalo (a, b)** Función cuyos valores pueden ser calculados u obtenidos dentro de este intervalo. **Función de función** Función que depende de la variable independiente por intermedio de otra función. **Función lineal** Función en que cada una de las variables solo figura en primer grado, quedando excluidos los productos entre sí de las variables. **Función periódica** Función que vuelve a adquirir los mismos valores cuando la variable de la que depende aumenta a un múltiplo entero de una cantidad denominada *período*. **Función proposicional** Fórmula bien formada del cálculo de predicados que contiene varias variables libres y puede convertirse en un enunciado. **Función pública** DER. Acción del poder ejecutivo al dictar y aplicar las disposiciones *(función reglamentaria)* necesarias para el cumplimiento de las leyes *(función de ejecución)* y para la conservación y fomento de los intereses públicos, y al resolver las reclamaciones *(función de jurisdicción)*. **Función trascendente** Función no algebraica.

FUNCIONAL adj. Relativo a las funciones orgánicas, matemáticas, etc., y especialmente a las vitales. **2.** Práctico, eficaz, utilitario. ◇ **Lingüística funcional** Estudio de los elementos de la lengua desde el punto de vista de su función en el enunciado y en la comunicación. **Trastorno funcional** MED. Perturbación en el funcionamiento de un aparato, digestivo, respiratorio o esfinteriano, o en la realización de una función sin alteración orgánica.

FUNCIONALISMO s.m. Doctrina del s. XX, prolongación del racionalismo del s. XIX, según la cual, en arquitectura y en las artes decorativas, la forma debe estar determinada por la función. **2.** En antropología y sociología, doctrina que extrae sus instrumentos de observación del postulado según el cual la sociedad es una totalidad orgánica cuyos diversos elementos se explican por la función que desempeñan en la misma.

FUNCIONALISTA adj. y s.m. y f. Relativo al funcionalismo; partidario de esta doctrina.

FUNCIONAMIENTO s.m. Acción y efecto de funcionar.

FUNCIONAR v.intr. Realizar la función que le es propia. **2.** Marchar o ir bien una persona o una cosa: *este entrenador funciona*.

FUNCIONARIADO s.m. Conjunto de funcionarios.

FUNCIONARIO, A s. Persona que desempeña una función pública. **2.** Argent. Empleado con cierta jerarquía que trabaja en una dependencia gubernamental.

FUNCIONARISMO s.m. Burocracia.

FUNDA s.f. (lat. tardío *funda*, bolsa). Cubierta de tela, piel u otro material, con que se envuelve, cubre o guarda una cosa para protegerla: *funda de sillón, de violín*.

FUNDACIÓN s.f. Acción y efecto de fundar. **2.** Principio y origen de una cosa. **3.** DER. Patrimonio organizado afectado a un fin y sin finalidad lucrativa, al que la ley confiere personalidad jurídica.

FUNDACIONAL adj. Relativo a la fundación.

FUNDADOR, RA adj. y s. Se dice de la persona que ha fundado algo, especialmente una institución. ◆ s. DER. Persona que constituye una fundación o una sociedad.

FUNDAMENTACIÓN s.f. Acción y efecto de fundamentar.

FUNDAMENTAL adj. Que sirve de fundamento o de base. ◇ **Escala fundamental** Serie de sonidos que sirve de base a un sistema musical, de la que derivan las demás escalas y modos.

FUNDAMENTALISMO s.m. Integrismo. ◇ **Fundamentalismo islámico** Movimiento religioso musulmán del s. XX que preconiza la vuelta a la estricta observancia de las leyes coránicas.

ENCICL. El *fundamentalismo islámico* ha tenido en el s. XX dos principales organizadores: los Hermanos musulmanes de tendencia sunní (implantados sobre todo en Egipto) y determinados grupos chiítas (Irán, Líbano, Iraq). Se ha manifestado también en agrupaciones, sectas y partidos políticos de diversos países (Argelia, Níger, Senegal, Afganistán, Malaysia, Pakistán, etc.). La inclusión de la ley coránica en las diversas constituciones de los estados con mayoría islámica se cuenta entre los objetivos principales de este movimiento que, a partir de mediados de la década de 1980, representa una considerable fuerza de masas e incluso electoral en muchos países islámicos, sobre todo de Oriente medio y el Magreb (victoria en las elecciones municipales de 1990 del argelino Frente islámico de salvación; participación parlamentaria de los Hermanos musulmanes egipcios, sudaneses y jordanos desde 1984, 1986 y 1989, respectivamente; cumbre fundamentalista en Teherán [1993] con participación de dirigentes radicales de 50 países, etc.).

FUNDAMENTALISTA adj. y s.m. y f. Relativo al fundamentalismo; integrista o miembro del fundamentalismo.

FUNDAMENTAR v.tr. Establecer o poner fundamentos, bases. **2.** Poner los cimientos de un edificio.

FUNDAMENTO s.m. (lat. *fundamentum*). Principio o base de una cosa, especialmente de una ciencia o arte. **2.** Razón principal o motivo con que se pretende afianzar y asegurar una cosa. **3.** Seriedad, sensatez o formalidad de una persona. **4.** Conjunto de los cimientos de un edificio.

FUNDAR v.tr. (lat. *fundare*, poner los fundamentos). Establecer, crear una ciudad, edificio, negocio, institución, etc. ◆ v.tr. y prnl. Apoyar, basar: *fundar una hipótesis*.

FUNDENTE adj. y s.m. Que facilita la fundición. ◆ s.m. INDUSTR. Sustancia que facilita la fusión de otro cuerpo.

FUNDICIÓN s.f. Acción y efecto de fundir. **2.** Instalación metalúrgica en la que se funden metales para fabricar lingotes, darles una forma determinada, etc. **3.** Aleación de hierro y carbono, cuyo contenido de este último es superior al 2,5% y que se elabora en estado líquido a partir del mineral de hierro. **4.** ART. GRÁF. Surtido completo de los caracteres de un mismo tipo. ◇ **Fundición acerada** Fundición obtenida por adición de acero en las cargas fundidas en el cubilote,

cuyo contenido de carbono es del 2 al 3 %. **Fundición blanca** Fundición que presenta una fractura de aspecto blanco, debido a su estructura a base de carburo de hierro. **Fundición fosforosa** Fundición elaborada a partir de mineral de fósforo. **Fundición gris** Fundición cuya fractura presenta un aspecto gris debido a su estructura a base de carbono bajo forma de grafito. **Fundición maleable** Fundición que presenta una determinada maleabilidad debido a la estructura particular de su grafito.

FUNDIDO, A adj. Fam. Agotado, abatido: *regresa fundido del trabajo*. **2.** METAL. **a.** Se dice del acero elaborado en crisol. **b.** Se dice del metal en estado líquido. ◆ s.m. CIN. Procedimiento consistente en hacer aparecer o desaparecer lentamente una imagen. ◇ **Fundido encadenado** CIN. Aparición de una imagen en fundido con desaparición de la precedente.

FUNDIDOR s.m. Obrero que dirige o efectúa las operaciones de fusión y colada en una fundición.

FUNDIR v.tr. y prnl. (lat. *fundere*, derramar, derretir). Convertir un cuerpo sólido, especialmente un metal, en líquido. **2.** Unir conceptos, ideas, intereses o partidos. **3.** Amér. Fig. y fam. Arruinar algo o a alguien, hundirlo. ◆ v.tr. METAL. Dar forma en moldes al metal en fusión: *fundir cañones, estatuas*. ◆ **fundirse** v.prnl. Dejar de funcionar un aparato eléctrico debido a un cortocircuito o un exceso de tensión.

FUNDO s.m. (lat. *fundus*, fondo). Conjunto formado por el suelo de un terreno con todo lo que contiene y lo que produce natural o artificialmente. **2.** Chile y Ecuad. Explotación agrícola de superficie más pequeña que la de la hacienda y mayor que la de la chacra. **3.** Chile y Perú. Finca.

FINDUS s.m. Región del estómago que comprende la parte vertical y una porción de la parte horizontal de este órgano.

FÚNEBRE adj. (lat. *funebris*). Relativo a los difuntos. **2.** Fig. Muy triste y sombrío.

FUNERAL adj. (lat. *funeralis*). Relativo al entierro o las exequias de un difunto. SIN.. *funerario*. ◆ s.m. Oficio religioso que se hace por los difuntos. **2.** Entierro solemne.

FUNERALA (A LA) loc. **a.** Forma de llevar las armas los militares en señal de duelo boca abajo. **b.** Fam. Se dice del ojo amoratado a consecuencia de un golpe.

FUNERARIO, A adj. (lat. *funerarius*). Funeral. ◆ adj. y s.f. Se dice de la empresa encargada del entierro de difuntos.

FUNESTO, A adj. (lat. *funestus*, funerario, funesto). Que causa, acompaña o constituye desgracia.

FUNGIBLE adj. (del lat. *fungi*, consumir). Que se consume con el uso. **2.** Se dice de los bienes que pueden ser remplazados por otros de la misma especie, calidad y cantidad.

FUNGICIDA s.m. y adj. Sustancia que destruye los hongos microscópicos.

FÚNGICO, A adj. Relativo a los hongos.

FUNGIFORME adj. Con forma de hongo.

FUNGIR v.intr. [43]. Hond., Méx. y Salv. Desempeñar un empleo o cargo.

FUNGOSO, A adj. Esponjoso, fofo.

FUNICULAR adj. y s.m. Que funciona por medio de una cuerda, que depende de la tensión de una cuerda o cable. **2.** F. C. **a.** Se dice del ferrocarril destinado a ascender por rampas muy pronunciadas y cuya tracción se efectúa por medio de un cable o cadena. **b.** Cualquier medio de transporte por cable aéreo. ◆ adj. MED. Relativo a los cordones de sustancia blanca de la médula espinal o al cordón espermático. ◇ **Polígono funicular** Sistema de puntos en el que cada uno de ellos está sometido a una fuerza dada y unidos entre sí por un hilo flexible e inextensible.

FUNÍCULO s.m. (lat. *funiculus*, cordón, dim. de *funis*, cuerda). BOT. Cordón delgado que une el óvulo a la placenta en las plantas con semillas.

FUNK s.m. (voz inglesa). Estilo de rock afroamericano aparecido a principios de los años setenta, basado en un ritmo duro y agresivo,

un bajo vibrante y una batería esencialmente binaria.

FUNK ART s.m. Tendencia de arte contemporáneo, surgida en EUA a fines de los años cincuenta, que se caracteriza por la utilización de materiales de desecho en acumulaciones, assemblages, collages, etc.

FUNKY adj. (voz angloamericana). **Jazz funky** Estilo de jazz *hard-bop*, o jazz duro.

FURANO s.m. Compuesto heterocíclico de fórmula C_4H_4O, que se encuentra en el alquitrán de madera de abeto.

FURCIA s.f. Esp. Fam. Prostituta.

FURFURÁCEO, A adj. Parecido al salvado.

FURFURAL s.m. Aldehído de la serie del furano, obtenido a partir de determinados cereales.

FURGÓN s.m. (fr. *fourgon*). Vehículo largo y cubierto, utilizado para el transporte de mercancías. **2.** Vagón de un tren destinado a los equipajes. ◇ **Furgón funerario** Automóvil fúnebre.

FURGONETA s.f. (fr. *fourgonnette*). Vehículo automóvil de cuatro ruedas, destinado al transporte de pequeñas cantidades de mercancías.

FURIA s.f. (lat. *furia*). Cólera, ira. **2.** Fig. Persona muy irritada y colérica. **3.** Ímpetu o violencia de un fenómeno meteorológico: *la furia de los elementos*. SIN.: *furor*. **4.** Prontitud y diligencia con que se ejecuta algo: *nadar con furia* **5.** Fig. Momento de gran intensidad de una moda o costumbre.

FURIBUNDO, A adj. (lat. *furibundus*). Airado, colérico, muy propenso a enfurecerse. **2.** Que denota furor.

FÚRICO, A adj. Méx. Furioso, muy enojado: *se puso fúrico con la noticia*.

FURIERISMO s.m. Doctrina de Ch. Fourier.

FURIERISTA adj. y s.m. y f. Relativo al furierismo, partidario de esta doctrina.

1. FURIOSO adj. (ital. *furioso*). MÚS. Que tiene un carácter violento: *allegro furioso*.

2. FURIOSO, A adj. (lat. *furiosus*). Poseído de furia. **2.** Se dice de un loco violento. **3.** Fig. Violento, terrible: *celos furiosos*. **4.** Muy grande y excesivo: *ganas furiosas de reír*.

FURLANA s.f. → **FORLANA**.

FURNIA s.f. Amér. Bodega bajo tierra.

FUROR s.m. (lat. *furor, -oris*). Cólera, ira exaltada. **2.** Furia de un fenómeno meteorológico. **3.** Fig. Prisa, velocidad. **4.** PSIQUIATR. En la demencia o en delirios pasajeros, agitación violenta semejante a la cólera. ◇ **Furor uterino** PSIQUIATR. Exageración del apetito sexual en la mujer. **Hacer furor** Causar sensación, estar de moda.

FURRIEL o **FURRIER** s.m. y adj. (fr. *fourrier*). oficial encargado de la distribución del forraje). Cabo que tiene a su cargo distribuir el pan y nombrar el servicio de la tropa. **2.** ANT. Oficial encargado de alojar a la tropa. (También *sargento furriel*.)

FURRUCO s.m. Zambomba muy popular en Venezuela.

FURTIVO, A adj. (lat. *furtivus*). Que se hace a escondidas o disimuladamente: *mirada furtiva*. **2.** Se dice de la persona que actúa de esta manera: *cazador furtivo*.

FURÚNCULO s.m. → **FORÚNCULO**.

FUSA s.f. (ital. *fusa*). Nombre de la figura musical que equivale a la mitad de la semicorchea.

FUSARIOSIS s.f. Enfermedad de las plantas causada por un hongo parásito.

FUSCA s.m. Esp. y Méx. Fam. Pistola, arma de fuego.

FUSELADO, A adj. (del fr. *fuseau*, huso). HERÁLD. Cubierto de fusos.

FUSELAJE s.m. (fr. *fuselage*). Cuerpo de un avión en el que se fijan las alas y que contiene el habitáculo.

FUSIBLE adj. (del lat. *fusus*, p. de *fundere*, fundir, derramar). Susceptible de fundirse por efecto del calor. **2.** Fís. Se dice de un medio en el que se pueden dar reacciones de fusión nuclear con desprendimiento de energía. ◆ s.m. Hilo de una aleación especial que, colocado en un circuito eléctrico, interrumpe el paso de corriente al fundirse cuando la intensidad es demasiado fuerte. ◇ **Caja de fusibles** Caja que comprende varios fusibles que protegen una instalación eléctrica.

FUSIFORME adj. Que tiene forma de huso.

FUSIL s.m. (fr. *fusil*). Arma de fuego portátil, de tiro tenso e individual, que constituye el armamento básico del combatiente, en especial, de la infantería. ◇ **Fusil ametrallador** Arma automática ligera, con un dispositivo para disparar ráfagas cortas o en modalidad de tiro a tiro. **Fusil subacuático**, o **submarino** Fusil que lanza arpones a gran velocidad, unidos al arma mediante un hilo, utilizado en la pesca submarina.

FUSILAMIENTO s.m. Acción y efecto de fusilar.

FUSILAR v.tr. Ejecutar a una persona con fusiles. **2.** *Fig.* Plagiar, copiar o apropiarse en lo sustancial de obras ajenas.

FUSILAZO s.m. Tiro de fusil.

FUSILERÍA s.f. Conjunto de fusiles o de soldados fusileros. **2.** Fuego de fusiles.

FUSILERO s.m. Soldado de infantería armado de fusil.

FUSIÓN s.f. (lat. *fusionem*). Acción y efecto de fundir o fundirse. **2.** Paso de un cuerpo sólido al estado líquido, por la acción del calor. **3.** *Fig.* Unión de partidos, intereses, ideas, etc. **4.** Reunión de dos o más sociedades independientes que abandonan su identidad jurídica para crear una nueva, reagrupando sus bienes sociales. **5.** Fís. NUCL. Unión de varios núcleos atómicos ligeros, a temperatura muy elevada, con formación de núcleos más pesados y gran desprendimiento de energía.

ENCICL. La fusión es, junto con la fisión, uno de los orígenes posibles de la energía nuclear. En la fusión intervienen núcleos ligeros, fundamentalmente los isótopos del hidrógeno: deuterio y tritio. Cuando se fusionan estos núcleos, se libera una gran cantidad de energía proce-

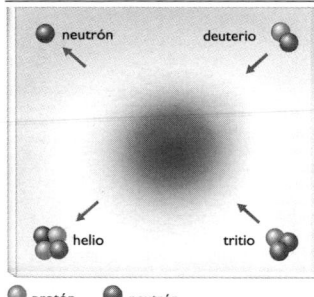

■ **FUSIÓN.** Principio de la fusión nuclear a partir de núcleos de isótopos de hidrógeno.

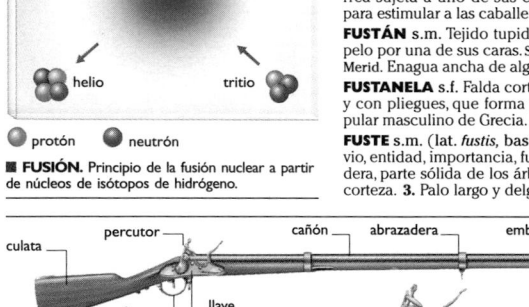

fusil modelo 1777

fusil de asalto FAMAS de 5,56 mm

fusil de caza de cañones superpuestos

■ **FUSILES** de guerra y de caza.

CARACTERÍSTICAS:
fusil modelo 1777
calibre: 17,5 mm
longitud: 1,253 m
peso: 4,375 kg

fusil de asalto
FAMAS de 5,56 mm
longitud: 0,76 m
peso: 4,280 kg
(con cargador)

fusil de caza
con cañones superpuestos
calibre: 12 mm
longitud: 1,15 m
peso: 3 kg

finta

remate de cabeza
(Alemania-Checoslovaquia, 1990)

■ **FÚTBOL**

de 90 a 120 m

córner
línea de fondo
punto de penalti
portería
área
línea de banda
línea de medio campo
de 45 a 90 m
16,50 m
5,50 m
9,15 m
9,15 m
11 m

0,60 m
portería
2,35 m
2,44 m
7,32 m
22 a 23 cm

dente de una pérdida de masa, según estableció Einstein ($E = mc^2$). Pero la fusión de los núcleos ligeros presenta dificultades, tanto desde el punto de vista tecnológico, como teórico.

FUSIONAR v.tr. y prnl. Producir una fusión.

FUSIONISTA adj. y s.m. y f. Partidario de la fusión de ideas, intereses o partidos.

FUSO s.m. (lat. *fusum*, huso). HERÁLD. Losange muy alargado.

FUSTA s.f. Vara delgada y flexible con una correa sujeta a uno de sus extremos, utilizada para estimular a las caballerías.

FUSTÁN s.m. Tejido tupido de algodón con pelo por una de sus caras. SIN.: *fustal.* **2.** Amér. Merid. Enagua ancha de algodón.

FUSTANELA s.f. Falda corta de mucho vuelo y con pliegues, que forma parte del traje popular masculino de Grecia.

FUSTE s.m. (lat. *fustis,* bastón, garrote). Nervio, entidad, importancia, fundamento. **2.** Madera, parte sólida de los árboles debajo de la corteza. **3.** Palo largo y delgado, especialmen-

te el que sirve de asta a la lanza. **4.** *Poét.* Silla de caballo. **5.** ARQ. Cuerpo de la columna que media entre la basa y el capitel.

FUSTETE s.m. Arbusto de 3 m de alt., cultivado en los parques por sus copas plumosas. (Familia anacardiáceas.)

FUSTIGACIÓN s.f. Acción y efecto de fustigar.

FUSTIGAR v.tr. [2]. Dar azotes, especialmente al caballo con una fusta para estimularlo. **2.** *Fig.* Censurar con dureza a alguien o algo.

FÚTBOL o **FUTBOL** s.m. (ingl. *football,* de *foot,* pie, y *ball,* pelota). Deporte que se practica entre dos equipos de once jugadores, y que consiste en introducir en la portería del equipo contrario un balón esférico, impulsándolo con los pies, el cuerpo, salvo manos y brazos, y la cabeza, siguiendo ciertas reglas. SIN.: *balompié.* ◇ **Fútbol americano** Deporte practicado esencialmente en EUA y más cercano al rugby que al fútbol. **Fútbol sala** Juego de pelota, similar al fútbol, que se disputa sobre un campo cubierto de menores dimensiones y con menor número de jugadores.

FUTBOLÍN s.m. (marca registrada). Fútbol de mesa que consiste en accionar figurillas con ayuda de ejes móviles, simulando un partido.

FUTBOLISTA s.m. y f. Jugador de fútbol.

FUTBOLÍSTICO, A adj. Relativo al fútbol.

FUTESA s.f. Fruslería, nadería.

FÚTIL adj. (lat. *futilis,* vaso que pierde, frágil, frívolo). Que carece de interés o importancia.

FUTILIDAD s.f. Cualidad de fútil. **2.** Cosa fútil: *perder el tiempo en futilidades.*

FUTÓN s.m. Colchón de origen japonés, formado por capas de copos de algodón, que se tiende sobre una superficie dura.

FUTRE s.m. Chile. Persona bien vestida. **2.** Chile. En zonas rurales, patrón.

FUTURIBLE s.m. y adj. Futuro contingente y condicionado. **2.** Cosa, hecho, fenómeno o idea que participa de esas características.

FUTURISMO s.m. Movimiento literario y artístico de principios del s. XX que condena la tradición estética e intenta integrar el mundo moderno, en sus manifestaciones tecnológicas y sociales, tanto en la expresión poética como en la plástica.

■ El futurismo

«Nosotros afirmamos que el esplendor del mundo se ha enriquecido con una belleza nueva: la belleza de la velocidad. Un coche de carreras adornado con gruesos tubos, semejantes a serpientes de aliento explosivo... Un automóvil rugiente que parece correr sobre la metralla es más bello que la *Victoria de Samotracia*.» (Marinetti, manifiesto de febrero de 1909.)

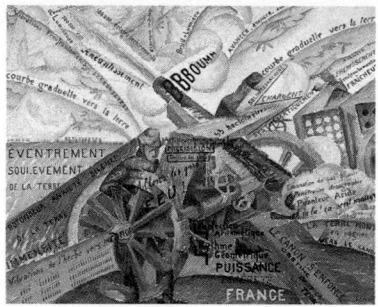

Gino Severini. *Cañones en acción* (1915), pintura. En su búsqueda de la subversión cultural, los futuristas pusieron –al menos durante un tiempo– sus esperanzas en la guerra, como se refleja en la síntesis de palabras e imágenes, no exenta de ingenuidad, que el artista realiza en este cuadro. (Col. part., Milán.)

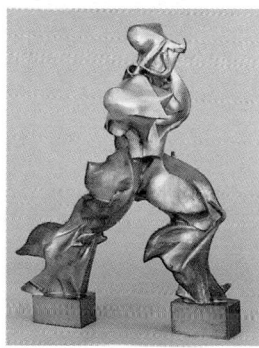

Umberto Boccioni. *Formas únicas de continuidad en el espacio* (1913), escultura de bronce (fundición de 1931). La descomposición de la figura y la acentuación de sus líneas de fuerza sugieren una interpenetración dinámica de las formas y del espacio. (MOMA, Nueva York.)

ENCICL. Nacido en Italia en torno al poeta Marinetti (*Manifiesto del futurismo*, 1909), el futurismo convive con la revolución del expresionismo y anuncia el movimiento dadá. Autores de dos manifiestos en 1910, los primeros pintores del movimiento, Balla, Boccioni, Carrá; Severini, Luigi Russolo (1985-1947), recurren al divisionismo y al cubismo para mezclar formas, ritmos, colores y luces con objeto de expresar una *sensación dinámica*, una simultaneidad de los estados del alma y las estructuras del mundo visible. En la poesía pasó del verso libre (Buzzi, Cavacchioli) a las «palabras en libertad» (Marinetti), antecedentes de los caligramas y la *poesía concreta*. En Rusia existió también, entre 1910-1917, un movimiento futurista, o *cubo-futurista* (Maiakovski, Maliévich, etc.).

FUTURISTA adj. y s.m. y f. Relativo al futurismo; adscrito a este movimiento. ◆ **adj.** Que evoca la sociedad o las técnicas del futuro: *arquitectura futurista*.

FUTURO, A adj. (lat. *futurus*, p. de futuro de *esse*, ser). Que está por venir o suceder. ◆ **s.** Persona prometida formalmente con otra en matrimonio. ◆ **s.m.** Porvenir, tiempo que ha de venir: *preocuparse por el futuro.* **2.** LING. Tiempo del verbo que expresa una acción o un estado que ha de suceder. SIN.: *futuro imperfecto.* ◆ **futuros** s.m.pl. ECON. Bienes que se comercian en un contrato con un precio que se fija para una fecha posterior a la de la firma del contrato. ◇ **Futuro perfecto** LING. En la clasificación tradicional de los tiempos verbales, antefuturo.

FUTUROLOGÍA s.f. Conjunto de investigaciones que intentan predecir acontecimientos futuros en lo social, político, etc. **2.** Astrología.

FUTURÓLOGO, A s. Especialista en futurología.

G s.f. Octava letra del alfabeto español, y sexta de las consonantes. (Seguida de *e* o *i*, representa un sonido velar fricativo sordo, como el de la *j*: *genio, giro.* En cualquier otro caso representa un sonido velar sonoro, oclusivo en posición inicial absoluta o precedido de nasal: *gloria, angustia,* y fricativo en las demás posiciones: *paga, dogma.* Cuando este sonido velar sonoro precede a una *e* o *i,* se escribe interponiendo una *u* que no se pronuncia: *guerra, guía.* Cuando esta *u* se pronuncia, debe llevar diéresis: *argüir.*) ⬦ **G** MÚS. Nota *sol,* en la notación inglesa y alemana.

GABACHADA s.f. Dicho o hecho propio de un gabacho.

GABACHO, A adj. y s. (occitano *gavach,* montañés, tosco). *Fam.* y *desp.* Francés. **2.** Del pueblo situado en la parte baja de los Pirineos. **3.** Méx. *Fam.* Estadounidense.

GABÁN s.m. Abrigo, especialmente el de caballero.

GABARDINA s.f. (de *gabán* y *tabardina,* dim. de *tabardo*). Abrigo de tejido impermeable. **2.** Tela de tejido diagonal.

GABARRA s.f. (vasc. *gabarra* o *kabarra*). Embarcación grande para el transporte de mercancías. **2.** Embarcación pequeña y chata para la carga y descarga de los barcos.

GABARRERO, A s. Persona que tiene por oficio gobernar o manejar una gabarra. **2.** Persona que tiene por oficio cargar mercancías en una gabarra o descargarlas.

GABARRO s.m. MINER. Nódulo de composición extraña en la masa de una piedra. **2.** VET. Tumor inflamatorio en la parte inferior de las extremidades del caballo y del buey.

GABELA s.f. (ital. *gabella*). Impuesto sobre la sal que se implantó en Francia durante el Antiguo régimen. **2.** Carga, gravamen. **3.** Colomb., Dom., Ecuad., P. Rico y Venez. Provecho, ventaja.

GABINETE s.m. (fr. medio *gabinet,* dim. de *cabin,* cuarto pequeño). Lugar acondicionado con todo lo necesario para ejercer una determinada profesión. **2.** Conjunto de ministros del gobierno de un estado. **3.** Habitación más pequeña que la sala donde se reciben visitas. **4.** Colomb. Balcón cubierto.

GABLETE s.m. (fr. *gablet*). Remate triangular de ápice agudo y gran altura colocado sobre un arco gótico.

GABONÉS, SA adj. y s. De Gabón.

GABRIELES s.m.pl. *Fam.* Garbanzos del cocido.

GABRO s.m. Roca plutónica constituida principalmente por plagioclasa cálcica y piroxeno.

GACELA s.f. (ár. *gazāla*). Antílope originario de África y Asia, de pequeño tamaño, cuernos arqueados en forma de lira y muy veloz. (Familia bóvidos.)

GACETA s.f. (ital. *gazzetta*). Publicación periódica de carácter cultural o de tema especializado. **2.** *Fam.* Persona que se entera de todo lo que pasa. **3.** HIST. Periódico.

GACETERO, A s. HIST. Persona que tenía por oficio escribir en una gaceta o vender gacetas.

GACETILLA s.f. Noticia breve de un periódico. **2.** *Fig.* y *fam.* Persona que lleva y trae noticias de una parte a otra.

GACETILLERO, A s. Persona que tiene por oficio redactar gacetillas.

GACHA s.f. Masa muy blanda y casi líquida. **2.** Colomb. y Venez. Cuenco de loza o barro. ◆ **gachas** s.f.pl. Plato elaborado con harina

■ **GABLETE** del pórtico principal de la catedral de Tours (s. XV).

■ **GACELA** de Thompson.

tostada y cocida en agua y sal, que se puede aderezar con leche, miel u otro ingrediente. **2.** *Fig.* y *fam.* Lodo, barro.

GACHETA s.f. (fr. *gâchette*). Pieza de la cerradura que se coloca debajo del pestillo y que sirve para pararlo cada vez que se hace girar la llave. **2.** Dientes o muesca de la cola del pestillo.

GACHÍ s.f. (caló *gachó,* hombre) [pl. *gachís*]. Esp. *Vulg.* Mujer, muchacha.

GACHO, A adj. Inclinado hacia abajo *ir con la cabeza gacha.* **2.** Se dice de la res que tiene uno de los cuernos o ambos inclinados hacia abajo. **3.** Méx. *Fam.* Desagradable, feo, molesto o malo: *está muy gacho este vestido; no seas gacho, ayúdame con mi trabajo.*

GACHÓ s.m. (voz caló). Esp. *Fam.* Hombre, especialmente el amante de una mujer.

GACHÓN, NA adj. *Fam.* Que tiene gracia, atractivo y dulzura.

GACHONERÍA s.f. *Fam.* Gracia, donaire, atractivo. SIN.: gachonada.

GACHUMBO s.m. Colomb. y Ecuad. Cubierta leñosa y dura de varios frutos. (Con el *gachumbo* se hacen vasijas, tazas y otros utensilios.)

GACHUPÍN, NA o **CACHUPÍN, NA** s. Méx. *Desp.* Español establecido en América.

GÁDIDO, A adj. y s.m. Relativo a una familia de peces marinos y de agua dulce. (A los *gádidos* pertenecen el bacalao, el abadejo, la pescadilla, la merluza y la lota.)

GADITANO, A adj. y s. De Cádiz.

GADOLINIO s.m. Metal de grupo de las tierras raras. **2.** Elemento químico (Gd), de número atómico 64 y masa atómica 157,25.

GAÉLICO, A adj. y s. De los gaëls. ◆ s.m. y adj. Grupo lingüístico céltico que comprende el escocés e irlandés.

GAËLS, pueblo céltico establecido en Irlanda y Escocia hacia fines del I milenio a.C.

GAFA s.f. (cat. *gafa,* de *gafar,* asir). Grapa. **2.** Gancho en forma de L que se usa para agarrar o sujetar algo. ◆ **gafas** s.f.pl. Esp. Anteojos, instrumento para corregir defectos visuales o proteger los ojos.

GAFAR v.tr. *Fam.* Dar mala suerte.

GAFE adj. y s.m. y f. Esp. *Fam.* Se dice de la persona que trae mala suerte.

GAFETE s.m. (cat. *gafet*). Corchete, gancho de metal.

GAG s.m. (voz inglesa). Situación o efecto cómico.

GAGAKU s.m. (voz japonesa, *música elegante*). Música cortesana del imperio japonés, que incluye los conciertos para conjunto instrumental, el canto y la danza.

GAGAUZO, A adj. y s. De un pueblo cristiano ortodoxo de lengua turca que vive en la República de Moldavia y Dobrudja.

GAGO, A adj. y s. (voz de origen onomatopéyico). Tartamudo.

GAGUEAR v.intr. Tartamudear.

GAIAC s.m. Madera fina y muy dura, de color marrón verdoso o grisáceo, de las Antillas, Guayana francesa y Venezuela. (El *gaiac* se considera la madera más dura y pesada del mundo.)

1. GAITA s.f. Instrumento musical de viento formado por una bolsa, generalmente de piel, que se llena de aire y a la cual se unen uno o varios tubos que producen el sonido. **2.** Flauta, parecida a la chirimía, que se usa en las fiestas populares. **3.** Instrumento de cuerda que se toca dando vueltas a un manubrio y pulsando unas teclas **4.** Esp. *Fig.* y *fam.* Cosa difícil, ardua o engorrosa. ◇ **Templar gaitas** *Fam.* Tratar a alguien con contemplaciones para evitar que se moleste o enoje.

2. GAITA adj. y s.m. y f. Argent. Español.

GAITEO s.m. TAUROM. Acción de aprovechar el toro la flexibilidad de su cuello para embestir con mayor peligrosidad.

GAITERO, A s. Persona que toca o que tiene como profesión tocar la gaita. ◆ adj. y s. *Fam.* Se dice de la persona que hace reír poniéndose en ridículo. ◆ adj. *Fam.* Se dice del vestido o adorno extravagante de colores llamativos o mal combinados.

GAJE s.m. (fr. *gage,* prenda, sueldo). Cantidad de dinero que se percibe por realizar un cargo o empleo, especialmente el que se recibe además del sueldo: *emolumento.* ◇ **Gajes del oficio** Molestias o perjuicios inherentes a un cargo o un empleo.

GAJO s.m. (lat. vulg. *galla,* agalla, a manera de agalla). Porción en que está dividida una fruta, como la naranja. **2.** Grupo de uvas en que se divide un racimo. **3.** Racimo apiñado de cualquier fruta. **4.** Rama de árbol desprendida. **5.** Argent. Esqueje.

GAJOSO, A adj. Que tiene gajos.

GAL s.m. Unidad de medida de aceleración (símb. Gal) equivalente a 10^{-2} m/s². (El *gal* se utiliza en geodesia y geofísica para expresar la aceleración debida a la gravedad.)

GALA s.f. (fr. ant. y medieval *gale,* placer, diversión). Adorno o vestido suntuoso: *lucía sus mejores galas.* SIN.: *galanura.* **2.** Cosa o persona que es lo más esmerado, exquisito y selecto de un lugar o una cosa: *ser la gala del pueblo.* **3.** Fiesta o ceremonia solemne, elegante y de carácter extraordinario: *asistir a una gala benéfica.* **4.** Actuación musical de un artista, especialmente si es de carácter excepcional. **5.** Antillas y Méx. Regalo, premio, propina. ◆ **galas** s.f.pl. Regalos que se hacen a los que van a contraer matrimonio. ◇ **De gala** Se dice del vestido suntuoso. **De media gala** Se dice del vestido que no es de gala ni de diario. **Hacer gala de algo** Presumir de algo. **Tener a gala** Estar orgulloso de algo.

GALÁCTICO, A adj. Relativo a la galaxia. ◇ **Plano galáctico** Plano de simetría de la Galaxia.

GALACTÓFORO, A adj. Se dice del conducto encargado de la conducción de la leche.

GALACTÓGENO, A adj. Se dice de una sustancia que favorece la secreción de la leche.

GALACTÓMETRO s.m. Lactodensímetro. SIN.: *pesaleches.*

GALACTOSA s.f. Azúcar (hexosa) obtenido por hidrólisis de la lactosa.

GÁLAGO s.m. Lemuroideo originario de África, carnívoro y de pequeño tamaño.

GALAICO, A adj. y s. (lat. *laicus*). De un pueblo de la España primitiva que habitaba la zona gallega y el norte de Portugal. (De fondo étnico céltico o precéltico, desarrollaron una importante cultura celtizada, y en la época romana se dividían en *lucenses* [cap. *Lucus,* act. Lugo] y *bracarenses* [cap. *Bracara,* act. Braga].) **2.** Gallego.

GALAICOPORTUGUÉS, SA adj. y s.m. Gallegoportugués.

GALALITA s.f. Materia plástica que se obtie-

ne a partir de la caseína endurecida con aldehído fórmico.

GALÁN adj. (fr. *galant,* de *galer,* divertirse). De hermoso o agradable aspecto. ◆ s.m. Hombre muy atractivo. **2.** Hombre que corteja a una mujer. **3.** Actor atractivo que interpreta el papel de seductor. ◇ **Galán de noche** Mueble que consiste en una percha con pie que sirve para colgar prendas de vestir.

GALANCETE s.m. Actor que representa el papel de galán joven.

GALANO, NA adj. (de *galán*). De hermoso o agradable aspecto: *moza galana.*

GALANTE adj. (ital. *galante*). Se dice del hombre atento, educado y obsequioso con las mujeres. **2.** Que es propio de un hombre galante. **3.** Se dice de la obra artística de tema amoroso algo picante: *novela galante.*

GALANTEADOR, RA adj. y s. Se dice del hombre al que le gusta galantear a las mujeres.

GALANTEAR v.tr. Decir galanterías a una mujer o mostrarse galante con ella.

GALANTEO s.m. Acción y efecto de galantear.

GALANTERÍA s.f. Cualidad de galante. **2.** Dicho o hecho propios de un hombre galante. **3.** Gracia y elegancia en las cosas.

GALANTINA s.f. (fr. *galantine*). Carne rellena de gelatina, que se come fría como fiambre.

GALANURA s.f. Gala, adorno o vestido suntuoso: *lucir galanuras.* **2.** Gracia, gentileza que caracteriza a una persona o su comportamiento: *vestir con galanura.*

GALAPAGAR s.m. Lugar donde abundan los galápagos.

GALÁPAGO s.m. Reptil de agua dulce, muy parecido a la tortuga pero con los dedos unidos por membranas. **2.** Lingote metálico, en especial plomo y estaño, tal como sale del molde de fundición.

■ **GALÁPAGO** europeo.

GALARDÓN s.m. Premio que se otorga a alguien en reconocimiento de sus méritos: *recibir un galardón.*

GALARDONAR v.tr. Premiar a alguien para reconocer sus méritos *galardonar a un héroe de guerra.*

GÁLATA adj. y s.m. y f. De Galacia.

GALAXIA s.f. (gr. *galaxías,* láctico). Conjunto de estrellas, cuerpos celestes y materia interestelar cohesionados por la fuerza de la atracción gravitatoria. **2.** *Fig.* Conjunto de personas o elementos que tienen en común alguna característica.

ENCICL. La galaxia a la que pertenece nuestro sistema solar tiene el aspecto de un disco muy aplanado de unos 100 000 años luz de diámetro y unos 5 000 años luz de espesor, con un gran abultamiento central, el bulbo. Su señal en el cielo es la Vía Láctea (V. parte n. pr.). El centro se halla, para nosotros, cerca de la constelación de Sagitario. La posición del Sol es excéntrica, a dos tercios de su radio a partir del centro y ligeramente al N del plano medio. La concentración disminuye del centro hacia el borde del disco. Alrededor del disco se distribuyen enjambres globulares en un halo esferoidal. Observaciones recientes demuestran que también existe una vasta corona gaseosa oscura alrededor del disco. Este último presenta una rotación de conjunto, pero diferente a la de un cuerpo sólido: es una rotación diferencial, en que la rapidez de rotación varía en función de la distancia con respecto al centro. El sol y el sistema solar giran a una velocidad de cerca de 250 km/s y necesitan cerca de 240 millones de años para dar la vuelta a la galaxia.

Actualmente se conocen decenas de millones de galaxias que aparecen como el principal elemento constituyente del Universo. Tradicionalmente se clasifican en tres grandes categorías, en función de su forma: elípticas, espirales (con o sin brazos) e irregulares. Otras subdivisiones más precisas de cada categoría se caracterizan su tipo morfológico. En general se admite que todas las galaxias se formaron de manera simultánea (según un proceso que aún no se conoce bien), aproximadamente mil millones de años después del *big-bang,* pero que las diferencias en sus tipos morfológicos señalan ritmos distintos en la formación de estrellas. La región central de ciertas galaxias,

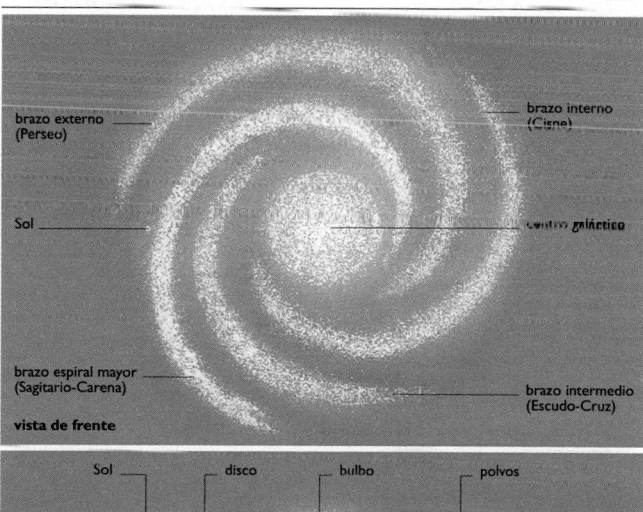

brazo externo (Perseo)
brazo interno (Cisne)
Sol
centro galáctico
brazo espiral mayor (Sagitario-Carena)
brazo intermedio (Escudo-Cruz)
vista de frente

Sol | disco | bulbo | polvos
28 000 años luz
100 000 años luz
vista de perfil

■ **GALAXIA.** Vistas esquemáticas.

llamadas *activas* o *de núcleo activo*, es una fuente de energía excepcionalmente intensa. Esta energía sería emitida por la materia captada por un *agujero negro de masa extremadamente grande. La mayor parte de las galaxias se agrupan en el seno de *enjambres* o *superenjambres* de galaxias de formas variadas, que se extienden por decenas o centenas de millones de años luz y están separados por grandes vacíos.

GALBANA s.f. *Fam.* Pereza, indolencia.

GÁLBANO s.m. (lat. *galbanum*). Fanerógama que proporciona la gomorresina de este nombre. (Familia umbelíferas.) **2.** Gomorresina extraída de esta planta, de color gris amarillento, más o menos sólida y de olor aromático.

GÁLBULO s.m. (lat. *galbulus*, dim. de *galbus*, verde pálido). Fruto redondeado, carnoso o indehiscente, del ciprés, enebro y otras plantas. SIN.: *gálbula*.

GÁLEA s.f. (lat. *galeam*). Casco del soldado romano.

GALEAZA s.f. (cat. *galiassa*). Embarcación de vela y remos más fuerte y pesado que la galera, utilizada hasta el s. XVIII.

GALEGA s.f. Planta herbácea de hojas alternas y flores blancas o azules. (La *galega* se emplea para aumentar la producción de leche, aunque puede ser tóxica durante la floración.)

GALENA s.f. (lat. *galena*). MINER. Sulfuro natural de plomo (PbS) que constituye el principal mineral de plomo.

GALÉNICO, A adj. Relativo a Galeno. ◆ **Preparado galénico** Preparado farmacéutico a punto para ser utilizado, que generalmente el farmacéutico prepara con antelación.

GALENISMO s.m. Doctrina médica de Galeno.

GALENO s.m. *Fam.* Médico.

GALEÓN s.m. Embarcación grande de vela con tres o cuatro palos que se usaba en España en los ss. XVII y XVIII.

GALEOPITECO s.m. Mamífero insectívoro del SE de Asia, provisto de unas membranas laterales (patagios) que al saltar le permiten mantenerse en el aire más tiempo.

■ **GALEOPITECO**

GALEOTA s.f. (de *galera*). Galera ligera de 16 a 20 remos por banda y dos palos.

GALEOTE s.m. Persona condenada a remar en las galeras.

GALEOTO s.m. (de *Galehaut*, caballero de la Tabla Redonda que medió en los amores de Lanzarote y la reina Ginebra). Hombre que procura, encubre o facilita un amor ilícito. (Echegaray recogió este significado en su obra *El gran galeoto*.)

1. GALERA s.f. (del ant. *galea*, del gr. bizantino *galéa*). Embarcación de vela y remos usada principalmente en el Mediterráneo hasta el s. XVIII. **2.** Carruaje grande de cuatro ruedas, generalmente cubierto. **3.** Crustáceo de cuerpo alargado y caparazón muy corto. **4.** Argent., Chile y Urug. Sombrero de copa redondeada, o alta y cilíndrica, y alas abarquilladas. **5.** Méx. Galerada, prueba tipográfica. **6.** IMPR. Tabla cuadrilonga o plancha metálica sobre la que el cajista deposita las líneas compuestas, para formar la galerada. ◆ **galeras** s.f.pl. Conjunto de castigos que consistían en realizar trabajos forzados remando en las galeras reales por un tiempo de dos a diez años. ◇ **Sacar algo de la**

galera Argent. *Fam.* Sorprender con un hecho inesperado.

2. GALERA s.f. Amér. Colina de rocas duras, especialmente la de rocas cristalinas del macizo guayanés.

GALERADA s.f. Carga de una galera (carro). **2.** IMPR. Prueba de una composición tipográfica o parte de ella, que se saca para hacer correcciones.

GALERÍA s.f. (bajo lat. *galilaea*, atrio, claustro de una iglesia). Habitación larga y espaciosa, generalmente con muchas ventanas y sostenida por columnas y pilares. **2.** Pasillo descubierto o con vidrieras para iluminar el interior de un edificio. **3.** Camino subterráneo. **4.** Establecimiento donde se exponen o venden obras de arte. **5.** Colección de obras de arte. **6.** Conjunto de personas en general, sin especificar: *actuar para la galería.* **7.** Bastidor que sostiene la cortina. **8.** Gallinero, conjunto de localidades. SIN.: *paraíso.* **9.** MAR. Crujía. **10.** TECNOL. Pasillo estrecho: *galería de ventilación.* ◆ **galerías** s.f.pl. Almacenes o pasaje cubierto en que hay muchas tiendas de venta al por menor. ◇ **Galería cubierta** Alineación de dólmenes en forma de corredor.

GALERÍN s.m. IMPR. Tabla de madera o plancha de metal estrecha, más pequeña que la galera, donde el cajista pone las líneas de composición.

GALERNA s.f. (fr. *galerne*, viento Noroeste). Viento frío y con fuertes ráfagas que sopla en la costa septentrional de España.

GALERÓN s.m. Amér. Merid. Romance vulgar que se canta en una especie de recitado. **2.** Colomb. y Venez. Aire popular al son del cual se baila y se cantan cuartetas y seguidillas. **3.** C. Rica y Salv. Cobertizo. **4.** Méx. Construcción muy grande y de espacios amplios.

GALÉS, SA adj. y s. Del País de Gales. ◆ s.m. Lengua del grupo céltico hablada en el País de Gales.

1. GALGA s.f. Erupción cutánea, parecida a la sarna.

2. GALGA s.f. Palo atado por los extremos a la caja del carro y que sirve de freno. **2.** MAR. Anclote u orinque o cabo grueso con que se engalga o refuerza en malos tiempos un ancla fondeada. **3.** MEC. Instrumento para medir, controlar, comprobar o verificar las dimensiones o medidas de las piezas fabricadas. **4.** TEXT. Número de mallas de un tejido de punto en una unidad de longitud.

3. GALGA s.f. (de *galgo*). Piedra grande que desde lo alto de una cuesta baja rodando.

GALGO, A s. y adj. (del lat. *canis gallicus*, perro de Galia). Perro que pertenece a una raza de figura esbelta y musculatura potente, de color leonado claro, con manchas atigradas muy oscuras, una mancha blanca en la cabeza, y cuello y pies blancos.

GÁLIBO s.m. (ár. *qâlib*, molde). Patrón, galga o plantilla que sirve para trazar, verificar o comprobar el perfil o las medidas que deben tener ciertas piezas.

GALICANISMO s.m. Doctrina que defiende

las libertades de la Iglesia francesa, o galicana, respecto a la Santa Sede.

GALICANO, A adj. Relativo al galicanismo; partidario de esta doctrina.

GALICISMO s.m. Palabra, expresión o giro procedentes de la lengua francesa que se usan en otra lengua: *chic es un galicismo del español.*

GÁLICO, A adj. Relativo a la Galia. **2.** Se dice de un ácido que se forma en la infusión de agallas de roble expuesta al aire. ◆ s.m. Sífilis.

GALILEANO, A adj. (lat. *gallicus*). Relativo a Galileo.

GALILEO, A adj. y s. De Galilea. ◆ HIST. Cristiano.

GALIMATÍAS s.m. (fr. *galimatias*). (pl. *galimatías.*)*Fam.* Lenguaje oscuro por la impropiedad de la frase o por la confusión de las ideas. **2.** Confusión, desorden.

1. GALIO s.m. Planta herbácea de flores amarillas o blancas. (Familia rubiáceas.)

2. GALIO s.m. (del lat. *Gallia*, Galia). Metal de color blanco azulado, poco frecuente, parecido al aluminio. **2.** Elemento químico (Ga), de número atómico 31 y masa atómica 69,723.

GALIPODIO s.m. (fr. *galipot*, resina de pino). Trementina solidificada del pino por evaporación natural del aceite volátil. SIN.: *trementina francesa, trementina de Burdeos.*

GALIPOTE s.m. Mezcla de alquitrán, resina y otras sustancias que se utiliza para calafatear.

GALLA, pueblo que vive en Kenya y Etiopía muy islamizado.

GALLADURA s.f. Mancha como de sangre que se encuentra en la yema del huevo de gallina fecundado.

GALLARDA s.f. Composición instrumental de los ss. XVI y XVII, de tres tiempos y ritmo vivo, que sustituyó a la pavana. **2.** Baile que acompaña esta composición.

GALLARDEAR v.intr. y prnl. Mostrarse gallardo y valiente.

GALLARDETE s.m. (occitano ant. *galhardet*, banderola de adorno). Bandera pequeña, larga y rematada en punta que utiliza como insignia, o para adorno, aviso o señal.

1. GALLARDÍA s.f. Cualidad de gallardo.

■ **GALGO**

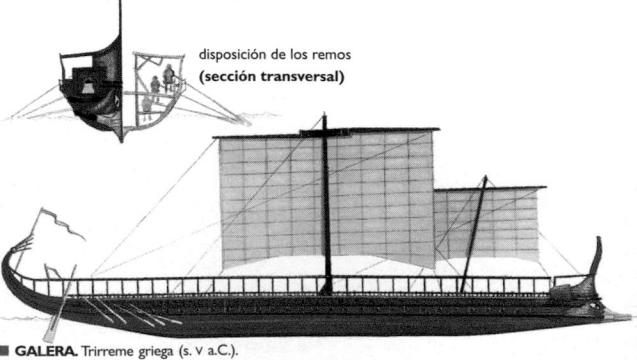

disposición de los remos
(sección transversal)

■ **GALERA.** Trirreme griega (s. V a.C.)

2. GALLARDÍA s.f. Planta herbácea de flores amarillas y rojas. (Familia compuestas.)

GALLARDO, A adj. (fr. *gaillard*). Que tiene buen aspecto, esbeltez y movimientos elegantes. **2.** Valiente y decidido.

GALLARETA s.f. Ave acuática de pico grueso y abultado, que vive en lagunas y ríos densos de vegetación. (Familia rállidos.)

GALLEAR v.tr. (de *gallo*). Cubrir el gallo a las gallinas. ◆ v.intr. *Fig.* y *fam.* Presumir, bravuconear, fanfarronear. **2.** *Fig.* y *fam.* Sobresalir, descollar.

GALLEGADA s.f. Multitud de gallegos. **2.** Dicho o hecho propio de los gallegos.

GALLEGO, A adj. y s. De Galicia. **2.** Argent., Bol., P. Rico y Urug. *Desp.* Español. ◆ s.m. Lengua románica hablada en Galicia y la franja más occidental de Asturias, León y Zamora.

ENCICL. Gallego y portugués no son sino variantes de una sola lengua, dialectos de una lengua común, divididos a su vez en subdialectos. La denominación de lengua gallega se reserva al conjunto de dialectos hablados en territorio español. El gallego es una lengua de tendencia arcaizante, no solo en comparación con los grandes romances occidentales (español y francés), sino en relación con su paralelo hispánico (el catalán). A diferencia de este (y también de la lengua vasca, no romance), el gallego no ha sufrido competencia lingüística por inmigración, pero la fuerte y tradicional emigración de los gallegos ha constituido un constante drenaje demográfico y, en consecuencia, lingüístico.

La población potencial de habla gallega se aproxima a los tres millones, aunque son muchos menos los que usan la lengua gallega de modo habitual. La proporción de gallegohablantes es mayor en el ámbito rural y menor en los grandes núcleos de población.

GALLEGOPORTUGUÉS, SA adj. y s.m. Lit. Lengua románica hablada en la edad media en Galicia y el N de Portugal.

ENCICL. En el gallegoportugués se insertan tanto el portugués como el gallego moderno, hablado por habitantes de la zona noroccidental de España. La invasión islámica de la península Ibérica favoreció el desarrollo de las peculiaridades del latín galaico frente a los demás dialectos hispanorromanos. La reconquista extendió hacia el sur el nuevo romance, que se afianzó con la independencia del reino de Portugal. A su vez, la participación de Portugal en la gran empresa colonizadora del s. XVI proyectó su lengua sobre lejanas tierras.

GALLEGUISMO s.m. Palabra, expresión o giro procedente de la lengua gallega que se usa en otra lengua. **2.** Nacionalismo gallego.

GALLEGUISTA adj. y s.m. y f. Relativo al nacionalismo gallego; partidario del nacionalismo gallego.

1. GALLEO s.m. Desprendimiento de gas que se produce en el curso de la solidificación de determinados metales o aleaciones, y que forma ampollas irregulares.

2. GALLEO s.m. TAUROM. Quiebro que hace el torero ante el toro con la capa.

GALLERA s.f. Lugar donde se celebran peleas de gallos. **2.** Lugar donde se crían gallos de pelea.

GALLERO, A adj. y s. *Amér.* Aficionado a las riñas de gallos. **2.** *Méx.* Se dice de la persona que tiene por oficio criar y entrenar gallos de pelea.

1. GALLETA s.f. (fr. *galette*). Dulce pequeño elaborado con una pasta de harina, mantequilla y huevos que se cuece al horno **2.** Argent. y Chile. Pan de color moreno amarillento que se amasa para los trabajadores del campo. **3.** *Esp. Fam.* Cachete, bofetada. **4.** *Méx. Fam.* Fuerza física, energía, vigor: *jugaron con mucha galleta los futbolistas*. **5.** MIN. Trozo grueso de carbón de piedra.

2. GALLETA s.f. R. de la Plata. Recipiente hecho con una calabaza, chato, redondo y sin asa, que se usa para tomar mate. ⋄ **Colgar la galleta** Argent. *Fam.* Abandonar o desairar a alguien.

GALLETERA s.f. Máquina para moldear o cortar ladrillos.

GALLETERO s.m. Recipiente o caja para guardar o servir galletas.

GALLIFORME adj. y s.m. Relativo a un orden de aves omnívoras, de patas robustas, alas cortas y vuelo pesado. (El urogallo, la perdiz, la codorniz, el faisán y el pavo son aves *galliformes*.)

GALLINA s.f. (lat. *gallina*). Hembra del gallo, que se distingue del macho por ser de menor tamaño, tener la cresta más corta y carecer de espolones. (La gallina cacarea y, cuando está clueca, cloquea.) ◆ s.m. y f. *Fam.* Persona cobarde. ⋄ **Gallina ciega** Juego en el que uno de los participantes lleva los ojos vendados e intenta pillar a otro y adivinar quién es.

■ **GALLINA** de la raza New Hampshire.

GALLINÁCEO, A adj. Relativo a la gallina.

GALLINAZA s.f. Excrementos de la gallina. (La *gallinaza* se utiliza como abono.)

GALLINAZO s.m. Aura, ave. **2.** *Amér. Merid.* Buitre de plumaje totalmente negro.

GALLINERÍA s.f. Establecimiento donde se venden gallinas.

GALLINERO, A s. Persona que tiene por oficio criar y vender gallinas. ◆ s.m. Lugar donde se crían gallinas y gallos. **2.** Conjunto de localidades situadas en la parte más alta de un teatro, cine o sala de espectáculos. SIN.: *galería, paraíso*. **3.** *Fig.* Lugar donde hay mucho ruido a causa del griterío.

GALLINETA s.f. Pez marino de unos 30 cm de long., de color rojizo con manchas blancas. (Familia escorpénidos.) **2.** Ave gruiforme de alas cortas y patas largas. (Familia rállidos.) **3.** *Amér.* Pintada. **4.** *Amér. Merid.* Ave acuática que habita en lagunas y terrenos pantanosos, y tiene el dorso de color marrón, el vientre grisáceo y las patas rojas o violáceas.

GALLÍSTICO, A adj. Relativo al gallo. **2.** Relativo a la pelea de gallos: *temporada gallística*.

GALLITO s.m. Hombre que intenta sobresalir sobre los demás presumiendo de su fuerza o valentía. SIN.: *gallo*. **2.** Argent., Chile, Colomb. y Venez. Pájaro, con alas cóncavas y cortas, cola larga, pico corto y cónico y plumaje suave, que se caracteriza por su copete de plumas lanceoladas. **3.** *Méx.* Proyectil con el que se juega al bádminton consistente en un corcho o media esfera de plástico con plumas.

GALLIZACIÓN s.f. ENOL. Procedimiento que consiste en reducir la acidez de los mostos y aumentar su contenido en azúcar.

GALLO s.m. (lat. *gallus*). Ave doméstica del orden galliformes, con la cabeza adornada con una cresta roja y carnosa, carúnculas rojas, pico corto y arqueado, plumaje abundante y lustroso y tarsos armados de espolones. (La hembra del gallo es la *gallina*; familia fasiánidos.) **2.** *Fig.* Hombre que intenta sobresalir sobre los demás presumiendo de su fuerza o valentía. SIN.: *gallito*. **3.** *Fig.* Sonido agudo desagradable que emite involuntariamente una persona cuando canta, habla o grita: *soltar un gallo*. **4.** Pez de unos 25 cm de long., cuerpo comprimido, verdoso por encima y blanco por el vientre, que habita en las aguas atlánticas y mediterráneas. (Familia escoftálmidos.) **5.** *Colomb.* Rebilete, volante. **6.** *Méx.* Serenata. **7.** *Perú.* Papagayo, orinal de cama para varones. ◆ s.m. y adj. *Amér.* Hombre fuerte, valiente. ⋄ **Gallo de roca** Ave de América del Sur de plumaje anaranjado. **Gallo lira** Gallo del N y E de Europa, de plumaje negro brillante y reflejos azules en cuello y obispillo. **Pelar el gallo** *Méx.* Huir o morirse alguien. **Peso gallo** Categoría de peso que agrupa a los boxeadores de 44 a 51 kg.

GALLÓN s.m. Motivo ornamental en forma de segmento ovoideo o esférico que se emplea en ebanistería, orfebrería, arquitectura, etc.

GALO, A adj. y s. (lat. *gallus*). De un pueblo celta que habitaban la Galia. ◆ s.m. Lengua céltica hablada en la Galia.

GALOCHA s.f. Argent. Protección en forma de zapato que se coloca sobre el calzado para protegerlo de la lluvia.

1. GALÓN s.m. (fr. *galon*). Cinta de tejido fuerte que se cose a una prenda de vestir como refuerzo o adorno. **2.** MAR. Listón de madera que guarnece exteriormente el costado de la embarcación, a nivel del agua. **3.** MIL. Cinta de tejido fuerte que se pone en la manga o bocamanga del uniforme como distintivo del grado militar.

2. GALÓN s.m. (ingl. *gallon*). Unidad de medida de capacidad equivalente a 4,546 litros en Gran Bretaña y 3,785 litros en EUA.

GALONEAR v.tr. Adornar algo con galones.

GALOP s.m. (fr. *galop*) [pl. *galops*]. Danza de origen húngaro o bávaro, de ritmo vivo y a dos tiempos. **2.** Música de esta danza. SIN.: *galopa*.

GALOPADA s.f. Carrera al galope.

GALOPANTE adj. Que se desarrolla rápidamente: *tuberculosis galopante*.

GALOPAR v.intr. Ir el caballo a galope. **2.** Ir una persona montada sobre un caballo que va a galope.

GALOPE s.m. (fr. *galop*). Marcha más rápida de un caballo. ⋄ **A galope (tendido)** A gran velocidad, muy deprisa. **Galope tendido** Galope con saltos muy largos en que el cuerpo y las patas delanteras del caballo están casi en la misma línea. **Ritmo de galope** MED. Ruido anormal del corazón.

GALOPÍN s.m. (fr. *galopin*, muchacho de los recados). Muchacho sucio y desharrapado. **2.** *Fig.* y *fam.* Granuja, estafador.

GALORROMÁNICO, A adj. y s.m. Se dice la lengua románica hablada en la Galia.

GALPÓN s.m. Cobertizo de la hacienda americana que se destinaba a los esclavos. **2.** *Amér. Merid.* y *Nicar.* Barracón o cobertizo que sirve de almacén.

GALUCHA s.f. Colomb., Cuba, P. Rico y Venez. Galope.

GALVÁNICO, A adj. Relativo al galvanismo.

GALVANISMO s.m. (de L. *Galvani*, físico y médico italiano). Propiedad de la corriente eléctrica de provocar contracciones en los nervios y músculos de un organismo vivo o muerto. **2.** Corriente eléctrica generada por el contacto de dos metales diferentes sumergidos en un líquido.

■ **GALLO** y gallina.

■ **GALLOS** LIRA machos en combate nupcial.

GALVANIZACIÓN s.f. Acción de galvanizar. SIN.: *galvanizado.*

GALVANIZADOR, RA adj. Que galvaniza.

GALVANIZAR v.tr. [7]. Someter un organismo vivo o muerto a la acción de la corriente eléctrica para provocar contracciones en los nervios y músculos. **2.** *Fig.* Animar a alguien o algo. **3.** Electrizar por medio de una pila. **4.** TECNOL. **a.** Dar un baño de cinc a otro metal para preservarlo de la oxidación. **b.** Aplicar una capa de metal sobre otro por procedimiento galvánico.

GALVANO s.m. (apócope). Galvanotipo.

GALVANOCAUTERIO s.m. Cauterio formado por un hilo de platino que se pone al rojo vivo por la acción de la corriente eléctrica.

GALVANÓMETRO s.m. Instrumento que sirve para medir la intensidad de las corrientes eléctricas débiles mediante las desviaciones que se imprimen a una aguja imantada o a un cuadro conductor colocado en el entrehierro de un imán.

GALVANOPLASTIA s.f. Procedimiento electrolítico de reproducción de un objeto.

GALVANOPLÁSTICO, A adj. Relativo a la galvanoplastia. **2.** Se dice del objeto obtenido por galvanoplastia.

GALVANOSCOPIO s.m. Aparato que sirve para señalar o detectar el paso de una corriente eléctrica, sin efectuar la medida de su intensidad.

GALVANOSTEGIA s.f. Conjunto de procedimientos electroquímicos para el cromado, plateado, etc.

GALVANOTECNIA s.f. Procedimiento para obtener recubrimientos metálicos sobre objetos por electrólisis.

GALVANOTIPIA s.f. Procedimiento galvanoplástico aplicado especialmente a la producción de clichés tipográficos.

GALVANOTIPO s.m. Cliché tipográfico obtenido por galvanoplastia. SIN.: *galvano.*

GAMA s.f. (del gr. *gamma,* letra con que se designaba la nota más baja de la escala musical). Escala, gradación, especialmente aplicado a colores. **2.** Escala musical. **3.** TELECOM. Conjunto de frecuencias comprendidas en un intervalo dado.

GAMARRA s.f. (del lat. *camus,* cabezada para atar los animales). Correa de las guarniciones de una caballería que parte de la cincha y se afianza en la muserola.

GAMARZA s.f. BOT. Alharma.

GAMAY s.f. Vid de la que se obtiene los vinos de Borgoña del mismo nombre.

1. GAMBA s.f. (cat. *gamba*). Crustáceo decápodo marino de cuerpo alargado y comprimido lateralmente, caparazón débil y antenas y patas largas. (Familia peneidos). SIN.: *camarón.*

2. GAMBA s.f. (ital. *gamba*). **Meter la gamba** *Fam.* Meter la pata, equivocarse.

3. GAMBA s.f. Chile. *Vulg.* Cien pesos.

GAMBALÚA s.m. *Fam.* Hombre alto, desgarbado y perezoso.

GAMBERRADA s.f. Esp. Acción propia de un gamberro.

GAMBERRISMO s.m. Esp. Comportamiento propio de un gamberro.

GAMBERRO, A adj. y s. Esp. Se dice de la persona grosera e incivilizada.

GAMBESÓN s.m. Saco o jubón acolchado que se ponía bajo la armadura.

GAMBETA s.f. (del ital. *gambettare,* mover ligeramente las piernas). Movimiento especial de las piernas al danzar. **2.** Amér. Central y Merid. Finta. **3.** Argent. y Bol. Ademán hecho con el cuerpo para evitar un golpe o caída. **4.** Argent. y Urug. *Fig.* y *fam.* Justificación inventada para eludir un compromiso.

GAMBETEAR v.intr. Hacer gambetas. **2.** En el fútbol, fintar o regatear al adversario.

GAMBITO s.m. (ital. *gambetto,* zancadilla). Jugada de ajedrez que consiste en sacrificar, al principio de la partida, una pieza con el fin de obtener una ventaja en el ataque o una superioridad en la posición.

GAMBOTA s.f. MAR. Madero curvo de la bovedilla que está apoyado en el yugo principal y dirigido hacia arriba.

GAMBUSINO s.m. Pez originario de América, de unos 5 cm de long., aclimatado en numerosos estanques y pantanos de las regiones tropicales y templadas, que destruye las larvas de los mosquitos. **2.** *Méx.* Catador, hombre que tiene por oficio buscar yacimientos minerales en una mina. **3.** *Méx.* Buscador de fortuna.

GAMELÁN s.m. Conjunto musical formado por instrumentos metálicos de percusión indonesios.

GAMELLA s.f. (lat. *camella,* escudilla). Arco del yugo que se ajusta al cuello de un animal de tiro. **2.** Recipiente grande de piedra, madera o metal, que sirve para dar de comer o beber a los animales y para otros usos.

GAMETO s.m. Célula reproductora, masculina o femenina, cuyo núcleo solo contiene un cromosoma de cada par, y que puede unirse a otro gameto de sexo opuesto, en la fecundación, pero no multiplicarse por sí sola. (La unión de gametos da origen al cigoto.)

GAMETÓFITO s.m. Individuo vegetal procedente de la germinación de una espora, que desarrolla los gametos de ambos sexos o de uno solo, como el prótalo del helecho o los tallos del musgo. (Todas las células de un gametófito son haploides.)

GAMETOGÉNESIS s.f. Proceso de formación de los gametos.

GAMEZNO s.m. Cría del gamo.

GAMITAR v.intr. Dar el gamo gamitidos.

GAMITIDO s.m. Voz del gamo.

GAMMA s.f. Nombre de la tercera letra del alfabeto griego (γ, Γ), que corresponde a la *g* española ante *a, o* y *u.* ◇ **Rayos gamma** Radiaciones emitidas por los cuerpos radiactivos, semejantes a los rayos X, pero mucho más penetrantes y de menor longitud de onda, provistas de una potente acción biológica.

GAMMAGLOBULINA s.f. Sustancia proteica del plasma sanguíneo, que actúa como soporte material de los anticuerpos.

GAMMAGRAFÍA s.f. Estudio o análisis de la estructura de los cuerpos opacos por medio de los rayos gamma.

GAMMATERAPIA s.f. MED. Método terapéutico que utiliza los rayos gamma.

GAMO, A s. Mamífero rumiante del grupo de los ciervos, originario de Europa, de 90 cm de alt., con manchas blancas en la piel y cuernos aplastados por sus extremos. (El gamo bala, brama o da gamitidos y ronca cuando está en celo; la cría es el gamezno.)

■ **GAMO** macho.

GAMÓN s.m. Planta herbácea bulbosa de raíces tuberosas y flores blancas o amarillas, de la que una especie es ornamental. (Familia liliáceas.)

GAMONAL s.m. Terreno poblado de gamones. **2.** Amér. Central y Merid. Cacique de pueblo.

GAMONALISMO s.m. Amér. Central y Merid. Caciquismo.

GAMOPÉTALO, A adj. BOT. Se dice de la corola y flor de pétalos soldados. ◆ adj. y s.f. Relativo a un antiguo grupo de dicotiledóneas, cuyas flores tienen los pétalos soldados.

GAMOSÉPALO, A adj. BOT. Se dice del cáliz y la flor de sépalos soldados.

GAMUZA s.f. (del lat. *camox, -ocis*). Mamífero rumiante que tiene los cuernos negros, lisos

y recurvados en anzuelo en la punta y vive en las montañas altas de Europa. (Se conoce con diferentes nombres según la región: rebeco [cordillera Cantábrica], sarrio [Pirineos centrales], isard [Cataluña]; familia bóvidos.) **2.** Piel de gamuza que, adobada, es muy flexible y suave. **3.** Piel de cualquier animal preparada y adobada de forma que adquiera características y cualidades semejantes a la de la gamuza. **4.** Tejido de lana o algodón que imita la piel de gamuza. **5.** Paño utilizado para la limpieza y pulimento de los muebles.

■ **GAMUZA**

GANA s.f. Deseo de hacer algo o de que ocurra algo: *ganas de comer, de dormir.* ◇ **Darle a alguien la (real) gana** *Fam.* y *vulg.* Querer alguien hacer algo porque lo desea. **De buena gana** Con gusto o voluntad. **De mala gana** Con repugnancia y fastidio. **Tenerle ganas a alguien** *Fig.* y *fam.* Desear reñir o pelearse con alguien.

GANADERÍA s.f. Ganado, conjunto de animales. **2.** Conjunto de actividades relacionadas con la cría de ganado. **3.** TAUROM. Conjunto de toros de un propietario.

GANADERO, A adj. Relativo al ganado o la ganadería: *región ganadera.* ◆ s. Persona que tiene por oficio criar o vender ganado. **2.** TAUROM. Propietario de una ganadería.

GANADO s.m. (de *ganar*). Conjunto de animales cuadrúpedos que cría y explota una persona. SIN.: *ganadería.* **2.** Conjunto de reses que se llevan juntas a pastar. **3.** Conjunto de abejas de una colmena. **4.** *Fam.* y *desp.* Conjunto de personas. ◇ **Ganado mayor** Ganado de reses mayores como caballos, vacas, etc. **Ganado menor** Ganado de reses menores como corderos, cabras, etc.

GANADOR, RA adj. y s. Que gana, especialmente en una competición, enfrentamiento o sorteo.

GANANCIA s.f. Beneficio que se obtiene de una cosa: *producir muchas ganancias.* **2.** Chile, Guat. y Méx. Propina. **3.** ELECTRÓN. Magnitud, expresada en decibelios, que caracteriza la amplificación en potencia, intensidad o tensión que da un dispositivo ante una determinada señal. ◇ **No arrendar la ganancia** Pensar una persona que lo que ha hecho otra no le aportará ningún beneficio.

GANANCIAL adj. Relativo a la ganancia. ◇ **Bienes gananciales** Bienes adquiridos por la sociedad conyugal durante el matrimonio.

GANANCIOSO, A adj. Que ocasiona ganancia. ◆ adj. y s. Que obtiene ganancia de un trato, juego, etc.: *salir ganancioso.*

GANAPÁN s.m. (de *ganar* y *pan*). *Desp.* Hombre que se gana la vida llevando recados o transportando bultos. **2.** *Fig.* y *fam.* Hombre rudo y tosco.

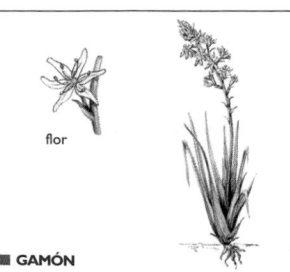

flor

■ **GAMÓN**

GANAPIERDE s.m. o f. (pl. *ganapierde*). Modo de jugar que consiste en dar como ganador a la persona que pierde.

GANAR v.tr., intr. y prnl. Adquirir u obtener algo con trabajo o esfuerzo, por suerte, etc.: *ganar dinero, un premio; ganar un pleito; ganarse la estima.* ◆ v.tr. e intr. Tener cierto sueldo. **2.** *Fig.* Aventajar o exceder: *ganar en astucia.* ◆ v.tr. Conquistar, vencer: *ganar una batalla, un territorio, una carrera.* **2.** Alcanzar un lugar: *ganar la meta, la frontera.* **3.** Captar la voluntad de alguien: *lo ganó para su causa.* ◆ v.intr. Prosperar, mejorar: *el vino gana con los años.*

GANCHILLO s.m. Aguja larga terminada en una punta corva, que se utiliza para tejer. **2.** Labor que se hace con esta aguja.

GANCHO s.m. Instrumento curvo y puntiagudo en uno u ambos extremos para agarrar o colgar algo. **2.** Cayado, bastón. **3.** *Fig.* y *fam.* Atractivo, gracia: *una persona con gancho.* **4.** *Fig.* Cómplice de un timador que se mezcla entre el público como si no tuviera relación con el timador para inducir al resto de personas a caer en el engaño. **5.** *Amér.* Horquilla para sujetar el pelo. **6.** *Ecuad.* Silla de montar de señora. **7.** *DEP.* **a.** Golpe de boxeo corto que se lanza de abajo arriba, con el brazo y el antebrazo arqueado. **b.** Tiro de baloncesto que se realiza arqueando el brazo sobre la cabeza. ◇ **Echar** a alguien **el gancho** *Fam.* Atraerlo con habilidad.

GANCHOSO, A adj. Con gancho o forma de gancho.

GANCHUDO, A adj. Con forma de gancho: *nariz ganchuda.*

GANDA o **BAGANDA**, etnia bantú dominante en Uganda, establecida también en Kenya.

GANDALLA adj. y s.m. y f. *Méx. Fam.* Que se aprovecha de los demás, que es malo y abusivo.

GANDIDO, A adj. *Colomb., C. Rica, Cuba, Dom.* y *Venez.* Comilón, glotón.

GANDINGA s.f. *Cuba* y *P. Rico.* Chanfaina con salsa espesa.

GANDOLA s.f. Planta alimenticia de los países tropicales, semejante a la espinaca.

GANDUL, LA adj. y s. (ár. *gandūr*, joven de clase modesta que afecta elegancia y vive sin trabajar). *Fam.* Holgazán. **SIN.:** *vago.*

GANDULEAR v.intr. Holgazanear. **SIN.:** *vaguear.*

GANDULERÍA s.f. Cualidad de gandul.

GANDUMBAS adj. y s.m. y f. *Fam.* Gandul.

GANG s.m. (voz inglesa). Banda organizada de malhechores.

1. GANGA s.f. (fr. *gangue*). Cosa que se consigue a buen precio o con poco trabajo. **2.** Materia no aprovechable que se extrae de una mina mezclada con los minerales útiles de un filón.

2. GANGA s.f. (voz de origen onomatopéyico). Ave columbiforme de unos 30 cm de long. y con un lunar rojo en la pechuga, que vive en la región mediterránea.

GANGÉTICO, A adj. Relativo al Ganges.

GANGLIO s.m. (lat. tardío *ganglion*, del gr. *gágglion*). Abultamiento en un nervio o vaso linfático.

GANGLIONAR adj. (del fr. ant. *ganglion*, ganglio). Relativo al ganglio.

GANGLIOPLÉJICO, A adj. y s.m. Se dice del medicamento que tiene la propiedad de cortar o reducir la conducción del influjo nervioso al nivel de los ganglios del sistema neurovegetativo.

GANGOCHO s.m. *Amér. Central, Chile* y *Ecuad.* Guangoche.

GANGOSO, A adj. y s. (voz de origen onomatopéyico). Que ganguea o refleja gangueo: *voz gangosa.*

GANGRENA o **CANGRENA** s.f. (lat. *gangraena*, del gr. *gággraina*). Necrosis que se produce en un tejido de una parte del cuerpo de un ser vivo. **Gangrena gaseosa** Gangrena debida a microbios anaerobios que producen gases en el seno de los tejidos, y que solía presentarse con frecuencia a causa de las heridas sucias de tierra. **Gangrena húmeda** Gangrena que se produce en una llaga o herida

infectadas, o como complicación de una gangrena seca. **Gangrena seca** Gangrena debida a la obstrucción de una arteria.

GANGRENARSE v.prnl. Producirse en un tejido de una parte del cuerpo de un ser vivo gangrena.

GANGRENOSO, A adj. Relativo a la gangrena. **2.** Que tiene o padece gangrena.

GÁNGSTER s.m. → GÁNSTER.

GANGSTERISMO s.m. → GANSTERISMO.

GANGUEAR v.intr. Hablar con resonancia nasal.

GANGUEO s.m. Acción de ganguear.

GANGUERO, A adj. Se dice de la persona que tiende a buscar ganga. **SIN.:** *ganguista.*

GÁNGUIL s.m. Embarcación de pesca con dos proas y un palo central, en el que se iza una vela latina. **2.** Barco auxiliar de las dragas, destinado a recibir la broza o basuras que estas extraen del fondo de los puertos.

GANOIDEO, A adj. y s.m. Relativo a una subclase de peces de agua dulce, de esqueleto cartilaginoso y cola de lóbulos desiguales, como el esturión.

GANÓN, NA adj. y s. *Méx. Fam.* Se dice de la persona que resulta beneficiada en una situación determinada.

GANOSO, A adj. Deseoso, que tiene gana de algo: *estar ganoso de servir.*

GANSADA s.f. *Fam.* Dicho o hecho sin sentido.

GANSEAR v.intr. *Fam.* Decir o hacer gansadas.

GANSO, A s. (gót. *gans*). Ave palmípeda de plumaje gris o blanco, cuello largo, pico anaranjado y patas cortas. (Se conocen varias especies salvajes y una especie doméstica que se cría para aprovechar su carne y su hígado; el *ganso gansa*.) **SIN.:** *oca.* ◆ s. y adj. *Fig.* Persona torpe, perezosa, descuidada. **2.** Persona que dice o hace tonterías para divertir a otra persona. ◇ **Gansos del Capitolio** Gansos sagrados del Capitolio que salvaron Roma previniendo con sus graznidos a Manlio y a los romanos del ataque nocturno de los galos.

■ **GANSO** doméstico.

GÁNSTER o **GÁNGSTER** s.m. (angloamericano *gangster*) [pl. *gánsters* o *gángsters*] Miembro de una banda organizada de delincuentes, especialmente el de una banda italoamericana que actuaba en EUA en los años veinte. **2.** Persona que recurre a medios poco escrupulosos para ganar dinero u obtener ventajas.

GANSTERISMO o **GANGSTERISMO** s.m. Comportamiento propio de un gánster.

GANTÉS, SA adj. y s. De Gante.

GANZÚA s.f. (vasc. *gantzua*). Alambre doblado por un extremo que sirve para abrir una cerradura sin necesidad de utilizar la llave. **2.** *Fig.* y *fam.* Ladrón que roba con maña. **3.** *Fig.* y *fam.* Persona hábil para sonsacar a otra sus secretos.

GAÑAFÓN s.m. *TAUROM.* Derrote brusco y violento del toro.

GAÑÁN s.m. Mozo de labranza. **2.** *Fig.* Hombre fuerte y rudo.

GAÑIDO s.m. Aullido lastimero de un animal, especialmente un perro.

GAÑIL s.m. Garganta de un animal. **2.** Agalla de un pez.

GAÑIR v.intr. (lat. *gannire*) [49]. Dar gañidos un animal, especialmente un perro.

GAÑOTE s.m. (del ant. *gañón*, antes *cañón*, de *caña*, tráquea). *Fam.* Garganta o gaznate.

GAP s.m. (voz inglesa). Desajuste entre dos magnitudes económicas o entre los valores planeados y realizados de una misma magni-

tud. **2.** *INFORMÁT.* Intervalo de espacio o de tiempo que separa dos palabras, registros, bloques, etc.

GARA s.m. Cerro pequeño tabular del Sahara, de flancos escarpados y cumbre plana.

GARABATAL s.m. *Argent.* Terreno poblado de garabatos.

GARABATEAR v.intr. Echar los garabatos para asir una cosa. **2.** *Fig.* y *fam.* Andar con rodeos o no ir derecho en lo que se quiere decir. ◆ v.intr. y tr. Hacer garabatos. **SIN.:** *garrapatear.*

GARABATEO s.m. Acción y efecto de garabatear.

GARABATERO, A adj. y s. *Chile.* Se dice de la persona que tiene la costumbre de proferir garabatos, insultos.

GARABATO s.m. Trazo irregular que no pretende representar nada. (Suele usarse en plural). **SIN.:** *garrapato.* **2.** Gancho de hierro para agarrar o colgar algo. **3.** Garfio de hierro sujeto al extremo de una cuerda que sirve para sacar objetos caídos en un pozo. **4.** Palo de madera con la punta en forma de gancho. **5.** *Argent.* Arbusto ramoso de la familia de las leguminosas que se caracteriza por sus espinas en forma de garfio. **6.** *Chile.* Insulto.

GARABATOSO, A adj. Con garabatos o trazos irregulares.

GARAGE s.m. *Méx.* Garaje.

GARAJE s.m. (fr. *garage*). Lugar donde se guardan automóviles. **2.** Taller de reparación, engrase y mantenimiento de automóviles. **3.** *P. Rico.* Gasolinera.

GARAMBAINAS s.f.pl. Adornos de mal gusto y superfluos. **2.** *Fam.* Tonterías.

GARANDUMBA s.f. *Amér. Merid.* Barcaza grande para transportar carga, siguiendo la corriente fluvial. **2.** *Méx. Fig.* Mujer gorda y grande.

GARANTE adj. (fr. *garant*). Que garantiza. ◆ s.m. y f. Persona que se hace responsable del cumplimiento de lo prometido por otro en un pacto, convenio o alianza.

GARANTÍA s.f. (fr. *grantie*). Acción y efecto de afianzar lo estipulado: *ofrecer garantías.* **2.** Fianza, prenda: *su palabra es la mejor garantía.* **3.** Acción de asegurar, durante un tiempo, el buen funcionamiento de algo que se vende, y de repararlo gratuitamente en caso de avería: *la garantía de un reloj.* **4.** Documento en que consta este seguro. ◇ **Contrato de garantía** Contrato que tiende a asegurar la efectividad de los derechos del acreedor, previniendo el riesgo de insolvencia del deudor.

GARANTIR v.tr. (fr. *garantir*) [55]. Garantizar. **2.** *Galic.* Preservar, proteger.

GARANTIZAR v.tr. [7]. Dar garantías de algo: *garantizar la veracidad de un hecho.* **2.** Asumir una obligación de garantía. **3.** Afianzar el cumplimiento de lo estipulado o la observancia de una obligación o promesa. **4.** Responder de la calidad de un objeto; aceptar lo contrario como cláusula resolutoria de venta o cambio del objeto.

GARAÑÓN, NA s.m. (germ. *wranjo*, *-ons*, caballo padre, semental). Asno destinado a la reproducción. ◆ s.m. *Amér. Central, Chile, Méx.* y *Perú.* Caballo semental. **2.** *Chile* y *Méx. Fig.* Mujeriego.

GARAPIÑA s.f. → GARRAPIÑA.

GARAPIÑAR v.tr. → GARRAPIÑAR.

GARAPIÑERA s.f. Utensilio para hacer helados.

GARBANZAL s.m. Terreno sembrado de garbanzos.

GARBANZO s.m. Planta herbácea de unos 50 cm de alt., de hojas compuestas, flores blancas axilares y fruto en legumbre. (Familia papilionáceas.) **2.** Fruto y semilla de esta planta. **3.** *Chile. Fam.* Lobanillo, quiste. ◇ **Garbanzo negro** *Fig.* Persona que por su comportamiento o ideas destaca del grupo al que pertenece. **SIN.:** *oveja negra.*

GARBEO s.m. *Esp.* Paseo corto: *dar un garbeo.*

GARBO s.m. (ital. *garbo*, modelo, forma, gracia). Agilidad, gracia o desenvoltura en la manera de actuar o moverse: *andar con garbo.* **2.** *Fig.* Perfección, soltura y elegancia: *escribir con garbo.*

GARBOSO, A adj. Que actúa o se mueve con garbo. **2.** *Fig.* Generoso.

GARCETA s.f. Ave ciconiforme de color blanco o gris apizarrado, con un penacho corto en la cabeza, del que penden dos plumas filiformes.

■ **GARCETA** común.

GARCILLA s.f. Ave ciconiforme de cuerpo corto, con alas bastante robustas, y cuyo plumaje no se diferencia entre machos y hembras, excepto en la época de celo, en que los machos adquieren adornos característicos. (Familia ardeidos.)

GARÇON s.m. (voz francesa). **A lo garçon** Se dice del peinado de mujer que se caracteriza por llevar el pelo muy corto, como solían llevarlo antiguamente los muchachos.

GARDENIA s.f. (del lat. botánico moderno *gardenia*, de A. *Garden*, naturalista escocés). Planta de flores grandes y olorosas, generalmente blancas. (Familia rubiáceas.) **2.** Flor de esta planta.

GARDEN-PARTY s.m. (ingl. *garden party*). Fiesta que se celebra en un jardín o parque.

GARDÓN s.m. Pez de agua dulce, de 15 a 30 cm de long., con el vientre plateado, el dorso verdoso y las aletas rojizas. (Familia ciprínidos.)

GARDUÑA s.f. Mamífero carnívoro nocturno que vive en Europa y Asia, de pelaje marrón grisáceo, patas cortas y de unos 50 cm de long. sin contar la cola. (Familia mustélidos.) SIN.: *fuina*.

■ **GARDUÑA**

GARDUÑO, A s. *Fam.* Ladrón.

GARETE (AL) loc. MAR. A merced del viento o de la corriente: *navegar al garete.* ◇ **Irse al garete** *Fam.* Malograrse algo: *irse al garete un negocio.*

GARFIO s.m. (del lat. *graphium,* punzón para escribir, estilete). Instrumento de hierro curvado y puntiagudo que sirve para sujetar algo.

GARGAJEAR v.intr. Esp. Arrojar gargajos.

GARGAJEO s.m. Esp. Acción de gargajear.

GARGAJO s.m. (voz de origen onomatopéyico). Esp. Flema, mucosidad pegajosa que se arroja por la boca, procedente de las vías respiratorias.

GARGAJOSO, A adj. y s. Esp. Que gargajea con frecuencia. SIN.: *gargajiento.*

GARGANTA s.f. (voz de origen onomatopéyico). Parte delantera del cuello. **2.** Parte del cuerpo que va desde el velo del paladar hasta la entrada del esófago. **3.** *Fig.* Cuello, parte más estrecha y delgada de un cuerpo o de un órgano. **4.** Ranura semicircular en la periferia de una polea. **5.** ARQ. Moldura cóncava redondeada. **6.** FORT. Parte posterior de una fortificación. **7.** GEOGR. Valle estrecho y encajado. ◇ **Tener a alguien atravesado en la garganta** *Fam.* Sentir antipatía por una persona.

GARGANTILLA s.f. Collar corto ajustado a la base del cuello. **2.** Cuenta de un collar.

GARGANTILLO, A adj. TAUROM. Se dice de la res de cuello oscuro, con una mancha blanca o clara en forma de collarín.

GÁRGARA s.f. Acción de mantener un líquido en la garganta, sin tragarlo, con la boca abierta hacia arriba y expulsando lentamente el aire para hacer que el líquido se mueva. ◆ **gárgaras** s.f.pl. Chile, Colomb., Méx. y P. Rico. Gargarismo, medicamento. ◇ **Mandar a hacer gárgaras** *Fam.* Despedir o expulsar a alguien en señal de reprobación o desprecio.

GARGARISMO s.m. (gr. *gargarismós*). Medicamento líquido para gargarizar. **2.** Acción de gargarizar.

GARGARIZAR v.intr. (lat. *gargarizare*, del gr. *gargarízein*) [7]. Hacer gárgaras.

GÁRGARO s.m. Venez. Juego del escondite.

1. GÁRGOLA s.f. Figura humana o animal que decora el final del conducto de desagüe de un tejado.

■ **GÁRGOLA** gótica (catedral de Sevilla).

2. GÁRGOLA s.f. Cápsula que contiene la linaza.

GARGUERO s.m. *Fam.* Garganta. SIN.: *gaznate.*

GARIBALDINA s.f. (de G. *Garibaldi*, patriota italiano). Blusa de color rojo que usaban las mujeres para imitar la que usaba Garibaldi y sus voluntarios.

GARIGOLEADO, A adj. Méx. Que está adornado con exceso: *una fachada garigoleada.*

GARITA s.f. (fr. ant. *garite*). Construcción pequeña que sirve de refugio a un centinela o vigilante. **2.** Cuarto pequeño del portal de un edificio ocupado por el portero. **3.** Excusado, retrete. **4.** Méx. Oficina o puesto de aduanas.

GARITO s.m. (voz jergal). Casa de juego. **2.** Establecimiento de diversión, especialmente el de mala fama.

GARLITO s.m. Cesta que tiene en su parte más estrecha una red, de manera que, una vez que entra el pez, no puede salir. **2.** *Fig.* y *fam.* Celada, trampa, lazo o asechanza que se hace para molestar o hacer daño.

GARLOPA s.f. (occitano *garlopo*). Cepillo largo y con mango para alisar superficies de madera ya cepilladas.

1. GARNACHA s.f. (occitano ant. *ga(r)nacha,* manto de piel). Vestidura talar de magistrados y abogados, con mangas y un sobrecuello grande que cae sobre los hombros y la espalda.

2. GARNACHA s.f. (ital. *vernaccia*). Variedad de vid cultivada principalmente en Cataluña, Navarra y Aragón que produce una uva de color rojo oscuro y un vino del mismo nombre.

GARNIERITA s.f. Silicato natural de níquel y magnesio, que constituye un mineral de níquel.

GARO, pueblo de la India (Assam).

GARRA s.f. (del ant. *garfa,* garra, puñado). Uña fuerte puntiaguda y curvada que tiene un vertebrado en el extremo del dedo. **2.** *Fig.* y *desp.* Mano del ser humano. **3.** ARQ. Adorno esculpido en los ángulos salientes del plinto de una columna medieval. ◆ **garras** s.f.pl. Pieles de un animal procedentes de las patas que se utilizan en peletería: *garras de astracán.* ◇ **Caer en las garras** Estar bajo la influencia o dominio de alguien. **Sacar las garras** Liberar a alguien de la influencia o el dominio que ejercía otra persona sobre él. **Tener garra** Tener capacidad para atraer o gustar a alguien.

GARRAFA s.f. Recipiente ancho y redondo. **2.** Argent. y Urug. Bombona, recipiente metálico.

GARRAFAL adj. Se dice de una cosa no material, especialmente un error, muy grande: *falta, error, mentira garrafal.*

GARRAFÓN s.m. Garrafa grande.

GARRAPATA s.f. Ácaro parásito de un animal al que le chupa la sangre. (Familias ixódidos y argásidos.)

GARRAPATEA s.f. MÚS. Figura musical cuyo valor es la mitad de la semifusa.

GARRAPATEAR v.intr. y tr. Garabatear.

GARRAPATO s.m. (cruce de *garrapata* y *garabato*). Garabato, trazo irregular.

GARRAPIÑA o **GARAPIÑA** s.f. Estado del líquido que se solidifica formando grumos.

GARRAPIÑADO, A adj. Se dice del fruto seco o la golosina bañados en almíbar.

GARRAPIÑAR o **GARAPIÑAR** v.tr. (lat. vulg. *carpiniare,* arrancar, arañar, desgarrar). Poner un líquido en estado de garrapiña. **2.** Bañar un fruto seco o una golosina en almíbar de forma que se solidifique formando grumos: *garapiñar almendras.*

GARRIDO, A adj. Es, hermoso, elegante y proporcionado: *mozo garrido.*

GARRIGA s.f. Formación vegetal secundaria de la zona mediterránea, formada por carrascas mezcladas con arbustos y plantas herbáceas, que aparece en suelos calcáreos después de la degradación del bosque.

GARROBO s.m. Saurio de fuerte piel escamosa, que abunda en las tierras cálidas de las costas de América Central. (Familia iguánidos.)

GARROCHA s.f. (de *garra,* rama de árbol). Vara larga acabada en una punta metálica. **2.** TAUROM. Vara larga con una punta de acero de tres filos, llamada puya, que sirve para picar toros. ◇ **Salto de la garrocha** TAUROM. Suerte que consistía en que el torero saltaba por encima del toro de delante hacia atrás ayudándose con una garrocha.

GARROCHAR v.tr. TAUROM. Picar al toro con la garrocha. SIN.: *garrochear.*

GARROCHAZO s.m. Golpe dado con la garrocha. **2.** Señal que deja este golpe.

GARROCHISTA s.m. y f. TAUROM. Persona que practica las faenas taurinas de campo que se ejecutan con la garrocha.

GARRONEAR v.tr. Argent. *Fam.* Pedir algo prestado con oportunismo o insistencia.

GARRONERO, A adj. Argent. Se dice de la

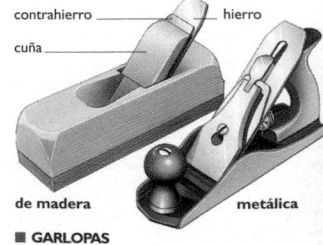

■ **GARLOPAS**

persona que acostumbra a vivir de prestado, gorrista.

GARROTAZO s.m. Golpe dado con el garrote.

GARROTE s.m. Palo grueso y fuerte que sirve como bastón o arma. SIN.: *garrota*. **2.** Instrumento de tortura que se utilizaba en España para ejecutar a los condenados y que consistía en un aro que se le colocaba alrededor del cuello con un tornillo que se iba apretando hasta causarle muerte. SIN.: *garrote vil*. **3.** Método de tortura que consistía en ligar fuertemente un miembro del cuerpo oprimiéndolo. **4.** Rama verde sin raíces que se planta para que crezca un árbol, especialmente la rama de olivo. ◇ **Dar garrote** Matar por medio del garrote vil.

GARROTEAR v.tr. Amér. Dar golpes con un garrote. **2.** Chile. Cobrar precios excesivos sin justificación.

GARROTILLO s.m. *Fam*. Difteria.

GARROTÍN s.m. Forma tributaria del cante flamenco, procedente de ciertos influjos folclóricos asturianos.

GARRUCHA s.f. (de *carro*). Polea.

GARRUDO, A adj. Colomb. Se dice de la res muy flaca. **2.** Méx. Forzudo.

GARRULERÍA s.f. Cualidad de gárrulo. SIN.: *garrulidad*. **2.** Conversación propia de una persona gárrula.

GÁRRULO, A adj. Se dice del ave que canta, gorjea o chirría mucho. **2.** *Fig*. Se dice de la persona muy habladora o charlatana.

GARÚA s.f. (port. dialectal *caruja*, niebla). Amér. Llovizna.

GARUAR v.intr. [18]. Amér. Lloviznar.

GARUFA s.f. Diversión.

GARZA s.f. Ave zancuda de hasta 1,60 m de long., con pico largo y cuello alargado y flexible. (La *garza* habita en las riberas, donde pesca diversos animales acuáticos.) **2.** Chile. Copa alta en forma de embudo que se utiliza para beber cerveza.

■ **GARZA** real y sus crías.

GARZO, A adj. De color azulado: *ojos garzos*.

GARZÓN, NA s. (fr. *garçon*, muchacho). Chile. Camarero.

GAS s.m. (a partir del lat. *chaos*, caos, gas, voz creada por J. B. van Helmont, químico flamenco). Fluido cuyas moléculas tienden a separarse unas de otras. **2.** Combustible en estado gaseoso. **3.** Servicio de fabricación y distribución del gas ciudad: *un empleado del gas*. **4.** Mezcla de carburante y aire que alimenta el motor de explosión. ◆ **gases** s.m.pl. Residuos gaseosos acumulados en el tubo digestivo como consecuencia de la actividad digestiva. ◇ **A todo gas** A mucha velocidad. **Dar gas** Accionar el acelerador de un motor para permitir la entrada de mezcla carburada en el cilindro. **Gas asfixiante**, o **de guerra** Sustancia química gaseosa o líquida utilizada como arma. **Gas ciudad** Gas combustible obtenido por la destilación de la hulla o de productos derivados del petróleo y cuya distribución se efectúa por conductos. **Gas de agua** Gas combustible resultante de la descomposición del vapor de agua por efectos del coque ardiendo a una temperatura de 1 000 a 1 200 °C. **Gas de aire**, o **pobre** Gas obtenido en un gasómetro haciendo pasar los productos de combustión de combustibles sólidos sobre una masa de coque al rojo vivo. **Gas de los pantanos** Metano. **Gas lacrimógeno** Gas que, a base de bromuro de bencilo, produce irritación en los

ojos. **Gas licuado** Hidrocarburo ligero, gaseoso en condiciones normales, que se obtiene del gas natural o del gas de refinería y se conserva en estado líquido en recipientes bajo presión. **Gas mostaza** Gas tóxico derivado de la iperita, utilizado con fines bélicos. **Gas natural** Gas constituido principalmente por metano, que se encuentra comprimido en algunas capas geológicas y que constituye un combustible excelente. **Gas permanente** Gas que no se puede licuar por simple aumento de presión. **Gas raro**, o **inerte** Gas de la columna derecha de la clasificación periódica de los elementos. (Los *gases raros* son el helio, neón, argón, kriptón, xenón y radón.)

GASA s.f. Tela ligera y transparente, generalmente de seda. **2.** Tira o pieza de tela de algodón esterilizada que se usa para compresas, vendajes, etc.

GASCÓN, NA adj. y s. De Gascuña. SIN.: *gascones*. ◆ s.m. Lengua románica hablada en Gascuña.

GASEADO, A adj. y s. Que ha sufrido los efectos de los gases asfixiantes: *los gaseados de la primera guerra mundial*. ◆ s.m. TEXT. Acción de gasear.

GASEAR v.tr. Hacer que un líquido absorba una cantidad de gas. **2.** Someter a alguien o algo a la acción de un gas. **3.** TEXT. Pasar los hilos a través de una llama para eliminar la pelusilla.

GASEIFORME adj. Que está en estado de gas.

GASEODUCTO s.m. → GASODUCTO.

GASEOSA s.f. Bebida refrescante que se elabora con agua saturada de ácido carbónico, azúcar o jarabe de limón y esencia.

GASEOSO, A adj. Que se halla en estado de gas. **2.** Se dice del líquido que contiene gas: *agua gaseosa*.

GÁSFITER o **GASFÍTER** s.m. Chile. Plomero.

GASFITERÍA s.f. Chile, Ecuad. y Perú. Plomería, conjunto de instalaciones y oficio.

GASIFICACIÓN s.f. Acción y efecto de gasificar.

GASIFICAR v.tr. [1]. Convertir un sólido o líquido en gas por medio del calor o una reacción química. **2.** Disolver gas carbónico en un líquido.

GASODUCTO o **GASEODUCTO** s.m. Conducto para conducir a larga distancia gas natural o gases obtenidos por destilación.

GASÓGENO s.m. Aparato que sirve para transformar, por oxidación incompleta, el carbón o la madera en gas combustible.

GASÓLEO o **GASOIL** s.m. (del ingl. *gas oil*). Líquido formado por una mezcla de hidrocarburos que se obtiene por destilación fraccionada del petróleo bruto, entre 220 °C y 360 °C. (El *gasóleo* se emplea como combustible.) [También *gas-oil*.]

GASOLINA s.f. (de *gas* y el lat. *oleum*, aceite). Líquido formado por una mezcla de hidrocarburos que se obtiene por destilación fraccionada del petróleo bruto, entre 60 °C y 200 °C. (La *gasolina* se emplea como combustible.)

GASOLINERA s.f. Establecimiento donde se expende gasolina u otro combustible para automóviles. **2.** Lancha con motor de gasolina.

GASOMETRÍA s.f. QUÍM. Método de análisis químico de los productos gaseosos desprendidos en las reacciones.

GASÓMETRO s.m. Depósito para almacenar gas y distribuirlo a una presión constante.

GASTADO, A adj. Se dice de la persona debilitada físicamente. **2.** Se dice de la persona que ha perdido su prestigio.

GASTADOR, RA adj. y s. Que gasta mucho dinero. ◆ s.m. Soldado que marcha delante de una fuerza a pie en desfiles y paradas: *cabo de gastadores*.

GASTAR v.tr. (lat. *vastare*, devastar, arruinar). Emplear el dinero en una cosa: *no gastar un céntimo*. **2.** Desgastar, deteriorar una cosa: *gastar unos zapatos*. **3.** Tener o usar por costumbre: *gastar malhumor*. **4.** Con bromas, cumplidos, etc., practicarlos: *gastar bromas pesadas*. ◆ v.tr. y prnl. Consumir, invertir, ocupar: *gastar tiempo*. ◆ **Gastarlas** *Fam*. Comportarse, actuar: *ya sabes cómo las gasta mi padre*.

GASTERÓFILO s.m. Mosca grande, cuyas larvas son parásitos del tubo digestivo del caballo.

GASTEROMICETE adj. y s.m. Relativo a un orden de basidiomicetes cuyas esporas se forman en el interior de una envoltura completamente cerrada, como el cuesco de lobo.

GASTERÓPODO, A adj. y s.m. Relativo a una clase de moluscos dotados de un pie ventral ensanchado que les sirve para arrastrarse, tentáculos en la cabeza y generalmente, con concha en espiral. (La lapa y el caracol son *gasterópodos*.)

GASTO s.m. Acción y efecto de gastar. **2.** Cantidad de dinero que se gasta. **3.** Méx. Dinero que se destina para las necesidades diarias de una familia: *esta semana no le alcanzó el gasto*. **4.** CONTAB. Costo de una o varias operaciones que constituyen, por lo general, cargas de explotación. **5.** ECON. Aplicación directa o indirecta de los ingresos a la satisfacción de las necesidades. **6.** FÍS. Volumen de un fluido que sale por unidad de tiempo de un orificio practicado en el recipiente que lo contiene. **7.** HIDROL. Caudal ideal de un río calculado en función de la velocidad media y de la sección mojada. ◇ **Cubrir gastos** Producir una cosa lo bastante para resarcir de su costo. **Gasto cardíaco** Cantidad de sangre expulsada por cada ventrículo del corazón en la circulación sistémica en un minuto. **Gasto público** ECON. Gasto que se realiza por cuenta de un patrimonio administrativo. **Gastos de producción**, o **variables** CONTAB. Gastos cuyo volumen varía en función del grado de actividad de la empresa. **Gastos fijos**, o **periódicos** CONTAB. Fracción de los gastos generales independiente del grado de actividad de la empresa. **Gastos generales** CONTAB. Gastos diversos necesarios para el funcionamiento de la empresa. **Gastos sociales** ECON. Gastos que corresponden a los diversos aspectos de la acción social, como salud, vejez, vivienda, etc. **Hacer el gasto** *Fam*. Mantener uno o dos la conversación entre muchos concurrentes.

GASTRALGIA s.f. Dolor de estómago.

GASTRECTOMÍA s.f. Extirpación total o parcial del estómago.

GÁSTRICO, A adj. Relativo al estómago. ◇ **Jugo gástrico** Líquido ácido secretado por el estómago, que contribuye a la digestión.

GASTRITIS s.f. Inflamación de la mucosa del estómago.

GASTROENTERITIS s.f. Inflamación simultánea de las mucosas del estómago y de los intestinos.

GASTROENTEROLOGÍA s.f. Parte de la medicina que estudia las enfermedades del tubo digestivo.

GASTROINTESTINAL adj. Relativo al estómago y al intestino.

GASTRONOMÍA s.f. (gr. *gastronomía*, tratado de la glotonería). Técnica de preparar una buena comida. **2.** Afición a comer bien.

GASTRONÓMICO, A adj. Relativo a la gastronomía.

GASTRÓNOMO, A s. Especialista en gastronomía. **2.** Persona aficionada a comer bien.

GASTROSCOPIA s.f. Examen visual del interior del estómago realizado mediante la introducción de un fibroscopio por el esófago.

GASTROTOMÍA s.f. Abertura quirúrgica del estómago.

GÁSTRULA s.f. Fase del desarrollo embrionario que sigue a la blástula y que se caracteriza por la formación de dos capas, endoblasto y ectoblasto, que rodean una cavidad central.

GATA s.f. Amér. Central. Pez selacio marino de color marrón amarillo. **2.** Chile. Gato, aparato.

GATAS (A) loc. Con las manos y las rodillas apoyadas en el suelo.

GATEADO, A adj. Que tiene alguna característica propia del gato. SIN.: *gatuno*. ◆ adj. y s. Argent. Se dice del caballo o yegua de pelo oscuro y cebrado.

GATEAR v.intr. Trepar una persona a un lugar alto ayudándose de los brazos y las piernas. **2.** *Fam*. Andar a gatas.

GATERA s.f. Agujero en una pared, tejado o puerta, para que puedan entrar o salir los gatos. **2.** Bol., Ecuad. y Perú. Revendedora, y más especialmente, verdulera. **3.** Chile. Cueva de ratones, ratonera.

GATILLAZO s.m. Golpe que da el gatillo de un arma de fuego, especialmente cuando no sale el tiro.

GATILLERO s.m. Méx. Asesino a sueldo.

GATILLO s.m. Parte inferior del disparador de un arma de fuego, en forma de arco, que se presiona con el dedo para disparar. **2.** Chile. Conjunto de crines largas que se dejan a las caballerías en la cruz y de las cuales se agarran los jinetes para montar.

GATISMO s.m. MED. Incontinencia diurna y nocturna de la orina y de las materias fecales por deficiencia del control nervioso.

1. GATO s.m. (quechua *qcatu*). Perú. Mercado al aire libre.

2. GATO, A s. (lat. tardío *cattus*). Mamífero carnívoro, generalmente doméstico, de cabeza redonda, pelo suave y espeso y largos bigotes. (El gato maúlla; familia félidos.) ◆ s.m. Aparato que sirve para levantar grandes pesos a poca altura. SIN.: *cric*. **2.** Argent. Baile popular bailado por una o dos parejas, con movimientos rápidos. **3.** Argent. Música de esta danza. **4.** Méx. Sirviente. ◇ **Cuatro gatos** *Fam.* Número escaso de personas. **Dar gato por liebre** *Fam.* Engañar haciendo pasar una cosa por otra similar pero de calidad superior. **Gato con relaciones** Argent. Baile cuya música es interrumpida para que quienes bailan intercambien coplas cargadas de intención. **Gato de algalia** Civeta. **Gato de nueve colas** Látigo de nueve cuerdas provistas de puntas de hierro. **Haber gato encerrado** Haber algo oculto. **Llevarse el gato al agua** Conseguir una cosa que se disputaban varias personas. **Pobre gato** Argent. *Fam.* Persona pobre material o espiritualmente.

GATOPARDO s.m. (ital. *gattopardo*). Onza, mamífero carnívoro asiático.

GATUNO, A adj. Relativo al gato. **2.** Que tiene alguna característica propia del gato.

GATUÑA s.f. (de *gato* y *uña*). Planta de flores rosadas común en los campos y en las orillas de los caminos. (Familia papilionáceas.) SIN.: *aznallo, detienebuey*.

GATUPERIO s.m. *Fig.* y *fam.* Chanchullo, intriga. **2.** Mezcla de sustancias incoherentes.

GAUCHADA s.f. Argent., Chile, Perú y Urug. Acción propia del gaucho. **2.** Argent. y Urug. *Fig.* Servicio ocasional realizado con buena disposición.

GAUCHAJE s.m. Argent., Chile y Urug. Conjunto o reunión de gauchos.

GAUCHEAR v.intr. Argent. Andar errante. **2.** Argent. y Urug. Practicar costumbres de gaucho.

GAUCHESCO, A adj. Relativo al gaucho: *literatura gauchesca*.

ENCICL. El tema gauchesco conoció un gran florecimiento poético en Argentina y Uruguay a lo largo del s. XIX. Se fraguó en la época del romanticismo por obra de poetas cultos, como E. Echevarría, pero arranca, propiamente, del encuentro de dos tradiciones principales: una poesía ciudadana en dialecto gaucho y la poesía popular de la pampa. Bartolomé Hidalgo (1788-1822) se puede considerar el iniciador de un género que culmina en el poema épico de José Hernández, *Martín Fierro* (1870) y *La vuelta de Martín Fierro* (1879).

1. GAUCHO s.m. Ave insectívora originaria de América del Sur, de gran tamaño y pico fuerte terminado en gancho. (Construye su nido en el suelo o en los árboles; familia tiránidos.)

2. GAUCHO, A adj. y s. Relativo al habitante de las llanuras rioplatenses de Argentina, Uruguay y Rio Grande do Sul en los ss. XVIII y XIX. **2.** Argent. Se dice de la persona valiente, noble y generosa. ◆ adj. Argent. Fig. y fam. Se dice del animal o de la cosa que proporcionan satisfacción por su rendimiento. ◆ s.m. Argent., Chile y Urug. Peón rural experimentado en las faenas ganaderas tradicionales.

ENCICL. El gaucho apareció en el s. XVI de las necesidades de la explotación ganadera, que exigía un peonaje diestro con el caballo, el manejo del lazo y las boleadoras. Este peonaje surgió en su mayoría de los mestizos de español e india y adquirió unos hábitos de vida muy característicos: habitaba en ranchos y trabajaba a sueldo en las estancias o estaba como *agregado*, viviendo a cambio de algún trabajo ocasional. Su condición de mestizo y de peón hizo del gaucho un individuo al margen tanto de la sociedad colonial como de la surgida tras la independencia. Así apareció el gaucho matrero o alzado, rebelde contra una sociedad que lo acorralaba, descrito en **Martín Fierro*.

■ **GAUCHO.** Gauchos argentinos en 1865.
(Col. Hoffenberg.)

GAUDEAMUS s.m. (voz latina, *alegrémonos*). Canto religioso de alegría.

GAULLISMO s.m. Doctrina y movimiento políticos franceses basados en el pensamiento de Charles de Gaulle.

GAULLISTA adj. y s.m. y f. Relativo al gaullismo; partidario de esta doctrina y movimiento.

GAUR s.m. Toro salvaje que vive en los bosques montañosos de la India, Nepal e Indochina.

GAUSS s.m. (de C. F. *Gauss*, físico alemán). Unidad de medida de inducción magnética (símb. G) del sistema CGS, equivalente a 0,0001 tesla.

GAVETA s.f. (lat. *gabata*, escudilla, gamella). Cajón corredizo de un escritorio.

GAVIA s.f. Zanja para desagüe o linde de propiedades. **2.** En Canarias, campo de cultivo que se cierra con un muro de piedra para represar el agua antes de arar la tierra. **3.** MAR. **a.** Vela cuadra que se larga en la verga y mastelero del mismo nombre. **b.** Vela cuadra que se larga en los otros dos masteleros.

GAVIAL s.m. (fr. *gavial*, del hindustani *ghariyal*). Cocodrilo piscívoro originario de la India y Birmania, de entre 7 y 10 m de long. y hocico largo y delgado.

GAVIERO s.m. Marinero de un buque de vela que dirige las maniobras en las cofas y en lo alto de los palos.

GAVIETA s.f. MAR. **a.** Garito que se pone sobre la mesana o el bauprés. **b.** Trozo de madera, fijo en el bauprés, para encajar la coz del botalón de foque.

GAVIFORME adj. y s.m. Colimbiforme.

GAVILÁN s.m. Ave rapaz diurna que vive en los bosques de Europa, de entre 30 y 40 cm de long., color gris azulado y marrón y cola alargada. (Género *Accipiter*, familia accipítridos.) **2.** Chile, Cuba, Méx. y P. Rico. Uñero, especialmente el del dedo gordo del pie.

GAVILLA s.f. Conjunto de ramas o tallos atados por su centro, mayor que el manojo y menor que el haz.

GAVIÓN s.m. Cestón de mimbre lleno de tierra que utilizan los que abren trincheras para defenderse.

GAVIOTA s.f. (del lat. *gavia*). Ave de color blanco en el dorso, alas largas y puntiagudas de color grisáceo y cola variablemente desarrollada, que vive en las costas y se alimenta de peces. (En varias especies, el macho está dotado de una capucha de plumas negras o pardas durante el verano; familia láridos o estercoráridos.)

GAVIOTÍN s.m. Ave parecida a la gaviota pero de menor tamaño. (Familia láridos.)

GAVOTA s.f. (fr. *gavotte*). Baile antiguo francés de ritmo binario que se bailaba en pareja. **2.** Música de esta danza.

GAY adj. (voz angloamericana). Relativo al hombre homosexual: *movimiento gay*. ◆ s.m. y adj. Hombre homosexual.

GAYA s.f. Lista de diverso color que el fondo.

GAYADURA s.f. Adorno del vestido u otra prenda hecho con listas de distinto color.

GAYAL s.m. Mamífero rumiante doméstico del SE de Asia, con cuernos cortos y joroba, más parecido que el gaur. (Familia bóvidos.)

GAYO, A adj. Alegre, vistoso.

GAYOLA s.f. Méx. *Fam.* Parte más alta de la gradería de un teatro, auditorio, estadio, etc.

GAYUMBA s.f. Instrumento de percusión típico de algunas regiones colombianas.

GAYUNA s.f. Arbusto de unos 30 cm de alt., con frutos rojos comestibles. (Familia ericáceas.)

GAZA s.f. MAR. Lazo, ojo o asa que se forma en el extremo de un cabo o cable doblándolo y uniéndolo con una costura o ligada.

GAZAPERA s.f. Madriguera del conejo. **2.** *Fig.* y *fam.* Reunión de delincuentes.

1. GAZAPO s.m. *Fam.* Error que se comete por distracción al escribir o al hablar.

2. GAZAPO s.m. Cría del conejo.

GAZMOÑERÍA s.f. Cualidad de gazmoño.

GAZMOÑO, A adj. y s. Que finge ser muy escrupuloso en cuestiones de moral.

GAZNÁPIRO, A adj. y s. Que es palurdo, cándido, torpe, que se queda embobado con cualquier cosa.

GAZNATADA s.f. Amér. Central, Méx., P. Rico y Venez. Bofetada.

GAZNATE s.m. *Fam.* Garganta. SIN.: *garguero*. **2.** Méx. Dulce hecho de piña o coco.

GAZNAWÍ adj. y s.m. y f. Relativo a los Gaznawíes, dinastía turca. (V. parte n. pr.)

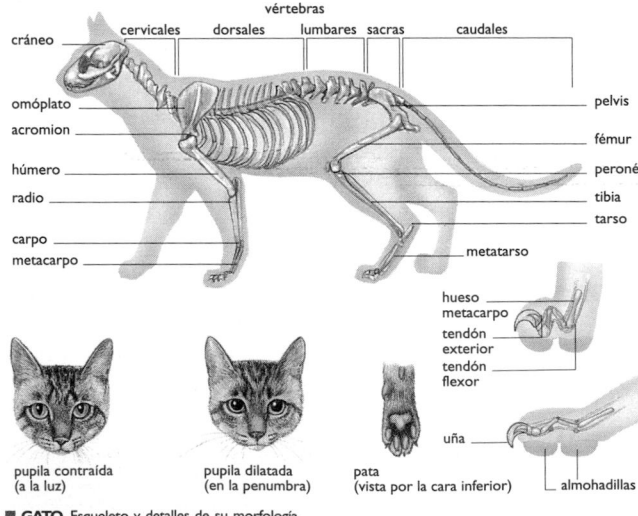

vértebras

cráneo — cervicales — dorsales — lumbares — sacras — caudales

omóplato — pelvis
acromion — fémur
húmero — peroné
radio — tibia
— tarso
carpo
metacarpo — metatarso

hueso metacarpo
tendón exterior
tendón flexor

uña

pupila contraída (a la luz)
pupila dilatada (en la penumbra)
pata (vista por la cara inferior)
almohadillas

■ **GATO.** Esqueleto y detalles de su morfología.

GAZPACHO s.m. Sopa fría típica de las regiones del S de España, que se prepara con tomate y otras hortalizas trituradas, agua, aceite, vinagre, sal y miga de pan.

GAZUZA s.f. Esp. *Fam.* Hambre.

1. GE s.f. Nombre de la letra *g*.

2. GE o **GÉ**, grupo etnolingüístico de Brasil, muy aculturado, emparentado con el tupí, establecido desde el E. del Xingu hasta el S de Maranhão. SIN.: *djé*.

GEADA s.f. Fenómeno fonético que consiste en pronunciar el sonido /g/ como /x/.

GECO s.m. Lagarto insectívoro originario del SE asiático, de ojos grandes y saltones y provisto de dedos adhesivos que le permiten trepar.

cara interior
de la pata

■ **GECO**

GE'EZ o **GUEEZ** s.m. y adj. Lengua camítosemítica del grupo etiópico hablada antiguamente en el reino de Aksum y que sigue siendo la lengua litúrgica de la Iglesia de Etiopía.

GEHENA s.m. Infierno.

GÉISER o **GÉYSER** s.m. (islandés *geysir*, surtidor). GEOL. Surtidor de vapor o agua caliente intermitente, de origen volcánico.

GEISHA s.f. Mujer japonesa que presta sus servicios en las casas de té o en los banquetes.

GEL s.m. (abrev. de *gelatina*). Jabón líquido destinado al aseo personal. **2.** Sustancia coloidal de consistencia viscosa que tiende a hincharse al absorber agua.

GELATINA s.f. (ital. *gelatina*). Sustancia proteínica incolora que se obtiene cociendo en agua huesos, ligamentos y tendones de los animales o espinas de los pescados. (La *gelatina* se derrite a unos 25 ºC y se utiliza en microbiología como medio de cultivo y en industria y en cocina para dar consistencia a las preparaciones frías.) **2.** Alimento que se elabora con esta sustancia: *gelatina de manzana*.

GELATINAR v.tr. Cubrir algo con gelatina.

GELATINOBROMURO s.m. Composición formada por una sal de plata (bromuro) en suspensión en gelatina.

GELATINOCLORURO s.m. Composición formada por una sal de plata (cloruro) en suspensión en gelatina.

GELATINOSO, A adj. Que contiene gelatina. **2.** Que tiene su consistencia. **3.** BIOL. Se dice de la estructura, órgano o ser de consistencia de gel.

GÉLIDO, A adj. (lat. *gelidus*). *Poét.* Muy frío.

GELIFICACIÓN s.f. Acción de gelificar o gelificarse.

GELIFICAR v.tr. y prnl. [1]. Transformar en gel.

GELITURBACIÓN s.f. Crioturbación.

GELIVABLE adj. Se dice de la roca que puede fragmentarse al congelarse y aumentar de volumen el agua filtrada en su interior.

GELIVACIÓN s.f. Fragmentación de una roca que se produce al congelarse y aumentar de volumen el agua filtrada en su interior. SIN.: *gelifracción*.

GELOSA s.f. Agar-agar.

GÉLULA s.f. Forma medicamentosa constituida por una pequeña cápsula de gelatina.

GEMA s.f. (lat. *gemma*). Piedra preciosa. **2.** Yema de una planta.

GEMACIÓN s.f. BOT. Desarrollo de la yema de una planta para formar una nueva rama, hoja o flor. **2.** ZOOL. Modo de multiplicación sexual de algunos animales a partir de pequeños grupos celulares salientes o yemas.

GEMEBUNDO, A adj. *Desp.* Que gime.

GEMELAR adj. Relativo al gemelo.

GEMELAS s.f.pl. Dos piezas exactamente iguales que forman parte de una máquina o de una herramienta.

GEMELÍPARA s.f. y adj. Hembra que pare gemelos.

GEMELO, A adj. y s. (lat. *gemellus*). Que ha nacido en el mismo parto que otro u otros seres, especialmente cuando es fruto de la fecundación de un único óvulo por un único espermatozoide (*gemelos monocigóticos*, frente a los *dicigóticos* o falsos gemelos, en los que dos espermatozoides fecundan dos óvulos). ◆ adj. Se dice de la cosa que cumple la misma función y es idéntica a otra que, con la cual forma pareja. **2.** ANAT. Se dice del músculo de la parte inferior y posterior de la pierna, que sirve para elevar el talón y flexionar el pie. ◆ **gemelos** s.m.pl. Dos maderos gruesos que, empalmados a un tercero, sirven para dar a este último más resistencia y cuerpo. **2.** Botones iguales que se ponen en los puños de la camisa. **3.** Anteojos. ◇ **Ruedas gemelas** Ruedas provistas de un neumático individual, montadas por pares a cada extremo del puente trasero de ciertos vehículos pesados.

GEMIDO s.m. Acción y efecto de gemir.

GEMÍFERO, A adj. BOT. Que trae yemas.

GEMINACIÓN s.f. BIOL. Estado de lo que es doble, dispuesto por pares: *la geminación de los folíolos, de los pistilos*. **2.** LING. Repetición de un sonido, una sílaba o una palabra.

GEMINADO, A adj. Que está formado por elementos que forman una pareja: *columnas geminadas*.

GEMINAR v.intr. y prnl. (del lat. *geminus*, gemelo). Producirse una geminación.

GÉMINIS adj. y s.m. y f. (pl. *géminis*). Se dice de la persona nacida entre el 22 de mayo y el 21 de junio, bajo el signo de Géminis. (Suele escribirse con mayúscula.) [V. parte n. pr.]

GEMIPARIDAD s.f. BIOL. Proceso de reproducción por gemación.

GEMÍPARO, A adj. Se dice del animal o planta originado por gemación.

GEMIQUEAR v.intr. Chile. Gemir.

GEMIQUEO s.m. Chile. Acción y efecto de gemiquear.

GEMIR v.intr. (lat. *gemere*) [89]. Emitir una persona sonidos que expresan pena, dolor o placer. **2.** *Fig.* Aullar un animal. **3.** *Fig.* Producir una cosa un sonido semejante al gemido de una persona: *gemir el viento*.

GEMOLOGÍA s.f. Ciencia que estudia las gemas o piedras preciosas.

GEMOLÓGICO, A adj. Relativo a la gemología.

GEMÓLOGO, A s. Persona que se dedica al estudio de la gemología.

GEMONÍAS s.f.pl. ANT. ROM. Derrumbadero del Capitolio donde se exponían los cuerpos de los ajusticiados antes de ser arrojados al Tíber. **2.** Castigo infamante.

GÉMULA s.f. BOT. Brote pequeño de una planta, que durante la germinación proporcionará el tallo y las hojas.

GEN o **GENE** s.m. BIOL. Elemento de un cromosoma que condiciona la transmisión y la manifestación de un carácter hereditario determinado.

GENCIANA s.f. (lat. *gentiana*). Planta de las zonas montañosas, de flores amarillas, azules o violetas según las especies.

GENDARME s.m. (fr. *gendarme*, del pl. *gens d'armes*, gente de armas). Agente de policía francés. Por ext. agente de policía.

GENDARMERÍA s.f. Cuerpo de gendarmes. **2.** Cuartel o puesto de gendarmes. **3.** Argent. Cuerpo militar que tiene a su cargo la custodia de las fronteras terrestres.

GENE s.m. → GEN.

GENEALOGÍA s.f. (lat. *genealogia*, del gr. *genealogía*, de *geneá*, generación, y *lógos*, tratado). Conjunto de ascendientes de una persona. **2.** Ciencia que estudia el origen y la filiación de una persona.

GENEALÓGICO, A adj. De la genealogía.

GENEALOGISTA s.m. y f. Persona que se dedica al estudio de la genealogía.

GENEPÍ s.m. BOT. Artemisa de los Alpes de Saboya empleada en la fabricación de licor.

GENERABLE adj. Que se puede producir por generación.

GENERACIÓN s.f. Acción de generar. **2.** Su-

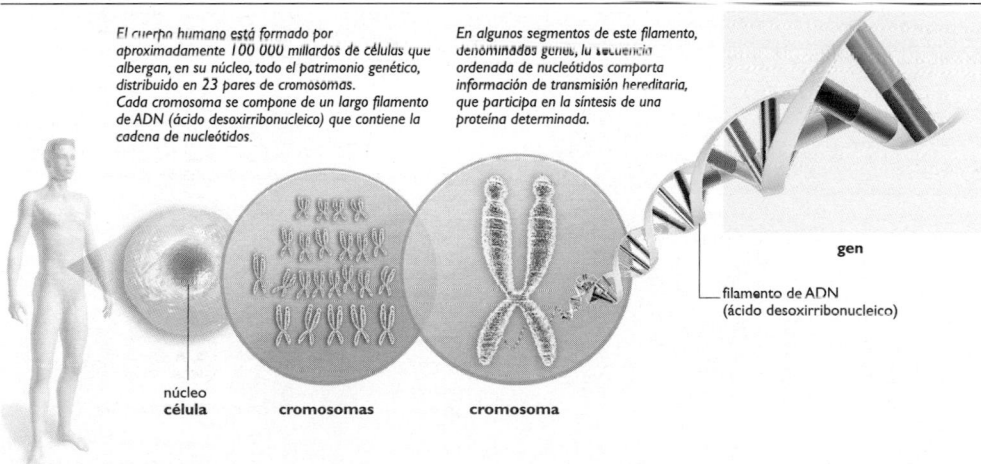

El cuerpo humano está formado por aproximadamente 100 000 millardos de células que albergan en su núcleo, todo el patrimonio genético, distribuido en 23 pares de cromosomas.
Cada cromosoma se compone de un largo filamento de ADN (ácido desoxirribonucleico) que contiene la cadena de nucleótidos.

En algunos segmentos de este filamento, denominados genes, la secuencia ordenada de nucleótidos comporta información de transmisión hereditaria, que participa en la síntesis de una proteína determinada.

gen

filamento de ADN
(ácido desoxirribonucleico)

núcleo
célula   cromosomas   cromosoma

■ **GEN**

cesión de descendientes en línea directa. **3.** Conjunto de personas que tiene una edad similar. **4.** Conjunto de artistas e intelectuales que tiene una edad similar y cuya obra presenta características comunes: *García Lorca pertenece a la generación del 27.* **5.** Conjunto de técnicas y de productos representativo de un estado de evolución tecnológica que supone un avance respecto al conjunto de técnicas y productos que lo precede. ◇ **Generación espontánea** Teoría admitida durante la antigüedad y la edad media para ciertos animales, y hasta Pasteur para los microbios, según la cual existía una formación espontánea de los seres vivos a partir de materias minerales o de sustancias orgánicas en descomposición.

GENERACIONAL adj. Relativo a la generación.

GENERADOR, RA adj. Que genera. ◆ s.m. Aparato que produce corriente eléctrica a partir de energía obtenida por otros medios.

GENERAL adj. (lat. *generalis*). Que es común a todas las personas o cosas de un conjunto o a la mayor parte de ellas. **2.** Común, frecuente, usual. **3.** Que hace referencia a algo en su conjunto, sin detenese en los detalles: *hablar en términos generales.* **4.** Se dice de la persona que ocupa el cargo de mayor responsabilidad de un organismo o sección: *director general.* ◆ adj. y s.m. Prelado de una orden religiosa. ◆ s.m. y f. Militar que tiene el grado más alto de la jerarquía del ejército. ◇ **En,** o **por lo, general** Por lo común, generalmente; sin especificar ni individualizar.

GENERALA s.f. Esposa del general. **2.** MIL. Toque para que las fuerzas de una guarnición o campo se preparen con las armas.

GENERALATO s.m. Empleo o grado de general. **2.** Conjunto de generales de un ejército. **3.** Ministerio u oficio de general de una orden religiosa.

GENERALIDAD s.f. Conjunto que comprende la mayoría o casi la totalidad de personas o cosas que componen un todo. **2.** Vaguedad o falta de precisión en lo que se dice o escribe: *abundar en generalidades.*

GENERALÍSIMO s.m. General que tiene el mando superior de todas las fuerzas armadas de un estado.

GENERALISTA adj. y s.m. y f. Se dice de la persona que tiene conocimientos generales de cada una de las especialidades de una materia: *médico generalista.*

GENERALIZABLE adj. Que puede generalizarse.

GENERALIZACIÓN s.f. Acción y efecto de generalizar o generalizarse.

GENERALIZADOR, RA adj. Que generaliza.

GENERALIZAR v.tr. y prnl. [7]. Hacer general o común una cosa. ◆ v.tr. Abstraer lo que es común y esencial a muchas cosas para formar un concepto que las comprenda a todas.

GENERAR v.tr. (lat. *giggnere*). Producir algo: *generar una corriente eléctrica.* **2.** Engendrar,

producir un animal superior seres de su misma especie.

GENERATIVO, A adj. Que genera o puede generar. ◇ **Gramática generativa** LING. Gramática que propone una serie finita de reglas capaces de generar el conjunto infinito de las frases gramaticales de una lengua.

GENERATRIZ s.f. y adj. Máquina que transforma la energía mecánica en corriente eléctrica continua. **2.** MAT. Línea que genera una superficie al moverse. ◆ adj. BOT. Se dice de la capa de células que garantiza el crecimiento en grosor de las plantas vivaces.

GENÉRICO, A adj. Que es común a todos los elementos de un conjunto. **2.** BIOL. Relativo al género. **3.** LING. Se dice de la palabra que comprende una serie de rasgos semánticos comunes a un grupo de palabras (*pájaro* es un término genérico que engloba otros términos como *periquito, paloma* o *gaviota*). **4.** MAT. Se dice del elemento de un conjunto tomado en su forma general. ◆ adj. y s.m. Se dice del medicamento cuya fórmula es de dominio público y que se vende bajo su denominación común a un precio inferior al de la especialidad correspondiente. ◆ s.m. Parte de una película cinematográfica o de un programa de televisión donde se indica los nombres de las personas que han colaborado en ellos.

GÉNERO s.m. (lat. *genus, -eris*, linaje, especie, género). Conjunto de personas o cosas que comparten una serie de características: *el género humano.* **2.** Clase o categoría a la que pertenece una obra artística por sus características de forma o de contenido: *género literario; género musical.* **3.** Conjunto de características que comparten un grupo de personas o cosas de un todo y que permite agruparlas para diferenciarlas de otro conjunto de ese mismo todo: *llevar un determinado género de vida.* SIN.: *clase, tipo.* **4.** Tejido o tela: *género de punto.* **5.** Mercancía. **6.** BIOL. Categoría taxonómica intermedia entre la familia y la especie. **7.** LING. Categoría gramatical de algunas clases de palabras de algunas lenguas fundada en la distinción natural de sexos o en una distinción convencional. ◇ **Género chico** Género que engloba los sainetes cómicos y de costumbres, en un acto, casi siempre con diálogos y cantables, que tuvieron su auge a fines del s. XIX y principios del XX. **Pintura de género** B. ART. Pintura que representa escenas de la vida familiar o popular o temas anecdóticos.

GENEROSIDAD s.f. Cualidad de generoso.

GENEROSO, A adj. (lat. *generosus*, noble, persona de linaje). Que tiende a sacrificarse por los demás. **2.** Que tiende a dar a los demás lo que tiene.

GENESÍACO, A o **GENESIACO, A** adj. Relativo a la génesis.

GENÉSICO, A adj. Relativo a la generación.

GÉNESIS s.f. (lat. *genesis*, del gr. *génesis*, creación). Origen o principio de algo. **2.** Proceso de formación de algo. **3.** BIOL. Proceso de formación y diferenciación de los caracteres de

cada uno de los órganos y estructuras del ser vivo.

GENÉTICA s.f. Parte de la biología que estudia los genes y la transmisión de los caracteres hereditarios. (Las primeras leyes de la *genética* fueron establecidas por Mendel en 1865.)

GENÉTICO, A adj. Relativo a la génesis u origen o principio de algo. **2.** BIOL. Relativo a la genética o a los genes. ◆ s. Persona que se dedica al estudio de la genética. SIN.: *genetista.* ◇ **Información genética** Información contenida en una secuencia de nucleótidos de ácidos nucleicos, ADN o ARN. **Mapa genético** Descripción de la localización de los genes conocidos en los cromosomas de una especie y de la diferencia existente entre estos y otros genes. **Psicología genética** PSICOL. Estudio del desarrollo mental del niño y del adolescente en tanto que este desarrollo explica la estructura intelectual del adulto.

GENETISMO s.m. Teoría psicológica según la cual la percepción del espacio se debe a la educación de los sentidos, y no es innata como propugna el nativismo.

GENETISTA s.m. y f. Persona que se dedica al estudio de la genética. SIN.: *genético.*

GENETLÍACO, A o **GENETLIACO, A** adj. (del gr. *genethlios*, relativo al nacimiento). **Astrología genetlíaca** Parte de la astrología que estudia la disposición de las estrellas en el momento del nacimiento de una persona para predecir su futuro.

GENIAL adj. Relativo a la persona de capacidad creativa. **2.** Excelente, placentero, que causa agrado.

GENIALIDAD s.f. Capacidad creativa. **2.** Acción original o extravagante.

GÉNICO, A adj. Relativo a los genes.

GENICULADO, A adj. BIOL. Se dice del órgano doblado sobre sí mismo formando un ángulo el del ser que posee tales órganos: *tallo geniculado.*

GENIO s.m. (lat. *genius*, deidad que velaba por cada persona). Carácter, conjunto de cualidades psíquicas y afectivas que condicionan la conducta de cada ser humano, distinguiéndolo de los demás. **2.** Mal carácter. **3.** Estado de ánimo circunstancial. **4.** Habilidad extraordinaria para realizar algo: *tener genio de artista.* **5.** Persona que tiene una habilidad extraordinaria para realizar algo. **6.** Capacidad creativa. **7.** Ser sobrenatural con poderes mágicos. ◇ **Genio epidémico** Conjunto de condiciones climáticas, bacteriológicas y fisiológicas que determinan las epidemias. **Pronto,** o **vivo, de genio** Se dice de la persona de irascibilidad fácil pero poco duradera.

GENIPA s.f. (fr. *genipa*). Árbol de América tropical de fruto parecido a la lima y pulpa blanquecina agridulce, con la que se preparan bebidas refrescantes. (Familia rubiáceas.)

GENITAL adj. (lat. *genitalis*). Relativo al sexo y al aparato reproductor del ser humano y de los animales. **2.** PSICOANÁL. Se dice del estadio de la evolución de la libido en que esta aparece definitivamente ligada a los órganos y las

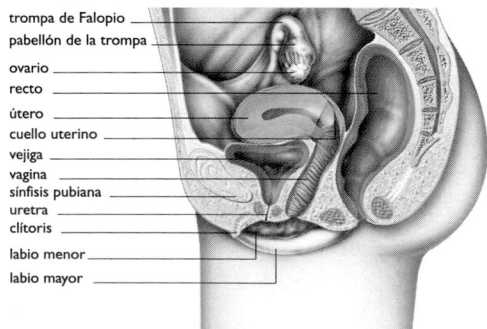

trompa de Falopio
pabellón de la trompa
ovario
recto
útero
cuello uterino
vejiga
vagina
sínfisis pubiana
uretra
clítoris
labio menor
labio mayor

mujer

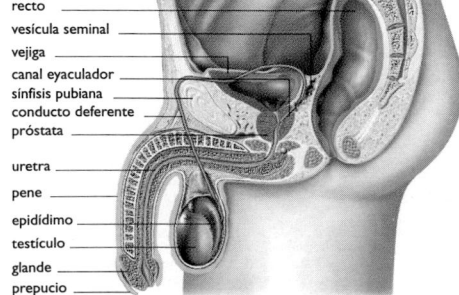

recto
vesícula seminal
vejiga
canal eyaculador
sínfisis pubiana
conducto deferente
próstata
uretra
pene
epidídimo
testículo
glande
prepucio

hombre

■ **GENITAL.** Anatomía de los aparatos genitales masculino y femenino.

funciones procreadoras. ◆ **genitales** s.m.pl. Partes externas del aparato reproductor del ser humano y de los animales.
ENCICL. Las dos gónadas (*ovarios* en la mujer y *testículos* en el hombre) producen los gametos. Las vías genitales comunican las gónadas con el exterior. Además de la uretra, comprenden respectivamente las dos trompas, el útero y la vagina, los canales epididímicos y los deferentes. Las vías genitales reciben las secreciones de glándulas como la próstata.

GENITIVO, A adj. (lat. *genitivus*, natural, de nacimiento). Que puede engendrar algo. ◆ s.m. LING. Caso que indica pertenencia, posesión o materia.

GENITOR s.m. (lat. *genitor, -oris*). Ser vivo que engendra a otro.

GENITOURINARIO, A adj. Relativo al aparato reproductor y urinario. SIN.: *urogenital.*

GENÍZARO s.m. Jenízaro.

GENOCIDIO s.m. Crimen cometido contra un grupo social por razones étnicas, políticas o religiosas.
ENCICL. El término *genocidio* se creó en 1944 para calificar la empresa de exterminio de judíos y gitanos llevada a cabo durante la Segunda Guerra Mundial por los nazis. Se empleó para designar las masacres cometidas por Turquía contra los armenios en 1915 y, más allá, para caracterizar el exterminio sistemático de las poblaciones autóctonas amerindias por parte de conquistadores europeos. Se aplica asimismo a masacres más recientes, entre ellas la de camboyanos a manos de los jemeres rojos (en la década de 1970) y la de los tutsi por los hutu en Ruanda.

GENOL s.m. MAR. Cada una de las piezas que servía para unir las varengas con sus respectivas ligazones y formar las cuadernas de la embarcación.

GENOMA s.m. BIOL. Conjunto de los genes de un organismo.

GENÓMICA s.f. Conjunto de disciplinas relacionadas con el estudio de los genomas y su aplicación (terapia génica, biotecnología, etc.).

GENÓMICO, A adj. Relativo al genoma.

GENOTERAPIA s.f. Método terapéutico consistente en la inserción de determinados genes en las células del paciente.

GENOTIPO s.m. BIOL. Conjunto de factores hereditarios constitucionales de un individuo o de una especie.

GENOVÉS, SA adj. y s. De Génova.

GENOVEVANO s.m. Canónigo regular de San Agustín de la congregación de Santa Genoveva.

GENS s.f. (voz latina). Grupo de familias patricias de la antigua Roma con un antepasado común que llevaba el mismo apellido (gentilicio).

GENTE s.f. (del lat. *gens, gentis*, raza, familia, tribu). Conjunto de personas: *la gente acudió al estadio.* **2.** Conjunto formado por la mayoría de personas de un lugar. **3.** Clase social: *su familia es gente humilde.* **4.** *Fam.* Familia inmediata de alguien o conjunto de amigos o compañeros: *sentía nostalgia y volvió con su gente.* **5.** Persona: *este muchacho es buena gente.* **6.** Chile, Colomb., Perú y P. Rico. Gente decente, bien portada. ✧ **Gente bien** Personas de clase elevada y distinguida. **Gente de bien** Personas de buena intención y proceder. **Gente menuda** *Fam.* Niños.

GENTIL adj. (lat. *gentilis*, de una nación, no judío). Que tiene buena presencia, apuesto. **2.** Amable, educado. ◆ adj. y s.m. y f. Idólatra o pagano.

GENTILEZA s.f. Cualidad de gentil. **2.** Muestra de amabilidad y cortesía: *tuvo la gentileza de acompañarme a casa.*

GENTILHOMBRE s.m. [pl. *gentileshombres*]. Noble que servía en la casa real. **2.** Hidalgo.

GENTILICIO, A adj. y s.m. Se dice del nombre o adjetivo que expresa lugar de origen o nacionalidad. ◆ adj. Relativo a las gentes o naciones: *nombre gentilicio.* **2.** Relativo al linaje o familia.

GENTILIDAD s.f. Conjunto de todos los gentiles. **2.** Religión que profesan los gentiles o idólatras. **3.** En la antigüedad, conjunto de familias patriarcales de la península Ibérica que se atribuían una ascendencia común.

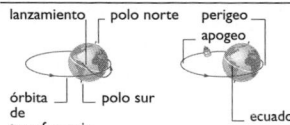

1. Lanzamiento | 2. El satélite describe | 3. Tras su paso por | 4. Unas últimas
y entrada | varias revoluciones | el apogeo, el encendido | correcciones de trayectoria
del satélite | sobre esta órbita, | del motor de apogeo lanza | convierten al satélite
en una órbita | desde el perigeo | el satélite a una órbita | en geoestacionario.
de transferencia. | hasta el apogeo. | circular ecuatorial en torno | Y posteriormente este
 | | a los 35 800 km | se sitúa en el
 | | de la Tierra. | emplazamiento deseado.

■ **GEOESTACIONARIO.** Puesta en órbita de un satélite geostacionario.

GENTÍO s.m. Conjunto muy numeroso de personas en un lugar.

GENTLEMAN s.m. (voz inglesa) [pl. *gentlemans* o *gentlemen*]. Hombre distinguido.

GENTÚ s.m. Ave de plumaje gris y blanco que vive en Georgia del Sur, islas Malvinas y algunos islotes de la Antártida. (Familia esfeníscidos.)

GENTUZA s.f. *Desp.* Chusma.

GENUFLEXIÓN s.f. (lat. *genu flexio*, flexión de rodilla). Acción de doblar la rodilla en señal de reverencia, sumisión o adoración.

GENUINO, A adj. (lat. *genuinus*, auténtico, natural, innato). Que conserva puras sus características propias y originarias.

GEOBIOLOGÍA s.f. Ciencia que estudia las relaciones entre la evolución cósmica y geológica de la Tierra, con las condiciones de origen, la composición química y física y la evolución de la materia viva, así como con los organismos que esta última constituye.

GEOBOTÁNICA s.f. Estudio de los vegetales y su relación con el medio terrestre.

GEOCÉNTRICO, A adj. Relativo al centro de la Tierra como punto de referencia. **2.** Que tiene la Tierra como centro. ✧ **Movimiento geocéntrico** Movimiento aparente de un astro alrededor de la Tierra considerada como centro de observación

GEOCENTRISMO s.m. Teoría astronómica antigua que defendía que la Tierra era el centro del universo.

GEOCRONOLOGÍA s.f. Parte de la geología que se ocupa de determinar la edad de las rocas y los procesos geológicos.

GEODA s.f. (gr. *geodis*, semejante a la tierra, de *gi*, tierra, y *eidos*, figura). Cavidad de una roca tapizada interiormente de cristales minerales. **2.** MED. Cavidad patológica en el interior de un hueso.

GEODESIA s.f. (gr. *geodaisía*, de *gi*, tierra, y *daiein*, partir). Ciencia que estudia la forma y dimensiones de la Tierra, su campo de gravedad y las variaciones eventuales de este en el tiempo.

GEODÉSICO, A adj. Relativo a la geodesia. ✧ **Línea geodésica** La línea más corta que une dos puntos de una superficie.

GEODINÁMICA s.f. Parte de la geología que estudia los procesos evolutivos que afectan a la Tierra y analiza las fuerzas que se derivan de ellos

GEOESTACIONARIO, A adj. ASTRONÁUT. Se dice del satélite artificial que describe una órbita directa, ecuatorial y circular alrededor de la Tierra, con igual período de revolución.

GEOFAGIA s.f. MED. Hábito de comer tierra o sustancias similares no nutricias.

GEÓFAGO, A adj. y s. Que come tierra.

GEOFÍSICA s.f. Parte de la geología que aplica los principios de la física al estudio de la estructura del globo terrestre y de los fenómenos que se producen en él. (La geofísica se divide en *geofísica interna* [geodesia, sismología, etc.] y *geofísica externa* [hidrología, oceanología física y meteorología].)

GEOFÍSICO, A adj. Relativo a la geofísica. ◆ s. Especialista en geofísica.

GEOGNOSIA s.f. (del gr. *gi*, tierra, y *gnosis*, conocimiento). Parte de la geología que estudia la composición, estructura y disposición de los elementos que integran la Tierra.

GEOGRAFÍA s.f. (gr. *geographía*). Ciencia que estudia y describe los fenómenos físicos y humanos en la superficie de la Tierra.
ENCICL. La geografía es la ciencia que trata de la organización del espacio terrestre (continental y, eventualmente, marítimo) desde los puntos de vista del hábitat y de la población (*geografía humana* en sentido estricto), de la producción y de los transportes (*geografía económica*). La geografía, en su investigación explicativa, recurre a diversas disciplinas. El estudio de las condiciones que caracterizan el medio natural se sirve de la geomorfología, la climatología, la biogeografía, la edafología (disciplinas que, en ocasiones, se agrupan bajo la denominación de *geografía física*). A pesar de ello, la comprensión de la organización del espacio requiere también de la colaboración de la historia, la biología, la economía y la demografía. La geografía, auténtica ecología humana y disciplina de síntesis, se sitúa así en la encrucijada de las ciencias de la Tierra y de las ciencias humanas clásicas.

GEOIDE s.m. Superficie ideal de la Tierra, que es normal a la vertical del lugar y que coincide con el nivel medio de los mares, haciendo abstracción de las mareas. (Corresponde convencionalmente a la altitud cero.)

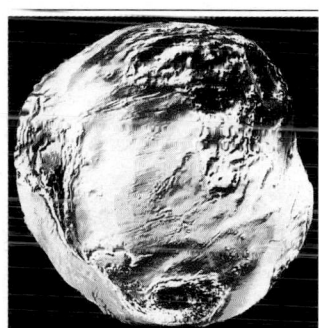

■ **GEOIDE.** Con el altímetro radar del satélite ERS I se reconstruye la topografía del nivel medio de los océanos (aquí, x 20 000) y, así pues, la forma del geoide, midiendo las diferencias de altitud respecto a la elipsoide de referencia.

GEOLOGÍA s.f. Ciencia que estudia y describe los materiales que forman el globo terrestre, las transformaciones y evolución de la Tierra y sus fósiles.
ENCICL. La geología busca comprender la naturaleza, distribución, historia y génesis de los constituyentes de la Tierra. Sus objetos de estudio pertenecen a distintos niveles de organización: el cristal y el mineral, la roca, el conjunto rocoso (plutonismo, estratigrafía), el conjunto estructural (base sedimentaria, dorsal oceánica, etc.), la placa litosférica, la relación entre las diferentes partes de la Tierra. El estudio de estos objetos diferentes concierne a la *cristalografía*, la *mineralogía*, la *petrología*. La *geodinámica* se ocupa en particular de fenómenos que afectan a los conjuntos rocosos. La *tectónica* estudia las deformaciones (pliegues, fallas, etc.) a las zonas superficiales de la Tierra. Intermediaria entre la biología y la geología, la *paleontología* se divide en

ERA	PERÍODO	PISO	millones de años
CENOZOICO (terciario y cuaternario) 65 millones de años	cuaternario	holoceno	0,01
		pleistoceno	1,64
	neogeno	plioceno	
		mioceno	
			23,5
	paleógeno	oligoceno	
		eoceno	
		paleoceno	65
MESOZOICO (secundario) 180 millones de años	cretácico	superior	
		inferior	
			135
	jurásico	superior (malm)	
		medio (dogger)	
		inferior (lías)	205
	triásico	superior	
		medio	
		inferior	245
PALEOZOICO (primario) 295 millones de años	pérmico	superior	
		inferior	295
	carbonífero	silesiense	
		dinantiense	360
	devónico	superior	
		medio	
		inferior	410
	silúrico	pridoliense	
		ludlowiense	
		wenlockiense	
		llandoveryense	435
	ordovícico	asghiliense	
		caradociense	
		llandeiloense	
		llanvirniense	
		arenigiense	
		tremadociense	500
	cámbrico	superior	
		medio	
		inferior	540
ERA			540
PRECÁMBRICO más de tres mil millones de años	proterozoico	neoproterozoico	1 000
		mesoproterozoico	1 600
		paleoproterozoico	2 500
	arqueense		

■ **GEOLOGÍA.** Divisiones estratigráficas de los períodos geológicos.

paleontología animal y vegetal, micropaleontología y paleontología humana. Las necesidades económicas, sociales e industriales han obligado al desarrollo de una geología aplicada: hidrogeología y geología del ambiente, mecánica de suelos y de las rocas, prospección minera (estudio de yacimientos, metalogenia), explotación de minas y canteras, metalurgia, geología de petróleos o de carbones, etc. Al convertirse en una disciplina en la que interviene lo cuantitativo, la geología ha establecido nexos estrechos con las ciencias exactas (geofísica, geoquímica, geoestática, p. ej.) o con técnicas como la teledetección; de igual manera se ha creado una informática geológica.

GEOLÓGICO, A adj. Relativo a la geología.

GEÓLOGO, A s. Persona que se dedica a la geología.

GEOMAGNETISMO s.m. Magnetismo terrestre.

GEOMANCIA o **GEOMANCÍA** s.f. (del gr. *ge,* tierra, y *manteía,* adivinación). Adivinación mediante la observación de las figuras que se forman con tierra, polvo, piedras, etc.

GEOMÁTICA s.f. Disciplina que tiene por objeto la obtención, análisis y almacenamiento de datos de referencia espacial. (Utiliza conocimientos de topografía, cartografía, geodesia y otras ciencias, y medios tecnológicos como la teledetección y la informática.)

GEÓMETRA s.m. y f. Persona que se dedica a la geometría.

GEOMETRÍA s.f. (gr. *geometría,* agrimensura, geometría). Parte de las matemáticas que estudia las relaciones entre puntos, rectas, curvas, superficies y volúmenes del espacio. ◇ **Geometría analítica** Estudio de las figuras por medio del álgebra, gracias al empleo de coordenadas. **Geometría de n dimensiones** Geometría que opera en un espacio de n dimensiones, pudiendo ser n superior a tres. **Geometría del espacio,** o **de tres dimensiones** Geometría que corresponde a la representación intuitiva del espacio que incluye tres dimensiones. **Geometría descriptiva** Estudio de las figuras del espacio a partir de sus proyecciones ortogonales sobre dos planos perpendiculares entre sí. **Geometría diferencial** Estudio de las curvas y de las superficies con ayuda del cálculo infinitesimal. **Geometría elemental** Geometría que trata un programa tradicionalmente limitado a la recta, el círculo y las cónicas, sin recurrir a un sistema de coordenadas. **Geometría plana,** o **de dos dimensiones** Geometría que trata del estudio de las figuras en un plano. **Geometría proyectiva** Geometría que estudia las propiedades proyectivas de las figuras.

GEOMÉTRICO, A adj. Relativo a la geometría. ◇ **Abstracción geométrica,** o **fría** Tendencia artística del s. XX basada en el poder estético de las líneas, de las figuras geométricas y del color. **Estilo geométrico** Período del arte griego (1050-725 a.C.) que alcanzó su apogeo en el s. VIII y que se define por el carácter geométrico de la decoración en la cerámica.

GEOMÉTRIDO, A adj. y s.m. Relativo a una familia de mariposas nocturnas o crepusculares como las falenas, del orden lepidópteros.

GEOMORFOGÉNESIS s.f. Creación y evolución de las formas del relieve terrestre.

GEOMORFOLOGÍA s.f. Parte de la geografía física que estudia y describe el relieve terrestre y su evolución.

GEOMORFÓLOGO, A s. Persona que se dedica a la geomorfología.

GEOPOLÍTICA s.f. Estudio de las relaciones entre los elementos geográficos y la política de los estados.

GEOQUÍMICA s.f. Ciencia que estudia la cantidad absoluta y relativa de los elementos e isótopos, su distribución y sus migraciones, en todo el globo terráqueo.

GEOQUÍMICO, A s. Persona que se dedica a la geoquímica.

GEORGIANO, A adj. y s. De Georgia. ◆ s.m. Lengua caucásica hablada en la república de Georgia.

GEÓRGICA s.f. (lat. *georgica,* del gr. *georgós,* agricultor, y *ergon,* obra). Obra literaria que trata temas relacionados con la agricultura.

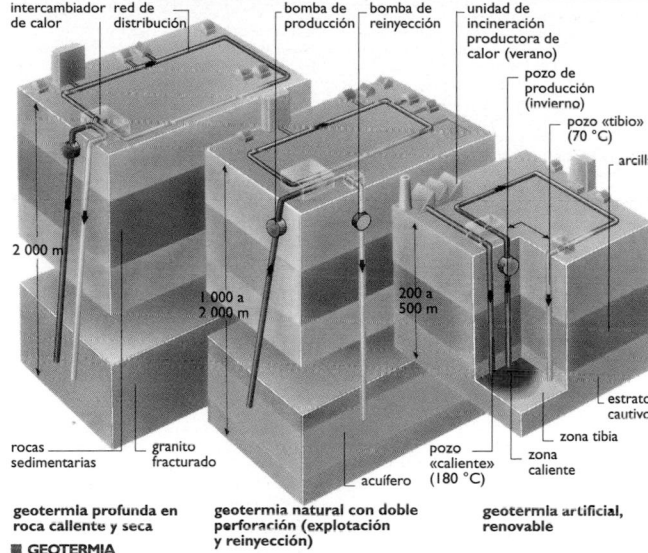

intercambiador de calor — red de distribución — bomba de producción — bomba de reinyección — unidad de incineración productora de calor (verano)

pozo de producción (invierno)

pozo «tibio» (70 °C)

arcilla

2 000 m

1 000 a 2 000 m

200 a 500 m

estrato cautivo

zona tibia

rocas sedimentarias — granito fracturado

pozo «caliente» (180 °C)

acuífero

zona caliente

geotermia profunda en roca caliente y seca

geotermia natural con doble perforación (explotación y reinyección)

geotermia artificial, renovable

■ **GEOTERMIA**

GEÓRGICO, A adj. Relativo a la agricultura.

GEOSFERA s.f. Parte de la Tierra en la que viven los seres vivos. (Comprende la atmósfera, la hidrosfera y la parte externa de la litosfera.)

GEOSINCLINAL s.m. Fosa amplia de las zonas orogénicas de la corteza terrestre que va hundiéndose progresivamente bajo el peso de los sedimentos que se acumulan en ella y cuyo plegamiento interior finaliza con la formación de una cadena montañosa. (La teoría del geosinclinal, que explicaba el origen de los continentes y los océanos, ha sido sustituida por la teoría de la tectónica de placas.)

GEOSINÓNIMO s.m. LING. Palabra que tiene el mismo significado que otra, pero con distinta distribución geográfica (por ej., en América Central y México llaman *frijol* a la planta que en América Meridional llaman *poroto* y que en España llaman *judía* o *alubia*).

GEOSTRÓFICO, A adj. Se dice del viento que circula paralelo a las isobaras.

GEOTAXIS s.f. ETOL. Movimiento de orientación de un organismo debido a la acción de la gravedad.

GEOTECNIA s.f. Parte de la geología que estudia las propiedades de los suelos y de las rocas en función de proyectos de construcción.

GEOTERMIA s.f. Conjunto de los fenómenos térmicos internos del globo terrestre. **2.** Estudio científico de estos fenómenos, considerados como una fuente de energía.

GEOTÉRMICO, A adj. Relativo a la geotermia. ◇ **Grado geotérmico** Profundización terrestre necesaria para alcanzar un aumento de temperatura de 1 °C. (Es del orden de unos 33 m en la capa superficial.)

GEOTEXTIL s.m. Producto o artículo textil utilizado en ingeniería.

GEOTROPISMO s.m. Orientación del crecimiento de los órganos vegetativos de las plantas debida a la fuerza de la gravedad. **2.** ETOL. Movimiento de orientación de algunas especies, provocado por la fuerza de la gravedad. (El mantenimiento de la posición vertical en el hombre se debe a un *geotropismo nega-tivo*.)

GÉPIDO, A s. y s. De un pueblo germánico de Europa central que fue empujado por los hunos hacia occidente y destruido en el s. VI por los lombardos.

GERAL adj. **Lingua geral** Dialecto tupí de Brasil convertido en *lingua franca* por los misioneros.

GERANIO s.m. (gr. *gerdnion*). Planta herbácea de tallo carnoso y hojas grandes, cultivada por sus flores ornamentales. (Familia geraniáceas.) **2.** Flor de esta planta, de colores vivos.

GERENCIA s.f. Cargo y gestión del gerente. **2.** Oficina del gerente. **3.** Tiempo que una persona ocupa este cargo.

GERENTE s.m. y f. (lat. *gerens, -tis*, quien gestiona). Persona que dirige, administra y representa una empresa o sociedad y en la que se personifican sus órganos directores.

GERIATRA s.m. y f. Médico especialista en geriatría.

GERIATRÍA s.f. Parte de la medicina que estudia las enfermedades de la vejez. **2.** Conjunto de medios con los que se retarda la aparición de la senilidad.

GERIÁTRICO, A adj. Relativo a la geriatría. ◆ s.m. Residencia de ancianos.

GERIFALTE s.m. (fr. ant. *girfalt*). Halcón de unos 60 cm. de long., de plumaje marrón claro o blanco, que vive en las regiones árticas y se alimenta de roedores y aves marinas. (En cetrería, representaba el ave noble por excelencia, reservada a reyes y príncipes; familia falcónidos.) **2.** *Fam.* Persona poderosa, especialmente si ocupa un cargo importante.

GERMANESCO, A adj. De la germanía.

GERMANÍA s.f. (cat. *germania*, hermandad). Jerga española propia del hampa. **2.** Jerga española propia del hampa de los ss. XVI y XVII.

GERMÁNICO, A adj. y s. De Germania. **2.** De Alemania o de sus habitantes. ◆ s.m. Rama del indoeuropeo de la que surgieron el inglés, el alemán, el neerlandés y las lenguas escandinavas.

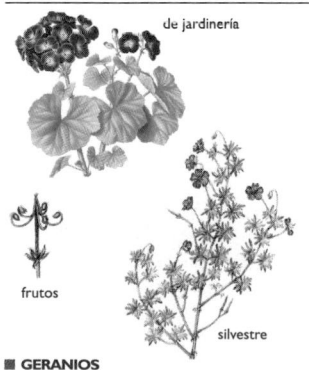

de jardinería

frutos

silvestre

■ **GERANIOS**

GERMANIO s.m. (del lat. *Germania*, Alemania). Metal de color gris, muy frágil, parecido al silicio. **2.** Elemento químico (Ge), de número atómico 32 y masa atómica 72,61. (El germanio se utiliza en la fabricación de semiconductores.)

GERMANISMO s.m. Palabra o expresión propias de la lengua alemana que han sido incorporados a otra lengua.

GERMANISTA s.m. y f. Especialista en lengua, cultura y civilización alemanas o germánicas.

GERMANITA s.f. MINER. Sulfuro de hierro, cobre y germanio Cu₆FeGeS₈, cúbico, de brillo metálico rosa violado y opaco, hasta en el polvo muy fino.

GERMANIZAR v.tr. y prnl. [7]. Hacer que alguien o algo adquiera carácter alemán.

GERMANO, A adj. y s. De un pueblo indoeuropeo originario de Escandinavia meridional, que emigró hacia la zona comprendida entre el Vístula y el Rin en el primer milenio a.C. **2.** Alemán. ◆ adj. Relativo a la germanía.

ENCICL. Los germanos (godos, vándalos, burgundios, suevos, francos, etc.) se establecieron en el centro y norte de Europa en los ss. I y II d.C. y establecieron relaciones con Roma, a la que proporcionaban esclavos y mercenarios. A mediados del s. II, los germanos invadieron el norte de Italia y de los Balcanes; fue el preludio de varios siglos de invasiones en occidente, en los que los germanos acabaron por formar varios reinos (s. V).

GERMANÓFILO, A adj. y s. Que siente simpatía o admiración por todo lo que tiene carácter alemán.

GERMANÓFOBO, A adj. y s. Que siente antipatía por todo lo que tiene carácter alemán.

GERMEN s.m. (lat. *germen, -inis*). Estado simple y primitivo del que deriva todo ser viviente (huevo, embrión, plántula, espora, etc.). **2.** Primer tallo que brota de una semilla. **3.** Causa, origen de alguna cosa: *el germen de un error.* **4.** MED. Microbio patógeno causante de una enfermedad.

GERMICIDA adj. y s.m. Que mata gérmenes.

GERMINACIÓN s.f. Desarrollo del germen contenido en una semilla, que pone fin al estado de vida latente o anhidrobiosis.

GERMINADOR, RA adj. Que tiene la facultad de hacer germinar.

GERMINAL adj. Relativo al germen.

GERMINAR v.intr. (lat. *germinare*, brotar, germinar). Desarrollar su germen una semilla o una planta. **2.** *Fig.* Empezar a desarrollarse algo: *una idea ha germinado en su mente.*

GERMINATIVO, A adj. Que es capaz de germinar o provocar la germinación. ◇ **Facultad germinativa** o **poder germinativo** Facultad de una semilla que todavía está viva y es capaz de germinar cuando se encuentra en un medio favorable.

GEOCULTOR, A s. Persona que tiene por oficio cuidar de ancianos en una residencia.

GERONTOCRACIA s.f. Sistema de gobierno en el que el poder político lo ejercen los ancianos.

GERONTOFILIA s.f. Atracción sexual hacia personas ancianas.

GERONTOLOGÍA s.f. Estudio de la vejez y de los fenómenos del envejecimiento en sus diversos aspectos, morfológicos, fisiopatológicos (geriatría), psicológicos, sociales, etc.

GERUNDENSE adj. y s.m. y f. De Gerona.

GERUNDIO s.m. (lat. *gerundium*, de *gerundus*, lo que se ha de llevar a cabo). LING. **a.** Forma del latín que proporciona una especie de flexión al infinitivo. **b.** Forma no personal del verbo en español que realiza función adjetiva o adverbial.

GERUNDIVO s.m. LING. Forma verbal latina que equivale a un participio de futuro pasivo con carácter atributivo o predicativo.

GERUSIA s.f. Órgano principal del gobierno de Esparta, integrado por ancianos.

GESTA s.f. (lat. *gesta*, pl. de *gestus, -us*, actitud o movimiento del cuerpo). Hazaña o conjunto de hechos memorables de algún personaje o de un pueblo.

GESTACIÓN s.f. (lat. *gestatio*, acción de llevar). Proceso del desarrollo del embrión de las hembras vivíparas desde su concepción hasta el parto. **2.** Tiempo que dura este proceso, que varía entre los 13 días en el oposum y los 640 días en el elefante. **3.** Embarazo de la mujer. **4.** *Fig.* Período de preparación o de elaboración de algo: *la gestación de una obra teatral.*

GESTAR v.tr. Estar una hembra en período de gestación. ◆ v.tr. y prnl. Preparar o desarrollar un suceso, obra, etc.: *se gestaba un motín.*

GESTATORIO, A adj. Que ha de ser llevado en brazos: *silla gestatoria.*

GESTICULACIÓN s.f. Acción y efecto de gesticular.

GESTICULADOR, RA adj. Que gesticula. SIN.: *gestero.*

GESTICULAR v.intr. Hacer gestos.

GESTIÓN s.f. (lat. *gestio, -onis,* acción de llevar algo a cabo). Acción de gestionar, administración. ◇ **Gestión de negocios ajenos** Cuasicontrato que consiste en la intervención voluntaria de una persona en los negocios e intereses de un tercero, sin que exista oposición por parte de este. **Gestión presupuestaria** FIN. Sistema que consiste en aplicar todos los gastos e ingresos al presupuesto del año en que se han producido sin tener en cuenta el año en que han sido adoptados.

GESTIONAR v.tr. Hacer diligencias para la consecución de algo o la tramitación de un asunto. **2.** Administrar una empresa o entidad.

GESTO s.m. (lat. *gestus, -us,* actitud o movimiento del cuerpo). Expresión del rostro que es reflejo de un estado de ánimo. **2.** Movimiento de una parte del cuerpo con el que generalmente se expresa algo: *hizo un gesto desdeñoso con la mano.* **3.** Acción que demuestra un sentimiento, especialmente amabilidad o generosidad. ◇ **Hacer un mal gesto** Hacer un movimiento que cause dolor muscular. **Torcer el gesto** Poner expresión de enojo o disgusto.

GESTOR, RA adj. y s. (lat. *gestor, -oris,* quien lleva algo, administrador). Que gestiona. ◆ s. Gestor administrativo, persona que tiene por oficio gestionar y resolver asuntos de otras personas en las oficinas públicas.

GESTORÍA s.f. Oficina del gestor.

GESTUAL adj. Relativo al gesto. ◇ **Pintura gestual** Técnica pictórica que da una importancia fundamental a la velocidad de ejecución y a la espontaneidad del gesto, especialmente en el expresionismo abstracto y en la abstracción lírica.

GESTUDO, A adj. Que suele poner mala cara.

GETA adj. y s.m. y f. De un pueblo tracio establecido entre los Balcanes y el Danubio, sometido por Darío I en 513 a.C., que acabó fusionándose con los dacios.

GÉTULO, A adj. y s. De un antiguo pueblo berberisco nómada del S del Sahara. (Se aliaron con Yugurta contra los romanos y fueron derrotados [6 a.C.])

GÉYSER s.m. → **GÉISER.**

GHANÉS, SA adj. y s. De Ghana.

GHETTO s.m. → **GUETO.**

GIBA s.f. (lat. *gibba*). Joroba, deformidad.

GIBAR v.tr. Hacer que algo tenga forma curva. **2.** Esp. *Fig.* y *fam.* Fastidiar, molestar.

GIBELINO, A s. y adj. (ital. *ghibellino*). HIST. Partidario de los emperadores romanogermánicos en la Italia medieval, por oposición a los güelfos, partidarios de los papas y de la independencia de Italia.

GIBELOTE s.m. (fr. *gibelotte*). Guiso de conejo con vino blanco.

GIBERELINA s.f. Sustancia orgánica extraída de un hongo parásito que acelera el crecimiento y germinación de algunas plantas.

GIBÓN s.m. Simio arbóreo de 1 m de long., de largos brazos y desprovisto de cola, que vive en la India y Malaysia.

GIBOSIDAD s.f. MED. Deformidad de la columna vertebral en la que existe una curvatura exagerada de una de sus partes.

GIBOSO, A adj. y s. (lat. *gibbosus*). Que tiene giba o corcova.

GIBRALTAREÑO, A o **JIBRALTAREÑO, A** adj. y s. De Gibraltar.

GIENNENSE adj. y s.m. y f. → **JIENNENSE.**

1. GIGA s.f. (fr. ant. *gigue*). Instrumento musical de cuerdas frotadas, de tapa armónica ovalada y de mango corto, de gran importancia en los ss. XII-XVI. **2.** Danza popular antigua originaria de Gran Bretaña, de movimiento vivo y rítmo ternario. **3.** Música de esta danza.

2. GIGA, prefijo (símb. G) que, colocado delante de una unidad de medida, la multiplica por 10^9 o, en informática, por 2^{30}.

3. GIGA s.m. (apócope). *Fam.* Gigabyte.

GIGABYTE s.m. Medida de la memoria de una computadora que es igual a 1 073 741 824 bytes.

1. GIGANTE adj. (lat. *gigas, -antis,* del gr. *gígas, -antos*). Que es muy grande, inmenso. ◆ s. Persona que sobresale en la práctica de una actividad: *Bolívar fue un gigante militar.*

2. GIGANTE, A s. Ser fabuloso de enorme estatura que aparece en cuentos, fábulas y leyendas. **2.** Persona con una estatura muy superior a la que se considera normal. **3.** Figura de madera y cartón de gran tamaño que interviene en algunas fiestas populares.

GIGANTESCO, A adj. (fr. *gigantesque,* del ital. *gigantesco*). Inmenso, muy grande. **2.** Relativo a los gigantes. **3.** *Fig.* Excesivo o muy sobresaliente en su línea: *una obra gigantesca.*

GIGANTISMO s.m. Desarrollo excesivo de las dimensiones del cuerpo o de alguna de sus partes. **2.** Desarrollo excesivo de una cosa: *gigantismo de una célula.*

GIGANTOMAQUIA s.f. (gr. *gigantomakhía,* de *gigas, -antos,* gigante, y *mákhesthai,* pelear). Combate mitológico de los gigantes contra los dioses del Olimpo.

GIGANTÓN, NA s. Gigante, figura de gran tamaño de algunas fiestas populares.

GIGOLÓ s.m. (fr. *gigolo*). Amante joven de una mujer, generalmente de edad madura y rica, que lo mantiene económicamente.

GIGOTE s.m. (fr. *gigot,* muslo de carnero). Guiso de carne picada que se fríe en manteca a fuego lento. **2.** Comida cortada o picada.

GIJONÉS, SA adj. y s. De Gijón. SIN.: *gijonense.*

GIL, LA adj. Argent., Chile y Urug. *Fam.* Tonto, incauto, papanatas.

GILÍ adj. (caló *jili,* inocente). Tonto, chiflado.

GILIPOLLAS s.m. y f. y adj. (pl. *gilipollas*). Persona estúpida o tonta.

GILIPOLLEZ s.f. *Fam.* Dicho o hecho propios de un gilipollas.

GILVO, A adj. y s.m. (lat. *gilvus,* amarillo pálido). Se dice del color marrón como el de la miel. ◆ adj. Que es de este color.

GIMNASIA s.f. (gr. *gymnasía*). Conjunto de ejercicios físicos adecuados para fortalecer y desarrollar el cuerpo. **2.** Conjunto de ejercicios encaminados a desarrollar una facultad intelectual: *gimnasia intelectual.* ◇ **Gimnasia artística,** o **deportiva** Disciplina competitiva de gimnasia que se practica utilizando una serie de aparatos, como el potro, las anillas o las barras asimétricas o paralelas. **Gimnasia correctiva** Gimnasia destinada al tratamiento de algunas anomalías musculares y malformaciones. **Gimnasia rítmica** DEP. Disciplina de gimnasia femenina que se practica con acompañamiento musical y que utiliza diversos complementos, como cintas, pelotas, aros, cuerdas, mazas, etc.

■ **GIBÓN**

GIGANTES DEL MUNDO ANIMAL Y VEGETAL

ESPECIES VIVAS

mamíferos		
rorcual azul	longitud: 33 m	peso: 130 t
elefante africano	altura: 4 m	peso: 6 t
jirafa	altura: 6 m	
elefante marino	longitud: 6 m	peso: 3t
oso de Alaska	longitud: 3,5 m	peso: 1 t
aves		
avestruz	altura: 2,5 m	peso: 120 kg
albatros aullador	envergadura: 3,5 m	
reptiles		
anaconda	longitud: 8 m	
tortuga marina	longitud: 2,4 m	peso: 500 kg
cocodrilo marino	longitud: 7 m	peso: 1 t
crustáceos		
cangrejo *Macrochirus*	envergadura de las patas: 4 m	
moluscos		
calamar gigante	longitud total: 17 m	
gusanos		
parásito del cachalote	longitud: 8,4 m	diámetro: 1 cm
nemerte gigante	longitud: 30 m	
cnidarios		
medusa *Cyanea capillata*	diámetro: 2 m	longitud de los tentáculos: 40 m
plantas y árboles		
secuoya	altura: 110 m	circunferencia: 40 m
eucalipto	altura: 110 m	
raflesia	diámetro de la flor: 1 m	
palmera rota	longitud (lianas): 300 m	

ESPECIES DESAPARECIDAS

mamíferos terrestres		
balunchitherium	longitud: 10 m	altura: 5 m
	peso: 20 t	
aves		
dinornis	altura: 3,5 m	
teratornis (buitre)	envergadura: 5 m	
reptiles		
diplodocus	longitud: 25 m	peso: 20 t
brachiosaurus	longitud: 25 m	peso: 80 t
	altura: 12 m	
tyrannosaurus	longitud: 13 m	altura: 5 m
quetzalcoatlus (reptil volador)	envergadura: 11 m	peso: 40 kg

GIMNASIO s.m. (lat. *gymnasium,* escuela, gimnasio, del gr. *gymnásion,* de *gymnázein,* hacer ejercicios físicos). Establecimiento y sala en que se practica gimnasia y otros deportes. **2.** Centro de enseñanza media, en Alemania, Suiza y otros países. **3.** ANT. GR. Edificio público destinado inicialmente a los ejercicios físicos y que luego se convirtió en un centro de vida intelectual.

GIMNASTA s.m. y f. (gr. *gymnástis*). Deportista que practica la gimnasia.

GIMNÁSTICO, A adj. Relativo a la gimnasia. ◇ **Paso gimnástico** Paso lento de carrera.

GÍMNICO, A adj. Relativo a las luchas de los atletas.

GIMNOSOFISTA s.m. Nombre dado por los griegos de la antigüedad a ciertos ascetas de la India.

GIMNOSPERMO, A adj. y s.f. Relativo a una subdivisión de plantas arbóreas fanerógamas que llevan las semillas en un fruto abierto, a la que pertenecen las coníferas.

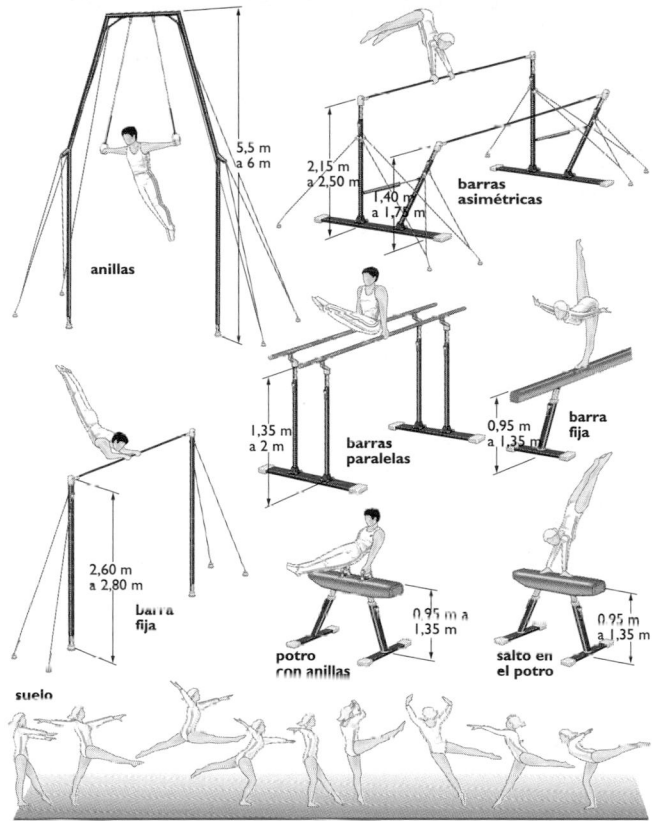

anillas

5,5 m a 6 m

2,15 m a 2,50 m

barras asimétricas

1,40 m a 1,75 m

1,35 m a 2 m

barras paralelas

0,95 m a 1,35 m

barra fija

2,60 m a 2,80 m

barra fija

potro con anillas

0,95 m a 1,35 m

salto en el potro

0,95 m a 1,35 m

suelo

■ GIMNASIA

GIRA s.f. Serie de actuaciones de un artista o de un conjunto de artistas en diferentes poblaciones. **2.** Viaje o excursión de una o varias personas por distintos lugares, para volver al punto de partida.

GIRADA s.f. Giro, acción de girar.

GIRALDA s.f. Veleta de una torre con forma humana o de animal.

GIRÁNDULA s.f. (ital. *girandola*). Candelabro de sobremesa con varios brazos y adornado con colgantes de cristal. **2.** Dispositivo giratorio que se pone en una fuente para que arroje chorros de agua. **3.** Rueda de cohetes o fuegos artificiales que gira en un plano horizontal.

GIRAR v.intr. (lat. *gyrare*, de *gyrus*, movimiento circular). Dar vueltas algo sobre su eje o alrededor de un punto. **2.** Desviar o variar una persona o cosa su dirección. **3.** *Fig.* Desarrollar una conversación, negocio, trato, etc.,en torno a un tema o interés determinado. ◆ v.tr. Expedir una orden de pago, en especial una letra de cambio. **2.** Enviar una cantidad de dinero a través del servicio de correos o de telégrafos. ◇ **Girarla** Méx. *Fam.* Ocuparse de una actividad determinada, cumplir cierta función, papel, etc.: *¿de qué la giras en la obra?*

GIRASOL s.m. Planta herbácea de flores grandes y amarillas del mismo nombre, que giran siguiendo al sol, y que se cultiva por sus semillas, de las que se extrae un aceite de mesa y un orujo utilizado en la alimentación del ganado. (Familia compuestas.) **2.** Variedad de ópalo lechoso y azulado.

detalle del capítulo antes de la maduración

semilla (pipa)

■ GIRASOL

GIMNOTO s.m. Pez de agua dulce de América del Sur parecido a la anguila, una de cuyas especies, que alcanza los 2,50 m de long., paraliza a sus presas produciendo fuertes descargas eléctricas.

GIMOTEAR v.intr. *Fam.* Gemir, quejarse o llorar sin causa justificada. **2.** Hacer gestos de iniciar a llorar, pero sin llegar a hacerlo.

GIMOTEO s.m. *Fam.* Acción de gimotear.

GIN s.m. (voz inglesa). Ginebra.

GINANDROMORFISMO s.m. Presencia simultánea de caracteres sexuales masculinos y femeninos yuxtapuestos en un mismo individuo.

GINEBRA s.f. (cat. *ginebra*). Aguardiente de semillas fermentadas, aromatizado con bayas de enebro y otras materias.

GINEBRINO, A adj. y s. De Ginebra. SIN.: *ginebrés.*

GINECEO s.m. (lat. *gynaeceum*, del gr. *gynaikeíon*). Lugar de las casas griegas de la antigüedad reservado a las mujeres. **2.** BOT. Verticilo floral formado por los pistilos.

GINECOLOGÍA s.f. Parte de la medicina que estudia las enfermedades propias de la mujer.

GINECOLÓGICO, A adj. Relativo a la ginecología.

GINECÓLOGO, A s. Médico especialista en ginecología.

GINECOMASTIA s.f. Desarrollo anormal de las glándulas mamarias en el hombre.

GINETA s.f. → 1. JINETA.

GIN FIZZ s.m. Cóctel elaborado con ginebra, zumo de limón, soda y azúcar.

GINGIVAL adj. (del lat. *gingiva*, encía). Relativo a las encías.

GINGIVITIS s.f. Inflamación de las encías.

GINKGO s.m. Árbol originario de China que se considera sagrado en Extremo Oriente, con hojas en forma de abanico y del que se prescriben sus extractos contra los trastornos vasculares.

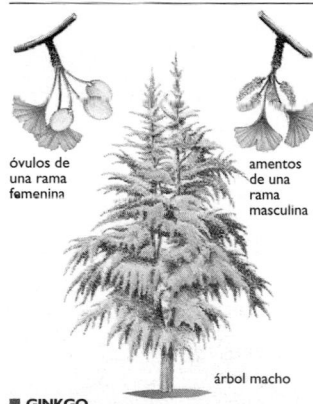

óvulos de una rama femenina

amentos de una rama masculina

árbol macho

■ GINKGO

GINSÉN o **GINSENG** s.m. Planta herbácea de flores amarillas cuya raíz del mismo nombre posee cualidades tónicas. (Familia araliáceas.)

GIN TONIC s.m. Bebida hecha con ginebra y agua tónica.

GIOBERTITA s.f. Magnesita.

GIRATORIO, A adj. Que puede girar.

GIRAVIÓN s.m. Aeronave de alas giratorias que se sustenta por la rotación de uno o varios rotores con eje de giro casi vertical.

GIRINO s.m. (lat. *gyrinus*, del gr. *gyrinos*, renacuajo). Insecto coleóptero de 5 mm de long., que vuela sobre la superficie de las aguas dulces estancadas.

1. GIRO s.m. (lat. *gyrus*, del gr. *gyros*, círculo). Acción y efecto de girar. **2.** Movimiento circular. **3.** Dirección o aspecto que toma una conversación, un asunto, un negocio, etc. **4.** Transferencia de fondos o dinero por medio de letras de cambio, cheques u otros instrumentos de pago: *giro postal; giro telegráfico.* **5.** Estructura especial de la frase o manera de estar ordenadas sus palabras para expresar un concepto: *este giro parece calderoniano.*

2. GIRO, A adj. Amér. Se dice del gallo que tiene el plumaje amarillo en el cuello y las alas. **2.** Argent., Chile y Colomb. Se dice del gallo o la gallina en cuyo plumaje se entremezclan el rojo, el amarillo y el negro.

GIROCOMPÁS s.m. Aparato de orientación que contiene un giroscopio accionado eléctricamente y cuyo eje conserva una dirección invariable.

GIRODINO s.m. Giravión en que el rotor, accionado por un motor, asegura la sustentación y los movimientos verticales del aparato, mientras que la traslación horizontal se obtiene mediante propulsores independientes.

GIROLA s.f. (fr. ant. *charole*, de *carole*, procesión religiosa, la girola donde se realiza la procesión). Espacio transitable que rodea la cabecera de la nave central de algunas iglesias, especialmente las góticas, y une las naves laterales.

GIROLÁSER s.m. Giroscopio sin piezas mecánicas, fundado en las propiedades de la óptica del láser que se utiliza en aeronáutica.

GIRÓMETRO s.m. Aparato que sirve para indicar los cambios de dirección de un avión.

GIRONDINO, A adj. y s. Relativo a los Girondinos. (V. parte n. pr.)

GIROPILOTO s.m. AERON. Compás giroscópico que acciona por relés el mecanismo de dirección de un aparato.

GIROSCÓPICO, A adj. Relativo al giroscopio: *aguja giroscópica; compás giroscópico*.

GIROSCOPIO s.m. (de *giro* y el gr. *skopein*, mirar). Aparato formado por un rotor de masa elevada que, animado de un movimiento de rotación alrededor de uno de sus ejes, puede ser desplazado de cualquier forma sin que la dirección de su eje de rotación resulte modificada.

■ **GIROSCOPIO**

GIRÓSTATO s.m. Sólido animado de un movimiento de rotación rápido alrededor de su eje.

GIRÓVAGO, A adj. (lat. *gyrovagus*, de *gyrus*, giro, y *vagus*, vagabundo). Vagabundo. ◆ adj. y s. Se dice del monje que vagaba de uno en otro monasterio por no sujetarse a la vida regular de los anacoretas y cenobitas.

GIS s.m. Méx. Tiza.

GITANADA s.f. Acción o dicho propios de gitano.

GITANEAR v.intr. Halagar con gitanería para conseguir algo. **2.** Proceder engañosamente en la compra o venta de algo.

GITANERÍA s.f. Cualidad de gitano. **2.** Gitanada. **3.** Conjunto de gitanos.

GITANESCO, A adj. Propio de gitano.

GITANISMO s.m. Costumbres y maneras que caracterizan a los gitanos. **2.** Palabra o giro propio de la lengua de los gitanos.

GITANO, A adj. y s. De un pueblo en gran parte nómada que, procedente de la India, se estableció en épocas distintas en el norte de África, Europa y posteriormente en América y Australia. **2.** *Fig.* Que tiene gracia y arte para ganarse las voluntades de otros. **3.** *Fig.* y *desp.* Que actúa con engaño. ◆ s.m. Romaní.
ENCICL. Los gitanos llegaron a España según parece, en dos etapas: a través de Francia, por Cataluña (s. XV), y a través del norte de África. Su asimilación ha sido en general difícil, como lo prueban diversas persecuciones, desde la pragmática de 1499, derogada por Carlos III. La cultura gitana ha tenido especial desarrollo en Andalucía con fuerte influencia en su folclore. Su organización social es patriarcal y se basa en la fidelidad al jefe y al esposo, así como el respeto a la palabra dada. Su lengua es el romaní o cíngaro (en España, caló). La población gitana de Europa se estima en 12 millones aprox., la mayoría en Europa central y oriental; en España son unos 550 000.

GLABELA s.f. ANAT. Punto del hueso frontal situado entre los dos arcos ciliares.

GLABRO, A adj. (lat. *glaber, -bra, -brum*, lampiño). Desprovisto de pelos y glándulas: *planta de tallo glabro*.

GLACIACIÓN s.f. Conjunto de fenómenos de glaciarismo que, a consecuencia de una acu-

sada y permanente disminución de la temperatura, se han presentado en grandes extensiones de la superficie terrestre y en diversas épocas de la historia geológica.

GLACIAL adj. (lat. *glacialis*, de *glacies*, hielo). Helado, muy frío: *zona glacial*. **2.** Que hace helar o helarse: *viento glacial*. **3.** *Fig.* Frío, impasible o indiferente: *acogida glacial*. **4.** QUÍM. Cristalizado o que puede cristalizar en cristales que tienen aspecto de hielo. ◇ **Período glacial** Período geológico caracterizado por el desarrollo de los glaciares.

GLACIALISMO s.m. Descenso de la temperatura de una región que comporta la formación de glaciares.

GLACIAR s.m. (fr. *glacier*). Acumulación de nieve transformada en hielo que avanza con movimientos lentos y continuos, y cubre vastas zonas en las regiones polares (*inlandsis* o *glaciar continental*), fluye por los valles (*glaciar de montaña* o *de valle*) o se extiende en forma de lóbulo al salir de una montaña (*glaciar de pie de monte*). ◆ adj. Relativo a los glaciares. ◇ **Erosión glaciar** Trabajo de desgaste, transporte y acumulación de materiales, efectuado por las lenguas de los glaciares de montaña. **Régimen glaciar** Régimen de un curso de agua que se caracteriza por la subida de aguas en verano (fusión de los glaciares) y el descenso en invierno (retención nival y glaciar).

GLACIARISMO s.m. Modelado del relieve que se deriva del glacialismo.

GLACIOLOGÍA s.f. Ciencia que estudia los glaciares.

GLACIS s.m. (fr. *glacis*, de *glacer*, helar, resbalar). FORT. Terreno descubierto dispuesto en pendiente suave a partir de los elementos exteriores de una fortaleza. **2.** GEOL. Superficie de erosión en pendiente suave, desarrollada al pie de los relieves montañosos en las regiones semiáridas o periglaciales.

GLADIADOR s.m. (lat. *gladiatorem*, de *gladium*, espada). Hombre que combatía con armas contra otros o contra animales feroces en el circo romano.

GLADIOLO o **GLADÍOLO** s.m. (lat. *gladiolus*, espada pequeña, espadaña). Planta herbácea bulbosa, cultivada por sus flores del mismo nombre de colores variados. (Familia iridáceas.)

GLAGOLÍTICO, A adj. Se dice de la escritura

utilizada en los primeros monumentos de la literatura eslava.

GLAM adj. y s.m. Se dice de un estilo musical de la década de 1970, variante del rock y del pop, caracterizado por la provocación y la imagen ambigua (maquillaje, pelucas, etc.) de sus intérpretes.

GLAMOUR s.m. (voz inglesa). Encanto, atractivo de carácter sensual y sofisticado, generalmente relacionado con el espectáculo y la moda.

GLANDE s.m. (del lat. *glans, -dis*, bellota). Extremidad abultada del pene donde se encuentra el orificio de la uretra. **2.** Bellota envuelta por la cúpula.

GLÁNDULA s.f. (lat. *glandulam*, amígdala). Órgano cuyas células producen una secreción que desempeña diversas funciones en el organismo. (Se distinguen las *glándulas endocrinas* y las *glándulas exocrinas*.)

GLANDULAR adj. Relativo a las glándulas.

GLASÉ s.m. (fr. *glacé*, p. de *glacer*, dar un barniz parecido a una superficie de hielo). Tela de seda muy brillante.

GLASEADO, A adj. Brillante, lustroso: *papel glaseado*.

GLASEAMIENTO s.m. Acción de satinar o glasear papeles, tejidos, pieles, etc. SIN. *glaseo*.

GLASEAR v.tr. Dar brillo a la superficie de algunas cosas, como papel, telas, etc. **2.** Recubrir un pastel u otro dulce con una mezcla líquida azucarada.

GLÁSNOST s.f. (voz rusa). Política de libertad de expresión y transparencia informativa, dentro de las reformas políticas (perestroika) emprendidas en la URSS a partir de 1985 bajo la dirección de M.S. Gorbachov.

GLASTO s.m. (lat. *glastum*). Planta herbácea de flores amarillas pequeñas, cuyas hojas grandes y lanceoladas, proporcionan el azul de índigo. (Familia crucíferas.)

GLAUCO, A adj. (lat. *glaucus*, del gr. *glaykós*, brillante, glauco). Verde claro.

GLAUCOMA s.m. MED. Enfermedad del ojo caracterizada por un aumento de la presión interior que produce un dolor agudo y, a veces, una pérdida del campo de visión.

GLAUCONITA s.f. Silicato hidratado de hierro y potasio, de color verde intenso.

GLEBA s.f. (lat. *gleba*). Masa de tierra que

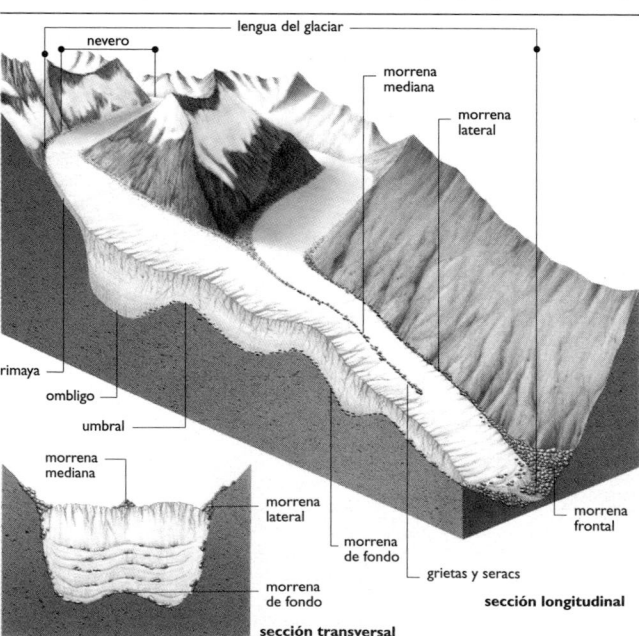

sección transversal

sección longitudinal

■ **GLACIAR.** Secciones de un valle glaciar.

se levanta con el arado. **2.** Tierra de cultivo.
3. HIST. Terreno al que estaban adscritos determinados colonos y posteriormente los siervos.

GLENA s.f. ANAT. Cavidad articular donde se encaja un hueso.

GLÍA s.f. HISTOL. Variedad del tejido nervioso, constituido por la neuroglia, de acción principalmente de sostén, y la microglia.

GLIAL adj. Relativo a la glía.

GLICEMIA s.f. → GLUCEMIA.

GLICÉRICO, A adj. Relativo al ácido formado por oxidación de la glicerina.

GLICÉRIDO s.m. Éster de la glicerina.

GLICERINA s.f. (del gr. *glykerós*, de sabor dulce, de *glykýs*, dulce, agradable). Trialcohol líquido, viscoso e incoloro, de fórmula $CH_2OH—CHOH—CH_2OH$, que se extrae de los cuerpos grasos por saponificación.

GLICEROLADO s.m. Medicamento en cuya composición interviene la glicerina.

1. GLICINA s.f. Aminoácido contenido en numerosas proteínas.

2. GLICINA o **GLICINIA** s.f. (fr. *glycine*). Planta trepadora originaria de China, con inflorescencias en forma de racimos colgantes de flores violadas. (Familia papilionáceas.)

■ GLICINA

GLICOCOLA s.f. Antigua denominación de la glicina, aminoácido.

GLICOL s.m. Dialcohol de fórmula $CH_2OH—CH_2—OH$, utilizado como anticongelante. **2.** Dialcohol, cuerpo que tiene dos veces la función alcohol.

GLICOLICO, A adj. Se dice del ácido derivado de la oxidación del glicol.

GLIFO s.m. Canal vertical poco profundo, generalmente en sección angular. **2.** Acanaladura en forma de cruz, generalmente vertical, con que se decora un miembro arquitectónico. **3.** Signo de los utilizados por los antiguos mayas para designar los días y los años.

GLIOMA s.m. Tumor del sistema nervioso constituido por una proliferación anormal de las células de sostén de la glía cerebral.

GLÍPTICA s.f. (gr. *glyptikós*, propio para grabar). Arte de grabar sobre piedras duras, finas o preciosas. **2.** Arte de grabar en acero los cuños para la fabricación de monedas y medallas.

GLIPTOGRAFÍA s.f. Estudio de las grabaciones sobre piedras antiguas.

GLIPTOTECA s.f. Colección de piedras grabadas. **2.** Museo de escultura.

GLISSANDO s.m. (voz italiana). MÚS. Técnica de ejecución vocal o instrumental que consiste en franquear el intervalo entre dos notas pasando por todos los microintervalos que la componen.

GLOBAL adj. Total, que hace referencia a todo un conjunto. **2.** Mundial, relativo a todo el planeta.

GLOBALIZACIÓN s.f. Acción y efecto de globalizar. **2.** Proceso de internacionalización de la política, las relaciones económicas y financieras y el comercio.

GLOBALIZAR v.tr. e Intr. [7]. Reunir diferentes elementos en un conjunto, plantear algo de forma global.

GLOBINA s.f. Proteína que interviene en la composición de la hemoglobina de la sangre.

GLOBO s.m. (lat. *globus*). Esfera, sólido o espacio limitado por una superficie curva. **2.** La Tierra, el mundo. **3.** Juguete que consiste en

una pequeña esfera de material elástico que se llena de aire o de gas ligero. **4.** Pieza hueca esferoidal, de cristal u otro material que cubre una luz para conseguir una mejor difusión y evitar el deslumbramiento. **5.** Aparato aeronáutico compuesto esencialmente de una bolsa de tejido impermeable de forma esférica, que se llena de un gas más ligero que el aire para elevarse en la atmósfera transportando una barquilla en la que pueden viajar personas. ◇ **Globo celeste** Globo representativo de la esfera celeste con un sistema de coordenadas horizontales. **Globo ocular** Ojo. **Globo sonda** Globo dotado de aparatos registradores destinados a la exploración meteorológica de las capas altas de la atmósfera. **Globo terráqueo, o terrestre** El planeta Tierra.

■ **GLOBO.** Instantes previos al despegue de un globo aerostático en Kiruna (Suecia).

GLOBULAR adj. Que tiene forma de glóbulo. **2.** Compuesto de glóbulos. **3.** Relativo a los glóbulos rojos. **4.** BIOL. Se dice del órgano u organismo que tiene forma de globo: *cuerpo globular; masa globular.*

GLOBULINA s.f. Proteína de peso molecular elevado, que se encuentra principalmente en la sangre y en la leche.

GLÓBULO s.m. (lat. *globulus*, dim. de *globus*, globo). Cuerpo esférico muy pequeño. **2.** Elemento que se encuentra en suspensión en diversos líquidos orgánicos, especialmente en la sangre. ◇ **Glóbulo blanco** Leucocito. **Glóbulo rojo** Hematíe.

GLOBULOSO, A adj. Compuesto de glóbulos.

GLOMÉRULO s.m. ANAT. Acumulación pequeña de corpúsculos existentes en el organismo, diferenciados histológicamente. **2.** BOT. Inflorescencia formada por una cima muy contraída y de forma más o menos globosa.

GLOMERULONEFRITIS s.f. Variedad de nefritis que afecta predominantemente a los glomérulos del riñón.

GLORIA s.f. (lat. *gloria*). Fama, celebridad conseguida por algo meritorio. **2.** Persona, cosa o acción que proporciona esta fama. **3.** Persona o cosa que produce orgullo: *es una gloria nacional.* **4.** Cosa que produce gran placer: *un vino extraordinario, gloria del buen bebedor.* **5.** Representación pictórica de un cielo poblado de ángeles, hecha en una cúpula. **6.** CATOL. Cielo, lugar donde los ángeles, los santos y los bienaventurados gozan de la presencia de Dios. ◆ s.m. Canto de alabanza en la liturgia romana y griega, que comienza con las palabras *Gloria in excelsis Deo.* ◇ **Estar en la gloria** Encontrarse muy bien en cualquier situación, etc. **Gloria Patri** Versículo latino que se reza después del padrenuestro y avemaría y al final de los salmos del oficio divino. (También *gloriapatri*.) **Que en gloria esté** Fórmula de respeto que se usa al referirse a los difuntos. **Saber a gloria** Ser algo muy agradable a alguien; encontrar muy buen sabor a un alimento.

GLORIADO s.m. Amér. Central y Merid. Bebida hecha con aguardiente, parecida al ponche.

GLORIAR v.tr. (lat. *gloriari*) [19]. Glorificar. ◆ **gloriarse** v.prnl. Preciarse demasiado o alabarse de una cosa. **2.** Complacerse, alegrarse mucho.

GLORIETA s.f. (fr. *gloriette*). Cenador, espacio generalmente redondo que suele haber en los jardines, cercado de plantas trepadoras, parras o árboles. **2.** Plazoleta, generalmente en un jardín, donde suele haber un cenador. **3.** Plaza en la que confluyen calles o alamedas.

GLORIFICACIÓN s.f. Acción y efecto de glorificar o glorificarse.

GLORIFICAR v.tr. (lat. tardío *glorificare*). [1]. Conferir la gloria a alguien: *el martirio la glorificó.* **2.** Ensalzar a una persona o cosa alabándola. ◆ **glorificarse** v.prnl. Gloriarse.

GLORIOSO, A adj. Digno de gloria, fama. **2.** Relativo a la gloria o bienaventuranza celestial.

GLOSA s.f. (lat, *glossa*, palabra rara, explicación de la misma, del gr. *glossa*, lengua). Explicación o comentario de un texto oscuro o difícil de entender, que se anotan en el mismo texto. **2.** Composición poética que desarrolla o explica, en formas estróficas no fijas, unos versos que forman la letra o texto. **3.** MÚS. Variación que ejecuta el músico sobre unas mismas notas, pero sin sujetarse rigurosamente a ellas.

GLOSADOR, RA adj. y s. Que hace o reúne glosas.

GLOSAR v.tr. (bajo lat. *glossare*). Hacer o añadir glosas. **2.** Comentar, explicar algo.

GLOSARIO s.m. (lat. *glossarium*). Catálogo de palabras acompañadas de su explicación, especialmente las dudosas de un texto, con su explicación. **2.** Conjunto de glosas.

GLOSEMÁTICA s.f. LING. Teoría del lenguaje concebida por los lingüistas de la escuela de Copenhague, que se considera una de las manifestaciones más elaboradas del estructuralismo.

GLOSITIS s.f. (pl. *glositis*). MED. Inflamación de la lengua.

GLOSOFARÍNGEO, A adj. Relativo a la lengua y a la faringe.

GLOSOLALIA s.f. Lenguaje inventado con una sintaxis deformada, propio de ciertos enfermos mentales. **2.** REL. Don de lenguas.

GLOSOPEDA s.f. (del gr. *glossa*, lengua, y el lat. *pes, pedis*, pie). VET. Fiebre aftosa.

GLOTAL adj. Emitido por la glotis.

GLÓTICO, A adj. Relativo a la glotis.

GLOTIS s.f. (gr. *glottís*, úvula). ANAT. Orificio de la laringe, circunscrito por las dos cuerdas vocales inferiores.

GLOTOCRONOLOGÍA s.f. LING. Técnica estadística para establecer la época en que dos lenguas emparentadas se separaron.

GLOTÓN, NA adj. y s. (lat. *glutto, -onis*). Que come con exceso y con avidez. ◆ s.m. Mamífero carnívoro parecido a la marta que habita en el N de Europa y de América. (Familia mustélidos.)

GLOTONEAR v.intr. Comer en exceso y con avidez.

GLOTONERÍA s.f. Acción de glotonear. **2.** Cualidad de glotón.

GLUCAGÓN s.m. Hormona de acción hiperglucemiante, secretada por los islotes de Langerhans del páncreas.

GLUCEMIA o **GLICEMIA** s.f. Presencia de glucosa en la sangre. (La tasa normal es de 1 g de glucosa por litro de sangre.)

GLÚCIDO s.m. Sustancia orgánica ternaria de fórmula general $C_n (H_2O)_p$, que desempeña una función energética en el organismo. (El principal trastorno del metabolismo de los glúcidos es la diabetes.) SIN.: *hidrato de carbono*.

GLUCINA s.f. Óxido de berilio.

GLUCOCORTICOIDE s.m. Corticoide que actúa en el metabolismo de los glúcidos.

GLUCOGÉNESIS s.f. Proceso de formación del glucógeno o de la glucosa.

GLUCOGÉNICO, A adj. Relativo al glucógeno.

GLUCÓGENO s.m. Glúcido complejo almacenado como reserva de la glucosa en el hígado y los músculos.

GLUCOGENOGÉNESIS s.f. Formación del glucógeno por polimerización de la glucosa.

GLUCÓLISIS s.f. Destrucción de la glucosa durante los fenómenos metabólicos.

GLUCÓMETRO s.m. Areómetro que sirve para calcular la cantidad de azúcar que contiene un mosto.

GLUCÓNICO, A adj. Se dice del ácido formado por oxidación de la glucosa.

GLUCOPROTEÍNA s.f. Proteína combinada con glúcidos.

GLUCORREGULACIÓN s.f. Conjunto de procesos fisiológicos que permiten al organismo mantener constante el nivel de azúcar en la sangre.

GLUCOSA s.f. (fr. *glucose*). QUÍM. Glúcido ($C_6H_{12}O_6$) de sabor azucarado, que desempeña un papel fundamental en el metabolismo de los seres vivos, se encuentra en algunos frutos y entra en la composición de casi todos los glúcidos. SIN.: *dextrosa*.

GLUCÓSIDO s.m. Compuesto natural que da origen a la glucosa por hidrólisis, y que se encuentra en numerosos vegetales.

GLUCOSURIA s.f. Presencia de azúcar en la orina que suele ser síntoma de la diabetes.

GLUGLÚ s.m. (voz onomatopéyica). Ruido que produce el agua al correr o que se produce al dejar escapar aire. **2.** Onomatopeya de la voz del pavo.

GLUMA s.f. (lat. *gluma*, -ae, película que cubre el grano). BOT. Cada una de las dos brácteas membranosas situadas en la base de las espiguillas de las gramíneas.

GLUMELA s.m. BOT. Cada una de las dos brácteas que envuelven las flores de las espiguillas de las gramíneas.

GLUON o **GLUÓN** s.m. Bosón que transmite las interacciones entre los quarks.

GLUTAMATO s.m. Sal o éster del ácido glutámico utilizado como aditivo en numerosos alimentos.

GLUTÁMICO, A adj. Se dice de un ácido aminado importante para el metabolismo que se encuentra en el tejido nervioso.

GLUTATIÓN s.m. Tripéptido existente en los tejidos animales y vegetales, que actúa en los mecanismos de oxidorreducción.

GLUTEN s.m. (lat. *gluten, -inis*, cola, engrudo). Sustancia albuminoide viscosa que se encuentra en la harina de los cereales.

GLÚTEO, A adj. (del gr. *gloytós*, nalgas). ANAT. Relativo a la nalga. ◆ adj. y s.m. Se dice de cada uno de los tres músculos de la nalga (mayor, mediano y menor).

GLUTINOSIDAD s.f. Cualidad o estado de glutinoso.

GLUTINOSO, A adj. Pegajoso, que tiene la propiedad de pegar o trabar una cosa con otra.

GMT s.m. (sigla del inglés *Greenwich mean time*, tiempo medio de Greenwich). Tiempo cuyo origen es el mediodía utilizado en astronomía. (Suele usarse, de forma impropia, para designar el tiempo universal [TU], tiempo civil cuyo origen es medianoche.)

GNEIS o **NEIS** s.m. (alem. *gneis*). Roca metamórfica constituida por cristales de mica, cuarzo y feldespato, dispuestos en lechos.

GNÉISICO, A o **NÉISICO** adj. Relativo al gneis.

GNÓMICO, A o **NÓMICO, A** adj. y s. Que expresa verdades morales en forma de máxima o proverbios: *poesía gnómica*. **2.** LING. Se dice de la forma verbal, tiempo o modo, que expresa un hecho general.

GNOMO o **NOMO** s.m. (lat. moderno *gnomus*, del gr. *ginómos*). MIT. Ser pequeño y deforme que vive en el interior de la tierra guardando sus riquezas. **2.** *Poét.* Ser fantástico de tamaño muy pequeño.

GNOMON o **NOMON** s.m. (lat. tardío *gnomon*, -*onis*, del gr. *gnómon*, sentencia). Reloj de sol primitivo consistente en una vara que proyecta su sombra sobre una superficie plana horizontal. **2.** Varilla que indica las horas en un reloj solar.

GNOMÓNICA o **NOMÓNICA** s.f. Arte de fabricar gnomones.

GNOMÓNICO, A o **NOMÓNICO, A** adj. (gr. *gnomikós*, de *gnómi*, sentencia). Relativo a la gnomónica.

GNOSEOLOGÍA o **NOSEOLOGÍA** s.f. FILOS. Parte de la filosofía que estudia el conocimiento.

GNOSIA o **NOSIA** s.f. FISIOL. Facultad de reconocer un estímulo.

GNOSIS o **NOSIS** s.f. (gr. *gnôsis*, conocimiento). Conocimiento absoluto, superior al saber

vulgar, según el gnosticismo y las corrientes afines.

GNOSTICISMO o **NOSTICISMO** s.m. Sistema filosófico y religioso de los ss. I-III d.C., que defendía la existencia de un conocimiento completo y trascendental de la divinidad.

GNÓSTICO, A o **NÓSTICO, A** adj. y s. (gr. *gnostikós*). Relativo al gnosticismo; partidario de este sistema.

GO s.m. Juego de estrategia de origen chino para dos jugadores, que consiste en colocar peones en un tablero para ocupar más territorio que el adversario.

GOA s.f. Lingote de fundición de primera fusión.

GOAJIRO → I. GUAJIRO.

GOAYANÁ o **GUAYANÁ,** pueblo amerindio cazador-recolector del sub-grupo caingang, familia ge y lengua guaraní, que hasta el s. XVI ocupaba la zona comprendida entre el N de Argentina y el est. brasileño de Bahía, pero actualmente solo vive a orillas del Paraná (Brasil).

GOBERNACIÓN s.f. Gobierno, acción de gobernar. **2.** Ejercicio del gobierno. **3.** HIST. Demarcación administrativa dentro de un virreinato o capitanía general del antiguo territorio español de América.

GOBERNADOR, RA adj. y s. Que gobierna. ◆ s. Funcionario encargado del mando de una provincia o de una circunscripción territorial análoga. **2.** Funcionario que está al frente de una colonia para dirigir su administración y representar a la metrópoli. **3.** Titular del poder ejecutivo en el marco de un estado de EUA. **4.** Director de determinadas instituciones públicas: *gobernador del Banco mundial*. ◆ s.f. Mujer del gobernador. ◇ **Gobernador civil** Representante permanente del gobierno español en una provincia. (En 1997, un real decreto suprimió la figura de los gobernadores civiles.) **Gobernador militar** Oficial general del ejército español con mando sobre una provincia, plaza o fortaleza.

GOBERNADORA s.f. Arbusto ramoso de origen mexicano, de flores pequeñas y amarillas, con cuyas hojas se prepara una infusión de propiedades diuréticas y antirreumáticas.

GOBERNALLE s.m. (cat. *governall*). Timón de una nave.

GOBERNANTA s.f. Mujer encargada de la administración o mantenimiento de una casa o institución. **2.** Mujer encargada de la servidumbre y el orden en un hotel.

GOBERNANTE s.m. y f. Persona que gobierna un país o forma parte de un gobierno.

GOBERNAR v.tr., intr. y prnl. (lat. *gubernare*, gobernar una nave, conducir, del gr. *kybernan*) [10]. Administrar, tener el mando de un territorio o una colectividad. ◆ v.tr. y prnl. Dirigir, manejar, conducir, guiar: *gobernar un barco*. ◆ v.intr. MAR. Obedecer una embarcación al timón. ◆ **gobernarse** v.prnl. Administrarse, manejarse. **2.** Comportarse o actuar según una norma o guía.

GOBIERNA s.f. Veleta que indica la dirección en que sopla el viento.

GOBIERNO s.m. Acción de gobernar, administrar, dirigir, guiar. **2.** Constitución política: *gobierno democrático*. **3.** En un estado, conjunto de organismos políticos y de personas que ejercen el poder ejecutivo. **4.** Edificio en que reside un gobierno o un gobernador. ◇ **Acto político de gobierno** DER. Acto que emana de una autoridad administrativa, pero que, por razones políticas, escapa al control jurisdiccional. **Gobierno en la sombra** Nombre que reciben los gabinetes organizados por la oposición política como alternativa de gobierno. **Mirar contra el gobierno** *Fam.* Ser bizco. **Para el gobierno de alguien** Se usa para indicar a alguien que ajuste su conducta, sus actos, etc., a lo que se le hace saber.

GOBIO s.m. (lat. *gobius*, del gr. *kogiós*). Pez marino o de agua dulce con 11 mm de long. y cuerpo alargado, que posee unas aletas ventrales que le permiten fijarse a las superficies. (El *gobio pigmeo* de Filipinas, con una long. de 11 mm, es uno de los peces más pequeños; familia ciprínidos.)

GOCE s.m. Acción y efecto de gozar o disfrutar de algo.

GODO, A adj. y s. De un pueblo de la antigua Germania originario de Escandinavia y establecido en el s. I a.C. en el bajo Vístula. **2.** *Amér. Merid. Desp.* Se decía de los españoles durante la guerra de la Independencia. **3.** En Canarias, se dice del español de la Península.
ENCICL. En el s. III se establecieron al NO del mar Negro. En el s. IV, el obispo Ulfilas los convirtió al arrianismo y los dotó de escritura y de lengua literaria. Bajo el empuje de los hunos (h. 375), su imperio se escindió, y cada una de las ramas, visigodos y ostrogodos, tuvieron su propia historia.

GOFIO s.m. Harina gruesa de maíz, trigo o cebada tostada. **2.** Antillas, Cuba y P. Rico. Plato que se elabora con harina muy fina de maíz tostado y azúcar. **3.** Argent., Bol., Can., Cuba, Ecuad. y P. Rico. Golosina hecha de harina gruesa de maíz, trigo o cebada tostados y azúcar. **4.** C. Rica, Nicar. y Venez. Alfajor hecho con harina de maíz o de cazabe y papelón.

GOFRADO s.m. Acción de gofrar.

GOFRADOR, RA s. Persona que gofra telas, cueros, etc. ◆ s.m. Instrumento consistente en una caja compuesta de dos piezas planas entre las cuales se coloca la superficie para gofrarla.

GOFRAR v.tr. (fr. *gaufrer*). Estampar dibujos o motivos sobre tela, piel u otra materia mediante hierros calientes o cilindros grabados.

GOGÓ s.f. Mujer joven que baila como profesional en discotecas y salas de fiesta para animar al público.

GOL s.m. (ingl. *goal*, meta, objetivo, gol). En algunos deportes de equipo, introducción de la pelota en la portería del adversario. **2.** Tanto conseguido al introducir la pelota en la portería del adversario: *el equipo se ha apuntado un gol*. ◇ **Gol average** Promedio entre los goles o puntos marcados y los recibidos, que sirve para desempatar dos equipos al final de una competición. **Línea de gol** Línea que separa el área de gol de la portería.

GOLA s.f. (del lat. *gula*, garganta). Garganta, parte anterior del cuello. **2.** Pieza metálica de la armadura que protegía la garganta. **3.** ARQ. Moldura con perfil en forma de S. **4.** GEOGR. Canal natural de entrada a un río, un puerto o una ría.

GOLEADA s.f. Cantidad de goles abundante y poco habitual que un equipo deportivo marca a otro en un encuentro.

GOLEAR v.intr. Obtener un equipo un número de goles muy superior al del adversario.

GOLEM s.m. (voz hebrea). Según la cultura judía, autómata con forma humana que algunos santos rabinos tenían el poder de animar.

GOLETA s.f. (fr. *goélette*, golondrina, goleta). MAR. Embarcación pequeña y ligera, generalmente de dos palos. SIN.: *escuna*.

GOLF s.m. (voz inglesa). Deporte que consiste en introducir una pelota muy pequeña en los dieciocho hoyos que se encuentran distribuidos en un amplio terreno, con la ayuda de unos palos (clubs) y con un mínimo de golpes.

GOLFANTE adj. y s.m. y f. Golfo.

GOLFEAR v.intr. Esp. Vivir o comportarse como un golfo.

GOLFERÍA s.f. Acción propia de un golfo: *hacer una golfería*. **2.** Conjunto de golfos, pilluelos, sinvergüenzas.

GOLFISTA s.m. y f. Persona que juega al golf.

1. GOLFO s.m. (lat. vulg. *colphus*, ensenada, del gr. *gólpos*, seno, ensenada). Parte extensa del mar que entra en la tierra.

2. GOLFO, A s. y adj. Pilluelo, vagabundo. **2.** Sinvergüenza o que tiene pocos escrúpulos. SIN.: *golfante*. ◆ s.f. Prostituta.

GOLIARDESCO, A adj. Relativo a los goliardos o a su poesía.

■ **GOBIO** de río.

GOLIARDO s.m. (fr. ant. *gouliard*). Clérigo o estudiante medieval que llevaba una vida irregular y se dedicaba en ocasiones a la poesía.

GOLILLA s.f. Adorno masculino que se llevaba alrededor del cuello, consistente en una tira estrecha de tela blanca almidonada sobre una tira de tela negra. **2.** Argent. y Urug. Pañuelo que lleva el campesino alrededor del cuello. **3.** Bol. Chalina que usa el gaucho. **4.** Chile. Anillo de hierro en el eje del carro que se pone entre un clavo de sujeción y la rueda. ◆ s.m. Denominación despectiva dada por la aristocracia al político o funcionario de la pequeña nobleza y la burguesía, durante el s. XVIII, y especialmente durante el reinado de Carlos III.

GOLLERÍA s.f. Manjar exquisito y delicado. **2.** Fig. y fam. Cosa superflua demasiado buena o refinada.

GOLLETAZO s.m. Golpe que se da en el gollete de una botella cuando no se puede abrir. **2.** TAUROM. Estocada que se da en el gollete.

GOLLETE s.m. (fr. *goulet*). Parte superior de la garganta, por donde se une a la cabeza. **2.** Cuello estrecho de algunos recipientes: *el gollete de una garrafa*.

GOLONDRINA s.f. (dim. del ant. *golondre*, del lat. *hirundo, -inis*). Ave paseriforme de 15 a 18 cm de long., lomo negro, vientre blanco y cola recortada, que se alimenta de insectos que atrapa al vuelo con el pico muy abierto. (La golondrina es un ave migratoria que vuela a los trópicos en otoño y a las zonas templadas en primavera.) **2.** Esp. Fam. Embarcación de motor destinada al transporte de pasajeros, generalmente por el interior de un puerto. ◇ **Golondrina de mar** Ave palmípeda menor que la gaviota. **Nido de golondrina** Nido de la salangana, que construye regurgitando del buche una sustancia gelatinosa procedente de las algas absorbidas y que constituye un manjar muy apreciado en la cocina china.

■ **GOLONDRINA** común y sus crías.

GOLONDRINO s.m. Fam. Inflamación de las glándulas sudoríparas axilares. **2.** Pollo de la golondrina.

GOLOSEAR v.intr. Comer golosinas. SIN.: *golosinear*.

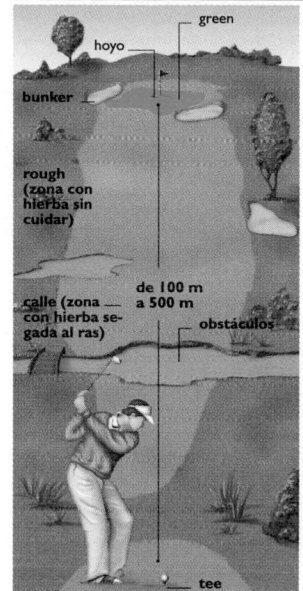

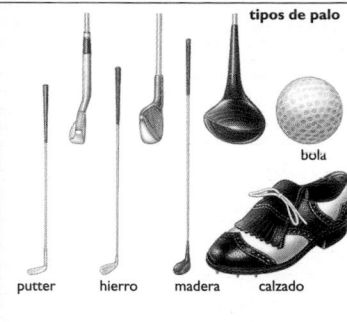

tipos de palo

bola

putter   hierro   madera   calzado

El campeón de golf británico Nick Faldo.

■ **GOLF**

GOLOSINA s.f. (de *goloso*). Alimento que se come sin necesidad, sino simplemente para dar gusto al paladar, en especial dulces, bombones, caramelos. **2.** Fig. Cosa agradable y apetecible pero poco útil.

GOLOSINEAR v.intr. Golosear. SIN.: *golosinar*.

GOLOSO, A adj. y s. (de *gola*). Aficionado a comer golosinas. **2.** Que siente deseo o afición por algo. ◆ adj. Apetitoso, que excita el apetito o deseo: *un manjar goloso*.

GOLPAZO s.m. Golpe violento o ruidoso.

GOLPE s.m. (del lat. *colaphus*, puñetazo, del gr. *kólaphos*, bofetón). Encuentro violento y brusco de un cuerpo en movimiento contra otro: *dar un golpe en la puerta*. **2.** Infortunio o desgracia repentina que afecta gravemente: *los duros golpes de la vida*. **3.** Multitud o abundancia de una cosa: *golpe de gente*. **4.** Latido del corazón. **5.** Fig. Asalto, atraco: *preparar un golpe*. **6.** Fig. Ocurrencia graciosa y oportuna. **7.** Pestillo dispuesto de modo que se encaja al cerrar la puerta con fuerza: *cerradura de golpe*. **8.** En algunos deportes y juegos, jugada.

9. Méx. Instrumento de hierro parecido a un mazo. ◇ **A golpe de calcetín** Méx. Fam. A pie, caminando. **A golpes** A porrazos; con intermitencias; distribuido con discontinuidad en grupos no homogéneos. **Dar (el) golpe** Fig. Causar sorpresa o admiración. **Darle el golpe al cigarro** Méx. Aspirar el humo. **De golpe** Prontamente, con brevedad, de repente, violentamente, sin reflexión ni meditación. **De un golpe** De una vez, en una sola acción. **Golpe bajo** En boxeo, falta cometida al golpear por debajo de la cintura; Fig. acción malintencionada y contraria a las normas admitidas en el trato social. **Golpe de gracia** El que se da para rematar al que está gravemente herido; agravio o revés con que se consuma el descrédito, la desgracia o la ruina de alguien. **Golpe de mano** Asalto brusco e inesperado, realizado con rapidez; MIL. acción militar local, llevada por sorpresa, con el objeto de apoderarse de un puesto importante o de obtener información del enemigo. **Golpe de mar** Ola que por su volumen o fuerza llega a romper contra un buque, peñasco, costa, etc. **Golpe de pecho** Signo externo de dolor o contrición. **Golpe de suerte** Suceso favorable que cambia la situación de alguien. **Golpe de timón** Cambio brusco en un proceso: *un golpe de timón en las negociaciones de paz*. **Golpe de tos** Acceso de tos. **Golpe de viento** Chubasco de viento. **Golpe de vista** Sagacidad y rapidez en la apreciación de algo. **Golpe doble** En esgrima, golpe que se da y que se recibe al mismo tiempo por parte de cada uno de los dos adversarios. **Golpe franco** Penalización con que se sanciona en fútbol cualquier infracción del reglamento que obstruya la realización de una jugada en las proximidades del área de penalti. **No dar golpe** No trabajar en nada; no realizar el trabajo que se tiene que hacer. **Parar el golpe** Evitar un contratiempo o fracaso que amenazaba.

GOLPEAR v.tr. e intr. Dar un golpe o repetidos golpes: *golpear la puerta*.

GOLPETAZO s.m. Golpe, choque.

GOLPETEAR v.tr. e intr. Golpear continuamente pero sin mucha fuerza.

GOLPETEO s.m. Acción y efecto de golpetear.

GOLPISMO s.m. Actitud de ciertos estamentos sociales, especialmente los militares, favorable a los golpes de estado.

GOLPISTA adj. y s.m. y f. Relativo al golpismo; persona que participa en un golpe de estado o lo apoya.

■ **GOLETA** de velacho.

GOLPIZA s.f. Amér. Paliza.

GOMA s.f. (lat. vulg. *gumma*). Tira o banda elástica a modo de cinta. **2.** Caucho: *suela de goma*. **3.** Fam. Condón, preservativo. **4.** Amér. Central. Malestar que se siente al día siguiente de haber bebido mucho. **5.** Argent. Neumático. **6.** Colomb. Afición, manía. **7.** BOT. Sustancia viscosa y transparente que exudan algunos árboles. **8.** MED. Lesión nodular de origen infeccioso, que puede observarse en la sífilis y en la tuberculosis cutánea. ◇ **Goma arábiga** Goma que se obtiene de distintas especies de acacias y que se recogió por primera vez en Arabia utilizada en farmacia y como pegamento. **Goma de borrar** Goma elástica, a base de caucho, que sirve para borrar el lápiz o la tinta. **Goma de mascar** Chicle. **Goma 2** Explosivo plástico impermeable e insensible al fuego y a los golpes. **Goma laca** Sustancia resinosa producida por una especie de cochinilla de la India, que se utiliza en la fabricación de barnices. **Mandar** a alguien **a la goma** Méx. Fam. Mandarlo a paseo.

GOMAESPUMA s.f. Caucho celular.

GOMBO s.m. Planta tropical de flores amarillas, cuyo fruto comestible es una cápsula de forma piramidal que se consume especialmente como condimento.

GOMERA s.f. Argent. Horquilla con una tira elástica para disparar proyectiles. GEOSIN.: Esp. *tirachinas;* Méx. *resortera.*

GOMERÍA s.f. Argent. Establecimiento donde se venden o reparan neumáticos.

1. GOMERO, A adj. y s. De Gomera.

2. GOMERO, A adj. Amér. Merid. Se dice del árbol que produce goma. **2.** Argent. Se dice de la persona que trabaja en la industria de la goma. ◆ s.m. Árbol productor de goma, como la acacia. **2.** Amér. Merid. Árbol ornamental de copa ancha y hojas de color verde oscuro. (Familia moráceas.) **3.** Argent. Persona que tiene por oficio reparar y vender cámaras o cubiertas de automóviles.

GOMINA s.f. Fijador del cabello.

GOMORRESINA s.f. Sustancia vegetal formada por una mezcla de goma y resina, como el gálbano, la mirra, etc.

GOMOSIS s.f. Enfermedad de las plantas caracterizada por una abundante producción de goma.

GOMOSO, A adj. Que contiene goma o tiene alguna de sus características. ◆ s.m. Petimetre, joven excesivamente acicalado.

GÓNADA s.f. Glándula sexual que produce los gametos y secreta hormonas. (El testículo es la gónada masculina y el ovario la femenina.)

GONADOTROPINA s.f. Hormona gonadotropa.

GONADOTROPO, A adj. Que actúa sobre las gónadas. ◇ **Hormona gonadotropa** Hormona que estimula la actividad de las gónadas, secretada por la hipófisis o la placenta, en el caso de la hembra o la mujer embarazada.

GÓNDOLA s.f. (ital. *gondola*). Embarcación veneciana, larga y plana, movida por un solo remo.

GONDOLERO s.m. Persona que tiene por oficio dirigir una góndola.

GONFALÓN s.m. Estandarte bajo el cual se alineaban los vasallos en la edad media.

GONG s.m. (voz onomatopéyica) [pl. *gongs*]. Batintín.

GONGORINO, A adj. y s. Relativo a Góngora. **2.** Que sigue o imita el estilo literario de Góngora.

GONGORISMO s.m. Manifestación particular del culteranismo consistente según Dámaso Alonso en un «recargamiento ornamental y sensorial, entrelazada con una complicación conceptista». **2.** Imitación del estilo literario de Góngora.

GONGORISTA adj. Relativo al gongorismo. **2.** Persona que estudia la vida y la obra de Góngora.

GONGORIZAR v.intr. [7]. Hablar o escribir en estilo gongorino.

GONIA s.f. Célula que origina los elementos sexuales.

GONIOMETRÍA s.f. Teoría y técnica de la medida de ángulos. **2.** Método de navegación con ayuda del goniómetro.

GONIÓMETRO s.m. Instrumento para medir ángulos, utilizado especialmente en topografía.

GONOCITO s.m. Célula embrionaria de los animales que, según el sexo, producirá cuatro espermatozoides o un solo óvulo.

GONOCOCIA s.f. Infección producida por gonococos.

GONOCOCO s.m. Microbio patógeno específico de la gonorrea o blenorragia.

GONOCORISMO s.m. BIOL. Carácter de las especies animales en que los gametos machos y hembras son producidos por individuos distintos.

GONORREA s.f. Blenorragia.

GOPAK s.m. → HOPAK.

GOPURA s.m. Pabellón de acceso en forma de torre piramidal de los templos de estilo drávida, en el S de la India.

■ **GOPURA.** Templo de Jambukeshwaram en Triuchi (Tamil Nadu).

GORDA s.f. Chile. Vulg. Mujer embarazada. **2.** Méx. Tortilla de maíz, más gruesa que la común. ◇ **Armarse la gorda** Fam. Sobrevenir una pelea, discusión ruidosa o trastorno. **Sin gorda** Sin dinero.

GORDINFLÓN, NA adj. (de *gordo* e *inflar*). Fam. Que está gordo y fofo.

GORDITA s.f. Méx. Tortilla de maíz gruesa y rellena de carne, queso u otros ingredientes: *gordita de chicharrón, de requesón.*

GORDO, A adj. (lat. *gurdus*, necio, obtuso). Que tiene muchas carnes: *persona gorda; animal gordo.* **2.** Que excede en volumen o grosor a los de su clase: *libro gordo.* **3.** Pingüe, craso y mantecoso: *gordas tajadas de jamón.* **4.** Fig. Que es de consideración, importante o grave: *una falta muy gorda.* ◆ s.m. Sebo o manteca de la carne del animal. **2.** Fig. Premio mayor de los que se adjudican en cada sorteo de la lotería. **3.** Argent., Chile y Méx. Apelativo cariñoso que se utiliza para dirigirse a los seres queridos. ◇ **Dedo gordo** Dedo más grueso de un pie o de una mano.

GORDOLOBO s.m. (del lat. vulg. *coda lupi*, cola de lobo). Planta herbácea de flores algodonosas y amarillentas, que crece en los lugares incultos. (Familia escrofulariáceas.)

GORDURA s.f. Cualidad de gordo.

GORE adj. (voz inglesa, *sangre coagulada*). Relativo a un género cinematográfico en el que abundan las escenas sangrientas.

GORE-TEX s.m. (marca registrada). Fibra textil sintética impermeable, derivada del Teflón.

GORGOJO s.m. (lat. vulg. *gurgulio*). Insecto coleóptero, de color marrón oscuro, cuerpo ovalado y cabeza alargada en forma de pico, que es muy perjudicial para las semillas. (Los gorgojos pertenecen a las familias curculiónidos [más de 50 000 especies] y brúquidos, entre los que destacan el *gorgojo de la arveja* o *guisante* y el *gorgojo de la lenteja*.)

■ **GORGOJO**

GORGOJOSO, A adj. Que ha sido atacado por el gorgojo.

GORGONARIO, A adj. y s.m. Relativo a un orden de cnidarios octocoralarios de la clase

antozoos, que comprende animales marinos fijos en fondos rocosos.

GORGONZOLA s.m. (voz italiana). Queso de origen italiano, elaborado con leche de vaca, con enmohecimiento interno.

GORGORITO s.m. Quiebro que se hace con la voz en tono agudo, especialmente al cantar.

GORGOTEAR v.intr. Producir gorgoteo.

GORGOTEO s.m. Ruido que produce un líquido que se mueve o agita dentro de alguna cavidad, canalización o recipiente. **2.** Ruido que produce un gas al desprenderse en burbujas en la superficie de un líquido.

GORGUERA s.f. (del lat. vulg. *gurga*, garganta). Adorno hecho de lienzo fino o telas transparentes que se ponía alrededor del cuello. **2.** ARQ. **a.** Moldura de perfil cóncavo. **b.** Moldura parecida a una cima recta muy acentuada, muy frecuente en la arquitectura gótica.

■ **GORGUERA.** Detalle de un cuadro de A. Van Ravesteyn. (Museo de bellas artes, Lille.)

GORIGORI s.m. (voz onomatopéyica). Fam. Canto fúnebre de los entierros. **2.** Ruido o confusión producidos por varias personas que hablan al mismo tiempo.

GORILA s.m. (gr. *Gorílla*, tribu africana cuyos miembros tenían el cuerpo cubierto de vello). Simio antropoide de África ecuatorial, frugívoro y feroz, que alcanza 2 m de alt. y un peso de hasta 250 kg. **2.** Esp. Fam. Guardaespaldas.

■ **GORILA** macho.

GORJAL s.m. (del ant. *gorja*, garganta, del fr. *gorge*). ARM. Pieza de la armadura que se ajusta al cuello para protegerlo.

GORJEAR v.intr. (del ant. *gorja*, garganta del fr. *gorge*). Hacer quiebros con la voz en la garganta las personas o los pájaros. **2.** Amér. Hacer burla.

GORJEO s.m. Canto o voz de algunos pájaros. **2.** Quiebro de la voz en la garganta. **3.** Articulación imperfecta en la voz de un niño.

GORRA s.f. Prenda para cubrir la cabeza, de forma circular, sin copa ni alas y generalmente con visera. **2.** Gorro. ◇ **De gorra** Fam. Gratis, a costa ajena: *comer de gorra.* **Gorra de plato** MIL. Gorra que tiene la parte superior más ancha que la cabeza y va provista de visera.

GORREAR v.tr. e intr. Gorronear.

GORRERÍA s.f. Establecimiento donde se fabrican o venden gorras.

GORRERO, A s. Persona que tiene por oficio hacer o vender gorros o gorras. **2.** Gorrón, persona que vive o se divierte a costa ajena.

GORRINERÍA s.f. Porquería, suciedad.

GORRINO, A s. (voz de origen onomatopé-

yico). Cerdo, especialmente el pequeño que aún no llega a cuatro meses. ◆ **s. y adj.** *Fig.* Persona desaseada o de mal comportamiento en su trato social.

GORRIÓN, NA s. Ave paseriforme de pequeño tamaño, de plumaje marrón, con manchas negras y rojizas, que abunda en las ciudades (gorrión común) y en los campos (gorrión molinero). [Familia ploceidos.] ◆ **s.m.** *Amér.* Central. Colibrí.

■ **GORRIÓN** común macho.

GORRO s.m. Prenda para cubrir y abrigar la cabeza, de forma redonda, especialmente la que no tiene ala ni visera. **2.** Prenda infantil para cubrir la cabeza, que generalmente se sujeta con cintas debajo de la barba. ◇ **Estar hasta el gorro** *Fig.* y *fam.* Perder la paciencia, no soportar más a alguien o algo; *Méx.* estar muy borracho. **Poner a alguien el gorro** *Chile.* Serle infiel. **Valerle a alguien gorro algo** *Méx Fam.* No importarle nada.

1. GORRÓN s.m. *MEC.* Espiga o saliente cilíndrico en que termina un eje o árbol giratorio de maquinaria y que entra en un cojinete.

2. GORRÓN, NA adj. y s. *Esp.* Que abusa de alguien haciéndose invitar o no pagando lo que utiliza. ◆ f. *Prostituta*.

GORRONEAR v.tr. e intr. Hacer algo de gorra, gratis o a costa ajena. SIN.: *gorrear*.

GORRONERÍA s.f. Actitud del gorrón.

GOSPEL s.m. (voz *angloamericana*). Canto religioso propio de los negros de América del Norte.

GOTA s.f. (lat. *gutta*). Cantidad muy pequeña de cualquier líquido con forma esférica: *gotas de lluvia, de sudor.* **2.** Cantidad pequeña de una cosa. **3.** *Colomb.* Enfermedad de ciertas plantas, como la papa, causada por un hongo. **4.** *ARQ.* Cono pequeño de los que rodean el sofito de la cornisa, debajo de los triglifos del entablamento dórico. **5.** *MED.* Enfermedad provocada por un aumento de uricemia, que se caracteriza por una inflamación articular muy dolorosa, localizada casi siempre en el dedo gordo del pie, y por otros trastornos viscerales. **6.** *METEOROL.* Masa de aire aislada de su región de origen y rodeada de masas más cálidas (gota fría) o más frías (gota cálida). ◇ **Cuatro gotas** Lluvia escasa y de poca duración. **Gota a gota** Método de administración por vía endovenosa de sueros o sangre en cantidad importante, de modo lento; por gotas y con intermisión de una a otra, de forma muy lenta y espaciada. **Gota de sangre** Planta de hojas muy divididas, con flores de sépalos lampiños con una mancha negra en la base. (Familia ranunculáceas.) **Ni gota** Nada.

GOTEADO s.m. *Chile.* Bebida preparada con pisco, jugo de limón, hielo y whisky.

GOTEAR v.intr. Caer un líquido gota a gota. **2.** *Fig.* Ser dada o recibida una cosa en pequeñas cantidades y de forma espaciada: *las ayudas fueron goteando.* ◆ v.impers. Comenzar a llover gotas espaciadas.

GOTEO s.m. Acción y efecto de gotear.

GOTERA s.f. Filtración de agua a través de un techo o pared. **2.** Grieta o sitio por donde se filtra el agua. **3.** Mancha que deja esta filtración. **4.** *Fig.* Achaque, enfermedad habitual.

GOTERO s.m. *Amér.* Cuentagotas.

GOTERÓN s.m. Gota muy grande de agua de lluvia. **2.** *ARQ.* Canal o surco practicado en la cara inferior de la corona de una cornisa o voladizo.

GÓTICO, A adj. Relativo a los godos. ◆ adj. y s. Melancólico, obsesionado por la muerte y la decadencia. GEOSIN.: *Amér. oscuro; Esp. sinies-*

tro. ◆ adj. y s.m. Relativo al arte europeo que se desarrolló desde el s. XII hasta el renacimiento, sucediendo al románico. **2.** LING. Se dice de la lengua de una traducción de la Biblia, hecha a mediados del s. IV para una comunidad cristiana de lengua germánica por el obispo Ulfilas (Wulfila). ◆ adj. y s.f. Se dice de una escritura de trazos rectos y angulosos, utilizada desde el s. XII al XV en la copia de libros manuscritos. ◇ **Novela gótica** LIT. Novela prerromántica de misterio y terror, cuya acción transcurre generalmente en el marco de castillos medievales, cultivada principalmente por escritores ingleses. (*V. ilustr. pág. siguiente.*)

ENCICL. El desarrollo del arte gótico se centra en los ss. XII-XV, produciéndose en la mayoría de los países de Europa occidental. Se caracteriza por la aplicación del arco de ojiva y de la bóveda de crucería, así como por la plasmación de nuevos temas figurativos.

ARQ. Su división se ha estructurado a partir de las distintas etapas que se sucedieron en Francia: el período primitivo, de mediados del s. XII hasta 1230-1240 (catedrales de Sens, Laon y París); el período radiante, de 1230-1240 hasta mediados del s. XIV (catedral de Amiens y Santa Capilla de París); y el período flamígero, fines s. XIV hasta el s. XVI (torre de la catedral de Ruán y fachada de la Trinidad de Vendôme). Como muestra de los diferentes períodos, destacan, en Inglaterra: la catedral de Salisbury (s. XIII), la catedral de Exeter (s. XIII-XIV) y la capilla del King's College de Cambridge (s. XV-XVI). En Alemania: las catedrales de Estrasburgo y de Colonia (s. XIII), la catedral de Ulm y la iglesia de San Esteban de Viena (s. XIV). En España: las catedrales de Ávila, Burgos, León y Toledo en el s. XIII, las catedrales de Barcelona, Palma de Mallorca y Gerona en el s. XIV, y las catedrales de Sevilla, Salamanca y Segovia en el s. XV y principios del s. XVI. En Portugal, el monasterio de Batalha (s. XV) y el de Belem (principios del s. XVI).

ESCULT. En Francia destacan las fachadas occidentales de Saint-Denis y de la catedral de Chartres. En Italia, los púlpitos del baptisterio de Pisa y la catedral de Siena, y las puertas del baptisterio de Florencia. En Alemania, el crucero de la catedral de Estrasburgo, y el portal y el coro de la catedral de Bamberg. En España cabe destacar, en el s. XIII, la escultura castellana representada por la triple portada de la *Pulchra leonina* y las puertas del Sarmental y de la Coronería burgalesas; en el s. XIV y principios del s. XV, la escultura de la Corona de Aragón con el retablo de Cornellá de Conflent; en el s. XV, las obras de G. Sagrera Johan, el taller de Burgos con las obras de la Cartuja y de Gil de Siloé, el taller de Toledo (sepulcro del Doncel de la catedral de Sigüenza) y, en Sevilla, el sepulcro del cardenal Cervantes.

PINT. En Francia destacan las ilustraciones de Jean Pucelle, el paramento de Narbona y la obra escultórica de los hermanos Van Eyck en Borgoña. En Italia destacaron P. Cavallini, G. Pisano, Cimabue, Giotto, Duccio y A. Lorenzetti. En Alemania, Conrad von Soest y Stephan Lochner, Meister Francke y Conrad Witz. En España cabe señalar las miniaturas de las *Cantigas de Alfonso X*, las pinturas murales del Tinell en Barcelona y el refectorio de la catedral de Pamplona, de Juan Oliver, y del monasterio de Pedralbes, de Ferrer Bassa, obras de Destorrens y los hermanos Serra; Marsal de Sas y Gonçal Peris, en Valencia; Lluís Borrassà y Bernat Martorell, en Cataluña; Nicolás Francés y Dello Delli, en León y Castilla. Posteriormente destacan Luis Dalmau, Jacomart y Rexach, Jaume Huguet, Fernando Gallego y Bartolomé Bermejo.

GOTOSO, A adj. y s. Que padece gota.

GOURAMI o **GURAMI** s.m. Pez de acuario originario de Tailandia y Sumatra, de unos 10 cm de long., que vive en aguas que se encuentran entre los 20 y los 30 °C.

GOURDE s.f. Unidad monetaria de Haití.

GOURMET s.m. y f. (voz *francesa*) [pl. *gourmets*]. Persona que sabe distinguir y apreciar la buena comida y los buenos vinos.

GOY s.m. (voz hebrea, *pueblo*) [f. *goyá*; pl. m. *goyim*; pl. f. *goyot*]. Nombre que dan los judíos a los pueblos extranjeros y a su culto.

GOYESCO, A adj. Relativo a Goya.

GOZADA s.f. *Fam.* Gran satisfacción.

GOZAR v.tr., intr. y prnl. [7]. Experimentar gozo o placer. ◆ v.tr. Tener una persona relación sexual con otra. ◆ v.tr. e intr. Tener o poseer algo útil, ventajoso o agradable: *gozar de buena salud.* ◇ **Gozarla** Pasarlo bien, disfrutar con alguien o con algo.

GOZNE s.m. Charnela o bisagra compuesta de dos piezas metálicas, cuya articulación permite hacer girar las puertas.

GOZO s.m. (lat. *gaudium*, placer, gozo). Sentimiento de placer y alegría originado por algo satisfactorio o apetecible. ◆ **gozos** s.m.pl. Composición poética en loor de la Virgen o de los santos, en la que se repite un mismo estribillo al final de cada copla.

GOZOSO, A adj. Que siente gozo o lo produce.

GOZQUE adj. y s.m. (de *kus(k)*, voz empleada para acuciar o llamar al perro). Se dice del perro pequeño muy ladrador.

GPS s.m. (sigla de *global positioning system*). Sistema americano de navegación y localización mediante satélites.

GRABACIÓN s.f. Acción y efecto de grabar. **2.** Cosa que ha sido grabada.

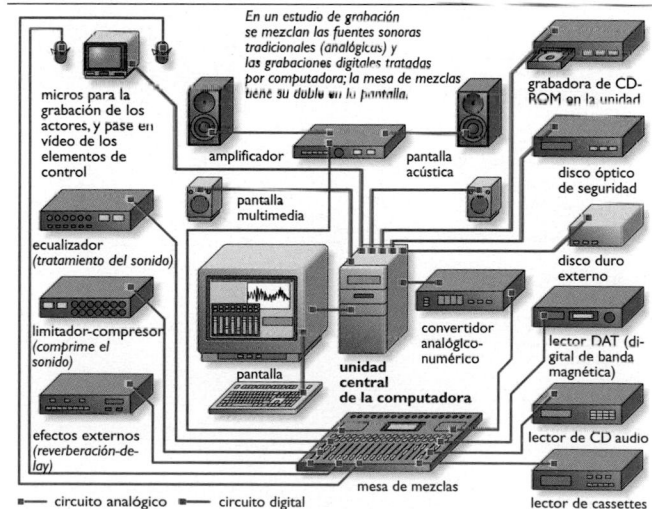

En un estudio de grabación se mezclan las fuentes sonoras tradicionales (analógicas) y las grabaciones digitales tratadas por computadora; la mesa de mezclas tiene su doble en la pantalla.

micros para la grabación de los actores, y pase en vídeo de los elementos de control

amplificador

pantalla acústica

pantalla multimedia

ecualizador (tratamiento del sonido)

limitador-compresor (comprime el sonido)

pantalla

efectos externos (reverberación-delay)

unidad central de la computadora

convertidor analógico-numérico

grabadora de CD-ROM en la unidad

disco óptico de seguridad

disco duro externo

lector DAT (digital de banda magnética)

lector de CD audio

mesa de mezclas

lector de cassettes

■— circuito analógico ■— circuito digital

■ **GRABACIÓN.** Conjunto de aparatos que conforma un estudio de grabación.

■ EL ARTE GÓTICO

Este arte tan original, que los eruditos italianos del Quattrocento –apasionados defensores de los clásicos– calificaron de manera peyorativa y desacertada de «gótico» (en referencia a los godos, pueblo germánico), surgió en Île-de-France durante mediados del s. XII. A finales de siglo, esta nueva arquitectura ya había traspasado las fronteras regionales y se había expandido por Picardía, Champagne, Borgoña e Inglaterra. Durante el s. XIII, el estilo gótico se impuso en gran parte del mundo occidental, al tiempo que adquiría en cada país una especificidad propia. A lo largo de sus tres siglos de esplendor, el gótico se manifestó y floreció en todas las artes.

Palma de Mallorca. Detalle del interior de la lonja de Palma de Mallorca, obra de Guillem Sagrera (primera mitad del s. XV). Arcos y ojivas arrancan directamente sobre los pilares, estriados en espiral, formando sencillas bóvedas de crucería.

Burgos. En la catedral (segundo tercio del s. XIII) destacan dos torres provistas de amplios ventanales, adornadas con varias esculturas y rematadas por agujas caladas, construidas a mediados del s. XV por Juan de Colonia.

Reims. Representación del arcángel san Gabriel, símbolo de la Anunciación, en el pórtico central de la fachada occidental de la catedral. Su expresión sonriente es característica de las esculturas surgidas de uno de los talleres de Reims del s. XIII; la estatua se finalizó antes de que se iniciara la construcción de la fachada (h. 1255).

El maestro de Třeboň.
La Resurrección, panel de un retablo pintado hacia 1380 para un convento de la ciudad de Třeboň, en la antigua Bohemia. Durante la segunda mitad del s. XIV, la corte del emperador Carlos IV, en Praga, se convirtió en la capital de una de las variedades más notables del «estilo internacional».

Lovaina (Brabante). Edificio del ayuntamiento, construido entre 1448 y 1463 por Matthijs de Layens. Torreones con escaleras, arcos conopiales decorados con motivos vegetales, arquerías, balaustradas caladas y estatuas bajo doseles coronados por estilizados pináculos constituyen la ornamentación exuberante de esta joya de la arquitectura municipal de Brabante.

Wells (Inglaterra). Coro de la catedral reconstruido durante el segundo tercio del s. XIV; conjunto característico del estilo gótico inglés «decorado», anterior al flamígero.

Tilman Riemenschneider.
Asunción de la Virgen, cuerpo central del monumental retablo de madera de tilo esculpido h. 1505-1510 por el artista para la iglesia de Creglingen (Baviera).

GRABADO s.m. Arte de grabar. **2.** Procedimiento para grabar. **3.** Imagen obtenida después de haber sido grabada sobre metal, madera, etc., o dibujada sobre un soporte litográfico. ◇ **Grabado rupestre** Grabado prehistórico sobre roca, realizado por medio de un instrumento cortante de piedra o de metal.

GRABADORA s.f. Aparato electromecánico utilizado para grabar y reproducir sonidos.

GRABADOR, RA adj. Que graba. **2.** Relativo al arte de grabar. ◆ s. Persona que tiene por oficio grabar: *grabador en metal.* ◆ s.m. Argent., Bol. y Venez. Grabadora.

GRABAR v.tr. y prnl. (fr. *graver*).Señalar con incisión o abrir y labrar en hueco o en relieve sobre una superficie una figura, dibujo o inscripción. **2.** Fijar profundamente en el ánimo un concepto, un sentimiento o un recuerdo. ◆ v.tr. e intr. Registrar los sonidos por medio de un disco fonográfico, de una cinta magnetofónica u otro soporte para que se puedan reproducir. **2.** INFORMÁT. Registrar información sobre un soporte magnético, como un disco o una cinta.

GRABEN s.m. (alem. *Graben*, fosa). GEOMORFOL. Fosa tectónica.

GRACEJADA s.f. Amér. Central y Méx. Payasada, sobre todo la de mal gusto: *nadie soporta las gracejadas de ese antipático.*

GRACEJO s.m. Gracia, donaire al hablar o escribir.

GRACIA s.f. (lat. *gratia*). Cualidad o conjunto de cualidades que hacen agradable a alguien o algo: *tener todas las gracias.* **2.** Cualidad de divertir o hacer reír: *chiste con gracia.* **3.** Acción o dicho que divierte o hace reír: *celebrar las gracias de alguien.* **4.** Atractivo independiente de la perfección formal: *hablar con gracia.* **5.** Habilidad o arte para hacer algo: *tener gracia para convencer a la gente.* **6.** Beneficio, concesión gratuita. **7.** Disposición afable, amistosa o protectora respecto a alguien. **8.** Indulto, perdón que la autoridad concede a un condenado. **9.** *Irón.* Acción o dicho que molesta: *estar harto de las gracias de alguien.* **10.** Nombre de una persona, en lenguaje extremadamente afectado. **11.** TEOL. CRIST. Don o ayuda que Dios concede a las personas para su salvación. ◆ **¡gracias!** interj. Se usa para expresarle agradecimiento a alguien. ◇ **Caer en gracia** Agradar. **Dar (las) gracias** Manifestar agradecimiento. **Gracias a** Por causa, por mediación de. **Hacer gracia** Parecer algo agradable o gracioso. **No tener gracia** Ser alguien o algo desagradable o molesto. **Tener gracia** algo Ser chocante, ser absurdo, contradictorio o irritante.

GRÁCIL adj. (lat. *gracilis*, delgado, flaco). Sutil, delicado, ligero o menudo.

GRACILIDAD s.f. Cualidad de grácil.

GRACIOSO, A adj. Que tiene gracia. **2.** Que se da de balde o de gracia. **3.** Tratamiento de dignidad que se da a los reyes de Gran Bretaña: *su graciosa majestad.* ◆ s. Personaje cómico que suele aparecer en los dramas españoles del siglo de oro. **2.** Actor dramático que representa siempre papeles cómicos.

1. GRADA s.f. (de *1. grado*). Peldaño, especialmente el de un altar o trono. **2.** Asiento a manera de escalón corrido. **3.** Conjunto de estos asientos en los estadios deportivos y otros lugares públicos. **4.** MAR. Plano inclinado a orilla de un mar o de un río, donde se construyen o carenan los buques: *grada de construcción.* ◆ **gradas** s.f.pl. Conjunto de escalones que suelen tener los edificios grandes, majestuosos, delante de su pórtico o fachada.

2. GRADA s.f. (lat. *cratis*, enrejado, rastrillo). Reja o locutorio de los monasterios de monjas. **2.** Instrumento de madera o de hierro de muy diversas formas, tamaños y tipos, para realizar labores agrícolas, como allanar y ahuecar la tierra: *grada de cota; grada reticulada.*

GRADACIÓN s.f. Serie de cosas ordenadas gradualmente. **2.** MÚS. Progresión ascendente o descendente de períodos armónicos, relacionados entre sí. **3.** PINT. Paso insensible de una tonalidad a otra. **4.** RET. Figura de dicción que consiste en la repetición de palabras.

GRADERÍA s.f. Conjunto o serie de gradas.

■ EL GRABADO

Desde la edad media, la estampación, el grabado y la xilografía constituyeron en occidente un importante medio de comunicación. Y aunque en sus inicios se utilizó con fines propagandísticos y satíricos, o bien para la reproducción de otras obras, hoy se considera como una técnica artística más, con su especificidad de original y múltiple.

Pierre Milan y René Boyvin. *La ninfa de Fontainebleau* (detalle central), grabado realizado al buril por los dos grabadores franceses a mediados del s.XVI. Su factura muestra la influencia de manieristas italianos como Rosso Fiorentino y Francesco Primaticcio. (BNF, París.)

Rembrandt. *Vista de Omval* (1645), aguafuerte y punta seca. El artista holandés consiguió crear un lenguaje sugerente y totalmente nuevo, basado en el dominio y combinación de las distintas técnicas del grabado en talla dulce. (BNF, París.)

Utamaro. *Las pescadoras de Awabi* (h. 1798), uno de los cuerpos de este tríptico dedicado a la pesca del abalón, es un grabado sobre madera de fibra (técnica que requiere una plancha para cada color). Aunque los grabados japoneses se suelen inspirar en temas cotidianos, la sinuosidad de sus líneas contribuye a dar una visión idealizada de la vida. (Museo Guimet, París.)

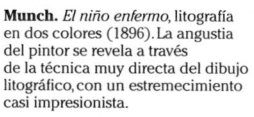

Goya. *Se repulen*, aguafuerte y aguatinta de la serie *Caprichos*. Grabado entre 1793 y 1798, muestra una imaginación alucinante y satírica expresada con gran fuerza plástica. (BNF, París.)

Munch. *El niño enfermo*, litografía en dos colores (1896). La angustia del pintor se revela a través de la técnica muy directa del dibujo litográfico, con un estremecimiento casi impresionista.

GRADERÍO s.m. Gradería.

GRADIENTE s.m. (lat. *gradiens, -tis*, p. activo de *gradi*, andar).Tasa de variación de un elemento meteorológico en función de la distancia. (En sentido vertical, el *gradiente de temperatura* se expresa en ºC por 100 m; en sentido horizontal, el *gradiente de presión* se expresa en millares por 100 km o por grado geográfico [111 km].) **2.** BIOL. Variación, progresivamente decreciente a partir de un punto máximo, de la concentración de una sustancia o de una propiedad fisiológica, en un biotopo, una célula o un organismo. ◆ s.f. Chile, Ecuad., Nicar. y Perú. Pendiente, declive, repecho. ◇ **Gradiente de potencial** ELECTR. Variación del potencial entre dos puntos, en la dirección del campo. **Gradiente de una función** MAT. Vector cuyas componentes son las derivadas parciales de la función respecto de una de las coordenadas.

1. GRADO s.m. (lat. *gradus, -us*, paso, peldaño, graduación).Cada uno de los diversos estados, valores o calidades que, en relación de mayor a menor, puede tener algo. **2.** Cada una de las divisiones de una escala adaptada a un aparato de medida. **3.** Escalón o puesto dentro de una institución u organización jerárquica: *el grado de comandante*. **4.** Nivel de estudios: *grado medio, grado superior*. **5.** Conjunto de estudios que conducen a una titulación: *examen de grado*. **6.** Cada uno de los títulos que se concede al superar alguno de los niveles en que se dividen los estudios de enseñanza media o superior: *grado de bachiller; grado de doctor*. **7.** DER. **a.** Cada una de las generaciones que marcan el parentesco entre las personas: *parientes en primer, segundo o tercer grado*. **b.** Cada una de las diferentes instancias que puede tener un pleito: *en grado de apelación*. **8.** GEOMETR. Cada una de las 360 (*grado sexagesimal*, símb.0) o 400 (*grado centesimal*, símb.gr) partes iguales en que puede dividirse la circunferencia o el círculo correspondiente y que se emplea como unidad de medida de ángulos y arcos de circunferencia. **9.** GRAM. Manera de significar la intensidad relativa de los adjetivos y adverbios: *grado positivo, comparativo, superlativo*. **10.** MÚS. Cada uno de los sonidos de la escala musical. **11.** PETRÓL. Calidad de un aceite lubricante. ◇ **Grado alcoholimétrico centesimal** Unidad de graduación alcoholimétrica (símb. oGL), equivalente al grado de la escala centesimal de Gay-Lussac, en la que el título alcoholimétrico del agua pura es 0 y la del alcohol absoluto 100. **Grado Baumé** Unidad que sirve para medir la concentración de una solución partiendo de su densidad. **Grado Celsius,** o **centígrado,** o **centesimal** Unidad de medida de temperatura (símb. ºC), que corresponde a una división del termómetro centesimal. **Grado de dureza** Cualidad por la que un aglomerante retiene los granos de abrasivo en una muela. **Grado de una ecuación entera,** o **de un polinomio** Grado del monomio componente que lo tenga mayor. **Grado de una quemadura** Profundidad de la lesión producida (*primer grado*, simple enrojecimiento; *segundo grado*, vesícula llena de líquido; *tercer grado*, todas las lesiones a mayor profundidad que la dermis). **Grado de un monomio entero con relación a una variable** Exponente de la potencia a que se encuentra elevada esta variable en el monomio. **Grado de un monomio fraccionario** Diferencia de los grados del numerador y del denominador. **Grado Fahrenheit** Unidad de medida de temperatura (símb. ºF) igual a la ciento ochenta parte de la diferencia entre la temperatura de fusión del hielo y la temperatura de ebullición del agua a la presión atmosférica, respectivamente 32 ºF y 212 ºF, es decir, 0 ºC y 100 ºC.

2. GRADO s.m. (lat. tardío *gratum*, agradecimiento, de *gratus, -a, -um*, grato).Voluntad, gusto. ◇ **De (buen) grado** Voluntaria o gustosamente. **De mal grado** Sin voluntad, con repugnancia y a disgusto.

GRADUACIÓN s.f. Acción y efecto de graduar. **2.** Cantidad proporcional de alcohol que contienen las bebidas espirituosas. **3.** Categoría de un militar en su carrera.

GRADUADO, A adj. Dividido en grados. ◆ adj. y s. Se dice del que ha alcanzado un grado o título, especialmente universitario.

◇ **Graduado escolar** Título que acredita haber realizado los estudios correspondientes a la educación general básica, o haber superado los exámenes de prueba de madurez para los mayores de catorce años. **Graduado social** Profesional que ejerce en las empresas las funciones de organización, control y asesoramiento en asuntos laborales y de previsión social, así como la representación y defensa en los tribunales de lo social. (A partir de 1990 la titulación equivalente, aprobada por el consejo de universidades, es la de diplomado en relaciones laborales.)

GRADUAL adj. Que está por grados o que va de grado en grado. ◆ s.m. Conjunto de versículos que se cantan o se recitan entre la epístola y el evangelio.

GRADUANDO, A s. Persona que está estudiando para graduarse en una universidad.

GRADUAR v.tr. (del lat. *gradus, -us*, paso, peldaño, graduación) [18]. Dar a algo el grado, calidad o intensidad que le corresponde. **2.** Medir el grado o calidad de algo: *graduar la vista*. **3.** Señalar los grados en los que se divide algo: *graduar un termómetro*. **4.** Dividir y ordenar una cosa en una serie de grados o estados correlativos. ◆ v.tr. y prnl. Dar un grado o título: *graduarse de doctor*.

GRAFEMA s.m. LING. Elemento abstracto de un sistema de escritura susceptible de realizarse en un número variado de formas distintas.

GRAFFITI s.m. (voz italiana) [pl.*graffiti*].Inscripción o dibujo realizado sobre una pared.

GRAFÍA s.f. (gr. *graphē*, acción de escribir). Signo o conjunto de signos con que se representa un sonido o la palabra hablada.

GRÁFICO, A adj. Relativo a la escritura. **2.** Que representa algo por medio del dibujo: *diccionario gráfico*. **3.** *Fig.* Se dice del modo de hablar que expresa las cosas con la misma claridad que si estuvieran dibujadas. ◆ adj. y s.m. Se dice de las descripciones,operaciones y demostraciones que se representan por medio de signos o figuras. ◆ s. Representación de datos mediante magnitudes geométricas o figuras. ◇ **Artes gráficas** Conjunto de actividades relacionadas con la imprenta.

GRAFILA o **GRÁFILA** s.f. Orla que rodea la leyenda de ciertas monedas y que suele estar formada por puntos y rayas.

GRAFISMO s.m. Manera de hacer un trazo, de dibujar: *el grafismo de Alberto Durero*. **2.** Arte de proyectar y realizar ediciones (libros, folletos, carteles, etc.) en su aspecto material.

GRAFISTA s.m. y f. Especialista en el diseño gráfico.

GRAFÍTICO, A adj. Relativo al grafito.

GRAFITIZACIÓN s.f. Tratamiento térmico efectuado en las fundiciones para precipitar el carbono en estado de grafito.

GRAFITO s.m. (del gr. *gráphein*, dibujar, escribir). Forma alotrópica del carbono, que cristaliza en el sistema hexagonal.

GRAFO s.m. Sistema de pares de elementos determinados por la aplicación de un conjunto en sí mismo o en otro. (Si los dos conjuntos son el conjunto R de los R de los números reales, el grafo es un sistema de puntos y se confunde con la representación gráfica de una fusión.) **2.** Conjunto de puntos, algunos de

cuyos pares están unidos por una línea, orientada o no.

GRAFOLOGÍA s.f. Estudio de la personalidad de una persona a través del examen de su escritura.

GRAFOLÓGICO, A adj. Relativo a la grafología.

GRAFÓLOGO, A s. Especialista en grafología.

GRAFOMANÍA s.f. Manía de escribir.

GRAFÓMANO, A adj. Que tiene grafomanía.

GRAFÓMETRO s.m. Instrumento usado antiguamente en el levantamiento de planos para medir ángulos sobre el terreno.

GRAFOTERAPIA s.f. Reeducación que tiene por finalidad modificar el funcionamiento afectivo del sujeto a través de una modificación de su escritura.

GRAGEA s.f. (fr. *dragée*). Confite menudo. **2.** FARM. Una de las formas de presentación de un medicamento de administración por vía oral.

GRAJILLA s.f. Ave paseriforme de unos 35 cm de long. y plumaje negro, salvo en la nuca que es gris, que vive en colonias en las torres y campanarios.

■ GRAJILLA

GRAJO s.m. (lat. *graculus*, corneja). Ave paseriforme parecida a la corneja, que mide unos 45 cm de long. **2.** Antillas, Colomb., Ecuad. y Perú. Olor desagradable que se desprende del sudor. **3.** Cuba. Planta mirtácea de olor fétido.

GRAM. Tinción de Gram Técnica de coloración de bacterias que permite clasificarlas según si son violetas (en cuyo caso se llaman *gram positivas*) o rosas (llamadas entonces *gram negativas*).

GRAMA s.f. (lat. *gramina*, pl. de *gramen*, hierba, césped). Planta medicinal, muy común, de flores en espigas filiformes, que salen en número de tres o cinco en el extremo de los tallos. (Familia gramíneas.) ◇ **Grama de olor** Hierba forrajera olorosa, que crece en bosques y prados. (Familia gramíneas.) **Grama en jopillos** Planta graminácea forrajera de las regiones templadas.

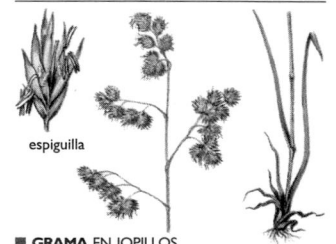

espiguilla

■ GRAMA EN JOPILLOS

GRAMAJE s.m. En la industria papelera,peso del papel o del cartón, expresado en gramos por metro cuadrado.

GRAMAL s.m. Terreno poblado de grama.

GRAMALOTE s.m. Colomb., Ecuad. y Perú. Hierba forrajera de la familia de las gramíneas.

GRAMÁTICA s.f. Estudio y descripción de las estructuras sintácticas, morfológicas y fonéticas de una lengua. **2.** Texto que enseña metódicamente estas estructuras. **3.** INFORMÁT. Descripción de reglas que permiten generar, a partir de un vocabulario terminal (conjunto de símbolos), las cadenas

Fahrenheit / Celsius

■ **GRADO.** Correspondencia entre grados Celsius y grados Fahrenheit.

o series ordenadas de símbolos que constituyen las frases autorizadas en el lenguaje correspondiente. ◇ **Gramática parda** *Fam.* Habilidad natural o adquirida que tienen algunas personas para manejarse.

GRAMATICAL adj. Relativo a la gramática: *persona gramatical.* **2.** Que se ajusta a las reglas de la gramática.

GRAMATICALIDAD s.f. LING. Propiedad que tiene una frase que es conforme a las reglas de la gramática de una lengua.

GRAMATICALIZACIÓN s.f. Acción de gramaticalizarse: *la gramaticalización de la palabra latina «mente» en sufijo adverbial.*

GRAMATICALIZARSE v.prnl. [7]. LING. Adquirir un elemento léxico una función gramatical.

GRAMÁTICO, A s. Especialista en gramática. ◆ adj. Gramatical.

GRAMATIQUEAR v.intr. *Fam. y desp.* Tratar de cuestiones gramaticales.

GRAMIL s.m. Instrumento empleado en diversos oficios para el trazado de las piezas a trabajar.

GRAMILLA s.f. *Amér. Merid.* Nombre que se da a diversas gramíneas utilizadas para pasto.

GRAMINÁCEO, A adj. y s.f. (lat. *gramineus*, de *gramen*, césped, hierba). Gramíneo.

GRAMÍNEO, A adj. y s.f. (lat. *gramineus*, de *gramen*, césped, hierba). Relativo a una familia de plantas monocotiledóneas con espigas de flores poco vistosas, frutos harinosos reducidos a simples granos y tallo herbáceo, como los cereales. SIN.: *gramináceo.*

GRAMO s.m. (fr. *gramme*, del gr. *grámma*, medida de peso). Unidad de masa (símb. g) del sistema cegesimal, que equivale a la masa de un centímetro cúbico de agua pura a 4 °C. **2.** Cantidad de alguna materia cuya masa es un gramo: *doce gramos de azafrán.*

GRAMÓFONO s.m. Aparato que reproduce las vibraciones sonoras grabadas sobre un disco plano que se apoya en un plato que gira impulsado por un mecanismo de muelle o electromotor.

GRAMOLA s.f. (marca registrada). Nombre de ciertos gramófonos de bocina interior, portátiles o en forma de mueble.

GRAN adj. Apócope de *grande.* (Se emplea antepuesto a un sustantivo en singular: *un gran hotel, una gran mujer.*)

1. GRANA s.f. (lat. *grana*, pl. de *granum*, grano). Excrecencia o agallita que un quermésido forma en la coscoja y que exprimida produce color rojo. **2.** Color rojo obtenido de este modo. **3.** Cochinilla. **4.** Quermes, insecto.

2. GRANA s.m. Variedad de queso parmesano.

GRANADA s.f. Fruto del granado, de corteza roja, que contiene muchos granos comestibles rojos o rosados, de sabor agridulce. **2.** MIL. Proyectil ligero que puede lanzarse a corta distancia con la mano, con la ayuda de un fusil, de un arma ligera o de un mortero. ◇ **Granada submarina** Granada concebida para el ataque de submarinos.

espoleta
explosivo
arandela
palanca de disparo
cuerpo de la granada
sistema de encendido
tubo
vaina
explosivo (trilita T)
cartucho de propulsión
estabilizador
rabiza
cuerpo de hierro fundido o acero
detonador

de fusil, antipersona
de mano, defensiva

■ **GRANADAS**

doc. Luchaire

GRANADERA s.f. Cartuchera para llevar las granadas.

GRANADERO s.m. Soldado encargado de lanzar granadas. **2.** HIST. Soldado de una compañía que encabezaba el regimiento.

GRANADILLA s.f. Flor de la pasionaria o pasiflora. **2.** Fruto de esta planta.

GRANADILLO s.m. Árbol originario de Antillas, con ramas espinosas y flores blanquecinas, cuya madera, dura, de grano fino y color rojo y amarillo, es muy apreciada en ebanistería. (Familia cesalpiniáceas.)

1. GRANADINA s.f. Tejido calado que se hace con seda retorcida. **2.** Hilo de seda constituido por hilos de seda cruda, torcidos por separado y luego conjuntamente.

2. GRANADINA s.f. Refresco hecho con zumo de granada.

3. GRANADINA s.f. Variedad del fandango, originaria de Granada.

1. GRANADINO s.m. Flor del granado, grande y de color rojo.

2. GRANADINO, A adj. y s. De Granada, estado insular de las Pequeñas Antillas. **2.** De Granada (España).

1. GRANADO s.m. Árbol cultivado en los países mediterráneos, de flores rojas y cuyo fruto es la granada. (Familia punicáceas.)

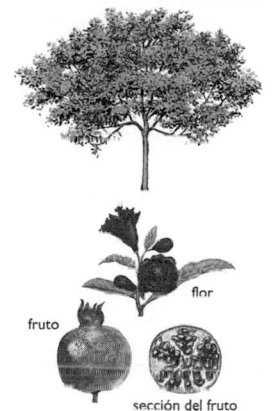

flor

fruto

sección del fruto

■ **GRANADO**

2. GRANADO, A adj. Notable, ilustre y escogido. **2.** Maduro, experto.

GRANALLA s.f. Metal o metaloide reducido a granos pequeños para facilitar su fundición: *granalla de plomo.*

GRANALLAR v.tr. Reducir a granalla.

GRANAR v.intr. Producir grano una planta. ◆ v.tr. Granear, reducir a grano.

GRANATE s.m. Silicato doble de ciertos metales que se encuentra en las rocas metamórficas, y del que algunas variedades son piedras finas. ◆ adj. y s.m. Se dice del color rojo oscuro. ◆ adj. Que es de este color.

■ **GRANATE.** Variedad de granate de calidad gema, procedente de Afganistán.

GRANATITA s.f. Roca metamórfica, de color rojo, constituida fundamentalmente por granate.

GRANAZÓN s.m. BOT. Formación de granos.

GRANCÉ adj. (fr. *garance*). Que es de color rojo ligeramente purpúreo.

GRANCOLOMBIANO, A adj. y s. De la República de la Gran Colombia.

GRANDE adj. (lat. *grandis*, grandioso, de edad avanzada). Que tiene un tamaño mayor al que se considera normal o mayor al de otra cosa de su misma naturaleza. **2.** *Fam.* Se dice de la persona adulta: *apto para pequeños y grandes.* **3.** Que es muy intenso o perceptible: *un amor grande.* **4.** *Fig.* Que es muy noble o de elevada moral: *grandes ideales.* **5.** *Fig.* Famoso, singular, o de mucha importancia: *un gran poeta.* **6.** *Fig. y fam.* Ilógico, absurdo, contradictorio: *es grande que pague el más pobre.* **7.** Epíteto que se añade al título de ciertos dignatarios y a ciertos títulos nobiliarios: *los grandes duques.* (El adjetivo *grande* toma la forma *gran* cuando precede inmediatamente a un sustantivo singular.) ◆ s.m. Prócer, magnate, persona de muy elevada jerarquía o nobleza: *una reunión de los cuatro grandes.* ◇ **A lo grande** Con mucho lujo. **En grande** En cantidad importante; muy bien: *pasarlo en grande.* **Grande de España** Título que representa la jerarquía superior dentro de la nobleza española. **Venir grande** *Fam.* Ser algo excesivo para la capacidad o el mérito de alguien.

GRANDEZA s.f. Cualidad de grande. **2.** Dignidad de grande de España; conjunto de los grandes de España y, en general, conjunto de nobles.

GRANDILOCUENCIA s.f. Elocuencia altisonante. **2.** Estilo sublime.

GRANDILOCUENTE adj. (del lat. *grandis*, grandioso, y *loqui*, hablar). Que habla o escribe con grandilocuencia.

GRANDIOSIDAD s.f. Cualidad de grandioso.

GRANDIOSO, A adj. Que causa admiración por su gran tamaño o por alguna de sus cualidades.

GRANDISONAR v.intr. [17]. *Poet.* Resonar o tronar con fuerza.

GRANDÍSONO, A adj. *Poét.* Altísono.

GRANDOR s.m. Tamaño de las cosas.

GRANDULLÓN, NA adj. y s. *Fam.* Se dice de la persona corpulenta o de la persona adolescente que está muy crecida para su edad. (En ocasiones, tiene un matiz despectivo.)

GRANDULÓN, NA adj. Argent. y Méx. *Fam.* Se dice de la persona adolescente que está muy crecida para su edad, especialmente la que tiene una conducta infantil.

GRANEADO, A adj. Salpicado de pintas o motas. ◆ s.m. Acción de reducir a grano. **2.** Acción de transformar la superficie lisa de un cuerpo en una superficie ligeramente rugosa para facilitar un trabajo ulterior. ◇ **Fuego graneado** Fuego a discreción.

GRANEAR v.tr. Esparcir el grano en un terreno. **2.** Hacer rugosa una superficie lisa. **3.** Reducir a grano.

GRANEL (A) loc. (del cat. *graner*, granero). Sin envasar o sin empaquetar; producto que se vende o se compra de esta manera; en abundancia.

GRANERO s.m. (lat. *granarium*). Lugar donde se almacena el grano. **2.** *Fig.* Región fértil que produce grandes cantidades de trigo y es abastecedora de otra: *Cerdeña fue el granero de Cataluña en el s.* XIV.

GRANIENTO, A adj. Méx. Que está lleno de granos.

GRANILLA s.f. Grano pequeño que por el revés tiene el paño. **2.** Tejido de lana o algodón de grano grueso.

GRANÍTICO, A adj. Relativo al granito o que tiene las características de este.

GRANITIZACIÓN s.f. Transformación de una roca en granito.

GRANITO s.m. (ital. *granito*, p. de *granire*, granar). Roca plutónica formada principalmente por cuarzo, feldespato alcalino y mica, y que constituye la parte esencial de la corteza continental.

GRANITOIDE adj. Que tiene la apariencia del granito.

GRANÍVORO, A adj. y s. (lat. *granivorus*, de *granum*, grano, y *vorare*, comer). Que se alimenta de granos.

GRANIZADA s.f. Precipitación grande de granizo. **2.** *Fig.* Caída o afluencia de algo en gran cantidad o fluidez: *granizada de piedras, de insultos.* **3.** Chile. Granizado.

GRANIZADO s.m. Bebida refrescante parcialmente congelada y de consistencia granulosa: *granizado de café.*

GRANIZAR v.intr. [7]. Caer granizo. ◆ v.intr. y tr. *Fig.* Arrojar una cosa con ímpetu y frecuencia.

GRANIZO s.m. Agua congelada que cae con violencia en forma de granos de hielo. **2.** Granizada, precipitación de granizo.

GRANJA s.f. (fr. *grange*, granero, granja). Finca rústica, generalmente cercada, con casa y dependencias para los animales. **2.** Finca rural destinada a la cría de aves o ganado. **3.** Establecimiento donde se sirven productos lácteos, chocolate, helados, pastas, etc.

GRANJEAR v.tr. Conseguir, adquirir, obtener. ◆ v.tr. y prnl. Captar, atraer, lograr: *granjearse las simpatías.*

GRANJERÍA s.f. Beneficio que obtienen las haciendas de campo de la venta de sus frutos, la cría y venta del ganado, etc. **2.** *Fig.* Ganancia y utilidad que se obtiene del comercio o de los negocios.

GRANJERO, A s. Persona que posee una granja o que se ocupa del mantenimiento de las instalaciones y del cuidado de las tierras y animales de una granja.

GRANO s.m. (lat. *granum*). Fruto y semilla de los cereales: *grano de trigo.* **2.** Semilla pequeña de algunas plantas: *grano de café.* **3.** Baya pequeña: *grano de uva.* **4.** Porción pequeña y esférica de algo: *grano de arena.* **5.** Bulto pequeño que aparece en la superficie de la piel y que suele tener un punto central de pus rodeado de una halo inflamatorio rojizo. **6.** Desigualdad en la superficie del cuero, de una tela, una piedra, una cerámica, etc. **7.** FOT. Partícula que forma la emulsión. ◆ **granos** s.m.pl. Cereales. ◇ **Grano de arena** *Fig.* Ayuda pequeña con la que una persona contribuye para una obra o fin determinado. **Ir al grano** Atender a lo esencial, omitiendo superfluidades. **No ser un grano de anís** No ser despreciable.

GRANOSO, A adj. Que tiene o forma granos. **2.** Se dice de los tejidos bastos, de trama desigual: *tela granosa.*

GRANUDO, A adj. Que se compone de pequeños granos o gránulos: *rocas granudas.*

GRANUJA s.m. y f. Golfo, pilluelo. **2.** Persona que habitualmente engaña, comete fraudes y atiende solo a su propio provecho.

GRANUJADA s.f. Acción propia de un granuja.

GRANUJERÍA s.f. Granujada. **2.** Conjunto de granujas.

GRANUJIENTO, A adj. Que tiene granos: *cara granujienta.*

GRANULACIÓN s.f. Aglomeración en pequeños granos. **2.** MED. Lesión orgánica que consiste en pequeños tumores formados en los órganos, mucosas o tejidos. **3.** TECNOL. Fragmentación de un producto fundido sometido a la acción de un chorro de agua y que se solidifica dividiéndose en pequeñas partículas de contornos redondeados. ◇ **Granulación solar** Red formada por el conjunto de gránulos observados en las regiones tranquilas de la fotosfera del Sol.

GRANULADO, A adj. Que forma granos. **2.** Que tiene granulaciones. ◆ s.m. Preparado farmacéutico o medicamento que se presenta en forma de gránulos y está compuesto de una sustancia activa y un excipiente azucarado. **2.** Graneado de las pieles.

1. GRANULAR adj. Que se compone de pequeños granos.

2. GRANULAR v.tr. Reducir a gránulos o granos muy pequeños. ◆ **granularse** v.prnl. Cubrirse de granos: *granularse la cara.*

GRANULIA s.f. MED. Tuberculosis grave, caracterizada por la diseminación en los pulmones *(granulia pulmonar)* o en todo el organismo *(granulia generalizada)* de granulaciones tuberculosas del volumen de un grano de mijo. SIN.: *tuberculosis miliar.*

GRANULITA s.f. Roca metamórfica constituida esencialmente de cuarzo y feldespato y, accesoriamente, de granate o piroxeno.

GRÁNULO s.m. Grano pequeño. **2.** Elemento brillante de forma poligonal irregular, de unos 1 000 km, efímero (del orden de 8 min), que se observa en la fotosfera solar. **3.** FARM. Píldora pequeña que contiene una cantidad ínfima pero rigurosamente dosificada de una sustancia muy activa.

GRANULOCITO s.m. BIOL. Leucocito polinuclear de la sangre.

GRANULOMA s.m. MED. Lesión inflamatoria pequeña y consistente que contiene glóbulos blancos y es específica de algunas enfermedades (tuberculosis, sarcomas benignos, etc.).

GRANULOMETRÍA s.f. Medida del grosor de los granos de una mezcla pulverulenta; determinación de su forma y de la proporción en que se encuentran. **2.** Medida de las partículas minerales del suelo o de una roca.

GRANULOSIS s.f. Producción patológica de partículas granulares o cristalinas en el protoplasma celular en vías de degeneración.

GRANULOSO, A adj. Que posee gránulos: *superficie granulosa.*

1. GRANZA s.f. (lat. tardío *grandia*, harina gruesa). Carbón mineral lavado y clasificado, cuyos trozos son de un tamaño comprendido entre 15 y 25 mm. **2.** Argent. Ladrillo triturado que suele recubrir los senderos de plazas y jardines. ◆ **granzas** s.f.pl. Residuos de paja, espigas y granos sin descascarillar, que quedan del trigo y otras semillas después de la criba. **2.** Desechos del yeso cuando se cierne. **3.** Residuos de minerales u otros materiales.

2. GRANZA s.f. (fr. *garance*). Rubia, planta.

GRAO s.m. (cat. *grau*). Playa que sirve de desembarcadero.

GRAPA s.f. Pieza de metal delgada y pequeña, doblada por los extremos, se clava para unir o sujetar papeles, tela, tejidos orgánicos, etc. **2.** ARQ. **a.** Gancho de metal que sirve para ligar dos bases de piedras o para fijar los paneles de revestimiento de una fachada a la mampostería tosca. **b.** Argolla de hierro que sirve para fijar un postigo, una puerta, etc., a su parte superior. **c.** Ornamento en forma de consola o de mascarón que se esculpe sobre el paramento exterior de la clave de una arcada de puerta o de ventana para sujetar las molduras. **3.** TECNOL. Alambre, con los extremos doblados, que sirve para el ensamblaje mecánico de ciertos tipos de embalajes ligeros. **4.** VET. Llaga que se forma en el pliegue del corvejón de los caballos.

GRAPADORA s.f. Utensilio para grapar.

GRAPAR v.tr. Unir o sujetar con grapa.

GRAPO s.m. y f. (sigla de *grupo de resistencia antifascista primero de octubre*). Miembro de la organización GRAPO.

GRAPPA s.f. Aguardiente de brisa que se elabora especialmente en el norte de Italia.

GRAPTOLITE adj. y s.m. Relativo a un grupo de organismos fósiles marinos de principios de la era primaria, que vivían en colonias y que en la actualidad se relacionan con los procordados.

GRARA s.f. En el Sahara Occidental, terreno deprimido que conserva más tiempo la humedad y se destina a pastos y cultivos.

GRASA s.f. (de *graso*). Sustancia lipídica, untuosa, que se funde entre 25 y 50 °C, de origen animal o vegetal. **2.** Cuerpo graso que sirve para lubricar o proteger. **3.** Alteración del vino, la sidra y la cerveza, que consiste en adquirir un aspecto oleaginoso y ahilarse.

GRASERA s.f. Utensilio de cocina para guardar la grasa. **2.** Utensilio de cocina para recoger la grasa de la carne que se asa.

GRASIENTO, A adj. Impregnado o lleno de grasa.

GRASO, A adj. (lat. *crassus*, gordo). Que está formado por grasa o la contiene. ◇ **Cuerpo graso** Sustancia neutra de origen orgánico que es un éster de la glicerina, como la manteca, el aceite, la grasa, el cebo, etc. **Hulla grasa** Carbón rico en materias volátiles y que se aglomera con el calor antes de quemar. **Planta grasa** Planta de hojas gruesas y carnosas. **Serie grasa** QUÍM. Conjunto de compuestos orgánicos de cadena abierta.

GRASOSO, A adj. Grasiento.

GRATA s.f. Escobilla metálica usada por los plateros, grabadores, albañiles, plomeros, doradores, etc., para raspar, limpiar o bruñir las piezas.

GRATAR v.tr. (fr. *gratter*, rascar). Limpiar o bruñir una pieza con la grata.

GRATÉN o **GRATÍN** s.m. (fr. *gratin*). Manera especial de guisar los manjares, cubriéndolos con una capa de galleta molida y queso rallado o bien solo este último ingrediente y dorándolos al horno. **2.** Manjar preparado por este sistema. **3.** Costra formada sobre los alimentos así preparados.

GRATIFICACIÓN s.f. Acción de gratificar. **2.** Cosa material o inmaterial con se que gratifica a alguien. **3.** Suplemento del salario, que se da regularmente a alguien.

GRATIFICANTE adj. Que gratifica.

GRATIFICAR v.tr. (lat. *gratificari*, mostrarse agradable, generoso) [1]. Recompensar a alguien por algún servicio prestado: *gratificó al muchacho por cuidar la casa mientras estuvo fuera.* **2.** Complacer, satisfacer.

GRÁTIL o **GRÁTIL** s.m. MAR. **a.** Parte central de la verga, donde se sujeta la vela. **b.** Orilla superior de las velas redondas o de cruz. **c.** Caída o lado de proa, en las velas de cuchillo.

GRATÍN s.m. → GRATÉN.

GRATINAR v.tr. Dorar al horno un manjar cubierto de salsa bechamel o mantequilla y queso rallado.

GRATIS adv.m. (lat. *gratis*). Sin ningún coste o pago monetario. **2.** Sin cobrar o sin obtener una cosa a cambio: *actuar gratis.* **3.** Sin esfuerzo o trabajo: *conseguir algo gratis.*

GRATITUD s.f. Sentimiento de estima y reconocimiento que una persona siente hacia otra que le ha hecho un favor o servicio, y a la que desea corresponder.

GRATO, A adj. (lat. *gratus, -a, -um*). Gustoso, agradable: *grata noticia.* **2.** Bol. y Chile. Agradecido, obligado: *le estoy grato.*

GRATUIDAD s.f. Cualidad de gratuito: *la gratuidad de la enseñanza.*

GRATUITO, A adj. (lat. *gratuitus*). Que no cuesta dinero. **2.** Arbitrario, infundado: *afirmación gratuita.*

GRAVA s.f. (cat. *grava*). Piedra machacada que se utiliza para cubrir carreteras y caminos y en la producción de hormigón. **2.** GEOL. Conjunto de piedras que proceden de la fragmentación y disgregación de ciertas rocas.

GRAVAMEN s.m. Carga u obligación que afecta a una persona. **2.** Derecho real o carga impuesta sobre un inmueble o sobre un caudal. **3.** Tributo.

GRAVAR v.tr. (lat. *gravare*). Pesar un gravamen sobre alguien o algo. **2.** Imponer alguien o algo un gravamen sobre un bien o una actividad: *gravar un inmueble con una hipoteca.*

GRAVE adj. (lat. *gravis*, pesado, grave). Que tiene mucha importancia o trascendencia. **2.** Que encierra peligro o es susceptible de tener consecuencias dañosas: *una grave sequía.* **3.** Que tiene una enfermedad que pone en peligro su vida: *estar muy grave.* **4.** Se dice del sonido de baja frecuencia de vibración. **5.** Que se distingue por su circunspección, decoro y nobleza: *estilo grave.* **6.** Se dice de la palabra cuyo acento de intensidad recae sobre la penúltima sílaba. SIN.: llana, paroxítona. ◆ s.m. Obra o fragmento de una obra musical de carácter majestuoso y de tempo lento.

GRAVEDAD s.f. Cualidad de grave: *la gravedad de una situación; gravedad de espíritu; la gravedad de una falta, de una enfermedad.* **2.** FÍS. Fuerza resultante de la gravitación entre la tierra y los cuerpos situados en sus proximidades, o, más generalmente, entre un cuerpo celeste y los cuerpos próximos a él. **3.** MÚS. Cualidad de un sonido musical relativamente bajo. ◇ **Centro de gravedad** FÍS. Punto en el que se podrían equilibrar todas las fuerzas que actúan en un cuerpo. **Tectónica de gravedad** Movimiento tectónico que corresponde al deslizamiento por gravedad de los mantos de corrimiento.

ENCICL. La gravedad es una fuerza que atrae a todos los objetos del universo; constituye una de las cuatro interacciones fundamentales de la materia (las otras tres son la electromagnética, la nuclear fuerte y la nuclear débil) y la más dominante de todas, pues es la única universal y que afecta a todas las formas de materia y energía de la misma manera. Newton fue el primero en elaborar una ley de la gravitación universal, según la cual dos objetos se atraen con una intensidad directamente proporcional a sus masas e inversamente proporcional al cuadrado de su distancia. En el s. XX, la teoría de la relatividad de Einstein precisó la ley de la gravedad newtoniana. A grandes rasgos, concibe la gravedad solo desde el punto de vista de la estructura del continuo espacio-tiempo y describe tanto el efecto de la gravedad en la materia como el de esta en la gravedad. Aunque muy diferente a la de Newton, esta teoría predice casi los mismos efectos en sistemas cuyo campo gravitatorio sea débil y las velocidades lentas en comparación con la de la luz.

GRAVEDOSO, A adj. Circunspecto y serio con afectación: *persona gravedosa*.

GRAVERA s.f. Lugar del que se extrae grava.

GRAVETIENSE s.m. y adj. (de *La Gravette*, sitio arqueológico en la Dordoña, Francia). Facies cultural del paleolítico superior, caracterizada por un buril en entroncadura retocada y una punta alargada de borde rectilíneo rebajado mediante retoques abruptos.

GRAVIDEZ s.f. Estado de la hembra preñada. SIN.: *preñez*.

GRAVÍDICO, A adj, MED. Relativo a la gravidez o embarazo.

GRÁVIDO, A adj. (lat. *gravidus*) Cargado, lleno, abundante: *una bolsa grávida*. **2.** Que está embarazada o preñada.

GRAVILLA s.f. Piedra machacada cuyos granos tienen un grosor comprendido entre cinco y veinticinco milímetros.

GRAVIMETRÍA s.f. FÍS. Medida de la intensidad del campo de la gravedad. **2.** QUÍM. Análisis efectuado por pesadas.

GRAVIMÉTRICO, A adj. FÍS. Relativo a la gravimetría.

GRAVÍMETRO s.m. Instrumento que sirve para medir la componente vertical del campo de la gravedad.

GRAVISFERA s.f. Región situada alrededor de un astro en la que la fuerza de atracción de este es superior a la de los astros vecinos.

GRAVITACIÓN s.f. FÍS. Fenómeno por el cual todos los cuerpos materiales se atraen recíprocamente con una fuerza que es proporcional al producto de su masa e inversamente proporcional al cuadrado de su distancia. (Es una de las cuatro interacciones fundamentales de la física.)

GRAVITAR v.intr. Cargar, imponer un gravamen, carga u obligación. **2.** Descansar o hacer fuerza un cuerpo sobre otro. **3.** Pender, pesar algo sobre alguien: *una amenaza gravita sobre él*. **4.** Tener un cuerpo propensión a caer sobre otro por razón de su peso. **5.** FÍS. Describir una trayectoria alrededor de un punto central, en virtud de la gravitación.

GRAVITATORIO, A adj. FÍS. Relativo a la gravitación.

GRAVITÓN s.m. Partícula hipotética considerada el vehículo de la interacción gravitatoria.

GRAVOSO, A adj. Molesto, pesado: *esfuerzo gravoso*. **2.** Oneroso, costoso: *edificio de mantenimiento gravoso*.

GRAY s.m. (de S. *Gray*, físico británico) [pl. *grays*]. MED. Unidad de medida de dosis absorbida durante una irradiación de rayos ionizantes (símb. Gy), equivalente a la dosis absorbida en un elemento de masa 1 kg al que los rayos ionizantes comunican de manera uniforme una energía de 1 julio.

GRAZNAR v.intr. (hispano-lat. *gracinare*, de origen onomatopéyico). Emitir graznidos.

GRAZNIDO s.m. Voz de algunas aves, como el cuervo, el grajo, el ganso, etc.

GREBA s.f. (fr. ant. *greve*, saliente de la tibia, greva). Pieza de la armadura que cubría la pierna desde la rodilla hasta el tobillo.

1. GRECA s.f. B. ART. Banda ornamental compuesta por líneas quebradas formando una sucesión de ángulos rectos que se repiten periódicamente.

■ **GRECA.** Detalle de grecas de la cultura mixteca, Mitla (Oaxaca).

2. GRECA s.f. Antillas, Colomb. y Venez. Aparato para preparar café, usado especialmente en sitios públicos.

GRECISMO s.m. Helenismo.

GRECIZAR v.tr. [7]. Helenizar, dar forma griega a palabras de otra lengua.

GRECO, A adj. y s. Griego, de Grecia.

GRECOBÚDICO, A adj. Se dice del arte de Gāndhāra influenciado por el arte griego.

GRECOLATINO, A adj. Relativo a la antigüedad clásica o los aspectos comunes de las civilizaciones griega y latina antiguas.

GRECORROMANO, A adj. Grecolatino. **2.** Se dice del período que se extiende desde 146 a.C. (conquista de Grecia por los romanos) hasta fines del s. V (caída del Imperio de occidente).

GREDA s.f. (lat. *creta*) Arcilla arenosa, usada especialmente para quitar manchas.

GREDAL adj. y s.m. Se dice del terreno donde abunda la greda.

GREDOSO, A adj. Que contiene greda o que tiene alguna de sus características.

GREEN s.m. (voz inglesa) [pl. *greens*]. Zona del campo de golf con césped muy bajo y cuidado, alrededor de cada hoyo.

GREGA o **GREGE** adj. Se dice de la seda natural, en crudo, tal cual se obtiene del capullo.

1. GREGAL s.m. (de *griego*). Viento del NE que sopla en el Mediterráneo occidental.

2. GREGAL adj. (lat. *gregalis*). Gregario, animal.

GREGARIO, A adj. (lat. *gregarius*). Se dice del animal que vive en grupo o en comunidad, sin ser necesariamente social. **2.** Se dice de la persona que forma parte de un grupo sin distinguirse de los demás, y en especial de la que actúa siguiendo las ideas o iniciativas ajenas. ◆ s.m. Ciclista encargado de ayudar al jefe de equipo o a otro ciclista de categoría superior a la suya.

GREGARISMO s.m. Tendencia de algunos animales a vivir en grupo. **2.** Tendencia de los seres humanos a formar grupos y a tener el mismo comportamiento.

GREGE adj. → GREGA.

GREGORIANO, A adj. Relativo a alguno de los papas llamados Gregorio. ◇ **Canto gregoriano** Canto ritual de la Iglesia latina, atribuido a Gregorio I, base del canto eclesiástico católico. **Misas gregorianas** Serie de treinta misas para un difunto.

ENCICL. El canto gregoriano se codificó en el s. IX. Esencialmente melódico, también es monódico u homófono; está escrito en un registro corto, por grados conjuntos e intervalos simples y naturales; utiliza escalas diatónicas (modos) y está inspirado en el latín, por lo que adopta sus acentos y su ritmo. La producción de obras litúrgicas en gregoriano auténtico terminó hacia fines del s. XI, pero se compuso en gregoriano, a imitación del gregoriano, al menos en el mundo eclesiástico, hasta mediados del s. XVII, con el nombre de *canto llano*.

GREGUERÍA s.f. Ruido producido conjuntamente por muchas personas hablando o gritando. **2.** Composición breve en prosa creada

por Ramón Gómez de la Serna. (De acuerdo con su teoría, es una metáfora con ingredientes de humor y de ingeniosa intuición sobre las relaciones existentes entre las cosas. Su primera colección de *Greguerías* data de 1917.)

GREGÜESCOS s.m.pl. Calzones muy anchos usados en los ss. XVI y XVII.

GRELO s.m. Brote tierno y comestible del nabo.

GREMIAL adj. Relativo al gremio.

GREMIALISMO s.m. Tendencia política favorable a organizar la sociedad en gremios de productores bajo la autoridad del estado. **2.** Sindicalismo, en algunos países sudamericanos, donde el sindicato de oficio se le llama gremio.

GREMIALISTA adj. y s.m. y f. Partidario del gremialismo. ◆ s.m. y f. Persona que pertenece a un gremio. **2.** Argent., Chile, Ecuad. y Venez. Persona que dirige un gremio.

GREMIO s.m. (lat. *gremium*, regazo, seno, interior). Conjunto de personas que tienen el mismo oficio o profesión. **2.** Corporación de ámbito puramente local integrada por todos los artesanos de un mismo oficio.

GREÑA s.f. Mechón de pelo enredado y mal peinado; cabello de una persona, o pelo de un animal, que es largo y está mal peinado. (Suele usarse en plural.) ◇ **Andar a la greña** *Fam.* Reñir dos o más personas; estar dos o más personas en desacuerdo o dispuestas a promover disputas. **En greña** *Méx.* En rama, sin purificar o sin beneficiar.

GREÑUDO, A adj. Que tiene greñas.

GRES s.m. (fr. *grès*). Material cerámico cuya dureza e impermeabilidad se deben a una vitrificación parcial de arcilla refractaria (caolín) y de feldespato, obtenida entre 1 150 y 1 300 °C. **2.** Arenisca. **3.** Sustancia segregada por el gusano de seda, que une los dos filamentos que forman el capullo. SIN.: *sericina*.

■ **GRES.** Ánfora de gres «vidriado a la sal» (1587) de Raeren. (Museo de artes aplicadas, Colonia.)

GRESCA s.f. (del lat. *graeciscus*, griego). *Fam.* Bulla, algazara. **2.** *Fam.* Riña o disputa.

GRÉVOL s.m. Ave gallinácea de plumaje rojizo, de unos 35 cm de long., que vive en los bosques montañosos.

GREY s.f. (lat. *grex, gregis*, rebaño). *Poét.* Rebaño. **2.** *Fig.* Conjunto de personas que tienen algún carácter común; comunidad de fieles cristianos.

GRIEGO, A adj. y s. De Grecia. ◆ adj. y s.m. *Fam.* Se dice del lenguaje ininteligible. ◆ s.m. Lengua indoeuropea hablada en Grecia. ◇ **Fuego griego** HIST. Proyectil incendiario fabricado con salitre y nafta. (Podía arder en el agua y se utilizaba en los combates navales.) **Iglesia griega** Se dice de la Iglesia ortodoxa de Grecia. **I griega** Nombre de la letra Y. (Se corresponde con la épsilon griega.) *[V. ilustr. pág. siguiente.]*

GRIETA s.f. (del lat. *crepita*, p. de *crepare*, crepitar, reventar). Abertura larga y estrecha resultado de separarse algo en dos partes. **2.** MED. Solución de continuidad lineal de la piel, que asienta en tejidos muy traumatizados.

imprenta	nombre	imprenta	nombre
A α	a alfa	N ν	n ny
B6, β	b beta	Ξ ξ	x xi
Γ γ	g gamma	O o	o ómicron
Δ δ	d delta	Π π	p pi
E ε	e épsilon	P ρ	r ro o rho
Z ζ	z seta o zeta	Σ σ, ς	s sigma
H η	ē eta	T τ	t tau
Θ θ	th (t aspir.) theta o zeta	Υ υ	y ípsilon
I ι	i iota	Φ φ	ph (p aspirada) fi o phi
K κ	k kappa o cappa	X χ	kh (k aspirada) ji
Λ λ	l lambda	Ψ ψ	ps, bs psi
M μ	m my	Ω ω	ō omega

■ **GRIEGO.** Alfabeto griego.

GRIETEADO s.m. Conjunto de grietas finas y entrecruzadas que aparecen en la superficie de un revoque o en el esmalte de un objeto cerámico.

GRIFA s.f. Hachís.

GRIFERÍA s.f. Conjunto de llaves y accesorios destinados a abrir, cerrar o regular el paso de un fluido.

GRIFERO, A s. Perú. Persona que tiene por oficio expender gasolina en un grifo o gasolinera.

GRIFO, A adj. (lat. tardío *gryphus*, llave de cañería, animal fabuloso, del gr. *gryps*, *grypós*). Se dice del cabello rizado y enmarañado. ◆ adj. y s. Colomb. Presuntuoso. **2.** Méx. Se dice de la persona que fuma grifa. ◆ s.m. Animal fabuloso con cuerpo de león, cabeza y alas de águila, orejas de caballo y cresta con aletas de pez. **2.** Esp. Llave, dispositivo. **3.** Perú. Gasolinera.

GRIFÓN s.m. Perro de pelo largo y áspero.

■ **GRIFÓN.** Gran grifón vendeano.

GRILL s.m. (voz inglesa). Parrilla. **2.** Resistencia eléctrica o fuego de la parte superior de un horno, para gratinar los alimentos.

GRILLA s.f. Méx. *Fam.* Actividad política, principalmente la que implica deshonestidad o intrigas para favorecer los intereses de un grupo.

GRILLAR v.intr. Méx. Intrigar con fines políticos.

GRILLARSE v.prnl. Echar grillos un bulbo, rizoma o tubérculo. **2.** *Fam.* Volverse loco.

GRILLERA s.f. Jaula para grillos. **2.** *Fig.* y *fam.* Lugar donde hay gran desorden y confusión.

GRILLETE s.m. Arco de hierro, semicircular, con los extremos unidos por un perno, para sujetar una cadena a algún sitio, especialmente para sujetar los pies de los presos. **2.** MAR. Cada uno de los segmentos de la cadena del ancla.

1. GRILLO s.m. (lat *grillus*). Insecto ortóptero cavador, de unos 3 cm de long., color negro rojizo, que vive en lugares cálidos y oscuros, y cuyo macho produce un sonido agudo y monótono con el roce de los élitros. (Familia gríllidos.) ◆ **grillos** s.m.pl. Conjunto de dos grilletes unidos por una cadena, que se colocaban en los dos pies de los presos. ◇ **Grillo real, o topo** Insecto ortóptero, de unos 5 cm de long., que excava galerías en el suelo y es nocivo para la agricultura.

■ **GRILLO** campestre.

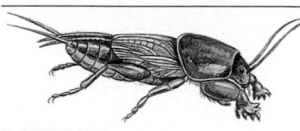

■ **GRILLO** REAL.

2. GRILLO s.m. Tallo tierno o brote que nace en los rizomas, bulbos o tubérculos.

3. GRILLO, A s. Méx. *Fam.* Persona que se dedica a la política.

GRIMA s.f. (gót. *grimmis*, horrible). Desazón o desagrado, causados por una cosa.

GRIMILLÓN s.m. Chile. Multitud, gran cantidad de personas.

GRÍMPOLA s.f. (fr. ant. *guimple*, velo de mujer, gallardete de lanza). Insignia militar en forma de pequeño gallardete triangular.

GRINGADA s.f. Argent. *Desp.* Acción propia del gringo, inmigrante italiano.

GRINGO, A adj. y s. (de *griego*). Amér. Extranjero, especialmente el norteamericano. **2.** Argent. y Urug. *Desp.* Extranjero, en particular italiano. **3.** Chile. Tonto. ◆ adj. y s.m. Amér. Se dice de la lengua extranjera.

GRIÑOLERA s.f. Arbusto de flores rosadas en corimbo y frutos globulares con 2 o 3 semillas.

1. GRIÑÓN s.m. Toca de monjas que rodea el rostro.

2. GRIÑÓN s.m. Melocotón de piel lisa y carne adherida al hueso.

GRIOTA s.f. Mármol que presenta manchas rojas u oscuras redondeadas.

GRIP s.m. Posición de las manos en el palo de golf o en la raqueta de tenis. **2.** Revestimiento del mango de un palo de golf o de una raqueta de tenis.

GRIPA s.f. Amér. Gripe.

GRIPAL adj. Relativo a la gripe.

GRIPARSE v.prnl. Bloquearse o adherirse fuertemente dos piezas de un motor por dilatación, falta de lubricación o ajuste defectuoso.

GRIPE s.f. (fr. *grippe*). Enfermedad infecciosa, contagiosa y epidémica, de origen vírico, caracterizada por la aparición de fiebre, cefaleas, cansancio y catarro nasal o bronquial. SIN.: *influenza*.

ENCICL. Además del hombre, los virus gripales pueden afectar a algunos animales, sobre todo domésticos, como el cerdo, el caballo y las aves de corral. El virus de la gripe puede experimentar en las aves una mutación que lo convierte en altamente patógeno. Desde 2003, el virus de la gripe aviar se propagó por el Sudeste asiático y alcanzó Europa y África. En 2009 surgió en América del Norte un nuevo virus de la gripe, llamado gripe A (H1N1). En ambos casos, numerosos países tomaron medidas preventivas para evitar una transmisión masiva entre humanos.

GRIPOSO, A adj. y s. Que padece gripe.

GRIS adj. y s.m. Se dice del color que es de una tonalidad intermedia entre el blanco y el negro. ◆ adj. Que es de este color: *un suéter gris*. **2.** *Fig.* Se dice de alguien o algo que no destaca por nada. **3.** *Fig.* Triste, sombrío, lánguido o apagado: *un día gris*. ◇ **Gris marengo** Gris muy oscuro. **Gris perla** Gris muy claro. **Sustancia gris** ANAT. Tejido gris rosáceo situado en la corteza cerebral.

GRISÁCEO, A adj. Que tiene un tono gris.

GRISALLA s.f. Pintura monocroma, realizada en diferentes tonos de gris, que produce la ilusión del relieve esculpido. **2.** Composición empleada en la pintura sobre vidrio, con que se daba a los vidrios de color los efectos propios del claroscuro. **3.** Méx. Chatarra.

GRISEOFULVINA s.f. Antifúngico extraído del *Penicillum griseofulvum*, activo contra las principales micosis de la piel.

GRISMA s.f. Chile, Guat., Hond. y Nicar. Brizna, pizca.

GRISÓN, NA adj. y s. Del cantón suizo de los Grisones.

GRISÚ s.m. (fr. *grisou*). Gas, compuesto principalmente por metano, que se desprende en las minas de carbón y que, mezclado con el aire, explota al contacto con una llama.

GRISÚMETRO s.m. Aparato para determinar la cantidad de grisú en una mina.

GRITADERA s.f. Argent., Colomb., Chile y Venez. Griterío.

GRITAR v.intr. Dar gritos. **2.** Hablar con un tono de voz elevado. ◆ v.tr. e intr. Manifestar desagrado ruidosamente.

GRITERÍO s.m. Ruido de voces altas y confusas.

GRITO s.m. Sonido agudo y estridente emitido por una persona o animal expulsando aire por la laringe con fuerza. (Particularmente, se dice del sonido emitido por un animal, como las aves, y que no tiene un nombre específico.) **2.** HIST. En Latinoamérica, y en especial durante el s. XIX, acto que da inicio a un movimiento emancipador y en el que generalmente se proclama la independencia y se trazan las directrices políticas del nuevo país. ◇ **A grito pelado** *Fam.* Se dice de lo que está a la última moda. **Pedir algo a gritos** Necesitar mucho una cosa. **Poner el grito en el cielo** Clamar en voz alta, quejándose vehementemente de alguna cosa.

GRITÓN, NA adj. y s. *Fam.* Que grita mucho.

GRIVNA s.f. Unidad monetaria de Ucrania.

GRIZZLY s.m. (voz angloamericana). Oso gris de gran tamaño que vive en las Montañas Rocosas.

GROENLANDÉS, SA o **GROELANDÉS, SA** adj. y s. De Groenlandia.

GROERA s.f. MAR. Abertura hecha en una plancha o tablón para dar paso a un cabo, pinzote, etc.

GROG s.m. (voz inglesa). Bebida elaborada con ron, agua caliente azucarada y limón.

GROGUI adj. Se dice del boxeador muy castigado por el adversario pero que, aunque inconsciente, todavía sigue en pie. **2.** Aturdido, especialmente por el cansancio o el sueño. (También *groggy*.)

GROSELLA s.f. (fr. *groseille*). Fruto del grosellero, en forma de baya, de color rojo y sabor agridulce.

GROSELLERO s.m. Arbusto de la familia saxifragáceas cuyo fruto es la grosella.

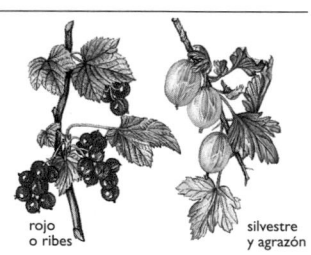

rojo o ribes

silvestre y agrazón

■ **GROSELLEROS**

GROSERÍA s.f. Cualidad de grosero. **2.** Hecho o dicho grosero.

GROSERO, A adj. Basto, ordinario, tosco. ◆ adj. y s. Carente de educación, cortesía o delicadeza.

GROSOR s.m. Espesor de un cuerpo.

GROSSO MODO loc.adv. (voces latinas, *de forma amplia*). Sin detallar o especificar.

GROTESCO, A adj. (ital. *grottesco*, adorno de las grutas). Que provoca risa por ser ridículo o extravagante.

GRÚA s.f. Máquina que sirve para levantar pesos, compuesta de un brazo montado sobre un eje giratorio y con una o varias poleas. **2.** CIN.

Plataforma móvil y dirigible que sostiene la cámara y al operador y que permite movimientos combinados. <> **Coche grúa** Esp. Vehículo automóvil provisto de una grúa y destinado al remolque de otros vehículos. **Grúa de torre** Grúa utilizada para elevar los materiales de construcción.

■ **GRÚAS** de astilleros en los «docks» de Londres.

GRUESA s.f. Conjunto de doce docenas de cosas.

GRUESO, A adj. (lat. *grossus*). Se dice de la persona corpulenta. **2.** Grande: *recogió gruesos racimos de uvas.* ◆ s.m. Grosor. **2.** Parte principal, mayor y más fuerte de un todo: *el grueso del ejército.*

GRUIR v.intr. [88] Dar gritos la grulla.

GRUJIDOR s.m. (fr. *grugeoir*, de *gruger*, grujir). Utensilio usado por los vidrieros para grujir, consistente en una barreta de hierro con una muesca en cada extremidad. SIN.: *brujidor.*

GRUJIR v.tr. Igualar con el grujidor los bordes de los vidrios.

GRULLA s.f. Ave zancuda, de unos 120 cm de alt., plumaje gris, marrón o blanco combinado con negro, patas y cuello muy largos, alas grandes y cabeza pequeña. (La grulla gríse; familia gruidos.)

■ **GRULLA** común.

GRULLO, A adj. Méx. Se dice del caballo o mula de color gris claro. ◆ s.m. Argent., Méx. y P. Rico. Peso, moneda.

GRUMETE s.m. Aprendiz de marinero.

GRUMO s.m. (lat. *grumus*, montoncito de tierra). Parte coagulada de un líquido. **2.** Pequeña masa compacta que se forma cuando una sustancia en polvo se deslíe sin precaución en un líquido.

GRUNGE adj. (voz inglesa). Se dice de un tipo de moda de aspecto desaliñado y descuidado.

GRUÑIDO s.m. Voz del cerdo. **2.** Voz ronca, amenazadora, que emiten algunos animales, como el perro. **3.** Fig. Sonido inarticulado y ronco que emite una persona como señal general de enojo.

GRUÑIR v.intr. (lat. *grunnire*) [49]. Dar gruñidos un animal. **2.** Fig. Mostrar disgusto murmurando entre dientes. **3.** Chirriar, rechinar una cosa: *la puerta gruñe.*

GRUÑÓN, NA adj. Fam. Que gruñe con frecuencia.

GRUPA s.f. (fr. *croupe*). Ancas de una caballería. <> **Volver grupas**, o **la grupa** Volver atrás.

GRUPAL adj. Relativo al grupo.

GRUPERA s.f. (fr. *croupière*, de *croupe*, grupa). Parte de los arneses que descansa sobre la grupa.

GRUPETO s.m. (ital. *gruppetto*) MÚS. Adorno constituido por 3 o 4 notas breves que preceden o siguen a la nota principal.

GRUPO s.m. (ital. *gruppo*). Conjunto de seres o cosas que están juntos en un lugar o que tienen alguna característica común. **2.** B. ART. Conjunto de figuras pintadas, esculpidas o fotografiadas: *grupo escultórico.* **3.** BIOL. Categoría de clasificación botánica y zoológica empleada cuando no se puede precisar el valor taxonómico. **4.** MAR. Nudo al revés que se da a los cabos gruesos cuando se necesita unirlos pronto y deshacer después la unión con facilidad. **5.** MAT. En álgebra moderna, conjunto de elementos de la misma naturaleza, provisto de una ley de composición interna que verifica determinadas propiedades. **6.** MIL. Unidad orgánica con distinta composición según las armas. <> **Efecto de grupo** ETOL. Conjunto de modificaciones morfológicas, etológicas, etc., provocadas por el agrupamiento, en un mismo espacio vital, de dos o más animales de la misma especie, sin que su concentración signifique un carácter restrictivo para sus desplazamientos o su alimentación. **Grupo de combate** MIL. Unidad táctica que se forma con arreglo a las características de la misión aplicada. **Grupo de presión** Conjunto de personas con intereses económicos o políticos comunes que, en beneficio de sus propios intereses, influyen en una organización, esfera o actividad social. SIN.: *lobby.* **Grupo electrógeno** ELECTR. Generador eléctrico alimentado por un motor de explosión. **Grupo funcional** QUÍM. Radical, cuya presencia en la fórmula de un compuesto caracteriza la existencia de una función química. **Grupo industrial** ECON. Conjunto de empresas relacionadas entre sí, principalmente en el campo de las finanzas. **Grupo local** ASTRON. Cúmulo de galaxias en tre las que figura la Galaxia, cuyos espectros no presentan corrimiento hacia el rojo. **Grupo parlamentario** POL. Formación permanente que agrupa a los miembros de una asamblea parlamentaria que comparten las mismas ideas políticas. **Grupo sanguíneo** MED. Conjunto de propiedades antigénicas de la sangre que permite clasificar los individuos y regular las transfusiones sanguíneas entre donantes y receptores compatibles. (Los grupos sanguíneos se distribuyen en una veintena de *sistemas*, entre los que destacan el sistema AB0, que comprende los grupos A, B, 0 [donante universal] y AB [receptor universal], y el sistema *Rhesus.) **Grupo social** SOCIOL. Conjunto de personas estructurado en función de un criterio, objetivo o subjetivo, elegido o impuesto desde el exterior, que dirige el conjunto de sus relaciones. **Grupo tisular** MED. Conjunto de propiedades análogas a las del grupo sanguíneo, que permiten determinar la compatibilidad de un receptor a un injerto o trasplante.

GRUPÚSCULO s.m. Organización política con reducido número de miembros, caracterizada por su radicalismo teórico y su práctica activista.

GRUTA s.f. (napolitano ant. *grutta*, del lat. *crypta*). Cavidad abierta de forma natural o artificial en las rocas; espacio subterráneo artificial que imita esta cavidad, en jardines, etc.

GRUTESCO, A adj. Relativo a la gruta. ◆ **grutescos** s.m.pl. Motivos decorativos, típicos del renacimiento, en los que se combinan, de forma arbitraria, arabescos, elementos vegetales y figurillas de fantasía.

GRUYÈRE s.m. (voz francesa). Queso de origen suizo que se elabora con el cuajo de leche de vaca triturado y cocido.

GSM s.m. (sigla del ingl. *global system for movil communications*). Sistema de radiotelefonía celular digital europeo comercializado a partir de 1992.

GUA s.m. Juego de canicas que consiste en

introducir una bola en un hoyo pequeño hecho en el suelo, impulsándola con el pulgar; este mismo hoyo.

¡GUA! interj. Amér. Merid. Expresa temor o admiración, o sirve para animar.

GUABÁN s.m. Cuba. Árbol silvestre con cuya madera se fabrican herramientas y mangos. (Familia meliáceas.)

GUÁRICO s.m. Cuba. Árbol anonáceo de madera dura y fina.

GUABINA s.f. Antillas, Colomb. y Venez. Pez de agua dulce, de carne suave y gustosa.

GUABIRÁ s.f. Argent., Par. y Urug. Árbol de gran tamaño, madera fina, hojas con una espina en el ápice y fruto amarillo y del tamaño de una guinda. (Familia mirtáceas.)

GUABIYÚ s.m. (voz guaraní). Argent. y Par. Árbol medicinal, de fruto comestible. (Familia mirtáceas.)

GUACA o **HUACA** s.f. (quechua *wáka*, dios doméstico). Amér. Central y Merid. Tesoro enterrado. **2.** Amér. Central y Merid. Tumba o sitio arqueológico de la época prehispánica. **3.** Bol., C. Rica y Cuba. Hucha, alcancía. **4.** C. Rica y Cuba. Hoyo donde se deposita la fruta verde para que madure.

GUACAL s.m. (náhuatl *wakálli*). → **HUACAL.**

GUACALOTE s.m. Cuba. Planta trepadora de tallos gruesos y espinas fuertes. (Familia cesalpiniáceas.)

GUACAMAYO s.m. (voz arauaca). Ave de América del Sur parecida al papagayo, de unos 90 cm de long., cola larga y plumaje de colores vivos.

■ **GUACAMAYO**

GUACAMOLE o **GUACAMOL** s.m. (náhuatl *awakamúlli*, manjar de aguacates con chile). Ensalada elaborada con aguacate, cebolla, tomate y chile verde, típica de Cuba, México y otros países de América Central. (También *huacamole.)*

GUACAMOTE s.m. Méx. Yuca.

GUACHADA s.f. Argent. Vulg. Acción sucia, desleal.

■ **GRUTESCOS.** Decoración de un plato de cerámica de Alcora del s. XVIII. (Museo de artes decorativas, París.)

GUACHAFITA s.f. Colomb. y Venez. Alboroto, bullicio.

GUACHAJE s.m. Chile. Hato de terneros separados de sus madres.

GUACHAPEAR v.tr. Chile. Hurtar, robar, arrebatar.

GUÁCHARO s.m. Ave nocturna parecida al chotacabras, que vive en cavernas en Colombia y Venezuela.

■ **GUÁCHARO**

GUACHE s.m. Pintura a la aguada. **2.** Colomb. y Venez. Hombre vulgar, patán.

GUACHIMÁN s.m. Amér. Central, Chile, Dom. y Perú. Guardia jurado, vigilante. **2.** Nicar. Sirviente.

GUACHINANGO adj. Cuba, Méx. y P. Rico. Se dice de la persona astuta y zalamera. **2.** P. Rico. Se dice de la persona burlona. ◆ s.m. Méx. Pez semejante al pagro.

GUACHO, A adj. (quechua *wáhča*, pobre, indigente, huérfano). Amér. Se dice de la cría que ha perdido la madre. **2.** Chile. Desparejado, descabalado. ◆ adj. y s. Argent. *Vulg.* Se dice de la persona ruin y despreciable. **2.** Argent., Chile y Perú. Huérfano, desmadrado, expósito. ◆ s. Amér. Merid. *Desp.* Hijo natural, bastardo. ◆ s.m. Pan. Plato elaborado con arroz, carne, pollo y algunas verduras, que tiene la apariencia de una sopa espesa.

GUÁCIMA s.f. (voz arauaca). Antillas, Colomb. y C. Rica. Árbol silvestre de corteza jabonosa y madera estoposa, que crece en América tropical. (Familia esterculiáceas.)

1. GUACO s.m. Amér. Planta de la familia de las compuestas, de flores blancas en forma de campanilla, que se utiliza para curar llagas, picaduras venenosas, etc. **2.** Amér. Ave gallinácea, de tamaño parecido al del pavo y carne más apreciada que la del faisán. **3.** C. Rica. Ave falcónida, con el cuerpo negro y el vientre blanco.

2. GUACO s.m. Amér. Central y Merid. Objeto de cerámica encontrado en una tumba o sitio arqueológico precolombino.

3. GUACO, A adj. y s. Ecuad. Se dice de la persona que tiene labio leporino.

GUADAL s.m. Argent. Terreno arenoso que cuando llueve se convierte en un barrizal.

GUADALAJARENSE adj. y s.m. y f. De Guadalajara, ciudad de México.

GUADALAJAREÑO, A adj. y s. De Guadalajara, ciudad y provincia de España.

GUADALUPANO, A adj. y s. Méx. Relativo a la Virgen de Guadalupe; que es devoto de ella.

GUADAMECÍ o **GUADAMECIL** s.m. (del ár. *yild gadamasî,* cuero de Gadames, c. de Libia). Cuero adobado y adornado con dibujos de pintura o relieve.

GUADAÑA s.f. Apero de labranza formado por una cuchilla de acero corva, enastada en un palo largo provisto de manija, que sirve para segar a ras de tierra. **2.** *Poét.* Símbolo o atributo del tiempo y de la muerte.

GUADAÑADORA s.f. Máquina agrícola para guadañar. ◇ **Guadañadora atadora,** o **agavilladora** Máquina agrícola para segar cereales y agavillarlos.

GUADAÑAR v.tr. Segar la hierba con la guadaña.

GUADARNÉS, SA s. (de *guardarnés,* de *guardar* y *arnés*). Persona que cuida de las guarniciones de las caballerías. ◆ s.m. Lugar donde se guardan las sillas y guarniciones de las caballerías.

GUADIANÉS, SA adj. Relativo al río Guadiana.

GUADUA s.f. Amér. Merid. Bambú muy grueso

y alto, espinoso y lleno de agua. (Familia gramíneas.)

GUAFE s.m. Amér. Central. Pequeño muelle marítimo.

1. GUAGUA s.f. Cosa baladí. **2.** Antillas y Can. Vehículo de transporte de pasajeros, autobús. **3.** Cuba y Dom. Insecto de color blanco o gris que destruye los naranjos y limoneros.

2. GUAGUA s.f. (quechua *wáwa,* niño de teta). Amér. Merid. Nene, niñito, rorro. (En Ecuador se usa también como masculino.)

GUAGUALÓN, NA s. Chile. *Fig.* y *fam.* Persona adulta que tiene una actitud infantil.

GUAHÍBO → **GUAJIVO.**

GUAICA → **WAICA.**

GUAICHÍ s.m. Marsupial que tiene la cara de color marrón negruzco con dos manchas blancas encima de los ojos y vive de México a Brasil. (Familia didélfidos.)

GUAICURÚ adj. y s.m. y f. De un pueblo amerindio del Chaco (río Paraguay, Bajo Paraná). [Comprende numerosas tribus con diversas lenguas propias, pero emparentadas.] SIN.: *mbayá.* ◆ s.m. Argent. y Urug. Planta perenne de tallo áspero, estriado y cuadrangular, hojas vellosas alternas, largas, agudas y con nervaduras, y flores moradas en racimos. (Su raíz se emplea en medicina popular como astringente.)

GUAIMÍ, pueblo amerindio agricultor de Panamá, de la familia lingüística chibcha.

GUAINA adj. y s.m. y f. (quechua *wayna*). Chile. Joven, mozo.

GUAIPE s.m. Chile. Estopa.

GUAIPO s.m. Martinete terrícola americano, con alas y cola cortas, parecido a la gallina. (Familia tinámidos.)

1. GUAIRA s.f. (quechua *wairačína,* aparato para aventar). Amér. Hornillo de barro en que los indios de Perú funden los minerales de plata. **2.** Amér. Central. Flauta de varios tubos que usan los indios.

2. GUAIRA s.f. (de *guairo*). MAR. Vela triangular que se enverga al palo, o a este y a un mastelerillo guindado en él.

GUAIRABO s.m. Chile. Ave nocturna, de plumaje blanco, con la cabeza y el dorso negros. (Familia ardeidos.)

GUAIRO s.m. MAR. Embarcación pequeña y con dos guairas, que se usa en América para el tráfico en las bahías y costas.

GUAJA s.m. y f. *Fam.* Pillo, tunante, granuja.

GUAJE adj. y s.m. y f. Amér. Central. Trasto, persona o cosa inútil. ◆ adj. y s.m. Hond. y Méx. Tonto, bobo: *le vieron la cara de guaje.* ◆ s.m. Hond. y Méx. Calabaza ancha en la base y angosta en la parte superior que sirve para llevar líquidos. **2.** Méx. Acacia de fruto comestible.

GUAJIRA s.f. Canción aflamencada, procedente de ciertos aires populares cubanos llegados a España en la segunda mitad del s. XIX.

1. GUAJIRO o **GOAJIRO,** pueblo amerindio arawak ganadero de la península de La Guajira (Colombia) y de la costa del lago Maracaibo (Venezuela).

2. GUAJIRO, A s. Campesino blanco de Cuba. ◆ adj. y s. Colomb. y Cuba. Campesino.

GUAJIVO o **GUAHÍBO,** pueblo amerindio recolector nómada de Venezuela y Colombia.

GUAJOLOTE s.m. (náhuatl *wešólotl*). Méx. Pavo, ave gallinácea: *mole de guajolote.* ◆ adj. Méx. *Fig.* Tonto, bobo.

GUALDA s.f. (del germ. *walda*). Planta del género *Reseda,* de la que se extrae un tinte amarillo.

GUALDERA s.f. Cada uno de los dos tablones laterales que forman una escalera, cureña, etc.

GUALDO, A adj. y s.m. Se dice del color amarillo, como el de la flor de la gualda. ◆ adj. Que es de este color.

GUALDRAPA s.f. Cobertura larga que cubre las ancas de las cabalgaduras.

GUALETA s.f. Aleta de buceo. **2.** Chile. Aleta de peces y reptiles. **3.** Chile. Parte saliente y generalmente flexible de cualquier objeto.

GUALICHO s.f. Argent. y Urug. Maleficio, hechizo. **2.** Argent. y Urug. Objeto producido por hechizo, según las creencias populares.

GUALILLA s.f. Roedor de color marrón ne-

gruzco que vive en los Andes ecuatorianos. (Familia cávidos.)

GUALTATA s.f. Chile. Hierba de los pantanos que se usa en la medicina aborigen como remedio cardíaco. (Familia compuestas.)

GUALVE s.m. Chile. Terreno pantanoso.

GUAMA s.f. Fruto del guamo.

GUAMÁ s.m. Árbol maderable que crece en América Meridional. (Familia papilionáceas.)

GUAMAZO s.m. Méx. *Fam.* Golpe fuerte.

GUAMBRA s.m. y f. Ecuad. Niño mestizo o de raza india.

GUAMO s.m. Árbol leguminoso de América Meridional. (Familia mimosáceas.)

GUAMPA s.f. (quechua *wákkhra*). Amér. Merid. Asta o cuerno del animal vacuno.

GUAMPO s.m. Chile. Embarcación pequeña hecha de un tronco de árbol.

GUAMPUDO, A adj. Amér. Merid. Se dice del ganado que tiene astas grandes.

GUAMÚCHIL s.m. Méx. Árbol espinoso de la familia de las leguminosas; fruto comestible de este árbol.

GUANÁBANA s.f. (voz taína de Santo Domingo). Antillas y Venez. Chirimoya. **2.** BOT. Fruto del guanábano, de forma acorazonada, corteza y pulpa blanca, sabor jugoso, dulce y refrescante.

GUANÁBANO s.m. Árbol de las Antillas, de tronco recto, corteza lisa, hojas lanceoladas y brillantes, y fruto comestible. (Familia anonáceas.)

GUANACASTE s.m. (voz náhuatl). Madera de origen americano, de color marrón rojizo y fácil de trabajar.

GUANACO s.m. (quechua *wanáku*). Camélido de aprox. un metro de alt., cuello largo y patas largas y delgadas, que tiene el pelo lanoso, de color marrón excepto en el vientre, patas y parte delantera del cuello, que son blancos. (Vive en zonas áridas de América del Sur, hasta los 4 000 m de alt.; probablemente un antepasado de la llama.) **2.** Amér. *Fig.* Tonto, bobo. **3.** Amér. Central. Campesino, rústico. **4.** Chile. *Fam.* Camión policial que lanza agua a gran presión.

■ **GUANACO**

GUANAQUEAR v.intr. Amér. Cazar guanacos. **2.** Amér. *Fig.* Hacer el bobo.

GUANAY s.m. Cormorán de Perú, de unos 70 cm de long., que tiene una cresta pequeña, la piel que rodea la órbita del ojo de color verde y la región ventral blanca. (Familia falacrocorácidos.)

GUANCHE s.m. y f. (de *Guan-Achinech,* hombre de la isla). Nombre que se daban a sí mismos los habitantes de la isla de Tenerife. ◆ adj. y s.m. y f. *Por ext.* De los pueblos prehispánicos de las islas Canarias, en los que se distinguen diversos grupos étnicos (mediterráneos, norteafricanos, negroides), procedentes de distintas inmigraciones a partir de finales del neolítico (h. 2500 a.C.). ◆ s.m. Lengua hablada por este pueblo.

GUANDO s.m. (quechua *wántu*). Colomb., Ecuad., Pan. y Perú. Camilla, parihuela.

GUANERA s.f. Lugar donde se encuentra el guano, materia excrementicia de las aves marinas.

GUANERO, A adj. Relativo al guano.

GUANGO, A adj. Méx. Ancho, holgado.

GUANGOCHE s.m. Amér. Central y Méx. Tela basta parecida a la arpillera, que suele usarse para embalajes, cubiertas, etc.

GUANGOCHO, A adj. Méx. Ancho, holgado. ◆ s.m. Hond. Guangoche. **2.** Hond. Saco hecho de guangoche.

GUANINA s.f. Base nitrogenada del ADN del núcleo celular.

GUANO s.m. (quechua *wánu*, estiércol, abono, basura). Materia resultante de la acumulación de excrementos y cadáveres de aves marinas, que constituye un abono rico en nitrógeno y ácido fosfórico. **2.** Abono mineral que se fabrica imitando esta materia. **3.** Argent., Chile y Perú. Estiércol.

GUANTADA s.f. Fam. Bofetón. SIN.: *guantazo*.

GUANTANAMEÑO, A adj. y s. Guantanamero.

GUANTANAMERO, A adj. y s. De Guantánamo. SIN.: *guantanameño*.

GUANTE s.m. (del germánico *want*). Prenda de punto, piel, caucho, etc., que cubre la mano y se usa para abrigarla o protegerla, o como complemento del vestido. ◇ **Arrojar,** o **tirar, el guante** Desafiar, retar, provocar a alguien. **Colgar los guantes** Abandonar la práctica del boxeo. **Echar el guante** Fam. Aprehender a alguien. **Recoger el guante** Aceptar un desafío o provocación.

GUANTEAR v.tr. Amér. Central y Méx. Golpear con la mano abierta.

GUANTELETE s.m. (fr. *gantelet*). Guante cubierto de láminas de hierro, que forma parte de la armadura.

GUANTERA s.f. Compartimiento en el tablero de un vehículo que sirve para guardar objetos. **2.** Caja para guardar guantes.

GUANTERÍA s.f. Establecimiento donde se hacen o venden guantes. **2.** Oficio de guantero.

GUANTERO, A s. Persona que fabrica o vende guantes.

GUAÑÍN s.m. (voz antillana). Nombre que daban los indios al oro bajo y a ciertos objetos hechos con este metal.

GUAPAMENTE adv.m. Fam. Muy bien, de forma espléndida.

GUAPEAR v.intr. Argent., Chile y Urug. Bravuconear, fanfarronear.

GUAPETÓN s.m. Guapo, bravucón, fanfarrón.

GUAPEZA s.f. Cualidad de guapo.

GUAPO, A adj. y s. (del lat. *vappa*, vino insípido, bribón, granuja). Que es físicamente atractivo, especialmente de cara. **2.** Que va bien vestido y acicalado. **3.** Fam. Bonito: *vi una casa muy guapa.* **4.** Amér. Fam. Que desprecia los peligros y los acomete; fiero. ◆ s.m. Bravucón, fanfarrón: *el guapo del barrio.*

GUAPOTE, A adj. Se dice de la persona de belleza algo basta.

GUAPURA s.f. Fam. Cualidad de guapo.

GUAQUERO, A o **HUAQUERO, A** s.m. Amér. Central y Merid. Persona que ilegalmente se dedica a buscar tesoros en las tumbas y sitios arqueológicos de la época prehispánica.

1. GUARA s.f. Cuba. Árbol parecido al castaño.

2. GUARA s.f. Colomb. Gallinazo que no tiene plumas en la cabeza ni en el cuello. **2.** Hond. Guacamayo.

3. GUARA s.f. Chile. Perifollo, adorno en el vestido.

GUARACA s.f. (quechua *waráka*, honda). Chile, Colomb., Ecuad. y Perú. Correa, látigo, trozo de cuerda largo y flexible. ◇ **Dar guaraca** Chile. Fam. Ganar de forma tajante y humillante para el que pierde.

GUARACHA s.f. Chile, Cuba y P. Rico. Baile semejante al zapateado.

GUARACHE s.m. Méx. Sandalia tosca de cuero.

GUARAGUA s.f. Amér. Contoneo, movimiento del cuerpo. **2.** Amér. Rodeo para contar o decir algo.

GUARANGADA s.f. Amér. Merid. Acción propia de una persona maleducada, grosería.

GUARANGO, A adj. (quechua *waranqu*). Amér. Merid. Se dice de la persona mal educada, descarada o grosera.

GUARANÍ adj. y s.m. y f. De un pueblo amerindio que en el s. XVI ocupaba la costa atlántica de América del Sur, act. reducido a algunos grupos aislados en Paraguay y Brasil. ◆ s.m. Familia lingüística de América del Sur. **2.** Unidad monetaria de Paraguay.

ENCICL. Los guaraní eran agricultores, tenían creencias animistas y estaban gobernados por chamanes. De su mestizaje con los españoles, llegados a su territorio en 1515, procede la actual población paraguaya. En el s. XVI, llevaron a cabo revueltas contra el régimen de encomiendas, del que se liberaron a partir de 1609 gracias a las reducciones jesuíticas del alto Paraná y la cuenca del Uruguay; las reducciones, que implantaron procedimientos de trabajo comunitario, fueron trasladadas en 1631 a orillas del Paraná. En 1639-1640, sostuvieron guerras con los traficantes de esclavos portugueses. La expulsión de los jesuitas de América (1767) significó el desposeimiento de sus tierras para los guaraníes. En 1848 se abolieron las últimas misiones.

■ **GUARANÍ.** Niños guaraníes de Dorados, al sur de Mato Grosso.

GUARAPAZO s.m. Colomb. Fam. Caída, golpe violento.

GUARAPETA s.f. Méx. Borrachera.

GUARAPO s.m. Amér. Jugo extraído de la caña de azúcar.

GUARAPÓN s.m. Chile y Perú. Sombrero de ala ancha.

GUARAÚNO, pueblo amerindio del delta del Orinoco y la costa de Guayana.

GUARDA s.m. y f. Persona encargada de conservar o custodiar alguna cosa. ◆ s.f. Acción de guardar, conservar o defender. **2.** Observancia y cumplimiento de un mandato, ley o estatuto. **3.** Hoja de papel blanco que se pone al principio y final de un libro. **4.** Rodete o disco de hierro de una cerradura que solo dejan pasar la llave correspondiente. (Suele usarse en plural.) **5.** Rodaplancha o hueco del paletón de una llave, por donde pasa el rodete. (Suele usarse en plural.) **6.** Amér. Franja con que se adornan los bordes de vestidos, cortinas y telas en general. ◇ **Guarda forestal** Persona encargada de la vigilancia y conservación de los montes y bosques del estado. **Guarda jurado** Guarda que es nombrado por la autoridad a propuesta de un particular.

GUARDABARRERA s.m. y f. Persona encargada de cuidar de la maniobra de las barreras de un paso a nivel.

GUARDABARROS s.m. (pl. *guardabarros*). Pieza de metal o de plástico que se coloca encima de las ruedas de una bicicleta, motocicleta, automóvil, etc., para proteger de las salpicaduras de barro. SIN.: *parafango, salvabarros.*

GUARDABOSQUES s.m. y f. (pl. *guardabosques*). Guarda forestal.

GUARDACABO s.m. MAR. Anillo de madera o de metal, con una canal en su superficie exterior, a la cual se ajusta una beta que le hace de estrobo, y sirve para que un cabo de labor pase por dentro sin rozarse o para enganchar un aparejo.

GUARDACANTÓN s.m. Poste de piedra que se coloca a ambos lados de un camino, para evitar que los vehículos se salgan de él. **2.** Poste de piedra para resguardar las esquinas de las casas de las ruedas de los vehículos.

GUARDACOCHES s.m. y f. (pl. *guardacoches*). Esp. Guarda de un aparcamiento.

GUARDACOSTAS s.m. (pl. *guardacostas*). Embarcación encargada de la vigilancia de las costas.

GUARDADOR, RA adj. y s. Que guarda o tiene cuidado de sus cosas. **2.** Que cumple escrupulosamente las leyes y preceptos.

GUARDAESPALDAS s.m. y f. (pl. *guardaespaldas*). Persona que tiene por oficio acompañar a otra en público para protegerla de posibles agresiones.

GUARDAFRENOS s.m. y f. (pl. *guardafrenos*). Persona encargada del manejo de los frenos en los trenes.

GUARDAFUEGO s.m. Plancha que se coloca delante de los hornos, a modo de pantalla.

GUARDAGUJAS s.m. y f. (pl. *guardagujas*). Persona encargada del manejo de las agujas de una vía férrea.

GUARDAINFANTE s.m. Armazón hueco de forma redondeada, hecho de alambres con cintas, que se ponían antiguamente las mujeres en la cintura, debajo de la falda.

GUARDAJOYAS s.m. (pl. *guardajoyas*). Joyero, mueble, caja o estuche para guardar joyas.

GUARDALLAMAS s.m. (pl. *guardallamas*). F. C. Plancha de hierro situada sobre la portezuela del hogar de la locomotora, para preservar de las llamas al fogonero.

GUARDALOBO s.m. Planta santalácea, de propiedades astringentes.

GUARDAMALLETA s.f. Pieza de adorno que pende sobre el cortinaje por la parte superior y que permanece fija.

GUARDAMANO s.m. ARM. **a.** Pieza de madera que se fija en el cañón de un arma de fuego. **b.** Guarnición.

GUARDAMETA s.m. DEP. Portero.

GUARDAMONTE s.m. Capote de monte. **2.** Argent., Bol. y Urug. Conjunto de piezas de cuero que cuelgan de la parte delantera de la montura y sirven para defender las piernas del jinete de la maleza del monte. **3.** Méx. Pieza de piel que se pone sobre las ancas del caballo para evitar la mancha de sudor. **4.** ARM. Pieza que protege el gatillo de un arma de fuego portátil.

GUARDAMUEBLES s.m. (pl. *guardamuebles*). Local destinado a guardar muebles.

GUARDAPAPO s.m. ARM. Pieza de la armadura que cubría el cuello y la barba.

GUARDAPELO s.m. Joya en forma de caja pequeña y chata en la que se guarda un mechón de pelo u otro recuerdo.

GUARDAPESCA s.m. Embarcación destinada a vigilar el cumplimiento de los reglamentos de pesca.

GUARDAPETO s.m. ARM. Pieza de refuerzo de la armadura que se colocaba sobre el peto.

GUARDAPIÉS s.m. (pl. *guardapiés*). Falda de mujer, usada antiguamente.

GUARDAPOLVO s.m. Resguardo que se pone sobre un objeto para protegerlo del polvo. **2.** Prenda de vestir que se pone encima del traje para protegerlo del polvo y las manchas. **3.** Tejadillo voladizo construido sobre un balcón o ventana para desviar las aguas de lluvia. **4.** Caja o tapa interior de un reloj de bolsillo, que sirve como protección.

GUARDAPUNTAS s.m. (pl. *guardapuntas*). Contera para preservar la punta del lápiz.

GUARDAR v.tr. (germ. *wardôn*, de *warda*, búsqueda con la vista, guardia, vigilancia). Cuidar y custodiar algo o a alguien. **2.** Poner algo en el lugar que le corresponde o donde esté seguro. **3.** Observar y cumplir lo que cada uno debe por obligación: *guardar las leyes.* **4.** No gastar, ahorrar. **5.** Preservar una cosa del daño que le puede sobrevenir. **6.** Fig. Mantener una actitud o sentimiento: *guardar silencio; guardar rencor.* ◆ v.tr. e intr. Conservar, retener, o recoger una cosa. ◆ **guardarse** v.prnl. Recelarse y precaverse de un riesgo. **2.** Poner cuidado en dejar de ejecutar una cosa que no es conveniente: *¡guárdate de decir nada!* ◇ **Guardársela** a alguien *Fam.* Diferir para tiempo oportuno la venganza o castigo de una ofensa.

GUARDARRIEL s.m. F. C. Trozo de carril que se coloca en las vías férreas al lado de los carriles, para darles más firmeza y evitar los descarrilamientos.

GUARDARROPA s.m. Habitación de un lugar público donde se guardan los abrigos, sombreros, etc. (También *guardarropas*.) **2.** Armario donde se guarda la ropa. SIN.: *ropero.* **3.** Conjunto de prendas de vestir de una persona. ◆ s.m. y f. Persona encargada del guardarropa de un lugar público.

GUARDARROPÍA s.f. Conjunto de trajes y complementos de cierta clase utilizados en las representaciones escénicas. **2.** Lugar o habitación donde se custodian estos trajes o complementos. **3.** Guardarropa. ◇ **De guardarropía** Se dice de las cosas que aparentan ostentosamente lo que no son en realidad.

GUARDASELLOS s.m. (pl. *guardasellos*). Dignatario palatino encargado de custodiar el sello real.

GUARDASILLA s.f. Moldura ancha de madera que se coloca en la pared para evitar el roce de las sillas.

GUARDAVALLA s.m. *Amér.* Portero, guardameta, arquero: *engañó al guardavalla y anotó un tanto.*

GUARDAVÍA s.m. F. C. Persona encargada de la vigilancia de un tramo de vía férrea.

GUARDERÍA s.f. Establecimiento destinado al cuidado de los niños cuando todavía no tienen edad para ir a la escuela. **2.** Ocupación u oficio del guarda.

GUARDIA s.f. (gót. *wardja,* el que monta guardia). Acción de guardar o vigilar. **2.** Tropa que vigila o defiende una persona o un puesto. **3.** Servicio efectuado por la tropa encargada de misiones de defensa o vigilancia. **4.** Servicio especial que se realiza en determinadas profesiones, fuera del horario habitual: *médico de guardia.* **5.** Nombre que se da a algunos cuerpos armados encargados específicamente de funciones de vigilancia o defensa: *guardia civil; guardia municipal; guardia real.* **6.** DEP. Postura de protección y defensa, en boxeo, esgrima, etc. ◆ s.m. Miembro de alguno de los cuerpos armados. ◇ **En guardia** En actitud de defensa o desconfianza. **Guardia civil** Miembro de la Guardia civil. **Guardia de tráfico** El urbano destinado a regular el tráfico de las ciudades. **Guardia marina** Alumno del cuerpo general de la armada. SIN.: *guardiamarina.* **Guardia nacional** Milicia cívica francesa creada en 1789, que desempeñó un importante papel en la Revolución francesa. **Vieja guardia** Conjunto de los miembros más antiguos de un grupo o partido, generalmente de ideas más conservadoras que el resto de la colectividad a la que pertenecen.

GUARDIAMARINA s.m. Guardia marina.

GUARDIÁN, NA s. (lat. *wardianem,* del gót. *wardjan,* acusativo de *wardja,* el que monta guardia). Persona o animal que guardan o vigilan una cosa. ◆ s.m. En la orden franciscana, prelado ordinario de uno de sus conventos.

GUARDILLA s.f. Buhardilla. **2.** Habitación contigua al tejado.

GUARDÍN s.m. MAR. Cabo o cadena que van sujetos a la caña del timón para girarlo.

GUARECER v.tr. (del ant. *guarir,* proteger, curar, del germ. *warjan*) [37]. Acoger, poner a cubierto, preservar. ◆ **guarecerse** v.prnl. Refugiarse, acogerse o resguardarse en alguna parte para librarse de riesgo, daño o peligro: *guarecerse de la lluvia.*

GUARÉN s.m. *Chile.* Rata de gran tamaño y dedos palmeados, que es una gran nadadora y se alimenta de ranas y pececillos.

GUARÉS s.m. Balsa o almadía que usan algunos pueblos amerindios.

GUARICHA s.f. *Colomb., Ecuad., Pan.* y *Venez.*

Prostituta. **2.** *Pan.* Lámpara pequeña de queroseno.

GUARIDA s.f. (del ant. *guarir,* proteger, curar, del germ. *warjan*). Cueva o lugar abrigado donde se acogen o refugian los animales. **2.** Lugar oculto al que concurren habitualmente personas, especialmente maleantes.

GUARIMÁN s.m. Árbol cuya corteza es de olor y sabor parecidos a la canela. (Familia magnoliáceas.) **2.** Fruto de este árbol.

GUARIPOLA s.f. *Chile.* Vara de madera que termina en una punta metálica y tiene en la base un globo también metálico. (Mide alrededor de un metro y medio y suele ir adornada de colores. Es la insignia que lleva el que dirige una banda militar.) ◆ s.m. y f. *Chile.* Persona que lleva la insignia o guaripola en una banda militar.

GUARISAPO s.m. *Chile.* Renacuajo.

GUARISMO s.m. (del ant. *alguarismo,* aritmética, del ár. *Al-juwarizmī,* sobrenombre de un matemático árabe). Signo o cifra arábigos que expresan una cantidad. **2.** Cantidad que se expresa con dos o más cifras.

GUARNECER v.tr. (del ant. *guarnir,* del germ. occidental *warnjan,* proveer, guarnecer, armar) [37]. Dotar a algo de accesorios, complementos o adornos. **2.** MIL. **a.** Dotar un lugar de guarnición. **b.** Estar de guarnición.

GUARNICIÓN s.f. Adorno que se pone en un vestido, ropa, uniforme, colgadura y otras cosas semejantes. **2.** ARM. **a.** Conjunto de piezas que, en un arma portátil, unen el cañón a la caja y sirven de refuerzo a esta. **b.** Parte de una espada o arma similar que cubre la empuñadura y protege la mano. **3.** Alimento o conjunto de alimentos añadidos a un plato, que sirven para adorno o complemento. **4.** Material de fricción que asegura el embrague o el frenado de un automóvil, motocicleta, etc. **5.** JOY. Engaste de oro, plata u otro metal, en que se sientan y aseguran las piedras preciosas. **6.** MIL. Conjunto de tropas estacionadas en una población o lugar para defenderlos. **7.** TECNOL. Dispositivo o material que forma una junta hermética alrededor de diversos órganos. ◆ **guarniciones** s.f.pl. Conjunto de correas y demás efectos que se ponen a las caballerías para montarlas, cargarlas o engancharlas al vehículo.

GUARNICIONERÍA s.f. Taller donde se fabrican y reparan las guarniciones y demás efectos que se ponen a las caballerías para tiro, carga o montura. **2.** Oficio de guarnicionero.

GUARNICIONERO, A s. Persona que fabrica o vende guarniciones para caballerías. **2.** Persona que fabrica o vende objetos de cuero, como maletas, bolsos, correas, etc.

1. GUARO s.m. *Amér. Central.* Aguardiente de caña.

2. GUARO s.m. *Venez.* Loro.

GUARRADA s.f. *Esp. Fam.* Porquería, suciedad. SIN.: *guarrería.* **2.** *Esp. Fam.* Acción que causa un perjuicio. SIN.: *guarrería.* **3.** Dicho o hecho que se considera indecoroso, especialmente en relación con la conducta sexual. SIN.: *guarrería.*

GUARREAR v.intr. Gruñir el jabalí o aullar el lobo.

GUARRERÍA s.f. Guarrada.

GUARRO, A adj. y s. (voz de origen onomatopéyico). *Esp.* Cerdo.

GUARURA s.m. *Méx.* Guardaespaldas, gorila.

GUASA s.f. Ironía o burla con que se dice algo. ◇ **Estar de guasa** Hablar en broma o tomar algo en broma.

GUASADA s.f. *Argent. Fam.* Dicho o hecho groseros o chabacanos.

GUASANGA s.f. *Amér. Central, Colomb., Cuba* y *Méx.* Bulla, algazara.

GUASCA o **HUASCA** s.f. (quechua *wáskha*). *Amér. Merid.* y *Antillas.* Ramal de cuero, cuerda o soga, que sirve de rienda o de látigo. **2.** *Argent.* y *Urug. Vulg.* Pene.

GUASCAZO s.m. *Amér. Merid.* Azote dado con la guasca o cosa semejante.

GUASEARSE v.prnl. Chancearse.

GUASERÍA s.f. *Argent.* y *Chile.* Acción propia de un guaso, grosería.

GUASO, A adj. *Amér. Merid.* Maleducado, descortés, de carácter desabrido.

GUASÓN, NA adj. y s. *Fam.* Burlón o bromista.

GUASTECA → HUASTECA.

1. GUATA s.f. *Esp.* Lámina gruesa de algodón que se usa para rellenar ciertas confecciones.

2. GUATA s.f. (mapuche, *huata*). *Chile. Fam.* Barriga, vientre. **2.** *Chile.* Alabeo, pandeo.

1. GUATE s.m. *Amér. Central* y *Méx.* Plantación de maíz destinado a servir de forraje.

2. GUATE, A adj. *Salv.* Mellizo, gemelo.

GUATEMALTECO, A adj. y s. De Guatemala. ◆ s.m. Variedad del español hablada en Guatemala.

GUATEQUE s.m. *Esp.* Fiesta, generalmente celebrada en una casa particular, en la que se baila y se sirven bebidas, canapés y sándwichs.

GUATERO s.m. *Chile.* Bolsa de agua caliente.

GUATITAS s.f.pl. *Chile.* Trozos de estómago de animal, generalmente vacuno, que se comen guisados; callos.

GUATÓN, NA adj. y s. *Chile. Fam.* Panzudo, barrigón.

GUAU Onomatopeya de la voz del perro.

GUAY adj. *Esp. Fam.* Bueno, excelente.

GUAYABA s.f. Fruto del guayabo. **2.** *Antillas, Colomb., Nicar., Salv.* y *Urug. Fig.* y *fam.* Mentira, embuste.

GUAYABAZO s.m. *Méx. Fam.* Elogio desmedido que se dirige a alguien con el fin de ganarse su favor.

GUAYABEAR v.intr. *Antillas, Colomb., Nicar., Salv.* y *Urug. Fig.* y *fam.* Mentir.

GUAYABERA s.f. Saco o camisa sueltos de tela ligera.

GUAYABI s.m. Madera de origen americano, de color rojizo, muy fina y dura, que se trabaja y pule fácilmente.

1. GUAYABO s.m. Árbol de América tropical, de flores blancas y olorosas, y fruto comestible en forma de baya (guayaba). [Familia mirtáceas.]

hojas
y flores

sección
del fruto

fruto

■ **GUAYABO**

2. GUAYABO, A s. *Fam.* Persona joven y agraciada.

GUAYACA s.f. (quechua *wayaca,* bolsa). *Argent., Bol.* y *Chile.* Taleguilla para guardar monedas o adminículos de fumar. **2.** *Argent., Bol.* y *Chile.* Amuleto.

GUAYACÁN s.m. (voz taína). Árbol de hojas persistentes, apreciado por su madera, del mismo nombre, y por sus extractos. (Familia cigofiláceas.) **2.** *Amér.* Árbol de la familia de las cigofiláceas, que crece hasta unos 12 m de alt., con tronco grande, corteza dura y gruesa, hojas persistentes y pareadas, flores de color blanco azulado y fruto capsular y carnoso. Su madera es muy dura y se emplea en ebanistería y en la construcción de máquinas. SIN.: *guayaco.*

GUAYACO s.m. (voz taína). Guayacán.

GUAYACOL s.m. Sustancia extraída de la resina del guayacán y de la creosota de haya.

GUAYANÁ → GOAYANÁ.

GUAYAQUILEÑO, A adj. y s. De Guayaquil.

GUAYAR v.tr. Dom. Rallar, desmenuzar una cosa con el rallador. ✦ **guayarse** v.prnl. P. Rico. Embriagarse, emborracharse.

GUAYUCO s.m. Colomb., Pan. y Venez. Taparrabos, prenda.

GUAYULE s.m. Planta cultivada en grandes extensiones de EUA como productora de caucho. (Familia compuestas.)

GUAYUSA s.f. Planta cuya infusión se toma como bebida y es parecida al mate de Paraguay.

GUAZÁBARA s.f. Amér. Bullicio, algarada.

GUAZUBIRÁ s.m. Argent. y Par. Venado pequeño, de color generalmente bayo, pardusco o grisáceo, que habita lugares abiertos y bañados por ríos o lagunas.

GUBERNAMENTAL adj. (fr. *gouvernemental*). Relativo al gobierno. **2.** Partidario del gobierno o favorecedor del principio de autoridad.

GUBERNATIVO, A adj. Relativo al gobierno.

GUBIA s.f. (del lat. tardío *gulbia*). Formón en forma de media caña que sirve para hacer muescas y molduras. **2.** Instrumento empleado en cirugía para la resección de fragmentos óseos.

GUEDEJA s.f. (lat. *viticula*, vid pequeña). Cabellera larga; mechón de cabello. **2.** Melena del león.

GUEEZ s.m. y adj. → **GE'EZ.**

GÜEGÜECHO, A adj. Amér. Central y Méx. Que padece bocio. **2.** Colomb. Bobo, tonto.

GÜELFO, A s. y adj. HIST. Partidario de los papas en las guerras medievales en Italia, enemigo de los gibelinos.

GÜEMUL s.m. Argent. y Chile. Huemul, mamífero de la familia de los cérvidos.

GUEPARDO s.m. Mamífero carnívoro de África y Asia, de unos 75 cm de long. sin la cola, que alcanza una velocidad de 100 km/h. (Es el único felino sin garras retráctiles; familia félidos.)

■ **GUEPARDO**

GÜERO, A adj. y s. Méx. y Venez. Rubio.

GUERRA s.f. (germ. occidental *werra*, discordia, pelea). Lucha armada entre grupos o países. **2.** Lucha o disputa entre personas, que puede originar actos violentos. **3.** *Fig.* Acción encaminada a destruir o poner fin a algo: *declarar la guerra al analfabetismo.* ◇ **Dar guerra** *Fam.* Causar molestia, *Fam.* ◇ *irón.* vivir. ▷ **antes de la guerra** *Fam.* De hace mucho tiempo. **Declarar la guerra** Notificar o hacer saber un país a otro el estado de guerra contra él; entablar abiertamente lucha o competencia con alguien. **Guerra abierta** Enemistad, hostilidad declarada. **Guerra civil** Guerra entre dos bandos de un mismo pueblo o nación. **Guerra convencional** Guerra en la que está excluido el empleo de armas nucleares. **Guerra fría** Estado de las relaciones entre dos países que se caracteriza por una constante hostilidad en todos los terrenos, pero que excluye deliberadamente el enfrentamiento armado. **Guerra psicológica, o de nervios** Utilización sistemática de medios de propaganda de todo tipo destinados a influir en la actitud de los pueblos y del ejército, principalmente para quebrantar su voluntad de resistencia. **Guerra química, nuclear, biológica** Guerra en la que se emplean armas químicas, nucleares, o biológicas. **Guerra revolucionaria** Doctrina encaminada a explotar las contradicciones internas de un adversario con el fin de asegurarse el control de su población. **Guerra santa** Guerra desencadenada por motivos religiosos, cruzada. **Guerra sin cuartel, o a muerte** Guerra en la que no se hacen concesiones al

enemigo y no se respeta los derechos de los prisioneros. **Guerra subversiva** Acción concertada dirigida contra los poderes públicos de un estado con el fin de paralizar su funcionamiento. **Guerra total** Guerra que abarca todas las actividades de un pueblo o cuyo objetivo es el aniquilamiento total del adversario.

GUERREAR v.intr. Hacer la guerra. **2.** *Fig.* Resistir, combatir o contradecir.

GUERRERA s.f. Saco de vestir ajustado, con insignias y divisas, que forma parte de diversos uniformes militares.

GUERRERO, A adj. Relativo a la guerra. ✦ adj. y s. Que guerrea. **2.** Que tiene afición o inclinación por la guerra: *pueblos guerreros.* **3.** *Fam.* Que es travieso o molesto. ✦ s.m. *Poét.* Soldado, combatiente.

GUERRILLA s.f. Partida armada que, contando con algún apoyo de la población autóctona, lleva a cabo acciones coordinadas en el territorio dominado por el adversario. **2.** Guerra de hostigamiento o de emboscada.

GUERRILLEAR v.intr. Pelear en guerrillas.

GUERRILLERO, A adj. Relativo a la guerrilla. ✦ s. Persona que combate en una guerrilla.

GUETO o GHETTO s.m. (ital. *ghetto*). Grupo social encerrado en sí mismo, condición marginal. **2.** Lugar donde una minoría vive marginada y aislada del resto de la sociedad. **3.** Antiguamente, barrio reservado a los judíos en algunas ciudades. (El primer gueto fue organizado en Venecia en 1516.)

GÜEVÓN, NA adj. y s. → **HUEVÓN, NA.**

GÜEY adj. y s.m. y f. Méx. *Vulg.* Tonto, estúpido.

GUÍA s.m. y f. Persona que se dedica a guiar a otra por el camino adecuado, en una montaña, ruta, etc. **2.** Persona que tiene por oficio guiar a otras personas y mostrarles cosas dignas de ser vistas, en una ciudad, museo, etc.: *guía turístico.* **3.** Persona que da consejos, instrucciones, etc. ✦ s.m. En los movimientos que realiza una tropa militar *persona cuyo posición sirve de referencia a las demás.* ✦ s.f. Norma, indicación para dirigir u orientar. **2.** Libro o folleto de indicaciones que contiene datos o instrucciones diversas para información de la persona que lo consulta: *guía telefónica, turística.* **3.** Documento expedido por la administración pública para acreditar y autorizar el tránsito de géneros o efectos cuyo movimiento o comercio está restringido por razones fiscales, de salud o de orden público. **4.** Extremo del bigote cuando está retorcido. **5.** Cada una de las dos varas que se deslizan rápidamente una bicicleta o ciclomotor. **6.** MAR. Nombre que se da a ciertos cabos. **7.** MEC. Conjunto de dispositivos que obligan a una pieza móvil a seguir una trayectoria determinada. ✦ **guías** s.f.pl. Riendas con que se conduce al caballo, mulo, etc. ◇ **Guía de ondas** Tubo metálico, a veces aislante, en cuyo interior se transmiten las ondas electromagnéticas de elevada frecuencia por reflexión en las paredes internas.

GUIADERA s.f. Madero o barrote que sirven para dirigir el movimiento rectilíneo de un objeto: *la guiadera de un molino de aceite.*

GUIADO s.m. Sistema destinado a fijar una trayectoria determinada a un vehículo aéreo o a un misil, para que alcance una ruta o un objetivo concretos.

GUIAHÍLOS s.m. (pl. *guiahílos*). TECNOL. Aparato para regular la distribución de los hilos en las bobinas de una máquina textil.

GUIAR v.tr. e intr. [19]. Acompañar a alguien para mostrarle el camino: *guiar a un ciego.* **2.** Manejar o conducir un vehículo. **3.** Dirigir a alguien mediante enseñanzas y consejos: *guiar a un niño en sus estudios.* **4.** Indicar a alguien el camino: *los postes indicadores os guiarán.* **5.** Conducir, orientar, regir: *lo guiaba su propio interés.* ✦ **guiarse** v.prnl. Orientarse, regirse por algo o alguien: *guiarse por las indicaciones, por el instinto.*

1. GUIJA s.f. (del ant. *aguija*). Guijarro.

2. GUIJA s.f. (cat. *guixa*). Planta trepadora de la familia papilionáceas, que se cultiva como forrajera o como planta ornamental.

GUIJARRAL s.m. Terreno en que abundan los guijarros.

GUIJARREÑO, A adj. Abundante en guijarros o relativo a ellos.

GUIJARRO s.m. Piedra pequeña y redondea-

da que se encuentra en las orillas y cauces de ríos y arroyos.

GUIJO s.m. Conjunto de guijas o guijarros que se usa para consolidar o rellenar caminos.

GÜILA s.f. Méx. *Vulg.* Huila, prostituta.

GUILDA s.f. En la edad media, organización de mercaderes, obreros o artistas, unidos por un juramento de ayuda y defensa mutuas (ss. XI-XIV). **2.** Asociación privada de interés cultural y comercial.

GUILLADURA s.f. *Fam.* Chifladura.

GUILLAME s.m. (fr. *guillaume*, del nombre propio *Guillaume*, Guillermo). Cepillo de hierro, estrecho y recortado, para practicar ranuras rectas.

GUILLARSE v.prnl. (de *guiñarse*, huir, y el cat. *esquitllar-se*, escabullirse). *Fam.* Irse, escaparse. **2.** Chiflarse, volverse loco.

GUILLATÚN s.m. Chile. Ceremonia de los indios araucanos para hacer rogativas por lluvias o bonanza.

GUILLOTINA s.f. (fr. *guillotine*, de J. I. Guillotin, su inventor). Máquina que servía para decapitar a los condenados a muerte formada por una cuchilla que se desliza rápidamente por dos largueros de un armazón de madera. **2.** Ejecución capital realizada con esta máquina. **3.** Máquina para cortar papel. ✦ **De guillotina** Se dice de la ventana o persiana con uno o varios bastidores superpuestos que se abren y cierran por deslizamiento vertical a su plano.

GUILLOTINAR v.tr. Decapitar a alguien con la guillotina. **2.** Cortar papel con la guillotina.

GUIMBARDA s.f. (fr. *guimbarde*). Cepillo de carpintero, de cuchilla estrecha, para labrar el fondo de las cajas y ranuras. **2.** Danza popular antigua. **3.** Instrumento musical de percusión que suena haciendo vibrar una lengüeta de acero.

GÜIN s.m. Cuba. Vástago de algunas cañas que se usa para la armadura de las cometas y para hacer jaulas.

GÜINCHA s.f. Chile. → **HUINCHA.**

1. GUINDA s.f. Fruto del guindo, pequeño, redondo, de sabor ácido y color negro o rojo oscuro.

2. GUINDA s.f. (de *guindar*). MAR. Altura de la arboladura de un buque.

GUINDADO s.m. Argent., Chile y Urug. Bebida alcohólica elaborada con aguardiente y guindas cocidas.

GUINDAL s.m. Guindo.

GUINDALEZA s.f. (fr. *guinderesse*). MAR. Cabo grueso.

GUINDAR v.tr. y prnl. (fr. *guinder*). Subir algo que ha de quedar colgado en lo alto. **2.** *Fam.* Ahorcar. ✦ **guindarse** v.prnl. Descolgarse de alguna parte por medio de cuerda, soga u otro artificio.

GUINDILLA s.f. (de *guinda*). Esp. Pimiento pequeño, encarnado, alargado y puntiagudo, de sabor muy picante. (También se cultivan ciertas especies muy parecidas de la misma familia, llamadas *ají* en América Meridional y Antillas y *chiles* en América Central y México, familia solanáceas.)

GUINDILLO s.m. Guindillo de Indias Planta de tamaño pequeño, de fruto parecido a la guinda y sabor muy picante. (Familia solanáceas.)

GUINDO s.m. Árbol rosáceo, de flores blancas, cuyo fruto es la guinda. SIN.: *guindal.*

GUINEA s.f. Antigua moneda inglesa de oro equivalente a 21 chelines.

GUINEANO, A adj. y s. De Guinea.

GUINEO s.m. Amér. Central, Ecuad., Perú, P. Rico y Venez. Plátano de tamaño pequeño y sabor muy dulce.

GUIÑADA s.f. Acción de guiñar. **2.** Movimiento angular de un avión en un plano horizontal. **3.** Movimiento de giro o desvío regular de la proa de un barco hacia un lado u otro del rumbo.

GUIÑAPO s.m. Esp. Andrajo o trapo roto, viejo o deslucido. **2.** Esp. *Fig.* Persona envilecida, andrajosa.

GUIÑAR v.tr. Cerrar y abrir un ojo con rapidez, generalmente para hacer una seña a alguien. **2.** Entornar los ojos para protegerlos de la luz. **3.** MAR. Dar guiñadas un barco.

GUIÑO s.m. Acción de guiñar los ojos. **2.** *Fig.*

Mensaje que no se expresa abiertamente sino a través de una referencia o signo.

GUIÑOL s.m. (fr. *guignol*). Teatro de marionetas.

GUIÑOLESCO, A adj. Propio del guiñol.

GUIÑOTE s.m. Juego de naipes parecido al tute, en que se dan 6 cartas y se canta con reyes y sotas.

GUION o **GUIÓN** s.m. Escrito esquemático que sirve como guía o programa para desarrollar un tema, conferencia o actividad. **2.** Texto que contiene todo el desarrollo de una película, programa de radio, o de televisión, expuesto con todos los pormenores. **3.** Signo ortográfico que consiste en una raya horizontal (-), que se utiliza para indicar que una palabra colocada al final de un renglón no está completa y se continúa en el siguiente, y para unir palabras compuestas. **4.** Signo algo más largo (—) que se utiliza para separar oraciones incidentales, para indicar en los diálogos cuando habla cada interlocutor y para suplir al principio de línea, en índices y otros escritos semejantes, el vocablo con que empieza otra línea anterior. **5.** Estandarte o pendón que se lleva delante de una comitiva. **6.** HIST. Estandarte real de Carlos VII y más tarde de los dragones (s. XVII). **7.** MÚS. Nota o señal colocada al final de una línea para anunciar la nota que iniciaba la línea siguiente. ◆ s.m. y adj. Ave delantera en las bandadas que van de paso.

GUIONISTA s.m. y f. Persona que se dedica a escribir guiones de cine, radio o televisión.

GUIPAR v.tr. *Vulg.* Ver, percibir, descubrir.

GÜIPIL s.m. → **HUIPIL.**

GUIPUR s.m. (fr. *guipure*). Encaje cuyo tejido comprende tres sistemas de hilos y cuyos motivos están trabados en relieve.

GUIPUZCOANO, A adj. y s. De Guipúzcoa. ◆ s.m. Variedad del vascuence hablada en Guipúzcoa.

GÜIRA s.f. (del ant. *hibuera*, de origen antillano). Árbol de América tropical. (Familia bignoniáceas.) **2.** Fruto de este árbol, con el que se hacen recipientes.

GUIRI s.m. y f. Esp. *Fam.* Extranjero, especialmente turista.

GUIRIGAY s.m. (voz onomatopéyica) [pl. *guirigays* o *guirigayes*]. Esp. *Fam.* Lenguaje confuso y difícil de entender. **2.** Esp. Griterío y confusión que resulta cuando varios hablan a la vez o cantan desordenadamente.

GUIRLACHE s.m. Turrón elaborado con almendras tostadas y caramelo.

GUIRNALDA s.f. Tira ornamental a base de flores, hierbas, papel, etc. **2.** Motivo ornamental que representa follajes, flores, etc., entrelazados o unidos con cuerda.

GÜIRO s.m. (voz arauaca). Amér. Calabaza vinatera. **2.** Amér. Central. Güira. **3.** Antillas y Méx. Instrumento musical que tiene como caja una calabaza vinatera.

GUISA s.f. (del germ. *wisa*). Modo, manera o semejanza de algo: *procedió de esta guisa.* ◇ **A guisa de** o **en guisa de** A modo de, de tal suerte, en tal manera: *una tabla a guisa de mesa.*

GUISADO s.m. Guiso de carne o pescado cortados a trozos, que se rehoga con cebolla, tomate y otros condimentos, y luego se cuece añadiendo papas, zanahoria, etc.

GUISANTE s.m. (del lat. *pisum*). Esp. Planta herbácea trepadora, de flores blancas o rojizas, que se cultiva por su fruto comestible, rico en almidón. (Familia papilionáceas.) GEOSIN.: Argent., Chile, Colomb. y Urug. *arveja;* Cuba y Méx. *chícharo.* **2.** Fruto de esta planta, de pequeño tamaño, forma redondeada y color verde. GEOSIN.: Argent., Chile, Colomb. y Urug. *arveja;* Cuba y Méx. *chícharo.*

GUISAR v.tr. (de *guisa*). Esp. y Méx. Preparar los alimentos para ser comidos, especialmente cociéndolos con diversos condimentos. ◆ **guisarse** v.prnl. Esp. Tramarse: *algo se guisa en esa reunión.*

GUISO s.m. Esp. y Méx. Comida guisada.

GUISOTE s.m. Esp. *Desp.* Guisado hecho con poco cuidado o mal presentado.

GÜISQUI s.m. → **WHISKY.**

GUITA s.f. Cuerda delgada de cáñamo. **2.** Esp. *Fig.* y *fam.* Dinero.

GUITARRA s.f. (ár. *kitāra*, del gr. *kithára*, cítara). Instrumento musical de cuerda, formado por una caja de madera que tiene forma de ocho, con un orificio redondo en el centro, y un mástil donde están los trastes y a lo largo del cual se prolongan las cuerdas, normalmente seis, que se pulsan y oprimen con los dedos. ◆ s.m. y f. Guitarrista. ◇ **Guitarra eléctrica** Guitarra en que la vibración de las cuerdas es captada por un electroimán y amplificada mediante un equipo electrónico.

clavijero

clavija

ceja

mástil

traste

cuerda

reborde

rosetón

caja sonora

puente

■ **GUITARRA** clásica.

GUITARREAR v.intr. Tocar la guitarra.

GUITARREO s.m. Toque de guitarra repetido o cansado.

GUITARRERÍA s.f. Establecimiento donde se fabrican, venden o arreglan guitarras, bandurrias, bandolines y laúdes.

GUITARRERO, A s. Persona que fabrica o vende guitarras.

GUITARRESCO, A adj. *Fam.* Relativo a la guitarra.

GUITARRILLO s.m. Guitarra pequeña de cuatro cuerdas. SIN.: *guitarro.*

GUITARRISTA s.m. y f. Persona que toca la guitarra, especialmente por profesión.

GÜITO s.m. Hueso de albaricoque con que juegan los muchachos. ◆ **güitos** s.m.pl. Juego que se hace con estos huesos.

GUIZACILLO s.m. Planta propia de las regiones cálidas. (Familia gramíneas.)

GUJA s.f. (del fr. *vouge*, podadera de mango largo). Arma antigua enastada o lanza con hierro en forma de cuchilla ancha y de unos dos o tres decímetros de largo.

GULA s.f. (lat. *gula*, garganta). Deseo exagerado de comer y beber.

GULAG s.m. (abrev. del ruso *Glavnoïe Oupravlenie Laguereï*, Dirección general de los campos). Organismo soviético encargado de la administración de los campos de trabajo para presos. **2.** Sistema de campos de concentración soviéticos.

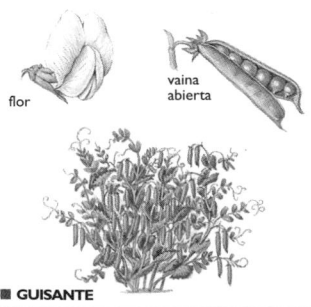

flor

vaina abierta

■ **GUISANTE**

ENCICL. Instaurada en 1919, esta red de campos de trabajo forzado creció en forma considerable con Stalin. Se dirigía a varias categorías sociales o nacionales acusadas de delitos contrarrevolucionarios. Instrumento de represión en masa, el gulag también contribuyó, al brindar mano de obra gratuita al país, al desarrollo económico de la URSS de Stalin.

GULASCH s.m. (húngaro *gulyás*). Guiso típico de Hungría elaborado con carne de buey, cebolla, tomate y páprika.

GULES s.m. HERÁLD. Color rojo de los esmaltes, que se representa con trazos verticales.

GUM s.m. Nombre que se da a la madera de distintos árboles, que se utilizan en carpintería, carrocería, para parquets, etc.

GUMÍA s.f. (ár. marroquí *kummīya*). Arma blanca de hoja encorvada, usada por los moros.

GUNITA s.f. Hormigón especial proyectado a presión neumática sobre una superficie que se ha de recubrir.

GÜNZ s.m. (de *Günz*, río de Alemania). GEOL. Glaciación de la era cuaternaria. (Es la primera de las cuatro que se produjeron en este período.)

GUPPY s.m. Pez de muy variada coloración, originario de América del Sur, que suele criarse en acuarios ya que soporta temperaturas comprendidas entre los 18 y 38 ºC y se reproduce rápidamente.

GURA s.f. Paloma grande de Nueva Guinea, con un copete eréctil.

GURAMI s.m. → **GOURAMI.**

GURBI s.m. (voz árabe). Cabaña de África del norte.

GURÍ, ISA s. Argent. y Urug. Niño, muchacho. **2.** Urug. Muchacho indio o mestizo.

GURIPA adj. y s.m. Esp. *Desp.* Soldado raso. **2.** Esp. *Desp.* Guardia. **3.** *Fig.* Bribón, golfo.

GURMET s.m. Gourmet.

GURO, pueblo de Costa de Marfil, que habla una lengua del grupo mandé.

GURÚ s.m. (voz sánscrita). En la India, director espiritual o jefe religioso. **2.** *Fig.* Persona a quien se considera maestro o guía espiritual.

GUSANEAR v.intr. Hormiguear.

GUSANERA s.f. Lugar donde se crían gusanos. **2.** *Fig.* y *fam.* Pasión que domina en el ánimo.

GUSANILLO s.m. Hilo o alambre arrollado en espiral. ◇ **Gusanillo de la conciencia** *Fig.* y *fam.* Remordimiento. SIN.: *gusano de la conciencia.* **Matar el gusanillo** *Fam.* Satisfacer el hambre, momentáneamente, comiendo algo ligero; beber aguardiente por la mañana en ayunas.

GUSANO s.m. Nombre dado a los animales de cuerpo blando y alargado, sin patas, en especial a los anélidos (gusanos anillados), los platelmintos (aplanados) y los nematelmintos (redondeados). **2.** Nombre dado a ciertos insectos vermiformes. (El *gusano blanco*, larva del abejorro; *gusano de luz*, luciérnaga; *gusano de seda*, oruga de la morera; *gusano de la harina*, larva de los tenebriónidos.) **3.** *Fig.* Persona despreciable o insignificante. **4.** INFORMÁT. Programa que se infiltra en una red informática, se copia a sí mismo para reproducirse en ella y se propaga a los sistemas con que está conectada, con el objetivo de alterarlos o destruirlos. ◇ **Gusano de la conciencia** *Fig.* y *fam.* Remordimiento. SIN.: *gusanillo de la conciencia.*

GUSANOSO, A adj. Que tiene gusano.

GUSARAPIENTO, A adj. Que tiene gusarapos o está lleno de ellos.

GUSARAPO, A s. Cualquier animal vermiforme que habita en un medio líquido.

GUSTACIÓN s.f. Acción y efecto de gustar.

GUSTAR v.tr. (lat. *gustare*, catar, probar). Percibir el sabor de un alimento, una bebida, etc. SIN.: *catar.* **2.** *Fig.* Experimentar, probar. ◆ v.tr. e intr. Agradar, satisfacer, placer. ◆ v.intr. Sentir inclinación hacia algo que en cierto modo produce placer: *gustar de ir a cazar.* **2.** Amér. Apetecer una cosa o aceptar algo: *¿gusta de un café?* ◇ **¿Usted gusta?** Fórmula de cortesía que se emplea cuando se empieza a comer o beber ante otras personas.

GUSTATIVO, A adj. Relativo al gusto. ◇ **Nervio gustativo** Nombre de dos nervios que van de las papilas linguales al encéfalo.

GUSTAZO s.m. *Fam.* Placer que se experimenta al realizar algo muy esperado: *darse el gustazo de dormir muchas horas.*

GUSTILLO s.m. Regusto.

GUSTO s.m. (lat. *gustus, -us,* acción de catar, sabor). Sentido que permite percibir y distinguir los sabores. (En el ser humano, el gusto se encuentra en las papilas gustativas de la lengua, pudiendo distinguir cuatro sabores: salado, dulce, amargo y ácido; los peces perciben el gusto a través de las barbillas; los insectos trituradores, gracias a las piezas bucales; y las mariposas y las moscas, gracias a los tarsos.) **2.** Sabor de un alimento. **3.** Placer o deleite que producen las cosas que gustan: *el gusto por la lectura.* **4.** Facultad de sentir o apreciar lo bello y lo feo: *fiarse del gusto de alguien.* **5.** Sentido intuitivo de los valores estéticos. **6.** Elegancia, distinción o belleza: *decorar con gusto.* **7.** Capricho, deseo arbitrario o irracional: *tener el gusto de gritar.* ◇ **A gusto** Bien, cómodamente, sin sentirse cohibido. **Con mucho gusto** Fórmula de cortesía que se usa para indicar que se asiente a algo o se dan muestras de complacencia. **Dar gusto** Satisfacer los deseos de alguien. **De mal gusto** Grosero. **Que es un gusto** *Irón.* Expresa ponderación. **Tener el gusto de** Fórmula de cortesía con que se expresa complacencia. **Tomar,** o **coger, gusto a** Aficionarse a una cosa.

GUSTOSO, A adj. Sabroso. **2.** Que siente gusto o hace con gusto una cosa. **3.** Agradable, divertido, que causa gusto o placer.

GUTAGAMBA s.f. Árbol gutiferáceo de la India. **2.** Gomorresina amarilla extraída de este árbol, que se emplea en la fabricación de pinturas y como purgante.

GUTAPERCHA s.f. (ingl. *gutta-percha,* del malayo *gata,* goma, y *perča,* árbol del que se extrae la gutapercha). Sustancia plástica y aislante, extraída del látex de las hojas de un árbol de Malasia de la familia sapotáceas.

GUTIFERÁCEO, A adj. y s.f. Relativo a una familia de plantas dialipétalas gutiferales de hojas opuestas. SIN.: *hipericáceo.*

GUTIFERAL adj. y s.f. Relativo a un orden de plantas florales que comprende a las teáceas, las dipterocarpáceas y las gutiferáceas.

GUTURAL adj. (del lat. *guttur, -uris,* garganta). Relativo a la garganta. ➜ adj. y s.f. FONÉT. Velar.

GUYOT s.m. En el océano Pacífico, volcán submarino de cima aplanada.

GUZGO, A adj. Méx. Glotón.

GYMKHANA s.f. (voz inglesa). Conjunto de pruebas en que los concursantes tienen que recorrer, especialmente en automóvil o en moto, un trayecto lleno de obstáculos, barreras, etc.

H s.f. Novena letra del alfabeto español, y séptima de sus consonantes. (En español es una consonante muda, aunque en algunas zonas y en algunas palabras extranjeras se pronuncia aspirada.) ◇ **H** MÚS. En la notación inglesa y alemana, nota *si*. **Hora H** Designación convencional de la hora precisa de desencadenamiento de una acción militar.

¡HA! interj. Expresa pena, admiración o sorpresa.

HABA s.f. (lat. *faba*). Planta leguminosa anual cultivada por su semilla, utilizada en la alimentación humana y animal. (Familia papilonáceas.) **2.** Fruto y semilla de esta planta. **3.** Roncha que sale en la piel. **4.** Tumor que aparece en el paladar del ganado equino, detrás de los incisivos. ◇ **Ser habas contadas** Esp. *Fig.* Ser algo evidente y no implicar dificultad.

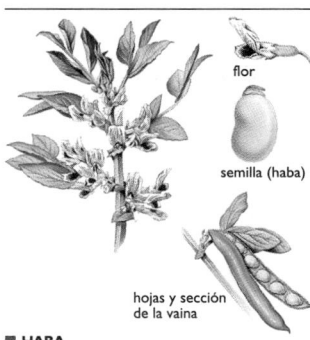

flor

semilla (haba)

hojas y sección de la vaina

■ HABA

HABANERA s.f. Música y danza originaria de Cuba, de movimiento y ritmo preciso, en dos partes, cada una de ocho compases a ritmo de 6/8.

HABANERO, A adj. y s. De La Habana.

HABANO, A adj. Relativo a La Habana y a la isla de Cuba: *tabaco habano.* ◆ s.m. Cigarro puro, elaborado en la isla de Cuba.

HABAR s.m. Terreno sembrado de habas.

HÁBEAS CORPUS s.m. (lat.*habeas corpus*, queda dueño de tu cuerpo). DER. Derecho del detenido de solicitar la comparecencia inmediata ante el juez para que este resuelva sobre la legalidad del arresto. (Este procedimiento jurídico deriva del *habeas corpus* anglosajón institucionalizado desde 1679.)

1. HABER v.auxiliar. (lat. *habere*, tener) [70]. Seguido del participio de otro verbo, forma los tiempos compuestos de este: *ha venido; había comido; hubo llegado.* **2.** Seguido de la preposición *de* y un verbo en infinitivo, indica la obligación, la conveniencia o la necesidad de realizar la acción que expresa dicho infinitivo: *has de estudiar; he de concentrarme; todos han de pasar por el aro.* ◆ v.impers. Estar realmente en alguna parte: *hay mucha gente en la sala; hubo poco público.* **2.** Existir, real o figuradamente: *hay gente de buen corazón; hay motivos para no creer lo que dice.* **3.** Suceder, ocurrir: *hubo altercados.* **4.** Efectuarse, celebrarse: *hoy no hay partidos de fútbol.* **5.** Seguido de la conjunción *que* y un verbo en infinitivo, ser necesario o conveniente lo que expresa el verbo: *hay que soportarlo; no hay que alarmarse.* ◆ **habérselas** v.prnl. Contender, disputar: *si bebía, se las había con todos.* ◇ **No hay de qué** Expresión de cortesía con que se contesta a la persona que da las gracias. **¡Qué hubo!** o **¡qué húbole!** Méx. *Fam.* ¿Qué tal?, ¿cómo estás?, ¿qué hay de nuevo? **Si los hay** Expresión ponderativa que va después de un calificativo para reforzarlo: *es guapo, si los hay.*

2. HABER s.m. Conjunto de bienes y derechos pertenecientes a una persona. (Suele usarse en plural.) **2.** *Fig.* Cualidades positivas o méritos que se consideran en una persona o cosa. **3.** Parte de una cuenta en la que constan los abonos de esta. CONTR.: *debe.* **4.** Paga, sueldo. (Se usa más en plural.)

HABICHUELA s.f. Frijol, judía.

HÁBIL adj. (lat. *habilis*, manejable, apto). Capaz, inteligente o dispuesto para cualquier actividad: *una persona hábil en su trabajo.* **2.** Capaz o apto legalmente para una cosa: *días hábiles.*

HABILIDAD s.f. Cualidad de hábil. **2.** Cosa hecha con esta cualidad: *la acrobacia es una habilidad.* **3.** DER. Aptitud legal.

HABILIDOSO, A adj. Que tiene habilidades.

HABILITACIÓN s.f. Acción de habilitar. **2.** Cargo de habilitado. **3.** Oficina del habilitado. **4.** DER. Autorización legal que se concede a una persona para que pueda realizar un acto jurídico.

HABILITADO, A s. Persona autorizada para intervenir en un asunto que normalmente no le correspondería, o bien para obrar con atribuciones especiales. ◆ s.m. En algunos organismos, encargado de pagar los sueldos y honorarios: *el habilitado de la universidad.* **2.** Encargado de los intereses de un cuerpo o sociedad.

HABILITAR v.tr. (lat. tardío *habilitare*). Hacer hábil, apto o capaz para algo: *habilitar una vivienda.* **2.** DER. Hacer capaz, apto desde el punto de vista legal: *habilitar a un menor.*

HABILOSO, A adj. Chile y Perú. Que tiene habilidad.

HABITABILIDAD s.f. Cualidad de habitable. ◇ **Cédula de habitabilidad** Documento que acredita la habitabilidad de una vivienda.

HABITACIÓN s.f. Acción de habitar. **2.** Lugar que se destina a ser habitado. **3.** Cualquiera de las piezas de una casa. (Generalmente se excluyen las piezas no destinadas a permanecer en ellas, como la cocina y el baño.) **4.** Dormitorio.

HABITÁCULO s.m. Lugar destinado a ser habitado. **2.** Parte interior de un automóvil, vehículo espacial, etc., donde se acomodan los viajeros.

HABITANTE s.m. y f. Persona que habita una casa, barrio, ciudad, provincia, país, etc.

HABITAR v.tr. e intr. (lat. *habitare*, ocupar un lugar, vivir en él). Vivir o morar en un lugar o casa: *habitar una amplia mansión; habitar en el campo.*

HÁBITAT s.m. (pl. *hábitats*). Complejo uniforme de condiciones de vida que inciden en el desarrollo de un individuo, una especie o un grupo de especies. **2.** Conjunto de factores geográficos relativos a la residencia del ser humano: *hábitat rural; hábitat urbano.* **3.** Conjunto de condiciones relativas a la vivienda: *mejora del hábitat.*

HÁBITO s.m. (lat. *habitus, -us*, manera de ser, aspecto externo, vestidura). Forma de conducta adquirida por la repetición de los mismos actos: *el hábito de madrugar.* **2.** Estado creado por la ingestión de una sustancia, por lo común de naturaleza tóxica, que crea dependencia. **3.** Aumento de la tolerancia a medicamentos o tóxicos, con disminución de su efecto, a consecuencia de tomarlos repetidamente. **4.** Traje que llevan algunas personas en virtud de algún voto hecho, o por mortificación. ◆ **hábitos** s.m.pl. Vestido talar que usan los eclesiásticos. ◇ **Ahorcar**, o **colgar, los hábitos** Abandonar la carrera o la vida eclesiástica; abandonar los estudios, una profesión u oficio. **Toma de hábito** CATOL. Ceremonia que marca la entrada en religión de un postulante.

HABITUACIÓN s.f. Acción y efecto de habituar o habituarse. **2.** Atenuación o desaparición de la actividad farmacodinámica de un medicamento a consecuencia de su administración repetida. **3.** NEUROL. Disminución de la respuesta a un estímulo, cuando este es aplicado de forma permanente o recurrente.

HABITUAL adj. Ordinario, usual.

HABITUAR v.tr. y prnl. [18]. Acostumbrar: *habituar a la música; habituarse al café.*

HABLA s.f. (lat. *fabula*, conversación, relato, de *fari*, hablar). Facultad de hablar: *perder*

508

el habla. **2.** Acción de hablar, expresar el pensamiento por palabras. **3.** Lengua o idioma: *país de habla hispana.* **4.** Manera particular de hablar: *tener un habla dulce; el habla de los niños.* **5.** LING. **a.** Acto individual de utilización de una lengua por el sujeto hablante. **b.** Conjunto de medios de expresión propios de un grupo determinado, dentro del dominio de una lengua: *las hablas regionales.* ◇ **Al habla** En comunicación con alguien para tratar un asunto. **Quitar el habla** Asustar o dejar muy asombrado a alguien.

HABLADA s.f. Méx. *Fam.* Fanfarronada, exageración o mentira.

HABLADO, A adj. Oral, en contraposición a escrito: *la lengua hablada.* **2.** Con los adv. *bien* o *mal,* correcto o grosero en el hablar.

HABLADOR, RA adj. y s. Que habla demasiado o indiscretamente. **2.** Dom. Fanfarrón, valentón o mentiroso. **3.** Méx. Fanfarrón.

HABLADURÍA s.f. *Fam.* Chisme, murmuración. (Suele usarse en plural.) SIN.: *hablilla.*

HABLANTINA s.f. Colomb. y Venez. Parloteo, verborrea, plática sin orden ni sustancia.

HABLANTINOSO, A adj. y s. Colomb. y Venez. Hablador, parlanchín.

HABLAR v.intr. (lat. *fabulari,* conversar, hablar, de *fabula,* conversación, relato).Articular palabras: *el niño ya habla.* **2.** Expresar el pensamiento por medio de la palabra: *hablar en público.* **3.** Darse a entender por medio distinto del de la palabra: *hablar con los ojos.* **4.** Conversar dos o más personas. **5.** Seguido de la preposición *de,* tratar, ocuparse de algo, referirse a ello: *el libro habla de política.* **6.** Murmurar o criticar: *todos hablan de él.* **7.** Confesar, declarar generalmente por coacción: *no lo soltaron hasta que habló.* **8.** Intervenir en un asunto a favor o en contra de alguien. **9.** Esp. Ser novios. ◆ v.tr. Decir: *hablar estupideces.* ? Emplear un idioma para darse a entender: *se habla inglés.* ◆ **hablarse** v.prnl. Comunicarse, tratarse de palabra: *hace años que se hablan.* ◆ **Hablar claro** Decir sin rodeos lo que se piensa. **Hablar por hablar** Decir algo sin fundamento y sin venir al caso. **Ni hablar** Se usa para rechazar una propuesta.

HABLILLA s.f. Habladuría.

HABLISTA s.m. y f. Persona que se distingue por la pureza y corrección del lenguaje.

HABÓN s.m. Roncha, bulto que sale en la piel.

HACA s.m. (voz aimara). Amér. Conjunto de bienes muebles e inmuebles del indígena.

HACECILLO s.m. BOT. Conjunto de unidades conductoras aisladas o con elementos acompañantes. SIN.: *fascículo, haz.*

HACEDERO, A adj. Que es posible o fácil de hacer.

HACEDOR, RA adj. y s. Que hace. ◆ s.m. Dios. (Con este significado se escribe con mayúscula.)

HACENDADO, A adj. y s. Que tiene una hacienda o haciendas. **2.** Argent. y Chile. Se dice del estanciero que se dedica a la cría de ganado.

HACENDÍSTICO, A adj. Relativo a la hacienda pública.

HACENDOSO, A adj. Diligente en las faenas domésticas: *una mujer hacendosa.*

HACER v.tr. (lat. *facere*) [66]. Crear, producir de la nada: *Dios hizo el mundo.* **2.** Causar, ocasionar: *hacer ruido.* **3.** Fabricar: *hacen automóviles.* **4.** Crear intelectualmente: *hacer versos.* **5.** Obligar a algo: *me hizo callar.* **6.** Expeler del cuerpo orina o excrementos: *hacer pis.* **7.** Componer según una regla. **8.** Ejercitar los músculos para fomentar su desarrollo y agilidad: *hacer abdominales.* **9.** Referido a comedias u otros espectáculos, representar: *hace cine.* **10.** Sustituye a un verbo anterior, evitando su repetición: *canta como él solo sabe hacerlo.* **11.** Junto a un sustantivo derivado de un verbo, forma una locución verbal con el mismo significado que la raíz verbal del sustantivo: *hacer resistencia (resistir).* **12.** Suponer, imaginar: *te hacía fuera.* **13.** Obtener, conseguir, ganar: *ha hecho fortuna.* ◆ v.tr. y prnl. Ejecutar: *hago mi trabajo.* **2.** Disponer, componer, aderezar: *yo me hago la comida.* **3.** Aparentar, fingir: *hacer el muerto; hacerse el tonto.* **4.** Cor-

tar con arte: *hacer las uñas; hacerse la barba.* **5.** Reducir: *lo hizo trizas.* **6.** Habituar o acostumbrar: *hacerse al frío.* ◆ v.intr. Obrar, actuar: *hace mal.* **2.** Seguido de la preposición *de* y un nombre, ejercer eventualmente el papel que expresa el sustantivo: *hacer de socorrista.* **3.** Importar, afectar: *por lo que hace a mi dinero.* ◆ v.impers. Expresa las condiciones del clima: *hace frío.* **2.** Haber transcurrido cierto tiempo: *hoy hace un año.* ◆ **hacerse** v.prnl. Volverse, transformarse: *el agua se hizo hielo.* **2.** Adquirir o alcanzar determinado estado, profesión, ideología, etc: *se ha hecho protestante; hacerse médico.* **3.** Seguido de la preposición *con,* obtener, lograr: *se hicieron con ello.* ◇ **A medio hacer** Sin terminar. **Haberla hecho buena** Haber hecho una cosa perjudicial o contraria a un determinado fin. **Hacer de las mías, tuyas, suyas,** etc. Obrar de manera propia y personal. **Hacer mío, tuyo, suyo,** etc. Adoptar como propio. **Hacer y deshacer** Mandar en un modo absoluto. **No le hace** Méx. *Fam.* No importa: —*No tengo dinero.* —*No le hace, yo te presto.*

1. HACHA s.f. (fr. *hache*). Herramienta cortante, compuesta de una pala acerada, con filo por el lado más ancho y un agujero para enastarla por el lado opuesto. ◇ **Ser un hacha** Sobresalir o destacar una persona en algo.

2. HACHA s.f. (lat. *facula,* dim. de *fax, -cis,* antorcha). Vela de cera, grande y gruesa. **2.** Mecha de esparto y alquitrán.

HACHAZO s.m. Golpe dado con un hacha. **2.** Argent. Golpe violento dado de filo con arma blanca. **3.** Argent. Herida y cicatriz así producidas. **4.** Colomb. Espanto súbito y violento del caballo. **5.** TAUROM. Golpe que el toro da lateralmente con un cuerno, produciendo sólo contusión.

HACHE s.f. (fr. *hache*). Nombre de la letra *h.* ◇ **Por hache o por be** Por un motivo u otro.

HACHEMÍ o **HACHEMITA** adj. y s.m. y f. Relativo a los Hachemíes, familia quraysí. (V. part c n.pr.)

HACHERO s.m. Candelabro para poner el hacha, vela de cera.

HACHÍS s.m. (ár. *ḥašīš,* cáñamo). Resina que se extrae de las hojas y las inflorescencias hembras del cáñamo índico, que se consume mascada o fumada por la sensación relajante que provoca. (También *haschich* o *hachich.*)

HACHÓN s.m. Hacha, antorcha; mecha de esparto y alquitrán.

HACIA prep. (del ant. *faze a,* cara a). Indica dirección o tendencia: *fue hacia él; ir hacia la ruina.* **2.** Indica proximidad a un lugar o tiempo: *hacia fines de mes.*

HACIENDA s.f. (lat. *facienda,* cosas por hacer, p. de futuro de *facere,* hacer). Finca o conjunto de fincas que posee una persona. **2.** Bienes que posee alguien. **3.** Bienes pertenecientes al estado. **4.** Conjunto de organismos destinados a la administración de estos

bienes. **5.** Amér. Propiedad o finca de gran extensión dedicada a actividades agropecuarias. ◇ **Hacienda de beneficio** Méx. Oficina donde se benefician los minerales de plata. **Hacienda pública** Actividad financiera del estado.

HACINAMIENTO s.m. Acción y efecto de hacinar o hacinarse.

HACINAR v.tr. y prnl. Amontonar, acumular.

HACKER s.m. y f (voz inglesa). Persona que aprovecha los errores de seguridad para acceder ilegalmente a redes y sistemas informáticos ajenos.

HADA s.f. (bajo lat. *fata,* del lat. *fatum,* destino). Ser imaginario con figura de mujer y dotado de poder mágico. ◇ **Cuento de hadas** Cuento en el que intervienen hadas, narración imaginaria; aventura extraordinaria.

HADAL adj. Relativo a las profundidades oceánicas superiores a 6 000 m.

HADIZ s.m. (ár. *ḥadīt*). Narración tradicional que relata un hecho o dicho de Mahoma.

HADO s.m. (lat. *fatum,* predicción, oráculo, fatalidad, de *fari,* decir). Fuerza irresistible a la que se atribuye el destino de las personas y la predestinación de los acontecimientos. **2.** ANT. ROM. Divinidad o fuerza irresistible que obraba sobre dioses, personas y eventos.

HADRÓN s.m. Partícula elemental susceptible de sufrir interacciones fuertes (nucleones, mesones, etc.), por oposición a los *leptones.*

HAFNIO s.m. Metal del grupo de las tierras raras, parecido al circonio. **2.** Elemento químico (Hf), de número atómico 72 y masa atómica 178,49.

HAGIOGRAFÍA s.f. Historia de la vida y del culto a los santos. **2.** Obra que trata de temas santos.

HAGIOGRÁFICO, A adj. Relativo a la hagiografía.

HAGIÓGRAFO, A s. (lat. tardío *hagiographus,* del gr. *agios,* santo, y *graphein,* escribir). Persona que escribe hagiografías. ◆ s.m. Autor de cualquiera de los libros de la Biblia.

HAIDA, pueblo amerindio de Canadá, de la familia lingüística na-dené, del grupo de indios del Noroeste. Su cultura destaca por la producción artística (máscaras, tótems).

HAIKAI s.m. Forma poética japonesa de la que deriva el haiku.

HAIKU s.m. Poema breve japonés formado por una estrofa de 17 sílabas distribuidas en tres versos (5/7/5).

HAITIANO, A adj. De Haití.

HAKIM s.m. En la España musulmana, funcionario que actuaba como adjunto del cadí.

HAKITÍA s.m. Variedad de judeoespañol hablada en Marruecos.

¡HALA! o **¡HALE!** interj. Esp. Se emplea para dar prisa, infundir aliento o exhortar a alguien a hacer algo. **2.** Expresa sorpresa o disgusto. (También *¡ala!, ¡ala!* o *¡ale!*)

■ **HACIENDA** de Alajuela (Costa Rica).

509

HALACH-UINIC s.m. (voz maya, *el hombre verdadero*). Entre los antiguos mayas, funcionario administrativo y ejecutivo más importante del estado.

HALAGAR v.tr. (ár. *jálaq*, alisar, tratar bondadosamente) [2]. Satisfacer algo el orgullo o la vanidad de alguien. **2.** Adular. **3.** Dar a alguien muestras de afecto o admiración.

HALAGO s.m. Acción de halagar. **2.** Cosa que halaga.

HALAGÜEÑO, A adj. Que halaga o que sirve para halagar: *frase halagüeña*. **2.** Que indica éxito o satisfacción futuros: *noticia halagüeña*.

HALAR v.tr. (fr. *haler*, tirar de algo con un cabo). Tirar hacia sí de una cosa. **2.** MAR. Tirar de un cabo, de una lona o de un remo en el acto de bogar.

HALCÓN s.m. (lat. tardío *falco, -onis*). Ave rapaz diurna, de 40 a 50 cm de long., de cabeza pequeña, pico fuerte, curvo y dentado en la mandíbula superior, y vuelo rápido y potente. (Caza en el aire aves más pequeñas y algunas especies se emplean en cetrería.) **2.** En un gobierno u organización política, partidario de una política intransigente y del empleo de la fuerza en la solución de un conflicto. CONTR.: *paloma*. ◇ **Halcón sacre** Halcón blanco con manchas pardas, de aspecto robusto, que vive en Europa meridional y N de África.

■ **Halcón** peregrino.

HALCONERÍA s.f. Cetrería.

HALDA s.f. Falda. **2.** Arpillera grande para hacer fardos.

HALDADA s.f. Cantidad de una cosa que cabe en el hueco formado por la parte delantera de la falda vuelta hacia arriba.

¡HALE! interj. → **¡HALA!**

HALIBUT s.m. Pez de los mares fríos, de 2 a 3 m de long. y 250 kg de peso, cuyo hígado es rico en vitaminas A y D. (Familia pleuronéctidos.) SIN.: *fletán*.

HALIÉUTICA s.f. Arte de la pesca.

HALIÉUTICO, A adj. Relativo a la pesca.

HALIGRAFÍA s.f. → **HALOGRAFÍA.**

HALITA s.f. Cloruro natural de sodio.

HÁLITO s.m. (lat. *halitus, -us*, vapor, aliento, de *halare*, exhalar). Aliento que sale por la boca. **2.** *Poét.* Soplo suave y apacible del aire.

HALITOSIS s.f. Olor desagradable del aliento.

HALL s.m. (voz inglesa). Vestíbulo.

HALLACA s.f. Plato típico de la cocina venezolana parecido a los tamales, que se prepara con masa de maíz y diversos rellenos, todo ello envuelto en hojas de maíz amarradas con hilo y cocinado en agua.

HALLAR v.tr. (lat. *afflare*, soplar hacia algo). Encontrar a una persona o cosa que se busca: *hallar vivienda; hallar una idea*. **2.** Encontrar por casualidad: *hallar una moneda en la calle*. **3.** Averiguar: *hallar una dirección*. **4.** Descubrir, inventar: *hallar un nuevo método*. **5.** Observar, entender, juzgar: *hallo burla en tus palabras; hallo que tienes razón*. ◆ **hallarse** v.prnl. Estar en determinado lugar: *hallarse en el campo*. **2.** Figurar, estar presente: *hallarse entre los pobres*. **3.** Estar en determinada situación o estado: *hallarse enfermo, en pecado*. ◇ **No hallarse** No encontrarse alguien a gusto en un sitio, estar molesto, echar en falta algo.

HALLAZGO s.m. Acción de hallar. **2.** Cosa hallada. **3.** DER. Encuentro casual de una cosa mueble ajena, que no sea tesoro oculto, perdida por su propietario o poseedor.

HALLSTÁTICO, A adj. y s. Relativo al período protohistórico llamado de *Hallstatt* o primera edad de hierro.

HALLULLA s.f. Chile. Pan hecho con masa más fina y de factura más delgada que el común. **2.** Chile. *Fig.* Sombrero de paja.

HALO s.m. (lat. *halos*, del gr. *álos*, era de trillar, disco). Círculo luminoso ligeramente irisado que rodea algunas veces al Sol o a la Luna, a consecuencia de la difracción de la luz en los cristales de hielo de las nubes. **2.** Círculo luminoso blanco, a veces coloreado, comparable a este círculo luminoso. **3.** *Fig.* Atmósfera que rodea a alguien: *un halo de misterio*. **4.** B. ART. Nimbo o resplandor en forma de disco, a menudo decorado, que se coloca alrededor de la cabeza de los santos. **5.** FOT. Aureola que rodea a veces la imagen fotográfica de un punto brillante.

HALÓFILO, A adj. (del gr. *áls, alós*, sal, mar, y *philos*, amigo). BOT. Se dice de las plantas que viven en hábitats salobres.

HALÓFITO, A adj. Se dice de los vegetales que viven en lugares salados.

HALOGENACIÓN s.f. QUÍM. Introducción de halógenos en una molécula orgánica.

HALOGENADO, A adj. Que contiene un halógeno. ◇ **Derivados halogenados** Compuestos orgánicos en cuya molécula hay uno o varios átomos de halógeno, que desempeñan un papel importante en la síntesis.

HALÓGENO s.m. y adj. (del gr. *áls, alós*, sal, mar, y *gennan*, engendrar). Elemento químico no metal que forma sales minerales al unirse directamente con un metal: *los elementos halógenos son el flúor, el cloro, el bromo, el yodo y el ástato*. ◇ **Lámpara de halógeno** Lámpara incandescente, con filamento de tungsteno, cuya atmósfera gaseosa contiene, además de argón o criptón, cierta proporción de halógeno o de un compuesto orgánico halogenado.

HALOGENURO s.m. Haluro.

HALOGRAFÍA o **HALIGRAFÍA** s.f. Descripción e historia de las sales.

HALOIDEO, A adj. (del gr. *áls, alós*, sal, mar, y *eidos*, forma). Se dice de la combinación de un metal con un halógeno: *sal haloidea*.

HALÓN s.m. Amér. Acción y efecto de halar.

HALTERA s.f. DEP. Aparato gimnástico formado por dos masas metálicas esféricas, o por unos discos también metálicos, unidos por una barra.

HALTEROFILIA s.f. Deporte que consiste en el levantamiento de pesos o halteras.

HALTERÓFILO, A adj. y s. Que practica la halterofilia.

HALURO s.m. Combinación química de un halógeno con otro elemento. SIN.: *halogenuro*.

HAMACA s.f. (voz taína). Rectángulo de lona, tejido fuerte o red gruesa que, colgado horizontalmente por los extremos, sirve para dormir o tumbarse. **2.** Asiento consistente en una armadura en la que se sostiene una tela que forma el asiento y el respaldo. **3.** Argent. y Urug. Mecedora. **4.** Urug. Columpio.

HAMACAR v.tr. y prnl. [1]. Argent., Guat., Par. y Urug. Hamaquear, mecer. ◆ **hamacarse** v.prnl. Argent. Hacer que el cuerpo se mueva en vaivén. **2.** Argent. *Fig.* y *fam.* Encarar vehementemente una situación difícil.

HAMADA s.f. En los desiertos, meseta en la que afloran grandes losas rocosas.

1. HAMADRÍADE o **HAMADRÍADA** s.f. MIT. Ninfa de los bosques, que nacía con un árbol y moría con él.

2. HAMADRÍADE s.f. Simio de Etiopía, con hocico de perro, cuyo macho posee un rico pelambre en el cuello, hombros y tórax. (Familia cercopitécidos.)

HAMAQUEAR v.tr. y prnl. Amér. Mecer, columpiar, especialmente en hamaca. ◆ **v.tr.** Cuba, P. Rico y Venez. *Fig.* Marear a alguien.

HAMBRE s.f. (lat. vulg. *famis, -inis*). Necesidad o gana de comer, motivado por las contracciones del estómago. **2.** *Fig.* Deseo intenso de algo: *tener hambre de riquezas*. **3.** Escasez de alimentos: *el hambre en el mundo*. ◇ **Apagar, o matar, el hambre** Saciarla. **Hambre canina** Gana extraordinaria de comer. **Matar de hambre** Dar poco de comer. **Morirse de hambre** Tener mucha hambre; tener o padecer mucha penuria. **Ser más listo que el hambre** *Fam.* Ser muy listo.

HAMBRIENTO, A adj. y s. Que tiene mucha hambre. ◆ adj. *Fig.* Deseoso de conseguir algo: *hambriento de poder*.

HAMBRÓN, NA adj. y s. Esp. Muy hambriento.

HAMBRUNA s.f. Hambre grande.

HAMBURGUÉS, SA adj. y s. De Hamburgo.

HAMBURGUESA s.f. (angloamericano *hamburger*, de *Hamburg*, Hamburgo, c. de Alemania). Filete de carne picada, redondo y plano, preparado con huevo, ajo, perejil, etc.

HAMBURGUESERÍA s.f. Establecimiento donde se sirven hamburguesas y otro tipo de comida rápida.

HAMEO s.m. → **JAMEO.**

HAMMÄN s.m. Establecimiento de baños, en los países musulmanes.

HAMO s.m. (lat. *hamus*). Anzuelo.

HAMPA s.f. Gente maleante, que se dedica a negocios ilícitos; tipo de vida que practica.

HAMPESCO, A adj. Relativo al hampa: *jerga hampesca*. SIN.: *hampo*.

HAMPÓN, NA adj. y s. Que comete habitualmente acciones delictivas. **2.** Valentón, bravo.

HÁMSTER s.m. Roedor de Europa y Asia Menor, omnívoro, de pelaje amarillo ocre, que vive en madrigueras en las que almacena legumbres y semillas: *el hámster se utiliza en la investigación médica y como animal de compañía*. (El hámster salvaje puede causar daños considerables en los cultivos.)

■ **HÁMSTER**

HAN, pueblo mayoritario de China (94 % de la población), de familia sinotibetana.

HANBALISMO s.m. Una de las cuatro grandes escuelas del islam. (Fundado por Aḥmad ibn Ḥanbal [780-855], se halla en vigor en Arabia Saudí.)

HANDICAP s.m. (voz inglesa). Condición o circunstancia desventajosa. **2.** DEP. En algunas pruebas deportivas, ventaja que los participantes de inferior nivel reciben en tiempo, distancia, peso o puntos, para que se nivelen las probabilidades de triunfo.

HANGAR s.m. (fr. *hangar*). Cobertizo grande y generalmente abierto, cubierto solo por un techo sostenido con soportes verticales, donde se guardan aviones.

HANIFISMO s.m. Una de las cuatro grandes escuelas del islam sunnita. (Fundado por Abū ḥanifa [h. 696-767], fue adoptado por el imperio otomano.)

HANSA s.f. (alto alem. ant. *Hansa*, tropa, asociación). HIST. **a.** Asociación de ciudades mercantiles del N de Alemania, que se constituyó a partir del s. XIII con objeto de favorecer la penetración del flujo comercial en el mundo eslavo y de encontrar mercados en el mar del Norte, Escandinavia y Europa occidental para los productos del Báltico. (Con este significado se escribe con mayúscula.) SIN.: *ansa*. **b.** Compañía de comerciantes.

HANSEÁTICO, A adj. y s. Relativo a la Hansa; miembro de cualquiera de estas ligas. SIN.: *anseático*.

HAPÁLIDO, A adj. y s.m. Relativo a una familia de primates americanos muy primitivos, de pequeño tamaño, como los titís. SIN.: *calitrícido*.

HÁPAX s.m. (del gr. *hapax*, una vez, y *legomenon*, dicho). LING. Palabra o expresión que está documentada una sola vez en una lengua, en un autor o en un texto. (También *hápax legomenon* o *hapaxlegómenon*.)

HAPLOIDE adj. BIOL. Se dice de un núcleo celular que posee la mitad del número de cromosomas del huevo fecundado, como el de las células reproductoras o el de un organismo formado por células provistas de tales núcleos.

HAPLOLOGÍA s.f. (del gr. *aploys*, sencillo, y *lógos*, habla).FONÉT. Eliminación en una palabra de una sílaba contigua a otra igual o parecida: *la palabra latina* nutrix *procede de la haplología de* nutritix.

HAPPENING s.m. (voz inglesa). Espectáculo teatral de origen norteamericano (apareció en los años 1950-1960) que exige la participación activa del público e intenta provocar una creación artística espontánea.

HAPPY END s.m. (voces inglesas). Final feliz de una película, una novela o una historia cualquiera.

HAPTENO s.m. Sustancia no proteica que, combinada con otra proteica, adquiere las cualidades de antígeno, o de alergeno, que no posee por sí misma.

HARAGÁN, NA adj. y s. Perezoso, holgazán, que rehúye el trabajo.

HARAGANEAR v.intr. Holgazanear.

HARAGANERÍA s.f. Holgazanería, falta de aplicación en el trabajo.

HARAKIRI o **HARAQUIRI** s.m. (voz japonesa). Suicidio ritual japonés por motivos de honor, que consiste en abrirse el vientre con un arma blanca.(En japonés recibe el nombre de *seppuku* en un registro más culto.)

HARAPIENTO, A adj. Vestido con harapos. SIN.: *haraposo*.

HARAPO s.m. (del ant. *farpar* o *harpar*, desgarrar).Trozo de un traje o prenda que cuelga roto.

HARAQUIRI s.m. → HARAKIRI.

HARCA s.f. (ár. marroquí *hárka*, expedición militar). En Marruecos, grupo de tropas indígenas de organización irregular.

HARD-CORE adj. (ingl. *hard core*). Se dice de una película pornográfica en la que se representan los actos sexuales no simulados. (Se abrevia *hard*.) ◆ s.m. Estilo musical que comparte características del rock y el punk.

HARDWARE s.m. (voz inglesa). INFORMÁT. Conjunto de elementos físicos de un sistema informático (disco duro,placa madre,monitor, teclado,etc.).

HARÉN o **HAREM** s.m. (fr. *harem*, del ár. *háram*, cosa prohibida o sagrada). Lugar de la casa musulmana destinado a las mujeres. 2. Conjunto de mujeres que viven bajo la dependencia de un jefe de familia en las sociedades musulmanas.

HARFANG s.m. Búho nival.

HARINA s.f. (lat. *farina*).Polvo resultante de moler los granos de trigo, de otros cereales y de las semillas de diversas leguminosas.◇ **Harina de flor** Harina muy blanca y pura, de calidad superior. **Harina de madera** Producto obtenido por trituración de serrín y virutas,utilizado como abrasivo, como producto de limpieza, etc. **Harina de pescado** Harina de pescado desecado, a partir de los sobrantes de pesca. **Ser algo harina de otro costal** Ser muy diferente de otra con que se la compara; ser completamente ajena al asunto de que se trata.

HARINEAR v.intr. Venez. Llover con gotas muy menudas.

HARINERO, A adj. Relativo a la harina: *industria harinera*. ◆ s. Persona que tiene por oficio fabricar y comerciar harina.

HARINOSO, A adj. Que tiene mucha harina. 2. Farináceo: *peras harinosas*.

HARMATÁN s.m. Viento del este, cálido y seco,originario del Sahara,que sopla en África occidental.

HARNEAR v.tr. Chile y Colomb. Cribar, pasar por el harnero.

HARNERO s.m. Criba,instrumento.

HARPÍA s.f. Arpía. 2. ZOOL. Águila de América del Sur, de cabeza grande, patas poderosas y garras muy desarrolladas.

HARTADA s.f. Hartón.

HARTAR v.tr. y prnl. Saciar en exceso el apetito de comer o beber. 2. *Fig.* Dar una cosa en abundancia: *hartar a los niños de chocolate*. 3. *Fig.* Fastidiar, molestar, cansar: *me hartas con tus tonterías; hartarse de esperar*. ◆ **hartarse** v.prnl. Hacer algo intensamente durante un tiempo hasta quedar satisfecho o saciado: *hartarse de leer,de correr,de reír,etc.*

HARTAZGO s.m. Esp. Acción y efecto de hartar o hartarse de comer: *un hartazgo de dulces*.

HARTO, A adj. (lat. *fartus*, relleno, p. de *farcire*, rellenar, atiborrar).Lleno, repleto: *sentirse harto*. 2. Cansado de repetir lo mismo: *estar harto de llamar*. 3. Bastante,sobrado: *tener harta imaginación*. 4. Conocido por su reiteración: *estoy harto de verlo*. 5. Chile, Cuba y Méx. Mucho, gran cantidad. ◆ adv.m. Bastante. ◆ adv.c. Chile. Muy. 2. Chile y Méx. Mucho.

HARTÓN, NA adj. y s. Amér. Central y Dom. Comilón, glotón. ◆ s.m. Esp. Acción y efecto de hartar o hartarse: *un hartón de esperar; un hartón de melón*.

HARTURA s.f. Hartazgo.

HASCHICH s.m. → HACHÍS.

HASIDISMO s.m. Movimiento popular de renovación religiosa del judaísmo fundado en Ucrania por Ba'al Shem Tov (1700-1780). ENCICL. Con abandono de la tradición intelectual talmúdica para regresar a la mística de la fe simple y gozosa, el hasidismo se expandió con rapidez durante el s. XIX por Europa oriental. Diversos grupos que salieron de esta corriente muestran, en nuestros días, mucha actividad en numerosas comunidades judías, a veces pregonando un fervor intransigente, como los hasidim de Lubavitch.

HASSIO s.m. Elemento químico artificial (Hs),de número atómico 108 y masa atómica 265,131.

HASTA prep. (lat. *hátta*).Expresa el límite de una acción; puede referirse al lugar en que culmina un movimiento,al momento en que deja de realizarse una acción, al grado máximo de una cantidad, etc.: *ir hasta Roma; estuvo hasta las dos; comer hasta saciarse*. 2. Méx. Señala el momento en que comienza una acción o el momento en que habrá de ocurrir algo: *hasta las cinco llega el doctor; hasta la tarde cierran*. ◆ adv. incluso, aun: *hasta el más tonto lo sabe*. ◇ **Hasta después** o **hasta luego** Saludo para despedirse de alguien a quien se espera volver a ver pronto. **Hasta (tanto) que** Expresa el término de la duración del verbo principal.

HASTIAL s.m. (del lat. *fastigium*, inclinación, tejado de dos vertientes).Parte superior triangular de un muro, situada entre las dos vertientes del tejado. 2. En las minas,cara lateral de una excavación.

HASTIAR v.tr. y prnl. [19]. Fastidiar, aburrir, cansar.

HASTÍO s.m. (lat. *fastidium*, asco, repugnancia). *Fig.* Aburrimiento. 2. Repugnancia a la comida.

HATAJO s.m. Pequeño grupo de cabezas de ganado. 2. Conjunto de gente o de cosas, generalmente despreciables: *hatajo de maleantes; hatajo de insultos*.

HATERO, A s. Cuba. Persona que posee un hato,hacienda con ganado.

HATIJO s.m. Cubierta de esparto para tapar la boca de las colmenas.

HATO s.m. Paquete o envoltorio de ropa y otros objetos personales. 2. Provisión de víveres. 3. Lugar fuera de las poblaciones que eligen los pastores para comer y dormir. 4. Porción de ganado mayor o menor: *un hato de ovejas*. 5. Hatajo,conjunto de gente o de cosas. 6. Colomb., Cuba, Dom. y Venez. Finca destinada a la cría de ganado. 7. HIST. En las Antillas,durante la época de la dominación española, concesión de tierras para pastos.

HAUSA adj. y s.m. y f. De un pueblo del N de Nigeria y S de Níger,que habla una lengua camitosemítica. ◆ s.m. Lengua negroafricana hablada en el N de Nigeria y en el S de Níger.

HAUSTORIO s.m. BOT. Órgano propio de las plantas parásitas que penetra en los órganos de su huésped y absorbe sus jugos.

HAVERS. Conductos de Havers Canales nutritivos situados en el tejido óseo compacto y alrededor de los cuales se forman las células óseas en láminas concéntricas, formando el *sistema de Havers*.

HAWAIANO, A adj. y s. De Hawai.

HAYA s.f. (del lat. *materia fagea*, madera de haya, de *fagus*, haya). Árbol de los bosques templados, de una altura máxima de 40 m, corteza lisa y madera blanca, compacta y flexible, utilizada en ebanistería. (Familia fagáceas.) 2. Madera de este árbol.

hojas y fruto

flor femenina

hayuco

flor masculina

■ **HAYA**

HAYACA s.f. Venez. Pastel de harina de maíz relleno de carne y otros ingredientes, que se prepara especialmente en Navidad.

HAYEDO s.m. Terreno poblado de hayas. SIN.: *hayal*.

HAYO s.m. Colomb. y Venez. Arbusto de coca. 2. Colomb. y Venez. Coca, hoja de este arbusto. 3. Colomb. y Venez. Mezcla de hojas de coca y sales calizas o de sosa y a veces ceniza, que mascan los indios de Colombia.

HAYUCO s.m. Fruto del haya.

HAYY o **HAYYI** s.m. Título dado al musulmán que ha realizado la peregrinación a La Meca y Medina.

1. HAZ s.m. (lat. *fascis*).Porción de cosas atadas: *haz de leña*. 2. Flujo de partículas elementales producidas por un acelerador, seleccionadas y después concentradas en un blanco o detector. 3. ANAT. Conjunto de varias fibras, musculares o nerviosas, agrupadas en un mismo trayecto. 4. BOT. Hacecillo. 5. MAT. Conjunto de rectas,de curvas o de superficies que dependen de un parámetro. ◇ **Haz atómico** o **molecular** Conjunto de átomos o de moléculas, de velocidades y direcciones muy próximas, que se propagan en un espacio vacío. **Haz de vías** Conjunto de vías férreas unidas en sus extremos por agujas o empalmes. **Haz herciano** Haz de ondas electromagnéticas o hercianas que sirven para establecer la conexión entre dos puntos. **Haz luminoso** Conjunto de rayos luminosos que parten del mismo punto, limitados por los diafragmas convenientes.

2. HAZ s.f. (lat. *facies*, forma general, aspecto, rostro). Cara o rostro. 2. Cara anterior

■ **HARPÍA**

del paño, de la tela y de otras cosas, y especialmente la opuesta al envés. **3.** BOT. Parte superior de una hoja.

3. HAZ s.m. (lat. *acies,* punta, filo, línea de batalla). MIL. Antiguamente, tropa formada en divisiones o en filas.

HAZA s.f. Porción de tierra de cultivo.

HAZAÑA s.f. Acción o hecho ilustre o heroico.

HAZAÑERÍA s.f. Demostración afectada de temor, admiración o entusiasmo, sin ningún motivo para ello.

HAZAÑERO, A adj. Que hace hazañerías. **2.** Relativo a la hazañería.

HAZAÑOSO, A adj. Que realiza hazañas. **2.** Se dice de los hechos heroicos.

HAZÁRA, pueblo musulmán chiita de lengua iraní, que habita en la parte central de Afganistán.

HAZMERREÍR s.m. Persona ridícula que sirve de diversión a los demás.

HE adv. (ár. *hā*). Junto con los adv. *aquí, allí, ahí,* o unido a pronombres personales átonos, sirve para señalar o mostrar una cosa o una persona: *he aquí los papeles que buscabas; helo aquí, por fin.* ◆ **interj.** Se usa para llamar a una persona.

HEAVY adj. y s.m. (voz inglesa). Relativo a una corriente del rock, surgida en la década de 1970, que se caracteriza por la simplicidad del ritmo y la acentuación de algunos componentes del rock. ◆ **s.m.** y **f.** Aficionado a esta modalidad de rock o que tiene la estética propia de este estilo.

HEBDOMADARIO, A adj. Semanal. ◆ **s.** Persona encargada de una función determinada durante una semana en los cabildos eclesiásticos y comunidades religiosas.

HEBEFRENIA s.f. PSIQUIATR. Una de las formas clínicas de la esquizofrenia juvenil, en la que predomina el retraimiento en el mundo interior.

HEBEFRÉNICO, A adj. y s. Relativo a la hebefrenia; que padece de hebefrenia.

HEBÉN adj. Se dice de cierta variedad de uva blanca, gorda y vellosa. **2.** Se dice del veduño y vides que producen esa uva.

HEBIJÓN s.m. Clavillo o punta metálica de la hebilla.

HEBILLA s.f. (lat. vulg. *fibella,* dim. del lat. *fibula*). Pieza de metal u otra materia que se coloca en el extremo de una correa, cinta, etc., y que tiene uno o más clavillos articulados que se introducen en algún agujero del otro extremo de la correa o cinta para ceñirla.

HEBRA s.f. (lat. *fibra,* filamento de las plantas). Trozo de hilo que se pone en la aguja para coser. **2.** Fibra o filamento animal o vegetal. **3.** Tabaco cortado en forma de largos filamentos o briznas de aspecto ensortijado. **4.** Estigma de la flor de azafrán. **5.** *Fig.* Curso de lo que se va diciendo: *perder la hebra.* **6.** *Poét.* Cabello. ◇ **Pegar la hebra** Esp. *Fam.* Trabar accidentalmente conversación con alguien; prolongar la conversación más de la cuenta.

HEBRAICO, A adj. Hebreo, relativo a los hebreos: *literatura hebraica.*

HEBRAÍSMO s.m. Profesión de la ley antigua de Moisés. **2.** Palabra, expresión o giro procedentes de la lengua hebrea que se usan en otro idioma.

HEBRAÍSTA s.m. y f. Estudioso de la lengua y cultura hebreas.

HEBRAIZANTE s.m. y f. Judaizante.

HEBREO, A adj. y s. (lat. *Hebraeus,* del hebreo *'ibrî*). De un pueblo semítico que tuvo oriente cuya historia narra la Biblia. (V. parte n. pr., **Palestina**.) **2.** Relativo al hebraísmo; que profesa el hebraísmo. ◆ **s.m.** Lengua semítica hablada antiguamente por los hebreos y, en la actualidad, lengua oficial de Israel.

HEBROSO, A adj. Fibroso.

HEBRUDO, A adj. C. Rica. Que tiene muchas hebras.

HECATOMBE s.f. (gr. *ekatómbi*). Desastre con muchas víctimas. **2.** En la antigüedad grecorromana, sacrificio de cien bueyes que se hacía a los dioses.

HECCEIDAD s.f. En la filosofía de Duns Escoto, principio formal constitutivo de cada cosa en cuanto individuo.

HECHICERÍA s.f. Operaciones mágicas del hechicero. **2.** ANTROP. Capacidad de curar o de hacer daño por medio de procedimientos y rituales mágicos, propia de una persona en el seno de una sociedad o de un grupo determinado.

HECHICERO, A adj. *Fig.* Que atrae o cautiva la voluntad: *hermosura hechicera.* ◆ **s.** y adj. ANTROP. Persona que practica la hechicería.

HECHIZAR v.tr. [7]. Ejercer un maleficio sobre alguien con hechicería. **2.** *Fig.* Despertar admiración, afecto o deseo.

HECHIZO, A adj. (de *hecho,* p. de *hacer*). Artificioso o fingido. **2.** Méx. Se dice del aparato o instrumento que no es de fábrica; que fue hecho de forma rudimentaria. ◆ **s.m.** Hechicería. **2.** Acción y efecto de hechizar. **3.** *Fig.* Atractivo natural intenso de una persona.

HECHO s.m. Acción y efecto de hacer algo: *demostrar algo con hechos.* **2.** Acontecimiento, suceso: *conocer los hechos; observar los hechos.* **3.** Hazaña: *los grandes hechos de la historia.* (Suele usarse en plural.) ◇ **De hecho** En realidad, concretamente: *de hecho, no estaba mal*; en la práctica, en la realidad: *pareja de hecho.* **Hecho consumado** Acción llevada a cabo adelantándose a las reacciones o presiones que pudieran impedirla. **Hecho de armas** Hazaña bélica. **Hecho jurídico** Acontecimiento susceptible de producir alguna adquisición, modificación, transferencia o extinción de los derechos u obligaciones. **Hecho probado** Hecho que como tal se declara en las sentencias por los tribunales de instancia. **Hecho y derecho** Se dice de la persona cabal y responsable.

HECHOR, RA s. Chile y Ecuad. Malhechor. ◆ **s.m.** Amér. Merid. Garañón, asno.

HECHURA s.f. Confección: *las hechuras de*

escritura cuadrada (imprenta)	cursiva moderna (manuscrito)	nombre	transcripción
א	lc	alef	' (nada)
ב בּ	ג ג	bet	b
ג גּ	ר	gimel	g
ד דּ	ק	dálet	d
ה	ה	he	h
ו	l	waw	w
ז ז	ל	zayn	z
ח	ח	het	ḥ
ט	U	tet	ṭ
'	'	yod	y
כ כּ [ך]	כ כ [ך]	kaf	k
ל	ל	lámed	l
מ [ם]	N [ם]	mem	m
נ [ן]	J [ן]	nun	n
ס	O	sámek	s
ע	ð	'ayn	'(espíritu áspero)
פ פּ [ף]	פ פ [ף]	pe	p, f
צ [ץ]	ﬥ [ץ]	ṣade	ṣ
ק	ק	qof	q
ר	ר	reš	r
שׁ שׂ	שׁ שׂ	šin, śin	š, ś
ת תּ	ה	taw	t

las letras entre corchetes son variantes finales

■ **HEBREO.** Alfabeto hebreo.

un vestido. (Suele usarse en plural.) **2.** Forma exterior o figura que se da a las cosas. **3.** Manera como está hecha una cosa. **4.** *Fig.* Cariz, aspecto. **5.** Esp. Configuración del cuerpo.

HECTÁREA s.f. Unidad de medida de superficie (símb. Ha) equivalente a 10^4 metros cuadrados.

HÉCTICO, A adj. y s. Tísico. ◆ adj. y s.f. Se dice de la fiebre que acompaña a los estados consuntivos graves.

HECTOGRAMO s.m. Medida de masa que vale 100 gramos (símb. hg).

HECTOLITRO s.m. Medida de volumen que vale 100 litros (símb. hl).

HECTÓMETRO s.m. Medida de longitud que vale 100 metros (símb. hm).

HEDER v.intr. (lat. *foetere*) [29]. Despedir mal olor.

HEDIONDEZ s.f. Cualidad de hediondo. **2.** Cosa hedionda.

HEDIONDO, A adj. Que despide hedor: *callejuela hedionda.* **2.** *Fig.* Repugnante: *aspecto hediondo.* **3.** *Fig.,* obsceno: *palabras hediondas.* ◆ **s.m.** Arbusto de flores amarillas y frutos negros, que crece en la península Ibérica. (Familia papilionáceas.)

HEDONISMO s.m. Doctrina que hace del placer un principio o el objetivo de la vida.

HEDONISTA adj. y s.m. y f. Relativo al hedonismo; partidario de esta doctrina.

HEDOR s.m. Olor desagradable, que generalmente proviene de sustancias orgánicas en descomposición.

HEGELIANISMO s.m. Doctrina filosófica de Hegel y sus discípulos.

HEGELIANO, A adj. y s. Relativo a Hegel o al hegelianismo; partidario de esta doctrina.

HEGEMONÍA s.f. (gr. *egemonía,* preeminencia de un estado sobre los demás, de *egemón, -onos,* el que marcha a la cabeza). Supremacía, poder preponderante o dominador de un estado o de una clase social sobre otras. **2.** Superioridad en cualquier línea.

HEGEMÓNICO, A adj. Relativo a la hegemonía.

HÉGIRA o **HÉJIRA** s.f. Emigración de Mahoma de La Meca a Medina, que tuvo lugar en 622, y se toma como punto de partida de la cronología musulmana.

HELADA s.f. Descenso de la temperatura por debajo de cero grados, que provoca, cuando es persistente, la congelación del agua. ◇ **Caer heladas** Helar.

HELADERA s.f. Argent. Refrigerador.

HELADERÍA s.f. Establecimiento donde se sirven o venden helados.

HELADERO, A s. Persona que tiene por oficio elaborar o vender helados. ◆ **s.m.** *Fig.* Lugar donde hace mucho frío.

HELÁDICO, A adj. Relativo a la Hélade. **2.** Relativo a la civilización del bronce en la Grecia continental, que se desarrolló en el tercer y segundo milenios, cuya última fase corresponde a la civilización micénica.

HELADIZO, A adj. Que se hiela fácilmente.

HELADO, A adj. Muy frío. **2.** *Fig.* Atónito, estupefacto, pasmado: *quedarse helado.* **3.** *Fig.* Esquivo, desdeñoso: *maneras heladas.* ◆ **s.m.** Golosina o postre compuesto de leche o nata, azúcar, huevos y otros ingredientes, que una vez mezclados se someten a un proceso de congelación.

HELADORA s.f. Máquina para hacer helados y sorbetes. **2.** Amér. Refrigerador.

HELADURA s.f. Atronadura producida en los árboles por el frío.

HELAJE s.m. Colomb. Frío intenso.

HELAMIENTO s.m. Acción y efecto de helar o helarse. **2.** BOT. Fenómeno que consiste en la rotura de los vasos de plantas leñosas por congelación de la savia.

HELAR v.tr., intr. y prnl. (lat. *gelare*) [10]. Congelar, convertir en hielo por la acción del frío. ◆ **v.tr.** *Fig.* Dejar atónito o pasmado. **2.** Desalentar, acobardar. ◆ **helarse** v.prnl. Tener o pasar una persona mucho frío. **2.** Marchitarse o secarse las plantas a causa del frío. **3.** Solidificarse lo que se había licuado por faltarle el calor necesario para mantenerse en estado líquido.

HELECHAL s.m. Terreno poblado de helechos.

HELECHO s.m. (lat. *filictum,* matorral de helechos, de *filix, -icis,* helecho). Planta vascular sin flores ni semillas, de hojas (o *frondes*) con frecuencia muy divididas, que se reproduce por esporas y crece en bosques y lugares húmedos. (Algunos helechos tropicales son arborescentes.)

agrupación de esporangios

rizoma

cara inferior de una fronde de polipodio

■ HELECHO macho.

■ HELECHO real.

HELÉNICO, A adj. Griego, perteneciente a Grecia.

HELENIO s.m. (lat. *helenium,* del gr. *elénion*).Planta de flores amarillas, raíz amarga y aromática usada en medicina y hojas muy grandes y oblongas, que crece en los lugares húmedos. (Familia compuestas.)

HELENISMO s.m. Civilización griega; civilización desarrollada fuera de Grecia bajo la influencia de la cultura griega. **2.** LING. Palabra, expresión o giro procedente de la lengua griega que se usan en otra lengua.

HELENISTA s.m. y f. Persona que se dedica al estudio de la lengua y la cultura griegas.

HELENÍSTICO, A adj. Se dice del período de la civilización griega que comprende desde la conquista de Alejandro a la conquista romana.

HELENIZACIÓN s.f. Acción y efecto de helenizar o helenizarse.

HELENIZAR v.tr. [7]. Introducir las costumbres, cultura y arte griegos en un país. ◆ **helenizarse** v.prnl. Adoptar las costumbres o la cultura griegas.

HELENO, A adj. y s. Griego, perteneciente a Grecia.

HELERO s.m. Masa de nieve de pequeñas dimensiones que durante el verano persiste por debajo del límite de las nieves perpetuas.

HELGADO, A adj. Que tiene dientes ralos y desiguales.

HELGADURA s.f. Hueco o espacio que hay entre diente y diente. **2.** Desigualdad de los dientes.

HELÍACO, A o **HELIACO, A** adj. Relativo a Helios, el Sol. **2.** ASTRON. Se dice de la salida o puesta de un astro que se produce al mismo tiempo que la salida o puesta del Sol.

HELIANTINA s.f. QUÍM. Indicador coloreado, anaranjado en un medio básico y rojo en un medio ácido. SIN.: *anaranjado de metilo.*

HÉLICE s.f. (lat. tardío *helix, -icis,* voluta de capitel, del gr. *élix, -ixos,* espiral). Órgano de propulsión, tracción o sustentación, constituido por aspas o palas dispuestas regularmente alrededor de un buje accionado por un motor. **2.** ANAT. Héllx. **3.** ARQ. Pequeña voluta del capitel corintio. **4.** GEOMETR. Curva que corta, bajo un ángulo constante, las generatrices de un cilindro de revolución. ◇ **Antena en hélice** Antena direccional de hiperfrecuencias constituida por un hilo conductor enrollado en hélice y por una superficie reflectora perpendicular al eje de la hélice.

HELICICULTURA s.f. Cría de caracoles.

HELICOIDAL adj. En forma de hélice: *engranaje helicoidal.* ◇ **Movimiento helicoidal** Movimiento de un sólido cuyos diferentes puntos describen hélices del mismo eje y del mismo paso.

HELICOIDE s.m. MAT. Superficie (o volumen) originado por una curva (o una superficie) que tienen un movimiento helicoidal.

HELICÓN s.m. (gr. *Elikón, -ónos,* monte cuyo nombre significa montaña tormentosa). Instrumento músico de metal cuyo tubo, de forma circular, permite colocarlo alrededor del cuerpo.

HELICÓPTERO s.m. Giravión cuyo rotor o rotores aseguran a la vez la sustentación y la traslación durante el vuelo.

HELIO s.m. (gr. *elios,* sol). Gas noble, muy ligero e ininflamable, de densidad 0,178 g/l a 0 °C, que se licúa a –268,934 °C. **2.** Elemento químico (He), de número atómico 2 y masa atómica 4,002. (Descubierto en la atmósfera solar, el helio existe en una cantidad muy pequeña en el aire. Se utiliza para hinchar balones y aerostatos y en estado líquido, en criogenia.)

HELIOCENTRISMO s.m. Sistema que considera al Sol como centro del universo o como astro alrededor del cual giran los planetas.

HELIOGEOTERMIA s.f. Tecnología que consiste en utilizar un yacimiento geotérmico para almacenar el calor solar.

HELIOGRABADO s.m. Procedimiento de obtener, mediante la acción de la luz solar, grabados en relieve. **2.** Estampa obtenida por este procedimiento.

HELIOGRAFÍA s.f. ART. GRÁF. Procedimiento de reproducción de originales transparentes o translúcidos sobre papel tratado con diazoicos. **2.** ASTRON. **a.** Descripción del Sol. **b.** Fotografía de este astro.

HELIÓGRAFO s.m. Aparato que sirve para hacer señales telegráficas por medio de la reflexión de un rayo de sol en un espejo plano que se puede mover. **2.** METEOROL. Aparato que sirve para medir la duración e intensidad del tiempo de insolación.

HELIOLATRÍA s.f. Culto al sol.

HELIÓN s.m. Núcleo del átomo del helio, llamado también *partícula alfa.*

HELIOSFERA s.f. Capa situada en el límite superior de la atmósfera terrestre, por debajo de la geocorona, cuyo principal componente es el helio.

HELIÓSTATO s.m. Instrumento geodésico consistente en un espejo plano o ligeramente cóncavo, que permite reflejar los rayos del sol en una dirección fija, a pesar del movimiento diurno.

HELIOTECNIA s.f. Técnica para la conversión de la luz solar en energía eléctrica.

HELIOTERAPIA s.f. Tratamiento médico por exposición a la luz solar, cuya acción es debida a los rayos ultravioletas, utilizado contra el raquitismo y algunas tuberculosis óseas y enfermedades de la piel.

HELIOTÉRMICO, A adj. Se dice de un proceso de conversión de la energía solar cuyo objetivo es la producción de calor. SIN.: *heliotermodinámico.*

HELIOTROPINA s.f. Compuesto de olor análogo al del heliotropo, que se obtiene a partir de la esencia del sasafrás. SIN.: *piperonal.*

HELIOTROPISMO s.m. Movimiento de una planta o un vegetal que consiste en reaccionar al estímulo producido por la luz del sol orientando las hojas, los tallos o las flores hacia él.

HELIOTROPO s.m. Planta herbácea o subarbustiva de flores blancas y violetas, que se cultiva en jardinería y como planta de interior. (Familia borragináceas.) **2.** Flor de esta planta.

HELIPUERTO s.m. Aeropuerto para helicópteros.

HÉLIX s.m. ANAT. Pliegue que forma el pabellón de la oreja. SIN.: *hélice.*

HELMINTIASIS s.f. Enfermedad causada por helmintos.

HELMINTO s.m. (fr. *helminthe,* del gr. *élmins, -inthos*). ZOOL. Gusano.

HELMINTOLOGÍA s.f. Parte de la zoología que trata de la descripción y estudio de los gusanos.

HELOBIAL adj. y s.f. Relativo a un orden de plantas monocotiledóneas acuáticas, al que pertenece la sagitaria.

HELOR s.m. (cat. *gelor*). Frío intenso y penetrante.

HELVECIO, A adj. y s. De un pueblo céltico que ocupaba Helvecia hacia mediados del s.I a.C.

HELVÉTICO, A adj. Relativo a Suiza.

HEMARTROSIS s.f. Derrame sanguíneo en una articulación.

HEMATEMESIS s.f. (del gr. *aima, -atos,* sangre, y *emesis,* vómito).Vómito de sangre.

HEMÁTICO, A adj. Relativo a la sangre. SIN.: *emal.*

HEMATÍE s.m. Glóbulo rojo de la sangre, coloreado por la hemoglobina. SIN.: *eritrocito.*

HEMATITES s.f. (gr. *aimatítis,* sanguíneo). MINER. Óxido férrico natural Fe_2O_3, del que existen dos variedades muy importantes: la he-

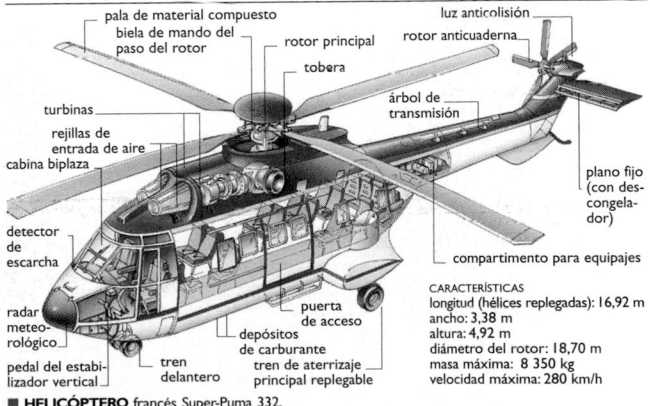

pala de material compuesto

biela de mando del paso del rotor

rotor principal

tobera

luz anticolisión

rotor anticuaderna

turbinas

rejillas de entrada de aire

cabina biplaza

árbol de transmisión

detector de escarcha

radar meteorológico

pedal del estabilizador vertical

tren delantero

puerta de acceso

depósitos de carburante

tren de aterrizaje principal replegable

plano fijo (con descongelador)

compartimento para equipajes

CARACTERÍSTICAS
longitud (hélices replegadas): 16,92 m
ancho: 3,38 m
altura: 4,92 m
diámetro del rotor: 18,70 m
masa máxima: 8 350 kg
velocidad máxima: 280 km/h

■ HELICÓPTERO francés Super-Puma 332.

matites roja, u oligisto; y la hematites parda, o limonita.

HEMATOCRITO, A adj. y s.m. Se dice del volumen ocupado por los elementos formes de la sangre (glóbulos) en un volumen dado de sangre, expresado porcentualmente.

HEMATOLOGÍA s.f. Ciencia que estudia la estructura histológica, la composición química y las propiedades físicas de la sangre. **2.** Parte de la medicina que se ocupa de las enfermedades de la sangre y de los órganos de la hemopoyesis.

HEMATOLÓGICO, A adj. Relativo a la hematología.

HEMATÓLOGO, A s. Médico especialista en hematología.

HEMATOMA s.m. Extravasación de sangre en una cavidad natural o bajo la piel, consecutiva a una ruptura de los vasos.

HEMATOPOYESIS s.f. (del gr. *aima, -atos*, sangre, y *ptysis*, acción de escupir). Formación de los glóbulos rojos de la sangre, que tiene lugar principalmente en la médula roja de los huesos.

HEMATOPOYÉTICO, A adj. Relativo a la hematopoyesis.

HEMATOSIS s.f. Transformación de la sangre venosa en sangre arterial, que tiene lugar en el aparato respiratorio por pérdida de gas carbónico y enriquecimiento en oxígeno.

HEMATOZOARIO s.m. (del gr. *aima, -atos*, sangre, y *zoon*, animal). Protozoo parásito de los glóbulos rojos de la sangre. (El más importante es el llamado hematozoario de Laveran, causante del paludismo.) SIN.: *hematozoo.*

HEMATURIA s.f. (del gr. *aima, -atos*, sangre, y *oyrein*, orinar). Emisión de sangre por las vías urinarias.

HEMBRA s.f. (lat. *femina*). En los seres vivos que tienen los órganos de reproducción masculinos o femeninos en distinto individuo, el que tiene los femeninos. **2.** Mujer. **3.** TECNOL. Pieza que tiene un hueco o agujero en el que se introduce y encaja otra llamada *macho.*

HEMBRAJE s.m. Amér. Merid. Conjunto de las hembras de un ganado. **2.** Argent. y Urug. *Desp.* En zonas rurales, conjunto o grupo de mujeres.

HEMBRILLA s.f. Pieza pequeña de cualquier utensilio, en la que se introduce otra. **2.** Armella, anillo.

HEMERÁLOPE adj. y s.m. y f. Se dice de la persona que padece hemeralopía.

HEMERALOPÍA s.f. Disminución o pérdida de la visión cuando la luminosidad disminuye.

HEMEROTECA s.f. (gr. *eméra*, día, y *theke*, depósito). Biblioteca en que se guardan periódicos y revistas.

HEMIANOPSIA s.f. Pérdida de la visión que afecta a la mitad del campo visual.

HEMICICLO s.m. Semicírculo. **2.** Espacio central de la sala de un parlamento, teatro, etc., rodeado de asientos formando semicírculo.

HEMIEDRÍA s.f. Propiedad de los cristales cuya simetría es la mitad de la de su red cristalina.

HEMIÉDRICO, A adj. Que presenta hemiedría.

HEMIEDRO, A adj. Hemiédrico. ◆ s.m. Cristal hemiédrico.

HEMIÓN s.m. Asno salvaje de Asia central, de forma intermedia entre el caballo y otros asnos.

HEMIÓXIDO s.m. Óxido cuya molécula posee un átomo de oxígeno por cada dos átomos del elemento al que está unido.

HEMIPLEJÍA o **HEMIPLEJIA** s.f. (gr. *emiplegés*, medio herido). Parálisis de la mitad del cuerpo, debida en general a una lesión cerebral en el hemisferio opuesto.

HEMIPLÉJICO, A adj. y s. Relativo a la hemiplejía; que padece hemiplejía.

HEMIPTEROIDEO, A adj. y s.m. Relativo a un superorden de insectos como el chinche, la cigarra, los pulgones, con piezas bucales aptas para picar y succionar a, a menudo, con alas anteriores entre coriáceas y membranosas.

HEMISFÉRICO, A adj. Que tiene la forma de media esfera. SIN.: *semiesférico.*

HEMISFERIO s.m. (gr. *emisphairion*). Cada

una de las dos partes del globo terrestre o de la esfera celeste: *hemisferio norte, septentrional o boreal; hemisferio sur, meridional o austral.* **2.** ANAT. Cada una de las dos mitades del cerebro. **3.** MAT. Cada una de las dos mitades iguales de una esfera, en que la divide un plano que pasa por su centro. ◇ **Hemisferios de Magdeburgo** Semiesferas metálicas huecas que Otto von Guericke utilizó en 1654 para probar la presión atmosférica.

HEMISTIQUIO s.m. (lat. *emistichium*, del gr. *emistikhion*). Cada una de las dos partes de un verso cortado por la cesura.

HEMITROPÍA s.f. MINER. Agrupamiento regular de cristales idénticos.

HEMOCIANINA s.f. Sustancia equivalente en el aspecto fisiológico a la hemoglobina que existe en la sangre de moluscos y crustáceos.

HEMOCROMATOSIS s.f. Enfermedad debida a una sobrecarga de hierro en el organismo.

HEMOCULTIVO s.m. Método de investigación de las bacterias que pueden hallarse en la sangre en el curso de determinadas enfermedades.

HEMODIÁLISIS s.f. Método de depuración sanguínea extrarrenal que se practica en casos de insuficiencia renal grave.

HEMODINÁMICA s.f. Estudio de los diferentes factores que rigen la circulación de la sangre en el organismo.

HEMOFILIA s.f. (del gr. *aima, -atos*, sangre, y *phílos*, amigo). Enfermedad hemorrágica hereditaria que consiste esencialmente en una deficiencia del proceso normal de la coagulación de la sangre. (La transmiten las mujeres y solo afecta a los hombres.)

HEMOFÍLICO, A adj. y s. Relativo a la hemofilia; que padece hemofilia.

HEMOGLOBINA s.f. (de *glóbulo* y el gr. *aima, -atos*, sangre). Pigmento de los glóbulos rojos de la sangre, que garantiza el transporte del oxígeno y del gas carbónico entre el aparato respiratorio y las células del organismo.

HEMOGLOBINOPATÍA s.f. Enfermedad caracterizada por una anomalía hereditaria de la hemoglobina y que se manifiesta por una gran anemia, dolores óseos y crisis de dolores abdominales.

HEMOGLOBINURIA s.f. Presencia de hemoglobina en la orina.

HEMOGRAMA s.m. Estudio cuantitativo y cualitativo de los glóbulos de la sangre. (Comprende la numeración globular y la fórmula leucocitaria.)

HEMOLISINA s.f. Anticuerpos que provocan la hemolisis.

HEMOLISIS s.f. Destrucción de los glóbulos rojos de la sangre por estallido.

HEMOLÍTICO, A adj. Que provoca la hemolisis. **2.** Acompañado de hemolisis.

HEMOPATÍA s.f. Enfermedad de la sangre.

HEMOPOYESIS s.f. (del gr. *aima, -atos*, sangre, y *ptysis*, acción de escupir). Hematopoyesis.

HEMOPOYÉTICO, A adj. Hematopoyético.

HEMOPTISIS s.f. Expectoración de sangre.

HEMOPTOICO, A adj. Relativo a la hemoptisis.

HEMORRAGIA s.f. (lat. *haemorrhagia*, del gr. *aimorragía*, de *aima, -atos*, sangre, y *regnynai*, brotar). Salida de sangre fuera de los vasos sanguíneos.

HEMORRÁGICO, A adj. Relativo a la hemorragia.

HEMORROIDAL adj. Relativo a las hemorroides.

HEMORROIDE s.f. Variz de las venas del ano. (Suele usarse en plural.) SIN.: *almorrana.*

HEMOSTASIA s.f. (del gr. *aima, -atos*, sangre, y *estánai*, detener). Detención de una hemorragia. SIN.: *hemostasis.*

HEMOSTASIS s.f. Hemostasia.

HEMOSTÁTICO, A adj. y s.m. Se dice de un agente mecánico, físico o medicamentoso que detiene las hemorragias.

HENAJE s.m. Desecación al aire libre del forraje verde. **2.** Conjunto de operaciones mediante las cuales este se transforma en heno.

HENAL s.m. → HENIL.

HENAR s.m. Terreno poblado de heno. **2.** Henil.

HENASCO s.m. Hierba seca que queda en los prados o entre las matas, en el verano.

HENCHIDO, A adj. Lleno, repleto: *un globo henchido de aire; henchido de orgullo.*

HENCHIDURA s.f. Acción y efecto de henchir o henchirse. SIN.: *henchimiento.*

HENCHIR v.tr. (lat *implere*, llenar, de *plere*) [89]. Llenar plenamente, especialmente algo que se va abultando a medida que se llena: *henchir los pulmones de aire.* ◆ **henchirse** v.prnl. *Fam.* Llenarse, hartarse de comida o bebida.

HENDEDURA s.f. → HENDIDURA.

HENDER o **HENDIR** v.tr. y prnl. (lat. *findere*) [29]. Hacer una hendidura. ◆ v.tr. Atravesar un fluido o cortar su superficie algo que se mueve avanzando: *la nave hendía las aguas.*

HENDIDURA o **HENDEDURA** s.f. Abertura, corte en un cuerpo sólido. **2.** ANAT. Nombre de diversas estructuras anatómicas.

HENDIJA s.f. Amér. Rendija.

HENDIMIENTO s.m. Acción de hender o hendir.

HENDIR v.tr. y prnl. [46]. → HENDER.

HENEQUÉN s.m. Planta amarilidácea, de hojas largas, angostas y rígidas, con espinas pequeñas en los bordes, de la que se obtiene una fibra textil con la que se fabrican cuerdas, esteras, etc. (La casi totalidad de la producción mundial está cubierta por México.) **2.** Esta fibra textil.

■ HENEQUÉN

HENEQUERO, A adj. Méx. Relativo al henequén. ◆ s. Méx. Persona que se dedica a sembrar, cosechar, comerciar o industrializar el henequén.

HENIFICAR v.tr. [1]. Segar plantas forrajeras y secarlas al sol, para conservarlas como heno.

HENIL o **HENAL** s.m. Lugar donde se guarda el heno o forraje.

HENNA s.m. Arbusto originario de Arabia, del que se extrae un tinte rojo utilizado sobre todo para el cabello. **2.** Este tinte.

HENO s.m. (lat. *fenum*). Hierba segada y seca que sirve de alimento al ganado. **2.** Hierba de las praderas destinada a ser cortada y secada. **3.** Méx. Planta herbácea de hojas filamentosas de color verde pardusco, que vive encima de algunos árboles y que se emplea en la época navideña para hacer adornos.

HENRIO s.m. Unidad de medida de la inductancia eléctrica (símb. H), equivalente a la inductancia eléctrica de un circuito cerrado en el cual se genera una fuerza electromotriz de 1 voltio cuando la corriente eléctrica que recorre el circuito varía uniformemente a razón de 1 amperio por segundo.

HEÑIR v.tr. [81]. Amasar, trabajar la masa.

HEPARINA s.f. Sustancia anticoagulante que se extrae del hígado y que se utiliza en todas las enfermedades en las que puede sobrevenir una trombosis.

HEPATALGIA s.f. Dolor en el hígado.

HEPÁTICA s.f. Planta que vive generalmente en regiones cálidas y húmedas, sobre la tierra, las rocas o adherida a los árboles. (Las hepáticas forman una clase de briófitos.)

HEPÁTICO, A adj. (lat. *hepaticus*, del gr. *epatikós*, de *epar*, *epatos*, hígado). Relativo al hígado: *arteria, canal hepático*. ◆ adj. y s. Que padece del hígado. ⋄ **Insuficiencia hepática** Conjunto de trastornos producidos por alteración de una o varias funciones del hígado.

HEPATISMO s.m. Estado morboso debido a una enfermedad del hígado.

HEPATITIS s.f. Toda enfermedad inflamatoria del hígado, independientemente de su causa. ENCICL. Las *hepatitis tóxicas* están causadas por sustancias químicas (p. ej. medicamentos). Las *infecciosas* se deben a parásitos o bacterias. Las *virales* están causadas por virus. De las anteriores, existen: la *hepatitis A*, transmitida por alimentos y agua contaminada por desechos humanos, con un período de incubación de 15 a 45 días, pronóstico bueno y no tiene descrita su evolución a la cronicidad; y la *hepatitis B*, que se transmite sobre todo por la sangre o los productos sanguíneos, aunque también de la madre al feto o por contacto sexual. El virus tipo B es resistente a la esterilización de instrumentos en los hospitales y es frecuente entre los drogadictos que comparten agujas. Suele presentar un episodio inicial de enfermedad hepática y en ocasiones lleva a hepatitis crónica, cirrosis y hepatomas. Su período de incubación es de 30 a 180 días. Existe un tercer tipo de hepatitis viral, que primero se llamó *no A-no B*, cuyo causante se aisló en 1988. Ahora se conoce como *hepatitis C* y su forma más común de transmisión viral. Se transmite por la sangre y los productos sanguíneos (que ahora se analizan para detectar el virus) y puede hallarse presente durante muchos años antes de dañar el hígado. Representa un problema serio de salud porque su modo de transmisión y comportamiento aún son poco conocidos. También existe una *hepatitis D*, causada por un virus muy pequeño incapaz de replicarse por sí mismo, por lo que requiere la presencia del virus de hepatitis B; se identificó por primera vez en 1977 y llega a ser crónica.

HEPATIZACIÓN s.f. Lesión de un tejido que adquiere el aspecto y la consistencia del hígado.

HEPATOLOGÍA s.f. Estudio de la anatomía, fisiología y patología del hígado.

HEPATOMEGALIA s.f. Aumento de volumen del hígado.

HEPATONEFRITIS s.f. Enfermedad grave simultánea del hígado y los riñones.

HEPATOPÁNCREAS s.m. Órgano de algunos invertebrados, que realiza las funciones del hígado y el páncreas.

HEPTAEDRO s.m. Sólido limitado por siete caras.

HEPTAGONAL adj. Relativo al heptágono.

HEPTÁGONO, A adj. Que tiene siete ángulos. ◆ s.m. MAT. Polígono de siete ángulos y, por consiguiente, de siete lados: *heptágono regular*.

HEPTARQUÍA s.f. Gobierno simultáneo de siete personas. **2.** País constituido por siete estados.

HEPTASÍLABO, A adj. y s.m. Que consta de siete sílabas: *verso heptasílabo*.

HEPTATLÓN o **HEPTATHLÓN** s.m. Conjunto de siete pruebas de atletismo, en su categoría femenina.

HERÁLDICA s.f. Código de reglas que permite representar y describir correctamente los escudos de armas. **2.** Blasón. (*V. ilustr. pág. siguiente*.)
ENCICL. La heráldica estudia los escudos de armas, que son los emblemas de comunidades o familias. Estos aparecieron en el s. XII para distinguir a los combatientes de diferentes bandos. A partir del s. XVIII el uso de los escudos de armas se extendió a las mujeres, el clero y los burgueses, y después a las comunidades civiles y religiosas. Útil a los historiadores y arqueólogos en la medida que permite fechar objetos y monumentos adornados con un blasón o conocer su origen, la heráldica forma por sí misma un arte debido a la extrema riqueza de su escritura y su simbolismo.

HERÁLDICO, A adj. Relativo al blasón, a los escudos de armas y a la heráldica.

HERALDISTA s.m. y f. Especialista en heráldica.

HERALDO s.m. (fr. *héraut*). Oficial público cuya función consistía en notificar las declaraciones de guerra, llevar mensajes y dirigir las ceremonias.

HERBÁCEO, A adj. BOT. Que tiene la naturaleza o el aspecto de la hierba. ⋄ **Plantas herbáceas** Plantas endebles, no leñosas, cuyas partes aéreas mueren después de fructificar.

HERBAJAR v.tr. Apacentar el ganado en un herbazal. ◆ v.intr. Pacer o pastar el ganado. SIN.: *herbajear*.

HERBAJE s.m. Conjunto de hierbas que se crían en prados y dehesas. **2.** DER. Derecho que cobran los pueblos por el pasto de los ganados forasteros y por arrendamiento de pastos y dehesas.

HERBAJERO, A s. Persona que toma o da en arriendo el herbaje de prados o dehesas.

HERBARIO, A adj. Relativo a las hierbas. ◆ s.m. Colección de plantas, desecadas, rotuladas y denominadas, que se utiliza en los estudios de botánica. **2.** ZOOL. Panza de los rumiantes.

HERBAZAL s.m. Terreno poblado de hierbas.

HERBERO s.m. (de *hierba*). Esófago de los rumiantes.

HERBICIDA adj. y s.m. Se dice del producto químico que destruye las malas hierbas.

HERBÍVORO, A adj. y s.m. Que se alimenta de hierba o de sustancias vegetales.

HERBOLARIO, A s. (del lat. *herbula*, hierbezuela). Persona que recoge o vende hierbas y plantas medicinales. ◆ s.m. Establecimiento donde se venden plantas medicinales. **2.** Herbario, colección de plantas.

HERBORISTERÍA s.f. Herbolario, establecimiento.

HERBORIZAR v.intr. (fr. *herboriser*, de *herboriste*, herbolario) [7]. Recoger plantas de la naturaleza para estudiarlas.

HERBOSO, A adj. Cubierto de hierba abundante.

HERCIANO, A o **HERTZIANO, A** adj. ELECTR. Se dice de las ondas y los fenómenos radioeléctricos.

HERCINIANO, A adj. **Plegamiento herciniano** Último de los plegamientos primarios, que tuvo lugar en el carbonífero y que dio lugar a toda una serie de altos relieves, desde los Apalaches al Asia central, pasando por Europa.

HERCIO o **HERTZIO** s.m. (de H. *Hertz*, físico alemán). Unidad de medida de frecuencia de todo movimiento vibratorio, expresada en ciclos por segundo (símb. Hz).

HERCÚLEO, A adj. Relativo a Hércules, colosal: *fuerza herculea*.

HÉRCULES s.m. (de *Hércules*, divinidad romana). Hombre fuerte y robusto.

HEREDAD s.f. (lat. *hereditas*, *-tatis*, acción de heredar, herencia). Terreno de cultivo que pertenece a un mismo dueño. **2.** Conjunto de tierras y bienes inmuebles que pertenecen a un mismo dueño.

HEREDAR v.tr. (lat. tardío *hereditare*). Recibir, por legal o testamentaria, los bienes, derechos y acciones de una persona cuando esta muere: *heredar una casa de un tío*. **2.** Fig. y fam. Recibir de una persona algo que esta había usado: *heredar la ropa del hermano mayor*. **3.** Fig. Recibir ciertas inclinaciones o características.

HEREDERO, A adj. y s. (lat. *hereditarius*, referente a una herencia). Que hereda o puede heredar de acuerdo con la ley o por un testamento. **2.** Se dice de la persona que hereda los bienes de un difunto. **3.** Que tiene ciertos caracteres de sus padres. ⋄ **Príncipe heredero** Príncipe que heredará la corona.

HEREDITARIO, A adj. Adquirido o transmisible por herencia: *título hereditario*.
ENCICL. Las enfermedades hereditarias forman parte de los problemas genéticos. Afectan los genes de todas las células (no sólo un grupo de ellas, como en el caso de los tumores) y se perpetúan a lo largo de las generaciones (no de manera ocasional, como la trisomía 21). El conocimiento del gen responsable, que solo se relaciona con ciertas enfermedades llamadas monogénicas, brinda esperanzas de aplicaciones futuras.

HEREFORD adj. y s.m. y f. Se dice de una raza inglesa de bovinos, especializada en la producción de carne, muy extendida en los países anglosajones y en América latina.

HEREJE s.m. y f. (occitano ant. *eretge*, del lat. tardío *haereticus*). Persona que incurre en herejía: *la Iglesia excomulga a los herejes*. **2.** Fig. Persona que dice o hace irreverencias o blasfemias.

HEREJÍA s.f. Doctrina religiosa contraria a la de la Iglesia católica. **2.** Posición contraria a principios comúnmente aceptados en determinada materia. **3.** Fig. Disparate, acción desacertada. **4.** Fig. Daño causado a personas o animales. **5.** Ofensa, insulto: *proferir herejías*.

HERENCIA s.f. (lat. *haerentia*, cosas vinculadas, pertenencias, p. activo pl. de *haerere*, estar adherido). Derecho a heredar. **2.** Bienes que se heredan. **3.** Lo que se recibe de los padres, a través de generaciones precedentes: *la herencia cultural*. **4.** Transmisión de caracteres genéticos de una generación a las siguientes. **5.** DER. Conjunto de bienes que deja una persona a su muerte.

HERERO, pueblo nómada de Namibia y Botswana que habla una lengua bantú.

HERESIARCA s.m. y f. (lat. *haeresiarcha*, del gr. *aeresiárkhes*, de *aeresis*, herejía, y *arkhein*, comenzar). Autor o promotor de una herejía.

HERÉTICO, A adj. Relativo a la herejía o al hereje: *doctrina herética*.

HERIDA s.f. Lesión local del cuerpo, debido a un golpe, un arma o un accidente. **2.** Fig. Ofensa, agravio, pena. ⋄ **Respirar por la herida** Dar a conocer un sentimiento que se mantenía oculto.

HERIDO, A adj. y s. Que ha sufrido heridas: *herido en su amor propio; asistir a un herido*.

HERIR v.tr. (lat. *ferire*, golpear con algo) [79]. Causar una herida en los tejidos del cuerpo de un ser vivo. **2.** Fig. Ofender, agraviar: *herir la sensibilidad de alguien*. **3.** Impresionar violentamente la vista o el oído: *el sol hería sus ojos*. **4.** Golpear, batir un cuerpo contra otro: *herir el suelo con el pie*. **5.** Dar un rayo de luz sobre algo: *los rayos hieren las aguas*. **6.** Hacer sonar las cuerdas de un instrumento musical.

HERMA s.m. Busto sin brazos, colocado sobre un estípite.

HERMAFRODITA adj. y s.m. y f. (lat. *Hermaphroditus*, del gr. *Ermaphróditos*, personaje mitológico hijo de Hermes y Afrodita). Se dice del ser vivo en el que están reunidos los órganos reproductores de los dos sexos.

HERMAFRODÍTICO, A adj. Que tiene los dos sexos.

HERMAFRODITISMO s.m. Yuxtaposición, en un mismo individuo, de los órganos reproductores de los dos sexos. SIN.: *hermafrodismo*. **2.** Presencia de caracteres somáticos de ambos sexos en un mismo individuo.

HERMANAMIENTO s.m. Acción y efecto de hermanar.

HERMANAR v.tr. y prnl. Unir, armonizar, juntar: *hermanar la ética con la estética; hermanar colores*.

HERMANASTRO, A s. Hermano por parte de uno solo de los padres.

HERMANDAD s.f. Fraternidad. **2.** Asociación de personas, unidas por trabajo, ideas, etc.: *hermandad de ganaderos*. **3.** Fig. Correspondencia entre varias cosas. **4.** Fig. Conformidad de pareceres y propósitos. **5.** HIST. Asociación de los vecinos de diversas poblaciones que se unían para fines de interés común, por lo general para la defensa del orden público, persecución de los malhechores y resistencia frente a los abusos nobiliarios. **6.** REL. a. Cofradía, congregación de devotos. **b.** Privilegio que concede una comunidad religiosa a una o varias personas.

HERMANDINO s.m. → IRMANDIÑO.

HERMANO, A s. (lat. *germanus*, de *frater germanus*, hermano verdadero). El que con respecto a otro tiene los mismos padres.

PRINCIPALES PARTICIONES

cantón diestro del jefe	JEFE centro del jefe	cantón siniestro del jefe
flanco diestro	centro, corazón o abismo	flanco siniestro
cantón diestro de la punta	punta PUNTA	cantón siniestro de la punta

DIESTRO · SINIESTRO

DIVISIONES DEL ESCUDO

 partido
 cortado
 tronchado
 tajado
 cuartelado en cruz

 cuartelado en sotuer
 jironado
 terciado en faja
 equipolado
8 cuarteles
16 cuarteles

ESMALTES

COLORES

 gules
 púrpura
 azur
 sinople
 sable
 anaranjado

METALES

 oro / argén

FORROS

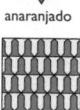 armiños
 contraarmiños
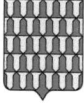 veros
 contraveros

PIEZAS, MODIFICACIONES Y PARTICIONES

jefe — campaña — palo — faja — banda — barra — escusón — bordura

cruz — sotuer — cabria — perla — manto — orla — franco cuartel — escuadra

cantón — vestido (vestido de gules) — cortinado (cortinado de argén) — calzado (calzado de argén) — embrazado siniestro (embrazado de argén) — mantelado (mantelado de argén) — jirón — calzado

vergetas — burelas — cortizas en barra — cabriado — banda angrelada — faja bretesada — bordura componada — trechor

FIGURAS

bezantes — roeles — cartelado — flor de lis — sierpe — siniestrocero — león — leopardo

recuentro — águila — aguiluchos — carbúnculo — armas falsas (Jerusalén) — brisada (armas de Dunois) — losanges — torre

2. Una cosa respecto de otra a la que es semejante: *estos guantes no son hermanos*. **3.** Título dado a los miembros de determinadas órdenes religiosas. **4.** Miembro de congregaciones religiosas laicas: *hermano de las escuelas cristianas*. **5.** Nombre que se dan entre sí los miembros de determinadas cofradías o asociaciones, como los masones. **6.** *Argent. Fam.* Fórmula de tratamiento con la que se manifiesta confianza y amistad. ⬦ **Hermano de leche** Hijo de una nodriza respecto del ajeno que esta crió, y viceversa. **Hermano político** Cuñado. **Medio hermano** Hermanastro.

HERMENEUTA s.m. y f. Persona que se dedica a la hermenéutica.

HERMENÉUTICA s.f. Ciencia que define los principios y métodos de la crítica y la interpretación de los textos antiguos.

HERMENÉUTICO, A adj. (gr. *ermeneutikós*, relativo a la interpretación). Relativo a la hermenéutica.

HERMES s.m. Figuración particular del dios Hermes, con busto barbado y muñones en lugar de brazos.

HERMETICIDAD s.f. Hermetismo.

HERMÉTICO, A adj. (bajo lat. *hermeticus*, aplicado a la Alquimia, de *Hermes* Trimegisto, supuesto alquimista egipcio). Se dice de algo perfectamente cerrado. **2.** Difícil de comprender, impenetrable: *un discurso hermético, expresión hermética*. **3.** Relativo al hermetismo, doctrina esotérica.

HERMETISMO s.m. Cualidad de lo que es hermético o difícil de comprender. **2.** Doctrina esotérica basada en escritos de la época grecorromana, atribuidos a la inspiración del dios Hermes Trimegisto.

HERMOSEAMIENTO s.m. Acción de hermosear.

HERMOSEAR v.tr. y prnl. Hacer o poner hermoso.

HERMOSO, A adj. (lat. *formosus*, de *forma*, hermosura). Que tiene hermosura: *persona hermosa*. **2.** Se dice del tiempo agradable: *día hermoso*. **3.** Grande, abundante, lozano: *una hermosa cosecha*.

HERMOSURA s.f. Belleza.

HERNIA s.f. (lat. *hernia*). Salida de un órgano o de una parte de él fuera de la cavidad donde se encuentra normalmente, a través de un orificio natural o accidental de la pared de esta cavidad: *hernias inguinales, umbilicales, lumbares, discales, etc.* **2.** Tumefacción formada por este órgano bajo la piel. ⬦ **Hernia estrangulada** Hernia que no se puede hacer volver al interior por medios externos, que expone a graves complicaciones (oclusión, peritonitis) y que debe ser operada con urgencia.

HERNIADO, A adj. y s. Que padece una hernia. SIN.: *hernioso*.

HERNIARIO, A adj. Relativo a las hernias.

HERNIARSE v.prnl. Sufrir una hernia.

HÉROE, ÍNA s. (lat. *heros, -ois*, del gr. *eros, eroos*, semidiós, jefe militar épico). Persona que se distingue por sus cualidades o acciones extraordinarias, particularmente en la guerra. **2.** Personaje principal de una obra literaria o cinematográfica. **3.** En la mitología griega, hijo de una divinidad y un humano, como Hércules o Aquiles.

HEROICIDAD s.f. Cualidad de heroico: *la heroicidad de un hecho*. **2.** Acción heroica.

HEROICO, A adj. (lat. *heroicus*). Que se comporta como un héroe o implica heroísmo: *combatiente heroico; resistencia heroica*. **2.** Que canta las hazañas de los héroes: *romance heroico*. SIN.: *épico*. **3.** Que se toma en un caso grave o extremo: *decisión heroica*. ⬦ **Tiempos heroicos** Tiempo fabuloso en el que vivían los héroes; época en la que se han producido hechos memorables.

HEROIDA s.f. LIT. Composición poética en la que habla un héroe o un personaje famoso.

HEROÍNA s.f. (fr. *héroïne*). Sustancia muy tóxica y adictiva, derivada de la morfina. (Suele presentarse en forma de polvo blanco que se inyecta, diluido, por vía intravenosa.)

HEROINOMANÍA s.f. Toxicomanía provocada por la heroína.

HEROINÓMANO, A s. Toxicómano adicto a la heroína.

HEROÍSMO s.m. Conjunto de cualidades y acciones propias del héroe.

HERPES o **HERPE** s.m. (lat. *herpes, -etis*, del gr. *érpes, -etos*). Erupción cutánea, de origen viral, formada por vesículas agrupadas sobre una base inflamada.

HERPÉTICO, A adj. y s. Relativo al herpes; que padece herpes.

HERPETOLOGÍA s.f. (del gr. *erpetón*, reptil, y *logos*, tratado). Parte de las ciencias naturales que trata de los reptiles.

HERPETOLÓGICO, A adj. Relativo a la herpetología.

HERPETÓLOGO, A s. Naturalista que estudia los reptiles.

HERRADA s.f. Balde de madera, con grandes aros de hierro o de latón, más ancho por la base que por la boca.

HERRADO s.m. Operación de herrar a los cuadrúpedos.

HERRADOR, RA s. Persona que tiene por oficio herrar animales cuadrúpedos.

HERRADURA s.f. Hierro en forma de U, que se clava en los cascos de las caballerías para protegerlos. ⬦ **Arco de herradura** ARQ. Arco mayor que una semicircunferencia y cuya flecha es también, por lo tanto, mayor que la semiluz.

HERRAJ s.m. → **ERRAJ**.

HERRAJE s.m. Conjunto de piezas de hierro con que se decora y asegura una puerta, ventana, etc., o que sirve para forrar y consolidar un objeto.

HERRAMENTAL s.m. Herramientas de un oficio.

HERRAMIENTA s.f. Instrumento, generalmente de hierro o acero, de trabajo manual que usan los obreros, artesanos o artífices. **2.** Conjunto de estos instrumentos. **3.** *Fig.* Parte del cuerpo que desempeña una función activa en la ejecución de un trabajo. **4.** Arma blanca. **5.** *Fig. y fam.* Dentadura.

HERRAR v.tr. [10]. Ajustar y clavar las herraduras a las caballerías, o los callos a los bueyes. **2.** Marcar a un animal o una cosa con un hierro candente. **3.** Decorar de hierro un artefacto.

HERRERÍA s.f. Taller y tienda del herrero. **2.** Oficio de herrero.

HERRERIANO, A adj. Se dice del estilo arquitectónico característico de Juan Bautista de Herrera y sus seguidores, impuesto durante el reinado de Felipe II.

HERRERILLO s.m. Ave paseriforme insectívora que corresponde a diversas especies de la familia páridos. SIN.: *herreruelo*.

■ **HERRERILLO** común.

HERRERO s.m. (lat. *ferrarius*). Persona que tiene por oficio fabricar o trabajar objetos de hierro.

HERRERUELO s.m. Herrerillo.

HERRETE s.m. Cabillo metálico, o diamante, piedra preciosa, etc., que remata el extremo de una agujeta, cordón, cinta, etc.

HERRÓN s.m. Colomb. Hierro, púa del trompo.

HERRUMBRE s.f. (lat. vulg. *ferrumen*, soldadura). Orín del hierro. **2.** Gusto o sabor que algunas cosas toman del hierro.

HERTZIANO, A adj. → **HERCIANO**.

HERTZIO s.m. → **HERCIO**.

HÉRULOS, ant. pueblo germánico. Su rey Odoacro invadió Italia y destruyó el imperio de occidente en 476. Desaparecieron en el s. VI como consecuencia de la invasión lombarda.

HERVIDERO s.m. *Fig.* Lugar o situación en los que hay mucho movimiento o actividad: *la sala entera era un hervidero de risas, gritos y susurros*. **2.** Movimiento y ruido que hacen los líquidos al hervir.

HERVIDO s.m. Acción y efecto de hervir. **2.** Amér. Merid. Cocido u olla.

HERVIDOR s.m. Utensilio para hervir líquidos. **2.** TECNOL. **a.** Cilindro metálico situado debajo de una caldera para aumentar la superficie de calentamiento. **b.** Elemento de una máquina frigorífica de absorción en la que el fluido frigorígeno se desprende por calentamiento de la solución en que se halla disuelto, con objeto de alimentar el condensador de la máquina.

HERVIR v.intr. (lat. *fervere*) [79]. Sufrir un líquido, a una temperatura constante, un proceso de vaporización en toda su masa, caracterizado por la formación de burbujas. **2.** Agitarse un líquido por fermentación o efervescencia: *el mosto hierve*. **3.** *Fig.* Haber en algún sitio gran número de personas o animales: *las calles hervían de gentío*. **4.** *Fig.* Excitarse vivamente a causa de un estado emocional: *hervir en cólera*. ◆ v.tr. Hacer que un líquido entre en ebullición. **2.** Mantener algo dentro de un líquido en ebullición: *la enfermera hirvió la jeringuilla*.

HERVOR s.m. (lat. *fervor, -oris*). Acción de hervir. **2.** *Fig.* Fogosidad, entusiasmo. ⬦ **Dar un hervor** Hervir en breve tiempo. **Levantar el hervor** Empezar a hervir.

HESIQUIASMO o **HESICASMO** s.m. Escuela de espiritualidad oriental, cuyo principal representante es Gregorio Palamás.

HESITACIÓN s.f. (lat. *aesitatio, -onis*). Duda.

HESITAR v.intr. (lat. *aesitare*, titubear). Dudar, vacilar.

HESPERIO, A adj. y s. De Hesperia. SIN.: *hespérico*.

HETAIRA o **HETERA** s.f. Prostituta. **2.** En la antigua Grecia, cortesana.

HETERÍA s.f. En la antigua Grecia, asociación sociopolítica de grandes familias. **2.** En la Grecia moderna, sociedad literaria o política.

HETEROCERCO, A adj. Se dice de la aleta caudal de ciertos peces, cuyo lóbulo dorsal, más desarrollado que el ventral, contiene la extremidad de la columna. **2.** Se dice del pez que tiene este tipo de aleta, como la raya o el tiburón.

HETEROCÍCLICO, A adj. QUÍM. Se dice del compuesto orgánico de cadena cerrada, en la cual, además de átomos de carbono, hay átomos de otros elementos.

HETEROCIGOTO, A adj. y s.m. BIOL. Se dice de un sujeto o de uno de sus caracteres cuyos alelos son diferentes.

HETERÓCLITO, A adj. (lat. *heteroclitus*, del gr. *eteróklitos*, de *éteros*, otro, y *klínein*, declinar). Se dice de un conjunto de cosas mezcladas sin orden ni armonía. **2.** Se dice de la voz cuya declinación se realiza partiendo de diversos temas. **3.** Se dice de lo que parece oponerse a las reglas gramaticales.

HETEROCROMOSOMA s.m. BIOL. Cromosoma del cual depende el sexo del cigoto.

HETERODINO s.m. Aparato que permite producir oscilaciones de alta frecuencia, puras o moduladas.

HETERODOXIA s.f. Carácter de heterodoxo.

HETERODOXO, A adj. y s. (gr. *eteródoxos*, que piensa de otro modo, de *éteros*, otro, y *dóxa*, opinión). Contrario a la doctrina ortodoxa o a una opinión comúnmente admitida.

HETEROGAMÉTICO, A adj. Que tiene dos tipos de gametos.

HETEROGAMETO s.m. Célula sexual haploide.

HETEROGAMIA s.f. BIOL. Fusión de dos gametos diferentes, que constituye el modo de reproducción más frecuente.

HETEROGÁMICO, A adj. Se dice de la reproducción en la que los gametos son diferentes.

HETEROGENEIDAD s.f. Cualidad de heterogéneo.

HETEROGÉNEO, A adj. (bajo lat. *heterogeneus*, del gr. *éterogenís*, de *éteros*, otro, y *génos*, género). Compuesto de partes de diversa naturaleza. CONTR.: *homogéneo*.

HETEROINJERTO s.m. Injerto realizado con material procedente de un individuo de otra especie. SIN.: *heteroplastia*.

HETEROMANCIA o **HETEROMANCÍA** s.f. (del gr. *éteros*, otro, y *manteía*, adivinación). Adivinación supersticiosa a través de la interpretación del vuelo de las aves.

HETEROMETÁBOLO, A adj. Se dice del insecto que tiene metamorfosis progresiva y no presenta ordinariamente estado ninfal.
HETEROMORFISMO s.m. Polimorfismo.
HETEROMORFO, A adj. Polimorfo.
HETERONIMIA s.f. Fenómeno por el cual dos palabras de significado muy próximo proceden de étimos diferentes: *caballo-yegua*.
HETERONOMÍA s.f. Ausencia de autonomía.
HETERÓNOMO, A adj. (del gr. *éteros*, otro, y *nómos*, ley).Sometido a un poder externo o determinado por este: *moralidad heterónoma*.
HETEROPLASTIA s.f. Heteroinjerto.
HETEROPOLAR adj. ELECTR. Que tiene polos diferentes.
HETEROPROTEÍNA s.f. Proteína compleja formada por ácidos aminados y un grupo prostético.
HETERÓPTERO, A adj. y s.m. Relativo a un orden de insectos cuyas alas superiores son coriáceas en su primera mitad y membranosas en la segunda: *el chinche y el zapatero son heterópteros*.
HETEROSEXUAL adj. y s.m. y f. Se dice de la persona que experimenta atracción por otras del sexo contrario. ◆ adj. Se dice de la planta con flores masculinas y femeninas.
HETEROSEXUALIDAD s.f. Carácter heterosexual.
HETEROSFERA s.f. Capa de la atmósfera, situada por encima de la homosfera, entre los 80 y 90 km, compuesta por varias capas de gases ligeros (nitrógeno, oxígeno, helio e hidrógeno).
HETERÓSIDO s.m. Óxido formado por osas y otras moléculas.
HETEROSIS s.f. Valor medio de los descendientes de un cruzamiento de razas, superior al valor medio de las razas que se cruzan.
HETEROTERMO, A adj. Poiquilotermo.
HETERÓTROFO, A adj. BIOL. Se dice del ser vivo que se alimenta de sustancias orgánicas elaboradas por otros seres vivos.
HETEROTRÓFICO, A adj. Relativo a los seres heterótrofos.
HÉTICO, A adj. y s. (del gr. *ektikós puretós*, fiebre constante, tisis).Tísico. ◆ adj. Relativo al enfermo de tisis.
HETIQUEZ s.f. Estado de hético.
HETMÁN s.m. Atamán.
HEURÍSTICA s.f. Disciplina que trata de establecer las reglas de la investigación.
HEURÍSTICO, A adj. (del gr. *eyrískein*, hallar, descubrir).Relativo a la heurística.
HEVEA s.m. Árbol originario de América del Sur, cultivado sobre todo en el SE de Asia para la obtención del látex, con el que se fabrica el caucho. (Familia euforbiáceas.)

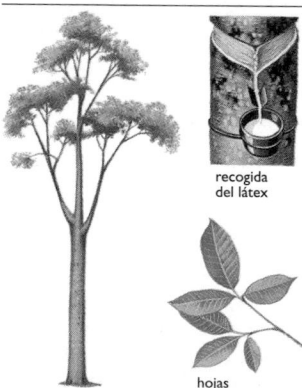

recogida del látex

hojas

■ HEVEA o árbol de la goma.

HEXACLOROCICLOHEXANO s.m. Compuesto de fórmula $C_6H_6Cl_6$, derivado del ciclohexano, uno de cuyos isómeros se emplea como insecticida.
HEXACLORURO s.m. QUÍM. Cloruro cuya molécula contiene seis átomos de cloro.

HEXACORALARIO, A adj. y s.m. Relativo a una subclase de celentéreos con seis (o un múltiplo de seis) tentáculos y otros tantos tabiques.
HEXACORDO s.m. MÚS. Serie ascendente o descendente de seis grados diatónicos, en la que se basaba el sistema musical empleado hasta el s. XVII.
HEXADECIMAL adj. Se dice del sistema de numeración de base 16.
HEXAÉDRICO, A adj. MAT. Que tiene seis caras planas: *prisma hexaédrico*.
HEXAEDRO s.m. MAT. Cuerpo geométrico con seis caras planas.
HEXAFLUORURO s.m. Fluoruro cuya molécula contiene seis átomos de flúor.
HEXAGONAL o **EXAGONAL** adj. Que tiene forma de hexágono. **2.** Se dice del sistema cristalino cuyas formas holoédricas se caracterizan por tener un eje principal senario y seis binarios, equivalentes tres a tres. **3.** Se dice del sólido que pertenece a este sistema.
HEXÁGONO o **EXÁGONO** s.m. MAT. Figura geométrica de seis ángulos y seis lados.
HEXÁMETRO, A adj. y s.m. Se dice del verso que consta de cinco dáctilos más un troqueo o un espondeo.
HEXAMIDINA s.f. Potente antiséptico bactericida de uso externo.
HEXANO s.m. Hidrocarburo saturado C_6H_{14}.
HEXÁPODO, A adj. y s.m. HIST. NAT. Que tiene seis patas, como los insectos.
HEXASÍLABO, A adj. y s.m. MÉTRIC. Se dice del verso de seis sílabas. ◆ adj. Se dice de la palabra de seis sílabas.
HEXENO s.m. Hidrocarburo etilénico lineal de seis carbonos.
HEXOSA s.f. QUÍM. Azúcar de fórmula $C_6H_{12}O_6$, como la glucosa y la galactosa.
HEZ s.f. (lat. *fex*, *fecis*). Sedimento, generalmente inútil o perjudicial, que se produce en algunos líquidos. (Suele usarse en plural.) **2.** *Fig.* Lo más vil y despreciable de cualquier clase. ◆ **heces** s.f.pl. Conjunto de materias eliminadas por vía rectal, como consecuencia de la formación de residuos en el proceso fisiológico de la digestión.
¡HI, HI, HI! Imitación irónica de la risa o voz onomatopéyica con que se imita.
HIALINO, A adj. (gr. *yálinos*, de *yalos*, cristal).Transparente como el vidrio o parecido a este.
HIALITA s.f. Variedad transparente y vítrea del ópalo.
HIALOIDEO, A adj. FÍS. Que se parece al vidrio, o tiene sus propiedades.
HIATO s.m. (lat. *hiatus*, *-us*, de *hiare*, separarse). Pronunciación en sílabas distintas de dos vocales contiguas. **2.** Interrupción en el tiempo o el espacio. **3.** ANAT. Orificio: *hiato esofágico del diafragma*.
HIBERNACIÓN s.f. Estado de letargo en el que pasan el invierno ciertos animales (marmota, lirón, murciélago, etc.) cuando se produce un descenso de su temperatura corporal. **2.** Mantenimiento de un cadáver en estado incorrupto con la hipotética pretensión de devolverlo a la vida en un futuro.◇ **Hibernación artificial** Técnica de intervención quirúrgica o para determinados tratamientos que consiste en enfriar el cuerpo del enfermo hasta 30 °C.
HIBERNAL adj. Que tiene lugar en invierno.
HIBERNANTE adj. y s.m. y f. Se dice del animal que hiberna de forma natural.
HIBERNAR v.intr. (lat. *hibernare*). Pasar el invierno en hibernación: *la marmota hiberna*.
HIBRIDACIÓN s.f. BIOL. Fecundación entre dos individuos de razas diferentes o, más raramente, de especies diferentes.
HIBRIDAR v.tr. BIOL. Realizar una hibridación.
HIBRIDISMO s.m. Cualidad de híbrido.
HÍBRIDO, A adj. y s.m. (fr. *hybride*). Se dice del animal o vegetal que es el resultado del cruce de dos especies o géneros distintos, como la mula, híbrido del asno y la yegua. **2.** *Fig.* Se dice de lo que es producto de elementos de distinta naturaleza. **3.** LING. Se dice de una palabra extraída de dos lenguas diferentes, como *automóvil*.

HICACO s.m. (voz taína).Arbusto americano de la familia rosáceas, cuyo fruto es comestible.
HICADURA s.f. Cuba. Conjunto de hicos que sostienen la hamaca.
HIC ET NUNC loc.adv. (voces latinas).Aquí y ahora.
HIC IACET loc. (voces latinas, *aquí yace*). Se usa como encabezamiento de inscripciones funerarias.
HICKORY s.m. Árbol de América del Norte, parecido al nogal, cuya madera, muy resistente, se utiliza en la fabricación de esquís, canoas, etc.
HICO s.m. Antillas, Colomb., Pan. y Venez. Cordel de los que sostienen una hamaca. **2.** Antillas, Colomb., Pan. y Venez. Cuerda, soga.
HICSOS o **HYKSOS**, invasores semitas, dominados por una aristocracia indoeuropea, que conquistaron Egipto, donde se establecieron de 1730 a 1580 a.C. (XV y XVI dinastías). Fueron expulsados por los príncipes de Tebas (XVII y XVIII dinastías).
HIDALGO, A adj. y s. Generoso, digno, íntegro: *comportamiento hidalgo*. SIN.: *hijodalgo*. ◆ s.m. Nombre dado, en la corona de Castilla durante la edad media y el Antiguo régimen, al infanzón o noble de linaje que constituía el eslabón más bajo de la jerarquía aristocrática castellana.
HIDALGUENSE adj. y s.m. y f. De Hidalgo (México).
HIDALGUÍA s.f. Cualidad o condición de hidalgo.
HIDÁTIDE s.f. (gr. *ydatís*, *-ídos*, ampolla llena de agua).Larva de equinococo, que se desarrolla en el hígado o el pulmón de algunos mamíferos y del ser humano.
HIDATÍDICO, A adj. Que contiene hidátides: *quiste hidatídico*.
HIDRA s.f. (lat. *hydra*). Celentéreo de agua dulce, muy contráctil, que tiene la forma de un pólipo aislado, provisto de 6 a 10 tentáculos, y que se reproducen por gemación. (Clase cnidarios.) **2.** Animal fabuloso en forma de serpiente de agua. (La *Hidra de Lerna* tenía siete cabezas, que se reproducían al cortarlas, y Hércules consiguió matarla cortándoselas todas a la vez.) **3.** *Fig.* Monstruo devorador.
HIDRÁCIDO s.m. QUÍM. Ácido resultante de la combinación del hidrógeno con un no metal, y que no contiene oxígeno.
HIDRACINA s.f. Compuesto básico, de fórmula $H_2N—NH_2$, utilizado como combustible propulsor en los cohetes.
HIDRACTIVO, A adj. Que transforma la fuerza hidráulica en trabajo mecánico.
HIDRARGIRIO o **HIDRARGIRO** s.m. (del gr. *ýdor*, *ýdatos*, agua, y *árgyros*, plata).Antigua denominación del mercurio.
HIDRARGIRISMO s.m. Intoxicación originada por la absorción de mercurio.
HIDRATACIÓN s.f. Acción y efecto de hidratar.
HIDRATANTE adj. Que hidrata: *crema hidratante*.
HIDRATAR v.tr. y prnl. Incorporar o proporcionar agua a un cuerpo o sustancia: *hidratar la cal; hidratarse la piel*. **2.** Combinar un compuesto químico con agua.
HIDRATO s.m. QUÍM. Sustancia química compuesta con una o varias moléculas de agua. ◇ **Hidrato de carbono** Glúcido.
HIDRÁULICA s.f. Parte de la mecánica que estudia la estabilidad y circulación de los fluidos.
HIDRÁULICO, A adj. (lat. *hydraulicus*, del gr. *ydraylikós*).Relativo a la hidráulica. **2.** Que funciona con ayuda de un líquido: *freno hidráulico*. **3.** Se dice de la cal o el cemento que se endurecen en contacto con el agua, y de la obra en que se emplean este tipo de materiales.
HIDRAULUS s.m. ANT. Instrumento musical, precursor del órgano, en el que un depósito de agua estabiliza la presión del aire que va hacia los tubos.
HIDRIA s.f. (lat. *hydria*, del gr. *ydría*).ARQUEOL. Vasija grande para agua, provista de

tres asas, una de ellas vertical, utilizada por griegos y romanos.

HÍDRICO, A adj. Relativo al agua: *dieta hídrica.*

HIDROAVIÓN s.m. Aeronave provista de flotadores o con casco marino para despegar desde el agua y amarar en ella. SIN.: *hidroplano.*

■ HIDROAVIÓN para la extinción de incendios.

HIDROBASE s.f. Base aérea de hidroaviones.

HIDROBIOLOGÍA s.f. BIOL. Parte de la biología que estudia los animales y plantas que viven en el agua.

HIDROCARBONADO, A adj. Que contiene hidrógeno y carbono.

HIDROCARBONATO s.m. Carbonato básico hidratado.

HIDROCARBURO s.m. Compuesto binario de carbono e hidrógeno: *el petróleo y el gas natural son hidrocarburos.*

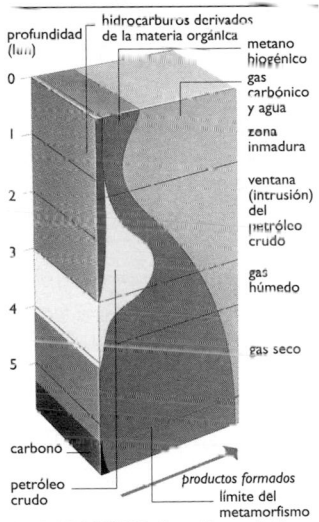

■ HIDROCARBURO. Formación y evolución de los hidrocarburos en función del nivel de profundidad de los sedimentos.

HIDROCARITÁCEO, A adj. y s.f. Relativo a una familia de plantas monocotiledóneas que viven en agua dulce.

HIDROCEFALIA s.f. Aumento del líquido cefalorraquídeo, que comporta, en el niño, un aumento del volumen de la cavidad craneal y una insuficiencia del desarrollo intelectual.

HIDROCÉFALO, A adj. Que padece hidrocefalia.

HIDROCELE s.m. (del gr. *ýdor, ýdatos,* agua, y *kéle,* tumor). Acumulación de líquido en una cavidad, especialmente en el escroto.

HIDROCORALARIO, A adj. y s.m. Relativo a un orden de cnidarios coloniales con esqueleto calcáreo, como la milepora.

HIDROCORTISONA s.f. Hormona corticosuprarrenal, constituida por un derivado hidrogenado de la cortisona.

HIDROCUCIÓN s.f. Muerte súbita por sumersión en el agua.

HIDRODESLIZADOR s.m. Embarcación sin quilla, propulsada por una hélice aérea o un motor a reacción.

HIDRODESULFURACIÓN s.f. Desulfuración catalítica mediante hidrógeno, con recuperación del azufre.

HIDRODINÁMICA s.f. Estudio de las leyes que rigen el movimiento de los líquidos y de la resistencia que oponen a los cuerpos que se mueven en ellos.

HIDRODINÁMICO, A adj. Relativo a la hidrodinámica.

HIDROELECTRICIDAD s.f. Energía eléctrica obtenida a partir de la fuerza hidráulica.

HIDROELÉCTRICO, A adj. Relativo a la hidroelectricidad: *central hidroeléctrica.*

HIDRÓFANA s.f. (del gr. *ýdor, ýdatos,* agua, y *phaínesthai,* mostrarse). Ópalo que adquiere transparencia dentro del agua.

HIDRÓFILO, A adj. Se dice de la materia que absorbe el agua con gran facilidad: *algodón hidrófilo.* **2.** Se dice del organismo que vive en ambientes húmedos.

HIDROFOBIA s.f. Horror al agua. **2.** Denominación incorrecta de la rabia canina. **3.** QUÍM. Propiedad molecular caracterizada por la falta de fuertes atracciones o afinidad entre la molécula y el agua.

HIDRÓFOBO, A adj. y s. Que padece hidrofobia. ◆ adj. QUÍM. Que no posee afinidad respecto al agua.

HIDRÓFUGO adj. Que preserva de la humedad; que evita las filtraciones.

HIDROGEL s.m. Gel obtenido en medio acuoso.

HIDROGENACIÓN s.f. QUÍM. Operación química que consiste en fijar hidrógeno sobre un cuerpo.

HIDROGENADO, A adj. Que contiene hidrógeno.

HIDROGENANTE adj. Que cede fácilmente hidrógeno.

HIDROGENAR v.tr. Combinar con hidrógeno.

HIDRÓGENO s.m. Gas muy ligero, de densidad 0,089 g/l a 0 °C, que se solidifica a −259,14 °C y se licúa a −252,77 °C. **2.** Elemento químico (H), de número atómico 1 y masa atómica 1,008, que está presente en la composición del agua.

ENCICL. Es un gas incoloro e inodoro, el más abundante del universo conocido y el más ligero de los cuerpos. Es el gas más difícil de licuar después del helio. Se conocen dos isótopos: el *deuterio* y el *tritio.* Se combina directamente con la mayor parte de los metales. Con los halógenos forma hidrácidos, con los metales alcalinos y alcalinotérreos forma hidruros cristalinos que el agua descompone. Arde en el aire con llama azulada y formación de agua y produce con el oxígeno una mezcla detonante. Combinado con otros elementos, forma parte del agua, de numerosos cuerpos minerales y de todos los cuerpos orgánicos. El aire contiene una pequeña cantidad de hidrógeno. Se obtiene por electrólisis de mezclas gaseosas que lo contienen (gas natural, gas de petróleo), o químicamente. Se utiliza como materia prima en gran número de operaciones químicas, como la síntesis del amoníaco.

HIDROGEOLOGÍA s.f. Parte de la geología que se ocupa de la búsqueda y captación de las aguas subterráneas.

HIDROGRAFÍA s.f. Ciencia que estudia las aguas marinas y continentales. **2.** Conjunto de las aguas corrientes o estables de una región.

HIDROGRÁFICO, A adj. Relativo a la hidrografía: *mapa hidrográfico.* ◇ **Servicio hidrográfico** Servicio de la marina de guerra, encargado de redactar y poner al día las cartas marinas y otros documentos náuticos.

HIDRÓGRAFO, A s. Persona que se dedica a la hidrografía.

HIDROLASA s.f. Enzima que interviene en las hidrólisis.

HIDRÓLISIS s.f. (del gr. *ýdor, ýdatos,* agua, y *lýsis,* disolución). Descomposición de compuestos químicos por acción del agua.

HIDROLITA s.f. Hidruro de calcio que, en contacto con el agua, desprende hidrógeno.

HIDROLIZAR v.tr. [7]. Someter a hidrólisis.

HIDROLOGÍA s.f. Ciencia que trata de las propiedades mecánicas, físicas y químicas de las aguas marinas (*hidrología marina* u oceanografía) y continentales (*hidrología fluvial* o potamología).

HIDROLÓGICO, A adj. Relativo a la hidrología: *plan hidrológico.*

HIDROMANCIA o **HIDROMANCÍA** s.f. (del gr. *ýdor, ýdatos,* agua, y *manteía,* adivinación). Adivinación supersticiosa a través de la interpretación de las características y el estado del agua.

HIDROMASAJE s.m. Masaje realizado con chorros de agua caliente y aire para estimular la circulación sanguínea y relajar la musculatura.

HIDROMECÁNICO, A adj. Movido por el agua.

HIDROMETRÍA s.f. Parte de la hidrodinámica dedicada a la medición del caudal, velocidad o fuerza de los líquidos en movimiento.

HIDROMÉTRICO, A adj. Relativo a la hidrometría.

HIDROMIEL o **HIDROMEL** s.m. Bebida hecha con agua y miel.

HIDROMINERAL adj. Relativo a las aguas minerales.

HIDRONEFROSIS s.f. Distensión de los cálices y de la pelvis del riñón, por dificultad de evacuación de la orina filtrada.

HIDRONEUMÁTICO, A adj. Que funciona con agua u otro líquido o con un gas comprimido: *freno hidroneumático.*

HIDRONIO s.m. Protón combinado con una molécula de agua H_2O. SIN.: *hidroxonio.*

HIDROPESÍA s.f. (b. lat. *hydropisia,* del gr. *ýdrops*). Derrame o acumulación de trasudado seroso en una cavidad natural o intersticio de tejido conjuntivo de un organismo.

HIDRÓPICO, A adj. y s. (lat. *hydropicus,* del gr. *ydropikós*). Que padece hidropesía. ◆ adj. Fig. Insaciable.

HIDROPLANO s.m. Hidroavión.

HIDRÓPTERO s.m. Embarcación rápida de motor, que posee una especie de alas por debajo del casco, las cuales, a una velocidad suficiente, le permiten navegar con el casco fuera del agua, sustrayéndose así a la resistencia hidrodinámica.

■ HIDRÓPTERO

HIDROQUINONA s.f. QUÍM. Compuesto con dos núcleos fenólicos, empleado como revelador en fotografía.

HIDROSADENITIS s.f. Proceso inflamatorio de las glándulas sudoríparas.

HIDROSFERA s.f. Parte líquida del globo terráqueo (por oposición a *atmósfera* y *litosfera*).

HIDROSILICATO s.m. Silicato hidratado.

HIDROSOL s.m. Solución coloidal en la que el agua actúa como medio dispersivo.

HIDROSOLUBLE adj. Se dice del cuerpo soluble en agua.

HIDROSTÁTICA s.f. Estudio de las condiciones de equilibrio de los líquidos.

HIDROSTÁTICO, A adj. Relativo a la hidrostática. ◇ **Balanza hidrostática** Balanza utilizada para determinar la densidad de los cuerpos. **Nivel hidrostático** Superficie de la capa freática. **Presión hidrostática** Presión que ejerce el agua sobre la superficie de un cuerpo sumergido.

HIDROTERAPIA s.f. Método terapéutico basado en el empleo del agua en forma de baños, duchas, etc.

HIDROTERÁPICO, A adj. Relativo a la hidroterapia.

HIDROTERMAL adj. Relativo a las aguas termales.

HIDROTIMETRÍA s.f. Determinación de la dureza del agua, es decir, de la cantidad de sales de calcio y magnesio que contiene.

HIDROTÓRAX s.m. Derrame de líquido en la cavidad pleural.

HIDRÓXIDO s.m. QUÍM. Combinación de agua y un óxido metálico.

HIDROXILAMINA s.f. Base OH—NH₂, que se forma en la reducción de los nitratos.

HIDROXILO s.m. QUÍM. Radical OH que se halla en el agua, los hidróxidos, alcoholes, etc. SIN.: *oxhidrilo*.

HIDROXONIO s.m. Hidronio.

HIDROZOO, A adj. y s.m. Relativo a una clase de celentéreos cnidarios. (La clase *hidrozoos* comprende los *hidroides* [hidra], los *hidrocoralarios* [madrépora], los *sifonóforos* y los *traquilinos*.)

HIDRURO s.m. Combinación de hidrógeno y un cuerpo simple.

HIEDRA o **YEDRA** s.f. (lat. *hedera*). Planta trepadora que vive adherida a las paredes o a los árboles mediante zarcillos, de hojas perennes y bayas negras. (Familia araliáceas.) ◇ **Hiedra terrestre** Pequeña planta de flores violáceas, de la familia labiáceas.

■ **HIEDRA**

HIEL s.f. (lat. *fel, fellis*). Bilis, especialmente la de los animales. **2.** *Fig.* Amargura, desabrimiento, mala intención. ◆ **hieles** s.f.pl. *Fig.* Penas, amarguras.

HIELERA s.f. *Argent.* Recipiente, generalmente en forma de taza grande, para contener los cubos de hielo para la mesa. **2.** *Argent., Chile y Méx.* Refrigerador portátil.

HIELO s.m. (lat. *gelu*). Agua solidificada por el frío. (El hielo es menos denso que el agua líquida.) **2.** *Fig.* Frialdad, indiferencia en los afectos. ◇ **Hielo seco,** o **carbónico** Anhídrido carbónico sólido. **Romper,** o **quebrar, el hielo** *Fam.* Iniciar una conversación, trato, etc., que nadie se atrevía a empezar.

HIEMAL adj. Relativo al invierno: *planta hiemal; solsticio hiemal*.

HIENA s.f. (lat. *hyaena*, del gr. *yaina*). Mamífero carnívoro de África y Asia, depredador y carroñero, de pelaje gris o leonado con manchas marrones, que mide hasta 1,40 m de longitud. (La hiena ladra y emite un sonido parecido a una risa chillona; familia hiénidos.) **2.** *Fig.* Persona que se ensaña con otras indefensas o vencidas.

■ **HIENA** manchada.

HIERÁTICO, A adj. (lat. *hieraticus*, del gr. *ieratikós*, sacerdotal). Rígido, severo, que no deja traslucir sentimientos o que afecta solemnidad. **2.** Relativo a las cosas o funciones sagradas o a los sacerdotes. **3.** B. ART. En pintura y escultura, se dice de las formas fijadas por la tradición religiosa, y, a menudo y por lo mismo, frías, arcaizantes e inmutables. ◇ **Escritura hierática** Trazado cursivo que esquematizaba la escritura jeroglífica.

HIERATISMO s.m. Cualidad de hierático.

HIERBA o **YERBA** s.f. (lat. *herba*). Planta pequeña de tallo tierno, que generalmente perece el mismo año de dar la simiente. **2.** Conjunto de dichas plantas: *sentarse en la hierba*. **3.** *Fig. y fam.* Droga suave, especialmente hachís. ◆ **hierbas** s.f.pl. Pastos de las dehesas para los ganados. ◇ **Hierba buena** Hierbabuena. **Hierba cana** Planta herbácea de hojas blandas y jugosas, flores amarillas y semillas coronadas de vilanos blancos. (Familia compuestas.) **Hierba centella** Planta herbácea carnosa, de flores amarillas, que crece en los prados. (Familia ranunculáceas.) **Hierba de la plata** Planta de flores olorosas y fruto en forma de disco blanco plateado, que puede medir 5 cm de long, que se cultiva como planta ornamental. (Familia crucíferas.) **Hierba de los canónigos** Hortaliza del género *Valerianella*, que se come en ensalada. **Hierba gatera** Planta herbácea de olor intenso. (Familia labiadas.) **Hierba luisa** Luisa. **Hierba mate** Mate. **Hierbas finas** o **finas hierbas** Hierbas que, picadas muy menudas, se utilizan como condimento en cocina, como el perejil, el estragón, etc. **Mala hierba** Hierba que, sin sembrarla, crece en gran número en los cultivos.

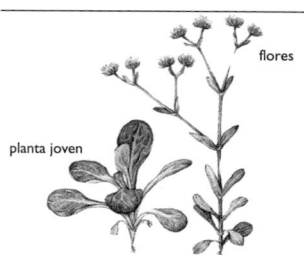

flores

planta joven

■ **HIERBA** DE LOS CANÓNIGOS

HIERBABUENA o **YERBABUENA** s.f. Planta herbácea, vivaz y aromática, que se usa como condimento. (Familia labiadas.) [También *hierba buena* o *yerba buena*.]

HIERBAL s.m. *Chile.* Sitio donde hay mucha hierba, herbazal.

HIERBERO, A s. *Méx.* Persona que vende hierbas. **2.** *Méx.* Curandero, persona que conoce las propiedades de las plantas medicinales y cura con ellas. SIN.: *yerbero*.

HIERÓDULO, A s. (del gr. *doulos*, esclavo). ANT. GR. Esclavo adscrito al servicio de un templo.

HIEROFANTE s.m. (gr. *ierophántis*). ANT. GR. Sacerdote que presidía los misterios de Eleusis. ◆ **s.m. y f.** *Por ext.* Persona que inicia a otra en cosas recónditas o reservadas.

HIERRA s.f. *Amér.* Acción de marcar con el hierro al ganado. **2.** *Amér.* Temporada en que se marca al ganado. **3.** *Amér.* Fiesta que se celebra con tal motivo.

HIERRO s.m. (lat. *ferrum*). Metal de color blanco grisáceo, tenaz, dúctil, maleable y magnético, de densidad 7,87, cuyo punto de fusión es de 1 535 °C. **2.** Elemento químico (Fe), de número atómico 26 y masa atómica 55,845. **3.** Instrumento de hierro con que se realiza la operación de marcar al ganado. **4.** Marca que se pone al ganado. **5.** Barra o perfil de hierro o acero dulce que presenta una sección particular: *hierro en T, en U.* **6.** Varilla de acero que sirve de armazón del cemento armado. **7.** Lámina de acero que constituye la parte cortante de un instrumento o arma blanca: *el hierro de la lanza.* ◆ **hierros** s.m.pl. Grillos, prisiones. ◇ **Agarrarse a,** o **de, un hierro ardiendo** Valerse de cualquier medio para salir de una

dificultad. **De hierro** De buena salud, muy resistente. **Edad del hierro** Período protohistórico durante el cual se generalizó la metalurgia del hierro. **Hierro batido** Hierro trabajado a golpes de martillo, en forma de chapa o lámina. **Hierro de dorar** Útil de metal grabado en relieve, que se emplea para decorar las cubiertas de los libros. **Hierro dulce** Acero extradulce, recocido, utilizado para construir los núcleos de los circuitos magnéticos. **Hierro electrolítico** Hierro muy puro, obtenido por electrólisis de una sal de hierro. **Hierro forjado** Hierro trabajado por forja sobre el yunque. **Hierro fundido,** o **colado** Hierro elaborado por fusión. **Quitar hierro** Decir algo con que se resta importancia a lo dicho anteriormente. ENCICL. El hierro, principal cuerpo ferromagnético, es atacado por el aire húmedo, que lo corroe y transforma en herrumbre (óxido férrico hidratado). Existen dos series principales de compuestos de hierro: los *compuestos ferrosos* (molécula bivalente) y los *compuestos férricos* (molécula trivalente). El imán natural (magnetita) es óxido ferroso-férrico, Fe₃O₄. El hierro puro se emplea en la elaboración de aceros finos, aceros ordinarios y especiales, siendo uno de los primeros metales objeto de explotación. Base de la siderurgia, su comercio va dirigido especialmente a la Unión Europea. Los países de mayor producción son China, Brasil, CEI, Australia y EUA.

■ **HIERRO** FORJADO. En primer plano, el dragón de la puerta del palacio Güell de Pedralbes, Barcelona, realizado por Gaudí (finales del s. XIX).

HIFA s.f. Filamento compuesto de células, que forma el aparato vegetativo de los hongos.

HI-FI s.f. (abrev. del ingl. *high fidelity*). Alta fidelidad.

HIGA s.f. Ademán de desprecio. **2.** *Vulg.* Nada: *no valer una higa*.

HIGADILLO s.m. Hígado de los animales pequeños, especialmente de las aves.

HÍGADO s.m. (lat. vulg. *ficatum*, de *jecur ficatum*, hígado de animal alimentado con higos). Órgano situado en la parte derecha del abdomen, anexionado al tubo digestivo, que segrega bilis y realiza múltiples funciones en el metabolismo de los glúcidos, lípidos y prótidos. **2.** *Fig.* Ánimo, valentía: *tener muchos hígados*. **3.** *Fig.* Falta de escrúpulos. ◇ **Hígado de buey** Seta de color rojo sangre, que crece sobre los troncos de los robles y castaños, y que es comestible cuando es joven. (Familia poliporáceas.) **Ser un hígado** *Méx. Fam.* Ser insoportable por antipático o petulante. ENCICL. El hígado humano pesa alrededor de 1 500 gr en el adulto. Situado debajo del diafragma, a la derecha, presenta tres caras: *superior, inferior* y *posterior*. Está compuesto por multitud de lóbulos, que contienen, además de los conductos biliares, ramificaciones de la vena porta y de la arteria hepática. El hígado interviene en el metabolismo de los lípidos, los glúcidos y los prótidos; asegura la eliminación de la bilirrubina y del colesterol sobrante por la secreción de la bilis y efectúa la desintoxicación de numerosas sustancias, la inactivación de determinadas hormonas y el almacenamiento de la vitamina B₁₂. Todos los animales vertebrados poseen un hígado, con funciones bastante similares a las del hígado humano. Entre las enfermedades más comunes de este órgano están la ictericia, la insuficiencia hepática, la hepatitis, la cirrosis y la esteatosis.

■ **EDAD DEL HIERRO.** Túmulo de Hochdorf, s. VI a.C. Reconstrucción de la cámara funeraria central y de la disposición del mobiliario. (Según un documento del Württembergisches Landesmuseum, Stuttgart.)

HIGH TECH s.m. y adj. (abrev. del ingl. *high technology*). Tecnología avanzada. **2.** Estilo de decoración de interiores que se caracteriza por la integración, dentro del ámbito doméstico, de materiales, muebles u objetos concebidos para un uso profesional.

HIGIENE s.f. (fr. *hygiène*, del gr. *ygieinón*, salud, salubridad). Conjunto de reglas y prácticas relativas al mantenimiento de la salud: *higiene bucodental.* **2.** Limpieza, aseo. **3.** Parte de la medicina que trata de los medios en que el ser humano debe vivir y de la forma de modificarlos en el sentido más favorable para su desarrollo ◇ **Higiene mental** Conjunto de medidas preventivas de la aparición de trastornos mentales.

HIGIÉNICO, A adj. Relativo a la higiene: *cuidados higiénicos.* ◇ **Papel higiénico** Papel fino para uso sanitario.

HIGIENISTA adj. y s.m. y f. Especialista en higiene.

HIGIENIZAR v.tr. [?]. Dotar de condiciones higiénicas.

HIGO s.m. (lat. *ficus*, higo, higuera). Fruto comestible de la higuera, formado por la totalidad de la inflorescencia, que se convierte en carnoso después de la fecundación. ◇ **De higos a brevas** *Fam.* De vez en cuando, con intervalos largos de tiempo. **Hecho un higo** Estar arrugado o estropeado. **Higo chumbo,** o **de Berbería,** o **de Indias** Fruto carnoso y azucarado del nopal.

HIGRÓFILO, A adj. Se dice del organismo que vive donde la humedad es abundante.

HIGRÓFOBO, A adj. Se dice del organismo que no puede adaptarse a lugares húmedos.

HIGROMA s.m. MED. Inflamación de las bolsas serosas.

HIGROMETRÍA o **HIGROSCOPIA** s.f. Ciencia que tiene por objeto determinar la humedad de la atmósfera y la medida de sus variaciones.

HIGROMÉTRICO, A adj. Relativo a la higrometría.

HIGRÓMETRO s.m. Aparato para medir el grado de humedad del aire.

HIGROSCÓPICO, A adj. Que tiende a absorber la humedad del aire.

HIGROSCOPIO o **HIGRÓSCOPO** s.m. (del gr. *ygrós*, húmedo, y *skopein*, mirar, observar). Aparato que indica de forma cualitativa las variaciones del estado higrométrico del aire.

HIGRÓSTATO s.m. Aparato que mantiene constante el estado higrométrico del aire o de un gas.

HIGUERA s.f. Árbol de los países cálidos, de savia láctea y amarga y hojas grandes, cuyo fruto es el higo. (Familia moráceas.) ◇ **Estar en la higuera** *Fam.* Estar distraído y como ajeno a aquello de que se trata.

HIGUERAL s.m. Terreno poblado de higueras.

HIGUERÓN s.m. Árbol que crece en América, de tronco corpulento y madera fuerte, empleado para construir embarcaciones. (Familia moráceas.) SIN.: *higuerote.*

HIJASTRO, A s. Respecto de uno de los cónyuges, hijo o hija que el otro ha tenido en una relación anterior.

HIJO, A s. (lat. *filius*). Persona o animal respecto de su padre o de su madre. **2.** Persona, respecto del país, provincia o pueblo donde ha nacido. **3.** Obra que es producto de la inteligencia: *hijo del ingenio.* **4.** Yerno o nuera. **3.** [*sic*] Expresión afectuosa especialmente de protección: *¡pobre hijo!* ◆ s.m. Ser u organismo que procede o sale de otro, como los retoños o los vástagos. **2.** Segunda persona de la Santísima Trinidad. ◆ **hijos** s.m.pl. Descendientes: *los hijos de Adán.* ◇ **Hijo de familia** Hijo que está bajo la autoridad paterna o tutelar. **Hijo de leche** Cualquier persona respecto a su nodriza. **Hijo de papá** Hijo de padre rico e influyente. **Hijo de puta,** o **de su madre** Expresión injuriosa y de desprecio. **Hijo de vecino** Una persona cualquiera. **Hijo único** Hijo que no tiene hermanos; por ficción legal, el que es el sostén de una familia necesitada, aunque tenga hermanos.

HIJODALGO, HIJADALGO s. (pl. *hijosdalgo, hijasdalgo*). Hidalgo.

¡HÍJOLE! interj. Méx. *Fam.* Expresa admiración o sorpresa: *¡híjole!, ya es muy tarde.*

HIJUELA s.f. Cosa unida o subordinada a otra principal. **2.** Canal que conduce el agua desde una acequia al campo que se ha de regar. **3.** Camino que parte de uno principal a un lugar determinado. **4.** Tira de tela que se pone en una prenda de vestir para ensancharla.

sección del fruto

hojas y frutos

■ **HIGUERA**

5. Chile, C. Rica, Ecuad. y Perú. Finca que resulta de otra mayor al repartir una herencia. **6.** DER. **a.** Documento en que consta la parte de los bienes que toca a cada heredero. **b.** Conjunto de esos bienes.

HIJUELAR v.tr. Chile. Dividir una finca en hijuelas.

HIJUELO s.m. Retoño que nace de la raíz de los árboles.

HILA s.f. (lat. *filu*, pl. de *filum*, hilo). Conjunto de hebras para curar llagas o heridas. (Suele usarse en plural.) **2.** Acción de hilar. **3.** Acción de hilar el gusano de seda.

HILACHA s.f. Pedazo de hilo que se desprende de la tela. **2.** Porción diminuta de una cosa, residuo. **3.** Méx. Ropa muy vieja y rota, andrajo.

HILACHENTO, A adj. Chile y Colomb. Hilachoso. **2.** Chile y Colomb. Andrajoso.

HILACHUDO, A adj. Amér. Que tiene muchas hilachas.

HILADA s.f. Hilera, orden o formación en línea: *hilada de ladrillos; hilada de carga.*

HILADILLO s.m. Hilo que sale de la maraña de la seda.

HILADO, A adj. Que tiene forma de hilos: *huevo hilado.* **2.** Se dice del tabaco para mascar, preparado a manera de cordón o cuerda. ◆ s.m. Acción y efecto de hilar. **2.** Hilatura para transformar fibras textiles en hilos. **3.** Porción de lino, algodón, seda, etc., transformada en hilo: *exportación de hilados.*

HILADOR, RA s. Persona que hila, especialmente seda.

HILANDERAS s.f.pl. MIT. Las Parcas, que hilaban, devanaban y cortaban el hilo de la vida a las personas.

HILANDERÍA s.f. Arte de hilar. **2.** Fábrica de hilados.

HILANDERO, A s. Persona que tiene por oficio hilar.

HILAR v.tr. (lat. tardío *filare*). Convertir en hilo las fibras textiles. **2.** Elaborar el gusano de seda la hebra con que se hace el capullo. **3.** *Fig.* Discurrir, inferir unas cosas de otras: *hilar planes.* **4.** Amér. Preparar tabaco para mascar. ◇ **Hilar delgado,** o **fino** Discurrir con sutileza; proceder con exactitud y rigor.

HILARANTE adj. Que provoca risa. ◇ **Gas hilarante** Antiguo nombre del óxido nitroso (N₂O), empleado como anestésico general. [*nota: N_2O*]

HILARIDAD s.f. (del lat. *hilaritas, -atis*, alegría, buen humor). Risa ruidosa y sostenida.

HILATURA s.f. (cat. *filatura*). Conjunto de operaciones a que se someten las fibras textiles para transformarlas en hilo. **2.** Establecimiento, taller o fábrica donde se hilan las materias textiles.

HILAZA s.f. Hilo con que se teje algo. **2.** Conjunto de hebras que forman un tejido.

HILEMORFISMO o **HILOMORFISMO** s.m. FILOS. Doctrina aristotélica según la cual los cuerpos están constituidos por materia y forma.

HILERA s.f. Orden o formación en línea: *colocarse en hilera, una hilera de árboles, de columnas.* **2.** Orificio por el que ciertos animales hacen salir los hilos que producen. **3.** Pieza de acero para transformar el metal en hilo o alambre de una sección determinada. **4.** Placa finamente perforada, utilizada para la fabricación de productos textiles químicos.

HILO s.m. (lat. *filum*). Fibra o filamento de una materia textil. **2.** Hebra larga y delgada que se forma ligando entre sí, por medio de la torsión, cierto número de fibras textiles. **3.** Filamento de cualquier material, especialmente el metálico y flexible: *hilo de hierro, de cobre.* **4.** Cable que transmite señales eléctricas: *hilo telefónico.* **5.** *Fig.* Desarrollo de un relato, conversación, actividad mental, etc.: *el hilo de un discurso.* **6.** *Fig.* Sucesión continua, cuya interrupción pone fin a una existencia física o moral: *el hilo de la vida.* **7.** Secreción producida por algunos artrópodos y sus larvas. **8.** Tela tejida con fibra de lino: *sábana de hilo.* **9.** *Fig.* Corriente o chorro: *hilo de agua.* ◇ **Al hilo** Argent. y Chile. *Fam.* Según la dirección de las venas o fibras de una cosa; sin interrupción. **Coger el hilo** Darse cuenta del asunto sobre que se trata y disponerse a seguirlo. **Colgar,** o **pender, de un hilo** Estar en grave riesgo. **Hilo de voz** Voz tenue. **Hilo musical** Esp. Sistema de conducción del sonido a través del cable telefónico que permite escuchar programas musicales. **Hilo perlé** Hilo de algodón mercerizado de primera calidad. **Perder el hilo** Dejar de seguir una conversación, discurso, etc. **Tomar el hilo** Continuar una conversación, discurso, etc., que se habían interrumpido o perdido.

HILOMORFISMO s.m. → HILEMORFISMO.

HILOTA s.m. y f. → ILOTA.

HILVÁN s.m. Costura de puntadas largas con que se señala el sitio por el que tiene que hacerse el cosido definitivo. **2.** Cada puntada o porción de hilo con que se hace esta costura. **3.** Hilo usado para hilvanar. **4.** Venez. Dobladillo.

HILVANAR v.tr. (de *hilo vano*, hilo distanciado). Coser con hilvanes. **2.** Bosquejar algo que se ha de terminar después: *hilvanar un proyecto.* **3.** Fig. Enlazar o coordinar: *hilvanar ideas, frases, palabras.* **4.** Fig. y fam. Trazar, proyectar o preparar con precipitación: *hilvanar un discurso.*

HIMALAYO, A adj. De la cordillera del Himalaya.

HIMATION s.m. ANT. GR. Pieza de tela drapeada que se utilizaba como manto largo.

HIMEN s.m. Membrana que, en general, ocluye parcialmente la entrada de la vagina de la mujer.

HIMENEAL adj. Relativo al himen.

HIMENEO s.m. (lat. *hymenaeus*, canto nupcial, bodas). Poét. Bodas, casamiento.

HIMENIO s.m. En los hongos, capa formada por los elementos productores de esporas.

HIMENOMICETAL adj. y s.m. Relativo a un orden de hongos basidiomicetes en los que las esporas nacen en un himenio expuesto al aire libre, como el champiñón, la oronja, etc.

HIMENÓPTERO, A adj. y s.m. (del gr. *hymín*, membrana, y *pterós*, ala). Relativo a un orden de insectos caracterizados por poseer dos pares de alas motrices que se unen durante el vuelo, y por la incapacidad de la larva de sobrevivir por sí sola a sus necesidades (abejas, avispas, hormigas).

HIMNARIO s.m. En la religión católica, libro que contiene los himnos del oficio divino.

HIMNO s.m. (lat. *hymnus*). Composición musical de carácter solemne, generalmente cantada a coro, tomada como símbolo patriótico, religioso, deportivo, etc. **2.** Poesía cuyo objeto es honrar a alguien, o celebrar algún suceso memorable. **3.** Entre los antiguos, canto, poema en honor de los dioses y los héroes. **4.** Cántico latino en forma de poema, que, en la liturgia católica, forma parte del oficio divino. ◇ **Himno nacional** Composición poético musical elegida por cada estado como símbolo patriótico.

HIMPAR v.intr. Gemir con hipo.

HIMPLAR v.intr. Emitir la pantera o el ocelote su voz propia.

HINCADURA s.f. Acción y efecto de hincar o hincarse. SIN.: *hincada, hincado.*

HINCAPIÉ s.m. Acción de afianzar el pie para apoyarse o hacer fuerza. ◇ **Hacer hincapié** Fam. Insistir con tesón, mantenerse firme en una opinión o solicitud.

HINCAR v.tr. (del lat. *figere*) [1]. Introducir o clavar una cosa en otra. **2.** Apoyar una cosa en otra como para clavarla. ◆ **hincarse** v.prnl. Arrodillarse, postrarse.

HINCHA s.f. Fam. Antipatía, odio o enemistad. ◆ s.m. y f. Persona que sigue con gran entusiasmo a un equipo o a un deportista.

HINCHABLE adj. Que toma su forma útil al ser hinchado: *colchón hinchable; muñeco hinchable.*

HINCHADA s.f. Conjunto de hinchas de un equipo o deportista.

HINCHADO, A adj. Enfático o grandilocuente: *lenguaje, estilo hinchado.*

HINCHAMIENTO s.m. Acción y efecto de hinchar o hincharse. SIN.: *hinchazón.*

HINCHAR v.tr. y prnl. (lat. *inflare*). Llenar un objeto flexible de aire o gas: *hinchar un globo.* SIN.: *inflar.* **2.** Fig. Aumentar: *el río se ha hinchado hasta desbordarse.* **3.** Exagerar: *hinchar una noticia, un suceso.* ◆ v.tr. Argent. y Chile.

Fig. Molestar. **2.** Argent., Chile, Colomb. y Urug. Alentar a un equipo deportivo. (Va seguido de la prep. *por.*) ◆ **hincharse** v.prnl. Aumentar de volumen una parte del cuerpo, por herida, golpe, inflamación, etc. **2.** Fig. Sentirse una persona muy orgullosa de sus cualidades o actos. SIN.: *inflarse.* **3.** Esp. Fig. Hartarse de comer.

HINCHAZÓN s.f. Hinchamiento: *la hinchazón de una pierna.* **2.** Fig. Vanidad, presunción. **3.** Fig. Énfasis en el estilo o lenguaje.

HINDI s.m. Lengua indoaria hablada en el N de la India. (El hindi utiliza la escritura devanagari, principal característica que lo diferencia del urdu.)

HINDÚ adj. y s.m. y f. Se dice de la persona que practica el hinduismo. **2.** Hinduista.

HINDUISMO s.m. Religión politeísta originaria de la India, cuya base filosófica es la identidad del yo individual con el yo universal o absoluto.

ENCICL. El hinduismo procede de la religión de los invasores arios. Su fundamento teórico se encuentra en textos *(Veda, Upanisad)* que definen un conjunto de creencias comunes al brahmanismo y al budismo (liberación del ciclo de los nacimientos, yoga). Se diferencia de ellos por la creencia en la existencia de un principio universal (ātman-brah-mán) y por la creencia en un panteón que le está subordinado (Indra, Brahmā, Visnú y Śiva), así como por una organización social específica, el sistema de castas. El hinduismo comprende diversas corrientes (visnuismo, sivaísmo, tantrismo) y ha dado lugar a numerosas sectas.

HINDUISTA adj. y s.m. y f. Relativo al hinduismo; que practica el hinduismo. SIN.: *hindú.*

HINIESTA s.f. Retama.

HINOJAL s.m. Terreno poblado de hinojos.

1. HINOJO s.m. (lat. tardío *fenuculum*, dim. de *fenum*, heno). Planta aromática de flores pequeñas y amarillas y hojas recortadas en divisiones casi lineares y con peciolos carnosos, que se utilizan en medicina y como condimento. (Familia umbelíferas.)

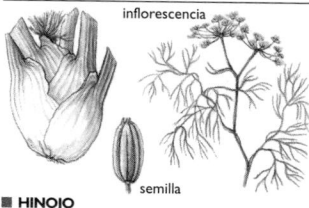

inflorescencia

semilla

■ HINOJO

2. HINOJO s.m. (lat. vulg. *genuculum*, dim. de *genu*). Rodilla. ◇ **De hinojos** De rodillas.

HINTERLAND s.m. (alem. *Hinterland*, de *hinter*, detrás, y *Land*, país). GEOGR. Traspaís.

HIOIDES s.m. (gr. *yoeidís*, de *yoeidís ostoyn*, hueso en forma de ypsillon). Hueso en forma de herradura, situado por encima de la laringe.

HIPÁLAGE s.f. (gr. *hypallagē*). Figura retórica por la que se atribuye a determinadas palabras de una frase lo que conviene a otras.

HIPAR v.intr. (voz de origen onomatopéyico). Tener hipo. **2.** Gimotear. **3.** Fig. Desear con ansia algo.

HIPARCO s.m. ANT. GR. Comandante de caballería.

HIPARQUÍA s.f. ANT. GR. Unidad de caballería.

HIPEAR v.intr. Colomb. Tener hipo.

HÍPER s.m. Fam. Hipermercado.

HIPERACUSIA s.f. Sensibilidad excesiva al ruido.

HIPERAZOEMIA s.f. MED. Aumento patológico de la cantidad de productos nitrogenados en la sangre como consecuencia de una insuficiencia renal, manifestándose por la cantidad de urea sanguínea.

HIPERBÁRICO, A adj. Se dice de un recinto cuya presión interior es superior a la atmosférica.

HIPÉRBATON s.m. (gr. *hyperbáton*, de *hyper-*

---

baínein, pasar por encima) [pl. *hipérbatos* o *hiperbatones*]. Figura retórica de construcción que consiste en una alteración del orden lógico de las palabras.

HIPÉRBOLA s.f. (gr. *hyperbole*, exageración, hipérbola). MAT. Cónica formada por puntos cuya diferencia de distancias a dos puntos fijos, o focos, es constante.

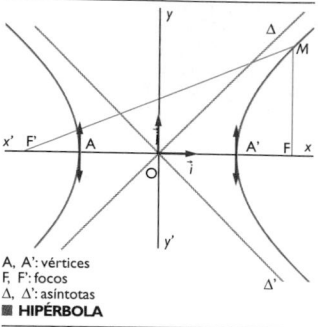

A, A': vértices
F, F': focos
Δ, Δ': asíntotas
■ HIPÉRBOLA

HIPÉRBOLE s.f. (gr. *hyperbole*). Figura retórica que consiste en exagerar la expresión.

HIPERBÓLICO, A adj. Que es muy exagerado. **2.** Relativo a la hipérbola. **3.** MAT. Que tiene forma de hipérbola.

HIPERBOLIZAR v.intr. [7]. Emplear hipérboles.

HIPERBOLOIDE adj. Que se asemeja a una hipérbola: *espejo hiperboloide.* ◆ s.m. MAT. Superficie de segundo grado con centro, que posee un cono asintótico. ◇ **Hiperboloide de revolución** Superficie engendrada por una hipérbola que gira alrededor de uno de sus ejes; sólido limitado por esta superficie.

HIPERBÓREO, A adj. Relativo a las regiones muy septentrionales: *animales hiperbóreos; plantas hiperbóreas.*

HIPERCALCEMIA s.f. Aumento patológico de la tasa normal de calcio en la sangre.

HIPERCAPNIA s.f. Aumento patológico del nivel de anhídrido carbónico en la sangre.

HIPERCLORHIDRIA s.f. Exceso de ácido clorhídrico en la secreción gástrica.

HIPERCOLESTEROLEMIA s.f. MED. Aumento patológico de la tasa de colesterol en la sangre.

HIPERCOMPLEJO, A adj. MAT. Se dice de los números formados con *n* números reales escritos en un orden determinado.

HIPERCOMPRESOR s.m. Aparato que permite obtener una presión muy elevada.

HIPERCRÍTICA s.f. Crítica exagerada y rigurosa.

HIPERCRÍTICO, A adj. Se dice de lo que contiene una hipercrítica y de quien la hace.

HIPERDULÍA s.f. Culto rendido a la Virgen (por oposición al culto de *dulía*, que se rinde a los santos).

HIPEREMIA s.f. Aumento patológico de sangre en un órgano o en parte de este.

HIPERESPACIO s.m. Espacio matemático ficticio de más de tres dimensiones.

HIPERESTENIA s.f. Aumento del tono nervioso y muscular. **2.** Aumento de la fuerza vital.

HIPERESTESIA s.f. PSICOL. Sensibilidad exagerada.

HIPERFOCAL adj. Se dice de la distancia más corta a la que hay que situar un objeto para que un aparato fotográfico pueda obtener una imagen nítida.

HIPERFRECUENCIA s.f. Frecuencia muy elevada de un movimiento periódico. **2.** Onda electromagnética cuya longitud es del orden del centímetro y que se utiliza sobre todo en el radar.

HIPERFUNCIÓN s.f. MED. Actividad de un órgano superior a la normal.

HIPERGÉNESIS s.f. Desarrollo anormal de un elemento anatómico.

HIPERGÓLICO, A adj. Se dice del conjunto

de combustible y comburente de un motor, cuando la reacción se produce espontáneamente por simple contacto.

HIPERHIDROSIS s.f. Aumento de la secreción sudoral. **2.** Exceso de agua en las células o en los tejidos, que comporta un aumento del volumen.

HIPERICÁCEO, A adj. y s.f. Gutiferáceo.

HIPERKALEMIA s.f. Aumento patológico del nivel de potasio en la sangre.

HIPERMENORREA s.f. Hemorragia menstrual de intensidad y duración superior a la normal.

HIPERMERCADO s.m. Supermercado de grandes dimensiones, situado generalmente en la periferia de las ciudades.

HIPERMÉTROPE adj. y s.m. y f. Que padece hipermetropía.

HIPERMETROPÍA s.f. (del gr. *hypérmetros*, desmesurado). Anomalía de la visión, debida generalmente a un defecto de convergencia del cristalino, en la que la imagen se forma detrás de la retina.

HIPERMNESIA s.f. Exaltación anormal e incontrolable de la memoria.

HIPERÓN s.m. Partícula subatómica de masa superior a la del protón.

HIPERÓNIMO, A adj. y s. LING. Se dice del término que tiene un significado general que incluye el de otros términos más específicos (hipónimos): animal es *el hiperónimo de* caballo.

HIPERPLANO s.m. MAT. En un espacio vectorial de dimensión *n* con relación a un origen fijo, conjunto de puntos cuyas *n* coordenadas escalares verifican una relación de primer grado.

HIPERPLASIA s.f. Desarrollo excesivo de un tejido por multiplicación de sus células, conservando su estructura y capacidad funcional normales.

HIPERREALISMO s.m. Corriente artística surgida en EUA a finales de la década de 1960 que se caracteriza por la reproducción literal y fotográfica de la realidad.

■ **HIPERREALISMO.** *Carrito de la compra*, por Duane Hanson (resina de poliéster y otros materiales). [Ludwig Collection, Aquisgrán.]

HIPERSECRECIÓN s.f. Secreción superior a la normal.

HIPERSENSIBILIDAD s.f. Cualidad de hipersensible. **2.** Reacción de un organismo producida como consecuencia de la introducción de un antígeno. (La alergia es una forma de hipersensibilidad.)

HIPERSENSIBLE adj. y s.m. y f. Que tiene una sensibilidad exagerada.

HIPERSOMNIA s.f. MED. Exceso de sueño.

HIPERSÓNICO, A adj. AERON. Se dice de las velocidades que corresponden a un número de Mach igual o superior a 5 (o sea, a 15 °C, alrededor de 6 000 km/h), así como de los movimientos efectuados a estas velocidades.

HIPERSUSTENTACIÓN s.f. AERON. Aumento

momentáneo de la fuerza de sustentación de un ala con ayuda de dispositivos especiales.

HIPERTELIA s.f. Resultado nocivo de una evolución biológica que sobrepasa el grado de su función normal.

HIPERTÉLICO, A adj. Se dice del órgano que ha rebasado el grado de función normal.

HIPERTENSIÓN s.f. Aumento de la tensión de las paredes de una cavidad, cuando la presión de los líquidos que contiene es superior a la normal. ⋄ **Hipertensión arterial** Elevación por encima de lo normal de la tensión arterial. **Hipertensión intracraneana** Aumento de la presión del líquido cefalorraquídeo.

HIPERTENSO, A adj. y s. Que tiene la tensión arterial superior a la normal.

HIPERTERMIA s.f. Fiebre.

HIPERTEXTO s.m. Técnica o sistema de consulta de una base de textos, que permite saltar de un documento a otro según caminos preestablecidos o elaborados con este fin.

HIPERTIROIDISMO s.m. Aumento de la secreción de la glándula tiroides, que provoca en el ser humano la enfermedad de Basedow.

HIPERTONÍA s.f. Estado de una solución hipertónica. **2.** MED. Aumento de la tonicidad muscular.

HIPERTÓNICO, A adj. Se dice de una solución cuya presión osmótica es superior a la de una solución de referencia. ◆ adj. y s. MED. Relativo a la hipertonía; que padece hipertonía.

HIPERTROFIA s.f. Crecimiento anormal del tejido de un órgano. **2.** Desarrollo excesivo de un sentimiento, una actividad, etc.

HIPERTROFIAR v.tr. y prnl. Producir hipertrofia.

HIPERTRÓFICO, A adj. Relativo a la hipertrofia; que tiene hipertrofia.

HIPERVÍNCULO s.m. INFORMÁT. Vínculo asociado a un elemento de un documento con hipertexto, que apunta a un elemento de otro texto u otro elemento multimedia.

HIPERVITAMINOSIS s.f. Trastorno provocado por la administración excesiva de ciertas vitaminas.

HIP-HOP adj. y s m. (del ingl. *hip hop*). Se dice de un movimiento sociocultural nacido entre la juventud urbana estadounidense en la década de 1980, que se manifiesta, generalmente en la calle, a través de los graffiti, el baile (breakdance) y la música (rap).

HIPIATRA s.m. y f. Veterinario especialista en enfermedades de los caballos.

HIPIATRÍA s.f. Especialidad veterinaria que se ocupa de los caballos. SIN.: *hipiátrica*.

HIPIÁTRICO, A adj. Relativo a la hipiatría.

HÍPICA s.f. Deporte hípico, como las carreras de caballos, los concursos de saltos, etc. SIN.: *hipismo*.

HÍPICO, A adj. (gr. *hippikós*). Relativo a los caballos y a la hípica. *concurso hípico*

HÍPIDO s.m. Acción y efecto de hipar o gimotear.

HIPNAGÓGICO, A adj. Se dice del estado de adormecimiento que precede al verdadero sueño.

HIPNOGRAMA s.m. Diagrama obtenido mediante el registro continuo del electroencefalograma durante el sueño y que permite establecer los niveles del sueño.

HIPNOSIS s.f. (del gr. *hýpnos*, sueño). Estado de inconsciencia provocado por sugestión y que da lugar a una sumisión de la voluntad que puede ser utilizada para fines diversos, como analgesia, psicoterapia, etc. **2.** Técnica que provoca este estado. **3.** Hipnotización.

HIPNÓTICO, A adj. Relativo a la hipnosis: *sueño hipnótico*. ◆ adj. y s.m. Se dice del medicamento que produce sueño.

HIPNOTISMO s.m. Conjunto de técnicas que permiten provocar un estado hipnótico.

HIPNOTIZACIÓN s.f. Acción de hipnotizar. SIN.: *hipnosis*.

HIPNOTIZADOR, RA adj. y s. Se dice de la persona o cosa capaz de hipnotizar.

HIPNOTIZAR v.tr. [7]. Producir hipnosis. **2.** *Fig.* Fascinar: *aquella belleza la hipnotizó*.

HIPO s.m. Contracción brusca y espasmódica del diafragma, que provoca una sacudida de los músculos del abdomen y el tórax, y fuerza

a expulsar el aire de los pulmones con violencia y acompañado de un ruido característico, debido a la constricción de la glotis. ⋄ **Quitar el hipo** *Fam.* Asustar, asombrar, desconcertar.

HIPOACUSIA s.f. Disminución de la agudeza auditiva.

HIPOALERGÉNICO, A adj. y s.m. Se dice de la sustancia que provoca una débil reacción alérgica: *jabón hipoalergénico*.

HIPOALGIA s.f. Estado caracterizado por la disminución de la percepción y de la reactividad al dolor. SIN.: *hipoalgesia*.

HIPOCALCEMIA s.f. Disminución de la tasa de calcio en la sangre.

HIPOCALIEMIA s.f. Insuficiencia del nivel de potasio en la sangre.

HIPOCAMPO s.m. (gr. *hippokampos*). Caballito de mar. **2.** ANAT. Circunvolución del lóbulo temporal del cerebro. **3.** MIT. Animal fabuloso de la mitología griega, mitad caballo y mitad pez.

HIPOCASTANÁCEO, A adj. y s.f. Relativo a una familia de plantas dicotiledóneas dialipétalas, de flores hermafroditas o polígamas, como el castaño de Indias.

HIPOCAUSTO s.m. ANT. ROM. Sistema de calefacción por aire caliente, instalado en el suelo y el subsuelo de las termas romanas.

HIPOCENTRO s.m. Región situada a una determinada profundidad, comprendida generalmente entre 10 y 100 km, aunque a veces alcanza los 700 km, en la vertical del epicentro de un seísmo, y de donde parten las ondas sísmicas.

HIPOCICLOIDAL adj. Epicicloidal. **2.** Se dice de una forma de engranaje en la que una rueda gira dentro de una rueda más grande.

HIPOCICLOIDE s.f. MAT. Epicicloide.

HIPOCLORHIDRIA s.f. Disminución de la acidez normal del jugo gástrico.

HIPOCLORHÍDRICO, A adj. y s. Relativo a la hipoclorhidria; que padece hipoclorhidria.

HIPOCLORITO s.m. QUÍM. Sal del ácido hipocloroso.

HIPOCLOROSO, A adj. QUÍM. Se dice del anhídrido Cl_2O y del ácido $HClO$.

HIPOCONDRÍA s.f. Trastorno mental que se caracteriza por una preocupación obsesiva por la propia salud y la valoración exagerada de los signos de enfermedad que se padecen.

HIPOCONDRÍACO, A o **HIPOCONDRIACO, A** adj. y s. Relativo a la hipocondría; que padece hipocondría.

HIPOCONDRIO s.m. (gr. *hypokhóndrion*). Parte lateral de la región superior del abdomen.

HIPOCORÍSTICO, A adj. y s.m. (gr. *hypokoristikós*, diminutivo, de *hypokorizesthai*, hablar como los niños). Se dice del diminutivo, forma abreviada, deformada o infantil del nombre habitual, que se emplea como apelativo cariñoso: *el hipocorístico de Dolores es Lola, y el de José, Pepe*.

HIPOCRÁS s.m. (gr. *hypocrás*, de *Hippocrus*, nombre que se daba a Hipócrates en la edad media). Bebida a base de vino azucarado y sustancias aromáticas que se tomaba como tonificante.

HIPOCRÁTICO, A adj. Relativo a Hipócrates o al hipocratismo.

HIPOCRATISMO s.m. Doctrina de Hipócrates. ⋄ **Hipocratismo digital** Deformación de las uñas que se curvan en forma de «cristal de reloj».

HIPOCRESÍA s.f. (gr. tardío *hypokresía*). Cualidad de hipócrita.

HIPÓCRITA adj. y s.m. y f. (lat. *hypocrita*, del gr. *hypokrites*, actor teatral). Que finge o aparenta lo que no es o lo que no siente.

HIPODÉRMICO, A adj. Relativo a la hipodermis.

HIPODERMIS s.f. Parte profunda de la piel, bajo la dermis, rica en tejido adiposo.

HIPODERMOSIS s.f. Enfermedad causada por ciertas larvas, que afecta a los animales y en particular al ganado bovino.

HIPÓDROMO s.m. (gr. *hippódromos*). Lugar destinado a las carreras de caballos y trotones.

HIPOESTESIA s.f. Disminución patológica de la sensibilidad.

HIPOFAGIA s.f. Costumbre de comer carne de caballo como alimento.

HIPOFISARIO, A adj. Relativo a la hipófisis.

HIPÓFISIS s.f. Glándula endocrina situada bajo el encéfalo, que produce numerosas hormonas, en particular una hormona de crecimiento, estimulas que actúan sobre las demás glándulas endocrinas, una hormona que frena la secreción urinaria y otra que contrae los músculos lisos.

HIPOFOSFITO s.m. Sal del ácido hipofosforoso.

HIPOFOSFOROSO, A adj. Se dice del ácido menos oxigenado del fósforo (HPO_2H_2).

HIPOGASTRIO s.m. Parte central e inferior del abdomen.

1. HIPOGEO s.m. ARQUEOL. Construcción abovedada, subterránea o excavada en la roca, que ciertas civilizaciones prehistóricas, protohistóricas y de la antigüedad utilizaban como tumbas.

2. HIPOGEO, A adj. BOT. Se dice de la planta o el órgano vegetal que se desarrollan bajo tierra.

HIPOGÍNEO, A adj. BOT. Se dice de la flor en la que el perianto y el androceo están insertos debajo del ovario. CONTR.: *epigíneo.*

HIPOGLOSO, A adj. y s.m. ANAT. Se dice de un nervio que parte del bulbo raquídeo e inerva los músculos de la lengua.

HIPOGLUCEMIA s.f. MED. Insuficiencia de la tasa de glucosa en la sangre.

HIPOGONADISMO s.m. Insuficiencia de la función endocrina de las gónadas.

HIPOGRIFO s.m. (ital. *ippogrifo*). Animal fabuloso de los poemas caballerescos, mitad caballo y mitad grifo.

HIPOIDE adj. MEC. Se dice de una pareja de engranajes cónicos con dentado espiral, cuyos conos de origen no tienen vértice común.

HIPOLOGÍA s.f. Parte de la veterinaria que se ocupa del estudio de los caballos.

HIPOMÓVIL adj. Se dice del vehículo tirado por caballos.

HIPÓNIMO, A adj. y s. LING. Se dice del término cuyo significado es más específico respecto a otro (hiperónimo) de significado más general: *las palabras* bota y zapatilla *son hipónimas de* calzado.

HIPOPLASIA s.f. Insuficiencia de desarrollo de un tejido o un órgano.

HIPOPÓTAMO s.m. (gr. *hippopótamos*). Mamífero ungulado, de 4 m de long., y de 3 a 4 t de peso, piel gruesa, negruzca y casi desnuda, cabeza enorme con boca amplia y unos grandes caninos inferiores curvados, que vive en los ríos africanos y se alimenta de plantas acuáticas. (El hipopótamo es una especie amenazada debido a que el marfil de sus caninos es muy apreciado.)

■ HIPOPÓTAMO

HIPOSPADIA o **HIPOSPADIAS** s.m. MED. Malformación del pene, en el que la uretra se abre en la cara inferior y no en el extremo de este.

HIPOSTASIAR v.tr. Considerar algo como una realidad absoluta.

HIPÓSTASIS s.f. (gr. *hipóstasis*, sustancia). CRIST. Persona de la Santísima Trinidad. **2.** FILOS. Sustancia individual concreta.

HIPOSTÁTICO, A adj. CRIST. y FILOS. Relativo a la hipóstasis. ⋄ **Unión hipostática** CRIST. Unión en una sola hipóstasis de dos naturalezas, divina y humana, en Jesucristo.

HIPÓSTILO, A adj. Se dice de una gran sala, especialmente en los templos egipcios, cuyo techo está sostenido por columnas.

HIPOSULFITO s.m. Sal del ácido hiposulfuroso.

HIPOSULFUROSO, A adj. **Ácido hiposulfuroso** QUÍM. Compuesto de azufre, oxígeno e hidrógeno ($H_2S_2O_3$).

HIPOTÁLAMO s.m. Región del diencéfalo situada en la base del cerebro, donde se hallan numerosos centros reguladores de importantes funciones, como el hambre, la sed, la actividad sexual, el sueño, la vigilia, la termorregulación, etc.

HIPOTECA s.f. (gr. *hipotheke*, fundamento, prenda). Derecho real de garantía de una obligación, constituido sobre inmuebles, naves o aeronaves, pudiendo los bienes permanecer en posesión de su dueño, y que confiere al acreedor la facultad de pedir la venta pública de estos y resarcirse con su precio si no se cumple la obligación garantizada.

HIPOTECAR v.tr. [1]. Imponer una hipoteca sobre un bien. **2.** *Fig.* Realizar una acción con la cual se condiciona futuras actuaciones: *hipotecar el porvenir.*

HIPOTECARIO, A adj. Relativo a la hipoteca: *crédito hipotecario.*

HIPOTECNIA s.f. Estudio o tratado de la cría y adiestramiento de caballos.

HIPOTENAR adj. ANAT. Se dice de la parte saliente que forman los músculos motores del dedo meñique en la parte interna de la palma de la mano.

HIPOTENSIÓN s.f. Tensión arterial inferior a la normal. ⋄ **Hipotensión controlada** Hipotensión provocada durante determinadas operaciones, especialmente neuroquirúrgicas.

HIPOTENSO, A adj. y s. Que padece hipotensión arterial.

HIPOTENSOR s.m. Medicamento que disminuye la tensión arterial.

HIPOTENUSA s.f. (lat. *hypotenusa*, del gr. *hypoteínousa*, de *hipoteínein*, tender fuertemente una cuerda). MAT. Lado opuesto al ángulo recto en un triángulo rectángulo. (El cuadrado de la hipotenusa es igual a la suma de los cuadrados de los otros dos lados.)

HIPOTERMIA s.f. Descenso de la temperatura del cuerpo por debajo de lo normal.

HIPÓTESIS s.f. (gr. *hypóthesis*, suposición). Suposición de una cosa, sea posible o imposible, para sacar de ella una consecuencia. **2.** EPISTEMOL. Proposición que resulta de una observación o de una inducción y que debe ser verificada. **3.** MAT. Conjunto de datos a partir del cual se intenta demostrar de forma lógica una nueva proposición. ⋄ **Hipótesis de trabajo** Suposición que se establece como base de una investigación que puede confirmar o negar su validez.

HIPOTÉTICO, A adj. Basado en una hipótesis.

HIPOTIROIDEO, A adj. Relativo al hipotiroidismo.

HIPOTIROIDISMO s.m. MED. Insuficiencia de funcionamiento de la glándula tiroides, que provoca mixedema, acompañado, en el niño, de enanismo y deficiencia intelectual.

HIPOTONÍA s.f. Disminución del tono muscular. **2.** Estado de una solución hipotónica.

HIPOTÓNICO, A adj. Se dice de una solución cuya presión osmótica es inferior a la de una solución de referencia.

HIPOTROFIA s.f. Insuficiencia del desarrollo de un órgano o un tejido.

HIPOXIA s.f. Disminución de la concentración de oxígeno en la sangre. SIN.: *hipoxemia.*

HIPPY adj. y s.m. y f. (voz angloamericana) [pl. *hippies*]. Relativo a un movimiento cultural, surgido en la década de 1960, basado en el rechazo de la sociedad de consumo, en la libertad integral en el vestir, las costumbres y la vida social y que preconiza la no violencia y la vida en comunidad; miembro de este movimiento.

HIPSOMETRÍA s.f. Medida y representación cartográfica del relieve terrestre. **2.** Extensión respectiva de las diferentes zonas de altitud de una región.

HIPSOMÉTRICO, A adj. Relativo a la hipsometría. ⋄ **Mapa hipsométrico** Mapa que re-

presenta la distribución de altitudes, generalmente mediante curvas de nivel.

HIPSÓMETRO s.m. (del gr. *hypsos*, altura, y *métron*, medida). Instrumento que permite determinar la altitud de un lugar midiendo el punto de ebullición del agua.

HIPÚRICO, A adj. Se dice de un ácido orgánico existente en la orina de los herbívoros y del ser humano.

HIRCO s.m. (lat. *hircus*, macho cabrío). Cabra montés.

HIRIENTE adj. Que hiere, especialmente en lo moral.

HIRSUTISMO s.m. Desarrollo excesivo de vello, debido a un trastorno de las glándulas suprarrenales.

HIRSUTO, A adj. (lat. *hirsututs*). Se dice del vello duro y tieso. **2.** Que está cubierto de vello duro y tieso. **3.** *Fig.* Poco afable.

HIRUDÍNEO, A adj. y s.m. Relativo a una clase de anélidos cuyo cuerpo termina en una ventosa, como la sanguijuela.

HISOPADA s.f. Cada aspersión hecha con el hisopo. SIN.: *hisopazo.*

HISOPAR v.tr. Rociar o esparcir agua con el hisopo. SIN.: *hisopear.*

HISOPO s.m. (lat. *hyssopum*, del gr. *hýssopos*). Planta sufruticosa olorosa, de flores azules, blancas o rosadas, cuya infusión es estimulante. (Familia labiadas.) **2.** Manojo de ramitas de hisopo o de otra planta que se utiliza para asperjar con agua bendita. **3.** Utensilio que sirve para el mismo fin. **4.** *Amér.* Palito con algodón en la punta que se usa para la higiene personal. **5.** *Chile* y *Colomb.* Brocha de afeitar. **6.** *Colomb.* Escobilla empleada para blanquear o pintar paredes.

HISPALENSE adj. y s.m. y f. Sevillano.

HISPÁNICO, A adj. Relativo a España o a la hispanidad. **2.** Relativo a Hispania y a los pueblos que vivían en ella. **3.** Hispanoamericano.

HISPANIDAD s.f. Conjunto formado por España, las naciones americanas de habla hispánica y Filipinas. **2.** Conjunto de caracteres, especialmente culturales, que comparten estas naciones.

HISPANISMO s.m. Palabra, expresión o giro procedentes de la lengua española que se usan en otra lengua. **2.** Estudio de la lengua y la cultura hispánicas.

HISPANISTA s.m. y f. Especialista en la lengua y la cultura hispánicas.

HISPANIZACIÓN s.f. Españolización.

HISPANIZAR v.tr. [7]. Españolizar.

HISPANO, A adj. y s. Se dice de los hispanoamericanos y españoles afincados en EUA. **2.** Español. **3.** De la Hispania romana.

HISPANOAMERICANISMO s.m. Doctrina que tiende a la unión de todos los pueblos hispanoamericanos.

HISPANOAMERICANO, A adj. y s. De Hispanoamérica. ✦ adj. **2.** De Hispanoamérica y España. ⋄ **Arte hispanoamericano** Arte de la América española, desde el descubrimiento a la independencia. SIN.: *arte hispanocolonial.* ENCICL. El arte realizado en América durante el período de dominio español (ss. XVI-XVIII) abarca fundamentalmente dos estilos: el nacimiento plateresco y el barroco. La impronta del estilo de los talladores indígenas y la transculturación de símbolos y formas se refundieron con el estilo europeo.

El plateresco. Fue el primer estilo que se trasladó a América, a la isla de Santo Domingo, donde destacan la catedral de Santo Domingo y la iglesia y el hospital de San Nicolás de Bari. En México aparecieron las primeras modificaciones al estilo; destacan los templos de Tepeaca y San Agustín de Acolman. En América del Sur la arquitectura plateresca no tuvo mucho brillo; se encuentran algunos vestigios en Tunja (Colombia) y Ayacucho (Perú). En escultura sobresalen las tallas de artesanos como Juan de Aguirre y Quirio Cataño. En pintura se copiaron reproducciones europeas, aunque se innovó en el color; Alonso Vásquez y Andrés de la Concha iniciaron la pintura de caballete, que se desarrolló con Simón Pereyns; la primera escuela sudamericana fue creada en Quito por fray Pedro Gosseal y fray Jodoco Ricke; luego llegaron a la ciudad Diego de Robles

■ EL ARTE HISPANOAMERICANO

Sobre estructuras firmes y sólidas, impuestas por los terremotos, la arquitectura se desarrolla, dentro de un marco general de sentido renacentista, con una fantasía decorativa de motivos platerescos y manieristas, como parte de una explosión ornamental barroca, todo ello tratado con un gran sentido autóctono de los contrastes entre luz y sombras en la incisión de los elementos.

En la pintura se conjuga cierto manierismo, como el de Pérez de Holguín, notable en la tipificación de personajes, y el leve arcaísmo de influencias italianizantes y flamencas, presente en las obras de Echave Orio.

Taxco. Vista del exterior de la iglesia de santa Prisca, en el estado mexicano de Guerrero, construida en el s. XVIII.

Salvador (Brasil). Púlpito barroco de la iglesia de san Francisco.

San Agustín de Acolman. Portada plateresca de la iglesia del convento de San Agustín de Acolman, México, terminada en 1560.

Lima. Detalle del mirador del palacio de los marqueses de Torre Tagle (s. XVIII), en el que se combinan reminiscencias mozárabes con elementos churriguerescos y del barroco italiano.

Antigua. Vista de la fachada barroca de la catedral de Antigua (Guatemala), erigida entre los siglos XVII y XVIII.

Melchor Pérez de Holguín. La *entrada del arzobispo-virrey Morcillo en Potosí* (detalle). Realizado con un estilo descriptivo y minucioso, el pintor consigue dotar de importante valor documental a esta obra de grandes dimensiones. (Museo de América, Madrid.)

■ EL ARTE HISPANOMUSULMÁN

La motivación religiosa impregnó el arte hispanomusulmán de un sentimiento común en todo el mundo árabe, que se extendió desde la India y Asia central hasta España y Marruecos. Desde el s. IX el islam se decantó por un culto abstracto, sin imágenes, volcando la creatividad en el color y en la profusión decorativa. Los materiales decorativos iniciales (frescos, mosaicos y mármoles) se sustituyeron por otros más baratos (yeserías, cerámica vidriada y madera).

La mezquita de Córdoba. Naves decoradas con dobles arcos superpuestos de ladrillo y piedra (ss. VIII-X).

La Giralda. El alminar de la desaparecida mezquita almohade de Sevilla conjuga armoniosamente los distintos cuerpos superpuestos y su decoración de ladrillo tallado.

La Alhambra. El patio de los Arrayanes evidencia el refinamiento de la vida en la Alhambra nazarí de Granada, con un arte que asocia la arquitectura a la vegetación y el agua corriente.

Medina Azara. Las ruinas de esta ciudad califal, enclavada en una ladera de la sierra de Córdoba, dan idea de la magnitud de sus construcciones y palacios.

Caja de marfil. Píxide con decoración esculpida de follaje mezclado con aves y cuadrúpedos, con una inscripción y fecha (964) en cúfico. (Museo arqueológico, Madrid.)

Mosaico y yeserías. La decoración interior de la Alhambra muestra las cotas de refinamiento alcanzadas en mosaicos y yeserías, con una menuda labor de atauriques.

y Luis de Rivera. En Perú destaca Francisco Titu Yupanqui, descendiente de incas, que realizó la primera escultura mestiza.

El barroco. En México la arquitectura se caracteriza por la utilización del color (piedra, yesería policromada, ladrillo y azulejo), la utilización de formas mixtilíneas y la implantación del estípite: iglesias de Santa Prisca y La Valenciana, catedral de Zacatecas, San Francisco de Acatepec y Santa María Tonantzintla, y obras de Lorenzo Rodríguez y F. Guerrero Torres. En escultura, representada por retablos e imaginería, destaca Jerónimo de Balbás. Y en pintura, los Echave y los Juárez, Cristóbal de Villalpando, Juan Correa y José de Ibarra.

En Centroamérica y el Caribe, el barroco pierde el color que lo caracteriza en México y se vuelve de una blancura inmaculada: las ruinas de Antigua Guatemala (la catedral, San Francisco y La Merced) y la catedral de Tegucigalpa, obra de Ignacio de Quirós. En Colombia destaca la ciudad de Cartagena por su arquitectura militar, y la obra de Juan de Tejeda y la familia Antonelli. En pintura sobresalen Quirio Cataño, Juan de Chávez y Antonio de Montúfar.

En Quito y Nueva Granada destacan el templo de San Francisco de Quito, la iglesia de la Compañía, el núcleo barroco de Popayán y la obra de J. B. Coluccini. En escultura cabe señalar al padre Carlos, Pampite, Bernardo de Legarda y Caspicara. En pintura, la escuela de Quito, con Miguel de Santiago, Nicolás de Goribar. En Bogotá, G. Vázquez de Arce y Ceballos. En Perú y Bolivia destacan las portadas de San Agustín y de La Merced y el palacio de Torres Tagle en Lima, la iglesia de la Compañía, en Cuzco, y el Templo de San Francisco, en La Paz. En pintura sobresalen Angelino Medoro y Melchor Pérez de Holguín, que llevó la pintura altiplánica a la cima. En Argentina destacan la catedral y la universidad de Córdoba.

HISPANOÁRABE adj. y s m. y f. Hispanomusulmán.

HISPANOCOLONIAL adj. Se dice del arte hispanoamericano.

HISPANÓFILO, A adj. y s. Se dice del extranjero aficionado a la cultura, historia y costumbres de España.

HISPANOHABLANTE adj. y s.m. y f. Se dice de la persona, comunidad, país, etc., que tiene como lengua materna el español. SIN.: *hispanoparlante.*

HISPANOMUSULMÁN, NA adj. y s. Relativo a la España musulmana; natural u originario de la misma. SIN.: *hispanoárabe.* ◇ **Arte hispanomusulmán** Arte desarrollado en España por los hispanomusulmanes.
ENCICL. El auge del arte hispanomusulmán va parejo al emirato y califato de Córdoba a fines del s. x (palacio de Medina Azara) A partir del s. XIII el reino de Granada tomó la supremacía y fue el centro artístico de la España musulmana del s. XIV (arte nazarí), destacando la Alhambra y el Generalife. Los edificios musulmanes fueron realizados a base de materiales pobres (ladrillo y yeso) revestidos de un lujo exuberante a base de estuco, mocárabes y azulejos. Del arte de los reinos de taifas, cabe destacar el palacio de la Aljafería de Zaragoza y las alcazabas de Málaga y de Almería. Del arte almorávid y almohade han quedado más testimonios en Sevilla: la Giralda, del alcázar, la torre del Oro; también cabe señalar, en la España cristiana, las Huelgas (Burgos) y la sinagoga de Santa María la Blanca de Toledo. La influencia del arte musulmán en el resto de la Península se realizó a través de los mozárabes y los mudéjares. Ambos grupos se caracterizan por la utilización del arco de herradura, del ladrillo, de la decoración geométrica y vegetal, y por el cromatismo y luminosidad de sus obras. El arte hispanomusulmán se manifiesta, además, en arquetas de marfil, cofres de metal repujado, cerámica, tejidos y también en la miniatura.

HISPANORROMANO, A adj. y s. De alguno de los pueblos romanizados de la península Ibérica.

HÍSPIDO, A adj. (lat. *hispidus*, erizado, áspero). Hirsuto.

HISTAMINA s.f. Amina derivada de la histidina, presente en los tejidos animales y en el cornezuelo del centeno, que provoca la contracción de los músculos lisos, la vasodilatación de las arteriolas y desempeña una importante función en el mecanismo de la inflamación.

HISTAMÍNICO, A adj. Relativo a la histamina.

HISTERECTOMÍA s.f. CIR. Extirpación del útero.

HISTÉRESIS s.f. Retraso en la evolución de un fenómeno físico en relación con otro, del que depende. **2.** Propiedad de las sustancias ferromagnéticas, en virtud de la cual la inducción depende no solo del campo magnetizante al que están sometidas, sino también de los estados magnéticos anteriores.

HISTERIA s.f. (fr. *hystérie*). Estado de intensa excitación nerviosa. SIN.: *histerismo.* **2.** Neurosis caracterizada por un tipo de personalidad patológica o por una somatización de los trastornos psíquicos (falsa parálisis, malestar, convulsiones, etc.). ◇ **Histeria colectiva** Comportamiento irracional de un grupo de personas, producido por una situación anómala. SIN.: *histerismo.*
ENCICL. Fue descrita por primera vez por Hipócrates como la consecuencia de una enfermedad provocada por la falta de relaciones sexuales en las mujeres. En la edad media, las manifestaciones histéricas se atribuían a la posesión del cuerpo por Satanás y se castigaban con la hoguera. El estudio científico de la histeria se inició en el s. XIX. Charcot la clasificó entre las afecciones orgánicas del sistema nervioso. Freud, recogiendo las enseñanzas de Charcot, determinó la etiología psíquica de la histeria, al tiempo que descubría los conceptos de lo inconsciente y psicoanálisis.

HISTÉRICO, A adj. y s. (lat. *hystericus*, del gr. *hysterikós*, relativo a la matriz y a sus enfermedades). Se dice de la persona que se encuentra en un estado de intensa excitación nerviosa. **2.** Relativo a la histeria; que padece histeria.

HISTERIFORME adj. Se dice de la enfermedad o el síntoma que tiene las características de la histeria.

HISTERISMO s.m. Histeria.

HISTEROGRAFÍA s.f. Radiografía del útero efectuada tras la inyección de un líquido opaco a los rayos X.

HÍSTICO, A adj. Propio del tejido orgánico.

HISTIDINA s.f. Aminoácido indispensable para el crecimiento y conservación de los mamíferos.

HISTIOCITO s.m. BIOL. Célula joven del tejido reticuloendotelial o del tejido conjuntivo.

HISTOCOMPATIBILIDAD s.f. Conjunto de las condiciones que deben reunir dos tejidos para que uno de ellos pueda injertarse en el otro.

HISTOGÉNESIS s.f. Formación y desarrollo de los diferentes tejidos del embrión. **2.** Reestructuración de los tejidos que, en los insectos, tiene lugar al final de las metamorfosis.

HISTOGRAMA s.m. Gráfico formado por rectángulos de la misma base y cuya altura es proporcional a la cantidad que representan.

HISTÓLISIS s.f. Destrucción no patológica de los tejidos vivos.

HISTOLOGÍA s.f. (del gr. *histós*, tejido, y *lógos*, tratado). Parte de la biología que estudia los tejidos constituyentes de los seres vivos.

HISTOLÓGICO, A adj. Relativo a la histología.

HISTÓLOGO, A s. Biólogo especializado en histología.

HISTONA s.f. Proteína existente en forma casi idéntica en todos los seres vivos, tanto vegetales como animales.

HISTOPLASMOSIS s.f. Enfermedad debida a un hongo parásito del género *Histoplasma,* que afecta a la piel, ganglios, huesos y vísceras.

HISTOQUÍMICA s.f. Estudio de la constitución química y del metabolismo de las células y los tejidos. SIN.: *histoquimia.*

HISTORIA s.f. (lat. *historia*, del gr. *historía*, búsqueda, averiguación, historia). Estudio de los acontecimientos del pasado relativos a la persona y a las sociedades humanas. **2.** Desarrollo o sucesión de esos acontecimientos: *las sociedades humanas han cambiado a lo largo de la historia.* **3.** Relato de sucesos del pasado, especialmente cuando se trata de una

narración ordenada cronológicamente y verificada con los métodos de la crítica histórica: *la historia de España.* **4.** *Fig.* Narración o relato inventados: *contar historias de duendes.* **5.** *Fig.* Conjunto de acontecimientos de carácter privado relativos a alguien: *contó la historia de su vida.* **6.** *Fig.* Monserga, relato o pretensión fastidiosa: *déjate de historias.* (Suele usarse en plural.) **7.** *Fig.* Chisme, enredo: *contar historias sobre alguien.* (Suele usarse en plural.) ◇ **Historia natural** Antigua denominación de las ciencias naturales. **Historia sagrada** Conjunto de sucesos contenidos en el Viejo y el Nuevo Testamento. **Pasar a la historia** Tener mucha importancia o trascendencia; perder actualidad. **Pintura de historia** Pintura que toma sus temas de la antigüedad, la mitología, la Biblia y la historia, especialmente antigua, y que ocupaba el primer lugar en la antigua jerarquía académica.

HISTORIADO, A adj. Complicado o recargado de adornos: *un encaje historiado.* **2.** B. ART. Se dice de la obra decorada con escenas sagradas o profanas.

HISTORIADOR, RA s. Especialista en historia.

HISTORIAL s.m. Reseña detallada y ordenada cronológicamente del desarrollo de una actividad o sobre la carrera de una persona, especialmente de un funcionario. ◆ adj. Histórico. ◇ **Historial clínico** Relación ordenada de los datos relativos a un enfermo, y de los tratamientos a los que ha sido sometido.

HISTORIAR v.tr. Narrar algo de manera ordenada y minuciosa. **2.** Representar un suceso histórico o fabuloso en cuadros, estampas o tapices. **3.** *Amér. Fam.* Complicar, confundir, enmarañar.

HISTORICIDAD s.f. Cualidad de histórico.

HISTORICISMO s.m. Actitud que interpreta los fenómenos humanos como producto de su desarrollo histórico, y, por lo tanto, como relativos y limitados.

HISTORICISTA adj. Relativo al historicismo.

HISTÓRICO, A adj. (lat. *historicus*, del gr. *historikós*). Relativo a la historia. SIN.: *historial.* **2.** Que ha sucedido o existido realmente: *personaje histórico; hechos históricos.* **3.** Digno de formar parte de la historia. **4.** Se dice del género cinematográfico, literario, etc., que se inspira en hechos históricos: *novela histórica.*

HISTORIETA s.f. (fr. *historiette*). Relato breve y curioso o divertido. **2.** Cómic.

HISTORIOGRAFÍA s.f. Estudio bibliográfico y crítico de los escritos sobre historia y sus fuentes. **2.** Conjunto de obras e investigaciones históricas.

HISTORIOGRÁFICO, A adj. Relativo a la historiografía.

HISTORIÓGRAFO, A s. Especialista en historiografía. **2.** Cronista oficial.

HISTRIÓN s.m. (lat. *histrio, -onis*). *Fig.* Persona farsante o efectista: *histrión político.* **2.** Actor, especialmente el de la tragedia grecolatina. **3.** Titiritero, acróbata, prestidigitador, etc., que hacía ejercicios para divertir al público. **4.** *Desp.* Persona que se pone en ridículo para divertir a otros.

HISTRIÓNICO, A adj. Relativo al histrión o al histrionismo.

HISTRIONISMO s.m. *Desp.* Aparatosidad, teatralidad en los gestos, lenguaje, etc. **2.** PSICOL. Característica de la personalidad definida por la necesidad de atraer la atención de los demás sobre uno mismo.

HIT s.m. (voz inglesa). Canción o tema musical que es éxito de ventas.

HITACIÓN s.f. Acción y efecto de hitar. ◇ **Hitación de Wamba** Supuesta división de obispados decretada en un concilio de Toledo por aquel rey visigodo.

HITAR v.tr. Colocar hitos, delimitar.

HITITA adj. y s.m. y f. De un pueblo indoeuropeo que, entre los ss. xx y XII a.C., constituyó un poderoso imperio en Anatolia central. ◆ s.m. Lengua indoeuropea hablada por los hititas.
ENCICL. La capital de los hititas era *Hattusa* (act. *Boğazköy*). Su poder, eclipsado en el s. xv por Mitanni, alcanzó su auge en los ss. XIV-XIII, equilibrando así el de Egipto (batalla de Qa-

■ EL ARTE **HITITA**. La puerta de las esfinges de la fortaleza de Alaca Höyük (Anatolia); s. XIV a.C.

deš). El imperio hitita desapareció en el s. XII con la invasión de los *pueblos del mar.*

HITLERIANO, A adj. y s. Relativo a Hitler; partidario de Hitler y de su doctrina.

HITLERISMO s.m. Sistema político de Hitler o de los que se inspiran en su doctrina.

HITO s.m. (lat. arcaico y vulg. *fictus*, p. pasivo de *figere*, clavar). Mojón o poste con que se marcan los límites de un terreno o la dirección, distancia, etc., de los caminos. **2.** *Fig.* Hecho importante que constituye un punto de referencia. **3.** Marca hecha sobre un muro, jalón o terreno, para indicar una alineación, nivel, etc. ◇ **Mirar de hito (en hito)** Fijar la vista en un objeto sin apartarla de él.

HIT-PARADE s.m. (del ingl. *hit parade*). Clasificación de las canciones de mayor éxito.

HŌ, pueblo de la India (Bihār y Orissa), que habla una lengua mundā.

HOACÍN s.m. Ave de la selva amazónica, de unos 70 cm, pardusca, maloliente y provista de un gran moño. (Familia opistocómidos.)

■ **HOACÍN**

HOBACHÓN, NA adj. Se dice de la persona corpulenta, pero de poca energía y holgazana.

HOBBY s.m. (voz inglesa) [pl. *hobbies*]. Actividad que se realiza en el tiempo libre por mero entretenimiento. SIN.: *afición.*

HOCICAR v.tr. [1]. *Fam.* Tropezar con un obstáculo o dificultad insuperable. **2.** *Fam.* Fisgar.

HOCICO s.m. (de *hocicar*). Parte saliente de la cabeza de ciertos animales donde están la boca y los orificios nasales. **2.** *Fam. y desp.* Boca de una persona, especialmente cuando tiene los labios muy abultados. **3.** *Fig. y fam.* Cara, parte anterior de la cabeza. **4.** *Fig. y fam.* Gesto de enojo o desagrado. ◇ **Meter el hocico,** o **los hocicos** *Fam.* Curiosear.

HOCICÓN, NA adj. *Méx. Desp.* Se dice de la persona que tiene la boca grande. **2.** *Méx. Fam.* Fanfarrón, mentiroso.

HOCICUDO, A adj. *Desp.* Se dice de la persona que tiene la boca muy salida. **2.** Se dice del animal que tiene el hocico muy desarrollado.

1. HOCINO s.m. Hoz pequeña para cortar madera. **2.** Hoz pequeña que usan los hortelanos para trasplantar. **3.** Arma de asta derivada de la hoz, utilizada en los ss. XIII-XV.

2. HOCINO s.m. Terreno formado por la acumulación de materiales entre las faldas de las montañas por donde fluye un río. **2.** Huerto pequeño cultivado en este terreno.

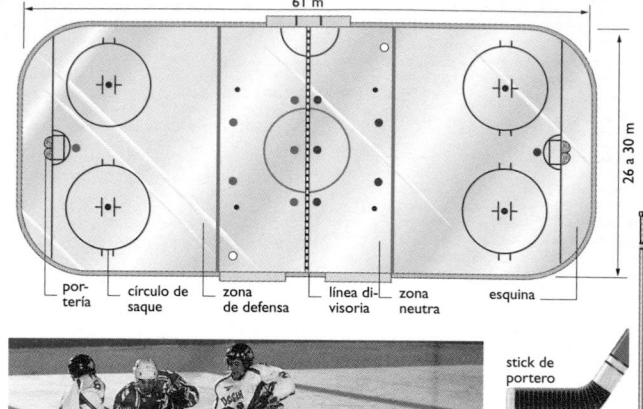

61 m

26 a 30 m

portería · círculo de saque · zona de defensa · línea divisoria · zona neutra · esquina

stick de portero

59 cm

stick de jugador

32 cm

76 mm

disco · 25 mm · stick

■ **HOCKEY** SOBRE HIELO

HOCKEY s.m. (voz inglesa). Deporte que se practica entre dos equipos que impulsan una pelota o un disco con un bastón o stick, para tratar de introducirla en la portería del contrario. ◇ **Hockey sobre hielo** Hockey que se practica entre equipos de seis jugadores calzados con patines sobre una pista de hielo. **Hockey sobre hierba** Hockey que se practica entre equipos de once jugadores sobre un campo de hierba. **Hockey sobre patines** Hockey que se practica entre equipos de cinco jugadores calzados con patines sobre una superficie dura.

HOCO s.m. Ave gallinácea de Amazonas, de unos 80 cm, cola larga y plumaje oscuro.

■ **HOCO** macho y hembra roja.

HODGKIN. Enfermedad de Hodgkin Linfogranuloma maligno.

HODIERNO adj. Actual o del día de hoy.

HOGAÑO adv.t. En esta época. **2.** En este año.

HOGAR s.m. (hispano-lat. *focaris*). *Fig.* Domicilio, lugar donde vive alguien, generalmente con la familia. **2.** *Fig.* Familia, conjunto de personas que habitan en el mismo domicilio. **3.** Sitio donde se enciende la lumbre en las cocinas, chimeneas, hornos, etc. **4.** Parte de un horno en la que tiene lugar la combustión. **5.** *Esp.* Conjunto de conocimientos referentes a la casa y labores que se realizan en ella.

HOGAREÑO, A adj. Del hogar. **2.** Amante del hogar y de la vida de familia.

HOGAZA s.f. (lat. *focacia*, pl. de *focacium*, panecillo cocido bajo la ceniza). Pan grande.

HOGUERA s.f. Fuego hecho con materias combustibles, generalmente al aire libre. **2.** HIST. Pena que la Inquisición aplicaba a los herejes impenitentes y relapsos.

HOJA s.f. (lat. *folia*, pl. de *folium*). Órgano vegetal clorofílico en forma de lámina, que nace en un tallo o una rama, y cuya parte plana y ancha contiene numerosos vasos, agrupados en nerviaciones. **2.** Pétalo de las flores. **3.** Lámina delgada de cualquier material: *hoja de papel, madera, metal.* **4.** Folio, conjunto de dos páginas, anverso y reverso, de un libro o cuaderno. **5.** Parte articulada de una cosa que puede plegarse sobre otras. **6.** Parte de una puerta, ventana, persiana, etc., que se abre y se cierra: *puerta de dos hojas.* **7.** Cuchilla de una herramienta o un arma blanca. ◇ **Hoja de afeitar** Lámina pequeña, muy delgada, de acero y con filo que, colocada en un instrumento especial, sirve para afeitar. **Hoja de cálculo,** o **electrónica** Programa informático que efectúa cálculos numéricos a partir de datos y fórmulas de cálculo introducidas por el usuario. **Hoja de lata** Hojalata. **Hoja de ruta** Documento que acompaña a las mercancías transportadas para ciertos trámites; POL. Programa detallado para la consecución de un objetivo concreto: *la hoja de ruta para la pacificación de una zona en conflicto.* **Hoja de servicios** Documento en que constan los antecedentes de un funcionario en el ejercicio de su empleo. **Hoja suelta** Impreso o publicación que tiene menos páginas que el folleto.

ENCICL. La cara superior de las hojas (haz), muy rica en clorofila, garantiza la fotosíntesis gracias a la energía solar. De la fotosíntesis resultan unos *intercambios gaseosos* (vapor de agua, oxígeno, dióxido de carbono), a través de los estomas de la cara inferior (envés), y unos *intercambios vasculares* (los vasos llevan savia bruta a la hoja y reciben de esta savia elaborada, que será distribuida a toda la planta).

HOJALATA s.f. Chapa delgada de hierro o acero suave, revestida de estaño por ambas caras. SIN.: *lata.*

HOJALATEAR v.tr. *Méx.* Reparar las abolladuras de las carrocerías de los automóviles.

HOJALATERÍA s.f. Taller en que se hacen piezas de hojalata. **2.** Establecimiento donde se venden estas piezas. **3.** *Méx.* Taller donde se reparan carrocerías.

HOJALATERO, A s. Persona que tiene por oficio hacer o vender piezas de hojalata. ◆ s.m. Méx. Persona que tiene por oficio hojalatear carrocerías.

HOJALDRA s.f. Amér. Hojaldre.

HOJALDRADO, A adj. Elaborado con hojaldre o semejante a él.

HOJALDRAR v.tr. Trabajar la masa para hacer hojaldre.

HOJALDRE s.m. o f. (del lat. tardío *foliatilis*, de hojas, hojoso, de *folia*, hojas). Pasta o masa hecha con harina y mantequilla que, al cocerse al horno, forma hojas delgadas y superpuestas. **2.** Dulce hecho con esta pasta.

HOJARANZO s.m. Árbol de los bosques de Europa y Asia menor, de madera blanca y densa que se utiliza como combustible y en ebanistería.

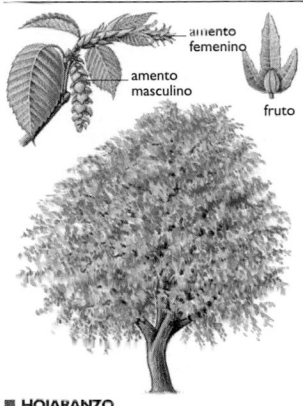

■ HOJARANZO

HOJARASCA s.f. Conjunto de hojas secas que han caído de las plantas. **2.** Frondosidad excesiva de las plantas. **3.** *Fig.* Cosa aparatosa pero de poco provecho, especialmente en lo que se dice o escribe.

HOJEAR v.tr. Mover o pasar ligeramente las hojas de un libro, cuaderno, revista, etc. **2.** Pasar las hojas de un texto, leyendo de forma rápida y somera algunos pasajes.

HOJOSO, A adj. Que tiene muchas hojas. **2.** Que tiene una estructura en forma de hojas o láminas.

HOJUELA s.f. Masa muy delgada de harina, huevos y agua que se fríe en aceite. **2.** Tira delgada, estrecha y larga, de oro, plata u otro metal, que sirve para galones, bordados, etc. **3.** Hollejo que queda de la aceituna molida.

HOKA, familia lingüística que comprende las lenguas de diversos pueblos amerindios que vivieron o viven entre California y Colombia.

¡HOLA! interj. Se emplea para saludar. **2.** Expresa sorpresa o extrañeza.

HOLÁN s.m. Méx. Faralá, volante, adorno de cortinas o vestidos. SIN.: *olán*.

HOLANDA s.f. Tela de algodón muy fina. ◆ s.m. Queso refinado, de corteza lavada y pasta prensada sin cocer.

HOLANDÉS, SA adj. y s. De Holanda o de los Países Bajos. ◆ s.m. Variedad del neerlandés hablada en Holanda. ◇ **Salsa holandesa** Salsa elaborada con yema de huevo y mantequilla.

HOLANDESA s.f. Hoja de papel de 22 × 28 cm.

HOLDING s.m. (del ingl. *holding company*) [pl. *holdings*]. Sociedad anónima que, al ser accionista mayoritaria, controla un grupo de empresas de la misma naturaleza, que quedan unidas por una comunidad de intereses.

HOLGACHÓN, NA adj. y s. Se dice de la persona que vive bien y trabaja poco.

HOLGADO, A adj. Que es demasiado ancho o grande en relación con lo que ha de contener. **2.** *Fig.* Se dice de la situación económica de una persona que tiene más bienes de los que necesita.

HOLGANZA s.f. Ociosidad.

HOLGAR v.intr. (del lat. tardío *follicare*, resollar, ser una cosa holgada, de *follis*, fuelle) [12]. Sobrar, estar de más: *huelgan los comentarios*. **2.** Estar ocioso o entregarse al ocio. ◆ **holgarse** v.prnl. Divertirse, distraerse. **2.** Alegrarse de algún suceso.

HOLGAZÁN, NA adj. y s. Se dice de la persona vaga y ociosa, poco dispuesta a trabajar.

HOLGAZANEAR v.intr. Estar ocioso por holgazanería.

HOLGAZANERÍA s.f. Cualidad de holgazán.

HOLGÓN, NA adj. y s. Se dice de la persona a la que le gusta divertirse y vivir cómodamente.

HOLGORIO s.m. → JOLGORIO.

HOLGURA s.f. Amplitud, cualidad o condición de holgado. **2.** Espacio vacío que queda entre dos piezas que han de encajar una en otra. **3.** Desahogo o bienestar económico.

HOLISMO s.m. FILOS. Doctrina epistemológica según la cual la comprensión de las totalidades o realidades complejas se adquiere a partir de leyes específicas, que no se reducen a leyes que afectan a sus elementos.

HOLLADERO, A adj. Se dice de la parte del camino por donde ordinariamente se transita.

HOLLADURA s.f. Acción y efecto de hollar.

HOLLAR v.tr. (lat. vulg. *fullare*, abatanar) [17]. Pisar algo con los pies. **2.** *Fig.* Maltratar, humillar.

HOLLEJO s.m. (lat. *folliculus*, saco pequeño). Piel delgada que cubre algunas frutas y legumbres.

HOLLÍN s.m. (lat. vulg. *fulligo*, *-iginis*). Sustancia grasa y negra que el humo deposita en la superficie de los cuerpos.

HOLLINAR v.tr. Cubrir de hollín.

HOLMIO s.m. Metal del grupo de las tierras raras. **2.** Elemento químico (Ho), de número atómico 67 y masa atómica 164,93.

HOLOCAUSTO s.m. (lat. tardío *holocaustum*, del gr. *holókaystos*, *-on*, en que se abrasa la víctima por entero). Matanza de un gran número de seres humanos. **2.** Sacrificio religioso, entre los judíos, en el que la víctima era totalmente consumida por el fuego. **3.** *Fig.* Sacrificio, acto de abnegación.

HOLOCENO adj. y s.m. GEOL. Se dice del segundo y más reciente período de la era cuaternaria, de una duración de unos 10 000 años.

HOLOCRISTALINO adj. GEOL. Se dice de la roca endógena enteramente cristalizada.

HOLOENZIMA s.m. Enzima completo constituido por una parte proteica no dializable (apoenzima) y por una parte no proteica dializable (coenzima).

HOLOFRÁSTICO, A adj. LING. Se dice de la lengua incorporante.

HOLOGRAFÍA s.f. Método de fotografía tridimensional que utiliza las interferencias producidas por dos rayos láser, uno procedente directamente del aparato productor, y el otro reflejado por el objeto a fotografiar.

HOLOGRÁFICO, A adj. Relativo a la holografía.

HOLÓGRAFO, A u **OLÓGRAFO, A** adj. (lat. *holographus*, del gr. *holos*, entero, y *graphein*, escribir). Autógrafo. **2.** DER. Se dice del testamento o memoria testamentaria de puño y letra del testador.

HOLOGRAMA s.m. Imagen obtenida por holografía.

HOLOPROTEÍNA s.f. Proteína formada únicamente por aminoácidos.

HOLÓSIDO s.m. Ósido formado únicamente por osas.

HOLÓSTEO, A adj. y s.m. Relativo a una subclase de peces de agua dulce que representa una transición entre los condrósteos y los teleósteos, y que comprende fundamentalmente formas fósiles.

HOLOTURIA s.f. (lat. *holothuria*, del gr. *holothu´ria*, pl. de *holothu´rion*). Equinodermo de los fondos marinos, de cuerpo blando y alargado, que alcanza hasta 25 cm de long.

HOLTER. Método de Holter Grabación continua del electrocardiograma durante 24 horas, con objeto de registrar las alteraciones cardíacas de corta duración.

HOMAR s.m. Bogavante.

HOMBRACHO s.m. *Desp.* Hombre grueso y fornido. **2.** *Desp.* Hombre grosero y despreciable.

HOMBRADA s.f. Acción propia de un hombre fuerte o valiente.

HOMBRE s.m. (lat. *homo*, *-inis*). Ser dotado de inteligencia y de un lenguaje articulado, clasificado entre los mamíferos del orden primates, y caracterizado por poseer cerebro voluminoso, postura erguida y manos prensiles. **2.** Persona, miembro de la especie humana: *los derechos del hombre*. **3.** Humanidad, la especie humana en sentido colectivo. **4.** Grupo determinado de la especie humana: *el hombre europeo*. **5.** Persona del sexo masculino, espe-

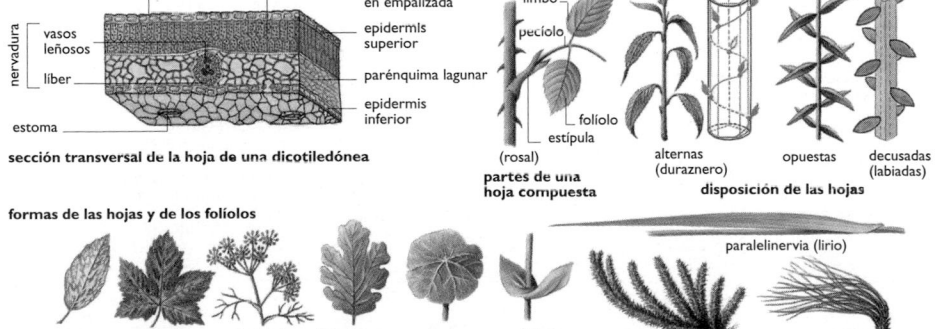

sección transversal de la hoja de una dicotiledónea

cutícula cerosa — parénquima en empalizada
vasos leñosos — epidermis superior
nervadura — líber
estoma — parénquima lagunar
epidermis inferior

limbo
pecíolo
folíolo
estípula
(rosal)
partes de una hoja compuesta

alternas (duraznero)
opuestas
decusadas (labiadas)
disposición de las hojas

formas de las hojas y de los folíolos

entera (aucuba) — dentada (arce) — laciniada (hinojo) — lobada (celidonia) — peltada (capuchina) — perfoliada (centaura) — escamas (licopodio) — paralelinervia (lirio) — agujas (pino)

■ HOJAS

cialmente adulta. **6.** Persona del sexo masculino dotado de las cualidades que caracterizan a su sexo. **7.** *Fam.* Marido o amante. **8.** Seguido de la prep. *de* y de un sustantivo, expresa la actividad o cualidad relacionada con dicho sustantivo: *hombre de acción; hombre de estado; hombre de bien.* **9.** HIST. Persona que dependía de un señor. ◆ **interj.** Expresa sorpresa o asombro. ◇ **Hombre bueno** DER. Mediador en un acto de conciliación. **Hombre de paja** Persona que actúa al dictado de otra que no quiere figurar en primer plano. **Hombre lobo** Personaje que, según la superstición popular, al llegar la noche se transforma en lobo. **Hombre medio** o **el hombre de la calle** Conjunto de personas representativas de las opiniones de una mayoría. **Hombre rana** Persona que, provista de un equipo autónomo de inmersión, se dedica a actividades submarinas.
ENCICL. Se conoce la evolución del hombre gracias a tres tipos distintos de documentos: el utillaje lítico (cantos rodados, sílex tallados, piedras pulidas), indicios de asentamientos y, en tercer lugar, restos de esqueletos. Los restos óseos humanos y prehumanos, que se descubrieron en primer lugar en Europa (La-Chapelle-aux-Saints, Cro-Magnon, Grimaldi) y más tarde en Asia (Java, China), en Oriente próximo (Israel) y, sobre todo, en África (Etiopía), indican una evolución continua a partir de primates desaparecidos. Esta evolución se caracteriza por el aumento de la capacidad craneal, el retroceso de la concavidad occipital, reducción de la mandíbula, creciente adaptación a la bipedia, etc. (→ hominización.)

HOMBREAR v.intr. y prnl. Querer alguien igualarse con otro u otros. ◆ **v.intr.** Querer un joven parecer hombre adulto.

HOMBRERA s.f. Almohadilla pequeña colocada en el interior de una prenda de vestir para levantar los hombros. **2.** Tirante de algunas prendas de vestir. **3.** MIL. Franja de tela que se coloca sobre los hombros del uniforme.

HOMBRÍA s.f. Cualidad de hombre. **2.** Conjunto de cualidades morales que ensalzan a un hombre.

HOMBRILLO s.m. Tira de tela que refuerza la camisa por el hombro. **2.** Pieza de adorno que se pone encima de los hombros.

HOMBRO s.m. (lat. *umerus*). Parte superior y lateral del tronco del ser humano, donde se une el brazo con el tórax. ◇ **A hombros** Sobre los hombros; llevando a una persona sobre los hombros en manifestación de homenaje. **Arrimar el hombro** Cooperar o ayudar en algún trabajo. **Encogerse de hombros** Mover los hombros hacia arriba en señal de indiferencia o ignorancia. **Mirar por encima del hombro** Despreciar a alguien, sentirse superior a él.

HOMBRUNO, A adj. Propio o característico del hombre: *una mujer de carácter hombruno.*

HOME CINEMA s.m. (voces inglesas). Sistema que permite visionar, a través de la pantalla de televisión doméstica, productos audiovisuales con la calidad sonora de las proyecciones en una sala de cine.

HOMELAND s.m. Bantustán.

HOMENAJE s.m. (occitano ant. *omenatge*, de *ome,* hombre, vasallo). Demostración de admiración, respeto, etc., hacia alguien. **2.** Acto o serie de actos que se celebran en honor de alguien. **3.** HIST. Ceremonia en que un hombre se declaraba vasallo de un señor.

HOMENAJEAR v.tr. Tributar un homenaje.

HOMEOMORFISMO s.m. Analogía de formas que presentan entre ellos ciertos cristales de naturaleza diferente.

HOMEOMORFO, A adj. Se dice del cristal que presenta homeomorfismo.

HOMEÓPATA adj. y s.m. y f. Se dice del médico que practica la homeopatía.

HOMEOPATÍA s.f. (del gr. *homoios,* semejante, y *páthos,* enfermedad). Sistema terapéutico que consiste en tratar al paciente con la ayuda de dosis infinitesimales de agentes que determinan una afección análoga a la que se quiere combatir. CONTR.: *alopatía.*

HOMEOPÁTICO, A adj. Relativo a la homeopatía. **2.** Se dice de la dosis muy reducida.

HOMEOSTASIS s.f. ECOL. Característica de un ecosistema que resiste a los cambios y conserva un estado de equilibrio. **2.** FISIOL. Tendencia de un organismo vivo a estabilizar sus diversas constantes fisiológicas.

HOMEOSTÁTICO, A adj. Relativo a la homeostasis.

HOMEOSTATO s.m. Aparato destinado a estudiar la capacidad que tiene un sistema de una cierta complejidad de alcanzar por sí solo un estado de equilibrio previamente fijado.

HOMEOTERMIA s.f. Carácter de los organismos homeotermos.

HOMEOTERMO, A u **HOMEOTÉRMICO, A** adj. Se dice del ser vivo cuya temperatura central es constante. CONTR.: *poiquilotermo.*

HOMÉRICO, A adj. Relativo a Homero o a su obra.

HOMICIDA adj. y s.m. y f. (lat. *homicida,* de *homo, -inis,* hombre, y *caedere,* matar). Se dice de la persona que causa la muerte de otra. ◆ adj. Se dice de algo que ocasiona la muerte de alguien: *el arma homicida.*

HOMICIDIO s.m. (lat. *homicidium,* de *homo, -inis,* hombre, y *caedere,* matar). Acción de matar a una persona a otra.

HOMILÍA s.f. (lat. tardío *homilia,* del gr. *homilía,* reunión, conversación, de *homós,* igual, y *ili,* grupo). Explicación o sermón sobre materias religiosas, generalmente efectuado durante la misa.

HOMILIARIO s.m. Libro que contiene homilías.

HOMÍNIDO, A adj. y s.m. Relativo a un suborden de mamíferos primates, en el que se incluye el ser humano y las especies fósiles relacionadas con él. SIN.: *hominiano.*

HOMINIZACIÓN s.f. Proceso evolutivo a través del cual una raza de primates dio lugar a la especie humana.

HOMOCÉNTRICO, A adj. *Fig.* Se dice del haz luminoso cuyos rayos pasan todos por el mismo punto. **2.** MAT. Concéntrico.

HOMOCENTRO s.m. MAT. Centro común a varias circunferencias.

HOMOCERCO, A adj. HIST. NAT. Se dice de la aleta caudal de los peces que tiene sus dos lóbulos iguales.

HOMOCÍCLICO, A adj. QUÍM. Se dice del compuesto orgánico que contiene una o varias cadenas cerradas, constituidas exclusivamente por átomos de carbono.

HOMOCIGÓTICO, A u **HOMOZIGÓTICO, A** adj. Relativo al homocigoto.

HOMOCIGOTO, A u **HOMOZIGOTO, A** adj. y s.m. BIOL. Se dice del organismo de genes alelomorfos iguales para un mismo carácter.

HOMOCINÉTICO, A adj. Se dice de la partícula que se mueve a la misma velocidad que otra. **2.** MEC. Se dice de la conexión entre dos ejes que asegura una transmisión regular de las velocidades, incluso si los dos ejes no están alineados.

HOMOCROMÍA s.f. BIOL. Propiedad de algunos animales (reptiles, peces e insectos) de presentar el color de los objetos que los rodean.

HOMOFOBIA s.f. Aversión o rechazo hacia los homosexuales.

HOMOFOCAL adj. Se dice de las cónicas que admiten los mismos focos.

HOMOFONÍA s.f. Cualidad de homófono.

HOMÓFONO, A adj. y s.m. LING. Se dice de la palabra con idéntica pronunciación que otra, pero con ortografía y significado diferentes. ◆ adj. MÚS. Se dice del canto o música en que todas las voces van al unísono. CONTR.: *polifónico.*

HOMOGAMÉTICO, A adj. Se dice del sexo en el que todos los gametos son del mismo tipo. (En los mamíferos es la hembra.)

HOMOGENEIDAD s.f. Cualidad de homogéneo.

HOMOGENEIZACIÓN s.f. Acción de homogeneizar. **2.** Tratamiento de la leche que reduce las partículas grasas para evitar la separación de la nata. **3.** Método de laboratorio que permite mezclar de manera uniforme en un líquido elementos inicialmente aglomerados.

HOMOGENEIZADO, A adj. Se dice de la leche que ha sido sometida al proceso de homogeneización.

HOMOGENEIZADOR, RA adj. Que homogeneiza. ◆ s.m. Aparato que sirve para homogeneizar.

HOMOGENEIZAR v.tr. [23]. Transformar en homogéneo.

HOMOGÉNEO, A adj. (lat. *homogeneus,* del gr. *homogen˜s,* de *homós,* igual, y *génos,* linaje, género). Se dice del conjunto formado por elementos de igual naturaleza y condición o en el que no se distinguen sus partes constituyentes. **2.** Que pertenece a un mismo género.

HOMOGRAFÍA s.f. LING. Condición de las palabras homógrafas. **2.** MAT. Transformación

| − 5 Ma | − 4 Ma | − 3 Ma | − 2 Ma | − 1 Ma | − 200 000 años | − 100 000 años | actualmente |

australopitecos
Australopithecus anamensis

género Homo
Homo habilis

hombre de Neanderthal
(*Homo neandertalensis*)

pre-neandertaliano

hombre moderno

Homo rudolfensis

proto-Cro-Magnon

Homo ergaster

Homo erectus

hombre de Cro-Magnon
(*Homo sapiens*)

parantropos
(australopitecos robustos)

Australopithecus africanus

Paranthropus robustus

Paranthropus boisei

Australopithecus afarensis (Lucy)

Paranthropus garhi

señales antropoides

Ardipithecus ramidus

chimpancés (*Pan*)

gorila (*Gorilla*)

Ma : millones de años

■ **HOMINIZACIÓN.** Los homínidos y la línea humana.

puntual en la que toda forma lineal (recta, plano, etc.) tiene por imagen otra forma lineal.

HOMOGRÁFICO, A adj. Relativo a la homografía. ◇ **Función homográfica** Cociente de dos funciones de primer grado.

HOMÓGRAFO, A adj. LING. Se dice de una palabra que tiene la misma ortografía que otra, pero distinto significado.

HOMOINJERTO s.m. Injerto de un tejido tomado de un sujeto de la misma especie que el sujeto injertado. CONTR.: *heteroinjerto.*

HOMOLOGACIÓN s.f. Acción y efecto de homologar.

HOMOLOGAR v.tr. [2]. Reconocer oficial o privadamente que un aparato o técnica de ejecución se corresponden con las características prefijadas. **2.** Equiparar, poner en relación de igualdad o equivalencia dos cosas. **3.** Confirmar, corroborar, revalidar. **4.** DEP. Registrar o confirmar un organismo autorizado el resultado de una prueba deportiva realizada con arreglo a ciertas normas. **5.** DER. a. Dar firmeza las partes al fallo de los árbitros, por haber dejado pasar el plazo legal sin impugnarlo. **b.** Confirmar el juez los actos y convenios de las partes para hacerlos más firmes.

HOMOLOGÍA s.f. Cualidad de homólogo.

HOMÓLOGO, A adj. y s. (del gr. *homólogos,* acorde, correspondiente, de *homós,* igual, y *légein,* decir, hablar). Se dice de la persona o cosa que se corresponde exactamente con otra. ◆ adj. MAT. Se dice del elemento que se corresponde con otro en una transformación. **2.** QUÍM. Se dice del cuerpo orgánico que tiene las mismas funciones y estructuras análogas que otro.

HOMOMORFISMO s.m. MAT. Morfismo.

HOMONIMIA s.f. Condición de homónimo.

HOMÓNIMO, A adj. y s. (lat. *homonymus,* del gr. *homónymos,* que lleva el mismo nombre, de *homós,* igual, y *ónoma,* nombre). Se dice de la persona, lugar, etc., que tiene el mismo nombre que otra. **2.** Se dice de la palabra que tiene la misma pronunciación o la misma ortografía que otra, pero significado diferente.

HOMOPOLAR adj. QUÍM. Se dice de la molécula cuyos átomos tienen un enlace de covalencia.

HOMÓPTERO, A adj. y s.m. Relativo a un orden de insectos hemípteros de alas iguales, generalmente vegetarianos, como la cigarra y el pulgón.

HOMOSEXUAL adj. y s.m. y f. Se dice de la persona que siente atracción sexual por otras de su mismo sexo. ◆ adj. Relativo a la homosexualidad.

HOMOSEXUALIDAD s.f. Atracción sexual de una persona hacia otras del mismo sexo.

HOMOSFERA s.f. Capa de la atmósfera que llega hasta los 80 km, compuesta principalmente por nitrógeno, oxígeno y argón, que se mantienen en proporciones constantes.

HOMOTECIA s.f. MAT. Transformación en la que la imagen de un punto se halla sobre la recta que le une a un punto fijo, y en la que la distancia disminuye o aumenta en una relación constante.

HOMOTERMIA s.f. Carácter de un cuerpo con temperatura homogénea y constante.

HOMOTÉTICO, A adj. Relativo a la homotecia.

HOMOZIGÓTICO, A adj. → HOMOCIGÓTICO.

HOMOZIGOTO, A adj. y s.m. → HOMOCIGOTO.

HOMÚNCULO s.m. (lat. *homunculus,* dim. de *homo*). Ser humano pequeño, sin sexo, y dotado de un poder sobrenatural, que los alquimistas pretendían poder crear.

HONDA s.f. (lat. *funda*). Utensilio formado por una tira de una materia flexible, especialmente cuero, y que se usa para lanzar piedras.

HONDAZO s.m. Tiro de honda. SIN.: *hondada.*

HONDEAR v.intr. Disparar con la honda.

HONDERO s.m. Soldado que se servía de la honda para combatir.

HONDO, A adj. (ant. *fondo,* del lat. *profundus*). Que tiene mucha profundidad. **2.** Se dice del sentimiento intenso, muy íntimo y ver-

dadero: *sentir un hondo pesar.* **3.** Se dice de la parte del terreno más baja que la circundante. **4.** *Fig.* Recóndito, que está muy arraigado en el fondo o base de algo: *se plantea hondas cuestiones existenciales.* **5.** TAUROM. Se dice del toro largo de costillas. ◆ s.m. Fondo de cualquier cosa.

HONDÓN s.m. Fondo de una cosa hueca. **2.** Hondonada. **3.** Ojo de la aguja.

HONDONADA s.f. Parte del terreno que está más honda que la que la rodea.

HONDURA s.f. Profundidad de una cosa. ◇ **Meterse en honduras** Profundizar demasiado en un asunto; querer averiguar demasiado de algo.

HONDUREÑISMO s.m. Palabra o expresión propios del español hablado en Honduras.

HONDUREÑO, A adj. y s. De Honduras. ◆ s.m. Variedad del español hablada en Honduras.

HONESTAR v.tr. Honrar a una persona. **2.** Cohonestar una cosa.

HONESTIDAD s.f. Cualidad de honesto. ◇ **Delito contra la honestidad** Delito de tipo sexual.

HONESTO, A adj. Conforme a lo que exige el pudor y la decencia o a las buenas costumbres. **2.** Honrado, incapaz de robar, estafar o defraudar. **3.** Razonable, moderado.

HONGKONÉS, SA adj. y s. De Hong Kong.

HONGO s.m. (lat. *fungus*). Vegetal sin flores y sin clorofila, que crece en lugares húmedos, ricos en materia orgánica y poco iluminados, y del que existen cerca de 250 000 especies. **2.** Sombrero de copa baja, rígida y semiesférica. (V. *ilustr. pág. siguiente.*)

ENCIT. Clasificados en un reino distinto del reino vegetal, los hongos cuentan con más de 50 000 especies, de las que solo unos cientos son comestibles. Algunos hongos están formados por una sola célula (levaduras). La mayor parte son pluricelulares, con células agrupadas en redes de filamentos (el *micelio*). En los hongos llamados *superiores,* el micelio subterráneo se condensa para formar órganos aéreos que contienen las esporas: son los *basidiomicetes* (hongos «con sombrero», como boletos y amanitas) y los *ascomicetes* (morillas y trufas). También existen numerosos hongos de micelio reducido o microscópico: la penicilina (entre los hongos superiores) y el conjunto de hongos *inferiores* que incluye mohos, levaduras y numerosos parásitos de los vegetales (mildiu, carbón), de los animales y del hombre (micosis).

HONING s.m. Operación de acabado de la superficie de determinadas piezas mecánicas mediante una piedra abrasiva.

HONOR s.m. (lat. *honos, oris*). Cualidad moral de la persona, que actúa de acuerdo con su propia estimación: *un hombre de honor.* **2.** Reputación que se alcanza con esta cualidad: *preterir el honor al dinero.* **3.** Dignidad, consideración de la que se está orgulloso: *vengar su honor.* **4.** Virginidad en las mujeres. **5.** Demostración de respeto o estima: *celebrar una fiesta en honor a alguien.* **6.** Cosa por la cual alguien se siente halagado u orgulloso. **7.** Dignidad, cargo, empleo: *aspirar a los honores de la presidencia.* (Suele usarse en plural.) ◆ **honores** s.m.pl. Ceremonial, agasajo en señal de respeto a una persona: *rendir honores.* **2.** Normas de protocolo que deben observarse ante los jefes de estado y altos funcionarios. **3.** Ceremonias con que la guardia o tropa formada honra a determinadas personas, a la bandera, etc. ◇ **Hacer los honores** Atender a los invitados de una fiesta o ceremonia; hacer aprecio de lo que se ofrece, especialmente comida y bebida. **Honores de guerra** Honores que se conceden a un enemigo que capitula honrosamente. **Honores fúnebres** Honores que se tributan a los difuntos. **Tener a honor** Considerar que es causa de orgullo.

HONORABLE adj. Digno de respeto y consideración. **2.** Tratamiento dado a ciertos títulos o cargos. **3.** HERÁLD. Se dice de la pieza heráldica que cubre un tercio del escudo.

HONORARIO, A adj. Se dice de la persona que tiene los honores de un empleo o dignidad pero no lo ejerce ni recibe retribución: *miembro honorario; decano honorario.* ◆ ho-

norarios s.m.pl. Retribución percibida por la persona que ejerce una profesión liberal.

HONORÍFICO, A adj. (lat. *honorificus*). Que da honor: *un título honorífico.*

HONORIS CAUSA loc.adj. (voces latinas, *a causa del honor*). Se dice del grado universitario conferido a altas personalidades a título honorífico.

HONRA s.f. Fama y buena opinión adquirida por la virtud y el mérito: *granjearse mucha honra.* **2.** Honor, castidad en las mujeres. **3.** Motivo de satisfacción y orgullo: *tener algo a mucha honra.* **4.** Circunstancia de ser alguien por su conducta digno de aprecio y respeto: *la honra de una familia.* ◆ **honras** s.f.pl. Oficio solemne que se hace por los difuntos algunos días después del entierro. SIN.: *honras fúnebres.* ◇ **¡A mucha honra!** Respuesta que demuestra orgullo ante algo que ha sido considerado por alguien con desprecio.

HONRADEZ s.f. Cualidad de honrado.

HONRADO, A adj. Incapaz de actuar en contra de la moral. **2.** Honesto, decente. **3.** Se dice de algo que se ejecuta de forma moralmente buena: *intenciones honradas.* **4.** Que cumple con sus deberes: *trabajador honrado.*

HONRAR v.tr. (lat. *honorare*). Manifestar respeto, estima o consideración: *honrar la memoria de alguien.* **2.** Premiar el mérito de alguien con muestras de reconocimiento: *lo honraron con títulos.* **3.** Ser motivo de estimación o gloria: *lo honra su valentía.* **4.** Conferir honor o elegancia a alguien o algo: *honra mi casa con su presencia.* ◆ **honrarse** v.prnl. Considerarse orgulloso por algo: *una ciudad que se honra de sus monumentos.*

HONRILLA s.f. *Fam.* Amor propio.

HONROSO, A adj. Que da honra: *un cargo honroso.* **2.** Honesto, decente.

HONTANAR s.m. Sitio en que nacen fuentes o manantiales.

HOOLIGAN s.m. y f. (voz inglesa) [pl. *hooligans*]. Hincha exaltado y violento del fútbol británico.

HOPA s.f. Hopalanda.

HOPAK o **GOPAK** s.m. Danza popular ucraniana y rusa, de ritmo vivo, durante la cual se ejecutan saltos acrobáticos, piruetas y «martillos».

HOPALANDA s.f. Vestidura talar muy holgada y pomposa. SIN.: *hopa.*

HOPEAR v.intr. Menear la cola un animal, especialmente la zorra cuando la persiguen.

HOPI o **MOKI,** pueblo amerindio de América del Norte (NE de Arizona), del grupo pueblo, de la familia lingüística shoshón, caracterizado por preservar su modo de vida tradicional y hacer máscaras y muñecas de madera pintada que personifican a los espíritus.

HOPLITA s.m. ANT. GR. Soldado de infantería con armas pesadas.

HOPO s.m. (fr. ant. *hope,* copete, mechón, borla). Cola lanuda o peluda.

HOQUIS (DE) loc. Méx. Gratis, de balde.

HORA s.f. (lat. *hora,* del gr. *hora,* espacio de tiempo, hora). Unidad de medida de tiempo (símb. h) equivalente a 3 600 segundos, o 60 minutos. **2.** Momento determinado del día: *¿me puede dar la hora?* **3.** Momento cualquiera: *recordar horas agradables.* **4.** Momento oportuno y determinado para hacer una cosa: *llegar antes de hora.* **5.** Momento de la muerte: *cuando llegue mi hora.* ◇ **¡A buena hora!** o **¡a buenas horas!** Exclamación usada cuando llega algo que se esperaba, pero tarde para que era necesario. **A la hora de la hora,** o **a la mera hora** Méx. En el momento preciso, crítico o decisivo: *a la hora de la hora se arrepintió.* **A todas horas** A cada momento. **A última hora** Al final del día o al final de la parte del día que se expresa; al final de lo que se expresa o entiende. **En buena,** o **mala, hora** De forma oportuna, o inoportuna, o con buena, o mala, suerte. **En su hora** En el momento adecuado. **Entre horas** En las horas de las comidas. **Hora extraordinaria** Hora de trabajo realizada fuera de la jornada laboral normal. **Hora hábil** Hora que media entre la salida y la puesta del sol. **Hora inhábil** Hora en

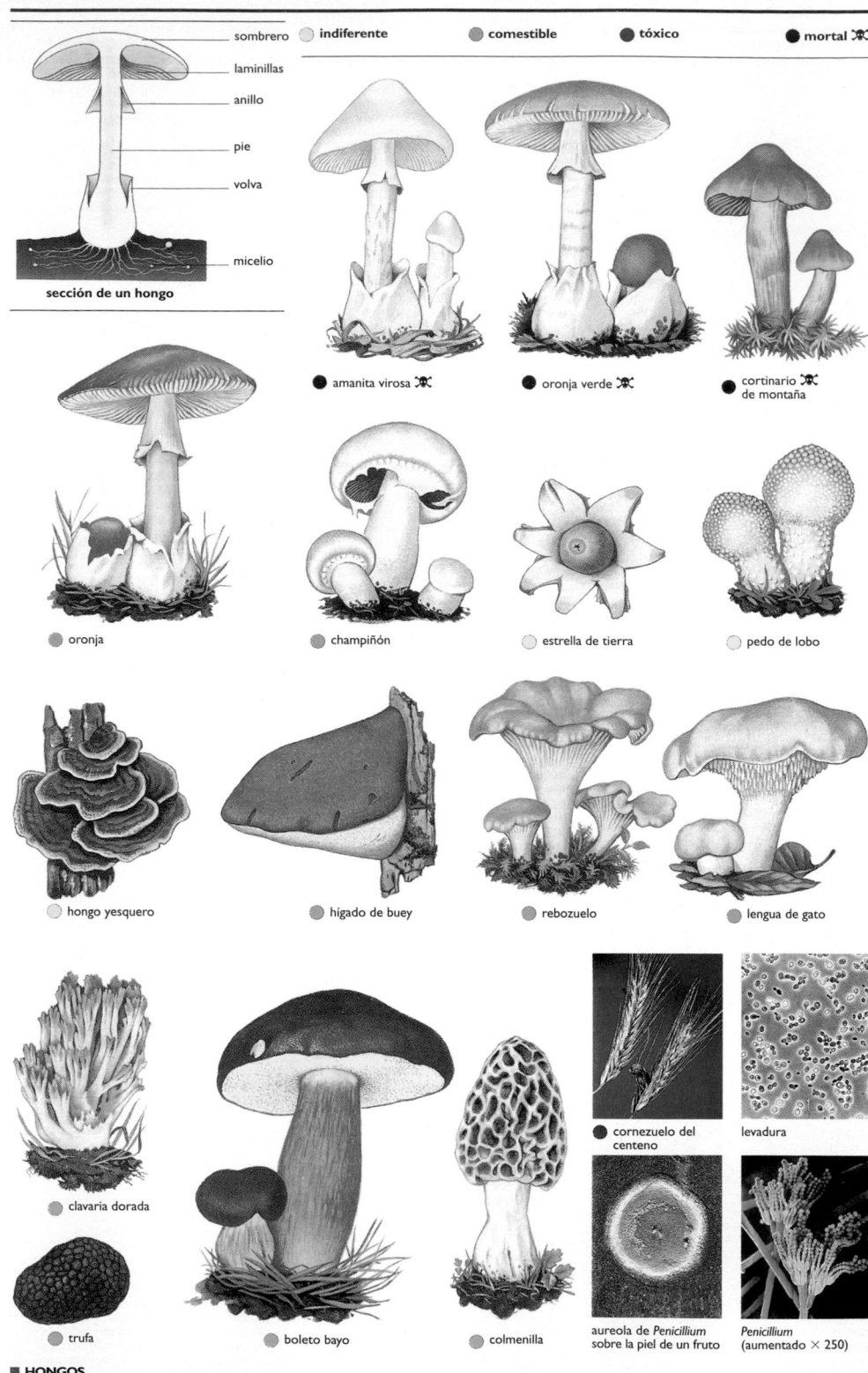

sombrero
laminillas
anillo
pie
volva
micelio

sección de un hongo

○ indiferente ● comestible ● tóxico ● mortal ☠

● amanita virosa ☠

● oronja verde ☠

● cortinario ☠
de montaña

● oronja

● champiñón

○ estrella de tierra

○ pedo de lobo

○ hongo yesquero

● hígado de buey

● rebozuelo

● lengua de gato

● clavaria dorada

● trufa

● boleto bayo

● colmenilla

● cornezuelo del
centeno

levadura

aureola de *Penicillium*
sobre la piel de un fruto

Penicillium
(aumentado × 250)

que no está permitido practicar actuaciones judiciales válidas. **Hora punta** Esp. Momento en que se produce mayor aglomeración en la circulación urbana. **Horas canónicas** Horas en que tradicionalmente se recitan las diversas partes del breviario; estas mismas partes. **Horas muertas** Tiempo dedicado a una actividad no productiva. **Hora suprema** Hora de la muerte. **Libro de horas** Libro de plegarias para uso de los fieles. **Pedir hora** Solicitar a una persona que señale el momento adecuado para hacer algo.

HORADADO, A adj. HERÁLD. Se dice de la pieza agujereada cuya abertura es de diferente esmalte que el campo del escudo.

HORADAMIENTO s.m. Excavación del suelo, madera, piedra, etc., que hacen algunos animales.

HORADAR v.tr. (del ant. *horado*, agujero, del lat. tardío *foratus, -us*).Agujerear una cosa atravesándola de parte a parte.

HORARIO, A adj. Relativo a las horas. ◆ s.m. Repartición de las horas destinadas a una actividad. **2.** Cuadro detallado que señala las horas en que se hace y se está previsto algo: *horario de trenes.* **3.** Saeta o mano del reloj que indica la hora. (Es más corta que el segundero.) ◇ **Horario flexible** Horario de trabajo que permite a los empleados de una empresa una cierta elección en las horas de entrada y de salida.

HORCA s.f. (lat. *furca*) Aparato formado por una barra horizontal sostenida por otras verticales, de la que se cuelga una cuerda y que sirve para ahorcar a los condenados a muerte. **2.** Palo con dos o más púas metálicas, utilizado en faenas agrícolas. **3.** Palo que termina en dos puntas y sirve para sostener las ramas de los árboles, armar los parrales, etc. **4.** Conjunto de dos ristras de ajos o de cebollas atadas por un extremo. **5.** Conjunto formado por un palo que atraviesa a otro con dos puntas, entre las cuales se metía el pescuezo del condenado.

HORCAJADAS (A) loc. Manera de montar a caballo o de sentarse echando una pierna por cada lado.

HORCAJADURA s.f. Ángulo que forman las dos piernas en su nacimiento.

HORCATE s.m. (cat. *forcat*).Arreo de madera o hierro, en forma de herradura, que se pone a las caballerías en el cuello.

HORCHATA s.f. (del lat. *hordeata*, hecha con cebada, de *hordeum*, cebada). Bebida elaborada con almendras, chufas u otros frutos machacados, a los que se añade agua y azúcar, y que se toma muy fría. **2.** Méx. Bebida que se prepara con harina de arroz, agua, azúcar y canela.

HORCHATERÍA s.f. Establecimiento donde se hace o se vende horchata.

HORCHATERO, A s. Persona que tiene por oficio hacer o vender horchata.

HORCÓN s.m. Amér. Madero vertical que sirve para sostener vigas o aleros de tejado de las casas rústicas. **2.** Chile. Palo para sostener las ramas de los árboles.

HORDA s.f. (fr. *horde*, del tártaro *urdu*, campamento, tiendas montadas). Comunidad nómada que se distingue de la tribu por el carácter rudimentario de los vínculos sociales que unen a los grupos que la integran. **2.** Grupo de gente indisciplinada: *horda de bandidos.* **3.** HIST. Tribu tártara o estado mongol. (Los dos principales estados mongoles fueron la Horda Blanca y la Horda de Oro.)

HORDEÍNA s.f. Proteído vegetal (prolamina), rico en ácido glutámico, que se encuentra en la cebada.

HORIZONTAL adj. Paralelo al plano del horizonte y, por tanto, perpendicular a la dirección que representa convencionalmente la vertical. ◆ s.m. MAT. Línea horizontal. ◇ **Coordenadas horizontales de un astro** Altura y acimut de este astro. **Integración horizontal** Operación mediante la cual una empresa absorbe a otra que comparte la misma fabricación y se encuentra a su mismo nivel en un determinado proceso productivo. **Plano horizontal** Plano que pasa por el observador y perpendicular a la dirección del hilo de la plomada, en un lugar determinado.

HORIZONTALIDAD s.f. Carácter o estado de

lo que es horizontal: *la horizontalidad de un plano.*

HORIZONTE s.m. (lat. *horizon, -onis*, del gr. *horizon, -ontos*, p. de *horizein*, delimitar). Línea en la que, para un observador, parece que se unen el cielo y la tierra o el mar. **2.** Parte de la tierra, el mar o el cielo que señala el límite de esta línea. **3.** Campo o dominio de un pensamiento o de cualquier actividad; *el horizonte político.* **4.** Conjunto de perspectivas que ofrece el porvenir. **5.** ASTRON. Círculo grande de la esfera celeste formado, en un lugar dado, por la intersección de esta esfera y del plano horizontal. **6.** EDAFOL. Capa del suelo, sensiblemente homogénea desde el punto de vista de su composición, estructura y aspectos físicos y químicos. **7.** GEOL. Capa del suelo caracterizada por uno o varios fósiles. **8.** PREHIST. Distribución de las características culturales idénticas en una vasta región, durante un período determinado. ◇ **Horizonte artificial,** o **giroscópico** Aparato de pilotaje de un avión que sirve para materializar una referencia de vertical terrestre. **Horizonte económico** ECON. Duración del conjunto de los períodos de cálculo para los cuales los productores, los consumidores o los ahorradores establecen sus previsiones y sus planes.

HORMA s.f. (lat. *forma*, figura, imagen, configuración). Molde que se emplea para dar forma a zapatos, sombreros, etc. **2.** Instrumento que se introduce en el zapato para conservar, ensanchar o alargar su forma. **3.** Colomb., Cuba, Perú y Venez. Molde o recipiente para elaborar los panes de azúcar. ◇ **Encontrar,** o **hallar,** alguien **la horma de su zapato** Fam. Encontrar algo que es adecuado para él, o a alguien que entienda sus mañas o se le resista, enfrente y supere.

HORMADORAS s f pl. Colomb. Enaguas.

HORMIGA s.m. (lat. *formica*). Insecto de pequeño tamaño, color negro o marrón, que vive en sociedades, u hormigueros, donde se encuentran reinas fecundas y numerosas obreras sin alas, hasta 500 000 en algunas colonias. (Orden himenópteros.) ◆ **Hormiga blanca** Termes, termita. **Hormiga león** Insecto de cuatro alas, cuya larva, de 1 cm de long., cava dentro de la arena una fosa en forma de embudo donde captura las hormigas. (Orden neurópteros.) **Ser una hormiga** Fam. Ser ahorrador y laborioso.

■ **HORMIGA.** Hormiga roja y hormiguero.

■ **HORMIGA LEÓN**

HORMIGÓN s.m. (de *hormigos*, plato de repostería). Aglomerado artificial de piedras menudas, grava y arena, cohesionadas mediante un aglutinante hidráulico, utilizado en construcción. SIN.: *calcina.* ◇ **Hormigón armado** Hormigón que envuelve armaduras metálicas destinadas a resistir esfuerzos de tracción o de flexión mayores que el del hormigón ordinario. **Hormigón asfáltico** Mezcla de granulado mineral y de asfalto o masilla asfáltica. **Hormigón celular,** o **alveolar** Hormigón ligero constituido por una mezcla de ligantes hidráulicos y de agregados finos que han sufrido un tratamiento destinado a agrupar en la masa numerosos poros esféricos. **Hormigón pretensado** Hormigón armado en el que la introducción artificial de tensiones internas permanentes compensa las tensiones externas a las que está sometido el hormigón en servicio.

■ **HORMIGÓN.** Estructura en hormigón de la estación del TGV de Satolas, en Lyon, diseñada por el arquitecto español Santiago Calatrava.

HORMIGONADO s.m. Acción de hormigonar. **2.** Obra de albañilería hecha con hormigón.

HORMIGONAR v.tr. Construir con hormigón.

HORMIGONERA s f. Máquina compuesta por un tambor que gira sobre su eje que se utiliza para mezclar los materiales con que se fabrica el hormigón.

HORMIGUEAR v.intr. Experimentar hormigueo. **2.** Fig. Bullir, estar en movimiento una gran cantidad de personas o animales.

HORMIGUEO s.m. Sensación de prurito o desazón en forma de suaves picores, que aparece y desaparece espontáneamente, especialmente en las extremidades, y que puede ser de origen nervioso o vascular. **2.** Fig. Desazón física o moral.

HORMIGUERO, A adj. y s.m. Se dice del mamífero desdentado que captura los insectos con su lengua viscosa. ◆ s.m. Nido donde viven las hormigas. **2.** Conjunto de hormigas que habitan en este nido. **3.** Fig. Aglomeración de gente en constante movimiento. **4.** Montón pequeño de hierbas inútiles o dañinas cubiertas con tierra, que se queman y esparcen sobre el terreno para que sirvan de abono.

HORMIGUILLAR v.tr. Amér. En minería, mezclar el mineral de plata pulverizado con el magistral y la sal común para preparar el beneficio.

HORMIGUILLO s.m. Hormigueo. **2.** Enfermedad que padecen las caballerías en el casco. **3.** Cadena humana que se forma para ir pasando cosas de mano en mano. **4.** Amér. Movimiento que producen las reacciones entre el mineral y los ingredientes incorporados para el beneficio por amalgamación.

HORMIGUITA s.f. Fig. Persona laboriosa y buena administradora.

HORMILLA s.f. Pieza circular y pequeña, de madera, hueso u otra materia, que se forra para utilizarse como botón.

HORMONA s.f. (gr. *hormon*, p. activo de *horman*, mover, excitar). Sustancia producida por una glándula o por síntesis y que actúa en órganos o tejidos situados a distancia, tras ser transportada por la sangre. **2.** Sustancia reguladora del crecimiento de los vegetales. **ENCICL.** Las hormonas son segregadas por determinados tejidos (placenta, hipotálamo) y particularmente por las glándulas endocrinas, cada una de las cuales puede segregar numerosas hormonas. La hipófisis actúa sobre la secreción del resto de glándulas endocrinas (tiroides, paratiroides, páncreas, suprarrenales, glándulas sexuales). Actualmente se ha conseguido la síntesis de numerosas hormonas y los productos sintéticos que se utilizan en terapéutica son por lo general más eficaces que las hormonas naturales. La *ingeniería genética* ofrece grandes posibilidades en este campo.

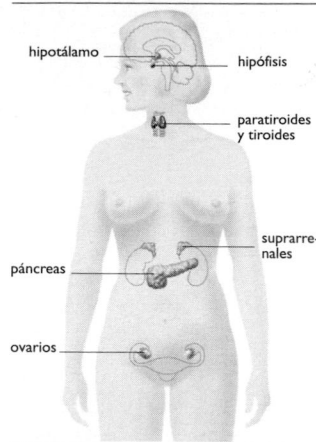

■ **HORMONA.** Localización de las principales glándulas endocrinas en la mujer.

HORMONAL adj. Relativo a las hormonas: *insuficiencia hormonal*.

HORMONOTERAPIA s.f. Tratamiento terapéutico por hormonas.

HORNACINA s.f. (lat. *fornicina*, de *fornix*, bóveda, túnel). Concavidad hecha en un muro, en la que se suele colocar una estatua, una imagen u otro objeto decorativo.

HORNADA s.f. Cantidad de pan, piezas de cerámica, etc., que se cuecen de una vez en un horno. **2.** *Fig. y fam.* Conjunto de personas que acaban a un mismo tiempo unos estudios o reciben a la vez el nombramiento para un cargo: *hornada de senadores vitalicios*.

HORNAGUEARSE v.prnl. Chile. Moverse un cuerpo a un lado y otro.

HORNAGUERA s.f. (del lat. *fornacarius*, perteneciente a la hornaza). Carbón de piedra.

HORNAGUERO, A adj. Holgado, espacioso. **2.** Se dice del terreno con hornaguera.

HORNAZA s.f. (lat. *fornax, -acis,* horno de alfarero). Horno pequeño que utilizan los plateros y fundidores de metales.

HORNAZO s.m. Méx. *Vulg.* Olor fuerte y penetrante, particularmente el que despide la marihuana.

HORNBLENDA s.f. Aluminosilicato natural de calcio, hierro y magnesio, de color negro o verde oscuro, del grupo de los anfíboles.

HORNEAR v.intr. Enhornar.

HORNERO, A s. Persona propietaria o encargada de un horno. ➤ s.m. Pájaro de América Central y Meridional, de color generalmente marrón acanelado, pecho blanco y cola de tono herrumbroso vivo, que construye con barro y paja un nido en forma de horno. (Familia furnáridos.)

HORNILLA s.f. Méx. Hornillo de la cocina o estufa.

HORNILLO s.m. Cavidad destinada a recibir una carga de explosivo para producir una voladura. **2.** Esp. Utensilio para cocinar, portátil o empotrado, que puede funcionar con diversos combustibles. **3.** Esp. Recipiente, suelto o empotrado en el hogar de una cocina, donde se hace fuego.

HORNO s.m. (lat. *furnus*). Obra de albañilería abovedada, que sirve para cocer diferentes sustancias o para la producción de temperaturas muy elevadas. **2.** Aparato en el que se calienta una materia con la finalidad de someterla a transformaciones físicas o químicas. **3.** *Fig.* Lugar en que la temperatura es muy elevada. **4.** Establecimiento donde se cuece y vende pan. **5.** Electrodoméstico de cocina independiente y empotrable, en el que se introducen los alimentos para cocerlos o calentarlos. ◇ **Alto horno** Construcción para efectuar la fusión y la reducción de minerales de hierro, con vistas a elaborar la fundición. **Horno bajo** Horno de cuba de poca altura, utilizado para la fusión de ciertos metales y la elaboración de ferroaleaciones, a partir de minerales pobres. **Horno catalítico** Horno autolimpiador eléctrico o de gas en el que las grasas son oxidadas en contacto con el esmalte de las paredes. **Horno de pirolisis** Horno autolimpiador eléctrico en el que la combustión de las grasas se efectúa a 500 ºC. **Horno de solera** Horno en el que el calorífero está separado de la zona en que se utiliza el calor. **Horno eléctrico** Horno muy utilizado en metalurgia, en el que el calor está suministrado por el arco eléctrico, por inducción electromagnética, por bombardeo electrónico o por una resistencia que recorre una corriente intensa. **Horno Martin** Horno de soldar para el afinado de la fundición. **Horno solar** Espejo cóncavo de gran diámetro, que concentra los rayos solares

en su centro, produciendo una temperatura muy elevada. **Horno túnel** Horno de grandes dimensiones, en el que los productos tratados se desplazan en sentido inverso a los gases calientes, para obtener un calentamiento metódico. **No estar el horno para bollos,** o **tortas** *Fam.* No existir oportunidad o conveniencia para hacer una cosa.

ENCICL. El alto horno, cuyo perfil está determinado para permitir el descenso regular de la carga y la distribución uniforme de los gases, tiene forma de dos troncos de cono unidos por sus bases mayores a través de una parte cilíndrica. Comprende el *tragante*, cerrado por la *tolva de carga*, equilibrada por el *contrapeso*, por donde se carga el mineral, el carbón de coque y el fundente; el *tanque*, en el que tiene lugar la reducción del mineral; el *vientre*, la parte más ancha del horno, donde continúa la reducción del mineral; el *etalaje*, donde finaliza esta reducción; la *obra*, parte cilíndrica a la que las *toberas* conducen el aire, y el *crisol*, donde se recoge la fundición líquida y la escoria, cuya evacuación se efectúa por el agujero de colada.

HORÓPTERO s.m. ÓPT. Línea recta paralela a la que une los centros de los ojos y que pasa por el punto donde coinciden los ejes ópticos.

HORÓSCOPO s.m. (lat. *horoscopus*, del gr. *horoskópos*, de *hora*, hora, y *skopein*, mirar). Predicción del futuro de personas, países, etc., realizada por un astrólogo a partir de la posición relativa de los astros del sistema solar y de los signos zodiacales en un momento determinado. **2.** Escrito donde figura esta predicción.

HORQUETA s.f. Argent. Lugar donde se bifurca un camino. **2.** Argent. y Chile. *Fig.* Parte en que un curso fluvial forma un ángulo agudo. **3.** Argent. y Chile. *Fig.* Terreno que queda dentro de este ángulo.

HORQUILLA s.f. Pieza de alambre en forma de U que se utiliza para sujetar el cabello. **2.** Vara larga con un extremo terminado en dos puntas, que sirve para colgar, descolgar o afianzar cosas. **3.** *Fig.* Espacio comprendido entre dos cantidades o magnitudes: *podrán escoger dentro de la horquilla comprendida entre el 5 y el 8 por ciento.* **4.** Parte del cuadro de una bicicleta o una motocicleta que sostiene la rueda delantera y el manubrio. **5.** Utensilio agrícola de mango largo y con dos puntas o púas de hierro o madera. **6.** AUTOM. Triángulo de empuje y de reacción del eje delantero. **7.** TECNOL. Pieza terminada en dos ramas o dientes que actúa como elemento u órgano intermedio en la realización del movimiento de un mecanismo.

HORQUILLADO, A adj. HERÁLD. Se dice de la cola de animal cuando está ramificada en dos, con sendas bolas en cada extremo.

HORRAR v.tr. y prnl. Amér. Central y Colomb. Perder la cría una yegua, vaca, etc.

HORRENDO, A adj. (lat. *horrendus,* que hace erizar los cabellos). Horroroso: *un crimen horrendo*.

HÓRREO s.m. (lat. *horreum,* granero). Granero, lugar donde se recogen los granos. **2.** Construcción para conservar las cosechas, típica del NO de la península Ibérica, sostenida en el aire por pilares y provista de agujeros de ventilación y de sistema de protección contra animales dañinos.

HORRIBLE adj. (lat. *horribilis*). Horroroso: *un espectáculo horrible*.

HORRIPILACIÓN s.f. Acción y efecto de horripilar u horripilarse. **2.** Erección de los pelos debida al terror, al frío, etc.

HORRIPILADOR, RA adj. Se dice del músculo fijado en la raíz de cada pelo, cuya contracción produce la horripilación.

HORRIPILANTE adj. Que horripila: *una historia horripilante.*

HORRIPILAR v.tr. y prnl. (lat. tardío *horripilare*, hacer erizar los cabellos, de *horrere*, erizar, temblar, y *pilus*, pelo). Causar horror y espanto: *la miseria me horripila*. **2.** Causar el miedo o el frío una erección de los pelos.

HORRÍSONO, A adj. (lat. *horrisonus*, de *horror, -oris,* horror, y *sonare*, sonar). Que causa horror por su sonido: *un grito horrísono*.

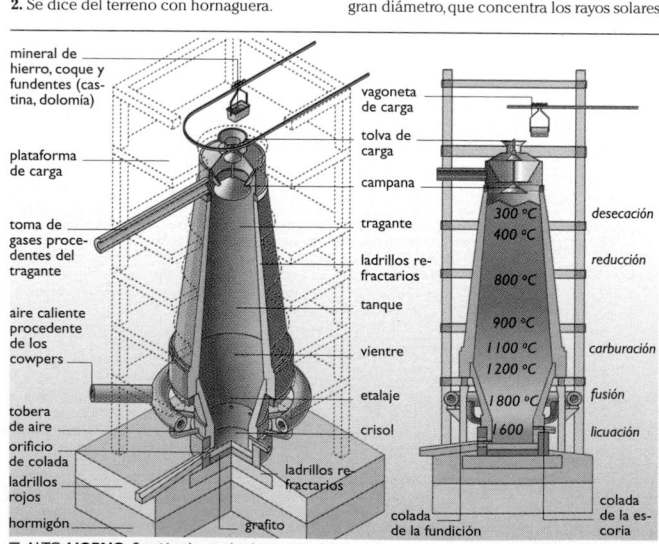

mineral de hierro, coque y fundentes (castina, dolomía)

plataforma de carga

toma de gases procedentes del tragante

aire caliente procedente de los cowpers

tobera de aire

orificio de colada

ladrillos rojos

hormigón

grafito

vagoneta de carga

tolva de carga

campana

tragante

ladrillos refractarios

tanque

vientre

etalaje

crisol

ladrillos refractarios

colada de la fundición

300 ºC
400 ºC
800 ºC
900 ºC
1100 ºC
1200 ºC
1800 ºC
1600

desecación

reducción

carburación

fusión

licuación

colada de la escoria

■ ALTO **HORNO.** Sección de un alto horno de siderurgia y detalle de su funcionamiento.

HORRO, A adj. (ár. *hurr*, libre). Libre, desembarazado, carente de algo: *horro de vergüenza*. **2.** Se dice del esclavo que alcanza la libertad.

HORROR s.m. (lat. *horror, -oris*, estremecimiento, pavor, de *horrere*, erizarse, temblar). Temor o disgusto intenso causado por algo muy desagradable: *los exámenes le producen horror*. **2.** Miedo muy intenso: *estar sobrecogido de horror*. **3.** Aversión: *tener horror al desorden*. **4.** Impresión producida por algo catastrófico, sangriento o cruel: *los horrores de la guerra*. **5.** Cosa extraordinaria por ser mala, grande o exagerada. ◇ **Un horror** u **horrores** Mucho, en gran cantidad: *divertirse un horror*.

HORRORIZAR v.tr. y prnl. [7]. Causar horror.

HORROROSO, A adj. Que causa horror: *un espectáculo horroroso*: *un accidente horroroso*. **2.** *Fam.* Muy feo. **3.** *Fam.* Muy malo: *hace un tiempo horroroso*. **4.** *Fam.* Muy grande: *tener un hambre horrorosa*.

HORSE-POWER s.m. (ingl. *horsepower*). Unidad de medida de potencia (símb. HP) adoptada en Gran Bretaña, equivalente a 75,9 kgm/s, a 1,013 CV o a 0,7457 kW.

HORST s.m. GEOL. Compartimento elevado entre fallas.

HORTALIZA s.f. Planta de huerta cuyos frutos, semillas, hojas, tallos o raíces son comestibles. (Se consideran hortalizas las raíces [rábano, zanahoria, remolacha], bulbos o tubérculos [cebolla, ajo], flores e inflorescencias [coliflor, alcachofa], frutos y semillas [pepino, berenjena], hojas [lechuga] y muchas legumbres [frijoles o judías, arvejas o guisantes].)

HORTELANO, A adj. Relativo a la huerta: *productos hortelanos*. ◆ s. Persona que tiene por oficio cultivar una huerta. ◆ s.m. Ave paseriforme europea, de plumaje gris verdoso en la cabeza, pecho y espalda, amarillento en la garganta y de color ceniza en las partes inferiores. (Familia fringílidos.)

HORTENSE u **HORTÍCOLA** adj. Relativo a la huerta.

HORTENSIA s.f. Arbusto originario de Extremo Oriente, cultivado por sus flores ornamentales del mismo nombre, de color blanco, rosa o azul. (Familia saxifragáceas.)

■ HORTENSIA

HORTERA adj. y s.m. y f. *Esp. Fam.* Vulgar, poco refinado.

HORTERADA s.f. *Esp. Fam.* Acción o cosa hortera.

HORTÍCOLA adj. → HORTENSE.

HORTICULTOR, RA u **HORTOFRUTICULTOR, RA** s. Persona que se dedica a la horticultura.

HORTICULTURA u **HORTOFRUTICULTURA** s.f. Parte de la agricultura que se ocupa del cultivo de las plantas de huerta.

HOSANNA interj. (voz hebrea, *sálvame, te lo ruego*). Exclamación de júbilo que se usa en la liturgia católica, especialmente en el *Sanctus* y *Benedictus* de la misa. ◆ s.m. Himno que se canta el domingo de Ramos.

HOSCO, A adj. (lat. *fuscus*, oscuro). Falto de amabilidad y poco sociable. **2.** Inhospitalario o amenazador: *lugar, tiempo hosco*.

HOSPEDAJE s.m. Acción de hospedar u hospedarse. **2.** Lugar, casa para hospedarse. **3.** Cantidad que se paga por estar hospedado. **4.** Contrato por el que una persona se obliga a prestar a otra alojamiento mediante un precio.

HOSPEDAR v.tr. (lat. *hospitari*, hospedar-

se). Tener a alguien como huésped: *nos hospedó en su casa*. ◆ **hospedarse** v.prnl. Estar como huésped: *hospedarse en un hotel*.

HOSPEDERÍA s.f. Casa donde se alojan huéspedes que pagan su hospedaje. **2.** Habitación de un convento destinada a recibir a los huéspedes.

HOSPEDERO, A s. Persona que tiene a su cargo una hospedería.

HOSPICIANO, A adj. y s. Asilado en un hospicio.

HOSPICIO s.m. (lat. *hospitium*, alojamiento). Asilo para niños pobres, expósitos o huérfanos. **2.** Casa destinada para albergar y recibir peregrinos y pobres. **3.** Argent., Chile y Ecuad. Asilo para dementes y ancianos. **4.** Argent., Chile y Perú. Asilo para menesterosos.

HOSPITAL s.m. (lat. *hospitale*, habitación para huésped). Establecimiento donde se proporcionan cuidados médicos, se efectúan intervenciones quirúrgicas y se asisten partos. ◇ **Hospital de sangre** Formación sanitaria que, en campaña, constituye el primer escalón de tratamiento. **Hospital psiquiátrico** Establecimiento hospitalario especializado en el tratamiento de los trastornos mentales.

HOSPITALARIO, A adj. Se dice de la persona o lugar acogedores. **2.** Relativo al hospital: *un centro hospitalario*. **3.** Se dice del lugar natural que está al abrigo. ◆ adj. y s. Relativo a la orden religiosa militar que se entregaba al servicio de los viajeros, peregrinos o enfermos, como los templarios, o que todavía ejercen una actividad caritativa, como por ejemplo la orden de Malta.

HOSPITALIDAD s.f. Cualidad de hospitalario, acogedor. **2.** Estancia de un paciente en el hospital.

HOSPITALISMO s.m. Conjunto de trastornos psíquicos y somáticos que se manifiestan en un niño, especialmente en el menor de 15 meses, como consecuencia de una hospitalización prolongada que le priva de relaciones afectivas con su madre. (Descrito por R. Spitz.)

HOSPITALIZACIÓN s.f. Acción y efecto de hospitalizar.

HOSPITALIZAR v.tr. [7]. Internar en un hospital o clínica: *hospitalizar a un enfermo*.

HOSPODAR s.m. HIST. Título de los príncipes vasallos del sultán, particularmente en Moldavia y Valaquia.

HOSQUEDAD s.f. Cualidad de hosco.

HOSTAL s.m. (del ant. *ostal*, posada, casa, del lat. *hospitale*, habitación para huésped). Establecimiento donde se albergan huéspedes por dinero, generalmente de menor categoría que un hotel.

HOSTELERÍA s.f. Conjunto de servicios y establecimientos destinados a satisfacer las necesidades de alojamiento y alimentación de viajeros, a cambio de una compensación económica. SIN.: *hotelería*.

HOSTELERO, A adj. Relativo a la hostelería: *el sector hostelero*. ◆ s. Persona encargada de un establecimiento de hostelería.

HOSTERÍA s.f. (ital. *osteria*). Establecimiento donde por dinero se da de comer y hospedaje. **2.** Argent. y Chile. Hotel, restaurante turístico.

HOSTIA s.f. (lat. *hostia*, víctima de un sacrificio religioso). Oblea hecha con harina, huevo y azúcar, batidos en agua o leche. **2.** *Esp. Vulg.* Golpe fuerte. **3.** CRIST. Pan ázimo que el sacerdote consagra durante la misa. (Suele tener forma de lámina redonda y delgada.)

HOSTIARIO s.m. Caja en que se guardan hostias no consagradas.

HOSTIGAMIENTO s.m. Acción de hostigar. ◇ **Tiros de hostigamiento** Disparos que se hacen para provocar sensación de inseguridad en una zona que se supone ocupada por el enemigo.

HOSTIGAR v.tr. (lat. tardío *fustigare*, azotar con el bastón, de *fustis*, bastón, palo). [2]. Azotar, golpear con látigo, vara o cosa semejante: *hostigar a los caballos*. **2.** *Fig.* Perseguir, molestar, acosar: *hostigar a alguien con burlas*. **3.** Inquietar al enemigo y entorpecer su actuación. **4.** Incitar a alguien para que haga algo. **5.** Amér. Merid., Méx. y Nicar. Hartar el sabor de un alimento o bebida después de algunos bo-

cados o tragos. **6.** Colomb. y Perú. *Fam.* Molestar, empalagar una persona.

HOSTIGOSO, A adj. Chile, Guat. y Perú. Fastidioso, molesto, pesado.

HOSTIL adj. (lat. *hostilis*, enemigo, hostil). Que es contrario, enemigo o que se opone: *hostil al progreso*.

HOSTILIDAD s.f. Cualidad de hostil o actitud hostil: *la hostilidad entre dos personas*. **2.** Agresión armada de un pueblo, ejército o tropa. ◇ **Romper, o iniciar, las hostilidades** Dar principio a la guerra.

HOSTILIZAR v.tr. [7]. Realizar actos de hostilidad contra alguien.

HOT s.m. y adj. Estilo de jazz expresivo y brillante de los años 1925-1930, que se caracteriza por la abundancia de trémolos, inflexiones, etc.

HOT CAKE s.m. (pl. *hot cakes*.) Méx. Pan delgado y de forma circular que se come con mantequilla y miel.

HOT DOG s.m. (voz inglesa) [pl. *hot dogs*]. Sándwich caliente compuesto de un panecillo alargado y salchicha, sazonado con mostaza, salsa de tomate u otros ingredientes. SIN.: *perro o perrito caliente*.

HOTEL s.m. (fr. *hôtel*). Establecimiento donde se da alojamiento y comida a personas que, en general, están temporalmente en una población. **2.** Casa aislada de las colindantes y con jardín.

HOTELERO, A adj. Relativo al hotel: *industria hotelera*. ◆ s. Persona que posee o administra un hotel.

HOTENTOTE, A adj. y s. De un pueblo nómada que vive en Namibia y habla una lengua del grupo khoisan.

HOUSE s.m. (de *Warehouse*, nombre de un club de Chicago). Estilo musical surgido en Chicago a principios de la década de 1980, con influencias de la cultura musical afroamericana, la máxima disco y el pop y cuyas melodías, de ritmo insistente, se crean a través de un *sampler*, utilizando elementos sonoros preexistentes y ritmos electrónicos.

HOVERCRAFT s.m. (voz inglesa). Aerodeslizador.

HOY adv.t. (lat. *hodie*). En este día, en el día presente: *hoy hace tres semanas que llegaron*. **2.** En el tiempo presente: *la juventud de hoy*. ◆ **Hoy por hoy** En la actualidad.

HOYA s.f. Concavidad u hondura grande formada en la tierra: *excavar una hoya en el jardín*. **2.** Sepultura. **3.** GEOMORFOL. Depresión del terreno, debida a la erosión, pero generalmente preparada de antemano por la tectónica.

HOYAR v.intr. Cuba, Guat. y Méx. Abrir hoyos para hacer ciertos plantíos, como el del maíz.

HOYATOLESLAM s.m. → AYATOLISLAM.

HOYO s.m. (de *hoya*). Concavidad natural o artificial de la tierra o de cualquier superficie. **2.** Sepultura, hoya. **3.** Agujero en un campo de golf. **4.** Parte del recorrido de un campo de golf que finaliza en uno de estos agujeros. ◇ **Hoyo negro** *Agujero negro.

HOYUELO s.m. Hoyo pequeño en el centro de la barbilla, o el que se forma en la mejilla de algunas personas cuando ríen.

1. HOZ s.f. (lat. *falx, -cis*). Instrumento para segar, consistente en una hoja acerada y curva, afianzada en un mango de madera. ◇ **La hoz y el martillo** Emblema de la URSS y, en general, de los partidos comunistas.

2. HOZ s.f. (lat. vulg. *fox, focis*, garganta humana, desfiladero). Paso estrecho formado por un valle profundo entre montañas.

HOZADA s.f. Movimiento que se hace con la hoz para segar. **2.** Porción de mies o de hierba que se siega de una vez con la hoz.

HOZAR v.tr. (del lat. *fodere*, cavar). [7]. Escarbar la tierra con el hocico, especialmente el cerdo y el jabalí.

HUACA s.f. (voz quechua). → GUACA.

HUACAL o **GUACAL** s.m. (náhuatl *wakálli*). Cesta formada de varillas de madera para transportar mercancías. **2.** Amér. Central. Árbol cuyo fruto redondo se utiliza para hacer recipientes. (Familia bignoniáceas.) **3.** Amér. Central y Méx. Recipiente hecho con el fruto del árbol del mismo nombre. **4.** Colomb., Méx. y Venez. Cesta o jaula de varillas que se utiliza para transportar loza, cristal o fruta. ◇ **Salirse del huacal** Méx. Fam. Salirse alguien de ciertas normas o alineamientos; quedar fuera del control de alguien: *a esa edad los adolescentes se salen del huacal.*

HUACALÓN, NA adj. Méx. Fam. Grueso, obeso.

HUACHAFERÍA s.f. Perú. Cursilería, actitud pretenciosa y vanidosa.

HUACHAFO, A adj. y s. Perú. Cursi, pretencioso, vanidoso.

HUACHAFOSO, A adj. Perú. Cursi.

HUACHAR v.tr. Ecuad. Arar, hacer surcos.

HUACHINANGO s.m. Méx. Pez marino comestible, de carne muy apreciada, que mide unos 60 cm de long. y es de color rojo. (Familia lutiánidos.)

HUACHO s.m. (quechua *huachu*, camellón). Ecuad. Surco, hendidura hecha con el arado.

HUACO s.m. Vasija de cerámica de las huacas prehispánicas de Perú.

■ **HUACO** de la cultura mochica; s. VI.
(Museo británico, Londres.)

HUAICO s.m. Perú. Riada con barro y piedras.

HUAINO o **HUAYNO** s.m. Argent., Bol., Chile y Perú. Baile de grupo, cuya música es semejante a la del carnavalito, en el que los participantes forman una ronda y realizan figuras de gran elegancia.

HUAIRURO s.m. (voz quechua). Fruto esférico de una papilionácea que crece en Perú, de color rojo, que se emplea para hacer collares, aretes y objetos de adorno.

HUANGO s.m. Peinado de las indias de Ecuador, consistente en una sola trenza fajada estrechamente que cae por la espalda.

HUAPANGO s.m. Baile mexicano zapateado, de tiempo muy vivo.

HUAQUERO, A s. Amér. Central y Merid. → **GUAQUERO**.

HUARACHE s.m. Méx. Calzado, por lo general tosco, consistente en una suela de cuero o hule que se sujeta al pie mediante tiras de cuero u otro material.

HUARI s.m. MAR. Aparejo compuesto por una vela áurica triangular, envergada en una percha que se desliza verticalmente a lo largo del mástil.

HUARPE, pueblo amerindio de la región de Mendoza (Argentina), agricultor y cazador de guanacos, que practicaba el levirato. (Act. está extinguido.)

HUASCA s.f. Amér. Merid. → **GUASCA**.

HUÁSCAR s.m. Chile. Fam. Camión policial que dispara agua y dobla en tamaño y potencia al guanaco.

HUASIPUNGO s.m. (voz quechua). Bol., Ecuad. y Perú. Terreno que el hacendado proporciona a sus peones para que siembren sus propios alimentos.

HUASO s.m. Bol. y Chile. Hombre rudo del campo.

HUASTECA, HUAXTECA o **GUASTECA**, pueblo amerindio de la familia lingüística maya-zoque, que en época precolombina habitaba una extensa región de la costa del golfo de México, reducido act. a dos pequeños núcleos: al SE de San Luis Potosí y al N de Veracruz. (Se han descubierto numerosos sitios arqueológicos de esta cultura [El Ébano, Tamuín y Vinasco], influida por sus vecinos totonacas y mayas y por los olmecas, con restos arquitectónicos, escultura en piedra [altorrelieves] y cerámica decorada.)

■ **HUASTECA.** Figura femenina de la fertilidad perteneciente a esta cultura.
(Museo nacional de antropología, México.)

HUAUZONTLE s.m. Méx. Planta herbácea, de hasta 2 m de alt., con inflorescencias comestibles que se utilizan en diversos guisos.

HUAVE, pueblo amerindio agricultor y pescador de lengua otomangue de México (est. de Oaxaca).

HUAYNO s.m. → **HUAINO**.

HUCHA s.f. (fr. *huche*, cofre para guardar la harina). Esp. Caja o recipiente con una ranura, destinado a guardar dinero.

HUEBRA s.f. Yugada o tierra de labor que se ara en un día.

HUECO, A adj. (de *ocar*, cavar, hozar, dejar algo hueco, del lat. *occare*, trillar la tierra). Que tiene un vacío o espacio grande en su interior. **2.** Se dice de una cosa que abulta mucho por estar extendida y dilatada su superficie dejando espacio alrededor de algo que envuelve: *falda hueca.* **3.** Fig. Que no contiene lo que debería contener: *cabeza hueca.* **4.** Fig. Presumido, orgulloso, vanidoso. **5.** Fig. Que expresa conceptos vanos o triviales de forma afectada. ◆ s.m. Cavidad, espacio vacío: *el hueco de la escalera, del elevador.* **2.** Plaza o puesto vacante. **3.** Vano o abertura en un muro. **4.** Intervalo de tiempo disponible: *pude hacer un hueco en mis ocupaciones.* **5.** FÍS. Emplazamiento que queda vacante en una red cristalina, al desplazarse un electrón en el interior de la red.

HUECOGRABADO s.m. Procedimiento de obtención de formas de impresión grabadas en hueco, utilizando medios fotomecánicos. **2.** Procedimiento de impresión que utiliza estas formas. **3.** Grabado o estampa obtenido por estos procedimientos.

HUECÚ s.m. Chile. Terreno empantanado con arenas movedizas.

HUEHUETL s.m. (voz náhuatl). Tambor primitivo, propio de las antiguas civilizaciones centroamericanas.

HUÉLFAGO s.m. Estridor que aparece con obstrucciones de las vías respiratorias, o cuando se comprimen las mismas por diversas lesiones. **2.** VET. Enfermedad de algunos animales que les produce respiración fatigosa.

HUELGA s.f. Suspensión colectiva del trabajo destinada a presionar para satisfacer una reivindicación. **2.** Tiempo en que se está sin trabajar. ◇ **Huelga de celo** Esp. Manifestación de descontento consistente en efectuar el trabajo con excesiva minuciosidad y lentitud. **Huelga de hambre** Abstinencia total de alimentos que se impone a sí misma una persona para protestar o hacer una reivindicación. **Huelga**

general Huelga que se plantea simultáneamente en todos los oficios de un territorio. **Huelga salvaje** Suspensión del trabajo efectuada bruscamente sin consignas sindicales.

HUELGO s.m. Aliento, respiración, resuello. **2.** MEC. Espacio libre o intervalo calibrado que queda entre las superficies de ajuste de dos piezas acopladas.

HUELGUISTA s.m. y f. Persona que participa en una huelga.

HUELGUÍSTICO, A adj. Relativo a la huelga.

HUELLA s.f. Señal que deja en un lugar el pie de una persona o un animal, la rueda de un carro, etc. **2.** Señal o vestigio que queda de una cosa: *en su cara se notaban las huellas del llanto.* **3.** Fig. Impresión que deja en alguien una persona, un acontecimiento, etc. **4.** Plano horizontal de los escalones o peldaños de una escalera. **5.** Profundidad del escalón. **6.** Amér. Merid. Camino hecho por el paso de personas, animales o vehículos. **7.** Argent. y Urug. Baile campesino por parejas, de paso moderadamente suave y cadencioso, y cuyas coplas en seguidilla se acompañan con guitarra. ◇ **Huellas dactilares** Marcas dejadas por los surcos de la piel de los dedos.

HUELVEÑO, A adj. y s. Onubense.

HUEMUL s.m. Cérvido que habita estepas y bosques abiertos de los Andes australes, de formas robustas, cola muy corta, orejas bastante desarrolladas y pelaje corto y áspero, de color marrón intenso, con la parte inferior de la cola blanca.

HUÉRFANO, A adj. y s. (lat. tardío *orphanus*, del gr. *orphanós*). Se dice de la persona menor de edad a quien se le ha muerto el padre y la madre o uno de ellos. ◆ adj. Falto de alguna cosa, especialmente de amparo. **2.** Amér. Expósito.

HUERO, A adj. (de *gorar*, empollar, incubar un huevo). Hueco, vacío. **2.** Fig. Insustancial, vano.

HUERTA s.f. Terreno destinado al cultivo de hortalizas, legumbres y árboles frutales, mayor que el huerto. **2.** Tierra de regadío en ciertas regiones. **3.** Terreno cultivado del norte de Argentina, donde predominan las matas de sandía.

HUERTANO, A adj. y s. Esp. Se dice del habitante de algunas regiones de regadío, como Murcia, Valencia, etc.

HUERTERO, A s. Argent., Nicar. y Perú. Hortelano.

HUERTO s.m. (lat. *hortus*, jardín, huerto). Terreno de poca extensión, donde se cultivan verduras, legumbres y árboles frutales.

HUESA s.m. (lat. *fossa*, excavación, fosa, tumba). Sepultura u hoyo para enterrar un cadáver.

HUESECILLO s.m. Cada uno de los tres huesos pequeños del oído medio (martillo, yunque y estribo), que transmiten las vibraciones sonoras del tímpano a la ventana oval del oído interno.

HUESERA s.f. Chile. Lugar en que se guardan los huesos de los muertos.

HUESERO, A s. Méx. Quiropráctico.

HUESILLO s.m. Amér. Merid. Durazno secado al sol, orejón.

HUESO s.m. (lat. vulg. *ossum*). Parte dura y sólida que forma el esqueleto del cuerpo de los animales vertebrados. **2.** Envoltura leñosa de las semillas de algunas frutas: *hueso de melocotón.* **3.** Esp. Fig. Cosa que cuesta trabajo o que constituye una molestia. **4.** Esp. Fig. y fam. Persona severa y exigente: *el profesor de matemáticas es un hueso.* **5.** Méx. Cargo o puesto oficial de cierta importancia que alguien consigue por influencias: *le dieron un hueso en la oficina del ministro.* ◆ **huesos** s.m.pl. Restos mortales. **2.** Fam. Cuerpo, persona: *dio con sus huesos en la cárcel.* ◇ **Estar en los huesos** Estar muy flaco. **Estar por los huesos** de alguien Esp. Estar enamorado de esa persona. **Hueso de santo** Pasta de repostería hecha con harina y huevos, frita en aceite.

ENCICL. Se distinguen huesos cortos (vértebras, huesos del carpo y del tarso), huesos planos (omóplato, ilíaco, huesos de la bóveda craneana) y huesos largos (fémur, húmero, tibia, radio). Un hueso largo comprende una parte

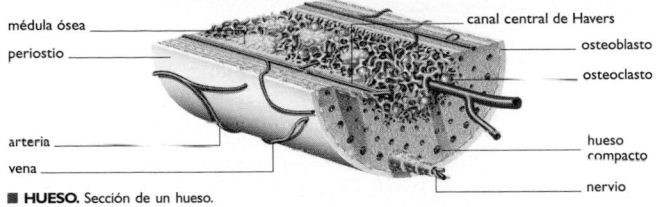

médula ósea
periostio
arteria
vena
canal central de Havers
osteoblasto
osteoclasto
hueso compacto
nervio

■ **HUESO.** Sección de un hueso.

media o *diáfisis*, formada de tejido óseo compacto, una cavidad axial que contiene médula amarilla (compuesta sobre todo por grasa) y dos extremidades o *epífisis* (formadas de tejido óseo esponjoso, en el que las pequeñas cavidades contienen médula roja hematopoyética que produce células sanguíneas). El hueso está rodeado de una sólida membrana conjuntiva, el *periostio*, salvo en las superficies de las articulaciones, donde lo recubre cartílago.

HUESOSO, A adj. Del hueso. **2.** Que tiene muchos huesos o los huesos muy grandes.

HUÉSPED, DA s. (lat. *hospes, -itis*, hospedador, hospedado). Persona alojada gratuitamente en casa ajena. **2.** Persona que se aloja en un establecimiento hotelero a cambio de dinero. **3.** Anfitrión, persona que recibe y aloja invitados en su casa. ➡ s.m. Organismo vivo a cuyas expensas vive un parásito. **2.** MED. Organismo que recibe sangre, un órgano o un tejido de otro organismo. SIN.: *receptor*.

HUESTE s.f. (lat. *hostis*, enemigo, ejército enemigo). Conjunto de partidarios de una persona o de una causa. **2.** Muchedumbre: *hueste de mendigos*. **3.** Ejército o tropa que toma parte en una campaña: *huestes reales*. **4.** Servicio militar que, durante la edad media, cumplía un vasallo al acudir a una expedición militar, obligado por su señor.

HUESUDO, A adj. De huesos muy marcados.

HUEVA s.f. (lat. *ova*, pl. de *ovum*, huevo). Masa oval que forman los huevos de los peces en su interior. SIN.: *ovas*. **2.** Chile, *Vulg.* Testículo. **3.** Méx. *Vulg.* Pereza, flojera.

HUEVADA s.f. Conjunto de huevos de aves. **2.** Argent., Bol. y Chile. *Vulg.* Tontería, estupidez.

HUEVEAR v intr. Argent. y Chile. *Vulg.* Molestar. **2.** Chile. *Vulg.* Hacer el tonto.

HUEVERA s.f. Recipiente para guardar huevos. **2.** Copa pequeña para servir los huevos pasados por agua o tibios. **3.** ZOOL. Conducto membranoso de las aves en el cual se forman la clara y la cáscara de los huevos.

HUEVERÍA s.f. Establecimiento donde se venden huevos.

HUEVERO, A s. Persona que vende huevos.

HUÉVIL s.m. Chile. Arbusto de olor fétido, del que se emplean las hojas y el tallo contra la disentería. (Familia solanáceas.)

HUEVO s.m. (lat. *ovum*). Célula resultante de la fecundación, y que, por división, da un nuevo ser. **2.** Cuerpo esférico u ovalado que ponen las aves, reptiles, peces, etc., y que es comestible, especialmente el de las gallinas. (Un huevo de ave contiene un embrión rodeado de sustancias de reserva [amarilla, o vitelo, y blanca, rica en albúmina] y protegido por una cáscara calcárea porosa. Las aves incuban sus huevos hasta la eclosión del nuevo ser.) **3.** Gameto femenino maduro sin fecundar. ➡ **huevos** s.m.pl. *Vulg.* Testículos. ◇ **A huevo** *Vulg.* Fácil, sin esfuerzo; a tiro; Méx. por supuesto, claro que sí: —*¿ Vas a venir?* —*¡A huevo!*; Méx. de manera obligada o forzada: *a huevo ni los za patos entran*. **Costar un huevo** *Vulg.* Costar una cosa mucho, ser muy cara. **Huevo a la copa** Chile. Huevo pasado por agua. **Huevo a la paila** Chile. Huevo frito. **Huevo de Colón,** o **de Juanelo** *Fig.* Cosa que tiene, aparentemente, mucha dificultad y es en realidad muy fácil. **Huevo duro** Huevo cocido con la cáscara en agua hirviendo, hasta llegar a cuajarse enteramente yema y clara. **Huevo frito** Huevo que se fríe, sacado de la cáscara, pero sin batirlo. **Huevo pasado por agua** Huevo que se cuece ligeramente en agua hirviendo, con la cáscara. **Huevos al plato** Huevos cuajados en mante-

quilla o aceite al calor suave y servidos en el mismo recipiente en que se han hecho. **Huevos hilados** Composición de huevos y azúcar que forma hebras o hilos. **Huevos moles** Yemas de huevo batidas con azúcar. **Huevos ricos** Colomb. Huevos revueltos. **Huevos revueltos** Huevos que se fríen revolviéndolos. **Huevo tibio** Amér. Central, Ecuad., Méx. y Perú. Huevo pasado por agua.

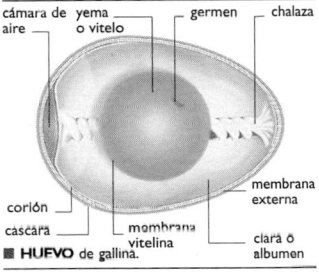

cámara de aire
yema o vitelo
germen
chalaza
corión
cáscara
membrana vitelina
membrana externa
clara o albumen

■ **HUEVO** de gallina.

HUEVÓN, NA o **GÜEVÓN, NA** adj. Méx. *Vulg.* Holgazán, lento, flojo. **2.** Nicar. Animoso, valiente. ➡ adj. y s. Amér. *Vulg.* Lento, bobalicón, ingenuo. **2.** Amér. Merid. y Méx. *Vulg.* Estúpido, imbécil.

HUEVONEAR v.intr. Méx. *Vulg.* Flojear, haraganear.

HUGONOTE, A adj. y s. (fr. *huguenot*). Nombre dado antiguamente por los católicos a los calvinistas franceses.

¡HUICHI PIRICHI! interj. Chile. Se usa para burlarse de alguien.

HUICHOL, pueblo amerindio de México (est. de Jalisco y Nayarit), de lengua uto-azteca, que fue conquistado tardíamente por los españoles, y se ha resistido fuertemente a la aculturación. Son famosas sus ceremonias alrededor del peyote (hongo alucinógeno).

HUIDA s.f. Acción de huir.

HUIDIZO, A adj. Que huye o que tiende a huir. **2.** Fugaz, breve.

HUIDO, A adj. Se dice de la persona que huye o se esconde por temor u otra causa.

¡HUIFA! interj. Chile. Expresa alegría.

HUILA s.f. Chile. Harapo, andrajo. **2.** Méx. *Vulg.* Prostituta.

HUILIENTO, A adj. Chile. Andrajoso, harapiento.

HUILLÍN s.m. (mapuche *williñ*). Mamífero carnívoro, de 1 m de long., patas cortas y color marrón oscuro, que vive en los Andes chilenos. (Familia mustélidos.)

HUILTE s.m. Chile. Tallo comestible del cochayuyo, principalmente cuando está creciendo y antes de ramificarse.

HUINCHA s.f. Bol., Chile y Perú. Cinta de lana o algodón.

HUIPIL s.m. Guat., Hond. y Méx. Camisa de mujer, sin mangas. **2.** Guat. y Méx. Camisa o túnica amplia de algodón o manta, adornada con bordados típicos, que usan principalmente las mujeres indígenas de distintas regiones.

HUIR v.intr. (lat. *fugere*). [88]. Alejarse rápidamente de un lugar para evitar un daño o peligro. **2.** Alejarse velozmente. **3.** *Fig.* Transcurrir o pasar velozmente el tiempo. ➡ v.intr. y tr. Evitar a alguien o apartarse de algo molesto o perjudicial.

HUIRA s.f. Chile. Corteza del maqui, que se utiliza para atar cosas.

1. HUIRO s.m. Bol. y Perú. Tallo de maíz verde.

2. HUIRO s.m. Chile. Alga marina.

HUISQUIL s.m. Amér. Central y Méx. Fruto del huisquilar, con cáscara cubierta de espinas blandas y cortas; que se usa como verdura en cocidos.

HUISQUILAR s.m. Amér. Central y Méx. Planta trepadora espinosa. (Familia cucurbitáceas.) **2.** Guat. Terreno poblado de esta planta.

HUITLACOCHE s.m. Méx. Hongo parásito de las mazorcas tiernas del maíz, de color blanco grisáceo, que se utiliza para preparar gran variedad de platos. SIN.: *cuitlacoche, huiclacoche*.

HUITRÍN s.m. Chile. Racimo de choclos o mazorcas de maíz.

HUIZACHE s.m. Méx. Árbol de ramas espinosas y corteza delgada, con vainas largas de color morado negruzco, de las cuales se extrae una sustancia empleada para hacer tinta negra. (Familia leguminosas.)

1. HULE s.m. (náhuatl *ulli*). Tela pintada y barnizada por uno de sus lados para que resulte impermeable.

2. HULE s.m. Caucho. **2.** Amér. Goma. **3.** Méx. Árbol que se cultiva en las regiones de clima cálido y húmedo, de unos 25 m de alt., con hojas alargadas y ásperas, y del que se extrae el caucho. (Familia moráceas.) ◇ **Haber hule** *Fam.* Haber riñas, peleas, etc., en un lugar o ocasión determinados.

HULERO, A s. Amér. Persona que tiene por oficio recoger el hule o goma elástica.

HULLA s.f. (fr. *houille*). Combustible mineral fósil sólido, de color negro y rico en carbono, formado a partir de vegetales que han sufrido una transformación que les confiere un gran potencial calorífico. ◇ **Hulla blanca** Energía obtenida a partir de los saltos de agua.

HULLERA s.f. Mina de hulla en explotación.

HULLERO, A adj. Relativo a la hulla. ◇ **Período hullero** GEOL. Período carbonífero.

HULLIFICACIÓN s.f. Transformación de restos vegetales en hulla.

HUMANIDAD s.f. Conjunto de todos los seres humanos: *los avances médicos benefician a la humanidad*. **2.** Condición de humano, naturaleza humana. **3.** *Fam.* Bondad, amor y compasión hacia los otros. **4.** *Fam.* Corpulencia, gordura. **5.** *Fam.* Muchedumbre de personas. ➡ **humanidades** s.f.pl. Conjunto de estudios y conocimientos relacionados con las ciencias humanas, como la historia, el arte y la filosofía.

HUMANISMO s.m. Conjunto de tendencias intelectuales y filosóficas destinadas al desarrollo de las cualidades esenciales del ser humano. **2.** Movimiento intelectual nacido en Italia en s. XIV, que se extendió por Europa durante los ss. XV y XVI, cuyo método y filosofía se basaba en el estudio de los textos antiguos. **3.** Método de formación intelectual fundado en las humanidades.

ENCICL. El humanismo es una de las bases del renacimiento, época de reforma intelectual, moral y espiritual del ser humano y de la Iglesia. El filólogo y el escritor vuelven sus ojos hacia la edad de oro de las letras antiguas y rompen con la tradición medieval y católica. Las corrientes antiguas del pensamiento ya no se estudiaron a la luz de la fe, sino por sí mismas: el platonismo de Marsilio Ficini se extendió por toda Europa. En España, sin embargo, figuras como Arias Montano o fray Luis de León se aplicaron con saber filológico al estudio y traducción de la Biblia. Esta línea de humanismo cristiano es la que representaba Erasmo de Rotterdam, intelectual de gran prestigio e influencia en Europa.

HUMANISTA s.m. y f. (ital. *umanista*). Persona versada en humanidades. **2.** Intelectual o escritor que en los ss. XV y XVI se dedicó a revalorizar las obras de la antigüedad clásica. **3.** Filósofo que fundamenta su sistema en el desarrollo de las cualidades esenciales del ser humano. ➡ adj. Humanístico.

HUMANÍSTICO, A adj. Relativo al humanismo o a las humanidades.

HUMANITARIO, A adj. (fr. *humanitaire*, de

DISTRIBUCIÓN DE LOS HUSOS HORARIOS

número de horas a restar al huso 0
para obtener la hora local   ● capital de Estado

para España y los países limítrofes se ha tenido en cuenta el horario de invierno

DIFERENCIA DE HORA A PARTIR DEL HUSO

humanité, humanidad). Humano, solidario o caritativo con los demás.

HUMANITARISMO s.m. Actitud en la que predominan los sentimientos humanitarios.

HUMANIZAR v.tr. y prnl. [7]. Hacer más humano, menos cruel, menos duro, etc.

HUMANO, A adj. (lat. *humanus*). Relativo al hombre y a la mujer o a la humanidad. **2.** Propio de la persona como ser imperfecto: *es humano equivocarse.* **3.** *Fig.* Solidario, benévolo o compasivo con los demás. ◆ s.m. Persona, ser de la especie humana.

HUMANOIDE adj. Que presenta rasgos o características humanas: *el cráneo humanoide de los australopitecos.* ◆ s.m. y f. Ser o robot parecido a una persona.

HUMAREDA s.f. Abundancia de humo.

HUMAZO s.m. Humo denso y abundante.

HUMEAR v.intr. y prnl. Exhalar, desprender humo. ◆ v.intr. Desprender una cosa vaho o vapor. **2.** *Fig.* Quedar huellas de algo pasado, como una riña o enemistad. ◆ v.tr. Amér. Fumigar.

HUMECTACIÓN s.f. Acción y efecto de humedecer o humectar.

HUMECTADOR, RA adj. Que humedece. ◆ s.m. Aparato que sirve para mantener un grado higrométrico en un punto o en un lugar determinados. **2.** Aparato utilizado para efectuar la humectación de tejidos, papel, etc.

HUMECTAR v.tr. Producir o causar humedad. SIN.: *humidificar.*

HUMECTATIVO, A adj. Que causa o produce humedad.

HUMEDAD s.f. (lat. *umiditas, -atis*). Cualidad de húmedo. **2.** Cantidad de un líquido que impregna un cuerpo. **3.** Cantidad de vapor de agua presente en un lugar. ◇ **Humedad absoluta** Número de gramos de vapor de agua que contiene un metro cúbico de aire. **Humedad relativa** Relación entre la presión efectiva del vapor de agua y la presión máxima.

HUMEDAL s.m. Terreno húmedo.

HUMEDECER v.tr. y prnl. [37]. Mojar ligeramente algo.

HÚMEDO, A adj. (lat. *umidus*, de *umere*, estar húmedo). Que está ligeramente mojado: *ropa húmeda.* **2.** Cargado de vapor de agua: *tiempo húmedo.* **3.** Se dice del país o clima en que llueve mucho o el aire está muy cargado de vapor de agua.

HUMERAL adj. (lat. tardío *umerale*, capa, de *umerus*, hombro). Relativo al húmero. ◆ s.m. y adj. LITURG. Paño blanco que se pone sobre los hombros el sacerdote para tomar la custodia o el copón.

HÚMERO s.m. (lat. *umerus*, hombro). Hueso del brazo, articulado en el hombro con la cavidad glenoidea del omóplato, y en el codo con la cavidad sigmoidea del cúbito y con la cúpula del radio. (Las partes del húmero son: cabeza, troquíter, corredera, tróclea, cóndilo, epitróclea y epicóndilo.)

HÚMICO, A adj. Relativo al humus. ◇ **Abono húmico** Conjunto de aportes orgánicos incorporados al suelo, cuya transformación da lugar a la formación de humus.

HUMÍCOLA adj. Que vive en el humus.

HUMILDAD s.f. (lat. *humilitas, -atis*). Ausencia completa de orgullo y presunción. **2.** Sumisión voluntaria por conciencia de la propia insuficiencia o por cálculo. **3.** Condición social modesta o baja.

HUMILDE adj. (del lat. *humilis*, de *humus*, suelo, tierra). Que tiene humildad. **2.** Que pertenece a una clase social baja.

HUMILLACIÓN s.f. Acción y efecto de humillar o humillarse.

HUMILLADERO s.m. Lugar con una cruz o imagen que suele haber a la entrada de los pueblos o en los caminos.

HUMILLANTE adj. Que humilla.

HUMILLAR v.tr. (lat. tardío *humiliare*). Bajar o inclinar una parte del cuerpo, como la cabeza o la rodilla, en señal de sumisión. **2.** *Fig.* Hacer perder o disminuir el orgullo o la dignidad a alguien. ◆ **humillarse** v.prnl. Adoptar alguien una actitud de inferioridad frente a otra persona.

HUMINTA s.f. Argent. Humita.

HUMITA s.f. (quechua *huminta*). Amér. Merid. Comida hecha con maíz rallado y hervido en agua con sal, al que se añade una salsa de guindilla, tomate y cebolla frita. (Se suele envolver en hojas de maíz.) **2.** Argent., Chile y Perú. Guiso hecho con maíz tierno.

HUMITERO, A s. Chile y Perú. Persona que hace y vende humitas.

HUMO s.m. (lat. *fumus*). Conjunto de productos gaseosos y partículas sólidas minúsculas que se desprende de los cuerpos en combustión. **2.** Vapor que exhala cualquier cosa que fermenta o hierve. ◆ **humos** s.m.pl. *Fig.* Vanidad, orgullo. **2.** Hogares o casas. ◇ **Bajar a alguien los humos** *Fam.* Humillarlo. **Cortina de humo** Conjunto de hechos o circunstancias con que se pretende desviar la atención para ocultar la realidad. **Irse** o **venirse al humo** Argent. y Urug. Dirigirse rápida y directamente a una persona, por lo general con fines agresivos.

HUMOR s.m. (lat. *umor, -oris*, líquido, especialmente del cuerpo humano). Disposición del ánimo habitual o pasajera: *estar de mal humor.* **2.** Buena disposición del ánimo: *tener humor.* **3.** Facultad de apreciar y manifestar el aspecto cómico y ridículo de algo: *sentido del humor.* **4.** Líquido del cuerpo de un animal. ◇ **Humor gráfico** Medio de expresión en el que, mediante dibujos y con o sin ayuda de palabras, se juega con ideas casi siempre con intención satírica o irónica y a veces sin otro objetivo que la especulación intelectual o la búsqueda gráfica. **Humor negro** Humor que se hace a partir de cosas desagradables o desgraciadas.

■ **HUMOR** GRÁFICO. Dibujo de Siné, publicado en 1960 en la revista *Bizarre.*

HUMORADA s.f. Dicho o hecho caprichoso o extravagante.

HUMORADO, A adj. Que tiene humor.

HUMORAL adj. Relativo a los humores orgánicos.

HUMORISMO s.m. Manera de manifestar o captar el aspecto irónico, cómico y ridículo de la realidad.

HUMORISTA s.m. y f. (ingl. *humorist*, de *humour*, humorismo, humor). Persona que tiene por oficio provocar la risa del público.

HUMORÍSTICO, A adj. Relativo al humorismo. **2.** Que está hecho con humor.

HUMOSO, A adj. Que desprende humo. **2.** Que contiene humo.

HUMUS s.m. (lat. *humus*, tierra). Sustancia coloidal negruzca del suelo, resultante de la descomposición parcial de residuos vegetales o animales, realizada por microbios.

HUNCHE s.m. Colomb. Hollejo del maíz y de otros cereales. **2.** Colomb. Zumo del fique.

HUNCO s.m. Bol. Poncho de lana que no tiene flecos.

HUNDIMIENTO s.m. Acción y efecto de hun-

dir o hundirse. **2.** MED. Tipo de fractura en que hay una depresión del fragmento roto sobre planos inferiores.

HUNDIR v.tr. y prnl. (lat. *fundere*, fundir, dispersar o derribar al enemigo). Sumergir, introducir algo en un líquido completamente. **2.** Introducir totalmente algo en una masa o materia. **3.** Derrumbar un edificio, construcción, etc. **4.** Hacer descender el peso de algo la superficie sobre la que se apoya. **5.** *Fig.* Arruinar o perjudicar mucho a alguien. **6.** *Fig.* Provocar el fracaso de algo. ◆ v.tr. *Fig.* Derrotar a alguien en una lucha o discusión. ◆ **hundirse** v.prnl. *Fig.* Alborotarse un lugar y producirse mucho ruido: *durante la fiesta la casa se hundía.*

HÚNGARO, A adj. y s. De Hungría. ◆ s.m. Lengua ugrofinesa hablada en Hungría, principalmente. SIN.: *magiar.*

HUNO, A adj. y s. De un pueblo nómada de Asia, probablemente de origen mongol.

ENCICL. Se supone que fueron dos ramas de un mismo pueblo, los hunos blancos o heftalíes, las que, a fines del s. IV irrumpieron en Europa y en Asia central. La primera rama desempeñó un papel decisivo en el desencadenamiento de las grandes invasiones bárbaras. A principios del s. V creó un estado en las llanuras del Danubio. Atila (m. 453) saqueó el Imperio romano; a su muerte, el estado huno se dispersó. La otra rama se estableció en Sogdiana y Bactriana en el s. V, y posteriormente atacó Irán y penetró en el N de la India, donde se mantuvo hasta principios del s. VI.

HURACÁN s.m. (taíno *hurakán*). Tempestad muy violenta, en la que el viento, que normalmente gira sobre un eje, sobrepasa los 117 km por hora. **2.** Viento muy fuerte. **3.** *Fig.* Persona o cosa de mucha fuerza o ímpetu que destruye o trastorna lo que encuentra a su paso: *un huracán de pasiones.*

HURACANADO, A adj. Que tiene la fuerza o los caracteres del huracán: *viento huracanado.*

HURACANARSE v.prnl. Convertirse el viento en huracán.

HURACO s.m. Colomb. Agujero, oquedad.

HURAÑO, A adj. (del lat. *foraneus*, extranjero, extraño). Que rehúye el trato y la conversación.

HURE s.m. Colomb. Olla grande de barro cocido para contener líquidos, como agua o chicha.

HURGAMIENTO s.m. Acción de hurgar o hurgarse.

HURGAR v.tr. y prnl. [2]. Remover o tocar con insistencia en un hueco o en el interior de algo: *hurgar el fogón; hurgarse la nariz.* ◆ v.tr. *Fig.* Fisgar en asuntos ajenos.

HURGÓN s.m. Instrumento para remover y atizar la lumbre.

HURGUETE s.m. Argent. y Chile. Persona que averigua cosas escondidas y secretas.

HURGUETEAR v.tr. Amér. Hurgar, escudriñar.

HURGUILLAS s.m. y f. Persona inquieta y apremiante.

HURÍ s.f. (fr. *houri*, del persa *huri*). En el Corán, virgen del paraíso, prometida como esposa a los creyentes.

1. HURÓN o **WYANDOT**, pueblo amerindio de América del Norte, del grupo iroqués, que habitaba entre los lagos Hurón y Ontario, act. en reservas en Oklahoma.

2. HURÓN, NA s. (lat. tardío *furo, -onis*, de *fur*, ladrón). Mamífero carnívoro pequeño, variedad albina del turón, que se emplea en la caza de conejos. ◆ s. y adj. *Fig.* y *fam.* Persona huraña e intratable. **2.** *Fig.* y *fam.* Persona que curiosea y averigua las intimidades o secretos ajenos.

■ **HURÓN** albino.

HURONEAR v.intr. Cazar con hurón. **2.** *Fig.* y *fam.* Procurar saber algo, fisgar.

HURONERA s.f. Caja o jaula donde se encierra el hurón.

HURONIANO, A adj. **Plegamiento huroniano** Plegamiento que, durante el precámbrico, afectó especialmente a Escandinavia y Canadá.

HURRA interj. y s.m. (ingl. *hurrah*). Grito de alegría y entusiasmo o aprobación: *ser recibido con hurras de satisfacción; ¡hurra, hemos ganado!* **2.** Grito reglamentario que, en algunos países, da la tripulación de un barco para rendir honores a un huésped ilustre.

HURRITA adj. y s.m. y f. De un pueblo asiático, del que existen vestigios en Anatolia, en la alta Mesopotamia y en Siria a partir del s. XXI al XII a.C. (En el s. XVI a.C. fundaron el reino de Mitanni, que desapareció en los ss. XIV-XIII ante la presión de los hititas y los asirios.) ◆ s.m. Lengua hablada por este pueblo.

HURTADILLAS (A) loc. Furtivamente, con disimulo.

HURTAR v.tr. Cometer un hurto: *hurtar dinero.* **2.** Escatimar un vendedor el peso o medida de una mercancía. ◆ v.tr. y prnl. *Fig.* Ocultar, desviar, apartar.

HURTO s.m. (lat. *furtum*, de *fur*, ladrón). Robo que se comete sin violencia ni intimidación y con ánimo de lucro. **2.** Cosa hurtada: *encontrar el hurto.*

HUSADA s.f. Porción de lino, lana o estambre que cabe en el huso cuando ya ha sido hilada.

HÚSAR s.m. (del húngaro *huszár*). Militar de un cuerpo de caballería ligera creado en Francia en el s. XVII, cuyo uniforme fue copiado, en un principio, de la caballería húngara.

HUSILLO s.m. Cilindro con rosca de tornillo que se usa para mover prensas u otras máquinas.

HUSITA s.m. Partidario de las doctrinas religiosas de Jan Hus.

HUSKY s.m. Perro de una raza canadiense, especialmente apto para la tracción de trineos sobre la nieve.

■ **HUSKY** siberiano.

HUSMEAR v.tr. (gr. *osmasthai*, oler, husmear). Rastrear con el olfato una cosa. **2.** *Fig.* y *fam.* Indagar, tratar alguien de enterarse de algo que no le concierne.

HUSMEO s.m. Acción y efecto de husmear.

HUSO s.m. (lat. *fusus*). Instrumento cilíndrico para torcer y enrollar el hilo que se va formando en la operación de hilado a mano. **2.** BIOL. CEL. Conjunto de filamentos que aparecen durante la división celular, y que siguen a los cromosomas durante su ascenso hacia cada esfera que los atrae. **3.** GEOMETR. Parte de una superficie de revolución comprendida entre dos semiplanos que pasan por el eje de dicha superficie y están limitados por esta. **4.** TEXT. Instrumento cónico alrededor del cual se enrolla el hilo de algodón, seda, etc. ◇ **Huso esférico** Porción de superficie esférica comprendida entre dos semicírculos máximos. **Huso horario** Cada uno de los 24 husos geométricos convencionales en los que se divide la superficie de la Tierra, y cuyos puntos tienen la misma hora legal. (*V. ilustr. págs. 538-539.*)

HUTÍA s.f. Mamífero roedor de unos 50 cm de long. y unos 8 kg de peso, que vive en las selvas de América. (Familia caprómidos.)

HUTU o **BAHUTU,** pueblo de África oriental, que es el más numeroso en Burundi y Ruanda.

¡HUY! interj. Expresa dolor físico, vergüenza o asombro.

HYKSOS → HICSOS.

I s.f. Décima letra del alfabeto español y tercera de sus vocales. **2. MAT.** En la teoría de los números complejos, unidad llamada *imaginaria*, cuyo cuadrado es igual a −1. ◇ **I** Signo que en la numeración romana equivale a uno. **Poner los puntos sobre las íes** Puntualizar, expresarse de forma clara y minuciosa.

IACETANOS, pueblo ibero que habitaba en el alto Aragón y que fue sometido por Catón (194 a.C.).

IATROGÉNICO, A adj. Se dice de la enfermedad provocada por un medicamento. **SIN.:** *iatrógeno.*

IBÉRICO, A adj. Ibero: *arte ibérico.* **2.** Relativo a España y Portugal a la vez: *pacto Ibérico.*

IBERISMO s.m. Doctrina política que propugna la intensificación de las relaciones culturales y económicas entre España y Portugal, y la unión pacífica entre ambos países.

IBERO, A o **ÍBERO, A** adj. y s. De los pueblos prerromanos que habitaban en las zonas mediterránea y meridional de la península Ibérica. ◆ s.m. Lengua preindoeuropea hablada por los iberos.

ENCICL. El desarrollo de la civilización ibérica se sitúa en el s. VI a.C., con dos grandes momentos en los ss. V-IV y III-II. Los pueblos ibéricos más importantes fueron: contestanos; edetanos; ilercavones; ilergetes; cosetanos; layetanos; indigetes; lacetanos, ausetanos y ceretanos de la Cataluña interior; deitanos de Murcia y sordones del Rosellón. Los pueblos del ant. reino de Tartessos (turdetanos, túrdulos, cinetes, bastetanos) se incluyen en el área ibérica. Su economía se basaba sobre todo en la agricultura, así como en la ganadería, la caza y la pesca. Practicaron la metalurgia del hierro y utilizaron monedas acuñadas por ellos mismos. Realizaron cerámica y joyas de influencia oriental, céltica o helenística y dejaron interesantes esculturas (damas de Elche y de Baza; Cerro de los Santos). Sus poblados, protegidos por muro, se asentaban generalmente en colinas. Las necrópolis han permitido rastrear la existencia de una capa social aristocrática formada por los guerreros; al parecer existía también una especie de asambleas generales en las que participaba el pueblo, excepto las clases serviles. Aunque no se conoce la filiación de su lengua, se sabe que sus inscripciones presentan una escritura a la vez alfabética y silábica (bronces de Botorrita). Su religión tenía un carácter mediterráneo, con divinidades femeninas y demoníacas, cultos astrales y magia, naturalismo o zoocultismo.

IBEROAMERICANO, A adj. y s. De los pueblos que forman parte de Iberoamérica. ◆ adj. De estos pueblos y de España y Portugal a la vez.

IBERORROMÁNICO, A adj. y s.m. Se dice de las lenguas derivadas del latín hablado en la antigua Iberia.

IBERORROMANO, A adj. Se dice de las obras producidas por los artistas de la antigua Iberia bajo el estímulo romanizador.

■ EL ARTE IBERO

La escultura fue tal vez la manifestación artística más importante de los iberos, ya fuera en la representación antropomórfica, ya en la de animales o en la talla de cajas para uso religioso y funerario. Fueron los iberos, además, excelentes metalúrgicos.

Escultura. Cabeza masculina esculpida en piedra arenisca (fines s. II a.C.), hallada en el Cerro de los Santos. (Museo arqueológico, Madrid.)

Cerámica. Jarro procedente de Alcudia (Elche). [Museo de Elche.]

Exvoto. Mujer oferente; figura votiva procedente de Despeñaperros, Jaén. (Museo arqueológico, Madrid.)

■ **IBERORROMANO.** Caballito procedente de Cigarralejo (Murcia.) [Col. part.]

ÍBICE s.m. (lat. *ibex, -icis,* cabra montés). Rumiante parecido a una cabra, que vive en los altos parajes alpinos. (Familia bóvidos.) [También *ibex.*]

■ **ÍBICE**

IBICENCO, A adj. y s. De Ibiza. ◆ s.m. Subdialecto balear, dentro de la lengua catalana.
IBÍDEM adv. (lat. *ibidem*). De allí mismo, o en el mismo lugar. (Se abrevia *ibíd.* o *ibid.*)
IBIRAPITÁ s.f. Árbol americano cuya madera es muy apreciada en tornería y carpintería.
IBIS s.m. (lat. *ibis,* del gr. *ibis*). Ave del orden zancudas, de pico largo y curvado hacia abajo. (El ibis sagrado, que los antiguos egipcios veneraban como una encarnación del dios Tot, presenta plumaje blanco, excepto en la cabeza, cuello y parte de las alas, que son negros.)

■ **IBIS** sagrado.

IBO, etnia del SE de Nigeria que habla una lengua del grupo kwa. Su intento de secesión en 1967 provocó la guerra de *Biafra. (V. parte n. pr. **Biafra** [República de].)
IBÓN s.m. Lago de origen glaciar, en los Pirineos de Aragón.
ICA, pueblo amerindio del grupo arawak, de la familia lingüística chibcha, que vive en Colombia (sierra Nevada de Santa Marta).
ICARIO, A adj. Relativo a Ícaro. ◆ adj. y s. De Icaria.
ÍCARO s.m. P. Rico. Especie de ñame.
ICEBERG s.m. (ingl. *iceberg*). Bloque de hielo de gran tamaño desprendido de los glaciares continentales, que flota en las regiones polares del océano, y cuya porción emergida puede alcanzar 200 m de altura, quedando sumergidas las cuatro quintas partes de su masa.
ICHO o **ICHU** s.m. (voz quechua). Planta herbácea espontánea en los páramos de la cordillera de los Andes. (Familia gramíneas.)
ICNEUMÓN s.m. (lat. *ichneumon, -onis,* del gr. *ikhneúmon, -onos,* especie de rata de Egipto). Insecto que deposita sus huevos en las larvas de otros insectos, algunas veces a través de las cortezas de los árboles. (Orden himenópteros.)

ICÓNICO, A adj. Relativo al icono. **2.** Relativo a la imagen: *mensaje icónico.*
ICONO s.m. (gr. *eikón, -ónos,* imagen, de *eoika, asemejarse*). En las iglesias de oriente de tradición bizantina, imagen de Cristo, de la Virgen o de los santos. **2.** Signo que mantiene una relación de semejanza con el objeto representado. **3.** INFORMÁT. Símbolo gráfico que aparece en la pantalla de una computadora y que corresponde a la ejecución particular en un software. **4.** LING. Signo en el que se da una relación de analogía con la realidad exterior.
ICONOCLASIA o **ICONOCLASTIA** s.f. Doctrina, proclamada como oficial en el imperio bizantino por los emperadores León III el Isáurico, Constantino V Coprónimo y León V el Armenio, que prohibía como idolátricas la representación y veneración de las imágenes de Cristo y de los santos.
ICONOCLASTA adj. y s. y s.m. y f. (del gr. *eikón, -ónos,* imagen y *kláein,* romper). Relativo a la iconoclasia; partidario de esta doctrina. **2.** Por *ext.* Que es enemigo de signos, emblemas, etc., religiosos, políticos o de cualquier valor establecido.
ICONOGRAFÍA s.f. Estudio descriptivo de las diferentes representaciones figuradas de un mismo sujeto. **2.** Conjunto clasificado de las imágenes correspondientes. **3.** Colección de retratos.
ICONOGRÁFICO, A adj. Relativo a la iconografía.
ICONOLATRÍA s.f. Adoración de las imágenes.
ICONOLOGÍA s.f. En la cultura y en el arte clásicos, ciencia y arte de utilizar emblemas, símbolos y alegorías figurativas. **2.** Estudio de la formación, transmisión y significación profunda de las representaciones figuradas en arte.
ICONOSCOPIO s.m. Tubo catódico tomavistas de las cámaras de televisión.
ICONOSTASIS s.f. (del gr. *eikón, -ónos,* imagen y *stásis,* acción de poner) [pl. *iconostasis*]. En las iglesias de rito oriental, biombo de tres hojas que separa la nave del santuario y está adornado con iconos. SIN.: *iconostasio.*
ICOR s.m. (gr. *ikhór, -oros,* parte serosa de la sangre). MED. Líquido seroso y fétido que rezuman ciertas úlceras o llagas.
ICOSAEDRO s.m. MAT. Cuerpo geométrico que tiene veinte caras planas. (El icosaedro regular tiene por caras veinte triángulos equiláteros iguales.)
ICOSÁGONO, A s.m. y adj. MAT. Figura geométrica que tiene veinte lados.
ICTERICIA s.f. MED. Enfermedad caracterizada por coloración amarilla de la piel, debida a la presencia en la sangre y en los tejidos de pigmentos biliares.
ICTÉRICO, A adj. y s. (lat. *ictericus,* del gr. *ikteriós*). Relativo a la ictericia; que padece esta enfermedad.
ICTÍNEO, A adj. (del gr. *ikhthýs,* pez). Semejante a un pez.

■ **ICEBERG**

ICTIÓFAGO, A adj. y s. Que se alimenta de peces.
ICTIOL s.m. Aceite sulfuroso empleado en el tratamiento de diversas enfermedades de la piel.
ICTIOLOGÍA s.f. Parte de la zoología que estudia y describe los peces. SIN.: *ictiografía.*
ICTIÓLOGO, A s. Especialista en ictiología.
ICTIOSAURIO s.m. (del gr. *ikhthýs,* pez, y *sauros,* lagarto). Reptil marino de cuerpo pisciforme, vivíparo, que vivió desde finales del triásico hasta principios del cretáceo superior. (Medía entre 1 y 14 m de longitud, según la especie.)

■ **ICTIOSAURIO.** Fósil del lías en Holzmaden (Baviera), en el que se ha conservado la huella de las partes blandas.

ICTIOSIS s.f. MED. Enfermedad de la piel caracterizada por la formación de laminillas y la descamación de la epidermis, que aparece seca y rugosa.

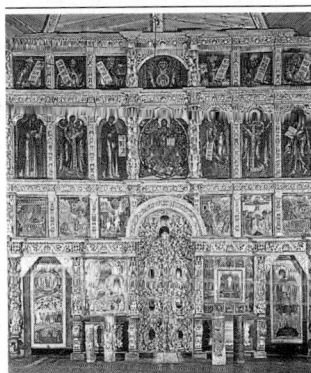

■ **ICONOSTASIS.** Cuerpo central de un iconostasis de madera tallada y dorada; s. XVIII. (Iglesia de la Transfiguración, isla de Kiji, Rusia.)

ICTUS s.m. (voz latina, *golpe*). MED. Lesión grave, de aparición brusca. **2.** MÉTRIC. ANT. Apoyo rítmico sobre una sílaba larga o acentuada.
IDA s.f. Acción de ir. ◇ **Encuentro de ida** DEP. Primer encuentro de una eliminatoria que se disputa a doble partido.
IDEA s.f. (gr. *idéa,* apariencia, imagen ideal de un objeto). Representación mental de una cosa real o imaginaria. **2.** Concepción elemental, noción de una cosa: *no tengo ni idea de la hora que es.* **3.** Propósito de realizar algo: *tenía idea de ir hoy al cine.* **4.** Ocurrencia, hallazgo: *tuve una gran idea reunirnos.* **5.** Modo de interpretar algo: *tener una idea equivocada de la cuestión.* **6.** Ingenio o maña para inventar o realizar algo. **7.** Fondo, parte sustancial de una doctrina, razonamiento, etc. **8.** Esquema, proyecto: *te ha dado la idea para que la realices.* ◆ **ideas** s.f.pl. Ideología política, religiosa, etc. ◇ **Idea fuerza** Idea principal, eje de un razonamiento y germen de acción.
IDEACIÓN s.f. Génesis y proceso en la formación de un objeto.
IDEAL adj. Relativo a la idea o las ideas. **2.** Que solo existe en la imaginación, no es real. **3.** Excelente, perfecto en su clase: *un vehículo ideal.* ◆ s.m. Perfección que el espíritu imagina, sin poder alcanzar por completo.

2. Aquello que se pretende o a lo que se aspira. **3.** Doctrina, ideas, etc., que alguien profesa apasionadamente. **4.** MAT. En un anillo conmutativo, en el que las operaciones definidas son la suma y el producto, subgrupo aditivo estable respecto de la multiplicación tal que el producto de un elemento cualquiera del subgrupo por un elemento cualquiera del anillo está contenido en el subgrupo.

IDEALISMO s.m. Propensión a idealizar las cosas. **2.** FILOS. Filosofía que reduce la realidad al ser, y el ser, al pensamiento: *el idealismo hegeliano.*

IDEALISTA adj. y s.m. y f. Relativo al idealismo; partidario de esta doctrina. **2.** Se dice de la persona que tiende a idealizar las cosas.

IDEALIZACIÓN s.f. Acción y efecto de idealizar. **2.** PSICOANÁL. Proceso por el cual el objeto del deseo se encuentra aumentado en la imaginación e investido por el sujeto de cualidades que objetivamente no posee.

IDEALIZAR v.tr. [7]. Cosiderar que una persona o una cosa son modelos de perfección, dignas de ser imitadas: *idealizar su infancia.*

IDEAR v.tr. Pensar, discurrir. **2.** Trazar, inventar.

IDEARIO s.m. Repertorio de las principales ideas de un autor, escuela, etc.

IDEÁTICO, A adj. Amér. Extravagante, maniático, caprichoso. **2.** Hond. Ingenioso.

ÍDEM (lat. *idem*). Voz procedente del pron. lat. *idem*, que significa *el mismo* o *lo mismo*, y se usa para evitar repeticiones. (Se abrevia *íd.* o *id.*)

IDEMPOTENTE adj. En un conjunto en el que está definida una ley de composición interna, se dice de todo elemento que compuesto consigo mismo da el propio elemento.

IDÉNTICO, A adj. Completamente igual o muy parecido.

IDENTIDAD s.f. (lat. tardío *identitas, -atis*). Cualidad de idéntico. **2.** Conjunto de caracteres o circunstancias que hacen que alguien o algo sea reconocido, sin posibilidad de confusión con otro. **3.** Circunstancia de ser efectivamente una persona lo que dice ser. **4.** MAT. Igualdad en la que los dos miembros toman valores numéricos iguales para todo el sistema de valores atribuido a las variables. ◇ **Identidad social** PSICOL. Conciencia que tiene una persona de su pertenencia a uno o varios grupos sociales o a un territorio, y significación emocional y valorativa que resulta de ello. **Placa de identidad** Placa metálica que llevan los militares cuando participan en una operación. **Principio de identidad** Principio fundamental de la lógica tradicional, según el cual toda cosa es igual a sí misma.

IDENTIFICABLE adj. Que puede ser identificado.

IDENTIFICACIÓN s.f. Acción y efecto de identificar o identificarse. **2.** PSICOANÁL. Proceso psíquico por el cual el sujeto se asimila a otra persona o a un objeto afectivo.

IDENTIFICAR v.tr. [1]. Reconocer que una persona o cosa es la misma que se supone o se busca. ◆ v.tr. y prnl. Considerar dos o más cosas como idénticas. ◆ **identificarse** v.prnl. Solidarizarse. **2.** Acreditar una persona su identidad para ser reconocida.

IDEOGRAFÍA s.f. Representación directa del sentido de las palabras mediante símbolos gráficos.

IDEOGRÁFICO, A adj. Relativo a la ideografía: *escritura ideográfica.*

IDEOGRAMA s.m. LING. Signo gráfico que representa el sentido de una palabra y no sus sonidos.

IDEOLOGÍA s.f. Conjunto de ideas que caracterizan a una persona, grupo, época, o movimiento. **2.** Según los marxistas, representación de la realidad propia de una clase social, que depende del lugar que esta clase ocupa en el modo de producción y de su papel en la lucha de clases.

IDEOLÓGICO, A adj. Relativo a la ideología.

IDEÓLOGO, A s. Persona que crea ideas o que se atiene excesivamente a las ideas abstractas. **2.** En los ss. XVIII y XIX, filósofo que analizaba el origen de las ideas.

IDEOSO, A adj. Guat. Ingenioso, ideático. **2.** Méx. Ideático.

ID EST loc. (voces latinas, *esto es*). Por ejemplo. (Se abrevia *i.e.*)

IDH s.m. (sigla de *índice de desarrollo humano*). Medida utilizada por la ONU para evaluar el desarrollo humano, a través de tres variables ponderadas de forma equitativa: longevidad, educación y nivel de vida.

IDÍLICO, A adj. Relativo al idilio. **2.** Sumamente placentero o agradable.

IDILIO s.m. (lat. *idyllium*, del gr. *eidýllion*, obra pequeña). Episodio o aventura amorosa. **2.** Composición poética de motivo pastoral y generalmente amoroso.

IDIOCIA s.f. MED. Déficit intelectual profundo de origen orgánico o psíquico, definido por un cociente intelectual no superior a 20 y que comporta incapacidad para la adquisición del lenguaje. SIN.: *idiotez, idiotismo.*

IDIOLECTO s.m. LING. Conjunto de las variantes de un idioma propias de una persona en un momento determinado. (Es la única realidad de la que dispone un dialectólogo.)

IDIOLOGÍA s.f. Modo peculiar de hablar.

IDIOMA s.m. (lat. tardío *idioma, -atis*, locución propia de una lengua, del gr. *idioma*, carácter propio de alguien, particularidad de estilo). Lengua, considerada como un sistema de signos lingüísticos que una comunidad de hablantes para comunicarse.

IDIOMÁTICO, A adj. Relativo al idioma: *expresión idiomática.*

IDIOPATÍA s.f. Enfermedad que tiene existencia propia, sin ser la consecuencia de otra.

IDIOPÁTICO, A adj. Relativo a la idiopatía.

IDIOSINCRASIA s.f. (gr. *idiosygkrasía*, de *idios*, propio, peculiar, y *sýgkrasis*, temperamento). Temperamento o manera de ser que caracteriza a una persona o a una colectividad.

IDIOSINCRÁSICO, A adj. Relativo a la idiosincrasia.

IDIOTA adj. y s.m. y f. (lat. *idiota*, profano, ignorante, del gr. *idiótis*). Se dice de la persona muy poco inteligente e ignorante. **2.** Que padece idiocia.

IDIOTEZ s.f. Tontería. **2.** MED. Idiocia.

IDIOTISMO s.m. (lat. *idiotismus*, locución propia de una lengua, del gr. *idiotismós*, habla del vulgo). Ignorancia. **2.** LING. Expresión o construcción peculiar de una lengua, de forma fija y no analizable por sus componentes. **3.** MED. Idiocia.

IDIOTIZAR v.tr. y prnl. [7]. Volver idiota.

IDO, A adj. *Fam.* Muy distraído. **2.** Que padece algún trastorno mental.

IDÓLATRA adj. y s.m. y f. Que idolatra.

IDOLATRAR v.tr. Adorar ídolos. **2.** *Fig.* Amar excesivamente a una persona o cosa.

IDOLATRÍA s.f. Cualidad de idólatra. **2.** Acción y efecto de idolatrar.

ÍDOLO s.m. (gr. *eidolon*, imagen). Objeto

inanimado al que se considera dotado de poderes sobrenaturales y al que se rinde culto. **2.** *Fig.* Persona o cosa excesivamente amada o admirada: *un ídolo de la juventud.*

■ **ÍDOLO** femenino en mármol; arte cicládico antiguo; h. 2700-2300 a.C., procedente de la isla de Amorgos, en las Cícladas. (Museo nacional de Atenas.)

IDONEIDAD s.f. Cualidad de idóneo.

IDÓNEO, A adj. (lat. *idoneus*, adecuado, apropiado). Que tiene suficiencia o aptitud para alguna cosa.

IDUMEOS → EDOMITAS.

IDUS s.m.pl. (voz latina). En el calendario romano, decimoquinto día de los meses de marzo, mayo, julio y octubre, y decimotercer día de los otros meses.

IGLESIA s.f. (del lat. *ecclesia*, asamblea de los primeros cristianos, lugar donde se celebra el culto cristiano, del gr. *ekklesía*, reunión, asamblea). Conjunto de personas que profesan la religión cristiana, fundada por Jesús. (Suele escribirse con mayúscula.) **2.** Conjunto del clero y pueblo de un país en donde el cristianismo tiene adeptos. **3.** Estado eclesiástico, que comprende a todos los ordenados. **4.** Gobierno eclesiástico general del Sumo Pontífice, concilios y prelados. **5.** Comunidad formada por personas que profesan la misma doctrina: *Iglesia católica; Iglesia ortodoxa.* (Suele escribirse con mayúscula.) **6.** Edificio donde se reúnen los fieles.

IGLÚ s.m. (ingl. *igloo*). Construcción de hielo que sirve para refugiarse de las tempestades o para pasar el invierno.

■ **IGLÚ**

IGNACIANO, A adj. Relativo a san Ignacio de Loyola y a las instituciones por él fundadas.

IGNARO, A adj. (lat. *ignarus*). Ignorante.

ÍGNEO, A adj. (lat. *igneus*, de *ignis*, fuego). Relativo al fuego o que tiene algunas de sus propiedades.

IGNICIÓN s.f. (del lat. *ignire*, quemar, pegar fuego). Acción y efecto de estar un cuerpo encendido, si es combustible, o enrojecido por un fuerte calor si es incombustible. **2.** Operación de encendido de los propulsores de un cohete.

IGNÍFUGO, A adj. Se dice del tejido o material que rechaza la combustión y protege del fuego. ◆ adj. y s.m. Producto o sustancia para hacer ininflamables los objetos combustibles.

IGNIPUNTURA s.f. MED. Cauterización me-

■ ESCRITURA **IDEOGRÁFICA** en un canope egipcio; Imperio nuevo.
(Museo arqueológico, El Cairo.)

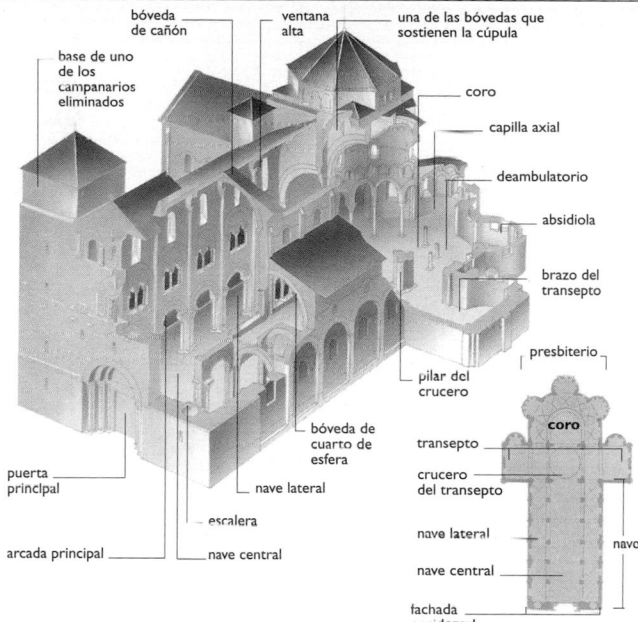

Labels on the illustration:

bóveda de cañón
ventana alta
una de las bóvedas que sostienen la cúpula
base de uno de los campanarios eliminados
coro
capilla axial
deambulatorio
absidiola
brazo del transepto
presbiterio
pilar del crucero
bóveda de cuarto de esfera
coro
transepto
crucero del transepto
nave lateral
nave
nave central
puerta principal
nave lateral
escalera
arcada principal
nave central
fachada occidental

■ **IGLESIA.** Sección y plano de San Esteban de Nevers, Francia (arte románico; segunda mitad del s. XI).

diante punciones practicadas con una aguja candente.

IGNITRÓN s.m. ELECTR. Tubo rectificador cuyo cátodo está constituido por mercurio, en el que el cebado se renueva, al comienzo de cada una de las alternancias, merced a un electrodo especial.

IGNOMINIA s.f. (lat. *ignominia*). Situación de una persona que por sus actos o conducta deshonrosa ha perdido el respeto de los demás. **2.** Motivo para esta situación. **3.** Mala acción perpetrada contra alguien.

IGNOMINIOSO, A adj. Que es ocasión o causa de ignominia.

IGNORANCIA s.f. Falta general de instrucción o conocimientos. **2.** Falta de conocimiento acerca de una materia o asunto determinado.

IGNORANTE adj. y s.m. y f. Que carece de instrucción o conocimientos. **2.** Que ignora una determinada materia o asunto.

IGNORANTISMO s.m. Tendencia a rechazar la instrucción por los peligros sociales que pueda acarrear.

IGNORAR v.tr. (lat. *ignorare*). No saber una cosa. ◆ v.tr. y prnl. *Fig.* No prestar atención deliberadamente a alguien o a algo.

IGNOTO, A adj. (lat. *ignotus*). No conocido ni descubierto.

IGORROTES, pueblo de Filipinas (Luzón).

IGUAL adj. (del lat. *aequalis*). Que tiene la misma forma, calidad, tamaño, valor, etc., que otra persona o cosa, o que comparte las mismas características o cualidades. **2.** Liso, sin desniveles: *terreno igual.* **3.** Proporcionado: *el resultado obtenido no es igual al esfuerzo realizado.* **4.** Constante, no variable. **5.** GEOMETR. Se dice de las figuras que se pueden superponer de modo que se confunden en su totalidad. ◆ adj. y s.m. y f. Se dice de la persona de la misma clase, condición, etc., que otra. ◆ s.m. Signo matemático que indica igualdad entre dos expresiones, formado por dos rayas paralelas y horizontales (=). ◆ adv.m. De la misma manera: *comportarse igual que un niño.* **2.** Posiblemente, tal vez: *igual lo encuentra aún en su casa.* **3.** Argent., Chile y Urug. Así y todo; a pesar de todo. ◇ **Sin igual** Singular, extraordinario.

IGUALA s.f. Igualación. **2.** Composición, ajuste o pacto por el que se contratan los servicios de una asociación a persona. **3.** Cantidad que se paga por este ajuste. **4.** Esp. Convenio por el que el cliente paga al médico una cantidad anual determinada por prestar sus servicios.

IGUALACIÓN s.f. Acción y efecto de igualar o igualarse. SIN · *iguala.*

IGUALADA s.f. Esp. DEP. Empate. **2.** TAUROM. Acción de igualar el toro.

IGUALADO, A adj. Guat. y Méx. Se dice de la persona que quiere igualarse con otras de clase social superior. **2.** Méx. Mal educado, grosero.

IGUALAR v.tr. y prnl. Hacer iguales dos o más personas o cosas. **2.** Ajustar o contratar, especialmente una iguala médica. **3.** TAUROM. Hacer que el toro coloque sus cuatro extremidades perpendiculares y paralelas entre sí. ◆ v.tr. Reducir algo a un mismo nivel: *igualar el terreno.* **2.** En todos los juegos de azar, hacer una apuesta igual a la que ha sido propuesta por otro jugador. ◆ v.intr. y prnl. Ser una persona o cosa igual a otra. ◆ igualarse v.prnl. Tratar alguien a otros como si fuesen de la misma categoría que él.

IGUALDAD s.f. Cualidad de igual. ◇ **Igualdad algebraica** MAT. Conjunto de dos expresiones algebraicas separadas por el signo =.

IGUALITARIO, A adj. (fr. *égalitaire*, de *égalité*, igualdad). Que entraña igualdad o tiende a ella.

IGUALITARISMO s.m. Corriente del pensamiento social que preconiza la supresión de las diferencias sociales.

IGUALMENTE adv.m. También, asimismo. **2.** De la misma manera.

1. IGUANA s.f. (arawak antillano *iwana*). Reptil saurio de América tropical, de párpados móviles y lengua gruesa adherida al paladar, que tiene una gran papada, una cresta espinosa en el dorso y puede medir hasta 1,60 m de longitud.

■ **IGUANA**

2. IGUANA s.f. Méx. Instrumento músico parecido a la guitarra, que consta de cinco cuerdas dobles.

IGUANODONTE s.m. Reptil herbívoro terrestre del hemisferio norte, que vivió durante el cretácico, de hasta 12 m de long., bípedo o cuadrúpedo, con las extremidades posteriores mucho más largas que las anteriores y una larga cola que le servía de contrapeso. SIN.: *iguanodón.*

IJADA s.f. (del lat. *ilia, ilium*, bajo vientre). Parte del cuerpo humano y de ciertos animales comprendida entre las falsas costillas y los huesos de las caderas. SIN.: *ijar.* **2.** Parte ventral del cuerpo de los peces: *la ijada del atún.*

IJAR s.m. Ijada del ser humano y de ciertos animales.

IKEBANA s.m. (voz japonesa, *composición de flores*). Arte japonés de arreglar las flores, según las tradiciones y filosofía japonesas.

ILACIÓN s.f. Relación entre las ideas de un discurso o razonamiento.

ILANG-ILANG s.m. Esencia que se obtiene de la cananga.

ILATIVO, A adj. Que establece ilación. ◇ **Conjunción, u oración, ilativa** Conjunción, u oración, consecutiva.

ILEGAL adj. Que no es legal, contrario a las leyes.

ILEGALIDAD s.f. Cualidad de ilegal. **2.** Acto ilegal.

ILEGIBILIDAD s.f. Cualidad de ilegible.

ILEGIBLE adj. Que no puede leerse: *letra ilegible.* **2.** Que no debe leerse.

ILEGITIMIDAD s.f. Cualidad de ilegítimo.

ILEGÍTIMO, A adj. (lat. *legitimus*). Que no cumple las condiciones requeridas por la ley: *unión ilegítima.*

ILEÍTIS s.f. Inflamación del íleon.

ÍLEO s.m. (lat. *ileum*, del gr. *eileos*, de *eileo, retorcer*). MED. Obstrucción del intestino. SIN.: *oclusión intestinal.* (También *ileus.*)

ILEOCECAL adj. Relativo al íleon y al ciego simultáneamente.

ÍLEON s.m. (lat. *ileum*, del gr. *eileo, retorcer*). Tercera parte del intestino delgado, entre el yeyuno y el intestino grueso.

ILERCAVÓN, NA o **ILERCAVÓN, NA** adj. y s. De un pueblo de la península Ibérica que en la época de la dominación romana estaba

■ **IGUANODONTE**

asentado en el bajo Ebro y cuya principal ciudad era *Dertosa* (Tortosa).

ILERDENSE adj. y s.m. y f. De la antigua Ilerda y la actual Lérida.

ILERGETE adj. y s.m. y f. De un pueblo ibérico que en la época de la dominación romana estaba asentado a orillas del Ebro, desde el Segre hasta más allá de Huesca, con cap. en Ilerda, y que con Indíbil y Mandonio presentó fuerte resistencia a los romanos.

ILESO, A adj. Que no ha recibido heridas o daño: *salir ileso de un accidente.*

ILETRADO, A adj. y s. Que no ha recibido instrucción o no ha adquirido cultura.

ILETRISMO s.m. Disfunción cultural ligada al fracaso escolar y a la primacía de la imagen en el aprendizaje y la información.

1. ILÍACO, A o **ILIACO**, adj. Relativo a las paredes laterales de la pelvis y al íleon. ◇ **Fosa ilíaca** Región lateral e inferior de la cavidad abdominal. **Hueso ilíaco** Cada uno de los dos huesos que forman la cavidad pélvica, resultado de la soldadura del ilion, el isquion y el pubis.

2. ILÍACO, A adj. y s. De Ilión o Troya.

ILICITANO, A adj. y s. De la antigua Ilici y la actual Elche.

ILÍCITO, A adj. Prohibido por las leyes o por la moral: *negocio ilícito; relaciones ilícitas.*

ILICITUD s.f. Cualidad de ilícito.

ILIMITADO, A adj. Que no tiene o no presenta límites.

ILION s.m. (fr. *ilion*). Porción superior del coxal, ancha y plana, que forma el saliente de la cadera.

ILÍQUIDO, A adj. Se dice de la cuenta, deuda, etc., que está por liquidar.

ILIRIO, A adj. y s. De Iliria. SIN.: *ilírico.*

ILLITA s.f. Mineral de arcilla potásica, de estructura micácea.

ILMENITA s.f. (de *Ilmen*, lago de Rusia). Óxido natural de hierro y titanio, que se encuentra en determinados esquistos cristalinos.

ILÓGICO, A adj. Que carece de lógica: *conclusión ilógica; comportamiento ilógico.*

ILOTA o **HILOTA** s.m. y f. (gr. *heilos, -otos*). Persona desposeída de los derechos de ciudadano. **2.** HIST. Esclavo propiedad del estado de Esparta.

ILOTISMO s.m. HIST. Condición de ilota.

ILUMINACIÓN s.f. Acción y efecto de iluminar. **2.** Conjunto de luces dispuestas para iluminar o decorar calles, monumentos públicos, etc. **3.** Conjunto de luces destinadas a realzar un espectáculo, una representación teatral o televisada, etc. **4.** Cantidad de luz. **5.** Decoración e ilustración, generalmente en colores, de un manuscrito. **6.** Inspiración repentina.

ILUMINADO, A adj. y s. Se dice de la persona que ve visiones en materia de religión. ◆ **Iluminados** s.m.pl. Miembros de sectas religiosas que durante los ss. XVI-XVIII pretendían ser instruidos directamente por Dios sin recurrir a los sacramentos. (Tuvieron particular importancia los iluminados de España, llamados *alumbrados.*) **2.** Miembros de antiguas sociedades masónicas.

ILUMINADOR, RA adj. y s. Que ilumina: *foco iluminador.* ◆ s. Ilustrador de manuscritos.

ILUMINAR v.tr. (lat. *illuminare*). Alumbrar, dar luz. **2.** Adornar con luces. **3.** *Fig.* Hacer feliz a alguien o que algo se alegre o anime: *la alegría iluminó su cara.* **4.** Decorar con iluminaciones: *iluminar un misal.*

ILUMINISMO s.m. Doctrina de determinados movimientos religiosos marginales, fundada en la creencia en una iluminación interior o en revelaciones inspiradas directamente por Dios.

ILUSIÓN s.f. (lat. *illusio, -onis*, engaño). Imagen de un objeto que se percibe de distinto modo a como es en realidad: *el espejismo es una ilusión visual.* **2.** Alegría que produce la esperanza o la realización de un deseo. **3.** Esperanza poco fundada en la realización de un deseo: *vivir con la ilusión del éxito.* ◇ **Hacerse**, o **forjarse, ilusiones** Esperar, sin fundamento real, la realización de deseos. **Ilusión de Delboeuf** Ilusión óptico-geométrica que hace parecer desiguales dos círculos iguales, uno de

los cuales está dentro de un tercer círculo mayor. **Ilusión de Müller-Lyer** Ilusión óptico-geométrica que hace parecer desiguales las dos rectas en cuyos extremos se han dibujado dos pequeños segmentos que en una de las rectas forman una línea cóncava, y en la otra, una línea convexa. **Ilusión óptica** Error relativo a la forma, dimensiones y color de los objetos. **Ilusión óptico-geométrica** Error en la percepción visual de figuras geométricas, que se manifiesta por una sobreestimación o una subestimación sistemáticas de la longitud, la superficie, la dirección o la curvatura de los ángulos, la vertical, etc.

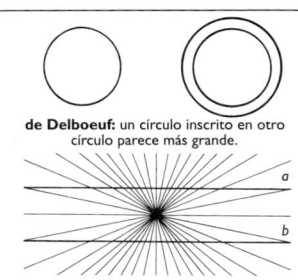

de Delboeuf: un círculo inscrito en otro círculo parece más grande.

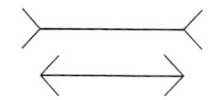

de Hering: las líneas *a* y *b*, en apariencia curvas, son en realidad estrictamente rectas y paralelas.

de Müller-Lyer: según la orientación de las flechas, dos segmentos iguales parecen de diferente longitud.

■ **ILUSIONES** ÓPTICO-GEOMÉTRICAS

ILUSIONAR v.tr. y prnl. Causar ilusión: *la idea me ilusiona; ilusionarse por todo.* **2.** Hacer que alguien conciba ilusiones, esperanzas, etc.: *intentar ilusionar a alguien.*

ILUSIONISMO s.m. Arte de producir fenómenos en aparente contradicción con las leyes naturales.

ILUSIONISTA adj. y s.m. y f. Que realiza ejercicios de ilusionismo.

ILUSO, A adj. Que está engañado con una ilusión o que tiende a ilusionarse con facilidad.

ILUSORIO, A adj. Que es solo ilusión, sin valor real: *promesas ilusorias.*

ILUSTRACIÓN s.f. Acción de ilustrar: *este ejemplo sirve de ilustración del texto.* **2.** Dibujo, fotografía, grabado, etc., que ilustra un texto: *este diccionario tiene ilustraciones.* **3.** Cultura, instrucción: *persona de poca ilustración.* **4.** Movimiento intelectual europeo (y de sus colonias americanas), comprendido entre la segunda revolución inglesa de 1688 y la Revolución francesa (aunque con ampliaciones hasta 1830), caracterizado por el racionalismo utilitarista de la clase burguesa en su etapa ascendente en la consecución de la hegemonía estructural capitalista y por la toma del poder político (que el *despotismo ilustrado* intentó inútilmente conjurar), y de conformación de su ideología. (Con este significado suele escribirse con mayúscula.)

ENCICL. En el terreno de la teoría, la ilustración apeló a una moral sin ambiciones totalizadoras para lograr la felicidad general mediante el progreso (Condorcet, Kant) alcanzado mediante la educación (Rousseau, Pestalozzi). La lucha contra la superstición (Feijoo) y el rechazo de la religiosidad tradicional (Berkeley, Voltaire, Helvetius), unidos al interés por las ciencias naturales y las matemáticas (Lavoisier, Humboldt, Cavanilles), condujeron a la vez a un gran progreso en el terreno técnico (revolución industrial) y a un vitalismo preevolucionista (Diderot, Lamarck). La teoría política del *iusnaturalismo* creó el principio soberano de la nación (Pope, Montesquieu) que, unido a la teoría del contrato social

(Rousseau), condujo al republicanismo, a la historicidad considerada desde lo social (Vico, Capmany, Herder), a la fisiocracia (Turgot, Jovellanos) y al liberalismo (Smith). En el terreno artístico destacaron las teorizaciones neoclásicas (Winckelmann, Baumgarten, Lessing) unidas al predominio de la narrativa (Fielding, Cadalso, Lizardi) y a la creación del teatro burgués (Goldoni, Gay), a la vez que se produjo el gran salto musical de Purcell a Beethoven a través de Vivaldi, Bach, Rameau, Haydn y Mozart.

ILUSTRADO, A adj. Docto, instruido: *persona ilustrada.* **2.** Adornado con grabados, imágenes, fotografías, etc.: *libro ilustrado.* ◆ adj. y s. Relativo a la Ilustración; adscrito a este movimiento.

ILUSTRADOR, RA s. Persona que hace ilustraciones, en especial si lo hace profesionalmente.

ILUSTRAR v.tr. y prnl. (lat. *illustrare*). Instruir, proporcionar conocimientos o cultura: *la lectura ilustra.* ◆ v.tr. Aclarar un punto o materia: *ilustrar un texto con notas.* **2.** Incluir en un impreso láminas o grabados alusivos al texto.

ILUSTRATIVO, A adj. Que ilustra o proporciona conocimientos: *artículo ilustrativo.*

ILUSTRE adj. (lat. *illustris*). De noble linaje: *familia ilustre.* **2.** Que sobresale extraordinariamente en alguna actividad: *escritor ilustre.* SIN.: *insigne.* **3.** Título de dignidad: *ilustre señor director.*

ILUSTRÍSIMO, A adj. Tratamiento que se da a ciertas personas constituidas en dignidad. ◇ **Su ilustrísima** Tratamiento que se da a un obispo.

ILUVIACIÓN s.f. EDAFOL. Proceso de acumulación, en un horizonte del terreno, de elementos disueltos en otro horizonte.

ILUVIAL adj. Que resulta de la iluviación.

ILUVIUM s.m. EDAFOL. Horizonte de un terreno caracterizado por la precipitación, en forma de concreciones, de elementos procedentes de otros horizontes.

IMAGEN s.f. (lat. *imago, -inis*, representación, retrato, imagen). Representación de una persona o una cosa por medio de la pintura, la escultura, el dibujo, la fotografía, el cine, etc. **2.** Representación impresa de un sujeto cualquiera. **3.** Reflejo de una persona o un objeto en un espejo o a través de un instrumento óptico. **4.** Representación mental de un ser o un objeto: *imagen mental.* **5.** Parecido; aquello que imita o reproduce; aspecto: *este niño es la imagen de su padre; era la imagen de la desesperación.* **6.** Palabra o expresión que sugiere algo con lo que tiene alguna relación o analogía: *un poema de bellas imágenes.* **7.** MAT. En una aplicación de un conjunto C en un conjunto C', elemento de C que corresponde a un elemento dado de C. ◇ **A imagen (y semejanza) de** De igual o parecida manera. **Derecho a la propia imagen** Derecho que tiene toda persona sobre su propia representación externa. **Frecuencia de imagen** Número de imágenes completas transmitidas por segundo según un determinado sistema de televisión. **Imagen de un conjunto** En la aplicación *f* del conjunto C en el C', conjunto *f*(C) formado por las imágenes de los elementos de C.

IMAGINABLE adj. Que puede ser imaginado.

IMAGINACIÓN s.f. Facultad de reproducir en la mente rastros de impresiones sensoriales en ausencia de sus objetos. **2.** Capacidad para inventar, crear o concebir: *un artista con mucha imaginación.* **3.** Idea falsa, ilusión o sospecha sin fundamento real: *eso son imaginaciones tuyas.* ◇ **Ni por imaginación** *Fam.* Sin ni siquiera haber imaginado lo que se trata.

IMAGINAL adj. Relativo al imago, insecto adulto.

IMAGINAR v.tr. y prnl. (lat. *imaginari*). Representar algo en la mente. **3.** Pensar o creer.

IMAGINARIA s.f. (de *centinela imaginaria*, centinela que vigilaba durante la noche el cuarto de las imágenes religiosas). Guardia militar dispuesta para prestar servicio en caso de necesidad. ◆ s.m. Soldado que por turno vela durante la noche en cada dormitorio del cuartel.

IMAGINARIO, A adj. (lat. *imaginarius*). Que

solo existe en la imaginación: *un temor imaginario*. **2.** MAT. Se dice de la parte de un número complejo resultante del producto de un número real por *i*. ◆ **s.m.** Concepción popular y colectiva que se tiene de la realidad cultural, social y política de una comunidad, que puede de tener fundamento real o no.

IMAGINATIVO, A adj. Que tiene mucha imaginación o que predomina esta sobre otras facultades.

IMAGINERÍA s.f. Arte de los imagineros. **2.** Conjunto de imágenes, especialmente sagradas. **3.** Conjunto de imágenes o expresiones usadas por un autor, escuela, etc.

IMAGINERO, A s. Escultor especializado en realizar imágenes religiosas.

IMAGINISTAS s.m.pl. Nombre dado hacia 1920 a un grupo de poetas británicos y norteamericanos que se proponían «transferir a la mente del auditor la impresión directa de sus sentidos, mediante el color y el ritmo».

IMAGO s.m. Insecto adulto que ha alcanzado su completo desarrollo y es capaz de reproducirse. ◆ s.f. PSICOANÁL. Representación de las personas del primer entorno (padre, madre, etc.) que se fija en el inconsciente de una persona y determina su manera de aprehender a los demás. (Noción de C.G. Jung.)

1. IMÁN s.m. (fr. *aimant*). Óxido natural de hierro que atrae el hierro y otros metales. **2.** Barra de acero que ha adquirido artificialmente las mismas propiedades. **3.** *Fig.* Atractivo.

2. IMÁN o **IMÁM** s.m. (ár. *imâm*, jefe, imán). Jefe religioso musulmán. **2.** Título de ciertos soberanos musulmanes.

IMANATO s.m. Dignidad de imán.

IMANTACIÓN o **IMANACIÓN** s.f. Acción de imantar o imanar.

IMANTAR o **IMANAR** v.tr. y prnl. Comunicar a un cuerpo las propiedades del imán.

I+D, sigla de *investigación y desarrollo*.

IMBATIDO, A adj. Que no ha sido vencido, especialmente en un combate deportivo.

IMBATIBILIDAD s.f. Condición de imbatido.

IMBÉCIL adj. y s.m. y f. (lat. *imbecillis*, débil en grado sumo). Poco inteligente, estúpido, tonto. **2.** MED. Que padece imbecilidad, retraso.

IMBECILIDAD s.f. Cualidad o estado de imbécil. **2.** Acción o dicho propio de un imbécil: *hacer imbecilidades*. **3.** MED. Retraso mental definido por un cociente intelectual comprendido entre 20 y 50, y una edad mental situada entre los 2 y 7 años en la edad adulta.

IMBERBE adj. Que no tiene barba.

IMBIBICIÓN s.f. Acción y efecto de embeber o embeberse.

IMBORNAL s.m. (cat. ant. *embrunal*). Abertura o boca en los bordillos de las aceras para recoger las aguas y conducirlas a las alcantarillas. **2.** Boca o agujero en los tejados para evacuar las aguas. **3.** Pequeño canal empedrado para evacuar las aguas en terrenos de escasa pendiente. **4.** Agujero en los costados de una embarcación, por donde se vacía el agua.

IMBORRABLE adj. Indeleble: *un recuerdo imborrable*.

IMBRICACIÓN s.f. Acción y efecto de imbricar. **2.** Estado de cosas imbricadas.

IMBRICADO, A adj. (lat. *imbricatus*, dispuesto a modo de teja, de *imbrex*, *-icis*, teja). Se dice de las cosas sobrepuestas de modo que se cubren parcialmente, como las tejas de un tejado, las escamas de los peces, etc.

IMBRICAR v.tr. y prnl. [1]. Poner parte de una cosa sobre otra, a la manera de las tejas.

IMBUIA s.m. Madera americana, resistente y de fácil trabajo, que se emplea en ebanistería, torneado, chapado, etc.

IMBUIR v.tr. y prnl. (lat. *imbuere*) [88]. Inculcar ciertas ideas o pensamientos: *imbuir creencias; imbuirse de creencias*.

IMBUNCHAR v.tr. Chile. Hechizar, embrujar. **2.** Chile. Estafar, robar con cierta habilidad y misterio.

IMBUNCHE s.m. (voz mapuche). Chile. Ser maligno y contrahecho, con la cara vuelta hacia la espalda y que camina sobre una pierna porque la otra se halla pegada a la nuca. (Según la creencia popular, los brujos robaban a los niños y les obstruían todos los orificios

naturales del cuerpo para convertirlos en imbunches, y guardar tesoros en su interior.) **2.** Chile. Brujo que hace este maleficio a los niños. **3.** Chile. *Fig.* Niño feo, gordo y rechoncho. **4.** Chile. *Fig.* Maleficio, hechicería. **5.** Chile. *Fig.* Asunto embrollado, cuya solución es difícil o imposible.

IMIDA s.f. Compuesto químico que resulta del anhídrido de los diácidos por la sustitución de un oxígeno por el radical NH.

IMILLA s.f. (voz quechua). Argent. y Bol. Muchacha. **2.** Bol. y Perú. Criada india.

IMIPRAMINA s.f. Medicamento antidepresivo tricíclico.

IMITACIÓN s.f. Acción de imitar. **2.** Cosa hecha imitando a otra: *esa novela es una imitación*. **3.** Producto fabricado que imita otro más valioso: *perlas de imitación*. **4.** MÚS. Término que designa una escritura basada en la repetición de un corto motivo tratado en el estilo contrapuntístico.

IMITAR v.tr. (lat. *imitari*). Hacer algo a semejanza de otra persona o cosa: *imitar a su amigo*. **2.** Reproducir de forma exacta o muy parecida determinada cosa o característica: *imitar una firma; imitar los gestos de alguien; imitar el aspecto del oro*.

IMITATIVO, A adj. Relativo a la imitación: *gran capacidad imitativa*.

IMMELMANN s.m. (de M. *Immelman*, aviador alemán inventor de esta figura.) Figura de acrobacia aérea que consiste en un semirrizo, o semilooping, vertical seguido de un semitonel, o medio tonel, horizontal.

IMOSCAPO s.m. (del lat. *imus*, muy abajo, y *scapus*, tronco o tallo). Parte curva con que empieza el fuste de una columna. **2.** Diámetro inferior de una columna.

IMPACCIÓN s.f. MED. Penetración de un fragmento óseo en otro.

IMPACIENCIA s.f. Cualidad de impaciente. **2.** Exasperación, irritación, desazón: *manifestar impaciencia*.

IMPACIENTAR v.tr. y prnl. Hacer perder la paciencia. *me impacienta con su tardanza*.

IMPACIENTE adj. Que no tiene paciencia para esperar. **2.** Que tiene muchas ganas de que ocurra algo o de saber algo: *estar impaciente por conocer los resultados*. **3.** Intranquilo o preocupado: *volvamos porque estarán impacientes*.

IMPACTO s.m. (lat. *impactus*). Choque del proyectil en el blanco. **2.** Señal que deja en él. **3.** Choque de un objeto con otro. **4.** *Fig.* Efecto intenso que produce un suceso o noticia en el ánimo: *el impacto de una campaña publicitaria*. ◇ **Impacto ambiental** Consecuencia que sobre el medio ambiente producen las modificaciones o perturbaciones parciales o totales del mismo. **Punto de impacto** Punto donde la trayectoria de un proyectil encuentra el terreno o el objetivo.

IMPAGABLE adj. Que es tan valioso que no puede ser pagado o devuelto: *un favor impagable*.

IMPAGADO, A adj. y s.m. Se dice de la deuda o recibo que no han sido pagados.

IMPAGO s.m. Situación en que se halla lo que todavía no se ha pagado: *impago de deudas*. **2.** Omisión de pago de la deuda debida o vencida.

IMPALA s.m. Antílope de África austral y oriental, extraordinariamente ágil, que vive en grandes manadas y cuyo macho tiene unos cuernos en forma de lira. (Familia bóvidos.)

IMPALPABLE adj. Ligero, sutil, de muy poca densidad.

IMPALUDACIÓN s.f. Inoculación del paludismo con fines terapéuticos.

IMPANACIÓN s.f. TEOL. CRIST. Consustanciación.

IMPAR adj. Se dice del número entero que no es divisible por dos. **2.** Que no tiene par o igual: *persona de impar belleza*. ◆ adj. y s.m. Que está expresado por un número o una cifra impar. (Los números impares son los que terminan por 1, 3, 5, 7 y 9.) ◆ s.m. Nombre de una de las suertes más sencillas de la ruleta, la cual corre sobre los números impares del 1 al 35. ◇ **Función impar** MAT. Función que cambia de signo al mismo tiempo que la variable.

Órgano impar ANAT. Órgano, como el estómago o el hígado, que no guarda razón de simetría en su mitades derecha e izquierda.

IMPARABLE adj. Que no puede pararse detenerse.

IMPARCIAL adj. y s.m. y f. Que juzga o procede sin parcialidad o pasión, equitativo: *juicio imparcial*.

IMPARCIALIDAD s.f. Cualidad de imparcial, forma de obrar imparcial.

IMPARIDÍGITO, A adj. y s.m. Se dice de los mamíferos con pezuñas que presentan un número impar de dedos en cada pata, como el caballo, el rinoceronte, etc.

IMPARIPINNADO, A adj. BOT. Se dice de las hojas pinnadas terminadas en un folíolo impar.

IMPARISÍLABO, A adj. y s.m. LING. Se dice de la palabra latina que posee en el genitivo del singular una sílaba más que en el nominativo.

IMPARTIR v.tr. (lat. *impartiri*, repartir, conceder). Comunicar o dar conocimientos u otra cosa que se posee: *impartir clase; impartir la bendición*. ◇ **Impartir el auxilio** DER. Prestar una autoridad o jurisdicción a otra la colaboración que pueda pedir.

IMPASIBILIDAD s.f. Cualidad de impasible. **2.** Actitud impasible.

IMPASIBLE adj. (del lat. *pasibilis*, que se puede padecer). Que no se altera ni muestra emoción o turbación: *permanecer impasible ante una situación peligrosa*.

IMPASSE s.m. (voz francesa). Situación crítica en que un asunto no progresa: *las conversaciones de paz están en un impasse*.

IMPAVIDEZ s.f. Cualidad de impávido.

IMPÁVIDO, A adj. Que resiste o hace frente a un peligro sin miedo. **2.** Impasible. **3.** Amér. Fresco, descarado.

IMPEACHMENT s.m. (voz inglesa). Procedimiento de acusación, ante el congreso, del presidente, del vicepresidente o de un alto funcionario de EUA.

IMPECABLE adj. Perfecto, exento de tacha: *hablar un español impecable; vestir de forma impecable*. **2.** TEOL. CRIST. Incapaz de pecar.

IMPEDANCIA s.f. (ingl. *impedance*, del lat. *impedire*, estorbar). Fís. Relación entre la amplitud compleja de una magnitud sinusoidal (tensión eléctrica y presión acústica) y la amplitud compleja de la magnitud inducida (corriente eléctrica y flujo de velocidad).

IMPEDIDO, A adj. y s. Se dice de la persona que tiene una incapacidad física que le impide moverse o mover algún miembro.

IMPEDIENTE adj. DER. CAN. Se dice del impedimento que hace lícito el matrimonio celebrado bajo su concurrencia, pero que no lo invalida.

IMPEDIMENTA s.f. (voz latina, *estorbo*). Bagaje que lleva la tropa y que impide la celeridad en la marcha y en las operaciones.

IMPEDIMENTO s.m. Obstáculo, estorbo para una cosa: *surgir impedimentos para proseguir una obra*. **2.** DER. Circunstancias que obstaculizan la celebración de un matrimonio.

IMPEDIR v.tr. (lat. *impedire*) [89]. Imposibilitar o hacer difícil la ejecución de una cosa: *la lluvia impidió la excursión*.

■ **IMPALA** macho.

IMPEDITIVO, A adj. Se dice de lo que constituye un impedimento.

IMPELENTE adj. Que impele. ⬦ **Bomba impelente** Bomba que eleva el agua por medio de la presión ejercida sobre el líquido.

IMPELER v.tr. (lat. *impellere*). Dar empuje para producir movimiento: *el viento impelía la nave.* **2.** *Fig.* Incitar, estimular, excitar: *impeler a una acción.*

IMPENETRABILIDAD s.f. Cualidad de impenetrable. **2.** Propiedad en virtud de la cual dos cuerpos no pueden ocupar simultáneamente el mismo lugar en el espacio.

IMPENETRABLE adj. Que no puede ser penetrado: *selva impenetrable.* **2.** *Fig.* Que no puede ser conocido o descubierto: *misterio impenetrable.*

IMPENITENCIA s.f. Obstinación en el pecado.

IMPENITENTE adj. y s.m. y f. Que muestra impenitencia. **2.** *Fig.* y *fam.* Que es incapaz de escarmentar o corregirse: *bebedor impenitente.*

IMPENSABLE adj. Absurdo, que no puede pensarse racionalmente. **2.** Muy difícil o imposible de realizar.

IMPENSADO, A adj. Que no estaba previsto: *un viaje impensado.*

IMPENSAS s.f.pl. DER. Gastos hechos en un inmueble por una persona que tiene su posesión sin ser el propietario.

IMPEPINABLE adj. Esp. *Fam.* Inevitable, indiscutible.

IMPERANTE adj. Que impera: *la moda imperante.*

IMPERAR v.intr. (lat. *imperare*). Dominar, mandar, preponderar: *imperar el caos.*

IMPERATIVIDAD s.f. Característica del derecho por la que toda norma jurídica contiene un mandato positivo o negativo, e impone a sus sometidos a ella, con independencia de su voluntad, una determinada conducta, bajo una sanción.

IMPERATIVO, A adj. Que impera, manda u ordena: *tono imperativo.* **2.** LING. Que pertenece al modo imperativo: *forma imperativa.* ⬦ adj. y s.m. LING. Se dice del modo del verbo que expresa un mandato, una exhortación, una invitación o un ruego. ⬦ s.m. Necesidad absoluta: *condenar una acción por imperativo ético.* ⬦ **Imperativo categórico** Según Kant, mandamiento moral incondicionado que conlleva su propio fin. **Imperativo hipotético** Mandamiento condicionado a una acción moral posible con vistas a un fin.

IMPERATOR s.m. (voz latina). Título otorgado a un general victorioso en tiempo de la república romana.

IMPERATORIA s.f. Planta herbácea de 40 a 60 cm de alt., flores blancas y fruto seco, con semillas menudas y estrechas, que se encuentra en toda la península Ibérica. (Familia umbelíferas.)

IMPERCEPTIBLE adj. Que no puede percibirse: *defecto imperceptible.*

IMPERCUSO, A adj. Se dice de la moneda de acuñación deficiente.

IMPERDIBLE s.m. Alfiler de seguridad, doblado formando resorte, y con uno de sus extremos rematado por una caperuza, en la que se introduce el otro extremo, terminado en punta, de modo que no puede abrirse fácilmente.

IMPERDONABLE adj. Que no debe o no puede ser perdonado: *error imperdonable.*

IMPERECEDERO, A adj. Que no perece, inmortal, eterno: *fama imperecedera.*

IMPERFECCIÓN s.f. Cualidad de imperfecto. **2.** Defecto, lo que impide que algo sea perfecto: *un objeto con imperfecciones.*

IMPERFECTIVO, A adj. y s.m. LING. Se dice de ciertos verbos y de ciertos tiempos de los mismos que indican un ciclo incompleto de acción, con una duración ilimitada.

IMPERFECTO, A adj. Que tiene defectos, no perfecto: *obra imperfecta.* ⬦ s.m. adj. LING. Denominación aplicada por la Real academia española a cinco tiempos simples de la conjugación verbal: *pretérito imperfecto de indicativo, futuro imperfecto de indicativo, potencial simple o imperfecto, pretérito imperfecto de subjuntivo y futuro imperfecto de subjuntivo.*

IMPERFORACIÓN s.f. MED. Ausencia de orificio en una estructura orgánica que debería poseerlo: *imperforación del ano.*

IMPERIAL adj. Relativo al emperador o al imperio: *dignidad imperial.* ⬦ s.m. Cuba. Cigarro puro de buen tamaño y calidad. ⬦ s.f. Tejadillo o cubierta de las carrozas. **2.** Nivel superior, con asientos, en un carruaje, tranvía, autobús, etc. ⬦ **imperiales** s.m.pl. HIST. Nombre dado a los soldados del Imperio germánico desde el s. XV hasta principios del s. XIX. ⬦ s.f.pl. NUMISM. Monedas que se acuñaron por orden de los emperadores romanos.

IMPERIALISMO s.m. (ingl. *imperialism*). Política de expansión de un estado en el aspecto continental, colonial, marítimo o económico, que tiende a poner a otros estados bajo su dependencia. **2.** Según la teoría marxista, estadio supremo del capitalismo, caracterizado por el dominio de los monopolios, el desarrollo de las sociedades multinacionales y la multiplicación de las formas de guerra. **3.** Tendencia a dominar moralmente el propio entorno.

IMPERIALISTA adj. y s.m. y f. Relativo al imperialismo; persona o estado que lo propugnan.

IMPERICIA s.f. Falta de pericia.

IMPERIO s.m. (lat. *imperium*). Forma de gobierno monárquico cuyo jefe es un emperador. **2.** Nación gobernada por este sistema. **3.** Conjunto importante de territorios que dependen de un mismo gobierno: *imperios coloniales.* **4.** Dignidad, cargo o ejercicio de emperador. **5.** Espacio de tiempo que dura el gobierno de un emperador. ⬦ **Estilo imperio** Estilo artístico desarrollado en Francia en época del Directorio y del Imperio. **Valer un imperio** *Fam.* Ser excelente o de gran mérito.

IMPERIOSO, A adj. Que denota dureza o despotismo o que emplea tono de mando. **2.** Necesario.

IMPERITO, A adj. Que carece de pericia.

IMPERIUM s.m. (voz latina, *poder público*). ANT. ROM. Término que designaba el poder, en el dominio político, jurídico y militar, de quien gobernaba el estado, como el cónsul, el pretor, el dictador y, más tarde, el emperador. (Se oponía a la *potestas* o poder administrativo.)

IMPERMEABILIDAD s.f. Cualidad de impermeable.

IMPERMEABILIZACIÓN s.f. Operación que impermeabiliza una cosa.

IMPERMEABILIZANTE adj. y s.m. Se dice de la sustancia que, al endurecer, forma una película impermeable sobre la superficie de un cuerpo.

IMPERMEABILIZAR v.tr. [7]. Hacer impermeable al agua, a la lluvia, etc.: *impermeabilizar un tejido.*

IMPERMEABLE adj. Se dice del cuerpo que no puede ser atravesado por la humedad o un líquido: *la arcilla es impermeable.* ⬦ s.m. Prenda de abrigo confeccionada con tela impermeable.

IMPERMUTABLE adj. Que no puede permutarse.

IMPERSONAL adj. Que no pertenece o no se aplica a una persona en particular: *la ley es impersonal.* **2.** Poco original, de poca calidad: *un estilo impersonal.* ⬦ adj. y s.m. LING. Se dice del verbo que solo se conjuga en la tercera persona del singular (*llueve, nieva, graniza,* etc.). ⬦ adj. y s.f. LING. Se dice de la oración en que se omite el elemento agente de la acción expresada por el verbo. ⬦ **Modos impersonales** El infinitivo, el gerundio y el participio, llamados así porque no expresan la persona gramatical.

IMPERSONALIDAD s.f. Cualidad de impersonal.

IMPERSONALIZAR v.tr. [7]. Usar como impersonal un verbo.

IMPERTÉRRITO, A adj. Que no se altera o asusta ante circunstancias peligrosas o difíciles: *permanecer impertérrito ante una tragedia.*

IMPERTINENCIA s.f. Cualidad de impertinente. **2.** Palabras o acciones inconvenientes: *escuchar impertinencias.*

IMPERTINENTE adj. y s.m. y f. Que molesta, que no tiene o implica consideración o respeto. **2.** Indiscreto, inoportuno. ⬦ **impertinentes** s.m.pl. Anteojos con mango.

IMPERTURBABILIDAD s.f. Cualidad de imperturbable.

IMPERTURBABLE adj. Que no se altera, que no pierde la tranquilidad o el aplomo.

IMPÉTIGO s.m. (lat. *impetigo, -inis*). Afección contagiosa de la piel, frecuente en los niños, producida por estreptococos y estafilococos y caracterizada por la erupción de vesículas.

IMPETRACIÓN s.f. Acción y efecto de impetrar.

IMPETRAR v.tr. (lat. *impetrare*, lograr). Solicitar algo con ahínco.

IMPETRATORIO, A adj. Que sirve para impetrar.

ÍMPETU s.m. (lat. *impetus, -us,* acción de ir hacia algo). Gran intensidad o fuerza de un movimiento: *el ímpetu de las olas.* **2.** *Fig.* Energía y eficacia con que se realiza algo. SIN.: *impetuosidad.*

IMPETUOSO, A adj. Que se mueve o actúa con ímpetu: *un torrente impetuoso.* ⬦ adj. y s. *Fig.* Apasionado, irreflexivo: *carácter impetuoso.*

IMPIEDAD s.f. Falta de piedad o de religión.

IMPÍO, A adj. y s. Falto de piedad o fe religiosa. **2.** Falto de compasión o piedad: *acción impía.* ⬦ adj. Irreverente: *un robo impío.*

IMPLACABLE adj. (lat. *implacabilis*). Que no se puede aplacar o templar: *ira implacable; huracán implacable.* **2.** Que no se deja ablandar en su rigor.

IMPLANTACIÓN s.f. Acción y efecto de implantar o implantarse: *la implantación de la democracia.* **2.** MED. Intervención consistente en colocar un implante bajo la piel.

IMPLANTAR v.tr. y prnl. (fr. *implanter*). Establecer, instaurar, poner en ejecución doctrinas, instituciones, prácticas o costumbres nuevas. ⬦ v.tr. MED. Realizar una implantación.

IMPLANTE s.m. MED. Sustancia medicamentosa que se introduce en el tejido celular subcutáneo, donde se reabsorbe lentamente.

IMPLEMENTACIÓN s.f. INFORMÁT. Instalación y puesta en marcha, en una computadora, de un sistema de explotación o de un conjunto de programas de utilidad, destinados a usuarios.

IMPLEXO, A adj. Se dice de los poemas épicos en que la fortuna de los héroes experimenta varias vicisitudes.

IMPLICACIÓN s.f. Acción y efecto de implicar: *las implicaciones políticas en un asunto económico.* **2.** LÓG. y MAT. Unión de dos proposiciones por *si... entonces,* del tipo «si es cierto que A = B y B = C, entonces A = C». SIN.: *proposición condicional.*

IMPLICANCIA s.f. Amér. Consecuencia, secuela. **2.** Argent., Chile y Urug. Incompatibilidad o impedimento moral.

IMPLICAR v.tr. y prnl. (lat. *implicare,* envolver en pliegues). [1]. Envolver, enredar, contener: *implicar a otros en un problema.* ⬦ v.tr. *Fig.* Incluir en esencia, contener como consecuencia una cosa: *este propósito implica un arrepentimiento.* ⬦ v.intr. Obstar, envolver contradicción.

IMPLICATORIO, A adj. Que envuelve o contiene en sí implicación.

IMPLÍCITO, A adj. (lat. *implicitus*). Se dice de lo que se entiende incluido en otra cosa sin expresarlo: *condición, voluntad implícita.*

IMPLORACIÓN s.f. Acción y efecto de implorar.

IMPLORANTE adj. Que implora: *lo pidió en actitud implorante.*

IMPLORAR v.tr. (lat. *implorare*). Pedir con ruegos o lágrimas: *implorar perdón.*

IMPLOSIÓN s.f. Irrupción violenta de un fluido en un recinto que se halla a una presión mucho menor que la presión exterior y que, en consecuencia, resulta destruido. **2.** LING. Primera fase de la emisión de una consonante oclusiva, correspondiente al término fonético de intensión.

IMPLOSIVO, A adj. y s.f. LING. Se dice de las consonantes oclusivas que se producen con una cerrazón del canal vocal.

IMPLUME adj. (lat. *implumis,* de *pluma,* pluma). Desprovisto de plumas.

IMPLUVIO o **IMPLÚVIUM** s.m. Estanque situado en el atrio de las casas romanas donde se recogían las aguas de la lluvia.

■ IMPLUVIO

IMPOLARIZABLE adj. Se dice de una pila eléctrica que no puede polarizarse.

IMPOLÍTICO, A adj. Falto de política o tacto.

IMPOLUTO, A adj. Limpio, inmaculado, sin mancha: *niene impoluta; una vida impoluta.*

IMPONDERABILIDAD adj. Cualidad de imponderable.

IMPONDERABLE adj. y s. Que no puede pesarse, medirse o precisarse. **2.** *Fig.* Que excede a toda ponderación o previsión. ◆ s.m. Factor que interviene en la determinación de ciertos acontecimientos, pero cuya influencia es difícil de precisar.

IMPONENCIA s.f. *Chile* y *Colomb.* Cualidad de imponente, grandeza, majestad: *su imponencia admiró a todos los presentes.*

IMPONENTE adj. Que sorprende por alguna cualidad extraordinaria: *una cena imponente; aspecto imponente.* ◆ s.m. y f. Impositor.

IMPONER v.tr. y prnl. (lat. *imponere*) [60]. Obligar a alguien a la aceptación de algo: *imponer condiciones; imponer deberes.* **2.** Infundir respeto o miedo: *su severidad nos impone.* **3.** Poner a alguien el nombre que llevará en lo sucesivo. ◆ v.tr. *Esp.* Poner dinero a crédito o en depósito. ◆ imponerse v.prnl. Predominar, sobresalir: *se han impuesto nuevas modas.* **2.** Hacerse obedecer o respetar: *imponerse a sus subordinados.* **3.** *Méx.* Acostumbrarse. ◇ **imponer las manos** CRIST. Extender el sacerdote las manos sobre una persona o cosa para bendecirla. **Imponer una página** IMPR. Hacer su imposición.

IMPONIBLE adj. Que se puede gravar con impuesto o contribución: *base imponible.*

IMPOPULAR adj. Que no es grato a la multitud, al pueblo o a una comunidad: *una ley impopular.*

IMPOPULARIDAD s.f. Cualidad de impopular: *la impopularidad de una norma fiscal, de un gobierno.*

IMPORTACIÓN s.f. Acción de importar mercancías extranjeras. **2.** Conjunto de mercancías que se importan. ◇ **Importación temporal** Régimen aduanero que permite introducir temporalmente una mercancía en un país, sin pago de los derechos de aduana.

IMPORTADOR, RA adj. y s. Que importa o introduce géneros extranjeros.

IMPORTANCIA s.f. Cualidad de importante: *asunto de importancia; detalles sin importancia; la importancia de saber.* ◇ **Darse importancia** *Fam.* Afectar aires de superioridad o influencia.

IMPORTANTE adj. Que tiene valor o interés: *noticia importante; la cultura es importante; una herida importante.* **2.** Se dice de la persona socialmente considerada: *ser gente importante.*

IMPORTAR v.intr. (lat. *importare,* introducir o llevar dentro). Convenir, interesar, preocupar, hacer al caso, ser de mucha entidad o consecuencia: *sobre todo importa la salud; no me importa acompañarte.* ◆ v.tr. Introducir en un país mercancías procedentes de países extranjeros. **2.** Llegar a tal cantidad el precio de la cosa comprada: *la factura importa cien euros.*

IMPORTE s.m. Cantidad de dinero que vale algo o que cuesta un crédito, deuda o saldo.

IMPORTUNACIÓN s.f. Instancia porfiada y molesta.

IMPORTUNAR v.tr. Incomodar o molestar con una pretensión o solicitud: *importunar a alguien con demandas.*

IMPORTUNIDAD s.f. Cualidad de importuno. **2.** Cosa importuna.

IMPORTUNO, A adj. y s. (lat. *importunus*). Inoportuno: *una visita importuna.* **2.** Indiscreto, molesto, enojoso: *trabajo importuno; estar libre de importunos.*

IMPOSIBILIDAD s.f. Falta de posibilidad. **2.** DER. Enfermedad o defecto que estorba o excusa para una función pública: *imposibilidad física.*

IMPOSIBILITADO, A adj. y s. Tullido, que ha perdido el movimiento del cuerpo o de alguno de sus miembros: *esta imposibilitado de ambas piernas.* SIN.: *impedido.*

IMPOSIBILITAR v.tr. Hacer imposible: *su ignorancia lo imposibilita para ese trabajo.*

IMPOSIBLE adj. No posible: *es imposible saber el futuro.* **2.** Inaguantable, intratable. **3.** *Chile.* Se dice de la persona desaseada o muy sucia. ◆ s.m. Cosa sumamente difícil: *conseguir lo imposible; pedir imposibles.* ◇ **Hacer lo imposible** *Fam.* Emplear todos los medios posibles para conseguir algo.

IMPOSICIÓN s.f. Acción y efecto de imponer o imponerse: *la imposición de una moda; imposición de manos.* **2.** Cantidad que se impone de una vez en cuenta. SIN.: *depósito.* **3.** IMPR. **a.** Colocación de las páginas de composición tipográfica en las formas, observando los blancos establecidos y de manera que el pliego obtenido después de plegada la hoja impresa presente una numeración correlativa. **b.** Cada uno de los lingotes y cuadrados que se utilizan en la confección de la forma de impresión.

IMPOSITIVO, A adj. Que impone o se impone. **2.** Relativo a los impuestos.

IMPOSITOR, RA adj. y s. Que ingresa dinero en una institución bancaria. SIN.: *imponente.*

IMPOSTA s.f. Hilada de sillares, algo voladiza, sobre la que se asienta un arco o una bóveda. **2.** Tablero fijo o durmiente de una puerta o ventana, sobre el que se cierra la hoja.

■ IMPOSTA sobre canecillos (catedral de Lugo).

IMPOSTACIÓN s.f. MÚS. Equilibrio que llega a alcanzar la voz humana en su registro normal, por medio de un trabajo adecuado.

IMPOSTAR v.tr. MÚS. Fijar la voz por medio de una impostación.

IMPOSTERGABLE adj. Que no puede postergarse.

IMPOSTOR, RA adj. y s. Se dice de la persona que se hace pasar por otra. **2.** Que calumnia, que atribuye falsamente a alguien alguna cosa.

IMPOSTURA s.f. Imputación calumniosa. **2.** Engaño con apariencia de verdad.

IMPOTENCIA s.f. Cualidad de impotente. **2.** MED. **a.** Disminución del grado normal de actividad de ciertos órganos o estructuras. **b.** Incapacidad, orgánica o psíquica, del hombre para realizar el acto sexual, a consecuencia de una inhibición que puede darse en cualquiera de las fases de este.

IMPOTENTE adj. Que no tiene potencia o poder para hacer alguna cosa. ◆ adj. y s.m. y f. MED. Afecto de impotencia.

IMPRACTICABLE adj. Que no puede practicarse. **2.** Se dice del camino o lugar por donde es imposible o muy difícil el paso.

IMPRECACIÓN s.f. Expresión exclamativa con que se evidencia el deseo de que a alguien le ocurra algo malo.

IMPRECAR v.tr. (lat. *imprecari,* desear o invocar). [1]. Proferir imprecaciones.

IMPRECATORIO, A adj. Que implica o denota imprecación.

IMPRECISIÓN s.f. Vaguedad, falta de precisión.

IMPRECISO, A adj. Vago, indefinido, no preciso.

IMPREDECIBLE adj. Imprevisto, inesperado.

IMPREGNACIÓN s.f. Acción y efecto de impregnar.

IMPREGNAR v.tr. y prnl. (lat. *impregnare*). Mojar, empapar. **2.** Introducir entre las moléculas de un cuerpo las de otro en cantidad perceptible, sin que haya propiamente mezcla ni combinación.

IMPREMEDITACIÓN s.f. Falta de premeditación.

IMPREMEDITADO, A adj. No premeditado. **2.** Irreflexivo.

IMPRENTA s.f. (cat. *empremta,* impresión o huella). Conjunto de técnicas y artes que concurren en la fabricación de obras impresas. **2.** Establecimiento donde se imprime.

IMPRENTAR v.tr. *Chile.* Planchar los cuellos y solapas, o las perneras de los pantalones, para darles la debida forma. **2.** *Chile.* Coser en la parte inferior de las perneras de los pantalones una tira circular.

IMPRESCINDIBLE adj. Se dice de la persona o cosa de la que no se puede prescindir.

IMPRESCRIPTIBLE adj. DER. Que no puede prescribir.

IMPRESENTABLE adj. Que no es digno de presentarse ni de ser presentado.

IMPRESIÓN s.f. Acción y efecto de imprimir. **2.** Marca, huella o señal que una cosa deja en otra apretándola. **3.** Efecto o sensación que causa en un cuerpo otro extraño. **4.** *Fig.* Efecto especialmente vivo que las cosas causan en el ánimo. **5.** Opinión sobre un hecho, sentimiento, etc. **6.** ART. GRÁF. **a.** Calidad y forma de letra con que está impresa una obra. **b.** Edición. **c.** Obra impresa. *(V. ilustr. pág. siguiente.)*

IMPRESIONABLE adj. Que se impresiona fácilmente.

IMPRESIONANTE adj. Que produce fuerte impresión sobre el ánimo: *escenas de violencia impresionantes.* **2.** Que presenta una importancia, una dimensión, etc., considerables: *una suma de dinero impresionante.*

IMPRESIONAR v.tr. y prnl. Persuadir por un movimiento afectivo. **2.** Conmover hondamente. **3.** Grabar un disco o una cinta magnetofónica. **4.** FOT. Fijar la imagen por medio de la luz en una placa fotográfica.

IMPRESIONISMO s.m. Movimiento pictórico iniciado y desarrollado primeramente en Francia durante el último tercio del s. XIX, y cuya influencia se extendió por buena parte de Europa y América, hasta bien entrado el s. XX. **2.** Tendencia general, en arte, a percibir las impresiones fugitivas, la movilidad de los fenómenos, antes que el aspecto estable y conceptual de las cosas.

ENCICL. B. ART. Los pintores impresionistas, seguidores de Courbet, elegían temas de la realidad contemporánea. Trabajaban en contacto con el modelo y desarrollaron mucho el análisis del aire libre, hasta el punto de hacer de la luz un elemento esencial de su pintura, por

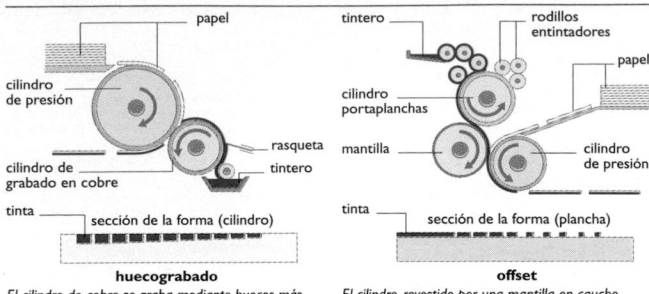

huecograbado

El cilindro de cobre se graba mediante huecos más o menos profundos que retienen la tinta depositada en el papel.

offset

El cilindro, revestido por una mantilla en caucho, recibe el calco de la plancha (la forma) y lo pasa al papel.

tipografía

El cilindro de presión aplica el papel sobre la forma en relieve, que efectúa un movimiento de vaivén bajo los rodillos entintadores.

láser

Sobre el tambor se forma una imagen electrostática, trazada por el rayo láser por atracción de partículas de tóner que, despegadas gracias al campo eléctrico, caen sobre el papel.

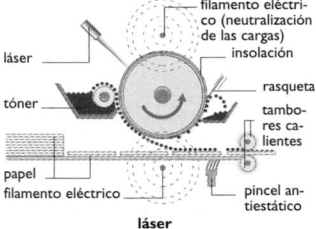

■ **IMPRESIÓN.** El huecograbado (impresión en hueco), el offset (impresión en plano), la tipografía (impresión en relieve) y el láser (impresión electrostática) constituyen los cuatro principales procedimientos utilizados. A la izquierda de cada forma de impresión se encuentran las partes más sombreadas (con más tinta); a la derecha, las partes más claras.

lo que desecharon los colores sombríos y terrosos a favor de colores puros que plasmaban con un trazo muy irregular (influencia de Delacroix y Turner). Pintores de carácter cambiante, vida plácida centrada en vivir el instante, no les interesaba la búsqueda de una belleza ideal y de la esencia eterna de las cosas, que tan importante era para los clásicos y tan descuidada por los pintores académicos. Aunque Manet desempeñó un papel importante en la génesis del nuevo movimiento, los impresionistas en sentido estricto fueron Monet (cuyo cuadro *Impresión, sol del amanecer*, expuesto en 1874, brindó a la crítica la oportunidad de forjar de manera peyorativa el nombre que adoptará la escuela), Pisarro y Sisley, a los que acompañan otros artistas cuyas personalidades evolucionaron de maneras distintas: Renoir, Cézanne, Degas, Cassart, etc. El impresionismo fue un punto de partida para Seurat, maestro del neoimpresionismo, para Gauguin, Toulouse-Lautrec, Van Gogh, así como para numerosos *posimpresionistas*. En España sobresalieron A. de Beruete, D. de Regoyos, S. Rusiñol, R. Casas, J. Mir, J. Vayreda, F. Gimeno, y J. Sorolla. En Hispanoamérica, F. Fadery y M. Malharro en Argentina; J. F. González, C. M. Herrera y P. Planes Viale en Uruguay; J. M. Velasco y J. Clausell en México.

MÚS. El término llegó a la crítica musical hacia 1887, para calificar las obras de Debussy y de todos los compositores preocupados por la percepción subjetiva de los colores sonoros y los ritmos: Ravel, Dukas, Satie, etc. Los músicos impresionistas dieron prioridad a la libertad de la forma, la frase y el lenguaje armónico.

IMPRESIONISTA adj. y s.m. y f. Relativo al impresionismo; partidario del impresionismo político o adscrito al impresionismo artístico.

IMPRESO s.m. (lat. *impressus*). Escrito, signo o estampa reproducido por la imprenta o por otro medio mecánico. **2.** Papel con algún destino especial en el que van impresas ciertas demandas a las que hay que responder por escrito: *un impreso para la declaración de renta.* **3.** Objeto postal impreso que se expide en condiciones especiales de franqueo y distribución.

IMPRESOR, RA adj. Que imprime. **2.** Relativo a la imprenta. ◆ s. Propietario de una imprenta. **2.** Persona que tiene por oficio imprimir textos o ilustraciones en una imprenta.

IMPRESORA s.f. Periférico de una computadora, constituido por una máquina que permite la salida de resultados escritos sobre papel.

IMPREVISIBLE adj. Que no puede preverse.

IMPREVISIÓN s.f. Falta de previsión. ◇ **Teoría de la imprevisión** DER. Teoría elaborada por los tribunales administrativos, según la cual las cláusulas financieras de un contrato de larga duración pueden ser revisadas en razón de una alteración imprevisible de la situación económica, especialmente de una guerra.

IMPREVISTO, A adj. Que ocurre sin haber sido previsto o sin haber contado con ello. ◆ s.m. Gasto no previsto.

IMPRIMACIÓN s.f. Acción y efecto de imprimar. **2.** Conjunto de ingredientes con que se imprima.

IMPRIMAR v.tr. Preparar con los ingredientes necesarios las cosas o superficies que se han de pintar o teñir. **2.** Colomb. y Perú. Cubrir la superficie no pavimentada de una carretera con un material asfáltico para evitar el polvo y la erosión.

IMPRIMÁTUR s.m. (lat. *imprimatur*, sea impreso). Permiso para la edición de una obra, dado por la autoridad eclesiástica.

IMPRIMIR v.tr. (lat. *imprimere*). [52]. Estampar o dejar huella por medio de la presión. **2.** Publicar, editar. **3.** Comunicar un movimiento o influencia a una cosa. **4.** Dejar en el ánimo una impresión fuerte. **5.** ART. GRÁF. Trasladar a un papel, tela, etc., caracteres o dibujos grabados en clichés o formas de impresión impregnados de tinta: *imprimir un libro.*

IMPROBABILIDAD s.f. Cualidad de improbable.

IMPROBABLE adj. Poco probable o inseguro.

IMPROBIDAD s.f. Falta de probidad.

ÍMPROBO, A adj. (lat. *improbus*). Falto de probidad. **2.** Se dice del esfuerzo, trabajo, etc., excesivo y continuado.

IMPROCEDENCIA s.f. Cualidad de improcedente.

IMPROCEDENTE adj. No conforme a derecho: *despido improcedente.* **2.** Inadecuado, extemporáneo: *conducta improcedente.*

IMPRODUCTIVO, A adj. Se dice de lo que no produce.

IMPROMPTU s.m. (lat. *in promptu*, de pronto). MÚS. Pieza musical de carácter y forma indeterminados que aparece en el repertorio pianístico en la época romántica.

IMPRONTA s.f. (ital. *impronta*). Reproducción de imágenes en hueco o en relieve, en cualquier materia blanda o dúctil. **2.** *Fig.* Señal o carácter peculiar. **3.** ETOL. Forma de aprendizaje establecida genéticamente, por la que un animal es capaz de aprender un determinado comportamiento durante un espacio limitado de tiempo.

IMPRONUNCIABLE adj. Que no puede pronunciarse o resulta muy difícil de pronunciar.

IMPROPERIO s.m. (lat. *improperium*). Injuria de palabra, especialmente la empleada para echar en cara algo. **2.** Cada uno de los objetos que figuran en la representación de la pasión y muerte de Jesucristo.

IMPROPIEDAD s.f. Cualidad de impropio. **2.** Falta de propiedad en el lenguaje.

IMPROPIO, A adj. No adecuado.

IMPRORROGABLE adj. Que no puede prorrogarse.

IMPROSULTO, A adj. Chile. Sinvergüenza, descarado. **2.** Hond. Malo, inútil.

IMPROVISACIÓN s.f. Acción de improvisar. **2.** Obra o composición improvisada.

IMPROVISAR v.tr. Hacer algo sin haberlo preparado de antemano: *improvisar un discurso.* **2.** Preparar en poco tiempo algo cuando no se dispone de suficientes medios.

IMPROVISO, A adj. Que no se prevé o previene. ◇ **De improviso** Sin prevención ni previsión.

IMPRUDENCIA s.f. Falta de prudencia. **2.** Acción imprudente. **3.** Indiscreción.

IMPRUDENTE adj. y s.m. y f. Que no tiene prudencia.

IMPÚBER adj. y s.m. y f. (lat. *impubes, -eris*). Que no ha alcanzado todavía la pubertad.

IMPUBERTAD s.f. Condición de impúber.

IMPUDICIA o **IMPUDICICIA** s.f. Deshonestidad.

IMPÚDICO, A adj. Deshonesto, falto de pudor.

IMPUDOR s.m. Falta de pudor y de honestidad. **2.** Cinismo, desvergüenza en defender o practicar cosas inmorales.

IMPUESTO s.m. Prestación pecuniaria requerida a los particulares por vía de autoridad, a título definitivo y sin contrapartida, con el fin de cubrir los gastos públicos. ◇ **Impuesto directo** Impuesto percibido directamente por la administración sobre la renta de las personas físicas y sobre los beneficios industriales y comerciales. **Impuesto indirecto** Impuesto percibido, especialmente, sobre los bienes de consumo, por ejemplo los carburantes. **Impuesto progresivo** Impuesto en el cual el tipo de gravamen crece a medida que la materia imponible. **Impuesto proporcional** Impuesto en el cual el tipo de gravamen sobre la base imponible permanece constante. **Impuesto revolucionario** Pago que algunas organizaciones terroristas exigen mediante chantaje. **Impuesto sobre el valor añadido** (IVA) Tributo básico de la imposición indirecta, que incide sobre el consumo y se exige con ocasión de las transacciones, entrega de bienes y prestaciones de servicios, realizadas en el desarrollo de una actividad empresarial o profesional, así como en las importaciones de bienes. **Impuesto sobre la renta de las personas físicas** (IRPF) Tipo de gravamen que ha de pagar cada año a la hacienda pública una persona por el conjunto de sus ingresos.

IMPUGNACIÓN s.f. Acción y efecto de impugnar.

IMPUGNAR v.tr. (lat. *impugnare*). Contradecir, combatir, refutar.

IMPULSAR v.tr. y prnl. Impeler, dar empuje para producir movimiento. **2.** *Fig.* Constituir la causa de un obrar. **3.** *Fig.* Aumentar la actividad de algo.

◾ EL IMPRESIONISMO

La primera conquista de estos pintores, nacidos en torno
a los años 1835-1840, es incorporar la espontaneidad
de las sensaciones experimentadas trabajando con luz
natural y al aire libre. El impresionismo se libera
de convenciones tradicionales, como la iluminación
en el taller, la perspectiva y el dibujo. Así, las formas
y las distancias se sugieren mediante el dinamismo
y el contraste entre colores, y el tema se trata
atendiendo a la atmósfera luminosa que lo envuelve
y a las sucesivas variaciones que experimenta.

Auguste Renoir. *La Grenouillère* (1869). Las pinturas realizadas por Monet
y Renoir en el embarcadero del balneario La Grenouillère en la isla
de Croissy, en el río Sena, se suelen considerar como las primeras obras
impresionistas. Esta versión se caracteriza por un trazo espontáneo esbozado
con extrema simplicidad, un magistral tratamiento de la luz y unos reflejos
móviles sugeridos mediante dinámicas pinceladas. (Col. O. Reinhart, Winterthur.)

Camille Pissarro. *Escarcha* (1873). El artista continúa
la tradición paisajista de la escuela de Barbizon, pero elige un
paisaje anodino cerca de Pontoise para concentrarse en el efecto
luminoso del conjunto, expresado en un centelleo cromático
conseguido mediante la yuxtaposición de colores claros
dispuestos en pinceladas irregulares. (Museo de Orsay, París.)

Alfred Sisley. *La inundación de Port-Marly* (1876). Los reflejos
del agua transforman la realidad cotidiana en muchas telas
impresionistas, como se aprecia en este tema de las inundaciones
del Sena repetidamente tratado por el artista inglés.
(Museo de Orsay, París.)

Claude Monet. *La estación de Saint-Lazare*
(1877). Junto con las fábricas
y las instalaciones portuarias pintadas
por Pissarro, la serie que Claude Monet
dedicó a la estación parisina constituye
una de las principales incursiones de los
impresionistas en los aspectos «técnicos»
de la vida moderna, aunque prevalece
por encima de todo un efecto
de instantánea atmosférica.
(Museo de Orsay, París.)

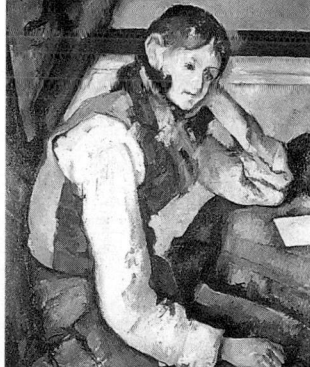

Edgar Degas. *Bailarinas azules,* (h. 1890).
El tema de las bailarinas esperando
tras las bambalinas de la Ópera constituye
el pretexto para un poema pictórico
en el que el artista, además de representar
con dinámicas líneas entrecruzadas
las poses de las bailarinas, juega
con la intensidad de los colores
complementarios azul y anaranjado
que llenan la tela y relega la perspectiva
a un papel secundario. (Museo de Orsay, París.)

Paul Cézanne. *El muchacho del chaleco rojo*
(h. 1890-1895). La voluntad constructiva del
pintor y su búsqueda de una síntesis formal
en las dos dimensiones del lienzo nos
introducen de lleno en el arte del s. XX, más
allá del impresionismo, que este artista quería
convertir en «algo sólido [...] como el arte
de los museos». (Fundación Bührle, Zurich.)

IMPULSIÓN s.f. Impulso.

IMPULSIVIDAD s.f. Condición de impulsivo.

IMPULSIVO, A adj. Se dice de lo que impele o puede impeler. **2.** Se dice de la persona vehemente, que habla o procede de modo irreflexivo y sin cautela.

IMPULSO s.m. (lat. *impulsus, -us*). Acción y efecto de impeler o impulsar. **2.** Deseo, motivo o pensamiento que mueve a hacer algo. **3.** Grupo de oscilaciones de frecuencia muy elevada, utilizada en electrónica, que se suceden periódicamente en el tiempo. ◇ **Impulso de una fuerza** Producto de la intensidad de esta fuerza por el tiempo durante el cual actúa. **Impulso nervioso** Fenómeno de naturaleza eléctrica por el cual la excitación de una fibra nerviosa se transmite por el nervio.
ENCICL. El impulso nervioso es *centrífugo* cuando va desde los centros nerviosos hacia los órganos (nervios motores), y *centrípeto* cuando va desde los órganos hacia los centros nerviosos (nervios sensitivos). Este impulso está propulsado a lo largo de la membrana de elementos nerviosos por medio de *corrientes de acción* debidas a fenómenos de polarización y despolarización en que el ión sodio desempeña un papel fundamental. La velocidad de propagación del impulso es de 10 a 100 m/s, según los nervios o especies iónicas de que se trate.

IMPUNE adj. (lat. *impunis*). Que queda sin castigo.

IMPUNIDAD s.f. Cualidad de impune.

IMPUREZA s.f. Cualidad de impuro. **2.** Mezcla de partículas extrañas a un cuerpo o materia.

IMPURIFICAR v.tr. y prnl. [1]. Causar impureza.

IMPURO, A adj. No puro. ◇ **Espíritus impuros** Los demonios.

IMPUTABILIDAD s.f. Cualidad de imputable. **2.** DER. Posibilidad de considerar a alguien autor de una infracción.

IMPUTACIÓN s.f. Acción de imputar. ◇ **Imputación racional** CONTAB. Sistema de cálculo del precio de costo en el que se contabilizan los gastos fijos en proporción a su utilización para la producción o la venta.

IMPUTADO, A adj. y s. DER. Se dice de la persona a la que se atribuye un delito o falta.

IMPUTAR v.tr. (lat. *imputare*). Atribuir a otro una culpa, delito o acción. **2.** CONTAB. Afectar a una cuenta los hechos económicos en atención a su origen, naturaleza y destino.

1. IN, prefijo de origen latino, que indica supresión o negación: *inanimado;* o que tiene el valor de *dentro, sobre: infiltrar.* (Adopta la forma *im* delante de *b* o *p,* y la forma *i* ante *l* o *r: ileso, improductivo.*)

2. IN adj. (voz inglesa). Que es de gran actualidad o está de moda.

INABARCABLE adj. Que no puede abarcarse.

INABORDABLE adj. Que no puede abordarse.

INACABABLE adj. Que parece no tener fin, o que se retarda este con exceso.

INACABADO, A adj. Que no está acabado: *sinfonía inacabada.*

INACCESIBILIDAD s.f. Cualidad de inaccesible.

INACCESIBLE adj. No accesible.

INACCIÓN s.f. Falta de acción, ociosidad.

INACENTUADO, A adj. LING. Que no se acentúa, átono.

INACEPTABLE adj. Que no puede aceptarse o creerse.

INACTÍNICO, A adj. FÍS. Se dice de la luz que no ejerce acción química.

INACTIVACIÓN s.f. Acción o efecto de inactivar o inactivarse. **2.** BIOL. Destrucción del poder patógeno de una sustancia o de un microorganismo.

INACTIVAR v.intr. Hacer perder la actividad. ◆ **inactivarse** v.prnl. Perder una sustancia su actividad total o temporal.

INACTIVIDAD s.f. Falta de actividad.

INACTIVO, A adj. Sin acción, movimiento o actividad.

INADAPTABILIDAD s.f. Cualidad de inadaptable.

INADAPTACIÓN s.f. Falta de adaptación. **2.** GEOMORFOL. En una región, ausencia de relación entre el trazado de los cursos de agua y la estructura del relieve.

INADAPTADO, A adj. y s. Se dice de la persona que no está adaptada a ciertas circunstancias o a la sociedad.

INADECUADO, A adj. No adecuado.

INADMISIBLE adj. Que no puede admitirse, tolerarse o creerse.

INADVERTENCIA s.f. Imprevisión, distracción, ignorancia.

INADVERTIDO, A adj. Se dice de la persona que no advierte algo que debiera o no está preparado para ello. **2.** No advertido o notado.

IN AETÉRNUM loc.adv. (lat. *in aeternum*). Indefinidamente, para siempre.

INAGOTABLE adj. Que no puede agotarse.

INAGUANTABLE adj. Que no puede aguantarse.

INALÁMBRICO, A adj. Se dice de la comunicación realizada mediante ondas electromagnéticas: *telégrafo inalámbrico.* ◆ adj. y s.m. Se dice del teléfono fijo convencional cuyo auricular no está conectado mediante hilos conductores con la base.

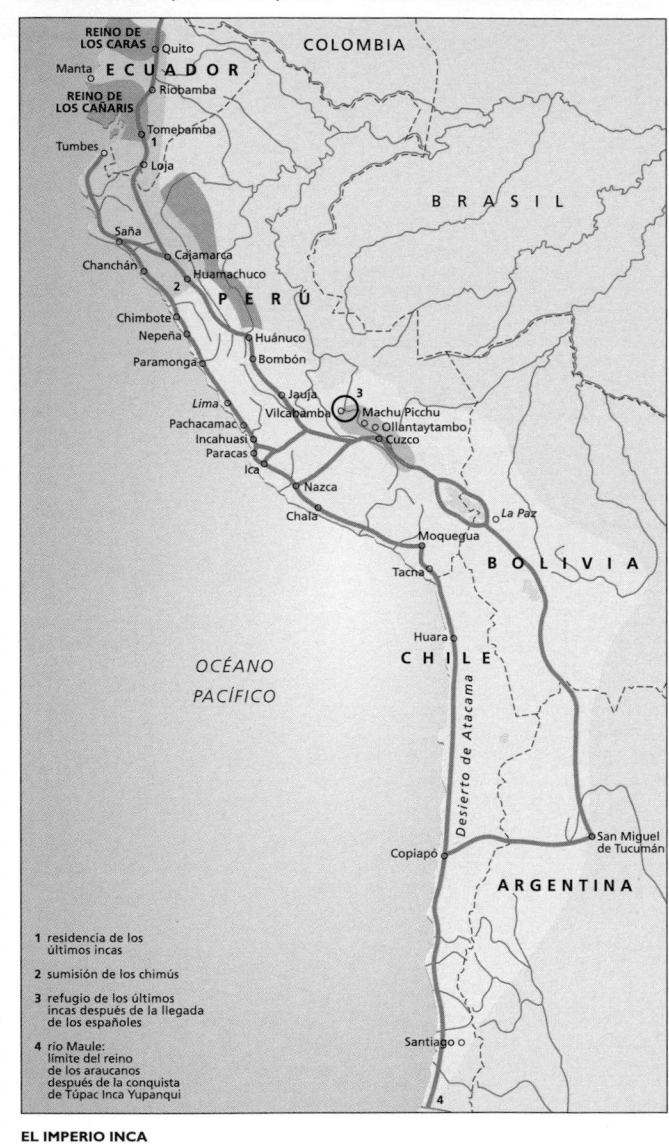

1 residencia de los últimos incas

2 sumisión de los chimús

3 refugio de los últimos incas después de la llegada de los españoles

4 río Maule: límite del reino de los araucanos después de la conquista de Túpac Inca Yupanqui

EL IMPERIO INCA

Principio de organización durante el reinado de Inca Roca (principios s. XIV)

Conquista de Pachacuti (1438-1463)

Conquista de Pachacuti y Túpac Inca Yupanqui (1463-1471): sumisión del reino chimú

Conquista durante el reinado de Túpac Inca Yupanqui (1471-1493)

Conquista durante el reinado de Huayna Cápac (1493-1525): emperador del Norte en Tomebamba, mientras su hijo lo era en Cuzco

Fronteras internacionales actuales

Calzadas incas

■ LA CULTURA INCA

Los incas realizaron obras de arquitectura e ingeniería asombrosas por su envergadura y sólida construcción. La arquitectura, esencialmente utilitaria, se caracteriza por la extraordinaria habilidad en el trabajo de la piedra. Aunque no destacaron en la cerámica o el vestido, en las que sí brillaron otros pueblos, los cronistas hablaron con admiración de sus trabajos de orfebrería, de los que se han conservado muy pocos, ya que la codicia de los conquistadores les llevó a fundir las piezas para convertirlas en lingotes.

Orfebrería.
Figurilla masculina de oro. (Museo de América, Madrid.)

Vaso aríbalo. Terracota policromada
(Museo británico, Londres.)

Machu Picchu. Reloj solar inca.

Sacsahuamán. El edificio circular en el interior de la fortaleza.

Pisac. Vista parcial del barrio sagrado de la ciudad (1400-1532).

IN ALBIS loc.adv. (voces latinas, *en blanco*). Sin comprender nada. **2.** Sin lograr lo que se esperaba.

INALCANZABLE adj. Que no se puede alcanzar: *un ideal inalcanzable.*

INALIENABILIDAD s.f. DER. Cualidad de inalienable.

INALIENABLE adj. Que no puede enajenarse. **2.** DER. Se dice de los bienes que se encuentran fuera del comercio, por disposición legal, obstáculo natural o convención.

INALTERABLE adj. Que no se altera.

INAMBÚ s.m. Ave de unos 40 cm, de plumaje amarillo rojizo, con franjas negras, que vive en América Meridional. (Familia tinámidos.)

INAMISIBLE adj. Que no puede perderse.

INAMOVIBLE adj. Que no puede moverse. **2.** DER. Que no puede ser destituido o trasladado por vía administrativa.

INAMOVILIDAD s.f. DER. Garantía acordada a determinados titulares de funciones públicas, especialmente magistrados, de conservar el ejercicio de estas funciones o de no ser separados de ellas más que por procedimientos particulares.

INANE adj. (lat. *inanis*, vacío). Vano, fútil, inútil: *pretextos inanes.* **2.** MED. Que padece inanición.

INANICIÓN s.f. Estado patológico de desnutrición producido por la falta total o parcial de alimentos.

INANIMADO, A adj. (lat. tardío *inanimatus*). Que no tiene vida: *objeto inanimado.* **2.** Desmayado. ◇ **Género inanimado** LING. Género gramatical que, en ciertas lenguas, corresponde al neutro.

INAPELABLE adj. Se dice de la sentencia, auto, fallo o resolución contra los que no puede apelarse. **2.** *Fig.* Irremediable, inevitable.

INAPETENCIA s.f. Disminución o falta de apetito.

INAPETENTE adj. Que no tiene hambre.

INAPLAZABLE adj. Que no puede aplazarse.

INAPLICABLE adj. Que no puede aplicarse.

INAPRECIABLE adj. Que no puede apreciarse o distinguirse. **2.** Que no puede valorarse materialmente.

INAPRENSIBLE adj. Que no puede agarrarse o asirse. **2.** *Fig.* Que no puede captarse por demasiado sutil.

INARMÓNICO, A adj. Falto de armonía.

INARRUGABLE adj. Que no se arruga: *tejido inarrugable.*

INARTICULADO, A adj. No articulado. **2.** LING. Se dice del sonido no articulado, como el grito.

IN ARTÍCULO MORTIS loc.adv. (lat. *in artículo mortis*, en el artículo [hora] de la muerte). En peligro inminente de muerte: *testar in artículo mortis.* ◇ **Matrimonio in artículo mortis** El que se celebra cuando uno de los contrayentes está en peligro de muerte.

INASEQUIBLE adj. Que no es asequible.

INASIBLE adj. Que no puede asirse.

INASISTENCIA s.f. Falta de asistencia.

INASTILLABLE adj. Se dice de un vidrio especial cuya rotura no produce fragmentos agudos y cortantes.

INATACABLE adj. Que no puede atacarse.

INAUDIBLE adj. Que no se puede oír. **2.** Que no se puede oír bien: *murmullos inaudibles.*

INAUDITO, A adj. *Fig.* Se dice de lo que sorprende o extraña por resultar inverosímil o extraordinario.

INAUGURACIÓN s.f. Acto de inaugurar. **2.** Ceremonia por la que oficialmente se procede a la puesta en servicio de una instalación, edificio, etc.

INAUGURAL adj. Que inaugura: *ceremonia inaugural.*

INAUGURAR v.tr. (lat. *inaugurare*, observar los agüeros o consagrar un local). Abrir solemnemente un establecimiento público, o estrenar un monumento u obra. **2.** Dar principio a una cosa. **3.** *Fig.* Señalar el principio de algo: *inaugurar una moda.*

INCA adj. y s.m. y f. De un pueblo amerindio de lengua quechua, originario del lago Titicaca, que en la época prehispánica constituyó un importante imperio que se extendía desde el S de Colombia, por Ecuador, Perú y Bolivia, al NO de Argentina y el norte y centro de Chile. ◆ s.m. Denominación que se daba al soberano que los gobernaba. **2.** Moneda de oro de la república del Perú.

ENCICL. Los incas vivían en clanes (ayllu) y practicaban una agricultura comunitaria (papa, maíz); la tierra era propiedad del inca, soberano absoluto de origen divino, y estaba repartida entre este, los sacerdotes y el pueblo; los campesinos recibían parcelas en función de sus necesidades. Entre los ss. XII y XIII se inicia un período legendario, que abarca los ocho primeros soberanos: Manco Cápac, Sinchi Roca, Lloque Yupanqui, Mayta Cápac, Cápac Yupanqui, Inca Roca, Yahuar Huacac y Hatun Túpac Inca (Viracocha Inca). En 1438, con Pachacutec Inca Yupanqui (Pachacuti), se inicia el imperio histórico. Túpac Inca Yupanqui (1471-1493) prosiguió la expansión hacia Ecuador, Chile y Tucumán, y su hijo Tuti Cusi Hualpa o Huayna Cápac (1493-1525) consolidó la estructura administrativa del imperio, conquistado en 1533 por Pizarro, que ejecutó al inca Atahualpa. Túpac Amaru aspiró al trono hasta su ejecución en 1572. En el s. XVIII, la revuelta campesina de José Gabriel Condorcanqui (Túpac Amaru II), ejecutado en 1781, reivindicó el esplendor inca.

La forma artística más importante del imperio inca fue la arquitectura. Destaca la ciudad de Cuzco, con el Coricancha y la fortaleza de Sacsahuamán, así como Ollantaytambo, Pisac y Machu Picchu. Los principales dioses eran Inti (el Sol) y Viracocha, el creador del mundo y dios civilizador.

INCAICO, A adj. Relativo a los incas.

INCALCULABLE adj. Que no puede calcularse por ser demasiado numeroso o grande.

INCALIFICABLE adj. Que no puede calificarse. **2.** Muy vituperable.

INCANDESCENCIA s.f. Estado de un cuerpo que emite luz por elevación de su temperatura. **2.** *Fig.* Ardor, efervescencia.

INCANDESCENTE adj. Que está en incandescencia.

INCANSABLE adj. Que resiste mucho el cansancio o que no se cansa.

INCAPACIDAD s.f. Cualidad de incapaz. **2.** DER. Carencia de capacidad legal para disfrutar de un derecho o para ejercerlo sin asistencia o autorización. ◇ **Incapacidad para el trabajo** Estado de una persona a quien un accidente o una enfermedad impiden trabajar.

INCAPACITADO, A adj. DER. Se dice, especialmente en el orden civil, de los locos, pródigos, sordomudos, iletrados y reos que sufren pena de interdicción.

INCAPACITAR v.tr. Ser causa de que alguien o algo sea incapaz. **2.** DER. **a.** Declarar la falta de capacidad civil de personas mayores de edad. **b.** Decretar la carencia, en una persona, de las condiciones legales para un cargo público.

INCAPAZ adj. Que no tiene capacidad para una cosa. **2.** Falto de aptitud para algo. **3.** *Fig.* Falto de talento. **4.** DER. Se dice de la persona que carece de aptitud legal para ciertos actos.

INCARCERACIÓN s.f. MED. Retención, bloqueo o aprisionamiento anómalo de un órgano o de parte de él.

INCARDINACIÓN s.f. Acción y efecto de incardinar.

INCARDINAR v.tr. y prnl. (bajo lat. *incardinare*). Admitir un obispo como súbdito propio a un eclesiástico de otra diócesis.

INCASABLE adj. Se dice de la persona que por sus cualidades difícilmente podría hallar cónyuge.

INCAUTACIÓN s.f. Acción y efecto de incautarse.

INCAUTARSE v.prnl. (bajo lat. hispánico *incautare*, fijar una pena pecuniaria). Tomar posesión una autoridad competente de dinero o bienes de otra clase. **2.** Apoderarse de algo arbitrariamente.

INCAUTO, A adj. y s. Falto de malicia y fácil de engañar.

INCENDIAR v.tr. y prnl. Provocar un incendio.

INCENDIARIO, A adj. y s. Se dice de la persona que provoca un incendio intencionadamente. ◆ adj. Se dice del artefacto destinado a incendiar o que puede causar un incendio: *proyectil incendiario.* **2.** *Fig.* Que pretende subvertir el orden establecido y alterar los ánimos del público: *discurso incendiario.*

INCENDIO s.m. (lat. *incendium*). Fuego grande que quema cosas no destinadas a quemarse.

INCENSAR v.tr. [10]. Dirigir el humo del incienso que despide el incensario hacia alguien o algo durante las ceremonias religiosas. **2.** *Fig.* Adular, lisonjear.

INCENSARIO s.m. Brasero pequeño colgado de unas cadenas donde se quema el incienso durante las ceremonias religiosas.

INCENTIVAR v.tr. Estimular con un incentivo a alguien o algo: *incentivar la economía.*

INCENTIVO s.m. y adj. Estímulo que reactiva algo o mueve a alguien a hacer algo.

INCERTIDUMBRE s.f. Falta de certidumbre. ◇ **Principio de incertidumbre** Principio de indeterminación.

INCESANTE adj. Que no cesa. **2.** *Fig.* Repetido, frecuente.

INCESTO s.m. (lat. *incestus, -us*). DER. Relaciones sexuales entre personas consanguíneas o afines, a quienes la ley prohíbe contraer entre sí matrimonio válido.

INCESTUOSO, A adj. Relativo al incesto. ◆ adj. y s. Que comete incesto.

INCIDENCIA s.f. Acción de incidir. **2.** Incidente. **3.** ECON. Determinación de la persona o del grupo social que soporta final y realmente el impuesto. ◇ **Ángulo de incidencia** Ángulo formado por la dirección de un cuerpo en movimiento o de un rayo luminoso con la normal a una superficie en el punto de encuentro. **Punto de incidencia** Punto de encuentro de un cuerpo en movimiento o de una radiación con una superficie.

INCIDENTAL adj. Que constituye un incidente. **2.** Que tiene poca importancia.

INCIDENTE adj. Que incide: *rayo incidente.* ◆ s.m. Hecho o suceso que se produce en el transcurso de algo y que influye en su desarrollo. **2.** DER. Cuestión, distinta de la principal, que surge en el desarrollo de un proceso.

1. INCIDIR v.intr. Caer o incurrir en una falta o error: *incidir en los mismos fallos.* **2.** Llegar algo, especialmente un proyectil o un rayo de luz, a una superficie: *la flecha incide en el blanco.* **3.** Ocurrir o acontecer algo.

2. INCIDIR v.intr. Cortar, romper, separar. **2.** MED. Hacer una incisión.

INCIENSO s.m. (lat. *incensum*). Resina aromática, extraída principalmente de varias especies del género *Boswellia* (familia terebintáceas) originarias de Arabia y Abisinia, que desprende un olor fuerte y agradable cuando se quema. **2.** Mezcla de sustancias resinosas que despiden buen olor cuando se queman. **3.** *Fig.* Adulación, lisonja.

INCIERTO, A adj. Poco seguro. **2.** Impreciso, borroso. **3.** Desconocido o dudoso. **4.** TAUROM. Se dice del toro que mira todos los bultos, sin concentrar su atención en uno.

INCINERACIÓN s.f. Acción y efecto de incinerar.

INCINERADOR, RA adj. y s. Se dice del aparato o instalación destinado a incinerar.

INCINERAR v.tr. (lat. *incinerare*). Reducir algo a cenizas, especialmente un cadáver.

INCIPIENTE adj. (lat. *incipiens, -tis*). Que empieza.

ÍNCIPIT s.m. (lat. *incipit*, [aquí] comienza). Término con el que se designa las primeras palabras de un documento antiguo, que constituyen su referencia bibliográfica.

INCIRCUNCISO, A adj. No circuncidado.

INCISIÓN s.f. (lat. *incisio, -onis*). Corte hecho con instrumento cortante: *efectuar una incisión con el bisturí.* **2.** AGRIC. Operación que consiste en separar un trozo de corteza de una rama.

INCISIVO, A adj. Que sirve para abrir o cortar. **2.** *Fig.* Punzante, mordaz. ◆ s.m. y adj. Diente de los mamíferos, generalmente aplastado y cortante, de una sola raíz y situado en la parte anterior de cada uno de los maxilares.

INCISO, A adj. (lat. *incisus, -isa*). Que tiene incisiones: *cerámica incisa.* **2.** Se dice del estilo de escritura que se caracteriza por la utilización de cláusulas breves y sueltas. ◆ s.m. Comentario que se intercala en un discurso y se aparta del tema principal. **2.** Oración que se intercala en otra para introducir una explicación.

INCISORIO, A adj. Que corta o puede cortar.

INCITACIÓN s.f. Acción y efecto de incitar.

INCITANTE adj. Incitador. **2.** Atractivo, estimulante.

INCITAR v.tr. (lat. *incitare*). Estimular a alguien a hacer algo.

INCITATIVO, A adj. y s.m. Que incita o tiene virtud de incitar.

INCIVIL adj. Que no tiene civismo. **2.** Que no tiene educación o cortesía.

INCIVILIDAD s.f. Cualidad de incivil.

INCLEMENCIA s.f. Cualidad de inclemente. **2.** *Fig.* Estado de la atmósfera que se caracteriza por unas condiciones muy duras.

INCLEMENTE adj. Que no tiene clemencia.

INCLINACIÓN s.f. Acción y efecto de inclinar o inclinarse. **2.** Reverencia que se hace con la cabeza o el cuerpo en señal de respeto y cortesía. **3.** *Fig.* Afición a algo o afecto que se siente por alguien: *inclinación a la lectura; inclinación por los niños.* **4.** Dirección que una línea o superficie tiene con relación a otra línea o superficie, especialmente cuando es horizontal o vertical. **5.** ASTRON. **a.** Ángulo formado por el plano de la órbita de un planeta con el plano de la eclíptica. **b.** Ángulo formado por el plano de la órbita de un satélite artificial con un plano de referencia, en general el plano ecuatorial del astro alrededor del cual gravita. ◇ **Inclinación magnética** Ángulo que forma con el plano horizontal una aguja imantada suspendida libremente por su centro de gravedad.

INCLINAR v.tr. y prnl. (lat. *inclinare*). Desviar una cosa de la posición vertical u horizontal formando un ángulo. **2.** Doblegar el tronco o bajar la cabeza. ◆ v.tr. *Fig.* Influir sobre alguien para que actúe de una determinada manera. ◆ **inclinarse** v.prnl. Tender a algo.

INCLINÓMETRO s.m. Aparato que sirve para medir la pendiente de un terreno o una capa geológica.

ÍNCLITO, A adj. (lat. *inclitus*). Ilustre, esclarecido.

INCLUIR v.tr. (lat. *includere*). [88]. Poner una cosa dentro de otra. **2.** Contener una cosa otra cosa. **3.** Hacer que una persona o una cosa forme parte de un grupo.

INCLUSA s.f. (de *La Inclusa*, casa de expósitos de Madrid). Establecimiento donde se recoge y cría y educa a niños huérfanos, abandonados o de padres incapacitados.

INCLUSERO, A adj. y s. Que se cría o se ha criado en una inclusa.

INCLUSIÓN s.f. Acción y efecto de incluir. **2.** Cosa incluida en otra u otras. **3.** Partícula, metálica o no, que altera las propiedades físicas, mecánicas o químicas de un metal, de una aleación o de un medio cristalino. **4.** MAT. Propiedad de un conjunto A por la que todos sus elementos forman parte de otro conjunto B. (Se expresa por la notación A ⊂ B, que se lee *A está incluido en B*.) ◇ **Inclusión dentaria** Déficit de desarrollo de una pieza dentaria, que permanece en el interior del maxilar.

INCLUSIVE adv.m. Incluido. (Se usa pospuesto a una palabra.)

INCLUSIVO, A adj. Que incluye o puede incluir algo.

INCLUSO, A adj. Incluido. ◆ adv.m. Con inclusión de: *perdonó a todos, incluso a sus enemigos.*

INCOACIÓN s.f. Acción de incoar.

INCOAR v.tr. (lat. *incohare*). Comenzar algo, especialmente un sumario, pleito, proceso, expediente o alguna otra actuación oficial.

INCOATIVO, A adj. Que sirve para incoar. **2.** LING. Se dice del aspecto verbal que indica el inicio de una acción.

INCOERCIBLE adj. Que no puede ser coercido. **2.** MED. Se dice del accidente patológico, especialmente un vómitos o una hemorragia, de gran intensidad y que no puede contenerse.

INCÓGNITA s.f. Cosa que se desconoce y se quiere averiguar. **2.** MAT. Variable de una ecuación o inecuación.

INCÓGNITO, A adj. (lat. *incognitus*, de *cognitus*, conocido). Desconocido. ◆ s.m. Situación de la persona, especialmente famosa, que no quiere ser reconocida.

INCOGNOSCIBLE adj. Que no se puede conocer.

INCOHERENCIA s.f. Cualidad de incoherente. **2.** Dicho o hecho incoherente. **3.** FÍS. Característica de un conjunto de vibraciones que no presentan diferencia de fase constante entre ellas.

INCOHERENTE adj. Que no tiene coherencia. **2.** FÍS. Que tiene incoherencia.

INCOLORO, A adj. Que no tiene color.

INCÓLUME adj. (lat. *incolumis*). *Poét.* Que no ha sufrido ningún daño.

INCOLUMIDAD s.f. Estado o cualidad de incólume.

INCOMBUSTIBLE adj. Que no se puede quemar: *material incombustible.*

INCOMIBLE adj. Que no se puede comer porque está mal preparado o tiene mal sabor.

INCOMODAR v.tr. y prnl. Causar incomodidad o molestia.

INCOMODIDAD s.f. Cualidad de incómodo. **2.** Cosa que no hace la vida más fácil, ni hace sentirse más cómodo ni facilita la estancia en un lugar o la realización de ciertas tareas.

INCÓMODO, A adj. Que no proporciona comodidad, bienestar o descanso. **2.** Que no está a gusto, que se siente cohibido.

INCOMPARABLE adj. Que no tiene o no admite comparación.

INCOMPARECENCIA s.f. Hecho de no comparecer.

INCOMPATIBILIDAD s.f. Cualidad de incompatible: *incompatibilidad de caracteres.* **2.** DER. Imposibilidad legal de ejercer simultáneamente determinadas funciones. **3.** Imposibilidad de que un sistema de ecuaciones tenga solución. **4.** MED. Imposibilidad de mezclar o de administrar simultáneamente dos o más medicamentos por el riesgo de modificar su acción o de aumentar su toxicidad.

INCOMPATIBLE adj. Que no puede existir, ocurrir o hacerse al mismo tiempo que otra cosa y de forma armónica con ella. **2.** Se dice de la persona que por su carácter no congenia con otra. **3.** Se dice de la asignatura de la que una persona no puede examinarse sin antes haber aprobado otra. **4.** DER. Se dice de la función que no puede ser ejercida por la persona que ya ejerce otra función. **5.** Se dice del sistema de ecuaciones que no tiene solución.

INCOMPETENCIA s.f. Incapacidad para el desarrollo de algo. **2.** DER. Carencia de jurisdicción de un tribunal o juez para conocer de una causa.

INCOMPETENTE adj. Que no es competente.

INCOMPLETITUD s.f. LÓG. Propiedad de una teoría deductiva en la que existe una fórmula que no es demostrable ni refutable.

INCOMPLETO, A adj. Que no está completo.

INCOMPRENDIDO, A adj. y s. Se dice de la persona que no ha recibido el reconocimiento que se merece.

INCOMPRENSIBLE adj. Que no se puede comprender.

INCOMPRENSIÓN s.f. Falta de comprensión.

INCOMPRENSIVO, A adj. Se dice de la persona intolerante, incapaz de comprender el sentimiento o la conducta de los demás.

INCOMPRESIBLE adj. Que no se puede comprimir o reducir a menor volumen.

INCOMUNICACIÓN s.f. Acción y efecto de incomunicar o incomunicarse. **2.** DER. Aislamiento temporal de un procesado o testigo por decisión judicial.

INCOMUNICAR v.tr. [1]. Privar de comunicación a personas o cosas. ● **incomunicarse** v.prnl. Abandonar una persona el trato con otras personas.

INCONCEBIBLE adj. Que no se puede concebir o comprender, o que parece inexplicable.

INCONCLUSO, A adj. Que no está acabado.

INCONCRETO, A adj. Vago, impreciso.

INCONCUSO, A adj. Que no admite duda ni contradicción.

INCONDICIONADO, A adj. Que no está sometido a ninguna condición.

INCONDICIONAL adj. Que no admite condiciones ni restricciones. ● s.m. y f. y adj. Partidario de una persona o idea, sin limitación ni condición alguna.

INCONDUCTA s.f. Argent. y Urug. En el lenguaje administrativo, comportamiento reprobable.

INCONEXO, A adj. (lat. *inconnexus*). Que no tiene conexión.

INCONFESABLE adj. Que no se puede confesar por ser deshonroso o vergonzoso.

INCONFESO, A adj. Se dice del presunto reo que no confiesa el delito que se le imputa.

INCONFORMIDAD s.f. Cualidad o condición de inconformista.

INCONFORMISMO s.m. Actitud del inconformista.

INCONFORMISTA adj. y s.m. y f. Que mantiene una actitud de rechazo o desacuerdo contra lo establecido en el orden político, social, moral, etc.

INCONGRUENCIA s.t. Cualidad de incongruente. **2.** Cosa incongruente.

INCONGRUENTE adj. Falto de acuerdo, relación o correspondencia entre sus partes.

INCONMENSURABLE adj. Que no se puede medir. **2.** MAT. Se dice de dos magnitudes cuya relación no es entera ni racional.

INCONOCIBLE adj. Amér. Se dice de la persona desconocida por haber sufrido un cambio en su manera de ser.

INCONSCIENCIA s.f. Cualidad o estado de inconsciente.

INCONSCIENTE adj. y s.m. y f. Que ha perdido el conocimiento. **2.** Que actúa sin reflexión, prudencia ni sentido de la responsabilidad. ● adj. Que es involuntario, que no está controlado por la conciencia: *estiró los brazos en un movimiento inconsciente.* ● s.m. Conjunto de fenómenos psíquicos que no está controlado por la conciencia. **2.** PSICOANÁL. Una de las tres instancias del aparato psíquico en la primera tópica freudiana.

ENCICL. Las teorías de Sigmund Freud dieron importancia a la noción de inconsciente e hicieron de ella algo distinto del contrario de consciente. Los sueños, actos fallidos y síntomas neuróticos demuestran su existencia. Freud distingue en el psiquismo tres sistemas: el *inconsciente*, noción inseparable de la de represión, que no conoce el tiempo ni la realidad exterior; el *preconsciente* y el *consciente*.

Mientras que el inconsciente solo obedece al principio del placer —a la satisfacción inmediata de una pulsión, cualquiera que sean las consecuencias posteriores—, el sistema preconsciente-consciente se caracteriza por el principio de realidad: es capaz de diferir la satisfacción de una pulsión o de adaptar su fin en función de la realidad exterior.

INCONSECUENCIA s.f. Cualidad de inconsecuente. **2.** Dicho o hecho inconsecuente.

INCONSECUENTE adj. y s.m. y f. Se dice de la persona que no actúa de acuerdo a sus ideas y principios.

INCONSIDERADO, A adj. Se dice de la acción que no ha sido considerada ni reflexionada. ● adj. y s. Se dice de la persona que trata a alguien sin consideración y respeto. **2.** Que no considera ni reflexiona.

INCONSISTENCIA s.f. Cualidad de inconsistente. **2.** LÓG. Propiedad de una teoría deductiva en la que una misma fórmula puede ser a la vez demostrada o rechazada.

INCONSISTENTE adj. Que no tiene consistencia.

INCONSTANCIA s.f. Cualidad de inconstante.

INCONSTANTE adj. Que no tiene constancia.

INCONSTITUCIONAL adj. DER. No conforme a la constitución: *decreto inconstitucional.*

INCONSTITUCIONALIDAD s.f. DER. Cualidad de inconstitucional. ◇ **Recurso de inconstitucionalidad** Instrumento de carácter procesal a través del cual se somete al Tribunal constitucional la apreciación de la constitucionalidad de las leyes, disposiciones normativas o actos con fuerza de ley.

INCONSÚTIL adj. (del lat. *consutilis*) Que no tiene costuras.

INCONTABLE adj. Que no puede ser contado porque no es conveniente. **2.** Que no puede ser contado porque es muy numeroso.

INCONTESTABLE adj. Que no se puede discutir ni cuestionar porque está muy bien argumentado.

INCONTINENCIA s.f. Falta de continencia o control sobre los deseos, especialmente el sexual. **2.** MED. Alteración o pérdida del control de los esfínteres anal o vesical.

INCONTINENTE adj. Se dice de la persona incapaz de reprimir los deseos, especialmente el sexual. **2.** MED. Que padece incontinencia.

INCONTINENTI adv.t. (del lat. *in continenti*, en continuo). Al instante: *fue destituido incontinenti*.

INCONTRASTABLE adj. Que no se puede impugnar o discutir con argumentos sólidos. **2.** *Fig.* Que no se deja reducir o convencer.

INCONTROLADO, A adj. Que ocurre, funciona o se desarrolla sin control. **2.** Se dice de la persona que actúa sin control o disciplina.

INCONTROVERTIBLE adj. Que no se puede controvertir o discutir porque no admite duda.

INCONVENCIBLE adj. Que no se deja con vencer.

INCONVENIENCIA s.f. Cualidad de inconveniente. **2.** Dicho o hecho inconveniente.

INCONVENIENTE adj. Que no conviene o es poco oportuno. **2.** Que resulta socialmente incorrecto. ● s.m. Dificultad u obstáculo. **2.** Desventaja que algo ofrece.

INCORDIA s.f. Colomb. Aversión, antipatía.

INCORDIAR v.tr. Esp. *Fam.* Molestar, fastidiar, incomodar.

INCORDIO s.m. Esp. *Fam.* Fastidio, molestia, impertinencia.

INCORPORACIÓN s.f. Acción y efecto de incorporar o incorporarse. **2.** MIL. Fase final del alistamiento de un contingente, que consiste en la presentación de los reclutas a sus unidades.

INCORPORAL adj. Incorpóreo. **2.** DER. Se dice de los bienes que no tienen existencia material.

INCORPORANTE adj. Que incorpora. **2.** LING. Se dice de la lengua en que ciertas palabras de una frase hacen un cuerpo con la raíz verbal para formar un solo vocablo. SIN.: *holofrástico.*

INCORPORAR v.tr. (lat. *incorporare*). Unir una cosa a otra para que formen un cuerpo.

● v.tr. y prnl. Levantar la persona que está tendida la parte superior del cuerpo para quedar sentado o reclinado. ● **incorporarse** v.prnl. Empezar una persona a formar parte de un grupo.

INCORPÓREO, A adj. Que no tiene cuerpo o consistencia material. SIN.: *incorporal.*

INCORRECCIÓN s.f. Cualidad de incorrecto. **2.** Dicho o hecho incorrecto.

INCORRECTO, A adj. Que no es correcto.

INCORREGIBLE adj. Que no se puede corregir. **2.** Se dice de la persona terca y obstinada que no quiere cambiar su comportamiento o sus costumbres.

INCORRUPCIÓN s.f. Estado de incorrupto.

INCORRUPTIBLE adj. Que no puede ser corrompido. **2.** *Fig.* Se dice de la persona honesta y honrada a la que no se puede sobornar.

INCORRUPTO, A adj. Que no se ha corrompido. **2.** Se dice de la persona que no se ha dejado sobornar ni pervertir.

INCREDIBILIDAD s.f. Imposibilidad o dificultad para que sea creída una cosa.

INCREDULIDAD s.f. Cualidad de incrédulo.

INCRÉDULO, A adj. y s. Que no tiene fe religiosa. ● adj. Que no cree fácilmente lo que le dicen.

INCREMENTAR v.tr. y prnl. Hacer algo más grande, numeroso o intenso.

INCREMENTO s.m. (lat. *incrementum*). Acción y efecto de incrementar o incrementarse. ◇ **Incremento de una función** MAT. Diferencia entre los valores que toma una función cuando la variable sufre un incremento. (Se representa por Δy.) **Incremento de una variable** MAT. Diferencia entre dos valores que puede tomar la variable de una función. (Se representa por Δx.)

INCREPACIÓN s.f. Acción de increpar. **2.** Reprensión fuerte, agria y severa.

INCREPAR v.tr. (lat. *increpare*). Reprender a alguien con dureza y severidad. **2.** Insultar.

IN CRESCENDO loc.adv. (voces latinas, en *aumento*). Aumentando gradualmente.

INCRIMINACIÓN s.f. Acción y efecto de incriminar.

INCRIMINAR v.tr. Atribuir a alguien un delito o falta grave.

INCROMADO s.m. METAL. Procedimiento de cementación de los metales por medio de cromo.

INCRUENTO, A adj. Que se produce sin derramamiento de sangre.

INCRUSTACIÓN s.f. Acción de incrustar o incrustarse. **2.** Cosa incrustada. **3.** Procedimiento decorativo que consiste en engastar en una materia otra distinta, generalmente más preciosa. **4.** Bordado en el que se recorta la tela que queda por debajo del motivo aplicado. **5.** Depósito de sustancias sólidas que deja el agua cargada de sales calcáreas.

INCRUSTANTE adj. Que tiene la propiedad de recubrir los cuerpos de una costra mineral formada generalmente por carbonato cálcico.

INCRUSTAR v.tr. Engastar en una materia otra distinta, generalmente más preciosa, para decorarla. **2.** Cubrir una superficie con una costra dura. **3.** *Fig.* Fijar una persona una idea o un sentimiento en la mente de otro. ● v.tr. y prnl. Introducir una cosa en otra de manera que quede adherida a ella.

INCUBACIÓN s.f. Período durante el cual un animal ovíparo calienta los huevos, poniéndose sobre ellos, para que salgan las crías. **2.** Período durante el cual un organismo desarrolla una enfermedad, desde la introducción de un agente infeccioso hasta la aparición de los primeros síntomas. **3.** Período durante el cual empieza a desarrollarse algo, especialmente un movimiento político o social, de manera oculta y silenciosa. ◇ **Incubación artificial** Acción de llevar a la eclosión, generalmente por medio de una incubadora, los huevos de las aves de corral.

INCUBADORA s.f. Aparato que sirve para incubar artificialmente los huevos de un animal ovíparo doméstico. **2.** MED. Aparato donde se tiene a los niños recién nacidos prematuros o con problemas de salud a una temperatura constante.

INCUBAR v.tr. (lat. *incubare*, estar echado

sobre algo o empollar). Calentar un animal ovíparo los huevos, poniéndose sobre ellos, para que salgan crías. **2.** Empezar a desarrollar el organismo una enfermedad. **3.** Empezar a desarrollarse algo, especialmente un movimiento político o social, de manera oculta y silenciosa.

ÍNCUBO s.m. y adj. (lat. *incubus,* persona que se echa sobre alguien). Demonio que adopta la apariencia de hombre para mantener relaciones sexuales con una mujer.

INCUESTIONABLE adj. Que no puede ser cuestionado por ser claro o evidente.

INCULCACIÓN s.f. Acción y efecto de inculcar.

INCULCAR v.tr. (lat. *inculcare*) [1]. Fijar una persona en otra persona una idea o sentimiento, a fuerza de repetirlo con ahínco.

INCULPABILIDAD s.f. Falta de culpabilidad.

INCULPACIÓN s.f. Acción de inculpar. **2.** Cosa de que se acusa a alguien.

INCULPAR v.tr. Atribuir un delito a alguien.

INCULTO, A adj. *Fig.* Que no tiene cultura e instrucción. **2.** Se dice del terreno que no está cultivado. **3.** *Fig.* Se dice del estilo descuidado y tosco.

INCULTURA s.f. Falta de cultura.

INCULTURACIÓN s.f. Proceso de integración de una cultura en otra.

INCUMBENCIA s.f. Obligación o cargo que incumbe a alguien.

INCUMBIR v.intr. (lat. *incumbere*). Corresponder una obligación o cargo a alguien.

INCUMPLIMIENTO s.m. Acción y efecto de incumplir.

INCUMPLIR v.tr. Dejar de cumplir algo, especialmente una obligación o compromiso.

INCUNABLE adj. y s.m. (del fr. *incunable,* del lat. *incunabula,* pl. de cuna). Se dice del texto impreso desde la invención de la imprenta hasta el año 1500.

INCURABLE adj. y s. Que no se puede curar. ◆ adj. Se dice de la persona que no tiene enmienda: *un embustero incurable.*

INCURIA s.f. (lat. *incuria*). Falta de cuidado, negligencia.

INCURRIMIENTO s.m. Acción y efecto de incurrir.

INCURRIR v.intr. (lat. *incurrere*). Cometer una falta, error o culpa: *incurrir en culpa grave.* **2.** Hacerse objeto del odio, desprecio, o castigo de alguien.

INCURSIÓN s.f. Acción de incurrir. **2.** Operación que consiste en penetrar una tropa en un territorio enemigo. **3.** Acción de penetrar en un lugar ajeno, generalmente de forma brusca. **4.** Dedicación momentánea y excepcional de una persona a una actividad en la cual no es especialista.

INCURSO, A adj. Que incurre en una falta, error o culpa.

INCUSO, A adj. (del lat. *incudere,* golpear o acuñar). Se dice de la moneda o medalla que tiene una sola cara acuñada en relieve.

INDAGACIÓN s.f. Acción y efecto de indagar.

INDAGAR v.tr. (lat. *indagare*) [2]. Tratar de llegar al conocimiento de una cosa razonando o haciendo preguntas.

INDAGATORIA s.f. DER. Primera declaración prestada en el sumario por el procesado, cuando se le notifica el auto del procesamiento.

INDAGATORIO, A adj. Que tiende o conduce a indagar.

INDAYÉ s.m. Gavilán de Argentina.

INDEBIDO, A adj. Que es ilegal, injusto o incorrecto.

INDECENCIA s.f. Falta de decencia. **2.** Dicho o hecho indecente.

INDECENTE adj. Sucio y asqueroso. **2.** Que no respeta las buenas costumbres o las convenciones sociales.

INDECIBLE adj. Que no se puede decir o explicar: *un placer indecible.*

INDECISIÓN s.f. Falta de decisión.

INDECISO, A adj. Que está pendiente de resolución o respuesta. **2.** Vago, indeterminado: *horas indecisas.* ◆ adj. y s. Se dice de la persona que no sabe qué decidir.

INDECLINABLE adj. Que necesariamente tiene que hacerse o cumplirse: *invitación indeclinable.* **2.** DER. Se dice de la jurisdicción que no se puede declinar, que ha de conocer forzosamente del asunto. **3.** LING. Se dice de la palabra que no tienen declinación gramatical.

INDECOROSO, A adj. Que no tiene decoro.

INDEFECTIBLE adj. Que no puede faltar o dejar de ser u ocurrir.

INDEFENDIBLE adj. Que no puede ser defendido: *una causa indefendible.*

INDEFENSIÓN s.f. Situación o estado de la persona que está indefensa.

INDEFENSO, A adj. Que no tiene medios para defenderse o protegerse.

INDEFINIBLE adj. Que no se puede definir. **2.** Que no se puede precisar o determinar: *persona de edad indefinible.*

INDEFINIDO, A adj. Que no está definido o precisado: *dibujo de trazos indefinidos.* **2.** Que no tiene límite señalado o conocido: *plazo indefinido.* **3.** Se dice del adjetivo o pronombre que determina o representa al nombre de una manera vaga o general. (*Algún, cada, ningún* o *varios* son *adjetivos indefinidos; alguien, quienquiera, nadie* o *nada* son *pronombres indefinidos.*) ◆ **Artículo indefinido** Artículo indeterminado.

INDEFORMABLE adj. Que no se deforma.

INDEHISCENCIA s.f. BOT. Estado del fruto indehiscente.

INDEHISCENTE adj. BOT. Se dice del fruto que no se abre espontáneamente.

INDELEBLE adj. (lat. *indelebilis*). Que no se puede borrar.

INDELIBERADO, A adj. Que se hace sin deliberación ni reflexión.

INDELICADO, A adj. Que no tiene delicadeza, descortés.

INDEMNE adj. (lat. *indemnis*). Que no ha sufrido ningún daño.

INDEMNIDAD s.f. Situación o estado de indemne.

INDEMNIZACIÓN s.f. Acción de indemnizar. **2.** Cosa con que se indemniza.

INDEMNIZAR v.tr. y prnl. (fr. *indemniser*) [7]. Compensar a alguien con algo, especialmente dinero, por haberle causado un daño o perjuicio.

INDEMOSTRABLE adj. Que no puede ser demostrado: *principio indemostrable.*

INDENO s.m. Hidrocarburo de dos ciclos benzónicos (C_9H_8) que se extrae del alquitrán de hulla.

INDEPENDENCIA s.f. Cualidad de independiente. **2.** Situación de la persona o cosa que no depende de otra. **3.** Situación del territorio que no depende políticamente de otro. **4.** Entereza, firmeza de carácter. **5.** DER. Situación de una colectividad que no está sometida a la autoridad de otra. ◆ **Independencia de un sistema de axiomas** LÓG. Propiedad de una teoría deductiva axiomatizada en la que ningún axioma puede deducirse a partir de los demás.

INDEPENDENTISMO s.m. Movimiento político que propugna o reclama la independencia de un territorio.

INDEPENDENTISTA adj. y s.m. y f. Relativo al independentismo; partidario de este movimiento.

INDEPENDIENTE adj. Que no depende de nada ni nadie. **2.** Se dice del territorio que no depende políticamente de otro. **3.** Se dice de la cosa que no tiene relación con otra: *punto independiente de la cuestión.* **4.** Se dice de la actividad artística que no se ciñe a las corrientes estéticas o a las formas de producción establecidas. **5.** ESTADÍST. Se dice de las variables tales que la probabilidad de que una de ellas ocurra es la misma, tanto si las demás ocurren como si no. **6.** DEP. Se dice de la licencia federativa de ciclismo intermedia entre la de aficionado y la de profesional. ◆ **Trabajador independiente** Trabajador que ejerce fuera de una empresa una actividad que puede organizar libremente. **Variable independiente** MAT. Variable susceptible de tomar un valor cualquiera, sea cual sea el tomado por las otras variables.

INDEPENDIZAR v.tr. y prnl. [7]. Hacer independiente.

INDESCIFRABLE adj. Que no puede ser descifrado: *un jeroglífico indescifrable.*

INDESCRIPTIBLE adj. Que no puede ser descrito por lo grande o impresionante: *una alegría indescriptible.*

INDESEABLE adj. y s.m. y f. Se dice de la persona que se considera indigna de trato. **2.** Se dice de la persona que es expulsada de un país por las autoridades competentes por ser considerada peligrosa.

INDESMALLABLE adj. Se dice del género o artículo de punto por urdimbre cuya textura es tal que no se rompen o deshacen las mallas de la línea.

INDETERMINACIÓN s.f. Falta de determinación en las cosas. **2.** Falta de resolución en las personas. **3.** MAT. Cualidad de lo que está indeterminado. ◆ **Principio de indeterminación** Principio según el cual en microfísica es posible atribuir simultáneamente a una partícula, en un instante dado, una posición y una cantidad de movimiento infinitamente precisas. SIN.: *principio de incertidumbre.*

INDETERMINADO, A adj. Que no tiene unos límites definidos. **2.** Que no es preciso o claro: *sonido indeterminado.* **3.** MAT. Se dice del sistema de ecuaciones o la ecuación que tiene infinitas soluciones. ◆ **Artículo indeterminado** Artículo que indica un referente desconocido o uno cualquiera de un conjunto. SIN.: *artículo indefinido.* (Los artículos indeterminados en español son *un, una, unos, unas.*)

INDETERMINISMO s.m. Teoría filosófica que niega el determinismo y defiende el libre albedrío.

INDETERMINISTA adj. y s.m. y f. Relativo al indeterminismo; partidario de esta teoría.

INDEXACIÓN s.f. Acción y efecto de indexar. **2.** ESTADÍST. Procedimiento de ajuste mediante el cual una variable es modificada automáticamente en función de un índice determinado.

INDEXAR v.tr. Analizar y destacar del título de un documento o de su contenido algunas palabras clave que lo caracterizan para poder ser encontrado posteriormente mediante esta palabra. **2.** ESTADÍST. Realizar una indexación. **3.** INFORMÁT. Ordenar un conjunto de datos para elaborar un índice.

INDIADA s.f. *Amér.* Conjunto o muchedumbre de indios. **2.** *Amér.* Dicho o acción propia de indios. **3.** *Amér.* Salvajada. **4.** *Méx. Fam.* Vulgo, populacho.

INDIANA s.f. Tejido de hilo, algodón, o de mezcla de uno y otro, estampado por un solo lado.

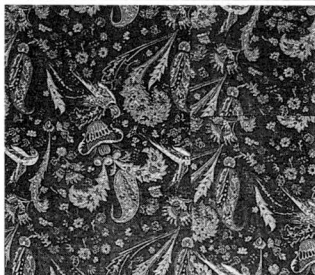

■ **INDIANA.** Tela estampada de indiana.
(Museo de historia de Sabadell.)

INDIANISMO s.m. Estudio de las lenguas y de las civilizaciones de la India. **2.** Movimiento político e ideológico de los indios latinoamericanos, surgido por oposición al indigenismo integrador, que tiene como base la reivindicación de la identidad de los pueblos amerindios.

INDIANISTA s.m. y f. Persona que se dedica al estudio de las lenguas y civilizaciones de la India. ◆ **Literatura indianista** Literatura indigenista.

INDIANO, A adj. De las Indias. ◆ adj. y s. Se

dice de la persona que ha emigrado a América y vuelve rico a España.

INDICACIÓN s.f. Acción de indicar. **2.** Cosa que indica algo, especialmente una nota o señal. **3.** Observación, orden o consejo. **4.** Chile. Propuesta o consulta que se hace acerca de una cosa.

INDICADO, A adj. Conveniente o adecuado: *ser la persona indicada para un puesto.*

INDICADOR, RA adj. y s. Que indica o sirve para indicar: *poste indicador; indicador de velocidad.* ◆ s.m. Sustancia que indica la concentración de un componente de una solución mediante un cambio de color. ◇ **Indicador económico** Cifra representativa de la situación económica para un período determinado (producto nacional bruto, índice de precios, comercio exterior, etc.).

INDICÁN s.m. Sustancia presente en el índigo natural y en la orina.

INDICAR v.tr. (lat. *indicare*) [1]. Mostrar una cosa con señales, gestos o palabras. **2.** MED. Señalar un determinado medicamento para el tratamiento eficaz de una enfermedad.

INDICATIVO, A adj. y s.m. Que indica o sirve para indicar: *cifras indicativas.* **2.** Se dice del modo de la conjugación verbal que expresa una acción verbal como objetiva y real. ◇ **Indicativo de llamada** Conjunto de letras y cifras que identifica el lugar de origen o el expedidor de un mensaje telegráfico o radiotelegráfico.

INDICCIÓN s.f. Convocación para una junta sinodal o conciliar. **2.** ANT. ROM. Período de quince años introducido por Constantino en 312.

ÍNDICE s.m. (lat. *index, -icis*). Indicio o señal de una cosa. **2.** Lista ordenada de los capítulos o apartados de una obra o de los nombres contenidos en ella, con indicación de la página en que comienza cada apartado o se encuentra cada nombre. **3.** Catálogo de las obras de una biblioteca clasificado según unos criterios, como autor o materia. **4.** Número con que se representa convencionalmente el grado o intensidad de una determinada cualidad o fenómeno: *índice de natalidad.* **5.** Indicador de un instrumento graduado. **6.** Manecilla del reloj. **7.** MAT. Número que indica el grado de una raíz. ◆ s.m. y adj. Dedo de la mano situado entre el corazón y el pulgar. ◇ **Índice de libros prohibidos** Catálogo oficial de los libros prohibidos a los católicos, establecido en el s. XVI y que no tiene fuerza jurídica desde 1966. **Índice de precios al consumo (IPC)** Índice que refleja el estado y la evolución de los precios de los bienes y servicios pagados por las familias.

INDICIAR v.tr. Dar indicios de algo. **2.** Sospechar una cosa o venir en conocimiento de ella por indicios.

INDICIO s.m. (lat. *indicium*). Signo que permite presumir algo con fundamento: *hay indicios de delito.* **2.** Primera manifestación de algo. **3.** DER. Circunstancia que da a un hecho un carácter de verosimilitud.

ÍNDICO, A adj. (del lat. *indicus*, de la India). Relativo a las Indias. **2.** Relativo al océano Índico.

INDIFERENCIA s.f. Cualidad de indiferente. **2.** Actitud de indiferente. ◇ **Libertad de indiferencia** FILOS. La que resulta de la posibilidad de escoger entre dos cosas, sin preferencia por ninguna de ellas.

INDIFERENCIADO, A adj. Que no se diferencia o que no posee caracteres diferenciados.

INDIFERENTE adj. Que no presenta en sí ningún motivo de preferencia. **2.** Se dice de la persona hacia la que no se experimenta ningún sentimiento. **3.** De poco interés o importancia. ◆ adj. y s.m. y f. Que no toma interés o no lo manifiesta. **2.** No creyente en materia religiosa.

INDIFERENTISMO s.m. Actitud de indiferencia.

INDÍGENA adj. y s.m. y f. (lat. *indigena*). Originario del país de que se trata. **2.** Se dice del animal o planta autóctono del país en que se encuentra.

INDIGENCIA s.f. Cualidad o estado de indigente.

INDIGENISMO s.m. Condición de indígena. **2.** Tendencia política y cultural, que revaloriza el pasado de los pueblos indígenas americanos precolombinos, contraponiéndolo a las tradiciones europeas, particularmente a la española, considerada conservadora. **3.** Voz procedente de una lengua indígena, que ha sido incorporada a una lengua invasora en el mismo lugar en que se habla o se habló aquella.

INDIGENISTA adj. Relativo al indigenismo. **2.** Partidario de esta tendencia. ◇ **Literatura indigenista** Tendencia literaria, especialmente en la narrativa, que revaloriza la cultura, vida y problemática social del indio latinoamericano. SIN.: *literatura indianista.*

ENCICL. La literatura sobre tema indigenista tiene en Hispanoamérica especial relieve dentro del género narrativo. Con antecedentes en la novela histórica de tradición romántica, se inició propiamente hacia 1920, centrada en la situación de los indios contemporáneos. Escritores como el boliviano Alcides Arguedas, los ecuatorianos Jorge Icaza y Ángel F. Rojas González, el peruano Ciro Alegría y el guatemalteco M. Á. Asturias tendieron a ver al indio como una fuerza política y lo juzgaron según su capacidad para el cambio y el progreso. Posteriormente, el paraguayo Roa Bastos y el peruano José María Arguedas, han intentado revalorizar las culturas indígenas en un afán de reconstruir desde un conocimiento antropológico riguroso, su universo cultural.

INDIGENTE adj. y s.m. y f. (lat. *indigens*, p. activo de *indigere*, carecer). Se dice de la persona cuyos recursos son insuficientes para vivir.

INDIGESTARSE v.prnl. Sufrir una indigestión. **2.** Fig. y fam. No agradarle a una persona algo o alguien.

INDIGESTIÓN s.f. Indisposición debida a una digestión realizada de forma anormal, que generalmente termina en vómito.

INDIGESTO, A adj. Que no se digiere o se digiere con dificultad: *comida indigesta.* **2.** Afecto de indigestión: *estar indigesto.* **3.** Fig. Confuso y desordenado: *ciencia árida e indigesta.*

INDIGETE adj. y s.m. y f. De un pueblo ibérico que habitaba en el Ampurdán y que se subleva contra los romanos (195 a.C.), pero fue vencido. (Una de sus principales ciudades se hallaba en Ullastret.)

INDIGNACIÓN s.f. Ira, enojo vehemente contra una persona o cosa.

INDIGNANTE adj. Que causa profunda indignación.

INDIGNAR v.tr. y prnl. (lat. *indignari*). Irritar, enojar vehementemente a alguien.

INDIGNIDAD s.f. Cualidad de indigno. **2.** Acción indigna cometida contra alguien. **3.** DER. **a.** Motivo de exclusión sucesoria, por el comportamiento del heredero. **b.** Pena que comporta la privación de los derechos cívicos.

INDIGNO, A adj. Que es disconforme o inferior a la calidad y mérito de alguien o algo. **2.** Que no tiene mérito ni disposición para una cosa. **3.** Humillante, vergonzoso.

ÍNDIGO s.m. (del lat. *indicus*, de la India). Materia colorante que, en su forma primitiva, tiene color azul violáceo y se extrae de las hojas del añil y do se obtiene por síntesis. **2.** BOT. Añil.

INDIGOTINA s.f. Principio colorante del índigo.

INDINO, A adj. Fam. Indigno. **2.** Fam. Se dice de la persona traviesa, tercia o descarada.

1. INDIO, A adj. y s. De poblaciones autóctonas de América, y de sus actuales descendientes. ◆ amerindio.) **2.** De las Indias orientales. ◆ adj. Cuba. Se dice del gallo con pechuga negra y plumaje colorado. ◇ **Indios de las Praderas** Nombre que se da a una serie de pueblos que habitaron las grandes llanuras herbáceas del centro de Norteamérica: pies negros, cree, assiniboia, hidatsa, cuervo, dakota, pawnee, omaha, cheyene, kiowa, comanche, osage. (Desarrollaron una cultura basada en la caza del bisonte en verano y la agricultura en invierno.) **Indios del Noroeste** Denominación de una serie de pueblos amerindios que

hasta su contacto con los blancos ocupaban la costa del NO de Canadá: tlingit, haida, tsinshian, kwakiutl, bella-coola, nootka, salish. (Vivían esencialmente de la pesca.)

2. INDIO, A adj. (de *índigo*). De color azul. ◆ s.m. Metal blanco (In), más maleable que el plomo y parecido al aluminio, cuyo punto de fusión es de 156,6 °C. **2.** Elemento químico (In), de número atómico 49 y masa atómica 114,818.

INDIÓFILO, A adj. y s. Protector de los indios.

INDIRECTA s.f. Cosa que se dice con una intención determinada, pero sin expresarla claramente.

INDIRECTO, A adj. Que no va rectamente a un fin, aunque se encamine a él. ◇ **Complemento indirecto** GRAM. Elemento gramatical en que recae indirectamente la acción verbal o directamente el significado conjunto del verbo y el complemento directo.

INDISCERNIBLE adj. Que no se puede discernir o distinguir de otra cosa determinada.

INDISCIPLINA s.f. Falta de disciplina.

INDISCIPLINARSE v.prnl. Negarse a obedecer o a sujetarse a la disciplina debida.

INDISCRECIÓN s.f. Falta de discreción. **2.** Dicho o hecho indiscreto.

INDISCRETO, A adj. y s. Que obra sin discreción. ◆ adj. Que se hace sin discreción.

INDISCRIMINADO, A adj. No sujeto a discriminación.

INDISCULPABLE adj. Que no tiene disculpa o que difícilmente puede disculparse.

INDISCUTIBLE adj. Tan evidente que no se duda ni discute sobre ello.

INDISOLUBLE adj. Que no se puede disolver. **2.** Fig. Que no se puede deshacer: *vínculos indisolubles.*

INDISPENSABLE adj. Que es absolutamente necesario. **2.** Que no se puede dispensar ni excusar.

INDISPONER v.tr. y prnl. (del fr. *indisposé*, indispuesto) [60]. Enemistar. **2.** Producir una indisposición en el estado de salud de alguien. ◆ **indisponerse** v.prnl. Sufrir una indisposición en el estado de salud.

INDISPOSICIÓN s.f. Enfermedad ligera y pasajera.

INDISPUTABLE adj. Que no admite disputa.

INDISTINGUIBLE adj. No distinguible, no claro y perceptible.

INDISTINTO, A adj. Que no se percibe clara y distintamente: *contornos indistintos.* **2.** Indiferente, que no presenta en sí ningún motivo de preferencia: *ser indistinta una cosa u otra.*

INDIVIDUACIÓN s.f. Individualización.

INDIVIDUAL adj. No colectivo, de cada individuo. **2.** Destinado a un individuo solo: *cama individual.*

INDIVIDUALIDAD s.f. Cualidad de individual. **2.** Individuo, especialmente el de mucha personalidad.

INDIVIDUALISMO s.m. Tendencia a pensar u obrar con independencia sin tener en cuenta a los demás o sin ceñirse a normas generales. **2.** Tendencia a privilegiar el valor y los derechos del individuo sobre los de grupos sociales. **3.** FILOS. Doctrina que afirma que el individuo es el fundamento de la sociedad y de los valores morales.

INDIVIDUALISTA adj. y s.m. y f. Relativo al individualismo; partidario del individualismo.

INDIVIDUALIZACIÓN s.f. Acción y efecto de individualizar.

INDIVIDUALIZAR v.tr. [7]. Distinguir un individuo en una especie por sus peculiaridades. **2.** Caracterizar, particularizar: *hablar en general, sin individualizar.*

INDIVIDUAR v.tr. [18]. Individualizar. **2.** FILOS. Determinar, caracterizar como individuo.

INDIVIDUO s.m. Cada ser distinto, animal o vegetal, que no puede descomponerse en otros más simples: *el género, la especie y el individuo.* **2.** Persona considerada aisladamente, en contraposición a colectividad. **3.** Persona indeterminada o de la que se habla despectivamente: *¿quién es ese individuo?*

INDIVISIBILIDAD s.f. Cualidad de indivisible.

INDIVISIBLE adj. Que no puede ser dividido.

INDIVISIÓN s.f. Carencia de división. **2.** DER. Copropiedad en la que no hay división material de las partes.

INDIVISO, A adj. No dividido en partes.

INDIZAR v.tr. [7]. Hacer índices. **2.** Registrar de forma ordenada datos e informaciones, para elaborar un índice de ellos.

INDO, A adj. Relativo a la India.

INDOAMERICANO, A adj. y s. Amerindio.

INDOARIO, A adj. y s.m. Se dice de las lenguas indoeuropeas actualmente habladas en la India. (Las principales son el hindī, el urdu, el mahrātta, el bengalí, el panjābi, el gujrāti, el oriyā, el cingalés y el assamés.)

INDOBLEGABLE adj. Que no desiste de su opinión, propósito, conducta, etc.

INDOCHINO, A adj. y s. De Indochina.

INDÓCIL adj. Que no tiene docilidad.

INDOCTO, A adj. Falto de instrucción.

INDOCUMENTADO, A adj. Se dice del que carece de documentos de identificación personal. **2.** Se dice de la persona ignorante.

INDOEUROPEO, A adj. y s. De un conjunto de sociedades que, entre 2000 y 1500 a.C., ocuparon el SE europeo y el occidente de Asia por sucesivas oleadas de tribus (arios, hititas, etc.), procedentes, al parecer, de las estepas que se extienden del Dniéper a Kazajstán (III milenio). ◆ adj. y s. Se dice de una lengua de la que no se tienen testimonios directos pero que ha sido reconstruida a partir de diversas lenguas que derivarían de ella, y de esta misma familia de lenguas derivadas, habladas en Europa y Asia.
ENCICL. Las lenguas indoeuropeas se clasifican en doce grupos principales: tokario, indoario, iranio, armenio, anatolio, griego, albanés, lenguas itálicas (latín y lenguas románicas), celta, germánico, báltico y eslavo. Muchas de estas lenguas han desaparecido, pero la mitad de la humanidad habla actualmente una lengua procedente del indoeuropeo.

INDOFENOL s.m. Nombre genérico de las materias colorantes obtenidas por la acción de un fenato alcalino sobre una amina.

INDOGERMÁNICO, A adj. y s.m. Indoeuropeo.

INDOICO, A adj. Relativo a la civilización del Indo.

INDOL s.m. QUÍM. Compuesto que está en la base de una serie de sustancias heterocíclicas en las que existe un núcleo bencénico unido a un núcleo de pirrol.

ÍNDOLE s.f. Condición e inclinación natural propia de cada uno: *persona de índole compasiva.* **2.** Naturaleza y cualidad de las cosas: *problema de índole económica.*

INDOLENCIA s.f. Cualidad de indolente.

INDOLENTE adj. (lat. *indolens, -tis*). Perezoso, inactivo, descuidado.

INDOLORO, A adj. Que no causa dolor.

INDOMABLE adj. Que no se puede domar. SIN.: *indómito.* **2.** *Fig.* Difícil de someter. SIN.: *indómito.*

INDOMESTICABLE adj. Que no se puede domesticar.

INDÓMITO, A adj. Indomable.

INDONESIO, A adj. y s. De Indonesia. ◆ adj. y s.m. Se dice de un grupo de lenguas pertenecientes a la familia malayopolinesia. **2.** Se dice de la lengua oficial de la República de Indonesia.

INDOOR adj. (voz inglesa). Se dice de las competiciones deportivas disputadas en un recinto cubierto y cerrado: *una competición de atletismo indoor.*

INDORMÍA s.f. Colomb. y Venez. Maña o arbitrio para hacer algo.

INDOSTANÉS, SA adj. y s. Del Indostán. SIN.: *indostano.*

INDOSTANÍ adj. Indostánico. ◆ s.m. Lengua indoaria hablada en la India y Pakistán.

INDOSTÁNICO, A adj. Relativo al Indostán.

INDOSTANO, A adj. y s. Indostanés.

INDUCCIÓN s.f. (lat. *inductio, -onis*). Acción y efecto de inducir. **2.** Generalización de una observación o un razonamiento establecido a partir de casos singulares. ◇ **Inducción elec-**tromagnética Producción de corriente eléctrica en un circuito por efecto de la variación del flujo de inducción magnética que la atraviesa. **Inducción magnética** Vector que caracteriza la densidad del flujo magnético que atraviesa una sustancia. **Motor de inducción** Motor eléctrico de corriente alterna sin colector, en el que solamente una parte, rotor o estator, está conectada a la red, funcionando la otra por inducción. **Principio de inducción completa** MAT. Principio según el cual si una propiedad de los números naturales se verifica para el cero, y si verificándose para un número natural *n* también se verifica para su siguiente *n'*, entonces todo número natural posee dicha propiedad.

INDUCIDO s.m. Circuito atravesado por una corriente inducida. **2.** Parte de una máquina eléctrica en la que se producen corrientes inducidas.

INDUCIR v.tr. [77]. Hacer, por diversos medios, que alguien realice determinada acción: *inducir a deponer una actitud.* **2.** Deducir, inferir: *de esto se induce que...* **3.** ELECTR. Producir los efectos de la inducción.

INDUCTANCIA s.f. Cociente del flujo de inducción a través de un circuito, creado por la corriente que atraviesa este circuito, por la intensidad de esta corriente.

INDUCTIVIDAD s.f. Coeficiente de inducción mutua.

INDUCTIVO, A adj. Que procede por inducción: *método inductivo.* **2.** ELECTR. Que posee una inductancia.

INDUCTOR, RA adj. y s. Que induce: *inductor de un crimen.* ◆ adj. ELECTR. Se dice de lo que produce el fenómeno de inducción. ◆ s.m. Imán o electroimán destinado a producir el flujo magnético creador de la inducción. **2.** BIOL. Molécula que, cuando una célula viva recibe un alimento, provoca la secreción del enzima necesario para digerirlo.

INDUDABLE adj. Que no puede ponerse en duda por lo claro, seguro o evidente. SIN.: *indubitable, indubitado.*

INDULGENCIA s.f. Facilidad en perdonar o disimular culpas o en conceder gracias: *tratar con indulgencia.* **2.** TEOL. CATÓL. Remisión total, llamada *indulgencia plenaria*, o parcial, llamada *indulgencia parcial*, de la pena temporal debida a los pecados.

INDULGENCIAR v.tr. TEOL. CATÓL. Conceder indulgencias.

INDULGENTE adj. (lat. *indulgens, -entis*). Fácil en perdonar y disimular culpas, poco exigente.

INDULINA s.f. Nombre genérico de los colorantes azules derivados de la anilina.

INDULTAR v.tr. Conceder un indulto. ◆ **indultarse** v.prnl. Bol. Entrometerse. **2.** Cuba. Salirse de una situación difícil o comprometida.

INDULTO s.m. (lat. tardío *indultus, -us*). Gracia otorgada a los condenados por sentencia firme irrevocable, por la que se les remite la pena o se les conmuta por otra menos grave. **2.** REL. Privilegio concedido temporalmente por el papa.

INDUMENTARIA s.f. Conjunto de todo lo que sirve para vestirse, especialmente lo que se lleva puesto.

INDUMENTARIO, A adj. Relativo al vestido.

INDUMENTO s.m. (lat. *indumentum*, vestido). Prenda de vestir.

INDURACIÓN s.f. MED. Endurecimiento anormal de un tejido, parte endurecida.

INDURADO, A adj. MED. Endurecido: *lesión indurada.*

INDURAR v.tr. y prnl. MED. Hacer duro o volverse duro.

INDUSTRIA s.f. (lat. *industria*, actividad, asiduidad). Conjunto de actividades económicas que producen bienes materiales por transformación de materias primas. **2.** Conjunto de empresas pertenecientes a un sector industrial determinado: *industria textil.* **3.** Conjunto de instalaciones industriales dominadas por el mismo grupo financiero y con entidad económica y jurídica propia. **4.** Planta industrial. **5.** Destreza o habilidad para hacer algo.

INDUSTRIAL adj. Relativo a la industria: *producto, sector industrial.* **2.** Se dice del lugar donde la industria es importante: *zona, barrio industrial.* ◆ s.m. y f. Persona que ejerce funciones directivas en una empresa dedicada a transformar materias primas en productos manufacturados o semimanufacturados. **2.** Propietario de una empresa. ◇ **Centro industrial** Lugar donde reina una gran actividad industrial. **Psicología industrial** Parte de la psicología que se ocupa de los problemas humanos de la industria, como elección y orientación del personal, organización del trabajo, etc.
ENCICL. La primera revolución industrial se basó sobre todo en la mecanización, nacida del progreso de técnicas determinantes en las industrias textil, minera y metalúrgica (máquina de vapor, mecanización del hilado y el telar, extracción de carbón, utilización del coque); también se benefició de la generalización del crédito. Surgida en Gran Bretaña a fines del s. XVIII, antes de propagarse por el resto de Europa esta revolución se tradujo en dinamismo industrial y comercial, acompañado de un fuerte crecimiento de la población urbana. La segunda revolución industrial (en la década de 1880) está ligada a la utilización de nuevas formas de energía (petróleo, gas, electricidad) y a inventos de mayor envergadura (motor de explosión, iluminación eléctrica, teléfono, etc.). La tercera revolución industrial (segunda mitad del s. XX) se desprende de las aplicaciones de la física cuántica, la electrónica y la informática, así como el desarrollo de las comunicaciones.

INDUSTRIALISMO s.m. Tendencia al predominio indebido de los intereses industriales. **2.** Mercantilismo.

INDUSTRIALIZACIÓN s.f. Acción de industrializar.

INDUSTRIALIZADO, A adj. ECON. Se dice del país con un alto grado de realización industrial. ◇ **Nuevos países industrializados** (NPI) Países en vías de desarrollo que, por efecto de la especialización internacional del trabajo, han experimentado un crecimiento rápido y sostenido (alrededor del 6-7 %) de su PNB.

INDUSTRIALIZAR v.tr. [7]. Dar carácter industrial a una actividad. **2.** Equipar un país, región, etc., con fábricas o industrias. **3.** Dar predominio a las industrias en la economía de un país. ◆ **industrializarse** v.prnl. Tomar carácter industrial.

INDUSTRIAR v.tr. Instruir, enseñar, adiestrar. ◆ **industriarse** v.prnl. Ingeniarse, sabérselas componer.

INDUSTRIOSO, A adj. Que obra o está hecho con industria o habilidad.

INDUVIA s.f. BOT. Órgano de diseminación del fruto que proviene del periantio de la flor, como en los aquenios de las compuestas.

INECUACIÓN s.f. MAT. Desigualdad entre dos expresiones algebraicas que contienen variables, que no se satisface más que para ciertos valores de estas variables.

INÉDITO, A adj. Que no ha sido impreso o publicado: *poema inédito.* **2.** Se dice de los hechos sin precedentes conocidos: *suceso, espectáculo inédito.*

INEDUCACIÓN s.f. Falta de educación.

INEFABILIDAD s.f. Cualidad de inefable.

INEFABLE adj. (lat. *ineffabilis*). Que no se puede expresar con palabras: *alegría inefable.*

INEFECTIVO, A adj. Falto de efecto.

INEFICACIA s.f. Cualidad de ineficaz.

INEFICAZ adj. No eficaz: *medio, secretario ineficaz.*

INEFICIENCIA s.f. Cualidad de ineficiente.

INEFICIENTE adj. Falto de eficiencia: *empleada ineficiente.*

INEJECUCIÓN s.f. Chile. Falta de ejecución en una cosa.

INELEGANCIA s.f. Falta de elegancia.

INELEGANTE adj. Falto de elegancia.

INELEGIBILIDAD s.f. Estado o condición de una persona no elegible.

INELEGIBLE adj. Que no se puede elegir.

INELUCTABLE adj. Que no se puede evitar, inevitable: *la muerte es ineluctable.*

INELUDIBLE adj. Que no se puede eludir: *un compromiso ineludible.*

INEMBARGABILIDAD s.f. Cualidad de los bienes que los acreedores no pueden embargar a sus poseedores: *cláusula de inembargabilidad.*

INEMBARGABLE adj. Que no puede ser embargado: *el salario es inembargable.*

INENARRABLE adj. Que por sus cualidades es imposible o muy difícil de describir: *aventura inenarrable.*

INENCOGIBLE adj. Se dice de las telas o tejidos que conservan una gran estabilidad dimensional, de manera que no encogen por el uso ni por efecto del lavado.

INEPCIA s.f. Ineptitud.

INEPTITUD s.f. Cualidad de inepto. SIN.: *inepcia.*

INEPTO, A adj. y s. (lat. *ineptus*). No apto o a propósito para algo, incapaz: *persona inepta; ser un inepto.*

INEQUÍVOCO, A adj. Que no admite duda.

INERCIA s.f. Propiedad de la materia, que hace que los cuerpos no puedan modificar por sí mismos su estado de reposo o de movimiento. **2.** Falta de actividad, energía o iniciativa: *sacar a alguien de su inercia.* ◇ **Fuerza de inercia** Resistencia que los cuerpos, en razón de su masa, oponen al movimiento; resistencia pasiva, que consiste especialmente en no obedecer. **Inercia uterina** MED. Contracción insuficiente del útero durante o después del parto. **Momento de inercia de un sistema sólido S** Suma, extendida a todos los puntos del sistema S, de las cantidades mr^2, siendo *m* la masa de un punto M del sistema S situado a la distancia *r* de un punto O, de un plano P o de un eje Δ dados. **Navegación por inercia** Navegación que se basa en la medida y en la integración de las aceleraciones sufridas por un vehículo aéreo, marítimo o espacial. **Principio de inercia** Principio por el que todo punto material que no está sometido a ninguna fuerza permanece en reposo o está animado por un movimiento rectilíneo uniforme.

INERCIAL adj. Relativo a la inercia.

INERME adj. (lat. *inermis*). Desprovisto de defensas: *sentirse inerme.* **2.** BOT. Que no tiene púas ni espinas. **3.** ZOOL. Sin ganchos: *tenia inerme.*

INERTE adj. (lat. *iners, -tis*). Sin actividad propia: *materia inerte.* **2.** Sin movimiento, inmóvil: *un cuerpo inerte yacía en la calle.* **3.** Sin energía moral, sin reacción; apático.

INERVACIÓN s.f. Modo de distribución anatómica y funcional de los nervios que permite la transmisión de un impulso nervioso a una región determinada.

INERVAR v.tr. Transmitir los estímulos de origen nervioso a una región determinada.

INESCRUTABLE adj. Que no se puede saber ni averiguar: *el destino es inescrutable.*

INESPERADO, A adj. Que sucede sin haberlo esperado o previsto: *cambio inesperado.*

INESTABILIDAD s.f. Cualidad de inestable. *la inestabilidad económica de un país; inestabilidad atmosférica.* ◇ **Inestabilidad psicomotriz** PSICOL. Rasgo de la personalidad caracterizado por insuficiencia del control de la motricidad y una gran labilidad de la atención y las emociones.

INESTABLE adj. No estable, firme o seguro. **2.** Se dice de un equilibrio destruido por la mínima perturbación o de una combinación química que puede descomponerse espontáneamente. **3.** PSICOL. Que sufre inestabilidad psicomotriz o de carácter.

INESTIMABLE adj. Que no puede ser debidamente apreciado o valorado, inapreciable.

INESTIMADO, A adj. Que está sin apreciar ni tasar. **2.** Que no se estima tanto como merece.

INEVITABLE adj. Que no se puede evitar.

INEXACTITUD s.f. Falta de exactitud, de precisión: *una biografía llena de inexactitudes.*

INEXACTO, A adj. No exacto o justo, falso: *cálculo, dato inexacto.*

INEXCITABLE adj. Que no se puede excitar.

INEXCUSABLE adj. Que no se puede eludir excusándose o que no se puede dejar de hacer. **2.** Que no puede ser disculpado.

INEXHAUSTO, A adj. Que no se agota: *bondad inexhausta.*

INEXISTENCIA s.f. Falta de existencia: *inexistencia de pruebas.* **2.** DER. Cualidad de un acto jurídico al que le falta una cualidad esencial.

INEXISTENTE adj. Que no existe: *un monstruo inexistente.* **2.** Fig. Que se considera totalmente nulo.

INEXORABILIDAD s.f. Cualidad de inexorable: *la inexorabilidad del paso del tiempo.*

INEXORABLE adj. Que no se deja vencer por ruegos, implacable: *juez inexorable.* **2.** Que no se puede evitar: *vejez inexorable.*

INEXPERIENCIA s.f. Falta de experiencia.

INEXPERTO, A adj. y s. Falto de experiencia o habilidad.

INEXPIABLE adj. Que no se puede expiar: *crimen inexpiable.*

INEXPLICABLE adj. Que no se puede explicar.

INEXPLORADO, A adj. No explorado.

INEXPLOSIBLE adj. Que no puede hacer explosión.

INEXPLOTABLE adj. Que no es susceptible de ser explotado: *fuente inexplotable.*

INEXPRESABLE adj. Que no se puede expresar: *dicha inexpresable.*

INEXPRESIVO, A adj. Que carece de expresión, que es poco expresivo: *rostro inexpresivo.*

INEXPUGNABLE adj. Que no se puede expugnar. **2.** Fig. Que no se deja vencer ni persuadir.

INEXTENSIBLE adj. Que no se puede extender: *materia inextensible.*

INEXTENSO, A adj. Que carece de extensión.

INEXTINGUIBLE adj. Que no se puede extinguir: *fuego inextinguible.* **2.** Que no se puede calmar o parar: *risa, sed inextinguible.*

INEXTIRPABLE adj. Que no se puede extirpar.

IN EXTREMIS loc.adv. (voces latinas, *en la extremidad*). En el último momento; como último recurso.

INEXTRICABLE adj. (del lat. *extricare*, desenmarañar). Difícil de desenredar por lo intrincado y confuso: *problema inextricable.*

INFALIBILIDAD s.f. Imposibilidad de equivocarse. **2.** Carácter de algo que produce el resultado esperado. ◇ **Infalibilidad pontificia** Dogma proclamado en 1870 por el concilio Vaticano I, según el cual el papa, cuando habla *ex cathedra*, no puede equivocarse en materia de fe.

INFALIBILISTA adj. y s.m. y f. Partidario de las doctrinas definidas por el concilio Vaticano I sobre la infalibilidad pontificia, por oposición a los que contestaron su oportunidad o las rechazaron (católicos viejos).

INFALIBLE adj. Que goza de infalibilidad. **2.** Que produce los resultados esperados, que no puede dejar de suceder: *remedio infalible; hecho infalible.*

INFALSIFICABLE adj. Que no se puede falsificar.

INFAMACIÓN s.f. Acción y efecto de infamar.

INFAMAR v.tr. y prnl. Difamar.

INFAMATORIO, A adj. Se dice de lo que infama: *palabras infamatorias.*

INFAME adj. y s.m. y f. (lat. *infamis*). Se dice de la persona vil y detestable. ◆ adj. Se aplica a las acciones indignas, vergonzosas, etc.: *infame traición.* **2.** Muy malo en su línea: *una obra infame; día infame.*

INFAMIA s.f. Cualidad de infame: *la infamia de un crimen.* **2.** Situación de la persona deshonrada: *caer en la infamia.* **3.** Acción mala o vil: *cometer infamias.*

INFANCIA s.f. (lat. *infantia*). Período de la vida humana que va desde el nacimiento hasta la pubertad: *primera, segunda infancia.* **2.** Fig. Conjunto de los niños: *protección a la infancia.* **3.** Fig. Primer período de la existencia de una cosa: *proyecto que está en su infancia.*

INFANTADO s.m. Territorio de un infante o infanta, hijos de reyes.

INFANTAZGO s.m. Señorío atribuido a un infante.

INFANTE, A s. (lat. *infans, -tis*, de *fari*, hablar). Niño de corta edad. **2.** Título de los hijos legítimos de los reyes de España, no herederos al trono. ◆ s.m. Término con que se designa al soldado de infantería. **2.** MÚS. Denominación dada a los niños que cantan en el coro de una catedral. ◆ s.f. Esposa de un infante.

INFANTERÍA s.f. Tradicionalmente, tropa que combate a pie. **2.** Conjunto de tropas capaces de combatir a pie o desde vehículos acorazados.

INFANTICIDA adj. y s.m. y f. Se dice del autor de un infanticidio.

INFANTICIDIO s.m. Muerte dada violentamente a un niño, sobre todo si es recién nacido o está próximo a nacer.

INFANTIL adj. Relativo a la infancia: *enfermedad infantil.* **2.** Que implica infantilismo: *comportamiento infantil.* **3.** Fig. Inocente, cándido.

INFANTILISMO s.m. Detención del desarrollo de una persona, debido a una insuficiencia endocrina (hipofisaria o tiroidea) o a una anomalía genética. **2.** Comportamiento infantil, irresponsable, ausencia de madurez, puerilidad.

INFANZÓN, NA s. Hijodalgo o hijadalgo que en sus heredamientos tenía potestad y señorío limitados. **2.** En León, Castilla, Navarra y Aragón, durante la edad media, noble de segunda categoría.

INFANZONADO, A adj. Relativo al infanzón. ◆ s.m. Cualidad de infanzón. **2.** Infanzonazgo.

INFANZONAZGO s.m. Territorio perteneciente al infanzón. SIN · *infanzonado.*

INFARTAR v.tr. y prnl. MED. Producir un infarto.

INFARTO s.m. (lat. *infartus*, lleno, atiborrado). MED. Lesión necrótica de los tejidos debida a un trastorno circulatorio, acompañada generalmente de infiltración sanguínea. (La causa habitual de los infartos es la obliteración de un vaso por arteritis, por trombosis o por embolia. El *infarto de miocardio*, consecuencia de la obliteración de una arteria coronaria, es una lesión del corazón de variable gravedad. El *infarto pulmonar* aparece generalmente como consecuencia de una embolia.)

INFATIGABLE adj. Que nada le fatiga.

INFATUAR v.tr. y prnl. (lat. *infatuare*) [18]. Volver o volverse fatuo.

INFAUSTO, A adj. Que constituye, acompaña o anuncia una desgracia: *noticia infausta; recuerdo infausto.*

INFECCIÓN s.f. Penetración y desarrollo en un ser vivo de microbios patógenos, llamados *agentes infecciosos*, que invaden el organismo por vía sanguínea, como en la septicemia, o que permanecen localizados, como en las neumonía o en abscesos, etc., vertiendo sus toxinas en la sangre.
ENCICL. Las principales infecciones son de origen bacteriano, viral, micótico o parasitario. Los signos pueden ser fiebre, dolor, derrame, perturbación del órgano atacado (tos, diarrea, etc.), anomalía sanguínea. Los medicamentos contra las bacterias (antibióticos), los hongos y los parásitos son mucho más eficaces que los que se emplean contra los virus.

INFECCIOSO, A adj. Que produce infección: *germen infeccioso.* **2.** Que resulta o va acompañado de infección.

INFECTAR v.tr. (lat. *infectare*, frecuentativo de *inficere*, infectar). Contaminar por gérmenes infecciosos. **2.** Fig. Llenar de emanaciones malolientes y malsanas, apestar. ◆ **infectarse** v.prnl. Estar contaminado por gérmenes: *la herida se ha infectado.*

INFECTO, A adj. (lat. *infectus*, p. de *inficere*, infectar). Maloliente, sucio, repugnante: *emanaciones infectas de un pantano.* **2.** Fig. Fastidioso o muy malo: *tiempo infecto; libro infecto; café infecto.*

INFECUNDIDAD s.f. Cualidad de infecundo.

INFECUNDO, A adj. No fecundo: *tierras infecundas.*

INFELICE adj. Poét. Infeliz.

INFELICIDAD s.f. Cualidad o estado de infeliz.

INFELIZ adj. y s.m. y f. Desgraciado, desventurado, no feliz: *suerte infeliz; una madre infeliz.* **2.** Fam. Bueno, ingenuo, sin picardía: *en el fondo es un infeliz.*

559

INFERENCIA s.f. Operación intelectual por la que se pasa de una verdad a otra que se juzga en razón de su unión con la primera: *la deducción es una inferencia.* ◇ **Reglas de inferencia** LÓG. Las que permiten, en una teoría deductiva, llegar a la verdad de una proposición a partir de una o varias proposiciones tomadas como hipótesis.

INFERIOR adj. (lat. *inferior, -oris,* comparativo de *inferus,* inferior, subterráneo). Situado más bajo con respecto a otra cosa: *mandíbula inferior.* **2.** Menor en dignidad, en mérito, en organización, en valor: *rango inferior; número inferior a diez; calidad inferior.* **3.** Se dice de la parte de un río más cercana al mar: *Ródano inferior.* **4.** HIST. NAT. Menos avanzado en la evolución. ◆ s.m. y f. Subordinado, subalterno.

INFERIORIDAD s.f. Desventaja en lo que concierne al rango, fuerza, mérito, etc.: *encontrarse en situación de inferioridad.* ◇ **Complejo de inferioridad** Sentimiento mórbido que impulsa al sujeto a subestimarse, debido a su convicción íntima de ser inferior a los que le rodean.

INFERIR v.tr. y prnl. (lat. *inferre*) [79]. Sacar una consecuencia de un hecho o un principio. ◆ v.tr. Causar o hacer heridas, ofensas, etc.

INFERMENTESCIBLE adj. Que no puede fermentar.

INFERNAL adj. Relativo al infierno: *el poder infernal.* **2.** Que posee o anuncia mucha maldad o perfidia: *treta infernal.* **3.** *Fam.* Insoportable: *ruido infernal.* ◇ **Máquina infernal** Ingenio explosivo.

INFIERNILLO s.m. → INFIERNILLO.

INFERNO, A adj. *Poét.* Infernal.

ÍNFERO, A adj. (lat. *inferum,* de abajo). BOT. Se dice de un ovario situado debajo de los puntos de inserción de los sépalos, pétalos y estambres, como en el iris, en el manzano, etc. CONTR.: *súpero.*

INFESTACIÓN s.f. MED. Presencia de parásitos en un organismo, que pueden provocar trastornos patológicos.

INFESTAR v.tr. y prnl. Contaminar, corromper: *infestar las aguas.* **2.** Asolar por invasiones brutales o actos de bandidaje: *los piratas infestaban estas costas.* **3.** Abundar en un lugar, hablando de animales o plantas perjudiciales: *las ratas infestan algunos barcos.* **4.** MED. Hablando de parásitos, invadir un organismo.

INFESTO, A adj. (lat. *infestus*). *Poét.* Dañoso, perjudicial.

INFIBULACIÓN s.f. ANTROP. Operación quirúrgica que se practica a los niños de ambos sexos de determinadas etnias, con el fin de impedir las relaciones sexuales.

INFICIONAR v.tr. y prnl. (del lat. *infectio, -onis,* infección). Infectar, envenenar: *inficionar la sangre.* **2.** *Fig.* Corromper con malas doctrinas o ejemplos: *inficionar a los hijos.*

INFIDELIDAD s.f. Falta de fidelidad, especialmente en el matrimonio. **2.** Falta de exactitud, de verdad: *la infidelidad de un historiador.*

INFIDENCIA s.f. Violación de la confianza y fe debida a otro.

INFIEL adj. y s.m. y f. Que no guarda fidelidad, que falta a sus compromisos, especialmente en el matrimonio: *infiel a sus promesas.* **2.** Inexacto, que no expresa la verdad o la realidad: *relato infiel.* **3.** Que no profesa la religión considerada como la verdadera: *pueblo infiel; convertir infieles.*

INFIERNILLO o **INFERNILLO** s.m. Cocinilla, aparato con lámpara de alcohol.

INFIERNITO s.m. C. Rica y Cuba. Cono o pirámide de pólvora humedecida que se quema como si fuera una luz de bengala.

INFIERNO s.m. (lat. *infernum,* de *inferus,* inferior o subterráneo). Según diversas religiones, lugar donde los condenados sufren un castigo eterno. **2.** *Fig.* Lugar en el que hay alboroto, discordia o malestar: *esta casa es un infierno.* **3.** *Fig.* y *fam.* Serie de circunstancias adversas: *su matrimonio es un infierno.*

INFIJACIÓN s.f. LING. Introducción de un infijo en el seno de una palabra.

INFIJO s.m. LING. Elemento que se intercala en el interior de una palabra para modificar su sentido o su valor.

INFILTRACIÓN s.f. Paso lento de un líquido a través de los intersticios de un cuerpo. **2.** *Fig.* Penetración lenta y subrepticia: *infiltración de ideas subversivas.* **3.** MED. Invasión de un órgano por líquidos orgánicos procedentes de un conducto natural o por células inflamatorias o tumorales. **4.** MIL. Modo de progresión de la infantería utilizando al máximo los accidentes del terreno y las zonas no batidas por el fuego adversario. **5.** TERAP. Inyección de un medicamento en una región del organismo. ◇ **Aguas de infiltración** Aguas de lluvia que penetran en el suelo por percolación.

INFILTRADO s.m. MED. Producto de la reacción inflamatoria, acumulado en el intersticio de los tejidos.

INFILTRAR v.tr. y prnl. Introducir gradualmente un líquido en los poros o intersticios de un cuerpo sólido. **2.** *Fig.* Infundir en el ánimo una idea o doctrina. ◆ **infiltrarse** v.prnl. Penetrar subrepticiamente en alguna parte.

ÍNFIMO, A adj. (lat. *infimus,* lo más humilde). Que en su situación está muy bajo o el más bajo de todos. **2.** En el orden y graduación de las cosas, se dice de la que es última y menos que las demás.

INFINIDAD s.f. Cualidad de infinito. **2.** *Fig.* Gran cantidad de cosas o personas.

INFINITAMENTE adv. En extremo.

INFINITESIMAL adj. MAT. Se dice de la magnitud considerada como suma de sus crecimientos sucesivos infinitamente pequeños.

INFINITÉSIMO s.m. MAT. Cantidad variable, que puede llegar a ser, en valor absoluto, inferior a todo número positivo, por pequeño que sea.

INFINITIVO, A adj. y s.m. GRAM. Se dice de la forma del verbo que expresa la acción en abstracto sin concretar persona, tiempo ni número.

INFINITO, A adj. Que no tiene fin: *el universo es infinito.* **2.** Demasiado grande o numeroso para poderse medir: *lo avisé infinitas veces.* **3.** Muy grande o intenso: *odio infinito.* ◆ s.m. Lo que no tiene límites; el espacio sin límites. **2.** MAT. Cantidad variable, que, en valor absoluto, llega a ser mayor que toda otra cantidad fijada arbitrariamente (símb. ∞, + ∞ o − ∞, según el signo). ◆ adv.m. Excesivamente, muchísimo: *siento infinito no haber estado aquí.*

INFINITUD s.f. Infinidad, cualidad de infinito.

INFIRMAR v.tr. (del lat. *infirmus,* enfermo). DER. Declarar nulo, invalidar.

INFLACIÓN s.f. Acción y efecto de inflar. **2.** Desequilibrio económico que se caracteriza por un alza general de los precios y por un aumento de la circulación monetaria. **3.** Aumento excesivo: *inflación de funcionarios.* ◇ **Inflación reptante** Inflación crónica, generalmente de poca intensidad. (Se opone a la *inflación galopante.*)

ENCICL. Tradicionalmente se distinguen tres mecanismos productores de inflación: la *inflación de demanda,* o intensificación súbita de la demanda de un producto frente a una oferta que no puede cubrirse de inmediato; la *inflación de costos,* producto del aumento de las cargas —salarios especialmente— que pesan sobre el proceso de producción de los bienes y servicios y que repercuten sobre los precios de estos; la *inflación monetaria,* que responde a la inyección, en el ciclo económico, de un aumento de recursos monetarios y medios de pago, que conduce —por intensificación de la demanda— a un alza de precios. Fenómenos de interacción (espiral salarios-precios) alargan y, a menudo, acrecientan la inflación.

INFLACIONISTA adj. Que es causa o señal de inflación: *tensión inflacionista.* SIN.: *inflacionario.*

INFLAMABILIDAD s.f. Cualidad de inflamable: *la inflamabilidad de un gas.*

INFLAMABLE adj. Fácil de inflamar.

INFLAMACIÓN s.f. Acción y efecto de inflamar. **2.** MED. Reacción patológica que aparece como consecuencia de una agresión traumática, química o microbiana al organismo, y que se caracteriza por calor, enrojecimiento, dolor y tumefacción.

INFLAMAR v.tr. y prnl. (lat. *inflammare,* de *flama,* llama). Encender una cosa al quemarse produce llama inmediatamente. **2.** *Fig.* Despertar entusiasmo: *inflamar el público.* **3.** Producirse irritación en una parte del organismo: *inflamarse la garganta.* **4.** Producirse inflamación.

INFLAMATORIO, A adj. MED. Relativo a la inflamación.

INFLAR v.tr. y prnl. (lat. *inflare*). Hinchar una cosa con aire u otro gas. **2.** *Fig.* Ensoberbecer, engreír, infatuar. ◆ v.tr. *Fig.* Exagerar, abultar hechos, noticias, etc. ◆ v.intr. Méx. Beber alcohol.

INFLEXIBILIDAD s.f. Cualidad de inflexible.

INFLEXIBLE adj. Incapaz de torcerse o de doblarse. **2.** *Fig.* Que no se deja ablandar: *carácter inflexible.*

INFLEXIÓN s.f. (lat. *inflexio, -onis*). Acción y efecto de doblarse una línea o algo lineal en un punto. **2.** Elevación o atenuación hecha con la voz, quebrándola o pasando de un tono a otro. **3.** LING. **a.** Elemento que pone en contacto la raíz con la desinencia. **b.** Cada una de las terminaciones del verbo, el pronombre, y las demás partes variables de la oración. **4.** Cambio de sentido de la curvatura de una curva plana. ◇ **Punto de inflexión** MAT. Punto en que una curva corta a su tangente.

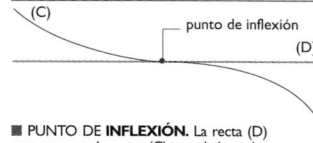

(C)
punto de inflexión
(D)

■ **PUNTO DE INFLEXIÓN.** La recta (D) es tangente a la curva (C) a un lado y al otro del punto de inflexión.

INFLEXO, A adj. BOT. Encorvado hacia abajo o hacia lo alto.

INFLIGIR v.tr. (lat. *infligere*) [43]. Aplicar o causar castigos, derrotas, agravios, etc.

INFLORESCENCIA s.f. Forma de agruparse las flores en una planta: *los principales tipos de*

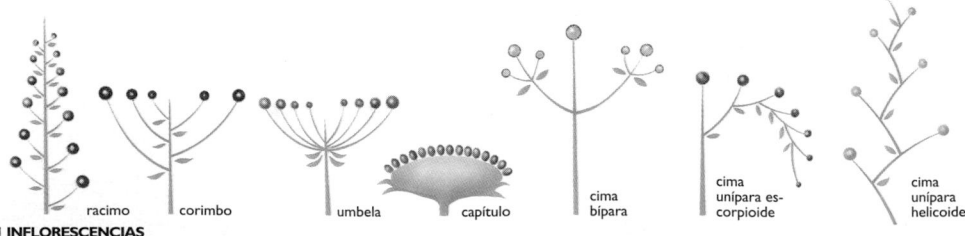

racimo — corimbo — umbela — capítulo — cima bípara — cima unípara escorpioide — cima unípara helicoide

■ INFLORESCENCIAS

inflorescencia son racimo, espiga, umbela, capítulo y cima. **2.** Conjunto de estas flores.

INFLUENCIA s.f. Acción y efecto de influir. **2.** *Fig.* Poder que ejerce uno sobre otro o que tiene en un medio por sí o por sus relaciones. **3.** *Fig.* Contacto o relación que proporcionan un trato de favor. *tiene influencias en el ayuntamiento.* ◇ **Electrización por influencia** Carga eléctrica adquirida por un conductor situado cerca de otro conductor electrizado.

INFLUENCIABLE adj. Que se deja influir con facilidad.

INFLUENCIAR v.intr. Influir.

INFLUENZA s.f. (voz italiana). Gripe.

INFLUIR v.intr. (lat. *influere*) [88]. Causar unas cosas sobre otras ciertos efectos. SIN.: *influenciar.* **2.** *Fig.* Ejercer una persona o cosa predominio en el ánimo. SIN.: *influenciar.*

INFLUJO s.m. Influencia. ◇ **Influjo nervioso** Fenómeno de naturaleza eléctrica por el cual la excitación de una fibra nerviosa se propaga por el nervio.

INFLUYENTE adj. Que influye.

INFOGRAFÍA s.f. Técnica de creación de imágenes de síntesis y de representación gráfica mediante utilización directa de la computadora.

INFOLIO s.m. Libro en folio.

INFORMACIÓN s.f. Acción y efecto de informar: *te lo digo para tu información.* **2.** Oficina donde se informa de alguna cosa: *preguntar en información.* **3.** Conjunto de noticias o informes. **4.** En cibernética, factor cualitativo que designa la posición de un sistema, y que eventualmente es transmitido por este sistema a otro. **5.** DER. Averiguación jurídica y legal de un hecho o delito ◇ **Cantidad de información** Medida cuantitativa de la incertidumbre de un mensaje en función del grado de probabilidad de cada una de las señales que lo componen. **Teoría de la información** Teoría que tiene por objeto definir y estudiar las cantidades de información, la codificación de estas informaciones, los canales de transmisión y su capacidad.

INFORMADOR, RA adj. y s. Que informa; se dice especialmente, respecto a una persona, de otra que la informa o la ha informado sobre cierta cosa.

INFORMAL adj. y s.m. y f. Se dice de la persona falta de formalidad. ✦ adj. Que no se ajusta a las circunstancias que le son normales. *reunión informal* ◇ **Pintura informal** Informalismo.

INFORMALIDAD s.f. Cualidad de informal. **2.** Acto propio de una persona informal.

INFORMALISMO s.m. Tendencia artística que se da en pintura especialmente, desarrollada sobre todo entre 1950 y 1960, que tiende a representar lo real fuera de todo orden lógico de espacio y composición.

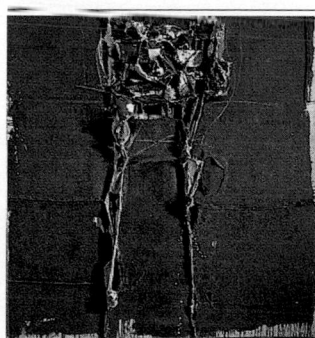

■ **INFORMALISMO.** *Homúnculo* (1960), por Manuel Millares. (Banco Central-Hispano, Madrid.)

INFORMALISTA adj. y s.m. y f. Relativo al informalismo; partidario de esta tendencia.

INFORMANTE s.m. y f. y adj. Persona que facilita una información.

INFORMAR v.tr. Dar a alguien noticia de alguna cosa. **2.** Imprimir determinadas características: *las mismas ideas informan toda la producción del poeta.* ✦ v.intr. Dar informes acerca de determinadas cuestiones, planos, etc.

INFORMÁTICA s.f. (fr. *informatique*). Ciencia del tratamiento automático y racional de la información considerada como el soporte de los conocimientos y las comunicaciones. ENCICL. Suelen diferenciarse varios campos dentro de la informática: *informática teórica* (análisis numérico, teoría de la información, lenguajes y gramática, autómatas, etc.), *de los sistemas* (arquitectura de las computadoras y de los sistemas de explotación, jerarquía de los recursos, comunicación entre procesadores, redes, etc.), *tecnológica* (hardware: componentes electrónicos, semiconductores, memorias, registros en soportes magnéticos, órganos periféricos de entrada y salida, etc.), metodológica (referida especialmente al software: compilación, lenguajes, técnicas de explotación, análisis, programación estructurada, etc.) y *aplicada* (realizaciones llevadas a cabo por las computadoras y el tratamiento automático de la información).

INFORMÁTICO, A adj. Perteneciente o relativo a la informática: *tratamiento informático.* ✦ s. Especialista en informática.

INFORMATIVO, A adj. Se dice de lo que informa o sirve para dar noticia de una cosa: *hoja informativa; reunión informativa.* ✦ s.m. En televisión, espacio dedicado a difundir noticias.

INFORMATIZACIÓN s.f. Acción y efecto de informatizar.

INFORMATIZAR v.tr. [7]. Dotar a un servicio, organismo, etc., de medios informáticos, asegurar su gestión mediante medios informáticos. **2.** Utilizar la informática para tratar con ayuda de computadora las necesidades de un sector profesional o para solucionar un problema.

1. INFORME s.m. Acción y efecto de informar o dictaminar. **2.** Noticias que se dan sobre alguien o algo. **3.** Exposición oral o escrita del estado de una cuestión.

2. INFORME adj. (lat. *informis*, de *forma*, forma). Deforme. **2.** De forma vaga e indeterminada.

INFORTUNADO, A adj. y s. Desafortunado, desdichado.

INFORTUNIO s.m. (lat. *infortunium*). Suerte desdichada. **2.** Hecho o acontecimiento desgraciado.

INFOSURA s.f. (lat. tardío *infusura*, alimento ingerido). VET. Enfermedad del ganado equino que se presenta con dolores en dos o en todas las extremidades.

INFOVÍA s.f. Servicio de Telefónica de España para la conexión informática a los proveedores de información de Internet en España, Chile y Perú.

INFRACCIÓN s.f. Quebrantamiento de una ley, norma o pacto.

INFRACCIONAR v.tr. Méx. Multar.

INFRACTOR, RA adj. y s. Que infringe.

INFRAESTRUCTURA s.f. Conjunto de medios técnicos, servicios e instalaciones necesarios para el desarrollo de una actividad o para el funcionamiento de una organización. **2.** Capa de asiento que hace de almohadilla entre el pavimento y los cimientos o lecho de una carretera. **3.** ECON. **a.** Base física sobre la que se asienta la economía de un estado. **b.** Conjunto de servicios considerados esenciales en la creación de una economía moderna. ◇ **Infraestructura aérea** Conjunto de las instalaciones de tierra indispensables para el tráfico aéreo.

IN FRAGANTI loc.adv. (voces latinas, *en flagrante*). En el preciso instante en que se está cometiendo un delito o una falta.

INFRAHUMANO, A adj. Inferior a lo humano.

INFRANQUEABLE adj. Imposible o difícil de franquear o desembarazar.

INFRAORBITARIO, A adj. ANAT. Relativo a la cara inferior de la órbita o situado por debajo del nervio infraorbitario.

INFRARROJO, A adj. y s.m. Se dice de la radiación electromagnética de longitud de onda comprendida entre una micra y un milímetro, que se utiliza en calefacción, terapéuti-

ca, armamentos, etc. (Se extiende desde el extremo del rojo visible hacia frecuencias menores, y se caracteriza por sus efectos térmicos, pero no luminosos ni químicos.)

INFRASCRITO, A adj. y s. (del lat. *infra*, abajo y *scribere*, escribir). Que firma al fin de un escrito. ✦ adj. Que se dice más abajo o después de un escrito.

INFRASONIDO s.m. Vibración de la misma naturaleza que el sonido, pero de frecuencia demasiado baja para ser percibida por el oído humano.

INFRASONORO, A adj. Relativo al infrasonido.

INFRAVALORAR v.tr. Disminuir el valor o la importancia de algo.

INFRECUENCIA s.f. Cualidad de infrecuente.

INFRECUENTE adj. Que no es frecuente.

INFRINGIR v.tr. (lat. *infringere*) [43]. Quebrantar una ley, norma o pacto.

INFRUCTUOSIDAD s.f. Cualidad de infructuoso.

INFRUCTUOSO, A adj. Que no produce ningún resultado aceptable o estimable.

INFRUTESCENCIA s.f. BOT. Fructificación formada por la agrupación de varios frutillos procedentes de las flores de una inflorescencia.

ÍNFULA s.f. (lat. *infula*). Cinta de lana blanca, con dos tiras caídas a los lados, con que se ceñía la cabeza los sacerdotes de algunas religiones antiguas y algunos reyes. **2.** Cada una de las dos cintas anchas que penden por la parte posterior de la mitra episcopal. ✦ **ínfulas** s.f.pl. *Fig.* Presunción o vanidad.

INFUMABLE adj. Esp. Que no se puede fumar, se dice especialmente del tabaco de mala calidad. **2.** Esp. Fam. Que es de muy mala calidad; que no se puede aceptar como bueno o válido por carecer de justificación: *una película, un argumento infumable.*

INFUNDADO, A adj. Que no tiene fundamento real o racional.

INFUNDIO s.m. Noticia falsa, chisme.

INFUNDIOSO, A adj. y s. Que constituye un infundio.

INFUNDIR v.tr. (lat. *infundere*). Provocar cierto estado de ánimo o sentimiento: *infundir valor.*

INFURCIÓN s.f. En los estados de la península Ibérica, durante la edad media, renta prestación o canon anual que pagaban, al señor o al rey, siervos, libres, hombres de behetría o caballeros villanos.

INFUSIBILIDAD s.f. Cualidad de infusible.

INFUSIBLE adj. Que no puede fundirse o derretirse.

INFUSIÓN s.f. Acción y efecto de infundir. **2.** Preparado en forma líquida que resulta de la extracción de los principios activos de ciertas plantas por la acción del agua hirviendo, del alcohol, o, más raramente, de otro solvente.

INFUSO, A adj. Se dice del conocimiento o el don que se posee o se cree poseer, en cierto sentido, de una manera natural.

INFUSORIO, A adj. y s.m. Protozoo del tipo *ciliados*, que puede desarrollarse en las infusiones vegetales. ◇ **Tierra de infusorios** Roca formada por restos de caparazones de infusorios fósiles, que se emplea como aislante térmico o acústico y como materia inerte.

INGÁ s.m. Amér. Árbol de la familia de las leguminosas de flores blanquecinas en espigas.

INGENIAR v.tr. y prnl. Trazar, idear o inventar algo con ingenio. ◇ **Ingeniárselas** Conseguir algo o salir de una dificultad con ingenio.

INGENIERÍA s.f. Conjunto de conocimientos y técnicas científicos aplicados a la invención, perfeccionamiento y utilización de la técnica industrial en todas sus dimensiones. ◇ **Ingeniería genética** Conjunto de técnicas que permiten la recombinación fuera de un organismo de cromosomas pertenecientes a organismos diferentes.

INGENIERO, A s. Persona que se dedica a la ingeniería. ◇ **Arma de ingenieros** Una de las cuatro armas que, con carácter de combatientes, existen en el ejército español. **Ingeniero técnico** Técnico de grado medio en ingeniería, cuyo título oficial, en España, es expedido por las escuelas universitarias.

INGENIO s.m. (lat. *ingenium*, conjunto de cualidades innatas de alguien).Talento o habilidad para discurrir e inventar cosas, o para resolver dificultades con facilidad. **2.** Persona de talento. **3.** Maña y artificio para conseguir algo. **4.** Máquina. **5.** Molino y explotación de caña de azúcar.

INGENIOSIDAD s.f. Cualidad de ingenioso. **2.** *Fig.* Dicho o hecho que quiere resultar gracioso y resulta inoportuno.

INGENIOSO, A adj. Que tiene o implica ingenio:*persona ingeniosa; respuesta ingeniosa.*

INGÉNITO, A adj. (lat. *ingenitus*). No engendrado. **2.** Connatural, congénito.

INGENTE adj. (lat. *ingens, -entis*).Muy grande.

INGENUIDAD s.f. Cualidad de ingenuo.

INGENUO, A adj. y s. (lat. *ingenuus*).Que no tiene malicia, crédulo, sincero. ◆ adj. y s. DER. ROM. Se decía del que nacía libre y no perdía su libertad. ◆ s.f. Actriz que representa papeles de muchacha inocente y cándida.

INGERIR v.tr. (lat. *inserere*, introducir o injertar). [79]. Hacer llegar al estómago, introduciéndolos por la boca, la comida, bebida o medicamentos.

INGESTA s.f. Ingestión.

INGESTIÓN s.f. (lat. *ingestio, -onis*).Acción y efecto de ingerir.

INGLE s.f. (lat. *inguen, -inis*).Parte del cuerpo donde se junta el muslo y el abdomen.

INGLÉS, SA adj. y s. De Inglaterra. **2.** Británico. ◆ s.m. Lengua indoeuropea del grupo germánico, hablada principalmente en Gran Bretaña y EUA.◇ **A la inglesa** Según el uso de Inglaterra; *Fam.* se dice de la encuadernación cuyas tapas son flexibles y tienen puntas redondeadas. **Letra inglesa** Letra inclinada a la derecha, con perfiles gruesos y delgados. **Pura sangre inglés** Raza de caballos de carreras, muy veloces, enérgicos y nerviosos, y de gran alzada, producto del mestizaje de razas de predominio oriental con las razas inglesas.

ENCICL. El inglés es, después del chino, la lengua más extendida del mundo: sin distinguir variantes es la lengua materna de cerca de 320 millones de personas (Gran Bretaña, Estados Unidos, antiguo imperio británico). Debido a la importancia económica y científica de los países anglosajones, el inglés se ha convertido en la lengua más estudiada y practicada en los intercambios internacionales y en la difusión de información técnica y científica. Pertenece al grupo occidental de las lenguas germánicas. Los invasores anglos y sajones lo introdujeron en las Islas Británicas hacia el s. V y poco a poco sustituyó al idioma romanocéltico. Durante los ss. XI-XIII, la conquista normanda impuso el francés como lengua oficial, bilingüismo que marcó profundamente el vocabulario.

INGLETE s.m. (fr. *anglet*).Ángulo de 45 ° que con cada cateto forma la hipotenusa del cartabón. **2.** Método de ensamble de carpintería, que consiste en cortar las superficies de unión bajo un ángulo de 45 °. ◇ **Caja**, o **cortador**, o **patrón, de ingletes** Caja acanalada, abierta por sus dos extremos, y con muescas oblicuas en los costados para guiar la sierra bajo el ángulo deseado al cortar la pieza que se trabaja.

INGRATITUD s.f. Desagradecimiento, olvido de los favores recibidos.

INGRATO, A adj. Desagradecido, que olvida los beneficios recibidos: *persona ingrata.* **2.** Desabrido, desagradable: *tiempo ingrato.* **3.** Se dice del trabajo que no cunde o no compensa el esfuerzo que cuesta: *labor ingrata.*

INGRAVIDEZ s.f. Cualidad de ingrávido. **2.** Estado en el que los efectos de la gravedad se anulan, especialmente en una aeronave.

INGRÁVIDO, A adj. Ligero, leve, que no pesa.

INGREDIENTE s.m. (lat. *ingrediens*, p. activo de *ingredi*, entrar). Cosa que entra en la composición de un remedio, bebida, guisado u otro compuesto.

INGRESAR v.intr. Entrar a formar parte de una corporación, sociedad, etc. **2.** Entrar como paciente en un establecimiento sanitario. **3.** Aprobar el examen de ingreso. ◆ v.tr. Imponer dinero en una entidad bancaria o co-

mercial. **2.** Esp. Percibir regularmente por cualquier concepto determinada cantidad de dinero.

INGRESIVO, A adj. LING. Se dice del aspecto verbal que designa el comienzo de la acción. (En español está representado generalmente por perífrasis, como *se puso a cantar, se echó a reír.*) ◇ **Consonante ingresiva** Consonante que se produce con una succión o inspiración de aire.

INGRESO s.m. (lat. *ingressus, -us*, entrada). Acción de ingresar. **2.** Examen o conjunto de pruebas que se realizan para entrar en determinados estudios. **3.** Entrada, lugar por donde se entra en alguna parte. ◆ **ingresos** s.m.pl. Cantidad de dinero que se percibe regularmente por cualquier concepto.

ÍNGRIMO, A adj. Amér. Central, Colomb., Dom., Ecuad., Pan. y Venez. Solitario, aislado.

INGUINAL adj. ANAT. Relativo a la ingle: *hernia inguinal.*

INGURGITACIÓN s.f. Acción y efecto de ingurgitar.

INGURGITAR v.tr. (del lat. *gurges, -itis*). Engullir. ◆ v.tr. y prnl. FISIOL. Aumentar de tamaño un órgano, por repleción.

INGUSH, pueblo musulmán del Cáucaso nororiental, distribuido principalmente entre las repúblicas de Ingushia y Daguestán.

INHÁBIL adj. Que no tiene habilidad. **2.** Que no tiene las cualidades y condiciones necesarias para hacer una cosa. **3.** Que no puede obtener o desempeñar un cargo, empleo o dignidad por falta de algún requisito, o por una tacha o delito. **4.** DER. Se dice del día feriado y de las horas en que, salvo habilitación expresa, no deben practicarse actuaciones.

INHABILIDAD s.f. Cualidad de inhábil. **2.** DER. Estado de la persona que no tiene capacidad legal: *inhabilidad para testar.*

INHABILITACIÓN s.f. Acción y efecto de inhabilitar. **2.** DER. Pena que priva de algún derecho o incapacita para ciertos cargos.

INHABILITAR v.tr. Declarar a una persona inhábil para ejercer cargos públicos o para ejercitar derechos civiles o políticos. ◆ v.tr. y prnl. Imposibilitar para una cosa.

INHABITADO, A adj. Que no está habitado.

INHALACIÓN s.f. Aspirar por las vías respiratorias un gas, vapor o aerosol.

INHALADOR s.m. Aparato que sirve para efectuar inhalaciones.

INHALAR v.tr. Aspirar gases y vapores, especialmente con fines médicos.

INHAMUI s.m. Madera comercial americana, cuyo color varía del amarillo gris al marrón.

INHERENCIA s.f. Cualidad de inherente.

INHERENTE adj. (lat. *inhaerens, -tis*). Que está dentro de algo o va junto a él de manera inseparable.

INHIBICIÓN s.f. Acción y efecto de inhibir o inhibirse. **2.** Fenómeno de cese, bloqueo o disminución de un proceso químico, psicológico o fisiológico. **3.** Disminución de la actividad de una neurona, de una fibra muscular o de una célula secretora, bajo la acción de un influjo nervioso o de una hormona.

INHIBIDOR, RA adj. Que inhibe. ◆ s.m. QUÍM. Sustancia de concentración débil, que bloquea o retrasa una reacción química.◇ **Inhibidor de la ovulación** Medicamento anticonceptivo que deja en suspenso la periodicidad de la ovulación.

INHIBIR v.tr. (lat. *inhibere*).DER. Impedir que un juez intervenga o prosiga en el conocimiento de una causa. ◆ v.tr. y prnl. FISIOL. Suspender permanente o transitoriamente una función o actividad del organismo mediante la acción de un estímulo adecuado. ◆ **inhibirse** v.prnl. Abstenerse de intervenir en un asunto o actividad.

INHIESTO, A adj. → ENHIESTO.

INHOSPITALARIO, A adj. Desagradable para ser habitado o poco acogedor. **2.** Que no ofrece seguridad ni abrigo.SIN.: *inhóspito.*

INHÓSPITO, A adj. Inhospitalario.

INHUMACIÓN s.f. Acción de inhumar.

INHUMANIDAD s.f. Cualidad de inhumano.

INHUMANO, A adj. Cruel, despiadado, duro.

2. Que no parece pertenecer a la naturaleza humana. **3.** Chile. Muy sucio.

INHUMAR v.tr. (lat. *inhumare*, de *humus*, tierra).Enterrar, dar sepultura.

INICIACIÓN s.f. Acción y efecto de iniciar. SIN.: *inicio.* **2.** Introducción solemne de una persona en una secta o sociedad secreta, por medio de ritos o pruebas especiales: *iniciación masónica.*

INICIADO, A s. Persona que participa del conocimiento de algo, especialmente algo secreto. **2.** Miembro de una secta o sociedad secreta.

INICIAL adj. Relativo al principio o comienzo de algo. ◆ adj. y s.f. Se dice de la primera letra de una palabra, un capítulo, etc. **2.** Se dice de la primera letra de un nombre de persona.

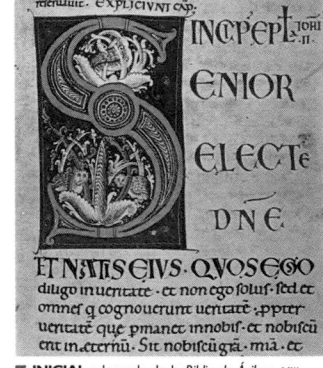

■ **INICIAL** adornada de la *Biblia de Ávila*; s. XIII. (Biblioteca nacional, Madrid.)

INICIALIZACIÓN s.f. INFORMÁT. **a.** Proceso por el que una computadora entra en funcionamiento, consistente en introducir en la memoria central un programa que requerirá luego los módulos necesarios del sistema de explotación. **b.** Atribución de un valor inicial a una variable.

INICIALIZAR v.tr. [7]. INFORMÁT. Realizar un proceso de inicialización.

INICIAR v.tr. y prnl. (lat. *initiare*). Empezar una cosa. **2.** Enseñar, hacer que alguien adquiera conocimiento o los primeros conocimientos sobre una materia. ◆ v.tr. Ser el primero en hacer algo determinado. **2.** Introducir a alguien en las prácticas de una religión, secta o asociación secreta.

INICIÁTICO, A adj. Que está relacionado con la iniciación a una práctica o a una sociedad secreta: *ritos iniciáticos.*

INICIATIVA s.f. Idea que sirve para iniciar una acción. **2.** Acción de proponer o de hacer algo el primero: *tomar la iniciativa.* **3.** Capacidad de emprender, inventar, etc.: *tener iniciativa.* **4.** DER. Derecho de someter a una asamblea una proposición sobre el voto de una moción, de una resolución o de una ley.◇ **Iniciativa legislativa** Derecho de someter a discusión y a voto en las asambleas parlamentarias el texto de una proposición de ley (iniciativas parlamentarias) o de un proyecto de ley (iniciativa gubernamental). **Iniciativa popular** Derecho reconocido a los ciudadanos de determinados estados de someter al parlamento proposiciones de ley, a condición de reunir un cierto número de firmas en apoyo de su demanda.

INICIO s.m. Comienzo, principio.

INICUO, A adj. (lat. *iniquus*, injusto).Contrario a la equidad, injusto: *acción inicua.* **2.** Malvado, perverso.

IN ILLO TÉMPORE loc.adv. (lat. *in illo tempore*, en aquel tiempo).En un tiempo remoto.

ININTELIGIBLE adj. Imposible de entender o de descifrar: *letra ininteligible.*

ININTERRUMPIDO, A adj. Continuado, sin interrupción.

INIQUIDAD s.f. Cualidad de inicuo. **2.** Acción inicua.

INJERENCIA s.f. Acción y efecto de injerirse. ◇ **Derecho de injerencia** Posibilidad de intromisión en los asuntos internos de un estado, reconocida en algunos casos por la ONU, por parte de otros estados o de organizaciones no gubernamentales.

INJERIDOR s.m. Instrumento que sirve para injertar.

INJERIR v.tr. (lat. *ingerere*, llevar algo a un sitio) [79]. Incluir una cosa en otra, haciendo mención de ella. ◆ v.prnl. **injerirse** Entremeterse.

INJERTADO s.m. Operación que consiste en fijar en un polímero, que formará la cadena principal o tronco, cadenas laterales llamadas injertos.

INJERTAR v.tr. Aplicar o implantar un injerto.

INJERTO s.m. (lat. *insertus*, introducido). Operación que permite la multiplicación asexuada de árboles productores de frutos y flores, mediante la inserción en una planta, o patrón, de una parte de otra planta, o injerto, cuyos caracteres se quieren desarrollar. **2.** Brote, rama o yema separados de una planta para ser injertados en otra. **3.** Operación quirúrgica que consiste en transferir a un individuo, ser humano o animal, tejido procedente de él mismo (*autoinjerto*), de un individuo de la misma especie (*homoinjerto*) o de una especie distinta (*heteroinjerto*). **4.** Tejido que se injerta. **5.** Cadena lateral fijada en la cadena principal de un copolímero.

ENCICL. El tejido o el órgano para injertar pueden tomarse del mismo sujeto (*autoinjerto*), de un individuo genéticamente igual (*isoinjerto*) —es decir, en el caso del ser humano, de un gemelo idéntico—, de otro individuo de la misma especie (*aloinjerto* u *homoinjerto*) o de un individuo de otra especie (*xenoinjerto* o *heteroinjerto*) [operación esta última muy difícil en el ser humano].

patrón   injertos

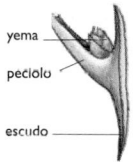

yema

peciolo

escudo

injerto   injerto terminado

■ **INJERTO** por escudete.

INJURIA s.f. (lat. *injuria*). Expresión proferida o acción ejecutada en deshonra, descrédito o menosprecio de otra persona.

INJURIADO s.m. Cuba. Tabaco en rama, de clase inferior.

INJURIAR v.tr. Proferir o cometer injurias.

INJURIOSO, A adj. Que injuria.

INJUSTICIA s.f. Acción injusta. **2.** Cualidad de injusto.

INJUSTO, A adj. Que no es conforme a la justicia o a la equidad. *sentencia injusta* **2.** Que no es equitativo o imparcial: *un profesor con fama de injusto.*

INLANDSIS s.m. (voz escandinava, *hielo en el interior del país*). Tipo de glaciar, presente sobre todo en las regiones polares, en forma de gran casquete que oculta el relieve subyacente.

INLLEVABLE adj. Que no se puede soportar o tolerar.

INMACULADO, A adj. (del lat. *macula*, mancha). Que no tiene mácula, mancha. ◇ **Inmaculada Concepción de María** Privilegio por el cual la Virgen María fue preservada del pecado original, dogma definido por Pío IX el 8 de diciembre de 1854 (bula *Ineffabilis*).

INMADURACIÓN s.f. PSIQUIATR. Trastorno del proceso de maduración, que se expresa por desorden intelectual, afectivo, emocional o psicomotor.

INMADURO, A adj. No maduro. **2.** Que carece de la madurez propia de la edad adulta.

INMANENCIA s.f. Cualidad de inmanente.

INMANENTE adj. FILOS. Se dice de lo que es inherente a un ser o a la experiencia.

INMANENTISMO s.m. FILOS. Sistema que se funda en la noción de inmanencia.

INMARCESIBLE adj. Que no se puede marchitar. SIN.: *inmarchitable.*

INMATRICULACIÓN s.f. DER. Acción y efecto de matricular, inscribir en un registro.

INMEDIACIÓN s.f. Cualidad de inmediato. ◆ **inmediaciones** s.f.pl. Contorno o parajes que rodean un lugar.

INMEDIATEZ s.f. Circunstancia de estar o ser inmediato algo.

INMEDIATO, A adj. Que está al lado o muy cerca de algo: *viven en la casa inmediata a la nuestra.* **2.** Que sucede sin intervalo de tiempo: *surtir efecto inmediato.* ◇ **Análisis inmediato** QUÍM. Separación de los componentes de una mezcla. **De inmediato** Sin tardanza, lo más rápido posible.

INMEMORIAL adj. Tan antiguo, que no hay memoria de cuándo comenzó.

INMENEIDAD s.f. Cualidad de inmenso: *la inmensidad del océano.* **2.** Fig. Número o extensión grande.

INMENSO, A adj. (lat. *immensus*). Que no tiene medida. **2.** Fig. Muy grande o muy difícil de medirse o contarse.

INMENSURABLE adj. Que no puede medirse o de difícil medida.

INMERSIÓN s.f. Acción de sumergir o sumergirse. **2.** ASTRON. Comienzo de la ocultación de un astro. ◇ **Inmersión lingüística** Introducción de un individuo en un medio lingüístico distinto del propio, sin contacto directo con el medio de origen, para facilitar su asimilación y aprendizaje. *proceso de inmersión lingüística en las escuelas de un territorio bilingüe.*

INMERSO, A adj. (lat. *immersus*). Que está sumergido en un líquido. **2.** Ensimismado, concentrado.

INMIGRACIÓN s.f. Movimiento migratorio que consiste en la llegada de personas a un lugar distinto del lugar de origen, para establecerse en él.

INMIGRANTE adj. y s.m. y f. Que llega a un lugar distinto del de origen para establecerse en él.

INMIGRAR v.intr. (lat. *immigrare*, penetrar). Realizar una inmigración.

INMIGRATORIO, A adj. Relativo a la inmigración.

INMINENCIA s.f. Cualidad de inminente.

INMINENTE adj. (lat. *imminens, -tis*). Que amenaza o está a punto de suceder.

INMISCUIR v.tr. (lat. tardío *inmiscuere*) [88]. Mezclar una sustancia con otra. ◆ **inmiscuirse** v.prnl. Fig. Entremeterse en un asunto o negocio.

INMOBILIARIA s.f. Empresa que construye, vende y administra viviendas.

INMOBILIARIO, A adj. Relativo a bienes inmuebles.

INMODERACIÓN s.f. Cualidad de inmoderado.

INMODERADO, A adj. Que no tiene moderación.

INMODESTIA s.f. Falta de modestia.

INMODESTO, A adj. No modesto.

INMOLACIÓN s.f. Acción y efecto de inmolar o inmolarse.

INMOLAR v.tr. (lat. *immolare*). Sacrificar, hacer sacrificios. ◆ **inmolarse** v.prnl. Fig. Sacrificarse por el bien ajeno.

INMORAL adj. y s.m. y f. Contrario a los principios de la moral.

INMORALIDAD s.f. Cualidad de inmoral. **2.** Acción inmoral.

INMORTAL adj. Eterno, imperecedero: *el alma es inmortal.* **2.** Fig. Que dura tiempo indefinido: *la inmortal figura de don Quijote.* ◆ s.f. Galicismo con que se designan varias plantas cuyas flores persisten mucho tiempo. ◆ s.m. Ecuad. y P. Rico. Siempreviva, planta.

INMORTALIDAD s.f. Cualidad de inmortal.

INMORTALIZAR v.tr. [7]. Hacer inmortal. ◆ v.tr. y prnl. Hacer perpetua una cosa en la memoria de las personas.

INMOTIVADO, A adj. Sin motivo.

INMOVILISMO s.f. Estado de inmóvil.

INMOVILISMO s.m. Tendencia a mantener sin cambios lo establecido o a oponerse a toda forma de innovación en el terreno político, social, religioso, etc.

INMOVILISTA adj. y s.m. y f. Relativo al inmovilismo; partidario de esta tendencia.

INMOVILIZACIÓN s.f. Acción de inmovilizar o inmovilizarse. **2.** CIR. Método terapéutico para conseguir de modo temporal o permanente la supresión de todos los movimientos de un miembro. **3.** DEP. En diversos deportes de combate, y especialmente en judo y en lucha, acción que permite mantener en el suelo al adversario sin que este pueda soltarse.

INMOVILIZADO, A adj. En ajedrez, se dice de la pieza que no puede ser cambiada de lugar sin que se produzca jaque contra su propio rey.

INMOVILIZAR v.tr. [7]. Hacer que una cosa quede inmóvil. ◆ **inmovilizarse** v.prnl. Quedarse o permanecer inmóvil.

INMUEBLE adj. y s.m. Se dice de la propiedad que no puede separarse del lugar que ocupa. ◆ s.m. Casa y, especialmente, edificio de varias plantas. ◇ **Bien inmueble** DER. Bien como tierras, edificios, construcciones y minas, y de los adornos, artefactos o derechos a los que la ley considera no muebles. SIN.: *bien raíz.*

INMUNDICIA s.f. Cualidad de inmundo. **2.** Suciedad, basura. **3.** Fig. Asunto, ambiente, etc., inmoral.

INMUNDO, A adj. (lat. *inmundus*, impuro). Sucio y asqueroso. ◇ **Espíritu inmundo** El demonio.

INMUNE adj. (lat. *immunis*). Exento de cierto servicio o carga. **2.** BIOL. Se dice del organismo vivo que posee un estado defensivo suficiente para evitar padecer una determinada enfermedad.

INMUNIDAD s.f. Cualidad de inmune. **2.** BIOL. Resistencia natural o adquirida de un organismo vivo a un *antígeno*, ya sea un agente infeccioso (como los microbios) o tóxico (como venenos y sustancias tóxicas). **3.** DER. Privilegio, derecho a beneficiarse de la derogación personal o estamental de una ley: *las inmunidades feudales* ◇ **Inmunidad diplomática** Privilegio de los agentes diplomáticos extranjeros, por el cual no pueden ser librados a la jurisdicción del estado en que prestan sus servicios. **Inmunidad parlamentaria** Privilegio de los representantes parlamentarios de no poder ser procesados sin la autorización del parlamento. (*V. ilustr. pág. siguiente.*)

INMUNITARIO, A adj. Relativo a la inmunidad. ◇ **Sistema inmunitario** BIOL. Sistema que poseen todos los vertebrados para defender su organismo de los agentes infecciosos.

INMUNIZANTE adj. BIOL. Que provoca inmunidad.

INMUNIZAR v.tr. y prnl. [7]. Hacer inmune.

INMUNODEFICIENCIA s.f. Situación clínica en la que existe una susceptibilidad aumentada a la afección y, a veces, también a las enfermedades autoinmunes y a la neoplasia.

INMUNODEPRESOR, RA adj. y s. Se dice de la sustancia o agente físico que disminuye las reacciones inmunitarias, como los corticoides, radiaciones ionizantes, etc.

INMUNÓGENO, A adj. BIOL. Que produce inmunidad.

INMUNOGLOBULINA s.f. Globulina plasmática dotada de propiedades inmunitarias, debidas a los anticuerpos de los que es soporte material.

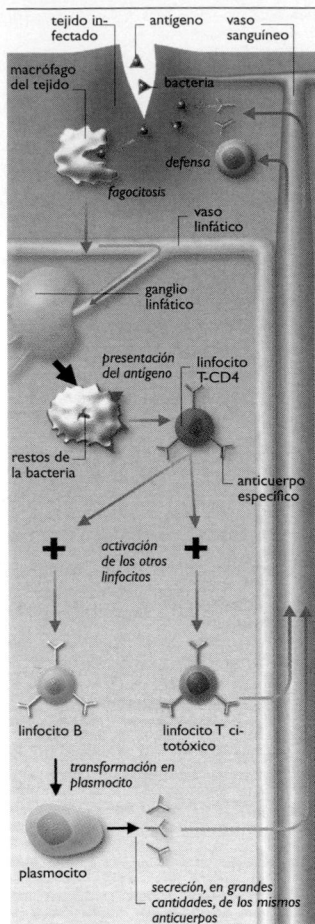

tejido infectado — antígeno — vaso sanguíneo

macrófago del tejido — bacteria

defensa

fagocitosis

vaso linfático

ganglio linfático

presentación del antigeno — linfocito T-CD4

restos de la bacteria

anticuerpo específico

activación de los otros linfocitos

linfocito B — linfocito T citotóxico

transformación en plasmocito

plasmocito

secreción, en grandes cantidades, de los mismos anticuerpos

■ **INMUNIDAD.** Los dos tipos de inmunidad específica y sus procesos.

INMUNOLOGÍA s.f. Parte de la biología y de la medicina que estudia los fenómenos de la inmunidad.

INMUNOTERAPIA s.f. Tratamiento que consiste en provocar o en aumentar la inmunidad del organismo.

INMUNOTRANSFUSIÓN s.f. Transfusión efectuada a un sujeto que padece una enfermedad infecciosa con sangre de un sujeto inmunizado contra dicha enfermedad.

INMUTABILIDAD s.f. Cualidad de inmutable.

INMUTABLE adj. Que no cambia o no puede ser cambiado: *principios inmutables.* **2.** Que no se inmuta o es poco propenso a ello: *permanecer inmutable.*

INMUTAR v.tr. (lat. *immutare*). Mudar o variar una cosa. ◆ v.tr. y prnl. Fig. Impresionar o alterar de manera visible el ánimo de alguien.

INNATISMO s.m. Doctrina filosófica fundada sobre la creencia en las ideas innatas.

INNATO, A adj. Que no es aprendido y pertenece a la naturaleza de un ser desde su origen o nacimiento. ◇ **Ideas innatas** FILOS. Según los cartesianos, ideas que se hallan en potencia en el ser humano desde su nacimiento, como las de Dios, alma o cuerpo.

INNAVEGABLE adj. No navegable. **2.** Se dice de la embarcación que no está en condiciones de navegar.

INNIVACIÓN s.f. Tiempo de permanencia de la nieve sobre el suelo.

INNOBLE adj. Que no es noble. **2.** Vil y despreciable.

INNOMBRABLE adj. Que no se puede nombrar, por causar horror, inconveniencia, etc.

INNOMINADO, A adj. Que no tiene nombre. ◇ **Contratos innominados** DER. ROM. Contratos que no habían recibido del derecho civil una denominación particular. **Hueso innominado** Hueso ilíaco.

INNOVACIÓN s.f. Acción de innovar. **2.** Cosa que innova: *tener horror a las innovaciones.*

INNOVAR v.tr. Introducir novedades.

INNUMERABLE adj. Que no se puede contar o numerar porque es muy numeroso.

INOBSERVANCIA s.f. Falta de obediencia a las leyes o a los reglamentos.

INOCENCIA s.f. Estado de inocente. **2.** REL. Estado del ser humano antes del pecado original, en el cual estaba exento de pecado y de toda inclinación al mal.

INOCENTADA s.f. Fam. Engaño o broma que se hace a alguien, especialmente en el día de los Santos Inocentes. **2.** Fam. Acción o palabra muy ingenua o simple.

INOCENTE adj. y s.m. y f. (lat. *innocens, -tis*, quien no perjudica). Libre de culpa. **2.** Falto de malicia o picardía.

INOCUIDAD s.f. Cualidad de inocuo.

INOCULACIÓN s.f. Acción de inocular.

INOCULAR v.tr. y prnl. (lat. *inoculare*). Introducir accidental o voluntariamente en el organismo, con fines terapéuticos experimentales, agentes patógenos o sus toxinas. **2.** Fig. Pervertir a una persona con el mal ejemplo o con ideas nocivas.

INOCUO, A adj. (lat. *innocuus*). Que no es nocivo. **2.** Anodino, soso: *discurso inocuo.*

INODORO, A adj. Que no tiene olor. ◆ adj. y s.m. Se dice de los recipientes de retrete provistos de sifón.

INOFENSIVO, A adj. Que no puede causar daño ni molestia.

INOFICIOSO, A adj. Amér. Ocioso, innecesario, inútil. **2.** DER. Se dice de los actos de última voluntad y de las dotes y donaciones que lesionan los derechos del heredero forzoso: *testamento inoficioso.*

INOPERANTE adj. Se dice de lo que no produce efecto: *medidas económicas inoperantes.*

INOPIA s.f. (del lat. *inops, -opis*, indigente). Pobreza. ◇ **En la inopia** Fam. Distraído, sin darse cuenta de lo que pasa.

INOPINABLE adj. No opinable.

INOPINADO, A adj. Que sucede sin pensar o sin esperarse.

INOPORTUNO, A adj. Fuera de tiempo o de propósito.

INORGÁNICO, A adj. Se dice de un cuerpo sin procesos metabólicos vitales, como son todos los minerales, y que solo pueden crecer por yuxtaposición. **2.** Fig. Se dice de un conjunto desordenado o mal concertado. ◇ **Química inorgánica** Parte de la química que estudia los metales, los no metales y sus combinaciones. SIN.: *química mineral.*

INOXIDABLE adj. Que no puede oxidarse. **2.** Se dice de los metales o de las aleaciones resistentes a la oxidación: *acero inoxidable.*

IN PÉCTORE loc.adv. (lat. *in pectore*, en el pecho). Fig. Manteniendo en secreto una resolución ya tomada. ◆ loc.adj. Se dice de la persona que ha sido designada para un cargo, cuya elección se mantiene en reserva: *cardenal in péctore.*

INPUT s.m. (voz inglesa). ECON. Elemento que interviene en la producción de un bien. ◇ **Método input-output** Método de análisis económico basado en un estudio empírico de las interrelaciones existentes entre diversos agregados de un sistema económico.

INQUIETANTE adj. Que inquieta.

INQUIETAR v.tr. y prnl. Poner inquieto, desasosegado.

INQUIETO, A adj. Que no está quieto o es de índole bulliciosa. **2.** Desasosegado por un temor, una aprensión, una duda, etc. **3.** Que tiene inclinación a emprender cosas nuevas o a promover cambios. **4.** Hond. Propenso a algo, inclinado.

INQUIETUD s.f. Cualidad de inquieto. ◆ **inquietudes** s.f.pl. Preocupaciones de tipo espiritual: *inquietudes artísticas.*

INQUILINAJE s.m. Chile. Sistema de relación laboral existente en el campo mediante el cual el campesino, a cambio de vivienda, elementos de subsistencia y herramientas, cultiva una parcela en beneficio del patrón. **2.** Chile. Inquilinato. **3.** Chile. Conjunto de inquilinos.

INQUILINATO s.m. Argent., Colomb. y Urug. Casa de vecindad. **2.** Chile. Inquilinaje. **3.** DER. Contrato de arrendamiento de una casa o parte de ella.

INQUILINISMO s.m. BIOL. Asociación entre seres vivos, en la que uno de los participantes solo busca la protección del otro.

INQUILINO, A s. (lat. *inquilinus*, de *incolere*, habitar). Persona que ha tomado una casa o parte de ella en alquiler para vivir en ella. **2.** Arrendatario, especialmente de finca urbana. **3.** HIST. En Chile, campesino sometido a las condiciones de inquilinaje.

INQUINA s.f. (del lat. *inquinare*, infectar). Antipatía, animadversión.

INQUIRIR v.tr. (lat. *inquirere*) [47]. Indagar o preguntar para adquirir cierta información.

INQUIRRIADO, A adj. Hond. Se dice de la persona muy enamoradiza y alegre.

INQUISICIÓN s.f. Acción y efecto de inquirir. **2.** HIST. **a.** Tribunal permanente, distinto del ordinario, que estaba encargado por el papado de la lucha contra la herejía. (Con este significado suele escribirse con mayúscula.) [V. parte n. pr.] **b.** Cárcel destinada para los reos pertenecientes a este tribunal.

INQUISIDOR, RA adj. Inquisitivo. ◆ s.m. Miembro del tribunal de la Inquisición; se llamaba *inquisidor general* al miembro más elevado de la jerarquía inquisitorial; el *inquisidor ordinario* era el obispo o el que en su nombre asistía a sentenciar las causas. **2.** En Aragón, cada uno de los jueces nombrados para hacer inquisición de la conducta del vicecanciller y de los otros magistrados o de los contrafueros cometidos por ellos.

INQUISITIVO, A adj. Relativo a la indagación o averiguación: *mirada inquisitiva.*

INQUISITORIAL adj. Relativo al inquisidor o a la Inquisición. **2.** Fig. Se dice de los procedimientos muy severos o duros.

INRI s.m. Nombre que resulta de leer como una palabra las iniciales del rótulo colocado en la cruz de Jesucristo: *Iesus nazarenus rex iudaeorum.* **2.** Esp. Fig. Burla o insulto.

INSACIABILIDAD s.f. Cualidad de insaciable.

INSACIABLE adj. Que no se puede saciar: *codicia insaciable.*

INSACULAR v.tr. (bajo lat. *insacculare*). Poner en un saco, bombo, etc., boletos que se sacan por sorteo.

INSALIFICABLE adj. QUÍM. Que no puede producir una sal: *base insalificable.*

INSALIVACIÓN s.f. Acción de insalivar.

INSALIVAR v.tr. Mezclar los alimentos con la saliva.

INSALUBRE adj. (lat. *insaluber*). Malsano, perjudicial para la salud.

INSALUBRIDAD s.f. Cualidad de insalubre.

INSANIA s.f. Locura.

INSANO, A adj. (lat. *insanus*). Loco, furioso: *furor insano.* **2.** Insalubre.

INSATISFACCIÓN s.f. Estado de insatisfecho.

INSATISFACTORIO, A adj. Que no satisface.

INSATISFECHO, A adj. Que no está satisfecho o saciado. **2.** Descontento.

INSCRIBIR v.tr. (lat. *inscribere*) [54]. Grabar algo para que quede constancia duradera. **2.** MAT. Dibujar una figura dentro de otra de modo que tenga todos sus vértices sobre el perímetro de la figura exterior, o que sea tangente a todos los lados de dicha figura. ◆ v.tr. y prnl. Anotar el nombre de una persona en una lista o registro para un fin determinado.

INSCRIPCIÓN s.f. Acción y efecto de inscribir o inscribirse. **2.** Escrito breve hecho en un registro, sobre una piedra, en una moneda, etc. **3.** DER. Acción y efecto de inscribir un asiento en uno de los libros de un registro público, con el objeto de que surta determinados efectos jurídicos. ◇ **Inscripción marítima** Registro que llevan las autoridades de marina de todas las personas que se dedican a la navegación, pesca o industrias del mar, y de las que ingresan con carácter permanente en la marina mercante o de guerra.

INSCRITO, A adj. MAT. Se dice de un polígono cuyos vértices están sobre una curva dada, o de una curva tangente a todos los lados de un polígono dado. ◇ **Ángulo inscrito** Ángulo cuyo vértice se encuentra sobre una circunferencia y cuyos lados la cortan.

INSCULTURA s.f. Grabado rupestre realizado con una técnica de piqueteado continuo, que proporciona incisiones anchas y profundas. (Se aplica este nombre a las representaciones rupestres de la región gallega.)

INSECTARIO s.m. Instalación utilizada para conservar y criar insectos.

INSECTICIDA adj. y s.m. Se dice del producto que sirve para matar insectos.

INSECTÍVORO, A adj. Se dice del animal que se nutre principal o exclusivamente de insectos, como el lagarto y la golondrina. ◆ adj. y s.m. Relativo a un orden de mamíferos de tamaño pequeño y dientes numerosos, pequeños y puntiagudos, que se nutren especialmente de insectos, como el erizo, el topo, etc.

INSECTO adj. y s.m. (bajo lat. *insectus*, p. de *insecare*, cortar). Relativo a una clase de animales invertebrados del tipo artrópodos, cuyo cuerpo se divide en tres partes: la *cabeza*, con dos antenas, dos ojos compuestos y seis piezas bucales; el *tórax*, con tres pares de patas y, a menudo, dos pares de alas, y el *abdomen*, anillado y provisto de orificios o estigmas, en los que se abren las tráqueas respiratorias. ◇ **Insecto hoja** Insecto cuya particular morfología y coloración hacen que se confunda con las hojas de las plantas sobre las que generalmente se encuentra. **Insecto palo** Insecto sin alas de las regiones cálidas, cuyo cuerpo alargado recuerda las ramas o tallos sobre los que vive. (Orden fásmidos.) **Insectos o siete** Especies

anatomía de una abeja

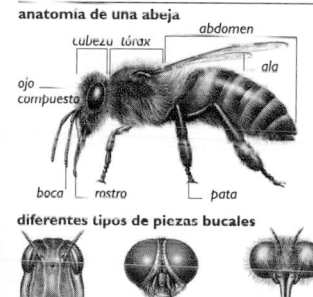
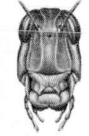

diferentes tipos de piezas bucales

trituradora (saltamontes) · succionadora (mosca) · libadora (mariposa)

diferentes tipos de patas

excavadora (grillo real) · nadadora (*Notonecta*)

marchadora (hormiga) · prensil (mantis religiosa) · saltadora (saltamontes)

algunas larvas de insectos

abeja · abejorro · mariquita · mariposa monarca

diferentes formas de alas

membranosa (himenóptero)
élitro y ala (coleóptero) · hemélitro (heteróptero) · escamosa (lepidóptero)

■ **INSECTOS**

de insectos, como las abejas, las hormigas y las termitas, que viven en grupos numerosos y se caracterizan por la existencia de castas de adultos estériles, los obreros y los soldados, así como por la construcción de un nido colectivo.

ENCICL. Se han descrito más de un millón de especies de insectos del total de aproximadamente dos millones existentes en el mundo, con poblaciones que pueden superar a veces el trillón de individuos. El insecto que sale del huevo (larva) no posee alas y su crecimiento puede acompañarse de metamorfosis, a veces tan compleja que es necesaria una fase de inmovilización total (ninfosis). El tamaño de los insectos adultos varía entre 0,1 y 30 cm. Con pocas excepciones, todos los insectos frecuentan el medio terrestre (tierras emergidas y pequeñas extensiones de agua dulce), donde la mayor parte se manifiestan como peligrosos contrincantes del ser humano, al devorar sus cosechas y picar a sus animales. Los únicos insectos verdaderamente útiles son aquellos que, como el cárabo y la mariquita devoran a otros insectos, o los que, como el abejorro, contribuyen a la polinización de las plantas forrajeras. En cuanto a la abeja, su miel sigue siendo insustituible en unos tiempos en que ya no se precisa de la seda del gusano de seda ni de la laca de la cochinilla.

■ **INSECTO HOJA**

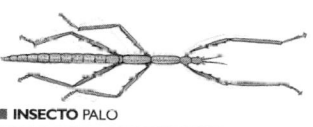

■ **INSECTO PALO**

INSEGURIDAD s.f. Cualidad de inseguro.

INSEGURO, A adj. Que no tiene seguridad.

INSELBERG s.m. Monte isla.

INSEMINACIÓN s.f. Llegada del semen del macho al óvulo de la hembra para fecundarlo. ◇ **Inseminación artificial** Técnica de inseminación asistida que consiste en depositar en las vías genitales de la hembra el semen tomado del macho. (Es muy utilizada en ganadería.)

INSEMINAR v.tr. Producir una inseminación.

INSENSATEZ s.f. Cualidad de insensato. **2.** Fig. Dicho o hecho insensato.

INSENSATO, A adj. y s. Que no tiene sensatez.

INSENSIBILIDAD s.f. Cualidad de insensible.

INSENSIBILIZACIÓN s.f. Acción y efecto de insensibilizar.

INSENSIBILIZAR v.tr. y prnl. [7]. Quitar la sensibilidad.

INSENSIBLE adj. Que no tiene sensibilidad: *insensible ante las desgracias ajenas.* **2.** Imperceptible: *experimentar una insensible mejoría.*

INSEPARABLE adj. Que no se puede separar o que se separa con dificultad. ◆ adj. y s.m. y f. Fig. Se dice de la persona estrechamente unida a otra por vínculos de amistad o de amor: *amigos inseparables.*

INSEPULTO, A adj. Que no está sepultado.

INSERCIÓN s.f. Acción de insertar. **2.** Punto en el que una cosa se inserta en otra.

INSERIR v.tr. [79]. Insertar. **2.** Injerir. **3.** Injertar.

INSERTAR v.tr. (lat. tardío *insertare*). Incluir una cosa en otra. **2.** Publicar un texto en un periódico, revista, etc.

INSERTO, A adj. Incluido en algo.

INSIDIA s.f. (lat. *insidiae*, emboscada). Ase-

chanza: *atraer con insidias.* **2.** Acción o palabras malintencionadas: *obrar con insidia.*

INSIDIOSO, A adj. y s. Que emplea asechanzas: *persona insidiosa.* ◆ adj. Que implica insidia: *palabras insidiosas.* **2.** MED. Se dice de la enfermedad de comienzo progresivo, cuyos síntomas aparecen cuando la enfermedad ya ha evolucionado.

INSIGNE adj. (lat. *insignis*). Célebre, famoso.

INSIGNIA s.f. (lat. *insignia*). Signo distintivo de grados y dignidades: *insignias reales.* **2.** Pendón, imagen, medalla, emblema u otro distintivo de una hermandad o asociación. **3.** MIL. Bandera especial que sirve para distinguir las graduaciones y mandos de los oficiales de divisiones, buques, flotas, escuadras, etc. ◇ **Buque insignia** Buque en que se arbola la insignia del que manda una escuadra o división naval.

INSIGNIFICANCIA s.f. Cualidad de insignificante. **2.** Cosa insignificante.

INSIGNIFICANTE adj. Que no merece ser tenido en cuenta por pequeño, baladí o despreciable.

INSINCERIDAD s.f. Cualidad de insincero.

INSINCERO, A adj. Que no tiene sinceridad.

INSINUACIÓN s.f. Acción y efecto de insinuar o insinuarse.

INSINUAR v.tr. (lat. *insinuare*, introducir en el interior) [18]. Decir o dar a entender algo de manera sutil, sin expresarlo con claridad. ◆ **insinuarse** v.prnl. Mostrar, sutil o indirectamente, el deseo o la intención de entablar relaciones amorosas o sexuales. **2.** Principiar algo de forma apenas perceptible: *el bozo se insinuaba en su labio superior.* **3.** Fig. Introducirse sutilmente en el ánimo un afecto, vicio, virtud, etc.

INSINUATIVO, A adj. Se dice de lo que tiene virtud para insinuar o insinuarse.

INSIPIDEZ s.f. Cualidad de insípido.

INSÍPIDO, A adj. (lat. *insipidus*). Que tiene poco o ningún sabor: *comida insípida.* **2.** Fig. Que no tiene gracia o interés: *historieta insípida.*

INSISTENCIA s.f. Acción de insistir.

INSISTIR v.intr. (lat. *insistere*). Repetir varias veces una petición o una acción, con el fin de lograr lo que se intenta.

IN SITU loc.adv. (voces latinas, *en el mismo sitio*). En el lugar y momento en que ocurre algo o en el lugar de origen de lo que se expresa.

INSOCIABILIDAD s.f. Cualidad de insociable.

INSOCIABLE adj. Se dice de la persona que rehúye el trato con otras.

INSOLACIÓN s.f. Acción y efecto de insolar. **2.** MED. Estado cerebral patológico provocado por una exposición excesiva a los rayos solares. **3.** METEOROL. Tiempo durante el cual ha brillado el sol en un lugar.

INSOLAR v.tr. Poner al sol una cosa. **2.** ART. GRÁF. y FOT. Exponer a la luz una preparación sensible.

INSOLENCIA s.f. Cualidad de insolente. **2.** Actitud insolente: *mirar con insolencia.* **3.** Dicho o hecho insolente: *me cansé de sus insolencias.*

INSOLENTAR v.tr. Hacer que alguien se insolente. ◆ **insolentarse** v.prnl. Mostrarse alguien insolente.

INSOLENTE adj. y s.m. y f. (lat. *insolens, -entis*). Se dice de la persona que trata a los demás de forma descortés o irrespetuosamente. ◆ adj. Despectivo, desafiante: *actitud insolente.*

INSÓLITO, A adj. Que es desacostumbrado, fuera de lo común, extraordinario: *en esta ciudad las nevadas son algo insólito.*

INSOLUBILIDAD s.f. Cualidad o estado de insoluble.

INSOLUBLE adj. Que no puede disolverse ni diluirse: *la resina es insoluble en agua.* **2.** Que no se puede resolver, sin solución: *problema insoluble.*

INSOLVENCIA s.f. Cualidad de insolvente.

INSOLVENTE adj. y s.m. y f. Que no tiene dinero para pagar o no puede hacerse cargo de una obligación. **2.** Que no ofrece garantías para encomendarle una misión o cargo.

INSOMNE adj. Relativo al insomnio. **2.** Que padece de insomnio.

INSOMNIO s.m. Imposibilidad o dificultad para conciliar el sueño o para dormir lo suficiente.

INSONDABLE adj. Que no se puede sondear: *mar insondable*. **2.** *Fig.* Que no se puede saber o comprender a fondo por ser impenetrable o indescifrable: *misterios insondables*.

INSONORIDAD s.f. Cualidad de insonoro.

INSONORIZACIÓN s.f. Acción y efecto de insonorizar.

INSONORIZAR v.tr. [7]. Aislar un lugar cerrado de sonidos o ruidos exteriores, o atenuar los que se producen en su interior, utilizando dispositivos adecuados.

INSONORO, A adj. Falto de sonoridad.

INSORIA s.f. *Venez.* Pizca, insignificancia.

INSOSLAYABLE adj. Que no se puede evitar o eludir: *obligaciones insoslayables*.

INSOSPECHADO, A adj. Que no se sospecha o espera.

INSOSTENIBLE adj. Que no se puede sostener: *gastos insostenibles*. **2.** *Fig.* Que no se puede defender con razones: *opinión insostenible*.

INSPECCIÓN s.f. (lat. *inspectio, -onis*). Acción de inspeccionar: *inspección ocular; inspección del terreno*. **2.** Cargo de una persona que consiste en inspeccionar. **3.** Oficina del inspector, jurisdicción de este y organización dependiente de él: *inspección de hacienda*.

INSPECCIONAR v.tr. Examinar atentamente algo o a alguien.

INSPECTOR, RA adj. y s. Que inspecciona: *función inspectora*. ◆ **s.** Persona encargada de controlar las actividades de otras personas y vigilar el cumplimiento de las leyes, reglamentos y órdenes: *inspector de hacienda*. ◆ **s.m.** MIL. Oficial general encargado de la inspección o vigilancia de determinados servicios: *inspector de tropas*. ◇ **Inspector de policía** Funcionario del cuerpo de policía, encargado de la investigación de delitos y de la detención de los presuntos infractores del ordenamiento penal.

INSPECTORÍA s.f. *Chile.* Cuerpo de policía bajo el mando de un inspector. **2.** *Chile.* Territorio donde dicho cuerpo vigila.

INSPIRACIÓN s.f. Acción de inspirar. **2.** *Fig.* Estímulo o lucidez repentina que favorece o provoca cualquier creación del espíritu, especialmente artística. **3.** *Fig.* Influencia en *un edificio de inspiración modernista*. **4.** FISIOL. Entrada de aire en los pulmones. **5.** TEOL. CATÓL. Acción ejercida por Dios sobre la inteligencia humana.

INSPIRAR v.tr. (lat. *inspirare*). Hacer entrar aire u otra mezcla gaseosa en los pulmones, aspirar. **2.** Hacer que alguien conciba sentimientos, ideas, etc.: *inspirar compasión*. **3.** *Fig.* Sugerir ideas creadoras. **4.** TEOL. CATÓL. *Fig.* Iluminar Dios el entendimiento de una persona y mover su voluntad. ◆ **inspirarse** v.prnl. *Fig.* Sentir inspiración creadora. **2.** *Fig.* Con la prep. *en*, tomar algo como objeto de inspiración: *inspirarse en un paisaje para pintar un cuadro*.

INSPIRATORIO, A adj. Relativo a la inspiración respiratoria: *músculos inspiratorios*.

INSTALACIÓN s.f. Acción de instalar o instalarse. **2.** Conjunto de cosas instaladas: *instalación eléctrica*. **3.** ART. Término con que se denomina a los trabajos artísticos en los que desaparece el concepto de obra de arte como un único objeto para referirse a la conjunción de una serie de elementos que son los que otorgan un sentido unitario a la obra.

INSTALAR v.tr. (lat. *installer*, otorgar un cargo o empleo). Colocar una cosa en el lugar y forma que le es adecuada para la función que ha de realizar: *instalar un aparato de radio en el automóvil*. **2.** Poner en un lugar destinado a algún servicio los aparatos o accesorios que se requieren: *instalar una peluquería*. ◆ v.tr. y prnl. Acomodar, establecer, poner en un lugar: *cruzó la habitación y se instaló detrás de la mesa; se instalaron en el campo*.

INSTANCIA s.f. Acción de instar: *la investigación se realizó a instancias del fiscal*. **2.** Solicitud escrita. **3.** Esfera, institución, grupo de poder: *altas instancias*. **4.** DER. **a.** Conjunto de actuaciones practicadas desde la iniciación litigiosa hasta la sentencia definitiva. **b.** Cada uno de los grados jurisdiccionales que la ley ha establecido para dilucidar y sentenciar juicios y pleitos: *fallar en segunda instancia*. **5.** PSICOANÁL. Término genérico que designa una estructura del aparato psíquico. ◇ **De primera instancia** Al primer ímpetu, de un golpe; primeramente, primer lugar, por primera vez. **En última instancia** Indica que algo se hará si no hay alternativa.

INSTANTÁNEA s.f. Negativo o copia obtenidos por fotografía instantánea.

INSTANTANEIDAD s.f. Cualidad de instantáneo.

INSTANTÁNEO, A adj. Que solo dura un instante. **2.** Que se produce en un instante: *muerte instantánea*. **3.** Se dice del producto alimenticio deshidratado (café, sopa, puré, etc.) que se prepara disolviéndolo en agua o leche, generalmente calientes.

INSTANTE s.m. Momento, tiempo sin extensión que une dos espacios de tiempo. **2.** *Fig.* Período de tiempo muy breve. ◇ **Al instante** Con la mayor rapidez, inmediatamente. **(A) cada instante** Frecuentemente, repetidamente. **Por instantes** Progresiva y rápidamente: *la tensión creció por instantes*.

INSTAR v.tr. e intr. (lat. *instare*). Insistir en una petición o súplica o urgir la pronta ejecución de una cosa.

INSTAURACIÓN s.f. Acción de instaurar.

INSTAURAR v.tr. Fundar, establecer.

INSTIGACIÓN s.f. Acción y efecto de instigar.

INSTIGAR v.tr. (lat. *instigare*) [2]. Incitar, provocar o inducir a alguien para que haga una cosa.

INSTILAR v.tr. Echar gota a gota o muy lentamente un líquido en algún sitio. **2.** *Fig.* Infundir insensiblemente en el ánimo una cosa.

INSTINTIVO, A adj. Que actúa o se produce por instinto.

INSTINTO s.m. (lat. *instinctus, -us*, impulso). Impulso natural, intuición, sentimiento espontáneo. **2.** ETOL. Determinante hereditario del comportamiento de una especie: *instinto reproductor*. ◇ **Por instinto** Por un impulso o sentimiento espontáneo.

INSTITUCIÓN s.f. Acción de instituir. **2.** Cosa instituida. **3.** Cada uno de los órganos fundamentales de un estado o una sociedad. **4.** DER. Cada una de las materias y figuras principales del derecho o de cualquiera de sus ramas: *la patria potestad es una institución del derecho de familia*. ◆ **instituciones** s.f.pl. Colección metódica de los principios o elementos de una ciencia, arte, etc. ◇ **Ser una institución** Ser alguien muy respetado y admirado por su antigüedad o una colectividad o por sus características o méritos.

INSTITUCIONAL adj. Relativo a la institución. ◇ **Psicoterapia institucional** PSIQUIATR. Práctica psiquiátrica hospitalaria que preconiza un tratamiento colectivo pluridimensional de las enfermedades mentales.

INSTITUCIONALISMO s.m. ECON. Corriente del pensamiento económico y social, iniciada en EUA a fines del s. XIX, que se propone el análisis empírico de las instituciones típicas del sistema capitalista.

INSTITUCIONALIZACIÓN s.f. Acción y efecto de institucionalizar. **2.** Legalización, acción de legalizar.

INSTITUCIONALIZAR v.tr. y prnl. [7]. Convertir algo en institucional o darle carácter de institución.

INSTITUCIONISTA adj. Relativo a la Institución libre de enseñanza.

INSTITUIR v.tr. (lat. *instituere*) [88]. Fundar, establecer, crear. **2.** Designar por testamento: *instituir heredero*.

INSTITUTA s.m.pl. (voz latina). DER. Compendio metódico de derecho romano.

INSTITUTO s.m. Institución de enseñanza, de investigaciones científicas, etc. **2.** Corporación científica, literaria, artística, etc.: *Instituto nacional de tecnología*. **3.** REL. Título que se da a una congregación de religiosos no clérigos o de laicos: *el instituto de los hermanos de las escuelas cristianas*. ◇ **Instituto de bachillerato** Centro docente creado y sostenido por la administración del estado, para impartir las enseñanzas del bachillerato. **Instituto de belleza** Establecimiento comercial donde se proporcionan servicios de embellecimiento. **Instituto politécnico** Centro docente de formación profesional que además coordina y orienta los centros de formación profesional a él adscritos.

INSTITUTOR s.m. *Colomb.* Profesor, maestro.

INSTITUTRIZ s.f. Maestra o persona encargada de la educación de los niños de una familia.

INSTRUCCIÓN s.f. Acción de instruir o instruirse. **2.** Conjunto de conocimientos adquiridos: *persona de poca instrucción*. **3.** INFORMÁT. En una computadora, orden codificada cuya interpretación desencadena la ejecución de una operación elemental de un tipo determinado. (Una sucesión de instrucciones constituye un programa.) ◆ **instrucciones** s.f.pl. Conjunto de reglas o normas dadas para la realización o empleo de algo. ◇ **Instrucción del sumario** Fase preparatoria de un juicio penal en el curso de la cual el juez instructor recoge y materializa los elementos de interés para el proceso. **Instrucción militar** Adiestramiento que se imparte a los militares, y en particular a los reclutas.

INSTRUCTIVO, A adj. Que instruye o sirve para instruir.

INSTRUCTOR, RA adj. y s. Que instruye. ◆ **s.m.** MIL. Oficial u suboficial encargado de la instrucción de los reclutas.

INSTRUIDO, A adj. Que tiene instrucción.

INSTRUIR v.tr. e intr. (lat. *instruere*) [88]. Proporcionar conocimientos, habilidades, etc. ◆ v.tr. DER. Formalizar un proceso o expediente conforme a las reglas de derecho. ◆ **instruirse** v.prnl. Adquirir conocimientos, habilidades, etc.

INSTRUMENTACIÓN s.f. Acción y efecto de instrumentar.

INSTRUMENTAL adj. Relativo a los instrumentos: *música instrumental*. **2.** Que sirve de instrumento o tiene esa función: *agente instrumental; conocimientos instrumentales*. ◆ adj. y s.m. LING. Se dice de un caso de la declinación de algunas lenguas que indica el instrumento de la acción. ◆ **s.m.** Conjunto de instrumentos: *instrumental quirúrgico*. ◇ **Prueba instrumental** DER. Prueba documental. **Testigo instrumental** DER. Testigo que asiste a una declaración de voluntad y puede dar fe de ella.

INSTRUMENTALISMO s.m. FILOS. Doctrina filosófica que considera la inteligencia y las teorías como medios destinados a la acción.

INSTRUMENTALIZAR v.tr. [7]. Transformar en instrumento para un fin determinado; manipular.

INSTRUMENTAR v.tr. Acomodar una partitura a cada uno de los instrumentos que han de interpretarla. **2.** *Fig.* Preparar, organizar una acción en la que deben intervenir diversos elementos asignando a cada uno la función que debe realizar: *instrumentar una campaña difamatoria*. **3.** TAUROM. *Fig.* Ejecutar las diversas suertes de la lidia.

INSTRUMENTISTA s.m. y f. Músico que toca un instrumento. **2.** Músico que instrumenta partituras. **3.** Fabricante de instrumentos músicos, quirúrgicos, etc. **4.** CIR. Persona que en una intervención quirúrgica actúa como auxiliar del cirujano.

INSTRUMENTO s.m. (lat. *instrumentum*). Objeto fabricado, formado por una o varias piezas combinadas, que sirve para realizar un trabajo manual técnico o delicado, o para medir o controlar. **2.** *Fig.* Cosa o persona que sirve de medio para hacer una cosa o conseguir un fin: *esa información fue un valioso instrumento*. **3.** DER. Documento escrito en el que se hace constar algún hecho o acto que deba surtir efectos jurídicos. ◇ **Instrumento musical** Objeto formado por una o varias piezas que se usa para producir música.

INSUBORDINACIÓN s.f. Falta de subordinación. **2.** MIL. Delito que comprende dos tipos delictivos distintos, el insulto a un superior y la desobediencia.

INSUBORDINAR v.tr. Hacer que alguien adopte una actitud de desobediencia o de rebeldía hacia un superior. ◆ **insubordinarse**

v.prnl. Adoptar una actitud de desobediencia o rebeldía hacia un superior.

INSUBSTANCIAL adj. → **INSUSTANCIAL.**

INSUBSTANCIALIDAD s.f. → **INSUSTAN-CIALIDAD.**

INSUBSTITUIBLE adj. → **INSUSTITUIBLE.**

INSUFICIENCIA s.f. Cualidad de insuficiente, o circunstancia de ser algo insuficiente. **2.** Falta de suficiencia o de inteligencia. **3.** MED. Disminución cualitativa o cuantitativa del funcionamiento de un órgano: *insuficiencia hepática.*

INSUFICIENTE adj. Que no es suficiente. ◆ s.m. Valoración negativa del aprovechamiento de un alumno en una disciplina o en el conjunto de ellas.

INSUFLADOR s.m. MED. Instrumento que permite la inyección de un vapor o un gas, generalmente aire, a cierta presión.

INSUFLAR v.tr. (lat. *insufflare*). MED. Introducir, con la ayuda de un insuflador o de un aparato especial, un gas o un vapor en alguna cavidad del cuerpo.

INSUFRIBLE adj. Que no se puede sufrir, aguantar o tolerar.

ÍNSULA s.f. Isla, porción de tierra rodeada de agua por todas partes.

INSULAR adj. y s.m. y f. Isleño.

INSULARIDAD s.f. Cualidad de insular. **2.** Conjunto de fenómenos geográficos característicos de las islas.

INSULINA s.f. Hormona que disminuye la glucemia, secretada por los islotes de Langerhans del páncreas. (Se emplea en el tratamiento de la diabetes.)

INSULINASA s.f. Enzima del hígado que inhibe la actividad de la insulina.

INSULSEZ s.f. Cualidad de insulso. **2.** Cosa insulsa.

INSULSO, A adj. (lat. *insulsus*). Insípido, falto de sabor: *comida insulsa.* **2.** Fig. Que no tiene gracia o interés: *descripción insulsa.*

INSULTADA s.f. Amér. Central, Chile, Colomb., Ecuad., Méx., Perú y P. Rico. Serie de insultos.

INSULTAR v.tr. Dirigir a alguien expresiones o gestos ofensivos.

INSULTO s.m. (lat. *insultus, -us*). Acción de insultar. **2.** Expresión que se emplea para insultar.

INSUMISIÓN s.f. Cualidad o estado de insumiso.

INSUMISO, A adj. Que no está sometido, rebelde. ◆ adj. y s. Que se niega a realizar el servicio militar o el servicio social a que obligan las leyes del Estado.

INSUMO s.m. Conjunto de bienes que se utilizan para producir otros bienes.

INSURGENTE adj. y s.m. y f. Insurrecto, rebelde, sublevado contra la autoridad.

INSURRECCIÓN s.f. Levantamiento, sublevación o rebelión de un pueblo, nación, etc.

INSURRECCIONAL adj. Relativo a la insurrección.

INSURRECCIONAR v.tr. y prnl. Hacer que la gente se subleve contra las autoridades.

INSURRECTO, A adj. y s. (lat. *insurrectus*). Insurgente.

INSUSTANCIAL o **INSUBSTANCIAL** adj. De poca o ninguna sustancia.

INSUSTANCIALIDAD o **INSUBSTANCIALIDAD** s.f. Cualidad de insustancial. **2.** Cosa insustancial.

INSUSTITUIBLE o **INSUBSTITUIBLE** adj. Que no se puede sustituir.

INTACHABLE adj. Que no admite o merece tacha o reproche: *conducta intachable.*

INTACTO, A adj. No tocado o palpado. **2.** Fig. Que no ha padecido alteración, menoscabo o deterioro.

INTANGIBLE adj. Que no debe o no puede tocarse.

INTEGRABLE adj. Que se puede integrar: *lavavajillas integrable.* **2.** MAT. Se dice de la función que admite una integral.

INTEGRACIÓN s.f. Acción de integrar o integrarse. **2.** FISIOL. Coordinación de las actividades de varios órganos, para alcanzar un funcionamiento armonioso, realizada por diversos centros nerviosos. **3.** MAT. Cálculo de la integral de una diferencial o de una ecuación

diferencial. ◇ **Integración económica empresarial** Reunión, bajo la misma dirección, de establecimientos que se completan mutuamente, de modo que el producto de uno es input del siguiente. **Integración racial** Tendencia que propugna la igualdad de derechos para las personas de orígenes, razas o religiones distintas que habitan en un mismo país.

INTEGRACIONISTA s.m. y f. Partidario de la integración política y racial.

INTEGRADO, A adj. Se dice de un aparato que reúne en una sola pieza una serie de otros aparatos que podrían existir independientemente. **2.** Se dice de una empresa que abarca varios campos de producción de un bien o de un servicio. ◇ **Comercio integrado** Conjunto de formas de distribución que efectúa un reagrupamiento de todas las funciones al por mayor y al detalle.

INTEGRADOR, RA adj. Que integra. SIN.: *integrante.* ◆ s.m. Aparato que totaliza indicaciones continuas.

INTEGRAL adj. Que comprende todas las partes o aspectos de que se trata: *renovación integral.* **2.** MAT. Relativo a las integrales: *cálculo integral.* ◆ s.f. MAT. Función solución de una diferencial o de una ecuación diferencial. ◇ **Casco integral** Casco que usan los motoristas y que protege la caja craneana, los ojos, la nariz y las mandíbulas. **Integral de una función f** Función *g* tomada considerando una integral definida de *f* como dependiente del límite superior del intervalo de integración.

$$\left[\text{Se escribe } g(x) = \int_a f(t)\ dt \right]$$

Integral definida de una función f en un intervalo (a, b) Valor numérico obtenido como límite de una suma de términos infinitesimales y que representa el área (algebraica) comprendida entre la curva representativa de la función *f* y el eje de las *x*.

$$\left[\text{Se escribe} \int_a^b f(x)\ dx \right]$$

INTEGRAR v.tr. y prnl. (lat. *integrare*). Componer un todo con partes diversas. **2.** Hacer que alguien o algo se incorpore a algo que forma parte de ello. ◆ v.tr. Reintegrar. **2.** MAT. Determinar la integral de una función.

INTEGRIDAD s.f. Estado de una cosa que tiene todas sus partes o que no ha sufrido alteración: *la integridad de un conjunto.* **2.** Cualidad de una persona íntegra, recta, honesta.

INTEGRISMO s.m. Actitud contraria a cualquier cambio o desviación en las doctrinas y las prácticas consideradas esenciales e inamovibles en un sistema ideológico. SIN.: *fundamentalismo.*

INTEGRISTA adj. y s.m. y f. Relativo al integrismo; partidario del integrismo.

ÍNTEGRO, A adj. Que está completo o tiene todas sus partes: *obra íntegra.* **2.** Fig. Que actúa con rectitud: *juez íntegro.*

INTELECT s.m. Juego de letras en el que los jugadores disponen por turnos, sobre un tablero especial, pequeñas fichas cuadradas que llevan grabados valores de puntuación y letras, con la finalidad de formar palabras.

INTELECTIVA s.f. Facultad de entender.

INTELECTIVO, A adj. Relativo al intelecto. **2.** Que puede entenderse.

INTELECTO s.m. (lat. *intellectus, -us*). Entendimiento, facultad de entender.

INTELECTUAL adj. Relativo al entendimiento o a los intelectuales: *un trabajo intelectual; la vida intelectual.* ◆ s.m. y f. y adj. Persona que se dedica a actividades en que predomina el empleo de la inteligencia.

INTELECTUALIDAD s.f. Intelecto. **2.** Conjunto de los intelectuales de un país, región, etc.

INTELECTUALISMO s.m. Doctrina filosófica que afirma la preeminencia de los fenómenos intelectuales sobre los volitivos y afectivos. **2.** Carácter de una obra o de un arte en los que predomina el elemento intelectual.

INTELECTUALISTA adj. y s.m. y f. Relativo al intelectualismo.

INTELECTUALIZAR v.tr. [7]. Dar carácter o interpretación intelectual a algo.

INTELIGENCIA s.f. Facultad de entender, de comprender: *la inteligencia distingue al ser humano del animal.* **2.** Inteligibilidad, cualidad de inteligible: *texto de fácil inteligencia.* **3.** Acuerdo, entente: *llegar a una buena inteligencia.* **4.** PSICOL. Aptitud, variable con los individuos y las especies, para resolver todo tipo de problemas. ◇ **Inteligencia artificial** INFORMÁT. Conjunto de programas que se aplican a la computadora para que realice funciones de aprendizaje y autocorrección.

ENCICL. Los tests de inteligencia (Binet-Simon, Terman-Merril, Wechsler-Bellevue) que cuantifican el *cociente intelectual* (C.I.) y las teorías de H. Wallon y de J. Piaget consideran el desarrollo intelectual como la imagen de una jerarquía del saber progresivamente adquirido por el niño a través de una serie de *estadios*. En un nivel inferior, se sitúan los comportamientos reflejos, y después los comportamientos concretos, unidos a una *inteligencia práctica* que se encuentra ya en los animales superiores. La *inteligencia concreta* es el primer nivel de la *inteligencia discursiva*, capaz de actuar sobre signos y símbolos; cuando esta operación se libera de la afectividad y de la acción inmediata, el niño alcanza el estadio de la *inteligencia abstracta* (capacidad de distinguir las cualidades de un objeto, de comparar, de clasificar), que se ve complementado por la *inteligencia conceptual* (razonamiento hipotético-deductivo, recurso a una lógica formal).

INTELIGENCIADO, A adj. Se dice de la persona a quien se le ha inteligenciado.

INTELIGENTE adj. (lat. *intelligens, -entis*). Dotado de inteligencia, capaz de comprender. **2.** Que implica inteligencia: *respuesta inteligente.* **3.** Se dice de las máquinas, sistemas, edificios, etc. que, mediante control informático y redes de conexión, pueden actuar automáticamente, adaptándose a cada situación. ◆ adj. y s.m. y f. Que tiene mucha inteligencia: *alumno inteligente.*

INTELIGIBILIDAD s.f. Cualidad o carácter de inteligible.

INTELIGIBLE adj. Que puede ser entendido o comprendido: *hablar de forma inteligible; discurso inteligible, voz inteligible.* **2.** FILOS. Que solo es conocido por el entendimiento.

INTELLIGUENTSIA s.f. (voz rusa). Conjunto de los intelectuales partidarios de reformas en la Rusia zarista del s. XIX. **2.** Por ext. Conjunto de los intelectuales, considerados como grupo o clase.

INTEMPERANCIA s.f. Exceso, falta de moderación: *intemperancia en el comportamiento.*

INTEMPERANTE adj. Que demuestra intemperancia o falta de templanza: *actitud intemperante.*

INTEMPERIE s.f. (lat. *intemperies*). Destemplanza o desigualdad del tiempo: *resguardarse de la intemperie.* ◇ **A la intemperie** Al aire libre, sin techo donde guarecerse.

INTEMPESTIVO, A adj. Que se hace u ocurre fuera del tiempo conveniente u oportuno: *hora intempestiva; lluvia intempestiva.*

INTEMPORAL adj. Que es independiente del curso del tiempo: *una luz intemporal.* **2.** LING. Se dice de una forma verbal que no expresa un tiempo.

INTENCIÓN s.f. (lat. *intentio, -onis*). Propósito de hacer algo o conseguir un objetivo: *la intención no basta para acusar de un delito; tener intención de estudiar.* **2.** Idea que se persigue con cierta acción o comportamiento: *lo hizo con la intención de ayudar.* **3.** Fin por el que se celebra una misa. ◇ **De primera intención** Fam. En el primer momento. **Doble, o segunda, intención** Fam. Modo de proceder doble y solapado.

INTENCIONADO, A adj. **Bien, o mal, intencionado** Que tiene buenas, o malas, intenciones.

INTENCIONAL adj. Deliberado, hecho con intención: *olvido intencional.*

INTENCIONALIDAD s.f. Cualidad de intencional. **2.** FILOS. En la filosofía fenomenológica, orientación del espíritu hacia un objeto real o hacia una idea, o a ser consciente de cualquier cosa.

INTENDENCIA s.f. Cargo, jurisdicción u oficina del intendente. **2.** Dirección, administración y gobierno de una cosa. ◇ **Intendencia militar** Cuerpo del ejército de tierra encargado de proporcionar los elementos necesarios para la vida de las tropas; oficina o establecimiento que pertenece a este servicio.

INTENDENTE s.m. (fr. *intendant*). Jefe de una fábrica u otra empresa dependientes del Estado. **2.** En el ejército y en la marina, jefe superior de la administración militar.

INTENSIDAD s.f. Grado de energía con que se realiza una acción o se manifiesta un fenómeno, una cualidad, una expresión o un afecto: *intensidad del viento, de un esfuerzo; odiar con intensidad.* **2.** Expresión del valor numérico de una magnitud, generalmente vectorial: *intensidad de una fuerza.* ◇ **Intensidad de una corriente eléctrica** Cantidad de electricidad que circula por un conductor eléctrico durante la unidad de tiempo. **Intensidad luminosa** Flujo luminoso emitido por una fuente luminosa en un ángulo sólido unitario.

INTENSIFICACIÓN s.f. Acción de intensificar.

INTENSIFICAR v.tr. y prnl. [1]. Hacer más intenso, más fuerte, más activo: *intensificar las fuerzas; intensificarse un problema.*

INTENSIVISTA s.m. y f. Persona especializada en cuidados médicos intensivos.

INTENSIVO, A adj. Que se realiza de forma intencionadamente intensa o más intensa, enérgica o activa que de costumbre: *trabajo intensivo.* **2.** fIS. Que tiene el carácter de la intensidad: *magnitud intensiva.* ◇ **Cultivo intensivo** Cultivo que se realiza sobre una superficie limitada, con gran inversión en abonos, útiles, etc., y cuyo rendimiento bruto por unidad de superficie es muy elevado.

INTENSO, A adj. (lat. tardío *intensus*). Que se hace o se manifiesta con mucha intensidad: *calor intenso.* **2.** Que está lleno de actividad: *trabajo intenso.*

INTENTAR v.tr. (lat. *intentare*).Trabajar o esforzarse para hacer algo o comenzarlo: *intentar un récord; he intentado abrir pero no puedo; intentar decir algo.*

INTENTO s.m. Acción de intentar algo: *conseguirlo al primer intento.* **2.** Cosa que se intenta: *la sonrisa era un intento de acercamiento.*

INTENTONA s.f. *Fam.* Intento temerario, especialmente el frustrado.

1. ÍNTER s.m. (del lat. *inter,* entre). Ínterin.

2. ÍNTER s.m. Perú. Sacerdote que ayuda al párroco.

INTERACCIÓN s.f. Influencia recíproca: *la interacción profesor-alumno.* **2.** fIS. Acción recíproca que se ejercen entre sí las partículas elementales (gravitacional, electromagnética, débil [radiactividad y desintegración] y fuerte [fuerza nuclear]). ◇ **Interacción hombre-máquina** Conjunto de teorías y técnicas relativas al diálogo, a la comunicación entre una persona y una máquina informática o automática.

INTERACCIONAR v.intr. Ejercer una interacción.

INTERACTIVO, A adj. Se dice de los fenómenos que reaccionan unos sobre otros. **2.** Se dice del sistema o programa informáticos que permite una interacción entre la computadora y el usuario, de modo que este dialoga con los programas de la máquina por medio de una terminal de entrada y salida (teletipo, pantalla de visualización con teclado, etc.). SIN.: *conversacional.* **3.** Se aplica al soporte de comunicación que favorece una interacción con el público: *televisión interactiva.*

INTERALIADO, A adj. Relativo a los aliados de una coalición: *el mando interaliado.*

INTERAMERICANO, A adj. Relativo a las relaciones multilaterales entre países americanos.

INTERANDINO, A adj. Relativo a las relaciones entre diversos países andinos: *tráfico interandino.*

INTERARTICULAR adj. Que está situado en las articulaciones.

INTERBANCARIO, A adj. B. Y BOLSA. Se dice del dinero prestado por una institución financiera a otra para hacer frente a las necesi-

des momentáneas de tesorería, o del mercado al que acuden los intermediarios financieros.

INTERCADENCIA s.f. Circunstancia de ser intercadente: *intercadencia del pulso, de la conducta, de la dicción, etc.*

INTERCADENTE adj. Que se realiza con discontinuidad en su ritmo.

INTERCALACIÓN s.f. Acción de intercalar o intercalarse. SIN.: *intercaladura.*

1. INTERCALAR v.tr. y prnl. (lat. *intercalare*). Poner una cosa entre otras: *intercalar una palabra en un texto.*

2. INTERCALAR adj. (lat. *intercalaris*). Que está colocado entre otras cosas: *hoja intercalar.* **2.** Se dice del día que se añade al mes de febrero en los años bisiestos.

INTERCALO s.m. IMPR. Palabra o texto intercalado, de tipo distinto al resto.

INTERCAMBIABILIDAD s.f. Cualidad de intercambiable. **2.** Sistema de construcción de piezas de máquinas en las que la tolerancia en la fabricación permite montar unas en lugar de otras sin ninguna operación de ajuste.

INTERCAMBIADOR s.m. Aparato que sirve para calentar o enfriar un fluido, mediante otro fluido que circula a diferente temperatura. SIN.: *intercambiador de calor, de temperatura, térmico.* ◇ **Intercambiador iónico** Sustancia sólida, natural o sintética, capaz de intercambiar sus iones con los de los contenidos en una solución.

INTERCAMBIAR v.tr. y prnl. Realizar un cambio o intercambio: *intercambiar sellos; intercambiar opiniones, sonrisas.*

INTERCAMBIO s.m. Trueque entre cosas, personas o grupos: *intercambios culturales; intercambio de prisioneros.* **2.** BIOL. Paso y circulación de sustancias entre una célula y el medio exterior. ◇ **Intercambios internacionales** ECON. Transferencias comerciales entre naciones.

INTERCEDER v.intr. (lat. *intercedere*). Intervenir en favor de alguien: *interceder por el condenado.*

INTERCELULAR adj. Se dice de los espacios comprendidos entre las células en los seres pluricelulares o de los espacios ocupados en los tejidos animales de tipo conjuntivo por una sustancia llamada intersticial.

INTERCEPTACIÓN s.f. Acción y efecto de interceptar: *interceptación del paso.* **2.** MIL. Acción que consiste, tras haber detectado e identificado aparatos o misiles enemigos, en dirigir hacia ellos formaciones de caza o misiles tierra-aire, para destruirlos.

INTERCEPTADO, A adj. MAT. Se dice de la porción de línea (recta, arco, etc.) comprendida entre otras dos que la cortan.

INTERCEPTAR v.tr. (lat. *interceptus*). Apoderarse de algo o detenerlo antes de que llegue a su destino: *interceptar la correspondencia, un mensaje.* **2.** Obstruir una vía de comunicación: *un camión interceptaba la calzada; interceptar el paso.* **3.** MAT. Cortar una línea o una superficie a otra línea o superficie: *la secante de una circunferencia intercepta a esta en dos puntos.*

INTERCEPTOR s.m. Avión de caza especialmente concebido para impedir las incursiones de aparatos enemigos, destruyéndolos.

INTERCESIÓN s.f. Acción de interceder.

INTERCESOR, RA adj. y s. Que intercede.

INTERCITY s.m. Tren de largo recorrido que circula a gran velocidad y hace pocas paradas.

INTERCOLUMNIO s.m. ARQ. Espacio entre dos columnas.

INTERCOMUNICACIÓN s.f. Comunicación recíproca. **2.** Sistema de comunicación telefónica entre dos o más lugares de un mismo edificio.

INTERCOMUNICADOR s.m. Aparato destinado a la intercomunicación telefónica.

INTERCOMUNIÓN s.f. Unión, relaciones oficiales entre varias Iglesias.

INTERCONECTAR v.tr. Conectar entre sí dos o más elementos. **2.** Poner en relación dos o varios centros de producción o de consumo de electricidad para permitir los intercambios de energía de un centro a otro, pudiendo ali-

mentar cada centro generador varios centros receptores.

INTERCONEXIÓN s.f. Acción de interconectar.

INTERCONTINENTAL adj. Que pone en relación dos o más continentes: *llamada intercontinental.*

INTERCOSTAL adj. Que está entre las costillas: *músculos intercostales.*

INTERCOTIDAL adj. Intertidal.

INTERCURRENTE adj. Que aparece en el curso de una enfermedad: *complicaciones intercurrentes.*

INTERDECIR v.tr. (lat. *interdicere*) [75]. Prohibir: *interdecir nuevas disposiciones.*

INTERDENTAL adj. y s.f. Se dice del sonido consonántico que se articula colocando la punta de la lengua entre los dientes incisivos superiores e inferiores: *la z es una consonante interdental.*

INTERDEPENDENCIA s.f. Dependencia recíproca.

INTERDEPENDIENTE adj. Se dice de las cosas que dependen unas de otras.

INTERDICCIÓN s.f. (lat. *interdictio, -onis*). Prohibición. ◇ **Interdicción civil** Pena accesoria que consiste en la privación de los derechos civiles de una persona.

INTERDICTO, A adj. Se dice de la persona sujeta a interdicción. ◆ s.m. Juicio sumario en el que se discute la posesión considerada exclusivamente como hecho.

INTERDIGITAL adj. Que se halla entre los dedos: *espacio, músculo, membrana interdigital.*

INTERDISCIPLINAR o **INTERDISCIPLINARIO, A** adj. Que establece relaciones entre varias ciencias o disciplinas.

INTERÉS s.m. (del lat. *interesse,* estar interesado). Cualidad de una cosa que la hace importante o valiosa para alguien: *el interés de un libro.* **2.** Atracción sentida hacia alguien o algo: *sentir interés por un amigo.* **3.** Beneficio, provecho, especialmente material: *obrar por interés.* **4.** Retribución del capital monetario. **5.** Cantidad que se paga por la tenencia de dinero ajeno: *préstamo a un alto interés.* **6.** Ganancia producida por el capital monetario: *tanto por ciento de interés anual.* ◆ **intereses** s.m.pl. Bienes materiales: *poseer muchos intereses.* **2.** Conveniencia, necesidad: *solo mira sus intereses.* ◇ **Interés compuesto** Interés percibido sobre un capital formado por el capital primitivo aumentado por los réditos acumulados hasta la época del vencimiento. (Un capital *a*, colocado al tanto por uno *r* durante *n* años se convierte en: $A = a (1 + r)^n$.) **Intereses creados** Ventajas de que disfrutan los que rodean a una persona o entidad determinadas, supeditadas a la buena situación de estas, por lo cual los que las disfrutan están interesados en mantener dicha situación. **Intereses y descuentos** Cuenta de resultados que recoge los descuentos tanto de tipo financiero, por pronto pago, como de tipo económico, por reajuste de precios o volumen de ventas. **Interés simple** Interés percibido sobre el capital primitivo, sin agregarle ningún rédito vencido. (El interés simple *i* del capital *a*, colocado durante un tiempo *t*, al tanto por ciento *r* es: $i = \dfrac{art}{100}$.)

INTERESADO, A adj. y s. Que tiene interés en algo: *estar interesado en un asunto; notificar a los interesados.* **2.** Que solo se mueve o preocupa por el interés propio.

INTERESANTE adj. Que interesa: *noticia interesante.* ◇ **Estado interesante** Estado de una mujer embarazada. **Hacerse el interesante** *Fam.* Adoptar ciertas actitudes para hacerse notar ante los demás o atraer su interés.

INTERESAR v.tr. Suscitar, adquirir o tomar interés: *este me interesa; que me interesa a los industriales.* **2.** Captar la atención, despertar curiosidad: *este joven me interesa; este libro me interesa.* **3.** Dar parte alguien a otro en negocios o intereses propios. **4.** Invertir dinero en algo: *interesar cierta cantidad en la lotería.* **5.** Afectar algo a algún órgano del cuerpo: *la herida interesa a los pulmones.* ◆ **interesarse** v.prnl. Tener interés en una persona o cosa. **2.** Preguntar por el estado de alguien o algo: *in-*

teresarse por un enfermo, por los asuntos económicos.

INTERESTATAL adj. Relativo a las relaciones entre dos o más Estados.

INTERESTELAR adj. ASTRON. Situado entre las estrellas de una galaxia. ◇ **Materia interestelar** Conjunto de los materiales extremadamente difundidos (gases débilmente ionizados y polvo) que existen en el espacio situado entre las estrellas de una galaxia y cuya masa total es una fracción no despreciable de la de la galaxia.

INTERFASE s.f. (ingl. *interface*). Período que separa dos divisiones sucesivas de una célula viva. **2.** Límite común a dos sistemas, que permite intercambios entre ellos: *interfase producción-distribución.*

INTERFAZ s.f. (ingl. *interface*). INFORMÁT. **a.** Frontera convencional entre dos sistemas o dos unidades, que permite intercambios de informaciones. **b.** Módulo de hardware o de software que permite la comunicación con el exterior de un sistema o de un subconjunto.

INTERFECTO, A adj. y s. (lat. *interfectus*, p. de *interficere*, matar). En terminología jurídica, muerto violentamente. **2.** Esp. *Fam.* Se dice de alguien de quien se está hablando.

INTERFERENCIA s.f. (ingl. *interference*). Acción de interferir. **2.** FÍS. Fenómeno que resulta de la superposición de dos movimientos vibratorios de la misma frecuencia.

INTERFERENCIAL adj. Relativo a las interferencias.

INTERFERENTE adj. FÍS. Que presenta el fenómeno de interferencia.

INTERFERIR v.ti. y prnl. [79]. Interponerse o mezclarse una acción o movimiento en otro: *este hecho ha acabado por interferir en mi vida privada.* ◆ v.tr. e intr. Producir interferencias.

INTERFEROMETRÍA s.f. Técnica de medición de gran precisión, basada en los fenómenos de interferencia.

INTERFERÓMETRO s.m. Aparato para medir interferencias luminosas o radioeléctricas.

INTERFERÓN s.m. Proteína producida por las células atacadas por un virus, que las hace resistentes a toda otra infección viral.

INTERFLUVIO s.m. GEOGR. Relieve que separa dos valles o dos ríos.

INTERFOLIAR v.tr. Intercalar entre las hojas de un libro otras en blanco.

INTERFONO s.m. Aparato telefónico empleado para la comunicación entre las distintas dependencias de un mismo local.

INTERFRANJA s.f. ÓPT. Distancia que separa dos franjas contiguas.

INTERGALÁCTICO, A adj. ASTRON. Se dice de la zona espacial situada entre las galaxias.

INTERGLACIAR adj. y s.m. Se dice de los períodos del cuaternario comprendidos entre dos glaciaciones.

ÍNTERIN s.m. (lat. *interim*, mientras tanto). Intervalo, intermedio. **2.** Tiempo que dura el desempeño interino. ◆ adv.t. Entretanto, mientras.

INTERINA s.f. Esp. Asistenta, criada de una casa particular que no pernocta en ella.

INTERINATO s.m. Argent., Méx., Perú y Urug. Interinidad, tiempo que dura el desempeño interino de un cargo. **2.** Chile, Guat., Hond., Perú y P. Rico. Cargo o empleo interino.

INTERINDIVIDUAL adj. Que concierne a las relaciones entre varios individuos: *psicología interindividual.*

INTERINIDAD s.f. Cualidad de interino: *la interinidad de un sustituto.* **3.** Amér. Merid., Guat., Hond. y P. Rico. Cargo o empleo interino.

INTERINO, A adj. y s. Que sirve por algún tiempo en sustitución de otra persona o cosa: *trabajador interino; funciones interinas.*

INTERINSULAR adj. Se dice de la relación entre dos o más islas.

INTERIOR adj. Que está situado en la parte de dentro de algo, bajo su superficie o dentro de sus límites: *ropa interior; páginas interiores de un libro; bolsillo interior del abrigo.* **2.** Se dice de la vivienda o parte de ella que no da a la calle: *patio interior.* **3.** Que concierne a un país o a un territorio: *política interior.* **4.** *Fig.* Es-

piritual: *vida, sentimiento interior.* ◆ s.m. La parte de dentro: *el interior de un cuerpo.* **2.** Parte central de un país: *el clima del interior.* **3.** *Fig.* Pensamientos, sentimientos, etc., propios de alguien, que no se exteriorizan: *en su interior no es mala persona.* **4.** Méx. Provincia. **5.** DEP. En el fútbol y algunos deportes de pelota, jugador que se coloca entre el delantero centro y el extremo. ◆ **interiores** s.m.pl. Entrañas. ◇ **Ángulo interior** Ángulo cuyo vértice se encuentra en el interior de un círculo. **Ministerio del interior** Organismo estatal encargado de los asuntos administrativos centrales y locales, así como de la policía y del mantenimiento del orden interior. **Punto interior a un conjunto** En el plano, punto tal que todos los puntos infinitamente próximos pertenecen a este conjunto.

INTERIORIDAD s.f. Cualidad de interior. **2.** FILOS. Contenido de la conciencia, intimidad. ◆ **interioridades** s.m.pl. Cosas privativas, generalmente secretas: *interioridades familiares.*

INTERIORISMO s.m. Arte y técnica de acondicionar y decorar los espacios interiores de edificios, viviendas, etc.

INTERIORIZACIÓN s.f. Acción de interiorizar.

INTERIORIZAR v.tr. [7]. Hacer propia una cosa o asentarla de manera profunda e íntima, especialmente un pensamiento o un sentimiento: *interiorizar las normas de funcionamiento del centro.* **2.** Hacer más interior.

INTERJECCIÓN s.f. (lat. *interjectio, -onis*). LING. Palabra o locución que, pronunciada de forma exclamativa, expresa un estado de ánimo o sirve para captar la atención del oyente.

INTERJECTIVO, A adj. LING. Relativo a la interjección.

INTERLÍNEA s.f. Espacio entre dos líneas escritas. **2.** IMPR. Lámina de metal que sirve para espaciar las líneas.

INTERLINEACIÓN s.f. Acción y efecto de interlinear.

INTERLINEADO s.m. Medida del espacio que media entre dos líneas de un texto o párrafo.

INTERLINEAL adj. Escrito entre dos líneas.

INTERLINEAR v.tr. Espaciar las líneas de un texto mediante las interlíneas. **2.** Escribir algo entre dos líneas.

INTERLOCK s.m. Tela o tricotosa circular para géneros de punto. **2.** Tejido fabricado en esta máquina.

INTERLOCUTOR, RA s. (del lat. *interloqui*, interrumpirse mutuamente los que dialogan). Persona con la que se dialoga.

INTERLOCUTORIO, A adj. y s.m. DER. Se dice del auto o sentencia que se da antes del fallo definitivo y que no decide sobre el fondo de la cuestión.

INTÉRLOPE adj. (fr. *interlope*). Fraudulento, ilegal: *comercio intérlope.*

INTERLUDIO s.m. (del lat. *inter*, entre, y *ludus*, juego). Intermedio dramático o musical entre dos partes de un espectáculo, una emisión de televisión, etc. **2.** MÚS. Pieza musical breve que se ejecuta a modo de intermedio entre las partes de una composición.

INTERLUNIO s.m. ASTRON. Tiempo de la conjunción en que no se ve la Luna.

INTERMEDIAR v.intr. Mediar.

INTERMEDIARIO, A adj. y s. Que media entre dos o más personas, y especialmente entre el productor y el consumidor de géneros o mercancías.

INTERMEDIO, A adj. (lat. *medius*). Que está situado en medio de dos espacios, tiempos, categorías, etc. ◆ s.m. Tiempo que existe entre dos cosas o dos acciones. **2.** Espacio de tiempo comprendido entre dos actos o partes de una representación teatral o de otro espectáculo. **3.** TELEV. Tiempo durante el que se interrumpe un programa o retransmisión. ◇ **Por intermedio de** Por medio de.

INTERMEZZO s.m. (voz italiana). MÚS. Divertimento musical intercalado entre las partes de una obra teatral.

INTERMINABLE adj. Que no tiene término o fin. **2.** Que dura demasiado: *discurso interminable.*

INTERMINISTERIAL adj. Relativo a varios ministerios o que los relaciona entre sí.

INTERMISIÓN s.f. Interrupción o cesación de una cosa durante algún tiempo.

INTERMITENCIA s.f. Cualidad de intermitente: *la intermitencia de una señal luminosa.* **2.** MED. Intervalo que separa dos accesos de fiebre.

INTERMITENTE adj. Que se interrumpe y prosigue a intervalos. ◆ s.m. Luz lateral de un automóvil que se enciende y se apaga para señalar un cambio de dirección. **2.** Dispositivo que enciende y apaga alternativamente una lámpara. ◇ **Fiebre intermitente** Fiebre que evoluciona a brotes, regulares o no. (La más conocida es la del paludismo.)

INTERMITIR v.tr. Interrumpir durante algún tiempo una cosa.

INTERMOLECULAR adj. Que está entre las moléculas.

INTERMUSCULAR adj. Situado entre los músculos.

INTERNACIÓN s.f. Internamiento.

INTERNACIONAL adj. Relativo a dos o más naciones. ◆ adj. y s.m. y f. Que toma o ha tomado parte en competiciones internacionales: *jugador internacional.* ◇ **Derecho internacional** Derecho que regula las relaciones entre distintos estados o entre súbditos de diferentes estados.

INTERNACIONALIDAD s.f. Cualidad de internacional.

INTERNACIONALISMO s.m. Doctrina según la cual los diversos intereses nacionales deben estar subordinados a un interés general supranacional. **2.** Identidad de los fines comunes a determinadas clases sociales o a determinados grupos políticos de diversas naciones. ◇ **Internacionalismo proletario** Doctrina política que defiende la unión internacional de los proletarios.

INTERNACIONALISTA adj. y s.m. y f. Relativo al internacionalismo; partidario de esta doctrina.

INTERNACIONALIZACIÓN s.f. Acción de internacionalizar.

INTERNACIONALIZAR v.tr. [7]. Hacer internacional. **2.** Poner algo bajo control internacional.

INTERNADA s.f. En algunos deportes de pelota, avance rápido de un jugador hasta el área defensiva contraria.

INTERNADO s.m. Centro educativo donde los alumnos comen y duermen. **2.** Régimen escolar en que los alumnos estudian, comen y duermen en el mismo centro. **3.** Conjunto de alumnos internos. **4.** Condición de la persona que vive interna en un establecimiento sanitario o benéfico. **5.** Condición del personal que presta servicios en centros sanitarios.

INTERNALIZAR v.tr. [7]. PSICOL. Asimilar ideas, emociones, etc., que provienen del exterior, de forma que no se distinguen como adquiridos.

INTERNAMIENTO s.m. Acción de internar o internarse.

INTERNAR v.tr. Hacer que alguien resida en una institución durante algún tiempo. **2.** Instalar a un enfermo en un centro sanitario. ◆ **internarse** v.prnl. Penetrar o adentrarse en un lugar. **2.** *Fig.* Profundizar en una materia.

INTERNAUTA s.m. y f. Persona que utiliza la red informática de Internet.

INTERNET s.f. o m. (voz angloamericana, abrev. de *international network*). Red telemática internacional, que procede de una red militar norteamericana (Arpanet, creada en 1969), que es fruto de la interconexión de múltiples redes que utilizan un mismo protocolo de comunicación (TCP-IP). [Todo usuario de una computadora personal provista de un módem se puede conectar a Internet a través de un servidor. Los servicios que ofrecen son la consulta de información (sitios web), la mensajería electrónica, el comercio electrónico, etc.] SIN.: *red.*

INTERNISTA adj. y s.m. y f. Se dice del médico especialista en medicina interna.

INTERNO, A adj. (lat. *internus*). Relativo al interior. **2.** Se dice de la parte de la medicina que se ocupa de las enfermedades que afectan a todo el organismo o a un solo órgano y que no requieren intervención quirúrgica. ◆ **adj. y s.** Se dice del alumno que come y duerme en el mismo centro en el que estudia. **2.** Se dice del personal que presta servicios en centros sanitarios. ◆ **s.** Esp. y Méx. Recluso, preso. ◇ **Ángulos internos** MAT. Ángulos formados por una secante con dos rectas paralelas y situados entre estas dos rectas. **Energía interna de un sistema** FÍS. Magnitud termodinámica cuyas variaciones son iguales a la suma de la energía mecánica y del calor cedidos por este sistema.

ÍNTER NOS loc.adv. (lat. *inter nos,* entre nosotros). Reservadamente, en confianza.

INTERNUNCIO s.m. Representante del papa en un estado no católico.

INTEROCEÁNICO, A adj. Que pone en comunicación dos océanos.

INTEROCEPTIVO, A adj. Se dice de la sensibilidad nerviosa que recoge sus informaciones en las vísceras y que es el punto de partida de los reflejos vegetativos.

INTERÓSEO, A adj. Situado entre los huesos.

INTERPAGINAR v.tr. Interfoliar.

INTERPARLAMENTARIO, A adj. Se dice de las comunicaciones y organizaciones que enlazan la actividad internacional entre las representaciones legislativas de diferentes cámaras o regímenes políticos.

INTERPELACIÓN s.f. Acción y efecto de interpelar.

INTERPELAR v.tr. (lat. *interpellare*). Pedir a alguien que dé explicaciones sobre un asunto en que de alguna manera ha intervenido. **2.** DER. Intimar, requerir a alguien para que diga o haga alguna cosa: *interpelar a alguien para que firme.* **3.** Pedir auxilio o protección a alguien.

INTERPENETRARSE v.prnl. Imbricarse una cosa con otra.

INTERPERSONAL adj. Que se produce entre las personas: *relaciones interpersonales.*

INTERPLANETARIO, A adj. ASTRON. Situado entre los planetas del sistema solar.

INTERPOLACIÓN s.f. Acción y efecto de interpolar. **2.** Búsqueda, a partir de casos particulares dados, de una ley funcional generalmente válida en un determinado dominio de variaciones. ◇ **Interpolación lineal** MAT. Aproximación del valor de una función, sobre un intervalo dado, mediante la función afín definida por este intervalo, siendo los polos de este intervalo los valores de la función aproximada.

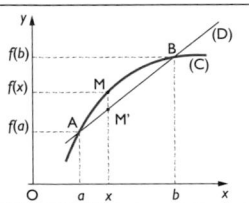

■ **INTERPOLACIÓN.** La interpolación lineal consiste en remplazar *f(x),* ordenada de M sobre la curva (C), por la ordenada de M' sobre la recta (D), pasando por A y B.

INTERPOLAR v.tr. (lat. *interpolare,* cambiar o alterar). Intercalar una cosa entre otras que siguen un orden. **2.** Añadir palabras o fragmentos en un texto, especialmente ajeno. **3.** MAT. Efectuar una interpolación.

INTERPONER v.tr. y prnl. (lat. *interponere*) [60]. Poner algo o a alguien entre dos cosas o personas, de manera que queden separadas o incomunicadas. ◆ **v.tr.** *Fig.* Usar alguien su influencia o autoridad con el fin de conseguir algo para otra persona. **2.** DER. Formalizar por medio de un pedimento alguno de los recursos legales. ◆ **interponerse** v.prnl. Hacer que no se lleve a cabo una acción o que se interrumpa o cambie de dirección determinado curso: *interponerse en la pelea.*

INTERPOSICIÓN s.f. Acción de interponer o interponerse. ◇ **Interposición de personas**

DER. Acto por el cual una persona presta su nombre a otra para facilitarle ciertas ventajas que esta no podría obtener directamente.

INTERPRESA s.f. MIL. Ataque por sorpresa.

INTERPRETACIÓN s.f. Acción y efecto de interpretar. **2.** Explicación, comentario: *interpretación de un texto.* **3.** Investigación dirigida a aprehender el sentido y alcance de una norma jurídica. **4.** Acción o forma de representar o de ejecutar una obra dramática, musical, coreográfica, etc. **5.** PSICOANÁL. Trabajo realizado por el paciente, ayudado por su psicoanalista, para descubrir el sentido inconsciente que hay en su comportamiento. ◇ **Interpretación de una teoría axiomática formalizada** LÓG. Operación que consiste en asociar a los símbolos de una teoría objetos y relaciones entre estos objetos; resultado de esta operación.

INTERPRETADORA s.f. INFORMÁT. Máquina que traduce el código de perforación de una tarjeta a caracteres legibles y los imprime en la parte superior de esta tarjeta.

INTERPRETAR v.tr. Explicar el significado de algo, especialmente el de un texto que es poco claro. **2.** Dar un significado determinado a palabras, actitudes, acciones, etc.: *interpretar un sueño.* **3.** Representar un actor un papel en una obra dramática, de televisión, etc. **4.** Ejecutar una pieza musical o coreográfica. **5.** INFORMÁT. Analizar un programa y ejecutarlo de inmediato, instrucción por instrucción, sin que pase por una fase de compilación.

INTERPRETATIVO, A adj. Que sirve para interpretar una cosa: *explicación interpretativa.*

INTÉRPRETE s.m. y f. (lat. *interpres, -etis*). Persona que traduce o explica a otras, en una lengua que entienden, lo dicho en otra que les es desconocida. **2.** Persona que interpreta un texto dramático. **3.** Persona que interpreta una pieza musical o coreográfica. **4.** Persona que da forma o realiza algo que está en el ánimo de otros: *hacerse intérprete del sentir general.*

INTERRAÍL s.m. Billete de tren individual, a precio reducido, que permite a los menores de 26 años circular libremente por la red de ferrocarriles europeos durante un mes.

INTERREGNO s.m. Espacio de tiempo en que un estado no tiene soberano. **2.** Por ext. Espacio de tiempo en que están suspendidas las funciones gubernamentales.

INTERROGACIÓN s.f. Acción de interrogar o interrogarse. **2.** Signo ortográfico que se escribe al final y al principio de una interrogación directa (¿?). SIN.: *signo de interrogación o interrogante.* **3.** Figura retórica de pensamiento que consiste en preguntar algo no con intención de obtener una respuesta, sino para dar más fuerza a lo que se dice. ◇ **Interrogación directa** Interrogación que se formula directamente al interlocutor, sin que dependa de un verbo. (Ej.: *¿quién ha venido?*) **Interrogación indirecta** Interrogación formulada a través de un verbo de carácter interrogativo, como saber, preguntar, etc. (Ej.: *me pregunto quién habrá venido.*)

INTERROGANTE adj. Que interroga. ◆ **s.m.** o f. Incógnita, problema no aclarado. **2.** Pregunta. **3.** Interrogación, signo ortográfico.

INTERROGAR v.tr. y prnl. (lat. *interrogare*) [2]. Hacer una o varias preguntas a alguien.

INTERROGATIVO, A adj. Que implica o denota interrogación: *frase interrogativa.*

INTERROGATORIO s.m. Serie de preguntas formuladas a alguien. **2.** Papel o documento que contiene estas preguntas. **3.** Acción de interrogar a alguien reiteradamente.

INTERRUMPIR v.tr. (lat. *interrumpere*). Cortar la continuación de una acción en el espacio o en el tiempo: *interrumpir un paseo, una corriente eléctrica.* **2.** Suspender o parar por algún tiempo una obra: *interrumpir la construcción de un puente.* **3.** Impedir el paso por algún lugar: *interrumpir la circulación.* **4.** Impedir que alguien continúe hablando, generalmente tomando la palabra al mismo tiempo.

INTERRUPCIÓN s.f. Acción y efecto de interrumpir: *trabajar sin interrupción; hubo muchas interrupciones.* **2.** INFORMÁT. Suspensión automática de la ejecución de un programa informático en beneficio de una secuencia de instrucciones prevista para analizar las mismas causas de la interrupción. ◇ **Punto de in-**

terrupción INFORMÁT. Instante en que un proceso es momentáneamente detenido para efectuar una copia en cinta magnética de la situación de las variables que intervienen en él y de los ficheros con que se trabaja. SIN.: *check-point.*

INTERRUPTOR, RA adj. Que interrumpe. SIN.: *interruptivo.* ◆ **s.m.** Dispositivo que sirve para abrir o cerrar un circuito eléctrico.

INTERSECARSE v.prnl. [1]. MAT. Cortarse dos líneas o superficies entre sí.

INTERSECCIÓN s.f. Lugar donde se cortan dos líneas, superficies o volúmenes. **2.** MAT. Conjunto de puntos o de elementos comunes a dos o varias líneas, superficies o volúmenes. ◇ **Intersección, o producto, de clases K y L** LÓG. Clase constituida de elementos que pertenecen a la vez a la clase K y a la clase L; esta misma operación (simbolizada por K ∩ L). **Intersección de dos subconjuntos A y B de un conjunto C** Conjunto de elementos comunes a estos dos subconjuntos, que se escribe A ∩ B (A intersección B).

INTERSEXUAL adj. Relativo a la intersexualidad.

INTERSEXUALIDAD s.f. BIOL. Estadio intermedio entre el masculino y el femenino.

INTERSIDERAL adj. ASTRON. Situado entre los astros.

INTERSINDICAL adj. Establecido entre diversos sindicatos: *reunión intersindical.*

INTERSTICIAL adj. MED. **a.** Se dice de la formación celular situada entre las células del parénquima de los órganos. **b.** Se dice de la sustancia que separa las células de los tejidos de tipo conjuntivo. ◇ **Fauna interstcial** Conjunto de animales microscópicos que viven en los espacios libres que hay entre los granos de arena.

INTERSTICIO s.m. (lat. *interstitium*). Espacio pequeño vacío entre dos cuerpos o entre dos partes de un cuerpo.

INTERSUBJETIVIDAD s.f. FILOS. Comunicación que se establece entre dos o más sujetos o conciencias, implicando un intercambio o reciprocidad.

INTERSUBJETIVO, A adj. Relativo a la intersubjetividad.

INTERTEXTUALIDAD s. f. Conjunto de relaciones que un texto tiene con otros, bien porque el autor los cita, los plagia o los parodia, bien porque el lector establece cierta correlación entre uno y otros.

INTERTIDAL adj. (de *inter* e ingl. *tide,* marea). Se dice de la zona comprendida entre los niveles de las mareas más altas y los de las más bajas. SIN.: *intercotidal.*

INTERTRIGO s.m. (lat. *intertrigo, -iginis,* rozadura). MED. Dermatosis que se asienta generalmente en los pliegues de la piel.

INTERTROPICAL adj. Situado entre los dos trópicos.

INTERURBANO, A adj. Establecido entre poblaciones distintas. **2.** Que permite la comunicación entre poblaciones: *llamadas interurbanas.* **3.** Se dice del servicio de locomoción entre poblaciones o entre zonas o barrios de la misma ciudad.

INTERVALO s.m. (lat. *intervallum*). Porción de espacio o de tiempo que media entre dos cosas: *el intervalo entre dos columnas; diez minutos de intervalo.* **2.** Porción de tiempo cuya extensión se expresa y en la que sucede alguna cosa: *en el intervalo de un mes, se produjeron dos terremotos.* **3.** FÍS. Relación de frecuencias de dos sonidos. **4.** MAT. Conjunto de números *x* comprendidos entre dos números *a* y *b.* **5.** MIL. Espacio que separa dos formaciones, dos posiciones o dos maniobras, contado en relación paralela a su frente. **6.** MÚS. Distancia que separa dos sonidos. ◇ **A intervalos** Con interrupciones más o menos regulares. **Intervalo abierto**]a, b[Conjunto de números *x* tales que *a < x < b.* **Intervalo cerrado** [a, b] Conjunto de números *x* tales que *a ≤ x ≤ b.*

INTERVENCIÓN s.f. Acción de intervenir: *una intervención brillante.* **2.** Acción de un estado o de una organización internacional que se injiere en los asuntos que no son de su competencia. **3.** MED. Operación quirúrgica. ◇ **No**

intervención Actitud de un estado que no interviene en los asuntos de otros estados, cuando no está directamente interesado en ellos.

INTERVENCIONISMO s.m. Doctrina que defiende la intervención del estado en los asuntos económicos. **2.** Doctrina que defiende la intervención de un país en los conflictos que se producen entre otros países, o en los conflictos internos de otros países.

INTERVENCIONISTA adj. y s.m. y f. Relativo al intervencionismo: *política intervencionista*; partidario de esta doctrina.

INTERVENIR v.intr. (lat. *intervenire*) [78]. Tomar parte en un asunto: *intervenir en un coloquio*. **2.** Interponer alguien su autoridad: *intervenir un juez.* **3.** Mediar, interceder o interponerse: *intervenir en favor de alguien.* **4.** MIL. Enviar tropas a un país extranjero para favorecer un partido, realizar una conquista, reparar una agresión, etc. ◆ v.tr. Realizar una operación quirúrgica. **2.** DER. **a.** Examinar y fiscalizar las cuentas de una sociedad o del estado con autoridad suficiente para ello. **b.** Dirigir, limitar o suspender una autoridad el libre ejercicio de actividades o funciones. **c.** Vigilar una autoridad la comunicación privada: *intervenir el teléfono.* **d.** Fiscalizar la administración de aduanas. **3.** POL. En las relaciones internacionales, dirigir temporalmente una o varias potencias algunos asuntos interiores de otra.

INTERVENTOR, RA adj. y s. Que interviene: *parte interventora.* ◆ s.m. Persona que se ocupa de examinar y fiscalizar las cuentas del estado o de una sociedad con autoridad suficiente: *interventor general de la administración del estado; interventor del banco.* **2.** Elector designado oficialmente por un candidato para vigilar la regularidad de la votación en unas elecciones y autorizar el resultado de la misma, junto con el presidente y demás componentes de la mesa. **3.** Oficial militar designado para presenciar los arqueos y balances de caja. **4.** Revisor de un tren.

INTERVERSIÓN s.f. Metátesis.

INTERVIÚ o **INTERVIEW** s.f. (ingl. *interview*). Entrevista hecha a una persona para interrogarla acerca de su vida, sus ideas, proyectos, etc., con el fin de publicar o difundir su contenido, en periodismo, o utilizarla con fines analíticos, en una encuesta psicosociológica.

INTERVIUAR v.tr. Hacer a alguien una interviú.

INTERVOCÁLICO, A adj. Situado entre dos vocales.

INTESTADO, A adj. y s. Que no ha hecho testamento. ◆ s.m. DER. Caudal sucesorio acerca del cual no existen o no rigen disposiciones testamentarias.

segunda

tercera

cuarta

quinta

sexta

séptima

octava

■ **INTERVALOS** musicales.

INTESTINAL adj. Relativo a los intestinos. ◇ **Jugo intestinal** Jugo digestivo segregado por las glándulas del duodeno y del yeyuno, que contiene enzimas que actúan en toda clase de alimentos (amilasa, maltasa, invertasa y lactasa en los glúcidos; lipasa en los líquidos; erepsina y proteasa en los prótidos).

INTESTINO, A adj. (lat. *intestinus, -tinum*). Interno, interior: *luchas intestinas.* ◆ s.m. ANAT. Parte del aparato digestivo que se extiende desde el estómago hasta el ano y que está dividida en dos partes (*intestino delgado* e *intestino grueso* o *colon*).

INTI s.m. Unidad monetaria de Perú de 1985 a 1991.

INTIFADA s.f. Rebelión popular de los palestinos de los territorios ocupados por Israel.

ÍNTIMA s.f. HISTOL. Capa más interna de la estructura de la pared de los vasos.

INTIMACIÓN s.f. DER. Acción de intimar.

INTIMAR v.tr. y prnl. (lat. *intimare*, dar a conocer). Entablar una amistad íntima con alguien. **2.** DER. Exhortar o requerir que se haga algo, especialmente con autoridad o fuerza: *intimar al testigo; intimar una orden.*

INTIMATORIO, A adj. Se dice de lo que intima un decreto u orden: *carta intimatoria.*

INTIMIDACIÓN s.f. Acción de intimidar.

INTIMIDAD s.f. Cualidad de íntimo. **2.** Sentimientos, pensamientos o hábitos íntimos de una persona. **3.** Relación íntima entre personas: *entre ellos hay gran intimidad.* ◆ **intimidades** s.f.pl. Partes sexuales exteriores del cuerpo humano.

INTIMIDAR v.tr. y prnl. Causar o infundir miedo.

INTIMISMO s.m. Tendencia literaria que se caracteriza por la expresión de los sentimientos. **2.** Se dice de la tendencia pictórica que se caracteriza por la representación de escenas de la vida familiar o íntima.

INTIMISTA adj. y s.m. y f. Relativo al intimismo; partidario del intimismo.

ÍNTIMO, A adj. (lat. *intimus*). Se dice de lo más interior y profundo de la persona. **2.** Se dice de la relación de amistad caracterizada por la confianza y la familiaridad. **3.** Se dice de los actos a los que asisten solo los muy amigos o familiares: *una cena íntima.* **4.** Acogedor y tranquilo: *un lugar íntimo.* ◆ adj. y s. Se dice de la persona con la que se tiene una amistad de total confianza.

INTITULAR v.tr. Poner título o nombre a algo o a alguien.

INTOCABLE adj. Intangible: *virtud intocable.* ◆ s.m. y adj. Se dice de la persona que pertenece a la casta más baja en la India.

INTOLERABLE adj. Que no se puede tolerar.

INTOLERANCIA s.f. Cualidad de intolerante. **2.** MED. Imposibilidad de un organismo para soportar determinadas sustancias, como alimentos o medicamentos.

INTOLERANTE adj. y s.m. y f. Que no respeta las opiniones, actitudes, etc., ajenas que son distintas a las propias.

INTONSO, A adj. Que no tiene cortado el cabello.

INTOXICACIÓN s.f. Conjunto de trastornos causados por la acción de una sustancia tóxica o en mal estado en el organismo.

INTOXICAR v.tr. y prnl. [1]. Causar en un organismo una intoxicación.

INTRACARDÍACO, A adj. Relativo al interior del corazón.

INTRACELULAR adj. Que está situado u ocurre en el interior de una célula.

INTRACEREBRAL adj. Relativo al interior del cerebro.

INTRADÉRMICO, A adj. Que está situado o se pone en el interior de la dermis.

INTRADERMORREACCIÓN s.f. Reacción inflamatoria que se produce en una zona de la dermis en la que se ha inyectado una determinada sustancia, para estudiar su sensibilidad en el organismo.

INTRADÓS s.m. (del lat. *intra*, entre, y el fr. *dos*, dorso). Superficie o cara interior o inferior de un arco, una bóveda o un ala de avión. CONTR.: *extradós.*

INTRADUCIBLE adj. Que no se puede traducir.

INTRAGLACIAR adj. Que se encuentra en la masa de un glaciar: *morrena intraglaciar; torrente intraglaciar.*

INTRAMEDULAR adj. Situado en el interior de la médula.

INTRAMOLECULAR adj. Relativo al interior de una molécula.

INTRAMONTANO, A adj. Situado en el interior de un macizo montañoso o de una cordillera.

INTRAMUROS adv.l. Dentro de una ciudad, villa o lugar.

INTRAMUSCULAR adj. Que está situado o se realiza en el interior de una masa muscular o de un músculo.

INTRANET s.m. (pl. *intranets.*) Red informática interna de una empresa u organismo, basada en los estándares de Internet, en la que las computadoras están conectadas a un servidor o servidores web.

INTRANQUILIDAD s.f. Cualidad de intranquilo.

INTRANQUILIZAR v.tr. y prnl. [7]. Poner a alguien intranquilo.

INTRANQUILO, A adj. Falto de tranquilidad por cualquier alteración de ánimo, un estado febril o malestar físico intenso.

INTRANSFERIBLE o **INTRASFERIBLE** adj. Que no se puede transferir.

INTRANSIGENCIA s.f. Cualidad o actitud de intransigente.

INTRANSIGENTE adj. Que no transige o no se presta a transigir.

INTRANSITABLE adj. Se dice del lugar, especialmente camino, por donde no se puede transitar.

INTRANSITIVO, A adj. y s.m. LING. Se dice de los verbos que no van seguidos de un complemento directo, como *dormir, morir, quedar,* etc. ◆ adj. Que es propio de los verbos intransitivos: *forma intransitiva.* ◇ **Oración intransitiva** Oración que no lleva complemento directo.

INTRANSMISIBLE o **INTRASMISIBLE** adj. Que no se puede transmitir.

INTRANSMUTABLE o **INTRASMUTABLE** adj. Que no se puede transmutar.

INTRANUCLEAR adj. FIS. Situado en el interior del núcleo atómico.

INTRARRAQUÍDEO, A adj. Situado en el interior del conducto vertebral.

INTRASCENDENCIA s.f. Cualidad de intrascendente.

INTRASCENDENTAL adj. Intrascendente.

INTRASCENDENTE adj. Que carece de importancia o gravedad.

INTRASFERIBLE adj. → INTRANSFERIBLE.

INTRASMISIBLE adj. → INTRANSMISIBLE.

INTRASMUTABLE adj. → INTRANSMUTABLE.

INTRATABLE adj. No tratable ni manejable: *metal intratable.* **2.** Fig. Insociable o de trato difícil: *persona intratable.*

INTRATAR v.tr. Hond. Insultar.

INTRAUTERINO, A adj. Que está situado o se realiza en el interior del útero. ◇ **Dispositivo intrauterino** Diu. **Vida intrauterina** La del feto en el interior del útero durante todo el período que dura la gestación.

INTRAVENOSO, A adj. Que está situado o se pone en el interior de una vena: *inyección intravenosa.*

INTREPIDEZ s.f. Cualidad de intrépido.

INTRÉPIDO, A adj. (del lat. *trepidus*). Que no teme al peligro. **2.** Fig. Que obra o habla sin reflexión.

INTRIGA s.f. Acción que se ejecuta cautelosamente y con astucia para conseguir un fin. **2.** Encadenamiento de hechos y acciones que forman la trama de una obra teatral, una novela, película, etc. **3.** Curiosidad o interés que despierta o sugiere algo o alguien.

INTRIGANTE adj. y s.m. y f. Que intriga.

INTRIGAR v.intr. (fr. *intriguer*) [2]. Hacer cautelosamente algo para conseguir un fin: *intrigar contra alguien.* ◆ v.tr. Provocar en alguien curiosidad o interés: *su comportamiento me intriga.*

INTRINCACIÓN s.f. Cualidad de intrincado. **2.** Acción y efecto de intrincar.

INTRINCADO, A adj. Enredado, enmarañado, con rodeos, confuso: *asunto, camino intrincado.*

INTRINCAMIENTO s.m. Intrincación.

INTRINCAR v.tr. y prnl. (lat. *intricare,* de *tricare,* poner trabas) [1]. Enredar o enmarañar una cosa. ◆ v.tr. *Fig.* Confundir los pensamientos o conceptos.

INTRÍNGULIS s.m. *Fam.* Causa oculta o intención disimulada que se supone en alguna acción. **2.** Dificultad o complicación: *tener algo su intríngulis.*

INTRÍNSECO, A adj. (lat. *intrinsecus*). Que es propio de algo por sí mismo. **2.** Que constituye la sustancia de algo: *las dificultades intrínsecas de un asunto; el valor intrínseco de una joya.*

INTRODUCCIÓN s.f. Acción de introducir o introducirse. **2.** Tratado o curso que sirven de preparación para el estudio de una materia: *introducción a la química.* **3.** Prólogo o preámbulo de una obra o discurso.

INTRODUCIR v.tr. y prnl. (lat. *introducere*) [77]. Meter una cosa en el interior de otra. **2.** Dar entrada a alguien en un lugar: *introducir a un visitante en el salón.* **3.** *Fig.* Hacer que una persona sea recibida o admitida en el trato, la amistad, etc., de otra: *lo introdujeron en el círculo de amigos.* **4.** Hacer adoptar por costumbre, poner en uso: *introducir una moda; nuevas costumbres se han introducido.* ◆ **introducirse** v.prnl. *Fig.* Entremeterse alguien en lo que no le toca: *introducirse en una conversación.*

INTRODUCTOR, RA adj. y s. Que introduce: *capítulo introductor; el introductor de embajadores.* **2.** Que es el primero en introducir una idea, un uso, una costumbre, un objeto, etc.

INTROITO s.m. (lat. *introitus,* entrada). CATOL. Canto de entrada de la misa romana.

INTROMISIÓN s.f. Acción de entrometerse.

INTRORSO, A adj. BOT. Se dice de la antera que se abre hacia el interior de la flor. CONTR.: *extrorso.*

INTROSPECCIÓN s.f. (del lat. *introspicere,*

mirar hacia dentro). Observación que una persona hace de su propia conciencia o de su estado de ánimo.

INTROSPECTIVO, A adj. Relativo a la introspección.

INTROVERSIÓN s.f. (lat. *introversus*). PSICOL. Rasgo de la personalidad caracterizada por una tendencia a la reflexión interior y la abstracción del mundo exterior.

INTROVERTIDO, A adj. y s. (ingl. *introverted*). Dado a la introversión.

INTROYECCIÓN s.f. PSICOANÁL. Proceso por el que el sujeto integra en su yo todo lo que le satisface del mundo exterior.

INTRUSIÓN s.f. Acción de introducirse indebidamente en un lugar, en una sociedad, en un oficio, etc. **2.** GEOL. Acción y efecto de introducirse y consolidarse una masa magmática líquida entre las rocas sólidas de la corteza terrestre.

INTRUSISMO s.m. Ejercicio fraudulento de una profesión sin títulos para ello.

INTRUSIVO, A adj. GEOL. Se dice de la roca formada por la consolidación de una masa fundida introducida a presión entre otras rocas ya existentes.

INTRUSO, A adj. y s. (lat. *intrusus,* p. de *intrudere,* introducir). Que penetra en un círculo en el que no es aceptado, o en un lugar donde no ha sido invitado. **2.** Que ocupa un cargo que no le corresponde o ejerce una profesión sin título para ello.

INTUBACIÓN s.f. MED. Introducción en la tráquea de un tubo semirrígido, para aislar las vías respiratorias de los conductos digestivos y permitir la respiración artificial en caso de reanimación o de anestesia general.

INTUBADOR s.m. MED. Aparato para intubar.

INTUBAR v.tr. MED. Introducir un tubo o cánula en un conducto del organismo.

INTUICIÓN s.f. (lat. tardío *intrutio, -onis,* imagen, mirada). Conocimiento inmediato de una cosa, idea o verdad, sin la intervención de la razón: *tener una intuición.*

INTUICIONISMO s.m. Doctrina de los lógicos matemáticos neerlandeses Heyting y Brouwer, según la cual en matemáticas solo

se deben considerar las entidades que se pueden construir por intuición.

INTUIR v.tr. [88]. Conocer o percibir algo a través de la intuición.

INTUITIVO, A adj. Relativo a la intuición: *conocimiento intuitivo.* **2.** Se dice de la persona en la que predomina la intuición sobre el razonamiento.

INTUMESCENCIA s.f. (del lat. *intumescere,* hincharse). Hinchazón de una parte del cuerpo. **2.** FÍS. Onda de superficie que se produce en los canales descubiertos de débil profundidad.

INTUMESCENTE adj. Que se va hinchando.

INTUSUSCEPCIÓN s.f. (del lat. *intus,* dentro, y *suscipere,* asumir). BIOL. Tipo de crecimiento de un ser vivo en el que hay un depósito de sustancias nuevas junto a las ya existentes, con lo que se logra un aumento de masa.

INUIT, nombre con que los esquimales de Groenlandia y del N y E de Canadá se designan a sí mismos.

INULINA s.f. QUÍM. Glúcido parecido al almidón, soluble en agua e insoluble en alcohol, que algunas plantas compuestas, como la dalia, el tupinambo, etc., tienen como sustancia de reserva.

INUNDACIÓN s.f. Crecida que llega a un desbordamiento del agua fuera del lecho aparente. **2.** *Fig.* Multitud excesiva: *inundación de papeles.*

INUNDAR v.tr. y prnl. (lat. *inundare*). Cubrir el agua u otro líquido un terreno, una población, etc. **2.** Cubrir alguien un lugar de agua u otro líquido. **3.** *Fig.* Llenar con exceso: *inundar un país de productos extranjeros.*

INURBANO, A adj. Falto de urbanidad.

INUSITADO, A adj. Que no es habitual ni frecuente.

INUSUAL adj. Que no es usual.

INÚTIL adj. y s.m. y f. (del lat. *utilis,* útil). Que no sirve o no es apto, ineficaz, incapaz.

INUTILIDAD s.f. Cualidad de inútil.

INUTILIZAR v.tr. y prnl. [7]. Hacer inútil, vano o nulo.

INVADEABLE adj. Que no se puede vadear.

INVADIR v.tr. (lat. *invadere*). Acometer, en-

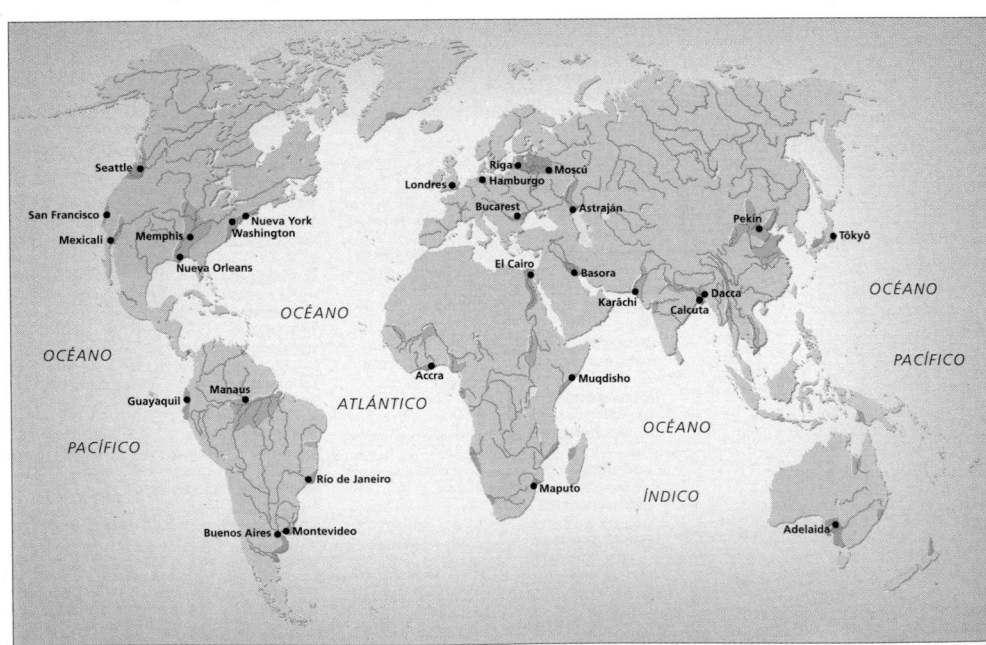

ZONAS AFECTADAS POR INUNDACIONES

▨ Áreas proclives a las inundaciones   ▨ Áreas proclives a las inundaciones si sube el nivel del mar

trar por la fuerza en un lugar, especialmente en acción de guerra. **2.** Llenar u ocupar un lugar algo, especialmente perjudicial o molesto. **3.** *Fig.* Apoderarse de alguien un estado de ánimo, sensación, etc.: *invadir una gran alegría.*

INVAGINACIÓN s.f. MED. Repliegue de un órgano hueco sobre sí mismo, como el dedo vuelto de un guante. (La invaginación del intestino causa su oclusión.)

INVAGINAR v.tr. y prnl. Replegar hacia dentro por invaginación.

INVALIDACIÓN s.f. Acción y efecto de invalidar.

INVALIDAR v.tr. Hacer inválida o dejar sin valor y efecto una cosa.

INVALIDEZ s.f. Incapacidad permanente y total de una persona para desempeñar el trabajo habitual o incapacidad absoluta para todo trabajo. **2.** DER. Falta de validez que conlleva la nulidad. ◇ **Gran invalidez** Incapacidad en la que la persona afectada no puede realizar por sí misma los actos materiales humanos más esenciales.

INVÁLIDO, A adj. y s. Que no puede moverse, andar o está falto de algún miembro. ◆ adj. *Fig.* Falto de vigor o validez en el entendimiento. **2.** DER. Que no es válido, que es legalmente nulo.

INVALUABLE adj. Que no se puede valuar.

INVAR s.m. (marca registrada). Acero al níquel cuyo coeficiente de dilatación térmica es prácticamente nulo.

INVARIABILIDAD s.f. Cualidad de invariable.

INVARIABLE adj. Que no varía o no puede padecer variación: *el orden invariable de las cuatro estaciones.* **2.** LING. Se dice de la palabra que no tiene diferentes formas para indicar el número, el género, la persona, el tiempo, etc.

INVARIACIÓN s.f. Permanencia de una cosa sin variación.

INVARIANCIA s.f. FÍS. Propiedad de ciertas magnitudes físicas que están regidas por leyes de conservación. **2.** MAT. Cualidad de invariante.

INVARIANTE adj. Se dice de un sistema físico-químico o en equilibrio, en el que la variación es nula. **2.** MAT. Se dice de una magnitud, de una expresión, de una relación, de una propiedad, etc., que, para un grupo de transformaciones, permanecen inalteradas tras la transformación. ◆ s.m. MAT. Cantidad numérica invariante.

INVASIÓN s.f. Acción y efecto de invadir un lugar. **2.** MED. Período de una enfermedad que corresponde a la aparición de los primeros síntomas.

INVASOR, RA adj. y s. Que invade.

INVECTIVA s.f. (del lat. *oratio invectiva,* calumniarla). Discurso o escrito acre y violento: *lanzar invectivas contra alguien.*

INVENCIBLE adj. Que no puede ser vencido: *ejército invencible.* **2.** *Fig.* Que no se puede superar: *timidez invencible.*

INVENCIÓN s.f. Acción de inventar. **2.** Cosa inventada. **3.** Engaño, ficción. **4.** MÚS. Composición musical breve de estilo contrapuntístico, para instrumentos de teclado.

INVENCIONERO, A adj. y s. Inventor. **2.** Embustero.

INVENDIBLE adj. Que no se puede vender.

INVENTAR v.tr. Crear o idear una cosa nueva o no conocida, o una nueva manera de hacer algo. ◆ v.tr. y prnl. Imaginar cuentos, narraciones, poesías, etc.: *inventar historias.* **2.** Contar como verdadero lo que no lo es: *inventar excusas.* **3.** Añadir algo, cuando se cuenta o se recita, que no existe en la realidad o en el texto.

INVENTARIAR v.tr. Hacer inventario.

INVENTARIO s.m. (lat. *inventarium*). Lista en que se inscriben y describen, artículo por artículo, todos los bienes muebles que pertenecen a una persona o se encuentran en una casa: *el inventario de los géneros del almacén.* **2.** Relación y valoración de los bienes, derechos y obligaciones de una empresa, que expresan la estructura de su patrimonio en un

momento dado. **3.** Documento en que están escritos el conjunto de bienes y derechos.

INVENTIVA s.f. Capacidad o facilidad para inventar.

INVENTIVO, A adj. Que tiene capacidad o facilidad para inventar.

INVENTO s.m. (lat. *inventum*). Cosa material inventada. **2.** Cosa nueva que alguien idea o pone de moda.

INVENTOR, RA adj. y s. Que inventa. SIN.: *inventador.*

INVERECUNDIA s.f. *Poét.* Desvergüenza, desfachatez.

INVERECUNDO, A adj. y s. *Poét.* Desvergonzado.

INVERNA s.f. Perú. Invernada del ganado.

INVERNÁCULO s.m. (lat. *hibernaculum*). Invernadero donde se cultivan productos hortícolas.

INVERNADA s.f. Amér. Invernadero para el ganado. **2.** Argent., Colomb., Perú y Urug. Acción y efecto de invernar el ganado. **3.** Argent., Colomb., Perú y Urug. Época de engorde para el ganado. **4.** AGRIC. Labor dada a las tierras antes o durante el invierno. **5.** GEOGR. En las regiones tropicales, época de lluvias. **6.** MAR. Tiempo de escala para los barcos durante el invierno o durante la estación de las lluvias, de los hielos o de los huracanes.

INVERNADERO s.m. Espacio cerrado con paredes y techo traslúcidos, que permite obtener, para la producción de vegetales, unas condiciones ambientales mejores que las naturales. **2.** Amér. Paraje elevado donde se resguarda el ganado en invierno, durante el período de las inundaciones.

INVERNAL adj. Relativo al invierno: *temporada invernal.* ◆ s.f. Ascensión en alta montaña, durante el invierno.

INVERNAR v.intr. [10]. Pasar el invierno en un lugar o de cierto modo. **2.** Argent., Colomb., Perú y Urug. Pastar el ganado en campos durante la época de engorde.

INVERNAZO s.m. Dom. y P. Rico. Período de lluvias de julio a setiembre. **2.** P. Rico. Período de inactividad en los ingenios de azúcar.

INVERNIZO, A adj. Relativo al invierno o que tiene sus características.

INVEROSÍMIL adj. Que parece mentira o es imposible de creer.

INVEROSIMILITUD s.f. Cualidad de inverosímil.

INVERSIBLE adj. Se dice de la película cuyo revelado por inversión da una imagen positiva.

INVERSIÓN s.f. Acción y efecto de invertir. *inversión de elementos de la frase.* **2.** ECON. **a.** Adquisición, por parte de un individuo, una empresa o una colectividad, de bienes de capital para aumentar la producción. **b.** Parte no consumida de la renta disponible en un período de un año. **c.** Empleo de fondos líquidos en una cuenta bancaria. **3.** FOT. Serie de operaciones que permite obtener directamente una imagen positiva sobre la capa fotosensible impresionada. **4.** MAT. Transformación en la que a un punto M de una figura le corresponde otro punto M' de la recta OM (siendo O un punto fijo), tal que el producto OM × OM' sea constante. **5.** MED. Anomalía en la colocación de uno o más órganos, que se encuentran en el lado opuesto del que les corresponde. **6.** QUÍM. Transformación de la sacarosa en glucosa y levulosa por hidrólisis. ◇ **Inversión de relieve** GEOL. Forma estructural en que la disposición topográfica es inversa de la de las estructuras. **Inversión sexual** Homosexualidad. **Inversión térmica** Fenómeno según el cual el aire frío, más pesado, se acumula en los valles y cuencas, mientras que el aire de las cimas es relativamente más caliente.

INVERSIONISTA adj. y s.m. y f. Que invierte una cantidad de dinero para obtener un beneficio.

INVERSO, A adj. Que está en sentido u orden opuesto o contrario: *en un espejo, los objetos aparecen en sentido inverso.* ◇ **A, o por, la inversa** Al revés, o en un modo opuesto. **Elementos inversos** MAT. En un conjunto que posee una ley de composición interna, los dos elementos cuya composición proporciona el

elemento unidad. **En razón inversa** Se dice de una comparación entre objetos que varían en proporción inversa uno de otro. **Figuras inversas** Figuras que se transforman una en otra por inversión. **Funciones inversas** Funciones $f(x)$ y $g(x)$, tales que $y = f(x)$ y $x = g(y)$ expresan la misma ley funcional. **Inverso de un número** MAT. Fracción que tiene este número por denominador y la unidad por numerador: *1/4 es el inverso de 4.* (Cero no tiene inverso.) **Inversos ópticos** QUÍM. Isómeros simétricos uno de otro, con relación a un plano. SIN.: *compuestos enantiomorfos.* **Números inversos** MAT. Números cuyo producto es igual a la unidad. **Relieve inverso** GEOL. Aquel en que el desnivel topográfico está en sentido inverso de la deformación tectónica.

INVERSOR, RA adj. y s. ECON. Que invierte una cantidad de dinero para obtener un beneficio. ◆ s.m. Agente u organismo que realiza las colocaciones financieras con fines de inversión. **2.** Mecanismo destinado a invertir el sentido de marcha de un conjunto mecánico.

INVERTASA s.f. Enzima de la transformación de la sacarosa en glucosa y en levulosa. SIN.: *sacarasa.*

INVERTEBRADO, A adj. y s.m. Relativo a un grupo de animales desprovistos de columna vertebral. (Los insectos, crustáceos, moluscos, arácnidos, gusanos, erizos, etc., pertenecen al grupo invertebrados.)

INVERTIDO, A adj. QUÍM. Se dice de la sacarosa transformada en glucosa y en levulosa por hidrólisis. ◆ adj. y s. *Desp.* Homosexual.

INVERTIR v.tr. (lat. *invertere*) [79]. Cambiar el orden, la dirección o la disposición de algo por su opuesto. **2.** Emplear una cantidad de terminada de algo, especialmente dinero, en alguna cosa para obtener un beneficio. **3.** Ocupar el tiempo en algo. **4.** QUÍM. Transformar la sacarosa por inversión.

INVESTIDURA s.f. Acción y efecto de investir. **2.** Carácter que se adquiere con la toma de posesión de ciertos cargos o dignidades. **2.** DER. **a.** Votación parlamentaria que tiene por objeto designar el jefe del estado o del gobierno o ratificar su elección. **b.** Votación por la que un partido político designa a un candidato para ocupar una función electiva. **3.** HIST. Entrega de feudo.

INVESTIGACIÓN s.f. Acción y efecto de investigar. ◇ **Investigación y desarrollo** (I + D) Investigación científica y desarrollo tecnológico que tiene por objeto una movilización y una valorización sistemática de los resultados de la investigación aplicada para crear unos materiales, productos o procesos nuevos.

INVESTIGADOR, RA adj. y s. Que investiga: *comisión investigadora, investigador científico.* ◇ **Investigador privado** Detective.

INVESTIGAR v.tr. [2]. Intentar descubrir o conocer alguna cosa examinando atentamente cualquier indicio o realizando las diligencias para averiguar o aclarar un hecho. **2.** Realizar actividades intelectuales y experimentales de modo sistemático con el propósito de aumentar los conocimientos sobre una materia.

INVESTIR v.tr. (lat. *investire*) [89]. Conferir a alguien una dignidad o cargo importante.

INVETERADO, A adj. Antiguo, arraigado.

INVIABILIDAD s.f. Cualidad de inviable.

INVIABLE adj. Que no es apto para alcanzar el fin propuesto: *camino, proyecto inviable.*

INVICTO, A adj. (lat. *invictus*). Que no ha sido vencido nunca: *ejército invicto.*

INVIDENTE adj. y s.m. y f. Privado del sentido de la vista: *persona invidente.*

INVIERNO s.m. (lat. vulgar *hibernum*). Estación del año comprendida entre el otoño y la primavera. (Del 22 de diciembre al 21 de marzo, en el hemisferio norte; del 22 de junio al 23 de septiembre, en el hemisferio sur.) **2.** En las regiones tropicales, temporada de lluvias que dura de tres a seis meses, con algunas intermitencias y alteraciones.

INVIOLABILIDAD s.f. Cualidad de inviolable.

INVIOLABLE adj. Que no se debe o no se puede violar o profanar: *promesa inviolable.*

2. Que goza de protección especial: *la persona del embajador es inviolable.*

INVIOLADO, A adj. Que se conserva en toda su integridad y pureza: *santuario inviolado; norma inviolada.*

INVISIBLE adj. Que no se puede ver: *un ser invisible.* **2.** Que no se ve por su naturaleza, su tamaño o su situación: *ciertas estrellas son invisibles a simple vista.* **3.** *Argent. Fam.* Horquilla usada para mantener los peinados femeninos.

INVITACIÓN s.f. Acción de invitar. **2.** Impreso o escrito con que se invita.

INVITADO, A s. Persona que ha sido invitada a un acontecimiento.

INVITAR v.tr. (lat. *invitare*). Decir a alguien que asista a una fiesta, espectáculo, comida, etc., o llevarlo allí. **2.** Obsequiar pagando algo, especialmente comida o bebida. **3.** Dar a alguien alojamiento gratuito. **4.** Indicar cortésmente a alguien que haga algo: *invitar a tomar asiento.* **5.** Ordenar o mandar algo: *invitar a abandonar un lugar.* **6.** *Fig.* Incitar determinado lugar o circunstancia a hacer una cosa: *el frío invita a quedarse en casa.*

IN VITRO loc.adj. y adv. (voces latinas, *en el vidrio*). Se dice de toda experimentación o manipulación biológica que se realiza fuera del organismo, en un medio artificial: *fecundación in vitro.* CONTR.: *in vivo.*

INVIVIBLE adj. Colomb. Se dice de una casa inhabitable o de una ciudad donde se han deteriorado las condiciones de vida.

IN VIVO loc.adj. y adv. (voces latinas, *en el ser vivo*). Se dice de toda experimentación o manipulación biológica que se realiza en el organismo vivo. CONTR.: *in vitro.*

INVOCACIÓN s.f. Acción de invocar: *invocación a los santos.* **2.** Palabra o conjunto de palabras con que se invoca.

INVOCAR v.tr. (lat. *invocare*) [1]. Pedir auxilio o ayuda a alguien, especialmente a Dios, la Virgen o los santos: *invocar protección.* **2.** Alegar una ley o circunstancia para justificar o determinada acción o actitud: *invocar un artículo de una ley.*

INVOCATORIO, A adj. Que sirve para invocar.

INVOLUCIÓN s.f. Regresión de un órgano, en una persona o en una especie, que sigue los mecanismos de la evolución. **2.** Regresión biológica y psicológica debida al envejecimiento. **3.** Modificación o regresión de una situación: *sufrir una involución el panorama político.* **4.** FILOS. Paso de lo heterogéneo a lo homogéneo, de lo diverso a lo que es igual, de lo múltiple a la unidad. **5.** MAT. Homografía recíproca.

INVOLUCIONAR v.intr. Sufrir una involución.

INVOLUCRAR v.tr. Abarcar, incluir. **2.** Confundir o enredar unas cosas con otras. **3.** Añadir a los discursos o escritos temas ajenos al objeto de aquellos. ◆ v.tr. y prnl. Complicar a alguien en un asunto, comprometiéndole en él.

INVOLUCRO s.m. (lat. *involucrum*, envoltura). BOT. Conjunto de brácteas o de órganos foliáceos situado en torno a la base de una flor o de una inflorescencia, especialmente en una umbela o un capítulo.

INVOLUNTARIEDAD s.f. Cualidad de involuntario.

INVOLUNTARIO, A adj. Que no es voluntario. **2.** Que escapa al control de la voluntad.

INVOLUTA s.f. MAT. Curva plana considerada con relación a su envolvente.

INVOLUTIVO, A adj. Relativo a la involución: *proceso político involutivo.* **2.** MAT. Se dice de un elemento de un conjunto igual a su inverso. **3.** MED. Se dice del proceso unido al envejecimiento. ◇ **Transformación involutiva** Transformación biyectiva igual a la transformación inversa.

INVOLUTO, A adj. (lat. *involutum*). BOT. Arrollado hacia dentro.

INVULNERABILIDAD s.f. Cualidad de invulnerable.

INVULNERABLE adj. Que no puede ser herido o dañado física ni moralmente.

INYECCIÓN s.f. (lat. *injectio*, de *injicere*, echar en algo). Acción de introducir un líqui-

do o un gas a presión en un cuerpo. **2.** Acción de introducir un líquido mediante una jeringa con aguja en el interior de un organismo. **3.** Líquido que se inyecta. **4.** MAT. Aplicación inyectiva. ◇ **Motor de inyección** AUTOM. Motor de combustión interna sin carburador, en el que el carburante se inyecta directamente en los cilindros.

INYECTABLE adj. y s.m. Se dice del medicamento que se introduce en el interior de un organismo por medio de una inyección.

INYECTADO, A adj. Muy lleno o coloreado por un aflujo intenso de sangre: *conjuntiva inyectada; ojos inyectados.*

INYECTAR v.tr. (lat. *injectare*). Introducir un líquido o un gas a presión en un cuerpo. **2.** Introducir un líquido, especialmente un medicamento, por medio de una inyección en el interior de un organismo. ◆ **inyectarse** v.prnl. Llenarse o colorearse por aflujo de sangre: *sus ojos se inyectaron en sangre.*

INYECTIVO, A adj. MAT. Se dice de una aplicación en la que un elemento del segundo conjunto tiene a lo sumo un antecedente.

INYECTOR s.m. Aparato para inyectar un líquido o un gas a presión en una máquina o mecanismo.

IÑIGUISTA s.m. (de san *Íñigo* de Loyola). Nombre dado antiguamente a los jesuitas en España.

IODACIÓN s.f. → YODACIÓN.

IODADO, A adj. → YODADO.

IODAR v.tr. → YODAR.

IODATO s.m. → YODATO.

IODHÍDRICO, A adj. → YODHÍDRICO.

IÓDICO, A adj. → YÓDICO.

IODISMO s.m. → YODISMO.

IODO s.m. → YODO.

IODOMORFO s.m. → YODOMORFO.

IODURO s.m. → YODURO.

ION o **IÓN** s.m. (gr. *ión*, p. activo de *iénai*, ir). Átomo o conjunto de átomos que han ganado o han perdido, por electrólisis o bajo la acción de radiaciones, uno o varios electrones.

IÓNICO, A adj. Relativo a los iones. ◇ **Motor iónico** Motor cuyo funcionamiento se basa en el principio de la transformación de la energía nuclear en energía eléctrica.

IONIZACIÓN s.f. Acción de ionizar.

IONIZANTE adj. Que produce iones.

IONIZAR v.tr. [7]. Transformar los átomos o las moléculas neutras en iones.

IONOGRAMA s.m. QUÍM. Fórmula que representa las concentraciones de los diferentes iones contenidos en un líquido orgánico.

IONONA s.f. Cetona dotada de un fuerte olor de violeta, usada en perfumería.

IONOSFERA s.f. Conjunto de regiones de la alta atmósfera, aproximadamente entre 60 y 600 km, donde el aire está muy ionizado y, en consecuencia, es conductor de electricidad.

IONOSFÉRICO, A adj. Relativo a la ionosfera: *capas ionosféricas.*

IOTA s.f. Nombre de la novena letra del alfabeto griego (ι, Ι), que corresponde a la *i* española.

IOTACISMO s.m. Itacismo.

IOWA, pueblo amerindio de la familia lingüística siux que habitaba en el curso bajo del Missouri, act. en reservas en Kansas y Oklahoma.

IPC s.m. (sigla). *Índice de precios al consumo.

IPECACUANA s.f. (lat. botánico, port. *ipecacuanha*, del tupí, lengua de Brasil). Planta de tallos sarmentosos y raíz cilíndrica, torcida y llena de anillos, que crece en América Meridional. (Familia rubiáceas.) **2.** Raíz de esta planta.

IPEGÜE s.m. Nicar. y Salv. Cosa que se da por añadidura a una compra o quien realiza una compra.

IPERITA s.f. Gas tóxico, a base de sulfuro de etilo diclorado, utilizado en la guerra química.

IPIL s.m. Árbol de gran tamaño, hojas opuestas y aladas y flores en panoja, del que se extrae una madera dura y muy pesada, utilizada en ebanistería. (Familia cesalpiniáceas.)

ÍPSILON s.f. Nombre de la vigésima letra del alfabeto griego (υ, Υ), que corresponde a la *y* española.

IPSO FACTO loc.adv. (voces latinas, *por el mismo hecho*). Inmediatamente, en el acto.

IQUITO o **AKENOMI**, pueblo amerindio de lengua záparo, que habita cerca de Iquitos (Perú).

IR v.intr. y prnl. (lat. *ire*) [74]. Moverse hacia determinado lugar: *ir a París; ir al cine.* **2.** Moverse hacia determinado lugar del modo en que se expresa: *ir a pie; ir en automóvil.* ◆ v.intr. Asistir con regularidad a algún lugar: *los domingos va a misa.* **2.** Tener determinada dirección: *este tren va a Sevilla.* **3.** *Fig.* Estar, funcionar, ser o suceder de la manera que se expresa: *el automóvil no va bien.* **4.** Cambiar, evolucionar: *el asunto va a mejor.* **5.** Extenderse entre dos límites o puntos: *la calle va desde el puente hasta la plaza.* **6.** Llevar determinada indicación o adorno: *iba sin suéter, ir con sombrero.* **7.** Valer: *¿a cuánto van las uvas?* **8.** Poner en juego: *en este asunto va su reputación.* **9.** Seguido de la conjunción *y* y de un verbo, poner de relieve el significado de este verbo: *va y se enoja.* **10.** *Esp. Fig.* Ser algo adecuado o conveniente para alguien: *este color no te va en absoluto.* ◆ v.auxiliar. Con gerundio intensifica la significación durativa de este: *se han ido cayendo.* **2.** Con la preposición *a* y un infinitivo, indica disposición o inminencia: *iba a salir, va a hablar.* ◆ **irse** v.prnl. Dejar de estar donde se estaba: *se fue ayer.* **2.** Estarse muriendo: *el abuelo se nos va.* **3.** Salirse un líquido o un gas del recipiente en que está: *el agua se iba por una grieta del depósito.* **4.** Deslizarse una cosa o perder el equilibrio: *se me ha ido el pie.* **5.** Desaparecer una mancha o señal: *esta mancha no se va con alcohol.* **6.** Desaparecer o borrarse de la mente una imagen, recuerdo, etc. **7.** Producirse una manifestación física involuntaria: *me fui de la mano y le di un bofetón.* ◇ **Ir a lo mío, tuyo, suyo,** etc. Actuar sin tener en cuenta otros intereses que los propios. **Ir detrás** Intentar insistentemente conseguir algo de alguien. **¡Vamos!,** o **¡vaya!** *Fam.* Expresa desagrado o protesta; sorpresa; da énfasis o ponderación a lo que acompaña: *¡vaya día!* **Vete,** o **vaya usted, a saber** Expresa que no se percibe la motivación de algo.

IRA s.f. (lat. *ira*). Sentimiento de irritación y enojo muy violento. **2.** *Fig.* Furia o violencia de los elementos de la naturaleza. ◇ **Ira regia** HIST. Durante la edad media, en la península Ibérica, actuación real por la cual el soberano desterraba a un súbdito caído en desgracia. **Llenarse de ira** *Fig.* Enojarse, irritarse.

IRACA s.f. Colomb. Palma utilizada para tejer sombreros.

IRACUNDIA s.f. Cualidad o estado de iracundo.

IRACUNDO, A adj. y s. (lat. *iracundus*). Propenso a la ira o dominado por ella.

IRANÍ adj. y s.m. y f. De Irán.

IRANIO, A adj. y s. De unos pueblos de la familia lingüística indoeuropea que habitaban en la meseta de Irán, E de Asia Menor e Iraq, y se extendían hasta Asia central. ◆ adj. y s.m. Se dice de un grupo de lenguas indoeuropeas que comprende el avéstico y derivados (persa, pasto, etc.).

IRAQUÍ adj. y s.m. y f. De Iraq. ◆ s.m. Variedad del árabe hablado en Iraq.

IRASCIBILIDAD s.f. (del lat. *irasci*, encolerizarse). Cualidad de irascible.

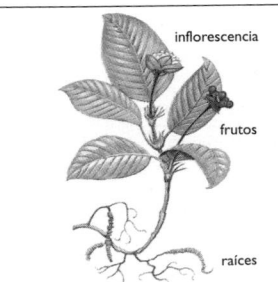

inflorescencia

frutos

raíces

■ **IPECACUANA**

IRASCIBLE adj. Propenso a irritarse.

IRBIS s.m. Felino de gran tamaño, que vive en las regiones frías y montañosas del N y centro de Asia.

IRÉNICO, A adj. Relativo al irenismo.

IRENISMO s.m. Actitud pacificadora adoptada entre los cristianos de confesiones diferentes para estudiar los problemas que los separan.

IRIBÚ s.m. (voz guaraní). Zopilote.

IRIDÁCEO, A adj. y s.f. Relativo a una familia de plantas monocotiledóneas, herbáceas, con bulbos o tubérculos, flores en racimos y fruto en cápsula, como el gladiolo, el azafrán, etc.

ÍRIDE s.f. BOT. Lirio hediondo.

IRIDECTOMÍA s.f. MED. Resección quirúrgica de una parte del iris.

IRIDIADO, A adj. Se dice de un metal aleado con iridio.

IRIDIANO, A adj. MED. Relativo al iris. SIN.: *irídico*.

IRÍDICO, A adj. Iridiano.

IRIDIO s.m. Metal de color blanco grisáceo, muy duro y resistente a la acción de los agentes químicos, cuyo punto de fusión es de 2 450 °C. **2.** Elemento químico (Ir), de número atómico 77 y masa atómica 192,217. (Es parecido al platino, con el que se encuentra aleado en algunos minerales.)

IRIDISCENCIA s.f. Cualidad de iridiscente.

IRIDISCENTE adj. Que muestra o refleja los colores del arco iris.

IRIRE s.m. Bol. Calabaza ovoide en la que se toma chicha.

IRIREAR v.intr. Bol. Tomar chicha en el irire.

IRIS s.m. (lat. *iris, -is*, del gr. *iris, -idos*, arco iris). ANAT. Membrana pigmentada del ojo, situada detrás de la córnea y delante del cristalino, y en cuyo centro está la pupila. (Se comporta como un diafragma.) ◊ **Diafragma iris** FOT. Diafragma formado por numerosas laminillas comprendidas entre dos anillos, uno fijo y el otro móvil.

IRISACIÓN s.f. Acción de irisar ➔ **irisaciones** s.f.pl. Vislumbre producida en las láminas metálicas delgadas cuando, candentes, se pasan por el agua.

IRISADO, A adj. Que presenta reflejos con los colores del arco iris.

IRISAR v.intr. Presentar un cuerpo fajas variadas o reflejos de luz, con los colores del arco iris. ➔ v.tr. Hacer que un cuerpo tenga un aspecto semejante al del arco iris.

IRITIS s.f. MED. Inflamación del iris.

IRLANDA s.f. Tejido fabricado con lana y algodón. **2.** Tela fina de lino.

IRLANDÉS, SA adj. y s. De Irlanda ➔ s.m. Lengua céltica hablada en Irlanda. ◊ **Café irlandés** Bebida elaborada con café muy caliente, whisky y nata líquida. SIN.: *irish coffee*.

IRMANDIÑO o **HERMANDINO** s.m. Miembro de cualquiera de las hermandades gallegas medievales. (V. parte n. pr.)

IRONÍA s.f. (lat. *ironia*). Forma de expresión que consiste en modificar o cambiar el valor de las palabras, en hacer entender lo contrario de lo que se dice. **2.** Tono de burla con que se dice algo. **3.** Oposición o contraste entre la realidad y lo que se esperaba: *las ironías del destino*.

IRÓNICO, A adj. Que denota o implica ironía, o relativo a ella.

IRONISTA s.m. y f. Persona que habla o escribe con ironía.

IRONIZAR v.tr. [7] Hablar con ironía.

IROQUÉS, SA adj. y s. De un pueblo amerindio que habitaba en las orillas de los lagos Erie, Hurón y Ontario, así como en el valle del San Lorenzo. ➔ s.m. Lengua hablada por los iroqueses y otras tribus (hurón, erie, conestoga y cherokee).
ENCICL. Lucharon contra los franceses, aliados de los huronestes de 1655 a 1701. Estaban organizados en cinco tribus o naciones. Act. viven en Quebec y en el est. de Nueva York. La lengua iroquesa se incluye en la familia hoka.

IRPF s.m. (sigla). *Impuesto sobre la renta de las personas físicas.

IRRACIONAL adj. Que carece de razón: *animal irracional*. **2.** Opuesto a la razón o que va fuera de ella: *acto irracional*. **3.** MAT. Se dice del número que no puede expresarse como un cociente de dos números enteros.

IRRACIONALIDAD s.f. Cualidad de irracional.

IRRACIONALISMO s.m. Doctrina filosófica según la cual la razón no debe tener un valor absoluto en la conducta humana. **2.** Tendencia a negar la importancia de la razón o a prescindir de ella.

IRRACIONALISTA adj. y s.m. y f. Relativo al irracionalismo; partidario de esta doctrina o tendencia.

IRRADIACIÓN s.f. Acción y efecto de irradiar. **2.** Exposición a una radiación radiactiva, luminosa o a otros tipos de radiaciones. **3.** FISIOL. Fenómeno que se produce al incidir un estímulo de gran intensidad sobre varios elementos nerviosos, cuya irritación se transmite a las fibras nerviosas vecinas.

IRRADIAR v.tr. Despedir un cuerpo radiaciones luminosas, térmicas, magnéticas, etc. **2.** Propagar una acción, efecto, influencia, etc.: *irradiar alegría*. **3.** FÍS. Someter a una radiación.

IRREAL adj. Que no es real o no tiene existencia verdadera.

IRREALIDAD s.f. Cualidad de irreal.

IRREALISMO s.m. Falta de realismo. **2.** B. ART. Tendencia artística que consiste en expresarse sin referirse a la realidad.

IRRECONCILIABLE adj. Que no puede ser reconciliado: *enemigos irreconciliables*. **2.** Que no puede existir al mismo tiempo que otra cosa: *teorías irreconciliables*.

IRREDENTISMO s.m. Movimiento nacionalista de reivindicación territorial. **2.** HIST. Movimiento italiano, posterior a 1870, que reivindicaba las tierras de Trentino, Istria y Dalmacia, y más tarde todos los territorios considerados como italianos.

IRREDENTISTA adj. y s.m. y f. Partidario del irredentismo.

IRREDENTO, A adj. Que permanece sin redimir: *pueblo irredento*.

IRREDUCIBLE adj. Irreductible. **2.** Que no se puede someter o conquistar. ◊ **Fracción irreducible** Fracción cuyo numerador y denominador no tienen más divisor común que la unidad. **Polinomio irreducible** en un cuerpo K Polinomio que no se puede descomponer en producto de polinomios con coeficientes en el cuerpo K.

IRREDUCTIBLE adj. Que no puede ser reducido. **2.** CIR. Que no puede ser colocado en su posición normal: *hernia irreductible*.

IRREFLEXIÓN s.f. Falta de reflexión.

IRREFLEXIVO, A adj. Que no reflexiona: *persona irreflexiva*. **2.** Que no se piensa sin reflexionar: *acción irreflexiva*.

IRREFRAGABLE adj. (lat. *irrefragabilis*, de *refragari*, oponerse a alguien). Que no puede ser contrarrestado.

IRREFUTABLE adj. Que no puede ser refutado.

IRREGULAR adj. Que no es regular, simétrico, uniforme. **2.** Que no es conforme a la ley, regla, uso, etc., establecidos: *conducta irregular*. **3.** BOT. Se dice del cáliz o de la corola cuyas partes no son iguales. **4.** LING. Que no sigue en su flexión las reglas generales: *verbo, plural irregular*. **5.** MAT. Se dice de la figura geométrica que no es regular. **6.** MIL. Se dice del contingente armado que colabora en las operaciones con un ejército regular.

IRREGULARIDAD s.f. Cualidad de irregular. **2.** Fig. y fam. Acción o conducta que constituye un delito o falta.

IRRELEVANCIA s.f. Cualidad de irrelevante.

IRRELEVANTE adj. Que carece de importancia o significación.

IRRELIGIOSO, A adj. y s. Falto de sentimientos religiosos o que descuida las prácticas de la religión. **2.** Falto de respeto a la religión.

IRREMEDIABLE adj. Que no se puede remediar, solucionar o evitar.

IRRENUNCIABLE adj. Se dice de algo a lo que no se puede renunciar.

IRRENUNCIABLE adj. Se dice de algo a lo que no se puede renunciar.

IRREPETIBLE adj. Que no puede o debe ser repetido.

IRREPRENSIBLE adj. Que no merece represión.

IRREPROCHABLE adj. Que no tiene ninguna falta que sea motivo de reproche: *conducta irreprochable*.

IRRESISTIBLE adj. Se dice de aquello a lo que no se puede poner resistencia: *fuerza irresistible*. **2.** Inaguantable, insufrible, intolerable: *dolor irresistible*. **3.** Fig. Se dice de la persona de mucho atractivo o simpatía.

IRRESOLUBLE adj. Que no se puede resolver o solucionar.

IRRESOLUCIÓN s.f. Falta de resolución.

IRRESOLUTO, A adj. y s. Que no ha sido resuelto. **2.** Que no se decide en un caso determinado: *permanecer irresoluto ante un dilema*.

IRRESPETUOSIDAD s.f. Cualidad de irrespetuoso.

IRRESPETUOSO, A adj. Que no muestra respeto.

IRRESPIRABLE adj. Que no se debe o puede respirar. **2.** Se dice del ambiente en el que la convivencia resulta difícil.

IRRESPONSABILIDAD s.f. Cualidad de irresponsable. **2.** DER. Impunidad que resulta de no residenciar a los que son responsables.

IRRESPONSABLE adj. Que carece de responsabilidad. **2.** Que actúa u obra sin tener en cuenta la responsabilidad.

IRREVERENCIA s.f. Cualidad de irreverente. **2.** Dicho o hecho irreverente.

IRREVERENTE adj. y s.m. y f. Que muestra falta de reverencia o respeto.

IRREVERSIBLE adj. Que no es reversible: *parálisis irreversible*. **2.** Que solo puede funcionar en un sentido: *mecanismo irreversible*. **3.** QUÍM. Se dice de la reacción que no está limitada por la reacción inversa, y se continúa hasta la desaparición de uno de los cuerpos reaccionantes.

IRREVOCABLE s.f. Que no puede ser revocado.

IRRIGACIÓN s.f. Acción y efecto de irrigar. **2.** FISIOL. Aportación de sangre a los tejidos por medio de los vasos sanguíneos. **3.** MED. Acción de hacer llegar un líquido a una zona enferma.

IRRIGADOR, RA adj. Que irriga. ➔ s.m. MED. Instrumento que se emplea para realizar una irrigación.

IRRIGAR v.tr. (fr. *irriguer*) [2]. Regar. **2.** FISIOL. y MED. Efectuar la irrigación.

IRRISIBLE adj. Digno de risa y desprecio.

IRRISIÓN s.f. (lat. *irrisio, -onis*, de *irridere*, reírse de alguien). Burla insultante. **2.** Fam. Persona o cosa que es o puede ser objeto de esta burla.

IRRISORIO, A adj. Que mueve o provoca a risa y burla. **2.** Insignificante, de poca estimación.

IRRITABILIDAD s.f. Cualidad de irritable. **2.** BIOL. Propiedad que posee una célula o un organismo de reaccionar frente a las excitaciones externas.

IRRITABLE adj. Que se irrita con facilidad: *carácter irritable*. **2.** BIOL. Que posee la propiedad de la irritabilidad.

IRRITACIÓN s.f. Enojo muy grande. **2.** BIOL. Inflamación o dolor ligero que afecta a un tejido u órgano.

IRRITAMIENTO s.m. Irritación.

IRRITANTE adj. Que causa irritación. **2.** DER. Que anula: *cláusula irritante*.

IRRITAR v.tr. y prnl. (lat. *irritare*). Hacer sentir enojo violento o excitación. **2.** Producir una cosa en el cuerpo cierto escozor, enrojecimiento o ardor.

IRRITATIVO, A adj. Que produce irritación.

ÍRRITO, A adj. Se dice de lo que es nulo por imperativo de la ley.

IRROGAR v.tr. y prnl. (lat. *irrogare*) [2]. Causar perjuicio o daño a alguien.

IRROMPIBLE adj. Que no puede romperse.

IRRUIR v.tr. (lat. *irruere*) [88]. Acometer con ímpetu o invadir un lugar.

IRRUMPIR v.intr. (lat. *irrumpere*). Entrar violentamente en un lugar.

IRRUPCIÓN s.f. Acción de irrumpir. **2.** Ataque brusco y violento: *una irrupción de cólera.*

IRRUPTOR, RA adj. Que hace irrupción.

ISABELINO, A adj. Relativo al período en que reinaron cualquiera de las soberanas que llevaron el nombre de Isabel en España o en Inglaterra. (Se conoce como *estilo isabelino* al estilo artístico desarrollado en España durante el reinado de Isabel II [1833-1868]. Asimismo suele denominarse *estilo isabelino* a la modalidad de gótico tardío español desarrollado durante el reinado de los Reyes Católicos. [V. parte n. pr.] En referencia a un estilo vinculado a la reina Isabel I de Inglaterra, y se prefiere hacer referencia al *arte isabelino* o *elisabetano*, y al *teatro* y a la *música isabelinos*.) ◆ adj. y s. Se dice de la persona que perteneció a algún movimiento artístico, literario, etc., desarrollados en los períodos llamados isabelinos. **2.** Partidario de la reina Isabel II de España. ◆ adj. y s.f. Se dice de la moneda que lleva el busto de Isabel II de España.

ISAGOGE s.f. (gr. *eisagogé*, introducción).Introducción, exordio.

ISAGÓGICO, A adj. Relativo a la isagoge.

ISALÓBARA s.f. Curva que une los puntos de la Tierra en que la presión atmosférica ha experimentado la misma variación entre dos observaciones consecutivas.

ISALOTERMA s.f. Curva que une los puntos de la Tierra donde las variaciones de la temperatura del aire son iguales en un tiempo dado.

ISANÉMONA s.f. Curva trazada sobre un mapa que une los puntos en que el viento alcanza igual velocidad media.

ISANGAS s.f.pl. Argent. Espuertas usadas para el transporte de mercancías a lomo de animales de carga. **2.** Perú. Nasas para la pesca del camarón.

ISANÓMALA s.f. Curva que une todos los puntos de la Tierra que presentan la misma anomalía meteorológica en relación con la media en un círculo de latitud.

ISATIS s.m. Zorro ártico, más pequeño que el europeo, de pelo espeso, blanco en invierno y pardusco en verano.

ISAURIO, A adj. y s. Relativo a los Isaurios, dinastía de emperadores de Constantinopla. (V. parte n. pr.) SIN.: *isáurico.*

ISBA o **ISBÁ** s.f. (ruso *izbá*). Casa labriega construida con madera de abeto en algunos pueblos de Rusia y otros países del N de Europa y de Asia; particularmente, choza forestal.

ISBN s.m. (sigla del inglés *international standard book number*). Número de identificación internacional asignado a los libros.

ISIACO, A o **ISÍACO, A** adj. Relativo a Isis o a su culto. ◆ s.m. Sacerdote de Isis.

ISLA s.f. (lat. *insula*).Porción de tierra rodeada por todas partes de agua. **2.** Manzana de casas. **3.** *Fig.* Zona claramente diferenciada del espacio que la rodea: *isla peatonal.* **4.** *Fig.* Bosquecillo de árboles o matas, aislado en medio de un terreno no poblado. **5.** Chile. *Fig.* Terreno próximo a un río, que ha estado o que está a veces cubierto por las aguas.

ISLAM s.m. Religión de los musulmanes. **2.** Conjunto de los países y pueblos en que esta religión es la predominante. **ENCICL.** El islam, fundado por Mahoma en el s. VII, se extendió por Asia y, en menor medida, por África y Europa. Actualmente se calcula que hay en el mundo más de 800 millones de musulmanes. El Corán, que Alá reveló a Mahoma, es, junto con la tradición, el fundamento de la vida religiosa y política. El dogma fundamental del islam es un monoteísmo estricto. La ley canónica *(saría)* establece los cinco deberes fundamentales (los «cinco pilares») de los creyentes: 1. La profesión de fe o ṣahāda (no hay más Dios que Alá, y Mahoma es un enviado); 2. La plegaria ritual cinco veces al día; 3. El ayuno durante el ramadán; 4. La peregrinación a la Meca, o hayy, al menos una vez en la vida; 5. La limosna ritual. Esta ley comporta también prescripciones de orden político, jurídico, alimentario e higiénico. En las dos grandes tendencias del islam, el *sunnismo* y el *chiismo*, no hay clero, sino únicamente guías religiosos *(ulema, mullah)* que interpretan la ley y velan por su aplicación.

ISLÁMICO, A adj. Relativo al islam.

ISLAMISMO s.m. Islam, religión de los musulmanes. **2.** Movimiento político-religioso que aspira a hacer del islam una verdadera ideología política. (Desde la década de 1970 designa las corrientes más radicales del islam que pretenden aplicar rigurosamente la saría y crear estados islámicos.)

ISLAMISTA adj. y s.m. y f. Que profesa el islamismo o es partidario de él.

ISLAMITA adj. y s.m. y f. Que profesa el islamismo.

ISLAMIZACIÓN s.f. Conversión al islam.

ISLAMIZAR v.tr. y prnl. [7]. Convertir al islam.

ISLANDÉS, SA adj. y s. De Islandia. ◆ s.m. Lengua escandinava hablada en Islandia.

ISLARIO s.m. Descripción de las islas de un mar, continente o nación. **2.** Mapa en que están representadas.

ISLEÑO, A adj. y s. De una isla. **2.** De las islas Canarias. **3.** Colomb. De las islas San Andrés y Providencia.

ISLEO s.m. Isla pequeña cercana a otra mayor. **2.** Porción de terreno rodeado por todas partes de otro de distinta clase.

ISLETA s.f. Isla pequeña. **2.** Argent. Conjunto de árboles aislados en medio de la llanura.

ISLOTE s.m. Isla pequeña y despoblada. **2.** Peñasco muy grande en el mar. ◇ **Islote nuclear** En una central nuclear, conjunto de las instalaciones comprendidas en el edificio del reactor y en el edificio del combustible, así como de las diversas instalaciones auxiliares de la caldera nuclear y las destinadas al tratamiento de los efluentes y de los residuos. **Islotes de Langerhans** ANAT. Pequeños grupos de células endocrinas diseminadas por el páncreas que secretan la insulina.

ISMAELITA adj. y s.m. y f. De las tribus árabes de Transjordania que, según la Biblia, descienden de Ismael, hijo de Abraham.

ISMAILÍ o **ISMĀʿILÍ** adj. y s.m. y f. De una secta chiita que admite como último imán a Ismāʿil.

ISMO s.m. Tendencia de orientación innovadora, principalmente en las artes, que se opone a la ya existente, como el futurismo, vanguardismo, dadaísmo, etc.

ISO s.f. (sigla). **Escala ISO** Escala de las sensibilidades de las emulsiones fotográficas adaptada internacionalmente en sustitución de las escalas ASA y DIN. **Norma ISO** Norma definida por la Organización Internacional de Normalización que se aplica a los productos y servicios.

ISOBARA o **ISÓBARA** s.f. En un mapa meteorológico, línea que une los puntos de igual presión atmosférica.

ISOBÁRICO, A adj. Que es de igual presión atmosférica. **2.** Que tiene lugar a presión constante.

ISOBARO, A adj. Isobárico. ◆ adj. y s.m. Se dice del núcleo con el mismo número de masa pero diferente número atómico que otro.

ISOBÁTICO, A adj. Que tiene igual profundidad.

ISOBATO, A adj. y s.f. Se dice de la línea que, en un mapa batimétrico, une los puntos de igual profundidad del fondo de los mares.

ISOCA s.f. Argent. *Por ext.* En el lenguaje rural, cualquier larva de cuerpo blando y patas cortas. **2.** Argent. y Par. Nombre genérico dado a las larvas de varias familias de mariposas, que son muy perjudiciales para la agricultura.

ISOCALÓRICO, A adj. Se dice del alimento que con el mismo peso produce la misma cantidad de calorías que otro. **2.** Se dice de la reacción en que se mantiene constante la temperatura.

ISOCLINAL adj. GEOL. Se dice del pliegue cuyos dos flancos son paralelos.

ISOCLINO, A adj. Que tiene la misma inclinación magnética. ◇ **Línea isoclina** Línea que une los puntos de la superficie terrestre en que la inclinación magnética es igual.

ISÓCORO, A adj. Que corresponde a un volumen constante: *transformación isócora.*

ISOCROMÁTICO, A adj. Que es de igual color.

ISOCRONISMO s.m. Cualidad de lo que es isócrono.

ISÓCRONO, A adj. Que se realiza con un ritmo constante, con períodos de igual duración.

ISODINAMIA s.f. FISIOL. Equivalencia energética entre dos o más alimentos.

ISODINÁMICO, A adj. FISIOL. Relativo a la isodinamia. ◆ adj. y s.f. Se dice de la línea que une los puntos de la superficie terrestre en que la componente horizontal del campo magnético terrestre tiene igual valor.

ISODONTIA s.f. Igualdad de los dientes en tamaño y forma.

ISOÉDRICO, A adj. MINER. Que tiene facetas parecidas.

ISOELÉCTRICO, A adj. Se dice de un cuerpo eléctricamente neutro. ◇ **Punto isoeléctrico** Estado de un sistema coloidal cuyas partículas no son portadoras de cargas eléctricas.

ISOENTRÓPICO, A adj. Se dice de una transformación en el curso de la cual la entropía permanece constante.

ISOFLAVONA s.f. BIOQUÍM. Sustancia vegetal incolora de estructura semejante a la de los estrógenos, que se encuentra en plantas como la soya y otras legumbres.

ISOGAMIA s.f. Fusión entre dos gametos semejantes, que se efectúa en diversas especies de algas y de hongos inferiores.

ISOGLOSA s.f. LING. Línea imaginaria que une los lugares que presentan fenómenos lingüísticos análogos.

ISÓGONO, A adj. Que tiene los ángulos iguales. ◆ adj. y s.f. Se dice de la línea que une los puntos de la superficie terrestre que presentan la misma declinación magnética.

ISOHIETO, A adj. y s.f. → **ISOYETO.**

ISOHIPSO, A adj. y s.f. Se dice de la línea que une los puntos de una superficie isobárica situados a la misma altitud.

ISOIÓNICO, A adj. Que en la misma concentración contiene la misma cantidad de iones que otro.

ISOMALT s.m. (marca registrada). Edulcorante dietético elaborado exclusivamente con azúcar de remolacha. (Se utiliza con frecuencia en la elaboración de caramelos decorativos.)

ISOMERASA s.f. Enzima productor de isomerizaciones.

ISOMERÍA s.f. Cualidad de isómero.

ISOMÉRICO, A adj. Relativo al isómero. **2.** Que presenta las características de un compuesto isómero.

ISOMERIZACIÓN s.f. Transformación en un compuesto isómero.

ISOMERIZAR v.tr. [7]. Transformar por isomerización.

ISÓMERO, A adj. y s.m. Se dice del compuesto que tiene la misma composición química y la misma masa molecular, pero diferentes propiedades físicas y estructura atómica que otro.

ISOMETRÍA s.f. MAT. Transformación isométrica.

ISOMÉTRICO, A adj. Se dice del cuerpo que tiene las dimensiones iguales que otro. **2.** Se dice de una transformación puntual que conserva la distancia entre dos puntos cualesquiera. **3.** Se dice de un procedimiento de miografía en el que se registran las variaciones de tensión del músculo excitado, manteniendo este su longitud.

ISOMORFISMO s.m. Cualidad de isomorfo. **2.** MAT. Morfismo definido por una aplicación biyectiva.

ISOMORFO, A adj. MAT. Se dice de los conjuntos entre los que existe una relación de isomorfismo. **2.** MINER. Se dice del cuerpo que puede formar cristales mixtos en cualquier proporción. **3.** QUÍM. Se dice del cuerpo que tiene la misma forma cristalina que otro.

ISONIACIDA s.f. Nombre con que se designa a un importante medicamento antituberculoso.

ISÓPODO, A adj. y s.m. Relativo a un orden de crustáceos, de cuerpo aplastado y con siete pares de patas semejantes, como la cochinilla.

ISOPRENO s.m. Hidrocarburo dietilénico utilizado en la fabricación de polímeros.

ISÓPTERO, A adj. y s.m. Relativo a un orden de insectos, de alas iguales y boca masticadora, como el termes.

ISOQUÍMENO, A adj. y s.f. Se dice de la línea

■ EL ARTE ISLÁMICO

El arte del islam se desarrolla al hilo de las conquistas religiosas. Así es como la mezquita, lugar de oración colectiva, se implanta por doquier y se enriquece con el contacto de todas las tradiciones artísticas con las que convive: en el Irán antiguo surge el iwān, en Mesopotamia florece la elaborada mampostería en ladrillo, y de Bizancio hereda la antigüedad clásica. Permanentemente renovado, el arte islámico conserva sin embargo una profunda originalidad, al tiempo que la intensidad de la fe le permite mantener su cohesión interna.

El ribāt de Monastir. Iniciado en 796, este tipo de monumento, monasterio y fortaleza a un tiempo, es característico de los primeros tiempos del islam y del joven imperio árabe que defendía sus fronteras. De hecho, todos los ribāt fueron construidos entre los siglos VIII y X.

La gran mezquita del califa Ibn Tūlūn en El Cairo. Construida entre 876 y 879 en ladrillo rojo revestido de estuco, según la estructura de la mezquita árabe de patio central enmarcado por un pórtico, e influenciada por la gran mezquita al-Mutawakkil en Sāmarrā (Iraq), constituye uno de los más bellos exponentes de la arquitectura abasí.

El mausoleo de Itmad-ud-Daulah en Āgra (India). De mármol blanco, con incrustaciones de piedra policromada y estilizadas claraboyas, este monumento es un fiel reflejo del refinamiento y la elegancia de la arquitectura mogol que, junto con el estilo indomusulmán, materializa la síntesis entre la influencia iraní y el gusto autóctono.

Lámpara de mezquita dedicada al sultán Nasir al-Din Hasan, procedente de la madraza de El Cairo, de cristal esmaltado (s. XVI). La caligrafía y los motivos florales y geométricos se aúnan con elegancia en las lámparas de mezquita de Egipto o Siria. (Museo del Louvre, París.)

El miḥrāb de la mezquita de Córdoba. Este importante elemento goza siempre de un cuidado particular. Su fachada se abre mediante un arco de herradura suntuosamente decorado de mosaicos con fondo de oro, estucos y placas de mármol. Contrasta la austeridad de la caligrafía cúfica, en la moldura y el frontal, y las variaciones del tema floral, precursoras del arabesco.

La mezquita Selimiya en Edirne. Sinán la consideraba como su obra maestra. Efectivamente, su éxito radica en el hecho de que constituye una lograda variante del modelo de Santa Sofía, con un amplio espacio central, completamente desnudo, cubierto por una vasta cúpula calada de 31,50 m. Fue construida entre 1569 y 1574.

El minarete de Kalián en Bujará. Levantado en 1127, de gran altura y rematado por una linterna calada con dieciséis ventanales, está decorado con franjas de ladrillos cuya sabia disposición crea un mosaico de variados motivos geométricos.

que une los puntos del globo de igual temperatura media en invierno.

ISÓSCELES adj. (de *iso*, igual, y gr. *skelos*, pierna). MAT. Que tiene dos lados iguales: *triángulo isósceles.* ◇ **Trapecio isósceles** MAT. Trapecio cuyos lados no paralelos son iguales. **Triedro isósceles** MAT. Triedro que tiene dos caras o dos diedros iguales.

ISOSILÁBICO, A adj. Se dice del verso que tiene el mismo número de sílabas que otro.

ISOSTASIA s.f. Teoría según la cual las diferentes capas de la corteza terrestre se mantienen en equilibrio relativo gracias a sus diferencias de densidad.

ISOSTÁTICO, A adj. Relativo a la isostasia.

ISOTERMIA s.f. Homeotermia.

ISOTÉRMICO, A adj. Isotermo. **2.** METEOROL. Relativo a las líneas isotermas.

ISOTERMO, A adj. Que mantiene una temperatura constante. **2.** FÍS. Que tiene la misma temperatura que otra cosa de la misma naturaleza. ◆ adj. y s.f. METEOROL. Se dice de la línea que une los puntos de temperatura media idéntica durante un período considerado.

ISOTERO, A adj. y s.f. METEOROL. Se dice de la isoterma media de verano.

ISOTONÍA s.f. FÍS. Equilibrio molecular de dos soluciones separadas por una membrana permeable y que tienen la misma presión osmótica.

ISOTÓNICO, A adj. FÍS. Se dice de la solución que, teniendo la misma concentración molecular que otra, tiene la misma presión osmótica que la primera. **2.** MED. Se dice de la solución, particularmente medicamentosa, que tiene la misma concentración molecular que el plasma sanguíneo.

ISOTÓPICO, A adj. Relativo a los isótopos. ◇ **Generador isotópico** Generador de corriente eléctrica que utiliza como fuente de energía las radiaciones emitidas por los radioelementos.

ISÓTOPO s.m. Átomo que pertenece al mismo elemento químico que otro, tiene igual número de protones y electrones, pero distinto número de neutrones. (Poseen las mismas características químicas pero distintas masas atómicas.) ◇ **Isótopo radiactivo** Radioisótopo.

ISOTROPÍA s.f. Cualidad de isótropo.

ISÓTROPO, A adj. FÍS. Se dice del medio cuyas propiedades físicas son idénticas en todas las direcciones.

ISOYETO, A o **ISOHIETO, A** adj. y s.f. (fr. *isohyète*, de *iso*, igual, y gr. *yetós*, lluvia). METEOROL. Se dice de una línea que une los puntos de una región en los que las precipitaciones son iguales durante el período que se considera.

ISQUEMIA s.f. (del gr. *iskhein*, detener, y *aima*, sangre). MED. Disminución o interrupción de la circulación sanguínea en un órgano o un tejido.

ISQUEMIAR v.tr. y prnl. MED. Producir una isquemia en un tejido.

ISQUÉMICO, A adj. MED. Relativo a la isquemia.

ISQUIÁTICO, A adj. ANAT. Relativo a la cadera o al isquion.

ISQUION s.m. (del lat. *ischia, -orum*, huesos de la cadera). ANAT. Parte posterior e inferior del hueso ilíaco.

ISRAELÍ adj. y s.m. y f. (pl. *israelíes* o *israelís*). Del estado de Israel.

ISRAELITA adj. y s.m. y f. Del pueblo de Israel.

ISRAELÍTICO, A adj. Relativo a Israel.

ISSA, pueblo de Djibouti y Somalia, que habla una lengua cusita.

ISSN s.m. (sigla del inglés *international standard serial number*). Número de identificación internacional asignado a las publicaciones periódicas.

ISTAPACLE s.m. Méx. Planta apocinácea usada como purgante.

ISTMEÑO, A adj. y s. De un istmo.

ÍSTMICO, A adj. Relativo a un istmo.

ISTMO s.m. (lat. *isthmus*). Estrecha lengua de tierra que une dos continentes o una península con un continente. **2.** ANAT. Parte estrecha de una región o de un órgano.

ITA adj. y s.m. y f. → **AETA.**

ITACATE s.m. Méx. Conjunto de provisiones alimenticias que se llevan para el viaje.

ITACISMO s.m. Evolución hacia el sonido *i* de vocales o diptongos, que se manifiesta particularmente en el griego posclásico y afecta a los sonidos *e* larga, *u, ei* y *oi* del griego clásico. SIN.: *iotacismo.*

ITALIANISMO s.m. Palabra, expresión o giro procedentes de la lengua italiana que se usan en otra lengua. **2.** Estima o admiración por la cultura y las tradiciones de Italia.

ITALIANIZANTE adj. B. ART. Que se inspira en los estilos de Italia.

ITALIANIZAR v.tr. y prnl. [7]. Comunicar rasgos, cualidades o costumbres que se consideran propias de Italia.

ITALIANO, A adj. y s. De Italia. ◆ s.m. Lengua románica hablada en Italia.

ENCICL. El italiano, la lengua vernácula de Italia desde hace relativamente poco tiempo, es en realidad el dialecto toscano elevado a la categoría de lengua literaria por los grandes escritores del renacimiento florentino (Dante, Petrarca y Boccaccio). Durante largo tiempo fue únicamente una lengua escrita, evolucionó poco desde el s. XIII y ha permanecido más próxima a sus orígenes que las demás lenguas románicas. El italiano contemporáneo es una lengua en plena evolución. Los numerosos dialectos siguen siendo muy utilizados. Se distribuyen en cuatro grandes grupos: los del N, los del centro, los del S y los de Cerdeña.

ITÁLICO, A adj. y s. De los pueblos indoeuropeos que penetraron en Italia en el II milenio. **2.** Se dice del carácter, o de la letra, de imprenta ligeramente inclinado hacia la derecha, que fue creado en Venecia, hacia 1500, por Aldo Manucio. SIN.: *italiota.*

ÍTALO, A adj. y s. *Poét.* Italiano.

ITALOGÓTICO, A adj. Se dice del estilo de la segunda etapa de la pintura gótica española (s. XIV) caracterizado por el influjo de la pintura toscana.

ÍTEM adv. (lat. *item*). Además, igualmente. **2.** En una escritura u otro instrumento, indica distinción de artículos o capítulos, o adición. ◆ s.m. *Fig.* Aditamento, añadidura. **2.** INFORMÁT. **a.** Cada uno de los elementos de que consta un conjunto de informaciones procesables por computadora. **b.** Conjunto de caracteres tratados como una unidad lógica de información en un programa.

ITERACIÓN s.f. Acción y efecto de iterar. SIN.: *repetición.* **2.** INFORMÁT. Cada una de las sucesivas ejecuciones de un bucle durante el desarrollo de un programa.

ITERAR v.tr. (lat. *iterare*). Repetir.

ITERATIVO, A adj. Que tiene la condición de repetirse o de reiterarse: *acto iterativo.* ◆ adj. y s.m. LING. Se dice de un verbo que indica una acción que se repite, como parpadear o vociferar. SIN.: *frecuentativo.*

ITERBIO s.m. Metal del grupo de las tierras raras. **2.** Elemento químico (Yb), de número atómico 70 y masa atómica 173,04.

ITIFÁLICO, A adj. B. ART. Que representa un falo en erección: *estatua itifálica.*

ITIFALO s.m. Figura que representaba un falo en erección.

ITINERANTE adj. Que se desplaza para ejercer una función determinada. ◇ **Agricultura itinerante** GEOGR. Desplazamiento de las áreas de cultivo y, a menudo, del hábitat, característico de las regiones tropicales, donde el suelo se agota rápidamente.

ITINERARIO, A adj. (lat. *itinerarium*, de *iter, itineris*, camino). De los caminos. ◆ s.m. Descripción o guía de un viaje, expedición, etc., con una serie de datos geográficos o turísticos referentes a él. **2.** Ruta que se sigue para llegar a un lugar. ◇ **Medida itineraria** TOP. Evaluación de una distancia.

ITRIA s.f. Óxido natural de itrio Y_2O_3, sustancia blanca, terrosa e insoluble en agua.

ITRIALITA s.f. Silicato natural de itrio y torio.

ITRIO s.m. Metal del grupo de las tierras raras, de densidad 4,47. **2.** Elemento químico (Y), de número atómico 39 y masa atómica 88,906. (Algunos compuestos del itrio se usan en las sustancias fosfóricas de los tubos de televisión en color.)

ITZÁ, pueblo amerindio del grupo maya, que vive en el Petén (N de Guatemala y Belice). Procedentes del SO del Yucatán, fundaron la c. de Chichén Itzá. En el s. x, se unieron con los toltecas (esplendor de Chichén Itzá). Del s. XIII al XV, estuvieron sometidos por los mayas. Lucharon contra los españoles, que solo impusieron su dominio en la región en 1697.

IUS s.m. (voz latina, *derecho*). DER. ROM. Todo aquello que se consideraba lícito.

IVA s.f. Planta herbácea, que crece en los barbechos y lugares incultos, secos y pedregosos de las regiones templadas, exhala un olor aromático, resinoso, y se usa como astringente, aperitivo y tónico. (Familia labiadas.)

IVA s.m. (sigla). *Impuesto sobre el valor añadido.

IXIL, pueblo amerindio agricultor de Guatemala, del grupo mam, de la familia lingüística maya-zoque.

IXTLE s.m. Méx. Agave, planta. **2.** Méx. Fibra textil que proporciona esta planta.

IZA s.f. *Vulg.* Prostituta.

IZADA s.f. Acción y efecto de izar.

IZADO s.m. Izada.

IZAGA s.f. (vasco *izaga*, de *iz*, junco grande). Terreno poblado de juncos.

IZAPÍ s.m. Árbol que crece en Misiones, Argentina, en la estación de calor, y despide de sus hojas un abundante rocío que refresca el suelo.

IZAR v.tr. (fr. *hisser*) [7]. Elevar una cosa tirando de la cuerda, cable, etc., a que está sujeta: *izar las velas; izar una bandera.*

IZBÁ s.f. (voz rusa) → **ISBÁ.**

IZOTE s.m. Árbol de América Central, de hasta 10 m de alt., con hojas en abanico, largas y fuertes, y flores muy olorosas, blancas o verdosas, que se cultiva en jardinería y cuyas hojas y capullos carnosos son comestibles. (Familia liliáceas.)

IZQUIERDA s.f. Lo que está situado, con respecto al ser humano, en el mismo lado que el corazón: *sentarse a la izquierda.* **2.** Conjunto de grupos y partidos que profesan opiniones avanzadas, por oposición a la derecha, conservadora. ◇ **Extrema izquierda** Partido político o fracción de una asamblea con la opinión de izquierda más radical.

IZQUIERDISMO s.m. Doctrina o actitud de los grupos políticos de izquierda.

IZQUIERDISTA adj. y s.m. y f. Relativo a la izquierda política; partidario de la izquierda política. **2.** Relativo al izquierdismo.

IZQUIERDO, A adj. Se dice de la parte del cuerpo situada en el mismo lado que el corazón. **2.** Se dice de lo que está situado, con respecto al ser humano, en el mismo lado que el corazón: *zapato izquierdo.* **3.** Se dice del lado de un objeto que está situado, en relación con la posición de una persona, en el mismo lado que ocupa el corazón: *el ala izquierda del palacio.* **4.** Se dice de la parte de un río que da a la izquierda de quien se coloca mirando hacia donde corren las aguas: *margen, orilla izquierda.*

J s.f. Undécima letra del alfabeto español y octava de sus consonantes. (Representa un sonido tricálido velar sordo.)

¡JA! Voz onomatopéyica con que se imita o expresa la risa. (Suele usarse repetida.)

JABA s.f. *Amér.* Cajón enrejado en que se transportan útiles domésticos. **2.** *Cuba.* Cajón lleno de piedras que se pone en la ribera de los ríos para impedir su desborde. **3.** *Chile. Fig., vulg. y desp.* Boca. **4.** *Cuba.* Cesta hecha de tejido de junco o yagua. **5.** *Cuba.* Cualquier bolsa de plástico para llevar a mano.

JABALCÓN o **JABALÓN** s.m. (ár. *ğamalūn*, techo en forma de caballete, de *ğaml*, camello.) ARQ Madero ensamblado en otro vertical para apear otro horizontal o inclinado.

JABALCONAR o **JABALUNAR** v.tr. Poner jabalcones en una armadura.

JABALÍ, INA s. (ár. *ğabalī*). Mamífero común en los montes de España, parecido al cerdo, del cual se distingue por tener la cabeza más aguda, la jeta más prolongada y colmillos muy desarrollados que sobresalen de los labios. ◇ **Jabalí verrugoso** Mamífero ungulado parecido al jabalí, con colmillos curvados hacia arriba, del que viven numerosos ejemplares en las sabanas africanas.

JABALINA s.f. (tr. *javeline*). Especie de lanza, arma arrojadiza de los pueblos antiguos. **2.** Instrumento para lanzar, en forma de asta, usado en atletismo. **3.** Prueba de atletismo en la que se lanza este instrumento.

JABARDEAR v.intr. Dar jabardos las colmenas.

JABARDILLO s.m. Enjambre, conjunto de insectos. **2.** *Fig. y fam.* Aglomeración de gente.

JABARDO s.m. Enjambre pequeño que se separa de una colmena. **2.** Jabardillo, aglomeración de gente.

JABATO, A adj. y s. *Esp.* Valiente, bravo. ◆ s.m. Cachorro de jabalí.

JABEAR v.tr. *Guat.* Robar, hurtar.

JÁBEGA o **JÁBECA** s.f. (ár. *šābaka*, red). Arte de pesca cerca de la costa de 150 a 200 m de long., compuesto de un copo y dos bandas. **2.** Embarcación menor a remos, usada para calar el arte homónimo, usada en Andalucía.

JABEGOTE s.m. Hombre que tira de los cabos del arte de jábega.

JABEGUERO, A adj. Relativo al arte de jábega. ◆ s.m. Pescador que usa el arte de jábega.

JABEQUE s.m. (ár. vulgar *šabbāk*). Embarcación de tres palos con velas latinas y remos, que los piratas del N de África solían utilizar en el Mediterráneo.

JABERA s.f. Canción popular andaluza, en compás de 3/8, integrada por una introduc-

ción instrumental, parecida a la malagueña, y una copla.

1. JABÍ adj. y s.m. Se dice de una especie de manzana silvestre. **2.** Se dice de una especie de uva pequeña de Granada.

2. JABÍ s.m. Árbol maderable que crece en América. (Familia cesalpiniáceas.)

JABILLA s.f. Árbol que se emplea para la ornamentación de plazas y jardines. (Crece en Cuba y México.)

JADILLO s.m. Árbol de madera blanda empleado en la construcción de embarcaciones de pequeño calado. (Familia euforbiáceas.)

JABINO s.m. Variedad enana del enebro.

JABIRÚ s.m. Ave zancuda parecida a la cigüeña, que habita en las regiones cálidas.

JABLANDERA s.f. Instrumento que sirve para hacer el jable de los toneles.

1. JABLE s.m. (tr. *jable*). Ranura practicada en las duelas de los toneles y en la que se encajan las tiestas.

■ **JABALÍ**, jabalina y jabatos.

■ **JABALÍ** VERRUGOSO

2. JABLE s.m. Arena volcánica con que se cubren las plantas para conservar la humedad de la tierra.

JABÓN s.m. (lat. tardío *sapo, -onis*). Producto obtenido por la acción de una base sobre un cuerpo graso, utilizado para lavar. **2.** *Argent., Méx. y Urug. Fam.* Miedo, susto. ◇ **Dar jabón** *Esp. Fam.* Adular.

JABONADA s.f. Jabonadura o jabonado. **2.** *Fig. y fam.* Reprimenda. **3.** *Chile.* Jabonado, reprimenda.

JABONADO s.m. Jabonadura. **2.** *Chile.* Reprimenda, regañina SIN.: *jabonada, jabonadura.* **3.** *Chile.* Jabonadura.

JABONADORA s.f. *Colomb.* Lavandera.

JABONADURA s.f. Acción y efecto de jabonar SIN.: *jabonado, jabonada.* ◆ **jabonaduras** s.f.pl Agua que queda mezclada con el jabón y su espuma. **2.** Espuma que se forma al jabonar. ◇ **Dar alguien una jabonadura** *Fam.* Reprenderlo duramente.

JABONAR v.tr. Enjabonar. **2.** *Fig. y fam.* Reprender duramente. ◆ v.tr. y prnl. Humedecer la barba con agua jabonosa para afeitarla.

JABONCILLO s.m. Pastilla de jabón aromatizado. **2.** Arbusto de fruto carnoso cuya pulpa contiene saponina. (Familia sapindáceas.) **3.** *Amér.* Árbol de la familia de las sapindáceas, de flores amarillentas y fruto carnoso y amargo parecido a la cereza. **4.** *Cuba.* Planta amarantácea. ◇ **Jaboncillo de sastre** Pequeña pieza de esteatita de diversos colores que se emplea para hacer señales en las telas.

JABONERA s.f. Recipiente donde se deposita o guarda el jabón. **2.** Planta de flores rosas, que crece en lugares húmedos y cuyo tallo y raíces contienen saponina, que forma espuma con el agua igual que el jabón. (Familia cariofiláceas.)

inflorescencia   hojas

■ **JABONERA**

JABONERÍA s.f. Establecimiento donde se hace o vende jabón.

JABONERO, A adj. Relativo al jabón. ◆ adj. y s. TAUROM. Se dice de la res de pelo blanco sucio o amarillento. ◆ s. Persona que fabrica o vende jabón.

JABONETA s.f. Jabonete.

JABONETE s.m. Jaboncillo . (También *jabonete de olor.*)

JABONOSO, A adj. Que contiene jabón o es de la naturaleza del jabón.

JABORANDI s.m. (port. *javarandim*). Arbusto de Brasil y Paraguay, cuyas hojas se utilizan como fuente de policarpina en terapéutica.

JABOTÍ s.m. Amér. Tortuga terrestre de carne comestible.

JACA s.f. (fr. ant. *haque*). Caballo de poca alzada. 2. Yegua, hembra del caballo. 3. Argent. Gallo de pelea al que se le dejan crecer los espolones. 4. Perú. Yegua de poca alzada.

JACAL s.m. Méx. y Venez. Choza, casa humilde.

JACALÓN s.m. Méx. Cobertizo, tinglado.

JACAMAR s.m. Ave sudamericana de colores brillantes y pico negro que vive en los bosques umbrosos, cerca de las zonas acuáticas. (Familia galbúlidos.)

JACAPA s.m. Pájaro que vive en los bosques de América Meridional.

JACAPUCAYO s.m. Argent. Árbol que produce un fruto llamado vulgarmente olla de mono, que contiene semillas oleaginosas, gruesas y comestibles. (Familia lecitidáceas.)

JÁCARA s.f. Romance que trataba de la vida de malhechores y rufianes, escrito en la jerga de los bajos fondos de la sociedad. 2. *Fig.* y *fam.* Molestia o fastidio. 3. *Fig.* y *fam.* Razonamiento, parrafada. 4. MÚS. **a.** Música para cantar o bailar en la escena. **b.** Danza que se bailaba al son de esta música.

JACARANDÁ s.m. Amér. Árbol de América tropical y Madagascar, de flores de color malva, del que se aprovecha su madera (el *palisandro*) que es muy apreciada en ebanistería. (Familia bignoniáceas.)

JACARANDOSO, A adj. *Fam.* Alegre, desenvuelto, que tiene donaire.

JACAREAR v.intr. Cantar jácaras. 2. *Fig.* y *fam.* Andar por las calles cantando o haciendo bulla. 3. *Fig.* y *fam.* Molestar a alguien con palabras impertinentes.

JACARERO, A s. *Fam.* Persona alegre y amiga de juergas y bromas.

JACARISTA s.m. y f. Jacarero. 2. Autor de jácaras.

JÁCARO, A adj. y s. Se dice de la persona fanfarrona, o de sus actos, palabras, etc.

JÁCENA s.f. (cat. *jàssena*, del ár. vulgar *ĝasr*, viga). Viga maestra. 2. Cada una de las vigas principales, de gran sección, que sirven de apoyo a las viguetas o vigas secundarias y transmiten las cargas a los pilares.

JACERINA s.f. En la edad media, cota de malla de acero muy fina.

JACETANO, A adj. y s. De Jaca.

JACHADO, A adj. Hond. Se dice de la persona que tiene una cicatriz producida por herida de arma blanca.

JACHALÍ s.m. Amér. Árbol de fruto aromático y sabroso y de madera dura, muy apreciada en ebanistería.

JACILLA s.f. (del lat. *jacere*, estar echado). Señal que deja una cosa sobre la tierra en que ha estado algún tiempo.

JACINTINO, A adj. *Poét.* Que es de color violado.

JACINTO s.m. (lat. *hyacinthus*). Planta bulbosa una de cuyas especies del Asia Menor se cultiva por sus flores en racimos ornamentales. (Familia liliáceas.) 2. Flor de esta planta. 3. Piedra preciosa, variedad del circón, de color rojo amarillento.

JACK s.m. (voz inglesa). Conjuntor.

JACO s.m. (del fr. *jaquette*). Caballo pequeño rechoncho y poco apreciado. 2. En el lenguaje de la droga, heroína.

JACOBEO, A adj. Relativo al apóstol Santiago: *peregrinación jacobea.*

JACOBINISMO s.m. Doctrina democrática y centralizadora profesada durante la Revolución francesa por los jacobinos. 2. *Por ext.* Opinión democrática radical.

JACOBINO, A adj. Relativo al período en que reinó Jacobo I de Inglaterra. ◆ adj. y s. Relativo al club de los jacobinos; miembro de dicho club. 2. *Por ext.* Republicano intransigente, partidario de un estado centralizado. ◆ s. Nombre dado durante mucho tiempo en Francia a los religiosos y religiosas dominicos.

JACOBITA adj. y s.m. y f. Relativo al partido legitimista escocés e inglés que, después de la revolución de 1688, defendió la causa de Jacobo II y de los Estuardo; miembro de dicho partido. 2. REL. Se dice de la iglesia oriental monofisita, llamada oficialmente *siria ortodoxa*; miembro de dicha iglesia.

JACQUARD s.m. (de J. M. *Jacquard*, mecánico francés). Máquina de tejer inventada por Jacquard.

JACQUEZ s.m. Vid norteamericana de fruto negro, usada en la reconstitución de las cepas españolas.

JACTABUNDO, A adj. Jactancioso.

JACTANCIA s.f. Cualidad de jactancioso. 2. Actitud o acción jactanciosa: *hablar sin jactancia.*

JACTANCIOSO, A adj. y s. Que se jacta: *es persona más jactanciosa que valiente.* ◆ adj. Se dice de la acción o actitud con que alguien se jacta: *palabras jactanciosas.*

JACTARSE v.prnl. (del lat. *jactar*). Presumir de algo que se posee o de una cualidad: *jactarse de saber más que todos.*

JACÚ s.m. Bol. Alimento que como el pan, la yuca, el banano, etc., se come acompañando a otros.

JACULATORIA s.f. Oración breve y fervorosa.

JACULATORIO, A adj. Breve y fervoroso.

JÁCULO s.m. Dardo, arma arrojadiza.

JACUZZI s.m. (marca registrada). Piscina pequeña equipada con chorros de agua a presión que crean unas burbujas relajantes.

JADE s.m. (fr. *jade*). Silicato natural de aluminio, calcio y magnesio, usado como piedra preciosa, de color verde, más o menos oscuro, y brillo lechoso, muy utilizado en el arte oriental, especialmente el chino.

JADEANTE adj. Que jadea.

JADEAR v.intr. (de *ijada*). Respirar con dificultad o entrecortada por efecto de cansancio, calor, enfermedad, etc.

JADEÍTA s.f. Silicato natural de aluminio y sodio.

JADEO s.m. Respiración rítmica, superficial y entrecortada.

JAÉN adj. y s.f. Se dice de la uva blanca de hollejo grueso y duro; también la vid y el viduño que la producen.

JAENÉS, SA adj. y s. → JIENNENSE.

JAEZ s.m. (ár. *ĝaház*, provisiones, arnés). Adorno que se pone a las caballerías. 2. Cualidad o propiedad de algo o alguien: *gente de semejante jaez resulta indeseable.*

JAEZAR v.t.r. [7]. Enjaezar.

JAFÉTICO, A adj. Relativo a los pueblos o razas de Europa que, según una antigua clasificación, actualmente abandonada, se suponían descendientes de Jafet.

JAGO s.m. Palmera americana de interés alimentario. (Familia palmáceas.)

JAGUA s.f. (nahua *xahualli*). Árbol de América intertropical, de flores blanco amarillentas y fruto drupáceo con pulpa azucarada. (Familia rubiáceas.) 2. Fruto de esta planta. 3. Colomb. Variedad de frijol.

JAGUAR o **YAGUAR** s.m. (tupí-guaraní *yaguará*). Mamífero carnívoro americano, parecido al leopardo, de 1,30 m de long. y color leonado con manchas negras.

JAGUARETÉ o **YAGUARETÉ** s.m. Argent., Par. y Urug. Jaguar.

JAGUAY s.m. Cuba. Árbol empleado en ebanistería. (Familia mimosáceas.)

JAGÜEL s.m. Amér. Merid. Jagüey.

JAGÜEY s.m. Amér. Balsa, pozo o zanja llena de agua, bien de forma artificial, bien por filtraciones del terreno. 2. Amér. Balsa o depósito natural de agua que se emplea como abre-vadero. 3. Cuba. Bejuco de la familia de las moráceas que crece enlazándose con otro árbol, al cual mata.

JAHARRAR v.t.r. Cubrir con una capa de yeso o mortero el paramento de una pared.

JAIBA s.f. Chile. Cámbaro. 2. Chile y Méx. Cangrejo de río. ◆ adj. y s.m. y f. Cuba. Perezoso. 2. Cuba, Méx. y P. Rico. Astuto, taimado.

JAILOSO, A adj. Colomb. Se dice del aristócrata o del que pretende serlo.

JAIMIQUÍ s.m. Árbol cuya madera se aprecia mucho en ebanistería y cuyos frutos se emplean en la alimentación del ganado bovino y de cerda. (Familia sapotáceas.)

JAIMISMO s.m. Nombre adoptado por el carlismo entre 1901 y 1931, período en que ejerció su jefatura el pretendiente Jaime III.

JAIMISTA adj. y s.m. y f. Relativo al jaimismo; partidario del pretendiente Jaime III.

JAINÍ adj. y s.m. y f. Relativo al jainismo; partidario de esta doctrina.

JAINISMO s.m. Religión fundada en la India en el s. VI a.C., que se caracteriza por rechazar el origen divino y la autoridad de los Vedas y cuyo objetivo es que el alma se libere de su cárcel corpórea y alcance el nirvana. (Su nombre proviene del término *Jina*, [victorioso], aplicado a su fundador Mahávira, contemporáneo de Buda.)

JAIQUE s.m. (ár. africano *ḥaik*, manto largo de lana). Capa o pieza de tela ligera y sin costuras, que llevan las mujeres árabes para cubrirse.

JAIRAR v.t.r. Inclinar hacia fuera la cuchilla los zapateros al realizar ciertos cortes.

JÁJARA s.f. Fárfara, membrana de los huevos.

JAKÁS, pueblo altaico de lengua turcomongol, que vive en la *República de Jakasia* (Rusia).

JAL s.m. Méx. Piedra pómez con fragmentos de minerales o metales preciosos.

JALA s.f. Colomb. Borrachera.

JALADA s.f. Méx. *Fam.* Exageración. 2. Méx. *Fam.* Fumada de cigarrillo.

JALADO, A adj. Méx. Exagerado.

JALADOR, RA adj. y s. Méx. Se dice de la persona que se suma con entusiasmo a una empresa común.

JALAPA s.f. Planta de América septentrional, cuyas raíces tienen propiedades purgativas. (Familia convolvuláceas.)

JALAPEÑO s.m. Méx. Variedad de chile.

JALAR v.t.r. (de *halar*, tirar de un cabo u otra cosa). *Fam.* Halar. 2. *Fam.* Tirar, atraer. 3. Esp. *Vulg.* Comer. ◆ v.t.r. e intr. Amér. Largarse, irse. ◆ v.intr. Amér. *Fig.* Correr o andar con gran prisa: *jaló a todo lo que daba.* 2. Amér. Central. Mantener relaciones amorosas. ◆ **jalarse** v.prnl. Amér. Emborracharse. ◇ **Jalársela** Méx. *Fam.* Exagerar.

JALBEGAR v.t.r. (del lat. vulgar *exalbicare*, de *albus*, blanco) [2]. Enjalbegar, blanquear.

JALBEGUE s.m. Blanqueo de las paredes hecho con cal o arcilla blanca. 2. Lechada de cal para enjalbegar.

JALCA s.f. Perú. Cumbre elevada de la cordillera andina.

JALDA s.f. P. Rico. Falda de un monte.

JALDE adj. (del lat. *galbinus*). Color amarillo fuerte. 2. HERÁLD. Oro.

JALEA s.f. (del fr. *gelée*). Conserva dulce de

■ **JAGUAR**

aspecto gelatinoso y transparente que se elabora cociendo pulpa o zumo de fruta en agua. ◇ **Jalea real** Sustancia fluida y blanquecina, rica en vitaminas, elaborada por las abejas para alimentar a las larvas o a las reinas.

JALEAR v.tr. Animar con palmadas, exclamaciones y actitudes a los que cantan, bailan o tocan. **2.** Incitar a los perros a voces para que sigan o ataquen la caza. **3.** Chile. *Vulg.* Importunar, molestar; mofarse, burlarse.

JALEO s.m. *Fam.* Ruido, agitación, desorden, tumulto. **2.** *Fam.* Lío, enredo, intriga. **3.** Acción y efecto de jalear. **4.** Baile popular oriundo de Jerez y Cádiz, de compás ternario. **5.** Copla que acompaña a este baile. **6.** Última parte del merengue dominicano.

JALIFA s.m. (ár. *halīfa*, de *hálaf*, suceder). Autoridad suprema del antiguo protectorado español de Marruecos. **2.** En Marruecos, lugarteniente, sustituto. **3.** Califa.

JALIFATO s.m. Dignidad y jurisdicción del jalifa.

JALISCO, A adj. Chile. Se dice de la persona que es mala perdedora o que pretende tener siempre la razón.

1. JALÓN s.m. (fr. *jalon*). Vara con punta de hierro que se clava en el terreno para determinar puntos fijos. **2.** *Fig.* Hito, punto de referencia. **3.** *Fig.* Hecho importante en la historia o en la vida de alguien. **4.** *Amér.* y Chile. Trecho, distancia. ◇ **Jalón de alineación, o de mira** TOP. Estaca rematada por una tablilla, regulable o no, que se clava en el suelo para efectuar un trazado o un estudio del terreno.

2. JALÓN s.m. *Amér.* Tirón. **2.** *Méx.* Trago de bebida alcohólica. **3.** *Méx.* Chupada de cigarrillo. ◇ **De un jalón** *Méx.* De principio a fin, sin interrupción: *leí la novela de un jalón.*

3. JALÓN s.m. *Nicar. Fam.* Novio, pretendiente.

JALONAMIENTO s.m. Acción y efecto de jalonar.

JALONAR v.tr. Señalar con jalones. **2.** *Fig.* Servir un acontecimiento como punto de referencia en un período de tiempo.

JALONEAR v.tr. *Guat., Méx.* y *Nicar.* Dar tirones. **2.** *Guat., Méx.* y *Nicar.* Regatear el precio.

JALOQUE s.m. Viento del sudeste.

JAMA s.f. *Hond.* Iguana de tamaño menor que el común.

JAMAICA s.f. Cuba y *Méx.* Planta malvácea de propiedades diuréticas. **2.** *Méx.* Tómbola o venta de caridad.

JAMAICANO, A adj. y s. De Jamaica.

JAMAR v.tr. y prnl. *Fam.* Comer: *se jamó toda la carne.*

JAMÁS adv.t. (del lat. *jam*, ya). En ningún tiempo, nunca.

JAMBA s.f. (fr. ant. *jambe*). Cada uno de los elementos verticales de mampostería, ladrillo o madera, que sostienen un arco o dintel de una puerta o ventana.

JAMBADO, A adj. *Méx.* Comilón, tragón, glotón.

JAMBAJE s.m. Conjunto de las dos jambas y el dintel que forman el marco o hueco de una puerta o ventana; también su ornamentación.

JAMELGO s.m. Caballo flaco, viejo y desgarbado, de poco valor y utilidad.

JAMEO o HAMEO s.m. Cueva de origen volcánico en las islas Canarias.

JAMERDAR v.tr. (del lat. *emerdare*, sacar la porquería). Limpiar los vientres de las reses. **2.** *Fig.* y *fam.* Lavar deprisa y mal.

JAMETE s.m. (gr. *exámitos*, de seis hilos). Satén fuerte, con trama de seda en la que a veces se entretejían hilos de plata y oro.

JAMÓN s.m. (fr. *jambon*, dim. de *jambe*, pierna). Pierna de cerdo curada. **2.** Carne de esta pierna. ◇ **Jamón cocido, o en dulce** Jamón obtenido por cocción, generalmente deshuesado y moldeado. **Jamón serrano** Jamón de calidad superior, secado en climas secos y fríos de montaña.

JAMONA s.f. y adj. *Fam.* Mujer madura, algo gruesa y de formas pronunciadas.

JAMONCILLO s.m. *Méx.* Dulce de leche.

JAM-SESSION s.f. (voz inglesa). Reunión de músicos de jazz que improvisan libremente, por placer.

JAMSIN s.m. (voz árabe). En Egipto, viento de arena, semejante al siroco.

JAMUGA s.f. (lat. *sambuca*, máquina de guerra). Silla de tijera que se coloca sobre el aparejo de las caballerías para montar a mujeriegas. (Suele usarse en plural.)

JAMURAR v.tr. (cat. *eixamorar*, secar). Achicar, extraer el agua de un dique, mina, embarcación, etc.

1. JAN s.m. *Cuba.* Estaca empleada para sembrar haciendo hoyos.

2. JAN s.m. Kan.

JANANO, A adj. *Guat., Nicar.* y *Salv.* Se dice de la persona que tiene labio leporino.

JÁNDALO, A adj. y s. Se dice de la persona que ha estado en Andalucía y vuelve con pronunciación y costumbres andaluzas. **2.** *Fam.* Se aplica a los andaluces por su pronunciación gutural.

JANEIRO s.m. Planta forrajera que crece en Colombia y Ecuador. (Familia gramíneas.)

1. JANGADA s.f. *Fam.* Salida o idea necia e inoportuna. **2.** *Fam.* Trastada.

2. JANGADA s.f. (port. *jangada*). Balsa o almadía.

JANGUA s.f. Barco pequeño armado, usado en los mares de oriente.

JANSENISMO s.m. Doctrina inspirada en la creencia de Jansenio, que pretendía limitar la libertad humana partiendo del principio de que la gracia se otorga a algunos seres desde su nacimiento y a otros se les niega.

ENCICL. El jansenismo surgió en el s. XVI a raíz de la polémica sobre la noción de gracia divina que enfrentó a la escuela de san Agustín (*agustinismo*), que otorgaban mayor poder a la iniciativa divina, y a los jesuitas (*molinismo*), que concedían primacía a la libertad humana. El agustinismo fue defendido por la escuela de Jansenio cuyas tesis (*Augustinus*, 1640) constituyen la base de la corriente jansenista. A pesar de las condenas papales (1653, 1656 y 1713) y de la destrucción de su principal foco, el monasterio francés de Port-Royal, su espíritu de austeridad y antiabsolutismo penetró en una parte del clero e influyó, durante tiempo, en toda una área de la espiritualidad católica.

JANSENISTA adj. y s.m. y f. Relativo al jansenismo; partidario de esta doctrina.

JAPONÉS, SA adj. y s. De Japón. SIN. *nipón.* ◆ s.m. Lengua hablada en Japón.

JAQUE s.m. (ár. *šāh*). Lance del ajedrez en el cual el rey o la reina de un jugador están amenazados por alguna pieza del otro, que tiene obligación de avisarlo. **2.** Palabra con que se avisa este lance. **3.** *Fam.* Valentón, perdonavidas. ◇ **Jaque mate** Mate. **Poner, o tener, o traer, en jaque** Amenazar o atacar a alguien, inquietándolo o impidiéndole realizar lo que desea.

JAQUEAR v.tr. Dar jaques en el juego del ajedrez. **2.** *Fig.* Hostigar al enemigo.

JAQUECA s.f. (ár. *šaqīqa*, mitad o lado de la cabeza). Dolor de cabeza.

JAQUECOSO, A adj. Fastidioso, cargante.

JAQUEL s.m. HERÁLD. Cualquier rectángulo que se halle repetido en un escudo o en una pieza, siempre que sea en número de 4 o más.

JAQUELADO, A adj. y s. Piedra preciosa labrada con facetas cuadradas. ◆ adj. HERÁLD. Se dice del escudo dividido en más de treinta jaqueles. SIN.: *escaqueado.*

JAQUÉS, SA adj. y s. De Jaca. ◇ **Moneda jaquesa** Moneda acuñada en Jaca.

1. JAQUETÓN s.m. Jaque, valentón.

2. JAQUETÓN s.m. Pez marino, especie de tiburón, de cuerpo fusiforme, boca grande armada de poderosos dientes y color gris y blanco. (Familia isúridos.)

JÁQUIMA s.f. (ár. *šakīma*). Cabezada de cordel que hace las veces de cabestro. **2.** *Amér. Central.* Borrachera.

JARA s.f. (ár. vulgar *šára*, mata). Arbusto de hojas brillantes, con el envés pubescente, flores blancas y fruto en cápsula. (Familia cistáceas.) SIN.: *lada.* **2.** Palo de punta aguzada y endurecida al fuego que se usa como arma arrojadiza. **3.** *Bol.* Descenso o alto en una marcha campestre, por lo común para pernoctar. **4.** *Méx.* Flecha.

JARABA s.f. Planta herbácea de hojas con bordes aserrados e inflorescencias en umbelas, común en la península Ibérica. (Familia umbelíferas.)

JARABE s.m. (ár. *šarāb*, de *šárib*, beber). Bebida que se elabora cociendo azúcar en agua hasta que espesa, y añadiendo alguna esencia o medicamento. **2.** Bebida muy dulce. **3.** MÚS. Baile popular mexicano de movimiento moderado, derivado del zapateado español. ◇ **Jarabe de palo** *Fig.* y *fam.* Castigo o reprimenda que debería darse a alguien en lugar de los cuidados que aparenta necesitar. **Jarabe de pico** *Fig.* y *fam.* Palabrería.

JARABEAR v.tr. Dar a un enfermo un jarabe como medicina.

JARACATAL s.m. *Guat.* Multitud, abundancia.

JARAÍZ s.m. (del ár. *ṣahrīǧ*, zafariche, balsa). Lagar.

JARAL s.m. Terreno poblado de jaras. **2.** *Fig.* Cosa o asunto muy enredado o intrincado.

JARAMAGO s.m. (ár. *sarmaq*, armuelles). Planta de tallo erecto y ramoso, con flores amarillas y pequeñas y fruto en delgadas silículas. (Familia crucíferas.) **2.** Planta de 1 m de alt., de flores amarillas agrupadas en racimos. (Familia crucíferas.)

JARAMUGO s.m. Pez pequeño que sirve de cebo.

JARANA s.f. Diversión bulliciosa. **2.** Ruido, bullicio. **3.** *Fam.* Pendencia, riña. **4.** *Méx.* Guitarra pequeña de cuatro cuerdas que se usa en la costa de Veracruz. **5.** MÚS. Baile mexicano, en especial del estado de Yucatán.

JARANEAR v.intr. *Fam.* Ir de jarana. **2.** Cuba. Chancear, burlarse.

JARANERO, A adj. *Fam.* Aficionado a la jarana. ◆ s. *Méx.* Persona que toca la jarana.

JARANISTA adj. *Perú.* Jaranero.

JARANO adj. y s.m. Se dice del sombrero de fieltro blanco, ancho de ala y bajo de copa.

JARCHA s.f. (ár. *jarŷa*). Estrofa escrita en mozárabe que aparece al final de una composición poética árabe llamada moaxaja. (Las jarchas son las primeras manifestaciones líricas en lengua romance.)

JARCIA s.f. (gr. bizantino *exártia*, aparejos de una nave). Conjunto de todos los cabos y aparejos de un barco. **2.** Conjunto de instrumentos y redes para pescar.

JARCIAR v.tr. Enjarciar.

JARCIERÍA s.f. *Méx.* Conjunto de objetos de uso doméstico hechos con fibra.

JARCIERO, A s. *Méx.* Persona que vende o fabrica jarciería.

JARCIO, A adj. *Méx.* Borracho.

JARDÍN s.m. (fr. *jardin*, dim. del fr. ant. *jart*, huerto). Terreno donde se cultivan plantas, en especial de adorno, con fines comerciales o de recreo. **2.** TEATR. Lado de la escena que está a la derecha del actor. ◇ **Jardín botánico** Jardín donde se cultivan especies vegetales herbáceas o arbóreas, clasificadas metódicamente para su estudio científico. **Jardín de infancia** Parvulario. **Jardín de infantes** *Argent., Par.* y *Urug.* Parvulario. **Jardín zoológico** Zoológico. (*V. ilustr. pág. siguiente.*)

JARDINERA s.f. Mueble o recipiente para colgar plantas de adorno o macetas con flores. **2.** Carruaje de cuatro ruedas, ligero y descubierto. **3.** Tranvía abierto, que se usa en verano. ◇ **A la jardinera** Modo de complementar

■ **JARA** común.

■ EL ARTE DE LOS JARDINES

El jardín, concebido como la evocación en la tierra del paraíso celestial, existe desde la época de los sumerios, en el 3000 a.C. Posteriormente, se transmitió al antiguo Irán y al mundo islámico, y a menudo aparece en las representaciones pictóricas medievales de Occidente, que cuenta con una larga y variada tradición de jardines y vergeles. Los jardines del Renacimiento italiano, que jugaban con los desniveles naturales del terreno para crear parterres en bancal y juegos de agua, tuvieron una gran influencia en el paisajismo francés hasta que se impuso el diseño geométrico de André Le Nôtre, arquitecto referente, que fue posteriormente superado por la tradición inglesa, de una imaginación desbordante.

Francia. Los jardines de Vaux-le-Vicomte, diseñados por Le Nôtre hacia 1660. Parterres de encaje, estanques que reflejan la luz, fuentes con estatuas y ninfeo al fondo (detrás de un canal transversal) componen un todo ordenado y jerarquizado, según las leyes de la geometría y de la óptica.
La majestuosidad del conjunto, que ilustra el pleno florecimiento del arte versallesco, se aprecia plenamente desde los salones de recepción del palacio, desde los cuales se ha tomado esta vista.

Irán. Miniatura de la escuela timurí de Harat (h. 1430). Este jardín, antesala del paraíso budista o islámico, es un lugar de placer, que acoge al príncipe Humayun y a la princesa Humay antes de sus esponsorios. (Museo de artes decorativas, París.)

Japón. Jardín del Kinkanku-ji (pabellón de oro), en Kyōto, de fines del s. XIV. Influido por los jardines chinos, el modelo japonés, aunque con un elaborado simbolismo, busca lograr una evocación poética de la naturaleza bajo un aspecto de total «naturalidad».

Inglaterra. El jardín de Stourhead, en la región de Wiltshire (h. 1740-1780). Los jardineros ingleses del s. XVIII se inspiraron, sobre todo, en los paisajes del pintor Claude Lorrain; en la imagen, una vegetación selecta aderezada con edificios pintorescos –como este pequeño templo– jalona la extensión levemente inclinada de césped que rodea el lago, de forma irregular.

la presentación de algunos alimentos, especialmente la carne, con diversas verduras cocidas.

JARDINERÍA s.f. Arte y técnica de cuidar y cultivar jardines.

JARDINERO, A s. Persona que tiene por oficio cuidar o cultivar los jardines. ◆ s.m. Ave paseriforme de hasta 30 cm de long. y de colores vistosos. (Familia ptilonorrínquidos.) **2.** Traje de faena, constituido por pantalones muy holgados con pechera provista de tirantes.

JARETA s.f. (ár. vulgar *šaríṭa*, cuerda o cinta). Dobladillo que se hace en la ropa y por el que se introduce una cinta, cordón o goma que permite ceñirla y ajustarla. **2.** Lorza que se hace en la ropa como adorno. **3.** C. Rica. Bragueta, abertura de los pantalones. **4.** MAR. Cada uno de los cabos o amarras que sujetan la obencadura y el pie de las arraigadas, desde la banda de babor a la de estribor, por debajo de la cofa.

JARETÓN s.m. Dobladillo muy ancho, especialmente el que suele hacerse en el embozo de las sábanas.

JARGÓN s.m. Variedad de circón de color amarillo paja.

JARGONAFASIA s.f. Dificultad del lenguaje que se caracteriza por sustituir las palabras adecuadas por términos ininteligibles. SIN.: *jergafasia.*

JARIBÚ s.m. (voz tupí-guaraní). Ave zancuda de las regiones tropicales, de pico potente, que mide aprox. 1,40 m de alt.

JARICO s.m. Cuba. Reptil quelonio emídido.

JARIFO, A adj. Vistoso, adornado.

JARILLA s.f. Planta vivaz de América Meridional, con hojas opuestas, que se utilizaba como antisifilítico. (Familia compuestas.) **2.** Argent., Chile y Urug. Arbusto ramificado y resinoso, con pequeñas flores amarillas, que alcanza los dos metros de altura.

JARILLAL s.m. Argent. y Chile. Terreno poblado de jarillas.

JARILLERO, A s. Argent. y Chile. Persona que recoge y vende jarilla.

JARIPEO s.m. Méx. Fiesta charra. **2.** Méx. Suertes que los charros realizan con el lazo.

1. JARO s.m. Mancha espesa de los montes bajos.

2. JARO, A adj. y s. Se dice del animal que tiene el pelo rojizo.

JAROCHO, A adj. y s. Se dice de la persona de modales bruscos e insolentes. ◆ s. Méx. Originario de la costa del estado de Veracruz. **2.** Méx. Natural de la ciudad de Veracruz.

JAROPAR v.tr. *Fam.* Dar a alguien muchos jarabes u otra cosa similar. SIN.: *jaropear.*

JAROPE s.m. Jarabe. **2.** *Fig.* y *fam.* Bebida desagradable.

JAROPEO s.m. *Fam.* Abuso de jarabes o medicinas.

JAROSO, A adj. Que está lleno o poblado de jaras.

JAROVIZACIÓN s.m. Vernalización.

JARRA s.f. (ár. *ǧárra*). Recipiente de vidrio, porcelana, barro, etc., de cuello ancho, con una o más asas, y generalmente con un pequeño pico en el borde para verter el líquido cómodamente. **2.** Contenido de este recipiente. ◇ **De,** o **en, jarras,** o **jarra** Con los brazos arqueados y las manos en la cintura.

JARREAR v.intr. *Fam.* Sacar frecuentemente agua o vino de algún lugar con una jarra. ◆ v.impers. Llover copiosamente.

JARRETAR v.tr. y prnl. Enervar, debilitar las fuerzas o el ánimo de alguien.

JARRETE s.m. (fr. *jarret*). Corva de la rodilla. **2.** Parte alta y carnosa de la pierna, debajo de la corva, especialmente en las reses.

JARRETERA s.f. (fr. *jarretière*). Liga con que se sujetaba al jarrete la media o el calzón.

JARRO s.m. Jarra. ◇ **A jarros** *Fam.* En abundancia, con mucha fuerza: *llover a jarros.* **Echarle un jarro de agua (fría)** *Fam.* Desanimar a alguien o causarle un desengaño.

JARRÓN s.m. Pieza arquitectónica ornamental en forma de jarro con dos asas. **2.** Recipiente de cerámica, vidrio, metal, etc., más alto que ancho, que sirve para contener flores o para adorno.

JASAR v.tr. Sajar.

JASPE s.m. (lat. *iaspis*). Roca sedimentaria silícosa, de colores vivos y entremezclados (rojo, verde, amarillo, etc.), empleada en joyería.

JASPEADO, A adj. Veteado como el jaspe. **2.** TEXT. Se dice del hilo retorcido, de fantasía, compuesto de varios cabos de diferentes colores. ◆ s.m. Acción de jaspear.

JASPEAR v.tr. Pintar imitando las vetas y salpicaduras del jaspe.

JASPÓN s.m. Mármol de grano grueso, blanco, o con manchas rojas o amarillas.

JAT, pueblo de Pakistán y de la India, al que se considera emparentado con los gitanos.

JÁTIB s.m. (ár. *jaṭib*). En la Arabia preislámica, portavoz de la tribu. **2.** En los países islámicos, predicador encargado de dirigir la oración del viernes en la mezquita.

JATIBÍ adj. Se dice de una especie de uva de hollejo duro.

JATO, A s. Ternero.

JAUJA s.f. País imaginario donde se supone reina la felicidad, la prosperidad y la abundancia. (Con este significado suele escribirse con mayúscula.) **2.** Bienestar, abundancia.

JAULA s.f. (fr. ant. *jaole*). Caja hecha con listones de mimbre, alambre, hierro, madera, etc., para encerrar animales. **2.** Embalaje de grandes dimensiones, a modo de caja, hecha de mimbre trenzado o de tablas o listones de madera espaciados y formando enrejado. **3.** TAUROM. Chiquero. ◇ **Jaula de ardilla** En algunos motores eléctricos de corriente alterna, dispositivo compuesto de conductores alojados en las ranuras del núcleo, según los generatrices de un cilindro, y unidos a un anillo común en cada extremo que los pone en cortocircuito. **Jaula de extracción** Armazón metálica suspendida del cable de extracción en un pozo de mina, que sirve para transportar vagonetas y a personas. **Jaula de Faraday** Recinto de pared conductora, que permite aislar eléctricamente los objetos situados en su interior.

JAURÍA s.f. Conjunto de perros que cazan dirigidos por un mismo perrero.

JAVA s.m. INFORMÁT. Lenguaje de programación orientado a objetos, independiente del sistema operativo, que se utiliza, especialmente, en las aplicaciones interactivas relacionadas con Internet.

JAVANÉS, SA adj. y s. De Java. ◆ s.m. Lengua del grupo indonesio que se habla en Java.

JAVELIZACIÓN s.f. Tratamiento de esterilización aplicado al agua potable, que consiste en añadir a esta una solución de hipoclorito sódico o de agua clorada.

JAYÁN, NA s. Persona de gran estatura y de mucha fuerza. **2.** Persona tosca y grosera. ◆ s.m. Rufián.

JÁZAROS, pueblo turco que, del s. VII al s. X dominó la región del mar Caspio, la de Crimea y las estepas entre el Don y el Dniéper. El príncipe de Kíev, Sviatoslav, terminó con el poderío de este pueblo en 969.

JAZMÍN s.m. (ár. *yasamīn*). Arbusto de flores amarillas o blancas del mismo nombre, muy olorosas, que se utiliza por sus aplicaciones en perfumería. (Familia oleáceas.)

JAZZ s.m. Música afronorteamericana, creada a principios del s. XX por las comunidades

■ JAZMÍN

negra y criolla del S de EUA, y basada ampliamente en la improvisación, un tratamiento especial del material sonoro y un énfasis en el ritmo *(swing).*

¡JE! Voz onomatopéyica con que se imita o expresa la risa. (Suele usarse repetida.)

JEAN o **YIN** s.m. (voz inglesa). Pantalón de tela muy resistente generalmente de color azul, con costuras vistas. (También *jeans* o *yins* para referirse a una sola prenda; también *blue jeans.*) GEOSIN.: Amér. Merid. y Esp. *vaquero;* Esp. *tejano;* Méx. *pantalón de mezclilla.*

JEBE s.m. (ár. *šabb*). Alumbre. **2.** Amér. Goma elástica, caucho.

JEBUSEO, A adj. y s. De un pueblo preisraelita de la región de Jerusalén, sometidos por David.

JEDIVATO s.m. Dignidad de jedive. **2.** Tiempo durante el cual se ejerce esta.

JEDIVE s.m. (ár. o persa *jadiw* o *jidiw,* señor). Título del virrey de Egipto desde 1867 hasta 1914.

JEEP s.m. (marca registrada) [pl. *jeeps*]. Automóvil todo terreno.

JEFATURA s.f. Cargo de jefe. **2.** Sede de cierto tipo de organismos: *jefatura de policía; jefatura de Obras Públicas.*

JEFE, A s. (fr. *chef*). Persona que tiene a otras a sus órdenes. ◆ s.m. Jefe, guía y cabeza de un partido o corporación. **2.** Fam. Tratamiento con insistencia de respeto y confianza. **3.** HERÁLD. Pieza honorable que ocupa el tercio superior del escudo. **4.** MIL. En los tres ejércitos, militar que pertenece a una categoría superior a la de los oficiales e inferior a la de los generales. ◆ **Jefe del estado** Autoridad superior de un país o nación.

JEFERÍA s.f. ANTROP. Autoridad política ostentada de modo permanente por una persona en el seno de un grupo.

JEGÜITE s.m. Méx. Maleza.

JEITO s.m. Red usada en el Cantábrico para la pesca del boquerón y la sardina.

JEJÉN s.m. Amér. Díptero, más pequeño que el mosquito y de picadura más irritante. (Familia simúlidos.)

JELIZ s.m. (ár. granadino *gelis*). Oficial de las alcaicerías de Granada que guardaba y vendía en subasta pública la seda que le llevaban los particulares.

JEMAL adj. De un jeme de longitud.

JEME s.m. (lat. *semis,* medida que equivale a medio pie). Distancia que media desde la extremidad del dedo pulgar a la del dedo índice, separando uno del otro todo lo posible. **2.** Fig. y fam. Palmito, cara de mujer.

JEMER adj. y s.m. y f. De un pueblo de Camboya, que también vive en Tailandia y Vietnam, con una sociedad muy jerarquizada. **2.** Camboyano. ◆ s.m. Lengua oficial de Camboya. ◇ **Jemeres rojos** Seguidores camboyanos del partido comunista jemer. (V. parte I pr.)

JENABE o **JENABLE** s.m. (lat. *sinapi*). Mostaza.

JENCHICERO s.m. P. Rico. Pozo o fuente de donde se saca agua.

JENGIBRE o **JENJIBRE** s.m. (lat. *zingiber, -iberis*). Planta oriunda de Asia, de rizoma aromático que se utiliza como condimento. (Familia cingiberáceas.)

JENIQUÉN s.m. Colomb., Cuba y P. Rico. Pita, henequén, cierto tipo de agave.

JENÍZARO, A adj. Mezclado. ◆ s.m. Soldado de un cuerpo de infantería otomano reclutado entre los hijos de los pueblos sometidos. (Se usa también *genízaro*.) **2.** Méx. Miembro del cuerpo de policía.

JEQUE s.m. (ár. *šáih*). Entre los musulmanes, tratamiento respetuoso que se aplica a los sabios, a los religiosos y a todas las personas respetables por su edad. SIN.: *cheik, sheik.* **2.** En Marruecos y Argelia, jefe de tribu árabe. **3.** Jefe de una cofradía religiosa árabe o de un convento de derviches.

JERARCA s.m. Persona que tiene una categoría elevada dentro de una organización, particularmente en la Iglesia. **2.** Fig. Persona importante en un ámbito determinado.

JERARQUÍA s.f. (bajo lat. *hierarchia,* del gr. *ierós,* sagrado, y *arkhesthai,* mandar). Clasificación de las funciones, dignidades o poderes en un grupo social, de acuerdo con una relación de subordinación y de importancia respectiva. **2.** Organización de un conjunto en el que cada elemento es superior al anterior: *jerarquía de valores.* **3.** Persona o conjunto de personas que ocupan el nivel más elevado de una jerarquía. **4.** REL. Orden escalonado de los diversos coros angélicos.

JERÁRQUICO, A adj. Relativo a la jerarquía.

JERARQUIZAR v.tr. [7]. Organizar en forma jerárquica.

JERBO s.m. (fr. *gerbo*). Mamífero roedor del norte de África, de largas patas posteriores provistas de tres dedos, de pelaje castaño claro.

■ JERBO

JEREMIADA s.f. Lamentación o muestra exagerada de dolor.

JEREMÍAS s.m. y f. (de *Jeremías,* profeta bíblico). Persona que se lamenta continuamente.

JEREMIQUEAR v.intr. Lloriquear, gimotear. **2.** Amér. Central, Antillas, Chile y Perú. Rogar con insistencia y plañideramente: *jeremiqueó hasta obtener su capricho.*

JEREMIQUEO s.m. Acción de jeremiquear.

JEREZ s.m. Vino blanco, seco, de fina calidad y de alta graduación alcohólica.

1, JERGA s.f. (occitano ant. *gergon*). Lenguaje especial de un colectivo profesional o un grupo social determinados.

2. JERGA s.f. Jergon, colchón. **2.** Tela de lana o estambre gruesa y tosca, aunque algo más fina que la estameña y con ligamento diagonal. **3.** Méx. Trapo que se utiliza para fregar o limpiar.

JERGAFASIA s.f. Jargonafasia.

JERGAL adj. De la jerga, lenguaje especial.

JERGÓN s.m. Colchón de paja, esparto o hierbas y sin bastas ? Fig. y fam Vestido mal hecho y poco ajustado al cuerpo. **3.** Fig. y fam. Persona gorda, pesada y torpe.

JERGUILLA s.f. Tela delgada de seda o lana que se parece en el tejido a la jerga. **2.** Chile. Pez teleósteo, de hasta 30 cm de long., cuerpo oblongo y comprimido, de tono oliváceo con pintas negras.

JERIBEQUE s.m. Guiño, gesto, contorsión. (Suele usarse en plural.)

JERICOPLEAR v.tr. Guat. y Hond. Fastidiar.

JERIFE s.m. (ár. *šarif*). Príncipe musulmán descendiente de Mahoma. **2.** En Marruecos, miembro de la dinastía reinante.

JERIFIANO, A adj. Relativo a los jerifes.

JERIGONZA s.f. Jerga, lenguaje propio de un grupo. **2.** Lenguaje o discurso enrevesado y difícil de entender. **3.** Fig. y fam. Acción extraña y ridícula.

JERINGA s.f. (del lat. *syringa,* jeringa, lavativa). Instrumento para aspirar o impeler líquidos, o para introducir en algún lugar materias blandas. **2.** Instrumento por medio del cual se pueden inyectar o extraer líquidos de los tejidos o cavidades naturales. ◆ adj. Argent. y Chile. Vulg. Se dice de la persona molesta e inoportuna.

JERINGAR v.tr. y prnl. [2]. Inyectar algo por medio de una jeringa. **2.** Fig. y fam. Fastidiar o pinchar a alguien.

JERINGAZO s.m. Chorro de líquido despedido de una jeringa o con la jeringa.

JERINGUEAR v.tr. Argent., Chile, Colomb. y Méx. Vulg. Jeringar, fastidiar.

JERINGUILLA s.f. Jeringa pequeña para inyecciones. **2.** Arbusto de unos dos metros de altura, de hoja sencilla y con grandes flores blanquecinas muy olorosas, utilizada en jardinería. (Familia hidrangeáceas.)

JEROGLÍFICO, A adj. y s.m. (lat. *hieroglyphicus*). Se dice de la escritura de los egipcios y otros pueblos antiguos, en la que se usaban signos ideográficos, combinados con caracteres fonéticos, que representaban un sonido o una sílaba. ◆ s.m. Signo usado en la escritura jeroglífica. **2.** Juego que consiste en deducir o adivinar palabras o frases a partir de cifras, signos o dibujos. **3.** Escritura o expresión difícil de descifrar.

■ **JEROGLÍFICOS.** (Museo egipcio, El Cairo.)

JERONIMIANO, A adj. Relativo a san Jerónimo: *la traducción jeronimiana de la Biblia.*

JERÓNIMO, A adj. y s. Relativo a una congregación religiosa que sigue la regla dada por san Jerónimo; miembro de esta congregación. (Llegaron a regentar los monasterios más importantes de España [Yuste, El Escorial, Guadalupe, etc.].)

JEROSOLIMITANO, A adj. y s. De Jerusalén.

JERPA s.f. (del lat. *serpere*, arrastrarse). Sarmiento delgado y estéril que brota de las raíces de la vid.

JERRICOTE s.m. Guiso o potaje elaborado con almendras, salvia, jengibre y azúcar, con caldo de gallina.

JERSEY s.m. (ingl. *jersey*) [pl. *jerseys*]. Amér. Tejido fino de punto. (También *yérsey* o *yersi*.) **2.** Esp. Suéter.

JERUGA s.f. (del lat. *siliqua*). Vaina o cáscara de algunas simientes.

JERUVA s.f. Ave de América Meridional, de plumaje verde con el pecho castaño. (Familia momótidos.)

JERUZA s.f. Guat. y Hond. Cárcel, calabozo.

JESUITA s.m. Miembro de la Compañía de Jesús, sociedad de clérigos regulares fundada por san Ignacio de Loyola en 1540. ◆ s.m. y f. y adj. *Desp.* Persona hipócrita y astuta.

ENCICL. La Compañía de Jesús fue inicialmente una sociedad misionera, cuyos miembros se comprometían con el papa por un voto especial de obediencia. A raíz de la Contrarreforma adoptó también el ministerio de la enseñanza. La institución creció rápidamente por Europa y más allá de ésta, y se manifestó en toda su importancia en el s. XVII, con las querellas en torno al jansenismo. Múltiples causas motivaron la supresión de la Compañía en la mayor parte de los países católicos (1759-1768). Restablecida por Pío VII (1814), volvió a conocer una gran prosperidad en los ss. XIX y XX. Su espiritualidad se basa en sus constituciones y en los *Ejercicios espirituales* de san Ignacio.

JESUÍTICO, A adj. Relativo a los jesuitas. **2.** *Desp.* Hipócrita, astuto.

JESUITINA s.f. Religiosa de cualquiera de las diversas comunidades femeninas que se inspiran en la espiritualidad ignaciana.

JESUITISMO s.m. Sistema moral y religioso de los jesuitas. **2.** *Desp.* Hipocresía basada en restricciones mentales.

JESÚS adj. y s.m. (de *Jesús*, fundador del cristianismo). Se dice del formato de papel de gran tamaño. ◆ interj. Expresa admiración, dolor, susto o lástima. **2.** Expresión que se le dice a alguien que acaba de estornudar.

JESUSEAR v.intr. *Fam.* Repetir muchas veces el nombre de Jesús. ◆ v.tr. Guat. Atribuir falsamente un hecho a una persona.

JET s.m. (voz inglesa). Avión a reacción. **2.** Chorro de fluido que sale por un orificio o una tobera y produce un efecto de propulsión.

JETA s.f. (de *seta* o *xeta*, hongo). *Fam.* Boca saliente por su configuración o por tener los labios abultados. **2.** *Fam.* Cara, parte anterior de la cabeza. **3.** *Vulg.* Cara de enojo. **4.** Méx. *Fam.* Gesto de enojo en el rostro. ◆ s.m. y f. Esp. *Vulg.* Caradura. ◇ **Echarse una jeta** Méx. Dormir una siesta.

JETÉ s.m. (voz francesa). COREOGR. Paso de danza que consiste en saltar sobre una pierna para caer sobre la otra.

JETEARSE v.prnl. Méx. *Fam.* Dormir.

JET LAG s.m. (voces inglesas). Desajuste temporal de las funciones del cuerpo humano tras un viaje largo en avión.

JETÓN, NA adj. Jetudo. **2.** Méx. *Fam.* Malhumorado, enojado. **3.** Méx. Dormido.

JET-SET s.f. (del ingl. *jet set*). Conjunto de personalidades acaudaladas e internacionales del mundo de los negocios, de la política, de los espectáculos, etc., que frecuenta lugares de moda y aparece a menudo en las revistas del corazón y los ecos de sociedad. (Se abrevia *jet*.)

JET-STREAM s.m. (del ingl. *jet stream*). Corriente del oeste muy rápida, que se observa entre 10 000 m y 15 000 m de altura, en las latitudes subtropicales de los dos hemisferios.

JETUDO, A adj. Que tiene jeta. SIN.: *jetón.*

JI s.f. (gr. *khi*). Nombre de la vigésima segunda letra del alfabeto griego (χ, X), que representa una velar sorda aspirada.

¡JI! Voz onomatopéyica con que se imita o expresa la risa. (Suele usarse repetida.)

1. JÍBARO → **JÍVARO.**

2. JÍBARO, A adj. y s. Antillas. Se dice de la gente rústica y de lo relativo a ella. **2.** Dom. Se dice de los animales indómitos. **3.** P. Rico. Relativo al campesino blanco. ◆ s.m. Hond. Hombre vigoroso y alto.

JIBE s.m. Cuba y Dom. Criba usada principalmente por los obreros de la construcción.

JIBIA s.f. (mozár. *xibia*). Sepia.

JIBRALTAREÑO, A adj. y s. → **GIBRALTAREÑO.**

JÍCAMA s.f. Méx. Tubérculo comestible, parecido a una cebolla aunque más grande, carnoso, quebradizo y jugoso; es de color blanco y sabor agradable y, por lo general, se come crudo y aderezado con limón, sal y chile.

JICAQUE adj. Guat. y Hond. Inculto, necio, cerril.

JÍCARA s.f. Recipiente pequeño, que suele emplearse para tomar chocolate. **2.** Amér. Recipiente pequeño, hecho de la corteza del fruto de la güira. **3.** Amér. Central y Méx. Fruto del jícaro.

JÍCARO s.m. Amér. Central y Méx. Güira.

JICO s.m. Colomb. Cabestro. **2.** Colomb. Cuerda para enlazar. **3.** Cuba. Ramal de muchos cordones con que se rematan los dos extremos de una hamaca.

JICOTE s.m. Amér. Central y Méx. Avispa gruesa de cuerpo negro, abdomen amarillo, cuya picadura produce una herida muy dolorosa. **2.** Hond. y Nicar. Panal de esta avispa.

JICOTEA s.f. Cuba, Méx. y P. Rico. Reptil quelonio.

JICOTERA s.f. Amér. Central y Méx. Nido de avispas o jicotes.

JIENNENSE, JIENENSE o **GIENNENSE** adj. y s.m. y f. De Jaén.

JIFERO s.m. Cuchillo con que se matan y descuartizan las reses. **2.** Oficial que ejecuta este trabajo.

JIGUILLO s.m. P. Rico. Arbusto de la familia de las piperáceas, de corteza y hojas aromáticas.

JIJO, A s. Méx. *Vulg.* y *desp.* Hijo.

JIJONA s.f. (de *Jijona*, ciudad valenciana). Turrón de almendras, granuloso, grasiento y de color ocre. SIN.: *turrón de Jijona.* ◆ s.f. Variedad de trigo álaga, que se siembra en La Mancha y Murcia.

JILGUERO s.m. (del ant. *sirguero*, de *sirgo*, paño de seda). Ave paseriforme muy común en España, de pico delgado, colores vivos y canto melodioso. (Familia fringílidos.) SIN.: *colorín.*

JILIBIOSO, A adj. Chile. Se dice de la persona que se queja o llora sin motivo. **2.** Chile. Se dice del caballo que, por molestia o desasosiego, está siempre moviendo alguna parte de su cuerpo. **3.** Chile. Melindroso, dengoso.

JILOTE s.m. Amér. Central y Méx. Mazorca muy tierna de maíz cuyos granos aún no han cuajado.

JILOTEAR v.intr. Amér. Central y Méx. Empezar a cuajar el maíz.

JIMELGA s.f. (del lat. *gemellus*). MAR. Pieza de madera, en forma de teja, que se pone como refuerzo en palos, vergas, etc.

JINESTADA s.f. Salsa elaborada con leche, harina de arroz, especias, dátiles y otros ingredientes.

1. JINETA o **GINETA** s.f. Mamífero carnívoro, de pelaje claro moteado de negro, que vive en Europa y África. (Familia vivérridos.)

2. JINETA s.f. Amér. Mujer que monta a caballo. ◇ **Monta a la jineta** EQUIT. Estilo de monta de origen árabe, que se llevan los estribos muy cortos y las piernas dobladas y pegadas al vientre de la cabalgadura.

JINETE s.m. y f. (ár. vulgar *zenēti*). Persona que monta a caballo. **2.** Soldado de a caballo que peleaba con lanza y adarga. ◇ **Jinetes del Apocalipsis** Ángeles descritos por san Juan en su Apocalipsis como ministros de la venganza divina.

JINETEADA s.f. Argent. Acción y efecto de jinetear. **2.** Argent. En el ambiente rural, fiesta en la que los jinetes despliegan su destreza.

JINETEAR v.intr. Presumir montando a caballo. ◆ v.tr. Amér. Domar caballos cerriles. **2.** Argent. Montar potros luciendo el jinete su habilidad y destreza. **3.** Méx. *Fig.* Tardar en pagar un dinero que se debe con el fin de obtener ganancias: *jineteó las cuotas antes de saldar su deuda.* ◆ **jinetearse** v.prnl. Colomb. y Méx. Montarse y asegurarse en la silla.

JINGLAR v.intr. (fr. ant. *jangler*, burlarse). Oscilar o mecerse algo que está colgado.

JINGOÍSMO s.m. (ingl. *jingoism*, patriotismo agresivo, de *jingo*, patriotero). Patriotería exaltada.

JÍNJOL s.m. Azufaifa.

JINJOLERO s.m. Azufaifo.

JIÑA s.f. Excremento humano.

JIOTE s.m. Méx. Erupción cutánea acompañada de escozor.

JIPA s.f. Colomb. Sombrero de ala ancha tejido con paja muy fina.

JIPATO, A adj. Amér. Central, Antillas, Colomb., Ecuad. y Méx. Se dice de la persona pálida, de color amarillento. **2.** Cuba. Se dice de la fruta que ha perdido la sustancia.

JIPI s.m. Sombrero de jipijapa.

JIPIAR v.intr. [19]. Hipar, gemir, gimotear. **2.** Cantar con voz semejante a un gemido.

JIPIDO s.m. Acción y efecto de jipiar. SIN.: *jipío.*

JIPIJAPA s.f. (de *Jipijapa*, ciudad de Ecuador). Tira fina, flexible y muy tenaz, que se saca de las hojas del bombonaje, y se emplea para hacer sombreros, petacas, etc. ◆ s.m. Sombrero que se hace de las tiras sacadas del bombonaje. SIN.: *sombrero de jipijapa.*

JIPÍO s.m. Jipido.

JIQUERA s.m. Colomb. Saco de cabuya.

JÍQUERA s.f. Amér. Jícara.

1. JIRA s.f. Pedazo algo grande y largo que se corta o rasga de una tela.

2. JIRA s.f. (fr. ant. *chiere*, comida de calidad). Banquete o merienda campestre para diversión y regocijo. **2.** Excursión de un grupo de personas.

■ **JILGUERO**

JIRAFA s.f. (ár. *zarâfa*). Mamífero rumiante de África de cuello largo y esbelto, cabeza pequeña con dos cuernos poco desarrollados y pelaje gris claro con manchas leonadas poligonales. (La jirafa anda con paso de ambladura y separa las patas anteriores para beber y pacer.) **2.** CIN. y TELEV. Brazo articulado que sostiene el micrófono.

■ **JIRAFA** reticulada.

JIRAJARA, pueblo amerindio cazador-recolector de Venezuela, de la familia lingüística arawak.

JIRAPLIEGA s.f. (gr. *ierà pikrá*, amarga santa). FARM. Electuario purgante, compuesto de acíbar, miel clarificada y otros ingredientes.

JIREL s.m. (ár. vulgar *ǧilâl*). Gualdrapa o manta rica de caballo.

JIMIMIQUEAR v.intr. Amér. Jeremiquear.

JIRON s.m. Perú. Vía urbana compuesta de varias calles o tramos entre esquinas.

JIRÓN s.m. (fr. ant. *giron*, pedazo de un vestido que se corta en punta). Trozo desgarrado de una tela, prenda de vestir, etc.: *llevar la camisa hecha jirones*. **2.** *Fig.* Parte pequeña de un todo: *un jirón desgarrado de poesía*. **3.** HERÁLD. Pieza honorable, en forma de triángulo rectángulo, cuyo vértice ocupa el abismo del escudo.

JIRONADO, A adj. Roto hecho jirones. **2.** HERÁLD. Se dice del escudo dividido en ocho partes triangulares iguales, con esmaltes alternados.

JITANJÁFORA s.f. Enunciado carente de sentido que pretende conseguir resultados eufónicos.

JITAZO s.m. Méx. *Fam.* Éxito.

JITOMATE s.m. Mex. Variedad de tomate carnoso y grande.

JIU-JITSU o **JU-JITSU** s.m. (jap. *jūjitsu*, arte de la agilidad). Arte marcial de origen japonés, en que los luchadores utilizan golpes dados en los puntos vitales del cuerpo, protecciones, llaves y estrangulamientos.

JÍVARO o **JÍBARO,** pueblo amerindio de la región amazónica de Ecuador y Perú, de lengua independiente. La economía se basa en la agricultura, practicada por las mujeres, y la caza, por los hombres. De creencias animistas y muy belicosos, matan a sus enemigos para acumular poder, y para neutralizar el alma de los muertos les cortan la cabeza y la reducen. Pese a estar muy aculturados, han mantenido su independencia.

JO s.m. Moneda fraccionaria que vale tres centavos de peso mexicano.

¡JO! interj. Esp. Expresa sorpresa, enojo, admiración, fastidio o cólera.

JOÁNICO, A adj. Relativo a san Juan Evangelista.

JOB s.m. (voz inglesa, *trabajo*). INFORMÁT. Conjunto de programas que en su totalidad producen un trabajo utilizable al usuario y que se procesan una a continuación de otro.

JOBILLO s.m. Antillas. Jobo. ◇ **Irse de jobillos** P. Rico. *Fig.* y *fam.* Hacer novillos.

JOBO s.m. Amér. Central, Antillas, Colomb., Pan., P. Rico y Venez. Árbol de la familia de las anacardiáceas, con flores hermafroditas en panojas y fruto parecido a la ciruela. ◇ **Comer jobos** P. Rico. *Fig.* y *fam.* Irse de jobillos.

JOCHEAR v.tr. Bol. Torear, azuzar.

JOCKEY s.m. (voz inglesa). Jinete profesional que monta los caballos de carreras. SIN.: *yóquey, yoqui.*

JOCOQUE s.m. Méx. Alimento semejante al yogur, que se prepara a partir de leche agriada.

JOCOSERIO, A adj. Que participa de las cualidades de lo serio y de lo jocoso.

JOCOSIDAD s.f. Cualidad de jocoso. **2.** Chiste, cosa graciosa.

JOCOSO, A adj. Gracioso, chistoso, festivo: *comentarios jocosos.*

JOCOTAL s.m. Guat. Variedad de jobo cuyo fruto es el jocote.

JOCOTE s.m. (náhuatl *xococ*, agrio). C. Rica, Guat. y Méx. Fruta parecida a la ciruela, de color rojo o amarillo, con una película delgada que cubre la carne y un hueso muy pequeño.

JOCOTEAR v.intr. C. Rica y Guat. Ir a cortar o a comer jocotes. ◆ v.intr., tr. y prnl. C. Rica y Guat. *Fig.* Importunar, fastidiar.

JOCUNDO, A adj. (bajo lat. *jocundus*). Alegre, jovial, jocoso.

JODA s.f. Argent. *Vulg.* Problema, situación difícil o comprometida. **2.** Argent., Colomb., Chile y Méx. Acción de joder, molestar o fastidiar. **3.** Méx. *Fam.* Molestia, incomodidad debida principalmente al exceso de trabajo: *es una joda tener que trabajar en domingo.*

JODER v.tr. e intr. (lat. *futuere*). *Vulg.* Realizar el coito. ◆ v.tr. *Vulg.* Estropear una cosa o impedir que salga bien. ◆ v.tr., intr. y prnl. *Vulg.* Molestar, fastidiar. ◆ interj. *Vulg.* Expresa sorpresa, enojo, admiración, fastidio o cólera. ◇ **Estar,** o **andar, jodido** *Vulg.* Estar mal de salud; *Vulg.* estar de mala suerte.

JODLER s.m. Vocalización de los cantos populares en los Alpes tiroleses, bávaros y suizos.

JODÓN, NA adj. Méx. *Fam.* Persona que molesta mucho.

JOFAINA s.f. (ár. *ǧufáyna*, dim. de *ǧáfana* o *ǧáfna*, fuente honda). Recipiente de uso doméstico, muy ancho y poco profundo, que sirve para lavarse.

JOGGING s.m. (voz inglesa). Ejercicio físico que consiste en correr una distancia larga, a un ritmo moderado, como entrenamiento deportivo.

JOINT VENTURE s.f. (voces inglesas, *riesgo compartido*). Asociación empresarial en la que los socios comparten los riesgos de capital y los beneficios según las tasas acordadas.

JOJANA s.f. Venez. Modo burlesco de decir las cosas.

JOJOBA s.f. Amér. Planta euforbiácea.

JOJOTO, A adj. Venez. Se dice del fruto verde, que no está en sazón. ◆ s.m. Venez. Maíz cuando aún está tierno.

JOLGORIO s.m. *Fam.* Fiesta o diversión animada o bulliciosa.

¡JOLÍN! interj. Esp. Expresa sorpresa, alegría o enojo. (También *¡jolines!*)

JOLITO s.m. Calma, quietud, interrupción.

JOLLÍN s.m. *Fam.* Jolgorio.

JOLOTE s.m. Guat., Hond. y Méx. Guajolote, pavo. **2.** Méx. Pez común de río.

JONDO adj. **Cante jondo** Canto folclórico que tiene su origen en el seno de la comunidad gitana andaluza y que suele calificar a los cantes flamencos de mayor categoría artística (tonás, seguiriyas y soleares).

JÓNICO, A adj. De Jonia. ◆ adj. y s.m. Se dice de uno de los principales dialectos de la lengua griega, que se hablaba en Jonia. ◇ **Orden jónico** Orden arquitectónico griego aparecido hacia el 560 a.C., caracterizado por una columna estriada y esbelta que descansa sobre una basa moldurada y coronada por un capitel, cuyo equino, decorado con ovas y dardos, está flanqueado por dos volutas, y el ábaco está adornado generalmente en su centro con una flor.

JONIO, A adj. y s. De Jonia. ◇ **Escuela jonia** FILOS. Escuela de los ss. VII y VI a.C., basada en una amplia observación de la naturaleza para buscar el principio de explicación: el agua para Tales, el infinito para Anaximandro, el aire para Anaxímenes.

JONJABAR v.tr. (caló *hovavar*, engañar). *Fam.* Engatusar o lisonjear.

JOPO s.m. Cola lanuda o peluda.

JORA s.f. Amér. Merid. Maíz germinado que se utiliza para elaborar chicha.

JORDANO, A adj. y s. De Jordania.

JORFE s.m. (ár. *ǧurf*). Muro de contención de tierras. **2.** Peñasco tajado que forma despeñadero.

JORNADA s.f. (del occitano ant. *jorn*, día). Día, desde el punto de vista de la actividad humana. **2.** Tiempo que se dedica al trabajo en un día o una semana: jornada de 40 horas semanales; por hoy se acabó la jornada. SIN.: *jornada laboral.* **3.** Camino que se recorre en un día. **4.** Camino recorrido de una vez en un espacio de tiempo cualquiera. **5.** *Fig.* Tiempo que dura la vida del ser humano. **6.** Época en que oficialmente se trasladan el cuerpo diplomático y el gobierno, o parte de él, a residencia distinta de la capital. **7.** En el poema dramático español y en la ópera del s. XVIII, acto de una obra.

JORNAL s.m. (voz del occitano ant.). Retribución que percibe un trabajador por cuenta ajena por cada día de trabajo: *cobrar el jornal.* **2.** Este mismo trabajo. **3.** Medida superficial agraria, de extensión varia.

JORNALERO, A s. Persona que trabaja a jornal, especialmente la que trabaja en el campo.

JOROBA s.f. (hispano-ár. *ḥadúba* o *ḥudúba*). Deformidad producida en el cuerpo por la torcedura de la columna vertebral. **2.** *Fig.* y *fam.* Fastidio: *¡qué joroba tener que trabajar!*

JOROBADO, A adj. y s. Que tiene joroba: *un anciano jorobado.* **2.** *Fam.* Fastidiado, molesto: *estar jorobado del estómago.*

JOROBAR v.tr. y prnl. *Fam.* Fastidiar, molestar: *me joroba tener que salir ahora.*

JOROBETA s.m. y f. Desp. Jorobado, giboso.

JORONGO s.m. Méx. Poncho con que se cubren los campesinos. **2.** Méx. Colcha de lana.

JOROPEAR v.intr. Colomb. y Venez. Bailar el joropo. **2.** Colomb. y Venez. Divertirse.

JOROPO s.m. Baile popular venezolano de movimiento rápido, que incluye un vistoso zapateado y una leve referencia al vals. **2.** Venez. Fiesta hogareña.

JOSA s.f. Amér. Heredad sin cerca, plantada de vides y árboles frutales.

JOSEFINISMO s.m. Josefismo.

JOSEFINISTA adj. y s.m. y f. Relativo al josefismo; partidario de este sistema.

JOSEFINO, A adj. y s. Se dice de los miembros de ciertas congregaciones fundadas bajo la advocación de san José. **2.** Afrancesado.

JOSEFISMO s.m. (de *José II*, emperador germánico). Sistema ideado por José II, emperador germánico, para subordinar la Iglesia al estado. SIN.: *josefinismo.*

1. JOTA s.f. Nombre de la letra *j*. ◇ **Ni jota** *Fam.* Nada: *no saber* o *no entender ni jota.*

2. JOTA s.f. Baile popular de Aragón y otras regiones españolas, y música y copla propias de este baile.

3. JOTA s.f. Amér. Merid. Ojota, especie de sandalia.

4. JOTA s.f. Potaje de verduras hecho con el caldo de la olla y sazonado con especias y hierbas olorosas.

JOTE s.m. Argent., Bol., Chile y Perú. Buitre americano de plumaje generalmente negruzco, con la cabeza, según las especies, negra, roja o amarilla. **2.** Chile. Cometa grande de forma cuadrangular. **3.** Chile. *Fig.* y *desp.* Nombre dado a los clérigos que visten de negro.

JOTO s.m. Colomb. Bulto o paquete pequeño, hatillo. **2.** Méx. Desp. Homosexual, marica.

JOULE s.m. (de J. P. *Joule,* físico británico). En la nomenclatura internacional, nombre del *julio,* unidad de medida de trabajo. ◇ **Efecto Joule** Desprendimiento de calor en un conductor homogéneo durante el paso de una corriente eléctrica.

JOVEN adj. y s.m. y f. (lat. *juvenis*). Se dice de la persona que está en el período de la juventud. ◆ adj. Que tiene poca edad o tiempo, o que está en los primeros momentos de su existencia o desarrollo: *planta, ternero, arte joven.* **2.** *Fig.* Que tiene características consideradas propias de la juventud: *mantener el cuerpo joven.* ◇ **Joven bárbaro** Miembro del movimiento de las juventudes republicanas que se formó en Barcelona en torno a A. Lerroux.

JOVENADO s.m. En ciertas órdenes religiosas, tiempo en que los que han profesado están bajo la dirección de un maestro. **2.** Casa en que habitan.

JOVENAZO s.m. Méx. *Fam.* Forma afectuosa de dirigirse a un hombre.

JOVIAL adj. (lat. *jovialis*, de *Júpiter*, dios romano).Contento y de buen humor: *persona jovial.* **2.** Alegre y risueño: *aspecto, actitud jovial.*

JOVIALIDAD s.f. Cualidad de jovial.

JOYA s.f. (fr. *joie*). Objeto de metal precioso, guarnecido a veces de perlas o piedras finas, que sirve principalmente de adorno. **2.** *Fig.* Persona de mucha valía, de muy buenas cualidades: *ser alguien una joya.* **3.** *Fig.* Cosa de mucho valor, generalmente por ser única o difícil de encontrar: *este sello es una joya.*

■ **JOYA.** Broche de oro, esmaltes y esmeraldas, s. XVIII. (Museo arqueológico, Madrid.)

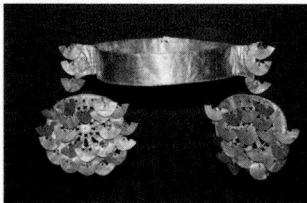

■ **JOYA.** Corona maya de oro. (Museo del oro, Bogotá.)

JOYANTE adj. **Seda joyante** Seda fina y de mucho brillo.

JOYEL s.m. Joya pequeña.

JOYERÍA s.f. Establecimiento donde se fabrican, reparan o venden joyas. **2.** Compra y venta de joyas. **3.** Conjunto de joyas.

JOYERO, A s. Persona que tiene por oficio hacer, arreglar o vender joyas. ◆ s.m. Estuche o caja para guardar joyas.

JOYO s.m. (lat. *lolium*). Cizaña.

JOYOLINA s.f. Guat. Prisión, cárcel.

JOYSTICK s.m. (voz inglesa).Palanca de control que permite desplazar el cursor en la pantalla de una computadora o de un videojuego.

JOYUYO s.m. Pato de América del Norte y Central, de cuello corto, cabeza grande y plumaje denso. (Familia anátidos.)

JUAGAZA s.f. Colomb. En los ingenios azucareros, meloja.

JUANAS s.f.pl. Palillos que usan los guanteros para ensanchar los guantes.

JUANETE s.m. (dim. o despectivo de *Juan*). Prominencia ósea anormal situada en el borde interno del pie, en la unión del primer me-

tatarsiano con la primera falange del dedo grueso. **2.** MAR. En los grandes veleros, nombre de las velas que van sobre la gavia y el velacho, y también de las vergas en que se afirman aquellas. **3.** VET. Sobrehueso que se forma en la cara inferior del tejuelo de las caballerías. ◆ **juanetes** s.m.pl. Colomb. Nalgas. **2.** Hond. Caderas.

JUANETUDO, A adj. Que tiene juanetes, prominencias óseas.

JUARDA s.f. Suciedad de las lana, paño o telas de seda cuando no han sido bien lavadas en su fabricación.

JUAY s.m. Méx. Cuchillo.

JUBERTAR v.tr. MAR. Meter un bote en el barco y colocarlo de costado sobre una banda.

JUBETE s.m. Armadura hecha con cuero recubierto con una malla fina y muy tupida de hierro, que protegía el torso contra las flechas.

JUBILACIÓN s.f. Acción de jubilar o jubilarse. **2.** Estado de la persona que está jubilada. **3.** Pensión que recibe una persona jubilada.

1. JUBILAR v.tr. (lat. *jubilare*, lanzar gritos de júbilo). Retirar a una persona del trabajo por haber cumplido la edad estipulada por la ley o por enfermedad, asignándole una pensión vitalicia. **2.** *Fig. y fam.* Dejar de usar una cosa por inútil, vieja o estropeada. ◆ **jubilarse** v.prnl. Conseguir la jubilación. **2.** Colomb. Enloquecer. **3.** Guat. y Venez. Hacer novillos.

2. JUBILAR adj. Perteneciente al jubileo.

JUBILEO s.m. (lat. *jubilaeus*, solemnidad judía que se celebra cada 50 años). En la religión hebraica, año santo celebrado cada cincuenta años. **2.** En la religión católica, año privilegiado en el que los peregrinos que van a Roma se benefician, en algunas condiciones, de una indulgencia plenaria. **3.** Esa indulgencia: *ganar el jubileo.* **4.** Conmemoración cincuentenaria de una institución, reinado, etc. **5.** *Fig.* Concurrencia frecuente de muchas personas en algún lugar. **6.** *Fig. y fam.* Bodas de oro de una persona de alta dignidad.

JÚBILO s.m. (lat. *jubilum*).Alegría muy intensa y ostensible.

JUBILOSO, A adj. Lleno de júbilo.

JUBÓN s.m. (del ár. *ǧúbba*). Prenda de vestir ajustada al cuerpo, con mangas o sin ellas, que cubre hasta la cintura.

JÚCARO s.m. Árbol de flores sin corola, fruto parecido a la aceituna y madera muy dura. (Familia combretáceas.)

JUCEI s.m. En Cuba, denominación oficial de la unidad política y administrativa municipal y provincial.

JUCO, A adj. Hond. Agrio, fermentado.

JUDAICO, A adj. Relativo a los judíos.

JUDAÍSMO s.m. Conjunto de las ideas y de las instituciones religiosas del pueblo judío.

ENCICL. Con el nombre de judaísmo se designa la forma que tomó la religión israelí tras la destrucción del templo de Jerusalén (587 a.C.) y el exilio (587-538 a.C.). En su sentido corriente, se entiende por judaísmo el conjunto de instituciones religiosas del pueblo judío. La tradición religiosa judía se declara heredera de Abraham, padre de los creyentes, y de Moisés, legislador de Israel. La Biblia (el Antiguo testamento de los cristianos) contiene la ley escrita, cuya parte fundamental la fue revelada a Moisés en el monte Sinaí: es la Torá (doctrina). El *Talmud, obra de sabios doctores cuya redacción definitiva terminó en el s. V, contiene la ley oral (Mišná), complemento de la ley escrita.

JUDAIZACIÓN s.f. Acción de judaizar.

JUDAIZANTE adj. Que judaíza. ◆ adj. y s.m. y f. Se dice de los judíos hispanoportugueses, bautizados y oficialmente católicos, que conservaron pública o secretamente la fe judaica. ◆ s.m. y f. Miembro de una facción cristiana del s. I, que sostenía que, además de la observancia de la doctrina cristiana, debía observarse la ley mosaica.

JUDAIZAR v.intr. [23]. Convertirse al judaísmo. **2.** Practicar ocultamente el judaísmo los conversos al cristianismo.

JUDAS s.m. (de *Judas* Iscariote, uno de los doce apóstoles). Hombre malvado y traidor. **2.** Mirilla de la puerta de las celdas en las prisiones. **3.** Méx. Figura de papel que se quema el sábado de gloria.

JUDEOALEMÁN, NA adj. y s. Se dice de los descendientes de los judíos expulsados de Alemania en el s. XIV. ◆ s.m. Yiddish.

JUDEOESPAÑOL s.m. Dialecto del castellano hablado por los judíos sefardíes expulsados de España (1492) y sus descendientes. SIN.: *ladino.* **ENCICL.** Los judíos españoles, expulsados por los Reyes Católicos en 1492, se dispersaron por Europa, África y el Mediterráneo oriental, entonces bajo el dominio otomano. En el imperio otomano desarrollaron importantes comunidades sefardíes, en las que se conservó esta variedad del castellano. La dispersión de las comunidades sometió a los hablantes de cada una de ellas a distintas influencias, por lo que, en la actualidad, pueden apreciarse diferencias entre el judeoespañol de los que se establecieron en Europa o en Asia Menor, Siria o Egipto. Los acontecimientos subsiguientes a la segunda guerra mundial han determinado un cambio importante en el mapa de la distribución de los núcleos sefardíes.

JUDERÍA s.f. Barrio de las ciudades españolas medievales en que habitaban los judíos.

JUDÍA s.f. Esp. Planta anual, originaria de América, de la que se cultivan varias especies por sus flores ornamentales y, sobre todo, por sus frutos comestibles y sus semillas, ricas en féculas. (Familia papilionáceas.) GEOSIN.: Amér. Central y Méx. *frijol;* Amér. Merid. *poroto.* **2.** Esp. Fruto de esta planta, en forma de vaina y de color verde. GEOSIN.: Amér. Central y Méx. *ejote;* Amér. Merid. *chaucha.* **3.** Esp. Semilla de esta planta, que se come cuando está madura y seca. GEOSIN.: Amér. Central y Méx. *frijol;* Amér. Merid. *poroto.* ◇ **Judía de careta** Planta de los países cálidos, de semillas pequeñas, blancas, con una manchita negra en uno de sus extremos. (Familia papilionáceas.)

JUDIADA s.f. Acción mal intencionada o injusta hecha contra alguien. **2.** *Fig. y fam.* Lucro excesivo y escandaloso.

JUDIAR s.m. Terreno sembrado de judías.

JUDICATURA s.f. Ejercicio de juzgar. **2.** Cargo de juez y tiempo que dura. **3.** Cuerpo constituido por los jueces de un país.

JUDICIAL adj. Relativo a la organización, ejercicio o administración de la justicia: *autoridad judicial.* ◇ **Poder judicial** Órgano de gobierno que está encargado de administrar justicia.

JUDIEGO, A adj. Se dice de una especie de aceituna buena para hacer aceite, pero no para la alimentación.

JUDÍO, A adj. y s. (lat. *judaeus*). De una comunidad étnica, cultural e histórica procedente de la antigua Palestina, dispersa por todo el mundo. **2.** Se dice del que profesa el judaísmo. **3.** De Judea.

JUDIÓN s.m. Variedad de judía, con la hoja mayor y más redonda y con las vainas más anchas. SIN.: *judío.*

JUDO o **YUDO** s.m. (jap. *ju*, agilidad, y *do*, vía). Arte marcial derivada del jiu-jitsu, que consiste en utilizar la fuerza del adversario para desequilibrarlo e inmovilizarlo, y en la que la elasticidad y la velocidad desempeñan un papel predominante.

■ **JUDO.** Proyección («te guruma», abrazando con las manos).

JUDOKA o **YUDOKA** s.m. y f. Persona que practica el judo.

JUEGO s.m. (lat. *jocus*, broma, diversión). Actividad que se realiza con el fin de divertirse, generalmente siguiendo determinadas reglas. **2.** Conjunto de objetos necesarios para jugar a un juego determinado: *un juego de damas.* **3.** Cartas, fichas, etc., que tiene cada jugador: *tener buen juego.* **4.** Conjunto de piezas semejantes que se complementan en el uso: *un juego de cama.* **5.** Actividad recreativa en la que se apuesta dinero: *perdió cuanto tenía en el juego.* **6.** En algunos juegos, cada una de las divisiones de la partida. **7.** En tenis, cada una de las divisiones de un set. **8.** En pelota vasca y valenciana, tanto. **9.** Sucesión de combinaciones o cambios que resultan de la disposición particular de algunas cosas: *juego de luces.* **10.** Punto de unión entre dos o más cosas articuladas. **11.** Movimiento que pueden realizar dos o más cosas articuladas. **12.** *Fig.* Intriga o maquinación para conseguir algo. ◆ **juegos** s.m.pl. Fiestas o espectáculos públicos que se celebraban en Grecia y Roma. ◇ **Entrar en juego** Intervenir. **Estar en juego** algo Depender de otra cosa. **Hacer el juego** a alguien Secundarlo en la realización de alguna cosa. **Hacer juego** Esp. y Méx. Convenir, adecuarse una cosa con otra; en este juego, depositar las apuestas. **Juego de azar,** o **de suerte** Aquel en que se hacen apuestas, y cuyo resultado depende casi exclusivamente de la suerte. **Juego de manos** Ejercicio de prestidigitación. **Juego de niños** *Fig.* Cosa que no tiene dificultad o que se hace sin darle importancia. **Juego de órgano** MÚS. Serie de tubos que corresponden a un mismo timbre. **Juego de palabras** Figura que consiste en usar palabras en sentido equívoco, o en varias de sus acepciones, o en emplear dos o más que solo se diferencian en alguna de sus letras. **Juego de pelota** ARQUEOL. Nombre dado a ciertas estructuras arquitectónicas encontradas en centros arqueológicos de México y Guatemala, destinadas al juego de pelota ritual. **Juego de rol** Juego en el que el participante desempeña el papel de uno de los personajes de una historia o aventura. **Juego electrónico** Juego que aplica la electrónica de forma más o menos compleja a un juego tradicional. **Juego limpio** Manera de obrar sin trampas ni engaños. **Juego sucio** Actuación dolosa. **Juegos florales** Concurso poético. **Poner en juego** algo Arriesgarlo, exponerlo, utilizarlo con determinada finalidad. **Teoría de juegos** Nombre dado al conjunto de métodos matemáticos que permiten la resolución de problemas en los que intervienen reglas de decisión y nociones abstractas de táctica y estrategia.

ENCICL. En Grecia, eran célebres los juegos públicos en honor de algún dios y comprendían concursos atléticos, musicales y poéticos. Los más importantes eran los *olímpicos.* En Roma fueron célebres los juegos del circo, el anfiteatro o el teatro (combates de gladiadores, etc.) que acompañaban las fiestas religiosas, los funerales y otras ceremonias.

JUERGA s.f. Diversión bulliciosa, particularmente la que hacen varias personas reunidas.

JUERGUISTA adj. y s.m. y f. Se dice de la persona que es muy aficionada a las juergas o diversiones.

JUEVES s.m. (del lat. *dies jovis,* día de Júpiter). Cuarto día de la semana, entre el miércoles y el viernes. ◇ **Jueves gordo,** o **lardero** Jueves anterior al carnaval. **Jueves santo** Jueves de semana santa. **No ser algo cosa del otro jueves** No ser extraordinario o digno de llamar la atención.

JUEY s.m. P. Rico. Cangrejo de tierra. **2.** P. Rico. Persona codiciosa, avara. ◇ **Hacerse el juey dormido** P. Rico. *Fig.* y *fam.* Hacerse el mosquita muerta.

JUEZ, ZA s. (del lat. *judex, -icis*). Persona que tiene a su cargo la aplicación de las leyes, teniendo autoridad y potestad para juzgar y sentenciar. (En todas las acepciones, el femenino también puede ser *la juez.*) **2.** Persona que tiene autoridad para juzgar en un concurso público y hacer que se cumplan las reglas que lo rigen. **3.** Persona designada para resolver una duda o una discusión. **4.** DEP. Persona encargada de hacer que se cumpla el reglamento, resolver cualquier duda y dirimir y sentenciar el resultado de una competición deportiva. ◆ s.m. En Israel, jefe militar provisional de una o varias tribus, encargado de sus compatriotas y de preservar su patrimonio religioso. ◇ **Jueces de Castilla** HIST. Magistrados legendarios que se suponía habían elegido los castellanos para que los gobernasen, rompiendo con la autoridad de los monarcas asturleoneses. **Juez árbitro** Juez designado por las partes litigantes, que no es letrado, pero no juez oficial, para fallar el pleito conforme a derecho. **Juez de línea** Árbitro auxiliar que desde las líneas de banda ayuda al árbitro en el fútbol y otros deportes. **Juez de paz** Juez que oía a las partes antes de consentir que litigasen, procurando conciliarlas. (Aún existe la institución y, en poblaciones pequeñas donde no hay juez de primera instancia, resuelve cuestiones de poca gravedad; no precisa su letrado.) **Juez de primera instancia (y de instrucción)** Juez ordinario en un partido o distrito, que conoce en primera instancia cuestiones no sometidas por la ley a los jueces municipales, y en materia criminal dirige la instrucción de los sumarios. **Juez de raya** Arg. En las carreras de caballos, encargado de fallar sobre el orden de llegada de los competidores. **Juez ordinario** Juez que en primera instancia conoce las causas y pleitos.

JUGADA s.f. Cada una de las intervenciones de los jugadores en el juego. **2.** Lance de juego. **3.** *Fig.* Acción mala e inesperada contra alguien: *hacerle una jugada a un compañero.*

JUGADOR, RA adj. y s. Que juega. **2.** Que tiene el vicio de apostar al juego. ◇ **Jugador de ventaja** Fullero.

JUGAR v.intr. [14]. Hacer algo como diversión: *los niños jugaban en el patio.* **2.** Tomar parte en un juego organizado o en determinado deporte de equipo: *jugar al ajedrez, a fútbol.* **3.** Tomar parte en un sorteo o en un juego de azar: *jugar al bingo; dejar de jugar y beber.* **4.** Intervenir los jugadores en el juego cada vez que les corresponde: *te toca jugar a ti.* **5.** Casar, combinar una cosa con otras para producir un efecto: *jugar con las luces y las sombras.* **6.** In-

tervenir en un negocio o asunto: *yo no juego en eso.* **7.** No tomarse algo o a alguien con seriedad: *no juegues con tu salud.* ◆ v.intr. y tr. Ponerse en movimiento una cosa que consta de piezas. ◆ v.tr. Disputar una partida o un juego: *jugar un partido en campo contrario.* **2.** Hacer uso de las piezas o cartas en un juego: *voy a jugar el as.* ◆ v.tr. y prnl. Arriesgar en el juego: *jugarse el sueldo.* **2.** *Fig.* Exponerse a algo: *jugarse la vida.* ◇ **Jugarla,** o **ju gársela,** a alguien Hacer algo con intención de perjudicarlo.

JUGARRETA s.f. *Fam.* Engaño, mala pasada.

JUGLAR, RESA s. (del lat. *jocularis,* que hace gracia). Histrión que cantaba, bailaba o hacía juegos y truhanerías públicamente a cambio de dinero. **2.** Persona que cantaba o recitaba poesías propias o de los trovadores a cambio de dinero.

JUGLARESCO, A adj. Relativo al juglar o al mester de juglaría.

JUGLARÍA s.f. Actividad o modo propio de los juglares. **2.** Oficio de juglar.

JUGO s.m. (del lat. *sucus*). Líquido contenido en las sustancias vegetales y animales. **2.** Salsa que acompaña a ciertos guisos. **3.** *Fig.* Utilidad o provecho que se saca de algo. **4.** FISIOL. Líquido orgánico producido por la secreción de una o varias glándulas.

JUGOSIDAD s.f. Cualidad de jugoso.

JUGOSO, A adj. Que tiene jugo: *asado jugoso.* **2.** *Fig.* Sustancioso, provechoso: *jugosas vacaciones.*

JUGUETE s.m. Objeto que sirve para que jueguen los niños. **2.** *Fig.* Persona o cosa dominada por una fuerza material o moral que la mueve a su arbitrio: *ser un juguete de las pasiones.* **3.** TEATR. Breve obra teatral, de carácter cómico, que a veces incluye cantables y suele tener uno o dos actos.

JUGUETEAR v.intr. Entretenerse, enredar jugando.

JUGUETEO s.m. Acción de juguetear.

JUGUETERÍA s.f. Comercio de juguetes o tienda donde se venden.

JUGUETILLO s.m. Cancioncilla popular andaluza, de métrica y melodía muy variables, contagiadas posteriormente de algunos rasgos flamencos.

JUGUETÓN, NA adj. Se dice de la persona o animal aficionado a jugar, saltar, etc.: *niños juguetones.*

JUICIO s.m. (lat. *judicium*). Facultad del entendimiento por la que una persona puede conocer y comparar. **2.** Acto de esta facultad. **3.** *Fig.* Cordura, prudencia: *tener juicio.* **4.** *Fig.* Opinión, criterio: *a mi juicio, eso no está bien.* **5.** DER. Tramitación de un pleito o una causa ante un juez o tribunal adecuado, y su resultado. ◇ **Juicio de Dios** Juicio que se practicaba durante la edad media, para determinar la verdad de una cuestión, invocando el testimonio divino. **Juicio final** Juicio general de la humanidad, hecho por Cristo, al final del mundo. **Muela del juicio** Denominación común del último molar inferior, que aparece en edad tardía. **Perder el juicio** Perder la razón.

JUICIOSO, A adj. y s. Se dice de la persona que piensa, habla u obra con buen juicio: *mostrarse juicioso.* ◆ adj. Hecho con juicio: *comentario juicioso.*

JUICO, A adj. Hond. Sordo.

JU-JITSU s.m. → JIU-JITSU.

JU-JU s.m. Pájaro de color predominantemente verde, con la cabeza y el cuello grises y el abdomen anaranjado. (Familia sitácidos.)

JUKE-BOX s.m. (angloamericano *jukebox*). Fonógrafo eléctrico automático que entra en funcionamiento al introducir una moneda.

JULEPE s.m. (ár. *ğullâb,* del persa *gulâb,* agua de rosas). Juego de naipes que se juega con baraja de cuarenta cartas. (Se reparten cartas hasta cinco a cada jugador, y se descubre otra que sirve para indicar el palo del triunfo. Gana el juego quien consigue hacer dos bazas de las cinco posibles.) **2.** Mezcla de agua destilada, jarabe y otras materias medicamentosas. **3.** *Fig.* y *fam.* Reprimenda, castigo. **4.** Amér. Merid. y P. Rico. *Fig.* y *fam.* Susto, miedo. **5.** P. Rico. *Fig.* Lío, desorden.

JULEPEAR v.intr. Jugar al julepe. ◆ v.tr. Co-

■ **JUEGO** DE PELOTA. (Ruinas de Copán, Honduras.)

lomb. Apremiar, apresurar. **2.** Colomb. Irritar, atosigar. **3.** P. Rico. Embromar. ◆ v.tr. y prnl. Amér. Merid. Infundir miedo.

1. JULIA s.f. Pez marino de cuerpo alargado, cuyas aletas dorsales forman una sola cresta espinosa. (Familia lábridos.)

2. JULIA s.m. Méx. *Fam.* Vehículo policial en el que se lleva a los detenidos.

JULIANA s.f. Planta de flores blancas, purpúreas o multicolores, cultivada como ornamental. (Familia crucíferas.)

JULIANO, A adj. Relativo a Julio César. ◇ **Año juliano** Año de 365,25 días. **Calendario juliano** Calendario reformado por Julio César en el año 46 a.C. **Era juliana** Espacio de 7 980 años julianos, utilizado para la cronología de los fenómenos astronómicos. (Su origen fue fijado en el 1 de enero del año 4713 a.C., a las 12 h del tiempo universal.)

1. JULIO s.m. (lat. *julius*). Séptimo mes del año. (Tiene 31 días.)

2. JULIO s.m. (ingl. *joule*, de J. P. *Joule*, físico inglés). Unidad de medida de trabajo, energía y cantidad de calor (símb. J). Unidad de trabajo producido por una fuerza de un newton cuyo punto de aplicación se desplaza un metro en la dirección de la fuerza.

JULO s.m. (mozár. *xulo*). Res o caballería que va delante de las demás en el ganado o la recua.

JUMA s.f. *Fam.* Jumera.

JUMARSE v.prnl. Colomb. y Cuba. Emborracharse.

JUMBO s.m. (voz inglesa). Avión comercial de gran capacidad. **2.** Carretilla pórtico que soporta varias perforadoras para la ejecución de los barrenos en los trabajos de excavación de subterráneos.

JUMEL s.m. Variedad de algodón egipcio.

JUMENTAL adj. Relativo al jumento. SIN.: *jumentil.*

JUMENTIZAR v.tr. y prnl. [7]. Colomb. Hacer bruto, embrutecer.

JUMENTO, A s. (lat. *jumentum*). Pollino, asno, burro.

JUMERA s.f. *Fam.* Borrachera. SIN.: *juma.*

JUMIL s.m. Méx. Insecto hemipteroideo comestible, que se aderaza con sal y limón.

JUMILLA s.m. Vino abocado, de color tinto o rosado, de alta graduación (entre 15 y 18°) y sin ningún aditamento. (Se produce en Murcia, Caravaca, Cieza, Jumilla, Moratalla, Mula, Totana y Yecla.)

JUMPER s.m. Caballo especialmente adiestrado para el salto y las competiciones de obstáculos.

JUMPING s.m. Concurso hípico consistente en una sucesión de saltos de obstáculos.

JUMS s.m. Entre los musulmanes, con ocasión de la guerra santa, parte del botín de guerra (un quinto) que correspondía al califa y era administrada por sus representantes.

JUNAR v.tr. Argent. Mirar, observar.

JUNCÁCEO, A adj. y s.f. Relativo a una familia de plantas monocotiledóneas herbáceas, de rizoma reptante, como algunas clases de juncos.

JUNCAL adj. Relativo al junco. **2.** *Fig.* Gallardo, esbelto, de movimientos airosos: *figura juncal.* ◆ s.m. Juncar.

JUNCAR s.m. Terreno poblado de juncos.

JUNCIA s.f. (del lat. *juncea,* semejante al junco). Planta herbácea con cañas triangulares, hojas largas y estrechas de bordes ásperos, flores verdosas en espigas terminales, rizoma tónico y estomacal y frutos en granos secos. (Familia ciperáceas.)

JUNCIANA s.f. *Fig.* y *fam.* Jactancia vana y sin fundamento.

JUNCIERA s.f. Vasija de barro en que se ponían hierbas o raíces aromáticas en infusión con vinagre o para perfumar.

JUNCIÓN s.f. Juntura, parte o lugar en que se juntan dos o más cosas.

1. JUNCO s.m. (lat. *juncus*). Planta herbácea, de tallo recto y flexible, que crece dentro del agua o en lugares húmedos, donde forma matas muy compactas. (Corresponde a diversas clases de las familias ciperáceas, alismáceas y juncáceas.) SIN.: *junquera.* **2.** Bastón, especial-

---

mente si es delgado. ◇ **Junco florido** Planta de flores rosadas que crece al borde de las aguas. (Clase monocotiledóneas.)

2. JUNCO s.m. (port. *junco*). Velero utilizado en Extremo oriente, cuyas velas de estera o de tela van cosidas sobre enormes listones de bambú horizontales que las mantienen tiesas.

■ JUNCO

JUNGLA s.f. Formación herbácea característica de la India, constituida por una proporción irregular de árboles (monocotiledóneas, bambúes, palmeras, helechos arborescentes, etc.), y que presenta una fauna variada, en la que el tigre es el animal característico. **2.** *Fig.* Lugar donde hay gran competitividad o donde impera la ley del más fuerte.

JUNGLE s.m. (voz inglesa). Estilo de jazz evocador, característico de Duke Ellington.

JUNIO s.m. (lat. *junius*). Sexto mes del año. (Tiene 30 días.)

JÚNIOR o **JUNIOR** adj. (ingl. *junior,* lat. *junior,* comparativo de *juvenis*) [pl. *júniors* o *juniors*]. Se usa pospuesto al nombre propio o al apellido de una persona para indicar que esta es hija de otra con el mismo nombre. (Se abrevia *jr.*; en América es más frecuente la forma *junior.*) ◆ adj. y s.m. y f. DEP. Se dice de la categoría que se engloban los deportistas de edad inmediatamente inferior a la de los séniors; deportista de esta categoría.

JUNÍPERO s.m. (lat. *juniperus*). Enebro.

JUNQUERA s.f. BOT. Junco.

JUNQUERAL s.m. Juncar.

JUNQUILLO s.m. Planta herbácea de hojas parecidas a las del junco, que se cultiva para extraer su perfume. (Familia amarilidáceas.) **2.** ARQ. Moldura saliente, de unos tres cuartos de círculo, más delgada que el bocel, y aplicada generalmente en esquinas.

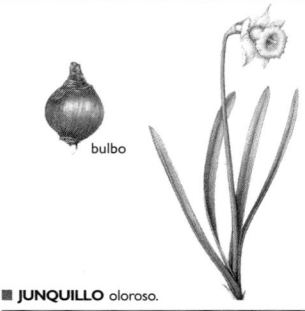

bulbo

■ JUNQUILLO oloroso.

JUNTA s.f. Juntura, parte por donde se unen dos o más cosas. **2.** Reunión de personas pertenecientes a determinada entidad para tratar asuntos relacionados con esta. **3.** Conjunto de personas que dirigen una sociedad o empresa: *junta directiva.* **4.** Nombre que toman algunos gobiernos surgidos de un golpe de estado militar. **5.** Consejo de gobierno de las comunidades autónomas de Andalucía, Castilla-La Mancha, Castilla y León, Extremadura y Galicia (*Xunta*). **6.** CONSTR. Espacio entre dos elementos, generalmente relleno de mortero o argamasa. **7.** TECNOL. Pieza de poco espesor interpuesta entre dos superficies apretadas y ajustadas para asegurar su perfecta hermetici-

---

dad. ◇ **Junta de culata** Junta de estanqueidad interpuesta entre el bloque del cilindro y la culata de un motor de combustión interna. **Junta de dilatación** Dispositivo que permite la libre dilatación o contracción en función de la temperatura. **Junta de portavoces** Organismo constituido en el seno del congreso de los diputados y en el senado, que está formado por los portavoces de los grupos parlamentarios, el presidente de la cámara y un representante del gobierno con voz pero sin voto. **Junta electoral** Órgano encargado de velar por la pureza del proceso electoral. **Juntas generales** Órganos deliberativos y consultivos de participación del pueblo de Álava, Guipúzcoa y del señorío de Vizcaya, a través de sus municipios, en el gobierno provincial, que fiscalizan la gestión del órgano administrativo y ejecutivo que es la diputación foral.

JUNTAMENTE adv.m. A un mismo tiempo.

JUNTAR v.tr. Poner unas cosas en contacto con otras de manera que se toquen: *juntar dos mesas.* **2.** Colocar cosas en un mismo lugar o formando parte de un conjunto: *juntamos todos los trastos en un rincón.* **3.** Reunir determinado número de algo: *juntar dinero.* **4.** Suceder, pensar o imaginar diversos hechos a un mismo tiempo. **5.** Entornar puertas o ventanas. ◆ v.tr. y prnl. Reunir, agrupar: *juntarse una reunión varios amigos.* ◆ **juntarse** v.prnl. Acompañarse, estar o ir en compañía de alguien. **2.** Amancebarse.

JUNTERA s.f. Garlopa para alisar el canto de las tablas.

JUNTERILLA s.f. Juntera pequeña para empezar los rebajos.

JUNTERO s.m. Relativo a una junta o delegado en ella.

JUNTO, A adj. (lat. *junctus,* p. de *jungere,* juntar). Unido, cercano: *tener las camas juntas.* **2.** En compañía: *llegar juntos.* ◆ adv.l. Seguido de la prep. *a,* cerca o al cabo de: *sentarse junto al fuego.*

JUNTURA s.f. Parte o lugar en que se unen dos o más cosas.

JUPA s.f. C. Rica y Hond. Calabaza redonda. **2.** C. Rica y Hond. Cabeza.

JUPIARSE v.prnl. Amér. Central. Emborracharse, embriagarse.

JUPÓN, NA adj. y s. Amér. Central. Cabezón.

JURA s.f. Acto solemne de jurar obediencia y fidelidad a un soberano, a las leyes de un país, a un cargo, etc.: *jura de la bandera.*

JURADO, A adj. Se dice del escrito o declaración realizados bajo juramento: *declaración jurada; relación jurada.* **2.** Méx. Se dice de la persona que ha hecho una promesa ante Dios, la Virgen María o algún santo de no beber alcohol durante un tiempo determinado. ◆ s.m. Grupo de personas a quienes se constituye en tribunal examinador y calificador en concursos, exposiciones, etc. **2.** Persona que forma parte de este grupo. **3.** DER. **a.** Tribunal, formado por sorteo entre los ciudadanos, cuya misión consiste en determinar el hecho justiciable o la culpabilidad del acusado, dejando a cuidado de los magistrados la imposición de la pena. **b.** Persona que forma parte de este tribunal. **4.** HIST. Autoridad del concejo municipal en los diversos reinos hispánicos.

JURADOR, RA adj. y s. Que tiene hábito de jurar. **2.** DER. Que declara en juicio con juramento.

JURADURÍA s.f. Oficio y dignidad de jurado.

JURAMENTADO, A adj. HIST. Durante la Revolución francesa, se decía del sacerdote que había prestado juramento a la constitución civil del clero.

JURAMENTAR v.tr. Tomar juramento a alguien. ◆ **juramentarse** v.prnl. Obligarse mediante juramento.

JURAMENTO s.m. Afirmación solemne que hace una persona para asegurar la veracidad de algo. **2.** Blasfemia: *proferir juramentos.*

JURAR v.tr. Afirmar o prometer algo tomando por testigo a una persona o cosa que se considera sagrada. **2.** Reconocer la soberanía de un monarca o de una institución o someterse a sus leyes. ◆ v.intr. Blasfemar, renegar. ◇ **Jurar en falso** Jurar sabiendo que lo que se jura no es verdad. **Jurársela,** o **jurárselas** *Fam.* Jurar una persona que se vengará de otra.

JURÁSICO, A adj. Relativo al Jura. ♦ s.m. y adj. GEOL. Período de la era secundaria entre el triásico y el cretácico, que se distingue por la sedimentación de gruesas capas calcáreas, principalmente en el Jura. ◇ **Relieve jurásico** Tipo de relieve desarrollado en una estructura sedimentaria plegada regularmente, en la que alternan capas resistentes y capas blandas, y en el que la topografía refleja directamente la estructura.

JUREL s.m. (mozár. *šurêl* o cat. *sorell*, dims. del lat. *saurus*). Pez teleósteo de unos 20 cm de long., de color azul por el lomo y blanco por el vientre, que se diferencia de la sardina por lo estrecho de la raíz de su cola y por los escudetes de la línea lateral. (Familia carángidos.)

JURERO, A s. Chile y Ecuad. Persona que presta falso testimonio a cambio de dinero.

JURIDICIDAD s.f. Criterio favorable al predominio del estricto derecho en las cuestiones políticas y sociales.

JURÍDICO, A adj. (lat. *juridicus*). Relativo a las formas judiciales, a la justicia, a las leyes que regulan las relaciones entre los ciudadanos y al derecho en general.

JURIFICAR v.intr. [1]. Convertir en ley lo que antes era norma de conducta.

JURISCONSULTO, A s. (lat. *jurisconsulus*). Persona especializada en cuestiones jurídicas. **2.** Persona dedicada profesionalmente a la teoría o a la práctica del derecho.

JURISDICCIÓN s.f. (del lat. *juris dictio*, acto de decir el derecho). Poder para gobernar y poner en ejecución las leyes. **2.** Autoridad, poder, potestad o dominio sobre otro. **3.** DER. **a.** Conjunto de atribuciones que corresponden en materia judicial a un órgano en territorio determinado. **b.** Territorio en que un juez o tribunal ejercen sus funciones. ENCICL. Se distinguen dos tipos de jurisdicción: el orden judicial y el orden administrativo. Los tribunales judiciales son los encargados de juzgar los litigios entre particulares (tribunales de instancia o de gran instancia en materia civil) y de sancionar a los autores de contravenciones, delitos o crímenes (tribunales de policía, tribunales correccionales, cortes). Al lado de los tribunales de derecho común existen los tribunales de excepción, de competencia especial: los tribunales de asuntos de seguridad social, los tribunales marítimos, comerciales, etc. La solicitud de decisiones de un tribunal inferior a un tribunal superior es un principio de derecho para litigios de cierta importancia.

JURISDICCIONAL adj. Relativo a la jurisdicción.

JURISPRUDENCIA s.f. Ciencia del derecho. **2.** Enseñanza doctrinal que dimana de los fallos de las autoridades gubernativas o judiciales. **3.** Norma de juicio que supla omisiones de la ley y que se funda en las prácticas seguidas en casos análogos. **4.** Interpretación de la ley hecha por los jueces. **5.** Conjunto de sentencias que determinan un criterio sobre una cuestión jurídica. **6.** Interpretación reiterada del tribunal supremo. **7.** Práctica judicial constante.

JURISTA s.m. y f. Persona que se dedica al estudio del derecho o lo ejerce como profesión.

JURO s.m. (lat. *jus, juris*, derecho, jurisdicción). Forma de propiedad en que esta se concedía a perpetuidad. **2.** En Castilla, pensión o beneficio que el rey concedía en pago de un servicio.

JUSELLO s.m. (cat. *jusell*). Potaje elaborado con caldo de carne, perejil, queso y huevos.

JUSI s.m. Tela filipina, parecida a la gasa, y con listas de colores intensos.

JUSTA s.f. Competición literaria: *justas poéticas*. **2.** HIST. Combate caballeresco individual a caballo, de hombre a hombre y con lanza, realizado como entrenamiento o para dar realce a un festejo. (Se diferenciaba de los torneos en que en estos últimos luchaban grupos de caballeros, divididos en bandos.)

JUSTAMENTE adv.m. Con justicia. **2.** Precisamente, exactamente.

JUSTAR v.intr. (del lat. *juxta*, junto a). Pelear o combatir en las justas.

JUSTERO, A adj. Se dice del perro especialmente adiestrado para la caza del zorro.

JUSTICIA s.f. (lat. *justitia*). Concepción que cada época, civilización, etc., tiene del bien común: *practicar la justicia*. **2.** Cualidad de justo: *es admirado por su justicia*. **3.** Trato o comportamiento justo: *dirigir con justicia*. **4.** Representante de la ley: *ser apresado por la justicia*. **5.** Conjunto de tribunales y magistrados: *la justicia española*. **6.** Acción de examinar las reclamaciones de alguien, acordando lo que sea justo. **7.** Acción por la que se reconoce o declara lo que pertenece o se debe a alguien. **8.** Jurisdicción: *justicia civil, penal*. **9.** El poder judicial. **10.** REL. Atributo de Dios, por el cual premia o castiga a cada persona según sus merecimientos. ◇ **Alta justicia** HIST. Justicia que concedía a los señores el derecho de pronunciar penas capitales. **Baja justicia** HIST. Justicia que solo se aplicaba a asuntos de poca importancia. **Hacer justicia** Otorgar a algún aquello de que se le cree merecedor. **Justicia de Aragón** Defensor del pueblo en la comunidad autónoma de Aragón. **Justicia militar** Justicia aplicable al ejército; conjunto de jurisdicciones que aplican esta justicia.

JUSTICIABLE adj. Que puede o debe someterse a la acción de los tribunales.

JUSTICIALISMO s.m. Programa político, económico y social desarrollado por el presidente de Argentina, J. D. Perón, y el movimiento que lo encarna.

JUSTICIALISTA adj. y s.m. y f. Relativo al justicialismo; partidario de este movimiento.

JUSTICIAR v.tr. Condenar, declarar culpable el juez al condenado.

JUSTICIERO, A adj. Que cumple y hace cumplir la justicia: *espíritu justiciero*. **2.** Que cumple con rigor la justicia en el castigo: *la espada justiciera del arcángel san Miguel*.

JUSTIFICACIÓN s.f. Acción de justificar o justificarse. **2.** Palabras con que alguien justifica algo o a sí mismo: *dar una justificación por el retraso*. **3.** IMPR. Longitud de una línea llena. **4.** TEOL. CRIST. Acto por el cual Dios hace pasar a un alma del estado de pecado al estado de gracia. ◇ **Justificación de tirada** IMPR. Fórmula que indica el número de ejemplares de un libro impreso en diferentes clases de papel.

JUSTIFICADO, A adj. Con motivo o razón: *comportamiento justificado*.

JUSTIFICADOR, RA adj. Justificante. ♦ s.m. El que santifica, santificador.

JUSTIFICANTE adj. Que justifica. ♦ s.m. Documento, comprobante, etc., con que se justifica algo: *presentar un justificante*.

JUSTIFICAR v.tr. y prnl. (lat. *justificare*) [1]. Aducir razones para demostrar que algo no es censurable: *justificar una acción*. ♦ v.tr. Constituir algo la razón de que un hecho, acontecimiento, etc., no sea o parezca inadecuado o censurable: *su enfermedad justifica su falta de asistencia*. **2.** IMPR. Establecer la longitud máxima de una línea impresa. **3.** TEOL. CRIST. Poner entre los justos.

JUSTIFICATIVO, A adj. Que sirve para justificar: *documento justificativo*.

JUSTILLO s.m. Prenda de vestir interior, ceñida y sin mangas, que llegaba hasta la cintura.

JUSTINIANEO, A adj. Se dice de los cuerpos legales promulgados por el emperador Justiniano. **2.** Se dice del derecho contenido en ellos.

JUSTIPRECIACIÓN s.f. Acción de justipreciar.

JUSTIPRECIAR v.tr. Valorar o tasar con rigor una cosa: *justipreciar la mercancía*.

JUSTIPRECIO s.m. Tasación, evaluación, valoración de una cosa. **2.** Valor o justo precio de una cosa. **3.** Valor de una cosa fijado en una estimación pericial.

JUSTO, A adj. y s. (lat. *justus*). Que actúa con justicia: *un juez muy justo*. **2.** Que respeta plenamente los principios de la religión. **3.** Bienaventurado, cada uno goza de la bienaventuranza eterna. ♦ adj. Que está de acuerdo con los principios de la justicia. **2.** Conforme a la verdad, a la razón: *razonamiento justo*. **3.** Lícito, fundado: *es justo que esté orgulloso de su triunfo*. **4.** Preciso, adecuado: *encontrar la palabra justa*. **5.** Que tiene la cantidad, la medida exacta para responder a su función: *tener el pan justo para cenar*. **6.** Ajustado, apretado: *pantalón muy justo*. ♦ adv.m. Justamente: *justo ahora iba a llamarte*. ⌐ **Justa causa** DER. Causa lícita, causa justificativa. **Justo precio** Expresión utilizada por los escolásticos para designar el precio por el que debían intercambiarse los bienes para no incurrir en falta moral.

JUTA s.f. Bonil. y Perú. Variedad de ganso doméstico.

JUTOS, pueblo germánico, probablemente originario de Jutlandia meridional, que se estableció en el SE de Inglaterra en el s. v d.C.

JUVENIL adj. (lat. *juvenilis*). Relativo a la juventud: *amor juvenil; aspecto juvenil*. ♦ adj. y s.m. y f. Se dice de la categoría en que se engloban los deportistas de edad entre los 15 y los 18 años. **2.** Se dice del deportista comprendido en esta categoría.

JUVENTUD s.f. (lat. *juventus, -utis*). Edad que comprende desde la infancia a la madurez. **2.** Período de la vida de un organismo, comprendido entre su nacimiento y su total madurez. **3.** Conjunto de jóvenes: *espectáculo para la juventud*. **4.** Cualidad de joven. **5.** Energía, vigor. ♦ **juventudes** s.f.pl. En un partido político, organización formada por los jóvenes.

JUVIA s.f. Árbol de América Meridional, de hasta 30 m de alt., cuyo fruto, bastante grande, contiene semillas comestibles, de las que se extrae un excelente aceite. (Familia mirtáceas.) **2.** Fruto de este árbol.

JUZGADO s.m. Tribunal de un solo juez. **2.** Lugar donde se administra justicia. **3.** Conjunto de jueces que forman un tribunal. **4.** Término o territorio de la jurisdicción de un juez. **5.** Judicatura, dignidad y empleo de juez. ◇ **Juzgado de Indias** HIST. Organismo fundado en Cádiz en 1545, que era dependiente de la Casa de contratación de Sevilla.

JUZGAMUNDOS s.m. y f. Fam. Persona murmuradora.

JUZGAR v.tr. (lat. *judicare*). [2]. Deliberar y emitir sentencia sobre un asunto en calidad de juez: *juzgar un delito*. **2.** Opinar, creer, considerar: *juzgo necesario avisarlo*. **3.** FILOS. Afirmar, después de comparar entre dos o más ideas, las relaciones que existen entre ellas.

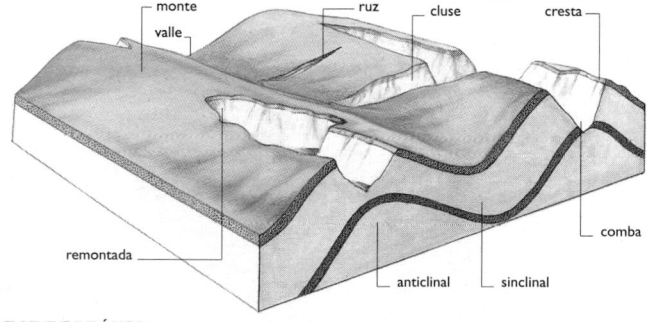

■ RELIEVE **JURÁSICO**

K s.f. Duodécima letra del alfabeto español, y novena de sus consonantes. (Representa un sonido oclusivo velar sordo; solo se encuentra en palabras cultas o de origen extranjero y en español se representa por *c* o *qu.*)

1. KA s.f. Nombre de la letra *k.*

2. KA s.m. → **KAÓN.**

KABARDINOS o **KABERDEY,** pueblo musulmán del N del Cáucaso, que vive en la *República de Kabardino-Balkaria* (Rusia).

KABILA o **KÁBILA** s.f. → **CABILA.**

KABUKI s.m. (voz japonesa). Género teatral japonés en el que el diálogo alterna con partes salmodiadas o cantadas y con intermedios de ballet.

■ **KABUKI**

KACHARPAYA s.f. Canción boliviana ritual, que se canta al término de cada una de las estaciones del año.

KACHIN, pueblo de China (Yunnan), Birmania y la India (Assam), que habla una lengua tibetobirmana.

KAERSUTITA s.f. Anfíbol, hornblenda basáltica con algo de óxido de titanio, que se encuentra en Groenlandia septentrional.

KAFKIANO, A adj. Se dice de una situación inquietante por su absurdidad o carencia de lógica, que recuerda la atmósfera de las novelas de Kafka. **2.** Relativo a Kafka.

KAGÚ s.m. Pájaro gris de Nueva Caledonia, en vías de extinción. (Orden ralliformes.)

KAHLER. Afección de Kahler Afección maligna caracterizada por la proliferación de plasmocitos de la médula ósea, que destruyen el tejido óseo en el que se desarrollan, y por modificaciones importantes de las proteínas plasmáticas.

KAINITA s.f. MINER. Sal doble formada por sulfato de magnesio y cloruro de potasio hidratados naturales.

KÁISER s.m. (alem. *kaisar,* emperador). Título que se suele aplicar a los tres emperadores del II Reich alemán y especialmente a Guillermo II.

KAJKAVIANO s.m. Dialecto eslavo, hablado y escrito en la región de Zagreb (Croacia).

KAKEMONO s.m. (voz japonesa). Pintura o escritura japonesa sobre seda o papel, que se desenrolla verticalmente.

1. KAKI s.m. → **1. CAQUI.**

2. KAKI adj. y s.m. → **2. CAQUI.**

KALA-AZAR s.m. (voz indostánica). Enfermedad parasitaria provocada por un protozoario, endémica en Asia y en África, que se caracteriza por un aumento del volumen del bazo, del hígado y de los ganglios.

KALIEMIA s.f. Concentración de iones de potasio en el plasma sanguíneo.

KALIUM s.m. Nombre latino del potasio.

KALMUKO, A adj. y s. → **CALMUCO.**

KAMBA, pueblo de Kenia, de lengua bantú.

KAMI s.m. (voz japonesa). Ser o algo sobrenatural en la religión sintoísta. **2.** En Japón, título de nobleza.

KAMIKAZE s.m. (voz japonesa, *tempestad providencial*). Piloto japonés que se presentaba voluntario para estrellar su avión cargado de explosivos sobre un objetivo. **2.** Este mismo avión. ◆ s.m. y f. *Por ext.* Persona que actúa con gran temeridad, arriesgando incluso su propia vida.

KAN, KHAN o **CAN** s.m. En la época de Gengis Kan, título inmediatamente inferior al soberano supremo (el gran kan). **2.** Príncipe turco. **3.** En Persia, gobernador de una provincia.

KANA s.m. Signo silábico de la escritura japonesa.

KANAK → **CANACO.**

■ **KAGÚ**

KANARA s.m. y adj. → **CANARA.**

KANATO s.m. Cargo, función y jurisdicción de un kan. **2.** Territorio sometido a su jurisdicción.

KANTIANO, A adj. y s. Relativo a la filosofía de Kant; partidario de esta filosofía.

KANTISMO s.m. Filosofía de Kant y sus continuadores.

KAOLIANG s.m. Variedad de sorgo.

KAÓN o **KA** s.m. Fís. Partícula elemental (K), neutra o cargada positiva o negativamente, cuya masa es 965 veces la del electrón.

KAPOSI. Sarcoma, o **síndrome, de Kaposi** Enfermedad maligna de tipo sarcomatoso, que resulta la complicación más frecuente del sida.

KAPPA o **CAPPA** s.f. Nombre de la décima letra del alfabeto griego (κ, K), que corresponde a la *k* española.

KARACHÁI, pueblo turco musulmán del N del Cáucaso que vive en la *República de Karachái-Cherkesia* (Rusia).

KARAKALPAK, pueblo turco musulmán de Asia central que vive en la *República de Karakalpakia* (Uzbekistán).

KARAKUL o **CARACUL** adj. y s. (de *Karakul,* región de Asia central). Se dice de una variedad de corderos originaria de Asia central, de vellón largo y rizado, que nacido prematuramente proporciona el astracán. ◆ s.m. Vellón de este cordero.

KARAOKE s.m. (voz japonesa). Establecimiento público en que los clientes interpretan la letra de canciones conocidas con música pregrabada. **2.** Aparato amplificador utilizado en estos establecimientos, que reproduce música pregrabada y dispone de un monitor en el que se lee la letra de las canciones.

KARATE s.m. Modalidad de lucha de origen japonés, en la que se combate con golpes secos realizados con el borde de la mano, los codos o los pies.

KARATEKA s.m. y f. Persona que practica el karate.

KAREN, pueblo surmongol de Birmania y Tailandia.

KARMA s.m. (voz sánscrita). Principio fundamental de las religiones de la India basado en la concepción de la vida como eslabón de una cadena de vidas (*samsara*), según el cual a cada persona se le retribuyen los actos de su vida anterior.

KARMAN. Método Karman Técnica de aborto por aspiración, eficaz e inocua durante las seis primeras semanas del embarazo.

KARST s.m. (voz alemana). → **CARSO.**

KÁRSTICO, A adj. → **CÁRSICO.**

KART s.m. (voz inglesa).Vehículo automóvil de competición de pequeño tamaño, con embrague automático y sin caja de velocidades, carrocería ni suspensión.

KARTING s.m. Deporte practicado con kart.

KASBA, CASBA o **QAṢBA** s.f. (fr. *casbah*, ár. *qaṣabah*, ciudadela). Barrio antiguo árabe de algunas ciudades norteafricanas. **2.** Alcazaba.

KASSITA adj. y s.m. y f. → **CASITA**.

KATA s.m. Conjunto de llaves codificadas de judo, para realizar una demostración técnica.

KATABÁTICO, A o **CATABÁTICO** adj. Se dice del viento descendente que sopla desde el centro de los inlandsis hacia la periferia.

KATCHINA s.f. (voz amerindia). En ciertos pueblos amerindios de América del N, ser sobrenatural. **2.** Máscara que representa a este ser.

■ **KATCHINA.** Muñeca destinada a la enseñanza de la mitología. (Museo del Quai Branly, París.)

KATIUSCA s.f. Esp. Bota de caucho que se lleva para protegerse del agua.

KATÚN s.m. (voz maya). Período de veinte años, de 360 días cada uno, del calendario maya.

KAUESKAR s.m. Aksana.

KAWI s.m. LING. Javanés antiguo.

KAYAK s.m. (pl. *kayaks*). Embarcación de los esquimales, fabricada con pieles de foca extendidas sobre una armazón de madera. **2.** Embarcación de lona engrasada o embreada, que se utiliza en deportes fluviales.

KAZAJO, A adj. y s. De un pueblo turco musulmán que vive principalmente en Kazajstán, Uzbekistán, Turkmenistán, Rusia y China (Xinjiang). SIN.: *kazaj, kazako*.

KAZAJ adj. y s.m. y f. Kazajo. ◆ s.m. Lengua turca hablada por los kazajos.

KEA s.m. Papagayo de gran tamaño, de color verde, combinado con azul y rojo. (Familia sitácidos.)

KEBAB s.m. (voz árabe).Brocheta sazonada de carne, generalmente de cordero, con verduras. (Es típica del Mediterráneo.) **2.** En Próximo Oriente, shawarma.

KÉFIR s.m. (voz caucásica). Bebida fermentada, preparada con leche de vaca, cabra u oveja.

KELVIN s.m. Unidad de medida de temperatura termodinámica (símb. K), equivalente a 1/273,16 de la temperatura termodinámica del punto triple del agua.

KENDO s.m. Arte marcial de origen japonés, que se practica con sables de bambú.

KENOTRÓN s.m. Aparato electrónico que regula la alimentación de los tubos de rayos X y rectifica las corrientes alternas de baja intensidad y de alta o muy alta tensión.

KEPIS s.m. → **QUEPIS**.

KEPLERIANO, A adj. Relativo al sistema de Kepler o partidario de este sistema.

KERMES s.m. → **QUERMES**.

KERMÉS, KERMESSE o **QUERMÉS** s.f. (voz francesa). Fiesta pública al aire libre, generalmente de carácter benéfico. **2.** Fiesta parroquial o feria anual celebradas en Países Bajos y en Flandes.

KERMESITA s.f. → **QUERMESITA**.

KERO s.m. → **QUERO**.

KEROSÉN o **KEROSENE** s.m. Amér. Merid. Queroseno.

KEROSENO s.m. Queroseno.

KETCH s.m. → **QUECHE**.

KETCHUP s.m. (voz inglesa). Salsa elaborada con tomate y sazonada con especias.

KEVLAR s.m. (marca registrada). Fibra artificial, ligera y resistente al calor.

KEYNESIANISMO s.m. Corriente del pensamiento económico basada en la teoría de J.M. Keynes.

KHAN s.m. → **KAN**.

KHMER adj. y s.m. y f. Jemer. ◇ **Khmeres rojos** Jemeres rojos.

KHOISAN adj. y s.m. y f. De grupo de pueblos de África austral que abarca los hotentotes, o *khoi*, y bosquimanos, o *san*. **2.** Se dice de la familia lingüística y de las lenguas de estos pueblos.

KIBBUTZ s.m. (voz hebrea) [pl. *kibutz* o *kibutzim*]. Explotación comunitaria de Israel, generalmente dedicada a la agricultura.

KIESELGUHR o **KIESELGUR** s.m. GEOL. Trípoli, roca silícea.

KIESERITA s.f. MINER. Sulfato hidratado natural de magnesio.

KIF s.m. Esp. → **QUIF**.

KIKO s.m. Esp. Maíz tostado y salado.

KIKUYU, pueblo de las mesetas de Kenya, que habla una lengua bantú.

KILIM s.m. (voz turca). Alfombra de lana, tejida y tramada, que elaboran algunos pueblos nómadas musulmanes, en particular de las zonas de Anatolia, Irán y el Cáucaso.

1. KILO s.m. Abrev. de *kilogramo*. **2.** Fam. Gran cantidad de algo.

2. KILO s.m. Argent. Argot. Persona o cosa de importancia, de calidad: *ese tipo es un kilo*.

3. KILO o **KILI**, prefijo (símb. k) que, situado delante de una unidad de medida, la multiplica por mil. (También *quilo*.)

KILOCALORÍA s.f. Medida de energía térmica (símb. kcal) que vale 1 000 calorías.

KILOCICLO s.m. FÍS. Medida de frecuencia que vale 1 000 ciclos.

KILOGRÁMETRO s.m. FÍS. Unidad de medida de energía o de trabajo (símb. kgm o kpm) equivalente al trabajo de una fuerza de 1 kilogramo-fuerza cuyo punto de aplicación se desplaza 1 metro en la dirección de la fuerza. SIN.: *kilopondímetro*.

KILOGRAMO s.m. Unidad de medida de masa (símb. kg) equivalente a la masa del prototipo de platino iridiado, adoptada por la Conferencia general de pesas y medidas celebrada en París en 1889, y que se conserva en la Oficina internacional de pesas y medidas. (También *quilogramo*; se abrevia *kilo*.) ◇ **Kilogramo-fuerza** Kilopondio.

KILOMETRAJE s.m. Distancia dada en kilómetros. **2.** Número de kilómetros recorridos.

KILOMETRAR v.tr. Marcar las distancias kilométricas con señales: *kilometrar una carretera*.

KILOMÉTRICO, A adj. Relativo al kilómetro: *distancias kilométricas*. **2.** Que mide en kilómetros: *poste kilométrico*. **3.** Fig. Muy largo.

KILÓMETRO s.m. Medida de longitud (símb. km) que vale 1000 metros. (También *quilómetro*.) ◇ **Kilómetro por hora** Unidad de medida de velocidad (símb. km/h) equivalente a la velocidad de un cuerpo móvil, animado de un movimiento uniforme, que recorre la distancia de un kilómetro en una hora.

KILOPONDÍMETRO s.m. Kilográmetro.

KILOPONDIO s.m. FÍS. Antigua unidad de medida de fuerza (símb. kp o kgf) equivalente a la fuerza con que una masa de 1 kilogramo es atraída por la Tierra. (Actualmente la unidad de fuerza es el *newton*.) SIN.: *kilogramo-fuerza*.

KILOTÓN s.m. Unidad que mide la potencia de una bomba o una carga nuclear, equivalen-

te a la energía producida por la explosión de 1 000 toneladas de TNT (trinitrotolueno).

KILOVATIO s.m. Medida de potencia (símb. kW) que vale 1 000 vatios.

KILT s.m. Falda masculina corta, de lana a cuadros, usada por los escoceses, y que forma parte de la indumentaria tradicional.

KIMONO s.m. → **QUIMONO**.

KINDERGARTEN s.m. (voz alemana). Chile y Méx. Parvulario. SIN.: *kínder*.

KINESCOPIO s.m. Aparato que combina la técnica del vídeo y la del cine, proyectando las imágenes reproducidas por vídeo.

KINESIÓLOGO, A s. Quinesiólogo.

KINESIOTERAPIA o **KINESITERAPIA** s.f. Quinesiterapia.

KINETOSCOPIO s.m. Aparato proyector de imágenes inventado por Edison en 1890, que permite observar las fases sucesivas de un movimiento, y que es el precursor del cinematógrafo.

KIOSCO s.m. → **QUIOSCO**.

KIOWA, pueblo amerindio de las Grandes Praderas de América del Norte, de lengua tano, y de cultura basada en la caza del bisonte y en rituales religiosos y chamánicos, que desapareció con la colonización.

KIP s.m. Unidad monetaria de la República Democrática Popular de Laos.

KIPÁ s.f. Bonete semiesférico que usan los judíos practicantes.

KIRGUIZ adj. y s.m. y f. De un pueblo musulmán de lengua turca, que vive principalmente en Kirguizistán y China. ◆ s.m. Variedad del turco hablada por este pueblo.

KIRIAL s.m. Conjunto de las melodías del kirieleisón y de las demás piezas que componen el ordinario de la misa.

KIRIE, KYRIE o **QUIRIE** s.m. (del gr. *Kyrie, eléison*, Señor, apiádate). Invocación de súplica que se utiliza en la liturgia romana y en numerosas liturgias orientales. **2.** Música compuesta para estas palabras. (También *kirieleisón* o *kyrie eleison*.)

KIRIELEISÓN s.m. (gr. *Kyrie, eléison*, Señor, apiádate). Kirie. (También *kyrie eleison*.)

KIRSCH s.m. (voz alemana).Aguardiente extraído de las cerezas fermentadas.

KIT s.m. (voz inglesa). Conjunto de piezas sueltas, acompañadas de instrucciones, que se montan o acoplan para formar un objeto. **2.** Juego de herramientas, repuestos, etc., con una utilidad específica: *kit de primeros auxilios*.

KITSCH adj. y s.m. (voz alemana, *cursilería*). Que es cursi, de mal gusto. **2.** Se dice del objeto o la persona caracterizados por una estética vulgar y pasada de moda y un formalismo efectista.

1. KIWI, KIVI o **QUIVI** s.m. Arbusto trepador originario de Nueva Zelanda, cuyo fruto comestible, del mismo nombre, es de corteza marrón pilosa y pulpa de color verde.

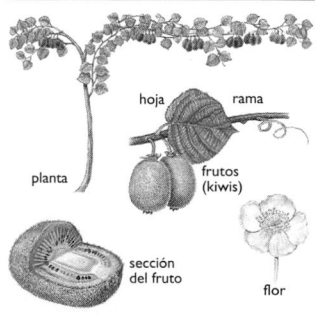

■ **KIWI**

2. KIWI o **KIVI** s.m. Ave corredora de Nueva Zelanda, que mide unos 30 cm de alt., de alas atrofiadas, plumaje pardo, pico largo y barbas desordenadas. (Subclase ratites.) *[V. ilustr. pág. siguiente.]*

■ KIWI

KLEENEX s.m. (marca registrada). Pañuelo de guata de celulosa de un solo uso.

KLINEFELTER. Síndrome de Klinefelter Síndrome que comporta en los varones jóvenes un desarrollo anormal de los senos, una atrofia testicular y la ausencia de formación de espermatozoides, junto a anomalías cromosómicas diversas.

KLÍNKER s.m. → CLÍNKER.

KLIPPE s.m. (voz alemana, *peñasco*). GEOL. Fragmento de un manto de recubrimiento de roca dura sobre una roca más blanda, puesto de relieve por la erosión.

KNOCK-DOWN s.m. (voz inglesa). Caída de un púgil en un combate de boxeo, por un intervalo de tiempo inferior a 10 segundos.

KNOCK-OUT s.m. (voz inglesa). Caída de un púgil en un combate de boxeo, por un intervalo de tiempo superior a 10 segundos. (Se abrevia *KO*.) ◆ adj. Que está fuera de combate. ◆ **Knock-out técnico** Derrota declarada por el árbitro por inferioridad manifiesta de uno de los contrincantes.

KNOW-HOW s.m. (voz inglesa). Conjunto de conocimientos técnicos y administrativos imprescindibles para desarrollar una actividad, que no están protegidos por una patente.

KNUT s.m. (voz rusa). Suplicio de la Rusia zarista, ejecutado con un látigo de varias correas de cuero terminadas en bolas de metal. **2.** Látigo con que se infligía este castigo.

KO, abrev. de *knock-out*.

KOALA o **COALA** s.m. (ingl. *koala*). Mamífero marsupial trepador de Australia oriental, de unos 80 cm de alt., pelaje gris, orejas redondas y hocico corto, que se alimenta exclusivamente de hojas de eucalipto.

■ KOALA

KOB s.m. Antílope rumiante de las marismas del S de África. (Familia bóvidos.)

KOINÉ o **COINÉ** s.f. (del gr. *koiné dialektos*, dialecto común). Lengua común establecida a partir de los dialectos de un territorio. **2.** LING. Lengua común hablada y escrita en Grecia en las épocas helenística y romana.

KOLJÓS o **KOLJOZ** s.m. (acrónimo del ruso *kollektívnoie joziaistvo*). Explotación agrícola soviética, basada en la propiedad colectiva de los medios de producción y en la disposición gratuita y a perpetuidad de tierras al koljós.

KOLJOSIANO, A o **KOLJOZIANO, A** adj. y s. Relativo al koljós; miembro de un koljós.

KOMI o **ZIRIANE,** pueblo ugrofinés que habita en la República de Komi (Rusia), a lo largo del valle del Pechora.

KONDO s.m. (voz japonesa). Edificio principal de un monasterio budista japonés, que alberga el santuario con la imagen del buda.

KONGO o **BAKONGO,** pueblo de lengua bantú que habita en las dos repúblicas del Congo.

KONZERN s.m. (alem. *Konzern*). Grupo formado por varias empresas económicas, más estrechamente ligadas que en un cártel pero sin constituir una fusión completa.

KOPEK o **COPEC** s.m. Moneda fraccionaria que vale 0,01 rublos.

KORA s.f. Instrumento musical de 21 cuerdas pulsadas, parecido al laúd y originario del O de África.

■ KORA. Intérprete de kora en Guinea-Bissau.

KORE o **CORE** s.f. (gr. *koré*, muchacha) [pl. *korai* o *corai*]. Escultura de muchacha joven de pie, característica del arte griego arcaico (finales del s. VI a.C.).

■ KORE, por Eutidoco; mármol, h. 530-510 a.C. (Museo de la Acrópolis, Atenas.)

KÓRSAKOV. Síndrome de Kórsakov Afección neurológica caracterizada por amnesia de fijación y asociada a menudo con polineuritis de los miembros inferiores, presente en ciertos casos de alcoholismo.

KOTO s.m. Instrumento musical de cuerda de Extremo Oriente, formado por una caja de resonancia plana y rectangular, sobre la que se extienden las cuerdas, cada una de las cuales posee su propio puente.

KOUROS s.m. → KUROS.

KRAFT s.m. y adj. (voz alemana, *fuerza*). Papel de embalaje de color oscuro y muy resistente. ◇ **Pasta kraft** Pasta de papel obtenida por el procedimiento al sulfato.

KRAK s.m. (ár. *karâk*, castillo fortificado). Fortificación construida por los cruzados en Palestina y en Siria.

KRAUSISMO s.m. (de K. C. F. *Krause*, filósofo alemán). Doctrina filosófica moralista y racionalista, que se desarrolló durante la segunda mitad del s. XIX, tomando como base el pensamiento de F. Krause.

KRAUSISTA adj. y s.m. y f. Relativo al krausismo; partidario de esta doctrina.

KRIPTÓN o **CRIPTÓN** s.m. Gas noble, presente en la atmósfera en pequeña proporción, incoloro, inodoro y monoatómico. **2.** Elemento químico (Kr), de número atómico 36 y masa atómica 83,80.

KRONPRINZ s.m. (voz alemana, de *Krone*, corona, y *Prinz,* príncipe). Título del heredero de la corona imperial o real, en Alemania y Austria.

KRU, conjunto de pueblos de Costa de Marfil y de Liberia, integrado por varios grupos étnicos (evé, kru, beté, dida, etc.).

KUBA o **BAKUBA,** pueblo bantú de la Rep. Dem. del Congo.

KUCHEN s.m. Chile. Variedad de tarta.

KUDURRU s.m. Laja inscrita, gruesa y ovoide, con representaciones simbólicas de dioses del antiguo oriente, que servía como garantía de la tutela divina sobre la tierra.

KUFÍA s.f. Tocado masculino, típico de la indumentaria beduina.

KULAK s.m. (voz rusa). HIST. Campesino ruso rico de finales del s. XIX y principios del s. XX. (En 1930-1931, Stalin emprendió la liquidación de los kulaks, que quedaron entonces asimilados a campesinos medios.)

KUMIK o **KUMYK,** pueblo turco musulmán del Daguestán y en la costa del mar Caspio, del Terek al Derbent.

KÜMMEL s.m. → CÚMEL.

KUNG-FU s.m. (voz china). Deporte de combate originario de Extremo Oriente.

KUNZA s.m. Atacameño.

KURDO, A o **CURDO, A** adj. y s. De un pueblo que vive en Turquía, Iraq e Irán, así como en Siria y Transcaucasia (aprox. 25 millones). ◆ s.m. Lengua de la familia irania, hablada por los kurdos.

ENCICL. Su origen se remonta al s. VII. Los kurdos han resistido, replegados en las montañas del Kurdistán, múltiples invasiones, sin unirse nunca por completo. Privados en 1923 del estado que se les había prometido en el tratado de Sèvres (1920), han intentado obtener una autonomía efectiva de los estados de los que dependen, recurriendo, en ocasiones, a la formación de guerrillas que han sido severamente reprimidas. Ganaderos y agricultores, son en su mayoría musulmanes sunnitas.

KUROS, KOUROS o **CUROS** s.m. (voz griega) [pl. *kuroi*]. Escultura de hombre joven desnudo, característica del arte griego arcaico (finales del s. VI a.C.).

KUWAITÍ adj. y s.m. y f. De Kuwait.

KVAS s.m. Bebida de cebada fermentada, consumida en los países eslavos.

KWAKIUTL, pueblo amerindio de la costa N del Pacífico (archipiélago de la Reina Carlota, N de la isla de Vancouver), de lengua wkash.

KWASHIORKOR. Síndrome de Kwashiorkor Desnutrición extrema (caquexia) debida a una insuficiencia alimentaria global, que se observa en algunos niños del Tercer mundo.

KYAT s.m. Unidad monetaria de Birmania.

■ KOTO. Mujeres tocando el koto.

L s.f. Decimotercera letra del alfabeto español, y décima de sus consonantes. (Representa un sonido lateral fricativo alveolar sonoro.) ◇ **L** Cifra romana que vale *cincuenta*.

1. LA art.det. → **EL, LA.**

2. LA pron.pers. → **LO, LA.**

3. LA s.m. Nota musical, sexto grado de la escala de do mayor.

LÁBARO s.m. (lat. *labarum*). HIST. Estandarte imperial sobre el que Constantino hizo poner una cruz y el monograma de Cristo, después de su victoria sobre Magencio, en el año 312.

LABEL s.m. (voz inglesa, *etiqueta*). Marca especial establecida por el poder público, por un organismo especializado o por una asociación profesional, que garantiza al comprador el origen, control y calidad de un producto.

LABELO s.m. 1. Pétalo superior de la corola de las orquídeas. 2. Pieza impar articulada en el extremo del labium de algunos insectos.

LABERÍNTICO, A adj. Relativo al laberinto. 2. Que tiene características propias de un laberinto.

LABERINTITIS s.f. MED. Inflamación del laberinto, en el oído interno.

LABERINTO s.m. (lat. *labyrinthus*). Construcción compuesta de gran número de pasillos dispuestos de tal forma que resulta muy difícil encontrar la salida. 2. Cosa muy complicada, con muchos elementos mezclados. 3. Lugar formado por caminos que se entrecruzan, de manera que es difícil orientarse. 4. ANAT. Estructura del oído interno. 5. ARQ. Composición del pavimento de determinadas catedrales de la edad media, en forma de meandros con plano centrado, que los fieles seguían de rodillas como si fuera una vía crucis.

LABERINTODONTO, A adj. y s.m. Relativo a un orden de anfibios fósiles del período triásico de dientes de repliegues complicados.

LABIA s.f. (del lat. *labia*, pl. de labio). Facilidad para hablar con gracia: *tener mucha labia.*

LABIADO, A adj. BOT. Se dice de la corola gamopétala y cigomorfa con borde recortado en dos lóbulos principales opuestos entre sí. ◆ adj. y s.f. Relativo a una familia de plantas dicotiledóneas con flores cigomorfas, generalmente perfumadas, como la menta, el tomillo lavanda, etc. SIN.: *labiáceo.*

LABIAL adj. Relativo a los labios. ◆ adj. y s.f. FONÉT. Se dice del fonema en cuya articulación intervienen los labios.

LABIALIZACIÓN s.f. Acción y efecto de labializar.

LABIALIZAR v.tr. [7]. Hacer que un sonido se articule con los labios.

LABIÉRNAGO s.m. Arbusto de la península Ibérica, de 2 a 3 m de alt., ramas delgadas, hojas perennes y estrechas de color verde negruzco, flores de color blanco y fruto en drupa globosa y pequeña. (Familia oleáceas). SIN.: *picandera.*

LABIHENDIDO, A adj. Que tiene el labio superior hendido o partido.

LÁBIL adj. (lat. *labilis*). Que resbala o se desliza fácilmente. 2. Inestable, cambiante. 3. Débil, endeble. perbono *lábil, pulso lábil.* 4. Se dice del compuesto químico poco estable, especialmente al calor, como determinadas proteínas, las vitaminas, etc. 5. PSICOL. Se dice de un humor cambiante.

LABILIDAD s.f. Cualidad de lábil. 2. Carácter de un compuesto lábil. 3. PSICOL. Carácter de un humor lábil.

LABIO s.m. (lat. *labium*). Parte exterior carnosa de las dos, inferior y superior, que forman la abertura de la boca y que cubre los dientes. 2. ANAT. Repliegue membranoso de la vulva. (Existen los *labios mayores* y los *labios menores*.) 3. BOT. Lóbulo de determinadas flores. 4. ENTOM. Cada una de las piezas horizontales situadas una dorsalmente y otra ventralmente respecto a la abertura bucal. 5. MED. Borde de una llaga. ◆ **labios** s.m.pl. *Fig.* Boca, órgano de la palabra: *sus labios callaron.* ◇ **Cerrar los labios** Callar. **Labio leporino** MED. Malformación congénita del labio superior, por defecto de soldadura de los arcos maxilares y brote medio intermaxilar. **Morderse los labios** Reprimirse para no reír o hablar. **No descoser,** o **despegar, los labios** *Fam.* Mantenerse callado o sin contestar. **Sellar los labios** Impedir que alguien hable.

LABIODENTAL adj. y s.f. FONÉT. Se dice del fonema que se articula aproximando el labio inferior a los incisivos superiores: *la f es una consonante labiodental.*

LABIOSO, A adj. Ecuad. *Fig.* Adulador.

LÁBRUM s.m. (voz latina). ZOOL. Labio inferior de los insectos.

LABOR s.f. (lat. *labor, -oris*). Trabajo, acción de trabajar: *una labor muy penosa.* 2. Obra realizada por alguien: *desarrollar una gran labor.* 3. Trabajo hecho con hilo u otro material parecido, a mano o a máquina. 4. Labranza. 5. Operación agrícola destinada a la preparación o cultivo de las tierras. 6. Cava que se da a la tierra: *dar dos labores a un campo.* 7. Grupo de productos que se confecciona en una fábrica de tabaco. (Suele usarse en plural.) ◇ **De labor** Se dice del apero o animal utilizado para el trabajo del campo. **Día de labor** Día laborable.

LABORABLE adj. Se dice del día en que se trabaja. 2. Se dice del terreno cultivable.

LABORAL adj. Relativo al trabajo como actividad realizada a cambio de un sueldo: *problemas laborales.*

LABORALISTA adj. y s.m. y f. Se dice del abogado especialista en derecho laboral.

LABORAR v.tr. Labrar la tierra. ◆ v.intr. Trabajar con esfuerzo para conseguir algo.

LABORATORIO s.m. Local habilitado para realizar experimentos, investigaciones científicas, análisis biológicos, pruebas industriales trabajos fotográficos, etc. ◇ **Laboratorio de idiomas** Sala insonorizada destinada a la práctica oral de una lengua extranjera mediante métodos audiovisuales.

LABOREAR v.tr. Labrar la tierra. 2. Hacer excavaciones en una mina. ◆ v.intr. MAR. Pasar y correr un cabo por la roldana de un motón.

LABORERO s.m. Bol., Chile y Perú. Capataz, persona que dirige una labor.

LABORIOSIDAD s.f. Cualidad de laborioso.

LABORIOSO, A adj. (lat. *laboriosus*). Trabajador, aplicado en el trabajo. 2. Que cuesta o exige mucho trabajo.

LABORISMO s.m. Socialismo británico moderado.

LABORISTA adj. y s.m. y f. Relativo al laborismo; partidario del laborismo.

LABORTANO s.m. Variedad dialectal del vasco.

LABRA s.f. Acción y efecto de labrar piedras, maderas, etc. SIN.: *labrado.* 2. Operación de tallado de las piedras de cantería antes de asentarlas. 3. Operación de labrar, pulir o acabar la superficie de los sillares o piedras de talla empleadas en una construcción.

LABRADO, A adj. Se dice del tejido con dibujos en relieve: *terciopelo labrado.* ◆ s.m. Campo labrado. (Suele usarse en plural.) 2. Labra.

LABRADOR, RA adj. y s. Que labra la tierra. ◆ s. Persona que vive en el campo y trabaja la

■ **LABRADOR**

593

tierra. SIN.: *campesino, labriego*. **2.** Cuba, Dom. y Par. Persona que tiene por oficio labrar la madera sacando la corteza de los árboles para convertirlos en rollizos. ◆ s.m. y adj. Perro de una raza de gran tamaño, de orejas caídas y pelo corto rubio, marrón o negro.

LABRADORESCO, A adj. Relativo al labrador. SIN.: *labradoril*.

LABRADORITA s.f. Feldespato laminar de color gris, presente en la composición de diferentes rocas.

LABRANTÍO, A adj. y s.m. Se dice de la tierra de labor.

LABRANZA s.f. Cultivo del campo.

LABRAPUNTAS s.m. (pl. *labrapuntas*). Colomb. Sacapuntas.

LABRAR v.tr. (lat. *laborare*, trabajar). Cultivar la tierra. **2.** Arar la tierra. **3.** Coser o bordar. **4.** Trabajar una materia dándole una forma determinada: *labrar la piedra*. ◆ v.tr. y prnl. *Fig.* Hacer cosas progresivamente para producir algo o conseguir un fin: *labrarse un porvenir*.

LABRIEGO, A s. Labrador, persona que trabaja la tierra.

LABRO s.m. ZOOL. Labio superior de los insectos.

LABRUSCA s.f. (voz latina). Vid silvestre.

LABURAR v.intr. Argent. y Urug. *Fam.* Trabajar.

LABURO s.m. Argent. y Urug. *Fam.* Trabajo.

LACA s.f. (ár. *lakk*). Sustancia resinosa de color rojo oscuro que exudan las ramas de varias plantas de Extremo Oriente, a causa de las picaduras de insectos. **2.** Barniz negro o rojo preparado con esta resina, utilizado sobre todo en China. **3.** Objeto barnizado con numerosas capas de laca, y eventualmente pintado, grabado y esculpido. **4.** Producto que se vaporiza sobre el pelo para recubrirlo con una capa protectora. **5.** Sustancia albuminosa coloreada que se utiliza en pintura.

LACADO, A adj. Que tiene la superficie recubierta de laca. ◆ s.m. Laqueado. **2.** Mecanismo por el que se produce una liberación de hemoglobina en la sangre. ◇ **Sangre lacada** Sangre que ha liberado hemoglobina porque sus glóbulos rojos han sufrido un proceso de hemólisis.

LACANDÓN, pueblo amerindio agricultor de lengua maya que vive en las montañas del curso alto del Usumacinta (NO de Guatemala) y al E del est. de Chiapas (México).

LACAR v.tr. [1]. Laquear.

LACASA s.f. Enzima oxidante que se encuentra en la laca, la zanahoria, las frutas, etc.

LACAYO s.m. Criado de librea que acompañaba a su amo. **2.** *Fig.* Persona servil.

LACAYUNO, A adj. Que es propio de lacayo. **2.** *Fig.* Servil, despreciable.

LACEADOR, RA s. Amér. Persona encargada de echar el lazo a las reses.

LACEAR v.tr. Adornar o atar con lazos. **2.** Disponer la caza para que se ponga a tiro, evitando ser descubierto. **3.** Esp. Cazar con lazo.

LACEDEMONIO, A adj. y s. De Lacedemonia. SIN.: *lacedemón*.

LACERACIÓN s.f. Acción y efecto de lacerar.

LACERAR v.tr. (lat. *lacerare*). Herir, producir un daño en el cuerpo. **2.** *Fig.* Causar dolor moral. ◆ v.intr. Padecer, pasar penalidades.

LACERÍA s.f. B. ART. Ornamentación de líneas, cintas o estilizaciones vegetales que se enlazan geométricamente.

LACERO s.m. Persona hábil con el lazo para atrapar animales. **2.** Empleado municipal encargado de cazar con lazo perros vagabundos.

LACERTILIO, A adj. Relativo a un orden de reptiles con escamas, patas y cola larga, generalmente no muy grandes, como el lagarto, el camaleón, etc. SIN.: *saurio*.

LACETANO, A adj. y s. De un pueblo ibérico que en la época de la conquista romana estaba establecido en las cuencas del Llobregat y el Cardoner.

1. LACHA s.f. (del lat. *allec, -cis*). Boquerón.

2. LACHA s.f. *Fam.* Vergüenza, incomodidad por algo.

LACHEAR v.tr. Chile. Galantear, decir zalamerías a una mujer.

594

LACHO, A adj. y s. (fr. *lâche*, flojo). Chile y Perú. *Fam.* y *vulg.* Galán, amante, enamoradizo.

LACINIADO, A adj. (del lat. *lacinia*, franja de un vestido). BOT. Se dice del órgano que presenta cortes profundos y estrechos.

1. LACIO s.m. Conjunto de dialectos hablados en el Lacio.

2. LACIO, A adj. (lat. *flaccidus*, lánguido, de *flaccus*, lacio). Marchito, ajado: *cuando volví de viaje las flores estaban lacias*. **2.** Flojo, sin fuerza. **3.** Se dice del cabello liso, que no forma ondas ni rizos.

LACOLITO s.m. Abombamiento de una roca sedimentaria provocado por una subida de lava que no alcanza la superficie.

LACÓN s.m. (lat. *lacca*, tumor en las extremidades de las caballerías). Brazuelo del cerdo, especialmente el salado y curado.

LACÓNICO, A adj. (lat. *laconicus*, relativo a Laconio o Lacedemonia). Breve, conciso: *respuesta lacónica*. **2.** Que habla o escribe con brevedad y concisión.

LACONISMO s.m. Cualidad de lacónico.

LACRA s.f. Defecto o vicio de alguien o algo: *las lacras de la sociedad*. **2.** Señal que deja una enfermedad o daño físico. **3.** Venez. Úlcera, llaga.

1. LACRAR v.tr. y prnl. (De *lacra*). Dañar la salud de alguien. ◆ v.tr. *Fig.* Dañar o perjudicar los intereses de alguien.

2. LACRAR v.tr. Cerrar o sellar con lacre.

1. LACRE s.m. (del port. *lacre*). Pasta coloreada de goma laca y trementina que se derrite para sellar y cerrar cartas. ◆ adj. Amér. *Fig.* Que es de color rojo.

2. LACRE s.m. Vino elaborado en Alella (España), añejado, seco o dulce, que se toma después de las comidas.

LACRIMA s.m. (voz latina, *lágrima*). Vid de uva blanca o negra, cultivada en las regiones centromeridionales de Italia. ◇ **Lacrima Christi** Vino dulce elaborado en la región del Vesubio.

LACRIMAL adj. Relativo a las lágrimas: *glándula lacrimal*.

LACRIMÓGENO, A adj. Que provoca lágrimas: *gas lacrimógeno*. **2.** Que induce al llanto por su carácter emotivo: *película lacrimógena*.

LACRIMOSO, A adj. Que llora o segrega lágrimas. **2.** Que induce al llanto por su carácter emotivo: *novela lacrimosa*. **3.** Que es propenso a lamentarse.

LACTACIÓN s.f. Acción de lactar.

LACTALBÚMINA s.f. Proteína de la leche.

LACTAMA s.f. Amida interna cíclica formada por determinados aminoácidos.

LACTANCIA s.f. Período de la vida de un mamífero en el que se alimenta fundamentalmente de leche. **2.** Forma de alimentación de este período: *lactancia materna; lactancia artificial*.

LACTANTE adj. y s.m. y f. Se dice del mamífero que está en el período de lactancia. **2.** Que amamanta.

LACTAR v.tr. Amamantar o criar con leche. ◆ v.intr. Nutrirse con leche.

■ **LACERÍA.** Capitel con decoración geométrica y de lacería. Claustro del monasterio de las Huelgas Reales (Burgos).

LACTASA s.f. QUÍM. Enzima que transforma la lactosa en glucosa y galactosa.

LACTATO s.m. QUÍM. Sal o éster del ácido láctico.

LACTEADO, A adj. Mezclado con leche.

LÁCTEO, A adj. Relativo a la leche o que tiene alguna de sus características. **2.** Se dice del producto derivado de la leche.

LACTESCENCIA s.f. Cualidad de lactescente.

LACTESCENTE adj. Que parece leche.

LACTICINIO s.m. Alimento derivado de ella. **2.** Pasta vítrea de color lechoso con la que se decoran ciertos vidrios.

LÁCTICO, A adj. QUÍM. Se dice del ácido alcohol de fórmula $CH_3—CHOH—COOH$, que se forma en la fermentación de las hexosas bajo la acción de las bacterias lácticas y en la descomposición del glucógeno durante la contracción muscular. ◇ **Fermento láctico** Microorganismo capaz de transformar las hexosas en ácido láctico.

LACTÍFERO, A adj. ANAT. Se dice de un canal que conduce la leche al pezón.

LACTÍVORO, A adj. y s.m. Que se alimenta exclusivamente de leche.

LACTODENSÍMETRO s.m. Lactómetro.

LACTOFLAVINA s.f. BIOQUÍM. Materia colorante amarilla que se obtiene de la leche, cuyo éster fosfórico es la vitamina B_2.

LACTÓMETRO s.m. Instrumento que sirve para medir la densidad de la leche. SIN.: *lactodensímetro*.

LACTONA s.f. QUÍM. Éster interno cíclico derivado de un ácido-alcohol.

LACTOSA s.f. QUÍM. Azúcar de fórmula $C_{12}H_{22}O_{11}$, que se encuentra en la leche y que se divide en glucosa y galactosa.

LACTOSÉRUM s.m. Suero de la leche.

LACUSTRE adj. (del lat. *lacus*, lago). Relativo al lago: *región lacustre*. **2.** Que vive en un lago o en sus orillas: *planta lacustre*.

LADA s.f. (voz latina). Jara.

LADANG s.m. Cultivo temporal seminómada que se practica en las regiones selváticas de Indonesia.

LÁDANO s.m. (lat. *ladanum*). Sustancia resinosa que segregan las hojas y ramas de la jara, utilizada en perfumería.

LADEADO, A adj. BOT. Se dice de los órganos de una planta cuando están orientados a un mismo lado. **2.** TAUROM. Se dice de la estocada que penetra a un lado del hoyo de las agujas o cruz del toro.

LADEAR v.tr. y prnl. Inclinar o torcer hacia un lado: *ladear la cabeza*. **2.** Esquivar o evitar a alguien o algo. ◆ v.intr. *Fig.* Desviarse del camino derecho. **3.** Caminar por la ladera de una montaña. ◆ **ladearse** v.prnl. *Fig.* Sentir afición o inclinación por algo. **2.** Chile. *Fig.* y *fam.* Prendarse, enamorarse.

LADEO s.m. Acción y efecto de ladear o ladearse.

LADERA s.f. Declive de una montaña o de otra altura.

LADERÍA s.f. Llanura pequeña en una ladera.

LADERO s.m. Argent. Caballo de tiro que en los vehículos de varas se ata al lado del varero y, en los de lanza, junto a cualquiera de los troncos. **2.** Argent. *Fig.* Persona que secunda a otra, especialmente a un jefe.

LADILLA s.f. y adj. (dim. del lat. *latus*, ancho). Insecto de unos 2 mm de long., forma redondeada y color amarillento, que vive parásito en las partes vellosas del cuerpo humano, especialmente en el pubis. (Familia tirídos.) **2.** Cebada de granos chatos y pesados. (Familia gramíneas.) **3.** Argent., Chile, Méx. y Urug. *Fam.* Persona molesta, impertinente.

LADILLO s.m. IMPR. Nota o adición marginal en un texto impreso.

LADINO, A adj. (lat. *latinus*, latino). Astuto, que actúa de forma taimada para conseguir algo. **2.** Se decía de la lengua romance por oposición al árabe, en la edad media. **3.** Amér. Central. Mestizo que solo habla español. **4.** Méx. Indígena o mestizo que reniega de las costumbres de su comunidad o que se aprovecha de los indios que no hablan español. ◆ s.m. Judeoespañol. **2.** Retorromano.

LADO s.m. (lat. *latus, -eris*). Parte de algo que se contrapone a la otra: *el lado derecho de la casa.* **2.** Lugar, sitio, especialmente con referencia a otro: *no lo encuentro aquí, debe estar en otro lado.* **3.** Parte de algo próxima a los bordes, en oposición al centro: *la mesa estaba en el centro; las sillas, a los lados.* **4.** Costado del cuerpo humano: *dormir del lado izquierdo.* **5.** Cara, cada una de las superficies de un cuerpo laminar: *cuartillas escritas por un solo lado.* **6.** Parte del contorno de una cosa, que se diferencia por alguna característica especial: *la ciudad se ensancha por el lado del río.* **7.** *Fig.* Aspecto, punto de vista: *el lado bueno de la vida.* **8.** Rama de un parentesco: *por el lado de la madre son primos.* **9.** *Fig.* Medio o camino para hacer algo. **10.** GEOMETR. Línea de las que limitan un ángulo o un polígono. ⋄ **Al lado de** Tocando a la persona o cosa expresadas, o muy cerca de ellas. **Dar de lado** a alguien *Fam.* Apartarse de su trato o compañía. **Darle** a alguien por su lado *Méx.* *Fam.* Fingir estar de acuerdo con él solo por complacerlo, por no discutir, etc. **Dejar a un, o de, lado** No tenerla en cuenta a una persona o cosa, prescindir de ella. **Hacerse a un lado** Apartarse, quitarse de en medio. **Mirar de lado** *Fam.* Mirar despectivamente. **Ser del otro lado** Ser homosexual.

LADÓN s.m. Lada, jara.

LADRA s.f. Acción de ladrar.

LADRADOR, RA adj. Que ladra mucho: *perro ladrador, poco mordedor.*

LADRAR v.intr. (lat. *latrare*). Dar ladridos el perro. **2.** *Fig.* y *fam.* Amenazar sin acometer. **3.** *Fig.* y *fam.* Insultar o criticar ásperamente a alguien.

LADREAR v.intr. Ladrar el perro con frecuencia y sin motivo.

LADRERÍA s.f. Cisticercosis.

LADRIDO s.m. Voz que emite el perro. **2.** *Fig.* y *fam.* Grito o expresión áspera.

LADRILLADO s.m. Enladrillado, pavimento o construcción hechos con ladrillos.

1. LADRILLAR v.tr. Enladrillar, pavimentar con ladrillos.

2. LADRILLAR o **LADRILLAL** s.m. Lugar donde se fabrican ladrillos.

LADRILLAZO s.m. Golpe dado con un ladrillo.

LADRILLERO, A adj. Relativo al ladrillo: *industria ladrillera.* ⋄ s. Persona que tiene por oficio fabricar o vender ladrillos.

LADRILLO s.m. (dim. romance del lat. *later, -eris*). Pieza de arcilla cocida en forma de paralelepípedo rectangular, que sirve para construir muros, solar habitaciones, etc.

LADROCINIO s.m. → LATROCINIO.

LADRÓN, NA adj. y s. (lat. *latro, -onis*). Que hurta o roba. ⋄ s.m. Cualquier dispositivo empleado para sustraer o desviar el caudal de un fluido. ⋄ **El buen ladrón** y **el mal ladrón** Los dos ladrones que fueron crucificados junto con Jesús, según los Evangelios, el primero de los cuales, se arrepintió antes de morir.

LADRONERÍA s.f. Latrocinio.

LADRONESCA s.f. *Fam.* Conjunto de ladrones.

LADRONESCO, A adj. *Fam.* Relativo a los ladrones.

LADRONICIO s.m. Latrocinio.

LADRONZUELO, A s. Ladrón que comete hurtos o robos de poca importancia.

LADY s.f. (voz inglesa) [pl. *ladies*]. Tratamiento dado en Gran Bretaña a las señoras de la nobleza.

LAGAÑOSO, A adj. *Méx.* Legañoso.

LAGAR s.m. (lat. *lacus*, balsa). Recipiente donde se pisa la uva, se prensa la aceituna o la manzana para extraer su zumo. **2.** Edificio donde se encuentra este recipiente. **3.** Olivar en que hay molino de aceite.

LAGARERO, A s. Persona que tiene por oficio trabajar en un lagar.

LAGARTA s.f. Lepidóptero nocturno de antenas plumosas, más desarrolladas en los machos que en las hembras, y líneas oscuras en las alas. (Familia limántridos.)

LAGARTEAR v.tr. *Chile.* Oprimir los brazos a alguien para inmovilizarlo, con el fin de ator-

mentarlo o vencerlo en la lucha. **2.** *Colomb.* Importunar, solicitar con insistencia.

LAGARTEO s.m. *Chile.* Acción y efecto de lagartear.

LAGARTERA s.f. Madriguera de lagartos.

LAGARTERO, A adj. Se dice del animal que caza lagartos.

LAGARTIJA s.f. Reptil saurio parecido al lagarto pero de menor tamaño. **2.** *Méx.* Ejercicio gimnástico que consiste en subir y bajar varias veces el cuerpo estirado boca abajo flexionando los brazos y sosteniéndose únicamente con las manos y las puntas de los pies.

LAGARTIJERO, A adj. Se dice del animal que caza lagartijas.

LAGARTO, A s. (del lat. *lacertus*). Reptil de unos 60 cm de long., cuerpo alargado cubierto de escamas y cola larga, que vive generalmente en lugares cálidos y secos. (Órden lacertilios.) ⋄ s.m. Piel curtida de este animal. **2.** *Méx.* Caimán. ⋄ adj. y s. *Fig.* y *fam.* Lagartón.

■ **LAGARTO** verde.

LAGARTÓN, NA adj. y s. *Esp.* *Fam.* Astuto, taimado. ⋄ s.f. *Esp.* *Fig.* y *fam.* Prostituta.

LAGO s.m. (lat. *lacus, -us*, balsa). Masa grande de agua dulce o salada acumulada de forma natural en el interior de los continentes.

LAGOMORFO, A adj. y s.m. Relativo a un suborden de mamíferos roedores herbívoros, dotados de cuatro incisivos superiores, como la liebre y el conejo.

LAGÓN o **LAGOON** s.m. Extensión de agua salada situada en el interior de un atolón, o separada del mar por un arrecife coralífero.

LAGÓPODO s.m. (del lat. *lagopus, -odis*). Ave gallinácea que habita en montañas altas y en el N de Europa, de plumaje marrón, que se vuelve totalmente blanco en invierno. (El plumaje del lagópodo de los Alpes se vuelve blanco en invierno; el lagópodo escandinavo no tiene plumaje blanco invernal.)

■ **LAGÓPODO.** Perdiz nival macho.

LAGOTEAR v.intr. y tr. *Fam.* Halagar a alguien con zalamerías para conseguir algo.

LAGOTERÍA s.f. *Fam.* Zalamería.

LAGOTERO, A adj. y s. (cat. *llagoter* u occitano *lagotier*). *Fam.* Zalamero.

LÁGRIMA s.f. (lat. *lacrima*). Líquido salado secretado por dos glándulas situadas bajo los párpados y encima de los globos oculares, que humedece la conjuntiva y penetra en las fosas nasales por las carúnculas lacrimales. (Suele usarse en plural.) **2.** Gota del humor o jugo que algunas plantas destilan después de la poda, o por incisión: *las lágrimas de la vid.* **3.** Gota de cristal coloreado que desluce a veces los objetos de vidrio. ⋄ **lágrimas** s.f.pl. *Fig.* Padecimiento, adversidades de una persona. ⋄ **Lágrimas de cocodrilo** *Fig.* Pena o arrepentimiento falsos. **Lágrimas de David,** o **de Job,** o **de san Pedro** Planta alta de caña, cultivada en jardinería, con semillas en forma de lágrimas. (Familia gramíneas.) **Llorar a lágrima viva** Llorar mucho y de manera ostensible. **Saltársele,** a alguien **las lágrimas** Empezar a llorar, sin que lleguen a caer lágrimas. **Vino de lágrima** Vino que destila de la cuba o del lagar antes de haber sido prensada la uva.

LAGRIMAL s.m. Parte del ojo formada por el ángulo próximo a la nariz. ⋄ adj. Se dice del órgano de secreción y excreción de las lágrimas.

LAGRIMEAR v.intr. Segregar lágrimas los ojos. **2.** Llorar con frecuencia o facilidad.

LAGRIMEO s.m. Acción de lagrimear.

LAGRIMOSO, A adj. Se dice del ojo lloroso. **2.** Lacrimoso, que induce al llanto. ⋄ s. Que lagrimea.

LAGUA s.f. *Bol.* y *Perú.* Sopa que se prepara con fécula de papa o chuño.

LAGUNA s.f. (lat. *lacuna*, hoyo o agujero). Extensión natural de agua acumulada, dulce o salada, más pequeña que el lago. **2.** *Fig.* Vacío, omisión o imperfección en un trabajo. **3.** *Fig.* Olvido o desconocimiento de una cosa. **4.** GEOL. Ausencia de una capa de terreno en una serie estratigráfica.

LAGUNAR adj. Relativo a la laguna. ⋄ s.m. Hueco que queda entre los maderos de un techo artesonado.

LAGUNERO, A adj. Relativo a la laguna.

LAI o **LAY** s.m. (fr. *lai*). Poema medieval breve de versos cortos, generalmente octosílabos, destinado a relatar una leyenda o historia de amor.

LAICADO s.m. Conjunto de creyentes laicos. **2.** Condición de laico.

LAICAL adj. Relativo a los laicos o a algo laico.

LAICIDAD s.f. Cualidad de laico. **2.** Sistema que excluye a la Iglesia del ejercicio del poder político o administrativo, y en particular de la enseñanza pública.

LAICISMO s.m. Doctrina que defiende la laicización.

LAICISTA adj. y s.m. y f. Relativo al laicismo; partidario de esta doctrina.

LAICIZACIÓN s.f. Acción de laicizar o laicizarse.

LAICIZAR v.tr. [1]. Hacer laico.

LAICO, A adj. y s. Independiente de los organismos religiosos. **2.** Que no es eclesiástico ni religioso. SIN. Laical.

LAÍSMO s.m. Uso de los pronombres átonos femeninos de tercera persona *la/las* como complemento indirecto.

LAÍSTA adj. y s.m. y f. Se dice de la persona que usa los pronombres *la/las* como complemento indirecto.

LAGOS: PRINCIPALES EXTENSIONES DE AGUA DULCE		
nombre	**región**	**superficie**
lago Superior	América del Norte	82 700 km²
lago Victoria	África ecuatorial	68 100 km²
lago Hurón	América del Norte	59 800 km²
lago Michigan	América del Norte	58 300 km²
mar de Aral	Asia central	34 000 km²
lago Tanganyika	África oriental	31 900 km²
lago Baikal	Siberia	31 500 km²
Gran Lago del Oso	América del Norte	31 100 km²
lago Malawi	África oriental	30 800 km²
Gran Lago del Esclavo	América del Norte	28 930 km²

LAJA s.f. (port. *lage* o *laja,* del lat. hispano *lagena*). Lancha, piedra lisa.

LAKISTA adj. y s.m. y f. Se dice del poeta británico de la primera generación del romanticismo, que a finales del s.XVIII y principios del XIX frecuentaba el Lake District, como Woordsworth o Coleridge.

LALOPATÍA s.f. Trastorno del lenguaje.

1. LAMA s.f. Lámina de material duro. **2.** Chile. Tejido de lana con flecos en los bordes.

2. LAMA s.m. (voz tibetana, *superior, maestro venerable*). Monje budista tibetano.

3. LAMA s.f. (lat. *lama,* lodo). Cieno blando de color oscuro que se halla en el fondo del mar, de los ríos, y de otros lugares cubiertos de agua. **2.** Bol., Colomb. y Méx. Moho. **3.** Chile, Colomb. y Hond. Capa de plantas criptógamas que crecen en agua dulce. **4.** Chile, Colomb., Hond., Méx. y P. Rico. Musgo.

LAMAÍSMO s.m. Doctrina budista de los lamas, muy extendida en el Tíbet.

LAMAÍSTA adj. y s.m. y f. Relativo al lamaísmo; que profesa esta doctrina.

LAMARCKISMO o **LAMARQUISMO** s.m. (de J. B. de Monet, caballero de *Lamarck,* naturalista francés). Teoría evolucionista basada en la influencia de las variaciones del medio sobre el comportamiento y la morfología de los seres vivos.

LAMARCKISTA o **LAMARQUISTA** adj. y s.m. y f. Relativo al lamarquismo; partidario de esta teoría.

LAMASERÍA s.f. Convento de lamas tibetanos.

LAMBADA s.f. Baile basado en el folclore brasileño y de América Central, en el que la pareja ejecuta movimientos sensuales. **2.** Música de este baile.

LAMBARERO, A adj. Cuba. Se dice de la persona ociosa, errante, vagabunda.

LAMBDA s.f. Nombre de la undécima letra del alfabeto griego (λ, Λ), que corresponde a la *l* española. ◆ s.m. Punto craneal donde se unen los dos huesos parietales y el occipital.

LAMBEL s.m. (voz francesa). HERÁLD. Pieza estrecha y larga con pendientes que se coloca en el jefe del escudo. SIN.: *lambeo.*

LAMBEO s.m. HERÁLD. Lambel.

LAMBER v.tr. (lat. *lambere*). Lamer.

LAMBETEAR v.tr. Amér. Lamer.

LAMBICHE adj. Méx. Se dice de la persona aduladora.

LAMBISCÓN, NA adj. Méx. *Fam.* Se dice de la persona servil o aduladora. SIN.: *lambiche.*

LAMBLIASIS s.f. Parasitosis intestinal debida a un protozoo flagelado.

LAMBÓN, NA adj. Colomb. Soplón. **2.** Colomb. y Méx. Adulador.

LAMBREQUÍN s.m. (fr. *lambrequin*). Adorno que se coloca bajo el borde de un alero, de la visera de un tejado, etc., para distinguir los canalones o conductos de desagüe. **2.** ARM. y HERÁLD. Adorno en forma de cintas, hojas, plumas o penachos, que penden de la parte posterior del yelmo y rodean el escudo.

LAMBRIJA s.f. Lombriz de tierra. **2.** *Fig.* y *fam.* Persona muy delgada.

LAMBRIJO, A adj. Flaco, delgado.

LAMBURDA s.f. HORT. Ramo grueso terminado en un botón fructífero.

LAMÉ s.m. (voz francesa). Tela adornada con hilos de oro o plata o tejida con hilos de metal.

LAMECULOS s.m. y f. (pl.*lameculos*).*Vulg.* Persona que adula de forma exagerada.

LAMEDAL s.m. Lugar donde hay mucha lama o barro.

LAMEDURA s.f. Acción y efecto de lamer o lamerse.

LAMELA s.f. BOT. Lámina estrecha y delgada.

LAMELIBRANQUIO, A adj. y s.m. (del lat. *lamella,* laminita, y *branquia,* branquia). Se dice del molusco de branquias laminares y concha bivalva articulada por una charnela, como la almeja o el mejillón. SIN.: *bivalvo.*

LAMELICORNIO, A adj. Se dice del insecto coleóptero con antenas formadas por laminillas que se pueden separar como un abanico, como el escarabajo y el abejorro.

LAMELIRROSTRO, A adj. y s.m. ZOOL. Que tiene el pico con laminillas transversales en sus bordes.

LAMENTABLE adj. Digno de ser lamentado. **2.** Que produce mala impresión por su estado o apariencia.

LAMENTACIÓN s.f. Manifestación de dolor o tristeza. **2.** Palabras o expresiones con que alguien se lamenta: *estar harto de lamentaciones.*

LAMENTAR v.tr. Experimentar disgusto o contrariedad por alguna causa: *lamento mucho que no haya venido.* ◆ **lamentarse** v.prnl. Quejarse, expresar disgusto por una contrariedad, pena o desgracia.

LAMENTO s.m. (lat. *lamentum*). Queja de dolor o pena. **2.** Canto triste y quejumbroso, utilizado en madrigales y óperas.

LAMENTOSO, A adj. Lamentable. **2.** Que se lamenta con frecuencia.

LAMEPLATOS s.m. y f. (pl.*lameplatos*). Persona sin medios económicos para alimentarse.

LAMER v.tr. y prnl. (lat. *lambere*). Pasar la lengua por la superficie de una cosa: *lamer el plato.* ◆ v.tr. *Fig.* Tocar un líquido suavemente algo: *las olas lamían la arena de la playa.*

LAMETÓN s.m. Contacto de la lengua con una cosa, especialmente si se hace con fuerza.

LAMIA s.f. (gr. *lámia*). ANT. CLÁS. Monstruo o demonio fabuloso con cabeza de mujer, garras y cola de dragón o serpiente. **2.** ZOOL. Tiburón de hasta 4 m de long. que habita en el Mediterráneo.

LAMIDO, A adj. *Fig.* Relamido, muy pulcro. **2.** *Fig.* Se dice de la persona delgada.

LÁMINA s.f. (lat. *lamina*). Porción de cualquier materia de amplia superficie y poco grosor. **2.** Plancha delgada de un metal. **3.** Plancha de cobre o de otro metal en el que está grabado un dibujo para estamparlo. **4.** Estampa, ilustración o figura impresa. **5.** *Fig.* Aspecto bueno o malo de una persona o animal: *un pura raza de excelente lámina.* **6.** ANAT. Parte ancha de un hueso, cartílago, etc. **7.** BOT. Membrana que se encuentra bajo el sombrerillo de determinados hongos. **8.** ÓPT. Cristal delgado con propiedades interferenciales o polarizantes. ◇ **Lámina cribosa** Parte del hueso etmoides que separa las fosas nasales de la bóveda craneal, por cuyos poros pasan las ramas del nervio olfatorio. **Lámina delgada** Preparación constituida por una capa de roca dispuesta sobre una lámina de cristal delgada, para que el mineral sea transparente y pueda ser observado al microscopio. **Lámina espiral** Cresta ósea que separa las rampas timpánica y vestibular del caracol. **Lámina perpendicular** Parte del etmoides que separa las dos fosas nasales. **Lámina vertebral** Parte del arco posterior de las vértebras, entre la apófisis articular y la apófisis espinosa.

LAMINACIÓN s.f. Acción de laminar. **2.** Operación por la que un metal se deforma por compresión entre dos cilindros para modificar su constitución interna y su forma, aumentando su longitud y reduciendo su sección.

LAMINADO, A adj. Se dice del producto obtenido por laminación: *alambre laminado.* ◆ s.m. Laminación.

LAMINADOR, RA adj. Que lamina: *cilindro laminador.* ◆ s.m. Máquina con dos cilindros de ejes paralelos utilizada en la laminación de metales.

1. LAMINAR adj. Que tiene forma de lámina: *tallo laminar.* **2.** Que está formado por láminas u hojas superpuestas y paralelas. ◇ **Régimen laminar** FÍS. Régimen de circulación de un fluido, que se efectúa por deslizamiento de unas capas del mismo fluido sobre otras, sin intercambio de partículas entre ellas.

2. LAMINAR v.tr. Transformar un material en láminas. **2.** Recubrir algo con láminas.

LAMINECTOMÍA s.f. Resección de las láminas vertebrales. (Es la primera fase de una intervención neuroquirúrgica de la médula espinal.)

LAMINERO, A adj. y s. Goloso.

LAMINILLA s.f. Lámina pequeña y delgada.

LAMINOSO, A adj. Laminar, hojoso. ◇ **Tejido laminoso** ANAT. Tejido conjuntivo dispuesto en láminas paralelas.

LAMISCAR v.tr. [1]. *Fam.* Lamer aprisa y con ansia.

LAMPA s.f. (voz quechua). Chile, C. Rica, Ecuad. y Perú. Azada.

LAMPACEAR v.tr. MAR. Enjugar o secar con lampazo: *lampacear la cubierta.*

LAMPACEO s.m. MAR. Acción y efecto de lampacear.

LAMPALAGUA adj. y s.m. y f. Argent. y Chile. Tragón, glotón. ◆ s.f. Argent. Serpiente de la familia de las boas, de unos 2,50 m de long., de color marrón con manchas amarillentas, que se alimenta de aves y mamíferos pequeños a los que mata por constricción. ◆ s.m. Chile. Monstruo fabuloso que se bebe el agua de los ríos y los deja secos.

LAMPALLO, A adj. Chile. Hambriento.

LAMPANTE adj. (cat. *llampant*). Se dice del queroseno purificado empleado para el alumbrado. ◇ **Aceite,** o **petróleo, lampante** Mezcla de hidrocarburos obtenida por destilación del petróleo bruto.

LÁMPARA s.f. (del lat. *lampada,* acusativo de *lampas, -adis,* antorcha). Utensilio para producir luz artificial: *lámpara de techo; lámpara de petróleo.* **2.** Objeto que sirve de soporte o adorno a una o más luces. **3.** Foco eléctrico: *fundirse una lámpara.* **4.** Lamparón, mancha: *un traje lleno de lámparas.* **5.** Utensilio que produce llama y que se utiliza como fuente de calor: *lámpara de alcohol.* **6.** ELECTRÓN. Elemento de los aparatos de radio y televisión que consta de tres electrodos metálicos: un filamento, una rejilla y una placa. SIN.: *tubo de vacío.* ◇ **Lámpara de gasolina** Recipiente relleno de algodón o de fieltro impregnados de gasolina, con una mecha de algodón que sirve de conductor capilar al combustible. **Lámpara de incandescencia** Lámpara que produce luz por la incandescencia de un conductor delgado bajo la acción de una corriente eléctrica en un espacio vacío de aire o en un gas inerte. **Lámpara de petróleo** Lámpara consis-

alumbrado público

- bombilla
- electrodo
- tubo de descarga
- electrodo
- vacío
- soporte
- casquillo

de yoduros de sodio

alumbrado doméstico

tubo fluorescente

compacta de bajo consumo

halógena

de incandescencia clásica

alumbrado del automóvil

de yodo

casquillos

de bayoneta

de rosca

de contacto

■ **LÁMPARA.** Tipos de lámparas y de casquillos.

tente en un recipiente con petróleo que sube por capilaridad, con ayuda de una mecha, a una cámara hueca con agujeros donde arde el combustible. **Lámpara de seguridad** Lámpara que se utiliza en una atmósfera susceptible de explosión. **Lámpara de vapor de mercurio** Tubo que contiene vapor de mercurio y que, atravesado por una corriente eléctrica, emite una luz viva y azulada. **Lámpara piloto** Lámpara que, al encenderse, señala que un aparato o dispositivo está en funcionamiento. **Lámpara relámpago** Foco que produce destellos muy breves pero muy intensos.

LAMPARAZO s.m. Colomb. Porción de líquido que se bebe de un trago.

LAMPARERÍA s.f. Establecimiento donde se fabrican o venden lámparas.

LAMPARILLA s.f. Lámpara que consiste en un corcho atravesado por una mecha que se enciende en un recipiente con aceite. **2.** Recipiente de esta lámpara. **3.** Encendedor de alcohol. **4.** BOT. Álamo temblón.

LAMPARÍN s.m. Cerco metálico para colocar lamparillas en una iglesia. **2.** Chile. Candil.

LÁMPARO, A adj. Colomb. Se dice de la persona que se ha quedado sin dinero.

LAMPARÓN s.m. Mancha visible en la ropa, especialmente de grasa. **2.** Chile. Ubrera. (Suele usarse en plural.) **3.** VET. **a.** Localización cutánea del muermo de los équidos. **b.** Actinomicosis exótica de los bóvidos. **c.** Linfangitis epizoótica de los équidos.

LAMPARONES s.m. Planta espinosa de hojas acorazonadas, empleada para tratar enfermedades cutáneas. (Familia compuestas.)

LAMPAZO s.m. (de lat. *lappaceus*, relativo al lampazo) MAR. Manojo grueso de filásticas unidas a un mango que sirve para limpiar y enjugar la humedad de las cubiertas y costados de las embarcaciones. **2.** METAL. Escobón hecho con ramas verdes que sirve para dirigir la llama del hogar en los hornos de fundición de plomo.

LAMPEAR v.tr. Chile. Encuadrar **2.** Chile y Perú. Remover la tierra con la lampa. **3.** Perú. Deshastar.

LAMPEZA s.f. Tejido de seda con adornos grandes en relieve, de textura parecida a la del fondo, utilizado en tapicería. SIN.: *lampás*.

LAMPIÑO, A adj. Que no tiene barba: *joven lampiño*. **2.** Que tiene poco pelo o poco vello: *cabeza lampiña*.

LAMPIÓN o **LAMPÓN** s.m. (fr. *lampion*). Farol, caja transparente en la que se coloca una luz.

LAMPISTA s.m. y f. Persona que tiene por oficio hacer trabajos de electricidad y plomería.

LAMPISTERÍA s.f. Lamparería. **2.** Oficio del lampista.

LAMPO s.m. (del lat. *lampare*, relampaguear). Poét. Resplandor intenso y fugaz: *un lampo de luz*.

LAMPREA s.f. (del lat. tardío *naupreda*). Pez vertebrado sin mandíbulas, de cuerpo cilíndrico y alargado, piel lisa y viscosa, que puede alcanzar 1 m de long. y remonta los ríos en primavera. (Clase agnatos o ciclóstomos.)

LAMPREÍLLA s.f. Lamprehuela.

LAMPRÓFIDO s.m. Roca eruptiva, generalmente filoniana, caracterizada por su riqueza en minerales ferromagnésicos, especialmente en mica negra.

LAMPUGA s.f. ⸱ LLAMPUGA.

LAMPUSO, A adj. Cuba. Atrevido, desvergonzado.

LÄN s.m. (voz sueca, *comarca*). División administrativa principal de Suecia y Finlandia.

LANA s.f. (lat. *lana*). Pelo tupido, suave y rizado de la oveja y otros rumiantes. **2.** Fibra o hilo de esta materia fabricada con esta materia textil: *un traje de lana inglesa*. ◆ s.m. y f. Guat. y Hond. Persona de clase social muy baja. ◆ s.m. Chile, Méx. y Perú. *Fam.* Dinero. ◇ **Emborrado de la lana** Cardado o carda de la lana; tratamiento preliminar que se da a la lana, antes del cardado mecánico. **Lana de escorias,** o **mineral** Producto preparado por proyección de vapor de agua sobre las escorias fundidas, utilizado como aislante térmico y acústico, y en la fabricación de madera artificial. **Lana de vidrio** Fibra de vidrio de diámetro muy pequeño, utilizada como aislante térmico y acústico.

LANADA s.f. Instrumento para limpiar y refrescar el alma de un cañón después del disparo, formada por una barra con un extremo cubierto con cuero.

LANAR adj. Relativo a la lana ◇ **Ganado lanar** Ganado ovino.

LANCE s.m. Acontecimiento, episodio: *lances melodramáticos; los lances de la vida*. **2.** Pelea, riña, desafío: *un lance entre caballeros*. **3.** Acción o jugada destacada en un juego o deporte. **4.** Chile. Esguince, marro, regate. **5.** ARM. Proyectil de ballesta. **6.** TAUROM. Suerte de capa. ◇ **De lance** Se dice del objeto que se compra o se vende por menos de lo que vale. **Lance de fortuna** Casualidad, accidente inesperado. **Lance de honor** Desafío, duelo.

LANCEAR v.intr. TAUROM. Dar lances con la capa.

LANCÉOLA s.f. Planta herbácea de hojas lanceoladas, flores pequeñas en espiga terminal y fruto en cápsula. SIN.: *llantén menor*.

LANCEOLADO, A adj. BOT. Se dice del órgano laminar de una planta que termina en forma de lanza: *hoja lanceolada*.

LANCERA s.f. Armero para colocar las lanzas.

LANCERO s.m. Soldado de un cuerpo de caballería armado con una lanza. **2.** TAUROM. Picador. ◆ **lanceros** s.m.pl. Baile de origen británico, en el que las parejas van al encuentro unas de otras, se saludan y desfilan paralelamente, etc. **2.** Música de este baile.

LANCETA s.f. Instrumento quirúrgico de hoja triangular y punta muy aguda, utilizado para efectuar pequeñas incisiones. ◆ **lancetas** s.f.pl. TAUROM. Cuernos del toro.

1. LANCHA s.f. (voz portuguesa). Embarcación grande para transportar carga y pasajeros entre puntos cercanos. **2.** Embarcación gran-

de que llevan a bordo los barcos grandes para su servicio. **3.** Embarcación pequeña sin cubierta. ◇ **Lancha,** o **barcaza, de desembarco** Embarcación empleada para el desembarco en tierra de tropas bélicas. **Lancha lanzamisiles** Embarcación armada con misiles superficie-superficie. **Lancha rápida** Embarcación automóvil para el servicio de buques de guerra o para la vigilancia costera.

2. LANCHA s.f. Piedra plana, llana y de escaso grosor, que en algunas regiones se utiliza para cubrir los tejados. **2.** Ecuad. Helada, escarcha.

LANCHADA s.f. Carga que transporta de una vez una lancha.

LANCHAJE s.m. Precio que se paga por el servicio de una lancha u otra embarcación menor. **2.** Servicio de transporte efectuado por estas embarcaciones.

1. LANCHAR s.m. Cantera de donde se sacan lanchas.

2. LANCHAR v.intr. Ecuad. Nublarse el cielo. **2.** Ecuad. Helar, escarchar.

LANCHERO, A s. Patrón o tripulante de una lancha de tráfico portuario.

LANCINANTE adj. Se dice de un dolor muy intenso y punzante.

LANCINAR v.tr. y prnl. Punzar, desgarrar.

LANCO s.m. Planta herbácea de América Meridional usada como expectorante. (Familia gramíneas.)

LAND s.m. (voz alemana) [pl. *Länder*]. Estado de Alemania. **2.** Provincia de Austria.

LANDA s.f. (vasc. *landa* o fr. *lande*). Vegetación propia de zonas templadas, compuesta principalmente por brezos, retamas y juncos. **2.** Terreno cubierto por esta vegetación.

■ LANDA. Paisaje de los Grampianos (Escocia).

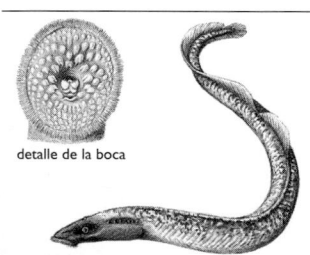

detalle de la boca

■ LAMPREA de río.

LAMPREADO s.m. Guiso chileno preparado con charqui y otros ingredientes.

LAMPREAR v.tr. Cocinar un alimento, previamente frito o asado, cociéndolo en agua o vino con azúcar o miel y especias.

LAMPREHUELA s.f. Locha. SIN.: *lampreílla*.

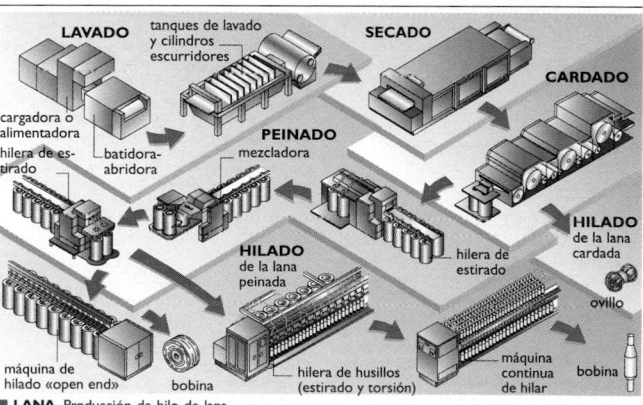

■ LANA. Producción de hilo de lana.

LAND ART s.m. Tendencia del arte contemporáneo aparecida en EUA hacia 1967, que abandona las modalidades tradicionales del arte para trabajar en un medio natural, utilizando como tema la misma naturaleza.

■ LAND ART. *Spiral jetty*, por Robert Smithson. Obra efímera de *land art* realizada, en 1970, en el Gran Lago Salado (Utah).

LANDGRAVE s.m. (alem. *Landgraf*, de *Land*, país, y *Graf*, conde).Título que ostentaban algunos príncipes germánicos soberanos. **2.** Magistrado que administraba justicia en nombre del emperador germánico.

LANDGRAVIATO s.m. Dignidad de landgrave. **2.** Territorio gobernado por un landgrave.

LANDÓ s.m. (fr. *landau*, de la ciudad renana de *Landau*).Vehículo tirado por caballerías, de cuatro ruedas, cuatro asientos situados frente a frente y capotas plegables.

LANDTAG s.m. Asamblea deliberante de la mayoría de los países germánicos.

LANERÍA s.f. Establecimiento donde se vende lana, especialmente para colchones.

LANERO, A adj. Relativo a la lana: *la industria lanera.* ◆ s. Persona que tiene por oficio comerciar con lanas.

LANGARO, A adj. Argent. Larguirucho. **2.** C. Rica. Vagabundo.

LANGARUTO, A adj. *Fam.* Larguirucho.

LANGOSTA s.f. (lat. *locusta*). Crustáceo decápodo de unos 40 cm de long., con fuertes antenas, pero sin pinzas, que vive en los fondos rocosos marinos y es muy apreciado por su carne. **2.** Insecto herbívoro muy voraz, del que existen numerosas especies, que se desplaza saltando y volando. (Algunas especies de las regiones cálidas pululan periódicamente y sus migraciones representan uno de los mayores azotes para los cultivos; orden ortópteros.)

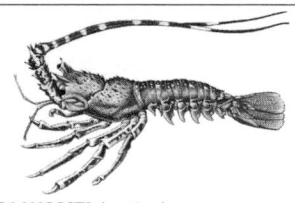

■ LANGOSTA (crustáceo).

■ LANGOSTA migradora (insecto).

LANGOSTERA s.f. Trasmallo de hilo grueso para la pesca de langostas y bogavantes, que se cala a mayor profundidad que los corrientes.

LANGOSTERO, A adj. Se dice de la persona que se dedica a la pesca de la langosta. **2.** Se dice de la embarcación y del utensilio utilizados en la pesca de la langosta.

LANGOSTINO s.m. Crustáceo decápodo marino, de unos 15 cm de long., cuerpo compri-

mido, cola muy prolongada, caparazón poco consistente, y carne muy apreciada. (Familia peneidos.)

LANGUEDOCIANO, A adj. y s. De Languedoc. ◆ s.m. Variedad dialectal de la lengua de oc, hablado en Languedoc.

LANGUIDECER v.intr. [37]. *Fig.* Perder alguien o algo vigor, intensidad, energía: *la conversación languidece.* **2.** Encontrarse en un estado prolongado de debilidad física o moral.

LANGUIDEZ s.f. Cualidad de lánguido.

LÁNGUIDO, A adj. (lat. *languidus*, de *languere*, estar débil). Falto de fuerza, vigor o intensidad. **2.** Desanimado, falto de alegría: *mirada lánguida.*

LANGUR s.m. Primate del S de Asia, de pelo abundante y fino, orificios nasales muy próximos, abazones pequeños y cola larga. (Familia cercopitécidos.)

LANÍFERO, A adj. Que tiene lana o está cubierto de una materia lanosa.

LANÍGERO, A adj. Que está cubierto de una capa de pelusa parecida a la lana.

LANILLA s.f. Tela delgada de lana. **2.** Pelillo que queda en el tejido de la lana por el anverso.

LANOLINA s.f. Grasa de color ambarino, extraída de la suarda de la lana de oveja, que se utiliza como excipiente en cosmética y farmacia.

LANOSIDAD s.f. Pelusa, especialmente la que recubre las hojas de los vegetales.

LANOSO, A adj. Que tiene mucha lana: *raza lanosa.* **2.** BOT. Lanuginoso.

LANSQUENETE s.m. (fr. *landsknecht*). Mercenario alemán que servía en la infantería durante los ss. XV-XVII.

LANTÁNIDO adj. y s.m. Se dice del elemento químico perteneciente al grupo de los metales de las tierras raras, de número atómico comprendido entre el 57 y el 71.

LANTANO s.m. (del gr. *lanthánein*, estar oculto). Metal del grupo de las tierras raras o lantánidos. **2.** Elemento químico (La), de número atómico 57 y masa atómica 138,905.

LANTÉN s.m. Méx. Llantén.

LANUDO, A adj. Que tiene mucha lana: *perro lanudo.* **2.** Venez. Grosero, rústico.

LANUGINOSO, A adj. (lat. *lanuginosus*). BOT. Que tiene lanosidad. SIN.: *lanoso.*

LANUGO s.m. Vello que recubre la piel del feto.

LANZA s.f. (lat. *lancea*). Arma formada por un palo largo con un hierro puntiagudo y cortante en uno de sus extremos. **2.** Soldado armado con lanza. **3.** Vara de madera que va unida por uno de sus extremos al juego delantero de un carruaje y sirve para darle dirección. ◇ **Lanza en ristre** Preparado para acometer. **Romper una lanza, o lanzas, por, o en favor de** Salir en defensa de alguien o de algo.

LANZAAMARRAS s.m. (pl. *lanzaamarras*). MAR. Lanzacabos.

LANZABOMBAS s.m. (pl. *lanzabombas*). MIL. Arma para disparar bombas.

LANZACABOS s.m. (pl. *lanzacabos*). MAR. Aparato (cohete, fusil o pequeño cañón) para lanzar el extremo de un cable o cabo delgado que sirve para izar un cabo grueso, y establecer una amarra resistente. SIN.: *lanzaamarras.*

LANZACOHETES s.m. (pl. *lanzacohetes*). MIL. Arma para lanzar cohetes.

LANZADA s.f. Golpe dado con una lanza. **2.** Herida producida por una lanza. SIN.: *lanzazo.*

LANZADERA s.f. Vehículo que permite el enlace entre diferentes estaciones o puntos de un trayecto: *autobús lanzadera.* **2.** Instrumento del telar para hacer pasar los hilos de la trama por los de la urdimbre en un tejido. **3.** Instrumento destinado a recibir el hilo utilizado para la fabricación de determinados artículos especiales, como las redes de pesca, o la trama de las alfombras. **4.** Instrumento en forma de huso para pasar el hilo por la labor, que llevaban las máquinas de coser. ◇ **Lanzadera espacial** Astronave reutilizable destinada a transportar aparatos y otros objetos al espacio. SIN.: *transbordador espacial.*

ENCICL. La lanzadera espacial estadounidense, que se viene utilizando desde 1981, constituye a la vez un lanzador y una nave espacial. Su principal ventaja estriba en ser en gran

parte reutilizable. Su elemento principal es el orbitador. Tiene forma de avión de ala delta, con una longitud de 37 m y una envergadura de 24 m. Su fuselaje comprende, en proa, una cabina para la tripulación (hasta 7 astronautas), en el centro una amplia bodega de 4,5 m de diámetro y de 18 m de longitud que puede albergar carga útil con una masa de hasta 29,5 t, y, en popa, los tres motores-cohete principales del aparato y dos motores de maniobra. Su masa «en seco» (depósitos vacíos y sin carga útil) es de 68 t. Este vehículo espacial se ha concebido para realizar misiones en órbita baja (300 km de altura) y puede aterrizar como un avión. Sin embargo, no puede llegar solo al espacio: en el momento del despegue se le añaden dos propulsores auxiliares de propergol sólido (cada uno de ellos contiene 500 t de propergol) y un depósito exterior de 47 m de longitud y 8,4 m de diámetro no reutilizable, que contiene 703 t de hidrógeno y oxígeno líquidos, destinados a la alimentación de los tres motores principales. Hasta la fecha, la NASA ha puesto en servicio cuatro orbitadores: *Columbia, Challenger, Discovery* y *Atlantis.* La explosión del *Challenger* (28 en. 1986) y la del *Columbia* (1 febr. 2003) paralizaron por un tiempo el programa de vuelos de las lanzaderas estadounidenses.

■ LANZADERA ESPACIAL. Aterrizaje del transbordador *Columbia* de regreso tras una misión en el espacio.

LANZADO, A adj. Se dice de la persona decidida, audaz. ◇ **Pesca al lanzado** Modalidad de pesca que consiste en enviar el cebo lejos mediante una caña provista de un carrete.

LANZADOR, RA adj. y s. Que lanza o arroja: *lanzador de jabalina.* ◆ s.m. Lanzadera espacial.

LANZAGRANADAS s.m. (pl. *lanzagranadas*). MIL. Arma para disparar granadas.

LANZALLAMAS s.m. (pl. *lanzallamas*). MIL. Arma para lanzar chorros de líquido inflamado.

LANZAMIENTO s.m. Acción de lanzar o lanzarse. **2.** Operación publicitaria que consiste en sacar un producto al mercado y promoverlo. **3.** Conjunto de operaciones para hacer despegar un ingenio espacial. **4.** Prueba de atletismo que consiste en lanzar lo más lejos posible un peso, disco, jabalina o martillo. **5.** DER. Acción de obligar a una persona, por mandamiento judicial, a abandonar la posesión de una cosa. **6.** MAR. **a.** Botadura. **b.** Ángulo formado por el codaste o la roda con la prolongación de la quilla. ◇ **Lanzamiento aéreo** Operación que consiste en lanzar personas o material en paracaídas desde un avión. **Lanzamiento de aeroplanos** Acción de impulsar un aeroplano hasta que alcanza la velocidad mínima de sustentación. **Lanzamiento de puentes** Sistema de montaje de puentes, particularmente de los metálicos, y de los tramos de puentes cantilever.

LANZAMISILES s.m. (pl. *lanzamisiles*). MIL. Arma para disparar misiles.

LANZAPLATOS s.m. (pl. *lanzaplatos*). Aparato que se emplea en el deporte del tiro para proyectar al aire platos o palomas de barro a los que se dispara.

LANZAR v.tr. (lat. tardío *lanceare*) [7]. Impulsar con fuerza a alguien o algo para que recorra una distancia: *lanzar una pelota; lanzarse al agua.* **2.** *Fig.* Divulgar, propagar, dar a conocer: *lanzar un nuevo producto; lanzar a un cantante.* **3.** *Fig.* Dirigir algo hacia un lugar, generalmente con violencia: *lanzar insultos, mi-*

radas. **4.** Arrojar un atleta el disco, la jabalina, el martillo o el peso. **5.** Practicar la pesca al lanzado. ◆ **lanzarse** v.prnl. Dirigirse hacia algo con ímpetu o violencia. **2.** Empezar a hacer algo con fuerza, decisión o audacia.

LANZATORPEDOS s.m. (pl. *lanzatorpedos*). MIL. Arma para lanzar torpedos.

LANZÓN s.m. Pez teleósteo largo y delgado, de 20 a 30 cm de long. y dorso verde o azul oscuro, que vive en el fondo arenoso de las costas de mares templados y fríos.

LAÑA s.f. Grapa metálica que sirve para unir dos cosas.

LAÑAR v.tr. (lat. *laniare*). Trabar o unir con lañas.

LAOSIANO, A adj. y s. De Laos. ◆ s.m. Lengua oficial de Laos, de la familia thai.

LAPA s.f. Molusco comestible de concha cónica, que vive adherido fuertemente a las rocas y queda fuera del agua cuando baja la marea. (Clase gasterópodos.) **2.** *Fig. y fam.* Persona pesada e insistente.

desde arriba

de perfil

■ **LAPA**

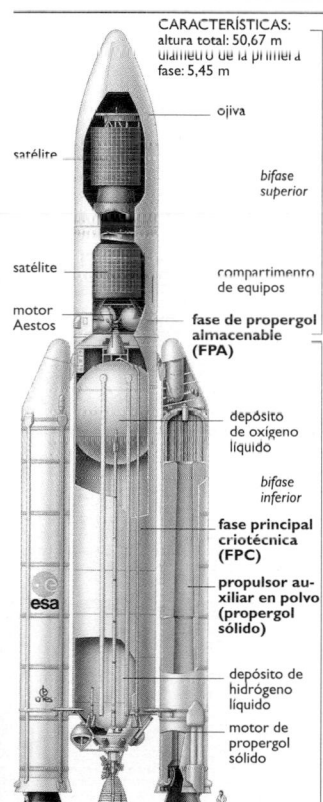

CARACTERÍSTICAS:
altura total: 50,67 m
diámetro de la primera
fase: 5,45 m

ojiva
satélite
bifase superior
satélite
compartimento de equipos
motor Aestos
fase de propergol almacenable (FPA)
depósito de oxígeno líquido
bifase inferior
fase principal criotécnica (FPC)
propulsor auxiliar en polvo (propergol sólido)
depósito de hidrógeno líquido
motor de propergol sólido
motor Vulcano
tobera

■ **LANZADOR.** Estructura del lanzador espacial europeo Ariane 5 Genérico (versión inicial).

LAPACHAR s.m. Terreno fangoso o muy húmedo.

LAPACHO o **LAPACO** s.m. Árbol tropical grande que crece en América Meridional. (Familia bignoniáceas.) **2.** Madera de este árbol muy dura, utilizada en construcción.

LAPALAPA s.f. Méx. Llovizna.

LAPAROSCOPIO s.m. Instrumento médico que sirve para examinar la cavidad abdominal mediante una punción practicada en la pared.

LAPAROTOMÍA s.f. (del gr. *lapára*, ijadas, y *témnein*, cortar). Abertura quirúrgica de la pared abdominal.

LAPE adj. Chile. Se dice de la lana, hilo, etc., apelmazado o enredado. **2.** Chile. Se dice de la fiesta muy alegre y animada.

LAPEADO s.m. Operación de acabado de superficies metálicas mediante elementos sueltos de abrasivo y pulimento.

LAPIAZ s.m. Conjunto de estrías y cavidades irregulares en crestas agudas, propias del relieve cársico, formadas por la erosión de las rocas calcáreas mediante arroyadas. SIN.: *lenar*.

LAPICERA s.f. Amér. Merid. Pluma estilográfica. **2.** Argent. Utensilio para escribir formado por una pluma metálica insertada en un mango.

LAPICERO s.m. Esp. Lápiz. **2.** Esp. y Méx. Portaminas.

LÁPIDA s.f. (lat. *lapis, -idis*). Losa con una inscripción en que se conmemora algo o a alguien.

LAPIDACIÓN s.f. Acción de lapidar.

LAPIDAR v.tr. (lat. *lapidare*). Apedrear o matar a pedradas. **2.** Colomb. Labrar piedras preciosas.

LAPIDARIO, A adj. Relativo a las lápidas: *inscripción lapidaria*. **2.** Que se refiere a las piedras preciosas. **3.** *Fig.* Digno de perdurar por su concisión y solemnidad: *frase lapidaria*. ◆ s. Persona que tiene por oficio labrar piedras preciosas o comerciar con ellas. ◆ s.m. Trípode con tablero circular que sirve para bruñir y pulimentar piedras preciosas, cristales o fuentes, piezas metálicas, etc. **2.** Bruñidor, instrumento o máquina para bruñir. **3.** Máquina de marmolería que sirve para rebajar o alisar los bloques o fragmentos que han de ser labrados. **4.** Libro sobre las piedras preciosas.

LAPÍDEO, A adj. Que es de piedra. **2.** Que tiene características pétreas.

LAPIDIFICAR v.tr. y prnl. [1]. QUÍM. Transformar en piedra.

LAPIDÍFICO, A adj. QUÍM. Que lapidifica.

LAPILLI s.m.pl. (voz italiana). Fragmentos pequeños de proyecciones volcánicas de dimensiones comprendidas entre las cenizas y las bombas.

LAPISLÁZULI s.m. (ital. *lapislàzzuli*). Mineral opaco, de color azul intenso, compuesto de silicato de aluminio y de sodio con azufre en estado muy dividido, que se utiliza en joyería y bisutería fina. SIN.: *lazurita*.

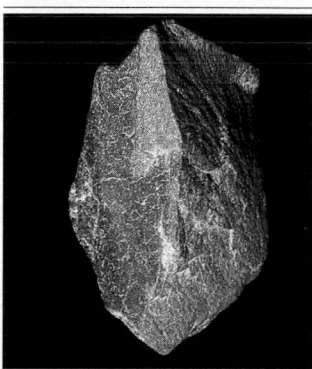

■ **LAPISLÁZULI.** Rara variedad, de calidad similar a la gema.

LAPITAS, pueblo mitológico de Tesalia, famoso por haber vencido a los centauros durante la ceremonia nupcial del rey Piritoo.

LÁPIZ s.m. (del lat. *lapis, -idis*, piedra). Barra pequeña de grafito encerrada en un cilindro o prisma, generalmente de madera, que sirve para escribir o dibujar. SIN.: *lapicero*. **2.** Sustancia mineral que sirve para dibujar. **3.** Cosmético en forma de lápiz, destinado al maquillaje. **4.** Preparación medicinal, a base de una sustancia activa y de sustancias neutras, generalmente grasas y desecadas. ◇ **Lápiz óptico,** o **luminoso** INFORMÁT. Dispositivo en forma de lápiz con un elemento fotosensible, que permite al usuario leer señales en la pantalla de una computadora y transmitirlas.

LAPO s.m. Bofetada o golpe dado con una vara, correa u otra cosa flexible. **2.** *Fig.* Escupitajo. **3.** *Fig.* Trago de líquido.

LAPÓN, NA adj. y s. De Laponia. **2.** De un pueblo de raza alpina que habita en Laponia. ◆ s.m. Lengua ugrofinesa hablada en Laponia.

LAPSI s.m.pl. (voz latina, *los que han caído*). Cristianos de la antigüedad que renegaron, o actuaron como si hubieran renegado, de su fe.

LAPSO s.m. (lat. *lapsus, -us*). Espacio de tiempo. **2.** Lapsus.

LAPSUS s.m. (voz latina, *deslizamiento*) [pl. *lapsus*]. Falta o error cometidos por descuido. ◇ **Lapsus cálami** Lapsus cometido al escribir. **Lapsus línguae** Lapsus cometido al hablar, generalmente por sustitución de una palabra por otra.

LAQUE s.m. Chile. Boleadoras.

LAQUEADO s.m. Aplicación de una capa de laca en la superficie de un soporte impreso para hacer más brillante y proteger la impresión. SIN.: *lacado*.

LAQUEADOR, RA adj. y s. Que decora obras de madera mediante aplicación de lacas o barnices.

1. LAQUEAR v.tr. Cubrir con laca. SIN.: *lacar*.

2. LAQUEAR v.tr. Chile. Atrapar o derribar a un animal con el laque.

LAR s.m. Hogar, fogón. **2.** Dios protector del hogar doméstico, según la mitología romana. (Suele usarse en plural.) ◆ **lares** s.m.pl. *Fig.* Hogar, lugar donde se habita.

LARARIO s.m. Santuario pequeño destinado al culto de los dioses lares, en algunas casas de la antigua Roma.

LARDÁCEO, A adj. Parecido al lardo.

LARDEAR v.tr. Untar con lardo o grasa un alimento que se va a asar. SIN.: *lardar*.

LARDERO adj. Se dice del jueves anterior al carnaval.

LARDO s.m. (lat. *lardum*). Grasa del tocino o sebo.

LARDOSO, A adj. Grasiento, pegajoso.

LARGA s.f. En pelota vasca, pelota que en el saque rebasa la línea del cuadro siete. **2.** TAUROM. Suerte de capa a una mano en la que el diestro cita al toro de frente, haciéndole seguir el movimiento del capote hasta el remate. ◇ **A la larga** Después de que haya pasado bastante tiempo. **Dar largas** Dar excusas con la intención de retrasar algo.

LARGAR v.tr. [2]. Soltar, dejar libre: *largar a los perros*. **2.** *Fig. y fam.* Dar algo desagradable o con desprecio: *largar una bofetada, una propina, un discurso*. **3.** Aflojar, ir soltando poco a poco una cosa, especialmente a bordo de un barco, como las amarras, las bolinas, las velas, etc. **4.** *Fam.* Echar a alguien. ◆ **largarse** v.prnl. *Fam.* Marcharse, irse. **2.** MAR. Hacerse una embarcación a la mar, o apartarse de una rada o de un fondeadero cuando la violencia de una tempestad le impide permanecer anclada sin peligro de que se rompan las cadenas.

LARGHETTO s.m. (voz italiana). MÚS. **a.** Fragmento que se interpreta en un tiempo un poco menos lento que el largo. **b.** Segundo movimiento de una sonata o de un concierto.

1. LARGO adv.m. Mucho: *hablar largo*. **2.** MÚS. Con un tempo muy lento.

2. LARGO, A adj. (lat. *largus*). Se dice de aquello en que predomina la longitud sobre las demás dimensiones: *un pasillo largo*. **2.** Que tiene excesiva longitud: *cortinas largas para esta ventana*. **3.** Que mide o dura un poco más de lo justo: *un litro largo; dos horas largas*. (Suele posponerse al sustantivo). **4.** De mucha o excesiva duración: *una larga historia* *de amor.* **5.** *Fig.* y *fam.* Astuto, listo: *parece tonto pero es muy largo.* **6.** *Fig.* Abundante, mucho: *vivió largos años.* **7.** *Fig.* Liberal, dadivoso: *largo en alabanzas.* **8.** *Fig.* y *fam.* Alto y delgado: *un chico largo.* **9.** ANAT. Se dice de los huesos en que predomina ampliamente el diámetro longitudinal. **10.** FONÉT. Se dice de las vocales o de las sílabas cuya duración de emisión suele ser el doble de las llamadas breves. **11.** MAR. Arriado, suelto. ◆ s.m. Longitud de una cosa: *un metro de largo.* **2.** Trozo de una pieza de tela que tiene la anchura de esta y la longitud necesaria para confeccionar una cosa: *dos largos de tela.* **3.** DEP. **a.** Longitud de una cosa que se toma como referencia para medir la distancia que separa a los participantes durante una carrera. **b.** Distancia recorrida por el lado de mayor longitud de una piscina: *hacer unos largos.* **4.** MÚS. Composición o fragmento ejecutado con lentitud. ◆ interj. Se usa para echar violentamente a alguien de un lugar: *¡largo de aquí!; ¡largo de mi casa!* ◇ **A lo largo** Longitudinalmente. **A lo largo de** Durante el espacio de tiempo que dura una cosa; paralelamente al borde en sentido longitudinal. **A lo largo y a lo ancho** En toda su extensión. **De largo** Desde hace mucho tiempo. **Largo y tendido** *Fam.* Durante mucho rato y con detenimiento: *charlar largo y tendido.* **Viento (a un) largo** Viento que sopla en sentido perpendicular al rumbo que lleva la nave.

LARGOMETRAJE s.m. Película cinematográfica con una duración de más de sesenta minutos.

LARGUEADO, A adj. Listado.

LARGUERO, A adj. Chile. Copioso, excesivo. **2.** Chile. Dadivoso, espléndido. ◆ s.m. Viga maestra longitudinal de un puente, bastidor, armadura u otra estructura, destinada a soportar el esfuerzo de carga. **2.** Cada una de las vigas principales del ala de un avión. **3.** DEP. Travesaño horizontal que une los postes de una portería.

LARGUEZA s.f. Generosidad para dar o compartir: *recompensar con largueza.*

LARGUIRUCHO, A adj. Se dice de la persona muy delgada, alta y desgarbada.

LARGURA s.f. Longitud.

LÁRICE s.m. (lat. *larix, -icis*). Alerce.

LARIFORME adj. y s.m. Relativo a un antiguo orden de aves marinas palmípedas, como la gaviota.

LARIGOT s.m. Flauta pastoril pequeña. **2.** Registro del órgano que suena una octava por encima del nasardo.

LARINGAL adj. y s.f. Se dice del fonema del indoeuropeo de articulación posterior, que podía vocalizarse o funcionar como consonante.

LARINGE s.f. (gr. *lárynge, -yggos*). Órgano fonador del aparato respiratorio, situado delante de la faringe, entre el hueso hioides y la tráquea, que está formado por cartílagos que sostienen las cuerdas vocales.

LARINGECTOMÍA s.f. Ablación quirúrgica de la laringe.

LARÍNGEO, A adj. Relativo a la laringe.

LARINGITIS s.f. Inflamación de la laringe.

LARINGOLOGÍA s.f. Parte de la medicina que estudia la laringe y su patología.

LARINGÓLOGO, A s. Médico especialista en laringología.

LARINGOSCOPIA s.f. Exploración del interior de la laringe.

LARINGOSCOPIO s.m. Instrumento con el que se examina la laringe.

LARINGOTOMÍA s.f. Incisión quirúrgica de la laringe.

LARO, A adj. y s.m. Relativo a un suborden de aves caradriformes de alas alargadas y puntiagudas, plumaje abundante, y colores suaves y mortecinos.

LARVA s.f. (lat. *larva*, máscara o fantasma). Estadio de desarrollo de numerosos animales, como los batracios, los insectos y los crustáceos, situado entre la eclosión del huevo y el estado adulto, con el que hay diferencias de forma y tipo de vida. **2.** ANT. ROM. Espectro de una persona muerta trágicamente o de un criminal, que los romanos suponían que erraba sobre la tierra para atormentar a los vivos.

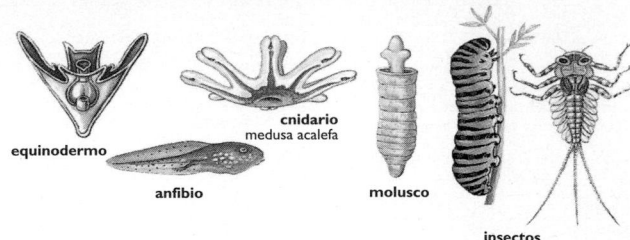

equinodermo

anfibio

cnidario
medusa acalefa

molusco

insectos

■ **LARVAS**

LARVADO, A adj. Se dice del fenómeno, enfermedad, etc., que ocultan su verdadera naturaleza o no se han manifestado totalmente.

LARVARIO, A adj. ZOOL. Relativo a la larva. SIN.: *larval.*

LARVICIDA s.m. Sustancia utilizada para destruir las larvas de los parásitos.

LASAÑA s.f. (ital. *lasagna*). Plato que se prepara con láminas de pasta de harina entre las que se intercalan diferentes ingredientes, como carne picada, picadillo de verduras, bechamel, etc.

LASCA s.f. Trozo pequeño y delgado desprendido de una piedra. **2.** MAR. Nudo doble. **3.** PREHIST. Esquirla de sílex cuya longitud es inferior al doble de su anchura.

1. LASCAR v.tr. (del lat. *laxicare*, de *laxus*, flojo) [1]. MAR. Aflojar, ir soltando poco a poco un cabo.

2. LASCAR v.tr. [1]. Méx. Lastimar, magullar, rozar.

LASCIVIA s.f. Cualidad de lascivo. **2.** Conducta lasciva.

LASCIVO, A adj. y s. (lat. *lascivus*). Se dice de la persona con un deseo sexual exagerado. ◆ adj. Sensual, que expresa deseo sexual: *mirada lasciva.*

LÁSER s.m. (acrónimo del ingl. *light amplification by stimulated emission of radiation*, amplificación de la luz por emisión estimulada de radiación). Aparato que genera un haz de luz coherente en el espacio y en el tiempo, de múltiples aplicaciones (investigación científica, armamento, medicina, telecomunicaciones, industria, etc.).

ENCICL. La luz de un láser se caracteriza por su coherencia, su gran intensidad, su monocromatismo y su carácter fuertemente direccional. Un láser requiere tres elementos: un medio ópticamente activo con distintos niveles de energía electrónicos; un sistema de inyección (bombeo óptico) por el cual se produce una inversión de población (algún estado de mayor energía está más poblado que otro de energía menor), y una cavidad resonante que almacena la radiación emitida y alimenta la radiación estimulada. El mecanismo de formación de luz láser es la emisión estimulada: en presencia de un fotón de energía adecuada, un electrón del nivel superior más poblado decae hacia el inferior y emite otro fotón de igual frecuencia que el anterior y coherente con él, que queda disponible para proseguir el proceso de emisión. Los primeros láseres fueron de estado sólido, como el de rubí. Existen también láseres de gas y de semiconductores, que producen ondas mantenidas modulables, con aplicaciones al campo de las telecomunicaciones.

LASERDISC s.m. (voz inglesa) [pl. *laserdiscs*]. Disco videográfico digital de larga duración, que se graba y se reproduce por medio del láser.

LASERPICIO s.m. (del lat. *laserpicium*, relativo a la sirpe). Planta herbácea umbelífera de tallo grueso, flores blancas y raíz gruesa. **2.** Semilla de esta planta.

LASITUD s.f. Cansancio, falta de vigor y fuerza.

LASO, A adj. (lat. *lassus*). Cansado, falto de fuerzas. **2.** Lacio, liso: *cabellos lasos.*

LÁSTIMA s.f. Sentimiento de compasión que suscitan las desgracias y males ajenos: *dar lástima.* **2.** Cosa lamentable o que causa disgusto. **3.** Pena, sufrimiento que inspira compasión.

LASTIMAR v.tr. y prnl. (lat. *blastemare*, alteración de *blasphemare*, blasfemar). Herir ligeramente o hacer daño: *se lastimó las manos.* ◆ v.tr. Agraviar, ofender: *lastimar su reputación.*

LASTIMERO, A adj. Que produce lástima: *voz lastimera.*

LASTIMOSO, A adj. Digno de lástima. **2.** Lamentable, que por cualquier causa produce mala impresión o pena: *quedó en un estado lastimoso.*

LASTÓN s.m. (vasc. *lasto*, paja). Planta vivaz de hojas estrechas y largas, que crece en la parte meridional de la península Ibérica. (Familia gramíneas.)

LASTRA s.f. Piedra plana y delgada.

LASTRAR v.tr. Poner lastre a una embarcación, aparejo de pesca, etc. **2.** Reducir la buena marcha o la calidad de algo.

LASTRE s.m. Materia pesada que se embarca en un vehículo para aumentar su estabilidad y su peso: *los lastres del globo aerostático.*

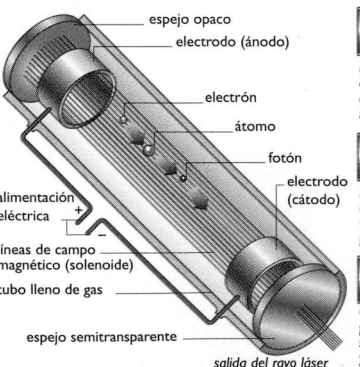

espejo opaco

electrodo (ánodo)

electrón

átomo

fotón

electrodo (cátodo)

alimentación eléctrica

líneas de campo magnético (solenoide)

tubo lleno de gas

espejo semitransparente

salida del rayo láser

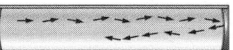

La energía producida por los electrones de una corriente eléctrica estimula los átomos del gas, que emite entonces fotones de energía y de longitud de onda idénticas.

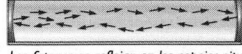

Los fotones se reflejan en los espejos situados en los extremos del tubo, que constituye una cavidad resonante, lo que permite el proceso amplificarse poco a poco.

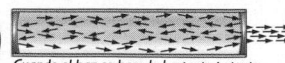

Cuando el haz se hace lo bastante potente para atravesar el espejo semitransparente, se forma un rayo luminoso monocromático y coherente: el rayo láser.

■ **LÁSER.** Estructura y funcionamiento.

2. *Fig.* Cosa que impide moverse con libertad. **3.** *Fig.* Impedimento para llevar algo a buen término. <> **Ir,** o **navegar, en lastre** Llevar el lastre como única carga. **Tanque de lastre** Compartimiento que al ser llenado o vaciado de agua de mar permite que un submarino se sumerja o emerja.

LAT s.m. Unidad monetaria de Letonia.

LATA s.f. (bajo lat. *latta*). Hojalata. **2.** Envase de hojalata. **3.** *Fig. y fam.* Cosa fastidiosa, molesta o pesada: *es una lata tener que salir con esta lluvia.* **4.** Tabla sobre la que se aseguran las tejas. <> **Dar la lata** *Fam.* Fastidiar o molestar con cosas inoportunas.

LATACUNGA, pueblo amerindio de lengua chibcha que vivía en la región de Quito.

LATAX s.m. (gr. *látax, -agos*). Mamífero carnívoro parecido a la nutria, pero de mayor tamaño y pelo sedoso. (Familia mustélidos.)

LATAZO s.m. Fastidio, pesadez.

LATENCIA s.f. Cualidad o estado de latente. **2.** Período de aparente inactividad metabólica de algunos animales y plantas. <> **Período de latencia** PSICOANÁL. Período de retracción normal y fisiológica de la pulsión sexual, que va desde la declinación del complejo de Edipo hasta la pubertad.

LATENTE adj. (lat. *latens, -entis*). Que existe sin exteriorizarse o manifestarse: *agresividad latente.* **2.** Se dice de la enfermedad sin síntomas aparentes. **3.** Se dice de la imagen fotográfica impresionada en una película que no ha sido revelada. <> **Calor latente** Calor utilizado por la unidad de masa en un cambio de estado físico que se efectúa a una temperatura fija.

LATERAL adj. (lat. *lateralis*). Que está en un lado o en la orilla de algo: *puerta lateral.* **2.** *Fig.* Que no es directo: *sucesión lateral.* ◆ adj. y s.f. Se dice del sonido fricativo que se articula elevando la lengua, que obstruye la línea media del canal bucal, y dejando escapar el aire por los lados. ◆ s.m. Lado de una avenida, separado de la zona central de la calzada por un seto o una acera de peatones. <> **Superficie lateral** MAT. Superficie de las caras de un cuerpo, sin contar la de las bases.

LATERALIDAD s.f. NEUROL. Preferencia sistematizada, derecha o izquierda, en la utilización de ciertos órganos pares, como las manos, los ojos o los pies.

LATERALIZACIÓN s.f. Acción y efecto de lateralizar o lateralizarse. **2.** NEUROL. Predominio de uno o de los dos hemisferios cerebrales en las distintas funciones del cerebro, que da lugar a una especialización hemisférica.

LATERALIZAR v.tr. y prnl. [7]. Hacer que un sonido sea lateral.

LATERANENSE adj. Relativo al templo de San Juan de Letrán.

LATERÍA s.f. Conjunto de latas de conserva. **2.** Amér. Hojalatería.

LATERITA s.f. Ferralita.

LATERÍTICO, A adj. Relativo a la laterita.

LATERITIZACIÓN n.f. Transformación de un suelo en laterita por migración de la sílice.

LATERO, A adj. Latoso. ◆ s. Amér. Hojalatero.

LÁTEX s.m. (lat. *latex, -icis,* líquido o licor) [pl. *látex*]. Líquido lechoso blanco o amarillo segregado por determinadas plantas. **2.** Emulsión acuosa de ciertas sustancias macromoleculares sintéticas, utilizada en la industria textil, de la pintura, del papel, etc. <> **Test del látex** Test biológico que permite evidenciar el factor reumatoide.

LATICÍFERO, A adj. Se dice del vaso de un vegetal que conduce látex.

LATICLAVO s.m. Banda de púrpura que adornaba la túnica de los senadores romanos. **2.** Túnica con esta banda.

LATIDO s.m. Movimiento alternativo de dilatación y de contracción del corazón y de las arterias. **2.** Golpe producido por este movimiento. **3.** Sensación dolorosa en ciertas partes inflamadas muy sensibles, producida por la diástole de las arterias que las riegan.

LATIFOLIO, A adj. BOT. Que tiene las hojas anchas.

LATIFUNDIO s.m. (lat. *latifundium*). Propiedad agrícola extensa, propia de economías poco desarrolladas y con fuerte concentra-

ción de la propiedad de la tierra, trabajada fundamentalmente por jornaleros.

LATIFUNDISMO s.m. Sistema de distribución de la propiedad de la tierra en el que abundan los latifundios.

LATIFUNDISTA adj. y s.m. y f. Relativo al latifundismo; propietario de uno o varios latifundios.

LATIGAZO s.m. Golpe dado con un látigo: *correrle a latigazos.* **2.** Chasquido del látigo. **3.** *Fig.* Hecho o dicho repentino e inesperado que produce en alguien un efecto estimulante o doloroso. **4.** Esp. *Fig. y fam.* Trago de bebida alcohólica. <> **Dolor en latigazo** Dolor brusco, agudo e intensísimo, ocasionado casi siempre como consecuencia de algún traumatismo.

LÁTIGO s.m. Instrumento largo, delgado y flexible, de cuero, cuerda u otra materia, con que se aviva y castiga a las caballerías. **2.** Atracción de feria en la que una serie de vagonetas giran bruscamente en las curvas de un circuito.

LATIGUDO, A adj. Chile. Correoso, flexible y elástico.

LATIGUEAR v.intr. Hacer restallar el látigo.

LATIGUILLO s.m. Frase o expresión efectistas del actor o del orador, destinadas a conseguir un aplauso. **2.** Expresión que una persona repite con frecuencia al hablar o al escribir.

LATÍN s.m. Lengua de la antigua Roma. (El latín ha sido utilizado como lengua de cultura hasta la edad moderna y como lengua del cristianismo en occidente.) <> **Bajo latín** Latín hablado o escrito tras la caída del Imperio romano y durante la edad media. **Latín vulgar,** o **popular** Latín hablado, que dio lugar a las diferentes lenguas romances. **Saber latín** Ser astuto y vivo.

LATINAJO s.m. *Fam. y desp.* Palabra o expresión latina empleada en español.

LATINIDAD s.f. Cultura latina. **2.** Conjunto de los pueblos de origen latino.

LATINIPARLA s.f. Lenguaje de las personas que emplean palabras o expresiones latinas en otra lengua.

LATINISMO s.m. Palabra, expresión o giro procedentes del latín que se usan en otra lengua por cultismo.

LATINISTA adj. y s.m. y f. Relativo al latinismo. **2.** Que se dedica al estudio de la lengua y cultura latinas.

LATINIZACIÓN s.f. Acción de latinizar.

LATINIZANTE adj. y s.m. y f. Se dice de la persona que practica el culto de la Iglesia latina en un país o región de rito ortodoxo: *los cristianos latinizantes.*

LATINIZAR v.tr. [7]. Dar forma latina a palabras y expresiones de otra lengua. **2.** Introducir el latín o la cultura latina en una región o cultura.

LATINO, A adj. y s. Del Lacio, o de cualquiera de los pueblos italianos de que era metrópoli Roma. **2.** De un país en que se habla una lengua derivada del latín. ◆ adj. Relativo al latín. **2.** Se dice de la Iglesia romana de occidente y de su rito. **3.** Se dice de la vela en forma de triángulo. ◆ adj. y s.f. Se dice de la embarcación aparejada con velas envergadas en entenas.

ENCICL. Los antiguos latinos formaban parte de los pueblos indoeuropeos que invadieron Italia durante la segunda mitad del segundo milenio. Los latinos estaban constituidos en ciudades-estado reunidas en confederaciones, entre las que destacó la *Liga latina* (ss. V-IV a.C.). Sufrieron en primer lugar la dominación etrusca (s. VI a.C.) y, posteriormente, la de Roma, que abolió la *Liga latina* en 338-335 a.C.

LATINOAMERICANO, A adj. y s. De Latinoamérica.

LATIR v.intr. (lat. *glattire,* ladrar de forma aguda). Dar latidos el corazón y las arterias, y a veces los capilares y algunas venas. **2.** Estar latente: *bajo sus palabras latía un odio feroz.* <> **Latirle** algo a alguien Méx. *Fam.* Tener un presentimiento: *me late que no va a venir;* gustarle: *me laten tus zapatos.*

LATIRISMO s.m. (del lat. *Lathyrus sativus,* nombre botánico de la guija). Intoxicación producida por la ingestión de guijas.

LATITUD s.f. Ángulo formado por la distancia entre un punto determinado y el plano del

ecuador, medido en grados de su meridiano. **2.** Dimensión menor de una figura plana, en contraposición a la mayor o longitud. **3.** Lugar o región que se distingue de otros por sus características, especialmente climáticas: *emigrar hacia latitudes más templadas.* <> **Altas latitudes** Latitudes próximas a los polos. **Bajas latitudes** Latitudes próximas al ecuador.

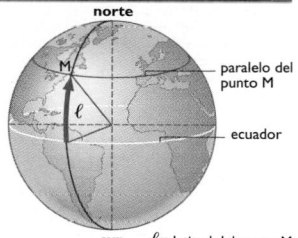

■ **LATITUD**

LATITUDINAL adj. Que se extiende a lo ancho.

LATITUDINARIO, A s. Partidario de una doctrina religiosa que defiende la posibilidad de salvación fuera de la Iglesia católica. SIN.: *universalistas.*

LATO, A adj. (lat. *lutus*). Extenso o extendido. **2.** *Fig.* Se dice del significado de una palabra que es más amplio que el literal: *tomar una palabra en sentido lato.*

LATOMÍA s.f. ANT. Cantera de piedra o de mármol utilizada en Siracusa como prisión.

LATÓN s.m. (ár. *laṭūn*). Aleación de cobre y cinc.

LATONERÍA s.f. Establecimiento donde se fabrican o venden instrumentos y utensilios de latón.

LATONERO, A s. Persona que tiene por oficio fabricar o vender objetos de latón. **2.** Colomb. Hojalatero.

LATOSO, A adj. Fastidioso, molesto.

LATRÍA s.f. (lat. *latria*). Culto y adoración a Dios.

LATROCINIO o **LADROCINIO** s.m. (lat. *latrocinium*). Robo, hurto o fraude.

LATVIO, A adj. y s. Letón.

LAUCA s.f. Chile. Calva, especialmente la de forma circular, peladura.

LAUCHA s.f. (voz mapuche). Argent., Chile y Urug. Ratón de pequeño tamaño. ◆ adj. y s.f. Argent. *Fig. y fam.* Se dice de la persona lista y pícara. ◆ adj. Chile. Se dice de la persona de constitución delgada y cara alargada.

LAÚD s.m. (ár. *'ūd*). Instrumento musical de 7, 13 o 21 cuerdas pulsadas, de cuerpo con forma de media pera y con clavijero forma ángulo recto con el mástil, que se utilizaba en Europa en los ss. XVI y XVII. **2.** Embarcación pequeña de un solo palo con vela latina.

■ **LAÚD.** El lautista Charles Mouton, por F. de Troy (detalle). [Museo del Louvre, París.]

LAUDABLE adj. Digno de alabanza.

LÁUDANO s.m. (lat. *ladanum,* goma de la jara). Preparado farmacéutico a base de opio, utilizado como calmante.

LAUDATORIO, A adj. Que alaba o contiene alabanza.

LAUDEMIO s.m. DER. Derecho que se paga al dueño directo de una heredad sujeta a enfiteusis, cuando aquella se enajena.

LAUDES s.f.pl. (del lat. *laudes,* alabanzas). CRIST. Segunda parte del oficio, que se dice después de maitines.

LAUDO s.m. DER. Fallo que pronuncian los árbitros o amigables componedores a los que se ha sometido un asunto de forma voluntaria por las partes.

LAURA s.f. Colonia religiosa de las regiones cristianas orientales, habitada por monjes que hacían vida aislada. **2.** Gran monasterio.

LAURÁCEO, A adj. y s.f. Relativo a una familia de plantas dicotiledóneas dialipétalas a la que pertenecen árboles y arbustos de regiones tropicales, como el aguacate, el canelo y el laurel.

LAUREADO, A adj. y s. Que ha obtenido un premio o una condecoración.

LAUREAR v.tr. Coronar con laurel a alguien que ha triunfado. **2.** Conceder a alguien un premio o condecoración.

LAUREDAL s.m. Terreno poblado de laureles.

LAUREL s.m. (occitano ant. *laurier*). Arbusto o árbol de la región mediterránea, cuyas hojas lanceoladas perennes se utilizan como condimento. (En la antigüedad, el laurel simbolizaba la victoria; familia lauráceas.) **2.** *Fig.* Gloria y fama conseguidas con acciones o actividades de mérito. ◇ **Dormirse sobre,** o **en, los laureles** Dejar de trabajar o de esforzarse en un asunto después de haber conseguido un triunfo. **Laurel cerezo** Árbol de hojas coriáceas perennes, flores pequeñas y frutos comestibles. SIN.: *lauroceraso.*

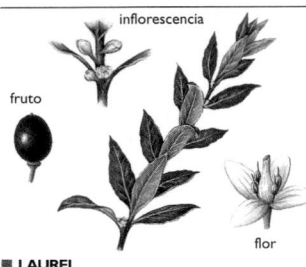

inflorescencia

fruto

flor

■ LAUREL

LAURENCIO o **LAWRENCIO** s.m. (de E. O. *Lawrence,* físico estadounidense). Elemento químico transuránico (Lr), de número atómico 103.

LÁUREO, A adj. Que es de laurel o de hojas de laurel.

LAUREOLA o **LAURÉOLA** s.f. Corona de laurel con que se premiaba a los héroes y se coronaban los sacerdotes paganos.

LAURO s.m. Gloria, triunfo: *conquistar lauros imperecederos.*

LAUROCERASO s.m. Laurel cerezo.

LAUTISTA s.m. y f. Persona que toca el laúd.

LAVA s.f. (lat. *labes*). Materia líquida vomitada por un volcán, que se enfría para formar una roca volcánica.

LAVABO s.m. (lat. *lavabo,* lavaré). Pila provista de llaves y desagüe, destinada a lavarse, especialmente la cara y las manos. **2.** Habitación destinada al aseo personal. **3.** Retrete, cuarto de baño. **4.** Soporte de madera o metal provisto de una palangana que se usaba para lavarse. **5.** ARQ. Fuente claustral donde los monjes se lavan las manos después de la comida. **6.** CATOL. Fragmento del salmo XXI recitado por el sacerdote al lavarse las manos durante el ofertorio.

LAVACOCHES s.m. y f. (pl. *lavacoches*). Esp. Persona encargada de la limpieza de los automóviles en garajes y talleres.

LAVADERO s.m. Lugar donde se lava la ropa: *lavadero público.* **2.** Recipiente en que se lava la ropa, situado generalmente junto a la cocina de una vivienda. **3.** Piedra lisa o tabla sobre la que se lava la ropa. **4.** Instalación para lavar los minerales. **5.** Lugar del lecho de un curso fluvial donde se recogen y lavan las arenas auríferas agitándolas en una batea.

LAVADO, A adj. MIN. Se dice del carbón u otro mineral cuyo contenido en cenizas ha sido reducido al pasar por el lavadero. ◆ s.m. Acción y efecto de lavar o lavarse. **2.** MIN. Eliminación del estéril o ganga contenidos en el carbón o el mineral bruto. ◇ **Lavado de cerebro** Técnica que se ejerce sobre alguien con métodos psicológicos y físicos para que cambie su forma de pensar o su comportamiento. **Lavado gástrico,** o **de estómago** Introducción en el estómago de una gran cantidad de líquido que es expulsado por una sonda introducida previamente, generalmente para eliminar sustancias tóxicas ingeridas.

LAVADORA s.f. Máquina para lavar la ropa. **2.** Aparato para limpiar productos y frutos de la tierra.

LAVAFRUTAS s.m. (pl. *lavafrutas*). Recipiente con agua que se utiliza en la mesa para lavar la fruta o enjuagarse los dedos.

LAVAJE s.m. Lavado de heridas, cavidades, etc., con líquidos antisépticos. **2.** Amér. Acción y efecto de lavar.

LAVAMANOS s.m. (pl. *lavamanos*). Lavabo pequeño, destinado a lavarse las manos y la cara.

LAVANDA s.f. Espliego.

LAVANDERA s.f. Ave paseriforme de 15 a 20 cm de long., cuyo color varía del blanco al gris al verde o amarillo, que se caracteriza por su cola larga, que mueve constantemente. (Familia motacílidos.)

LAVANDERÍA s.f. Establecimiento dedicado a la industria del lavado de la ropa. **2.** Lugar donde esta se lava y se plancha.

LAVANDERO, A s. Persona que tiene por oficio lavar ropa.

LAVANDINA s.f. Argent. y Par. Líquido clorado que se usa para aclarar y desinfectar ropa blanca, vajilla, suelos, etc., lejía.

LAVAOJOS s.m. (pl. *lavaojos*). Recipiente pequeño para bañar el ojo.

LAVAPLATOS s.m. (pl. *lavaplatos*). Máquina para lavar platos y utensilios de cocina. SIN.: *lavavajillas.* **2.** Argent., Chile y Méx. Mozo que se encarga de lavar los platos en un restaurante o bar. **3.** Chile, Colomb. y Méx. Fregadero.

LAVAR v.tr. y prnl. (lat. *lavare*). Limpiar con agua u otro líquido: *lavar la ropa.* ◆ v.tr. *Fig.* Hacer desaparecer una mancha moral, purificar: *lavar una ofensa.* **2.** *Fig.* Blanquear dinero. **3.** B. ART. Dar color a un dibujo con aguadas. **4.** MIN. Eliminar, por procedimientos físicos, el estéril contenido en el carbón o la ganga de los minerales metalíferos.

LAVASECO s.m. Chile. Tintorería.

LAVATIVA s.f. Enema. **2.** Instrumento manual con que se administra el enema.

LAVATORIO s.m. Lavamanos. **2.** Amér. Lavabo, recipiente destinado para el aseo. **3.** Amér. Lavabo, mueble especial donde se pone la palangana. **4.** Amér. Jofaina. **5.** CATOL. Acción de lavarse los dedos el sacerdote durante la misa. ◇ **Lavatorio de pies** CATOL. Ceremonia de la misa del jueves santo, en que se recuerda que Jesús lavó los pies a los apóstoles antes de la Cena.

LAVAVAJILLAS s.m. (pl. *lavavajillas*). Lavaplatos, máquina. **2.** Detergente que se utiliza para lavar los platos.

LAVAZAS s.f.pl. Agua mezclada con las impurezas de lo que se ha lavado en ella.

LAVOTEAR v.tr. y prnl. *Fam.* Lavar rápido y mal.

LAWRENCIO s.m. → LAURENCIO.

LAXANTE adj. Que laxa. ◆ s.m. MED. Purgante de acción suave.

LAXAR v.tr. y prnl. (lat. *laxare,* dejar). Aflojar, ablandar, disminuir la tensión de una cosa. **2.** MED. Ayudar a la evacuación del vientre mediante la acción de un laxante.

LAXISMO s.m. Sistema o actitud moral que tiende a tolerar lo que debe considerarse con mayor rigor.

LAXISTA s.m. y f. Partidario del laxismo.

LAXITUD s.f. Cualidad de laxo. **2.** MED. Estado de falta de tono o distensión de una estructura.

LAXO, A adj. (lat. *laxus*). Flojo, que no tiene la tensión o firmeza que debería tener naturalmente: *tener los músculos laxos.* **2.** *Fig.* Poco exigente o severo: *moral laxa.*

LAY s.m. → LAI.

1. LAYA s.f. (vasco *laia*). Pala fuerte de hierro con mango de madera, que sirve para labrar y remover la tierra.

2. LAYA s.f. (del lat. *lana*). Calidad, especie, clase: *gentes de toda laya.*

LAYETANO, A adj. y s. De un pueblo ibérico que en época romana estaba asentado en la act. Cataluña entre los ríos Llobregat y Tordera.

LAZADA s.f. Nudo que se deshace con facilidad tirando de uno de sus cabos: *lazada corrediza.* **2.** Asa o anilla de este nudo. **3.** Lazo, nudo que sirve de adorno.

LAZARETO s.m. (ital. *Lazzaretto*). Establecimiento sanitario en el que se atienden y se mantienen aislados enfermos con enfermedades contagiosas. **2.** Hospital de leprosos.

LAZARILLO s.m. Muchacho que guía a un ciego.

LAZARISTA adj. y s.m. Relativo a la Sociedad de sacerdotes de la misión, fundada en 1625 por san Vicente de Paúl; miembro de esta Sociedad.

LÁZARO s.m. (de *Lázaro,* personaje de los Evangelios que es curado por Jesús). Pobre andrajoso.

LAZO s.m. Atadura o nudo de cintas que sirve de adorno. **2.** Nudo que se deshace con facilidad. **3.** Emblema o distinción del que forma parte una cinta doblada en forma conveniente y reglamentaria: *lazo de la orden de Isabel la Católica.* **4.** Trampa o cuerda con un nudo corredizo que sirve para cazar o sujetar animales. **5.** *Fig.* Trampa, engaño: *caer en el lazo enemigo.* **6.** *Fig.* Vínculo, obligación: *lazos familiares.* **7.** Hond. y Méx. Cuerda. **8.** AERON. Movimiento de un avión alrededor de un eje vertical que pasa por el centro de gravedad del aparato. ◇ **Tirarle un lazo** a alguien Méx. *Fam.* Hacerle caso, prestarle atención.

LAZURITA s.f. (del lat. *laqueus*). Lapislázuli.

LAZZI s.m. (voz italiana). Dicho gracioso o arlequinada.

LE pron.pers. (pl. *les*). Forma átona del pronombre personal de 3ª persona del singular. (Va pospuesto y unido al verbo cuando acompaña a un infinitivo, gerundio o imperativo: *dale el libro.*) Funciona como complemento indirecto. Puede funcionar como complemento directo, en lugar de *lo,* cuando se refiere a personas en género masculino. (→ leísmo.).

LEAL adj. y s.m. y f. Se dice de la persona fiel, noble e incapaz de cometer cualquier traición o engaño. ◆ adj. Que es propio de esta persona: *amistad leal.* **2.** Se dice del animal que obedece y guarda fidelidad a su amo.

LEALTAD s.f. Cualidad de leal.

LEASING s.m. (voz inglesa). Operación de financiación a medio y largo plazo que consiste en la compra por una empresa financiera de los bienes de equipo que precisa una empresa industrial y la cesión de dichos bienes a esta última a cambio de una renta.

LEBECHE o **LEVECHE** s.m. (ár. hispano *labāg* o cat. *llebetx*). Viento muy seco del SO que sopla en el litoral oriental del Mediterráneo.

LEBRATO s.m. Cría de la liebre.

LEBREL s. y adj. (cat. *llebrer*). Perro que pertenece a una raza de talla alta, aspecto esbelto, cabeza alargada, hocico largo y pecho estrecho y profundo.

■ LEBREL árabe.

DERIVADOS DE LA LECHE

leches líquidas
crudas
enteras,semidesnatadas,desnatadas
- pasteurizadas
- esterilizadas
- esterilizadas UHT

leches concentradas
azucaradas
no azucaradas

leches en polvo

leches fermentadas
tradicionales
yogures
- natural
- sin grasas
- aromatizados
- con frutas
- líquidos

cremas
frescas
líquidas esterilizadas UHT
chantillí

mantequillas
sin sal
saladas
ligeras (pastas para untar)

postres lácteos
leches aromatizadas
flanes
mousses
cremas postre
cremas heladas

quesos de leche de vaca
fresco
blando y moho externo (camembert)
blando y de corteza lavada (livarot)
fermentados de pasta verde (azules)
fermentados no cocidos prensados (cantal)
fermentados cocidos prensados (comté)

quesos de leche de cabra
blando y de corteza florida (chabichou)

quesos de leche de oveja
de pasta verde (roquefort)

quesos de leches mezcladas
leche de vaca con leche de cabra o de oveja

quesos fundidos
crema de gruyère
pastas para untar

productos proteínicos
caseína
concentrados de proteínas
péptidos

subproductos industriales
leches reconstituidas (alimentación animal)
polvo de lactosérum

LEBRERO, A adj. Se dice del perro que sirve para cazar liebres.
LEBRILLO s.m. Esp. Barreño.
LEBRUNO, A adj. Relativo a la liebre.
LECCIÓN s.f. (lat. *lectio, -onis*). Explicación que una persona da a otra acerca de una materia para que la aprenda: *da lecciones de piano.* **2.** Parte diferenciada y completa de un libro de texto que facilita el aprendizaje de una materia: *las diez primeras lecciones del libro.* **3.** Parte de la materia que un alumno estudia o aprende de una vez o que un profesor manda a un alumno para estudiarla y aprender: *estudiar la lección.* **4.** *Fig.* Advertencia o consejo que se da a una persona para corregirla o aleccionarla: *le hace falta una buena lección.* ◇ **Lección magistral** Lección o conferencia

que da un profesor en un acto público y solemne; intervención de un opositor que constituye una de las pruebas de la oposición. **Tomar la lección** Escuchar una persona a otra; oírsela el maestro al alumno para ver si se la sabe.
LECHA s.f. Líquido seminal de los peces. **2.** Bolsa que contiene este líquido.
LECHADA s.f. Masa líquida de cal, yeso o argamasa para blanquear paredes o para unir piedras o hiladas de ladrillos. **2.** Líquido que tiene en disolución cuerpos insolubles muy divididos. ◇ **Lechada de cal** Suspensión de cal apagada que se emplea para recubrir superficies y en procesos industriales.
LECHAL adj. y s.m. Se dice del animal que aún mama: *cordero lechal.* ◆ adj. Se dice de la planta y del fruto que tiene un jugo semejante a la leche.
LECHAZO s.m. Cordero lechal.
LECHE s.f. (lat. vulgar *lacte*). Líquido de color blanco producido por las mamas de los mamíferos hembras para alimentar a sus crías. (*La leche* es un alimento de gran valor nutritivo, rico en grasas emulsionadas, prótidos, lactosa, vitaminas y sales minerales.) **2.** Líquido que se parece a la leche: *leche de almendras.* **3.** Cosmético cremoso de color blanco. **4.** *Vulg.* Semen. ◇ **De leche** Se dice de la hembra vivípara destinada a dar leche; se dice del animal que aún mama; se dice del diente que se mantiene durante la infancia hasta ser sustituido por el definitivo. **Leche condensada** Leche que se obtiene por evaporación en el vacío entre 45 y 55 ° con adición de azúcar. **Leche de gallina** Planta de hojas paralelinervias que presentan una línea blanca longitudinal. (Familia liliáceas.) **Leche en polvo** Leche deshidratada que se puede reconstituir adicionando agua. **Leche frita** Dulce que consiste en una masa espesa de harina cocida con leche que, una vez fría, se parte en trozos cuadrados que se rebozan, se fríen y se espolvorean con azúcar. **Leche maternizada** Leche de vaca cuya composición ha sido modificada por adición de lactosa y reducción del contenido de caseína con el fin de que se asemeje a la de la mujer. **Leche merengada** Alimento dulce que se prepara con leche, claras de huevo, azúcar y canela. **Mala leche** *Vulg.* Mal humor; mala intención. (También *malaleche.*) **Ser la leche** *Esp. Vulg.* Ser muy bueno o muy malo.
LECHECILLAS s.f.pl. Asaduras. **2.** Excrecencias carnosas formadas en las reses jóvenes por infarto de diversas glándulas.
LECHERA s.f. Recipiente para guardar, servir o transportar leche.
LECHERÍA s.f. Establecimiento donde se vende leche y otros productos lácteos. **2.** Parte de una granja o vaquería donde se envasa la leche. **3.** Chile. Vaquería.
LECHERO, A adj. Relativo a la leche: *industria lechera.* **2.** Se dice de la hembra vivípara destinada a dar leche: *vaca lechera.* ◆ s. Persona que tiene por oficio vender leche. ◇ **Central lechera** Establecimiento donde se trata la leche para su consumo y se fabrican productos lácteos.
LECHETREZNA s.f. (del lat. *lactoris, -is*). Planta herbácea de tallo erguido, hojas en forma de espátula y semillas negras. (El jugo lechoso, acre y mordicante de la *lechetrezna* se ha usado en medicina; familia euforbiáceas.)

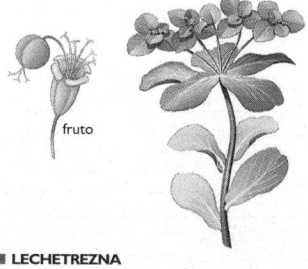

■ **LECHETREZNA**

LECHIGADA s.f. Conjunto de crías que han nacido en un mismo parto.
LECHIGUANA s.m. Argent. Avispa pequeña y negra del orden de los himenópteros. **2.** Argent. Nido colgante de esta avispa; miel que produce.
LECHÍN adj. y s.m. Se dice del olivo que produce mucha aceituna. ◆ adj. Se dice de la aceituna producida por este olivo.
LECHO s.m. (lat. *lectus*). *Poét.* Cama, mueble para dormir. **2.** *Por ext.* Conjunto de cosas extendidas horizontalmente en forma de capa sobre una superficie. **3.** CONSTR. Material extendido horizontalmente en forma de capa sobre una superficie y que sirve de base a otro. **4.** GEOL. Capa muy delgada de roca mineral extendida horizontalmente que forma parte de un conjunto estratificado. (Es la subdivisión litológica más pequeña en una formación sedimentaria.) **5.** HIDROL. Parte del fondo del valle por donde corren las aguas.
LECHÓN s.m. (gr. *laktenton*). Cría del cerdo que todavía mama. **2.** Cerdo macho.
LECHOSA s.f. Dom. y Venez. Papaya.
LECHOSO, A adj. Que tiene alguna de las características de la leche. **2.** Se dice de la planta que contiene látex.
LECHUCEAR v.tr. Argent. *Fam.* Presagiar desgracias. **2.** Argent. Curiosear, espiar.
LECHUGA s.f. (lat. *lactuca*). Planta herbácea de hojas grandes verdes dispuestas en roseta basal. (La *lechuga* se come generalmente en ensalada; existen numerosas variedades de tallo, romana, de cogollo, de hoja rizada, etc.; familia compuestas.)

francesa
romana
batavia (rizada)

■ **LECHUGAS**

LECHUGUILLA s.f. Lechuga silvestre. **2.** Cuello o puño grande, almidonado y rizado usado en la segunda mitad del s. XVI y principios del XVII.
LECHUGUINO s.m. y adj. *Fam.* y *desp.* Hombre joven que se arregla mucho y sigue rigurosamente la moda. ◆ s.m. Lechuga pequeña antes de ser trasplantada.
LECHUZA s.f. (del lat. *noctua*). Ave rapaz nocturna, de cabeza redonda, con discos faciales y pico corto y encorvado en la punta. (La *lechuza*, ave consagrada a la diosa Atenea, se convirtió en símbolo de la ciudad griega de Atenas; familia estrígidos y titónidos.)
LECHUZÓN s.m. Argent. Lechuza campestre, de gran tamaño.
LECITINA s.f. (del gr. *lekithos*, yema de huevo). Lípido fosfórico complejo, abundante en algunos alimentos (yema de huevo, soya) y en algunos órganos (cerebro), utilizado como aditivo alimentario.
LECITO s.m. → **LEQUITO.**
LECTIVO, A adj. Se dice del día y del período de tiempo en que se dan clases en un centro docente.
LECTOR, RA adj. y s. Que lee, especialmente la persona que lee habitualmente una publicación determinada. ◆ s. ENSEÑ. Profesor que enseña su lengua materna en un centro docente extranjero. ◆ s.m. Aparato que transforma en impulsos eléctricos las señales o los datos registrados en una cinta magnética, un disco, etc. **2.** INFORMÁT. Máquina o dispositivo que permite la introducción de datos en una computadora a partir de un soporte exterior: *banda magnética, cinta de papel perforado, tarjeta perforada,* etc. **3.** REL. Clérigo que ha recibido el ministerio del lectorado. ◇ **Lector**

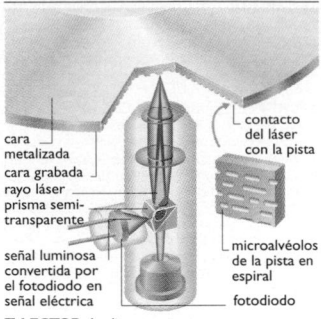

cara metalizada
cara grabada
rayo láser
prisma semitransparente

contacto del láser con la pista

señal luminosa convertida por el fotodiodo en señal eléctrica

microalvéolos de la pista en espiral

fotodiodo

■ **LECTOR** de discos compactos.

óptico INFORMÁT. Dispositivo que permite leer automáticamente, por un procedimiento optoelectrónico, caracteres impresos o manuscritos.

LECTORADO s.m. ENSEÑ. Cargo de lector. **2.** REL. Ministerio de la Iglesia católica, antiguamente la segunda de las cuatro órdenes menores.

LECTURA s.f. Acción de leer: *horas de lectura.* **2.** Texto que se lee: *selecciona las lecturas de sus hijos.* **3.** Manera de interpretar un texto o hecho. **4.** INFORMÁT. Proceso por el cual se introduce información en la memoria central o en una de las memorias auxiliares de la computadora. ◇ **Cabeza de lectura** ELECTRÓN. Transductor electromecánico accionado por la modulación del surco del soporte del registro, para la reproducción de la señal registrada. **Lectura en memoria** INFORMÁT. Salida de información registrada anteriormente en una memoria electrónica. **Lectura óptica** Reconocimiento de los caracteres impresos o manuscritos por un dispositivo automático utilizando un procedimiento óptico.

LEDO, A adj. (lat. *laetus*). *Poét.* Alegre, plácido.

LEER v.tr. (lat. *legere*) [34]. Interpretar los signos de un texto: *leer una novela.* **2.** Dar una determinada interpretación a un texto. **3.** *Fig.* Descubrir, averiguar o comprender los sentimientos o pensamientos de alguien a partir de ciertos indicios: *leer en los ojos.* **4.** MÚS. Interpretar el valor de las notas y de los signos.

LEGACIÓN s.f. Cargo diplomático que el gobierno otorga a una persona para que lo represente en el extranjero. **2.** Empleo o cargo del legado religioso. **3.** Asunto o mensaje que se le encarga. **4.** Personal que el legado tiene a sus órdenes. **5.** Casa u oficina del legado.

LEGADO s.m. Conjunto de bienes que una persona deja a otra por disposición testamentaria o codicilar. **2.** Conjunto de cosas, especialmente ideas o tradiciones, que una persona o generación transmite a otra más joven. **3.** Persona que el gobierno envía al extranjero en representación suya para tratar un asunto concreto. **4.** Eclesiástico que representa al papa en un concilio o en el extranjero. **5.** DER. Disposición hecha en el testamento o codicilo en beneficio de una o varias personas: *aceptar un legado.* **6.** HIST. **a.** Persona a quien se encargaba una misión diplomática (embajador), administrativa (adjunto del gobernador de una provincia) o militar (lugarteniente de un general en campaña) del Imperio romano. **b.** Título del Imperio romano concedido a los gobernadores de las provincias imperiales y a los jefes de la legión. ◇ **Legado a látere** Cardenal a quien el papa encarga una misión extraordinaria e importante.

LEGAJO s.m. Conjunto de papeles referentes a un mismo asunto o materia que se guardan generalmente atados.

LEGAL adj. (lat. *legalis*). Relativo a la ley o a la justicia: *medicina legal.* **2.** Que está regulado por la ley o la cumple. **3.** *Fam.* Leal, digno de confianza.

LEGALIDAD s.f. Cualidad de legal. **2.** Régimen jurídico-político que viene configurado por el conjunto de leyes fundamentales de cada estado.

LEGALISMO s.m. Actitud de la persona que aplica estrictamente la ley sin tener en cuenta otros condicionamientos.

LEGALISTA adj. Relativo al legalismo. ◆ adj. y s.m. y f. Se dice de la persona que considera que debe aplicarse estrictamente la ley sin tener en cuenta otros condicionamientos.

LEGALIZACIÓN s.f. DER. **a.** Acción de legalizar. **b.** Certificado o nota que acredita la autenticidad de un documento o de una firma.

LEGALIZAR v.tr. [7]. DER. **a.** Dar carácter legal a algo. **b.** Certificar la autenticidad de un documento o firma.

LÉGAMO o **LÉGANO** s.m. Cieno, depósito arcilloso y blando.

LEGAÑA s.f. Secreción de las glándulas de los párpados, de color amarillento o blanquecino, que se produce durante el sueño y se acumula en el borde de los ojos.

LEGAÑOSO, A adj. y s. Que tiene legañas.

LEGAR v.tr. (lat. *legare*) [2]. Dejar una persona a un conjunto de bienes a otra por disposición testamentaria o codicilar: *legar una fortuna.* **2.** Transmitir una persona o generación un conjunto de cosas, especialmente ideas o tradiciones, a otra más joven. **3.** Enviar a un legado.

LEGATARIO, A s. Beneficiario de un conjunto de bienes por disposición testamentaria o codicilar.

LEGATO s.m. (voz italiana). MÚS. Término que indica que los sonidos han de sucederse sin interrupción.

LEGENDARIO, A adj. Relativo a la leyenda: *héroe legendario.* **2.** De mucha fama.

LEGHORN s.f. (voz inglesa). Gallina que pertenece a una raza que pone muchos huevos.

LEGIBLE adj. Que puede ser leído. SIN.: *leíble.*

LEGIÓN s.f. (lat. *legio, -onis*). Unidad militar fundamental del ejército del Imperio romano. (La legión imperial contaba unos 6 000 hombres repartidos en 10 cohortes, 30 manípulos y 60 centurias.) **2.** Grupo indeterminado y numeroso de personas o seres: *legión de mosquitos.* **3.** MIL. Unidad militar de élite formada por soldados profesionales destinados a misiones ofensivas.

LEGIONARIO, A adj. Relativo a la legión. ◆ s.m. Soldado de una legión.

LEGIONELA s.f. Enfermedad infecciosa causada por una bacteria y que se caracteriza por fiebre y neumonía. SIN.: *enfermedad del legionario, legionelosis.* **2.** Bacteria que causa esta enfermedad.

LEGIONELOSIS s.f. Legionela. SIN.: *enfermedad del legionario.*

LEGISLACIÓN s.f. DER. **a.** Conjunto de leyes que regulan una actividad determinada: *legislación mercantil.* **b.** Conjunto de leyes de un estado: *la legislación vigente.* **c.** Ciencia que estudia las leyes y los códigos. **d.** Acción de legislar.

LEGISLAR v.intr. Hacer o establecer leyes.

LEGISLATIVO, A adj. Relativo al legislador o a la legislación: *disposición legislativa.* **2.** Que hace las leyes: *asamblea legislativa.* ◆ adj. y s.m. Se dice del poder que tiene la potestad de hacer y reformar las leyes.

LEGISLATURA s.f. Período de tiempo durante el cual funcionan los órganos legislativos. **2.** Conjunto de órganos legislativos. **3.** *Argent.* Congreso o cuerpo legislativo de las provincias, en oposición a congreso nacional.

LEGISTA s.m. y f. Persona que se dedica al estudio de cuestiones jurídicas.

LEGÍTIMA s.f. DER. Parte de los bienes de una herencia de los cuales el testador no puede disponer por corresponder a los herederos forzosos.

LEGITIMACIÓN s.f. Acción y efecto de legitimar.

LEGITIMAR v.tr. Certificar o probar la legitimidad de algo. **2.** Habilitar a una persona para un oficio o empleo. **3.** Reconocer como legítimo a un hijo. **4.** POL. Dar carácter legal a algo, especialmente un poder político, régimen o asociación.

LEGITIMARIO, A adj. Relativo a la legítima. ◆ adj. y s. Que tiene derecho a la legítima.

LEGITIMIDAD s.f. Cualidad de legítimo: *la legitimidad de una demanda.* **2.** POL. **a.** Cualidad de un poder político que engendra y mantiene las creencias dominantes en una sociedad. **b.** Derecho de una dinastía que se considera legítima.

LEGITIMISMO s.m. Doctrina que afirma la legitimidad de una rama de una dinastía, por considerarla con mayores derechos al trono que la rama reinante.

LEGITIMISTA adj. y s.m. y f. Relativo al legitimismo; partidario de esta doctrina.

LEGÍTIMO, A adj. Que se ajusta a las leyes o al derecho: *esposa legítima.* **2.** Justo, lícito: *es legítimo exigir garantías.* **3.** Auténtico, verdadero: *oro legítimo.*

LEGO, A adj. y s. (lat. *laicus*). *Poét.* Que ignora una determinada materia: *ser lego en matemáticas.* **2.** Laico. ◆ adj. y s.m. Se dice del religioso que siendo profeso no tiene opción a las sagradas órdenes. ◆ adj. y s.f. Se dice de la monja profesa exenta de coro, que sirve a la comunidad en las faenas caseras.

LEGÓN s.m. (lat. *ligo, -onis*). Azadón.

LEGRA s.f. (lat. *ligula*). MED. Instrumento para efectuar legrados.

LEGRADO s.m. Intervención quirúrgica que consiste en raspar las partes blandas que recubren una superficie ósea o mucosa. SIN.: *raspado.*

LEGRAR v.tr. Raspar las partes blandas que recubren una superficie ósea o mucosa mediante una intervención quirúrgica.

LEGUA s.f. (lat. tardío *leuga*). Antigua unidad de medida de longitud equivalente a 5 572 m. (En Hispanoamérica se emplea aún hoy en varios países, con valores distintos: en Argentina equivale a 5 199 m; en Colombia y Paraguay, a 5 000 m; en Guatemala, a 5 572 m, y en México, a 4 190 m.) ◇ **A la,** o **desde media, legua** o **a leguas** o **de cien,** o **mil** o **muchas, leguas** Desde muy lejos, a gran distancia. **Legua de dieciocho al grado** Antigua unidad de medida de longitud que representa un dieciochoavo del grado de un meridiano terrestre, el cual mide 111 111,11 m. **Legua de diecisiete y medio al grado** Antigua unidad de medida de longitud que representa un diecisieteavo y medio del grado de un meridiano terrestre, el cual mide 111 111,11 m. **Legua de posta** Antigua unidad de medida de longitud equivalente a 4 km. **Legua de quince al grado** Antigua unidad de medida de longitud que representa un quinceavo del grado de un meridiano terrestre, el cual mide 111 111,11 m. **Legua de veinticinco al grado** Antigua unidad de medida de longitud que representa un veinticincoavo del grado de un meridiano terrestre, el cual mide 111 111,11 m. **Legua marina,** o **de veinte al grado** Antigua unidad de medida de longitud equivalente a 5 555 m.

LEGULEYO s.m. (lat. *legulejus*). *Desp.* Jurista, abogado.

LEGUMBRE s.f. (lat. *legumen*). Fruto en forma de vaina que tiene en su interior una o varias semillas. **2.** Semilla que crece en el interior de este fruto. **3.** Hortaliza.

LEGUMBRERA s.f. Recipiente en que se sirven las legumbres.

LEGÚMINA s.f. Sustancia proteica que se encuentra en determinadas semillas, como la arveja o guisante y el frijol o judía.

LEGUMINOSO, A adj. y s.f. Relativo a un orden de plantas dicotiledóneas cuyo fruto es una vaina, o legumbre, como la arveja o guisante, el frijol o judía y la lenteja.

LEÍBLE adj. → LEGIBLE.

LEÍDA s.f. *Fam.* Lectura, acción de leer.

LEÍDO, A adj. Se dice de la persona culta, instruida.

LEISHMANIA adj. y s.f. Relativo a un género de protozoos parásitos, comunes al ser humano y a los animales, transmitidos por un insecto díptero de las zonas mediterráneas y tropicales y que causan en el ser humano la leishmaniosis.

LEISHMANIOSIS s.f. (de *Leishmania,* género de protozoarios que producen la infección). MED. Enfermedad causada por un parásito del género leishmania.

LEÍSMO s.m. Uso de los pronombres átonos

de tercera persona *le/les* como complemento directo de persona: *es leísmo decir «A tu hermano le vi en la calle» por «A tu hermano lo vi en la calle».*

LEÍSTA adj. y s.m. y f. Se dice de la persona que usa los pronombres *le/les* como complemento directo de persona.

LEITMOTIV s.m. (voz alemana, *motivo conductor*) Tema básico de una composición poética o musical que se repite a lo largo de la obra. **2.** Idea alrededor de la cual se desarrolla una obra, discurso, conferencia, conversación, monólogo, etc.

LEJANÍA s.f. Cualidad de lejano. **2.** Lugar que se ve a lo lejos.

LEJANO, A adj. Que está lejos.

LEJÍA s.f. (del lat. *aqua lixiva*, agua de lejía). Líquido formado por una disolución de álcalis o sales alcalinas que se emplea para desinfectar y blanquear la ropa.

LEJIADO s.m. Lavado de los trapos en la fabricación de la pasta de papel.

LEJOS adv.l. y t. (lat. *laxius*) A gran distancia en el espacio o en el tiempo: *vive muy lejos de aquí; la Navidad está aún lejos.* ◇ **A lo lejos** A gran distancia. **De,** o **desde, lejos** A determinada distancia. **Lejos de** En vez de. (Se usa delante de un infinitivo para señalar cierta oposición respecto a lo que se dice a continuación): *lejos de mejorar, iba de mal en peor.*

LEJURA s.f. Colomb. y Ecuad. Parte muy lejana, lejanía.

LEK s.m. (pl.*lekë*). Unidad monetaria de Albania.

LELE adj. y s.m. y f. Amér. Lelo.

LELO, A adj. y s. (voz de creación expresiva) Simple, pasmado, tonto.

LEMA s.m. (lat. *lemma, -atis,* del gr. *lemma,* provecho o tema). Frase que expresa una idea como guía de conducta. **2.** Frase de un escudo o emblema que expresa un ideal. **3.** Palabra o palabras que sustituyen el nombre del autor de una obra que se presenta a concurso hasta que se hace público el fallo del jurado. **4.** Texto breve que precede una composición literaria para indicar el asunto de la obra. **5.** LING. Entrada de un diccionario. **6.** MAT. Proposición preliminar cuya demostración facilita la de un teorema subsiguiente.

LEMMING s.m. Mamífero roedor de 10 cm de long., cola y patas cortas, que vive en madrigueras, en Escandinavia, y que efectúa migraciones masivas hacia el sur.

■ **LEMMING** de las tundras.

LEMNÁCEO, A adj. y s.f. (del gr. *lémna,* lenteja de agua). Relativo a una familia de plantas monocotiledóneas acuáticas. (La *lenteja de agua* pertenece a la familia *lemnáceas.*)

LEMNISCATA s.f. MAT. Lugar geométrico de los puntos tales que el producto de sus distancias a dos puntos fijos es constante.

LEMNISCO s.m. (lat. *lemniscus*). ANAT. Fascículo sensitivo posterior del tronco cerebral.

LEMOSÍN, NA adj. y s. Del Lemosín. ◆ adj. Se dice de la raza bovina, ovina y porcina originaria del Lemosín. ◆ s.m. Variedad del provenzal hablada en el Lemosín.

LEMPIRA s.m. Unidad monetaria de Honduras.

LÉMUR s.m. Mamífero primate arborícola de Madagascar, África, Asia meridional y Filipinas, herbívoro o insectívoro, del tamaño de un gato. (Suborden lemuroideos.)

LÉMURES s.m.pl. Espíritus maléficos de la mitología romana que se aparecían a los vivientes para atemorizarlos.

LEMUROIDEO, A adj. y s.m. Relativo a un suborden de mamíferos primates con lóbulos olfativos muy desarrollados. SIN.: *prosimio.*

LENAPE → **DELAWARE.**

LENAR s.m. Lapiaz.

LENCA, pueblo amerindio agricultor de lengua homónima, de las montañas de Honduras y el NE de El Salvador.

LENCERÍA s.f. Ropa interior femenina. **2.** Establecimiento donde se confecciona o vende esta ropa.

LENCERO, A s. Persona que se dedica a confeccionar o vender lencería.

LENCO, A adj. y s. Hond. Tartamudo.

LENDRERA s.f. Peine de púas espesas.

LENGÓN s.m. Colomb. Mentiroso.

1. LENGUA s.f. (lat. *lingua*). Órgano muscular situado en la cavidad bucal, móvil gracias a diecisiete músculos estriados inervados por el hipogloso mayor. (La *lengua* interviene en la deglución y la articulación de sonidos. Las papilas que la recubren contienen botones sensoriales que aseguran la gustación. Algunos animales utilizan la lengua para capturar sus presas o para recibir información táctil u olfativa.) **2.** Cosa que tiene la forma de este órgano: *lengua de tierra.* **3.** Sistema de signos orales o escritos que utilizan los miembros de una comunidad para comunicarse: *la lengua inglesa.* SIN.: *lenguaje, idioma.* ◇ **Irse de la lengua** Fam. Revelar algo que no se debía manifestar. **Lengua de ciervo,** o **cerval** Helecho de hojas en punta de lanza que alcanzan 50 cm de long. **Lengua de gato** Galleta dura, larga y plana. **Lengua de serpiente** Helecho de rizoma pequeño, del que sale un escapo que tiene hacia su mitad un fronde entero y una espiga formada por la fusión de los esporangios. **Lengua franca** Lengua que sirve como vehículo de comunicación entre personas de diferentes lenguas maternas y que consiste en una

■ **LENGUA** DE CIERVO

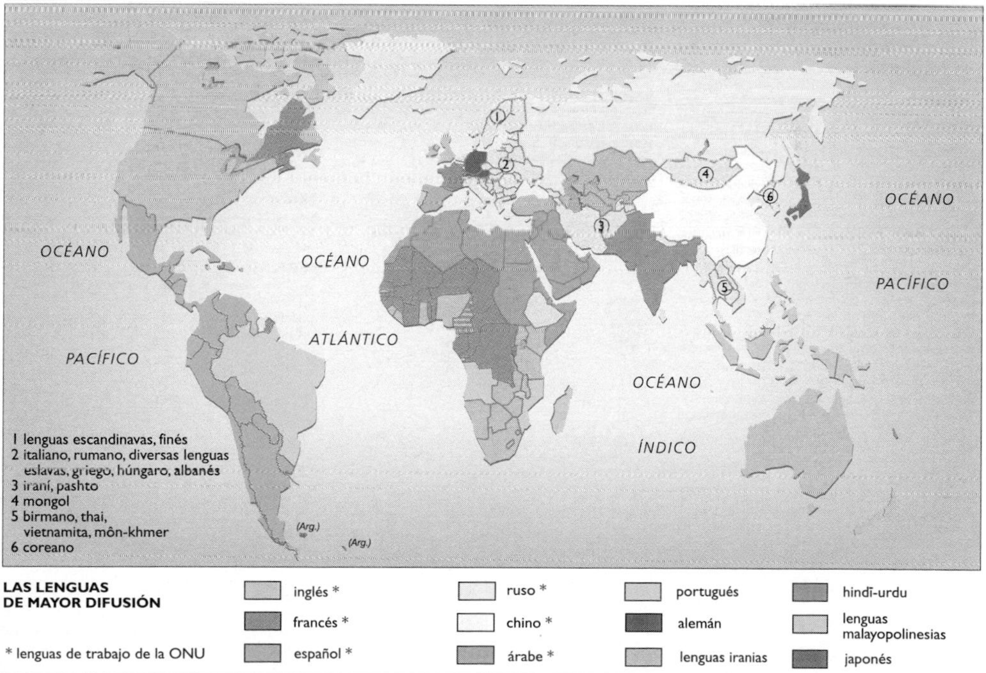

LAS LENGUAS DE MAYOR DIFUSIÓN

1 lenguas escandinavas, finés
2 italiano, rumano, diversas lenguas eslavas, griego, húngaro, albanés
3 iraní, pashto
4 mongol
5 birmano, thai, vietnamita, môn-khmer
6 coreano

* lenguas de trabajo de la ONU

inglés *	ruso *	portugués
francés *	chino *	alemán
español *	árabe *	lenguas iranias
hindī-urdu		
lenguas malayopolinesias		
japonés		

605

detalle de la espiga
con esporangios

■ **LENGUA** DE SERPIENTE

mezcla de elementos de diferentes lenguas. **Lengua glaciar** Parte alargada de un glaciar de valle, a partir del punto en que el hielo forma un río bien individualizado. **Lengua larga** Méx. *Fam.* Persona mentirosa a la que le gusta exagerar cuando habla. **Lengua materna** Lengua primera que aprende una persona. **Lengua muerta** Lengua que ya no se habla, como el latín o el sánscrito. **Lengua viva** Lengua que se habla actualmente. **Malas lenguas** *Fig. y fam.* Personas murmuradoras y calumniadoras. **Morderse la lengua** Contenerse en hablar, callando lo que se iba a decir. **Tirar de la lengua** *Fam.* Provocar a alguien para que cuente algo que debería callar.
2. LENGUA, pueblo amerindio de Paraguay, de lengua mascoi.

LENGUADO s.m. Pez de cuerpo asimétrico, casi plano, boca lateral y ojos a un mismo lado del cuerpo. (Familia soleidos.)

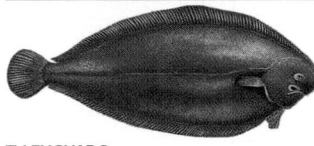

■ **LENGUADO**

LENGUAJE s.m. Sistema de signos orales o escritos que utilizan los miembros de una comunidad para comunicarse. SIN.: *lengua, idioma*. **2.** Facultad humana para comunicar ideas o sentimientos. **3.** Manera de expresarse: *lenguaje agresivo, afectado*. **4.** Sistema de signos artificiales que utilizan los miembros de una comunidad para comunicarse: *el lenguaje de las flores*. **5.** Sistema de signos que utilizan los miembros de una misma especie para comunicarse. **6.** INFORMÁT. Conjunto de caracteres, símbolos y reglas que permiten unirlos, utilizado para escribir las instrucciones que se dan a una computadora. ◇ **Lenguaje de alto nivel** Lenguaje simbólico en el que una instrucción del programa fuente da lugar a varias instrucciones máquina. (Los principales lenguajes de alto nivel son el ALGOL, el COBOL y el FORTRAN.) **Lenguaje máquina** Lenguaje específico de una computadora en la que las instrucciones se expresan en código binario directamente asimilable por la máquina. **Lenguaje simbólico** Lenguaje de programación no ejecutable directamente por la computadora.

LENGUARAZ adj. Se dice de la persona que habla con descaro y atrevimiento.

LENGÜETA s.f. Pieza de material flexible situada en la parte superior del zapato, bajo el cierre. **2.** Espiga longitudinal, estrecha y seguida, que se labra en el canto de una tabla y encaja en la canal o ranura de la tabla contigua: *ensamble a ranura y lengüeta*. **3.** MÚS. Lámina pequeña de caña, madera o metal, situada en la embocadura de un instrumento de viento o en los tubos de un órgano que, al vibrar, produce el sonido. **4.** TECNOL. Pieza de metal prismática, de débil sección con relación a su longitud, y que sirve por lo general de chaveta de guía en una ranura.

LENGÜETADA s.f. Movimiento brusco hecho con la lengua para lamer o agarrar algo. SIN.: *lengüetazo*.
LENGÜETEAR v.intr. Sacar repetidamente la lengua con movimientos rápidos. **2.** *Amér.* Hablar mucho, sin sustancia o sin claridad.
LENGÜILARGO, A adj. *Fam.* Lenguaraz, descarado.
LENIDAD s.f. (del lat. *lenis*). Excesiva condescendencia en exigir el cumplimiento de los deberes o en castigar las faltas.
LENIFICAR v.tr. [1]. Suavizar, ablandar.
LENINISMO s.m. Doctrina política de *Lenin. (Se considera como un desarrollo del marxismo, especialmente por su análisis del imperialismo y su concepción de la organización del partido bolchevique.)
LENINISTA adj. y s.m. y f. Relativo a Lenin; partidario de Lenin o del leninismo.
LENITIVO, A adj. Que ablanda y suaviza. ◆ s.m. Medio para mitigar un padecimiento físico o moral. **2.** MED. Sustancia que tiene una acción suavizante.
LENOCINIO s.m. (lat. *lenocinium*). *Poét.* Alcahuetería.
LENTE s.f. (lat. *lens, -tis,* lenteja). Disco de cristal o de una sustancia refringente, con caras cóncavas o convexas, que se utiliza en instrumentos ópticos. ◆ **lentes** s.m.pl. Anteojos, instrumento para corregir defectos visuales o proteger los ojos. ◇ **Lente electrónica** Dispositivo que desempeña el mismo papel con respecto a los electrones que una lente óptica con respecto a la luz. **Lente intraocular** Implantación intraocular que sustituye al cristalino.

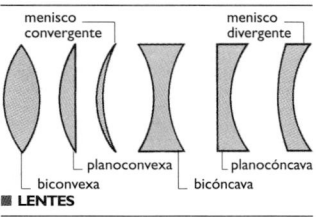

menisco convergente
menisco divergente
planoconvexa
planocóncava
biconvexa
bicóncava
■ **LENTES**

LENTEJA s.f. (lat. *lenticula*). Planta herbácea trepadora de hojas compuestas y flores blancas. (Familia papilináceas.) **2.** Semilla de esta planta. ◇ **Lenteja de agua** Planta muy pequeña, con dos o tres hojas del tamaño de una lenteja, que crece en gran número en la superficie de las aguas estancadas. (Familia lemnáceas.) **Lenteja de péndulo** Masa metálica, de forma redonda, que se suspende en el extremo inferior del péndulo de un reloj.

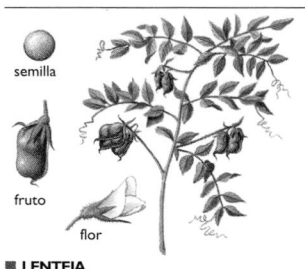

semilla
fruto
flor
■ **LENTEJA**

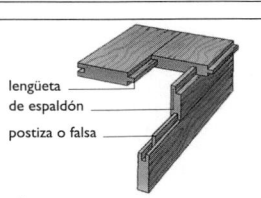

lengüeta
de espaldón
postiza o falsa
■ **LENGÜETAS** en carpintería.

LENTEJAR s.m. Terreno sembrado de lentejas.
LENTEJÓN s.m. GEOL. Formación de extensión limitada y forma frecuentemente lenticular.
LENTEJUELA s.f. Lámina pequeña, redondeada y brillante que se aplica a los vestidos como adorno.
LENTIBULARIA s.f. Planta acuática que captura pequeñas presas animales con los utrículos.
LENTICELA s.f. BOT. Poro que atraviesa la corteza de los árboles jóvenes y permite la respiración de los tejidos subyacentes.
LENTICULAR adj. Que tiene forma de lenteja.
LENTIGO s.m. Presencia en la piel de manchas generalmente de pequeño tamaño. **2.** MED. Peca.
LENTILLA s.f. Esp. Lente de contacto.
LENTISCAL s.m. Terreno de monte plantado de lentiscos.
LENTISCO s.m. (lat. *lentiscus*). Arbusto originario de la región mediterránea, de hojas persistentes y paripinnadas, flores unisexuales y frutos pequeños de color marrón-rojizo. (El tronco del *lentisco* proporciona una resina denominada *almáciga* que se utiliza como masticatorio; familia terebintáceas.) SIN.: *almáciga*.
LENTITUD s.f. Cualidad de lento.
1. LENTO adv.m. (ital. *lento*). MÚS. De forma pausada. ◆ s.m. Fragmento musical que se ejecuta con movimiento pausado.
2. LENTO, A adj. Que tarda más tiempo del necesario en realizar algo o moverse.
LEÑA s.f. (lat. *ligna*). Conjunto de ramas, matas y troncos que se destina a la combustión. **2.** *Fig. y fam.* Conjunto de golpes que se da a alguien como castigo o en una pelea: *repartir leña.* ◇ **Echar leña al fuego** Aumentar el enojo de alguien; aportar medios para acrecentar un mal. **Leña de oveja,** o **de vaca** Argent. y Urug. En el lenguaje rural, estiércol seco que se emplea para hacer fuego.
LEÑADOR, RA s. Persona que tiene por oficio cortar leña.
LEÑATERO s.m. Planta trepadora originaria de las regiones tropicales de América de fruto capsular. (Familia ramnáceas.)
LEÑAZO s.m. *Fam.* Garrotazo.
¡LEÑE! interj. Esp. *Fam. y vulg.* Expresa disgusto o sorpresa.
LEÑERA s.f. Lugar destinado a guardar leña.
LEÑERO, A s. Persona que tiene por oficio vender leña.
LEÑO s.m. Trozo de árbol cortado y limpio de ramas. **2.** *Fig. y Fam.* Persona torpe y de poco talento. **3.** BOT. Conjunto de elementos conductores lignificados de las plantas.
LEÑOSO, A adj. Que tiene alguna de las características de la madera. **2.** Se dice de la planta que contiene los haces lignificados suficientes para que sus tallos sean resistentes.
LEO adj. y s.m. y f. (pl.*leo*). Se dice de la persona nacida entre el 23 de julio y el 22 de agosto, bajo el signo de Leo. (Suele escribirse con mayúscula.) [V. parte n. pr.]
LEÓN, NA s. (lat. *leo, -onis*). Mamífero carnívoro de unos 2 m de long., cuerpo robusto, pelaje pardo ocráceo y cola larga acabada en un penacho de pelos. (El león vive actualmente en las sabanas de África, después de haber vivido en el Próximo Oriente e incluso en Europa; el león macho se caracteriza por su melena; los leones rugen; familia félidos.) **2.** *Fig.* Persona audaz y valiente. **3.** Argent., Bol., Chile, Par. y Perú. Puma. ◇ **La parte del león** *Fig.* Parte más grande o mejor de algo. **León americano,** o **plateado** Puma. **León marino** Mamífero carnívoro marino de gran tamaño, parecido a la foca, de la que se distingue por tener pabellones en las orejas y miembros anteriores y posteriores más desarrollados, lo que le permite desplazarse con más facilidad en tierra. SIN.: *otario*.
LEONADO, A adj. De color rubio oscuro, semejante al del pelo del león: *cabello leonado*. **2.** HERÁLD. Se dice del leopardo en posición rampante.
LEONE s.m. Unidad monetaria de Sierra Leona. (El *leone* está dividido en 100 céntimos.)
LEONERA s.f. Lugar donde se encierra a los

leones. **2.** Colomb. Reunión de personas de poco seso o de mala vida. **3.** Esp. *Fig.* y *fam.* Lugar donde hay muchas cosas en desorden.

LEONERO, A adj. Chile. Se dice del perro adiestrado en la caza de pumas.

LEONÉS, SA adj. y s. De León. ◆ s.m. Variedad del español hablada en Asturias, el centro y oeste de Santander, norte y oeste de León, oeste de Zamora y Salamanca, y parte de Cáceres. **2.** Lengua románica que se hablaba en el antiguo reino de León.

LEONESISMO s.m. Palabra, expresión o giro propios del español hablado en Asturias, el centro y oeste de Santander, norte y oeste de León, oeste de Zamora y Salamanca, y parte de Cáceres. **2.** Palabra, expresión o giro procedente de la lengua del antiguo reino de León que se usa en español.

1. LEONINO, A adj. (lat. *leoninum*). Relativo al león. **2.** Se dice del contrato que ofrece todas las ventajas a una de las partes, sin la adecuada compensación a la otra.

2. LEONINO, A adj. (fr. *léonin*). Se dice del verso latino cuyas sílabas finales forman consonancia con las últimas con su primer hemistiquio.

LEONTINA s.f. (fr. *léontine*). Cadena del reloj de bolsillo.

LEOPARDO s.m. (lat. *leopardus*, abrev. de *leopardalis*). Mamífero carnívoro originario de África y Asia, de cuerpo esbelto y zarpas con uñas muy robustas. (Familia félidos). SIN.: *pantera*. **2.** Piel de este animal, de colorido que varía desde el ocre claro al amarillo con manchas negras.

■ **LEOPARDO** o pantera.

LEOTARDO s.m. Prenda de vestir de tejido grueso, especialmente de lana, que cubre de los pies hasta la cintura. (Suele usarse en plural.)

LEPERADA s.f. Amér. Central y Méx. Dicho o hecho propios de un lépero.

■ **LEÓN** (hembra y macho).

■ **LEÓN MARINO**

LÉPERO, A adj. y s. Amér. Central y Méx. Grosero, ordinario. ◆ adj. Cuba. Astuto, perspicaz. **2.** Ecuad. *Fig.* y *fam.* Se dice de la persona muy pobre y sin recursos.

LEPIDOLITA s.f. Mica lítica, principal mineral del que se extrae litio.

LEPIDÓPTERO, A adj. y s.m. (del gr. *lepís*, *escama*, y *pterón*, *ala*). Relativo a un orden de insectos de metamorfosis completa, que en estado adulto tienen cuatro alas membranosas cubiertas de escamas microscópicas coloreadas. (La larva del orden *lepidópteros* se denomina *oruga*, la ninfa *crisálida* y el animal adulto *mariposa*.) SIN.: *mariposa*.

LEPIDOSIRENA s.f. Pez originario de las ciénagas de la cuenca del Amazonas, de 1,20 m de long., que se esconde en una especie de madriguera preparada en el limo para llevar allí una vida aletargada durante la estación seca, y que respira mediante branquias y pulmones. (Orden dipnoos.)

LEPISOSTEO s.m. Pez originario de los ríos y lagos de EUA, de 1,50 m de long. (Orden ganoideos.)

LEPÓRIDO, A adj. y s. Relativo a una familia de mamíferos roedores lagomorfos, como la liebre y el conejo.

LEPORINO, A adj. (del lat. *lepos*, *-oris*). Relativo a la liebre.

LEPRA s.f. (lat. *lepra*). Enfermedad infecciosa crónica que se caracteriza por cubrir la piel de pústulas y escamas y lesionar el sistema nervioso. **2.** VET. Enfermedad del cerdo o del buey causada por el cisticerco de la tenia común.

LEPROSERÍA s.f. Hospital para leprosos.

LEPROSO, A adj. y s. Que padece lepra.

LEPTOCÉFALO s.m. Larva de la anguila, de 0 a 7 cm de longitud máxima, transparente y con forma de hoja.

LEPTÓN s.m. Partícula elemental que no sufre interacciones nucleares (electrón, neutrino, muón).

LEPTOSPIROSIS s.f. Enfermedad infecciosa causada por espiroquetas del género *Leptospira*. (La *leptospirosis icterohemorrágica* se caracteriza por fiebre elevada, hepatitis con ictericia y hemorragias.)

LEQUITO o **LECITO** s.m. (gr. *lekythos*). ARQUEOL. Vaso pequeño, cilíndrico, de boca estrecha, con asa y pie, que se usó para contener perfume y, a partir del s. V a.C., en las ofrendas funerarias de Ática.

LERDEAR v.intr. Amér. Central y Argent. Moverse con pesadez o torpeza, hacer algo con lentitud. **2.** Amér. Central y Argent. Demorarse, llegar tarde.

LERDO, A adj. Lento y torpe para realizar o comprender una cosa.

LERDÓN s.m. VET. Tumor sinovial que padece el ganado equino cerca de las rodillas.

LERIDANO, A adj. y s. De Lérida.

LERROUXISMO s.m. Doctrina y actitud políticas de Alejandro *Lerroux y sus partidarios, especialmente del partido radical.

LERROUXISTA adj. y s.m. y f. Relativo al lerrouxismo; partidario de esta doctrina.

LESBIANA s.f. Mujer homosexual.

LESBIANISMO s.m. Homosexualidad femenina.

LÉSBICO, A adj. Relativo al lesbianismo. SIN.: *lesbiano*. **2.** Lesbio.

LESBIO, A adj. y s. De Lesbos. SIN.: *lésbico*.

LESEAR v.intr. Chile. Hacer o decir leseras.

LESERA s.f. Bol., Chile y Perú. Tontería, estupidez.

LESGUI o **LEZGUI** adj. y s.m. y f. De un pueblo caucasiano musulmán que vive en Daguestán y en Azerbaiján.

LESIÓN s.f. (lat. *laesio*, *-onis*). Alteración patológica que se produce en el tejido de un órgano. (Una llaga, contusión, inflamación o un tumor son *lesiones*.) **2.** *Fig.* Daño o perjuicio. **3.** DER. **a.** Perjuicio económico producido a una parte en un contrato o en un reparto. **b.** Delito o falta derivados del daño corporal inferido dolorosamente a una persona sin ánimo de matar.

LESIONAR v.tr. y prnl. Causar una lesión.

LESIVO, A adj. DER. Que causa o puede causar lesión, daño o perjuicio.

LESO, A adj. (lat. *laesus*). Que ha sido agraviado, atacado o lastimado: *crimen de lesa humanidad*. (Se usa antepuesto al sustantivo al que acompaña.) **2.** Argent., Bol. y Chile. Tonto, necio, torpe. ◇ **De lesa majestad** DER. Se decía del delito o crimen que consistía en faltar el respeto al soberano.

LET s.m. (voz inglesa) DEP. Servicio nulo que se produce en el tenis o el ping-pong cuando la pelota de servicio toca la red antes de caer en los límites del terreno de juego o de la mesa. SIN.: *net*.

LETAL adj. (lat. *letalis*). Mortífero. **2.** GENÉT. Se dice del gen en estado homocigoto que produce la muerte más o menos precoz de quien lo lleva. **3.** MED. Se dice de la causa que produce la muerte por efecto antes del parto.

LETALIDAD s.f. Mortandad: *establecer las tablas de letalidad*. **2.** Carácter de un gen letal.

LETANÍA s.f. (lat. *litania*). *Fam.* Enumeración larga y molesta: *una letanía de reclamaciones*. **2.** CRIST. Plegaria que consiste en una serie de cortas invocaciones, que los fieles rezan o cantan en honor de Dios, la Virgen o los santos.

LETÁRGICO, A adj. Relativo al letargo; que padece letargo: *sueño*, *estado letárgico*.

LETARGO s.m. (gr. *léthargos*, letárgico, de *léthe*, olvido, y *argós*, inactivo). Enfermedad que se caracteriza por un sueño profundo, anormalmente continuo, sin fiebre ni infección, con relajación muscular completa: *caer en estado de letargo*. **2.** Modorra, sopor: *sacar a alguien de su letargo*. **3.** Disminución de la actividad metabólica de un animal durante una determinada época del año: *temporada de letargo*.

LETIFICAR v.tr. [1]. Alegrar, animar.

LETÍFICO, A adj. Que alegra.

LETÓN, NA adj. y s. De Letonia. SIN.: *latvio*. ◆ s.m. Lengua báltica hablada en Letonia.

LETRA s.f. (lat. *littera*). Signo que representa un sonido de un alfabeto: *el alfabeto español consta de veintisiete letras*. **2.** Conjunto de rasgos que caracterizan la representación de estos signos: *tener mala letra; escribir en letra gótica*. **3.** Texto de una obra musical. **4.** Sentido exacto y literal de las palabras de un texto: *ceñirse a la letra*. **5.** Pieza de metal fundido en forma de prisma rectangular con un signo de escritura en relieve que imprimía o puede estampar-se. **6.** Conjunto de rasgos que caracterizan la estampación de estas piezas: *letra itálica*. ◆ **letras** s.f.pl. Ciencias humanas, por oposición a ciencias o conocimientos técnicos: *licenciado en letras*. **2.** Conjunto de las diversas ramas de los conocimientos humanos: *ser una persona de letras*. **3.** *Fig.* y *fam.* Escrito breve y conciso, especialmente una carta. ◇ **A, o al pie de, la letra** Literalmente, según en el sentido literal de las palabras. **Bellas**, o **buenas, letras** Literatura. **Letra abierta** Carta de crédito y orden que se dá a una persona para que se tranquee a otra el dinero que pida. **Letra a la vista** Letra de cambio pagadera a su presentación. **Letra capitular** Letra adornada que empieza un capítulo. **Letra de cambio** Documento mercantil por el que una persona (librador) manda a otra (librado) pagar una cantidad en una fecha determinada, o se obliga ella misma a hacerlo, a la orden de un tercero (tomador) o a su propia orden. **Letra de imprenta**, o **de molde** Letra impresa. **Letra de mano, o manuscrita** Letra escrita a mano con pluma, lápiz, etc. **Letra menuda** Sagacidad o astucia para actuar o comportarse. **Letra muerta** *Fig.* Escrito, regla o precepto que no tiene vigencia o no se cumple. **Primeras letras** Conocimientos básicos sobre las diferentes disciplinas que se aprenden generalmente durante la infancia. **Protestar una letra** Requerir ante notario al que no la ha pagado, para recobrar su importe.

LETRADO, A adj. y s. Docto, instruido. ◆ s. Abogado.

LETRERO s.m. Escrito que se coloca en lugar visible para avisar o hacer público algo.

LETRILLA s.f. Composición poética de versos cortos, generalmente acompañada de música. **2.** Composición poética, generalmente de tema satírico y burlesco, compuesta por varias estrofas con estribillo.

LETRINA s.f. (lat. *latrina*). Lugar acondicionado, generalmente en un campamento, para recoger los excrementos y orines. **2.** Lugar sucio y repugnante. **3.** *Fig.* Asunto inmoral.

LETRISTA s.m. y f. Persona que tiene por oficio escribir letras de canciones.

LEU s.m. (pl. *lei*). Unidad monetaria de Rumania.

LEUCEMIA s.f. (del gr. *leuckós,* blanco, y *aima,* sangre). Enfermedad que se caracteriza por un aumento del número de glóbulos blancos en la sangre (hasta 500 000 por mm^3) y por la presencia de células anormales que ponen de manifiesto una alteración de los órganos hematopoyéticos, médula ósea, bazo, ganglios. SIN.: *leucosis.*
ENCICL. Las *leucemias agudas* están asociadas a un síndrome infeccioso, anémico y hemorrágico. Entre las *leucemias crónicas* se distinguen las *leucemias mieloides* (caracterizada por una proliferación en la sangre y en la médula ósea de granulocitos portadores de una anomalía cromosómica —el cromosoma Filadelfia—) y las *leucemias linfoides* que se manifiestan por una proliferación linfocitaria, especialmente en la sangre y la médula ósea.

LEUCÉMICO, A adj. y s. Relativo a la leucemia; que padece leucemia.

LEUCINA s.f. Aminoácido indispensable, que constituye las proteínas e interviene en el metabolismo.

LEUCITA s.f. Silicato natural de aluminio y potasio, que se encuentra en las rocas volcánicas.

LEUCITO s.m. BOT. Plasto.

LEUCOCITARIO, A adj. Relativo al leucocito.

LEUCOCITO s.m. Glóbulo blanco de la sangre y de la linfa, que asegura la defensa contra los microbios. (Cada milímetro cúbico de sangre contiene de 5 000 a 8 000 leucocitos, de los que un 65 % son polinucleares, y un 35 %, mononucleares.)

LEUCOCITOSIS s.f. Aumento del número de glóbulos blancos en la sangre, siendo estos normales.

LEUCOENCEFALITIS s.f. Inflamación de la sustancia blanca de los hemisferios cerebrales, que produce trastornos neurológicos y un deterioro intelectual.

LEUCOMA s.f. Mancha pequeña, blanquecina, que aparece en la córnea, secundaria casi siempre a una herida, ulceración o proceso inflamatorio.

LEUCOPENIA s.f. Disminución del número de glóbulos blancos en la sangre.

LEUCOPLASIA s.f. Enfermedad que se caracteriza por recubrir una mucosa de placas blanquecinas, algo engrosadas e irregulares.

LEUCOPOYESIS s.f. Formación de glóbulos blancos o leucocitos.

LEUCOPOYÉTICO, A adj. Relativo a la leucopoyesis.

LEUCORREA s.f. Secreción mucosa blanquecina procedente de las vías genitales de la mujer.

LEUCOSIS s.f. Leucemia.

LEUCOTOMÍA s.f. Lobotomía.

LEUDA s.f. → LEZDA.

LEUDE s.m. (bajo lat. *leudis*). HIST. Súbdito de un rey merovingio, especialmente el que estaba ligado a él por un vínculo de fidelidad personal.

LEV s.m. (pl. *leva*). Unidad monetaria de Bulgaria.

LEVA s.f. Acción y efecto de levar. **2.** Espeque. **3.** Mecanismo que realiza una transformación de movimiento mediante un sistema más o menos complicado y merced a curvas o perfiles calculados adecuadamente. **4.** Cuba. Saco, prenda de vestir. **5.** MIL. Reclutamiento de todos los recursos humanos empleado durante el Antiguo régimen para allegar tropas.

LEVADIZO, A adj. Que se puede levantar utilizando un mecanismo: *puente levadizo.*

LEVADURA s.f. (de *levar*). Hongo unicelular que produce la fermentación alcohólica de las soluciones azucaradas o de las masas harinosas. (Las *levaduras* son hongos ascomi-

cetes.) **2.** Masa constituida por estos hongos. **3.** Sustancia que hace fermentar el cuerpo con que se la mezcla. ◇ **Levadura química** Mezcla de productos químicos utilizada en panificación o en pastelería en lugar de la levadura natural y que produce el mismo resultado de fermentación.

LEVALLOISIENSE adj. y s.m. (de *Levallois-Perret,* c. de Francia). Se dice del período del paleolítico medio que se caracteriza por la talla de lascas de sílex, denominada *técnica Levallois,* que consiste en preparar minuciosamente núcleos, quitando una serie de capas sucesivas.

LEVANTADO, A adj. Sublime, elevado. **2.** HERÁLD. Se dice del mamífero que se mantiene erguido, apoyado en las patas traseras. **3.** TAUROM. Se dice del toro que cuando sale al ruedo, tiene la cabeza muy alta, mira hacia todos los objetos, sin fijar la atención en ninguno, y recorre la plaza con gran celeridad.

LEVANTAMIENTO s.m. Acción y efecto de levantar o levantarse: *levantamiento de cejas; un levantamiento militar.* **2.** Elevación del conjunto de la corteza terrestre en una región. ◇ **Levantamiento del cadáver** Diligencia en la que el juez, acompañado del médico forense u otro facultativo, procede a reconocer un cadáver y dar orden de su traslado al lugar donde habrá de realizarse la autopsia. **Levantamiento topográfico** Conjunto de operaciones necesarias para ejecutar un mapa o plano topográfico.

LEVANTAR v.tr. Llevar a un nivel más alto: *levantar la persiana; levantar a un niño del suelo.* **2.** Poner algo derecho o en posición vertical: *levantar un poste derribado.* **3.** Dirigir una cosa, especialmente la mirada o los ojos, hacia arriba: *levantar la vista.* **4.** Construir, edificar: *levantar un edificio.* **5.** Desmontar algo que está instalado en un lugar: *levantar una tienda de campaña.* **6.** Dar mayor intensidad a algo no material, especialmente la voz: *levantar el tono.* **7.** Hacer que una persona recupere la fuerza moral: *levantar los ánimos.* **8.** Hacer que un animal abandone su escondite para poder cazarlo. **9.** Separar una cosa de la superficie a la que está adherida: *levantar un vendaje.* **10.** Producir una prominencia o bulto: *levantar ampollas.* **11.** Producir u ocasionar algo una consecuencia que implica la acción conjunta de varias personas: *levantar pasiones, protestas.* **12.** Calumniar, imputar: *levantar infamias.* **13.** Suprimir una pena o prohibición: *levantar la veda, un castigo.* **14.** Ensalzar, encumbrar: *levantar a un actor.* **15.** Reclutar personas para el ejército. **16.** Cortar o dividir la baraja: *levantar las cartas.* **17.** Llevar el caballo al galope, o sobre el cuarto trasero. ◆ v.tr. y prnl. Sublevar, rebelar: *levantar al pueblo; levantarse una ciudad; levantarse en armas.* ◆ **levantarse** v.prnl. Ponerse una persona de pie: *levantarse del suelo.* **2.** Dejar la cama después de haber dormido, descansado, o estado enfermo: *levantarse a las diez.* **3.** Resaltar algo, especialmente un edificio, sobre una superficie o plano: *un castillo se levanta en el horizonte.* **4.** Empezar a hacer viento o a agitarse el mar: *levantarse un vendaval, el oleaje.*

1. LEVANTE s.m. Este, punto cardinal. **2.** Viento del este.

2. LEVANTE s.m. Operación periódica que se realiza en los talleres de reparación y conservación del material ferroviario y que consiste en levantar la locomotora o cuerpo de la máquina, por causa del desgaste de las llantas, para separarla de los ejes de ruedas. **2.** Chile. Derecho que paga al dueño de un terreno el que corta maderas en él para beneficiarlas por su cuenta. **3.** Colomb. Edad de un bovino comprendida entre el destete y el principio de la ceba. **4.** Colomb. Actividad ganadera dedicada a la explotación de bovinos que tienen esta edad. **5.** Hond. Difamación, calumnia.

LEVANTINO, A adj. y s. Del Levante español. ◇ **Arte levantino** Arte rupestre prehistórico del territorio levantino y SE de España, que se caracterizaba por la técnica de siluetear las figuras y componerlas formando escenas.

LEVANTISCO, A adj. Turbulento o rebelde: *tribus levantiscas.*

LEVAR v.tr. e intr. (lat. *levare*). MAR. Levantar el ancla del fondo: *levar anclas.*

LEVE adj. (lat. *levis*). De poco peso: *carga leve.* **2.** De poca intensidad o importancia: *pecado leve; herida leve.* **3.** Muy fino, sutil: *un leve velo.*

LEVECHE s.m. → LEBECHE.

LEVEDAD s.f. Cualidad de leve: *la levedad de la carga, de una falta.*

LEVIGAR v.tr. [2]. Desleír en agua una materia en polvo para separar la parte más leve de la más pesada, que se deposita en el fondo del recipiente.

LEVIRATO s.m. ANTROP. Práctica según la cual la o las esposas de un marido difunto pasan a uno o a los hermanos del marido. **2.** HIST. Ley hebraica que obligaba a un hombre a casarse con la viuda de su hermano fallecido sin descendencia masculina.

1. LEVITA s.f. (fr. *lévite*). Prenda de vestir masculina, ajustada y con faldones que tienen el borde delantero recto.

2. LEVITA s.m. (lat. *levita,* del hebr. *lewî*). HIST. Miembro de la tribu de Leví, dedicado al servicio del templo.

LEVITACIÓN s.f. Fenómeno que consiste en elevarse un cuerpo del suelo y mantenerse así sin intervención de medios físicos. **2.** Fenómeno que consiste en levantar un objeto sin tocarlo. **3.** PSIQUIATR. Sensación de mantenerse en el aire sin ningún punto de apoyo.

LEVITAR v.intr. Hallarse en estado de levitación.

LEVITÓN s.m. Levita de tejido grueso, larga y holgada.

LEVODOPA s.f. Forma levógira y precursora de la dopamina que se utiliza en el tratamiento de la enfermedad de Parkinson. (Abrev. *L-dopa.*)

LEVÓGIRO, A adj. (del lat. *laevus,* izquierdo, y *gyrare,* girar). Se dice del compuesto que hace girar el plano de polarización de la luz a la izquierda: *la fructosa es levógira.* CONTR.: *dextrógiro.*

LEVULOSA s.f. Fructosa.

LEXEMA s.m. Parte de la unidad léxica, común a todas las unidades lingüísticas de la misma familia, que aporta más significado. (El *lexema* es el elemento de la unidad léxica que queda si se quitan los morfemas léxicos y gramaticales. Así en la unidad *cristalización* el lexema es *cristal.*)

LEXICALIZACIÓN s.f. Proceso de formación de palabras que consiste en hacer que una metáfora se transforme en una nueva unidad léxica. **2.** Proceso de formación de palabras que consiste en hacer que un sintagma funcione como una unidad léxica simple.

LEXICALIZAR v.tr. y prnl. [7]. Hacer que una metáfora se transforme en una nueva unidad léxica. **2.** Hacer que un sintagma funcione como una unidad léxica simple. (Así la unidad léxica compleja *máquina de escribir* se ha lexicalizado.)

LÉXICO, A adj. Relativo al conjunto de palabras de una lengua. **2.** Relativo al conjunto de palabras propias de una región, actividad o persona. ◆ s.m. (gr. *léxis*). Conjunto de palabras de una lengua. **2.** Conjunto de palabras propias de una región, actividad o persona: *el léxico militar.* **3.** Diccionario que recoge las palabras de una lengua. **4.** Diccionario que recoge las palabras propias de una región, actividad, o persona.

LEXICOGRAFÍA s.f. Técnica de elaborar diccionarios. **2.** Ciencia que estudia las técnicas de elaboración de diccionarios.

LEXICOGRÁFICO, A adj. Relativo a la lexicografía.

LEXICÓGRAFO, A s. Persona que se dedica a la elaboración de diccionarios. **2.** Persona que se dedica al estudio de la lexicografía.

LEXICOLOGÍA s.f. Ciencia que estudia los procesos de formación de palabras de una lengua.

LEXICOLÓGICO, A adj. Relativo a la lexicología.

LEXICÓLOGO, A s. Persona que se dedica al estudio de la lexicología.

LEY s.f. (lat. *lex, legis*). Norma o regla establecida por la autoridad competente para regular

Descubrimientos, inventos e inventores

El proceso de hominización ha acarreado una serie de cambios que no sólo han modificado a la especie humana sino al planeta entero.

Gracias a ese proceso, nuestros antepasados adquirieron la posición erecta y aprendieron a aprovechar las extremidades que les quedaban libres, dominaron el fuego, fabricaron herramientas y desarrollaron el lenguaje... Y ya nada volvió a ser igual.

Poco a poco fueron descubriendo la manera de no depender sólo de lo que iban encontrando en su camino. Su enorme curiosidad desentrañó cada vez más los mecanismos del funcionamiento de diversos aspectos de la naturaleza. Su ingenio empezó a crear instrumentos y máquinas. Su intuición los hizo comprenderse mejor a sí mismos y al mundo que les rodeaba. Aparecieron casas aquí y allá, caminos, pueblos. Surgió el comercio, la aritmética, la geometría, la observación de los astros, el trazo de mapas. Oficios, profesiones y roles se instalaron en sus respectivos nichos...

Ha sido un largo camino para bien y para mal... La medicina, por ejemplo, si bien no es todopoderosa, sí tiene la capacidad de enfrentar retos antes impensables, de reparar y regenerar hasta límites que parecen de fantasía. Los elementos de destrucción, por su parte, son más y más letales, la estabilidad del entorno es más precaria por nuestra propia intervención.

Echemos una mirada a los inventos y descubrimientos que han modificado nuestra forma de vida. En ocasiones se trata de aditamentos tan aparentemente banales como los clips para sujetar papeles o los pañales desechables; en otras, son despliegues de tecnología como las computadoras de escritorio o los teléfonos celulares. Sin importar de qué se trate, lo seguro es que una vez que entraron en nuestra vida, ésta dejó de ser la misma.

Herramientas

El hombre, desde la antigüedad más remota, empezó a relacionar medios, causas y efectos. Esa característica fue uno de sus rasgos particulares como especie. Así aprendió que si recurría a algunos elementos que había a su alrededor y los modificaba de acuerdo con sus necesidades podría realizar mejor algunos trabajos, y fueron surgiendo las primeras herramientas: punzones, agujas, rascadores, hachas, mazos.

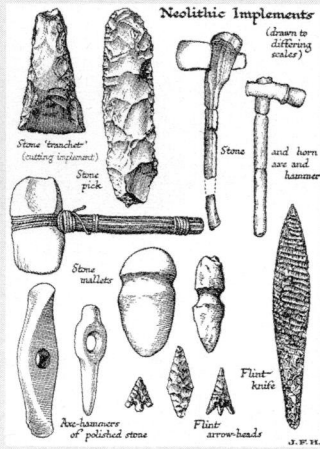

Neolithic Implements

Fuego

El fuego siempre ha existido en la naturaleza, pero el único ser vivo que ha logrado dominarlo es el hombre. Aprender a emplearlo fue uno de los primeros pasos que llevó al surgimiento de la civilización, ya que gracias a eso cambiaron los hábitos de alimentación, se pudo producir calor cuando el clima era muy frío y se obtuvo iluminación donde faltaba la luz.

Anzuelo

No destaca por su complejidad: sólo es un objeto curvo con la punta afilada. Sin embargo, su utilidad se reveló fundamental, pues facilitó la forma de obtener algunos alimentos en lagos y mares sin tener que arriesgarse demasiado. Los primeros fueron de madera, de hueso o cuerno.

Arco y flecha

Para el hombre primitivo la caza era una actividad prioritaria. Perfeccionar las técnicas con el fin de conseguir presas (y, por lo tanto, alimento) fue un asunto vital. Durante mucho tiempo dependió de lo que podía arrojar por sí mismo (piedras, lanzas), hasta que su ingenio le indicó la manera de usar una vara curva y una cuerda para lanzar proyectiles con fuerza y efectividad superiores.

Tambor

¿Cómo descubrió el hombre que el sonido puede convertirse en música? No se sabe con certeza, pero es un hecho que el tambor fue el primer instrumento musical que el hombre empleó, y su uso como percusión se remonta a una remotísima antigüedad, mucho antes de que surgiera el primer instrumento que podía afinarse (4500 a.C.).

Cerveza

El origen de esta bebida favorita de muchos es tan antiguo como el del vino. El primer método de elaboración, en la zona de Babilonia, consistía en poner la cebada en un recipiente de alfarería y enterrarlo en el suelo hasta que ésta comenzara a germinar. Cuando ello ocurría, se molía y con la pasta se elaboraba un pastellillo horneado fácil de cargar en los viajes. Para consumirlo se remojaba en el agua de los oasis. Así se descubrió el proceso de fermentación y la preparación líquida de la cebada.

5000 a.C.

Balanza

Este invento re-presentó un avan-ce enorme para la civilización, pues permitió que el comercio se con-

virtiera en una actividad que no dependía ya del azar o del capricho. Gracias a ella fue po-sible medir y controlar de manera más preci-sa la cantidad de algunos productos que se compraban y vendían. Las primeras balanzas que se conocen se hallaron en Egipto.

3500 a.C.

Embarcación de vela

El hombre empezó a arriesgarse a surcar las aguas con las canoas, pero le faltaba un me-dio de transporte más eficiente. Quizá bastó con que alguien viera cómo el viento arrastra-ba las hojas caídas para que pensara en apro-vechar una fuerza natural capaz de llevarlo más lejos y más rápido. Había nacido una nueva era para la navegación que, en el largo plazo, permitió al hombre recorrer todos los mares del mundo.

3500 a.C.

Rueda

En nuestra época nos parecería im-posible la vida sin la rueda, inventa-da para uso de los alfareros en la an-

tigua Mesopotamia. Sin ella, por ejemplo, no tendríamos medios de transporte. A pesar de su indudable utilidad y contribución al avance de la humanidad hubo civilizaciones, como las precolombinas, que lograron cons-truir imperios impresionantes sin usarla.

Arquímedes
(Siracusa, 287-íd., 212 a.C.)

Además de sus aportes a las matemáticas, la geo-metría y la física, Arquíme-des inventó y construyó una enorme variedad de aparatos y máquinas. En-tre ellos destacan el torni-llo que lleva su nombre (para subir agua), la cata-pulta y un sistema de es-pejos que, al concentrar los rayos del sol, quemaba las naves enemigas. Su hallazgo más importante, empero, fue el método para la determinación del peso específico.

Charles Babbage
(Teignmouth, 1792-Londres, 1871)

Verdadero adelantado a su tiempo, trató de evitar los errores de las tablas de cálculo sujetas a la fali-bilidad humana gracias al diseño de máquinas que hicieran operacio-nes de manera automática. Su primer intento fue una máquina diferencial, que nunca terminó porque cambiaba constantemente el diseño; tenía problemas con la calidad de las pie-zas y sobrepasó por mucho el presupuesto. Esta máquina se construyó en 1991 siguiendo sus planos y funcionó.

László Biró
(Budapest, 1899-Buenos Aires, 1985)

Hombre multifacético, desempeñó varios oficios e ideó diversos inventos: una máquina para lavar ropa, un sistema automático de cambios de velo-cidad para autos y un vehículo electromagnético. Sin embargo, el que lo hizo más famoso fue el bolí-grafo. Biró había tenido la idea desde la década de 1930 y la patentó, pero no se llevó a cabo. En 1940 emigró a Argentina y estableció un taller en el que perfeccionó y fabricó los primeros bolígrafos. El 29

Escritura

3300 a.C.

El lenguaje articulado es una las características propias del hombre. Ese sistema de comunicación marcó una gran diferencia para
la especie humana. Era de esperar que el lenguaje no sólo tuviera expresión oral, sino que
surgiera una forma de representar esa expresión, la escritura. Las
muestras más anti-
guas de escritura son
tablillas de arcilla con
caracteres cuneifor-
mes (en forma de
cuña) de la ciudad
sumeria de Uruk.

Espejos

2900 a.C.

Investidos de magia y unidos irremediablemente a la vanidad humana, los primeros espejos conocidos no fueron vidrios, sino pulidas superficies de cobre y bronce que
elaboraron los antiguos egipcios y las civilizaciones del valle del Indo en lo que ahora
es India y Pakistán. De acuerdo con el autor
romano Plinio, los primeros espejos de vidrio
fueron creados por los fenicios de Sidón; sin
embargo, la versión metálica fue la predominante hasta el siglo XIII de nuestra era.

Vidrio

2500 a.C.

No sabemos dónde o cuándo se originó la
manufactura de objetos de vidrio, aunque es
posible ubicar los periodos y las zonas donde la técnica, el diseño y la aplicación de color
se perfeccionaron. Las piezas más antiguas de
este material que se conocen son las cuentas
de vidrio halladas en Egipto, que datan de los
años 2600-2500 a.C.

Sombrilla

2400 a.C.

La sombrilla surgió en Mesopotamia. Como
su nombre lo indica, entonces sólo servía
para protegerse, me-
diante la sombra,
de los rayos del sol,
hasta que varios si-
glos más tarde los chi-
nos lograron elaborar
un papel a prueba de

agua, con lo que surgieron los paraguas. La
base de varillas de metal que conocemos en
nuestros días fue creada en Inglaterra en
1852.

Chapa

2000 a.C.

La necesidad de asegurar objetos valiosos bajo
llave no es nueva. Los egipcios fueron los primeros en crear chapas de madera. Su funcionamiento era muy similar al de las chapas
de metal con mecanismo perfeccionado, creadas por Linus Yale en 1848.

Pasta para sopa

1992 a.C.

Aunque la leyenda dice que Marco Polo llevó
la pasta a Italia en los siglos XIII-XIV, investigaciones más recientes aseguran que los chinos
la comían mucho antes
y que se conocía pre-
viamente en Euro-
pa. Ya había en el
imperio romano
platos con un in-
grediente parecido a la lasaña. Se habla también de preparaciones similares a los macarrones anteriores a Marco Polo. Lo que sí es un
hecho es que se ha convertido en un plato que
prácticamente gusta en todo el mundo.

Tornillo de Arquímedes

c. 700 a.C.

No obstante que esta herramienta
para llevar agua cuesta arriba
ostenta el nombre del célebre científico griego, ya había sido inventada
tiempo antes,
pues se han
descubierto
rastros de su
uso en yaci-

mientos arqueológicos de la antigua Babilonia. Es tan eficaz, que aun en nuestros días sigue empleándose en sistemas de irrigación.

Palanca

300 a.C.

En realidad la palanca debe haberse inventado mucho antes, pero en esta época aparece la primera mención de esta herramienta
básica, catalogada por los físicos como una
"máquina simple". Conocer el principio del

funcionamiento de la palanca (enunciado por Arquímedes) dio lugar a la creación de pinzas, tenazas, tijeras, grúas, remos, carretillas, incluso la escoba doméstica funciona de acuerdo con este principio.

Herradura

Aunque se discute dónde nació la herradura, es un hecho que los galos ya contaban con ellas cuando Julio César los invadió. Esta protección para los cascos de los caballos era mucho mejor que las 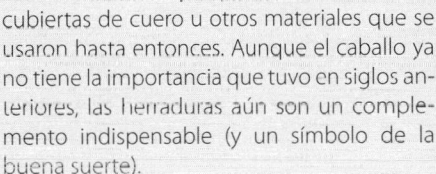 cubiertas de cuero u otros materiales que se usaron hasta entonces. Aunque el caballo ya no tiene la importancia que tuvo en siglos anteriores, las herraduras aún son un complemento indispensable (y un símbolo de la buena suerte).

Arado

Roturar la tierra para sembrar semillas fue un reto desde el principio de la agricultura. Los primeros campesinos, establecidos en el Medio Oriente, emplearon varas para abrir la tierra. Sin embargo, en otros sitios la dureza del suelo exigía el empleo de alguna herramienta más fuerte. Así surgieron los primeros arados, que al ser arrastrados por bueyes o caballos hicieron de la agricultura una actividad mucho más productiva.

de septiembre, día del nacimiento de Biró, en Argentina se celebra el día del inventor.

Anders Celsius
(Uppsala, 1701-íd., 1744)

Antes de Celsius existía el termómetro, pero la manera de graduarlo era más bien caprichosa. Éste tomó como puntos de referencia la congelación y la ebullición del agua, pero a diferencia de Fahrenheit, cuya escala iba de 32 a 212 grados, Celsius propuso una de 0 a 100. Originalmente el 100 designaba el punto de congelación y el 0 el de evaporación, hasta que Linneo los invirtió.

Gottlieb Daimler
(Schorndorf, Württemberg, 1834-Cannstatt, act. Stuttgart-Bad Cannstatt, 1900)

Sin los avances de Daimler, los autos no estarían en todas las calles de las ciudades del mundo. Entre otras aportaciones, este ingeniero perfeccionó el motor de combustión interna, desarrolló el primer carburador para gasolina y creó el primer auto de cuatro ruedas. Los primeros autos realmente eficientes fueron obra de Daimler, quien al final de su vida fundó una compañía con Karl Benz.

Carl Djerassi
(Viena, 1923)

Como escritor es autor de cinco novelas. También ha incursionado en el teatro y la autobiografía. Sintetizó el antihistamínico piribenzamina y ha realizado estudios sobre el uso de técnicas de la física en la química. Sin embargo, debe su fama al resultado que obtuvo cuando trabajaba en México (con George Rosenkranz y Luis E. Miramontes) a principios de la década de 1950: la síntesis de la noretisterona, que diez años más tarde se convirtió en la píldora anticonceptiva.

Thomas Alva Edison
(Milan, Ohio, 1847-West Orange, 1931)

Probablemente Edison es el más famoso de todos los inventores. De origen humilde, antes de emprender proyectos propios fue vendedor de diarios y telegrafista. En 1880 se asoció con John Pierpoint Morgan para fundar General Electric. Entre sus inventos están el fonógrafo, el filamento para la lámpara incandescente, las bases de lo que serían los

50 después de Cristo

100 d.C.

Papel

105

Los chinos fueron los primeros en fabricar papel. Poco a poco su uso se fue extendiendo, al grado que dominó la vida de los hombres por siglos. De papel eran (y son) registros, tarjetas de identidad, documentos, libros, diarios, anuncios y un casi infinito etcétera. El surgimiento de los medios electrónicos, curiosamente,

no ha reducido el consumo mundial de este recurso.

Ábaco

190

Los primeros ábacos surgieron en Babilonia, pero la versión creada por los chinos a principios de nuestra era fue un avance impresionante. Este aparato, compuesto de filas de cuentas insertadas en ejes paralelos, fue la herramienta más rápida para realizar operaciones aritméticas antes de la aparición de las calculadoras mecánicas.

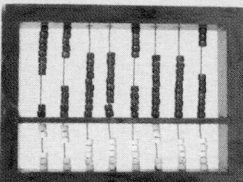

Silla de montar

200

El caballo fue domesticado desde tiempos muy remotos. Rápidamente se convirtió en el animal doméstico indispensable como bestia de tiro o medio de transporte. Los primeros jinetes montaban a pelo o sobre una manta, lo que reducía el margen de maniobra durante las cacerías. Aunque tardó en aparecer, la silla eliminó ese problema.

Estribo

350

No es posible decir con toda certeza cuándo y dónde nació. Pudo haber sido en la India, en forma de una cuerda donde se colocaba el dedo gordo del pie. De ahí pasó a China, con una forma más semejante a la actual, y los hunos lo llevaron a Persia. Los invasores bárbaros que provocaron la caída del imperio romano lo usaron, pues brinda una mayor estabilidad al jinete, lo que les dio

una ventaja determinante frente al ejército imperial.

Reloj mecánico

1092

Medir el tiempo ha sido tanto una necesidad como una obsesión. En la antigüedad ya había relojes basados en el fluir del agua (clepsidra) y el paso del sol (reloj de sombra), así como los inquietantes relojes de arena. El primer reloj mecánico del que se tiene memoria es chino, pero hubo que esperar hasta el siglo XVII para que se diseñaran y fabricaran los relojes modernos.

Brújula

1190

Los primeros marineros dependían de mapas toscos y muchas veces seguían su camino prácticamente a ciegas. Entre otros, los chinos observaron que una aguja magnetizada apuntaba siempre al norte magnético, hallazgo que les permitió

crear un sencillo aparato decisivo para navegar en cualquier parte y extender las fronteras del mundo conocido.

Botón

1235

Estos objetos, hoy sobre todo de plástico, pero antes de hueso, madera o metal, aparecen con una gran variedad de formas y tamaños en una no menos variada gama de prendas de vestir. Ya los usaban los griegos, que empleaban lazos y nudos para abrocharlos. El surgimiento de la contraparte, el ojal, los convirtió en una pieza indispensable de la confección de prendas.

Armas de fuego

Siglo XIV

La introducción de la pólvora en Europa provocó una revolución en las técnicas de combate. Con el surgimiento de las armas de fuego (pistolas y fusiles) las armaduras y otras pesadas defensas dejaron de tener sentido, y

los gruesos muros de los castillos no resistían el acoso de los cañones. El siguiente gran paso ocurrió en el siglo XIX, cuando se inventaron los proyectiles con casquillo.

Guitarra

En la España de los siglos XV y XVI eran populares tres diferentes instrumentos de cuerda conocidos con el nombre genérico de vihuelas. Uno se tocaba con arco y las cuerdas de otro se rasgaban con un plectro. En el caso del tercero, la "vihuela de mano", empleada también en Portugal e Italia, las cuerdas se rasgaban directamente con los dedos. Ése fue el origen de la guitarra, cuya versión de seis cuerdas apareció hasta el siglo XVIII.

Anteojos

Los problemas de la vista aquejan a muchos humanos, así que no es de extrañar que el uso de lentes para corregirlos sea muy antiguo. Ya existen registros de ello en la época del imperio romano, pero sólo hasta el siglo XV fue posible que se trabajaran y montaran en armazones para colocarse frente a los ojos. Más tarde, en el siglo XVIII, Benjamin Franklin ideó los primeros anteojos bifocales, y en 1847 se crearon las primeras lentes de contacto útiles.

Imprenta

La palabra ha sido el medio de comunicación más acabado de la humanidad, y viaja más lejos si está impresa. Desde la antigüedad hubo medios de grabado para representarla y los chinos ya habían ideado un rudimentario sistema de tipos móviles de bambú. En Europa hubo que esperar hasta el siglo XV para que Johannes Gutenberg ideara una prensa con tipos móviles, que permitía armar el texto y realizar copias mecánicas de libros sin recurrir al engorroso y lento trabajo de las copias manuscritas que imperó hasta entonces.

bulbos y el kinetoscopio. Obtuvo más de mil patentes y con él la actividad de inventar se convirtió en una profesión.

Daniel Gabriel Fahrenheit
(Danzig, 1686-La Haya, 1736)

Aunque nació en Polonia, Fahrenheit vivió casi toda su vida en Holanda, donde construía instrumentos científicos. Inventó un termómetro de agua y el de mercurio. Creó también la escala de medición de temperatura que lleva su nombre, que toma como puntos de referencia la congelación (32 grados) y la ebullición del agua (212 grados). Si bien la escala Celsius se adapta mejor al sistema decimal, la escala Fahrenheit (al abarcar un intervalo mayor) permite mediciones más finas.

Alexander Fleming
(Darvel, Ayrshire, 1881-Londres, 1955)

Conocido por su descubrimiento de la penicilina, que al principio no llamó la atención, Fleming tuvo el azar a su favor. Su meta, luego de participar como médico en la Primera Guerra Mundial, fue hallar sustancias capaces de atacar las bacterias sin afectar los glóbulos blancos. Descubrió la acción de la lisozima, una enzima presente en las mucosidades y las lágrimas, al estornudar sobre un cultivo. Sin embargo, su acción era limitada. La casualidad llegó en su ayuda: una de sus muestras se contaminó con un hongo y observó que las bacterias circundantes morían: había hallado la penicilina.

Henry Ford
(Wayne County, cerca de Dearborn, 1863-Dearborn, 1947)

Hijo de campesinos, desde joven Ford se sintió fascinado por los motores. Registró más de 160 patentes sobre modificaciones y mejoras a éstos, y sus estrategias de fabricación y comercialización cambiaron la forma de realizar estas actividades. Fundó tres compañías, pero las dos primeras fracasaron por el interés mayor que daba al desarrollo de prototipos. En la tercera, que llegó a controlar por completo, creó la cadena de producción, estableció incentivos salariales y sacó al mercado el Ford T, con un precio tan bajo que hizo posible el predominio de este vehículo.

Siglos XV-XVI

1451

1454

Cepillo de dientes

En la antigüedad el aseo dental recurrió a resinas naturales, púas de puercoespín o plumas de aves, de acuerdo con registros arqueológicos. El primer cepillo de dientes surgió en China en el siglo xv, cuando a alguien se le ocurrió colocar cerdas en una base de bambú. Dos siglos más tarde era un utensilio de uso cotidiano en Europa.

Lápiz

Los romanos utilizaban para escribir el *stilus*, una herramienta puntiaguda de metal. Algunos *stilus* eran de plomo y su marca era más legible. En 1564 se descubrió un gran yacimiento de grafito, material que dejaba

una marca aún más visible y, a diferencia del plomo, no era tóxico. Sin embargo, por ser frágil y quebradizo requería un soporte adicional. Primero se usó alambre y, finalmente, madera. Escribir o dibujar se convirtieron en asuntos mucho menos problemáticos.

Microscopio

La paternidad del microscopio está en disputa. Algunos opinan que lo inventó Galileo, otros que fue creación del holandés Zacharias Jansen. Haya sido quien haya sido el inventor, su aparición abrió nuevos horizontes que el inglés Robert Hooke reveló en su libro *Micrographia* (1665), en el que por primera vez aparece la palabra *célula*. Años más tarde, gracias a las mejoras que introdujo en el diseño de estos dispositivos ópticos, el

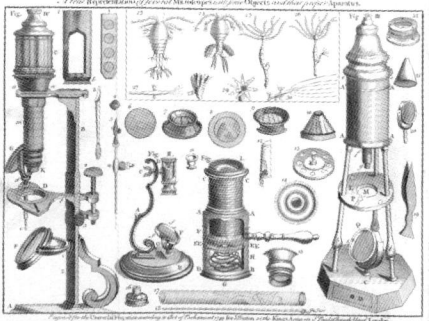

neerlandés Anton van Leeuwenhoek vio bajo la lente protozoarios, espermatozoides humanos y bacterias (1674, 1679 y 1683 respectivamente).

Termómetro

Éste es otro invento acreditado a Galileo, quien empleó una esfera de cristal con un tubo que calentaba con la mano. Al introducir el tubo en agua coloreada, ésta subía o bajaba de acuerdo con la temperatura ambiente. Años después, en 1654, se construyó el primer termómetro de alcohol sellado, pero hubo que esperar hasta 1717 para que Daniel Fahrenheit ideara el diseño de bulbo y mercurio que aún se emplea.

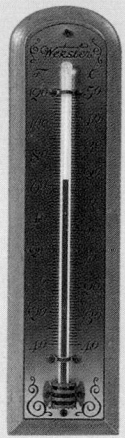

Excusado

El poeta inglés John Harrington, ahijado de la reina Isabel I, fue el creador de este aparato, instalado por primera vez en Richmond para servicio de su madrina. El invento no progresó porque exigía agua corriente y entubada, con un sistema de drenaje, así que pasaron casi dos siglos para que Alexander Cummings lo perfeccionara (1775). Se le ha acreditado su invención al plomero Thomas Crapper (1836-1910), cuya contribución fue la popularización del artefacto.

Telescopio

Suele pensarse que Galileo inventó el telescopio, pero sólo fue el primero en usarlo para observar el cielo. Se inventó antes en Holanda, pero se sigue discutiendo si fue ideado por Hans Lipperhey o por Zacharias Jansen. Los primeros tenían una potencia de apenas 20x (x representa el factor de ampliación), en comparación con los 500x de los telescopios para astrónomos aficionados de nuestros días.

Condón

En murales del antiguo Egipto aparecen ad-minículos similares al condón, aunque se ignora su función real. En el siglo XVI, Falopio (el que dio nombre a los tubos o "trompas" del sistema reproductor femenino) recomendaba su uso para prevenir enfermedades, pero los rastros seguros más antiguos son del XVII. Durante siglos se elaboraron con tripas de animales. Se fabrican de látex desde la década de 1930 y ocasionan problemas a quienes son alérgicos a este material.

Máquina de sumar

El científico y filósofo Blaise Pascal fue el primero en crear una máquina de sumar. La hizo para ayudar a su padre, quien se desempeñaba como encargado del cobro de impuestos en Ruán, Normandía. Su modelo trabajaba con números que no excedieran las seis cifras. Fabricó alrededor de cincuenta unidades.

Billete de banco

El papel moneda, que promete el pago de una cantidad al portador, surgió en China antigua, pero los primeros billetes de banco formales los emitió un banco sueco en 1658, el cual tuvo que cerrar por falta de monedas para respaldar sus papeles. No obstante, el primer paso estaba dado y con ello revolucionó el comercio, los intercambios y las finanzas de manera espectacular.

Máquina de calcular

Tres décadas después de Pascal, Gottfried Wilhelm Leibniz (1671) y Sir Samuel Morland (1673) inventaron máquinas que multiplicaban. Thomas de Colmar transformó, en 1820, una máquina como la de Leibniz en un aparato capaz de realizar restas y divisiones. Finalmente, Frank Stephen Baldwin patentó en 1875 la primera máquina que ejecutaba las cuatro operaciones aritméticas fundamentales (suma, resta, multiplicación y división).

William Henry Fox Talbot
(Lacock Abbey, cerca de Chippenham, 1800-íd., 1877)

La invención de la fotografía se derivó de los avances casi paralelos de Nicéphore Niépce y Louis Daguerre (quienes diseñaron un sistema que producía un original positivo directo) y Fox Talbot. El sistema de Fox Talbot, llamado calotipo, daba un original negativo, del cual podía obtenerse gran número de copias positivas. Aunque mostraba algunos problemas (como la deficiente escala de grises y la escasa nitidez), era más barato y su tiempo de exposición era menor, por lo que cobró gran importancia.

Benjamin Franklin
(Boston, 1706-Filadelfia, 1790)

Político y científico, Franklin destacó prácticamente en todos los campos que le despertaron interés. Como inventor le debemos el pararrayos, quizá la más conocida de sus creaciones, los lentes bifocales (fabricados para uso propio), un catéter urinario, el odómetro (contador de kilómetros) y un humidificador para hornos, entre otros.

Galileo Galilei
(Pisa, 1564-Arcetri, 1642)

Padre de la física moderna, Galileo no inventó el telescopio, pero lo perfeccionó notablemente y realizó las primeras observaciones astronómicas con ese aparato. Lo que sí inventó fue el péndulo (y formuló las leyes que rigen su movimiento), una máquina para elevar el agua, el termoscopio (un termómetro de agua) y el compás geográfico y militar.

Olla de presión

1681

El físico irlandés Robert Boyle descubrió las leyes que rigen los gases, y uno de sus discípulos, llamado Denis Papin, ideó un artilugio para cocinar en el que vapor caliente lograba maravillas. Lo presentó con gran éxito a la Royal Society de Londres, pero comercialmente fue un fracaso, pues en los hogares el fuego de las estufas no podía controlarse con precisión. Siglo y medio después, el interés de Napoleón por alimentar a su ejército llevó a Nicholas Appert a perfeccionar la olla y, de paso, inventar las conservas envasadas.

Piano

1700

A inicios del siglo XVIII el clavicordio, un instrumento de teclado y cuerdas rasgadas, era popular en Europa. A pesar de su riqueza sonora el intérprete no podía cambiar el timbre ni modificar la intensidad de los sonidos para expresar las diferentes emociones. Bartolomeo Cristofori, fabricante de clavicordios en Padua, Italia, diseñó un instrumento similar, pero con una diferencia radical: las cuerdas no se rasgan, se percuten y es posible hacerlo con diferentes intensidades: desde la suave (piano) hasta la fuerte (forte). Así surgió el pianoforte que evolucionó hasta convertirse en el piano moderno.

Máquina de vapor de Newcomen

1712

A principios del siglo XVIII ya se había estudiado el vapor y sus efectos. La mesa estaba puesta y Thomas Newcomen (con su socio Thomas Savery) creó la primera máquina de vapor eficiente, que se usó para drenar las minas de carbón. Ese invento dio inicio a la Revolución Industrial.

Dentadura postiza

1723

Aunque desde mucho antes se hicieron ensayos para crear prótesis dentales, el primero que estableció las bases para las técnicas modernas fue Pierre Fauchard. Su libro *Le chirugien dentiste; ou, traité des dents* (El cirujano dentista o un tratado de los dientes) representa el primer estudio odontológico serio. En él describe cómo construir prótesis parciales y completas. Señala como material dientes humanos o piezas talladas de marfil de hipopótamo o elefante. Además, diseñó métodos de retención por medio de láminas de acero o muelles.

Agua carbonatada

1741

Joseph Priestley, quien dedicó parte de sus esfuerzos al estudio de los gases, inventó el agua carbonatada al disolver anhídrido carbónico en el líquido. Aunque preparaba bebidas caseras con su descubrimiento, nunca lo explotó comercialmente. En 1771 el sueco Tobern Bergman creó una máquina para producir agua carbonatada en grandes cantidades y, en 1832, con el surgimiento de las fuentes de sodas, las bebidas de este tipo empezaron a popularizarse. En nuestros días el mundo está  inundado por una enorme ola de bebidas refrescantes de agua carbonatada.

Máquina de vapor de Watt

1769

James Watt observó las ineficiencias de la máquina de vapor de Newcomen y se propuso mejorarla. Lo logró de tal forma que sus innovaciones convirtieron a la máquina de vapor en la más óptima 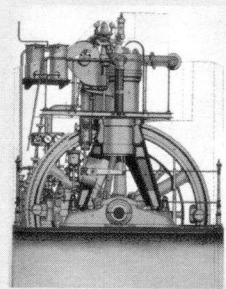 y económica de su tiempo para producir energía. Entre otras aportaciones ideó la manera de transformar el movimiento rotatorio en movimiento lineal.

Automóvil

1770

Sueño largamente acariciado por los hombres, el primer automóvil fue el vehículo con motor de vapor creado por Nicholas-Joseph

Cugnot. La invención y perfeccionamiento del motor de combustión interna llevó a los alemanes Gottlieb Daimler y Wilhelm Maybach a fundar una compañía especializada en la fabricación de vehículos con este motor. El resto es historia y hoy la vida sin automóviles es prácticamente impensable.

Goma de borrar

El lápiz ya tenía dos siglos de saludable vida, y la única forma que se conocía para borrar sus trazos era el migajón del pan. Un buen día Edward Nalne, un ingeniero inglés, confundió un pedazo de caucho natural con miga de pan y observó que tenía el mismo efecto sobre las marcas dejadas por el lápiz. Pero el caucho, al igual que el migajón, se deterioraba. Con la vulcanización el problema se solucionó y se produjeron las primeras gomas de borrar. Desde el siglo xx se elaboran con materiales sintéticos.

Semáforo

En su origen fue un medio de comunicación a distancia por medio de señales. En 1792, en plena época de la Revolución Francesa, Claude Chappe y su hermano crearon un sistema de postes que, en la parte superior, llevaban una cruz cuya posición podía moverse en diferentes ángulos para representar letras o palabras. Dos años más tarde establecieron una línea que llegó a cubrir casi cinco mil kilómetros. En cada estación un operario leía la señal a través de un telescopio y la retransmitía. El semáforo de tránsito apareció en la década de 1920 y emplea los mismos colores que se usaban para determinar el derecho de paso de los navíos.

Guillermo González Camarena
(Guadalajara, 1917-Cerro de las Lajas, Veracruz, 1965)

En 1938 inventó una forma de la televisión a color (sistema tricromático secuencial de campos). En 1952 inauguró, con un equipo de su invención, el Canal 5 y más adelante se asoció con el Canal 2. En 1960 realizó las primeras pruebas en Guadalajara para la transmisión de la imagen a color y en 1963 llevó a cabo las primeras transmisiones públicas. Dado que no existía una norma internacional de televisión a colores, en 1963 presentó el sistema bicolor simplificado. Fabricó aparatos receptores por cuenta propia, que salieron al mercado el año siguiente.

Elisha Gray
(Barnesville, 1835-Newtonville, 1901)

Gray registró más de setenta inventos. En 1876 solicitó la patente de uno que ya había probado con éxito: el teléfono. Dos horas después, Alexander Graham Bell presentó su solicitud de registro para un aparato similar. El abogado de Bell logró que se procesara primero la patente de su cliente y comenzó una batalla legal que Gray terminó perdiendo. Inventó, además, el primer sintetizador electrónico de música, al que llamó "telégrafo musical", y el teleautógrafo, un sistema para transmitir textos por medio de la telegrafía.

Johannes Gutenberg
(Maguncia, entre 1397 y 1400-íd., 1468)

Aunque ya existían algunos métodos de impresión —por ejemplo la xilografía, que consistía en grabar texto y dibujos en madera para imprimirlos en una mesa con un rodillo—, el herrero Gutenberg ideó un sistema de tipos móviles de metal con los que imprimió varios ejemplares de la Biblia. Comenzó así una revolución en la difusión de los conocimientos.

Paracaídas

1797

Los primeros modelos, diseñados en la Francia del siglo XVIII, eran muy semejantes a nuestros paraguas, aunque una vez abiertos las varillas quedaban a la mitad del mango formando un ángulo agudo con la cubierta convexa. En 1797 André-Jacques Garnerin se valió de uno de ellos para descender desde un globo aerostático en el Parque Monceau de París, a una altura de 680 metros.

Pila eléctrica

1800

Alessandro Volta, a partir de las observaciones de Luigi Galvani, creó la primera pila eléctrica, elaborada con cilindros de zinc y cobre separados por pedazos de cartón impregnados de agua.

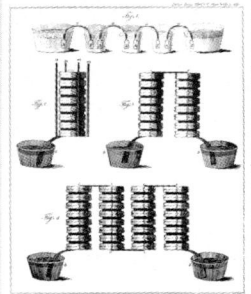

En 1868 Georges Leclanché estableció los principios de la batería seca y su uso empezó a generalizarse. ¿Cuántas de las cosas que ahora usamos llevan pilas? El teléfono, el reproductor de sonido, la *laptop*, el control remoto, el reloj. Y basta ver alrededor para engrosar la lista.

Estufa (cocina) de gas

1802

El inventor alemán Frederick Albert Winson construyó la primera estufa de gas para demostrar que esa forma de cocinar era más limpia que hacerlo con carbón. Al principio no tuvo éxito como producto co-

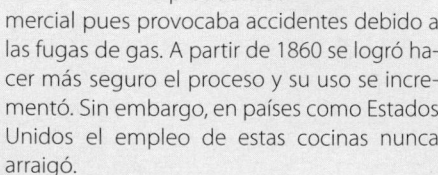

mercial pues provocaba accidentes debido a las fugas de gas. A partir de 1860 se logró hacer más seguro el proceso y su uso se incrementó. Sin embargo, en países como Estados Unidos el empleo de estas cocinas nunca arraigó.

Estetoscopio

1819

René Théophile Hyacinthe Laënnec, cardiólogo francés, iba rumbo a su trabajo cuando vio a unos niños jugando, colocados en ambos extremos de una viga: uno ponía la oreja sobre la madera y el otro daba golpecitos. Para auscultar a sus pacientes, Laënnec aplicaba la oreja directamente sobre el pecho o la espalda de éstos, pero la gordura del sujeto o el pudor (si era mujer) le impedían oír bien. Lo que vio en la calle le sugirió el diseño de un aparato para escuchar mejor los ruidos del interior del cuerpo. Fue tan eficaz que aún hoy se emplean sus parientes evolucionados.

Camino asfaltado

1820

Los sumerios usaron el asfalto como material para pegar ladrillos e impermeabilizar superficies, pero fue hasta 1820 cuando apareció, con el nombre de tarmacadam, la técnica que consiste en construir caminos de piedra picada a la que se agrega brea caliente para aglutinarla. En 1832, una de las carreteras nacionales de Estados Unidos ya tenía ese recubrimiento y el proceso se patentó en 1910.

Cemento Portland

1824

Los primeros cementos que fraguaban al mezclarse con el agua se utilizaron en el siglo XVIII, pero la norma se estableció en Inglaterra en 1824: se le llamó cemento Portland por la semejanza de su color con el de la piedra Portland, un material de construcción que se extraía en la  Isla de Portland, en Dorset, Inglaterra. En nuestros tiempos es impensable una construcción que no recurra a este material.

Cámara fotográfica

1826

La cámara oscura que usaban los pintores renacentistas fue un primer paso para la creación de la cámara fotográfica. Lo que faltaba era la técnica y el material adecuados, y éstos se desarrollaron en dos líneas paralelas y prácticamente simultáneas. Por un lado, Nicéphore Niépce (francés) inició los trabajos

que culminaron con la placa de positivo directo de Louis Daguerre. Por el otro, el inglés William Fox Talbot ideó el sistema de negativo y positivo que se convirtió en un estándar.

Fósforos (cerillos)

El químico John Walker hizo un descubrimiento casual: una varita en la que se había formado una gota de clorato de potasio y sulfuro de antimonio ardió al tallarla contra el piso. Había inventado los fósforos. Con ellos podía crearse fuego al instante, pero nunca se le ocurrió comercializarlos. Años más tarde, con el trabajo de otros químicos, se crearon los fósforos de seguridad, que sólo se encienden al frotarse contra determinadas superficies y no arden espontáneamente.

Máquina de coser

La primera patente de una máquina de coser data de 1790, pero no funcionaba. La primera que sí funcionó fue obra del sastre francés Barthélémy Thimonnier. Usaba una aguja que tendía a quedarse en la tela y carecía de transporte de la tela, es decir, ésta no avanzaba automáticamente. Aun así instaló una industria de confección de uniformes militares. Luego de otros intentos para perfeccionar la máquina, en 1851 Isaac M. Singer concibió el primer modelo moderno, accionado por un pedal.

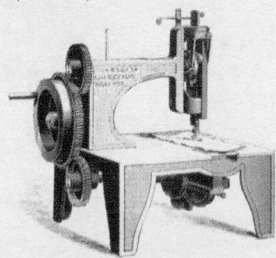

Joseph-Marie Jacquard
(Lyon, 1752-Oullins, Rhône, 1834)

Jacquard trabajó en los telares desde pequeño. Luego de varios intentos y el estudio de máquinas similares anteriores, ideó un telar capaz de realizar diseños complejos a partir de la guía de tarjetas perforadas, cuyo prototipo presentó en 1805. Aunque al principio no fue bien aceptado, este telar revolucionó la industria textil y para 1811 funcionaban en Francia 11 000 de ellos.

Steve Jobs
(San Francisco, 1955)

Jobs no pudo cursar la educación superior. Muy joven trabajó para Atari y se embarcó en un viaje por la India. De regreso se encontró con Steve Wozniak, antiguo compañero de escuela, y en 1976 se asociaron para crear computadoras personales. Empezaron construyéndolas en el garaje de la casa de Jobs y tuvieron un creciente éxito. En 1983 vino la gran revolución: el modelo Lisa, una máquina elegante, completamente ensamblada y ligera. Un año después estas características estaban disponibles en un modelo más económico: la primera Macintosh®. Jobs salió y volvió más tarde a Apple, donde continuaron innovaciones como la iMac®, el iPod® y el iPhone®.

Jack S. Kilby
(Jefferson City, 1928-Dallas, 2005)

Kilby estudió ingeniería eléctrica, se especializó en bulbos y se graduó en 1947. Un año más tarde, se anunció el invento del transistor. Lejos de desanimarse, consiguió empleo en Texas Instruments, donde pudo realizar investigaciones sobre miniaturización electrónica. El resultado de esas investigaciones, en 1959, fue el microchip (o circuito integrado), gracias al cual la computación ha penetrado a todas las esferas de la vida. Entre las 60 patentes que registró están la calculadora portátil y la impresora térmica.

René Laënnec
(Quimper, 1781-Kerlouanec, Finistère, 1826)

Distinguido médico, trató de resolver las dificultades para escuchar el corazón o los pulmones de sus

Refrigerador

En este año Jacob Perkins patentó una máquina que había inventado en 1805. El modelo original lo hizo Oliver Evans y funcionaba por compresión de éter. A partir de éste se intensificaron las investigaciones, para 1855 ya había refrigeradores industriales y en 1877, transportes frigoríficos de mercancías. En 1913 se crearon los primeros aparatos para uso doméstico, pero sólo se hicieron comunes en los hogares después de la Segunda Guerra Mundial.

Elevador

El privilegiado rey francés Luis XV de Borbón disponía de una "silla voladora" que mediante un sistema de contrapesos le permitía ascender a los aposentos de su amante, Madame de Châteauroux, situados encima de los suyos. Casi un siglo después, en el Coliseo de Regent's Park, de Londres, se presentó el primer elevador público del mundo, una creación de William George Horner. Sin embargo, el verdadero despegue industrial de los elevadores inició en 1854 cuando Elisha Otis realizó una demostración en el Palacio de Cristal de Nueva York.

Cosechadora

La primera cosechadora se construyó en 1836. Las cosechadoras no se convirtieron de inmediato en un equipo común, pues los primeros modelos requerían hasta dieciséis caballos para funcionar. Con la adaptación de un motor de vapor (que usaba paja para alimentar la caldera) se solucionó el problema y comenzó la evo-

lución de este utensilio hasta llegar a los aparatos controlados electrónicamente de nuestros días.

Telégrafo

Ya se habían empleado diferentes elementos (humo, banderas y destellos, entre otros) para transmitir mensajes a distancia, pero a veces resultaban ineficaces por el estado del tiempo. El estudio de la electricidad a finales del siglo XVIII y principios del XIX indicaba que la electricidad podía viajar por un alambre a distancias considerables. Samuel Morse aprovechó este fenómeno e ideó un sistema para enviar señales de manera muy eficiente. Como complemento creó un código para representar letras y números mediante dichas señales. Pronto se enviaron los primeros telegramas.

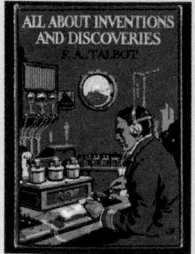

Anestesia

Aunque desde los inicios de la medicina se emplearon varios medios analgésicos —incluyendo los buenos tragos de ron que los médicos ingleses del siglo XVIII daban a sus pacientes antes de realizar una amputación—, soportar el dolor de una operación dependía del valor de cada quien. En 1842 el médico estadounidense Crawford Long introdujo el uso de éter como medio anestésico. En cuanto a la anestesia local, el sicoanalista Sigmund Freud propuso el empleo de cocaína al cirujano oftálmico Carl Koller, quien la aplicó por primera vez en 1884.

Fax

Alexander Bain lo creó en el siglo XIX, poco después de darse a conocer el telégrafo. El fax (de facsímil) consistía en un pluma colocada en un péndulo que se movía por impulsos electromagnéticos. Al principio lo usaron las agencias de noticias para transmitir imágenes por vía telegráfica y a fines del siglo XX los usuarios domésticos contaban con una versión que empleaba la línea telefónica. En una época el fax fue un aparato indispensable en las oficinas. Ahora lo han desplazado los medios informáticos de comunicación.

1844

Jeringa

Aparatos similares a la jeringa se utilizaban desde la antigüedad para practicar punciones. Pero las jeringas modernas nacieron primero gracias a las investigaciones de Charles Gabriel Pravaz, en 1831, y se perfeccionaron en 1844 con el aparato de Francis Rynd para las inyecciones subcutáneas de morfina. La administración de medicamentos cambió de manera radical.

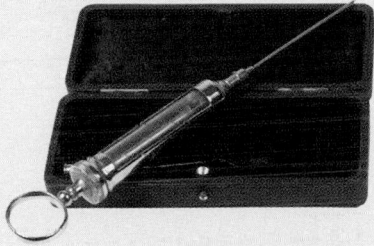

Liga de hule (gomita)

1845

Se puede dar con precisión la fecha de la patente: 17 de marzo de 1845. Ese día Stephen Perry, de la compañía Messers Perry and Co. de Londres, presentó unas simples tiras de caucho vulcanizado que servían para mantener juntos hojas de papel y sobres. Desde entonces se les han descubierto un sinfín de posibilidades de uso (y no se han encontrado todos).

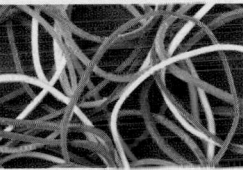

Llanta (neumático)

1845

Viajar por superficies irregulares y llenas de baches era una experiencia poco agradable. El ingeniero Robert Thomson tuvo un primer vislumbre de la solución y patentó en 1845 unos neumáticos de piel para bicicleta. Al hijo de John Dunlop, que usaba un triciclo para ir a la escuela por las calles de Belfast, Irlanda, le debemos el paso decisivo. Para aliviar

los inconvenientes Dunlop pegó a las ruedas tubos de caucho inflados con aire y los cubrió con una lona. Así nacieron los primeros neumáticos con cámara, patentados en 1888.

pacientes. Por una observación fortuita concibió el principio del estetoscopio. Los primeros eran meros tubos de madera. Por otra parte, estableció la semiología de las enfermedades cardiacas y pulmonares y describió numerosas lesiones.

Edwin H. Land
(Bridgeport, 1909-Cambridge, 1991)

Los primeros trabajos de Land se encaminaron al estudio de la polarización de la luz. El resultado fue la creación de una película polarizadora (más barata y efectiva que un solo cristal de gran tamaño). Aunque al principio se usó para lentes de sol y equipos científicos, pronto se le hallaron otras aplicaciones (por ejemplo, en ventanas que controlaban el paso del brillo). Durante la Segunda Guerra Mundial creó filtros infrarrojos, lentes para la oscuridad y localizadores de blancos. Desarrolló el sistema de fotografía con revelado instantáneo que comenzó a comercializarse en Boston durante la Navidad de 1948.

Anton van Leeuwenhoek
(Delft, 1632-íd., 1723)

Si bien Leeuwenhoek no inventó el microscopio, su conocimiento de la fabricación de lentes le permitió perfeccionarlo. Con sus aparatos artesanales realizó innumerables observaciones (glóbulos rojos, fibras musculares, protozoos, espermatozoides y bacterias) que cambiaron para siempre la percepción de la naturaleza. Entre sus aportaciones más importantes se halla la comprobación de que los insectos y otros seres no nacen por generación espontánea.

Gottfried Wilhelm Leibniz
(Leipzig, 1646-Hannover, 1716)

Destacado filósofo y una de las inteligencias más notables de su época, Leibniz extendió su curiosidad a una gran cantidad de materias. Hizo aportaciones a las matemáticas, la historia, la geología y la jurisprudencia. Por ejemplo, descubrió el cálculo infinitesimal (Newton

Seguro

1849

La Real Academia Española llama *imperdible* a esta práctica variedad de alfiler que surgió para pagar una deuda. El inventor estadounidense William Hunt debía quince dólares a la firma William & John Richardson. Sus acreedores le ofrecieron condonarla si creaba algún objeto útil con una pieza de alambre. Hunt diseñó el seguro, que patentó el 10 de abril de 1849, y otorgó los derechos de la patente a los Richardson. Su creación tiene, hoy día, el don de la ubicuidad.

Abrelatas

1855

Cuando se inventaron las latas, curiosamente no se pensó en una herramienta específica para abrirlas, eran tan grandes y pesadas que se requería martillo y cincel. Cuando las latas se hicieron más pequeñas y ligeras, se hizo necesario contar con una herramienta *ad hoc* para abrirlas. Ezra Waener creó la primera, muy parecida a las que se usan en la actualidad.

Motor de combustión interna

1859

El belga Étienne Lenoir modificó un motor de vapor, y con ello lo convirtió en el primero de combustión interna. Era muy ineficiente, pero rápidamente se perfeccionó y multiplicó, tanto en cantidad como en aplicaciones: automóviles, aeroplanos, botes, fábricas, motocicletas, podadoras de césped. Hoy se hace hincapié en los problemas ecológicos que acarrea y se buscan soluciones alternativas más amigables con el ambiente.

Dinamita

1867

La nitroglicerina fue el explosivo más potente de su tiempo, pero también era altamente inestable. Alfred Nobel, luego de una serie de pruebas, logró estabilizarla y nació la dinamita. Se convirtió en el explosivo ideal tanto para la minería y la demo-lición como para aplicaciones militares. Nobel se enriqueció con la patente y dejó como legado los premios que llevan su nombre.

Alambre de púas

1867

El alambre de púas se inventó para cortarle el paso al ganado, pues los agricultores de Estados Unidos sufrían perjuicios por los animales que pastaban libremente en cualquier lugar. 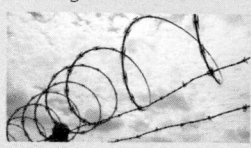 Algunas fuentes señalan como su inventor a Lucien B. Smith, un agricultor de Kent, Ohio, otras señalan a Michael Kelly, pero coinciden en que Joseph Gidden, de New Hampshire, fue el primero en producirlo en forma masiva. Su bajo costo lo ha hecho insuperable para delimitar propiedades y fronteras.

Teclado Qwerty

1868

Los primeros teclados de máquina de escribir seguían un orden alfabético. Sin embargo, cuando el mecanógrafo adquiría rapidez, las teclas se trababan. Christopher Latham Sholes (quien había inventado con Charles Glidden y Samuel W. Soule la primera máquina de escribir comercialmente exitosa) pensó en una distribución que separara las letras que con mayor frecuencia van juntas en las palabras y evitara tropiezos. Otra versión asegura que las letras se disponen así porque en la primera línea del teclado se hallan las que permiten escribir *typewriter* (o máquina de escribir), detalle que facilitaba las demostraciones de los vendedores que las ofrecían de puerta en puerta. Tal distribución se usó en las máquinas eléctricas y aún se emplea en los teclados de las computadoras.

Margarina

1869

En 1813 Michel-Eugène Chevreul descubrió el ácido margárico, que poco después se definió como una combinación de ácido esteárico y ácido palmítico. Tal vez no hubiera pasado de ahí, pero en 1860 Napoleón III organizó un concurso para encontrar un sustituto de la mantequilla para el ejército y las clases populares. El ganador fue Hippolyte Mège-Mouriés, quien presentó lo que llamó oleomargarina, nombre que se abrevió con el tiempo. Su producción se incrementó notablemente con la escasez de alimentos provocada por la Segunda Guerra Mundial.

Pantalón vaquero

Levi Strauss fue un inmigrante alemán de origen judío que se estableció en San Francisco para aprovechar la oportunidad comercial de la fiebre del oro. Vio que los mineros necesitaban una prenda de vestir resistente y fabricó un pantalón con mezclilla, tela que entonces se usaba para carpas. La tela original era marrón, pero se terminó y fue sustituida por una similar, teñida de azul índigo. Desde su creación, hace 150 años, el pantalón vaquero ha pasado de prenda de trabajo a vestimenta juvenil, e incluso ha penetrado al mundo de la alta costura.

Teléfono

Ya en 1854 se había prefigurado la idea de transmitir la voz a través de la electricidad. Esta idea fructificó hasta 1976 y se dio el crédito a Alexander Graham Bell. En realidad, Bell presentó su patente (en Boston) dos horas después que Elisha Gray lo hiciera en Chicago. Se sigue discutiendo el fallo, tras dos años de litigio, que dio prioridad a Bell.

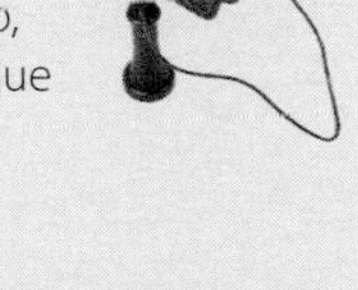

Fonógrafo

Edison dio el primer paso, y los detalles fueron útiles, aunque no su propuesta de aparato: usó un cilindro de estaño como base en la que grabó una canción infantil. Un año más tarde Emile Berliner inventó el gramófono, que utilizaba un disco colocado en un plato. Así nació el tocadiscos, que con pequeños cambios progresivos dominó la escena mundial por un siglo.

también lo hizo de manera independiente) y es su notación la que se sigue usando. Hizo numerosas observaciones que más tarde fueron retomadas por la biología, la medicina, la sicología, la ingeniería y las ciencias de la información.

Louis Lumière
(Besançon, 1864-Bandol, 1948)
Auguste Lumière
(Besançon, 1862-Lyon, 1954)

Hijos de un fotógrafo, buscaron una alternativa al kinetoscopio de Edison para exhibir imágenes en movimiento y en 1895 llevaron a cabo la primera función de cine. El cinematógrafo Lumière usaba el mismo principio de la película perforada, pero el aparato era capaz de filmar las imágenes en movimiento, proyectarlas para grandes audiencias y no sólo mostrarlas a usuarios individuales. Los hermanos consideraron, erróneamente, que el cine era "un invento sin porvenir".

Guglielmo Marconi
(Bolonia, 1874-Roma, 1937)

Muy interesado en los fenómenos electromagnéticos, al estudiar el artículo de 1888 en que Rudolf Hertz describe las ondas que llevan su nombre, pensó en utilizarlas para la telegrafía. Hizo pruebas y para 1895 ya había logrado trasmisiones a 2 km de distancia, con obstáculos materiales de por medio. En 1901 consiguió una transmisión trasatlántica. Interesado siempre en la aplicación comercial de sus inventos, sostuvo varios enfrentamientos por las patentes.

Luis E. Miramontes
(Tepic, 1925-México, 2004)

Miramontes es conocido por haber formado parte del equipo que sintetizó por primera vez la noretisterona, sustancia que sigue usándose en los anticonceptivos. Obtuvo otras cuarenta patentes derivadas de sus estudios de química orgánica, química farmacéutica, petroquímica y química de contaminantes atmosféricos.

Joseph de Montgolfier (Annonay, 1740-Balaruc-les-Bains, 1810)
Étienne de Montgolfier (Annonay, 1745-Serrières, 1799)

Se reconoce a Bartolomeu Lourenço de Gusmão como inventor del globo aerostático de aire calien-

Foco (bombilla o bombita eléctrica)

Este invento suele incluirse en la lista de creaciones de Edison, pero originalmente fue de Joseph Swan, que se le había adelantado y más tarde unió fuerzas con él para compartir el crédito. El mayor problema inicial de esta innovación era la vida útil del filamento incandescente, que alcanzaba apenas algunas horas.

Hule sintético

Ante el incremento de la demanda de hule por el crecimiento del mercado de neumáticos, el químico francés Georges Bouchardat creó en laboratorio el primer hule artificial: el isopreno. Sus cualidades aún no le permitían competir con el hule natural, pero se había dado el primer paso. La escasez del producto durante la Primera Guerra Mundial impulsó la investigación al respecto en Alemania. Durante la Segunda Guerra Mundial su producción se incrementó y en la actualidad más de la mitad del hule que se usa es sintético.

Plancha eléctrica

La ropa se ha planchado desde tiempo inmemorial y por medios muy distintos: cilindros de hierro, bloques de metal calentado y cajas de carbón hechas ex profeso. Henry W. Seely patentó la primera plancha eléctrica, pero no existía entonces una red de suministro eléctrico para todos los hogares. Su uso general empezó en 1924, ya mejorada con un termostato, y en 1926 apareció la primera versión con chorro de vapor para humedecer las prendas.

Ametralladora

Según se cuenta, el inventor Hiram Stevens Maxim escuchó decir que la clave para hacer-

se rico era crear algo que permitiera a los europeos matarse de manera muy eficiente. Maxim se instaló en Londres y diseñó la primera ametralladora, capaz de realizar (en teoría) 500 disparos por minuto, arma que tuvo un éxito arrasador. También inventó un silenciador (hoy usado en los autos), la ratonera y curiosas "máquinas volantes" incluidas como atracción en las ferias populares de su época.

Bicicleta con cadena de transmisión

Las bicicletas con una enorme rueda delantera no alcanzaban grandes velocidades y caerse de ellas podía provocar lesiones de importancia. Se acredita a los franceses Meyer y Guilmet la idea de utilizar una cadena como forma de tracción, lo que permitía incrementar la velocidad y reducir el tamaño de la rueda delante-

ra. En 1885 se comercializó la "bicicleta de seguridad", con todos los elementos claves del vehículo moderno.

Lente de contacto

Las primeras ideas para hacer lentes de contacto se remontan hasta las investigaciones de Leonardo da Vinci. René Descartes (en 1632) y John Herschel —hijo del astrónomo William Herschel, descubridor de Urano— (1827) pusieron su grano de arena, pero los primeros los fabricó el vidriero F. E. Muller en 1887. En 1929 se perfeccionó la forma de medir el contorno del ojo. En 1948 ya eran de plástico, y en 1956 se crearon los primeros lentes de contacto suaves. A partir de 1987 salieron al mercado las presentaciones desechables.

Clip

1892

Al parecer varias personas en diversos países patentaron el clip (en especial el noruego Johan Valer), ese pedazo de alambre doblado que mantiene sujetas varias hojas de papel. Lo curioso del caso es que los que tienen la forma que habitualmente usamos (ovalados con dos vueltas) nunca pasaron por la oficina de patentes. Los creó 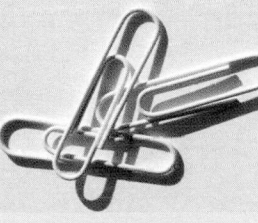 en Gran Bretaña The Gem Manufacturing Company (el nombre Gem para designar el clip sí fue registrado como marca comercial, y así se llama hoy en sueco).

Ácido acetilsalicílico

1897

Desde la antigüedad se usaba la corteza del sauce para tratar el dolor. En 1828, Andreas Bruchner, de la Universidad de Munich, identificó el compuesto curativo de ésta: la salicilina. Dos décadas después, en 1853, el químico francés Charles Frédéric Gerhardt trató de sintetizar el principio activo (el ácido acetilsalicílico), pero su fórmula era impura y causaba varios efectos secundarios. Años más tarde, en 1897, Félix Hoffmann, químico de la compañía Bayer enfermo de reumatismo, logró sintetizarlo y así surgió el analgésico que más se usa en el mundo. Comercializado con el nombre de Aspirina, ha revelado tener muchas otras propiedades benéficas para la salud.

Célula fotoeléctrica

1893

Los alemanes Julius Elster y Hans F. Geitel crearon la primera célula fotoeléctrica, que variaba su salida eléctrica en relación con la luz que recibía. Se basaba en un efecto que más tarde se utilizó, entre otras aplicaciones, en las cámaras de televisión.

te, quien lo presentó al rey Juan V de Portugal en 1709. Los hermanos Montgolfier lo redescubrieron y lo llevaron más allá: realizaron experimentos con globos de tamaño cada vez mayor, hicieron viajar en ellos a animales y, finalmente, a seres humanos. El primer vuelo tripulado por hombres se llevó a cabo en 1783 y alcanzó 26 m de altura.

Samuel Morse
(Charlestown, Massachusetts, 1791-Nueva York, 1872)

Pintor de retratos y escenas históricas, luego de un segundo viaje a Europa se sintió atraído por el estudio de la electricidad. Aunque no era una idea nueva, pensó en el uso del electroimán para transmitir mensajes a través de un cable. En 1835 hizo el primer prototipo y tres años más tarde tenía listo el código de señas largas y cortas que lleva su nombre. Luchó para conseguir un patrocinio y finalmente logró instalar la primera línea entre Washington, D. C. y Baltimore.

Thomas Newcomen
(Dartmouth, 1663-Londres, 1729)

A principios del siglo XVII, Thomas Savey inventó y puso en práctica una bomba de vapor para drenar las minas de carbón. Esa bomba exigía una gran presión y provocó accidentes. Newcomen, herrero y socio de Savey, vislumbró la solución: colocar afuera de la mina la caldera de vapor que, por medio de un pistón, movía un balancín conectado a la barra que bajaba hasta la bomba en el interior de la mina. Para 1710 prácticamente todas las minas de Inglaterra tenían esta máquina accionada por ese motor. Había dado inicio la Revolución Industrial.

Nicéphore Niépce
(Chalon-sur-Saône, 1765-Saint-Loup-de-Varennes, 1833)

Interesado en la litografía, Niépce hizo experimentos para realizar copias de obras de arte. Utilizó diferentes materiales para crear medios sensibles a la luz. En 1816 consiguió sus primeros éxitos: se trataba de imágenes negativas en papel. No vislumbró las posibilidades que esto le ofrecía y continuó sus

Cinematógrafo

Edison estuvo cerca de lograrlo (pero creyó que sería mejor negocio el kinetoscopio, una máquina de uso individual que permitía ver imágenes en movimiento). Al otro lado del Atlántico, en Francia, los hermanos Louis y Auguste Lumière tuvieron la idea de poner las imágenes en un soporte traslúcido y proyectarlas en la oscuridad de una sala pública. Había nacido el cine, una nueva forma de entretenimiento masivo y, en algunos casos, un nuevo medio de expresión artística.

Máquina de afeitar

Afeitarse con las navajas de hoja abierta requería un cuidado extremo. Además, la hoja debía afilarse periódicamente. Hacia finales del siglo XIX King Camp Gillette tuvo la idea de usar una hoja desechable en una base estándar. Se empezó a comercializar en 1903, y en unos cuantos años el producto ya se vendía por miles, con plantas de producción en Estados Unidos, Canadá, Inglaterra, Francia y Alemania. No sólo había cambiado la forma de afeitarse, sino también la mercadotecnia para desplazar estos productos.

Telegrafía inalámbrica y radiocomunicación

En 1867 James Clerk Maxwell elaboró la teoría del electromagnetismo y veinte años más tarde Heinrich Hertz la comprobó de manera práctica, demostrando que podían crearse ondas electromagnéticas y captarlas después. Además del oscilador, fueron surgiendo receptores. El italiano Guglielmo Marconi fue el primero que logró unir esos elementos para dar el paso definitivo, al mismo tiempo que el ruso Alexander Popov inventaba la antena.

Rayos X

Wilhelm Conrad Röntgen observó que al hacer pasar electricidad por un tubo al vacío brillaba una pantalla fluorescente, incluso cuando el tubo estaba cubierto. Supuso que se debía a un tipo de radiación y, como no sabía cuál era, la llamó radiación X. Descubrió también que las marcas del paso de esa radiación a través de los objetos podían captarse en una placa fotográfica. Dos años después de su descubrimiento, los rayos X ya se usaban en la medicina.

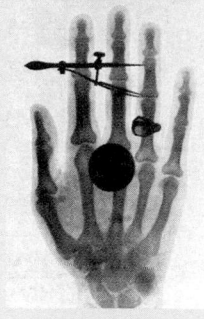

Aspiradora

El ingeniero británico Hubert Cecil Booth vio la demostración de una imperfecta máquina para extraer polvo de los tapetes. Booth comprendió que la máquina debería absorber el aire y sacarlo, pero dejando el polvo en un receptáculo. Utilizó un pañuelo de tela gruesa como filtro y tuvo éxito, pero su máquina era enorme y difícil de manejar (se requería el trabajo de dos personas). En 1908 James Murray Spangler construyó el primer modelo portátil, con una caja de jabón, un motor de ventilador y una funda de almohada para recolectar el polvo.

Limpiaparabrisas

Antes de que el auto fuera común, ya se había inventado el limpiaparabrisas. Lo ideó una mujer, Mary Anderson, quien en un viaje a Nueva York observó que cuando llovía, los conductores de tranvías abrían el parabrisas para no perder visibilidad. Su modelo consistía en una varilla con una tira de goma que el conductor operaba con una palanca desde el interior del vehículo. Los limpiaparabrisas se convirtieron en un estándar para los automóviles desde 1916.

Lámpara de neón

Desde mediados del siglo XIX empezaron a hacerse experimentos con tubos de gas y electricidad. El neón se descubrió en 1898. El francés Georges Claude hizo el primer tubo de luz neón y lo presentó en París en 1910. El mismo "Claude Neón", como lo apodaron, estableció una empresa en Estados Unidos que, a partir de 1923, fabricó anuncios con tubos de luz neón.

Línea de ensamblado

En su fábrica de automóviles Henry Ford dividió el trabajo complejo en tareas simples que podían realizar obreros no calificados. Para armar una unidad diseñó una secuencia a través de una línea en la que diferentes operarios iban agregando detalles hasta completar el producto. Aunque Eli Olds (el fabricante del Oldsmobile) ya había usado un sistema semejante, Ford lo mejoró y logró una reducción muy significativa del tiempo de armado de un auto (93 minutos), con lo que bajó costos y se convirtió en el mayor productor de vehículos de su tiempo.

Cierre de cremallera

Gideon Sundback, inmigrante sueco en Chicago, creó, a partir de un modelo original de Whitcomb Judson, el zíper o cierre de cremallera. Sundback, además, inventó la máquina para fabricarlos. Se usó por primera vez para cerrar un modelo de botas altas, sin embargo, tardó en convertirse en un elemento para la confección de ropa. En nuestros días lo hallamos en innumerables prendas y aditamentos.

pruebas en busca de una imagen positiva sobre una base rígida (metal). La fotografía más antigua que se conserva la tomó él: es una vista de unos tejados realizada sobre una placa de peltre que necesitó ocho horas de exposición. Nunca resolvió el problema del fijado, que fue solucionado por Daguerre.

Alfred Nobel
(Estocolmo, 1833-San Remo, 1896)

Hijo de un fabricante de armas, estudió química y realizó diversos experimentos e investigaciones relacionadas con los explosivos. Su descubrimiento más importante fue la dinamita, cuya fórmula logró controlar la inestabilidad de la nitroglicerina. Obtuvo más de 350 patentes, entre las que se encuentran las del explosivo gelignita, la de la balistita y un detonador de mercurio. Con su legado se establecieron los importantes premios que llevan su apellido.

Blaise Pascal
(Clermont, act. Clermont-Ferrand, 1623-París, 1662)

Matemático, físico y pensador religioso, Pascal hizo contribuciones importantes en todos estos campos. En la física descubrió el principio que lleva su nombre, según el cual la fuerza aplicada en un punto de un fluido se transmite a todos los puntos de éste con la misma intensidad, hallazgo que le permitió inventar la prensa hidráulica y la jeringa. Quizá el más asombroso de sus inventos fue una calculadora mecánica capaz de sumar y restar.

Wilhelm Conrad Röntgen
(Lennep, Renania, 1845-Munich, 1923)

En 1895 descubrió un tipo de radiación del espectro electromagnético, cuya utilidad en la medicina y otras labores ha sido ampliamente demostrada. Tal radiación iba a recibir el nombre de Röntgen, a lo que él se negó y por eso se conoce como rayos X. Para estimular las investiga-

1914

Brasier

La palabra *brassière* (así con su ortografía francesa) apareció en la revista estadounidense *Vogue* en 1907 y en 1911 en el *Oxford English Dictionary*. Sin embargo aún no era exactamente la prenda que hoy conocemos. Ésta surgió en 1914, con la patente solicitada por Mary Phelps-Jacobs. Al no encontrar forma de comercializar su creación, vendió la patente a la compañía de lencería Warners. Hoy día el sostén suscita suspiros y pone en movimiento una industria de miles de millones de dólares.

1920

Curita

La esposa de Earle Dickson siempre se hería los dedos mientras cocinaba. Para cubrir las lesiones usaba gasa y pedazos de tela. Dickson observó que esas curaciones se caían con facilidad, así que decidió solucionarlo. Colocó un poco de gasa en una cinta de tela adhesiva y la cubrió con un tejido especial. Dickson trabajaba para Johnson & Johnson y su jefe decidió comercializar la nueva bandita. En 1924 ya se fabricaba con máquina, para 1938 estaba esterilizada y en 1958 se empezó a usar plástico para la cubierta.

1921

Robot

La palabra *robot* surgió muchos años antes de que existieran estas máquinas, en la obra teatral de ciencia-ficción *Robots Universales Rossum* (1921) del autor checo Karel Čapek. A grandes rasgos un robot sería una máquina capaz de realizar el trabajo de un humano. Las primeras patentes se otorgaron en 1942, año en el que también nació la cibernética. Hoy día existen dos tipos de robots: industriales (para construir autos, por ejemplo) y de servicio (que reaccionan de acuerdo con el entorno, como los que han explorado el planeta Marte).

1924

Pañuelo desechable

Durante la Primera Guerra Mundial Kimberly-Clark produjo un material al que llamó *cellu-*

cotton. Se usaba en las máscaras antigás en lugar del algodón. En 1924 la misma compañía creó los Kleenex®, unos pañuelos de este material para remover el maquillaje. A partir de 1930 fueron desplazando a los habituales pañuelos de tela.

1925

Televisión

El iconoscopio de Vladimir Kosma Zworykin y el tubo disector de imágenes de Philo Taylor Farnsworth (ambos de 1923) fueron los primeros dispositivos satisfactorios para captar imágenes y representan las bases de la moderna televisión electrónica. Sin embargo, la primera demostración pública de la transmisión de imágenes a distancia la realizó el escocés John Logie Baird, el 26 de enero de 1925. La primera imagen televisada fue el rostro de Stooky Bill, un muñeco de ventrílocuo.

1927

Máquina de afeitar eléctrica

Cuando buscaba oro en la zona de Alaska y Columbia Británica, Jacob Schick sufrió un esguince. Tuvo que permanecer por fuerza en su campamento. Afeitarse le resultaba molesto, así que tuvo la primera idea para armar una máquina de afeitar eléctrica. Sus primeras propuestas fueron poco prácticas y nadie quiso comercializarlas. Finalmente, en 1927 perfeccionó su invento.

1928

Penicilina

Durante uno de sus estudios de laboratorio, el doctor inglés Alexander Fleming observó casualmente que una colonia del hongo *Penicillium notatum* inhibía el crecimiento de las bacterias de un cultivo. Esa observación condujo a la creación de la penicilina, un antibiótico que podía aliviar infecciones incurables hasta entonces. Su

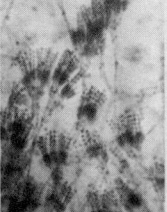

uso indiscriminado ha provocado que algunas bacterias se vuelvan resistentes, un claro ejemplo de la evolución darwiniana.

Cinta adhesiva transparente

En 1925, Richard Drew, investigador de la compañía 3M (Minnesota Mining and Manufacturing), inventó la masking tape, una cinta adhesiva con múltiples aplicaciones en el bricolaje. Después desarrolló una cinta adhesiva trasparente de celofán para sellar empaques de alimentos. Pero esa cinta también servía para pegar billetes, cubrir fisuras en los cristales, reparar libros,  perfeccionar envolturas para regalos y muchas cosas más. Llamado comúnmente *durex*, este producto es básico en cualquier hogar y cualquier papelería.

Nailon

En 1928 la compañía DuPont estableció un laboratorio para el estudio de materiales y puso a la cabeza a Wallace Hume Carothers. Casi por accidente, con su equipo descubrió que el nailon podía adquirir la forma de largos  hilos resistentes. Ésa fue la primera fibra artificial. Al principio se usó para tela de paracaídas, sedales e hilo de sutura. Sin embargo, la elaboración de medias con este material cimbró el mercado: en los primeros cuatro días de su lanzamiento se vendieron cinco millones de pares.

Fotocopias

El físico estadounidense Chester Carlson ideó un sistema de copiado con base en procesos electrostáticos. Debido a que era un proceso seco, con él podía utilizarse papel común y corriente, lo que abarataba notablemente los costos. Carlson perfeccionó su invento y en 1947 lo vendió a la compañía Haloid, que en 1950 tomó el nombre de Xerox y en 1958 colocó en el mercado la primera fotocopiadora comercial.

ciones relacionadas con su hallazgo, también se negó a solicitar las patentes que correspondían. Recibió el premio Nobel de Física de 1901 y donó el dinero a la Universidad de Wurzburgo.

Alberto Santos-Dumont
(Palmira, act. Santos Dumont, Minas Gerais, 1873-São Paulo, 1932)

Aviador e ingeniero brasileño, fue constructor de una larga serie de vehículos —que iban de dirigibles a aeronaves— capaces de volar por sí solos. En 1906 realizó el primer vuelo con ruta preestablecida en dos ocasiones, a bordo de su aparato 14-bis. Estableció el primer récord de distancia recorrida (220 m) y ob-  tuvo la primera licencia de aviador. Nunca patentó sus aparatos, con el fin de estimular la investigación. Enfermo de esclerosis múltiple, se retiró en 1910. El uso del avión como arma de guerra lo sumió en una gran depresión.

Isaac Merrit Singer
(Pittstown, Nueva York, 1811-Torquay, Devon, 1875)

La vocación primaria de Singer fue la actuación. Trabajó y se especializó en mecánica y tuvo oportunidad de recorrer Estados Unidos con una compañía de teatro. Para continuar su carrera de actor inventó con su hermano una perforadora. Cuando se retiró del teatro trabajó como mecánico y en 1851 diseñó y patentó una máquina de coser. Tuvo tanto éxito que montó una empresa para producirla.

George Stephenson
(Wylam, cerca de Newcastle, 1781-Tapton House, Chesterfield, 1848)

Hijo de un minero, Stephenson aprendió a leer hasta los 17 años. Se desempeñó en numerosos trabajos (zapatero, sastre, relojero) hasta convertirse en encargado de las bombas de una mina. En 1815 inventó una lámpara de seguridad para los mineros, a fin de evitar accidentes por las concentraciones de gases. Familiarizado con el motor de vapor, construyó las primeras soluciones prácticas que dieron vida

Bolígrafo

El húngaro László Biró pensó una manera de evitar los problemas de las plumas estilográficas que chorreaban tinta y se secaban fácilmente. Su modelo era en un tubo con una esfera en el extremo que controlaba la salida de tinta. Patentó su idea, pero no se comercializó. La Segunda Guerra Mundial lo llevó a Argentina, donde con su hermano y J. Meyne fundó la compañía Bic, que perfeccionó la herramienta de escritura más popular del mundo. En algunos países de América del Sur se llama *birome*, por las primeras letras de Biro y Meyne.

Teflón (marca registrada)

Conocido técnicamente como politetrafluoroetileno, este plástico fue descubierto (al parecer por casualidad) por Roy Plunkett, un químico de la compañía DuPont, y llamó la atención por sus propiedades antiadherentes. Es inerte a casi todos los solventes, no-inflamable y resistente a las altas temperaturas. Sus aplicaciones se multiplicaron después de la Segunda Guerra Mundial, primero como recubrimiento para

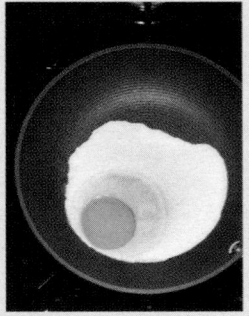

trastes de cocina, y después en la industria y la medicina. Se le usa, por ejemplo, en los equipos de diálisis y en la elaboración de órganos artificiales.

Poliéster

A partir de una investigación de Wallace Carothers, los británicos John Rex Whinfield y James Tennant Dickson patentaron el poliéster (PET, por las siglas de su nombre químico). Esta fibra sintética, por su durabilidad y bajísimo precio, propició el surgimiento de fabricantes de prendas de vestir baratas. Aunque sigue empleándose, a partir de la década de 1970 se usa menos.

Bikini

Hoy día ver mujeres en bikini en las playas no parece cosa de otro mundo. Sin embargo,

cuando surgió esta prenda no fue bien vista. Tuvo dos creadores casi simultáneos: el diseñador Jacques Heim y el ingeniero Louis Reárd. El primero la bautizó como *atom*, mientras que el segundo eligió el nombre del atolón donde acababa de explotar la bomba de plutonio. Se volvió común en la década de 1960, la era de la liberación sexual.

Horno de microondas

El investigador Percy Spencer realizaba estudios del magnetrón, un generador de altas frecuencias, cuando percibió que una barra de chocolate que llevaba en uno de sus bolsillos se derritió. El fenómeno lo intrigó e hizo pruebas con otros materiales: granos de maíz y huevos,

que estallaron. Concibió entonces una aplicación práctica para ese fenómeno. Los primeros hornos de microondas eran enormes, pesados y muy caros. Se convirtieron en objetos domésticos en la década de 1970. Hoy están presentes en miles de hogares.

Cámara Polaroid (marca registrada)

La hija de Edwin H. Land se desesperaba porque era necesario llevar a un laboratorio sus rollos fotográficos y esperar varios días antes de ver las imágenes que había captado. Land buscó la manera de obtener un revelado instantáneo y desarrolló un sistema que permitía obtener positivos en tan sólo 60 segundos. Las cámaras Polaroid dejaron de fabri-

carse en 2007 y las películas en 2008.

Teléfono celular

Douglas H. Ring y W. Rae Young, dos ingenieros de los Laboratorios Bell, plantearon la utilización de celdas hexagonales para controlar las señales de teléfonos móviles. Philip T. Porter, a su vez, propuso colocar antenas en las esquinas para recibir y transmitir en tres direcciones a los hexágonos contiguos. No había entonces ni la tecnología necesaria ni bandas de frecuencia bien definidas y el proyecto se desarrolló hasta la década de 1960. Hoy hay más de dos billones de celulares y en algunos países hay más aparatos que habitantes.

Transistor

1947

Estos componentes revolucionaron los aparatos electrónicos. Ya no se necesitaban bulbos ni esperar a que se calentaran, consumían poca energía y eran pequeñísimos. John Bardeen y Walter Brattain, de  los Laboratorios Bell, construyeron los primeros y armaron un amplificador de audio. El mundo de la electrónica iba a cambiar radicalmente.

Velcro (marca registrada)

1948

George de Mestral, fastidiado de que los cardos se pegaran al pelo de su perro, quiso averiguar por qué ocurría eso. Observó al microscopio que el cardo tenía una gran cantidad de ganchitos y así se prendían en las fibras. De ahí nació la idea de hacer un producto similar con usos prácticos. Velcro es una combinación de las palabras francesas *velour* (terciopelo) y *crochet* (gancho).

Control remoto del televisor

1950

La Zenith Radio Corporation creó el primer control remoto, pero estaba unido al televisor por un cable y al público no le gustó porque provocaba frecuentes tropiezos. Para 1955 ya había uno inalámbrico (con sistema de ultrasonido), pero su precio era elevado. A partir de 1980 se adoptó el sistema de rayos infrarrojos y con él los controles remotos domésticos se multiplicaron. A fines de esa década aparecieron los controles remotos universales.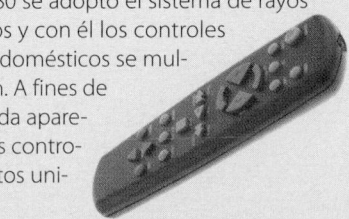

al ferrocarril. Tendió las líneas Stockton-Darlington y Liverpool-Manchester.

Leonardo da Vinci
(Vinci, cerca de Florencia, 1452-castillo de Clos-Lucé, cerca de Amboise, 1519)

Ingeniero, naturalista, anatomista, pintor, escultor, arquitecto e inventor, Leonardo Da Vinci, el "hombre del Renacimiento" por excelencia, fue discípulo del pintor Andrea del Verrocchio y adquirió numerosas habilidades relacionadas con la química, la metalurgia, la mecánica y la carpintería, entre otras disciplinas.  Vivió una vida de intensa actividad en varias ciudades europeas. Como inventor Leonardo fue muy creativo. Sus diseños y dibujos muestran una observación minuciosa de la naturaleza, aunque muchos de sus proyectos no eran realizables o funcionales. Entre sus propuestas hay máquinas voladoras, armas de fuego, vehículos blindados, submarinos, un tubo para buceo y el paracaídas.

Alessandro Volta
(Como, 1745-íd., 1827)

Precursor de los estudios de la electricidad, Volta creó el electróforo, su primer invento, en 1785. Su gran aportación fue la pila eléctrica, que le sirvió para demostrar que Luigi Galvani y otros colegas estaban equivocados al creer que para producir electricidad se necesitaban músculos animales. Presentó su invento en la Royal Society de Londres en 1800. El voltio, unidad de fuerza electromotriz, recibe ese nombre en su honor.

Juan Vucetich
(isla de Hvar, act. Croacia, 1858-Dolores, provincia de Buenos Aires, 1925)

Nacido como Ivan Vucetich, emigró a Argentina en 1881. Con base en el trabajo de Francis Galton,

Pañal desechable

1950

Marion Donovan buscó la manera de mejorar los pañales de tela. En su primer intento unió un pañal de tela con material de cortina de baño. Perfeccionó su inventó con unos cierres que eliminaban los alfileres de seguridad. Finalmente encontró la manera de hacerlos de papel. Los pañales desechables empezaron a popularizarse a partir de 1961 y por su elevado uso son hoy día un grave problema para el cuidado del ambiente.

Tarjeta de crédito

1950

Aunque los antecedentes de este instrumento de pago se remontan a 1890, en general se trataba sólo de tarjetas otorgadas por comercios individuales. En su forma moderna fueron idea de Frank McNamara, pensadas para pagar cuentas de restaurante (de ahí el nombre Diners Club, algo así como "club de los comensales"). Hoy son un elemento de todos los días y representan enormes movimientos de dinero.

Píldora anticonceptiva

1951

Aunque se comercializó hasta comienzos de la década de 1960, fue resultado de la investigación previa de un equipo encabezado por Carl Djerassi, entre cuyos miembros se hallaba el mexicano Luis E. Miramontes. Marcó una genuina revolución médica y social. Desde entonces, millones de mujeres han recurrido a ella. Hoy día la administración de los principios activos de esos productos también se realiza a través de inyecciones y parches.

Satélite artificial

1953

El *Sputnik I*, una esfera de aluminio de 58 cm de diámetro, con cuatro antenas y 83 kg de peso, representó el primer paso exitoso en la carrera espacial entre Estados Unidos y la Unión Soviética, que lo puso en órbita. El *Sputnik I* transmitió datos durante tres semanas, antes de que fallaran sus pilas, y cayó a tierra 92 días después su lanzamiento. Hoy hay multitud de satélites artificiales en torno a nuestro planeta: meteorológicos, de comunicaciones, militares, de localización, etcétera.

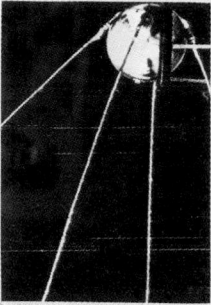

Radio de transistores

1957

El Regency TR-1, fabricado en Estados Unidos, fue el primer radio portátil. Tenía cuatro transistores de germanio y una pila de 22.5 voltios con 20 horas de vida. Hasta entonces los radios eran unos aparatos de gran tamaño y debían conectarse a una toma de corriente. A partir de ese año, uno podía irse (literalmente) con su música a otra parte. Por cierto, la compañía japonesa Sony puso a la venta su primer radio de transistores en 1954.

Marcapasos cardiaco

1957

Desde la década de 1930 había marcapasos, ineficientes y de gran tamaño. El transistor abrió la posibilidad de modelos pequeños que podían implantarse dentro del cuerpo del paciente. El sueco Rune Elmqvist diseñó el primer modelo y su compatriota Ake Senning se lo colocó a Arne Larsson. Hasta su muerte en 2001, Larsson utilizó 22 diferentes modelos de marcapasos.

Microchip (o circuito integrado)

1958

Ya en 1952, sin éxito, Geoffrey Dummer había propuesto el uso de silicón para componentes electrónicos. Pocos años después Jack Kilby tuvo una idea similar y puso manos a la obra. Construyó en una pastilla de germanio de seis milímetros por lado, un circuito con un transistor, tres resistencias y un condensador. Los microchips actuales contienen 20 millones de transistores y están casi donde pongamos los ojos: computadoras, teléfonos, reproductores de audio, hornos de microondas, etcétera.

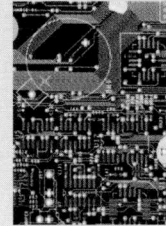

Láser

Esta tecnología fue creada por el físico estadounidense Theodore H. Haiman. Aplicando alto voltaje a un tubo de descarga hizo que emitiera una poderosa luz para excitar los átomos de un cristal de rubí cilíndrico. El cristal lanzó una descarga de fotones y amplificó la intensidad de la luz, reflejada por dos espejos de los que salió el láser. Sus aplicaciones incluyen la recuperación de datos digitales y las cirugías especializadas.

Spandex

El químico Joseph Shivers inventó una fibra sintética de elasticidad extraordinaria (hasta 600 %), cuyo nombre es elastano o spandex. Esta fibra revolucionó la elaboración de prendas, pues además de su elasticidad, los tejidos elaborados con ella son muy frescos. Se emplea para la confección de trajes de baño, ropa interior y, 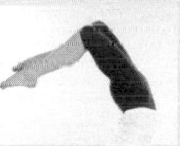 sobre todo, ropa deportiva que permite una gran libertad de movimiento. Es más conocida por el nombre registrado por la compañía DuPont: Lycra.

Ratón

Nadie lo reconoce por su nombre oficial ("indicador de posición X-Y para un sistema de pantalla") sino por el apodo que le dieron sus creadores Douglas Engelbart y Bill English, del Instituto de Investigación Stanford, quienes lo compararon con un ratón. Su diseño se ha modificado a lo largo de medio siglo y en las versiones inalámbricas ya perdió la "cola".

en 1891 empezó a estudiar las huellas dactilares. Observó que si bien eran individuales, era posible clasificarlas. Originalmente formó cuatro grupos a partir de un centenar de rasgos. Vucetich perfeccionó su sistema, que fue adoptado por otros países y en 1911 fue declarado como el método de identificación más exacto.

James Watt
(Greenock, Escocia, 1736-Heathfield, cerca de Birmingham, 1819)

Watt no inventó la máquina de vapor, pero sus trabajos la perfeccionaron para aprovechar mejor la generación de energía e incrementar la eficiencia de su desempeño. Entre sus mejoras están la creación de una cámara de  condensación independiente, el aislamiento del cilindro y el uso de aceite lubricante. Inventó el motor de doble efecto y el indicador de presión. Creó la unidad de medida "caballo de fuerza" (HP) y su apellido se usa para denominar la unidad de potencia eléctrica.

Orvile Wright
(Dayton, 1871-íd., 1948)
Wilbur Wright
(Millville, 1867-Dayton, 1912)

Los hermanos Wright hicieron sus primeras prácticas de vuelo con un avión de motor desde 1903, pero patentaron su invento en 1906, luego de que el brasileño Santos-Dumont emprendiera el primer vuelo con una ruta preestablecida. Fueron los primeros en volar una nave con sustentación y control más pesada que el aire. Entre los avances técnicos que promovieron destaca la creación del sistema de viraje (que aún se usa) y el primer avión que realizó  un vuelo prolongado en 1909 (116 km en dos horas). Construyeron, asimismo, un túnel aerodinámico para estudiar la sustentación.

Cable de fibra óptica

1966

En la década de 1950, los cables de fibra de vidrio se usaban para la conducción de señales luminosas.
En 1966 estos dispositivos, mucho más delgados que un cabello, comenzaron a emplearse en el mundo de las comunicaciones. La fibra óptica resultó ideal para el intercambio de datos digitales pues, al hallarse libre de interferencias electromagnéticas, garantiza mayor velocidad y precisión en la transferencia de la información.

Cajero automático

1967

Hoy día los cajeros automáticos permiten realizar la mayoría de las transacciones bancarias que antes requerían el trabajo de un empleado. Los primeros prototipos se diseñaron a fines de la década de 1930, pero el primer modelo operativo fue el creado en 1967 para el banco Barclay's de Londres, Reino Unido, por John Shepherd Barron.
El uso de estos sistemas se masificó a partir de la década de 1980.

Internet

1969

A inicios de la década de 1960 Donald Davies y Paul Baran diseñaron el primer sistema de redes que permitía la transferencia de datos entre computadoras distantes. En 1969 el Departamento de Defensa de Estados Unidos estableció una red de ese tipo, conocida como ARPAnet, que luego se fusionó con la red de la Fundación Nacional para la Ciencia. En los años siguientes se multiplicaron
las subredes y se diseñó un protocolo para facilitar la comunicación entre éstas. El resultado fue Internet.

Pantalla de cristal líquido

1970

Estas pantallas consisten en un panel con píxeles llenos de cristales líquidos dispuesto frente a una fuente lumínica que da brillo a las imágenes desplegadas. La tecnología pionera fue patentada por la compañía suiza Hoffmann-LaRoche en 1970 y en ese mismo año Brown, Beveri y Compañía produjo los primeros relojes digitales de pulsera con este tipo de pantallas.

Calculadora de bolsillo

1971

La primera calculadora de bolsillo fue la Busicom LE-120A "Handy Lee", producida por la empresa japonesa Business Computer Corporation, que salió a la venta en enero de 1971 a 371 dólares. Usaba una pantalla de cristal líquido y sólo permitía hacer las cuatro operaciones matemáticas básicas.
Muchos culpan a este dispositivo de haber atrofiado las habilidades matemáticas.

Correo electrónico

1971

Los sistemas para el envío y la recepción de mensajes de correo a través de la computadora se desarrollaron junto con Internet. En 1971 el equipo de Ray Tomlinson en la empresa Bolt Beranek and Newman perfeccionó el primero de ellos, para la red ARPAnet. El propio Tomlinson concibió la estructura de las direcciones electrónicas y eligió la arroba (@), que cumple las funciones de la preposición "en", para relacionar el nombre del usuario con el nombre del servidor.

Disquete

1971

Su desarrollo fue paralelo al de los discos duros en los laboratorios de International Business Machines (IBM), en San José, California. En 1967 el investigador David Noble creó el prototipo de una unidad de almacenamiento portátil, de ocho pulgadas, protegida por una camisa de tela. Lo llamaron *floppy* porque en inglés significa "flexible". La versión comercial salió en 1971. Luego surgieron las versiones de 5.25 pulgadas (1976) y de 3.5 (1981).

Atari (marca registrada)

1972

Cuando era alumno de la Universidad de Utah, Nolan Bushnell pasó horas practicando

Spacewar, juego de video diseñado por Steve Russell en 1961, que requería una computadora de cuatro millones de dólares. En 1972 Bushnell fundó la compañía Atari y lanzó al mercado Pong, una versión del ping pong que se jugaba en equipos especiales en bares y restaurantes. Dos años después presentó Home Pong, el mismo juego con una consola para el hogar.

Reloj digital

Las manecillas se vieron desplazadas por la tecnología electrónica cuyos modelos muestran la hora con cifras. El primer reloj digital fue desarrollado por la compañía estadounidense Hamilton y se inspiró en el que había creado para la legendaria película 2001: Una odisea en el espacio (1968) de Stanley Kubrick. Lanzado a la venta el 4 de abril de 1972, estaba hecho de oro y costaba dos mil dólares.

Computadora personal (pc)

La primera computadora personal fue desarrollada en el Centro de Investigación de Palo Alto de la Compañía Xerox. Llamada Xerox Alto, presentaba ya teclado, pantalla, disco duro y ratón. Se le considera el origen de la pc pues, a diferencia de las computadoras anteriores, estaba diseñada para que la operara un usuario individual sentado frente a ella.

Código de barras

Los primeros intentos para diseñar un sistema de este tipo se llevaron a cabo en la década de 1950 y el código era un grupo de círculos concéntri-

cos que no logró imponerse como estándar. El sistema actual, desarrollado a iniciativa de los comerciantes detallistas de Estados Unidos, fue creado por la compañía International Business Machines (IBM). Las pruebas piloto se llevaron a cabo a fines de 1973 en el supermercado Marsh de Ohio.

Post-it (marca registrada)

En 1968 Spencer Silver, de la compañía 3M, intentó formular un poderoso adhesivo, pero obtuvo una sustancia que se pegaba y se despegaba con facilidad. En los setenta Arthur Fry, de la misma compañía, lo aplicó en marcadores de páginas y a inicios de los ochenta surgieron las presentaciones comerciales. El post-it tiene ya una versión virtual: un programa de notas que se "pegan" en el "escritorio" de los sistemas de cómputo.

Sistema de posicionamiento global

Conocido como GPS por las siglas de su nombre en inglés (Global Positioning System), este recurso fue diseñado y realizado por el Departamento de Defensa de Estados Unidos para ubicar, por medio de 24 satélites, la posición exacta de un receptor en la superficie terrestre, la atmósfera y las órbitas bajas. Las primeras pruebas se llevaron a cabo entre 1974 y 1979, y en 1977 se instalaron los primeros transmisores en la Tierra.

Cámara digital

A inicios de los setenta la idea de tomar fotografías sin película parecía absurda. Sin embargo, varias compañías estadounidenses trabajaban en la creación de una cámara digital capaz de almacenar imágenes en un dispositivo magnético. El primer proyecto exitoso fue el de Steven Sasson, un ingeniero de Eastman Kodak. Su modelo pesaba cuatro kilos y sólo podía tomar imágenes en blanco y negro que se almacenaban en un casete.

Grabadora VHS

En los años cincuenta surgieron equipos para almacenar señales de audio y video en una cinta magnética para uso de las compañías televisoras. Dos décadas más tarde esa tecnología estuvo al alcance de todos. En 1965 la compañía Sony lanzó las grabadoras y los videocasetes Betamax. En 1976 Matsushita introdujo el Sistema de Video para el Hogar (o VHS, por sus siglas en inglés).

Gore-tex (marca registrada)

Desarrollada por la compañía W. L. Gore y Asociados y patentada en 1976, esta tela hecha de politetrafluoroetileno tiene una estructura porosa de membranas compuestas por nodos unidos entre sí con fibras nanométricas. Ofrece propiedades únicas de ventilación interior y, al mismo tiempo, resistencia al agua y al viento. Inicialmente se aplicó en la confección de prendas deportivas, pronto reveló su utilidad como material para implantes.

Procesador de palabras

Estos programas fueron resultado de la evolución de las máquinas de escribir. Aunque hubo intentos y avances previos para crearlos (incluyendo máquinas con pequeñas pantallas de cristal líquido), el primer procesador de palabras para microcomputadoras exitoso fue WordStar, desarrollado por el investigador estadounidense Martin Campbell-Kelly y producido por Micropro International.

Walkman (marca registrada)

En la década de 1970 los aparatos compactos de radio permitieron a los usuarios llevar consigo sus radioemisoras con sonido estereofónico. El paso siguiente fue una reproductora de casetes con iguales características: el llamado Walkman que, en su nombre, alude al hombre que

camina. Producido por Sony, el modelo pionero TPS-L2 salió al mercado el B24 de marzo de 1979. Su lanzamiento manejó los conceptos de diversión, juventud y libertad.

Disco compacto

A inicios de 1980 Kees Immink de la compañía Philips, y Toshitada Doy, de Sony, perfeccionaron una nueva plataforma para grabar música: el disco compacto. La reacción del mercado fue poco entusiasta y los productores decidieron dirigirlo al público de la música culta. El primer "CD" (por *compact disc*) que salió a la venta fue *Una Sinfonía Alpina* de Richard Strauss, dirigida por Herbert von Karajan.

Laptop

El nombre de estas computadoras no puede ser más elocuente: fueron diseñadas para colocarse sobre (*top*) el regazo (*lap*). Conocidas también como *notebooks* o "cuadernos de notas", su modelo pionero fue la Epson HX-20, que ya era portátil y contaba con una batería de níquel-cadmio recargable. Parecida a una máquina de escribir, su pantalla era tan pequeña que sólo mostraba ochenta caracteres; la información se almacenaba en un pequeño casete.

Cámara de video

Las cámaras de video existían desde los inicios de la televisión. Eran de gran tamaño, su operación requería el trabajo de un equipo y demandaba el uso de grandes cantidades de cinta magnética. La compañía Sony provocó una auténtica revolución al producir, en 1983, la Betamovie que integraba en un aparato compacto la cámara y una videograbadora.

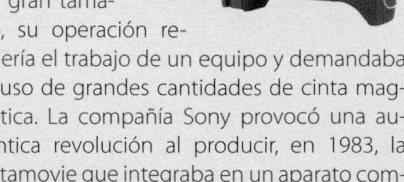

Gameboy (marca registrada)

Entre las décadas de 1970 y 1980 los videojuegos se convirtieron en el pasatiempo favorito de niños y jóvenes de todo el mundo. Para practicarlos era necesario acudir a salones especiales o contar con una consola casera. El 21 de abril de 1989 la compañía japonesa Nintendo lanzó la primera videoconsola de juegos portátil: Gameboy, que incluía el juego Tetris.

SMS

1992

El nombre de esta tecnología recupera las siglas del inglés *short message system* o "sistema de mensajes cortos", pues permite el intercambio de éstos entre teléfonos móviles. Surgió a fines de los ochenta e inicios de los noventa por iniciativa del Sistema Global para las Comunicaciones Móviles y fue resultado de un proyecto multinacional en el que no puede identificarse a un descubridor en especial. El primer mensaje de la historia decía "Feliz Navidad" y fue enviado en diciembre de 1992.

DVD

1995

Estas siglas pueden referirse a "disco versátil digital" o "disco de video digital", pero todos reconocemos con ellas al dispositivo óptico que guarda en forma codificada imágenes y sonidos que es posible reproducir en un equipo electrónico. Su desarrollo y lanzamiento fue posible gracias a los esfuerzos de Philips, Sony y Toshiba que combinaron sus tecnologías en un formato estándar para evitar una nueva rivalidad como la que enfrentó a los formatos de videocasete beta y VHS.

PalmPilot (marca registrada)

1996

Si la laptop es una computadora para el regazo, la PalmPilot lo es para la palma de la mano. Este invento de Jeff Hawkins, Ed Colligan y Donna Dubinsky nació con el innovador concepto de "ayudante personal digital". La primera generación salió a la venta en 1996 y permitía al usuario llevar

su agenda, almacenar su directorio telefónico y tomar notas.

Teléfono BlackBerry (marca registrada)

1999

Surgió como un localizador (pager) que permitía recibir y enviar mensajes. La compañía canadiense Research in Motion le agregó nuevas funciones para satisfacer la demanda de los ejecutivos empresariales que deseaban contar con una "oficina móvil". En 2002 salió al mercado con una serie de aplicaciones que aprovechan las redes inalámbricas de la radiotelefonía: teléfono convencional, recuperación de correo electrónico y navegación en Internet.

Videograbadora digital

1999

Aunque con los equipos de DVD ya era posible reproducir en el hogar las imágenes y sonidos almacenados en plataformas digitales, éstos no podían grabarlos y, de este modo, tenían sólo parte de las funciones de las videocaseteras. En 1999, en la feria tecnológica Consumer Electronics Show (Exhibición de Electrónica para el Consumidor) celebrada en Las Vegas, Nevada, Estados Unidos, la compañía Dish Network presentó la primera videograbadora digital, apoyada en un programa de Microsoft.

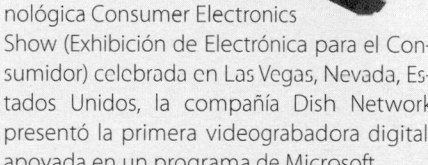

iPod (marca registrada)

2001

A fines del siglo XX diversas compañías buscaban un sucesor del Walkman® y sus variantes. La firma estadounidense Apple desarrolló su modelo en un año. En su lanzamiento, el 23 de octubre de 2001, Steve Jobs, propietario de Apple, anunció que permitía llevar "hasta 1 000 canciones en el bolsillo". Gracias a un incesante proceso de investigación, el iPod derivó en el sofisticado teléfono móvil iPhone®, lanzado en enero de 2007.

Mujeres inventoras

Randice-Lisa Altschul inventó en 1999 el primer teléfono celular desechable. Ha trabajado, junto con el ingeniero Lee Volte, en una laptop de papel para realizar conexiones de Internet.

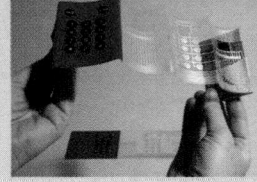

Mary Anderson creó el limpiaparabrisas en 1905.

En 1949 **Virginia Apgar** fue la creadora de un sistema de puntuación para los recién nacidos, llamado calificación Apgar, que valora el estado del bebé de acuerdo con cinco parámetros simples (color de la piel, frecuencia cardiaca, reflejos, tono muscular y respiración) un minuto y cinco minutos después del parto.

En 1978 **Barbara Askins** ideó un sistema para mejorar fotografías por medio de materiales radiactivos. Empleado originalmente por la NASA, su uso se ha extendido a la radiografía y la restauración de viejas fotografías.

Patricia Bath inventó un aparato para eliminar cataratas por medio de rayo láser que hizo más precisas las cirugías oculares.

Patricia Billings es la creadora de un material de construcción llamado Geobond (marca registrada), que no es tóxico, resiste el fuego y es prácticamente indestructible.

Katherine Blodgett encontró la manera de aplicar capas de metal y cristal para reducir los reflejos y lograr vidrios con un 100% de transparencia, lo que los vuelve invisibles.

La primera máquina para lavar vajillas que verdaderamente funcionaba fue patentada por **Josephine Cochran**.

Marie Curie realizó investigaciones que la llevaron al descubrimiento de materiales radiactivos como el radio y el polonio. Fue la segunda mujer en obtener el título de doctorado, el cual le fue otorgado por la Universidad de la Sorbona en 1903.

Los pañales desechables fueron inventados por **Marion Donovan**.

Los estudios de bioquímica de **Gertrude Elion** llevaron a la creación de sustancias como la 6-mercaptopurina, usada para el tratamiento de la leucemia, y medicamentos que facilitan el transplante de riñón.

La programadora de computadoras **Grace Hopper** dio un vuelco al uso de estas máquinas: inventó el primer "compilador" en 1952. Gracias a los compiladores, la programación se convirtió en una labor más accesible. También creó COBOL (Common Business-Oriented Language), el lenguaje de computación para negocios más usado en el mundo.

Stephanie Kwolek, investigadora para DuPont, descubrió un material cinco veces más resistente que el acero. Conocido como Kevlar (marca registrada), se utiliza en la elaboración de chalecos antibalas, partes aeronáuticas, equipo deportivo (esquís, kayaks, cascos), cables y prótesis.

Ada Lovelace, hija del poeta Lord Byron, ideó un método para calcular números de Bernoulli por medio de tarjetas perforadas, lo que la convierte en precursora de la programación de computadoras. Colaboró con Charles Babbage.

Sarah Mather obtuvo en 1845 la patente de una lámpara y un telescopio submarinos.

Lillian Moller Gilbreth fue la inventora de muchos implementos de cocina, entre ellos el cubo de desperdicios cuya tapa se abre pisando un pedal. Además, con sus estudios de tiempo y movimiento fue precursora de la ergonomía y reconoció el efecto del estrés y la falta de sueño en los trabajadores.

Bette Nesmith Graham fue una secretaria que había realizado estudios de artes plásticas. Gracias a ello inventó una sustancia líquida que le permitía cubrir los errores de mecanografía y corregirlos. Cuando fue despedida de su trabajo fundó una compañía que tendría gran éxito: Liquid Paper.

algo. **2.** Conjunto de normas o reglas establecidas por la autoridad competente para regular algo y órganos que lo aplican. **3.** Estatuto o condición establecida para un acto particular: *las leyes dramáticas; respetar las leyes del juego.* **4.** Disposición votada por las Cortes de un régimen constitucional y sancionada por el jefe del estado. **5.** Regla constante e invariable por la que se rige algo, especialmente un fenómeno natural: *ley de la gravitación universal.* **6.** Regla o norma de conducta que regula las actividades en un ámbito determinado: *ley de la oferta y la demanda.* **7.** Regla o norma constante e invariable a la que está sujeta algo. **8.** Lealtad, fidelidad. **9.** Religión: *la ley de los mahometanos.* **10.** Cantidad de metal puro que tiene una aleación. **11.** Cantidad de metal contenido en una mena. ✧ **Con todas las de la ley** Sin omisión de ninguno de los requisitos indispensables para su perfección o buen acabamiento. **Ley de la ventaja** Ley deportiva que consiste en que el árbitro estima que a un jugador se le ha hecho falta, pero continúa en posesión de la pelota, no sanciona la falta para que aquel pueda proseguir su iniciativa. **Ley del embudo** *Fig.* y *fam.* Forma de proceder con arbitrariedad e injusticia. **Ley del talión** Ley que se aplica a una persona a sufrir el mismo daño que ella provocó. **Ley de una aleación de metal precioso** Relación entre el peso del metal fino contenido en esta aleación y el peso total de la misma. **Ley divina, o de Dios** Conjunto de preceptos que provienen de la voluntad de Dios y que han sido manifestados por una revelación. **Ley formal, o material** Ley que contiene una o varias disposiciones jurídicas. **Ley fundamental** Constitución, ley que definía y regulaba la actividad, la organización y las instituciones políticas del estado franquista hasta que fue derogada por la constitución de 1978. **Ley marcial** Ley de orden público que se aplica en un estado de guerra; bando de carácter penal o militar aplicado por la autoridad en tal situación. **Ley marco** Ley mediante la cual las Cortes Generales atribuyen a las comunidades autónomas facultad de dictar para sí mismas normas legislativas en el campo de la actividad estatal. **Ley moral** Ley que ordena hacer el bien y evitar el mal. **Ley natural, o de la naturaleza** Regla de conducta fundada en la misma naturaleza del ser humano y de la sociedad. **Ley orgánica** Ley que deriva inmediatamente de la constitución de un estado y determina la organización de un sector o servicio del mismo. **Ley seca** Ley que prohíbe la producción y tráfico de bebidas alcohólicas y su consumo. **Proyecto de ley** Texto presentado por el gobierno al parlamento o al pueblo para su aprobación. **Ser de buena ley** Ser honrado y moral, tener buenas condiciones.

LEYENDA s.f. (lat. *legenda,* cosas que tienen que leerse). Narración o relato de sucesos fabulosos, a veces con una base histórica, que se transmiten por tradición oral o escrita. **2.** Texto explicativo que aparece al pie de un cuadro, grabado, mapa, etc. **3.** Pieza musical de estructura variable, que casi siempre evoca un ambiente misterioso y arcaico, inspirado en alguna leyenda literaria. **4.** NUMISM. Inscripción de una moneda o medalla, especialmente la inscripción circular que se encuentra en el anverso o en el reverso. ✧ **Leyenda negra** Conjunto de creencias negativas que se tienen acerca de algo o alguien.

LEZDA o **LEUDA** s.f. Impuesto sobre las mercancías que se pagaba en Navarra, Aragón y Cataluña.

LEZGUI adj. y s.m. y f. → **LESGUI.**

LEZNA s.f. (del alem. ant. *lansa, alunsa*). Hoja de acero en forma de rombo, muy afilada y cortante, unida a un mango de madera.

1. LI s.m. Unidad de medida de longitud china equivalente a unos 576 m.

2. LI, pueblo de la isla de Hainan (China), que habla una lengua thai.

1. LÍA s.f. (de *liar*). Soga de esparto machacado tejida en forma de trenza.

2. LÍA s.f. Hez de un líquido, especialmente del vino. (Suele usarse en plural.)

LIAIS s.m. (voz francesa). Piedra caliza dura, de granos finos.

LIANA s.f. Planta originaria de la selva tropical, que se encarama a los árboles hasta alcanzar la parte alta donde ramifica. **2.** *Por ext.* Enredadera o planta trepadora.

LIAR v.tr. (lat. *ligare*). [19]. Atar algo con ligaduras. **2.** Hacer un cigarrillo envolviendo la picadura en el papel de fumar. **3.** Devanar: *liar una madeja.* ◆ v.tr. y prnl. *Fig.* Complicar un asunto: *ándate con cuidado, no lo líes todo más de lo que está.* **2.** *Fig.* Involucrar a una persona en un asunto comprometido: *se lió en un mal negocio.* **3.** Aturdir o embarullar a alguien: *a media argumentación se lió.* ◆ **liarse** v.prnl. Mantener relaciones amorosas o sexuales con alguien. **2.** *Esp.* Empezar a hacer algo con intensidad: *liarse a estudiar.* **3.** *Esp.* Empezar a dar golpes: *liarse a bofetadas.*

LIARD s.m. Moneda de plata de los Países Bajos creada por Carlos Quinto.

LÍAS s.m. GEOL. Jurásico inferior. SIN.: *liásico.*

LIÁSICO, A adj. GEOL. Relativo al lías. ◆ s.m. Lías.

LIBACIÓN s.f. Acción y efecto de libar, especialmente una bebida alcohólica. **2.** Ofrenda que consistía en verter un líquido (vino, aceite) sobre el suelo o altar.

LIBANÉS, SA adj. y s. Del Líbano.

LIBAR v.tr. (lat. *libare*). Extraer un insecto el néctar de las flores. **2.** Chupar el jugo de algo. **3.** Probar o gustar una bebida, especialmente alcohólica. **4.** Ofrecer una libación a una divinidad.

LIBATORIO s.m. Vaso que utilizaban los antiguos romanos para hacer libaciones.

LIBELO s.m. (lat. *libellus,* librito). Escrito infamatorio. **2.** DER. Petición o memorial.

LIBÉLULA s.f. (lat. científico *libellula,* dim. de *libella,* balanza). Insecto de hasta 5 cm de longitud, de color brillante metálico, con cuatro alas membranosas y dos enormes ojos compuestos. (La *libélula* vive en las cercanías de las aguas donde captura pequeños insectos; su larva es acuática; orden odonatos.)

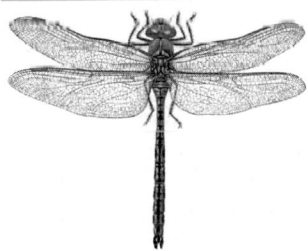

■ **LIBÉLULA**

LÍBER s.m. (lat. *liber,* parte interior de la corteza de las plantas). BOT. Tejido vegetal que se encuentra en la parte profunda de la corteza del tronco y de las ramas y que asegura la conducción de la savia elaborada a través de sus conductos cribosos.

LIBERACIÓN s.f. Acción y efecto de liberar o liberarse. **2.** DER. Cancelación de un gravamen o carga. ✧ **Velocidad de liberación** Velocidad mínima que hay que comunicar a un cuerpo en el momento de partida de un astro para permitirle abandonar el campo de atracción de dicho astro. (La *velocidad de liberación* terrestre es de 11,2 km/s.)

LIBERADO, A adj. B. Y BOLSA. Se dice de la acción entregada sin contraprestación monetaria, con motivo de la entrega de un bien o la prestación de un servicio.

LIBERADOR, RA adj. y s. Libertador.

LIBERAL adj. Tolerante o indulgente. **2.** Generoso, dadivoso. ◆ adj. y s.m. y f. Relativo al liberalismo; partidario de esta doctrina política. ✧ **Artes liberales** Disciplinas intelectuales fundamentales en la antigüedad clásica y la edad media que se dividían en dos ciclos: el *trivium* (gramática, retórica, dialéctica) y el *cuadrivium* (aritmética, música, geometría, astronomía). **Profesión liberal** Profesión de tipo intelectual que se ejerce por cuenta propia.

(La medicina y la abogacía son *profesiones liberales.*)

LIBERALIDAD s.f. Cualidad de liberal. **2.** DER. Disposición de bienes a favor de alguien, sin pretender ninguna contraprestación.

LIBERALISMO s.m. Doctrina política que sostiene que la autoridad del estado no es absoluta y que los ciudadanos conservan una parte de autonomía que el estado debe respetar. **2.** Doctrina económica que defiende la libre empresa, se opone al socialismo y al dirigismo y sostiene que el estado no debe intervenir en las relaciones económicas que existen entre personas, clases o naciones. (La escuela liberal está representada por los economistas clásicos de los ss. XVIII y XX: en Inglaterra A. Smith, T. R. Malthus, D. Ricardo, J. Stuart Mill; en Francia J.-B. Say, F. Bastiat.)

LIBERALIZACIÓN s.f. Acción y efecto de liberalizar.

LIBERALIZAR v.tr. y prnl. [7]. Hacer más libre a alguien. **2.** Hacer más libre algo, especialmente las relaciones comerciales o un régimen político.

LIBERAR v.tr. y prnl. (lat. *liberare*). Poner en libertad, dejar libre algo o a alguien que estaba sujeto o preso. **2.** Eximir a alguien de una obligación o carga. ◆ v.tr. B. Y BOLSA. Adquirir una sociedad las acciones que emitió.

LIBERIANO, A adj. Que libera.

1. LIBERIANO, A adj. y s. De Liberia.

2. LIBERIANO, A adj. Relativo al líber.

LIBERO s.m. (lat. *libertus*). Jugador de fútbol que desempeña funciones predominantemente defensivas, pero sin quedar sujeto al marcaje de un delantero contrario.

LIBEROLEÑOSO, A adj. Compuesto de madera y de líber: *haz liberoleñoso.*

LIBERTAD s.f. (lat. *libertas, -atis*) Estado de la persona que no está presa ni sujeta a la voluntad de otra. **2.** Capacidad o facultad que tiene una persona para decidir si quiere o no hacer algo. **3.** Familiaridad, confianza: *tomarse demasiadas libertades.* **4.** Naturalidad, soltura, falta de cohibición en el comportamiento: *moverse con libertad.* **5.** DER. Estado o condición del que no es esclavo o del que no está preso. ✧ **Grado de libertad** FÍS. Traslación o rotación que puede realizar un cuerpo a lo largo de los tres ejes de referencia del sistema de coordenadas. **Libertad condicional** Beneficio que concede la autoridad competente a un penado para abandonar la prisión cuando se han extinguido tres cuartas partes de la condena y ha observado buena conducta. **Libertad de conciencia, o de pensamiento** Libertad para manifestar las propias opiniones, especialmente las religiosas, defenderlas y propagarlas. **Libertad de contratación** Posibilidad de que cualquier persona con capacidad suficiente convenga contratos privados bajo la única limitación del respeto al orden público y a las buenas costumbres. **Libertad de cultos** Libertad para disponer edificios religiosos y participar en las respectivas ceremonias. **Libertad de enseñanza** Libertad para abrir libremente centros de enseñanza. **Libertades públicas** Conjunto de libertades reconocidas a los individuos y a los grupos frente al estado (libertad de opinión, libertad religiosa, libertad de enseñanza, libertad de prensa y expresión, libertad de reunión, libertad de asociación, etc.). **Libertad provisional** Beneficio que concede la autoridad competente a un procesado, bajo fianza o bajo palabra, no sometiéndolo durante la tramitación de la causa a prisión preventiva. **Libertad religiosa** Libertad para practicar una religión. **Libertad vigilada** Medida aplicada en las penas de confinamiento, por la que los condenados quedan en libertad, bajo la vigilancia de la autoridad correspondiente.

LIBERTADOR, RA adj. y s. Que liberta. SIN.: *liberador.*

LIBERTAR v.tr. y prnl. Liberar, poner en libertad, dejar libre algo o a alguien. **2.** Liberar, eximir a alguien de una obligación o carga.

LIBERTARIO, A adj. y s. Anarquista. SIN.: *ácrata.* **2.** *Esp.* Partidario de la rama comunista del anarquismo, llamada también *comunismo libertario.*

LIBERTINAJE s.m. Conducta de la persona libertina.

609

LIBERTINO, A adj. y s. Que lleva una vida irregular y licenciosa. ◆ s. Hijo de un liberto.
LIBERTO, A s. Esclavo de la antigua Roma que recibía la libertad de su señor.
LÍBERUM VETO s.m. (voces latinas, *veto libre*). HIST. Derecho de veto que podía ejercer cada miembro de la dieta polaca.
LIBIDINAL adj. Relativo a la libido. ◇ **Estadio libidinal** PSICOANÁL. Etapa del desarrollo de la libido que se caracteriza por la primacía de una zona erógena y de un tipo de relación de objeto.
LIBÍDINE s.f. (lat. *libido, -inis*, de *libere*, gustar). Lujuria.
LIBIDINOSO, A adj. Lujurioso.
LIBIDO s.f. (lat. *libido*, deseo). PSICOANÁL. Energía de la pulsión sexual.
LIBIO, A adj. y s. De Libia.
LIBRA s.f. (lat. *libra*). Unidad monetaria de Gran Bretaña (símb.£). [También *libra esterlina*.] **2.** Unidad monetaria de Egipto, Líbano, Siria, Sudán y Turquía. **3.** Unidad monetaria de Irlanda, sustituida por el euro en 2002. **4.** Antigua unidad de medida de peso equivalente aproximadamente a medio kilo. (La *libra* estaba dividida en 16 onzas.) **5.** Cuba. Hoja de tabaco de calidad superior. ◆ adj. y s.m. y f. Se dice de la persona nacida entre el 23 de septiembre y el 23 de octubre, bajo el signo de Libra. (El plural es *libra*; suele escribirse con mayúscula.) [V. parte n. pr.]
LIBRACIÓN s.f. ASTRON. Balanceo aparente de la Luna en torno a su eje.
LIBRADO, A s. Persona contra la cual se gira una letra de cambio.
LIBRADOR, RA s. Persona que libra una letra de cambio.
LIBRAMIENTO s.m. Acción de librar. **2.** Orden que se da por escrito para que uno pague una cantidad de dinero u otro género. SIN.: *libranza*.
LIBRANCISTA s.m. y f. Persona a cuyo favor se da una libranza.
LIBRANZA s.f. Orden de pago, expresada generalmente por carta, que da una persona contra otra, que posee fondos del que la expide, para que pague a un tercero. **2.** Libramiento.
LIBRAR v.tr. y prnl. (lat. *liberare*, libertar). Dejar libre o preservar a alguien de un trabajo, peligro o situación desagradable: *librarse del suplicio*. ◆ v.tr. Expedir letras de cambio, cheques y otras órdenes de pago. **2.** Méx. Lograr pasar por un lugar estrecho, o alcanzar a esquivar un obstáculo pasando muy cerca de él. **3.** DER. Eximir a una persona de una obligación. ◆ v.intr. Parir, dar a luz. **2.** Esp. *Fam.* Disfrutar un empleado del día de descanso semanal: *librar los jueves*. ◇ **Librar batalla** Tener lugar una batalla. **Salir bien**, o **mal, librado** Resultar beneficiado, o no, en una situación.
LIBRARIO, A adj. Relativo al libro. **2.** Se dice de la escritura que se empleaba para escribir libros, generalmente más regular y más sentada que la que se empleaba en los documentos.
LIBRE adj. (lat. *liber*). Que tiene libertad o puede obrar con libertad. **2.** Que no está ocupado: *queda un sitio libre*. **3.** Que no sigue las reglas o normas establecidas. **4.** Que no tiene obligaciones, cargos, normas, etc.: *está libre de preocupaciones*. **5.** Que no tiene obstáculos: *dejar vía libre*. **6.** Independiente, que no depende de nada ni nadie. **7.** Que no está comprometido en matrimonio. **8.** Disoluto, desenfrenado. **9.** DEP. Ejercicio o figura de libre elección realizada por un gimnasta, patinador artístico, etc. ◆ s.m. Méx. Taxi. ◇ **Traducción libre** Traducción que no sigue exactamente el texto original.
LIBREA s.f. (fr. *livrée*). Uniforme, generalmente con levita y distintivos, que llevan algunos empleados y criados. **2.** Pelaje o plumaje de un animal.
LIBRECAMBIO s.m. Sistema económico que defiende el comercio entre países sin trabas ni derechos aduaneros. (Se opone a *proteccionismo*.)
LIBRECAMBISMO s.m. Doctrina que propugna el establecimiento del librecambio.
LIBRECAMBISTA adj. y s.m. y f. Relativo al librecambismo; partidario de esta doctrina.

LIBREPENSADOR, RA adj. y s. Partidario del librepensamiento.
LIBREPENSAMIENTO s.m. Doctrina o actitud que propugna la independencia de la razón frente al pensamiento dogmático, principalmente religioso.
LIBRERA s.f. Guat. y Pan. Librería, mueble con estanterías para colocar libros.
LIBRERÍA s.f. Establecimiento donde se venden libros. **2.** Ejercicio o profesión de librero. **3.** Argent. Establecimiento comercial donde se venden artículos de escritorio como papeles, cuadernos y lápices. **4.** Esp. Mueble con estanterías para colocar libros. **5.** INFORMÁT. Conjunto de programas disponibles por los usuarios de una computadora. SIN.: *biblioteca*.
LIBRERO, A s. Comerciante de libros. ◆ s.m. Méx. Librería, mueble para colocar libros.
LIBRESCO, A adj. *Desp.* Relativo al libro. **2.** *Desp.* Se dice de la obra o del autor que se inspira en los libros y no en la realidad.
LIBRETA s.f. Cuaderno. ◇ **Libreta cívica** Documento oficial que acreditaba la identidad de una mujer. **Libreta de ahorros** Cartilla que una caja de ahorros o un banco entrega al titular de una cuenta y donde se anotan los movimientos de dinero efectuados. (También *libreta*.) **Libreta de enrolamiento** Argent. Documento oficial que acreditaba la identidad de un hombre.
LIBRETISTA s.m. y f. Persona que se dedica a escribir libretos.
LIBRETO s.m. (ital. *libretto*). Texto de una obra dramática musical.
LIBRILLO s.m. Conjunto de hojas de papel de fumar.
LIBRO s.m. (lat. *liber, -bri*). Conjunto de hojas manuscritas o impresas, cosidas o encuadernadas juntas, que forman un solo volumen. **2.** Obra científica o literaria de bastante extensión para formar volumen. **3.** Conjunto de hojas cosidas o encuadernadas juntas, donde se anotan datos para que consten permanentemente: *libro de reclamaciones*. **4.** Seguido de un adjetivo de color, colección de documentos diplomáticos o políticos que publica un estado para informar a los órganos legislativos o a la opinión pública, o libro publicado por un organismo oficial que trata sobre un tema o contiene un programa de actuación pública: *libro blanco de educación*. **5.** Tercera cavidad del estómago de los rumiantes, que se caracteriza por los repliegues laminados de su pared interna. ◇ **Colgar los libros** *Fam.* Abandonar los estudios. **Gran libro** Libro utilizado por las oficinas de la deuda pública para anotar las inscripciones nominativas de las rentas perpetuas a cargo del estado. **Libro contable** Instrumento material de la contabilidad formado por un conjunto de folios dispuestos ordenada y sistemáticamente, en el que se efectúan las anotaciones contables. (Los principales *libros contables* son el diario, el mayor y el de inventarios y balances.) **Libro de cabecera** Libro que una persona lee o consulta con frecuencia. **Libro de estilo** Libro que recoge los criterios formales y metodológicos que uniforman lo que publica un periódico o una editorial. **Libro de familia** Libro en que se registran datos personales de una familia, como la fe-

cha de matrimonio o el nacimiento de los hijos. **Libro de texto** Libro que sirve de guía a los alumnos de una disciplina en un centro de enseñanza. **Libro electrónico** INFORMÁT. Computadora del tamaño de un libro que únicamente permite la lectura de obras electrónicas. SIN.: *e-book*.
LICANTROPÍA s.f. Transformación de una persona en lobo. (Constituye una creencia popular muy antigua que aparece ya en escritos latinos y sobre todo en el folclore de los países que recibieron la influencia celta [Galicia, Bretaña, País de Gales, etc.].) **2.** PSIQUIATR. Trastorno mental en que la persona afectada cree estar convertida en un lobo o en cualquier otro animal feroz. SIN.: *zoantropía*.
LICÁNTROPO adj. y s.m. (del gr. *lúkos*, lobo, y *ánthropos*, hombre). Se dice del hombre que se convierte en lobo. **2.** PSIQUIATR. Relativo a la licantropía; que padece este trastorno.
LICEÍSTA s.m. y f. Socio de un liceo.
LICENCIA s.f. (lat. *licentia*). Permiso para hacer algo: *¿quién te ha dado licencia para hablar?* **2.** Libertad abusiva en decir o hacer algo: *tomarse demasiadas licencias con los superiores*. **3.** DEP. Documento expedido por una federación a un deportista, que le permite participar en competiciones oficiales. **4.** DER. **a.** Autorización, permiso. **b.** Documento que acredita esta autorización o permiso: *licencia judicial, marital*. **5.** MIL. Permiso que se concede a un militar para ausentarse de su cuerpo. ◇ **Licencia fiscal** Esp. Cuota fija que grava el ejercicio de una industria, un comercio, arte u oficio. **Licencia ministerial** Acto por el que el obispo de un lugar concede a un sacerdote el poder de predicar, celebrar misa y confesar dentro de su diócesis. **Licencia poética** Transgresión de las reglas teóricas y gramaticales admitidas para lograr un efecto estilístico.
LICENCIADO, A s. Persona que ha obtenido una licenciatura. **2.** Soldado que ha recibido la licencia absoluta.
LICENCIAMIENTO s.m. Acción y efecto de licenciar a un soldado.
LICENCIAR v.tr. Dar una autoridad militar la licencia absoluta a un soldado. **2.** Conceder una autoridad académica la licenciatura a una persona. ◆ **licenciarse** v.prnl. Obtener un soldado la licencia absoluta. **2.** Obtener una persona una licenciatura.
LICENCIATURA s.f. Grado universitario que se consigue al aprobar una carrera de segundo ciclo.
LICENCIOSO, A adj. Contrario a las buenas costumbres, especialmente en cuestiones sexuales: *conducta licenciosa*.
LICÉNIDO, A adj. y s.m. Relativo a una familia de mariposas de colores vivos, diferentes según el sexo, repartidas por todo el globo.
LICEO s.m. (lat. *lyceum*). Sociedad literaria o recreativa. **2.** Centro de segunda enseñanza de algunos países.
LICHI o **LITCHI** s.m. (voz china). Árbol originario de Extremo Oriente, cultivado en las regiones tropicales húmedas por su fruto y su madera. (Familia sapindáceas.) **2.** Fruto comestible de este árbol, de cáscara rojiza y pulpa blanca y jugosa similar a la de la uva, que se consume fresco o en conserva.
LICITACIÓN s.f. Acción y efecto de licitar.
LICITADOR, RA s. Persona que licita. SIN.: *licitante*.
LICITANTE s.m. y f. Licitador.
LICITAR v.tr. (lat. *licitari*). Ofrecer precio por una cosa en subasta.
LÍCITO, A adj. (lat. *licitus*). Permitido por la ley o la moral.
LICITUD s.f. Cualidad de lícito.
LICOPODIAL adj. y s.f. Relativo a un orden de plantas criptógamas vasculares trepadoras, con numerosas hojitas, que las hacen parecidas a los musgos, como el licopodio.
LICOPODIO s.m. (del gr. *lúkos*, lobo, y *poýs, podós*, pie). Helecho cuyas esporas forman el polvo de licopodio. ◇ **Polvo de licopodio** Polvo amarillento formado por las esporas de esta planta. (El *polvo de licopodio* se emplea en farmacia para recubrir píldoras, como ab-

lomo
bisagra
nervios
cabezada
cinta de punto
de lectura
tapa
anterior
guarda
corte
de pie
tapa
posterior

■ **LIBRO**

sorbente y desecante, y en la fabricación de fuegos de artificio.)

LICOR s.m. (lat. *liquor, -oris,* fluidez o líquido).Bebida alcohólica obtenida sin fermentación por una mezcla de alcohol, agua, sustancias aromáticas y azúcar. **2.** Sustancia líquida.

LICORERA s.f. Botella, generalmente decorada, para servir el licor. **2.** Utensilio de mesa donde se coloca la botella de licor y las copas o los vasitos donde se sirve.

LICORERÍA s.f. Establecimiento donde se elaboran o venden licores.

LICORISTA s.m. y f. Persona que se dedica a la elaboración o venta de licores.

LICOROSO, A adj. Se dice del vino aromático: *el Málaga es un vino licoroso.*

LICTOR s.m. (voz latina). ANT. ROM. Oficial que precedía a los magistrados y emperadores de la antigua Roma, llevando un haz de varas.

LICUACIÓN s.f. Acción y efecto de licuar. **2.** Separación, por calentamiento, de dos metales aleados de puntos de fusión diferentes.

LICUADORA s.f. Electrodoméstico que sirve para licuar un alimento.

LICUAR v.tr. y prnl. (lat. *liquare,* ser líquido) [3 y 18]. Convertir una sustancia sólida o gaseosa en líquido.

LICUEFACCIÓN s.f. FÍS. Transformación de un gas en líquido.

LID s.f. (lat. *lis, litis,* disputa o pleito). Combate, pelea. **2.** *Fig.* Discusión, controversia de razones y argumentos. **3.** *Fig.* Actividad. *era experto en estas lides.* (Suele usarse en plural.) ◊ **En buena lid** Por medios lícitos.

LIDAR s.m. (acrónimo del inglés *light detection and ranging*). Radar que funciona con ondas de la gama óptica emitidas por láser y que permite medir la intensidad de la señal retrodifundida por los átomos, moléculas o aerosoles atmosféricos.

LÍDER s.m. y f. (ingl. *leader*).Dirigente o jefe de un grupo: *líder político; líder espiritual.* **2.** Persona, empresa o producto que ocupa el primer lugar en una determinada actividad. **3.** DEP. Persona o equipo que ocupa el primer lugar en una competición o clasificación. (Se emplea también en aposición.)

LIDERAR v.tr. Dirigir o estar a la cabeza de un grupo. **2.** Ocupar una persona, empresa o producto el primer puesto en una determinada actividad. **3.** DEP. Ocupar una persona o equipo el primer puesto en una competición o clasificación.

LIDERATO s.m. Condición de líder o ejercicio de sus actividades.SIN.: *liderazgo.*

LIDERAZGO s.m. Liderato.

LIDIA s.f. Acción y efecto de lidiar. **2.** TAUROM. Conjunto de suertes que se practican con el toro desde que se le da suelta del toril hasta su arrastre.

LIDIABLE adj. TAUROM. Lidiadero.

LIDIADERO, A adj. TAUROM. Se dice del ganado apto para ser lidiado.SIN.: *lidiable.*

LIDIADOR, RA adj. y s. Se dice de la persona que lidia. ◆ s. TAUROM. Torero.

LIDIAR v.intr. (lat. *litigare*).Batallar,pelear: *lidiar contra el enemigo.* **2.** *Fig.* Tratar con personas a las que hay que saber llevar: *lidiar con clientes difíciles.* ◆ v.tr. TAUROM. Torear.

LIDIO, A adj. y s. De Lidia.

LIDITA s.f. Explosivo fabricado con ácido pícrico.

LIDO s.m. (voz italiana). GEOGR. Banda de arena que cierra una bahía y que puede aislar una albufera.

LIEBRE s.f. (lat. *lepus, -oris*).Mamífero de largas patas posteriores adaptadas a la carrera, que tiene las puntas de las orejas negras y se guarece en las depresiones del terreno. (La cría es el lebrato; orden roedores; suborden lagomorfos.) **2.** Chile. Autobús pequeño de transporte urbano. ◊ **Levantar la liebre** *Fam.* Llamar la atención sobre algo que no se conocía o se mantenía en secreto.

LIED s.m. (voz alemana, *canción*) [pl.*lieder*]. Composición vocal breve, a una o varias voces, con o sin acompañamiento instrumental, propia de los países germánicos.

ENCICL. La fuente del lied se halla en los países germánicos en la edad media. Después de ser

polifónico,en el s.XVIII se convierte en melodía de salón y después, a partir del s. XIX, en pieza de concierto acompañada de piano u orquesta gracias a Beethoven, Schubert, Schumann, Brahms, H. Wolf, Mahler, R. Strauss, Schönberg, Berg y Webern.

LIENCILLO s.m. Amér. Merid. Tela burda de algodón.

LIENDRE s.f. (lat. *lendis, -inis*).Huevo de piojo.

LIENZO s.m. (lat. *linteum*).Tela de lino,cáñamo o algodón. **2.** Tela preparada para pintar sobre ella. **3.** Cuadro pintado sobre esta tela. **4.** Fachada o pared de un edificio. **5.** Porción de muralla que corre en línea recta de baluarte a baluarte o de cubo a cubo.

LIFTAR v.tr. (del ingl. *to lift,* levantar). DEP. Dar a la pelota cierto efecto,imprimiéndole un movimiento de rotación.

LIFTING s.m. Operación de cirugía estética que consiste en estirar la piel para suprimir las arrugas del rostro.

LIGA s.f. Tira elástica que sirve para sujetar las medias o calcetines a la pierna. **2.** Agrupación o alianza de personas, colectividades humanas o estados con algún interés común: *la Liga Hanseática.* **3.** Sustancia viscosa con que se untan espartos, mimbres o juncos, para cazar pájaros. **4.** Aleación, mezcla. **5.** Cantidad de cobre que se mezcla con el oro o la plata de las monedas o alhajas. **6.** Méx. Banda elástica, oval o circular para sujetar cosas. **7.** DEP. Competición en la que varios equipos de la misma categoría compiten entre sí.

LIGADA s.f. IMPR. Carácter tipográfico que une varias letras en un solo signo. **2.** MAR. Conjunto de vueltas de cabo delgado,meollar o filástica, que sirven para sujetar un objeto a otro,o para unir dos cabos,formar una gaza,etcétera.

LIGADO, A adj. BIOL. Se dice de cualquiera de los caracteres adscritos a un determinado cromosoma, especialmente los sexuales, que se distinguen por peculiaridades de la herencia. ◆ s.m. MÚS. Unión de dos notas sosteniendo su valor y nombrando solo la primera. **b.** Modo de ejecutar una composición musical en que los sonidos de una línea melódica se suceden sin interrupción.

LIGADURA s.f. Acción y efecto de ligar o ligarse. **2.** Cosa que sirve para atar: *soltarse las ligaduras.* **3.** Operación quirúrgica que consiste en fijar o constreñir un vaso u órgano hueco. **4.** Operación que consiste en atar una planta, un injerto, las ramas de los árboles frutales criados en formas artificiales, etc. **5.** Signo de notación musical en forma de línea ligeramente curvada que indica que las notas deben tocarse sin interrupción.

LIGAMAZA s.f. Sustancia viscosa que exudan las hojas o que recubre las semillas de algunas plantas.

LIGAMEN s.m. (lat. *ligamen*). Atadura, lazo. **2.** Vínculo establecido por un matrimonio válido. **3.** DER. Impedimento dirimente que para un nuevo matrimonio supone el hecho de que subsista otro anterior válido.

LIGAMENTO s.m. Conjunto de fibras conjuntivas densas y resistentes, orientadas en el mismo sentido, que unen los huesos al nivel de las articulaciones manteniendo en su sitio los órganos. **2.** TEXT. Manera de cruzarse los hilos de la urdimbre con los de la trama.

■ **LIEBRE**

LIGAMIENTO s.m. Acción y efecto de ligar o ligarse.

LIGANDO s.m. QUÍM. Molécula o ión unido al átomo central de un complejo por un nexo de coordinación.

LIGAR v.tr. (lat. *ligare*) [2]. Atar o sujetar con una cuerda: *ligar las manos; ligar un paquete.* **2.** *Fig.* Establecer una relación fuerte y estrecha entre una persona y otra u otras: *nos ligan intereses comunes.* **3.** *Fig.* Establecer una relación lógica con otra: *estas declaraciones no ligan.* **4.** Practicar una ligadura en un vaso u órgano hueco: *ligar una arteria.* **5.** Sujetar, mediante una ligadura, el tronco de un arbusto, la rama de un árbol, etc., para corregir su dirección: *ligar un árbol a un tutor.* **6.** Hacer ligaduras en el tronco o en las ramas de los árboles,para acelerar la producción de los frutos. **7.** MAR. Trabar una cosa con otra mediante piezas de madera o ligazones: *ligar las cuadernas.* **8.** MÚS. Producir las notas en una sola emisión de voz o de aire o por un único golpe de arco. **9.** TAUROM. Verificar el torero los lances o suertes en sucesión continuada y sin interrupción. **10.** TECNOL. **a.** Alear metales. **b.** Mezclar cierta porción de metal con oro o plata para fabricar monedas o joyas. ◆ v.intr. Juntar dos o más cartas adecuadas para realizar una buena jugada de algún juego de naipes. ◆ v.tr. e intr. CULINAR. Mezclar varias sustancias hasta formar una masa homogénea: *ligar la mahonesa.* ◆ v.tr. y prnl. Esp. y Méx. *Fam.* Entablar una relación amorosa o sexual con alguien: *ligar con un companero.* ◆ **ligarse** v.prnl. Obligarse a algo. **2.** Unirse a alguien. **3.** Guardar una misma traba moral.

LIGASA s.f. Enzima que cataliza la unión de dos moléculas.

LIGAZÓN s.f. Unión, trabazón: *la ligazón de una masa,de dos hechos.*

LIGERAMENTE adv.m. Con ligereza: *moverse ligeramente.* **2.** *Fig.* Sin reflexión: *hablar ligeramente.*

LIGEREAR v.intr. Chile. Andar de prisa o despachar algo con ligereza.

LIGEREZA s.f. Cualidad de ligero: *la ligereza de una pluma; actuar con ligereza.* **2.** Dicho o hecho propios de una persona ligera, informal, irreflexiva: *cometer una ligereza.*

LIGERO, A adj. (del lat. vulgar *leviarius*). Que pesa poco: *un paquete ligero; barco ligero; armamento ligero.* **2.** Que obra o se mueve con rapidez o facilidad: *andar ligero; mente ligera.* **3.** Que es muy fino, sutil: *un vestido ligero.* **4.** Se dice del alimento que se digiere fácilmente: *comida ligera.* **5.** Que es poco intenso: *dolor ligero; sueño ligero.* **6.** Que tiene poca importancia: *ligero incidente.* **7.** Se dice de persona informal, irreflexiva. ◊ **A la ligera** De manera irreflexiva; sin fundamento; de prisa y sin cuidado, superficialmente; frívolamente. **Peso ligero** Categoría de peso que agrupa a los boxeadores y luchadores.

LIGHT adj. (voz inglesa).Se dice del alimento o de la bebida que tiene un porcentaje más bajo de lo habitual de grasas o calorías: *mahonesa light.* **2.** Se dice del producto que tiene un porcentaje más bajo de lo habitual de determinada sustancia que lo compone por considerarse esta sustancia perjudicial a la salud: *cigarrillos lights.*

LIGNARIO, A adj. (del lat. *ligna,* leña).Relativo a la madera.

LIGNÍCOLA adj. Que vive en la madera.

LIGNIFICACIÓN s.f. Proceso que consiste en impregnar de lignina la membrana de las células vegetales.

LIGNIFICARSE v.prnl. [1]. Impregnarse de lignina la membrana de las células vegetales.

LIGNIFORME adj. Semejante a la leña.

LIGNINA s.f. BOT. Sustancia orgánica que impregna las células, fibras y vasos de la madera, haciéndolos impermeables e inextensibles.

LIGNITO s.m. Roca de origen orgánico, que resulta de la descomposición incompleta de residuos vegetales. (Es una roca combustible, que contiene un 70 % de carbono, y tiene un valor calorífico tres veces menor que el de la hulla.)

LIGÓN, NA s. y adj. Esp. *Fam.* Persona que liga con facilidad y frecuencia.

LIGUANO, A adj. Chile. Se dice de una raza americana de carneros, de lana gruesa y larga. **2.** Chile. Se dice de la lana producida por los carneros de esta raza, y de lo que se fabrica con esta lana.

LIGUE s.m. Argent., Esp. y Méx. *Fam.* Acción y efecto de ligar, entablar una relación. **2.** Esp. *Fam.* Persona con la que se liga.

LIGUERO, A adj. y s. Relativo a la liga (competición deportiva): *los equipos ligueros de la temporada.* ◆ s.m. Portaligas.

LIGUILLA s.f. DEP. Competición en la que un número reducido de equipos de la misma categoría compiten entre sí.

LÍGULA s.f. (lat. *ligula,* lengüeta). Lámina pequeña saliente que tiene la hoja de las gramíneas en la conjunción del limbo y la vaina.

LIGULADO, A adj. Que tiene forma de lígula. **2.** Que tiene lígulas.

LIGULIFLORO, A adj. Se dice de la planta o de la flor ligulada.

LIGUR adj. y s.m. y f. (lat. *ligur, -uris*). De Liguria. SIN.: *ligurino.* **2.** De un antiguo pueblo establecido en la costa mediterránea entre Marsella y La Spezia, sometido o exterminado por los romanos en el s. II a.C. SIN.: *ligurino.*

LIGURINO, A adj. y s. Ligur.

LIJA s.f. Pintarroja. **2.** Piel seca de la pintarroja o de otro selacio, que se emplea para pulir. ◇ **Dar lija** Cuba y Dom. *Fam.* Adular. **Darse lija** Cuba y Dom. Darse pisto. **Papel de lija** Papel fuerte, sobre el cual se espolvorean polvos o granos de esmeril o de vidrio, tras embadurnarlo de cola, que sirve como abrasivo para alisar y pulir una superficie. (También *lija.*)

LIJADO s.m. Operación que consiste en alisar y pulir una superficie: *lijado de la madera.*

LIJADORA s.f. y adj. Máquina para lijar una superficie. **2.** Máquina para alisar las pieles por el lado de la carne.

LIJAR v.tr. Alisar o pulir una superficie.

LIJOSO, A adj. Cuba. Vanidoso.

LIKAN-ANTAI adj. y s.m. y f. Atacameño.

LILA s.f. Arbusto originario de Oriente medio, de hojas acorazonadas y racimos de flores olorosas, malvas o blancas. (Familia oleáceas.) **2.** Flor de este arbusto. ◆ adj. y s.m. Se dice del color morado más o menos rosado. ◆ adj. Que es de este color. ◆ adj. y s.m. y f. Esp. *Fam.* Tonto, fatuo.

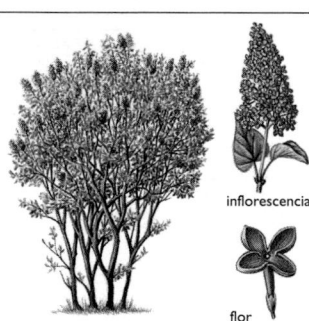

inflorescencia

flor

■ LILA

LILE adj. Chile. Débil, decaído.

LILEQUEAR v.intr. Chile. Tiritar, temblar.

LILIÁCEO, A adj. y s.f. Relativo a una familia de plantas herbáceas, con flores actinomorfas y hermafroditas, y fruto muy variado, como el lirio, el tulipán, el ajo y el puerro.

LILIFLORO, A adj. y s.f. Relativo a un orden de plantas monocotiledóneas de flores cíclicas y con tejido nutricio, carnoso o cartilaginoso, y generalmente, con reservas grasas.

LILIPUTIENSE adj. y s.m. y f. Que es muy pequeño. **2.** Se dice de la persona de estatura más pequeña de lo normal.

1. LIMA s.f. (lat. *lima*). Instrumento para desgastar y pulir metales y otras materias duras que consiste en una lámina alargada de acero templado con la superficie finamente estriada: *lima plana; lima de cuchillas.* **2.** Acción de

limar: *proceder a la lima de un objeto.* **3.** Instrumento para pulir o limar las uñas que consiste en una lámina alargada y estrecha de papel de lija o de metal con la superficie finamente estriada. (También *lima de uñas.*) **4.** *Fam.* Persona que come mucho. **5.** *Fig.* Corrección o enmienda de una obra: *lima de una novela.* **6.** MED. Instrumento para pulir las piezas dentarias y, en particular, para eliminar los raigones no extirpados.

2. LIMA s.f. (ár. *līma*). Limero. **2.** Fruto de este árbol.

3. LIMA s.f. Ángulo de un caballete de tejado. **2.** Madero situado en este ángulo.

LIMADO s.m. Acción y efecto de limar. SIN.: *limadura.*

LIMADOR, RA adj. Que lima. **2.** Persona que se dedica a limar metales y otras materias duras.

LIMADORA s.f. Máquina-herramienta acepilladora, en la cual el movimiento de corte se obtiene por desplazamiento del útil.

LIMADURA s.f. Limado. ◆ **limaduras** s.f.pl. Partículas que se desprenden al limar un metal.

LIMÁN s.m. GEOGR. Laguna constituida por un cordón litoral que cierra un estuario.

LIMAR v.tr. (lat. *limare*). Poner un metal u otra materia dura lisa y sin asperezas. **2.** Hacer el borde de las uñas regular con la lima. **3.** *Fig.* Debilitar o disminuir algo: *limar asperezas.* **4.** *Fig.* Corregir o enmendar una obra. **5.** Igualar con la lima las piezas dentarias.

1. LIMATÓN s.m. (del cat. *llimetó*). Lima de desbarbar, que se utiliza principalmente para afilar los dientes de las sierras. **2.** Chile, Colomb. y Hond. Lima para alisar metales, madera, etc.

2. LIMATÓN s.m. Amér. Madero de refuerzo que se pone en el ángulo formado por dos vertientes de una cubierta.

LIMAZA s.f. (lat. *limax, -acis*). Babosa, gasterópodo.

LIMBA s.f. Madera de África tropical que se traba fácilmente.

LIMBO s.m. (lat. *limbus,* orilla de un vestido). ANAT. Borde o reborde de algunos órganos. **2.** ASTRON. Borde exterior de un astro. **3.** BOT. **a.** Parte principal, ensanchada y más a la vista de la hoja. **b.** Parte ancha y patente de un sépalo o de un pétalo. **4.** CRIST. Lugar donde van las almas que, no habiendo merecido el infierno, no pudieron, antes de la redención, entrar en el cielo *(limbo de los patriarcas),* o son excluidos de él por el pecado original no perdonado *(limbo de los niños).* **5.** TECNOL. Círculo graduado, de metal o de vidrio, que forma parte de ciertos instrumentos o aparatos de medida. ◇ **Estar en el limbo** *Fam.* Estar ensimismado; no enterarse o no estar enterado de algo.

LIMEN s.m. *Poét.* Umbral.

LIMEÑO, A adj. y s. De Lima.

LIMERO s.m. Árbol de flores blancas y olorosas y fruto de corteza amarilla y pulpa jugosa y dulce. SIN.: *lima.* (Familia rutáceas.)

LIMES s.m. (voz latina). HIST. Zona de fortificaciones del Imperio romano, más o menos continuas, que bordeaban determinadas fronteras desprovistas de defensas naturales.

LIMETA s.f. (del lat. *nimbus,* chaparrón). Botella de vientre ancho y cuello largo.

LIMÍCOLA adj. y s.m. ZOOL. Que vive en el cieno del fondo de los lagos o del mar, o en los pantanos.

LIMINAL adj. PSICOL. Relativo al umbral.

LIMITACIÓN s.f. Acción y efecto de limitar o limitarse: *sin limitación de tiempo.*

LIMITADO, A adj. Que tiene límites. **2.** Pequeño, escaso, poco: *reservado para un limitado número de personas.* **3.** De corto entendimiento: *inteligencia muy limitada.* ◇ **Sociedad limitada** Sociedad mercantil cuyo capital no se puede dividir libremente.

LIMITADOR, RA adj. Limitativo. ◆ s.m. TECNOL. Dispositivo mecánico o eléctrico destinado a impedir que una magnitud determinada fluctúe o varíe rebasando cierto límite, a partir del cual podrían derivarse consecuencias peligrosas.

LIMITAR v.tr. (lat. *limitare*). Señalar los límites de un terreno. **2.** *Fig.* Fijar la influencia de algo, especialmente un cargo, estableciendo unos límites: *limitar las funciones del secretario.* **3.** Reducir algo fijando un límite: *limitar los gastos.* ◆ v.intr. Tener un país o territorio límites comunes con otro: *España limita con Portugal.* SIN.: *lindar.* ◆ **limitarse** v.prnl. Hacer una persona única y exclusivamente lo que compete a sus responsabilidades: *limitarse a escuchar.*

LIMITATIVO, A adj. Que limita o sirve para limitar: *derechos limitativos.* SIN.: *limitador.*

LÍMITE s.m. (lat. *limes, -itis*). Línea visible o imaginaria que marca el fin de algo o la separación entre dos cosas: *el límite de una finca.* **2.** *Fig.* Punto que indica o determina hasta dónde puede llegar algo no material: *velocidad, edad, precio límite; ambición sin límites.* **3.** DEP. Número de asaltos de boxeo previstos para un combate. **4.** MAT. Valor fijo hacia el que tiende una magnitud variable y del que toma valores tan próximos como se quiera. ◇ **Límite de probabilidad** Cada uno de los números inferior y superior asignados a un valor estimado, a condición de indicar el margen en el cual se encuentra el valor exacto deducido de las probabilidades.

LIMÍTROFE adj. (lat. tardío *limitrophus*). Se dice del país o territorio que tiene límites comunes con otro: *Francia y España son países limítrofes.*

LIMÍVORO, A adj. ZOOL. Que se alimenta de residuos orgánicos contenidos en el cieno del fondo de las aguas.

LIMMA s.m. (gr. *leimma,* resto). ACÚST. Semitono diatónico pitagórico, o diferencia de intervalo entre la cuarta justa y la tercera mayor pitagórica.

LIMNEO, A adj. Se dice de la vegetación sumergida, arraigada en el suelo subacuático.

LIMNOLOGÍA s.f. Ciencia que estudia los fenómenos físicos y biológicos de las aguas dulces, especialmente de los lagos.

LIMNOLÓGICO, A adj. Relativo a la limnología.

LIMNOSERIE s.f. Serie ecológica enteramente acuática, que tiende hacia una agrupación clímax estrictamente acuática.

LIMO s.m. (lat. *limus*). Depósito fino, transportado por el agua y sedimentado en el fondo de ríos, pantanos o aguas marinas, cuya granulometría está comprendida entre las arenas finas y las arcillas.

1. LIMÓN s.m. (ár. *laimūn*). Fruto del limonero, de forma ovoide, color amarillo pálido y sabor generalmente ácido.

2. LIMÓN s.m. (fr. *limon*). Limonera. **2.** Zanca.

LIMONADA s.f. Bebida elaborada con agua, azúcar y zumo de limón.

LIMONADO, A adj. De color de limón.

LIMONAR s.m. Terreno plantado de limoneros. **2.** Guat. Limonero.

LIMONCILLO s.m. Árbol maderable de América Central (Familia rutáceas.) **2.** Madera de Ceilán suministrada por un árbol rutáceo, de color amarillo, fina, dura. (El *limoncillo* se utiliza en taracea y fabricación de tableros.)

LIMONENO s.m. Hidrocarburo terpénico.

LIMONERA s.f. Vara que sale de uno de los lados de la parte delantera de un carruaje a la que se sujeta la caballería por ese lado. **2.** Conjunto formado por dos de estas varas. SIN.: *limón.* **3.** Zanca.

1. LIMONERO, A s. Persona que tiene por oficio vender limones. ◆ s.m. Árbol espinoso, en especial cuando es silvestre, que raramente sobrepasa los 5 m de alt., de flores blancas, teñidas de púrpura exteriormente, y cuyo fruto es el limón. (Familia rutáceas.) **2.** Madera de este árbol. (El *limonero* se emplea en ebanistería y tabletería.)

2. LIMONERO, A adj. Se dice de la caballería que se sujeta a la limonera de un carruaje.

LIMONITA s.f. Hematites parda.

LIMOSIDAD s.f. Cualidad de limoso. **2.** Sarro de la dentadura.

LIMOSNA s.f. (lat. *eleemosyna*). Dinero o cosa que se da a una persona necesitada para ayudarla.

LIMOSNEAR v.intr. Pedir limosna. SIN.: *pordiosear*.

LIMOSNERO, A adj. Se dice de la persona a la que le gusta dar limosnas ◆ s. Amér. Mendigo, pordiosero.

LIMOSO, A adj. Que tiene limo o abunda en él: *fondo limoso*. **2.** Que tiene alguna de las características propias del limo: *barro limoso*.

1. LIMPIA s.f. Acción de limpiar. **2.** Operación de vaciado de un pozo mediante cuchara. **3.** Limpieza. **4.** Méx. Cura supersticiosa que consiste en frotar a una persona con ciertas hierbas para liberarla de la mala suerte o de algún hechizo. (Se abrevia *limpia*.)

2. LIMPIA s.m. y f. (apócope). Esp. Limpiabotas.

LIMPIABARROS s.m. (pl. *limpiabarros*). Felpudo que se pone a la entrada de las casas para limpiarse la suela del calzado antes de entrar.

LIMPIABOTAS s.m. y f. (pl. *limpiabotas*). Esp. Persona que tiene por oficio limpiar el calzado. (Se abrevia *limpia*.)

LIMPIACHIMENEAS s.m. y f. (pl. *limpiachimeneas*). Deshollinador.

LIMPIADERA s.f. Cepillo de carpintero. **2.** Aguijada para limpiar el arado.

LIMPIADOR, RA adj. Se dice del producto que sirve para limpiar: *producto limpiador*. ◆ adj. y s. Se dice de la persona que tiene por oficio limpiar. **2.** Méx. Limpiaparabrisas.

LIMPIAMENTE adv.m. Con honradez: *jugar limpiamente*. **2.** Con suma agilidad, desembarazo y destreza: *saltó limpiamente la tapia*.

LIMPIAPARABRISAS s.m. (pl. *limpiaparabrisas*). Mecanismo de algunos vehículos situado en los cristales delantero y trasero que consiste en una varilla con una tira de goma o plástico que al ponerse en funcionamiento aparta el agua de los cristales.

LIMPIAR v.tr y prnl. (lat. tardío *limpidare*). Quitar la suciedad de alguien o algo: *limpiar la casa; limpiarse la cara*. ◆ v.tr. Fig. Purificar, depurar. **2.** Fig. Quitar lo que estorba o no sirve para una cosa: *limpiar el pescado*. **3.** Echar de un lugar a las personas que se consideran molestas o perjudiciales: *limpiar la ciudad de ladrones*. **4.** Fig. y fam. Robar, cometer un robo: *le limpiaron la cartera*. **5.** Fig. Ganar todo el dinero de alguien en un juego. **6.** Chile. Escardar la tierra. **7.** TEXT. Efectuar la operación de purga o purgado de los hilos de la seda.

LIMPIAUÑAS s.m. (pl. *limpiauñas*). Utensilio para limpiar las uñas.

LIMPIDEZ s.f. Poét. Cualidad de límpido: *la limpidez del cielo*.

LÍMPIDO, A adj. Limpio, puro, sin mancha: *agua límpida*.

LIMPIEZA s.f. Cualidad de limpio: *la limpieza es fundamental para la higiene*. **2.** Acción y efecto de limpiar: *taller de limpieza*. **3.** Fig. Destreza, perfección, precisión: *trabajar con limpieza*. **4.** Fig. Honradez con que una persona actúa: *obrar con limpieza*. **5.** Cumplimiento estricto de las reglas de un juego. **6.** Labor forestal que tiene por objeto favorecer el desarrollo de los ejemplares destinados a constituir una masa o unidad de cultivo explotable. SIN.: *limpia*. ◇ **Limpieza de sangre** HIST. Cualidad de descender exclusivamente de cristianos viejos, sin tener ningún antecesor judío, musulmán ni penitenciado por la Inquisición, que se exigía para ocupar determinados cargos en España. **Limpieza étnica** Crimen cometido por un grupo étnico dominante contra un grupo étnico minoritario del mismo territorio.

LIMPIO, A adj. (lat. *limpidus*). Que no tiene suciedad. **2.** Se dice de la persona o animal que cuida de su higiene personal y de las cosas que lo rodean. **3.** Fig. Que es honrado y sigue las leyes y normas morales. **4.** Fig. Exento de culpa: *limpio de toda sospecha*. **5.** Que no tiene mezcla de otras cosas, especialmente impurezas: *aire limpio*. **6.** Se usa precedido de la preposición *a* y seguido de palabras que expresan acciones violentas o actos de fuerza, como *golpe, grito, palo*, etc., para dar mayor énfasis a dicha palabra: *andaban a pedrada limpia*. **7.** Neto: *mil pesos limpios*. **8.** Fig. Que tiene el contorno bien definido: *imagen limpia*. **9.** Fig. y fam. Sin dinero o sin bienes: *quedarse limpio; dejar limpio a alguien*. **10.** Fig. Ignorante o desprovisto de lo necesario en ciertas materias: *en matemáticas está limpio*. ◆ **En limpio** Expresa el valor fijo que queda de una cosa, deducidos los gastos; sin enmiendas, ni tachones; en concreto, en resumen.

LIMPIÓN s.m. Limpieza rápida y no hecha a fondo. **2.** Colomb., C. Rica y Venez. Paño para secar y limpiar los platos.

LIMUSINA s.f. Automóvil lujoso y muy largo.

LINA s.f. Chile. Hebra de lana gruesa y basta. (Suele usarse en plural.)

LINÁCEO, A adj. y s.f. Relativo a una familia de plantas dicotiledóneas, de hojas alternas u opuestas, y flores regulares y hermafroditas, como el lino.

LINAJE s.m. (cat. *llinyatge*). Ascendencia o descendencia de una persona: *ser de ilustre linaje*. **2.** Fig. Clase, especie, índole, naturaleza: *gente de muy distinto linaje*. **3.** ANTROP. Grupo de parentesco unilineal cuyos miembros descienden de un antepasado conocido o fundador.

LINAJISTA s.m. y f. Persona que se dedica al estudio de los linajes.

LINAJUDO, A adj. y s. Que es o presume de linaje noble: *familia encopetada y linajuda*.

LINÁLOE s.m. Áloe bastardo.

LINAO s.m. Juego de pelota usual en la provincia chilena de Chiloé.

LINAR s.m. Terreno sembrado de lino.

LINARIA s.f. Planta herbácea cuyas flores poseen una larga espuela. (Familia escrofulariáceas.)

LINAZA s.f. Semilla del lino.

LINCE s.m. (lat. *lynx, lyncis*). Mamífero carnívoro, de aspecto parecido a un gato, pero de mayor tamaño, patas largas, cola corta, orejas anchas y puntiagudas y vista vivaz. (El *lince ibérico* está en peligro de extinción; familia félidos.) ◆ s.m. y f. y adj. Fig. Persona lista o sagaz.

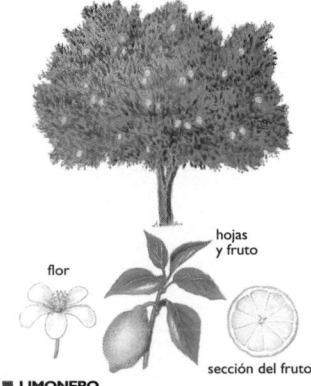
■ LIMONERO

flor
hojas
y fruto
sección del fruto

■ LINCE ibérico.

LINCHAMIENTO s.m. Acción y efecto de linchar.

LINCHAR v.tr. (ingl. *to lynch*, de *Lynch*, hacendado de Virginia). Ejecutar una muchedumbre exaltada a alguien sospechoso de un delito sin esperar a que sea juzgado por un tribunal de justicia. **2.** Fig. Censurar o criticar a alguien reiteradamente.

LINDANTE adj. Que linda: *tierras lindantes*. SIN.: *lindante*.

LINDAR v.intr. (cat. *llindar*). Limitar, tener un país o territorio límites comunes con otro. **2.** Fig. Presentar una cosa la mayoría de los rasgos que definen otra hasta parecerse mucho a ella: *su descaro linda con la grosería*.

LINDE s.m. o f. Límite que separa una propiedad de otra o un territorio de poca extensión de otro.

LINDERA s.f. Linde o conjunto de lindes.

LINDERO, A adj. Lindante. ◆ s.m. Linde. **2.** Hond. Hito o mojón.

LINDEZA s.f. Cualidad de lindo. SIN.: *lindura*. **2.** Hecho o dicho gracioso: *reír una lindeza*. ◆ **lindezas** s.f.pl. Irón. Insultos o improperios: *proferir lindezas*. **2.** Palabras agradables, galantes y cariñosas: *deshacerse en lindezas*.

LINDO, A adj. (del lat. *legitimus*). Bonito: *un lindo cuadro; facciones lindas*. ◇ **De lo lindo** Mucho o con exceso.

LINDURA s.f. Lindeza.

LÍNEA s.f. (lat. *línea*, de *línum*, lino). Sucesión de puntos continua en el espacio. **2.** Sucesión de puntos continua en el espacio que señala un límite o una separación: *la línea de demarcación entre dos regiones*. **3.** Contorno o perfil: *la línea de un navío; rostro de líneas desdibujadas*. **4.** Figura armoniosa, delgada y esbelta de una persona: *no come para guardar la línea*. **5.** Serie de personas o cosas colocadas una detrás de otra en la misma dirección: *unas líneas de árboles*. **6.** Serie de palabras escritas horizontalmente una al lado de otra. **7.** Serie de generaciones que forman parte de la familia de una persona. (La línea es *directa* cuando los parientes descienden unos de otros, y *colateral* cuando no es así.) **8.** Sistema de aparatos y cables que permite la transmisión de energía eléctrica o la comunicación telefónica o telegráfica. **9.** Comunicación telefónica. **10.** Vía de comunicación regular, terrestre, marítima o aérea: *autobús de línea periférica*. **11.** Servicio de transporte regular. **12.** Dirección que sigue un cuerpo en movimiento hacia un punto determinado: *seguir en línea recta*. **13.** Conjunto de directrices que caracterizan una tendencia o forma de actuación: *seguir una línea de conducta*. **14.** Fig. Categoría, importancia o valor: *escritor de primera línea*. **15.** Tendencia u orientación: *vestir una línea clásica; línea deportiva*. **16.** Fam. Dosis de droga en polvo, especialmente cocaína. **17.** B. ART. Trazado de un contorno. **18.** MIL. a. Despliegue de personas, unidades o medios de combate colocados uno junto a otro. b. Contorno aparente de este despliegue. c. Conjunto de fortificaciones permanentes y continuadas, destinadas a proteger una frontera. **19.** MÚS. Trazo horizontal que se utiliza en notación. **20.** TELEV. Superficie de análisis de la imagen que hay que transmitir o de la imagen recibida, constituida por la yuxtaposición de puntos elementales. ◇ **Barco**, o **navío, de línea** MAR. Barco de guerra grande, poderosamente armado, que constituía antiguamente el elemento principal de una escuadra. **En toda la línea** Completa, totalmente. **Leer entre líneas** Comprender el sentido implícito de un mensaje. **Línea aérea** Compañía de transporte aéreo. **Línea de agua**, o de **flotación** MAR. Intersección de la superficie del agua con el casco de un navío. **Línea de batalla** MAR. Orden táctico de los barcos de guerra navegando uno detrás de otro. **Línea de combate** MIL. Despliegue en dirección al enemigo. **Línea de nodos** ASTRON. Línea de intersección del plano de la órbita de un astro con un plano que se toma como referencia. **Línea equinoccial**, o **ecuatorial** ASTRON. Ecuador terrestre. **Línea férrea** Ferrocarril. SIN.: *vía férrea*. **Línea lateral** ZOOL. Hilera longitudinal de escamas perforadas que abriga un órgano sensorial que percibe las alteraciones mecánicas. **Primera línea** Situación más cercana al enemigo.

LINEAL adj. Relativo a las líneas. **2.** Se dice de una medida de longitud, por oposición a medida de superficie o de volumen. **3.** MAT. Se dice de la magnitud cuya variación puede ser representada por una línea recta.

LINEALIDAD s.f. Cualidad de lo que está dispuesto o se produce de manera lineal.

1. LINEAR adj. BOT. y ZOOL. Largo y delgado casi como una línea.

2. LINEAR v.tr. Bosquejar. **2.** Trazar líneas.

LINEÓMETRO s.m. Regla graduada que se utiliza en tipografía para contar las líneas de composición.

LINER s.m. (voz inglesa). Buque destinado al servicio de una línea de navegación.

LINERO, A adj. Relativo al lino.

LINFA s.f. (lat. *lympha*, divinidad acuática). Líquido orgánico, límpido e incoloro, rico en proteínas y linfocitos que circula por el sistema linfático. (En el ser humano la *linfa* se compone de un 97 % de plasma y un 3 % de leucocitos [8 000 por mm³].)

ENCICL. La linfa es el verdadero medio interior en que se bañan las células. Está formada por un líquido intermediario entre la sangre y los constituyentes celulares. Contiene linfocitos procedentes de los ganglios linfáticos y un plasma que, en el intestino delgado, se carga de las grasas de la digestión.

LINFADENOGRAMA s.m. MED. Examen de las células de un ganglio linfático, obtenidas por punción.SIN.: *adenograma*.

LINFANGIOMA s.m. Angioma de un vaso linfático.

LINFANGITIS s.f. Inflamación de los vasos linfáticos. (Se distinguen las *linfangitis reticulares* [placa enrojecida debida a la inflamación de pequeños capilares linfáticos] y las *linfangitis tronculares* [cordón enrojecido debido a la inflamación de un grueso tronco linfático].)

LINFÁTICO, A adj. Relativo a la linfa: *vaso linfático* ◆ adj. y s. Que padece linfatismo. **2.** Que tiene poca energía:*temperamento linfático*.

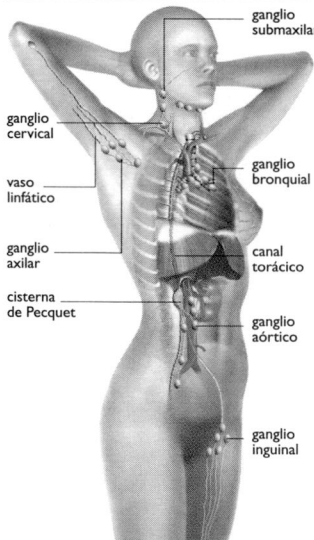

ganglio
submaxilar

ganglio
cervical

vaso
linfático

ganglio
axilar

cisterna
de Pecquet

ganglio
bronquial

canal
torácico

ganglio
aórtico

ganglio
inguinal

■ SISTEMA **LINFÁTICO**

LINFATISMO s.m. Estado de deficiencia constitucional con astenia y aumento de volumen de los ganglios linfáticos.

LINFOBLASTO s.m. Célula joven del tejido linfoide cuya evolución da origen a los linfocitos.

LINFOCITARIO, A adj. Relativo a los linfocitos.

LINFOCITEMIA s.f. Linfocitosis.

LINFOCITO s.m. Leucocito que tiene de 6 a 8 μ de diámetro, con un gran núcleo, que se origina en los ganglios linfáticos y en los órganos linfoides, y es responsable de la inmunidad celular.

LINFOCITOPENIA s.f. Disminución del número de linfocitos en la sangre. SIN.: *linfopenia*.

LINFOCITOSIS s.f. Aumento del número de linfocitos en la sangre.SIN.: *linfocitemia*.

LINFOGRAFÍA s.f. Radiografía de los vasos y ganglios linfáticos previa inyección de una sustancia de contraste.

LINFOGRANULOMA s.m. Tumor, benigno o maligno,formado por tejido de granulación en el sistema linfático. ◇ **Linfogranuloma inguinal,** o **venéreo** Enfermedad venérea, cuyo agente etiológico es un virus filtrable. **Linfogranuloma maligno** Enfermedad que afecta a los ganglios linfáticos, el bazo y las vísceras, y que se manifiesta por fiebre, picazones y un dolor general.SIN.: *enfermedad de Hodgkin*.

LINFOGRANULOMATOSIS s.f. Enfermedad que comporta una proliferación del sistema linfático.

LINFOIDE adj. Se dice del tejido conjuntivo donde se forman los linfocitos. ◇ **Órganos linfoides** Órganos ricos en tejido linfoide (ganglios linfáticos, amígdalas, folículos cerrados del intestino, timo, bazo).

LINFOMA s.m. Tumor maligno de los ganglios linfáticos.

LINFOPENIA s.f. Linfocitopenia.

LINFOPOYESIS s.f. Formación de linfocitos en los tejidos linfoides.

LINFOQUINA s.f. Proteína que interviene como mediador en las reacciones inmunitarias.

LINFORRETICULOSIS s.f. Enfermedad que se caracteriza por la inflamación de los tejidos linfoide y reticuloendotelial.

LINFOSARCOMA s.m. Tumor maligno del tejido linfoide (ganglio linfático, amígdalas, etc.).

LINGA o **LINGAM** s.m. Símbolo fálico del dios indio Śiva.

LINGOTAZO s.m. Esp. *Fam.* Trago de bebida alcohólica.

LINGOTE s.m. (fr. *lingot*). Bloque de metal o de aleación obtenido por colada en lingotera y destinado a la refundición, laminación o forja. **2.** IMPR. Regleta maciza que se usa para márgenes y pies en las imposiciones.

LINGOTEADO s.m. Operación de fundición que consiste en colar el metal fundido en lingotes.SIN.: *lingotaje*.

LINGOTERA s.f. Molde en que se vierte un metal o aleación en fusión y donde se solidifica formando lingotes.

LINGUAL adj. Relativo a la lengua: *músculo lingual.* **2.** FONÉT. Apical.

LINGUE s.m. Árbol originario de Chile y Argentina, alto y frondoso, de corteza lisa y cenicienta y madera flexible de gran duración. (La madera del *lingue* se usa en la fabricación de muebles, vigas, etc.; familia lauráceas.) **2.** Corteza de este árbol. (El *lingue* se usa para curtir muebles.)

LINGUETE s.m. (fr. *linguet*). MAR. Trinquete o palanquita de hierro que sirve para impedir el retroceso de un cabestrante, molinete, etc.

LINGÜISTA s.m. y f. Persona que se dedica al estudio de la lingüística.

LINGÜÍSTICA s.f. Ciencia que estudia el lenguaje y las lenguas.

ENCICL. Heredera de los estudios sobre gramática, la lingüística como ciencia no surgió hasta el s. XIX con la distinción que estableció F. de Saussure entre los conceptos de *lenguaje* y *lengua*. Esta distinción es en gran parte el origen de muchas de las corrientes estructuralistas: escuela de Praga (N. S. Trubetzkoi), glosemática (L. Hjelmslev), psicosistemática (G. Guillame), funcionalismo (A. Martinet), binarismo (R. Jakobson). En Estados Unidos, se desarrolló una corriente estructuralista, la escuela de L. Bloomfield, nacida del estudio de las lenguas amerindias, que condujo al distribucionismo de Z. S. Harris y a la gramática generativa de N. Chomsky.

LINGÜÍSTICO, A adj. Relativo a la lingüística o al lenguaje.

LINIER s.m. En el fútbol y otros deportes, juez de línea.

LINIMENTO s.m. (lat. *linimentum,* acto de embadurnar). Medicamento untuoso, cuyo excipiente es una materia grasa, que se usa para dar fricciones.

LINK s.m. INFORMÁT. Enlace. ◆ **links** s.m.pl. Recorrido de un campo de golf.

LINKAJE s.m. BIOL. Asociación constante, en una especie animal o vegetal, de dos características individuales que no tienen ningún vínculo lógico.

LINNEANO, A adj. y s. Relativo a Linneo; partidario de sus teorías.

LINO s.m. (lat. *linum*). Planta herbácea, textil y oleaginosa, de flores azules, cultivada en las regiones templadas. (De su tallo se extraen fibras textiles y su semilla proporciona harina con la que se hacen cataplasmas emolientes, aceite secante que se usa especialmente en pintura, y un pienso que se utiliza para la alimentación del ganado.) **2.** Materia textil extraída de los tallos de esta planta. **3.** Tejido hecho de lino.

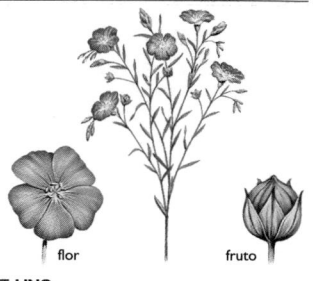

flor   fruto

■ **LINO**

LINOLEICO, A adj. Se dice del ácido graso dietilénico $C_{18}H_{32}O_2$.

LINOLEÍNA s.f. Glicérido del ácido linoleico, contenido en los aceites secantes.

LINÓLEO o **LINÓLEUM** s.m. (ingl. *linoleum*). Cubierta que sirve para pavimentos, hecha con una tela de yute impregnada de una mezcla aglomerada de aceite de linaza, resina y harina de corcho.

LINÓN s.m. Tela ligera y fina, con ligamento tafetán que se fabrica con lino y se usa para confeccionar lencería.

LINOTIPIA s.f. (ingl. *linotype,* contracción de *line of type,* línea tipográfica). IMPR. Máquina de componer que funde los tipos por líneas enteras.

LINOTIPISTA s.m. y f. Persona que tiene por oficio manejar la linotipia.

LINOTIPO s.m. Forma tipográfica obtenida con la linotipia.

LINSANG s.m. Mamífero carnívoro arborícola, de pelaje manchado y cola anillada, que vive en el Sudeste asiático y en África.

LÍNTERES s.m.pl. Fibras muy cortas, formadas por celulosa pura, que quedan adheridas a las semillas del algodón después de quitar las fibras largas.

LINTERNA s.f. (lat. *lanterna*). Utensilio manual provisto de un foco que sirve para proyectar luz y funciona con pilas eléctricas. **2.** Farol manual o portátil, con una cara de vidrio u otra materia transparente y un asa en la opuesta. **3.** Pieza del quemador de una estufa de combustible líquido que tiene unas aberturas o lumbreras que aseguran la distribución del aire admitido, o de parte de este aire. **4.** ARQ. Torre pequeña con aberturas que corona una cúpula, protege la parte alta de una escalera o se pone como remate en algunas construcciones. **5.** MAR. Aparato óptico de un faro. **6.** METAL. **a.** Tubo horizontal con agujeros que constituye el núcleo sobre el que se forman los machos de barro para fundición. **b.** Armadura de machos hueca. **7.** TECNOL. **a.** Engranaje, generalmente de madera, formado por dos discos horizontales paralelos, enlazados por una serie de varillas redondas dispuestas en círculo o espaciadas regularmente entre sí. **b.** Pieza metálica con dos fileteados de un eje común y pasos encontrados, que sirven para acoplar dos varillas que forman parte de un conjunto de longitud graduable. ◇ **Linterna de Aristóteles** Aparato masticador del erizo de mar. **Linterna mágica** Aparato óptico para proyectar, amplificadas sobre una superficie blanca, imágenes pintadas en un soporte de vidrio que se coloca cerca del foco. (Puede considerarse precursor de los aparatos de proyección actuales.) **Linterna sorda,** o **flamenca** Linterna cuya luz puede ocultarse a voluntad de la persona que la lleva.

■ **LINTERNA** que corona la cúpula de la Sorbona, en París (s. XVII).

LINTERNÓN s.m. ARQ. Remate vidriado de una cúpula, para proporcionar luz y ventilación. **2.** MAR. Farol de popa.

LINUDO, A adj. Chile. Se dice del animal que tiene mucha lana. **2.** Chile. Se dice del tejido hecho con lina.

LINYERA s.f. Argent. y Urug. Atado en que se guarda ropa y otros efectos personales. **2.** Argent. y Urug. Vagabundo, persona indigente: *bajo el puente duerme un linyera.*

LIÑO s.m. Hilera o carrera de árboles, vides u otras plantas.

LIÑUELO s.m. Ramal, cada uno de los cabos de una cuerda. **2.** Lino.

LÍO s.m. Conjunto de ropas u otras cosas atadas. **2.** Fig. Situación o problema de difícil solución: *encontrarse en un buen lío.* **3.** Fig. y fam. Relación amorosa íntima sin compromiso. **4.** Fig. Chisme. ◇ **Hacerse,** o **estar hecho, un lío** No entender algo con claridad.

LIOFILIZACIÓN s.f. Deshidratación por sublimación a baja temperatura al vacío, a la que se someten determinadas sustancias para su conservación.

LIOFILIZAR v.tr. [7]. Someter a la liofilización.

LIONÉS, SA adj. y s. De Lyon.

LIONESA s.f. Pastel pequeño, cuya masa se compone de harina, huevos, mantequilla y azúcar y que, una vez cocido al horno y dejado enfriar, se rellena de nata, crema o chocolate.

LIORNA s.f. Fam. Jaleo, desorden.

LIOSO, A adj. Fam. Que gusta de armar enredos o de ir contando chismes. **2.** Fam. Que es difícil de entender o de solucionar.

LIPA s.f. Venez. Barriga.

LIPASA s.f. Enzima contenido en varios jugos gástricos que hidroliza los lípidos.

LIPECTOMÍA s.f. Intervención quirúrgica en que se extirpa tejido adiposo, como tratamiento de la obesidad.

LIPEMIA s.f. Tasa de lípidos del plasma sanguíneo, normalmente comprendida entre 6 y 8 g por litro.

LIPIDIA s.f. (gr. *lipydía*). Amér. Central. Miseria, pobreza.

LIPIDIAR v.tr. Cuba, Méx. y P. Rico. Importunar, fastidiar.

LIPÍDICO, A adj. Relativo a los lípidos.

LIPIDIOSO, A adj. Cuba, Méx. y P. Rico. Majadero, fastidioso.

LÍPIDO s.m. y adj. Sustancia orgánica corrientemente denominada *grasa,* insoluble en el agua, soluble en bencina y éter, y formada por ácidos grasos unidos a otros cuerpos. **ENCICL.** Los lípidos son componentes estructu-

rales importantes de las membranas celulares y, también, sustancias apreciables de reserva. Se clasifican en dos grupos: lípidos sencillos, que son esteres de ácidos grasos con alcoholes (si el alcohol es la glicerina constituyen los glicéridos o grasas), y lípidos complejos, en los cuales la materia grasa está ligada a un no metal, como el fósforo, y a moléculas proteínicas.

LIPOCITO s.m. Célula específica del tejido adiposo.

LIPOCROMO s.m. BIOL. Pigmento soluble en las grasas que las colorea de amarillo.

LIPÓFILO, A adj. Que se deja impregnar por los lípidos o grasas.

LIPÓFOBO, A adj. Que no se deja impregnar por los lípidos o grasas.

LIPOIDE s.m. Sustancia semejante a la grasa. **2.** Lípido complejo cuya molécula contiene fósforo y nitrógeno, como los fosfolípidos y cerebrósidos.

LIPOIDEO, A adj. (del gr. *lipos,* grasa, y *eidos,* forma). Lipoide, semejante a la grasa.

LIPÓLISIS s.f. Destrucción de las grasas en el organismo.

LIPOMA s.m. (del gr. *lipos,* grasa). Tumor benigno formado a partir de una hipertrofia local del tejido adiposo.

LIPOPROTEÍNA s.f. Sustancia constituida por una proteína y un lípido. (Las grasas del plasma sanguíneo se transmiten bajo esta forma.)

LIPOSOLUBLE adj. Soluble en las grasas o en los aceites.

LIPOSOMA s.m. Partícula lipídica, generalmente esférica, del citoplasma celular que constituye una reserva de alimentos para la célula.

LIPOSUCCIÓN s.f. Tratamiento de cirugía estética que consiste en succionar las sobrecargas adiposas de los tejidos.

LIPOTIMIA s.f. MED. Pérdida transitoria de la conciencia con brusca relajación muscular, sin paro cardíaco ni respiratorio.

LIPOTRÓPICO, A adj. Se dice de la sustancia que se fija en las grasas o que facilita su metabolismo.

LIPURIA s.f. Presencia de sustancias lipoideas en la orina.

LIQUEN s.m. (lat. *lichen, -enis*). Vegetal que vive sobre el suelo, los árboles y las piedras, constituido por un talo aplanado o ramoso, que también viven asociados un hongo y un alga. (Los líquenes suelen vivir sobre las rocas y los árboles, en forma de talos aplanados, foliáceos o ramosos, y resisten condiciones extremas de temperatura y sequía.) **2.** MED. Erupción cutánea con numerosas pápulas, con espesamiento de la epidermis, acompañadas de intenso prurito.

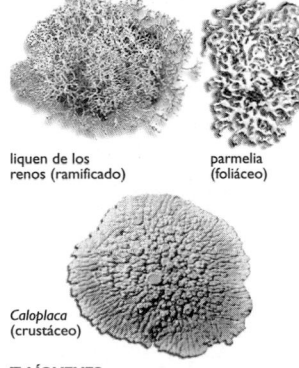

liquen de los renos (ramificado)

parmelia (foliáceo)

Caloplaca (crustáceo)

■ **LÍQUENES**

LIQUIDABILIDAD s.f. Criterio de ordenación de las partidas del activo, según la facilidad que tiene cada una de ellas de convertirse en disponibilidades.

LIQUIDACIÓN s.f. Acción y efecto de liqui-

dar. **2.** Venta de mercancías a bajo precio por necesidad de eliminar un stock. **3.** En Bolsa, cierre periódico de las operaciones para entregar los títulos comprados o pagar las diferencias pendientes. **4.** Operación que consiste en completar las adiciones de sosa y de electrólito para dar al jabón su forma comercial. ◇ **Liquidación del impuesto** DER. FISC. Cálculo definitivo del monto de la deuda impositiva del contribuyente y su realización.

LIQUIDADOR, RA adj. y s. Que liquida, poniendo término a una cosa o a un estado de cosas. **2.** DER. Que liquida, haciendo el ajuste formal de una cuenta.

LIQUIDÁMBAR s.m. Árbol de Asia menor y de América, del que se extraen diferentes resinas.

LIQUIDAR v.tr. (lat. *liquidare*). Pagar enteramente una cuenta. **2.** Vender mercancías en liquidación. **3.** Fig. Poner fin a una situación difícil: *liquidar un asunto, un problema.* **4.** Fig. y fam. Matar: *liquidar al jefe de la banda.* **5.** Gastar algo, especialmente dinero, en un tiempo muy breve: *liquidar una fortuna.* **6.** DER. **a.** Ajustar formalmente unas cuentas. **b.** Poner término a una cosa o a las operaciones de una empresa. ◆ v.tr. y prnl. Licuar, convertir en líquido.

LIQUIDEZ s.f. Cualidad de líquido. **2.** Disponibilidad de medios de pago. **3.** Conjunto de activos financieros fácilmente realizables en dinero. ◇ **Liquidez internacional** Conjunto de activos, como reservas en oro o en monedas de libre uso internacional (dólares o libras esterlinas), con los que se financian los déficits y superávits de las balanzas de pagos de los distintos países.

LÍQUIDO, A adj. y s.m. (lat. *liquidus*). Se dice de la sustancia cuyas moléculas se mueven libremente sin tendencia a separarse, y por ello se adapta a la forma de la cavidad que la contiene, y mantiene horizontal la superficie libre. ◆ adj. y s.f. FONÉT. Se dice del sonido consonántico que tiene características comunes con las vocales, como r y l en *brazo* y *plaza.* ◆ adj. Se dice de los bienes de la máxima liquidabilidad: *renta líquida, capital líquido.* **2.** m. CONTAB. Saldo de las cuentas de cajas y bancos. ◇ **Líquido de Knop** Solución acuosa de sales minerales que permite el desarrollo completo de una planta verde. **Líquido de Raulin** Solución acuosa de azúcar, ácido tártárico y sales minerales, que permite el desarrollo completo de las plantas heterótrofas. **Líquido imponible** Cuantía de los ingresos de un contribuyente que se encuentran sujetos al pago de impuestos.

LIQUIDUS s.m. Curva que, en un diagrama térmico, indica la temperatura final de fusión de una mezcla, en función de su composición. CONTR.: *solidus.*

1. LIRA s.f. (lat. *lyra*). Instrumento musical compuesto de varias cuerdas tensadas en un marco, que se pulsan con ambas manos, o con un plectro. (Utilizado principalmente en la antigüedad y en la edad media.) **2.** Fig. Numen o inspiración de un poeta determinado. **3.** MÉTRIC. Estrofa de cinco versos, tres heptasílabos y dos endecasílabos, de rima consonante.

2. LIRA s.f. Unidad monetaria de Italia, San Marino, Ciudad del Vaticano, sustituida por el euro en 2002. **2.** Unidad monetaria de Turquía. (También *lira turca.*)

LÍRICA s.f. Género de poesía en que predomina la expresión del sentimiento subjetivo. **2.** En la antigüedad, poesía que se cantaba con acompañamiento musical, generalmente con la lira.

LÍRICO, A adj. y s. (lat. *lyricus*). Relativo a la lírica; poeta que cultiva este género literario. ◆ adj. Méx. Se dice de la persona que ha aprendido algún oficio, profesión o arte de forma empírica, sin haber estudiado. **2.** MÚS. **a.** Se dice de la obra dramática cantada o con acompañamiento musical. **b.** Se dice de la compañía de teatro que representa estas obras y de alguno de sus componentes. ◇ **Abstracción lírica** Arte abstracto del s. XX que privilegia la libre efusión del artista en sus formas no figurativas más variadas (por oposición a *abstracción geométrica*).

LIRIO s.m. (lat. *lilium*). Planta herbácea vivaz, de bulbo escamoso, flores con seis pétalos

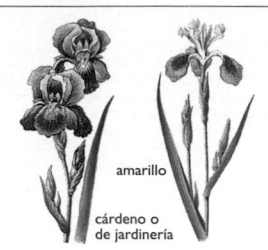

amarillo

cárdeno o
de jardinería

■ LIRIOS

azules, morados o blancos, y fruto en cápsula. (Familia iridáceas.) **2.** Flor de esta planta. ◇ **Lirio blanco** Azucena. **Lirio de agua** Cala.
LIRISMO s.m. Cualidad de lírico. **2.** Expresión poética y exaltada de sentimientos personales, de pasiones. **3.** Abuso de las cualidades características de la poesía lírica, o empleo indebido de este género de poesía o del estilo lírico en composiciones de toda clase.
LIRÓN s.m. (del lat. *glis, -iris*). Mamífero roedor, de unos 15 cm de long., que hace sus madrigueras en nidos abandonados por otros animales o en refugios naturales, en los que hiberna enrollado. ◇ **Dormir como un lirón** *Fam.* Dormir mucho tiempo o muy profundamente. **Lirón enano** Lirón de pequeño tamaño, con el pelaje de la región dorsal amarillento. SIN.: *muscardino*. **Lirón gris** Lirón de pequeño tamaño, de pelaje gris, con manchas negras.

■ LIRÓN careto.

■ LIRÓN GRIS

LIRONDO. Mondo y lirondo → MONDO.
LIS s.f. (fr. *lys*). Lirio. ◇ **Flor de lis** Forma heráldica de la flor del lirio, que fue el emblema de la casa real francesa.
LISA s.f. Mújol.
LISAMENTE adv.m. Con lisura. ◇ **Lisa y llanamente** Sin ambages ni rodeos.
LISAR v.tr. y prnl. BIOL. Destruir por lisis.
LISBOETA adj. y s.m. y f. De Lisboa.
LISÉRGICO adj. Se dice del ácido derivado de un alcaloide del cornezuelo del centeno, que posee propiedades alucinógenas. ◇ **Dietilamida del ácido lisérgico** Derivado del ácido lisérgico, alucinógeno de síntesis que modifica las sensaciones visuales y auditivas. (Se abrevia *LSD.*)
LISIADO, A adj. y s. Se dice de la persona que tiene alguna imperfección orgánica, espe-

cialmente si es lesión permanente en las extremidades.
LISIAR v.tr. y prnl. (del lat. *laesio, -onis,* lesión). Lesionar.
LISIMAQUIA s.f. (del gr. *lýein,* soltar, y *mákhesthai,* combatir). Planta herbácea, de flores amarillas, que crece en lugares húmedos. (Familia primuláceas.)
LISINA s.f. Aminoácido indispensable para el crecimiento.
LISIS s.f. (gr. *lýsis,* solución). BIOL. Destrucción de un elemento orgánico (célula, bacteria, etc.).
LISO, A adj. Sin desigualdades, sin asperezas, sin arrugas: *frente lisa.* **2.** Se dice del pelo que no forma ondas ni rizos. **3.** Sencillo, sin adornos: *vestido liso.* **4.** Que es de un solo color: *preferir las telas lisas a las estampadas.* **5.** *Fig.* Sin dificultades u obstáculos: *una carrera de cien metros lisos.*
LISÓGENO, A adj. y s.m. BIOL. Se dice de la sustancia que provoca la formación de lisinas.
LISONJA s.f. (del occitano ant. *lauzenjar, lauzengier*). Halago exagerado y generalmente interesado que se hace a alguien.
LISONJEAR v.tr. Adular, halagar. ✦ v.tr. y prnl. Envanecer, satisfacer el amor propio.
LISONJERO, A adj. Halagüeño, satisfactorio, prometedor de cosas buenas.
LISOSOMA s.m. Partícula intracelular, dotada de enzimas, que cumple funciones de desasimilación.
LISOZIMA s.f. Enzima bactericida que se encuentra en las lágrimas, la leche, la saliva, etc.
LISTA s.f. (germ. occidental *lista*). Tira larga y estrecha de tela, papel, etc. **2.** Línea de color que se distingue del resto de la superficie en la que está, especialmente en los tejidos: *los jugadores vestían camiseta a listas rojas y blancas.* **3.** Relación de nombres de personas, cosas, etc., que suele escribirse en un papel formando columnas. **4.** INFORMÁT. Conjunto de elementos de información, estructurado de tal modo que se conoce la posición relativa de cada elemento en el conjunto. ◇ **Lista civil** Dotación anual de un jefe de estado. **Lista de boda** Lista de regalos seleccionados en una tienda por los futuros esposos. **Lista de correos** Oficina a la que se dirigen las cartas y paquetes, cuyos destinatarios han de presentarse en ella para recogerlos. **Lista electoral** Lista en que están inscritos los electores de una circunscripción. **Lista negra** Relación de personas que se excluyen del trato, de una asociación, etc., por considerarlas indeseables o sospechosas. **Pasar lista** Llamar en voz alta para que respondan las personas cuyos nombres figuran en una relación.
LISTADO, A adj. Que tiene listas o bandas. SIN.: *rayado.* ✦ s.m. Lista, relación de nombres de personas, cosas, etc. **2.** INFORMÁT. Copia que sale de una impresora, en la que aparecen los datos, números, etc,. que resultan de un proceso hecho por una computadora.
LISTAR v.tr. INFORMÁT. Efectuar un listado de datos.
LISTEL s.m. ARQ. **a.** Filete o faja lisa que constituye un miembro o elemento de moldura. **b.** Elemento superior de una cornisa.
LISTERIOSIS s.f. Enfermedad infecciosa de los animales y del ser humano, debida a una bacteria grampositiva, *Listeria monocytogenes,* especialmente grave en la mujer embarazada y en el recién nacido.
LISTERO, A s. Persona encargada de pasar lista al personal de una empresa.
LISTEZA s.f. Cualidad de listo.
LISTÍN s.m. Publicación en que aparecen el nombre, dirección y número de teléfono de los abonados.
LISTO, A adj. Se dice de la persona que comprende y asimila las cosas con rapidez y con ingenio. **2.** Diligente, hábil para hacer o llevar a cabo alguna cosa. **3.** Preparado, dispuesto: *estar listo para partir* ◇ **Estar,** o **ir, listo** Expresa la convicción de que la esperanza o el propósito de una persona saldrán fallidos.
LISTÓN s.m. Tabla estrecha y larga. **2.** En atletismo, barra colocada horizontalmente en un soporte que indica la altura que debe sobrepasar el atleta al saltar. **3.** *Fig.* Medida o nivel

que establece la calidad o efectividad de una cosa. **4.** Méx. Cinta de tela.
LISTURA s.f. *Fam.* Listeza.
LISURA s.f. Cualidad de liso. **2.** *Fig.* Sinceridad, franqueza. **3.** Guat., Pan. y Perú. *Fig.* Palabra o acción irrespetuosa y grosera: *respondió con una de sus lisuras.* **4.** Pan. y Perú. *Fig.* Desenvoltura, desparpajo, atrevimiento: *nos pasmó su lisura.* **5.** Perú. *Fig.* Garbo, apostura: *su lisura cautivaba a todos.*
LITAM s.m. (voz árabe). Velo con el que las mujeres musulmanas y algunas nómadas del Sahara se cubren la cara.
LITARGIRIO s.m. (lat. *lithargyrum*). Óxido de plomo (PbO), de color rojo anaranjado, utilizado especialmente en vidriería y en la fabricación de compuestos, como pigmentos, secantes, etc.
LITAS s.m. Unidad monetaria de Lituania.
LITCHI s.m. → LICHI.
LITERA s.f. (cat. *llitera,* de *llit,* cama). Mueble formado por dos o más camas superpuestas. **2.** Cada una de las camas de este mueble. **3.** Cama de los camarotes de un barco o de los compartimentos de un tren. **4.** Vehículo antiguo, a manera de caja, con dos asideros, uno delante y otro atrás, para ser transportado por personas o por caballerías.
LITERAL adj. Conforme al primer sentido de las palabras que forman un texto. **2.** Que se ajusta exactamente a las palabras del original: *traducción literal.* **3.** LING. Se dice de un estado de lengua representado por la lengua escrita, por oposición a la lengua hablada: *árabe literal.* ◇ **Expresión literal** MAT. Expresión algebraica donde ciertas cantidades están expresadas por medio de letras.
LITERALIDAD s.f. Cualidad de literal.
LITERARIO, A adj. Relativo a las letras, en oposición a las ciencias. **2.** Relativo a la literatura.
LITERATO, A adj. y s. Se dice de la persona especialista en literatura. ✦ s. Escritor, persona que escribe obras literarias.
LITERATURA s.f. Arte que emplea la palabra hablada o escrita como forma de expresión. **2.** Conjunto de obras escritas u orales de un determinado género, época o lugar, que tienen una finalidad estética. **3.** Conjunto de escritos relativos a una materia o asunto: *la literatura cervantina.* **4.** Conjunto de teorías relativas a las obras y a los autores literarios. **5.** *Desp.* En el discurso hablado o escrito, exceso de palabras sin contenido esencial: *no dice nada de interés, todo es literatura.*
LITERGOL s.m. Propergol constituido por un ergol sólido y otro líquido. SIN.: *propergol híbrido.*
LITIÁSICO, A adj. Relativo a la litiasis.
LITIASIS s.f. Formación y presencia de cálculos en diversas estructuras del organismo, especialmente en el aparato urinario y las vías biliares: *litiasis renal, uretral y vesical.*
1. LÍTICO, A adj. PREHIST. Relativo a la industria de la piedra.
2. LÍTICO, A adj. Relativo a la lisis. ◇ **Cóctel lítico** Mezcla de medicamentos antálgicos y sedantes, utilizada en anestesia.
LITIGACIÓN s.f. Acción y efecto de litigar.
LITIGANTE adj. y s. Que litiga.
LITIGAR v.tr. (lat. *litigare*) [2]. Disputar sobre una cosa en un juicio: *litigar los bienes.* ✦ v.intr. *Fig.* Altercar, contender.
LITIGIO s.m. (lat. *litigium*). Pleito, enfrentamiento o disputa en un juicio. **2.** *Fig.* Disputa, contienda.
LITIGIOSO, A adj. Se dice de lo que está en pleito. **2.** Se dice de lo que está en duda y se disputa. **3.** Propenso a mover pleitos y acciones judiciales.
LITINA s.f. Hidróxido de litio.
LITÍNICO, A adj. Que contiene litina: *aguas litínicas.*
LITIO s.m. Metal alcalino, de color blanco, de densidad 0,53, cuyo punto de fusión es de 180,54 °C, el metal más ligero.) **2.** Elemento químico (Li), de número atómico 3 y masa atómica 6,941. (En forma de sales, se utiliza en psiquiatría.)
LITISCONSORCIO s.m. DER. Situación produ-

cida por la unión y coordinación de una pluralidad de personas que en un juicio poseen una solidaridad de intereses.

LITISCONSORTE s.m. y f. DER. Persona que litiga por la misma causa o interés que otra, formando con ella una sola parte.

LITISCONTESTACIÓN s.f. DER. Trabamiento de la contienda en juicio por medio de la contestación a la demanda, de que resulta un especial estado jurídico del asunto litigioso y de los litigantes entre sí.

LITISEXPENSAS s.f.pl. DER. **a.** Gastos o costas causados, o que se presumen que van a producirse, en el seguimiento de un pleito. **b.** Fondos que se asignan a personas que no disponen libremente de sus bienes, para que atiendan a tales gastos. **c.** Cantidad que para gastos judiciales han de aportar algunas personas a fin de que sus representantes legales puedan litigar en defensa de sus derechos, si carecen de recursos propios.

LITISPENDENCIA s.f. Estado del pleito antes de su terminación. **2.** Tiempo que media desde la contestación a la demanda hasta la sentencia. **3.** Excepción dilatoria basada en encontrarse una causa *sub iudice*, ante otro juez o tribunal competente, o ante el mismo.

LITÓFAGO, A adj. (del gr. *líthos*, piedra, y *fagein*, comer). Se dice del organismo que perfora las rocas para alojarse en las galerías formadas.

LITOFANÍA s.f. Procedimiento que permite obtener efectos por transparencia en la porcelana, cristal opaco, etc., mediante variaciones en el espesor de la pasta.

LITOGÉNESIS s.f. GEOL. Formación de las rocas. SIN.: *litogenia*.

LITOGRAFÍA s.f. Técnica de impresión que consiste en trazar un dibujo, texto, etc., con tinta o lápiz graso sobre una piedra caliza o una plancha metálica. (La litografía fue descubierta en 1796 por Senefelder.) **2.** Estampa impresa mediante este procedimiento. **3.** Taller del litógrafo.

LITOGRAFIAR v.tr. [10]. Imprimir mediante los procedimientos de la litografía.

LITOGRÁFICO, A adj. Relativo a la litografía. ◇ **Piedra litográfica** Variedad de piedra caliza de grano muy fino y homogéneo, utilizada en litografía.

LITÓGRAFO, A s. Persona que se dedica a la litografía.

LITOLOGÍA s.f. Parte de la geología que estudia las rocas.

LITOLÓGICO, A adj. Relativo a la litología.

LITOPEDION s.m. Feto muerto y sobrecargado de sales minerales debido a la prolongada estancia en el útero materno.

LITOPÓN s.m. Mezcla de sulfato bárico y sulfuro de cinc, no tóxica, utilizada en pintura.

LITORAL adj. (lat. *litoralis*). Relativo a la costa: *zona litoral*. ◆ s.m. Conjunto de las costas de un país o de un mar: *el litoral mediterráneo*. **2.** Argent., Par. y Urug. Orilla o franja de tierra al lado de los ríos. ◇ **Erosión litoral** Erosión de la costa bajo la acción conjugada del mar y de los agentes atmosféricos.

LITOSFERA s.f. Capa externa del globo terrestre, rígida, constituida por la corteza (continental y oceánica) y el manto superior, y limitada hacia el interior por la astenosfera.

LÍTOTE, LITOTE, LÍTOTES o **LITOTES** s.f. (lat. *litotes*). Figura retórica de pensamiento que consiste en disminuir las cualidades de un objeto mediante el procedimiento de decir lo contrario de lo que se quiere afirmar. («No estás en lo cierto», «no puedo por menos» son ejemplos frecuentes de esta figura.)

LITOTIPOGRAFÍA s.f. Técnica de reproducir en litografía una plancha impresa en caracteres tipográficos corrientes.

LITOTOMÍA s.f. (del gr. *líthos*, piedra, y *témnen*, cortar). CIR. Intervención quirúrgica para extraer un cálculo del organismo.

LITOTRICIA s.f. (del gr. *líthos*, piedra, y lat. *tritum*, triturado). Trituración de los cálculos vesicales y renales, para su posterior extracción.

LITOTROFO, A adj. y s.m. Se dice del organismo que utiliza sustancias inorgánicas como donadores de electrones.

LITRE s.m. Chile. Árbol de la familia de las anacardiáceas, de flores amarillas y frutos pequeños y dulces, de los cuales se extrae una especie de chicha. (Su sombra y el contacto de sus ramas producen un sarpullido.) **2.** Chile. Fam. Enfermedad producida por la sombra de este árbol.

LITRI adj. Se dice de la persona excesivamente atildada y presumida.

LITRO s.m. (fr. *litre*). Unidad de medida de volumen (símb. l) equivalente a 1 decímetro cúbico.

LITRÓN s.m. Antigua unidad de medida de volumen equivalente a 0,813 litros.

LITRONA s.f. Esp. Fam. Botella de cerveza de un litro.

LITUANO, A adj. y s. De Lituania. ◆ s.m. Lengua báltica hablada en Lituania.

LITURGIA s.f. (bajo lat. *liturgia*). Conjunto de ritos y oraciones, determinado por la autoridad competente, que constituye el culto divino de una comunidad religiosa: *la liturgia romana*. **2.** HIST. En la antigua Grecia, servicio público (espectáculos, fiestas, armamento de una embarcación, etc.) cuya organización y financiación no corrían a cargo de la ciudad sino de los ciudadanos ricos.

LITÚRGICO, A adj. Relativo a la liturgia.

LIUTO s.m. Planta herbácea de cuyas raíces, tuberosas y comestibles, se extrae el chuño. (Familia amarilidáceas.)

LIVEDO s.m. Conjunto de manchas violáceas en los miembros inferiores, que son síntoma de alteraciones circulatorias.

LIVIANA s.f. Cante flamenco.

LIVIANDAD s.f. Cualidad de liviano. **2.** Fig. Acción liviana.

LIVIANO, A adj. (del lat. vulgar *levianus*). Ligero, de poco peso: *ropa liviana*. **2.** Fig. Leve, de poca importancia: *enojarse por motivos livianos*. **3.** Fig. Inconstante, voluble, informal: *mujer liviana*.

LIVIDECER v.intr. [37]. Ponerse lívido.

LIVIDEZ s.f. Cualidad de lívido.

LÍVIDO, A adj. (lat. *lividus*, azulado negruzco). Que tiene un tono morado. **2.** Que está o es muy pálido.

LIVING s.m. (ingl. *living room*) [pl. *livings*]. Cuarto de estar.

LIVOR s.m. (lat. *livor, -oris*). Color cárdeno. **2.** Fig. Malignidad, envidia, odio.

LIXIVIACIÓN s.f. EDAFOL. Proceso de arrastre por el agua de la lluvia de las materias solubles o coloidales de los horizontes superiores de un suelo a horizontes más profundos. **2.** Extracción de las materias solubles de una mezcla con ayuda de disolventes apropiados.

LIXIVIAR v.tr. (del lat. *lixivia*, lejía). Tratar una sustancia con un líquido disolvente para extraer las materias solubles.

LIZA s.f. (fr. *lice*). Campo dispuesto antiguamente para justas y torneos de caballeros. **2.** Poét. Lucha o contienda. **3.** Fig. Disputa o controversia.

LIZO s.m. (lat. *licium*). Alambre o cordón de hilo que lleva un mallón por el que pasa el hilo de urdimbre en el telar. ◇ **Telar de alto lizo** Telar en que los hilos de la urdimbre están dispuestos verticalmente. **Telar de bajo lizo** Aquel en que dichos hilos están dispuestos horizontalmente.

LL s.f. Dígrafo que en español representa un sonido palatal, lateral, fricativo y sonoro. (Es la decimocuarta letra del abecedario español y undécima de sus consonantes.)

LLACA s.f. Mamífero marsupial de color gris pálido, que vive en Argentina y Chile, en terrenos pedregosos, y se alimenta de insectos. (Familia didélfidos.)

LLAGA s.f. (lat. *plaga*). Úlcera. **2.** Fig. Pesadumbre, pena.

LLAGAR v.tr. y prnl. [2]. Producir llagas.

LLAGUE s.m. Chile. Planta solanácea. **2.** Perú. Planta poligonácea.

LLALLÍ s.f. (voz arawak). Chile. Palomita o roseta de maíz. ◇ **Hacer llallí** algo Chile. Destrozarlo.

1. LLAMA s.f. (lat. *flamma*). Masa gaseosa en combustión, en forma de lengua, que permanece en contacto con un cuerpo en ignición,

y en la que se realiza una interacción química que desprende luz y calor. **2.** Fig. Sentimiento apasionado o vivo: *la llama del amor*. ◇ **Llama neutra** Llama obtenida mezclando volúmenes iguales de acetileno y de aire en el interior de un soplete para la soldadura de metales.

2. LLAMA s.f. (voz quechua). Mamífero rumiante de los Andes, de unos 2,50 m de long., que se utiliza como animal de carga y del que se aprovecha la carne y la lana.

■ LLAMA

3. LLAMA s.f. Terreno pantanoso.

LLAMADA s.f. Acción de llamar. **2.** Atracción ejercida por algo sobre alguien: *sentir la llamada del deber*. **3.** Voz o señal con que se llama. **4.** IMPR. Signo, letra o número que se pone en el texto para indicar que hay una cita o nota al pie de la página, al margen, o al fin del capítulo o del volumen. **5.** INFORMÁT. Transferencia temporal de control en una computadora digital, con el fin de cumplimentar una finalidad subsidiaria. **6.** MIL. Toque de corneta o de otro instrumento para que la tropa tome las armas y entre en formación o se reúna en un lugar determinado.

LLAMADO s.m. Amér. Llamada telefónica. **2.** Amér. Llamamiento.

LLAMADOR, RA s.m. Aldaba o timbre para llamar. **2.** Botón o pieza redonda que cierra el circuito en el timbre eléctrico. **3.** Aparato que en una estación telegráfica intermedia avisa las llamadas de otra.

LLAMAMIENTO s.m. Acción de llamar, pedir especialmente al hacerlo solemne o patéticamente. **2.** DER. Designación de personas o estirpes para una herencia, cargo, etc.

LLAMAR v.tr. (lat. *clamare*). Decir el nombre de una persona o animal, o hacer algún ruido o gesto, para que preste atención o vaya a un sitio determinado: *llamar al camarero*. **2.** Aplicar un nombre o apelativo a alguien o algo. **3.** Convocar, citar: *llamar a declarar como testigo*. **4.** Comunicar con alguien a través del teléfono. **5.** Atraer o gustar: *practica la escalada libre porque lo llama el riesgo*. **6.** DER. Hacer llamamiento o designación de personas o estirpe para una sucesión, liberalidad, cargo, etc. ◆ v.intr. Hacer sonar el timbre, campanilla, etc., para que acudan a abrir, servir, etc.: *llamar a la puerta*. **2.** MIL. Tocar llamada.

LLAMARADA s.f. Llama grande que brota y se apaga con rapidez. **2.** Fig. Acceso repentino y pasajero de un sentimiento o de un estado de ánimo. ◇ **Llamarada de petate** Se dice de lo que, después de haber despertado grandes expectativas de éxito, resulta un fracaso.

LLAMARÓN s.m. Chile, Colomb. y Ecuad. Llamarada.

LLAMATIVO, A adj. Que llama o atrae la atención, generalmente por lo exagerado: *color llamativo; persona llamativa*.

LLAMAZAR s.m. Terreno pantanoso. SIN.: *llamargo*.

LLAME s.m. (voz araucana). Chile. Lazo o trampa para cazar pájaros.

LLAMEAR v.intr. Echar llamas: *el fuego llamea*.

LLAMPO s.m. Chile. Polvo y parte menuda del mineral que queda una vez separada la parte más gruesa.

LLAMPUGA o **LLAMPUGA** s.f. Pez comestible, de 1,80 m de long., cuerpo alargado y comprimido y coloración muy variada, con irisaciones nacaradas, que vive en los mares abiertos. (Familia corifénidos.)

1. LLANA s.f. Herramienta de albañil para extender el yeso y la argamasa.

2. LLANA s.f. Plana, cara de un escrito. **2.** Llanura. **3.** TAUROM. Parte externa y plana de la nalga del toro.

LLANARCA s.m. Argent. Atajacaminos.

LLANCA s.f. Chile. Mineral de cobre, de color verde azulado. **2.** Chile. Fragmento pequeño de este mineral, usado por los araucanos para hacer collares y adornos de trajes.

LLANEAR v.intr. Ir por terreno llano, evitando las pendientes.

1. LLANERO, A adj. y s. De las llanuras.

2. LLANERO, A adj. y s. De Los Llanos.

LLANEZA s.f. Sencillez o naturalidad en la manera de hacer o decir las cosas. **2.** Fig. Familiaridad, afabilidad en el trato.

LLANISTO, A adj. y s. Argent. Para el montañés, de las tierras bajas, en particular de los llanos de la provincia de La Rioja.

LLANITO, A adj. y s. Fam. Gibraltareño.

LLANO, A adj. (lat. planus). Se dice de la superficie que carece de desniveles o desigualdades: terreno llano; plato llano. **2.** Fig. Afable, natural, sencillo: persona de trato llano. **3.** Fig. Sincero, legal: un consejo llano. **4.** Fig. Fácil, corriente: explicación llana. **5.** Que no goza de privilegios sociales o económicos: pueblo llano. **6.** Se dice de la palabra grave. ◆ s.m. Llanura. ◆ **llanos** s.m.pl. En las labores de punto de media, puntos que se hacen sin pasar de lado la hebra y sin crecer. ◇ **Ángulo llano** Ángulo de 180 grados.

LLANQUE s.m. Perú. Sandalia rústica.

LLANTA s.f. (fr. jante). Cerco metálico de las ruedas de los vehículos. **2.** Fleje. **3.** Pieza de hierro plana, larga y mucho más ancha que gruesa. **4.** Amér. Cubierta de caucho de una rueda, neumático. **5.** Méx. Pliegue que se forma alrededor del cuerpo por acumulación excesiva de grasa.

LLANTÉN s.m. Planta herbácea con cuyas hojas se hace una infusión empleada como astringente y contra las oftalmías. (Familia plantagináceas.) ◇ **Llantén de agua** Alisma.

inflorescencia

■ **LLANTÉN**

LLANTERA s.f. Fam. Llantina.

LLANTINA s.f. Fam. Llanto violento y prolongado. SIN.: llantera.

LLANTO s.m. (lat. planctus, -us, lamentación). Acción de fluir lágrimas de los ojos, acompañada generalmente de lamentos y sollozos. ◇ **Anegarse, o deshacerse, en llanto** Llorar mucho.

LLANURA s.f. Región de escaso relieve y cuya altitud media es próxima al nivel del mar.

LLAPA s.f. Amér. Merid. Añadidura, añadido.

LLAPANGO, A adj. Que no usa calzado.

LLAPAR v.tr. Amér. Merid. En minería, añadir.

LLAPINGACHO s.m. Ecuad. Tortilla de papas con queso.

LLARES s.m.pl. Cadena que pende en el cañón de la chimenea, con un gancho en el extremo inferior para colgar la caldera y, a poca distancia, otro para subirla o bajarla.

LLARETA s.f. Argent., Bol., Chile y Perú. Planta herbácea, de hojas alternas, cuyo tallo destila una resina balsámica, de uso medicinal, estimulante y estomacal. (Familia umbelíferas.)

LLAUCANA s.f. (voz quechua). Chile. Barre-

ta corta que usan los mineros para picar la veta.

LLAULLAU s.m. Chile. Hongo comestible que se cría en los árboles, empleado para la elaboración de una especie de chicha.

LLAUQUEARSE v.prnl. Chile. Venirse abajo, desmoronarse.

LLAVE s.f. (lat. clavis). Utensilio, comúnmente de metal duro, que sirve para abrir o cerrar una cerradura. **2.** Fig. Clave para descubrir lo oculto o secreto. **3.** Fig. Principio que facilita el conocimiento de otras cosas. **4.** Dispositivo que sirve para abrir, cerrar o regular el paso de un fluido por un conducto, mediante un obturador manipulado desde el exterior. GEOSIN.: Chile y Colomb. bitoque; Colomb. cruceta; Colomb., Guat. y Hond. paja; Esp. grifo. **5.** Instrumento o herramienta para apretar o aflojar tuercas y tornillos, para dar tensión o aflojar el resorte o muelle de un mecanismo, etc. **6.** Interruptor para abrir y cerrar un circuito eléctrico. **7.** Pieza de las armas de fuego portátiles y de algunas piezas de artillería ligera que servía para dispararlas por inflamación de la pólvora. **8.** Signo de puntuación que encierra dos o más guarismos, palabras o renglones. **9.** Pieza metálica de algunos instrumentos musicales de viento que abre o cierra el paso del aire produciendo diversos sonidos. **10.** DEP. En lucha y judo, presa que inmoviliza al adversario. **11.** HERÁLD. Figura muy frecuente en heráldica. ◇ **Debajo de, o bajo, llave** Con lugar cerrado con llave. **Debajo de, o bajo, siete llaves** Muy guardado y seguro. **Llave de paso** Dispositivo que se empalma en un punto intermedio de los tubos o cañerías del agua o gas para regular el paso del fluido. **Llave inglesa** Herramienta provista de un dispositivo que, al girar, abre más o menos las dos partes que forman la cabeza, hasta que esta se acopla a la tuerca o tornillo que se quiere mover. **Llave maestra** La que está hecha de forma que abre y cierra todas las cerraduras de una casa, local, etc. **Llave plana** Llave de dos bocas o cabezas fijas que se sirve para apretar o aflojar las tuercas de las bicicletas y automóviles.

inglesa ajustable por tornillo sin fin
inglesa de cremallera
plana de dos bocas
poligonal
de bujías (automóvil)
Allen (para tornillos hexagonales huecos)

■ **LLAVES**

LLAVEAR v.tr. Argent. y Par. Cerrar con llave.

LLAVERO s.m. Utensilio donde se guardan las llaves.

LLAVÍN s.m. Llave pequeña con que se abre el picaporte.

LLEGADA s.f. Acción de llegar. **2.** En deporte, meta.

LLEGAR v.intr. (lat. vulgar plicare, plegar). [2]. Pasar a estar en el término o fin de una trayectoria, marcha, etc.: llegar a casa. **2.** Hacerse actual un momento o una época: ya llega el

verano. **3.** Durar, existir hasta cuando se expresa: llegar a viejo. **4.** Alcanzar cierta altura, grado o nivel. **5.** Alcanzar al fin perseguido. **6.** Tener capacidad, extensión, potencia, etc., suficientes para determinado objeto: llegar a comprender algo. **7.** Ser suficiente un dinero para algo. **8.** Expresa que lo que a continuación se dice es muy extremo o exagerado: llegó a insultarme. ◆ **llegarse** v.prnl. Fam. Ir a un lugar cercano: llegarse hasta el parque. ◇ **¡Hasta ahí podíamos llegar!** Exclamación de protesta o indignación por algún abuso.

LLEIVÚN s.m. Planta herbácea, que crece en terrenos húmedos, cuyos tallos se emplean para hacer lazos, atar sarmientos, etc. (Familia ciperáceas.)

LLENA s.f. Desbordamiento o riada.

LLENADOR, RA adj. Chile. Se dice del alimento que rápidamente produce saciedad.

LLENADORA s.f. Máquina que llena los barriles en cadena.

LLENAR v.tr. y prnl. Ocupar un espacio determinado: llenar las copas; la playa se llenó de bañistas. **2.** Hartar o hartarse de comida. ◆ v.tr. Ocupar algo un espacio. **2.** Poner en un sitio gran cantidad de algo: llenar una pared de cuadros. **3.** Colmar, satisfacer plenamente deseos, aspiraciones, etc.: el trabajo la llena. **4.** Colmar, dar con abundancia: llenar de consejos. **5.** Rellenar un impreso.

1. LLENO s.m. Juego auxiliar compuesto del órgano. **2.** Composición para órgano, muy en boga en España en los ss. XVI al XVIII.

2. LLENO, A adj. (lat. plenus). Que contiene todo como su capacidad permite: el vaso está lleno. **2.** Que contiene gran cantidad: casa llena de gente. **3.** Saciado, satisfecho de comida: sentirse lleno. **4.** Algo gordo: persona un poco llena. ◆ s.m. Concurrencia de un gran número de personas en un espectáculo público: haber un lleno total. **2.** ASTRON. Plenilunio de la Luna. ◇ **De lleno (en lleno)** Enteramente, totalmente.

LLETA s.f. BOT. Tallo recién nacido de la semilla o del bulbo de una planta.

LLEVABLE adj. Que puede ser llevado. **2.** Llevadero.

LLEVADERO, A adj. Que puede ser soportado o tolerado: carga, pena llevadera.

LLEVADOR s.m. Tambor o cilindro cuya periferia está recubierta por una guarnición de carda, y que, situado en la proximidad del tambor principal de una máquina de carda, recibe las fibras de este y forma con ellas la napa o velo.

LLEVAR v.tr. (lat. levare, aliviar). Transportar algo de una parte a otra que no sea el lugar en donde está el que habla: llevar la ropa a la lavandería. **2.** Conducir o transportar en un vehículo, de un sitio a otro: este autobús me lleva hasta casa. **3.** Ir a parar a un camino a determinado lugar: un sendero que lleva al pueblo. **4.** Manejar, conducir, guiar un vehículo, montura, etc. **5.** Acompañar o guiar a alguien a determinado lugar: llevar a los niños al colegio. **6.** Tener la cualidad, estado o circunstancia que se especifica: llevar razón. **7.** Tener puesta una prenda de vestir o un adorno personal, o usarlos habitualmente. **8.** Traer consigo en la mano, bolsillo, etc.: llevar el bolso. **9.** Dirigir, administrar un negocio o asunto: llevar las cuentas. **10.** Hacer algo de la manera que se expresa: llevar bien los estudios. **11.** Soportar o sufrir: llevar una enfermedad con resignación. **12.** Ser causa de que algo suceda: llevar la alegría a los padres. **13.** Transmitir, comunicar: llevar una noticia. **14.** Con un complemento de tiempo, haberlo pasado uno en la misma situación en que se encuentra o haciendo lo mismo que hace, hasta el momento en que se habla: llevar una hora esperando. **15.** Marcar el paso, ritmo, etc.: llevar mal el paso. ◆ v.tr. y prnl. Lograr, conseguir: llevarse un premio. **2.** Exceder una persona o cosa a otra en la cantidad que se determina: le llevo diez años. **3.** Requerir algo cierto trabajo o tiempo: arreglarlo llevará una hora. **4.** Esp. Cobrar determinada cantidad por algo. ◆ v.auxiliar. Con algunos participios equivale a haber: lleva dichas muchas verdades. ◆ **llevarse** v.prnl. Tomar una cosa de alguien, por lo general, violenta u ocultamente. **2.** Estar algo de moda: *este año se lleva el color negro*. **3.** Recibir o sufrir un disgusto, sofocón, etc.: *llevarse un buen susto*. **4.** Tener una persona una buena o mala relación con otra: *se lleva bien con todo el mundo*. ◇ **Dejarse llevar** Permitir la acción de alguien o de algo sobre uno mismo. **Llevar adelante** Hacer que una cosa prospere. **Llevar consigo** Hacerse alguien acompañar de una o varias personas. **Llevar las de perder** *Fam.* Estar en desventaja o en situación desesperada. **Llevar y traer** *Fam.* Andar en chismes y cuentos.

LLICLLA s.f. Bol., Ecuad. y Perú. Manteleta vistosa que cubre los hombros y la espalda, de color diferente al de la falda, que forma parte del atuendo típico de las mujeres indígenas.

LLICTA s.f. Argent. y Bol. Masa semiblanda de sabor salado y coloración gris oscura, a causa de la ceniza de algunas plantas que intervienen en la mezcla, cuya base son papas o patatas hervidas y acompaña las hojas de coca del acullico.

LLIGUES s.m.pl. Chile. Habas pintadas que se utilizan como fichas en algunos juegos.

LLOCLLA s.f. Perú. Avenida anegada de agua a causa de las lluvias torrenciales.

LLOICA s.f. Chile. Loica.

LLORADERO s.m. MAR. Sitio o agujero por donde se filtra el agua.

LLORAR v.intr. y tr. (lat. *plorare*). Derramar lágrimas por dolor, pena, etc. **2.** *Fig.* Caer un líquido gota a gota, o destilar: *este bollo llora*. ● v.intr. Fluir lágrimas de los ojos. **2.** Fluir savia después de la poda de los árboles, especialmente las vides. ● v.tr. *Fig.* Estar muy afligido por una desgracia: *llorar la muerte de alguien*. **2.** *Fig.* Quejarse con el fin de despertar compasión: *llorarle las penas*.

LLORERA s.f. *Fam.* Llanto violento y prolongado.

LLORICA s.m. y f. Esp. Persona que llora con frecuencia y por cualquier motivo.

LLORIDO s.m. Méx. Gemido o lloro.

LLORIQUEAR v.intr. Llorar de forma débil, di agunda n mnurlinn

LLORIQUEO s.m. Acción y efecto de lloriquear

LLORO s.m. Acción de llorar. **2.** Llanto.

LLORÓN, NA adj. Relativo al lloro o llanto: *borrachera llorona*. **2.** TAUROM. Se dice del toro que tiene mucha mancha en la parte inferior del ojo. ● adj. y s. Que llora con poco motivo o se queja habitualmente: *niño llorón*.

LLORONAS s.f.pl. Argent. y Urug. Espuelas grandes.

LLOROSO, A adj. Que muestra señales de haber llorado o de ir a llorar: *ojos llorosos*.

LLOVEDIZO, A adj. Se dice del tejado o cubierta que, por defecto, deja pasar el agua de la lluvia.

LLOVER v.intr. (lat. vulgar *plovere*) [30]. Caer agua de las nubes. **2.** Venir u ocurrir de una vez muchas cosas: *los contratos le llueven*. ◇ **Como llovido del cielo** Indica que algo o alguien aparece en el momento oportuno o de modo inesperado. **Llover sobre mojado** Ocurrir algo desagradable a alguien después de que otra cosa del mismo carácter haya afectado ya su ánimo.

LLOVIZNA s.f. Lluvia de gotas muy pequeñas que caen uniforme y suavemente.

LLOVIZNAR v.intr. Caer llovizna.

LLUQUI adj. (voz quechua) Ecuad. Zurdo.

LLUVIA s.f. (lat. *pluvia*). Precipitación líquida de agua atmosférica en forma de gotas. (La lluvia se produce cuando al aumento de tamaño y peso de las gotas que forman las nubes hace que no se puedan mantener en suspensión.) **2.** Caída de objetos o de materias: *una lluvia de ceniza*. **3.** Gran cantidad o abundancia de algo: *lluvia de regalos, de preguntas*. **4.** Argent., Chile y Nicar. Agua que, en forma de lluvia o de chorro, surge de la ducha. **5.** Argent., Chile y Nicar. Dispositivo que regula la caída de este chorro mismo. ◇ **Lluvia ácida** Lluvia con ácidos disueltos, principalmente ácido sulfúrico y ácido nítrico, procedentes de combustibles y motores de explosión, que es muy dañina para la vegetación, especialmente para los bosques.

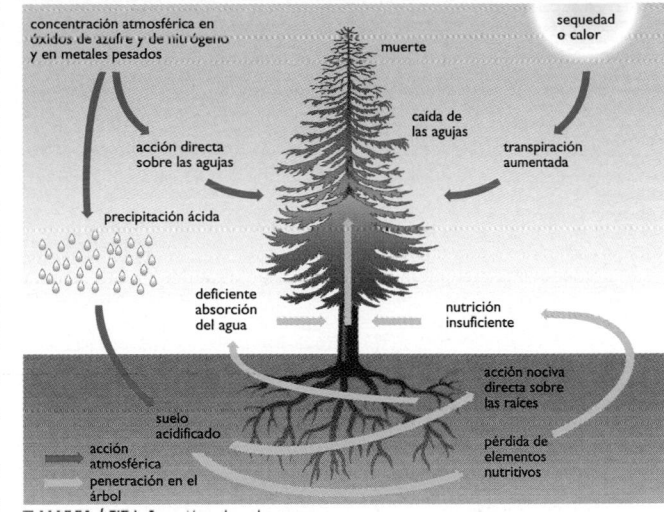

concentración atmosférica en óxidos de azufre y de nitrógeno y en metales pesados

muerte

sequedad o calor

acción directa sobre las agujas

caída de las agujas

transpiración aumentada

precipitación ácida

deficiente absorción del agua

nutrición insuficiente

acción nociva directa sobre las raíces

suelo acidificado

pérdida de elementos nutritivos

acción atmosférica

penetración en el árbol

■ **LLUVIA** ÁCIDA. Su acción sobre el entorno.

LLUVIOSO, A adj. Caracterizado por la lluvia: *tiempo lluvioso; zona lluviosa*.

1. LO art.t.det.neutro. Se antepone a adjetivos, adverbios y frases dándole carácter sustantivo: *lo noble; a lo lejos; lo que me pediste*.

2. LO pron.pers. Forma átona del pronombre personal neutro de 3ª persona del singular. Funciona como complemento directo o como predicado nominal. Va pospuesto y unido al verbo cuando acompaña a un infinitivo, gerundio o imperativo: *parecía un general pero no lo era*.

3. LO s.m. MÚS. Cada una de las pellingas de caída en las velas redondas.

4. LO, LA pron.pers. Forma átona del pronombre personal de 3ª persona del singular. Funciona como complemento directo. Va pospuesto y unido al verbo cuando acompaña a un infinitivo, gerundio o imperativo: *no la he visto; dámelo*.

LOA s.f. Acción de loar. **2.** TEATR. En el teatro clásico español, prólogo de una representación teatral en el que se elogiaba a la persona a la que estaba dedicada la obra y se describía el argumento.

LOABLE adj. Laudable, digno de alabanza: *actitudes loables*.

LOADER s.m. (voz inglesa). Cargadora móvil de gran potencia, empleada en obras públicas para excavar terrenos y descargar los escombros sobre una cinta transportadora.

LOAR v.tr. (lat. *laudare*). Alabar.

LOB s.m. (voz inglesa). DEP. En tenis, jugada que consiste en lanzar la pelota muy alta para que pase por encima del contrario sin que este pueda interceptarla.

1. LOBA s.f. Sotana, vestidura de eclesiásticos y, antiguamente, de estudiantes.

2. LOBA s.f. Lomo no removido por el arado.

LOBADO s.m. Lesión carbuncosa, de aspecto tumoral, que padecen el ganado equino, vacuno, lanar y cabrío.

LOBANILLO s.m. Excrecencia leñosa, cubierta de corteza, que se forma en el tronco o en las ramas de un árbol. **2.** MED. Quiste producido por la hipertrofia de una glándula sebácea cuyo producto de secreción no se evacua. SIN.: *lupia*.

LOBAR adj. Relativo al lobo o lóbulo.

LOBATO, A s. Cachorro de lobo.

LOBBY s.m. (voz angloamericana). Grupo de presión.

LOBEAR v.intr. Argent. Cazar lobos marinos.

LOBECTOMÍA s.f. Ablación quirúrgica de un lóbulo de un órgano.

LOBERA s.f. Monte donde hacen guarida los lobos. **2.** Guarida del lobo.

LOBERÍA s.f. Argent. y Perú. Paraje de la costa donde los lobos marinos hacen su vida en tierra.

LOBERO, A adj. Lobuno. ● s. Persona que caza lobos a cambio de una remuneración. ● s.m. Argent. Persona que caza lobos marinos.

LOBEZNO, A s. (lat. tardío *lupicinus*). Cachorro de lobo.

LOBI, pueblo de Burkina Faso y de Costa de Marfil, que habla una lengua voltaica.

LOBISÓN s.m. (port. *lobishomem*). Argent., Par. y Urug. Hombre, por lo común el séptimo hijo de una familia, que según las creencias populares se transforma en fiera durante las noches de luna llena. **2.** Argent., Par. y Urug. Por ext. Persona intratable.

LOBITO s.m. *Lobito de río* Amér. Merid. Nutria que vive en los grandes ríos de la región subtropical de Argentina y Brasil.

1. LOBO s.m. (gr. *lobós*). ANAT. Lóbulo.

2. LOBO, A s. (lat. *lupus*). Mamífero carnívoro correspondiente a diversos géneros de las familias cánidos y hiénidos. (El más conocido es el *lobo común*, propio de Europa, Asia y América septentrional, de tronco ágil y esbelto, cabeza grande y fuerte con hocico puntiagudo y orejas esbeltas; el *lobo de tierra*, parecido a la hiena, vive en el sur de África, tiene el pelambre corto, con manchas negras, blancas y leonadas; el lobo aúlla u otila; la cría es el lobato o lobezno.) ● s.m. Pez de agua dulce, de cuerpo alargado, ojos grandes y hocico prominente. (Familia ciprínidos.) **2.** Pez de agua dulce, de color amarillento, con una incisión en la aleta caudal, que se encuentra en los ríos de toda Europa. (Familia cobítidos.) ◇ **Lobo cerval** Lince. **Lobo de mar** *Fig. y fam.* Marinero experimentado. **Lobo marino** Mamífero carnívoro que vive en el mar durante la mayor parte del año, donde se alimenta de peces y moluscos. (Familia otáridos.)

■ **LOBO**

LOBOTOMÍA s.f. Intervención neuroquirúrgica que se realiza sobre el lóbulo frontal, para desconectarlo del tálamo y así actuar sobre el componente emocional de algunas alteraciones mentales. SIN.: *leucotomía.*

LÓBREGO, A adj. (lat. *lubricus,* resbaloso o pecaminoso). Oscuro, sombrío: *cuchitril lóbrego.* **2.** Triste: *día lóbrego.*

LOBREGUECER v.tr. [37]. Hacer lóbrego. ◆ v.intr. Anochecer.

LOBULADO, A adj. Dividido en lóbulos.

LOBULAR adj. Relativo al lóbulo.

LÓBULO s.m. Parte saliente del borde ondulado de una cosa. **2.** ANAT. **a.** Parte inferior carnosa de la oreja. **b.** Parte redondeada de un órgano (pulmón, hígado, cerebro, etc.), relativamente separada del resto del órgano o que tiene una función propia.

LOBUNO, A adj. Relativo al lobo. **2.** Argent. Se dice del caballo cuyo pelaje es grisáceo en el lomo, más claro en las verijas y en el hocico, y negro en la cara, crines, cola y remos.

LOCACIÓN s.f. Arrendamiento.

LOCAL adj. (lat. *localis*). Que es particular de un lugar: *costumbres locales.* **2.** Municipal o provincial, por oposición a general o nacional: *policía local.* **3.** Se dice de lo que se refiere solo a una parte y no a su totalidad: *anestesia local.* ◆ s.m. Espacio cerrado donde se puede establecer un negocio, una vivienda, etc.

LOCALIDAD s.f. Población o ciudad. **2.** Plaza o asiento en los locales destinados a espectáculos públicos: *teatro de mil localidades.* **3.** Billete, entrada de que da derecho a ocupar uno de estos asientos o plazas.

LOCALISMO s.m. Apego excesivo hacia el propio país y a sus tradiciones. **2.** Palabra o giro propios de una determinada localidad.

LOCALISTA adj. Relativo al localismo.

LOCALIZACIÓN s.f. Acción de localizar o localizarse. **2.** AERON. Acción de situar, en función de la población propia o de sus coordenadas geográficas, un objeto. **3.** BOT. Situación que ocupa una especie dentro de un biotopo. ◇ **Localizaciones cerebrales** FISIOL. Relación entre una determinada zona del cerebro y una función concreta.

LOCALIZADOR s.m. TELECOM. Aparato que sirve para localizar un punto o un objeto en el espacio: *localizador GPS.*

LOCALIZAR v.tr. [7]. Averiguar el lugar preciso en que se halla una persona o cosa: *no pude localizarte en todo el día.* **2.** Circunscribir, reducir una cosa a ciertos límites. ◆ v.tr. y prnl. Fijar, delimitar el lugar de una cosa: *el dolor se le ha localizado en la pierna.*

LOCATARIO, A s. Arrendatario.

LOCATIS s.m. y f. *Fam.* Chiflado.

LOCATIVO, A adj. DER. Relativo al contrato de locación o arrendamiento. ◆ s.m. y adj. LING. Caso de algunas lenguas que tienen declinación con el que expresa el lugar donde se desarrolla la acción.

LOCERÍA s.f. Amér. Fábrica de loza.

LOCH s.m. (voz escocesa). Lago alargado, establecido en el fondo de un valle, característico de Escocia.

LOCHA s.f. Brótola.

LOCHE s.m. Colomb. Mamífero rumiante, similar al ciervo, de pelo muy lustroso.

LOCIÓN s.f. (lat. *lotio, -onis,* acción de lavar). Líquido para el cuidado y tratamiento de la piel o del cabello, compuesto de agua y sustancias específicas. **2.** Fricción o lavado dado sobre una parte del cuerpo con un líquido, para limpieza o como medicación.

LOCK-OUT s.m. (ingl. *lockout*). Cierre de los centros de trabajo impuesto por los empresarios para hacer presión sobre los trabajadores que están en huelga o que amenazan con hacer huelga.

1. LOCO s.m. Gasterópodo del Pacífico, de carne comestible, sabrosa y dura. (Familia purpúridos.)

2. LOCO, A adj. y s. Se dice de la persona que tiene perturbadas las facultades mentales. SIN.: *demente.* **2.** Se dice de la persona de poco juicio o imprudente. **3.** Se dice de la persona que experimenta un sentimiento de forma muy pasional o sufre un dolor físico intenso: *está loco por esa chica.* ◆ adj. Se dice del sentimiento que provoca una actuación irrazonable: *un orgullo loco.* **2.** *Fig.* Extraordinario, muy grande: *has tenido una suerte loca.* **3.** MEC. Se dice de un mecanismo independiente del árbol o eje en que va montado y sobre el cual gira: *rueda loca, polea loca.* ◇ **A lo loco** o **a locas** Sin reflexión. **Hacer el loco** Divertirse actuando de forma irreflexiva. **Loco de atar** *Fig.* y *fam.* Persona que actúa como si tuviera perturbadas las facultades mentales. **Volver loco a** alguien Marearlo; gustarle mucho; enamorarlo. **Volverse loco por** alguien o algo Desear intensamente devivirse por dicha persona o cosa.

LOCOMOCIÓN s.f. Acción de desplazarse de un punto a otro. **2.** Función que asegura este desplazamiento. ◇ **Medios de locomoción** Término general con que se designan los diversos sistemas que se utilizan para desplazarse de un lugar a otro.

LOCOMOTOR, RA adj. (ingl. *locomotive*). Que es apto para la locomoción o que la produce. **2.** Se dice de la pata de los insectos o de los crustáceos que únicamente sirve para la marcha.

LOCOMOTORA s.f. Máquina de vapor, eléctrica, con motor térmico o de aire comprimido, etc., montada sobre ruedas y destinada a arrastrar los vagones de un tren.

LOCOMOTRIZ adj. Locomotor: *fuerza locomotriz.* ◆ s.f. Aparato de tracción ferroviaria de mediana potencia, accionado por un motor térmico o eléctrico.

LOCOMÓVIL adj. Que puede moverse o llevarse de un lugar a otro. ◆ s.f. y adj. Máquina de vapor montada sobre ruedas.

LOCOTRACTOR s.m. Aparato de tracción sobre rieles accionado por un motor térmico de poca potencia.

LOCRIO s.m. Dom. Arroz cocido con carne.

LOCRO s.m. Amér. Merid. Guiso elaborado con maíz blando, papas, carne, especias y otros ingredientes.

LOCUACIDAD s.f. Cualidad de locuaz.

LOCUAZ adj. (lat. *loquax, -acis*). Que habla mucho.

LOCUCIÓN s.f. Modo de hablar. **2.** LING. Expresión formada por un grupo de palabras, de forma fija o con flexión en algún elemento, cuyo sentido unitario, familiar a la comunidad lingüística, no se puede deducir del significado de las palabras que la forman.

LOCUELA s.f. Modo y tono particular de hablar de cada persona.

LOCUELO, A adj. y s. *Fam.* Atolondrado, ligero.

LOCULAR adj. BOT. Relativo al lóculo. (Suele usarse como prefijo en voces compuestas: *bilocular, unilocular.*)

LÓCULO s.m. BOT. Cavidad de algunos órganos donde se contienen las semillas o esporas.

LOCURA s.f. Denominación antigua e imprecisa de algunos trastornos mentales. **2.** Dicho o hecho disparatado: *decir locuras; cometer locuras.* **3.** Amor o cariño exagerados por alguien o algo: *querer con locura.*

LOCUS s.m. (voz latina, *lugar*) [pl. *loci*]. Lugar cromosómico ocupado por los genes alelos relativos a un carácter hereditario.

LOCUTOR, RA s. Persona que tiene por oficio hablar por radio o televisión para dar noticias, presentar un programa, etc.

LOCUTORIO s.m. Lugar de un convento, monasterio o cárcel, dividido generalmente por una reja, donde se reciben las visitas. **2.** Departamento que dispone de varias cabinas telefónicas de uso público. **3.** Local convenientemente preparado para realizar una audición transmitida por una emisora de radio.

LODAZAL o **LODAZAR** s.m. Terreno lleno de lodo.

CARACTERÍSTICAS
longitud: 17,71 m
peso: 96 t
potencia: 5 600 kW
velocidad máxima: 200 km/h

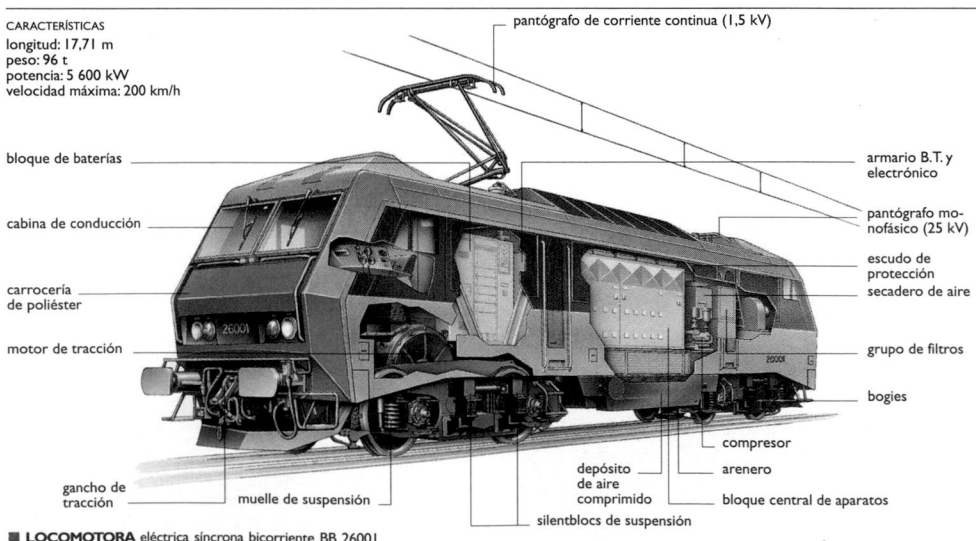

pantógrafo de corriente continua (1,5 kV)

bloque de baterías

cabina de conducción

carrocería de poliéster

motor de tracción

gancho de tracción

muelle de suspensión

armario B.T. y electrónico

pantógrafo monofásico (25 kV)

escudo de protección

secadero de aire

grupo de filtros

bogies

compresor

arenero

bloque central de aparatos

depósito de aire comprimido

silentblocs de suspensión

■ **LOCOMOTORA** eléctrica síncrona bicorriente BB 26001.

LODEN s.m. Tela de lana tupida parecida al fieltro. **2.** Abrigo confeccionado con esta tela.

LODO s.m. (lat. *lutum*). Mezcla de tierra y de agua, especialmente la que resulta de la lluvia en el suelo. **2.** *Fig.* Deshonra, descrédito: *cubrir de lodo el buen nombre de una familia.*

LODOÑERO o **LODONERO** s.m. Guayacán.

LODOSO, A adj. Lleno de lodo.

LOES o **LOESS** s.m. (de *Löss,* localidad alemana) [pl. *loes*]. Limo, de origen eólico, cuya fertilidad está vinculada a la riqueza en materiales calizos.

LOFÓFORO s.m. ZOOL. Corona de los tentáculos peribucales de los briozoos, generalmente con forma de círculo o de herradura.

LOFT s.m. (voz inglesa). Vivienda o departamento acondicionado a partir de un antiguo local industrial, como un almacén, un taller o una fábrica.

LOGARÍTMICO, A adj. Relativo al logaritmo. ◇ **Cálculo logarítmico** Cálculo efectuado mediante logaritmos. **Función logarítmica** Función de la forma $\log_a x$ inversa de la función exponencial.

LOGARITMO s.m. (del gr. *lógos,* razón, y *arithmós,* número). Exponente de la potencia a la que hay que elevar un número base para hallar el número considerado (símb. $\log_a$). ◇ **Logaritmo natural,** o **neperiano,** de un número Logaritmo de este número en un sistema cuya base es el número e (símb. ln). **Logaritmo vulgar,** o **decimal,** de un número Logaritmo de este número en un sistema cuya base es 10 (símb. log).

LOGIA s.f. Lugar en el que los masones colebran sus asambleas. **2.** Asamblea de masones. **3.** Conjunto de miembros de esta asamblea. **4.** Galería exterior, techada y abierta por delante, formada por columnas que soportan arquitrabes o arcadas.

LÓGICA s.f. (lat. *logica*). Parte de la filosofía que estudia la estructura, fundamento y uso de las expresiones del razonamiento humano. **2.** Coherencia de un razonamiento o del modo de razonar de una persona: *su explicación carece de toda lógica.* ◇ **Lógica formal,** o **simbólica** Conjunto de leyes y de reglas relativas al razonamiento deductivo. **Lógica matemática** Lógica que utiliza el método o los símbolos de las matemáticas. (Esta teoría científica excluye los procesos psicológicos que intervienen en el razonamiento y se divide en *cálculo de enunciados* y *cálculo de predicados.*)

ENCICL. La lógica constituye un lenguaje, es decir, un sistema de signos con unas determinadas reglas para combinarlos. Este lenguaje está constituido por un sistema de símbolos y de variables relacionados por operadores que determinan la estructura interna de las proposiciones y las relaciones entre estas. La lógica se remonta a Aristóteles (s. IV a.C.). Este fue quien sentó las bases del silogismo con los filósofos escolásticos se encargaron de formalizar durante la edad media. La lógica pasó a ser matemática en el s. XIX, gracias a Bolzano, Boole y De Morgan, fue el fundador de la *lógica formal,* y Russell (1872-1970) y Wittgenstein (1889-1951), sus principales teóricos.

LOGICISMO s.m. Actitud filosófica que acentúa la importancia de la lógica de los razonamientos y minimiza su aspecto sociológico. **2.** Doctrina elaborada por Frege y desarrollada por B. Russell, según la cual las matemáticas se reducen a la lógica.

LÓGICO, A adj. (lat. *logicus*). Relativo a la lógica. **2.** Aprobado por la razón como bien deducido o pensado: *excusa lógica y convincente.* **3.** Natural, normal: *es lógico que con los años vengan los achaques.* ◆ s. Persona que se dedica al estudio de la lógica.

LOGISTA s.m. y f. Persona que se dedica a la logística.

LOGÍSTICA s.f. Lógica matemática. **2.** Conjunto de métodos y de medios relativos a la organización de un servicio, de una empresa, etc. **3.** MIL. Parte de la ciencia militar que calcula, prepara y realiza cuanto se refiere a la vida, movimientos y necesidades de las tropas que están en campaña.

LOGÍSTICO, A adj. Relativo a la logística.

◇ **Centro logístico** MIL. Órgano que atiende en campaña, dentro de una gran unidad, a las necesidades de las tropas establecidas en un determinado lugar. **Despliegue logístico** MIL. El que adoptan los medios de los diferentes servicios durante una situación determinada o en el transcurso de una operación.

LOGO s.m. *Fam.* Logotipo.

LOGÓGRAFO s.m. ANT. GR. **a.** Historiador anterior a Heródoto. **b.** Autor de discursos o de alegatos.

LOGOGRIFO s.m. (del gr. *lógos,* palabra, y *griphos,* enigma). Juego que consiste en adivinar una palabra a partir de la que se forman otras palabras que también han de ser averiguadas.

LOGOMAQUIA s.f. (gr. *logomakhía*). Discusión en que se atiende más a las palabras que al fondo del asunto.

LOGOPEDA s.m. y f. Especialista en logopedia.

LOGOPEDIA s.f. Técnica que tiene como finalidad corregir los defectos de fonación y de lenguaje.

LOGORREA s.f. Locuacidad verbal excesiva y desordenada, que se presenta en determinados estados de excitación psíquica.

LOGOS s.m. (voz griega). FILOS. Palabra inteligible.

LOGOTIPO s.m. Símbolo gráfico que sirve para distinguir una marca o nombre de una empresa o de un producto.

LOGRADO, A adj. Que está bien hecho o responde a las expectativas creadas.

LOGRAR v.tr. Llegar a obtener lo que se pretendía: *no logré convencerla; lograr el primer premio.* ◆ **lograrse** v.prnl. Llegar a realizar plenamente: *temía abortar y que su hijo no se lograse.*

LOGREAR v.intr. Hacer tratos con usura.

LOGRERÍA s.f. Ejercicio de la usura.

LOGRERO, A adj. y s. Se dice de la persona que presta dinero a un interés muy alto. **2.** Se dice de la persona que guarda y retiene géneros, para venderlos después a precio excesivo. **3.** Se dice de la persona que explota a sus subordinados. **4.** *Chile.* Gorrón. ◆ s. *Argent., Chile, Colomb., Par.* y *Urug.* Persona que procura lucrarse por cualquier medio.

LOGRO s.m. (lat. *lucrum,* provecho, ganancia). Acción y efecto de lograr.

LOGROÑÉS, SA adj. y s. De Logroño.

LOICA s.f. Ave paseriforme algo mayor que el estornino, de color gris y blanco, con la cabeza y el pecho rojo escarlata, que se domestica con facilidad y es muy estimada por su canto melódico. (Vive en la zona S de Chile y Argentina; familia ictéridos). SIN.: *lloica.*

LOÍSMO s.m. Uso incorrecto de *lo* por *le: lo di una torta.* (Su uso está poco extendido.)

LOÍSTA adj. y s.m. y f. Que comete loísmo al hablar o escribir.

LOJANO, A adj. y s. De Loja (Ecuador).

LOÍSTA s.m. Miembro de determinadas cofradías de penitentes de Alemania y los Países Bajos en el s. XVI. **2.** En Inglaterra, predicador itinerante discípulo de Wyclif.

LOLO, A s. *Chile.* Chico, adolescente.

LOMA s.f. (de *lomo*). Elevación del terreno pequeña y alargada.

LOMADA s.f. *Amér. Merid.* Loma.

LOMAJE s.m. *Chile.* Terreno formado por lomas, colinas.

LOMBARDA s.f. Bombarda, pieza de artillería.

LOMBARDERO s.m. Artillero encargado de la bombarda.

LOMBARDO, A adj. y s. De Lombardía. **2.** De un pueblo germánico establecido entre el Elba y el Odra, y posteriormente al S del Danubio. SIN.: *longobardo.* ◇ **Col lombarda** Variedad de col de cabeza repollada, de hojas rizadas y de intenso color violáceo.

ENCICL. Los lombardos invadieron Italia en el s. VI y fundaron un estado cuya capital era Pavía (572). Derrotados por Carlomagno, adoptó el título de rey de los lombardos, mantuvieron una dinastía en Benevento hasta 1047.

LOMBRICIENTO, A adj. *Amér.* Que tiene muchas lombrices.

LOMBRIGUERA s.f. Agujero que las lombrices hacen en la tierra.

LOMBRIZ s.f. (lat. vulgar *lumbrix, -icis*). Gusano oligoqueto terrestre, de unos 30 cm de long., cuerpo cilíndrico, que se considera beneficioso para la agricultura por su régimen alimenticio micrófago y por las galerías que excava en el suelo, que contribuyen a airear la tierra. (Familia lumbrícidos.) ◇ **Lombriz intestinal** Nematodo del intestino delgado del ser humano y de ciertos vertebrados. (Familia ascáridos.)

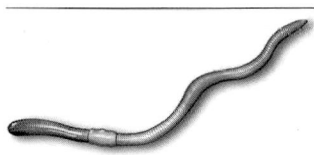

■ **LOMBRIZ** de tierra.

LOMEAR v.intr. Encorvar violentamente el lomo los caballos.

LOMENTO s.m. BOT. Variedad de fruto en legumbre indehiscente que en la madurez se descompone en fragmentos.

LOMERA s.f. Correa que, acomodada en el lomo de la caballería, mantiene las demás piezas de la guarnición. **2.** Caballete, línea horizontal y más elevada de un tejado. **3.** Piel o tela que forma el lomo del libro encuadernado en media pasta.

LOMIENHIESTO, A o **LOMINHIESTO, A** adj. Alto de lomos. **2.** *Fig.* y *fam.* Engreído, presuntuoso.

LOMILLERÍA s.f. *Amér. Merid.* Guarnicionería, taller o tienda donde se venden lomillos, riendas, etc. **2.** DEP. Conjunto de los aparejos de montar.

LOMILLO s.m. Parte superior de la albarda. **2.** Punto que se hace a base de puntadas cruzadas. **3.** *Amér.* Pieza del recado de montar consistente en dos almohadas rellenas de junco o de totora, afianzadas a una lonja de suela. ◆ **lomillos** s.m.pl. Aparejo con dos almohadillas largas y estrechas que se pone a las caballerías de carga.

LOMO s.m. (lat. *lumbus*). Parte superior del cuerpo de un cuadrúpedo. **2.** Carne de diversas regiones del cuerpo, variable según el ganado y el tipo de corte que se practica, de las reses destinadas a consumo. **3.** Parte interior y central de la espalda del ser humano. (Suele usarse en plural.) **4.** Parte del lomo opuesta al canal o corte delantero de las hojas, y en la que van cosidos los pliegos. **5.** Tierra que levanta el arado entre surco y surco. **6.** Parte de un instrumento cortante opuesta al filo. **7.** Parte por donde doblan a lo largo de la caja las pieles, telas y otras cosas. ◇ **Agachar,** o **doblar, el lomo** *Fam.* Trabajar duramente; humillarse. **A lomo** o **a lomos** Sobre una caballería.

LOMUDO, A adj. Que tiene grandes lomos.

LONA s.f. (de *Olonne,* ciudad en la costa oeste de Francia). Tela de lino, cáñamo o algodón, recia e impermeable, con la que se confeccionan toldos, velas, etc. **2.** *Fig.* En boxeo, judo, etc., piso del cuadrilátero. **3.** *Argent.* Pieza rectangular de tela gruesa que se emplea en actividades al aire libre. ◇ **Irse,** o **mandar,** o **tirar, lona** *Argent. Fam.* Perder, arruinar.

LONCH, LONCHE o **LUNCH** s.m. (angloamericano *lunch*). *Méx.* Almuerzo, principalmente el que se lleva a la escuela o trabajo.

LONCHA s.f. Lonja, lámina delgada de un alimento. **2.** Lancha, piedra plana.

LONCHERÍA s.f. *Amér. Central* y *Méx.* Establecimiento donde se sirve comida rápida.

LONCO s.m. (voz araucana). *Chile.* Cuello, pescuezo.

LONDINENSE adj. y s.m. y f. De Londres.

LONETA s.f. Lona delgada propia para velas

621

de botes. **2.** Argent. *Por ext.* Lona, pieza rectangular. **3.** Argent. y Chile. Lona delgada.

LONGANIMIDAD s.f. Grandeza y constancia de ánimo en las adversidades.

LONGANIZA s.f. (lat. vulgar *lucanicia*). Embutido hecho de carne de cerdo adobada y picada.

LONGEVIDAD s.f. Prolongación de la vida hasta una edad muy avanzada.

LONGEVO, A adj. (lat. *longaevus*). Que ha alcanzado edad muy avanzada.

LONGICORNIO, A adj. y s.m. ZOOL. Cerambícido.

LONGITUD s.f. Dimensión única que se considera en una línea, o la mayor dimensión en los cuerpos que tienen varias. **2.** Ángulo diedro formado, en un lugar dado, por el plano meridiano de este lugar con el plano meridiano de otro lugar tomado como origen. **3.** INFORMÁT. Número de elementos binarios, de caracteres o de palabras máquina contenidos en una palabra, un artículo, una cadena o un dato cualquiera.

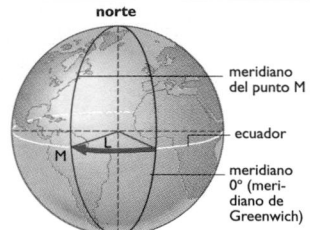

norte
meridiano del punto M
ecuador
M
L
meridiano 0° (meridiano de Greenwich)
sur   L= longitud del punto M
■ **LONGITUD**

LONGITUDINAL adj. Relativo a la longitud. **2.** Que sigue el sentido o dirección de la longitud.

LONGOBARDO, A adj. y s. Lombardo.

LONGORÓN s.m. Cuba y Pan. Molusco lamelibranquio comestible, de valvas alargadas y convexas, que vive en lugares cenagosos.

LONG PLAY s.m. (voz inglesa) [pl. *long plays*]. Disco de larga duración. (Se abrevia *LP*.)

LONGUERA s.f. Porción de tierra larga y estrecha.

LONGUI o **LONGUIS Hacerse el longui,** o **el longuis** Esp. *Fam.* Hacerse el despistado o simular ignorancia.

1. LONJA s.f. (fr. *longe*). Lámina delgada de un alimento, especialmente de un fiambre o queso, que se corta de una pieza mayor. SIN.: *loncha.* **2.** Argent. Tira de cuero.

2. LONJA s.f. (cat. *llotja*). Atrio algo levantado a la entrada de un edificio. **2.** Esp. Edificio o lugar oficial de reunión periódica de comerciantes, para realizar sus contratos sobre mercancías, fletes y seguros marítimos.

LONJEAR v.tr. Argent. Hacer lonjas descarnando y rapando el pelo a un cuero. ◆ **lonjearse** v.prnl. Argent. Cortarse en lonjas la piel.

LONTANANZA s.f. (ital. *lontananza*, lejanía). Lejanía. **2.** Sección de un cuadro más alejada del plano principal. ◇ **En lontananza** Lejos, o a lo lejos.

LOOK s.m. (voz inglesa, *aspecto, apariencia*). Aspecto o estilo propio de alguien o algo, considerados como característicos de una moda.

LOOPING s.m. (voz inglesa). Ejercicio de acrobacia aérea que consiste en describir una circunferencia en el plano vertical.

LOOR s.m. Alabanza: *entonar cánticos en loor de la Virgen.*

LOPISTA adj. y s.m. y f. Se dice de la persona que se dedica al estudio de la obra de Lope de Vega.

LOQUEAR v.intr. Decir o hacer locuras o insensateces. **2.** *Fig.* Divertirse con bulla y alboroto.

LOQUERA s.f. Amér. Locura, desatino.

LOQUERO, A s. *Fam.* Persona que tiene por oficio cuidar y vigilar a los enfermos mentales. **2.** Esp. y Méx. *Fam.* Psiquiatra. ◆ **s.m.** Argent. y Esp. *Fam.* Manicomio o psiquiátrico.

LOQUESCO, A adj. Alocado. **2.** *Fig.* Chistoso, gracioso.

LOQUIOS s.m.pl. MED. Pérdida serohemática, de origen uterino, que se prolonga durante dos o tres semanas después del parto.

LORA s.f. Amér. Merid. *Fig.* y *fam.* Mujer charlatana. **2.** Chile. Hembra del loro. **3.** Colomb., C. Rica, Ecuad., Hond., Nicar. y Perú. Loro.

LORAN s.m. (acrónimo del ingl. *long range aid to navigation*, ayuda de navegación a larga distancia). Procedimiento de radionavegación que permite a un aviador o a un navegante determinar su posición con relación a tres estaciones.

LORCHA s.f. Barca de cabotaje china, ligera y rápida.

LORD s.m. (voz inglesa) [pl. *lores*]. Título dado en Gran Bretaña a los pares del reino y a los miembros de la cámara alta o cámara de los lores. ◇ **Lord mayor** Primer magistrado o alcalde de varias ciudades británicas. **Primer lord del almirantazgo** Denominación dada hasta 1964 al ministro de la marina británica.

LORDOSIS s.f. (gr. *lórdosis*). ANAT. Curvatura de la columna vertebral con convexidad anterior.

LORI s.m. Loro pequeño de Oceanía.

LÓRICA s.f. Especie de coraza que presentan los frutos de ciertas palmáceas. **2.** En las algas, caparazón o cubierta resistente.

LORIGA s.f. (lat. *lorica*). Cota de mallas medieval. **2.** Conjunto de defensas corporales, distinto de la armadura, que llevaba el guerrero medieval, y que comprendía una túnica de tejido o de cuero reforzada con pequeñas placas o anillos de metal. **3.** Armadura del caballo para la guerra.

LORO s.m. (caribe *roro*). Papagayo. **2.** *Fig.* Mujer fea. **3.** *Fig.* Persona que habla mucho. **4.** Chile. Orinal de cristal para los enfermos que no pueden levantarse de la cama. **5.** Chile. Persona enviada para que, con cierto disimulo, averigüe algo. ◇ **Estar al loro** Esp. *Fam.* Estar al corriente de lo que sucede; estar a la moda. **Loro barraquero** Argent. Ave de la familia de las sitácidas, de unos 50 cm de long., de color gris verdoso con el vientre rojo y el dorso y el lomo amarillentos, que forma bandadas y nidifica generalmente en cuevas.

LORRY s.m. Vagoneta de cuatro ruedas que puede ser empujada a brazo sobre una vía férrea y que sirve para transportar materiales.

LORZA s.f. (del ár. *húzza*). Pliegue que lleva una costura paralela al doblez.

LOSA s.f. Placa de mármol, piedra, vidrio, hormigón, etc., que se emplea para pavimentar suelos o pisos, revestir muros de edificios, cubrir sepulcros, etc. **2.** *Fig.* Cosa que constituye una carga difícil de sobrellevar.

LOSANGE s.m. Rombo colocado de manera que uno de los ángulos quede por pie y su opuesto por cabeza. **2.** Pieza heráldica en forma de rombo, que simboliza la punta de la lanza.

LOSAR v.tr. Enlosar.

LOSETA s.f. Losa pequeña que se emplea para revestimiento de paredes y pavimentación de suelos o pisos.

LOTA s.f. Pez de agua dulce, de carne estimada, que mide de 30 a 70 cm de long., y tiene la segunda aleta dorsal muy larga. (Familia gádidos.)

LOTE s.m. (fr. *lot*). Parte de las que se hacen en un todo que se ha de distribuir entre varias personas: *dividir una herencia en dos lotes.* **2.** Conjunto de objetos que se agrupan con un fin determinado: *un lote de Navidad.* **3.** Premio de la lotería u otro juego en que se sortean sumas desiguales. **4.** Esp. Vulg. Magreo: *pegarse, o darse, el lote.* **5.** DER. **a.** Parcela de las que se hacen en una propiedad para su venta fraccionada. **b.** Propiedad así vendida, generalmente a plazos y en subasta pública. **6.** ESTADÍST. Grupo de unidades de un producto, fabricado en idénticas condiciones, con la finalidad de su inspección y control. **7.** INFOR-

MÁT. Conjunto finito de trabajos, destinado a ser tratado de un solo tirón en diferido.

LOTERÍA s.f. Juego de azar estatal en que se ponen a la venta billetes numerados y se premian aquellos cuyas cifras coinciden total o parcialmente con los números extraídos de un recipiente. **2.** Establecimiento o despacho donde se venden billetes de lotería. **3.** Bingo. ◇ **Caerle,** o **tocarle,** a alguien **la lotería** Corresponderle uno de los premios; *Irón.* suceder-le accidentalmente algún acontecimiento desagradable o molesto.

LOTERO, A s. Persona que se dedica a vender lotería o tiene a su cargo un despacho de billetes de lotería.

LOTI s.m. Unidad monetaria de Lesotho.

LOTIFORME adj. Que tiene forma de loto.

1. LOTO s.m. Planta acuática, de flores olorosas, que abunda en las orillas del Nilo. **2.** Flor y fruto de esta planta. **3.** Arbusto de las regiones desérticas, cuyas bayas tónicas son suculentas. **4.** Planta ebenácea de fruto comestible. **5.** ARQ. Cimacio utilizado con frecuencia en los monumentos egipcios.

2. LOTO s.m. Argent. Juego de azar en que sortean doce números entre cuarenta y dos y recibe el premio mayor quien haya apostado a los seis números extraídos primero. **2.** Esp. Lotería primitiva, juego de azar estatal que los participantes marcan seis números en un boleto, comprendidos entre 1 y 49, y se premian los boletos que coincidan con 3 o más números de los extraídos de un bombo.

LOVANIENSE adj. y s.m. y f. De Lovaina.

LOXODROMIA s.f. (del gr. *loxós*, oblicuo, y *drómos*, carrera). Línea curva trazada sobre una esfera, que corta todos los meridianos bajo el mismo ángulo. SIN.: *línea loxodrómica, loxodrómica.*

LOYALIST adj. y s.m. y f. (voz inglesa). Se decía del colono norteamericano que fue fiel al gobierno británico durante y después de la guerra de Independencia.

LOYO s.m. Hongo chileno comestible.

LOZA s.f. (lat. *lautia*). Cerámica de pasta porosa recubierta por un barniz vítreo, transparente u opaco. **2.** Conjunto de objetos fabricados con este material destinados al ajuar doméstico. ◇ **Loza dura,** o **de pedernal** Loza, cuya pasta, que contiene feldespato, es dura, fina y opaca. **Loza fina** Loza de pasta blanca y fina, revestida de un esmalte transparente.

■ **LOZA** de Ruán; detalle de un plato. Loza al «fuego vivo» policromada en azul y rojo, con una exuberante decoración floral de simetría radial y borde rameado, realizada a finales del s. XVII. (Museo nacional de cerámica de Sèvres, Francia.)

LOZANEAR v.intr. y prnl. Ostentar lozanía. ◆ v.intr. Estar en la edad lozana.

LOZANÍA s.f. Cualidad de lozano: *la lozanía de la juventud, de una flor.*

LOZANO, A adj. Que tiene vigor y verdor: *planta lozana.* **2.** Que tiene un aspecto sano, vigoroso y juvenil: *persona lozana.* **3.** Gallardo.

LOZI o **ROTSÉ**, pueblo de Zambia que habla una lengua bantú.

LP, abrev. de *long play*.

LSD s.m. (sigla del alemán *Lyserg Säure Diäthylamid*). Dietilamida del ácido *lisérgico.

LÚA s.f. (gótico *lôfa*). Guante de esparto sin separaciones de los dedos que se emplea para limpiar las caballerías. **2.** Guante que protege el puño del cetrero de las garras del halcón. **3.** Revés de la vela por la parte donde va cazada a viento largo o en popa. **4.** Tangente de su curvatura por la relinga de sotavento.

LUAZO s.m. Golpe que da la vela cuando la embarcación toma por la lúa. **2.** Acción y efecto de tomar por la lúa.

LUBA o **BALUBA**, pueblo de la Rep. Dem. del Congo que habla una lengua bantú.

LUBINA s.f. Pez marino, de hasta 1 m de long., cuerpo estilizado y esbelto, de color metálico, y aletas con radios espinosos, común en las costas mediterráneas. (Familia morónidos.)

LUBRICACIÓN s.f. Lubrificación.

LUBRICANTE adj. y s.m. Lubrificante.

LUBRICAR v.tr. (lat. *lubricare*) [1]. Lubrificar.

LUBRICATIVO, A adj. Que sirve para lubrificar.

LÚBRICO, A adj. (lat. *lubricus*). Resbaladizo. **2.** *Fig.* Lujurioso o lascivo: *persona, mirada, intención lúbrica.*

LUBRIFICACIÓN s.f. Acción de lubrificar. SIN.: *lubricación.*

LUBRIFICANTE adj. y s.m. Se dice de la sustancia que sirve para lubrificar. ◆ s.m. Composición o mezcla, por lo común de naturaleza orgánica, que se agrega a los materiales moldeables a fin de facilitar el desmoldeo de las piezas o la fabricación de los materiales. SIN.: *lubricante.*

LUBRIFICAR v.tr. (lat. *lubricare*) [1]. Poner suave o resbaladiza una cosa, especialmente utilizando una sustancia grasa u oleosa. SIN.: *lubricar.*

LUCENSE adj. y s.m. y f. De Lugo. SIN.: *lugués.* **2.** De alguno de los pueblos galaicos.

LUCERNA s.f. Claraboya. **2.** Araña, lámpara grande para alumbrar.

LUCERO s.m. Astro grande y brillante. **2.** Lunar blanco y grande que tienen en la frente algunos cuadrúpedos. ◆ adj. y s.m. Se dice del cuadrúpedo que tiene este lunar en la frente. ◆ **luceros** s.m.pl. *Fig.* Ojos. ◇ **Lucero del alba, o de la mañana, o matutino, o de la tarde, o vespertino** Venus, segundo planeta del sistema solar.

LUCHA s.f. (lat. *lucta*). Acción de luchar. **2.** Esfuerzo realizado por alguien para conseguir un fin. **3.** Acción de dos fuerzas que actúan en sentido contrario, antagonismo: *la lucha de los elementos naturales.* **4.** Deporte en el que, siguiendo ciertas normas, dos personas combaten cuerpo a cuerpo con el fin de derribarse. **5.** *Fig.* Desasosiego, inquietud del ánimo: *lucha interior.* ◇ **Hacer la lucha** *Méx.* Esforzarse por conseguir algo. **Lucha biológica** Competencia entre especies o entre individuos de una misma especie para ocupar un mismo hábitat; método de defensa de los cultivos que consiste en combatir una especie perjudicial para el ser humano (parásitos, insectos, transmisores de enfermedades) mediante depredadores, parásitos naturales o sustancias extraídas directamente de organismos vivos. **Lucha de clases** Antagonismo fundamental entre las clases dominantes y las clases dominadas, y particularmente entre el proletariado y la burguesía, en el que el marxismo ve el motor de la historia. **Lucha grecorromana** Modalidad de lucha en la que solo se admiten presas por encima de la cintura y que prohíbe la acción de las piernas para realizarlas. **Lucha libre** Lucha en la que se permite realizar llaves a cualquier altura del cuerpo. **Lucha por la vida** Hecho biológico, constatado por Darwin, que consiste en la lucha directa entre animales y, sobre todo, en una lucha por el espacio para la reproducción, la adaptación al medio, etc.

LUCHADOR, RA adj. y s. Que lucha. **2.** Deportista que practica la lucha.

LUCHAR v.intr. (lat. *luctari*). Contender, pelear cuerpo a cuerpo dos o más personas. **2.** Batallar, batirse. **3.** *Fig.* Contraponerse, estar en

oposición: *dos individuos, ideas, tendencias que luchan.* **4.** *Fig.* Tratar de vencer obstáculos, dificultades, para librarse de algo o conseguirlo. **5.** Practicar las modalidades del deporte de la lucha.

LUCHARNIEGO, A adj. Se dice del perro adiestrado para cazar de noche.

1. LUCHE s.m. *Chile.* Juego de la raya.

2. LUCHE s.m. *Chile.* Alga comestible.

LUCHÓN, NA adj. *Méx. Fam.* Esforzado, que hace todo lo posible para alcanzar sus objetivos.

LUCÍCOLA adj. Se dice del animal que prefiere los lugares luminosos para vivir.

LUCIDEZ s.f. Cualidad de lúcido.

LÚCIDO, A adj. Claro o inteligible. **2.** Que comprende claramente: *mente lúcida.* **3.** Que está en condiciones normales para pensar. **4.** *Poét.* Resplandeciente. ◇ **Intervalo lúcido** PSIQUIATR. Período del curso de una enfermedad psíquica grave en que el enfermo recupera la normalidad de sus funciones mentales.

LUCIENTE adj. Brillante.

LUCIÉRNAGA s.f. (del lat. *lucerna*, candil). Insecto coleóptero de cuerpo blando, cuya hembra carece de alas y está dotada de un aparato luminiscente.

LUCIFERASA s.f. Enzima de los órganos luminosos de diversos animales.

LUCIFERIANO, A adj. y s. HIST. En la edad media, relativo a una secta que rendía culto a Lucifer; miembro de esta secta.

LUCIFERINA s.f. (del lat. *lucifer*, que aporta o da luz). Sustancia de los órganos luminosos de diversos animales, como la luciérnaga y algunos peces, cuya oxidación provoca una emisión de luz.

LUCIFERINO, A adj. Relativo a Lucifer.

LUCÍFERO, A adj. *Poét.* Luminoso.

LUCÍFUGO, A adj. Que huye de la luz.

LUCIMIENTO s.m. Acción de lucir o lucirse.

LUCIO s.m. (lat. *lucius*). Pez de agua dulce, voraz, cuya boca, muy alargada, contiene 700 dientes, y cuyas aletas posteriores le per-

miten alcanzar una gran velocidad para atrapar a su presa; puede vivir varias decenas de años y alcanzar 1 m de long. (Familia esócidos.)

■ LUCIO

LUCIÓN s.m. Reptil insectívoro, de 30 a 50 cm de long., de color gris o dorado, sin patas, cuya cola se rompe fácilmente, por lo que se le da también el nombre de *serpiente de cristal.*

LUCIR v.intr. [48]. Brillar, resplandecer. **2.** *Fig.* Dar el esfuerzo empleado en una actividad un provecho o resultado esperado: *el estudio no le ha lucido en los exámenes.* **3.** *Amér.* Ofrecer cierta imagen, aspecto exterior. ◆ v.tr. Manifestar, mostrar alguna cosa o hacer ostentación de ella: *lucir una joya; lucir su ingenio.* ◆ v.intr. y prnl. *Fig.* Sobresalir, resaltar. ◆ **lucirse** v.prnl. Vestirse y adornarse con esmero. **2.** *Fig.* Actuar con acierto, causando muy buena impresión: *lucirse en un discurso.* **3.** *Irón.* Se usa para indicar que una actuación ha sido desacertada.

LUCITIS s.f. Fotodermatosis.

LUCRAR v.tr. Lograr o conseguir algo: *lucrar un buen sueldo.* ◆ **lucrarse** v.prnl. Obtener lucro o provecho de algo o alguien: *lucrarse con un negocio.*

LUCRATIVO, A adj. Que proporciona lucro: *negocio lucrativo.*

LUCRO s.m. (lat. *lucrum*). Ganancia o provecho que se obtiene de algo, especialmente de un negocio: *afán de lucro.*

LUCTUOSO, A adj. Triste y digno de llanto: *noticia luctuosa.*

LUCUBRACIÓN s.f. → **ELUCUBRACIÓN**.

LUCUBRAR v.tr. (lat. *lucubrare*). → **ELUCUBRAR**.

LÚCUMA s.f. *Chile y Perú.* Fruto del lúcumo que es muy usado en repostería.

LÚCUMO s.m. *Chile y Perú.* Árbol de la familia de las sapotáceas.

LUDIBRIO s.m. (lat. *ludibrium*, burla). Escarnio, desprecio.

LÚDICO, A o **LÚDRICO, A** adj. Relativo al juego: *actividad lúdica.*

LUDIÓN s.m. *Fig.* Figura pequeña que, suspendida en una esfera hueca que contiene aire y agujereada con un pequeño orificio en su parte inferior, desciende o asciende en un recipiente lleno de agua y cerrado por una membrana elástica, según las variaciones de presión en dicho recipiente.

LUDIR v.tr. (lat. *ludere*). Frotar, rozar una cosa con otra.

LUDISMO s.m. Movimiento ideológico surgido entre los obreros británicos que, hacia 1810, se organizaron para destruir las máquinas, consideradas como las responsables de provocar el desempleo forzoso.

LUDITA adj. y s.m. y f. Relativo al ludismo; partidario de este movimiento.

LUDÓPATA adj. y s.m. y f. Relativo a la ludopatía; que padece ludopatía.

LUDOPATÍA s.f. Atracción patológica por los juegos de azar.

LUDOTECA s.f. Local con una serie de juegos y de juguetes puestos a disposición del público, en particular de los niños.

LUDOTERAPIA s.f. Utilización de las actividades del juego como ayuda para resolver los problemas de adaptación infantil o para el tratamiento de las enfermedades mentales.

LÚDRICO, A adj. → **LÚDICO**.

LUEGO adv.t. y l. Después: *primero trabaja y luego te divertirás; allí está su casa y luego la mía.* ◆ adv.t. Pronto, en seguida: *espero luego tu contestación.* ◆ conj. Denota deducción o consecuencia: *esto no puede ser, luego no es verdad.* ◇ **Desde luego** Indudablemente. **Hasta luego** Expresión con que se despide al-

■ LUCHA GRECORROMANA

■ LUCHA LIBRE

guien que se espera volver a ver dentro de poco tiempo. **Luego luego** Méx. De inmediato, en seguida: *luego luego nos atendieron.* **Luego que** En seguida que.

LUENGO, A adj. (lat. *longus*). *Poét.* Largo.

LUETISMO s.m. Sífilis.

LÚGANO s.m. Pájaro de unos 12 cm de long., con el plumaje amarillo y verde, manchado de negro, y pico cónico, muy puntiagudo, que vive en América del Norte y Europa y nidifica en Europa central, en los Alpes y los Pirineos. (Familia fringílidos.)

LUGAR s.m. (del lat. *localis*, del lugar). Porción determinada del espacio: *cada cuerpo ocupa un lugar en el universo.* **2.** Sitio, paraje o localidad: *ir siempre al mismo lugar; cada cosa en su lugar.* **3.** Situación que ocupa alguien o algo en una serie o jerarquía: *ocupar un lugar principal; relegar a un segundo lugar.* **4.** Puesto, empleo, oficio: *ocupar un buen lugar en la empresa.* **5.** Tiempo, ocasión, oportunidad: *hacer lugar para divertirse.* **6.** Causa, motivo: *dar lugar a sospechas.* **7.** Chile. Letrina. ◇ **A como dé lugar** Méx. Sea como sea, a toda costa, cueste lo que cueste: *a como dé lugar tengo que terminar hoy.* **En lugar de** En sustitución de una persona o cosa; al contrario, lejos de. **En primer lugar** Primeramente. **Fuera de lugar** Poco oportuno y no adecuado al momento o a la circunstancia. **Hacer lugar** Dejar libre un sitio o una parte de él. **Hacerse lugar** Hacerse estimar o atender entre otros. **Lugar común** Expresión trivial o ya muy empleada en casos análogos; letrina. **Lugares comunes,** u **oratorios** Principios generales de donde se sacan las pruebas para los argumentos en los discursos; figura retórica de uso universal. **Lugares teológicos** Fuentes de donde la teología extrae sus principios, argumentos e instrumentos. **Lugar geométrico** MAT. Conjunto de puntos que gozan de una propiedad determinada y característica. **No ha lugar** DER. Fórmula que se utiliza para rechazar una petición o queja. **Tener lugar** Ocurrir, suceder algo.

LUGAREÑO, A adj. y s. De un lugar o población pequeña.

LUGARTENIENTE s.m. (del bajo lat. *locum tenens*). Persona que tiene autoridad y poder para sustituir a otra en algún cargo. **2.** Durante la baja edad media, persona que ejercía el poder real en uno de los estados o en todo el territorio de la Corona de Aragón.

LUGE s.m. Trineo pequeño utilizado para deslizarse sobre la nieve. **2.** Deporte practicado con este trineo.

LUGRE s.m. (ingl. *lugger*). MAR. Barco pequeño de cabotaje, arbolado y aparejado como el quechemarín, y con gavias volantes.

LÚGUBRE adj. (lat. *lugubris*). Triste, fúnebre: *lugar, imagen lúgubre.*

LUGUÉS, SA adj. y s. Lucense, de Lugo (España).

LUIR v.tr. (lat. *luere*, pagar) [88]. Redimir un censo.

LUIS s.m. (de *Luis* XIII, monarca francés). Antigua moneda de oro francesa que valía 24 libras, con la efigie de Luis XIII y de sus sucesores. **2.** Antigua moneda de oro francesa, llamada también *napoleón.*

LUISA s.f. Planta aromática de jardín, cuyas hojas se usan en infusiones estomáquicas y antiespasmódicas. (Familia verbenáceas.) SIN.: *hierba luisa.*

LUJO s.m. (lat. *luxus, -us*). Suntuosidad, riqueza ostentosa: *celebraron la boda con gran lujo y boato.* **2.** Cosa cuya realización pone de manifiesto que quien la hace dispone de mucho dinero, tiempo, libertad, etc.: *no puedo darme el lujo de perder dos horas en la peluquería.* **3.** *Fig.* Abundancia de algo que no siempre es necesario: *un gran lujo de detalles.* ◇ **De lujo** Que corresponde a gustos rebuscados y costosos y no a primeras necesidades: *artículo de lujo.* **Impuesto de lujo** Impuesto de carácter indirecto que grava la adquisición, tenencia o utilización de bienes superfluos que representen un mero adorno, ostentación o regalo, así como los servicios del mismo carácter o que suponga una comodidad manifiestamente superior a la normal.

LUJOSO, A adj. Relativo al lujo.

LUJURIA s.f. (lat. *luxuria*). Deseo y actividad sexual desmedidos. SIN.: *libídine.* **2.** *Fig.* Exceso o abundancia de alguna cosa: *ser alguien feo con lujuria.*

LUJURIANTE adj. Abundante, exuberante: *vegetación lujuriante.*

LUJURIOSO, A adj. y s. Dado a la lujuria. SIN.: *libidinoso, salaz.* ◆ adj. Se dice del acto, conducta, etc., en que se manifiesta la lujuria: *mirada lujuriosa.* SIN.: *libidinoso, salaz.*

LULIANO, A adj. y s. Relativo a Ramon Llull o a su doctrina filosófica; lulista.

LULISMO s.m. Doctrina filosófica de Ramon Llull.

LULISTA adj. y s.m. y f. Partidario del lulismo.

LULO s.m. Chile. Envoltorio, lío o paquete, de forma cilíndrica. **2.** Chile. *Fig.* Persona alta y delgada, en particular refiriéndose a adolescentes.

LULÚ s.m. y f. y adj. Perro que pertenece a una raza de hocico puntiagudo y pelaje largo y abundante.

■ **LULÚ**

LUMA s.f. Árbol, que puede alcanzar los 20 m de alt., de madera dura y pesada. (Familia mirtáceas.) **2.** Madera de este árbol. **3.** Chile. Bastón que usan los carabineros.

LUMAQUELA s.f. (ital. *lumachella*, caracol pequeño). Roca calcárea que contiene numerosas conchas de moluscos.

LUMBAGO s.m. (lat. *lumbago, -aginis*). Dolor fuerte de la musculatura lumbar, de origen reumático o traumático.

LUMBALGIA s.m. MED. Lumbago.

LUMBAR adj. ANAT. Relativo a la región situada en el dorso, entre el borde inferior de las últimas costillas y la cresta ilíaca, en la parte superior e inferior del tronco.

LUMBARTROSIS s.f. Artrosis de las vértebras lumbares.

LUMBOSACRO, A adj. Relativo a la zona que comprende la región lumbar y la sacra.

LUMBRARADA s.f. Lumbre grande e intensa. SIN.: *lumbrada.*

LUMBRE s.f. (lat. *lumen, -inis*). Fuego encendido para cocinar o calentarse. **2.** Materia combustible encendida. **3.** Espacio que una puerta, ventana u otro vano dejan franco a la entrada de la luz. **4.** Brillo, claridad. ◇ **Dar lumbre** Arrojar chispas el pedernal herido del eslabón; *Fam.* prestar alguien a un fumador un fósforo, encendedor, etc., para que encienda su cigarrillo.

LUMBRERA s.f. *Fig.* Persona de talento o sabia. **2.** Cuerpo que despide luz. **3.** CONSTR. Abertura, tronera o caño que, desde el techo de una habitación o desde la bóveda de una galería, comunica con el exterior y proporciona luz o ventilación. **4.** MEC. a. Orificio de admisión, de escape o de paso, abierto en las paredes del cilindro de un motor de dos tiempos. **b.** En las máquinas de vapor, cada uno de los orificios o aberturas que permiten que este fluido pase del cilindro a la caja de distribución y viceversa.

LUMEN s.m. (pl. *lumen* o *lúmenes*). Unidad de medida del flujo luminoso (símb. lm), equivalente al flujo luminoso emitido en un ángulo sólido de un estereorradián por una fuente puntual uniforme de una candela de intensidad, situada en el vértice del ángulo sólido.

LUMIA s.f. Prostituta.

LUMINANCIA s.f. Cociente entre la intensidad luminosa de una superficie y su área aparente, para un observador lejano. **2.** Señal de televisión que transmite el brillo de cada uno de los puntos sucesivos que forman la imagen.

LUMINAR s.m. Estrella, astro. **2.** *Fig.* Lumbrera, persona de talento.

LUMINARIA s.f. Conjunto de luces que se ponen en los balcones, torres, monumentos, etc., en señal de fiesta, solemnidad o ceremonia de carácter público. **2.** Méx. Actor o actriz muy famoso. **3.** REL. Luz que arde en los templos delante del altar.

LUMÍNICO, A adj. Relativo a la luz.

LUMINISCENCIA s.f. Propiedad de numerosas sustancias que emiten a bajas temperaturas bajo el efecto de una excitación. ◇ **Luminiscencia atmosférica** Emisión luminosa debida a átomos o moléculas atmosféricas, excitados por la radiación solar o por colisiones o reacciones entre partículas.

LUMINISCENTE adj. Que emite rayos luminosos por luminiscencia.

LUMINISMO s.m. Tendencia pictórica a acentuar los efectos de la luz en una pintura o dibujo.

LUMINISTA adj. Relativo al luminismo; partidario de esta tendencia pictórica.

LUMINOSIDAD s.f. Cualidad de luminoso. **2.** Potencia total irradiada por un astro, considerada la totalidad del espectro electromagnético y en todas las dimensiones.

LUMINOSO, A adj. Que despide luz. **2.** Que está muy iluminado. **3.** Se dice de las ideas, enseñanzas, explicaciones muy claras o acertadas. ◇ **Rayo luminoso** Línea hipotética según la cual se propaga la luz.

LUMINOTECNIA s.f. Técnica de la iluminación con luz artificial.

LUMINOTÉCNICO, A adj. Relativo a la luminotecnia. ◆ s. Persona que tiene por oficio encargarse de la iluminación de un lugar con luz artificial.

LUMPENPROLETARIADO s.m. En la terminología marxista, parte más pobre del proletariado, al que su extrema alienación impide la toma de conciencia revolucionaria. SIN.: *subproletariado.*

LUNA s.f. (lat. *luna*). Satélite natural de la Tierra. (Con este significado suele escribirse con mayúscula.) **2.** Luz del Sol que este satélite refleja. **3.** Satélite natural de un planeta cualquiera: *las lunas de Júpiter.* **4.** *Fig.* Manía pasajera o variación brusca del estado de ánimo: *cambiar de luna cada cinco minutos.* **5.** Esp. y Méx. Espejo o pieza de cristal de gran tamaño: *las lunas de los escaparates.* **6.** Cristal de los anteojos. ◇ **Dejar a la luna (de Valencia)** *Fam.* Dejar a alguien sin lo que pretendía. **Estar en la luna** *Fam.* Estar distraído. **Luna de miel** Período de tiempo inmediatamente posterior a la unión de una pareja; viaje que suele realizarse en este período de tiempo. **Luna llena** Fase de la Luna en la que esta, al encontrarse en oposición al Sol con respecto a la Tierra, presenta a la Tierra su hemisferio iluminado, por lo que es visible bajo el aspecto de un disco entero. **Luna nueva** Fase de la Luna en la que esta, al encontrarse entre el Sol y la Tierra, presenta a la Tierra su hemisferio oscuro, por lo que es no es visible. **Media luna** *Fig.* Islamismo; imperio turco. **Pedir la luna** *Fam.* Pedir algo imposible o muy difícil. **ENCICL.** La Luna gira alrededor de la Tierra en 27 días 7 horas y 43 minutos (*revolución sideral*), a una distancia media de 384 000 km. En el mismo tiempo, realiza una rotación completa sobre sí misma. En consecuencia, siempre presenta la misma cara a la Tierra. Desprovista de luz propia, solo refleja la luz que recibe del Sol; por consiguiente, tiene permanentemente un hemisferio iluminado y otro sumido en la oscuridad. Los distintos aspectos, o *fases*, según los cuales se la ve desde la Tierra se explican por las variaciones de su posición relativa respecto a nuestro planeta y al Sol. Estas fases se desarrollan siguiendo un ciclo de 29 días 12 horas y 44 minutos (*revolución sinódica, lunación,* o *mes lunar*). El radio de la Luna es de 1 738 km; su densidad media, de 3,34, y su masa, un 1/81 de la de la Tierra. Su superficie presenta amplias llanuras accidentadas, con numerosos cráteres meteoríticos de variadas dimensiones y montañas de formas suaves que pueden alcanzar alturas elevadas (8 200 m). Carece de atmósfera, por lo que está sometida a temperaturas que van desde +100 °C durante el día a –150 °C por la noche. La superficie lunar fue estudiada directamente de 1969 a 1972, a lo largo de seis vuelos de la serie Apolo, que permitieron a doce astronautas norteamericanos posarse sobre el astro y recoger cerca de 400 kg de muestras.

LUNACIÓN s.f. Tiempo que transcurre entre dos lunas nuevas consecutivas (alrededor de 29,5 días).

LUNADA s.f. Méx. Fiesta o reunión nocturna al aire libre que se realiza cuando hay luna llena.

LUNADO, A adj. Que tiene forma de media luna.

LUNANCO, A adj. (del lat. *clunis,* nalga). Se dice del cuadrúpedo que tiene una anca más alta que la otra.

1. LUNAR s.m. Mancha pequeña, redondeada y de color marrón oscuro, en la piel del ser humano. **2.** Dibujo redondeado que se distingue, por el color, de la superficie que lo rodea: *tela de lunares rojos sobre fondo blanco.* **3.** Fig. Defecto o imperfección leve.

2. LUNAR adj. Relativo a la luna.

LUNAREJO, A adj. y s. Colomb. y Perú. Se dice de la persona que tiene uno o más lunares en la cara. ◆ adj. Amér. Se dice del animal que tiene lunares en el pelo.

LUNARIO, A adj. Relativo a la lunación.

LUNÁTICO, A adj. y s. Que tiene cambios bruscos del estado de ánimo.

LUNCH s.m. Refrigerio que se ofrece a los invitados a una fiesta o celebración. **2.** Méx. Lonch.

LUNDU s.m. Canción y danza brasileñas, de origen africano.

LUNES s.m. (del lat. vulgar *dieslunis,* del lat *dies lunae,* día consagrado a la luna). Primer día de la semana.

LUNETA s.f. Cristal trasero de un automóvil. **2.** Lente de los anteojos. **3.** Amér. Patio de butacas. ◇ **Luneta térmica** Luneta de automóvil provista de hilos eléctricos que al calentar el cristal lo desempañan.

LUNETO s.m. ARQ. Hueco de una cúpula o de una bóveda, que suele servir para la iluminación de interiores.

LUNFA s.m. Argent. Ratero. **2.** Argent. Lunfardo, jerga.

LUNFARDISMO s.m. Palabra, expresión o giro propios del lunfardo.

LUNFARDO, A adj. Relativo al lunfardo. ◆ s. Ratero, ladrón. **2.** Chulo, rufián. ◆ s.m. Jerga que originariamente empleaban los delincuentes porteños de Buenos Aires, y que se ha ido extendiendo al lenguaje coloquial de los argentinos.

ENCICL. El lunfardo, lenguaje de *lunfas* (ladrones), puede considerarse una jerga gremial. Posee un amplio léxico con elementos calós, españoles, italianos, etc., y utiliza métodos para la formación de palabras, como la metáfora, la supresión de fonemas, la sustitución de palabras por similitud del significante y la alteración del orden habitual de las sílabas de la palabra.

LUNISOLAR adj. Relativo, conjuntamente, al Sol y a la Luna.

LÚNULA s.f. Mancha blanca en forma de elipsoide situada en la base de las uñas. **2.** Figura geométrica formada por dos arcos de círculo

que tienen las mismas extremidades y cuyas convexidades están orientadas hacia el mismo lado.

LUPA s.f. Lente convergente que amplía los objetos.

LUPANAR s.m. (lat. *lupanar, -aris*). Poét. Prostíbulo.

LUPERCALES s.f.pl. HIST. Fiestas anuales celebradas en Roma el 15 de febrero en honor de Luperco, dios protector de los rebaños.

LUPIA s.f. Lobanillo. **2.** Colomb. Cantidad insignificante de dinero. (Se usa más en plural.)

LÚPICO, A adj. y s. Relativo al lupus; que padece lupus.

LUPINO, A adj. Relativo al lobo. ◆ s.m. Altramuz. **2.** Fruto de esta planta.

LUPULINO s.m. Polvo amarillo de los frutos del lúpulo, que contiene resinas amargas que aromatizan la cerveza.

LÚPULO s.m. (lat. tardío *lupulus*). Planta herbácea trepadora, de hasta 5 m de alt., cuyas inflorescencias femeninas se utilizan para aromatizar la cerveza. (Familia cannabináceas.)

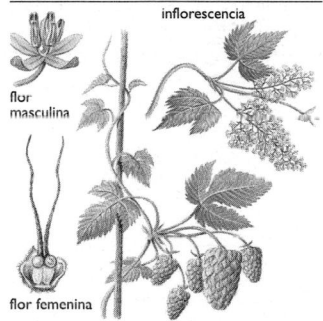

inflorescencia
flor masculina
flor femenina

■ LÚPULO.

LUPUS s.m. (voz latina, *lobo*). Enfermedad inflamatoria de la piel de la cara, de evolución prolongada.

LUSISMO s.m. Palabra, expresión o giro procedentes de la lengua portuguesa que se usan en otra lengua. SIN.: *lusitanismo, portuguesismo.*

LUSITANISMO s.m. Lusismo.

LUSITANO, A adj. y s. De un pueblo prerromano de la península Ibérica asentado en Lusitania. **2.** Luso.

LUSO, A adj. y s. Portugués. SIN.: *lusitano.*

LUSONES, pueblo celtíbero asentado entre el S del Ebro y las fuentes del Tajo, cuyas principales ciudades fueron *Contrebia Belaisca* (Botorrita, Zaragoza) y *Alaun* (Alagón, Zaragoza).

LUSTRABOTAS s.m. y f. (pl. *lustrabotas*). Amér. Merid. Persona que tiene por oficio limpiar el calzado. GEOSIN.: Esp. *limpiabotas;* Méx. *bolero;* Nicar. *lustrador.*

LUSTRACIÓN s.f. Rito de purificación en algunas religiones.

LUSTRADO s.m. Acción de lustrar, dar lustre. SIN.: *lustramiento.*

LUSTRADOR s.m. Argent., Bol., Chile, Perú y Urug. Persona que tiene por oficio lustrar muebles. **2.** Nicar. Persona que tiene por oficio limpiar el calzado.

LUSTRAL adj. Relativo a la lustración: *agua lustral.*

LUSTRAMIENTO s.m. Lustrado.

LUSTRAR v.tr. (lat. *lustrare*). Dar lustre a algo frotándolo con insistencia: *lustrar las botas.* **2.** Recorrer, peregrinar por un país. **3.** ANT. ROM. Purificar con sacrificios y ceremonias las cosas que se creían impuras.

LUSTRE s.m. (cat. *llustre* o fr. *lustre*). Luz que reflejan las cosas tersas o bruñidas: *dar lustre a unos zapatos.* **2.** Fig. Lucimiento, gloria, distinción: *trabajar por el lustre de la patria.*

LUSTREAR v.tr. Chile. Lustrar, dar lustre.

LUSTRÍN s.m. Chile. Persona que tiene por oficio limpiar el calzado.

LUSTRINA s.f. Tela de seda, oro y plata, empleada en ornamentos litúrgicos. **2.** Percalina.

LUSTRO s.m. Período de cinco años. **2.** HIST. Sacrificio expiatorio que se celebraba en Roma cada cinco años.

LUSTROSO, A adj. Que tiene lustre. **2.** Que tiene un aspecto sano o robusto, por el color o la tirantez de la piel. ◇ **Esquisto lustroso** Esquisto preterciario, no fosilífero, metamorfosizado o neógeno, que se encuentra en la zona alpina interna.

LUTECIO s.m. Metal del grupo de las tierras raras, de color blanco plateado. **2.** Elemento químico (Lu), de número atómico 71 y masa atómica 174,967.

LUTEÍNA s.f. Progesterona. **2.** BIOL. Xantofila de color amarillo, que se encuentra en las hojas de los vegetales y en la yema de huevo.

LÚTEO, A adj. (lat. *luteus*). Que contiene lodo.

LUTERANISMO s.m. (de M. *Luther,* teólogo y reformador alemán). Doctrina teológica surgida del pensamiento de Lutero en el s.XVI. (El luteranismo, sólidamente implantado a finales del s. XVI en el norte y el centro de Alemania, en Alsacia y en los países escandinavos, cuenta actualmente con unos 71 millones de fieles.) **2.** Conjunto de las iglesias protestantes unidas en torno a Lutero; doctrina teológica procedente del pensamiento de Lutero.

LUTERANO, A adj. y s. Relativo al luteranismo; partidario del luteranismo.

LUTHIER s.m. (voz francesa). Persona que fabrica instrumentos musicales de cuerda.

LUTO s.m. (lat. *luctus, -us*). Situación consiguiente a la muerte de un familiar en que se viste de manera especial y se guardan determinadas formas sociales: *guardar luto por un familiar.* **2.** Vestido o cualquier señal exterior, cuyo color varía según los lugares, que acostumbra llevarse tras el fallecimiento de un pariente o durante la asistencia a conmemoraciones fúnebres: *llevar luto.* **3.** Manifestación social de respeto por la muerte de alguien: *día de luto oficial.* **4.** Dolor por el fallecimiento de un ser querido o por alguna desgracia. ◇ **Aliviar el luto** Vestirse de medio luto. **Medio luto** Vestido menos severo que se lleva después del luto riguroso.

LUTOCAR s.m. Chile. Carrito de mano para recoger basura.

LUX s.m. Unidad de medida de la iluminación (símb. lx) equivalente a la iluminación de una superficie que recibe, de manera uniformemente repartida, un flujo luminoso de un lumen por metro cuadrado.

LUXACIÓN s.f. (lat. *luxatio, -ionis*). MED. Pérdida permanente de las relaciones normales entre dos superficies articulares.

LUXAR v.tr. y prnl. Provocar una luxación.

LUXEMBURGUÉS, SA adj. y s. De Luxemburgo.

LÚXMETRO s.m. Aparato que sirve para medir las iluminaciones.

octante · cuarto creciente · octante · plenilunio (luna llena) · octante · cuarto menguante · octante

■ LUNA. Principales fases de la Luna.

LUZ s.f. (lat. *lux, lucis*). Radiación emitida por cuerpos calentados a altas temperaturas (incandescencia) o por cuerpos excitados (luminiscencia) y que es percibida por los ojos. (La luz está constituida por ondas electromagnéticas, y su velocidad de propagación en el vacío es de 299 792,5 km/s; se puede considerar también como un fluido de partículas energéticas desprovistas de masa *[fotones]*.) **2.** Agente físico que hace visibles los objetos. **3.** Lámpara o foco para alumbrar. **4.** *Fig.* Modelo, persona o cosa capaz de ilustrar o guiar. **5.** *Fig.* Esclarecimiento o claridad de la inteligencia. **6.** Méx. Dinero. **7.** ANAT. Calibre interior de un vaso o de cualquier conducto del organismo. **8.** ARQ. **a.** Cada una de las ventanas o troneras por donde se da luz a un edificio. (Suele usarse en plural.) **b.** Dimensión horizontal interior de un arco, un vaso o una habitación. **9.** CONSTR. Distancia entre los puntos de apoyo de una pieza o elemento que solo se sostiene sobre alguna de sus partes. **10.** PINT. Parte clara o más iluminada que las demás en un cuadro, grabado o dibujo. ◆ **luces** s.f.pl. *Fig.* Ilustración, cultura: *persona de pocas luces*. **2.** Méx. Fiestas nocturnas. ◇ **Arrojar,** o **echar, luz sobre** un asunto Aclararlo o ayudar a comprenderlo. **Dar a luz** Parir la hembra. **Entre dos luces** Al amanecer o al anochecer; se aplica a la persona que raya casi la embriaguez por exceso de bebida. **Luces de señalización** Dispositivo, aparato luminoso, semáforo, etc., utilizados para regular el tráfico. **Luz cenicienta,** o **cinérea** Luz solar reflejada por la Tierra sobre la Luna, que ilumina la parte oscura del disco lunar antes y después del novilunio. **Luz cenital** La que en un edificio o patio se recibe por el techo. **Luz de carretera,** o **larga** Luz delantera de un vehículo que debe iluminar una distancia mínima de 100 m. **Luz de cruce,** o **luz corta** Luz delantera de un vehículo que debe iluminar una distancia mínima de 40 m y que debe encenderse como sustituta de la luz de carretera al cruzarse con otro vehículo. **Luz de gálibo** Luz que lleva un vehículo en la parte delantera y en la posterior para indicar que supera los 2,10 m de anchura. **Luz de posición** Luz que ha de llevar una embarcación durante la noche para indicar su rumbo y evitar abordajes; luz de un vehículo de carretera, blanca en la parte delantera y roja en la trasera, que sirve para indicar su presencia y anchura. **Luz eléctrica** La que se produce por medio de la electricidad. **Luz fría** Luz eléctrica que no tiene liberación apreciable de calor. **Luz mala** Argent. y Urug. Fuego fatuo que en el campo producen de noche los huesos en descomposición y que la superstición atribuye a las almas de los muertos que no han sido sepultados. **Luz negra** Radiación ultravioleta, invisible, que provoca la fluorescencia de determinados cuerpos. **Luz zodiacal** Resplandor débil y difuso situado en el plano de la eclíptica, que se puede observar, en las noches claras y sin luna, al O después de la puesta del sol, o al E antes de su salida. **Media luz** La que es escasa. **Sacar a la luz** Publicar una obra; descubrir, manifestar lo que estaba oculto. **Salir a la luz** Aparecer publicada una obra; manifestarse algo que estaba oculto. **Ver la luz** Nacer.

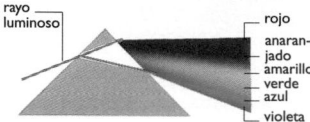

■ **LUZ.** Descomposición por refracción de la luz blanca en un prisma.

LYCRA s.f. (marca registrada). Tejido sintético de gran elasticidad que se utiliza en la confección de algunas prendas, como medias o trajes de baño.

M s.f. Decimoquinta letra del alfabeto español y duodécima de sus consonantes. (Representa el sonido nasal bilabial.) ◇ **M** Cifra romana que vale *mil*.

MABÍ s.m. Dom. y P. Rico. Árbol pequeño de corteza amarga. (Familia rámnáceas.)

MABITA s.f. Venez. Mal de ojo. ◆ s.m. y f. Venez. Persona que tiene o trae mala suerte.

MACA s.f. Señal que queda en la fruta tras recibir algún daño. **2.** Defecto, deterioro o daño ligero. **3.** Engaño, fraude.

1. MACÁ s.f. Ave palmípeda de vuelo breve, pico puntiagudo, cola muy corta, que vive en agua dulce en Argentina y Chile (Familia podicipítidos.)

2. MACÁ, pueblo amerindio de lengua mataco-macá que habitaba en la región del río Pilcomayo.

MACABEO s.m. Cepa de uva blanca con la que se elabora un vino blanco y licoroso de igual nombre. (Se cultiva en abundancia en Cataluña [España] para elaborar cava.)

MACABRO, A adj. (fr. *macabre*). Que está relacionado con lo más repulsivo o desagradable de la muerte. **2.** Que se siente atraído por lo macabro.

MACACHÍN s.m. Argent. y Urug. Pequeña planta de flores amarillas o violadas, hojas parecidas a las del trébol y tubérculo comestible. (Sus hojas y flores se utilizan con fines medicinales.) [Familia oxalidáceas.]

MACACINAS s.f.pl. Amér. Central. Calzado tosco, apropiado para el campo.

MACACO, A s. (voz portuguesa). Simio semejante a los cercopitecos, que mide de 50 a 60 cm de long., sin contar la cola. (El *macaco rhesus* es un animal sagrado en la India; se realizan experimentos con él en los laboratorios, lo que ha permitido el descubrimiento del factor Rh de la sangre. [→ rhesus.]) ◆ adj. y s. Chile y Cuba. Feo, deforme.

■ **MACACO** rhesus.

MACACOA s.f. Colomb. y Venez. Murria, tristeza. **2.** P. Rico. Mala suerte.

MACADAM o **MACADÁN** s.m. (de J. L. *McAdam*, ingeniero británico). Aglomerado de piedra machacada y arena con que se pavimentan calzadas.

MACADAMIZAR v.tr. [7]. Pavimentar con macadam.

MACAGUA s.f. Árbol originario de Cuba cuyo fruto, semejante a la bellota, comen los cerdos. (Familia rubiáceas.) **2.** Serpiente venenosa, de color negro, que vive en las regiones cálidas de Venezuela, especialmente a orillas del mar. **3.** Ave rapaz diurna, de unos 80 cm de largo, de pico dentado, que vive en los bosques de América Meridional. (Familia falcónidos.)

MACAGÜITA s.f. Palmera espinosa originaria de Venezuela, de fruto parecido a un coco pequeño, casi negro. (Familia palmáceas.)

MACANA s.f. Arma semejante a una maza de madera, utilizada por algunos pueblos precolombinos. **2.** Amer. Garrote grueso de madera dura y pesada. **3.** Amér. Merid. Chal, generalmente de algodón, que usan las mestizas. **4.** Argent. Regalo de poca importancia. **5.** Argent., Perú y Urug. *Fig.* Desatino, embuste. **6.** BOT. Palmera de madera muy fina y resistente, utilizada para fabricar armas y otros instrumentos. (Familia palmáceas.) **7.** ZOOL. Anfibio anuro que vive en las selvas de Ecuador. (Familia hílidos.) ◇ **¡Qué macana!** Argent. Expresa contrariedad.

MACANAZO s.m. Golpe dado con la macana.

MACANEADOR, RA s. Argent. Persona que macanea, dice mentiras.

MACANEAR v.tr. Colomb. Dirigir bien un negocio. **2.** Colomb., Nicar. y Venez. Desbrozar. **3.** Cuba, Dom., Méx. y P. Rico. Golpear con la macana. ◆ v.intr. Argent., Bol., Chile, Par. y Urug. Mentir, decir disparates o embustes. **2.** Colomb. y Hond. Realizar una labor con obstinación. (En Nicaragua se usa como pronominal.)

MACANO s.m. Chile. Sustancia colorante oscura que se obtiene de la corteza del huigán y que se usa para teñir lana.

MACANUDO, A adj. Chocante por lo grande, gracioso, extraordinario, etc. **2.** Muy bueno, magnífico o excelente.

MACAO s.m. Crustáceo decápodo parecido al ermitaño. (Familia pagúridos.)

MACÓN s.m. Mariposa diurna, de alas amarillas con manchas negras, rojas y azules, que mide hasta 9 cm de envergadura. (La larva del macaón, voluminosa y muy coloreada, vive sobre las umbelíferas, como la zanahoria, el perejil, etc.)

MACARELA s.f. Venez. Caballa.

MACARENO, A adj. y s. Del barrio de la Macarena en Sevilla, España.

MACAREO s.m. (port. *macareu*). Oleada que se produce en la desembocadura de un río al crecer la marea, en contra de la corriente fluvial.

MACARRA s.m. *Fam.* Hombre pendenciero y sin escrúpulos. **2.** *Esp. Fam.* Hombre que vive de una persona que ejerce la prostitución.

MACARRÓN s.m. (ital. dialectal *maccarone*). Pasta alimenticia de harina de trigo en forma de tubo pequeño. **2.** Grabado rupestre sobre un manto de arcilla húmeda.

MACARRONEA s.f. Composición burlesca en la que se mezclan palabras latinas con otras de una lengua romance a las cuales se les da una forma o una terminación latina.

MACARRÓNICO, A adj. (ital. *maccheronico*). Se dice del lenguaje y del estilo incorrectos o faltos de elegancia. **2.** Relativo a la macarronea.

MACARSE v.prnl. [1]. Empezar a pudrirse los frutos por los golpes o magulladuras.

MACARTISMO s.m. → MACCARTHISMO.

MACASAR s.m. Cubierta de punto, tela, encaje, etc., que se pone en los respaldos de los asientos.

MACAZUCHIL s.m. Planta cuyo fruto, de sabor agrio, se empleaba en México para perfumar el chocolate y las bebidas compuestas con cacao. (Familia piperáceas.)

MCBURNEY. Punto de McBurney Punto situado en el abdomen, en la proyección del apéndice, en el que aparece un dolor preciso en caso de apendicitis.

MACCARTHISMO o **MACARTISMO** s.m. (de J. *MacCarthy*, senador estadounidense). Conjunto de medidas policiales que entraron en vigor en EUA después de la segunda guerra mundial, para descubrir e inhabilitar profesionalmente a los comunistas o a los simpatizantes de ideologías de izquierdas.

MACCHIAIOLI s.m.pl. (voz italiana, de *macchia*, mancha). Grupo de pintores italianos del s. XIX, de inspiración antiacadémica, que utilizaban la pincelada larga y valores cromáticos contrastados. (Los más conocidos de estos artistas, que expusieron conjuntamente en Florencia, en 1862, son Giovanni Fattori [1825-1908], Silvestro Lega [1826-1895] y Telemaco Signorini [1835-1901].)

MACEAR v.tr. Golpear con el mazo o la maza. ◆ v.intr. *Fig.* Insistir en algo.

MACEDONIA s.f. Postre elaborado con una mezcla de diversas frutas mondadas y cortadas en trozos pequeños, aderezado con azúcar, licor o zumos de frutas. SIN.: *cóctel de frutas, ensalada de frutas*. **2.** Guiso elaborado

627

con una mezcla de diferentes legumbres, hervidas y aderezadas. **3.** Esp. Fam. Mezcla de elementos distintos: *una macedonia de ritmos y melodías.* SIN.: *ensalada.*

MACEDONIO, A adj. y s. De Macedonia. ◆ s.m. Lengua del grupo eslavo meridional.

MACEGUAL s.m. Indio libre de Nueva España. (Los maceguales formaban la mayor parte de la población autóctona.)

MACERACIÓN s.f. Acción y efecto de macerar. **2.** Operación que consiste en sumergir en un líquido una sustancia para extraer de ella los elementos solubles, o un producto alimenticio para perfumarlo o conservarlo.

MACERADOR, RA adj. y s. Que macera. ◆ s.m. Recipiente donde se realiza una maceración.

MACERAR v.tr. (lat. *macerare*). Sumergir en un líquido una sustancia sólida para extraer de ella los elementos solubles, o un alimento para darle sabor, conservarlo, etc. **2.** Ablandar algo golpeándolo o estrujándolo. **3.** Fig. Mortificar a alguien con penitencias.

MACERO s.m. Persona que, en las ceremonias, lleva la maza delante de las corporaciones o personas que tienen esta insignia como distinción.

1. MACETA s.f. Recipiente, generalmente de barro cocido y con un agujero en su base, que, lleno de tierra, sirve para cultivar plantas. **2. MACETA** s.f. Maza pequeña que se usa especialmente para golpear sobre el cincel. **2.** Empuñadura o mango de algunas herramientas. **3.** Chile. Pieza corta de madera dura que sirve para machacar o golpear.

MACETERO s.m. Soporte o recipiente para colocar macetas con plantas.

MACFARLÁN o **MACFERLÁN** s.m. Prenda masculina de abrigo, sin mangas, con dos aberturas para los brazos y una esclavina larga.

MACH s.m. **Número de Mach** Velocidad de un móvil (proyectil, avión, etc.) respecto del sonido en la atmósfera por la que se desplaza. (Esta no es una unidad de velocidad, dado que la velocidad del sonido en el aire es proporcional a la raíz cuadrada de la temperatura.)

MACHA s.f. Molusco lamelibranquio comestible, propio de los mares de Chile y Perú. (Familia telínidos.)

MACHACA s.f. Instrumento que sirve para machacar. SIN.: *machacadera.* **2.** Piedra machacada, reducida a fragmentos de pequeño tamaño y medidas determinadas. **3.** Méx. Carne seca y deshebrada. ◆ s.m. y f. Machacón. **2.** Fig. Subordinado que realiza los trabajos más pesados.

MACHACADERA s.f. Machaca.

MACHACAMIENTO s.m. Acción de machacar. SIN.: *machacadura.*

MACHACANTE s.m. Fam. Soldado destinado a servir a un sargento. **2.** Esp. Fam. Duro, moneda.

MACHACAR v.tr. [1]. Triturar, deshacer o aplastar una sustancia sólida mediante golpes. **2.** Fig. Destrozar algo o a alguien. **3.** Fig. y fam. Derrotar con dureza a alguien. ◆ v.tr. e intr. Fig. y fam. Estudiar con insistencia y tenacidad una materia. **2.** Fig. y fam. Importunar a alguien insistiendo sobre algo.

MACHACÓN, NA adj. y s. Pesado, que molesta por repetir las cosas con insistencia. ◆ adj. Que implica machaconería: *insistencia machacona.*

MACHACONERÍA s.f. Insistencia que resulta molesta.

MACHADA s.f. Hato de machos cabríos. **2.** Fig. y fam. Necedad, dicho o hecho necio. **3.** Fig. y fam. Acción propia de un machote.

MACHADO s.m. Hacha para cortar madera.

MACHAJE s.m. Chile. Conjunto de animales machos.

MACHAMARTILLO (A) loc. Con convicción y firmeza: aplicado al modo de construir una cosa, con más solidez que esmero. (También *a macha martillo.*)

MACHAR v.tr. Machacar. ◆ **macharse** v.prnl. Argent. y Bol. Emborracharse.

MACHETAZO s.m. Golpe dado con el machete. **2.** Herida o señal que deja este golpe.

MACHETE s.m. Arma blanca, corta, de hoja ancha y un solo filo. **2.** Cuchillo grande que se

utiliza para cortar caña, desmontar y abrirse paso entre la maleza. **3.** Argent. Fig. y fam. Chuleta, papelito con apuntes que los estudiantes llevan oculto para usar disimuladamente en los exámenes.

MACHETEAR v.tr. Dar machetazos. **2.** TAUROM. Quebrantar al toro haciéndole cornear reiteradamente el engaño con uno y otro cuerno. ◆ v.tr. y prnl. Argent. Utilizar un estudiante machetes durante un examen. **2.** Méx. Fig. y fam. Hacer un machete para un examen. ◆ v.intr. y prnl. Méx. Trabajar con ahínco para alcanzar algún propósito.

MACHETERO, A s. Persona que en los ingenios azucareros corta la caña de azúcar. **2.** Persona que abre camino con el machete a través de la maleza. ◆ adj. y s. Argent. Fam. Se dice del estudiante que usa machetes. **2.** Se dice del estudiante que se dedica con esmero a sus labores escolares.

MACHI s.m. y f. Argent. y Chile. Curandero.

MÁCHICA s.f. (quechua *mačka*). Perú. Harina de maíz tostado, mezclada con azúcar y canela.

MACHIGUA s.f. Amér. Agua con residuos de maíz.

MACHIHEMBRADO s.m. Ensamblaje de dos tablas por sus cantos, por medio de ranura y lengüeta.

MACHIHEMBRADORA s.f. y adj. Máquina para machihembrar.

MACHIHEMBRAR v.tr. Ensamblar dos tablas a caja y espiga o a ranura y lengüeta.

MACHÍN s.m. Colomb., Ecuad. y Venez. Mono, mico.

MACHINA s.f. (voz latina, *maquinación*). Cabria rudimentaria, compuesta de tres largas pértigas o vigas de madera unidas por sus extremos superiores, en cuyo vértice va suspendida una polea. **2.** Grúa muy potente, en forma de cabria metálica, utilizada en los puertos marítimos. ◆ **Machina de arbolar** MAR. Machina fija o flotante, propia para las faenas de arbolar y desarbolar los buques.

MACHINCUEPA s.f. Méx. Voltereta que se da poniendo la cabeza en el suelo y dejándose caer sobre la espalda.

MACHISMO s.m. (de *1. macho*). Comportamiento y manera de pensar basados en la superioridad del hombre respecto a la mujer y en la exaltación de las supuestas cualidades viriles, como la fuerza.

MACHISTA adj. y s.m. y f. Relativo al machismo; partidario del machismo o persona que se comporta con machismo.

MÁCHMETRO s.m. Instrumento que sirve para medir el número de mach en un avión.

1. MACHO s.m. (del lat. *musculus*, de sexo masculino). En los seres vivos que tienen los órganos de reproducción masculinos y femeninos en distinto individuo, el que tiene los masculinos. **2.** Fam. Machote. **3.** Pieza que se introduce y encaja en otra en las ensambladuras, empalmes, articulaciones, uniones, etc. **4.** ARQ. Pilar de fábrica que sostiene o fortalece alguna cosa. **5.** BOT. Especie que, comparada con otra, es más robusta y más fuerte: *helecho macho.* **6.** METAL. Pieza de arena, metal u otro material resistente al material en fusión, que se coloca en el molde durante la fase de acabado para obtener cavidades o partes huecas en la pieza colada. **7.** TAUROM. Borla de las que penden de distintas partes del traje de torear. **8.** ZOOTECN. Mulo. ◆ **Macho (de) cabrío** Macho de la cabra. **Macho del timón** MAR. Cada una de las barras fijadas a la cabeza del timón para moverlo. **Macho de roscar,** o **aterrajar,** o **terrajar** MEC. Tornillo de acero para tallar roscas interiores en tuercas, agujeros ciegos u orificios de reducido diámetro en que han de ajustarse tornillos.

2. MACHO s.m. Martillo pesado y de mango largo empleado por los forjadores y herreros. **2.** MÚS. Especie de coda o estribillo final con que se suele rematar la ejecución de algunos cantes flamencos.

MACHORRA adj. y s.f. Se dice del animal hembra, especialmente la oveja, que es estéril. ◆ s.f. Marimacho.

1. MACHOTE adj. y s.m. Fam. Se dice del hombre que tiene cualidades consideradas

tradicionalmente masculinas, como la virilidad, el valor, la fuerza, etc. ◆ adj. Chile. Se dice del animal macho que es estéril.

2. MACHOTE s.m. Amér. Central. Borrador, dechado, modelo. **2.** Méx. Formulario con espacios en blanco para rellenar. **3.** Méx. Señal que se pone para medir los destajos en las minas.

MACHUCADURA s.f. Acción y efecto de machucar.

MACHUCANTE s.m. Colomb. Fam. Individuo, tipo.

MACHUCAR v.tr. [1]. Herir, golpear o machacar a alguien causándole contusiones o magullamientos. **2.** Machacar, destrozar algo.

MACHUCHO, A adj. Que es mayor o maduro. **2.** Prudente, juicioso.

MACHUCÓN s.m. Amér. Machucadura.

MACIEGA s.f. Argent., Bol. y Urug. Hierba silvestre o conjunto de ellas que son perjudiciales para las plantas cultivadas.

MACILENTO, A adj. (lat. *macilentus*). Se dice de la persona pálida y demacrada. **2.** Se aplica a la luz pálida, triste.

MACILLO s.m. Pieza del piano que, a impulso de la tecla, hiere la cuerda correspondiente. SIN.: *martillo.* **2.** Palillo para tocar los distintos instrumentos de percusión.

MACIS s.f. (voz del bajo lat., *corteza de un árbol de la India*) [pl. *macis*]. Arilo de la nuez moscada, utilizado como condimento.

MACIZADO s.m. CONSTR. Material de relleno: *macizado de una pared.*

MACIZAR v.tr. [7]. CONSTR. Rellenar con mampostería, cascotes u otro material compacto.

MACIZO, A adj. Que es sólido: *oro macizo.* **2.** Que tiene la carne dura, no fofa: *brazos macizos.* **3.** Esp. Fam. Se dice de la persona que tiene un cuerpo atractivo. ◆ s.m. Masa sólida y compacta de algo. **2.** Conjunto de plantas que decoran los cuadros de los jardines: *un macizo de tulipanes.* **3.** Conjunto de montañas que presenta un carácter unitario. **4.** Parte de una pared entre dos vanos. **5.** Obra de hormigón o de mampostería maciza.

MACLA s.f. Cuerpo compuesto de dos o más cristales asociados simétricamente, orientados de diferente manera y con interpenetración parcial.

MACÓN, NA adj. Colomb. Grandote, muy grande.

MACONDO s.m. Colomb. Árbol corpulento que alcanza de treinta a cuarenta metros de altura. (Familia bombáceas.)

MACRAMÉ s.m. Tejido reticular hecho a mano con hilos o cuerdas trenzadas y anudadas. **2.** Hilo con que se elabora este tejido.

MACRO s.f. (apócope de *macroinstrucción*). INFORMÁT. Instrucción compleja que define las operaciones especificadas a partir de las instrucciones de un repertorio de base de una computadora. SIN.: *macroinstrucción.*

MACROANÁLISIS s.m. (pl. *macroanálisis*). ECON. Análisis con que se propone determinar el nivel de la renta nacional y, desde una perspectiva global, el empleo de los recursos en capital y mano de obra, y también las relaciones entre vastos conjuntos económicos.

MACROBIÓTICA s.f. Sistema de vida cuya principal característica es un régimen alimenticio compuesto fundamentalmente por cereales integrales, legumbres, hortalizas y algas marinas que no han sido sometidos a tratamiento químico ni a manipulación de ningún tipo.

MACROBIÓTICO, A adj. Relativo a la macrobiótica: *régimen macrobiótico.*

MACROCEFALIA s.f. MED. Aumento del volumen del cráneo, normalmente como consecuencia de una hidrocefalia.

MACROCÉFALO, A adj. y s. Que padece macrocefalia.

MACROCISTE s.m. BOT. Receptáculo esporífero de gran tamaño.

MACROCITO s.f. BIOL. Megalocito.

MACROCONCIERTO s.m. Concierto de música al que acude mucho público y en el que generalmente intervienen muchos participantes.

MACROCÓSMICO, A adj. Relativo al macrocosmos.

MACROCOSMOS s.m. FILOS. El universo, considerado como una totalidad de estructura compleja, en oposición al ser humano o microcosmos.

MACROECONOMÍA s.f. Rama de las ciencias económicas que estudia las magnitudes, colectivas y globales, y su interrelación.

MACROECONÓMICO, A adj. Relativo a la macroeconomía.

MACROESTRUCTURA s.f. Conjunto de las estructuras esenciales, de las líneas principales de algo (organismo, sociedad, etc.). **2.** METAL. Estructura de un metal o de una aleación tal como aparece a simple vista o con un ligero aumento tras una preparación adecuada. **3.** QUÍM. Característica de un polímero dada por el conjunto de las cadenas que lo componen, así como por sus disposiciones recíprocas.

MACRÓFAGO, A adj. y s.m. Se dice de la célula del sistema reticuloendotelial que tiene una función fagocitaria.

MACROFOTOGRAFÍA s.f. Fotografía de objetos de pequeño tamaño que proporciona una imagen notablemente ampliada.

MACROGLOBULINA s.f. Proteína anormal, de gran peso molecular.

MACROGLOBULINEMIA s.f. Enfermedad que se caracteriza por la presencia excesiva de macroglobulinas en la sangre.

MACROGRAFÍA s.f. Estudio a simple vista o con lupa de la estructura de un sólido después de haber tratado su superficie con un reactivo.

MACROINSTRUCCIÓN s.f. INFORMÁT. Macro.

MACROMOLÉCULA s.f. Molécula de gran tamaño formada por el enlace y repetición de un gran número de moléculas sencillas.

MACROMOLECULAR adj. Relativo a las macromoléculas. **2.** Se dice de la sustancia química cuyas moléculas tienen una masa molecular elevada.

MACROPSIA s.f. MED. Trastorno visual que consiste en la ampliación del tamaño de los objetos.

MACROSCELÍDIDO, A adj. y s.m. Relativo a una familia de mamíferos insectívoros del tamaño y aspecto de una rata, con un hocico pronunciado en forma de trompa. SIN.: *macroscélido*.

■ MACROSCELÍDIDO

MACROSCÓPICO, A adj. Que se ve a simple vista.

MACRÓSPORA s.f. Espora de gran tamaño que, en ciertas criptógamas, da un prótalo femenino.

MACROSPORANGIO s.m. BOT. Esporangio que produce macrósporas.

MACROUNIDAD s.f. ECON. Término con el que se designa a los sujetos económicos complejos, como industria, sindicatos, etc.

MACRURO, A adj. y s.m. Relativo a un suborden de crustáceos decápodos de abdomen muy desarrollado (bogavante, langosta, quisquilla).

MACUBA s.f. (fr. *macouba*, de *Macouba*, población de la Martinica). Tabaco aromático y de excelente calidad que se cultiva en Macuba. **2.** Coleóptero de color verde bronceado brillante. (Despide un olor almizclado, parecido al del tabaco macuba, por lo que se emplea para aromatizar el rapé; familia cerambícidos.)

MACUCA s.f. Planta de flores blancas, muy pequeñas, y fruto parecido al del anís. (Familia umbelíferas.) **2.** Arbusto pequeño, parecido al peral, de fruto pequeño, colorado e insípido, de igual nombre. (Familia rosáceas.)

MACUCO, A adj. Chile. Astuto, cuco, taimado. ◆ s.m. Colomb. y Perú. Muchacho grandullón.

MÁCULA s.f. Poét. Mancha. **2.** Fig. Engaño, embuste, secreto. **3.** ANAT. Depresión de la retina, llamada también *mácula lútea* (mancha amarilla) situada en el polo posterior del ojo, donde la agudeza visual es máxima. **4.** MED. Mancha roja de la piel, debida a una dilatación de los capilares sanguíneos.

MACULAR v.tr. Manchar. **2.** Desacreditar.

MACULATURA s.f. IMPR. Hoja manchada en la impresión. **2.** MED. Conjunto de máculas. ◇ **Maculatura de embalaje** Hoja de papel grueso y fuerte que sirve para embalar libros o envolver paquetes.

MACULÍS s.m. Árbol del que se obtiene una madera de gran calidad, el roble americano. (Familia bignoniáceas.)

MACUQUERO, A s. Persona que extrae sin permiso metales de las minas abandonadas.

MACUQUINO, A adj. Se dice de determinadas monedas acuñadas en el Perú colonial.

MACURISE s.m. Árbol, muy apreciado por su madera, dura, olorosa y de color amarillento. (Familia sapindáceas.)

MACUTENO, A s. Méx. Ladrón, ratero.

MACUTO s.m. Mochila, especialmente la del soldado. **2.** Amér. Cesto que usan los mendigos para recoger las limosnas.

MADAMA s.f. Tratamiento afectado de cortesía o título de honor dado a las señoras. **2.** R. de la Plata. Mujer que regenta un prostíbulo.

MADAME s.f. (voz francesa). Mujer que regenta un prostíbulo.

MADAPOLÁN s.m. (de *Madapolam*, ciudad en la costa Sudeste de la India). Tela blanca de algodón, de buena calidad.

MADE IN, expresión inglesa que significa *fabricado en* y que, seguida del nombre inglés de un país, indica el origen de un producto manufacturado.

MADEIRA s.m. Vino dulce que se elabora en la isla de Madeira. SIN.: *madera*.

MADEJA s.f. (lat. *mataxa*, hilo o seda cruda). Conjunto de vueltas de hilo, lana, etc., unidas sin soporte. **2.** Mata de pelo: *una madeja de cabellos negros.* ◆ s.m. Fam. Hombre dejado y perezoso.

MADERA s.f. (lat. *materia*). Sustancia compacta del interior de los árboles, formada por células, fibras y vasos que transportan la savia bruta. **2.** Pieza de madera labrada. **3.** Fig. y fam. Talento y disposición de las personas para determinada actividad: *tiene madera de artista.*

4. MÚS. Subfamilia de los instrumentos de viento. (La otra subfamilia es el metal.)

ENCICL. Materia natural tradicional, la madera posee una rigidez excelente, buena resistencia a los agentes químicos, cualidades de aislante térmico y capacidad de amortiguación de las fuerzas bruscas. Sus usos son múltiples: provee energía, sirve para la construcción, la ebanistería, la tonelería, el embalaje y la fabricación de papel y cartón. Una vez cortada, la madera debe tratarse para mejorar su protección y conservación.

MADERABLE adj. Se dice del árbol, bosque, etc., que da madera útil.

MADERADA s.f. Conjunto de maderos transportados a flote por un río o un lago.

MADERAMEN s.m. Conjunto de maderas que entran en la construcción de una obra. SIN.: *maderaje*.

MADERAR v.tr. Aprovechar árboles para obtener madera.

MADERERÍA s.f. Lugar donde se recoge madera para su venta.

MADERERO, A adj. Relativo a la industria de la madera. ◆ s. Persona que comercia con la madera. **2.** Persona que conduce armadías.

MADERIZAR v.tr. y prnl. [7]. Dar a un vino el sabor o el color del madeira.

MADERO s.m. Pieza larga de madera escuadrada. **2.** Fig. y fam. Persona necia, torpe e insensible. **3.** Esp. Vulg. Miembro de la policía. ◇ **Madero de la cruz** REL. Cruz.

MADI s.m. Chile. Planta herbácea de hojas hediondas y flores amarillas, de cuyas semillas se extrae un aceite comestible. (Familia compuestas.)

MADIANITA adj. y s.m. y f. De un ant. pueblo nómada de Arabia que se extendía entre el Sinaí y Moab y que entró en conflicto con los hebreos en tiempo de los Jueces.

MADONA s.f. Virgen María. **2.** B. ART. Imagen de la Virgen, sola o con el Niño: *las madonas de Rafael.*

MADOR s.m. (lat. *mador, oris*, humedad). Ligera humedad que baña el cuerpo, sin llegar a ser sudor.

MADRÁS s.m. Tela fina de seda y algodón, de cuadros, que se usa para confeccionar camisas y trajes femeninos.

MADRASA s.f. En los países islámicos, cole-

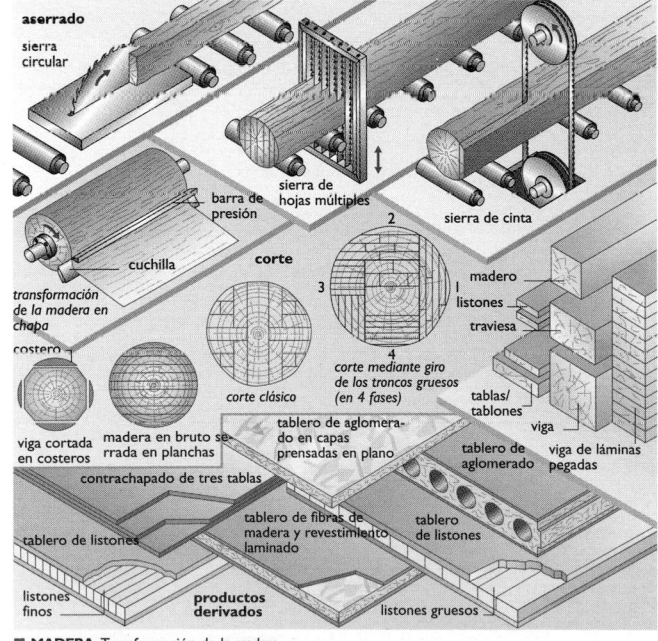

■ **MADERA.** Transformación de la madera.

aserrado

sierra circular

barra de presión

cuchilla

transformación de la madera en chapa

costero

corte clásico

viga cortada en costeros

madera en bruto serrada en planchas

contrachapado de tres tablas

tablero de listones

listones finos

productos derivados

sierra de hojas múltiples

corte

3

4
corte mediante giro de los troncos gruesos (en 4 fases)

tablero de aglomerado en capas prensadas en plano

tablero de fibras de madera y revestimiento laminado

2

sierra de cinta

madero

listones

traviesa

tablas/ tablones

viga

tablero de aglomerado

tablero de listones

listones gruesos

viga de láminas pegadas

gio o universidad que depende de la autoridad religiosa.

MADRASTRA s.f. Mujer del padre respecto de los hijos de este habidos en una relación anterior.

MADRAZA s.f. *Fam.* Madre que mima o cuida mucho a sus hijos.

MADRAZO s.m. *Méx.* Golpe muy fuerte.

MADRE s.f. (lat. *mater, matris*). Mujer o animal hembra que ha tenido uno o más hijos o crías. **2.** *Fam.* Mujer anciana del pueblo. **3.** *Fig.* Causa u origen de una cosa: *la experiencia es la madre de la ciencia.* **4.** Cauce de un río o arroyo. **5.** Título que se da a las abadesas y superioras de conventos y, en algunas comunidades, a todas las religiosas de coro. **6.** Heces del mosto, vino o vinagre. **7.** Madero principal o eje de una armazón. **8.** ANAT. Matriz en que se desarrolla el feto. ◇ **A toda madre** *Méx. Vulg.* Estupendo, muy bueno. **Ciento y la madre** Muchas o demasiadas personas. **Dar en la madre** *Méx. Vulg.* Dañar o herir seriamente algo o a alguien. **Estar hasta la madre** *Méx. Vulg.* Estar harto o estar completamente borracho o drogado. **Importarle, o valerle, a alguien madre, o madres** *Méx. Fam.* No importarle nada algo o alguien. **La madre del cordero** Razón o causa real de un hecho o suceso. **Madre de Dios** La Virgen María. (Se escribe con mayúscula.) **Madre de familia** Mujer que se dedica al cuidado de su casa y de sus hijos. **Madre de leche** Nodriza. **Madre patria** País donde ha nacido una persona; nombre dado por algunos países que son o han sido colonias al país colonizador. **Madre política** Suegra. **Mentar la madre** Insultar a una persona ofendiendo a su madre. **(De) puta madre** *Vulg.* Muy bueno, estupendo. **Sacar de madre** Inquietar a alguien.

MADREAR v.tr. *Méx.* Arruinar algo a golpes. **2.** *Méx. Vulg.* Golpear a alguien con fuerza, por lo general dejándolo mal herido.

MADRECILLA s.f. Huevera de las aves.

MADREJÓN s.m. *Argent.* Cauce seco del río.

MADREÑA s.f. (de *madera*). Almadreña, zueco.

MADREPERLA s.f. Lamelibranquio de concha casi circular, que vive en el fondo de los mares tropicales, donde se pesca para recoger las perlas que suele contener. (Familia uniónidos.)

MADRÉPORA s.f. Cnidario que desempeña un papel determinante en la formación de los arrecifes coralinos.

■ **MADRÉPORA**

MADREPORARIO, A adj. y s.m. Relativo a una subclase de hexacoralarios que comprende pólipos provistos de esqueleto calcáreo, muy abundantes en los mares cálidos, donde forman arrecifes barrera o atolones.

MADREPÓRICO, A adj. Relativo a las madréporas y a los madreporarios.

MADREPORITA s.f. Coral fósil.

MADRERO, A adj. Se dice de la persona que está muy encariñada con su madre.

MADRESELVA s.f. Arbusto sarmentoso de flores olorosas con el mismo nombre, que crece en los bosques del S de Europa y en las montañas andinas. (Familia caprifoliáceas.)

MADREVIEJA s.f. Lecho antiguo de un río que a veces tiene agua estancada.

MADRIGAL s.m. (ital. *madrigale*). Composición poética breve que expresa un pensamiento delicado, tierno o galante. **2.** MÚS. Composición para varias voces, sin acompañamiento, que intenta traducir las más delicadas inflexiones de un poema.

MADRIGALESCO, A adj. Relativo al madrigal. **2.** Elegante y delicado.

MADRIGALISTA s.m. y f. Compositor de madrigales.

MADRIGUERA s.f. Pequeña cueva, estrecha y profunda, en que habitan ciertos animales, especialmente los mamíferos, como el conejo, la liebre, etc. **2.** *Fig.* Lugar donde se refugian o esconden los maleantes.

MADRILEÑO, A adj. y s. De Madrid. SIN.: *matritense.*

MADRINA s.f. Mujer que presenta o asiste al que recibe un sacramento (bautizo, comunión, boda, etc.), por lo que contrae con él un parentesco espiritual del que se derivan ciertas obligaciones. **2.** Mujer que en ciertos actos solemnes, tanto de carácter privado como público, actúa como acompañante o protectora: *madrina en la botadura de un barco.* **3.** *Fig.* Mujer que ayuda o protege a alguien, especialmente en su actividad profesional. **4.** *Hond.* Cualquier animal manso al que se ata otro cerril para domarlo.

MADRINAZGO s.m. Cargo de madrina. **2.** Acto de asistir como madrina.

MADRIZA s.f. *Méx. Vulg.* Paliza.

MADRONCILLO s.m. Fresa.

MADROÑAL s.m. Terreno poblado de madroños. SIN.: *madroñera.*

MADROÑO s.m. Arbusto de hojas parecidas a las del laurel, cuyo fruto del mismo nombre es comestible, rojo por fuera y amarillo en su interior. (Familia ericáceas.) **2.** Bolita de forma semejante al fruto del madroño, utilizada como adorno en la montera de los toreros, en la mantilla española y en otras indumentarias.

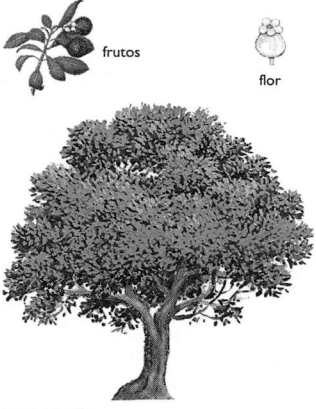

frutos

flor

■ **MADROÑO**

MADRUGADA s.f. Alba, amanecer. **2.** Conjunto de horas que siguen a la medianoche: *las tres de la madrugada.* **3.** Madrugón.

MADRUGAR v.intr. (del lat. *maturare*, hacer madurar o darse prisa) [2]. Levantarse al amanecer o muy temprano. **2.** *Fig.* Anticiparse a otro en la ejecución o solicitud de algo. **3.** Ganar tiempo.

MADRUGÓN s.m. *Fam.* Acción de levantarse excesivamente temprano.

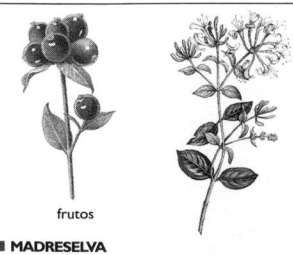

frutos

■ **MADRESELVA**

MADURACIÓN s.f. Acción y efecto de madurar. **2.** BOT. Conjunto de transformaciones que sufre un órgano antes de poder cumplir su función. **3.** PSICOL. Conjunto de fenómenos psicológicos y sociales que permiten al niño alcanzar la madurez. **4.** TECNOL. Tratamiento térmico de endurecimiento estructural practicado en ciertas aleaciones de aluminio.

MADURAR v.tr. (lat. *maturare*). Poner maduro: *el calor madura las frutas.* **2.** *Fig.* Reflexionar sobre algo para preparar su ejecución: *madurar una idea.* **3.** Someter las hojas de tabaco a un tratamiento que hace desaparecer el excedente de agua. ◆ v.intr. y prnl. Volverse maduros los frutos. **2.** *Fig.* Crecer en edad, juicio y prudencia. **3.** BOT. Transformarse el ovario en fruto.

MADURATIVO, A adj. Que madura o sirve para madurar: *proceso madurativo.*

MADUREZ s.f. Cualidad o estado de maduro. **2.** *Fig.* Sensatez, buen juicio o prudencia. **3.** BIOL. Período de la vida del adulto, comprendido entre la juventud y la vejez, variable según el individuo.

MADURO, A adj. (lat. *maturus*). Que está en el estado adecuado para ser comido: *fruta madura.* **2.** *Fig.* Preparado para determinado fin: *una idea madura.* **3.** Que ya ha superado la juventud pero no ha llegado a la vejez: *un señor maduro.* **4.** *Fig.* Juicioso, prudente: *actuación madura.* ◇ **Edad madura** Madurez, período de la vida. **Estar a las duras, o a las verdes, y a las maduras** Aceptar el aspecto desagradable o malo de algo, lo mismo que se disfruta de lo bueno y agradable.

MAËRL s.m. GEOGR. Arena calcárea de las costas marinas de Bretaña, utilizada como abono.

MAESTÀ s.f. (voz italiana). Cuadro que representa a la Virgen entronizada con el Niño en brazos.

■ **MAESTÀ**, por el maestro Pere Serra (1380-1390).
[Museo nacional de arte de Cataluña, Barcelona.]

MAESTOSO s.m. (voz italiana). MÚS. Aire solemne, de movimiento pausado.

1. MAESTRAL adj. Relativo al maestre o al maestrazgo. ◆ s.m. Maestril.

2. MAESTRAL s.m. y adj. Viento noroeste, frío y seco, que sopla en las costas del golfo de León, en el mar Mediterráneo. SIN.: *mistral.* **2.** MAR. Noroeste en la división de la rosa náutica que se usa en el Mediterráneo.

MAESTRANTE s.m. Caballero de la maestranza.

MAESTRANZA s.f. Corporación nobiliaria que tomó a su cargo, en el aspecto militar, algunos de los cometidos de las antiguas órdenes de caballería. **2.** Conjunto de talleres donde se construye y repara armamento y material de guerra de todas clases. **3.** Local o edificio ocupado por estos talleres. **4.** Conjunto de personas que trabajan en estos talleres o en los de un arsenal ◇ **Maestranza de la armada** Cuerpo integrado, en la marina de guerra, por personal no militar que presta servicio en los arsenales o establecimientos navales y, eventualmente, a bordo de los buques.

MAESTRAZGO s.m. Dignidad de maestre de una orden militar. **2.** Ingresos obtenidos de estos señoríos por los monarcas españoles en su condición de maestres de las órdenes militares.

MAESTRE s.m. Superior de una orden militar. **2.** Persona que mandaba en un barco después del capitán. ◇ **Gran maestre** Superior general de una orden militar o de caballería.

MAESTRESALA s.m. Criado principal que sirve la mesa de un señor y prueba la comida.

MAESTRESCUELA o **MAESTREESCUELA** s.m. En algunas universidades antiguas, cancelario, el que tenía autoridad para dar los grados. **2.** HIST. **a.** Superior de una escuela eclesiástica. **b.** Antiguo título de los cancilleres o notarios de las abadías. **c.** Una de las cinco dignidades del cabildo catedralicio.

MAESTRÍA s.f. Destreza y habilidad para enseñar o ejecutar una cosa. **2.** Grado de maestro.

MAESTRIL s.m. Celda del panal de miel, dentro de la cual se transforma en imago la larva de la abeja maestra. SIN.: *maestral.*

MAESTRO, A adj. (lat. *magister, -tri*). Excelente o perfecto en su clase. *una obra maestra.* **2.** Principal: *pared, viga maestra.* ◆ adj. y s.m. Se dice del palo mayor. ◆ s. Persona que tiene por oficio enseñar, en especial el que se dedica a la enseñanza primaria. **2.** Persona que instruye, alecciona o enseña personalmente o a través de su obra. **3.** Persona de gran sabiduría o habilidad en una ciencia o arte: *ser un maestro en su oficio.* **4.** Persona que dirige el personal o las operaciones de un servicio: *maestro de taller.* **5.** Cosa que instruye, alecciona o enseña: *la experiencia es una gran maestra.* ◆ s.m. Tratamiento popular afectuoso. **2.** B. ART. **a.** Título que se exigía para ejercer el arte por cuenta propia. **b.** Nombre con que se designa a un artista anónimo: *el maestro de Becerril.* **3.** HIST. En los gremios medievales, categoría máxima en un determinado oficio. **4.** MÚS. Compositor o intérprete. **5.** TAUROM. Matador de toros. ◇ **Maestro de armas** Maestro de esgrima. **Maestro de ceremonias** Persona que dirige el ceremonial de un acto público. **Maestro de obras** Profesional que dirige a los albañiles y peones. **Maestro impresor** Propietario de una imprenta o establecimiento tipográfico.

MAFIA s.f. (voz italiana). Organización clandestina siciliana que impone su justicia y sus leyes por la fuerza. (Se escribe con mayúscula.) [V. parte n. pr.] **2.** Organización clandestina de criminales. **3.** *Fam.* y *desp.* Grupo clandestino de personas que se apoyan mutuamente y monopolizan ciertos ámbitos y actividades.

MAFIOSO, A adj. y s. Relativo a la mafia; miembro de esta organización.

MAGALLÁNICO, A adj. Relativo al estrecho de Magallanes.

MAGANCEAR v. intr. Holgazanear.

MAGANZÓN, NA adj. y s. Colomb. y C. Rica. Holgazán.

MAGAYA s.f. Amér. Central. Colilla.

MAGAZINE s.m. (voz inglesa). Revista, generalmente con ilustraciones, que trata sobre temas diversos. **2.** Programa de radio o televisión, de contenido variado.

MAGDALENA s.f. Dulce elaborado con harina, aceite, huevo y leche, con forma de bollo pequeño. **2.** REL. Religiosa que una congregación que tenía por objeto recoger a las mujeres arrepentidas. ◇ **Estar hecha una Magdalena** *Fam.* Estar desconsolada y llorosa. **Llorar como una Magdalena** *Fam.* Llorar desconsoladamente.

MAGDALÉNICO, A adj. Relativo al río Magdalena.

MAGDALENIENSE s.m. y adj. (de *La Madeleine,* en Dordogne, Francia). Se dice del período histórico caracterizado por el conjunto de facies culturales que marcan el apogeo del paleolítico superior en Europa occidental. (El

magdaleniense, que sigue al solutrense, se prolongó hasta fines de la glaciación de Würm [13 000 a 8 000 a.C.]. Además de una diversificación continua de la industria lítica, este período se caracteriza por el desarrollo de los útiles de hueso [puntas de azagaya, arpones] y del arte pictórico [cuevas de Altamira, Combarelles].)

MAGENTA s.m. y adj. Color rojo oscuro que resulta de una mezcla de rojo y azul y que, con el amarillo y el cian, se emplea en fotografía. (Se emplea en las emulsiones de fotografía en color por síntesis sustractiva.)

MAGIA s.f. Conjunto de creencias y prácticas basadas en la idea de que existen poderes ocultos en la naturaleza, y que se pueden conciliar o conjurar, para conseguir un beneficio o provocar una desgracia. **2.** Conjunto de trucos y habilidades con los que se hacen juegos de manos y cosas sorprendentes y extraordinarias, como hacer aparecer y desaparecer a personas y cosas. **3.** *Fig.* Atractivo o encanto de alguien o algo. ◇ **Magia blanca** ANTROP. Conjunto de ritos y prácticas cuyo objetivo es alejar los malos espíritus, conjurar la mala suerte, o curar a las víctimas de maleficios, de algún hechizo o de los malos espíritus. **Magia negra** ANTROP. Conjunto de prácticas secretas que tienen como objetivo conciliar los malos espíritus y las fuerzas sobrenaturales, para que ejerzan sus poderes contra alguien a quien se intenta perjudicar.

ENCICL. Antes de que el pensamiento racionalista moderno la desvalorizara y relegara, sin eliminarla, en una especie de oscuridad vergonzosa, la magia produjo numerosas y refinadas teorías. Así, entre la magia blanca y la magia negra, el pensamiento del renacimiento (Cardan, Paracelso, Crollius, Della Porta, etc.) tendió a elaborar una magia natural, basada en la idea de que todo en la naturaleza es comunicación y símbolo. Por otra parte numerosos etnólogos, entre ellos Lévi-Strauss, se han interesado en las formas del pensamiento mágico.

MAGIAR adj. y s.m. y f. De un pueblo ugrofinés que se estableció en las llanuras de Panonia (Hungría) en el s. IX. **2.** Húngaro.

MÁGICO, A adj. (lat. *magicus*). Relativo a la magia. **2.** Que sorprende o fascina: *espectáculo mágico.* ◆ s. Persona que profesa o ejerce la magia. **2.** Encantador, que encanta o hace encantamientos. ◇ **Cuadrado mágico** Tabla de números en forma de cuadrado, dispuestos de manera que la suma de los elementos de una fila, una columna o una diagonal da el mismo número. **Pensamiento mágico** PSICOL. Pensamiento que recurre a las relaciones de participación para modificar la realidad y que caracteriza al niño entre 2 y 7 años.

MAGÍN s.m. Esp. *Fam.* Imaginación.

MAGÍSTER s.m. Colomb. y Chile. Grado universitario inmediatamente inferior al de doctor.

MAGISTERIAL adj. Relativo al magisterio.

MAGISTERIO s.m. (lat. *magisterium*). Profesión de maestro. **2.** Conjunto de estudios universitarios para obtener el título de maestro. **3.** Conjunto de los maestros de una nación, provincia, etc.

MAGISTRADO, A s. (lat. *magistratus, -us*). Superior en el orden civil; en especial, miembro de la judicatura. **2.** Dignidad o empleo de juez o ministro de justicia superior. **3.** Miembro de una sala de la audiencia territorial o provincial o del Tribunal supremo de justicia. **4.** Juez de las magistraturas de trabajo. ◆ s.m. HIST. En la antigüedad, personaje investido de funciones públicas importantes. ◇ **Primer magistrado** Máxima autoridad en el campo civil, normalmente el presidente de la república, aunque puede denominarse también así al monarca.

MAGISTRAL adj. (lat. *magistralis*). Relativo al magisterio. **2.** Que se hace con maestría: *demostración magistral.* **3.** Se dice de actos externos afectados: *tono magistral.* **4.** Que es muy preciso: *un instrumento magistral.* ◇ **Canónigo magistral** Canónigo que tiene por oficio predicar. **Fórmula magistral** Medicamento que se prepara en la farmacia según receta.

MAGISTRALÍA s.f. Dignidad de canónigo magistral.

MAGISTRATURA s.f. Oficio o dignidad de magistrado; tiempo que dura su ejercicio. **2.** Conjunto de los magistrados. ◇ **Magistratura del trabajo** Órgano de la administración de justicia española con jurisdicción autónoma para tratar los conflictos de trabajo.

MAGMA s.m. Masa pastosa, espesa y viscosa. **2.** GEOL. Líquido que se forma en el interior de la Tierra por la fusión de la corteza o del manto y que, al enfriarse, da origen a una roca eruptiva.

MAGMÁTICO, A adj. GEOL. Relativo al magma. ◇ **Roca magmática** Roca *eruptiva.

MAGMATISMO s.m. GEOL. **a.** Formación, migración y solidificación de los magmas. **b.** Teoría que atribuye un origen magmático a los granitos y que se opone al metasomatismo y al transformismo.

MAGNANIMIDAD s.f. Cualidad de magnánimo.

MAGNÁNIMO, A adj. (lat. *magnanimus*). Que muestra grandeza de ánimo.

MAGNATE s.m. (lat. tardío *magnates*). Persona muy importante del mundo de los negocios, de la industria y de las finanzas. **2.** En la edad media, título honorífico de los altos funcionarios de Hungría. **3.** En España, noble de primera categoría.

MAGNESIA s.f. QUÍM. Óxido o hidróxido de magnesio. (Es una sustancia terrosa, blanca, suave, insípida e inodora que puede utilizarse en medicina como laxante, o purgante.)

MAGNÉSICO, A adj. Relativo al magnesio. **2.** Se dice de las sales del magnesio.

MAGNESIO s.m. Metal sólido, de color blanco plateado, de densidad 1,74, cuyo punto de fusión es de 651 °C. **2.** Elemento químico (Mg), de número atómico 12 y masa atómica 24,305. (Bajo formas diversas, el magnesio arde en el aire con una llama deslumbrante. Es un elemento nutritivo, muy importante para las plantas. En metalurgia, entra en la composición de un buen número de aleaciones de aluminio, mejorando sus propiedades mecánicas.)

MAGNESIOTERMIA s.f. Procedimiento de preparación de metales puros, que utiliza el poder reductor del magnesio sobre ciertos compuestos metálicos.

MAGNESITA s.f. Carbonato natural de magnesio ($MgCO_3$). SIN.: *giobertita.*

MAGNÉTICO, A adj. (lat. *magneticus*). Relativo al imán: *atracción magnética.* **2.** Que tiene las propiedades del imán: *cuerpo magnético.* **3.** Relativo al magnetismo: *campo magnético.* **4.** Que tiene una influencia poderosa y misteriosa: *mirada magnética.*

MAGNETISMO s.m. Fuerza de atracción de un imán. **2.** Parte de la física que estudia las propiedades de los imanes. **3.** Atractivo o influencia que ejerce una persona sobre otra. ◇ **Magnetismo animal** Influencia, verdadera o supuesta, que una persona puede ejercer sobre otra por medio de movimientos llamados pases, que transmiten un fluido vital, según la teoría de F. Mesmer. **Magnetismo terrestre** Conjunto de los fenómenos magnéticos ligados al globo terráqueo. SIN.: *geomagnetismo.*

ENCICL. La explicación del magnetismo puede realizarse según dos métodos muy diferentes. Uno, exposición coulombiana, recurre a la noción de masa magnética, positiva o negativa, que caracteriza las propiedades del polo norte o del polo sur de un imán, y es análogo al método de estudio empleado en electrostática. El segundo método, preconizado por Ampère, se funda en la existencia de corrientes particulares en todo elemento de materia y ha encontrado su método de interpretación en el movimiento de los electrones de los átomos. Se define como *campo magnético* a la zona del espacio en que se pueden notar los efectos magnéticos de un imán. En cuanto a sus propiedades magnéticas, los diferentes cuerpos pueden clasificarse en tres grupos principales que corresponden al *ferromagnetismo,* al *paramagnetismo* y al *diamagnetismo.*

MAGNETITA s.f. Mezcla de óxidos de hierro, que cristaliza en el sistema cúbico; es de color negruzco, con brillo metálico, muy pesada, frágil y dura, y tiene propiedades magnéticas.

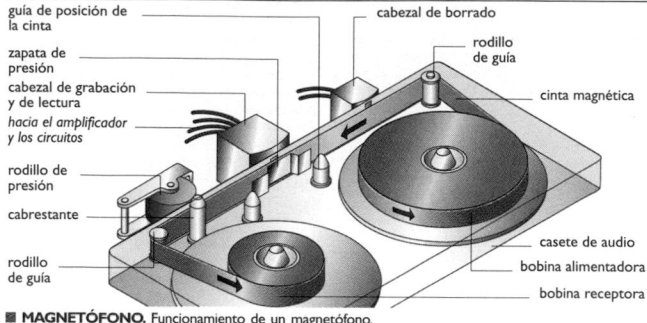

guía de posición de la cinta

zapata de presión

cabezal de grabación y de lectura

hacia el amplificador y los circuitos

rodillo de presión

cabrestante

rodillo de guía

cabezal de borrado

rodillo de guía

cinta magnética

casete de audio

bobina alimentadora

bobina receptora

■ **MAGNETÓFONO.** Funcionamiento de un magnetófono.

MAGNETIZACIÓN s.f. Acción y efecto de magnetizar.

MAGNETIZAR v.tr. y prnl. [7]. Comunicar a un cuerpo propiedades magnéticas. ◆ v.tr. Producir intencionadamente en una persona los fenómenos del magnetismo animal. **2.** *Fig.* Deslumbrar, entusiasmar o fascinar a alguien.

MAGNETO s.f. (apócope de *magnetogeneratriz*). Generador de corriente eléctrica en el que la inducción es producida por un campo magnético creado por un imán permanente.

MAGNETOCALÓRICO, A adj. Se dice de los fenómenos caloríficos que acompañan la imantación.

MAGNETODINÁMICO, A adj. Se dice del aparato en el cual la excitación magnética es producida por un imán permanente.

MAGNETOELÉCTRICO, A adj. Que presenta a la vez fenómenos magnéticos y eléctricos.

MAGNETOFÓNICO, A adj. Relativo al magnetófono: *grabación magnetofónica*.

MAGNETÓFONO o **MAGNETOFÓN** s.m. Aparato de registro y reproducción del sonido por imantación remanente de una cinta magnética.

MAGNETOHIDRODINÁMICA s.f. Parte de la física que estudia la dinámica de los fluidos conductores, por ejemplo, un gas ionizado, en presencia de un campo magnético. (Se abrevia *MHD*.)

MAGNETOHIDRODINÁMICO, A adj. Relativo a la magnetohidrodinámica.

MAGNETOMETRÍA s.f. Medición de los campos magnéticos y de las propiedades magnéticas de los cuerpos.

MAGNETÓMETRO s.m. Instrumento empleado para medir un campo magnético.

MAGNETOMOTRIZ adj.f. **Fuerza magnetomotriz** En un circuito magnético, suma de las diferencias de potencial magnético que crea el flujo de inducción.

MAGNETÓN s.m. FÍS. Momento magnético elemental. (El magnetón de Bohr es $eh/2\pi\,m$

[e y m = carga y masa del electrón, h = constante de Planck].)

MAGNETOÓPTICA s.f. Estudio de las propiedades ópticas de las sustancias sometidas a campos magnéticos.

MAGNETOPAUSA s.f. Límite externo de la magnetosfera de un planeta con campo magnético, que separa la zona de acción de este campo magnético de la del viento solar.

MAGNETOQUÍMICA s.f. Estudio de las relaciones que existen entre el magnetismo de los compuestos químicos y su estructura microscópica, así como de sus aplicaciones en la química estructural y analítica.

MAGNETOSCOPIO s.m. Aparato de registro de imágenes y sonido sobre cinta magnética.

MAGNETOSFERA s.f. Parte externa de la envoltura de un planeta dotado de campo magnético, en la que este campo se encuentra confinado y ejerce una acción preponderante.

MAGNETOSTÁTICA s.f. Parte de la física que estudia los fenómenos magnéticos de los imanes o de las masas magnéticas en reposo.

MAGNETOSTÁTICO, A adj. Relativo a la magnetostática.

MAGNETOSTRICCIÓN s.f. Deformación de un cuerpo ferromagnético bajo la influencia de su imantación.

MAGNETRÓN s.m. Tubo de vacío generador o amplificador de corrientes de frecuencia ultraelevada, en que el flujo de electrones es sometido a la acción simultánea de un campo eléctrico y un campo magnético.

MAGNICIDA adj. y s.m. y f. Se dice del autor de un magnicidio.

MAGNICIDIO s.m. Asesinato de un jefe de estado o de una persona relevante del gobierno.

MAGNIFICAR v.tr. y prnl. (lat. *magnificare*) [1]. Engrandecer, enaltecer, alabar. ◆ v.tr. Dar a un hecho mayor dimensión de la que tiene.

MAGNÍFICAT s.m. (voz latina). Cántico de la Virgen María en el evangelio de Lucas. (Se canta en las liturgias romana y bizantina.)

MAGNIFICENCIA s.f. (lat. *magnificentia*). Cualidad de magnífico.

MAGNÍFICO, A adj. (lat. *magnificus*). Que tiene gran suntuosidad. **2.** Excelente, admirable. **3.** Tratamiento dado a los rectores de las universidades.

MAGNITUD s.f. (lat. *magnitudo, -inis*). Característica de los cuerpos que puede ser medida: *magnitud física*. **2.** *Fig.* Grandeza o importancia de algo: *la magnitud de una catástrofe*. **3.** Cantidad que sirve para caracterizar el brillo aparente (magnitud *aparente*) o real (magnitud *absoluta*) de un astro. (Disminuye cuando aumenta el brillo.) **4.** ECON. Concepto abstracto genérico que comprende todas las cantidades homogéneas, como precios, productos, costos, rentas, etc.

MAGNO, A adj. (lat. *magnus*). Grande, importante. ◇ **Aula magna** Aula de mayor capacidad en una universidad o facultad, destinada a discursos, reuniones, etc.

MAGNOLIA s.f. (lat. científico *magnolia*, de P. *Magnol*, botánico francés). Árbol o arbusto originarios de Asia y de América, de porte elegante, hojas alternas, lustrosas, y flores grandes del mismo nombre, de olor suave, muy apreciadas para la ornamentación de parques y jardines; fruto de esta planta.

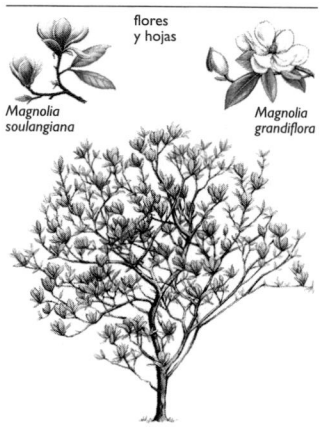

flores y hojas

Magnolia soulangiana

Magnolia grandiflora

■ **MAGNOLIA**

MAGNOLIAL adj. y s.f. Relativo a un orden de plantas con flores, con caracteres morfológicos arcaicos, como el tulipero, la magnolia y el badián.

MAGNOX s.m. Aleación de aluminio y de magnesio empleada como material de enfundado del combustible, especialmente en ciertos reactores nucleares británicos.

MAGO, A s. y adj. (lat. *magus*). Persona que practica la magia. **2.** Persona versada en las ciencias ocultas. ◇ **Reyes Magos** Personajes que acudieron, guiados por una estrella, a adorar a Jesús en Belén. (Una tradición posterior les ha dado los nombres de *Melchor, Gaspar y Baltasar*.)

MAGOSTO s.m. (port. *magusto*). Hoguera en que se asan castañas al aire libre, especialmente en la época de su recolección. **2.** Conjunto de castañas asadas en esa ocasión.

MAGOTE s.m. Macaco de unos 75 cm de long., sin cola, que vive en el N de África y en Gibraltar. SIN.: *mona de Gibraltar*.

MAGRA s.f. Carne magra del cerdo, próxima al lomo.

MAGREAR v.tr. Esp. *Vulg.* Manosear a una persona buscando placer sexual.

MAGREBÍ o **MOGREBÍ** adj. y s.m. y f. Del Magreb. ◆ s.m. Variedad del árabe hablada en el Magreb.

MAGREO s.m. Esp. *Vulg.* Acción y efecto de magrear.

MAGRO, A adj. (lat. *macer*, delgado). Con poca o ninguna grasa: *carne magra*. **2.** Pobre,

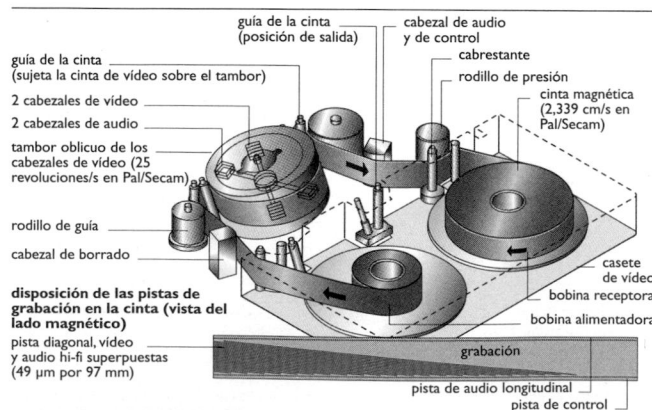

guía de la cinta (posición de salida)

guía de la cinta (sujeta la cinta de vídeo sobre el tambor)

2 cabezales de vídeo

2 cabezales de audio

tambor oblicuo de los cabezales de vídeo (25 revoluciones/s en Pal/Secam)

rodillo de guía

cabezal de borrado

cabezal de audio y de control

cabrestante

rodillo de presión

cinta magnética (2,339 cm/s en Pal/Secam)

casete de vídeo

bobina receptora

bobina alimentadora

disposición de las pistas de grabación en la cinta (vista del lado magnético)

pista diagonal, vídeo y audio hi-fi superpuestas (49 μm por 97 mm)

grabación

pista de audio longitudinal

pista de control

■ **MAGNETOSCOPIO.** Funcionamiento de un magnetoscopio.

esquilmado: *terreno magro.* ◆ s.m. Esp. Carne magra del cerdo, próxima al lomo.

MAGUA s.f. Cuba, P. Rico y Venez. Decepción.

MAGUARSE v.prnl. [3]. Cuba. Aguarse la fiesta. **2.** Cuba, P. Rico y Venez. Llevarse un chasco.

MAGUEY s.m. (voz antillana). BOT. Amér. Agave, planta.

MAGUILLA s.f. Fruto del maguillo, más pequeño que la manzana y de sabor áspero.

MAGUILLO s.m. Manzano silvestre que se emplea para injertos. (Familia pomáceas.)

MAGULLADURA s.f. Magullamiento. **2.** Contusión caracterizada por la aparición de una mancha azulada.

MAGULLAMIENTO s.m. Acción y efecto de magullar. SIN.: *magulladura.*

MAGULLAR v.tr. y prnl. Causar daño o contusiones a un tejido orgánico, pero sin producir herida. **2.** Dañar la fruta golpeándola contra algo.

MAGULLÓN s.m. Chile. Magulladura.

MAHALEB s.m. Árbol o arbusto con el porte de un cerezo, de fruto amargo y muy pequeño.

MAHĀRĀJA s.m. (voz sánscrita, *gran rey*). Título que se otorga a los príncipes feudatarios de la India. (La esposa del *mahārāja* se denomina *mahārāni.*)

MAHĀTMĀ s.m. (voz sánscrita, *alma grande*) Título dado en la India a personalidades espirituales eminentes.

MAHDI s.m. (voz árabe, *el bien dirigido*). Nombre dado en el islam (sobre todo chiita) al enviado de Alá que ha de venir en el final de los tiempos para instaurar el reino de la justicia y del islam puro.

MAHDISMO s.m. Movimiento político y religioso de restauración de la sociedad musulmana.

MAHDISTA adj. y s.m. y f. Relativo al mahdismo; adepto de este movimiento.

MAH-JONG s.m. (voces chinas, *yo gano*). Juego de mesa de origen chino en el que participan cuatro jugadores, compuesto por 144 fichas con las que deben conseguirse determinadas combinaciones.

MAHO s.m. Denominación de varios árboles de América del Sur, pertenecientes a diversas familias, como las esterculiáceas, las malvaceas, las anonáceas, etc.

MAHOMETANO, A adj. y s. Musulmán.

MAHOMETISMO s.m. Islamismo.

MAHOMETIZAR v.intr. [7]. Islamizar.

MAHÓN s.m. (de *Mahón,* c. de Baleares). Queso elaborado en Menorca con leche de vaca, salado y prensado.

MAHONÉS, SA adj. y s. De Mahón.

MAHONESA s.f. y adj. → MAYONESA.

MAHRĀTTA o **MARĀTHA** adj. y s.m. y f. De Mahārāshtra, estado de la India. (Los mahātta crearon un poderoso reino hindú [1674] y resistieron a los británicos de 1779 a 1812.)

MAICENA s.f. (de *Maizena,* marca registrada). Harina refinada de maíz.

MAICILLO s.m. Planta herbácea que crece en América Central y Meridional, de hojas parecidas al mijo y fruto muy nutritivo. (Familia gramíneas.) **2.** Chile. Arena gruesa y amarillenta con que se cubre el pavimento de jardines.

MAÍDO s.m. Maullido.

MAIL-COACH s.m. (ingl. *mail coach*). Berlina de cuatro caballos, con varias filas de asientos sobre el techo. **2.** Diligencia de correo.

MAILING s.m. Envío por correo de cierta información a un gran número de personas.

MAILLECHORT s.m. (de *Maillet* y *Chorier,* que elaboraron esta aleación). Aleación de cobre, níquel y cinc, que imita la plata.

MAILLOT s.m. (voz francesa) [pl. *maillots*]. Traje de baño, especialmente el de mujer. **2.** DEP. Camiseta deportiva, especialmente la de ciclista. **3.** Traje de tejido elástico, de una sola pieza, ajustado al cuerpo, que llevan los bailarines y algunos gimnastas. ◇ **Maillot amarillo** Camiseta amarilla que viste el ciclista que encabeza la clasificación general en ciertas carreras por etapas; ciclista que ocupa el primer lugar de esa clasificación general.

MAIMÓN s.m. Sopa de pan con aceite, propia de la cocina andaluza. (Suele usarse en plural.)

MAIMONISMO s.m. Sistema filosófico de Maimónides y sus discípulos.

MAIMONISTA adj. y s.m. y f. Relativo a Maimónides o al maimonismo; partidario del maimonismo.

MAINEL s.m. ARQ. Columna pequeña de piedra que divide un vano o hueco en dos partes. SIN.: *parteluz.*

MAITÉN s.m. Árbol de Argentina y Chile de flores purpúreas, cuyas hojas sirven de pasto al ganado. (Familia celastráceas.)

MAITENCITO s.m. Chile. Juego de niños parecido al de la gallina ciega.

MAITINES s.m.pl. (cat. occidental *maitines,* de *matí,* mañana). Primera de las horas del oficio divino, antes del amanecer.

MAÎTRE s.m. Jefe de comedor de un restaurante u hotel.

MAÍZ s.m. (taíno de Haití *mahís*). Cereal de tallo generalmente único y fuerte, mazorca ancha en la que se encuentran los granos en filas apretadas, que se cultiva en todo el mundo para la alimentación humana (granos) y para la animal (granos o planta entera). [Familia gramíneas.]

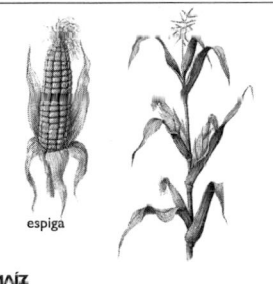

espiga

■ MAÍZ

MAIZAL s.m. Terreno sembrado de maíz.

MAJÁ s.m. Cuba. Culebra no venenosa, de color amarillento con manchas de color marrón rojizo, simétricamente dispuestas, de hasta 4 m de long. **2.** Cuba. *Fig.* y *fam.* Persona holgazana.

MAJADA s.f. Lugar o paraje que sirve de aprisco a los animales y de albergue a los pastores. SIN.: *majadal.* **2.** Estiércol de los animales. **3.** Argent., Chile y Urug. Manada o hato de ganado lanar.

MAJADEAR v.intr. Hacer noche el ganado en la majada. **2.** Abonar la tierra con estiércol.

MAJADEREAR v.tr. e intr. Amér. Molestar, incomodar una persona a otra. ◆ v.intr. Amér. Insistir con terquedad importuna en una pretensión o negativa.

MAJADERÍA s.f. Cualidad de majadero. **2.** Dicho o hecho necio, imprudente o molesto.

MAJADERILLO s.m. Bolillo de hacer encaje. SIN.: *majaderito.*

MAJADERO, A adj. y s. (de *majar*). Insensato, inoportuno o pedante. ◆ s.m. Mano de almirez o de mortero.

MAJADO s.m. Argent. y Chile. Caldo de trigo o maíz triturado que a veces incluye carne machacada. **2.** Argent. y Chile. Postre o guiso hecho con maíz o trigo triturados.

MAJADOR, RA adj. y s. Que maja.

MAJADURA s.f. Acción y efecto de majar.

MAJAGRANZAS s.m. y f. (pl. *majagranzas*). Persona necia y pesada.

MAJAGUA s.f. (del ant. *damahagua,* voz taína de las Antillas). Antillas, Colomb., Ecuad., Méx., Pan. y Salv. Árbol de hasta 12 m de alt., con tronco recto y grueso, copa poblada, flores purpúreas y fruto amarillo. (Familia malváceas.)

MAJAL s.m. Banco de peces.

MAJAMAMA s.f. Chile. Enredo, engaño solapado, especialmente en cuentas y negocios.

MAJANO s.m. Montón de piedras sueltas que se forma con las que se retiran de las tierras de labor o que se hace como señal en las encrucijadas y división de fincas y términos.

MAJAR v.tr. (del ant. *majo,* mazo de hierro, del lat. *malleus*). Machacar una cosa desmenuzándola o aplastándola. **2.** *Fig.* y *fam.* Molestar, importunar.

MAJARETA adj. y s.m. y f. Esp. *Fam.* Se dice de la persona que tiene algo perturbadas sus facultades mentales.

MAJARETE s.m. P. Rico. Desorden, barullo, confusión.

MAJE adj. y s.m. y f. Méx. *Fam.* Tonto, bobo.

MAJERÍA s.f. Conjunto o reunión de majos.

MAJESTAD s.f. (lat. *majestas, -atis*). Condición o aspecto de una persona o cosa que inspira admiración y respeto. **2.** Título que se da a Dios y también a reyes y emperadores. **3.** B. ART. Representación de Cristo o de la Virgen en un trono y en actitud hierática.

MAJESTUOSIDAD s.f. Cualidad de majestuoso: *la majestuosidad de los Andes.*

MAJESTUOSO, A adj. Que tiene majestad: *el majestuoso vuelo del águila.*

MAJEZA s.f. Esp. *Fam.* Valentía arrogante, especialmente la del torero.

MAJO, A s. A fines de s. XVIII y principios del XIX, persona de los barrios bajos de Madrid, que se distinguía por su traje vistoso y su actitud y manera de hablar arrogante y desenfadada. ◆ adj. Esp. *Fam.* Guapo, hermoso, bonito. **2.** Esp. *Fam.* Simpático, agradable de trato.

MAJORCA s.f. Mazorca.

MAJORERO, A adj. y s. De la isla de Fuerteventura.

MAJORETTE s.f. (voz francesa). Muchacha con uniforme de fantasía, que desfila en los festejos.

MAJUELA s.f. (del lat. *malleolus,* martillo pequeño). Correa de cuero con que se ajustan y atan los zapatos.

MAJZÉN o **MAJZAN** s.m. (voz árabe). En Marruecos, gobierno del sultán. **2.** En la antigua Argelia, cuerpo de caballería suministrado por ciertas tribus.

MAKEMONO s.m. (voz japonesa, *cosa que se enrolla*). Pintura japonesa o china realizada en un rollo horizontal.

MAKÍ s.m. Mamífero primate del suborden lemúridos, de unos 50 cm de long., hocico alargado y cola larga, abundante en Madagascar.

MAKIRITARE → MAQUIRITARE.

MAKONDE, pueblo de Tanzania y Mozambique que habla una lengua bantú.

1. MAL adj. Apócope de *malo.* (Se emplea antepuesto a un sustantivo masculino singular: *hace mal día.*)

2. MAL s.m. Conjunto de las cosas que son malas porque dañan o porque son contrarias a la moral: *distinguir entre el bien y el mal.* **2.** Daño moral o material: *no haber hecho mal a nadie.* **3.** Inconveniente, aspecto pernicioso de un asunto. **4.** Desgracia, calamidad: *trajo el mal a esta casa.* **5.** Enfermedad, dolor. ◇ **Decir mal de** alguien Maldecirlo, denigrarlo. **Gran mal** Epilepsia en la que se presentan accesos convulsivos. **Mal de montaña,** o **de altura** MED. Conjunto de trastornos que afectan a las personas a gran altura por la rarefacción del oxígeno y la disminución de la presión atmosférica. **Mal de ojo** Supuesto influjo maléfico que, por arte de hechicería, ejerce una persona sobre otra mirándola de cierta manera. **Mal francés** Sífilis. **Mal haya,** o **hayas,** o **hayan** Exclamación imprecatoria: *¡mal haya el diablo!* **Pequeño mal** Epilepsia que se manifiesta principalmente por ausencias. **Ponerse a mal con** alguien Romper las buenas relaciones con una persona. **Tomar** a **mal** Interpretar equivocadamente algo que se dice o hace y ofenderse por ello.

3. MAL adv.m. (lat. *male*). De forma contraria a la debida, desacertadamente: *hacer las cosas mal.* **2.** Contrario a lo que se apetece o requiere, de manera impropia e inadecuada para un fin: *cenar mal.* **3.** Con dificultad o imposibilidad: *mal podrás ir si no tienes automóvil.* **4.** Poco, insuficientemente: *oír mal.* **5.** Con verbos como *saber, oler,* etc., de manera desagradable. ◇ **De mal en peor** Expresión que denota un empeoramiento progresivo de algo: *ir las cosas de mal en peor.*

MALABAR adj. y s.m. y f. (de *Malabar*, región de la India). De la costa de Malabar. ◇ **Juegos malabares** Ejercicios de agilidad y destreza que se practican generalmente como espectáculo, manteniendo objetos en equilibrio inestable, lanzándolos a lo alto y recogiéndolos.SIN.: *malabarismo.*

MALABARISMO s.m. Actividad del malabarista. **2.** *Fig.* Actuación hábil encaminada a sostener una situación dificultosa.

MALABARISTA s.m. y f. Artista que hace juegos malabares. **2.** Chile. Persona que roba o quita una cosa con astucia.

MALABSORCIÓN s.f. Trastorno del proceso de absorción en virtud del cual los alimentos digeridos pasan del intestino a la sangre. (Se origina por causas muy diversas y provoca diarreas, anemia, neuritis, edemas, etc.)

MALACA s.m. Roten de gran tamaño proveniente de Malaca, utilizado para la armazón de los muebles de palmijunco. **2.** Madera de castaño descortezada y curvada a la manera del malaca de origen.

MALACARA s.m. Argent. Caballo que tiene blanca la mayor parte de la cara.

MALACATE s.m. (náhuatl *malákatl*, de *malina*, torcer hilo, y *ákatl*, caña). Máquina que consta de un árbol vertical provisto de una o varias palancas horizontales en cuyo extremo se enganchan las caballerías, que dan vueltas en torno al árbol. **2.** Hond., Méx. y Nicar. Huso, instrumento para hilar. **3.** Méx. Cabestrante para elevar objetos pesados.

MALACIA s.f. Deseo de comer materias impropias para la nutrición, como tierra, carbón, etc.

MALACITANO, A adj. y s. Malagueño.

MALACOLOGÍA s.f. Parte de la zoología que estudia los moluscos.

MALACONSEJADO, A adj. y s. Que actúa de forma equivocada llevado por los malos consejos de alguien.

MALACOPTERIGIO, A adj. y s.m. Relativo a un grupo de peces óseos de aletas blandas o flexibles, como el salmón, la carpa o el bacalao.

MALACOSTRÁCEO, A adj. y s.m. Relativo a una subclase de crustáceos de organización superior, entre los que figuran los decápodos, anfípodos e isópodos.

MALACOSTUMBRADO, A adj. Que tiene malos hábitos y costumbres. **2.** Que está muy mimado y consentido.

MÁLAGA s.m. Vino licoroso, de sabor dulce y color oscuro, que se elabora con la uva cosechada en la región de Málaga (Archidona, Coín y Vélez-Málaga).

MALAGANA s.f. *Fam.* Desmayo, mareo.

MALAGRADECIDO, A adj. Desagradecido.

MALAGUEÑA s.f. Variedad de fandango de las provincias de Málaga y Murcia.

MALAGUEÑO, A adj. y s. De Málaga.SIN.: *malacitano.*

MALAGUETA s.f. Planta herbácea que produce unas semillas parecidas a la pimienta. (Familia cingiberáceas.)

MALALECHE s.m. y f. Esp. *Fig.* y *vulg.* Persona de mala intención o de mal carácter. ◆ s.f. Mal humor o mala intención. (También *mala leche.*)

MALAMBO s.m. Argent., Chile y Urug. Baile rápido de zapateo, acompañado de guitarra, en el que intervienen uno o varios bailarines, siempre hombres, que, en contrapunto, efectúan diversas mudanzas, sin otros movimientos que los de las piernas y pies.

MALAMENTE adv.m. *Fam.* Mal.

MALAMISTADO, A adj. Chile. Enemistado. **2.** Chile. Amancebado.

MALAMUJER s.f. Méx. Planta espinosa de distintas especies que produce irritación en la piel.

MALANDANTE adj. Desgraciado, infeliz.

MALANDANZA s.f. Desgracia, suceso adverso o violento.

MALANDRÍN, NA adj. y s. (ital. *malandrino*, salteador). Mentiroso, traidor, perverso, etc.

MALANGAY s.m. Colomb. Planta de la familia de las aráceas.

MALAPATA s.m. y f. Esp. Patoso.

MALAQUITA s.f. (del gr. *malákhi*, malva). Carbonato natural de cobre de color verde y brillo vítreo, que se usa en joyería y marquetería como piedra ornamental.

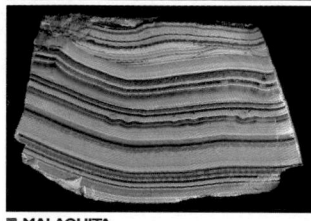

■ **MALAQUITA**

MALAR adj. (lat. *malaris*, de *mala*, mejilla). Relativo a la mejilla: *región malar.* ◆ s.m. Pómulo.

MALARIA s.f. Paludismo.

MALASANGRE adj. y s.m. y f. Se dice de la persona de condición aviesa.

MALASOMBRA s.m. y f. Persona molesta e inoportuna y falta de gracia.

MALATOBA o **MALATOBO** s.m. Amér. Gallo de color rojo claro, con las alas más oscuras y con plumas negras en la pechuga.

MALAVENIDO, A adj. Descontento.

MALAVENTURA s.f. Desventura, desgracia. SIN.: *malaventuranza.*

MALAVENTURADO, A adj. y s. Desgraciado.

MALAXAR v.tr. Amasar una sustancia para reblandecerla o para darle homogeneidad: *malaxar la mantequilla.*

MALAYA s.f. Chile y Perú. Corte de carne de vacuno correspondiente a la parte superior de los costillares.

MALAYALAM s.m. Lengua dravídica hablada en el estado de Kerala, India.

MALAYO, A adj. y s. De un pueblo que ocupa la península de Malaca y las islas de la Sonda. ◆ s.m. Lengua indonesia, hablada en la península de Malaca y en las costas de las islas indonésicas.

MALAYOPOLINESIO, A adj. y s.m. Se dice de una familia de lenguas habladas en las islas del océano Índico y Oceanía, entre las que figura el indonesio y las lenguas polinesias.

MALBARATAMIENTO s.m. Acción y efecto de malbaratar.SIN.: *malbarato.*

MALBARATAR v.tr. (de *baratar*, negociar, y *mal*). Vender a bajo precio una mercancía. **2.** Despilfarrar, malgastar.

MALBARATILLO s.m. Baratillo, tienda en que se venden cosas de lance.

MALCARADO, A adj. Que tiene aspecto repulsivo. **2.** Que pone cara de enojo.

MALCASADO, A adj. y s. Se dice de la persona que no vive en armonía con su cónyuge, o de la que está separada o divorciada.

MALCASAR v.tr., intr. y prnl. Casar desacertadamente.

MALCOCINADO s.m. Despojo de las reses. **2.** Lugar donde se venden estos despojos.

MALCOMER v.tr. e intr. Alimentarse escasa o insuficientemente.

MALCONSIDERADO, A adj. Que no guarda consideración.

MALCONTENTADIZO, A adj. Descontentadizo.

MALCONTENTO, A adj. Descontento, insatisfecho. **2.** Rebelde, revoltoso.

MALCRIADEZ s.f. Amér. Cualidad de malcriado, grosería, indecencia.SIN.: *malcriadeza.*

MALCRIADO, A adj. y s. Maleducado.

MALCRIAR v.tr. [19]. Educar mal a los hijos por exceso de condescendencia.

MALDAD s.f. (de *malo*). Cualidad de malo. **2.** Dicho o acción mala.

MALDECIDO, A adj. y s. Maldito.

MALDECIR v.tr. (lat. *maldicere*) [76]. Sentir o expresar abominación, enojo o irritación contra algo o alguien: *maldijo el día en que lo conoció.* ◆ v.intr. Hablar con mordacidad de alguien. **2.** Quejarse de algo.

MALDICIENTE adj. y s.m. y f. Que tiende a maldecir.

MALDICIÓN s.f. Acción de maldecir contra una persona o cosa manifestando enojo o aversión. **2.** Deseo expreso de que al prójimo le sobrevenga algún daño. **3.** Expresión con que se maldice: *soltar una maldición.*

MALDISPUESTO, A adj. Indispuesto, enfermo. **2.** Que no tiene la disposición de ánimo necesaria para una cosa.

MALDITO, A adj. Perverso, de malas costumbres. **2.** Que es objeto de enojo, abominación, etc.: *un escritor maldito; una película maldita.* **3.** Que disgusta o molesta: *estos malditos zapatos no me dejan andar.* **4.** Aplicado a un sustantivo con artículo, equivale al concepto de nada o ninguno, expresando hastío o desilusión: *maldita la falta que me hacen sus consejos.* ◆ s.m. Condenado por la justicia divina; el diablo.◇ **¡Maldita sea!** Exclamación de disgusto o disconformidad.

MALDOSO, A adj. Méx. Que gusta de hacer maldades o travesuras.

MALEABILIDAD s.f. TECNOL. Cualidad de maleable.

MALEABLE adj. Que se deja influir o formar. **2.**. Se dice del metal que puede batirse y extenderse en planchas o láminas.

MALEANTE adj. y s.m. y f. Delincuente, persona de mala conducta o que tiene antecedentes penales.

MALEAR v.tr. y prnl. Dañar, echar a perder. **2.** *Fig.* Pervertir a alguien.

MALECÓN s.m. Muralla o terraplén para defensa contra las aguas. **2.** Rompeolas adaptado para atracar. **3.** Terraplén que se construye para elevar el nivel de la vía del ferrocarril.

MALEDICENCIA s.f. Acción y efecto de maldecir, hablar con mordacidad en perjuicio de alguien.

MALEDUCADO, A adj. y s. Que no tiene educación.SIN.: *malcriado.*

MALEFICENCIA s.f. Inclinación a hacer daño u obrar mal.

MALEFICIAR v.tr. Ejercer un maleficio. **2.** Causar daño.

MALEFICIO s.m. (lat. *maleficium*). Daño causado por arte de hechicería. **2.** Hechizo que causa este daño.

MALÉFICO, A adj. (lat. *maleficus*). Que perjudica a otro con maleficios. **2.** Que ocasiona o puede ocasionar daño.

MALEMPLEAR v.tr. y prnl. Desperdiciar, malgastar.

MALENTENDER v.tr. [29]. Entender o interpretar equivocadamente.

MALENTENDIDO s.m. Mala interpretación de algo.

MALEOLAR adj. Relativo a los maléolos.

MALÉOLO s.m. (lat. *malleolus*, martillo pequeño). Apófisis de la región inferior de la tibia (*maléolo interno*) y del peroné (*maléolo externo*) que forman el tobillo.

MALESTAR s.m. Sensación indefinida de encontrarse mal física o espiritualmente.

1. MALETA s.f. (fr. ant. *malete*, dim. de *male*, bahúl). Caja de piel, lona u otro material, con asas y cerradura, que se usa como equipaje. **2.** Amér. Lío de ropa. **3.** Chile y Guat. Alforja. ◇ **Hacer la maleta** Llenar de ropa y objetos la maleta para hacer un viaje. **Largar,** o **soltar, la maleta** Chile. Morir.

2. MALETA s.m. y f. *Fam.* Persona que practica con torpeza y desacierto su profesión, especialmente toreros, jugadores o deportistas.

MALETERO, A s. Persona que tiene por oficio hacer o vender maletas. ◆ s.m. Mozo que transporta equipajes. **2.** Compartimento de un vehículo donde se pone el equipaje. **3.** Chile. Ladrón, ratero.

MALETILLA s.m. Aprendiz de torero, que actúa en capeas y tentaderos.

MALETÍN s.m. Maleta pequeña que se utiliza

para llevar los útiles de aseo personal o de uso profesional.

MALETUDO, A adj. Colomb., Cuba, Ecuad. y Méx. Jorobado.

MALEVAJE s.m. Argent. Grupo constituido por malevos, hombres matones.

MALEVO, A adj. y s. Argent. Relativo al malevo. **2.** Argent., Bol. y Urug. Maleante, malhechor. ◆ s.m. Argent. Hombre matón o pendenciero que vivía en los alrededores de Buenos Aires.

MALEVOLENCIA s.f. Mala voluntad, mala intención: *actuar con malevolencia.*

MALEVOLENTE adj. Que tiene mala intención: *trato, mirada malevolente.*

MALÉVOLO, A adj. y s. (lat. *malevolus*, de *male*, mal, y *velle*, querer). Malicioso, mal intencionado: *ideas malévolas.*

MALEZA s.f. (lat. *malitia*, maldad). Abundancia de malas hierbas en los sembrados. SIN.: *broza.* **2.** Espesura de arbustos. **3.** Formación de hierbas, arbustos o pequeños árboles. **4.** Chile, Colomb. y Perú. Cualquier mala hierba. **5.** Dom. y Nicar. Achaque, enfermedad.

MALFORMACIÓN s.f. FISIOL. Alteración morfológica congénita de un tejido o un órgano del cuerpo humano: *malformación fetal.*

MALGACHE adj. y s.m. y f. De Madagascar. ◆ s.m. Grupo de lenguas malayopolinesias habladas en Madagascar.

MALGASTAR v.tr. Gastar dinero, tiempo, etc., en cosas inútiles o que no lo merecen: *mal gastar el dinero, el tiempo, la paciencia.*

MALGENIOSO, A adj. y s. Amér. Que tiene mal genio. SIN.: *malgeniudo.*

MALHABLADO, A adj. y s. Que acostumbra decir expresiones soeces o inconvenientes.

MALHADADO, A adj. Infeliz, desdichado, desgraciado.

¡MALHAYA! o **¡MALHAYAS!** interj. Exclamación imprecatoria.

MALHECHO, A adj. De cuerpo mal formado o contrahecho.

MALHECHOR, RA adj. y s. Que comete delitos habitualmente.

MALHERIR v.tr. [79]. Herir gravemente.

MALHORA s.m. y f. Méx. *Fam.* Persona aficionada a hacer travesuras o maldades: *un malhora le arruinó la labor de todo el día.*

MALHUMOR s.m. Mal humor.

MALHUMORADO, A adj. Que está de mal humor o tiene malhumor.

MALHUMORAR v.tr. y prnl. Poner de mal humor.

1. MALÍ adj. y s.m. y f. De Malí.

2. MALÍ s.m. Hipopótamo enano.

MALICIA s.f. (lat. *malitia*). Maldad, cualidad de malo. **2.** Inclinación a hacer el mal. **3.** Intención malévola y disimulada. **4.** Sagacidad, picardía.

MALICIAR v.tr. y prnl. Sospechar algo con malicia. **2.** Malear, dañar.

MALICIOSO, A adj. y s. Que tiene malicia, que tiende a atribuir mala intención a los hechos de los demás. ◆ adj. Con malicia, que contiene malicia: *mirada maliciosa.*

MÁLICO, A adj. QUÍM. Se dice de un diácido alcohol que se encuentra en las manzanas y en los frutos ácidos.

MALIGNIDAD s.f. Cualidad de maligno. **2.** PSICOL. Tendencia a hacer el mal voluntariamente.

MALIGNO, A adj. y s. (lat. *malignus*). Se dice de la persona que tiende a hacer daño a las demás. ◆ adj. Propio de la persona maligna: *sonrisa maligna.* **2.** Se dice de la lesión o enfermedad que evoluciona de modo desfavorable. ◇ **Tumor maligno** MED. Tumor canceroso.

MĀLIKÍ adj. y s.m. Relativo a una de las cuatro grandes escuelas jurídicas del islam sunní, que predomina en el Magreb y se caracteriza por su rigorismo; adepto de esta escuela.

MALILLA s.f. Segunda carta de más valor en algunos juegos de naipes. **2.** Juego de naipes que se juega por parejas, en el cual el nueve es el triunfo máximo.

MALINCHISMO s.m. Méx. Actitud de la persona que prefiere lo extranjero a lo nacional.

MALINCHISTA adj. y s.m. y f. Méx. Que actúa con malinchismo.

MALINKÉ adj. y s.m. y f. De un pueblo de Malí, que habita también en Senegal, Guinea y Gambia, y habla una lengua nigeriano-congoleña. ◆ s.m. Lengua del grupo mandingo.

MALINTENCIONADO, A adj. y s. Que tiene mala intención: *idea malintencionada.*

MALLA s.f. (fr. *maille*). Tejido poco tupido y transparente o translúcido que está hecho con un hilo que va enlazándose consigo mismo formando agujeros. **2.** Anilla que forma el tejido de punto. **3.** Argent., Perú y Urug. *Traje de baño.* **4.** Chile. Clase de papa de tubérculo muy pequeño. **5.** ARM. Tejido de anillos o piececitas metálicas utilizado para confeccionar cotas. **6.** ELECTR. Conjunto de conductores que unen los nudos de una red y forman un circuito cerrado. **7.** ESTADÍST. Cuadro rectangular de doble entrada que permite comparar las variaciones de un fenómeno durante períodos de tiempo distintos. **8.** TECNOL. **a.** Rejilla metálica, de hilo de seda u otro material que constituye el fondo de un cedazo o tamiz. **b.** Cada una de las aberturas de un tamiz o de una tela metálica o de rejilla. **9.** TEXT. Elemento constitutivo de todo artículo o género textil, compuesto de una red de hilos más o menos tenros. ◆ **mallas** s.f.pl. Vestido de punto, elástico y ajustado al cuerpo, que se usa para ballet, gimnasia, etc. ◇ **Malla cristalina** Paralelepípedo formado sobre los tres vectores que expresan la periodicidad tridimensional de una red cristalina.

MALLADO, A adj. HERÁLD. Se dice del escudo o pieza honorable de primer orden cubiertos de mallas.

MALLETE s.m. (fr. *maillet*, mazo). Mazo pequeño. **2.** MAR. Barrote de madera, en forma de cuña, usado para proporcionar estabilidad a una cosa.

MALLÍN s.m. Argent. Pradera cenagosa.

1. MALLO s.m. (lat. de. *malleus*, mazo de hierro). Mazo, martillo grande de madera. **2.** Macho manejado por el ayudante o machacador para ayudar al forjador o herrador. **3.** Juego que consiste en hacer rodar por el suelo unas bolas de madera, dándoles con el mazo. **4.** Mazo de madera, provisto de mango largo, para impulsar las bolas en este juego. **5.** TECNOL. Mazo, martillo metálico de gran tamaño, utilizado por los canteros.

2. MALLO s.m. Chile. Plato preparado con papas cocidas y molidas.

MALLORQUÍN, NA adj. y s. De Mallorca. ◆ s.m. Dialecto del catalán que se habla en Mallorca. ◇ **Escuela mallorquina** Escuela literaria catalana, en la que se inscriben la mayor parte de los poetas mallorquines que escribieron entre 1900 y 1950.

MALMANDADO, A adj. y s. Desobediente, rebelde.

MALMARIDADA s.f. y adj. Mujer malcasada.

MALMETER v.tr. Incitar a obrar mal. **2.** Indisponer, malquistar.

MALMIRADO, A adj. Que está mal considerado por otros.

MALNUTRICIÓN s.f. Adaptación inadecuada de la alimentación a las condiciones de vida de un individuo. **2.** Desequilibrio alimentario en general.

1. MALO adv.m. Indica desaprobación, disconformidad o contrariedad.

2. MALO, A adj. (lat. *malus, -a, -um*). Que carece de las cualidades propias que debería poseer por su naturaleza o función: *mala memoria.* **2.** Dañoso, perjudicial: *fumar es malo.* **3.** Contrario a la razón o a la ley: *las malas costumbres.* **4.** Enfermo: *estar malo del hígado.* **5.** Difícil: *gente mala de gobernar.* **6.** Que produce un daño o es desfavorable o perjudicial: *una mala noticia; pasar un rato malo.* **7.** Travieso, revoltoso: *un niño malo.* **8.** Destruido, deteriorado: *un traje que ya está malo.* ◆ adj. y s. Que tiene maldad moral: *una mala persona.* ◇ **A (las) malas**, o **por las malas**, o **la mala** En actitud de hostilidad o enemistad. **De mala**, o **malas** Con desgracia y desacierto. **Pelota mala** En pelota vasca y valenciana, falta.

MALOCA s.f. Amér. Merid. Malón, ataque inesperado de indios. **2.** Amér. Merid. Invasión de personas de raza blanca en tierra de indios, con pillaje y exterminio. **3.** Colomb. Guarida o pueblo de indios salvajes.

MALÓFAGO, A adj. y s.m. Relativo a un orden de insectos parásitos de animales de sangre caliente, pero nunca del ser humano, como los piojos de aves.

MALOGRADO, A adj. Se dice de la persona fallecida, especialmente cuando tiene cierta relevancia en su especialidad o actividades: *el malogrado actor.*

MALOGRAR v.tr. Perder, desaprovechar algo: *malograr esfuerzos.* ◆ v.tr. y prnl. Echar a perder a alguien o algo: *malograr un chiste; malograrse la cosecha.* **2.** Amér. Estropear.

MALOGRO s.m. Acción y efecto de malograr o malograrse. SIN.: *malogramiento.*

MALOJA s.f. Cuba. Planta de maíz que se usa como forraje.

MALOJAL s.m. Cuba y Venez. Plantación de maloja.

MALOJO s.m. Venez. Maloja.

MALOLIENTE adj. Que huele mal.

MALÓN s.m. (ant. *maloca*, del araucano *malokan*, pelear). Irrupción o ataque inesperado de indios, con saqueo y depredaciones. **2.** Amér. Merid. Grupo de personas que provocan desórdenes en espectáculos o reuniones públicas. **3.** Argent. y Chile. *Fig.* y *fam.* Visita sorpresiva de un grupo de personas a la casa de unos amigos.

MALÓNICO, A adj. QUÍM. Se dice de un diácido procedente de la oxidación del ácido málico.

MALOQUEAR v.intr. Amér. Merid. Acometer contra el enemigo con malones o malocas.

MALOQUERO, A adj. y s. Amér. Merid. Que maloquea.

MALPAÍS s.m. Nombre dado originariamente en los países de habla española a los terrenos cubiertos por un tipo de corriente de lava de superficie irregular, formada por bloques sueltos, agrietados y ampulosos. (En algunos países de América Latina suele denominarse *huayquería*.)

■ **MALEZA** ardiendo en Tanzania.

MALPARADO, A adj. Que ha sufrido un daño o menoscabo considerables: *salir malparado de un negocio.* (Se utiliza generalmente con los verbos *dejar, quedar* o *salir.*)

MALPARIR v.intr. Abortar.

MALPARTO s.m. Aborto.

MALPASAR v.intr. Vivir con estrecheces.

MALPENSADO, A adj. y s. Que tiene tendencia a ver malicia o mala intención en los actos o palabras de los demás.

MALPOSICIÓN s.f. Posición anormal de una estructura anatómica, especialmente de las piezas dentarias. **2.** OBST. Posición anormal del feto en la cavidad uterina o durante el descenso por el canal del parto.

MALQUERENCIA s.f. Antipatía, mala voluntad hacia alguien.

MALQUERER v.tr. [62]. Sentir antipatía hacia alguien.

MALQUISTAR v.tr. y prnl. Enemistar a una persona con otra.

MALQUISTO, A adj. Que está mal considerado por otras personas o que recibe la antipatía o enemistad de otros.

MALRO s.m. Chile. Maslo, tronco de la cola de las caballerías.

MALROTAR v.tr. (del ant. *manroto,* roto con las manos). Despilfarrar, malgastar.

MALSANO, A adj. Perjudicial para la salud: *humo malsano.* **2.** Enfermizo: *deseo malsano.*

MALSÍN s.m. (hebr. *malšín,* de *lašón,* lenguaje). Delator, cizañero, soplón.

MALSINAR v.tr. Acusar o calumniar a alguien.

MALSONANTE adj. Incorrecto, grosero: *palabras malsonantes.* **2.** Que suena de forma desagradable: *ruido malsonante.*

MALSUFRIDO, A adj. Que tiene poca paciencia o que es irritable. **2.** Que soporta mal los dolores físicos.

MALTA s.f. (ingl. *malt*). Cebada germinada artificialmente, desecada y tostada, utilizada en la elaboración de la cerveza o para hacer infusiones.

MALTASA s.f. Enzima del jugo intestinal que hidroliza la maltosa.

MALTEADO, A adj. Mezclado con malta. ◆ s.m. Operación que transforma la cebada u otros cereales en malta.

MALTERÍA s.f. Establecimiento donde se elabora la malta.

MALTÉS, SA adj. y s. De Malta. ◆ s.m. Dialecto árabe hablado en la isla de Malta.

MALTHUSIANISMO s.m. → MALTUSIANISMO.

MALTHUSIANO, A adj. y s. → MALTUSIANO.

MALTÓN, NA adj. y s. Bol., Chile, Ecuad. y Perú. Se dice del animal o la persona joven de desarrollo precoz.

MALTOSA s.f. (de *malta*). Disacárido que se forma a partir de la hidrólisis de dos moléculas de glucosa.

MALTRABAJA s.m. y f. Esp. Fam. Haragán, persona perezosa.

MALTRAER v.tr. [65]. Maltratar, injuriar. ◇ **Traer,** o **llevar, a maltraer** Molestar o irritar constantemente.

MALTRAÍDO, A adj. Bol., Chile y Perú. Mal vestido, desaliñado.

MALTRATO s.m. Acción y efecto de maltratar. SIN.: *maltratamiento.*

MALTRATAR v.tr. y prnl. Tratar mal a alguien dándole golpes, insultándolo, etc. **2.** Estropear, echar a perder algo.

MALTRECHO, A adj. Que está en mal estado físico o moral por algo.

MALTUSIANISMO o **MALTHUSIANISMO** s.m. (de T. R. *Malthus,* economista británico). Doctrina de Malthus. **2.** Cualquier doctrina que preconiza una restricción voluntaria de la procreación; esta restricción. **3.** ECON. Disminución voluntaria de la producción, de la expansión económica.

MALTUSIANO, A o **MALTHUSIANO, A** adj. y s. Relativo a las doctrinas de Malthus. **2.** Opuesto a la expansión económica o demográfica.

636

MALUCHO, A adj. Fam. Que está un poco enfermo.

MALUCO, A adj. y s. De las Molucas.

MALUQUERA s.f. Colomb. Fealdad. **2.** Colomb. y Cuba. Indisposición, enfermedad.

MALURA s.f. Chile. Malestar, desazón.

MALVA s.f. (lat. *malva*). Planta herbácea cuyas flores del mismo nombre, de color rosado o violáceo, se usan en infusiones laxantes y calmantes. (Familia malváceas.) ◆ adj. y s.m. Se dice del color violeta claro. ◆ adj. Que es de este color. (Es invariable en plural.) ◇ **Como una malva** Dócil y apacible. **Criar malvas** Fam. Estar muerto y enterrado.

flor

fruto

■ MALVA

MALVÁCEO, A adj. y s.f. De la familia de las malváceas. ◆ **malváceas** s.f.pl. Familia de plantas dicotiledóneas, de hojas alternas, flores generalmente hermafroditas con cinco sépalos y cinco pétalos, y fruto en cápsula, como el algodonero y la malva.

MALVADO, A adj. y s. (lat. vulgar *malifatus,* desgraciado, de *malus,* malo, y *fatum,* destino). Muy malo, perverso.

MALVAR s.m. Terreno poblado de malvas.

MALVARROSA s.f. Geranio rosa.

MALVASÍA s.f. (de *Malvasía,* c. de Grecia). Uva muy dulce y fragante, de granos grandes y forma ovoide. **2.** Vino licoroso elaborado con esta uva.

MALVAVISCO s.m. (de *malva* y el lat. *hibiscum,* malvavisco). Planta de rizoma grueso, hojas dentadas y flores blancas, rosas o violáceas, cuya raíz se utiliza como emoliente. (Familia malváceas.)

flor

raíz

■ MALVAVISCO

MALVENDER v.tr. Vender a un precio inferior del que le corresponde.

MALVERSACIÓN s.f. Sustracción o desviación de fondos públicos en el ejercicio de un cargo.

MALVERSAR v.tr. Sustraer caudales públicos. **2.** Gastar indebidamente los fondos públicos el que está encargado de administrarlos.

MALVINERO, A adj. y s. De las islas Malvinas. SIN.: *malvinense.*

MALVÍS s.m. Tordo de plumaje verde oscuro, manchado de negro y rojo. SIN.: *malviz.*

MALVISCO s.m. Amér. Merid. Malvavisco.

MALVIVIR v.intr. Vivir con dificultades o penalidades.

MALVÓN s.m. Argent., Méx., Par. y Urug. Planta muy ramificada, con hojas afelpadas y flores rosadas, rojas o, a veces, blancas. (Familia geraniáceas.)

MAM o **NAME,** conjunto de pueblos agricultores de la familia lingüística maya-zoque, que viven en la región fronteriza de México y Guatemala. (Siguen parcialmente el calendario maya.)

MAMA s.f. (lat. *mamma*). Órgano glandular situado en la cara ventral del tronco de las hembras de los mamíferos, que se desarrolla en la pubertad y segrega, después de la gestación, la leche que alimentará a las crías. **2.** Fam. Mamá.

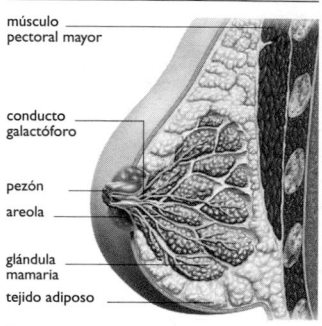

músculo pectoral mayor

conducto galactóforo

pezón

areola

glándula mamaria

tejido adiposo

■ MAMA de mujer (sección).

MAMÁ o **MAMA** s.f. Fam. Madre.

MAMACONA o **MAMACUNA** s.f. En el Perú precolombino, mujer anciana que dirigía las casas donde vivían en comunidad las vírgenes consagradas al servicio de los templos del Sol. **2.** Bol. Jáquima de cuero torcido que se pone a las caballerías de reata.

MAMADA s.f. Acción y efecto de mamar. **2.** Cantidad de leche que mama el bebé en una toma. **3.** Vulg. Felación. **4.** Amér. Ganga. **5.** Argent., Perú y Urug. Fig. y vulg. Embriaguez, borrachera. **6.** Méx. Vulg. Cosa, hecho o dicho absurdo, disparatado o ridículo: *esta película es una mamada.*

MAMADERA s.f. Instrumento para succionar el exceso de leche de las mamas o pechos. **2.** Amér. Biberón. **3.** Cuba y P. Rico. Tetilla del biberón. **4.** Venez. Tomadura de pelo.

MAMADO, A adj. Vulg. Ebrio, borracho. **2.** Esp. Vulg. Muy fácil. SIN.: *chupado.* **3.** Méx. Vulg. Fuerte, musculoso.

MAMALOGÍA s.f. Parte de la zoología que estudia los mamíferos.

MAMALÓN, NA adj. Cuba y P. Rico. Holgazán.

MAMANCONA s.f. Chile. Mujer vieja y gorda.

MAMANDURRIA s.f. Amér. Merid. Sueldo del que se disfruta sin merecerlo.

MAMANTÓN, NA adj. Se dice del animal que mama todavía.

MAMAR v.tr. (lat. *mammare,* amamantar). Succionar la leche de las mamas. **2.** Adquirir alguien una costumbre o cualidad por su nacimiento o el ambiente en que se ha criado. **3.** Vulg. Hacer una felación. ◆ v.tr. y prnl. Obtener algún beneficio sin méritos ni esfuerzo. ◆ v.intr. Méx. Vulg. Echarse a perder, arruinarse algo: *ya mamó la televisión.* ◆ **mamarse** v.prnl. Emborracharse.

MAMARIO, A adj. Relativo a las mamas: *glándula mamaria.*

MAMARRACHADA s.f. Mamarracho, cosa defectuosa, ridícula o extravagante. **2.** Fam. Acción ridícula y desconcertante. **3.** Desp. Conjunto de mamarrachos.

MAMARRACHO s.m. (del ár. vulgar *muharráý,* bromista, bufón). Persona que viste grotescamente y actúa de forma ridícula. **2.** *Fam.* Persona despreciable. **3.** Cosa defectuosa, ridícula o extravagante.

MAMRA s.f. Serpiente de África de gran tamaño (3 m aprox.) y venenosa, que tiene un maxilar alargado. (Familia elápidos.)

MAMBÍ, ISA s. (pl. *mambises, mambisas*). Persona que luchó contra España en las guerras de independencia de Santo Domingo y Cuba en el s. XIX. SIN.: *manigüero.*

MAMBO s.m. Baile de origen cubano, en compás de cuatro por cuatro, mezcla de rumba y de swing, que se sigue con el movimiento de las caderas, mientras una pierna está extendida y la otra está en flexión.

MAMBORETÁ s.m. Argent., Par. y Urug. Insecto ortóptero de color verde claro que se alimenta de otros insectos. SIN.: *santateresa.*

MAMELLA s.f. (lat. *mamilla*). Apéndice largo y ovalado que cuelga del cuello de algunos mamíferos.

MAMELLADO, A adj. Se dice del ganado que tiene mamellas.

MAMELÓN s.m. Colina baja, de forma redondeada. **2.** Cumbre o cima de igual forma.

MAMELONADO, A adj. Que tiene prominencias en forma de mamelones.

MAMELUCO, A adj. y s. (ár. *mamlūk*, esclavo, sirviente, p. de *málak*, poseer). HIST. Relativo a una milicia turcoegipcia, compuesta originariamente de esclavos, que constituyó la dinastía de los mamelucos, y que reinó en Egipto de 1250 a 1798. ➔ s. *Fam.* Persona necia y boba. ➔ s. Jinete de un escuadrón de la guardia de Napoleón. **2.** *Amer.* Prenda de vestir enteriza, especial para niños, que cubre el tronco y las extremidades. **3.** Amér. Merid. y Antillas. Prenda de vestir usada por los obreros, de una sola pieza, que cubre todo el cuerpo. SIN.: *mono.* **4.** Hond. Bombacho, calzón. ➔ **Mamelucos paulistas** Denominación que dieron los españoles a los *bandeirantes* de São Paulo.

MAMERTINO s.m. De la antigua Messina, ciudad de Italia. ➔ s.m. Vino de renombre que se cosechaba en los alrededores de Messina.

MAMEY s.m. (voz taína de las Antillas). Árbol que crece en América, de hasta 15 m de alt., con flores blancas olorosas y fruto del mismo nombre casi redondo, de pulpa amarilla, aromática y sabrosa. (Familia gutíferas.) **2.** Árbol de hasta 30 m de alt., con hojas lanceoladas, flores de color blanco rojizo y fruto del mismo nombre, ovoide, de pulpa roja, dulce y muy suave. (Familia sapotáceas.)

fruto

fruto seccionado
y semillas

■ **MAMEY**

MAMEYERO s.m. Amér. Merid. Mamey.

MAMÍFERO, A adj. y s.m. Relativo a una clase de animales vertebrados caracterizados por la presencia de glándulas mamarias, piel generalmente cubierta de pelos, dos pulmones, corazón de cuatro cavidades, encéfalo relativamente desarrollado y por una reproducción generalmente vivípara, excepto los monotremas.

ENCICL. Los mamíferos son los vertebrados más recientes: no alcanzaron importancia hasta el principio de la era terciaria. Muy diversificados (en la actualidad se contabilizan cerca de 5 000 especies) han conquistado todos los medios: terrestre, aéreo (murciélago), acuático (delfín) y subterráneo (topo). Sus pesos varían de 2 gr (musaraña) a 150 toneladas (ballena azul). Sus principales características son: abundancia de glándulas cutáneas (sebáceas, que lubrican los pelos; sudoríparas, que segregan sudor y mamarias, que segregan leche); una gran variedad de formaciones córneas y de pelambre (que favorece la temperatura constante del cuerpo); la presencia de tres tipos de dientes (incisivos, caninos y molares); corazón formado por dos aurículas y dos ventrículos, que separa por completo la circulación general de la circulación pulmonar, y un sistema nervioso central muy desarrollado.

MAMIFORME adj. Se dice del órgano u organismos en forma de mama o pezón.

MAMILA s.f. Mama de la hembra, exceptuando el pezón. **2.** Tetilla del hombre. **3.** Méx. Biberón.

MAMILAR adj. Relativo a la mamila.

MAMITIS s.f. Mastitis.

MAMOGRAFÍA s.f. Radiografía de las glándulas mamarias.

MAMÓN, NA adj. y s. Que mama demasiado. **2.** Que todavía mama. ➔ adj. Méx. *Vulg.* Se dice de la persona muy arrogante o soberbia. ➔ s.m. Bizcocho de almidón y huevo que se hace en México. **2.** Hond. Garrote, palo. **3.** BOT. Vástago que se suprime de algunos árboles porque les chupa la savia y mengua el fruto.

MAMOPLASTIA s.f. Operación de cirugía estética en el seno, para mejorar su forma.

MAMOTRETO s.m. (lat. medieval *mammothreptus*, del gr. *mammóthrettos*). *Fam.* Libro o legajo muy voluminoso. **2.** Objeto grande y embarazoso. SIN.: *armatoste.*

MAMPARA s.f. Cancel movible consistente en un bastidor de madera cubierto generalmente de piel o tela, que sirve para limitar una habitación, cubrir puertas, etc. **2.** Puerta interior, ligera, forrada de paño u otro material.

MAMPARO s.m. Tabique o reparo que divide el interior del buque en compartimentos. ➔ **Mamparo estanco** Mamparo metálico reforzado para cerrar los espacios dentro del buque, aislándolos con el fin de que no pueda entrar agua.

MAMPATO, A adj. y s. Chile. Se dice del animal de piernas cortas o de poca estatura. ➔ s. Chile. *Fig.* Persona de poca estatura.

MAMPORRERO s.m. Hombre que guía al caballo en el acto de cubrir a la yegua.

MAMPORRO s.m. Esp. *Fam.* Golpe dado con la mano o con una cosa cualquiera. **2.** Esp. *Fam.* Golpe que se recibe al caer o tropezar: *darse un mamporro.*

MAMPOSTEAR v.tr. Trabajar o hacer obras de mampostería.

MAMPOSTERÍA s.f. Obra de albañilería hecha de mampuesto o piedras sin labrar, o con labra grosera, unidas con argamasa o mortero, yeso, cal, cemento, etc. **2.** Oficio de mampostero.

MAMPOSTERO, A s. Persona que trabaja en obras de mampostería.

MAMPUESTO, A adj. Se dice del material que se emplea en la obra de mampostería. ➔ s.m. Piedra sin labrar y de pequeñas dimensiones que se puede colocar en una obra con la mano y solo sirve para relleno. **2.** Amér. Objeto en que se apoya el arma de fuego para apuntar mejor.

MAMÚA s.f. Argent. y Urug. *Vulg.* Embriaguez, borrachera.

MAMULLAR v.tr. Comer o masticar haciendo los mismos gestos del que mama. **2.** *Fam.* Mascullar.

MAMUT s.m. Mamífero proboscidio, de la era cuaternaria, próximo al elefante asiático, que se extinguió hace por lo menos 10 000 años y del que se han encontrado cadáveres enteros en las zonas heladas de Siberia. (Tenía el cuerpo cubierto de pelos ásperos y largos, enormes colmillos curvados hacia arriba y medía 3,50 m de alt.)

1. MANA s.f. Amér. Maná. **2.** Bol. Dulce de maní.

2. MANA s.m. Fuerza oculta y difusa que está presente en ciertos seres y en ciertos objetos, según ciertas religiones, sobre todo animistas.

1. MANÁ s.m. (lat. *manna*). Según la Biblia, alimento milagroso que procuró Dios a los hebreos en el desierto. **2.** Exudación azucarada que proviene de diferentes vegetales, como el fresno, el alerce o el eucalipto.

2. MANÁ s.f. Colomb. Manantial.

MANADA s.f. (de *mano*). Conjunto de animales de una misma especie que viven o se desplazan juntos. **2.** Hato de ganado al cuidado de un pastor. **3.** *Fig.* Grupo de gente. **4.** Porción de una cosa que puede agarrarse de una vez con la mano. SIN.: *manojo.*

MANAGEMENT s.m. (voz inglesa). Técnica de dirección y de gestión de la empresa. **2.** Conjunto de dirigentes de una empresa.

MÁNAGER s.m. y f. (ingl. *manager*). Persona que se encarga de la dirección de los intereses económicos de un deportista, un cantante, etc. **2.** Persona que planifica, controla y dirige un determinado tipo de organización económica.

MANAGUACO, A adj. Cuba. Se dice de la persona rústica y torpe. **2.** Cuba. Se dice del animal con manchas blancas en las patas o en el hocico.

MANAGÜENSE adj. y s.m. y f. De Managua. SIN.: *managüero.*

MANAJÚ s.m. Cuba. Planta que produce una resina medicinal.

MANANTIAL s.m. Afloramiento a la superficie de las aguas de circulación subterránea. **2.** Lugar en que se produce el afloramiento. **3.** *Fig.* Origen y principio de una cosa. ➔ adj. Se dice del agua que mana.

MANAR v.intr. (lat. *manare*). Brotar un líquido de alguna parte. **2.** *Fig.* Fluir de forma fácil y natural: *palabras que manan de la boca.* ➔ v.tr. Rezumar una cosa: *el campo mana agua.*

MANARE s.m. Colomb. y Venez. Cesta de bejucos o mimbres, para llevar o guardar frutos, verduras o ropas. **2.** Venez. Cedazo hecho de palma, mimbres o bejucos, para cerner el almidón de yuca.

MANATÍ s.m. (voz indígena antillana). Mamífero herbívoro del orden sirenios, de cuerpo macizo, que alcanza 3 m de long. y puede pesar hasta 500 kg. (El manatí vive en los ríos de la zona tropical de África y América.) SIN.: *vaca marina.*

■ **MANATÍ**

■ **MAMUT.** Reconstrucción probable.

MANAZAS s.m. y f. (pl. *manazas*). Persona torpe, especialmente con las manos.

MANCACABALLOS s.m. (pl. *mancacaballos*). Chile. Insecto coleóptero que pica a las caballerías entre el casco y la carne.

MANCAPERRO s.m. Cuba. Miriápodo que produce lesiones en el perro.

MANCARRÓN s.m. Amér. Merid. Caballón o empalizada para torcer o contener el curso de una corriente de agua.

MANCEBÍA s.f. Prostíbulo. **2.** Juventud. **3.** Diversión deshonesta.

MANCEBO, A adj. y s. (del lat. *mancipium,* esclavo, de *manus,* mano, y *capere,* agarrar). Joven: *un apuesto mancebo.* ◆ s.m. Hombre soltero. **2.** Dependiente o persona que trabaja en una farmacia a las órdenes de un farmacéutico. **3.** Esp. Auxiliar de comercio que presta servicios que no sean puramente materiales o mecánicos. ◆ s.f. Concubina.

MANCERA s.f. Esteva del arado sobre la cual lleva la mano la persona que ara.

MANCHA s.f. (lat. *macula*). Señal de distinto color que deja algo en un cuerpo. **2.** *Fig.* Deshonra o desprestigio: *una mancha para el honor familiar.* **3.** Zona de una cosa de color distintos del conjunto: *animal blanco con manchas negras.* **4.** ASTRON. Parte oscura sobre el disco del Sol, la Luna o un planeta. **5.** BIOL. Síntoma de ciertas enfermedades que consiste en la modificación localizada del color normal de algunos órganos vegetales. **6.** IMPR. Superficie impresa de una página. **7.** MED. Nombre de diversas estructuras anatómicas, macro y microscópicas, y de diversas lesiones, en relación con su aspecto.

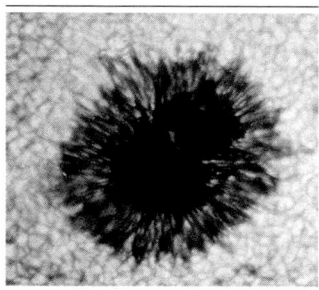

■ **MANCHA** solar correspondiente a una zona de intenso campo magnético.

MANCHAR v.tr. y prnl. (lat. *maculare*). Hacer manchas en una cosa, ensuciar. **2.** *Fig.* Deshonrar, desacreditar.

MANCHEGO, A adj. y s. De La Mancha. ◆ s.m. y adj. Queso sin cocer, prensado y salado, que se elabora con leche de oveja.

1. MANCHÓN s.m. En los sembrados, lugar donde nacen las plantas tupidas. **2.** Parte de una tierra de labor que se reserva por un año para pasto del ganado.

2. MANCHÓN s.m. Amér. Merid. Manguito.

MANCHOSO, A adj. Que se mancha con facilidad. SIN.: *manchadizo.*

MANCHÚ adj. y s.m. y f. De Manchuria. SIN.: *manchuriano.* ◆ s.m. Lengua del grupo tungús hablada en Manchuria.

MANCILLA s.f. Mancha, deshonra.

MANCILLAR v.tr. Manchar, deshonrar.

MANCIPACIÓN s.f. DER. ROM. Forma solemne de transmisión de la propiedad que consistía, en la época clásica, en una venta ficticia por medio del cobre y la balanza.

MANCO, A adj. y s. (lat. *mancus,* lisiado). Persona a la que le falta un brazo o una mano, o los dos, o los tiene inutilizados. ◆ adj. *Fig.* Defectuoso, incompleto: *una obra manca.* ◇ **No ser manco** Esp. *Fam.* Tener talento o habilidad notables.

MANCOMÚN (DE) loc.adv. De común acuerdo dos o más personas.

MANCOMUNAR v.tr. y prnl. Unir personas, esfuerzos o intereses para un fin. ◆ v.tr. DER. Obligar a dos o más personas a ejecutar un acto, o a pagar una deuda, pero diferenciando las prestaciones de cada una de ellas.

MANCOMUNIDAD s.f. Acción y efecto de mancomunar. **2.** DER. En España, agrupación de municipios o provincias para resolver problemas comunes.

MANCORNA s.f. Colomb. y Chile. Mancuerna, gemelos.

MANCORNAR v.tr. (de *mano* y *cuerno*) [17]. Derribar a una res asiéndola por los cuernos y doblándole la cabeza. **2.** Atar dos reses por los cuernos para que caminen juntas. **3.** *Fig.* Unir dos cosas de una misma especie que estaban separadas.

MANCORNERA s.f. Chile. Correa que sirve para levantar o bajar los estribos, cuando la acción es fija.

MANCUERNA s.f. Pareja de animales o cosas mancornadas: *mancuerna de bueyes.* **2.** Conjunto de dos o tres hojas de tabaco, unidas por el tallo. **3.** Colomb., Cuba y Chile. Porción de tallo de la planta del tabaco con un par de hojas. **4.** Colomb., Cuba y Chile. Disposición con que suele hacerse el corte de la planta en tiempo de recolección. **5.** Méx. Pareja de aliados. ◆ **mancuernas** s.f.pl. Amér. Central, Méx. y Venez. Gemelos de los puños de la camisa.

MANCUERNILLAS s.f.pl. Méx. Mancuernas, gemelos.

MANCUSO s.m. HIST. Nombre dado al dinar califal de oro (3,90 g) en los reinos cristianos peninsulares.

MANDA s.f. Donación que se hace en un testamento. **2.** Argent., Chile y Méx. Voto o promesa hecha a Dios, a la Virgen o a un santo.

MANDADERO, A s. Persona que lleva encargos o recados de un lugar a otro.

MANDADO, A s. Persona que ejecuta una comisión por encargo o mandato ajeno. ◆ s.m. Comisión, encargo. **2.** Mandato, orden. **3.** Argent. y Méx. Compra de lo necesario para la comida. **4.** Méx. Conjunto de artículos de consumo familiar: *guarda el mandado en la alacena.* ◇ **Comerle a alguien el mandado** Méx. *Fam.* Ganarle la partida en algo, conseguir para uno alguna cosa que otro desea.

MÁNDALA o **MANDALA** s.m. (voz sánscrita, *círculo*). En el budismo y el tantrismo, esquema lineal adornado con bordados de colores simbólicos, que reproduce el universo tal como lo concibe la cosmogonía hindú.

■ **MÁNDALA** tibetano; tanka del s. XIX. (Museo Guimet, París.)

MANDAMÁS adj. y s.m. y f. *Fam.* Se dice de la persona que tiene la máxima autoridad o una autoridad superior. **2.** Mandón, persona que tiene una exagerada tendencia a mandar.

MANDAMIENTO s.m. Cada uno de los diez preceptos del Decálogo y de los cinco preceptos más generales de la Iglesia. **2.** Mandato, orden. ◆ **mandamientos** s.m.pl. *Fig.* y *fam.* Dedos de la mano. ◇ **Mandamiento judicial** DER. Orden escrita del juez, en la que se ordena la ejecución o el cumplimiento de alguna cosa. **Mandamientos de la Iglesia** Conjunto de los cinco preceptos más generales de la Iglesia. **Mandamientos de la ley de Dios** Conjunto de los diez preceptos que, según el Antiguo Testamento, entregó Dios a Moisés en el monte Sinaí.

MANDANGA s.f. Pachorra. **2.** Cuento, chis-

me. (Suele usarse en plural.) **3.** En el lenguaje de la droga, marihuana.

MANDANTE s.m. y f. Persona que, en el contrato consensual de mandato, confiere a otra su representación personal, o le encomienda la gestión o el desempeño de uno o más negocios en su nombre y por su cuenta.

MANDAPA s.m. (voz sánscrita). Edificio hipóstilo que, en la arquitectura de la India, sirve de vestíbulo al santuario.

MANDAR v.tr. (lat. *mandare*). Imponer a alguien la realización de una cosa: *mandó que se callaran.* **2.** Encargar que se haga cierta cosa: *mandar a un botones a un recado.* **3.** Enviar, hacer que algo o alguien sea llevado o se traslade a alguna parte: *mandar una carta; mandar a alguien como delegado.* **4.** Chile. Dar la voz de partida en carreras u otros juegos semejantes. **5.** TAUROM. Hacer que el toro se movilice tras el engaño a voluntad del diestro. ◆ v.tr. e intr. Regir, gobernar, dirigir: *mandar una tropa.* ◆ **mandarse** v.prnl. Méx. *Fam.* Sobrepasarse en algo o con alguien: *no te mandes con los gastos.*

MANDARÍN s.m. (port. *mandarim,* del malayo *mantari*). Nombre dado por los europeos a los altos funcionarios del imperio chino. **2.** *Fig.* Persona que ejerce un cargo y es tenida en poco. **3.** *Fig.* Persona influyente en los ambientes políticos, artísticos, sociales, etc. **4.** LING. Dialecto chino, lengua oficial de la República popular, hablado por un 70 % de la población. SIN.: *kuan-hua.*

MANDARINA s.f. y adj. (de *mandarín*). Fruto del mandarinero, parecido a una naranja pequeña.

MANDARINATO s.m. HIST. Dignidad o cargo de mandarín. (Se adquiría por oposición.) **2.** Cuerpo de los mandarines chinos.

MANDARINERO s.m. Mandarino.

MANDARINISMO s.m. Gobierno arbitrario.

MANDARINO s.m. Arbusto parecido al naranjo, cuyos frutos, comestibles, son las mandarinas. (Familia rutáceas.) SIN.: *mandarinero.*

MANDATARIO, A s. Persona que, en el contrato consensual de mandato, acepta representar personalmente al mandante, o gestionar sus negocios. **2.** Titular de un mandato político. ◇ **Primer mandatario** Jefe del estado.

MANDATO s.m. Acción y efecto de mandar. **2.** Palabras o escrito con que se manda: *recibir un mandato.* **3.** Ejercicio del mando por una autoridad. **4.** Título de representación o voto delegado que una asamblea confiere a una o más personas. **5.** Tiempo que dura esa representación. **6.** Contrato consensual por el que una persona (mandante) confía su representación personal a otra (mandatario). **7.** Representación que los electores confieren a las personas elegidas para ocupar un cargo. ◇ **Mandato imperativo** Sistema de representación política en el que el elegido está obligado a pronunciarse en el sentido de las instrucciones recibidas de sus mandantes. (En EUA, los delegados para designar al presidente de la república tienen por lo general un mandato imperativo.) **Mandato legal** Mandato conferido por la ley, que designa a la persona que recibe el poder de representación. **Mandato representativo** El que deja en libertad al elegido, que se convierte en el representante del elector y actúa según su propia voluntad.

MANDÉ adj. y s.m. y f. Mandingo.

MANDEÍSMO s.m. Doctrina religiosa de carácter agnóstico, nacida hacia el s. II, de la cual todavía quedan algunos miles de adeptos en Iraq.

MANDEO, A adj. y s. Relativo al mandeísmo; adepto del mandeísmo.

MANDÍ s.m. Argent. Pez de unos 60 cm de long. de carne muy delicada.

MANDÍBULA s.f. (lat. *mandibula,* de *mandere,* masticar). Cada una de las formaciones óseas de la cabeza en las que van incrustados los dientes. (En el ser humano, la *mandíbula superior* está formada por la unión de los dos maxilares superiores y el palatino; la *mandíbula inferior* corresponde, en su totalidad, al maxilar inferior.) **2.** Cada una de las dos piezas quitinosas, córneas u óseas que los vertebrados y algunos artrópodos tienen a los lados o alrededor de la boca, y que sirven para la aprehensión de alimentos y su ulterior desplazamiento o trituración. ◇ **Reír a mandíbula batiente** Reír a carcajadas.

MANDIBULAR adj. Relativo a la mandíbula.

MANDIL s.m. (del lat. *mantele*, toalla). Prenda de cuero o tela fuerte, que se usa para proteger la ropa desde el pecho hasta debajo de las rodillas. **2.** Delantal.

MANDILETE s.m. Pieza de la armadura que protegía la mano.

MANDILÓN s. *Fam.* Hombre pusilánime.

MANDINGA s.m. *Amér. Fam.* El diablo, en el lenguaje de los campesinos. **2.** *Argent. Fig.* y *fam.* Muchacho travieso. **3.** *Argent.* Encantamiento, brujería.

MANDINGO o **MANDINGA** adj. y s.m. y f. De un grupo de pueblos en el que se incluyen los malinké, los sarakolé, los bambara, los soninké y los diula, que hablan lenguas de la familia nigeriano-congoleña. ◆ s.m. Familia de lenguas del grupo nigero-senegalés.

MANDIO s.m. Madera comercial, de origen americano, producida por diversos árboles.

MANDIOCA s.f. (guaraní *mandióg*). Planta euforbiácea que se cultiva en los países tropicales, cuya raíz, en tubérculo, proporciona una fécula de la que se extrae la tapioca.

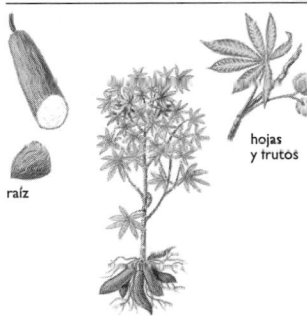

raíz
hojas y trutos

■ **MANDIOCA**

MANDO s.m. Autoridad, facultad para mandar que tiene el superior sobre sus subordinados. **2.** Persona u organismo que tienen dicha autoridad. **3.** ELECTR. Dispositivo empleado en los aparatos eléctricos para el manejo de los diferentes controles. **4.** MEC. Procedimiento de puesta en marcha de ciertos mecanismos ◇ **Alto mando** MIL. Persona u organismo que ejerce la potestad superior en el ámbito militar. **Doble mando** ELECTR. En un avión o en un automóvil, duplicación de determinados órganos con el fin de que el instructor pueda controlar el vehículo durante el aprendizaje. **Mando a distancia** Esp. *Control remoto. **Mando automático** MEC. Mando asegurado mediante unas cadenas cuyo funcionamiento es siempre operante.

MANDOBLAZO s.m. Estocada dada sin sujeción a las reglas del toreo, pero eficaz.

MANDOBLE s.m. Cuchillada o golpe violento que se da esgrimiendo el arma, especialmente una espada, con ambas manos. **2.** Espada grande. **3.** *Fig.* y *fam.* Represión violenta.

MANDOLINA s.f. (ital. *mandolina*). Instrumento musical, generalmente provisto de cuatro cuerdas dobles, con caja de resonancia abombada o plana. SIN.: *bandolina*.

MANDOLINISTA s.m. y f. Persona que toca la mandolina.

MANDÓN, NA adj. y s. *Fam.* Se aplica a la persona que tiene una tendencia exagerada a mandar. ◆ s.m. *Amér.* Capataz de una mina. **2.** *Chile.* Hombre que da la orden de salida en las carreras de caballos a la chilena. **3.** HIST. En la América española, funcionario subordinado, generalmente indígena de un pueblo, barrio o estancia.

MANDORA s.f. Instrumento musical de la familia del laúd, de cuerdas dobles.

MANDORLA s.f. B. ART. Almendra.

MANDRÁGORA o **MANDRÁGULA** s.f. (lat. *mandragora*, del gr. *mandragóras*). Planta herbácea de las regiones cálidas cuya raíz, tuberizada y bifurcada, recuerda la forma de un cuerpo humano, a la que antiguamente se le atribuían numerosas virtudes y se usaba en las prácticas de hechicería. (Familia solanáceas.)

MANDRIA adj. y s.m. y f. Pusilánime e inútil.

1. MANDRIL s.m. (ingl. *manrill*). Simio de África, de unos 80 cm de long., hocico alargado y grueso con surcos azules y nariz escarlata. (Familia cercopitécidos.)

■ **MANDRIL** macho.

2. MANDRIL s.m. (fr. *mandrin*) MEC. **a.** Espiga de centrar del cabezal fijo de un torno. **b.** Plato de sujeción de los tornos al aire. **c.** Herramienta de mecánicos y ajustadores que sirve para ensanchar, igualar y alisar los agujeros o taladros practicados en las piezas de maquinaria. **d.** Instrumento especial utilizado para ensanchar el extremo de los tubos de una caldera de vapor, para fijarlos en las placas tubulares.

MANDRILADO o **MANDRINADO** s.m. MEC. Proceso de mecanización consistente en labrar con precisión la superficie interior de un tubo o agujero.

MANDRILADORA o **MANDRINADORA** s.f. Máquina con que se ejecuta el mandrilado.

MANDRILAR v.tr. Ajustar el interior de un tubo, agujero, etc., al diámetro exacto. **2.** Taladrar una pieza metálica con un mandril.

MANDUBÍ s.m. *Argent.* y Bol. Maní.

MANDUCA s.f. *Esp. Fam.* Comida, alimento. SIN.: *manducatoria.*

MANDUCACIÓN s.f. *Esp. Fam.* Acción de manducar.

MANDUCAR v.tr. e intr. (lat. *manducare*) [1]. *Esp. Fam.* Comer.

MANDURRIA s.f. Bandurria.

MANEADO, A adj. *Chile.* Se dice de la persona torpe, lenta, irresoluta.

MANEADOR s.m. *Amér.* Tira larga de cuero, que sirve para atar el caballo, apiolar animales y otros usos.

MANEAR v.tr. Poner maniotas a una caballería. **2.** Manejar.

MANECILLA s.f. Aguja o saeta que señala la hora en la esfera de un reloj. **2.** Broche de algunos objetos: *las manecillas de un misal.* SIN.: *manezuela.*

MANEJABLE adj. Que se maneja fácilmente.

MANEJADO, A adj. PINT. Con los adverbios *bien* o *mal*, y otros semejantes, pintado con soltura o sin ella.

MANEJAR v.tr. (ital. *maneggiare*). Usar, utilizar, emplear algo o servirse adecuadamente de ello, especialmente con las manos: *saber manejar los cubiertos; aprender a manejar algo de inglés.* **2.** Regir, dirigir: *manejar un negocio.* **3.** Tener dominio sobre alguien: *manejar a su antojo.* **4.** *Amér.* Guiar un vehículo automóvil. SIN.: *conducir.* ◆ **manejarse** v.prnl. Adquirir agilidad después de haber estado algún tiempo impedido. **2.** *Fig.* Actuar con desenvoltura: *saber manejarse en la vida.* ◇ **Manejárselas** *Fig.* Manejarse para conseguir lo que se desea.

MANEJO s.m. Acción y efecto de manejar o manejarse. **2.** *Fig.* Dirección y gobierno de un negocio. **3.** *Fig.* Maquinación, intriga. (Suele usarse en plural.)

MANERA s.f. (lat. vulgar *manuaria*, maña, f. de *manuarius*, manejable). Modo particular de ser, de hacer o de suceder algo: *camina de una manera muy graciosa.* **2.** Porte, modales: *tener buenas maneras.* **3.** Estilo de un escritor, un artista o una escuela: *las distintas maneras de Goya.* ◇ **A la manera de** Como suele hacerlo la persona que se expresa: *a la manera de sus abuelos.* **A manera de** Con la función, apariencia, etc., de la que se expresa: *llevaba, a manera de barba, una mancha de carbón; cubría sus hombros con una manta a manera de abrigo.* **De cualquier manera** Sin cuidado ni interés. **De, o por, manera que** Enlace gramatical que introduce una consecuencia o finalidad. **De ninguna manera o en manera alguna** Se usa para reforzar una negación. **De todas maneras o de una manera o de otra, o u otra** En cualquier caso o circunstancia. **No haber manera** Indica la imposibilidad de conseguir lo que se pretende: *no hay manera de que entre.* **Sobre, o en gran, manera** Mucho, excesivamente.

MANES s.m.pl. (voz latina). Entre los romanos, espíritus de los difuntos, considerados como divinidades. **2.** *Fig.* Recuerdo, ejemplo dejado por los antepasados.

MANETO, A adj. Guat. y Venez. Patizambo. **2.** Hond. Deforme en una o ambas manos.

MANEZUELA s.f. Manecilla, brocha. **2.** Manija, mango o manubrio de ciertos utensilios o herramientas.

1. MANGA s.f. (lat. *manica*, de *manus*, mano). Parte de una prenda de vestir que cubre total o parcialmente el brazo. **2.** Colador o filtro de bayeta, de forma cónica. **3.** En algunos deportes, como esquí, motorismo, etc., parte en que puede dividirse una competición. **4.** Parte del eje de un carruaje en la que entra y voltea la rueda. **5.** Brazo de mar o estrecho. **6.** Anchura máxima de un buque. **7.** *Amér.* Vía entre estacadas para el paso del ganado hacia un corral o embarcadero. **8.** *Argent.* Nube de langostas. **9.** *Argent. Desp.* Grupo de personas. **10.** *Esp. Fam.* Borrachera. **11.** *Méx.* Capote impermeable. **12.** F.C. Tubo flexible destinado a enlazar, entre dos vagones de ferrocarril, los conductos de distribución de aire, vapor, etc. **13.** METEOROL. Columna de agua que se eleva con movimiento giratorio por efecto de un torbellino atmosférico ◇ **Corte de mangas** Ademán de significado obsceno y despectivo, en el que se levanta el brazo y se golpea en él con la otra mano. **Manga de riego** Tubo que se adapta a las bocas de riego para conducir el agua hasta la lanza o tubo metálico terminal. **Manga de viento** Tubo de lona situado en lo alto de un mástil para indicar la dirección del viento en aeródromos, autopistas, etc.; conducto metálico que sirve para ventilar el interior de un buque. **Manga pastelera** Utensilio de cocina en forma de embudo de tela o plástico y con una boquilla en el extremo agudo, que se rellena con algún alimento cremoso y sirve para adornar ciertos platos o para dar forma a la masa antes de hornearla. **Tener manga ancha** *Fig.* y *fam.* Ser tolerante o benevolente con las faltas o equivocaciones. **Tirar la manga** *Argent. Fig.* y *fam.* Pedir dinero prestado con insistencia y oportunismo.

2. MANGA s.f. (del ingl. *mango*). Árbol tropical, variedad del mango, cuyo fruto del mismo nombre no tiene escotadura.

3. MANGA s.m. Cómic, especialmente el de origen japonés.

MANGAJO, A s. *Ecuad.* Persona despreciable. **2.** *Ecuad.* y *Perú.* Persona sin voluntad que se deja manejar por otros.

MANGANA s.f. Lazo que se arroja a las manos de un caballo o toro para apresarlo. **2.** ARM. Máquina de guerra de la edad media, que lanzaba piedras.

MANGANATO s.m. Sal derivada del trióxido de manganeso.

MANGANCIA s.f. *Fam.* Conducta propia de un mangante.

MANGANEAR v.tr. Echar manganas a una res. **2.** *Perú. Fig.* Fastidiar, importunar.

MANGANESO s.m. (de *manganesa*, mineral de donde se saca el manganeso, del fr. *man-*

ganèse). Metal de color grisáceo, de densidad 7,43, cuyo punto de fusión es de 1 244 ºC. **2.** Elemento químico (Mn), de número atómico 25 y masa atómica 54,938. (Muy duro y quebradizo, el manganeso se encuentra en la naturaleza en estado de óxido y se utiliza principalmente en la fabricación de aceros especiales.)

MANGANETA s.f. Amér. Manganilla, engaño.

MANGANGÁ s.m. Amér. Merid. Fig. Persona fastidiosa por su continua insistencia. **2.** Argent., Par. y Urug. Especie de abejorro que al volar produce un zumbido fuerte y prolongado.

MANGÁNICO, A adj. Se dice del óxido y de las sales del manganeso trivalente.

MANGANILLA s.f. (del lat. manganum, máquina de guerra). Ardid, estratagema. **2.** Habilidad de manos.

MANGANITO s.m. Nombre genérico de las sales que derivan del dióxido de manganeso MnO₂.

MANGANOSILICIOSO, A adj. y s.m. Que contiene manganeso y silicio.

MANGANOSO, A adj. Se dice del óxido de manganeso MnO y de las sales correspondientes.

MANGANTE adj. y s.m. y f. Esp. Que manga, roba. **2.** Esp. Sinvergüenza, vividor.

MANGANZÓN, NA adj. y s. Amér. Holgazán.

MANGAR v.tr. (voz caló) [2]. Esp. Fam. Robar. **2.** Esp. Pedir, mendigar.

MANGAZO s.m. Argent. Fig. y fam. Acción de pedir dinero con habilidad o insistencia. Sinvergüenza, vividor. SIN.: sablazo.

MANGLAR s.m. Formación vegetal en la que predomina el mangle, característica de las regiones litorales de la región tropical. **2.** Terreno poblado por esta formación vegetal.

MANGLE s.m. (voz caribe). Árbol con ramas descendentes que llegan al suelo y arraigan en él, cuyas hojas y frutos se utilizan en tenería. (Familia rizoforáceas.)

semilla
yema

hojas
y frutos

raíz

■ MANGLE

1. MANGO s.m. (del lat. manica, gancho de abordaje, de manus, mano). Parte estrecha y larga de un instrumento o utensilio, por donde se agarra o sostiene. **2.** Argent. Fam. Dinero.

2. MANGO s.m. (ingl. mango). Árbol de las regiones tropicales, de fruto del mismo nombre en drupa, aromático y comestible. (Familia terebintáceas.)

MANGÓN s.m. Revendedor. **2.** Argent., Bol. y Colomb. Cerco para encerrar ganado.

MANGONEAR v.intr. (del lat. mango, -onis, traficante). Fam. Asumir oficiosamente el mando, para imponerse con arbitrariedad y persistencia sobre los demás. **2.** Fam. Manejar a alguien.

MANGONEO s.m. Fam. Acción y efecto de mangonear.

MANGORRERO, A adj. Fam. Que se tiene habitualmente entre las manos. **2.** Fig. y fam. Inútil o despreciable.

MANGOSTA s.f. (fr. mangouste). Mamífero carnívoro de Asia y África, que alcanza 50 cm de long., de pelaje rojizo o gris oscuro, patas cortas y cola muy larga. (Algunas de sus especies son predadoras de serpientes. En la India, se domestica para luchar contra las ratas.)

MANGOSTÁN s.m. (port. mangostao, del malayo mangistan). Árbol originario del Asia e Insulindia, cuyos frutos son los mangostos. (Familia gutíferas.)

MANGOSTO s.m. Fruto del mangostán, de sabor semejante al de la frambuesa.

MANGRULLO s.m. Argent. Torre rústica edificada en las proximidades de fortines, estancias y poblaciones de regiones llanas para vigilar los alrededores.

MANGUAL s.m. (lat. manualis, manual, que se puede agarrar con la mano). Látigo de guerra. **2.** En algunas provincias del N de España, instrumento formado por un palo que sirve de mango a otro unido a este por una correa, utilizado para desgranar a golpes cereales y legumbres.

MANGUALA s.f. Colomb. Fam. y vulg. Confabulación con fines ilícitos.

MANGUARDIA s.f. Cada uno de los dos murallones que refuerzan por los lados los estribos de un puente.

MANGUEAR v.tr. e intr. Argent., Chile y Méx. Acosar al ganado mayor o menor para que entre en la manga, espacio comprendido entre dos palanqueras o estacadas. ◆ v.tr. Argent. Fam. Tirar la manga.

MANGUERA s.f. Manga de riego. **2.** Tubo de ventilación. **3.** Pasarela móvil que comunica directamente la terminal del aeropuerto con el avión, y viceversa. **4.** Amér. Corral para el ganado.

MANGUERO, A adj. y s. Argent. Fam. Que acostumbra a manguear. SIN.: sablista.

MANGUETA s.f. Vejiga con pitón que sirve para poner lavativas. **2.** Madero que une el par con el tirante, o con un puente, en la armadura de una cubierta. **3.** OBR. PÚBL. Plataforma de tablas para dirigir la corriente de las descargas de agua. **4.** TECNOL. Cada uno de los extremos del eje de dirección, que soportan sendas ruedas y sus rodamientos.

MANGUITO s.m. Pieza tubular, generalmente de piel, en que se introducen las manos para preservarlas del frío. SIN.: estufilla. **2.** Media manga que cubre desde el codo hasta la muñeca. **3.** MEC. Pieza cilíndrica que sirve para unir o acoplar tubos, barras, etc. ◇ **Manguito de incandescencia, o incandescente** Funda cilíndrica reticular, constituida por óxidos de metales térreos, que se pone incandescente en contacto con la llama de un encendedor de gas.

MANGURUYÚ s.m. Argent. y Par. Pez de río, de gran tamaño, sin escamas, de carne muy apreciada.

MANÍ s.m. (voz taína) [pl. manís o manises]. Planta tropical originaria de Brasil cuyas semi-

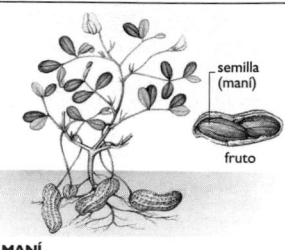

semilla
(maní)

fruto

■ MANÍ

llas, del mismo nombre, se consumen una vez tostadas y producen un aceite utilizado en cocina y jabonería. (Familia papilionáceas.) GEOSIN.: Esp. cacahuete; Méx. cacahuate. **2.** Fruto de esta planta. GEOSIN.: Esp. cacahuete; Méx. cacahuate.

MANÍA s.f. (gr. manía, locura). Idea obsesiva. **2.** Costumbre o aprensión injustificada: la manía de mirar bajo la cama al acostarse. **3.** Gusto excesivo, afición exagerada por algo: desde que le dio la manía del fútbol no vivimos tranquilos. **4.** Fam. Ojeriza: el profesor me tiene manía. **5.** PSICOPATOL. Estado de sobreexcitación del psiquismo, caracterizado por la aceleración desordenada del pensamiento, la euforia, el ludismo y los desbordamientos instintuales. ◇ **Manía persecutoria** PSICOPATOL. Delirio de persecución.

MANÍACO, A o **MANIACO, A** adj. y s. (bajo lat. maniacus, del gr. manikós, loco). PSICOPATOL. Que padece manías.

MANÍACO-DEPRESIVO, A o **MANIACODEPRESIVO, A** adj. PSICOPATOL. Se dice de una psicosis caracterizada por una alternancia de fases de excitación maníaca y de depresión melancólica, y de los enfermos que la padecen.

MANIATAR v.tr. Atar las manos.

MANIÁTICO, A adj. y s. Que tiene manías o tiene alguna manía.

MANICERO, A s. Persona que vende maní.

MANICOMIO s.m. (del gr. manía, locura, y komein, cuidar). Hospital para enfermos mentales.

MANICORTO, A adj. y s. Fam. Poco generoso.

MANICURA s.f. Cuidado de las manos y las uñas.

MANICURISTA s.m. y f. Antillas, Colomb., Méx., Pan. y Perú. Manicuro.

MANICURO, A s. Persona que tiene por oficio cuidar y embellecer las manos, especialmente las uñas.

MANIDO, A adj. (p. ant. de maner, permanecer). Fig. Falto de originalidad, repetido excesivamente. **2.** Ajado por el uso excesivo. **3.** Se dice de las comidas que empiezan a descomponerse.

MANIERISMO s.m. Estilo artístico que, bajo la influencia de la maniera (estilo) de los grandes maestros del renacimiento clásico, fundamentalmente de Miguel Ángel, fue practicado principalmente por un grupo de artistas italianos y europeos del s. XVI. (El manierismo se caracterizó por unos efectos sofisticados de refinamiento o énfasis, y en ocasiones por una tendencia a lo fantástico. En España destacaron, entre los pintores, Pedro Machuca, Pedro de Campaña, Luis de Morales y, sobre todo, El Greco; entre los escultores, Alonso Berruguete, Juan de Juni y Gaspar Becerra; en arquitectura, Juan de Herrera, autor de El Escorial). **2.** PSIQUIATR. Trastorno de la expresión en que la palabra, gesto, escritura, etc., ordinarios se ven sobrecargados de movimientos complicados, superfluos y discordantes.

MANIERISTA adj. y s.m. y f. Relativo al manierismo; artista adscrito a este estilo artístico.

MANIFESTACIÓN s.f. Acción y efecto de manifestar o manifestarse. **2.** Demostración colectiva, generalmente al aire libre, en favor de una opinión o de una reivindicación. **3.** HIST. Provisión por la que la justicia de Aragón colocaba bajo su protección a todo natural de

Aragón que, sometido a procedimiento judicial, corriese peligro de coacción o violencia.

MANIFESTANTE s.m. y f. Persona que participa en una manifestación.

MANIFESTAR v.tr. y prnl. [10]. Dar a conocer por medio de la palabra: *manifestó sus sentimientos*. **2.** Mostrar, hacer patente. ◆ v.tr. Expresar algo de forma solemne y pública para que se difunda. ◆ **manifestarse** v.prnl. Participar en una manifestación, demostración colectiva.

MANIFIESTO, A adj. (lat. *manifestus*). Evidente, cierto: *una tendencia manifiesta al empeoramiento.* ◆ s.m. Declaración escrita por la cual un partido, un grupo de escritores o de artistas, etc., dicho su programa, o justifica su acción pasada. **2.** Obra que equivale a tal declaración. **3.** Lista completa y detallada de todos los bultos y mercancías que forman el cargamento de un buque. **4.** Documento a bordo de un avión, principalmente, el itinerario del vuelo, el número de pasajeros y la cantidad de carga o flete transportada. ◇ **Poner de manifiesto** Manifestar algo, darlo a conocer.

MANIGORDO s.m. C. Rica. Ocelote.

MANIGUA s.f. En las Antillas, terreno húmedo cubierto de malezas.

MANIGÜERO, A adj. y s. Relativo a la manigua. **2.** Mambí.

MANIJA s.f. Mango de utensilios o herramientas. **2.** Órgano de maniobra de una cerradura. **3.** Abrazadera de metal. **4.** Cuero o paño que ciertas abrazas se ponen en la mano izquierda para no lastimarse. **5.** TAUROM. Puño del rejón.

MANILA s.m. Cigarro elaborado en las islas Filipinas.

MANILARGO, A adj. Que tiene las manos largas. **2.** *Fig.* Aficionado al hurto. **3.** *Fig.* Liberal, generoso, pródigo.

MANILEÑO, A adj. y s. De Manila.

MANILLA s.f. (ital. *maniglia*). Pulsera de adorno. **2.** Anilla de hierro que se pone a los presos en las muñecas. **3.** Manecilla del reloj. **4.** Anillo abierto por uno de sus extremos, empleado para reunir dos ramales de cadena entre sí.

MANILLAR s.m. Esp. y Urug. Manubrio de la bicicleta o motocicleta.

MANIOBRA s.f. (fr. *manoeuvre*). Operación o serie de movimientos que se hacen para poner en funcionamiento o dirigir el manejo de una máquina, instrumento, etc. **2.** *Fig.* Operación que, con habilidad y malicia, se lleva a cabo para conseguir un determinado fin. **3.** F.C. Cada una de las operaciones que se hacen en las estaciones para la carga y descarga de los vagones de mercancías, para la formación de nuevos trenes, etc. **4.** MAR. Conjunto de cabos y aparejos de un buque, de un palo, etc. ◆ **maniobras** s.f.pl. MIL. Evoluciones y simulacros en que se ejercita la tropa.

MANIOBRAR v.intr. y tr. (fr. *manoeuvrer*) Hacer maniobras.

MANIOTA s.f. (de un cruce entre *manear* y *maniatar*). Cuerda o cadena con que se atan las manos de una bestia para que no huya.

MANIPULACIÓN s.f. Acción y efecto de manipular.

MANIPULADOR, RA adj. y s. Que manipula. ◆ s.m. Aparato empleado en la telegrafía eléctrica para transmitir despachos en alfabeto Morse, mediante el establecimiento o interrupción de la corriente.

MANIPULAR v.tr. (bajo lat. *manipulare*). Operar con las manos, o con cualquier instrumento, ciertas sustancias para obtener un resultado: *manipular alimentos.* **2.** *Fig.* y *fam.* Gobernar los asuntos propios o ajenos. **3.** *Fig.* Influir voluntariamente sobre personas, colectividades etc. a través de medios de presión o información. **4.** Manejar el manipulador de un telégrafo para transmitir las señales.

MANIPULEO s.m. *Fam.* Acción y efecto de manipular.

MANÍPULO s.m. (lat. *manipulus*, haz, puñado). Tercera parte de una cohorte romana, formada aproximadamente por 200 hombres. **2.** Ornamento litúrgico que el celebrante lleva en el brazo izquierdo.

MANIQUEÍSMO s.m. Doctrina de Manés, fundada sobre un gnosticismo dualista. (Fue una religión rival del cristianismo hasta la edad media. Su influencia entre los bogomilas y los cátaros fue notable.) **2.** Visión de la realidad

reducida a dos principios opuestos, especialmente el bien y el mal.

MANIQUEO, A adj. y s. Relativo al maniqueísmo; partidario de esta doctrina. **2.** Que reduce estrictamente la explicación de la realidad a dos principios opuestos.

MANIQUETE s.m. (ital. *manichetto*). Mitón, especialmente el de tul negro con calados y labores. **2.** Manija de segador que cubre solo hasta la mitad de los dedos.

MANIQUÍ s.m. (del fr. *mannequin*) [pl. *maniquíes* o *maniquís*]. Muñeco de figura humana o armazón que sirve para probar, arreglar o exhibir prendas de ropa. **2.** B. ART. Armadura de metal o figurín de madera, articulado, susceptible de tomar todas las actitudes de una persona o animal. ◆ s.m. y f. Esp. Modelo, persona que exhibe trajes.

MANIR v.tr. (de *manido*) [55]. Hacer que algunos alimentos, especialmente la carne, se pongan tiernos y sazonados, dejándolos cierto tiempo preparados con el condimento necesario.

MANIRROTO, A adj. y s. Derrochador, pródigo.

MANITA s.f. Dim. de mano. **2.** QUÍM. Sustancia orgánica con seis funciones alcohol, de sabor azucarado, que se encuentra en el maná del fresno. ◇ **Árbol de las manitas** Árbol ornamental que crece en México, de flores rojas, que semejan una mano abierta. (Familia esterculiáceas.) **Hacer manitas** Esp. *Fam.* Acariciarse las manos una pareja. **Manita de gato** Méx. Arreglo rápido y superficial de algo o alguien: *dar una manita de gato a la casa.*

MANITAS s.m. y f. (pl. *manitas*). Esp. *Fam.* Persona mañosa.

MANITO, A s. Méx. *Fam.* Tratamiento de confianza que se emplea para dirigirse a hermanos o amigos: *manito, me caes muy bien; oye manita, préstame dinero.*

MANIVELA s.f. (fr. *manivelle*). Palanca acodada en ángulo recto, por medio de la cual se imprime un movimiento de rotación al eje del que es solidaria. **2.** Parte de una máquina, que transforma un movimiento rectilíneo alternativo en un movimiento circular continuo. **3.** Parte del plato de la bicicleta que lleva el pedal. ◇ **Primera vuelta de manivela** Primera sesión de rodaje de una película.

MANJAR s.m. (del cat. ant. u occitano *manjar*, comer). Cualquier comida, especialmente la exquisita y muy bien preparada. **2.** Chile y Pan. Dulce de leche.

MANJARETE s.m. Cuba y Venez. Dulce hecho de maíz tierno rallado, cocido con leche y azúcar, que se cuaja al enfriarse. (En Venezuela se prepara con pulpa de coco.)

1. MANO s.f. Parte del cuerpo humano que va desde la muñeca hasta la punta de los dedos. **2.** En algunos animales, extremidad cuyo dedo pulgar se opone a los demás. **3.** En los cuadrúpedos, cada una de las patas delanteras. **4.** Cada uno de los dos lados, derecho e izquierdo, respecto del que habla. **5.** Persona que ejecuta una cosa: *la mano asesina; se necesitarán todas las manos posibles.* **6.** Capacidad o poder para actuar: *la solución está en su mano.* **7.** Habilidad, destreza. **8.** Intervención: *falta la mano de un especialista.* **9.** Represión, castigo: *¡buena mano le espera!* **10.** Cada operación que se hace de una vez en algún trabajo en que se realizan varias repetidas: *dar una mano de jabón.* **11.** Capa de pintura o barniz: *esta pared tiene dos manos de blanco y una de color.* **12.** Cada jugada parcial de una partida en la que se gana o pierde algún tanto. **13.** En ciertas expresiones, mujer que se pretende formalmente por esposa: *petición de mano; pedir la mano.* **14.** Majador que se usa para moler o desmenuzar: *la mano del mortero.* **15.** Manecilla o aguja del reloj. **16.** Amér. Central, Antillas, Ecuad. y Perú. Cada uno de los gajos de varios frutos que forman el racimo de bananas. **17.** Chile, C. Rica y Hond. Aventura, percance. **18.** CONSTR. Sentido de giro de las puertas: *puerta de mano derecha.* **19.** DEP. En fútbol, falta que se comete cuando un jugador toca el balón con la mano o con el brazo. (Suele usarse en plural.) **20.** PAPEL. Conjunto de veinticinco pliegos de papel y vigésima parte de una resma, equivalente a cinco cuadernillos. ◇ **A**

◾ EL MANIERISMO

Desde Florencia a Praga, pasando por Fontainebleau y los Países Bajos, los artistas del s. XVI intentaron superar el genio de sus predecesores Rafael, Leonardo y Miguel Ángel.

Spranger. *Salmacis y Hermafrodita* (h. 1581). El relato de Ovidio, que cuenta cómo la ninfa de un lago de Caria queda prendada del hijo de los dioses que se baña en él, constituye un pretexto para ensalzar la belleza de los cuerpos. (Kunsthistorisches Museum, Viena.)

Pontormo. *Descendimiento de la cruz,* retablo del altar mayor de la iglesia de Santa Felicita, en Florencia (h. 1527). La complejidad de la composición, el ritmo y la delicadeza cromática hacen de este cuadro una obra maestra del manierismo.

mano Sin máquinas: *hecho a mano;* en lugar fácilmente asequible: *tener a mano.* **A mano armada** Con armas: *atraco a mano armada.* **A manos llenas** Generosamente, en gran abundancia. **Bajo,** o **por debajo, mano** De manera oculta o secreta. **Caérsele** a alguien **la mano** Méx. Fam. Ser homosexual. **Cargar la mano** Echar un condimento o ingrediente en exceso. **Con la mano a la cintura** Méx. Fam. Con extrema facilidad. **Con las manos en la masa** En el mismo momento de estar cometiendo una falta o delito. **Dar la mano** Saludar a alguien tendiéndole la mano; agarrar la mano de una persona para caminar, acompañarla, etc. **De la mano** Agarrada una mano con la de otro. **De mano en mano** De una persona a otra. **De primera mano** De la persona que lo ha hecho o de la fuente de origen, sin intermediarios. **De segunda mano** Después de haberlo tenido o usado otro; no directamente, a través de otro. **Doblar las manos** Méx. Darse por vencido o ceder en algo. **Echar una mano** Ayudar. **Estar,** o **quedar, a mano** Méx. Estar, o quedar, en igualdad de condiciones dos o más personas, sin que haya deuda alguna entre ellas: *con esto ya quedamos a mano.* **Ganar por la mano** a alguien Anticipársele a hacer algo. **Llegar,** o **venir, a las manos** Pegarse en una disputa. **Mano a mano** En compañía, con familiaridad y confianza. **Mano de obra** Trabajo físico incorporado al proceso productivo de una empresa; total de fuerza de trabajo disponible en una región o país. **Mano derecha** Persona que es muy útil a otra como auxiliar o colaborador. **Mano dura** Severidad o dureza en el trato o en el mando. **Mano izquierda** Habilidad o astucia para resolver asuntos difíciles. **Mano muerta** HIST. Entidad que tenía prohibido enajenar los bienes raíces que constituían su dotación permanente. **Mano negra** Méx. Intervención indebida de alguien en algo en lo que no tiene derecho a participar. **Manos libres** Dispositivo que permite la utilización de un teléfono o una radio sin necesidad de sostenerlos en la mano. **Meter mano** Investigar algo o a alguien para descubrir un asunto ilegal; tocar a otra persona buscando placer sexual. **Ser mano** Ser el primero en participar en un juego. **Traer entre manos** algo Estar ocupándose en ello. **Un mano a mano** TAUROM. Corrida en que solo actúan dos diestros en competencia. **Untarle la mano** a alguien Esp. y Méx. Fam. Darle dinero para sobornarlo. **Venir a mano** Tener oportunidad o facilidad para algo.

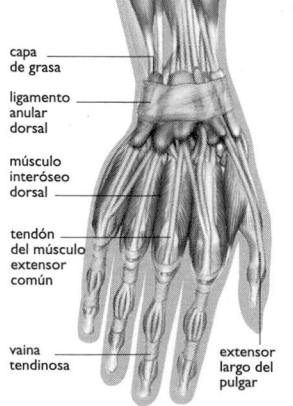

capa
de grasa

ligamento
anular
dorsal

músculo
interóseo
dorsal

tendón
del músculo
extensor
común

vaina
tendinosa

extensor
largo del
pulgar

■ **MANO.** Vista dorsal.

2. MANO, A s. Méx. Manito.

MANOBRAR v.tr. Chile. Maniobrar.

MANÓGRAFO s.m. Manómetro registrador.

MANOJEAR v.tr. Cuba. Hacer manojos de hojas de tabaco.

MANOJO s.m. Amér. Operación que consiste en formar manojos o andullos de las hojas de tabaco, atándolos por su base.

MANOJO s.m. (lat. vulgar *manuculus,* del lat. *manipulus, -upulus,* puñado). Conjunto de cosas, casi siempre alargadas, que pueden agarrarse de una vez con la mano. **2.** Amér. Atado de tabaco en rama, que tiene aproximadamente dos libras. ◇ **Ser un manojo de nervios** Fig. Ser muy nervioso.

MANOLETINA s.f. (de *Manolete,* matador de toros). TAUROM. Pase de adorno en que el torero, que lleva la muleta detrás, cita al toro de frente y le pasa aquella por encima de la cabeza. **2.** Zapato escotado y plano, de punta redondeada, y diseño simple, parecido al que usa el torero.

MANOLO, A s. Majo.

MANOMETRÍA s.f. FÍS. Medida de las presiones de los fluidos.

MANOMÉTRICO, A adj. Relativo a la manometría.

MANÓMETRO s.m. (del gr. *manós,* raro, poco denso, y *métros,* medida). Instrumento que sirve para medir la presión de un fluido.

MANOPLA s.f. Pieza de la armadura con que se protegía la mano y el puño. **2.** Guante sin separaciones para los dedos, salvo el pulgar. **3.** Tira de suela o trozo de cuero que rodea y envuelve la palma de la mano para no dañarse en el trabajo. **4.** Guante aislante empleado para asir utensilios calientes. **5.** Argent., Chile y Perú. Llave inglesa, arma de hierro en forma de eslabón.

MANORREDUCTOR s.m. Dispositivo que permite reducir la presión de un fluido comprimido a la presión de uso.

MANOSA s.f. Glúcido derivado de la manita.

MANOSEAR v.tr. y prnl. Tocar repetidamente una cosa con las manos, con riesgo de ajarla o deslucirla. **2.** Argent. Tratar reiterada e imprudentemente un tema o la conducta de una persona para que caiga en descrédito. ◆ v.tr. Fig. Insistir demasiado en un asunto o utilizar algo reiterativamente.

MANOSEO s.m. Acción y efecto de manosear.

MANÓSTATO s.m. Aparato que sirve para mantener una presión constante.

MANOTAZO s.m. Golpe dado con la mano.

MANOTEAR v.tr. Dar manotazos. ◆ v.intr. Mover las manos exageradamente al hablar.

MANOTEO s.m. Acción y efecto de manotear.

MANQUEAR v.intr. Estar manco.

MANQUEDAD s.f. Circunstancia de ser manco. SIN.: *manquera.* **2.** Fig. Falta o defecto. SIN.: *manquera.*

MANSALVA (A) loc. En gran cantidad.

MANSARDA s.f. Cubierta con vertientes quebradas, de las cuales la inferior es más empinada que la superior, separadas por una arista en lima tesa. **2.** Amér. Buhardilla, desván.

MANSEQUE s.m. Chile. Baile infantil.

MANSIÓN s.f. (lat. *mansio, -onis,* permanencia, vivienda). Casa, especialmente la suntuosa. ◇ **Mansiones del cielo** Conjunto de las doce divisiones iguales del cielo, correspondientes a los signos del Zodiaco.

1. MANSO s.m. (bajo lat. *mansus,* finca, villa). Unidad de explotación agrícola, integrada generalmente por la vivienda del campesino y las tierras que cultivaba.

2. MANSO, A adj. (lat. vulgar *mansus, -a, de mansuetus,* domesticado). Benigno, apacible. **2.** Se dice de los animales que no son bravos: *las mansas ovejas.* **3.** Sosegado, apacible: *las mansas aguas del río.* **4.** Chile. Vulg. Grande, extraordinario. ◆ s.m. Cabestro, animal macho que sirve de guía a los demás del rebaño.

MANSURREAR v.intr. TAUROM. Mostrar el toro cualidades de manso.

MANSURRÓN, NA adj. Fam. Muy manso. **2.** TAUROM. Se dice del toro poco bravo y dócil para la lidia.

1. MANTA s.f. (de *manto*). Pieza de lana o algodón grueso, de forma rectangular, que sirve para abrigarse, especialmente en la cama. GEOSIN.: Amér. Central. *chiva;* Méx. y Venez. *cobija.* **2.** Tela ordinaria de algodón, que se fabrica y usa en México. **3.** Cubierta que sirve de abrigo a la caballería. **4.** Costal de pita que se usa en las minas de América para transportar los minerales. **5.** Fig. Tunda, somanta. **6.** Cierto baile popular colombiano. ◇ **Liarse la manta**

a la cabeza Esp. Tomar una decisión aventurada. **Tirar de la manta** Esp. Descubrir algo que se desearía mantener en secreto.

2. MANTA s.f. Pez de cuerpo aplanado, parecido a la raya, que puede alcanzar una envergadura de 8 m.

3. MANTA, pueblo amerindio precolombino de la costa de Manabí (Ecuador) de lengua puruhá-mochica. Agricultores, tejedores y comerciantes, trabajaban el cobre, el oro y la plata, y eran muy religiosos; ofrecían sacrificios, incluso humanos, a sus dioses (el mar, el jaguar y la serpiente), y enterraban a los muertos en pozos profundos.

■ **MANTA.** Figurilla humana de la cultura de los manta.

MANTACA s.f. Chile. Manta de hilos gruesos, que se usa para abrigo en los campos.

MANTALONA s.f. MAR. Tela fuerte de algodón, que se usa para hacer velas.

MANTAZO s.m. TAUROM. Lance dado con la muleta sin sujeción a las reglas del arte.

MANTEADO s.m. Amér. Central. Tienda de campaña.

MANTEAMIENTO s.m. Acción de mantear. SIN.: *manteo.*

MANTEAR v.tr. Hacer saltar repetidas veces a una persona o pelele sobre una manta sostenida entre varios. ◆ **mantearse** v.prnl. Chile. Convertirse en manto una veta de metal.

MANTECA s.f. Grasa de los animales, especialmente la del cerdo. **2.** Sustancia grasa de la leche, especialmente una vez separada de ella. **3.** Grasa del cuerpo humano cuando es excesiva. (Suele usarse en plural.) **4.** Pomada. **5.** QUÍM. Glicérido sólido a la temperatura ordinaria. ◇ **Manteca de cacao** Materia grasa extraída de las bayas del cacao.

MANTECADA s.f. Bollo de harina de flor, huevos, azúcar y mantequilla, que suele cocerse en un molde cuadrado de papel.

MANTECADO s.m. Helado elaborado con leche, huevos y azúcar. **2.** Esp. Pasta hecha a base de harina, azúcar, huevo y manteca de cerdo.

MANTECOSO, A adj. Que tiene mucha manteca. **2.** Semejante a la manteca.

MANTEÍSTA s.m. Nombre dado a los estudiantes de las universidades, que vestían ropas talares.

MANTEL s.m. (lat. *mantele,* toalla). Pieza de tela con que se cubre la mesa para comer. ◇ **Mantel de altar** Lienzo con que se cubre el altar.

MANTELERÍA s.f. Juego de mantel y servilletas.

MANTELETA s.f. Esclavina con las puntas de delante largas, que usan las mujeres para abrigarse o como adorno.

MANTELETE s.m. Pieza de tela o de malla de una armadura que protegía la nuca y parte de la espalda. **2.** Tablero grueso, forrado de chapa, que servía de resguardo contra los tiros del enemigo.

MANTELLINA s.f. Mantilla para la cabeza.

MANTELO s.m. (voz gallega). Especie de delantal de paño que suelen llevar las aldeanas en algunas provincias del N de España.

MANTENEDOR, RA s. Persona que tenía por

misión el cumplimiento de las leyes en las justas, torneos, etc. **2.** En algunos certámenes, especialmente los Juegos florales, persona que pronuncia el discurso en nombre del jurado.

MANTENER v.tr. y prnl. [63]. Costear las necesidades económicas de alguien, especialmente las de alimentación: *mantener a la familia*. **2.** Conservar una cosa en su ser o estado: *mantener el fuego encendido; mantenerse en pie*. ✦ v.tr. Sostener algo para que no se caiga o se deforme. **2.** Proseguir en lo que se está haciendo: *mantener el contacto*. **3.** Defender una opinión o sistema: *mantengo lo dicho*. ✦ **mantenerse** v.prnl. Perseverar en una acción o posición: *mantenerse firme en una idea*.

MANTENIDO, A s. *Vulg.* Persona que vive a expensas de otra, especialmente cuando mantiene con ella relaciones sexuales.

MANTENIMIENTO s.m. Acción y efecto de mantener o mantenerse. **2.** Acción de reparar y mantener o conservar en buen estado el material y las instalaciones de edificios, industrias, etc.: *servicio de mantenimiento*. **3.** Alimento, comida, sustento.

1. MANTEO s.m. Manteamiento.

2. MANTEO s.m. (fr. *manteau*). Capa larga que llevan los eclesiásticos sobre la sotana.

MANTEQUERA s.f. Recipiente en que se sirve la mantequilla. **2.** Aparato con el que se hace la mantequilla.

MANTEQUERÍA s.f. Lugar donde se elabora la mantequilla. **2.** Establecimiento donde se vende mantequilla y otros productos comestibles.

MANTEQUERO, A adj. Relativo a la manteca. ✦ s. Persona que tiene por oficio hacer o vender mantequilla.

MANTEQUILLA s.f. Sustancia grasa, de color amarillo claro, que se obtiene de la crema de leche de vaca batiéndola o agitándola.

MANTEQUILLERA s.f. Amér. Mantequera.

MANTEQUILLERO, A s. Amér. Mantequero.

MANTÉS, SA adj. y s. *Fam.* Pícaro, pillo.

MÁNTICA s.f. Conjunto de artes adivinatorias.

MANTILLA s.f. Prenda femenina, generalmente de encaje, tul o seda, que cubre la cabeza y, a veces, parte del vestido. **2.** Pieza de tela gruesa con que se envuelve a los niños por encima de los pañales. ✦ **mantillas** s.f.pl. Regalo hecho por un príncipe a otro a quien le nace un hijo. ◇ **Estar en mantillas** Estar poco adelantado o muy ignorante respecto a ciertas cosas.

MANTILLO s.m. Parte orgánica del suelo formada por la descomposición parcial de materias animales y vegetales. **2.** Abono resultante de la fermentación y putrefacción del estiércol.

MANTIS s.f. Santateresa, insecto.

MANTISA s.f. (lat. *mantisa*, ganancia). MAT. Fracción decimal que sigue a la característica de un logaritmo.

MANTO s.m. (lat. tardío *mantum*, manto corto). Prenda amplia que se coloca sobre la cabeza o los hombros y cubre todo el cuerpo o parte de él. **2.** Velo negro, generalmente de crespón, llevado por las mujeres, en algunos lugares, en señal de luto. **3.** *Fig.* Lo que protege, encubre u oculta una cosa. **4.** GEOL. Parte del globo terrestre comprendida entre la corteza y el núcleo. **5.** HERÁLD. **a.** Pieza formada por dos líneas diagonales que parten de los ángulos del jefe. **b.** Adorno exterior del escudo formado por una capa o cortina escarlata. **6.** MIN. Capa de mineral que yace casi horizontalmente. **7.** ZOOL. **a.** Pelaje de los mamíferos. **b.** En los moluscos, membrana que segrega la concha. ◇ **Arroyada en manto** En las regiones con cobertura vegetal discontinua, escorrentía rápida de las aguas en forma de una delgada película que cubre toda la superficie de una ladera.

MANTÓN s.m. Prenda femenina, generalmente de abrigo, que se lleva sobre los hombros. ◇ **Mantón de Manila** Mantón de seda que lleva motivos ornamentales.

MANTUANO, A adj. y s. De Mantua.

MANTUDO, A adj. Se dice del ave cuando tiene las alas caídas y con aspecto parecido a una capa o mantón.

MANUAL adj. (lat. *manualis*). Que se hace con las manos: *trabajo manual*. **2.** Se dice del dispositivo que necesita la intervención de una persona (por oposición a *dispositivo mecánico*). ✦ s.m. Libro en que se resume lo más sustancial de una materia.

MANUALIDAD s.f. Trabajo realizado con las manos. ✦ **manualidades** s.f.pl. Trabajos manuales de los escolares.

MANUAR s.m. TEXT. En hilatura mecánica, máquina que efectúa una operación combinada de estirado y doblado de la materia textil que sale de las cardas.

MANUBRIO s.m. (lat. *manubrium*). Empuñadura o manija de un instrumento. **2.** Argent., Chile, Cuba y Méx. Pieza de la bicicleta o la motocicleta en la que se apoyan las manos y sirve para guiarlas. GEOSIN.: Esp. y Urug. *manillar*. **3.** Chile. Volante del automóvil. **4.** ANAT. **a.** Parte superior del esternón. **b.** Apófisis inferior del martillo. **5.** MÚS. Organillo.

MANUELA s.f. Vehículo de alquiler abierto y tirado por un caballo que se utilizaba en Madrid.

MANUELINO, A adj. Se dice de un arte arquitectónico y decorativo complejo que se desarrolló en Portugal a finales del s. XV y principios del s. XVI, en especial bajo el reinado de Manuel I.

■ **MANUELINO.** Pórtico de la capilla de la Universidad de Coimbra, realizado en este estilo por Marco Pires hacia 1520.

MANUFACTURA s.f. Obra hecha a mano o con la ayuda de una máquina. **2.** Fábrica, lugar donde se fabrica algo. **3.** Empresa o equipo industrial dedicado a algunas actividades fabriles consideradas ligeras. **4.** Conjunto de estas empresas de una región, zona o país. ◇ **Manufactura real** HIST. Manufactura que gozaba de privilegios reales o que era financiada directamente por la real hacienda.

MANUFACTURABLE adj. Que puede ser manufacturado, o utilizarse como materia prima en las manufacturas.

MANUFACTURAR v.tr. Fabricar.

MANUMISIÓN s.f. HIST. En Roma y en la edad media, liberación legal de un esclavo o de un siervo.

MANUMISO, A adj. Esclavo que consigue la libertad.

MANUMITIR v.tr. Dar libertad a un esclavo.

MANUSCRIBIR v.tr. [54]. Escribir a mano.

MANUSCRITO s.m. Documento o libro escrito a mano, especialmente el de algún valor o antigüedad.

MANUTENCIÓN s.f. Acción y efecto de mantener o mantenerse. **2.** Alimento que se consume para mantener o mantenerse. **3.** Desplazamiento, manual o mecánico, de las materias primas, mercancías y otros materiales en los talleres, almacenes y demás dependencias de una industria o un comercio.

MANUTENER v.tr. [63]. Mantener o amparar.

MANZANA s.f. (del lat. *mala mattiana*, cierta clase de manzanas). Fruto comestible del manzano, de forma globosa algo hundida por los extremos del eje. **2.** Unidad topográfi-

---

ca mínima, representada por el bloque de casas delimitado en sus cuatro frentes por calles. ◇ **Manzana de Adán** Nuez de la garganta. **Manzana de la discordia** Cualquier cosa que origina discusiones o luchas.

MANZANAL s.m. Manzanar. **2.** Manzano.

MANZANAR s.m. Terreno plantado de manzanos.

MANZANERO s.m. Ecuad. Manzano.

MANZANIL adj. Que se parece a la manzana por el color o la figura.

MANZANILLA s.f. Planta herbácea aromática, cuyas flores, con centro amarillo y circunferencia blanca, tienen propiedades medicinales. (Familia compuestas.) **2.** Flor de esta planta. **3.** Infusión de flores de manzanilla que se toma como digestivo. **4.** Fruto del manzanillo. (También *aceituna manzanilla*.) **5.** Vino blanco, variante del jerez, que se hace principalmente en Sanlúcar de Barrameda (España).

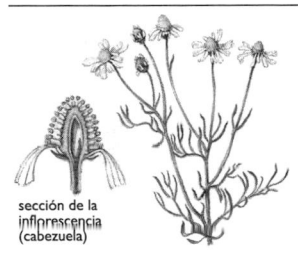

sección de la
inflorescencia
(cabezuela)

■ **MANZANILLA**

MANZANILLO, A adj. y s.m. Se dice de cierto olivo que produce una aceituna pequeña. ✦ s.m. Árbol originario de las Antillas y de América ecuatorial, de flores blanquecinas y fruto semejante a la manzana, cuyo jugo, cáustico, es muy venenoso. (Familia euforbiáceas.)

MANZANO s.m. Árbol de la familia rosáceas, cuyo fruto, la manzana, es una drupa con pepitas, comestible, redonda y carnosa. **2.** Méx. y P. Rico. Variedad de banano, de fruto pequeño y muy dulce.

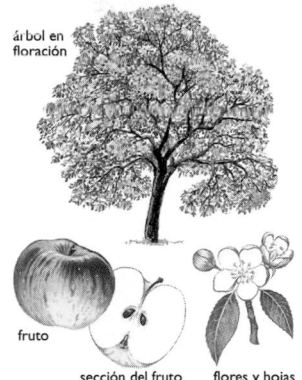

árbol en
floración

fruto

sección del fruto   flores y hojas

■ **MANZANO**

MAÑA s.f. Destreza, habilidad: *tiene maña para peinarse*. **2.** Ardid, astucia: *emplea todas sus mañas para convencerlo*. (Suele usarse en plural.) **3.** Mala costumbre, resabio: *después de la enfermedad le han quedado muchas mañas*. (Suele usarse en plural.) ◇ **Darse maña** Ingeniarse para hacer algo con habilidad.

MAÑANA s.f. (del lat. *hora maneana*, en hora temprana). Parte del día que transcurre desde el amanecer hasta el mediodía: *desayunar a media mañana*. **2.** Madrugada, horas que siguen a la medianoche hasta que sale el sol: *acostarse a las tres de la mañana*. ✦ s.m. Tiempo futuro, pero indeterminado. ✦ adv.t. En el día que seguirá inmediatamente al de hoy. **2.** *Fig.* En tiempo futuro. ◇ **De mañana** Al amanecer, en las primeras horas del día. **Pasado mañana** En el día que seguirá inmediatamente al de mañana.

MAÑANEAR v.intr. Madrugar.

MAÑANERO, A adj. Madrugador. **2.** Matutino.

MAÑANITA s.f. Principio de la mañana. **2.** Manteleta que usan las mujeres sobre el camisón. ◆ **mañanitas** s.f.pl. Méx. Composición musical que se canta para celebrar el cumpleaños o la onomástica de alguien.

MAÑEREAR v.intr. Argent. y Chile. Usar un animal malas mañas. **2.** Argent. y Urug. *Vulg.* Obrar o proceder con malas mañas.

MAÑERÍA s.f. HIST. En la edad media, en los reinos de León y Castilla, prestación económica satisfecha al señor por el colono estéril (mañero) para poder transmitir por herencia el predio cultivado.

MAÑERO, A adj. (hispano-lat. *mannarius*, de *mannus*, mulo, estéril). Sagaz, astuto. **2.** Fácil de tratar, hacer o manejar. **3.** Argent. Que tiene malas mañas o resabios. **4.** Argent. *Fam.* Mañoso.

MAÑÍU s.m. Chile. Árbol parecido al alerce, de hasta 20 m de alt., cuya madera es muy apreciada.

MAÑO, A s. Esp. *Fam.* Aragonés.

MAÑOSEAR v.intr. Chile y Perú. Actuar con maña y resabio.

MAÑOSO, A adj. Que tiene maña o habilidad.

MAOÍSMO s.m. Doctrina política que se inspira en el pensamiento de Mao Zedong. **ENCICL.** El maoísmo adopta el análisis histórico y dialéctico del marxismo, pero su principio fundamental es la combatividad y creatividad de las masas. Subraya la importancia del desarrollo económico, basado en la industria y en la agricultura por igual. Surgió tras los desacuerdos ideológicos de China con la URSS (1961) y su difusión en Europa tuvo lugar en la década de 1960 (especialmente desde 1968). Adquirió, por un lado, el carácter de renovación de los principios ideológicos del marxismo-leninismo y, por otro, de arma política inmediata para la revolución en occidente.

MAOÍSTA adj. y s.m. y f. Relativo al maoísmo; partidario de esta doctrina.

MAORÍ adj. y s.m. y f. De un pueblo polinesio de Nueva Zelanda. ◆ s.m. Lengua del grupo polinesio, hablada por dicho pueblo.

MAPA s.m. (del lat. *mappa mundi*, mapamundi, de *mappa*, pañuelo, y *mundus*, mundo). Representación convencional, sobre un plano, de la distribución en términos geográficos, geológicos, etc. ◇ **Mapa astronómico** ASTRON. Representación, sobre un plano, de una porción de cielo estrellado o de un objeto celeste. **Mapa mudo** Mapa que no tiene escrita la toponimia.

MAPACHE s.m. Mamífero carnívoro fisípedo de América del Norte, apreciado por su pelaje, de color gris amarillento. (Familia prociónidos.) SIN.: *oso lavador.*

MAPACHÍN s.m. Amér. Central. Mapache.

MAPALÉ s.m. Danza típica de Colombia.

MAPAMUNDI s.m. (del lat. *mappa mundi*, de *mappa*, pañuelo, y *mundus*, mundo.) Mapa que representa el globo terráqueo dividido en dos hemisferios. ◇ **Mapamundi celeste** Mapa de la bóveda celeste con las constelaciones.

MAPEO s.m. GENÉT. Realización de un mapa genético.

MAPUCHE adj. y s.m. y f. De un pueblo amerindio del grupo araucano que vive en comunidades entre los ríos Salado y Toltén (Chile). [Sus líderes mantienen un contencioso territorial con el gobierno chileno.] **2.** Araucano.

MAPUEY s.m. Ñame.

MAQUE s.m. (japonés *makie*, barniz de oro o plata). Laca.

MAQUEAR v.tr. Adornar muebles u otros objetos con pinturas o dorados, usando para ello el maque. ◆ **maquearse** v.prnl. *Fig.* y *fam.* Acicalarse, engalanarse.

MAQUETA s.f. (fr. *maquette*). Primer bosquejo, en cera arcilla, etc., de una escultura. **2.** Representación en tres dimensiones a escala

reducida, pero fiel en sus proporciones y su aspecto, de un aparato, un edificio, un decorado, etc. **3.** IMPR. Boceto o modelo de un libro o parte de él que sirve de guía antes de imprimir. **4.** Esp. MÚS. Producto del registro de sonidos, generalmente sobre soporte magnético, a partir del cual se organiza la composición sonora previa a la grabación de un disco.

MAQUETISTA s.m. y f. Profesional que reproduce cualquier objeto con arreglo a un plano o dibujo, y a una escala dada. **2.** Profesional de artes gráficas que realiza las maquetas.

1. MAQUI s.m. (voz mapuche). Arbusto originario de Chile, de flores unisexuales y frutos en forma de baya, de color negro azulado, que se usan para preparar confituras y chicha; su jugo se utiliza como astringente. (Familia eleocarpáceas.)

2. MAQUI s.m. → MAQUIS.

MAQUIA o **MAQUÍ** s.m. En las regiones mediterráneas, comunidad vegetal bastante exuberante y densa que caracteriza los suelos silíceos de los macizos antiguos, formada por arbustos, como el laurel, el endrino, la retama, el boj, las jaras, el madroño, el mirto y los brezos, así como plantas sufruticosas, como el romero y el tomillo.

MAQUIAVÉLICO, A adj. Astuto o hábil para conseguir algo con engaño y falsedad.

MAQUIAVELISMO s.m. Doctrina política de Maquiavelo. **2.** Política desprovista de moral. **3.** Conducta retorcida y sin escrúpulos.

MAQUIAVELISTA adj. y s.m. y f. Que sigue las máximas de Maquiavelo.

1. MAQUILA s.f. (ár. vulgar *makīla*, medida). Porción de grano, harina o aceite que corresponde al molinero por la molienda y medida con que se mide dicha porción. **2.** HIST. Durante el Antiguo régimen, gabela que se tenía que satisfacer al señor por moler el trigo en el molino señorial.

2. MAQUILA s.f. Méx. Producción de manufacturas que requiere trabajo manual o unitario. **2.** Méx. Fábrica destinada a la maquila.

MAQUILADORA s.f. Méx. Maquila, fábrica.

MAQUILAR v.tr. Méx. Realizar para una fábrica aquellos pasos del proceso de fabricación de un producto, que requieren trabajo manual o unitario.

MAQUILLADOR, RA s. Persona que tiene por oficio maquillar.

MAQUILLAJE s.m. Acción y efecto de maquillar. **2.** Técnica de maquillar. **3.** Producto cosmético que da color uniforme al rostro.

MAQUILLAR v.tr. y prnl. (fr. *maquiller*). Aplicar cosméticos al rostro o a una parte de él (ojos, pestañas, labios, pómulos, etc.) para disimular imperfecciones o resaltarlos, o bien para caracterizarse como cierto personaje.

MÁQUINA s.f. (lat. *machina*, artificio, maquinación). Aparato o conjunto de aparatos capaces de efectuar un trabajo o de llevar a cabo una función, ya sea dirigida por un operador, ya sea de forma autónoma. **2.** Tramoya del teatro. **3.** Bicicleta, motocicleta o automóvil de carreras. **4.** Esp. Estilo musical destinado al baile que se caracteriza por su ritmo veloz y repetitivo. **5.** F.C. Locomotora. ◇ **A toda máquina** Con la máxima velocidad. **Máquina compuesta** FÍS. Aparato constituido por órganos o mecanismos combinados que se comunican la fuerza progresivamente. **Máquina de vapor** Máquina en que se utiliza el vapor de agua como fuerza motriz. **Máquina simple** FÍS. Aparato destinado a transmitir una fuerza modificando su dirección o su intensidad, como la polea, la palanca o el torno. **Máquina tragaperras** Esp. Máquina que consiste en un juego de azar, en el que se introduce una moneda para conseguir más.

MÁQUINA-HERRAMIENTA s.f. (pl. *máquinas-herramienta*). Máquina destinada a trabajar materiales mediante herramientas movidas mecánicamente.

MAQUINACIÓN s.f. Acción de maquinar.

MAQUINAL adj. Relativo a los movimientos y efectos de una máquina. **2.** *Fig.* Se dice de los actos y movimientos que son irreflexivos e involuntarios.

MAQUINAR v.tr. (lat. *machinari*). Urdir o tramar.

MAQUINARIA s.f. Conjunto de máquinas para un fin determinado: *la maquinaria de una factoría.* **2.** Conjunto de piezas que componen un mecanismo: *la maquinaria del reloj.*

MAQUINILLA s.f. Dim. de máquina. ◇ **Maquinilla de afeitar** Utensilio para afeitar compuesto de un mango que lleva en un extremo una pieza fija o móvil con una o varias cuchillas flexibles, de acero. **Maquinilla eléctrica** Aparato eléctrico para afeitar en seco.

MAQUINISMO s.m. Empleo generalizado de máquinas en sustitución del trabajo humano.

MAQUINISTA s.m. y f. Persona encargada del funcionamiento de una máquina. **2.** F.C. Persona que tiene por oficio el manejo y gobierno de una locomotora de vapor.

MAQUINITA s.f. TEXT. Mecanismo de calada que se usa en los telares cuando la muestra o curso de ligamento que se ha de tejer requiere gran número de lizos o de pasadas.

MAQUINIZACIÓN s.f. Acción y efecto de maquinizar.

MAQUINIZAR v.tr. y prnl. [7]. Emplear máquinas para sustituir la mano de obra o para que le sirvan de ayuda.

MAQUIRITARE o **MAKIRITARE**, pueblo amerindio cazador y cultivador de mandioca, de lengua caribe de Venezuela (est. Bolívar y territorio del Amazonas). [Viven en casas comunales.]

MAQUIS o **MAQUI** s.m. (pl. *maquis*). Organización guerrillera de las resistencias francesa y yugoslava contra la ocupación alemana durante la segunda guerra mundial, y que combatía contra el régimen franquista en España. ◆ s.m. y f. Guerrillero de esta organización.

MAR s.m. o f. (lat. *mare*). Masa de agua salada que cubre la mayor parte de la superficie de la Tierra; cada una de las partes en que se divide: *mar Mediterráneo.* **2.** Marejada u oleaje alto producido por los vientos fuertes. **3.** *Fig.* Abundancia extraordinaria de algo: *debatirse en un mar de dudas.* **4.** ASTRON. Vasta extensión de la superficie de la Luna, que aparece más oscura, deprimida y menos accidentada que los relieves que la rodean. ◇ **Alta mar** Zona del mar que está alejada de la costa y tiene profundidad; DER. parte del mar que no pertenece al mar territorial, ni a las aguas interiores de un estado. **A mares** Mucho, con abundancia: *llover a mares.* **Hombre de mar** Marino, marinero. **La mar de** Esp. Mucho o muy: *la mar de cosas, la mar de contento.* **Mar alta** Mar alborotado. **Mar de fondo** *Fig.* Inquietud o descontento que momentáneamente no trascienden al exterior. **Mar interior** DER. Parte del mar bordeado totalmente por un solo estado, y que se considera dentro de su territorio. **Mar territorial** DER. Zona del mar adyacente a la costa de un estado, en la que este ejerce su soberanía.

1. MARA s.f. Gente, gentío, muchedumbre. **2.** Grupo organizado de jóvenes, especialmente de origen salvadoreño, que se dedica a actividades delictivas.

2. MARA s.f. Mamífero roedor de hasta 75 cm de long., que vive en el centro y S de Argentina. (Familia cávidos.)

■ **MARA**

MARABÚ s.m. (pl. *marabúes*). Ave zancuda de grandes dimensiones, parecida a la cigüeña, originaria de las regiones cálidas de África y Asia, de pico potente y enorme, cuyo cuello está desprovisto de plumas, y que se alimenta de pequeños animales y carroña. (Familia cicónidos.) **2.** Pluma de esta ave. **3.** Adorno hecho con estas plumas o con las de otras aves.

■ MARABÚ

MARABUNTA s.f. (voz brasileña que designa una hormiga de la región del Amazonas). Migración masiva de hormigas legionarias del género *Ecton*, que devoran a su paso todo lo comestible que encuentran. **2.** *Fig.* y *fam.* Conjunto de personas reunidas que alborotan o hacen mucho ruido.

MARACA s.f. (caribe o arawak *maraka*). Instrumento musical hecho con el fruto vaciado del totumo, en cuyo interior se introducen semillas secas u otros objetos que entrechocan al agitarlo. Actualmente se fabrica con otros materiales (plástico, metal, etc.). **2.** Antillas. Sonajero. **3.** Chile. *Fig.* Ramera. **4.** Chile y Perú. Juego de azar que se juega con tres dados.

MARACAIBERO, A adj. y s. De Maracaibo.

MARACAYÁ s.m. Amér. Merid. Mamífero carnívoro pequeño, de cola larga y piel manchada.

MARACO s.m. Chile. Invertido, sodomita.

MARACUYÁ s.m. Fruto comestible de la pasiflora. SIN.: *fruta de la pasión.*

MARAGOTA s.f. Pez marino comestible, de hasta 60 cm de long., que vive cerca de las costas rocosas. (Familia lábridos.)

MARAÑA s.f. *Fig.* Enredo de los hilos o del cabello. **2.** Embuste inventado para enredar un asunto o negocio. **3.** Asunto intrincado y de difícil resolución. **4.** Maleza, espesura.

MARAÑÓN s.m. Árbol de Antillas y América Central, de 4 o 5 m de alt., con fruto en forma de nuez y semilla comestible. (Familia anacardiáceas.)

MARAÑONES s.m.pl. HIST. Nombre dado por Lope de Aguirre a los soldados que le siguieron después del asesinato de Pedro de Urzúa.

MARAÑOSO, A adj. y s. Enmarañador.

MARASCA s.f. Árbol cuyo fruto es una cereza, pequeña y de jugo agridulce, con la que se fabrica el licor llamado marrasquino. (Familia rosáceas.)

MARASMO s.m. (gr. *marasmós*, agotamiento). Estado de pérdida intensa de vitalidad y actividad de un organismo, que se halla extenuado y caquéctico, como consecuencia de una enfermedad crónica consuntiva. **2.** Suspensión, inmovilidad física o moral.

MARĀTHA adj. y s.m. y f. → MAHRĀTTA

MARATÓN o **MARATHON** s.m. (de la batalla de *Maratón*). Carrera pedestre de gran fondo (42,195 km por carretera), que constituye disciplina deportiva olímpica. **2.** *Por ext.* Cualquier competición deportiva de resistencia.

MARATONIANO, A adj. y s. *Fig.* Agotador, que dura mucho: *sesión maratoniana.*

MARATÓNICO, A adj. Argent. y Méx. Maratoniano.

MARAVEDÍ s.m. (ár. *murabati*, relativo a los Almorávides, que acuñaron esta moneda) [pl. *maravedíes, maravedís* o *maravedises*]. Moneda española de diferentes valores y calificativos. **2.** Moneda española de cuenta equivalente a 1/34 parte del real de vellón.

MARAVILLA s.f. (lat. *mirabilia*, de *mirabilis*, extraño). Suceso, persona o cosa extraordinaria, que causa admiración y asombro. **2.** Admiración, acción de admirar. **3.** Variedad de pasta para sopa, en forma de pequeños granos. **4.** Planta herbácea trepadora de hojas como las de la hiedra y flores azules con rayas rojas. (Familia convolvuláceas.) ◇ **A las (mil)**

maravillas o **a maravilla** Muy bien. **Las siete maravillas del mundo** Las siete obras más notables de la antigüedad: las pirámides de Egipto, los jardines colgantes de Semíramis y las murallas de Babilonia, la estatua de Zeus en Olimpia, el coloso de Rodas, el templo de Artemisa en Éfeso, el mausoleo de Halicarnaso y el faro de Alejandría.

MARAVILLAR v.tr. y prnl. Causar admiración o sorpresa.

MARAVILLOSO, A adj. Que suscita admiración por ser extraordinario o excepcional.

MARBETE s.m. Cédula que se adhiere a un objeto para indicar la marca de fábrica, contenido, cualidades, precio, etc. **2.** Cédula pegada en los equipajes de ferrocarril para anotar el punto de destino y el número del registro.

1. MARCA s.f. (de *marcar*). Señal hecha en una persona, animal o cosa, para distinguirla de otras. **2.** Huella, señal. **3.** Acción de marcar. **4.** DEP. Resultado obtenido por un deportista en pruebas de velocidad, distancia, altura, lanzamiento, etc. **5.** DER. Signo o medio material que sirve para señalar los productos de la industria (marca de fábrica o industrial) o del comercio (marca de comercio o mercantil) con el objeto de que el público los conozca y distinga. ◇ **De marca (mayor)** Indica que lo que se expresa está en su grado máximo: *este niño es un maleducado de marca.* **Marca blanca**, o **libre**, o **propia** Marca de productos que pertenece a una cadena de distribución, hipermercado o supermercado, que sirve para comercializar productos de diferentes fabricantes a precios más competitivos. **Marca registrada** Marca de fábrica o de comercio anotada en los registros públicos.

2. MARCA s.f. (del longobardo *markan*). HIST. **a.** En la alta edad media, circunscripción territorial situada en las fronteras del imperio carolingio y destinada a desempeñar el papel de zona de defensa militar. **b.** Provincia surgida de una marca carolingia.

1. MARCACIÓN s.f. Acción y efecto de marcar o marcarse. **2.** SILVIC. Operación de señalar los árboles que se han de cortar o los que han de quedar en pie, mediante la marca que se realiza con el martillo forestal. **3.** TOP. Determinación exacta de la posición de un punto. ◇ **Marcación radiactiva** Introducción de radioelementos en una molécula, una sustancia o un organismo vivo para poder seguirlos.

2. MARCACIÓN s.f. Cerco en el que encajan puertas y ventanas.

MARCADO, A adj. Notable, manifiesto, evidente. ◆ s.m. Operación de marcar a un animal con fines de identificación. **2.** IMPR. Operación de colocar en el tablero de las máquinas de imprimir la hoja o pliego que ha de tirarse.

MARCADOR, RA adj. Que marca. ◆ s.m. Amér. Instrumento para escribir o dibujar, con un cilindro de fibra porosa impregnado de tinta. GEOSIN.: Argent. *resaltador*; Esp. *rotulador*. **2.** DEP. Tablero en el que figuran los nombres de los deportistas o de los equipos contendientes y el resultado en puntos o tantos que acumula cada uno de ellos durante el desarrollo del encuentro.

MARCAJE s.m. DEP. Acción y efecto de marcar al contrario.

MARCAPASOS o **MARCAPASO** s.m. (pl. *marcapasos*). MED. Aparato eléctrico destinado a provocar la contracción cardíaca cuando esta deja de efectuarse normalmente.

MARCAR v.tr. [1]. Poner una marca a algo o a alguien para que se distinga. **2.** Dejar impreso, una huella o señal. **3.** Indicar a alguien la situación o dirección de alguna cosa o el modo de hacerla. **4.** Componer en el teléfono la cifra del número a que se quiere llamar. **5.** Indicar el reloj las horas, o señalar otro aparato el peso, índice, número, cantidad, etc. **6.** Hacer que se noten las separaciones o divisiones en el paso, o el compás en la marcha, la danza, etc.: *marcar el ritmo, el paso.* **7.** Poner el precio a los géneros expuestos en un comercio. **8.** Resaltar o significar lo que a continuación se expresa: *marca una gran diferencia de pareceres.* **9.** Bordar en la ropa las iniciales de su dueño. **10.** Dar al cabello una inclinación estable, generalmente después del lavado: *lavar y marcar.* **11.** DEP. **a.** Apuntarse un tanto o gol

un jugador o un equipo. **b.** Seguir el juego de un contrario a fin de entorpecer las jugadas que pudieran originarse o producirse en su demarcación. ◆ v.tr. y prnl. Realizar una acción: *marcarse un tango.* ◆ **marcarse** v.prnl. Determinar un buque su situación por medio de marcaciones.

MARCASITA s.f. (ár. *marcasīta*). Sulfuro natural de hierro, FeS_2, que cristaliza en el sistema ortorrómbico.

MARCEAR v.tr. Esquilar las bestias. ◆ v.intr. Hacer el tiempo propio del mes de marzo.

MARCEÑO, A adj. Relativo al mes de marzo. **2.** Se dice de las simientes o granos que se siembran durante el mes de marzo.

MARCESCENTE adj. BOT. Se dice de las flores y de las hojas que se secan o marchitan, sin desprenderse.

MARCHA s.f. Acción de marchar. **2.** Forma o modo de andar: *marcha atáxica.* **3.** Velocidad del movimiento de una máquina, buque, locomotora, etc.: *disminuir la marcha de un vehículo.* **4.** Manifestación de un conjunto de personas que, andando, demuestran su descontento o su solidaridad con alguien o algo: *marcha ecologista.* **5.** *Fam.* Energía, actividad: *tener, llevar marcha.* **6.** Esp. *Fam.* Diversión, animación o juerga: *irse de marcha.* **7.** *Fig.* Curso o desenvolvimiento de un asunto, negocio, operación, etc.: *tener un negocio en marcha.* **8.** AUTOM. Cada una de las posibles posiciones del cambio de velocidades. **9.** DEP. Ejercicio atlético derivado de la forma de andar ordinaria, en el que debe mantenerse sin interrupción el contacto con el suelo SIN.: *marcha atlética.* **10.** MIL. Desplazamiento de una tropa a pie. **11.** MÚS. Pieza musical cuyo ritmo marcado evoca el paso de una persona o de un grupo en marcha. ◇ **A marchas forzadas** Con mucha rapidez. **Dar, o hacer, marcha atrás** *Fam.* Retroceder deliberadamente en un asunto o desistir de él. **Marcha en vacío** Funcionamiento de un motor o máquina motriz que no acciona ninguna máquina operadora. **Marcha real** Marcha que se toca en honor del rey; himno nacional español. **Poner en marcha** Hacer funcionar una máquina. **Sobre la marcha** Improvisando, sin plan previo.

■ **MARCHA.** El portugués José Urbano disputando los 20 km marcha.

MARCHAMAR v.tr. Poner marchamo.

MARCHAMO s.m. (ár. vulgar *maršám*, de *rášam*, marcar, señalar). Marca que se pone a los productos que han de ser objeto de reconocimiento, especialmente embutidos. **2.** Señal que los aduaneros ponen en los fardos ya reconocidos.

1. MARCHANTE s.m. y f. (fr. ant. *merchant*). Persona que tiene por oficio comprar y vender. **2.** Persona que comercia con cuadros y otras obras de arte. ◆ adj. Mercantil.

2. MARCHANTE, A s. Amér. Parroquiano, persona que suele comprar en una misma tienda. **2.** Méx. Vendedor al que suele comprar una persona ciertas mercancías: *mi marchanta del mercado siempre me reserva la mejor fruta.* ◇ **A la marchanta.** Argent. De cualquier ma-

■ LA MARINA DE GUERRA

La marina de guerra no se distingue realmente
de la mercante hasta tiempos de las grandes rivalidades
marítimas, en los ss. XV-XVI. En el s. XIX, el empleo de nuevas
técnicas (propulsión de vapor, blindaje de hierro
y posteriormente de acero, uso de cañones rayados
en artillería, proyectiles explosivos, etc.) da al buque de línea
(acorazado) un papel preponderante. Desde la segunda
guerra mundial, los portaaviones y submarinos de propulsión
nuclear cumplen un papel primordial en la estrategia
de la guerra naval moderna.

Galeón inglés
(s. XVI). El galeón, en
su origen, fue
utilizado por los
españoles para su
comercio con
América. Este barco,
más estilizado y más
rápido que la nao,
y provisto
generalmente de dos
cubiertas, seguirá
siendo hasta fines
del s. XVII el principal
navío de guerra.

Buque de línea francés (s. XVIII). A partir del s. XVIII el barco
de guerra por excelencia es el navío de línea, con poderosa artillería,
que seguirá siendo el dominador de los mares hasta mediados
del s. XIX, cuando el vapor destrona a la vela.

Acorazado británico Dreadnought (1906). A principios del s. XX
el acorazado, provisto de una poderosa artillería y protegido por
un grueso blindaje, se convierte en el principal navío de las marinas
de guerra hasta la segunda guerra mundial.

Fragata antiaérea francesa (1988).
Desde la aparición del portaaviones
y el aumento del radio de acción
de los aviones con base en tierra, se ha hecho
necesario proteger a las flotas de combate
con buques especialmente equipados
para la defensa antiaérea. Estos navíos
están provistos de sistemas electrónicos
perfeccionados así como de misiles.

**Patrullera rápida lanzamisiles francesa
del tipo La Combattante III.** Los progresos
tecnológicos han permitido dotarse
a las marinas de numerosos países
de poderosos medios de combate,
muy eficaces en un determinado número
de conflictos regionales, equipando a barcos
de reducido tonelaje (lanchas motoras)
con misiles tácticos antiaéreos y/o antibarcos.

Fragata La Fayette. La acelerada
evolución de los progresos técnicos
modifica de manera constante
la configuración de las flotas modernas.
En Francia, las fragatas del tipo La Fayette,
destinadas a controlar los espacios
de ultramar y a participar
en la solución de crisis limitadas fuera
de Europa, presentan en su concepción
un cierto número de innovaciones técnicas
tales como la utilización de materiales
que absorben las ondas de radar.

■ LA MARINA MERCANTE

Las flotas comerciales cuentan en la actualidad, para el transporte del flete o carga, con una larga lista de buques especializados: portacontenedores, petroleros, mineraleros, portadores de productos químicos, de gas, etc. El transporte de pasajeros se realiza en paquebotes (cruceros) o transbordadores. Y la entrada en servicio de barcos más rápidos, de funcionamiento ampliamente automatizado, permite reducir los costes de explotación.

El paquebote _Splendor of the seas._ Este paquebote, construido para una compañía noruega en los Astilleros del Atlántico, en Saint-Nazaire (Francia), y entregado en 1996, está dotado de 11 cubiertas, puede acoger a más de 2 000 pasajeros y constituye un verdadero palacio flotante.

Buque portacontenedores. La colocación en contenedores de una parte del flete marítimo permite automatizar las operaciones de carga y descarga. Los barcos pasan de este modo menos tiempo en los puertos y pueden realizar así rotaciones aceleradas.

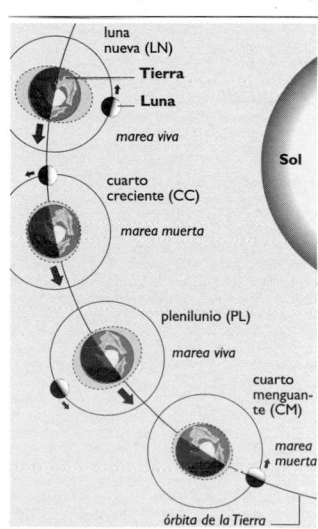

Petrolero y remolcadores. Aproximadamente 7 000 petroleros surcan los mares del globo, y algunos de ellos, los mayores, con cargas de alrededor de 300 000 t de peso bruto. Para prevenir el riesgo de contaminación accidental, los modelos más recientes están provistos de un doble casco, más resistente en caso de encalladura o abordaje.

---

nera, descuidadamente; Argent. y Bol. Fam. a la rebatiña. **Tirarse a la marchanta** Argent. Fig. y fam. Abandonarse, dejarse estar.

MARCHANTÍA s.f. Amér. Central, P. Rico y Venez. Clientela.

MARCHAPIÉ s.m. (fr. marchepied, peldaño, de marcher, andar, pisar, y pied, pie). MAR. Cabo que pende a lo largo de las vergas, en el que los marineros apoyan los pies para envergar, desenvergar, etc.

MARCHAR v.intr. y prnl. (fr. marcher). Andar, caminar, viajar, ir o partir de un lugar. ◆ v.intr. Andar o funcionar un artefacto. **2.** Andar o caminar la tropa con cierto orden: marchar en columna de a dos. **3.** Fig. Funcionar o desenvolverse una cosa: las negociaciones marchan bien.

MARCHITAMIENTO s.m. Acción y efecto de marchitar.

MARCHITAR v.tr. y prnl. Poner mustias las plantas, flores, etc. **2.** Debilitar.

MARCHITO, A adj. (del lat. marcere, marchitarse). Falto de lozanía, especialmente la piel y las flores.

MARCHOSO, A adj. y s. Esp. Fam. Animado, juerguista.

MARCIAL adj. (lat. martialis). Relativo a la guerra o a la milicia: disciplina marcial. **2.** Fig. Firme, erguido, gallardo: porte marcial. **3.** MED. Relativo al hierro, en especial a su empleo en terapéutica. **4.** QUÍM. Relativo a las sustancias en las que entra el hierro. ◇ **Artes marciales** Conjunto de los deportes de combate de origen japonés fundados en el código moral de los samuráis, que deben respetar los combatientes. (Los más populares son el judo, karate, kendo, aikido, kung fu, etc.) **Corte, o tribunal, marcial** En algunos países, tribunal de justicia encargado de conocer sobre delitos que son competencia de la jurisdicción penal militar.

MARCIANO, A adj. y s. Relativo al planeta Marte. **2.** Por ext. Extraterrestre.

MARCIONISMO s.m. Herejía de Marción, del s. II, que predicaba un dualismo análogo al de los gnósticos y oponía el Dios de justicia del Antiguo Testamento al Dios de amor del Nuevo Testamento.

MARCIONISTA adj. y s.m. y f. Relativo al marcionismo; partidario de esta doctrina. SIN.: marcionita.

MARCIR v.tr. [42]. Mustiar, marchitar.

1. MARCO s.m. Cerco en el cual se encajan algunas cosas. **2.** Fig. Fondo, ambiente físico. **3.** Bastidor de madera que contiene los panales de cera en las colmenas. **4.** Fig. Límite en que se encuadra un problema, cuestión, etapa histórica, etc.: en el marco de la Constitución. **5.** AGRIC. Figura geométrica adoptada para repartir regularmente una plantación. **6.** CONSTR. Conjunto de dimensiones en que se ofrece la madera de hilo escuadrada para la venta. **7.** DEP. Portería.

2. MARCO s.m. Unidad monetaria de Alemania y Finlandia, sustituida por el euro en 2002. **2.** Unidad ponderal monetaria, patrón de la talla de las monedas, utilizada desde la edad media, con distinto valor según los países.

MÁRCOLA s.f. Asta que lleva en la punta un hierro a manera de formón, con un gancho lateral en figura de hocino, y que se usa para limpiar y desmarojar los olivos.

MARCOLADOR, RA s. Persona que desmaroja y limpia con la márcola.

MARCOMANO, A adj. y s. De un ant. pueblo germano emparentado con los suevos. (Establecidos en Bohemia, los marcomanos invadieron el Imperio romano durante el reinado de Marco Aurelio.)

MARCONI s.m. MAR. Vela mayor de forma triangular.

MAREA s.f. (fr. marée). Movimiento regular y periódico de ascenso y descenso del nivel del mar debido a las fuerzas de atracción gravitatoria que el Sol, y sobre todo la Luna, ejercen sobre la Tierra. **2.** Fig. Multitud, masa de gente que avanza e invade un lugar o sitio de un modo impetuoso y desordenado. **3.** ASTRON. Deformación de un cuerpo celeste bajo la acción gravitacional de otro cuerpo cercano. ◇ **Coeficiente de marea** Número que indica el valor relativo de la marea para cada día del año. **Escala de mareas** Regla vertical hincada en un punto determinado y provista de graduaciones en las que se lee la altura del agua. **Marea alta** Pleamar. **Marea ascendente** Flujo o montante. **Marea baja** Bajamar. **Marea descendente** Reflujo. **Marea negra** Capa de petróleo, vertido generalmente por accidente, que flota en la superficie del mar o de un curso de agua y alcanza la orilla ocasionando graves perjuicios en la fauna y el paisaje. ENCICL. La conducta y la amplitud de las mareas están ligadas tanto a la posición relativa de la Tierra, el Sol y la Luna, que cambia cada día, como a las irregularidades del contorno y

■ **MAREA.** El fenómeno de las mareas.

de la profundidad de las cuencas oceánicas. Su periodicidad viene dada por la rotación de la Tierra combinada con el movimiento orbital de la Luna, presentando, según los lugares, un carácter diurno (una pleamar y una bajamar cada 24 h 50 mn), semidiurno (dos pleamares y dos bajamares en 24 h 50 mn) o mixto (desigualdad en la duración de ambas). Cuanto mayor sea la plataforma continental de las costas más amplitud tendrán las mareas.

MAREANTE adj. y s.m. y f. Navegante. **2.** Que marea o aturde por sus movimientos, charla, pesadez, etc.

MAREAR v.tr., intr. y prnl. Aturdir, molestar, fastidiar. ◆ **marearse** v.prnl. Sufrir o padecer mareo. **2.** Emborracharse ligeramente.

MAREJADA s.f. (port. *marejada*). Movimiento tumultuoso del mar, con formación de olas vivas y de alguna consideración, sin llegar a ser temporal.

MAREJADILLA s.f. Marejada de olas menos grandes.

MAREMÁGNUM o **MAREMAGNO** s.m. Abundancia, confusión. (También *mare mágnum.*)

MAREMOTO s.m. Seísmo submarino que origina una agitación violenta del agua. **2.** Chile. Marejada.

MAREMOTRIZ adj.f. Relativo a la fuerza motriz de las mareas.

MAREO s.m. Malestar de tipo neurovegetativo y predominio vagotónico que se manifiesta por un estado nauseoso acompañado de sialorrea, vómitos, sudoración, palidez, miosis, cefalalgia e incapacidad de mantenerse en pie. **2.** Lipotimia. **3.** Aturdimiento, cansancio mental.

MAREÓGRAFO s.m. Instrumento o instalación que registra la altura de las mareas.

MARERO, A adj. Se dice del viento de la parte de mar.

MARETA s.f. Movimiento de las olas del mar menos violento que la marejada.

MARFIL s.m. (ant. *almalfil*, del ár. *'azm al-fîl*, hueso del elefante). Materia obtenida de los colmillos o incisivos de algunos mamíferos como el elefante, la morsa, el hipopótamo, etc., que se utiliza en arte y joyería. **2.** Parte dura de los dientes cubierta por el esmalte. **3.** Color que va del blanco al amarillo. ◆ **Marfil vegetal** Endospermo, muy duro, del corojo.

MARFILEÑO, A adj. Relativo al marfil. **2.** Que es parecido al marfil o tiene sus características.

MARGA s.f. (lat. *marga*). Roca sedimentaria arcillosa que contiene una fuerte proporción de carbonato cálcico, entre 20 y 80 %, que se utiliza como corrector calcáreo o de suelos muy silíceos y para fabricar cemento.

MARGAL s.m. Terreno en que abunda la marga.

MARGAR v.tr. [2]. AGRIC. Abonar la tierra con marga.

MARGARINA s.f. (de *ácido margárico*). Sustancia grasa comestible, de consistencia blanda, elaborada con diversos aceites y grasas, casi siempre vegetales (maní, soya, copra y otros).

MARGARITA s.f. (lat. *margarita*, perla). Nombre de diversas plantas de hasta 1 m de alt., cuyos capítulos presentan un disco central amarillo y lígulas blancas. (Familia compuestas.) **2.** Flor de estas plantas. **3.** Rueda en cuyo perímetro están contenidos los caracteres de impresión de ciertas máquinas de escribir y de ciertas impresoras. ◇ **Echar margaritas a los puercos** Fam. Dar, ofrecer o decir cosas delicadas a alguien que no sabe apreciarlas o disfrutarlas.

MARGAY s.m. Gato salvaje que vive en América Meridional.

MARGEN s.m. o f. (lat. *margo, -ginis*). Extremidad u orilla de una cosa: *margen del río.* **2.** Espacio que queda en blanco a los lados de una página manuscrita o impresa. **3.** *Fig.* Diferencia tolerada o previsible entre el cálculo de cierta cosa y su aproximación. **4.** *Fig.* Ocasión, motivo, oportunidad: *dar margen para decidir.* ◇ **Al margen** Apartado de un asunto o que no interviene en él. **Margen comercial** Diferencia entre el precio de compra y el precio de

venta bruto. **Margen continental** OCEANOGR. Conjunto formado por la plataforma continental y el talud continental que la limita. **Margen de beneficio** Diferencia entre el precio de venta y el de coste final de un bien, que por lo general se expresa en porcentaje sobre el precio de venta. **Margen de error** ESTADÍST. Grado de aproximación o de indeterminación en la estimación por muestreo de una magnitud.

MARGESÍ s.m. Perú. Inventario de los bienes del Estado, de la Iglesia y de las corporaciones oficiales.

MARGINACIÓN s.f. Acción y efecto de marginar.

MARGINADO, A adj. y s. Se dice de la persona que vive al margen de una sociedad organizada, bien porque no puede integrarse, bien porque no quiere someterse a las normas establecidas. SIN.: *marginal.*

MARGINADOR, RA adj. Que margina. ◆ s.m. Accesorio de la máquina de escribir que sirve para detener el carro en los puntos previstos por el dactilógrafo.

MARGINAL adj. Relativo al margen. **2.** Que está al margen: *una posición marginal.* **3.** *Fig.* No sustancial, sin importancia: *solo es un problema marginal.* **4.** Se dice de la unidad económica situada en el extremo inferior de un grupo relativamente homogéneo (mercado) según la relación entre precio y costo: *empresa, consumidor marginal.* ◆ s.m. y f. Marginado. ◇ **Magnitud económica marginal** Magnitud económica de la última unidad consumida o producida, como costo marginal, eficacia marginal del capital, utilidad marginal, etc.

MARGINALIDAD s.f. Cualidad de marginal o marginado.

MARGINALISMO s.m. Teoría económica según la cual el valor de cambio de un producto dado viene determinado por la utilidad de la última unidad disponible de este producto.

MARGINAR v.tr. Dejar al margen, apartar de la sociedad o un sector de ella a una o varias personas, evitando su trato, relación o compañía. **2.** *Fig.* Prescindir, hacer caso omiso, no tener en cuenta. **3.** Apostillar, poner anotaciones marginales. **4.** Dejar márgenes en el papel al escribir. **5.** ART. GRÁF. Colocar o ajustar en la máquina la hoja que se ha de imprimir de modo que quede en posición correcta en relación con la forma o molde de impresión.

MARGOSO, A adj. Que contiene margas. ◇ **Caliza margosa** Caliza con una débil porción de arcilla.

MARGRAVE s.m. (alem. *markgraf*, de *mark*, frontera, y *graf*, conde). HIST. Título de los jefes de las regiones fronterizas, o marcas, en el antiguo imperio germánico.

MARGRAVIATO s.m. HIST. **a.** Estado o dignidad del margrave. **b.** Jurisdicción de un margrave.

MARGUERA s.f. Cantera o veta de marga.

MARGULLAR v.tr. Cuba y Venez. Acodar plantas.

MARGULLO s.m. Cuba y Venez. Acodo.

MARI, pueblo ugrofinés que habita, al N del Volga, en la *República de Mari* (Rusia).

MARÍA s.f. En el lenguaje de la droga, marihuana. **2.** Moneda castellana de plata, de real de a ocho, acuñada a partir de la pragmática de 14 de octubre de 1686.

MARIACHI o **MARIACHE** s.m. Música mexicana de carácter alegre, originaria del estado

de Jalisco. **2.** Orquesta o músico que la interpreta.

MARIAL adj. y s.m. Se dice del libro que contiene alabanzas de la Virgen María.

MARIANA s.f. Canción popular aflamencada, de procedencia incierta, cuya temática se refiere invariablemente a la vida errabunda de los cíngaros.

MARIANISTA adj. y s.m. Relativo a los religiosos de la Compañía de María de Burdeos, instituto clerical con votos simples, especialmente dedicado a la enseñanza, fundado en 1817, en Burdeos, por el padre Guillaume Chaminade; miembro de dicha Compañía.

MARIANO, A adj. Relativo a la Virgen María: *devoción mariana.*

MARICA s.f. (de *Marica*, dim. de *María*). Fam. y desp. Hombre homosexual.

MARICASTAÑA s.f. **El tiempo**, o **los tiempos**, o **en tiempo**, o **en tiempos, de Maricastaña** Hace muchos años o en tiempos muy remotos.

MARICÓN s.m. Fam. y desp. Hombre homosexual. **2.** Fam. y desp. Persona despreciable o indeseable.

MARICONADA s.f. Acción propia del marica. **2.** *Fig.* Acción malintencionada o que causa gran daño. **3.** *Fig.* y *fam.* Tontería.

MARICUECA s.m. Chile. Eufemismo de marica, homosexual.

MARIDABLE adj. Adecuado entre marido y mujer.

MARIDAJE s.m. (del fr. *mariage*, casamiento). Unión y conformidad de los cónyuges. **2.** Unión y semejanza de unas cosas con otras.

MARIDAR v.intr. Casar, contraer matrimonio. **2.** Hacer vida matrimonial. ◆ v.tr. y prnl. *Fig.* Unir, enlazar.

MARIDO s.m. (lat. *maritus*, de *mas, maris*, varón). Hombre casado, con respecto a su mujer.

MARIGOT s.m. (voz francesa). En los países tropicales, brazo muerto de un río o lugar bajo expuesto a inundaciones.

MARIGUANZA s.f. Chile. Ceremonia supersticiosa de manos que hacen los curanderos. (Suele usarse en plural.) **2.** Chile. Movimientos o gestos con que se hace burla. (Suele usarse en plural.) **3.** Chile. Salto, pirueta.

MARIHUANA, MARIGUANA o **MARIJUANA** s.f. Cáñamo índico. **2.** Sustancia preparada con las hojas y las flores de esta planta, que se fuman mezcladas con tabaco y produce efectos parecidos a los del hachís. (Posee una concentración menor en principios activos que el hachís, y ocupa el mismo lugar que ella en las diversas clasificaciones.)

MARIMACHO s.f. Fam. Mujer que parece un hombre por su aspecto o forma de actuar.

MARIMANDÓN, NA s. Esp. Persona autoritaria y dominante.

MARIMBA s.f. Instrumento musical parecido al tambor, usado en algunas partes de África. **2.** Amér. Xilófono provisto de un resonador debajo de cada una de las tablas de madera que lo componen.

MARIMORENA s.f. Alboroto, escándalo: *armarse la marimorena.*

MARINA s.f. Arte o ciencia de la navegación y conjunto de actividades y elementos que intervienen en ella. **2.** Potencia naval de una nación. **3.** Zona de terreno próxima al mar: *la marina de Alicante.* **4.** Pintura paisajística en que se representa un tema marítimo. **5.** Chile. Escuela naval. ◇ **Marina de guerra**, o **militar** Conjunto de fuerzas navales y aeronavales de un estado. **Marina mercante** Conjunto de los buques y personal de una nación que se emplean en el comercio. (*V. ilustr. págs. 646-647.*)

MARINAJE s.m. Conjunto de los marineros de una embarcación. **2.** Ejercicio de la marinería.

MARINAMO, A adj. Chile. Que tiene un dedo de más.

MARINAR v.tr. Sazonar el pescado para conservarlo. **2.** Poner a remojo en un líquido aromático (vino, vinagre, hierbas, especias, etc.) una carne, pescado, etc., con el fin de realzar su sabor. **3.** Poner marineros del buque apresador en el apresado.

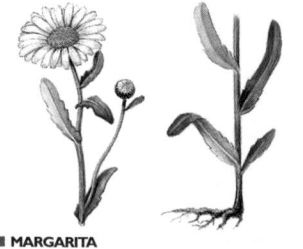

■ MARGARITA

MARINE s.m. (voz inglesa). Soldado de infantería de marina de las fuerzas británicas o estadounidenses.

MARINERA s.f. Chile, Ecuad. y Perú. Baile popular.

MARINERÍA s.f. Profesión de marinero. **2.** Conjunto de marineros.

MARINERO, A adj. Se dice del buque fácil de gobernar. **2.** Relativo a la marina o a los marineros. ◆ s.m. Hombre de mar que sirve en las maniobras de un barco. **2.** Persona experta en marinería. **3.** Hombre que sirve en la marina de guerra con el grado inferior.◇ **A la marinera** Forma de preparar pescados, crustáceos o marisco cociéndolos en vino blanco, generalmente con cebolla, ajo, perejil, pimienta y aceite. **Arco marinero** Arco de puente más amplio que los demás, por debajo del cual pasan las embarcaciones. **Cuello marinero** Cuello cuadrado por detrás y con un lazo o corbata delante, como el del uniforme de los marineros.

MARINESCO, A adj. Relativo a los marineros.

MARINI adj. y s.m. y f. Benimerina.

MARINISMO s.m. Corriente poética italiana, que recibe su nombre del poeta G. Marino, análoga al gongorismo en España y al eufuismo en Inglaterra.

1. MARINISTA adj. y s.m. y f. Relativo al marinismo; partidario de esta corriente.

2. MARINISTA adj. y s.m. y f. Se dice del pintor de marinas.

MARINO, A adj. (lat. marinus) Relativo al mar. **2.** Que se ha formado a partir de sedimentos depositados y consolidados en los fondos marinos: roca marina. **3.** HERÁLD. Se dice de los mamíferos con cola de sirena. ◆ s.m. Experto en navegación. **2.** Persona con conocimientos teóricos y prácticos de navegación, que forma parte del personal que dirige las maniobras de un barco.

MARIOLOGÍA s.f. Parte de la teología católica que se refiere a la Virgen María.

MARIONETA s.f. (fr. marionnette). Títere o figurilla que se mueve por medio de hilos u otro artificio ◆ **marionetas** s.f.pl. Teatro representado con estos títeres.

MARIPOSA s.f. (de María, y posar). Insecto del orden lepidópteros, con cuatro alas recubiertas de escamas microscópicas, cuya disposición les da una vivacidad de colores y un brillo incomparables. **2.** Candelilla que, afirmada en una ruedecilla de corcho, se pone en un vaso con aceite para conservar luz de noche; luz encendida a este efecto. **3.** Válvula del carburador de un automóvil que regula el volumen de los gases carburados aspirados por el motor. **4.** Modalidad de la natación derivada de la braza, en la que los brazos deben ser proyectados juntos hacia delante, sobre la superficie del agua, e impulsados simultánea y simétricamente hacia atrás. **5.** Suerte de correr las reses abanicando el diestro con el capote a la espalda y dando la cara al toro.◇ **Mariposa de la col** Mariposa de coloración blanca amarillenta manchada de negro y gris, cuyas larvas son perjudiciales para los cultivos de col. (V. ilustr. pág. siguiente.)

MARIPOSEAR v.intr. Mostrar inconstancia en los estudios, ocupaciones, trabajos, etc. **2.** Fig Andar o vagar insistentemente en torno a alguien. **3.** TAUROM. Hacer el quite de la mariposa.

MARIPOSEO s.m. Acción y efecto de mariposear.

MARIPOSÓN s.m. y adj. Hombre que galantea a varias mujeres. **2.** Esp. Fam. Mariquita.

1. MARIQUITA s.f. (de Marica, dim. de María). Insecto coleóptero pequeño muy útil, ya que se alimenta de pulgones, y cuya especie más común posee élitros de color anaranjado con siete puntos negros. SIN.: cochinilla de san Antón. ◆ s.m. Hombre afeminado. ◆ s.f. Cuba. Miel o almíbar mezclado con queso fresco.

2. MARIQUITA s.f. Argent. Baile popular que ejecutan varias parejas enfrentadas con un pañuelo blanco en la mano, acompañadas por un guitarrista cantor. **2.** Argent. Música y cante con que se acompaña este baile.

MARISABIDILLA s.f. Esp. Mujer pedante que presume de sabia.

MARISCADA s.f. Comida a base de marisco.

MARISCADOR, RA adj. y s. Que tiene por oficio mariscar. **2.** Que fomenta la reproducción de mariscos.

MARISCAL s.m. (del fráncico marhskalk, caballerizo mayor, de marh, caballo, y skalk, sirviente). MIL. En algunos ejércitos, una de las más altas graduaciones. **2.** HIST. Encargado de las cuadras o caballerizas de los príncipes germánicos.◇ **Mariscal de campo** MIL. Grado de la antigua jerarquía militar española equivalente al actual general de división; grado superior de la jerarquía militar alemana, austriaca, británica, rusa y sueca.

MARISCAR v.intr. [1]. Sacar o pescar mariscos.

MARISCO s.m. Invertebrado marino comestible provisto de esqueleto externo.

MARISMA s.f. (del lat. maritima ora, costa del mar). GEOGR. Terreno pantanoso de aguas salobres en las proximidades de la costa, generalmente junto a la desembocadura de un río.

MARISMEÑO, A adj. y s. Relativo a la marisma.

MARISQUERÍA s.f. Local donde se vende o consume marisco.

MARISQUERO, A s. Persona que tiene por oficio pescar o vender marisco.

MARISTA adj. y s.m. Relativo a alguna de las congregaciones religiosas fundadas bajo la advocación de la Virgen; miembro de dichas congregaciones.

MARITAL adj. (del lat. maritus, marido). Relativo al marido. **2.** Relativo a la vida conyugal.

MARITATA s.f. Bol. y Chile. Cedazo de tela metálica usado en los establecimientos mineros. **2.** Chile y Méx. Canal cuyo fondo se cubre de pieles de carnero para que, haciendo pasar por él agua corriente con mineral pulverizado, el polvo que arrastra se deposite en ellas. ◆ **maritatas** s.f.pl. Guat. y Hond. Chismes, baratijas.

MARÍTIMO, A adj. Relativo al mar. **2.** Cerca del mar: ciudad marítima. **3.** Se dice de los organismos que viven en la zona costera. ◇ **Derecho marítimo** Conjunto de reglas jurídicas que rigen la navegación; rama de la ciencia del derecho que estudia esta clase de derecho.

MARITORNES s.f. (de Maritornes, personaje de El Quijote). Fam. Criada o sirvienta de modales toscos.

MARJAL s.m. (ár. márŷa). Terreno bajo y pantanoso.

MARKETING s.m. (voz inglesa, comercialización). Conjunto de operaciones coordinadas (estudio de mercado, publicidad, promoción en el lugar de venta, estímulo del personal de ventas, investigación de nuevos productos, etc.) que contribuyen al desarrollo de las ventas de un producto o de un servicio. SIN.: mercadotecnia.

MARLÍN s.m. Pez espada de las costas americanas, de los que algunos ejemplares llegan a los mares europeos muy accidentalmente.

MARLO s.m. Amér. Merid. Espiga de maíz desgranada. **2.** Argent. En lenguaje rural, tronco de la cola de los caballos, maslo.

MARMITA s.f. (fr. marmite, olla). Olla de metal, con frecuencia ajustada. **2.** Olla exprés o a presión.◇ **Marmita de gigante** GEOL. Cavidad excavada por la erosión, con ayuda de gravas y guijarros, en una roca suficientemente compacta para desgastarse sin desagregarse. SIN.: pilancón. **Marmita de Papin** Recipiente cerrado, provisto de una válvula de seguridad, en el cual se puede conservar el agua líquida a

■ **MARIQUITA** de siete puntos.

una temperatura superior a la de ebullición al aire libre.

MARMITÓN, NA s. (fr. marmiton). Pinche de cocina.

MÁRMOL s.m. (lat. marmor, -oris). Roca metamórfica que se obtiene de la transformación de una caliza, dura, con frecuencia veteada de colores variados, susceptible de recibir un hermoso pulimento y muy empleada en escultura y arquitectura. **2.** ART. GRÁF. Platina. **3.** TECNOL. Superficie de fundición dura, perfectamente plana, que sirve para la verificación de superficies planas o que se utiliza como plano de referencia en el trazado de piezas.

MARMOLADO, A adj. Coloreado o veteado como el mármol.

MARMOLEJO s.m. (dim. de mármol). Columna pequeña.

MARMOLILLO s.m. Poste de piedra para resguardar de los carruajes las esquinas de los edificios.

MARMOLINA s.f. Argent. y Chile. Estuco de cal y polvo de mármol.

MARMOLISTA s.m. y f. Persona que tiene por oficio trabajar en mármoles o venderlos. **2.** Por ext. Persona que trabaja en otras piedras, y especialmente, el que se dedica a la inscripción de lápidas funerarias.

MARMÓREO, A adj. Que es de mármol. **2.** Parecido al mármol: rostro marmóreo.

MARMORIZAR v.tr. y prnl. [1]. Transformar la caliza en mármol por recristalización. **2.** EDAFOL. Formar jaspeados en el suelo, debido a los diferentes estados del hierro.

MARMOSA s.f. Mamífero marsupial de género Marmosa, que vive en América Central y del Sur. (Familia didélfidos.)

MARMOSETE s.m. (fr. marmouset, figurilla grotesca). Dibujo alegórico que suele ponerse al final de un libro o capítulo.

MARMOTA s.f. (fr. marmotte). Mamífero roedor de género Marmota, de 50 cm de long., de hábitos nocturnos, que vive en pequeños grupos a grandes alturas e hiberna varios meses en una madriguera. **2.** Fig. Persona que duerme mucho.

■ **MARMOTA**

MARO s.m. (lat. marum). Planta herbácea con flores rojizas, de olor fuerte y sabor amargo, usada como antiespasmódica, tónica y excitante. (Familia labiadas.)

MAROCHA s.f. Hond. Muchacha sin juicio, locuela.

MAROJO s.m. Hojas inútiles que solo se aprovechan para el ganado.

MAROMA s.f. (ár. mabrūma, p. de báram, trenzar). Cuerda gruesa de esparto o cáñamo. **2.** Amér. Función acrobática. **3.** Amér. Voltereta o pirueta de un acróbata. **4.** Amér. Fig. Cambio de opinión o de partido que responde a motivos oportunistas. **5.** Amér. Lío, desorden.

MAROMEAR v.intr. Amér. Bailar el volatinero en la maroma o hacer volatines sobre ella. **2.** Amér. Inclinarse, según las circunstancias, a uno u otro bando. **3.** Chile. Fig. Hacer pruebas de equilibrio. **4.** Hond. Columpiarse en la hamaca.

MAROMERO, A s. Amér. Volatinero, saltimbanqui. **2.** Amér. Político calculador que varía de opinión o partido según las circunstancias. **3.** P. Rico. Persona que actúa con mala fe. ◆ adj. Amér. Versátil.

MAROMO s.m. Fam. Persona cuyo nombre o condición se ignoran o no se quieren decir.

MARONITA adj. y s.m. y f. Relativo a un gru-

gran pavón
Saturnia pyri
Europa, norte de África,
Próximo Oriente

esfinge de las adelfas
Daphnis nerii
Europa meridional

esfinge de la calavera
Acherontia atropos
Eurasia, África, Indonesia

mariposa del ailanto
Samia cynthia
India

homocromía

catocala
Catocala nupta
Europa

mimetismo

mariposa monarca
Danaus plexippus
América del Norte

mariposa virrey
Basilarchia archippus
América del Norte

librea disuasiva

mariposa búho
Caligo prometheus
Colombia

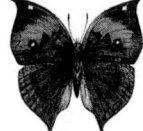

cara dorsal «normal»
(alas abiertas: función
de comunicación)

cara ventral (alas ce-
rradas: función de ca-
muflaje)

disimulo

mariposa hoja
Kallima inachus Sureste de Asia

macho

dimorfismo sexual

hembra

morfo azul
Morpho cypris
Colombia, Panamá y Nicaragua

forma levana
(primavera)

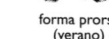

forma prorsa
(verano)

dimorfismo estacional

mariposa prótea o levana
Araschnia levana
Europa, Asia

mariposa tornasolada
Apatura iris
Europa, Asia templada

mariposa olmera
Nymphalis polychloros
Eurasia, norte de África

nacarada
Argynnis paphia
Eurasia, norte de África

limonera anaranjada
Gonepteryx cleopatra
Europa meridional, Asia
templada, norte de África

armandia
Bhutanithis lidderdalii
Norte de India a China
occidental

**mariposa de margen
amarillo**
Nymphalis antiopa
Eurasia, América del Norte

pavón de día
Inachis io
Europa, Asia

zigena de seis manchas
Zygaena filipendulae
Europa

mariposa ala de pájaro
Ornithoptera priamus
Islas Molucas hasta Australia del
Norte, Papúa-Nueva Guinea, is-
las Salomón

eustera del Gabón
Eustera troglophylla
Gabón

macaón o mariposa rey
Papilio machaon
Europa, norte de África,
Asia templada

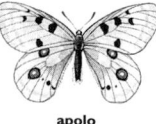

apolo
Parnassius apollo
Región boreoalpina

chupaleche
Iphiclides podalirius
Eurasia

**arlequín o mariposa
de las aristoloquias**
Zerynthia rumina
Península ibérica, SE de
Francia y Magreb

urania de Madagascar
Chrysiridia riphearia
Madagascar

■ **MARIPOSAS**

po de católicos de rito sirio descendientes de los discípulos de san Marón; miembro de este grupo.

MAROTA s.f. Méx. Marimacho. **2.** Venez. Soga con que se atan las patas delanteras de una bestia para impedir que corra.

MARQUÉS, SA s. (occitano ant. *marqués*, de *marca*).Título nobiliario de categoría inferior al de duque y superior al de conde. ◆ s.m. En la alta edad media, jefe supremo de las tropas de una marca fronteriza.

MARQUESA s.f. (fr. *marquise*).Amér. Marquesina, alero o protección. **2.** Chile. Cama de madera fina tallada.

MARQUESADO s.m. Título de marqués. **2.** Te rritorio sobre el que recaía este título o en que ejercía jurisdicción un marqués.

MARQUESINA s.f. (del fr. *marquise*). Alero, por lo general de cristal o hierro, que cubre una puerta, escalinata o andén para resguardarlos de la lluvia. **2.** Cubierta de protección de cemento u otros materiales, para resguardar a los que esperan un autobús, taxi, etc.

MARQUESOTE s.m. Hond. y Nicar. Torta de figura de rombo, hecha de harina de arroz o de maíz, con huevo, azúcar, etc., y cocida al horno.

MARQUETA s.f. Guat. Bloque de cualquier cosa que tiene forma prismática.

MARQUETERÍA s.f. (fr. *marqueterie*, de *marqueté*, taraceado).Decoración que se obtiene por yuxtaposición de chapas de madera de especies variadas, en combinación a veces con mármoles, metales, etc. empleada para recubrir superficies, especialmente en obras de ebanistería. **2.** Arte de hacer estos trabajos o labores. **3.** Ebanistería.

MARRA s.f. (lat. *marra*, especie de azada). Falta de una cosa donde debiera estar, especialmente aplicado a un hueco en las hileras de viñas u olivos.

MARRAJERÍA s.f. Astucia, mala intención.

MARRAJO, A adj. Se dice del toro que acomete con malicia. **2.** Fig. Cazurro, astuto. ◆ s.m. Pez marino parecido al tiburón.

MARRAMIAU, MARRAMAO o **MARRAMAU** s.m. Voz onomatopéyica del maullido del gato.

MARRANADA s.f. Fam. Cosa hecha de forma chapucera o sucia. SIN.: *marranería*. **2.** Fam. Acción indecorosa o grosera.SIN.: *marranería*.

MARRANEAR v.tr. Ensuciar, manchar. **2.** Colomb. Engañar. ◆ v.intr. Comportarse o actuar indignamente.

1. MARRANO s.m. Madero fuerte empleado como trabazón y para moderar la presión de algunas máquinas.

2. MARRANO, A s. Cerdo. **2.** HIST. Judío o musulmán de la península Ibérica convertido al cristianismo, y especialmente judío converso que seguía practicando en secreto la religión judaica. ◆ adj. y s. Fam. Sucio y deseado.

MARRAQUETA s.f. Chile y Perú. Conjunto de varios panes pequeños que se cuecen en una sola pieza, en la cual estos van señalados por incisiones de manera que después puedan separarse con facilidad.

MARRAR v.intr. y prnl. (del ant. *marrir*, del germ. occidental *marrjan*).Fallar, errar. **2.** Desviarse de una línea recta.

MARRAS adv.t. (ár. *márra*, una vez). Antiguamente.◇ **De marras** Esp. Fam. Conocido o consabido por todos.

MARRASQUINO s.m. (ital. *maraschino*).Licor fabricado con los frutos de la marasca.

MARRAZO s.m. Hacha de dos bocas para cortar leña.

MARRO s.m. (de *marrar*). Juego en que los jugadores, divididos en dos bandos, procuran atraparse mutuamente. **2.** Ladeo del cuerpo, que se hace para no ser atrapado. **3.** Falta, equivocación.

MARRÓN adj. y s.m. Castaño, color parecido al de la cáscara de la castaña. ◆ s.m. Amér. Central. Martillo grande de hierro. **2.** Esp. Fam. Causa criminal, sumario, condena. **3.** Esp. Fam. Cosa o situación incómoda o desagradable. **4.** P. Rico. Badajo de campana.◇ **Comerse un marrón** Esp. Fig. Confesarse autor de un

delito. **Marrón glacé** Castaña confitada en azúcar y escarchada con almíbar.

MARRONAZO s.m. TAUROM. Acción de marrar alguna suerte del toreo.

MARROQUÍ adj. y s.m. y f. De Marruecos. ◆ s.m. Dialecto árabe occidental hablado en Marruecos.

MARROQUINERÍA s.f. Tafiletería.

MARROQUINERO, A s. Tafiletero.

MARRUBIO s.m. (lat. *marrubium*). Planta aromática, de hojas opuestas, arrugadas o rizadas, y flores reunidas en ramilletes axiales. (Familia labiadas.)

MARRUECO s.m. Chile. Bragueta del pantalón.

MARRULLERÍA s.f. Astucia destinada a conseguir algo o halago con que se pretende engañar a alguien.

MARSALA s.m. Vino dulce que se elabora en Sicilia.

MARSELLÉS, SA adj. y s. De Marsella.

MARSO, A adj. y s. De un antiguo pueblo de Italia que luchó contra Roma durante la guerra social (91-88).

MARSOPA s.f. (fr. ant. *marsoupe*).Mamífero cetáceo parecido al delfín, que mide 1,50 m, muy voraz, común en el Atlántico, donde con frecuencia sigue a los buques. (Familia focénidos.)

■ MARSOPA

MARSUPIAL adj. y s.m. Relativo a una subclase de mamíferos de un tipo primitivo, cuya hembra posee una bolsa ventral, o marsupio, y contiene las mamas y está destinada a recibir las crías después de su nacimiento (El canguro y la zarigüeya pertenecen a dicha subclase.)

MARSUPIO s.m. Bolsa ventral exterior de los mamíferos marsupiales.

1. MARTA s.f. (del germ. occidental *marthr*). Mamífero carnívoro de unos 25 cm de alt., de piel muy estimada, entre cuyas especies destacan la marta común, la cebellina y la marta de Pennant. (Familia mustélidos.) **2.** Piel de este animal.

2. MARTA s.f. Chile. Mujer que vive en una congregación de religiosas y ayuda a estas en los quehaceres domésticos.

1. MARTAGÓN s.m. BOT. Azucena silvestre.

2. MARTAGÓN, NA s. (de *marta*). Fam. Persona astuta.

MARTAJAR v.tr. Méx. Picar, quebrar el maíz u otra cosa.

MARTE s.m. (de *Mars, -tis*, dios de la mitología romana). En alquimia, nombre del hierro. **2.** HERÁLD. En las armas reales, denominación del color gules.

MARTELLINA s.f. Martillo de hierro con dos bocas guarnecidas de dientes prismáticos, o con una de ellas terminada en punta, utilizado por canteros y marmolistas.

MARTELO s.m. (ital. *martello*, martillo, celos).Enamoramiento, galanteo. **2.** Celos. **3.** Sufrimiento provocado por este sentimiento.

MARTENSITA s.f. (de A. *Martens*, ingeniero alemán).Componente del acero.

MARTES s.m. (del lat. *dies martis*, día de Marte).Tercer día de la semana que está entre el lunes y el miércoles.

MARTILLADO s.m. Operación que consiste en martillar los metales.

MARTILLAR v.tr. Golpear una cosa con el martillo.

MARTILLEAR v.tr. Golpear una cosa repetidamente con un martillo u otro objeto similar. **2.** METAL. Forjar el metal batiéndolo con el macho, o mecánicamente, con martinete o martillo pilón. ◆ v.tr. y prnl. Fig. Oprimir, atormentar. *la idea seguía martilleando en su cerebro.*

MARTILLAZO s.m. Golpe fuerte dado con el martillo.

MARTILLEO s.m. Acción y efecto de martillar o martillear. **2.** Ruido que produce.

MARTILLERO, A s.m. Argent., Chile y Perú. Dueño o encargado de un martillo, establecimiento para las subastas públicas.

MARTILLO s.m. (lat. vulgar *martellus*). Herramienta de percusión formada por una cabeza de acero duro templado y un mango dispuestos en forma de T. **2.** Pieza de relojería que golpea una campana o un timbre para dar las horas. **3.** Fig. Persona que persigue una cosa con el fin de acabar con ella. **4.** Fig. Establecimiento donde se venden efectos en pública subasta. **5.** ANAT. Primer huesecillo del oído medio, cuyo mango es solidario del tímpano y cuya cabeza se articula con el yunque. **6.** ARM. Pieza que en determinadas armas portátiles y cañones golpea sobre la cápsula o el percutor para producir la inflamación de la carga. **7.** DEP. Esfera metálica de 7,257 kg, provista de un cable de acero y una empuñadura, que lanzan los atletas. **8.** MÚS. Macillo. **9.** SILVIC. Instrumento que lleva una marca en relieve y sirve para marcar los árboles.◇ **A macha martillo** A machamartillo. **Martillo neumático** Aparato de percusión que funciona con aire comprimido. **Martillo perforador** Aparato neumático para abrir barrenos. **Martillo pilón** Martillo de forja que funciona con vapor, aire comprimido, etc. **Martillo piolet** Instrumento de alpinismo que permite clavar pitones o cortar el hielo.

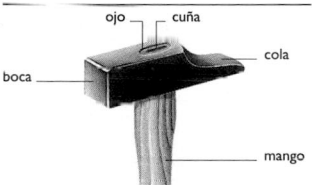

■ MARTILLO

■ MARTILLO. Lanzador de martillo.

MARTÍN s.m. **Martín pescador** Ave pequeña del orden coraciforme, de unos 18 cm, de plumaje brillante, que vive a orillas de los cursos de agua y se zambulle con rapidez para capturar pequeños peces. (Familia arceínidos.)

■ MARTÍN PESCADOR

MARTINA s.f. Pez teleósteo muy parecido al congrio, de unos 80 cm de long., que presenta cuerpo cilíndrico y hocico puntiagudo. (Familia tinámidos.)

MARTINETA s.f. Argent. y Urug. Ave de unos 40 cm de long. y de color pajizo manchado de pardo, que se caracteriza por un copete de plumas.

1. MARTINETE s.m. Ave parecida a la garza, de 50 cm de long., con plumaje verde oscuro en el dorso, que vive cerca de ríos y lagos. (Familia ardeidos.) SIN.: *aldorta*. **2.** Penacho de plumas de esta ave.

■ MARTINETE

2. MARTINETE s.m. (fr. *martinet*). Martillo o mazo movido mecánicamente. **2.** Modalidad de cante flamenco incluida dentro del grupo de las tonás. **3.** METAL. Martillo basculante que, movido por una rueda de levas, sirve para batir metales. **4.** MÚS. Pequeña plancha de madera del mecanismo del clave, acabada por un gancho cortado en una pluma de cuervo, que puntea la cuerda. **5.** OBR. PÚBL. Armazón en forma de pirámide, que guía el pilón en la hinca de estacas o pilotes. <> **Martinete de forja con estampa** METAL. Máquina de forjar que actúa por percusión de una masa sobre la pieza que hay que formar. **Martinete de hinca** Dispositivo utilizado para hincar pilotes en el suelo, destinado a servir de apoyo a los cimientos de una construcción. **Martinete de torno** OBR. PÚBL. Aparato de sondeo equipado con un tambor o torno que levanta la herramienta de perforación y la deja caer para perforar la roca. **Martinete rotativo** METAL. Aparato utilizado en los ensayos de resistencia al choque.

MARTINGALA s.f. Artimaña, ardid, astucia. **2.** Cada una de las calzas que llevaban los hombres de armas debajo de los quijotes. (Suele usarse en plural.)

MARTINIEGA s.f. En la baja edad media, en León y Castilla, renta o tributo territorial que pagaba anualmente cada vecino villano por el disfrute de la tierra.

MÁRTIR s.m. y f. (lat. tardío *martyr, -yris*, del gr. *martus, -yros*, testigo, mártir). Persona que ha sufrido o sufre martirio.

MARTIRIAL adj. Relativo a los mártires.

MARTIRIO s.m. Muerte o tormentos que padece una persona a causa de su fe religiosa. **2.** Muerte o tormentos que sufre una persona por sus creencias u opiniones. **3.** *Fig.* Dolor o sufrimiento físico o moral.

MARTIRIZAR v.tr. [7]. Hacer sufrir martirio. <> v.tr. y prnl. *Fig.* Afligir, atormentar.

MARTIROLOGIO s.m. Catálogo de los mártires y de los santos. **2.** Lista de víctimas de una causa.

MARTUCHA s.f. Mamífero carnívoro de pelaje bayo, cola larga y prensil y hocico puntiagudo, que vive en América, desde México hasta Mato Grosso. (Familia prociónidos.)

MARUCA s.f. Pez marino de cuerpo casi cilíndrico, de unos 2 m de long. (Familia gádidos.)

MARUJO, A s. Esp. *Desp.* Persona que se dedica exclusivamente a las tareas domésticas y al cuidado de la familia. (Es un apelativo que se asocia a ciertos tópicos como tener poca formación cultural, cotillear, ver telenovelas, leer revistas del corazón, hablar de las tareas domésticas, etc.)

MARXISMO s.m. Doctrina de K. Marx y F. Engels y de sus continuadores. **ENCICL.** El marxismo se funda en el materialismo y el socialismo: constituye a la vez una teoría general y el programa de movimientos obreros organizados. Según los marxistas el materialismo es la base teórica, opuesta al idealismo considerado como instrumento especulativo al servicio de la burguesía. El materialismo reviste dos aspectos: uno *dialéctico*, que formula las leyes generales del mundo exterior y del pensamiento humano, y el segundo *histórico*, que afirma que solo la realidad social determina la conciencia de la persona.

El movimiento histórico se ve condicionado por las contradicciones entre los *modos* de producción (antiguo, feudal, capitalista) y las *relaciones* de producción, es decir, las relaciones que las personas mantienen entre sí para producir. Estas contradicciones constituyen la *lucha de clases*, que se convierte en el motor de la historia. Marx elaboró una teoría del valor analizando el modo de producción capitalista: el valor es la expresión de la cantidad de trabajo contenido en cada mercancía. La plusvalía consiste en la diferencia existente entre el valor que crea el obrero durante su tiempo de trabajo y el salario que recibe a cambio; la tasa de plusvalía en el régimen capitalista expresa por tanto el grado de explotación del asalariado. El marxismo es el punto de partida de una reflexión crítica y revolucionaria que se extiende a todos los aspectos de la vida social, que en los seguidores de Marx y Engels (Lenin, Trotski, Stalin, Mao Zedong, así como K. Kautski, E. Bernstein, G. Plejánov, R. Luxemburgo, G. Lukács, A. Gramsci, la escuela de Frankfurt, H. Lefebvre, L. Althusser, etc.) se ramifica y adquiere formas muy divergentes.

MARXISMO-LENINISMO s.m. Teoría y práctica política que se inspiran en Marx y Lenin. (También *marxismoleninismo*.)

MARXISTA adj. y s.m. y f. Relativo al marxismo; partidario de esta doctrina.

MARXISTA-LENINISTA adj. y s.m. y f. Relativo al marxismo-leninismo; partidario de esta teoría y práctica política. (También *marxistaleninista*.)

MARZAL adj. Relativo al mes de marzo.

MARZO s.m. Tercer mes del año.

MAS conj.advers. (del ant. *maes*, del lat. *magis*). Pero.

MÁS adv.c. (del ant. *maes*, del lat. *magis*). Denota mayor cantidad numérica o mayor intensidad de las cualidades y acciones: *es el más listo de la clase; es más guapo que tú; había más de cien personas.* **2.** Equivale a *tan* en exclamaciones de ponderación: *¡qué cosa más buena!* **3.** Denota preferencia o predilección con verbos como querer, desear, etc.: *más quiero perderlo que rogarle.* **4.** Expresa adición de una cantidad o número: *con esto más lo que hay habrá suficiente.* <> **pron.indef.** Indica gran cantidad: *mucho más que eso.* <> s.m. Suma, adición; signo de la adición que se representa por una cruz (+) y que se coloca entre las cantidades que se quieren sumar. <> **A lo más** Hasta el límite máximo a que algo puede llegar: *habrá diez kilómetros a lo más.* **A más** Además: *a más de esto tiene otras tres hijas.* **De más** De sobra, en exceso. **El que más y el que menos** Cualquier persona. **Es más** o **más aún** Expresión con que se intensifica el valor de una afirmación hecha anteriormente: *no quiero ir, es más me niego a acompañarlo.* **Los, o las, más** La mayor parte de las personas o cosas a las que se hace referencia. **Más bien** Denota oposición, preferencia o aproximación: *no le gustó, más bien lo molestó.* **Más o menos** Aproximadamente. **Ni más ni menos** Precisa, exactamente. **Por más que** Aunque. **Sin más (ni más)** Sin motivo, de manera injustificada e irreflexiva. **Sus más y sus menos** Dificultades, complicaciones que tiene algo; altercados que existen entre dos o más personas.

MASA s.f. (lat. *massa*). Mezcla resultante de la incorporación de un líquido a una materia sólida o pulverizada. **2.** Aglomeración de personas o cosas: *una masa humana llena las calles.* **3.** Argent. Pastelito. **4.** AUTOM. Conjunto metálico de un automóvil mediante el cual se cierran los circuitos del equipo eléctrico. **5.** DER. Totalidad patrimonial de la herencia, de la quiebra, de los bienes de una sociedad. **6.** ELECTR. Conjunto de piezas conductoras que, en una instalación eléctrica, se ponen en comunicación con el suelo (toma de tierra). **7.** FÍS. Cociente entre la intensidad de una fuerza constante y la aceleración del movimiento que ella produce cuando se aplica al cuerpo considerado *(masa inercial)* o magnitud que caracteriza a este cuerpo con relación a la atracción que sufre por parte de otro *(masa gravitatoria)*. [La unidad principal de masa es el kilogramo masa.] **8.** SOCIOL. Conjunto no delimitado de individuos, considerados fuera de las estructuras sociales tradicionales, y que constituyen el

objetivo sociocultural de ciertas actividades, como la publicidad, la cultura de masas y el ocio. <> **masas** s.f.pl. Las clases trabajadoras y populares. <> **Masa atómica** Relación entre la masa del átomo de un elemento y la doceava parte de la masa del átomo de carbono. **Masa crítica** Cantidad mínima de una sustancia fisible necesaria para que pueda establecerse espontáneamente y mantenerse por sí misma una reacción en cadena. **Masa de aire** Flujo de aire que presenta una cierta homogeneidad y cuyas cualidades físicas (presión, temperatura, grado de humedad) varían según la posición geográfica que ocupa. **Masa encefálica** Encéfalo. **Masa específica** Cociente de la masa de un cuerpo por su volumen. **Masa monetaria** Conjunto de los billetes en circulación, de las monedas fraccionarias y de los depósitos a la vista. **Número de masa** QUÍM. Número total de partículas, protones y neutrones, que constituyen el núcleo de un átomo. **Relación de masa** AERON. En un cohete, relación entre el peso a su partida y el peso a su llegada. **Unidad de masa atómica** Unidad de medida de masa atómica (símb. u) igual a la fracción 1/12 de la masa de núcleo ^{12}C y que vale aproximadamente $1,66056 \cdot 10^{-27}$ kg.

MASACRAR v.tr. (fr. *massacrer*). Asesinar, matar en masa.

MASACRE s.f. (fr. *massacre*). Matanza.

MASADERO, A s. Colono de una masada.

MASAGETA adj. y s.m. y f. De un pueblo iraní nómada del E del Cáucaso. (Ciro II murió [530 a.C.] durante una expedición contra los masagetas.)

MASAI o **MASSAI**, pueblo nilótico de Kenya y Tanzania.

MASAJE s.m. (fr. *massage*). Procedimiento terapéutico e higiénico que consiste en presionar, frotar o golpear rítmicamente determinadas zonas del cuerpo, especialmente las masas musculares.

MASAJISTA s.m. y f. Persona que tiene por oficio dar masajes.

MASATO s.m. Amér. Merid. Bebida que se prepara con maíz o arroz, agua y azúcar, y a veces, con el zumo de ciertas frutas. **2.** Perú. Mazamorra de banano, boniato o yuca.

MASCABADO, A adj. Se dice del azúcar que se envasa junto con su melaza.

MASCADA s.f. Mascadura. **2.** Amér. Central y Merid. y Méx. Porción de tabaco que se toma de una sola vez para mascarlo. **3.** Argent. Porción de tabaco que se arranca del andullo del tabaco para mascarla. **4.** Chile, Colomb. y Cuba. Bocado, porción de comida que cabe en la boca. **5.** Méx. Especie de pañuelo grande que se usa para cubrir la cabeza o el cuello, especialmente de seda, para adorno. <> **Dar una mascada** a alguien Amér. Central. *Fig.* y *fam.* Reprenderlo.

MASCADIJO s.m. Sustancia aromática que se masca para perfumar el aliento.

MASCADURA s.f. Acción y efecto de mascar. SIN.: *mascada*. **2.** Hond. Pan o bollo que se toma con el café o el chocolate. **3.** P. Rico. Mascada.

MASCAR v.tr. (lat. *masticare*) [1]. Masticar una cosa, especialmente para extraer su jugo: *mascar chiclé.* **2.** *Fig.* Mascullar. **3.** *Fig.* y *fam.* Hacer que alguien entienda o asimile algo sin tener que esforzarse. <> **mascarse** v.prnl. *Fig.* y *fam.* Presentirse como inminente un hecho importante: *mascarse la tragedia.*

MÁSCARA s.f. Objeto de tela, cartón o alambre, con el que se cubre la cara para disfrazarse, ocultarse, protegerse o expresar una creencia, un deseo, un temor, etc. **2.** Traje con que alguien se disfraza. **3.** Persona que va disfrazada, especialmente en las fiestas de Carnaval. **4.** *Fig.* Pretexto, excusa. **5.** CIR. Máscara que cubre la boca y la nariz para evitar la transmisión de gérmenes. **6.** MIL. Obstáculo artificial o natural que sirve de protección para la observación o los disparos enemigos. **7.** ZOOL. Labio inferior de las larvas de los odonatos, libélulas. <> **Máscara antigás** ARM. Aparato de protección individual contra los gases de guerra. **Máscara,** o **mascarilla,** o **inhalador, de oxígeno** Careta que cubre la nariz y la boca y ayuda a inhalar el oxígeno procedente de un depósito.

MASCARADA s.f. (fr. *masquerade*). Fiesta de personas vestidas de máscara. **2.** Comparsa de máscaras. **3.** *Fig.* Farsa, enredo para engañar.

MASCARET s.m. Elevación brusca del nivel del mar que se produce en ciertos estuarios en el momento del flujo y que avanza rápidamente aguas arriba en forma de ola rompiente.

MASCARILLA s.f. Máscara que solo cubre la parte superior del rostro. **2.** Vaciado en yeso que se saca del rostro de una persona o escultura y, especialmente de un cadáver. **3.** Máscara de cirujano. **4.** Crema, pasta o gel utilizados a modo de máscara para los cuidados estéticos de la cara y del cuello. **5.** CIR. Aparato que se coloca encima de la cara del paciente para facilitar la inhalación de los gases anestésicos. **6.** DEP. Careta.

MASCARÓN s.m. Máscara de fantasía que decora puertas, claves de arco, cornisas, entablamientos, consolas, etc. ◇ **Mascarón de proa** Figura humana, dios o ser fantástico, que se colocaba como adorno en lo alto del tajamar de las embarcaciones.

MASCOI, pueblo amerindio cazador y recolector, que habita en la región de la confluencia del río Paraguay con el Pilcomayo.

MASCON s.m. (del ingl. *massconcentration*, concentración de masa). Concentración de masa existente en ciertas regiones de la Luna.

MASCOTA s.f. (fr. *mascotte*). Animal de compañía. **2.** Persona, animal o cosa a los cuales se atribuyen virtudes para alejar desdichas o atraer la buena suerte. **3.** Méx. Tela de vestidos cuyo dibujo forma cuadros negros y blancos.

MASCUJAR v.tr. *Fam.* Mascar mal o con dificultad. **2.** *Fig.* y *fam.* Mascullar.

MASCULINIDAD s.f. Cualidad de masculino.

MASCULINIZACIÓN s.f. Acción y efecto de masculinizar.

MASCULINIZAR v.tr. [7]. Dar a algo carácter masculino. **2.** BIOL. Virilizar. ◆ **masculinizarse** v.prnl. Adquirir caracteres masculinos.

MASCULINO, A adj. Relativo al hombre o al ser dotado de órganos para fecundar: *sexo masculino; órganos masculinos.* **2.** *Fig.* Varonil, enérgico: *actitud masculina.* ◆ adj. y s. LING. **a.** Se dice del género gramatical de los nombres que designan seres del sexo masculino, de otros nombres que poseen la misma terminación y de los adjetivos y determinantes que concuerdan con ellos. **b.** Se dice del nombre, adjetivo o determinante de este género gramatical.

MASCULLAR v.tr. Hablar entre dientes o pronunciar mal las palabras.

MÁSER s.m. (sigla del ingl. *microwave amplification by stimulated emission of radiation*). Dispositivo que funciona según los mismos principios que el láser, pero para ondas electromagnéticas no visibles.

MASERA s.f. Artesa grande que sirve para amasar. **2.** Paño con que se cubre la masa que ha de fermentar.

MASERÍA s.f. Masada.

MASETERO s.m. y adj. (gr. *masitír*, masticador). Músculo elevador de la mandíbula inferior, situado en la parte posterior de la mejilla.

MÁSICO, A adj. *Fig.* Relativo a la masa. **2.** Relativo a la masa o cantidad de materia de un cuerpo: *volumen másico.*

MASICOT o **MASICOTE** s.m. Óxido de plomo (PbO), de color amarillo.

MASIFICACIÓN s.f. Adaptación de un grupo o de un fenómeno, mediante la supresión de sus caracteres diferenciados, a las características de las masas o de los sectores más amplios de la sociedad.

MASIFICAR v.tr. [1]. Efectuar un proceso de masificación.

MASILLA s.f. Mezcla pastosa, de constitución diversa, utilizada para rellenar cavidades o unir tubos y otras piezas. SIN.: *mástic.*

MASITA s.f. Cantidad de dinero que se retenía del haber de los soldados para proveerlos de calzado y ropa interior. **2.** Amér. Merid. y Dom. Pastelito.

MASIVO, A adj. Que agrupa a un gran número de personas: *emigración masiva.* **2.** Grande o fuerte, especialmente las dosis de un medicamento cuando se acercan al límite máximo de tolerancia del organismo.

MASLO s.m. Tronco de la cola de los cuadrúpedos. **2.** BOT. Tallo de una planta.

MASÓN s.m. Miembro de la masonería. SIN.: *francmasón.*

MASONERÍA s.f. Asociación, en parte secreta, extendida por diversos países, cuyos miembros profesan principios de fraternidad, se reconocen entre sí mediante signos y emblemas y se dividen en grupos denominados logias.

ENCICL. El nombre francés *franc-maçon* designaba a los constructores de catedrales cuyos secretos eran enseñados en la logia. En el s. XVII se introdujo en Inglaterra y Escocia, donde las logias de constructores, que admitían a profanos, se convirtieron en centros políticos. En el s. XVIII la masonería especulativa, como asociación jerarquizada, se extendió por toda Europa, con enorme difusión en Francia. En EUA alcanzó su mayor desarrollo. Fue condenada por la Iglesia católica por su liberalismo anticlerical. En el s. XIX fue convirtiéndose en una institución cada vez más conservadora y burguesa, por lo que fue proscrita en los países fascistas (por liberal) y en los socialistas (por burguesa). En España, extendida entre las clases altas y el ejército, fue prohibida en 1940 y legalizada nuevamente en 1979. Las logias masónicas tuvieron un destacado papel en el proceso emancipador hispanoamericano, especialmente en México, Argentina y Chile, así como en los movimientos independentistas de fines del s. XIX en Cuba, Puerto Rico y Filipinas.

MASÓNICO, A adj. Relativo a la masonería.

MASOQUISMO s.m. Perversión sexual en la cual una persona experimenta un placer asociado con el dolor que le inflige otra persona. **2.** Complacencia en el dolor propio.

MASORA s.f. Doctrina crítica de los rabinos acerca del texto hebreo de la Biblia, para conservar su genuina interpretación.

MASOTERAPIA s.f. Terapia por medio del masaje.

MASSAI → **MASAI.**

MASS MEDIA o **MASS-MEDIA** s.m.pl. (voces inglesas). Conjunto de instrumentos de difusión masiva de la información, como radio, televisión, etc., que constituyen a la vez un medio de expresión y un intermediario que transmite un mensaje destinado a un grupo. (Se abrevia *media*.)

MASTABA s.f. Monumento funerario trapezoidal, que comprende cámara funeraria y capilla, construido para los notables de antiguo Egipto faraónico.

MASTEAR v.tr. MAR. Proveer un barco de su arboladura.

MASTECTOMÍA s.f. Extirpación quirúrgica de la glándula mamaria.

MÁSTEL s.m. (del ant. *maste*, del fr. *mast*). Mástil, palo derecho que sirve para mantener una cosa.

MASTELERILLO s.m. MAR. Cada uno de los palos que van sobre los masteleros.

MASTELERO s.m. (fr. ant. *mastereau*, dim. de *mast*, mástil). MAR. Palo menor que se co-loca en las embarcaciones sobre cada uno de los mayores. SIN.: *mástil.*

MÁSTER s.m. (ingl. *master*). Curso de especialización de la enseñanza superior. ◆ adj. y s.m. Se dice de la grabación original que sirve para hacer copias.

MASTERIZAR v.tr. TECNOL. Obtener una grabación definitiva a partir de la cual se realizan las copias.

MASTERS s.m. (del ingl. *master*). Torneo de golf o tenis en el que solo participan las primeras figuras.

MASTICACIÓN s.f. Acción de masticar.

MASTICADOR, RA adj. Que interviene en la masticación. **2.** ZOOL. **a.** Se dice del aparato bucal de ciertos insectos, apto para la trituración del alimento. **b.** Se dice de los insectos que presentan tal aparato bucal. ◆ s.m. Utensilio que sirve para triturar los alimentos para ciertos enfermos.

MASTICAR v.tr. [1]. Triturar con los dientes algo, especialmente un alimento u otra cosa comestible, para tragarlo o extraer su jugo.

MASTICATORIO, A adj. Que sirve para masticar. **2.** Que se mastica con un fin medicinal. ◆ adj. y s.m. Se dice de la sustancia que se mastica, sin ingerirla, como el chicle, para excitar la secreción de saliva.

MÁSTIL s.m. (de *mástel*). Palo de una embarcación. **2.** Mastelero. **3.** Palo que se coloca verticalmente para sostener algo u otro útil de la cama. **4.** Parte del astil de la pluma, en cuyos lados nacen las barbas. **5.** Torre, pieza o estructura vertical que en las grandes máquinas tiene más altura que la base: *excavadora de mástil.* **6.** F. C. Soporte de las señales y discos indicadores. **7.** MÚS. Pieza estrecha y larga de los instrumentos de arco, púa o pulsación, sobre la cual son tendidas las cuerdas.

MASTÍN, NA adj. y s.m. (fr. ant. *mastin*, criado, *mastín*). Se dice de un perro guardián muy leal, grande, potente y robusto.

■ **MASTÍN**

MÁSTIQUE s.m. Masilla que sirve para igualar superficies o tapar grietas.

MASTITIS s.f. MED. Inflamación de la glándula mamaria. SIN.: *mamitis.*

MASTODONTE s.m. Mamífero fósil de fines del terciario y principios del cuaternario, parecido al elefante pero dotado de molares mamelonados y, a veces, de dos pares de defensas. **2.** *Fig.* Persona o cosa de gran tamaño. (*V. ilustr. pág. siguiente.*)

MASTODÓNTICO, A adj. *Fam.* Que es de gran tamaño.

MASTOIDEO, A adj. Relativo a la apófisis mastoides. ◇ **Cavidades mastoideas** Cavidades del hueso temporal que se comunican con la caja del tímpano.

MASTOIDES adj. y s.f. ANAT. Se dice de una apófisis situada en la parte inferior, posterior y externa del hueso temporal.

MASTOIDITIS s.f. Inflamación mastoidea, que puede ir acompañada de otitis aguda.

MASTRANTO s.m. Mastranzo. **2.** Colomb. y Venez. Nombre de varias plantas aromáticas.

MASTRANZO s.m. (lat. *mentastrum*). Planta herbácea de unos 40 cm de alt., con flores en espiga y fruto encerrado en el cáliz, que crece en la península Ibérica. (Familia labiadas.)

MASTUERZO adj. y s.m. Se dice del hombre necio y grosero.

MASTURBACIÓN s.f. Acción de masturbar o masturbarse.

■ **MASTODONTE.** Reconstrucción probable del género *Gomphotherium.*

MASTURBAR v.tr. y prnl. (lat. *masturbari*). Excitar manualmente los órganos genitales externos con el fin de provocar placer sexual.

1. MATA s.f. Arbusto de poca altura, 1 m como máximo, de tallo leñoso muy ramificado, y que vive varios años. **2.** Cualquier planta herbácea o arbusto. **3.** Matorral. (Suele usarse en plural.) **4.** Cuba y Venez. Árbol, arbusto. **5.** Venez. Grupo de árboles de una llanura. ◇ **Mata de pelo** *Fig.* Cabellera larga y espesa. **2. MATA** s.f. (fr. *matte*). Sustancia metálica sulfurosa que resulta de la primera fusión de una mena tratada y depurada insuficientemente.

MATABUEY s.f. Arbusto perenne, de 1 m o más de alt., de hojas enteras e inflorescencias en umbela. (Familia umbelíferas.)

MATACABALLOS s.m. (pl. *matacaballos*). Planta herbácea, de hojas oblongas o lanceoladas y flores en racimo, cuyo tallo segrega un jugo acre. (Familia campanuláceas.)

MATACALLOS s.m. (pl. *matacallos*). Chile y Ecuad. Planta parecida a la siempreviva, cuyas hojas se emplean para curar los callos. (Familia lobeliáceas.)

MATACÁN s.m. En la edad media, galería voladiza en la parte alta de una muralla o de una torre, cuyo suelo aspillerado permitía observar y hostilizar a las fuerzas enemigas. **2.** Composición venenosa para matar perros. **3.** Piedra que se puede agarrar cómodamente con la mano.

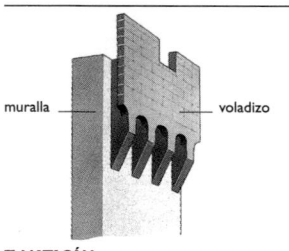

muralla   voladizo

■ **MATACÁN**

MATACANDELAS s.m. (pl. *matacandelas*). Instrumento que, fijo al extremo de una caña, sirve para apagar las velas o cirios colocados en lo alto. SIN.: *apagavelas.* **2.** BOT. Hongo comestible de sombrerillo primero globoso y después acampanado y convexo, con laminillas libres blancas muy apretadas. (Familia agaricáceas.)

■ **MATACANDELAS**

MATACANDIL s.m. Planta herbácea de tallos lisos, flores amarillas y fruto en silicua que crece en lugares húmedos. (Familia crucíferas.)

MATACANDILES s.m. (pl. *matacandiles*). Planta bulbosa, de largas hojas en roseta, acanaladas, y flores en racimos alargados colgantes. (Familia liliáceas.)

MATACHÍN s.m. (ital. *mattaccino*, dim. de *matto*, loco). Matarife. **2.** *Fig.* y *fam.* Hombre pendenciero y matón. **3.** Antiguamente, hombre disfrazado ridículamente con una careta y con un traje ajustado de diversos colores. **4.** Juego que practicaban los matachines mientras bailaban, y que consistía en hacer diversos movimientos y en darse golpes.

MATACO-MACÁ, familia de pueblos amerindios del Chaco central (*pueblos del Chaco), a lo largo de los ríos Pilcomayo y Bermejo. (Los principales pueblos son: mataco, macá, chorotí y ashluslay.)

MATADERO s.m. Establecimiento donde se mata y prepara el ganado para el abasto público. ◇ **Llevar, al matadero** *Fam.* Poner a alguien en peligro inminente de perder la vida.

MATADO, A adj. Méx. *Fam.* Se dice del que se dedica con exagerado empeño a su trabajo o a sus estudios.

MATADOR, RA adj. y s. Que mata. ◆ adj. Esp. *Fam.* Feo, ridículo: *un traje matador.* ◆ s. Diestro que en la lidia mata al toro con la espada.

MATADURA s.f. Llaga producida a una caballería por el roce del aparejo.

MATAGALPA, pueblo amerindio de Honduras, de lengua misumalpa, ya extinguido.

MATAHAMBRE s.m. Argent. Matambre. **2.** Cuba. Especie de mazapán hecho con harina de yuca, azúcar y otros ingredientes.

MATALAHÚVA o **MATALAHÚGA** s.f. (del ant. *batalhalúa,* del hispano-ár. *al-ḥabbat al-ḥulūwa,* el grano dulce). Esp. Anís.

MATALASCALLANDO adj. y s.m. y f. (pl. *matalascallando*). Se dice de la persona astuta que persigue sus fines sin aparentarlo.

MATALOBOS s.m. (pl. *matalobos*). Acónito. **2.** Planta herbácea de hojas pubescentes acorazonadas, cuyas cabezuelas y raíces se emplean en sustitución del árnica. (Familia compuestas.)

MATALÓN, NA adj. y s. Se dice de la caballería flaca y llena de mataduras.

MATALOTAJE s.m. Provisión de comida que se lleva en una embarcación. **2.** Amér. Equipaje y provisiones que se llevan a uno en los viajes por tierra.

MATALOTE s.m. (fr. *matelot*, camarada de a bordo). Buque que precede o sigue a otro cuando navega en columna.

MATAMATA s.f. Quelonio de unos 20 cm de long., de color verde uniforme, largo cuello y cabeza aplanada, triangular, revestida en la parte superior por verrugas y tubérculos. (Familia quélidos.)

MATAMBA s.f. Palmera trepadora, de hojas largas y espinosas, que crece en las selvas tropicales. (Familia palmáceas.)

MATAMBRE s.m. Argent. Lonja de carne que se saca de entre el cuero y el costillar del ganado vacuno. **2.** Argent. Fiambre hecho, por lo común, con esa capa de carne, rellena y adobada.

MATAMOROS adj. y s.m. y f. (pl. *matamoros*). Esp. Valentón.

MATAMOSCAS s.m. (pl. *matamoscas*). Instrumento para matar moscas. **2.** Cualquier sustancia para el mismo uso.

MATANCERO adj. y s. De Matanzas. ◆ s.m. Amér. Merid. Matarife, carnicero, descuartizador de reses.

MATANGA s.f. Méx. Juego de muchachos en que uno procura quitar a otro un objeto que tiene en la mano, dándole un golpe en ella. ◇ **¡Matanga dijo la changa!** Méx. Expresión que se usa cuando se le arrebata una cosa a alguien.

MATANZA s.f. Acción de matar a gran cantidad de personas o animales: *matanzas de civiles.* **2.** Acción de matar las reses destinadas a la alimentación. **3.** Época del año en que se matan los cerdos y se prepara su carne para el consumo. **4.** Conjunto de la carne del cerdo y sus embutidos y conservas hechos para el consumo doméstico.

MATAPALO s.m. Diversas plantas americanas productoras de látex, que finalmente ocasionan la muerte del árbol sobre el cual crecen. (Familia moráceas.) **2.** Amér. Merid. Bejuco.

MATAPERICO s.m. Amér. Capirotazo.

MATAPERREAR v.intr. Argent., Ecuad. y Perú. Travesear.

MATAR v.tr. y prnl. Causar la muerte. ◆ v.tr. Redondear o achaflanar puntas, aristas, etc.: *matar las esquinas de un mueble.* **2.** *Fig.* Molestar, fastidiar mucho: *matar a preguntas.* **3.** *Fig.* Disminuir, mitigar, suavizar, pasar: *matar la sed, el hambre.* **4.** *Fig.* Alterar la salud: *los disgustos me matan.* **5.** En los juegos de cartas, echar una superior a la que ha jugado el contrario. **6.** Apagar el brillo de los metales. ◆ **matarse** v.prnl. *Fig.* Trabajar con afán y sin descanso: *se mataba por su familia.* ◇ **Estar a matar** Tener gran enemistad. **Matarlas callando** Actuar con astucia aparentando timidez o incapacidad para hacerlo.

MATARIFE s.m. Persona que tiene por oficio matar y descuartizar las reses.

MATARRATAS adj. y s.m. (pl. *matarratas*). Se dice de las sustancia que sirve para matar ratas. ◆ s.m. Esp. *Fam.* Aguardiente muy fuerte y de ínfima calidad.

MATASANO s.m. Amér. Central. Planta rutácea de fruto narcótico.

MATASANOS s.m. y f. (pl. *matasanos*). *Fam.* Mal médico.

MATASARNA s.f. Árbol de gran tamaño, que crece en Ecuador y Perú, cuya madera es muy apreciada para las construcciones navales. (Familia papilionáceas.)

MATASELLOS s.m. (pl. *matasellos*). Instrumento empleado para inutilizar los sellos de las cartas en las oficinas de correos. **2.** Marca producida por dicho instrumento.

MATASIETE s.m. y f. y adj. *Irón.* Persona fanfarrona, bravucona.

MATASUEGRAS s.m. (pl. *matasuegras*). Tubo de papel enrollado en espiral, con una boquilla en un extremo, por la que se sopla para que se desenrolle y emita un pitido.

MATATE s.m. Amér. Central y Méx. Red rústica que se usa para cargar con mecapal a la cabeza.

MATAZÓN s.f. Amér. Central, Colomb., Cuba y Venez. Matanza de personas, masacre.

MATCH s.m. (voz inglesa) [pl. *match* o *matches*]. Competición deportiva que se disputa entre dos participantes o dos equipos: *un match de tenis, de boxeo.*

MATCH-BALL s.m. (pl. *match-balls*). En tenis, tanto que decide la victoria final del jugador o pareja que se lo anota.

MATCH-PLAY s.m. (ingl. *match play*) [pl. *match-plays*]. En el golf, modalidad de competición entre dos jugadores o dos equipos que se juega hoyo por hoyo.

1. MATE adj. (fr. *mat*). Que carece de lustre, apagado, sin brillo. **2.** Se dice del oro sin bruñir.

2. MATE s.m. (del ár. *māt,* de *aṣ-ṣāh-māt,* el rey ha muerto). Lance del juego de ajedrez que pone término a la partida por estar amenazado y sin posibilidad de defensa uno de los reyes. SIN.: *jaque mate.* **2.** En el baloncesto, enceste que se consigue apoyando, por lo general, la muñeca en el aro. ◇ **Dar mate** Burlarse o reírse de alguien.

3. MATE s.m. (quechua *máti,* calabacita). Amér. Merid. Calabaza seca y vaciada que sirve para diversos usos domésticos. **2.** Amér. Merid. Lo que cabe en una de estas calabazas. **3.** Amér. Merid. Infusión de yerba mate. **4.** Bol., Chile y R. de la Plata. Juicio, talento, capacidad. **5.** Bol., Chile y R. de la Plata. *Fig. y fam.* Cabeza humana. **6.** Bol. y R. de la Plata. Calabacera. **7.** Bol. y R. de la Plata. Infusión de cualquier hierba medicinal que se toma con bombilla. **8.** R. de la Plata. Calabaza, especialmente la que se utiliza para preparar y servir la infusión de yerba, que se sorbe de ella con una bombilla. **9.** R. de la Plata. *Por ext.* Cualquier recipiente que se emplea para tomar la infusión de yerba.

MATEADA s.f. Amér. Merid. Acción de matear, tomar mate. **2.** Argent. Reunión en la que varias personas se juntan a tomar mate.

1. MATEAR v.tr. Sembrar las simientes o plantar las matas a cierta distancia unas de otras. ◆ v.intr. Buscar entre las matas el perro o el cazador para encontrar la caza. ◆ v.intr. y prnl. Extenderse las matas de trigo y de otros cereales echando muchos tallos.

2. MATEAR v.intr. Amér. Merid. Tomar mate. **2.** Chile. Mezclar un líquido con otro. ◆ v.tr. Chile. En ajedrez, dar mate.

MATEMÁTICA s.f. Disciplina que, mediante el razonamiento deductivo, estudia las propiedades de los entes abstractos, números, figuras geométricas, etc., así como las relaciones que se establecen entre ellos. (Suele usarse en plural.) ◇ **Matemática universal** Según Descartes, ciencia generalísima del orden y de la medida.

ENCICL. Las primeras matemáticas fueron prácticas: el «arte» de los cálculos del «gestor» y del «ingeniero». Surgieron en las civilizaciones babilónica y egipcia. Con la aparición de una ciencia de demostraciones racionales que establecía unos *pasos hipotético-deductivos,* surgieron en la civilización griega las matemáticas en el sentido moderno, de las que *Tales* es uno de los primeros representantes. Hasta el s. XIX, los postulados de Euclides fueron verdades evidentes que nadie se atrevió a discutir. Se fundaban en una visión idealizada del mundo físico (existencia de líneas rectas, por ej.) según las directrices del platonismo. Gauss y después Bolyai, Lobachevski y Reimann elaboraron geometrías en las que el axioma de Euclides sobre las paralelas no se verificaba, pero cuyo aspecto deductivo era riguroso. Estas geometrías no euclidianas, contradictorias entre sí, pusieron fin a veintidós siglos de «evidencias» matemáticas. Hilbert resolvió el problema de las contradicciones: a partir de entonces, los axiomas de una teoría matemática ya no eran verdades evidentes o no, sino relaciones consideradas «verdaderas», a las que solo importaba la compatibilidad de los axiomas entre sí. Así, las matemáticas se convirtieron entonces en la ciencia de los *sistemas formales,* que tratan de objetos abstractos. Aparecieron nuevas disciplinas: *álgebra abstracta, topología, teoría de conjuntos,* etc. Cantor fue el fundador de esta última, que permite hallar las mismas estructuras (de grupos, de cuerpos, etc.) en situaciones muy diversas: de esa manera las matemáticas se convirtieron también en una *ciencia de las estructuras.* No tardaron en reaparecer las contradicciones: algunos conjuntos «paradójicos» hicieron surgir de nuevo la cuestión de la existencia en matemáticas. Para que un «ente matemático» exista, ¿debe acercarse a la intuición o a la experiencia? Para los matemáticos *intuicionistas,* como Brouwer, cada paso de una demostración se realiza a la luz de una intuición, que no tiene más garantía que ella misma. Solo se considerará existente un objeto matemático si hay un medio para acceder a él de manera «constructiva». Con la teoría constructivista —contraria a las teorías de Cantor, Dedekind y Weierstrass— Kronecker considera a la aritmética, basada en los números enteros positivos, como la única y verdadera «creación divina». En nuestros días, tales contradicciones se han atenuado, sobre todo después de los trabajos de Gödel sobre la *consistencia* de la aritmética. El desarrollo de la lógica después de la segunda mitad del s. XIX, con Boole, Russell y Whitehead, contribuyó enormemente al traba-

jo de formalización y a su éxito. Para resolver los problemas planteados por el lugar que las matemáticas clásicas conceden a la intuición y a la objetividad de las definiciones iniciales, se recurrió a una *lógica formal,* construida sobre la base del simbolismo matemático. Este formalismo constituye una tentativa de unificación de la lógica y la matemática, unificación conseguida en el s. XX por el trabajo del grupo Nicolas *Bourbaki. (V. parte n. pr.)

MATEMÁTICO, A adj. Relativo a las matemáticas: *lógica matemática.* **2.** *Fig.* Exacto, preciso: *puntualidad matemática.* ◆ s. Persona que se dedica a las matemáticas.

MATEMATISMO s.m. Tendencia a tratar los problemas filosóficos según el espíritu y método propios de la matemática.

MATERIA s.f. (lat. *materia*). Sustancia, realidad constituyente de los cuerpos dotada de propiedades físicas. **2.** Sustancia particular de la que está hecha una cosa provista de unas características determinadas: *materia combustible.* **3.** Lo que constituye el fondo o el sujeto de un discurso o de una obra. **4.** Lo que es objeto de enseñanza o de conocimiento: *profundizar en una materia.* **5.** DER. Contenido de la relación jurídica objeto de un proceso: *materia civil, penal.* ◇ **En materia de** Respecto a (de), por lo que concierne a: *en materia de deportes; en materia de sanidad.* **Entrar en**

materia Empezar a tratar un asunto después de algún preliminar. **Índice de materias** Lista ordenada en que se indican los temas tratados a lo largo del libro. **Materia orgánica** Conjunto de materiales vegetales y animales, total o parcialmente descompuestos por la acción de los microorganismos presentes en el suelo. **Materias primas** o **primeras materias** Materias de origen natural que intervienen por transformación o consumición en los procesos de fabricación. (Se distinguen, por lo general, las materias primas *agrícolas* [animales o vegetales], las *minerales* y las *energéticas.*) [V. ilustr. pág. siguiente.]

MATERIAL adj. Relativo a la materia; opuesto a espiritual o formal. **2.** Que existe verdaderamente: *error material.* ◆ s.m. Ingrediente, materia u objetos que se necesitan para hacer una obra. **2.** Maquinaria, herramientas y utensilios necesarios para el desempeño de un servicio o el ejercicio de una profesión. ◇ **Material de guerra** Conjunto de material bélico que utiliza un ejército. **Materiales de construcción** Materias primas que intervienen en la construcción de una obra. **Materiales de derribo** Materiales de construcción que se aprovechan de algún edificio derribado. **Material hereditario** Conjunto de estructuras que en los organismos vivos constituyen el soporte de la herencia. (Está formado por ADN o

SÍMBOLOS MATEMÁTICOS

símbolo	explicación	símbolo	explicación
TEORÍA DE LOS CONJUNTOS		**ANÁLISIS**	
$\in$	elemento de, pertenece a	$]a, b[$	intervalo abierto $a < x < b$
$\notin$	no pertenece a	$[a, b]$	intervalo cerrado $a \leqslant x \leqslant b$
$\subset$	subconjunto de, contenido en	∞	infinito
$\cup$	reunión, unión	$\to$	tiende a, converge hacia
$\cap$	intersección	lim	límite
$\{x_i\}$	conjunto de elementos x_i	d	símbolo de diferenciación
$\varnothing$	conjunto vacío	$\dfrac{dy}{dx}$, y'	derivada de y con relación a x
ARITMÉTICA, ÁLGEBRA		$\dfrac{d^n y}{dx^n}$, $y^{(n)}$	derivada de orden n de y con relación a x
$=$	igual		
$\simeq$ o $\approx$	aproximadamente igual	∂	símbolo de derivada parcial
$\equiv$	idéntico	Δ o δ	variación
$\neq$	diferente	$\int$	integral simple
$<$	menor que	$\iint$	integral doble
$>$	mayor que	$\iiint$	integral triple
$\leqslant$	menor que o igual a	$\int_a^b f(x)\,dx$	integral definida
$\geqslant$	mayor que o igual a		
$+$	más	**GEOMETRÍA**	
$-$	menos	$\parallel$ o $/$	paralelo
$\cdot$ o $\times$	multiplicado por	$\perp$	perpendicular
$: $ o $/$ o $-$	dividido por	$\widehat{}$	ángulo
$\displaystyle\sum_{i=1}^{n} a_i$	$a_1 + a_2 + ... + a_n$	$\circ$	grado de ángulo
		$'$	minuto de ángulo
$\displaystyle\prod_{i=1}^{n} a_i$	$a_1 \cdot a_2 \cdot ... \cdot a_n$	$''$	segundo de ángulo
		$\overset{\frown}{AB}$	arco AB
a^n	a a la potencia n	$[AB]$	segmento AB
$\sqrt{a}$	raíz cuadrada de a	$\overrightarrow{AB}$	vector AB
$\sqrt[n]{a}$	raíz de a a la potencia n	$\|\overrightarrow{AB}\|$	norma de vector AB
$n!$	factorial n	$\overline{AB}$	medida algebraica de AB
C_n^p	combinación de n elementos tomados de p en p	AB	longitud AB
		(AB)	recta AB
$|a|$	módulo o valor absoluto de a	sen	seno
$\log_b$	logaritmo de base b	cos	coseno
$\log$	logaritmo de base 10	tg	tangente
$\ln$	logaritmo neperiano, de base e	cotg	cotangente
i	número imaginario unidad, $i^2 = -1$	arc sen	arco seno
		sh	seno hiperbólico
$\vec{a} \cdot \vec{b}$	producto escalar de dos vectores	**LÓGICA**	
$\vec{a} \wedge \vec{b}$	producto vectorial de dos vectores	$\rceil$	no (negación)
$(a_{ik}) = A$	matriz A de coeficientes a_{ik}	$\wedge$	y (conjunción)
$|a_{ik}| = \det A$	determinante de una matriz cuadrada A	$\vee$	o (disyunción)
		$\Rightarrow$	si – entonces (implicación)
$\equiv \pmod{m}$	congruente módulo m	$\Leftrightarrow$	si y solamente si (equivalencia)
		$\exists$	existe (cuantificador universal)
		$\forall$	para todo (cuantificador universal)

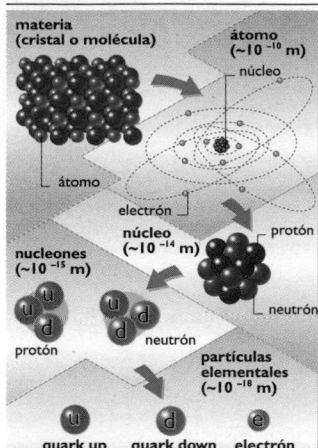

materia
(cristal o molécula)

átomo
(~10⁻¹⁰ m)

núcleo

átomo

electrón

núcleo
(~10⁻¹⁴ m)

protón

nucleones
(~10⁻¹⁵ m)

neutrón

protón

neutrón

partículas
elementales
(~10⁻¹⁸ m)

quark up   quark down   electrón

Los quarks, que nunca se presentan en estado libre, son mantenidos dentro de los nucleones por la fuerte interacción.

■ **MATERIA.** Tres partículas bastan para constituir toda la materia estable: los dos quarks (*up* y *down*) y el electrón.

ARN.) **Tiempo material** Tiempo necesario para llevar a cabo una acción.

MATERIALIDAD s.f. Carácter o cualidad de lo que es material: *la materialidad de un cuerpo.* **2.** Sonido de las palabras: *la materialidad de una expresión.*

MATERIALISMO s.m. Posición filosófica que considera la materia como la única realidad y que hace del pensamiento un fenómeno material, como cualquier otro fenómeno. **2.** Manera de vivir de las personas que solo tienen en cuenta los bienes materiales y el placer inmediato.
ENCICL. El materialismo es una corriente filosófica que se remonta a la antigüedad (Demócrito, Epicuro, Lucrecio). Se basa en la idea de que la materia constituye todo el ser de la realidad. El materialismo niega cualquier dualismo entre una creación y un creador, entre cuerpo y alma, y reduce el pensamiento a un fenómeno material. Los librepensadores del s.XVII y la creación de la física matemática (Galileo, Newton) renovaron esta corriente, que fue ampliamente difundida por los filósofos de la Ilustración (Diderot), en una perspectiva más fisiológica (de Holbach, La Méttrie) o más social (Helvetius). El *materialismo histórico*, definido por Marx, inscribe en la historia del ser humano los conceptos temporales del materialismo antiguo: la historia, cuyo motor es la lucha de clases, está constituida por el conjunto de modos de producción aparecidos o por venir; el modo de producción condiciona el modo de vida, social político e intelectual y, por tanto, el ser social de las personas es lo que determina su conciencia, y no a la inversa.

MATERIALISTA adj. y s.m. y f. Relativo al materialismo; partidario de esta doctrina. **2.** Que tiene mucho apego a los bienes materiales.

MATERIALIZACIÓN s.f. Acción y efecto de materializar o materializarse. **2.** FÍS. Transformación de energía radiante (fotón) en partículas de masa no nula (electrones, positrones).

MATERIALIZAR v.tr. [7]. Representar algo bajo forma material. ◆ v.tr. y prnl. Realizar, llevar a cabo: *materializar un proyecto.* ◆ **materializarse** v.prnl. Hacerse alguien materialista.

MATERIALMENTE adj. De hecho, realmente, enteramente: *es materialmente imposible.*

MATERNAL adj. Materno: *cuidar con maternal interés.* **2.** Se dice de la primera etapa en que permanece el niño en una guardería o jardín de infancia, generalmente durante la lactancia y hasta los dos o tres años.

MATERNIDAD s.f. Estado o cualidad de madre. **2.** Período de la vida de la mujer comprendido entre el comienzo de la gestación y el momento del parto. **3.** Hospital en que se ofrece asistencia médica de parturientas y lactantes.

MATERNIZACIÓN s.f. Acción y efecto de maternizar.

MATERNIZAR v.tr. [7]. Conferir propiedades de madre o tratar como madre. **2.** Dotar cualquier leche de las propiedades que posee la leche materna.

MATERNO, A adj. (lat. *maternus*). Relativo a la madre: *cuidados maternos.*

MATERO, A adj. y s. Amér. Merid. Se dice de la persona aficionada a tomar mate.

MATES s.m.pl. Conjunto de los adornos planos o formas que componen los dibujos, por oposición al fondo o redecilla, en la industria o manufactura del encaje.

MATETE s.m. Argent. y Urug. Confusión, enredo. **2.** Argent. y Urug. Reyerta, disputa. **3.** Argent. y Urug. Mezcla de sustancias deshechas en un líquido que forma una masa inconsistente.

MÁTICO o **MATICO** s.m. Arbusto de América Meridional, de cuyas hojas se extrae un aceite esencial, aromático, balsámico y astringente. (Familia piperáceas.)

MATIERISMO s.m. Técnica artística en la que los pintores acumulan y trabajan una importante cantidad de materia (pintura, arenas, pastas, betún, etc.). **2.** Tendencia pictórica derivada de esta técnica.

MATILLA s.f. Planta herbácea erguida, de hojas casi lineales, semicilíndricas, que crece en las costas y lugares salinos del interior de la península Ibérica. (Familia quenopodiáceas.)

MATINAL adj. Matutino: *luz matinal.* ◆ adj. y s.f. Se dice de las sesiones de algunos espectáculos que se realizan por la mañana.

MATIZ s.m. Cada una de las gradaciones que puede tener un color. **2.** Combinación de varios colores mezclados con proporción. **3.** Rasgo o tono de distinto colorido y expresión en las obras literarias: *los distintos matices de una narración.* **4.** Rasgo o aspecto que da a una cosa un carácter determinado: *matiz irónico, ofensivo.* **5.** MÚS. Grado de intensidad que se puede dar a un sonido en la ejecución de una partitura.

MATIZACIÓN s.f. Acción y efecto de matizar.

MATIZADO, A adj. HERÁLD. Se dice del pavo real ruante o de las mariposas cuyas plumas o alas, respectivamente, presentan manchas coloreadas.

MATIZAR v.tr. [7]. Armonizar los diversos tonos y colores de varias cosas. **2.** *Fig.* Dar a algo un determinado matiz: *matizar sus palabras con cierta ironía.* **3.** *Fig.* Expresar los distintos matices o diferencias de algo: *matizar todos los aspectos de un asunto.*

MATLATZINCA, pueblo amerindio precolombino de lengua otomangue, que vivía en México (est. de Guerrero).

MATOCO s.m. Chile. *Fam.* El diablo, el demonio.

MATOJO s.m. Arbusto de unos 40 cm de alt., que crece en la península Ibérica. (Familia quenopodiáceas.) **2.** *Desp.* Mata. **3.** Colomb. Matorral. **4.** Cuba. Retoño de un árbol cortado.

MATÓN, NA s. *Fam.* Persona bravucona o pendenciera que intenta intimidar a los demás. **2.** *Fig.* y *fam.* Guardaespaldas.

MATORRAL s.m. Formación vegetal baja, característica de los países mediterráneos, que está constituida por olivos silvestres (acebuches), lentiscos, madroños, encinas pequeñas (coscojas), etc.

MATRACA s.f. (ár. vulgar *maṭráqa*, martillo, de *ṭáraq*, golpear). Instrumento de madera compuesto de un tablero y uno o más mazos, que al sacudirlo produce un ruido fuerte y opaco. **2.** Rueda de tablas con badajos de madera entre las paletas, que al girar producen un ruido fuerte y estridente. **3.** *Fig.* y *fam.* Insistencia molesta en un tema o pretensión. **4.** Machacón, persona pesada.

MATRAQUEAR v.intr. *Fam.* Hacer sonar la matraca. **2.** *Fig.* y *fam.* Chasquear, importunar con insistencia. **3.** Hacer ruido machaconamente.

MATRAZ s.m. (fr. *matras*). Recipiente esférico de vidrio o de cristal terminado en un tubo estrecho y recto, que se emplea en los laboratorios químicos.

MATREREAR o **MATRERIAR** v.intr. Argent. Llevar vida de matrero. **2.** Argent. *Fig.* y *fam.* Jugar los niños libremente.

MATRERO, A adj. Astuto, diestro, experimentado. **2.** Argent. En lenguaje rural, ganado cimarrón. **3.** Argent., Bol., Chile, Perú y Urug. Se dice del fugitivo que buscaba el monte para escapar de la justicia.

MATRIARCADO s.m. Organización social en que el derecho, la autoridad y la riqueza reside en las mujeres.

MATRIARCAL adj. Relativo al matriarcado.

MATRICARIA s.f. Manzanilla común.

MATRICIDA s.m. y f. Persona que comete matricidio.

MATRICIDIO s.m. Acto de matar a la propia madre.

MATRICLÁN s.m. ANTROP. Clan fundado en la filiación matrilineal.

MATRÍCULA s.f. (lat. *matricula*). Inscripción en un registro o lista. **2.** Documento que acredita esta inscripción. **3.** Conjunto de personas matriculadas. **4.** Formalidad que debe cumplir un estudiante para seguir estudios en un centro de enseñanza. **5.** Placa de un vehículo. ◇ **Matrícula de honor** Calificación que supera el sobresaliente y que permite al alumno que la ha obtenido la inscripción gratuita en el curso siguiente. **Matrícula gratuita** Exención total o parcial del pago de inscripción en una enseñanza.

MATRICULACIÓN s.f. Acción y efecto de matricular o matricularse.

MATRICULAR v.tr. y prnl. Inscribir en una matrícula o registro. **2.** Esp. Inscribir un vehículo en una matrícula y colocarle la placa correspondiente.

MATRILINEAL adj. ANTROP. Se dice de un sistema de filiación y de organización social en el que solo se toma en cuenta la ascendencia materna.

MATRILOCAL adj. ETNOL. Se dice del modo de residencia de una nueva pareja en el que el esposo pasa a residir en la casa de la familia de la mujer.

MATRIMONIAL adj. Relativo al matrimonio: *relaciones matrimoniales.* ◇ **Agencia matrimonial** Establecimiento que pone en relación a personas que desean casarse.

MATRIMONIAR v.intr. Casarse. ◆ **matrimoniarse** v.prnl. Chile. Casarse.

MATRIMONIO s.m. (lat. *matrimonium*). Institución social, reconocida como legítima por la sociedad, consistente en la unión de dos personas para establecer una comunidad de vida, más o menos estable. **2.** Sacramento por el cual un hombre y una mujer se unen indisolublemente con arreglo a las prescripciones de la Iglesia. **3.** *Fam.* Marido y mujer. ◇ **Consumar el matrimonio** Dar cumplimiento los esposos al matrimonio realizando el primer acto sexual. **Contraer matrimonio** Casarse.
ENCICL. El matrimonio puede ser monogámico o poligámico. Si bien las religiones le otorgan un carácter sagrado y sacramental, la mayoría de los estados modernos lo contemplan como una unión contractual. En estos casos, el matrimonio civil, único válido, es independiente del religioso. Entre los efectos del matrimonio se encuentra la obligación de vida en común de los cónyuges, que deben ayudarse, respetarse y guardarse fidelidad, y el establecimiento de un régimen patrimonial. Para contraer matrimonio se establecen requisitos de capacidad, libre consentimiento y ausencia de impedimentos legales. Las constituciones avanzadas establecen la plena igualdad jurídica del hombre y la mujer para contraer matrimonio. Se contempla también la posibilidad de separación, anulación y divorcio.

MATRITENSE adj. y s.m. y f. Madrileño.

MATRIZ s.f. (lat. *matrix, -icis*). ANAT. Útero. **2.** DER. Parte del talonario que queda encuadernada al separar los cheques, títulos u otros documentos que lo forman. **3.** DER. Escritura o documento en que consta la celebración de un acto jurídico y que se conserva en el registro. **4.** ESTADÍST. Disposición ordenada de un conjunto de elementos. **5.** MAT. Tabla de *m · n* números dispuestos en *m* filas y *n* columnas, en la que *m* y *n* pueden ser iguales. **6.** TECNOL. Molde en hueco o en relieve, que sirve para reproducir una imprenta sobre un objeto sometido a su acción. ◆ adj. y s.f. Principal, generador: *una casa matriz.*

MATRIZADO s.m. Operación que consiste en modelar una pieza dándole la forma definitiva mediante prensado en caliente y con la ayuda de matrices.

MATRIZAR v.tr. [7]. TECNOL. Forjar una pieza con prensa, por medio de matrices.

MATRONA s.f. (lat. *matrona*). Comadrona. **2.** Mujer madura. **3.** Encargada de registrar a las mujeres en aduanas o de ciertas labores de vigilancia en las cárceles femeninas. **4.** ANT. Madre de familia, noble y virtuosa.

MATUCHO, A adj. Chile. Se dice del alumno externo de un colegio en el que también hay internos.

MATUNGO, A adj. Argent. y Cuba. Se dice del caballo endeble, matalón.

MATURRANGO, A adj. y s. Amér. Merid. Mal jinete. **2.** Chile. Se dice de la persona pesada y tosca en sus movimientos.

MATUSALÉN s.m. y f. (de *Matusalén*, patriarca bíblico antediluviano). Persona de mucha edad, anciano.

MATUTE s.m. Introducción de mercancías en una población burlando el impuesto de aduanas o consumos. **2.** Mercancía introducida de esa manera. **3.** Casa de juegos prohibidos.

MATUTEAR v.intr. Introducir matute.

MATUTINO, A adj. (lat. *matutinum*). Relativo a las horas de la mañana: *luz matutina.* **2.** Que ocurre o se hace por la mañana: *edición matutina.*

MAUL s.m. (voz inglesa). En rugby, melé abierta donde el balón no toca el suelo.

MAULA s.f. (de *mau*, onomatopeya de la voz del gato). Trasto, persona o cosa inútil. ◆ adj. y s.m. y f. Argent., Perú y Urug. Cobarde, despreciable. ◆ s.m. y f. Fam. Persona tramposa o mala pagadora. **2.** Fig. y fam. Holgazán.

MAULLADOR, RA adj. Que maúlla mucho.

MAULLAR o **MAULAR** v.intr. (de *mau*, onomatopeya de la voz del gato) [22]. Dar maullidos el gato. SIN.: *mayar.*

MAULLIDO s.m. Voz del gato. SIN.: *maúllo.*

MAULÓN, NA adj. Se dice del toro de malas condiciones para la lidia por su cobardía.

MAULOSO, A adj. y s. Chile. Embustero.

MAURITANO, A adj. y s. De Mauritania.

MÁUSER s.m. (de W. y P. von *Mauser*, armeros alemanes) [pl.*máusers* o *máusers*]. Fusil de repetición con un depósito para cinco cartuchos y accionado mediante cerrojo.

MAUSOLEO s.m. (lat. *Mausoleum*, del gr. *Maysoleion*, de *Mausolo*, sátrapa de Caria). Monumento funerario.

MAWLÁ s.m. (voz árabe). Nombre con que se conocía indistintamente en al-Andalus al señor y al esclavo liberto por manumisión, que pasaba a formar parte de la clientela de aquel.

MAWLID o **MŪLŪD** s.m. Fiesta religiosa musulmana en la que se celebra el aniversario del nacimiento de Mahoma.

MAXILA s.f. Apéndice par de los artrópodos, situado a continuación de las mandíbulas.

MAXILAR adj. (lat. *maxilla*). Relativo a la quijada o mandíbula: *arteria maxilar; nervio maxilar.* ◆ adj. y s.m. Se dice de los huesos de la cara situados en la región anteroinferior.

MAXILÍPEDO s.m. ZOOL. Apéndice par de los crustáceos, situado entre las maxilas y las patas, que sirve principalmente para sujetar las presas.

MÁXIMA s.f. Sentencia que resume un principio moral, un juicio de orden general o una enseñanza. **2.** Regla de conducta general, o en cualquier campo de actividad: *máxima del arte.*

MAXIMAL adj. Que constituye el máximo. **2.** MAT. Para un subconjunto A de un conjunto C provisto de una relación de orden, se dice del elemento de A posterior a todos los elementos de A comparables con él. CONTR.: *minimal.*

MAXIMALISMO s.m. Posición política extrema, no mayoritaria, que reclama el máximo de una acción social o política. **2.** *Por ext.* Tendencia a preferir las soluciones más extremadas en el logro de cualquier aspiración.

MAXIMALISTA adj. y s.m. y f. Relativo al maximalismo; partidario de esta posición política.

MÁXIME adv.m. Con mayor motivo o más razón.

MAXIMIZAR v.tr. [7]. Buscar el mayor provecho, rendimiento o beneficio de una cosa: *maximizar la producción.* **2.** MAT. Hacer las operaciones necesarias para hallar el máximo común divisor de una función.

MÁXIMO, A adj. (lat. *maximus*, superlativo de *magnus*). Que tiene o ha alcanzado el mayor valor o grado. ◆ s.m. Límite superior o extremo que puede alcanzar algo: *rendir el máximo.* **2.** MAT. Valor mayor de los que puede tomar una cantidad variable entre ciertos límites.

MÁXIMUM s.m. Límite extremo o extremo que puede alcanzar algo.

MAXISINGLE s.m. Disco fonográfico del tamaño de un elepé, pero de menor duración que este y grabado a 45 revoluciones por minuto.

MAXWELL s.m. Unidad CGS de flujo magnético (símb. M), equivalente al flujo producido por una inducción magnética de 1 gauss a través de una superficie de 1 cm² normal al campo.

1. MAYA adj. y s.m. y f. De un pueblo indígena mesoamericano que desarrolló una de las más altas civilizaciones de la América prehispánica, en una amplia región que comprende el SE de México, Yucatán y Guatemala, desde comienzos de la era cristiana hasta el s. XVI. ◆ s.m. Lengua amerindia de América Central, hablada en la península de Yucatán, N del estado mexicano de Campeche y por los lacandones de México y Guatemala. SIN.: *yucateco.*

ENCICL. Desde el IX milenio en el área de poblamiento maya experimentó un proceso de sedentarización. Del llamado período formativo de la cultura maya (h. 1500 a.C.) se conocen poblados de agricultores (Cuello, Ocos, Cuadros), con organización social teocrática. En el s. VIII a.C. los mayas ocuparon el valle de Guatemala (Kaminaljuyú). En los siglos posteriores destacan la cerámica de Charcas y la pirámide de Uaxactún. Del período clásico (300-900 d.C.) se conoce la cerámica policroma y se han constatado avanzados conocimientos astronómicos y matemáticos. Tikal, Copán y Palenque fueron ricas ciudades-estado autónomas. El apogeo de la cultura maya se sitúa en la segunda mitad del s. VII. La producción artística alcanzó un gran desarrollo, en particular la arquitectura, que dio magníficos monumentos en ciudades como Palenque, Yaxchilán, Piedras Negras, Copán, Tikal, Quiriguá, Uxmal o Chichén Itzá, erigidos alrededor de plazas que cumplían funciones administrativas y religiosas. Destacan los bellos relieves de muros y estelas, así como la pintura mural (Bonampak, Chichén Itzá) y la cerámica, extraordinariamente numerosa y variada. Los mayas disponían de dos calendarios, uno ritual y otro solar

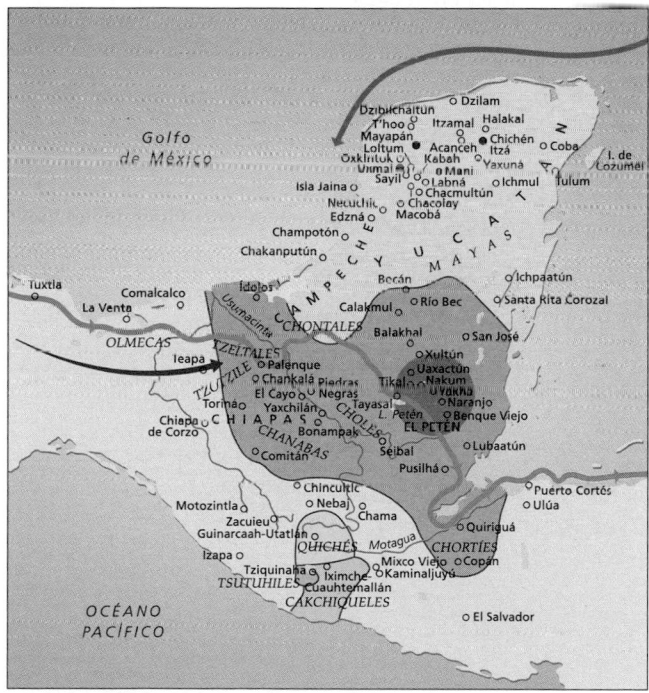

LA CIVILIZACIÓN MAYA

■ Núcleo inicial de la cultura maya (s. IV)

■ Imperio antiguo (320-987)

■ Imperio nuevo (987-1697)

● Liga de Mayapán (987-1194)

○ Sitios arqueológicos y ciudades mayas

➤ Migración tolteca hacia Yucatán (fines s. X)

Reinos independientes del altiplano (1500):

■ Reino quiché

■ Reino cakchiquel

■ Reino tsutsuhil

QUICHÉS Pueblos

➡ Llegada de los españoles (1517)

➡ Hernán Cortés (1524-1525)

■ EL ARTE DE LOS MAYAS

Pueblo de agricultores pacíficos, los mayas constituyeron una de las civilizaciones más refinadas de la América precolombina, de la que dan testimonio los centros culturales y los palacios ocultos en la jungla. El área maya comprende tres zonas: el Norte (Yucatán), el Centro (desde el actual estado mexicano de Tabasco hasta Honduras) y el Sur (costa del Pacífico y altas tierras de Chiapas y Guatemala).

Copán. Detalle de una «cabeza de guacamaya», labrada en piedra, en la ciudad de Copán (Honduras).

Chichén Itzá. El templo de los Guerreros.

Tikal. Vista de la ciudad, Guatemala (periodo clásico).

y llevaron a cabo numerosos estudios de astronomía y matemáticas (conocían el valor cero). Utilizaron la escritura jeroglífica en las estelas (Chiapa de Corzo, Izapa) y los códices (de los que se conservan cuatro). En literatura cabe citar el *Popol Vuh* y los libros del *Chilam Balam*. En el s. IX se inició una etapa de decadencia económica y política de los mayas cuyo territorio fue conquistado en 978-987 por los itzaes, aliados con los toltecas; estos impusieron el culto a Quetzalcóatl y una estructura militarista, pero asimilaron la cultura científica y artística maya (observatorio de El Caracol, en Chichén Itzá). En 1200 la liga de Mayapán estableció su dominio en el N de Yucatán, y se inició la decadencia cultural maya, que culminó tras la caída del imperio de Mayapán (1450) y diversas guerras entre las ciudades. En Guatemala los quichés, de influencia tolteca, formaron un imperio que se hundió por luchas intestinas por el poder. En 1525 Pedro de Alvarado conquistó Guatemala, y en 1536 tuvo lugar la ocupación de Yucatán por Francisco de Montejo el Mozo. Los itzaes, último núcleo maya, cayeron ante los españoles en 1697. En los ss. XVI-XVIII los mayas del Yucatán se rebelaron contra los españoles en diversas ocasiones (1652, 1761).

La organización social de los mayas estaba presidida por el monarca o *halach-uinic*, que nombraba *bataboob* o jefe de aldea a un noble. La casta sacerdotal, *ah konoob*, la formaban el *ahuacán*, o señor serpiente, y los *chillanes*, o adivinos. Por debajo de la clase popular de artesanos y agricultores estaban los *pentacoob*, o esclavos, utilizados en los sacrificios humanos. Los principales dioses del panteón maya eran Itzamná, dios supremo, Kinich Ahau, el sol, Ixchel, la luna, y Chac, la lluvia. La lengua maya, del grupo maya-quiché, familia maya-zoque, fue una de las más importantes lenguas de civilización de la América precolombina.

2. MAYA s.f. (de *mayo*). Planta herbácea con inflorescencias de flores amarillas y fruto en aquenio. (Familia compuestas.)

MĀYĀ s.f. (voz sánscrita). En el Vēdānta y en el budismo, conjunto de ilusiones que constituyen el mundo.

MAYADOR, RA adj. Maullador.

MAYA-QUICHÉ, grupo de lenguas de América Central de la familia maya-zoque, dividido en: *huasteco* (SE de San Luis Potosí y N de Veracruz, México); *maya* (península de Yucatán y N de Campeche, México); *chol* (extendido antiguamente de Tabasco a Honduras); *tzeltal* (Chiapas, México); *mam* (S de la frontera entre México y Guatemala); *quiché*, que comprende el quiché y el cakchiquel, hablados en Guatemala.

MAYAR v.intr. Maullar.

MAYATE s.m. Coleóptero de color negro, que vive en México. (Familia melolóntidos.)

MAYA-ZOQUE, familia lingüística amerindia formada por numerosas lenguas y dialectos de la región que comprende el SE de México, Guatemala, parte de Honduras y una zona de la costa del golfo de México. El principal grupo de lenguas es el maya-quiché.

MAYEAR v.intr. Hacer el tiempo propio del mes de mayo.

MAYEQUE s.m. (náhuatl *maitl*, mano). En México, denominación dada a los indígenas de las clases inferiores a los maceguales, que tenían una condición semejante a la de los siervos o esclavos.

MAYESTÁTICO, A adj. (alem. *majestätisch*). Relativo a la majestad. ◇ **Plural mayestático** Plural del pronombre de primera persona empleado con sentido singular, en el estilo oficial, por personas revestidas de un carácter de autoridad. (Ej.: *nos, rey de España*.)

MAYÉUTICA s.f. En la filosofía socrática, arte de hacer descubrir al interlocutor las verdades que lleva en sí por medio de una serie de preguntas.

MAYIDO s.m. Maullido.

1. MAYO s.m. (lat. *majus*). Quinto mes del año. **2.** Palo adornado que se pone en el mes de mayo en algún lugar público en que han de celebrarse diversos festejos. **3.** Enramada que

ponen los novios a las puertas de sus novias. ◇ **Para mayo.** *Fam.* Expresa irónicamente un tiempo que nunca llegará.

2. MAYO, pueblo amerindio de lengua utoazteca, del grupo cahita, que vivía en Sonora, act. repartido entre ese estado y el de Sinaloa (México). [Se rebelaron en 1880 y 1917.]

MAYOCOL s.m. Méx. En Yucatán, mayordomo, capataz.

MAYÓLICA s.f. (ital. *majolica*, del lat. *Majorica*, Mallorca). Loza italiana del renacimiento, inspirada en la cerámica hispano-morisca.

MAYONESA o **MAHONESA** s.f. y adj. Salsa fría compuesta por una emulsión de yema de huevo y aceite.

MAYOR adj. (lat. *major, -oris*). Más grande, en cualquier aspecto material: *su casa es mayor que la nuestra.* (Se usa como comparativo, y precedido del artículo determinado, como superlativo relativo.) **2.** Más intenso: *su mayor ambición es llegar a ministro.* **3.** MÚS. Se dice de un modo, una escala, un acorde o un intervalo cuya tercera se compone de dos tonos. ◆ adj. y s.m. y f. Se dice de las personas que han pasado la edad madura. (Como sustantivo se usa en plural.) ◆ s.m. En algunos ejércitos, especialmente los anglosajones, oficial con un grado equivalente al de comandante. ◆ **mayores** s.m.pl. Antepasados. ◇ **Comercio al por mayor** Compra de mercancías en grandes cantidades directamente al fabricante, y venta también en cantidades importantes a los detallistas. **Mayor que** MAT. Signo matemático (>) que colocado entre dos cantidades indica que es mayor la primera que la segunda. **Premisa mayor** LÓG. Primera proposición de un silogismo. **Verso de arte mayor** Verso, generalmente de doce sílabas, compuesto por dos hemistiquios.

MAYORAL s.m. Capataz de las cuadrillas de segadores y cavadores. **2.** Persona que en las labranzas y en las cabañas de mulas manda a los otros mozos. **3.** Pastor principal de un ganado, especialmente de una ganadería de reses bravas. **4.** Cochero de las diligencias y carruajes.

MAYORALÍA s.f. Salario de un mayoral. **2.** Rebaño que pastoreaba un mayoral.

MAYORANA s.f. Mejorana.

MAYORANTE adj. y s.m. MAT. En un conjunto dotado de una relación de orden, y para un elemento *a*, se dice de cada uno de los elementos mayores que *a*, en el sentido de la relación que ordena el conjunto considerado.

MAYORAZGO s.m. Derecho que tiene el primogénito de suceder en todos los bienes dejados, con la condición de dejarlos íntegros en su familia. **2.** Conjunto de estos bienes. **3.** Poseedor de ellos. **4.** *Fam.* Primogénito de cualquier persona. **5.** *Fam.* Primogenitura.

MAYORDOMEAR v.tr. Administrar o gobernar una hacienda o casa.

MAYORDOMO, A s. (lat. *majordomus*, de *major,* mayor, y *domus,* casa). Criado principal de una casa encargado de la servidumbre y de la administración. ◆ s.m. Encargado general en algunas empresas agrícolas o industriales. **2.** Oficial que cuida de la satisfacción de los gastos y gobierno de las funciones en las cofradías. **3.** Chile. Sobrestante. **4.** Perú. Criado, sirviente. **5.** HIST. Administrador de la casa del rey. **6.** MIL. Cocinero que atiende a la cocina del almirante en los buques de guerra. ◆ s.f. Esposa del mayordomo.

MAYOREO s.m. Comercio al por mayor.

MAYORÍA s.f. Cualidad de mayor. **2.** Parte mayor de los componentes de un conjunto, colectividad o asamblea: *la mayoría opina que no.* **3.** Mayor número de votos: *obtener la mayoría.* **4.** Partido o conjunto de partidos que, en una asamblea, representan el mayor número. **5.** Oficina del mayor, especialmente del teniente coronel o comandante mayor. ◇ **Mayoría absoluta** Mayoría formada por más de la mitad de los votos emitidos. **Mayoría cualificada** Mayoría para la cual la ley exige que se reúnan más sufragios que para la mayoría absoluta, los 2/3 de los votos, por ejemplo. **Mayoría de edad** Edad fijada por la ley para el ejercicio de ciertos derechos civiles o políticos. **Mayoría relativa,** o **simple** Mayoría que reúne

■ **MAYÓLICA.** Plato de cerámica de Faenza con decoración historiada (h. 1530).
[Museo del Louvre, París.]

el mayor número de votos, con independencia de los votos emitidos. **Mayoría silenciosa** Parte mayoritaria de una población, que no expresa opinión significativa.

MAYORISTA adj. Se dice del comercio en que se vende y compra al por mayor. ◆ s.m. y f. Comerciante al por mayor.

MAYORITARIO, A adj. Que pertenece a la mayoría o que se apoya en ella: *gobierno mayoritario.* ◆ adj. y s. Se dice del sistema electoral basado en el triunfo de la mayoría, absoluta o relativa, sin que tengan ningún efecto los sufragios conseguidos por las minorías.

MAYORMENTE adv.m. Principalmente, con especialidad.

MAYUATO s.m. Argent. Pequeño carnívoro sudamericano semejante al coatí.

MAYÚSCULO, A adj. Muy grande: *susto mayúsculo.* ◆ adj. y s f. (lat. *majusculus*, dim. de *major*, mayor). Se dice de la letra de mayor tamaño que las otras y de forma distinta (por oposición a *minúscula*).

MAZA s.f. (lat. vulgar *mattea*). Utensilio provisto de un extremo pesado, generalmente cilíndrico, usado para machacar, golpear, apisonar, etc. **2.** Martillo grande. **3.** Bastón nudoso, más grueso en uno de sus extremos, que en la antigüedad se utilizó como arma contundente. **4.** Bastón en forma de maza, con puño de metal, usado como insignia por los maceros en las ceremonias. **5.** Extremo más grueso de los tacos de billar. **6.** Pilón o pieza de gran peso en las máquinas de forjar por percusión, que suministra la energía necesaria para la deformación mediante su caída vertical desde cierta altura. **7.** Chile. Cubo de la rueda. **8.** MAR. Tambor, cilindro en que se enrollan los guardines del timón. **9.** ZOOL. Dilatación terminal de un órgano. ◇ **Maza de armas** Arma antigua formada por un mango de hierro rematado con una cabeza esférica, cúbica o piramidal, en ocasiones erizada de púas.

MAZACOTE s.m. Hormigón, mezcla de piedra, mortero de cal y arena. **2.** Fig. Objeto de arte tosco o pesado. **3.** Fig. y fam. Hombre molesto o pesado. **4.** Fig. y fam. Cosa seca, dura y pegajosa. **5.** Argent. Pasta hecha de los residuos del azúcar que quedan adheridos en el fondo y en las paredes de la caldera al elaborarlo.

MAZACOTUDO, A adj. Amér. Amazacotado.

MAZACUATA s.f. Boa mexicana, de hasta 4 m de long., que habita en zonas de clima cálido. SIN.: *mazacuate*.

MAZADA s.f. Mazazo.

MAZADO s.m. Operación a que se somete la nata en la mantequera, en la fabricación de mantequilla.

MAZAMORRA s.f. Fig. Cosa desmenuzada. **2.** Bizcocho estropeado. **3.** Colomb. Ulceración en las pezuñas del ganado vacuno, causada por infección microbiana. **4.** Colomb. y Perú. Fig. Revoltillo de ideas o de cosas. **5.** Perú. Comida compuesta por harina de maíz con azúcar o miel. **6.** R. de la Plata. Comida criolla hecha con maíz blanco partido y hervido que se come frío, con o sin leche y, a veces, con azúcar o miel.

MAZAPÁN s.m. Pasta elaborada con almendras molidas y azúcar, cocida al horno.

MAZAR v.tr. [7]. Batir la leche para separar la manteca.

MAZARÍ adj. y s.m. (del ár. vulgar *layūr mazarī*, ladrillo egipcio). Se dice de la baldosa usada para solados.

MAZAROTA s.f. (fr. *masselotte*). Cavidad que se deja en la parte superior de un molde de fundición para formar un depósito de metal líquido que sirve para compensar la contracción de la pieza colada al solidificarse. **2.** Masa de metal moldeada en dicha cavidad.

MAZATECA, pueblo amerindio agricultor de lengua otomangue del N de los est de Oaxaca y Guerrero, hasta la ciudad de Veracruz.

MAZAZO s.m. Golpe que se da con una maza o un mazo. **2.** Fig. Cosa que provoca fuerte impresión.

MAZDEÍSMO s.m. Religión del antiguo Irán reformada por Zaratustra. (Es una religión dualista: el mundo es escenario de una lucha que enfrenta al principio del mal [Ahrimán o Angra-Mainyu] y el principio del bien [Ormuzd o Ahura Mazdā], que alcanzará el triunfo final. El libro sagrado del mazdeísmo es el *Avesta.*)

MAZDEÍSTA adj. y s.m. y f. Relativo al mazdeísmo; adepto a esta religión.

MAZMORRA s.f. (ár. *maṭmūra*, p. de *ṭāmar*, enterrar). Prisión subterránea.

MAZNAR v.tr. Amasar, ablandar o estrujar con las manos. **2.** Machacar el hierro cuando está caliente.

MAZO s.m. Martillo grande de madera. **2.** Maza, utensilio con un extremo pesado. **3.** Fig. Hombre pesado y molesto. **4.** Conjunto de cosas que forman un haz o paquete.

MAZONERÍA s.f. Fábrica de cal y canto. **2.** Obra de relieve.

MAZORCA s.f. Espiga densa y apretada que forman los granos de ciertas plantas: *mazorca de maíz.* **2.** Argent. Nombre dado a la Sociedad popular restauradora, organización que apoyaba al gobernador de Buenos Aires, Juan Manuel Rosas. **3.** Chile. Fig. Junta de personas que forman un gobierno despótico. **4.** TAUROM. Parte baja del cuerno, junto al arranque del testuz.

MAZORQUERO, A adj. y s. Argent. Relativo a la mazorca; miembro de esta organización. ◆ s.m. Chile. Bandolero que forma parte de una cuadrilla.

MAZORRAL adj. (de *mazorro*). Tosco, grosero.

MAZUCA s.f. Planta herbácea de flores azules, que crece en la península Ibérica. (Familia iridáceas.)

MAZURCA s.f. (polaco *mazurka*, de *Mazury*, región del NE de Polonia). Danza originaria de Polonia de ritmo moderado en compás de tres por cuatro. **2.** Música de esta danza.

MAZUT s.m. Fuel-oil.

MBARACAYÁ s.m. Mamífero carnívoro de cráneo alargado y pelaje corto, bayo, con pintas elípticas negras, que vive en Argentina, S de Brasil, Paraguay y Uruguay. (Familia félidos.)

MBAYÁ adj. y s.m. y f. Guaicurú.

MBICURÉ s.m. Amér. Comadreja.

MBUTI, pueblo de raza pigmea que vive en la Rep. Dem. del Congo.

ME pron.pers. (lat. *me*). Forma átona del pronombre personal de 1ª persona del singular. Funciona como complemento directo e indirecto y se usa con verbos pronominales cuando el sujeto es de 1ª persona del singular. Va pospuesto y unido al verbo cuando acompaña a un infinitivo, gerundio o imperativo: *me saludó; me dio la mano.*

MEA CULPA loc. (voces latinas, *por mi culpa*). Se usa para admitir la responsabilidad de una falta o error.

MEADA s.f. Vulg. Orina expelida de una sola vez. **2.** Vulg. Mancha que deja.

MEADERO s.m. Vulg. Urinario.

MEADO s.m. Vulg. Orín. (Se usa más en plural.) ◇ **Meado de zorra** Planta de bulbo muy grande y flores de color blanco. (Familia amarilidáceas.)

MEAJA s.f. Migaja. **2.** Miaja, moneda.

MEAJUELA s.f. Pieza pequeña colgada en los sabores del freno del caballo para que este segregue más saliva.

MEANDRO s.m. (lat. *maeander, -dri*). Curva que forma el curso de un río. **2.** ARQ. Ornamento en forma de línea sinuosa.

MEAR v.tr., intr. y prnl. (lat. vulgar *mejare*). Vulg. Orinar.

MEATO s.m. (lat. *meatus, -us*, camino, curso). ANAT. **a.** Conducto, canal u orificio. **b.** Orificio terminal de un conducto: *meato urinario.* **2.** BOT. Espacio entre células vegetales.

MEATOTOMÍA s.f. Operación quirúrgica que consiste en dilatar un meato.

1. MECA s.f. (de *La Meca*, c. de Arabia Saudí). Fig. Lugar que es el centro más importante de una actividad: *Hollywood es la meca del cine.*

2. MECA s.f. Chile. Estiércol, excremento. **2.** Chile. Persona torpe e inexperta.

¡MECACHIS! interj. Esp. Fam. Expresa contrariedad o enojo.

MECÁNICA s.f. Parte de la física que estudia las fuerzas y los movimientos. **2.** Estudio de las máquinas, de su construcción y de su funcionamiento. **3.** Mecanismo, conjunto de piezas. **4.** Fig. Mecanismo, manera de producirse una actividad, función o fenómeno. ◇ **Mecánica celeste** Parte de la astronomía que estudia los movimientos de los cuerpos celestes. **Mecánica cuántica** Teoría fundada en los cuantos que describe la evolución de los sistemas microscópicos. **Mecánica estadística** Parte de la mecánica que se ocupa de la aplicación de esta disciplina y de los métodos estadísticos al estudio de los sistemas formados por un gran número de elementos semejantes (moléculas, átomos). **Mecánica ondulatoria** Disciplina científica, establecida por L. de Broglie en 1924, según la cual las partículas en movimiento están asociadas a unas ondas capaces de producir fenómenos de interferencia y de difracción. **Mecánica racional,** o **clásica** Mecánica considerada en su aspecto teórico, generalmente para los cuerpos macroscópicos. **Mecánica relativista** Mecánica fundada en los principios de la relatividad.

ENCICL. La mecánica llamada *clásica* abarca tres grandes campos: la *estática*, que es el estudio de la acción de fuerzas sobre los cuerpos en ausencia de movimiento; la *cinemática*, que estudia el espacio, el tiempo y los movimientos, independientemente de sus causas, y la *dinámica*, que estudia los movimientos bajo la acción de las fuerzas. Desde finales del s. XIX se han desarrollado otras mecánicas, como la *estadística*, la *relativista* y la *cuántica*.

MECANICISMO s.m. FILOS. Teoría filosófica según la cual el conjunto de fenómenos naturales se explican únicamente mediante las leyes de la teoría del movimiento.

MECANICISTA adj. y s.m. y f. Relativo al mecanicismo; partidario de esta teoría.

MECÁNICO, A adj. Relativo a la mecánica: *leyes mecánicas.* **2.** Relativo a la máquina. **3.** Que se hace con una máquina: *barrido mecánico.* **4.** Que funciona mediante un mecanismo. **5.** Se dice del acto o movimiento ejecutado instintivamente o por costumbre: *gesto mecánico.* **6.** Se dice de ciertas propiedades físicas de una sustancia, como la dureza y la elasticidad. **7.** QUÍM. Que no actúa químicamente sino según las leyes del movimiento: *acción mecánica de un agente.* ◆ s. Persona que tiene por oficio manejar y reparar máquinas o cuidar de su mantenimiento. ◇ **Mecánico dentista** Persona que tiene por oficio hacer prótesis dentales.

MECANISMO s.m. (lat. tardío *mechanisma, -utis*, habilidad). Conjunto de piezas o elementos combinados que, mediante energía mecánica, hacen un trabajo o cumplen una función: *el mecanismo de un reloj.* **2.** Modo de realizarse una actividad, función, etc.

MECANIZACIÓN s.f. Acción y efecto de mecanizar. **2.** INFORMÁT. Proceso que consiste en aplicar técnicas de informática a una determinada aplicación administrativa, comercial, industrial, etc., para que esta pueda beneficiarse de las posibilidades de la computadora.

MECANIZADO, A adj. MIL. Se dice de la unidad militar o división en la que la dotación de vehículos ligeros acorazados predomina sobre la de carros de combate. ◆ s.m. METAL.

Operación que consiste en quitar material a una pieza por medio de una herramienta de corte, o con otros procedimientos.

MECANIZAR v.tr. y prnl. [7]. Introducir máquinas en las operaciones o procesos de una actividad: *mecanizar la agricultura*. **2.** Someter a elaboración mecánica. **3.** Informatizar, pasar un proceso, especialmente administrativo, comercial o industrial, a una computadora. **4.** Convertir en automático un acto o movimiento humano. ◆ v.tr. METAL. Trabajar los metales con una máquina-herramienta.

1. MECANO s.m. Meccano.

2. MECANO, A adj. y s. De La Meca.

MECANOGRAFÍA s.f. Técnica de escribir a máquina. SIN.: *dactilografía*.

MECANOGRAFIAR v.tr. [19]. Escribir a máquina. SIN.: *dactilografiar*.

MECANÓGRAFO, A s. Persona que tiene por oficio mecanografiar textos. SIN.: *dactilógrafo*.

MECANOTERAPIA s.f. Tratamiento que utiliza aparatos mecánicos para estimular los movimientos del cuerpo humano.

MECAPACLE o **MECAPATLI** s.m. Méx. Zarzaparrilla.

MECAPAL s.m. (náhuatl *mekapálli,* cordel para llevar algo a cuestas, de *mékatl,* cordel). Amér. Central. y Méx. Faja de cuero con dos cuerdas en los extremos, que, aplicada a la frente, sirve para llevar carga a cuestas.

MECAPALERO s.m. Amér. Central. y Méx. Mozo de cordel, o cargador que usa el mecapal.

MECAPATLI s.m. Méx. → MECAPACLE.

MECATAZO s.m. Amér. Latigazo o golpe dado con un mecate.

MECATE s.m. (náhuatl *mékatl*). Amér. Central, Méx. y Venez. Cuerda, cordel de pita.

MECATIAR v.tr. Colomb. Comer algo ligero entre comidas.

MECATO s.m. Colomb. Golosina, dulce que se come entre comidas.

MECCANO s.m. (marca registrada). Juguete consistente en una serie de ruedas, pasadores y piezas perforadas metálicas que pueden ser combinadas de diversas maneras y armadas con ayuda de tornillos, para construir con ellas diferentes objetos a escala reducida. SIN.: *mecano*.

MECEDOR, RA adj. Que mece o sirve para mecer. ◆ s.m. Instrumento para mecer líquidos. **2.** Columpio.

MECEDORA s.f. Asiento individual que sirve para balancearse y está formado por brazos, respaldo y patas que se apoyan sobre dos arcos o terminan en forma circular.

MECENAS s.m. y f. (de *Mecenas,* patricio romano) [pl. *mecenas*]. Persona que protege a artistas e intelectuales financiando sus obras.

MECENAZGO s.m. Protección que una persona o entidad dispensa a un artista o intelectual financiando sus obras.

MECER v.tr. y prnl. (lat. *miscere,* mezclar) [25]. Mover repetidamente de un lado a otro un cuerpo suspendido o que tiene un punto fijo, sin que pierda su posición de equilibrio: *mecer la cuna*. ◆ v.tr. Mover un líquido o el recipiente que lo contiene de un lado a otro, generalmente para mezclarlo.

MECHA s.f. Cordón combustible utilizado en velas, bujías y aparatos de alumbrado. **2.** Mechón de cabello, especialmente el que está teñido. **3.** Cuerda que sirve para encender los explosivos. **4.** Trozo de tocino, de jamón o cualquier otro ingrediente que se introduce como relleno en la carne. **5.** Amér. Merid. Broca de taladro. **6.** Colomb., Ecuad. y Venez. Burla, broma. **7.** Esp. Procedimiento para robar que consiste en esconder los objetos robados entre la propia ropa o entre los objetos personales. **8.** CIR. Tira de gasa utilizada para efectuar drenajes. **9.** MAR. Extremo inferior de un palo macho. **10.** TEXT. Tira o cinta de gran longitud formada por un conjunto de fibras textiles, unidas a menudo mediante algún ligera torsión. ◆ mechas s.f.pl. Amér. Cabellos largos, melenas, greñas. ◇ **Aguantar (la) mecha** Esp. Soportar con entereza las molestias, burlas o impertinencias. **Mecha del timón** MAR. Eje cilíndrico que hace girar la pala del timón.

MECHAR v.tr. Rellenar con trozos de tocino, jamón o cualquier otro ingrediente la carne.

2. TAUROM. Herir el torero al toro con el estoque reiteradamente y sin éxito.

MECHAZO s.m. MIN. Combustión de una mecha sin que estalle el barreno: *dar mechazo*.

1. MECHERA s.f. y adj. Aguja para mechar carne. ◆ s.f. TEXT. **a.** Máquina de la hilatura del algodón y del lino que tuerce las cintas de hilo en mechas y las enrolla en bobinas. **b.** Persona que tiene por oficio hilar con esta máquina.

2. MECHERA s.f. Planta herbácea de propiedades antihemorroidales. (Familia labiadas.)

MECHERO, A s. Esp. Persona que roba en las tiendas ocultando entre la ropa o en una bolsa lo robado. ◆ s.m. Utensilio provisto de mecha, utilizado para dar luz o calor. **2.** Boquilla del aparato de alumbrado por donde sale el gas que produce la llama. **3.** Esp. Encendedor. ◇ **Mechero de Bunsen** Encendedor de gas usado en los laboratorios que permite controlar la llama mediante las llaves que regulan la entrada de aire y combustible.

MECHIFICAR v.intr. [1]. Amér. Merid. Burlarse, mofarse.

MECHINAL s.m. Agujero cuadrado que se deja en un muro de obra, para meter el palo horizontal del andamio. **2.** *Fig. y fam.* Cuchitril.

MECHOACÁN s.m. Raíz de la jalapa.

MECHÓN s.m. Conjunto de pelos, hebras o hilos separado o destacado del resto.

MECHONEADA s.f. Chile, Colomb., Ecuad. y Guat. Acción de tirar del cabello a una persona.

MECHONEAR v.tr. y prnl. Amér. Merid. Mesar el cabello, desgreñar.

MECHTA s.f. Caserío de Argelia o Tunicia constituido por cierto número de chozas.

MECHUDO, A adj. Amér. Que tiene mechas de pelo, mechones o greñas. SIN.: *mechoso*.

MECKEL. Divertículo de Meckel Bolsa ciega suspendida del intestino delgado, vestigio, en ciertos individuos, del canal que une el intestino del feto a la placenta.

MECONIAL adj. Relativo al meconio.

MECONIO s.m. (lat. *meconium*). Primer excremento del recién nacido.

MECÓPTERO, A adj. y s.m. Relativo a un orden de insectos, con las cuatro alas de igual longitud, y cuyas larvas viven en el suelo. (La *mosca escorpión* pertenece al orden *mecópteros*.)

1. MEDALLA s.f. (ital. ant. *medaglia*). Pieza de metal, generalmente circular, con un dibujo o una inscripción en relieve, acuñada como recuerdo de un acontecimiento o en honor de un personaje. **2.** Pieza de metal, generalmente circular, que se entrega como premio o distinción honorífica. **3.** Pieza de metal que lleva grabada una imagen sagrada. ◇ **Medalla de campaña** MIL. Medalla concedida a quien participa en una determinada campaña.

2. MEDALLA s.m. Vino elaborado en Sanlúcar de Barrameda, generoso, claro, variante del jerez, que imita al vino de Montilla.

MEDALLERO s.m. DEP. Conjunto de medallas que se obtienen en una competición.

MEDALLISTA s.m. y f. Persona que tiene por oficio grabar medallas. **2.** Persona que tiene por oficio grabar los sellos y las matrices que sirven para acuñar las monedas y estampar las medallas. **3.** DEP. Deportista que ha conseguido una medalla.

MEDALLÓN s.m. (de *medalla*). Medalla grande y pesada. **2.** Joya en forma de caja pequeña y achatada en cuyo interior se guardan retratos o rizos y que suele llevarse colgada al cuello. **3.** Bajorrelieve redondo o en óvalo que representa una cabeza o cualquier otro motivo, y que se coloca en las portadas y otros lugares de los edificios. **4.** Trozo de carne o pescado con forma redonda u oval. **5.** MED. Lesión cutánea de forma redonda o elipsoidal.

MÉDANO s.m. Duna o barján, especialmente si se encuentra en la costa.

1. MEDIA s.f. (de *media calza*). Prenda de vestir interior femenina de tejido fino que cubre el pie y la pierna hasta la cintura. (Suele usarse en plural.) **2.** Prenda de vestir de punto que cubre el pie y la pierna hasta la rodilla: *media de fútbol*. SIN.: *calcetín*.

2. MEDIA s.f. Espacio de tiempo de treinta

minutos que sobrepasa a la hora indicada: *son las siete y media*. **2.** Cantidad que resulta del promedio de otras. ◇ **Media aritmética** Cantidad que resulta de dividir la suma de varias cantidades por el número de ellas. **Media armónica** Cantidad que tiene por inverso la media aritmética de los inversos de los términos de una serie. (La media armónica de *a* y *b* es el

número *g* tal que $\dfrac{2}{g} = \dfrac{1}{a} + \dfrac{1}{b}$.) **Media geo-**

métrica Raíz enésima del producto de una serie de números. **Media ponderada** Media aritmética en la que algunos números se multiplican por un coeficiente que tiene en cuenta su importancia relativa.

3. MEDIA s.m.pl. (voz angloamericana). Mass media.

MEDIACAÑA s.f. Forma de media caña, partida esta longitudinalmente. **2.** ARQ. **a.** Moldura cóncava semicilíndrica. **b.** Listón con que se guarnecen cornisas, frisos, etc. **3.** TECNOL. **a.** Formón de boca arqueada. **b.** Lima semicilíndrica terminada en punta.

MEDIACIÓN s.f. Acción y efecto de mediar. **2.** ASTRON. Momento de la culminación de un astro. **3.** DER. Procedimiento del derecho internacional y del derecho laboral que propone una solución a las partes en litigio, sin ponérsela. **4.** DER. MERC. Contrato por el que una de las partes se obliga a dar una remuneración a otra por haber indicado la oportunidad de celebrar un contrato o por haber conseguido con su actividad la celebración del mismo. **5.** FILOS. Elemento que relaciona dos entidades.

MEDIADO, A adj. Lleno, gastado o hecho más o menos hasta la mitad: *mediado el camino, se detuvo para comer*. ◇ **A,** o **hacia, mediados** Expresión que se utiliza para situar un hecho hacia la mitad del período que se indica: *vendrán a mediados de agosto*.

MEDIADOR, RA adj. y s. Que media en una discusión o pelea entre varias personas para reconciliarlas o en un asunto para solucionarlo. **2.** Que media a favor de alguien.

MEDIAGUA s.f. Amér. Tejado inclinado en una sola dirección para la caída de las aguas; edificio con este tipo de tejado.

MEDIAL adj. Se dice de la consonante que está en el interior de una palabra.

MEDIALUNA s.f. Panecillo en forma de media luna. **2.** Fortificación construida delante de los baluartes sin cubrir enteramente sus caras.

MEDIANA s.f. ESTADÍST. Elemento que ocupa la posición central en una serie establecida por orden de magnitud.

MEDIANEDO o **MEDIANETO** s.m. Asamblea popular de la alta edad media que resolvía los asuntos judiciales planteados entre gentes de distintos distritos.

MEDIANERÍA s.f. DER. Pared o espacio entre dos fincas.

MEDIANERO, A adj. Que está entre dos cosas: *pared medianera*. ◆ adj. y s. Mediador. ◆ s.m. Dueño de una medianería. **2.** Mediero. ◇ **Columna medianera** ARQ. Columna que está en medio de un soportal y cuyo intercolumnio es más largo que los otros.

MEDIANETO s.m. → MEDIANEDO.

MEDIANÍA s.f. Cualidad de mediano. **2.** *Fig.* Persona mediocre, de escasas dotes intelectuales o que no destaca en un campo determinado.

MEDIANIL s.m. Parte de un campo de cultivo situada entre la parte más alta y la más baja. **2.** Medianería.

MEDIANO, A adj. Que tiene un tamaño intermedio. **2.** *Fig. y fam.* Que tiene una calidad, importancia o un interés medio. ◆ adj. y s. MAT. Se dice del segmento de recta de un triángulo que une un vértice con el punto medio del lado opuesto; se dice del segmento de recta de un tetraedro que pasa por un vértice y el centro de gravedad de la cara opuesta. ◆ s.m. Incisivo de los caballos, bovinos y ovinos situado entre las palas y los extremos. ◇ **Nervio mediano** Nervio flexor principal de la extremidad superior, que actúa sobre el brazo, el antebrazo y la mano. **Plano mediano** GEOMETR. Plano diametral de una figura.

MEDIANOCHE s.f. Hora que señala el final de un día y el inicio del siguiente, las doce de la noche. **2.** Espacio de tiempo que comprende las horas centrales de la noche: *llegó a medianoche*. **3.** Esp. Panecillo que se suele rellenar de una loncha de jamón, carne, etc.

1. MEDIANTE adv.m. Utilizando lo que a continuación se expresa: *logró el trabajo mediante su esfuerzo*.

2. MEDIANTE s.m. MÚS. Tercer grado de la escala diatónica.

MEDIAR v.intr. Intervenir en una discusión o pelea entre varias personas para reconciliarlas o en un asunto para solucionarlo. **2.** Interceder en favor de alguien. **3.** Ocurrir un hecho o existir determinada circunstancia que influye en aquello de que se trata: *de no mediar algún imprevisto, terminaremos el sábado*. **4.** Llegar aproximadamente algo a su mitad: *mediaba el mes de julio cuando dejó la ciudad*. **5.** Transcurrir cierto tiempo entre dos hechos. **6.** Estar algo entre dos puntos.

MEDIASTINO s.m. Espacio comprendido entre los dos pulmones y dividido en dos partes por los repliegues de las pleuras. (El *mediastino anterior* contiene el corazón y el timo, y el *mediastino posterior* encierra el esófago, la aorta y el conducto torácico.)

MEDIÁTICO, A adj. Relativo a los medios de comunicación.

MEDIATIZACIÓN s.f. Acción y efecto de mediatizar. **2.** HIST. Incorporación de un país germánico, dependiente directamente del emperador, a un estado cuyo soberano pasaba a ser entonces señor intermediario. (Las operaciones de mediatización más importantes fueron practicadas bajo los auspicios de Napoleón I y permitieron conceder una compensación a los príncipes de la orilla Izq. del Rin, anexionada a Francia en 1803 y, posteriormente, en 1806.)

MEDIATIZAR v.tr. [7]. Ejercer una persona su influencia sobre otra para limitar su libertad. **2.** Reducir un estado a la dependencia de otro, sin privar a su gobierno de la soberanía nominal.

MEDIATO, A adj. Que está separado, en espacio, tiempo o grado, de una cosa o persona, por otra.

MEDIATRIZ s.f. MAT. **a.** Perpendicular a un segmento por su punto medio. **b.** Mediatriz de cada lado del triángulo.

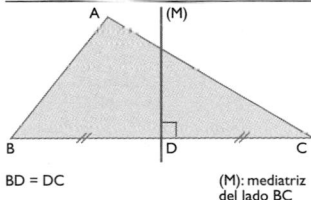

BD = DC   (M): mediatriz del lado BC

■ **MEDIATRIZ** de un triángulo.

MEDIATUNA s.f. Canción típica de Colombia.

MEDICABLE adj. Se dice de la enfermedad que puede ser tratada con medicamentos.

MEDICACIÓN s.f. Administración de medicamentos a un enfermo. **2.** Conjunto de sustancias que se utilizan para tratar o prevenir una enfermedad o corregir una función orgánica.

MEDICAL adj. *Galic.* Medicinal o médico.

MEDICAMENTO s.m. Sustancia que se utiliza para tratar o prevenir una enfermedad o corregir una función orgánica. SIN.: *medicina*.

MEDICAMENTOSO, A adj. Relativo al medicamento. **2.** Que sirve como medicamento.

MEDICAR v.tr. [1]. Administrar medicamentos a un enfermo. **2.** Prescribir un médico medicamentos a un enfermo.

MEDICASTRO, A s. *Fam.* y *desp.* Medicucho. **2.** Persona que ejerce la medicina sin ser médico. **3.** Curandero.

MEDICINA s.f. (lat. *medicina*, ciencia médi-

ca). Ciencia que estudia la prevención y curación de las enfermedades humanas. **2.** Medicamento. ◇ **Medicina general** Parte de la medicina que abarca todas las especialidades. **Medicina interna** Parte de la medicina que estudia las enfermedades que no necesitan intervención quirúrgica. **Medicina laboral**, o **del trabajo** Parte de la medicina que estudia las medidas para prevenir y evitar las enfermedades y accidentes laborales. **Medicina legal** Parte de la medicina que estudia la aplicación de esta ciencia al derecho y la criminología. **Medicina preventiva** Parte de la medicina que estudia la prevención y profilaxis de las enfermedades. **Medicina social** Parte de la medicina que estudia la aplicación de esta ciencia a la colectividad.

MEDICINAL adj. Que tiene cualidades o usos terapéuticos: *una planta medicinal*. **2.** Relativo a la medicina.

MEDICIÓN s.f. Acción y efecto de medir. **2.** Conjunto de medidas de un levantamiento topográfico.

1. MÉDICO, A adj. Medo.

2. MÉDICO, A adj. Relativo a la medicina o a los médicos: *examen médico*. ◆ s. Persona que ejerce la medicina. ◇ **Médico de cabecera** Médico de medicina general. **Médico forense** Médico oficialmente adscrito a un juzgado de instrucción, que asiste al juez en asuntos médicos legales. (También *forense*.) **Médico militar** Médico oficialmente adscrito a las fuerzas armadas. **Médico titular** Médico encargado de la asistencia pública domiciliaria a los necesitados y de la inspección municipal de sanidad.

MEDICUCHO s.m. *Fam.* y *desp.* Médico incompetente. SIN.: *medicastro*.

MEDIDA s.f. Acción de medir. **2.** Expresión numérica del resultado de medir. **3.** Unidad para medir magnitudes como la longitud, área o volumen. **4.** Disposición, prevención: *adoptar o tomar medidas drásticas*. **5.** Moderación en las palabras o acciones: *hablar sin medida*. **6.** Grado, proporción, intensidad: *di en qué medida le afecta*. **7.** MAT. Generalización de la noción de longitud de un intervalo de la recta real, susceptible de ser aplicada a una clase muy amplia de conjuntos de números reales. **8.** MÉTRIC. Número y disposición de las sílabas de un verso. ◇ **A (la) medida** Que se corresponde con las características de la persona o cosa a la que se dedica. **A medida que** Al mismo tiempo, a la vez, según. **Colmarse**, o **llenarse, la medida** Llegar algo a un punto ya no tolerable. **En gran medida** Mucho. **Medida conservativa** DER. Disposición provisional que asegura los derechos en discusión antes de que surja un reglamento definitivo. **Medida de seguridad** Dispositivo para prevenir los posibles efectos negativos de una acción. **Sin medida** De forma exagerada.

MEDIDOR, RA adj. Que mide o sirve para medir. ◆ adj. y s.m. Se dice de la persona que tiene por oficio medir. ◆ s.m. Aparato que sirve para medir. **2.** *Amér.* Contador de agua, gas o electricidad. ◇ **Medidor de caudal**, o de **gasto** Aparato para controlar, medir o regular el caudal de un fluido por una tubería.

MEDIERO, A s. Persona que va a medias con otra en un negocio agrícola.

MEDIEVAL o **MEDIOEVAL** adj. (bajo lat. *medium aevum*, edad media). Relativo a la edad media. ◆ s.m. Vino elaborado en Cenicero (La Rioja, España), blanco, seco y de 12 grados de alcohol.

MEDIEVALISMO s.m. Parte de la historia que estudia la edad media. **2.** Estima o admiración por la cultura de la edad media. **3.** Carácter medieval.

MEDIEVALISTA adj. Se dice de la persona que siente estima o admiración por la cultura de la edad media. ◆ s.m. y f. Persona que se dedica al estudio de la edad media.

MEDIEVO o **MEDIOEVO** s.m. Edad *media.

MEDIMARÉMETRO s.m. Instrumento que sirve para indicar el nivel medio del mar, compensando la influencia de la marea.

MEDINA s.f. (ár. *madina*, ciudad). Casco antiguo de las ciudades del N de África, generalmente habitado por la población indígena

económicamente más débil, por oposición a las zonas de reciente urbanización.

1. MEDIO adv.m. No del todo, de manera incompleta: *estar algo medio roto; a medio hacer*. (Antecedento a verbos en infinitivo, va precedido de la prep. *a*.)

2. MEDIO, A adj. Que es la mitad de lo que se expresa: *media docena*. **2.** Imperfecto, incompleto: *media sonrisa; media luz*. **3.** Que corresponde a los caracteres o condiciones más generales de un grupo: *cultura media; ciudadano medio*. **4.** *Fam.* Indica gran cantidad o número de lo que se expresa: *vino medio pueblo*. **5.** Situado entre dos extremos. ◆ s.m. y adj. Dedo de la mano y del pie situado entre el índice y el anular. SIN.: *corazón*. ◆ s.m. Punto central entre dos extremos. **2.** Cosa que sirve para conseguir un determinado fin: *utilizar medios prácticos*. **3.** Elemento o conjunto de factores que condiciona la vida de un ser: *medio acuático*. (También *medio ambiente*.) **4.** Ambiente, grupo, sector: *medios aristocráticos*. **5.** Jugador que coordina el juego entre la delantera y la defensa de un equipo. ◆ s.m.pl. Bienes de alguien. **2.** TAUROM. Tercio del ruedo que ocupa la zona central. ◇ **A medias** A la mitad, no del todo: *entregar un trabajo a medias*; entre personas que aportan la misma parte proporcional en la realización de algo: *emprender un negocio a medias con alguien*. **Arco de medio punto** ARQ. Arco que tiene forma de semicírculo. (Es prototípico de las arquitecturas romana, románica y renacentista.) **De medio a medio** Por completo, totalmente. **Edad media** Período de la historia del mundo entre la antigüedad y la época moderna. (En Europa, se suele situar entre la caída del Imperio romano [476] y la de Constantinopla [1453]. Se caracteriza por la fragmentación política y una sociedad agrícola dividida en estamentos.) **En medio de** En un punto equidistante entre dos extremos; entre otros dos, entre varios: *en medio de la calle; en medio de dos personas*. **Medio bulto** ESCULT. Relieve cuyas figuras sobresalen proporcionalmente alrededor de la mitad de su volumen normal. **Medio cortado** HERÁLD. Se dice del escudo formado por dos medias piezas o figuras, divididas horizontalmente. **Medio interno** Medio líquido en el que se encuentran sumergidas las células de un animal superior. (La linfa y la sangre forman el *medio interno*.) **Medio natural** Conjunto de características físicas de un lugar que influye en la vida de los seres que lo habitan. **Medio partido** HERÁLD. Se dice del escudo formado por la unión de dos piezas o figuras, divididas verticalmente. **Medios de cultivo** BIOL. Sustancia artificial en la cual pueden desarrollarse los microorganismos. **Medios de producción** ECÓN. En la teoría marxista, conjunto formado por los medios de trabajo y los objetos sobre los cuales se aplican estos medios. **Peso medio** DEP. Categoría de boxeadores que pesan entre 69,853 y 72,574 kg; boxeador o luchador de esta categoría. **Por medio de** Mediante. **Término medio** Cantidad igual o aproximada a la media aritmética de un conjunto de valores. **Voz media** Forma verbal que consigue inscribir la acción verbal en el sujeto o expresar la total inmersión del sujeto en la acción por él realizada, como en la frase *el jarrón se ha roto*. (V. ilustr. pág. siguiente.)

MEDIOAMBIENTAL adj. ECOL. Relativo al medio, elemento o conjunto de factores que condicionan la vida de un ser.

MEDIOCRE adj. (lat. *mediocris*). Mediano, de calidad, importancia o interés medio: *una película mediocre*. **2.** Se dice de la persona de escasas dotes intelectuales o que no destaca en un campo determinado.

MEDIOCRIDAD s.f. Cualidad de mediocre. **2.** Persona o cosa mediocres.

MEDIODÍA s.m. Hora en que el sol está en el punto más alto de su elevación sobre el horizonte, las doce de la mañana. **2.** Espacio de tiempo que comprende las horas centrales del día. **3.** Sur, punto cardinal de los países y regiones del hemisferio norte. **4.** Territorio situado en este punto.

MEDIOEVAL s.m. → MEDIEVAL.

MEDIOEVO s.m. → MEDIEVO.

MEDIOFONDISTA s.m. y f. Atleta especializado en pruebas de medio fondo.

■ El ARTE DE LA ALTA EDAD MEDIA

La caída del Imperio romano de occidente en el siglo V d.C. dio lugar a un período de desmembración en Europa que, a nivel artístico, se manifestó de manera muy desigual. Así, en contraste con la estética grecorromana, se impuso la estilización de las formas y la abstracción decorativa; este período culminó con el «renacimiento carolingio», un movimiento artístico que intentaba recuperar el vínculo con los referentes clásicos.

Arquitectura visigótica.
Baptisterio de la iglesia de Sant Miquel de Terrassa, en Cataluña, construido probablemente en el s. VII y modificado en el s. IX. La construcción en piedra de la época visigótica prefigura el arte románico.

Miniatura carolingia.
Miniatura a toda página del *Evangeliario de Carlomagno* (h. 781-783) en la que aparece san Marcos. En la ilustración se aprecia el retorno a un figurativismo de corte naturalista, consecuencia de la influencia de las tradiciones paleocristianas y bizantina. (Biblioteca nacional de Francia, París.)

Orfebrería merovingia. Fíbula de plata dorada, esmaltes y piedras preciosas (s. VI) procedente de Douvrend (Seine-Maritime). La decoración, abstracta, a pesar del motivo de cabezas de aves de pico ganchudo, es característica del arte del metal de los pueblos germánicos. (Museo de antigüedades, Ruán, Francia.)

Miniatura irlandesa.
Página inicial de un evangeliario irlandés del s. VIII. Decorada con entrelazos, espirales, trisqueles y algunos motivos animales, esta miniatura constituye una muestra de la ornamentación exuberante de la época, con reminiscencias del arte celta (cultura de La Tène) y germánico. (Biblioteca de la abadía de Saint-Gall.)

MEDIOMETRAJE s.m. Película cinematográfica que dura entre 30 y 60 minutos.

MEDIOPENSIONISTA adj. y s.m. y f. Se dice de la persona, especialmente del alumno, que vive en una institución en régimen de media pensión.

MEDIR v.tr. (lat. *metiri*) [89]. Determinar la longitud, extensión, volumen o capacidad de algo. **2.** Determinar la cantidad de una magnitud por comparación con otra que se toma como unidad: *medir la intensidad*. **3.** *Fig.* Comparar una cualidad de una persona o cosa con la de otra: *medir las fuerzas*. **4.** *Fig.* Reflexionar sobre las ventajas e inconvenientes de algo: *medir los pros y los contras de una cuestión*. **5.** MÉTRIC. Determinar el número y disposición de las sílabas de un verso. ◆ v.tr. y prnl. Moderar las palabras o acciones. ◆ v.intr. Tener determinada longitud, extensión, volumen o capacidad. ◇ **Medir con la mirada**, o **con los ojos** Examinar a alguien de arriba abajo, generalmente censurándolo.

MEDITABUNDO, A adj. Que medita.

MEDITACIÓN s.f. Acción y efecto de meditar. **2.** REL. Oración mental, aplicación razonada del espíritu a las verdades religiosas.

MEDITAR v.tr. (lat. *meditari*). Pensar una cosa con atención y detenidamente. **2.** Que medita.

MEDITATIVO, A adj. Relativo a la meditación: *actitud meditativa*. **2.** Que medita.

MEDITERRÁNEO, A adj. y s. (lat. tardío *mediterraneum*, propiamente, en medio de la tierra). Del Mediterráneo o de los países, regiones, etc., bañados por el Mediterráneo.

MÉDIUM s.m. y f. (lat. *medium*) [pl. *médium*]. Persona que sirve de intermediaria en la comunicación con los espíritus.

MEDO, A adj. y s. De un pueblo del antiguo Irán que, en el s. VII a.C., creó un imperio cuya capital era Ecbatana. (Su rey Ciaxares destruyó Assur en 614 a.C. y Nínive en 612. El persa Ciro II puso fin al poder de los medos [h. 550 a.C.].)

MEDRAR v.intr. (de *mejorar*). Crecer los animales y plantas. **2.** *Fig.* Mejorar, especialmente de posición económica.

MEDRO s.m. Acción y efecto de medrar.

MEDROSO, A adj. y s. Temeroso, pusilánime. ◆ adj. Que produce miedo.

MÉDULA o **MEDULA** s.f. (lat. *medulla*). Sustancia grasa del interior de los huesos. (También *médula ósea*.) **2.** *Fig.* Parte más importante de algo. **3.** BOT. Tejido poco resistente situado en el centro de las raíces y de los tallos jóvenes. ◇ **Médula amarilla** Médula de los huesos largos. (También *médula ósea amarilla*.) **Médula espinal** Parte del sistema nervioso central situado en la columna vertebral que transmite el influjo nervioso entre el cerebro, los órganos del tronco y las extremidades, así como ciertos reflejos. **Médula roja** Médula de los huesos esponjosos que produce glóbulos sanguíneos. (También *médula ósea roja*.)

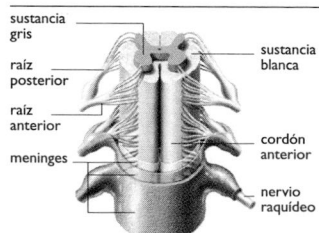

■ **MÉDULA.** La médula espinal y los nervios raquídeos.

MEDULAR adj. Relativo a la médula. **2.** Que tiene el aspecto o la naturaleza de la médula: *sustancia medular*. ◇ **Conducto medular** Canal axial de los huesos largos, lleno de médula amarilla.

MEDULOSO, A adj. BIOL. Se dice del órgano u organismo que tiene médula.

MEDULOSUPRARRENAL adj. y s.f. Se dice de la glándula endocrina formada por la parte medular de las cápsulas suprarrenales, que segrega la adrenalina.

MEDUSA s.f. (gr. *Médoysa*, personaje mitológico). Forma libre de diversos grupos celentéreos, constituida por una sombrilla o disco (umbrela) contráctil cuyo borde lleva unos filamentos o tentáculos urticantes. (La boca, generalmente rodeada de brazos, se abre en el centro de la cara inferior. En cierto tipo de medusas, las glándulas genitales están contenidas en unas bolsas especiales situadas debajo de la umbrela. Algunas medusas pueden alcanzar 1 m de diámetro.)

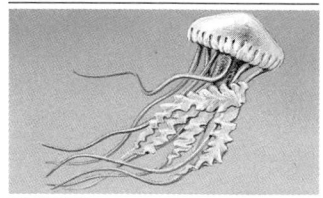

■ **MEDUSA**

MEFISTOFÉLICO, A adj. (de *Mefistófeles*, personaje de la leyenda de Fausto). Diabólico, perverso: *una idea mefistofélica*.

MEFÍTICO, A adj. (lat. *mefiticus*, de *mefitis*, *-is*, exhalación pestilente). Se dice del aire o gas que es perjudicial. **2.** Maloliente.

MEGA s.m. (apócope). Megabyte.

MEGABYTE s.m. INFORMÁT. Unidad de información equivalente a 10^6 bytes. (Se abrevia *mega*.)

MEGACARIOCITO s.m. HISTOL. Célula de la médula ósea, de gran tamaño, cuya fragmentación proporciona las plaquetas sanguíneas.

MEGACICLO s.m. Megahercio.

MEGACOLON s.m. MED. Dilatación del intestino grueso, generalmente de origen congénito.

MEGAELECTRONVOLTIO s.m. Medida de energía (MeV) equivalente a un millón de electronvoltios. (Se utiliza en física de las altas energías.)

MEGAFONÍA s.f. Conjunto de aparatos que, debidamente coordinados, aumentan el volumen del sonido. **2.** Técnica de aumentar el volumen del sonido.

MEGÁFONO s.m. Aparato que sirve para amplificar la voz. **2.** Aparato que sirve para amplificar los sonidos registrados en los discos fonográficos o gramofónicos.

MEGAHERCIO o **MEGAHERTZIO** s.m. Medida de frecuencia (MHz) equivalente a un millón de hercios. SIN.: *megaciclo*.

MEGALÍTICO, A adj. Relativo a los megalitos (menhires, dólmenes, crómlechs). ◇ **Cultura megalítica** Cultura neolítica que se caracterizaba por la construcción de megalitos.

MEGALITISMO s.m. Cultura megalítica.

ENCICL. En Europa, el fenómeno megalítico se caracteriza por la construcción de grandes arquitecturas de piedra, sobre todo funerarias colectivas. Se desarrolló del V al III milenio en las orillas del Báltico, las islas Británicas, Bretaña y Normandía en el neolítico. Durante el calcolítico y la edad del bronce, las sepulturas se volvieron individuales.

MEGALITO s.m. Monumento prehistórico formado por uno o varios bloques de piedra de gran tamaño, en bruto o ligeramente pulidos. (Los megalitos bretones fueron erigidos por poblaciones del neolítico y del calcolítico.)

■ **MEGALITO.** Alineamiento de menhires de Carnac (Morbihan, Francia).

MEGALOCITO s.m. BIOL. Glóbulo rojo de dimensiones mayores que las normales. SIN.: *macrocito*.

MEGALOMANÍA s.f. Actitud de la persona que sobrevalora su capacidad, ya sea física o intelectual. **2.** PSICOL. Delirio de grandeza que padece una persona como consecuencia de trastornos psiquiátricos.

MEGALÓMANO, A adj. y s. Que padece megalomanía.

MEGÁRICO, A adj. Relativo a la escuela de *Megara; seguidor de esta escuela.

MEGARON s.m. ARQUEOL. Sala grande rectangular de la vivienda prehelénica con hogar en el centro.

MEGATÓN s.m. Unidad de medida de la potencia de un proyectil nuclear equivalente al poder explosivo de un millón de toneladas de trinitrotolueno.

MEGAVATIO s.m. Medida de potencia (símb. MW) equivalente a un millón de vatios.

MEHALA s.f. Cuerpo del ejército regular de Marruecos.

MEHARI s.m. Dromedario de una raza doméstica resistente a la fatiga y apta para la carrera.

MEIGO, A s. (voz gallega). Brujo. (Se usa más frecuentemente para designar a una mujer.)

MEIOSIS s.f. → **MEYOSIS**.

MEIÓTICO, A adj. → **MEYÓTICO**.

MEITNERIO s.m. Elemento químico artificial (Mt), de número atómico 109.

MEJANA s.f. Islote en un río.

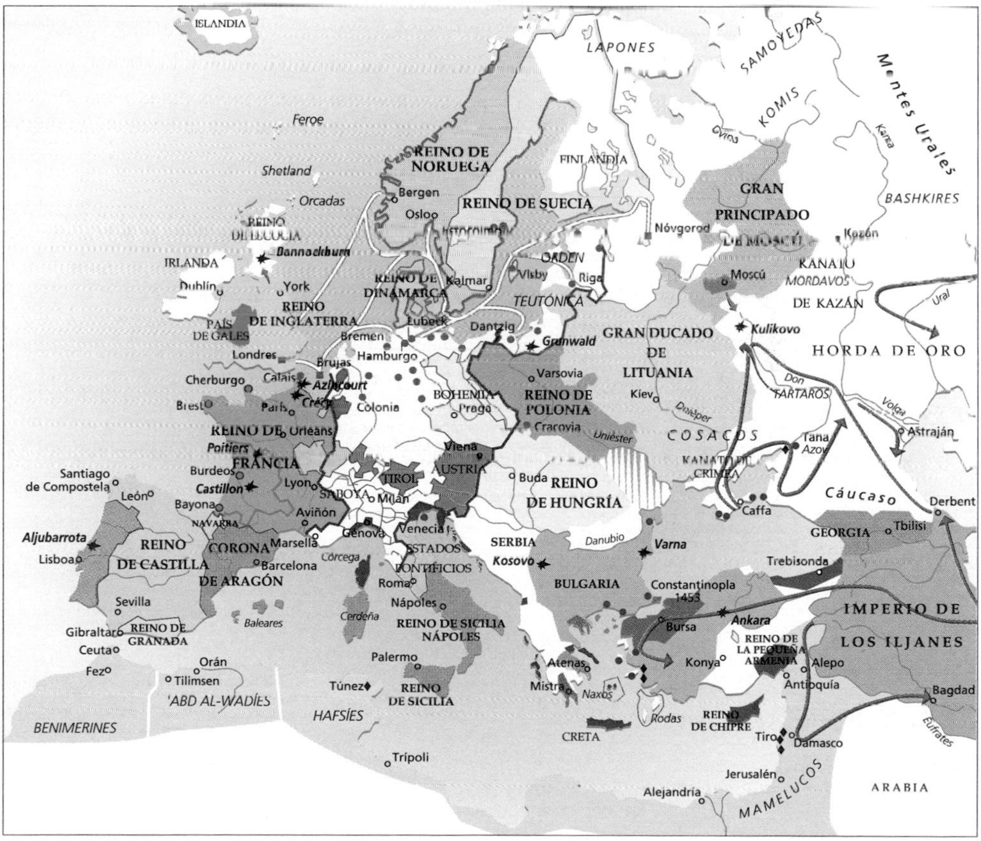

EDAD MEDIA: EL MUNDO OCCIDENTAL SS. XIII-XV

Límites del Sacro Imperio hacia 1400	
La casa de Habsburgo hacia 1385	
La casa de Luxemburgo hacia 1402	
Posesiones y establecimientos venecianos en el s. XIV	

La Hansa (ss. XIV-XV)
- ● Ciudades ■ Establecimientos
- Rutas marítimas hanseáticas

Posesiones y establecimientos genoveses

Corona de Aragón y su extensión en el Mediterráneo

Imperio bizantino hacia 1402

Imperio otomano:
hacia mediados del s. XIV
en la 2.ª mitad del s. XIV

Gran principado de Moscú
en 1300
en 1462 (Iván III)

Estados borgoñones (s. XIV)

Conquistas de Eduardo I de Inglaterra a fines del s. XIII

Posesiones inglesas en Francia:
en 1360 ● en 1380

Unión de Kalmar (1397)

Timur Lang (Tamerlán) ✦ Batallas

MEJICANISMO s.m. Mexicanismo.

MEJICANO, A adj. y s. Mexicano.

MEJILLA s.f. (lat. *maxilla,* quijada). Parte blanda de la cara humana que recubre el pómulo y que se sitúa bajo cada uno de los ojos.

MEJILLÓN s.m. (del hispano-lat. *muscellio, -onis*). Molusco lamelibranquio, de concha bivalva de color negruzco, que vive fijo en las rocas de la playa o en el fango de rías o estuarios.

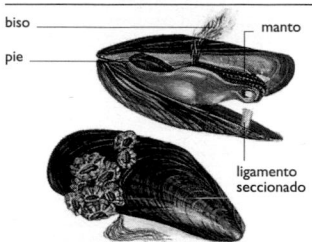

biso
manto
pie
ligamento
seccionado

■ **MEJILLÓN.** Vista exterior y anatomía.

MEJILLONERO, A adj. Relativo a la cría y pesca de mejillones: *industria mejillonera.* ◆ adj. y s. Se dice de la persona que tiene por oficio la cría y pesca de mejillones.

MEJOR adj. (lat. *melior, -oris*). Más bueno: *esto es mejor que aquello.* **2.** Más conveniente, preferible: *es mejor que se vaya.* ◆ adv.m. De manera más conforme a lo bueno o lo conveniente: *ahora me tratan mejor.* ◇ **A lo mejor** *Fam.* Indica que algo no es seguro, aunque posible. **Mejor que mejor** o **mucho,** o **tanto, mejor** Se usan para expresar satisfacción o aprobación intensa.

MEJORA s.f. Acción y efecto de mejorar. **2.** DER. Porción de los bienes que el testador deja a uno o varios de sus herederos, además de la legítima que le corresponde. ◆ **mejoras** s.f.pl. DER. CIV. Gastos útiles y reproductivos que hace en propiedad ajena quien tiene respecto de ella algún derecho similar o limitativo del dominio, como la posesión, el usufructo o el arrendamiento.

MEJORAMIENTO s.m. Mejora, acción y efecto de mejorar.

MEJORANA s.f. Planta herbácea de flores olorosas usada en medicina como antiespasmódica (Familia labiadas). SIN.: *mayorana.*

MEJORAR v.tr. Hacer alguien o algo sea mejor de lo que era. CONTR.: *empeorar.* **2.** Poner mejor, especialmente hacer recobrar la salud a un enfermo. **3.** Pujar, aumentar el precio de una cosa. **4.** Superar una cosa con otra de la misma naturaleza o ser una persona o cosa mejor que otra. **5.** DER. Hacer o dejar una mejora en testamento. ◆ v.intr. y prnl. Ponerse algo o alguien mejor, especialmente restablecerse un enfermo. **2.** Hacerse alguien o algo mejor de lo que era: *mejorarse el tiempo, mejorar de condición.* ◇ **Mejorando lo presente** Expresión de cortesía que se dice cuando en presencia de alguien se alaba a otra persona. **Mejorar el terreno** TAUROM. Enmendar el sitio en que se empieza a verificar la suerte, para consumarla más ventajosa y eficazmente.

MEJORÍA s.f. Acción y efecto de mejorar, especialmente la salud. **2.** Superioridad de una cosa respecto a otra.

MEJUNJE s.m. Bebida, cosmético o medicamento formado por la mezcla de diversos ingredientes.

MELADO, A adj. Que es del color de la miel. ◆ s.m. Jarabe que se obtiene, en la fabricación del azúcar de caña, por evaporación del jugo purificado antes de concentrarlo al punto de cristalización.

MELADURA s.f. Melado ya preparado para hacer el azúcar.

MELANCOLÍA s.f. (lat. *malancholia,* del gr. *melagkholía,* bilis negra). Estado de tristeza nostálgica y suave. **2.** Carácter de lo que inspira este estado: *la melancolía de una casa vacía.* **3.** PSIQUIATR. Estado de depresión intensa, vivido con un sentimiento de dolor moral y ca-

racterizado por la inhibición de las funciones psicomotoras y el deseo de la muerte.

MELANCÓLICO, A adj. Relativo a la melancolía. ◆ adj. y s. Que tiene melancolía o es propenso a ella. **2.** Que produce melancolía.

MELANCOLIZAR v.tr. y prnl. [7]. Entristecer, desanimar.

MELANESIO, A adj. y s. De Melanesia. SIN.: *melanésico.* ◆ s.m. Lengua de la familia malayopolinesia hablada en Melanesia. SIN.: *melanésico.*

MELÁNICO, A adj. Relativo a la melanina.

MELANINA s.f. (del gr. *mélas, -anos,* negro). Pigmento oscuro que da color a la piel, los cabellos y las coroides.

MELANOCITO s.m. Célula de la base de la epidermis que contiene melanina.

MELANODERMIA s.f. MED. Pigmentación oscura de la piel, local o generalizada, debida a un exceso de pigmento, especialmente de melanina.

MELANOHINDÚ adj. y s.m. y f. Se dice de la persona que pertenece a una raza de piel oscura, casi negra, cabellos largos y ondulados y rostro ovalado.

MELANOMA s.m. Tumor formado por células que forman o contienen la melanina, que aparece generalmente sobre la piel.

MELANOSIS s.f. (pl.*melanosis*).Acumulación de melanina en los tejidos. **2.** Enfermedad de la vid.

1. MELAR adj. Se dice del fruto de sabor dulce o más dulce que otros de la misma especie.

2. MELAR v.intr. [10]. Cocer por segunda vez el zumo de la caña en la fabricación del azúcar hasta que toma la consistencia de la miel.

MELATONINA s.f. Hormona segregada por la epífisis, que controla indirectamente el nivel de pigmentación de la piel.

MELAZA s.f. Jarabe denso y viscoso, no cristalizable, que queda como residuo de la fabricación del azúcar cristalizado de remolacha o caña. (Se usa especialmente para alimentar al ganado y para fabricar el ron.)

MELCOCHA s.f. Miel proveniente del azúcar sometida a un tratamiento que consiste en calentarla y echarle después agua fría, para después sobarla hasta dejarla muy correosa. **2.** Tipo de pasta preparada con esta miel.

MELÉ s.f. Jugada de rugby en la que, dos grupos de jugadores de cada equipo se colocan cara a cara y, empujándose, tratan de apoderarse del balón, que ha sido lanzado entre ellos.

1. MELENA s.f. Cabello suelto largo. **2.** Crin del león. ◆ **melenas** s.f.pl. Cabello enredado y desarreglado. ◇ **Andar a la melena** *Fam.* Reñir o discutir acaloradamente.

2. MELENA s.f. (del gr. *mélaina,* negra). MED. Pérdida por el ano de sangre negra debida a la presencia de sangre digerida en el intestino.

MELENO adj. TAUROM. Se dice del toro que tiene un mechón de pelo sobre la frente.

MELENUDO, A adj. y s. *Desp.* Se dice de la persona de cabello largo y abundante.

MELERO, A adj. Relativo a la miel: *cera melera.* ◆ adj. y s. Se dice de la persona que tiene por oficio vender miel. ◆ s.m. Establecimiento donde se extrae y guarda la miel. ◇ **Hierba melera** Planta herbácea de flores grandes de color rojo que florecen en primavera y verano. (Familia labiadas.)

MELGA s.f. Amér. Amelga.

MELGAR s.m. Terreno sembrado de mielgas.

MÉLICO, A adj. Relativo al canto o a la poesía lírica, especialmente la griega.

MELIFICACIÓN s.f. Acción y efecto de melificar.

MELIFICADOR s.m. Chile. Cajón de lata con tapa de vidrio que sirve para extraer la miel separada de la cera.

MELIFICAR v.intr. y tr. [1]. Elaborar las abejas la miel.

MELÍFICO, A adj. Que produce miel.

MELIFLUO, A adj. (lat. *melifluus*). Que tiene miel o se parece a ella. **2.** *Fig.* y *desp.* Se dice de la persona, de sus actos o expresiones que son muy dulces: *una sonrisa meliflua.*

MELILLENSE adj. y s.m. y f. De Melilla.

MELILOTO, A adj. y s. (lat. *melilotos,* del gr. *melílotos*).Insensato, necio, bobo. ◆ s.m. Planta herbácea de flores pequeñas blancas o amarillas, medicinal y forrajera. (Familia papilionáceas.)

MELINDRE s.m. Dulce frito hecho con miel y harina. **2.** Dulce de mazapán, generalmente en forma de rosquilla, cubierto de azúcar. **3.** *Fig.* Delicadeza exagerada o afectada en los actos o expresiones. **4.** *Fig.* Acto o expresión afectada o delicada en exceso.

MELINDREAR v.intr. Hacer melindres, actos o expresiones afectadas en exceso.

MELINDRERÍA s.f. Hábito de melindrear.

MELINDROSO, A adj. Relativo a la melindría: *actitud melindrosa.* ◆ adj. y s. Que muestra una delicadeza exagerada o afectada en los actos o expresiones.

MELINITA s.f. (del gr. *mílinos,* de color de manzana). Explosivo compuesto básicamente de ácido pícrico.

MELIOIDOSIS s.f. Enfermedad que se caracteriza por la aparición de lesiones infecciosas.

MELIORATIVO, A adj. Se dice de una palabra que se refiere a algo de forma favorable o positiva (en oposición a *peyorativo*): *adjetivos meliorativos.*

MELISA s.f. (del gr. *mélissa,* abeja). Planta herbácea de hoja oval y arrugada, flores blancas y fruto capsular, antiespasmódica y digestiva. (Familia labiadas). SIN.: *cidronela, toronjil.*

MELISANA s.f. Licor obtenido de la infusión de melisa en aguardiente. (Se emplea como antiespasmódico y estimulante.)

MELISMA s.m. (gr. *melismos,* trino). MÚS. Grupo de notas de valores breves que como ornamento sustituyen una nota larga.

MELITO s.m. Jarabe medicinal preparado con miel.

MELITOCOCIA s.f. Brucelosis.

MELLA s.f. Rotura o hendidura en el borde de un objeto, especialmente en arma blanca o herramienta. **2.** Hueco que deja una cosa que falta del lugar que ocupaba. **3.** *Fig.* Merma, menoscabo. ◇ **Hacer mella** Producir impresión en el ánimo acontecimientos o palabras.

MELLADO, A adj. Que tiene una o varias mellas.

MELLADURA s.f. Mella.

MELLAR v.tr. y prnl. Hacer mellas. **2.** *Fig.* Mermar o menoscabar una cosa no material.

MELLIZO, A adj. y s. (del lat. *gemellus*). Que ha nacido en el mismo parto que otro u otros seres pero es fruto de la fecundación de un óvulo diferente. (Los mellizos pueden ser de diferente sexo.)

MELLOCO s.m. Arbusto originario de los parajes fríos de la sierra ecuatoriana, de tubérculo feculento comestible. (Familia baseláceas.) **2.** Tubérculo de esta planta.

MELLÓN s.m. Manojo de paja encendida a modo de antorcha.

MELOCOTÓN s.m. (del lat. *malum cotonium,* membrillo). Fruto del melocotonero. SIN.: *pérsico.*

MELOCOTONAR s.m. Terreno plantado de melocotoneros.

MELOCOTONERO, A adj. Relativo al melocotón. ◆ s.m. Duraznero. SIN.: *pérsico.*

MELODÍA s.f. (lat. tardío *melodia,* del gr. *melodía*).Sucesión de sonidos de altura variable ordenados en una estructura de sentido musical. **2.** Cualidad de los sonidos ordenados en una estructura de sentido musical.

MELÓDICO, A adj. Relativo a la melodía.

MELODIOSO, A adj. Dulce y agradable al oído.

MELODISTA s.m. y f. Persona que tiene por oficio componer melodías. **2.** Persona que piensa que la melodía es parte esencial en una composición musical.

MELODRAMA s.m. Obra teatral cantada y acompañada con música. **2.** Obra teatral, de cine o de televisión que presenta exageradamente situaciones sentimentales y patéticas.

MELODRAMÁTICO, A adj. Relativo al melodrama. **2.** Que presenta exagerados rasgos sentimentales y patéticos: *situación melodramática.*

MELOJO s.m. Árbol originario del SO de Europa y Asia occidental, de hojas lobuladas de gran tamaño y fruto en forma de bellota. (Familia fagáceas.)

MELOMANÍA s.f. Afición desmedida por la música.

MELÓMANO, A s. Persona muy aficionada a la música.

MELÓN s.m. (lat. tardío *melo, -onis,* del gr. *milopépon,* especie de melón). Planta anual de tallo rastrero o trepador, hojas grandes, flores amarillas y fruto de gran tamaño, de color amarillo o verde y carne jugosa y dulce. (Familia cucurbitáceas.) **2.** Fruto de esta planta. **3.** Esp. *Fig.* Persona inepta, boba. ◇ **Melón de agua** Sandía.

sección del fruto

■ MELONES

MELONADA s.f. *Fig. y fam.* Bobada. **2.** Cuba y Méx. Torpeza, bellaquería.

MELONAR s.m. Terreno sembrado de melones.

MELONCILLO s.m. Subespecie de mangosta común que vive en Andalucía. **2.** Ave paseriforme originaria de Australia, de pico puntiagudo, plumaje de colores apagados y lengua adaptada para sorber el néctar de las flores (Familia melifágidos.)

MELONERO, A s. Persona que cultiva o vende melones.

MELOPEA s.f. (fr. *mélopée*). Canto monótono. **2.** Melopeya. **3.** Utilización que los griegos hacían de todos los elementos constitutivos de la melodía para lograr una creación artística. **4.** Esp. *Fam.* Borrachera.

MELOPEYA s.f. (fr. *mélopée,* del gr. *melopiía,* melodía). Arte de componer melodías. **2.** Entonación rítmica que se da al recitado.

MELOSIDAD s.f. Cualidad de meloso. **2.** Materia melosa. **3.** *Fig.* Dulzura, suavidad.

MELOSILLA s.f. Enfermedad de la encina que hace caer las bellotas.

MELOSO, A adj. Semejante a la miel: *color meloso.* **2.** *Fig.* Blando, dulce: *carne melosa.* **3.** *Fig.* Empalagoso, melifluo: *voz melosa.*

MELOTE s.m. Residuo de azúcar que queda después de cocer el guarapo.

MELQUITA s.m. y f. y adj. Cristiano de Siria y Egipto que aceptó las decisiones del concilio de Calcedonia celebrado en 451. (Las Iglesias melquitas se separaron de occidente al producirse el cisma de Miguel Cerulario [1054], pero una fracción de ellas se reintegró a la Iglesia romana en el s. XVIII.)

MELVA s.f. (del lat. *miluus,* milano). Pez de unos 60 cm de long., de cuerpo oblongo y pedúnculo caudal delgado que vive en los mares cálidos y templados. (Familia escómbridos.)

MEMADA s.f. *Fam.* Memez, dicho o hecho propio de un memo.

MEMBRANA s.f. (lat. *membrana*). Lámina delgada de material elástico y resistente. **2.** Lámina, generalmente de piel o pergamino, de ciertos instrumentos musicales que vibra al golpearla o frotarla: *la membrana de una pandereta.* **3.** BIOL. Lámina delgada y flexible, de tejido animal o vegetal, que envuelve órganos o células, separa cavidades o absorbe, exhala o segrega ciertos fluidos. **4.** FÍS. Lámina de materia porosa colocada entre dos fluidos para permitir los intercambios entre ellos. **5.** TELECOM. Lámina metálica delgada que transforma las vibraciones sonoras en modulaciones de corriente, o viceversa. ◇ **Falsa membrana** BIOL. Tejido anormal que se desarrolla sobre las mucosas a consecuencia de ciertas inflamaciones. **Membrana permeable** Membrana que deja pasar a través de ella el disolvente y

las sustancias que este lleva en disolución. **Membrana semipermeable** FÍS. Membrana que deja pasar a través de ella el disolvente pero no las sustancias que este lleva en disolución.

MEMBRANOSO, A adj. Relativo a la membrana. **2.** Que tiene la característica de una membrana.

MEMBRETE s.m. Nombre, dirección o título de una persona o entidad que va impreso en la parte superior del sobre o papel que se emplea para la correspondencia.

MEMBRILLERO s.m. Membrillo, árbol.

MEMBRILLETE s.m. Perú. Planta silvestre de hoja parecida a la del membrillo.

MEMBRILLO s.m. (lat. *melimelum,* especie de manzana dulce, del gr. *méli,* miel, y *milos,* manzana). Árbol originario de Asia, de hojas ovaladas, flores blancas o rosadas y fruto amarillo muy aromáticos de carne áspera y granular. (Familia rosáceas.) **2.** Fruto de este árbol. **3.** Dulce hecho con el membrillo. SIN.: *codoñate.*

flor y hojas

fruto

■ MEMBRILLO

MEMBRUDO, A adj. Robusto, forzudo.

MEMELA s.f. Méx. Tortilla de maíz grande, gruesa y ovalada que se sirve con salsa y queso.

MEMENTO s.m. (lat. *memento,* imperativo de *memisse,* acordarse). CATOL. Oración de la antigua liturgia de la misa que empezaba con esta palabra. (Los mementos son dos: el de vivos y el de difuntos.)

MEMENTO MORI loc. (voces latinas, *recuerda que has de morir*). Calavera que representa la fugacidad de la vida y la inexorabilidad de la muerte. (Los *memento mori,* como signo artístico, estuvieron especialmente de moda en el barroco. Los ascetas meditaban ante ellos.)

MEMEZ s.f. Cualidad de memo. **2.** Dicho o hecho propio de un memo.

MEMO, A adj. y s. (voz de origen onomatopéyico). Necio, bobo.

MEMORABLE adj. Digno de ser recordado.

MEMORÁNDUM o **MEMORANDO** s.m. (lat. *memorandum*) [pl. *memorándum* o *memorándums*]. Cuaderno pequeño donde se anota lo que se quiere recordar. **2.** Nota diplomática que contiene la exposición sumaria del estado de una cuestión. **3.** Informe o comunicación donde se exponen hechos o razones para que se tengan en cuenta en determinados asuntos. **4.** Chile. Papel con membrete. **5.** Chile. Sección de los periódicos en que se anuncian ciertos servicios públicos.

MEMORAR v.tr. (lat. *memorare*). Recordar algo. ◆ **memorarse** v.prnl. Acordarse de algo.

MEMORATIVO, A adj. Conmemorativo.

MEMORIA s.f. (lat. *memoria*). Facultad que permite almacenar, conservar, reactualizar o utilizar informaciones sobre el pasado. **2.** Capacidad de recordar algo. **3.** Recuerdo: *ofreció un donativo en memoria de su marido.* **4.** Estudio, disertación o resumen escrito sobre un asunto, materia o actividad. **5.** INFORMÁT. Dispositivo electrónico que permite registrar, almacenar y restituir información. **6.** PSIQUIATR. Evocación espontánea de recuerdos. ◆ **memorias** s.f.pl. Saludo afectuoso que se envía a una persona por medio de una tercera persona. **2.** Escrito donde se presentan los recuer-

dos y vivencias de una persona. ◇ **Ayuda memoria** Argent. Escrito breve o apunte que utiliza un expositor para recordar la estructura o algunos datos de su exposición. **De memoria** Utilizando únicamente la memoria: *saber de memoria.* **Hacer memoria** Esforzarse por recordar algo; recordar, citar. **Venir a la memoria** Recordar algo o a alguien súbitamente. ENCICL. La memoria humana es multiforme. Las diferencias de capacidad de retención de los individuos, según si las informaciones por memorizar se refieren a cursos de acción o sucesos pasados, conducen a distinguir la *memoria inmediata,* en la que la capacidad es limitada (llamada también *memoria a corto plazo* o *memoria de trabajo* cuando se estudia en la situación de resolución de problemas) y la *memoria de largo plazo,* cuya capacidad es en principio ilimitada. A fin de enfrentar déficits específicos debidos a la edad, enfermedad o traumatismos que afectan en forma diferenciada diversos aspectos de la memoria, se distingue también la *memoria episódica* (que se refiere a los sucesos) y la *memoria semántica* (relativa a hechos y conocimientos generales), así como la *memoria declarativa* y la *memoria de procedimientos,* oposición que retoma la distinción clásica entre saber y saber hacer.

MEMORIAL adj. Relativo a la memoria. ◆ s.m. Libro o cuaderno en que se apuntan ciertos datos para un fin. **2.** Escrito en el que se hace una petición justificándola mediante la exposición de una serie de razones y méritos. **3.** Publicación oficial de algunas instituciones, asociaciones, etc. **4.** CRIST. Acto que hace presente un hecho obrado por Dios en otro tiempo: *la eucaristía es el memorial de la muerte y resurrección de Cristo.* ◇ **Memorial ajustado** DER. Extracto de lo actuado en un pleito o causa.

MEMORIALISTA s.m. y f. Persona que tiene por oficio escribir memoriales y otros documentos.

MEMORISMO s.m. Técnica de aprendizaje basada en el uso de la memoria.

MEMORÍSTICO, A adj. Que se realiza con la memoria.

MEMORIZACIÓN s.f. Acción de fijar algo en la memoria.

MEMORIZAR v.tr. [7]. Fijar algo en la memoria.

MENA s.f. Parte del filón o yacimiento que contiene minerales útiles en proporción notable y que requieren una elaboración para ser utilizados por la industria. (La mayor parte de las menas son óxidos [bauxita y limonita], sulfuros [galena y cinabrio], carbonatos [malaquita] o silicatos [garnierita].) **2.** Mineral beneficiable, aunque no sea metalífero.

MÉNADE s.f. Sacerdotisa de Baco. **2.** *Fig.* Mujer furiosa y frenética.

MENAJE s.m. (fr. *ménage,* administración doméstica). Conjunto de muebles, utensilios y accesorios de la casa.

MENAR v.tr. Dar vueltas a la cuerda en el juego de la comba.

MENARQUÍA s.f. Inicio de la menstruación. SIN.: *menarca.*

MENCHEVIQUE s.m. y f. y adj. (ruso *menchevik,* minoritario). HIST. Miembro del sector moderado del Partido obrero socialdemócrata ruso. (Los mencheviques quedaron en minoría tras el enfrentamiento con los bolcheviques en el Congreso de 1903.)

MENCIÓN s.f. (lat. *mentio, -onis*). Acción de nombrar o citar una persona o cosa. ◇ **Mención honorífica** Distinción que se concede en un concurso a un trabajo no premiado pero que merece ser destacado.

MENCIONAR v.tr. Decir el nombre de una persona o cosa o aludir a ellos al hablar o en un escrito.

MENDA pron. Esp. Se usa para designarse a sí mismo el que habla: *menda no quiere irse de aquí.*

MENDACIDAD s.f. Hábito o costumbre de mentir. **2.** Mentira, engaño.

MENDAZ adj. y s.m. y f. (lat. *mendax, -acis*). Mentiroso.

MENDÉ, pueblo de Sierra Leona que habla una lengua del grupo mandingo.

MENDELEVIO s.m. (de D. I. *Mendeléiev*, químico ruso). Elemento químico (Md), transuránico, de número atómico 101, obtenido artificialmente del einstenio.

MENDELIANO, A adj. Relativo a Mendel o al mendelismo.

MENDELISMO s.m. Teoría derivada de los trabajos de Mendel, relativa a la transmisión de ciertos caracteres hereditarios y resumida en las leyes de Mendel. (El mendelismo condujo a la teoría cromosómica de la herencia y a la noción de gen.)

MENDICANTE adj. y s.m. y f. Que mendiga. ◇ **Orden mendicante** Orden religiosa cuyos miembros viven de la limosna y del trabajo propio. (Las órdenes mendicantes fueron fundadas en el s. XIII. Las cuatro más antiguas son: los carmelitas, los franciscanos, los dominicos y los agustinos.)

MENDICIDAD s.f. Estado y situación de mendigo. **2.** Acción de mendigar.

MENDIGANTE, A adj. y s.m. y f. Mendigo.

MENDIGAR v.tr. e intr. (lat. *mendicare*) [2]. Pedir limosna. ◆ v.tr. *Fig.* Solicitar o pedir algo humillándose: *mendigar un favor.*

MENDIGO, A s. (lat. *mendicus*). Persona que pide habitualmente limosna.

MENDOCINO, A adj. (de *Mendoza*, familia española). De la ciudad o provincia de Mendoza (Argentina).

MENDRUGO s.m. Pedazo de pan duro, especialmente el sobrante. ◆ adj. y s.m. Esp. *Fam.* Tonto, zoquete.

MENEADO, A adj. TAUROM. Se dice del toro que ha corrido en encierros y corrales antes de lidiarse.

MENEAR v.tr. y prnl. (del ant. *manear*, de *mano*). Mover o agitar una cosa de una parte a otra: *el perro meneaba la cola.* ◆ v.tr. *Fig.* Hacer gestiones para resolver algo. ◆ **menearse** v.prnl. Hacer con prontitud y diligencia una cosa.

MENEGILDA s.f. *Fam.* Criada de servicio doméstico.

MENEO s.m. Acción y efecto de menear o menearse. **2.** Esp. *Fig. y fam.* Golpe o conjunto de golpes recibidos por alguien o algo.

MENESTER s.m. (lat. *ministerium*, servicio, empleo). Ocupación o trabajo: *dedicarse a un menester.* ◆ **menesteres** s.m.pl. Necesidades fisiológicas. **2.** *Fam.* Utensilios necesarios para ciertos usos u oficios. ◇ **Ser menester** Ser necesario.

MENESTEROSO, A adj. y s. Que carece de algo, especialmente de lo necesario para subsistir.

MENESTRA s.f. (ital. *minestra*). Guiso de verduras generalmente mezcladas con trozos de carne o jamón. **2.** Legumbre seca. (Suele usarse en plural.)

MENESTRAL, LA s. (lat. *minestralis*, funcionario imperial). Persona que ejerce un oficio.

MENESTRETE s.m. Utensilio para sacar las cabezas de los clavos.

MENFITA adj. y s.m. y f. De Menfis.

MENGALA s.f. Amér. Central. Mujer del pueblo soltera y joven.

MENGANO, A s. *Fam.* Persona, sin especificar el nombre de nadie: *siempre están cotilleando: que si fulana esto, que si mengana lo otro.* (Se utiliza en expresiones tras *fulano* para sustituir el nombre de una persona que no se conoce o no se quiere decir.)

MENGUA s.f. Acción y efecto de menguar. **2.** Falta que padece una cosa para estar entera y perfecta. **3.** *Fig.* Descrédito, deshonor. **4.** HIDROL. **a.** Acción de descender las aguas de un río, lago, etc. **b.** Cantidad de agua que ha perdido un río, lago, etc., al descender.

MENGUADO, A adj. y s. Cobarde, pusilánime. **2.** Tonto, necio. ◆ s.m. Punto de una labor que se mengua.

MENGUANTE adj. Que mengua. ◆ s.f. Estiaje de un río o arroyo. ◇ **Menguante de la Luna** ASTRON. Fase lunar durante la cual decrece el disco iluminado, desde la Luna llena hasta la Luna nueva.

MENGUAR v.tr. e intr. (lat. vulgar *minuare*, disminuir, rebajar) [3]. Disminuir una cosa: *el trabajo duro mengua las fuerzas.* ◆ v.tr. Disminuir el número de puntos de una labor en cada hilera. ◆ v.intr. ASTRON. Disminuir la parte iluminada de la Luna.

MENGUE s.m. *Fam.* Diablo.

MENHADEN s.m. Pez muy abundante en el golfo de México del que se aprovecha la grasa. (Familia clupeidos.)

MENHIR s.m. (fr. *menhir*, del bretón *men*, piedra, e *hir*, larga). Monumento megalítico prehistórico formado por un bloque de piedra hincado verticalmente en el suelo.

MENIANTO s.m. Planta herbácea acuática de hojas trifoliadas y pétalos rosados y soldados. (Familia gencianáceas.)

MENINGE s.f. (gr. *mingx*, *míniggos*). Membrana que protege el encéfalo y la médula espina. (Las meninges son tres: *piamadre*, *aracnoides* y *duramadre.*)

MENINGIOMA s.f. Tumor benigno de las meninges, desarrollado en la aracnoides.

MENINGITIS s.f. Inflamación de las meninges de origen infeccioso o vírico. (Los síntomas de la meningitis son: fiebre, dolor de cabeza, rigidez de la nuca y vómitos.)

MENINGOCOCO s.m. Diplococo que causa la meningitis cerebroespinal epidérmica.

MENINGOENCEFALITIS s.f. Inflamación simultánea del encéfalo y las meninges.

MENINO, A s. (voz portuguesa, *niño*). Miembro de la corte española perteneciente a la nobleza que desde niño entraba al servicio de la familia real.

MENISCECTOMÍA s.f. Extirpación quirúrgica del menisco. SIN.: *meniscotomía.*

MENISCITIS s.f. Inflamación del menisco.

MENISCO s.m. (gr. *miní̈skos*, luna pequeña). Lámina cartilaginosa situada entre los huesos de una articulación, como la rodilla, para facilitar el movimiento. **2.** Lente convexa por un lado y cóncava por el otro: *menisco convergente, divergente.* **3.** Superficie cóncava o convexa que se forma en el extremo superior de una columna de líquido contenida en un tubo.

MENNONITA o **MENONITA** adj. y s.m. y f. HIST. Relativo a la secta anabaptista fundada por el reformador neerlandés Menno Simonsz; miembro de esta secta. (En la actualidad se extienden sobre todo por América.)

MENOLOGIO s.m. Martirologio de la Iglesia griega ordenado por meses.

MENOPAUSIA s.f. Cese definitivo de la ovulación y la menstruación. **2.** Época en que se produce.

MENOPÁUSICO, A adj. y s.f. Relativo a la menopausia; mujer que está en esta etapa.

MENOR adj. (lat. *minos, -oris*). Más pequeño en tamaño, cantidad o intensidad. (Se usa como comparativo y, precedido del artículo determinado, como superlativo relativo.) **2.** Se dice de la persona que tiene menos edad que otra: *cuando él tenía cuatro años nació su hermano menor.* **3.** MÚS. Se dice del acorde, escala, intervalo o modo cuya tercera se compone de un tono y un semitono. ◆ adj. y s.m. y f. Se dice de la persona que no ha alcanzado la edad que la ley establece para gozar de la plena capacidad jurídica. ◇ **Comercio al por menor** Venta de mercancías en pequeñas cantidades. **Menor que** MAT. Signo matemático (<) que, colocado entre dos cantidades, indica que es menor la primera que la segunda. **Premisa menor** LÓG. Premisa segunda de un silogismo que tiene por sujeto el término que sirve de sujeto a la conclusión y por atributo el término medio. **Verso de arte menor** Verso de dos a ocho sílabas.

MENORQUÍN, NA adj. y s. De Menorca. ◆ s.m. Variedad subdialectal del balear.

MENORRAGIA s.f. MED. Hemorragia menstrual de intensidad superior a la normal.

MENORRÁGICO, A adj. MED. Relativo a la menorragia.

MENOS adv. (lat. *minus*, neutro de *minor*, *-oris*, menor). Indica menor cantidad o intensidad: *tengo menos dinero que tú; su amiga es menos simpática que ella.* **2.** Sobre todo: *no vendrá esta tarde, y menos si llueve.* ◆ **prep.** Excepto: *vinieron todos menos el hijo menor.* ◆ pron.indef. Indica cantidad invariable: *mucho menos dinero.* ◆ s.m. Signo (−) de la resta: *5 − 3 = 2.* ◇ **Al**, o **(a) lo**, o **cuando**, o **por lo, menos** Como mínimo: *al menos tenía cuatro perros.* **A menos que** Introduce una salvedad a lo dicho antes: *no iré a menos que me acom-*

pañes. **De menos** Expresa que falta la cantidad que se indica: *en la carnicería me han dado cien gramos de menos.* **En menos** En menor grado o cantidad: *llegó en menos tiempo del previsto.* **No ser para menos** Expresión enfatizante con que se encarece el valor de algo.

MENOSCABAR v.tr. y prnl. Mermar una cosa quitándola una parte. **2.** *Fig.* Estropear o restar calidad a algo. **3.** *Fig.* Perjudicar, dañar a alguien: *menoscabar la reputación.*

MENOSCABO s.m. Acción y efecto de menoscabar.

MENOSPRECIAR v.tr. Dar a una persona o cosa menos valor del que merece: *menospreciar el talento de una persona.* **2.** Rechazar una cosa o a una persona por considerarla de poco valor, importancia o indigna: *menosprecia a todo el mundo.*

MENOSPRECIATIVO, A adj. Que implica o denota menosprecio.

MENOSPRECIO s.m. Acción y efecto de menospreciar.

MENOSTASIA s.f. Retención de la menstruación de la mujer.

MENSAJE s.m. (occitano ant. *messatge*, de *mes*, mensajero). Noticia o información que se envía o transmite a alguien: *recibí tu mensaje hace un rato.* **2.** Conjunto de ideas que transmite una persona en un discurso, obra, etc.: *un discurso con mensaje conciliador.* **3.** Comunicación solemne dirigida a una asamblea, nación, etc., por un alto cargo: *mensaje del rey.* **4.** DER. Comunicación oficial del poder legislativo al ejecutivo, o de una cámara a otra. **5.** INFORMÁT. Conjunto de datos destinados a ser transmitidos por teleproceso. **6.** SOCIOL. Sentido de una información transmitida por sus interlocutores, expresado a través de un código, normalmente no manifiesto. ◇ **Mensaje publicitario** Mensaje para promocionar un producto.

MENSAJERÍA s.f. Servicio para transportar documentos y paquetes. **2.** Empresa que se dedica al transporte de documentos y paquetes.

MENSAJERO, A adj. y s. Que lleva un mensaje: *paloma mensajera; Mercurio es el mensajero de los dioses romanos.* **2.** Que anuncia la llegada de algo: *llegaron los primeros fríos mensajeros del invierno.* ◆ s. Persona que tiene por oficio transportar documentos y paquetes. ◇ **ARN mensajero** Se dice del ácido ribonucleico que ejerce una influencia genética determinante en las células de un organismo.

MENSO, A adj. Méx. Tonto, pesado, bobo.

MENSTRUACIÓN s.f. FISIOL. Eliminación periódica de sangre y materia celular procedente de la matriz de la mujer y de algunas hembras de otros mamíferos cuando no ha habido fecundación del óvulo. (En la mujer, tiene su inicio en la *pubertad* y termina en la *menopausia.*) SIN.: *menstruo.*

MENSTRUAL adj. FISIOL. Relativo a la menstruación.

MENSTRUAR v.intr. [18]. FISIOL. Realizar la menstruación.

MENSTRUOSO, A adj. Menstrual. ◆ adj. y s.f. Se dice de la mujer o de la hembra de algunos mamíferos que está menstruando.

MENSÚ s.m. Argent. Peón rural.

MENSUAL adj. (lat. tardío *mensualis*) Que ocurre, se hace o aparece cada mes: *revista mensual.* **2.** Que dura un mes. ◆ s.m. Argent. y Urug. Peón contratado para realizar diversos trabajos en el campo.

MENSUALIDAD s.f. Sueldo o salario que se recibe o paga cada mes. SIN.: *mes.* **2.** Cantidad que se recibe o se paga cada mes: *debe dos mensualidades del colegio de los niños.*

MENSUALIZAR v.tr. [7]. Ajustar una cosa a plazos mensuales: *mensualizar los pagos.*

MÉNSULA s.f. Repisa o apoyo para sustentar una cosa. **2.** Elemento arquitectónico que sobresale de un plano vertical y se emplea como apoyo de algo. **3.** Parte en voladizo de la viga de un puente.

MENSURA s.f. Medida.

MENSURABILIDAD s.f. GEOMETR. Aptitud de un cuerpo para ser medido.

MENSURACIÓN s.f. Medición. **2.** Medio de investigación empleado en medicina y en antropología para determinar ciertas dimensiones o para localizar ciertos puntos anatómicos.

MENSURAR v.tr. Medir.

MENTA s.f. (lat. *menta*). Planta herbácea aromática, de flores rosadas o blancas, utilizada en infusión por sus propiedades digestivas y estimulantes, y para aromatizar licores, caramelos, etc. (Familia labiadas.) **2.** Infusión de hojas de menta. ◆ **mentas** s.f.pl. Argent. Fama, reputación. (Se utiliza en el lenguaje rural.) ◇ **De mentas** Argent. De oídas. (Se utiliza en el lenguaje rural.)

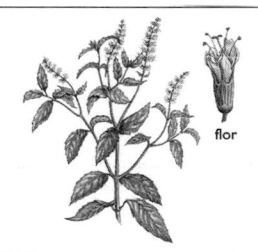

flor

■ MENTA

MENTADA s.f. Méx. *Vulg.* Insulto: *de cada tres palabras que dice, dos son mentadas.* ◇ **Ser una mentada de madre** Méx. Ser algo insultante: *es una mentada de madre lo que recibe de sueldo.*

MENTADO, A adj. Que tiene fama, célebre.

MENTAL adj. Relativo a la mente.

MENTALIDAD s.f. Disposición particular que tiene una persona o una colectividad para pensar o enjuiciar los hechos.

MENTALISMO s.m. LING. Corriente de la lingüística teórica que considera el contenido como elemento determinante de la estructura de la lengua.

MENTALIZAR v.tr. y prnl. [7]. Hacer que alguien tome conciencia de algo, especialmente de un problema o situación. **2.** Preparar psicológicamente a una persona para afrontar algo, especialmente si entraña complicación.

MENTAR v.tr. (del ant. *ementar*, de *venir emiente*, recordar algo) [10]. Nombrar o mencionar a una persona o una cosa. ◆ v.intr. Amér. Apodar.

MENTE s.f. (lat. *mens, mentis*). Entendimiento, facultad de comprender y de conocer: *mente privilegiada.* **2.** Intención, propósito, voluntad: *no está en mi mente ofenderte.* **3.** Mentalidad: *mente maliciosa.*

MENTECATADA s.f. Dicho o hecho propio de un mentecato.

MENTECATO, A adj. y s. (del lat. *mente captus*, que no tiene toda la razón). Se dice de la persona falta de sensatez o buen sentido.

MENTIDERO s.m. *Fam.* Lugar donde se reúne la gente para hacer tertulia.

MENTIDO, A adj. Falso, engañoso.

MENTIR v.intr. (lat. *mentiri*) [79]. Decir una mentira o mentiras: *mientes al decir que estabas allí.* **2.** Inducir a error: *las apariencias mienten.*

MENTIRA s.f. Cosa que se dice sabiendo que no es verdad. **2.** *Fig.* y *fam.* Mancha pequeña de color blanco que aparece en la uña. ◇ **Menti-**

ra piadosa Mentira que se dice para no causar disgusto o tristeza a alguien.

MENTIRIJILLAS (DE) loc. De broma o de mentira: *una pistola de mentirijillas.*

MENTIROSO, A adj. y s. Que miente. ◆ adj. Engañoso, fingido o falso: *siempre fue la palabra más mentirosa que la imprenta.*

MENTÍS s.m. (pl. *mentís*). Demostración que contradice o niega categóricamente un aserto.

MENTOL s.m. Alcohol terpénico que se extrae de la esencia de menta.

MENTOLADO, A adj. Que contiene mentol.

MENTÓN s.m. (fr. *menton*). Barbilla, parte de la cara.

MENTONERA s.f. ARM. Pieza articulada del casco que protegía la parte baja del rostro y se podía levantar hasta el frontal. **2.** MÚS. Pieza pequeña, generalmente de madera, que se adapta a la base del violín para apoyar el mentón.

MENTONIANO, A adj. Relativo al mentón.

MENTOR, RA s. (gr. *Méntor*, preceptor de Telémaco). Consejero o guía de alguien: *mentor espiritual.* **2.** Maestro, ayo.

MENÚ s.m. (fr. *menu*) [pl. *menús*]. Lista de los platos que componen una comida. **2.** Lista detallada de platos que pueden elegirse en un restaurante. **3.** Comida de precio fijo que se sirve en un restaurante. **4.** INFORMÁT. Lista de opciones que aparecen en la pantalla de una computadora.

MENUDEAR v.tr. Hacer una cosa repetidas veces: *desde hace unos días menudea sus visitas.* ◆ v.intr. Ocurrir o suceder una cosa con frecuencia: *aquel invierno menudearon las nevadas.* ◆ v.tr. e intr. Chile y Colomb. Vender mercancías al por menor.

MENUDENCIA s.f. Cosa pequeña e insignificante. **2.** Cosa de poco valor y estimación. **3.** Exactitud y cuidado con que se considera una cosa. ◆ **menudencias** s.f.pl. Despojos del cerdo, reses o aves.

MENUDEO s.m. Acción y efecto de menudear.

MENUDILLO s.m. En los cuadrúpedos, articulación entre la caña y la cuartilla. ◆ **menudillos** s.m.pl. Despojos de las aves.

MENUDO, A adj. (lat. *minutus*, p. de *minuere*, disminuir). Que es de tamaño muy pequeño. **2.** Insignificante, de poca importancia: *la menuda realidad de las cosas.* **3.** Exacto, minucioso. **4.** Se decía del dinero en monedas de poco valor. **5.** Esp. Se emplea en frases de sentido ponderativo, tanto estimativo como despectivo: *menudo es él para estas cosas.* ◆ s.m. Méx. Guiso que se prepara con estómago de res cocido en un caldo condimentado con especias y chile. ◆ **menudos** s.m.pl. Despojos de las reses. **2.** Menudillos. ◇ **A menudo** Muchas veces, frecuentemente.

MEÑIQUE s.m. y adj. Dedo más pequeño y delgado de la mano y del pie, situado en uno de los extremos. ◆ adj. *Fam.* Muy pequeño.

MEO → MIAO.

MEOGUIL s.m. Méx. Oruga que se cría en la penca del maguey.

MEOLLAR s.m. MAR. Cordel que se confecciona torciendo dos, tres o cuatro filásticas.

MEOLLO s.m. (del lat. *medulla*, médula). Seso, masa encefálica. **2.** Médula, sustancia grasa del interior de los huesos. **3.** Médula espinal. **4.** *Fig.* Sustancia, contenido o interés de algo: *el meollo de una cuestión.* **5.** Miga del pan.

MEOLLUDO, A adj. Que tiene mucho meollo.

MEÓN, NA adj. y s. Que mea mucho o frecuentemente. ◆ s. *Fam.* Niño muy pequeño.

MEQUETREFE s.m. y f. *Fam.* Persona entrometida, de poca importancia y de poco juicio.

MERALGIA s.f. Dolor en el muslo.

MERAR v.tr. Mezclar un líquido con otro para aumentar su fuerza o para templarla, especialmente mezclar agua con vino.

MERCA s.f. *Fam.* Compra.

MERCABILIDAD s.f. Medida de la frecuencia con que un bien acostumbra a ser objeto de cambio en el mercado.

MERCACHIFLE s.m. y f. Buhonero. **2.** *Desp.* Comerciante de poca importancia. **3.** *Fig.* y *desp.* Persona dominada por el mercantilismo.

MERCADEAR v.intr. Comerciar.

MERCADEO s.m. Acción y efecto de mercadear.

MERCADER s.m. y f. (cat. *mercader*, de *mercat*, mercado). Persona que tiene por oficio comerciar con géneros vendibles.

MERCADERÍA s.f. Mercancía.

MERCADERIL adj. Relativo al mercader.

MERCADILLO s.m. Mercado al aire libre donde se venden géneros baratos y que tiene lugar unos días fijos de la semana.

MERCADO s.m. (lat. *mercatus, -us*). Lugar o edificio público destinado permanentemente, o en días señalados, a comprar, vender o permutar géneros y mercancías. **2.** Concurrencia de gente en un mercado: *el mercado se alborotó.* **3.** Contratación pública de mercancías en un sitio destinado al efecto y en días señalados. **4.** ECON. Ámbito que comprende a los consumidores y productores que normalmente tienen influencia sobre la formación del precio del bien objeto de cambio. ◇ **Área de mercado** Territorio que gravita comercialmente en torno a un centro comercial. **Estudios de mercado** Conjunto de técnicas de investigación empleadas para lograr un mejor conocimiento del mercado. **Ley de mercados** Teoría económica atribuida a J. B. Say, según la cual los productos se canjean por productos, y los servicios, por servicios. **Mercado de capitales** Reunión de la oferta y demanda de capital y de toda clase de títulos financieros. **Mercado de divisas** Conjunto de transacciones con monedas extranjeras que determinan los precios efectivos en función del resto de las monedas. **Mercado de futuros** Mercado en el que se formalizan contratos de compraventa a unos precios fijados en el momento en que se acuerda la transacción para el suministro de bienes y activos financieros en una fecha futura. **Mercado de trabajo** Conjunto de relaciones entre la oferta y la demanda de trabajo como factor productivo. **Mercado exterior** Conjunto de operaciones de compra y venta que los productores de un país llevan a término con demandantes extranjeros. **Mercado interior** Conjunto de operaciones de compra y venta que los productores de un país llevan a término con demandantes nacionales. **Mercado global** Espacio económico producido por la interrelación existente entre los diferentes mercados nacionales, gracias a las nuevas tecnologías de la información y las comunicaciones que permiten reducir los costos de transacción y facilitan las operaciones en tiempo real. **Mercado negro** Tráfico clandestino de divisas monetarias, mercancías no autorizadas o mercancías escasas, a precios superiores a los legales.

MERCADOTECNIA s.f. Marketing.

MERCALLI. Escala de Mercalli Escala que se utiliza para medir la intensidad de un sismo, que comprende doce grados, numerados del I al XII de menor a mayor según la importancia de los daños registrados. (Inventada por G. Mercalli, permite caracterizar la naturaleza y la importancia de un sismo.)

MERCANCÍA s.f. (ital. *mercanzia*). Producto que se vende y se compra. **2.** Acción de comerciar. **3.** *Fig.* Cosa industrial que se compra y se vende. **4.** MAR. Carga transportada por una embarcación, exceptuando la constituida por los efectos personales de la tripulación, las provisiones de a bordo, el combustible y otros artículos consumibles. **5.** CONTAB. Cuenta de activo representativa del valor de las mercancías adquiridas por la empresa para su posterior venta. ◇ **Tren de mercancías** Tren destinado al transporte de mercancías. (También simplemente *mercancías*.)

MERCANTE adj. Mercantil. **2.** Relativo al comercio marítimo. ◆ adj. y s.m. Se dice de la embarcación dedicada al transporte de mercancías y pasajeros. ◆ s.m. y f. Mercader.

MERCANTIL adj. Relativo al mercader, a la mercancía o al comercio.

MERCANTILISMO s.m. Espíritu mercantil, especialmente aplicado a cosas que no deben ser objeto de comercio. SIN.: *industrialismo.* **2.** HIST. Doctrina económica proteccionista según la cual los metales preciosos constituyen la riqueza principal de un país. (El mercantilismo nació en los ss. XVI y XVII como consecuencia de las transformaciones económicas, políticas y sociales de la época, como por ejemplo el descubrimiento de las minas de oro y plata en América.)

■ MÉNSULA. (Patio del palacio Fonseca, Salamanca.)

MERCANTILISTA adj. y s.m. y f. Relativo al mercantilismo; partidario del mercantilismo. **2.** Persona que se dedica al derecho mercantil.

MERCANTILIZAR v.tr. [7]. Infundir fuertemente el mercantilismo.

MERCAPTANO o **MERCAPTÁN** s.m. QUÍM. Compuesto orgánico derivado de un alcohol en el que el oxígeno es sustituido por azufre. (El mercaptano se caracteriza por un olor fétido.) SIN.: *tiol.*

MERCAR v.tr. y prnl. (lat. *mercari,* comprar, de *merx, -cis,* mercancía) [1]. *Fam.* Comprar.

MERCED s.f. (lat. *merces, -edis,* paga, recompensa, de *merx, -cis,* mercancía). Beneficio o favor que se hace a alguien gratuitamente. **2.** Voluntad o arbitrio de alguien: *estar a merced del superior.* **3.** Tratamiento antiguo de cortesía. **4.** HIST. Dádiva o gracia que un rey o señor concedía a un vasallo. ◇ **A la merced de** Bajo la voluntad de alguien. **Merced a** Gracias a.

MERCEDARIO, A adj. y s. Relativo a la orden de santa María de la Merced; religioso de dicha orden. (Esta orden fue fundada en 1218 por san Pedro Nolasco en Barcelona para la redención de cautivos.)

MERCENARIO, A s. y adj. (lat. *merce(n)narius*). Soldado que participa en una guerra únicamente por dinero. **2.** Persona que realiza un trabajo únicamente por dinero.

MERCERÍA s.f. (cat. *mercería*). Establecimiento donde se venden artículos de costura y labores. **2.** Comercio de dichos artículos.

MERCERIZACIÓN s.f. (de J. *Mercer,* químico británico). Operación de la industria textil que consiste en impregnar los hilados o los tejidos de algodón, previamente tensados, con una solución de sosa cáustica para que resulten brillantes. SIN.: *mercerizado.*

MERCERIZAR v.tr. [7]. Hacer una mercerización.

MERCERO, A s. (cat. *mercer*). Persona que comercia en mercería.

MERCHANDISING s.m. (voz inglesa). Función de la dirección comercial de una empresa que tiene por objeto el estudio y puesta en práctica de todo lo relativo a la presentación de un producto. **2.** Conjunto de productos (camisetas, encendedores, etc.) relacionados con un artista, un grupo, una marca comercial, etc., para promocionarlos.

MERCHANTE s.m. y f. (fr. ant. *merchant*). Comerciante que no tiene tienda fija.

MERCROMINA s.f. Mercurocromo.

MERCURESCEÍNA s.f. Mercurocromo.

1. MERCURIAL adj. Relativo al mercurio. ◆ s.f. Planta herbácea de hojas lanceoladas, dentadas y fruto en cápsula. (Familia euforbiáceas.)

2. MERCURIAL s.m. HIST. Documento que reproducía los precios de los productos vendidos en un mercado público.

MERCÚRICO, A adj. Se dice del óxido de mercurio (HgO) y de las sales del mercurio divalente.

MERCURIO s.m. (lat *Mercurius,* dios romano). Metal líquido, de color blanco brillante, de densidad 13,6 que se solidifica a –38,87 ºC y cuyo punto de fusión es de 356,58 ºC. **2.** Elemento químico (Hg), de número atómico 80 y masa atómica 200,59.
ENCICL. El mercurio disuelve numerosos metales (oro, plata) dando amalgamas. Es atacado por el cloro y el ácido nítrico. Puede ser monovalente (compuestos mercuriosos) o divalente (compuestos mercúricos), y también da compuestos organometálicos. Sus sales son tóxicas. Se emplea en los termómetros y en lámparas de vapor de mercurio. También se utiliza en medicina (antisépticos y antisífilis) y en agricultura (antiparásitos). La producción mundial de mercurio, en continuo descenso desde la década de 1970, procede principalmente de Rusia, China, México y Argelia.

MERCURIOSO, A adj. Se dice del óxido de mercurio (HgO) y de las sales del mercurio monovalente.

MERCUROCROMO s.m. (marca registrada). Compuesto orgánico mercurial de color rojo empleado en soluciones como antiséptico. SIN.: *mercromina, mercuresceína.*

MERDOSO, A adj. Asqueroso, sucio.

MERECER v.tr. e intr. (hispano-lat. *merescere,* del lat. *merere*) [37]. Cumplir los requisitos necesarios para obtener algo: *merecer un castigo una persona; merecer un premio una obra.* **2.** Lograr, conseguir. ◇ **Estar en edad de merecer** Estar una persona en edad de iniciar una relación sentimental.

MERECIDO s.m. Castigo que merece una persona.

MERECIMIENTO s.m. Acción y efecto de merecer. **2.** Mérito.

MERENDAR v.tr. e intr. [10]. Tomar algo como merienda. ◆ v.tr. Comer al mediodía. ◆ **merendarse** v.prnl. *Fig.* y *fam.* Apropiarse de algo o conseguir algo que se desea: *merendarse un buen cargo.* **2.** *Fig.* y *fam.* Derrotar o dominar a otros en una disputa o competición.

MERENDERO s.m. Establecimiento al aire libre en el campo o en la playa donde se sirven comidas y bebidas. **2.** Lugar en el campo acondicionado con mesas y sillas donde la gente lleva su propia comida.

MERENDOLA s.f. *Esp.* Merienda abundante celebrada como fiesta entre muchas personas. SIN.: *merendona.*

MERENGUE s.m. Dulce elaborado con claras de huevo batidas y azúcar en polvo cocido al horno. **2.** Persona empalagosa por lo dulce o amable. **3.** Baile y música popular del Caribe, especialmente de la República Dominicana, caracterizado por un ritmo vivo. **4.** *Argent., Par.* y *Urug. Fig.* y *fam.* Lío, desorden, trifulca.

MERETRIZ s.f. (lat. *meretrix, -icis,* la que se gana la vida por sí misma). *Poét.* Prostituta.

MÉRGULO s.m. Pájaro marino, parecido al pingüino, de unos 20 cm, que vive formando grandes colonias en los acantilados de las regiones árticas. (Familia álcidos.)

MERICISMO s.m. MED. Comportamiento patológico que se manifiesta en la regurgitación de los alimentos ya deglutidos desde el estómago a la boca para volverlos a masticar.

MERIDIANA s.f. Diván. **2.** Siesta, rato que se destina a dormir. **3.** ASTRON. Intersección del plano meridiano y del plano horizontal en un lugar.

MERIDIANO, A adj. (lat. *meridianus,* del mediodía, de *meridies,* mediodía). Relativo al mediodía. **2.** *Fig.* Muy claro: *una verdad meridiana.* ◆ s.m. Plano definido por la vertical local y el eje del mundo. (También *plano meridiano.*) **2.** Círculo máximo de la esfera terrestre que pasa por los polos. **3.** Círculo máximo de la esfera celeste que pasa por los polos y por el cenit y nadir del punto de la Tierra al que se refiere. ◆ s.m. y adj. GEOMETR. Sección de una superficie de revolución por un plano que pasa por el eje de esta superficie. ◇ **Meridiano magnético** Plano vertical que contiene la dirección del campo magnético terrestre. **Primer meridiano** Meridiano elegido convencionalmente para determinar las longitudes geográficas de la Tierra. (El *primer meridiano* pasa por el antiguo observatorio de Greenwich.)

■ MERIDIANOS

MERIDIONAL adj. y s.m. y f. (lat. tardío *meridionalis*). Relativo al mediodía (sur, punto cardinal) y a la persona que vive en el territorio situado en este punto.

MERIENDA s.f. (lat. *merenda*). Comida ligera que se toma por la tarde. **2.** Comida que se toma al mediodía. **3.** *Ecuad.* Cena. ◇ **Merienda de negros** *Esp. Fig.* y *fam.* Confusión y desorden; arreglo o reparto caprichoso o abusivo.

MERILLO s.m. Pez de cuerpo ovalado y comprimido, de unos 12 cm de longitud y de color pardo que vive en los fondos arenosos y fangosos del Mediterráneo y del Atlántico oriental. (Familia serránidos.)

MERINA, pueblo autóctono de Madagascar.

MERINDAD s.f. (bajo lat. *majorinitas, -tatis*). Territorio que estaba bajo la jurisdicción de un merino. **2.** Cargo de merino. **3.** Distrito con una villa importante que defendía los intereses de los pueblos de su demarcación.

MERINO, A adj. y s.m. (lat. *majorinus,* de la especie mayor). Se dice de la oveja de tamaño ligeramente mayor al normal que tiene el cuerpo cubierto de lana fina y rizada. ◆ s.m. Oficial al servicio de un señor feudal encargado de la administración económica, financiera y judicial de un territorio.

MERISTEMA s.m. Tejido vegetal indiferenciado de las regiones de crecimiento de la planta formado por células que se dividen rápida y continuamente.

MERITÍSIMO, A adj. Muy digno.

MÉRITO s.m. (lat. *meritum,* p. activo de *merere,* merecer). Cualidad o acción de una persona que la hace digna de aprecio o de recompensa: *obtener muchos méritos.* **2.** Valor de una cosa por el esfuerzo invertido en ella: *este trabajo tiene mérito.* ◇ **De mérito** Notable, recomendable. **Hacer méritos** Tratar de merecer o conseguir algo realizando ciertas acciones. **Mérito del proceso** DER. Conjunto de pruebas y razones que resulta del proceso que sirve al juez para dar su fallo.

MERITORIO, A adj. Digno de premio. ◆ s. Persona que trabaja sin sueldo para hacer méritos a fin de obtener el mismo puesto retribuido.

MERLÁN s.m. Pez de color verdoso con tres aletas dorsales y dos anales que mide de 20 a 40 cm de long. (El merlán vive en las costas de Europa occidental y es muy apreciado por su carne tierna y ligera; familia gádidos.)

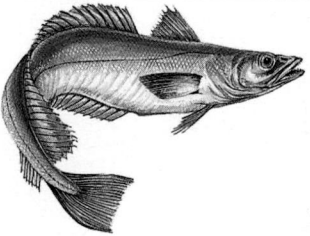

■ MERLÁN

MERLETA o **MIRLETA** s.f. (fr. *merlette*). HERÁLD. Figura que representa un ave sin pico ni patas, vista de perfil y con la cabeza girada a la derecha.

MERLÍN s.m. (fr. *merlin*). MAR. Cabo delgado alquitranado, de unos 10 mm de grosor, formado por tres cordones de cáñamo fino, que se emplea para coser.

MERLO s.m. Pez marino, de unos 20 cm de longitud y color azul intenso. (El merlo vive en el Mediterráneo y en el Atlántico; familia lábridos.)

MERLÓN s.m. (ital. *merlone*). Cada uno de los lienzos de parapeto que hay entre dos troneras o aspilleras.

MERLUZA s.f. Pez de cuerpo fusiforme y alargado, con la parte dorsal gris y aletas de radios blancos que mide de 30 a 80 cm de long. (Familia gádidos.) **2.** *Esp. Fig.* y *fam.* Borrachera, embriaguez.

■ MERLUZA

MERMA s.f. Acción y efecto de mermar. **2.** Parte que se consume naturalmente o se sustrae de algo: *la merma de los bienes*. **3.** Depreciación por pérdida de materia que se produce en mercancías de toda clase transportadas o almacenadas.

MERMAR v.intr. y prnl. (lat. vulgar *minimare*, *disminuir*). Disminuir una cosa en cantidad, fuerza, importancia o intensidad: *mermar la fortuna de alguien*. ◆ v.tr. Hacer disminuir la cantidad, fuerza, importancia o intensidad de algo: *la bancarrota mermó su fortuna*.

MERMELADA s.f. (port. *marmelada*, conserva de membrillos). Conserva de fruta cocida con azúcar o miel.

1. MERO s.m. Pez óseo que, en los mares cálidos, puede llegar a medir hasta 2 m de long. y pesar hasta 100 kg, y cuya carne es muy apreciada. (Familia serránidos.)

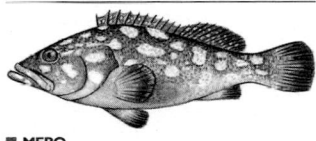

■ MERO

2. MERO adv.t. y c. Méx. Pronto, casi: *ya mero llega*. **2.** Méx. De manera precisa, justa, exacta. **3. MERO, A** adj. (lat. *merus*, puro, sin mezcla). Solo, simple, sin nada más: *una mera explicación*. **2.** Propio, mismo: *es la mera verdad*. ⋄ **Ser el mero mero** Méx. *Fam.* Ser alguien la persona principal, la más importante en cierto lugar o en cierta circunstancia: *el jefe es el mero mero de la oficina*. (Se usa antepuesto al nombre.)

MERODEAR v.intr. (del ant. *merode*, del fr. *meraude*, merodeo). Inspeccionar un terreno un grupo de soldados separados del resto de su unidad para robar. **2.** *Fig.* Vagar por un sitio para curiosear o buscar algo, especialmente cuando se tienen malas intenciones.

MEROLICO s.m. Méx. Vendedor callejero que con su labia atrae a los transeúntes. **2.** Méx. *Fig.* Parlanchín, persona que habla mucho.

MEROSTOMA adj. y s.m. Relativo a una clase de artrópodos marinos de coraza de quitina, cuerpo dividido en cefalotórax, abdomen y telson y con cinco pares de patas. (Los merostomas están representados en la actualidad únicamente por el género *Limulus*.)

MEROVINGIO, A adj. y s. Relativo a los Merovingios, dinastía que reinó en la Galia. (V. parte n. pr.)

MERQUÉN s.m. Chile. Ají con sal que se lleva preparado para condimentar la comida durante los viajes.

MERZLOTA s.f. Permafrost.

MES s.m. (lat. *mensis*). Parte, que junto a otras once, forma el año. **2.** Período de tiempo que comprende unos treinta días. **3.** Sueldo o salario que se recibe o paga cada mes. SIN.: *mensualidad, mesada*. **4.** Menstruación.

MESA s.f. (lat. *mensa*). Mueble formado por una superficie plana horizontal sostenida sobre una o varias patas, y destinada a varios usos (comer, escribir, etc.). **2.** Mesa preparada con todo lo necesario para comer. **3.** Comida: *amante de la buena mesa*. **4.** Conjunto de personas que forman la junta directiva de una corporación: *la mesa aceptó la propuesta del presidente*. **5.** Conjunto de personas que presiden un acto: *la mesa electoral*. **6.** GEOGR. Terreno elevado y llano, de gran extensión, rodeado de valles y barrancos, constituido por los restos de una colada volcánica. **7.** REL. Renta de las iglesias, prelados o dignidades eclesiásticas. ⋄ **Alzar**, o **levantar**, o **recoger, la mesa** Retirar después de comer todo lo que se ha utilizado; dar por acabada la comida o una reunión en torno a una mesa. **A mesa puesta** Sin tener que trabajar para el mantenimiento. **Estar**, o **tener, a mesa y mantel** a alguien Estar alguien comiendo a costa de otro o tener a alguien a comer a costa de uno. **Levantarse de la mesa** Abandonar el asiento que ocupan los comensales. **Mesa de balance** Tabla suspendida por sus cuatro ángulos para que, osci-

lando con el balanceo de la embarcación, se mantenga siempre horizontal. **Mesa de guarnición** Plataforma colocada en el costado de una embarcación, frente a los tres palos principales, en la que se afirman las correspondientes tablas de jarcia. **Mesa de luz** Argent. Mesa de noche. **Mesa de noche** Mesa pequeña que se coloca junto a la cabecera de la cama, generalmente con cajones. **Mesa de operaciones** Mesa articulada sobre la que se sitúa al enfermo para intervenirle quirúrgicamente. **Mesa nido** Esp. Mesa debajo de la cual se encajan otras de tamaño decreciente. **Mesa redonda** Grupo de comensales que se sientan a una mesa sin ocupar un lugar preferente ninguno de ellos; grupo de personas que discuten un tema. **Mesa rotatoria** Plataforma circular de las grandes instalaciones de sondeo perforada en su centro por un orificio rectangular en el que se introduce la barra cuadrada atornillada al extremo superior o cabeza del varillaje de sondeo, y que arrastra el tren de sondeo en su movimiento giratorio. **Poner la mesa** Poner sobre la mesa todo lo necesario para comer. **Sentarse a la mesa** Ocupar cada comensal su asiento para empezar a comer.

1. MESADA s.f. Mensualidad. SIN.: *mensualidad, mes*. ⋄ **Mesada eclesiástica** HIST. Derecho de los reyes de España de retener el importe de la renta de un mes de todos los beneficios eclesiásticos y pensiones de real prestación para el pago de los gastos de la capilla real.

2. MESADA s.f. Argent. Cobertura de los espacios auxiliares de las cocinas, encimera.

MESALINA s.f. (de *Mesalina*, esposa del emperador Claudio). Mujer de costumbres disolutas.

MESANA s.m. o f. (ital. *mezzana*, de *mezzo*, medio). Palo que está más cerca de popa en las embarcaciones que tienen tres mástiles. (También *palo de mesana*; *mástil de mesana*.) ◆ s.f. Vela atravesada que se coloca en el mástil de mesana.

MESAR v.tr. y prnl. (lat. vulgar *messare*, segar). Arrancar el cabello o las barbas a tirar de ellos.

MESCAL s.m. → **MEZCAL**.

MESCALERO → **MEZCALERO**.

MESCALINA s.f. Alcaloide alucinógeno que se obtiene del mescal.

MESCOLANZA s.f. → **MEZCOLANZA**.

MESEMBRIANTEMO s.m. Planta originaria de África austral, de hojas carnosas.

MESENCÉFALO s.m. ANAT. Parte del encéfalo situada entre la protuberancia y el cerebro, que comprende los pedúnculos cerebrales y los tubérculos cuadrigéminos.

MESÉNQUIMA s.m. Tejido conjuntivo del embrión que participa en la formación de tejidos de sostén, como el conjuntivo, óseo o cartilaginoso.

MESENTÉRICO, A adj. Relativo al mesenterio. ◆ adj. y s.f. Se dice de la arteria, vena, nervio y ganglio incluidos en el mesenterio.

MESENTERIO s.m. (del gr. *mésos*, medio, y *enteron*, intestino). ANAT. Repliegue membranoso del peritoneo que fija las diversas estructuras del intestino delgado a la pared posterior del abdomen.

MESERO, A s. Chile, Colomb., Ecuador, Guat. y Méx. Camarero de un restaurante.

MESETA s.f. (de *mesa*). Terreno poco accidentado, extenso y elevado sobre el nivel del mar. **2.** Descansillo de la escalera.

MESIÁNICO, A adj. Relativo al mesías o al mesianismo.

MESIANISMO s.m. Esperanza de los creyentes judíos en la llegada del mesías. **2.** *Fig.* Confianza en la llegada de una persona que solucionará todos los problemas.

MESÍAS s.m. (lat. *messias*, del arameo *mēsiah*, ungido). Enviado divino anunciado por los profetas judíos a quien se deberá el establecerá en la tierra el reino de Dios. (Se suele escribir con mayúscula.) **2.** Jesús. (Se escribe con mayúscula.) [V. parte n. pr.] **3.** *Fig.* Persona de la que se espera que solucione todos los problemas.

MESIAZGO s.m. Dignidad de Mesías.

MESILLA s.f. Dinero que daba el rey diariamente a sus criados cuando estaban en jornada. ⋄ **Mesilla de noche** Mesa de noche.

MESMERIANO, A adj. y s. Relativo a Mesmer o al mesmerismo; partidario del mesmerismo. SIN.: *mesmerista*.

MESMERISMO s.m. Teoría formulada en el s. XVIII por el médico alemán Mesmer, según la cual cada organismo es receptivo a la influencia de los cuerpos celestes y a la de los cuerpos que lo rodean, del mismo modo que le permitiría también influir sobre estos últimos. **2.** Método curativo basado en la teoría de Mesmer, que utiliza la hipnosis.

MESNADA s.f. (de *mesón*, casa). Grupo de personas armadas al servicio de un señor feudal. **2.** *Fig.* Conjunto de partidarios de alguien.

MESNADERO, A adj. y s.m. Persona que formaba parte de una mesnada.

MESOAMERICANO, A adj. y s. De Mesoamérica.

MESOBLASTO s.m. Mesodermo.

MESOCARPIO o **MESOCARPO** s.m. Zona intermedia del pericarpio de un fruto, entre el epicarpio y el endocarpio, que se corresponde con la parte carnosa y azucarada de frutos comestibles.

MESOCEFALIA s.f. Cualidad de mesocéfalo.

MESOCÉFALO, A adj. Se dice de la persona que tiene un cráneo de proporciones entre el braquicéfalo y el dolicocéfalo, con un índice cefálico que varía entre 75 y 79. ◆ s.m. Protuberancia situada en la parte inferior y media del cerebro.

MESOCRACIA s.f. Forma de gobierno de la clase media. **2.** *Fig.* Burguesía.

MESOCRÁTICO, A adj. Relativo a la mesocracia.

MESODÉRMICO, A adj. Relativo al mesodermo. SIN.: *mesoblástico*.

MESODERMO s.m. Capa embrionaria entre media del blastodermo, situada entre el endoblasto y el ectoblasto, que da origen a la sangre, esqueleto, riñones, músculos, etc. SIN.: *mesoblasto*.

MESOLÍTICO, A adj. y s.m. Se dice del período prehistórico intermedio entre el paleolítico y el neolítico que se caracteriza por el paso de una economía de predación a una de producción.

MESOLOTE s.m. Méx. Maguey doble.

MESOMERÍA s.f. QUÍM. Estructura de un compuesto intermedia entre dos formas isómeras.

MESÓMERO, A adj. QUÍM. Que presenta mesomería.

MESOMORFO, A adj. Se dice del estado de la materia intermedio entre el estado amorfo y el cristalino, como el nemático o el esméctico.

1. MESÓN s.m. (del lat. *mansio*, *-onis*, permanencia, vivienda). Establecimiento público donde se sirven comidas y bebidas, decorado como si fuera antiguo. **2.** Establecimiento público donde se hospedaban viajeros. **3.** Chile. Mostrador de los bares y cantinas, barra.

2. MESÓN s.m. (del gr. *meso*, medio y *electrón*). FÍS. Partícula de interacción fuerte (hadrón), compuesta por un quark y un antiquark (por oposición a *barión*).

MESONERO, A adj. Relativo al mesón. ◆ s. Persona que es dueña o encargada de un mesón.

MESOPAUSA s.f. Zona de transición entre la mesosfera y la termosfera.

MESOPOTAMIA s.f. Denominación que se da a veces a una región comprendida entre dos ríos.

MESOPOTÁMICO, A adj. y s. De Mesopotamia.

MESOSFERA s.f. Capa atmosférica situada entre la estratosfera y la termosfera, entre los 40 y 80 km de altura, aproximadamente.

MESOTERAPIA s.f. Técnica de tratamiento local que consiste en inyectar en la dermis dosis muy pequeñas de medicamentos, gracias a un aparato provisto de múltiples agujas.

MESOTÓRAX s.m. ANAT. Parte media del tórax. **2.** ZOOL. Segundo segmento del tórax de los insectos, entre el protórax y el metatórax. (Sostiene el primer par de alas y el segundo par de patas.)

MESOZOICO, A adj. y s.m. GEOL. Se dice de la era geológica que se extiende desde hace unos 245 millones de años hasta hace unos 65 millones de años, se caracteriza por el desarrollo de las gimnospermas, la abundancia de las belemnitas y de los amonites, la preponderancia y la variedad de los reptiles y la aparición de los pájaros y de los mamíferos, y comprende los períodos triásico, jurásico y cretácico. SIN.: *secundario*. ◆ adj. Relativo a esta era.

MESTA s.f. (del lat. *mixta*, p. de *miscere*, mezclar). Asociación de ganaderos de Castilla, nacida oficialmente en 1273, durante el reinado de Alfonso X, y abolida en 1836. (Suele escribirse con mayúscula.) ◆ **mestas** s.f.pl. Aguas de dos o más corrientes en el punto de confluencia.

MESTEÑO, A adj. Relativo a la mesta. **2.** Se dice del caballo y la res vacuna que no tienen amo conocido. **3.** Se dice del animal cerril.

MESTER s.m. (del lat. *ministerium*, empleo, oficio). **Mester de clerecía** LIT. Escuela poética medieval española de clérigos y personas cultas que utilizaba la cuaderna vía. **Mester de juglaría** LIT. Escuela poética medieval española de juglares y poetas populares que utilizaba una métrica irregular.
ENCICL. El mester de clerecía impone una métrica fija (cuaderna vía) y una temática preferentemente religiosa, de tono docto pero dirigida al pueblo, utilizando una lengua popular y familiar. Entre su primer representante importante, Gonzalo de Berceo (mediados del s. XIII), y el último, Pero López de Ayala (segunda mitad del s. XIV), se sitúan obras como el *Libro de Apolonio*, el *Libro de Alexandre*, el *Poema de Fernán González* (s. XIII) y el *Libro de Buen amor* del Arcipreste de Hita (s. XIV). El mester de juglaría es una escuela poética de carácter popular, que se desarrolló en los ss. XII y XIII, y que englobaba una variada gama de actividades, entre las que destacaba una poesía de tipo narrativo, de métrica irregular y tono heroico, centrada en el cantar de gesta.

MESTIZAJE s.m. Unión fecunda entre hombres y mujeres de grupos humanos que presentan cierto grado de diferenciación genética. **2.** Conjunto de mestizos. **3.** Cruce de animales de la misma especie, pero de razas diferentes, destinado a crear, al cabo de varias generaciones, una raza de características intermedias. **4.** BOT. Cruce de variedades vegetales diferentes, pero pertenecientes a la misma especie. ◇ **Mestizaje cultural** Producción cultural (música, literatura, etc.) que nace de la influencia mutua entre civilizaciones en contacto.

MESTIZAR v.tr. [7]. Cruzar individuos de diversas razas.

MESTIZO, A adj. y s. (lat. tardío *mixticius*). Se dice de la persona de padre y madre de razas diferentes. ◆ adj. y s.m. BIOL. Se dice del híbrido obtenido a partir de dos variedades diferentes de la misma especie.
ENCICL. El mestizaje fue un elemento fundamental en la conformación de los nuevos países producto de la colonización española. En el inicio de la conquista, la escasez de mujeres blancas propició las uniones de india y español (generalmente ilegítimas, si bien las leyes no prohibían estos matrimonios). El mestizaje con indios no tuvo repercusiones sociales porque el mestizo se integró sin dificultades al grupo de la madre o del padre español (que frecuentemente le reconocía, dándole su apellido). El mestizaje negro, numéricamente inferior, tuvo, sin embargo, repercusiones sociales importantes: se prohibieron los matrimonios mixtos y el mestizo siempre heredaba la esclavitud de la madre. Una gran cantidad de denominaciones tipificó en Hispanoamérica los distintos grados de mestizaje; así son tipos étnicos frecuentes sobre todo en México: *castizo*, mestizo y español; *mulato*, español y negro; *morisco*, mulata y español; *albino*, español y morisco; *torna atrás*, español y albina; *lobo*, indio y torna atrás; *sambayo*, lobo e india; *cambujo*, sambayo e india; *alvarazado*, cambujo y mulato; *chamiso*, coyote e indio; etc. Y en Perú: *mulato*, negro e indio, o blanco y negra; *cholo*, hijo de mulatos; *cuatralbo*, español y mestiza; *tercerón*, blanco y mulato; *zambo*, mezcla del cruce de negro y sus mezclas con indio.

MESTO s.m. Árbol de corteza menos suberosa que el alcornoque y fruto cuya cápsula abraza más de la mitad de la bellota. (Familia fagáceas.)

MESURA s.f. (lat. *mensura*, medida). Moderación y compostura en los sentimientos, las pa-

labras o las acciones: *obrar con mesura*. **2.** Moderación, comedimiento: *beber con mesura*.

MESURAR v.tr. y prnl. Moderar los sentimientos, las palabras o las acciones.

META s.f. (lat. *meta*, mojón). Pilar situado en cada extremo de la espina del circo romano. **2.** Fig. Fin u objetivo que se pretende alcanzar: *su meta es llegar a ministro*. **3.** DEP. **a.** Línea que señala el final de una carrera. **b.** Portería.

METÁBASIS s.f. (pl. *metábasis*). GRAM. Fenómeno por el que una palabra que pertenece a determinada categoría gramatical pasa a ejercer una función propia de otra categoría.

METABIOSIS s.f. (pl. *metabiosis*). BIOL. Interdependencia entre organismos de forma que uno de ellos aprovecha el sustrato y lo prepara para la utilización posterior o conjunta de otros organismos.

METABÓLICO, A adj. Relativo al metabolismo.

METABOLISMO s.m. Conjunto de reacciones químicas de transformación de materia y energía, catalizadas por las enzimas, que se producen en todos los tejidos del organismo vivo. ◇ **Metabolismo basal** Cantidad de oxígeno producida por el cuerpo humano en reposo, por hora y por metro cuadrado de la superficie del cuerpo.

METABOLITO s.m. Sustancia orgánica que resulta de las reacciones metabólicas. **2.** Producto simple y asimilable de la digestión de un alimento.

METACARPIANO, A adj. Relativo al metacarpo. ◆ adj. y s.m. Se dice del hueso del metacarpo.

METACARPO s.m. Parte del esqueleto de la palma de la mano comprendida entre el carpo y las falanges.

METACÉNTRICO, A adj. Relativo al metacentro. **2.** Se dice de la curva que une los metacentros de todas las inclinaciones posibles de una embarcación.

METACENTRO s.m. Punto de intersección de la vertical imaginaria que pasa por el centro de flotación de un cuerpo que no está en equilibrio y la recta que une el centro de flotación con el de gravedad cuando está en equilibrio.

METACRILATO s.m. Éster del ácido metacrílico.

METACRÍLICO, A adj. Se dice de un ácido carboxílico y de las resinas que de él derivan, utilizadas para fabricar vidrios de seguridad.

METADONA s.f. Sustancia de síntesis utilizada como sustituto de la morfina en ciertas curas de desintoxicación de toxicomanías.

METAFASE s.f. Segunda fase de la división celular por mitosis.

METAFÍSICA s.f. (gr. *metà tà physiká*, después de la física). Parte de la filosofía que estudia las propiedades, principios y causas primeras del ser. **2.** Investigación acerca de los principios más elevados del pensamiento y de la existencia. **3.** Teoría general y abstracta: *metafísica del lenguaje*. **4.** Fig. y desp. Reflexión de carácter abstracto, profunda y complicada sobre cualquier cosa. ◇ **Metafísica especial** Parte de la metafísica que estudia algún ser en especial, como la cosmología o la psicología. **Metafísica general** Parte de la metafísica que estudia la naturaleza del ser en sí mismo, independientemente de sus diversas manifestaciones o fenómenos.

METAFÍSICO, A adj. Relativo a la metafísica: *prueba metafísica de la existencia de Dios*. **2.** Fig. Abstracto y difícil de comprender. ◇ **Pintura metafísica** Corriente pictórica italiana de principios del s. XX caracterizada por una trasposición metafísica y onírica de la realidad, una visión deshumanizada y un clima de tensión. (Entre sus representantes se encuentran Chirico [su fundador], Carrà o Pisis.) **Poetas metafísicos** Escuela poética inglesa de finales del s. XVI y principios del XVII que se caracterizó por un estilo muy difícil y erudito. (Entre sus representantes se encuentran Donne [su fundador], Herbert o Crashaw.)

METÁFISIS s.f. Parte de los huesos largos situada entre la diáfisis y la epífisis.

METÁFORA s.f. (lat. *metaphora* del gr. *metaphora*, transporte). Tropo que consiste en utilizar una palabra con el significado de otra, al establecer una comparación tácita entre las

realidades designadas por ambas, por semejanza, o por compartir algún rasgo: «*Las perlas de su boca*» es una metáfora, al compararse con los dientes por su blancura.

METAFÓRICO, A adj. Relativo a la metáfora. **2.** Que incluye una metáfora o que abunda en ellas: *lenguaje metafórico*. **3.** Figurado: *sentido metafórico*.

METAFOSFATO s.m. Sal del ácido metafosfórico.

METAFOSFÓRICO, A adj. Se dice del ácido HPO_3, derivado del fósforo.

METAHEMOGLOBINA s.f. Hemoglobina cuyo hierro ferroso ha sido oxidado en hierro férrico, lo cual la hace inadecuada para el transporte de oxígeno.

METAHEMOGLOBINEMIA s.f. Acumulación patológica de metahemoglobina en los hematíes.

METAL s.m. (cat. *metall*, del lat. *metallum*, mina). Cuerpo simple, dotado de un brillo particular, en general buen conductor del calor y de la electricidad y que posee además la propiedad de dar como mínimo un óxido básico al combinarse con el oxígeno. (Los elementos químicos que no poseen estas propiedades se llaman *no metales*.) **2.** Material constituido por uno de estos elementos químicos o por una aleación de varios de ellos. **3.** Fig. Timbre de la voz. **4.** Fig. Calidad o condición de una cosa: *eso es de otro metal*. **5.** HERÁLD. Oro o plata. **6.** MÚS. Conjunto de instrumentos de viento que están fabricados con un material constituido por uno de estos elementos químicos. ◇ **Metal desplegado** Chapa que presenta una sucesión de hendiduras paralelas, de pequeña longitud y dispuestas al tresbolillo, y que ha sido estirada perpendicularmente a estas hendiduras de manera que forma una especie de enrejado. **Metal precioso** Oro, plata o platino. **Vil metal** Dinero.
ENCICL. La estructura atómica de los metales se caracteriza por tener un bajo número de electrones de valencia (máximo de 4), carácter electropositivo y un tipo particular de enlace (metálico). El enlace metálico se establece a partir de un conjunto de iones positivos, rodeados por una nube de electrones libres de la acción directa de los átomos. De ahí las propiedades particulares de los metales: mecánicas (maleabilidad, ductilidad, tenacidad), conductividad térmica y eléctrica, formación de cationes en la electrólisis, óxidos básicos, reflexión de la luz, etc. Ciertos metales se encuentran en la naturaleza en estado nativo (cobre, metales preciosos) pero, por lo general, se presentan en forma de óxidos o sulfuros.

METALADA s.f. Chile. Cantidad de metal explotable contenido en una veta.

METALDEHÍDO s.m. Polímero del aldehído acético, cuerpo sólido, de color blanco, empleado como combustible.

METALENGUA s.f. Lengua artificial utilizada en traducción automática.

METALENGUAJE s.m. Lenguaje especializado que se utiliza para describir una lengua natural. **2.** INFORMÁT. Lenguaje formal que emplea símbolos especiales, utilizado para describir la sintaxis de los lenguajes de programación.

METALEPSIS s.f. Tropo muy parecido a la metonimia que consiste en tomar el antecedente por el consiguiente, y viceversa, como ocurre en *no olvides a quien te ayudó* que debe entenderse *recompensa a quien te ayudó*.

METALERO, A adj. Chile. Que tiene relación con los metales: *saco metalero*.

METÁLICO, A adj. Relativo al metal. **2.** Relativo a las medallas: *historia metálica*. **3.** Que contiene metal o está hecho con metales: *sal metálica; puerta metálica*. **4.** Que tiene alguna característica del metal: *voz metálica*. ◆ s.m. Dinero en efectivo: *pagar en metálico*.

METALÍFERO, A adj. Que contiene metal.

METALINGÜÍSTICA s.f. Estudio de las interrelaciones entre la lengua y la cultura de un pueblo determinado.

METALINGÜÍSTICO, A adj. Relativo a la metalingüística o al metalenguaje.

METALIZACIÓN s.f. Acción y efecto de metalizar.

METALIZAR v.tr. [7]. Cubrir una sustancia con una capa de metal o impregnarla de compuestos metálicos. **2.** Hacer que una cosa adquiera las propiedades de un metal. ✦ **metalizarse** v.prnl. Adquirir una cosa las propiedades de un metal o impregnarse de él.

METALLA s.f. Conjunto de pequeños trozos de oro que usan los doradores para restaurar las partes defectuosas de un dorado.

METALOCROMÍA s.f. Técnica de colorear las superficies de los metales.

METALOGÉNESIS s.f. Proceso de formación de los yacimientos metalíferos.

METALOGENIA s.f. Ciencia que estudia la formación de los yacimientos metalíferos.

METALÓGICA s.f. Ciencia que estudia las fórmulas de un sistema matemático o lógico ya constituido, así como las reglas de su empleo.

METALOGRAFÍA s.f. Estudio de la estructura, propiedades y aleaciones de los metales.

METALOGRÁFICO, A adj. Relativo a la metalografía.

METALOIDE s.m. Elemento químico no metal. (Es una denominación antigua.)

METALOPLÁSTICO, A adj. Que tiene las características de un metal y de una materia plástica.

METAL-PROTEÍNA s.f. BIOL. Proteína asociada a compuestos que contienen metales.

METALURGIA s.f. Conjunto de procedimientos y técnicas de extracción, elaboración y tratamiento de los metales y sus aleaciones. ◇ **Metalurgia de los polvos** Conjunto de procedimientos metalúrgicos que permiten obtener productos o piezas por compresión y fusión de en caliente de polvos metálicos.

METALÚRGICO, A adj. Relativo a la metalurgia. ✦ adj. y s. Se dice de la persona que trabaja en metalurgia.

METAMATEMÁTICA s.f. Teoría deductiva que tiene por objeto establecer ciertas propiedades de las teorías matemáticas ya formalizadas.

METAMERÍA s.f. BIOL. División primitiva del mesodermo, a ambos lados de la cuerda dorsal, en metámeros o segmentos primitivos.

METÁMERO s.m. BIOL. Segmento primitivo del embrión procedente del mesodermo, que dorsalmente se escinde en bloques regulares desde la cabeza a la cola.

METAMIELOCITO s.m. Célula de la médula ósea que sigue al mielocito y precede inmediatamente al leucocito adulto.

METAMÓRFICO, A adj. GEOL. Relativo al metamorfismo. ◇ **Roca metamórfica** Roca que ha sufrido metamorfismo.

METAMORFISMO s.m. GEOL. Conjunto de transformaciones que sufren las rocas en el interior de la corteza terrestre por efecto de la temperatura y la presión.

METAMORFIZAR v.tr. y prnl. [7]. GEOL. Transformar una roca por metamorfismo.

METAMORFOSEAR v.tr. y prnl. Hacer que una persona o cosa experimente una metamorfosis.

METAMORFOSIS s.f. (lat. *metamorphosis*) [pl.*metamorfosis*].Transformación que experimenta una persona o cosa. **2.** BIOL. Conjunto de transformaciones que experimentan algunos vertebrados, como los anfibios y ciertos insectos, en el transcurso de su desarrollo biológico, que se manifiesta no solo en la variación de forma sino también en las funciones y en el género de vida.

METANERO s.m. Embarcación para el transporte de metano líquido.

METANO s.m. Gas incoloro (CH_4), de densidad 0,554, que arde en el aire con llama pálida. (Se desprende de las materias en putrefacción y constituye el gas de los pantanos y el grisú. Es el constituyente principal del gas natural.)

METANOL s.m. Alcohol metílico.

METAPLASIA s.f. Transformación de un tejido vivo en otro de estructura y función diferentes.

METAPLASMO s.m. LING. Cambio fonético que consiste en la alteración material de una palabra por supresión, adición o trasposición de fonemas.

METAPSICOLOGÍA o **METASICOLOGÍA** s.f. PSICOANÁL. Aspecto más teórico de la psicología psicoanalítica de S. Freud.

METAPSÍQUICA o **METASÍQUICA** s.f. Parapsicología.

METAPSÍQUICO, A o **METASÍQUICO, A** adj. Que rebasa los límites del mundo psíquico: *fenómenos metapsíquicos.* SIN.: *parapsíquico.*

METASTABLE adj. QUÍM. Se dice de un sistema que, en teoría, no es estable, pero que lo parece por la lentitud que experimenta al transformarse.

METASTÁSICO, A adj. MED. Relativo a las metástasis.

METÁSTASIS s.f. (gr. *metástasis*, cambio de lugar). MED. Foco patológico secundario, infeccioso y, especialmente canceroso, debido a la propagación de un foco primitivo (por vía sanguínea, linfática, etc.).

METATARSIANO, A adj. Relativo al metatarso. ✦ adj. y s.m. Se dice del hueso del metatarso.

METATARSO s.m. Parte del esqueleto del pie comprendida entre el tarso y las falanges, que se mantiene vertical durante la marcha en los vertebrados unguligrados y digitígrados.

METATE s.m. Molino de mano utilizado por diversos pueblos amerindios.

METÁTESIS s.f. (gr. *metáthesis*, trasposición). LING. Desplazamiento de vocales, consonantes o sílabas en el interior de una palabra.

METATIZAR v.tr. [7]. Cometer metátesis al hablar o escribir.

METATORÁCICO, A adj. Que está en el metatórax: *apéndice metatorácico.*

METATÓRAX s.m. ZOOL. Tercer segmento del tórax de los insectos en el que están implantadas las alas posteriores.

METAZOO adj. y s.m. Se dice del animal pluricelular. CONTR.: *protozoo.*

METECO s.m. y adj. (del gr. *métoikos*, que vive juntamente). HIST. Extranjero domiciliado en una ciudad griega que gozaba de un estatuto particular.

METEDOR, RA adj. Que mete. ✦ s.m. Español que actuaba ilegalmente como intermediario en el comercio de los extranjeros con las colonias españolas de América.

METEDURA s.f. Acción de meter. ◇ **Metedura de pata** Fam. Equivocación o indiscreción.

METEMPSICOSIS o **METEMPSÍCOSIS** (del gr. *metempsíkhosis*). REL. **a.** Reencarnación del alma después de la muerte en un cuerpo humano, animal o vegetal. **b.** Doctrina religiosa y filosófica según la cual el alma se reencarna después de la muerte en un cuerpo humano, animal o vegetal. (También *metensicosis* o *metensícosis.*)

METENCÉFALO s.m. Parte del encéfalo embrionario de la que derivan el cerebelo, la protuberancia y el bulbo.

METEÓRICO, A adj. Relativo al meteoro. **2.** Muy rápido: *tuvimos que hacer un viaje meteórico.* ◇ **Aguas meteóricas** Aguas de lluvia.

METEORISMO s.m. (gr. *meteorismós,* acción de levantarse, hinchazón). MED. Acumulación de gases en el intestino, que manifiesta una hinchazón del vientre.

METEORÍTICO, A adj. Relativo al meteorito.

METEORITO s.m. Fragmento de cuerpo celeste que cae en la superficie de un astro. SIN.: *aerolito.*

1. METEORIZACIÓN s.f. MED. Acción y efecto de meteorizar o meteorizarse.

2. METEORIZACIÓN s.f. AGRIC. Acción y efecto de meteorizarse la tierra. **2.** GEOL. Conjunto de transformaciones que experimentan las rocas en contacto con los agentes atmosféricos.

1. METEORIZAR v.tr. [7]. MED. Causar meteorismo. ✦ **meteorizarse** v.prnl. Padecer meteorismo.

2. METEORIZAR v.tr. [7]. GEOL. Causar meteorización. ✦ **meteorizarse** v.prnl. AGRIC. Recibir la tierra la influencia de los meteoros.

METEORO o **METÉORO** s.m. (gr. *metéora,* fenómenos celestes). Fenómeno físico que tiene lugar en la atmósfera. **2.** ASTRON. Fenómeno luminoso que se produce como consecuencia de la entrada en la atmósfera terrestre de un cuerpo sólido procedente del espacio celeste.

METEOROIDE s.m. ASTRON. Fragmento de cuerpo celeste que se mueve en el exterior de la atmósfera terrestre y que se convierte en meteoro al penetrar en ella.

METEOROLOGÍA s.f. Parte de la geofísica que estudia los fenómenos atmosféricos y de sus leyes, especialmente para la previsión del tiempo.

ENCICL. La meteorología es una de las ramas de la geofísica externa (con la hidrología y la oceanología física), puesto que la atmósfera es la última capa de la Tierra. Su teoría se funda en la mecánica de fluidos y la termodinámica con una finalidad práctica: la previsión del tiempo. Otras tareas son múltiples: observaciones y mediciones (por medio de estaciones, radiosondeos, etc.) en la superficie de la Tierra y en la atmósfera; análisis de hechos; transmisión de estos al ámbito internacional;

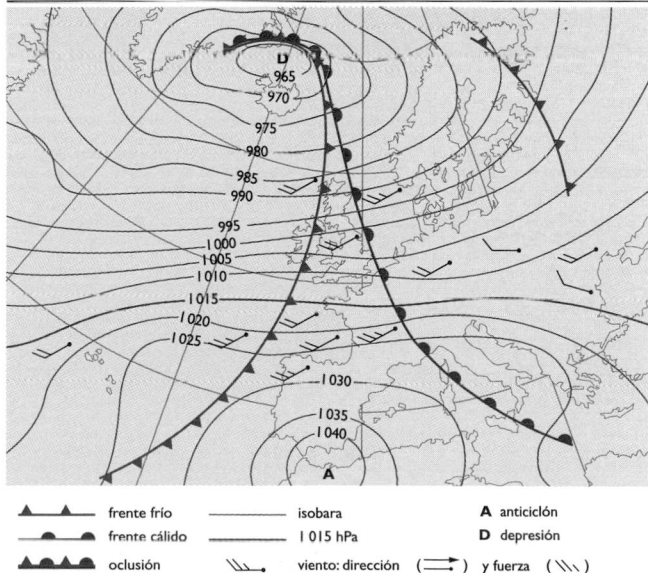

▲▲ frente frío	— isobara
●● frente cálido	—— I 015 hPa
▲●▲● oclusión	⟋⟋ viento: dirección

A anticiclón
D depresión

(⟶) y fuerza (⟍⟍)

■ **METEOROLOGÍA.** Ejemplo de perturbación del oeste (los vientos circulan de oeste a este, entre la depresión y el anticiclón), con los principales símbolos utilizados.

archivos climatológicos; difusión de previsiones y estadísticas climáticas; análisis hidrológicos; estudio de la polución atmosférica; investigación sobre las técnicas instrumentales (radares) y espaciales (satélites como los de la familia Meteosat), modelos de previsión, el clima, el océano, etc. La meteorología progresa gracias al mejoramiento de la teledetección con satélites y la cooperación internacional, que se lleva cabo en el seno de la Organización Meteorológica Mundial (OMM). Las aplicaciones de esta ciencia abarcan muchos sectores: asistencia aeronáutica, marina (pesca, actividades petroleras, etc.), agrícola (estudios de agroclimatología). Las previsiones también sirven para la planeación y la gestión de astilleros y transportes terrestres, la gestión y producción de electricidad, etc.

METEOROLÓGICO, A adj. Relativo a la meteorología o a los meteoros.

METEORÓLOGO, A s. Persona que se dedica a la meteorología.

METER v.tr. y prnl. (lat. *mittere*, enviar, soltar). Poner una cosa en el interior de otra o entre otras: *metió la ropa en el armario.* ➧ v.tr. Ingresar dinero en una entidad bancaria: *metió todo su capital en el banco.* **2.** Invertir dinero en un negocio: *metió cuanto tenía en la fábrica de su suegro.* **3.** Internar una persona que tiene autoridad a otra en un centro determinado: *meter en la cárcel.* **4.** Hacer intervenir a alguien en un asunto desagradable: *me metió en un lío.* **5.** Causar, motivar o provocar algo: *meter miedo.* **6.** Engañar a alguien o hacerle creer algo falso: *¡menuda historia te han metido!* **7.** Hacer soportar a alguien una cosa pesada o molesta: *me metió un rollo inaguantable.* **8.** Dar uno o varios golpes a una persona: *le metió un par de tortas.* **9.** Dedicar a alguien a una ocupación u oficio: *le metió de programador.* **10.** Acortar o estrechar una prenda de la tela. ➧ **meterse** v.prnl. Entrometerse, intervenir en cuestiones ajenas sin haber sido solicitado: *no te metas en lo que no te importa.* **2.** Introducirse, conseguir entrar en un ambiente determinado mediante influencias: *se ha metido en el ministerio.* **3.** Seguir una persona una vocación: *se metió monja.* ➢ **A todo meter** Con gran intensidad o rapidez. **Meterse con alguien** Provocarlo, molestarlo.

METETE adj. y s.m. Metomentodo.

METICHE adj. y s.m. y f. Chile y Méx. Se dice de la persona que se entromete en los asuntos ajenos.

METICÓN, NA adj. y s. Metomentodo.

METICULOSIDAD s.f. Cualidad de meticuloso.

METICULOSO, A adj. Que hace las cosas de manera minuciosa y concienzuda. SIN.: *escrupuloso.* **2.** Temeroso.

METIDA s.f. Acción y efecto de meter. **2.** *Fam.* Acometida que se da a un trabajo o en el uso o consumo de ciertas cosas (ahorros, alimentos, etc.): *dar una metida al asado.*

METIDO, A adj. Abundante en algo: *metido en años.* ➧ adj. y s. *Amér.* Metomentodo. ➧ s.m. Golpe o conjunto de golpes. **2.** Trozo de tela sobrante que suele dejarse en las costuras de una prenda. **3.** *Fig. y fam.* Represión áspera y desconsiderada. ➢ **Estar muy metido en algo** Estar muy comprometido o muy ocupado en un asunto.

METILAMINA s.f. Base orgánica primaria CH_3NH_2.

METILATO s.m. Alcoholato derivado del alcohol metílico.

METILBENCENO s.m. Tolueno.

METILENO s.m. Alcohol metílico impuro. (Es el nombre comercial.) **2.** Radical divalente de fórmula CH_2. ➢ **Azul de metileno** Colorante y desinfectante extraído de la hulla.

METÍLICO, A adj. Relativo al metilo. **2.** Se dice del compuesto que contiene metilo. ➢ **Alcohol metílico** Alcohol CH_3OH, extraído de los alquitranes de madera o preparado por síntesis, y utilizado como disolvente, combustible y producto intermediario en ciertas síntesis. SIN.: *metanol.*

METILO s.m. (del gr. *méthy*, vino, e *ýli*, madera). Radical monovalente (CH_3) derivado del metano. ➢ **Cloruro de metilo** Líquido

cuya evaporación hace descender la temperatura a –55 ºC, empleado en procesos industriales y en medicina. (Su fórmula es CH_3Cl.)

METIONINA s.f. Aminoácido sulfurado indispensable para el desarrollo y equilibrio del organismo.

METÓDICO, A adj. Hecho con método. **2.** Se dice de la persona que sigue un orden en sus acciones. ➢ **Duda metódica** FILOS. Primer paso de Descartes en la búsqueda de la verdad, que consiste en rechazar todos los conocimientos adquiridos como habiéndolo sido sin un fundamento razonable.

METODISMO s.m. Movimiento religioso protestante fundado en Gran Bretaña en el s. XVIII por John Wesley como reacción contra el ritualismo de la Iglesia anglicana. (Actualmente, hay unos 30 millones de metodistas, repartidos por el mundo entero.)

METODISTA adj. y s. y f. Relativo al metodismo; partidario de este movimiento.

MÉTODO s.m. (lat. *methodus*, del gr. *méthodos*). Conjunto de operaciones ordenadas con que se pretende obtener un resultado. **2.** Modo de actuar: *métodos violentos.* **3.** Conjunto de procedimientos para enseñar algo.

METODOLOGÍA s.f. Ciencia que estudia los métodos de conocimiento. **2.** Aplicación coherente de un método. **3.** Método, conjunto de operaciones.

METODOLÓGICO, A adj. Relativo a la metodología.

METOMENTODO adj. y s.m. y f. Se dice de la persona entrometida o chismosa.

METONIMIA s.f. (gr. *metonymía*). Figura retórica que consiste en expresar el efecto por la causa, el contenido por el continente, el todo por la parte, etc.

METONÍMICO, A adj. Relativo a la metonimia. **2.** Que contiene metonimia.

METOPA o **MÉTOPA** s.f. (lat. *metopa*, del gr. *meta*, entre, y *opí*, agujero). Parte del friso dórico situada entre dos triglifos.

METRAJE s.m. (fr. *métrage*). Longitud de una película cinematográfica.

METRALLA s.f. (fr. *mitraille*). Munición menuda de los artefactos explosivos, como bombas, proyectiles, granadas, etc. **2.** Fragmento que se desprende al estallar un artefacto explosivo.

METRALLAZO s.m. Disparo de metralla.

METRALLETA s.f. Arma de fuego automática, individual y portátil.

MÉTRICA s.f. Estudio del ritmo, estructura y combinación de los versos. **2.** Sistema de versificación propio de un poeta, movimiento, lengua, país, etc.

MÉTRICO, A adj. Relativo a la métrica. **2.** Relativo al metro o al sistema de medidas que tiene como base el metro. ➢ **Espacio métrico** MAT. Par formado por un conjunto y una distancia.

ENCICL. El sistema métrico decimal se estableció por primera vez en Francia en 1790, con el fin de unificar los sistemas de medidas. La comisión de la Academia de Ciencias francesa decidió que la unidad usual (el metro) fuera la diezmillonésima parte del cuadrante del meridiano terrestre. Lafèvre-Guineau investigó la relación del kilogramo con las masas usadas entonces. De esta manera se hizo posible adoptar un patrón único de pesas y medidas. La cualidad esencial del sistema métrico es su decimalidad, correspondiente a la numeración. Para una misma clase de magnitud todas las unidades se deducen de una de ellas: los valores, por factores que son potencias enteras de diez, y la nomenclatura, por prefijos que designan las potencias. En 1872 se reunió en París una Comisión internacional, que estableció los prototipos del metro y el kilogramo. Además se creó la Oficina internacional de pesas y medidas con la misión de construir y conservar los patrones definitivos. Posteriormente se extendió el sistema métrico para los patrones de electricidad, de luz y de medida de las radiaciones ionizantes. En la actualidad, el sistema métrico está legalmente establecido en más de cien países.

METRIFICAR v.tr. e intr. [1]. Versificar.

1. METRO s.m. (lat. *metrum*, medida, especialmente la de un verso). Unidad de medida de longitud (símb. m) equivalente a la longitud del

trayecto recorrido en el vacío por la luz de láser durante un tiempo de 1/299 792 458 s. **2.** Instrumento que sirve para medir longitudes que tiene marcado un metro y sus divisores. **3.** MÉTRIC. **a.** Medida peculiar de cada clase de versos. **b.** Grupo determinado de sílabas largas o breves de la prosodia griega y latina que incluyen dos tiempos marcados.

ENCICL. El metro se definió inicialmente como la longitud de la diezmillonésima parte del cuadrante del meridiano terrestre. La 1ª conferencia general de pesas y medidas (París, 1889) igualó dicha longitud a la distancia entre dos trazos marcados sobre un prototipo de platino iridiado que se conserva en Sèvres. De 1960 a 1983 (17ª conferencia general de pesas y medidas) se definió el metro a partir de una de las radiaciones emitidas por una lámpara de descarga llena del isótopo 86 del kriptón. Dado que la utilización de rayos láser ha permitido determinar con más precisión la velocidad de la luz, la nueva definición del metro está en relación con el valor de esta magnitud.

2. METRO s.m. (abrev. de *metropolitano*). Ferrocarril eléctrico, generalmente subterráneo, utilizado como medio de transporte rápido de pasajeros en las grandes ciudades.

METROLOGÍA s.f. Ciencia que estudia los sistemas de medidas.

METROLÓGICO, A adj. Relativo a la metrología.

METRÓLOGO, A s. Persona que se dedica a la metrología.

METRÓNOMO s.m. Aparato que sirve para marcar el compás de un fragmento musical.

METRÓPOLI o **METRÓPOLIS** s.f. (gr. *mitrópolis*, de *mitír*, madre, y *pólis*, ciudad). Estado o ciudad en relación con sus colonias. **2.** Ciudad importante de una provincia, región o estado por su extensión.

METROPOLITA s.m. Dignatario de la Iglesia ortodoxa que ocupa un lugar intermedio entre el patriarca y los arzobispos.

METROPOLITANO, A adj. Relativo a la metrópoli. ➧ s.m. y adj. Metro, ferrocarril. ➧ s.m. Arzobispo que tiene jurisdicción sobre una provincia eclesiástica. ➢ **Área metropolitana** URBAN. Conjunto formado por el casco urbano de una ciudad y su área suburbana.

■ **METROPOLITANO.** Vagón de metro en Caracas (Venezuela).

METRORRAGIA s.f. (del gr. *mítra*, matriz, y *rignúnai*, romper). Hemorragia uterina que sobreviene fuera del período menstrual.

METROSEXUAL adj. y s.m. Se dice del hombre que se preocupa por tener una imagen cuidada y moderna y está atento a las últimas tendencias. (Se creó por analogía a *heterosexual* y *homosexual* a partir de la abreviación *metro* de *metropolitano*.)

MEXICA adj. y s.m. y f. Azteca.

MEXICANISMO s.m. Palabra, expresión o giro propios del español hablado en México.

MEXICANO, A adj. y s. De México. ➧ s.m. Variedad del español hablada en México.

MEYOSIS o **MEIOSIS** s.f. Proceso de división celular de una célula madre en cuatro células hijas, que solo tienen la mitad de cromosomas de la célula inicial.

MEYÓTICO, A o **MEIÓTICO, A** adj. Relativo a la meyosis.

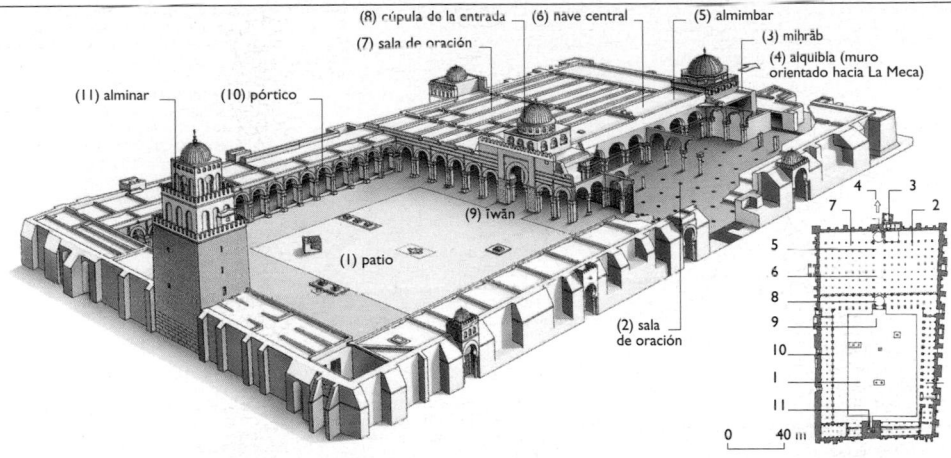

(8) cúpula de la entrada — (6) nave central — (5) almimbar

(7) sala de oración

(3) mihrāb

(4) alquibla (muro orientado hacia La Meca)

(11) alminar — (10) pórtico

(9) īwān

(1) patio

(2) sala de oración

0   40 m

■ **MEZQUITA.** Conjunto y planta de la gran mezquita de Kairuán (Túnez), de los ss. VIII-IX.

MEZCAL o **MESCAL** s.m. Variedad de maguey o pita. **2.** Aguardiente que se obtiene de esta planta. **3.** Hond. Fibra de pita preparada para hacer cuerdas. **4.** Méx. Bebida alcohólica que se obtiene al destilar la penca de ciertas especies de maguey.

MEZCALERO o **MESCALERO** tribu amerindia de América del Norte, de lengua atapasco, que habitaban las tierras centrales de Nuevo México. (Era una de las principales del conjunto apache.)

MEZCLA s.f. Acción y efecto de mezclar o mezclarse. **2.** Argamasa, mortero. **3.** Sustancia resultante de combinar otras. **4.** Operación realizada en estudios de cine, televisión o grabación que consiste en superponer sonidos con el fin de formar una secuencia sonora. **5.** QUÍM. Unión de varios cuerpos sin que presenten reacción química. **6.** TEXT. Tela de fibras de distintos materiales o colores. ◇ **Mezcla frigorífica**, o **refrigerante** Mezcla de ciertas sales que, por disolución en el agua o por contacto con hielo triturado, produce un descenso de temperatura.

MEZCLADO, A adj. Se dice del animal que es fruto del cruce de castas o razas diferentes.

MEZCLADOR s.m. Aparato que sirve para mezclar, en cantidades determinadas, agua caliente y fría. **2.** Depósito de gran tamaño que recibe el arrabio líquido de los altos hornos antes que este sea afinado en los hornos Martin o en los convertidores. **3.** Circuito eléctrico que recibe corrientes de baja frecuencia provenientes de distintos micrófonos, destinado a dosificar sus efectos antes de enviar su mezcla al emisor de radio que se trata de modular. ◇ **Mezclador dosificador** Elemento que combina en proporciones determinadas dos o varias señales de idéntica naturaleza física.

MEZCLADORA s.f. TECNOL. Aparato o máquina que sirve para mezclar diversas sustancias. **2.** Mesa de control de sonidos e imágenes.

MEZCLAR v.tr. y prnl. (lat. vulgar *miscula-re*). Juntar varias cosas, obteniendo una homogeneidad total o aparente. ◆ Desordenar lo que estaba ordenado. ◆ **mezclarse** v.prnl. Unirse una persona o cosa con otras de manera que no es fácil distinguirla en el conjunto. **2.** Intervenir una persona en un asunto que no

le incumbe. **3.** Relacionarse con una persona. ◇ **Mezclar en algo** Hacer a alguien cómplice en un asunto.

MEZCLILLA s.f. Tejido de mezcla, de poco cuerpo. **2.** Méx. Tela basta de algodón, por lo general de color azul, que se emplea principalmente en la confección de jeans. ◇ **Pantalón de mezclilla** Méx. Jeans.

MEZCOLANZA o **MESCOLANZA** s.f. (ital. *mescolanza*). Fam. Mezcla extraña, confusa e inconexa.

MEZONTETE s.m. Méx. Tronco hueco y seco de maguey.

MEZQUINAR v.tr. Argent. Esquivar, apartar, hacer a un lado. **2.** Colomb. Librar a alguien de un castigo.

MEZQUINDAD s.f. Cualidad de mezquino. **2.** Dicho o hecho propio de un mezquino.

MEZQUINO, A adj. (ár. *miskīn*, carente de bienes, pobre). Falto de generosidad, honestidad y lealtad: *comportamiento mezquino*. **2.** Avaro, tacaño. **3.** Pequeño, escaso, miserable: *un sueldo mezquino*. **4.** Necesitado, falto de lo necesario. ◆ s.m. Méx. Verruga dolorosa que sale en las manos o en los pies.

MEZQUITA s.f. (ár. *másŷid*, templo). Edificio religioso consagrado al culto musulmán.

MEZQUITE s.m. Méx. Árbol parecido a la acacia de cuyas hojas se saca un extracto para el tratamiento de las oftalmías. (Familia mimosáceas.)

MEZZA VOCE loc. (voces italianas, *media voz*). A media voz.

MEZZOSOPRANO s.f. (voz italiana) Voz femenina entre la soprano y la de la contralto. **2.** Persona que tiene esta voz.

MEZZO-TINTO s.m. Técnica de grabado que permite obtener todas las medias tintas.

1. MI adj.poses. Forma átona del adjetivo posesivo de la 1ª persona del singular que se usa cuando va antepuesto al nombre. Indica que la persona, animal o cosa designados por el nombre al que precede pertenecen a quien en un acto de comunicación (son de su propiedad, tienen un parentesco con él, están asociados a él, etc.): *mi libro; mi amiga*.

2. MI s.m. Nota musical, tercer grado de la escala de *do* mayor.

MÍ pron.pers. Forma tónica del pronombre personal de 1ª persona del singular. Funciona como complemento precedido de preposición: *a mí me gusta; habló contra mí; no espero nada de mí; vino hacia mí; lo hizo para mí*, o *¡a mí!* Exclamación con que alguien pide auxilio o socorro. **A mí qué** Expresión con que alguien manifiesta que algo le es indiferente, o que quiere desenterderse de ello. **Para mí** Según yo creo.

1. MIAJA s.f. Fam. Migaja. **2.** Fig. y fam. Cantidad insignificante de algo.

2. MIAJA s.f. NUMISM. Moneda de vellón de la península Ibérica desde la edad media, normalmente acuñada con los tipos del dinero.

MIALGIA s.f. Dolor muscular.

MIAO o **MEO**, pueblo de China, Tailandia, N de Laos y NO de Vietnam, que habla una lengua del grupo chino-tibetano.

MIAR v.intr. [19]. Maullar.

MIASIS s.f. Trastorno provocado en los animales y en el ser humano por infestación de la larva de un insecto díptero.

MIASMA s.m. (gr. *míasma*, mancha). Emanación fétida que se desprende de cuerpos enfermos, de materias en descomposición o de aguas estancadas. (Suele usarse en plural.)

MIASTENIA s.f. Fatiga muscular causada por un trastorno en la transmisión del influjo nervioso en la unión del nervio y el músculo.

MIATONÍA s.f. Desaparición de tono muscular, relacionada con una afección neurológica.

MIAU Onomatopeya de la voz del gato. ◆ s.m. Maullido.

MICA s.f. (lat. *mica*, partícula, migaja). Mineral brillante y exfoliable, abundante en las rocas eruptivas y metamórficas, formado por silicato de aluminio y de potasio. **2.** Guat. Mujer coqueta.

MICÁCEO, A adj. Que es parecido a la mica. **2.** Que contiene mica.

MICACITA s.f. Roca metamórfica laminar formada por capas de mica separadas por cristales de cuarzo pequeños.

MICADA s.f. Amér. Central y Méx. Conjunto de micos.

MICADO s.m. → MIKADO.

MICCIÓN s.f. (del lat. *mingere*, orinar). Acción de miccionar.

MICCIONAR v.intr. y tr. Orinar.

MICELA s.f. Partícula que mide entre 0,001 y 0,3 micras, está formada por un agregado de moléculas semejantes y constituye un sistema coloidal.

MICELAR adj. Que está formado por micelas.

MICELIAL adj. Relativo al micelio.

MICELIO s.m. Aparato vegetativo de los hongos formado por filamentos ramificados, generalmente de color blanco.

MICÉNICO, A adj. y s. De Micenas. ◆ s.m. Lengua indoeuropea que constituye la forma

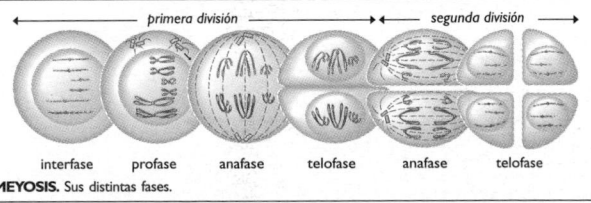

primera división — segunda división

interfase   profase   anafase   telofase   anafase   telofase

■ **MEYOSIS.** Sus distintas fases.

más antigua que se conoce del griego y que se transcribía a través de una escritura silábica, el lineal B. ◇ **Arte micénico** Arte que se desarrolló en el mundo aqueo durante el segundo milenio a.C.

MICER s.m. (cat. *misser,* del ital. *messer,* mi señor).Título honorífico de los letrados en la Corona de Aragón.

MICETOMA s.m. Tumor de origen inflamatorio provocado por hongos parásitos.

MICHELÍN s.m. Pliegue de grasa que se forma en una parte del cuerpo, especialmente alrededor de la cintura.

MICHINO, A s. *Fam.* Gato, mamífero carnívoro.

MICHOACANO, A adj. y s. De Michoacán.

MICO s.m. Mono de cola larga. **2.** *Fig. y fam.* Persona muy fea. ◇ **Hecho un mico** *Fam.* Avergonzado. **Volverse mico** *Fam.* Alterarse mucho una persona por resultarle algo muy complicado de hacer o soportar.

MICOLOGÍA s.f. (del gr. *mýki,* hongo, y *lógos,* tratado).Parte de la botánica que estudia los hongos.

MICOLÓGICO, A adj. Relativo a la micología.

MICÓLOGO, A s. Especialista en micología.

MICOPLASMOSIS s.f. Enfermedad infecciosa causada por una bacteria del género *Mycoplasma.*

MICORRIZA s.f. Asociación simbiótica del micelio de un hongo inferior con las raíces de una planta superior, a menudo un árbol (roble, haya, orquidáceas).

MICOSIS s.f. Infección provocada por hongos parásitos.

MICOTERAPIA s.f. Empleo de cierto tipo de hongos con fines terapéuticos, para combatir infecciones bacterianas.

MICRA s.f. Unidad de medida de longitud (símb. µ) equivalente a la millonésima parte de un metro. SIN.: *micrón.*

MICRO s.m. (apócope).Micrófono.

MICROANÁLISIS s.m. (pl. *microanálisis*). Análisis químico de masas algunas sustancias. **2.** ECON. Estudio de los procesos de decisión de las personas y de las empresas. **3.** METAL. Análisis localizado de una superficie metálica (rotura o superficie pulida), de aproximadamente un micrómetro cuadrado o cúbico.

MICROBALANZA s.f. Balanza utilizada para medir masas muy pequeñas.

MICROBIANO, A adj. Relativo a los microbios.

MICROBIO s.m. (gr. *micrós,* pequeño, y *bíos,* vida). Organismo microscópico unicelular, animal o vegetal, que origina putrefacciones y enfermedades infecciosas. **2.** *Fig. y fam.* Persona pequeña e insignificante.

ENCICL. Los microbios (bacterias, protozoos, virus, hongos, etc.) pertenecen a grupos de organismos muy diversos. Se encuentran en el suelo, en el aire, en el agua y en otros organismos.Ciertos microbios segregan toxinas y son agentes de enfermedades infecciosas; otros son útiles, porque producen fermentaciones (alcohólica, acética, láctica).

MICROBIOLOGÍA s.f. Parte de la biología que estudia los microorganismos y que comprende la virología, la bacteriología, la micromicología y la parasitología.

MICROBIÓLOGO, A s. Especialista en microbiología.

MICROBIÓTICO, A adj. Se dice de la especie vegetal cuya semilla pierde su aptitud para germinar menos de tres años después de su diseminación.

MICROBÚS s.m. Vehículo de transporte colectivo con capacidad para un pequeño número de viajeros.

MICROCALORIMETRÍA s.f. Parte de la física que se ocupa de determinar las cantidades de calor que intervienen en transformaciones termodinámicas de balance térmico muy débil.

MICROCALORÍMETRO s.m. Aparato utilizado en microcalorimetría.

MICROCEFALIA s.f. Desarrollo insuficiente del volumen del cráneo, a menudo acompañado de atrofia cerebral.

MICROCHIP s.m. (pl. *microchips*). ELECTRÓN. Chip de tamaño muy pequeño.

MICROCIRCUITO s.m. Circuito eléctrico o electrónico de componentes miniaturizados.

MICROCIRUGÍA s.f. Cirugía que se efectúa mediante microscopio y utilizando instrumentos miniaturizados especiales.

MICROCLIMA s.m. Clima de un espacio homogéneo de poca extensión, aislado del medio general.

MICROCLINA s.f. Feldespato potásico.

MICROCOCO s.m. Bacteria de cuerpo esférico, cuyos individuos se presentan aislados.

MICROCONTINENTE s.m. OCEANOGR. Sobreelevación importante del fondo marino formada por la parte sumergida de un fragmento desgajado de un conjunto continental.

MICROCOSMOS s.m. (lat. *microcosmos,* del gr. *micrós,* pequeño, y *kósmos,* mundo) [pl. *microcosmos*]. En filosofía y en las doctrinas esotéricas, ser que constituye un mundo a escala reducida, cuya estructura refleja el mundo *(macrocosmos)* al que pertenece. **2.** Ser humano, considerado de esta manera respecto al universo. (Durante el renacimiento, se tuvo muy en cuenta esta idea del ser humano.) **3.** Entorno social reducido y cerrado.

MICROCRÉDITO s.m. Préstamo de poca cuantía a bajo interés que conceden las ONG y ciertas entidades bancarias a personas que, por ser insolventes, lo necesitan para poder financiar una actividad generadora de beneficios.

MICROCRISTAL s.m. Cristal microscópico que forma la estructura de las principales aleaciones.

MICRODISECCIÓN s.f. Disección de células o tejidos hecha con la ayuda de un microscopio.

MICROECONOMÍA s.f. Parte de la ciencia económica que estudia los comportamientos individuales de los agentes económicos.

MICROECONÓMICO, A adj. Relativo a la microeconomía.

MICROELECTRÓNICA s.f. Parte de la electrónica que se ocupa de la concepción y fabricación de circuitos, memorias, etc., de volumen muy reducido.

MICROESTADO s.m. DER. INTERN. Estado muy pequeño, tanto por su superficie como por su población y sus recursos económicos.

MICROESTRUCTURA s.f. Estructura que depende de otra más vasta.

MICRÓFAGO, A adj. y s.m. Se dice del organismo que realiza la fagocitosis de elementos muy pequeños.

MICROFICHA s.f. Ficha con cierto número de imágenes de dimensiones muy reducidas.

MICROFILM o **MICROFILME** s.m. Película de formato pequeño (35 o 16 mm) que está constituida por una serie de imágenes reducidas de documentos, dibujos, etc.

MICROFILMADORA s.f. Máquina que sirve para microfilmar.

MICROFILMAR v.tr. Reproducir documentos en forma de microfilm.

MICROFILME s.m. → MICROFILM.

MICROFÍSICA s.f. Parte de la física que estudia los átomos, los núcleos y las partículas elementales.

MICROFLORA s.f. Flora microbiana de un medio determinado.

MICROFÓNICO, A adj. Relativo al micrófono.

MICRÓFONO s.m. Aparato que transforma las vibraciones sonoras en oscilaciones eléctricas. (Se abrevia *micro.*)

MICROFOTOGRAFÍA s.f. Fotografía obtenida mediante un microscopio electrónico.

MICROGLIA s.f. Variedad de neuroglia reticuloendotelial cuyas células son móviles y están dotadas de capacidad fagocitaria.

MICROGRAFÍA s.f. Estudio de objetos muy pequeños con la ayuda de un microscopio, especialmente de la estructura de metales y aleaciones. **2.** Imagen de un objeto de dimensiones microscópicas.

MICROLENTILLA s.f. Lente de contacto.

MICROLÍTICO, A adj. GEOL. **a.** Se dice de la estructura de la roca volcánica formada esencialmente por microlitos. **b.** Se dice de la roca que presenta esta estructura.

MICROLITO s.m. GEOL. Cristal microscópico de las rocas microlíticas. **2.** PREHIST. Instrumento de piedra de dimensiones muy pequeñas característico de los períodos posglaciales.

MICROMANIPULADOR s.m. Aparato que permite la manipulación y disección de células o de objetos microscópicos.

MICROMECÁNICA s.f. Conjunto de técnicas relacionadas con la creación, el funcionamiento y la fabricación de objetos mecánicos de dimensiones muy reducidas.

MICROMERISMO s.m. Hipótesis según la cual el protoplasma está compuesto de pequeñas unidades, cada una de las cuales poseería las características peculiares de la materia viva.

MICROMERISTA adj. y s.m. y f. Relativo al micromerismo; partidario de esta hipótesis.

MICROMETEORITO s.m. Meteorito de dimensiones muy pequeñas.

MICROMETRÍA s.f. Medición de dimensiones muy pequeñas.

MICROMÉTRICO, A adj. Relativo al micrómetro o a la micrometría.

MICRÓMETRO s.m. Instrumento que permite medir con gran precisión longitudes o ángulos muy pequeños. **2.** Dispositivo óptico o instrumento que sirve para medir imágenes u objetos pequeños. **3.** Micra. **4.** Dispositivo que poseen ciertos instrumentos astronómicos para medir dimensiones en las imágenes visibles en el ocular.

MICROMÓDULO s.m. Circuito electrónico de dimensiones muy reducidas impreso sobre una fina placa de cerámica.

MICRÓN s.m. Micra.

MICRONESIO, A adj. y s. De Micronesia.

MICRONIZAR v.tr. [7]. Dividir un cuerpo o una sustancia en partículas microscópicas.

MICROONDA s.f. Onda electromagnética de una longitud comprendida entre 1 m y 1 mm.

MICROONDAS s.m. (pl. *microondas*). Horno de cocina muy rápido en que el calor está generado por ondas de alta frecuencia. (También *horno de microondas.*)

MICROORGANISMO o **MICRORGANISMO** s.m. Ser vivo microscópico, como las bacterias, los virus, los hongos unicelulares (levaduras) y los protistas. (Los microorganismos, antes llamados microbios, desempeñan un papel esencial en los ciclos ecológicos, aunque algunas especies son patógenas.)

MICRÓPILO s.m. (gr. *micrós,* pequeño, y *pýli,* puerta). Orificio pequeño de los tegumentos del óvulo de las plantas fanerógamas.

MICROPROCESADOR s.m. Procesador de la información miniaturizado, compuesto por microcircuitos electrónicos integrados.

MICROPROGRAMACIÓN s.f. INFORMÁT. Técnica de programación de una computadora en la que las instrucciones del programa se ejecutan mediante una sucesión de instrucciones muy elementales.

MICROPROPULSOR s.m. ASTRONÁUT. Motor cohete de pequeño empuje que se utiliza para la estabilización o las maniobras de un vehículo espacial.

MICROPSIA s.f. Trastorno visual que se carac-

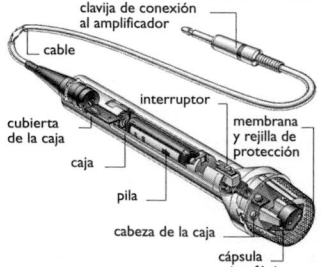

clavija de conexión al amplificador
cable
interruptor
cubierta de la caja
caja
pila
cabeza de la caja
membrana y rejilla de protección
cápsula microfónica

■ **MICRÓFONO.** Sección de un micrófono electrostático.

teriza por una percepción reducida del tamaño real de los objetos.

MICRORGANISMO s.m. → **MICROORGANISMO.**

MICROSCOPIA s.f. Examen por medio del microscopio.

MICROSCÓPICO, A adj. Relativo al microscopio. **2.** Hecho con la ayuda del microscopio. **3.** Que solo puede ser observado con el microscopio: *partículas microscópicas.* **4.** *Fig.* Muy pequeño: *un brillante microscópico.*

MICROSCOPIO s.m. (gr. *micrós,* pequeño, y *skopein,* mirar). Instrumento óptico compuesto de varias lentes que sirve para observar objetos muy pequeños. ◇ **Microscopio electrónico de barrido** (MEB) Aparato en el que un haz de electrones, focalizado sobre el objeto observado, produce una emisión de electrones secundarios y de fotones que posteriormente se transforman en una imagen del objeto.

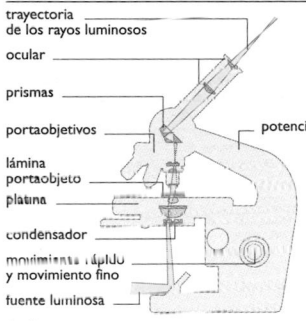

trayectoria
de los rayos luminosos

ocular

prismas

portaobjetivos   potencia

lámina
portaobjeto

platina

condensador

movimiento rápido
y movimiento fino

fuente luminosa

óptico

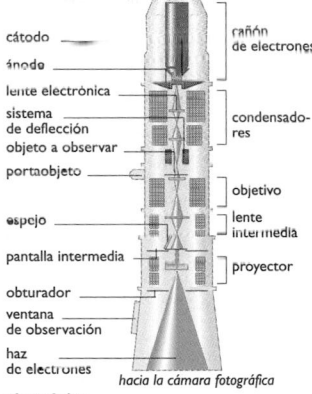

cátodo

ánodo

lente electrónica

sistema
de deflección

objeto a observar

portaobjeto

espejo

pantalla intermedia

obturador

ventana
de observación

haz
de electrones

cañón
de electrones

condensado-
res

objetivo

lente
intermedia

proyector

hacia la cámara fotográfica

electrónico

■ **MICROSCOPIO.** Esquema de funcionamiento.

MICROSOCIOLOGÍA s.f. Estudio de las relaciones sociales que se establecen en grupos reducidos.

MICROSOMA s.m. Gránulo del interior de las células que se ha identificado con los ribosomas.

MICROSONDA s.f. Aparato que, mediante el impacto de un haz de electrones sobre una lámina delgada, permite determinar los elementos que esta lámina contiene.

MICRÓSPORA s.f. BOT. Espora de ciertas criptógamas que origina el prótalo masculino.

MICROSPORANGIO s.m. BOT. Esporangio que contiene las micrósporas.

MICROSURCO s.m. Disco que contiene aproximadamente cien espiras por centímetro de radio, cuya grabación permite una audición de unos veinticinco minutos por cada cara de 30 cm de diámetro.

MICRÓTOMO s.m. (gr. *micrós,* pequeño, y *témnein,* cortar). Instrumento de laboratorio que se usa para cortar láminas delgadas de tejidos animales o vegetales con la finalidad de observarlas por el microscopio.

MIDDLE JAZZ s.m. Nombre que se da a distintos estilos de jazz, de principios de los años cuarenta, que sucedieron a los de Nueva Orleans y Chicago y que estuvieron de moda hasta la aparición del estilo bop.

MIDI adj. (sigla del ingl. *musical instrument digital interface*). Se dice de la interfaz que permite transferir informaciones en tiempo real entre diversos instrumentos de música electrónicos.

MIDRAS s.m. (voz hebrea). Exégesis rabínica de la Biblia que busca una significación más profunda de los textos bíblicos que el sentido literal fijado a partir de un determinado momento de la historia.

MIDRIASIS s.f. (lat. tardío *mydriasis*). MED. Dilatación anormal y persistente de la pupila.

MIDRIÁTICO, A adj. Relativo a la midriasis.

MIEDICA adj. y s.m. y f. Esp. Fam. Miedoso.

MIEDITIS s.f. Fam. Miedo.

MIEDO s.m. (lat. *metus, -us*). Temor ante un peligro real o imaginario, presente o futuro: *tener miedo.* **2.** Temor o recelo de que suceda algo contrario a lo que se desea: *tener miedo de caerse.* ◇ **De miedo** Esp. Fam. Pondera la excelencia de algo o de alguien: *el asado está de miedo.* **Miedo insuperable** DER. Miedo que, imponiéndose de forma insuperable a la voluntad de una persona, le impulsa a ejecutar un delito cuyo mal es igual o menor a la amenaza recibida.

MIEDOSO, A adj. y s. Fam. Que tiene miedo o es propenso a tenerlo.

MIEL s.f. (lat. *mel, mellis*). Sustancia dulce elaborada por las abejas a partir del néctar de las flores o de las secreciones de algunas plantas. **2.** Fig. Dulzura, suavidad, ternura. **3.** Jugo de la caña de azúcar después de la segunda cochura. ◇ **Dejar con la miel en los labios** Fig. y fam. Privar a alguien de lo que empezaba a disfrutar. **Miel sobre hojuelas** Fam. Se usa para indicar que una cosa mejora otra que ya era buena.

MIELENCÉFALO s.m. Parte del encéfalo formada por el bulbo raquídeo y el puente de Varolio.

MIELERO s.m. Amér. Melero.

1. MIELGA s.f. Tiburón que no suele sobrepasar 1 m de long., de color amarronado, aletas provistas de aguijones y dientes cortantes, cuya carne es comestible aunque dura, fibrosa y de baja calidad. (Familia escuálidos.)

2. MIELGA s.f. (lat. vulgar *melica*). Alfalfa silvestre.

MIELGO, A adj. Mellizo.

MIELINA s.f. Sustancia refringente, de naturaleza lipídica, que recubre las fibras del sistema nervioso central.

MIELÍTICO, A adj. y s. Relativo a la mielitis; que padece mielitis.

MIELITIS s.f. (del gr. *myelós,* médula). Inflamación de la médula espinal.

MIELOBLASTO s.m. BIOL. Célula mononuclear de la médula ósea que constituye la célula matriz de los leucocitos polinucleares.

MIELOCITO s.m. BIOL. Célula de la médula ósea, derivada de un mieloblasto y precursora de un granulocito.

MIELOGRAFÍA s.f. Radiografía de la médula espinal y del espacio que la rodea tras haber inyectado en este, por punción lumbar, un líquido opaco a los rayos X.

MIELOGRAMA s.m. Expresión numérica que indica el porcentaje de las distintas células de la médula ósea.

MIELOIDE adj. Relativo a la médula, especialmente a la médula ósea. ◇ **Leucemia mieloide** Leucemia caracterizada por una proliferación de las células originadas en la médula ósea y por un aumento del volumen del bazo.

MIELOMA s.m. Tumor de la médula ósea.

MIELOMALACIA s.f. NEUROL. Necrosis de la médula espinal, generalmente de origen isquémico.

MIEMBRO s.m. (lat. *membrum*). Apéndice del tronco del ser humano o de los animales vertebrados tetrápodos, útil para las funciones de locomoción y prensión. **2.** Estructura en forma de apéndice. **3.** Persona que forma parte de una corporación o colectividad. **4.** Parte de un todo. **5.** MAT. Cada una de las dos expresiones de una igualdad o de una desigualdad. ◇ **Miembro fantasma** Miembro amputado del cual se conservan las sensaciones cenestésicas, aunque el sujeto sea consciente de su ausencia. **Miembro viril** Pene.

MIENTE s.f. Pensamiento. (Suele usarse en plural.) ◇ **Parar,** o **poner, mientes en algo** Considerarlo, meditarlo y recapacitar sobre ello.

MIENTRAS adv.t. (del ant *domientre,* del lat. *dum,* mientras, y *interim,* entretanto). Entre tanto, en tanto, durante el tiempo en que: *mientras esperaba empezó a llover.* ◆ conj. Une oraciones expresando simultaneidad entre ellas: *ella trabajaba mientras yo descansaba.* ◇ **Mientras que** Expresa contraste u oposición entre dos acciones. **Mientras tanto** En el tiempo en que sucede u ocurre una acción, entre tanto.

MIERA s.f. Aceite medicinal obtenido de las bayas y ramas del enebro o del líquido resinoso que fluye de los pinos.

MIÉRCOLES s.m. (lat. *dies mercuri,* día del dios Mercurio). Tercer día de la semana, entre el martes y el jueves.

MIERDA s.f. (lat. *merda*). Fam. Excremento. **2.** Fig. y fam. Grasa, suciedad, porquería. **3.** Fig. y desp. Persona o cosa que se considera sin valor y despreciable. ◇ **¡A la mierda!** Vulg. Expresión con que se rechaza algo o a alguien con enojo menosprecio o indignación. **Irse a la mierda** Fig. y fam. Derrumbarse, hundirse o arruinarse algo.

MIERDACRUZ s.f. Arbusto originario de la península Ibérica, de tallos blanquecinos, flores poco vistosas y fruto oblongo.

MIERDAGO s.m. BOT. Fresal silvestre.

MIES s.f. (lat. *messis,* acción de cosechar). Cereal maduro. **2.** Tiempo de la siega y cosecha de granos. **3.** Valle cercado donde se tienen los sembrados en las regiones del N de España. ◆ **mieses** s.f.pl. Campos sembrados.

MIGA s.f. (lat. *mica,* migaja, especialmente la del pan). Parte interior y blanda del pan, que está recubierta por la corteza. **2.** Migaja, porción pequeña de cualquier cosa. (Suele usarse en plural.) **3.** Fig. y fam. Contenido sustancial o esencial de algo: *un discurso con mucha miga.* ◆ **migas** s.f.pl. Plato que se prepara con pan desmenuzado, humedecido con agua y frito. ◇ **Hacer buenas,** o **malas, migas** Fam. Avenirse, o no avenirse, una persona con otra. **Hacer migas** Dejar en mal estado físico o moral.

MIGAJA s.f. Trozo muy pequeño de pan o de comida. (Suele usarse en plural.) **2.** Porción pequeña de cualquier cosa. **3.** Fig. Nada o casi nada. ◆ **migajas** s.f.pl. Sobras, residuos.

MIGAJÓN s.m. Miga de pan o parte de ella. **2.** Fig. y fam. Meollo e interés de una cosa.

MIGALA o **MIGALE** s.f. Araña que excava una madriguera cerrada por un opérculo o se alimenta de pequeños vertebrados o insectos. (Algunas migalas de América tropical pueden llegar a medir 18 cm de long. La mordedura de la migala es muy dolorosa pero rara vez peligrosa.)

■ **MIGALA**

MIGAR v.tr. [2]. Desmenuzar el pan en pedazos muy pequeños. **2.** Echar migas de pan en un líquido.

MIGMATITA s.f. Roca metamórfica formada por la yuxtaposición de un material granítico y un material de composición variada, generalmente gneis o anfíboles.

MIGRACIÓN s.f. Movimiento de población que consiste en dejar el lugar de residencia para establecerse en otro país o región, generalmente por causas económicas o sociales. **2.** Desplazamiento en grupo y en una dirección determinada que emprenden determinados animales estacionalmente. **3.** Arrastre que hacen las aguas de diversas sustancias del suelo. **4.** Desplazamiento de un organismo, de una molécula, etc. **5.** En la teoría de los reactores nucleares, desplazamiento de los neutrones durante los procesos de moderación y difusión.

MIGRAÑA s.f. (cat. *migranya*). Dolor intenso que afecta a un lado o una parte de la cabeza. (Puede ir acompañado de náuseas o vómitos.)

MIGRAR v.intr. Desplazarse en solitario o en grupo a través de una distancia significativa.

MIGRATORIO, A adj. Relativo a la migración.

MIGUELANGELESCO, A adj. Que recuerda el estilo de Miguel Ángel o se parece a él.

MIGUELEAR v.tr. Amér. Central. Enamorar, cortejar.

MIGUELETE s.m. Miembro de un antiguo cuerpo de fusileros de Cataluña. **2.** Miembro de la milicia foral de Guipúzcoa.

MIGUELISMO s.m. Tendencia política de orientación absolutista defendida por los partidarios de Miguel I de Portugal, semejante al carlismo español.

MIGUERO, A adj. Relativo a las migas.

MIHRĀB s.m. (voz árabe). Nicho abierto en el muro de cierre de las mezquitas que indica la orientación de La Meca.

MIJE s.m. Arbusto de madera apreciada y frutos comestibles, parecidos a los del grosellero. (Familia mirtáceas.) **2.** Méx. Tabaco de mala calidad.

MIJO s.m. (lat. *milium*). Planta herbácea cuya semilla es utilizada en Europa como alimento de los animales domésticos y forma parte de la dieta alimenticia de algunas tribus de África. (Familia gramíneas.) **2.** Semilla de esta planta.

MIKADO o **MICADO** s.m. (voz japonesa). Palacio imperial de Japón. **2.** Emperador de Japón.

MIL adj.num.cardin. y s.m. (lat. *mille*). Diez veces cien. ◆ adj.num.ordin. y s.m. Milésimo. ◆ adj. *Fig.* Se dice del número o cantidad indefinidamente grande: *vencer mil obstáculos.*

MILADY s.f. (voz inglesa).Título que se da a la mujer de un lord. (También *miladi.*)

MILAGREAR v.intr. Hacer milagros.

MILAGRERÍA s.f. Tendencia a narrar o admitir como milagro un hecho explicable por una causa natural.

MILAGRERO, A adj. y s. Se dice de la persona que cree en la milagrería o se siente atraído por ella. **2.** Se dice de la persona que finge milagros. ◆ adj. *Fig. y fam.* Milagroso, que obra o hace milagros.

MILAGRO s.m. (lat. *miraculum*). Fenómeno que se atribuye a una intervención divina en lugar de a una causa natural. **2.** Suceso o cosa extraordinaria y maravillosa: *un milagro de la técnica.* **3.** LIT. Drama religioso desarrollado en Francia durante la edad media, en que se escenificaba la intervención milagrosa de un santo o de la Virgen. ◇ **De milagro** Por casualidad, de modo poco frecuente. **Vivir de milagro** No tener casi recursos para mantenerse; haber escapado de un gran peligro.

MILAGROSO, A adj. Que ocurre por milagro: *aparición milagrosa.* **2.** Asombroso, maravilloso. **3.** Que obra o hace milagros: *santo milagroso.*

MILAMORES s.f. (pl. *milamores*). Planta herbácea de 60 a 70 cm de alt., flores rojas o blancas, que crece en lugares pedregosos y que también se cultiva en los jardines. (Familia valerianáceas.)

MILANÉS, SA adj. y s. De Milán. ◆ s.m. Dialecto lombardo que se habla en Milán. ◇ **A la milanesa** Se dice de la carne empanada con huevo y frita.

MILANO s.m. (del lat. *miluus*). Ave rapaz diurna de cola larga y ahorquillada que vive en las regiones cálidas, mide hasta 1,50 m de envergadura y se alimenta de desperdicios y

de animales pequeños. **2.** Pez marino teleósteo parecido a la raya.

MILCAO s.m. Chile. Guiso de papas ralladas o machacadas.

MILDIU o **MILDÍU** s.m. (ingl. *mildew*, moho). Enfermedad de algunas plantas cultivadas, como la vid, la papa, los cereales, etc., provocada por hongos microscópicos y que se manifiesta por manchas vellosas en la cara inferior de las hojas. SIN.: *mildeu.*

MILENARIO, A adj. Relativo al número mil. **2.** Que tiene mil años o más. ◆ s.m. Espacio de mil años. **2.** Milésimo aniversario de un acontecimiento; fiesta con que se celebra.

MILENARISMO s.m. Creencia de determinados escritores cristianos de los primeros siglos y de algunas sectas cristianas posteriores, según la cual Cristo volvería a la tierra para reinar durante mil años. **2.** Doctrina que anuncia el advenimiento definitivo de una sociedad justa y feliz.

MILENIO s.m. Período de mil años.

MILENRAMA s.f. Planta herbácea de hojas muy divididas, con capítulos de pequeñas flores blancas o rosadas agrupadas en corimbos. (Familia compuestas.) SIN.: *aquilea.*

MILEPORA s.f. Celentéreo marino, con esqueleto calcáreo, que forma colonias de pólipos. (Tipo cnidarios; orden hidrocoralarios.)

MILÉSIMA s.f. Unidad angular utilizada en artillería, igual al ángulo bajo el cual se ve un objeto vertical de 1 m a una distancia de 1 000 m.

MILÉSIMO, A adj. y s.m. Se dice de cada una de las partes que resultan de dividir un todo en mil partes iguales. ◆ adj.num.ordin. y s. Que corresponde en orden al número mil. ◆ s.m. Moneda fraccionaria que vale 1/1 000 de escudo chileno.

MILESIO, A adj. y s. De Mileto.

MILEURISTA adj. y s.m. y f. *.Esp.* Se dice de la persona, generalmente jóven, que tiene un sueldo mensual de alrededor de mil euros.

MILGRANOS s.m. (pl. *milgranos*). Planta herbácea de propiedades diuréticas. (Familia cariofiláceas.)

MILHOJAS s.m. (pl. *milhojas*). Pastel de hojaldre relleno de merengue o crema.

MILHOMBRES s.m. (pl. *milhombres*). *Irón.* Hombre de baja estatura que presume de su fuerza, robustez.

MILI s.f. (apócope). *Esp. Fam.* Milicia, servicio militar.

MILIAMPERÍMETRO s.m. ELECTR. Amperímetro graduado en miliamperios.

MILIAMPERIO s.m. Unidad de medida de intensidad de corriente (símb. mA) equivalente a 1/1000 de amperio.

1. MILIAR adj. (lat. *miliarum*, de *milium*, mijo). Que tiene el tamaño o la forma de un grano de mijo. **2.** MED. Se dice de la lesión que por su tamaño se asemeja a un grano de mijo.

2. MILIAR adj. ANT. ROM. Se dice de las columnas, piedras, etc., que indicaban una distancia de mil pasos.

MILIÁREA s.f. Unidad de medida de superficie equivalente a 1/1 000 de área.

MILIARIO, A adj. Relativo a la milla.

MILIBAR s.m. Unidad de medida de presión atmosférica equivalente a 1/1 000 de bar o mil barias (aproximadamente 3/4 de milímetro de mercurio).

MILICIA s.f. (lat. *militia*, de *miles*, *-itis*, soldado).Técnica de hacer la guerra y de disciplinar a los soldados para ella. **2.** Profesión militar. **3.** Formación militar o paramilitar: *milicia fascista.* ◇ **Milicia nacional** Milicia ciudadana instituida en España en el s.XIX para la defensa del sistema constitucional. **Milicias populares** Grupos armados, organizados por los partidos políticos y organizaciones sindicales, que actuaron en el bando republicano durante la guerra civil española (1936-1939). **Milicia universitaria** Denominación popular de la fase de instrucción militar para la formación de oficiales y suboficiales del ejército español, a la que tienen acceso los universitarios.

MILICIANO, A adj. y s. Relativo a la milicia; miembro de una milicia. ◆ s. En la guerra civil española, persona que formaba parte de algún cuerpo de voluntarios de los formados en la

zona republicana no encuadrado en el ejército regular.

MILICO s.m. Amér. Merid. *Desp.* Militar, soldado.

MILIGRAMO s.m. Milésima parte del gramo.

MILILITRO s.m. Milésima parte del litro.

MILIMETRADO, A adj. Graduado en milímetros: *papel milimetrado.*

MILIMÉTRICO, A adj. Relativo al milímetro.

MILÍMETRO s.m. Milésima parte del metro.

MILIOSMOL s.m. QUÍM. Cantidad de un determinado ión que produce la misma presión osmótica que una milésima parte de mol.

MILIREM s.m. Milésima parte del rem.

MILISEGUNDO s.m. Milésima parte del segundo.

MILITANCIA s.f. Actitud, actividad e ideología de la persona que milita, especialmente en un partido político o en un sindicato.

MILITANTE adj. y s.m. y f. Que milita. ◇ **Iglesia militante** TEOL. Asamblea de los fieles que viven en la fe católica.

1. MILITAR adj. (lat. *militaris*, de *miles*, *-itis*, soldado).Relativo a las fuerzas armadas o a la guerra: *autoridad militar.* ◆ s.m. Persona que pertenece al ejército.

2. MILITAR v.intr. (lat. *militare*, practicar el ejercicio de las armas). Formar parte de una milicia o ejército. **2.** Participar activamente en un partido o colectividad que se propone determinados fines.

MILITARADA s.f. *Fam.* Golpe de estado militar.

MILITARISMO s.m. Preponderancia del elemento militar en el gobierno de un estado. **2.** Doctrina o sistema político fundados en esta preponderancia.

MILITARISTA adj. y s.m. y f. Relativo al militarismo; persona que es partidaria del militarismo.

MILITARIZACIÓN s.f. Acción de militarizar. **2.** Situación de carácter excepcional establecida mediante decreto por el gobierno de una nación, por la que determinadas empresas privadas o servicios de carácter público pasan a depender de la jurisdicción militar.

MILITARIZAR v.tr. [7]. Someter a la disciplina o al espíritu militar. **2.** Proceder a la militarización de un cuerpo o servicio civil.

MILIVOLTÍMETRO s.m. Voltímetro graduado en milivoltios, que sirve para medir diferencias de potencial muy pequeñas.

MILIVOLTIO s.m. Milésima parte del voltio.

MILLA s.f. (lat. *milia passum*, miles de pasos).Medida de longitud romana equivalente a 1 478,50 m. **2.** Medida anglosajona de longitud terrestre equivalente a 1 609 m. **3.** MAR. Unidad de medida de longitud marítima o área equivalente a 1 852 m y que corresponde a la distancia media entre dos puntos de la superficie terrestre que tienen la misma longitud y cuyas latitudes difieren en un ángulo de 1 minuto.

MILLAR s.m. (lat. medieval *milliare*). Conjunto de mil unidades. **2.** *Fig.* Cantidad grande de algo: *lo ha dicho millares de veces.*

MILLARADA s.f. *Fig.* Cantidad muy grande de algo.

MILLARDO s.m. Mil millones.

MILLÓN s.m. (ital. *milione*).Mil millares. **2.** *Fig.* Cantidad grande de algo: *quiero un millón de cosas.* ◆ **millones** s.m.pl. Impuesto indirecto castellano que recibía el rey y que consistía en un recargo sobre el vino, vinagre, aceite, carne, jabón y velas de sebo.

MILLONADA s.f. Cantidad muy grande de algo, especialmente de dinero.

MILLONARIO, A adj. y s. Que es muy rico.

MILLONÉSIMO, A adj. y s.m. Se dice de cada una de las partes que resultan de dividir un todo en un millón de partes iguales. ◆ adj. num.ordin. y s. Que corresponde en orden al número un millón.

MILMILLONÉSIMO, A adj. y s.m. Se dice de cada una de las partes que resultan de dividir un todo en mil millones de partes iguales. ◆ adj. num.ordin. y s. Que corresponde en orden al número mil millones.

MILONGA s.f. Copla andaluza derivada de un baile popular de origen argentino y uruguayo.

2. Argent. *Fam.* Lugar o reunión en que se baila. **3. Argent.** *Fig. y fam.* Riña, discusión. **4. Argent. y Urug.** Composición musical de ritmo vivo y marcado en compás de dos por cuatro, emparentada con el tango; canto con que se acompaña. **5. Argent. y Urug.** Baile rápido de pareja enlazada. ◆ **milongas** s.f.pl. Méx. Excusa, evasiva.

MILONGUERO, A s. Amér. Merid. Persona que canta o baila milongas. **2.** Amér. Merid. Persona aficionada o que acude habitualmente a los bailes populares. ◆ adj. Argent. Relativo a la milonga.

MILONITA s.f. GEOL. Roca de origen metamórfico formada por fragmentos de roca cementados por recristalización.

MILORD s.m. (pl. *milores*). Tratamiento de los nobles en Gran Bretaña. **2.** Vehículo de cuatro ruedas tirado por caballos, con capota, un asiento de dos plazas y otro más elevado para el conductor, por encima del juego delantero.

MILPA s.f. Nombre que daban los españoles, en México, a las parcelas individuales dedicadas al cultivo del maíz, que integraban los calpullali aztecas. **2.** Amér. Central y Méx. Maizal.

MILPEAR v.intr. Amér. Central y Méx. Comenzar a brotar el maíz sembrado. **2.** Amér. Central y Méx. Sembrar milpas, hacer malzales.

MILTOMATE s.m. Méx. *Tomate verde.* **2.** Méx. Fruto de ésta planta.

MIMAR v.tr. Tratar a alguien con mimo y delicadeza. **2.** Tratar a alguien, especialmente a un niño, con gran condescendencia.

MIMBAR s.m. Almimbar.

MIMBRAR v.tr. y prnl. Abrumar, fastidiar, humillar.

MIMBRE s.m. (del ant. *vimbre*, del lat. *vimen, -inis*). Rama joven y flexible del sauce. **2.** Sauce con ramas flexibles. **3.** Rama flexible de la mimbrera que se usa en cestería.

MIMBREAR v.intr. y prnl. Mover o doblar con flexibilidad, como el mimbre. SIN.: *cimbrearse*.

MIMBREÑO, A adj. Que es parecido al mimbre.

MIMBRERA s.f. Arbusto cuyas ramas, amarillas, largas y flexibles, se emplean en cestería. **2.** Diversas especies de sauces. **3.** Mimbreral.

MIMBRERAL s.m. Terreno plantado de mimbreras.

MIMBROSO, A adj. Relativo al mimbre. **2.** Hecho de mimbres. **3.** Abundante en mimbreras.

MIME s.m. Dom. y P. Rico. Mosquito pequeño y muy picador. ◇ **Caerle a alguien mimes** P. Rico. *Fig. y fam.* Tener mala suerte; P. Rico. venir a menos.

MIMEOGRAFIAR v.tr. [19]. Multicopiar.

MIMEÓGRAFO s.m. Multicopista manual que utiliza una punta cortante para la incisión de la matriz.

MÍMESIS o **MIMESIS** s.f. (gr. *mímisis*). Imitación de los gestos, manera de hablar, etc., de una persona o colectividad. **2.** Término que define la obra de arte como una imitación del mundo sujeta a convenciones, procedente de la poética de Aristóteles.

MIMÉTICO, A adj. Relativo al mimetismo o a la mímesis. **2.** Que imita por mímesis o mimetismo.

MIMETISMO s.m. Propiedad de algunos seres vivos de imitar la forma o el color del medio en que viven, como sistema de camuflaje o adaptación al entorno. **2.** Mímesis.

MIMETIZAR v.intr. y prnl. [7]. Adaptarse por mimetismo.

MÍMICA s.f. Expresión del pensamiento mediante gestos o movimientos faciales.

MÍMICO, A adj. (lat. *mimicus*). Relativo a la mímica. ◇ **Lenguaje mímico** Lenguaje de gestos.

MIMO s.m. (lat. *mimus*, comediante). Género de comedia en la que el actor representa la acción o los sentimientos mediante gestos. **2.** En las literaturas griega y latina, género de comedia realista que imita la vida y las costumbres. **3.** Pantomima. **4.** Trato sumamente cariñoso con que se trata a alguien, especialmente a los niños. **5.** Cariño, halago. ◆ s.m. y f. Actor especializado en representar obras de mimo.

MIMODRAMA s.m. Pantomima.

MIMÓGRAFO, A s. Persona que crea mimos en el teatro.

MIMOSA s.f. Arbusto de hojas pequeñas y flores amarillas del mismo nombre, olorosas, agrupadas en cabezuelas. (Familia mimosáceas.)

■ **MIMOSAS**

MIMOSÁCEO, A adj. y s.f. Relativo a una familia de plantas leguminosas, la mayoría arbustivas o trepadoras, como las acacias y las mimosas.

MIMOSO, A adj. Que disfruta dando y recibiendo mimos y muestras de cariño.

1. MINA s.f. (del céltico *mein*). Excavación realizada para extraer del subsuelo sustancias minerales útiles. **2.** Conjunto de instalaciones necesarias para la extracción y tratamiento previo de las sustancias minerales. **3.** Barrita cilíndrica que forma el eje de un lápiz y está constituida por una materia que deja una traza sobre el papel. **4.** *Fig.* Persona o cosa que proporciona mucho provecho: *este negocio es una mina.* **5.** Argent. y Chile. *Desp.* Mujer. **6.** MIL. **a.** Galería subterránea excavada por un sitiador debajo de una posición enemiga con el objeto de hacerla saltar con explosivos. **b.** Carga explosiva que suele camuflarse en la tierra o en el mar para ser explosionada al paso del enemigo. ◇ **Cante de las minas** Grupo de fandangos procedentes del folklore de las zonas mineras de Andalucía oriental y Murcia, absorbidos por el flamenco a mediados del s. XIX. **Mina antipersona,** o **antipersonal** Mina con una carga mínima que, colocada bajo la

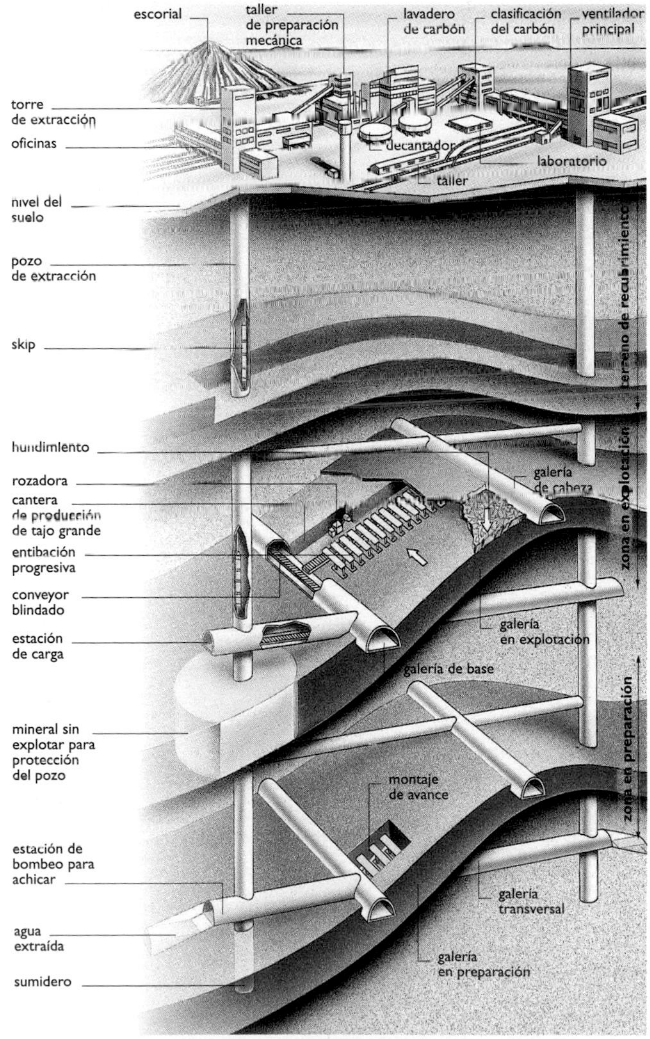

escorial
taller de preparación mecánica
lavadero de carbón
clasificación del carbón
ventilador principal
torre de extracción
oficinas
decantador
laboratorio
taller
nivel del suelo
pozo de extracción
skip
terreno de recubrimiento
zona en explotación
hundimiento
galería de cabeza
rozadora
cantera de producción de tajo grande
entibación progresiva
conveyor blindado
estación de carga
galería en explotación
galería de base
mineral sin explotar para protección del pozo
montaje de avance
zona en preparación
estación de bombeo para achicar
galería transversal
agua extraída
galería en preparación
sumidero

■ **MINA.** Explotación subterránea de un yacimiento sedimentario de carbón poco inclinado.

superficie del terreno, explota por la presencia, proximidad o contacto de una o varias personas.
2. MINA s.f. Unidad de masa de la antigüedad griega que equivalía a 1/60 de talento.
MINÁ s.f. Ave originaria de Malasia que imita la voz humana. (Familia estúrnidos.)
MINADO s.m. Acción y efecto de minar.
MINADOR, RA adj. Que mina. **2.** Se dice del animal que excava galerías tanto en el suelo como en la roca o madera. ◆ adj. y s.m. Se dice del buque que coloca minas.
MINAR v.tr. Abrir minas en un terreno. **2.** *Fig.* Debilitar o destruir paulatinamente alguna cosa: *los disgustos están minando su salud.* **3.** Sembrar de minas un terreno o colocar minas submarinas.
MINARETE s.m. Alminar.
MINDEL s.m. Segunda de las cuatro glaciaciones de la era cuaternaria en Europa.
MINERAL adj. (de *mina*). Relativo a las sustancias naturales que constituyen la corteza terrestre. **2.** Constituido por materia no viva: *compuesto mineral.* ◆ s.m. Cuerpo inorgánico, sólido a la temperatura ordinaria, que constituye las rocas de la corteza terrestre. **2.** MIN. Parte útil de una explotación minera, cuando se trata de filones metalíferos.
MINERALERO, A adj. y s.m. Se dice del buque carguero que transporta minerales.
MINERALIZACIÓN s.f. Acción y efecto de mineralizar.
MINERALIZADOR, RA adj. Se dice del elemento (cloro, flúor, boro, azufre, etc.) que, combinado con metales, puede penetrar en estado fluido en las rocas a partir de un magma y contribuir a su metamorfosis por aporte mineral.
MINERALIZAR v.intr. y prnl. [7]. Dar o tomar carácter de mineral, generalmente por la acción de agentes exteriores. **2.** GEOL. Formarse concentraciones de minerales.
MINERALOGÉNESIS s.f. Proceso de formación de los minerales.
MINERALOGÍA s.f. Parte de la geología que estudia la composición química y las propiedades de los minerales, y de su formación.
MINERALÓGICO, A adj. Relativo a la mineralogía.
MINERALOGISTA s.m. y f. Minerólogo.
MINERALURGIA s.f. Conjunto de las técnicas de tratamiento de materias minerales brutas, que se realizan para obtener productos directamente utilizables en la industria o transformables en metalurgia.
MINERÍA s.f. Explotación de las minas. **2.** Conjunto de minas de un país o región.
MINERO, A adj. Relativo a la minería: *compañía minera; cuenca minera.* ◆ s. Persona que trabaja en las minas. **2.** *Argent. Fig.* Ratón, mamífero roedor.
MINEROGRAFÍA s.f. Descripción de los minerales.
MINERÓLOGO, A s. Persona especializada en mineralogía. SIN.: *mineralogista.*
MINEROMEDICINAL adj. Se dice del agua mineral que tiene alguna virtud curativa.
MINERVA s.f. (de *Minerva*, diosa). *Poét.* Inteligencia, invención. **2.** IMPR. Máquina de imprimir pequeña, de platina vertical, que funciona mediante pedal o accionada por motor eléctrico. **3.** MED. Aparato ortopédico que sirve para sostener la cabeza en posición correcta en caso de lesión de las vértebras cervicales.
MINERVISTA s.m. y f. Persona que maneja una minerva.
MINESTRONE s.m. (voz italiana). Sopa elaborada con arroz, judías, col, pastas y tocino que es típica de Italia.
MINGA s.f. (quechua *mink'a*, alquiler, sueldo de peón). *Amér. Merid.* Reunión de amigos o vecinos con objeto de emprender un trabajo en común, con la remuneración de una comilona pagada por el que encarga el trabajo. **2.** *Perú.* Labor que hacen los peones de las haciendas en día festivo a cambio de un poco de chicha, coca o aguardiente. ◆ interj. *Argent.* Expresa negación, falta o ausencia de algo.
MINGACO s.m. *Chile.* Minga, reunión.
MINGITORIO, A adj. (del lat. *mingere*, orinar). Relativo a la micción. ◆ s.m. Urinario.

MINGO s.m. Bola de billar que se coloca en la cabecera de la mesa cuando se inicia el juego.
MINGÓN, NA adj. *Venez.* Se dice del niño muy mimado y consentido.
MINIAR v.tr. (ital. *miniare*, pintar con minio). Pintar miniaturas.
MINIATURA s.f. (ital. *miniatura*, de *miniare*, pintar con minio). Pintura de dimensiones muy pequeñas, realizada con gran detalle sobre papel, pergamino, marfil, etc., especialmente la de los manuscritos antiguos. **2.** Arte y técnica de ejecutar estas pinturas. **3.** Reproducción de un objeto a escala muy reducida. **4.** *Fam.* Persona o cosa muy pequeña.

■ **MINIATURA.** «Portaestandartes y trompeteros del ejército musulmán», ilustración de al-Wāsitī para un manuscrito del s. XIII del *Libro de las sesiones* (s. XII) de Ibn al-Harīrī. (Biblioteca nacional de Francia, París.)

■ **MINIATURA.** «La fuente de la Fortuna», del *Libro del corazón de amor prendado*, de Renato de Anjou (h. 1465). [Biblioteca nacional, Viena.]

MINIATURISTA s.m. y f. Persona que realiza miniaturas.
MINIATURIZACIÓN s.f. Acción de miniaturizar.
MINIATURIZAR v.tr. [7]. Reducir un objeto, mecanismo, etc., a dimensiones muy pequeñas.

MINIDISCO s.m. Disco magnetoóptico de 6,4 cm de diámetro que contiene sonidos grabados que se reproducen por medio del láser.
MINIFALDA s.f. Falda muy corta.
MINIFUNDIO s.m. (de *mini*, pequeño, y el lat. *fundus*, propiedad rústica). Finca de pequeña extensión cuya explotación no resulta por sí sola económicamente rentable.
MINIFUNDISMO s.m. Distribución de la propiedad de la tierra en que predominan los minifundios.
MINIFUNDISTA adj. y s.m. y f. Relativo al minifundismo; propietario de un minifundio.
MINIMAL adj. (voz inglesa). ART. MOD. Se dice de una obra reducida a unas formas geométricas estrictas y a unas modalidades elementales de materia o de color. ◇ **Elemento minimal** ÁLG. Elemento de un conjunto ordenado de manera que no exista ningún elemento que sea inferior a este. CONTR.: *maximal.*
ENCICL. ART. MOD. Surgido en Estados Unidos durante la década de 1960, el arte minimal (*minimal art*) se opuso al expresionismo abstracto apoyándose en el ejemplo de artistas como A. Reinhart, Ellsworth Kelly (pintura *hard-edge*), B. Newman, el escultor D. Smith. Se manifestó en trabajos de tres dimensiones (*esculturas primarias*) de un despojamiento no exento de puritanismo, muchas veces a base de materiales industriales: obras de D. Judd, R. Morris, Carl Andre Dan Flavin, Sol LeWitt que aspiran no a expresar un orden estético, sino una constatación física del objeto en sí mismo y una puesta en escena del espacio en que se integra.

■ **ARTE MINIMAL.** *Sin título* (1979), por Don Judd. (MNAM, París.)

MINIMALISMO s.m. Búsqueda de las soluciones que requieren los medios y esfuerzos mínimos (por oposición a *maximalismo*). **2.** Arte minimal.
MINIMALISTA adj. y s.m. y f. Relativo al arte minimal o minimalismo; artista que practica el arte minimal.
MINIMIZAR v.tr. [7]. Disminuir o reducir al mínimo una cosa material o inmaterial.
MÍNIMO, A adj. (lat. *minimus*, superlativo de *minor*, menor). Que es lo más pequeño posible o lo más pequeño dentro de su especie, en cantidad o intensidad: *temperatura mínima.* ◆ s. Miembro de una orden mendicante instituida por san Francisco de Paula en 1435, en Cosenza (Italia). ◆ s.m. Grado más pequeño al que puede reducirse algo: *el mínimo de velocidad.* SIN.: *mínimum.* **2.** MAT. Elemento más pequeño de un conjunto ordenado. ◇ **Como mínimo** Calculando la cantidad o medida más pequeña posible. **Lo más mínimo** *Fam.* En absoluto; se emplea en frases negativas. **Método de los mínimos cuadrados** ESTADÍST. Método que sirve para calcular la media más probable de los resultados de varias observaciones. **Mínimo de una función** MAT. El menor de los valores que toma dicha función en un intervalo dado o en su domino de definición. **Mínimo exento** DER. Parte de la renta de las personas que la legislación tributaria exime de exacción en la determinación

de la base imponible. **Mínimo vital** DER. Nivel de renta considerado indispensable para la satisfacción de las necesidades normales de una persona o una familia.

MÍNIMUM s.m. (lat. *minimum*, la menor parte) [pl. *mínimums*]. Mínimo.

MININO, A s. *Fam.* Gato, mamífero carnívoro.

MINIO s.m. (lat. *minium*, bermellón). Pigmento de color rojo anaranjado constituido por óxido de plomo. 2. Pintura de este pigmento con la que se recubre el hierro para preservarlo de la oxidación.

1. MINISTERIAL adj. Relativo al ministerio, al gobierno del estado o a alguno de sus ministros. ◆ adj. y s.m. y f. Que apoya habitualmente al gobierno en las cámaras o en la prensa: *diputado ministerial.*

2. MINISTERIAL s.m. (del lat. *ministerium*, ministerio) Caballero no libre aparecido con el feudalismo y cuyo estatuto varió según los países.

MINISTERIALISMO s.m. Condición o actitud de ministerial.

MINISTERIO s.m. Gobierno de un estado, considerado como conjunto de los departamentos en que se divide. 2. Cargo o empleo de ministro. 3. Tiempo que dura el ejercicio de un ministro. 4. Conjunto de ministros de un estado. 5. Departamento del gobierno de un estado. 6. Edificio en que se ubica la sede de cada departamento ministerial. 7. Función, empleo o cargo, especialmente cuando es noble y elevado. 8. Uso o destino que tienen las cosas. 9. Conjunto de funciones derivadas del sacramento del orden. ◇ **Ministerio fiscal**, o **público** Órgano público específico encargado de cooperar en la administración de justicia, integrado por el interés del estado, de la sociedad y de los particulares.

MINISTRABLE adj. Se dice de la persona que puede ser nombrado ministro.

MINISTRAR v.tr. e intr. Ejercer un oficio u ocupación.

MINISTRIL s.m. (fr. *menestriel*). Poeta músico de baja condición y, en particular, tañedor de instrumentos de viento o cuerda, en la edad media. 2. Persona encargada de las funciones judiciales muy inferiores, como el alguacil. 3. Persona que tocaba un instrumento de viento en las funciones de iglesia.

MINISTRO, A s. (lat. *minister, -tri*, servidor, oficial). Persona que ejerce un ministerio, función especialmente noble y elevada. 2. Miembro del gobierno que está al cargo de un departamento ministerial. 3. Juez empleado en la administración de justicia. 4. Representante o agente diplomático. 5. Prelado ordinario de cada convento, en determinadas órdenes. ◆ s.m. Pájaro de América del Norte y Central, de pequeño tamaño, muy apreciado por su canto y su adorno. (Familia fringílidos.) ◇ **Ministro de Dios**, o **del Señor** Sacerdote. **Ministro diplomático** Agente diplomático. **Ministro plenipotenciario** Persona que ocupa la segunda categoría de las reconocidas por el derecho internacional, después de la de los embajadores, legados y nuncios. **Ministro sin cartera** Miembro del gobierno que no tiene a su cargo la dirección de ningún departamento. **Primer ministro** Jefe del gobierno o presidente del consejo de ministros.

MINO, voz usada para llamar al gato, animal carnívoro.

MINOICO, A adj. y s.m. Relativo a la historia de Creta desde el tercer milenio hasta alrededor del 1100 a.C.

MINORACIÓN s.f. Acción de minorar.

MINORANTE adj. y s.m. MAT. Para un subconjunto E de un conjunto F parcialmente ordenado por la relación ≤, se dice de un elemento $m \in F$ para el que todo elemento $x \in E$ verifica $m \leq x$.

MINORAR v.tr. y prnl. Disminuir la extensión, intensidad o número de algo.

MINORATIVO, A adj. Que minora.

MINORÍA s.f. Conjunto de personas que se encuentran en número menor al de la mayoría. 2. Parte de la población de un estado que difiere de la mayoría en etnia, lengua o religión. SIN.: *minoría nacional*. 3. DER. **a.** En las asambleas, juntas, etc., conjunto de personas

cuya opinión es distinta a la de la mayoría. **b.** Conjunto de votos de dichas personas en alguna elección, etc. ◇ **Minoría de edad** Condición de la persona que no ha cumplido la edad legal para poder disfrutar de los derechos civiles o políticos.

MINORIDAD s.f. Minoría de edad.

MINORISTA s.m. y f. Persona que vende al por menor. ◆ adj. Se dice del comercio al por menor.

MINORITARIO, A adj. Que pertenece a una minoría o que se apoya en ella.

MINUCIA s.f. (lat. *minutia*, partícula). Menudencia, cosa de poco aprecio e importancia. 2. Detalle, pormenor: *contar algo con minucia.*

MINUCIOSO, A adj. Que hace las cosas con detenimiento y cuidando los más mínimos detalles: *un relato minucioso.*

MINUÉ s.m. Danza de compás ternario. SIN.: *minueto.*

MINUENDO s.m. (lat. *minuendus*, lo que se ha de disminuir). MAT. En una resta, cantidad de la que se ha de restar otra llamada *sustraendo.*

MINUETO s.m. (fr. *menuet*). Composición musical de esta danza, que se integró en la *suite* a finales del s. XVII y entró a formar parte de la *sonata* en el s. XVIII. 2. Minué.

MINÚSCULO, A adj. (lat. *minusculus*, dim. de *minor*, menor). Que tiene unas dimensiones muy pequeñas. ◆ adj. y s.f. Se dice de la letra de menor tamaño que las otras y de forma distinta (por oposición a *mayúscula*).

MINUSVALÍA s.f. Disminución del valor de un objeto o de un derecho contabilizado en dos momentos distintos. 2. Disminución de la capacidad física o psíquica de una persona.

MINUSVALIDEZ s.f. Cualidad de minusválido. SIN.: *discapacidad.*

MINUSVÁLIDO, A adj. y s. Se dice de la persona que tiene una deficiencia física o psíquica.

MINUSVALORAR v.tr. Subestimar.

MINUTA s.f. Cuenta de los derechos u honorarios que presenta un profesional por el trabajo prestado, especialmente los abogados. 2. Lista de los platos de un *restaurante*. 3. Extracto o borrador de un documento o contrato antes de su escritura definitiva, en el que se anotan las cláusulas o partes esenciales. 4. Anotación de una cosa para tenerla presente.

MINUTAR v.tr. Hacer la minuta de un documento o contrato. 2. Tasar los honorarios o derechos de los abogados. 3. Contar los minutos que dura algo.

MINUTARIO s.m. Cuaderno en que se guardan las minutas de las escrituras que se otorgan ante notario.

MINUTERO s.m. Manecilla del reloj que señala los minutos. 2. Aparato eléctrico de relojería que se utiliza para asegurar un contacto durante un lapso de tiempo determinado.

MINUTO s.m. (lat. *minutus*, menudo). Unidad de medida de tiempo equivalente a 60 segundos. 2. *Fig.* Espacio de tiempo muy breve: *vuelvo en un minuto*. ◇ **Minuto sexagesimal** Unidad de medida de ángulo equivalente a 1/60 de grado sexagesimal, π/10 800 de radián.

MIÑÓN s.m. (cat. *minyó*). Soldado de tropa ligera destinado a la persecución de malhechores o a la custodia de los bosques reales. 2. Miembro de la milicia foral alavesa que

ejercía las funciones de policía rural y represión de contrabando hasta 1844.

MÍO, A adj. y pron.poses. (lat. *meus, -a, -um*). Forma tónica de la 1ª persona del singular. Indica que la persona, animal o cosa designados por el nombre al que acompaña o sustituye pertenecen al emisor en un acto de comunicación (son de su propiedad, tienen un parentesco con él, están asociados a él, etc.). Como adjetivo, se usa siempre detrás del sustantivo; delante del sustantivo, se usa la forma átona *mi*: *este libro es mío; un familiar mío*. ◇ **De mío** Por mí mismo. **La mía** *Fam.* Indica que ha llegado la ocasión favorable para el emisor. **Los míos** Personas de la familia o colectividad a la que pertenece el emisor.

MIOCARDIO s.m. Tejido muscular de la pared del corazón, contráctil y que está formado por fibras estriadas y anastomosadas.

MIOCARDITIS s.f. Inflamación del miocardio.

MIOCENO s.m. y adj. (del gr. *meion*, menos, y *kainós*, nuevo). Cuarto período de la era terciaria, entre el oligoceno y el plioceno, en que aparecieron los mamíferos evolucionados, como simios, rumiantes, mastodontes y dinoterios.

MIOCLONÍA s.f. Contracción muscular brusca e involuntaria como consecuencia de una lesión motora.

MIOFIBRILLA s.f. Fibrilla contráctil constitutiva de la fibra muscular.

MIOGRAFÍA s.f. Registro gráfico de la contracción de los músculos.

MIÓGRAFO s.m. Aparato que registra las contracciones musculares.

MIOGRAMA s.m. Curva obtenida por miografía.

MIOLOGÍA s.f. Parte de la anatomía que estudia los músculos.

MIOMA s.m. Tumor benigno formado por tejido muscular.

MIOMECTOMÍA s.f. Ablación de un mioma.

MIONCILLO s.m. Chile. Carne de la parte inferior e interna del muslo del animal.

MIOPATÍA s.f. Atrofia muscular grave, de evolución progresiva.

MIOPE adj. y s.m. y f. (lat. tardío *myops, -opis*, del gr. *mýops*, de *myein*, cerrar, y *ops*, ojo). Que padece miopía. 2. *Fig.* Que carece de perspicacia.

MIOPÍA s.f. Anomalía de la visión por una excesiva convergencia del cristalino que forma las imágenes delante de la retina, causando una visión borrosa de los objetos alejados. (Se corrige con el uso de cristales divergentes.)

MIORRELAJANTE adj. y s.m. MED. Que favorece la relajación muscular.

MIOSINA s.f. Proteína constituyente de las miofibrillas, que desempeña un papel importante en la contracción muscular.

MIOSIS s.f. (del gr. *myein*, cerrar los ojos). MED. Contracción anormal y persistente de la pupila.

MIOSITIS s.f. MED. Inflamación del tejido muscular.

MIOSOTIS s.m. (pl. *miosotis*). Nomeolvides, planta borraginácea.

MIÓTICO, A adj. Relativo a la miosis. 2. Se dice de los agentes capaces de producirla.

MIQUILO s.m. Argent. y Bol. Nutria.

1. MIR s.m. y f. (sigla de *médico interno residente*). Esp. Médico interino. 2. Esp. Conjunto de estudios necesarios para obtener este puesto.

2. MIR s.m. (voz rusa). En la Rusia zarista, comunidad campesina que tenía la propiedad colectiva de las tierras y que las distribuía por parcelas, para un tiempo determinado, entre las familias.

MIRA s.f. Pieza o dispositivo de algunos instrumentos que sirve para dirigir la vista a un punto determinado y verlo con la mayor precisión posible. 2. *Fig.* Intención u objetivo a que van dirigidas ciertas acciones. (Suele usarse en plural.) 3. Ángulo que forma la adarga en su parte superior. 4. Regla graduada que se coloca verticalmente en los puntos del terreno que se quiere nivelar. ◇ **Mira electrónica** Generador de señales similares a las de un emisor de televisión, que permite ver imágenes geo-

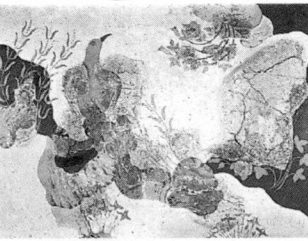
■ ARTE MINOICO. *El pájaro azul*, pintura mural de Cnosos (h. 1500 a.C.). [Museo de Hêraklión, Creta.]

métricas muy pequeñas en una pantalla. **Punto de mira** Pieza de las armas de fuego que sirve para dirigir la vista y asegurar con ello la puntería.

MIRABEL s.m. Planta herbácea que crece en la península Ibérica, de ramas amarillentas y flores axilares, que se cultiva en jardinería. (Familia quenopodiáceas.) **2.** Girasol.

MIRACIDIO s.m. Primera forma larvaria de la duela del hígado de la oveja.

MIRADA s.f. Acción de mirar. **2.** Vistazo, ojeada: *dar una mirada.* **3.** Modo de mirar, expresión de los ojos al mirar: *una mirada penetrante.*

MIRADO, A adj. Prudente, comedido, delicado: *ser muy mirado.* **2.** Merecedor de buen o mal concepto: *actitud bien mirada.*

MIRADOR s.m. (cat. *mirador*). Balcón cubierto y cerrado con cristales o persianas. **2.** Lugar alto y bien situado para observar o contemplar un paisaje. **3.** ARM. Mira de las antiguas fortalezas y piezas de artillería.

MIRAGUANO s.m. (voz taína). Palmera de poca altura, de hojas grandes en forma de abanico, flores axilares en racimo y fruto seco, lleno de una materia semejante al algodón, que crece en regiones cálidas de América y Oceanía. (Familia palmáceas.) **2.** Pelo vegetal que llena el interior del fruto de esta planta, utilizado como relleno en almohadas y colchones.

MIRAHUEVOS s.m. (pl. *mirahuevos*). Aparato luminoso que sirve para mirar los huevos y comprobar su calidad.

MIRAMIENTO s.m. Acción de mirar o considerar una cosa. **2.** Circunspección, reserva que se observa ante alguien por consideración o interés: *actuar sin miramientos.* (Suele usarse en plural.)

MIRAR v.tr. y prnl. (lat. *mirari*, asombrarse). Fijar el sentido de la vista sobre alguien o algo: *mirar el paisaje; mirarse al espejo.* **2.** Registrar, revisar: *mirar los papeles.* **3.** Considerar, reflexionar acerca de algo. ◆ v.tr. Tener determinado objetivo al hacer algo: *mirar de asegurar el futuro.* **2.** Dar, estar orientado hacia determinada dirección: *la ventana mira al mar.* **3.** Concernir, guardar relación: *en lo que mira a nosotros.* **4.** En imperativo, su función es expletiva: *mira, no me lo creo.* ◇ **De mírame y no me toques** *Fam.* Se aplica a las personas o cosas delicadas y poco resistentes. **Mirar por algo** o **alguien** Cuidarlo, protegerlo u ocuparse de él. **Mirar por encima** Examinar algo superficialmente. **Si bien se mira** Si se piensa o considera con exactitud o detenimiento.

MIRBANA s.f. **Esencia de mirbana** Nitrobenceno, en perfumería.

MIRÍADA s.f. (del lat. tardío *myrias, -adis*, del gr. *myriás*). Conjunto de diez mil unidades. **2.** Cantidad indefinidamente grande.

MIRIÁPODO, A adj. y s.m. Relativo a una clase de artrópodos terrestres, unisexuales y dimórficos, de tronco dividido en numerosos segmentos, cada uno de ellos provisto de uno o dos pares de patas, como el ciempiés.

MIRÍFICO, A adj. *Poét.* Admirable, asombroso.

MIRIKINÁ s.m. Simio de unos 70 cm de long., 35 de los cuales corresponden a la cola, de color amarillo con unas manchas blancas en la cabeza, que vive en Argentina y Paraguay. (Familia cébidos.)

MIRILLA s.f. Abertura pequeña de una puerta, pared, etc., que sirve para mirar lo que hay al otro lado, generalmente hecha a la altura de los ojos. **2.** Abertura pequeña de algunos instrumentos topográficos que sirve para dirigir visuales.

MIRIÑAQUE s.m. Prenda interior femenina de tela rígida o muy almidonada, y a veces con aros de metal, con que las mujeres se ahuecaban las faldas. **2.** *Argent.* Armazón que las locomotoras llevan en su parte anterior para quitar los obstáculos.

MIRÍSTICA s.f. (del gr. *myristikós*, oloroso). Planta cuyo fruto es la nuez moscada. (Familia lauráceas.)

MIRLETA s.f. → **MERLETA.**

MIRLO s.m. (lat. *merula*). Ave paseriforme de plumaje oscuro, negro en el macho y marrón en la hembra, que vive en parques y bosques.

(El mirlo silba.) ◇ **Ser un mirlo blanco** Ser excepcional.

MIRMECÓFILO, A adj. y s.m. Se dice de las especies animales que viven en los hormigueros o en contacto con las hormigas.

MIRMIDONES, ant. pueblo de Tesalia, que tomó parte en la guerra de Troya.

MIRMILLÓN s.m. Gladiador romano armado con un escudo, una espada corta y un casco, que habitualmente luchaba contra el reciario.

MIROBÁLANO s.m. Árbol de frutos negros, rojos o amarillos, del mismo nombre, parecidos a las ciruelas o a las aceitunas y ricos en tanino, que crece en la India y se emplea en medicina y tintorería.

MIRÓN, NA adj. y s. Que mira, especialmente con excesiva curiosidad o detenimiento. ◆ s.m. HERÁLD. Cabeza de animal representada sobre una pieza.

MIROSINA s.f. Enzima de las semillas de la mostaza que desprende la esencia de estas.

MIROTÓN s.m. Chile. Mirada rápida, generalmente con expresión de enojo.

MIROXILO s.m. Árbol de América tropical que proporciona resinas aromáticas, como el bálsamo de Perú. (Familia papilionáceas.)

MIRRA s.f. (lat. *myrrha*). Gomorresina aromática y medicinal, procedente de un árbol que crece en Arabia y Abisinia.

MIRRIA s.f. *Amér.* Pizca, pedacito.

MIRTÁCEO, A adj. y s.f. Relativo a una familia de plantas dicotiledóneas dialipétalas de las regiones cálidas (mirto, eucalipto).

MIRTIFORME adj. Que tiene forma de hoja de mirto.

MIRTO s.m. (lat. *myrtus*, del gr. *myrtos*). Arbusto de flores pequeñas, blancas y olorosas, que mantiene siempre verde el follaje.

MIRV (sigla inglesa de *multiple independently [targetable] reentry vehicle*), carga nuclear de cabezas múltiples que pueden dirigirse de forma independiente hacia objetivos distintos.

MISA s.f. (lat. tardío *missa*, de *ite, missa est*, marchaos, [la reunión] ha acabado). Ceremonia fundamentalmente del culto católico en la que el sacerdote ofrece en sacrificio el cuerpo y la sangre de Jesucristo, simbolizados por el pan y el vino. **2.** Forma particular de canto aparecida en la época medieval, escrita sobre las partes de esta ceremonia. **3.** Orden del presbiterado. ◇ **Cantar misa** Celebrar la primera misa el nuevo sacerdote. **Ir a misa** Ser algo irrefutable, indiscutible. **Misa concelebrada** Misa en la que varios sacerdotes u obispos oficien juntos. **Misa crismal** Misa que se celebra el Jueves Santo, en la que se bendice el crisma con que se unge a los que se bautizan y se confirman, y también a los obispos y sacerdotes cuando se consagran o se ordenan. **Misa del gallo,** o **de la noche** Misa que se celebra la noche de Navidad. **Misa pontifical** Misa cantada por un prelado. **Misa rezada** Misa en la que todas sus partes son rezadas, leídas o recitadas, y no cantadas. **No saber de la misa la media,** o **la mitad** *Fam.* No estar enterado de cierta cosa alguien que pretende o debería estarlo.

ENCICL. Con el nombre de *misa* se compuso, después del s. XIII, un gran número de obras vocales *a capella* destinadas a ilustrar textos litúrgicos. Los compositores más célebres de misas fueron Guillaume de Machaut, Dufay, Ockeghem, Josquin Des Prés, Roland de Las-

hembra

macho

■ **MIRLO** común.

sus, Palestrina, Victoria. A partir del s. XVII, la misa se hizo concertante y admitió instrumentos que introdujeron en sus obras autores como Formé (1567-1638), Charpentier, Lotti (h. 1667-1740), Bach *(Misa en si menor)*, Mozart, Haydn, Beethoven *(Missa solemnis)*, Schubert, Lizt, Gounod, Bruckner, etc.

MISACANTANO s.m. Sacerdote que dice o canta misa por primera vez.

MISACHICO s.m. *Argent.* Ceremonia de campesinos que, entre festejos, realizan una procesión en honor de un santo.

MISAL s.m. Libro litúrgico que contiene el texto de la misa para todos los días del año y que el sacerdote usa en el altar. **2.** Libro de piedad para uso de los fieles que contiene el texto de todas las misas del año, incluidas las de los domingos y fiestas.

MISANTROPÍA s.f. Cualidad de misántropo.

MISÁNTROPO, A s. (fr. *misanthrope*). Persona que se aparta del trato con la gente.

MISCELÁNEA s.f. Mezcla de cosas diversas. **2.** Colección o recopilación literaria. **3.** Obra compuesta por una serie de artículos sobre distintos temas. **4.** *Méx.* Tienda pequeña.

MISCELÁNEO, A adj. (lat. *miscellaneus*, mezclado). Mixto, compuesto de cosas distintas.

MISCIBLE adj. Que puede formar una mezcla homogénea con otro cuerpo.

MISERABLE adj. y s.m. y f. (lat. *miserabilis*, digno de conmiseración). Que es digno de desprecio. **2.** Que es muy pobre: *viviendas miserables.* **3.** Que es digno de compasión: *situación miserable.* **4.** Que escatima, da o gasta lo menos posible. ◆ adj. Escaso, insuficiente: *una cantidad miserable.*

MISEREAR v.intr. *Fam.* Comportarse como miserable o tacaño.

MISERERE s.m. (voz latina, *apiádate*). Salmo que empieza con la palabra *miserere.* **2.** Canto compuesto sobre dicho salmo. ◇ **Cólico miserere** Nombre dado antiguamente a la obstrucción intestinal.

MISERIA s.f. (lat. *miseria*, desventura, desgracia). Pobreza en grado muy extremo: *vivir en la miseria.* **2.** Tacañería. **3.** Insignificancia, cantidad insuficiente de algo: *ganar una miseria.* **4.** Desgracia, suceso funesto: *contar sus miserias.* (Suele usarse en plural.) **5.** Parásitos del ser humano, especialmente piojos.

MISERICORDIA s.f. (lat. *misericordia*). Compasión que impulsa a ayudar o perdonar: *tener misericordia.* **2.** Pieza en forma de repisa, situada en la parte inferior de los asientos abatibles en las sillerías de coro, que permite al ocupante descansar disimuladamente, medio sentado sobre ella. ◇ **Obras de misericordia** Obras que tienen por objeto ayudar al prójimo.

MISERICORDIOSO, A adj. y s. Que está inclinado a sentir misericordia. ◆ adj. Relativo a la misericordia.

MÍSERO, A adj. (lat. *miser, -era, -erum*, infortunado, desdichado). Miserable: *una mísera vivienda.*

MISHIADURA s.f. *Argent. Argot.* Pobreza.

MISIA o **MISIÁ** s.f. *Amér. Merid.* Tratamiento de cortesía equivalente a *señora.*

MISIDÁCEO, A adj. y s.m. Relativo a un orden de crustáceos bastante grandes que viven en alta mar, a veces desprovistos de branquias.

MISIL o **MÍSIL** s.m. (ingl. *missile*, del lat. *missile*, arma arrojadiza). Proyectil autopropulsado que lleva una carga explosiva y cuya trayectoria puede ser controlada por procedimientos electrónicos. ◇ **Misil de cargas múltiples** Misil que transporta cargas nucleares que pueden ser guiadas, cada una de ellas de forma independiente, hacia un objetivo particular. **Misil de crucero** Misil autopropulsado y autodirigido a lo largo de toda su trayectoria a muy baja altura, capaz de transportar una carga nuclear a gran distancia y con gran precisión.

ENCICL. Los misiles son o no balísticos, en función de que su trayectoria implique o no una fase balística tras la extinción de los motores-cohete, o bien que el misil, a la manera de un proyectil, esté únicamente sometido a las fuerzas de la gravitación. Los misiles pueden clasificarse según su punto de lanzamiento y su objetivo como misiles *aire-aire, aire-tierra, tierra-tierra, mar-mar, aire-mar*, etc. Cabe también distinguir los misiles tácticos, armas de combate terrestre, naval o aéreo (con un alcance inferior a 1 100 km), de los misiles estratégicos (con un alcance de 1 100 a 12 000 km) de tipo IRBM o ICBM, que se lanzan desde emplazamientos subterráneos especialmente diseñados para este fin o desde submarinos. Todos ellos pueden ir equipados con carga nuclear.

MISIÓN s.f. (lat. *missio, -onis*, acción de enviar). Acción encomendada a una persona: *enviar con una misión*. **2.** Expedición científica encargada de cumplir una tarea concreta. **3.** Obra que una persona o colectividad se sienten obligadas a realizar. **4.** Comisión temporal dada por un estado a un diplomático o agente especial para un fin determinado: *misión comercial*. **5.** Evangelización llevada a cabo por miembros de la Iglesia, generalmente en países de mayoría no cristiana. **6.** Serie de predicaciones, del mismo nombre, para la evangelización de los no cristianos o para la conversión y adoctrinamiento de los fieles en países cristianos: *misiones parroquiales*. **7.** Casa, capilla o centro de los misioneros: *acudir a la misión*.

MISIONAL adj. Relativo a los misioneros o a las misiones.

MISIONAR v.intr. y tr. Predicar, ir de misiones. **2.** Evangelizar.

MISIONERO, A adj. Relativo a las misiones: *apostolado misionero*. ◆ s. Persona dedicada a las misiones, o a la propagación de la fe.

MISIVA s.f. Carta que se envía a alguien.

MISKITOS → MISQUITOS.

MISMAMENTE adv.m. *Fam.* Precisamente, exactamente.

MISMIDAD s.f. Condición de ser alguien o algo el mismo. **2.** Identidad personal.

MISMO, A pron. y adj.dem. (lat. vulgar *medipsimus*, forma enfática de *ipse*, el mismo). Expresa identidad, semejanza u otro objeto es *el mismo que te dije*. **2.** Subraya con énfasis aquello de que se trata: *déjalo aquí mismo*. ◆ adv.m. Pospuesto a un adverbio o locución adverbial tiene valor enfático: *mañana mismo*. **2.** Pospuesto a un nombre o a un adverbio añade cierto matiz de indiferencia. ◇ **Por lo mismo** A causa de ello, por esta razón. **Ser, o dar, lo mismo** Ser indiferente.

MISOGINIA s.f. Aversión o menosprecio hacia las mujeres.

MISÓGINO, A adj. y s. (fr. *misogyne*). Que siente misoginia.

MISONEÍSMO s.m. Tendencia del individuo a perpetuar el comportamiento ya admitido por el grupo social al que pertenece.

MISONEÍSTA adj. y s.m. y f. (del gr. *misein*, odiar, y *neós*, nuevo). Que es partidario del misoneísmo.

MISPÍQUEL s.m. Sulfuro de hierro y arsénico (FeAsS).

MISQUITOS, MISKITOS o **MOSQUITOS**, pueblo amerindio de América Central, agricultor y ganadero, que ocupa la costa de los Mosquitos o Mosquitia, entre Honduras y Nicaragua. (Hablan una lengua chibcha y se hallan muy mezclados con descendientes de esclavos africanos.)

MISS s.f. (voz inglesa). Mujer ganadora en un concurso de belleza: *miss Universo*.

MISSI DOMINICI s.m.pl. (voces latinas, *enviados del señor*). HIST. Enviados nombrados por Carlomagno que iban en parejas, un clérigo y un laico, para asegurar el control y la vigilancia de las autoridades locales y de los jefes de las circunscripciones administrativas.

MISTELA s.f. Bebida hecha con aguardiente, agua, azúcar y canela. **2.** Bebida que se hace con alcohol y mosto de uva, sin que se produzca la fermentación.

MÍSTER s.m. (ingl. *mister*). Hombre ganador en un concurso de belleza: *míster Universo*. **2.** Entrenador de un equipo deportivo.

MISTÉRICO, A adj. Se dice de la religión que busca a través de la recreación ritual de un mito cosmogónico, efectos trascendentes como la revelación de la realidad ultraterrena.

MISTERIO s.m. (lat. *mysterium*, del gr. *mystérios*). Hecho o cosa incomprensible para la mente humana o muy difícil de entender o interpretar: *los misterios de la vida*. **2.** Circunstancia de hacer algo en secreto o de forma cautelosa o reservada: *contar algo con gran misterio*. **3.** HIST. En ciertas religiones antiguas originarias de Grecia o de oriente, conjunto de doctrinas o ceremonias secretas cuya revelación suponía quien debía traer la salvación. **4.** LIT. Drama sacro medieval que representaba escenas de la vida de santos o la Pasión, ofreciendo una representación total de la vida

humana en sus relaciones con los poderes divinos. (La Pasión de Jesús y la Asunción de la Virgen [como el *Misterio de Elche*, del s. XV], eran temas tradicionales de los misterios.) **5.** TEOL. **a.** Verdad de fe inaccesible a la sola razón humana y que solo puede conocerse por revelación divina. **b.** Cada uno de los pasajes, considerado por separado y como objeto de meditación, de la vida, pasión y muerte de Cristo. ◆ **misterios** s.m.pl. REL. Ceremonias del culto: *los sagrados misterios*.

MISTERIOSO, A adj. Que implica misterio: *mirada misteriosa*. **2.** Que actúa de forma enigmática: *persona misteriosa*.

MÍSTICA s.f. Parte de la teología que trata de los fenómenos que no se pueden explicar racionalmente. **2.** Creencia absoluta que se forma en torno a una idea o a una persona. **3.** Literatura mística.

ENCICL. La literatura mística, definida en el s. V por el seudo Dionisio el Areopagita y desarrollada en la edad media por autores como R. Llull, Eckart, etc., tuvo su apogeo en el s. XVI español con las obras de los carmelitas santa Teresa de Jesús y san Juan de la Cruz. En su intento de comunicar una experiencia que reconocen inexpresable, los autores místicos recurren a símbolos, alegorías, comparaciones y antítesis para ampliar las dimensiones conceptuales de la palabra y alcanzar notables cotas de belleza e intensidad lírica, al mismo tiempo que enriquecen el lenguaje literario con la sintaxis y el léxico propios del habla corriente. La mística se prolonga en el s. XVII con la intervención de Miguel de Molinos.

MISTICETO, A adj. y s.m. Relativo a un suborden de mamíferos cetáceos que tienen la dentadura sustituida por una serie de láminas córneas o barbas, como la ballena.

MISTICISMO s.m. Doctrina filosófica y religiosa que admite la realidad de una comunicación directa y personal con Dios. **2.** Doctrina o creencia fundada en el sentimiento o la intuición, y no en la razón.

MÍSTICO, A adj. (lat. *mysticus*, del gr. *mystikós*, relativo a los misterios religiosos). Relativo a la mística: *literatura mística*. **2.** Misterioso, que encierra misterio. **3.** Colomb., Cuba, Ecuad., Pan. y P. Rico. Remilgado. ◆ adj. y s. Entregado a la contemplación de Dios o de cosas divinas. **2.** Que escribe obras de mística. **3.** *Fam.* Que afecta devoción exagerada.

MISTIFICACIÓN o **MIXTIFICACIÓN** s.f. Acción y efecto de mistificar o mixtificar.

MISTIFICAR o **MIXTIFICAR** v.tr. (fr. *mystifier*, burlarse de alguien engañándolo) [1]. Embaucar, burlarse, engañar. **2.** Falsear, falsificar.

MISTOL s.m. Argent. y Par. Planta de ramas abundantes y espinosas, flores pequeñas y fruto castaño ovoide, que se utiliza con fines medicinales y para elaborar arrope y otros alimentos. (Familia ramnáceas.)

MISTRAL s.m. METEOROL. Maestral.

MITA s.f. (del quechua *mitachanacuy*, turno familiar, semana de trabajo). En la América colonial, repartimiento forzado de la población india para realizar los diversos servicios personales de comercio, agricultura y minería, especialmente el trabajo en las minas de Perú. **2.** En el imperio inca, servicio personal que realizaban los súbditos del inca en los servicios públicos o en las tierras del inca para satisfacer los impuestos.

MITACA s.f. Bol. Cosecha.

MITAD s.f. (lat. *medietas, -atis*). Cada una de las dos partes iguales en que se divide un todo. **2.** Punto o parte que equidista o dista aproximadamente igual de sus extremos: *a mitad del camino*. **3.** Unidad social basada en el parentesco, en aquellos casos en que la tribu está dividida en dos partes. ◇ **En mitad** Durante el desarrollo de lo que se expresa. **Mitad y mitad** Por partes iguales.

MITAYO s.m. Indio que estaba obligado a trabajar por la mita.

MÍTICO, A adj. Relativo al mito. **2.** Legendario, fabuloso, quimérico.

MITIFICACIÓN s.f. Acción de mitificar.

MITIFICAR v.tr. [1]. Dar carácter de mito.

---

estratégico M45 (F)
mar-tierra

cono que contiene la carga nuclear de cabezas múltiples

tercera fase

segunda fase

primera fase

CARACTERÍSTICAS

(lanzado desde un submarino)
altura: 11,05 m
diámetro: 1,93 m
peso: 35 t
alcance: > 4 000 km

táctico Pershing 2 (EUA)
tierra-tierra

cono que contiene la carga nuclear o de potente explosivo

segunda fase

primera fase

CARACTERÍSTICAS

(lanzado desde un vehículo de ruedas)
altura: 10,60 m
diámetro: 1,00 m
peso: 4,6 t
alcance: 1 500 km

■ **MISILES** nucleares.

MITIGACIÓN s.f. Acción de mitigar o mitigarse.

MITIGADO, A adj. **Orden mitigada** Se dice de la orden religiosa cuya regla ha sido suavizada.

MITIGAR v.tr. y prnl. (lat. *mitigare,* suavizar, calmar) [2]. Moderar, calmar: *mitigar el dolor.* ◇ **Mitigar las olas** Oponerles un dique en talud para que mueran en él sin romperse con violencia. **Mitigar una corriente de agua,** o **el curso de las aguas** Desviar su corriente o curso, de manera suave y gradual, por medio de diques ligeramente oblicuos.

MITILICULTOR, RA s. Persona que se dedica a la mitilicultura. SIN.: *miticultor.*

MITILICULTURA s.f. Cría o cultivo de mejillones. SIN.: *miticultura.*

MITIMA s.f. En el imperio inca, sistema de deportaciones en masa que tenía por objeto la rápida asimilación de las poblaciones recién conquistadas.

MITIMAE s.m. En el imperio inca, colono que se establecía en las tierras en que se aplicaba la mitima.

MITIN s.m. (ingl. *meeting,* reunión, de *meet,* encontrarse) [pl. *mítines*]. Acto público propagandístico, especialmente de ideas políticas o sociales, en el que uno o varios oradores pronuncian un discurso del mismo nombre. **2.** Reunión deportiva.

1. MITO s.m. (gr. *mythos*). Relato popular o literario en el que intervienen seres sobrehumanos y se desarrollan acciones imaginarias que trasponen acontecimientos históricos, reales o ficticios. (Los mitos suelen representar los principios o valores de una sociedad, los complejos individuales y, en general, el espíritu humano.) **2.** Imagen magnificada de un hecho o de un personaje histórico: *el mito napoleónico.* **3.** Idea, teoría, doctrina, etc., que expresa los sentimientos de una colectividad y se convierte en estímulo de un movimiento: *el mito americano.* **4.** Utopía, creencia reputada como irrealizable: *el mito del buen salvaje.* **5.** Fantasía, producto de la imaginación: *eso de que es rico es un mito.*

2. MITO s.m. Ave paseriforme en cuyo plumaje alternan los tonos blanquecinos, negruzcos y rosados. (Familia páridos.)

MITOCONDRIA s.f. Condrisoma.

MITOGRAFÍA s.f. Estudio o tratado de los mitos.

MITOLOGÍA s.f. (gr. *mythología*). Conjunto de los mitos y leyendas propios de un pueblo, una civilización o una religión: *la mitología grecorromana.* **2.** Estudio sistemático de los mitos. **3.** Conjunto de creencias que se refieren a la misma idea y que se imponen en el seno de una colectividad: *mitología del cine.*

MITOLÓGICO, A adj. y s. Relativo a la mitología.

MITÓLOGO, A s. Persona que se dedica al estudio de la mitología. **2.** Autor de escritos mitológicos.

MITOMANÍA s.f. Tendencia a elaborar explicaciones y relatos de hechos imaginarios, generalmente de forma inconsciente y, en ocasiones, patológica.

MITÓMANO, A s. Persona que padece mitomanía. **2.** Persona que tiende a crear mitos.

MITÓN s.m. (fr. *miton*). Guante que deja los dedos al descubierto.

MITOSIS s.f. Proceso de división indirecta de la célula que se caracteriza por la duplicación de todos sus elementos y un reparto igualatorio entre las células hijas. (Comprende

cuatro fases: profase, metafase, anafase y telofase.) SIN.: *cariocinesis.*

MITOTE s.m. Fiesta agrícola antigua celebrada por varias etnias mexicanas, durante la cual los participantes bailaban formando círculos concéntricos y bebían hasta embriagarse. **2.** Amér. Fiesta casera. **3.** Amér. Aspaviento, demostración exagerada: *el desfile pasó con mucho mitote.* **4.** Méx. Situación donde impera el desorden o en la que hay mucho ruido o alboroto: *la celebración se transformó en un mitote.*

MITOTERO, A adj. y s. Amér. Fig. Que hace mitotes o melindres. **2.** Amér. Fig. Bullanguero, amigo de diversiones. **3.** Amér. Fig. Que realiza mitotes, pendenciero: *ese provocador es un mitotero.*

MITÓTICO, A adj. Relativo a la mitosis.

MITRA s.f. (lat. *mitra,* del gr. *mítra*). Tocado terminado en punta que los obispos y otras dignidades religiosas llevan cuando ofician ceremonias. **2.** Dignidad de arzobispo u obispo. **3.** Gorro alto y puntiagudo que usaban los persas.

MITRADO, A adj. Se dice del eclesiástico que usa mitra. ◆ s.m. Arzobispo u obispo.

MITRAL adj. Se dice de la válvula situada entre la aurícula y el ventrículo izquierdos del corazón. **2.** Relativo a la válvula mitral: *insuficiencia, estenosis mitral.* **3.** Que tiene forma de mitra.

MITRAR v.intr. Fam. Obtener un obispado.

MITRIDATISMO s.m. Inmunidad a ciertas sustancias tóxicas, adquirida mediante la ingestión de dosis progresivamente crecientes de las mismas.

MITÚ s.m. Ave fasianiforme que vive en América Meridional, de unos 50 cm. de long., pico corto, comprimido y con un tubérculo córneo en su base. (Familia cránidos.)

MIURA s.m. TAUROM. Toro perteneciente a la ganadería Miura y que se caracteriza por su acometividad y fortaleza.

MIX s.m. (voz inglesa) [pl. *mix*]. Grabación musical realizada a partir de la mezcla de diferentes canciones o piezas musicales, generalmente destinada al baile.

MIXE, pueblo amerindio de la familia lingüística maya-zoque (Oaxaca, México).

MIXEDEMA s.m. Edema generalizado que se manifiesta acompañado de diversos trastornos, como apatía y fatiga, causado por una insuficiencia en el funcionamiento de la glándula tiroides.

MIXOMA s.m. Tumor blando formado por tejido conjuntivo mucoso.

MIXOMATOSIS s.f. Enfermedad infecciosa del conejo originada por un virus.

MIXOMICETE adj. y s.m. Relativo a una clase de hongos inferiores que forman masas gelatinosas, informes, móviles, y que se alimentan de vegetales en descomposición.

MIXTECA adj. y s.m. y f. De un pueblo amerindio de lengua otomangue que en época prehispánica vivía en Oaxaca, actualmente repartido en los estados de Oaxaca, Guerrero y Puebla (México).

ENCICL. Los mixtecas destacaron por su dominio de la metalurgia y la orfebrería, con piezas de gran calidad artística y técnica; por su cerámica policroma con dibujos geométricos y naturalistas; por sus códices realizados en piel de venado, en los que consignaban aspectos de su historia y costumbres; por la talla de materiales delicados (turquesa, cristal de roca, alabastro); por su arquitectura (mosaico de piedra) y por sus conocimientos avanzados de

medicina, astronomía, geografía, aritmética y otras ciencias. Destacó el señorío de Tilantongo.

■ **MIXTECA.** Pectoral de oro, procedente de Monte Albán, México (1300-1450).
[Museo regional de Oaxaca.]

MIXTIFICACIÓN s.f. → MISTIFICACIÓN.

MIXTIFICAR v.tr. [1]. → MISTIFICAR.

MIXTILÍNEO, A adj. MAT. Formado por rectas y curvas: *figura mixtilínea.*

MIXTIÓN s.f. Mezcla.

MIXTO, A adj. (de *mixtus,* p. de *miscere,* mezclar). Formado de elementos de diferente naturaleza. **2.** Que comprende personas de ambos sexos o pertenecientes a orígenes o formaciones diferentes: *equipo mixto.* ◆ adj. y s. Mestizo. ◆ adj. y s.m. En tenis, se dice del equipo de dobles formado por un jugador y una jugadora. **2.** Se dice del tren compuesto de vagones de viajeros y de mercancías. ◆ s.m. Esp. Fósforo para encender. ◇ **Línea mixta** MAT. Línea compuesta de rectas y curvas. **Grupo mixto** Grupo parlamentario integrado por los diputados o senadores que no hayan podido constituir grupo propio, por no llegar a los mínimos establecidos por los reglamentos del congreso de los diputados y del senado.

MIXTURA s.f. Mezcla.

MIXTURAR v.tr. Mezclar.

MÍZCALO s.m. Seta comestible que desprende un látex aromático, dulce o ligeramente acre, y que presenta sombrero anaranjado y laminillas del mismo color o verdosas. (Familia agaricáceas.)

MIZODENDRO s.m. Planta que vive parasitariamente en las ramas de los árboles y crece en los bosques australes de América Meridional. (Familia mizodendráceas.)

MNEMOTECNIA o **NEMOTECNIA** s.f. (del gr. *mnéme,* memoria). Técnica para desarrollar la memoria por medio de una serie de ejercicios apropiados. SIN.: *mnemotécnica.*

MNEMOTÉCNICO, A o **NEMOTÉCNICO, A** adj. Relativo a la mnemotecnia. **2.** Que sirve para desarrollar la memoria.

MOA s.f. Ave corredora extinguida, de unos 3,5 m, que vivía en Nueva Zelanda. (Familia dinornítidos.)

MOABITA adj. y s.m. y f. De un pueblo nómada establecido al E del mar Muerto (s. XIII a.C.), emparentado con los hebreos, con los que tuvo frecuentes conflictos. (Fue absorbido por los nabateos en los ss. III-II a.C.)

MOAI s.m. Estatua gigante de la isla de Pascua.

MOARÉ s.m. → MUARÉ.

MOAXAJA s.f. Poema escrito en árabe o hebreo, inventado en el s. X, cuya última estrofa, la jarcha, estaba escrita en mozárabe.

MOBILIARIO, A adj. Mueble. **2.** DER. Se dice generalmente de los efectos públicos al portador o transferibles por endoso. ◆ s.m. Conjunto de muebles de una casa. SIN.: *moblaje.*

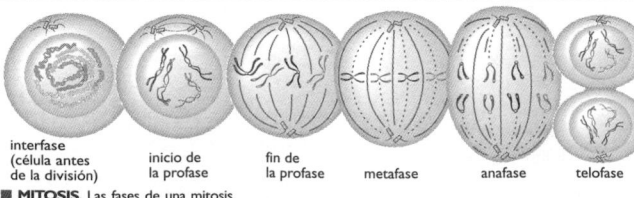

interfase
(célula antes   inicio de   fin de
de la división)   la profase   la profase   metafase   anafase   telofase

■ **MITOSIS.** Las fases de una mitosis.

MÖBIUS. Cinta de Möbius Superficie con una sola cara y un solo borde.

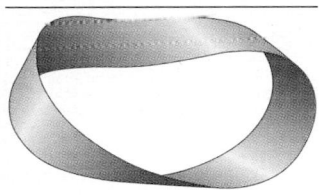

■ CINTA DE **MÖBIUS**

MOBLAR v.tr. [17]. Amueblar.

MOCA s.m. ▸ **MOKA**.

MOCAR v.tr. y prnl. (lat. vulgar *muccare*) [1]. Sonar, limpiar los mocos.

MOCÁRABE s.m. Elemento decorativo del arte musulmán formado por la combinación de prismas truncados en forma cóncava en su parte inferior.

1. MOCASÍN s.m. (ingl. *moccasin*). Calzado plano, flexible y sin cordones. **2.** Calzado de los indios norteamericanos, hecho de piel sin curtir.

2. MOCASÍN s.m. Ofidio escamoso de América y Asia. (Familia crotálidos.)

MOCEAR v.intr. Comportarse como la gente moza. **2.** Llevar una vida licenciosa.

MOCEDAD s.f. Edad o estado del mozo, persona joven y soltera. ➔ **mocedades** s.f.pl. Narración de las hazañas juveniles de un héroe en la literatura medieval.

MOCERÍO s.m. Conjunto de gente moza.

MOCERO adj. Mujeriego, libertino.

MOCETÓN, NA s. Persona joven y robusta.

MOCEZUELO s.m. Amér. Serie de convulsiones en un recién nacido.

MOCHA s.f. Inclinación de cabeza que se hacía en señal de respeto. **2.** Fam. Cabeza.

MOCHADA s.f. Topetazo.

MOCHALES adj. (de *mochado*) Esp. Fam. Chiflado, loco.

MOCHAR v.tr. Dar mochadas o topetazos. **2.** Desmochar.

MOCHETA s.f. Extremo romo y grueso opuesto a la parte punzante o cortante de algunas herramientas. **2.** Parte rebajada en el marco de una puerta o una ventana, en que encaja el renvalso. **3.** ARQ. **a.** Ángulo entrante que resulta de la unión de dos paredes o que se forma al encontrarse un plano superior arquitectónico con un paramento vertical. **b.** Parte del espesor del vano de una puerta o ventana, más próxima al paramento exterior de la pared, y a escuadra con él.

MOCHIL s.m. (vasc. *motxil*, dim. de *mutil* o *motil*, muchacho, criado). Muchacho que hace de recadero a los campesinos.

MOCHILA s.f. (de *mochil*). Bolsa, generalmente de lona, que se lleva a la espalda sujeta a los hombros por correas. **2.** Morral, saco de los cazadores y soldados. **3.** Méx. Maleta, cofre pequeño.

MOCHILERO, A s. Persona que lleva mochila.

MOCHO, A adj. Que no tiene la punta o el remate ordinarios. **2.** Esp. Fig. y fam. Pelado, con el pelo cortado. **3.** Méx. Conservador, retrógrado. ➔ adj. y s. Chile. Se dice de la persona religiosa lega. **3.** Ecuad. Se dice de la persona calva. **3.** Méx. Se dice de la persona mojigata, fanática de sus creencias religiosas. **4.** Méx. Se dice de la persona o animal al que le falta algún miembro: *el gato está mocho de la cola*. **5.** Venez. Manco. ➔ s.m. Remate grueso y romo de un instrumento largo, de un arma de fuego, etc. **2.** Utensilio para fregar el suelo consistente en un palo largo y unas tiras de tejido absorbente en uno de sus extremos. SIN.: *fregona*. **3.** Chile. Pedazo corto de un madero para aserrar.

MOCHONGADA s.f. Méx. Payasada.

MOCHONGO s.m. Méx. Hazmerreír.

MOCHUELO s.m. Ave rapaz nocturna, de pequeño tamaño, gris y con la cabeza achatada, que anida en agujeros de muros y en árboles

huecos. (Familia estrígidos.) **2.** Fig. y fam. Trabajo fastidioso o difícil del que nadie quiere encargarse: *cargar con el mochuelo*.

MOCIL adj. Que es propio de gente moza.

MOCIÓN s.f. (lat. *motio, -onis*, movimiento). Acción y efecto de mover o moverse. **2.** Fig. Inclinación de alguien por algo. **3.** Proposición que se hace a una asamblea que delibera. ◇ **Moción de censura** Proposición presentada en una asamblea política para expresar disconformidad con el gobierno.

MOCIONAR v.tr. Presentar una moción.

MOCO s.m. (lat. vulgar *muccus*). Sustancia espesa y viscosa que segregan las membranas mucosas, especialmente la que fluye por la nariz. **2.** Sustancia fluida y viscosa que forma grumos dentro de un líquido. **3.** Extremo del pabilo incandescente o parte que se tuerce por ser muy larga. **4.** Cera derretida de una vela que va cuajándose a lo largo de ella. ◇ **Llorar a moco tendido** Llorar mucho. **Moco de pavo** Apéndice carnoso y eréctil que posee esta ave sobre el pico. **No ser moco de pavo** No ser desdeñable algo.

MOCOCOA s.f. Bol. y Colomb. Murria, mal humor.

MOCOBÍ o **MOCOVÍ**, pueblo amerindio argentino del Gran Chaco, del grupo guaicurú.

MOCOSO, A adj. (lat. *muccosus*). Que tiene mocos en la nariz. ➔ s. Fam. y desp. Se dice de las que da de adulto o de experto en algo sin serlo.

MOD adj. y s.m. y f. (pl. *mods*), Relativo a un movimiento juvenil surgido a principios de la década de 1960 en Gran Bretaña; miembro de este movimiento, que viste con elegancia y es aficionado a la música pop-rock de sus periodo.

MODA s.f. (fr. *mode*). Manera de actuar, vivir, pensar, etc., ligada a un ambiente o a una época determinadas. **2.** Conjunto de ropa, complementos, etc., que siguen el gusto del momento: *la moda primera, trasnochada*. **3.** Comercio e industria del diseño de ropa. **4.** ESTADIST. Valor del elemento que se presenta con mayor frecuencia en un conjunto de datos. ◇ **A la, o de, moda** Según el gusto del momento.

MODADO, A adj. Colomb. Que tiene unos determinados modales. (Suele usarse con los adv *bien* o *mal*.)

MODAL adj. Relativo al modo, especialmente al gramatical: *formas modales*. **2.** MÚS. **a.** Que tiene alguna relación con el modo: *escala modal*. **b.** Se dice de la música que utiliza otras escalas además de las correspondientes a los dos modos clásicos, mayor y menor. ➔ **modales** s.m.pl. Conjunto de gestos, expresiones, actitudes, etc., conforme a lo que es considerado correcto o distinguido por determinado grupo social. ◇ **Lógica modal** Lógica que tiene en cuenta la modalidad de las proposiciones.

MODALIDAD s.f. (fr. *modalité*). Modo, forma particular de ser o de manifestarse una cosa. **2.** LING. En gramática generativa y transformacional, constituyente inmediato de la frase, junto al núcleo. **3.** MUS. Escala modal de un fragmento.

MODELADO s.m. Acción y efecto de modelar. **2.** GEOMORFOL. Conjunto de formas del relieve que caracterizan un sistema morfogenético: *modelado glaciar*. **3.** METAL. Conjunto de procedimientos y medios empleados para la realización de los modelos y cajas de machos o noyos.

MODELAR v.tr. (ital. *modellare*). Dar una forma determinada a un material blando, como la arcilla, la plastilina, la cera, etc., especialmente con una finalidad artística. **2.** Fig. Hacer que una persona adquiera o desarrolle determinadas características morales.

MODELISMO s.m. Arte y técnica de construir modelos a pequeña escala.

MODELISTA s.m. y f. Operario que utiliza los moldes para el vaciado de piezas de metal, cemento, etc. **2.** METAL. Obrero cualificado que confecciona los modelos y las cajas de machos o noyos utilizados para la realización de los moldes de las piezas de fundición. **3.** TECNOL. Persona que fabrica modelos reducidos o maquetas.

MODELO s.m. (ital. *modello*). Persona o cosa que sirve de referencia o que se imita. **2.** Re-

producción a escala reducida de un edificio, máquina, etc. **3.** Tipo, categoría, variedad particular: *automóvil último modelo*. **4.** Prenda de vestir, exclusiva y original, realizada por un modista de alta costura. **5.** Objeto diseñado por un artista de fama. **6.** LÓG. Estructura lógica o matemática que se utiliza en la ciencia para explicar un conjunto de fenómenos que guardan entre sí ciertas relaciones. ➔ s.m. y f. Persona que posa para un artista. **2.** Persona que tiene por oficio exhibir ropa, complementos, etc., ante un público, especialmente en desfiles, o posar en carteles publicitarios, anuncios de televisión, etc. ◇ **Modelo matemático** Representación matemática de un fenómeno físico, económico, humano, etc., realizada para poder estudiarlo mejor. **Modelo reducido** Reproducción a escala reducida de un mecanismo, estructura, etc.

MÓDEM o **MODEM** s.m. (acrónimo de *modulador demodulador*). INFORMÁT. Dispositivo que convierte la información que recibe de una forma digital en otra forma transmisible a través de una línea del teleproceso, y viceversa. (Permite especialmente el intercambio de informaciones entre computadoras a través de la red telefónica.)

MODERACIÓN s.f. Acción de moderar o moderarse. **2.** Cualidad o actitud de la persona que evita los excesos y se mantiene en un justo medio.

MODERADO, A adj. Que no es excesivo. ➔ adj. y s. Se dice de la persona que actúa con moderación. **2.** Se dice del partido, ideología, etc., que no es extremista. **3.** HIST. Relativo al partido moderado, miembro de este partido. (V. parte n. pr.)

MODERADOR, RA adj. y s. Que modera. ➔ s. Persona que dirige un debate, asamblea, etc. ➔ s.m. FÍS. Sustancia que disminuye la velocidad de los neutrones resultantes de una fisión nuclear y mantiene una reacción en cadena, como el agua pesada, el grafito o el berilio. ◇ **Poder moderador** Jefe de estado, monarca o presidente, que, en los regímenes parlamentarios, regula la vida política según la voluntad electoral.

MODERANTISMO s.m. Actitud moderada en las acciones o las palabras. **2.** Actitud política de los moderados.

MODERAR v.tr. (lat. *moderari*). Disminuir la intensidad o el exceso de algo: *moderar los gustos*. **2.** Actuar como moderador en un debate, asamblea, etc. ➔ v.tr. y prnl. Evitar o suavizar un exceso: *moderar las pasiones*.

1. MODERATO adv. (voz italiana). MÚS. Con un tempo moderado.

2. MODERATO adj. y s.m. (voz italiana). MÚS. Se dice de una composición musical o un fragmento que se ejecuta con tempo moderado.

MODERNAMENTE adv.t. En la actualidad o hace poco tiempo.

MODERN DANCE s.f. (voces inglesas). Estilo de danza contemporánea, adoptado por la danza tradicional, que se caracteriza por una mayor libertad de expresión y de movimiento. **ENCICL.** Muy impregnada por las teorías de François Delsarte sobre el movimiento, la *modern dance* se extendió durante la década de 1930 con la propuesta de lenguajes gestuales nuevos e impuso tres grandes técnicas: las de Martha Graham, Doris Humphrey y Lester Horton. No cesó de evolucionar gracias a la diversidad de personalidades que la representan (J. Limón, A. Ailey, H. Holm, A. Nikolais), a la multiplicidad de intercambios con la danza europea y a los replanteamientos, a veces radicales, de coreógrafos como Merce Cunningham.

MODERNIDAD s.f. Cualidad de moderno. **2.** Edad moderna.

MODERNISMO s.m. Cualidad de moderno. SIN.: *modernidad*. **2.** Afición, gusto por lo moderno. **3.** Fam. Comportamiento nuevo respecto a lo tradicionalmente admitido. **4.** B. ART. Movimiento artístico, especialmente arquitectónico y decorativo, desarrollado a finales del s. XIX y principios del s. XX. **5.** LIT. Movimiento literario desarrollado en Hispanoamérica y España entre finales del s. XIX y principios del s. XX. **6.** REL. Conjunto de doctrinas y tendencias encaminadas a renovar la exégesis, la

■ EL MODERNISMO

A finales del s. XIX, en muchos países occidentales cristalizó el «modern style», consecuencia de la rebelión de los grandes artistas contra la incesante repetición de los estilos clásicos en el arte de aquel siglo. De este modo, los arquitectos pasaron a remplazar las columnatas «clasicizantes» por líneas curvas inspiradas en la naturaleza, que con el tiempo serían a su vez sustituidas por el ángulo recto.

Louis Comfort Tiffany. Jarrón «Favrile» (h. 1896), inspirado en las plumas de un pavo real y realizado en vidrio soplado por este artista vidriero americano. (MOMA, Nueva York.)

Antoni Gaudí. La casa Batlló (1904-1906) de Barcelona está considerada como una de sus obras más poéticas. Sus balcones, de formas alabeadas, están cerrados con cristales fragmentados de colores.

René Lalique. Broche (h. 1900) en oro y esmalte con una perla natural. (Museo de artes decorativas, París.)

Hector Guimard. La casa Coilliot, en Lille (1898). La asimetría de la fachada, la desalineación central y la diversificación de los materiales contribuyen a dotarla de un diseño dinámico.

Victor Horta. Vista de un salón y de la escalera de la casa Horta en Bruselas (1898). La línea sinuosa está presente en los forjados y el mobiliario, diseñados por el mismo arquitecto.

doctrina social y el gobierno de la Iglesia, para ponerlos de acuerdo con los datos de la crítica histórica moderna y con las necesidades de la época.

ENCICL. B. ART. El modernismo representó una decisiva ruptura con el academicismo y el eclecticismo del s. XIX, y se caracterizó por un empleo, tanto estructural como decorativo, del arabesco, a menudo imitando una flora más o menos estilizada. El movimiento tomó diferentes denominaciones: *Liberty* en Gran Bretaña y EUA, *art nouveau* y *modern style* en Francia y Bélgica, *Sezession Stil* en Austria, *Jugendstil* en Alemania, *stile floreale* en Italia. Iniciado por los británicos W. Morris y A. H. Mackmurdo, entre sus representantes se cuentan E. Gallé y H. Guimard, en París; V. Horta, en Bruselas; H. Obrist, en Munich; y en Barcelona, centro del importante núcleo catalán (en el resto de la península, excepto Valencia y Mallorca, las manifestaciones fueron escasas), los arquitectos A. Gaudí, L. Domènech i Montaner, J. Puig i Cadafalch, A. M. Gallissà y J. M. Jujol, los escultores J. Llimona y E. Clarasó, y los pintores S. Rusiñol y R. Casas. El modernismo llegó también a Hispanoamérica, donde sobresalieron J. J. García Núñez, E. Folkers, A. Locatti, O. Ravzenholer, en Argentina, y M. Bertrán, en México.

LIT. El modernismo, que surgió en correspondencia con tendencias artísticas del momento (parnasianismo y simbolismo, impresionismo y *art nouveau*), incluye a numerosos escritores hispanoamericanos y españoles cuya obra se desarrolló entre 1890 y 1914. Sus inicios se sitúan en la atmósfera de crisis del fin de siglo, que estimuló la actitud diferencial del artista frente a la sociedad. Las iniciativas renovadoras partieron de América (José Martí, R. Darío, J. Asunción Silva, L. Lugones, Herrera, Rodó, Larreta, etc.) y se extendieron hacia España (Valle-Inclán, Villaespesa, los Machado y J. R. Jiménez).

MODERNISTA adj. y s.m. y f. Relativo al modernismo; adscrito a este movimiento.

MODERNIZACIÓN s.f. Acción de modernizar.

MODERNIZAR v.tr. y prnl. [7]. Actualizar, dar una forma o carácter moderno.

MODERNO, A adj. (lat. *modernus*). Actual, o de una época relativamente reciente. **2.** Que sigue el gusto que domina en dicha época. ◆ adj. y s. Que vive o ha vivido de acuerdo con las ideas más avanzadas de su época. **2.** Relativo a la edad moderna; que ha vivido en este período histórico. ◇ **Edad moderna** Período histórico que va desde el final de la edad media a la Revolución francesa. **Historia moderna** Parte de la historia que se ocupa de la edad moderna.

ENCICL. Cada época califica de moderno, en el sentido de «contemporáneo y nuevo», lo que se opone a la tradición; tales son los casos de la modernidad celebrada por Baudelaire, por el *modern style* o modernismo de 1900 y, por supuesto, por las rupturas vanguardistas del s. XX (cubismo, dadaísmo, constructivismo, música serial, etc.) y la arquitectura (hasta el posmodernismo).

MODERN STYLE s.m. (voces inglesas, *estilo moderno*). Modernismo.

MODESTIA s.f. (lat. *modestia*). Cualidad de modesto.

MODESTO, A adj. y s. (lat. *modestus*). Se dice de la persona que no se vanagloria de los propios méritos. ◆ adj. Sencillo, no lujoso. **2.** Que tiene una posición social baja, pero sin llegar a la pobreza. **3.** Recatado, pudoroso.

MÓDICO, A adj. (lat. *modicus*). Moderado, no excesivo: *precio módico*.

MODIFICACIÓN s.f. Acción y efecto de modificar o modificarse.

MODIFICADOR, RA adj. y s.m. Que modifica.

MODIFICAR v.tr. y prnl. (lat. *modificare*, arreglar) [1]. Cambiar en algún aspecto algo sin alterar su naturaleza. ◆ v.tr. Determinar o especificar el sentido de otra.

MODILLÓN s.m. (ital. *modiglione*). ARQ. Pieza saliente que soporta una cornisa, el arranque de un arco o el vuelo de una galería.

MODISMO s.m. Frase o locución características de una lengua, cuyo significado no se deduce de los significados aislados de las palabras que la forman, sino solo de la frase considerada en su totalidad.

MODISTILLA s.f. *Fam.* Oficiala o aprendiza de modista.

MODISTO, A s. Persona que tiene por oficio confeccionar o diseñar ropa femenina. (Tiene doble forma de masculino: *el modisto y el modista.*) ● s.f. Mujer que tiene por oficio confeccionar prendas femeninas y hacer arreglos de costura.

MODO s.m. (lat. *modus*, medida para medir, manera). Manera variable de presentarse una cosa. **2.** Forma de realizar algo. **3.** DER. CIV. Encargo unido a una donación, institución de heredero, legado, etc., que obliga al adquiridor. **4.** FILOS. En la segunda escolástica, determinación de un sujeto, que no tiene consistencia propia, y que permite distinguir entre una entidad y algunas de sus modificaciones. **5.** GRAM. Categoría gramatical del verbo que hace referencia a la manera en que se presenta el proceso verbal. (En español hay cuatro modos: indicativo, condicional o potencial, subjuntivo e imperativo.) **6.** MÚS. Escala de estructura definida en el marco de la octava y caracterizada por la disposición de sus intervalos. ● **modos** s.m.pl. Gestos, expresiones o comportamiento adecuados a lo que se considera correcto dentro de una determinada sociedad. ◇ **Modo de vida** ETNOL. y GEOGR. Conjunto de actividades regulares y repetidas de un grupo humano en función de un hábitat determinado. **Ni modo** Méx. Indica que no se puede hacer nada ante algo que no tiene remedio: *ni modo, ya se nos hizo tarde.*

ENCICL. Parece injusto que los musicólogos apliquen retrospectivamente a las músicas griega y medieval la definición usual de la palabra *modo*. Los «modos» antiguos son en realidad escalas-tipo inseparables de fórmulas características, de acuerdo con una concepción aún frecuente en las músicas arcaicas y orientales, escalas ligadas a la noción de altura, timbre, ecos. No fue así en la música bizantina primitiva. Los ocho modos gregorianos son una calca de los ocho tonos bizantinos con nombres de ámbitos griegos: dorio, lidio, frigio, mixolidio e hipodorio, hipolidio, hipofrigio e hipomixolidio. Se caracterizan por su nota final y el lugar, siempre de *mi* a *fa* y de *si* a *do*, que ocupan los semitonos. Su nota inicial permite situarlos (de esa forma, el modo frigio, que comienza por *mi*, se llama también *modo de mi*). En el s. XVI las reglas de la tonalidad clásica fijadas aún conocían solo el modo mayor, en el que la estructura única (tono, tono, medio tono, tono, tono, medio tono) se estableció a partir de *do*, y el modo menor, cuya estructura única utiliza la del modo mayor, pero con un medio tono en lugar del tono entre el quinto y sexto grado. En el s. XX el jazz y ciertas escuelas de música contemporánea trataron de utilizar de nuevo los recursos de los modos.

MODORRA s.f. Somnolencia muy pesada. **2.** VET. Denominación vulgar del vértigo de las ovejas.

MODORRAR v.tr. Amodorrar. ● **modorrarse** v.prnl. Ablandarse la fruta como si empezara a pudrirse.

MODORRO, A adj. Que tiene o padece modorra. **2.** Se dice de la fruta que se modorra.

MODOSO, A adj. Moderado, respetuoso.

MODREGO s.m. *Fam.* Hombre torpe, sin habilidad ni gracia.

MODULACIÓN s.f. Acción y efecto de modular. **2.** FÍS. Variación, en el tiempo, de una característica de una onda (amplitud, fase, frecuencia) según una ley impuesta. **3.** FONÉT. Entonación. **4.** MÚS. Paso de una tonalidad a otra. **5.** RADIOTECN. Procedimiento utilizado para incorporar la señal que debe transmitirse a la corriente portadora de alta frecuencia. ◇ **Modulación de amplitud** Sistema de emisión en el que la señal de baja frecuencia que debe transmitirse se superpone por adición algebraica a la amplitud de la señal de alta frecuencia del emisor. **Modulación de fase** Sistema de modulación en el que la amplitud y la frecuencia de la señal que debe transmitirse se modifican con la fase de la señal de alta frecuencia del emisor. **Modulación de frecuencia** Sistema de modulación en el que varía la frecuencia de la onda portadora según la cadencia de las señales moduladoras, manteniéndose constante la amplitud de la onda portadora.

MODULADOR, RA adj. Que modula. ● s.m. Dispositivo que sirve para modular una onda. **1. MODULAR** adj. Relativo al módulo. **2.** Que está formado por un conjunto de módulos: *biblioteca modular.*

2. MODULAR v.intr. (lat. *modulari*). MÚS. Pasar melódicamente de una tonalidad a otra, dentro de un mismo fragmento de una composición. **2.** MÚS. Ejecutar modulaciones al cantar o al tocar un instrumento. **3.** RADIOTECN. Hacer variar la amplitud, la frecuencia o la fase de la corriente portadora bajo la acción de la señal que se ha de transmitir.

MÓDULO s.m. (lat. *modulus*, dim. de *modus*, modo). Proporción que existe entre las dimensiones de los elementos de un cuerpo u obra que se considera perfecta. **2.** Unidad de medida que se toma para establecer cierta proporción. **3.** Elemento tipo que se utiliza en construcciones prefabricadas. **4.** Coeficiente que caracteriza ciertas propiedades mecánicas. **5.** Diámetro de una medalla o moneda. **6.** Elemento combinable con otros de la misma naturaleza o que concurren a una misma función. **7.** ARQ. Medida convencional que determina las proporciones entre las diferentes partes de una obra arquitectónica. **8.** ASTRONÁUT. Elemento de una nave espacial que puede funcionar independientemente del resto: *módulo de mando; módulo lunar.* **9.** MAT. Operador matemático que al el resto de la división de una variable por una constante. ◇ **Módulo de engranaje** Cociente del diámetro primitivo de un engranaje por el número de dientes. **Módulo de un número complejo** $z = a \iota bi$ MAT. Número real positivo de valor $\sqrt{a^2 + b^2}$. **Módulo de un número real** Valor absoluto de este número. **Módulo de un vector** Longitud de este vector. **Módulo específico**, o **relativo** Caudal medio anual, en litros por segundo, por kilómetro cuadrado de una cuenca hidrográfica.

MODUS OPERANDI loc. (voces latinas) [pl *modus operandi*.] Manera de actuar o trabajar para alcanzar un fin determinado.

MODUS VIVENDI loc. (voces latinas, *modo de vivir*) [pl *modus vivendi*.] Arreglo, transacción o ajuste temporal entre dos partes. **2.** Manera de ganarse la vida.

MOELLEN o **MOELLÓN** s.m. Subproducto del agamuzado de las pieles.

MOER s.m. Muaré.

MOERE s.f. GEOGR. Laguna marítima que en Flandes se desecó para cultivar.

MOFA s.f. Burla que se hace con desprecio.

MOFAR v.tr., intr. y prnl. (voz de origen onomatopéyico). Hacer mofa.

MOFETA s.f. Mamífero carnívoro originario de América, de unos 30 cm de long., sin contar la cola, de pelaje negro y blanco, que posee la facultad de defenderse lanzando, a varios metros de distancia, un líquido fétido secretado por las glándulas anales. (La mofeta es el principal transmisor de la rabia en EUA; familia mustélidos.) **2.** GEOL. Emanación de gas carbónico que se produce con frecuencia en las regiones volcánicas. **3.** MIN. Gas mefítico desprendido en los yacimientos carboníferos.

■ **MOFETA**

MOFLETE s.m. *Fam.* Carrillo grueso y carnoso.

MOFLETUDO, A adj. *Fam.* Que tiene mofletes.

MOGATAZ adj. y s.m. (ár. *mugáttas*, bautizado). Se dice del soldado moro que estaba al servicio de España en África.

MOGATE s.m. Baño con que se recubre alguna cosa. **2.** Barniz que usan los alfareros.

MOGO s.m. Chile. y Colomb. Moho.

MOGOL, LA adj. y s. Mongol. **2.** Relativo al Gran Mogol.

MOGÓLICO, A adj. Mongólico. **2.** Relativo al Gran Mogol.

MOGOLLA s.f. Colomb. Pan moreno hecho de salvado.

MOGOLLÓN s.m. Intrusión sin ser invitado, gorronería. **2.** *Fam.* Lío, jaleo, enredo. **3.** Esp. *Fam.* Cantidad grande de algo.

MOGÓN, NA adj. Se dice de la res vacuna a la que le falta un cuerno o lo tiene roto por la punta.

MOGOTE s.m. Montículo aislado y romo. **2.** Hacina piramidal. **3.** Cornamenta poco crecida de un venado.

MOGREBÍ adj. y s.m. y f. → **MAGREBÍ.**

MOGROLLO s.m. Gorrón, que vive o se divierte a costa ajena.

MOHAIR s.m. y adj. (voz inglesa). Pelo de cabra de angora, con el que se tejen telas ligeras y lanas para hacer punto que también reciben el mismo nombre.

MOHARRA s.f. Mamífero quiróptero, de tronco y miembros gruesos y robustos, que vive en América Central y Meridional. (Familia filostómidos.)

MOHATRA s.f. DER. **a.** Contrato simulado de compraventa de carácter usurario, en el que se adquieren a precio elevado y a crédito unas mercancías, para venderlas de nuevo a precio menor y al contado al vendedor. **b.** Usura. **c.** Fraude, engaño, abuso en la contratación. **2.** HIST. Práctica que consistía en la venta de mercancías a crédito, embargando el valor de la cosecha de los agricultores compradores.

MOHATRAR v.intr. Hacer mohatras.

MOHAVE, pueblo amerindio de América del Norte, del grupo yuma y de lengua uto-azteca, que habitaba en el curso bajo del Colorado y en el SE de California, y que act. vive en reservas de California y Arizona.

MOHAWK, pueblo amerindio de América del Norte, perteneciente a la confederación iroquesa, que habitaba en el valle del Mohawk (est. de Nueva York), y que act. vive en las cercanías de Montreal (Canadá).

MOHECER v.tr y prnl. [37]. Enmohecer.

MOHICANO o **MOHICÁN,** pueblo amerindio algonquino del valle del Hudson, act. desaparecido.

MOHÍN s.m. Mueca o gesto facial, generalmente gracioso.

MOHÍNA s.f. Enojo contra alguien. SIN.: *mohindad.*

MOHÍNO, A adj. Triste, disgustado. **2.** Se dice del mulo o mula nacidos de caballo y burra.

MOHO s.m. Hongo muy pequeño que se desarrolla formando capas sobre materias orgánicas en descomposición. **2.** Película que se forma en la superficie de algunos metales. **3.** *Fig.* Pereza de volver al trabajo, después de un largo período de inactividad.

MOHOSEARSE v.prnl. Colomb. y Perú. Enmohecerse.

MOHOSO, A adj. Cubierto de moho.

MOI, pueblo de raza indonesia de Vietnam y Laos.

MOISÉS s.m. (de *Moisés*, personaje bíblico). Cuna portátil de cestería para bebés.

MOJADO, A adj. y s. Se dice del chicano residente ilegalmente en EUA. SIN.: *espalda mojada.*

MOJADOR, RA adj. y s. Que moja. ◇ **Mecanismo mojador** ART. GRÁF. Dispositivo para humedecer las planchas en las partes no impresoras, en las máquinas offset.

MOJADURA s.f. Acción y efecto de mojar o mojarse. **2.** MAR. Desperfecto ocasionado en la carga de un barco por la humedad o por una entrada de agua de mar o de lluvia.

MOJAMA s.f. (ár. *mušámma,* secado). Cecina de atún.

MOJANTE adj. y s.m. FÍS. Se dice del líquido u otra sustancia que, mezclados con otro líquido, les permite mojar un sólido con más facilidad que si estuviera en estado puro.

MOJAR v.tr. y prnl. (lat. *molliare,* reblandecer). Humedecer o empapar algo con un líquido. ◆ **mojarse** v.prnl. Comprometerse, contraer obligación o responsabilidad.

MOJARDÓN s.m. Hongo comestible, de tamaño pequeño, que crece en círculos en los prados y claros de los bosques. (Familia agaricáceas.)

MOJARRA s.f. Pez marino de unos 30 cm de long., de color gris plateado con tornasoles y grandes fajas transversales negras. (Familia espáridos.) **2.** Lancha que se utiliza en la pesca del atún. **3.** Amér. Cuchillo ancho y corto. **4.** Argent. Pez pequeño que abunda en aguas dulces de América del Sur.

MOJARRILLA s.m. y f. *Fam.* Persona alegre y burlona.

MOJASELLOS s.m. (pl. *mojasellos*). Utensilio para humedecer el dorso de los sellos.

MOJE o **MOJO** s.m. Caldo o salsa de un guisado.

MOJICÓN s.m. Bizcocho de mazapán. **2.** Bizcocho delgado que se suele mojar en chocolate. **3.** *Fam.* Golpe que se da en la cara con la mano.

MOJIGANGA s.f. Fiesta pública que se hacía antiguamente con disfraces, generalmente de animales. **2.** LIT. Género dramático en el que intervenían animales, personajes extravagantes y motivos musicales con danza.

MOJIGATERÍA s.f. Cualidad de mojigato. **2.** Acción del mojigato.

MOJIGATO, A adj. y s. (de *mojo,* gato, y *gato*). Se dice de la persona de moralidad o recato exagerados, que se escandaliza fácilmente. **2.** Se dice de la persona que aparenta humildad o timidez para lograr su propósito.

MOJINETE s.m. Argent., Par. y Urug. Remate o frontón triangular situado entre las dos paredes más altas y angostas de un rancho, galpón o construcción similar, sobre las que se apoya el caballete.

1. MOJO s.m. → MOJE.

2. MOJO → MOXO.

MOJÓ s.m. Ave paseriforme que vive en Hawai, de unos 30 cm de long., de plumaje negro con copetes amarillos a ambos lados del pecho. (Familia meliifágidos.)

MOJÓN s.m. (hispano-lat. *mutulo, -onis,* del lat. *mutulus,* modillón). Piedra o señal que marca el límite de una propiedad o territorio, o sirve de guía en un camino o carretera. **2.** Montón de algo. **3.** Excremento humano compacto expelido de una vez.

MOJONAR v.tr. Señalar los límites de una propiedad o de un término jurisdiccional con mojones.

MOJONERA s.f. Lugar donde se colocan los mojones. **2.** Serie de mojones entre dos términos o jurisdicciones.

MOKA o **MOCA** s.m. Variedad de café muy apreciada. **2.** Infusión de café. **3.** Crema elaborada con mantequilla, café, vainilla y azúcar con que se rellenan o adornan pasteles.

MOKI → HOPI.

MOL s.m. (abrev. de *molécula*). QUÍM. Unidad de medida de materia (símb. mol) equivalente a la cantidad de materia de un sistema que contiene tantas entidades elementales (átomos, moléculas, iones, etc.) como átomos hay en 0,012 kg de carbono 12. SIN.: *moléculagramo.*

1. MOLA s.f. (lat. *mola*). Harina de cebada, tostada y mezclada con sal, que los romanos utilizaban en los sacrificios.

2. MOLA s.f. (lat. *molem,* masa). MED. Degeneración de la placenta que puede causar la muerte al embrión.

3. MOLA s.f. Colomb. y Pan. Blusa confeccionada con telas de distintos colores.

MOLADA s.f. Porción de algo que se muele de una vez.

MOLALIDAD s.f. QUÍM. Número de moles de soluto por cada 1 000 g de disolvente en una disolución.

1. MOLAR adj. Relativo a la muela. **2.** Apto para moler. ◆ s.m. Muela.

2. MOLAR adj. MED. Relativo a la mola vesicular.

3. MOLAR adj. QUÍM. Relativo al mol.

4. MOLAR v.intr. Esp. *Fam.* Ser algo o alguien del agrado de una persona: *esta canción me mola cantidad, cómo molas con esos zapatos.*

MOLARIDAD s.f. QUÍM. Número de moles de soluto que existen en un litro de disolución.

MOLASA s.f. Formación sedimentaria detrítica de rocas arenosas o calcáreas depositadas en las fosas marginales de las cordilleras, después de las fases paroxismales de la orogénesis.

MOLÁSICO, A adj. Relativo a la molasa.

MOLCAJETE s.m. Mortero grande, generalmente de piedra, con tres apoyos en su base.

MOLDAR v.tr. Amoldar. **2.** Moldurar, hacer molduras.

MOLDAVO, A adj. y s. De Moldavia.

MOLDE s.m. Objeto con una cavidad en la que se introduce una sustancia en polvo, pastosa o líquida, que, al solidificarse, adopta la forma de dicha cavidad. **2.** Instrumento que sirve para estampar o dar forma o cuerpo a una cosa. **3.** Utensilio de cocina de metal o papel que se emplea para dar forma a ciertos platos y pasteles. **4.** *Fig.* Esquema, norma: *romper moldes.* **5.** IMPR. Conjunto de letras o forma ya dispuesta para imprimir. **6.** METAL. Forma de arena, de tierra o metálica, destinada a recibir un metal en fusión, en la fabricación de piezas por colada.

MOLDEADO s.m. Esp. Acción y efecto de moldear, especialmente el cabello.

MOLDEAR v.tr. Colocar en un molde la materia fundida para darle la forma de la cavidad de aquel. **2.** Formar un molde a partir de una figura. **3.** Dar una forma determinada a algo: *moldear un busto en barro.* **4.** *Fig.* Instruir a alguien para que adquiera un carácter o conducta determinados.

MOLDEO s.m. Procedimiento de modelado de materia plástica para la obtención de piezas u objetos. **2.** METAL. **a.** Realización de moldes con modelos cuya forma se imprime en arenas o tierras preparadas, para la obtención de objetos metálicos por colada. **b.** Obtención de objetos metálicos en moldes por colada.

MOLDURA s.f. (fr. *moulure*). Parte saliente que sirve de adorno o refuerzo a una obra de arquitectura, ebanistería, cerrajería u otras artes.

MOLDURAJE s.m. Conjunto de las molduras de una obra arquitectónica o de un mueble.

MOLDURAR v.tr. Hacer molduras en una cosa.

1. MOLE s.f. (lat. *moles,* masa o volumen grande). Cuerpo pesado y enorme. **2.** Corpulencia, especialmente de una persona.

2. MOLE adj. (del lat. *mollis*). Que es muelle, blando.

3. MOLE s.m. (náhuatl *mulli*). Méx. Salsa espesa elaborada con diferentes chiles, especias y otros ingredientes. **2.** Méx. Guiso de carne de pollo, de guajolote o de cerdo que se prepara con esta salsa.

MOLÉCULA s.f. (del lat. *moles,* masa). Conjunto definido de átomos de composición fija, que constituye la porción más pequeña de un cuerpo puro en estado libre sin perder las propiedades de la sustancia original. **2.** *Fig.* Elemento, la menor partícula constituyente de un conjunto.

MOLÉCULA-GRAMO s.f. (pl. *moléculas-gramo*). Mol.

MOLECULAR adj. Relativo a la molécula.

MOLEDERA s.f. Piedra en que se muele. **2.** *Fig.* y *fam.* Fastidio, cansancio.

MOLEDOR, RA adj. y s. Que muele. **2.** *Fig.* y *fam.* Se dice de la persona o actividad que cansa por su pesadez. ◆ s.m. Cilindro del molino en que se machaca la caña de azúcar.

MOLEDURA s.f. Molienda, acción de moler. **2.** *Fig.* y *fam.* Cansancio por la pesadez de alguien o de algo.

MOLEJÓN s.m. Cuba. Roca alta y tajada que sobresale en el mar.

MOLER v.tr. (lat. *molere*) [30]. Reducir el grano u otros materiales a polvo o pequeños fragmentos mediante golpes, presión o frotamiento. **2.** *Fig.* Maltratar físicamente a alguien: *moler a palos.* **3.** Reducir a polvo más o menos fino las materias empleadas en ciertas artes, aplastándolas con una moleta. **4.** Desmenuzar o triturar un mineral pasándolo por el molino. **5.** Cuba. Exprimir la caña de azúcar en el trapiche. **6.** Méx. *Fam.* Molestar, fastidiar: *ya no me muelas, déjame trabajar.* ◆ v.tr. e intr. *Fig.* Cansar o fatigar mucho: *la caminata le ha molido, me molió con sus preguntas.*

MOLESQUINA s.f. Tela de algodón fino, recubierta de una capa flexible, cuyo ligamento es un raso por efecto de trama, que imita el cuero.

MOLESTAR v.tr. y prnl. (lat. *tardío molestare*). Perturbar a alguien física o moralmente, ocasionándole una sensación desagradable u obligándole a hacer algo que no desea: *el ruido me molesta.* **2.** Producir un dolor leve: *estos zapatos me molestan.* **3.** Ofender levemente: *aquel insulto le molestó.* ◆ **molestarse** v.prnl. Hacer algún trabajo de poca importancia sin estar obligado: *molestarse por alguien, molestarse en hacer la cena.*

MOLESTIA s.f. (lat. *molestia*). Malestar producido por algo que molesta. **2.** Persona o cosa que molestan.

MOLESTO, A adj. (lat. *molestus*). Que causa molestia. **2.** *Fig.* Que siente molestia.

MOLESTOSO, A adj. Amér. Molesto, que causa molestia.

MOLETA s.f. Disco metálico pequeño, con el borde dentado, que marca los puntos en que la lezna ha de atravesar el material para efectuar la costura. **2.** TECNOL. Instrumento dotado de un pequeño disco de acero duro que sirve para cortar, grabar o trabajar cuerpos duros, piezas de metal, etc.

MOLETEAR v.tr. TECNOL. Adornar, labrar o pulir con la moleta.

MOLIBDENITA s.f. Sulfuro natural de molibdeno (MoS_2).

MOLIBDENO s.m. (fr. *molybdène,* del gr. *mólybdos,* galena). Metal de color blanco, duro, quebradizo y difícil de fundir. **2.** Elemento químico (Mo), de número atómico 42 y masa atómica 95,94.

MOLÍBDICO, A adj. Se dice del anhídrido $MoO3$ y de los ácidos correspondientes.

MOLICIE s.f. Blandura. **2.** *Fig.* Comodidad excesiva en el estilo de vida.

MOLIDO, A adj. Cansado, fatigado, maltratado: *tener el cuerpo molido.* ⬦ **Oro molido** Oro reducido a polvo, empleado en el s.XVIII para el dorado de metales.

MOLIENDA s.f. (lat. *molenda,* lo que se ha de moler). Acción de moler. **2.** Cantidad que se muele de una vez. **3.** Temporada que dura la operación de moler. **4.** *Fig.* y *fam.* Cansancio, molestia por el exceso de algo.

MOLIFICAR v.tr. y prnl. [1]. Ablandar o suavizar algo.

MOLINADO s.m. Operación de dar al hilo de seda cruda la torsión necesaria para las diversas aplicaciones a que se destina. SIN.: *molinaje.*

MOLINAJE s.m.

MOLINAR s.m. Lugar donde hay molinos.

MOLINERÍA s.f. Industria que produce harina a partir de los granos de cereales, especialmente de trigo, por medio de la molturación o molienda. **2.** Técnica de fabricación de harina.

MOLINERO, A adj. Relativo al molino o a la molinería. ◆ s. Persona que tiene a su cargo un molino o que trabaja en él.

MOLINEROS s.m.pl. Forma del baile andaluz procedente del folklore regional, que acusó el influjo del flamenco en algunas de sus formas.

MOLINETE s.m. Accesorio de la caña de pescar que sirve para arrollar el sedal. **2.** Esp. Aparato para renovar el aire de un local, consistente en una rueda de paletas colocada en un orificio que comunica con el exterior. **3.** Esp. Juguete que consiste en una rueda o estrella de papel, fijada a una caña o palo con un alfiler, que gira impulsada por el viento. **4.** COREOGR. **a.** Danza de los derviches, ejecutada en las mezquitas para celebrar la fiesta de Menelao, su fundador. **b.** Figura en la que las bailarinas unen sus manos derechas, al tiempo que dan la izquierda a su pareja, mientras ejecutan una vuelta completa o una media vuelta *(medio molinete)* y se balancean de un lado a otro. **5.** ESGR. Movimiento circular rápido del sable, lanza, etc., ejecutado para defenderse del adversario. **6.** MAR. Torno en la proa de un barco, que sirve para virar cadenas y cabos, y especialmente para levar el ancla. **7.** TAUROM. Pase en que el torero, al estar en el centro de la suerte, gira en dirección contraria a la del toro. **8.** TECNOL. Broca forrada de madera y agujereada en toda su longitud, que usan los tiradores de oro para impedir que se corten el oro, la plata, etc.

MOLINILLO s.m. Utensilio doméstico para moler: *molinillo de café*. **2.** Aparato para medir la velocidad de las corrientes de agua. **3.** Molinete, juguete infantil.

MOLINISMO s.m. Sistema teológico propuesto por el jesuita Luis de Molina, sobre la gracia y el libre albedrío.

MOLINISTA adj. y s.m. y f. Relativo al molinismo; partidario de este sistema teológico.

MOLINO s.m. (lat. *molinum*, de *saxum molinum*, muela). Máquina o instalación que sirve para moler ciertos materiales o sustancias: *molino de viento, de aceite, hidráulico, harinero*. **2.** Edificio en que está instalada esta máquina o instalación. **3.** Máquina constituida por cilindros de acero estriados o acanalados que quebrantan o aplastan los tallos, en la fabricación del azúcar de caña, para extraerles el jugo. **4.** Máquina utilizada en el molinado de la seda para dar torsión a los hilos. **5.** GEOMORFOL. Cavidad excavada en la superficie de un glaciar, por fusión del hielo, por la que se precipitan las aguas de ablación. ⟡ **A molino** NUMISM. Sistema de acuñación de moneda que se estableció en Segovia en 1582, con maquinaria, procedente de Alemania.

MOLINOSISMO s.m. Quietismo, doctrina herética de Miguel de Molinos.

MOLINOSISTA adj. y s.m. y f. Quietista.

MOLLA s.f. Parte aprovechable de una cosa orgánica. **2.** Miga del pan. **3.** *Fam.* Músculo o conjunto de músculos, especialmente del brazo. **4.** Esp. *Fam.* Bulto en el cuerpo de una persona producido por un exceso de grasa.

MOLLAR adj. Se dice de una fruta blanda o fácil de partir. **2.** *Fig.* Se dice de lo que da mucho provecho con poco esfuerzo. **3.** *Fig.* Se dice de la persona guapa o con buena figura.

MOLLE s.m. (quechua *múlli*). Árbol originario de América Central y Meridional, de hojas coriáceas, compuestas y muy poco dentadas, flores en espigas axilares y frutos rojizos. (De su corteza se extrae esencia de trementina, y con sus hojas y frutos, de sabor picante, se elabora un sucedáneo de la pimienta; familia anacardiáceas.)

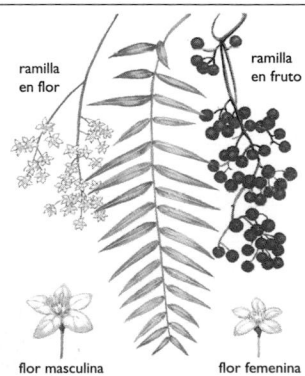

ramilla en flor
ramilla en fruto
flor masculina
flor femenina

■ MOLLE

MOLLEAR v.intr. Ceder algo a la fuerza o presión. **2.** Doblarse algo por ser blando.

MOLLEDO s.m. Parte carnosa y redondeada de un miembro del cuerpo. **2.** Miga del pan.

MOLLEJA s.f. Bolsa del aparato digestivo de las aves que tritura los alimentos gracias a su gruesa pared musculosa y a piedras pequeñas que ingiere el ave para favorecer el proceso. **2.** Apéndice carnoso de las reses jóvenes, formado generalmente por infarto de las glándulas.

MOLLEJÓN, NA s.m. y f. *Fam.* Persona muy gorda y débil. **2.** *Fig.* y *fam.* Persona apacible.

MOLLERA s.f. Cabeza, en especial la parte más alta de la misma. **2.** Fontanela situada en la parte más alta de la frente. **3.** *Fig.* Inteligencia, entendimiento. ⟡ **Cerrado,** o **duro, de mollera** *Fam.* Testarudo o lento para comprender algo.

MÓLLERA s.f. Pez teleósteo, de unos 25 cm de long., que vive en las costas septentrionales de la península Ibérica. (Familia gádidos.)

MOLLETE s.m. Moflete. **2.** Méx. Rebanada de pan de corteza dura, untada de mantequilla o de frijoles y queso.

MOLLETUDO, A adj. Mofletudo.

MOLO s.m. Chile. Malecón.

1. MOLOC s.m. Ecuad. Puré de papas.

2. MOLOC s.m. Lagarto originario de Australia, de unos 20 cm de long., cabeza pequeña y triangular, que tiene el cuerpo cubierto de espinas.

MOLÓN s.m. Ecuad. y Perú. Piedra sin labrar.

MOLONDRO, A s. *Fam.* Persona torpe y perezosa.

MOLOSO, A adj. y s. De Molosia, ant. pueblo de Epiro, al N del golfo de Ambracia. (Su centro era el santuario de Dodona.) ⬩ adj. y s.m. Dogo.

MOLOTE s.m. Amér. Central, Antillas, Colomb. y Méx. Alboroto, escándalo. **2.** Méx. Moño. **3.** Méx. Empanada rellena de carne, papas, cebolla, chile, queso, etc. **4.** Méx. Envoltura alargada, lío.

MULTO adv. (voz italiana). MÚS. Mucho, muy. ⟡ **Crescendo molto** Aumentando mucho. **Molto expressivo** Muy expresivo.

MOLTURACIÓN s.f. Acción y efecto de molturar.

MOLTURAR v.tr. Moler, especialmente grano o frutos.

MOLUCHE, pueblo amerindio de la región andina (Chile y Argentina), de la familia araucana.

1. MOLUSCO adj. y s.m. (lat. científico *molluscus*, blando). Relativo a un tipo de invertebrados de cuerpo blando no segmentado, cubierto generalmente por una concha, segregada por un manto dorsal que envuelve la masa visceral, y con una más o menos ventral. (El tipo molusco comprende tres clases principales: *gasterópodos* [caracol, babosa], *lamelibranquios* o *bivalvos* [mejillón, ostra] y *cefalópodos* [pulpo, sepia].)

2. MOLUSCO s.m. (lat. *molluscum*, nudo de arce). MED. Tumor fibroso de la piel.

MOMEAR v.intr. Hacer momos.

MOMENTÁNEO, A adj. Que dura solo un momento. **2.** Que se ejecuta rápidamente. **3.** Provisional, que puede cambiar en cualquier momento.

MOMENTO s.m. (lat. *momentum*, instante). Espacio de tiempo breve, no especificado. **2.** Instante, punto definido en el tiempo: *prohibido hablar a partir de este momento*. **3.** Ocasión, circunstancia que se da para que se produzca algo: *ahora es el momento oportuno*. **4.** Período de duración indeterminada en que se hace cierta cosa o sucede algo: *los momentos de nuestra vida*. **5.** Tiempo presente, época de la que se trata. **6.** Valor característico de una distribución estadística, calculado a partir de las potencias de las separaciones entre los valores observados y un valor tomado como origen. ⟡ **A cada momento** Muy frecuentemente. **Al momento** Inmediatamente. **De,** o **por el, momento** Expresan algo que sucede ahora, aunque tal vez no ocurra en el futuro. **Desde el momento en que** Introduce la expresión de algo que hace posible inducir otra cosa. **De un momento a otro** Pronto, inminentemente. **Momento cinético** Vector igual al momento del vector cantidad de movimiento. **Momento de inercia de un cuerpo** Integral del producto de cada elemento de masa de este cuerpo por el cuadrado de la distancia que separa este elemento de un eje fijo,

llamado eje de inercia. **Momento de una fuerza respecto de un punto** Vector igual al momento del vector que representa la fuerza. **Momento de un par** MEC. Producto de una de las fuerzas del par por el brazo de palanca de este par. **Momento de un vector V en un punto O** Vector perpendicular al plano determinado por el vector V y el punto O, de sentido directo con respecto a V y cuya longitud es igual al producto de la longitud del vector V por la distancia entre el punto O y su dirección. **Momento eléctrico,** o **magnético, de un dipolo** Producto de la carga, eléctrica o magnética, de uno de los polos por la distancia que los separa. **Por momentos** Variable de forma progresiva.

MOMERÍA s.f. Ejecución de momos.

MOMIA s.f. (ár. *mumiya* o *mūmiya*, de *mūm*, cera). Cadáver desecado, que se ha conservado de forma natural o por embalsamamiento. **2.** *Fig.* Persona muy delgada o demacrada. **3.** *Fig.* y *fam.* Persona muy vieja.

■ MOMIA egipcia de la época tolemaica.
(Museo del Louvre, París.)

MOMIFICACIÓN s.f. Proceso de transformación de un cadáver en momia. **2.** Desecación de frutas y otras partes vegetales normalmente turgentes y acuosas. **3.** Desecación de un cadáver situado en un ambiente muy caliente y seco.

MOMIFICAR v.tr. y prnl. [1]. Convertir un cadáver en momia.

MOMIO, A adj. y s.m. Esp. Magro, sin gordura. ⬩ s.m. *Fig.* Cosa estimable que se obtiene con poco trabajo. **2.** Esp. Cosa que se da u obtiene sobre la ganancia esperada.

MOMO s.m. Gesto exagerado o burlesco que se hace para divertir.

1. MONA s.f. (voz catalana). Torta, bizcocho o pastel, generalmente adornado con huevos duros que, en ciertos lugares, especialmente en Cataluña, se hace por Pascua de Resurrección. ⟡ **Enviar,** o **mandar, a freír monas** Despedir o rechazar a alguien con aspereza, enojo o sin miramientos.

2. MONA s.f. *Fig.* y *fam.* Borrachera, embriaguez. **2.** Juego de naipes en que todas las cartas están emparejadas menos una, y pierde el jugador que, después de intercambiarse las cartas, se queda con la desparejada. **3.** Carta sin pareja de este juego. ⬩ s.m. y f. Persona ebria. ⟡ **Como la mona** Amér. Merid. Indica el mal resultado de los negocios, la salud, cualquier actividad, encargo, situación, etc. **Dormir la mona** Dormir después de emborracharse. **Estar hecho una mona** Estar enojado. **Mona de Gibraltar** Magote.

MONACAL adj. Relativo a la vida de los monjes o a las monjas.

MONACATO s.m. Estado de monje, vida monástica. **2.** Institución monástica. SIN.: *monaquismo*.

ENCICL. La vida monástica, si bien no es exclusiva del cristianismo, ocupa en esta religión un lugar particularmente importante. El monacato (o monaquismo) cristiano nació en Oriente, bajo la influencia de san Antonio y su discípulo Pacomio. Primero se manifestó en forma eremítica (anacoretas del desierto); después evolucionó hacia la vida en colectividad (cenobitas). Sus reglas las formuló por san Basilio de Cesarea en el s.IV. En Occidente, la vida monástica se desarrolló, en realidad, a partir del s. VI con el impulso dado por san Benito de Nursia, cuya regla se dirige hacia las formas de piedad y la vida más ascética llevadas al continente europeo por los monjes irlandeses (san Columbano).

MONACITA s.f. Fosfato natural de cerio, de lantano y de otras tierras raras.

MONACORDIO s.m. Instrumento musical de teclado que antiguamente servía para aprender a tocar el órgano.

MONADA s.f. Gesto o acción propia de un mono. **2.** Cosa bonita, graciosa y pequeña. **3.** Gesto o mueca afectada. **4.** *Fig.* Acción tonta e impropia de personas sensatas. **5.** *Fig.* Mimo o halago afectuoso y zalamero. **6.** *Fig.* Gesto o acción graciosa de los niños.

MÓNADA s.f. (del gr. *mónos*, único, solo). En la filosofía de Leibniz, sustancia simple, activa e indivisible, de número infinito y de la que están compuestos todos los seres. ◆ **adj.** y **s.f.** BIOL. Se dice del protozoo perteneciente al antiguo grupo mónadas. ◆ **mónadas s.f.pl.** Grupo de protozoos, que formaban una clase distinta, caracterizados por la ausencia total de núcleo. (Más tarde se ha comprobado que algunos de ellos tenían núcleo.)

MONADELFO, A adj. BOT. Se dice de la flor con los estambres unidos entre sí, como en la retama y la malvarrosa.

MONADOLOGÍA s.f. Teoría de Leibniz según la cual el universo está compuesto de mónadas.

MONAGUILLO s.m. (del ant. *monacillo*, del lat. *monachellus*, dim. de *monachus*, fraile). Niño que ayuda en la misa.

MONARCA s.m. (gr. *monárkis*). Soberano de una monarquía.

MONARQUÍA s.f. Forma de gobierno en que la autoridad suprema es ejercida por una sola persona, generalmente con carácter vitalicio y hereditario. **2.** Estado regido por esta forma de gobierno; su territorio. **3.** Tiempo durante el cual ha perdurado este régimen político en un país. ◇ **Monarquía absoluta** Monarquía en que la autoridad del monarca no tiene ninguna limitación efectiva. **Monarquía constitucional** Monarquía en que la autoridad del monarca está limitada por una constitución. **Monarquía electiva** Monarquía en que el soberano es elegido para un período determinado o por la duración de su vida. **Monarquía hereditaria** Monarquía en la que la sucesión se produce dentro de una familia y de acuerdo con unos usos establecidos o con una ley sucesoria. **Monarquía parlamentaria** Monarquía constitucional en la que el gobierno es responsable ante el parlamento.

MONÁRQUICO, A adj. y s. Relativo a la monarquía o al monarca; partidario de la monarquía.

MONARQUISMO s.m. Doctrina política de los partidarios de la monarquía.

MONASTERIO s.m. (lat. tardío *monasterium*, del gr. *monastírion*). Edificio donde vive una comunidad de monjes o monjas. **2.** Casa de religiosos o religiosas.

MONÁSTICO, A adj. (lat. *monasticus*). Relativo al monacato. **2.** Relativo al monasterio.

MONDA s.f. Acción de mondar. **2.** Mondadura, cáscara. **3.** Poda invernal en la que se cortan, casi a ras del tronco, en la poda de invierno, las ramas agotadas para obtener renuevos vigorosos. ◇ **Ser la monda** Esp. *Fam.* Ser algo extraordinario por bueno o malo; ser muy divertido.

MONDADIENTES s.m. (pl. *mondadientes*). Palo pequeño y alargado, generalmente de madera, rematado en punta, que sirve para sacar lo que se mete entre los dientes. SIN.: *escarbadientes, palillo.*

MONDADURA s.f. Monda, acción de mondar. **2.** Piel o desperdicios del fruto después de mondarlo.

MONDAR v.tr. (lat. *mundare*, limpiar). Quitar la cáscara, la vaina el hollejo, etc., de una fruta o una legumbre. **2.** Sustraer lo inútil, superfluo o extraño de una cosa. **3.** Podar. **4.** Limpiar un cauce, un pozo, etc. **5.** *Fig.* y *fam.* Quitar algo a alguien, especialmente dinero. ◆ **mondarse**

v.prnl. Esp. Reírse mucho. (También *mondarse de risa*.)

MONDARAJAS s.f.pl. *Fam.* Mondaduras y desperdicios de frutos, tubérculos, etc.

MONDO, A adj. (lat. *mundus, -a, -um*). Limpio o pelado de cosas superfluas o añadidas. ◇ **Mondo y lirondo** *Fam.* Limpio, solo, sin mezcla alguna.

MONDONGO s.m. Intestinos y panza de un animal, especialmente del cerdo. **2.** *Fam.* Intestinos de una persona. **3.** Guat. y P. Rico. *Fig.* Adefesio, traje o adorno ridículo. **4.** Méx. Guiso que se elabora con panza de res, menudo. ◇ **Hacer el mondongo** Esp. Hacer morcillas y embutidos.

MONEAR v.intr. *Fam.* Hacer monadas. **2.** Argent. y Chile. Presumir, envanecerse.

MONEDA s.f. (lat. *moneta*, sobrenombre dado por los romanos a la diosa Juno). Objeto de valor convenido, generalmente un disco metálico pequeño acuñado por la autoridad, que sirve de medida común para el precio de las cosas y se emplea para pagos y transacciones comerciales. **2.** Cualquier medio legal de pago. **3.** Unidad monetaria de un país. **4.** Conjunto de monedas y billetes de pequeño valor en circulación dentro de un sistema. **5.** *Fig.* y *fam.* Dinero, caudal, bienes. ◇ **Acuñar**, o **batir**, o **labrar, moneda** Fabricar moneda. **Casa de moneda** o **Moneda** Fábrica o taller donde se funde y acuña moneda. **Hierba de la moneda** Planta herbácea tendida, de hojas pecioladas y opuestas y flores amarillas, originaria de la península Ibérica. (Familia primuláceas.) **Moneda de cuenta**, o **imaginaria** Unidad monetaria, no material, que se utiliza solo para calcular. **Moneda divisionaria** Moneda fraccionaria. **Moneda escritural** Medio de pago constituido por escrituras, como cheques, órdenes de pago, etc. **Moneda falsa** Pieza o billete que imita la moneda legal. **Moneda fiduciaria** Moneda que representa un valor que intrínsecamente no tiene, como los billetes de banco. **Moneda forera** Tributo que se pagaba en Castilla al rey cada siete años en reconocimiento del señorío real. **Moneda fraccionaria** Moneda equivalente a una fracción exacta de la unidad monetaria legal. **Pagar en**, o **con, la misma moneda** Corresponder a una acción con otra semejante. **Papel moneda** Billetes de banco. **Ser moneda corriente** Estar algo admitido, o no causar sorpresa a nadie, por ocurrir con mucha frecuencia.

■ **MONEDA.** Real de a ocho de la época de Felipe II (1590).

MONEDAJE s.m. Servicio o tributo de doce dineros por libra que estableció Pedro II sobre todos los bienes muebles y raíces, en Cataluña y Aragón.

MONEDERO, A adj. Que sirve para poner moneda. ◆ **s.m.** Bolsa o cartera donde se lleva el dinero en metálico. ◆ **s.** Persona que se dedica a fabricar moneda.

MONEGASCO, A adj. y s. De Mónaco.

MONEMA s.m. LING. **a.** Unidad mínima significativa. **b.** Término que integra un sintagma.

MÓNERA s.f. (gr. *monírís*, de estructura sencilla). Organismo unicelular sin núcleo diferenciado.

MONERGOL s.m. Propergol compuesto por un solo ergol, como el agua oxigenada, la hidracina, etc.

MONERÍA s.f. Monada, acción propia del mono. **2.** *Fig.* Gesto o acción graciosa de los niños. **3.** *Fig.* Cosa de poca importancia.

MONETARIO, A adj. Relativo a la moneda. ◆ **s.m.** Colección de monedas. ◇ **Autoridad monetaria** Grupo de personas y organismos a los que se asigna el control de la política monetaria de un país. **Base monetaria** Total de dinero en curso legal en manos del público más los depósitos de las instituciones bancarias en la banca central. **Oferta monetaria** Conjunto de disponibilidades monetarias del mayor grado de liquidez en manos de las unidades económicas de un país, constituido básicamente por el dinero efectivo y los depósitos a la vista. **Política monetaria** Conjunto de medidas, dentro de las de política económica general de un gobierno, que tienen por objeto fundamentalmente la adecuación de las disponibilidades monetarias a las necesidades de la actividad económica de carácter productivo o distributivo, y la contención del aumento desmesurado de los precios o desequilibrios graves de la balanza de pagos. **Sistema monetario** Conjunto de instituciones que llevan a cabo la circulación de activos financieros desde las unidades que los generan hacia su incorporación en el proceso productivo. **Sistema monetario europeo** (SME) Sistema de armonización de los cambios de algunas monedas europeas, en vigor desde 1979 hasta 1998. **Sistema monetario internacional** (SMI) Conjunto de instituciones y normas que regulan la forma de pagar las transacciones económicas entre países como consecuencia de su comercio de mercancías, servicios u operaciones financieras. **Teoría monetaria** Conjunto de teorías relativas a la influencia del dinero sobre el sistema económico. SIN.: *teoría del dinero.*

ENCICL. El sistema monetario europeo (SME), que entró en vigor en 1979 en sustitución del llamado *serpiente monetaria europea* (1972), tenía como función principal vigilar las desviaciones de las unidades monetarias que lo integran con arreglo al ecu, unidad monetaria de referencia definida por una combinación ponderada de las diversas monedas de los países que forman el sistema. Cuando estas se separaban del valor del ecu por encima de los márgenes permitidos, las autoridades monetarias introducían medidas correctivas. A partir de mediados de la década de 1980, la naturaleza del sistema monetario europeo evolucionó: de un común acuerdo de cambios marcado por numerosos realineamientos se pasó a una situación de cambios casi fijos, que se mantuvo hasta comienzos de la década de 1990. En noviembre de 1991, el SME atravesó una grave crisis por las divergencias entre los Doce respecto al ritmo de la integración monetaria europea. La libra y la lira salieron entonces del sistema al no poder los respectivos gobiernos mantener la estabilidad de sus monedas, lo que propició un reajuste del SME. En 1993, se amplió hasta el 15 % la banda de fluctuación de las monedas de los países miembros. Italia se reincorporó al SME en 1996. Con la introducción en 1999 de la moneda única (cuyo nombre pasó a ser *euro*) se puso en funcionamiento el SME-bis para estabilizar el curso de las monedas que no entraron en la primera fase de la unión monetaria.

MONETARISMO s.m. Corriente del pensamiento económico representado especialmente por Milton Friedman, que insiste en la importancia de la política monetaria en la regulación de la vida económica para luchar contra la inflación.

MONETIZACIÓN s.f. Acción de monetizar. **2.** Aumento de los activos monetarios en un sistema económico.

MONETIZAR v.tr. [7]. Dar curso legal como moneda a ciertos instrumentos de pago. **2.** Transformar un metal en moneda.

MONGO s.m. Variedad de frijol o judía de semilla más pequeña que una lenteja y sabor muy parecido a esta. (Familia papilionáceas.)

MONGOL, LA adj. y s. De Mongolia. **2.** De un pueblo de la familia altaica que habita act. en la República de Mongolia, Rusia y China. ◆ **s.m.** Grupo de lenguas habladas por los pueblos mongoles.

ENCICL. Antes de la creación del imperio mongol por parte de Gengis Kan (s. XIII), los pueblos de lenguas mongol se llamaban proto-mongoles. Entre ellos, los xianbei (ss. II-III), los yuans-ruans (ss. V-VI) y los k'i-tan (ss. XXII) fundaron reinos en Manchuria o en China. Federados por Gengis Kan (1206), los mongoles

país	moneda	código ISO
Afganistán	afghani	AFN
Albania	lek	ALL
Alemania	euro	EUR
Andorra	euro	EUR
Angola	kwanza	AOA
Antigua y Barbuda	dólar del Caribe oriental	XCD
Arabia Saudí	riyal saudí	SAR
Argelia	dinar argelino	DZD
Argentina	peso	ARS
Armenia	dram armenio	AMD
Australia	dólar australiano	AUD
Austria	euro	EUR
Azerbaiján	manat azerbaijanés	AZN
Bahamas	dólar de las Bahamas	BSD
Baḥrayn	dinar de Baḥrayn	BHD
Bangladesh	taka	BDT
Barbados	dólar de Barbados	BBD
Bélgica	euro	EUR
Belice	dólar de Belice	BZD
Benín	franco CFA	XOF
Bhután	ngultrum y rupia india	BTN / INR
Bielorrusia	rublo bielorruso	BYR
Birmania (Myanmar)	kyat	MMK
Bolivia	boliviano	BOB
Bosnia Herzegovina	marco convertible	BAM
Botswana	pula	BWP
Brasil	real	BRL
Brunei	dólar de Brunei	BND
Bulgaria	lev	BGN
Burkina Faso	franco CFA	XOF
Burundi	franco de Burundi	BIF
Cabo Verde	escudo de Cabo Verde	CVE
Camboya	riel	KHR
Camerún	franco CFA	XAF
Canadá	dólar canadiense	CAD
Centroafricana (República)	franco CFA	XAF
Chad	franco CFA	XAF
Checa (República)	koruna (corona checa)	CZK
Chile	peso chileno	CLP
China	yuan	CNY
Chipre	euro	EUR
Colombia	peso colombiano	COP
Comoras	franco de Comoras	KMF
Congo	franco CFA	XAF
Congo (República democrática del)	franco congoleño	CDF
Corea del Norte	won norcoreano	KPW
Corea del Sur	won	KRW
Costa de Marfil	franco CFA	XOF
Costa Rica	colón costarricense	CRC
Croacia	kuna	HRK
Cuba	peso cubano	CUP
Dinamarca	corona danesa	DKK
Djibouti	franco de Djibouti	DJF
Dominica	dólar del Caribe oriental	XCD
Dominicana (República)	peso dominicano	DOP
Ecuador	dólar EUA	USD
Egipto	libra egipcia	EGP
El Salvador	colón y dólar EUA	SVC / USD
Emiratos Árabes (Unión de)	dirham de los Emiratos Árabes Unidos	AED
Eritrea	nakfa	ERN
Eslovaquia	euro	EUR
Eslovenia	euro	EUR
España	euro	EUR
Estados Unidos	dólar EUA	USD

país	moneda	código ISO
Estonia	kroon (corona estonia)	EEK
Etiopía	birr etíope	ETB
Fidji	dólar de las Fidji	FJD
Filipinas	peso filipino	PHP
Finlandia	euro	EUR
Francia	euro	EUR
Gabón	franco CFA	XAF
Gambia	dalasi	GMD
Georgia	lari	GEL
Ghana	cedi ghanés	GHS
Granada	dólar del Caribe oriental	XCD
Gran Bretaña	libra esterlina	GBP
Grecia	euro	EUR
Guatemala	quetzal	GTQ
Guinea	franco guineano	GNF
Guinea-Bissau	franco CFA	XOF
Guinea Ecuatorial	franco CFA	XAF
Guyana	dólar de Guyana	GYD
Haití	gourde y dólar EUA	HTG / USD
Honduras	lempira	HNL
Hungría	forint	HUF
India	rupia india	INR
Indonesia	rupiah (rupia indonesia)	IDR
Irán	rial iraní	IRR
Iraq	dinar iraquí	IQD
Irlanda	euro	EUR
Islandia	corona islandesa	ISK
Israel	shekel	ILS
Italia	euro	EUR
Jamaica	dólar de Jamaica	JMD
Japón	yen	JPY
Jordania	dinar jordano	JOD
Kazajstán	tenge	KZT
Kenya	shilling de Kenya	KES
Kirghizistán	som	KGS
Kiribati	dólar australiano	AUD
Kosovo	euro	EUR
Kuwayt	dinar kuwaytí	KWD
Laos	kip	LAK
Lesotho	rand y loti	ZAR / LSL
Letonia	lats letón	LVL
Líbano	libra libanesa	LBP
Liberia	dólar liberiano	LRD
Libia	dinar libio	LYD
Liechtenstein	franco suizo	CHF
Lituania	litas lituano	LTL
Luxemburgo	euro	EUR
Macedonia	dinar	MKD
Madagascar	ariary malgache	MGA
Malawi	kwacha	MWK
Malaysia	ringgit (dólar de Malaysia)	MYR
Maldivas	rufiyaa (rupia maldiva)	MVR
Malí	franco CFA	XOF
Malta	euro	EUR
Marruecos	dirham marroquí	MAD
Marshall (islas)	dólar EUA	USD
Mauricio	rupia mauricia	MUR
Mauritania	ouguiya	MRO
México	peso mexicano	MXN
Micronesia (Estados Federados de)	dólar EUA	USD
Moldavia	leu moldavo	MDL
Mónaco	euro	EUR
Mongolia	tugrik	MNT
Montenegro	euro	EUR
Mozambique	metical	MZN

país	moneda	código ISO
Namibia	rand y dólar namibio	ZAR / NAD
Nauru	dólar australiano	AUD
Nepal	rupia nepalesa	NPR
Nicaragua	córdoba oro	NIO
Níger	franco CFA	XOF
Nigeria	naira	NGN
Noruega	corona noruega	NOK
Nueva Zelanda	dólar neocelandés	NZD
Omán	riyal de Omán	OMR
Países Bajos	euro	EUR
Pakistán	rupia pakistaní	PKR
Palaos	dólar EUA	USD
Panamá	balboa y dólar EUA	PAB / USD
Papúa y Nueva Guinea	kina	PGK
Paraguay	guaraní	PYG
Perú	nuevo sol	PEN
Polonia	zloty	PLN
Portugal	euro	EUR
Puerto Rico	dólar EUA	USD
Qatar	riyal de Qatar	QAR
Ruanda	franco ruandés	RWF
Rumania	leu	RON
Rusia	rublo	RUB
Saint Kitts Nevis	dólar del Caribe oriental	XCD
Salomón (islas)	dólar de las Salomón	SBD
Samoa	tala	WST
San Marino	euro	EUR
San Vicente y las Granadinas	dólar del Caribe oriental	XCD
Santa Lucía	dólar del Caribe oriental	XCD
Santo Tomé y Príncipe	dobra	STD
Senegal	franco CFA	XOF
Serbia	dinar serbio	RSD
Seychelles	rupia de las Seychelles	SCR
Sierra Leona	león	SLL
Singapur	dólar de Singapur	SGD
Siria	libra siria	SYP
Somalia	shilling somalí	SOS
Sri Lanka	rupia de Sri Lanka	LKR
Sudáfrica (República de)	rand	ZAR
Sudán	libra sudanesa	SDG
Suecia	corona sueca	SEK
Suiza	franco suizo	CHF
Surinam	dólar de Surinam	SRD
Swazilandia	lilangeni	SZL
Tadzhikistán	somoni	TJS
Tailandia	baht	THB
Tanzania	shilling tanzano	TZS
Timor	dólar EUA	USD
Togo	franco CFA	XOF
Tonga	pa'anga	TOP
Trinidad y Tobago	dólar de Trinidad y Tobago	TTD
Túnez	dinar de Túnez	TND
Turkmenistán	manat	TMT
Turquía	libra turca	TRY
Tuvalu	dólar australiano	AUD
Ucrania	grivna	UAH
Uganda	shilling ugandés	UGX
Uruguay	peso uruguayo	UYU
Uzbekistán	som uzbeko	UZS
Vanuatu	vatu	VUV
Vaticano	euro	EUR
Venezuela	bolívar fuerte	VEF
Vietnam	dong	VND
Yemen	riyal yemení	YER
Zambia	kwacha	ZMK
Zimbabwe	dólar de Zimbabwe	ZWL

emprendieron conquistas salvajes y destructo-
ras: conquista de China del Norte (1211-1216),
de Jwārizm y Transoxiana (1219-1221), de Jurāsān y Afganistán (1221-1222) por Gengis
Kan; campañas de Bātū Kan en Rusia y en
Hungría (1236-1242); sumisión de Irán, Iraq y
Siria por Hūlāgū (1256-1260); conquista de
China del Sur (1236-1279), concluida por Qū-
bilā y Kan. El imperio, constituido de este
modo, fue gobernado por el gran kan. A fines
del s. XIII se transformó en una federación cuyos dirigentes (mongoles) asimilaron la civilización de sus dominados: la Horda de Oro
(1236,1240-1502), que dominó Rusia, Crimea y
Siberia; los ilĵān de Irán (1256-1335), los Yuan
de China (1279-1368). Tras el desmembramiento del imperio, las tribus de Mongolia cayeron mayoritariamente en la anarquía y solo
pudieron sustraerse a ella durante los reinados de algunos kanes: Dayan Kan (1481-1543)
y Altan Kan (1543-1583). Los mongoles orientales (kalka) se sometieron entre 1627 y 1691 a
los manchúes, fundadores de la dinastía china
de los Qing, que destruyeron el reino de Dzun-
garia (1754-1756). El SE de Mongolia (Mongolia Interior) siguió siendo chino tras el advenimiento de la República de China (1911). Ese
mismo año Mongolia Exterior accedió a la autonomía.

MONGÓLICO, A adj. y s. Relativo al mongolismo; que padece mongolismo. **2.** Relativo a la
raza amarilla. **3.** *Fam.* Se dice de la persona que
es estúpida o tonta. (Se suele usar como insulto.)

MONGOLISMO s.m. Síndrome de *Down.

MONGOLOIDE adj. y s.m. y f. Que presenta
caracteres propios del mongol: *rasgos mongo-
loides.*

MONI s.m. *Fam.* → **MONIS.**

MONIATO s.m. Batata.

MONICACO s.m. *Fam.* Monigote, persona insignificante.

MONICIÓN s.f. Admonición. **2.** DER. CAN. Advertencia que debe realizar un superior eclesiástico antes de imponer una censura.

MONIGOTE s.m. *Fam.* Dibujo, pintura o escultura caricaturescos o mal hechos. **2.** *Fam.* Persona insignificante y de poco carácter. **3.** *Fam.*
Muñeco o figura grotesca. **4.** *Fam.* Lego de convento. **5.** Chile y Perú. Seminarista. **6.** Cuba. Bejuco silvestre de flores blancas y moradas del
mismo nombre. **7.** Cuba. Monaguillo. **8.** Cuba.
Trozo o cilindro de madera en que se enrolla
el hilo del papalote.

MONILIASIS s.f. Enfermedad causada por un
ascomicete del género *Monilia.*

MONIPODIO s.m. Confabulación para fines
ilícitos.

MONIS o **MONI** s.m. (pl. *monises* o *monis*).
Fam. Dinero. (Suele usarse en plural.)

MONÍS s.f. Cosa pequeña y delicada.

MONISMO s.m. FILOS. Doctrina según la cual
existe una sola realidad fundamental. (El monismo se opone tanto al *dualismo* como al
pluralismo.)

MONISTA adj. y s.m. y f. Relativo al monismo;
partidario de esta doctrina.

MÓNITA s.f. (del libro *Monita Privata,* ad-
vertencias privadas). Astucia practicada con
amabilidad y halago.

MONITOR, RA s. Persona encargada de la
enseñanza de ciertos deportes o de ciertas disciplinas: *monitor de esquí.* **2.** Persona encargada de la vigilancia y guía de un grupo de niños: *monitor de actividades extraescolares*
◆ s.m. Aparato, generalmente electrónico, que
facilita datos para el control de un proceso.
2. Receptor de televisión usado para controlar
la imagen en emisión. **3.** INFORMÁT. Parte de
un sistema operativo formada por un conjunto
de programas y rutinas que leen las tarjetas de
control y ordenan la ejecución de las funciones respectivas. **4.** MAR. Barco de guerra de pequeño calado y desplazamiento medio, fuertemente acorazado y armado para atacar y defender las costas y los ríos caudalosos. **5.** MIN.
Cañón de agua a presión.

MONITORING s.m. Vigilancia médica continua o a intervalos.

MONITORIO, A adj. Que sirve para avisar o
amonestar. **2.** Se dice de la persona que avisa

o amonesta. ◆ s.m. Advertencia oficial de un
juez eclesiástico dirigida a quien tiene conocimiento de un hecho, para obligarlo a atestiguar bajo la sanción de penas eclesiásticas. **2.** Advertencia que precede a la excomunión.

MONITORIZAR v.tr. [7]. Controlar el desarrollo de una acción o un suceso con monitores:
monitorizar a un enfermo. **2.** Instalar monitores
en un lugar para vigilarlo.

MONJA s.f. Mujer de una orden o congregación religiosa, especialmente de alguna de
las órdenes aprobadas por la Iglesia, que se
consagra con votos solemnes.

MONJE s.m. (occitano ant. *monge*). Hombre
ligado por unos votos a una orden religiosa
monástica. **2.** Anacoreta.

MÔN-JEMER s.m. LING. Grupo de lenguas habladas en la península Indochina.

MONJIL adj. Relativo a las monjas. ◆ s.m. Hábito de monja.

MONJÍO s.m. Estado de monja. **2.** Conjunto
de monjas.

MONJITA s.f. Ave paseriforme de tamaño medio, cola y alas largas y con un pico fuerte en
forma de gancho. (Familia tiránidos.)

MONO, A s. Mamífero primate cuadrúmano
de extremidades plantígradas, que presenta
dentición completa y las fosas orbitarias separadas por las temporales y dirigidas hacia delante (suborden simios). ◆ adj. *Fig.* Bonito,
gracioso, pulido. **2.** *Fig.* Persona muy fea. **3.** Colomb. Rubio. ◆ s.m. Prenda utilitaria de una
sola pieza que cubre el torso y extremidades.
2. *Vulg.* Droga. **3.** *Vulg.* Síndrome de abstinencia
de la droga. **4.** *Fig.* Dibujo o pintura, generalmente humorístico. **5.** Chile. *Fig.* Montón o pila
en que se exponen los frutos u otras mercancías en las tiendas y mercados. **6.** Méx. Muñeco: *un mono de peluche.* ◆ **Mono araña** Simio
de América del Sur, de extremidades muy prolongadas y cola larga y prensil. SIN.: *ateles.*
Mono de imitación *Fig.* Persona que imita a
otras. **Último mono** Persona insignificante y
poco considerada por los demás.

■ **MONO** ARAÑA

MONOÁCIDO, A adj. y s.m. QUÍM. Se dice del
ácido que posee un solo átomo de hidrógeno
ácido.

MONOAMINA s.f. Amina que posee un solo
radical NH2. (Las catecolaminas y la serotonina son monoaminas.)

MONOAMINOXIDASA s.f. Enzima que destruye por oxidación el exceso de monoaminas
en el organismo.

MONOATÓMICO, A adj. QUÍM. Se dice del
cuerpo simple cuya molécula contiene un
solo átomo.

MONOAURAL adj. Monofónico.

MONOAXIAL adj. MINER. Se dice del cristal
birrefringente que posee una dirección en la
que un rayo luminoso se propaga sin ser des-
doblado.

MONOBLOC o **MONOBLOQUE** adj. y s.m.

Que está hecho de una sola pieza: *fusil monobloc.*

MONOCAMERALISMO s.m. Sistema político
en el que existe una sola asamblea legislativa.

MONOCAMERALISTA adj. y s.m. y f. Relativo al monocameralismo; partidario de este sistema político.

MONOCARRIL adj. y s.m. Se dice del sistema
de ferrocarril que utiliza un solo riel de rodamiento, y de todos los vehículos y otros dispositivos que se desplazan sobre un solo riel.

MONOCASCO s.m. INDUSTR. Elemento constructivo cuyo revestimiento activo absorbe los
esfuerzos de torsión, cizallamiento y flexión:
*construcción monocasco; automóvil mono-
casco.*

MONOCÍCLICO, A adj. Univoltino.

MONOCICLO s.m. Vehículo de pedales provisto de una sola rueda, empleado generalmente en un circo.

MONOCIGÓTICO, A adj. Se dice de los gemelos nacidos de un mismo cigoto.

MONOCINÉTICO, A adj. FÍS. Se dice de las
partículas que tienen la misma velocidad.

MONOCITO s.m. Leucocito mononuclear de
gran tamaño, procedente del sistema reticuloendotelial.

MONOCLINAL adj. GEOL. Se dice de una estructura sedimentaria en la que todas las capas tienen un mismo buzamiento y dirección.
◇ **Relieve monoclinal** Forma topográfica asimétrica que se compone de un talud empinado y de otro flanco de pendiente suave.

MONOCLÍNICO, A adj. CRISTALOG. Se dice
del sistema cristalino cuyas formas holoédricas se caracterizan por tener un centro de
simetría, un eje binario y un plano perpendicular a él. **2.** CRISTALOG. Se dice de la forma
perteneciente a este sistema.

MONOCOCO s.m. BIOL. Coco que se presenta
en estado aislado.

MONOCOLOR adj. Que es de un solo color.

MONOCORDE adj. (fr. *monocorde*, del gr.
monokhordon, monocordio). Se dice del sonido en que se repite una sola nota: *canto monocorde.* **2.** Monótono, sin variación: *una monocorde retahíla de lamentaciones.* **3.** Se dice del
instrumento musical con una sola cuerda.

MONOCORDIO s.m. Instrumento musical de
una sola cuerda, utilizado para determinar las
relaciones numéricas de los sonidos y afinar
otros instrumentos.

MONOCOTILEDÓNEO, A adj. y s.f. Relativo a
una clase de plantas angiospermas de semillas cuya plántula posee un solo cotiledón, hojas con nervaduras paralelas y flores de una
simetría axial de orden 3. (Las principales familias de la clase monocotiledóneas son: gramíneas, orquídeas, liliáceas y palmáceas.)

MONOCRISTAL s.m. METAL. Muestra metálica constituida por un cristal único.

MONOCROMADOR s.m. FÍS. Dispositivo que
suministra una radiación monocromática.

MONOCROMÁTICO, A adj. Monocromo.
2. FÍS. Se dice de una radiación compuesta de
vibraciones de una sola frecuencia.

MONOCROMÍA s.f. Cualidad de monocromo. **2.** Estilo de pintura en que se emplea exclusivamente un solo color. **3.** Pintura o cuadro hecho con este estilo.

MONOCROMO, A adj. Que es de un solo color: *pintura monocroma.*

MONOCULAR adj. Relativo a la visión con un
solo ojo: *microscopio monocular.*

MONÓCULO, A adj. y s. Que tiene un solo
ojo. ◆ s.m. Lente correctora para un solo ojo.

MONOCULTIVO s.m. Sistema de cultivo que
dedica unas tierras exclusivamente, o casi en
su totalidad, a la producción de una única especie vegetal (vino, maíz, café, etc.).

MONODIA o **MONODÍA** s.f. (del gr. *mónos*,
uno, y *odí*, canto). Canto para una sola voz.
2. En la tragedia griega, pasaje lírico que era
cantado por un personaje durante uno de los
episodios.

MONÓDICO, A adj. Relativo a la monodia.

MONOECIA s.f. BOT. Propiedad que poseen
ciertos hongos de vivir y formar sus diversos
aparatos reproductores sobre una sola especie
de plantas.

MONOESQUÍ s.m. Esquí único para los dos pies que se utiliza tanto en el esquí náutico como en la nieve.

MONOFÁSICO, A adj. Se dice de una tensión o de una corriente sinusoidal distribuida mediante un hilo neutro y un hilo de línea, así como de un aparato que produce o utiliza estas corrientes.

MONOFILETISMO s.m. Doctrina antropológica según la cual todas las razas humanas se derivarían de un tipo primitivo único. SIN.: *monogenismo*.

MONOFISISMO s.m. Doctrina declarada herética por el concilio de Calcedonia (451) que solo reconocía en Jesucristo la naturaleza divina.

MONOFISITA adj. y s.m. y f. Relativo al monofisismo; partidario de esta doctrina.

MONOFONÍA s.f. Técnica de transmisión de una señal acústica por medio de un solo canal (disco, amplificador, radiorreceptor, etc.).

MONOFÓNICO, A adj. Relativo a la monofonía. SIN.: *monoaural*.

MONOGAMIA s.f. Sistema de relación conyugal en el cual una persona no puede tener más de un cónyuge.

MONOGÁMICO, A adj. Relativo a la monogamia.

MONÓGAMO, A adj. (del gr. *mónos,* uno, y *gámos,* matrimonio). Relativo a la monogamia. **2.** Que practica la monogamia.

MONOGÉNICO, A adj. GEOL. Se dice de la roca detrítica formada por elementos procedentes de la destrucción de la misma roca. **2.** Se dice de una forma topográfica elaborada completamente en condiciones constantes **3.** Se dice de una enfermedad genética debida a la anomalía de un solo gen.

MONOGENISMO s.m. (del gr. *mónos,* uno, y *génos,* origen). Monofiletismo.

MONOGRAFÍA s.f. Estudio sobre un tema generalmente muy concreto y restringido. **2.** ESTADÍST. Estudio de una característica determinada en una parte del total de una población.

MONOGRÁFICO, A adj. Relativo a la monografía.

MONOGRAMA s.m. Abreviatura compuesta por dos o más letras de un nombre enlazadas entre sí, que se utiliza como firma o marca.

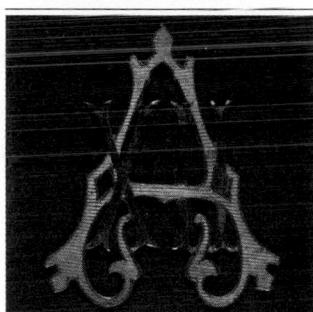

■ MONOGRAMA de Alfonso XII (1880).

MONOICO, A adj. (del gr. *mónos,* uno, y *oikos,* casa). BOT. Se dice de una planta de flores unisexuales, pero que en cada pie tiene flores masculinas y flores femeninas, como el maíz o el avellano. CONTR.: *dioico*.

MONOKINI s.m. → MONOQUINI.

MONOLINGÜE adj. Que habla una sola lengua. **2.** Escrito en una sola lengua. **3.** Se dice del lugar o territorio donde se habla una sola lengua.

MONOLÍTICO, A adj. Relativo al monolito. **2.** Que está hecho de un solo bloque de piedra. **3.** Que se presenta como un todo coherente y homogéneo: *partido monolítico*.

MONOLITISMO s.m. Sistema de construcción en el que se utilizan piedras de gran tamaño. **2.** Estructura de poder autárquico (político, social, ideológico), que no admite cuestionamiento, modificaciones o desviacio-

nes respecto de sus principios o sistema de valores.

MONOLITO s.m. Columna, obelisco o dintel tallado en un solo bloque de piedra.

MONOLOGAR v.intr. [2]. Hablar una persona durante un tiempo más o menos prolongado sin que nadie intervenga.

MONÓLOGO s.m. Discurso de alguien que reflexiona en voz alta. **2.** En teatro, literatura o cine, recurso estilístico que se utiliza para que un personaje muestre sus pensamientos al espectador. **3.** Obra teatral, generalmente de corta extensión, escrita para ser recitada y representada por un solo actor. ◊ **Monólogo interior** LIT. Técnica narrativa consistente en que un personaje exprese su pensamiento más próximo al inconsciente y previo a cualquier organización lógica.

MONOMANÍA s.f. Preocupación, aprensión o afición exagerada y obsesiva por algo. **2.** PSIQUIATR. Nombre dado en la nomenclatura psiquiátrica antigua a una obsesión.

MONOMANÍACO, A o **MONOMANIACO, A** adj. y s. Que padece monomanía. SIN.: *monomaníaco*.

MONOMERIZACIÓN s.f. QUÍM. Acción de dar a un compuesto químico las propiedades de un monómero.

MONÓMERO, A adj. y s.m. QUÍM. Se dice de la molécula que puede reaccionar con otras moléculas idénticas para dar polímeros.

MONOMETALISMO s.m. Sistema monetario que solo admite un metal, el oro o la plata, como patrón de moneda legal. (Se opone al *bimetalismo*.)

MONOMETALISTA adj. y s.m. y f. Relativo al monometalismo; partidario de este sistema.

MONOMIO s.m. MAT. Expresión algebraica que comprende un solo término.

MONOMORFISMO s.m. MAT. Morfismo definido mediante una aplicación inyectiva.

MONOMOTOR s.m. y adj. Avión con un solo motor.

MONONUCLEAR adj. Se dice del leucocito formado en los ganglios linfáticos (linfocitos) o en el sistema reticuloendotelial (monocitos).

MONONUCLEOSIS s.f. Aumento del número de leucocitos mononucleares presentes en la sangre. ◊ **Mononucleosis infecciosa** Enfermedad vírica benigna del sistema hemopoyético, que se manifiesta por amigdalitis, aumento del volumen de los ganglios linfáticos y del bazo, y leucocitosis.

MONONUCLEÓTIDO s.m. BIOL. Sustancia compuesta de una molécula de pentosa, una base púrica o pirimídica, y una o más moléculas de ácido fosfórico.

MONOPATÍN s.m. DEP. Skate board.

MONOPÉTALO, A adj. Se dice de la flor o corola de un solo pétalo.

MONOPLANO, A adj. y s.m. AERON. Se dice del avión que tiene un solo plano de sustentación.

MONOPLAZA adj. y s.m. Se dice del vehículo de una sola plaza.

MONOPLEJÍA s.f. Parálisis que afecta a un solo miembro.

MONOPOLIO s.m. (lat. *monopolium,* del gr. *monopólios*). Privilegio exclusivo de fabricar ciertas cosas o de ejercer un determinado control sobre la explotación de un producto o un servicio. **2.** *Fig.* Posesión exclusiva de algo. **3.** ECON. Forma de mercado en que la oferta se encuentra concentrada en manos de un único oferente, mientras que la demanda proviene de una multitud de demandantes.

MONOPOLÍSTICO, A adj. Relativo al monopolio. SIN.: *monopolista*.

MONOPOLIZACIÓN s.f. Acción de monopolizar.

MONOPOLIZAR v.tr. [7]. Tener o explotar algo en monopolio. **2.** *Fig.* Acaparar exclusivamente algo o a alguien: *monopolizar la atención del público*.

MONOPOLY s.m. (marca registrada). Juego de mesa en el que los jugadores deben adquirir terrenos e inmuebles, representados en un tablero, hasta obtener su monopolio.

MONOPROCESADOR, RA adj. y s.m. INFOR-

MÁT. Se dice de un sistema informático que posee una única unidad de tratamiento.

MONOPROGRAMACIÓN s.f. INFORMÁT. Modo de operar de una computadora, caracterizado por la presencia de un solo programa en la memoria.

MONOPSONIO s.m. Situación de mercado que se caracteriza por la presencia de un solo comprador y una pluralidad de vendedores.

MONOPTERIGIO, A adj. Se dice del pez con una sola aleta.

MONÓPTERO, A adj. (del gr. *mónos,* uno, y *pterós,* ala). Se dice de un edificio o construcción circular con un techo sostenido únicamente por columnas.

MONOPTONGACIÓN s.f. Reducción de un diptongo a una vocal simple.

MONOPTONGAR v.tr., intr. y prnl. [2]. Reducir las vocales de un diptongo a una sola.

MONOPTONGO s.m. Fonema vocálico que resulta de una monoptongación.

MONOQUINI o **MONOKINI** s.m. Calzón de baño femenino.

MONORRAÍL adj. y s.m. Esp. Monocarril.

MONORREFRINGENTE adj. ÓPT. Se dice de un cuerpo que presenta una refracción simple, es decir, que para cada rayo incidente da un solo rayo refractado.

MONORRIMO, A adj. Que tiene una sola rima.

MONORRÍTMICO, A adj. Que tiene un solo ritmo.

MONOSABIO s.m. TAUROM. Mozo de caballo que asiste al picador en la plaza.

MONOSACÁRIDO s.m. QUÍM. Osa.

MONOSÉPALO, A adj. BOT. Que tiene un solo sépalo.

MONOSILÁDICO, A adj. Relativo al monosílabo. **2.** Se dice de la lengua compuesta esencialmente de monosílabos.

MONOSILABISMO s.m. Uso exclusivo de monosílabos. **2.** Carácter de un escrito o de una lengua en que se usan monosílabos.

MONOSÍLABO, A adj. y s.m. Que tiene una sola sílaba.

MONOSOMÍA s.f. BIOL. Condición de un organismo diploide que ha perdido un cromosoma de su dotación cromática.

MONOSPERMIA s.f. BIOL. Fecundación de un óvulo por un solo espermatozoide. **2.** BOT. Presencia de una sola semilla en el fruto.

MONOSPERMO, A adj. BOT. Se dice del fruto y de la división de un fruto que contiene una sola semilla.

MONÓSTROFE s.f. Composición poética de una sola estrofa.

MONOSTRÓFICO, A adj. Relativo a la monóstrofe.

MONOSUSTITUIDO, A adj. QUÍM. Se dice del derivado químico obtenido por sustitución de un átomo de la molécula por otro o por un radical.

MONOTE s.m. *Fam.* Persona que se queda inmóvil y parece no oír ni entender lo que se le dice. **2.** Discusión, alboroto.

MONOTEÍSMO s.m. Doctrina o religión que solo admite un Dios, como el judaísmo, el cristianismo o el islam.

MONOTEÍSTA adj. y s.m. y f. Relativo al monoteísmo; que profesa esta doctrina o religión.

MONOTELISMO s.m. Doctrina religiosa del s. VII según la cual solo habría habido en Cristo una voluntad, la voluntad divina. (El monotelismo fue condenado en 681 por el tercer concilio de Constantinopla.)

MONOTELITA adj. y s.m. y f. (del gr. *mónos,* uno, y *thélein,* querer). Relativo al monotelismo; que profesa esta doctrina.

MONOTIPIA s.f. IMPR. Máquina de composición que funde y compone letras sueltas. **2.** Procedimiento de composición por medio de esta máquina.

MONOTIPISTA s.m. y f. IMPR. Persona que compone utilizando el teclado de una monotipia.

MONOTIPO s.m. Monotipia. **2.** Monotipopolicromía. **3.** Yate de vela perteneciente a una serie de embarcaciones idénticas, construidas todas ellas según el mismo plano.

MONOTIPOPOLICROMÍA s.f. B. ART. Procedimiento de impresión artística a partir de una plancha en la que el motivo no ha sido grabado, sino pintado.

MONOTONÍA s.f. Uniformidad de tono, entonación o inflexión. **2.** *Fig.* Falta de variedad.

MONÓTONO, A adj. Que adolece de monotonía: *canto monótono; vida monótona.* ◇ **Función monótona** MAT. Función que, en un intervalo dado, varía en el mismo sentido: *función monótona creciente; función monótona decreciente.*

MONOTREMA adj. y s.m. (del gr. *mónos*, uno, y *trima*, agujero). Relativo a un orden de mamíferos primitivos que ponen huevos y presentan un pico sin dientes, pero que amamantan sus crías y tienen el cuerpo cubierto de pelos o de púas. (El ornitorrinco pertenece a dicho orden.)

MONOVALENTE adj. QUÍM. Que tiene valencia uno. SIN.: *univalente.*

MONOVOLUMEN adj. y s.m. Se dice del vehículo de perfil compacto, sin discontinuidad entre la parte trasera y la delantera.

MONÓXIDO s.m. QUÍM. Óxido que contiene un solo átomo de oxígeno en su molécula.

1. MONSEÑOR s.m. (fr. *monseigneur*). Tratamiento que se da en algunos países a los prelados y dignatarios eclesiásticos y a algunos nobles.

2. MONSEÑOR s.m. Ave paseriforme que vive en África, de cabeza, cola, alas y vientre negros y dorso rojo. (Familia ploceidos.)

MONSERGA s.f. Esp. *Fam.* Explicación o excusa pesada y fastidiosa. **2.** Esp. *Fam.* Tostón, cosa que cansa por su pesadez.

MONSTRÍLIDO, A adj. y s.m. Relativo a una familia de crustáceos copépodos cuyas larvas viven como parásitos.

MONSTRUO s.m. (bajo lat. *monstruum*). Ser vivo que posee caracteres morfológicos muy distintos de los habituales en su especie: *monstruo de dos cabezas.* **2.** Ser fantástico, extraño y desproporcionado: *el monstruo del lago Ness.* **3.** *Fig.* Persona o cosa de una fealdad o dimensión extraordinarias. **4.** *Fig.* Persona muy cruel o perversa. **5.** *Fam.* Cosa muy grande o extraordinaria: *una idea monstruo.* **6.** *Fam.* Persona extraordinariamente dotada para una determinada actividad: *un monstruo del rock.* ◇ **Monstruo de Gila** Lagarto venenoso que vive en México y suroeste de EUA.

MONSTRUOSIDAD s.f. Cualidad de monstruoso. **2.** Hecho monstruoso.

MONSTRUOSO, A adj. (lat. *monstruosus*). Que tiene características propias de un monstruo. **2.** *Fig.* Abominable, horrible: *crimen monstruoso.* **3.** *Fig.* Extraordinariamente grande: *sufrir pérdidas monstruosas.*

MONTA s.f. Acción de montar una caballería. **2.** Arte de montar a caballo. **3.** Valor o importancia de algo: *asunto de poca monta.* **4.** Importe total o suma de varias partidas.

MONTACARGAS s.m. (pl. *montacargas*). Aparato elevador que sirve para el transporte de cosas de un nivel a otro de un edificio, fábrica, mina, etc.

MONTADO, A adj. Se dice del militar o tropa que utiliza una montura: *policía montada.*

MONTADOR, RA s. Persona que monta. **2.** Obrero que ensambla las diversas piezas constitutivas de un conjunto. **3.** CIN. Especialista encargado del montaje de películas cinematográficas. ◆ s.m. Poyo, escabel u otra cosa que sirve para montar fácilmente en las caballerías.

MONTADURA s.f. Acción de montar o montarse. **2.** Montura, arreos de una caballería de silla. **3.** ORFEBR. Guarnición o cerco de metal que abraza y asegura la piedra montada.

MONTAGNAIS, pueblo de los bosques subárticos de América del Norte, entre el Labrador y las Rocosas, de lengua algonquina, act. muy aculturado.

MONTAJE s.m. Acción y efecto de montar algo. **2.** Selección y empalme definitivos de las escenas rodadas para una película, de las cintas grabadas para una emisión de radio, etc. **3.** Soporte de la boca de fuego de un arma. **4.** Engarce de una piedra preciosa en un soporte. **5.** IMPR. Reunión de textos e ilustraciones que serán copiados juntos en la forma de impresión. **6.** TEATR. Presentación escénica de una obra, pieza o espectáculo teatral. **7.** TECNOL. Acción de montar, de ajustar las piezas unas con otras para que constituyan un conjunto.

MONTANERA s.f. Pasto de bellota o hayuco que los cerdos comen en los montes o dehesas. **2.** Temporada de este pasto.

MONTANERO, A s. Guarda de un monte o de una dehesa.

MONTANISMO s.m. Doctrina herética del s. II fundada por Montano, que anunciaba la inminencia del fin del mundo y predicaba un ascetismo riguroso.

MONTANISTA adj. y s.m. y f. Relativo al montanismo; que profesa esta doctrina.

MONTANO, A adj. Relativo al monte.

MONTANTE adj. Que monta. ◆ s.m. Elemento vertical de un entrepaño, bastidor o estructura, que sirve de soporte o refuerzo. **2.** Jamba. **3.** Cada uno de los dos largueros o banzos de una escalera de mano, unidos a intervalos iguales por travesaños. **4.** Ventana que constituye una prolongación de una puerta por la parte superior. **5.** Parte de la brida que sostiene el bocado de una caballería. **6.** Espada grande, con gavilanes largos, que se manejaba con ambas manos. **7.** Esp. Importe total de una cuenta, de una factura o de una suma cualquiera. ◆ s.f. MAR. Flujo o pleamar.

MONTAÑA s.f. (lat. vulgar *montanea*). Elevación natural grande del terreno con un fuerte desnivel entre la cima y la base. **2.** Región montañosa: *pasar las vacaciones en la montaña.* **3.** Acumulación grande de algún material: *una montaña de escombros.* **4.** *Fig.* Dificultad grande o problema difícil de resolver: *todo se le hace una montaña.* **5.** Amér. Merid. Monte de árboles y arbustos. ◇ **Alta montaña** ALP. Montaña que raya o sobrepasa los 3 000 m. **Montaña rusa** Atracción de feria que consiste en un circuito de carriles con desniveles por los que se deslizan vehículos a gran velocidad. **Unidad de montaña** MIL. Unidad especialmente concebida para actuar en terreno montañoso.

MONTAÑAS: PRINCIPALES CIMAS	
ASIA (HIMALAYA)	
Everest	8 848 m
K2	8 611 m
Kagchenjunga	8 586 m
Lhotse	8 545 m
Makalu	8 515 m
AMÉRICA (ANDES)	
Aconcagua	6 959 m
ÁFRICA	
Kilimanjaro	5 805 m
EUROPA (ALPES)	
Mont Blanc	4 808 m

MONTAÑERO, A adj. y s. Se dice de la persona que practica el montañismo.

MONTAÑÉS, SA adj. y s. Se dice de la persona que habita en la montaña, o en un país montañoso, o que procede de él. **2.** De La Montaña, comarca histórica de España (Cantabria). **3.** Santanderino. ◆ s.m. Variedad dialectal del español, perteneciente al grupo leonés, hablado en el O de Cantabria.

MONTAÑISMO s.m. Alpinismo. **2.** Práctica del excursionismo en montaña.

MONTAÑOSO, A adj. Relativo a una montaña. **2.** Se dice la región o el terreno donde hay gran cantidad de montañas.

MONTAR v.tr., intr. y prnl. (fr. *monter*). Subir sobre un animal: *montó a caballo.* **2.** Colocar o estar una cosa encima de otra: *un diente le monta sobre otro.* **3.** Esp. Subir a un vehículo: *montó en la bicicleta y se fue.* ◆ v.intr. y tr. Ir sobre una caballería, dirigiéndola: *saber montar a caballo.* ◆ v.intr. Esp. *Fig.* Ser una cosa importante: *que te guste o no, poco monta.* ◆ v.tr. Armar, ajustar, ensamblar o poner en su lugar las piezas o elementos de una estructura, aparato, máquina, etc.: *montar un andamiaje.* **2.** Poner las cosas necesarias en una casa para habitarla, o en un negocio o industria para que empiece a funcionar: *montar un bar.* **3.** Importar o sumar una cantidad de dinero las facturas, deudas, etc.: *los daños montan unos tres millones.* **4.** Amartillar un arma de fuego. **5.** Poner las piedras preciosas en su montura o soporte de metal. **6.** Poner en escena una obra teatral. **7.** Realizar el montaje de una película o un programa de televisión. **8.** Cubrir el macho a la hembra. **9.** Esp. Batir la clara del huevo o la nata hasta ponerla esponjosa y consistente. ◇ **Montar la guardia** MIL. Establecer un servicio de guardia. **Montárselo** Esp. *Fam.* Organizarse de forma fácil y productiva. **Tanto monta** Esp. Es igual, tanto da.

MONTARAZ adj. Que vive en los montes o se ha criado en ellos. **2.** *Fig.* Rústico, arisco, intratable. ◆ s.m. Guarda de montes y fincas.

MONTAZGO s.m. Tributo que desde la edad media pagaban en ciertas regiones de la península Ibérica los ganaderos por usufructo de los montes, bosques y prados del señorío.

MONTE s.m. (lat. *mons, -ntis*). Montaña. **2.** Terreno agreste, cubierto de árboles, arbustos o matas. **3.** *Fig.* Dificultad que se presenta. **4.** Conjunto de cartas o fichas sobrantes que quedan en algunos juegos de naipes o dominó para que los jugadores puedan robarlas. **5.** Juego de naipes en el que los jugadores apuestan a una carta y ganan cuando sale una del mismo valor. **6.** ANAT. Eminencia, saliente óseo. ◇ **Batir, o correr, el monte, o montes** Ir de caza. **Echarse, o tirarse, al monte** Sublevarse, adoptar una actitud expeditiva o violenta. **Monte de piedad** Establecimiento público cuyo principal objetivo es la concesión de préstamos, por regla general de pequeña cuantía, contra la garantía prendataria de alhajas, muebles, etc. **Monte de Venus** ANAT. Eminencia triangular situada delante del pubis. **Monte isla** GEOMORFOL. Relieve residual que surge bruscamente por encima de las rampas, en algunas regiones desérticas o subdesérticas. SIN.: *inselberg.*

MONTEAR v.tr. Buscar, acosar y perseguir la caza en el monte, o bien ojearla hacia un determinado paraje, donde es esperada por los cazadores.

MONTEFRÍO s.m. Vino rosado español elaborado con la uva del área próxima al embalse de Entrepeñas, en la provincia de Guadalajara.

MONTENEGRINO, A adj. y s. De Montenegro. ◆ s.m. Lengua que se habla en Montenegro.

MONTEPIADO, A adj. y s. Chile. Se dice de la persona que se beneficia de un montepío o pensión.

MONTEPÍO s.m. Fondo o depósito de dinero aportado por los miembros de algún cuerpo o clase, con el fin de obtener pensiones para sus viudas o huérfanos o recursos económicos en sus enfermedades o vejez. **2.** Institución creada con este fin.

MONTERA s.f. Gorro o gorra. **2.** Galería cubierta de cristales sobre un patio. **3.** TAUROM. Gorro de terciopelo negro y pasamanería de seda usado por los toreros. **4.** TECNOL. Parte superior de un alambique.

MONTERÍA s.f. Cacería con perros, y generalmente a caballo, para cobrar piezas mayores. **2.** Arte de cazar o conjunto de reglas para la caza.

MONTERILLA s.f. MAR. Vela triangular que, en tiempo de bonanza, se larga sobre los últimos juanetes.

MONTERITA s.f. Ave de plumaje grisáceo u ocráceo, con el pico casi cónico, que vive en América Meridional. (Familia fringílidos.)

MONTERO, A s. Persona que busca, persigue u ojea la caza de monte. ◇ **Montero de cámara, o Espinosa** HIST. Oficial que, en Castilla, tenía a su cuidado la guarda de las personas reales desde que se acostaban hasta la mañana siguiente. **Montero mayor** HIST. Oficial doméstico de la casa real, que tenía a su cargo las cacerías regias.

MONTÉS, SA adj. Se dice del animal salvaje: *gato montés.*

MONTESINO, A adj. Relativo al monte: *vegetación montesina.*

MONTEVIDEANO, A adj. y s. De Montevideo (Uruguay).

MONTGOLFIER s.m. (de J. y E. *Montgolfier,* inventores franceses). Globo aerostático cuya sustentación se logra mediante el aire dilatado por el calor de un hornillo situado en la parte inferior.

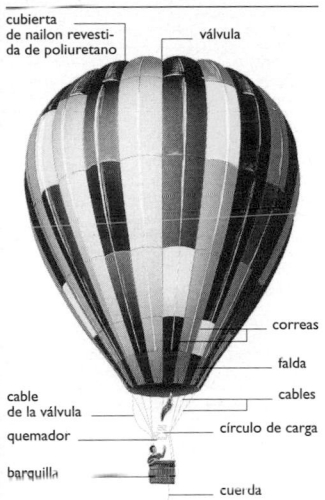

cubierta de nailon revestida de poliuretano

válvula

correas

falda

cable de la válvula

cables

quemador

círculo de carga

barquilla

cuerda

MONTGOLFIER

MONTÍCULO s.m. Pequeña elevación del terreno, natural o artificial.

MONTILLA s.m. Vino español, ligero, transparente, de aroma penetrante y regular graduación (16°), elaborado en Córdoba, junto con el moriles, y en Cádiz, como variedad del jerez.

MONTMORILLONITA s.f. MINER. Silicato hidratado natural de aluminio, con algo de óxido magnésico.

MONTO s.m. Monta, importe total.

MONTÓN s.m. Conjunto de cosas acumuladas sin orden unas encima de otras. **2.** *Fig.* y *fam.* Número considerable, gran cantidad de algo: *un montón de veces.* ◇ **A,** o **de,** o **en, montón** *Fam.* Juntamente, sin separación o distinción. **A montones** *Fam.* Con abundancia, en gran cantidad. **Del montón** *Fam.* Vulgar, no destacado. **Echar montón** *Méx. Fam.* Actuar en conjunto un grupo de personas para aprovecharse o abusar de alguien, para atacarlo, hacer burla de él, etc.

MONTONERA s.f. Montón. **2.** *Amér. Merid.* Guerrilla de la época de las luchas de la independencia. **3.** *Colomb.* Montón de hierba o paja.

MONTONERO, A adj. *Méx. Fam.* Se dice de la persona que actúa junto con otros en contra de alguien. ◆ s.m. Miembro de la caballería federal durante las guerras que siguieron a la independencia del virreinato del Río de la Plata.

MONTUBIO, A adj. y s. *Amér.* Se dice de la persona arisca y grosera. **2.** *Colomb., Ecuad.* y *Perú.* Campesino de la costa.

MONTUNO, A adj. *Amér.* Agreste, montaraz, rústico.

MONTUOSO, A adj. Relativo al monte. **2.** Que tiene muchos montes.

MONTURA s.f. (fr. *monture*). Cabalgadura, animal para cabalgar. **2.** Montaje, acción y efecto de montar. **3.** Soporte o armazón sobre el que está colocada la parte esencial de un objeto. **4.** Conjunto de arreos o de guarniciones de una caballería, especialmente la silla de montar.

MONUMENTAL adj. Relativo al monumento. **2.** *Fig.* y *fam.* Muy grande, impresionante: *un objeto monumental; una falta monumental.*

MONUMENTO s.m. (lat. *monumentum*). Obra arquitectónica o escultórica en homenaje a una persona o hecho. **2.** Construcción arquitectónica notable por su belleza o anti-

güedad. **3.** Sepulcro, obra generalmente de piedra, que se construye levantada del suelo para honrar a la persona enterrada. SIN.: *monumento funerario.* **4.** Objeto, documento u obra científica, artística o literaria digna de perdurar por su utilidad, importancia o mérito excepcional. **5.** *Fam.* Persona guapa y bien proporcionada. **6.** En la liturgia católica, altar adornado donde se deposita el Santísimo Sacramento para ser adorado por los fieles después de la misa vespertina del jueves santo. ◇ **Monumento histórico-artístico** Calificación oficial que se da en España a determinadas obras de arquitectura.

MONZÓN s.m. (port. *monção*). Viento o corriente atmosférica que sopla, sobre todo en Asia meridional, alternativamente hacia el mar (en invierno: *monzón seco*) y hacia tierra (en verano: *monzón húmedo*) durante varios meses.

1. MOÑA s.f. Lazo de cintas negras que se sujetan los toreros a la coleta. **2.** Adorno de cintas o flores colocado en la divisa de los toros.

2. MOÑA s.f. *Esp. Fam.* Borrachera.

MOÑO s.m. Cabello sujeto y arrollado detrás, encima o a los lados de la cabeza. **2.** *Fig.* Cima o cumbre de algunas cosas. **3.** Penacho de algunos animales. ◆ **moños** s.m.pl. Adornos superfluos o de mal gusto. ◇ **Ponerse moños** *Fam.* Presumir, vanagloriarse. **Ponerse sus moños** *Méx. Fam.* Ponerse alguien pesado, hacerse de rogar.

MOÑUDO, A adj. Se dice del ave con moño.

MOQUEAR v.intr. Echar mocos.

MOQUEO s.m. Secreción nasal abundante.

MOQUERO s.m. Pañuelo de bolsillo.

MOQUETA s.f. (fr. *moquette*). *Esp.* Alfombra con que se tapiza la pared o el piso de una estancia.

MOQUETE s.m. Puñetazo dado en el rostro, especialmente en las narices.

MOQUETEAR v.tr. Dar moquetes. ◆ v.intr. *Fam.* Moquear con frecuencia.

MOQUETERO, A adj. y s. *Chile.* Se dice de la persona que da moquetes.

MOQUILLO s.m. Enfermedad catarral contagiosa de algunos animales, especialmente perros. **2.** Pepita, tumor pequeño que pueden tener en la lengua las gallinas. **3.** *Ecuad.* Nudo corredizo con que se sujeta el labio superior del caballo para domarlo.

MOQUITA s.f. Moco claro.

MOQUITEAR v.intr. Echar mocos, especialmente cuando se llora.

1. MOR s.m. **Por mor de** A causa de.

2. MOR s.m. (voz danesa). Humus bruto que resulta de la descomposición muy lenta de materias de la cobertura vegetal, en un suelo mal inundado.

1. MORA s.f. (lat. vulgar *mora,* del lat. *morum*). Fruto de la morera y del moral. **2.** Zarzamora. **3.** *Hond.* Frambuesa. **4.** *Méx.* Morera o moral.

2. MORA s.f. (lat. *mora*). DER. Dilación o retraso culpable en el cumplimiento de una obligación.

MORABITO o **MORABUTO** s.m. (ár. *murābit,* ermitaño). Monje guerrero del islam que vivía en una rábita, que se consideraba santo si moría en la guerra santa y al que se atribuían poderes sobrenaturales. **2.** Jefe o fundador de una cofradía mística de África del norte. **3.** Santón musulmán.

MORÁCEO, A adj. y s.f. Relativo a una familia de plantas apétalas de las regiones cálidas, a la que pertenecen el moral y la higuera.

MORADA s.f. Lugar donde se mora. **2.** Permanencia por algún tiempo en un sitio.

MORADO, A adj. y s.m. (de *mora*). Se dice del color violeta oscuro. ◆ adj. Que es de este color: *las berenjenas moradas.* ◇ **Pasarlas moradas** *Esp.* Pasarlo muy mal, pasar por una situación difícil. **Ponerse morado** *Esp. Fam.* Disfrutar de algo hasta la saciedad.

MORADOR, RA adj. y s. Que habita o mora en un sitio.

MORADURA s.f. Hematoma, mancha de la piel.

1. MORAL adj. (lat. *moralis,* de *mos, moris,* costumbre). Relativo a las costumbres o a las

reglas de conducta: *valores morales.* **2.** Que es conforme o favorable a las buenas costumbres. **3.** Relativo al pensamiento o conciencia, en oposición a lo físico o material: *formación moral.* ◆ s.f. Conjunto de reglas de conducta propuestas por una determinada doctrina o inherentes a una determinada condición. **2.** Situación psicológica, estado de ánimo o disponibilidad para soportar algo. **3.** FILOS. Ética. ◇ **Moral internacional** DER. Conjunto de reglas no jurídicas, pero respetadas por los sujetos del derecho de gentes en las relaciones internacionales. **Teología moral** Parte de la teología que trata de la ordenación de los actos humanos hacia su fin sobrenatural. **Virtudes morales** Virtudes que tienen como fundamento la luz de la razón (por oposición a las *virtudes sobrenaturales*).

2. MORAL s.m. (de *mora*). Árbol originario de Asia, de 5 a 6 m de alt., tronco grueso y recto, hojas dentadas y acorazonadas y flores unisexuales, cuyo fruto, la mora, es comestible, y fermentado da una bebida alcohólica. (Familia moráceas.)

MORALEDA s.f. Terreno poblado de morales. **2.** Terreno poblado de moreras.

MORALEJA s.f. Enseñanza que se deduce de un cuento, fábula, etc.

MORALIDAD s.f. Conformidad con las reglas de la moral: *la moralidad de una obra; una persona de una moralidad intachable.* **2.** Moraleja. **3.** LIT. Obra teatral medieval en verso que pone en escena personajes alegóricos y tiene por objeto la educación moral.

MORALINA s.f. Moral superficial o falsa.

MORALISMO s.m. Actitud filosófica o religiosa en la que prevalece un criterio moral.

MORALISTA s.m. y f. Filósofo que se ocupa de moral. **2.** *Fig.* Persona que suele hacer reflexiones morales. **3.** Autor que ha tratado de moralizar las costumbres. ◆ adj. y s.m. y f. Que es partidario de moralizar.

MORALIZAR v.tr. [7]. Adecuar a las normas morales. ◆ v.intr. Hacer reflexiones morales.

MORAPIO s.m. *Esp. Fam.* Vino corriente, especialmente el tinto.

MORAR v.intr. (lat. *morari,* detener, permanecer). Residir habitualmente en un lugar.

MORATORIA s.f. Plazo que se otorga para el pago de una deuda vencida y que puede pactarse por convenio privado entre los interesados o puede ser declarado por ministerio de la ley.

MORAVO, A adj. y s. De Moravia. ◇ **Hermanos moravos** Secta cristiana fundada en el s. XV en Bohemia, entre los husitas. (Los hermanos moravos, dispersados después de la derrota de la Montaña Blanca [1620], forman en Sudamérica y EUA grupos misioneros muy importantes.)

MORBIDEZ s.f. Cualidad de mórbido. **2.** B. ART. Pincelada delicada en el modelado de las carnaciones.

MÓRBIDO, A adj. (ital. *morbido*). Morboso, que es propio de una enfermedad. **2.** Tierno y delicado, especialmente el cuerpo femenino.

MORBÍFICO, A adj. Que es origen de una enfermedad.

MORBILIDAD s.f. Proporción de personas que padecen los efectos de una enfermedad en un lugar y período determinados.

MORBO s.m. (lat. *morbus,* enfermedad). Enfermedad. **2.** *Fam.* Atracción oculta por alguien o algo prohibido, desagradable o inmoral.

MORBOSIDAD s.f. Cualidad de morboso. **2.** Conjunto de alteraciones patológicas que caracterizan el estado sanitario de un país.

MORBOSO, A adj. Enfermo: *organismo morboso.* **2.** Que causa enfermedad o es propio de ella: *atmósfera morbosa.* **3.** Que revela un estado físico o psíquico insano: *idea morbosa.*

MORCILLA s.f. Embutido elaborado con sangre de cerdo y arroz o cebollas, cocidos y condimentados. **2.** *Fig.* y *fam.* Añadidura de palabras improvisada por un actor. **3.** *Cuba. Fig.* Mentira. ◇ **Dar morcilla** *Esp. Vulg.* Despreciar a alguien con enojo.

1. MORCILLO s.m. (dim. del ant. *mur,* ratón). Parte carnosa del brazo, desde el hombro hasta cerca del codo, de las reses destinadas al consumo.

2. MORCILLO, A adj. (lat. *mauricellus*). Se dice del caballo o yegua de color negro con viso rojizo.

MORDACIDAD s.f. Cualidad de mordaz.

MORDAZ adj. (lat. *mordax, -acis*). Que corroe o tiene actividad corrosiva. **2.** *Fig.* Que contiene una ironía aguda y mal intencionada: *crítica mordaz*. **3.** Se dice de la persona que critica con ironía malintencionada.

MORDAZA s.f. (lat. *mordacia*). Tela, cinta u otra cosa que se pone en la boca para impedir hablar o gritar. **2.** *Fig.* Censura a la libertad de expresión o de acción. **3.** Aparato para disminuir el retroceso de las piezas de artillería. **4.** TECNOL. Cada una de las dos piezas que, actuando conjuntamente a modo de tenaza, pueden cerrarse a voluntad para sujetar y sostener entre ellas un objeto. ◇ **Mordaza protectora** Cualquiera de las dos placas de metal blando o de materia plástica que se fijan en las mordazas del tornillo de banco para sujetar una pieza sin dañarla.

MORDEDURA s.f. Acción de morder. **2.** Herida o señal de un mordisco.

MORDELÓN s.m. Méx. *Fam.* Policía de tráfico que acepta mordidas o soborno.

MORDENTADO s.m. Aplicación de un mordiente a una tela o fibra textil.

MORDENTE s.m. (ital. *mordente*). Mordiente, sustancia. **2.** MÚS. Ornamento, usado sobre todo en la música antigua, formado por la nota real, su segunda inferior y de nuevo la nota real.

MORDER v.tr. e intr. (lat. *mordere*) [30]. Hincar los dientes en una cosa: *el perro muerde, morder un brazo.* ◆ v.tr. Picar, escocer. **2.** Asir una cosa a otra, haciendo presa en ella. **3.** Gastar poco a poco una cosa en pequeñas porciones: *la lima muerde el acero.* **4.** *Fig.* Desacreditar, murmurar: *sus palabras muerden.* **5.** Cuba, P. Rico y Venez. Estafar. **6.** Méx. *Fam.* Pedir dinero un funcionario público, principalmente un policía, a un particular a cambio de evitarle una sanción. **7.** TEXT. **a.** Impregnar un tejido con mordiente. **b.** Fijar el tinte sobre la superficie de la tela. ◇ **Estar que muerde** *Fam.* Estar alguien muy enojado. **Morder el anzuelo** *Fam.* Caer en una trampa. **Morderse los dedos** *Fam.* Arrepentirse de algo.

MORDICAR v.tr. [1]. Morder, picar, escocer.

MORDIDA s.f. Mordedura, mordisco. **2.** Bol., Colomb., Méx., Nicar. y Pan. *Fam.* Cantidad de dinero que un funcionario recibe como soborno. **3.** Bol., Colomb., Méx., Nicar. y Pan. *Fam.* Fruto de cohechos o sobornos.

MORDIDO, A adj. Menoscabado, incompleto. ◆ s.m. Transformación o conversión de una imagen fotográfica en diversas sustancias que desempeñan en frío la función de mordientes con respecto a los colorantes básicos. **2.** GRAB. Operación consistente en someter una plancha a la acción del aguafuerte. **3.** INDUSTR. Estampación de tela practicada mediante mordientes. **4.** METAL. Operación que consiste en limpiar y desoxidar la superficie de un metal mediante un tratamiento especial.

MORDIDURA s.f. Méx. Mordedura.

MORDIENTE adj. (ital. *mordente*). Que muerde. ◆ s.m. Sustancia que, en ciertas artes, sirve para fijar el color o el pan de oro. SIN.: *mordente.* **2.** Barniz viscoso que confiere cohesión a la tinta. **3.** Producto químico utilizado en procesos de estampación. **4.** Ácido u otro agente corrosivo empleado para atacar superficialmente los metales. **5.** Mástique utilizado en la fabricación de tapices o alfombras de lana cortada, para que esta se adhiera a la tela o al papel.

MORDISCO s.m. Acción y efecto de morder. **2.** Trozo que se arranca al morder. **3.** Mordedura leve. **4.** *Fig.* Beneficio que se saca de un negocio.

MORDISQUEAR v.tr. Morder repetidamente una cosa con poca fuerza o arrancando porciones muy pequeñas. SIN.: *mordiscar.*

MORDVANO, pueblo ugrofinés que habita en la República de Mordovia (Rusia), junto al Volga medio.

1. MORENA s.f. (lat. *muraena*). Pez de los fondos rocosos de las costas del Mediterráneo y del Atlántico africano e ibérico, de cuerpo alargado como la anguila, de hasta 1,50 m de long., que es muy voraz y puede causar mordeduras muy peligrosas. (Orden ápodos.)

■ MORENA

2. MORENA s.f. Pan moreno.

MORENAZO, A adj. y s. *Fam.* Muy moreno y atractivo.

MORENO, A adj. y s. Se dice de la persona de raza blanca que tiene la piel y el pelo oscuros, o algo oscuros. **2.** *Fig. y fam.* Negro. **3.** *Fig. y fam.* Mulato. **4.** Se dice del color que es de una tonalidad intermedia entre el marrón y el negro. ◆ adj. Que es de este color: *pan moreno.* **2.** Se dice del cabello o de la piel oscuros que tienen algunas personas de raza blanca. **3.** Tostado por el sol: *ponerse moreno.*

MORERA s.f. Árbol o arbusto que crece en regiones templadas, de hojas caducas, cuyo fruto es la mora. (Sus hojas alimentan al gusano de seda; familia moráceas.)

tipos de hoja

acorazonada · trilobulada

flor femenina

flor masculina

inflorescencia masculina

primera coloración del fruto

inflorescencia femenina

fruto maduro

■ MORERA

MORERÍA s.f. Nombre que recibieron, a partir del s. XV, los barrios en los que primero los mudéjares y luego los moriscos vivieron segregados del resto de la población cristiana.

MORES s.m.pl. o s.f.pl. (voz latina). Costumbres, normas o modos de proceder socialmente convenidos.

MORETE s.m. Méx. Moretón.

MORETÓN s.m. *Fam.* Hematoma, ruptura de vasos sanguíneos bajo la piel producida por un golpe, presión, etc.

MORFA s.f. Hongo parásito que ataca los naranjos y limoneros.

MORFEMA s.m. LING. Unidad mínima de significado. ◇ **Morfema gramatical** Morfema que proporciona información gramatical, como *-an* en *cantan.* **Morfema léxico** Morfema que, por sí solo, contiene información léxica, como *prudente-* en *prudentemente.*

MORFEMÁTICO, A adj. Relativo al morfema.

MORFINA s.f. (del gr. *Morpheûs*, dios del sueño). Alcaloide principal del opio, que es un potente analgésico e hipnótico, y cuyo uso continuado origina una grave toxicomanía.

MORFINOMANÍA s.f. Dependencia de la morfina.

MORFINÓMANO, A adj. y s. Que padece morfinomanía.

MORFISMO s.m. MAT. Aplicación *f* de un conjunto C dotado de una ley interna de notación + en un conjunto C dotado de una ley interna de notación x, tal que, para todo elemento *x* e *y* de D, se tenga $f(x+y) = f(x) \cdot f(y)$. SIN.: *homomorfismo.*

MORFOFONOLOGÍA s.f. LING. **a.** Parte de la gramática que estudia el empleo morfológico de los medios fonológicos de una lengua. **b.** En gramática generativa, descripción de todas las operaciones que conducen a la representación fonética de los enunciados. SIN.: *morfonología.*

MORFOGÉNESIS s.f. FISIOL. Desarrollo de la forma y estructura de un organismo.

MORFÓGENO, A adj. FISIOL. Se dice de la acción o función que intervienen en el crecimiento o en la forma del embrión.

MORFOLOGÍA s.f. (del gr. *morphé*, forma, y *lógos*, tratado). Parte de la biología que estudia la forma y la estructura de los seres vivos. **2.** Aspecto exterior de alguien o algo. **3.** Geomorfología. **4.** LING. Parte de la gramática que estudia la flexión, la composición y la derivación de las palabras.

MORFOLÓGICO, A adj. Relativo a la morfología.

MORFOMETRÍA s.f. Estudio cuantitativo de las formas del modelado terrestre.

MORFOPSICOLOGÍA s.f. Parte de la psicología que estudia las relaciones existentes entre las características psíquicas de la persona con su aspecto morfológico externo.

MORFOSCOPIA s.f. Estudio de la forma de los elementos que constituyen las rocas sedimentarias detríticas.

MORFOSINTAXIS s.f. (pl. morfosintaxis). LING. Parte de la gramática que estudia las reglas morfológicas y sintácticas de una lengua.

MORGANÁTICO, A adj. Se dice del matrimonio de una persona de estirpe real con otra de rango inferior y cuya descendencia no puede tener derechos a la corona. **2.** Se dice de la persona que contrae esta clase de matrimonio y de los hijos nacidos de este matrimonio.

MORGUE s.f. (voz francesa). Depósito judicial de cadáveres.

MORIBUNDO, A adj. y s. (lat. *moribundus*). Que está muriendo o a punto de morir.

MORICHAL s.m. Terreno poblado de moriches.

MORICHE s.m. Palmera de gran tamaño, de tronco liso y recto, que crece en América tropical, de cuyas fibras se hacen cuerdas fuertes. (Familia palmáceas.) **2.** Ave paseriforme originaria de América, de unos 25 cm de long., plumaje negro, fácilmente domesticable y muy estimada por su canto. (Familia ictéridos.)

MORIGERAR v.tr. y prnl. (lat. *morigerari*, condescender). Moderar los excesos.

MORILES s.m. Vino español ligero, transparente y de baja graduación alcohólica, elaborado en la provincia de Córdoba.

MORILLO s.m. Soporte para sostener la leña en el hogar.

MORIO s.m. Mariposa de las zonas templadas del hemisferio N, parecida a la vanesa, de alas pardas, bordeadas de amarillo y con manchas azules.

MORIR v.intr. y prnl. (lat. vulgar *morire*, del lat. *mori*) [86]. Dejar de vivir. **2.** *Fig.* Extinguirse lentamente una actividad, proceso, etc.: *morir el día.* **3.** *Fig.* Estar dominado por un deseo, pasión o necesidad fisiológica: *morirse de hambre.* ◆ v.intr. *Fig.* Terminar o desaparecer el curso de algo: *el río Tajo muere en el Atlántico.* ◆ **morirse** v.prnl. Quedarse insensible o entumecerse un miembro del cuerpo. ◇ **Morir(se) por** Desear mucho algo o estar muy enamorado de una persona. **¡Muera!** Denota aversión contra una persona o el propósito de acabar con ella.

MORISCO, A adj. y s. Se dice de los descendientes de los musulmanes españoles que quedaron en tierra cristiana después de la reconquista. ◆ adj. Moro. **2.** Se dice del dibujo o motivo ornamental formado por follajes, que suele usarse principalmente en damasquinería.

ENCICL. Al término de la reconquista los moriscos españoles formaban una gran masa semicolonial, que seguía hablando en árabe y practicaba ocultamente el islamismo. A comienzos del s. XV, en vísperas de su expulsión, sumaban unos 300 000, concentrados principalmente en Valencia, Aragón, Castilla, Murcia y Andalucía, agrupados en poblaciones de predominio morisco o en barrios especiales (morerías) de las poblaciones cristianas. Vivían en tierras señoriales, pagando arrendamientos que para los cristianos viejos resultaban onerosos. Aunque teóricamente cristianos, la mayor parte de ellos conservaba prácticas musulmanas. Tres factores provocaron la expulsión de los moriscos, ordenada por Felipe III en 1609: el temor a una explosión apoyada por los berberiscos del N de África y los turcos, la desconfianza de la Iglesia hacia estos dudosos cristianos y el odio popular. En 1614 se dio por concluida la expulsión, que tuvo desastrosas consecuencias económicas para los reinos de Aragón y, especialmente, Valencia.

MORISQUETA s.f. *Fam.* Engaño, burla, desprecio.

MORITO s.m. Ave caradriforme, de tamaño algo menor que el ibis, pico curvo, cuello curvado en forma de S y plumaje ligeramente tornasolado, de color rojo castaño. (Familia tresquiornítidos.)

MORLACO, A adj. y s. (ital. *morlacco*, hombre rústico.) Que se finge tonto o ignorante. ◆ adj. y s.m. TAUROM. Se dice del toro que es grande. ◆ s.m. *Amér.* Patacón, peso duro.

MORMADO, A adj. *Méx.* Constipado, acatarrado.

MORMARSE v.prnl. *Méx.* Constiparse, acatarrarse.

MORMÓN, NA adj. y s. Relativo al mormonismo, que profesa el mormonismo.

MORMONISMO s.m. Religión fundada en EUA, en 1830, por Joseph Smith. (La oposición levantada por ciertos aspectos de su doctrina [autonomía teocrática y poligamia], hoy abandonados, llevó a sus adeptos a establecerse a orillas del Gran Lago Salado [Utah], donde fundaron Salt Lake City. Los libros sagrados de los mormones son la Biblia y el *Libro del mormón*.)

MORO, A adj. y s. (lat. *maurus*, habitante de Mauritania.) Del N de África. 2. De la población musulmana de al-Andalus. 3. De un pueblo sahariano, mestizo de árabes, bereberes y negros, que habita principalmente en Mauritania. 4. Denominación dada por los españoles a la población musulmana de Filipinas, descendiente de mercaderes árabes. 5. *Esp.* Musulmán. ◆ adj. Se dice del caballo o yegua de pelo negro, con una mancha blanca en la frente y en una o dos patas. 2. *Amér. Merid.* Se dice del caballo tordo. ◆ s.m. *Esp. Fam.* Se dice del hombre celoso que intenta someter a su pareja. ◇ **Haber moros en la costa** *Fam.* Existir peligro para una persona o un grupo por la presencia de alguien.

MOROCADA s.f. Topetada de carnero.

MOROCHO, A adj. *Amér. Fig.* y *fam.* Robusto, sano. 2. *Argent., Perú* y *Urug. Fig.* Se dice de la persona que tiene el pelo negro y la tez blanca.

MOROCOTA s.f. → MORROCOTA.

MORÓN s.m. Montecillo de tierra.

MORONA s.f. *Colomb.* Migaja de pan.

MORONDANGA s.f. Cosa inútil o de poco valor. 2. Conjunto de cosas inútiles. 3. Embrollo, confusión.

MORONDO, A adj. Mondo, limpio de elementos superfluos, especialmente hablando de cabellos, hojas, etc.: *las morondas ramas de un árbol*.

MORONGA s.f. *Guat., Hond.* y *Méx.* Morcilla, salchicha.

MOROSO, A adj. Que se retrasa en un pago o en la devolución de algo. 2. Que va u obra con lentitud.

MORRA s.f. Arbusto de color blanquecino que crece en el centro y sur de la península Ibérica. (Familia compuestas.)

MORRADA s.f. Golpe dado con la cabeza, o

el que se recibe al caerse. 2. *Fig.* Bofetada, puñetazo.

MORRAL s.m. Saco para el pienso que se cuelga de la cabeza de una caballería, para que coma cuando no está en el pesebre. 2. Bolsa que usan los pastores, cazadores y soldados para llevar la caza, provisiones, etc. 3. *Fig.* y *fam.* Hombre torpe y grosero.

MORRALLA s.f. Boliche, pescado menudo. 2. *Fig.* Conjunto de personas despreciables. 3. *Fig.* Conjunto de cosas inútiles y sin valor. 4. *Méx.* Dinero menudo.

MORREAR v.tr. y prnl. *Esp. Vulg.* Besar a una persona poniendo en contacto los labios y la lengua.

MORRENA s.f. GEOGR. Conjunto de materiales arrancados, transportados y después depositados por un glaciar.

MORREO s.m. *Esp. Vulg.* Acción de morrear o morrearse.

MORRERA s.f. Pupa en los labios.

MORRILLO s.m. Abultamiento carnoso de las reses en la parte superior y anterior del cuello. 2. *Fam.* Nuca carnosa y abultada de una persona. 3. Canto rodado, grava.

MORRIÑA s.f. (port. y gall. *morrinha*.) Nostalgia, especialmente de la tierra natal. 2. Enfermedad infectocontagiosa, aguda y febril, del ganado vacuno.

MORRIÑOSO, A adj. Que tiene morriña. 2. Raquítico, enclenque.

MORRIÓN s.m. Casco de soldado de infantería, usado en los ss. XVI y XVII, con los bordes arqueados y una cresta desde la parte anterior a la posterior. 2. Gorro militar antiguo, cilíndrico, a manera de sombrero de copa, sin alas y con visera.

MORRITUERTO s.m. Planta herbácea de tallo anguloso, que crece en el S y SE de la península Ibérica. (Familia crucíferas.)

MORRO s.m. Hocico, parte de la cabeza de algunos animales donde están la boca y las narices. 2. Monte o peñasco pequeño y redondeado. 3. Peñasco escarpado en la costa, que sirve de referencia a las navegantes. 4. Extremidad de un dique o de una escollera. 5. *Esp. Vulg.* Labios de una persona, especialmente si son abultados. 6. *Esp.* Extremo delantero y prolongado de ciertas cosas: *el morro de un avión.* ◇ **Beber a morro** *Fam.* Beber sin vaso aplicando directamente la boca al chorro o botella. **Estar de morros** *Esp. Fig.* y *fam.* Estar reñidas dos o más personas. **Tener morro** *Esp. Fig.* y *fam.* Ser descarado.

MORROCOTA o **MOROCOTA** s.f. En ciertos países del Caribe, onza de oro.

MORROCOTUDO, A adj. (voz indígena de Venezuela.) *Fam.* Que tiene mucha importancia, magnitud o dificultad. 2. *Chile.* Se dice de una obra literaria o artística que no tiene proporción, gracia u originalidad. 3. *Colomb.* Rico, acaudalado.

MORRÓN adj. Se dice de una variedad de pimiento muy grueso y dulce. ◆ s.m. *Fam.* Golpe.

MORRONGO, A s. *Fam.* Gato, animal.

MORRONGUEAR v.intr. *Amér.* Beber. 2. *Argent.* y *Chile.* Dormitar.

MORRUDO, A adj. Que tiene los labios muy abultados.

MORSA s.f. (fr. *morse*.) Mamífero marino de las regiones árticas, de cuerpo fornido, con caninos superiores transformados en defensas, que se alimenta de moluscos. (Long. 5 m aprox.; peso 1 t aprox.; orden pinnípedos.) 2. *Argent.* Torno de carpintería.

■ **MORSA** macho.

MORSANA s.f. Árbol de pequeño tamaño, de flores blancas o amarillas y rojas en la base. (Familia cigofiláceas.)

MORSE s.m. (de S. *Morse*, inventor norteamericano.) Código de comunicación telegráfica que asigna una combinación convencional de rayas y puntos, o de señales acústicas o luminosas breves y largas, a cada letra del alfabeto o a cada número (del 0 al 9). [Desde el 1 de febrero de 1999, el código Morse ha sido sustituido por un sistema de satélites para las comunicaciones marítimas.]

alfabeto

a	● ▬	n	▬ ●
b	▬ ● ● ●	o	▬ ▬ ▬
c	▬ ● ▬ ●	p	● ▬ ▬ ●
d	▬ ● ●	q	▬ ▬ ● ▬
e	●	r	● ▬ ●
f	● ● ▬ ●	s	● ● ●
g	▬ ▬ ●	t	▬
h	● ● ● ●	u	● ● ▬
i	● ●	v	● ● ● ▬
j	● ▬ ▬ ▬	w	● ▬ ▬
k	▬ ● ▬	x	▬ ● ● ▬
l	● ▬ ● ●	y	▬ ● ▬ ▬
m	▬ ▬	z	▬ ▬ ● ●

cifras

1	● ▬ ▬ ▬ ▬	6	▬ ● ● ● ●
2	● ● ▬ ▬ ▬	7	▬ ▬ ● ● ●
3	● ● ● ▬ ▬	8	▬ ▬ ▬ ● ●
4	● ● ● ● ▬	9	▬ ▬ ▬ ▬ ●
5	● ● ● ● ●	0	▬ ▬ ▬ ▬ ▬

signos diversos

punto	● ▬ ● ▬ ● ▬	error	● ● ● ● ● ● ● ●
inicio de transmisión	▬ ● ▬ ● ▬		
fin de transmisión	● ● ● ▬ ● ▬		

■ CÓDIGO **MORSE**

MORTADELA s.f. Embutido muy grueso, elaborado con carne picada de cerdo y de vaca y con trozos de tocino, que es típico de la cocina italiana.

MORTAJA s.f. (lat. *mortualia*, vestidos de luto.) Vestidura o sudario con que se envuelve un cadáver para enterrarlo. 2. Entalladura realizada en una pieza de madera o de metal para recibir una espiga de otra pieza que debe ensamblarse con ella. 3. Ranura practicada en un taladro y destinada a alojar una chaveta. 4. *Amér.* Hoja de papel con que se lía el tabaco del cigarrillo.

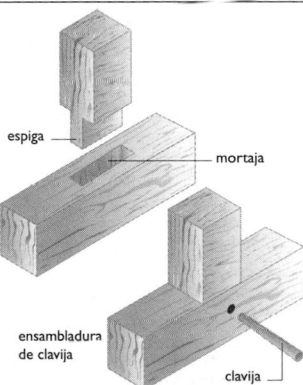

espiga

mortaja

ensambladura de clavija

clavija

■ **MORTAJA.** Ensambladuras de espiga y mortaja.

MORTAJADORA s.f. Herramienta mecánica destinada a formar ranuras, muescas, chaveteros, etc.

MORTAL adj. (lat. *mortalis*.) Que ha de morir. 2. Que causa o puede causar la muerte. 3. Que es muy intenso: *odio mortal; dolor mortal.* 4. *Fig.* Decisivo, concluyente: *la derrota es mortal para sus aspiraciones.* 5. *Fig.* Muy pesado de soportar, que dura mucho: *aburrimiento mortal.* ◆ s.m. y f. El ser humano. ◇ **Pecado mortal** TEOL. Grave ofensa a Dios, que hace perder la gracia.

MORTALIDAD s.f. Cualidad de mortal. **2.** Número de defunciones en una población o tiempo determinados: *mortalidad infantil.* ◇ **Tasa de mortalidad** Coeficiente que representa el cociente entre el número de defunciones observadas en una población, en un período de tiempo dado, y la cantidad de población en dicho período.

MORTANDAD s.f. Multitud de muertes causadas por una guerra, una epidemia, etc.

MORTECINO, A adj. (lat. *morticinus*). Se dice de lo que no tiene vigor o viveza: *luz mortecina.*

MORTERETE s.m. Almirez o utensilio parecido utilizado como instrumento músico. **2.** ARM. **a.** Pequeño mortero de bronce o hierro colado que sirve para probar la potencia de la pólvora. **b.** Antigua pieza pequeña de artillería.

MORTERO s.m. (lat. *mortarium*). Recipiente de material duro que sirve para machacar o reducir a pasta o a polvo especias, semillas, etc. **2.** Piedra plana y circular de los molinos de aceite, sobre la cual rueda el rulo para moler la aceituna. **3.** ARM. Arma de artillería destinada a efectuar tiros curvos con grandes ángulos de elevación. **4.** CONSTR. Mezcla pastosa a base de arena ligada por un aglomerante (cal o cemento), que sirve para dar trabazón a los ladrillos de una obra de albañilería.

■ **MORTERO** de 120 mm, en acción, durante la guerra del Golfo.

MORTÍFERO, A adj. Que ocasiona o puede ocasionar la muerte.

MORTIFICACIÓN s.f. Acción y efecto de mortificar o mortificarse. **2.** PATOL. Conjunto de fenómenos que causan una disminución de la vitalidad o la necrosis de los tejidos.

MORTIFICAR v.tr. y prnl. [1]. Privar de vitalidad alguna parte del cuerpo. **2.** *Fig.* Castigar el cuerpo con privaciones y penitencias. **3.** *Fig.* Afligir, humillar, molestar.

MORTINATALIDAD s.f. Número de nacimientos de niños muertos en una población y período determinados.

MORTINATO, A adj. y s. Se dice de la criatura que nace muerta.

MORTUORIO, A adj. Relativo al muerto o a las honras por él se hacen. ◆ s.m. Preparativos para enterrar a los muertos.

MORUCHO, A adj. y s.m. TAUROM. **a.** Se dice del toro de media casta brava, originario del campo de Salamanca. **b.** Se dice del toro negro.

MORUECO s.m. Carnero que se utiliza como semental.

MÓRULA s.f. EMBRIOL. Masa esférica con el aspecto de una mora que constituye uno de los primeros estadios del embrión animal.

MORULACIÓN s.f. EMBRIOL. Proceso de formación de la mórula.

MORUNO, A adj. Moro.

MORUSA s.f. *Fam.* Dinero, moneda corriente.

MOS s.m. (sigla inglesa de *metal oxide semiconductor,* semiconductor metal óxido). Transistor de efecto campo, con rejilla aislada por una capa de óxido de silicio, utilizado en los circuitos integrados.

1. MOSAICO s.m. y adj. Obra artística compuesta de trocitos de piedra, mármol, alfarería, esmalte, vidrio, etc., de diversos colores. **2.** AGRIC. Enfermedad vírica que ataca a ciertas plantas y produce en sus hojas manchas de diversos colores. **3.** BIOL. Conjunto de células yuxtapuestas en el mismo ser vivo, que no tie-

nen el mismo genoma. **4.** ENCUAD. Encuadernación caracterizada por la aplicación sobre la cubierta de un trozo de piel de diferente color que el del fondo. **5.** TELEV. Electrodo recubierto de corpúsculos fotoeléctricos aislados entre sí. ◆ s.m. Méx. Losa pequeña y cuadrada, generalmente con dibujo, que se usa para pavimentar pisos.

■ **MOSAICO** de la iglesia de San Apolinar Nuevo en Ravena; arte bizantino (s. VI).

2. MOSAICO, A adj. Relativo a Moisés, o al mosaísmo.

MOSAÍSMO s.m. Ley de Moisés, conjunto de preceptos e instituciones dados por Moisés al pueblo de Israel.

MOSAÍSTA adj. y s.m. y f. Relativo al mosaico; artista que hace mosaicos.

MOSANO, A adj. Relativo a Mosa. ◇ **Arte mosano** Arte, principalmente de dinanderie, orfebrería y esmalte, que se desarrolló durante la edad media en la región del Mosa medio e inferior.

MOSCA s.f. (lat. *musca*). Insecto pterigógeno, especialmente el que pertenece al orden dípteros. (La *mosca común* es dañina por los microbios que transporta en sus patas y en su trompa; la *mosca verde* y la *mosca azul* depositan sus huevos en la carne; la *mosca borriguera,* de *burro* o de *caballo,* parasita las caballerías; la *mosca de establo* pica al ser humano, al caballo y al buey; la *mosca tse-tse* transmite la enfermedad del sueño; la *mosca escorpión* tiene las alas moteadas de negro y el abdomen del macho termina en punta.) **2.** Pelo que le crece al hombre entre el labio inferior y la barbilla. **3.** *Fam.* Dinero. **4.** *Fig.* y *fam.* Moscón, persona pesada y molesta. **5.** *Fig.* y *fam.* Estado de disgusto o recelo: *está algo mosca.* **6.** PESC. Cebo artificial que imita un insecto. ◆ **moscas** s.f.pl. *Fig.* y *fam.* Chispas que saltan de la lumbre. ◇ **Hacer mosca** Méx. *Fam.* Estorbar la relación entre dos personas interponiéndose entre ellas: *mejor los dejo solos, no quiero hacer mosca.* **Mosca muerta** *Fig.* y *fam.* Persona de apariencia inofensiva o amable, pero que encubre malas intenciones o mal carácter. **Peso mosca** DEP. Boxeador de la categoría más ligera. **Por si las moscas** *Fam.* Por si acaso. **Sacudirse las moscas** *Fam.* Apartar de sí los problemas y estorbos. **Tener la mosca detrás de la oreja** *Fig.* Recelar o desconfiar de algo.

■ **MOSCA**

MOSCARDA s.f. Insecto díptero, semejante a una mosca grande, que se alimenta de carne muerta, sobre la cual la hembra deposita las larvas ya nacidas. (Familia califóridos.)

MOSCARDÓN s.m. Mosca grande y vellosa. SIN.: *estro.* **2.** Avispón. **3.** *Fig.* y *fam.* Moscón.

MOSCATEL adj. y s.m. (cat. *moscatell*). Se dice de una cepa que produce una uva blanca o morada, redondeada y muy dulce, con la que se elabora un vino del mismo nombre.

MOSCO, A adj. Se dice de la caballería de color muy negro con algunos pelos blancos entremezclados.

MOSCÓN s.m. *Fam.* Persona pesada y molesta, especialmente en requerimientos amorosos. SIN.: *moscardón.*

MOSCONEAR v.tr. *Fam.* Importunar.

MOSCOVITA adj. y s.m. y f. De Moscú o de la antigua Moscovia.

MOSÉN s.m. (cat. *mossèn,* mi señor). Tratamiento que se da a los clérigos en regiones de la antigua Corona de Aragón.

MOSQUEADO, A adj. Salpicado de pintas.

MOSQUEADOR s.m. Instrumento para ahuyentar las moscas. **2.** *Fig.* y *fam.* Cola de una caballería o de una res vacuna.

MOSQUEAR v.tr. y prnl. Ahuyentar las moscas. ◆ v.tr. *Fig.* y *fam.* Hacer que una persona se enoje. ◆ **mosquearse** v.prnl. *Fig.* y *fam.* Enojarse.

MOSQUEO s.m. *Fam.* Acción de mosquear o mosquearse.

MOSQUERO s.m. Haz de hierba o conjunto de tiras de papel atado a la punta de un palo para espantar las moscas. **2.** Manojo de hierba o tira engomada que se cuelga del techo para atraerlas y eliminarlas. **3.** Amér. Hervidero o abundancia de moscas.

MOSQUERUELA s.f. y adj. Variedad de pera pequeña, de carne granujienta y muy dulce.

MOSQUETA s.f. Papamoscas de pequeño tamaño que vive en árboles, arbustos y zonas abiertas. (Familia tiránidos.)

MOSQUETE s.m. (ital. *moschetto*). Arma de fuego portátil, empleada en los ss. XVI y XVII.

de rueda del s. XVII

de mecha del s. XVII

■ **MOSQUETES**

MOSQUETERÍA s.f. Descarga de mosquetes lanzada simultánea o sucesivamente. **2.** Conjunto de mosqueteros de un corral de comedias.

MOSQUETERIL adj. Relativo a la mosquetería de los corrales de comedias.

MOSQUETERO s.m. Soldado de infantería armado con mosquete. **2.** Gentilhombre que, en Francia (ss. XVII-XVIII), pertenecía a una de las dos compañías a caballo de la casa del rey. **3.** Espectador de los corrales de comedias, que veía la función de pie desde el fondo del patio.

MOSQUETÓN s.m. Sistema de enganche rápido, consistente en una anilla metálica que se abre y cierra mediante un muelle o resorte. **2.** Arma de fuego individual, más corta que el fusil, pero semejante a él.

MOSQUIL adj. Relativo a la mosca.

MOSQUITERO s.m. Pabellón de cama hecho de un tejido muy fino para impedir el acceso de mosquitos, insectos, etc. **2.** Bastidor de tela metálica ligera, que se coloca en las ventanas con igual fin. SIN.: *mosquitera.*

MOSQUITO s.m. (de *mosca*). Insecto del orden dípteros, de abdomen alargado y patas largas y frágiles, cuya hembra pica al ser humano y a los animales para alimentarse con su sangre. (Algunas especies transmiten enfermedades como el paludismo, el dengue o la fiebre amarilla.)

MOSQUITOS → MISQUITOS.

MOSSI, pueblo de Burkina Faso, que habita también en Costa de Marfil y habla una lengua voltaica.

MOSTACERO s.m. Recipiente para servir la mostaza en la mesa. SIN.: *mostacera.*

MOSTACHO s.m. (ital. *mostaccio*). Bigote, especialmente si es poblado. **2.** MAR. Cadena o cabo con que se sujeta el bauprés a las bandas.

MOSTACHÓN s.m. Bollo elaborado con almendras, avellanas o nueces frescas, harina y especias.

MOSTACILLA s.f. Munición del tamaño de la semilla de mostaza, empleada para cazar animales pequeños. **2.** Abalorio de cuentas menudas.

MOSTAJO s.m. Árbol de flores agrupadas en corimbos y fruto comestible. (Familia rosáceas.)

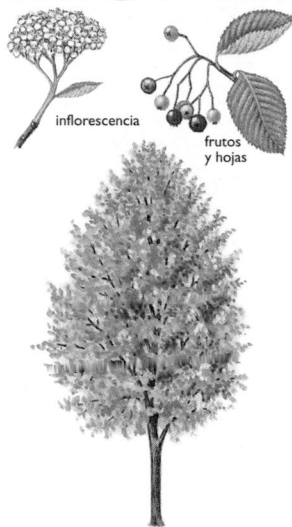

inflorescencia

frutos y hojas

■ MOSTAJO

MOSTAZA s.f. Planta herbácea de flores amarillas, muy común en Europa y Asia. (Se distinguen la *mostaza blanca* [género *Sinapsis*] y la *mostaza negra* [género *Brassica*]; familia crucíferas.) **2.** Semilla de esta planta. **3.** Condimento elaborado con esta semilla molida, agua, vinagre, plantas aromáticas, etc.

fruto o silicua

■ MOSTAZA

MOSTO s.m. (lat. *mustum*). Zumo de la uva o de la manzana, antes de fermentar. **2.** Zumo de ciertos frutos o vegetales con que se elaboran licores alcohólicos. **3.** Vino. ⬦ **Desliar el mosto** Separar el mosto de la lía.

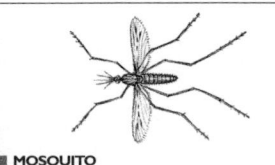

■ MOSQUITO

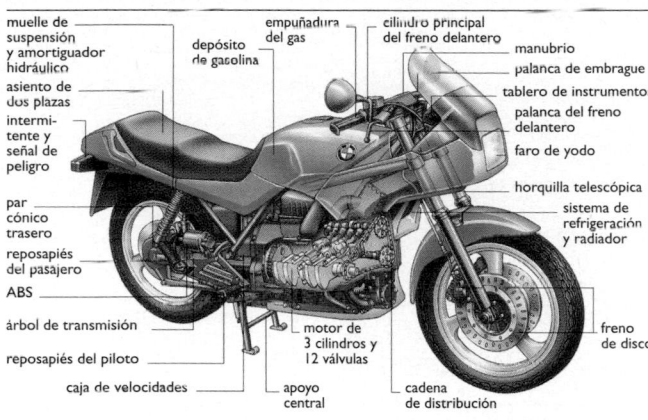

muelle de suspensión y amortiguador hidráulico

asiento de dos plazas

intermitente y señal de peligro

par cónico trasero

reposapiés del pasajero

ABS

árbol de transmisión

reposapiés del piloto

caja de velocidades

depósito de gasolina

empuñadura del gas

cilindro principal del freno delantero

manubrio

palanca de embrague

tablero de instrumentos

palanca del freno delantero

faro de yodo

horquilla telescópica

sistema de refrigeración y radiador

motor de 3 cilindros y 12 válvulas

apoyo central

cadena de distribución

freno de disco

■ **MOTOCICLETA** BMW K 75.

MOSTRADOR s.m. Mesa o tablero que hay en una tienda, un bar o establecimiento análogo para servir o presentar a los clientes lo que piden. **2.** Esfera del reloj o de cualquier otro aparato de medida.

MOSTRAR v.tr. (lat. *monstrare*) [17]. Exponer o enseñar a la vista una cosa para que sea observada o apreciada. **2.** Dejar ver algo sin propósito de hacerlo. **3.** Hacer patente un sentimiento, una manera de ser o un estado de ánimo: *mostrar preocupación.* **4.** Explicar algo o intentar hacerlo asequible. ◆ **mostrarse** v.prnl. Manifestarse o darse a conocer de alguna manera.

MOSTRENCO, A adj. (del ant. *mestengo*, de la mesta). Se dice de una cosa que está abandonada y no tiene dueño conocido. ◆ adj. y s. *Fig.* y *fam.* Ignorante o torpe. **2.** *Fig.* y *fam.* Se dice de la persona muy gorda y pesada.

MOTA s.f. Partícula de cualquier materia perceptible sobre un fondo. **2.** Dibujo pequeño y redondeado sobre un tejido: *un vestido verde con motas blancas.* **2.** Nudo pequeño que se forma en un tejido. **3.** *Fig.* Defecto leve. **4.** Terrón con que se cierra el paso del agua en un cauce. **5.** *Amér. Merid.* Cabello corto, ensortijado y crespo, como el de las personas de raza negra. **6.** *Méx. Fam.* Marihuana. **7.** METAL. Bloque de arena de la que un molde de fundición, separado de su chasis, en el cual se confecciona la impronta donde será colado el metal.

1. MOTE s.m. (fr. *mot*, palabra). Apodo que se da a una persona. SIN.: *motete.* **2.** Sentencia breve de sentido oscuro, expuesta en un verso, generalmente octosílabo. **3.** Chile y Perú. Error gramatical escrito o modo de hablar incorrecto.

2. MOTE s.m. *Amér.* Guiso de maíz desgranado, cocido y deshollejado. **2.** Chile. Postre de trigo quebrantado, después de haber sido cocido en lejía y deshollejado, que suele acompañarse con huesillos.

MOTEADO, A adj. Se dice de un mármol cuyos efectos decorativos son pequeños e irregulares. **2.** Se dice de un paño de tinte irregular o con motas. ◆ s.m. Enfermedad de las hojas y frutos. **2.** Aparición de manchas de colores en una película o capa de pintura. ⬦ **Madera moteada** Madera que presenta nudos muy seguidos.

1. MOTEAR v.tr. Salpicar de motas una tela.

2. MOTEAR v.intr. Perú. Comer mote.

MOTEJAR v.tr. Aplicar a alguien calificaciones y denominaciones despectivas.

MOTEL s.m. (voz angloamericana, acrónimo de *motor* y *hotel*). Hotel situado en las cercanías de una carretera de gran circulación, especialmente dispuesto para albergar a automovilistas.

1. MOTERO, A adj. y s. Se dice de la persona aficionada a las motos o al motociclismo.

2. MOTERO, A adj. y s. Chile. Que vende mote. ◆ adj. Chile. Relativo al mote.

1. MOTETE s.m. (occitano ant. *motet*). MÚS. Pieza vocal religiosa, al margen del ordinario de la misa, a una o varias voces y con acompañamiento instrumental o sin él.

2. MOTETE s.m. Mote, apodo. **2.** *Amér. Central, Antillas* y *Méx.* Lío o envoltorio. **3.** *Amér. Central, Antillas* y *Méx.* Cesto grande de tiras de bejuco que los campesinos llevan en la espalda.

MOTILAR v.tr. Cortar o rapar el pelo.

MOTILIDAD s.f. MED. Facultad de moverse ante determinados estímulos.

MOTILÓN, grupo de pueblos amerindios de lengua caribe que viven en la cordillera de Perijá (Colombia y Venezuela). [Son cazadores y cultivadores de mandioca y maíz; la mayoría, excepto los chakes, está extinguido o aculturizado.]

MOTÍN s.m. (fr. medieval *mutin*, revoltoso). Tumulto, movimiento o levantamiento popular contra la autoridad constituida, por lo general de poca envergadura, especialmente el de la tripulación o del pasaje contra el comandante de un buque y el de la tropa contra sus mandos.

MOTIVACIÓN s.f. Acción de motivar. **2.** Persona o cosa que motiva. **3.** ECON. Conjunto de factores que determinan el comportamiento de un agente económico. **4.** LING. Relación que el hablante establece entre el significante y el significado de una palabra. **5.** PSICOL. Conjunto de motivos que intervienen en un acto electivo.

MOTIVAR v.tr. Ser causa o motivo de algo. **2.** Explicar el motivo o razón de algo. ◆ v.tr. y prnl. Concienciar para realizar una acción.

MOTIVO, A adj. (lat. *motivus*, relativo al movimiento). Que mueve o puede mover. ◆ s.m. Causa o razón que determina que exista o se haga algo. **2.** B. ART. Tema básico de una ornamentación, de una figura, un grupo o un paisaje. **3.** LIT. Frase, objeto, idea o, especialmente, situación o incidente que aparece en distintas obras literarias y actúa como base para el desarrollo de un relato. **4.** MÚS. Grupo de elementos musicales que crea la unidad de una obra o de una parte de ella. **5.** PSICOL. Factor que interviene en el acto volitivo y que está constituido por un componente intelectual consciente, un valor, consciente o inconsciente, que atrae las tendencias y sentimientos. ◆ **motivos** s.m.pl. Chile. Dengues, melindres. ◆ s.m.

MOTMOT s.m. Ave de plumaje abundante y delicado que vive en los bosques tropicales de Brasil. (Familia momótidos.)

1. MOTO s.f. (apócope). *Fam.* Motocicleta.

2. MOTO s.m. Hito o mojón.

3. MOTO, A s. *Méx. Fam.* Persona adicta a la marihuana.

MOTOBOMBA s.f. Bomba aspirante impelente accionada por un motor.

MOTOCARRO s.m. Vehículo automóvil de tres ruedas para el transporte de carga ligera.

MOTOCICLETA s.f. Vehículo de dos ruedas impulsado por un motor de explosión. (Se abrevia *moto.*)

MOTOCICLISMO s.m. Deporte que agrupa las diferentes competiciones disputadas sobre motocicletas.

■ MOTOCICLISMO

MOTOCICLISTA s.m. y f. Motorista.

MOTOCICLO s.m. Vehículo automóvil de dos ruedas.

MOTOCROSS s.m. Modalidad de motociclismo que consiste en competir en velocidad por un terreno muy accidentado.

MOTOCULTIVO s.m. Utilización de máquinas motoras en la agricultura, especialmente en el cultivo de los campos. SIN.: *motocultura*.

MOTOCULTOR s.m. Arado automotor que controla a pie empujando un manubrio y que se utiliza en jardinería, horticultura y viticultura. SIN.: *motocultivador*.

MOTÓN s.m. (occitano *cap de moton,* cabeza de carnero). MAR. Caja ovalada de madera o metal con una abertura *(cajera)* en la que se coloca la roldana.

MOTONÁUTICA s.f. Arte de navegar a motor. **2.** Deporte de la navegación en embarcaciones a motor.

MOTONAVE s.f. Embarcación propulsada por medio de motores diésel.

MOTOPAVER s.m. Máquina utilizada en obras públicas para construir el firme, que realiza la mezcla de la gravilla y arena con el asfalto y la distribuye en una capa regular sobre la calzada.

MOTOPESQUERO s.m. Barco pesquero de motor.

MOTOPROPULSOR, RA adj. Se dice del conjunto de órganos y mecanismos que sirven para propulsar un vehículo.

MOTOR, RA adj. y s. (lat. *motor, -oris,* que mueve). Que produce movimiento. ◆ adj. Se dice de una estructura anatómica relacionada con el movimiento: *nervio motor*. **2.** F.C. Se dice del vehículo que, movido por un motor eléctrico o de explosión, sirve para la tracción o arrastre de otros automóviles: *unidad motora*. ◆ s.m. Sistema material que transforma en energía mecánica otras formas de energía. ◇ **Motor cohete** Propulsor de reacción utilizado en aviación y en astronáutica, que funciona sin recurrir al aire exterior para obtener su comburente. SIN.: *cohete*. **Motor de explosión** Motor cuya energía es producida por la expansión de un gas. **Motor de reacción** Motor en el cual la acción mecánica se realiza mediante la expulsión de un flujo gaseoso a gran velocidad. **Motor eléctrico** Motor que transforma la energía eléctrica en energía me-

cánica. **Motor lineal** Motor eléctrico que sirve para mover un vehículo y cuyo inducido es fijo mientras que el inductor, fijado al vehículo, se desplaza paralelamente al inducido. **Motor térmico** Motor que transforma la energía térmica en energía mecánica.
ENCICL. En los motores térmicos, la energía calorífica puede proceder de diversas fuentes (nuclear, solar, etc.), pero la más frecuente es la producida por la combustión de una mezcla de aire y combustible. Se distinguen los *motores de combustión externa*, en los que un fluido diferente del gas de combustión realiza un ciclo termodinámico generador de trabajo (turbinas de vapor, máquinas de vapor, motor Stirling, etc.) y los *motores de combustión interna*, en los que el fluido de trabajo está constituido por los mismos gases de combustión (motor de explosión, motor diesel, turbina de gas, turbopropulsor, turborreactor, estatorreactor o cohete).

MOTORA s.f. Embarcación pequeña de motor.

MOTORISMO s.m. Actividad del motorista.

MOTORISTA s.m. y f. Persona que lleva una motocicleta. SIN.: *motociclista*. **2.** Persona que participa en una prueba o competición de motociclismo. SIN.: *motociclista*. **3.** Policía que patrulla en motocicleta.

MOTORIZADO, A adj. MIL. Se dice de una unidad dotada de medios de transporte automóvil: *división motorizada*.

MOTORIZAR v.tr. y prnl. [7]. Dotar de motor una máquina. **2.** Proporcionar a alguien un vehículo de motor.

MOTORREACTOR s.m. Motor de reacción que, en lugar de turbina, utiliza un compresor accionado por un motor rotativo.

MOTORREDUCTOR s.m. Reductor de veloci-

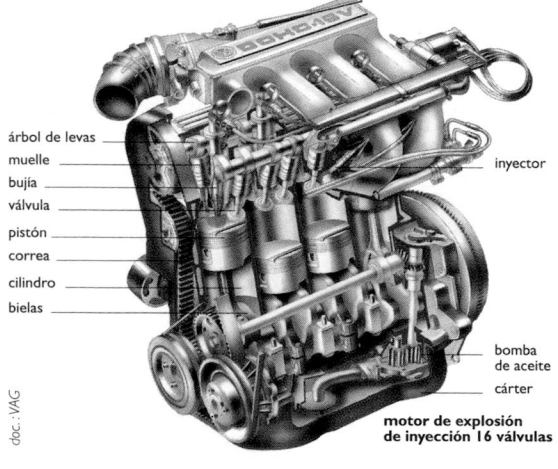

motor de explosión
de inyección 16 válvulas

árbol de levas
muelle
bujía
válvula
pistón
correa
cilindro
bielas
inyector
bomba
de aceite
cárter

doc.: VAG

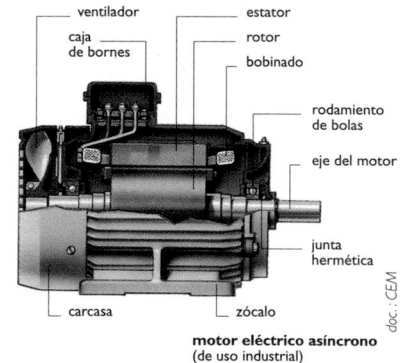

motor eléctrico asíncrono
(de uso industrial)

ventilador
caja
de bornes
estator
rotor
bobinado
rodamiento
de bolas
eje del motor
junta
hermética
carcasa
zócalo

doc.: CEM

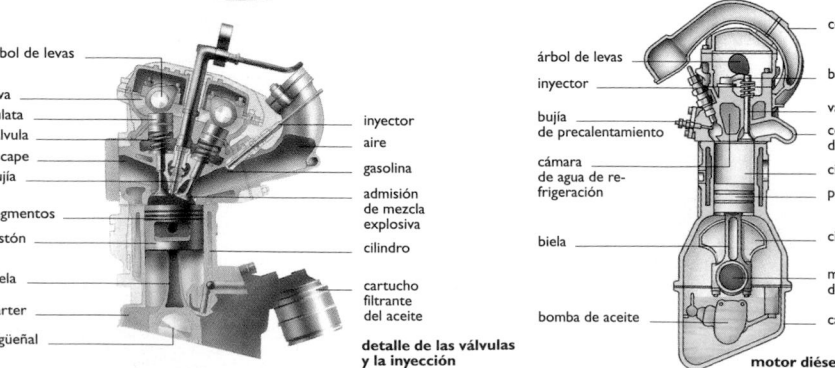

detalle de las válvulas
y la inyección

árbol de levas
leva
culata
válvula
escape
bujía
segmentos
pistón
biela
cárter
cigüeñal
inyector
aire
gasolina
admisión
de mezcla
explosiva
cilindro
cartucho
filtrante
del aceite

motor diésel

árbol de levas
inyector
bujía
de precalentamiento
cámara
de agua de refrigeración
biela
bomba de aceite
colector de admisión
balancín
válvula
colector
de escape
cilindro
pistón
cigüeñal
manecilla
del cigüeñal
cárter de aceite

doc.: Perkins

■ MOTORES

dad formado por un motor asincrónico acoplado a un reductor de engranajes planetarios equilibrados.

MOTOSO, A adj. y s. Amér. Merid. Motudo.

MOTOTRACTOR s.m. Máquina agrícola intermedia entre el tractor y el motocultivador.

MOTOVELERO s.m. Velero con un motor auxiliar.

MOTOZINTLECA, pueblo amerindio de la familia lingüística maya-zoque (SE del est. de Chiapas, México).

MOTRICIDAD s.f. Conjunto de las funciones de relación aseguradas por el esqueleto, los músculos y el sistema nervioso, que permiten los movimientos y el desplazamiento del ser humano y los animales.

MOTRIZ adj. Que mueve: *fuerza motriz.*

MOTU PROPRIO loc.adv. (voces latinas, *por propio movimiento*). Voluntariamente. ◆ s.m. y adj. Acto legislativo promulgado por el papa por su propia iniciativa.

MOTUDO, A adj. y s. Amér. Merid. Se dice del cabello dispuesto en forma de mota. **2.** Amér. Merid. Se dice de la persona que lleva el cabello de esta forma.

MOUNTAIN BIKE s.m. (voces inglesas) [pl. *mountain bikes*]. Bicicleta con ruedas con tacos, apta para terrenos accidentados.

MOUSSE s.m. o f. (voz francesa). Crema esponjosa, dulce o salada, elaborada con claras de huevo batidas y otros ingredientes mezclados: *mousse de chocolate.*

MOUTON s.m. (voz francesa). Piel de cordero curtida y tratada que se utiliza en la confección de prendas de vestir.

MOVEDIZO, A adj. Fácil de ser movido. **2.** Inseguro. **3.** *Fig.* Inconstante, voluble. ◆ s.m. Ave de garganta y pecho de color gris oliváceo, vientre amarillo y pecho verde, que vive en las selvas subtropicales de América Meridional. (Familia tiránidos.)

MOVER v.tr. y prnl. (lat. *movere*) [30]. Hacer que un cuerpo o parte de él cambie de posición o de situación: *mover la cabeza.* **2.** *Fig.* Inducir a hacer determinada acción: *me mueve el deseo de ayudar.* **3.** *Fig.* Comunicar, imprimir: *mover al llanto.* **4.** *Fig.* Suscitar, promover: *mover una polvareda de comentarios.* ◆ v.intr. Empezar a echar brotes las plantas. **2.** Abortar o parir antes de tiempo. ◆ **moverse** v.prnl. Darse prisa: *si no te mueves, llegaremos tarde.* **2.** *Fig.* Realizar gestiones para conseguir algo. **3.** *Fig.* Tener desenvoltura: *se mueve bien en los ambientes distinguidos.*

MOVIDA s.f. Metida, yemas y brotes subsiguientes a cada período de la actividad de una planta. **2.** Esp. Fam. Movimiento cultural surgido en Madrid en la década de 1980 que se caracterizó por la búsqueda de una nueva versión de los gustos mediante gestos de transgresión corrosivos, absurdos y blasfemos. **3.** Esp. Fig. y fam. Confusión, lío. **4.** Esp. Fam. Juerga, animación. **5.** Venez. Fig. y fam. Situación, estado de ánimo, gestión.

MOVIDO, A adj. Agitado, activo: *he tenido un día movido; viaje movido.* **2.** Amér. y Chile. Enteco, raquítico. **3.** FOT. Se dice de la prueba que sale borrosa por culpa de un movimiento durante el tiempo de exposición. **4.** TAUROM. Se dice de la suerte o del toreo que se practica sin quietud en los pies. ◆ s.m. Aborto, feto.

MÓVIL adj. (lat. *mobilis*). Que puede moverse o ser movido: *unidad móvil.* **2.** Que no tiene estabilidad o permanencia. ◆ adj. y s.m. Se dice del timbre o sello que se aplica a un documento, en lugar de estamparse. **2.** Se dice del teléfono portátil autónomo que se puede efectuar o recibir llamadas desde cualquier punto, dentro de un área de cobertura determinada. GEOSIN.: Amér. *celular.* ◆ s.m. Cuerpo en movimiento. **2.** Motivo, causa. **3.** B. ART. Tipo de obra de arte, ideada por A. Calder, cuyos componentes, por lo general metálicos, se mueven por la acción del aire o del viento. **4.** DER. Causa psicológica de un acto. ◇ **Fiestas móviles** Fiestas cristianas cuya fecha varía en función de la fecha de la Pascua de resurrección. **Letra,** o **tipo, móvil** IMPR. Letras separadas, que se juntan una a una para la composición.

MOVILIDAD s.f. Cualidad de movible.

MOVILIZACIÓN s.f. Acción y efecto de movilizar. **2.** MED. Maniobra quirúrgica para liberar un órgano de sus adherencias normales o patológicas.

MOVILIZAR v.tr. [7]. Poner en actividad o movimiento tropas, partidos políticos, capitales, etc. **2.** Poner en práctica un recurso para conseguir un fin.

MOVIMIENTO s.m. Acción de mover o moverse. **2.** Agitación, circulación, animación: *movimiento de precios; movimiento migratorio.* **3.** *Fig.* Impulso, pasión. **4.** *Fig.* Conjunto de manifestaciones artísticas, ideológicas o culturales que tienen las mismas características en distintos autores de la misma época: *movimiento artístico.* **5.** ASTRON. Marcha real o aparente de los cuerpos celestes. **6.** DEP. Cada una de las posiciones corporales o fases de una tabla o ejercicio. **7.** FÍS. Estado de un cuerpo cuya posición con relación a un sistema de referencia fijo es constante. **8.** FISIOL. Acto mecánico que implica el desplazamiento de los miembros. **9.** MÚS. **a.** Grado de rapidez o de lentitud en que debe interpretarse un fragmento musical. **b.** Fragmento de una sonata o sinfonía. **10.** POL. Tendencia, grupo político, o alianza de varios de estos: *movimientos libertarios.* ◇ **Movimiento absoluto** Movimiento de un cuerpo considerado con respecto a unos puntos de referencia fijos. **Movimiento continuo** Movimiento de una máquina hipotética que sería capaz de funcionar indefinidamente sin gasto de energía. **Movimiento obrero** Historia de las luchas de la clase obrera en pro de su emancipación. **Movimiento ondulatorio** Propagación de una vibración periódica con transporte de energía. **Movimiento relativo** Movimiento de un cuerpo considerado con respecto a un sistema de referencia que no es necesariamente fijo. **Movimiento uniforme** Movimiento cuya velocidad es numéricamente constante. **Movimiento uniformemente acelerado** Movimiento en el que el espacio recorrido es una función de segundo grado del tiempo.

MOVIOLA s.f. (marca registrada). CIN. y TELEV. Aparato de visión individual para contemplar una película, que puede desplazarse a diferentes cadencias, detenerse o rebobinarse, utilizado en operaciones de montaje.

MOXA s.f. (jap. *mōkusa*, der. de *moe kusu*, hierba para quemar). Práctica terapéutica propia de la medicina antigua de los pueblos orientales, principalmente de China, que consiste en la cauterización por medio de sustancias terapéuticas en estado de ignición.

MOXO o **MOJO,** pueblo amerindio amazónico agricultor de Bolivia, de lengua arawak. (Ofrecieron gran resistencia en 1881 a su asimilación y explotación.)

MOYA s.m. Chile. Fulano, cualquier persona.

MOYO s.m. (lat. *modius*). Unidad de medida de capacidad equivalente a 258 litros, usada especialmente para el vino.

MOZALBETE s.m. Mozuelo, muchacho.

MOZÁRABE adj. y s.m. y f. (ár. *mustā'rib*, p. activo de *'ista'rab*, hacerse semejante a los árabes). De la población de la España musulmana que conservó la religión cristiana. ◆ adj. y s.m. Se dice de un conjunto de dialectos románicos hablados por la población de la península Ibérica bajo dominio musulmán. ◇ **Arte mozárabe** Arte de las comunidades cristianas sometidas a la dominación musulmana tras la conquista de la península Ibérica, que se extendió también por los territorios liberados del norte. **Rito,** o **liturgia, mozárabe** Conjunto de ritos, propios de las iglesias de España, que se crearon a partir del s. V, alcanzaron su organización definitiva en el s. VII, fueron abolidos en el s. XI y restaurados, en ciertas zonas, en el s. XVI. SIN.: *liturgia visigótica.* (V. ilustr. pág. siguiente.)

ENCICL. Los mozárabes gozaron de amplia autonomía interna: estaban administrados por un *comes* de origen visigodo, la justicia era ejercida según leyes propias y los impuestos eran recaudados por ellos mismos. Su única supeditación al islam radicaba en el establecimiento de los impuestos y designación de las autoridades mozárabes por parte del emir. La tolerancia musulmana se interrumpió solo durante el reinado de 'Abd al-Rahman II (episodio de los mártires mozárabes). Las migraciones hacia los reinos cristianos del N y las conversiones al islam mermaron las comunidades mozárabes. Los continuos viajes de monjes entre al-Andalus y los reinos cristianos explican la difusión de conocimientos científicos orientales en la Marca Hispánica.

B. ART. El arte mozárabe presenta dos manifestaciones principales: la arquitectura y la miniatura, que sintetizan las formas y modelos visigodos con elementos islámicos y cristianos orientales. Las edificaciones se caracterizan por el empleo del arco de herradura califal y por la variedad de plantas. Destacan San Miguel de la Escalada y Santiago de Peñalba, en León, y Santa María de Lebeña, en Santander.

MOZARARÍA s.f. Población mozárabe de una ciudad o región.

MOZO, A adj. y s. Se dice de la persona joven y soltera. ◆ s.m. Hombre que presta ciertos servicios domésticos o públicos que no constituyen ningún oficio especializado. **2.** En la marina mercante, el marinero de segunda o de ínfima categoría. **3.** Esp. Joven alistado al servicio militar, desde que es sorteado hasta que ingresa en la caja de reclutamiento. ◇ **Mozo de estoques** Persona que cuida de las espadas del matador de toros y le sirve como criado de confianza.

MOZÓN, NA adj. Perú. Bromista, burlón.

MOZONADA s.f. Perú. Broma, chanza.

MOZONEAR v.intr. Perú. Bromear.

MOZUELO, A s. Fam. Muchacho.

MOZZARELLA s.f. (voz italiana). Queso fresco, blando y de color blanco que se elabora con leche de búfala o de vaca y es típico de la cocina italiana.

MP3 s.m. (abrev. del ingl. *moving picture experts group audio layer 3*). INFORMÁT. Formato de compresión digital para la transmisión rápida de archivos de audio a través de Internet.

MTS, antiguo sistema de unidades, cuya base eran el *metro* (longitud), la *tonelada* (masa) y el *segundo* (tiempo).

MU Onomatopeya de la voz de las reses vacunas. ◆ s.m. Mugido.

MUARAR v.tr. Tratar la superficie de ciertos metales, tejidos u otras materias para que presenten aguas o visos.

MUARÉ, MOARÉ o **MOER** s.m. (fr. *moiré*, de *moire*, paño o piel de cabra). Tela cuya superficie produce reflejos, aguas o visos cambiantes. **2.** Efecto de la luz análogo al que produce este tejido.

MUAY s.m. Argent. Insecto colorado más irritante que la cantárida europea.

MUCAMO, A s. Amér. Merid. Criado, sirviente. **2.** Argent. En hospitales y hoteles, persona encargada de la limpieza.

MUCETA s.f. (dim. del ant. *muça*). Capa corta o esclavina que usan prelados y otros eclesiásticos como señal de su dignidad, y doctores y licenciados como distintivo académico.

MUCHACHADA s.f. Acción propia de muchachos. SIN.: *muchachería.* **2.** Conjunto de muchachos. SIN.: *muchachería.*

MUCHACHIL adj. Relativo a los muchachos, o que es propio de ellos.

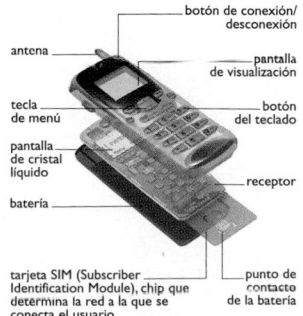

— botón de conexión/ desconexión
antena
pantalla de visualización
tecla de menú
botón del teclado
pantalla de cristal líquido
receptor
batería
tarjeta SIM (Subscriber Identification Module), chip que determina la red a la que se conecta el usuario
punto de contacto de la batería

■ **MÓVIL.** Estructura de un teléfono móvil.

MUCHACHO, A adj. y s. (del ant. *mocha-cho*). Adolescente, joven. ◆ s. *Fam.* Se usa para dirigirse a una persona de cualquier edad con la que se tiene confianza: *¿cómo va, mucha-cha?* ◆ s.m. Chile. CARPIN. Cárcel para pegar dos piezas de madera. ◆ s.f. Empleada del servicio doméstico.

MUCHEDUMBRE s.f. (de *mucho*). Gran cantidad de personas.

MUCHIGAY s.m. Colomb. Ser pequeño.

MUCHITANGA s.f. Perú y P. Rico. Populacho. **2.** P. Rico. Grupo de muchachos que hace mucho ruido.

1. MUCHO adv.c. Con gran intensidad o frecuencia; en grado elevado: *querer, llover, estudiar mucho; el cine le gusta mucho.* ◇ **Como mucho** Señala el límite superior en un cálculo aproximado. **Muy mucho** *Fam.* Expresión enfática con el significado de mucho. **Ni con mucho** Expresa la gran diferencia que hay de una cosa a otra. **Ni mucho menos** Se usa para negar rotundamente. **Por mucho que** Aunque.

2. MUCHO, A adj. y pron.indef. Que abunda en cantidad o es muy intenso *mucho dinero; mucha alegría; muchas aventuras.*

MUCILAGINOSO, A adj. Que contiene mucílago. **2.** Que tiene la consistencia del mucílago.

MUCÍLAGO s.m. (lat. *mucilago, -aginis,* mucosidad). Sustancia presente en numerosos vegetales, rica en glúcidos, que se hincha en contacto con el agua y se utiliza para la elaboración de ciertas soluciones viscosas. (Las algas son particularmente ricas en *mucílago*). **2.** FARM. Sustancia viscosa que se usa como laxante.

MUCINA s.f. Principal constituyente orgánico del moco.

MUCO s.m. Bol. Maíz mascado que se hace fermentar para fabricar la chicha.

MUCOLÍTICO, A adj. y s.m. FARM. Se dice de la sustancia o medicamento que elimina el moco o las mucosidades.

MUCOSA s.f. y adj. Membrana con abundantes papilas y orificios glandulares que recubre las paredes interiores de ciertos órganos del cuerpo de los animales (fosas nasales, tubo digestivo, etc.) que están, directa o indirectamente, en contacto con el exterior.

MUCOSIDAD s.f. Secreción viscosa elaborada por las glándulas de una mucosa.

MUCOSO, A adj. (del lat. *muccus*, moco). Semejante al moco: *sustancia mucosa.* **2.** Se dice del órgano u organismo que tiene o produce moco o mucosidades.

MUCOVISCIDOSIS s.f. Enfermedad hereditaria recesiva que se caracteriza por una excesiva viscosidad de las secreciones de las glándulas mucosas exocrinas y provoca trastornos digestivos y respiratorios crónicos.

MUCRE adj. Chile. Acre, áspero.

MUCRÓN s.m. BOT. Prolongación en forma de punta corta y rígida de un órgano vegetal.

MÚCURA s.f. Bol., Colomb. y Venez. Ánfora de barro para transportar agua y conservarla fresca. ◆ adj. Colomb. Tonto.

MUCUS s.m. (lat. *muccus*). BIOL. Moco.

MUDA s.f. Renovación de los tegumentos (plumaje, pelo, piel, etc.) de ciertos animales, que se produce durante el crecimiento o por influencia de las condiciones del medio. **2.** Época del año en que se realiza este cambio. **3.** Cambio en el timbre de la voz de los jóvenes en la pubertad. **4.** Despojo del animal que ha mudado. SIN.: *exuvio.* **5.** Juego de ropa interior que se usa y cambia de una vez.

MUDABLE adj. Que puede mudar. **2.** Que cambia con gran facilidad. SIN.: *mudadizo.*

MUDADA s.f. Amér. Muda de ropa. **2.** Amér. Mudanza de domicilio.

MUDANZA s.f. Acción y efecto de mudar o mudarse. **2.** Traslado de muebles o enseres de un lugar a otro por cambio de domicilio. **3.** Inconstancia en los sentimientos u opiniones. **4.** COREOGR. Cierto número de movimientos que se hacen a compás en los bailes.

1. MUDAR v.tr. e intr. (lat. *mutare*, cambiar). Cambiar el aspecto, la naturaleza, el estado, etc. ◆ v.tr. Realizar la muda ciertos animales. ◆ v.tr. y prnl. Quitar a alguien la ropa que viste y ponerle otra. ◆ v.intr. y prnl. Trasladar los muebles o enseres de un lugar a otro por cambio de domicilio. ◆ **mudarse** v.prnl. *Fam.* Irse alguien del lugar en que estaba.

2. MUDAR s.m. (voz inglesa). Arbusto originario de la India, de cuya raíz, roja por fuera y

blanca en su interior, se extrae un jugo empleado como emético y contraveneno.

MUDAY s.m. Chile. Chicha de maíz o cebada.

MUDÉJAR adj. y s.m. y f. (ár. *mudáÿÿan,* aquel a quien se ha permitido quedarse). De la población musulmana de la península Ibérica que vivía en un zona reconquistada por los cristianos. ◇ **Arte mudéjar** Arte de los musulmanes que vivían en los territorios cristianos de la España de los ss. XII-XVI.
ENCICL. Jurídicamente eran mudéjares los musulmanes «moros» que vivían en territorio gobernado por cristianos conservando la religión propia. El paso de mudéjares a moriscos fue escalonado: con conversiones individuales (frecuentemente sinceras) del s. XII al XVI, y masivas a partir del s. XV. A raíz de la capitulación de Granada (1492) se estableció que los reyes Católicos y sus descendientes respetasen los ritos, costumbres y bienes musulmanes; pero Cisneros, enviado a Granada en 1499, destruyó sus libros, deportó a los recalcitrantes y ordenó la conversión por la fuerza de los que quisieran permanecer en la Península.
B. ART. El arte mudéjar se centra fundamentalmente en las dos Castillas, León, Andalucía, Aragón y, en menor medida, Valencia y Extremadura. Se caracteriza por la simbiosis que realiza entre elementos y fórmulas artísticas cristianas y musulmanas. En la arquitectura destaca el empleo de materiales como el ladrillo, el yeso y la madera: Santa Eulalia, San Lorenzo, San Lucas y el Cristo de la Vega, en Toledo; San Lorenzo, en Sahagún, y San Lorenzo, en Toro; las sinagogas de Santa María la Blanca y del Tránsito, en Toledo; las Huelgas de Burgos; Santa María de Teruel y San Pablo, en Zaragoza; capilla real de la mezquita, en Córdoba; San Pablo y el Alcázar, en Sevilla. En la cerámica sobresale la loza de reflejo metálico (Manises, Paterna, Teruel y Muel) y la de cuerda seca (Sevilla y Toledo). El arte mudéjar se proyectó en Hispanoamérica desde el s. XVI: iglesia de Huejotzingo, en México, iglesia de Santa Clara, en Tunja (Colombia), palacio de Torre Taple en Lima, iglesia de San Francisco, en Santa Fe (Argentina).

MUDEZ s.f. Silencio deliberado y persistente. **2.** MED. Imposibilidad de hablar a consecuencia de lesiones en los centros nerviosos o en los órganos de fonación.

■ EL ARTE MOZÁRABE

El momento de máximo esplendor del arte mozárabe se produjo en el s. X, cuando se fijaron diversos asentamientos al norte del Duero y en el alto Ebro. En el arte, como en la ciencia, puede considerarse a los mozárabes como puente entre dos culturas, y gracias a ellos el bagaje cultural de occidente se vio enriquecido con la tecnología árabe, la ciencia helenística y la filosofía griega, preservadas estas últimas por los copistas árabes.

Santiago de Peñalba. Esta iglesia, erigida entre 931 y 937 en Ponferrada, presenta planta de una sola nave, con ábsides en cada extremo.

San Miguel de la Escalada. Los arcos geminados, en la fachada lateral de la iglesia, son uno de los elementos repetidos en la arquitectura mozárabe.

Miniatura. Los *Comentarios al Apocalipsis* (s. XI) del Beato de Liébana son una muestra de la gran calidad alcanzada por la miniatura mozárabe.

■ El arte mudéjar

Una de las características especiales del arte mudéjar es su anticlasicismo, por su carencia de toda norma y sentido orgánico, y su carácter fundamentalmente ornamental. Destaca en este estilo la estructura y decoración de ladrillo y cerámica de las torres campanario de las iglesias aragonesas, directamente sugeridas en muchos casos por el alminar musulmán o las técnicas de arquerías, yeserías y artesonados próximos al gótico. Elementos, todos ellos, desarrollados tanto en edificios civiles como religiosos.

Sevilla. El salón de embajadores de los Reales alcázares (1360), que alberga un rico artesonado basado en motivos geométricos, se comunica con el patio de las muñecas a través de tres grandes arcos de herradura.

Toledo. La sinagoga del Tránsito (iniciada en 1357) consta de una nave rectangular, con arquerías sostenidas por columnas de mármol de diversos colores y una intrincada decoración con motivos policromos en los muros.

Teruel. El gótico mudéjar tiene en la torre de la iglesia de san Martín (s. XIV) uno de sus más claros ejemplos. De planta cuadrada, destaca su decoración de cerámica vidriada.

MUDO, A adj. y s. (lat. *mutus*). Se dice de la persona que no puede hablar por defecto físico. ◆ adj. Se dice de la persona que no quiere hablar cuando debería hacerlo. *permaneció mudo.* **2.** Se dice de lo que no emite el sonido que le es propio: *las campanas permanecieron mudas.* **3.** Se dice de una letra que se escribe pero no se pronuncia. (La *h* del español *humo*, *hombre*, es una *h* muda.) **4.** Se dice del mapa que no lleva nada escrito. ◆ s. HIST. Esclavo de procedencia nórdica que pertenecía a la guardia palatina de la Córdoba omeya y que no hablaba ninguno de los idiomas peninsulares. ◇ **Cine mudo** Cine sin registro de palabra ni sonido. **Escena muda** TEATR. Acción de uno o varios personajes que expresan sus sentimientos por medio de la mímica.

MUDRA s.f. (voz sánscrita, *sello*). Gesto ritual efectuado con las manos y los dedos en las danzas tradicionales de la India, que posee un significado religioso o simbólico.

MUEBLAJE s.m. Moblaje.

MUEBLAR v.tr. Amueblar.

MUEBLE s.m. (lat. *mobilis*, movible). Objeto que equipa o adorna una casa, oficina, etc., especialmente el que se apoya en el suelo. **2.** HERÁLD. Figura pequeña representada en un escudo, como una flor de lis, un anillo, un animal, etc. ◇ **Bien mueble** DER. Bien que puede ser trasladado de un lugar a otro sin detrimento a su naturaleza.

MUEBLERÍA s.f. Establecimiento donde se fabrican o se venden muebles.

MUECA s.f. (fr. ant. *moque*, burla). Gesto del rostro con el que se expresa algún sentimiento o estado.

MUECÍN s.m. (fr. *muezzin*). Almuecín.

MUELA s.f. (lat. *mola*, muela de molino). Diente lateral, situado tras los caninos, que sirve para triturar el alimento. **2.** Cuerpo sólido, de origen natural o artificial, que actúa por abrasión y se emplea en numerosos trabajos. **3.** Piedra en forma de disco que se usa para afilar herramientas. **4.** AGRIC. Piedra de molino que gira sobre otra fija para triturar el grano. **5.** GEOGR. Cerro escarpado, alto y con la cima plana, de poca extensión. **6.** HIDROL. Unidad de medida de capacidad equivalente a la cantidad de agua necesaria para hacer funcionar una rueda de molino.

1. MUELLE s.m. (cat. *moll*). Orilla de un curso de agua o de un puerto especialmente dispuesta para la circulación de vehículos y para la carga y descarga de mercancías. **2.** Andén de una estación ferroviaria. **3.** Instalación fija o móvil, a la misma altura que la caja de un camión o un vagón de tren, que facilita la carga y descarga de mercancías.

2. MUELLE s.m. (lat. *mollis*). Resorte, pieza elástica capaz de desarrollar una fuerza aprovechable al deformarse y recuperar su posición natural. ◆ adj. Blando, cómodo: *sillón muelle.*

MUELO s.m. (de *moler*). Montón de grano limpio que se forma sobre la era, en especial el que tiene forma cónica. **2.** Almiar.

MUENGA s.f. Chile. Molestia.

MUENGO, A adj. Cuba y P. Rico. Se dice de la persona o animal al que le falta una oreja.

MUERA s.f. Sal común.

MUÉRDAGO s.m. (lat. tardío *mordicus*, mordedor). Planta de flores apétalas que vive parásita en las ramas de algunos árboles (álamo, manzano o raras veces encina) y cuyo fruto, blanco, contiene una sustancia viscosa llamada *liga*.

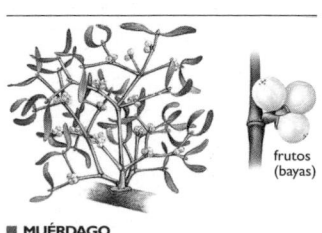

frutos (bayas)

■ **MUÉRDAGO**

MUERDO s.m. *Fam.* Mordisco.

MUÉRGANO s.m. (del ant. *uérgano*, órgano, del lat. *organum*). Colomb. y Venez. Objeto inútil o invendible. **2.** Méx. Dulce hecho con trocitos cuadrados de harina de trigo fritos y pegados unos con otros con miel. **3.** ZOOL. Navaja. SIN.: *muergo.* ◆ adj. y s. Ecuad. Tonto.

MUERGO s.m. (del ant. *uérgano*, órgano, del lat. *organum*). ZOOL. Navaja.

MUERMERA s.f. Arbusto cuyas hojas se emplean contra el muermo. (Familia ranunculáceas.)

MUERMO s.m. (lat. *morvus*, enfermedad). Enfermedad contagiosa de los equidos, con frecuencia mortal, transmisible al ser humano y debida a un bacilo que produce ulceraciones en las fosas nasales. (Los animales que padecen *muermo* deben ser sacrificados.) **2.** Esp. *Fig.* Persona o cosa pesada y aburrida. **3.** Esp. *Fig. y fam.* Aburrimiento.

MUERMOSO, A adj. Se dice del animal o la persona que padece muermo.

MUERTE s.f. (lat. *mors, mortis*). Acción o hecho de morir o dejar de vivir: *fallecer de muerte natural.* **2.** Homicidio. **3.** Personificación de la muerte, generalmente en forma de esqueleto llevando una guadaña. **4.** *Fig.* Destrucción, aniquilamiento: *un panorama de desolación y muerte.* ◇ **A muerte** Hasta la total destrucción de una de las partes: *combate a muerte;* en extremo: *odiarse a muerte.* **De mala muerte** Se dice de lo que tiene poco valor o importancia: *un antro de mala muerte.* **De muerte** Muy grande: *un susto de muerte.* **Muerte aparente** Estado de la persona o animal que parecen estar muertos debido a una disminución extrema de las funciones vitales. **Muerte cerebral** Estado de inactividad cerebral permanente en un ser vivo. **Muerte civil** DER. Privación perpetua de todos los derechos civiles y políticos de una persona. **Muerte eterna** REL. Privación de la bienaventuranza eterna. **Muerte súbita, o repentina** Fallecimiento inesperado de una persona que aparentemente tiene buena salud, cuya causa (afección cardiaca, por ej.) es desconocida o solo se diagnostica después de la autopsia.

MUERTO, A adj. y s. (lat. *mortuus*). Que ha dejado de vivir. ◆ adj. Que está privado de animación, con poca gente y poca actividad: *la*

701

ciudad aparece muerta los fines de semana. **2.** CONSTR. Se dice del yeso o la cal apagados con agua. ◆ **s.m.** Cosa que resulta molesta para alguien en determinado momento. ◆ **muertos** s.m.pl. MAR. Maderos resistentes colocados en tierra para entablar o formar una armazón u otra cosa. ◇ **Echarle a alguien el muerto** Atribuirle la culpa de algo; hacerle cargar con un trabajo o responsabilidad que otros no quieren. **Medio muerto** Muy cansado. **Muerto de hambre** Persona miserable o sin recursos.

MUESCA s.f. (del ant. *moscar,* del lat. *morsiscare,* mordiscar). Hueco que se hace en una cosa para encajar otra. **2.** Incisión o corte hecho como señal.

MUESLI s.m. Mezcla de copos de cereales, fruta deshidratada y frutos secos que se toma con leche, yogur o zumo, normalmente en el desayuno.

MUESTRA s.f. Pequeña cantidad de algo, en especial de un tejido orgánico, una sustancia, etc., que sirve para experimentar o conocer sus propiedades o cualidades: *muestra de sangre.* **2.** Producto o porción del mismo que se ofrece para darlo a conocer: *en la perfumería regalan muestras de colonia.* **3.** *Fig.* Prueba, señal: *muestra de cariño.* **4.** Modelo que se copia o imita. **5.** Dibujo u objeto que se colocaba en la puerta de una tienda para anunciar la clase de mercancía que vendía. **6.** En algunos juegos de naipes, carta que se vuelve o se enseña, una vez servidos los jugadores, y con que se señala el palo de triunfo. **7.** ESTADÍST. Fracción representativa de una población o de un universo estadístico.

MUESTRARIO s.m. Conjunto de muestras de mercancía.

MUESTREO s.m. Acción de escoger muestras. **2.** Técnica empleada para esta selección. **3.** ESTADÍST. Estudio de la distribución de determinadas características de una población que se realiza sobre una muestra representativa de la misma.

MUFLA s.f. (fr. *moufle*). Parte refractaria de un horno en la cual se disponen los productos para protegerlos de la acción directa del fuego o de la acción oxidante del aire.

MUFLÓN s.m. Rumiante salvaje de las montañas de Europa y de América del Norte, parecido al carnero pero de mayor tamaño. (Familia bóvidos).

■ MUFLÓN

MUFTÍ s.m. (voz árabe). Jurisconsulto musulmán con autoridad pública y cuya decisión es considerada ley.

1. MUGA s.f. (vasc. *muga*). Mojón, piedra o señal que marca el límite de una propiedad o un territorio, o sirve de guía en un camino o una carretera.

2. MUGA s.f. Acción y efecto de mugar.

MUGAR v.intr. [2]. Desovar. **2.** Fecundar las huevas en los peces y anfibios.

MUGIDO s.m. Voz de las reses vacunas. **2.** *Fig.* Sonido semejante producido por una persona o por el mar, el viento, etc.

MÚGIL s.m. (lat. *mugil*). Mújol.

MUGIR v.intr. (lat. *mugire*) [43]. Dar mugidos la res vacuna. **2.** *Fig.* Producir un sonido semejante una persona, el mar, el viento, etc.

MUGRE s.f. (del ant. *mugor,* suciedad, moho, del lat. *mucor, -oris,* moho del vino). Suciedad, generalmente grasienta.

MUGRIENTO, A adj. Lleno de mugre. SIN.: *mugroso.*

MUGRÓN s.m. (lat. vulgar *mergoro, -onis*). Sarmiento de vid o de otra planta, de bastante longitud, que se entierra por su parte media sin separarla de la planta madre. **2.** Vástago de cualquier planta.

MUGUET s.m. (voz francesa, *muguete*). Enfermedad de las mucosas, causada por un hongo, que se desarrolla sobre todo en la boca de los recién nacidos. **2.** Muguete.

MUGUETE s.m. (fr. *muguet*). Planta liliácea de pequeñas flores blancas, de olor dulce y agradable, que crece en bosques de países templados. SIN.: *muguet.*

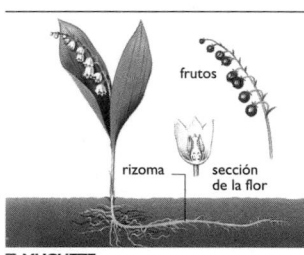

frutos

rizoma | sección de la flor

■ MUGUETE

MUIMUY s.m. → MUY MUY.

MUINA s.f. Méx. Enojo, disgusto.

MUITÚ s.m. Ave galliforme de América Meridional. (Familia crácidos).

MUJAHIDDIN o **MUŶAHIDŪN** s.m. (voz árabe, *combatientes,* de *ŷihād,* guerra santa). Combatiente de diversos movimientos de liberación nacional del mundo musulmán.

MUJER s.f. (lat. *mulier, -eris*). Hembra de la especie humana. **2.** Persona adulta del sexo femenino. **3.** Esposa. ◇ **Mujer de su casa** Mujer que cuida con eficiencia del gobierno de la casa.

MUJERERO, A adj. Amér. Mujeriego.

MUJERIEGO, A adj. Mujeril. ◆ adj. y s.m. Se dice del hombre que conquista o intenta seducir a muchas mujeres.

MUJERIL adj. Relativo a la mujer. SIN.: *mujeriego.*

MUJERÍO s.m. Conjunto de mujeres.

MUJERONA adj. y s.f. Se dice de la mujer muy alta y corpulenta.

MUJERUCA s.f. *Desp.* Mujer vieja e insignificante, generalmente de pueblo.

MUJERZUELA s.f. *Desp.* Prostituta.

MUJIK s.m. (voz rusa) [pl. *mujiks*]. Campesino ruso.

MÚJOL s.m. (voz catalana). Pez de cabeza grande y labios muy gruesos con verrugas, muy apreciado por su carne y sus huevas. SIN.: *múgil.*

1. MULA s.f. (lat. *mula*). Méx. Ficha doble del dominó: *mula de seises.*

2. MULA s.f. (lat. *mulleum*). Pantufla blanca y con una cruz bordada en oro, usada por los papas.

MULADA s.f. Hato de ganado mular.

MULADAR s.m. (del ant. *muradal,* de *muro*). Lugar donde se echa el estiércol o basura de las casas. **2.** *Fig.* Lugar sucio o que pervierte moralmente.

MULADÍ adj. y s.m. y f. (ár. *muwalladīn,* adoptado). Se dice del cristiano hispánico que se convirtió al islamismo en al-Andalus.

MULAR adj. Relativo al mulo. ◇ **Pez mular** Delfín de hasta 4 m de long., de color gris oscuro, con la mandíbula y el vientre blancos, y la aleta dorsal aproximadamente en el centro del tronco. (Familia delfínidos).

MULATEAR v.intr. Chile. Empezar a tomar color negro la fruta que, cuando madura, es de este color.

MULATERO, A adj. Relativo a la industria productora de híbridos. ◇ **Yegua mulatera** Yegua productora de híbridos.

MULATO, A adj. y s. (de *mulo*). Se dice del hijo de una persona blanca y otra negra. ◆

adj. De color moreno. **2.** Se dice de las cosas de color más oscuro que la generalidad de su especie. ◆ s.m. Amér. Mineral de plata de color oscuro o verde cobrizo.

MÚLEO s.m. (del lat. *mulleus calceus,* calzado rojo). Calzado de los patricios romanos, de color púrpura, con la punta aguda y vuelta hacia el empeine y el talón prolongado hasta la mitad de la pantorrilla. **2.** Zapatilla de forma parecida al múleo.

MULERO s.m. Mozo de mulas.

MULETA s.f. (de *mula*). Bastón o palo largo que sirve para apoyarse al andar cuando se cojea. **2.** *Fig.* Apoyo, persona o cosa que sirve para sostener algo o a alguien. **3.** Almeja de río. **4. a.** TAUROM. Paño rojo sujeto a un palo por uno de sus bordes que sirve para torear. **b.** Palo con que se agarra este paño.

MULETAZO s.m. TAUROM. Pase de muleta.

MULETEAR v.intr. TAUROM. Torear con muleta.

MULETILLA s.f. Muleta que tiene un travesaño por puño. **2.** Travesaño colocado en el extremo de un palo. **3.** Palabra o expresión que se repite innecesariamente en el lenguaje. SIN.: *bordón, latiguillo.*

MULETILLERO, A s. Persona que abusa de muletillas en la conversación.

MULETO, A s. Mulo de poca edad o cerril.

MULETÓN s.m. (fr. *molleton*). Tejido de lana suave o algodón ligeramente afelpados, de mucho abrigo, semejante a la franela gruesa.

MULILLAS s.f.pl. TAUROM. Tiro de mulas, generalmente adornado con banderas, madroños, cintas y cascabeles, para sacar arrastrando al toro del ruedo.

MULILLERO s.m. TAUROM. Persona que arrea las mulillas en las corridas de toros.

MULITA s.f. Tatú.

MULL s.m. EDAFOL. Humus dulce, característico de los bosques de caducifolios, en la zona templada.

MULLAH s.m. (ár. *mawlà*). En el islam chiita, título dado a ciertos religiosos, en especial a los doctores de la ley coránica.

MÜLLER. Conductos de Müller Órganos del embrión cuya evolución en el sexo femenino tiene como consecuencia la formación de las trompas, del útero y de la vagina, y que se atrofian en los individuos de sexo masculino.

MULLIDA s.f. Montón de juncos o paja para cama de los animales.

MULLIDO, A adj. Se dice del terreno cavado y ahuecado para facilitar la germinación de semillas y el desarrollo de plantas jóvenes. ◆ s.m. Material blando con que se rellenan colchones, asientos, etc.

MULLIR v.tr. (lat. *mollire*) [49]. Ahuecar algo, como la lana o la paja, para que esté blando. **2.** AGRIC. Cavar y ahuecar la tierra para hacerla más suelta y esponjosa.

MULLO s.m. Ecuad. Cuenta de rosario o collar.

MULO, A s. (lat. *mulus*). Híbrido resultante del cruce entre asno y yegua o bien entre caballo y burra. **2.** *Fig. y fam.* Persona muy tozuda y poco inteligente. **3.** *Fig. y fam.* Persona fuerte y vigorosa.

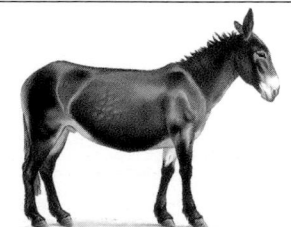

■ MULO

MULÓN, NA adj. Chile. Se dice del niño que tarda más tiempo del normal en empezar a hablar. **2.** Chile. Estropajoso, que no pronuncia bien.

MULTA s.f. (lat. *multa*). Sanción económica que se impone al que realiza una infracción.

MULTAR v.tr. Imponer a alguien una multa.

MULTICABLE adj. MIN. Se dice de una instalación de extracción en la que las jaulas van suspendidas de varios cables paralelos.

MULTICELULAR adj. BOT. Pluricelular.

MULTICOLOR adj. Que tiene gran número de colores.

MULTICOPIAR v.tr. Reproducir un escrito, dibujo, etc., por medio de una multicopista.

MULTICOPISTA s.f. y adj. Esp. Máquina que permite obtener con rapidez varias copias de un original preparado en una hoja especial. SIN.: *multígrafo*.

MULTICULTURALISMO s.m. Coexistencia de diferentes culturas en una sociedad o país. **2.** Doctrina norteamericana que pone en duda la hegemonía cultural de las grupos blancos dirigentes respecto de las minorías (étnicas, sexuales, etc.) y aboga por un pleno reconocimiento de estas últimas. (El multiculturalismo está representado por los filósofos M.Waltzer y C.Taylor.)

MULTIDIMENSIONAL adj. MAT. Se dice de un espacio de más de tres dimensiones.

MULTIESTÁNDAR o **MULTISTANDARD** adj. Se dice de un receptor de televisión que proporciona imágenes procedentes de emisoras de normas diferentes.

MULTIFAMILIAR adj. y s. Amér. Se dice del edificio de varias plantas con dos o más viviendas en cada una de ellas.

MULTIFILAR adj. Se dice del tejido compuesto de distintos tipos de filamentos o hilos.

MULTIFORME adj. Que tiene varias formas.

MULTIGRADO adj. Se dice de un aceite lubricante adecuado para cualquier estación del año.

MULTÍGRAFO s.m. y adj. Méx. y Venez. Multicopista.

MULTILATERAL adj. Se dice de un acuerdo, económico o político, entre varios países.

MULTILÁTERO, A adj. Se dice del polígono de más de cuatro lados.

MULTILOCULAR adj. BIOL. Que tiene muchas cavidades.

MULTIMEDIA adj. y s.m. Que utiliza varios modos de comunicación: *enciclopedia multimedia*. ◆ s.m. Conjunto de técnicas y productos que permiten la utilización simultánea e interactiva de varios modos de representación de la información (textos, sonidos, imágenes fijas o animadas).

MULTIMILLONARIO, A adj. y s. Muy rico, millonario.

MULTINACIONAL adj. y s.f. Se dice de la empresa o grupo industrial, comercial o financiero cuyas actividades y capitales se distribuyen entre varios países. SIN.: *transnacional*.

MULTÍPARO, A adj. (del lat. *multus*, mucho, y *parere*, parir). Se dice de la hembra que pare varias crías en un solo parto: *la coneja es multípara*. **2.** Se dice de la mujer que ha tenido más de un parto.

MULTIPARTIDISMO s.m. Sistema político caracterizado por la multiplicidad de partidos.

MULTIPLANO, A adj. y s.m. Se dice del aeroplano que tiene varios planos o superficies de sustentación.

MÚLTIPLE adj. Que es más de uno u ocurre más de una vez. **2.** Vario, mucho. (Suele usarse en plural.) ◆ s.m. ART. MOD. Obra concebida para ser reproducida en diversos ejemplares. **2.** TELECOM. Cuadro terminal de los dispositivos de centralización de las líneas telegráficas o telefónicas que permite el rápido establecimiento de comunicaciones directas.

MULTIPLETE s.m. FÍS. Conjunto de niveles de energía vecinos, procedentes de la separación de un nivel único. **2.** INFORMÁT. Conjunto de bits cuya combinación permite representar una cifra, una letra o un signo en la forma binaria que puede ser tratada por una computadora.

MÚLTIPLEX s.m. y adj. (lat. *multiplex*, múltiple) [pl. *múltiplex*]. Sistema electrónico que permite la transmisión simultánea de varias informaciones por la misma vía. **2.** Programa radiodifundido en el que participan simultáneamente varios estudios conectados por telecomunicación.

MULTIPLEXAR v.tr. INFORMÁT. Circular mensajes destinados a distintos receptores y procedentes de fuentes distintas por la misma línea de transmisión de datos.

MULTIPLICACIÓN s.f. Acción de multiplicar. **2.** AGRIC. Producción de nuevos pies a partir de fragmentos de la planta madre. **3.** BIOL. Reproducción asexual. **4.** MAT. Operación que tiene por objeto, dados dos números, uno llamado *multiplicando* y el otro *multiplicador*, hallar un tercero, llamado *producto*, que contenga al multiplicando tantas veces como indique el multiplicador. **5.** MEC. Relación en que aumenta la velocidad de una rueda dentada movida por otra de mayor tamaño en una transmisión de movimientos. ◇ **Tabla de multiplicación** Tabla de los productos de los diez primeros números enteros entre sí. (Se atribuye a Pitágoras.)

MULTIPLICADOR, RA adj. Que multiplica o sirve para multiplicar. ◆ s.m. y adj. MAT. Factor de una multiplicación que indica las veces que se debe tomar el multiplicando. ◆ s.m. ECON. Coeficiente numérico que permite conocer el crecimiento experimentado por una magnitud económica como consecuencia de un incremento en otra magnitud relacionada con ella.

MULTIPLICANDO s.m. y adj. MAT. Factor de una multiplicación que debe tomarse como sumando tantas veces como indica el multiplicador.

MULTIPLICAR v.tr. y prnl. (lat. *multiplicare*) [1]. Aumentar algo un número determinado de veces. ◆ v.tr. MAT. Efectuar una multiplicación. ◆ **multiplicarse** v.prnl. Reproducirse los seres vivos de generación en generación. **2.** Realizar una sola persona el trabajo de varias.

MULTIPLICATIVO, A adj. Que multiplica o aumenta. **2.** MAT. Se dice de un grupo cuya operación se indica con el signo ×.

MULTIPLICIDAD s.f. Hecho de existir o haber más de uno.

MÚLTIPLO, A adj. y s.m. (lat. *multiplus*). Se dice del número o cantidad que contiene otro un número exacto de veces ◇ **Múltiplo común** Número que es múltiplo de todos los números que se consideran. **Mínimo común múltiplo** Número más pequeño de los múltiplos comunes de estos números.

MULTIPOLAR adj. ELECTR. Que tiene más de dos polos. **2.** HISTOL. Se dice de una neurona cuyo cuerpo celular está rodeado de varias dendritas.

MULTIPROCESADOR, RA adj. y s.m. INFORMÁT. Se dice de un sistema informático que tiene varias unidades de proceso.

MULTIPROCESO s.m. y adj. INFORMÁT. Modalidad operativa de un sistema informático que permite la ejecución simultánea de varios programas compartiendo la memoria central y las unidades periféricas.

MULTIPROGRAMACIÓN s.f. INFORMÁT. Método de explotación de una computadora que permite la ejecución simultánea de varios programas.

MULTIPROPIEDAD s.f. Sistema de propiedad compartida por el que varios propietarios disfrutan del mismo bien inmueble en épocas distintas del año.

MULTISALA s.f. CIN. Cine que dispone de varias salas para proyectar distintas películas.

MULTISTANDARD adj. → MULTIESTÁNDAR.

MULTITECLADO s.m. INFORMÁT. Dispositivo formado por un conjunto de órganos de recogida de información (teclados y generalmente pantallas de visualización) conectados a una computadora de potencia media, que dispone de una memoria auxiliar de tamaño considerable.

MULTITRATAMIENTO s.m. INFORMÁT. Ejecución simultánea de varios programas en diversos procesadores de una misma computadora.

MULTITUBULAR adj. Se dice de una caldera cuya superficie de calentamiento está constituida por tubos llenos de agua o de agua y vapor expuestos al calor de los gases.

MULTITUD s.f. (lat. *multitudo, -inis*). Gran cantidad de personas o cosas.

MULTITUDINARIO, A adj. Relativo a la multitud o que la forma.

MULTIVIBRADOR s.m. ELECTRÓN. Generador de tensión para televisión constituido por dos triodos o dos transistores dispuestos de forma que la tensión de salida de cada uno de ellos se aplica a la entrada del otro.

MÜLÜD s.m. → MAWLID.

MUM o **BAMUM**, pueblo de Camerún, que habla una lengua bantú.

MUNCHO, A adj. Méx. Mucho.

MUNDÁ s.m. Grupo de lenguas habladas por pueblos tribales de las regiones montañosas del centro y el E de la India. **2.** Grupo de pueblos que hablan estas lenguas.

MUNDANAL adj. Relativo al mundo de las cosas materiales o terrenas.

MUNDANEAR v.intr. Llevar una vida mundana. **2.** Atender excesivamente a los placeres mundanos.

MUNDANO, A adj. Relativo al mundo. **2.** Relativo a la vida social: *fiesta mundana*. **3.** Se dice de la persona a la que le gusta frecuentar la alta sociedad.

MUNDIAL adj. (lat. *mundialis*). Relativo al mundo entero.

MUNDIALIZACIÓN s.f. Proceso de internacionalización de la política y las relaciones económicas y financieras. SIN.: *globalización*.

MUNDICIA s.f. (lat. *mundicia*). Poét. Limpieza.

MUNDIFICATIVO, A adj. Se dice del medicamento que mundifica.

MUNDILLO s.m. Fam. Ambiente en el que se desenvuelve o desarrolla alguien o algo. **2.** Almohadilla cilíndrica para hacer encaje de bolillos.

MUNDO s.m. (lat. *mundus*). Universo o conjunto de todo lo que existe. **2.** Cada parte, real o imaginaria, en que puede dividirse todo lo que existe: *mundo de las ideas*. **3.** Conjunto de los seres humanos. **4.** Conjunto de los seres humanos considerado en un momento de la historia o según sus creencias, costumbres, etc.: *mundo pagano*. **5.** Conjunto de personas que tienen la misma profesión o realizan la misma actividad: *mundo obrero*. **6.** Tierra, planeta: *dar la vuelta al mundo*. **7.** Globo que representa la esfera terrestre. **8.** Baúl grande y de mucho fondo. **9.** Vida seglar (por oposición a *monástica*): *Teresa de Jesús, en el mundo, Teresa de Cepeda*. ◆ **Correr**, o **ver, mundo** Viajar por muchos lugares sin permanecer mucho tiempo en ellos. **El otro mundo** La vida de ultratumba. **Gran mundo** Grupo social distinguido por la riqueza, rango o situación de los que lo forman. **Medio mundo** Mucha gente o gran extensión. **Mundo antiguo** o **Viejo mundo** Asia, Europa y África. **No ser nada del otro mundo** No ser alguien o algo excepcional. **Nuevo mundo** América. **Por nada del**, o **en el, mundo** Indica que alguien no está dispuesto, bajo ningún concepto, a hacer una cosa que se expresa. **Tener**, o **ser de, mundo** Ser experimentado y experto en el trato con la gente. **Tercer mundo** Conjunto de países subdesarrollados. **Todo el mundo** Generalidad de personas de un ambiente determinado. **Venir al mundo** Nacer.

MUNDOLOGÍA s.f. Experiencia y desenvoltura en el trato social.

MUNDOVISIÓN s.f. Sistema de transmisión de imágenes de televisión a diferentes partes del mundo por medio de uno o varios relés radioeléctricos que gravitan alrededor de la Tierra.

MUNICIÓN s.f. (lat. *munitio, -onis*, trabajo de fortificación, de *moenia*, murallas). Carga de las armas de fuego.

MUNICIONAR v.tr. Proveer de municiones a una fuerza armada o a una plaza.

MUNICIPAL adj. (lat. *municipalis*). Relativo al municipio. ◆ s.m. y f. y adj. Esp. Miembro de la guardia municipal. **2.** Concejal.

MUNICIPALIDAD s.f. Municipio, ayuntamiento de una población.

MUNICIPALIZAR v.tr. [7]. Asignar al municipio un servicio que estaba a cargo de una empresa privada.

MUNÍCIPE s.m. y f. (lat. *municeps, -ipis*). Vecino de un municipio. **2.** Concejal.

■ EL MURALISMO MEXICANO

El muralismo fue un movimiento pictórico surgido en los años veinte, estrechamente ligado a la revolución mexicana, y cuyos ideales revolucionarios y artísticos se extendieron en el tiempo y el espacio, abarcando a lo largo del siglo xx toda Latinoamérica. En unas décadas, iglesias, palacios, edificios oficiales, se cubrieron de un arte nuevo, específicamente concebido para decorar los espacios arquitectónicos.

José Clemente Orozco. *Miguel Hidalgo* (1937). Con un estilo más expresionista, alejado del propagandismo ideológico de sus compañeros y poco interesado por el folclorismo indigenista, Orozco prefirió denunciar las injusticias sociales y expresar su solidaridad con los desheredados. (Palacio del gobierno, Guadalajara, México.)

Diego Rivera. *Historia de México* (fragmento) [1929-1930]. El más internacional y conocido de los muralistas mexicanos fue progresivamente dando mayor cabida al componente indigenista, sin dejar de lado su intención de crítica social. (Palacio nacional, México.)

MUNICIPIO s.m. (lat. *municipium*). Circunscripción administrativa básica, regida por un ayuntamiento, en que se divide oficialmente el territorio español y algunos países de Hispanoamérica. **2.** Territorio que comprende esta circunscripción. **3.** Conjunto de ciudadanos que viven en ella. **4.** Ayuntamiento. **5.** Término municipal. **6.** ANT. ROM. Ciudad cuyos habitantes solían gozar del derecho de ciudadanía romana.

MUNIDO, A adj. Argent. y Chile. Provisto.

MUNIFICENCIA s.f. (lat. *munificentia*, de *munificus*, liberal). Cualidad de munífico.

MUNÍFICO, A adj. Generoso con magnificencia.

MUNIQUÉS, SA adj. y s. De Munich.

MUNTIACO s.m. Pequeño ciervo del Sudeste asiático, de cuernos cortos.

MUÑECA s.f. Figura de niña o de mujer, que sirve de juguete. **2.** *Fig. y fam.* Mujer generalmente joven y agradable y de poco juicio. **3.** Parte del cuerpo humano que corresponde a la articulación del antebrazo con los huesos del carpo. **4.** Pequeño bulto de trapos de forma redondeada que, empapado en una sustancia, se emplea para frotar algo, especialmente para barnizar muebles. SIN.: *muñequilla*. **5.** Argent., Bol., Perú y Urug. Habilidad y sutileza para manejar situaciones diversas. (Suele usarse con el verbo *tener*.)

MUÑECO s.m. Figura humana hecha de diversos materiales y que sirve para jugar o adornar. **2.** *Fig.* Persona de poco carácter que se deja manipular fácilmente por otras personas.

MUÑEIRA s.f. (gall. *muiñeira*, molinera).

Danza, generalmente acompañada de canto, típica de Galicia y Asturias.

MUÑEQUEAR v.tr. e intr. Argent., Bol. y Par. Buscar o procurarse influencia para obtener algo. ◆ v.intr. Chile. Empezar a echar muñequilla el maíz o plantas semejantes.

MUÑEQUERA s.f. Tira de tejido, cuero u otro material que se ajusta a la muñeca y tiene distintos usos. **2.** Correa del reloj.

MUÑEQUILLA s.f. Muñeca para barnizar muebles. **2.** Chile. Mazorca tierna de maíz y plantas semejantes cuando empieza a formarse.

MUÑIDOR s.m. Criado de cofradía encargado de convocar a los cofrades. **2.** *Fig.* Persona que muñe o amaña tratos para obtener un provecho.

MUÑIR v.tr. (lat. *monere*, amonestar, avisar) [49]. Convocar a juntas u otra cosa. **2.** *Fig.* Amañar algo para obtener un provecho.

MUÑO s.m. Chile. Comida a base de harina de trigo o maíz tostado, sazonada con sal y ají.

MUÑÓN s.m. Parte que queda de un miembro amputado. **2.** Miembro que ha quedado atrofiado, sin llegar a tomar la forma que le corresponde. **3.** Músculo deltoides. **4.** Región del hombro limitada por este músculo. **5.** Espiga o gorrón que fija un órgano mecánico a su soporte y le permite un movimiento de rotación sobre el mismo. **6.** Pivote fijo a cada lado del tubo de una pieza de artillería que sirve para que esta se apoye sobre la cureña y pueda desplazarse sobre un plano vertical.

MUÑONERA s.f. Muesca o rebajo en las gualderas de la cureña para alojar el muñón correspondiente de la pieza de artillería.

MUÓN s.m. Partícula elemental (μ) que posee una carga eléctrica positiva o negativa igual a la del electrón y cuya masa es 207 veces mayor que la de este.

MURAJES s.m.pl. (port. *muragem*). Planta de tallo tendido o ascendente y flores axilares, que crece en lugares arenosos de la península Ibérica. (Familia primuláceas.)

MURAL adj. Relativo al muro. **2.** Se dice de lo que se aplica o fija sobre un muro: *pintura mural.* ◆ s.m. Pintura realizada sobre un muro o colocada sobre este. **2.** Cartel o pancarta destinados a colgarse en una pared o muro.

MURALISMO s.m. Tendencia artística consistente en la utilización de grandes superficies murales como soporte de un cuadro, un mosaico, etc. ◇ **Muralismo mexicano** Corriente artística mexicana del s. XX caracterizada por la utilización pictórica de grandes superficies murales como expresión plástica de contenido ideológico.

MURALISTA adj. y s.m. y f. Relativo al muralismo; adscrito a esta corriente.

MURALLA s.f. (ital. *muraglia*, pared). Muro grueso que rodea una plaza, fortaleza o territorio. **2.** Méx. Casa con una sola puerta a la calle. **3.** ZOOL. Envoltura calcárea cilíndrica que recubre el cáliz de los corales.

MURALLÓN s.m. Muro robusto de defensa o contención.

MURAR v.tr. Cercar con muro o murallas un terreno, plaza, etc.

MURCIANO, A adj. y s. De Murcia. ◆ s.m. Variedad del español hablada en Murcia y parte de Alicante y Albacete.

MURCIÉLAGO s.m. (de *murciégalo*, de *mur* ciego, ratón ciego). Mamífero insectívoro volador, con las alas formadas por una membrana que une las extremidades anteriores y llega hasta la cola; es nocturno y se orienta mediante la emisión de ultrasonidos. (Orden quirópteros.) ◆ **Murciélago marino** Pez de unos 25 cm de long., de cuerpo aplastado y con la aleta dorsal mucho más alta que el resto del cuerpo. (Familia efípidos.)

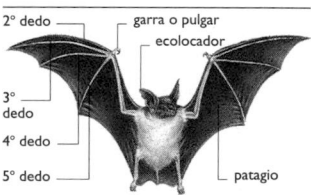

■ MURCIÉLAGO

MURGA s.f. *Fam.* Compañía de músicos callejeros. **2.** Esp. *Fam.* Fastidio, molestia. ◇ **Dar la murga** Esp. *Fam.* Molestar, importunar.

MÚRIDO, A adj. y s.m. (lat. *muridus*, de *mus, muris*, ratón). Relativo a una familia de pequeños roedores de cola larga que viven ocultos y son de costumbres muy variables. (La rata y el hámster pertenecen a la familia *múridos*.)

MURIKI s.m. Primate de los bosques del SE de Brasil, de unos 140 cm de long., la mitad de los cuales corresponden a la cola.

MURMEL s.m. (voz alemana). Piel de marmota semejante a la de la marta o del visón.

MURMULLO s.m. (lat. *murmurium*). Ruido suave y confuso que producen varias personas al hablar a la vez, el agua de un río, las hojas agitadas por el viento, etc. ◇ **Murmullo respiratorio** MED. Sonido suave que se percibe normalmente en la auscultación del aparato respiratorio, especialmente en la inspiración.

MURMURACIÓN s.f. Comentario en perjuicio de una persona ausente.

MURMURADOR, RA adj. y s. Se dice de la persona que murmura de otra ausente.

MURMURAR v.intr. (lat. *murmurare*). Producir un murmullo. ◆ v.intr. y tr. Hablar de forma casi imperceptible. **2.** *Fig. y fam.* Hacer comentarios en perjuicio de una persona ausente.

MURMURÓN, NA adj. Chile y Ecuad. Murmurador.

MURO s.m. (lat. *murus,* muralla, pared). Obra de albañilería, de espesor variable, formada de ladrillos, sillares u otros materiales superpuestos y generalmente unidos con mortero de cal, de yeso o de cemento. **2.** Pared vertical de un edificio. **3.** Tabique. **4.** *Fig.* Cosa que aísla o separa. ⬦ **Muro cortina** Muro exterior de un edificio que sirve para cerrar o compartimentar un espacio y no tiene función de sustento. **Muro de contención** Muro que consolida los márgenes de un curso de agua a ambos lados de un puente para evitar que la corriente ataque los estribos; muro lateral de la cámara de una esclusa.

MURQUE s.m. Chile. Harina tostada.

MURRIA s.f. (de *morro*). *Fam.* Melancolía.

MURRIAR v.tr. [19]. Colomb. Impregnar una superficie con cemento muy diluido en agua.

MÚRRINO, A adj. Se dice de un tipo de vasos, copas o tazas muy apreciados en la antigüedad, mencionados por los autores clásicos griegos y latinos. (Se desconoce el material del que estaban fabricados.)

MURRIO, A adj. (de *morro*). Que tiene murria o melancolía.

MURRO s.m. Chile. Mohín de desagrado

MURTA s.f. (lat. *myrtus,* mirto). Arrayán.

MURTILLA o **MURTINA** s.f. Arbusto de hasta 1 m de alt., de hojas pequeñas, flores blancas y fruto comestible de color rojo, casi redondo, y del tamaño de una cereza, que crece en Chile. (Familia mirtáceas.) **2.** Fruto de este arbusto. **3.** Licor estomacal que se hace con este fruto fermentado.

MURTÓN s.m. Fruto del arrayán.

MURUCUYÁ o **MURUCUCA** s.f. (guaraní *mburucuyá*). Amér. Merid. Pasiflora.

MUS s.m. (vasc. *mux* o *mus,* del fr. *mouche,* mosca). Juego de naipes de envite que se juega con baraja española entre cuatro personas, en dos equipos, y en el cual se realizan apuestas para cada una de las cuatro jugadas: la grande, la chica, los pares y el juego. (Se permiten las señas entre jugadores.)

MUSA s.f. (lat. *musa*). Cada una de las nueve divinidades grecorromanas de las artes y las letras: Clío (historia), Euterpe (música), Talía (comedia), Melpómene (tragedia), Terpsícore (danza), Érato (elegía), Polimnia (poesía lírica), Urania (astronomía) y Calíope (elocuencia). [Con este sentido se escribe con mayúscula.] **2.** Fuente de inspiración artística. **3.** *Fig.* Inspiración artística, especialmente del poeta. ◆ **musas** s.f.pl. Actividad artística, especialmente la poesía: *cultivar las musas.*

MUSÁCEO, A adj. y s.f. Relativo a una familia de plantas herbáceas monocotiledóneas, de flores con cinco estambres y fruto en baya o drupa. (El banano pertenece a esta familia.)

MUSAKA s.f. Pastel de carne picada de cordero o ternera, berenjenas y salsa bechamel, que se gratina al horno. (Es típico de Grecia y de los Balcanes.)

MUSARAÑA s.f. (del lat. *mus araneus,* ratón araña, musaraña). Pequeño mamífero de hocico puntiagudo, parecido a una rata, muy activo y voraz, que paraliza a sus presas con su saliva venenosa. **2.** *Fig.* y *fam.* Nubecilla que se ve delante de los ojos por defecto de la vista. **3.** Chile, Dom., Nicar. y Salv. *Fig.* y *fam.* Mueca que se hace con el rostro, morisqueta. ⬦ **Mirar a,** o **pensar en, las musarañas** *Fam.* Estar distraído.

■ MUSARAÑA

MUSCARDINA s.f. Enfermedad de los gusanos de seda, producida por un hongo.

MUSCARDINO s.m. Lirón enano.

MUSCARINA s.f. Alcaloide tóxico que se halla en algunas setas y en el pescado putrefacto.

MÚSCIDO, A adj. y s.m. Relativo a una familia de insectos dípteros, como las moscas.

MUSCÍNEO, A adj. y s.f. Relativo al musgo.

MUSCULACIÓN s.f. Musculatura. **2.** DEP. Método de entrenamiento destinado a aumentar el volumen y la fuerza musculares.

MUSCULAR adj. Relativo a los músculos: *tejido muscular.*

MUSCULATURA s.f. Conjunto de los músculos del cuerpo. **2.** Grado de desarrollo de los músculos.

MÚSCULO s.m. (lat. *musculus,* dim. de *mus,* ratón). Órgano formado por fibras capaces de contraerse, que sirve para producir el movimiento en el ser humano y los animales. ENCICL. Se distinguen los músculos *lisos,* por lo general viscerales, cuya contracción es involuntaria e inconsciente (tubo digestivo, bronquios, paredes arteriales) y los músculos *estriados* o *esqueléticos,* cuya contracción es voluntaria, y que controlan la motricidad del cuerpo, así como la palabra y la respiración. El

---

cara anterior

cara posterior

masetero

esternocleidomastoideo

deltoides

pectoral mayor

bíceps braquial

recto mayor del abdomen

supinador largo

abductor recto interno

sartorio

cuádriceps

trapecio

deltoides

infraespinoso

tríceps

dorsal mayor

glúteo mayor

semitendinoso

bíceps crural

gemelos

tendón de Aquiles

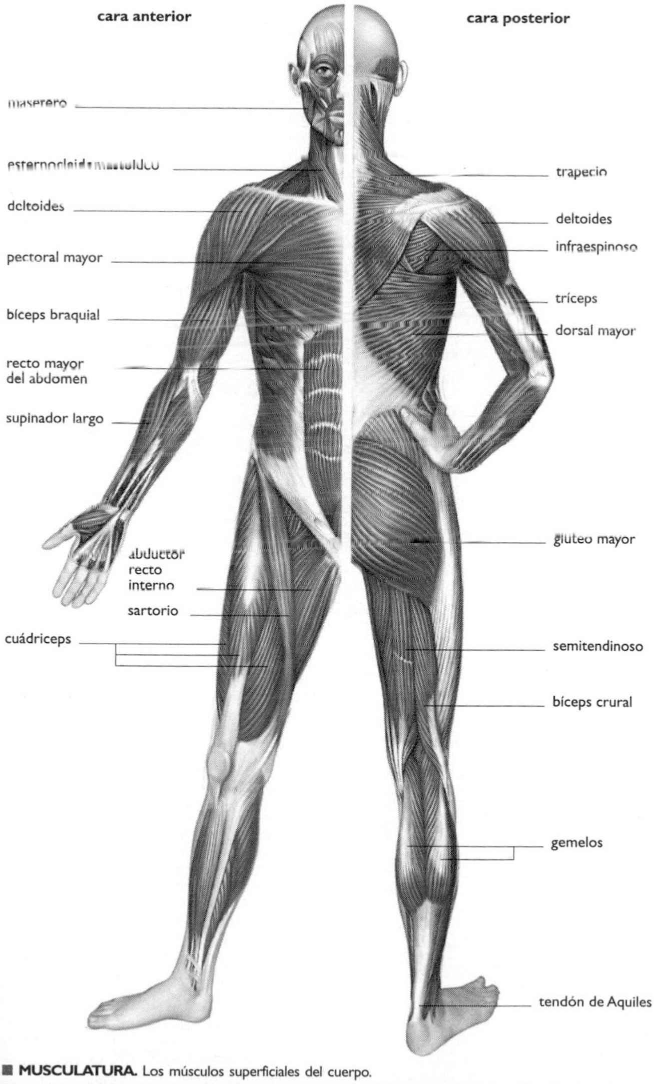

■ MUSCULATURA. Los músculos superficiales del cuerpo.

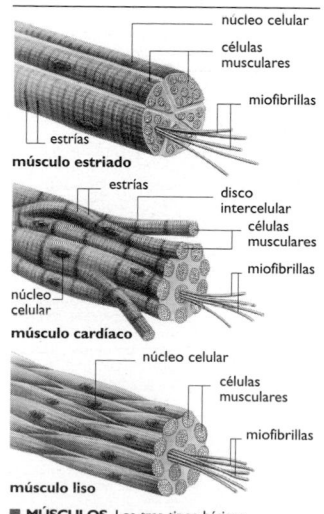

núcleo celular
células musculares
miofibrillas
estrías
músculo estriado

estrías
disco intercelular
células musculares
miofibrillas
núcleo celular
músculo cardíaco

núcleo celular
células musculares
miofibrillas
músculo liso

■ MÚSCULOS. Los tres tipos básicos de músculos del cuerpo humano.

músculo cardíaco (miocardio) tiene la particularidad de ser un músculo visceral estriado cuya contracción es involuntaria y automática. Las células musculares (fibras), alargadas, contienen *miofibrillas.* Los músculos son contráctiles y excitables: la fibra muscular transforma la energía química producida por su metabolismo en energía mecánica, al modificar la estructura y la longitud de las miofibrillas.

MUSCULOSO, A adj. Formado por tejido muscular. **2.** Que tiene unos músculos muy desarrollados: *persona musculosa.* SIN.: *musculado.*

MUSELINA s.f. (fr. *mousseline*). Tejido claro, ligero, fino y transparente. **2.** Cristal muy fino o esmerilado y adornado con dibujos transparentes que imitan la muselina.

MUSEO s.m. (lat. *museum,* lugar dedicado a las Musas). Institución cultural dedicada a la conservación de objetos que ilustran los fenómenos de la naturaleza y las actividades artísticas, científicas e intelectuales del ser humano. **2.** Edificio donde se conservan y se exponen al público estos objetos.

MUSEOGRAFÍA s.f. Conjunto de nociones técnicas y prácticas necesarias para la presentación y buena conservación de las obras y objetos de un museo.

MUSEOLOGÍA s.f. Ciencia que estudia los museos, su historia, instalación y organización.

MUSEÓLOGO, A s. Persona que se dedica a la museología. SIN.: *museísta.*

MUSEROLA s.f. (ital. *museruola,* de *muso,* hocico). Correa de la brida, dispuesta por encima de los ollares.

MUSETTE s.f. (voz francesa). Instrumento musical de viento semejante a la gaita, formado por un depósito de aire en forma de bolsa, alimentado por un fuelle que se acciona mediante el brazo, con dos caramillos o tubos de siete y cinco orificios, y un bordón para dar la nota. (Fue utilizado principalmente en los ss. XVII y XVIII.) **2.** Pieza musical de carácter pastoril escrita sobre una nota persistente del bajo. (Bach y Händel escribieron *musettes.*)

MUSGAÑO s.m. Mamífero insectívoro que vive en Europa meridional, de unos 11 cm, 4 de los cuales corresponden a la cola, y de cabeza afilada y subcónica. (Familia sorícidos.)

MUSGO adj. y s.m. (lat. *muscus*). Relativo a un tipo de plantas formadas por una alfombra de cortos tallos foliáceos y apretados, que crecen en los árboles, las paredes, los tejados y el suelo.

MÚSICA s.f. (lat. *musica,* del gr. *moysikí*). Arte de combinar sonidos según las leyes de la armonía, la medida y el ritmo. **2.** Combinación de sonidos que resulta de este arte. **3.** Teoría del arte musical: *aprender música.* **4.** Serie de signos que dan forma gráfica a una idea musical: *saber leer música.* **5.** Conjunto de composiciones en un país, de un compositor o de una época: *música española.* **6.** Serie de sonidos, considerados desde el punto de vista del efecto que producen al oído: *la música de un verso.* ◇ **Con la música a otra parte** *Fam.* Se usa para despedir a alguien que molesta. **Música ambiental** Música difundida por altavoces para crear un ambiente más agradable o adecuado para una actividad. **Música celestial** *Fig.* y *fam.* Palabras que se escuchan sin hacer caso de ellas o sin entenderlas. **Música de cámara** Música escrita para un número reducido de instrumentos. **Música ligera** Música festiva y de fácil ejecución. **Música militar** Conjunto de piezas musicales que acompañan las diferentes manifestaciones de la vida militar.

MUSICAL adj. Relativo a la música: *tradición musical; velada musical.* **2.** Que tiene el carácter de la música, armonioso: *voz musical.* ◆ s.m. Espectáculo que combina música, canto, danza y texto interpretado.

MUSICALIDAD s.f. Cualidad de musical o carácter musical.

MUSICAR v.tr. [1]. Poner música a una obra teatral o cinematográfica.

MUSIC-HALL s.m. (ingl. *music hall*) [pl. *music-halls*]. Establecimiento especializado en espectáculos de variedades. **2.** Espectáculo de variedades.

MÚSICO, A adj. (lat. *musicus,* del gr. *moysikós,* músico, poético). Relativo a la música:

instrumento músico. ◆ s. Persona que se dedica a tocar un instrumento musical o a componer piezas musicales, en especial si lo hace profesionalmente.

MUSICOGRAFÍA s.f. Actividad del musicógrafo.

MUSICÓGRAFO, A s. Autor que escribe sobre temas musicales.

MUSICOLOGÍA s.f. Conjunto de disciplinas que tienen por objeto el estudio teórico y científico de la música.

MUSICÓLOGO, A s. Persona que se dedica al estudio de la musicología.

MUSICOTERAPIA s.f. Utilización de música con fines psicoterapéuticos.

MUSIQUERO, A adj. Relativo a la música: *cafetín musiquero.* ◆ s. Mueble destinado a guardar partituras y libros de música.

MUSITACIÓN s.f. Modificación de la emisión de voz que consiste en la pronunciación de palabras escasamente articuladas y con poca intensidad de voz.

MUSITAR v.intr. y tr. (lat. *musitare*). Hablar en voz muy baja.

MUSIVO, A adj. **Oro musivo** Sulfuro estánnico de brillo dorado, que se utiliza para broncear estatuillas de yeso.

MUSLAMEN s.m. Esp. *Vulg.* Muslos, especialmente de una mujer.

MUSLERA s.f. Parte de la armadura que protege el muslo. **2.** Venda elástica para sujetar el muslo.

MUSLO s.m. (lat. *musculum*). Parte superior de la pierna del ser humano, comprendida entre la cadera y la rodilla. **2.** Parte superior de la pata de ciertos animales: *muslos de pollo.*

MUSOLA s.f. Pez seláceo comestible, parecido al tiburón, que alcanza hasta 2 m, común en las costas del S del Mediterráneo.

MUSTANG s.m. (voz angloamericana). Caballo salvaje americano.

MUSTÉLIDO, A adj. y s.m. Relativo a una familia de mamíferos carnívoros de patas cortas, que beben sangre. (La *comadreja,* el *armiño,* el *hurón* y la *marta* pertenecen a esta familia.)

MUSTERIENSE adj. y s.m. PREHIST. Se dice de una facies cultural del paleolítico medio, caracterizada por puntas triangulares y raederas, realizadas mediante golpes en una sola cara de las lascas (70 000-35 000 a.C.).

MUSTIAR v.tr. y prnl. Poner mustio.

MUSTIO, A adj. Se dice de las plantas y flores que han perdido la frescura y verdor. **2.** Que carece de frescura: *cutis mustio.* **3.** *Fig.* Abatido, triste. **4.** Méx. Que esconde su verdadero carácter tras una apariencia de seriedad y humildad.

MUSUCO, A adj. Hond. Que tiene el pelo rizado o crespo.

MUSULMÁN, NA adj. y s. (del persa *musulmân*). Relativo al islam; adepto a esta religión.

MUSURANA s.f. Serpiente de América tropical que alcanza 1,50 m de long., de tronco robusto, hocico redondeado y ojos con pupila vertical. (Se alimenta de otras serpientes.)

MUTABLE adj. Susceptible de sufrir mutación.

MUTACIÓN s.f. Acción y efecto de mudar: *las mutaciones históricas.* **2.** Cambio de decoración en el teatro. **3.** Variación muy sensible de la temperatura o del estado del tiempo: *mutaciones atmosféricas.* **4.** BIOL. Modificación de la estructura de los cromosomas en los seres vivos, que se encuentra en el origen de una modificación hereditaria del fenotipo. **5.** LING. Cambio fonético. **6.** MÚS. Cambio de nombre sufrido por un mismo sonido, según el hexacordo del que forma parte. ◇ **Juegos de mutación** MÚS. Juego de órgano que utiliza para una misma nota varios tubos de longitud diferente.

MUTACIONISMO s.m. Teoría explicativa de la evolución, formulada por De Vries, en 1901, que asigna a las mutaciones el papel principal en la aparición de nuevas especies.

MUTAGÉNESIS s.f. BIOL. Aparición de mutaciones.

MUTÁGENO, A adj. BIOL. Susceptible de provocar mutaciones en los seres vivos.

MUTANTE adj. Que muta. ◆ adj. y s.m. Se dice del gen, cromosoma u organismo que ha

sufrido alguna alteración en la cantidad, estructura o composición química de su material hereditario. ◆ s.m. y f. En ciencia ficción, ser vivo que tiene características impropias de su especie.

MUTAR v.tr. y prnl. Mudar, cambiar una persona o cosa el aspecto, naturaleza, estado, etc. ◆ v.tr. Mudar, destituir a alguien de un empleo o puesto. ◆ v.intr. BIOL. Experimentar mutación.

MUTATIS MUTANDI loc. (voces latinas). Haciendo los cambios necesarios.

MUTE s.m. Colomb. Mote de maíz.

MUTILACIÓN s.f. Acción y efecto de mutilar. **2.** DER. Delito de lesiones consistente en el cercenamiento o inutilización de una parte del cuerpo de una persona viva.

MUTILADO, A adj. y s. Se dice de la persona que ha sufrido una mutilación.

MUTILAR v.tr. y prnl. (lat. *mutilare*). Cercenar un miembro o una parte del cuerpo a un ser vivo. ◆ v.tr. Quitar una parte a una cosa: *mutilar un texto.*

MUTIS s.m. (pl. *mutis*). Indicación de que un actor debe retirarse de la escena. **2.** Acción de retirarse de cualquier lugar. ◆ interj. Se usa para hacer callar a alguien. ◇ **Hacer mutis** Salir de la escena o de otro lugar; *Fam.* callarse.

MUTISMO s.m. (del lat. *mutus,* mudo). Actitud del que permanece callado. **2.** MED. Imposibilidad de hablar relacionada con trastornos psíquicos.

MUTÓN s.m. Mouton, piel de cordero.

MUTRE adj. Chile. Se dice de la persona muda o tartamuda. SIN.: *mutro.* **2.** Chile. Tonto, bobalicón.

MUTRO, A adj. Chile. Mutre. ◆ s. Chile. Persona que no habla español.

MUTUA s.f. Mutualidad, asociación.

MUTUALIDAD s.f. Cualidad de mutuo. **2.** Asociación, voluntaria u obligatoria, de los afectados por unos mismos intereses o riesgos, cuyo fin es salvaguardar esos intereses o la división y prorrateo de dichos riesgos. (Cada asociado contribuye proporcionalmente mediante cuotas variables o fijas.) SIN.: *mutua.*

MUTUALISMO s.m. Asociación entre seres vivos de especies diferentes en que ambas partes resultan beneficiadas. **2.** Sistema económico y social propuesto por Proudhon.

MUTUALISTA adj. y s.m. y f. Relativo a la mutualidad; socio de una mutualidad. ◆ s.m. Cada uno de los participantes en el fenómeno del mutualismo.

MUTUATARIO, A s. DER. Persona que recibe una cosa en mutuo. SIN.: *mutuario.*

MÚTULO s.m. ARQ. Modillón plano situado debajo del saledizo o goterón, justo por encima del triglifo, en el entablamento dórico.

MUTUO, A adj. (lat. *mutuus, -a, -um*). Se dice de lo que se intercambia entre dos o más personas o cosas de forma respectiva: *aprecio mutuo.* ◆ s.m. Contrato por el que una de las partes entrega a otra una cantidad de dinero u otra cosa fungible, con la obligación por parte de esta última de devolver, en un período de tiempo determinado, otra igual de la misma especie, cantidad y calidad, con abono de intereses, en caso de haberse pactado. ◇ **Enseñanza mutua** Sistema de enseñanza en el que los discípulos se instruyen unos a otros bajo la dirección de un maestro, ayudado por monitores.

MUY adv. (lat. *multus, -a, -um,* mucho). Marca la intensidad de un adjetivo o de un adverbio llevada a su grado más alto: *muy bueno; muy mal; muy lejos.*

MUŶAHIDŪN → MUJAHIDDIN.

MUY MUY o **MUIMUY** s.m. Perú. Crustáceo de 3 a 5 cm de long., con caparazón a modo de uña, que vive bajo la arena de la rompiente marina. (Especie *Remipes oval.*)

MUZ s.m. (gascón *mus,* hocico). MAR. Remate o voluta del tajamar.

MY s.f. Nombre de la duodécima letra del alfabeto griego (μ, M), que corresponde a la m española.

MYCOPLASMA s.m. Microorganismo intermedio entre una bacteria y un virus, generalmente patógeno.

MZÁBÍ adj. y s.m. y f. Del Mzāb.

1. N s.f. Decimosexta letra del alfabeto español y decimotercera de sus consonantes. (Representa el sonido nasal alveolar.) **2.** Representa el conjunto de los números naturales, o enteros naturales.

2. N, abrev. de *norte*.

NABAB s.m. (fr. *nabab*, del hindustaní *navāb*, gobernador, virrey). Título dado en la India musulmana a los grandes dignatarios de la corte de los sultanes y a los gobernadores de provincias. **2.** Persona que vive en la opulencia y el fasto.

NABACO s.m. Amér. Planta ornamental. (Familia solanáceas.) **2.** Amér. Planta de aplicaciones medicinales. (Familia rubiáceas.)

NABATEO, A adj. y s. De un antiguo pueblo del NO de Arabia, cuya capital fue *Petra*. (Su reino fue anexionado al Imperio romano en 106, por Trajano.) ◆ s.m. Sistema de escritura utilizado en Petra (s. I a.C.- s. II d.C.) que representa una transición entre el alfabeto arameo y el alfabeto árabe.

NABINA s.m. (lat. *napina*, campo de nabos). Semilla del nabo, con la que se elabora un aceite parecido al de la colza.

NABIZA s.f. Hoja tierna del nabo. **2.** Conjunto de raicillas tiernas de los nabos.

NABO s.m. (lat. *napus*). Planta bianual de raíz carnosa, ahusada y comestible (Familia crucíferas.) **2.** Raíz gruesa y fusiforme. **3.** Fig. Tronco de la cola de las caballerías. **4.** ARQ. Espigón de una escalera de caracol. **5.** MAR. Palo de la nave.

NABORÍ s.m. Criado indio en la América española al principio de la conquista.

NABORÍA s.f. (voz arawak). Repartimiento de indios en calidad de criados (naboríes) para el servicio personal, que se hacía en la América española al principio de la conquista.

NÁCAR s.m. Sustancia dura, blanca, con reflejos irisados, rica en caliza, que producen ciertos moluscos en el interior de su concha y que se utiliza en joyería. (En las conchas, el nácar está constituido por capas planas, mientras que en las perlas lo está en capas esféricas y concéntricas alrededor de un núcleo.)

NACARADO, A adj. Que tiene el color o el brillo del nácar. **2.** Adornado con nácar.

NACARIGÜE s.m. Hond. Cocido elaborado con carne y pinole.

NACARINO, A adj. Propio del nácar o parecido a él.

NACATAMAL s.m. Hond., Méx. y Nicar. Tamal relleno de carne de cerdo.

NACATAMALERA s.f. Hond. Mujer que tiene por oficio hacer y vender nacatamales.

NACEDERO s.m. Colomb. Planta acantácea.

NACELA s.f. (fr. *nacelle*). ARQ. Escocia o moldura cóncava que se coloca entre los dos toros de la base de una columna.

NACENCIA s.f. Fig. Tumor. SIN.: *nacido*.

NACER v.intr. (lat. *nasci*) [28]. Salir un ser vivo del vientre de la madre, del huevo, de la semilla o de la tierra. **2.** Salir el vello, el pelo o la pluma en los animales, o las hojas, flores, fruto o brotes en las plantas. **3.** Fig. Tener alguien o algo su origen en otra persona o cosa: *su desdén nace de su inseguridad.* **4.** Fig. Aparecer el Sol o la Luna en el horizonte. **5.** Fig. Tener principio una cosa en otra: *el Ebro nace en Fontibre.* **6.** Fig. Pasar a existir algo: *ha nacido un nuevo estilo musical.* **7.** Fig. Tener una propensión o habilidad natural para aquello que se indica: *haber nacido para la música.* ◆ **Volver a nacer** Fam. Haber superado un peligro de muerte.

NACIDO, A adj. y s. Se dice del ser humano que ha vivido, por lo menos, veinticuatro horas desde su nacimiento. **2.** Se dice del ser humano en general. ◆ s.m. Nacencia. ◆ **Bien nacido** De noble linaje. **Mal nacido** De mala condición. **Recién nacido** Niño en los días inmediatos al parto.

NACIENTE adj. Que está naciendo: *una actividad naciente.* ◆ s.m. Este, punto cardinal.

NACIMIENTO s.m. Acción de nacer. **2.** Origen, lugar o momento en que algo empieza a manifestarse: *el nacimiento del cabello, de un río.* **3.** Estirpe, ascendencia familiar: *de noble nacimiento.* **4.** Representación de la venida al mundo de Jesús por medio de figuras. ◆ **Auto de nacimiento** LIT. Representación escénica medieval, de temas religiosos del ciclo de Navidad. ◆ **De nacimiento** Se dice de alguna característica física o moral cuando es innata: *ciego de nacimiento.* **Partida de nacimiento** Copia de la inscripción de un nacimiento que se expide en los libros del registro civil.

■ **NÁCAR.** Cofre de nácar. (Catedral de Sevilla.)

NACIÓN s.f. (lat. *natio, -onis,* nacimiento, raza, nación). Comunidad de personas, por lo general asentada en un mismo territorio, que comparte etnia, lengua, historia y tradiciones, lo cual crea una conciencia de destino común. **2.** Comunidad de personas que viven en un mismo territorio gobernado por el mismo gobierno. **3.** Territorio de este mismo país. ◆ **De nación** Expresa la naturaleza de alguien, o de dónde es natural.

NACIONAL adj. y s.m. y f. De una nación. **2.** Relativo al propio país, opuesto a extranjero: *consumir productos nacionales* ◆ adj. y s.m. Relativo al bando que luchó contra la II república en la guerra civil española de 1936. ◆ **Bienes nacionales** Conjunto de bienes comunes y de la Iglesia que fueron objeto de desamortización en España. **Primera nacional** ALP. Primera escalada a una cumbre realizada por escaladores de un determinado país.

NACIONALCATOLICISMO s.m. Doctrina y práctica política de la Iglesia católica española de la época franquista, consistente en una imbricación del poder estatal y eclesiástico, en que este se sometió al poder político franquista a cambio de que el estado asumiera el catolicismo como única religión oficial.

NACIONALIDAD s.f. Condición o cualidad de pertenecer a la comunidad de una nación. **2.** DER. Vínculo que asocia a una persona individual o jurídica con un estado. **3.** POL. **a.** Nación que no ha alcanzado el nivel de nación estado. **b.** Término con el cual se designa en la constitución española de 1978 una comunidad histórica que, junto con la región, integra el territorio de la nación española y puede acceder al autogobierno. ◆ **Principio de las nacionalidades** POL. Derecho a la autodeterminación de todo grupo social con un origen, una historia y un modo de vida y de pensamiento comunes, que ocupa un territorio determinado.

NACIONALISMO s.m. Exaltación de las características propias de la nación a la que se pertenece. **2.** Doctrina que reivindica la preeminencia de la nación por encima de los intereses de los grupos, las clases y los individuos que la constituyen. **3.** Movimiento político de los individuos que toman conciencia de constituir una comunidad nacional en razón de los vínculos históricos, étnicos, lingüísticos, culturales, económicos, etc., que los unen.

NACIONALISTA adj. y s.m. y f. Relativo al nacionalismo; partidario de esta doctrina y de este movimiento.

NACIONALIZACIÓN s.f. Acción y efecto de nacionalizar o nacionalizarse. **2.** Transferencia a la colectividad de la propiedad de ciertos medios de producción privados.

NACIONALIZAR v.tr. y prnl. [7]. Conceder a alguien la nacionalidad de un país que no es el propio. **2.** Introducir y emplear en un país usos y costumbres de otros. ◆ v.tr. Transferir al estado medios de producción y servicios privados de interés público. **2.** Transferir a los naturales de un país bienes, medios de producción, etc., que estaban en manos extranjeras.

NACIONALSINDICALISMO s.m. Doctrina política propugnada por Falange española y adoptada por el franquismo.

NACIONALSOCIALISMO s.m. Doctrina nacionalista y racista (especialmente, antisemita) establecida por Adolf Hitler, basada en la supremacía de la raza germánica. SIN.: *nazismo*.
ENCICL. Fundado en Munich en 1920, el partido nacionalsocialista dominó Alemania de 1933 (ascenso de A. Hitler al poder) hasta 1945. Su doctrina, basada en el pangermanismo, la superioridad de la raza aria, el totalitarismo, el militarismo y el anticomunismo, le llevó al enfrentamiento con las potencias occidentales. Impuso un régimen basado en la propaganda, el terrorismo de estado (SS, Gestapo), el belicismo y la exterminación de otros pueblos, el judío, principalmente.

NACIONALSOCIALISTA adj. y s.m. y f. Relativo al nacionalsocialismo; partidario de esta doctrina. SIN.: *nazi*.

NACISMO s.m. → **NAZISMO**.

NACO s.m. Amér. Andullo de tabaco. **2.** Colomb. Puré de papas.

NACRA s.f. Molusco lamelibranquio, que puede alcanzar hasta 50 cm de long., de concha de color marrón y nacarada interiormente. (Familia avículidas.)

NADA pron.indef. (del lat. *res nata*, cosa nacida). Ninguna cosa, ninguna cantidad: *no he leído nada de este autor*. **2.** Muy poca cosa, algo sin importancia. ◆ adv.c. Antes de adjetivo: *no me gusta nada*. ◆ s.f. El no ser. ◇ **Como si nada** Sin tener en cuenta lo ocurrido o dicho. **De nada** De poca importancia: *un regalo de nada*; expresión usada para responder a quien da las gracias. **Nada más** Solo, únicamente: *comerse nada más un sándwich*. **Nada menos** Se dice para resaltar la importancia de lo que se expresa a continuación: *habló nada menos que con el director.*

NADADOR, RA adj. y s. Que nada. **2.** Que practica la natación, especialmente si se dedica a ello profesionalmente.

NADAR v.intr. (lat. *natare*). Mantenerse y avanzar en el agua por medio de ciertos movimientos de las extremidades. **2.** Flotar algo, mantenerse en la superficie de un líquido. **3.** *Fig.* Tener mucho de la cosa que se expresa. **4.** *Fig. y fam.* Estar una cosa demasiado holgada dentro de otra: *nadar los pies en los zapatos*. **5.** TAUROM. Agarrarse el picador a las tablas de la barrera, abandonando el caballo que monta.

NA-DENÉ, grupo etnolingüístico amerindio, que agrupa los atapasco, eyak, tlingit y haida.

NADERÍA s.f. Cosa de poco valor o importancia.

NADIE pron.indef. (del lat. *homines nati non*, hombres no nacidos). Ninguna persona. ◆ s.m. Fig. Persona de poca importancia o de poco carácter: *ser un (don) nadie*.

NADIR s.m. (ár. *nazīr*, opuesto). Punto de la esfera celeste diametralmente opuesto al cenit.

NADO s.m. Amér. Acción de nadar. ◇ **A nado** Nadando.

NAFTA s.f. (lat. *naphtha*, del gr. *náphtha*, especie de petróleo). Mezcla líquida de hidrocarburos que se obtiene por destilación del petróleo entre 100 y 250 °C. **2.** Nombre que se da a numerosos líquidos inflamables que resultan de la descomposición pirogenada de materias orgánicas. **3.** Argent. y Urug. Gasolina.

NAFTALENO s.m. Hidrocarburo aromático $C_{10}H_8$, principal constituyente de la naftalina, formado por dos núcleos bencénicos unidos.

NAFTALINA s.f. Nombre comercial del naftaleno impuro.

NAFTOL s.m. Fenol derivado del naftaleno, que se utiliza como antiséptico.

NAGANA s.f. Enfermedad del ganado caprino y vacuno, transmitida por la mosca tse-tse y especies afines.

NĀGARI adj. y s.m. Devanāgāri.

NAGUAL s.m. Amér. Central y Méx. Brujo, hechicero, que se supone puede transformarse en algún animal. **2.** Guat., Hond., Méx. y Nicar. Animal tutelar de una persona, que es el compañero o protector espiritual durante toda su vida.

NAGUAPATE s.m. Hond. Planta crucífera usada contra las enfermedades venéreas.

NAHOR s.m. Mamífero de cabeza parecida a la del carnero, que vive en las altas montañas de Asia centromeridional. (Familia bóvidos.)

NAHUA adj. y s.m. y f. De un pueblo amerindio de América Central, que constituye el grupo étnico más importante numéricamente de México. ◆ s.m. Lengua de la familia uto-azteca que en época precolombina fue la mayor lengua de civilización de México.
ENCICL. Los nahua viven a ambos lados de la sierra Madre occidental y oriental, practican el cultivo sobre rozas y son hábiles artesanos (tejidos, alfarería).
En el s. XVI la lengua nahua se hablaba en el territorio que tenía como centro Tenochtitlan, y se extendía hasta los actuales estados de Veracruz, Hidalgo y Guerrero. Era el idioma oficial, comercial y de cultura del Imperio azteca.
El nahua es un conjunto de dialectos: el náhuatl (Valle de México), el nahual, hablado en el O del país, y el nahuat, en vías de desaparición, que se hablaba al E (Veracruz, Puebla) y en puntos diversos de América Central (El Salvador, Nicaragua).

NÁHUATL s.m. Lengua hablada en México por distintos grupos indígenas como los mexicas y los toltecas, y que era la más difundida en América Central en el momento de la conquista española.

NAHUATLATO, A adj. y s. Se dice del indio que servía de intérprete entre los españoles y los indígenas en México.

NAHUATLISMO s.m. Palabra, expresión o giro procedentes de la lengua náhuatl que se usan en otra lengua.

NAÏF o **NAIF** adj. y s.m. y f. (fr. *naïf*). B. ART. Se dice de un tipo de arte practicado por artistas autodidactas dotados de un sentido plástico natural, al margen de las corrientes del arte académico; artista que practica este arte.

■ ARTE **NAÏF.** *Carnaval* (1952), por el pintor haitiano Wilson Bigaud. (Art Center, Nueva York.)

NAIFE s.m. Diamante de calidad superior.

NAILON, NILÓN o **NYLON** s.m. Fibra textil sintética a base de resina poliamida.

NAIPE s.m. Cada una de las cartulinas rectangulares de la baraja.

NAIRA s.f. Unidad monetaria de Nigeria.

NAJA s.f. Nombre que se da a un grupo de ofidios al que pertenecen la *cobra india*, la *cobra egipcia* y la *cobra de cuello negro*.

NALGA s.f. (lat. vulg. *natica*, del lat. *natis*). Cada una de las dos partes carnosas situadas debajo de la espalda en el cuerpo humano, encima de los muslos. **2.** Anca, mitad lateral posterior de algunos animales.

NALGÓN, NA adj. Colomb., Guat., Hond. y Méx. Que tiene las nalgas grandes y gruesas.

NALGUDO, A adj. Que tiene las nalgas gruesas, voluminosas.

NALGUEAR v.intr. Mover de forma exagerada las nalgas al andar. ◆ v.tr. C. Rica y Méx. Dar nalgadas, golpear a alguien en las nalgas.

NAMAQUAS o **NAMAS,** pueblo hotentote de Namibia (Namaqualand).

NAMBIRA s.f. Hond. Mitad de una calabaza vaciada para darle usos domésticos.

NAME → **MAM.**

1. NANA s.f. Canto con que se duerme a los niños. **2.** Pieza de vestir en forma de saco, abierto por delante, con que se abriga a los niños muy pequeños. **3.** Amér. Central, Méx. y Venez. Niñera; nodriza. **4.** Esp. y Méx. *Fam.* Abuela. **5.** Amér. Central. Madre. ◇ **El año de la nana,** o **nanita** *Fam.* Tiempo incierto y muy antiguo.

2. NANA s.f. (quechua *nánay*). Argent., Chile, Parag. y Urug. En lenguaje infantil, pupa. ◆ **nanas** s.f.pl. Amér. Merid. Achaques y dolencias sin importancia, especialmente las de la vejez.

NANAY adv.neg. *Fam.* No.

NANCE s.m. Amér. Central. Nanche.

NANCEAR v.intr. Hond. Agarrar.

NANCHE s.m. Méx. Arbusto de fruto pequeño del mismo nombre, globoso y de color amarillo. (Familia malpigiáceas.)

NANDIROBA s.f. Arbusto trepador originario de América tropical y Antillas, de cuyas semillas se extrae un aceite que se usa para el alumbrado. (Familia cucurbitáceas.) **2.** Arbusto cuya madera se vende como caoba de Brasil, y de cuyas semillas se extrae un aceite con el que los indígenas se embadurnan la piel para protegerse de los mosquitos. (Familia meliáceas.)

NANDROLONA s.f. Esteroide anabolizante derivado de la testosterona, que estimula la actividad muscular y desarrolla los caracteres sexuales masculinos. (Está prohibido su uso en el deporte desde la década de 1980.)

NANOCIENCIA s.f. Parte de la ciencia, especialmente de la física, la química y la biología, que estudia los fenómenos observados en estructuras y sistemas extremadamente pequeños, mesurables en nanómetros.

NANOGRAFÍA s.f. Conjunto de técnicas empleadas en la construcción de estructuras moleculares de manera controlada.

NANÓMETRO s.m. Unidad de medida de longitud (símb. nm) que equivale a la milmillonésima parte del metro.

NANOSEGUNDO s.m. Medida de tiempo equivalente a una milmillonésima de segundo y que se utiliza para medir las operaciones que realizan los sistemas informáticos.

NANOTECNOLOGÍA s.f. Tecnología que emplea instrumentos y elementos de tamaño muy pequeño.

NANOTUBO s.m. TECNOL. Larga estructura cilíndrica de grafito, extremadamente fina, que combina la ligereza con una gran resistencia mecánica y una buena conductividad eléctrica.

NANSÚ s.m. (ingl. *nainsook*). Tejido de algodón, de aspecto sedoso, usado en lencería.

NAO s.f. Nave comercial de gran tonelaje, propulsada a vela, cuyo empleo se generalizó entre los ss. XII y XVII. **2.** Embarcación, nave.

NAONATO, A adj. y s. Se dice de la persona nacida en una nave.

NAOS s.m. Sala central de un templo griego, donde estaba situada la estatua de la divinidad. SIN.: *cella*. **2.** Parte de la iglesia griega moderna donde se colocan los fieles.

NAPA s.f. (fr. *nappe*). Capa o manto subterráneo de cualquier material líquido o gaseoso: *napa freática*. **2.** Piel de algunos animales, especialmente después de curtida y preparada para ciertos usos. **3.** TEXT. Conjunto formado por fibras unidas por su adherencia recíproca.

NAPALM s.m. (voz angloamericana). Agente gelificante, constituido por palmitato de aluminio, usado como carga de proyectiles incendiarios. **2.** Gasolina espesada con esta sustancia.

NAPE s.m. Chile. Cangrejo usado como cebo.

NAPELO s.m. Acónito de los prados y lugares húmedos.

NAPIA s.f. *Fam.* Nariz, especialmente cuando es muy grande. (Suele usarse en plural.)

NAPIFORME adj. BOT. **a.** Que tiene la forma de un nabo. **b.** Se dice de la raíz axonomorfa.

NAPOLEÓN s.m. Moneda francesa de oro. SIN.: *luis*.

NAPOLITANA s.f. MÚS. Modalidad simplificada de madrigal.

NAPOLITANO, A adj. y s. De Nápoles. ◆ s.m. Variedad del italiano hablado en Nápoles y su región. ◆ adj. Se dice de una variedad de higo de piel negra, y de la higuera que lo produce.

NARANGO s.m. Amér. Central. Planta de fruto comestible.

NARANJA s.f. (ár. *naránŷa*). Fruto comestible del naranjo, de color entre amarillo y rojo. ◆ adj. y s.m. Anaranjado. ◇ **¡Naranjas (de la China)!** Indica incredulidad; se dice para rehusar algo. **Media naranja** *Fig.* y *fam.* Con respecto a una persona, otra que se adapta perfectamente a ella; en una pareja, cada uno de los miembros respecto del otro.

NARANJADA s.f. Bebida refrescante elaborada con zumo de naranja, agua y azúcar.

NARANJAL s.m. Terreno poblado de naranjos.

NARANJERO, A adj. Relativo a la naranja. ◆ s. Persona que tiene por oficio el comercio o cultivo de naranjas. ◆ s.m. Argent. Pájaro de unos 16 cm de long. y plumaje vistoso.

NARANJILLA s.f. Naranja amarga y pequeña que se utiliza en confitería. **2.** Ecuad. Planta solanácea de fruto comestible del mismo nombre.

NARANJILLO s.m. Argent. Árbol con aguijones en ramas y corteza, flores verdosas y pequeñas, y cuyo follaje exhala un fuerte olor a naranja. (Familia rutáceas.) **2.** Argent. Arbusto de hasta 3 m de alt., cuyo fruto es una baya elipsoide u ovoide de color amarillo verdoso. (Familia caparidáceas.) **3.** Argent. Arbusto de hasta 2 m de alt., de flores blancas y fruto esférico amarillo. (Familia solanáceas.)

NARANJO s.m. Árbol frutal de las regiones cálidas, de hojas coriáceas y perennes. (Género *Citrus;* familia rutáceas.) **2.** Madera de este árbol.

■ NARANJO

NARCISISMO s.m. (de *Narciso,* personaje de la mitología griega). Admiración o enamoramiento de sí mismo. **2.** PSICOANÁL. Fijación de la libido sobre uno mismo.

NARCISO, A s. (lat. *narcissus,* del gr. *nárkissos*). Persona muy satisfecha de sí misma y exageradamente preocupada de su apariencia exterior. ◆ s.m. Planta bulbosa, de flores amarillas o blancas del mismo nombre provistas de una especie de corona dorada, que se cultiva como planta ornamental. (Familia amarilidáceas.) **2.** Méx. Nombre de diversas plantas de la misma familia que la adelfa, algunas de las cuales son venenosas.

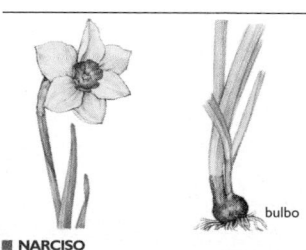

■ NARCISO

NARCO adj. y s.m. y f. *Fam.* Narcotraficante.

NARCOANÁLISIS s.m. Técnica de investigación psicológica que pretende el resurgimiento de recuerdos olvidados, provocando un descenso del nivel de conciencia mediante la inyección intravenosa de un narcótico.

NARCOLEPSIA s.f. MED. Afección caracterizada por accesos repentinos e irresistibles de sueño.

NARCOSIS s.f. Sueño producido por la administración intravenosa de un narcótico.

NARCOTERAPIA s.f. Método terapéutico con que durante cierto tiempo se mantiene al enfermo en estado de somnolencia.

NARCÓTICO, A adj. (gr. *narkotikós,* de *nárki,* adormecimiento). Relativo a la narcosis. ◆ adj. y s.m. Que provoca la aparición del sueño.

NARCOTISMO s.m. Estado de sueño o modorra producido por una dosis elevada de narcóticos.

NARCOTIZAR v.tr. y prnl. [7]. Suministrar un narcótico. **2.** Producir narcotismo.

NARCOTRAFICANTE adj. y s.m. y f. Que se dedica al narcotráfico.

NARCOTRÁFICO s.m. Tráfico ilegal de estupefacientes.

NARDO s.m. (lat. *nardus,* del gr. *nárdos*). Planta herbácea de los países intertropicales que se cultiva en jardinería por sus bellas flores blancas del mismo nombre, muy olorosas. (Familia amarilidáceas.) **2.** Planta herbácea vivaz, de flores blancas o rosadas del mismo nombre, agrupadas en cimas. (Familia valerianáceas.) **3.** Perfume que se preparaba con un extracto de diversas valerianáceas.

NARGUILE s.m. (voz persa). Pipa oriental provista de un largo tubo flexible, en la que el humo, antes de llegar a la boca, pasa a través de un pomo lleno de agua perfumada.

NARIGADA s.f. Ecuad. Polvo de tabaco que se toma de una vez entre el pulgar y otro dedo, para aspirarlo.

NARIGUDO, A adj. y s. (lat. vulg. *naricutus*). Que tiene la nariz grande. SIN.: narigón.

NARIGUERA s.f. Adorno que se coloca en las partes cartilaginosas de la nariz, propio de los papúes de Nueva Guinea, de muchas tribus africanas y de numerosos pueblos amerindios y de la India.

NARIZ s.f. (lat. vulg. *naricae,* ventanas de la nariz). Parte saliente de la cara, entre la boca y la frente, que es el órgano del olfato. (Se usa también en plural.) **2.** Cada uno de los orificios de la nariz. **3.** Olfato: *este perro tiene nariz.* **4.** Parte delantera de un barco, de un avión o de un cohete. ◆ **¡narices!** interj. Esp. Expresa fastidio, desprecio o enojo. ◇ **Dar en las narices** Desairar a alguien. **Darle en la nariz algo a alguien** Sospechar algo. **Darse de narices** Caerse en la cara contra el suelo o tropezar con algo recibiendo el golpe en la cara. **En mis, tus,** etc., **propias narices** En presencia de

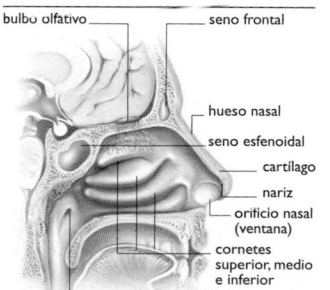

■ NARIZ. Sección sagital de una cavidad nasal.

la persona de que se trata. **Estar hasta las narices** Estar muy cansado de tolerar algo molesto o desagradable. **Hablar por la nariz** Ganguear. **Hincharsele las narices a alguien** Esp. Fam. Enojarse mucho. **Meter,** o **asomar, las narices** Fam. Entrometerse. **No ver más allá de sus narices** Fam. Ser poco perspicaz. **Romper las narices a alguien** Fam. Expresión de amenaza. **Torcer la nariz** Fam. No admitir lo que se dice o propone.

NARIZÓN, NA adj. Fam. Narigudo.

NARIZUDO, A adj. Méx. Fam. Que tiene la nariz grande.

NARRA s.m. Árbol de Filipinas, de unos 20 m de alt., de flores blancas en racimos axilares y fruto en legumbre, de cuya corteza y raíces se extrae un tinte encarnado. (Familia papilionáceas.) **2.** Madera de este árbol que se usa en ebanistería.

NARRACIÓN s.f. Acción de narrar. **2.** Cosa narrada. **3.** Relato, cuento, novela. **4.** Parte del discurso sobre los hechos de la manera más favorable al esclarecimiento del asunto que se trata.

NARRAR v.tr. (lat. *narrare*). Decir de palabra o por escrito alguna historia: *narrar lo sucedido.*

NARRATIVA s.f. Narración, acción de narrar. **2.** Habilidad para narrar. **3.** Género literario que abarca la novela, el relato y el cuento.

NARRATIVO, A adj. Relativo a la narración: *estilo narrativo.* SIN.: narratorio.

NARRIA s.f. (voz de origen prerromano). Cajón, tabla o tela que se usa para llevar arrastrando cosas de mucho peso. ? *fig.* y *fam.* Mujer gorda y pesada.

NÁRTEX o **NARTEX** s.m. Pórtico o vestíbulo construido a la entrada de la nave de las basílicas cristianas, donde se situaban los catecúmenos.

NARVAL s.m. (danés *nurhval*). Mamífero cetáceo de los mares árticos, de hasta 4 m de long., que solo posee dos dientes, uno de ellos muy desarrollado en el macho (2 a 3 m). (Familia monodóntidos.)

NASA s.f. (lat. *nassa*). Arte de pesca que consiste en una cesta cilíndrica o troncocónica, formada por un enrejado de varillas vegetales o de alambre galvanizado, red, etc. **2.** Artificio parecido al anterior, consistente en una manga de red, ahuecada por aros de madera. **3.** Cesta de boca estrecha en que echan los pescadores la pesca. **4.** Cesto para guardar pan, harina, etc.

NASAL adj. Relativo a la nariz. **2.** FONÉT. Se dice de un rasgo distintivo caracterizado acústicamente por la difusión de la energía sonora en bandas de frecuencia amplias y por la presencia de formantes adicionales y, articulatoriamente, por la intervención de la cavidad nasal. ◆ s.m. Pieza del casco de la armadura destinada a proteger la nariz. ◇ **Fosas nasales** Se dice de las dos cavidades limitadas por el etmoides y el paladar, separadas por un tabique perpendicular, y en las que penetra el aire a través de los orificios nasales antes de pasar a los pulmones.

NASALIDAD s.f. Cualidad de nasal.

NASALIZACIÓN s.f. Acción de nasalizar. **2.** Estado de un sonido nasalizado.

NASALIZAR v.tr. y prnl. [7]. Hacer nasal o pronunciar como tal un sonido.

NASARDO s.m. MÚS. Juego de mutación simple del órgano, que produce un sonido que parece nasal.

NÁSICO s.m. Simio de Borneo, de nariz larga y carnosa.

NASO s.m. Pez de agua dulce, de hasta 50 cm de long., de carne no comestible. (Familia ciprínidos.)

NASOFARÍNGEO, A adj. Relativo a la rinofaringe.

■ NARVAL

NASTIA s.f. Movimiento de un vegetal o de alguno de sus órganos como reacción a un golpe, a un contacto, a una sacudida o a cualquier otro factor externo.

NATA s.f. Sustancia constituida por glóbulos de materia grasa que se encuentra emulsionada en la leche. **2.** Capa que se forma en la superficie de algunos líquidos, debido a las sustancias grasas que hay en ellos. **3.** *Fig.* Lo mejor y más selecto. **4.** Esp. Leche batida.

NATACIÓN s.f. Acción de nadar. **2.** Deporte que consiste en nadar. **3.** Desplazamiento activo de un ser vivo en el interior del agua o en su superficie, sin tocar el fondo.

NATAL adj. Relativo al nacimiento. **2.** Nativo, perteneciente al país o lugar en que uno ha nacido.

NATALICIO, A adj. Relativo al día del nacimiento: *fecha natalicia.* ◆ s.m. Nacimiento.

NATALIDAD s.f. Relación entre el número de nacimientos y el de habitantes de una región durante un tiempo determinado.

NATÁTIL adj. Capaz de nadar o flotar.

NATATORIO, A adj. Relativo a la natación. **2.** Que sirve para nadar. ◇ **Vejiga natatoria** Bolsa situada en el abdomen de ciertos peces, llena de oxígeno y nitrógeno, y de función incierta.

NATILLAS s.f.pl. (de *nata*). Dulce elaborado con una mezcla de huevos, leche y azúcar, batida y cocida a fuego lento.

NATIVIDAD s.f. Nacimiento. **2.** Fiesta litúrgica del nacimiento de Jesús. (Con este significado suele escribirse con mayúscula.)

NATIVISMO s.m. PSICOL. Teoría según la cual el espacio y el tiempo se adquieren por las sensaciones y no por la experiencia.

NATIVISTA adj. y s.m. y f. PSICOL. Relativo al nativismo; partidario de esta teoría.

NATIVO, A adj. (lat. *nativus*). Relativo o perteneciente al país o lugar de que se trata: *costumbres nativas.* **2.** Indígena, nacido en el país de que se trata. **3.** Innato, natural. **4.** Se dice del metal que se encuentra en la naturaleza en estado puro, no combinado.

NATO, A adj. Se dice de la cualidad o defecto que se tienen desde el nacimiento: *artista nato.* **2.** Se dice del título o cargo que está anexo a un empleo o a la cualidad de un sujeto: *presidente nato del tribunal.*

NATRAL s.m. Chile. Terreno poblado de natris.

NATREMIA s.f. Cantidad de sodio contenida en la sangre, que normalmente oscila entre 3,10 y 3,45 g/l.

NATRI o **NATRE** s.m. Chile. Arbusto solanáceo, de 2 a 3 m de alt. y flores blancas. (Con el cocimiento amargo de sus hojas se untan el pecho las mujeres para destetar a los niños.)

NATRÓN s.m. Sosa.

NATRURIA s.f. Cantidad de sodio contenida en la orina.

NATURA s.f. (lat. *natura*). Naturaleza: *ir contra natura.*

NATURAL adj. Relativo a la naturaleza. **2.** Intrínseco a la naturaleza de un ser. **3.** Que se tiene por naturaleza, no adquirido: *cabello de color natural, no teñido.* **4.** Normal, conforme al orden habitual de las cosas: *es natural que quiera liberarse.* **5.** Genuino, no adulterado ni elaborado. **6.** Espontáneo, exento de afectación: *lenguaje simple y natural.* **7.** Que se encuentra en la naturaleza: *gas natural.* ◆ adj. y s.m. y f. Originario de un pueblo, ciudad o nación: *natural de Burgos.* **2.** Se dice del hijo nacido fuera del matrimonio, y del parentesco establecido de esa forma. ◆ adj. y s.m. TAUROM. **a.** Se dice del pase de muleta en que el diestro despide al toro por el mismo lado de la mano en que tiene la muleta. **b.** Se dice de la suerte ejecutada dando al toro para su salida del terreno de afuera y tomando el diestro el de las tablas. ◆ s.m. Manera de ser de una persona: *ser de natural sencillo.* **2.** Forma exterior de una cosa que se toma por modelo para la pintura y escultura. ◆ s.m. y f. HIST. Súbdito sometido al rey por el vínculo de la naturaleza. ◇ **Al natural** Sin artificio, sin aderezo: *lata de atún al natural.* **Muerte natural** Muerte que se produce a consecuencia de una enfermedad o de la edad. **Nota natural** MÚS. Nota que no está modificada por ninguna alteración. **Número natural** Cada uno de los números enteros positivos, como el 0, el 1, el 2, etc. **Religión natural** Conjunto de creencias y preceptos relativos a Dios y a la moral, fundados únicamente en la razón y la conciencia.

NATURALEZA s.f. Conjunto de los seres y cosas que constituyen el Universo, el mundo físico. **2.** Realidad física que existe independientemente del ser humano (por oposición a *cultura*). **3.** Conjunto de características fundamentales propias de un ser o de una cosa: *la naturaleza humana; actividades de distinta naturaleza.* **4.** Conjunto de inclinaciones e instin-

tos de una persona. **5.** Complexión del cuerpo: *ser de naturaleza robusta.* **6.** DER. Cualidad que da derecho a ser tenido por natural de un país para ciertos efectos civiles. **7.** FILOS. Causa creadora de un ser y de su desarrollo. ◇ **Las fuerzas de la naturaleza** Los fenómenos naturales. **Naturaleza humana** Conjunto de características comunes a todas las personas. **Naturaleza muerta** B. ART. Representación de animales muertos, frutos, objetos, flores, etc.

NATURALIDAD s.f. Cualidad de natural: *la naturalidad de su comportamiento.* **2.** Espontaneidad, sencillez: *hablar con naturalidad.*

NATURALISMO s.m. Movimiento literario y artístico del s. XIX que, por medio de la aplicación al arte de los métodos de la ciencia positivista, trata de reproducir la realidad con absoluta objetividad, incluso en los aspectos más ínfimos. **2.** FILOS. Doctrina que no admite otra realidad que la naturaleza.

ENCICL. En literatura, la escuela naturalista surgió entre 1860 y 1880, con la doble influencia del realismo de Flaubert y del positivismo de Taine. Zola encarnó la nueva estética, de la que se erigió en teórico (*La novela experimental,* 1880): basaba la verdad de una novela en la observación escrupulosa de la realidad y sometía el individuo al determinismo de la herencia y el medio. En torno de Zola se hallan, entre otros, Maupassant y Huysmans, a cuya corriente se unen A. Daudet, Mirabeau y J. Renard. En teatro, el naturalismo es un movimiento europeo ilustrado por teóricos (Zola), dramaturgos (Ibsen, Strindberg, Hauptmann, Chéjov), directores de escena (Stanislavski). Ligado a la aparición, en el paso del s. XIX al XX, de la puesta en escena, busca la reproducción exacta del medio social contemporáneo. En España aplicaron la denominación de naturalistas a autores como Galdós, Pardo Bazán y Clarín. En Hispanoamérica fueron influidos por el naturalismo los argentinos Cambacêrês y J. Martel; los chilenos Orrego Luco y Edwards Bello; los mexicanos F. Gamboa y M. Azuela; el venezolano M. E. Pardo y otros.

NATURALISTA s.m. y f. Persona que se dedica al estudio de los minerales, animales o plantas. ◆ adj. y s.m. y f. Relativo al naturalismo; adscrito al naturalismo.

NATURALIZACIÓN s.f. Acción de naturalizar. **2.** Acto soberano y discrecional del poder público por el que una persona adquiere la cualidad de nacional en el estado que representa dicho poder. **3.** Adquisición de una nacionalidad distinta de la originaria. **4.** Aclimatación duradera de una especie animal o vegetal en un ambiente que no es el suyo. **5.** En taxidermia, preparación de una planta o animal para conservar su forma y su apariencia.

NATURALIZADO, A s. y adj. Persona que ha obtenido su naturalización.

NATURALIZAR v.tr. [7]. Conceder la naturalización a un extranjero. **2.** Conservar plantas o animales por naturalización. ◆ v.tr. y prnl. Introducir y emplear en un país usos y costumbres de otros. **2.** Aclimatar definitivamente. ◆ **naturalizarse** v.prnl. Adquirir los derechos de los naturales de un país.

NATURISMO s.m. Doctrina que preconiza una vuelta a la vida en contacto con la naturaleza. **2.** Doctrina higiénica y deportiva que aplica esta tendencia. **3.** Nudismo.

NATURISTA adj. y s.m. y f. Relativo al naturismo; que practica el naturismo. SIN.: *fisiatra.* **2.** Nudista.

NATUROPATÍA s.f. Técnica curativa de las enfermedades basada en el empleo de medios naturales.

NAUFRAGAR v.intr. (lat. *naufragare*) [2]. Hundirse o destruirse una embarcación en el agua. **2.** *Fig.* Fracasar un intento o asunto: *naufragar un negocio.*

NAUFRAGIO s.m. (lat. *naufragium*). Acción de naufragar. **2.** *Fig.* Desastre, ruina material o moral.

NÁUFRAGO, A adj. y s. (lat. *naufragus,* de *navis,* barco, y *frangere,* romper). Que ha naufragado.

NAUMAQUIA s.f. (del gr. *naos,* barco, y *mákhesthai,* pelear). En la Roma antigua, espectáculo que consistía en un combate naval.

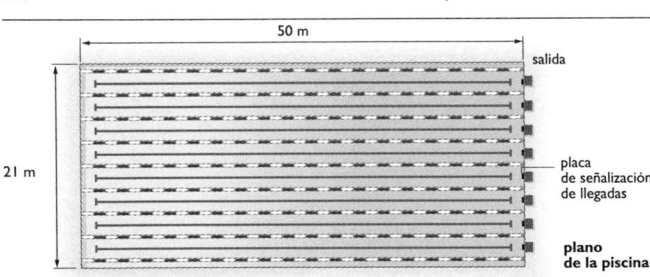

50 m

salida

placa
de señalización
de llegadas

plano
de la piscina

21 m

braza

mariposa

crawl

espalda

 NATACIÓN

2. Estanque en el que se desarrollaba este espectáculo.

NAUPATÍA s.f. MED. Mareo.

NAUPLIUS s.m. Fase larvaria primitiva de muchos crustáceos.

NÁUSEA s.f. (lat. *nausea,* mareo). Estado patológico caracterizado por una sensación penosa, localizada en el epigastrio y mediastino, que provoca ganas de vomitar. **2.** *Fig.* Repugnancia física o moral que causa una cosa.

NAUSEABUNDO, A adj. Que produce náuseas: *un olor nauseabundo.* **2.** Propenso al vómito.

NAUTA s.m. (lat. *nauta*). Marino, marinero, navegante.

NÁUTICA s.f. Ciencia que trata los aspectos relacionados con la navegación; conjunto de las técnicas de navegación.

NÁUTICO, A adj. Relativo a la navegación. ◇ **Deportes náuticos** DEP. Denominación utilizada para designar tanto los deportes directamente ligados a la navegación (vela, remo, etc.) como los que tienen como característica común el medio en que se practican, es decir, agua dulce o mar (pesca, submarinismo, etc.).

NAUTILO s.m. (gr. *nautílos,* marinero). Molusco cefalópodo de los mares cálidos, de concha espiral, de unos 25 cm de diámetro, con el interior dividido por tabiques, que existe desde la era primaria.

■ NAUTILO

NAUYACA s.f. Méx. Serpiente grande y venenosa que tiene muy hendido el labio superior, lo que le da el aspecto de tener cuatro fosas nasales.

NAVA s.f. (voz de origen prerromano). Tierra baja y húmeda, a veces pantanosa.

NAVAJA s.f. (lat. *novacula*). Cuchillo cuya hoja se puede doblar para que el filo quede oculto entre las dos cachas que forman el mango. **2.** Aguijón cortante de algunos insectos. **3.** *Fig. y fam.* Lengua de las personas que difaman y murmuran. **4.** En la riña de gallos, cuchilla puntiaguda y ligeramente arqueada, que se adapta a la pata izquierda del gallo de pelea. **5.** Molusco lamelibranquio de cuerpo alargado, encerrado en dos largas valvas con los extremos abiertos. (Familia solénidos.) ◇ **Navaja de afeitar, o barbera** Cuchillo plegable de acero, de filo agudísimo, que se emplea para rasurar la barba.

NAVAJADA s.f. Golpe dado con una navaja. **2.** Herida producida con una navaja.

NAVAJAZO s.m. Navajada.

NAVAJERO, A s. Persona que utiliza la navaja para herir o atracar. **2.** Persona que tiene por oficio hacer o vender navajas. ◆ s.m. Estuche para guardar las navajas de afeitar; paño para limpiarlas. **2.** Piedra sobre la que se coloca para el mismo fin. ◆ adj. Relativo a los navajeros: *lenguaje navajero.* **2.** Colomb. *Fig.* Se dice de la persona muy hábil en alguna cosa.

NAVAJO, pueblo amerindio de América del Norte, de la familia lingüística atapasco, act. en reservas en Texas, Oklahoma, Nuevo México y Arizona.

NAVAL adj. Relativo a la navegación. **2.** Relativo a la marina de guerra. ◇ **Agregado naval** Oficial de marina que atiende en una embajada los asuntos de su competencia.

NAVARCA s.m. ANT. GR. Comandante de una flota o de un buque de guerra.

NAVARRA s.f. TAUROM. Lance de capa de frente, en el que el diestro, al cargar la suerte, gira en dirección contraria a la que trae el toro.

NAVARRERÍA s.f. En la baja edad media, en las ciudades del reino de Navarra, barrio habitado por el núcleo indígena primitivo de los navarros, que quedaba separado de los habitados por la población de origen franco: *la navarrería de Estella.*

NAVARRO, A adj. y s. De Navarra.

NAVARROARAGONÉS s.m. Conjunto de dialectos hablados en los reinos de Navarra y Aragón, con caracteres casi uniformes.

NAVAZO s.m. Huerto en forma de hoyo grande en los arenales inmediatos a las playas, que se cerca con la misma arena extraída.

NAVE s.f. (lat. *navis*). Embarcación grande de vela o motor, especialmente la que tiene cubierta. **2.** Vehículo aéreo grande, como un avión, un helicóptero, lanzadera, etc. **3.** Espacios que se extienden entre los muros o las filas de columnas a lo largo de los templos, fábricas, almacenes, etc. **4.** Colomb. Hoja de puerta o ventana. ◇ **Nave de san Pedro** *Fig.* Iglesia católica. **Quemar las naves** Tomar una determinación extrema e irrevocable.

NAVEGABILIDAD s.f. Cualidad de navegable. **2.** Aptitud de una embarcación o de un avión para navegar en condiciones de seguridad.

NAVEGABLE adj. Se dice del lugar por donde se puede navegar: *el tramo navegable de un río.*

NAVEGACIÓN s.f. Acción de conducir un lugar a otro un vehículo marítimo, aéreo o espacial. **2.** Técnica de navegación de un vehículo marítimo, aéreo o espacial y de determinar su posición en cualquier instante.
ENCICL. La navegación, que en un principio se practicaba mediante la observación de referencias conocidas o identificadas en un mapa *(navegación visual)*, utiliza en la actualidad redes de balizas radioeléctricas situadas en el suelo (sistemas Decca, Loran, VOR, etc.) o en satélites (sistemas TRANSIT, NAVSTAR). Las técnicas de navegación astronómica, basadas en la medición de la altura de los astros, se han sustituido, en aviones y barcos, por la *navegación inercial*, que confía el rumbo a un sistema giroscópico autónomo.

NAVEGADOR s.m. INFORMÁT. Software cliente para la presentación de páginas Web en formato HTML, que permite la activación de vínculos hipertextuales para ir de sitio en sitio.

NAVEGANTE adj. y s.m. y f. Que navega.

NAVEGAR v.intr. (lat. *navigare* [2]. Viajar alguien sobre el agua, por el aire o por la atmósfera. **2.** Moverse una nave, un globo, etc., por el agua, el aire o la atmósfera. **3.** *Fig.* Ir de un sitio a otro, errar. **4.** *Fig.* No entender mucho de un asunto: *navegar en cuestiones filosóficas.* **5.** INFORMÁT. Pasar una información a otra dentro de un documento de hipertexto o hipermedia, en un sitio a otro de Internet o en una red intranet.

NAVETA s.f. (cat. *nuveta,* barquichuelo, naveta de incienso). Gaveta de los escritorios. **2.** Construcción megalítica balear en forma de nave invertida, alargada, con una entrada pequeña y una cámara interior que está cubierta con una falsa bóveda sostenida por pilares. **3.** LITURG. Recipiente pequeño que contiene el incienso destinado a ser quemado durante los oficios litúrgicos.

■ NAVETA

NAVICERT s.m. Certificado librado en tiempo de guerra por las autoridades consulares de una nación beligerante, en el que consta que un buque y su carga han sido inspeccionados y que le ha sido concedida autorización para continuar el viaje hacia un puerto neutral.

NAVICULAR adj. ANAT. Que tiene forma de nave pequeña. ◇ **Hueso navicular** Escafoides.

NAVIDAD s.f. (del lat. *nativitas, -atis,* nacimiento). Nacimiento de Jesús. (Suele escribirse con mayúscula.) **2.** Día en que se celebra.

(Suele escribirse con mayúscula.) **3.** Tiempo que transcurre desde dicho día hasta la Epifanía. **4.** *Fig.* Año: *tener muchas navidades.* (Suele usarse en plural.) ◇ **Árbol de Navidad** Abeto que se adorna e ilumina en ocasión de la fiesta de Navidad.

NAVIDEÑO, A adj. Relativo a la Navidad o al período de tiempo en que se celebra. **2.** Se dice de algunas frutas, como melones, uvas, etc., que se pueden conservar hasta Navidad.

NAVIERO, A adj. Relativo a una nave o a la navegación. ◆ Persona encargada de avituallar o representar un buque en el puerto en que se halle. (El encargado puede ser el propietario del buque, un gestor de este o un comerciante que lo explota en virtud de un contrato.)

NAVIESFERA s.f. Instrumento en forma de esfera que representa la bóveda celeste y en el cual el navegante puede averiguar el nombre de la estrella cuya altura ha medido con el sextante.

NAVÍO s.m. (lat. *navigium*). Embarcación de grandes dimensiones. **2.** Denominación con que se conoció, a partir del s. XVI, a cualquier embarcación superior a las 500 t, y, en particular, a las de guerra.

NAXALITA adj. y s.m. y f. Relativo a un movimiento político indio, de inspiración marxista-leninista; partidario de este movimiento.

1. NÁYADE s.f. (lat. *naias, naiadis,* del gr. *naiás*). Divinidad femenina de la mitología griega, protectora de fuentes o ríos.

2. NÁYADE s.f. Planta herbácea acuática, de flores pequeñas, verdes o rojizas. (Familia hajudáceas.) **2.** Larva acuática de los odonatos. **3.** Almeja de río.

NAYARITA adj. y s.m. y f. De Nayarit (México). SIN.: *nayaritense*

NAYURIBE s.f. Planta de flores moradas en espiga, cuyas cenizas se emplean en tintorería para teñir de rojo. (Familia amarantáceas.)

NAZAREATO s.m. Condición de nazareno. **2.** Voto por el que algunos israelitas se consagraban a Dios, obligándose a determinadas abstinencias. **3.** Tiempo durante el cual se cumple el compromiso del voto.

NAZARENAS s.f.pl. R. de la Plata. Espuelas grandes usadas por los gauchos.

NAZARENO, A adj. y s. De Nazaret. **2.** Entre los hebreos, se dice del que se consagraba mediante nazareato. **3.** Cristiano. ◆ adj. Se dice de la imagen de Jesús vestido con una túnica morada. ◆ s.m. Nombre dado a los primeros cristianos. **2.** Miembro de una secta cristiana de Jerusalén que unía la ley mosaica a la doctrina evangélica. **3.** Hombre vestido con túnica, generalmente morada, y capirote, que forma parte de las procesiones de semana santa. **4.** Árbol de América, de gran tamaño, de cuya madera, susceptible de pulimento, se obtiene un tinte amarillo muy duradero. (Familia cesalpináceas.) ◇ **El Nazareno** Jesucristo. **Escuela nazarena** Grupo de pintores alemanes del s. XIX.

NAZARÍ adj. y s.m. y f. De la dinastía Nazarí. (V. parte n. pr.)

NAZI adj. y s.m. y f. Nacionalsocialista.

NAZISMO o **NACISMO** s.m. Nacionalsocialismo.

NB, abrev. de *nota bene.*

NE, abrev. de *noreste.*

NEÁNTROPO, adj. y s.m. Se dice de una forma de antropoide relacionado con la especie *Homo sapiens,* que comprende en particular las razas fósiles de Cro-Magnon, Chancelade y Grimaldi, así como el hombre actual.

NEBLADURA s.f. Neblina muy perjudicial para los sembrados porque favorece el desarrollo de royas. **2.** Daño causado por la niebla a los sembrados.

NEBLÍ o **NEBÍ** s.m. Halcón común.

NEBLINA s.f. Niebla espesa y baja. **2.** Niebla ligera. **3.** Atmósfera cargada por la acumulación de humos o gases.

NEBLINEAR v.impers. Chile. Lloviznar.

NEBLINOSO, A adj. Que tiene neblina.

NEBREDA s.f. Enebral.

NEBRINA s.f. Fruto del enebro.

NEBULAR adj. Relativo a las nebulosas: *hipótesis nebular.*

NEBULIZADOR s.m. Pulverizador.

NEBULIZAR v.tr. [7]. Proyectar un líquido en gotas muy pequeñas con ayuda de un nebulizador.

NEBULÓN s.m. (lat. *nebulon, -onis*). Hombre astuto e hipócrita.

NEBULOSA s.f. ASTRON. Nube de gas y polvo interestelares.

ENCICL. Las *nebulosas difusas* están formadas, sobre todo, por hidrógeno neutro por lo que reciben el nombre de *regiones H I*. Se manifiestan básicamente por una emisión intensa de radiación radioeléctrica de 21 cm de longitud de onda. En la cercanía de las estrellas de alta temperatura, fuentes poderosas de radiación ultravioleta, la excitación del gas interestelar genera las *nebulosas brillantes*, constituidas sobre todo por hidrógeno ionizado, de ahí llamadas *regiones H II*. La formación de nuevas estrellas, que se produce durante centenares de años luz, tiene lugar en el seno de nebulosas complejas y densas, llamadas *nubes moleculares* ya que contienen numerosas moléculas (y no solo átomos o iones). Por el contrario, algunas nebulosas se asocian con el estadio final de la evolución estelar: es el caso de las *nebulosas planetarias* (así llamadas debido a que su aspecto, cuando se las observa con instrumentos pequeños, recuerda el de los planetas), envuelturas gaseosas esféricas expulsadas por estrellas que se han vuelto inestables y se diluyen progresivamente en el espacio, y el de los *restos de supernovas*, envueltas expulsadas en el momento de producirse la explosión cataclísmica de estrellas masivas. Por último, las *nebulosas oscuras* están compuestas básicamente por polvo, que absorbe la luz de los astros situados detrás, y destacan como sombras chinescas sobre el fondo estrellado del cielo.

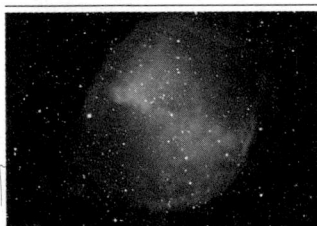

■ **NEBULOSA** planetaria NGC 6853, en la constelación de la Zorra.

NEBULOSIDAD s.f. Cualidad de nebuloso. **2.** Sombra u oscuridad tenue.

NEBULOSO, A adj. Oscurecido por la niebla o por las nubes. **2.** Turbio, que no tiene transparencia. **3.** *Fig.* Poco claro, oscuro o confuso.

NECEAR v.intr. Decir o hacer necedades. **2.** Discutir necia y obstinadamente una cosa.

NECEDAD s.f. Cualidad de necio. **2.** Dicho o hecho propios de la persona necia.

NECESARIO, A adj. (lat. *necessarius*). Que no puede dejar de ser o suceder. **2.** Imprescindible, que hace falta para un fin.

NECESER s.m. (fr. *nécessaire*, necesario, neceser). Bolsa, estuche o maletín con los utensilios de aseo personal, costura, etc.

NECESIDAD s.f. (lat. *necessitas, -atis*, fatalidad, necesidad). Cualidad de necesario. **2.** Falta de las cosas necesarias para vivir: *trabajar por necesidad*. **3.** Situación de alguien que precisa de auxilio o ayuda: *ayudar a alguien en una necesidad.* **4.** Hambre muy intensa: *caerse de necesidad.* **5.** Evacuación de orina o excrementos: *hacer sus necesidades.* (Suele usarse en plural.) ◇ **De necesidad** Irremediable: *puñalada mortal de necesidad.*

NECESITADO, A adj. y s. Pobre, que carece de lo necesario para vivir.

NECESITAR v.tr. e intr. Tener necesidad de alguien o de algo.

NECIO, A adj. y s. (lat. *nescius*). Ignorante, tonto o presumido. ◆ adj. Que es propio de la persona necia.

NECK s.m. (voz inglesa). Conglomerado de rocas duras que corresponde a una chimenea volcánica, puesto de relieve por la erosión.

NÉCORA s.f. Cangrejo de mar, de cuerpo liso, muy convexo y elíptico, cuya carne es comestible y muy apreciada. (Familia portúnidos.)

NECROBIOSIS s.f. Proceso de necrosis localizada que se fragua lentamente en el espesor de un tejido, rodeado de estructuras que mantienen su actividad vital.

NECRÓFAGO, A adj. Se dice del animal que se nutre de cadáveres.

NECROFILIA s.f. Atracción por la muerte. **2.** Conducta sexual de la persona que tiene relaciones sexuales con cadáveres, que es considerada como una perversión o desviación.

NECRÓFILO, A adj. y s. Relativo a la necrofilia; que practica la necrofilia.

NECRÓFORO, A adj. y s.m. Se dice del insecto coleóptero que entierra cadáveres de animales, en los que deposita sus huevos.

NECROLOGÍA s.f. Biografía de una persona muerta recientemente. **2.** Noticia sobre la muerte de una persona, especialmente la que aparece en una sección fija de un periódico.

NECROLÓGICO, A adj. Relativo a la necrología: *columna necrológica; noticia necrológica.*

NECROLOGIO s.m. Lista o registro de los nombres de los muertos, con la fecha de su fallecimiento.

NECROMANCIA o **NECROMANCÍA** s.f. Nigromancia.

NECRÓPOLIS s.f. Cementerio grande adornado con monumentos funerarios. **2.** Grupo de sepulturas prehistóricas o de la antigüedad de mayor o menor carácter monumental, alineadas como las casas o los edificios de una ciudad.

NECROPSIA s.f. Autopsia, examen en un cadáver. SIN.: *necroscopia.*

NECROSAR v.tr. y prnl. Producir la necrosis de una célula, un tejido o un órgano.

NECROSIS s.f. (del gr. *nekrós*, muerto). PATOL. Muerte de una célula, un tejido o un órgano, en el interior de un organismo vivo.

NECRÓTICO, A adj. Relativo a la necrosis.

NÉCTAR s.m. (lat. *nectar, -aris*, del gr. *néktar*). Jugo azucarado que segregan ciertos órganos florales. **2.** Bebida agradable al paladar. **3.** En la mitología griega, bebida de los dioses que confería la inmortalidad a quienes la tomaban.

NECTARÍFERO, A adj. BOT. Que segrega néctar.

NECTARINA s.f. Variedad de melocotón, de piel lisa y pulpa no adherida al hueso.

NECTARIO s.m. BOT. Órgano glandular productor del néctar, situado habitualmente en el interior de una flor. (Puede tratarse de una glándula especializada situada en la flor o de una diferenciación de algunos pétalos o de algunas hojas.)

NECTON s.m. Conjunto de animales marinos que nadan de forma activa (por oposición a *plancton*).

NEERLANDÉS, SA adj. y s. De los Países Bajos. ◆ s.m. Lengua germánica hablada en los Países Bajos y en el norte de Bélgica.

NEFANDARIO, A adj. Se dice de la persona que comete pecado nefando. SIN.: *sodomita.*

NEFANDO, A adj. (lat. *nefandus*). Abominable, que repugna u horroriza moralmente. ◇ **Pecado nefando** Sodomía.

NEFARIO, A adj. (lat. *nefarius*, de *nefas*, cosa ilícita). Malvado, detestable.

NEFASTO, A adj. (lat. *nefastus*). Que causa desgracia o va acompañado de ella: *época nefasta.* **2.** Muy malo, perjudicial: *influencias nefastas.* ◇ **Día nefasto** ANT. ROM. Día en el que estaba prohibido por la religión dedicarse a los asuntos públicos.

NEFELINA s.f. Silicato alumínico sódico hexagonal. (Se presenta en forma de cristales, incluidos o insertos, de apariencia holoédrica.)

NEFELÍNICO, A adj. Que contiene nefelina: *sienita nefelínica.*

NEFELIO s.m. Pequeña opacidad blanca que se forma en la córnea.

NEFELISMO s.m. (del gr. *nephéli*, nube). Conjunto de caracteres —forma, clase, altura, coloración, dirección y velocidad de sus movimientos— con que se presentan las nubes.

NEFELOMETRÍA s.f. Método de medida de la concentración de una emulsión, mediante la comparación de su transparencia con la de una preparación patrón.

NEFLALGIA s.f. Dolor de origen renal.

NEFRECTOMÍA s.f. CIR. Extirpación de un riñón.

NEFRECTOMIZAR v.tr. [7]. Realizar una nefrectomía.

NEFRIDIO s.m. Órgano excretor de los invertebrados que realiza funciones semejantes a las de los riñones.

NEFRITA s.f. Anfíbol del grupo de la actinota, que contiene jade.

NEFRÍTICO, A adj. Relativo al riñón: *cólico nefrítico.* ◆ adj. y s. Relativo a la nefritis; que padece esta enfermedad.

NEFRITIS s.f. (lat. tardío *nephritis*, del gr. *nephritis*). Enfermedad renal inflamatoria.

NEFROLOGÍA s.f. Parte de la medicina que estudia los riñones, su fisiología y sus enfermedades.

NEFROLÓGICO, A adj. Relativo a la nefrología.

NEFRÓLOGO, A s. Médico especialista en nefrología.

NEFRÓN s.m. Unidad de secreción elemental del riñón.

NEFROPATÍA s.f. Enfermedad del riñón.

NEFROPEXIA s.f. Intervención quirúrgica para fijar el riñón a la pared abdominal posterior, en caso de ptosis o descenso de dicho órgano.

NEFROSCLEROSIS s.f. Estado terminal de un proceso renal crónico que ha abocado en la destrucción de gran parte del tejido específico del parénquima renal.

NEFROSIS s.f. Proceso degenerativo del riñón.

NEFROSTOMÍA s.f. Abertura quirúrgica del riñón o de la pelvis renal.

NEFROSTOMIZAR v.tr. [7]. Realizar una nefrostomía.

NEGACIÓN s.f. Acción de negar. **2.** Rechazo o respuesta negativa a lo que alguien pide o pretende. **3.** GRAM. Palabra o expresión que sirven para negar; oración negativa. **4.** LÓG. Paso de un juicio a su opuesto contradictorio, es decir de la verdad a la falsedad o de la falsedad a la verdad. **5.** PSICOANÁL. Mecanismo de defensa del yo, consistente en un rechazo de la aceptación de la realidad de una percepción traumatizante. ◇ **Negación de una proposición p** LÓG. Proposición que resulta al añadir el conector ¬ a la proposición *p* («¬ *p*» se lee «no *p*»), que es verdadera si y solo si *p* es falsa y falsa si y solo si *p* es verdadera. **Principio de la doble negación** LÓG. Ley según la cual, si es falso que A sea falso, entonces A es verdadero. **Ser la negación de algo** Estar en completa contradicción con algo: *ser la negación de la inteligencia.*

NEGADO, A adj. y s. Incapaz o inepto: *ser negado para el estudio.*

NEGAR v.tr. (lat. *negare*) [4]. Decir que algo no existe o no es verdad: *negó su participación en el atentado.* **2.** Responder negativamente a una pregunta: *negó con la cabeza.* **3.** No reconocer un parentesco, amistad o cualquier relación: *negar a su propio hijo.* **4.** Ocultar o disimular algo: *siempre he negado mi nombre.* **5.** Denegar, no conceder lo que se pide: *le negó su ayuda.* ◆ **negarse** v.prnl. Decir que no se quiere hacer cierta cosa: *negarse a colaborar.* ◇ **Negarse alguien a sí mismo** Renunciar a sus deseos y pasiones.

NEGATIVA s.f. Acción de negar o negarse, especialmente de no conceder lo que se pide: *no aceptar la negativa de alguien.* **2.** Palabra, expresión o gesto con que se niega.

NEGATIVIDAD s.f. Cualidad de negativo. **2.** ELECTR. Estado de un cuerpo electrizado negativamente.

NEGATIVO, A adj. Que expresa, implica o contiene una negación. **2.** Que no tiene indicios de enfermedad o de algo malo: *diagnóstico negativo.* **3.** DER. Se dice del reo que no confiesa el delito del que se le acusa o del testigo que niega lo que se le pregunta. **4.** GRAM. Se dice de la palabra o expresión que sirven para negar: *locución negativa.* ◆ s.m. FOT. Imagen que se forma al revelar un cliché fotográfico y cuyos tonos claros y oscuros se hallan invertidos. ◇ **Electricidad negativa** Una de las dos formas de electricidad estática. **Magnitud negativa** MAT. Magnitud de signo opuesto al de una magnitud positiva de la misma naturaleza. **Número negativo** MAT. Número obtenido colocando el signo − delante del número positivo del mismo valor absoluto.

NEGATÓN s.m. FÍS. Electrón de carga negativa.

NEGATÓNICO, A adj. Relativo al negatón.

NEGATOSCOPIO s.m. Pantalla luminosa utilizada para examinar por transparencia los negativos radiográficos y otros clichés.

NEGLIGÉ adj. (fr. *négligé*). Descuidado, desaliñado, aunque no exento de cierta elegancia: *un peinado negligé*. ◆ s.m. Prenda de vestir femenina usada para estar por casa.

NEGLIGENCIA s.f. Falta de diligencia y cuidado en la realización de algo. **2.** DER. PEN. Delito o falta consistente en omitir, de forma no intencionada, la realización de un acto que debía realizarse.

NEGLIGENTE adj. y s.m. y f. (lat. *negligens, -ntis,* de *negligere,* descuidar). Que muestra negligencia o incurre en ella.

NEGOCIABILIDAD s.f. Cualidad de un título representativo de un derecho o un crédito, que permite su transmisión a un tercero por un procedimiento mercantil.

NEGOCIABLE adj. Que se puede negociar. **2.** ECON. Susceptible de ser comprado o vendido.

NEGOCIACIÓN s.f. Acción de negociar. **2.** Discusión de las cláusulas de un posible contrato: *la negociación de un convenio.* **3.** DER. MERC. Transmisión de efectos mercantiles.

NEGOCIADO s.m. Amér. Merid. Negocio de importancia, ilícito y escandaloso. **2.** Esp. Conjunto de oficinas o departamentos de la administración que tiene a su cargo un servicio determinado o una rama de este: *el negociado de asuntos extranjeros.*

NEGOCIADOR, RA adj. y s. Que negocia: *espíritu negociador.* **2.** DER. INTERN. Se dice del ministro o agente diplomático que gestiona asuntos importantes.

NEGOCIANTE adj. y s.m. y f. Que se dedica a los negocios. **2.** Se dice de la persona que ejerce una profesión con un afán excesivo de dinero.

NEGOCIAR v.intr. (lat. *negotiari*). Dedicarse a los negocios o a cierto negocio. ◆ v.tr. e intr. Hacer alguna operación con un valor bancario o de bolsa. **2.** Hablar una persona con otras para resolver algo o gestionarlo. **3.** Tratar asuntos, especialmente de carácter público: *negociar un tratado de alianza o de comercio.* **4.** DER. MERC. Ajustar el traspaso o descuento de un efecto comercial. ◆ v.tr. Entregar un efecto de comercio a un banco, para que avance el pago antes de la fecha de su vencimiento.

NEGOCIO s.m. (lat. *negotium,* ocupación, quehacer). Transacción comercial que comporta una utilidad o una pérdida. **2.** Operación comercial ventajosa: *hacer un buen negocio.* **3.** Provecho o ganancia que se obtiene en lo que se trata o comercia. **4.** Ocupación, empleo o trabajo. **5.** Establecimiento comercial o industrial: *tiene un negocio de lencería.*

NEGOCIOSO, A adj. Diligente, activo y cuidadoso en sus asuntos.

NEGRA s.f. MÚS. Figura que dura el doble que una corchea y la mitad que una blanca.

NEGRADA s.f. Cuba. Conjunto de esclavos negros de una finca o plantación.

NEGREAR v.intr. Ponerse o tirar a negro: *empezar a negrear la noche.*

NEGRECER v.intr. y prnl. [37]. Ponerse negro.

NEGRERÍA s.f. Lugar donde se encerraba a los esclavos negros con los que se comerciaba. **2.** Lugar donde se hacía trabajar a los esclavos negros. ◇ **Países de negrería** Zonas costeras de África donde los negreros compraban esclavos negros.

NEGRERO, A adj. y s. Se dice de la persona que se dedicaba a la trata de esclavos negros. **2.** Fig. Se dice de la persona que explota a sus subordinados.

NEGRILLA s.f. Esp. Enfermedad causada por

hongos que ataca a plantas como la vid, el olivo y el sauce.

NEGRILLO, A adj. y s.f. Se dice de la letra de imprenta del mismo tamaño que la redonda, pero de trazo más grueso. SIN.: *negrito.* **2.** Amér. Merid. Se dice de la mena de plata cuprífera o mineral de hierro, cuyo color es muy oscuro.

NEGRITOS, conjunto de pueblos del archipiélago malayo (aeta, semang y andamán) que se caracterizan por ser de estatura baja.

NEGRITA s.f. Letra negrilla.

NEGRITO s.m. Cuba. Ave paseriforme, de plumaje negro con el dorso castaño, en los machos, y pardo grisáceo con el dorso rojizo, en las hembras. (Familia tiránidos.)

NEGRITUD s.f. Conjunto de los valores culturales y espirituales de los negros; conciencia de pertenencia a esa cultura.

NEGRIZAL s.m. Superficie del terreno accidentada por una colada de lava o por escorias volcánicas.

NEGRO, A adj. y s.m. (lat. *niger, -gra, -grum*). Se dice del color de tonalidad más oscura, debido a la ausencia o a la absorción total de los rayos luminosos, como el del carbón. ◆ adj. Que es de este color: *sombrero negro.* **2.** Se dice de algo que tiene una tonalidad más oscura que la corriente en su especie: *pan negro.* **3.** Oscurecido, privado de luz: *ponerse negro el cielo; noche negra.* **4.** Fig. Triste, desgraciado: *mi negra suerte.* **5.** Se dice de la raza que se caracteriza por el color oscuro de la piel, el pelo rizado y los labios gruesos, y es originaria de algunas zonas de África y Oceanía. **6.** Relativo a las personas de raza negra o a su cultura: *música negra.* ◆ adj. y s. Se dice de la persona de raza negra. ◆ s. Persona que trabaja anónimamente para lucimiento y provecho de otro. ◆ s.m. Pigmento colorante de color negro. ◇ **Cine negro** CIN. Género cinematográfico, especialmente norteamericano, caracterizado por su temática criminal, por la ambigüedad moral y la ausencia de personajes éticamente positivos y por la utilización de ambientes sórdidos, de la violencia y del erotismo. **Cuerpo negro** FÍS. Cuerpo que absorbe íntegramente todas las radiaciones recibidas en su superficie. **En negro** Fuera de las regulaciones legales. **Estar negro** Esp. Fig. y fam. Estar muy irritado o enojado. **Misa negra** Parodia de la misa católica, propia del culto satánico. **Negro animal** Pigmento negro obtenido por calcinación de restos animales (huesos, cuernos). **Negro de anilina** Colorante negro violáceo obtenido por oxidación de la anilina. **Negro de carbono,** o **de gas** Hollín obtenido por la combustión incompleta del gas natural, utilizado como pigmento negro y como agente de relleno y de refuerzo en el caucho o hule. **Negro de humo** Hollín obtenido por combustión incompleta del benceno, utilizado como pigmento negro en tintas y pinturas. **Negro de la uña** Parte extrema de la uña cuando está sucia; Fig. cantidad mínima de cualquier cosa. **Negro espiritual** Canto religioso de los negros estadounidenses, de inspiración cristiana, en lengua angloamericana. **Negro marfil** Pigmento negro que se obtiene por calcinación de huesos muy duros y que es utilizado para la preparación de pintura de gran calidad. **Novela negra** Género de novela aparecido en Gran Bretaña a fines del s. XVIII, con una temática basada en las aventuras fantásticas y de terror; novela moderna, especialmente policíaca, que combina escenas de violencia con la pintura realista de una sociedad sórdida. **Trabajar como un negro** Trabajar mucho, sin descanso.

NEGROAFRICANO, A adj. y s. Relativo a los negros de África: *lenguas negroafricanas.*

NEGROAMERICANO, A adj. y s. Relativo a los negros africanos transportados como esclavos a América a partir del s. XVI, y a sus descendientes.

NEGROIDE adj. y s.m. y f. Que presenta caracteres propios de la raza negra.

NEGRÓN s.m. Pato de las regiones boreales, de plumaje muy oscuro, que se alimenta de moluscos. (Familia anátidos.)

NEGRURA s.f. Cualidad de negro. SIN.: *negror.*

NEGRUZCO, A adj. Que tiene un tono negro: *color negruzco.*

NEGUILLA s.f. (del lat. *nigella,* dim. f. de *niger,* negro). Planta herbácea tóxica, de flores azuladas, que crece en las zonas donde se cultivan cereales, en particular el trigo. (Familia ranunculáceas.) **2.** Planta de flores purpúreas que crece en los campos de cereales y cuyas semillas son tóxicas. (Familia cariofiláceas.)

NEGUNDO s.m. Árbol o arbusto originarios de América del Norte, de hojas imparipinnadas y flores unisexuadas. (Su madera, dura, de grano fino y compacto, se emplea en marquetería; familia aceráceas.)

NEIS s.m. → GNEIS.

NEÍSICO, A adj. → GNÉISICO.

NEJA s.f. Méx. Tortilla de maíz que adquiere un color ceniciento por tener demasiada cal.

NELUMBO o **NELUMBIO** s.m. Planta acuática parecida al nenúfar, una de cuyas especies era el loto sagrado de los hindúes. (Familia ninfeáceas.)

NEMA s.f. (lat. *nema, -atis,* hilo de una trama, del gr. *nima*). Cierre de una carta.

NEMATELMINTO, A adj. y s.m. Relativo a una clase de gusanos cilíndricos, sin anillas, provistos de tubo digestivo.

NEMÁTICO, A adj. Se dice del estado mesomorfo, más cercano al estado líquido que al cristalino, en que las moléculas muy alargadas, se desplazan paralelamente las unas a las otras.

NEMATOCISTO o **NEMATOCITO** s.m. Órgano urticante de los cnidarios.

NEMATODO, A adj. y s.m. Relativo a una clase de gusanos que habitan en el suelo o como parasitos del ser humano y de los mamíferos, y que constituye la clase principal de los nematelmintos.

NEME s.m. Colomb. Betún o asfalto.

NEMEO, A adj. y s. De Nemea. ◇ **Juegos nemeos** ANT. GR. Juegos celebrados cada dos años en Nemea, en honor de Zeus.

NEMERTINO, A adj. y s.m. Relativo a una clase de gusanos planos, marinos, con tubo digestivo completo, con boca y ano, que son, en su mayoría, unisexuales y viven entre las algas o sumergidos en el fango.

NEMOROSO, A adj. (lat. *nemorosus,* de *nemus, -oris,* bosque). Poét. Del bosque. **2.** Poét. Cubierto de bosques.

NEMOTECNIA s.f. → MNEMOTECNIA.

NEMOTÉCNICO, A adj. → MNEMOTÉCNICO.

NENE, A s. Esp. y Méx. Niño pequeño.

NENEQUE s.m. Hond. Persona débil incapaz de valerse por sí misma.

NENÚFAR s.m. (ár. *nainûfar*). Planta acuática que se cultiva en los estanques de agua por sus grandes hojas flotantes y sus flores de pétalos blancos, amarillos o rojos. (Familia ninfeáceas.) **2.** Flor de esta planta. SIN.: *ninfea.*

■ NENÚFAR

NEOBLASTO s.m. BIOL. Célula indiferenciada que, en los anélidos, permite la reconstrucción de los tejidos amputados.

NEOCALEDONIO, A adj. y s. De Nueva Caledonia.

NEOCAPITALISMO s.m. Forma contemporánea del capitalismo caracterizada principalmente por el predominio de las grandes empresas y de las sociedades anónimas, con la aparición de una clase dirigente que no se apoya en la propiedad del capital.

NEOCAPITALISTA adj. y s.m. y f. Relativo al neocapitalismo; partidario del neocapitalismo.

NEOCATOLICISMO s.m. En el s. XIX, integrismo. **2.** Tendencia político-religiosa que pretende introducir en el catolicismo ideas progresistas a partir de la tercera década del s. XX.

NEOCATÓLICO, A adj. y s. Relativo al neocatolicismo; partidario de esta tendencia.

NEOCELANDÉS, SA adj. y s. → NEOZELANDÉS.

NEOCLASICISMO s.m. Movimiento artístico y literario inspirado en la antigüedad clásica. **2.** Movimiento artístico que recurre a elementos propios del clasicismo, como claridad y equilibrio. (En el s. XIX, se aplica a veces a cierta vuelta al clasicismo en arquitectura, aunque reinterpretado.)

ENCICL. B. ART. El neoclasicismo se desarrolló en Europa aproximadamente entre 1760 y 1830, fruto de la transformación de las ideas políticas y morales estimulada por la Ilustración. En la arquitectura neoclásica española sobresalen: V. Rodríguez (fachada de la catedral de Pamplona), F. Sabatini (puerta de Alcalá, en Madrid), J. de Villanueva (museo del Prado), P. M. Cermeño (catedral de Lérida) y J. Soler Faneca (lonja de Barcelona). En Hispanoamérica destacan: en México, M. Tolsá (palacio de la Minería), J. D. Ortiz de Castro, González Velázquez (iglesia de San Pablo Nuevo), M. Constansó e I. Castera; en Colombia, M. Pérez de Arroyo y Valencia; en Perú, M. Maestro; en Chile, Toesca (Casa de la Moneda, en Santiago). En pintura el neoclasicismo español está representado por J. Aparicio, J. de Madrazo, J. A. Ribera y J. Flangier.

LIT. El neoclasicismo literario, vigente durante el s. XVIII, estuvo dominado por los principios de orden, buen gusto, dominio de la emoción, etc. Destacaron en el neoclasicismo español Jovellanos, Meléndez Valdés y los Moratín.

NEOCLÁSICO, A adj. y s. Relativo al neoclasicismo; partidario de este movimiento. ◇ **Escuela neoclásica** Conjunto de economistas que introdujeron en la teoría clásica las nuevas tendencias del pensamiento económico, principalmente la de los marginalistas.

NEOCOLONIALISMO s.m. Política encaminada a restablecer, con un nuevo sistema de colonialismo, la dominación económica o política de los países subdesarrollados.

NEOCOLONIALISTA adj. y s.m. y f. Relativo al neocolonialismo; partidario del neocolonialismo.

NEOCON adj. y s.m. y f. (apócope). *Fam.* Neoconservador.

NEOCONSERVADOR, RA adj. y s. Relativo al neoconservadurismo; partidario de esta ideología.

NEOCONSERVADURISMO s.m. Ideología política y económica surgida en los sectores políticos más conservadores de EUA en la década de 1980, que propugna una mayor implicación e influencia del gobierno en la política exterior.

NEODARVINISMO o **NEODARWINISMO** s.m. Teoría de la evolución según la cual las mutaciones genéticas se someten a la selección natural y determinan de esa manera la aparición de nuevas especies animales y vegetales.

NEODIMIO s.m. Metal del grupo de las tierras raras. **2.** Elemento químico (Nd), de número atómico 60 y masa atómica 144,24.

NEOESCOLÁSTICA s.f. Neotomismo.

NEOFASCISMO s.m. Tendencia política basada en los principios de la doctrina fascista y nacionalsocialista.

NEÓFITO, A s. (gr. *neóphytos*, de *néos*, nuevo, y *phýein*, llegar). En la Iglesia primitiva, cristiano recientemente bautizado. **2.** Persona recién bautizada o convertida a una religión. **3.** Persona recién admitida en el estado eclesiástico o en una orden religiosa. **4.** Persona recientemente adherida a una causa, partido o institución. **5.** Novato en cualquier actividad.

NEOFORMACIÓN s.f. Neoplasia.

NEOGENO adj. y s.m. GEOL. Se dice del segundo período de la era cenozoica, que se extiende desde hace 25 millones y se subdivide en mioceno y plioceno.

NEOGÓTICO, A adj. y s.m. Se dice de un movimiento artístico que se manifestó especialmente en arquitectura, y que alcanzó su apogeo entre 1830 y 1875. (El neogótico renovó los principios estilísticos del gótico.)

NEOGRANADINO, A adj. y s. De Nueva Granada.

NEOGUINEANO, A adj. y s. De Nueva Guinea.

NEOIMPRESIONISMO s.m. Movimiento pictórico de finales del s. XIX, basado en el divisionismo (o puntillismo).

NEOIMPRESIONISTA adj. y s.m. y f. Relativo al neoimpresionismo; partidario de este movimiento.

NEOKANTISMO s.m. Movimiento filosófico surgido del kantismo en el s. XIX, dominado por la búsqueda de una moral, de una teoría del conocimiento y de un método.

NEOLATINO, A adj. Romance: *lenguas neolatinas*. ◆ adj. y s. Se dice de los escritores de la época posclásica que escribieron en latín, así como de sus obras.

NEOLIBERALISMO s.m. Forma moderna del liberalismo que permite una intervención limitada del estado.

NEOLÍTICO, A adj. y s.m. (del gr. *néos*, nuevo, y *líthos*, piedra). Se dice de la fase del desarrollo técnico de las sociedades prehistóricas (piedra pulimentada, cerámica) que coincide con su acceso a una economía productiva (agricultura, ganadería).

ENCICL. El neolítico, que debe su nombre a la pulimentación de la piedra, por oposición a la simple talla paleolítica, se caracterizó por el paso de una economía depredadora a una productiva y de intercambio. En Oriente medio se dio por primera vez (IX - VIII milenio) una agricultura cerealista, combinada con la actividad ganadera, lo que provocó la sedentarización. Datan de este período el descubrimiento del arte textil y de la cerámica, la rueda, el calendario, el empleo de la fuerza de tracción animal, la fusión del cobre,

■ EL NEOCLASICISMO

Entre los antecedentes de este movimiento artístico europeo se hallan la influencia de la filosofía del siglo de las luces, el redescubrimiento de la antigüedad clásica (gracias a los hallazgos arqueológicos de Roma, Pompeya, Paestum y Atenas, y a los grabados de Piranesi), las enseñanzas de teóricos como Winckelmann y, en general, una reflexión profunda acerca del arte. Pero la oposición frente al barroco y el rococó, dominantes en la época, es un reflejo de la reacción moral de los neoclásicos contra la sociedad aristocrática del momento.

Jacques Louis David. *Los lictores devuelven a Bruto los cuerpos de sus hijos,* tela de grandes dimensiones expuesta en el Salón de París de 1789. Según la leyenda, Bruto (Lucio Junio), fundador de la república romana, expulsó a Tarquinio el Soberbio de Roma, e hizo ejecutar a sus dos hijos al acusarles de aliarse con los reyes derrocados para conspirar contra él. En la pintura de Jacques Louis David, el estudio del modelo al natural cobra la misma importancia que la inspiración en las fuentes clásicas (arquitectura, escultura, composición en friso de bajorrelieves). Su pintura logra de este modo aunar la calidad plástica de los personajes con la lección moral que se desprende del tema histórico elegido. (Museo del Louvre, París.)

Antonio Canova. *Psique reanimada por el beso del Amor* (1793), detalle de un grupo escultórico en mármol. El escultor italiano, influido por Winckelmann en la persecución de una forma ideal, se inspira unas veces en las fuentes clásicas más sobrias y otras —como aquí— en la gracia alejandrina. (Museo del Louvre, París.)

la construcción de casas de silos y el navío a vela. El neolítico se extendió desde el VII milenio a partir de varios centros, entre los que destacan: el valle de Tehuacán (México), Non Nok Tha (Tailandia), Yangshao (China) y especialmente el Próximo oriente (Jericó, Jarmo, Hassuna, Catal Höyük, Hacilar, etc.). No se desarrolló en Europa hasta el IV milenio (excepto en la comunidad balcánica de Sesklo). Durante el neolítico medio se desarrollaron en Europa numerosas culturas, entre las que cabe mencionar las de Chassey (Francia), Lagozza (Italia), Cortaillod (Suiza), Almería (SE de España) y Roessen (Alemania), así como la cultura de los sepulcros en Cataluña y Baleares (España). El neolítico final, el calcolítico y la temprana edad del bronce desarrollaron, especialmente en el O y S de Francia, la cultura megalítica de los dólmenes, menhires, crómlechs, alineaciones, etc.

NEOLÓGICO, A adj. Relativo al neologismo.

NEOLOGISMO s.m. (del gr. *néos*, nuevo, y *lógos*, lenguaje). Palabra, expresión o acepción de creación reciente que aparece o se adopta en una lengua.

NEOMALTHUSIANISMO s.m. Teoría que, como la de Malthus, insiste en la necesidad de limitar el número de nacimientos, pero que rechaza los medios morales preconizados por Malthus en favor de procedimientos anticonceptivos.

NEOMENIA s.f. (del gr. *néos*, nuevo, y *míni*, luna). Día de la luna nueva, primer día del mes lunar, correspondiente a las calendas romanas, y considerado como día festivo en la antigua Grecia. **2.** Luna nueva o novilunio.

NEOMICINA s.f. Antibiótico polivalente que se utiliza en aplicaciones locales (pomadas, soluciones, etc.).

NEÓN s.m. (gr. *neon*, neutro de *neos*, nuevo). Gas noble presente en la atmósfera en pequeña proporción. **2.** Elemento químico (Ne), de número atómico 10 y masa atómica 20,179. (Se emplea para iluminación en tubos luminiscentes.)

NEONATAL adj. Relativo al recién nacido.

NEONATO, A adj. y s. Recién nacido; se dice de un lactante de menos de un mes.

NEONATOLOGÍA s.f. Parte de la medicina que estudia principalmente los problemas del recién nacido durante el parto y los primeros días de vida.

NEONAZI adj. y s.m. y f. Relativo al neonazismo; partidario de esta tendencia.

NEONAZISMO s.m. Tendencia política inspirada en el nacionalsocialismo.

NEOPLASIA s.f. MED. Formación de un tejido nuevo, en particular de un tejido tumoral. SIN.: *neoformación, neoplasma.*

NEOPLASTICISMO s.m. Doctrina del arte abstracto según Pieter Mondrian, pintor neerlandés de la primera mitad del s. XX.

NEOPLATÓNICO, A adj. y s. Relativo al neoplatonismo.

NEOPLATONISMO s.m. Doctrina filosófica desarrollada en Alejandría (s. III), que constituye una síntesis del platonismo y de elementos místicos. (Plotino es su máximo representante.)

NEOPOSITIVISMO s.m. Empirismo lógico.

NEOPOSITIVISTA adj. y s.m. y f. Relativo al neopositivismo; partidario del neopositivismo.

NEOPRENO s.m. (marca registrada). Caucho sintético termoplástico.

NEORREALISMO s.m. Movimiento cinematográfico nacido en Italia después de la segunda guerra mundial, que se caracteriza por la descripción de la realidad cotidiana más humilde. ENCICL. Inaugurado por *Obsesión* (1943) de L. Visconti, el neorrealismo marca la voluntad de volver a la realidad humana y social de Italia que el cine fascista había disfrazado y ocultado. Ese movimiento innovador, que daba preferencia a los decorados naturales y los actores no profesionales, se desarrolló con rapidez a partir de 1945, y agrupó personalidades muy diversas: R. Rossellini, V. de Sica, G. de Santis, A. Lattuada, el guionista C. Zavattini (1902-1989). La experiencia neorrealista perdió fuerza a principios de la década de 1950, pero sus enseñanzas fueron fundamentales para la evolución ulterior del cine italiano.

NEORREALISTA adj. y s.m. y f. Relativo al neorrealismo; partidario del neorrealismo.

NEORROMÁNICO, A adj. y s.m. Se dice del estilo arquitectónico surgido en Europa a mediados del s. XIX, paralelo al resurgimiento del neogótico, neobizantino, neomudéjar, etc.

NEOTENIA s.f. BIOL. Persistencia de caracteres larvarios en la edad adulta que presentan algunos animales.

NEOTOMISMO s.m. Doctrina teológica que el papa León XIII (encíclica *Aeterni Patris*, 4 ag. 1879) recomendó como punto de partida para llevar a cabo la renovación intelectual de la Iglesia católica. (Sus principales representantes fueron el cardenal Mercier, J. Maritain y E. Gilson.) SIN.: *neoescolástica.*

NEOVITALISMO s.m. Forma moderna del vitalismo, representada por H. Driesch.

NEOYORQUINO, A adj. y s. De Nueva York.

NEOZELANDÉS, SA o **NEOCELANDÉS, SA** adj. y s. De Nueva Zelanda.

NEOZOICO, A adj. y s.m. GEOL. Se dice de la era geológica que se extiende desde hace unos 2 millones de años hasta la actualidad. ♦ *Fig.* Fuerte y vigoroso.

NEPALÉS, SA adj. y s. De Nepal. ♦ s.m. Lengua indorania hablada en Nepal. SIN.: *nepalí.*

NEPALÍ adj. y s.m. y f. Nepalés.

NEPENTE s.m. Planta carnívora de Asia tropical, Oceanía y Madagascar, cuyas hojas acaban en una pequeña urna membranosa donde caen las presas. (Familia nepentáceas.) **2.** *Fig.* Bebida mágica que se usaba contra la tristeza. **3.** MIT. GR. Bebida que los dioses usaban para curarse y que además producía olvido.

NEPOTE s.m. (bajo lat. eclesiástico *nepos, -otis*). Pariente y protegido del papa.

NEPOTISMO s.m. Política adoptada por algunos papas que consistía en favorecer particularmente a sus parientes. **2.** Abuso de poder o reparto de cargos en favor de parientes y amigos.

NEPTUNIO s.m. Metal transuránico radiactivo. **2.** Elemento químico (Np), de número atómico 93 y masa atómica 237,048.

NEPTUNISMO s.m. GEOL. Teoría que atribuía un origen marino a la formación de todas las rocas de la corteza terrestre (por oposición a *plutonismo*).

NERÍTICO, A adj. Se dice de la zona marítima situada sobre la plataforma continental, del organismo acuático animal o vegetal que vive en ella y de la formación que se deposita en ella.

NEROLI s.m. Aceite volátil extraído de la flor del naranjo.

NERÓN s.m. (de *Nerón*, emperador romano). Hombre muy cruel.

NERVADO, A adj. Provisto de nervios. **2.** HERÁLD. Se dice de la planta cuyas fibras son de esmalte diferente.

NERVADURA s.f. (ital. *nervatura*). Conjunto de nervios de una hoja o de un ala de insecto. **2.** Línea saliente en una superficie. **3.** Nervura. **4.** ARQ. Moldura, especialmente en el intradós de las bóvedas góticas. **5.** TECNOL. Refuerzo en forma de saliente de una pieza mecánica para aumentar su resistencia.

NERVAL adj. Relativo a los nervios.

NERVIACIÓN s.f. BOT. Conjunto y disposición de los nervios de una hoja, generalmente ramificado y saliente, por donde circula la savia. **2.** ZOOL. Conjunto y disposición de los nervios de las alas de los insectos.

NERVIAR v.tr. Reforzar con nervaduras una pieza colada o matrizada.

NERVIO s.m. (lat. vulg. *nervium*, músculo, nervio). Cordón blanquecino compuesto de fibras nerviosas que conducen los mensajes motores desde el sistema nervioso central a los órganos, y los mensajes sensitivos y sensoriales en sentido inverso. **2.** Tendón o tejido blanco, duro y resistente: *carne llena de nervios.* **3.** *Fig.* Fuerza, vigor: *trabajar con mucho nervio.* **4.** *Fig.* Parte de algo considerada la fuente de su vitalidad: *él es el nervio de la empresa.* **5.** Moldura redonda y saliente del intradós de una bóveda o de un techo plano. **6.** Hacecillo fibrovascular del pecíolo de las hojas. **7.** ENCUAD. Cada una de las cuerdas que se colocan al través en el lomo de un libro encuadernado en piel o pergamino, y por las que se

hace pasar el hilo con que se cose el volumen. **8.** MAR. Cable o cabo firme, a lo largo del cual puede correr una vela o un toldo mediante anillas o vueltas culebreadas. **9.** ZOOL. Tubo quitinoso que da rigidez a las alas de los insectos. ♦ **nervios** s.m.pl. Nerviosismo. ◇ **Nervio de buey** Vergajo. **Ponérsele a alguien los nervios de punta** Excitarse, irritarse mucho. ENCICL. Los nervios transportan los mensajes nerviosos en dos direcciones. Los *mensajes nerviosos sensitivos* (tacto, temperatura, dolor, presión) y *sensoriales* (visión, olor, audición, sentido del equilibrio), llamados también mensajes *aferentes*, se transmiten desde el receptor periférico hasta el sistema nervioso central. Los *mensajes nerviosos motores* o *eferentes* son transportados desde la médula espinal o el tronco cerebral hasta los músculos estriados voluntarios.

NERVIOSISMO s.m. Estado de excitación nerviosa pasajero. **2.** Estado permanente o momentáneo de irritabilidad o de inquietud.

NERVIOSO, A adj. Relativo a los nervios: *centro nervioso; trastorno nervioso.* **2.** Que se irrita fácilmente, inquieto, incapaz de permanecer en reposo: *persona nerviosa; carácter nervioso.* **3.** *Fig.* Fuerte y vigoroso. ◇ **Centros nerviosos** El encéfalo y la médula espinal. **Sistema nervioso** Conjunto de órganos y de estructuras constituido por tejidos nerviosos, que aseguran la dirección y coordinación de las funciones vitales y la recepción de los mensajes sensoriales. (En el ser humano se distinguen: el *sistema nervioso cerebroespinal* [cerebro, cerebelo, bulbo raquídeo, médula espinal, nervios craneanos y raquídeos] y el *sistema neurovegetativo*.)

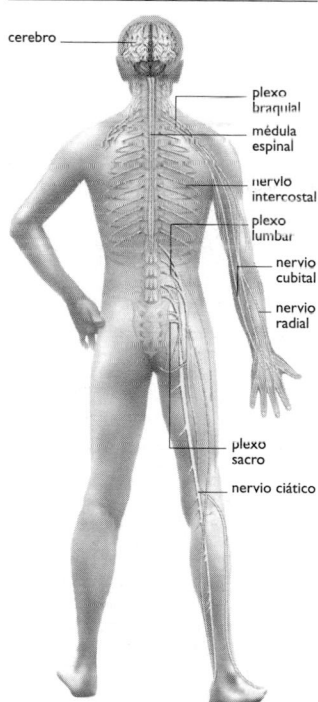

cerebro

plexo braquial

médula espinal

nervio intercostal

plexo lumbar

nervio cubital

nervio radial

plexo sacro

nervio ciático

■ SISTEMA **NERVIOSO.** El cerebro, la médula y los nervios periféricos.

NERVOSIDAD s.f. Nerviosismo. **2.** Fuerza y eficacia de un razonamiento. **3.** Flexibilidad que presentan algunos metales que se pueden doblar sin que se rompan o agrieten.

NERVUDO, A adj. Que tiene las venas, tendones y arterias muy marcados: *manos nervudas.* **2.** Que tiene mucha fuerza. **3.** Se dice de la hoja que tiene los nervios muy salientes.

NERVURA s.f. (fr. *nervure*). Conjunto de nervios del lomo de un libro encuadernado. SIN.: *nervadura*.

NESCIENCIA s.f. Ignorancia, falta de instrucción.

NESCIENTE adj. Ignorante.

NESGA s.f. Pieza triangular que se agrega a una prenda de vestir para darle anchura. SIN.: *sesgo*. **2.** *Fig.* Pieza de cualquier cosa, triangular, unida a otras.

NESGAR v.tr. [2]. Poner nesgas a una prenda de vestir. **2.** Cortar una tela en dirección oblicua a la de sus hilos.

NESTORIANISMO s.m. Doctrina de Nestorio, monje y sacerdote de Antioquía (h. 380-451), declarada herética por el concilio de Éfeso en 431, según la cual en Jesucristo coexistieron dos personas, una divina y otra humana. (El pensamiento de Nestorio sobrevivió en la iglesia nestoriana, que prosperó en el s. XIII y aún existe en algunas comunidades reagrupadas, en su mayor parte, al norte de Iraq.)

NESTORIANO, A adj. y s. Relativo al nestorianismo; seguidor de esta doctrina.

NET s.m. (voz inglesa). DEP. Let. ◆ s.f. *Fam.* Internet.

NETO, A adj. (fr. *net*, limpio). Claro, bien definido: *diferencia neta*. **2.** Exento de deducciones, de cargas: *peso, precio, salario neto*. CONTR.: *bruto*. ◆ s.m. Pedestal sin molduras de una columna. SIN.: *dado*. **2.** Conjunto de cuentas de la estructura financiera que recogen las fuentes de financiación propias de una empresa. ◇ **Carga neta** Carga que transporta un vehículo, que se obtiene deduciendo la tara del peso total. **En neto** Expresa el valor fijo que queda de una cosa, deducidos los gastos.

1. NEUMA s.m. (gr. *mneuma, -atos*, soplo, respiración). MÚS. **a.** En la edad media, signo mnemotécnico que indicaba la curva de la melodía. **b.** Signo de notación musical que englobaba diversas notas, empleado en los libros litúrgicos de los ss. VIII a XII.

2. NEUMA s.m. o f. (gr. *neuma*). RET. Expresión de un sentimiento mediante gestos, señas o una interjección sin sentido.

NEUMÁTICA s.f. Parte de la física que trata de las propiedades de los gases, desde el punto de vista de su movimiento.

1. NEUMÁTICO, A adj. (lat. *pneumaticus*). Relativo al aire o a los gases: *colchón neumático*. **2.** Que funciona con la ayuda de aire comprimido: *martillo neumático*. **3.** Se dice de los huesos huecos de las aves, cuya cavidad está llena de aire procedente de los sacos aéreos. **4.** Se dice de la fabricación de órganos musicales de sistema tubular. ◆ s.m. Cubierta resistente de caucho u otro material semejante que protege las llantas de las ruedas de ciertos vehículos y sirve de superficie de rodamiento. (Algunos llevan cámara interior de aire comprimido.) ◇ **Ladrillo neumático** Ladrillo compacto al que se le extrae el aire intersticial durante la fabricación. **Máquina neumática** Máquina que efectúa el vacío en un recipiente.

2. NEUMÁTICO, A adj. (de *1. neuma*). MÚS. Relativo al neuma: *notación neumática*.

NEUMATÓFORO s.m. Órgano respiratorio que emerge de las raíces de determinados árboles de las regiones pantanosas.

NEUMATOSIS s.f. Estado patológico consecutivo a la presencia de aire o gas en el interior de una estructura orgánica que normalmente no lo contiene.

NEUMOCOCO s.m. Bacteria microorgánica responsable de la forma más frecuente de neumonía, bronconeumonía y diversas infecciones, como peritonitis, meningitis o pericarditis.

NEUMOCONIOSIS s.f. Enfermedad crónica broncopulmonar causada por la inhalación y fijación en el aparato respiratorio de polvo y partículas sólidas.

NEUMOGÁSTRICO, A adj. y s. Se dice del tronco nervioso que constituye el décimo par craneal, iniciado en el bulbo, que sale del cráneo por el agujero rasgado posterior, y que tiene un trayecto descendente por el cuello, penetra en el tórax y se ramifica por la laringe, faringe, corazón, estómago, hígado e intestino.

NEUMOLOGÍA s.f. Parte de la medicina que se ocupa de las enfermedades pulmonares.

NEUMÓLOGO, A s. Médico especialista en neumología.

NEUMONECTOMÍA s.f. Extirpación quirúrgica de un pulmón.

NEUMONÍA s.f. Inflamación del parénquima pulmonar causada por una bacteria (neumococo) o por un virus. SIN.: *pulmonía*.

NEUMOPATÍA s.f. Enfermedad del pulmón.

NEUMOTÓRAX s.m. Presencia de aire o gas en la cavidad pleural.

NEURA s.f. *Fam.* Manía, obsesión: *le ha dado la neura de no salir de casa*.

NEURAL adj. ANAT. Relativo al sistema nervioso. **2.** ANAT. Se dice de las formaciones de la parte dorsal del embrión que corresponden a las primeras estructuras del sistema nervioso: *placa, conducto, tubo neural*.

NEURALGIA s.f. (del gr. *neuros*, nervio, y *álgos*, dolor). Dolor intenso que se localiza en el trayecto de un nervio.

NEURÁLGICO, A adj. Relativo a la neuralgia. **2.** *Fig.* Se dice del lugar, momento o situación que es muy importante: *centro neurálgico*.

NEURASTENIA s.f. (del gr. *neuros*, nervio, y *asthéneia*, debilidad). Estado de abatimiento y de tristeza. **2.** MED. Síndrome que asocia diversos trastornos funcionales sin que existan lesiones (astenia, cefaleas, trastornos cardíacos o digestivos) y trastornos psíquicos (angustia, depresión).

NEURASTÉNICO, A adj. y s. Relativo a la neurastenia; que padece neurastenia.

NEURINOMA s.m. Tumor de los nervios periféricos, que se desarrolla a partir del tejido de sostén propio del nervio.

NEURITIS s.f. Proceso inflamatorio de un nervio.

NEUROANATOMÍA s.f. Estudio de la anatomía del sistema nervioso.

NEUROBIOLOGÍA s.f. Disciplina científica que estudia la biología del sistema nervioso.

NEUROBLASTO s.m. BIOL. Célula nerviosa embrionaria.

NEUROCIRUGÍA s.f. Cirugía del sistema nervioso.

NEUROCIENCIAS s.f.pl. Conjunto de disciplinas científicas y médicas que estudian el sistema nervioso.

NEUROEJE s.m. Conjunto de las estructuras que forman el sistema nervioso central (cerebro, tronco cerebral y médula espinal), excepto los nervios periféricos.

NEUROENDOCRINOLOGÍA s.f. Estudio de las hormonas secretadas por ciertas estructuras del sistema nervioso central.

NEUROESQUELETO s.m. Parte del esqueleto que protege la médula espinal.

NEUROFIBROMATOSIS s.f. Enfermedad caracterizada por la formación de tumores fibrosos en los nervios.

NEUROFISIOLOGÍA s.f. Disciplina científica que estudia la fisiología del sistema nervioso.

NEUROGLIA s.f. Tejido glial.

NEUROHORMONA s.f. Sustancia orgánica sintetizada por las células nerviosas y secretada en la sangre circulante para actuar a distancia sobre las células diana.

NEUROLÉPTICO, A adj. y s.m. Se dice de una clase de psicótropos que se caracterizan por la acción reductora de las psicosis y que producen efectos secundarios extrapiramidales.

NEUROLINGÜÍSTICA s.f. Estudio lingüístico de los trastornos del lenguaje y su expresión lingüística.

NEUROLOGÍA s.f. Parte de la medicina que estudia el sistema nervioso y sus enfermedades.

NEUROLÓGICO, A adj. Relativo al sistema nervioso y a la neurología.

NEURÓLOGO, A s. Médico especialista en neurología.

NEUROMA s.m. Lesión de tipo tumoral en el trayecto de un tronco nervioso.

NEURONA s.f. (fr. *neurone*, del gr. *neuron*, nervio). Célula nerviosa que no presenta fenómenos de división por carecer de centrosoma. ENCICL. Toda neurona comprende un cuerpo celular o pericarión (que contiene el núcleo), varias prolongaciones finas, las dendritas, y una prolongación principal, el axón. Las informaciones recibidas por las dendritas y el cuerpo celular (soma) son integradas y transmitidas al cono de salida del axón, para ser luego transportadas a las neuronas vecinas. Las propiedades de excitabilidad, conducción y mediación química son propias de las neuronas, por oposición a las células gliales, que aseguran el sostén y nutrición de las neuronas. En el ser humano se estima entre 10 000 y 100 000 el número de neuronas, cada una de las cuales puede establecer hasta 30 000 sinapsis con otras neuronas vecinas.

NEURONAL adj. Relativo a la neurona.

NEURÓPATA adj. y s.m. y f. Que padece una neuropatía.

NEUROPATÍA s.f. Enfermedad del sistema nervioso. (Se agrupaban bajo este término la ansiedad constitucional, la neurosis de angustia y la hipocondría neurótica.)

NEUROPATOLOGÍA s.f. Parte de la neurología que estudia las enfermedades del sistema nervioso.

NEUROPLÉJICO, A adj. y s.m. Se dice de la sustancia que paraliza la transmisión de los impulsos nerviosos.

NEUROPSICOLOGÍA o **NEUROSICOLOGÍA** s.f. Estudio de las relaciones entre las funciones superiores y las estructuras cerebrales.

NEUROPSIQUIATRÍA o **NEUROSIQUIATRÍA** s.f. Parte de la medicina que se ocupa de las enfermedades nerviosas y mentales.

NEUROPSÍQUICO, A o **NEUROSÍQUICO, A** adj. Relativo al sistema nervioso en relación con las funciones psíquicas.

NEURÓPTERO, A adj. y s.m. Relativo a un orden de insectos con metamorfosis completa, provistos de cuatro alas con numerosas nerviaciones, como la hormiga león.

NEUROQUÍMICA s.f. Estudio de los fenómenos de naturaleza bioquímica en el sistema nervioso.

NEUROQUIRÚRGICO, A adj. (lat. *chirurgicus*, del gr. *kheirourgixós*). Relativo a la neurocirugía.

NEURORRETINITIS s.f. Inflamación del nervio óptico y la retina.

NEUROSIS s.f. Enfermedad nerviosa que se caracteriza por el trastorno de la personalidad y de la conducta social, sin aparente lesión física del sistema nervioso.
ENCICL. Según Freud, la neurosis «no niega la realidad, simplemente no quiere saber nada de ella». El neurótico es consciente de su ruptura con lo que él considera como estado normal y percibe sus trastornos como un obstáculo

superficie de rodadura
flanco
perfiles de goma
capas cubierta radial
capas superiores
flanco
tirante
tirante
para automóvil de turismo
para tractor agrícola

■ **NEUMÁTICO.** Neumáticos radiales sin cámara de aire *(tubeless)*.

para su libertad. Dependiendo del síntoma predominante se distinguen: la histeria, las neurosis de angustia, las neurosis obsesivas y las fóbicas.

NEURÓTICO, A adj. y s. Relativo a la neurosis; que padece neurosis.

NEUROTOMÍA s.f. (del gr. *neuros*, nervio, y *témnein*, cortar). ANAT. Disección del sistema nervioso. **2.** CIR. Sección quirúrgica de un tronco nervioso.

NEUROTONÍA s.f. Irritabilidad e inestabilidad excesiva del sistema nervioso, especialmente del vegetativo.

NEUROTOXINA s.f. Toxina que actúa sobre el sistema nervioso.

NEUROTRANSMISOR s.m. Sustancia química, sintetizada por las neuronas del sistema nervioso, que efectúa la transmisión del impulso nervioso en la sinapsis.

NEUROTROPISMO s.m. Cualidad general de la sustancia que tiende a fijarse preferentemente en las estructuras del sistema nervioso.

NEURÓTROPO, A adj. Se dice de la sustancia química o del microorganismo que presenta neurotropismo.

NEUROVEGETATIVO, A adj. Relativo a la parte del sistema nervioso que regula la vida vegetativa, formado por ganglios y nervios y unido al eje cerebroespinal, que contiene los centros reflejos. (En el sistema neurovegetativo o sistema nervioso autónomo, se distinguen el *sistema simpático* y el *sistema parasimpático*, que inervan las mismas vísceras, pero que tienen efectos antagónicos.)

NEURULA s.f. Fase embrionaria de los vertebrados, posterior a la de gastrulación, en la que se forma el eje cerebroespinal.

NEUTRAL adj. y s.m. y f. (lat. *neutralis*). Que no toma partido: *permanecer neutral.* **2.** DER. INTERN. Se dice de un estado que no interviene de ninguna forma en una guerra entre otros estados.

NEUTRALIDAD s.f. Cualidad de neutral. **2.** DER. INTERN. Situación jurídico-política de un estado que queda obligado a no iniciar ninguna guerra, activa la defensiva, contra cualquiera de los estados de la comunidad internacional.

NEUTRALISMO s.m. Actitud de determinados países que intentan no integrarse en uno de los grandes bloques políticos o ideológicos del mundo.

NEUTRALISTA adj. y s.m. y f. Partidario de la neutralidad o del neutralismo.

NEUTRALIZACIÓN s.f. Acción y efecto de neutralizar. **2.** DER. INTERN. Situación reconocida a algunos servicios o a algunos lugares, que los beligerantes se comprometen a respetar. **3.** LING. Circunstancia en la que puede desaparecer la oposición fonológica pertinente de dos fonemas en ciertas determinaciones. ◇ **Tiro de neutralización** MIL. Tiro destinado a paralizar toda acción del adversario en una zona determinada.

NEUTRALIZANTE adj. y s.m. Que neutraliza o sirve para neutralizar.

NEUTRALIZAR v.tr. y prnl. [7]. Declarar neutral un estado, un territorio, etc. **2.** *Fig.* Anular o debilitar el efecto de una causa por una acción contraria. **3.** LING. Hacer que desaparezca la oposición fonológica pertinente de dos fonemas en posiciones determinadas. **4.** MIL. Impedir o paralizar temporalmente la actividad del enemigo por medio de tiros de neutralización. **5.** QUÍM. Convertir en sustancias neutras los ácidos o las bases.

NEUTRINO s.m. Partícula fundamental leptónica de carga nula y masa nula o extremadamente pequeña, de la que existen numerosas especies, asociada a los diferentes leptones cargados (electrón, muón, etc.).

NEUTRO, A adj. (lat. *neuter, -tra, trum*, ni el uno ni el otro, neutro). Se dice de lo que no presenta ni uno ni otro de dos caracteres opuestos. **2.** Que no está definido o determinado. **3.** FÍS. Se dice del cuerpo que no presenta ningún fenómeno eléctrico o magnético, y del conductor por el que no circula corriente. **4.** LING. Se dice de un tercer género que no es ni masculino ni femenino, y de la palabra que tiene este género: *género neutro;*

adjetivo neutro. **5.** MAT. En un conjunto que posee una ley de composición interna, se dice de un elemento *e* tal que para todo elemento *x* del conjunto, se tiene *ex* = *xe* = *x*, siendo la notación de la operación, multiplicativa. **6.** QUÍM. Que no tiene carácter ácido ni básico.

NEUTRÓFILO, A adj. MED. Se dice de la célula (leucocito polinuclear de la sangre) que posee afinidad por los colorantes neutros.

NEUTRÓN s.m. Partícula eléctricamente neutra que constituye, con los protones, el núcleo del átomo. (La difracción de los neutrones sirve para determinar la estructura atómica de los sólidos cristalinos; su impacto sobre núcleos pesados [uranio, plutonio] produce las reacciones de *fisión* nuclear.) ◇ **Bomba de neutrones** Bomba termonuclear cuya radiación neutrónica ha sido aumentada y los efectos de las ondas de choque, del calor y de la radiactividad, reducidos.

NEUTRÓNICA s.f. Parte de la física que se dedica al estudio de los diferentes fenómenos que controlan las poblaciones de neutrones.

NEUTRÓNICO, A adj. Relativo al neutrón.

NEVADA s.f. Acción y efecto de nevar. **2.** Cantidad de nieve caída de una vez y sin interrupción sobre la tierra. **3.** Temporal de nieve.

NEVADO, A adj. Cubierto de nieve. **2.** *Poét.* y *fig.* Blanco: *sienes nevadas.* **3.** TAUROM. Se dice del toro que tiene pequeñas manchas blancas sobre una capa de pelo de color uniforme. ➤ s.m. Amér. Cumbre o área montañosa elevada cubierta por nieves perpetuas.

NEVAR v.impers. (lat. vulg. *nivare*) [10]. Caer nieve. ➤ v.tr. *Fig.* Poner blanca una cosa, pintándola o cubriéndola de cosas blancas.

NEVAZÓN s.f. Argent., Chile y Ecuad. Temporal de nieve.

NEVERA s.f. Sitio donde se guarda o conserva nieve. **2.** *Fig.* Habitación muy fría. **3.** Esp. Refrigerador.

NEVERÍA s.f. Méx. Heladería.

NEVERO s.m. Zona de una montaña en la que la nieve permanece sin fundirse durante el verano. **2.** Parte superior del glaciar, donde se acumula la nieve y se convierte en hielo.

NEVISCA s.f. Nevada breve de copos pequeños.

NEVISCAR v.impers. [1]. Caer nevisca.

NEVIZA s.f. Nieve compactada por su propio peso antes de convertirse en hielo.

NEVOCARCINOMA s.m. Tumor maligno de la piel formado a partir de un nevus.

NEVOSO, A adj. Que está cubierto a menudo de nieve. **2.** Se dice del tiempo cuando parece que va a nevar.

NEVUS s.m. (voz latina, *mancha*). Lesión cutánea en forma de mancha o tumor, de origen malformativo.

NEW AGE s.f. (voces inglesas, *nueva era*). Estilo musical, surgido en la década de 1970, que se caracteriza por sonidos armoniosos creados a través de sintetizadores, en ocasiones combinados con instrumentos tradicionales.

NEWTON s.m. (de I. *Newton*, físico inglés). Unidad de medida de fuerza (símb. N), equivalente a la fuerza que comunica a un cuerpo de 1 kilogramo de masa una aceleración de 1 metro por segundo al cuadrado.

NEWTONIANO, A adj. Relativo al sistema de Newton.

NEXO s.m. (lat. *nexus, -us*, de *nectere*, anudar). Nudo, unión o vínculo. **2.** GRAM. Elemento lingüístico (cópula, preposición, etc.) que, en el plano sintagmático, enlaza otros dos elementos.

NGONI, conjunto de pueblos bantúes que habitan en Zambia, Tanzania y Mozambique.

NI conj.cop. (lat. *nec*, y no). Partícula negativa y conjuntiva que enlaza palabras y frases que denotan negación, precedida o seguida de otra u otras: *ni actúa ni deja actuar; ni Juan ni Pedro han estado aquí.* ◇ **Ni que** Expresión enfática: *¡ni que yo fuese tonto!*

NICARAGUA, est. y s. De Nicaragua. SIN.: *nicaragüense.* ➤ s.m. Variedad del español hablada en Nicaragua.

NICARAGÜEÑO, A adj. y s. De Nicaragua.

NICARAGÜISMO s.m. Palabra, expresión o giro propios del español hablado en Nicaragua.

NICARAO, pueblo de lengua nahua, act. extinguido, que se asentó en el s. XI en Nicaragua y Costa Rica.

NICENO, A adj. y s. De Nicea.

NICHO s.m. (ital. antic. *nicchio*). Hueco practicado en los muros de un cementerio para colocar los ataúdes o las urnas funerarias. **2.** ALP. Plataforma pequeña en un punto protegido de una pared de escalada. **3.** B. ART. Hornacina. **4.** GEOMORFOL. Depresión de forma más o menos hemisférica en una vertiente. **5.** PATOL. Cavidad de origen patológico formada en el interior de un órgano. ◇ **Nicho de mercado** ECON. Porción de un mercado claramente diferenciada del resto por una característica determinada. **Nicho ecológico** ECOL. Lugar que ocupa una especie en su medio físico, caracterizado por sus relaciones con las otras especies y su forma de nutrición.

NICOL s.m. Prisma de espato de Islandia, cortado y vuelto a unir con bálsamo de Canadá de modo que solo uno de los dos rayos refractados pueda atravesarlo, que sirve para polarizar la luz.

NICOLAIER. Bacilo de Nicolaier Agente del tétanos.

NICOLAÍSMO s.m. HIST. **a.** Secta herética del s. I, de tendencia gnóstica, que admitía la participación en los banquetes rituales paganos. **b.** Práctica de los que, en el s. XI, no admitían el celibato eclesiástico.

NICOLAS-FAVRE. Enfermedad de Nicolas-Favre Linfogranuloma inguinal o venéreo.

NICOTINA s.f. (fr. *nicotiane*, tabaco, de *Nicot*, embajador francés en Lisboa). Alcaloide principal del tabaco, excitante del sistema nervioso vegetativo. (En pequeñas dosis produce una ligera euforia, disminuye el apetito, la fatiga y es incluso un excitante psíquico, pero en dosis elevadas es un veneno potente que puede provocar una intoxicación grave, el *tabaquismo* o *nicotinismo*.)

NICOTINISMO s.m. Tabaquismo. SIN.: *nicotismo.*

NICTAGINÁCEO, A adj. y s.f. (del lat. moderno *nyctago*, nombre de una planta). Relativo a una familia de plantas dicotiledóneas apétalas de flores de color vivo, como la buganvilla.

NICTÁLOPE adj. y s.m. y f. (gr. *nyktálops, -opos*). Que padece nictalopía.

NICTALOPÍA s.f. Facultad de ver en un ambiente muy oscuro o en la noche, propia de algunos animales y de ciertas personas con trastornos visuales.

NICTEMERAL adj. Relativo al día y la noche al mismo tiempo. **2.** Que tiene la duración del nictémero: *ritmo nictemeral.*

NICTÉMERO s.m. Espacio de tiempo de veinticuatro horas, que comprende un día y una noche. SIN.: *nictámera.*

NICTITACIÓN s.f. Parpadeo provocado por convulsión del músculo del párpado.

NICTITANTE adj. (del lat. *nictitare*, de *nictere*, guiñar). **Membrana nictitante** Tercer párpado de las aves, los reptiles y otros vertebrados que se desplaza horizontalmente sobre el ojo.

NICTURIA s.f. MED. Expulsión involuntaria de orina durante la noche.

NIDACIÓN s.f. BIOL. Implantación del huevo o del embrión en la mucosa uterina de los mamíferos.

NIDADA s.f. Conjunto de huevos o de crías en un nido. SIN.: *nido.*

NIDAL s.m. Lugar donde las gallinas u otras aves domésticas suelen ir a poner los huevos. **2.** Huevo que se deja en un sitio determinado para que las gallinas se acostumbren a poner en él. **3.** *Fig.* Sitio al que una persona acude con frecuencia. SIN.: *nido.*

NIDÍCOLA adj. Se dice del ave que no abandona el nido hasta un determinado tiempo después de su nacimiento.

NIDIFICAR v.intr. [1]. Hacer las aves su nido.

NIDÍFUGO, A adj. Se dice del ave que abandona el nido poco después de nacer.

NIDO s.m. (lat. *nidus*). Pequeño refugio o abrigo que hacen las aves para tener sus huevos, empollarlos y tener sus crías. **2.** Cavidad o lugar resguardado que aprovechan las aves para el mismo fin. **3.** Lugar donde algunos animales viven agrupados: *un nido de ratas, de hormigas.* **4.** Nidada. **5.** *Fig.* Lugar donde viven o se reúnen maleantes: *un nido de bribones.* **6.** Nidal o sitio al que se acude con frecuencia. **7.** *Fig.* Casa, hogar. **8.** *Fig.* Cosa o lugar que es origen de discordias, riñas, etc.: *un nido de murmuraciones.* **9.** Asentamiento protegido para armas de infantería: *nido de ametralladora.* ◇ **Nido de abeja** Punto de adorno que forma un fruncido con pliegues a modo de celdas de colmena. **Nido de pájaro** Planta parásita de raíces carnosas y flores amarillo rojizas. (Familia orquídeas.)

NIDOROSO, A adj. Que tiene olor y sabor de huevo podrido.

NIEBA s.f. Mamífero arborícola muy parecido al damán, que vive en las selvas ecuatoriales africanas. (Familia hirácidos.)

NIEBLA s.f. (lat. *nebula*). Nube estratificada que está en contacto con la superficie terrestre. **2.** *Fig.* Confusión u oscuridad en algún asunto. **3.** Nube, mancha en la córnea. **4.** Munición de perdigones muy pequeños para ciertas armas de caza. **5.** MED. Grumo que se forma en la orina al enfriarse y haber estado en reposo, que es síntoma de ciertas enfermedades.

NIEL s.m. (ital. *niello*, del bajo lat. *nigellus*, negruzco). Incrustación decorativa de un esmalte negro en un fondo metálico, generalmente plata, previamente grabado.

NIELADO s.m. y adj. Acción de nielar. **2.** Adorno realizado con nieles.

NIELAR v.tr. Adornar con nieles.

NIETASTRO, A s. Hijo del hijastro de una persona.

NIETO, A s. (lat. *nepta*, nieta, sobrina). Hijo del hijo de una persona. **2.** Descendiente de una línea genealógica a partir de la tercera generación: *nieto segundo.*

NIEVE s.f. (lat. *nix, nivis*). Precipitación de agua cristalizada, que cae en forma de copos blancos y ligeros. (La nieve se origina por la presencia de núcleos de congelación en una nube cuando las capas bajas de la atmósfera tienen temperatura inferior a 0 ℃.) **2.** Nevada: *año de nieves, año de bienes.* (Suele usarse en plural.) **3.** *Fig.* y *poét.* Blancura. **4.** *Fig.* y *fam.* Cocaína. **5.** Cuba, Méx. y P. Rico. Polo, sorbete helado. **6.** QUÍM. Sólido pulverulento que tiene el aspecto de la nieve. **7.** TELEV. Manchas o puntos pequeños e intermitentes que se observan a veces en los televisores a causa de interferencias o debilidad de la señal. ◇ **Nieve carbónica** Gas carbónico solidificado.

aguja   estrella   laminilla

prisma   agregado de prismas   prisma y laminillas

estrella dendrítica   laminilla dendrítica

■ **NIEVE.** Algunas formas características de los cristales de nieve.

NIF (sigla de *número de identificación fiscal*). Número asignado por el ministerio de Hacienda a cada contribuyente para su identificación.

NIFE s.m. GEOL. Materia pesada, constituida en su mayor parte por níquel y hierro, que se creía que constituía la parte central del núcleo terrestre.

de urraca, *encajado y hecho de ramas entrelazadas*   de avispón, *hecho de pasta de madera*   de somormujo, *flotante y construido a base de hierbas*   de espinoso, *sumergido y construido a base de hierbas*

■ **NIDOS**

NIGERIANO, A adj. y s. De Nigeria.

NIGERINO, A adj. y s. De Níger.

NIGHT-CLUB s.m. (ingl. *nightclub*) [pl. *nightclubs*]. Cabaret.

NIGROMANCIA o **NIGROMANCÍA** s.f. (gr. *nekromanteía*). Arte de adivinar el futuro o alguna cosa oculta mediante la evocación de los muertos. SIN.: *necromancia, necromancía.* **2.** Magia negra.

NIGROMANTE s.m. y f. Persona que practica la nigromancia. SIN.: *nigromántico.*

NIGROMÁNTICO, A adj. y s. Relativo a la nigromancia; nigromante.

NIGUA s.f. (voz arawak). Amér. Insecto parecido a la pulga, pero más pequeño, que suele causar mucha picazón y úlceras graves en la piel del ser humano y los animales.

NIHILISMO s.m. (del lat. *nihil*, nada). Negación de toda creencia, surgida en Rusia en el s. XIX, que tenía por objeto la destrucción radical de las estructuras sociales, sin intentar sustituirlas por ningún estado definitivo.

NIHILISTA adj. y s.m. y f. Relativo al nihilismo; partidario del nihilismo.

NILGÓ s.m. Antílope de Asia, de cuernos cortos, que mide hasta la cruz 1,40 m. (Familia bóvidos.)

NILÓN s.m. → NAILON.

NILÓTICO, A adj. Relativo al Nilo. ◆ adj. y s.m. Se dice de una gran familia de lenguas negroafricanas.

NIMBADO, A adj. HERÁLD. Se dice de un ángel, de un santo o del cordero pascual cuando el nimbo que rodea sus cabezas es de un esmalte particular.

NIMBO s.m. (lat. *nimbus*, chaparrón, nube muy cargada de agua). Círculo luminoso que en la antigüedad se colocaba alrededor de la cabeza de los dioses y de los emperadores deificados. **2.** Círculo luminoso que se representa alrededor de la cabeza de las imágenes de Dios y de los santos, así como del cordero pascual. **3.** Círculo que aparece, algunas veces, alrededor de un astro, especialmente del Sol o de la Luna. **4.** Nimbus.

NIMBOESTRATO o **NIMBOSTRATUS** s.m. Capa de nubes bajas, densas y oscuras, característica del mal tiempo.

■ **NIMBOESTRATOS**

NIMBUS s.m. (lat. *nimbus*). Nube de color gris oscuro. (Se utiliza en compuestos: *cumulonimbus.*) SIN.: *nimbo.*

NIMIEDAD s.f. Cualidad de nimio. **2.** Cosa nimia: *enojarse por una nimiedad.*

NIMIO, A adj. (lat. *nimius*, excesivo, demasiado). Que es insignificante o muy poco importante. **2.** Se dice de la persona que hace las cosas con gran minuciosidad o escrupulosidad.

NINFA s.f. (gr. *nýmphe*, novia, mujer joven). Muchacha bella y graciosa. **2.** *Fig.* Prostituta. **3.** MIT. GR. Deidad de las aguas, de los bosques y de los campos, que los personifica la fecundidad y la gracia. **4.** ZOOL. Estadio transitorio entre la larva y el imago de un insecto con metamorfosis completa. ◆ **ninfas** s.f.pl. ANAT. Labios menores de la vulva.

NINFÁLIDO, A adj. y s.m. Relativo a una familia de mariposas diurnas, de talla mediana o grande, con alas de vivos colores, que vive en los países templados.

NINFEA s.f. Nenúfar.

NINFEÁCEO, A adj. y s.f. Relativo a una familia de plantas acuáticas o palustres, de hojas flotantes, como el nenúfar.

NINFEO s.m. ANT. Lugar o santuario dedicado a las ninfas. **2.** B. ART. Construcción levantada sobre un surtidor o una fuente o alrededor de estos.

NINFO s.m. *Fam.* Hombre muy satisfecho de sí mismo.

NINFÓMANA s.f. y adj. Mujer que padece de ninfomanía.

NINFOMANÍA s.f. Trastorno caracterizado por un deseo sexual desmesurado en la mujer.

NINFOSIS s.f. Transformación de la larva de un insecto en ninfa.

NINGÚN adj.indef. Apócope de ninguno. (Se emplea antepuesto a sustantivos masculinos en singular: *ningún caso; no quiere ningún regalo.*)

NINGUNEAR v.tr. Tratar a alguien con menosprecio o hacer que se sienta menospreciado. **2.** Ignorar o no tener en consideración a alguien.

NINGUNO, A adj. y pron.indef. (del lat. *nec unus*, ni uno). Denota negación total de lo expresado por el nombre al que se aplica o al que se refiere en última instancia: *ninguno protestó; no tiene ninguna gracia.* **2.** Equivale a *uno* con valor determinado en oraciones negativas: *no buscaba ninguna recompensa.* **3.** Equivale a *nadie*, pero añade siempre la idea de individualización respecto a los elementos de un conjunto: *ninguno (de ellos) dijo nada.* (Se apocopa *ningún* ante un sustantivo masculino singular.)

NINJA s.m. Guerrero japonés especializado en un arte marcial *(ninjutsu)* destinado al espionaje.

NIÑA s.f. Pupila del ojo. ◇ **Niñas,** o **niña, de los ojos** *Fig.* y *fam.* Persona o cosa muy querida.

NIÑATO, A adj. *Desp.* Joven inexperto y petulante. ◆ s.m. Becerro nonato de una vaca muerta.

NIÑEAR v.intr. Comportarse como un niño.

NIÑERA s.f. Criada encargada del cuidado de los niños.

NIÑERÍA s.f. Acción de un niño o propia de él. SIN.: *niñada.* **2.** Dicho o hecho de poca importancia: *enojarse por una niñería.* SIN.: *niñada, niñez.*

NIÑERO, A adj. Se dice de la persona a la que le gustan mucho los niños.

NIÑEZ s.f. Período de la vida humana comprendido desde el nacimiento hasta la pubertad. **2.** Niñería.

NIÑO, A s. y adj. Persona en la etapa de la niñez. **2.** *Fig.* Persona joven: *aún es una niña y ya quiere casarse.* **3.** *Fig.* Ingenuo, de poca experiencia o que obra irreflexivamente. **4.** *Amér.* En algunos países, tratamiento de respeto que da el servicio a sus empleadores o personas de cierta consideración social, especialmente a los solteros. ◇ **La niña bonita** El número quince, especialmente en los sorteos. **Niña de mano** *Chile.* Sirvienta que se ocupa del trabajo de la casa, excluyendo las funciones de la cocina. **Niño bitongo,** o **pitongo** *Fam.* Muchacho que viste o hace cosas propias de un niño. **Niño de teta,** o **de pecho,** o **de pañales** Lactante. **Niño mimado** Persona preferida por otra. **¡Ni qué niño muerto!** *Esp. Fam.* Se usa para rechazar lo que acaba de decir un interlocutor.

NIOBIO s.m. (de *Niobe,* reina legendaria de Tebas). Metal de color gris, que se encuentra asociado al tántalo y se utiliza en metalurgia. **2.** Elemento químico (Nb), de número atómico 41 y masa atómica 92,906.

NIPÓN, NA adj. y s. Japonés.

NÍQUEL s.m. (alem. *nickel,* abrev. de *Nikolaus,* Nicolás). Metal de color blanco grisáceo, brillante, de densidad 8,9, cuyo punto de fusión es de 1 555 °C. **2.** Elemento químico (Ni), de número atómico 28 y masa atómica 58,69. **3.** *Cuba* y *P. Rico.* Moneda de cinco centavos. **4.** *Urug.* Caudal, bienes, dinero. **5.** *Urug.* Moneda.

NIQUELADO s.m. Acción y efecto de niquelar.

NIQUELAR v.tr. Recubrir una cosa con una capa de níquel.

NIRVANA s.m. (sánscrito *nirvana,* destrucción, extinción). En el pensamiento oriental (principalmente en el budismo), desaparición del dolor unida al samsára.

NÍSCALO s.m. Hongo comestible de color amarillo anaranjado que crece en los bosques.

NÍSPERO s.m. (del lat. *mespilum*) *Amér.* Zapote. **2.** *Esp.* Arbusto espinoso en estado silvestre, de hojas grandes y flores blancas, que produce un fruto comestible; níspola, fruto de esta planta. (Familia rosáceas.)

NÍSPOLA s.f. *Esp.* Fruto aovado y rojizo del níspero. SIN.: *níspero.*

NISTAGMO s.m. Movimiento oscilante, corto y rápido del globo ocular, debido a una lesión de los centros nerviosos.

NISTATINA s.f. Antibiótico activo contra las micosis (moniliasis o candidiasis).

NIT s.m. Unidad de medida de luminancia que equivale a una candela por metro cuadrado de superficie aparente.

NITIDEZ s.f. Cualidad de nítido: *la nitidez de un color.* **2.** Calidad de un cliché o una copia fotográfica que permite apreciar y distinguir los detalles de la imagen.

NÍTIDO, A adj. (lat. *nitidus,* brillante). Limpio, transparente: *atmósfera nítida.* **2.** De contornos bien definidos: *imagen nítida.*

NITRACIÓN s.f. Acción de nitrar. **2.** Reacción de sustitución que introduce en una molécula orgánica el radical NO_2.

NITRADO, A adj. Se dice del cuerpo obtenido por nitración.

NITRATACIÓN s.f. Acción de nitratar.

NITRATADO, A adj. Impregnado de nitrato: *papel nitratado.* ◇ **Explosivo nitratado** Explosivo formado por nitrato de amonio envuelto en una película de fuel o de gasoil.

NITRATAR v.tr. Transformar ácido nitroso o nitrito en nitrato o ácido nítrico. **2.** Incorporar un nitrato.

NITRATO s.m. Sal o éster del ácido nítrico. (Los nitratos constituyen el principal alimento nitrogenado de las plantas, por lo que se utilizan como abonos en agricultura [nitrato de sodio, de calcio, de potasio, de magnesio y principalmente de amonio].) SIN.: *azoato.* ◇ **Nitrato de Chile** Compuesto de nitrato sódico, nitrato potásico y pequeñas cantidades de sales de boro, yodo y otros elementos.

NITRERÍA s.f. Lugar de donde se extrae el nitro, o donde existen naturalmente nitratos.

NÍTRICO, A adj. Se dice de la bacteria que realiza la nitratación. ◇ **Ácido nítrico** Compuesto oxigenado derivado del nitrógeno (HNO_3), ácido fuerte y oxidante.

NITRIFICACIÓN s.f. Formación aeróbica de nitratos a partir de materias orgánicas. (Se realiza en dos fases: *nitrosación* y *nitratación.*)

NITRIFICAR v.tr. [1]. Transformar en nitrato.

NITRILO s.m. Compuesto orgánico cuya fórmula contiene el radical —CN.

NITRITO s.m. Sal o éster del ácido nitroso.

NITRO s.m. (lat. *nitrum,* del gr. *nítron*). Nitrato de potasio. **2.** Sal del ácido nítrico.

NITROBENCENO s.m. Derivado nitrado del benceno, conocido en perfumería con el nombre de *esencia de mirbana.*

NITROCELULOSA s.f. Éster nítrico de la celulosa, base del colodión y de las pólvoras sin humo.

NITRÓFILO, A adj. Se dice de la planta que requiere terrenos ricos en nitrógeno.

NITROGENACIÓN s.f. Fijación del nitrógeno libre en los tejidos de plantas o animales.

NITROGENADO, A adj. QUÍM. Que contiene nitrógeno. ◇ **Abono nitrogenado** AGRIC. Sustancia que se incorpora al terreno para proporcionarle nitrógeno.

NITROGENAR v.tr. QUÍM. Mezclar o combinar con nitrógeno.

NITROGENASA s.f. Complejo enzimático bacteriano que interviene en el ciclo del nitrógeno y en la síntesis de los compuestos nitrogenados.

NITRÓGENO s.m. (del gr. *nitros,* nitro, y *gennao,* engendrar). Gas incoloro, inodoro e insípido. **2.** Elemento químico (N), de número atómico 7 y masa atómica 14,007.

ENCICL. El nitrógeno tiene una densidad de 0,97 en relación con el aire; su punto de ebullición a presión atmosférica es −195,79 °C y su solubilidad escasa. Existe en estado libre en el aire, del que constituye el 75,5 % en masa y 78 % en volumen, y se encuentra combinado en nitratos y sales amoniacales; forma parte de las proteínas que configuran los tejidos de los seres vivos. Poco reactivo a temperatura ordinaria, se emplea para la realización de atmósferas neutras o la protección contra incendios. En estado líquido se utiliza para la congelación rápida de alimentos y en los sistemas de refrigeración. Solo algunos organismos (bacterias y hongos inferiores) asimilan de manera directa el nitrógeno. Sus compuestos, en especial el amoníaco y el ácido nítrico, tienen gran importancia en la industria de abonos, explosivos y colorantes. Los óxidos de nitrógeno que se liberan en las combustiones industriales y los gases que salen por los tubos de escape de los automóviles, son una de las principales causas de la contaminación atmosférica.

NITROGLICERINA s.f. Éster nítrico de la glicerina, líquido oleoso y amarillento que entra en la composición de la dinamita.

NITROSACIÓN s.f. Transformación del amoníaco en ácido nitroso o en nitritos. **2.** Reacción química que introduce el radical —NO en una molécula orgánica.

NITROSADO, A adj. Se dice del compuesto orgánico que posee el radical nitrosilo —NO.

NITROSILO s.m. Radical monovalente —NO.

NITROSO, A adj. Que contiene nitrógeno. **2.** QUÍM. Se dice del ácido HNO_2. **3.** Se dice de ciertas bacterias, como las del género *Nitrosomonas,* que realizan la nitrosación.

NITRURACIÓN s.f. Tratamiento termoquímico de endurecimiento superficial de los aceros y aleaciones férricas, mediante nitrógeno.

NITRURAR v.tr. Tratar un acero o una aleación férrica por nitruración, con el fin de endurecerlos superficialmente.

NITRURO s.m. Combinación del nitrógeno con un metal.

NIVACIÓN s.f. Conjunto de los fenómenos mediante los cuales la nieve influye en la formación del relieve.

NIVAL adj. Relativo a la nieve. **2.** Se dice de la planta que florece cuando la nieve aún no se ha fundido. ◇ **Régimen nival** Régimen de las corrientes de agua que se alimentan de la fusión de la nieve (crecidas primaverales y aguas bajas en invierno).

NIVEL s.m. (cat. *nivell*) Grado de elevación de una línea o un plano en relación con una superficie horizontal de referencia. **2.** Grado social, intelectual, moral, de clases, de categoría, de mérito: *estar al mismo nivel que los compañeros.* **3.** Fase o etapa del sistema educacional con unos objetivos y tipo de estudios que la caracterizan: *nivel superior o universitario.* **4.** Situación de una cosa en relación con otra, equilibrio: *el nivel de precios del año pasado.* **5.** Valor alcanzado por una magnitud. **6.** Grado de elevación de la superficie de un líquido. **7.** Instrumento que sirve para comprobar la horizontalidad de un plano o para determinar la diferencia de altura entre dos puntos. ◇ **A nivel** En un plano horizontal; en línea recta. **Curva de nivel** Línea imaginaria que une los puntos de la misma altitud, y que se utiliza para representar el relieve en un mapa. **Nivel de base** GEOGR. Punto a partir del cual se establece la línea de equilibrio de una corriente de agua. **Nivel de burbuja** Nivel formado por un tubo de cristal que contiene un líquido muy movible (alcohol o éter) y una burbuja de gas. **Nivel de energía** Valor de la energía de una partícula, del núcleo de un átomo o de una molécula que se hallan estacionarios. **Nivel de lengua** Carácter de la utilización de una lengua definida por las condiciones de la comunicación y los interlocutores. **Nivel de vida** Evaluación cuantitativa y objetiva del modo de existencia medio de una nación, de un grupo social, etc. SIN.: *estándar de vida.* **Nivel mental,** o **intelectual** Grado de desarrollo intelectual de una persona medido mediante tests de inteligencia o tests psicotécnicos. **Superficie de nivel** Lugar de los puntos

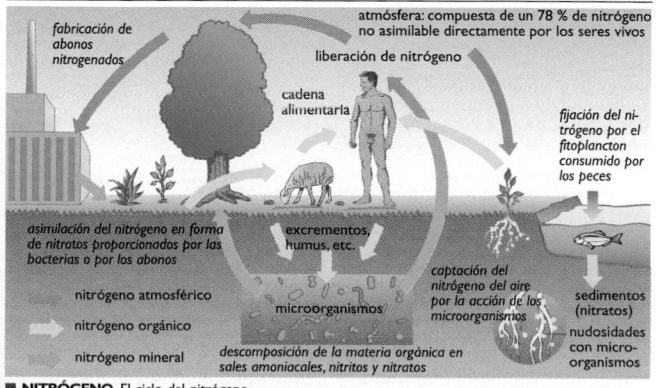

fabricación de abonos nitrogenados

atmósfera: compuesta de un 78 % de nitrógeno no asimilable directamente por los seres vivos

liberación de nitrógeno

cadena alimentaria

fijación del nitrógeno por el fitoplancton consumido por los peces

asimilación del nitrógeno en forma de nitratos proporcionados por las bacterias o por los abonos

excrementos, humus, etc.

captación del nitrógeno del aire por la acción de los microorganismos

nitrógeno atmosférico

nitrógeno orgánico

nitrógeno mineral

microorganismos

sedimentos (nitratos)

nudosidades con microorganismos

descomposición de la materia orgánica en sales amoniacales, nitritos y nitratos

■ **NITRÓGENO.** El ciclo del nitrógeno.

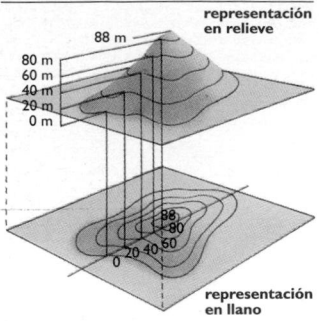

representación en relieve

88 m
80 m
60 m
40 m
20 m
0 m

88
80
20 40 50
0

representación en llano

■ CURVAS DE NIVEL. La equidistancia de las curvas es de 20 m.

de un líquido en equilibrio donde se ejerce la misma presión; en un campo de vectores, superficie normal a las líneas de campo. **NIVELACIÓN** s.f. Acción y efecto de nivelar. **2.** LING. Proceso de reducción a cierta homogeneidad de los elementos heterogéneos (fonéticos, morfológicos, léxicos, etc.) de una o más lenguas.

NIVELADOR s.m. Rastrillo o grada sin dientes, utilizado en agricultura.

NIVELADORA s.f. Máquina para nivelar terrenos, especialmente en la construcción de carreteras.

NIVELAR v.tr. Poner un plano o superficie en la posición horizontal. **2.** OBR. PÚBL. Igualar una superficie excavada o terraplenada. **3.** TECNOL. Medir con un nivel. ◆ v.tr. y prnl. Fig. Poner o quedar a un mismo nivel, grado o altura: *nive₁ lar la balanza de pagos.*

NÍVEO, A adj. Poét. Que se parece a la nieve, especialmente en su blancura.

NIVOGLACIAR adj. Se dice del régimen de las corrientes de agua que se alimentan de la fusión de la nieve y de los glaciares (máximos, de primavera y verano y mínimos, invernal).

NIVOPLUVIAL adj. Se dice del régimen de las corrientes de agua que se alimentan de la fusión de la nieve y de las lluvias (máximos, de primavera y otoño y mínimos, invernal).

NIVOSIDAD s.f. Coeficiente que define la proporción de las precipitaciones sólidas con respecto al total de las precipitaciones anuales en una región determinada.

NIXTAMAL s.m. Amér. Central y Méx. Maíz preparado para hacer tortillas.

NIZARDO, A adj. y s. De Niza.

NKOLÉ, pueblo de Uganda que habla una lengua bantú.

1. NO adv. (lat. *non*). Expresa la idea de negación, de rechazo, y se opone a *sí.* **2.** Se usa en frases interrogativas para expresar duda o extrañeza, o para pedir la confirmación de algo que ya se sabe o supone: *¿no vienes?; de acuerdo, ¿no?* ◇ **A que no** Expresa incredulidad, desafío o incitación. **No bien** Inmediatamente que, en cuanto. **No más** Solamente; basta. **No menos** Expresión con que se pondera alguna cosa. **No ya** Con. **No ya** No solamente. **Que no** Se usa con oraciones de infinitivo en sustitución del régimen correcto, o a que: *prefiero salir que no quedarme en casa* (*prefiero salir a quedarme en casa*).

2. NO, abrev. de *noroeste*.

NŌ s.m. (voz japonesa). Drama lírico japonés que combina música, danza y poesía.

NOBELIO s.m. (de A. *Nobel,* químico sueco). Elemento químico (No), transuránico, de número atómico 102.

NOBILIARIO, A adj. Relativo a la nobleza: *título nobiliario.* ◆ s.m. Catálogo e historia de las familias nobles de un país, una región u otro lugar.

NOBILITAS s.f. (voz latina). ANT. ROM. Partido político constituido por la aristocracia, en oposición a los «hombres nuevos», surgidos de la plebe y recién llegados a las tareas políticas.

NOBLE adj. y s.m. y f. (del lat. *nobilis,* conocido, ilustre). Se dice de la persona que, por

nacimiento o por decisión de un soberano, posee un título que le concede ciertos privilegios. ◆ adj. Que tiene distinción o señorío: *un aspecto noble.* **2.** Magnánimo, de sentimientos elevados: *una actitud noble.* **3.** Se dice de una cosa apreciada por su gran calidad: *el ébano es una madera noble; un vino noble.* ◆ s.m. Moneda de oro que se usó en España, dos quilates más fina que el escudo. ◇ **Gas noble** Denominación dada a los gases raros de la atmósfera (helio, neón, argón, kriptón, xenón) que se encuentran en la columna derecha de la tabla periódica de los elementos. **Metal noble** Metal precioso; metal más electronegativo que el hidrógeno.

NOBLEZA s.f. Cualidad de noble. **2.** Conjunto de los nobles por derecho hereditario o por concesión de un soberano.

NOBLOTE, A adj. *Fam.* Que tiene un carácter noble y sincero.

NOBUK s.m. Piel de vaca curtida y aterciopelada que se emplea principalmente en la confección de calzado y otras prendas de vestir.

NOCA s.f. (ár. *nâqor,* caracola). Molusco marino comestible, parecido al centollo, de caparazón liso, fuerte y muy convexo, que vive en las costas de la península Ibérica. (Familia corístidos.)

NOCHE s.f. (lat. *nox, noctis*). Tiempo comprendido entre la puesta y la salida del sol. **2.** Oscuridad que reina durante este tiempo: *hacerse de noche.* **3.** Fig. Tristeza: *la noche de sus pensamientos.* ◇ **Ayer noche** Anoche. **Buenas noches** Fórmula de saludo que se usa por la noche. **De la noche a la mañana** En muy poco tiempo. **Hacer noche** Detenerse durante un viaje en un sitio para pasar la noche y descansar. **Noche buena** Nochebuena. **Noche toledana** Esp. *Fig. y fam.* Noche que se pasa sin poder dormir. **Noche vieja** Nochevieja. **Noche y día** Siempre, continuamente. **Pasar (de claro) en claro la noche** Pasarla sin poder dormir.

NOCHEBUENA s.f. Noche del 24 de diciembre, vigilia de Navidad. (También *nochebuena.*)

NOCHERNIEGO, A adj. y s. (del lat. *nocturnus,* nocturno). Noctámbulo.

NOCHERO, A adj. y s.m. Argent. Se dice del caballo que se reserva para emplearlo por la noche. ◆ adj. y s. Argent. Noctámbulo.

NOCHEVIEJA s.f. Noche del 31 de diciembre, última del año. (También *noche vieja.*)

NOCHIZO s.m. Avellano silvestre.

NOCIÓN s.f. (lat. *notio, -onis*). Conocimiento o idea de algo: *perder la noción del tiempo.* **2.** Conocimiento elemental: *nociones de gramática.* (Suele usarse en plural.)

NOCIVO, A adj. (lat. *nocivus*). Dañoso, perjudicial: *influencias nocivas.* SIN.: *nocturno.*

NOCTAMBULAR v.intr. Pasear o divertirse de noche.

NOCTÁMBULO, A adj. y s. (del lat. *nox, noctis,* noche, y *ambulare,* andar). Que acostumbra a salir, pasear o divertirse de noche. SIN.: *nocherniego.*

NOCTILUCA s.f. (del lat. *nox, noctis,* noche, y *lucere,* lucir). Protozoo de 1 mm de diámetro, cuyo protoplasma contiene grasa que al oxidarse produce fosforescencia; abunda en el mar y en ciertas sustancias en descomposición. **2.** Luciérnaga.

NOCTILUCO, A adj. Que luce en la oscuridad.

NOCTÍVAGO, A adj. y s. *Poét.* Noctámbulo.

NÓCTULO s.m. Murciélago de unos 9 cm de long., sin contar la cola, y 40 cm de envergadura. (Familia vespertiliónidos.)

NOCTURNAL adj. Nocturno.

NOCTURNIDAD s.f. Cualidad o condición de nocturno. **2.** DER. Circunstancia agravante del delito cometido durante la noche.

NOCTURNO, A adj. (lat. *nocturnus*). Relativo a la noche: *silencio nocturno; club nocturno; bus nocturno.* **2.** Fig. Solitario, triste. **3.** Se dice de la flor que se abre durante la noche. **4.** Se dice del animal que se oculta de día y busca su alimento por la noche. ◆ adj. y s.f. Se dice de las rapaces, como la lechuza o el búho, que constituyen el orden de las estrigiformes. ◆ s.m. Parte del oficio de maitines. **2.** Frag-

mento musical de carácter soñador y melancólico.

NODACIÓN s.f. Impedimento para el movimiento del juego de una articulación, tendón o ligamento, causado por un nodo.

NODAL adj. Relativo al nodo. ◇ **Puntos nodales** Puntos del eje un sistema óptico por los que pasan un rayo incidente y el rayo emergente correspondiente cuando este es paralelo al primero.

NODO s.m. ASTRON. Cada uno de los puntos opuestos, donde la órbita de un cuerpo celeste que gravita alrededor de otro corta el plano de la órbita de este segundo cuerpo: *nodo ascendente; nodo descendente.* **2.** FÍS. Punto inmóvil de un cuerpo vibrante o de un sistema de ondas estacionarias. **3.** MED. Nódulo, nudo o nudosidad.

NODRIZA s.f. (lat. *nutrix, -icis*). Ama de cría. **2.** Dispositivo mecánico que suministra combustible al motor del automóvil, sin necesidad de dar presión al depósito. **3.** En aposición a *nave, avión, barco,* etc., vehículo de aprovisionamiento para otros de menor tamaño.

NODULAR adj. Relativo a los nódulos.

NÓDULO s.m. (lat. *nodulum,* de *nodus,* nudo). Nudosidad, concreción de poco tamaño. **2.** GEOL. Concreción mineral o rocosa, pequeña y redondeada, en una roca de distinta naturaleza. **3.** MED. Pequeña concreción celular que se distingue del tejido que la envuelve.

NOEMA s.m. (voz griega, *idea, significación*). FILOS. Según Husserl, conjunto de los diversos datos representables por la intuición pura.

NOESIS s.f. (gr. *noēsis,* intuición). FILOS. Percepción intelectiva.

NOGAL s.m. Árbol de gran tamaño (de 10 a 25 m de alt.) y gran longevidad (300 a 400 años), característico de las regiones templadas, que proporciona una madera dura muy apreciada en ebanistería, y cuyo fruto es la nuez. (Familia juglandáceas.)

flor femenina

amento masculino

fruto

sección del fruto

■ NOGAL

NOGALINA s.f. Colorante obtenido de la cáscara de la nuez, que se emplea para pintar una superficie y darle apariencia de madera de nogal.

NOGUERADO, A adj. Que es de color parecido a la madera del nogal.

NOGUERAL s.m. Terreno poblado de nogales.

NOIGLO s.m. Planta de tallo erguido y ramoso y flores amarillas, con la que se prepara un añil especial. (Familia crucíferas.)

NOLÍ s.m. Colomb. Palma cuyo fruto da aceite.

NOLICIÓN s.f. FILOS. Acto de no querer.

NOMA s.f. (gr. *nomí,* acción de pacer o devorar). PATOL. Forma de estomatitis gangrenosa que ocasiona graves destrucciones y pérdidas de sustancia en la cara. (Aparece generalmente en los niños débiles.)

NÓMADA o **NÓMADE** adj. y s.m. y f. (del lat. *nomas, -adis*, del gr. *nomás, -ádos*, que pace, que se traslada en razón de los pastos). Se dice del pueblo o de la persona que practica el nomadismo. **2.** Que no tiene residencia fija. ◆ adj. Relativo al nomadismo.

NOMADISMO s.m. Modo de vida caracterizado por el desplazamiento de grupos humanos sin residencia fija con el fin de asegurar su subsistencia. **2.** Desplazamiento de ciertos animales.

NOMADIZACIÓN s.f. Proceso por el que los seres vivos sedentarios adoptan formas de vida nómadas.

NOMÁS adv. Argent., Bol., Méx. y Venez. Se emplea en oraciones exhortativas para añadir énfasis: *pase nomás*. **2.** Argent., Méx. y Venez. Solo, nada más, únicamente: *nomás me quedan dos días de vacaciones*. **3.** Argent. y Venez. Apenas, precisamente. **4.** Méx. Apenas, inmediatamente después: *nomás llegó y se fue a dormir*.

NOMBRADÍA s.f. Reputación, fama.

NOMBRADO, A adj. Célebre, famoso: *un nombrado poeta*.

NOMBRAMIENTO s.m. Acción y efecto de nombrar. **2.** Documento en que se faculta para ejercer un cargo u oficio.

NOMBRAR v.t. (lat. *nominare*). Citar o decir el nombre de alguien o algo: *nos nombró en la conversación*. **2.** Elegir a una persona para desempeñar un cargo o empleo: *lo nombraron cónsul honorario*.

NOMBRE s.m. (lat. *nomen, -inis*). Palabra que sirve para designar un ser o una cosa material o inmaterial. **2.** Palabra o palabras que preceden al apellido y designan personalmente a una persona, como *Pilar, Pedro, José Manuel*, etc. **3.** Conjunto formado por el nombre de pila y los apellidos de una persona. **4.** Apodo, mote. **5.** Fama, reputación. **6.** LING. Categoría lingüística del núcleo del sintagma nominal sin sustantivo. ◇ **Decir**, o **llamar, las cosas por su nombre** Expresarse con gran franqueza y sin rodeos. **En nombre de alguien** Bajo su autoridad o responsabilidad. **Nombre comercial** DER. MERC. Nombre distintivo de un establecimiento comercial o de un producto. **Nombre de pila** Nombre con que los padres o el tutor de una persona deciden designarla y el cual figura en el registro civil precediendo al apellido. **No tener nombre algo** *Fam.* Ser muy indignante.

NOMEDEJES s.m. (pl. *nomedejes*). Planta herbácea de flores rosadas o blancas, que crece en América Central. (Familia apocináceas.)

NOMENCLÁTOR o **NOMENCLADOR** s.m. (lat. *nomenclator, -oris*, de *nomen*, nombre, y *calare*, llamar). Catálogo o lista de nombres, especialmente de pueblos, personas o voces técnicas de una ciencia: *nomenclátor de las calles de una ciudad*.

NOMENCLATURA s.f. (lat. *nomenclatura*). Conjunto de voces técnicas de una ciencia: *nomenclatura química*. **2.** Catálogo, lista detallada. **3.** HIST. NAT. Denominación regular de los animales y plantas, establecida según leyes aceptadas internacionalmente.

NOMEOLVIDES s.m. (pl. *nomeolvides*). Planta herbácea de jardín que tiene flores pequeñas y azules con una estrella amarilla en el centro. (Familia borragináceas.) SIN.: *miosotis*. **2.** Esp. Pulsera de metal, en forma de cadena, con una placa en la que suele grabarse el nombre.

NÓMICO, A adj. y s. → **GNÓMICO.**

NÓMINA s.f. (lat. *nomina*, pl. de *nomen*, nombre). Lista de nombres de personas o cosas. **2.** Relación del personal contratado por una empresa, en la que figuran para cada perceptor los importes íntegros de sus retribuciones y emolumentos. **3.** *Por ext.* Dichos importes.

NOMINACIÓN s.f. Nombramiento. **2.** Designación para un puesto o cargo.

NOMINAL adj. Relativo al nombre. **2.** Que es o existe solo de nombre, pero no en realidad: *directivo nominal*. ◇ **Formas nominales del verbo** GRAM. Formas del verbo que no expre-

san la persona que realiza la acción (infinitivo, gerundio y participio). **Valor nominal** B. Y BOLSA. Valor consignado en un título, que generalmente difiere del valor con que se cotiza en bolsa; valor teórico inscrito en una moneda o efecto de comercio.

NOMINALISMO s.m. Doctrina filosófica según la cual a la universalidad propia de los conceptos del entendimiento no corresponde nada real común en los seres individuales a que aquellos se refieren.

NOMINALISTA adj. y s.m. y f. Relativo al nominalismo; partidario de esta doctrina.

NOMINALIZACIÓN s.f. LING. Sustantivación.

NOMINAR v.tr. Nombrar. **2.** Designar para un puesto o cargo.

NOMINATIVO, A adj. Se dice del título del estado o de la sociedad mercantil que ha de llevar el nombre de su propietario, en oposición al que es el portador. ◆ s.m. LING. Caso de los nombres, adjetivos y pronombres, propio del sujeto y su atributo, en las lenguas de flexión. ◆ **nominativos** s.m.pl. *Fig. y fam.* Nociones o principios de cualquier cosa.

NOMINILLA s.f. Autorización que se entrega a la persona que cobra como pasivo, para que pueda percibir su haber. **2.** Nómina breve añadida a la principal.

1. NOMO s.m. → **GNOMO.**

2. NOMO s.m. (gr. *nomos*, división). División administrativa del antiguo Egipto y de la Grecia moderna.

NOMOGRAFÍA s.f. Sistema de cálculo en el que se utilizan ábacos, gráficos o líneas, cuyos puntos de intersección con otras líneas determinan las soluciones.

NOMOGRAMA s.m. Tabla o representación gráfica utilizada en nomografía.

NOMOMECÁNICO, A adj. Se dice del cálculo efectuado por una máquina en que los resultados se reflejan en un nomograma.

NOMON s.m. → **GNOMON.**

NOMÓNICA s.f. → **GNOMÓNICA.**

NOMÓNICO, A adj. → **GNOMÓNICO**

NON adj. y s.m. (del lat. *non par*, no par). Impar, indivisible por dos: *el nueve es un número non*.

NONA s.f. (voz latina). ANT. ROM. Cuarta de las partes iguales en que se dividía el día artificial que comenzaba después de las tres de la tarde. **2.** LITURG. Hora menor del oficio divino que se reza a las tres de la tarde. ◆ **nonas** s.f.pl. ANT. ROM. Séptimo día de marzo, mayo, julio y octubre, y quinto día de los otros meses.

NONADA s.f. Cosa muy pequeña o de muy poca importancia.

NONAGENARIO, A adj. y s. Que tiene una edad comprendida entre los noventa y los noventa y nueve años. SIN.: *noventón*.

NONAGÉSIMO, A adj.num.ordin. y s. Que corresponde en orden al número noventa. ◆ adj. y s.m. Se dice de cada una de las partes que resultan de dividir un todo en noventa partes iguales.

NONATO, A adj. (del lat. *non natus*, no nacido). Extraído del vientre de la madre mediante cesárea. **2.** *Fig.* Que todavía no sucede o no existe.

NONES adv. *Fam.* No: *dijo nones a todas mis peticiones*.

NONIGENTÉSIMO, A adj.num.ordin. y s. Que corresponde en orden al número novecientos. ◆ adj. y s. Se dice de cada una de las partes que resultan de dividir un todo en novecientas partes iguales.

NONIO o **NONIUS** s.m. (de *Nonius*, forma latinizada de *P. Nunes*, matemático portugués). Dispositivo que, acoplado a una regla o a un limbo graduados, facilita la lectura de fracciones o subdivisiones de la escala principal a la que se aplica.

NONIS adj. Amér. Central. Insuperable.

NONO, A adj. (lat. *nonus*). Noveno. ◆ s. Argent. y Urug. Abuelo.

NÓNUPLO, A adj. y s.m. Que contiene nueve veces una magnitud o un valor determinado.

NOOLÓGICO, A adj. FILOS. Relativo al espíritu.

NOPAL s.m. (náhuatl *nopálli*). Planta crasa, con el tallo formado por cladodios carnosos, erizados de espinas, y flores grandes, con mu-

chos pétalos, cuyo fruto es comestible. (Crece en países cálidos de América; familia cactáceas.) SIN.: *chumbera*. **2.** Penca del nopal.

flor
fruto

■ NOPAL

NOPALERA o **NOPALEDA** s.f. Terreno poblado de nopales.

NOPALITOS s.m.pl. Méx. Hojas tiernas de nopal guisadas.

NOQUE s.m. (cat. *noc*). Fosa para curtir pieles. **2.** Pila de capachos de aceituna molida, sobre los que carga la viga en los molinos de aceite. **3.** Tronco de árbol ahuecado para servir de recipiente. **4.** Cámara con paredes de madera donde se conserva la hierba mate después de tostada. **5.** Argent., Bol. y Urug. Recipiente de cuero o madera destinado a la elaboración de vino o a la conservación y transporte de líquidos, sustancias grasas, cereales, etc.

NOQUEAR v.tr. En boxeo, dejar al adversario fuera de combate por k.o.

NOQUERO, A s. Curtidor.

NORADRENALINA s.f. Hormona derivada de la adrenalina, secretada como esta por la porción medular de las suprarrenales.

NORADRENÉRGICO, A adj. Relativo a la noradrenalina. **2.** Se dice de la estructura nerviosa cuyo transmisor químico natural es la noradrenalina.

NORAY s.m. MAR. Pieza que se dispone en los muelles, empotrada en un macizo de fábrica algo retrasado, para hacer firmes las amarras de los buques atracados.

NORCOREANO, A adj. y s. De Corea del Norte.

NÓRDICO, A adj. Relativo al norte. ◆ adj. y s. De los países escandinavos. ◆ adj. y s.m. Se dice de las lenguas germánicas habladas en los países escandinavos, como el islandés, el noruego, el sueco y el danés. ◇ **Combinada nórdica** Competición de esquí, en la que se combinan las pruebas de fondo con las de saltos.

NORDISTA adj. y s.m. y f. Partidario del gobierno federal durante la guerra de Secesión norteamericana.

NORESTADA o **NORDESTADA** s.f. MAR. Viento fuerte o duro del noreste.

NORESTAL o **NORDESTAL** adj. Que está en el noreste o que viene del noreste.

NORESTE o **NORDESTE** s.m. Punto del horizonte equidistante del norte y el este (abrev. NE). **2.** Región o lugar situado en dirección a ese punto. ◆ adj. y s. Se dice del viento que sopla desde ese punto.

NORIA s.f. (del ár. *naūra*). Máquina para elevar agua, formada por una serie de cangilones unidos a una cadena sin fin, que entran invertidos en el pozo y salen llenos de líquido. **2.** *Fig. y fam.* Trabajo pesado y siempre igual en el que no se adelanta nada. **3.** Atracción de feria que consiste en una rueda que gira verticalmente y de la que cuelgan asientos.

NORIAL adj. Relativo a la noria.

NORMA s.f. (lat. *norma*). Regla general sobre el modo de comportarse o de hacer algo, o por la que se rige la mayoría de las personas. **2.** Uso, costumbre: *hacer la ronda por norma*. **3.** Escuadra para arreglar piezas de madera, piedra, etc., y hacer que ajusten unas con otras. **4.** DER. Mandato que establece la forma en que ha de ordenarse una relación social. **5.** FILOS. Criterio o principio discriminador al cual se refiere implícita o explícitamente todo juicio de valor en materia estética o moral.

6. LING. En las gramáticas normativas, conjunto de reglas que determinan la corrección gramatical. **7.** MAT. Magnitud asociada a cada uno de los elementos de un espacio vectorial, cuyas propiedades generalizan las del valor absoluto para los números reales y las del módulo para los números complejos. **8.** TECNOL. Regla que fija las características de un objeto fabricado, así como las condiciones técnicas de fabricación.

NORMADO, A adj. MAT. **a.** Se dice de un sistema de coordenadas cuyos ejes tienen vectores unitarios de igual longitud. **b.** Se dice de un espacio vectorial que posee una norma.

NORMAL adj. (lat. *normal*).Conforme a la regla,a la norma. **2.** Se dice de lo que por su acomodación a la naturaleza o al uso,o por su frecuencia, no produce extrañeza. **3.** QUÍM. Se dice de una solución tipo, que sirve para las mediciones químicas y que contiene un equivalente gramo activo por litro. ◆ adj. y s.f. MAT. Recta perpendicular. ◇ **Normal a una curva en un punto** Perpendicular a la tangente en este punto. **Normal a una superficie en un punto** Perpendicular al plano tangente en este punto. **Número normal** TECNOL. Número tomado de la serie de Renard, constituida por una progresión geométrica de 5, 10, 20 o 40 números escalonados entre 100 y 1 000.

NORMALIDAD s.f. Cualidad o condición de normal: *reinar la normalidad.* **2.** QUÍM. Concentración de una solución,comparada con la de una solución normal.

NORMALIZACIÓN s.f. Acción de normalizar o normalizarse. **2.** TECNOL. Unificación de las medidas y calidades de los productos industriales o manufacturados,para simplificar la fabricación y reducir el costo de los mismos.

NORMALIZAR v.tr. y prnl. [7]. Hacer que algo sea normal o recuperar la normalidad. ◆ v.tr. Fijar normas.

NORMANDA s.f. Letra de imprenta de base ancha y trazos rectilíneos,con los negros muy gruesos y los perfiles tenues.

NORMANDO, A adj. y s. De Normandía. **2.** De los pueblos procedentes de Escandinavia (noruegos, daneses, suecos) que durante la alta edad media realizaron incursiones por las costas de Europa. ◇ **Raza normanda** Raza bovina excelente productora de leche y carne. ENCICL. Los normandos se llamaban a sí mismos *vikingos.* Empujados fuera de sus tierras por la superpoblación y la búsqueda de salidas comerciales y botines,llegaron en oleadas hasta el resto de Europa a partir del s. VIII. Con el nombre de *varegos*, los suecos ocuparon, hacia mediados del s. IX, el valle superior del Dniéper,y llegaron incluso hasta Constantinopla. Fueron los intermediarios entre Bizancio y occidente, entre cristianos y musulmanes. Descubrieron Islandia (h. 860) y Groenlandia (s. X).
Los noruegos colonizaron el N de Escocia e Irlanda. Los daneses se instalaron en el NE de Inglaterra (s. IX). En el imperio carolingio, los normandos se entregaron a frecuentes actos de piratería tras la muerte de Carlomagno. Organizados en pequeños grupos, en flotillas de grandes barcas, los *drakkar*, llevaron a cabo devastadoras incursiones en el interior.En 844 llegaron a las costas cantábricas de la península Ibérica y posteriormente al Guadalquivir (saqueo de Sevilla),incursiones que se repitieron intermitentemente (858-861: Algeciras,Baleares, Cataluña; 966-971: Portugal y Galicia; 1016: de nuevo Galicia).En numerosas ocasiones los príncipes europeos comparaban a los normandos su retirada pagándoles un tributo o dándoles una provincia para saquear, como después del asedio de París (885-886); en 911 se concedió a los invasores un territorio entre el Epte y el mar, que pronto se extendería hasta Bretaña, con el nombre de *ducado de Normandía*, desde donde los normandos, en el s. XI, partieron para conquistar Inglaterra. Rollón, duque normando, y sus vasallos recibieron el bautismo,y Carlos el Simple fue reconocido por ellos como soberano.Los normandos fundaron principados en el S de Italia y en Sicilia en los ss. XI y XII.

NORMATIVA s.f. Norma o conjunto de normas por las que se regula o rige una materia o actividad determinadas: *la normativa laboral.*

NORMATIVO, A adj. Que sirve de norma o la implica. **2.** FILOS. Que concierne al «deber ser» y no al «ser». ◇ **Gramática normativa** Gramática concebida como un conjunto de reglas resultantes de una norma fundada en valores socioculturales.

NORNORESTE o **NORNORDESTE** s.m. Punto del horizonte equidistante del norte y el noreste (abrev. NNE). ◆ adj. y s.m. Se dice del viento que sopla desde ese punto.

NORNOROESTE s.m. Punto del horizonte equidistante del norte y el noroeste (abrev. NNO). ◆ adj. y s.m. Se dice del viento que sopla desde ese punto.

NOROESTE s.m. Punto del horizonte equidistante del norte y el oeste (abrev. NO). **2.** Región o lugar situado en dirección a ese punto. ◆ adj. y s.m. Se dice del viento que sopla desde ese punto.

NORTADA s.f. Viento fresco del norte, que sopla sin interrupción durante algún tiempo.

NORTE s.m. (del anglosajón *norp*). Punto cardinal que está en la dirección de la estrella Polar (abrev. N). **2.** Región o lugar situado en dirección a este punto. **3.** *Fig.* Meta,fin a que se tiende o que se pretende conseguir. ◆ adj. y s.m. Se dice del viento que sopla desde ese punto.

NORTEADO, A adj. Méx. *Vulg.* Desorientado, perdido.

NORTEAFRICANO, A adj. y s. Del N de África.

NORTEAMERICANO, A adj. De América del Norte. ◆ adj. y s. De Estados Unidos de América. (Este uso es impropio.)

NORTEAR v.tr. Observar el norte para orientarse en un viaje, especialmente por mar. ◆ v.intr. Hacer rumbo al norte. **2.** Declinar el viento hacia el norte. ◆ **nortearse** v.prnl. Méx. Perder la orientación: *al dar la vuelta nos norteamos.*

NORTEÑO, A adj. y s. Del norte o de un país o región situado en dirección al norte.

NÓRTICO, A adj. Relativo al norte.

NORTINO, A adj. y s. Chile y Perú. Norteño.

NORUEGA s.f. Velero de proa alta y redondeada.

NORUEGO, A adj. y s. De Noruega. ◆ s.m. Lengua nórdica hablada en Noruega. ◇ **Popa noruega** MAR. Popa puntiaguda y sin espejo.

NOS pron.pers. (lat. *nos*). Forma átona del pronombre de 1ª persona del plural.Funciona como complemento directo e indirecto y se usa con verbos pronominales cuando el sujeto es de 1ª persona del plural.Va pospuesto y unido al verbo cuando acompaña a un infinitivo, gerundio o imperativo: *creo que nos ha visto; darnos el premio.* ◆ pron.pers. Forma tónica de la 1ª persona del singular utilizada en el lenguaje solemne por un rey o papa. Funciona como sujeto, predicado nominal o complemento precedido de una preposición. Se usa con el verbo en plural cuando funciona como sujeto: *nos os bendecimos.*

NOSEMIASIS s.f. Enfermedad contagiosa que afecta a las abejas y a los gusanos de seda.

NOSEOLOGÍA s.f. → GNOSEOLOGÍA.

NO-SER s.m. FILOS. Contrario a ser, y, generalmente, equivalente a nada.

NOSIA s.f. → GNOSIA.

NOSIS s.f. → GNOSIS.

NOSOCOMIAL adj. Se dice de la infección contraída durante la estancia en un medio hospitalario.

NOSOCOMIO s.m. (del gr. *nósos,* enfermedad, y *komein,* cuidar). Hospital.

NOSOCONIOSIS s.f. Enfermedad originada por la acumulación en el organismo de sustancias procedentes del exterior.

NOSOFOBIA s.f. PSIQUIATR. Temor enfermizo o exagerado a padecer una enfermedad determinada.

NOSOGRAFÍA s.f. Descripción y clasificación de las enfermedades.

NOSOLOGÍA s.f. Parte de la medicina que estudia las enfermedades diferenciándolas con arreglo a criterios que permiten su individualización.

NOSOMANÍA s.f. PSIQUIATR. Creencia injustificada de padecer una enfermedad determinada.

NOSOTROS, AS pron.pers. (de *nos* y *otros*). Forma tónica de la 1ª persona del plural. Designa al emisor asociado a una o más personas en un acto de comunicación. Funciona como sujeto, predicado nominal o como complemento precedido de una preposición: *nosotros lo hicimos; todo lo hizo por nosotros; a nosotros nos tiene sin cuidado.* **2.** Sustituye a *yo* como plural de modestia.

NOSTALGIA s.f. (del gr. *nóstos,* regreso, y *álgos,* dolor).Tristeza que se siente al encontrarse lejos del país natal o de algún lugar querido. **2.** Tristeza con que una persona recuerda épocas o personas del pasado a las que se siente vinculada afectivamente: *nostalgia del pasado; nostalgia de sus compañeros.*

NOSTÁLGICO, A adj. Relativo a la nostalgia. ◆ adj. y s. Que siente nostalgia.

NOSTICISMO s.m. → GNOSTICISMO.

NÓSTICO, A adj. y s. → GNÓSTICO.

NOSTRAMO, A s. Contracción de *nuestro amo.*

NOTA s.f. (lat. *nota,* mancha, signo, señal). Escrito breve hecho para recordar algo o con intención de desarrollarlo después: *las notas de una conferencia.* **2.** Noticia o comunicación breves: *dejé una nota en la portería.* **3.** Calificación expresada en palabras o en números sobre la conducta o el trabajo de un alumno,un empleado,etc.: *sacar buenas notas.* **4.** Cuenta,factura global o detallada de gastos: *pedir la nota al camarero.* **5.** Aspecto, detalle, elemento que tiene determinado carácter que se expresa: *la tolerancia es la nota más destacada de su carácter.* **6.** Fama, reputación, especialmente cuando es negativa: *una casa de mala nota.* **7.** Méx. Documento que se da como comprobante de pago de una compra o servicio. **8.** IMPR. Llamada que se pone en un texto para advertir al lector que consulte la anotación correspondiente que se halla al margen o al pie de la página, o al final de la obra; la adición o anotación misma. **9.** MÚS. Signo convencional que representa gráficamente un sonido musical; sonido representado por este signo. ◇ **Dar la nota** *Fig.* y *fam.* Llamar la atención haciendo algo extravagante, raro o poco habitual. **Nota diplomática** Co-

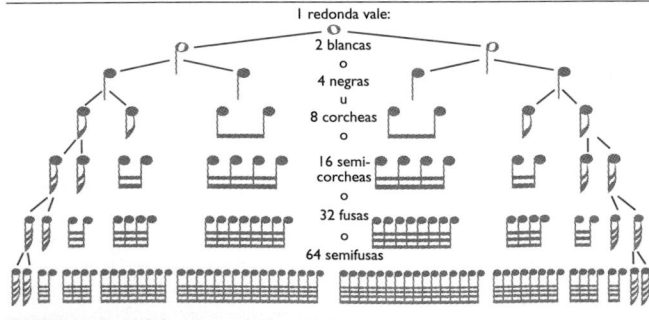

I redonda vale:
2 blancas
o
4 negras
u
8 corcheas
o
16 semicorcheas
o
32 fusas
o
64 semifusas

■ **NOTA.** Las figuras de las notas y sus valores relativos.

municación diplomática redactada en tercera persona y firmada, hecha por un gobierno a otro gobierno a través de sus agentes diplomáticos acreditados. **Tomar nota** Apuntar; fijarse bien en algo para tenerlo luego en cuenta. **ENCICL.** Las sílabas que sirven para designar las siete notas de la gama fueron establecidas por Guido d'Arezzo, un monje del s. X, en el himno a san Juan Bautista. Son las primeras sílabas de los versos de la primera estrofa: *Ut queant laxis / Resonare Fibris / Mira gestorum / Famuli tuorum / Solve polluti / Labii reatum / Sancte Iohannes.* En el s. XVII, *ut*, difícil de solfear, se remplazó por *do*, más eufónico. Estos nombres de notas se utilizan en todos los países con lengua de origen latino.

NOTA BENE loc. (voces latinas, *observa bien*). Indicación u observación que se hace en impresos y manuscritos. (Se abrevia *NB.*).

NOTABLE adj. Digno de ser tenido en cuenta, importante. ◆ s.m. Persona principal en una colectividad. (Suele usarse en plural.) **2.** Calificación de un alumno, inferior al sobresaliente y superior al aprobado: *notable en matemáticas.* ◇ **Asamblea de notables** HIST. Asamblea formada por miembros representativos de los tres estados del reino de Francia, a los que los reyes solicitaban su opinión en ciertos casos.

NOTACIÓN s.f. Anotación. **2.** Sistema de signos empleados en una ciencia, arte, etc.: *notación musical.*

NOTALGIA s.f. Dolor en la espalda o región dorsal.

NOTAR v.tr. (lat. *notare,* señalar, escribir, anotar). Ver, sentir o advertir una cosa: *notar que a uno le miran.* ◆ **notarse** v.prnl. Ser perceptible: *de nota que estás cansado.* ◇ **Hacerse notar** Hacer alguien algo para atraer hacia sí la atención de los demás.

NOTARÍA s.f. Profesión de notario. **2.** Oficina donde despacha el notario.

NOTARIADO, A adj. Se dice de lo que está autorizado ante notario o abonado con fe notarial. ◆ s.m. Profesión de notario o estudios para poder ejercerla. **2.** Colectivo de notarios.

NOTARIAL adj. Relativo al notario. **2.** Hecho o autorizado por notario. **3.** Que goza de fe pública extrajudicial.

NOTARIATO s.m. Título o nombramiento de notario. **2.** Ejercicio de este cargo.

NOTARIO, A adj. (lat. *notarius,* secretario, taquígrafo). Funcionario autorizado por la ley para dar fe pública de un contrato, un testamento u otro acto extrajudicial. ◆ s.m. HIST. Funcionario público que redactaba documentos oficiales o privados, a los que confería autenticidad.

NOTICIA s.f. (lat. *notitia,* conocimiento, de *notus,* p. de *noscere,* conocer). Comunicación o información, en especial de un acontecimiento reciente. **2.** Noción, conocimiento elemental. ◇ **Noticia bomba** *Fam.* Noticia sorprendente. SIN.: *notición.*

NOTICIARIO s.m. Programa de radio o televisión o película cinematográfica en que se transmiten o dan noticias.

NOTICIERO s.m. Periódico de noticias.

NOTICIÓN s.m. *Fam.* Noticia bomba.

NOTICIOSO, A adj. Que tiene o contiene noticia de una cosa. **2.** Erudito. ◆ s.m. Amér. Programa de radio o de televisión en que se transmiten noticias.

NOTIFICACIÓN s.f. Acción de notificar. **2.** Documento en que se notifica o se hace constar algo. **3.** DER. Acto por el que, observando las formas legales, se pone en conocimiento de la persona interesada una resolución o acto que le concierne.

NOTIFICAR v.tr. [1]. Comunicar o dar una noticia. **2.** DER. Hacer una notificación.

1. NOTO, A adj. (lat. *nothus,* del gr. *nóthos*). Que es ilegítimo: *hijo noto.* SIN.: *bastardo.*

2. NOTO, A adj. (lat. *notum*). Sabido, notorio.

NOTOBRANQUIO, A adj. Se dice del animal acuático que tiene las branquias en el dorso.

NOTOCORDIO s.m. (del gr. *notos,* espalda, y *khordí,* cuerda). ZOOL. Cordón cilíndrico y elástico que se extiende desde la cabeza a la extremidad caudal, y que puede conservarse completo o más o menos reducido, e incluso desaparecer totalmente, según las especies.

NOTORIEDAD s.f. Cualidad de notorio: *la notoriedad de un insulto.* **2.** Fama. ◇ **Acta de notoriedad** DER. CIV. Documento notarial que tiene por objeto la comprobación y fijación de hechos notorios, sobre los cuales podrán ser fundados y declarados derechos y cualidades con trascendencia jurídica.

NOTORIO, A adj. (lat. *notorius*). Que se manifiesta con evidencia: *una semejanza notoria.* **2.** Conocido o sabido por todos.

NOÚMENO s.m. (gr. *nooúmenon,* p. pasivo de *noein,* darse cuenta). FILOS. En la filosofía de Kant, la cosa en sí, concebida como más allá de toda experiencia posible (por oposición a *fenómeno*).

NOVA s.f. Estrella que se vuelve de pronto mucho más luminosa, pareciendo constituir una nueva estrella, y recupera lentamente su brillo primitivo. (Se trata, la mayoría de veces, de una estrella enana blanca cuyas capas superficiales explotan tras el desencadenamiento de reacciones nucleares como consecuencia de la acreción de la materia de una estrella gigante vecina.)

NOVACIANISMO s.m. Doctrina de Novaciano que representaba un rigorismo exagerado en la doctrina penitencial.

NOVACIANO, A adj. y s. Relativo al novacianismo; partidario de esta doctrina.

NOVACIÓN s.f. DER. Sustitución de una obligación por otra posterior que extingue o modifica la primera.

NOVADOR, RA o **NOVATOR, RA** s. Innovador, especialmente en cuestiones ideológicas.

NOVAL adj. (lat. *novalis*). Se dice de la tierra que se cultiva de nuevo o por primera vez, y también de lo que ella produce. **2.** Se dice de la labor profunda que se da al comenzar la rotación de cultivos.

NOVAR v.tr. DER. Renovar una obligación.

NOVATADA s.f. Broma que en una colectividad hacen las personas más antiguas a una persona nueva. **2.** Contratiempo o dificultad que se experimenta al hacer algo por falta de experiencia: *pagar la novatada.*

NOVATO, A adj. y s. Se dice de la persona nueva en algún sitio o principiante en cualquier actividad u oficio.

NOVATOR, RA s. → NOVADOR.

NOVECENTISMO s.m. Tendencia o movimiento literario y artístico del primer tercio del s. XX, que abandonó el pensamiento modernista y adoptó formas más clásicas. (Tuvo gran importancia en Cataluña, en donde se caracterizó por su intento modernizador de la lengua, la literatura, las artes plásticas y la sociedad, y su principal representante fue Eugenio d'Ors.)

NOVECIENTOS, AS adj.num.cardin. y s.m. Nueve veces cien. ◆ adj.num.ordin. y s. Que corresponde en orden al número novecientos. ◆ s.m. Siglo XX.

NOVEDAD s.f. Cualidad de nuevo. **2.** Cosa nueva. **3.** Cambio introducido o surgido en una cosa: *no hay novedad en su estado de salud.* **4.** Suceso reciente, noticia: *página de las novedades de la semana.* **5.** Género o mercancía de moda: *presentar las últimas novedades en el vestir.* (Suele usarse en plural.)

NOVEDOSO, A adj. Que tiene o constituye novedad. **2.** Amér. Novelero, novelesco.

NOVEL adj. (cat. *novell,* nuevo). Principiante y sin experiencia: *un pintor novel.* **2.** Categoría del boxeador aficionado.

1. NOVELA s.f. (ital. *novella,* noticia, relato breve). Obra de ficción que consiste en una narración en prosa de considerable extensión, cuyo interés estriba en la descripción de aventuras, el estudio de costumbres o de caracteres y el análisis de sentimientos o de pasiones. **2.** Género literario constituido por esta clase de narraciones: *la novela pastoril, picaresca, de aventuras.* **3.** Aventura desprovista de verosimilitud: *esta explicación tiene todo el aire de una novela.*

2. NOVELA s.f. (lat. *novellas*). DER. ROM. Nombre dado a la constitución que se añadía a un código publicado con anterioridad, pero bajo el mismo emperador. (Con este significado, se escribe con mayúscula.)

NOVELAR v.intr. y tr. Escribir novelas o relatar en forma de novela. ◆ v.intr. *Fig.* Contar patrañas o chismes.

NOVELERÍA s.f. Fantasía, ficción. **2.** Chismes, habladurías.

NOVELERO, A adj. y s. Aficionado a fantasías y ficciones. **2.** Aficionado a las habladurías, chismoso. **3.** Aficionado a las novelas.

NOVELESCO, A adj. Que tiene características propias de novela por ser fantástico, interesante o extraordinario: *aventura novelesca.* **2.** Relativo a la novela.

NOVELISTA s.m. y f. Autor de novelas.

NOVELÍSTICA s.f. Tratado teórico o histórico sobre la novela. **2.** Género de la novela.

NOVELIZAR v.tr. [7]. Novelar, relatar en forma de novela.

NOVELÓN s.m. *Desp.* Novela dramática, extensa y de poca calidad literaria.

NOVENA s.f. Acto de devoción que consiste en rezar ciertas oraciones nueve días seguidos. **2.** Libro que contiene esas oraciones. **3.** Sufragios y ofrendas por los difuntos. **4.** MÚS. Intervalo entre dos notas de la escala separadas por siete notas consecutivas, que está compuesto por ocho intervalos elementales.

NOVENARIO s.m. Período de nueve días que se dedica a la memoria de un difunto. **2.** Período de nueve días en honor de un santo determinado.

NOVENO, A adj.num.ordin. y s. Que corresponde en orden al número nueve. ◆ adj. y s.m. Se dice de cada una de las partes que resultan de dividir un todo en nueve partes iguales.

NOVENTA adj.num.cardin. y s.m. (del lat. *nonaginta,* de *nonus,* noveno) Nueve veces diez. ◆ adj.num.ordin. y s. Nonagésimo. ◇ **Los (años) noventa** Década que empieza en el año noventa y termina el último día del año noventa y nueve.

NOVENTAVO, A adj. y s.m. Se dice de cada una de las partes que resultan de dividir un todo en noventa partes iguales.

NOVENTÓN, NA adj. y s. Nonagenario.

NOVIAR v.intr. [19]. Argent. Entablar una relación amorosa sin intención de comprometerse, flirtear.

NOVIAZGO s.m. Relación que mantiene una pareja de novios: *romper el noviazgo.* **2.** Período de tiempo que dura esa relación: *un largo noviazgo.*

NOVICIADO s.m. Tiempo de prueba impuesto a los novicios antes de pronunciar los primeros votos. **2.** Casa o residencia donde viven los novicios. **3.** Conjunto de novicios que viven en esa casa o residencia. **4.** Régimen a que están sometidos los novicios. **5.** *Fig.* Tiempo o período que dura un aprendizaje.

NOVICIO, A adj. y s. (lat. *novicius*). Se dice de la persona que, habiendo ingresado en una orden o congregación religiosa, se encuentra en el período de prueba previo a la formulación de votos y a su admisión definitiva. ◆ adj. Nuevo, principiante: *ser novicio en una materia.* **3.** *Fig.* Muy modesto y moderado en su conducta.

NOVIEMBRE s.m. (lat. *november, -bris*). Undécimo mes del año. (Tiene 30 días.)

NOVILLADA s.f. TAUROM. **a.** Conjunto de novillos. **b.** Corrida en la que se lidian novillos, y en la que el lidiador, por lo general, no ha recibido la alternativa como matador de toros.

NOVILLERO, A s. Persona que cuida novillos. **2.** Persona que lidia novillos por no haber recibido la alternativa de matador. ◆ s.m. Corral de novillos. **2.** Dehesa abundante en hierba destinada especialmente para los novillos y para paridera de las vacas.

NOVILLO, A s. Toro o vaca de dos o tres años. **2.** Chile. Ternero castrado. ◆ s.m. *Fam.* Marido cuya mujer comete adulterio. ◆ **novillos** s.m.pl. Novillada, lidia de novillos. ◇ **Hacer novillos** *Fam.* Dejar de ir a alguna parte, especialmente faltar a clase.

NOVILUNIO s.m. Conjunción de la Luna con el Sol. SIN.: *luna nueva.*

NOVIO, A s. (lat. *novius*). Persona que mantiene relaciones amorosas con otra, con vistas a casarse. **2.** Cada uno de los contrayentes el día de la boda. **3.** Recién casado. ◆ s.m. Montero o cazador que mata su primera res. **2.** Colomb., Ecuad. y Venez. Planta geraniácea de flores rojas, muy común en los jardines. ◇ **Quedarse compuesta y sin novio** *Fam.* No lograr algo que se esperaba después de haber hecho planes y preparativos creyéndolo seguro.

NOVÍSIMO, A adj. Último en un orden de cosas. ◆ s.m. TEOL. Cada una de las cuatro postrimerías del ser humano (muerte, juicio, infierno y gloria).

NOVOHISPANO, A adj. y s. De Nueva España: *los virreyes novohispanos.*

NOXA s.f. (lat. *noxa,* perjuicio). MED. Perjuicio para la salud.

NOYÓ s.m. (fr. *noyau,* hueso de fruta, del lat. vulg. *nucalis*). Licor de aguardiente, azúcar y almendras amargas.

NÚBA s.f. (voz árabe). Música de los antiguos regimientos de tropas indígenas norteafricanas. **2.** Composición árabe, vocal o instrumental, dedicada a un momento determinado del día.

NUBADA s.f. Chaparrón local. SIN.: *nubarrada.* **2.** *Fig.* Abundancia de algo. SIN.: *nubarrada.*

NUBARRÓN s.m. Nube grande y negruzca.

NUBE s.f. (lat. *nubes*). Conjunto de finas partículas de agua, líquidas o sólidas, mantenidas en suspensión por corrientes de aire ascendentes, que forma una masa de color variable según incida en ella la luz solar. (Las nubes se forman por la evaporación del agua a partir del suelo y los océanos, seguida de una condensación del vapor de agua del aire. Esta es consecuencia de un enfriamiento de la atmósfera en contacto con una superficie fría, o de una ascensión de la masa de aire, debida, por ejemplo, a causas dinámicas u orográficas.) **2.** Lo que forma una masa: *nube de humo, de insectos.* **3.** Mancha que se forma en el exterior de la córnea. SIN.: *niebla.* **4.** *Fig.* Cualquier cosa que oscurece la vista. **5.** *Fig.* Lo que ofusca la inteligencia o altera la serenidad. **6.** *Fig.* Multitud de personas o cosas juntas: *una nube de fotógrafos.* ◇ **Como caído de las nubes** De pronto, de forma inesperada. **En las nubes** Distraído. **Nube ardiente** Nube de gas a elevada temperatura, cargada de cenizas incandescentes y de bloques, que se desliza por las laderas de ciertos volcanes en erupción. **Nube de verano** Tormenta repentina y de poca duración; *Fig.* disgusto o enojo pasajeros. **Nube electrónica** Distribución de la densidad de probabilidad de un electrón alrededor del núcleo de un átomo. **Nube molecular** Gran extensión de materia interestelar en que el gas se encuentra principalmente bajo forma de moléculas. **Nube radiactiva** Nube de polvo, partículas y vapor que se forma a causa de una explosión

nuclear. **Poner en,** o **por, las nubes** Alabar mucho a alguien o algo. **Por las nubes** A un precio muy elevado.

NUBIENSE adj. y s.m. y f. Nubio.

NÚBIL adj. (lat. *nubilis*). Que está en edad de casarse o reúne las condiciones requeridas para el matrimonio.

NUBILOSO, A adj. *Poét.* Nublado.

NUBIO, A adj. y s. De Nubia.

NUBLADO, A adj. Cubierto de nubes. **2.** HERÁLD. Se dice de la pieza cuyos perfiles imitan las ondulaciones de las nubes. ◆ s.m. Conjunto de nubes, particularmente las que amenazan tormenta.

NUBLAR v.tr. y prnl. Cubrir las nubes el cielo. **2.** *Fig.* Enturbiar la vista. **3.** *Fig.* Confundir, turbar: *nublar el entendimiento.* **4.** *Fig.* Empañar, oscurecer.

NUBLO, A adj. (lat. *nubilus, -a, -um*). Nublado, cubierto de nubes.

NUBLOSO, A adj. Cubierto de nubes. **2.** *Fig.* Adverso, desfavorable.

NUBOSIDAD s.f. Estado del tiempo en que el cielo aparece cubierto de nubes.

NUBOSO, A adj. Cubierto de nubes: *cielo nuboso.*

NUBUCK s.m. → NOBUK.

NUCA s.f. (bajo lat. *nucha,* médula espinal). Parte posterior del cuello en que se une la espalda con la cabeza.

NUCELA s.f. Parte principal del óvulo de una angiosperma, que desaparece cuando este se transforma en semilla.

NUCHE s.m. Argent. Tábano. **2.** Colomb. Larva que se introduce bajo la piel de los animales.

NUCLEACIÓN s.f. TERMODIN. Formación de gérmenes, en un medio de estructura y composición definidas, que constituyen centros de desarrollo de una nueva estructura física o química.

NUCLEADO, A adj. BIOL. Que posee uno o varios núcleos.

NUCLEAR adj. Relativo a un núcleo. **2.** Relativo al núcleo del átomo y a la energía que se desprende de él: *física nuclear.* **3.** Se dice de la familia que comprende solo a la pareja y a sus hijos. **4.** BIOL. Relativo al núcleo de la célula. ◆ s.f. *Fam.* Central electronuclear. ◇ **Arma nuclear** Arma que utiliza la energía nuclear.

NUCLEARIZACIÓN s.f. Sustitución de las fuentes de energía tradicionales por energía nuclear.

NUCLEARIZAR v.tr. [7]. Dotar de energía nuclear o de armamento nuclear.

NUCLEICO, A adj. Se dice de cada uno de los dos ácidos fosforados, que son constituyentes

fundamentales del núcleo de la célula. (Existen dos tipos de ácidos nucleicos: el *ácido desoxirribonucleico* [ADN] y el *ácido ribonucleico* [ARN].)

NUCLEIDO s.m. Núcleo atómico caracterizado por su número de protones y por su número de neutrones.

NÚCLEO s.m. (lat. *nucleus,* parte comestible de la nuez o la almendra, hueso de fruta). Parte central de una cosa material, de densidad distinta a la de la masa. **2.** Parte alrededor de la cual se organiza un grupo, un conjunto o un sistema: *el núcleo del sintagma nominal es el nombre.* **3.** Pequeño grupo de personas que forman un elemento esencial de un grupo: *núcleos de resistencia.* **4.** ANAT. Acumulación o concentración de sustancia gris en un centro nervioso. **5.** ASTRON. **a.** Parte de un cometa que, junto con la cabellera, constituye la cabeza. **b.** Región central de una mancha solar. **c.** Concentración de materia en el centro de una galaxia. **d.** Parte central y más densa de un planeta o cuerpo celeste. **6.** BIOL. Cuerpo esférico de la célula formado por una nucleoproteína, la cromatina, y por uno o varios nucléolos. **7.** BOT. **a.** Semilla de los frutos de cáscara leñosa. **b.** Hueso de la fruta. **8.** ELECTR. Pieza de material magnético alrededor de la cual se disponen los arrollamientos de un dispositivo. **9.** FÍS. Parte central de un átomo, formada por protones y neutrones, donde está concentrada la casi totalidad de su masa. **10.** GEOL. Parte central del globo terrestre. **11.** MAT. En la aplicación lineal de un espacio vectorial E en un espacio vectorial F, subespacio de E formado por los vectores cuya imagen en F es el vector nulo. **12.** METAL. Pieza resistente a la materia en fusión, que se introduce en un molde para obtener partes huecas en la pieza colada. **13.** PREHIST. Bloque de silex preparado para la obtención de utensilios. **14.** QUÍM. Tipo particular de cadenas cíclicas de compuestos orgánicos. ◆ **núcleos** s.m.pl. APIC. Colmenas pequeñas destinadas para la cría de reinas. ◇ **Núcleo de condensación** METEOROL. Partícula muy fina en suspensión en la atmósfera y que, al tener la propiedad de activar la condensación del vapor de agua, desempeña un papel esencial en la formación de las precipitaciones. **Núcleo de la hélice** MAR. Parte de la hélice marina por la que esta va sujeta al árbol o eje propulsor y donde nacen las palas o álabes. **Núcleo pulposo** ANAT. Parte central del disco intervertebral, formada por una masa gelatinosa. **Núcleo urbano** Sector primitivo de una ciudad, en torno al cual esta se ha expansionado.

NUCLÉOLO s.m. Cuerpo esférico rico en ARN que se encuentra en el interior del núcleo de la célula.

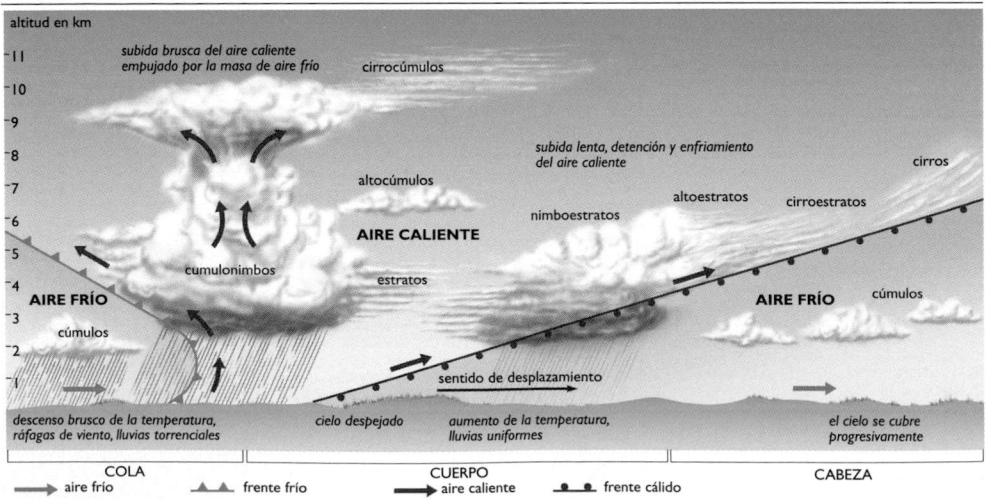

■ **NUBE.** Conjunto de formaciones nubosas que acompañan a una depresión que se desplaza de oeste a este.

NUCLEÓN s.m. Partícula constituyente del núcleo de un átomo.

NUCLEOPROTFÍNA s.f. Proteína compleja que se encuentra en el núcleo de las células.

NUCLEÓSIDO s.m. Heterósido que resulta de la unión de una pentosa con una base púrica o pirimídica.

NUCLEOSÍNTESIS s.f. (pl.*nucleosíntesis*).Formación de elementos químicos por reacciones nucleares en el interior de las estrellas o en los primeros momentos del big-bang.

NUCLEÓTIDO s.m. Prótido que resulta de la unión de un nucleósido con ácido fosfórico, y que forma parte de la composición de los ácidos nucleicos.

NUCO s.m. Chile. Ave de rapiña nocturna, semejante al autillo.

NUDADO, A adj. HERÁLD. Se dice de la pieza que presenta un nudo en su configuración, especialmente en la cola del león.

NUDIBRANQUIO, A adj. y s.m. Relativo a un orden de moluscos gasterópodos marinos, sin concha y con branquias descubiertas dirigidas hacia atrás.

NUDILLO s.m. Articulación de las falanges de un dedo: *dar un golpe con los nudillos*. **2.** Taco de madera que se empotra en el muro para clavar o sujetar algo en él. **3.** Punto que forma la costura de una media.

NUDISMO s.m. Práctica que consiste en ir completamente desnudo para estar en contacto directo con la naturaleza. SIN.: *desnudismo, naturismo*.

NUDISTA adj. y s.m. y f. Relativo al nudismo; que practica el nudismo SIN.: *desnudista, naturista*.

1. NUDO s.m. (lat. *nudus*). Entrelazamiento fuerte de uno o más cuerpos flexibles, como cuerda, hilo, etc.: *nudo marinero*. **2.** *Fig.* Vínculo que une a las personas entre sí. **3.** Porción dura o abultamiento en un sólido. **4.** Punto donde se cruzan o de donde arrancan varias cosas: *nudo de comunicaciones*. **5.** *Fig.* Punto principal de un problema que hay que resolver: *el nudo de la cuestión*. **6.** Punto del tallo de una planta o árbol en que se insertan a la vez una hoja o un grupo de hojas, una rama o un grupo de ramas, o al menos una yema axilar, y donde las fibras leñosas toman una nueva orientación. **7.** Excrecencia leñosa que se produce en el tronco y las ramas de algunos árboles. **8.** Punto de una red eléctrica donde coinciden por lo menos tres conductores lineales recorridos por corriente. **9.** Momento de una obra teatral o de una novela en que la intriga llega a su punto de máximo interés, pero en el cual todavía no se conoce el desenlace. **10.** Cruce de varias vías de comunicación (vías férreas, carreteras). **11.** ANAT. Agrupación de tejido globuloso. **12.** MAR. Unidad de medida de velocidad utilizada en navegación, equivalente a 1852 m por hora o una milla marina por hora. **13.** MAT. Punto donde una curva vuelve sobre sí misma y se corta formando una especie de bucle. **14.** TEXT. Acumulación pequeña de filamentos en el hilado o en la tela, de la misma o de diferente materia textil. ⬦ **Nudo corredizo** Nudo que se ciñe alrededor de algo o puede aflojar sin deshacerse. **Nudo en la garganta** Dificultad para tragar o hablar, por causa física o por alteración del ánimo. **Nudo gordiano** Dificultad insoluble que se solventa por medios expeditivos. **Nudo vital** ANAT. Centro de los movimientos respiratorios, situado en el bulbo.

2. NUDO, A adj. *Poét.* Desnudo. ⬦ **Nuda propiedad** DER. Conjunto de atributos del dominio de una cosa, considerado separadamente del usufructo, y en contraposición a él, mientras tras este perdura.

NUDOSIDAD s.f. Nudo, endurecimiento abultado. **2.** Engrosamiento o tumoración circunscrita y localizada que a veces se forma bajo la piel. **3.** Raíz pequeña hipertrofiada de las leguminosas.

NUECERO s.m. Ardilla de pelaje ocre rojizo, que vive en Argentina.

NUÉGADO s.m. Dulce elaborado con harina, miel y nueces mezcladas formando una pasta que se cuece al horno. **2.** Hormigón, mezcla de piedras menudas y argamasa.

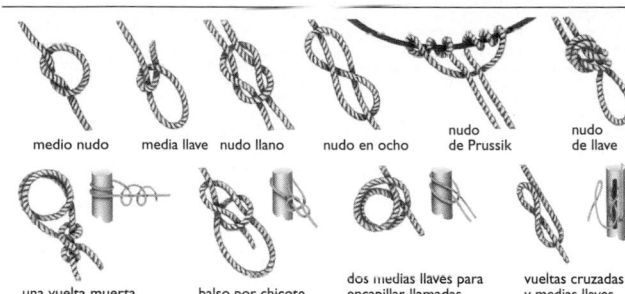

medio nudo   media llave   nudo llano   nudo en ocho   nudo de Prussik   nudo de llave

una vuelta muerta con dos medias llaves   balso por chicote   dos medias llaves para encapillar, llamadas nudo de cabrestante   vueltas cruzadas y medias llaves en una cornamusa

■ **NUDO.** Los nudos más utilizados.

NUER, pueblo de Sudán, de lengua nilótica.

NUERA s.f. (lat. vulg. *nora*).Mujer del hijo de una persona. SIN.: *hija política*.

NUESTRO, A adj. y pron.poses. (lat. *noster, -tra, -trum*). Forma tónica o átona de la 1ª persona del plural. Indica que la persona, animal o cosa designados por el nombre al que acompaña pertenecen al emisor y una o más personas asociadas a él en un acto de comunicación (son de su propiedad, tienen un parentesco con él, están asociados a él, etc.): *nuestra casa, nuestros padres*. ⬦ **La nuestra** *Fam.* Ha llegado la ocasión favorable para el emisor y una o más personas asociadas a él. **Los nuestros** Personas de la familia o colectividad a la que pertenece el emisor y una o más personas asociadas a él.

NUEVA s.f. Noticia, información que se desconocía previamente. ⬦ **Buena nueva** El Evangelio de Jesucristo. **Coger de nuevas** Enterarse de una noticia sin haber tenido ningún indicio previo. **Hacerse de nuevas** Aparentar desconocer algo que ya se sabía.

NUEVE adj.num.cardin. y s.m. (lat. *novem*). Ocho más uno. ⬦ adj.num.ordin. y s.m. Noveno. ⬦ **Prueba del nueve** Técnica rápida que permite comprobar si existe algún error en el resultado de una suma, de una resta, de una multiplicación o de una división.

NUEVO, A adj. (lat. *novus, a, -um*). Recién hecho, aparecido o conocido: *la nueva moda de primavera*. **2.** Que sustituye a algo o a alguien de su misma clase: *nuevo jefe*. **3.** Que está poco o nada usado: *un traje nuevo*. **4.** Otro, distinto: *he leído un nuevo libro*. (Se usa antepuesto al nombre.) **5.** Se dice del producto agrícola de cosecha reciente, para distinguirlo del almacenado de cosechas anteriores: *papas nuevas*. ⬦ adj. y s. Que todavía no tiene experiencia en algo determinado; que hace poco que está en un lugar: *ser nuevo en un oficio*. ⬦ **De nuevo** Otra vez.

NUEZ s.f. (lat. *nux, nucis*). Fruto del nogal, de cáscara dura y rugosa y parte carnosa dividida en cuatro lóbulos de superficie irregular. **2.** Fruto simple seco, que ni se abre ni se fragmenta naturalmente al llegar la madurez. **3.** Fruto o semilla de diversas plantas, semejante al del nogal. (La *nuez de cola* contiene alcaloides estimulantes y se emplea en la fabricación de refrescos de cola; la *nuez de areca* se consume tierna o seca; la *nuez moscada* se utiliza como condimento y proporciona la mantequilla de moscada; la *nuez vómica* se emplea en pequeñas dosis como emética y febrífuga, aunque en grandes dosis es venenosa.) **4.** Ranura de una pieza de madera de construcción, cuyo fondo está redondeado en semicírculo. **5.** Rueda dentada que sirve para triturar el grano en los molinillos de café, de pimienta, etc. **6.** ANAT. Prominencia formada en la parte delantera del cuello por el cartílago tiroides, más marcada en el hombre que en la mujer. ⬦ **nueces** s.f.pl. Carbón cribado en trozos cuyo tamaño varía entre 10 y 50 mm.

NUEZA s.f. Planta herbácea trepadora de flores verdes y fruto en baya. (Familia cucurbitáceas.) SIN.: *brionia*. ⬦ **Nueza blanca** Planta herbácea de flores blancas cuya raíz es purgante. (Familia cucurbitáceas.)

NUGATORIO, A adj. (lat. *nugatoris*, fútil, vano). Engañoso, que decepciona.

NULIDAD s.f. Cualidad de nulo. **2.** *Fig.* Persona nula, incapaz. **3.** DER. **a.** Ineficacia de un acto jurídico por ausencia de uno de los requisitos señalados por la ley para su validez. **b.** Sanción por la que la ley pronuncia la inexistencia jurídica de un acto o concede una acción al agraviado para hacerlo declarar nulo.

NULÍPARA s.f. Mujer que no ha dado a luz ningún hijo.

NULÍPORO, A adj. Sin poros.

NULLIUS adj. Se dice del prelado que tiene jurisdicción de ordinario sobre un territorio que no está comprendido en ninguna diócesis o en ninguna abadía regulares. **2.** Se dice de los bienes que carecen de dueño, por no haberlo tenido nunca, o porque su propietario los ha abandonado.

NULO, A adj. (lat. *nullus*, ninguno, nulo). De ningún valor, sin eficacia. **2.** Incapaz, inepto ⬦ **Combate nulo** DER. En boxeo y otros deportes de lucha, combate en el que no se concede la victoria a ninguno de los dos contrincantes, por haber sumado igual número de puntos.

NUMANTINO, A adj. y s. De Numancia. **2.** Se dice del miembro de una sociedad secreta española al servicio de las ideas liberales, surgida tras el establecimiento del absolutismo (1832). ⬦ adj. Que se mantiene en su posición o convicción ante cualquier ataque o crítica: *defensa numantina*.

NUMBAT s.m. Mamífero marsupial australiano, del tamaño de un armiño, que se alimenta de hormigas. (Familia dasiúridos.)

NUMEN s.m. (lat. *numen, -inis*, voluntad y poder divinos). Inspiración artística. **2.** Deidad pagana.

NUMERACIÓN s.f. Acción y efecto de numerar. **2.** Sistema de escritura y de enunciación de los números. ⬦ **Numeración arábiga** Sistema de numeración de uso casi universal, basado en los diez signos de origen arábigo y su valor absoluto y posición relativa. **Numeración globular** MED. Recuento de los glóbulos rojos y de los glóbulos blancos de la sangre (referido generalmente a 1 mm^3).

NUMERADOR s.m. Aparato que sirve para imprimir números sucesivos, cuyo dispositivo de impresión posee unas ruedecillas que permiten cambiar la numeración después de cada impresión. **2.** MAT. Término superior de una fracción que indica de cuántas partes de la unidad se compone dicha fracción.

NUMERAL adj. Relativo al número. ⬦ adj. y s.m. GRAM. Se dice del adjetivo que sirve para indicar un número. ⬦ s.m. MAR. Grupo de cuatro letras que sirve como señal distintiva asignada a cada buque.

NUMERAR v.tr. (lat. *numerare*). Contar los elementos de una serie según el orden de los números. **2.** Expresar con números una cantidad. **3.** Marcar con números.

NUMERARIO, A adj. Relativo al número. ⬦ adj. y s. Se dice de la persona que forma parte de una corporación determinada con carácter fijo: *catedrático numerario*. ⬦ s.m. Moneda acuñada o dinero contante.

NUMÉRICO, A adj. Relativo al número. **2.** Compuesto o ejecutado con números: *cálculo numérico.*

NÚMERO s.m. (lat. *numerus*). Concepto matemático que expresa la cantidad de los elementos de un conjunto o el lugar que ocupa un elemento en una serie. **2.** Nombre de este concepto. **3.** Cifra, signo que representa gráficamente cada uno de estos conceptos. **4.** Cantidad indeterminada: *un gran número de estudiantes.* **5.** Categoría o clase: *hallarse en el número de los escogidos.* **6.** Cada una de las publicaciones periódicas aparecidas en distinta fecha de edición. **7.** Billete para una rifa o lotería. **8.** Cifra con que se designa el tamaño de ciertas cosas que forman una serie correlativa: *calzar un número pequeño.* **9.** Parte de un espectáculo ejecutada en escena por un artista o un grupo de artistas. **10.** Esp. Miembro de la policía nacional o de la Guardia civil. **11.** LING. Categoría gramatical que permite la oposición entre el singular y el plural. **12.** MAT. Noción fundamental de las matemáticas que permite contar, clasificar los objetos o medir magnitudes, pero que no puede ser objeto de definición rigurosa. (A partir de la idea de números naturales, la noción ha sufrido sucesivas ampliaciones: números enteros, racionales, y complejos.) ◇ **De número** Numerario de una corporación: *académico de número.* **Hacer número** Estar en total pasividad. **Hacer números** Esp. Fam. Calcular el dinero que se necesita para un fin. **Ley de los grandes números** Ley relativa a la frecuencia con que sucede un hecho cuya probabilidad ha sido determinada, según la cual la posibilidad de una desviación de cierta importancia entre la frecuencia y la probabilidad disminuye al aumentar el número de pruebas. **Número atómico** QUÍM. Número de orden de un elemento en la clasificación periódica, igual al número de protones del núcleo. **Número áureo de un año** Elemento de cómputo que sirve para regular el tiempo en los usos eclesiásticos, particularmente para determinar la fecha de la Pascua. **Número índice** ESTADÍST. Número que mide las variaciones de una magnitud con el tiempo, de año en año, de mes en mes, de lugar en lugar. **Número perfecto** Número igual a la suma de todos sus divisores, excepto él mismo. **Número redondo** Número de unidades completas que expresa una cantidad con aproximación y no exactamente. **Números rojos** Saldo negativo en una cuenta bancaria. **Ser el número uno** Fam. Ser alguien o algo el mejor en algo. **Sin número** Muchos, innumerables: *sortear peligros sin número.*

NUMEROLOGÍA s.f. Método de adivinación a través de los números.

NUMEROSO, A adj. Que comprende muchos elementos: *un numeroso rebaño.* ◆ **numerosos** adj.pl. Muchos o muchas: *numerosas demandas.*

NÚMERUS CLAUSUS s.m. (lat. *numerus clausus*, número cerrado). Cantidad limitada de personas admitidas en un cargo, lugar, etc., conforme a una reglamentación establecida previamente.

NUMISMA s.m. (lat. *numisma*, moneda, del gr. *nómisma*, usanza, moneda). Moneda, pieza de metal.

NUMISMÁTICA s.f. Ciencia que estudia las monedas y medallas.

NUMISMÁTICO, A adj. Relativo a la numismática: *sociedad numismática.* ◆ s. Persona que por profesión o estudio se dedica a la numismática.

NUMULAR adj. (del lat. *nummus*, moneda). Que tiene forma de moneda.

NUMULARIO, A adj. (del lat. *nummus*, moneda). Relativo a las monedas. ◆ s. Persona que comercia o trata con dinero.

NUMULITA s.f. (lat. *numulita*, de *nummus*, moneda, y el gr. *níthos*, piedra). Numulites.

NUMULITES s.m. (pl. *numulites*). Protozoo fósil de principios del terciario con un tamaño que oscila entre microscópico y los 8 cm de diámetro, con un caparazón calcáreo de forma lenticular que probablemente servía como flotador. SIN.: *numulita.* **2.** Foraminífero fósil de gran tamaño.

NUMULÍTICO, A adj. Que contiene numulites. ◆ adj. y s.m. Se dice del conjunto de períodos geológicos caracterizados por la presencia de numulites.

NUNATAK s.m. (voz esquimal). Cima rocosa aislada que destaca sobre la superficie de un casquete glaciar.

NUNCA adv.t. (lat. *numquam*, de *ne*, no, y *umquam*, alguna vez). En ningún tiempo, ninguna vez: *nunca lo haré.* **2.** En frases interrogativas, alguna vez: *¿has visto nunca algo semejante?* ◇ **Nunca jamás** Expresión enfática de negación. **Nunca más** Expresión enfática que expresa que algo no se volverá a repetir.

NUNCIATURA s.f. Dignidad y cargo de nuncio, prelado. **2.** Tiempo de ejercicio del cargo de nuncio. **3.** Tribunal y residencia del nuncio. **4.** Tribunal de la Rota, en España.

NUNCIO s.m. (lat. *nuntius*, emisario, anunciador). Prelado que representa al papa en el gobierno de un estado: *nuncio apostólico.* **2.** Persona que lleva un mensaje. **3.** Fig. Anuncio, señal. **4.** HIST. Prestación que los vasallos satisfacían a su señor para poder transmitir a sus hijos las tierras que habían recibido de este en beneficio.

NUNCUPATIVO, A adj. (del lat. *nuncupare*, llamar por el nombre). DER. Se dice del acto que se realiza oral y públicamente, aunque después se reduzca a escritura: *testamento nuncupativo.*

NUNCUPATORIO, A adj. (del lat. *nuncupare*, llamar por el nombre). Se dice del escrito con que se dedica una obra, o en que se instituye a alguien como heredero o se le concede un empleo.

NUOC-MAN s.m. (voz vietnamita, *agua de pescado*). Condimento que se obtiene por maceración de pescado en salmuera, utilizado en la cocina vietnamita.

NUPCIAL adj. Relativo a la boda: *banquete nupcial.* **2.** BIOL. Se dice de los fenómenos relacionados con la época de apareamiento: *parada nupcial.*

NUPCIALIDAD s.f. Número de matrimonios en un tiempo y lugar determinados. ◇ **Tasa de nupcialidad** ESTADÍST. Coeficiente que se obtiene dividiendo el número anual de matrimonios por el número de habitantes que constituyen una población.

NUPCIAS s.f.pl. (lat. *nuptiae*, de *nubere*, casarse). Boda: *casarse en segundas nupcias.*

NURAGA s.f. Torre troncocónica de bloques ciclópeos, característica de la cultura sarda de la edad del bronce, que probablemente servía de refugio o fortaleza.

■ **NURAGA** de los alrededores de Alguer;
II milenio a.C.

NURSE s.f. (voz inglesa). Esp. Niñera.

NUTACIÓN s.f. (lat. *nutatio*, balanceo, oscilación). ASTRON. Movimiento periódico de poca amplitud que experimenta el eje de rotación de la Tierra alrededor de su posición media que, a su vez, describe un movimiento cónico circular uniforme de precesión astronómica. **2.** BOT. Movimiento autónomo de un órgano vegetal, imperceptible para el ojo humano, provocado por el crecimiento desigual de sus lados, y que produce una encorvadura del mismo. **3.** MEC. Oscilación periódica leve del eje de rotación de un cuerpo animado por un movimiento giroscópico, alrededor de la posición media de dicho eje, trasladándose este a su vez siguiendo un movimiento general de precesión.

NUTANTE adj. Se dice de un vegetal que presenta nutación.

NUTRIA s.f. (lat. vulg. *nutria*). Mamífero nadador piscívoro de patas palmeadas que vive junto a ríos o lagos, o en el mar, y que actualmente corre peligro de extinción debido a la caza intensiva de la que es objeto para obtener su piel sedosa. (La nutria común [género *Lutra*] vive cerca de los ríos de Eurasia y América, y la nutria marina, que puede pesar hasta 40 kg, vive en el Pacífico y se alimenta más bien de mariscos, especialmente de orejas de mar; familia mustélidos.) **2.** Piel de este animal.

■ **NUTRIA**

NUTRICIO, A adj. Nutritivo. **2.** Que procura alimento para otra persona. **3.** ZOOL. Se dice del individuo que, en una asociación de animales, se encarga de alimentar a los demás.

NUTRICIÓN s.f. Acción de nutrir. **2.** Conjunto de las funciones orgánicas de utilización y transformación de alimentos para el crecimiento y la actividad de un ser vivo, animal o vegetal, como la digestión, la absorción, la asimilación, la excreción, la respiración y la circulación.

NUTRIDO, A adj. Fig. Que incluye gran cantidad de personas, animales o cosas: *un nutrido grupo de manifestantes.* ◆ s.m. Operación que consiste en engrasar el cuero. **2.** Compuesto graso aplicado al cuero para lubricar y suavizar las fibras.

NUTRIENTE adj. Nutritivo. ◆ s.m. BIOL. Nutrimento.

NUTRIERO s.m. Argent. y Urug. Persona que caza nutrias y trafica con sus pieles.

NUTRIMENTO o **NUTRIMIENTO** s.m. Nutrición. **2.** Sustancia asimilable de un alimento. **3.** Fig. Cosa que mantiene o fomenta algo.

NUTRIR v.tr. y prnl. (lat. *nutrire*). Proporcionar alimento a un organismo vivo. **2.** Fig. Proporcionar una cosa a otra lo necesario para su funcionamiento, enriquecimiento o conservación.

NUTRITIVO, A adj. Que nutre: *un caldo nutritivo.*

NY s.f. Nombre de la decimotercera letra del alfabeto griego (ν, Ν), que corresponde a la *n* española.

NYLON s.m. (marca registrada). → **NAILON.**

Ñ s.f. Decimoséptima letra del alfabeto español, y decimocuarta de sus consonantes. (Representa un sonido nasal palatal.)

ÑA s.f. Amér. Tratamiento vulgar y respetuoso por *doña* utilizado en algunos países.

ÑACANINÁ s.f. Argent. Serpiente acuática de gran agresividad, de la familia de las culebras, de unos 2,5 m de long., dorso amarronado con manchas oscuras redondeadas, vientre blanquecino y una banda lateral oscura detrás de los ojos, que habita en las cuencas de los grandes ríos y se alimenta de anfibios, roedores y otras serpientes.

ÑÁCARA s.f. Amér. Central. Úlcera, llaga.

ÑACHI s.m. Chile. Plato elaborado con sangre de animal, especialmente de cordero, aliñada con algunas especias. **2.** Chile. *Fig.* y *fam.* Sangre.

ÑACUNDA s.m. Ave de color ocráceo claro y gris, con el vientre blanco, que vive en amplias zonas de América del Sur. (Familia caprimúlgidos.)

ÑACURUTÚ s.m. Ave nocturna domesticable, de plumaje amarillento y gris. (Familia estrígidos.)

ÑAMAL s.m. Terreno plantado de ñames.

ÑAME s.m. Planta herbácea de tallos endebles, hojas grandes, flores pequeñas y verdosas en espigas axilares, y raíz comestible del mismo nombre, grande, tuberosa, de corteza casi negra y carne parecida a la de la batata, que se cuece o se asa. (Familia dioscoreáceas.)

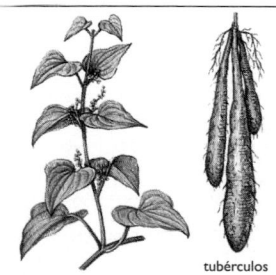

tubérculos

■ **ÑAME**

ÑANCO s.m. Chile. Aguilucho.

ÑANDÚ s.m. (voz guaraní). Ave corredora parecida al avestruz pero de menor tamaño, de plumaje pardo y patas con tres dedos, que vive en las pampas de Sudamérica. (Alt. 1,70 m; subclase ratites.)

ÑANDUBAY s.m. Árbol de tronco y madera muy dura, que crece en América del Sur. (Familia mimosáceas.)

ÑANDUTÍ s.m. Amér. Merid. Encaje que imita la tela de araña.

ÑANGOTADO, A adj. y s. P. Rico. Servil, adulador. **2.** P. Rico. Alicaído, sin ambiciones.

ÑANGOTARSE v.prnl. Dom. y P. Rico. Acuclillarse. **2.** P. Rico. Doblegarse, claudicar. **3.** P. Rico. Desalentarse, desanimarse.

ÑAÑA s.f. Amér. Excremento. **2.** Chile. Niñera.

ÑAÑARAS s.f.pl. Méx. *Fam.* Miedo, escalofríos por el miedo.

ÑÁÑIGO s.m. Miembro de una sociedad secreta afrocubana (*ñañiguismo*) que, durante la dominación española en Cuba, ejercitaba prácticas religiosas sincréticas y que destacaba por la defensa mutua de sus componentes.

ÑAÑO, A s. Argent. y Chile. *Fam.* Hermano, compañero. **2.** Perú. Niño. ◆ adj. Colomb. y Pan. Consentido, mimado en demasía. **3.** Ecuad. y Perú. Unido por una amistad íntima.

ÑAPA s.f. Amér. Propina. **2.** Amér. Añadidura, yapa.

ÑAPANGO, A adj. Colomb. Mestizo, mulato.

ÑAPINDÁ s.m. R. de la Plata. Arbusto muy espinoso, con flores amarillas de olor agradable. (Familia mimosáceas.)

ÑAPO s.m. Chile. Mimbre con que se tejen canastos.

ÑARUSO, A adj. Ecuad. Se dice de la persona picada de viruela.

ÑATA s.f. Amér. Nariz.

ÑATO, A adj. Amér. Que tiene la nariz pequeña o roma, chato.

ÑECO s.m. Ecuad. Golpe que se da con el puño.

ÑENGO, A adj. y s. Méx. Flaco, esmirriado, enclenque, escuálido.

ÑEQUE adj. C. Rica, Hond. y Nicar. Fuerte, vigoroso. ◆ s.m. Chile, Ecuad. y Perú. Fuerza, energía. **2.** Perú. Valor, coraje.

ÑERO, A s. Méx. *Vulg.* Compañero, amigo.

ÑIPE s.m. Chile. Arbusto cuyas ramas se emplean para teñir. (Familia mirtáceas.)

ÑIQUIÑAQUE s.m. *Fam.* Persona o cosa despreciable.

ÑIRE s.m. Chile. Árbol de unos 20 m de alt., de flores solitarias y hojas profundamente aserradas. (Familia fagáceas.)

ÑISCA s.f. Amér. *Fam.* Pizca, porción mínima de algo. **2.** Amér. *Fam.* Excremento.

ÑISÑIL s.m. Chile. Espadaña, planta herbácea.

ÑO s.m. Amér. Tratamiento vulgar y respetuoso por *don*, utilizado en algunos países.

ÑOCHA s.f. Chile. Planta herbácea cuyas hojas sirven para hacer canastas, sombreros y esteras. (Familia bromeliáceas.)

ÑOCLO s.m. Dulce consistente en una especie de panecillo elaborado con harina, huevos, manteca, azúcar y vino o anís, y cocido al horno.

ÑOCO, A adj. y s. Colomb., Dom., P. Rico y Venez. Se dice de la persona manca de una mano o sin alguno de sus dedos.

ÑONGA s.f. Méx. *Vulg.* Pene.

ÑOÑA s.f. Chile. Excremento, especialmente el humano.

ÑOÑERÍA s.f. Acción o dicho ñoño. **2.** Méx. *Fam.* Chochez, cursilada.

ÑOÑEZ s.f. Cualidad de ñoño. **2.** Ñoñería.

ÑOÑO, A adj. y s. (voz de origen onomatopéyico). Se dice de la persona muy recatada o remilgada. ◆ adj. Sin gracia ni sustancia. ◆ s. Méx. *Fam.* Chocho, cursi, afectado.

1. ÑOQUI s.m. CULINAR. Bolita de pasta de harina de sémola (a la romana) o de puré de papas (a la piamontesa) que se come hervido en agua con sal.

2. ÑOQUI s.m. Argent. *Fig.* y *desp.* Empleado público que asiste al lugar de trabajo solo en fecha de cobro.

ÑORBO s.m. Ecuad. y Perú. Flor pequeña y fragante de un tipo de pasionaria, que suele utilizarse como adorno en las ventanas.

ÑU s.m. Antílope africano de gruesa cabeza con barba y crin, cuernos curvados y una alt. de 1,20 m. (Efectúa migraciones estacionales en inmensas manadas; familia bóvidos.)

■ **ÑU** azul de barba blanca (hembra con cría).

ÑUSTA s.f. Nombre con el que, según el Inca Garcilaso de la Vega, se conocía en el Perú incaico a las hijas de los soberanos incas y a las muchachas pertenecientes a la estirpe real.

ÑUTO, A adj. y s.m. Argent., Colomb., Ecuad. y Perú. Se dice de la carne blanda o ablandada a golpes. ◆ s.m. Argent. y Perú. Montón de añicos, trizas o polvo.

1. O s.f. Decimoctava letra del alfabeto español, y cuarta de sus vocales. **2.** Nombre de la letra *o.*

2. O conj.disyunt. (lat. *aut*). Indica exclusión de una de las oraciones o sintagmas que relaciona, o alternativa o contraposición entre ellas: *ser un buen o un mal estudiante.* (Puede preceder a ambos términos disyuntivos: *o te callas o te vas.*) **2.** Indica equivalencia o identidad entre dos términos: *el protagonista o personaje principal.* (La conjunción *o* se transforma en *u* cuando la palabra a la que precede comienza por la vocal *o* o por *ho.*)

3. O, abrev. de *oeste.*

OAKS s.m. Carrera de 2 100 m para yeguas de tres años, que se disputa en Epsom, Gran Bretaña.

OASIS s.m. (lat. *oasis,* del gr. *óasis*) [pl. *oasis*]. Paraje aislado en el desierto en el que hay agua y crece la vegetación. **2.** *Fig.* Lugar apacible o situación momentánea de tranquilidad en medio de ambientes de otras características: *un oasis de paz.*

■ **OASIS** en las dunas del Gran Erg Occidental (Sahara, Argelia).

OAXAQUEÑO, A adj. y s. De Oaxaca, estado de México. **2.** De Oaxaca de Juárez (México).

OBCECACIÓN s.f. Acción y efecto de obcecar u obcecarse.

OBCECAR v.tr. y prnl. (lat. *occeare*) [1]. Privar una idea preconcebida, o un determinado estado de ánimo, de la capacidad de juzgar con claridad acerca de algo o de alguien.

OBDURACIÓN s.f. Obstinación.

OBECHE s.m. Madera de color amarillo claro, utilizada en carpintería. (Se extrae de un árbol esterculiáceo originario de África.)

OBEDECER v.tr. (lat. *obedire*) [37]. Cumplir la voluntad de quien manda o una norma, un precepto o una ley. ◆ v.intr. Estar algo motivado por algo: *su dimisión obedece a múltiples causas.* **2.** Responder un animal o un mecanismo a la acción de quien los dirige: *no obedecer los frenos.* **3.** TAUROM. Acudir el toro al engaño y embeberse en él, siguiendo con docilidad la dirección que le señala el diestro.

OBEDIENCIA s.f. Hecho de obedecer. **2.** Cualidad o actitud de obediente. **3.** HIST. Durante el cisma de occidente, reconocimiento de uno de los papas existentes. **4.** REL. Sumisión a un superior: *hacer voto de obediencia.* ◇ **Obediencia debida** DER. Obediencia que, por ministerio de la ley, el inferior viene obligado a prestar al superior jerárquico.

OBEDIENCIAL adj. Relativo a la obediencia. ◇ **Letras obedienciales** Documento por el que el superior de un instituto religioso dispone y acredita el viaje de un súbdito suyo.

OBEDIENTE adj. Que obedece.

OBELISCO s.m. (gr. *obelískos*). Monolito alto de base cuadrangular, que termina en una punta piramidal. (Grabado con jeroglíficos, el obelisco era, en el Egipto faraónico, un símbolo solar cuya forma y función, consistente en captar los rayos del astro, lo emparentaban con las pirámides.) **2.** IMPR. Signo (†) que, colocado antes del nombre de una persona, significa «difunto»; y, antes de una fecha, el año en que murió.

OBENCADURA s.f. MAR. **a.** Conjunto de todos los obenques del buque. **b.** Tabla de jarcia.

OBENQUE s.m. (fr. ant. *hobent*). MAR. **a.** Cabo grueso que sujeta un palo o mástil desde su cabeza a la mesa de guarnición o cofa correspondiente. **b.** Referido a las plumas y puntales de carga, viento.

OBERTURA s.f. (fr. *ouverture*). MÚS. Composición instrumental que precede a una ópera, oratorio, etc., destinada a crear la atmósfera para la obra que le sigue.

OBESIDAD s.f. Exceso patológico de grasa en el cuerpo, que provoca un gran aumento de peso.

OBESO, A adj. (lat. *obesus,* p. de *obedere,* roer, comer). Que padece obesidad.

OBI s.f. Cinturón de seda largo y ancho que se ata sobre el quimono.

ÓBICE s.m. (lat. *obex, -icis*). Inconveniente u obstáculo.

OBISPADO s.m. Dignidad de obispo. **2.** Territorio o distrito bajo la jurisdicción de un obispo. **3.** Sede de la curia episcopal.

OBISPAL adj. Episcopal.

OBISPILLO s.m. Joven que en algunas catedrales se viste de obispo, la víspera y día de san Nicolás de Bari. **2.** Morcilla grande y gruesa que se elabora generalmente con carne picada, huevos, almendras y especias. **3.** Rabadilla de un ave, situada encima de la base de la cola.

OBISPO s.m. (lat. *episcopus,* del gr. *epískopos,* guardián, protector, vigilante). Prelado de la Iglesia que posee la plenitud del sacerdocio y a cuyo cargo está la dirección espiritual de una diócesis. **2.** Obispillo, morcilla. **3.** Méx. Borrego de cuatro cuernos. ◇ **Cada muerte de obispo** Amér. Merid., Cuba, Méx. y P. Rico. Cada mucho tiempo, de tarde en tarde.

ÓBITO s.m. (lat. *obitus, -us*). Fallecimiento.

OBITUARIO s.m. Registro de una iglesia o de un monasterio en que se anotan las defunciones y los funerales celebrados. **2.** Sección necrológica de un periódico. **3.** Depósito de cadáveres. **4.** Méx. Defunción. **5.** Méx. Libro donde se registran las defunciones.

OBIUBI s.m. Venez. Simio cébido de color negro que suele dormir de día con la cabeza entre las piernas.

OBJECIÓN s.f. (lat. *objectio, -onis*). Inconveniente que alguien opone a algo. **2.** Observación o argumento que se hace en contra de una afirmación para negar su validez o señalar alguna deficiencia en su razonamiento. ◇ **Objeción de conciencia** Negativa de una persona a cumplir con una disposición oficial (el servicio militar, practicar un aborto legal, etc.) por razones morales, ideológicas o religiosas.

OBJETAR v.tr. (lat. *objectare*). Poner objeciones. ◆ v.intr. Acogerse a la objeción de conciencia.

OBJETIVAR v.tr. Hacer que algo sea objetivo.

OBJETIVIDAD s.f. Cualidad de objetivo. **2.** Corriente clasicista surgida en la misma época en varios países, especialmente en Italia. ◇ **Nueva objetividad** Conjunto de manifestaciones pictóricas caracterizadas por un realismo sobrio, que se produjeron en Alemania desde el final de la primera guerra mundial hasta la llegada al poder de Hitler.

OBJETIVISMO s.m. Doctrina según la cual el valor de los postulados morales es independiente de la opinión o conciencia de los individuos. **2.** FILOS. Actitud filosófica que concede primacía al objeto en sus relaciones con el sujeto.

OBJETIVO, A adj. (lat. *objectivus*). Se dice de lo referente al objeto de conocimiento en sí mismo, con independencia del sujeto pensante. **2.** Que obra, juzga, etc., con imparcialidad. **3.** Se dice de los juicios, acciones, etc., imparciales: *un análisis objetivo.* ✦ s.m. Fin, propósito. **2.** Sistema óptico de un telescopio, un microscopio, etc., que se dirige hacia el objeto que se quiere observar. **3.** Parte de un aparato fotográfico que contiene las lentes que son atravesadas por los rayos luminosos antes de penetrar en la cámara oscura. **4.** MIL. Punto, línea o zona de terreno que deben ser batidos por las armas o conquistados.

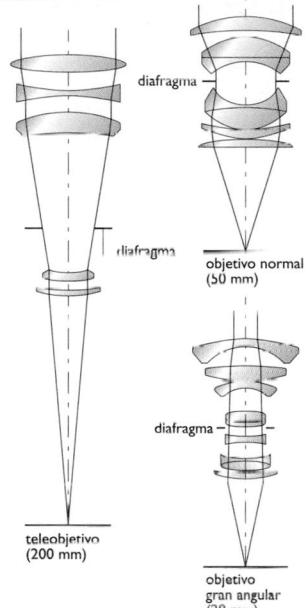

■ **OBJETIVOS** fotográficos. Disposición de las lentes y trayecto del haz luminoso.

OBJETO s.m. (bajo lat. *objectum*, p. de *objicere*, poner delante de algo). Cosa material y determinada, generalmente de dimensiones reducidas. **2.** Causa o motivo de una acción, una operación intelectual o un sentimiento. **3.** Finalidad de una acción o una actividad: *el objeto de una visita.* **4.** DER. Cosa sobre la que puede versar una relación jurídica. **5.** FILOS. Aquello que se percibe o se piensa, y que se opone al ser pensante o sujeto. **6.** INFORMÁT. Conjunto de datos y los procedimientos que los manipulan. **7.** LING. Término que a veces designa un complemento de un verbo. **8.** PSICOANÁL. Medio por el cual la pulsión trata de alcanzar su objetivo.

OBJETOR, RA adj. y s. Que objeta. ◇ **Objetor de conciencia** Persona que practica la objeción de conciencia.

OBJETUAL adj. Se dice de una tendencia del arte surgida en la década de 1960 en la que el artista utiliza objetos preexistentes para su trabajo, manipulándolos, recreándolos o dándoles una nueva significación artística sin intervenir en ellos.

OBLACIÓN s.f. Ofrenda de carácter religioso.

OBLADA s.f. (lat. *oblata*, cosas ofrecidas). Ofrenda por los difuntos que se lleva a la iglesia.

OBLATA s.f. (lat. *oblata*, cosas ofrecidas). Hostia y vino antes de ser consagrados en la misa (la hostia ofrecida sobre la patena y el vino en el cáliz). **2.** Dinero que se da al sacristán o a la iglesia por el gasto de vino, hostias, cera u ornamentos para decir las misas.

OBLATO, A s. Persona laica que se agrega a una comunidad religiosa sin pronunciar los votos. **2.** Miembro de algunas congregaciones religiosas.

OBLEA s.f. (fr. *oblée*). Hoja delgada de pan ázimo. **2.** Hoja muy fina hecha de harina y agua o de goma arábiga. **3.** Trozo de esta hoja, especialmente el usado para pegar sobres, pliegos, etc. **4.** *Fig.* y *fam.* Persona o cosa extremadamente delgadas. **5.** Argent. Adhesivo. **6.** FARM. Sello para las medicinas.

OBLICUA s.f. MAT. Recta que corta a otra recta o a un plano sin ser perpendicular ni paralela a ellos.

OBLICUÁNGULO, A adj. Se dice de la figura geométrica que no tiene ningún ángulo recto: *triángulo oblicuángulo.*

OBLICUAR v.tr. [18]. Colocar una cosa en dirección oblicua respecto a otra. ✦ v.intr. Ir una tropa en diagonal sin perder el frente de la formación.

OBLICUIDAD s.f. Cualidad de oblicuo. ◇ **Oblicuidad de la eclíptica** ASTRON. Ángulo de unos 23° 27' que la eclíptica forma con el ecuador celeste.

OBLICUO, A adj. (lat. *obliquus*). Que no es perpendicular ni paralelo a un plano o línea dados. **2.** Inclinado, no vertical ni horizontal. ✦ adj. y s.m. Se dice de diversos músculos del ser humano y de los animales situados en el abdomen, nuca y ojos.

OBLIGACIÓN s.f. Deber que impone la ley, la moral, las convenciones sociales, etc.: *tener la obligación de trabajar.* **2.** Correspondencia o gratitud al beneficio recibido: *tener grandes obligaciones hacia alguien.* **3.** DER. Relación jurídica constituida entre dos o más personas, por la que una puede exigir de otra una determinada prestación. **4.** FIN. Título, comúnmente amortizable, nominativo o al portador, y con interés fijo, que representa una suma exigible a la persona o entidad que lo emitió. ◇ **En obligación de** En el compromiso de cumplir algo.

OBLIGACIONISTA s.m. y f. Portador o tenedor de obligaciones financieras.

OBLIGADO, A adj. Obligatorio. **2.** Que por costumbre o norma social se ha hecho casi imprescindible: *normas obligadas.* **3.** Se dice de la persona que debe agradecerle algo a otra. ✦ s. DER. **a.** Sujeto pasivo de una obligación. **b.** Persona que se encuentra en el deber de dar, hacer o no hacer alguna cosa por espontáneo compromiso, como consecuencia de su culpa o dolo, o por disposición imperativa de la ley.

OBLIGAR v.tr. (lat. *obligare*) [2]. Imponer o exigir una persona o cosa, con su autoridad, el cumplimiento de algo. **2.** Ganar la voluntad de una persona mediante obsequios o favores: *nos obligó con sus atenciones.* **3.** Forzar una cosa para conseguir algún efecto: *obligar el tornillo porque iba duro.* **4.** DER. Sujetar los bienes al cumplimiento de prestaciones exigibles. **5.** TAUROM. Porfiar con el toro receloso, para que se arranque. ✦ **obligarse** v.prnl. Comprometerse con uno mismo a cumplir una cosa.

OBLIGATORIO, A adj. Que obliga a su cumplimiento o ejecución: *giro obligatorio a la derecha.*

OBLITERACIÓN s.f. Acción de obliterar u obliterarse.

OBLITERAR v.tr. y prnl. (lat. *obliterare*, borrar). Cubrir algo con una señal o una marca especial para anular o borrar: *obliterar un sello.* **2.** MED. Obstruir una cavidad o conducto.

OBLITO s.m. CIR. Cuerpo extraño que se olvida en el interior de un paciente durante una operación.

OBLONGO, A adj. (lat. *oblongus*). Que es más largo que ancho.

OBNUBILACIÓN s.f. Ofuscación de la conciencia e incapacidad de pensar con claridad.

OBNUBILAR v.tr. y prnl. Provocar obnubilación.

OBODRITA adj. y s.m. y f. De un pueblo eslavo establecido desde los ss. V-VI entre el Elba inferior y la costa báltica, cuyo territorio fue conquistado por Enrique el León (h. 1160).

OBOE s.m. (fr. *hautbois*, de *haut*, algo, y *bois*, madera). Instrumento musical de viento he-

cho de madera, en forma de tubo que termina en un pequeño pabellón y provisto de doble lengüeta. **2.** Persona que en una orquesta toca el oboe. SIN.: *oboísta.*

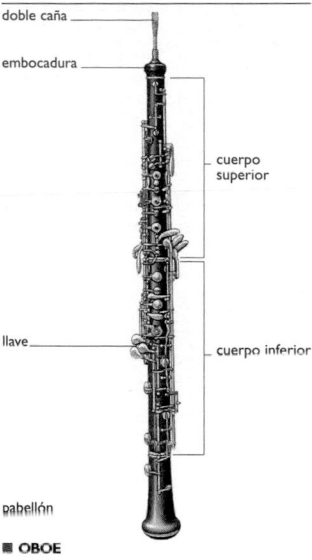

■ **OBOE**

ÓBOLO s.m. (lat. *obolus*, del gr. *obolós*, moneda griega de escaso valor). Cantidad pequeña de dinero donada como limosna o donativo para contribuir a un fin benéfico. **2.** ANT. GR. Unidad de peso (unos 0,75 g) y de moneda (un sexto de dracma).

OBRA s.f. Producto resultante de una actividad física o intelectual. SIN.: *trabajo.* **2.** Producto artístico. **3.** Libro en general, texto científico o literario. **4.** Edificio en construcción: *en la obra es obligatorio el uso de casco.* **5.** Trabajo o tiempo empleado en la realización de una cosa. **6.** Acción que se realiza para ayudar al prójimo: *obras de caridad.* **7.** Reparación o reformas que se hacen en un edificio. (Suele usarse en plural.) **8.** Parte de un alto horno que está encima del crisol, en la que desembocan las toberas. **9.** MIL. Elemento autónomo de fortificación capaz de resistir un asedio. ◇ **Buenas obras** Todas las acciones de las virtudes cristianas; lo que se hace con fines no lucrativos y con el propósito de proporcionar el bien ajeno. **De obra** Con actos. **Obra de fábrica** Puente, alcantarilla, túnel, etc., en una vía de comunicación; construcción hecha con ladrillos, piedra u hormigón. **Obra maestra** HIST. Obra capital y superior, en cualquier género, especialmente en el artístico; en las antiguas corporaciones, trabajo que todo aprendiz u oficial debía realizar para obtener la mayoría de los votos de los jurados de la corporación y alcanzar así el grado de maestro. **Obra muerta** MAR. Parte del casco de un buque situada por encima de la línea de flotación. **Obra pública** DER. Bien inmueble destinado a uso público y en el que suelen realizarse trabajos públicos. **Obras de cimentación** Conjunto de los elementos de construcción de un edificio que aseguran su estabilidad, resistencia y protección. **Obras públicas** Obras de construcción, reparación, conservación o derribo realizadas para el beneficio general de una población. **Obra viva** MAR. Parte del casco de un buque situada por debajo de la línea de flotación. **Por obra (y gracia) de** Gracias a la persona o cosa que se nombra.

OBRADA s.f. Esp. Labor realizada en una jornada por una persona cavando la tierra, o por una yunta arándola. **2.** Esp. Medida agraria de superficie, que se emplea en distintos puntos de España, con valores diferentes.

OBRADOR, RA adj. (cat. *obrador*). Que obra. ✦ s.m. Taller en que se trabaja una obra.

OBRAJE s.m. (cat. *obratge*). Manufactura, fabricación. **2.** Fábrica o taller, especialmente de paños. **3.** Amér. Establecimiento de una explotación forestal. **4.** Méx. Despacho público de carnes porcinas. **5.** HIST. En la América española, manufactura en la que trabajaban los indios, y que constituyó una de las primeras formas de producción capitalista.

OBRAJERO s.m. Amér. Propietario de un obraje. **2.** Amér. Artesano. **3.** Argent. y Par. Peón de un obraje. **4.** Méx. Carnicero. **5.** Méx. Persona que atiende a un despacho de carnes porcinas.

OBRAR v.intr. (lat. *operari*, trabajar). Actuar o comportarse de un modo determinado: *obrar con precipitación*. **2.** Realizar una acción. **3.** Existir algo en un sitio determinado: *la carta obra en mi poder*. **4.** Evacuar el vientre. ◆ v.tr. Realizar lo que se indica, añadiendo un matiz de exageración: *obrar milagros*. **2.** Construir o edificar una obra. **3.** Construir las abejas los panales. ◆ v.tr. e intr. Causar algún efecto pretendido: *el medicamento comienza a obrar*.

OBREPCIÓN s.f. DER. Exposición falsa de un hecho que se hace a un superior para obtener de él un beneficio.

OBRERÍA s.f. Renta destinada al mantenimiento de una iglesia o de otras comunidades. **2.** Administración de esta renta. **3.** Lugar donde se administra renta.

OBRERISMO s.m. Tendencia que considera que la emancipación de la clase obrera ha de ser obra de ella misma. **2.** Conjunto de medidas destinadas a mejorar el nivel de vida de los obreros. **3.** Clase obrera.

OBRERISTA adj. y s.m. y f. Relativo al obrerismo; partidario de esta tendencia.

OBRERO, A adj. Relativo al trabajador: *barrio obrero; reivindicaciones obreras*. ◆ s. Persona que realiza un trabajo manual por cuenta de un patrono a cambio de un salario. ◆ adj. y s.f. Se dice del insecto social (abeja, avispa, hormiga o termes) que, dentro del grupo en el que vive, proporciona la nutrición, construye los nidos o galerías, cuida de las larvas y asegura la defensa de la sociedad. ◇ **Obrero cualificado** Esp. Obrero que desempeña una actividad para la que se requieren unos conocimientos específicos.

OBSCENIDAD s.f. Cualidad de obsceno. **2.** Palabra o acción obscenas.

OBSCENO, A adj. (lat. *obscenus*, siniestro, fatal, indecente). Que hace referencia, de forma grosera, a cosas relacionadas con el sexo: *canción obscena; postura obscena*. **2.** Que hace o dice obscenidades.

OBSCURANTISMO s.m. (fr. *obscurantisme*). → OSCURANTISMO.

OBSCURANTISTA adj. y s.m. y f. (fr. *obscurantiste*). → OSCURANTISTA.

OBSCURECER v.tr. [37]. → OSCURECER.

OBSCURECIMIENTO s.m. → OSCURECIMIENTO.

OBSCURIDAD s.f. → OSCURIDAD.

OBSCURO, A adj. → OSCURO.

OBSECRACIÓN s.f. Ruego.

OBSECUENTE adj. (del p. de *obsequi*, ceder a la voluntad de alguien). Obediente, sumiso, amable. **2.** Se dice del curso de agua que, en una estructura monoclinal, transcurre en sentido inverso al buzamiento.

OBSEQUIAR v.tr. Hacer un regalo a alguien. **2.** Agasajar a alguien. **3.** Galantear, especialmente a una mujer.

OBSEQUIO s.m. (lat. *obsequium*, complacencia). Regalo. **2.** Acción de obsequiar. **3.** Muestra o señal de afecto o de cortesía hacia alguien.

OBSEQUIOSO, A adj. Se dice de la persona que se comporta de manera amable o complaciente con los demás. **2.** Que es propio de estas personas: *una actitud obsequiosa*.

OBSERVACIÓN s.f. Acción de observar: *capacidad de observación*. **2.** Indicación que se hace sobre alguien o algo. **3.** Objeción, reparo: *hacer algunas observaciones a un proyecto*. **4.** Anotación o comentario que se hace a un texto: *las observaciones sobre una obra*.

OBSERVADOR, RA adj. y s. Que tiene capacidad de observación. ◆ s. Persona delegada para asistir a un congreso, concilio, reunión, etc., como espectador. **2.** Persona a quien se encarga la misión de observar una situación

económica, política, social, etc. **3.** Combatiente instruido para reconocer y señalar objetivos y posiciones del enemigo, examinar el terreno, el combate, etc. **4.** Militar agregado a una unidad distinta de la suya o a un ejército extranjero para recoger información sobre sus actividades. **5.** Persona que, en el golf, se encarga de ayudar al árbitro y de informarlo sobre cualquier infracción.

OBSERVANCIA s.f. Cumplimiento exacto de lo que establece una orden, prescripción o norma. **2.** En algunas órdenes religiosas, la regla antigua, en contraposición a la reforma. ◇ **Estrecha observancia** Parte de una orden religiosa que observa la regla más rigurosamente que las otras ramas de la misma orden.

OBSERVAR v.tr. (lat. *observare*). Mirar o examinar con atención: *observar las estrellas*. **2.** Advertir o darse cuenta de algo: *observar la presencia de alguien*. **3.** Hacer notar o llamar la atención sobre algo: *observar la conveniencia de un cambio*. **4.** Respetar lo que está prescrito: *observar las leyes*. ◆ v.tr. e intr. Mirar disimuladamente: *observar a través del agujero de la cerradura*.

OBSERVATORIO s.m. Lugar apropiado para observar. **2.** Centro equipado para efectuar observaciones astronómicas, meteorológicas o sismológicas.

■ **OBSERVATORIO** astronómico de Mauna Kea, en Hawai.

OBSESIÓN s.f. (lat. *obsessio, -onis*, bloqueo). Idea o preocupación fija que no se puede alejar de la mente y que domina a la persona.

OBSESIONAR v.tr. y prnl. Causar obsesión: *esa novela me obsesiona*.

OBSESIVO, A adj. Que obsesiona: *idea obsesiva*. **2.** Inclinado a obsesionarse: *persona obsesiva*. ◇ **Neurosis obsesiva** PSIQUIATR. Enfermedad mental cuyo principal síntoma son las obsesiones que llevan al sujeto a una lucha continua, junto a un carácter típico en el que predomina la rigidez.

OBSESO, A adj. y s. (lat. *obsesus*, p. de *obsidere*, asediar). Dominado por una obsesión: *obseso sexual*.

OBSIDIANA s.f. (lat. *obsidianus lapis*, piedra de Obsius, nombre de un romano que descubrió esta piedra en Etiopía). Roca volcánica vítrea y compacta, de color oscuro o negro.

■ **OBSIDIANA** procedente de la Capadocia (Turquía).

OBSIDIONAL adj. ANT. ROM. Relativo al asedio de una plaza. **2.** MED. Se dice de una enfermedad que aparece en un lugar sitiado durante una guerra, originada, directa o indirectamente, por el estado de sitio.

OBSOLESCENCIA s.f. Cualidad o condición de obsolescente. **2.** Depreciación de un activo o equipo industrial a causa de un progreso técnico.

OBSOLESCENTE adj. Que se está volviendo obsoleto.

OBSOLETO, A adj. (lat. *obsoletus*, p. de *obsolescere*, caer en desuso). Anticuado o caído en desuso. **2.** ECON. Se dice de un medio de producción cuya utilización deja de ser rentable o un bien depreciado debido al avance tecnológico.

OBSTACULIZAR v.tr. [7]. Poner obstáculos para impedir la consecución de algo: *obstaculizar las negociaciones*.

OBSTÁCULO s.m. Dificultad material o inmaterial que hace difícil o imposible el paso o que impide o entorpece la realización de

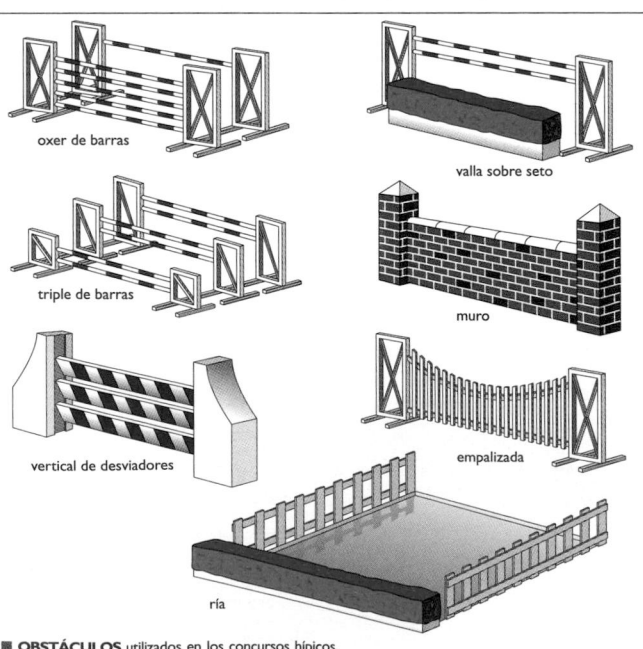

oxer de barras

triple de barras

vertical de desviadores

ría

valla sobre seto

muro

empalizada

■ **OBSTÁCULOS** utilizados en los concursos hípicos.

algo: *un obstáculo infranqueable.* **2.** DEP. Valla o barrera que se coloca en una pista en algunas pruebas de equitación, atletismo, motociclismo, etc.

OBSTANTE (NO) loc. Indica que algo no es impedimento para otra cosa que se enuncia.

OBSTAR v.intr. Ser algo un impedimento u oposición: *todo ello no obsta para que lo intentemos.* (Se usa solamente en oraciones negativas.)

OBSTETRA s.m. y f. Médico especialista en obstetricia.

OBSTETRICIA s.f. Parte de la medicina que se ocupa del embarazo, del parto y del período posterior a este.

OBSTINACIÓN s.f. Mantenimiento tenaz de una resolución, opinión, etc.

OBSTINADO, A adj. (lat. *obstinatus*). Que es constante y firme en sus acciones o convicciones.

OBSTINARSE v.prnl. Afirmarse en una resolución o en una opinión desoyendo cualquier razón en contra: *obstinarse en una idea.*

OBSTRUCCIÓN s.f. Acción y efecto de obstruir u obstruirse. **2.** Táctica utilizada en una asamblea política u otros cuerpos deliberantes para obstaculizar sistemáticamente la discusión y votación de las leyes u otras resoluciones. **3.** DEP. **a.** Acción y efecto de estorbar el paso, de impedir la acción de un contrincante. **b.** Falta que se produce cuando un deportista obstruye la acción de un contrincante. **4.** MED. Cierre de algún vaso o conducto orgánico.

OBSTRUCCIONISMO s.m. Actitud del que practica la obstrucción política. SIN.: *filibusterismo.*

OBSTRUCCIONISTA adj. y s.m. y f. Relativo al obstruccionismo; que practica el obstruccionismo. SIN.: *filibustero.*

OBSTRUIR v.tr. y prnl. (lat. *obstruere*) [88] Cerrar o dificultar el paso en un camino o conducto con un obstáculo. ◆ v.tr. *Fig.* Impedir o dificultar una acción.

OBTENCIÓN s.f. Acción y efecto de obtener.

OBTENER v.tr. (lat. *obtinere*, poseer plenamente) [63]. Conseguir una cosa por esfuerzo personal o por concesión de otro: *obtener un diploma; obtener permiso del director.* **2.** Llegar a un resultado en un experimento, en una operación matemática, en un análisis, etc.: *obtener un número exacto.* **3.** Extraer o elaborar un producto a partir de un material, mediante cierto proceso: *obtener la gasolina del petróleo.*

OBTURACIÓN s.f. Acción de obturar.

OBTURADOR, RA adj. Que sirve para obturar. ◆ s.m. Objeto o dispositivo que sirve para obturar. **2.** Órgano de obturación del cañón de un arma de fuego entre el cierre y la recámara. **3.** Dispositivo de un objetivo fotográfico que permite regular el tiempo de exposición de una superficie sensible que obtiene un fototipo. **4.** Aparato que sirve para interrumpir la circulación de agua, de vapor o de gas en un conducto.

OBTURAR v.tr. y prnl. (lat. *obturare*). Tapar o cerrar un orificio o conducto.

OBTUSÁNGULO, A adj. Se dice de un triángulo que tiene un ángulo obtuso.

OBTUSIÓN s.f. PSICOL. Lentitud en los procesos intelectuales.

OBTUSO, A adj. (lat. *obtusus*). Que no tiene punta. SIN.: *romo.* **2.** *Fig.* Que es torpe o lento para comprender las cosas. **3.** MAT. Se dice de un ángulo mayor de 90° y menor de 180°.

OBÚS s.m. (fr. *obus*). Pieza de artillería de calibre intermedio entre el cañón y el mortero. **2.** Proyectil disparado por esta pieza.

OBVENCIÓN s.f. Retribución fija o eventual que se cobra por determinado concepto, además del sueldo. (Suele usarse en plural.)

OBVIAR v.tr. Evitar, soslayar una dificultad u obstáculo.

OBVIO, A adj. (lat. *obvius*). Evidente.

OC adv. **Lengua de oc** Conjunto de dialectos románicos de la mitad S de Francia que limita al N con los dialectos de la *lengua de oíl.*

1. OCA s.f. Ganso. **2.** Juego de mesa que consiste en hacer avanzar una ficha, según el número que sale al tirar un dado, por un tablero

de 63 casillas dispuestas en espiral. (Cada casilla tiene un dibujo distinto que indica lo que debe hacer cada jugador; gana el jugador que llega primero a la casilla 63.) SIN.: *juego de la oca.* ◆ **Paso de la oca** Paso militar consistente en levantar la pierna en ángulo recto.

2. OCA s.f. (quechua *oqa*). Planta herbácea originaria de Chile y Perú, de flores amarillentas y tubérculos comestibles del mismo nombre, de sabor parecido al de las castañas. (Familia oxalidáceas.)

OCAPI s.m. → OKAPI.

OCARINA s.f. Instrumento musical de viento hecho de arcilla o metal, forma oval y con ocho orificios dispuestos en dos líneas que corresponden a las notas de la escala diatónica.

OCASIÓN s.f. (lat. *ocasio, -onis*). Tiempo en que se asocian determinadas circunstancias: *en cierta ocasión.* **2.** Oportunidad, circunstancia favorable: *aprovechar la ocasión.* **3.** Causa o motivo que justifica cierta acción: *una fiesta con ocasión de un aniversario.* **4.** Objeto vendido a un precio ventajoso para el comprador. **5.** Objeto que se vende cuando ya ha sido usado. ◆ **En ocasiones** A veces. **De ocasión** Que se compra barato o que no es nuevo: *automóvil de ocasión.*

OCASIONAL adj. Que sucede o se hace por casualidad: *encuentro ocasional.* **2.** Que es apropiado para la ocasión de que se trata: *improvisar un discurso ocasional.* ◆ **Causa ocasional** FILOS. Causa natural de un fenómeno que, según Malebranche, origina que la causalidad divina se produzca realmente.

OCASIONALISMO s.m. FILOS. Doctrina de las causas ocasionales desarrollada por Malebranche.

OCASIONAR v.tr. Causar o motivar algo: *ocasionar la muerte, la ruina.* **2.** Arriesgar, poner en peligro.

OCASO s.m. (lat. *occasus, -us*, del p. de *occidere*, caer, ponerse el sol). Puesta por el horizonte de un astro, especialmente del sol. **2.** Por ext. Oeste, punto cardinal. **3.** *Fig.* Decadencia, declive: *el ocaso del imperio romano.*

OCCIDENTAL adj. y s.m. y f. De occidente: *cultura occidental.* ◆ adj. Situado al occidente con respecto a un punto: *la parte occidental del edificio.*

OCCIDENTALISMO s.m. Movimiento reformador de la intelliguentsia rusa que, en tiempos de Nicolás I, detenía seguir un modelo europeo para el desarrollo de Rusia (por oposición a los *eslavófilos*).

OCCIDENTALISTA adj. y s.m. y f. Relativo al occidentalismo; adscrito a este movimiento.

OCCIDENTALIZAR v.tr. y prnl. [7]. Adoptar ideas y características propias de occidente.

OCCIDENTE s.m. (lat. *occidens, -tis*, p. de *occidere*, caer, ponerse el sol). Oeste, punto cardinal. **2.** Región o lugar que, respecto de otro, está situado hacia donde se pone el sol. **3.** Conjunto de países de Europa occidental y de América del Norte. ◆ **Iglesia de Occidente**

Conjunto de iglesias de rito latino (por oposición a *las iglesias de rito oriental*).

OCCIPITAL adj. Relativo al occipucio. ◆ adj. y s.m. Se dice del hueso que forma la pared posterior e inferior del cráneo. ◆ **Agujero occipital** Orificio del hueso occipital por donde pasa el tronco cerebral. **Lóbulo occipital** Lóbulo posterior del cerebro, en el que se localizan los centros visuales.

OCCIPUCIO s.m. (cruce del lat. *occiput* y *occipitum*). Parte inferior y posterior del cráneo por donde este se une a las vértebras.

OCCISIÓN s.f. DER. Muerte violenta.

OCCISO, A adj. y s. (lat. *occissus*, p. de *occidere*, matar). DER. Muerto violentamente.

OCCITANO, A adj. y s. De Occitania. ◆ s.m. Lengua de oc.

OCCITÓCICO, A adj. y s. → OXITÓCICO.

OCCITOCINA s.f. → OXITOCINA.

1. OCEÁNICO, A adj. Relativo al océano. ◆ **Clima oceánico** Clima de las vertientes occidentales de los continentes, caracterizado por veranos frescos, inviernos suaves, lluvias finas y constantes a lo largo del año, con un máximo en la estación fría y una preponderancia de los vientos del O. (*V. ilustr. pág. siguiente.*)

2. OCEÁNICO, A adj. De Oceanía.

OCEANICULTURA s.f. Cultivo o cría de fauna y flora oceánicas.

OCÉANO s.m. (lat. *oceanus*, del gr. *okeanos*). Extensión de agua salada que cubre unas tres cuartas partes del globo terrestre. SIN.: *mar.* **2.** Cada una de las cinco grandes subdivisiones de esta extensión de agua salada. **3.** *Fig.* Inmensidad, gran extensión de algo: *un océano de vegetación.*

ENCICL. Los océanos (Pacífico, Atlántico, Índico, Glaciar Ártico y Antártico) ocupan el 71 % de la superficie terrestre. El agua del mar contiene por término medio 35 g/l de sales disueltas; su temperatura es variable, pero se estabiliza hacia los 3 000 o 4 000 m en unos 4 ºC. Menos sensibles a las diferencias térmicas que los continentes, los océanos ejercen una función de reguladores térmicos del globo terrestre.

OCEANOGRAFÍA s.f. Estudio físico, químico y biológico de las aguas y de los fondos marinos.

OCEANOGRÁFICO, A adj. Relativo a la oceanografía.

OCEANOLOGÍA s.f. Conjunto de disciplinas científicas (física, química y biología) y técnicas (prospección, explotación) relativas al estudio y a la utilización de los océanos.

ENCICL. La oceanología no se ha desarrollado verdaderamente hasta hace unas décadas. Sus objetivos son tres: el *estudio del fondo marino y de los litorales*, analizados en cuanto a sus formas (ecosondeo, sondeo, batimetría, sonografía, etc.), sus estructuras (anomalías magnéticas, campos sísmicos, perforaciones, etc.) y su cobertura sedimentaria (extracciones, dragados); el *estudio de las aguas* en cuanto

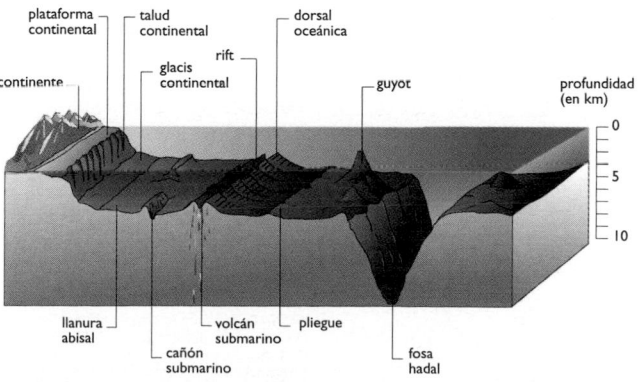

llanura abisal · volcán submarino · pliegue · cañón submarino · fosa hadal · continente · plataforma continental · talud continental · glacis continental · rift · dorsal oceánica · guyot · profundidad (en km) · 0 · 5 · 10

■ **OCÉANO.** Geomorfología de los fondos oceánicos.

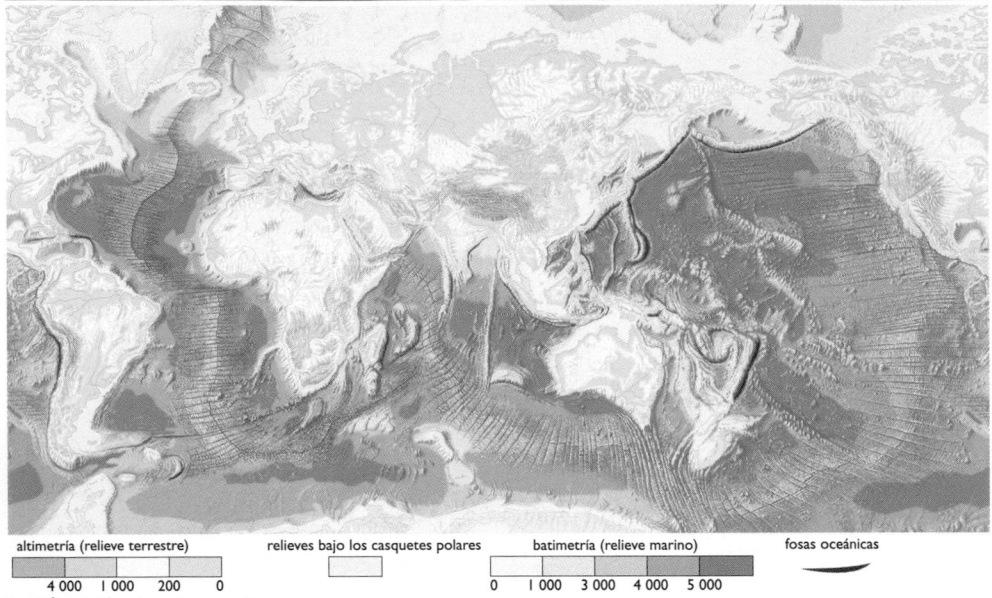

altimetría (relieve terrestre)   relieves bajo los casquetes polares   batimetría (relieve marino)   fosas oceánicas

4 000   1 000   200   0   0   1 000   3 000   4 000   5 000

■ **OCÉANO.** Mapa de los fondos oceánicos.

a su naturaleza físico-química (salinidad, temperatura, densidad, masas, balance hidrológico), sus movimientos (corrientes superficiales y profundas, olas, mareas) y sus relaciones con la atmósfera en el marco de las investigaciones climatológicas; y el *estudio de las especies animales y vegetales* que viven en el fondo (bentos), que flotan (plancton) o que nadan en sus aguas (necton), cuyo objetivo, más que clasificar e inventariar las especies, consiste en definir la productividad de la materia viva (biomasa) en función de las condiciones ecológicas (energía térmica, sales nutritivas), para mejorar la pesca y desarrollar técnicas de acuicultura. A los datos de los buques oceanográficos se agregan los obtenidos a partir de una red de boyas o satélites (teledetección).

OCEANOLÓGICO, A adj. Relativo a la oceanología.

OCELADO, A adj. Que posee ocelos.

OCELO s.m. (lat. *ocellus*, dim. de *oculus*, ojo). Órgano visual rudimentario de numerosos artrópodos (larvas de insectos, arácnidos, etc.) que es fotosensible, pero que no puede captar imágenes. **2.** Mancha redondeada de las alas de algunos insectos, del plumaje de ciertas aves, etc.

OCELOTE s.m. (náhuatl *océlotl,* tigre). Mamífero carnívoro de unos 65 cm de long. sin contar la cola, pelaje grisáceo con motas rojizas rodeadas de negro, cuerpo robusto y patas cortas. (Familia félidos.) SIN.: *gatopardo.* **2.** Piel de este animal muy apreciada en peletería.

■ **OCELOTE**

732

OCHAVA s.f. Octava parte de un todo. **2.** Chaflán de un edificio. **3.** Parte de la acera delante de un chaflán.

OCHAVADO, A adj. Que tiene ocho ángulos iguales, cuatro lados alternados iguales y los otros cuatro también iguales entre sí.

OCHAVAR v.tr. Dar forma ochavada a algo.

OCHAVO s.m. (lat. *octavus*). Moneda acuñada en España hasta mediados del s. XIX (desde los Reyes Católicos hasta Isabel II) que valía dos maravedíes. **2.** Pez de unos 15 cm de long., cuerpo ovalado y comprimido y hocico parecido al de un cerdo, que se pesca a lo largo del litoral de la península Ibérica. (Familia caproidos.) **3.** *Fig.* Dinero.

OCHAVÓN, NA adj. y s. Se dice de una persona mestiza hija de una persona blanca y una cuarterona.

OCHENTA adj.num.cardin. y s.m. (lat. vulg. *octaginta*). Ocho veces diez. ◆ adj.num.ordin. y s.m. Octogésimo: *página ochenta.* ◇ **Los (años) ochenta** Década que empieza en el año ochenta y termina en el noventa.

OCHENTAVO, A adj. y s.m. Se dice de cada una de las partes que resultan de dividir un todo en ochenta partes iguales.

OCHENTÓN, NA adj. y s. Octogenario.

1. OCHO adj.num.cardin. y s.m. (lat. *octo*). Siete más uno. ◆ adj.num.ordin. y s.m. Octavo: *el lugar ocho.* ◇ **Super ocho** CIN. Formato de película no profesional, superior al modelo corriente de 8 mm. (También *super 8.*) **Vendaje en ocho** CIR. Apósito en el que las vueltas de la venda se cruzan en forma de 8.

2. OCHO s.m. Méx. Pajarillo idérido propio de climas cálidos.

OCHOCIENTOS, AS adj.num.cardin. y s.m. Ocho veces ciento. ◆ s.m. Siglo XIX.

OCHOMIL s.m. Montaña que supera los ocho mil metros de altura: *los ochomiles del Himalaya.*

OCIO s.m. (lat. *otium*). Tiempo libre, fuera de las obligaciones y ocupaciones habituales. **2.** Actividad a la que se dedican como distracción los momentos de tiempo libre.

OCIOSEAR v.intr. Andar ocioso, flojear.

OCIOSIDAD s.f. Estado de la persona ociosa.

OCIOSO, A adj. y s. Que está inactivo: *gente ociosa.* ◆ adj. Inútil, trivial.

OCLUIR v.tr. y prnl. (lat. *occludere*) [88]. Cerrar un orificio o conducto en un canal. **2.** GEOGR. Sobreponerse un frente frío a uno caliente. **3.** QUÍM. Absorber gases un sólido.

OCLUSIÓN s.f. Acción y efecto de ocluir u ocluirse: *la oclusión de desagüe.* **2.** CIR. Operación que consiste en ocluir temporalmente el orificio de los párpados de un enfermo afectado de queratitis. **3.** FONÉT. Cierre momentáneo de los órganos de fonación. **4.** GEOGR. Fin de una perturbación ciclonal, o frente que se forma cuando un frente frío se sobrepone a uno caliente. **5.** MED. Obturación patológica de un conducto o de una abertura natural. **6.** QUÍM. Propiedad que posee un sólido de absorber gases.

OCLUSIVO, A adj. Relativo a la oclusión. **2.** Que produce oclusión. ◆ adj. y s.f. FONÉT. Se dice del sonido cuya fase característica de emisión implica la oclusión de los órganos de la fonación. (A esta categoría pertenecen los fonemas pertenecientes a la letras *p, t, k, b, d* y *g.*)

OCO s.m. Colomb. Vasija de calabaza.

OCOMISTLE s.m. Méx. Ardilla de gran agresividad que vive en los ocotales.

OCOSIAL s.m. Perú. Terreno húmedo y deprimido con alguna vegetación.

OCOTAL s.m. Guat. y Méx. Terreno poblado de ocotes.

1. OCOTE s.m. Guat. y Méx. Pino de distintas especies, de madera resinosa que, una vez seca, se emplea para encender fuegos.

2. OCOTE s.m. Argent. Tripa gruesa, asadura. **2.** Argent. *Vulg.* Ano.

OCOZOAL s.m. Méx. Culebra de cascabel que suele habitar en lugares húmedos.

OCRÁCEO, A adj. Que tiende al color ocre.

OCRE s.m. (fr. *ocre*). Arcilla rica en hematites (ocre rojo) o en limonita (ocre amarillo, tierra de Siena), utilizada en pintura. ◆ adj. y s.m. Se dice del color amarillo o naranja con una tonalidad marrón, como el de la arena de la playa. ◆ adj. Que es de este color.

OCTAEDRO s.m. y adj. MAT. Sólido de ocho caras. ◇ **Octaedro regular** Octaedro que tiene por caras triángulos equiláteros iguales.

OCTAGONAL u **OCTOGONAL** adj. Que tiene la forma de un octágono.

OCTÁGONO u **OCTÓGONO** s.m. y adj. MAT. Polígono de ocho ángulos y, por lo tanto, de ocho lados.

OCTANO s.m. Hidrocarburo saturado (C_8H_{18}) que existe en los aceites de petróleo. ◇ **Índice de octano** Índice que mide el valor antidetonante de un combustible por comparación con el de un carburante patrón.

OCTANTE s.m. Arco de 45° en un círculo o una esfera. **2.** Instrumento náutico fundado en el principio de la doble reflexión y análogo al sextante, pero cuyo sector comprende la octava parte del círculo (45°).

OCTAVA s.f. MÉTRIC. Estrofa compuesta por ocho versos endecasílabos. **2.** MÚS. **a.** Octavo grado de la escala diatónica, que lleva el mismo nombre que el primero. **b.** Conjunto de notas contenidas en un intervalo de ocho grados. **3.** REL. **a.** Período de ocho días que se prolonga en cada una de las principales fiestas del año. **b.** Último de estos ocho días. ◇ **Octava real** Octava en la que riman entre sí los versos primero, tercero y quinto; el segundo, cuarto y sexto; y el séptimo con el octavo.

OCTAVARIO s.m. Período de ocho días. **2.** REL. Función religiosa que se celebra durante ocho días seguidos en honor de algún santo.

OCTAVILLA s.f. Octava parte de un pliego de papel. **2.** Impreso de propaganda política o social. **3.** Guitarra con seis cuerdas dobles de acero, utilizada en la provincia de Valencia. ◇ **Octavilla aguda, o italiana** MÉTRIC. Estrofa de ocho versos de arte menor, que admite a veces el decasílabo y el eneasílabo.

OCTAVO, A adj.num.ordin. y s. Que corresponde en orden al número ocho. ◆ adj. y s.m. Se dice de cada una de las partes que resultan de dividir un todo en ocho partes iguales. ◇ **En octavo** Se dice del pliego impreso que ha recibido tres dobleces y que consta de 8 hojas o 16 páginas. **Octavos de final** Eliminatoria de una competición deportiva en la que se enfrentan un total de dieciséis participantes o equipos, de los cuales ocho pasan a la siguiente eliminatoria (→ *cuarto de final).

OCTETO s.m. FÍS. Conjunto de ocho electrones que forma, en ciertos átomos o en ciertos iones, una capa exterior particularmente estable. **2.** INFORMÁT. Elemento de información de ocho bits. **3.** MÚS. **a.** Composición para ocho voces o instrumentos. **b.** Conjunto musical formado por ocho voces o instrumentos.

OCTOCORALARIO, A adj. y s.m. Relativo a un orden de cnidarios que tienen ocho tentáculos móviles, como el coral o el alción.

OCTOGENARIO, A adj. y s. Que tiene entre los ochenta y los ochenta y nueve años de edad: *persona octogenaria*.

OCTOGÉSIMO, A adj.num.ordin. y s. Que corresponde en orden al número ochenta. ◆ adj. y s.m. Se dice de cada una de las partes que resultan de dividir un todo en ochenta partes iguales.

OCTOGONAL adj. → OCTAGONAL.

OCTÓGONO s.m. y adj. → OCTÁGONO.

OCTÓPODO, A adj. y s.m. Relativo a un orden de moluscos cefalópodos con concha interna rudimentaria o nula, y corona de tentáculos formada por ocho brazos iguales, como el pulpo.

OCTOSILÁBICO, A adj. De ocho sílabas. **2.** Escrito en octosílabos.

OCTOSÍLABO, A adj. Octosilábico. ◆ adj. y s.m. Que tiene ocho sílabas.

OCTUBRE s.m. (lat. *october, -bris*). Décimo mes del año. (Tiene 31 días.)

ÓCTUPLE u **ÓCTUPLO, A** adj. Que contiene ocho veces una cantidad.

OCULAR adj. Relativo al ojo: *globo ocular*. ◆ s.m. Sistema óptico de una lente, de un microscopio, etc., colocado en la parte a la que se aplica el ojo del observador y que sirve para examinar la imagen que ofrece el objetivo. ◇ **Testigo ocular** Testigo que ha presenciado los hechos que se refieren.

OCULISTA s.m. y f. Oftalmólogo.

ÓCULO s.m. (lat. *oculus*). Ventana circular pequeña.

OCULÓGIRO, A adj. Se dice del nervio o músculo que controla los movimientos del ojo, en particular su rotación.

OCULOMOTOR, TRIZ adj. Relativo a la motricidad de los ojos.

OCULTACIÓN s.f. Acción de ocultar u ocultarse. **2.** ASTRON. Paso momentáneo de un astro por delante de otro impidiendo su visión desde un punto de vista, generalmente terres-

tre. **3.** DER. Acción de ocultar bienes y otras cosas para eludir el pago de los impuestos o para evitar una reivindicación. ◇ **Luz de ocultación, o de ocultaciones** Luz de balizamiento o de faro que a intervalos regulares experimenta un eclipse total.

OCULTADOR s.m. FOT. Papel negro que, recortado de diversos modos, permite sacar en la copia solo una parte de la fotografía.

OCULTAR v.tr. y prnl. (lat. *occultare*). Impedir que sea vista una persona o cosa. **2.** ASTRON. Producir la ocultación. ◆ v.tr. Callar intencionadamente alguna cosa: *ocultar los hechos, un problema*. **2.** Evitar la manifestación externa de sentimientos, deseos, etc.: *ocultar el dolor, una intención*.

OCULTISMO s.m. Estudio y práctica de las ciencias ocultas.

OCULTISTA adj. y s.m. y f. Relativo al ocultismo; que practica el ocultismo.

OCULTO, A adj. (lat. *occultus*, p. de *occulere*, esconder, disimular). Que no se deja ver: *estar oculto tras un muro*. **2.** Que no se comprende por ser misterioso o enigmático: *poder oculto*.

OCUMO s.m. Venez. Planta comestible de tallo corto y flores amarillas. (Familia aráceas.)

OCUPACIÓN s.f. Acción de ocupar u ocuparse. **2.** Trabajo o actividad en que uno emplea el tiempo. **3.** Empleo u oficio. **4.** Permanencia de un ejército extranjero en un territorio interfiriendo en su gobierno, pero sin anexionárselo. **5.** DER. Adquisición de un bien sin dueño con el fin de utilizarlo. ◇ **Nivel de ocupación** ECON. Grado de absorción del factor trabajo en las actividades productivas.

OCUPACIONAL adj. Relativo a la ocupación laboral: *terapia ocupacional*.

OCUPADO, A adj. Que realiza una actividad o trabajo que le impide hacer otra cosa. **2.** Se dice del espacio o lugar que está siendo utilizado exclusivamente por una persona. **3.** Se dice de la línea telefónica que, al ser probada, da la señal especial intermitente de estar comunicando. ◇ **Vía ocupada** F. C. Sección de vía donde se halla un vehículo y en la que, por consiguiente, no puede entrar otro tren sin tomar precauciones.

OCUPANTE adj. y s.m. y f. Que ocupa un lugar: *los ocupantes del vehículo*.

OCUPAR v.tr. (lat. *occupare*). Tomar posesión de un sitio por la fuerza: *ocupar una fortaleza*. **2.** Llenar un espacio o lugar: *la alfombra ocupa todo el suelo*. **3.** Instalarse en un lugar: *ocupar un departamento*. **4.** Ejercer un empleo o cargo. **5.** Requerir una actividad cierto tiempo o trabajo: *ese asunto me ocupó toda la tarde*. **6.** Emplear, proporcionar trabajo: *esta fábrica ocupa a cien obreros*. ◆ **ocuparse** v.prnl. Encargarse de algún trabajo. **2.** Cuidar, atender: *ocuparse de los niños, del jardín*. **3.** Tratar, hablar o escribir sobre un tema.

OCURRENCIA s.f. Idea de hacer algo o pensamiento original que se le ocurre a alguien. **2.** Dicho o hecho agudo o gracioso que se le ocurre a alguien: *se ríe con sus ingeniosas ocurrencias*. **3.** Hecho de suceder algo.

OCURRENTE adj. Gracioso, ingenioso: *idea ocurrente*. ◇ **Fiestas ocurrentes** LITÚRG. Fiestas que se celebran en el mismo día.

OCURRIR v.intr. (lat. *occurrere*, salir al paso). Suceder, acontecer algo: *ocurrir un percance*. SIN.: *acaecer*. ◆ **ocurrirse** v.prnl. Venir a la mente un pensamiento, una idea: *ocurrírsele a alguien una solución*.

ODA s.f. (lat. tardío *oda*, del gr. *odi*, canto). Poema lírico de lenguaje elevado, destinado a alabar a personajes importantes (odas heroicas), a celebrar grandes acontecimientos, o bien a expresar sentimientos más familiares (odas anacreónticas). **2.** ANT. Poema para ser cantado.

ODALISCA s.f. (fr. *odalisque*, del turco *odaliq*). Esclava al servicio del sultán en la Turquía otomana. **2.** *Por ext.* Mujer perteneciente a un harén.

ODEÓN s.m. ANT. GR. Edificio con gradas y cubierto, generalmente de planta semicircular, destinado a audiciones musicales. **2.** *Por ext.* Teatro moderno destinado al canto.

ODIAR v.tr. Sentir odio hacia alguien o algo.

ODIO s.m. (lat. *odium*, odio, conducta odio-

sa). Sentimiento de repulsión hacia alguien que impulsa a desearle el mal. **2.** Repugnancia hacia una cosa.

ODIOSO, A adj. (lat. *odiossus*). Digno de odio. **2.** Antipático, desagradable. **3.** DER. Que es contrario a lo que favorece la ley.

ODISEA s.f. (de *Odisea*, poema de Homero). Viaje con muchos incidentes, generalmente penosos y molestos: *vivir una peligrosa odisea*.

ODÓGRAFO s.m. Trazado de un camino recorrido o por recorrer.

ODOLIOMETRÍA s.f. Técnica que permite determinar el grado y condiciones en que es resbaladizo el piso de las carreteras, calzadas, calles, etc.

ODÓMETRO s.m. Podómetro.

ODONATO, A adj. y s.m. Relativo a un orden de insectos de larva acuática, que no presentan ninfosis, y que en estado adulto tienen dos pares de alas transversales, como la libélula.

ODONTALGIA s.f. (del gr. *odoýs, odontós*, diente, y *algos*, dolor). Dolor localizado en una pieza dentaria.

ODONTOIDE adj. Que tiene forma de diente. ◇ **Apófisis odontoide** Prominencia que presenta la segunda vértebra cervical.

ODONTOLOGÍA s.f. Rama de la medicina que estudia los dientes, sus enfermedades y su tratamiento.

ODONTÓLOGO, A s. y adj. Médico especialista en odontología. SIN.: *dentista*.

ODONTÓMETRO s.m. Regla graduada para medir el número de dientes de un sello de correos y la distancia que los separa.

ODORÍFERO, A u **ODORÍFICO, A** adj. Que despide olor, especialmente si es agradable.

ODORIZACIÓN s.f. Operación de refino que consiste en conferir un olor especial a un producto mediante un odorizante.

ODORIZANTE s.m. y adj. Producto incorporado a un gas para conferirle un olor característico y facilitar así la detección de escapes en aparatos que usan estos gases.

ODRE s.m. (lat. *uter, utris*). Piel de cabra u otro animal que, cosida y pegada, se usa para contener líquidos (vino, aceite). SIN.: *cuero*. **2.** *Fig. y fam.* Persona borracha.

OERSTED s.m. (de H. C. *Oersted*, físico danés). Unidad de medida electromagnética de intensidad de campo magnético (símb. Oe) perteneciente al sistema CGS.

OERSTITA s.f. Acero especial con adición de cobalto y titanio, de elevado campo coercitivo y gran imantación remanente, usado en la fabricación de imanes permanentes.

OESNOROESTE s.m. Punto del horizonte equidistante del O y del NO (abrev. ONO). ◆ adj. y s.m. Se dice del viento que sopla desde este punto.

OESTE s.m. (del anglosajón *west*). Punto cardinal por donde se pone el sol en los equinoccios (abrev. O; internacionalmente, W). **2.** Región o lugar situado en dirección a este punto. ◆ adj. y s.m. Se dice del viento que sopla desde este punto.

OESUROESTE u **OESUDOESTE** s.m. Punto del horizonte equidistante del O y del SO (abrev. OSO). ◆ adj. y s.m. Se dice del viento que sopla desde este punto.

OFENDER v.tr. (lat. *offendere*, chocar, atacar). Hacer que una persona se sienta despreciada o humillada mediante palabras o acciones. **2.** Impresionar muy desagradablemente los sentidos: *olores que ofenden*. ◆ **ofenderse** v.prnl. Sentirse herido en su dignidad, molestarse.

OFENSA s.f. (lat. *offensa*, choque). Acción y efecto de ofender u ofenderse. **2.** Acto o palabra que ofende.

OFENSIVA s.f. Acción de atacar. **2.** MIL. Movimiento de ataque de un ejército sobre las posiciones del enemigo con intención de conquistarlas y destruirlas. ◇ **Tomar la ofensiva** Emprender un ataque contra alguien.

OFENSIVO, A adj. Que ofende: *palabras ofensivas*. **2.** Que ataca, que sirve para atacar: *armas ofensivas*.

OFERTA s.f. Proposición que se hace a alguien: *recibir ofertas de varias empresas*. **2.** Ofrecimiento de algo en venta. **3.** Producto a precio rebajado. (Se usa también con las prep. *de* y *en*.) **4.** Regalo, presente. **5.** DER. CIV. **a.** Proposición unilateral que una persona hace a otra para celebrar un contrato. **b.** Objeto de la proposición hecha de esta forma. **6.** ECON. Cantidad de un bien o servicio que los sujetos económicos están dispuestos a vender a un precio prefijado en un mercado y en un tiempo determinados. ◇ **Ley de la oferta y la demanda** Teoría económica que determina el precio en que se equilibran el volumen de la oferta de un producto o servicio y el de la demanda. **Oferta pública de adquisición (OPA)** Operación financiera por la cual una persona física o jurídica da a conocer públicamente su intención de adquirir títulos o acciones de una sociedad, que cotiza en bolsa, a un precio prefijado para obtener su control. (Se llama *amistosa* cuando se hace con la conformidad de la sociedad a la que se compra, y *hostil* en el caso contrario.) **Oferta pública de venta (OPV)** Operación por la cual una persona física o jurídica que posee acciones de una sociedad con cotización en bolsa propone públicamente la venta de una cantidad importante de dichas acciones a un precio fijado y según ciertas modalidades.

OFERTAR v.tr. Ofrecer en venta un producto. **2.** Amér. Ofrecer, consagrar algo a Dios o a un santo. **3.** Amér. Prometer. **4.** Amér. Ofrecer o dar voluntariamente una cosa.

OFERTORIO s.m. Parte de la misa en que el sacerdote ofrece a Dios el pan y el vino que deben ser consagrados. **2.** Antífona con que empieza la segunda parte de la misa.

OFF (voz inglesa). **En off** En lenguaje cinematográfico, teatral, etc., voz, ruido o diálogo cuyo origen está fuera del campo visual: *voz en off.*

OFFICE s.m. (voz francesa). Esp. Habitación contigua a la cocina destinada a servicios auxiliares.

OFF LINE adj. (voces angloamericanas). INFORMÁT. Que no se encuentra conectado a una computadora central. (Se utiliza en oposición a *on line.*)

OFFSET s.m. y adj. (voz inglesa). ART. GRÁF. Procedimiento de impresión indirecta por medio de un cilindro de caucho que toma la tinta aplicada a una plancha y la transfiere a un papel. ◇ **Máquina offset** Máquina de imprimir por el procedimiento offset. **Offset en seco** Procedimiento de impresión offset sin baño de la plancha.

OFF-SHORE adj. (voz inglesa, *a cierta distancia de la costa*). Se dice de la parte de la industria petrolífera dedicada a la prospección, sondeo y explotación de los yacimientos submarinos. **2.** Se dice del sector bancario establecido en el extranjero y no sometido a la legislación nacional. (También *plaza financiera internacional.*) **3.** Se dice de un deporte motonáutico con embarcaciones potentes. **4.** Se dice de la embarcación de este deporte.

OFF SIDE u **OFFSIDE** s.m. (voces inglesas). DEP. Fuera de juego. (Suele castellanizarse *orsai.*)

OFF THE RECORD loc. (voces inglesas, *fuera de registro*). En lenguaje periodístico, se dice de una información, declaración, etc., confidencial o extraoficial.

1. OFICIAL adj. (lat. *officialis*). Que procede del gobierno o de la autoridad competente: *boletín oficial del estado.* **2.** Que tiene validez porque está públicamente reconocido por una autoridad: *una nota oficial.* **3.** Se dice de las instituciones, centros de enseñanza, edificios, etc., que se sufragan con fondos públicos y dependen del estado. ◆ adj. y s.m. y f. Méx. Formal, establecido: *novio oficial.* ◆ s.m. y f. Persona que desempeña la categoría intermedia entre auxiliar y jefe en los cuerpos administrativos. **2.** MAR. Persona que, en la marina mercante, ejerce a bordo un cargo técnico. **3.** MIL. Militar que posee cualquiera de los grados entre alférez y capitán general. ◇ **Oficial de justicia** Funcionario de la administración de justicia. **Oficial de sala** Auxiliar de los tribunales colegiados, de grado jerárquico inferior al del secretario. **Oficial público** Argent. Funcionario autorizado para dar fe.

2. OFICIAL, LA s.m. y f. Persona de grado in-

termedio entre aprendiz y maestro en determinados oficios.

OFICIALATO s.m. MIL. Dignidad de oficial.

OFICIALÍA s.f. Cargo o categoría de oficial.

OFICIALIDAD s.f. Cualidad de oficial. **2.** MIL. Conjunto de oficiales de las fuerzas armadas, de un ejército o de una unidad orgánica del mismo.

OFICIALISTA adj. Que está a favor del gobierno. **2.** Que recibe el apoyo del gobierno.

OFICIALIZAR v.tr. [7]. Dar carácter o validez oficial a algo: *oficializar una lengua.*

OFICIANTE adj. y s.m. Que preside un oficio litúrgico.

OFICIAR v.tr. Comunicar una cosa por escrito con carácter oficial. **2.** LITURG. Celebrar el sacerdote la misa, o asistirlo en la celebración. ◆ v.intr. *Fig. y fam.* Actuar con la condición que se expresa: *oficiar de conciliador.*

OFICINA s.f. (lat. *officina*, taller). Local donde se realizan trabajos administrativos. **2.** Lugar donde se trabaja, prepara o gestiona algo. **3.** Laboratorio de farmacia.

OFICINAL adj. Relativo a la oficina de farmacia. **2.** Se dice de un medicamento cuya fórmula figura en el códex (por oposición a *magistral*). **3.** Se dice de una planta que se emplea como medicinal en farmacia.

OFICINESCO, A adj. *Desp.* Propio de una oficina: *rutina oficinesca.*

OFICINISTA s.m. y f. Persona que trabaja en una oficina.

OFICIO s.m. (lat. *officium*, servicio, función, de *offex, -icis*, artesano). Profesión habitual, especialmente la que requiere habilidad manual o esfuerzo físico. **2.** Función de una cosa. **3.** Habilidad que se adquiere por el ejercicio habitual de una actividad: *un actor de mucho oficio.* **4.** Comunicación oficial escrita. **5.** LITURG. Conjunto de ceremonias y oraciones litúrgicas, especialmente las de semana santa: *asistir a los oficios.* ◇ **Buenos oficios** Mediación por parte de un tercero para intentar un entendimiento o arreglo amistoso entre personas en discordia. **De oficio** DER. Costeado por el estado: *le nombraron un abogado defensor de oficio.* **Oficio divino** LITURG. Conjunto de oraciones y ceremonias diarias de los religiosos. **Oficio palatino** HIST. Administración central del reino hispanovisigodo. **Sin oficio ni beneficio** *Fam.* Sin empleo, carrera o especialidad.

OFICIOSIDAD s.f. Cualidad de oficioso. **2.** Acción oficiosa.

OFICIOSO, A adj. Que proviene de una autoridad, pero sin tener carácter oficial: *noticia oficiosa.* **2.** Que interviene como mediador. **3.** Se dice de la persona que se entromete en asuntos ajenos sin haber sido solicitada. **4.** Solícito en ser agradable o útil a alguien. **5.** En lenguaje diplomático, se dice de la mediación de una potencia para la resolución de un conflicto entre naciones.

OFICLEIDO u **OFICLEIDE** s.m. Instrumento musical de viento hecho de cobre, con llaves y embocadura. SIN.: *ofigle.*

OFIDIO, A adj. y s.m. Relativo a un suborden de reptiles escamosos de cuerpo alargado, cilíndrico y sin extremidades, como las serpientes.

OFIMÁTICA s.f. Conjunto de técnicas informáticas utilizadas para facilitar los trabajos de oficina. SIN.: *automatización de oficinas, burótica.*

OFIOLITA s.f. GEOL. En las cadenas montañosas, secuencia de rocas eruptivas que comprende, de abajo arriba, rocas ultrabásicas, gabros y basaltos, considerada generalmente un fragmento de corteza oceánica que ha sufrido dislocaciones tectónicas.

OFIOLOGÍA s.f. Estudio de las serpientes.

OFIURO, A adj. y s.m. Relativo a un orden de equinodermos caracterizados por su cuerpo discoidal del que parten cinco brazos serpentiformes.

OFLAG s.m. (abrev. de la voz alemana *Offizierlager*). Campo de oficiales prisioneros de guerra que existió en Alemania, durante las dos guerras mundiales.

OFRECER v.tr. (del lat. *offerre*) [37]. Poner algo o alguien a disposición de una persona.

2. Mostrar o presentar una característica, aspecto, etc., determinados: *la ciudad ofrecía un aspecto desolado.* **3.** Celebrar una fiesta, banquete, etc. **4.** Proponer una suma determinada para adquisición de algo. **5.** Poner al servicio de alguien algo inmaterial para que lo acepte: *me ofreció cambiar de actitud si le ayudaba.* **6.** Proporcionar, deparar: *el viaje me ofreció la oportunidad de conocer nuevos ambientes.* **7.** REL. Dedicar a Dios o a un santo acciones, objetos, o el daño que se padece como señal de devoción. ◆ **ofrecerse** v.prnl. Ponerse a disposición de una persona para ayudarla. **2.** Venir al pensamiento una duda. **3.** Ofrecérsele a alguien una necesidad o un deseo: *si no se le ofrece nada más, me retiraré.* (Se utiliza en fórmulas de cortesía.)

OFRECIDO, A adj. y s. Méx. Se dice de la persona que se ofrece a hacer algo por los demás, generalmente con una actitud servil.

OFRECIMIENTO s.m. Acción y efecto de ofrecer u ofrecerse. ◇ **Ofrecimiento de pago** DER. Declaración de voluntad del deudor por la que manifiesta a su acreedor la decisión de cumplir inmediatamente la obligación.

OFRENDA s.f. (lat. *offrenda*, cosas que se deben ofrecer). Presente que se hace a una divinidad o se deposita en un templo por devoción. **2.** Regalo o favor en señal de gratitud.

OFRENDAR v.tr. Hacer ofrendas.

OFTALMÍA s.f. (del gr. *ophthalmós*, ojo). Inflamación de la región ocular.

OFTALMOLOGÍA s.f. Parte de la medicina que estudia las enfermedades de la región ocular y los trastornos de la visión.

OFTALMÓLOGO, A s. Médico especialista en oftalmología. SIN.: *oculista.*

OFTALMÓMETRO s.m. Instrumento que mide las diferentes curvaturas de la córnea.

OFTALMOSCOPIA s.f. Examen del interior del ojo realizado con el oftalmoscopio.

OFTALMOSCOPIO s.m. Instrumento para examinar el interior del ojo.

OFUSCACIÓN s.f. Confusión de la razón. SIN.: *ofuscamiento.* **2.** Turbación de la vista. SIN.: *ofuscamiento.*

OFUSCAR v.tr. y prnl. (lat. *offuscare*) [1]. *Fig.* Trastornar algo la mente, confundir las ideas. **2.** Privar de la visión un exceso de luz o un brillo muy intenso.

OGHAM adj. y s.m. Se dice de la escritura celta más antigua que se conoce.

OGRO, ESA s. (fr. *ogre*). Gigante legendario que se alimentaba de carne humana. **2.** *Fig.* Persona cruel o de mal carácter. **3.** *Fig.* Monstruo, persona muy fea.

¡OH! interj. Expresa un sentimiento intenso de asombro, alegría o pena. **2.** Intensifica el valor de un vocativo al que precede.

OHM s.m. (de G. S. *Ohm*, físico alemán). Ohmio, en la nomenclatura internacional.

ÓHMICO, A adj. Relativo al ohmio. ◇ **Resistencia óhmica** Resistencia eléctrica que corresponde al desprendimiento de calor conforme a la ley de Joule.

OHMÍMETRO s.m. Aparato que sirve para medir la resistencia eléctrica de un conductor.

OHMIO s.m. (de G. S. *Ohm*, físico alemán). Unidad de medida de resistencia eléctrica (símb.Ω) que equivale a la resistencia eléctrica que existe entre dos puntos de un hilo conductor cuando una diferencia de potencial constante de 1 voltio, aplicada entre estos dos

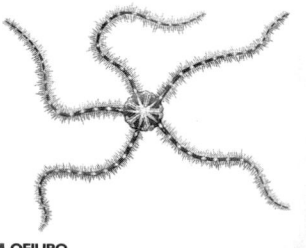

■ **OFIURO**

puntos, produce en este conductor una corriente de 1 amperio.

OÍDA s.f. **De,** o **por, oídas** Se dice de lo que se conoce únicamente por haber oído hablar de ello: *conocer a alguien de oídas.*

OÍDIO s.m. Enfermedad de la vid y otras plantas causada por hongos ascomicetes del mismo nombre y caracterizada generalmente por la aparición de un polvo grisáceo en la superficie de los órganos parasitados.

OÍDO s.m. Sentido corporal por el que se perciben los sonidos. **2.** Órgano de este sentido. **3.** Aptitud para percibir y reproducir el tono relativo de los sonidos musicales: *tener buen oído.* **4.** Agujero que tienen las armas de fuego para comunicar este a la carga. ◇ **Al oído** En un tono muy bajo o cerca del oído: *decir, susurrar al oído.* **Cerrar los oídos** No atender ruegos o peticiones. **Dar oídos** Escuchar a una persona con benevolencia y creyendo lo que dice. **Duro de oído** Que no oye muy bien; que tiene dificultades para percibir la diferencia en los sonidos musicales. **Entrar por un oído y salir por el otro** No hacer caso ni aprecio de comentarios, consejos, etc. **Hacer oídos sordos** Desentenderse de un asunto. **Ser todo oídos** Tener disposición para escuchar a alguien.

ENCICL. El *oído externo* está formado por el pabellón auricular y el conducto auditivo externo y termina en el tímpano, membrana de separación con el *oído medio.* La caja del tímpano, formada por los huesecillos auditivos (martillo, yunque y estribo) que transmiten los sonidos del tímpano al oído interno, constituye el *oído medio* que comunica con el conducto nasofaríngeo a través de la trompa de Eustaquio. El *oído interno* comprende el laberinto óseo, formado por tres cavidades (vestíbulo, canales semicirculares y caracol), y el laberinto membranoso, contenido en el anterior. En el caracol está el órgano de la audición (órgano de Corti). El oído desempeña también una importante función en el sentido del equilibrio.

OIDOR, RA adj. y s. Que oye. ➤ s.m. HIST. Juez o magistrado de las audiencias y chancillerías.

OIDORÍA s.f. Empleo o dignidad de oidor.

OÍL adv. (fr. ant. *oïl,* sí, del lat. *hoc illud*). **Lengua de oíl** Conjunto de dialectos románicos hablados en la mitad N de Francia (por oposición a *lengua de oc*).

OÍR v.tr. (lat. *audire*) [84]. Percibir un sonido por el oído: *oír un ruido.* **2.** Escuchar, poner atención en percibir palabras o sonidos: *oír una conversación.* **3.** Atender o acceder a los ruegos, avisos, consejos, etc., de alguien: *¡Dios te oiga!* **4.** Prestar atención a lo que se dice: *¿me oyes o miras la tele?* **5.** DER. Admitir un juez o tribunal peticiones, alegatos o pruebas de las partes antes de resolver: *oír a los peritos.* ◇ **Como quien oye llover** Sin hacer caso de lo que se oye o sucede. **Oír, ver y callar** Expresa el deseo, el consejo, la actitud, etc., de no entremeterse en un asunto ajeno.

OJAL s.m. Pequeña abertura, reforzada generalmente en sus bordes, que se hace en una pieza de tela, cuero, etc., para sujetar el botón. **2.** Agujero que atraviesa algo de parte a parte: *el ojal de la solapa.*

¡OJALÁ! interj. (ár. *wa sa llāh,* y quiera Dios). Expresa el deseo de que ocurra algo que se ha anunciado o que se anuncia a continuación.

OJALAR v.tr. Hacer ojales.

OJALATERO, A adj. y s. *Fam.* Se decía de la persona que en las contiendas civiles españolas se limitaba a desear el triunfo del partido con que simpatizaba sin colaborar activamente.

OJANCO s.m. Cuba. Pez rosado de ojos muy grandes.

OJEADA s.f. Mirada rápida: *echar una ojeada.*

OJEADOR, RA s. Persona que ojea la caza.

1. OJEAR v.tr. Mirar algo o a alguien sin prestarle mucha atención o detenimiento. **2.** Aojar, hacer mal de ojo.

2. OJEAR v.tr. (de *ox,* interj. para espantar a los animales).Levantar la caza y llevarla hacia los puestos de los cazadores o hacia las armadas. **2.** *Fig.* Espantar, ahuyentar.

OJÉN s.m. Aguardiente dulce anisado, típico de Ojén (Málaga).

OJEO s.m. Acción de ojear la caza ◇ **Echar un ojeo** Cazar ojeando.

OJERA s.f. Mancha amoratada alrededor del párpado inferior. **2.** Lavaojos.

OJERIZA s.f. Antipatía hacia alguien, que impide ver con agrado sus cosas e inclina a desfavorecerlo: *tomarle ojeriza a alguien.*

OJEROSO, A adj. Se dice de la persona que tiene ojeras.

OJERUDO, A adj. Que tiene habitualmente ojeras.

OJETADA s.f. Méx. *Vulg.* Acción vil: *fue una ojetada que te hicieras de él*

OJETE s.m. Agujero redondo hecho en una tela, cuero, etc., que se usa para pasar un cordón o una cinta y como adorno, también de forma oval, en los bordados. **2.** Ojal redondo y reforzado con un aro metálico, cuyos labios van engastados en los bordes de dicho orificio. **3.** *Vulg.* Ano. **4.** Méx. *Vulg.* Persona muy mala, perversa o que se aprovecha de los demás.

OJIBWA o **CHIPPEWA,** pueblo amerindio algonquino de la región de los Grandes Lagos (EUA y Canadá).

OJÍMETRO (A) loc. *Fam.* A ojo, de forma aproximada.

OJINEGRO, A adj. *Fam.* Que tiene los ojos negros. **2.** TAUROM. Se dice de la res vacuna que tiene la piel negra alrededor de los ojos.

OJITUERTO, A adj. Bizco.

OJIVA s.f. (fr. *ogive*). Figura de ángulo curvilíneo formada por dos arcos de círculo iguales que presentan su concavidad contrapuesta y se cortan por uno de sus extremos. **2.** Arco con esta figura. **3.** Parte anterior de un proyectil, de forma cónica u ojival. ◇ **Ojiva atómica** Ojiva con carga nuclear que tienen algunos misiles o proyectiles. SIN.: *cabeza nuclear.*

OJIVAL adj. Que tiene forma de ojiva. **2.** Se dice del estilo arquitectónico caracterizado por el empleo de arcos en forma de ojiva, como el gótico.

OJO s.m. (lat. *oculus*). Órgano de la visión, compuesto en los mamíferos por el globo y la región oculares (pestaña, párpados, lagrimal, etc.). **2.** Parte visible de este órgano en la cara: *tener los ojos azules.* **3.** Vista, mirada: *no te quita los ojos de encima.* (Suele usarse en plural.) **4.** *Fig.* Perspicacia: *tener buen ojo para los negocios.* **5.** *Fig.* Cuidado, tacto: *andarse con ojo.* **6.** Agujero que atraviesa algo de una parte a otra: *el ojo de la aguja.* **7.** Mancha o dibujo más o menos redondo. **8.** Círculo que forma una sustancia al flotar sobre otra más densa. **9.** Agujero, cavidad en la masa de algunas sustancias: *los ojos del queso, del pan.* **10.** Cada mano de jabón que se da a la ropa al lavarla. **11.** Círculo de colores que tiene el pavo real en la extremidad de cada una de las plumas de la cola. **12.** ARQ. **a.** Círculo que hay en el centro de un rosetón. **b.** Abertura que hay en lo alto de una cúpula. **13.** BOT. Botón o yema de las plantas. **14.** IMPR. Relieve de un tipo, que, al impregnarlo en tinta, produce la impresión. **15.** MAR. Abertura circular por la que se hace pasar un cabo o cable. **16.** OBR. PÚBL. Arcada de puente: *puente de tres ojos.* ◇ interj. Expresa aviso, atención o amenaza. ◇ **Abrir los ojos a alguien** Descubrirle algo que ignoraba; desengañarlo. **A ojo (de buen cubero)** *Fam.* Aproximadamente; a discreción de uno. **A ojos vistas** De forma manifiesta o palpable. **Bajar los ojos** *Fig.* Avergonzarse, humillarse. **Clavar los ojos en** algo o alguien Mirarlo fijamente y con atención. **Comer,** o **devorar, con los ojos** *Fam.* Mirar con deseo a alguien o algo. **Cuatro ojos** *Fam.* Persona que lleva anteojos. **Delante de,** o **en, los ojos** En presencia de quien se expresa. **Echar el ojo a** alguien o algo Fijar la atención en alguien o algo que despierta interés o deseo. **Echar un ojo** Ojear, dar una mirada superficial o rápida a algo. **En un abrir y cerrar,** o **en un volver, de ojos** *Fam.* En un instante, muy rápidamente. **Mirar con buenos,** o **malos, ojos** Sentir por alguien o algo simpatía, o antipatía. **Mirar con otros ojos** Cambiar la opinión que se tenía de una persona o una cosa. **No pegar ojo,** o **los ojos** *Fam.* No dormir. **No quitar ojo de alguien o algo** No dejar de mirar a alguien o algo. **No tener ojos en la cara** No darse cuenta de algo que es evidente. **Ojo alerta,** o **avizor** *Fam.* Con precaución o con atención: *hay que ir ojo avizor.* **Ojo clínico** Aptitud de un médico para diagnosticar enfermedades rápidamente y con acierto; perspicacia para ver alguien con rapidez lo que le conviene. **Ojo de agua** Manantial. **Ojo de buey** Ventana circular u ovalada; planta herbácea de flores terminales, redondas y amarillas, muy común en los sembrados. (Familia compuestas.) **Ojo de escalera** Espacio vacío que queda dentro de las vueltas de los tramos. **Ojo de gallo** Callo redondo y cóncavo en el centro que aparece en el espacio interdigital de los pies. **Ojo de gato** Piedra preciosa, variedad de calcedonia, de color gris paja, amarillo o verdoso, con fajas en forma de círculos concéntricos. **Ojo de huracán** Parte central en un huracán en la que todo está en calma. **Ojo de la hélice** Abertura o marco donde se sitúa la hélice de un buque. **Ojo de perdiz** Labor de pasamanería que forma unos nudos de figura lenticular; tejido cruzado que presenta dibujos en forma de rombos. **Ojo de pez** FOT. Objetivo de gran angular. **Ojo de tigre** Variedad de crocidolita empleada como piedra ornamental. **Ojo mágico** ELECTRÓN. Tubo catódico especial, usado en algunos radiorreceptores para indicar la sintonización exacta con respecto a una emisión. **Pelar los ojos** Méx. *Fam.* Abrirlos desmesuradamente, por lo general como gesto de sorpresa o admiración. **Poner los ojos en blanco** *Fig.* Mostrar gran admiración. **Saltar a los ojos** Ser una cosa muy clara; ser vistosa y

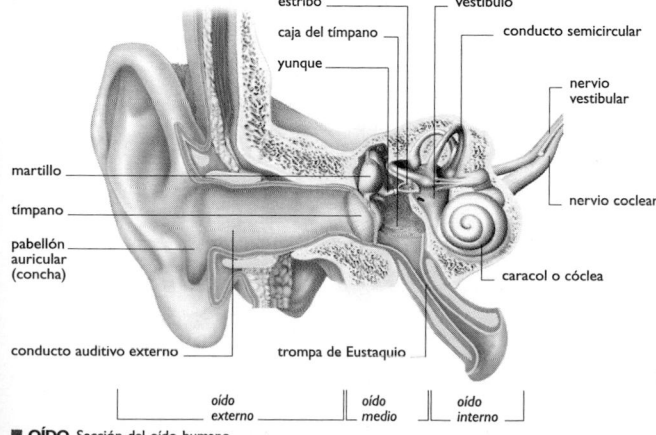

estribo
caja del tímpano
yunque
martillo
tímpano
pabellón
auricular
(concha)
conducto auditivo externo
vestíbulo
conducto semicircular
nervio
vestibular
nervio coclear
caracol o cóclea
trompa de Eustaquio
oído externo
oído medio
oído interno

■ **OÍDO.** Sección del oído humano.

sobresaliente. **Torcer los ojos** Bizquear, mirar bizco. **Valer un ojo de la cara** Ser muy caro. **ENCICL.** En el ser humano, los ojos se sitúan en cavidades óseas de la cara (órbitas), están sujetos por unos músculos que aseguran su movilidad y se protegen exteriormente por medio de los párpados. El globo ocular está constituido por varias túnicas: la esclerótica (externa y resistente) que recibe el nombre de *córnea* en su parte anterior y transparente; la úvea (intermedia, nerviosa y vascular) que está constituida por la coroides, el cuerpo ciliar y el iris; la retina (interna) que es la membrana sensorial. El cristalino es la lente óptica del ojo cuya convergencia se acomoda a la distancia. La cavidad ocular está ocupada por un medio transparente. Las anomalías de refracción de los medios transparentes conllevan la miopía, la hipermetropía y el astigmatismo; la presbicia es un defecto de acomodación del cristalino.

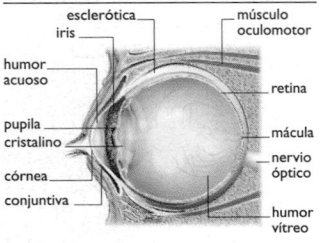

esclerótica
iris
músculo
oculomotor
humor
acuoso
retina
pupila
cristalino
mácula
nervio
óptico
córnea
conjuntiva
humor
vítreo

■ **OJO.** Sección sagital.

OJOSO, A adj. Se dice de ciertos alimentos, como el pan, el queso, etc., que tienen muchos ojos o agujeros.

OJOTA s.f. (quechua dialectal *ušúta*). Amér. Merid. Calzado rústico confeccionado con desechos de neumáticos o una suela sin curtir, de la que salen amarras atravesadas sobre el empeine y el talón.

OK interj. y adv.m. *Fam.* Expresa aprobación, asentimiento.

OKAPI u **OCAPI** s.m. Mamífero rumiante africano de la familia de la jirafa, aunque con el cuello más corto y la piel rayada en la parte posterior.

■ **OKAPI**

OKOUMÉ s.m. Árbol de África ecuatorial cuya madera, de color rosado, del mismo nombre, es utilizada en la fabricación de paneles de contrachapado.

OKUPA s.m. y f. *Esp.* Persona que se instala en una vivienda desocupada sin consentimiento del propietario.

OLA s.f. Onda formada generalmente por el viento en la superficie del agua. **2.** *Fig.* Oleada. **3.** *Fig.* Afluencia repentina de algo: *ola de frío, de despidos.* ◇ **Quebrar,** o **romperse, las olas** Chocar las olas con la playa, un dique, etc.

OLÁN s.m. Méx. Volante, tira de tela plegada que llevan como adorno algunas prendas femeninas: *una falda con olanes.*

OLCADES, pueblo celtíbero que, según Polibio y Tito Livio, se hallaba entre el alto Tajo y el Júcar medio (La Alcarria).

OLE s.m. Baile popular andaluz.

¡OLÉ! u **¡OLE!** interj. Expresa entusiasmo o alegría, o se usa para animar a alguien.

OLEÁCEO, A adj. y s.f. Relativo a una familia de árboles o arbustos de flores gamopétalas, como el olivo, el jazmín, el fresno, etc.

OLEADA s.f. Golpe impetuoso que da una ola. **2.** Ola grande de mar. **3.** *Fig.* Muchedumbre o aglomeración que se desplaza. **4.** *Fig.* Manifestación intensa.

OLEAGINOSO, A adj. Aceitoso: *líquido oleaginoso.* **2.** Que suministra o contiene aceite: *semillas oleaginosas.* ◇ **Planta oleaginosa** Planta cultivada por sus semillas o frutos ricos en lípidos, de los que se extraen aceites de uso alimentario o industrial (soya, girasol, maní, linaza, oliva).

OLEAJE s.m. Sucesión continuada de olas. **2.** Movimiento ondulatorio del mar.

OLEANDOMICINA s.f. Antibiótico activo contra las bacterias grampositivas.

1. OLEAR v.tr. Administrar a un enfermo los santos óleos en el sacramento de la extremaunción.

2. OLEAR v.intr. Moverse el agua formando olas.

OLEASTRO s.m. Acebuche.

OLEATO s.m. Sal o éster del ácido oleico.

OLÉCRANON s.m. ANAT. Apófisis del cúbito que forma la prominencia del codo.

OLEDOR, RA adj. y s. Que emana olor o lo percibe.

OLEFINA s.f. Hidrocarburo etilénico.

OLEICO, A adj. QUÍM. Se dice de un ácido orgánico no saturado, producido por la hidrólisis de la oleína.

OLEÍCOLA adj. Relativo a la oleicultura.

OLEICULTURA s.f. Cultivo del olivo y de las plantas oleaginosas en general.

OLEÍNA s.f. QUÍM. Triéster oleico de la glicerina, líquido que entra en la composición de los aceites vegetales.

ÓLEO s.m. (lat. *oleum,* aceite). Procedimiento pictórico que utiliza una sustancia grasa, generalmente aceite de linaza, como disolvente de los pigmentos: *pintar al óleo.* **2.** Pintura realizada con este procedimiento: *exposición de óleos.* **3.** Aceite. ◇ **Santos óleos** LITURG. Aceites consagrados que se usan en algunos sacramentos y ceremonias litúrgicas, especialmente en el de la extremaunción.

OLEODUCTO s.m. Canalización de grandes dimensiones que sirve para transportar petróleo líquido.

OLEORRESINA s.f. Sustancia viscosa, insoluble en agua, segregada por diversas plantas. (La *trementina* es una oleorresina.)

OLEORRESINOSO, A adj. Se dice de los vegetales que contienen aceite esencial y resina; también de sus órganos.

OLEOSIDAD s.f. Cualidad de oleoso. **2.** Enfermedad del vino debida a bacilos diversos.

OLEOSO, A adj. Aceitoso.

OLEOTECNIA s.f. Eleotecnia.

OLER v.tr. (lat. *olere*) [33]. Percibir los olores. **2.** Aspirar profundamente aire por la nariz, acercándola a algo para percibir su olor: *oler un perfume.* **3.** *Fig.* Sospechar o adivinar algo que estaba oculto. ◆ v.intr. Exhalar olor: *olerle el aliento a alguien.* **2.** *Fig.* Parecer o tener el aspecto de ser tal o expresa: *ese hombre me huele a hereje.* ◇ **No oler bien** algo Causar la impresión de ser dañino o perjudicial.

ÓLEUM s.m. QUÍM. Ácido sulfúrico fumante, obtenido por el procedimiento de contacto.

OLFACCIÓN s.f. Acción de oler.

OLFATEAR v.tr. Aplicar el olfato a algo, en especial un animal. **2.** *Fig. y fam.* Curiosear, investigar algo. **3.** *Fig. y fam.* Sospechar o imaginar algo que pasa ocultamente.

OLFATEO s.m. Acción de olfatear.

OLFATIVO, A adj. Relativo al sentido del olfato. SIN.: *olfatorio.*

OLFATO s.m. (lat. *olfactus, -us,* de *olfacere,* percibir olores). Sentido corporal por el que se perciben los olores, que tiene una importancia primordial como medio de información en la mayor parte de las especies, tanto terrestres como acuáticas. **2.** *Fig.* Sagacidad para descubrir o advertir algo conveniente. **ENCICL.** En los invertebrados, el sentido del olfato está situado en puntos orgánicos diversos: la base de las antenas de los crustáceos, las antenas de los insectos, etc. En los vertebrados, la cabeza lleva un par de cápsulas olfativas relacionadas con los lóbulos olfativos del encéfalo. En los vertebrados superiores, generalmente terrestres, la superficie olfativa está integrada en las vías respiratorias superiores. El sentido del olfato es el dominante en los animales.

OLFATORIO, A adj. Olfativo.

OLIFANTE s.m. Cuerno de caza o de guerra usado en la edad media. SIN.: *olifán.*

OLIGARCA s.m. y f. Miembro de una oligarquía.

OLIGARQUÍA s.f. (gr. *oligarkhía*). Régimen político en que el poder está controlado por un pequeño grupo o clase de individuos privilegiados; conjunto de estas personas.

OLIGÁRQUICO, A adj. Relativo a la oligarquía.

OLIGISTO s.m. Óxido natural de hierro Fe_2O_3, de color gris negruzco o marrón rojizo, muy apreciado en siderurgia por su riqueza en metal.

OLIGOCENO, A adj. y s.m. GEOL. Se dice de la tercera época del período paleógeno de la era terciaria; se extiende desde hace unos 40 millones de años hasta hace unos 25 millones de años. ◆ adj. GEOL. Relativo a esta época. SIN.: *oligocénico.*

OLIGOCLASA s.f. Feldespato de la serie de las plagioclasas, abundante en las rocas cristalinas.

OLIGODENDROGLIA s.f. Conjunto de células de la neuroglia del tejido nervioso que presentan un escaso número de ramificaciones.

OLIGOELEMENTO s.m. BIOL. Elemento químico necesario, en pequeñas cantidades, para el desarrollo de los seres vivos, como el hierro, el magnesio, el boro, el cobalto, etc.

OLIGOFRENIA s.f. Desarrollo deficiente de la inteligencia.

OLIGOFRÉNICO, A adj. y s. Relativo a la oligofrenia; que padece oligofrenia.

OLIGOPOLIO s.m. Mercado caracterizado por la presencia de un reducido número de vendedores frente a numerosos compradores.

OLIGOPSONIO s.m. Mercado caracterizado por la presencia de un reducido número de compradores frente a numerosos vendedores.

OLIGOQUETO, A adj. y s.m. Relativo a una clase de anélidos terrestres o de agua dulce, con un reducido número de quetas, como la lombriz de tierra.

OLIGOSPERMIA s.f. Secreción deficiente de esperma con escaso contenido de espermatozoides.

OLIGURIA s.f. PATOL. Disminución de la cantidad de orina segregada.

OLIMPIADA u **OLIMPÍADA** s.f. (gr. *olympias, -ados,* de *Olympia,* Olimpia). Competición deportiva internacional que se celebra cada cuatro años. **2.** Período de cuatro años comprendido entre dos celebraciones consecutivas de Juegos olímpicos, usado como referencia temporal en la Grecia clásica.

OLÍMPICAMENTE adv.m. Con verbos que expresan indiferencia, indica que la acción se hace de manera desconsiderada o altiva, completamente y sin hacer caso: *me ignoró olímpicamente.*

OLÍMPICO, A adj. Relativo al Olimpo y a sus dioses. **2.** Relativo a Olimpia, centro religioso del Peloponeso. **3.** Relativo a los Juegos olímpicos, especialmente a sus participantes. **4.** *Fig.* Altanero, despectivo: *desdén olímpico.*

OLISCAR v.tr. [1]. Olfatear, oler ligeramente alguna cosa: *oliscar los perros el zorro.* **2.** *Fig.* Curiosear, intentar averiguar un suceso o noticia. ◆ v.intr. Empezar a oler mal una cosa que se está descomponiendo.

OLISQUEAR v.tr. Olfatear. **2.** *Fig.* Curiosear, husmear.

OLIVA s.f. (lat. *oliva,* olivo, aceituna). Aceituna. **2.** Lechuza, ave rapaz nocturna. **3.** Nombre de diversas estructuras anatómicas de forma semejante a una oliva: *oliva bulbar, cerebelosa, protuberancial.* ◇ **Aceite de oliva** Aceite comestible que se extrae de la aceituna.

OLIVÁCEO, A adj. Que es de color parecido al de la aceituna verde: *tez olivácea.*

OLIVAR s.m. Terreno poblado de olivos.

OLIVARDA s.f. (cat. *olivarda,* inula viscosa). Planta herbácea de olor fuerte, leñosa en la base, usada como astringente. (Familia compuestas.)

OLIVARERO, A adj. Perteneciente al cultivo del olivo y al comercio y aprovechamiento de sus frutos: *región olivarera.* ◆ adj. y s. Que se dedica a este cultivo.

OLIVERO, A adj. Relativo a la oliva.

OLIVICULTOR, RA s. Persona que se dedica a la olivicultura.

OLIVICULTURA s.f. Cultivo del olivo.

OLIVINO s.m. MINER. Silicato de magnesio y hierro (Mg Fe)$_2$SiO$_4$, que se presenta en forma de cristales de color verde oliva, común en las rocas eruptivas básicas. SIN.: *peridoto.*

OLIVO s.m. (lat. vulg. *olivus*, del lat. *oliva*, olivo, aceituna). Árbol de follaje persistente, que necesita mucha luz, con tronco grueso y retorcido, copa ancha y ramosa, flores blancas y pequeñas, cultivado sobre todo en la cuenca mediterránea. (Su fruto es la aceituna; el olivo era, en la antigüedad, un emblema de fecundidad y un símbolo de paz y gloria; familia oleáceas.) **2.** Madera de este árbol. ◇ **Dar el olivo** Argent. *Fam.* Despedir, echar, expulsar.

inflorescencia · flor · hojas y frutos maduros

■ OLIVO

OLLA s.f. (lat. *olla*). Recipiente, generalmente de metal, de boca ancha, forma redonda y con dos asas, que se utiliza para guisar. **2.** Plato compuesto de carnes, tocino, legumbres, hortalizas y, a veces, algún embutido. **3.** MAR. Cavidad u hondura profunda en el fondo del mar o de un río, donde las corrientes encontradas producen remolinos peligrosos. ◇ **Olla a presión,** o **exprés** Esp. Aparato de cocción, herméticamente tapado, que utiliza el vapor a presión en su interior para que los alimentos se cuezan muy rápido. **Olla de grillos** *Fig.* y *fam.* Lugar en que hay gran desorden y confusión. **Olla popular** Argent. Comida colectiva destinada a cubrir las necesidades alimentarias mínimas de grupos sociales con graves carencias económicas. (A veces, su realización constituye un acto de protesta.)

1. OLLAR s.m. Orificio nasal de una caballería.

2. OLLAR adj. Se dice de la piedra, variedad de serpentina, fácil de tallar, usada para hacer vasijas. **2.** Piedra fina y fácil de trabajar.

OLLUCO s.m. Planta herbácea de rizoma tuberoso y flores amarillas que crece en los Andes. (Familia baseláceas.)

OLM s.m. Anfibio de tronco muy largo y extremidades pequeñas, cuerpo apigmentado y dos penachos de branquias, que conserva durante toda su vida. (Subclase urodelos.)

OLMECA adj. y s.m. y f. De un pueblo prehispánico de México que vivió en la costa de los estados de Veracruz y Tabasco y se extendió por el interior hasta el altiplano central. ENCICL. La civilización olmeca desarrolló la más importante cultura preclásica del país (1500 a.C.-300 d.C.). En sus yacimientos (La Venta, Tres Zapotes, San Lorenzo, Cerro de las Mesas) se han hallado desde vasijas de cerámica hasta monumentos y esculturas de piedra tallada (cabezas colosales, altares, estelas). Los olmecas crearon el más antiguo sistema de

escritura americano, así como un calendario del que derivarían los demás. Utilizaron el caucho, fueron grandes comerciantes e introdujeron el culto al jaguar y a la serpiente.

OLMO s.m. (lat. *ulmus*). Árbol que alcanza de 20 a 30 m de alt., con hojas dentadas, cuya madera, sólida y flexible, del mismo nombre, se utiliza en carpintería. (Familia ulmáceas.)

sección del fruto

rama fructífera

■ OLMO

OLÓGRAFO, A adj. → HOLÓGRAFO

OLOR s.m. (lat. vulg. *olor, -oris*). Emanación de ciertas sustancias percibida por el olfato. **2.** Impresión que producen ciertas sustancias en el olfato ◆ *olores* s.m.pl. Chile. Especias. ◇ **En olor de multitud** Con el entusiasmo y admiración de muchas personas. **En olor de santidad** Con fama de santo: *morir en olor de santidad.*

OLOROSEAR v.tr. Chile. Oler. SIN.: *olosar.*

OLOROSO, A adj. Que exhala olor. ◆ s.m. Vino de Jerez, muy aromático y de color dorado oscuro.

OLOSAR v.tr. Chile. Olorosear.

OLOTE s.m. Amér. Central y Méx. Mazorca del maíz.

OLVIDADIZO, A adj. Que se olvida con facilidad de las cosas.

OLVIDAR v.tr. y prnl. (del lat. *oblitus*, p. de

oblivisci, olvidar). Dejar de tener algo presente en la memoria. **2.** Dejar de sentir amor o cariño hacia alguien o algo. **3.** Omitir algo por negligencia o descuido.

OLVIDO s.m. Falta o pérdida de recuerdo. **2.** Cese de un afecto hacia alguien o algo. **3.** Omisión de algo por negligencia o descuido.

OMAGUA adj. y s.m. y f. De un pueblo amerindio del N de Perú, de la familia lingüística tupí. (Desde 1541 diversas expediciones recorrieron el territorio omagua, identificado con el mítico El Dorado hasta el s. XVIII.)

OMAHA, pueblo amerindio de las Praderas norteamericanas, de la familia lingüística siux; act. vive en reservas en Nebraska (EUA).

OMASO s.m. Libro, tercera cavidad del estómago de los rumiantes.

OMATIDIO s.m. Cada uno de los ojos que forma el ojo compuesto de los artrópodos.

OMBLIGO s.m. (lat. *umbilicus*). Cicatriz del cordón umbilical, en el centro del abdomen. **2.** *Fig.* Persona o cosa que se considera lo principal de algo. (Se usa con valor despectivo o humorístico.) **3.** BOT. Depresión en la base o extremo de algunos frutos. ◇ **Ombligo de Venus** BOT. Planta herbácea con hojas carnosas circulares. (Familia crasuláceas.)

OMBLIGUERO s.m. Venda que sujeta el ombligo de los recién nacidos.

OMBÚ s.m. (guaraní *umbú*). Planta arbórea de tronco muy ancho, corteza gruesa, madera fofa, hojas alternas elípticas y flores en racimos. (Es el árbol nacional de Argentina; familia fitolacáceas.) *(V. ilustr. pág. siguiente.)*

OMBUDSMAN s.m. (voz sueca) [pl. *ombudsmen*] Persona que controla el funcionamiento de la administración pública y de la justicia, en Suecia y otros países escandinavos.

OMEGA s.f. Nombre de la vigésima cuarta letra del alfabeto griego (ω, Ω), que corresponde a una o larga. **2.** *Fig.* Final de una cosa.

OMEYA adj. y s.m. y f. De la dinastía árabe de los Omeyas. (V. parte n.pr.)

OMG s.m. (sigla). Organismo modificado genéticamente.

ENCICL. Los OMG contienen uno o varios genes que proceden de otros organismos (bacterias, hongos, plantas). Estos organismos les aportan

■ EL ARTE OLMECA

Es necesario distinguir, dentro del conjunto de pueblos olmecas, entre los grupos históricos (olmecas-uixtotin y olmecas-xicalanca) y los grupos prehistóricos, conocidos solo por los hallazgos arqueológicos. Los restos más antiguos, especialmente vasijas de cerámica, se remontan a 1500 a.C.

Figurilla antropomorfa. Jade, h. 1000 a.C.
(Museo nacional de antropología. México.)

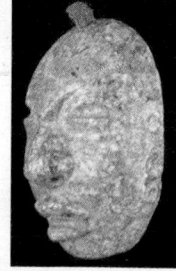

Máscara.
Granito.
(Col. part., Madrid.)

Cabeza colosal. Basalto.
(Museo nacional de antropología. México.)

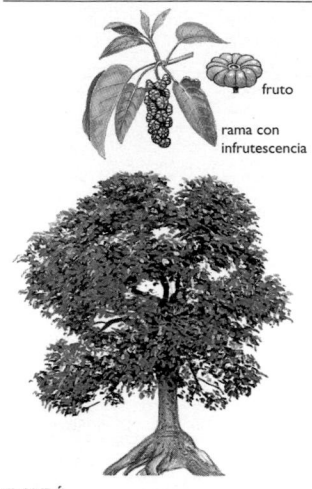

fruto

rama con
infrutescencia

■ **OMBÚ**

caracteres nuevos que se evidencian en su crecimiento, su capacidad para elaborar ciertas sustancias, etc. Se utilizan principalmente en la fabricación de compuestos químicos (sustancias terapéuticas, materias primas, etc.) y para mejorar el rendimiento de la producción agrícola (plantas resistentes a las plagas, a las heladas, etc.). La fabricación, utilización y distribución de los OMG está regulada en la Unión europea para preservar a la población de los peligros de su consumo y asegurar que su cultivo no afecta a otros de organismos no modificados. Sin embargo, la opinión pública no acepta fácilmente estos productos porque se teme que puedan afectar negativamente a la salud y al medio ambiente y exige mayor transparencia en la creación y producción y un etiquetaje de los alimentos que contienen OMG.

ÓMICRON s.f. Nombre de la decimoquinta letra del alfabeto griego (o, O), que corresponde a una *o* breve.

OMINOSO, A adj. (lat. *ominosus*, de mal agüero, de *omen, ínis,* presagio). Que es de mal agüero. **2.** Abominable.

OMISIÓN s.f. Acción y efecto de omitir. **2.** Cosa omitida. **3.** Falta que constituye la abstención de hacer o decir una cosa: *pecado de omisión.* **4.** Descuido o negligencia. **5.** DER. PEN. Infracción penal cometida por haber dejado voluntariamente de hacer alguna cosa que la ley manda realizar.

OMISO, A adj. Que es negligente y descuidado: *hacer caso omiso de lo que ocurre.*

OMITIR v.tr. (lat. *omittere*). Dejar de decir o de señalar cierta cosa: *no omitir nada en un relato.* **2.** Dejar de hacer alguna cosa.

ÓMNIBUS s.m. (lat. *omnibus,* para todos, dativo pl. de *omnis,* todo) [pl. *ómnibus*]. Vehículo de transporte de pasajeros, autobús. GEO-SIN.: Antillas y Can.: *guagua;* Argent., Bol. y Perú: *colectivo;* Méx. y Venez.: *camión.* **2.** ELECTR. Aparato o dispositivo que puede servir para diversos usos en una instalación eléctrica. ◇ **Barra ómnibus** ELECTR. Conductor de gran sección, conectado por un lado al generador y por el otro al circuito de distribución.

OMNIDIRECCIONAL adj. Que tiene las mismas propiedades en todas las direcciones. **2.** Se dice de la antena que emite las ondas con la misma intensidad en todas direcciones (antena emisora) o de la que las recibe con la misma eficacia (antena receptora).

OMNÍMODO, A adj. (lat. *omnimodus,* de *omnis,* todo, y *modus,* manera). Total, que comprende todos los aspectos de algo.

OMNIPOTENCIA s.f. Cualidad de omnipotente.

OMNIPOTENTE adj. (lat. *omnipotens, -tis,* de *omnis,* todo, y *posse,* poder). Todopoderoso, atribuido especialmente a Dios. **2.** *Fig.* Que tiene mucho poder.

OMNIPRESENCIA s.f. Ubicuidad.

OMNIPRESENTE adj. Ubicuo.

OMNISCIENCIA s.f. Conocimiento de todas las cosas. **2.** TEOL. CATÓL. Ciencia universal, uno de los atributos de Dios.

OMNISCIENTE adj. Que tiene omnisciencia. **2.** *Fig.* Se dice del que es docto en alguna cosa o sabe de muchas.

ÓMNIUM s.m. (lat. *omnium,* de todas las cosas). DEP. Competición reservada a cierta categoría de torneos deportivos, o que reúne varias clases de pruebas. **2.** EQUIT. Carrera en la que pueden participar todos los caballos.

OMNÍVORO, A adj. (del lat. *omnis,* todo, y *vorare,* comer). Que se alimenta de toda clase de sustancias orgánicas, tanto vegetales como animales: *mamíferos omnívoros.*

OMÓPLATO u **OMOPLATO** s.m. Hueso plano, delgado y triangular, situado en la parte posterior de la espalda, donde se articulan el húmero y la clavícula. SIN.: *escápula.*

ONA, pueblo amerindio cazador de la familia patagona, extinguido, que emigró a la isla Grande de Tierra del Fuego. (Practicaban el levirato y a sí mismos se llamaban *Selk'ham,* «los hombres».)

ONAGRA s.f. Planta de hojas parecidas a las del almendro y raíz blanca, cultivada por sus flores ornamentales. (Familia onagráceas.)

ONAGRÁCEO, A adj. y s.f. Relativo a una familia de plantas de frutos ínferos, como la onagra y la fucsia. SIN.: *enoteráceo.*

ONAGRO s.m. Mamífero ungulado salvaje, intermedio entre el caballo y el asno, que vive en Asia. (Familia équidos.) **2.** Máquina de guerra empleada por los romanos para lanzar piedras.

ONANISMO s.m. (de *Onán,* personaje bíblico). Masturbación. **2.** Coito con eyaculación extravaginal.

ONANISTA adj. y s.m. y f. Relativo al onanismo; que practica el onanismo.

1. ONCE adj.num.cardin. y s.m. (lat. *undecim*). Diez más uno. ◆ adj.num.ordin. y s.m. Undécimo. ◆ s.m. Equipo de fútbol.

2. ONCE s.f. Chile. Merienda. (Se usa también en plural.)

ONCEAVO, A u **ONZAVO, A** adj. y s. Se dice de cada una de las once partes iguales en que se divide un todo.

ONCENO, A adj. y s. Undécimo.

ONCOCERCOSIS s.f. Enfermedad parasitaria causada por un nematodo.

ONCOGÉN s.m. Gen celular desencadenante del tumor canceroso.

ONCOGÉNESIS s.f. Estudio del nacimiento de los tumores.

ONCÓGENO, A adj. Que es capaz de provocar un tumor, principalmente un tumor maligno. (En este último caso es sinónimo de *cancerígeno.*)

ONCOLOGÍA s.f. (del gr. *ógkos,* tumor, y *lógos,* tratado). Parte de la medicina que estudia los tumores.

ONCOLÓGICO, A adj. Relativo a la oncología.

ONCÓLOGO, A s. Especialista en oncología.

ONCÓTICO, A adj. Relativo a los tumores. **2.** Se dice de la presión osmótica propia de las proteínas orgánicas solubles en un líquido.

ONDA s.f. (lat. *unda,* ola, remolino). Perturbación que se propaga en un medio desde un punto a otros, sin que en dicho medio, como conjunto, se produzca ningún desplazamiento permanente. (Se distinguen las *ondas mecánicas* [ondas sonoras, olas, etc.], que se propagan por vibración de la materia, y las *ondas electromagnéticas* [ondas de radio, luz, etc.], que se propagan en el vacío.) **2.** Ola del mar. **3.** Cada una de las curvas de una superficie o línea sinuosa: *las ondas del cabello.* **4.** Reverberación y movimiento de la llama. **5.** Méx. *Fam.* Asunto, tema, hecho: *no sé nada de esa onda.* ◇ **Captar la onda** Entender lo que se dice, en general indirectamente. **Estar en la onda** Estar en el asunto, estar al día. **Longitud de onda** Distancia entre dos puntos consecutivos de la misma fase de un movimiento ondulatorio que se propaga en línea recta. **Número de onda** Inverso de la longitud de onda. **Onda amortiguada** Onda que comprende una serie de oscilaciones cuya amplitud decrece regularmente. **Onda corta** Onda radioeléctrica de longitud comprendida entre 11 m y 60 m (27 MHz a 5 MHz), de la que varias bandas están reservadas para la radiodifusión. **Onda de choque** Superficie de discontinuidad de las velocidades, unida a otras características físicas del medio ambiente, debida a la compresión del aire en las grandes velocidades y que se origina en las regiones del espacio en que la velocidad de circulación supera a la del sonido. **Onda estacionaria** Onda en la que las vibraciones de todos sus puntos están en concordancia o en oposición de fase. **Onda explosiva** Onda de detonación de los gases, comparable a una onda de choque que provoca a su paso la combustión de los gases. **Onda larga** Onda radioeléctrica de longitud comprendida entre 1 000 m y 2 000 m (300 kHz a 150 kHz), reservada a

---

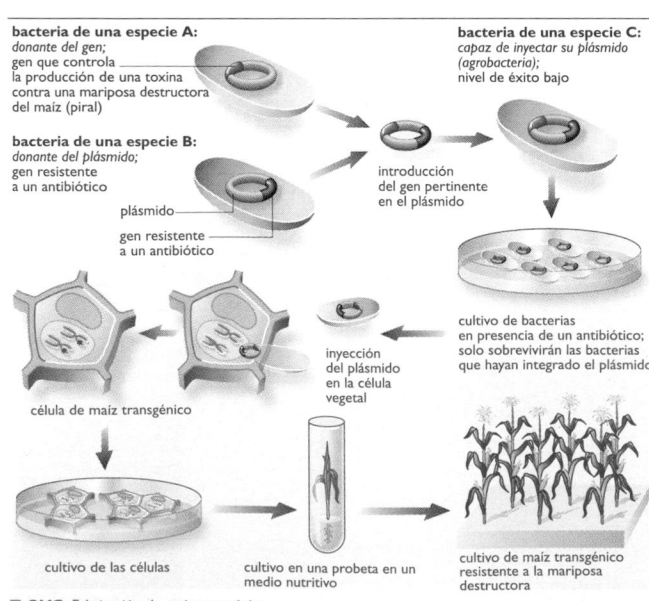

bacteria de una especie A:
donante del gen;
gen que controla
la producción de una toxina
contra una mariposa destructora
del maíz (piral)

bacteria de una especie B:
donante del plásmido;
gen resistente
a un antibiótico

plásmido

gen resistente
a un antibiótico

bacteria de una especie C:
capaz de inyectar su plásmido
(agrobacteria);
nivel de éxito bajo

introducción
del gen pertinente
en el plásmido

inyección
del plásmido
en la célula
vegetal

célula de maíz transgénico

cultivo de bacterias
en presencia de un antibiótico;
solo sobrevivirán las bacterias
que hayan integrado el plásmido

cultivo de las células

cultivo en una probeta en un
medio nutritivo

cultivo de maíz transgénico
resistente a la mariposa
destructora

■ **OMG.** Fabricación de maíz transgénico.

la radiodifusión. **Onda mantenida** Onda producida por una vibración de amplitud constante. **Onda media** Onda radioeléctrica de longitud comprendida entre 187,5 m y 577 m (1 600 kHz a 520 kHz), reservada a la radiodifusión. **Onda médica** Onda radioeléctrica de longitud comprendida entre 1 m y 10 m (300 MHz a 30 MHz), de la que varias bandas están reservadas a la radiodifusión con modulación de frecuencia y a la televisión. **Ondas Martenot** Instrumento de música electrónico cuyo sonido es producido por un oscilador electrónico. **Onda subportadora** Onda electromagnética modulada que, a su vez, modula una onda de frecuencia más elevada. **Poner en onda** Realizar radiofónicamente una obra, o una emisión, espacio de un programa, etc. **¿Qué onda?** Méx. *Fam.* ¿Qué tal?, ¿qué hay?, ¿qué pasa? **Ser alguien buena,** o **mala, onda** Argent. y Méx. Ser buena, o mala, persona.

ONDÁMETRO s.m. Aparato que sirve para medir la longitud de las ondas electromagnéticas.

ONDEADO, A adj. Que tiene o forma ondas. **2.** HERÁLD. Se dice de la pieza cuyos bordes están recortados en sinusoides.

ONDEANTE adj. Que ondea.

ONDEAR v.intr. Formar ondas un cuerpo flexible: *ondear las banderas*. **2.** Hacer ondas el agua.

ONDINA s.f. (fr. *ondine*). Ser imaginario de las mitologías germánica y escandinava que habitaba en las profundidades de las aguas.

ONDULACIÓN s.f. Acción y efecto de ondular SIN.: *ondulado*. **2.** ELECTR. Conjunto de los armónicos más altos de una corriente alterna u onda de tensión. **3.** FÍS. Movimiento de vaivén en un fluido o en un medio elástico, sin traslación permanente de sus moléculas.

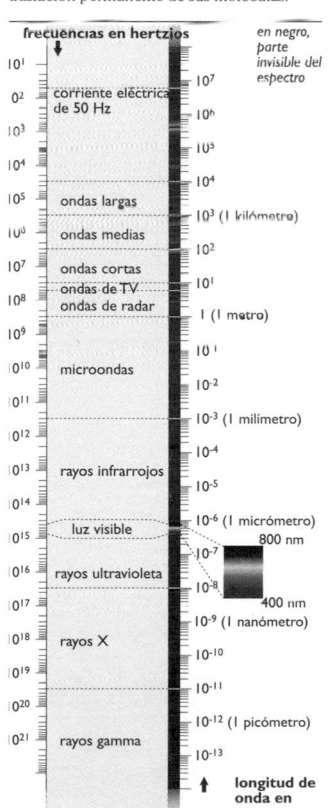

■ ONDAS electromagnéticas. Para representar las frecuencias y las longitudes de onda (λ) se ha utilizado una escala logarítmica.

ONDULADO, A adj. Se dice de toda magnitud que varía de una manera periódica con el tiempo, manteniendo constantemente el mismo sentido. ◆ s.m. Acción y efecto de ondular.

ONDULANTE adj. Que ondula: *un andar ondulante*. ◇ **Fiebre ondulante** Fiebre que sufre continuas oscilaciones de su intensidad, principalmente la de Malta.

ONDULAR v.tr. (fr. *onduler*, del lat. *undula*, ola pequeña). Formar ondas en algo: *ondular el pelo*. ◆ v.tr. e intr. Formar ondas alguna cosa.

ONDULATORIO, A adj. Se dice del movimiento en forma de ondas. **2.** Ondulante. **3.** FÍS. Que se propaga por ondas.

ONEROSO, A adj. (lat. *onerosus*, de *onus*, carga). Pesado, molesto. **2.** Costoso, que ocasiona un gasto económico: *un convite oneroso*. **3.** DER. Se dice de lo que supone una reciprocidad de prestaciones, a diferencia de lo que se adquiere a título lucrativo.

ONE-STEP s.m. (voz inglesa). Baile norteamericano, de compás binario, en el que se marca un paso por tiempo; música de este baile.

ONG s.f. (sigla de *organización no gubernamental*). Organismo no estatal con fines humanitarios como la asistencia médica o técnica en países no industrializados, la ayuda económica en países que están en guerra o han sufrido una catástrofe natural, o en general la defensa de los derechos humanos.

ÓNICE u **ÓNIX** s.m. o f. Ágata con bandas concéntricas de diversos colores.

ONICOFAGIA s.f. MED. Hábito de morderse o comerse las uñas.

ONICÓFORO, A adj. y s.m. Peripato.

ONICOMICOSIS s.f. Lesión de las uñas de origen parasitario, por hongos.

ONÍRICO, A adj. (del gr. *oneiros*, sueño). Relativo a los sueños.

ONIRISMO s.m. Delirio caracterizado por sufrir alucinaciones intensas propias de los sueños. (El más común es de origen infeccioso o tóxico.) **2.** PSICOL. Estado de sueño.

ONIROMANCIA u **ONIROMANCÍA** s.f. (del gr. *oneiros*, sueño, y *manteía*, adivinación). Adivinación por los sueños.

ONIROMÁNTICO, A adj. y s. Relativo a la oniromancia.

ÓNIX s.m. o f. → ÓNICE.

ONIXIS s.f. Inflamación de la uña causada por una infección o una micosis.

ON LINE adj. (voces angloamericanas). INFORMÁT. Que opera en conexión directa con la computadora central. (Se utiliza en oposición a *off line*.)

ONOMASIOLOGÍA s.f. LING. Estudio de los signos lingüísticos a partir de los significados.

ONOMÁSTICA s.f. LING. **a.** Conjunto de los nombres propios. **b.** Ciencia que estudia y cataloga estos nombres. SIN.: *onomatología*.

ONOMÁSTICO, A adj. (gr. *onomastikós*, de *ónoma*, nombre). Relativo a los nombres propios, especialmente de persona.

ONOMATOPEYA s.f. (gr. *onomatopoiía*, de *ónoma*, nombre, y *poiein*, crear). Formación de una palabra por imitación fonética de la realidad extralingüística que designa. **2.** Palabra formada por onomatopeya. **3.** RET. Figura retórica que se basa en el empleo de vocablos onomatopéyicos para imitar el sonido de las cosas con ellos significadas.

ONOMATOPÉYICO, A adj. Que es propio de la onomatopeya.

ÓNTICO, A adj. FILOS. Se dice del conocimiento que se refiere a los entes.

ONTOGENIA s.f. (del gr. *génos*, origen, y *ón*, *óntos*, p. de *eimai*, ser). BIOL. Desarrollo del individuo desde el óvulo fecundado hasta la madurez. SIN.: *ontogénesis*.

ONTOGÉNICO, A adj. Relativo a la ontogenia. SIN.: *ontogenético*.

ONTOLOGÍA s.f. (del gr. *lógos*, tratado, y *ón*, *óntos*, p. de *eimai*, ser). Parte de la filosofía que estudia el ser y su existencia en general.

ONTOLÓGICO, A adj. Relativo a la ontología. ◇ **Argumento ontológico** Argumento que

trata de demostrar la existencia de Dios, considerando a priori que Dios es un ser perfecto y la existencia es una perfección (por lo que Dios existe).

ONTÓLOGO, A s. Especialista en ontología.

ONUBENSE adj. y s.m. y f. De Huelva. SIN.: *huelveño*.

1. ONZA s.f. (lat. *uncia*, duodécima parte de la libra). Antigua medida de peso de muchos países, con diversos valores, comprendidos entre 24 y 33 g. **2.** NUMISM. En la antigüedad, duodécima parte de la libra romana; en la edad media, octava parte del marco de Castilla; en la edad moderna, unidad superior áurea del sistema monetario español.

2. ONZA s.f. Mamífero carnívoro de pelaje claro y manchado, parecido a la pantera, que vive en los desiertos de Asia meridional.

ONZAVO, A adj. y s.m. → ONCEAVO.

OÑACINO s.m. (de *Oñaz*, nombre de un linaje vasco). Miembro del bando encabezado por la familia Mendoza del País Vasco que, durante la baja edad media, se enfrentó con el bando de los gamboínos.

OOCITO u **OVOCITO** s.m. Célula sexual femenina que aún no ha sufrido la meiosis.

OOGÉNESIS s.f. → OVOGÉNESIS.

OOGONIA u **OVOGONIA** s.f. Célula germinal de la gónada femenina que origina los oocitos de primer orden.

OOGONIO s.m. BOT. Órgano de las algas y ciertos hongos donde se forman las oosteras.

OOLÍTICO, A adj. Que contiene oolitos.

OOLITO s.m. (gr. *oón*, huevo, y *lithós*, piedra). GEOL. Cuerpo esférico de 1 mm de diámetro aprox., formado por envolturas minerales concéntricas.

OOSFERA s.f. BOT. Gameto femenino de los vegetales, equivalente al óvulo de los animales.

OÓSPORA s.f. BOT. Oosfera fecundada, por lo general libre.

OOSPOROSIS s.f. Afección parasitaria causada por un hongo.

OOTECA s.f. Cáscara en que están encerrados los huevos de los ortópteros.

1. OPA adj. y s. (quechua *upa*). Argent., Bol. y Urug. Tonto, retrasado mental.

2. OPA s.f. *Oferta pública de adquisición*.

OPACAR v.tr y prnl. [1]. Amér. Oscurecer, hacer opaco, nublar. ◆ v.tr. Méx. Hacer opaca u oscura alguna cosa: *opacar un vidrio*. **2.** Méx. Superar algo o a alguien mucho, hacerlo desmerecer: *su belleza opaca a las de las demás*.

OPACIDAD s.f. Cualidad de opaco.

OPACIMETRÍA s.f. Medida de la opacidad de ciertos líquidos o gases.

OPACLE s.m. Méx. Hierba silvestre que se añade al pulque en su fermentación y da más fuerza a la bebida.

OPACO, A adj. (lat. *opacus*, sombrío, oscuro, tenebroso). Que no deja pasar la luz. **2.** Sin brillo: *ojos opacos*. **3.** *Fig.* Que es poco claro o comprensible. **4.** *Poét.* Triste, melancólico.

OPALESCENCIA s.f. Reflejo del ópalo. **2.** Cualidad de opalescente.

OPALESCENTE adj. Semejante al ópalo.

OPALINA s.f. Vidrio opalescente utilizado en la fabricación de objetos decorativos que reciben el mismo nombre.

OPALINO, A adj. Relativo al ópalo. **2.** Que tiene el color o las irisaciones propias del ópalo.

OPALIZAR v.tr. [7]. Dar apariencia opalina a una materia, especialmente al vidrio.

ÓPALO s.m. (lat. *opalus*). Piedra fina, con reflejos irisados, variedad de sílice hidratada. (Las irisaciones se deben a la refracción de la luz en las pequeñas esferas microscópicas de silicio que constituyen el mineral, haciendo del ópalo una gema muy estimada en joyería.)

OP ART s.m. (del ingl. *optical art*, arte óptico). Tendencia del arte cinético que se caracteriza por la creación de una gama de ilusiones y efectos ópticos que sugieren la sensación de movimiento a partir de elementos tales como la superposición de planos, la repetición de elementos geométricos simples o la interacción cromática.

ÓPATA, grupo amerindio de México, de lengua utoazteca, formado por los ópatas, cahita y tarahumara.

OPCIÓN s.f. (lat. *optio, -onis,* elección). Acción de optar. **2.** Elección o posibilidad de elegir. **3.** Posibilidad de ocupar cierto empleo, cargo o dignidad. **4.** Derecho derivado o inherente a cierta cosa. **5.** DER. Facultad de escoger entre dos o más situaciones jurídicas. **6.** ECON. Contrato por el que una parte concede a la otra, por un tiempo fijo y en condiciones determinadas, la facultad de decidir respecto a un contrato principal. ◇ **Opción de compra** ECON. Prioridad que se concede a una persona física o jurídica sobre la adquisición de un bien, título o derecho en caso de que su poseedor se desprenda de él.

OPEN s.m. (voz inglesa). Competición deportiva en la que pueden participar tanto profesionales como aficionados.

ÓPERA s.f. (ital. *opera*). Obra dramática musical, compuesta de una parte orquestal (obertura, interludio, entreactos, etc.) y una parte cantada dividida en recitativo, arias, conjuntos (dúos, tríos, etc.) y coros. **2.** Poema dramático escrito para esta obra. **3.** Género musical de esta obra. **4.** Teatro donde se representan las óperas. ◇ **Ópera prima** Primera obra artística de un autor.

ENCICL. La ópera nació en Italia a principios del s. XVII como un espectáculo *(ópera seria)* que aunaba narración (recitativo), coros, danzas y escenografía (Monteverdi, Scarlatti). Con la progresiva sustitución del recitativo por el aria durante el s. XVIII, la ópera se extendió por toda Europa, en especial por los países germánicos (Telemann, Haendel, Mozart, Beethoven). Desde 1670 se desarrolló en Francia un tipo de ópera en que predominaba la danza *(tragedia lírica* u *ópera de ballet).* Durante el romanticismo, Italia siguió privilegiando la voz *(bel canto,* Verdi, Puccini), los franceses trabajaron la psicología de los personajes (Berlioz, Gounod) hasta alcanzar la expresión naturalista (Massenet, Bizet). En España, para contrarrestar la tendencia italianizante, nació a fines del s. XVIII la tonadilla escénica, de la que se originaría la zarzuela (Chapí, Bretón, Serrano, Valera, etc.), pero también hubo un intento de ópera nacional (Pedrell) que dio algunas obras en el s. XX (Guridi, Granados y Toldrá). En Alemania se potenció la orquesta y se tendió hacia el arte total (Wagner, R. Strauss). En el s. XX destacan la escuela de Viena (Berg, Schönberg) y autores como B. Britten, Poulenc, Milhaud, Ravel, Henze, Malipiero, etc. En Hispanoamérica la ópera siguió el curso de una inspiración nacionalista (Villa-Lobos, Ginastera, etc.). En contraste con la ópera seria, surgieron en el s. XVIII la *ópera bufa* en Italia y la *ópera cómica* en Francia y, más adelante, la *opereta.*

OPERABLE adj. Que es susceptible de realizarse. **2.** CIR. Que puede ser operado.

OPERACIÓN s.f. Acción y efecto de operar. **2.** CIR. Intervención practicada por un cirujano. **3.** INDUSTR. Conjunto de los trabajos efectuados en una pieza en un puesto de fabricación, con ayuda de uno solo de los medios de que está equipado dicho puesto. **4.** MAT. Combinación efectuada con entes matemáticos siguiendo unas reglas dadas y que admite como resultado un ente matemático perfectamente determinado. **5.** MIL. Conjunto de combates y maniobras desarrollados, ya sea por fuerzas terrestres, navales o aéreas, en una región determinada o contra un objetivo concreto. ◇ **Método de operación** INFORMÁT. Forma de utilización de una computadora. **Operación bancaria** Cualquiera de los actos propios de la actividad de la banca. **Operación comercial** Compra y venta de bienes y servicios. **Operación de bolsa** Operación de comprar, vender, etc., valores en la bolsa.

OPERACIONAL adj. Relativo a las operaciones matemáticas, comerciales, militares, etc. **2.** Se dice de las unidades militares que están en condiciones de operar.

OPERADOR, RA adj. y s. Que opera. SIN.: *operante.* **2.** Cirujano. ◆ s. CIN. y TELEV. Técni-

co encargado de la parte fotográfica o del proyector y el equipo sonoro de un rodaje. **2.** TELECOM. Persona que atiende el servicio público en una central telefónica. ◆ s.m. INFORMÁT. Órgano que efectúa una operación aritmética o lógica. **2.** MAT. Símbolo de una operación lógica o matemática que se efectúa con un ente matemático, o con un grupo de proposiciones. ◇ **Operador turístico** Persona o empresa que organiza viajes colectivos.

OPERANDO s.m. MAT. Elemento sobre el cual se aplica una operación.

OPERAR v.intr. Actuar, llevar a cabo una acción. **2.** Hacer negocios. **3.** Robar o cometer actos delictivos: *operar una banda en un barrio.* **4.** MAT. Realizar combinaciones con números o expresiones, según las reglas matemáticas, para llegar a un resultado. **5.** MIL. Maniobrar. ◆ v.tr. CIR. Realizar una operación quirúrgica. ◆ v.tr. y prnl. Realizar, producir un resultado. ◆ **operarse** v.prnl. Someterse a una operación quirúrgica.

OPERARIO, A s. Obrero, trabajador manual.

OPERATIVO, A adj. Que está preparado para ser usado o para entrar en acción. **2.** Se dice de lo que opera y produce el efecto al que está destinado. ◆ s.m. Organización para emprender una acción. ◇ **Investigación operativa** Conjunto de técnicas racionales de análisis y de resolución de problemas concernientes a la actividad económica.

OPERATORIO, A adj. Relativo a la operación quirúrgica. **2.** Que puede operar.

OPERCULAR adj. Que sirve de opérculo.

OPÉRCULO s.m. (lat. *operculum,* tapadera). Pieza, generalmente redondeada, que cierra algunas aberturas del cuerpo de los animales, a modo de tapadera, como la de las agallas de los peces. **2.** Tapa de cera con que las abejas cubren las celdas llenas de miel. **3.** BOT. Cualquier parte del esporangio o fruto que se desprende a modo de tapadera.

OPERETA s.f. Obra dramática ligera en que alternan los fragmentos cantados y los hablados; género de esta obra.

OPERÍSTICO, A adj. Relativo a la ópera.

OPERÓN s.m. BIOL. Conjunto de genes contiguos de un cromosoma, que concurren en el cumplimiento de una misma función celular en el momento en que esta es útil.

OPIÁCEO, A adj. Relativo al opio. **2.** Se dice del medicamento que contiene opio en su composición. **3.** *Fig.* Calmante.

OPILACIÓN s.f. Obstrucción, impedimento para el paso de las materias sólidas, líquidas o gaseosas en las vías del cuerpo. **2.** Amenorrea juvenil.

OPILARSE v.prnl. (lat. *oppilare,* obturar, de *pilare,* apretar). Contraer amenorrea las mujeres.

OPIMO, A adj. (lat. *opimus*). Que es rico, fértil y abundante, especialmente hablando de frutos.

OPINAR v.tr. e intr. (lat. *opinari*). Tener una determinada opinión. **2.** Expresar una opinión.

OPINIÓN s.f. (lat. *opinio, -onis*). Juicio, manera de pensar sobre un tema. **2.** Fama, reputación. ◇ **Opinión pública** Manera de pensar dominante en una sociedad.

OPIO s.m. (lat. *opium,* del gr. *opion*). Látex seco extraído de las cápsulas maduras de diversas variedades de adormidera, frecuentemente consumida como droga y utilizada en medicina como calmante y somnífero analgésico. **2.** *Fig.* Lo que produce adormecimiento intelectual, una falta de razonamiento crítico.

OPIOMANÍA s.f. Toxicomanía producida por el consumo de opio.

OPÍPARO, A adj. (lat. *opiparus,* de *ops,* riqueza, y *parare,* proporcionar). Se dice de la comida o banquete abundantes y espléndidos.

OPISTOBRANQUIO, A adj. y s.m. Relativo a una subclase de moluscos gasterópodos marinos con branquias orientadas hacia atrás o hacia los lados.

OPISTÓDOMO u **OPISTODOMO** s.m. Parte posterior del templo griego, situado en el lado opuesto del pronaos.

OPISTÓTONOS s.m. MED. Contractura muscu-

lar generalizada que arquea el cuerpo hacia atrás, observada principalmente en el tétanos.

OPLOTECA s.f. (gr. *oplotheke,* de *óplon,* arma, y *theke,* depósito). Colección o museo de armas de interés artístico o histórico.

OPONENTE adj. y s.m. y f. Se aplica a la persona que, con respecto a otra, sostiene una opinión contraria. ◆ s.m. Nombre que en anatomía se aplica a tres pequeños músculos, dos de la mano (del pulgar y del meñique) y uno del pie (del meñique).

OPONER v.tr. y prnl. (lat. *opponere*) [60]. Poner en contra, obstaculizar. ◆ v.tr. Imputar, objetar. ◆ **oponerse** v.prnl. Ser una cosa contraria a otra.

OPONIBLE adj. Que se puede oponer. **2.** DER. Se dice del medio procesal de defensa que un pleiteante puede emplear para frenar, impedir o superar las pretensiones de la parte contraria.

OPOPÓNACE s.m. Pánace.

OPOPÓNACO u **OPOPÁNAX** s.m. Gomorresina amarga y aromática que se obtiene del opopónaco y de otras plantas de la misma familia. (Se emplea en farmacia y perfumería.)

OPORTO s.m. Vino licoroso, aromático y generoso, elaborado en el valle del Duero, en la parte septentrional de Portugal.

OPORTUNIDAD s.f. Cualidad de oportuno. **2.** Circunstancia oportuna.

OPORTUNISMO s.m. Actitud que consiste en acomodarse a las circunstancias oportunas para conseguir unos fines, aunque se tenga que transgredir los propios principios.

OPORTUNISTA adj. y s.m. y f. Que actúa o se manifiesta con oportunismo.

OPORTUNO, A adj. (lat. *opportunus,* bien situado, cómodo). Se dice de lo que se hace o sucede en el tiempo, lugar o circunstancia conveniente: *una conversación oportuna.* **2.** Ingenioso, ocurrente: *un dicho oportuno.*

OPOSICIÓN s.f. Acción y efecto de oponer u oponerse. **2.** Resistencia a lo que alguien hace o dice. **3.** Posición de una cosa enfrente a otra. **4.** Conjunto de pruebas que integran el procedimiento selectivo de los aspirantes a un cargo o empleo para someter su competencia al juicio de un tribunal. (Suele usarse en plural.) **5.** Grupo que representa la posición contraria a la de los que dirigen o mandan, especialmente a la del gobierno; acción que lleva a cabo este grupo. **6.** ASTRON. Situación de dos cuerpos celestes cuyas longitudes geocéntricas difieren en 180°. **7.** DER. Acto por el que una persona intenta que no se lleve a cabo lo que otra se propone, ya sea un acto, un procedimiento o una ejecución. **8.** LING. Relación que guardan los elementos homogéneos de un sistema lingüístico y que permite su diferenciación.

OPOSITAR v.tr. Realizar una serie de pruebas o exámenes para optar a un cargo o empleo, especialmente de la administración pública.

OPOSITOR, RA s. Persona que aspira a un cargo o empleo mediante unas oposiciones. **2.** *Amér.* En política, el que está de parte de la oposición. ◆ adj. y s. Que se opone a otro, especialmente una persona a otra o a una actitud, opinión, etc.: *postura opositora a la resignación.* ◇ **Tercer opositor** DER. Persona que, no habiendo sido parte en un litigio, pretende que la sentencia perjudica sus derechos y se opone a su ejecución.

OPOSUM s.m. Pequeño marsupial carnívoro, de unos 55 cm de long., de hocico puntiagudo y larga cola escamosa y prensil, muy apreciado por su piel. (Familia didélfidos.)

■ OPOSUM

OPOTERAPIA s.f. Tratamiento de las enfermedades por administración de extractos de diversos órganos, especialmente de las glándulas endocrinas. SIN.: *organoterapia*.

OPPIDUM s.m. (voz latina). ANT. Refugio fortificado establecido generalmente en lugares elevados.

OPRESIÓN s.f. Acción y efecto de oprimir. **2.** Dificultad para respirar. (También *opresión de pecho*.)

OPRESIVO, A adj. Que oprime.

OPRESOR, RA adj. y s. Que oprime.

OPRIMIR v.tr. (lat. *opprimere*). Hacer presión en una cosa: *oprimir un botón.* SIN.: *presionar.* **2.** *Fig.* Someter por la violencia, tratar con excesivo rigor. **3.** *Fig.* Provocar en alguien un sentimiento de molestia o angustia.

OPROBIAR v.tr. Causar oprobio.

OPROBIO s.m. (lat. *opprobrium*). Deshonor público, ignominia.

OPSONINA s.f. Anticuerpo que se fija en las bacterias y favorece su fagocitosis por las células.

OPTANTE adj. Que opta, especialmente a alcanzar algo.

OPTAR v.tr. e intr. (lat. *optare*). Escoger entre varias posibilidades. ◆ v.tr. Pretender alcanzar algo, especialmente un empleo o un premio: *optar a una plaza vacante.*

OPTATIVO, A adj. Que puede ser escogido entre varios por no ser obligatorio: *días optativos.* ◆ adj. y s.m. LING. Se dice del modo verbal que expresa deseo. ◆ adj. y s.f. LING. Se dice de la oración que expresa deseo.

ÓPTICA s.f. Parte de la física que estudia las propiedades de la luz y los fenómenos de la visión. **2.** Establecimiento donde se venden y fabrican anteojos y otros aparatos ópticos. **3.** *Fig.* Manera de juzgar, punto de vista.

ÓPTICO, A adj. (gr. *optikós*). Relativo a la visión: *instrumento óptico* **2.** Que pertenece al ojo. ◆ s.m. Persona que fabrica o vende aparatos ópticos, especialmente anteojos. **2.** Persona que se dedica a la óptica. ◇ **Ángulo óptico**, o **de visión** Ángulo que tiene su vértice en el ojo del observador y cuyos lados, pasan por los extremidades del objeto considerado. **Centro óptico** Punto del eje principal de una lente tal que a todo rayo luminoso interior a la lente, que pasa por este punto, le corresponde un rayo incidente y un rayo emergente paralelos. **Nervio óptico** Nervio que une el ojo con el encéfalo y que forma el segundo par de nervios craneales.

OPTIMACIÓN s.f. Acción y efecto de optimar. SIN.: *optimización.*

OPTIMAR v.tr. Optimizar. **2.** INFORMÁT. Organizar la disposición de las informaciones o de las instrucciones para obtener el tiempo mínimo de tratamiento de un programa.

OPTIMISMO s.m. Cualidad o actitud optimista. CONTR.: *pesimismo.* **2.** FILOS. Doctrina que afirma la supremacía del bien sobre el mal en el mundo; actitud de los adeptos a esta doctrina.

OPTIMISTA adj. y s.m. y f. Que tiene o implica optimismo. CONTR.: *pesimista.*

OPTIMIZAR v.tr. Lograr el mejor resultado posible de una actividad o proceso mediante el aprovechamiento al máximo de sus potencialidades. SIN.: *optimar.*

ÓPTIMO, A adj. (lat. *optimus*). Muy bueno, inmejorable: *calidad óptima.* ◆ s.m. Situación que es la más adecuada para conseguir un objetivo. ◇ **Óptimo de población** Densidad ideal de la población de un país o de una zona geográfica, que permitiría la mejor utilización de los recursos naturales. **Óptimo económico** Nivel de la producción o de la distribución en el que, en una economía de competencia, es imposible mejorar la producción de un producto o la situación de una persona sin disminuir la de otro u otra.

OPTOELECTRÓNICA s.f. Parte de la electrónica que estudia los dispositivos sensibles a la acción de la luz o que producen luz.

OPTOMETRÍA s.f. Parte de la oftalmología que permite determinar, medir y corregir los vicios de refracción del ojo, como la miopía o la presbicia.

OPTÓMETRO s.m. Instrumento empleado en optometría para medir el grado de astigmatismo del ojo.

OPUESTO, A adj. Contrario. **2.** Que se opone a algo por estar enfrente: *orillas opuestas de un río.* **3.** Contradictorio, de naturaleza diferente: *caracteres opuestos.* **4.** BOT. Se dice de los órganos puestos de frente, o de las hojas insertadas dos a dos en el mismo nudo, como en la ortiga. ◇ **Ángulos opuestos por el vértice** Ángulos tales que los lados de uno son la prolongación de los lados del otro. **Números opuestos** MAT. Números algebraicos del mismo valor absoluto pero de signos contrarios.

OPUGNAR v.tr. (lat. *oppugnare*). Oponerse a algo con fuerza o violencia. **2.** Embestir o atacar, generalmente un ejército o una plaza. **3.** Contradecir, impugnar.

OPULENCIA s.f. (lat. *opulentus*, rico, poderoso). Abundancia de bienes materiales, riqueza: *vivir en la opulencia.*

OPULENTO, A adj. Que tiene opulencia: *vida opulenta.* **2.** Muy desarrollado o exuberante: *caderas opulentas.*

OPUS s.m. (voz latina, *obra*). Número ordenada de la producción de un compositor. (Suele usarse la forma abreviada: *op.*) **2.** ARQUEOL. Nombre con que se designa el aparejo de la construcción romana: *opus incertum; opus reticulatum.*

OPÚSCULO s.m. (lat. *opusculus*, dim. de *opus, obra, trabajo*). Obra impresa de poca extensión.

OPV s.f. *Oferta pública de venta.

OQUEDAD s.f. Espacio vacío en el interior de un cuerpo, un terreno, etc. **2.** *Fig.* Frivolidad o falta de interés de lo que se dice o escribe.

OQUEDAL s.m. Monte arbóreo sin maraña de sotobosque.

ORA conj. Aféresis de *ahora* que implica relación de alternancia o sucesión entre los elementos que enlaza: *ora leía, ora paseaba.* (Se usa repetida.)

ORACIÓN s.f. Acción y efecto de orar. **2.** Plegaria que se dirige a Dios, a la Virgen o a los Santos. **3.** Rezo litúrgico que se recita en la misa o en cualquier otra celebración, en que el celebrante invita a orar. **4.** Exposición sobre un tema que un orador hace en público, con el fin de persuadir a los oyentes. **5.** LING. Unidad sintáctica que consta de sujeto y predicado, implícitos o explícitos.

ORACIONAL adj. Relativo a la oración gramatical: *complemento oracional.*

ORÁCULO s.m. Respuesta de una divinidad a la que se hacía consulta según unos ritos determinados. **2.** Esta misma divinidad: *consultar el oráculo.* **3.** Imagen ante la que consultaban los gentiles; templo donde se realizaban estas consultas. **4.** Persona o entidad a la que todos escuchan con respeto por su gran sabiduría. **5.** Afirmación decisiva y tajante que se admite sin discusión por la gran autoridad de quien la emite.

ORADOR, RA s. Persona que pronuncia un discurso en público. **2.** Persona muy elocuente. **3.** Predicador.

ORAL adj. (del lat. *os, oris*, boca). Relativo a la boca: *vía oral.* **2.** Que se expresa verbalmente, por medio del habla: *expresión, transmisión, examen oral.* **3.** FONÉT. Se dice del sonido que se articula dejando salir el aire solo por la boca y no por la nariz. (Los únicos sonidos no orales del español son *m*, *n* y *ñ*.)

¡ÓRALE! interj. Méx. *Fam.* ¡Oiga! **2.** Méx. ¡Venga!

ORANGISTA adj. y s.m. y f. En Inglaterra, partidario de Guillermo III de Orange, opuesto al partido católico que apoyaba a Jacobo II. **2.** Protestante de Irlanda del Norte. **3.** Partidario belga de la dinastía de Orange, expulsada de Bélgica en 1830.

ORANGUTÁN s.m. (malayo *ōrang ūtan*, hombre salvaje). Simio antropoideo que vive en Asia, de 1,20 a 1,50 m de alt., con cabeza gruesa, nariz chata, hocico saliente, cuerpo robusto y brazos largos.

ORANTE adj. Que ora. ◆ s.m. y f. B. ART. Personaje representado en actitud de orar.

ORAR v.intr. (lat. *orare*, hablar, rogar). Rezar a Dios, a la Virgen o a los santos. **2.** Pronunciar un discurso en público. ◆ v.tr. Rogar, suplicar.

ORATE s.m. y f. (cat. *orat*). Loco, demente. **2.** *Fig.* y *fam.* Persona poco juiciosa y poco prudente.

ORATORIA s.f. Arte de hablar en público con elocuencia. **2.** Género literario que tiene por función convencer, persuadir, exponer o conmover por medio de discursos pronunciados en público.

1. ORATORIO s.m. (lat. *oratorius*). Lugar destinado para orar. **2.** Capilla de pequeñas dimensiones donde puede celebrarse la misa, en una casa privada o en un edificio público.

2. ORATORIO s.m. Composición musical dramática, generalmente de temática religiosa, formada por recitativos, arias, coros y orquesta.

3. ORATORIO, A adj. Relativo a la oratoria o al orador.

ORBE s.m. (lat. *orbis*, círculo, disco, Tierra). Mundo, universo.

ORBICULAR adj. (lat. *orbicularis*, dim. de *orbiculus*, ruedecillo, redondel). Redondo o circular. ◆ s.m. Huesecillo lenticular del oído. ◇ **Músculo orbicular** Músculo circular que rodea la boca y el orificio palpebral.

ÓRBITA s.f. (lat. *orbita*, carril, huella de un carro). Trayectoria cerrada de un cuerpo animado por un movimiento periódico. **2.** Curva descrita por un planeta alrededor del Sol, o por un satélite alrededor de su planeta. **3.** Cavidad ósea de la cara, en la que se halla alojado el ojo. ◇ **Estar en órbita** *Fig.* y *fam.* Estar enterado o informado de la actualidad. **Puesta en órbita** Conjunto de operaciones encaminadas a colocar un satélite artificial en una órbita determinada.

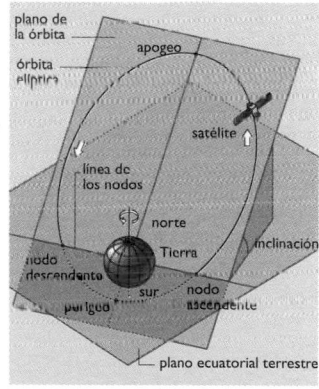

■ **ÓRBITA** de un satélite alrededor de la Tierra.

Labels in figure: plano de la órbita · apogeo · órbita elíptica · satélite · línea de los nodos · norte · inclinación · nodo descendente · Tierra · sur · nodo ascendente · perigeo · plano ecuatorial terrestre

ORBITAL adj. Relativo a la órbita. ◆ s.m. Volumen situado alrededor de un núcleo atómico y en el que hay más posibilidades, según la mecánica cuántica, de encontrar un electrón.

■ **ORANGUTÁN** macho.

◇ **Vehículo orbital** Vehículo capaz de ser puesto en órbita para efectuar enlaces con satélites o estaciones espaciales.

ORBITAR v.tr. Girar en órbita un cuerpo alrededor de otro, generalmente un cuerpo celeste o un satélite artificial: *el satélite orbita la luna.*

ORBITARIO, A adj. Relativo a la órbita del ojo.

ORBITOGRAFÍA s.f. Técnica de registro de la trayectoria de los satélites artificiales.

ORCA s.f. (lat. *orca,* del gr. *óryz, -ygos*). Mamífero cetáceo, cercano al delfín, de color azul oscuro por el lomo y blanco por el vientre. El macho puede alcanzar una long. de 9 m y un peso de 3 600 kg. (La orca es muy voraz, caza en grupo, e incluso puede llegar a atacar a las ballenas.)

ORCANETA s.f. (fr. *orcanette*). Planta herbácea muy vellosa, cultivada en las regiones mediterráneas por su raíz que suministra un tinte rojo utilizado en micrografía como marcador de los cuerpos grasos. (Familia borragináceas.)

ORCHILLA s.f. Nombre que reciben varios líquenes que viven en las costas rocosas del Mediterráneo.

ÓRDAGO s.m. (vasc. *or dago,* ahí está). Envite del resto en el juego del mus. ◇ **De órdago** *Fam.* Expresión que indica cualidad superlativa de algo en tamaño, liberalidad, belleza, etc.

ORDALÍA s.f. (del bajo lat. *ordalia,* pl. de *ordalium,* juicio). Prueba judicial de carácter mágico o religioso destinada a demostrar la culpabilidad o inocencia de un acusado. (Esta prueba fue utilizada durante la edad media en la que también recibió el nombre de *juicio de Dios.*)

1. ORDEN s.f. (lat. *ordo, -inis*). Mandato, acción y efecto de mandar: *esperar la orden de un superior; dar órdenes.* **2.** Escrito por el que la autoridad competente manda o dispone algo: *presentar una orden de captura.* **3.** Comisión o poder que se da a alguien para hacer algo. **4.** Mandamiento expedido por un juez o tribunal. **5.** Comunicación oficial de un mando militar, verbal o escrita, dirigida a un subordinado en la que se le indica la ejecución de una misión. **6.** INFORMÁT. Señal o acción que circula en sentido único desde un emisor hacia un receptor. ◆ **órdenes** s.f.pl. HERÁLD. **1.** Franjas formadas por jaqueles puestos de lado. **2.** Fajas iguales que se repiten alternativamente de metal y color. ◇ **A la orden** Expresión en señal de acato a un superior militar; cláusula que, añadida a cualquier título, hace que este sea transferible por endoso. **Estar a la orden del día** Ser un tema, un comportamiento, etc., frecuentes en un determinado tiempo o lugar. **Orden de bolsa** Consentimiento que se da a un intermediario para que compre o venda en bolsa valores mobiliarios o mercancías. **Orden de pago** Documento por el que una persona u organismo con iniciativa y autoridad suficiente ordena a otra, a la que tiene confiado fondos de tesorería, la realización de un pago en su nombre.

2. ORDEN s.m. Organización y disposición de los elementos de un conjunto, en función de una determinada norma. **2.** Conjunto de reglas, leyes o estructuras que constituyen una sociedad: *perturbar el orden social.* **3.** Categoría, rango, clase: *un actor de primer orden.* **4.** Organización religiosa, ligada por votos solemnes y aprobada por el papa, cuyos miembros viven bajo las reglas establecidas por su fundador o por sus reformadores. **5.** Norma obligatoria dictada por la administración central del estado para un caso particular. **6.** Conjunto de personas unidas por alguna regla común o por una distinción honorífica: *orden de Carlos III.* **7.** Clase jerárquica de los ángeles. **8.** ARQ. Sistema lógico y armonioso de proporciones modulares aplicado en la antigüedad y en la época contemporánea a la construcción, disposición y decoración de las partes salientes de una obra, en especial del basamento, soportes y entablamento. **9.** DER. **a.** Sucesión de instancias o demandas en justicia, según los grados de jurisdicción en que puedan introducirse. **b.** Graduación de los diferentes acreedores de un deudor para hacerles pago con los bienes de este, según la prelación de créditos. **10.** HIST. Grupo social compuesto por personas con situación jurídica y privilegios comunes, y cuyo reclutamiento se basa en el nacimiento, la riqueza o cualquier otra consideración propia de una división jerárquica de la sociedad. **11.** HIST. NAT. Grupo taxonómico establecido para la clasificación de los seres vivos, comprendido entre la clase y la familia. (El ser humano pertenece al orden de los primates.) **12.** INFORMÁT. Directriz para la unidad de mando de un órgano periférico de computadora. **13.** MIL. Disposición que adoptan las tropas para el desempeño de cada una de sus diferentes misiones. **14.** POL. Régimen político o ideología dominante en un cierto período: *el nuevo orden.* **15.** REL. Sacramento constitutivo de la jerarquía de la Iglesia. (Comporta tres grados: obispo, sacerdote y diácono.) ◇ **Del orden de** Aproximadamente: *había del orden de cinco mil personas.* **En orden** De manera ordenada, que cumple los requisitos necesarios. **En orden a** Para, generalmente seguido de infinitivo; con respecto a. **Llamar al orden** Reprender o advertir a alguien, generalmente para que corrija su comportamiento. **Orden abierto** MIL. Formación de las tropas cuando se dispersan para ofrecer menos vulnerabilidad y cubrir mayor terreno. **Orden cerrado** MIL. Formación adoptada por las tropas para ocupar menor espacio. **Orden de caballería** Caballería, institución militar feudal; institución honorífica creada por un soberano para premiar a sus caballeros o distinguir con ella los servicios prestados a su persona o a la monarquía. **Orden de combate** MIL. El que dirige las tropas para obtener de sus medios el máximo rendimiento. **Orden del día** Relación ordenada de los asuntos que deben tratarse en una reunión, asamblea, etc. **Orden lineal** Orden determinado por el sentido de desplazamiento sobre una recta. **Orden militar** Institución religioso-militar que tenía por objeto la defensa de los ideales caballerescos y cristianos a través de la lucha armada contra los infieles. **Orden natural** Según los fisiócratas, conjunto de leyes naturales, absolutas, inmutables y universales que rigen los fenómenos sociales del modo más ventajoso para todos.

Orden público Ausencia de altercados en la vida o el curso de un estado, ciudad, etc. **Orden sagrada** Cada uno de los tres grados derivados del sacramento del orden. **Orden sucesorio** DER. Conjunto de herederos legítimos en la sucesión intestada. **Poner en orden** algo Ponerlo en el lugar que le corresponde. **Por su orden** Sucesivamente, cada cosa a su debido tiempo. **Relación de orden** LÓG. y MAT. Relación reflexiva, antisimétrica y transitiva de un conjunto. **Sin orden ni concierto** Desordenadamente.

ENCICL. ARQ. Se distinguen tres órdenes griegos: el dórico, el jónico y el corintio. Los romanos crearon el toscano, el dórico romano y el compuesto. El descubrimiento de los monumentos antiguos y la interpretación del tratado de Vitrubio dieron origen a partir del s. XV, con el renacimiento italiano, a una arquitectura que utilizó con más o menos libertad los órdenes griegos y romanos, sus módulos, sus proporciones y sus ornamentos característicos.

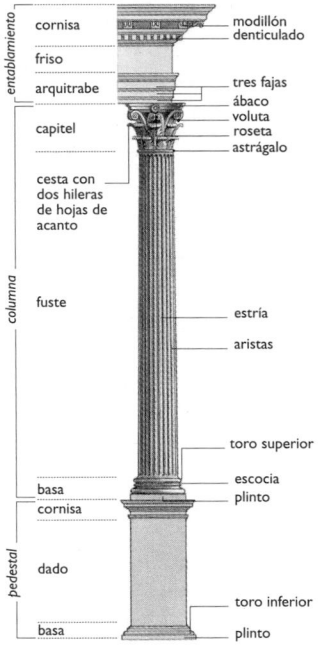

■ **ORDEN.** Detalle de una columna corintia.

ORDENACIÓN s.f. Acción y efecto de ordenar. **2.** Orden, manera de estar ordenado algo. **3.** Disposición, prevención. **4.** Mandato, precepto. **5.** REL. **a.** Acción de conferir el sacramento del orden. **b.** Ceremonia en que se realiza este sacramento. ◇ **Ordenación territorial,** o **del territorio** Política territorial que consiste en buscar la mejor distribución geográfica de las actividades económicas en función de los recursos naturales y humanos. **Plan de ordenación** Conjunto de normas, estándares urbanísticos y reglamentos que determinan en un territorio, una ciudad o una parte de ella, los niveles de edificabilidad, la intensidad de utilización del suelo y su calificación.

ORDENADO, A adj. Que guarda orden y método en lo que hace: *persona muy ordenada.* **2.** Se dice del conjunto en el que cada elemento ocupa el lugar que le corresponde: *habitación ordenada.* ◆ adj. y s.f. MAT. Se dice de una de las coordenadas cartesianas de un punto. ◆ adj. y s. Se dice de la persona que ha recibido el sacramento del orden. ◇ **Conjunto ordenado** MAT. Conjunto que tiene una relación de orden. **Par ordenado** MAT. Par cuyos elementos están clasificados en un orden determinado.

ORDENADOR, RA adj. Que ordena: *política*

■ **ORDEN.** Los órdenes griegos y romanos.

dórico jónico corintio toscano dórico romano compuesto

ordenadora de la economía del país. ◆ s.m. Esp. Computadora.

ORDENAMIENTO s.m. Acción y efecto de ordenar. **2.** Nombre que reciben varios conjuntos de leyes promulgadas al mismo tiempo o referentes a la misma materia. **3.** Disposición dictada por un superior. **4.** DER. Ley, pragmática u ordenanza.

ORDENANCISTA adj. y s.m. y f. Que cumple y aplica rigurosamente las ordenanzas o reglamentos.

ORDENANDO s.m. Persona que se dispone a recibir las órdenes sagradas. SIN.: *ordenante.*

ORDENANZA s.f. Conjunto de preceptos dictados para la reglamentación de la comunidad, una tropa militar, etc. (Suele usarse en plural.) **2.** Mandato, disposición. **3.** DER. Norma dictada por la administración para la aplicación de una ley o decreto: *ordenanzas fiscales, municipales.* **4.** HIST. Durante la baja edad media y la edad moderna, conjunto de disposiciones dictadas por el rey para la regulación de la administración estatal o autorizadas por él para reglamentar determinadas entidades corporativas. **5.** MIL. Ley que regula las normas de conducta dentro de las fuerzas armadas o de un ejército. ◆ s.m. Persona encargada de realizar ciertas tareas en algunas oficinas, como transmitir mensajes, hacer encargos fuera de la oficina, etc. **2.** Soldado designado para llevar órdenes, recados o para realizar determinados servicios a los jefes u oficiales.

ORDENAR v.tr. (lat. *ordinari*). Poner algo en orden: *ordenar unas notas, la casa.* **2.** Mandar, dar una orden para que se haga cierta cosa: *el médico le ordenó reposo.* **3.** Encaminar o dirigir algo a un fin determinado: *ordenar todos los esfuerzos a buscar una solución.* **4.** REL. Conferir las órdenes sagradas: *ordenar a los nuevos sacerdotes.* ◆ **ordenarse** v.prnl. REL. Recibir las órdenes sagradas.

ORDEÑA s.f. Méx. Ordeño.

ORDEÑADORA s.f. Máquina que se usa para extraer la leche de las ubres de las vacas mediante succión: *ordeñadora mecánica.*

ORDEÑAR v.tr. (lat. vulg. *ordinare*, arreglar.) Extraer la leche de las vacas, cabras y, en general, de los animales hembras exprimiéndoles las ubres. **2.** Por ext. Recolectar la aceituna o la hoja de ciertos árboles rodeando el ramo con la mano y haciéndola correr a lo largo del mismo. **3.** Fig. y fam. Extraer el máximo provecho de algo o alguien, especialmente de los bienes materiales.

ORDEÑE s.m. Argent. Ordeño.

ORDEÑO s.m. Esp. Acción y efecto de ordeñar.

ORDINAL adj. Relativo al orden. ◆ **Adjetivo (numeral) ordinal** Adjetivo numeral que expresa el lugar, rango o situación de los seres o de las cosas. **Número ordinal** Número entero que indica el lugar ocupado por los objetos de un conjunto cuando están colocados en un determinado orden.

ORDINARIEZ s.f. Cualidad de ordinario, vulgar o de clase inferior. **2.** Expresión o acción ordinaria, de mal gusto.

ORDINARIO, A adj. Común, corriente: *el trabajo ordinario de cada día.* **2.** No selecto, de clase inferior: *clase ordinaria.* **3.** Vulgar, grosero: *persona ordinaria.* ◆ adj. y s.m. Se dice del gasto diario y de las cosas que se consumen diariamente en una casa. **2.** DER. Se dice del juez o tribunal de la justicia civil, en oposición a los de fuero privilegiado o de jurisdicción especializada, y también del obispo diocesano. ◆ s.m. Recadero, persona que se dedica a llevar encargos o mercancías de un lugar a otro. **2.** MÚS. y REL. Nombre con que se designan las partes fijas de la celebración de la misa, por oposición a las partes variables o *propios.* ◇ **De ordinario** Regularmente, con frecuencia. **Ordinario del lugar** REL. Prelado que ejerce la jurisdicción ordinaria.

ORDINOGRAMA s.m. Esquema que representa gráficamente el desarrollo de un programa de computadora por medio de símbolos normalizados.

ORDO s.m. (voz latina). DER. ROM. Según un principio fundamental de la organización de

justicia en Roma, división del juicio o proceso. **2.** LITURG. Calendario litúrgico que indica la disposición de la misa y de sus oficios para cada día del año.

ORDOVÍCICO s.m. y adj. Segundo período de la era primaria, entre el cámbrico y el silúrico. SIN.: *ordoviciense.*

OREAR v.tr. Airear una cosa para refrescarla, secarla o quitarle cierto olor. ◆ **orearse** v.prnl. Salir al aire libre para refrescarse. ◆ v.intr. Chile. Pasársele a una persona la borrachera.

ORÉGANO s.m. (lat. *origanum*). Planta herbácea aromática, con tallos vellosos, hojas pequeñas y flores en espigas que se emplean como condimento. (Familia labiadas.) ◇ **No ser todo el monte orégano** Expresión que se usa para indicar que no todo es fácil en un asunto.

OREJA s.f. (lat. *auricula*, dim. de *auris*, oreja). Órgano del oído, en particular la parte externa situada a cada lado de la cabeza. **2.** Oído, sentido de la audición. **3.** Apéndice de un objeto, flexible o no, especialmente cuando hay uno en cada lado: *un sillón de orejas.* **4.** Cada una de las asas o agarraderas de un recipiente. **5.** Cada una de las partes del zapato que sobresale a uno y otro lado, y sirve para ajustarlo al empeine del pie por medio de cintas, botones, etc. **6.** Colomb. Desviación circular que cruza la recta de una autopista. **7.** Méx. Pan dulce en forma de dos orejas unidas. **8.** Salv. Espía, delator al servicio de las autoridades gubernativas. **9.** MAR. Parte saliente de las uñas del ancla. **10.** TAUROM. Apéndice del toro que la presidencia concede como trofeo al diestro que ha ejecutado una buena faena. ◆ s.m. y f. Méx. Espía. ◇ **Aguzar las orejas** Poner mucha atención en escuchar algo. **Apearse por las orejas** Actuar con desacierto. **Asomar, o descubrir, o enseñar, la oreja** Descubrir alguien su condición o sus intenciones sin darse cuenta. **Bajar, o agachar, las orejas** Humillarse, ceder en una disputa. **Calentar las orejas** Fam. Reprender o pegar a alguien. **Con las orejas caídas, o gachas** Avergonzado, humillado o sin haber conseguido lo que se pretendía. **Hacer orejas de mercader** Hacerse el desentendido. **Oreja de gato** Hongo comestible con sombrerillo en forma de mitra. **Oreja de mar** Molusco gasterópodo marino que vive aplicado contra las rocas y cuyas conchas son apreciadas por su nácar. (Familia haliótidos.) **Oreja de oso** Planta herbácea de los Alpes de hojas escamosas y velludas en el envés, y flores en umbelas amarillas y olorosas, que se cultiva en jardinería. (Familia primuláceas.) **Parar la oreja** Argent. Fam. Aguzar la oreja, prestar atención. **Ver las orejas al lobo** Darse cuenta de la inminencia de un peligro.

OREJERA s.f. Pieza de la gorra o montera que cubre las orejas. **2.** En los cascos antiguos, cada una de las dos piezas de acero que cubrían las orejas. **3.** Pieza de la cabezada de las caballerías que sirve para defender los ojos del polvo, paja, etc.

OREJERO, A s.m. Chile. Fig. y fam. y desp. Soplón, persona chismosa.

OREJÓN, NA adj. Orejudo, de orejas grandes o largas. **2.** Se dice de la persona zafia y tosca. ◆ s.m. Trozo de melocotón o de albaricoque desecado al aire o al sol. (Suele usarse en plural.) **2.** Tirón de orejas. **3.** HIST. Entre los incas, persona noble que llevaba horadadas las orejas y podía aspirar a los primeros puestos del imperio.

OREJUDO, A adj. Que tiene las orejas grandes o largas. ◆ s.m. Sillón de orejas. **2.** Murciélago pequeño que se caracteriza por sus enormes orejas en forma de cucurucho. (Familia vespertiliónidos.)

ORENSANO, A adj. y s. De Orense. SIN.: *auriense.*

OREO s.m. Acción y efecto de orear. **2.** Desecación natural de la madera.

OREOSELINO s.m. Planta que crece en la península Ibérica, de tallo estriado, flores pequeñas blancas y fruto redondeado. (Familia umbelíferas.) SIN.: *perejil de monte.*

ORETANO, A adj. y s. De un pueblo de origen ibérico establecido en las tierras altas de las cuencas del Guadalquivir y el Segura, al S

de celtíberos y carpetanos, y vecino de los bastetanos.

ORFANATO s.m. Asilo de huérfanos.

ORFANATORIO s.m. Méx. Asilo, orfanato.

ORFANDAD s.f. Estado de huérfano. **2.** Pensión que reciben algunos huérfanos. **3.** Fig. Desamparo, carencia de ayuda o protección.

ORFEBRE s.m. (fr. *orfèvre*). Persona que tiene por oficio hacer o vender objetos de oro o plata.

ORFEBRERÍA s.f. Arte, oficio o comercio del orfebre; obras realizadas por el orfebre.

ORFELINATO s.m. Orfanato.

ORFEÓN s.m. (fr. *orphéon*, de *Orfeo*, músico de la mitología griega). Asociación de personas que cantan en coro sin acompañamiento musical.

ORFEONISTA s.m. y f. Miembro de un orfeón.

ÓRFICO, A adj. Relativo a Orfeo o al orfismo.

ORFISMO s.m. (de *Orfeo*, personaje de la mitología griega). Corriente religiosa de la antigua Grecia relacionada con Orfeo, maestro de los encantamientos. (Fuente de una abundante literatura entre el s. VI a.C. y el final del paganismo, el orfismo enseñaba la necesidad, para el alma, de liberarse de la prisión del cuerpo mediante la ascesis y su iniciación.) **2.** Tendencia del cubismo que apunta a una construcción abstracta de las formas por el color, representada principalmente por R. Delaunay. (El nombre le fue dado por Apollinaire en 1912.)

ORFO s.m. (lat. *orphus*, del gr. *órphos*). Besugo, de color rubio, ojos grandes y dientes como de sierra.

ORGANDÍ s.m. (fr. *organdi*). Tejido de algodón, muy transparente y ligero, al que se da un acabado especial (crespado químico) o un apresto rígido (almidonado de organdí).

ORGANICISMO s.m. MED. Doctrina que atribuye todas las enfermedades, incluso las mentales, a la lesión material de un órgano. **2.** SOCIOL. Doctrina que considera las sociedades como entidades semejantes a los seres vivos, y que pone especial énfasis en las funciones asumidas por las diversas instituciones.

ORGANICISTA adj. y s.m. y f. Relativo al organicismo, partidario del organicismo.

ORGÁNICO, A adj. Relativo a los órganos, a los tejidos vivos y a los seres organizados: *vida orgánica.* **2.** Relativo a la parte de la química que estudia los compuestos del carbono. **3.** Que es inherente a la estructura, a la constitución de una cosa. **4.** Se dice de un conjunto que forma un todo: *estructura orgánica.* **5.** MIL. Que pertenece constitutivamente a un cuerpo de tropas o a una gran unidad. ◇ **Arquitectura orgánica** En el s. XX, arquitectura que toma, de las formas de la naturaleza, la idea de algunas de sus estructuras y articulaciones, y tiende a una estrecha relación con los medios naturales. **Roca de origen orgánico** Roca sedimentaria formada por restos de organismos vivos, como el carbón o el petróleo.

ORGANIGRAMA s.m. Gráfico de la estructura de una organización social, que representa a la vez los diversos elementos de un grupo y sus relaciones respectivas. **2.** Gráfico que representa las operaciones sucesivas de un proceso industrial, informático, etc.

ORGANILLERO, A s. Persona que tiene por oficio tocar el organillo.

ORGANILLO s.m. Órgano pequeño o piano portátil que se hace sonar por medio de un cilindro con púas, movido por una manija. SIN.: *manubrio.*

ORGANISMO s.m. (ingl. *organism*). Ser vivo, animal o vegetal, organizado. **2.** Conjunto de órganos que constituyen un ser vivo. **3.** Cuerpo humano. **4.** Conjunto de órganos administrativos encargados de la gestión de un servicio público, de un partido, etc. ◇ **Organismo autónomo** Organismo público, independiente de la administración, con personalidad jurídica y patrimonio propios, cuyo objetivo es el cumplimiento de un servicio público.

ORGANISTA s.m. y f. Persona que tiene por oficio tocar el órgano.

ORGANIZACIÓN s.f. Acción y efecto de organizar u organizarse: *la organización de una fiesta.* **2.** Manera como están estructurados los diferentes órganos o partes de un conjunto complejo, de una sociedad, de un ser vivo, etc. **3.** Conjunto de personas que pertenecen a un cuerpo o grupo organizado. **4.** SOCIOL. Conjunto de elementos estructurales de la sociedad. ◇ **Organización científica del trabajo** Conjunto de actividades coordinadas que tienen por objeto aumentar la productividad del trabajo industrial y crear condiciones favorables al mismo. **Organización industrial** Coordinación racional entre los diferentes centros de la empresa que permite obtener un rendimiento óptimo con la mínima inversión económica. **Organización internacional** Agrupación, gubernamental o no, que tiene por objeto, especialmente, la seguridad colectiva de los estados o la defensa de la condición humana en la comunidad internacional. **Organización judicial** Conjunto de reglas jurídicas que determinan la jerarquía, composición y atribuciones de los órganos de un estado encargados de administrar justicia. **Organización no gubernamental** (ONG) Organismo cuya financiación procede esencialmente de las donaciones privadas y que se dedica a la ayuda humanitaria bajo diversas formas (asistencia médica o técnica en los países no industrializados, ayuda a los desfavorecidos en los países desarrollados, auxilios en caso de catástrofe o guerra, etc.).

ORGANIZADOR, RA adj. y s. Que organiza o que tiene aptitud para organizar. ◆ s.m. Parte del embrión que dirige la diferenciación de las estructuras embrionarias.

ORGANIZAR v.tr. [7]. Preparar la realización de algo: *organizar una excursión.* ◆ v.tr. y prnl. Disponer algo ordenadamente con miras a una función o uso determinados. ◆ **organizarse** v.prnl. Formarse algo espontáneamente: *se organizó un jaleo impresionante.*

ÓRGANO s.m. (lat. *organum*, herramienta, instrumento, del gr. *órganon*). Parte del cuerpo de un ser vivo, bien delimitada, que realiza una función concreta. **2.** *Fig.* Persona o cosa que sirve de instrumento o medio para la realización de algo: *el consejo de dirección es un órgano indispensable para la buena marcha de la empresa.* **3.** *Fig.* Medio de difusión portavoz de un partido, agrupación, etc.: *el periódico es el órgano del partido.* **4.** Instrumento musical de viento y teclado, usado principalmente en las iglesias. **5.** Tribuna elevada donde se coloca el órgano en una iglesia. **6.** *Méx.* Planta cactácea de distintas especies que se caracteriza por unos tallos delgados y muy altos, que parecen columnas. **7.** ARM. Lanzacohetes múltiple utilizado durante la segunda guerra mundial. **8.** MEC. Pieza, dispositivo o mecanismo elemental que sirve para accionar, gobernar, transmitir o guiar un movimiento en una máquina: *órganos de transmisión.* ◆ **órganos** s.m.pl. GEOGR. Prismas de gran regularidad, que pueden alcanzar de 30 a 45 m de alt., formados por enfriamiento de una colada volcánica (a menudo de basalto) perpendicularmente a su superficie. ◇ **Órgano de Berbería,** o **Barbarie** Instrumento musical mecánico accionado por bandas de cartón perforado. (Su nombre proviene de una deformación de *Barberi,* nombre de un fabricante de Módena.) **Órgano electrónico** Órgano musical que utiliza la electrónica para producir las señales eléctricas necesarias para la producción de los sonidos.

ORGANOALUMÍNICO, A adj. y s.m. Se dice de los compuestos orgánicos del aluminio.

ORGANOGENIA s.f. BIOL. Formación y desarrollo de los órganos en el seno de un ser orgánico. SIN.: *organogénesis.*

ORGANOLÉPTICO, A adj. BIOL. Se dice de las propiedades de los cuerpos que se perciben con los sentidos, como la aspereza, el sabor o el brillo.

ORGANOLOGÍA s.f. Disciplina que estudia los instrumentos musicales. **2.** Tratado sobre los órganos de los animales o de los vegetales.

ORGANOMAGNESIANO, A adj. Se dice de los compuestos organometálicos derivados del magnesio.

ORGANOMETÁLICO, A adj. y s.m. Se dice de los compuestos químicos que encierran radicales carbonados unidos a un metal.

ORGANOTERAPIA s.f. Opoterapia.

ORGÁSMICO, A u **ORGÁSTICO, A** adj. Relativo al orgasmo.

ORGASMO s.m. (del gr. *organ,* desear ardientemente). Culminación del placer sexual.

ORGÍA s.f. (fr. *orgie,* juerga, del gr. *órgia,* ceremonia religiosa). Fiesta o banquete en que se come y se bebe con exageración y se cometen otros excesos, especialmente de tipo sexual. **2.** *Fig.* Desenfreno en la satisfacción de los deseos y pasiones. **3.** *Fig.* Abundancia de cualquier cosa; profusión: *una orgía de luz.*

ORGIÁSTICO, A adj. Relativo a la orgía: *desorden orgiástico.* **2.** ANT. GR. Referente al culto de Dioniso.

ORGULLO s.m. (cat. *orgull*). Exceso de estimación propia, fatuidad, vanidad. **2.** Sentimiento elevado de la propia dignidad.

ORGULLOSO, A adj. Que tiene orgullo, soberbia. **2.** Que siente orgullo, satisfacción: *está orgulloso de sus hijos.*

ORIENTACIÓN s.f. Acción y efecto de orientar u orientarse. **2.** Posición de un objeto, de un edificio, etc., con relación a los puntos cardinales. **3.** *Fig.* Dirección, tendencia. **4.** MAR. Disposición de las vergas de modo que permitan a las velas recibir el viento en la dirección más favorable. **5.** PSICOL. En un individuo, conciencia de su posición en el tiempo y en el espacio. ◇ **Orientación escolar,** o **educativa** Orientación psicopedagógica que se presta en la enseñanza primaria y media para mejorar la formación de la personalidad del niño y del adolescente. **Orientación profesional** Método que ayuda a determinar la mejor opción profesional de una persona a partir de sus características individuales. **Reacción de orientación** ETOL. Conjunto de movimientos provocados en un animal por la aparición, desaparición o modificación de elementos físico-químicos o figurados del medio exterior, susceptibles de provocar en el sujeto una estimulación de tipo direccional.

ORIENTADO, A adj. Que tiene una posición, una orientación determinada: *una obra orientada políticamente.* **2.** MAT. En geometría, se dice de todo ente matemático sobre el cual se ha escogido un sentido positivo de recorrido.

ORIENTAL adj. y s.m. y f. De oriente. **2.** De la provincia de Oriente (antes Santiago de Cuba). **3.** Uruguayo. ◆ adj. ASTRON. Se dice de los planetas que, levantándose antes que el Sol, son visibles por la mañana por el lado de oriente. ◇ **Iglesias orientales** Iglesias cristianas de oriente, separadas de Roma (nestorianos, monofisitas y ortodoxos).

ORIENTALISMO s.m. Afición por las cosas de oriente. **2.** Carácter oriental. **3.** Conjunto de disciplinas que tienen por objeto el estudio de las civilizaciones orientales.

ORIENTALISTA adj. y s.m. y f. Persona que se dedica a estudiar civilizaciones orientales.

ORIENTAR v.tr. y prnl. Colocar algo en determinada dirección respecto a los puntos cardinales. **2.** Determinar la dirección que se ha de seguir. **3.** *Fig.* Dirigir a una persona, cosa o acción hacia un fin determinado: *orientar un coloquio.* **4.** *Fig.* Informar sobre algo. ◆ **orientarse** v.prnl. *Fig.* Reconocer, estudiar la situación de un asunto o de una cuestión: *orientarse sobre la situación de un negocio.*

ORIENTE s.m. (lat. *oriens, -tis,* levante, [sol] que está saliendo). Este, levante. **2.** Región o lugar que, respecto de otro, está situado en dirección hacia donde sale el sol. **3.** Conjunto de países asiáticos respecto de Europa. **4.** Viento que sopla de la parte de oriente. **5.** Color y brillo peculiar de las perlas. **6.** En la masonería, nombre con que se designan las logias de provincia. ◇ **Gran oriente** Alto cuerpo central de la masonería que agrupa a las logias de un país.

ORÍFICE s.m. Artesano que trabaja el oro.

ORIFICIO s.m. (lat. *orificium,* de *os, oris,* boca, y *facere,* hacer). Boca o agujero.

ORIFLAMA s.f. (fr. *oriflamme,* del bajo lat. *aurea flamma,* bandera dorada). Estandarte, pendón o bandera. **2.** Estandarte de la abadía de Saint-Denis, cuadrado y de color rojo, adoptado por los reyes de Francia del s. XII al XV.

ORIGAMI s.m. (voz japonesa). Arte tradicional japonés de la papiroflexia.

ORIGEN s.m. (lat. *origo, -inis*). Principio, procedencia de algo: *el origen de la vida.* **2.** Causa, lo que hace que una cosa se produzca: *el origen de una discusión.* **3.** País, lugar donde ha nacido una persona o de donde proviene una cosa. **4.** Ascendencia, clase social a la que pertenece o de la que procede una persona: *origen humilde.* **5.** HIST. NAT. Punto de fijación de un órgano, lugar donde empieza este órgano: *el origen de una hoja.* **6.** MAT. Punto a partir del cual se miden las coordenadas de un punto o la longitud de un segmento. ◇ **Dar origen** Causar. **De origen** Se dice del lugar, país, etc., de donde procede una persona o cosa; se dice de las circunstancias que ya tenía una cosa desde su inicio: *defecto de origen.*

ORIGINAL adj. (lat. *originalis*). Relativo al origen. **2.** Se dice del artista, intelectual, etc., cuya producción es muy personal. **3.** Obra de este artista, intelectual, etc.: *cuadro original.* **4.** Singular, excéntrico. ◆ adj. y s.m. Se dice de lo que no es repetición, copia, traducción o imitación de otra cosa, especialmente las obras intelectuales o artísticas. ◆ s.m. Ejemplar o modelo del que se copia. **2.** Cosa o persona que sirve de modelo a un artista. **3.** ART. GRÁF. Manuscrito o modelo que se da a la imprenta para que, de acuerdo con él, se proceda a la composición tipográfica. ◇ **Grabado original** Grabado concebido y ejecutado por un solo y mismo artista. **Pecado original** Pecado que todas las personas han heredado de Adán y Eva, según las creencias cristianas.

ORIGINALIDAD s.f. Cualidad de original.

ORIGINAR v.tr. Producir o dar origen o principio a una cosa. ◆ **originarse** v.prnl. Proceder una cosa de otra.

ORIGINARIO, A adj. Que da origen o principio. **2.** Que ha nacido en el lugar que se especifica o procede de él: *originario de América.* **3.** DER. Se dice del juez y escribano que empezaron las actuaciones de una causa o pleito.

ORILLA s.f. (dim. del lat. *ora,* costa, borde, orilla). Límite que separa una franja de tierra de un mar, río, lago, etc. **2.** Faja de tierra que está más inmediata al agua. **3.** Línea que limita la parte extrema de una superficie. **4.** En las calles sin acera, senda junto a las casas destinada a los peatones. **5.** Borde inferior o remate de un vestido. **6.** Orillo. ◆ **orillas** s.f.pl. Argent. y Méx. Arrabales de una población.

ORILLAR v.tr., intr. y prnl. Arrimar a la orilla. ◆ v.tr. *Fig.* Esquivar, eludir algún obstáculo o dificultad: *orillar una discusión.* ◆ v.intr. Hacerle orillo a una tela.

ORILLERO, A adj. y s. Amér. Central, Argent., Cuba, Urug. y Venez. *Desp.* Arrabalero. ◆ adj. Propio de las orillas y sus costumbres.

ORILLO s.m. Borde longitudinal de una pieza de tela o paño, en general de color diferente al

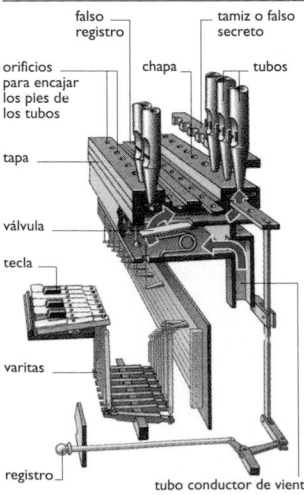

■ **ÓRGANO.** Mecanismo de un órgano clásico.

(figure labels) falso registro / tamiz o falso secreto / orificios para encajar los pies de los tubos / chapa / tubos / tapa / válvula / tecla / varitas / registro / tubo conductor de viento

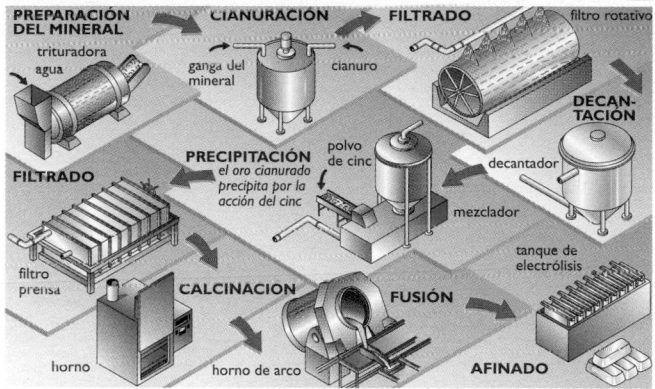

PREPARACIÓN DEL MINERAL

trituradora
agua

CIANURACIÓN

ganga del
mineral

cianuro

FILTRADO

filtro rotativo

DECAN-
TACIÓN

PRECIPITACIÓN
el oro cianurado
precipita por la
acción del cinc

polvo
de cinc

decantador

FILTRADO

mezclador

tanque de
electrólisis

filtro
prensa

CALCINACIÓN

FUSIÓN

horno

horno de arco

AFINADO

■ **ORO.** Proceso de elaboración del oro.

del resto de la pieza, y a veces tejido con ligamento diferente.

1. ORÍN s.m. (lat. vulg. *aurigo, -inis*). Óxido de hierro producido por el contacto de este metal con el aire y la humedad. **2.** Alteración del azogado de un espejo.

2. ORÍN s.m. (de *orina*). Orina: *analizar los orines.* (Suele usarse en plural.)

ORINA s.f. (lat. *urina*). Líquido excretado por los riñones, acumulado en la vejiga antes de su expulsión por la uretra.

ORINAL s.m. Recipiente para recoger la orina.

ORINAR v.intr. Expeler la orina. ◆ v.tr. Expeler por la uretra algún otro líquido: *orinar sangre.* ◆ **orinarse** v.prnl. Expeler la orina involuntariamente.

ORIOL s.m. Oropéndola.

ORIUNDO, A adj. y s. (lat. *oriundus*). Originario, que ha nacido en el lugar que se expresa o procede de él. **2.** DEP. Se dice del deportista que hace valer la nacionalidad de sus padres para no ser considerado extranjero en el país de estos.

ORIX s.m. → ORYX.

ORIYÁ s.m. Lengua indoaria hablada en la India, en el estado de Orissá.

ORLA s.f. Adorno que se dibuja, graba o imprime en los bordes de un papel, pergamino, tapiz, etc. **2.** Esp. Cuadro con las fotografías de todos los alumnos de una misma promoción que han terminado los estudios. **3.** ARQ. Vuelo o salida, arquivolta. **4.** HERÁLD. Pieza honorable de una anchura igual a la mitad de la bordura, que rodea interiormente el escudo y está separada de él por una anchura igual a la suya. **5.** TEXT. Orilla de paños, telas o vestidos, cuando lleva algún adorno.

ORLAR v.tr. Adornar con una orla. **2.** Adornar cualquier cosa o poner un adorno alrededor de ella. **3.** HERÁLD. Poner orla en el escudo.

ORLEANISMO s.m. Doctrina de los partidarios de la casa de Orleans. **2.** Régimen político en el que el primer ministro está controlado a la vez por el parlamento y por el jefe de estado.

ORLEANISTA adj. y s.m. y f. Relativo a la casa de Orleans; partidario del orleanismo.

ORLO s.m. MÚS. **a.** Antigua familia de instrumentos de viento de doble lengüeta, cuyo tubo está doblado en forma de cayado en su extremidad inferior. **b.** Juego de lengüetas del órgano.

ORLÓN s.m. (marca registrada). Fibra textil sintética.

ORNAMENTACIÓN s.f. Acción y efecto de ornamentar: *la ornamentación de un altar.* **2.** MÚS. Grupo de notas breves representadas por signos y destinadas a suavizar el contorno de una melodía.

ORNAMENTAR v.tr. Adornar, poner adornos.

ORNAMENTO s.m. Adorno. **2.** Fig. Conjunto de cualidades morales de una persona que la hacen digna de estimación. **3.** ARQ. Pieza o conjunto de piezas accesorias que se ponen para acompañar a las obras principales y em-

bellecer las estructuras: *los ornamentos de una fachada.* ◆ **ornamentos** s.m.pl. LITURG. Vestiduras que usan los ministros del culto católico en las funciones litúrgicas.

ORNAR v.tr. y prnl. (lat. *ornare*, preparar, adornar). Adornar.

ORNATO s.m. Adorno. **2.** B. ART. Conjunto de las partes accesorias de una composición, que podrían suprimirse sin alterar el tema principal.

ORNITOLOGÍA s.f. (del gr. *órnis, -ithos*, ave, y *lógos*, tratado). Parte de la zoología que estudia las aves.

ORNITÓLOGO, A s. Persona que se dedica a la ornitología.

ORNITOMANCIA u **ORNITOMANCÍA** s.f. (del gr. *órnis, -ithos*, ave, y *mantéia*, adivinación). Arte de la adivinación por el vuelo o el canto de los pájaros.

ORNITORRINCO s.m. (del gr. *órnis, -ithos*, ave, y *rygkhos*, pico). Mamífero monotrema de Australia y Tasmania, ovíparo, de 40 cm de long., con un pico córneo parecido al de un pato, patas palmeadas y cola ancha, que excava galerías cerca del agua. (Familia ornitorrínquidos.)

■ ORNITORRINCO

ORNITOSIS s.f. Enfermedad contagiosa transmitida por algunas aves, debida a un virus del grupo de la psitacosis, que toma el aspecto de gripe, tifoidea o neumonía.

ORO s.m. (lat. *aurum*). Metal precioso de color amarillo brillante, de densidad 19,3, cuyo punto de fusión es de 1 065 °C. **2.** Elemento químico (Au), de número atómico 79 y masa atómica 196,966. **3.** Moneda de dicho metal. **4.** Conjunto de joyas y objetos de oro. **5.** Fig. Dinero, riquezas. **6.** Carta del palo de oros. **7.** As de oros. **8.** DEP. En las competiciones deportivas, categoría del concursante que ha obtenido el primer puesto: *ha sido oro en atletismo.* **9.** HERÁLD. Uno de los metales heráldicos. ◆ **oros** s.m.pl. Palo de la baraja española representado por la figura de una moneda de oro. ◇ **Como oro en paño** Con gran celo, con mucha delicadeza. **De oro** Muy bueno, inmejorable: *tener un corazón de oro.* **El oro y el moro** Fam. Exagera el valor de una cosa: *ofrecer el oro y el moro por una casucha.* **Hacerse de oro** Enriquecerse mucho. **Oro batido**, o **en hojas** Oro reducido a hojas o panes, empleado por los doradores y encuadernadores. **Oro**

bruñido Oro que se da sobre piezas talladas, previa preparación de la superficie. **Oro en barras** Oro refinado, dispuesto para la acuñación. **Oro negro** Fam. Petróleo. **Regla de oro** Regla cuya aplicación resulta provechosa.

ENCICL. El oro es el más maleable y dúctil de los metales (se puede reducir a hojas de 1/10 000 mm de espesor, «pan de oro»). Inalterable en el aire a cualquier temperatura, es atacado por el cloro y el bromo y se disuelve en el mercurio. Es un metal blando, por lo que es necesario alearlo con el cobre o la plata para ser utilizado en joyería y acuñación. Es trivalente en las sales áuricas y monovalente en las sales aurosas.

OROBANCA s.f. Planta sin clorofila, con flores gamopétalas, que vive parásita sobre las raíces de otras plantas. (Familia orobancáceas.)

OROGÉNESIS s.f. Formación de los sistemas montañosos.

OROGENIA s.f. Parte de la geología que estudia la formación de las montañas y, por extensión, de todo movimiento de la corteza terrestre.

OROGÉNICO, A adj. Relativo a la orogenia. ◇ **Movimientos orogénicos** Movimientos de la corteza terrestre que dan lugar a la formación de montañas.

OROGRAFÍA s.f. Estudio del relieve terrestre. **2.** Disposición de un relieve terrestre: *la orografía de una región.*

ORONDO, A adj. Fig. y fam. Satisfecho de sí mismo. **2.** Fig. y fam. Se dice de la persona o cosa gruesa y redondeada. **3.** Fam. Hueco, esponjado. **4.** Se dice de los recipientes de mucha concavidad.

ORONJA s.f. Hongo comestible, con sombrerillo anaranjado y láminas del himenio amarillas, volva y anillos. (Familia agaricáceas.) ◇ **Oronja falsa** Hongo venenoso, muy parecido a la oronja, de la que se distingue por su sombrerillo rojo, salpicado de escamas blancas, y por sus láminas blancas. **Oronja verde** Hongo mortal, de sombrerillo blanco verdoso a amarillo oliváceo y láminas blancas.

oronja
(comestible)

falsa oronja
(venenosa)

■ ORONJAS

OROPEL s.m. (fr. *oripel*, del lat. *aurea pellis*, piel de oro). Lámina de cobre, delgada y pulida, que imita el oro. **2.** Fig. Cosa o adorno de poco valor, pero de mucha apariencia. **3.** Fig. Ostentosidad, apariencia vana.

OROPÉNDOLA s.f. (del lat. *aurum*, oro, y *pendola*, pluma). Ave paseriforme de unos 24 cm de long., de plumaje amarillo y negro (macho) o verdoso (hembra), de canto sonoro, que vive en bosques y jardines y que se alimenta de frutos e insectos. (Familia oriólidos.) SIN.: *oriol, picafigo.*

■ OROPÉNDOLA

OROPIMENTE s.m. (cat. *orpiment*). Sulfuro natural de arsénico As₂S₃, de color amarillo vivo, empleado en pintura y en farmacia.

ORQUESTA s.f. (lat. *orchesta*, estrado del teatro donde estaban los músicos, del gr. *orkhístra*). Conjunto de instrumentistas que interpretan una obra musical. **2.** En un teatro, espacio comprendido entre la escena y el público y destinado a los músicos.
ENCICL. Bastante reducida en el s. XVIII —predominaban los instrumentos de cuerda—, durante el s. XIX con Beethoven, Berlioz y Wagner aumentó el número de instrumentos de metal y ganó en amplitud e intensidad. En el s. XX se enriqueció considerablemente, en especial con instrumentos electrónicos y de percusión.
ORQUESTACIÓN s.f. Acción y efecto de orquestar.
ORQUESTADOR, RA s. Músico que compone orquestaciones.
ORQUESTAR v.tr. Disponer una composición musical siguiendo los timbres de los instrumentos que componen la orquesta. **2.** *Fig.* Canalizar alguien actuaciones, hechos, aspiraciones, etc., para darles la máxima amplitud y resonancia. **3.** *Fig.* Organizar, estructurar algo.
ORQUESTINA s.f. Orquesta de pocos instrumentos que toca música de baile.
ORQUESTRA s.f. En los teatros griegos, parte del teatro comprendida entre la escena y los espectadores donde el coro evolucionaba alrededor de un altar dedicado a Dionisos.
ORQUÍDEA s.f. (gr. *orkhídion*). Planta de la familia de las orquídeas; flor de esta planta.

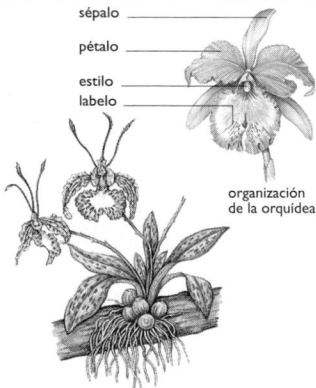

sépalo
pétalo
estilo
labelo
organización de la orquídea

■ ORQUÍDEA

ORQUÍDEO, A adj. y s.f. Relativo a una familia de plantas monocotiledóneas, a menudo epifitas, que se caracterizan por sus flores, con una extensa gama de colores y variedades. (Más de 15 000 especies.) SIN.: *orquidáceo*.
ORQUITIS s.f. (del gr. *órkhis*, testículo). Inflamación de los testículos.
ORSAI s.m. (del ingl. *off side*). DEP. Fuera de juego. <> **Estar en orsai** Estar distraído.
ORTICÓN s.m. Tubo captador de imágenes, de alta sensibilidad, utilizado en las cámaras de televisión.
ORTIGA s.f. (lat. *urtica*). Planta herbácea de flores poco visibles, cubierta de pelos cuya base contiene un líquido irritante que penetra bajo la piel con el simple contacto de sus puntas. (Familia urticáceas.) <> **Ortiga blanca** Planta de la familia labiadas, que crece frecuentemente en el borde de los caminos y en los bosques. **Ortiga de mar** Medusa.
ORTIGAL s.m. Terreno poblado de ortigas.
ORTIVO, A adj. ASTRON. Relativo al orto.
1. ORTO s.m. (lat. *ortus, -us* de *oriri*, salir los astros). ASTRON. Salida del Sol o de otro astro por el horizonte.
2. ORTO s.m. Argent., Chile y Urug. *Vulg.* Ano.
ORTOCENTRO s.m. MAT. Punto de intersección de las tres alturas de un triángulo.

ORTOCLASA s.f. Feldespato potásico, abundante en el granito y el gneis. SIN.: *ortosa*.
ORTOCROMÁTICO, A adj. Se dice de la película fotográfica sensible a todos los colores, excepto al rojo.
ORTODONCIA s.f. Parte de la estomatología que se ocupa del estudio y de la corrección de las anomalías en la posición de las piezas dentarias.
ORTODOXIA s.f. Conjunto de doctrinas y opiniones conformes a la revelación o a las decisiones oficiales de la Iglesia. **2.** Conjunto de las Iglesias cristianas ortodoxas. **3.** *Por ext.* Conformidad a la doctrina tradicional en cualquier campo: *ortodoxia filosófica, política*.
ORTODOXO, A adj. (lat. *ortodoxus*, del gr. *orthós*, recto, justo, y *dóxa*, opinión, creencia). Conforme al dogma y a la doctrina de la Iglesia: *doctrina ortodoxa*. **2.** Relativo a las Iglesias ortodoxas. **3.** *Por ext.* Conforme a los principios tradicionales en cualquier dominio; conforme a la opinión de la mayoría. ◆ adj. y s. Que profesa la doctrina de las Iglesias ortodoxas. **2.** En la terminología protestante, partidario de los dogmas tradicionales o del orden establecido. **3.** *Por ext.* Que piensa o actúa conforme a la doctrina tradicional en cualquier campo. <> **Iglesias ortodoxas** Iglesias cristianas orientales, separadas de Roma desde 1054, pero que permanecen fieles a la doctrina definida por el concilio de Calcedonia (451).
ENCICL. La Iglesia ortodoxa busca preservar la fe cristiana original y apostólica. Esto se debe a que se considera heredera de las primeras comunidades cristianas establecidas al oriente del Mediterráneo por los apóstoles de Jesús, cuya influencia creció cuando Constantinopla se convirtió en capital del Imperio romano (320). Por eso, de allí surgieron, en los primeros ocho siglos del cristianismo, las mayores manifestaciones intelectuales y culturales: los concilios ecuménicos, los misioneros que convirtieron a los eslavos y otros pueblos de Europa oriental, traducciones de textos litúrgicos a lenguas vernáculas, etc. Sin embargo, evolucionó en forma distinta a la Iglesia de occidente, hubo desacuerdos en algunos aspectos de la fe y, finalmente, se dio el gran cisma en el que el Papa León IX y el patriarca Miguel Cerulario se excomulgaron mutuamente (1554), cuyo resultado fue la separación de las Iglesias de oriente y occidente. En la actualidad

sus lenguas litúrgicas son el griego (helenos de Constantinopla, Chipre, Grecia), el árabe (griegos melquitas de Alejandría, Kenia, Uganda, Rep. Dem. del Congo), las lenguas eslavas (Moscú, Serbia, Bulgaria, Polonia, República Checa y Eslovaquia), el rumano, el georgiano y las lenguas de la diáspora (albanés, finés, chino, japonés).
ORTODROMIA s.f. (del gr. *orthós*, recto, justo, y *dramein*, correr). Línea más corta que une dos puntos de la superficie de la Tierra, que es el arco de círculo máximo que los une.
ORTOEDRO s.m. Prisma de seis caras rectangulares que tiene todos los ángulos rectos.
ORTOEPÍA s.f. Arte de pronunciar correctamente. SIN.: *ortoepeya*.
ORTOFONÍA s.f. Reeducación del lenguaje oral, particularmente de la pronunciación, y del escrito.
ORTOGÉNESIS s.f. BIOL. Serie de variaciones en el mismo sentido a través de varias especies en la evolución de un fílum.
ORTOGONAL adj. Se dice de dos rectas, dos círculos, una recta y un plano, dos planos, etc., que se cortan en ángulo recto. <> **Proyección ortogonal** Proyección efectuada según perpendiculares al eje o al plano de proyección.
ORTOGRAFÍA s.f. (lat. *orthographia*, del gr. *orthographía*, de *orthós*, recto, justo, y *gráphein*, escribir). Conjunto de reglas y usos que regulan la manera correcta de escribir las palabras de una lengua. **2.** Manera de escribir correctamente las palabras de una lengua. <> **Falta de ortografía** Incorrección en la escritura de una palabra.
ORTOGRÁFICO, A adj. Relativo a la ortografía: *sistema ortográfico*. <> **Signo ortográfico** Cada uno de los signos que conforman la ortografía de las palabras y frases.
ORTOIMAGEN s.f. Imagen de gran precisión, como las obtenidas por los satélites espaciales.
ORTONORMAL adj. MAT. Se dice de un sistema de coordenadas cuyos ejes se cortan en ángulo recto y admiten vectores unitarios de igual longitud.
ORTOPEDA s.m. y f. Persona que se dedica a la ortopedia. SIN.: *ortopedista*.
ORTOPEDIA s.f. (del gr. *orthós*, recto, justo, y *paideía*, educación). Técnica de corregir o prevenir de forma mecánica o quirúrgica, por medio de aparatos, las deformaciones o desviaciones de los huesos o de las articulaciones del cuerpo.
ORTOPÉDICO, A adj. Relativo a la ortopedia. ◆ s. Ortopeda. <> **Cirugía ortopédica** Parte de la cirugía que se ocupa de los tratamientos quirúrgicos referentes a los huesos y a las articulaciones.
ORTÓPTERO, A adj. y s.m. (del gr. *orthós*, recto, justo, y *pterón*, ala). Relativo a un orden de insectos masticadores con metamorfosis incompleta, cuyas alas membranosas presentan pliegues rectos, como el saltamontes y el grillo.
ORTÓPTICO, A adj. Relativo al tratamiento destinado a solucionar los defectos de la vista por medio de gimnasia ocular.
ORTORRÓMBICO, A adj. Rómbico.

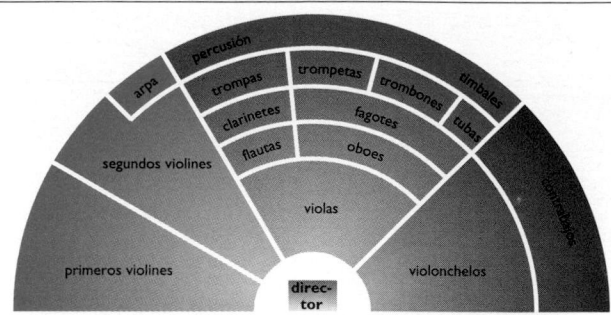

■ **ORQUESTA.** Disposición habitual en una orquesta sinfónica clásica.

arpa · percusión · trompas · trompetas · trombones · timbales · clarinetes · fagotes · tubas · segundos violines · flautas · oboes · contrabajos · violas · primeros violines · violonchelos · director

■ ORTIGA

ORTOSA s.f. (del gr. *orthós*, recto, justo). Ortoclasa.

ORTOSCÓPICO, A adj FOT. Se dice del objetivo que no produce distorsión.

ORTOSTÁTICO, A adj. MED. Relativo al ortostatismo.

ORTOSTATO s.m. ARQUEOL. Losa de piedra hincada verticalmente, que sirve de soporte o de elemento de cierre en los monumentos megalíticos.

ORTÓTROPO, A adj. BOT. Se dice de un tipo de óvulo en que el micrópilo está situado en oposición a la calaza y a la placenta.

ORUGA s.f. (lat. vulg. *uruca*). Larva típica de los lepidópteros, con apéndices abdominales de función locomotora, que se alimenta de vegetales. **2.** Banda sin fin, formada por una cinta continua de caucho armado o por placas metálicas articuladas, que se interpone entre el suelo y las ruedas de un vehículo para que este pueda avanzar por terrenos blandos o accidentados. ◇ **Oruga común** Planta herbácea muy parecida a la roqueta. (Familia crucíferas.)

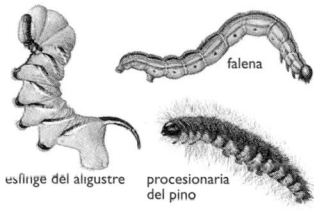

esfinge del aligustre   procesionaria del pino

■ ORUGAS

ORUJO s.m. (del lat. *involucrum*, envoltorio). Residuo que se obtiene del prensado de las uvas, aceitunas, manzanas, etc. **2.** Aguardiente que se elabora a partir de la destilación del hollejo de la uva. ◇ **Aceite de orujo** Aceite de calidad inferior que se extrae del orujo de aceituna.

ORYX u **ORIX** s.m. Antílope de grandes cuernos apenas curvados, tronco robusto y cola muy larga (Familia bóvidos).

1. ORZA s.f. (del lat. *urceus*, jarro, olla). Tinaja pequeña usada generalmente para guardar conserva.

2. ORZA s.f. MAR. **a.** Acción y efecto de orzar. **b.** Pieza suplementaria, metálica y de forma similar a un triángulo rectángulo, cuyo cateto mayor se aplica y asegura exteriormente a la quilla de los balandros de regata para aumentar su calado, procurar mayor estabilidad y mejor gobierno para ceñir. SIN.: *orzada*

ORZAGA s.f. Planta herbácea de tallos erguidos y flores pequeñas y verdosas. (Familia quenopodiáceas.)

ORZAR v.intr. [7]. MAR. **a.** Girar el buque de modo que disminuya el ángulo que la quilla forma con la dirección del viento. **b.** Dar al timón la posición necesaria para que el buque orce.

ORZUELO s.m. (lat. *hordeolus*, dim. de *hordeum*, cebada). Inflamación pequeña que aparece en el borde libre de los párpados.

OS pron.pers. Forma átona del pronombre personal de 2ª persona del plural o de la forma de tratamiento *vos*. Funciona como complemento directo e indirecto y se usa con verbos pronominales cuando el sujeto es de 1ª persona del plural. Va pospuesto y unido al verbo cuando acompaña a un infinitivo, gerundio o imperativo: *ayer os llamé por teléfono; os contaré una historia.*

1. OSA s.f. → OSO.

2. OSA s.f. QUÍM. Glúcido no hidrolizable que contiene 3 o más átomos de carbono por molécula. SIN.: *monosacárido*.

OSADÍA s.f. Temeridad, atrevimiento. **2.** Descaro.

OSADO, A adj. Que tiene o implica osadía.

OSAMENTA s.f. Esqueleto.

OSAR v.intr. (lat. vulg. *ausare*). Atreverse.

OSARIO s.m. (lat. *ossarium*). Lugar donde se entierran o se hallan enterrados huesos.

ÓSCAR u **OSCAR** s.m. (voz angloamericana). Premio cinematográfico, consistente en una estatuilla, que se concede anualmente en Hollywood a los mejores profesionales del año.

OSCENSE adj. y s.m. y f. De Huesca. **2.** De Huéscar.

OSCILACIÓN s.f. (lat. *oscillatio, -onis*). Acción y efecto de oscilar.

OSCILADOR s.m. Aparato que produce corrientes eléctricas oscilantes. ◇ **Oscilador armónico** Punto que experimenta oscilaciones sinusoidales a ambos lados de una posición de equilibrio.

OSCILAR v.intr. (lat. tardío *oscillare*, de *oscillum*, columpio). Desplazarse alternativamente un cuerpo en un sentido y en otro de su posición de equilibrio. **2.** *Fig.* Variar, cambiar algo dentro de determinados límites, como los precios de las cosas, la temperatura, etc. **3.** *Fig.* Vacilar, dudar entre dos cosas. **4.** FÍS. Variar una magnitud fija alrededor de una posición de equilibrio.

OSCILATORIO, A adj. Se dice del movimiento de los cuerpos que oscilan, y de su aptitud o disposición para oscilar. **2.** FÍS. Se dice de las magnitudes que oscilan.

OSCILÓGRAFO s.m. Aparato que permite observar y registrar las variaciones de una magnitud física variable en función del tiempo. ◇ **Oscilógrafo de rayos catódicos** Oscilógrafo que utiliza las desviaciones de un haz de rayos catódicos bajo la acción de un campo eléctrico o magnético.

OSCILOGRAMA s.m. Imagen obtenida con un oscilógrafo.

OSCILÓMETRO s.m. MED. Instrumento que mide las variaciones de la tensión arterial.

OSCILOSCOPIO s.m. Aparato que permite visualizar las variaciones temporales de una magnitud física y obtener una representación gráfica de ellas. (Está constituido por un cañón de electrones que produce un haz luminoso que se puede desviar horizontalmente o verticalmente gracias a la aplicación de una señal eléctrica sobre unas placas, realizando así una representación visual de curvas sobre una pantalla luminosa.)

OSCO, A adj. y s. De un antiguo pueblo de Italia, establecido en los Apeninos centrales, cuya lengua influyó profundamente en el latín.

OSCULADOR, TRIZ adj. MAT. Se dice de las curvas y de las superficies que tienen un contacto del máximo orden posible con otra curva dada.

ÓSCULO s.m. (lat. *osculum*, beso, dim. de *os, oris*, boca). *Poét.* Beso. **2.** ZOOL. Orificio u orificios de salida del agua en una esponja

OSCULUM s.m. (voz latina). Beso que se daban el vasallo y el señor como confirmación de los deberes recíprocamente contraídos en el homenaje y la fidelidad.

OSCURANA s.f. *Amér.* Oscuridad.

OSCURANTISMO u **OBSCURANTISMO** s.m. Actitud de oposición a la instrucción, a la razón y al progreso.

OSCURANTISTA u **OBSCURANTISTA** adj. y s.m. y f. Relativo al oscurantismo; partidario del oscurantismo.

OSCURECER u **OBSCURECER** v.tr. [37]. Privar parcial o totalmente de luz o claridad. **2.** *Fig.* Disminuir el prestigio, la estimación; deslucir. **3.** *Fig.* Ofuscar, turbar la razón. **4.** *Fig.* Confundir las ideas al expresarlas. ◆ v.impers. Anochecer. ◆ **oscurecerse** v.prnl. Nublarse: *oscurecerse el cielo.*

OSCURIDAD u **OBSCURIDAD** s.f. Cualidad de oscuro: *la oscuridad de la noche.* **2.** Lugar o situación oscuros. **3.** *Fig.* Falta de noticias o de datos acerca de algo.

OSCURO, A u **OBSCURO, A** adj. (lat. *obscurus*). Que tiene poca luz o carece de ella: *un cuarto oscuro.* **2.** *Fig.* Poco claro, difícil de conocer o comprender: *un razonamiento oscuro.* **3.** *Fig.* Humilde, sin fama: *un oscuro escritor.* **4.** *Fig.* Vago, indistinto: *un oscuro presentimiento.* **5.** *Fig.* Incierto, peligroso: *un porvenir oscuro.* **6.** Se dice del día que está nublado. **7.** Se dice del color que tira a negro. **8.** Que es de este

color: *pantalones oscuros.* ◆ adj. y s. Melancólico, obsesionado por la muerte y la decadencia. SIN.: *gótico;* GEOSIN.: Esp. *siniestro.* ◆ s.m. En las representaciones teatrales, apagón de las luces de la escena que sirve para marcar el final de un cuadro y el comienzo de otro. ◇ **A oscuras** Sin luz: *estar un cuarto a oscuras;* sin vista, ciego; en la ignorancia.

OSEÍNA s.f. Sustancia orgánica constituyente de los huesos.

ÓSEO, A adj. De hueso. **2.** De la naturaleza del hueso. ◇ **Pez óseo** Pez cuyo esqueleto está total o parcialmente osificado. **Tejido óseo** Tejido orgánico que constituye la parte dura de los huesos.

OSERA s.f. Guarida del oso.

OSERO s.m. Osario.

OSETO, A adj. y s. De un pueblo de lengua irania del Cáucaso central, que habita en la República de Osetia del Norte (Rusia) y en la Región Autónoma de Osetia del Sur (Georgia). ◆ s.m. Lengua irania hablada en esta región del Cáucaso.

OSEZNO s.m. (lat. *ursicinus*). Cachorro del oso.

OSIÁNICO, A adj. Relativo a Ossian o a la poesía que se le atribuye.

ÓSIDO s.m. Glúcido hidrolizable.

OSIFICACIÓN s.f. Acción y efecto de osificarse.

OSIFICARSE v.prnl. [1]. BIOL. Convertirse en hueso o adquirir un tejido orgánico consistencia de tal: *osificarse un tejido cartilaginoso.*

ÓSMICO, A adj. Se dice de un ácido derivado del osmio que se emplea en histología.

OSMIO s.m. (gr. *osmí*, olor). Metal parecido al platino, de densidad 22,5, cuyo punto de fusión es de 3 040 ºC. Elemento químico (Os), de número atómico 76 y masa atómica 190,23.

OSMIURO s.m. Combinación del osmio con otro cuerpo simple.

OSMOL s.m. QUÍM. Presión osmótica de un mol disuelto en un litro de agua a 22,4 atmósferas de presión y 0 ºC de temperatura.

OSMOLALIDAD s.f. QUÍM. Concentración de las partículas osmóticamente activas contenidas en una disolución, expresada en osmoles o en miliosmoles por kilogramo de disolvente.

OSMOLARIDAD s.f. QUÍM. Concentración de las partículas osmóticamente activas contenidas en una disolución, expresada en osmoles o en miliosmoles por litro de disolvente.

OSMOMETRÍA s.f. Medición de las presiones osmóticas.

OSMÓMETRO s.m. Aparato que sirve para medir la presión osmótica.

OSMORREGULACIÓN s.f. BIOL. Regulación de la presión osmótica de los seres vivos.

ÓSMOSIS u **OSMOSIS** s.f. (del gr. *osmós*, acción de empujar). Fenómeno de difusión de dos disoluciones de distinta concentración realizada a través de una membrana permeable o semipermeable. **2.** *Fig.* Influencia recíproca, interpenetración.

OSMÓTICO, A adj. Relativo a la ósmosis. ◇ **Presión osmótica** Presión ejercida sobre una membrana por una disolución.

OSO, A s. (lat. *ursus*). Mamífero carnívoro, plantígrado, de cuerpo macizo y pesado cubierto de un tupido pelo, de gran potencia muscular, largas colas, cola reducida y dentadura con molares más trituradores que cortantes. (Su cría es el osezno; familia úrsidos.) ◆ s.m. *Méx. Fam.* Acción ridícula y vergonzosa: *estaba tan borracho que hizo puros osos en la fiesta.* ◇ **Oso blanco,** o **polar,** o **marítimo** Oso de las regiones árticas, de vida acuática, de unos 600 kg de peso y 2,70 m de long., que se alimenta fundamentalmente de peces. **Oso hormiguero,** o **bandera** Mamífero desdentado de hocico cilíndrico, lengua larga y flexible, patas anteriores más cortas que las posteriores y manos con uñas largas y fuertes. SIN.: *yurumí.* **Oso lavador** Mapache. **Oso malayo,** o **biruang,** o **bruang** Oso de las zonas forestales de Malaca e Insulindia. **Oso marino** Carnívoro pinnípedo parecido al león marino, de cuello corto y aletas anteriores cubiertas de una piel suave y plegable. **Oso pardo** Oso que vive en solitario en los bosques montañosos de Europa y Asia, y que se alimenta especialmente de fruta y miel.

ENCICL. Cercano a los 3 m de longitud y con un peso que varía entre 450 kg (oso pardo) y 600 kg (oso blanco), el oso es el mayor de los carnívoros terrestres. Entre las 7 especies conocidas, el oso pardo de Europa (género *Ursus*), de América (donde se llama *grizzly*) y norte de Asia, se alimenta de frutos, miel, salmones y pequeños animales; el oso negro es más pequeño y solo vive en América del Norte; el oso blanco u oso polar (género *Thalarctos*) vive en las regiones árticas y lleva una vida en gran parte acuática, pues se alimenta de focas y peces; el oso de los cocoteros (género *Helarctos*) de los bosques tropicales del sudeste asiático es el más pequeño de todos. El oso de las cavernas *(Ursus spelaeus),* uno de los osos europeos hoy extinto, fue cazado y venerado por los neandertales.

pardo

blanco
o polar

■ OSOS

■ OSO HORMIGUERO

OSOSO, A adj. Relativo al hueso. **2.** Que tiene hueso o huesos. **3.** Óseo.
OSSAS s.f.pl. En la España medieval, gabela con que las mujeres de condición servil o semiservil compraban al señor su consentimiento para contraer matrimonio.
OSSOBUCO s.m. (voz italiana). Guiso estofado de tibia de ternera con médula y carne, cortada en rodajas, típico de la cocina italiana.
OSTALGIA u **OSTEALGIA** s.f. Dolor óseo.
OSTÁLGICO, A u **OSTEÁLGICO, A** adj. Relativo a la ostalgia.
¡OSTE! interj. → **¡OXTE!**
OSTEÍNA s.f. Sustancia nitrogenada constituyente de la parte de los cartílagos animales y que se halla también en las partes óseas.
OSTEÍTIS s.f. Inflamación del tejido óseo.
OSTENSIBLE adj. Manifiesto, patente. **2.** Que puede manifestarse o mostrarse.
OSTENSIVO, A adj. Que ostenta una cosa.
OSTENSORIO s.m. Pieza de orfebrería en la que se expone el Santísimo Sacramento.
OSTENTACIÓN s.f. Acción de ostentar. **2.** Afec-

tación por la que se hace alarde de una ventaja o de una cualidad.
OSTENTAR v.tr. (lat. *ostentare,* de *ostendere,* exhibir). Mostrar, exhibir con afectación cualquier cosa que halaga la vanidad. **2.** Mostrar una cosa, hacerla patente. **3.** Estar en posesión de algo que da derecho a ejercer ciertas actividades o a obtener ciertas ventajas, beneficios, etc.: *ostentar el título de doctor.*
OSTENTOSO, A adj. Magnífico, lujoso: *una casa ostentosa.* **2.** Se dice de lo que se muestra o se hace de una manera llamativa y con intención de que los demás lo vean o lo noten: *ostentosas demostraciones de cariño.*
OSTEOBLASTO s.m. Célula del tejido óseo.
OSTEOCLASTIA s.f. Fractura quirúrgica de ciertos huesos para corregir deformaciones óseas o articulares.
OSTEOCLASTO s.m. BIOL. Célula gigante de la médula ósea que destruye la sustancia ósea para facilitar la reconstrucción del hueso.
OSTEOCONDRITIS s.f. Inflamación de los cartílagos que forman los huesos o que recubren sus extremos.
OSTEOFITO s.m. Proliferación anormal de tejido óseo en la zona próxima a una inflamación.
OSTEOGÉNESIS s.f. Proceso de formación de los huesos.
OSTEÓLISIS s.f. Proceso de destrucción del tejido óseo.
OSTEOLOGÍA s.f. Parte de la anatomía que se ocupa de los huesos.
OSTEOLÓGICO, A adj. Relativo a la osteología.
OSTEÓLOGO, A s. Médico especialista en osteología.
OSTEOMA s.m. Tumor benigno del hueso.
OSTEOMALACIA s.f. Descalcificación progresiva de los huesos. (En los adultos, la *osteomalacia* equivale al raquitismo infantil.)
OSTEOMIELITIS s.f. Inflamación del hueso y de la médula ósea, debida a una variedad de estafilococo.
OSTEOPATÍA s.f. MED. Nombre genérico de las enfermedades de los huesos.
OSTEOPLASTIA s.f. CIR. Reconstrucción de un hueso con la ayuda de fragmentos óseos.
OSTEOPOROSIS s.f. Fragilidad difusa de los huesos debida a una desmineralización por rarefacción de la matriz proteica. (La osteoporosis es muy frecuente entre las mujeres después de la menopausia, y supone un riesgo de fracturas en las vértebras y el cuello del fémur.)
OSTEOSARCOMA s.m. Tumor maligno de los huesos.
OSTEOSÍNTESIS s.f. CIR. Intervención quirúrgica que tiene por finalidad la fijación mecánica de los fragmentos óseos de una fractura por medio de una pieza metálica.
OSTEOTOMÍA s.f. CIR. Sección quirúrgica de un hueso.
OSTIAKO s.m. Lengua ugrofinesa de Siberia occidental.
OSTIAKOS, pueblo ugrofinés de Siberia occidental.
OSTIARIADO s.m. REL. Primera de las órdenes menores, que fue suprimida en 1972.
OSTÍOLO s.m. BOT. Orificio microscópico por donde se realiza el intercambio gaseoso de una hoja con la atmósfera, que cubre especialmente la cara inferior de aquella. **2.** *Por ext.* Nombre con que se designan diversos orificios de distintos órganos.
OSTIÓN s.m. Ostrón.
OSTIONERÍA s.f. Méx. Restaurante donde se sirven ostiones y otros mariscos.
OSTIUM s.m. (voz latina, *entrada, puerta*). ANAT. Boca u orificio, especialmente los orificios de entrada de las trompas de Eustaquio y Falopio.
OSTRA s.f. (port. *ostra*). Molusco bivalvo comestible, que vive fijado a las rocas marinas por una valva de su concha. **◆** *Aburrirse como una ostra* Aburrirse mucho. **Ostra perlífera** Madreperla.
OSTRACISMO s.m. (gr. *ostrakismós,* de *ostrakon,* concha). *Fig.* Exclusión de alguien de un

grupo, un partido, etc. **2.** En la Grecia antigua, procedimiento que permitía a los miembros de la eclesia desterrar por diez años a un ciudadano considerado peligroso por su influencia o ambición.
OSTRACO s.m. Estrato periférico de la concha de los moluscos.
OSTRÁCODO, A adj. y s.m. Relativo a un superorden de pequeños crustáceos que poseen caparazón bivalvo y antenas locomotrices, como la pulga de agua.
ÓSTRACON u **ÓSTRAKON** s.m. En la antigüedad, concha o fragmento de cerámica que servía de soporte a escritos o dibujos de carácter práctico, como bocetos, planos, etc.

■ **ÓSTRACON** griego. (Museo del ágora, Atenas.)

OSTRAL s.m. Lugar donde se crían las ostras y las perlas.
OSTRERO, A adj. Relativo a las ostras. **◆** s. Persona que tiene por oficio vender ostras. **◆** s.m. Ave de plumaje negro y blanco que vive en las costas y se alimenta de crustáceos y moluscos. **2.** Ostral.
OSTRÍCOLA adj. Relativo a la ostricultura.
OSTRICULTOR, RA s. Persona que se dedica a la ostricultura.
OSTRICULTURA s.f. Industria destinada a la reproducción y mejoramiento de las ostras.
OSTRÍFERO, A adj. Que cría o tiene abundancia de ostras.
OSTRO s.m. (lat. *ostrum*). Molusco cuya tinta se utilizaba para teñir las telas de color púrpura. **2.** *Fig.* Púrpura, tinte.
OSTROGODO, A adj. y s. De un antiguo pueblo germánico que constituía una de las grandes fracciones en que se dividían los godos.
ENCICL. El reino que habían constituido a uno y otro lado del Dniéper fue destruido por los hunos hacia 375. La muerte de Atila (453) hizo renacer su poder. Federados con Roma y dominadores de una parte de los Balcanes, penetraron en Italia con Teodorico en 489. Este, convertido en único señor de Italia, rey en 493, se instaló en Ravena. Al revés que los demás bárbaros, se esforzó en salvaguardar lo que subsistía de las instituciones romanas y gobernó como romano. A su muerte (526) su reino no pudo resistirse a la reconquista bizantina y desapareció en 555. Los supervivientes, poco numerosos, fueron deportados a oriente o acabaron fundiéndose en la población romana sin dejar huella.
OSTRÓN s.m. Molusco parecido a la ostra, de concha más bien alargada y valvas desiguales. (Familia ostreidos.)
OSUDO, A adj. Huesudo.
OSUNO, A adj. Relativo al oso.
OTALGIA s.f. MED. Dolor de oído.
OTÁRIDO, A adj. y s.m. Relativo a una familia de mamíferos marinos carnívoros, como el león marino.
1. OTARIO s.m. (del gr. *ōtarion,* oreja pequeña). León marino.
2. OTARIO, A adj. Argent. y Pan. Tonto, necio. **2.** Argent. y Urug. Tonto, fácil de engañar.
OTEAR v.tr. Abarcar, divisar algo con la mirada desde un lugar elevado. **2.** Explorar o mirar algo con atención.
OTERO s.m. Colina o cerro aislado en un llano.
ÓTICO, A adj. ANAT. Relativo al oído.
OTÍTICO, A adj. Relativo a la otitis.
OTITIS s.f. (del gr. *oys, otós,* oreja). Inflamación del oído.
ENCICL. Se distinguen las *otitis externas,* de origen microbiano o debidas a hongos (infección cutánea del conducto auditivo externo), *otitis medias,* agudas o crónicas (que se asientan en la caja del tímpano y están producidas

por una infección de la rinofaringe transmitida por la trompa de Eustaquio), y *otitis internas* (que se asientan en el oído interno, son de origen vírico o bacteriano y se manifiestan por una sordera a menudo irreversible.)

OTOBA s.f. Árbol de fruto muy parecido a la nuez moscada, que crece en las regiones tropicales americanas. (Familia miristicáceas.)

OTOLITO s.m. Concreción mineral contenida en el oído.

OTOLOGÍA s.f. Parte de la medicina que estudia el oído y sus enfermedades.

OTÓLOGO, A s Médico especialista en otología.

OTOMACO, pueblo amerindio, actualmente extinguido, que vivía entre los ríos Orinoco, Meta y cuenca superior del Arauca (Venezuela).

OTOMÁN s.m. Tejido que forma cordoncillos anchos en sentido horizontal.

OTOMANA s.f. (fr. *ottomane*). Silla alargada o lecho de reposo, en uso a partir de mediados del s. XVIII.

OTOMANGUE s.m. Familia lingüística de América Central y México, cuya lengua más importante es el otomí.

OTOMANO, A adj. y s. De los Otomanos, dinastía de soberanos turcos. (V. parte n. pr.) **2.** De Turquía.

OTOMÍ adj. y s.m. y f. De un pueblo amerindio que habitaba en el centro de México. ◆ s.m. Lengua de la familia otomangue hablada por los otomíes.

ENCICL. Los otomíes son de origen desconocido, aunque algunos autores los han relacionado con los chichimecas. Ocupaban los actuales estados de San Luis Potosí, Jalisco y Guanajuato y parte de los de Puebla, Tlaxcala y Guerrero. A fines del s. IX fueron derrotados por los toltecas, y en la segunda mitad del s. XIII se instalaron en el valle de México. Sometidos por los aztecas en el s. XIV, muchos otomíes se replegaron a las montañas. El otomí se hablaba en el s. XVI en las altas mesetas mexicanas, y en la época colonial se extendió hacia el NO. Sus dialectos son: *mazahua, pame, jonaz* y *matlatzinca.*

OTÓNICO, A adj. Relativo a los emperadores germánicos llamados Otón, a su dinastía o su tiempo. **2.** Se dice de un arte característico de los países germánicos en la época de los emperadores otónicos (segunda mitad del s. IX) y de los emperadores salios (primera mitad del s. XI), que señala la transición del arte carolingio al arte románico.

OTOÑADA s.f. Estación del otoño. **2.** Pasto de otoño.

OTOÑAL adj. Relativo al otoño. *temperatura otoñal.* ◆ adj. y s.m. y f. *Fig.* Que se halla en el otoño de la vida: *edad otoñal.*

OTOÑAR v.intr. Pasar el otoño en un lugar o de cierto modo. **2.** Brotar la hierba en el otoño. ◆ **otoñarse** v.prnl. Sazonarse la tierra en el otoño.

OTOÑO s.m. (lat. *autumnus*). Estación del año comprendida entre el verano y el invierno. (Del 21 de septiembre al 22 de diciembre, en el hemisferio norte; del 21 de marzo al 21 de junio, en el hemisferio sur.) **2.** *Fig.* Período de la vida próximo a la vejez: *estar en el otoño de la vida.* **3.** Hierba que producen los prados en el otoño.

OTORGAMIENTO s.m. (lat. vulg. *auctoricare,* de *auctor,* garante). Acción de otorgar. **2.** DER. **a.** Escritura de contrato o de última voluntad. **b.** Parte final de una escritura pública en que esta se aprueba, cierra y solemniza.

OTORGANTE adj. y s.m. y f. Que otorga. **2.** DER. Parte que contrata en un documento público.

OTORGAR v.tr. [2]. Conceder algo un favor o recompensa: *otorgar una distinción, una beca.* **2.** DER. **a.** Disponer, contratar o prometer algo ante un notario. **b.** Dar una ley o mandato.

OTORRAGIA s.f. Salida de sangre por el oído.

OTORREA s.f. Secreción que mana por el oído.

OTORRINO, A s. Otorrinolaringólogo.

OTORRINOLARINGOLOGÍA s.f. (del gr. *oys, -otós,* oreja, *ris,* nariz, y *lárygz,* laringe). Parte

de la medicina que estudia las enfermedades de los oídos, la nariz y la laringe.

OTORRINOLARINGÓLOGO, A s. Médico especialista en otorrinolaringología.

OTOSCLEROSIS s.f. Afección del oído medio e interno que provoca sordera por anquilosamiento del estribo. SIN.: *otospongiosis.*

OTOSCOPIA s.f. Examen médico del conducto auditivo externo y del tímpano.

OTOSCOPIO s.m. Instrumento con el que se realiza una otoscopia.

OTOSPONGIOSIS s.f. Otosclerosis.

OTRO, A adj. y pron.indef. (lat. *alter, -era, -erum,* el otro entre dos). Distinto de la persona o cosa de que se habla. ◇ **Otro que tal** *Fam.* Indica una semejanza, generalmente molesta, entre algunas personas o cosas.

OTROSÍ adv.c. (de *otro,* y *sí,* así). Además. ◆ s.m. Petición o pretensión que se agrega a la principal en los escritos que se presentan en los juzgados y tribunales.

OUABAÍNA s.f. Glucósido cardiotónico.

OUIJA s.m. Tablero alfabético sobre el que se desliza un vaso u otro objeto para comunicarse con los espíritus de ultratumba.

OUT s.m. (voz inglesa). Fuera de juego. **2.** En tenis, indica que la pelota ha salido fuera de los límites de la pista. **3.** *Fam.* Desfasado, obsoleto. ◆ **interj.** Expresión que se utiliza en el árbitro de boxeo para indicar que un boxeador está fuera de combate.

OUTLET s.m. (voz inglesa). Tienda de una marca o de un grupo de marcas en la que se venden productos más baratos que en las tiendas normales, generalmente por ser de temporadas anteriores o por tener alguna tara.

OUTPUT s.m. (voz inglesa). ECON. Resultado de una producción.

1. OVA s.f. (lat. *ulva,* alga que crece en fuentes y estanques). Alga clorofícea filamentosa, que corresponde a diversas especies de las familias conferváleas y ulváceas.

2. OVA s.f. (lat. *ova,* pl. de *ovum,* huevo). Ornamento arquitectónico en forma de huevo en bajorrelieve, empleado para decorar molduras y capiteles.

OVACIÓN s.f. (lat. *ovatio, onis,* triunfo menor). Aplauso ruidoso tributado por una colectividad. **2.** ANT. ROM. Recompensa a un general victorioso en lugar del triunfo.

OVACIONAR v.intr. Tributar una ovación, aclamar.

OVADO, A adj. Se dice del ave hembra cuyos huevos han sido fecundados. **2.** Oval.

OVAL adj. Que tiene forma de huevo. **2.** Se dice de toda curva cerrada, convexa y alargada, que tiene dos ejes de simetría como la elipse. **3.** Se dice de un sólido de revolución que tiene el aspecto general de un elipsoide de revolución aplanado. **4.** Se dice de un espacio plano limitado por una curva oval.

OVALADO, A adj. De forma de óvalo o de huevo. ◇ **Escudo ovalado** HERÁLD. Escudo que tiene forma de óvalo, y que en España es privativo de damas y doncellas.

OVALAR v.tr. Dar forma o figura de óvalo.

ÓVALO s.m. Figura o forma oval. **2.** MAT. Curva cerrada semejante a una elipse, que se obtiene uniendo cuatro arcos de círculo iguales dos a dos.

OVAR v.intr. Aovar.

OVÁRICO, A adj. Relativo al ovario.

OVARIECTOMÍA s.f. CIR. Extirpación quirúrgica de un ovario.

OVARIO s.m. (lat. *ovarium,* de *ovum,* huevo). Gónada femenina par, donde se forman los óvulos y que produce hormonas, como la foliculina y la progesterona. **2.** BOT. Parte abultada y hueca del pistilo que contiene los óvulos y formará el fruto tras la fecundación.

OVARITIS s.f. Inflamación de los ovarios.

OVAS s.f.pl. Hueva.

OVEJA s.f. (lat. tardío *ovicula,* dim. de *ovis,* oveja). Hembra del carnero. (La oveja bala.) ◇ **Oveja negra** *Fig.* Persona que no sigue las líneas de conducta aceptadas dentro de una colectividad.

OVEJERO, A adj. y s. Que cuida de las ovejas.

OVEJUNO, A adj. Relativo a las ovejas.

OVERA s.f. Ovario de las aves.

OVERBOOKING s.m. (voz inglesa). En determinados servicios relacionados con los viajes y la hostelería, práctica usada por empresarios y operadores turísticos, consistente en comprometer más plazas de las disponibles.

OVERLISTA s.f. Chile. Operaria que se encarga de manejar la máquina overlista. **2.** Chile. Máquina que confecciona el overlock.

OVERLOCK s.m. Argent. y Chile. Costura en forma de cadeneta que se realiza sobre los tejidos de punto para rematarlos.

OVERO, A adj. Se dice del animal, especialmente el caballo, que tiene el pelo de color blanco y azafrán mezclados. **2.** Amér. Se dice de la caballería de color pío.

OVEROL s.m. Amér. Mono, traje de faena.

OVETENSE adj. y s.m. y f. De Oviedo.

OVIDUCTO s.m. Conducto por el que los huevos pasan del ovario al exterior del cuerpo del animal.

OVIFORME adj. Que tiene forma de huevo.

OVILLADO s.m. Preparación del ovillo de la urdimbre, enrollada a mano o mecánicamente.

OVILLADORA s.f. Máquina para arrollar u ovillar hilo, bramante, cordón, etc.

OVILLAR v.intr. Hacer ovillos. ◆ **ovillarse** v.prnl. *Fig.* Acurrucarse.

OVILLEJO s.m. Estrofa de diez versos, compuesta por tres pareados y una redondilla.

OVILLO s.m. (hispano-lat. *lobellum,* del lat. *globellum,* dim. de *globus,* bola). Bola formada devanando un hilo de lino, algodón, lana, cuerda, etc. **2.** *Fig.* Cosa que está enrollada o liada y tiene forma redondeada. **3.** *Fig.* Enredo, revoltijo. ◇ **Hacerse un ovillo** *Fam.* Acurrucarse, encogerse por miedo, dolor, frío, etc., embrollarse, confundirse al pensar o al hablar.

OVINO, A adj. Relativo a las ovejas y los corderos: *ganado ovino.* ◆ adj. y s.m. Relativo a una subfamilia de rumiantes bóvidos de pe-

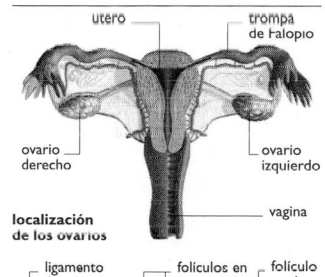

localización de los ovarios

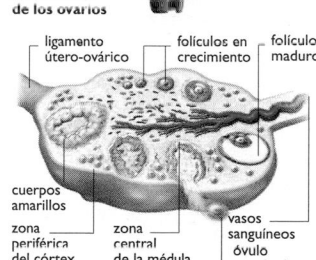

estructura de un ovario y ciclo ovárico

■ OVARIO

■ OVEJA

queño tamaño, como los muflones y las ovejas domésticas.

OVIPARISMO s.m. Cualidad de ovíparo.

OVÍPARO, A adj. y s. Que se reproduce por huevos puestos antes o después de la fecundación, pero siempre antes de la eclosión.

OVISCAPTO s.m. ZOOL. Órgano alargado, situado en la extremidad del abdomen de las hembras de ciertos insectos, que les permite depositar los huevos en el suelo, sobre las plantas, etc. SIN.: *ovopositor.*

OVNI s.m. (sigla de *objeto volador no identificado*). Objeto o fenómeno volador de origen misterioso, que algunas personas aseguran haber observado en la atmósfera terrestre.

OVOALBÚMINA s.f. Proteína de la clara del huevo.

OVOCITO s.m. → OOCITO.

OVOGÉNESIS, OVOGENIA u **OOGÉNESIS** s.f. Formación de gametos femeninos en los animales.

OVOGONIA s.f. → OOGONIA.

OVOIDE adj. Ovoideo. ◆ s.m. Conglomerado de carbón u otra materia que tiene forma ovoidea.

OVOIDEO, A adj. Aovado, de figura o forma de huevo.

ÓVOLO s.m. Adorno arquitectónico con figura de huevo, con puntas de flechas intercaladas entre cada dos elementos.

OVÓNICA s.f. Conjunto de técnicas basadas en las propiedades de ciertas combinaciones de elementos en capas delgadas.

OVÓNICO, A adj. Relativo a la ovónica.

OVOPOSITOR s.m. ZOOL. Oviscapto.

OVÓTIDE s.m. BIOL. Gameto femenino.

OVOVIVIPARISMO s.m. Modo de reproducción de los animales ovovivíparos.

OVOVIVÍPARO, A adj. y s. Se dice del animal que se reproduce mediante huevos que conserva en sus vías genitales hasta la eclosión, en el cual se desarrolla el embrión a partir de las reservas acumuladas en el huevo.

OVULACIÓN s.f. Producción y desprendimiento natural del óvulo en el ovario en la mujer y en las hembras de los animales.

1. OVULAR v.intr. Tener una ovulación.

2. OVULAR adj. Relativo al óvulo.

OVULATORIO, A adj. Relativo a la ovulación.

ÓVULO s.m. (lat. *ovulum,* dim. de *ovum,* huevo). Gameto femenino maduro y fecundable. **2.** BOT. Órgano contenido en el ovario, que encierra la célula hembra u oosfera, que proporcionará la semilla después de la fecundación del polen. **3.** FARM. Sólido ovoide pequeño que contiene materia medicamentosa.

OXÁCIDO u **OXIÁCIDO** s.m. QUÍM. Ácido que contiene oxígeno.

OXALATO s.m. Sal o éster del ácido oxálico.

OXÁLICO, A adj. Se dice del ácido orgánico de fórmula COOH—COOH, que da a la acedera su sabor particular.

OXEAR v.tr. Espantar o ahuyentar a las aves domésticas o a algunos insectos.

OXFORD s.m. Tela de algodón rayada o cuadriculada, muy sólida, con la urdimbre muy fina y la trama gruesa.

OXHÍDRICO, A adj. Se dice de un compuesto de hidrógeno y de oxígeno, cuya combustión desprende gran cantidad de calor.

OXHIDRILO s.m. Hidroxilo.

OXIACETILÉNICO, A adj. Relativo a la mezcla de oxígeno y de acetileno.

OXIÁCIDO s.m. QUÍM. → OXÁCIDO.

OXICARBONADO, A adj. Se dice de una combinación con óxido de carbono: *hemoglobina oxicarbonada.*

OXICARBONISMO s.m. Intoxicación por monóxido de carbono.

OXICLORURO s.m. Combinación de un cuerpo con oxígeno y cloro.

OXICORTE s.m. Procedimiento de corte de metales o aleaciones por oxidación a alta temperatura.

OXIDACIÓN s.f. Combinación con el oxígeno y, más generalmente, reacción en la que un

átomo o un ion pierde electrones. **2.** Estado de lo que está oxidado. ◇ **Oxidación anódica** Procedimiento de revestimiento electrolítico de las piezas de metal mediante la formación de capas protectoras del metal de base.

OXIDANTE adj. y s.m. Que oxida o puede oxidar.

OXIDAR v.tr. y prnl. Hacer pasar al estado de óxido o recubrir de óxido. **2.** Combinar con el oxígeno. **3.** Hacer perder electrones a un átomo o a un ion.

OXIDASA s.f. Enzima que activa el oxígeno y lo fija al hidrógeno o a otros cuerpos.

OXIDERURGIA s.f. Procedimiento siderúrgico que utiliza el oxígeno puro o mezclado con aire insuflado.

ÓXIDO s.m. (gr. *oxýs,* agudo, ácido). Compuesto que resulta de la combinación de un cuerpo con el oxígeno: *óxido de carbono.* **2.** Capa de este compuesto que se forma sobre los metales expuestos al aire o a la humedad.

OXIDORREDUCCIÓN s.f. Oxidación de un cuerpo combinada con la reducción de otro. (Los fenómenos de *oxidorreducción,* que permiten la transpiración celular de los organismos vivos, están asegurados por las enzimas.)

OXIDORREDUCTASA s.f. Enzima que cataliza las reacciones de oxidorreducción.

OXIGENACIÓN s.f. Acción de oxigenar u oxigenarse.

OXIGENADO, A adj. Que contiene oxígeno. ◇ **Agua oxigenada** Solución acuosa de dióxido de hidrógeno H_2O_2. **Cabellos oxigenados** Cabellos decolorados con agua oxigenada.

OXIGENAR v.tr. Combinar un cuerpo con el oxígeno. ◆ **oxigenarse** v.prnl. *Fig.* Airearse, ventilarse.

OXÍGENO s.m. (del gr. *oxýs,* ácido, y *gennao,* engendrar). Gas incoloro, inodoro e insípido, de densidad 1,429 g/l a 0 ºC, que se licua a –183 ºC. **2.** Elemento químico (O), de número atómico 8 y masa atómica 15,999. ENCICL. El oxígeno es poco soluble en el agua y muy electronegativo. Es el elemento más abundante del globo terrestre: forma aproximadamente la quinta parte del aire y las ocho novenas partes del peso del agua; figura en la mayor parte de los constituyentes del suelo y en las sustancias orgánicas. Es un poderoso agente oxidante y en sus combinaciones con compuestos orgánicos desprende generalmente calor, vapor de agua y gas carbónico (combustiones). En la respiración, el oxígeno produce una combustión lenta de los glúcidos y otras sustancias de los tejidos vivos.

OXIGENOTERAPIA s.f. Tratamiento por medio de inhalaciones de oxígeno, a menudo asociado a la respiración artificial.

OXIHEMOGLOBINA s.f. Combinación inestable de hemoglobina y de oxígeno, que da el color rojo vivo a la sangre cuando sale del aparato respiratorio.

OXILITA s.f. Nombre comercial del dióxido de sodio, que sirve para preparar oxígeno por acción del agua.

OXIMA s.f. Compuesto procedente de la condensación de un aldehído o de una cetona con la hidroxilamina.

OXISULFURO s.m. Combinación de un cuerpo con oxígeno, azufre y un tercer elemento. (Se obtiene por sustitución parcial de azufre por oxígeno.)

OXITÓCICO u **OCCITÓCICO** adj. y s.m. Se dice de las sustancias que activan el desarrollo del parto.

OXITOCINA u **OCCITOCINA** s.f. BIOQUÍM. Hormona que secreta el hipotálamo durante la relación sexual y, en la mujer, también durante el parto y la lactancia. (Se almacena en el lóbulo posterior de la hipófisis y, durante el parto y el coito, favorece las contracciones del útero.)

OXÍTONO, A adj. y s. LING. Se dice de las palabras agudas que llevan el acento tónico en la sílaba final.

OXIURIASIS s.f. Parasitación por oxiuros.

OXIURO s.m. Gusano nematodo, de 0,5 a 1 cm de long., parásito del intestino del ser

humano, especialmente de los niños, y de algunos animales, que provoca un doloroso prurito anal y que se elimina por medio de vermífugos. (Familia uxiúridos.)

OXONIO s.m. Ion monovalente H_3O^+.

¡OXTE! u **¡OSTE!** interj. Se emplea para rechazar a alguien o algo que molesta. ◇ **Sin decir oxte ni moxte,** u **oste ni moste** *Fam.* Sin hablar palabra.

OYAMEL s.m. Árbol maderable de América Central. (Familia abietáceas.) SIN.: *oyamelete.*

OYENTE adj. y s.m. y f. Que oye. **2.** Se dice del alumno que asiste a clase sin estar matriculado.

OZONAR v.tr. Ozonizar.

OZÓNIDO s.m. Combinación del ozono con los cuerpos orgánicos de doble enlace.

OZONIZACIÓN s.f. Acción de ozonizar. SIN.: *ozonación.* **2.** Reacción que produce un ozónido. SIN.: *ozonación.*

OZONIZADOR s.m. Aparato que sirve para preparar ozono. SIN.: *ozonador.*

OZONIZAR v.tr. [7]. Transformar el oxígeno en ozono. **2.** Hacer reaccionar el ozono sobre un cuerpo para esterilizarlo o transformarlo.

OZONO s.m. (del gr. *ózein,* oler). Variedad alotrópica del oxígeno, cuya molécula (O_3) está formada por tres átomos de oxígeno. ◇ **Agujero de (la capa de) ozono** Zona de la estratosfera en la que cada año se observa una disminución temporal de la concentración de ozono. (El agujero de ozono se achaca sobre todo a la destrucción del ozono por el cloro emanado por la disociación de hidrocarburos halogenados [clorofluorocarbonos o CFC] producidos por el ser humano y liberados en la atmósfera en cantidades crecientes. Actualmente se halla situado casi permanentemente encima de la Antártida.) ENCICL. El ozono se puede obtener a partir del oxígeno, a unos 1 500 ºC. En la industria se emplea en la esterilización de las aguas, en el blanqueo de productos textiles y en la síntesis de algunas esencias vegetales. Se produce también de manera natural en la estratosfera (ozonosfera), donde, gracias a su poder de absorción, impide que los rayos ultravioletas de cortas longitudes de onda alcancen el suelo. Si no fuera así, sería imposible la existencia de toda clase de vida en la superficie de la Tierra.

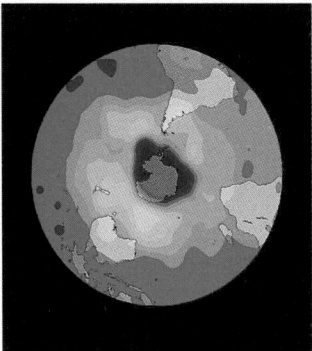

■ **OZONO.** Mapa de la concentración atmosférica total de ozono en el hemisferio sur el 8 de octubre de 1995, realizado a partir de los datos de un satélite meteorológico norteamericano TIROS. La concentración decrece del azul claro al azul oscuro, lo que permite observar el «agujero en la capa de ozono» sobre la Antártida.

OZONOSFERA s.f. Capa de la atmósfera terrestre situada entre los 15 y los 40 km de alt., y que contiene ozono.

OZONOTERAPIA s.f. Empleo del ozono con fines terapéuticos.

OZOQUERITA s.f. Hidrocarburo natural parecido a la cera de las abejas. SIN.: *ozocerita.*

P s.f. Decimonovena letra del alfabeto español y decimoquinta de sus consonantes. (Representa un sonido oclusivo labial sordo.) **2.** MÚS. Abrev. de *piano*. **3.** REL. Abrev. de *padre*.

P2P adj. y s.m. (del ingl. *peer-to-peer*, de igual a igual).Se dice de la red informática de intercambio directo de archivos entre usuarios particulares que funciona sin tener un servidor fijo.

PABELLÓN s.m. (fr. ant. *paveillon*, tienda de campaña). Edificio que depende de otro mayor contiguo o próximo a él, o que forma parte de un conjunto de edificios: *el pabellón de una exposición; el pabellón deportivo*. **2.** Ensanche cónico o parte abocinada de un embudo u otro instrumento: *el pabellón de una trompeta*. **3.** Bandera nacional con el escudo del país que la indica la nacionalidad de un barco; especialmente la que, con el escudo de su país, lleva la nave capitana de una escuadra. **5.** Dispositivo empleado para concentrar o dirigir las ondas acústicas. **6.** Tienda de campaña de forma cónica, sostenida en su interior por un palo hincado en tierra, y sujeta al suelo, en el exterior, por cuerdas y estacas. **7.** Dosel que cobija una cama, altar, etc. **8.** Tapa de material aislante que cubre la parte de algunos teléfonos que se aplica a la oreja. ◆ **pabellones** s.m.pl. Colomb. Artificios pirotécnicos grandes y luminosos. **2.** Venez. Plato elaborado con carne frita, arroz y frijoles. ◇ **Pabellón de conveniencia**, o **de complacencia** Nacionalidad ficticia dada por un armador a un barco para escapar al fisco de su país. **Pabellón del oído** Oreja.

PABILO o **PÁBILO** s.m. (lat. vulg. *papilus*, del lat. *papyrus*, papiro) Mecha de las velas, candiles, etc. **2.** Parte carbonizada de esta mecha.

PÁBULO s.m. (lat. *pabulum*, pasto, alimento). Cosa que mantiene o fomenta una acción. **2.** *Poét.* Alimento para la subsistencia.

1. PACA s.f. (fr. ant. *pacque*). Fardo de lana, algodón, alfalfa, etc., prensado y atado.

2. PACA s.m. (guaraní *paka*).Alpaca doméstica de Perú y Bolivia, apreciada por su lana y su carne. **2.** Mamífero roedor de formas rechonchas y orejas cortas, del tamaño de una liebre, que vive en América tropical. (Familia cávidos.) ◆ s.f. Amér. Roedor domesticable, del tamaño de una liebre, con cuerpo robusto y pelaje espeso de color rojizo.

PACANA s.f. Árbol de América del Norte que proporciona una madera muy apreciada parecida a la del nogal. (Familia juglandáceas.)

PACARANA s.f. Mamífero roedor de cuerpo macizo y patas cortas, que vive en las selvas de Perú. (Familia dinómidos.)

PACATO, A adj. Que se asusta fácilmente o siente excesiva timidez. **2.** Que es excesivamente pudoroso o modoso. **3.** Que tiene poco valor, insignificante.

PACAYA s.m. C. Rica y Hond. Palmera cuyos cogollos se toman como legumbre. ◆ s.f. Guat. *Fig.* Dificultad.

PACENSE adj. y s.m. y f. Badajocense.

PACEÑO, A adj. y s. De La Paz.

PACER v.intr. y tr. (lat. *pascere*, apacentar, pacer) [37]. Comer el ganado la hierba del campo. SIN. *pastar*. ◆ v.tr. Apacentar, dar pasto al ganado. **2.** *Fig.* Comer o consumir algo.

PACHA s.f. Méx. y Nicar. Petaca, botella para llevar bebidas alcohólicas. **2.** Nicar. Biberón.

PACHÁ s.m. Bajá. ◇ **Vivir como un pachá** *Fam.* Vivir con gran lujo.

PACHACHO, A adj. Chile. Se dice de la persona o animal rechoncho y paticorto.

PACHACO, A adj. Amér. Central. Aplastado. **2.** C. Rica. Inútil, enclenque.

PACHAMANCA s.f. Amér. Merid. Carne con ají que se asa sobre piedras calientes.

PACHANGA s.f. Baile de origen cubano. **2.** Fiesta, jolgorio, diversión.

PACHANGUERO, A adj. Se dice de un espectáculo, una fiesta y especialmente una música fáciles, divertidos y pegadiza.

PACHARÁN s.m. Licor elaborado con anís y arándanos, típico de Navarra.

PACHECO s.m. Ecuad. y Venez. Frío intenso.

PACHITA s.f. Méx. Pacha.

PACHO, A adj. Amér. Merid. Regordete, rechoncho. **2.** C. Rica, aplastado.

PACHOCHA s.f. Chile, Colomb., Cuba, Pan. y Perú. Indolencia, flema.

PACHÓN, NA s.m. y f. y adj. Perro que pertenece a una raza de patas cortas y pelo no muy largo, de color amarillo con manchas marrones. ◆ adj. Chile, Hond., Méx. y Nicar. Peludo, lanudo. ◆ s. Persona calmosa y flemática.

■ **PACHÓN** navarro.

PACHORRA s.f. Cachaza, flema.

PACHORRIENTO, A adj. Amer. Merid. Que actúa con mucha pachorra.

PACHUCHO, A adj. Esp. Falto de tiesura o frescura, a menudo por exceso de madurez. **2.** Esp. *Fig.* y *fam.* Decaído física o moralmente.

PACHUCO, A s.m. Lengua jergal hispanoamericana que se habla en el S y SO de EUA. ◆ adj. y s. Méx. *Fam.* Joven de origen mexicano, de clase social baja, que vivía en las ciudades del S de EUA hacia los años 50 del s. XX y que defendía su identidad frente a las costumbres estadounidenses.

PACHULÍ s.m. (fr. *patchouli*). Planta aromática originaria de Asia y Oceanía, de hojas opuestas con bordes dentados y flores pequeñas. (Familia labiadas.) **2.** Perfume extraído de ésta planta.

PACIENCIA s.f. Capacidad de soportar molestias sin rebelarse. **2.** Facultad de saber esperar, contenerse. **3.** Aptitud para realizar trabajos entretenidos o pesados. **4.** Flema, lentitud. ◇ **Hierba de la paciencia** Planta de raíces purgantes, cultivada en jardinería. (Familia poligonáceas.)

PACIENTE adj. (lat. *patiens, -tis*). Que tiene paciencia. **2.** LING. En la gramática tradicional, se dice del sujeto de las oraciones pasivas. ◆ s.m. y f. Enfermo que está sometido a tratamiento médico.

PACIFICACIÓN s.f. Acción de pacificar.

PACIFICAR v.tr. (lat. *pacificare*) [1]. Poner paz entre contendientes. **2.** Restablecer la paz en un país, ciudad, etc. ◆ **pacificarse** v.prnl. *Fig.* Quedarse en reposo lo que estaba alterado.

PACÍFICO, A adj. Que no emplea la violencia y no provoca luchas o discusiones: *persona pacífica*. **2.** Que está en paz o no alterado por las guerras: *un país pacífico*. **3.** Que se desarrolla sin violencia, no tiene o no halla oposición: *invasión pacífica*. ◆ s.m. Moneda de oro catalana acuñada por Pedro de Portugal en 1465.

PACIFISMO s.m. Actitud de la persona que evita cualquier tipo de violencia o que es partidaria de resolver conflictos sin violencia, principalmente a través del diálogo.

PACIFISTA adj. y s.m. y f. Relativo al pacifismo; partidario del pacifismo.

PACK s.m. (voz inglesa). Paquete o envase de varias unidades de un producto, que facilita el transporte y almacenamiento. **2.** Conjunto de hielos flotantes y de canales que los separan, resultante de la rotura de la banquisa por las corrientes marinas y los vientos en las regiones polares.

1. PACO s.m. (de *Paco*, hipocorístico de *Francisco*).Moro que, aislado y escondido, dis-

751

paraba a las tropas españolas durante las campañas de Marruecos. **2.** Tirador aislado.

2. PACO s.m. Nicar. Tamal de maíz lavado.

3. PACO, A adj. y s.m. Chile y Perú. Se dice del color rojizo. ◆ s. Chile, Colomb., Ecuad. y Pan. *Fam.* Policía. ◆ s.m. Amér. Mineral de plata con ganga ferruginosa. **2.** Chile y Perú. Llama, rumiante.

PACÓN s.m. Árbol americano, cuyas raíces se utilizan como jabón. (Familia rosáceas.)

PACOTA s.f. Méx. Pacotilla.

PACOTILLA s.f. Mercadería libre de fletes que los marineros u oficiales de un buque pueden embarcar por su cuenta. ◇ **De pacotilla** Se dice de la persona o cosa que tiene poca clase.

PACOTILLERO, A adj. y s. Que comercia con pacotillas. ◆ s. Amér. Buhonero o mercader ambulante.

PACTAR v.tr. (lat. vulg. *pactare*, pagar un tributo). Acordar dos o más partes algo que se comprometen a cumplir o defender. ◆ v.intr. Llegar a un acuerdo con alguien: *el gobierno pactó con los insurrectos.*

PACTISMO s.m. Tendencia a resolver determinadas situaciones políticas o sociales mediante compromiso o pacto.

PACTISTA adj. y s.m. y f. Relativo al pacto o al pactismo; partidario de esta tendencia.

PACTO s.m. (lat. *pactum*). Convenio, acuerdo firme entre dos o más partes. ◇ **Pacto social** Acuerdo entre el gobierno y las organizaciones sindicales y empresariales sobre asuntos de política económica.

PACÚ s.m. Argent. Pez caracoideo, muy apreciado por su carne, de considerable tamaño y peso, cuerpo comprimido y color marrón con tonalidades plomizas, más oscuro en el dorso, que habita en la cuenca del Plata.

PÁCUL s.m. Banano silvestre de Filipinas, del cual se saca una fibra textil de menor calidad que el cáñamo de Manila. **2.** Chile. Planta cesalpiniácea cuya corteza es rica en tanino.

PADANO, A adj. Relativo al Po: *llanura padana.*

PADDLE s.m. (voz inglesa). Deporte parecido al tenis que se practica en un terreno de menor tamaño y con una raqueta más pequeña y de madera.

PADDOCK s.m. (voz inglesa). Parte de un hipódromo o canódromo donde los animales que han de competir son paseados a mano para mostrarlos al público.

PADECER v.tr. (del ant. *padir*, del lat. *pati*) [37]. Recibir la acción de algo que causa dolor físico o moral. **2.** Sufrir una enfermedad. **3.** *Fig.* Soportar algo mucha fuerza de modo que pueda llegar a estropearse o romperse. **4.** Soportar, aguantar, tolerar. **5.** *Fig.* Incurrir en un error, engaño, etc.

PADECIMIENTO s.m. Hecho de padecer un dolor físico o moral.

PADRASTRO s.m. (lat. vulg. *patraster, -tri*). Marido de una mujer respecto de los hijos que ha tenido con otro hombre. **2.** *Fig.* Padre que se porta mal con su hijo. **3.** *Fig.* Pequeño pedazo de pellejo que se levanta del borde de la piel que rodea las uñas.

PADRAZO s.m. *Fam.* Padre muy dedicado a sus hijos.

PADRE s.m. (lat. *pater, -tris*). Hombre o macho que ha engendrado un hijo. **2.** Cabeza de una estirpe, familia o pueblo. **3.** *Fig.* Creador, iniciador, promotor de algo: *Galeno es uno de los padres de la medicina.* **4.** Título dado a los sacerdotes miembros de congregaciones religiosas, por oposición a los hermanos. (Se abrevia *P.*) **5.** TEOL. Primera persona de la Santísima Trinidad. ◆ adj. Grande, de importancia: *un susto padre.* **2.** Méx. *Fam.* Estupendo, maravilloso: *¡qué padre día!; una bolsa padre; estuvo padre la película.* ◆ **padres** s.m.pl. El padre y la madre de una persona. ◇ **De padre y muy señor mío** *Fam.* Muy grande, extraordinario. **Padre de familia** Jefe de una familia, aunque no tenga hijos. **Padre de la patria** Título de honor dado a una persona por los especiales servicios que hizo al pueblo; *Fam.* dictado que irónicamente suele darse a diputados y senadores. **Padre espiritual** Confesor que cuida y dirige el espíritu y conciencia del penitente.

Padre nuestro Padrenuestro. **Padres de la Iglesia** o **Santos padres** Primeros doctores de la Iglesia griega y latina, que escribieron sobre los misterios y sobre la doctrina de la religión. **Santo padre** o **Padre santo** Sumo pontífice.

PADREAR v.intr. Parecerse físicamente al padre. **2.** ZOOTECN. Ejercer el macho las funciones de la generación.

PADRENUESTRO s.m. Oración enseñada por Jesucristo a sus discípulos. **2.** Cuenta grande de un rosario. (También *padre nuestro.*)

PADRILLO s.m. Argent., Chile, Par., Perú y Urug. Caballo que se utiliza como semental.

PADRINAZGO s.m. Acción y efecto de apadrinar. **2.** *Fig.* Protección, favor que una persona dispensa a otra.

PADRINO s.m. (lat. vulg. *patrinus*). Hombre que presenta y asiste al que recibe el bautismo o que realiza una función semejante en otras ceremonias y actos públicos. **2.** *Fig.* Hombre que favorece o protege a una persona en sus pretensiones. **3.** Protector y acompañante de alguien en un desafío, concurso, etc. ◆ **padrinos** s.m.pl. El padrino y la madrina de una persona.

PADRÓN s.m. (lat. *patronus*, patrono, protector). Relación nominal de los habitantes de una entidad administrativa. **2.** Columna o pilar con una lápida o inscripción que recuerda un suceso notable. **3.** Nota pública deshonrosa. **4.** *Fam.* Padrazo. **5.** Patrón, modelo. **6.** Bol., Colomb., Cuba, Dom., Nicar., Pan. y Venez. Semental.

PADROTE s.m. Amér. Central, Colomb., P. Rico y Venez. Semental. **2.** Amér. Central y Méx. Chulo, hombre que vive de explotar prostitutas.

PAELLA s.f. (cat. *paella*, sartén, paella). Guiso elaborado con arroz, distintas carnes o pescados, mariscos, caracoles, verduras, etc., típico de Valencia. **2.** Paellera.

PAELLERA s.f. Sartén de poco fondo con dos asas en que se hace la paella.

¡PAF! Onomatopeya del ruido producido al caer o chocar algo.

PAGA s.f. Retribución económica periódica mensual que se percibe por un trabajo fijo. **2.** Acción de pagar. **3.** Correspondencia, gratitud. ◇ **Paga extraordinaria**, o **doble** Retribución extraordinaria que perciben los trabajadores fijos por cuenta ajena. **Paga y señal** En lenguaje comercial, cantidad que se deja a cuenta cuando se hace un encargo de compra, pedido, etc.

PAGADERO, A adj. Que se ha de pagar en un plazo determinado. **2.** Que tiene un precio no exagerado, que puede pagarse fácilmente.

PAGADO, A adj. Se dice de la persona que hace ostentación de lo que posee.

PÁGALO s.m. Ave palmípeda, de hasta 60 cm de long., plumaje marrón y blanco, que se alimenta de peces capturados por otras aves y vive en los mares árticos. (Familia estercoráridos.)

PAGANISMO s.m. Nombre dado por los cristianos al estado religioso de un pueblo que todavía no ha sido evangelizado. **2.** Nombre dado por los cristianos, a partir del s. IV, al politeísmo, al que los campesinos fueron fieles durante mucho tiempo.

PAGANIZAR v.tr. [7]. Introducir el paganismo o dar carácter pagano a algo. ◆ v.intr. Profesar el paganismo.

1. PAGANO, A adj. y s. (lat. *paganus*, aldeano, campesino, pagano). Relativo al paganismo; adepto al paganismo.

2. PAGANO, A s. y adj. Persona que paga, generalmente por abuso de otros. **2.** Esp. *Fam.* Persona que paga culpas ajenas.

PAGAR v.tr. (lat. *pacare*, pacificar, apaciguar) [2]. Dar a una persona dinero u otra cosa a cambio de otra cosa, de un servicio o un trabajo realizado: *pagar a los acreedores; pagar la cuenta del restaurante.* **2.** *Fig.* Corresponder en reciprocidad a una actitud, acción o sentimiento de otra persona: *favor con favor se paga.* **3.** *Fig.* Cumplir la pena correspondiente o sufrir las consecuencias de alguna falta o imprudencia cometida: *pagar un delito con prisión.* **4.** DER. Adeudar derechos los productos que se introducen en un país o localidad. ◆ **pagarse** v.prnl. Hacer ostentación de

algo de lo que se está muy satisfecho: *se pagaba de ser el más rico del lugar.*

PAGARÉ s.m. Documento por el cual una persona se compromete a pagar a alguien cierta cantidad de dinero en un plazo de tiempo determinado. ◇ **Pagaré del tesoro** Obligación emitida por el estado.

PAGAYA s.f. (malayo *pangáyong*). Remo corto que se utiliza sin apoyarlo en la embarcación.

PAGEL s.m. (cat. *pagell*). Breca.

PAGET. Enfermedad de Paget Nombre de diversas afecciones. (La *enfermedad de Paget ósea* u *osteítis deformante* es una afección reumatológica caracterizada por una modificación anárquica del tejido óseo, que afecta principalmente al cráneo, la columna vertebral y la pelvis, y que se manifiesta por dolores óseos y en ocasiones por sordera. La *enfermedad de Paget de la mama* es una afección cancerosa localizada generalmente alrededor del pezón.)

PÁGINA s.f. (lat. *pagina*, campo rectangular de vides, página). Cara de una hoja de un libro o cuaderno. **2.** Lo escrito o impreso en ella. **3.** *Fig.* Momento importante de la vida de alguien o de la historia de un pueblo. ◇ **Página web** Documento multimedia con formato HTML, que contiene vínculos hacia otros documentos. (Se accede a este documento a través de un servidor web, gracias a una dirección única [URL] y puede ser visualizado desde un navegador.) SIN.: *web.*

PAGINACIÓN s.f. Acción y efecto de paginar. **2.** Conjunto de páginas de un escrito o impreso.

PAGINAR v.tr. Numerar las páginas de un escrito o impreso.

1. PAGO s.m. Acción de pagar. **2.** Dinero o cosa con que se paga. **3.** Correspondencia a algo recibido, especialmente un beneficio. ◇ **En pago de** Como recompensa por algo. **Pronto pago** Acción de pagar pronto para conseguir un descuento o bonificación; esta misma bonificación.

2. PAGO s.m. (lat. *pagus*, pueblo, comarca). Aldea, pueblo pequeño. **2.** Lugar en general. **3.** División administrativa de terreno, especialmente la que está plantada de viñas u olivares.

PAGODA s.f. (port. *pagode*, ídolo oriental). Edificio religioso de Extremo oriente.

página parásito

págalo grande

■ **PÁGALO**

■ **PAGODA.** Antiguas pagodas en Pagan (Birmania).

PAGUA s.f. Méx. Variedad de aguacate, de fruto grande y sabor un poco dulce.

PAGURO s.m. (gr. *págoyros*). Cangrejo ermitaño.

PAGUS s.m. (voz latina). ANT. ROM. Circunscripción territorial rural.

PAHARI, pueblo hinduista de Nepal

PAHLAVI o **PEHLEVI** s.m. y adj. Lengua hablada en la Persia de los sasánidas, que se transcribe en un sistema de escritura parecido al arameo.

PAHOUIN → **FANG.**

PAICO s.m. Chile. Planta herbácea anual, de hasta 60 cm de alt, muy aromática y cuyas hojas y flores se toman en infusión. SIN.: *epazote*. (Familia quenopodiáceas.)

PAIDOFILIA a.f. Pedofilia.

PAIDOLOGÍA s.f. Ciencia que se ocupa del estudio de todo lo relacionado con la infancia. SIN.: *pedología*.

PAIDOPSIQUIATRÍA s.f. Parte de la psiquiatría que se ocupa de los trastornos mentales de los niños y adolescentes.

PAILA s.f. (fr. ant. *paele*, sartén). Recipiente de metal, grande, de forma redondeada y poca profundidad. **2.** Amér. Sartén, recipiente. **3.** Chile. Fam. Oreja. **4.** Nicar. Machete de hoja ancha y delgada utilizado para cortar la caña de azúcar.

PAILEBOT o **PAILEBOTE** s.m. Goleta pequeña, sin gavias, muy rasa y fina.

PAILERO, A s. Amér. Persona que hace, arregla o vende pailas u otros recipientes. **2.** Amér. Persona que atiende las pailas en una azucarera.

PAILÓN s.m. Bol. y Ecuad. Hondonada redonda. ◆ adj. Chile. Se dice del joven extremadamente alto para su edad. **2.** Chile. Fam. Orejudo. **3.** Chile. Fig. Torpe, necio.

PAINA s.f. Argent. Copo blanco formado por los abundantes pelos que cubren las semillas del palo borracho.

PAIPAI s.m. Esp. Abanico generalmente de palma en forma de pala y con mango.

PAIRAR v.intr. (occitano ant. *pairar*, soportar, tener paciencia). MAR. Estar la nave al pairo.

PAIRO s.m. MAR. Modo de estar una embarcación cuando permanece quieta, con las velas tendidas y largas las escotas contrarrestando unas la fuerza de las otras.

PAÍS s.m. (fr. *pays*, comarca, país). Territorio que constituye una unidad geográfica o política, limitada natural o artificialmente. **2.** Conjunto de habitantes de este territorio.

PAISAJE s.m. (fr. *paysage*). Extensión de terreno visto desde un lugar determinado. **2.** Pintura, grabado o dibujo en el que el tema principal es la representación de un lugar natural o urbano. **3.** Tela, papel u otro material que recubre las varillas del abanico.

PAISAJISMO s.m. Actividad del paisajista. ◇ **Paisajismo abstracto** Tendencia de la pintura abstracta cuyas obras, a pesar de contener una morfología no figurativa, evocan el espectáculo de la naturaleza.

PAISAJISTA adj. y s.m. y f. Se aplica al artista que dibuja o pinta paisajes.

PAISAJÍSTICO, A adj. Relativo al paisaje.

PAISANA s.f. Danza propia de los campesinos. **2.** Música de esta danza.

PAISANAJE s.m. Conjunto de paisanos. **2.** Circunstancia de ser paisano.

PAISANO, A adj. y s. (fr. *paysan*). Con relación a una persona, otra que es del mismo país, población o región. ◆ s. Campesino. ◆ s.m. Persona que no es militar. **2.** Chile. Nombre que reciben los extranjeros, especialmente los árabes y sirios, residentes en el país. ◇ **De paisano** Se dice del militar o eclesiástico que no viste el uniforme o el hábito.

PAIUTE, pueblo amerindio de Estados Unidos, que vivía entre los ríos Columbia y Colorado, y que act. vive en reservas del estado de Nevada.

PAJA s.f. (lat. *palea*, cascabillo de los cereales). Caña o tallo seco de gramínea y especialmente de cereal. **2.** Conjunto de estas cañas o tallos. **3.** Tubo pequeño y delgado hecho de caña, plástico, u otro material que sirve para sorber líquidos. **4.** Fig. Cosa insignificante o inútil, especialmente aquello de que se puede prescindir en un libro, discurso, etc. **5.** Colomb., Guat. y Hond. Llave, dispositivo. **6.** TECNOL. Defecto interno en los productos forjados o laminados, consistente en una cavidad plana y alargada. ◇ **Echar pajas** Juego para sortear algo entre varias personas que consiste en ocultar en una mano tantas pajas o palitos de distinta longitud como participantes de modo que solo asomen las puntas; pierde la persona que saca la paja o el palito más pequeño. **Hacer una paja** Vulg. Masturbar. **Por quítame allá esas pajas** Fam. Por una cosa sin importancia. **Vino de paja** Vino blanco licoroso, elaborado con uvas que se dejan secar sobre lechos de paja.

PAJAR s.m. Lugar donde se guarda la paja. **2.** Almiar.

PÁJARA s.f. Fam. Desfallecimiento súbito que impide a un deportista, especialmente a un ciclista, continuar su esfuerzo. **2.** Pajarita de papel. **3.** Cometa. ◇ **Pájara pinta** Juego de prendas.

PAJAREAR v.intr. Fig. Vagabundear. **2.** Cazar pájaros.

PAJAREL s.m. (cat. *passarell*). Pardillo.

PAJARERA s.f. Jaula grande donde se crían pájaros. **2.** Planta herbácea, de tallos tendidos, con una línea de pelos en cada entrenudo, y hojas ovales. (Familia cariofiláceas.)

PAJARERÍA s.f. Tienda donde se venden pájaros. **2.** Multitud o abundancia de pájaros. **3.** Arte de criar pájaros.

PAJARERO, A adj. y s. Relativo a los pájaros. **2.** Fig. y fam. Se dice de la persona excesivamente bromista. ◆ adj. Amér. Asustadizo, receloso, especialmente referido a las caballerías. ◆ s. Persona que tiene por oficio cazar, criar o vender pájaros. ◆ s.m. Amér. Muchacho encargado de espantar los pájaros en los sembrados.

PAJARETE s.m. Vino licoroso, muy fino y delicado, elaborado en Jerez de la Frontera.

PAJARILLA s.f. Bazo, especialmente del cerdo. **2.** Aguileña. ◇ **Alegrársele la pajarilla,** o **las pajarillas** Fam. Mostrar alegría a la vista de algo agradable.

PAJARITA s.f. Figura de papel en forma de pájaro que se obtiene doblando una hoja de papel sucesivas veces. **2.** Esp. Tira de tejido ligero que se coloca alrededor del cuello y se anuda por delante con un lazo sin caídas.

1. PÁJARO s.m. (del ant. *pássaro*, del lat. vulg. *passar*). Ave capaz de volar, generalmente de pequeño tamaño. **2.** Perdiz macho de reclamo. ◇ **Pájaro bobo** Ave palmípeda de las regiones del hemisferio sur, parecida al pingüino, de pico largo, recto y robusto, cuyas extremidades anteriores, impropias para volar, utiliza como aletas natatorias. (Existen 18 especies; familia esfeníscidos.) [Comúnmente recibe el nombre de *pingüino* o *pingüino antártico*.] **Pájaro carpintero** Pico. **Pájaro mosca** Colibrí.

2. PÁJARO, A s. Persona astuta y granuja.

PAJARÓN, NA adj. y s. Argent. y Chile. Fam. y desp. Distraído, atolondrado.

PAJAROTA s.f. Fam. Noticia falsa, mentira. SIN.: *pajarotada*.

PAJARRACO, A s. Fam. Persona astuta y con mala intención. ◆ s.m. Desp. Pájaro grande.

PAJE s.m. (fr. ant. *page*). Criado joven que servía en las habitaciones particulares, alumbraba el camino a su señor en los desplazamientos, etc. **2.** En la jerarquía feudal, joven noble al servicio de un señor con objeto de realizar el aprendizaje de las armas.

PAJEL s.m. Breca.

PAJERA s.f. Almacén de paja dentro de un establo o caballeriza.

PAJERITO s.m. Pájaro granívoro de América Meridional, de pequeño tamaño y colores vistosos.

PAJERO, A s. Nicar. Plomero.

PAJIZO, A adj. Que tiene un tono amarillo claro como el de la paja. **2.** Hecho o cubierto de paja.

PAJO s.m. Mango de pequeño tamaño, que se come en dulce o en almuela. (Familia anacardiáceas.)

PAJOLERO, A adj. Esp. Fam. e irón. Que produce molestia o enojo: *broma pajolera*. **2.** Esp. Fam. Se usa para intensificar el sentido despectivo o afectivo del sustantivo al que acompaña: *no ha trabajado en su pajolera vida; andar con gracia pajolera.*

PAJÓN s.m. Caña alta y gruesa de las tierras en rastrojo. **2.** Cuba, Dom. y Méx. Planta gramínea silvestre, muy rica en fibra, que en época de escasez sirve de alimento al ganado.

PAJONAL s.m. Argent., Chile, Urug. y Venez. Paraje poblado por la alta vegetación herbácea característica de terrenos bajos y anegadizos.

PAJOSO, A adj. Que está hecho de paja o es semejante a ella. **2.** Que tiene mucha paja.

PAJUELA s.f. Paja de centeno o mecha de algodón, cubierta de azufre, que arde con llama.

PAJUERANO, A adj. Argent., Bol. y Urug. Desp. Que procede del campo y se comporta torpemente en la ciudad.

PAJUNO, A adj. TAUROM. Se dice de la res de poca pujanza y embestida, sin nervio.

PAKISTANÍ o **PAQUISTANÍ** adj. y s.m. y f. De Pakistán.

1. PAL s.m. HERÁLD. Palo.

2. PAL adj. Se dice del sistema de televisión en color desarrollado por el alemán Walter Bruch en 1961 y adoptado en muchos países de Europa.

PALA s.f. (lat. *pala*). Herramienta para cavar o para recoger y trasladar tierra, piedras u otro material semejante, que está constituida por una tabla de madera o plancha de hierro, generalmente de forma rectangular o redonda, y por un mango más o menos largo. **2.** Plancha de hierro de diversas formas geométricas, con borde afilado en la parte opuesta al mango, que forma parte del azadón, hacha y otras herramientas. **3.** Instrumento de forma parecida que se usa en diversos juegos de pelota. **4.** Elemento de una hélice propulsora de las aeronaves. **5.** Aspa de un avión giroplano. **6.** Cada uno de los elementos o aspas que parten del núcleo de una hélice de barco. **7.** Parte plana y principal del timón. **8.** Parte plana y ancha de un remo, que penetra en el agua. **9.** Diente incisivo, especialmente el nuevo que

■ **PÁJARO BOBO**

le sale a un niño. **10.** En embarcaciones de ruedas, cada uno de los álabes o paletas de las ruedas. **11.** Parte superior del calzado, que cubre por encima el pie. **12.** Parte ancha y redondeada de las llaves que cierran los orificios del aire en los instrumentos musicales de viento. **13.** Chapa de una bisagra. **14.** BOT. Cada una de las divisiones del tallo de las chumberas. ◇ **Pala mecánica** o **excavadora de pala** Máquina de gran potencia utilizada en los trabajos de movimiento de tierras de cierta importancia.

■ **PALA** MECÁNICA

PALABRA s.f. (del lat. *parabola,* comparación, símil). Conjunto de sonidos o de letras que representan un ser, una cosa o una idea o concepto. **2.** Facultad natural de expresar el pensamiento por medio del lenguaje articulado: *tener el don de la palabra.* **3.** Promesa basada en el honor: *cumplir su palabra; mantener la palabra; prometer bajo palabra.* **4.** Fidelidad a las promesas: *ha demostrado tener palabra.* **5.** Elocuencia, aptitud oratoria: *persona de palabra fácil.* **6.** INFORMÁT. Conjunto de bytes que ocupan posiciones contiguas de memoria tratado por la unidad central de proceso como una unidad de información. ◆ **interj.** Se usa para confirmar con fuerza algo que se afirma o se promete. (También *¡palabra de honor!*) ◆ **palabras** s.m.pl. Discurso oral o escrito: *dirigir unas palabras.* **2.** Lo que el autor de un escrito dice en él: *las palabras de san Pablo en la epístola a los corintios.* ◇ **Coger,** o **tomar, la palabra** a alguien o **cogerse a la palabra** de alguien No permitir que alguien se retracte de lo que ha prometido. **Comerse una palabra,** o **las palabras** Omitir alguna o parte de ella al hablar o escribir. **Dar la palabra** Permitir que una persona hable en un debate. **Dar alguien su palabra** Prometer. **Dejar con la palabra en la boca** Dejar de escuchar a alguien o marcharse sin escuchar lo que iba a decir. **De palabra** Por medio de la expresión oral; sin que exista o se realice en verdad. **De pocas palabras** Se dice de la persona que es parca en el hablar. **Dirigir la palabra** Hablar a alguien. **Empeñar la palabra** Comprometerse. **En una palabra** Introduce el resumen de un razonamiento. **La palabra de Dios** Las Sagradas Escrituras. **Mantener alguien su palabra** Perseverar en lo ofrecido. **Medir las palabras** Hablar con prudencia. **No tener palabra** No cumplir frecuentemente lo que se ofrece. **Pedir la palabra** Solicitar permiso para hablar. **Ser palabras mayores** Tener cierto asunto o cuestión mucha relevancia para algo. **Tener unas palabras con** alguien Discutir con alguien sobre un asunto. **Tomar la palabra** Empezar a hablar en una asamblea, reunión, etc. **Última palabra** Decisión que se da como definitiva e inalterable.

PALABREAR v.tr. Chile. Insultar. **2.** Chile, Colomb. y Ecuad. Convenir algún asunto verbalmente. **3.** Chile, Colomb. y Ecuad. Tantear para comprometer a una persona.

PALABRERÍA s.f. Abundancia de palabras sin contenido.

PALABRERO, A adj. y s. Que habla mucho y sin fundamento. **2.** Que promete fácilmente y no cumple.

PALABROTA s.f. Palabra insultante o grosera.

PALACETE s.m. Mansión lujosa, semejante a un palacio pero más pequeña, utilizada especialmente como casa de recreo.

PALACIEGO, A adj. Relativo al palacio: *vida palaciega.* ◆ s. Persona que forma parte de una corte.

PALACIENSE s.m. y adj. Piso del cretácico superior de Uruguay, compuesto por areniscas ferrificadas, cuyo estrato tipo se halla en la gruta Palacio de los indios.

PALACIO s.m. (lat. *palatium,* Monte Palatino, palacio de los Césares en ese monte). Residencia grande y suntuosa de un personaje importante, especialmente de un rey. **2.** Gran mansión. **3.** Edificio público monumental: *palacio de bellas artes; palacio de los deportes.* ◇ **Palacio de justicia** Edificio departamental destinado al servicio de la justicia.

PALACOLITENSE s.m. y adj. Piso del mioceno de Chile y Argentina, cuya localidad tipo se encuentra en la sierra Palaco.

PALADA s.f. Porción de material que se recoge con una pala de una sola vez. **2.** Movimiento que se hace al usar una pala. **3.** Golpe que da en el agua la pala del remo o de la hélice. **4.** Distancia recorrida en cada impulso de la pala del remo o de la hélice.

PALADAR s.m. (del lat. *palatum*). Parte superior e interna de la boca, que separa a esta de las fosas nasales. (El paladar presenta dos partes distintas: una anterior y ósea, el *paladar óseo,* o bóveda palatina; y otra posterior, el *paladar blando,* o velo del paladar.) **2.** Gusto, capacidad de percibir, apreciar o valorar sabores. **3.** *Fig.* Sensibilidad para discernir la calidad de algo, especialmente obras artísticas.

PALADEAR v.tr. y prnl. Saborear, gustar lentamente. **2.** *Fig.* Saborear, deleitarse.

PALADÍN s.m. (ital. *paladino*). Defensor de una causa o de una persona. **2.** Caballero que en la guerra se distinguía por sus hazañas. **3.** En la tradición de los cantares de gesta, caballero del séquito de Carlomagno.

PALADINO, A adj. (lat. *palatinus,* del palacio o la corte). Claro y patente, sin reservas.

PALADIO s.m. (del greco-lat. *Pallas, -adis,* nombre de un asteroide). Metal precioso, de color blanco, dúctil y duro, de densidad 11,4, cuyo punto de fusión es de 1 549 °C. **2.** Elemento químico (Pd), de número atómico 46 y masa atómica 106,42. (Catalizador de hidrogenación en la superficie, puede almacenar grandes cantidades de hidrógeno en su masa. Se encuentra en placeres de Brasil y en los Urales.)

PALADO, A adj. y s. HERÁLD. Se dice del escudo, pieza o figura cubiertos por seis palos de esmaltes alternados.

PALAFITO s.m. (fr. *palafitte*). Vivienda construida sobre una plataforma soportada por postes de madera, normalmente en un lago o un río. (Es característica del período neolítico y de la edad del bronce.)

PALAFRÉN s.m. (cat. *palafrè*). Caballo manso que solían utilizar las damas y los eclesiásticos para viajar.

PALAFRENERO s.m. Criado que llevaba del freno al caballo del señor o que le acompañaba montado en un palafrén.

PALAMISMO s.m. Doctrina teológica de Gregorio Palamás, consagrada a la defensa y justificación de los hesiquiastas, que suscitó durante el s. XIV una renovación espiritual en el Imperio bizantino.

PALANCA s.f. (del lat. *palanga*). Barra rígida que se apoya y puede girar sobre un punto fijo o punto de apoyo y sirve para transmitir fuerzas. **2.** *Fig.* Impulso para vencer una resistencia que impide conseguir algo. **3.** Manecilla para el accionamiento manual de ciertos órganos de máquinas: *la palanca del cambio de marchas.* **4.** Pértiga o palo para llevar entre dos personas un gran peso. **5.** Plataforma rígida a varios metros de altura al borde de una piscina que sirve de punto de apoyo para saltar al agua. **6.** Muro de defensa formado por una serie de estacas de madera hincadas verticalmente en el suelo y sin separación entre ellas.

PALANGANA s.f. Jofaina. ◆ s.m. y f. y adj. Argent., Perú y Urug. Fanfarrón, pedante. ◆ adj. Chile. Se dice de la persona superficial.

PALANGANERO s.m. Soporte donde se coloca la palangana.

PALANGRE s.m. (cat. *palangre*). Aparejo de pesca consistente en un cordel largo y grueso del que penden varios cordeles finos provistos de anzuelos en sus extremos, que se usa para pescar en zonas muy profundas donde no se puede utilizar la red.

PALANQUEAR v.tr. Apalancar. **2.** Argent. y Urug. *Fig.* Emplear alguien su influencia en beneficio o acomodo de otra persona.

PALANQUETA s.f. Barra de hierro para abrir por la fuerza puertas o cerraduras. **2.** Méx. Dulce en forma de barra o disco elaborado con cacahuate o pepitas de calabaza mezclados con miel de azúcar.

1. PALANQUÍN s.m. (de *palanca*). Cabo para cargar los puños o extremos de las velas mayores de un barco a la cruz de sus vergas respectivas.

2. PALANQUÍN s.m. (port. *palanquim*). Silla de manos para transportar a personas importantes de un lugar a otro que se usa principalmente en países orientales. **2.** Silla de porteadores, ligera, a veces colocada sobre el lomo de los camellos o de los elefantes.

PALAPA s.f. Méx. Construcción rústica y abierta, hecha con palos o troncos y con techo de palma, característica de lugares muy calurosos.

PALASTRO s.m. Chapa en la que se coloca el pestillo de una cerradura. **2.** Lámina de hierro o acero.

PALATAL adj. Relativo al paladar. ◆ adj. y s.f. FONÉT. Se dice del sonido que se articula apoyando la lengua en el paladar duro o acercándola a él.

PALATALIZAR v.tr. [7]. FONÉT. Hacer que un sonido sea palatal.

PALATINADO s.m. Título o dignidad de los príncipes palatinos de Alemania. **2.** Territorio o provincia de su jurisdicción.

1. PALATINO, A adj. (del lat. *palatum,* paladar). ANAT. Relativo al paladar. ◆ adj. y s.m. Se dice del hueso par que constituye la parte posterior del paladar óseo.

2. PALATINO, A adj. (del lat. *palatium,* palacio). Relativo al palacio, o propio de los palacios. **2.** Se decía de la persona encargada de algún oficio en el palacio de un soberano. ◆ s.m. HIST. En la antigua Hungría, jefe supremo de la justicia. ◇ **Conde palatino** Conde que formaba parte de la corte real.

PALCA s.f. Bol. Intersección de dos ríos o de dos caminos. **2.** Bol. Rama con forma de horquilla.

PALCO s.m. (ital. *palco,* balcón, tablado). En un teatro, una plaza de toros o ciertas salas de espectáculos, balcón con varios asientos. ◇ **Palco escénico** Parte del teatro en que se representa la obra. SIN.: *escena.*

PALÉ s.m. Plataforma de tablas de madera para el almacenamiento y transporte de mercancías. SIN.: *pallet.*

PALEAR v.tr. Trabajar con la pala. **2.** Apalear, aventar con pala el grano.

PALENQUE s.m. (cat. *palenc*). Terreno vallado para celebrar un torneo, un espectáculo, etc. SIN.: *palestra.* **2.** Valla de madera para defender o cerrar un terreno o con algún otro fin. **3.** Amér. Merid. Madero al que se atan los animales.

PALENQUEAR v.tr. Argent. y Urug. Sujetar un caballo al palenque para domarlo.

PALENTINO, A adj. y s. De Palencia.

PALEOAMERINDIO, A adj. y s. De un grupo de pueblos amerindios, de cultura muy rudimentaria, que correspondería a los primeros grupos humanos que emigraron al continente americano. (→ fueguino.)

PALEOANTROPO, A adj. y s. Se dice de una forma de homínidos intermedia entre los arcantropos y los neantropos.

PALEOBIOBIOLOGÍA s.f. Parte de la paleontología que se ocupa de reconstruir el pasado de la raza humana a partir de los restos del hombre primitivo y sus características físicas y culturales.

PALEOANTROPOLOGÍA s.f. Parte de la antropología que estudia los restos humanos fósiles. SIN.: *paleontología humana.*

PALEOASIÁTICO, A adj. Se dice de ciertas lenguas habladas en Siberia, que no se pueden clasificar en ninguna familia conocida.

PALEOBOTÁNICA s.f. Parte de la paleontología que estudia las plantas fósiles.

PALEOCENO, A adj. y s.m. GEOL. Se dice del primer período de la era terciaria que se extiende desde hace unos 65 millones de años hasta hace unos 53 millones de años.

PALEOCLIMATOLOGÍA s.f. Estudio del clima de épocas geológicas antiguas.

PALEOCRISTIANO, A adj. Se dice del arte de los primeros cristianos, esencialmente de fines del s. II hasta fines del s. IV.

PALEODEMOGRAFÍA s.f. Estudio de los restos óseos de las necrópolis colectivas, especialmente las del neolítico, para llegar a conocer las estructuras demográficas de las poblaciones.

PALEOECOLOGÍA s.f. Estudio de la relación existente entre los animales fósiles y su entorno.

PALEOENDÉMICO, A adj. BIOL. Se dice de la especie arcaica cuya zona fue haciéndose cada vez más limitada por efecto de los cambios climáticos o por la competencia activa de las poblaciones cercanas.

PALEOENTORNO s.m. GEOL. Conjunto de las características biológicas y físico-químicas del medio ambiente de una región determinada en un momento de su historia.

PALEOETNOLOGÍA s.f. Estudio del comportamiento del hombre prehistórico.

PALEÓGENO adj. y s.m. Se dice del primer período de la era cenozoica, que precede al neógeno y se extiende desde hace unos 65 millones de años hasta hace unos 23,5 millones de años. (Se divide en paleoceno, eoceno y oligoceno).

PALEOGEOGRAFÍA s.f. Parte de la geografía que se ocupa de la reconstrucción hipotética de la repartición de los mares y de los continentes a lo largo de las épocas geológicas.

PALEOGRAFÍA s.f. (del gr. *palaiós*, antiguo, y *gráphein*, escribir). Ciencia que se ocupa de describir la historia de las escrituras y de descifrar y fechar los documentos en los que se conservan los textos antiguos.

PALEÓGRAFO, A s. Persona que se dedica a la paleografía.

PALEOHISTOLOGÍA s.f. Estudio de los tejidos animales conservados en los fósiles.

PALEOLÍTICO, A adj. y s.m. (del gr. *palaiós*, antiguo, y *líthos*, piedra). Se dice del primer período prehistórico, caracterizado por la invención y el desarrollo de la industria lítica, y por una economía de depredación a lo largo del pleistoceno. ⬧ adj. Relativo a este período. ENCICL. El paleolítico debe su nombre a la industria de la piedra tallada, que lo caracteriza y distingue del neolítico (industria de la piedra pulimentada). El utillaje del *paleolítico inferior* (piedras toscamente desbastadas) está ligado a los australantropos; los restos más antiguos se remontan a tres millones de años (yacimientos del valle del Olmo, Melká Konturé, Olduvai). En el *paleolítico medio* el utillaje corresponde a los paleoantropos (hombre de Neanderthal), se caracteriza por la talla levalloisiense (con el plano de percusión trabajado) y por los instrumentos musterienses (raederas y puntas), realizados a partir de lascas. Durante el *paleolítico superior*, situado aproximadamente entre −35 000 y −10 000, se acentúa la especialización de las herramientas y la industria lítica se asocia a una abundante industria ósea, ambas debidas a los neantropos (hombres de Cro-Magnon, Chancelade y Grimaldi).

PALEOLOGÍA s.m. (del gr. *palaiós*, antiguo, y *lógos*, tratado). Ciencia que estudia la historia primitiva del lenguaje.

PALEOMAGNETISMO s.m. Estudio y determinación del campo magnético terrestre a lo largo de las etapas geológicas.

PALEONTOLOGÍA s.f. (del gr. *palaiós*, antiguo, *ón, óntos*, ente, ser, y *lógos*, tratado).

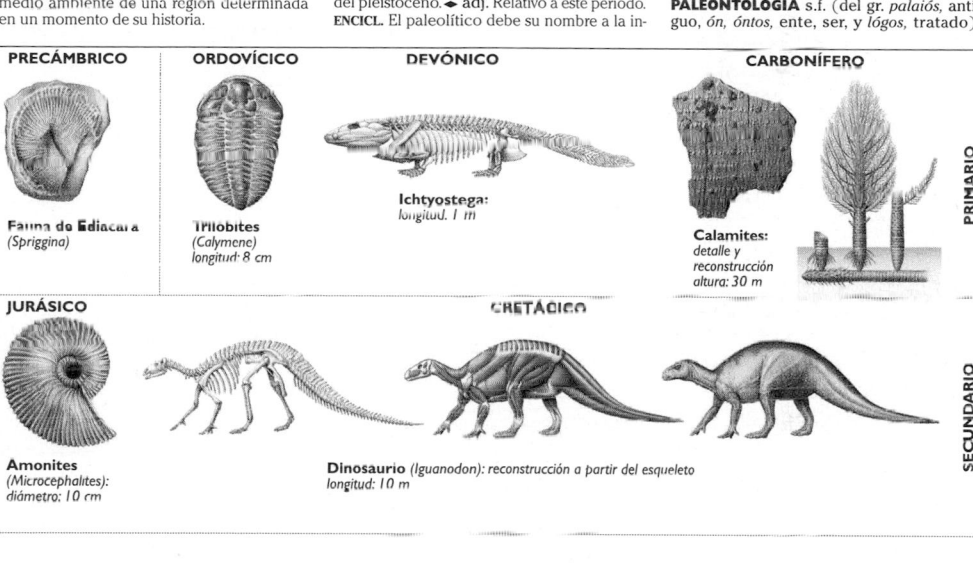

PRECÁMBRICO — Fauna de Ediacara (*Spriggina*)

ORDOVÍCICO — Trilobites (*Calymene*) longitud: 8 cm

DEVÓNICO — Ichtyostega: longitud: 1 m

CARBONÍFERO — Calamites: detalle y reconstrucción altura: 30 m

PRIMARIO

JURÁSICO — Amonites (*Microcephalites*): diámetro: 10 cm

CRETÁCICO — Dinosaurio (*Iguanodon*): reconstrucción a partir del esqueleto longitud: 10 m

SECUNDARIO

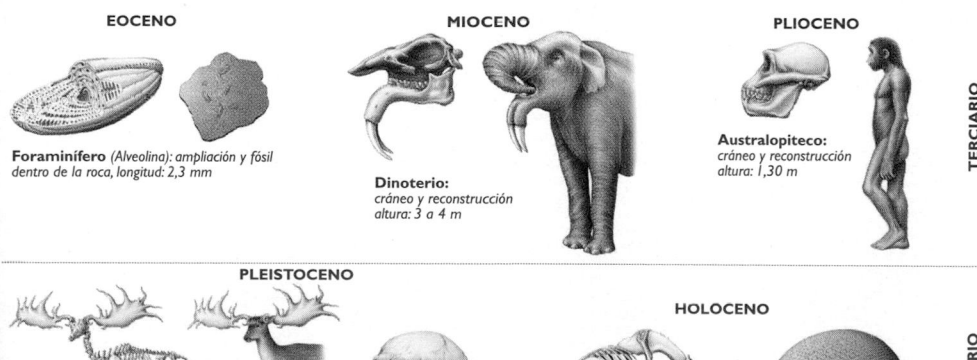

EOCENO — Foraminífero (*Alveolina*): ampliación y fósil dentro de la roca, longitud: 2,3 mm

MIOCENO — Dinoterio: cráneo y reconstrucción altura: 3 a 4 m

PLIOCENO — Australopiteco: cráneo y reconstrucción altura: 1,30 m

TERCIARIO

PLEISTOCENO — Megaceros: esqueleto y reconstrucción envergadura de las astas: 3,50 m

HOLOCENO — Hombre de Neanderthal (*Homo sapiens neandertalensis*): cráneo de la Chapelle-aux-Saints — Glyptodon: esqueleto y reconstrucción longitud: 2,5 m

CUATERNARIO

■ **PALEONTOLOGÍA.** Esqueletos o fósiles de seres vivos que han poblado la Tierra en diferentes épocas geológicas.

Ciencia que estudia los seres orgánicos cuyos restos se hallan fósiles.

PALEONTÓLOGO, A s. Persona que se dedica a la paleontología.

PALEOSUELO s.m. Suelo formado en condiciones ecológicas pasadas, que se encuentra en un perfil, recubierto por una formación más reciente o incorporado a una nueva evolución.

PALEOZOICO, A adj. y s.m. (del gr. *palaiós*, antiguo, y *zoon*, animal). GEOL. Se dice de la era geológica correspondiente a los sistemas que van del cámbrico al pérmico; se extiende desde hace unos 540 millones de años hasta unos 245 millones de años y se caracteriza por la conquista de los continentes por parte de los organismos y las orogénesis caledoniana y herciniana. SIN.: *primario*. ◆ adj. Relativo a esta era.

PALEOZOOLOGÍA s.f. Parte de la paleontología que estudia los animales fósiles.

PALERMITANO, A adj. y s. De Palermo.

PALERO, A s. Méx. Persona que, en ciertos espectáculos, se mezcla entre el público fingiendo ser parte de él, para apoyar a los actores. **2.** Méx. Persona que, de acuerdo con un vendedor ambulante, finge ser un cliente para animar a otros a comprar.

PALESTINO, A adj. y s. De Palestina.

PALESTRA s.f. (lat. *palestra*, del gr. *palaístra*). En la antigüedad, terreno vallado donde se practicaban combates o deportes. SIN.: *palenque*. **2.** Lugar en que se celebran competiciones literarias, se confrontan ideas o se discuten determinados problemas. ◇ **Salir a la palestra** Tomar parte en una lucha o en una competición.

PALETA s.f. Pala pequeña. **2.** Utensilio en forma de pala, ancho, plano, por lo común de madera, y que sirve para diversos usos. **3.** Utensilio de albañilería de forma triangular y con mango, que sirve para repartir la argamasa o mortero. SIN.: *palustre*. **4.** Tabla de madera o placa de porcelana, cuadrada u oval, con un agujero cerca de uno de sus bordes, por donde se mete el dedo pulgar que utilizan los pintores para extender y mezclar los colores. **5.** Colorido. **6.** Espátula de impresor para tomar tinta y extenderla sobre la tabla. **7.** Paletilla, omóplato. **8.** Cada una de las piezas que, unidas a un núcleo central, constituyen la hélice marina. **9.** Álabe de rueda hidráulica o turbina. **10.** Cada una de las piezas que, unidas al núcleo central de los ventiladores y de otros aparatos, reciben y utilizan el choque o la resistencia del aire. **11.** Palo o álabe de una rueda de buque de vapor. **12.** Elemento receptor de la carga, o plataforma de carga, que sirve especialmente para permitir las manutenciones mecánicas mediante carretillas elevadoras. **13.** Disco de caucho endurecido que se utiliza para jugar al hockey sobre hielo. **14.** Guat., Méx., Nicar. y Pan. Dulce o helado en forma de pala o disco y con un palito encajado que sirve de mango.

PALETADA s.f. Golpe dado con una paleta o una pala. **2.** Porción que se toma de una vez con la paleta.

PALETEADO, A adj. Chile. *Fig.* y *fam.* Se dice de una persona de complexión fuerte y destacados atributos morales. ◆ adj. y s. Chile. Sencillo, generoso, justo, activo y capaz de realizar lo que promete o dice.

PALETILLA s.f. Omóplato. **2.** Espaldilla, cuarto delantero de las reses.

PALETIZACIÓN s.f. Organización de las expediciones, el transporte, el almacenamiento, etc., partiendo de la mayor utilización posible de paletas. **2.** Colocación de las mercancías sobre paletas, que puede efectuarse de forma manual, semiautomática o automática.

PALETIZAR v.tr. [7]. Efectuar la paletización.

PALETO, A adj. y s. *Desp.* Tosco e ignorante. **2.** *Desp.* Falto de cultura y trato social. ◆ s.m. Gamo.

PALETÓ s.m. (fr. *paletot*). Prenda masculina semejante a una levita pero sin faldones, larga y entallada.

PALETÓN s.m. Parte de la llave en que están los dientes y las guardas.

PĂLI s.m. Antigua lengua religiosa indoaria emparentada con el sánscrito clásico.

PALIA s.f. LITURG. **a.** Tela sobre la que se colocan los corporales durante la misa. **b.** Cortina o mampara exterior del sagrario.

PALIACATE s.m. Méx. Pañuelo grande, confeccionado en tela estampada, para adornar el cuello o cubrir la cabeza.

PALIAR v.tr. (lat. tardío *palliare*, tapar). Atenuar un sufrimiento físico o moral, una pena, disgusto, etc. **2.** Disculpar, justificar: *paliar una falta*. **3.** Encubrir, disimular: *paliar un delito*.

PALIATIVO, A adj. y s.m. Que sirve para paliar.

PALIDECER v.intr. [37]. Ponerse pálido: *palidecer de miedo*. **2.** Perder o disminuir algo en intensidad, viveza o importancia.

PALIDEZ s.f. Cualidad de pálido.

PÁLIDO, A adj. (lat. *pallidus*, de *pallere*, ser pálido). Que tiene el color más atenuado del que le es propio o natural. **2.** Se dice del color que tiene un tono poco intenso: *rosa pálido*. **3.** *Fig.* Poco expresivo, poco impresionante. ◇ **Rostro pálido** Nombre dado por los indios norteamericanos a los blancos, aludiendo al color de su piel.

PALIER s.m. (voz francesa). Semieje del automóvil que, partiendo de la caja del diferencial, transmite el giro a las ruedas motrices. **2.** Argent. Rellano de la escalera en el que convergen las puertas de las distintas viviendas de una misma planta y el ascensor.

PALILALIA s.f. (del gr. *palin*, de nuevo, y *laleŏ*, hablar). PSICOPATOL. Trastorno del habla que se caracteriza por la repetición involuntaria y monótona de la misma palabra o de la misma frase.

PALILLERO s.m. Recipiente para mondadientes. **2.** Utensilio en el que se coloca la plumilla para escribir. SIN.: *portaplumas*.

PALILLO s.m. Mondadientes. **2.** *Fig.* y *fam.* Persona muy flaca. **3.** Baqueta para tocar el tambor. **4.** Bolillo para hacer encajes. **5.** Nervio grueso central de la hoja del tabaco. **6.** *Fig.* Palique, charla. **7.** Danza argentina picaresca del s. XIX. **8.** Palito de boj o de madera dura para moldear la arcilla o la cera. **9.** TAUROM. Vara a la que se ajusta la tela de la muleta. ◆ **palillos** s.m.pl. Par de pequeños palos que se usan como utensilio de mesa en algunos países orientales.

PALIMPSESTO s.m. (del gr. *pálin*, otra vez, y *psan*, raspar). Códice o documento de pergamino raspado para escribir de nuevo sobre él.

PALÍNDROMO, A adj. y s.m. Se dice del escrito que tiene el mismo sentido leído de izquierda a derecha que a la inversa. (Un ejemplo de palíndromo es *dábale arroz a la zorra el abad*.)

PALINGENESIA s.f. (del gr. *pálin*, otra vez, y *génesis*, acción de engendrar). Retorno a la vida de un ser después de una muerte real o aparente. SIN.: *palingénesis*. **2.** En ciertas teorías filosóficas, como el estoicismo, repetición cíclica de los mismos acontecimientos, o del mismo tipo de acontecimiento. SIN.: *palingénesis*.

PALINODIA s.f. (gr. *palinodía*, de *pálin*, otra vez, y *ádein*, cantar). Retractación pública de lo dicho o hecho anteriormente. **2.** Cambio brusco y frecuente de opinión. **3.** ANT. Composición en que el poeta se retracta de los sentimientos expresados en un canto anterior.

PALIO s.m. (lat. *pallium*, de *palla*, manto de mujer). ANT. Manto de origen griego, que se usaba en la antigua Roma a partir del imperio. **2.** LITURG. **a.** Insignia del papa, los arzobispos y algunos obispos, que tiene forma de cinta de lana blanca con seis cruces negras. **b.** Dosel colocado sobre un armazón de cuatro o más barras que cubre el Santísimo sacramento o una imagen en las procesiones y que también utilizan los reyes, el papa y otros prelados en ciertas ceremonias. **3.** ZOOL. Palio.

PALIQUE s.m. Esp. *Fam.* Charla o conversación.

PALIQUEAR v.intr. Esp. *Fam.* Charlar.

PALISANDRO s.m. (fr. *palissandre*). Madera pesada y dura de color marrón oscuro con reflejos violáceos que se obtiene de diversas especies de árboles leguminosos tropicales.

(Muy apreciada en ebanistería, cuchillería y torneadura.)

PALISTA s.m. y f. Deportista que practica el remo.

PALITO s.m. **Pisar el palito** Argent. *Fam.* Caer alguien en una trampa.

PALITROQUE o **PALITOQUE** s.m. *Desp.* Palo. **2.** TAUROM. Banderilla.

PALIZA s.f. Serie de golpes que se dan a alguien, especialmente con un palo u objeto similar: *darse una paliza de limpiar*. **2.** Esfuerzo que produce gran agotamiento. **3.** *Fig.* y *fam.* Derrota en una disputa o competición: *recibir una paliza del equipo visitante*. ◆ s.m. y f. Esp. *Fam.* Persona pesada y dada a insistir demasiado en algo. ◇ **Dar la paliza** Insistir demasiado en algo.

PALIZADA s.f. Lugar cerrado con estacas. **2.** Construcción hecha con estacas para impedir el desbordamiento de un río o para canalizar su curso. **3.** Empalizada. **4.** HERÁLD. Conjunto de piezas en forma de palos apuntados o agudos, enlazadas o encajadas unas con otras.

PALLACO s.m. Chile. Mineral aprovechable que se recoge en una mina abandonada.

1. PALLAR s.m. Frijol grueso, casi redondo y muy blanco, que crece en Perú. (Familia papilionáceas.)

2. PALLAR v.tr. (quechua *pállai*, recoger del suelo, cosechar). Chile. Payar.

PALLAZA s.f. → PALLOZA.

PALLET s.m. Palé.

PALLIDUM s.m. (voz latina). ANAT. Núcleo gris estriado del cerebro, que controla el tono y la coordinación de los movimientos elementales.

PALLIUM s.m. (voz latina). ANAT. Corteza cerebral y sustancia blanca subyacente.

PALLOZA o **PALLAZA** s.f. En Galicia, construcción rural en piedra, de planta redonda o elíptica, con cubierta de paja, destinada a vivienda y al ganado. (Es una pervivencia de la vivienda ancestral tradicional.)

PALMA s.f. (lat. *palma*). Parte interior de la mano, entre la muñeca y la raíz de los dedos. **2.** Palmera, árbol. **3.** Hoja de palmera, y en especial la que ha sido atada con otras a un árbol, para que no adquiera el color verde. **4.** *Fig.* Gloria o triunfo de alguien o algo: *obtener la palma en una competición*. **5.** Parte inferior del casco de las caballerías. ◆ s.f.pl. Aplausos. **2.** Palmadas que se dan en determinados cantes flamencos para marcar el ritmo. ◇ **Como la palma de la mano** *Fam.* Se dice de algo muy llano y liso; sin dificultades. **Llevar**, o **traer, en palmas** Tratar a alguien con gran consideración y muchas atenciones. **Llevarse la palma** Ser alguien o algo el mejor en una competición o el más destacado entre varios.

PALMÁCEO, A adj. y s.f. Relativo a una familia de árboles cuyo tallo termina en un penacho de hojas generalmente pinnadas y cuyas flores son unisexuales.

PALMADA s.f. Golpe de una palma contra otra, que produce un ruido. (Suele usarse en plural). **2.** Golpe dado con la palma de la mano.

1. PALMAR s.m. Palmeral. ◆ adj. Relativo a la palma de la mano.

2. PALMAR v.intr. (lat. tardío *palmare*, golpear con la palma de la mano). Esp. *Fam.* Morir. (Suele usarse, generalmente, *palmarla*.)

PALMARÉS s.m. (fr. *palmarès*). Conjunto de los vencedores de una competición. **2.** Historial, hoja de servicios.

PALMARIO, A adj. Claro, evidente.

PALMATORIA s.f. (lat. tardío *palmatorium*, azote). Utensilio en forma de platillo que sirve para sostener una vela. **2.** Palmeta para golpear la mano.

PALMEADO, A adj. Que se parece o tiene forma de palma.

PALMEAR v.tr. e intr. Palmotear. **2.** DEP. En baloncesto, golpear la pelota con la punta de los dedos cuando sale rebotada del aro.

PALMENSE s.m. y f. De Las Palmas de Gran Canaria. SIN.: *palmero*.

PALMEO s.m. Acción de dar palmadas, especialmente en el cante flamenco. **2.** DEP. En baloncesto, acción de rematar la pelota palmeándola.

PÁLMER o **PALMER** s.m. (pl. *pálmers* o *palmers*). Instrumento de medida de precisión para determinar espesores o diámetros exteriores.

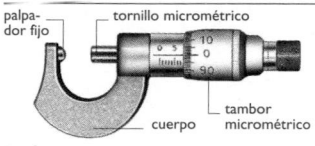

palpador fijo — tornillo micrométrico

tambor micrométrico

cuerpo

■ **PÁLMER**

PALMERA s.f. Árbol monocotiledóneo, en general de tronco simple, largo y esbelto, con un penacho de robustas hojas en su cima. (Esta denominación incluye especies de gran interés por sus frutos: *cocotero, palmera de dátiles, palmera intertropical americana, palma de Guinea;* familia palmáceas.) **2.** Pastel de hojaldre, plano y de forma parecida a la copa de este árbol.

fruto

hoja pinnada

■ **PALMERA**

PALMERAL s.m. Terreno poblado de palmeras. SIN.: *palmar.*

PALMERO, A adj. y s. Palmense. ◆ s. Persona que toca las palmas en el cante o baile flamencos. **2.** Persona que cuida de un palmeral.

PALMESANO, A adj. y s. De Palma de Mallorca (España).

PALMETA s.f. (de *palmatoria*). Palo o vara con que antiguamente se golpeaba en la mano al alumno que no estudiaba o se portaba mal. **2.** Palmetazo, golpe.

PALMETAZO s.m. Golpe dado con la palmeta. **2.** *Fig.* Reprensión áspera.

PALMICHE s.m. Perú. Planta palmarácea. ◆ s.f. Cuba. Tela de pana negra usada para hacer trajes de hombre.

PALMÍPEDO, A adj. y s.f. Relativo a un grupo de aves, a menudo acuáticas, que presentan las patas con los dedos unidos mediante una membrana, como el ganso, el pato, el cisne, el pájaro bobo, el pelícano, el cormorán, etc.

PALMIRENO, A o **PALMIRIANO, A** adj. y s. De Palmira.

PALMISTE s.m. Nuez del fruto de diversas palmeras.

PALMITATO s.m. Sal o éster del ácido palmítico.

PALMÍTICO, A adj. QUÍM. Se dice de un ácido orgánico constituyente de las grasas naturales del grupo de los glicéridos, que se encuentra principalmente en el aceite de palma.

PALMITINA s.f. QUÍM. Éster palmítico de la glicerina, uno de los constituyentes de las materias grasas. SIN.: *tripalmitina.*

1. PALMITO s.m. Palmera de tronco corto y ramificado y de hojas en abanico, común en toda la zona mediterránea de la península Ibérica. (Familia palmáceas.) **2.** Parte central del tronco de esta planta, que es comestible.

2. PALMITO s.m. *Fam.* Cara de mujer, especialmente cuando es agraciada.

PALMO s.m. (lat. *palmus,* de *palma,* palma de la mano). Distancia comprendida entre el extremo del pulgar y el dedo meñique con la mano abierta y extendida. (Antiguamente se utilizaba como unidad de medida equivalente aproximadamente a 20 cm.) **2.** Cantidad muy pequeña o muy grande de algo: *no puede pasarse de la raya ni un palmo.* ◇ **Dejar con un palmo de narices** Dar un chasco a alguien o decepcionarlo. **Palmo a palmo** Lentamente y con dificultad; con detalle y minuciosidad.

PALMOTEAR v.tr. Dar palmadas. SIN.: *palmear.*

PALMOTEO s.m. Acción y efecto de palmotear. **2.** Acción de dar con la palmeta.

PALO s.m. (lat. *palus, -i,* poste). Trozo de madera más largo que ancho y generalmente cilíndrico: *el palo de la escoba; el balón dio en el palo de la portería.* **2.** Madera: *pata de palo.* **3.** Golpe dado con un palo. **4.** *Fig.* y *fam.* Varapalo, daño o perjuicio: *la obra recibió palos de la crítica.* **5.** Nombre de diversos árboles, generalmente de América del Sur *(palo blanco, palo cochino, palo de hule).* **6.** Cada una de las cuatro series de la baraja de naipes. **7.** Rasgo de algunas letras, como la *d* o la *p,* que sobresale de su cuerpo hacia arriba o hacia abajo. **8.** Estilo o modalidad del cante flamenco: *las alegrías y las bulerías son dos palos del flamenco.* **9.** Argent., Par. y Urug. Pedazo pequeño del tronco de la rama que, en la yerba mate, queda como resto junto a la hoja triturada. **10.** Argent. y Urug. Un millón, especialmente referido a dinero. **11.** DEP. Instrumento alargado y con distintas formas que se emplea para golpear la pelota o bola en juegos como el béisbol, el golf, el hockey o el polo. **12.** HERÁLD. Pieza rectangular, distintiva de dignidad u honor, colocada verticalmente en el centro del escudo, ocupando una tercera parte de él. SIN.: *pal.* **13.** MAR. Pieza larga y de sección circular, de madera o metálica, vertical u oblicua, que sostiene el velamen de un barco. (Los principales palos son el *bauprés,* el palo *de mesana,* el palo *mayor* y el *palo de trinquete.*) **14.** SILVIC. Nombre de diversas maderas de América del Sur. ◇ **A palo seco** Sin nada accesorio ni complementario. **Palo a pique** Argent. Poste clavado en tierra, firme y perpendicularmente. **Palo borracho** Argent. y Urug. Nombre de dos especies de árboles caracterizados por el color de sus corolas y cuyas semillas están recubiertas por abundantes pelos sedosos que forman un copo blanco, al que se denomina paina. (Se utiliza con fines ornamentales e industriales.) **Palo de algo** Amér. Expresa excelencia. **Palo de agua** Amér. Central, Colomb., Ecuad. y Venez. Lluvia torrencial. **Palo de ciego** *Fig.* Golpe dado sin reparar a quién se da; castigo o injuria hecho irreflexivamente o sin discriminación. **Palo enjabonado,** o **Jabonado** Argent., Par. y Urug. Juego que consiste en trepar un palo largo untado de jabón o grasa, cucaña. **Palo grueso** Chile. Persona influyente, de mando. **Palo santo** Caqui; Argent. y Par. árbol de madera aromática; Argent. madera es apreciada en ebanistería y tornería. (Familia compuestas.)

PALOMA s.f. (lat. vulg. *palumba*). Ave granívora y sociable, del orden columbiformes, de carne apreciada: *paloma bravía, paloma torcaz, paloma zurita.* **2.** *Fig.* Persona reposada y de temperamento apacible. **3.** En un gobierno u organización política, partidario de la paz.

■ **PALMITO**

CONTR.: *halcón.* **4.** *Fam.* Bebida elaborada con agua y anís. SIN.: *palomilla.* **5.** Méx. Petardo de forma triangular, hecho con papel y pólvora. **6.** Méx. Señal que se pone en un escrito para indicar acierto o aprobación, consistente en una raya diagonal. ◆ **palomas** s.f.pl. Ondas espumosas que se forman en el mar cuando empieza a soplar viento fresco. ◇ **Paloma mensajera** Paloma amaestrada para llevar mensajes a largas distancias.

paloma
zurita

paloma bravía

■ **PALOMAS**

PALOMAR s.m. Lugar donde se crían palomas.

PALOMETA s.f. (del gr. *pēlamýs, -ydos,* bonito). Pez marino de color gris azulado, de unos 40 cm de long. y carne comestible, que vive en el océano Atlántico y el mar Mediterráneo. **2.** Palomilla, tuerca.

PALOMILLA s.f. Tuerca con dos expansiones laterales en las que se apoyan los dedos para darle vueltas. **2.** Pieza en forma de T o de triángulo rectángulo que se sujeta por un lado a la pared y sirve para sostener anaqueles o estantes. **3.** Mariposa pequeña, en especial la nocturna, perjudicial para los graneros. **4.** Planta anual, de unos 30 cm de alt., con pequeñas flores rosas provistas de un espolón, que crece en los campos. (Familia fumariáceas.) **5.** Paloma, bebida elaborada con agua y anís. **6.** Palomita, grano de maíz que se abre al tostarlo. **7.** Chile. Niño ruidoso. **8.** Chile, Hond., Méx. y Pan. Pandilla de vagabundos, plebe. **9.** Chile y Perú. Niño vagabundo, mal vestido y callejero.

PALOMINA s.f. Excremento de paloma, que se emplea como fertilizante. **2.** Variedad de uva negra, de racimos largos y ralos.

1. PALOMINO s.m. Pollo de la paloma brava. **2.** Esp. *Fam.* Mancha de excremento de ave en una prenda de vestir.

2. PALOMINO s.m. Planta bulbosa y de flores rojas con manchas violetas por el exterior. (Familia liliáceas.)

PALOMITA s.f. Alimento que consiste en una masa blanca y esponjosa, semejante a un capullo de rosa, que se forma al reventar un grano de maíz por acción del calor. **2.** Paloma, bebida elaborada con agua y anís.

PALOMO s.m. (lat. tardío *palumbus*). Paloma macho. (El palomo atrae a la hembra con arrullos.) **2.** Paloma torcaz.

PALOTE s.m. Trazo recto que se hace como ejercicio caligráfico para aprender a escribir. **2.** Palo de tamaño mediano, como una baqueta de tambor o una batuta. **3.** Chile. Insecto de la familia de los acrídidos.

■ **PAMPA.** La pampa húmeda de Argentina.

PALPABLE adj. *Fig.* Claro, evidente.

PALPACIÓN s.f. Acción de palpar. **2.** MED. Método de exploración diagnóstica consistente en la aplicación de la cara palpar de los dedos sobre la superficie corporal del enfermo, con objeto de apreciar las posibles anomalías de los órganos y tejidos subyacentes.

PALPALLÉN s.m. Chile. Arbusto con hojas dentadas, cubiertas de un vello blanquecino, y flores de cabezuelas radiadas y amarillas.

PALPAR v.tr. y prnl. (lat. *palpare,* tocar levemente, acariciar). Tocar con las manos o con los dedos para examinar o reconocer algo o a alguien. ◆ v.tr. *Fig.* Ver, entender o percibir una cosa tan claramente como si se tocara: *la decepción se palpa en el ambiente.* **2.** Tantear los objetos o personas para orientarse en la oscuridad.

PALPEBRAL adj. Relativo a los párpados.

PALPITACIÓN s.f. Acción de palpitar. **2.** MED. **a.** Latido cardíaco que es percibido directamente por el enfermo en la pared torácica. **b.** Movimiento interior, involuntario y trémulo, de algunas partes del cuerpo.

PALPITANTE adj. Que palpita. **2.** *Fig.* Que despierta el interés por ser actual o polémico.

PALPITAR v.intr. (lat. *palpitare,* agitarse, palpitar). Contraerse y dilatarse el corazón y las arterias. **2.** Moverse o agitarse involuntariamente una parte del cuerpo con movimiento tembloroso. **3.** *Fig.* Manifestarse perceptiblemente cierto sentimiento o pasión en las acciones o palabras de alguien.

PÁLPITO s.m. Presentimiento, sospecha.

PALPO s.m. Pequeño apéndice móvil de las piezas bucales de los artrópodos, que forma ordinariamente dos pares: los *palpos maxilares* y los *palpos labiales.*

PALQUI s.m. (araucano *palki*). Arbusto americano de tallos erguidos, flores en manojos terminales y olor fétido, que se emplea en medicina. (Familia solanáceas.) SIN.: *pañil.*

PALTA s.f. (quechua *pálta*). Amér. Merid. Fruto del aguacate.

PALTO s.m. Amér. Merid. Aguacate, árbol.

PALÚDICO, A adj. Relativo al paludismo: *fiebres palúdicas.* **2.** Relativo a los pantanos: *terreno palúdico.*

PALUDISMO s.m. Enfermedad contagiosa producida por un protozoo parásito de los glóbulos rojos de la sangre, el plasmodio o hematozoario de Laveran, y transmitida por un mosquito de las regiones cálidas y pantanosas, el anofeles. SIN.: *malaria.*

ENCICL. Existen cuatro especies de plasmodio que provocan el paludismo, enfermedad que se manifiesta por accesos de fiebre a intervalos regulares siguiendo un ritmo característico (fiebres terciana o cuartana), con anemia, esplenomegalia y alteración del estado general. Solo una especie *(Plasmodium falciparum)* es grave. El tratamiento se basa en sales de quinina y derivados sintéticos. La profilaxis se basa en la lucha contra los mosquitos. El cultivo del plasmodio, posible desde 1976, abrió el camino para la fabricación de una vacuna.

PALURDO, A adj. y s. Se dice de la persona sin cultura y con mala educación.

1. PALUSTRE adj. (lat. *palustris*). Paleta de albañilería para repartir la argamasa o mortero. **2. PALUSTRE** s.m. (cat. *palustre*). Relativo a la laguna o al pantano.

PALUSTRILLO s.m. Paleta parecida al palustre, pero más pequeña y de punta más aguda.

PAMBA s.f. Méx. Serie de golpes leves con la palma de la mano que se da a alguien en la cabeza en son festivo.

PAMBAZO s.m. Urug. Pan achatado y redondo.

PAMBIL s.m. Ecuad. Palma con tronco esbelto y follaje ancho, pero de menor tamaño que la real.

PAME, pueblo amerindio agricultor de México (est. de San Luis Potosí), del grupo otomí, de la familia otomangue.

PAMELA s.f. (de *Pamela,* heroína de una novela de S. Richardson). Sombrero femenino, bajo de copa y con ala amplia y flexible.

PAMEMA s.f. Hecho o dicho insignificante o sin importancia. **2.** Gesto afectuoso y melindroso, dirigido a obtener alguna cosa o a congraciarse con alguna persona.

1. PAMPA s.f. (quechua *pámpa,* llanura). Amér. Merid. Llanura extensa con vegetación baja. ◇ **Pampa alta** Amér. Merid. Meseta.

2. PAMPA adj. y s.m. y f. Pampeano.

PÁMPANA s.f. Hoja de la vid. SIN.: *pámpano.*

PÁMPANO s.m. (lat. *pampinus,* hoja de vid). Vástago tierno o pimpollo de la vid. **2.** Pámpana. **3.** Pez teleósteo de los mares ibéricos, cuya carne es de baja calidad. (Familia estromateidos.)

PAMPEANO, A adj. y s. De la Pampa argentina. **2.** De un grupo de pueblos amerindios, que se extendieron hasta el s. XIX por el Chaco, las Pampas y la Patagonia. (Cazadores y hábiles jinetes, act. están casi extinguidos o muy mestizados.) ◆ s.m. y adj. GEOL. Pampense.

PAMPEAR v.intr. Amér. Merid. Recorrer las pampas.

PAMPENSE s.m. y adj. GEOL. Piso del cuaternario medio de América compuesto por limos calcáreos.

PAMPERO, A adj. y s. Pampeano. ◆ s.m. Amér. Merid. Viento fuerte, frío y seco que sopla desde el S patagónico al Río de la Plata.

PAMPIROLADA s.f. (de *capirotada*). *Fig. y fam.* Tontería o cosa insustancial. **2.** Salsa elaborada con pan, ajos machacados en el mortero y agua.

PAMPLINA s.f. Cosa insignificante o de poca utilidad. (Suele usarse en plural). **2.** *Fig. y fam.* Aspaviento o melindre. **3.** Planta herbácea, de flores con sépalos agudos y pétalos externos alargados, que crece en la península Ibérica. (Familia fumariáceas.)

PAMPLINERO, A adj. Propenso a decir o hacer pamplinas. **2.** Persona a quien gusta que le hagan cumplidos.

PAMPLONÉS, SA adj. y s. De Pamplona (España). SIN.: *pamplonica.*

PAMUE → FANG.

PAN s.m. (lat. *panis*). Alimento que se elabora cociendo al horno una pasta amasada y fermentada compuesta esencialmente de harina, agua, sal y levadura. **2.** Alimento de forma semejante al pan: *pan de higos.* **3.** *Fig.* Trigo. **5.** Hoja o laminilla de oro, plata u otro metal, utilizada para dorar o platear: *batir los panes de oro.* ◆ **panes** s.m.pl. Cereales, como el trigo, el centeno o la cebada, desde que nacen hasta que se siegan. ◇ **Árbol del pan** Árbol originario de Oceanía, cuyo fruto, rico en almidón, puede consumirse como pan. **Pan ázimo** Pan sin levadura. **Pan bendito** Pan que se bendice en determinadas festividades y se reparte al pueblo; *Fig.* aquello que es recibido con gran aceptación. **Pan blanco** Pan de buena calidad, elaborado con la flor de la harina de trigo. **Pan de azúcar** GEOMORFOL. Domo rocoso y liso de forma parabólica y pendiente muy acusada. **Pan de caja** Méx. Pan que se cuece en moldes. **Pan de los ángeles** REL. Eucaristía. **Pan de Viena** Panecillo o barrita cuya masa contiene azúcar, leche y materias grasas. **Pan francés** Pan de masa esponjosa, ligero y sin grasa. **Pan inglés,** o **de molde** Pan elaborado con leche y materias grasas y cocido en moldes paralelepipédicos. **Pan integral,** o **íntegro** Pan elaborado con trigo integral y que tiene un color algo oscuro. **Pan lactal** Argent. Pan que se cuece en moldes. **Pan negro** Pan de centeno. **Ser bueno como,** o **más bueno que, el pan** o **ser un pedazo de pan** *Fam.* Ser alguien muy bueno. **Ser algo pan comido** *Fam.* Ser muy fácil, no ofrecer ningún problema.

1. PANA s.f. (fr. *panne,* piel). Tejido grueso de algodón, de textura semejante al terciopelo, que usa para confeccionar prendas de vestir, especialmente pantalones.

2. PANA s.f. (voz mapuche). Chile. Hígado de los animales.

3. PANA s.f. Chile. Conjunto de desperfectos que provocan el mal funcionamiento de una máquina. **2.** Chile. Detención accidental de

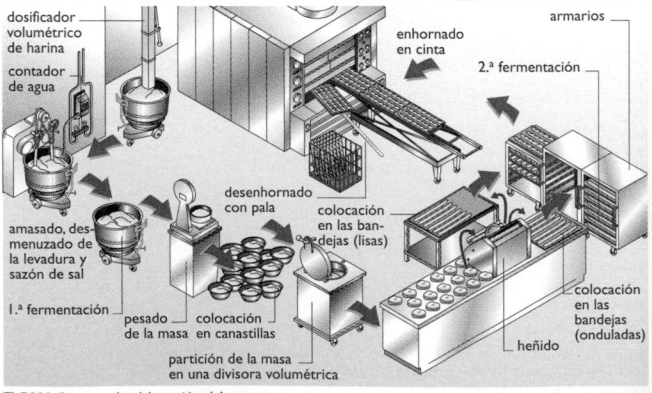

■ **PAN.** Proceso de elaboración del pan.

un vehículo por defectos en el motor o en las ruedas.

PÁNACE s.f. Planta de la familia de las umbelíferas que crece en las regiones cálidas de Europa y Asia, empleada en farmacia y perfumería. SIN.: *opopónace*.

PANACEA s.f. (gr. *panákeia*, planta imaginaria que cura todos los males).Remedio al que se le atribuye eficacia contra cualquier enfermedad. **2.** *Fig.* Remedio para todo mal, tanto físico como moral.

PANACHÉ s.m. Guiso elaborado con varios vegetales, cocidos por separado.

PANADERA s.f. *Fam.* Paliza, azotaina.

PANADERÍA s.f. Establecimiento donde se elabora o vende pan. **2.** Oficio de panadero.

PANADERO, A s. Persona que tiene por oficio elaborar o vender pan. ◆ **panaderos** s.m.pl. Variedad del baile andaluz de palillos.

PANADIZO s.m. Inflamación aguda del tejido celular de un dedo, especialmente en la punta o en la zona de la uña.

PANAFRICANISMO s.m. Doctrina que tiende a desarrollar la unidad y la solidaridad de los pueblos africanos.

PANAFRICANO, A adj. y s. Relativo al panafricanismo; partidario de esta doctrina.

PANAL s.m. (de *pan*). Masa esponjosa de cera que elaboran las abejas para depositar la miel y los huevos reproductores, constituida por la yuxtaposición de multitud de alveolos, o celdillas. **2.** Construcción semejante que fabrican las avispas y otros animales.

PANAMÁ s.m. (de *Panamá*, estado de América Central). Tejido de algodón de trama gruesa y especial adecuado para el punto de cruz y bordados semejantes. **2.** Sombrero de fibra de pita muy flexible, con la copa cilíndrica y baja, y el ala plana, recogida o doblada.

PANAMEÑISMO s.m. Palabra, expresión o giro propios del panameño.

PANAMEÑO, A adj. y s. De Panamá. ◆ s.m. Variedad del español hablado en Panamá.

PANAMERICANISMO s.m. Movimiento de solidaridad tendente a mejorar y a desarrollar las relaciones entre los estados y los pueblos americanos.

PANAMERICANISTA s.m. y f. Partidario del panamericanismo.

PANAMERICANO, A adj. Relativo al panamericanismo. **2.** Relativo a toda América.

PANARABISMO s.m. Doctrina política que propugna la unión de todos los países de lengua y civilización árabes.

PANATENEAS s.f.pl. (gr. *panathēnaia*, de *pan*, todo, y *Athénē*, Atenas). ANT. GR. Fiestas celebradas en Atenas en honor de la diosa Atenea.

PANCA s.f. (quechua *pánkka*). Bol. y Perú. Vaina que envuelve la mazorca de maíz.

PANCADA s.f. Contrato de venta de mercancías menudas, en conjunto y al por mayor, muy utilizado en América durante su colonización.

PANCARTA s.f. (fr. *pancarte*). Cartón, papel, tela, etc., con frases o consignas generalmente de carácter reivindicativo.

PANCERA s.f. (fr. ant. *pancière*). ARM. Parte de la armadura que cubre el vientre.

PANCETA s.f. Tocino de cerdo con vetas de magro.

PANCHEN-LAMA s.m. Segunda autoridad religiosa del Tíbet, después del dalai-lama.

PANCHO, A adj. Se dice de la persona que está tranquila y satisfecha.

PANCISTA adj. y s.m. y f. *Fam.* Se dice de la persona que se acomoda a todo. SIN.: *acomodaticio*.

PANCITA s.f. Méx. Guiso que se elabora con panza de res en caldo. **2.** Méx. Menudos.

PANCLASTITA s.f. (del gr. *pan*, todo, y *klan*, romper). Explosivo líquido constituido por una mezcla de dióxido de nitrógeno y un líquido combustible.

PANCRACIO s.m. (del gr. *pan*, todo, y *kratos*, fuerza). ANT. GR. Deporte que combinaba la lucha y el pugilato.

PÁNCREAS s.m. (gr. *págkreas*).Glándula abdominal humana situada detrás del estómago, con un doble carácter, *exocrino*, por sus acini pancreáticos que vierten en el duodeno, a tra-

vés del conducto de Wirsung, un jugo digestivo, y *endocrino*, por los islotes de Langerhans, productores de la insulina y el glucagón.

PANCREATECTOMÍA s.f. CIR. Extirpación quirúrgica del páncreas.

PANCREÁTICO, A adj. Relativo al páncreas.

PANCREATITIS s.f. Inflamación del páncreas.

PANCROMÁTICO, A adj. FOT. Se dice de una emulsión sensible a todos los colores.

PANCUTRAS s.f.pl. Chile. Guiso popular elaborado con tiras de masa cocida en caldo y agua.

1. PANDA s.m. Mamífero del orden de los carnívoros pero vegetariano del que existen dos especies: el *panda gigante* (género *Ailuropoda*), de los bosques de China central, muy escaso, que se alimenta de brotes de bambú, y el *panda menor* (género *Ailurus*), de pelaje rojizo, negro y blanco, parecido al mapache, que vive en los bosques montañosos del Himalaya oriental y de la China meridional y se alimenta de hojas, frutos e insectos. (Familia úrsidos.)

■ **PANDA.** Panda menor y panda gigante.

2. PANDA s.f. Pandilla.

3. PANDA s.f. (de *pando*).Galería o corredor de un claustro.

PANDEAR v.intr. y prnl. Combarse o deformarse por el medio, con tendencia a ceder y a romperse, las piezas de cierta longitud y sección reducida comprimidas en el sentido de su eje longitudinal.

PANDECTAS s.f.pl. (voz latina). DER. ROM. Recopilación de decisiones de los jurisconsultos romanos, en especial la del emperador Justiniano.

PANDEMIA s.f. (del gr. *pan*, todo, y *dēmos*, pueblo). Enfermedad epidémica que afecta prácticamente a todos los habitantes de una región determinada.

PANDÉMICO, A adj. Relativo a las pandemias.

PANDEMÓNIUM s.m. (del gr. *pan*, todo, y el lat. tardío *daemonium*, demonio). *Fig.* Lugar donde hay mucho ruido, griterío y confusión. **2.** Capital imaginaria del reino infernal. (En este sentido se escribe con mayúscula.)

PANDEO s.m. Acción y efecto de pandear.

PANDERETA s.f. Instrumento musical de percusión constituido por una membrana de piel curtida sujeta a un marco rígido y circular en el que hay algunos pares de sonajas.

PANDERETEAR v.intr. Tocar el pandero o la pandereta.

PANDERETEO s.m. Acción y efecto de panderetear. **2.** Baile al ritmo del pandero o la pandereta.

PANDERO s.m. Instrumento musical de percusión de forma similar a la de la pandereta, pero de mayor tamaño. **2.** *Fig.* y *fam.* Culo.

PANDICULACIÓN s.f. Acción de estirarse por extensión de numerosos grupos musculares. (Suele producirse después del sueño, al despertarse, acompañándose de bostezos.)

PANDILLA s.f. Grupo de amigos que se reúne para realizar alguna actividad lúdica. **2.** Grupo de personas que llevan a cabo acciones ilícitas. SIN.: *panda*.

PANDILLISTA s.m. y f. Persona que forma pandillas. SIN.: *pandillero*.

PANDIT s.m. Título dado en la India a los brahmanes eruditos.

PANDO, A adj. (lat. *pandus*). Que pandea o se pandea. **2.** Que se mueve lentamente. **3.** Se dice de lo que es poco profundo, en especial de las aguas y de las cavidades que las contienen. **4.** Méx. Torcido, combado. ◆ s.m. Terreno casi llano situado entre dos montañas.

PANDORGA s.f. Colomb. Chanza, broma.

PANDROGUEAR v.intr. Colomb. Ofender o molestar a una persona con groserías o bromas pesadas.

PANECILLO s.m. Pan pequeño. **2.** Esp. Cosa con forma de pan pequeño.

PANEGÍRICO, A adj. y s.m. (gr. *panigyirikós*, discurso solemne). Se dice del discurso oratorio en alabanza de una persona. ◆ s.m. Elogio de una persona.

PANEGIRIZAR v.tr. [7]. Hacer un panegírico.

PANEL s.m. (fr. *panel*, dim. de *pan*, lienzo de pared). Cada uno de los compartimientos en que se divide un lienzo de pared, las hojas de una puerta o ventana, etc. **2.** CONSTR. Material prefabricado de grandes dimensiones y muy poco espesor. *panel de madera.* **3.** ESTADÍST. **a.** Técnica de entrevista consistente en repetir a intervalos de tiempo las mismas preguntas a las mismas personas. **b.** Muestra permanente de personas a las que se hacen las preguntas. ◆ s.f. Méx. Camioneta cerrada para el transporte de mercancías.

PANELISTA s.m. y f. ESTADÍST. Persona que forma parte de un panel o muestra estadística.

PANERA s.f. Recipiente en forma de canastilla donde se pone el pan para el servicio de la mesa. **2.** Cesta grande y sin asa para transportar pan. **3.** Nasa, cesto. **4.** Hórreo asturiano rectangular.

PANERO, A adj. Se dice de la persona que come mucho pan o a la que le gusta mucho el pan. SIN.: *paniego*. ◆ s.m. Canasta redonda para echar el pan que se va sacando del horno. **2.** Ruedo, estera pequeña y redonda.

PANESLAVISMO s.m. Doctrina que ensalza la identidad común que comparten los diferentes pueblos eslavos y que preconiza su unión política. (El paneslavismo fue desarrollado por N. I. Danilevski [1822-1885].)

PANESLAVO, A adj. Relativo a todos los pueblos eslavos.

PANFILISMO s.m. Exceso de benignidad.

PÁNFILO, A adj. y s. (gr. *pánphilos*, el que es todo amor). Bobo, simple y excesivamente cándido. **2.** Se dice de la persona muy calmosa y lenta en sus acciones.

PANFLETARIO, A adj. Relativo al escrito o discurso que tienen el estilo propio de un panfleto.

PANFLETISTA s.m. y f. Autor de panfletos.

PANFLETO s.m. (ingl. *pamphlet*, de *Pamphilet*, nombre coloquial de *Pamphilus, seu de Amore*, comedia satírica del s. XII). Escrito breve en prosa de tono polémico y carácter satírico y agresivo, generalmente difundido de forma clandestina.

PANGAL s.m. Chile. Plantío de pangues.

PANGARÉ adj. y s.m. Argent. Se dice del caballo cuya capa básica, dorada o castaña, se ve descolorida en algunas regiones del cuerpo, especialmente las inferiores.

PANGEA s.m. Nombre que se dio a la hipotética masa de suelo continental que habría estado rodeada por el océano primitivo.

PANGELÍN s.m. Árbol de América Meridional cuyo fruto es una almendra dura y rojiza que se usa en medicina. (Familia papilionáceas.) **2.** Madera de este árbol, muy apreciada.

PANGERMANISMO s.m. Ideología y movimiento orientados a reagrupar en un estado único todas las poblaciones de origen germánico.

PANGERMANISTA adj. y s.m. y f. Relativo al pangermanismo; partidario del pangermanismo.

PANGOLÍN s.m. (ingl. *pangolin*). Mamífero desdentado de África y Asia, de 1 m de long., recubierto de escamas, que se alimenta de hormigas y termes.

■ **PANGOLÍN**

PANGUE s.m. Chile y Perú. Planta con hojas de pecíolos comestibles, que crece en terrenos húmedos. (Familia gunneráceas.)

PANHELÉNICO, A adj. Relativo a todos los griegos. ◇ **Juegos panhelénicos** Conjunto de las cuatro grandes fiestas que reunían a todos los griegos: juegos olímpicos, píticos, ístmicos y nemeos.

PANHELENISMO s.m. Sistema político que pretende reunir a todos los pueblos griegos.

PANI → PAWNEE.

PANIAGUADO s.m. Persona que está protegida por otra y es excesivamente favorecida por esta. **2.** En la edad media, siervo que disfrutaba de alguna exención tributaria.

PÁNICO s.m. y adj. (gr. *panikón*, de *parakhos panikós*, terror causado por Pan). Terror o miedo muy grande, generalmente colectivo.

PANÍCULA s.f. (lat. *panicula*, dim. de *panus*, mazorca de hilo). BOT. Inflorescencia compuesta, formada por racimos cuya longitud va disminuyendo desde la base al ápice, por lo que toma un aspecto piramidal. SIN.: *panoja, panículo*.

PANÍCULO s.m. ANAT. Estrato o acumulación de un tejido. **2.** BOT. Panícula. ◇ **Panículo adiposo** Capa de tejido adiposo que se desarrolla en la hipodermis.

PANIEGO, A adj. Se dice del terreno que produce trigo. **2.** Panero, que come mucho pan.

PANIFICADORA s.f. Instalación industrial destinada a la elaboración del pan.

PANIQUE s.m. Murciélago frugívoro de gran tamaño y pelaje pardo, que vive en África, Asia y Oceanía. (El panique gigante de Samoa alcanza una envergadura de 2 m; familia pteropódidos.)

PANISLÁMICO, A adj. Relativo al panislamismo.

PANISLAMISMO s.m. Movimiento político-religioso orientado a conseguir la unión de todos los pueblos musulmanes.

PANIZO s.m. (lat. tardío *panicium*). Planta herbácea anual, de tallos altos y hojas largas, con panoja gruesa y densa. (Familia gramíneas.) **2.** Grano de esta planta, que se emplea en algunas partes como alimento. **3.** Chile. Criadero de minerales.

PANJÁBI s.m. Lengua indoaria hablada en el Panjâb.

PANO, familia de lenguas amerindias del SO de la cuenca amazónica (Perú y Bolivia), dividida en tres grupos: central, que incluye los pueblos del grupo chama y otros (cashibo, omagua, catquina); el segundo grupo, al SO, vive disperso entre pueblos de lengua quechua o aimara; el tercer grupo, al SE, incluye los capuibo, caripuna y yacariá.

PANOCHA s.f. Panoja.

PANOCHO, A adj. y s. De la huerta de Murcia. ◆ s.m. Variedad del español hablado en la huerta de Murcia.

PANOFTALMÍA s.f. MED. Inflamación general del globo ocular.

PANOJA s.f. (del lat. *panicula*, dim. de *panus*, mazorca de hilo). Mazorca del maíz, del panizo o del mijo. SIN.: *panocha*. **2.** Colgajo, ristra. **3.** Conjunto de más de dos pescados pequeños que se fríen pegados por las colas. **4.** BOT. Panícula.

PANOL s.m. → PAÑOL.

PANOLI adj. y s.m. y f. (valenciano *panoli*, de *pa en oli*, pan con aceite). *Fam.* Se dice de la persona boba y de poco carácter.

PANOPLIA s.f. (gr. *panoplía*). Tablón decorativo, generalmente en forma de escudo, que se cuelga en la pared y en el que se colocan armas. **2.** Colección de armas colocadas de forma ordenada. **3.** Armadura completa.

PANORAMA s.m. (del gr. *pan*, todo, y *órama*, lo que se ve). Vista extensa de un horizonte. **2.** *Fig.* Visión general de un asunto o una situación. **3.** B. ART. **a.** Vista pintada en las paredes de una gran sala circular, que el espectador observa desde una plataforma central. **b.** Sala circular donde se expone esta obra.

PANORÁMICA s.f. CIN. Movimiento giratorio de la cámara cinematográfica portátil alrededor de su eje, en sentido horizontal o vertical.

PANORÁMICO, A adj. Relativo al panorama. **2.** CIN. y FOT. Se dice de la imagen que cubre un ángulo horizontal aproximado al de la visión periférica del ser humano (164°).

PANQUÉ s.m. Méx. Bizcocho de masa suave y esponjosa, generalmente de forma alargada, cocido en un molde de papel encerado.

PANQUEQUE s.m. Amér. Torta muy fina y blanda elaborada con harina, leche, huevos, mantequilla y azúcar, que se suele comer doblada y rellena de chocolate, mermelada, etc.

PANTAGRUÉLICO, A adj. (fr. *pantagruélique*, de *Pantagruel*, personaje de Rabelais). Se dice de una comida excesiva y abundante.

PANTALÁN s.m. Embarcadero pequeño que se adentra ligeramente en el mar, generalmente utilizado por barcos de poco tonelaje.

PANTALETA s.m. Méx. y Venez. Calzón, prenda interior femenina. (Se usa también en plural para referirse a una sola prenda.)

PANTALLA s.f. Obstáculo colocado para interceptar rayos de luz; especialmente lámina de distintas formas y tamaños colocada alrededor o junto a un foco de luz o de otras radiaciones u ondas, para dirigirlos en cierta dirección. **2.** *Fig.* Persona o cosa que oculta o hace sombra a otra. **3.** *Fig.* Persona o cosa que sirve para llamar o atraer hacia sí la atención, mientras se está haciendo u ocurriendo algo que se quiere ocultar. **4.** Superficie blanca que sirve para proyectar sobre ella imágenes fotográficas o cinematográficas. **5.** Cinematografía: *una estrella de la pantalla*. **6.** Especie de mampara que se pone delante de las chimeneas para resguardarse del resplandor de la llama y del exceso de calor. **7.** Amér. Merid. Instrumento para hacer o hacerse aire. **8.** ELECTRÓN. **a.** En un tubo electrónico de varias rejillas, electrodo que se mantiene a un potencial positivo inferior al de la placa. SIN.: *rejilla pantalla*. **b.** En un tubo catódico, superficie en que se reproduce la imagen visible: *pantalla de televisión*. ◇ **Pantalla acústica** Dispositivo con uno o varios altavoces elementales, destinados a disminuir la interferencia entre las radiaciones de la membrana a partir de las caras anterior y posterior, para mejorar el funcionamiento del altavoz. **Pantalla térmica** Revestimiento protector de las cabinas espaciales o de las ojivas de los misiles, que amortigua el calentamiento al producirse el retorno a la atmósfera. **Pequeña pantalla** Televisión.

PANTALLAZO s.m. Captura de lo que se muestra en un momento concreto en la pantalla de una computadora.

PANTALLEAR v.tr. Argent., Par. y Urug. Hacer aire con una pantalla.

PANTALÓN s.m. (fr. *pantalon*). Prenda de vestir ceñida a la cintura, que baja más o menos, cubriendo por separado ambas piernas total o parcialmente. (Suele usarse en plural.) **2.** Prenda interior femenina. **3.** COREOGR. Una de las figuras de la cuadrilla francesa. ◆ **pantalones** s.m.pl. *Fam.* Hombre u hombres, en oposición a la mujer. ◇ **Llevar los pantalones** Imponer alguien su autoridad, especialmente en el hogar. **Pantalón bombacho** Pantalón ancho y acampanado, cuyos perniles se ciñen a la pierna generalmente con una goma.

PANTANA s.f. Calabacín propio de las islas Canarias.

PANTANAL s.f. Tierra pantanosa.

PANTANO s.m. (ital. *pantano*). Región cubierta por aguas poco profundas e invadida en parte por la vegetación. **2.** Embalse. **3.** *Fig.* Dificultad, obstáculo grande.

PANTANOSO, A adj. Se dice de un terreno donde hay pantanos, charcos o cenagales. **2.** *Fig.* Lleno de dificultades.

PANTEÍSMO s.m. (ingl. *pantheism*, del gr. *pan*, todo, y *theós*, Dios). Doctrina según la cual todo lo que existe participa de la naturaleza divina.

PANTEÍSTA adj. y s.m. y f. Relativo al panteísmo; partidario de esta doctrina.

PANTEÓN s.m. Monumento funerario destinado a enterramiento de varias personas. **2.** Conjunto de todos los dioses de una nación, un pueblo, etc. **3.** Templo que los griegos y los romanos consagraban a todos sus dioses. **4.** Amér. Cementerio.

PANTEONERO s.m. Méx. Persona que tiene por oficio encargarse del mantenimiento de un panteón o cementerio, o cavar las sepulturas.

PANTERA s.f. (lat. *panthera*, del gr. *pánthera*, de *pan*, todo, muy, y *ther*, fiera). Leopardo. **2.** Amér. Yaguar.

PANTI s.m. → PANTY.

PANTOCRÁTOR s.m. (gr. *pantokratōr*, todopoderoso). Epíteto atribuido al Dios de los cristianos, y aplicado especialmente, en el arte bizantino y en el románico, a las representaciones de media figura de Jesucristo, en los ábsides y en las cúpulas de las iglesias. **2.** Sobrenombre dado a Zeus.

■ **PANTOCRÁTOR** de la iglesia de San Clemente de Tahull; h. 1127.
(Museo nacional de arte de Cataluña, Barcelona.)

PANTÓGRAFO s.m. (del gr. *pan*, *pantós*, todo, y *grafikós*, referente a la escritura o el dibujo). Instrumento constituido por un paralelogramo articulado que permite reproducir mecánicamente un dibujo, ampliando o reduciendo las dimensiones del modelo. **2.** F.C. Dispositivo articulado de toma de corriente de las locomotoras eléctricas que asegura el contacto del frotador con el cable conductor de la catenaria.

PANTÓMETRO s.m. Instrumento topográfico para la medida de los ángulos y el trazado de perpendiculares sobre el terreno.

PANTOMIMA s.f. *Fig.* Representación teatral en que la palabra se sustituye enteramente por gestos o actitudes. **2.** Acción con que se finge hacer o sentir algo.

PANTOMÍMICO, A adj. Relativo a la pantomima o al pantomimo.

PANTORRILLA s.f. Masa carnosa de la parte posterior de la pierna.

PANTOTÉNICO, A adj. Se dice de un ácido presente en todos los tejidos animales, necesario para el metabolismo de los lípidos y los glúcidos. SIN.: *vitamina B₅*.

PANTUFLA s.f. (fr. *pantoufle*). Zapatilla sin talón.

PANTY o **PANTI** s.m. Medias unidas por la cadera, con los leotardos.

PANUCHO s.m. Méx. Tortilla de maíz rellena con frijoles a la que se añade carne o pescado deshebrados encima.

PANUDO, A adj. Cuba. Se dice del fruto del aguacate que tiene carne consistente.

PANUELA s.f. Colomb. y Hond. Chancaca dispuesta en panes.

PANZA s.f. (lat. *pantex, -icis*). Barriga o vientre, especialmente cuando es muy abultado. **2.** Parte inferior y abombada de un balaustre de piedra o madera, de un vaso, etc. **3.** Comba que hace una pared o un muro vertical cuando adopta forma convexa. **4.** Primera cámara del estómago de los rumiantes. SIN.: *herbario*.

PANZADA s.f. *Fam.* Hartazgo.

PANZUDO, A adj. Que tiene mucha panza. SIN.: *panzón.*

PAÑAL s.m. Pieza rectangular de tela o de material desechable (celulosa y plástico) que se pone a modo de calzón entre las piernas de un bebé, o de un adulto con incontinencia, para absorber y retener la orina y los excrementos. **2.** Faldón de una camisa de hombre. ◆ **pañales** s.m.pl. Conjunto de ropa con que se envuelve o protege a un bebé. **2.** *Fig.* Linaje o ascendencia de una persona. **3.** *Fig.* Niñez, primera etapa de la vida. ◇ **Estar en pañales** *Fam.* Tener alguien poco o ningún conocimiento de alguna cosa o estar algo en sus inicios.

PAÑALERA s.f. *Argent.* Fábrica de pañales. **2.** *Méx.* Bolsa con asa para llevar los pañales y las cosas del bebé.

PAÑALÓN, NA adj. y s. *Fam.* Se dice de la persona que lleva fuera, por descuido, los faldones de la camisa.

PAÑERO, A adj. Relativo a los paños.

PAÑETE s.m. Paño de poca calidad o muy fino. **2.** *Colomb.* Paño. **3.** *CONSTR.* Enlucido.

PAÑIL s.m. Palqui. **2.** *Chile.* Árbol cuyas hojas se utilizan para curar úlceras. (Familia escrofulariáceas.)

PAÑO s.m. (lat. *pannus*, pedazo de paño, trapo).Tejido muy tupido y raso,especialmente de lana. **2.** Cualquier pedazo de lienzo u otra tela, generalmente de forma rectangular: *paño de cocina.* **3.** Lienzo de pared. **4.** Mancha o impureza que disminuye el brillo o la transparencia de algunas cosas. **5.** MAR. Velas que lleva desplegada una embarcación. ◆ **paños** s.m.pl. Vestiduras. ◇ **Conocer el paño** *Fig.* y *fam.* Conocer bien a la persona o cosa de que se trata. **En paños menores** *fam.* Vestido solamente con ropa interior. **Paño de lágrimas** *Fig.* y *fam.* Persona que consuela y aconseja a otra en sus problemas y dificultades. **Paño moruno** Baile popular andaluz. **Paños calientes** *Fam.* Atenuantes que suavizan o disminuyen el rigor con que se ha de proceder en alguna cosa; remedios ineficaces. **Paños fríos** *Argent.* *Fig.* y *fam.* Diligencias para apaciguar los ánimos.

PAÑOL o **PANOL** s.m. (cat. *pallol,* entarimado del fondo de una embarcación). MAR. Compartimiento cerrado en el entrepuente o las bodegas, donde se guardan municiones, víveres, pertrechos, etc.

PAÑOLERO, A s.m. MAR. Cabo de mar o marino que cuida de uno o varios pañoles.

PAÑOLETA s.f. Prenda de vestir femenina de forma triangular que se lleva sobre los hombros. **2.** TAUROM. Corbata que usan los toreros.

PAÑOLON s.m. Mantón.

PAÑUELO s.m. Pequeña pieza de lencería, generalmente de forma cuadrangular, que sirve para sonarse. **2.** Pieza de tejido de fantasía, generalmente de forma cuadrangular, que tiene diversos usos: *llevar un pañuelo al cuello.*

1. PAPA s.m. (lat. *papas*). Obispo de Roma, jefe de la Iglesia católica romana. **2.** *Fam.* Papá. (*V. tabla pág. siguiente.*)

2. PAPA s.f. (voz quechua). Planta herbácea, originaria de América del Sur, de hojas ovaladas y flores terminales de color blanco o violáceo. (Familia solanáceas.) GEOSIN.: Esp. *patata.* **2.** Tubérculo comestible de esta planta, rico en almidón. GEOSIN.: Esp. *patata.* **3.** *Argent.*, Chile y Perú. Agujero en la media. **4.** *Chile.* Mentira. ◆ adj. *Argent.* y Chile. *Fig.* y *vulg.* En el lenguaje estudiantil, fácil. ◇ **Papa de la guagua** *Chile.* Leche que el niño obtiene de la madre.

3. PAPA s.f. (lat. *pappa*, comida). Paparrucha. ◆ **papas** s.f.pl. Cualquier clase de comida. **2.** Sopas blandas,especialmente las que se dan a los niños. ◇ **Ni papa** *Fam.* Con verbos como *saber, entender, hablar, ver* u *oír,* significa 'nada' o 'casi nada'.

PAPÁ o **PAPA** s.m. (lat. *papa*). *Fam.* Padre.

PAPABLE adj. Se dice del cardenal que tiene probabilidad de ser papa.

PAPACHAR v.tr. *Méx.* Hacer papachos. SIN.: *apapachar.*

PAPACHO s.m. *Méx.* Caricia,especialmente la hecha con las manos. SIN.: *apapacho.*

PAPADA s.f. Abultamiento carnoso anormal debajo de la barba. **2.** ZOOL. Pliegue de la piel que tienen algunos animales en el borde inferior del cuello y llega hasta el pecho.

PAPADO s.m. Dignidad de papa. **2.** Administración, gobierno o magisterio de un papa.

PAPAGAYO, A s. Nombre que reciben las aves trepadoras de mayor tamaño de la familia sitácidos, originarias de países tropicales, de pico grueso y encorvado y colores brillantes (las especies de menor tamaño son los periquitos). SIN.: *loro.* (El papagayo de la especie *Psittacus erithacus,* también llamado *loro gris* o *yaco,* es el que aprende a hablar con más facilidad.) **2.** Planta herbácea originaria de China, cultivada con frecuencia en países de clima templado. (Familia amarantáceas.) **3.** Pez actinopterigio, de boca protáctil y de color carmín amarillo. (Familia serránidos.) **4.** Víbora venenosa de color verde que vive en las ramas de árboles tropicales. **5.** *Argent.* Orinal de cama para hombre.

■ **PAPAGAYO** africano.

PAPAHIGO s.m. Gorro de paño que cubre el cuello y parte de la cara. **2.** MAR. Vela mayor, excepto la mesana, cuando solamente se navega con velas mayores.

PAPAÍNA s.f. Enzima de acción proteolítica que se extrae del jugo de la papaya.

PAPAL adj. Relativo al papa.

1. PAPALINA s.f. *Fam.* Borrachera.

2. PAPALINA s.f. (ital. *papalina*). Gorra o birrete con dos puntas que tapa las orejas. **2.** Cofia de mujer, de tela ligera y con adornos.

PAPALOTE s.m. *Amér. Central,* Antillas y *Méx.* Cometa de papel o plástico.

PAPAMOSCAS s.m. (pl. *papamoscas*). Ave paseriforme insectívora, de pico ganchudo y ancho en la base, que se alimenta preferentemente de dípteros. (Familia musciápidos.) ◆ s.m. y f. *Fig.* y *fam.* Papanatas.

PAPANATAS adj. y s.m. y f. (pl. *papanatas*). *Fam.* Se dice de la persona que es excesivamente crédula o se asombra ante cualquier cosa.

PAPANDUJO, A adj. *Fam.* Flojo o blando por demasiado maduro.

PAPAR v.tr. *Fam.* Comer. **2.** *Fig.* y *fam.* Estar distraído o hacer poco caso de las cosas. **3.** Tomar alimentos blandos que no necesitan ser masticados, como sopas, papas, etc.

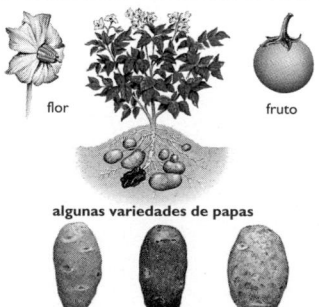

flor

fruto

algunas variedades de papas

BF 15 rosa bintje

■ **PAPA**

PAPARAZZI s.m. y f. (pl. *paparazzi* o *paparazzis*). Fotógrafo de prensa que se dedica a tomar fotos de personas famosas sin su autorización.

PAPARRUCHA s.f. *Fam.* Cosa insustancial y desatinada que se dice o hace.

PAPASEBO s.m. Ave paseriforme, de colores vivos,originario de América Meridional. (Familia tiránidos.)

PAPATLA s.f. *Méx.* Hoja ancha de un árbol parecido al plátano que se usa para envolver alimentos.

PAPAVERÁCEO, A adj. y s.f. Fumariáceo.

PAPAVERINA s.f. Alcaloide del opio con propiedades antiespasmódicas.

PAPAYA s.f. (voz indígena del Caribe). Fruto del papayo, de forma oblonga, carnoso, grande y hueco, con muchas semillas en su interior. **2.** *Cuba. Vulg.* Vulva. ◆ adj. y s.f. Chile. *Fig.* Se dice de lo que es fácil y sencillo de ejecutar.

PAPAYO s.m. Árbol tropical de tronco recto, desnudo, fibroso y de poca consistencia, y hojas palmeadas, reunidas en la parte apical de las ramas. (Familia caricáceas.)

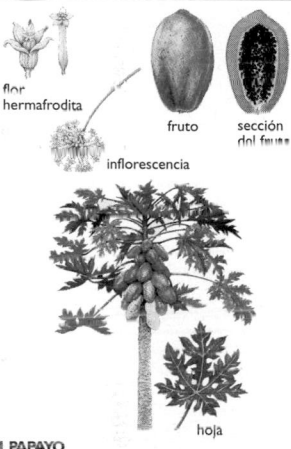

flor
hermafrodita

fruto

sección
del fruto

inflorescencia

hoja

■ **PAPAYO**

PAPEAR v.intr. Balbucir, tartamudear.

PAPEL s.m. (cat. *paper*). Lámina delgada hecha con pasta de fibras vegetales blanqueadas y desleídas en agua, que después se hace secar y endurecer por procedimientos especiales. **2.** Pedazo de este material. **3.** En una obra teatral, cinematográfica o televisiva, parte que representa cada actor. **4.** *Fig.* Función que una persona desempeña en cierta situación o en la vida. **5.** Conjunto de valores mobiliarios que salen a negociación en el mercado. ◆ **papeles** s.m.pl. Documentos con que se acreditan la identidad, estado civil, profesión o calidad de una persona. ◇ **Hacer buen,** o **mal, papel** Actuar correcta, o incorrectamente, en una situación determinada. **Hacer (el) papel** Fingir con habilidad una cosa; representar algo con mucho realismo. **Papel cebolla** Papel de seda muy fino, traslúcido y ligero, adecuado para copias múltiples. **Papel de aluminio,** o **de estaño** Hoja muy fina de aluminio, o lámina muy delgada de estaño aleado, que se utiliza para envolver ciertos productos. **Papel de embalaje** Papel fabricado con pasta de calidad inferior que sirve para embalar objetos pesados o voluminosos. **Papel de filtro** Papel poroso y sin cola, que se usa para filtrar. **Papel de fumar** Papel para liar cigarrillos. **Papel de música** Papel pautado para la notación musical. **Papel de tornasol** Papel impregnado en tinta de tornasol, que sirve como reactivo para reconocer los ácidos. **Papel Japón,** o **japonés** Papel blanco o ligeramente amarillento, sedoso y nacarado, utilizado para ediciones de lujo. **Papel maché** ART. DEC. Papel reducido a pasta por maceración y aglutinado con cola para poder modelarlo y hacer figuras o esculturas. **Papel mojado** *Fig.* Cosa inútil e inconsis-

san Pedro (m.64 o 67).
san Lino (67-76).
san Cleto (76-88).
san Clemente I (88-97).
san Evaristo (97-105).
san Alejandro I (105-115).
san Sixto I (115-125).
san Telesforo (125-136).
san Higinio (136-140).
san Pío I (140-155).
san Aniceto (155-166).
san Sotero (166-175).
san Eleuterio (175-189).
san Víctor I (189-199).
san Ceferino (199-217).
san Calixto (217-222).
san Urbano I (222-230).
san Ponciano (230-235).
san Antero (235 236).
san Fabián (236-250).
san Cornelio (251-253).
san Lucio I (253-254).
san Esteban I (254-257).
san Sixto II (257-258).
san Dionisio (259-268).
san Félix I (269-274).
san Eutiquiano (275-283).
san Cayo (283-296).
san Marcelino (296-304).
san Marcelo I (308-309).
san Eusebio (309).
san Melquíades (311-314).
san Silvestre I (314-335).
san Marcos (336).
san Julio I (337-352).
Liberio (352-366).
san Dámaso (366-384).
san Ciricio (384-399).
san Anastasio I (399-401).
san Inocente I (401-417).
san Zósimo (417-418).
san Bonifacio I (418-422).
san Celestino I (422-432).
san Sixto III (432-440).
san León I Magno (440—461).
san Hilario (461-468).
san Simplicio (468-483).
san Félix III (II) [483-492].
san Gelasio I (492-496).
Anastasio II (496-498).
san Símaco (498-514).
san Hormisdas (514-523).
san Juan I (523-526).
san Félix IV (III) [526-530].
Bonifacio II (530-532).
Juan II (533-535).
san Agapito (535-536).
san Silverio (536-537).
Vigilio (537-555).
Pelagio (556-561).
Juan III (561-574).
Benedicto I (575-579).
Pelagio II (579-590).
san Gregorio I Magno (590-604).
Sabiniano (604-606).
Bonifacio III (607).
san Bonifacio IV (608-615).
Deodato I o san Adeodato (615-618).
Bonifacio V (619-625).
Honorio I (625-638).
Severino (640).
Juan IV (640-642).
Teodoro I (642-649).
san Martín I (649-655).
san Eugenio I (654-657).
san Vitaliano (657-672).
Deodato II o Adeodato (672-676).
Donino (676-678).
san Agatón (678-681).
san León II (682-683).
san Benito II (684-685).
Juan V (685-686).
Conón (686-687).
san Sergio o Sergius I (687-701).
Juan VI (701-705).
Juan VII (705-707).
Sisinio (708).
Constantino (708-715).
san Gregorio II (715-731).
san Gregorio III (731-741).
san Zacarías (741-752).
Esteban II (III) [752-757].
san Paulo I (757-767).
Esteban III (IV) [768-772].

Adriano I (772-795).
san León III (795-816).
Esteban IV (V) [816-817].
san Pascual I (817-824).
Eugenio II (824-827).
Valentín (827).
Gregorio IV (827-844).
Sergio o Sergius II (844-847).
san León IV (847-855).
Benedicto III (855-858).
san Nicolás I Magno (858-867).
Adriano II (867-872).
Juan VIII (872-882).
Marino I (882-884).
san Adriano III (884-885).
Esteban V (VI) [885-891].
Formoso (891-896).
Bonifacio VI (896).
Esteban VI (VII).) [896-897].
Romano (897).
Teodoro II (897).
Juan IX (898-900).
Benedicto IV (900-903).
León V (903).
Sergio o Sergius III (904-911).
Anastasio III (911-913).
Landón (913-914).
Juan X (914-928).
León VI (928).
Esteban VII (VIII) [928-931].
Juan XI (931-935).
León VII (936-939).
Esteban VIII (IX) [939-942].
Marino II (942-946).
Agapito II (946-955).
Juan XII (955-964).
León VIII (963-965).
[Benedicto V, antipapa (964-966)].
Juan XIII (965-972).
Benedicto VI (973-974).
Benedicto VII (974-983).
Juan XIV (983-984).
Juan XV (985-996).
Gregorio V (996-999).
[Juan XVI, antipapa (997-998)].
Silvestre II (999-1003).
Juan XVII (1003).
Juan XVIII (1004-1009).
Sergio o Sergius IV (1009-1012).
Benedicto VIII (1012-1024).
Juan XIX (1024-1032).
Benedicto IX (1032-1044).
Silvestre III (1045).
Gregorio VI (1045-1046).
Clemente II (1046-1047).
Benedicto IX, de nuevo (1047-1048).
Dámaso II (1048).
san León IX (1049-1054).
Víctor II (1055-1057).
Esteban IX (X) [1057-1058].
[Benedicto X, antipapa (1058-1060)].
Nicolás II (1059-1061).
Alejandro II (1061-1073).
san Gregorio VII (1073-1085).
beato Víctor II (1086-1087).
beato Urbano II (1088-1099).
Pascual II (1099-1118).
Gelasio II (1118-1119).
Calixto II (1119-1124).
Honorio II (1124-1130).
Inocencio II (1130-1143).
Lucio II (1144-1145).
beato Eugenio III (1145-1153).
Anastasio IV (1153-1154).
Adriano IV (1154-1159).
Alejandro III (1159-1181).
Lucio III (1181-1185).
Urbano III (1185-1187).
Gregorio VIII (1187).
Clemente III (1187-1191).
Celestino III (1191-1198).
Inocencio III (1198-1216).
Honorio III (1216-1227).
Gregorio IX (1227-1241).
Celestino IV (1241).
Inocencio IV (1243-1254).
Alejandro IV (1254-1261).
Urbano IV (1261-1264).
Clemente IV (1265-1268).
beato Gregorio X (1271-1276).
beato Inocencio V (1276).
Adriano V (1276).
Juan XXI (1276-1277).
Nicolás III (1277-1280).

Martín IV (1281-1285).
Honorio IV (1285-1287).
Nicolás IV (1288-1292).
san Celestino V (1294).
Bonifacio VIII (1294-1303).
beato Benedicto XI (1303-1304).

PAPAS DE AVIÑÓN

Clemente V (1305-1314).
Juan XXII (1316-1334).
Benedicto XII (1334-1342).
Clemente VI (1342-1352).
Inocencio VI (1352-1362).
beato Urbano V (1362-1370).
Gregorio XI (1370-1378).

EL GRAN CISMA DE OCCIDENTE

Papas romanos
Urbano VI (1378-1389).
Bonifacio IX (1389-1404).
Inocencio VII (1404-1406).
Gregorio XII (1406-1415).

Papas de Aviñón
Clemente VII (1378-1394).
Benedicto XIII (1394-1423).

Papas de Pisa
Alejandro V (1409-1410).
Juan XXIII (1410-1415).

PAPAS DESPUÉS DEL GRAN CISMA

Martín V (1417-1431).
Eugenio IV (1431-1447).
Nicolás V (1447-1455).
Calixto III (1455-1458).
Pío II (1458-1464).
Paulo II (1464-1471).
Sixto IV (1471-1484).
Inocencio VIII (1484-1492).
AlejandRo VI (1492-1503).
Pío III (1503).
Julio III (1503-1513).
León X (1513-1521).
Adriano VI (1522-1523).
Clemente VI (1523-1534).
Paulo III (1534-1549).
Julio III (1550-1555).
Marcelo II (1555).
Paulo IV (1555-1559).
Pío IV (1559-1565).
san Pío V (1566-1572).
Gregorio XIII (1572-1585).
Sixto Quinto (1585-1590).
Urbano VII (1590).
Gregorio XIV (1590-1591).
Inocencio IX (1591).
Clemente VIII (1592-1605).
León XI (1605).
Paulo V (1605-1621).
Gregorio XV (1621-1623).
Urbano VIII (1623-1644).
Inocencio X (1644-1655).
Alejandro VII (1655-1667).
Clemente IX (1667-1669).
Clemente X (1670-1676).
beato Inocencio XI (1676-1689).
Alejandro VIII (1689-1691).
Inocencio XII (1691-1700).
Clemente XI (1700-1721).
Inocencio XIII (1721-1724).
Benedicto XIII (1724-1730).
Clemente XII (1730-1740).
Benedicto XIV (1740-1758).
Clemente XIII (1758-1769).
Clemente XIV (1769-1774).
Pío VI (1775-1799).
Pío VII (1800-1823).
León XII (1823-1829).
Pío VIII (1829-1830).
Gregorio XVI (1831-1846).
beato Pío IX (1846-1878).
León XIII (1878-1903).
san Pío X (1903-1914).
Benedicto XV (1914-1922).
Pío XI (1922-1939).
Pío XII (1939-1958).
beato Juan XXIII (1958-1963).
Paulo VI (1963-1978).
Juan Pablo I (1978).
Juan Pablo II (1978-2005).
Benedicto XVI (elegido en 2005).

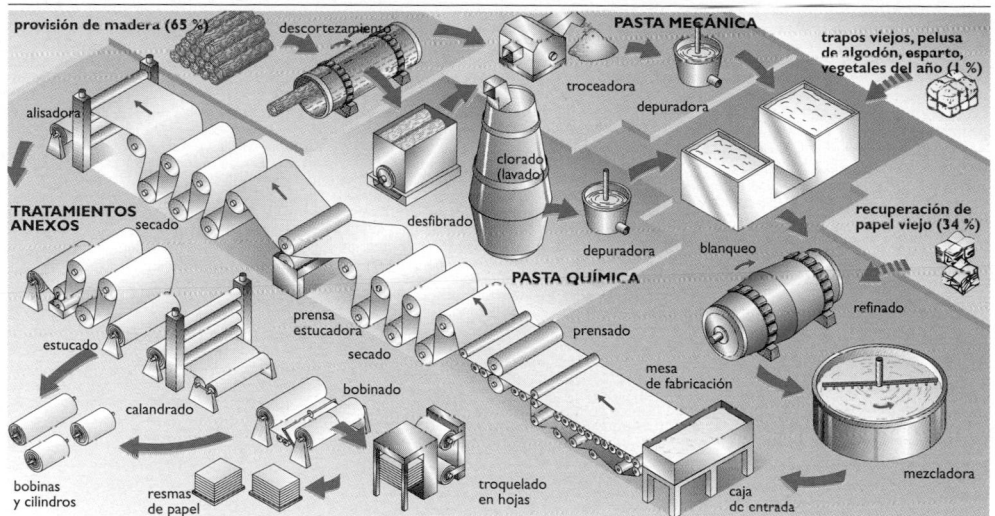

provisión de madera (65 %)

descortezamiento

PASTA MECÁNICA

trapos viejos, pelusa
de algodón, esparto,
vegetales del año (1 %)

alisadora

troceadora

depuradora

**TRATAMIENTOS
ANEXOS** secado

clorado
(lavado)

desfibrado

depuradora blanqueo

recuperación de
papel viejo (34 %)

PASTA QUÍMICA

prensa
estucadora prensado

refinado

estucado

secado

bobinado

calandrado

mesa
de fabricación

mezcladora

bobinas
y cilindros

resmas
de papel

troquelado
en hojas

caja
de entrada

■ **PAPEL.** Fabricación de papel y cartón.

tente. **Papel pautado** Papel que tiene pauta para escribir recto. **Papel pergamino, o sulfurado** Papel de envoltorio de buena calidad e impermeable al agua. **Papel pintado** Papel decorativo para revestir paredes interiores. **Papel reactivo** QUÍM. Papel empleado para reconocer un cuerpo por el cambio de color que experimenta. **Papel secante** Papel esponjoso y sin cola, que absorbe los líquidos y se usa para secar lo escrito y enjugar manchas de tinta. **Papel sellado, o timbrado** Documento que tiene estampadas las armas de la nación con el precio de cada pliego y clase, como impuesto de timbre, y sirve para formalizar ciertos acuerdos y para otros usos oficiales. **Papel vegetal** Papel satinado sulfurado, traslúcido, que emplean los dibujantes y delineantes.

PAPELEO s.m. Conjunto de trámites que se hacen sobre un asunto en las oficinas públicas.

PAPELERA s.f. Fábrica de papel. **2.** Cesto o recipiente para echar papeles inservibles.

PAPELERÍA s.f. Establecimiento donde se vende papel y otros objetos de escritorio. **2.** Conjunto de papeles desordenados e inútiles.

PAPELERÍO s.m. Argent. Conjunto de papeles desordenados.

PAPELERO, A adj. Relativo al papel: *industria papelera.* ◆ adj. y s. Farolero, fantoche. ◆ s. Persona que tiene por oficio fabricar o vender papel.

PAPELETA s.f. Papel pequeño con un escrito que acredita un derecho o se consigna algún dato de interés: *papeleta de votación, o de empeño.* **2.** Fig. y fam. Asunto, situación difícil o engorrosa. **3.** Cucurucho de papel.

PAPELETEAR v.intr. Hacer fichas o papeletas en un trabajo intelectual, o consultar textos para hacerlas.

PAPELILLO s.m. Paquete de papel que contiene una pequeña dosis medicinal en polvo.

1. PAPELINA s.f. (fr. *papeline*).Tela muy delgada, cuya urdimbre era de seda fina y la trama de seda basta.

2. PAPELINA s.f. (bajo lat. galicano *papelina*, ración individual de comida). Fam. Pequeño envoltorio que contiene una dosis de droga.

PAPELISTA s.m. y f. Empapelador. **2.** Persona que comercia con papel, o lo fabrica o almacena.

PAPELÓN s.m. Fig. y fam. Actuación poco lucida o ridícula de una persona ante determinada situación. **2.** Escrito que se desprecia por algún motivo. **3.** Cartón delgado compuesto por dos papeles pegados. **4.** Amér. Pan de azúcar sin refinar.

PAPELONERO, A s. Argent. Fam. Persona que suele hacer el ridículo.

PAPELORIO s.m. Desp. Conjunto desordenado de papeles.

PAPELOTE s.m. Desp. Documento. **2.** Desperdicio de papel que generalmente se destina al reciclaje.

PAPERA s.f. Bocio. **2.** VET. Tumor inflamatorio y contagioso que se le forma a los caballos jóvenes en la entrada del conducto respiratorio o en los ganglios submaxilares. ◆ **paperas** s.f.pl. Parotiditis.

PAPIAMENTO s.m. Lengua criolla de los negros de las Antillas neerlandesas.

PAPICHE adj. Chile. Fam. Se dice de la persona de mentón desproporcionado.

PAPILA s.f. (lat. *papilla*, pezón). Pequeña prominencia cónica que se forma en la superficie de las membranas mucosas, especialmente en la lengua.

PAPILAR adj. Relativo a las papilas.

PAPILIONÁCEO, A adj. y s.f. (del lat. *papilio*, mariposa).Relativo a una familia de plantas de corola papilionada del orden leguminosas, a la que pertenecen la soya, la lenteja y el frijol.

PAPILIONADO, A adj. BOT. Se dice de la corola de aspecto semejante al de una mariposa, compuesta generalmente de cinco pétalos.

PAPILITIS s.f. Inflamación de una papila.

PAPILLA s.f. Comida elaborada con harina, papas u otras féculas cocidas en agua o en leche hasta presentar la consistencia de una pasta más o menos espesa. **2.** RADIOL. Sustancia de contraste opaca a los rayos X que se hace ingerir para observar el tránsito del aparato digestivo mediante estudio radiológico. ◇ **Echar, o arrojar, la primera papilla** Fam. Tener un fuerte vómito. **Estar hecho papilla** Fam. Estar física o moralmente maltrecho. **Hacer papilla** a alguien Fam. Dejarlo maltrecho, malparado.

PAPILLOTE s.m. (fr. *papillote*, trozo de papel con que se riza el cabello).Rizo de cabello sujeto con un papel. ◇ **A la papillote** Manera de envolver en papel la carne o pescado que se ha de asar.

PAPILOMA s.m. Tumor en forma de papila que se forma en la piel y en las membranas mucosas. ◇ **Virus del papiloma humano** Género de los virus que afectan a las personas y que son responsables de lesiones en la piel y en las mucosas, más o menos contagiosas (verrugas, condilomas, cáncer del cuello del útero, etc.).

PAPILOSO, A adj. BIOL. Que tiene papilas.

PAPIÓN s.m. Simio catarrino de dimensiones notables y formas robustas, más adaptado a la vida terrestre que a la arbórea, que vive en Arabia y en toda África, al S del Sahara.

PAPIRO s.m. Planta de la familia ciperáceas,

de hasta 3 m de alt y 10 cm de grosor, con las hojas muy numerosas y colgantes. **2.** Lámina sacada del tallo de esta planta, que empleaban los antiguos como soporte para la escritura. **3.** Manuscrito en papiro: *descifrar un papiro.*

■ **PAPIRO**

■ **PAPIRO.** Fragmento de un papiro egipcio del *Libro de los muertos,* con la representación del dios Horus. (Museo egipcio de Turín.)

763

PAPIROFLEXIA s.f. Técnica de hacer figuras doblando hojas de papel sucesivas veces.

PAPIROTAZO s.m. Golpe que se da, generalmente en la cabeza, haciendo resbalar sobre la yema del pulgar la uña de otro dedo de la misma mano, especialmente del corazón.

PAPIROTE s.m. *Fam.* Tonto. **2.** Papirotazo.

PAPIRUSA s.f. *Argent. Argot.* Mujer bonita.

PAPISA s.f. Mujer papa. (Se usa únicamente aplicado al personaje de la papisa Juana.)

PAPISMO s.m. Término peyorativo con que los protestantes designaban al catolicismo.

PAPISTA adj. y s.m. y f. Término peyorativo con que los protestantes designaban a los católicos. ◇ **Ser más papista que el papa** Defender algo con mayor vehemencia que la que mostraría la máxima autoridad en ello.

PAPO s.m. Buche de las aves. **2.** Abultamiento que ciertos animales presentan entre la barba y el cuello. **3.** Bocio. **4.** BOT. Vilano. ◆ **papos** s.m.pl. Peinado femenino que consistía en unos rodetes que cubrían las orejas.

PAPORRETEAR v.tr. Perú. Repetir o aprender alguna cosa de memoria sin entenderla.

PÁPRIKA s.m. (voz serbocroata). Pimentón a menudo picante y muy aromático, que se usa como condimento. (Se cultiva especialmente en Hungría.)

PAPÚA o **PAPÚ** adj. y s.m. y f. De un grupo de pueblos melanesios y malayo-polinesios de Nueva Guinea y de islas cercanas, cuyas lenguas, muy variadas, no pertenecen al grupo melanesio. (Practican la caza, la pesca y una agricultura itinerante.) ◆ adj. y s.m. Se dice de las lenguas de ese grupo de pueblos.

PAPUDO, A adj. Se dice de un ave que presenta el papo grueso y crecido.

PAPUJADO, A adj. Se dice del ave, especialmente de la gallina, que tiene mucha pluma y carne en el papo. **2.** Abultado y hueco.

PÁPULA s.f. (lat. *papula*). MED. Pequeña prominencia roja que aparece en la piel, sin pus ni serosidad.

PAQUEBOTE o **PAQUEBOT** s.m. (ingl. *packboat*, de *pack*, paquete de cartas, y *boat*, barco). Embarcación que lleva correspondencia y pasajeros. **2.** Transatlántico.

1. PAQUETE s.m. (fr. *paquet*). Objeto o conjunto de objetos de la misma o de distinta clase envueltos o atados formando un bloque: *un paquete de hojas.* **2.** *Fig.* Conjunto de medidas o disposiciones que se adoptan para poner en práctica o hacer efectivo algo. **3.** *Fig.* Persona que va detrás del piloto en una motocicleta. **4.** *Fig.* Persona torpe o molesta. **5.** DEP. Conjunto de ciclistas que marchan agrupados. **6.** INFORMÁT. **a.** Conjunto de aplicaciones compatibles entre sí en el que se incluyen varios programas que funcionan sobre la misma plataforma. **b.** Conjunto de datos consecutivos transmitidos por red de una computadora a otra. ◆ adj. y s.m. *Fam.* Petimetre. ◇ **Darse alguien su paquete** Méx. *Fam.* Darse importancia. **Marcar paquete** Esp. *Fam.* Resaltar los órganos genitales masculinos llevando ropa muy ceñida a la entrepierna. **Meter a alguien un paquete** Reprenderlo. **Paquete de acciones** ECON. Conjunto de acciones de una compañía pertenecientes a un solo titular. **Paquete postal** Paquete que se envía por correo.

2. PAQUETE, A adj. y s. Argent. Se aplica a la persona cuya vestimenta es muy cuidada o a las casas o locales decorados con esmero: *anda muy paquete, tiene un traje nuevo.* ◇ **De paquete** o **hecho un paquete** Argent. *Fig.* y *fam.* Bien vestido, acicalado.

PAQUETEAR v.intr. Argent. y Urug. Presumir o ir bien vestido para lucirse ante los demás.

PAQUETERÍA s.f. Conjunto de mercancías que se guarda o vende en paquetes. **2.** Argent., Par. y Urug. Compostura en el vestido o en el arreglo de casas o locales. **3.** Chile. Mercería.

PAQUIDERMIA s.f. MED. Engrosamiento dérmico debido a una infiltración de la piel.

PAQUIDÉRMICO, A adj. Relativo a los paquidermos. **2.** Que se parece a un elefante o tiene características semejantes: *andares paquidérmicos.*

PAQUIDERMO, A adj. (gr. *pakhýdermos*, de piel gruesa, de *pakhýs*, grueso, y *dérmos*, piel). Se dice de un animal de piel gruesa,

como el elefante, el rinoceronte o el hipopótamo. (Antiguamente constituía un grupo en el que se incluían los proboscidios, suimorfos y équidos. Actualmente carece de valor taxonómico.)

PAQUISTANÍ adj. y s.m. y f. → **PAKISTANÍ.**

1. PAR adj. (lat. *par, -is*). Se dice del número que al dividirlo por 2 da como resultado un número entero. **2.** Se dice de lo que es igual a otra persona o cosa por cualidad, condición o cantidad. **3.** ZOOL. Se dice del órgano que se corresponde a otro igual. ◆ s.m. Conjunto de dos unidades de la misma especie. **2.** Pareja, conjunto de dos cosas que se complementan: *un par de zapatos.* **3.** Hace referencia a un conjunto pequeño e indeterminado de cosas, generalmente dos o tres. **4.** En el golf, número de golpes necesarios para cumplir el recorrido de un hoyo o de un campo: *el hoyo cinco es de par cuatro.* **5.** CONSTR. Cada uno de los dos maderos que, en una armadura, tienen la inclinación del tejado y sirven de apoyo a las correas. **6.** MAT. Conjunto formado por dos elementos asociados. ◆ s.f. Amér. Persona de igual condición social o profesional. ◆ **pares** s.f.pl. ANAT. Placenta. ◇ **A la par** B. Y BOLSA. Equivalencia del valor del mercado de un título con su valor nominal. **A la par** o **al**, o **a, par** A la vez, además. **A pares** De dos en dos. **De par en par** Se dice de una puerta o ventana completamente abierta. **Función par** MAT. Función que toma el mismo valor para dos valores opuestos de la variable. **Par de fuerzas** FÍS. Sistema formado por dos fuerzas iguales, paralelas y de sentido contrario. **Par de una moneda** Valoración de dicha moneda en relación con otra, teniendo en cuenta su valor legal o su peso en metal. **Par motor** FÍS. Momento, respecto del eje de rotación, de la fuerza transmitida por el motor. **Par termoeléctrico** FÍS. Termopar. **Sin par** Que no tiene igual, superior a todos.

2. PAR s.m. Miembro de la cámara de los lores de Gran Bretaña. **2.** Título de dignidad en algunos estados, variable según las épocas y lugares.

PARA prep. Indica la utilidad, fin o término al que se encamina una acción: *estudia para aprender.* **2.** Por, a fin de: *lo hice para complacerte.* **3.** Señala el tiempo en que finaliza o se ejecuta una acción: *estará listo para el jueves.* **4.** Determina el uso o utilidad que se puede dar a una cosa: *esto es para hacer agujeros.* **5.** Junto con los pronombres personales *mí, ti...,* y ciertos verbos denota la particularidad de la persona o una acción interior: *lee para sí.* **6.** Con el verbo *estar*, indica la necesidad o conveniencia de algo: *el automóvil está para el desguace; la ropa está para lavar.* **7.** Hacia: *ir para casa.* **8.** Con relación a: *le pagan poco dinero para lo que trabaja.* **9.** Se utiliza como elemento de relación con algunos adjetivos: *el tratado es conveniente para todos.* **10.** Significa el motivo o causa de una cosa: *¿para qué has venido?* **11.** Con la preposición *con*, en relación con: *es amable para con todos sus amigos.*

PARABA s.f. Bol. Papagayo.

PARÁBASIS s.f. (voz griega, *avance*). LIT. Parte de la comedia griega en la que el autor, por medio del corifeo, se dirige a los espectadores.

PARABELLUM s.f. Cartucho de calibre 9 mm, utilizada generalmente en armas cortas.

PARABIÉN s.m. Felicitación.

PARABIOSIS s.f. BIOL. Asociación de dos o más organismos en la que solamente uno de ellos vive en las condiciones que le son propias y el otro u otros organismos son parásitos. (Puede ser natural o provocada con fines experimentales.)

PARÁBOLA s.f. (lat. *parabola*, comparación, símil, del gr. *parabolé*, comparación, alegoría). Alegoría para explicar una enseñanza: *la parábola del hijo pródigo.* **2.** MAT. Lugar geométrico de los puntos M de un plano equidistantes de un punto fijo F, o foco, y de una recta fija, o directriz, D; es el resultado de la sección de un cono de revolución por un plano paralelo a un plano tangente.

PARABÓLICO, A adj. Relativo a la parábola. **2.** MAT. Que tiene forma de parábola: *superficie parabólica.* ◆ adj. y s.f. Se dice de la antena

de televisión que tiene un receptor en forma de parábola, para captar señales a larga distancia a través de un satélite.

PARABOLIZAR v.intr. [7]. Hablar o expresar algo con parábolas. ◆ v.tr. FÍS. Dar a algo forma parabólica.

PARABOLOIDE s.m. Cuádrica sin centro de simetría, que es simétrica respecto de dos planos y tiene eje común a ellos. ◇ **Paraboloide de revolución** Superficie engendrada por una parábola que gira alrededor de su eje.

PARABRISAS s.m. (pl. *parabrisas*). Placa de cristal especial o de material transparente, situada en la parte delantera de un vehículo, para resguardar a los ocupantes del aire cuando este está en movimiento.

PARACA s.f. (quechua *parákka*, viento que levanta una lluvia de arena). Amér. Viento muy fuerte del Pacífico.

PARACAÍDAS s.m. (pl. *paracaídas*). Dispositivo destinado a ralentizar la caída y velocidad de una persona o de un objeto, compuesto por una tela fuerte y ligera atada con cordones de suspensión a un sistema de correas de fijación.

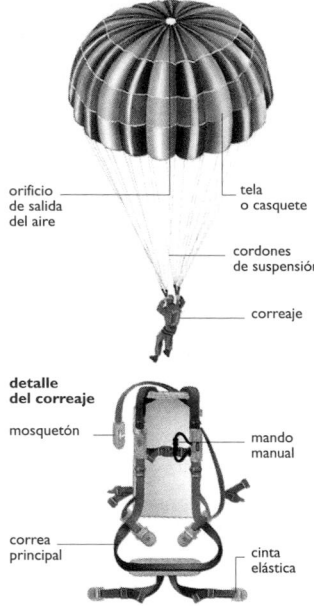

orificio
de salida
del aire

tela
o casquete

cordones
de suspensión

correaje

detalle
del correaje

mosquetón

mando
manual

correa
principal

cinta
elástica

■ **PARACAÍDAS** y correaje.

PARACAIDISMO s.m. Técnica o deporte del salto con paracaídas.

PARACAIDISTA s.m. y f. Deportista o militar entrenado en el salto con paracaídas. ◇ **Bandera de paracaidistas** Unidad del ejército de tierra español, de entidad similar a la del batallón, integrada por personal con el título de paracaidista.

PARACASCOS s.m. (pl. *paracascos*). MIL. Pared de tierra, ladrillos, sacos terreros, etc., que

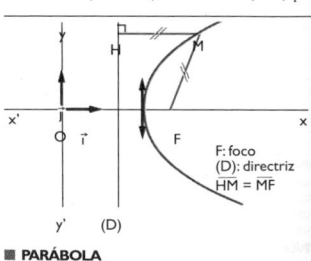

■ **PARÁBOLA**

sirve para protegerse de los efectos de los cascos de metralla.

PARACENTESIS s.f. (gr. *parakéntisis*, de *kentein*, punzar). CIR. Operación consistente en practicar una punción en una cavidad llena de líquido.

PARACETAMOL s.m. Medicamento químico con propiedades analgésicas, antipirética y miorrelajante.

PARACHISPAS s.m. (pl. *parachispas*). Pantalla metálica que se pone en la boca de las estufas o chimeneas de calefacción para impedir que las chispas salten.

PARACHOQUES s.m. (pl. *parachoques*). Pieza de un vehículo colocada en la parte exterior trasera y delantera para proteger la carrocería y ciertos accesorios contra los choques de poca importancia. **2.** F.C. Obstáculo artificial situado al extremo de una vía férrea terminal, para detener los vehículos que llegaran a topar con el mismo.

PARÁCLITO s.m. (gr. *parakletos*). TEOL. Espíritu Santo.

PARACRONISMO s.m. Falta de cronología que consiste en situar un acontecimiento en época posterior a aquella en la que ha tenido lugar.

PARACUSIA s.f. Trastorno de la audición.

PARADA s.f. Acción de pararse o detenerse. **2.** Sitio donde se para. **3.** Lugar donde se detienen los vehículos de transporte público. **4.** Lugar fijo donde están los vehículos de alquiler a disposición del público: *parada de taxis.* **5.** Cantidad de dinero que en el juego se expone a una sola suerte. **6.** Formación de tropas para pasarles revista o hacer alarde de ellas en una solemnidad. **7.** Suspensión o pausa en una obra musical. **8.** DEP. Acción de detener el ataque de un adversario, sujetando o desviando el arma, la bola o el balón. ◇ **Comportamiento de parada** ETOL. Conjunto de actos ritualizados dependiente del comportamiento reproductor que se desarrolla antes de la cópula. **Hacer la parada** Méx. Hacer una seña a un vehículo de pasajeros para que se detenga. **Parada de sementales** Lugar destinado a la cubrición de las vacas, yeguas u otras hembras de animales domésticos. **Parada en firme** EQUIT. Detención brusca de un caballo en la doma.

PARADERO s.m. Lugar donde se está o se va a parar. **2.** *Fig.* Fin o estado a que se llega. **3.** Amér. Merid. y Méx. Apeadero de ferrocarril o parada de autobuses.

PARADIÁSTOLE s.f. Figura retórica que consiste en poner en contraste palabras de significado semejante.

PARADIGMA s.m. (gr. *parádeigma*, modelo, ejemplo). Ejemplo que sirve de norma. **2.** FILOS. En la filosofía platónica, el mundo de las ideas, prototipo del mundo sensible en que vivimos. **3.** LING. Conjunto de formas que pueden sustituir a otra en el mismo contexto: *paradigma verbal.*

PARADIGMÁTICO, A adj. Relativo al paradigma. **2.** Ejemplar.

PARADISÍACO, A o **PARADISIACO, A** adj. (lat. *paradisiacus*). Relativo al paraíso.

PARADO, A adj. Calmoso, remiso en palabras, acciones o movimientos. **2.** Vacilante, desconcertado. **3.** Con verbos de resultado, y acompañado de *bien, mal, mejor, peor,* etc., es beneficiado o perjudicado: *salir mal parado de un negocio.* **4.** Amér. Que está de pie, en posición vertical. **5.** Chile, Perú y P. Rico. Orgulloso, engreído. ◆ adj. y s. Esp. Desempleado.

PARADOJA s.f. (gr. *parádoxa*, pl. neutro de *parádoxos*, contrario a la opinión común). Idea extraña, opuesta a lo que se considera verdadero o a la opinión general. **2.** Expresión lógica en la que hay una incompatibilidad aparente. **3.** Coexistencia ilógica de cosas.

PARADÓJICO, A adj. Que incluye paradoja o que la emplea.

PARADOR s.m. Establecimiento, situado generalmente en la carretera, donde se hospedan los viajeros. ◇ **Parador nacional** Hotel creado por los organismos destinados a desarrollar el turismo en España.

PARAESTATAL adj. Se dice del organismo o empresa que cooperan con el Estado, por de-

legación de este, pero sin formar parte de la administración pública.

PARAFANGO s.m. Guardabarros.

PARAFASIA s.f. Trastorno del habla consistente en sustituir una palabra por otras o por un conjunto de palabras, a veces de sonido parecido, que no expresan el mismo concepto.

PARAFERNALES adj. (del gr. *para*, además, y *phrené*, dote). **Bienes parafernales** Patrimonio privativo de la mujer que aporta al matrimonio sin incluirlo en la dote, y bienes que adquiere después de constituida esta sin agregarlos a ella.

PARAFERNALIA s.f. (ingl. *paraphernalia*, trastos). Aparato o conjunto de cosas generalmente ostentosas que rodean a una persona o cosa.

PARAFIMOSIS s.f. MED. Estrangulamiento del glande por el prepucio.

PARAFINA s.f. (del lat. *parum*, poco). Mezcla de hidrocarburos saturados sólidos caracterizados por su poca afinidad con los agentes químicos. **2.** QUÍM. Alcano.

PARAFINOSO, A adj. Que contiene parafina: *petróleo parafinoso.*

PARAFISCAL adj. Relativo a la parafiscalidad: *tasa parafiscal.*

PARAFISCALIDAD s.f. Conjunto de exacciones exigidas por el estado, fuera del presupuesto, para un fin concreto y con ocasión de la gestión individualizada de servicios públicos.

PARÁFISIS s.f. BOT. En los hongos, hifa estéril que acompaña a los elementos productores de esporas.

PARAFRASEAR v.tr. Hacer una paráfrasis.

PARÁFRASIS s.f. (lat. *paraphasis*, del gr. *paráphasis*). Explicación para aclarar o ampliar un texto. **2.** Traducción libre de un texto.

PARAFRÁSTICO, A adj. Relativo a la paráfrasis.

PARAFRENIA s.f. PSICOPATOL. Psicosis crónica caracterizada por alucinaciones y delirios de carácter absurdo, en la que el paciente conserva una conducta razonable si no se trata del tema delirante.

PARAGE s.m. HIST. En la edad media, sistema utilizado por los soberanos y señores feudales para evitar la división de sus feudos, consistente en dividir el feudo entre los hijos del vasallo dejándole únicamente al primogénito los deberes y derechos que se desprendían de aquel.

PARÁGLIFO s.m. FOT. Imagen que da la sensación de relieve.

PARAGOGE s.f. (gr. *paragogé*, derivación gramatical, de *parágein*, conducir hacia). Adición de un fonema, etimológico o no, al final de una palabra.

PARAGÓGICO, A adj. Añadido por paragoge: *vocal paragógica.*

PARAGOLPES s.m. (pl. *paragolpes*). Argent., Par. y Urug. Parachoques de un vehículo.

PARÁGRAFO s.m. Párrafo.

PARAGUAS s.m. (pl. *paraguas*). Utensilio portátil para resguardarse de la lluvia, formado por una cubierta circular de tela impermeable o de plástico y un mango alargado.

PARAGUAYA s.f. Fruta de aspecto y sabor semejantes al melocotón mollar, pero de forma más aplanada.

PARAGUAYO, A adj. y s. De Paraguay. ◆ s.m. Variedad del español hablada en Paraguay.

PARAGÜERÍA s.f. Tienda de paraguas.

PARAGÜERO, A s. Persona que tiene por oficio hacer, componer o vender paraguas. ◆ s.m. Mueble para colocar los paraguas y bastones.

PARAHÚSO s.m. Especie de portabrocas para taladrar.

PARAÍSO s.m. (lat. *paradisus*, del gr. *parádeisos*, parque). Lugar en que, según la Biblia, vivieron Adán y Eva después de la creación. (También *paraíso terrenal.*) **2.** En ciertas religiones, lugar en que los bienaventurados gozan de la presencia de Dios o de los ángeles. **3.** *Fig.* Lugar donde una persona se encuentra muy tranquila y protegida de cualquier amenaza: *paraíso de la delincuencia.* **4.** En algunos teatros, anfiteatro colocado en la parte más

elevada, gallinero. ◇ **Paraíso fiscal** País donde la legislación fiscal es muy permisiva, en especial para los capitales extranjeros que pueden escapar al control legislativo de su país de origen.

PARAJE s.m. Lugar, especialmente el que está alejado o aislado.

PARALÁCTICO, A adj. Relativo a la paralaje.

PARALAJE s.f. (del gr. *parállaxis*, cambio). Desplazamiento de la posición aparente de un cuerpo, debido a un cambio de posición del observador. **2.** Ángulo bajo el cual se vería de forma normal, a partir de un astro, una longitud igual al radio terrestre, en el caso de los astros del sistema solar, o al semieje mayor de la órbita terrestre, en el caso de las estrellas. **3.** FOT. Ángulo formado por los ejes ópticos del objetivo y del visor de un aparato, orientados hacia un mismo objeto, que falsea la mira a corta distancia. **4.** MIL. Ángulo bajo el cual se ve un objeto a una distancia determinada.

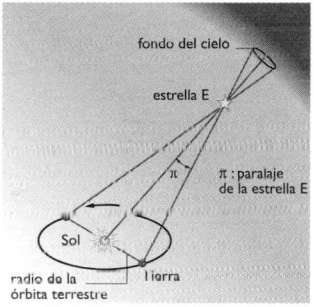

■ **PARALAJE** anual de una estrella.

PARALALIA s.f. Alteración del lenguaje o de la pronunciación.

PARALELA s.f. Recta paralela a otra recta o a un plano. **2.** MIL. Trinchera o comunicación subterránea paralela al frente. ◆ **paralelas** s.f.pl. Aparato gimnástico que consiste en dos barras paralelas a cierta altura del suelo. (Pueden ser *simétricas* o *asimétricas.*)

PARALELEPÍPEDO s.m. (de *paralelo* y el gr. *epípedon*, plano). Poliedro de seis caras, todas paralelogramos, siendo las caras opuestas iguales y paralelas dos a dos. ◇ **Paralelepípedo rectángulo** Paralelepípedo recto cuya base es un rectángulo. **Paralelepípedo recto** Paralelepípedo cuyas aristas son perpendiculares a los planos de base.

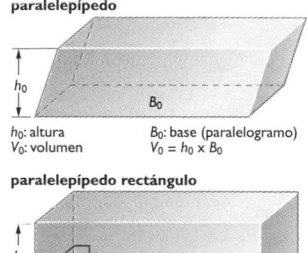

paralelepípedo

h_0: altura B_0: base (paralelogramo)
V_0: volumen $V_0 = h_0 \times B_0$

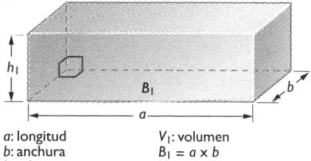

paralelepípedo rectángulo

a: longitud V_1: volumen
b: anchura $B_1 = a \times b$
h_1: altura $V_1 = a \times b \times h_1$
B_1: base $= B_1 \times h_1$

■ **PARALELEPÍPEDOS**

PARALELISMO s.m. Cualidad de paralelo o circunstancia de ser dos cosas paralelas. **2.** LIT. Fórmula expresiva que consiste en la repetición reiterada de una misma frase con leves variantes.

PARALELO, A adj. (lat. *parallelus*, del gr. *pa-*

rállilos). Se dice de dos o más rectas o planos que, dos a dos, no se cortan en ningún punto. **2.** Parecido, que se desarrolla en la misma dirección. ◆ **s.m.** Círculo imaginario de la Tierra o de un astro cualquiera, en un plano paralelo al del ecuador, que sirve para medir la latitud. **2.** Comparación entre dos personas o dos cosas para apreciar sus cualidades o sus defectos. **3.** MAT. Sección de una superficie de revolución por un plano perpendicular al eje. ◇ **Curvas,** o **superficies, paralelas** Curvas, o superficies, planas que admiten las mismas normales y que, como las porciones de normales comprendidas entre dos de las curvas, o las dos superficies, tienen una longitud constante. **En paralelo** ELECTR. En derivación.

PARALELOGRAMO s.m. (de *paralelo* y el gr. *grammé*, línea). Cuadrilátero cuyos lados son paralelos dos a dos.

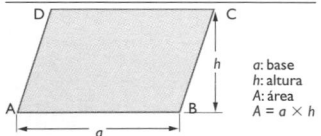

■ **PARALELOGRAMO**

a: base
h: altura
A: área
$A = a \times h$

PARALÍMPICO, A o **PARAOLÍMPICO, A** adj. Relativo a la competición de juegos atléticos inspirada en las olimpiadas y reservada a disminuidos físicos.

PARÁLISIS s.f. (gr. *parálysis*, relajación, parálisis, de *paralýein*, desatar). Pérdida total o disminución considerable de la función motriz. **2.** Paro completo: *el país sufre una parálisis económica*. **3.** Imposibilidad de actuar.
ENCICL. Las principales causas de parálisis son: los traumatismos (fractura del raquis), los tumores y enfermedades del sistema nervioso, los trastornos circulares del cerebro (hemorragia cerebral), las intoxicaciones (setas venenosas, botulismo), y las infecciones víricas (poliomielitis). Determinadas parálisis son consecuencia de lesiones del tejido muscular (miopatía, miositis). La parálisis puede afectar a un solo lado del cuerpo (hemiplejía), a las dos extremidades inferiores (paraplejía), o a una sola extremidad (monoplejía). Cuando las cuatro extremidades se ven afectadas se trata de una cuadriplejía o tetraplejía.

PARALITERATURA s.f. Literatura al margen de la cultura literaria establecida y que comprende distintos géneros destinados al consumo de masas según la época, como el cómic.

PARALÍTICO, A adj. y s. Relativo a la parálisis; que padece parálisis.

PARALIZACIÓN s.f. Acción y efecto de paralizar: *paralización de un miembro*.

PARALIZAR v.tr. y prnl. (fr. *paralyser*) [7]. Causar parálisis de un miembro u otro órgano del cuerpo. **2.** *Fig.* Detener una actividad o movimiento.

PARALLAMAS s.m. (pl. *parallamas*). Dispositivo que impide o retarda la propagación del calor en un incendio.

PARALÓGICO, A adj. Relativo al paralogismo.

PARALOGISMO s.m. (gr. *paralogismós*). Razonamiento falso.

PARAMAGNÉTICO, A adj. Se dice de un cuerpo o sustancia que se imanta en la misma dirección que el hierro, pero más débilmente.

PARAMAGNETISMO s.m. Propiedad de los cuerpos paramagnéticos.

PARAMECIO s.m. Protozoo del tipo ciliados, común en las aguas dulces estancadas, cuyo cuerpo puede alcanzar 1/5 mm de long.

PARAMÉDICO, A adj. Se dice de las cuestiones y actividades técnicas o administrativas relacionadas con la profesión médica.

PARAMENTAR v.tr. Cubrir o adornar con paramentos.

PARAMENTO s.m. (lat. *paramentum*, adorno). Revestimiento de una cubierta, tejado, pared, muro, etc. **2.** Adorno con que se cubre una cosa. **3.** Cada una de las caras de una pared o de un sillar labrado. **4.** Primera cara desbastada y alisada de una pieza de madera de cons-

trucción. **5.** Cara que ha de quedar a la vista en una obra de carpintería o de ebanistería. **6.** Apresto superficial que se aplica a ciertas urdimbres, particularmente de algodón, para dar cuerpo al tejido. ◆ **paramentos s.m.pl.** Ornamentos del altar. ◇ **Paramentos sacerdotales** Vestiduras que usan los sacerdotes para celebrar los oficios divinos.

PARAMÉTRICO, A adj. Relativo al parámetro. ◇ **Amplificador paramétrico** Amplificador que posee un elemento reactivo capaz de variar en función de la amplitud instantánea de la señal.

PARÁMETRO s.m. Elemento constante en el planteamiento de una cuestión. **2.** ESTADÍST. Magnitud medible que permite presentar de forma más simple las características principales de un conjunto estadístico. **3.** INFORMÁT. Variable de la que no se precisan el valor, el nombre o la localización codificada hasta el momento de la ejecución del programa. **4.** MAT. Valor que se presenta como una constante en una expresión o ecuación, pero que puede ser fijado a voluntad. ◇ **Parámetro de una parábola** MAT. Distancia de su foco a su directriz.

PARAMILITAR adj. Se dice de la organización civil cuya estructura y disciplina son similares a las del ejército.

PARAMNESIA s.f. Trastorno de la memoria que afecta a los recuerdos y se manifiesta por fabulaciones, localización errónea en el tiempo e ilusión de lo ya visto.

PÁRAMO s.m. (hispano-lat. *paramus*). Superficie estructural o de erosión horizontal o subhorizontal, elevada y de suelo áspero, pedregoso, sin cultivo ni viviendas, y cubierta por una vegetación pobre. **2.** *Fig.* Lugar frío y desagradable. **3.** Colomb. y Ecuad. Llovizna.

PARANENSE s.m. y adj. → PARANIENSE.

PARANEOPLÁSICO, A adj. MED. Se dice del síndrome o de la manifestación patológica que aparecen paralelamente al cáncer y desaparecen al ser extirpado este.

PARANGÓN s.m. (ital. *paragone*). Comparación o símil.

PARANGONAR v.tr. (ital. *paragonare*, aquilatar el oro, comparar). Hacer una comparación entre dos cosas. **2.** ART. GRÁF. Juntar en una misma línea de composición caracteres de cuerpos diferentes, de modo que queden perfectamente alineados.

PARANIENSE o **PARANENSE** s.m. y adj. Piso del mioceno de Uruguay que constituye la parte inferior de la formación patagónica.

PARANIEVES s.m. (pl. *paranieves*). Dispositivo para contener o impedir aludes de nieve.

PARANINFO s.m. (gr. *paranymphos*, padrino de bodas). Salón de una universidad u otro centro de enseñanza, en que se celebran ciertos actos de carácter solemne.

PARANOIA s.f. (gr. *paránoia*, locura, de *pará*, fuera de, y *noys*, mente). Psicosis crónica caracterizada por la organización lógica de ideas fijas y absurdas formadas por intuición o interpretación a partir de premisas falsas.
ENCICL. La personalidad paranoica se caracteriza por la sobrestimación del yo, la desconfianza, el orgullo, la ausencia de autocrítica y la rigidez exagerada, pero puede existir sin que aparezca ningún delirio. El delirio paranoico presenta, al menos al comienzo, una relativa penetrabilidad y se conserva la lucidez en todo lo que no afecta al delirio. Se distinguen entre los delirios paranoicos, delirios pasionales y delirios de interpretación, cuya forma más clásica es el delirio de persecución.

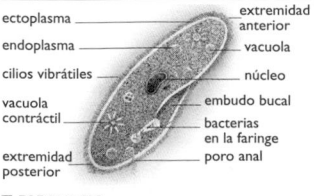

ectoplasma
endoplasma
cilios vibrátiles
vacuola contráctil
extremidad posterior
extremidad anterior
vacuola
núcleo
embudo bucal
bacterias en la faringe
poro anal

■ **PARAMECIO**

PARANOICO, A adj. y s. Relativo a la paranoia; que padece paranoia.

PARANOIDE adj. Semejante a la paranoia. ◇ **Esquizofrenia paranoide** Forma de esquizofrenia caracterizada por la aparición de ideas delirantes, sobre todo de persecución.

PARANOMASIA s.f. → PARONOMASIA.

PARANORMAL adj. Se dice del fenómeno cuyas causas, inexplicables desde el estado actual del conocimiento, se deben a fuerzas desconocidas de origen psíquico (percepción extrasensorial, psicoquinesia, etc.).

PARAO s.m. Embarcación propia de los mares de China y de la India, parecida al junco en su aparejo.

PARAOLÍMPICO, A adj. → PARALÍMPICO.

PARAPENTE s.m. Práctica deportiva que consiste en lanzarse en paracaídas desde una montaña o punto elevado, controlando el vuelo con el fin de prolongar su duración y decidir la trayectoria. **2.** Paracaídas rectangular diseñado para practicar este deporte.

■ **PARAPENTE**

PARAPETARSE v.prnl. Resguardarse tras un parapeto. **2.** *Fig.* Protegerse para evitar un riesgo.

PARAPETO s.m. (ital. *parapetto*, de *parare*, defender, y *petto*, pecho). Antepecho. **2.** FORT. Muro, terraplén o barricada que protege a los defensores de una fortificación y les permite disparar al abrigo de sus asaltantes.

PARAPLEJÍA o **PARAPLEJIA** s.f. (gr. *paraplexía*). Parálisis de las extremidades inferiores.

PARAPLÉJICO, A adj. y s. Relativo a la paraplejía; que padece paraplejía.

PARÁPODO s.m. Órgano natatorio de los anélidos marinos, cubierto de quetas. Es una expansión lateral de los anillos que funcionan como una especie de remos en la natación.

PARAPSICOLOGÍA s.f. Estudio de los fenómenos paranormales, esencialmente la percepción extrasensorial y la psicoquinesis. SIN.: *metapsíquica*.

PARAPSICÓLOGO, A s. y adj. Persona especializada en parapsicología.

PARAR v.intr. y prnl. (lat. *parare*, preparar, disponer, proporcionar). Cesar en el movimiento o en la acción. **2.** Amér. Estar o ponerse de pie. ◆ **v.intr.** Llegar, después de pasar por distintas vicisitudes, a determinada situación. **2.** Alojarse, hospedarse. ◆ **v.tr.** Detener o impedir un movimiento o acción: *parar un motor, el trabajo.* **2.** Preparar o disponer: *parar la mesa.* **3.** Apostar dinero en el juego. **4.** Frenar el torero la embestida del toro, logrando que se detenga y se fije en los objetos antes de embestir. **5.** En esgrima, interceptar con la espada el golpe del contrario. ◆ **v.tr.** y prnl. Poner de pie en posición vertical. ◆ **pararse** v.prnl. Seguido de la prep. *a* y el infinitivo de un verbo de pensamiento, realizar lo que se expresa con detenimiento: *pararse a pensar.* **2.** Quedarse quieto el torero, sin variar la posición de los pies, durante la ejecución de la suerte. **3.** Quedarse quieto el toro y fijarse en lo que va a acometer. **4.** *Fig.* Detenerse la ejecución de un designio. **5.** Méx. Despertarse. ◇ **No parar** Estar continuamente ocupado; estar o ser muy inquieto. **Parar mal** Llegar a una mala situación. **Sin parar** Sin interrupción.

PARARRAYOS s.m. (pl. *pararrayos*). Dispositivo, que se coloca en la parte alta de un edificio, que descarga en el suelo la electricidad de los rayos y lo protege de sus efectos.

PARASEXUALIDAD s.f. BIOL. Conjunto de formas primitivas de la sexualidad, sin meyosis ni fecundación propiamente dicha.

PARASIMPÁTICO, A adj. y s.m. ANAT. Se dice de uno de los dos sistemas nerviosos neurovegetativos que aminora el ritmo cardíaco y acelera los movimientos del tubo digestivo. (Actúa de forma contraria al sistema simpático.)

PARASIMPATICOLÍTICO, A adj. y s.m. Se dice de la sustancia que se opone a la acción del sistema parasimpático.

PARASIMPATICOMIMÉTICO, A adj. y s.m. Se dice de la sustancia que reproduce los efectos del sistema parasimpático.

PARASÍNTESIS s.f. LING. Modo de formación de palabras en que se combinan la composición y la derivación.

PARASINTÉTICO, A adj. y s.m. LING. Se dice de la palabra compuesta por parasíntesis.

PARAPSÍQUICO, A adj. Metapsíquico.

PARASITAR v.tr. Invadir un organismo animal o vegetal. **2.** Vivir un organismo a expensas de otro. **3.** Perturbar una señal radioeléctrica los parásitos.

PARASITARIO, A adj. Relativo a los parásitos: *enfermedad parasitaria*.

PARASITICIDA adj. y s.m. Que destruye los parásitos.

PARASÍTICO, A adj. BIOL. Parasitario.

PARASITISMO s.m. Modo de vida de un parásito. **2.** BIOL. Asociación entre dos organismos animales o vegetales de distintas especies, que viven el uno a expensas del otro. **3.** SOCIOL. Estado social por el que un individuo o grupo vive a expensas de los otros, sin ninguna contribución al esfuerzo común.

PARÁSITO, A adj. y s.m. (lat. *parasitus*, del gr. *parásitos* comensal, parásito). Se dice del organismo que obtiene su alimento de otro organismo llamado *huésped*, como la tenia, del ser humano, y el mildiu, de la vid. **2.** Se dice de la persona que vive en la ociosidad, a expensas de los demás o de la sociedad. ◆ **parásitos** s.m.pl. Perturbaciones de origen atmosférico o industrial que interfieren la recepción de las señales radioeléctricas.

PARASITOLOGÍA s.f. Estudio de los parásitos del ser humano, de los animales y de las plantas.

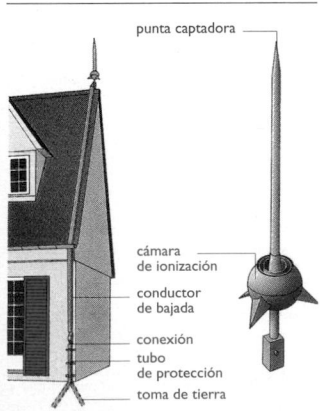

punta captadora

cámara
de ionización

conductor
de bajada

conexión

tubo
de protección

toma de tierra

■ **PARARRAYOS.** Muestra de una instalación de pararrayos y detalle de la punta, coronada por elementos radiactivos.

PARASITOSIS s.f. Enfermedad causada por un parásito.

PARASOL s.m. Sombrilla, quitasol. **2.** Pieza accesoria, móvil u orientable, dispuesta sobre el parabrisas en el interior de un vehículo, que sirve para evitar el deslumbramiento del conductor por los rayos solares o las luces.

PARATAXIS s.f. LING. Construcción sintáctica que consiste en yuxtaponer frases sin hacer explícita la relación que las une.

PARATHORMONA s.f. Hormona producida por las glándulas paratiroideas, cuya secreción regula el nivel del fósforo y del calcio en el medio interior.

PARATÍFICO, A adj. Relativo a la paratifoidea; que padece paratifoidea.

PARATIFOIDEA s.f. y adj. Enfermedad infecciosa parecida al tifus, pero menos grave.

PARATIROIDEO, A adj. Relativo a las paratiroides.

PARATIROIDES s.f. Glándula endocrina situada a los lados del tiroides, dos a cada lado, que produce la parathormona.

PARAULATA s.f. Venez. Ave de color ceniciento, parecida al tordo.

PARAVÁN s.m. Dispositivo a base de flotadores especiales que, remolcado entre dos aguas, protege a los barcos contra las minas submarinas de contacto.

PARAVIENTOS s.m. (pl. *paravientos*). Pantalla compuesta de paneles articulados que sirve para dominar la fuerza del viento sin obstruir el paso del aire o del sonido.

PARCA s.f. (de *Parcas*, divinidades latinas). Poét. La muerte.

PARCELA s.f. (fr. *parcelle*, partícula). Porción de terreno continuo que presenta uniformidad por pertenecer a un único propietario, por estar ocupada por una única clase de cultivo, o por constituir una unidad de explotación. **2.** Partícula, parte pequeña.

PARCELAR v.tr. Dividir o medir un terreno en parcelas. **2.** *Fig.* Dividir algo en partes.

PARCELARIO, A adj. Relativo a las parcelas.

PARCHA s.f. Planta pasiflorácea que crece en América, de la que existen diversas especies. ◇ **Parcha granadilla** Planta trepadora que crece en América tropical, de flores muy grandes, olorosas, encarnadas por dentro y fruto del tamaño de un melón con pulpa sabrosa y agridulce. (Familia pasifloráceas.)

PARCHAR v.tr. Méx. Poner parches.

PARCHE s.m. (fr. ant. *parche*, cuero). Pedazo de cualquier material que se pega sobre una cosa, generalmente para tapar un agujero. **2.** *Fig.* Cosa que se añade a otra de forma chapucera, especialmente retoque mal hecho en la pintura. **3.** *Fig.* y *fam.* Arreglo o solución transitoria a una situación o a un problema económico, social o político. **4.** Trozo de lienzo que contiene un preparado medicamentoso, que se adhiere sobre la piel de determinadas regiones del cuerpo. **5.** MÚS. Piel del tambor. **6.** MÚS. Tambor.

PARCHEAR v.tr. *Fam.* Poner parches.

PARCHÍS s.m. (pl. *parchís*). Juego de mesa de origen indio que se practica sobre un tablero, en el que cada jugador debe intentar llegar el primero a la casilla central con sus cuatro fichas, avanzando por casillas sucesivas según el número de puntos que saca al tirar un dado.

PARCIAL adj. (lat. *partialis*). Incompleto: *vista parcial; eclipse parcial.* **2.** Que forma parte de un todo; que pertenece a una parte de un todo: *elecciones parciales.* ◆ adj. y s.m. y f. Que procede en favor o en contra de algo o alguien sin tener en cuenta la ecuanimidad o equidad: *un juez parcial.* ◆ s.m. y adj. Examen que forma parte del control continuado en la enseñanza. **2.** ACÚST. Cada uno de los sonidos que emite una fuente sonora cuando vibra por sus propios medios.

PARCIALIDAD s.f. Actitud del que no procede con ecuanimidad o equidad. **2.** Grupo de personas que se separa de otro mayor. **3.** Familiaridad en el trato.

PARCO, A adj. (lat. *parcus*, de *parcere*, ahorrar). Escaso: *texto parco en ejemplos.* **2.** Moderado, sobrio: *parco en el comer.*

PARDAL s.m. Gorrión. **2.** Pardillo, pájaro. **3.** Leopardo. **4.** *Fam.* Hombre astuto y pícaro. ◆ adj. Se dice del campesino, por ir vestido habitualmente de color pardo. ◇ **Camello pardal** Jirafa.

PARDEAR v.intr. Tomar color pardo.

PARDELA s.f. (port. *pardela*). Ave palmípeda marina, de cuerpo alargado, pico pequeño y delgado, narices externas tubulares y plumaje grisáceo. (Familia proceláridos.)

PARDETE s.m. Pez teleósteo de carne comestible, aunque poco apreciada, que vive en el Atlántico y Mediterráneo. (Familia mugílidos.)

¡PARDIEZ! interj. (de *par Dios*). *Fam.* Expresa enojo o sorpresa.

PARDILLO, A adj. y s. Pardal, campesino. **2.** Esp. *Fig.* Paleto. **3.** Esp. *Fig.* Incauto, falto de malicia. ◆ s.m. Ave paseriforme, de unos 15 cm de long., de plumaje pardo en el dorso y rojo en el pecho, granívora y canora. (Familia fringílidos.) SIN.: *pajarel.*

PARDO, A adj. y s.m. (lat. *pardus*, del gr. *párdos*, leopardo). Se dice del color marrón, como el de la cáscara de la castaña, o el del chocolate. ◆ adj. Que es de este color: *pelaje pardo.* **2.** Oscuro: *nubes pardas.* **3.** Poco claro o vibrante. ◆ adj. y s. Amér. Merid. Mulato. **2.** HIST. Se dice del color negro o negro que se enfrentó a la aristocracia criolla durante la lucha por la emancipación venezolana (1810-1823). ◇ **Pólvora parda** Variedad de pólvora negra que se empleaba principalmente para cañones de gran calibre. **Tierra parda** Tipo de suelo evolucionado, con un perfil completamente descarbonatado, pero en el que la lixiviación de los coloides, nula o escasa, no produce ningún horizonte de acumulación visible.

PARDUSCO, A o **PARDUZCO, A** adj. Que tiene un tono pardo.

PAREADO, A adj. y s.m. Se dice de la forma estrófica compuesta por dos versos que riman entre sí en asonante o en consonante y que pueden tener un número variable de sílabas. **2.** HERÁLD. Se dice de dos figuras iguales puestas de lado.

PAREAR v.tr. Juntar dos cosas comparando las entre sí. **2.** Formar una pareja con dos cosas. **3.** TAUROM. Clavar banderillas a pares.

1. PARECER v.intr. (lat. vulg. *parescere*, de *parere*, aparecer, parecer) [37]. Tener determinada apariencia o aspecto: *parecer mayor, alto.* **2.** Ser algo la opinión de una persona o causarle determinada opinión: *me parece que vendrá.* **3.** Dar motivos para creer u opinar algo: *parece que va a llover.* ◆ **parecerse** v.prnl. Tener parecido una persona o cosa con otra: *se parece a su madre; la casa parece una pocilga.* ◇ **Al parecer** o **a lo que parece** A juzgar por las apariencias, sin profundizar en la cuestión: *al parecer está enferma.* **Parecer bien**, o **mal** Tener algo buen, o mal, aspecto; ser acertado, o poco acertado.

2. PARECER s.m. Opinión que se tiene acerca de algo: *ser del mismo parecer.* **2.** Aspecto físico de una persona.

PARECIDO, A adj. Con los adv. *bien* o *mal*, de aspecto físico agradable o desagradable. ◆ s.m. Semejanza, cualidad de semejante: *tener cierto parecido con alguien.*

PARED s.f. (lat. *paries, -etis*). Muro o tabique de obra que sostiene las techumbres o separa las piezas contiguas en el interior de los edificios. **2.** Superficie lateral, costado, cara interna o cualquier superficie que limita una cavidad: *las paredes de una caja.* **3.** *Fig.* Conjunto de cosas o personas estrechamente unidas: *una pared de libros.* **4.** En alpinismo, vertiente abrupta de una montaña. **5.** En pelota vasca, muro que se extiende a la izquierda del frontón, formando ángulo recto con este. **6.** ANAT. Parte que limita una cavidad o que envuelve una estructura: *pared abdominal, craneana, torácica.* ◇ **Darse contra**, o **con, las paredes** *Fam.* Fatigarse por lograr algo que no se consigue alcanzar. **Entre cuatro paredes** Aislado del trato con la gente. **Pared en**, o **por medio** Denota contigüidad o cercanía de una cosa respecto a otra. **Subirse por**, o **darse contra**, o **por, las paredes** Estar enfurecido.

PAREDAÑO, A adj. Que está separado por una pared del lugar que se menciona: *tiendas paredañas.*

PAREDÓN s.m. Pared que queda en pie de

un edificio en ruinas. **2.** Pared junto a la que se fusila a los condenados. **3.** Muro de defensa o contención. ◇ **Llevar al paredón** Fusilar a alguien.

PAREDRO, A adj. MIT. Se dice de los dioses inferiores, cuyo culto estaba asociado al de las grandes divinidades.

PAREGÓRICO, A adj. **Elixir paregórico** Medicamento de la farmacopea antigua utilizado como antidiarreico, constituido por una mezcla de extracto de opio y ácido benzoico.

PAREJA s.f. Conjunto de dos personas, animales o cosas. **2.** Con respecto a una persona o cosa, otra que forma par con ella: *la pareja de baile; perder la pareja de un guante.* **3.** Conjunto de dos miembros del orden público o de la guardia civil. **4.** En algunos juegos de cartas o dados, conjunto de dos cartas o dados del mismo valor que se tienen en una jugada.

PAREJO, A adj. (lat. vulg. *pariculus*, dim. de *par*, par, igual). Igual, parecido o equivalente. **2.** Uniforme, liso: *un pavimento parejo.* ◇ **Correr parejas** Sobrevenir simultáneamente dos o más cosas; tener parecido dos o más cosas.

PARELIO o **PARHELIO** s.m. METEOROL. Fenómeno luminoso que, como el del halo, se produce por la reflexión de la luz sobre los pequeños cristales de hielo que se encuentran en suspensión en la atmósfera.

PAREMIA s.f. (gr. *paroimía*). Sentencia o refrán.

PAREMIOLOGÍA s.f. Estudio de los refranes.

PARÉNESIS s.f. (gr. *paraínesis*, consejo, *parainein*, aconsejar). Exhortación o aviso.

PARÉNQUIMA s.m. (gr. *parégkhyma*, sustancia orgánica). ANAT. Tejido esponjoso fundamental del pulmón, hígado, riñón, etc. **2.** BOT. Tejido vegetal de las células vivas, limitadas por tabiques celulósicos delgados, que puede ejercer varias funciones: de nutrición, de relleno, de reserva, etc.

PARENQUIMATOSO, A adj. BIOL. Relativo al parénquima, parecido a él o constituido por él.

PARENTALIAS o **PARENTALES** s.f.pl. (lat. *parentalia*, de *parentes*, padres). ANT. ROM. Fiestas anuales dedicadas a los muertos.

PARENTELA s.f. (ital. *parentela*). Conjunto de los parientes de alguien.

PARENTERAL adj. Se dice de la vía de entrada de medicamentos distinta de la vía digestiva (boca o recto).

PARENTESCO s.m. Vínculo de consanguinidad o afinidad que une a las personas. **2.** *Fig.* Relación entre las cosas. ◇ **Parentesco espiritual** Vínculo contraído por el bautismo entre los padrinos y el ahijado, y entre este y el ministro del sacramento.

PARÉNTESIS s.m. (gr. *parénthesis*, acción de intercalar, paréntesis). Frase que se intercala en un período, con sentido independiente de este. **2.** Cada uno de los signos gráficos ( ) entre los cuales se encierran las palabras de un paréntesis. **3.** *Fig.* Interrupción o suspensión. **4.** MAT. Signo que aísla una expresión algebraica e indica que una operación se aplica a esta expresión por entero.

1. PAREO s.m. Acción y efecto de parear.

2. PAREO s.m. Prenda de tela rectangular que se enrolla alrededor del cuerpo y que se ajusta en el pecho o en la cintura. (El pareo es característico de las zonas de clima tropical.)

PARESIA s.f. MED. Parálisis parcial o ligera, con disminución de la fuerza muscular.

PARESTESIA s.f. Sensación anormal debida a un trastorno del sistema nervioso.

PARGO s.m. (lat. *pager, -gri,* del gr. *phárgos*). Pez marino parecido a la dorada, de unos 50 cm de long., y apreciado por su carne. (Familia espáridos.)

PARHELIO s.m. METEOROL. → **PARELIO.**

PARHILERA s.f. Pieza de armazón que, dispuesta debajo del caballete o lomo de una cubierta, contribuye al afianzamiento del conjunto. SIN.: *cumbrera.*

PARIA s.m. y f. (ingl. *pariah*). *Fig. y desp.* Persona excluida de las ventajas y trato de que gozan los demás, por considerarla inferior: *ser un paria de la sociedad.* **2.** Persona que no pertenece a ninguna casta, en la India.

PARIAS s.f.pl. (lat. *parias*, pl. de *par*, igual). ANAT. Placenta. **2.** HIST. Tributo anual que, en la edad media, los reyes de la España cristiana percibían de los príncipes de otros estados vasallos.

PARIDA adj. y s.f. Se dice de la hembra que acaba de parir. ◆ **s.f.** *Esp. Fam.* Hecho o dicho desafortunado, tontería.

PARIDAD s.f. Igualdad o semejanza. **2.** Comparación de una cosa con otra por ejemplo o símil. **3.** Relación existente entre una unidad monetaria y su equivalencia en peso de metal. **4.** FÍS. Magnitud que describe el comportamiento de la función de onda de una partícula elemental cuando sufre una operación de simetría especular. **5.** INFORMÁT. Técnica de control que permite la detección de errores producidos durante la transmisión de una información. ◇ **Paridad de cambio** Equivalencia de intercambio monetario entre dos países.

PARIDIGITADO, A adj. y s.m. Artiodáctilo.

PÁRIDO, A adj. y s.m. Relativo a una familia de aves paseriformes, de cuerpo rechoncho y pico reducido, que no presentan dimorfismo sexual.

PARIENTE, A s. (del lat. *parentes*, padre y madre, p. activo pl. de *parere*, dar a luz). Persona de la misma familia que otra. ◆ s.f. *Esp. Fam.* Mujer respecto del marido: *mi parienta trabaja igual que yo.*

PARIETAL adj. Relativo a la pared. ◆ adj. y s.m. ANAT. Se dice de cada uno de los dos huesos que forman los lados y la parte media de la bóveda del cráneo. ◆ adj. y s.f. BOT. Relativo a un orden de plantas con un tipo de placentación en la que los óvulos están fijados en el borde de los carpelos, que a su vez se encuentran soldados por sus bordes a un ovario de una sola celdilla. ◇ **Arte parietal** Arte rupestre. **Lóbulo parietal** ANAT. Lóbulo cerebral situado debajo del hueso parietal y limitado por delante por la cisura de Rolando. **Pintura parietal** Pintura mural.

PARIETARIA s.f. Planta herbácea de las regiones templadas y cálidas que crece cerca de las paredes. (Familia urticáceas.)

PARIFICAR v.tr. [1]. Reforzar lo que se dice o propone con un ejemplo, comparación o paridad.

PARIGUAL adj. Igual o muy parecido.

PARIHUELAS s.f.pl. Utensilio para transportar cosas entre dos personas, formado por dos barras horizontales entre las que está fijada una plataforma o cajón. **2.** Camilla, cama portátil.

PARIMA s.f. Argent. Garza grande de color violado.

PARINA s.f. Pájaro flamenco pequeño de patas rojas, que vive en lagunas andinas. (Familia fenicoptéridos.)

PARIPÉ s.m. (caló *paruipén,* cambio). Presunción, ostentación. ◇ **Hacer el paripé** *Esp. Fam.* Simular, fingir para engañar a alguien.

PARIPINNADO, A adj. BOT. Se dice de la hoja pinnadocompuesta sin folíolo terminal, como las del guisante, chícharo o arveja.

PARIR v.tr. e intr. (lat. *parere,* dar a luz, proporcionar). Expeler las hembras el feto concebido. **2.** *Fig.* Realizar una obra, generalmente de creación. **3.** *Fig.* Salir a la luz, manifestarse lo que estaba oculto.

PARISIENSE adj. y s.m. y f. De París. SIN.: *parisién, parisino.*

PARISÍLABO, A o **PARISILÁBICO, A** adj. y s.m. Se dice de la palabra o verso que tienen un número par de sílabas. (Se dice especialmente de las palabras latinas que tienen en su declinación el mismo número de sílabas en todos los casos del singular.)

PARISINO, A adj. y s. Parisiense.

PARITARIO, A adj. Se dice de un organismo, una negociación, una comisión, etc., en los que las partes están representadas por igual.

PARKA s.f. (voz esquimal). Prenda de abrigo con capucha que llega hasta la mitad del muslo. (Suele ser ligera, de aspecto informal y deportivo.)

PARKERIZACIÓN s.f. Procedimiento de protección de los metales férricos por formación de una capa de óxido impermeable.

PARKERIZAR v.tr. [7]. Realizar una parkerización.

PARKING s.m. (voz inglesa) [pl. *parkings*]. Parque de estacionamiento, aparcamiento.

PARKINSON s.m. Enfermedad degenerativa del sistema nervioso caracterizada por cierto temblor en las extremidades y por rigidez muscular.

PARLA s.f. Acción y efecto de parlar. **2.** Charla insustancial. **3.** Locuacidad.

PARLAMENTAR v.intr. Hablar o conversar. **2.** Entrar en negociaciones con el enemigo para conseguir la paz, la rendición, etc., o tratar sobre una diferencia.

PARLAMENTARIO, A adj. Relativo al parlamento. ◆ s. Miembro de un parlamento. **2.** Persona autorizada para parlamentar.

PARLAMENTARISMO s.m. Sistema político en el que el gobierno es responsable ante el parlamento.

PARLAMENTO s.m. (fr. *parlement*). Asamblea deliberativa que ejerce la función legislativa. **2.** Edificio o lugar de reunión del parlamento. **3.** Acción de parlamentar. **4.** Declamación larga de un actor en prosa o verso.

PARLANCHÍN, NA adj. y s. Que habla mucho. **2.** Que habla con indiscreción.

PARLANTE adj. Que habla: *máquina parlante.* ◇ **Armas parlantes** HERÁLD. Armas cuyas figuras se relacionan directamente con el apellido o país a que pertenecen, como las armas de León, que traen un león.

PARLAR v.intr. (occitano *parlar*). Hablar, charlar.

PARLERO, A adj. Relativo del sonido agradable que producen los pájaros o determinadas cosas.

PARLOTEAR v.intr. *Fam.* Hablar, generalmente de forma insustancial.

PARLOTEO s.m. *Fam.* Acción y efecto de parlotear.

PARMESANO, A adj. y s. De Parma. ◆ s.m. Queso italiano de leche de vaca y pasta dura.

PARNASIANISMO s.m. Movimiento poético francés que, a partir de 1850, reaccionó contra el lirismo romántico y propugnó una poesía culta e impersonal, de armonía plástica y cultivadora de la forma.

PARNASIANO, A adj. y s. Relativo al parnasianismo; seguidor de este movimiento.

PARNASO s.m. (de *Parnaso*, montaña de Grecia). Conjunto de los poetas de una lengua, lugar o época. **2.** Colección de poesías.

PARNÉ s.m. (voz caló). *Esp. Fam.* Dinero.

1. PARO s.m. Acción y efecto de parar. **2.** Huelga, cesación voluntaria en el trabajo por común acuerdo de obreros o empleados. **3.** Suspensión o finalización de la jornada laboral. **4.** *Esp.* Desempleo. ◇ **Paro cardíaco** Cese de las contracciones del corazón que ocasiona el paro (o la ineficacia) de la circulación y la ausencia de presión arterial. **Paro encubierto** *Esp.* Situación que se produce cuando no se utiliza toda la capacidad productiva de la mano de obra empleada, es decir, cuando se podría lograr la misma producción con un volumen de empleo menor. **Paro forzoso** *Esp.* Carencia de trabajo por causa independiente de la voluntad del obrero y del patrono.

2. PARO s.m. (lat. *parus*). Ave paseriforme de cuerpo rechoncho, alas cortas, pico pequeño y plumaje suave. (Familia páridos.)

PARODIA s.f. (lat. *parodia*, del gr. *parodía*, imitación burlesca de una obra literaria). Imitación burlesca de algo. **2.** Imitación burlesca de una obra o del estilo de un escritor.

PARODIAR v.tr. Hacer parodia de una persona, una obra o el estilo de un autor: *Aristófanes parodió la tragedia clásica.*

PARODONCIO s.m. Conjunto de tejidos de sostén que rodean el diente y lo fijan al maxilar superior o inferior, como el hueso alveolar, los ligamentos, las encías, etc.

PARODONTOSIS s.f. Conjunto de lesiones degenerativas que ocasiona la destrucción del parodoncio. SIN.: *parodontólisis.*

PARÓN s.m. Paro brusco o prolongado. **2.** TAUROM. Lance efectuado parando de modo exagerado.

PARONIMIA s.f. Circunstancia de ser parónimas dos o más palabras.

PARONÍMICO, A adj. Relativo a los parónimos o a la paronimia.

PARÓNIMO, A adj. y s.m. (gr. *parónimos*). Se dice de la palabra que se parece a otra por su forma, ortografía o sonoridad.

PARONOMASIA o **PARANOMASIA** s.f. (lat. *paronomasia*). Semejanza fonética entre dos o más vocablos. **2.** Conjunto de vocablos que forman paronomasia. **3.** Figura retórica de dicción que consiste en la combinación de palabras fonéticamente semejantes.

PARÓTIDA s.f. ANAT. Glándula salival de la parte más lateral y posterior de la boca.

PAROTÍDEO, A adj. Relativo a la parótida.

PAROTIDITIS s.f. Inflamación de las glándulas parótidas. (Es una enfermedad contagiosa debida a un virus que ataca especialmente a los niños.) SIN.: *paperas*.

PAROXISMO s.m. (gr. *paroxysmos*, irritación). *Fig.* Exaltación violenta de un dolor, sentimiento, fenómeno, etc. **2.** MED. Fase de una enfermedad en la que todos los síntomas se manifiestan con máxima intensidad.

PAROXÍSTICO, A adj. Relativo al paroxismo. SIN.: *paroxismal*.

PAROXÍTONO, A adj. LING. Se dice de la palabra que lleva el acento tónico en la penúltima sílaba.

PARPADEAR v.intr. Mover los párpados cerrándolos y abriéndolos una sola vez o repetidamente. **2.** Oscilar o titilar una luz o un cuerpo luminoso.

PARPADEO s.m. Movimiento rápido de cierre y abertura de los párpados. **2.** Acción de parpadear una luz o un cuerpo luminoso.

PÁRPADO s.m. (del lat. *palpebra*). Revestimiento cutáneo, móvil, que protege la parte anterior de los globos oculares.

PARPAR v.intr. (voz de origen onomatopéyico). Emitir graznidos el pato.

PARQUE s.m. (fr. *parc*, majada de animales, terreno cercado). Terreno cercado en núcleos urbanos o rurales, generalmente con variedad de árboles y plantas, destinado a recreo. **2.** Recinto pequeño protegido de diversas formas, donde se coloca a los niños pequeños para que jueguen. **3.** Conjunto de las máquinas, aparatos, vehículos, etc., pertenecientes a una empresa u organismo, o destinados a un servicio público: *parque de incendios*. **4.** Parte de una fábrica o factoría, generalmente al aire libre, donde se almacenan materias primas, lingotes, piezas de forja, etc.; *parque de chatarra*. **5.** Argent. y Méx. Conjunto de municiones de que dispone un ejército o grupo de soldados. **6.** MIL. Lugar en que se colocaban la artillería, las municiones y los víveres, en el s. XIX. ◇ **Parque de atracciones** Terreno cercado en el que hay varias atracciones. **Parque de estacionamiento** Zona más o menos extensa destinada al estacionamiento de vehículos. **Parque móvil** Conjunto de material rodante, propiedad del estado o de algún organismo. **Parque nacional** Extensión de terreno natural acotado y protegido por el estado para la preservación de su flora y fauna. **Parque natural** Zona de interés general por su ecosistema y hábitat natural. **Parque tecnológico** Recinto en el que se agrupan industrias y sociedades dedicadas a la investigación científica o tecnológica. **Parque temático** Recinto en el que se reúnen atracciones de características similares, dedicadas a la diversión y al entretenimiento. **Parque zoológico** Zoológico.

PARQUÉ o **PARQUET** s.m. (fr. *parquet*) [pl. *parqués* o *parquets*]. Entarimado formado con tablas estrechas y pulimentadas, dispuestas regularmente en composiciones geométricas. **2.** Recinto del salón de contratación de la bolsa, reservado a los agentes.

PARQUEADERO s.m. Colomb. y Pan. Lugar de estacionamiento.

PARQUEAR v.tr. (ingl. *to park*). Amér. Estacionar.

PARQUEDAD s.f. Cualidad de parco.

PARQUEO s.m. Amér. Acción y efecto de parquear.

PARQUET s.m. → **PARQUÉ.**

PARQUÍMETRO s.m. Aparato que mide el tiempo de estacionamiento de un vehículo en un aparcamiento público y cobra al usuario la cantidad correspondiente a ese tiempo.

PARRA s.f. Planta de vid que se hace crecer sobre una pared u otro soporte. **2.** Amér. Central. Especie de bejuco que destila un agua que beben los caminantes. ◇ **Subirse a la parra** *Fam.* Enojarse mucho una persona; darse importancia o tomarse atribuciones que no le corresponden.

PARRAFADA s.f. Párrafo largo en un discurso, conversación, impreso, etc. **2.** *Fam.* Conversación larga y confidencial.

PÁRRAFO s.m. (del lat. *paragraphus*, señal para distinguir varias partes de un tratado, del gr. *paragráphein*, escribir al margen). División de un texto que se marca con letra mayúscula al principio de la línea y punto y aparte al final. SIN.: *parágrafo*. **2.** Signo ortográfico (§) con que se indica cada una de estas divisiones.

PARRAL s.m. Conjunto de parras sostenidas con una armazón adecuada. **2.** Lugar plantado de parras. **3.** Viña que ha quedado sin podar.

PARRANDA s.f. Juerga, especialmente la que consiste en ir de un lugar a otro: *salieron de parranda por los bares de la ciudad*.

PARRANDEAR v.intr. Ir de parranda.

PARRANDERO, A adj. y s. Se dice de la persona que va mucho de parranda.

PARRICIDA s.m. y f. (lat. *paricida*). Persona que comete parricidio.

PARRICIDIO s.m. DER. Delito que comete el que mata a un familiar, especialmente al padre, madre, hijo o cónyuge.

PARRILLA s.f. Utensilio de hierro en forma de rejilla que se coloca sobre el fuego para asar o tostar los alimentos. **2.** Establecimiento especializado en asar alimentos con este utensilio. **3.** Programación de las emisoras de tele-

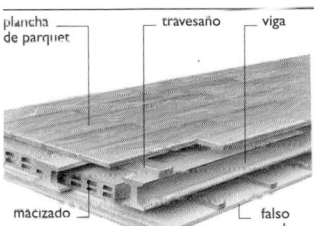

plancha de parquet — travesaño — viga

macizado — falso suelo

a la inglesa, de asiento tradicional

mosaico fijado sobre una capa de cemento

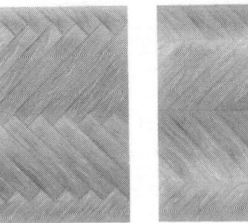

en espinapez · en punto de Hungría

■ PARQUÉS

visión. **4.** TECNOL. Armazón de barras de hierro que, en un hogar de combustible sólido, sirve de soporte a la lumbre y permite el paso de aire comburente y la evacuación de las cenizas. ◇ **Parrilla costal** MED. Conjunto óseo de la pared lateral del tórax. **Parrilla de salida** DEP. Lugar en que se colocan los pilotos para la salida en las competiciones automovilísticas de velocidad, ordenados según los tiempos registrados en los entrenamientos previos.

PARRILLADA s.f. Plato compuesto por diversas clases de pescados o carnes asados a la parrilla. **2.** Argent. y Chile. Asado de carne e interiores de vacuno preparado en una parrilla y servido generalmente al aire libre.

PÁRROCO s.m. y adj. Sacerdote encargado de una parroquia.

PARROQUIA s.f. (lat. tardío *parochia*, del gr. *paroikía*, vecindad). Iglesia que tiene a su cargo la jurisdicción espiritual de determinado territorio, parte de una diócesis. **2.** Territorio de esta iglesia. **3.** Comunidad de fieles de dicha iglesia. **4.** *Fig.* Clientela. **5.** Célula elemental de la sociedad rural, constituida por un conjunto de aldeas colocadas bajo la advocación de una iglesia. **6.** En el Distrito Federal de Venezuela, división administrativa equivalente al municipio. **7.** En Ecuador, división administrativa menor en que se subdivide el cantón. **8.** En Asturias y Galicia, división administrativa menor en la que se dividen los municipios.

PARROQUIAL adj. Relativo a la parroquia.

PARROQUIANO, A adj. y s. Que pertenece a una determinada parroquia. **2.** Cliente habitual de una tienda o establecimiento.

PARSEC s.m. Unidad de medida de distancia usada en astronomía equivalente a la distancia a la Tierra de una estrella cuyo paralaje anual es igual a un segundo de grado. (El parsec equivale a 3,26 años luz.)

PARSI adj. y s.m. y f. De una comunidad de religión zoroástrica que se estableció en la India. (Los parsi permanecieron en Irán se llaman *gabari*.) ◇ s.m. Sistema de transcripción en escritura persa de los textos pahlavi, utilizado en Persia en tiempos de los sasánidas.

PARSIMONIA s.f. (lat. *parsimonia*, economía, sobriedad). Calma, flema. **2.** Moderación, especialmente en los gastos.

PARSISMO s.m. Religión de los parsis.

PARTE s.f. (lat. *pars, -tis*). Porción en un todo. **2.** Elemento que forma parte de un conjunto. **3.** Cada división importante que comprende otras menores de las obras literarias, científicas, etc. **4.** Cantidad que corresponde a cada uno en cualquier distribución. **5.** Papel representado por un actor en una obra dramática. **6.** Cada una de las personas o grupos que contratan o negocian algo. **7.** Sitio o lugar. **8.** Cada una de las personas, equipos, ejércitos, etc., que dialogan, se oponen, luchan o contienden. **9.** DER. **a.** Cada una de las personas que tienen participación o interés en un acto jurídico plural: *la parte contratante*. **b.** Persona física o jurídica que ocupa el lugar de sujeto del proceso con la pretensión de obtener en él la tutela jurídica otorgada por el derecho positivo. **10.** MÚS. **a.** Fragmento coordinado de una obra musical: *sonata en cuatro partes*. **b.** Papel correspondiente a cada uno de los músicos que participan en la ejecución de un conjunto musical. ◆ s.m. Comunicación enviada o recibida, generalmente de tipo oficial: *parte de guerra; parte médico; parte meteorológico*. **2.** Documento en que está consignada esta comunicación. ◆ **partes** s.f.pl. *Fam.* Órganos genitales. ◇ **Dar parte** Comunicar un aviso o noticia, particularmente a la autoridad; dar participación en un negocio. **De, o por, mi, tu,** etc., **parte** Por lo que respecta al que habla o en la medida de lo que este puede hacer. **De parte a parte** De un extremo al otro opuesto, o de una cara a la otra opuesta. **De parte de** A favor o en defensa de alguien o algo que se expresa; con arreglo a la opinión o parecer; por encargo de quien se expresa. **Formar parte de** Ser uno de los miembros o componentes de lo que se expresa. **Parte de fundador** Título especial emitido al constituirse una sociedad, que se entrega a los fundadores como remuneración de los servicios prestados. **Parte de la oración** En la gramática tradicional, cada una de las clases de palabras que integran el sistema de una lengua. **Parte del mundo** GEOGR. Cada uno de los seis grandes sectores en que se considera dividida la Tierra: *África, América, Asia, Europa y Oceanía*. **Parte de un conjunto** MAT. Subconjunto de un conjunto dado. **Parte viril** DER. Cada una de las porciones que corresponden a un heredero cuando la partición de una herencia se hace por partes iguales. **Ponerse de parte de** alguien Adherirse a su opinión. **Por otra parte** Además. **Por partes** Gradual y separadamente. **Salva sea la parte** Expresión con que se alude eufemísticamente a las nalgas. **Tener** a alguien **de su parte** Contar con el favor de esa persona. **Tomar parte en** algo Participar o intervenir en algo.

PARTEHÚMOS s.m. (pl. *partehúmos*). Tabique divisorio entre dos conductos de chimenea.

PARTELUZ s.m. Mainel.

PARTENAIRE s.m. y f. (voz francesa). Persona que forma pareja con otra en el juego, teatro, cine, etc.

PARTENOGÉNESIS s.f. (del gr. *parthénos*, mujer virgen, y *génesis*, generación). Reproducción a partir de un óvulo o de una oosfera no fecundados. (Un caso extremo de partenogénesis es la *constante*, de las especies sin macho o con escasez de machos; la más frecuente es la *cíclica*, como por ejemplo la de los pulgones, vivíparos en verano, pero que se diferencian sexualmente y se aparean en otoño para poner huevos, únicos elementos capaces de soportar el invierno.)

PARTENOGENÉTICO, A adj. Relativo a la partenogénesis.

PARTERO, A s. Persona que tiene por oficio asistir a la mujer que está de parto.

PARTERRE s.m. (fr. *parterre*). Macizo o cuadro de jardín con césped y flores.

PARTESANA s.f. (ital. *partigiana*). Arma usada durante los ss. XV-XVII, parecida a la alabarda, de hoja larga, ancha, cortante por ambos lados y adornada en su base con dos aletas puntiagudas o en forma de media luna.

PARTESOL s.m. Saledizo de la fachada por delante de las ventanas o vidrieras, cuyas dimensiones están calculadas para que proyecte sombra en verano y deje paso libre al sol en invierno.

PARTICELLA s.f. (voz italiana). MÚS. Trozo de la partitura correspondiente a cada cantante.

PARTICIÓN s.f. Acción y efecto de partir o repartir. **2.** DER. Acto jurídico por el cual los copropietarios de un patrimonio o de un bien determinado ponen fin a la indivisión. **3.** HERÁLD. División de un escudo. ◇ **Partición de un conjunto** MAT. Familia de partes no vacías de dicho conjunto, disjuntas dos a dos y cuya reunión es igual al conjunto.

PARTICIPACIÓN s.f. Intervención en un suceso, en un acto o en una actividad. **2.** Parte que corresponde a cada uno de los que participan en una cosa. **3.** Comunicación que se hace de un acontecimiento o suceso, especialmente una boda; escrito en que se comunica. **4.** Recibo o boleto en el que aparece la cantidad de dinero que se juega como parte de un décimo de lotería. **5.** Inversión que hace una persona en una empresa o negocio. ◇ **Participación en los beneficios** Cláusula por la que un patrón concede a un obrero o empleado, además del salario, una parte de los beneficios.

PARTICIPAR v.intr. Tomar parte, intervenir: *participar en un concurso*. **2.** Recibir una parte de algo. **3.** Compartir, tener en común una cualidad particular, carácter, opinión, etc. ◆ v.tr. Comunicar, informar.

PARTÍCIPE adj. y s.m. y f. (lat. *particeps, -ipis*). Que toma parte o participa en algo con otros. ◇ **Hacer partícipe** a alguien **de** algo Hacérselo saber, compartirlo con él.

PARTICIPIO s.m. (lat. *participium*, que participa). Forma nominal del verbo con carácter adjetival.

PÁRTICO, A adj. Relativo a los partos.

PARTÍCULA s.f. (lat. *particula*, dim. de *pars, -tis*, parte). Parte muy pequeña de algo: *partículas de polvo*. **2.** GRAM. Elemento de relación o modificación invariable cuya función en la frase es primordialmente sintáctica o pragmática y no semántica; elemento que entra en la formación de ciertas palabras. ◇ **Partícula elemental**, o **fundamental** FÍS. Partícula fundamental de la materia que no puede dividirse en otras más pequeñas.

ENCICL. El concepto de «partícula» está en la base de la descripción física del universo, pues permite explicar tanto las propiedades de la materia como las fuerzas ejercidas entre sus diversos componentes. El *átomo está formado por un núcleo rodeado de una nube de *electrones*. El núcleo está constituido por protones y neutrones que, a su vez, están compuestos por *quarks*. Como el electrón, los *quarks, de los que se conocen seis variedades (o «sabores»), carecen aparentemente de estructura interna y no es posible aislarlos; forman conjuntos: los *hadrones*. Hay varios centenares de hadrones divididos en *bariones*, compuestos por tres quarks (como los nucleones), y en *mesones*, conjuntos quark-antiquark. También existen, además del electrón, dos partículas análogas, pero más pesadas e inestables: el *muón* y el *tauón*. A cada una de estas tres partículas se asocia un *neutrino*, eléctricamente neutro, que aparece en las radiaciones β. Estas seis partículas (electrón, muón, tauón y sus respectivos neutrinos), insensibles a la interacción nuclear llamada «fuerte», forman el grupo de los *leptones*.
Otra clasificación de las partículas se basa en el valor de su *spin*. La materia está formada por partículas de spin semientero: los *fermiones*. Los *bosones*, partículas de spin entero, desempeñan la función de intermediarios entre las partículas de materia: su intercambio entre los fermiones asegura la transmisión de las interacciones. A cada interacción fundamental se asocia un bosón específico. Aunque el *gravitón*, considerado vehículo de la interacción gravitacional, todavía no se ha descubierto, ya se conocen: el *fotón*, responsable de la fuerza electromagnética; los tres bosones, llamados «intermediarios» (W^+, W^-, Z^0), responsables de la interacción débil; y los ocho *gluones*, portadores de la interacción fuerte.

PARTICULAR adj. Que es propio o peculiar de una persona o cosa. **2.** Que pertenece a una persona o a un número reducido de personas. **3.** Raro, poco corriente. **4.** Concreto, determinado: *caso particular*. **5.** Que tiene carácter privado, no oficial: *audiencia particular*. ◆ adj. y s.m. y f. Se dice de la persona sin título o cargo oficial. ◆ s.m. Asunto, materia de que se trata. ◇ **Clase particular** Clase que imparte un profesor a un alumno fuera del horario normal del curso. **En particular** Especialmente. **Sin otro particular** Se utiliza al final de un escrito, especialmente una carta, para indicar que no hay más que decir o añadir; indica que algo se hace con la finalidad exclusiva que se expresa.

PARTICULARIDAD s.f. Carácter particular de una cosa. **2.** Detalle particular.

PARTICULARISMO s.m. Preferencia excesiva que se da a los intereses particulares sobre los generales. **2.** Individualismo exagerado, independencia de criterio. **3.** Tendencia de un estado o una región a defenderse de la absorción en un estado mayor.

PARTICULARISTA adj. y s.m. y f. Relativo al particularismo; partidario de esta tendencia.

PARTICULARIZAR v.tr. y prnl. [7]. Distinguir, singularizar. ◆ v.tr. Expresar una cosa con todas sus particularidades. **2.** Mostrar preferencia por alguien determinado.

PARTIDA s.f. Acción de partir o marcharse. **2.** Registro o asiento de bautismo, confirmación, matrimonio o entierro que figura escrito en los libros de las parroquias o del registro civil, y copia certificada que se da de tales asientos. **3.** Cantidad parcial o apartado que contiene una cuenta o presupuesto. **4.** Cantidad determinada de una mercancía que se entrega o se manda de una vez: *una partida de azúcar*. **5.** Conjunto de personas reunidas para un fin: *partida de facciosos*. **6.** Mano de un juego o el conjunto de estas. **7.** *Fig.* Muerte. **8.** MIL. Guerrilla, tropas de escasa importancia numérica o paisanos armados que operan libremente en tiempo de guerra, sin sujeción a un mando militar superior. ◇ **Mala partida** *Fig.* Acción injusta que se realiza en perjuicio de alguien. **Partida de caza** Cacería.

PARTIDARIO, A adj. y s. Que sigue y defiende a una persona, una idea o un movimiento.

PARTIDISMO s.m. Inclinación exagerada por un partido, tendencia u opinión, especialmente cuando habría que ser imparcial.

PARTIDISTA adj. y s.m. y f. Relativo al partidismo; que actúa con partidismo.

1. PARTIDO s.m. Grupo de personas con ideas o tendencias comunes. **2.** Organización política constituida por un grupo de personas que comparten y defienden las mismas ideas. **3.** Provecho, conveniencia. **4.** Competición deportiva. **5.** En la provincia de Buenos Aires, división administrativa menor equivalente al departamento en el resto del país. ◇ **Partido judicial** Esp. Unidad territorial que comprende varios pueblos en los que, para la administración de justicia, ejerce jurisdicción un juez de primera instancia y cuya capitalidad recae en la población de mayor importancia. **Sacar partido** Obtener provecho de algo. **Tomar partido** Adoptar una decisión u opinión entre varias; decidirse a favor de una de las partes en pugna. **Un buen**, o **mal, partido** Persona que por su situación económica se considera adecuada, o inadecuada, para casarse con ella.

2. PARTIDO, A adj. Generoso, liberal. **2.** BOT. Se dice de la hoja dividida en lóbulos que llegan por lo menos hasta la mitad de la distancia entre el margen y el nervio medio, pero sin alcanzar a este. **3.** CONSTR. Se dice del postigo, persiana u hoja de puerta formados por dos mitades articuladas por bisagras. **4.** HERÁLD. Se dice del escudo, pieza o figura dividida verticalmente en dos partes iguales.

PARTIDOR, RA adj. y s. Que divide o reparte una cosa. **2.** Que divide una cosa en partes, generalmente rompiéndola. ◆ s.m. Instrumento que sirve para partir o romper algo. **2.** Obra destinada a repartir, por medio de compuertas, las aguas de un canal de riego entre diversos usuarios.

PARTIMENTO o **PARTIMIENTO** s.m. Partición.

PARTIQUINO, A s. Cantante que en una ópera tiene un papel muy breve o de poca relevancia.

PARTIR v.tr. (lat. *partiri*, partir, repartir). Separar en partes. **2.** Repartir, distribuir. **3.** Compartir, dar parte de lo que se tiene. **4.** Romper las cáscaras o huesos de algunos frutos: *partir nueces*. **5.** *Fig.* y *fam.* Causar a alguien un perjuicio o contrariedad. **6.** MAT. Dividir, cuarta regla matemática. ◆ v.tr. y prnl. Hender, rajar. ◆ v.intr. *Fig.* Tomar un antecedente cualquiera como base para un razonamiento, cálculo, etc. ◆ v.intr. y prnl. Alejarse de un lugar, ponerse en camino. ◆ **partirse** v.prnl. Dividirse en opiniones o parcialidades, desavenirse. ◇ **A partir de** Desde; tomando como base lo que se expresa a continuación.

PARTISANO, A s. Miembro de un grupo de gente civil organizado para la resistencia armada clandestina contra el ejército ocupante o la autoridad constituida.

PARTITA s.f. (voz italiana). MÚS. Término que puede designar una serie de variaciones, una suite de danzas o una sonata de cámara.

PARTITIVO, A adj. y s.m. Se dice de la partícula, complemento, caso o construcción gramatical que indica que se toma una parte del todo. ◆ adj. Que puede partirse o dividirse.

PARTITURA s.f. (ital. *partitura*). Texto en el que están anotadas todas las partes vocales o instrumentales de una composición musical, que se superponen de manera que coincidan los compases.

1. PARTO s.m. (lat. *partus, -us*). Expulsión o extracción del claustro materno del feto viable y sus anexos. **2.** *Fig.* Creación de la mente humana, de la inteligencia, etc. ◇ **El parto de los montes** *Fig.* Cosa insignificante que se produce después de haber anunciado o esperado una grande, importante o trascendente. **Exposición**, u **ocultación, del parto** DER. Delito que

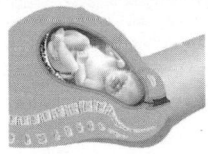
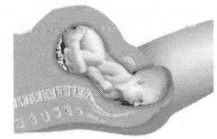

comienzo del parto   salida de la cabeza   salida de los hombros

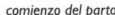

■ **PARTO**

consiste en hacer desaparecer, en el estado civil, la prueba de la existencia de un hijo legítimo sin atentar contra su vida. **Parto artificial** Parto facilitado por medios manuales o instrumentales. **Parto distócico** Parto anormal. **Parto natural** Parto que se produce sin intervención alguna física ni psíquica. **Parto prematuro** Parto que ocurre entre los 180 y 270 días del embarazo. **Parto provocado** Parto inducido y controlado por el médico mediante fármacos y, eventualmente, intervenciones instrumentales, como los fórceps. **Parto sin dolor** Método de profilaxis psíquica que permite atenuar el dolor del parto. **Suposición de parto** DER. Delito que consiste en atribuir un niño a una mujer que no es su madre. **Sustitución de parto** DER. Sustitución de un recién nacido por otro.
ENCICL. El parto suele desarrollarse en tres períodos. El primero, que corresponde a la dilatación del cuello del útero, se inicia con la aparición de contracciones uterinas. Estas contracciones, involuntarias, son cada vez más frecuentes y largas y van acompañadas de dolor. El feto es impulsado hacia abajo hasta que franquea la pelvis. El segundo período es la fase de expulsión del feto, que se produce cuando la dilatación es total. En caso de necesidad, puede acortarse mediante una episiotomía (sección mínima de la vulva o del perineo) o por el uso del fórceps. El tercer período, o alumbramiento, corresponde a la expulsión de la placenta y de las membranas fetales.
2. PARTO, A adj. y s. De un antiguo pueblo emparentado con los escitas, que se estableció en el s. III a.C. en la región NE de Irán (act. Jurasán).
ENCICL. Su jefe, Arsaces (h. 250), aprovechando la debilidad del imperio seléucida, constituyó un reino; a fines del s. II a.C. se extendía por Irán y una parte de Mesopotamia, y puso en jaque a los ejércitos romanos. La dinastía parta de los arsácidas fue derrotada por los sasánidas (224).
PARTURIENTA s.f. y adj. (lat. *parturiens, -tis*). Mujer que está pariendo o acaba de parir.
PARTY s.m. (voz inglesa). Reunión o fiesta celebrada generalmente en una casa particular.
PÁRULIS s.m. (gr. *paroylís, -ídos*, de *oylon*, encía). MED. Absceso de la encía debido a una supuración del parodoncio.
PARUSÍA s.f. TEOL. Retorno glorioso de Cristo al final de los tiempos, para el juicio final.
PARVA s.f. Cereal segado y extendido sobre la era para ser trillado o aventado. **2.** *Fig.* Montón, cantidad grande de una cosa.
PARVADA s.f. Méx. Bandada.
PARVO, A adj. (lat. *parvus*). Escaso en cantidad o número. **2.** Pequeño.
PARVULARIO s.m. Centro de enseñanza preescolar.
PÁRVULO, A adj. y s. (lat. *parvulus*). Se dice del niño pequeño, de edad comprendida entre los tres y los seis años. ◆ adj. Que es inocente, cándido y crédulo.
PAS s.m. (sigla de *paraaminosalicílico*). Ácido utilizado como antibiótico antituberculoso.
PASA s.f. y adj. (del lat. *uva passa*, de *passus*, p. de *pandere*, extender). Grano de uva desecado al sol o por cualquier otro procedimiento.
PASABLE adj. Mediano, intermedio. **2.** Aceptable.
PASABOCAS s.m.pl. Colomb. Cantidad pequeña de comida que se toma generalmente acompañada de alguna bebida.
PASACALLE s.m. Composición musical de ritmo muy vivo que tocan las charangas y bandas de música en las fiestas populares, generalmente por las calles. **2.** Danza cortesana de compás ternario.
PASADA s.f. Acción de pasar o pasarse. **2.** Repaso o modificación pequeña que se hace a un trabajo para evitar alguna imperfección. **3.** Puntada larga en el cosido. **4.** En las labores de punto, vuelta, fila de puntos que se hacen seguidos de un lado a otro. **5.** *Fig.* y *fam.* Jugada, acción mal intencionada que perjudica a alguien: *le han jugado una mala pasada*. **6.** Esp. *Fam.* Acción exagerada. **7.** TAUROM. Acción de pasarse el torero al toro con ayuda de la capa o muleta. **8.** TECNOL. Trabajo ejecutado por la cuchilla o herramienta de corte de un torno u otra máquina en un solo ciclo mecánico: *pasada de desbaste; pasada de acabado*. **9.** TEXT. Hilo de trama. ◇ **De pasada** Sin dedicarle mucha atención, superficialmente.
PASADERA s.f. Piedra u otra cosa colocada en una corriente de agua para poder atravesarla a pie sin mojarse.
PASADERO, A adj. Que se puede pasar con facilidad. **2.** Pasable. ◆ s.m. Pasadera.
PASADIZO s.m. Paso estrecho, y generalmente corto, que sirve para pasar de un sitio a otro atajando camino.
PASADO, A adj. Se dice del tiempo que es inmediatamente anterior al presente: *el mes pasado*. **2.** Se dice del tiempo que es anterior al presente: *en días pasados*. **3.** Estropeado por no ser reciente. **4.** Falto de actualidad. **5.** TAUROM. Se dice del puyazo, par de banderillas o estocada un poco trasera. ◆ s.m. Tiempo ya transcurrido. **2.** Conjunto de hechos relativos a una persona o colectividad en tiempo anterior al presente: *renegar una persona de su pasado*. **3.** GRAM. Pretérito.
PASADOR s.m. Clavija metálica pequeña que se introduce en el extremo de ciertas piezas para fijarlas y asegurarlas a otras que aquellas atraviesan o en las que se encajan. **2.** Prendedor con el que se sujeta la corbata a la camisa. **3.** Alfiler o pinza utilizado para sujetar el pelo o como adorno de la cabeza. **4.** Barra corrediza pequeña que sirve para asegurar una puerta. **5.** Utensilio de cocina, generalmente cónico, que sirve para colar. **6.** Imperdible que se sujeta en el uniforme y sirve para llevar condecoraciones y medallas.
PASAJE s.m. Pasada, acción de pasar. **2.** Lugar por donde se pasa. **3.** Calle estrecha y corta de paso entre dos calles. **4.** Callejón con una sola salida. **5.** Fragmento de una obra literaria o musical que puede ser concebido como una unidad. **6.** Boleto que permite viajar en barco o en avión. **7.** Conjunto de pasajeros en un mismo barco o avión. **8.** Danza típica de Colombia.
PASAJERO, A adj. Que dura poco tiempo, que pasa pronto. **2.** Se dice del lugar por donde pasa continuamente mucha gente. ◆ s. Persona que viaja en un vehículo sin manejarlo ni formar parte de la tripulación. **2.** Argent., Chile y Colomb. Persona que está de tránsito y se aloja en un hotel.
PASAJERO-KILÓMETRO s.m. (pl. *pasajeros-kilómetro*). Unidad de medida de tráfico aéreo equivalente al transporte de un pasajero en una distancia de un kilómetro.
PASAMANERÍA s.f. Adorno consistente en galones, trencillas, etc., que sirve para guarnecer vestidos, cortinas, tapicería, etc. **2.** Conjunto de estos adornos.
PASAMANOS o **PASAMANO** s.m. Barandal, listón que sujeta por encima los balaustres. **2.** Paso que hay en los barcos de popa a proa, junto a la borda.
PASAMONTAÑAS s.m. (pl. *pasamontañas*). Prenda de abrigo que cubre toda la cabeza y el cuello, excepto la cara o solo los ojos.
PASAMUROS s.m. (pl. *pasamuros*). Aislador eléctrico que permite el paso de un conductor activo a través del muro de un edificio.
PASANTE s.m. Auxiliar que trabaja con un abogado para adquirir práctica en la profesión.
PASANTÍA s.f. Empleo o actividad de pasante. **2.** Tiempo que dura este ejercicio.
PASAPORTAR v.tr. Expedir pasaporte a una persona. **2.** *Fig.* Despedir a alguien, echarlo de algún sitio.
PASAPORTE s.m. (fr. *passeport*). Documento que acredita la identidad y nacionalidad de una persona y que le permite ir al extranjero. **2.** *Fig.* Permiso para hacer algo. ◇ **Dar pasaporte** a alguien Despedirlo, echarlo de algún lugar; matarlo.
PASAPURÉS s.m. (pl. *pasapurés*). Utensilio doméstico que sirve para triturar y colar alimentos, convirtiéndolos en puré.
PASAR v.intr. (del lat. vulg *passare*). Ir de un lugar a otro: *ver pasar la gente*. **2.** Ser admitido algo y poder seguir su curso. **3.** Ir a un sitio sin detenerse en él mucho tiempo: *pasé a verlo*. **4.** Ser tenido alguien o algo en la opinión que se expresa. **5.** Suceder, ocurrir. **6.** Transcurrir el tiempo. **7.** Poder algo por sus dimensiones atravesar determinado espacio o abertura: *no pasar por una puerta*. **8.** Cesar, acabarse una cosa. **9.** Estar algo todavía en condiciones de ser utilizado. **10.** Acomodarse a vivir con poca cosa o sin ella. **11.** *Fam.* No preocuparse seriamente de algo, mantener una actitud indiferente: *pasar de los estudios*. **12.** Cambiar de actividad, estado o condición. **13.** En algunos juegos, no apostar. **14.** En el dominó y ciertos juegos de naipes, no participar en alguna mano por carecer de la ficha o carta requerida. **15.** En ciertos juegos de naipes, hacer más tantos de los necesarios para ganar y, por lo tanto, perder la partida. ◆ v.tr. Llevar a alguien o algo de un lugar a otro, generalmente próximo o cercano: *pasar la sal*. **2.** Introducir o extraer alguna cosa, generalmente género de contrabando, a escondidas o de forma ilegal. **3.** Transmitir o transferir algo de un sujeto a otro: *sus bienes pasarán a sus hijos*. **4.** En ciertos deportes, entregar la pelota, bola, balón, etc., a un compañero. **5.** Introducir, meter dentro. **6.** Padecer, soportar: *pasar penalidades*. **7.** Superar una prueba: *pasar un examen*. **8.** Permanecer determinado tiempo en el lugar o de la manera que se expresa: *pasar unos días en el campo*. **9.** Tolerar, perdonar. **10.** Mover o llevar una cosa por el lugar que se expresa. **11.** Hacer cambiar de posición o correr sucesiva y ordenadamente cada uno de los elementos de una serie o conjunto. **12.** Proyectar una película cinematográfica. **13.** Atravesar, cruzar: *pasar el río a nado*. **14.** Recorrer, leyendo o estudiando, un libro o tratado: *me he pasado todos los libros que tratan del tema*. **15.** Leer o rezar sin atención: *pasar el rosario*. **16.** Colar, filtrar. **17.** Tragar, ingerir. **18.** Méx. Ensayar parte o la totalidad de una obra teatral: *vamos a pasar la primera escena*. ◆ v.tr. e intr. Sobrepasar, ir más allá de cierto punto o límite. ◆ v.tr. y prnl. Exceder, aventajar. **2.** Hacer deslizar algo sobre una superficie: *pasar la mano por la frente*. **3.** Ocupar un tiempo determinado en hacer algo o en estar en un lugar: *pasar el verano en la montaña*. ◆ v.intr. y prnl. Cesar, tener fin. ◆ **pasarse** v.prnl. Tomar un partido contrario al que antes se tenía, o ponerse de la parte opuesta: *pasarse al enemigo*. **2.** Empezar a estropearse un alimento, una sustancia o un producto. **3.** Excederse, exagerar. **4.** Dejar alguien escapar una ocasión, una oportunidad. **5.** Olvidarse, borrarse de la memoria una cosa. ◇ **Pasar de largo** No entrar o detenerse. **Pasar por alto** Dejar de lado, omitir, eludir. **Pasar por encima** Superar alguien

los obstáculos que se oponen a la realización de algo.

PASARELA s.f. Puente estrecho y pequeño para salvar un espacio. **2.** Pasillo estrecho y algo elevado, generalmente rodeado de público, por el que desfilan artistas o modelos.

PASATIEMPO s.m. Diversión, entretenimiento.

PASAVANTE s.m. Permiso de circulación o título de expedición que, en materia de aduanas y de contribuciones indirectas, autoriza el transporte de mercancías dentro de un país. **2.** Documento que otorga a un barco el jefe de la flota enemiga para que pueda navegar libremente. **3.** Documento expedido por las autoridades marítimas en favor de un barco que debe efectuar una travesía y no tiene la documentación en regla. **4.** Documento que expiden los cónsules españoles a los buques mercantes adquiridos en el extranjero, hasta su matriculación definitiva en un puerto español.

PASAVOLANTE s.m. Acción hecha con precipitación o irreflexivamente. **2.** Boca de fuego de pequeño calibre montada en los buques durante el s. XVI; posteriormente, cañón simulado de madera que se mostraba en la cubierta de los navíos mercantes para atemorizar a los corsarios.

PASAVOLEO s.m. Lance del juego de pelota que consiste en volver esta por encima de la cuerda hasta más allá del saque.

1. PASCAL s.m. (de B. *Pascal*, matemático francés). Unidad de medida de presión (símb. Pa), equivalente a la presión uniforme que ejerce una fuerza total de 1 newton sobre una superficie plana de 1 metro cuadrado.

2. PASCAL s.m. INFORMÁT. Lenguaje de programación definido a comienzos de la década de 1970, particularmente adaptado al tratamiento estructurado de aplicaciones científicas.

PASCANA s.f. Amér. Merid. Jornada, etapa de un viaje. **2.** Argent., Bol. y Perú. Posada, mesón.

PASCUA s.f. (del lat. *pascha*, pascua, tránsito). Fiesta solemne anual celebrada por los cristianos en memoria de la muerte y resurrección de Cristo. (Con este significado suele escribirse con mayúscula.) SIN.: *Pascua de Resurrección, Pascua florida.* **2.** Fiesta solemne celebrada por los judíos el día catorce de la primera luna de su año religioso, en memoria de su salida de Egipto. (Con este significado suele escribirse con mayúscula.) ♦ **Pascuas** s.f.pl. Nombre que se da a las fiestas que se celebran con motivo de Navidad, Pascua y Pentecostés. ◇ **Dar las pascuas** Felicitar con motivo de estas festividades. **De pascuas a ramos** Fam. Con poca frecuencia, muy raramente. **Estar como unas pascuas** Fam. Estar muy alegre. **Hacer la pascua** Fastidiar a alguien. **Pascua de Pentecostés,** o **granada** Fiesta de Pentecostés.

ENCICL. De acuerdo con una regla con frecuencia atribuida, al parecer de manera errónea, al concilio de Nicea (325), la fiesta de Pascua se fijó el primer domingo después del plenilunio que tenga lugar cerca del equinoccio de primavera (21 de marzo) o el primero después de esa fecha. Así, la fecha más temprana de Pascua es el 22 de marzo. Si la luna llena es el 20 de marzo, la siguiente será el 18 de abril (29 días después). Si ese día es domingo, Pascua será el 25 de abril. De esa manera, la fiesta de Pascua oscila entre el 22 de marzo y el 25 de abril, y su fecha depende de las otras fiestas móviles.

PASCUAL adj. Relativo a la pascua: *tiempo pascual; cordero pascual.*

PASCUERO, A adj. Chile. Perteneciente o relativo a la pascua. ◇ **Viejito pascuero** Chile. Papá Noel, Santa Claus.

PASE s.m. Acción y efecto de pasar: *pase de modelos, de una película.* **2.** Permiso dado por quien tiene autoridad para que se use de un privilegio o favor especial. **3.** Licencia por escrito para pasar géneros de un lugar a otro, transitar por algún sitio, entrar en un lugar o viajar gratuitamente. **4.** En ciertos deportes y juegos, acción y efecto de pasar. **5.** Lance o suerte de muleta en el que se mueve el toro de sitio mientras que el torero permanece quieto. **6.** Lance de capa que ejecuta el torero. **7.** Movimiento que hace con las manos el magneti-

zador o hipnotizador: *pases magnéticos.* **8.** En esgrima, amago de golpe. ◇ **Pase regio** Derecho que se atribuían los monarcas a retener y dar su aprobación a las bulas y demás disposiciones jurídico-eclesiásticas procedentes de la Santa Sede antes de ser publicadas en sus reinos.

PASEANDERO, A adj. y s. Argent., Chile, Par., Perú y Urug. Se dice de la persona a la que le gusta pasear o lo hace con frecuencia.

PASEANTE adj. y s.m. y f. Que pasea o se pasea. **2.** Se dice de la persona desocupada.

PASEAR v.intr., tr. y prnl. Andar por placer o por hacer ejercicio, generalmente al aire libre y sin una meta precisa. **2.** Ir montado a caballo o en un vehículo. ♦ v.intr. y prnl. Llevar al caballo de la mano, por las riendas y sin estar montado, para presentarlo al público antes de una carrera. ♦ v.tr. Llevar a una persona para que le dé el aire, para distraerla, etc.; en especial, llevar a un niño para que se distraiga. **2.** Recorrer un lugar con la vista o con las manos deteniéndose brevemente en todos sus puntos. **3.** Fig. Llevar de una parte a otra, exhibir: *pasear la bandera por la calle.* ♦ **pasearse** v.prnl. Fig. Tratar de una materia vagamente o pensar en algo sin profundizar en ello. **2.** Fig. Estar ocioso.

PASEÍLLO s.m. TAUROM. Paseo.

PASEO s.m. Acción de pasear o pasearse. **2.** Lugar a propósito para pasear: *paseo concurrido.* **3.** Distancia corta. **4.** TAUROM. Desfile que efectúan las cuadrillas y con el que da comienzo la corrida. SIN.: *paseíllo.* ◇ **Dar el paseo** Durante la guerra civil española, detener a alguien y fusilarlo a las afueras de una población. **Echar,** o **enviar, a paseo** Fam. Despedir con enojo; apartarse, desentenderse de alguien o algo.

PASERIFORME adj. y s.m. Relativo a un orden de aves, generalmente de tamaño pequeño, arborícolas, cantoras, de vuelo ligero y constructoras de nidos, como la alondra, el mirlo o el ruiseñor. (Los paseriformes forman un grupo que se reúne a más de la mitad de todas las especies de aves.)

tangara azul de cabeza amarilla (América del Sur)

gallito de roca (Perú)

■ **PASERIFORMES**

PASHTO o **PASTÚN** adj. y s.m. y f. De un pueblo musulmán, en su mayoría sunní, que habita principalmente en Afganistán, y también en Pakistán. (También *paṭhān.*) ♦ s.m. Lengua indoeuropea del grupo iranio oriental, hablada en Afganistán, que se escribe con alfabeto árabe. (También *paštō.*)

PASIBLE adj. (lat *passibilis,* que se puede padecer). Que es capaz de padecer.

PASIEGO, A adj. y s. De Montes de Pas. ♦ adj. Se dice de una raza bovina que se caracteriza por su pelaje de color avellana o castaño, piel flexible, grupa alta, cabeza pequeña, cuernos cortos y finos, perfil convexo y poca corpulencia.

PASIFLORA s.f. Planta herbácea o leñosa, de flores grandes, brillantes, de color rosado, rojo o purpúreo y agrupadas en pedúnculos, caracterizada por el crecimiento simultáneo de la base del cáliz y de la corola, que forma una copa de cuyos bordes parten los pétalos. SIN.: *flor de la pasión, pasionaria.*

PASIFLORÁCEO, A adj. y s.f. Relativo a una familia de plantas tropicales, generalmente trepadoras, de flores cuyo androceo posee una corona de origen axial.

PASILLO s.m. Pieza estrecha y generalmente larga, del interior de un edificio o de una casa, que comunica unas habitaciones con otras. **2.** Paso que rodea los palcos, la orquesta y la platea en los teatros. **3.** Baile colombiano de ritmo vivo, que se danza también en Venezuela y Ecuador.

PASIÓN s.f. (lat. *passio, -onis*). Inclinación impetuosa de la persona hacia lo que desea. **2.** Emoción fuerte y continua que domina la razón y orienta la conducta. **3.** Objeto de este intenso sentimiento. **4.** Afición exagerada: *tener la pasión del juego.* **5.** MÚS. Oratorio basado en el tema de la Pasión de Cristo. **6.** REL. Conjunto de los acontecimientos de la vida de Jesucristo, desde su detención hasta su muerte. (Con este significado se escribe con mayúscula.) SIN.: *Pasión de Cristo.* ◇ **Clavo de la Pasión** HERÁLD. Figura que representa un clavo de forma triangular.

PASIONARIA s.f. Pasiflora.

PASIONISTA adj. y s.m. y f. Miembro de una congregación religiosa fundada en 1720 por san Pablo de la Cruz y aprobada por Roma en 1741, cuya finalidad es la propagación de la devoción a la Pasión de Jesucristo a través de las misiones.

PASITO adv.m. Con mucho cuidado. **2.** En voz baja: *hablar pasito.*

PASITROTE s.m. Trote corto que adoptan las caballerías no amaestradas.

PASIVACIÓN s.f. QUÍM. Modificación de la superficie de los metales que los hace menos sensibles a los agentes químicos.

PASIVO, A adj. (lat. *passivus*). Que recibe la acción, por oposición al sujeto o agente que la realiza: *una enseñanza pasiva.* **2.** Que permanece inactivo y deja obrar a los otros. **3.** Esp. DER. Se dice de los haberes o pensiones que se perciben por servicios prestados personalmente o por algún familiar ya fallecido: *cobrar clases pasivas.* **4.** ELECTR. Se dice del dispositivo eléctrico sin ninguna fuente de energía. **5.** FONÉT. Se dice del órgano que permanece inmóvil en el momento en que se le acerca uno activo para formar el punto de articulación. **6.** QUÍM. Se dice del metal oxidable que adquiere la propiedad de no ser atacado por los ácidos oxigenados. ♦ adj. y s.f. LING. **a.** Se dice de las formas verbales compuestas por el auxiliar *ser*, el participio de pasado del verbo activo y, eventualmente, un complemento agente, que representa el sujeto de la frase activa correspondiente. **b.** Se dice del conjunto de estas formas verbales: *verbo pasivo; voz, oración pasiva; la pasiva refleja.* ♦ s.m. Conjunto de deudas y obligaciones de una persona o de un sujeto económico: *el pasivo de una empresa.* **2.** DER. Conjunto de fondos propios, deudas y resultados que aparecen en un balance. ◇ **Pasivo monetario de un sistema** Volumen de oferta monetaria en un momento determinado.

PASMADO, A adj. Alelado, absorto o distraído: *quedarse pasmado.* **2.** HERÁLD. **a.** Se dice

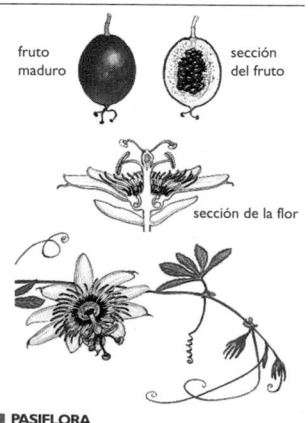

fruto maduro

sección del fruto

sección de la flor

■ **PASIFLORA**

del pez y del delfín con la boca abierta y sin lengua. **b.** Se dice del águila que tiene caídas las plumas de las alas o plegadas las alas.

PASMAR v.tr. Producir un pasmo o enfriamiento. **2.** Causar un desmayo. **3.** Enfriar mucho o bruscamente; helarse. ◆ **v.tr., intr.** y prnl. *Fig.* Admirar o asombrar mucho.

PASMAROTA s.f. *Fam.* Gesto con que se muestra admiración o extrañeza por algo. SIN.: *pasmarotada.*

PASMAROTE s.m. y f. *Fam.* Persona embobada que permanece sin hacer nada o sin entender lo que se le dice.

PASMO s.m. (del lat. *spasmus,* del gr. *spasmós,* espasmo, convulsión). Enfriamiento, catarro con dolor de huesos y otras molestias. **2.** *Fig.* Admiración o asombro muy grande, que deja sin saber qué hacer o qué decir.

PASMÓN, NA adj. y s. Torpe, que parece estar siempre asombrado.

1. PASO s.m. (lat. *passus, -us*). Acción de pasar: *el paso de un río; el paso de las aves; el paso de la esperanza a la desesperación.* **2.** Lugar por donde se pasa o se puede pasar: *obstaculizar el paso.* **3.** Desfiladero, garganta entre dos elevaciones, estrecho. **4.** Cruce de dos vías de comunicación, en carreteras, caminos, ferrocarriles, etc. **5.** Movimiento de cada uno de los pies al andar. **6.** Espacio recorrido con este movimiento: *el salón mide diez pasos.* **7.** Marcha, forma o modo de andar: *salir con paso lento.* **8.** Pisada, señal dejada por los pies al andar: *descubrir pasos en la arena.* **9.** Manera de andar del caballo, cuando lo hace reposadamente y con un solo pie en el aire: *pasar del trote al paso.* **10.** Cada uno de los avances que realiza un aparato contador. **11.** En las máquinas eléctricas, distancia entre varios elementos medida sobre la periferia del inducido. **12.** Distancia entre dos irregularidades consecutivas que se repiten periódicamente y que, en el caso de tornillos, hélices, etc., equivale al avance longitudinal al dar estos mecanismos un giro completo. **13.** *Fig.* Diligencia, gestión que se realiza para la consecución de alguna cosa: *dar los pasos necesarios para conseguir un trabajo.* (Suele usarse en plural.) **14.** *Fig.* Trance, situación crítica o difícil por la que se pasa. **15.** *Fig.* Progreso conseguido en cualquier cosa. **16.** ASTRON. Momento en que un astro se interpone entre el ojo de un observador y otro astro. **17.** B. ART. Escultura o grupo de esculturas que representan una escena de la Pasión de Cristo y que se sacan en procesión por semana santa. **18.** COREOGR. **a.** Movimiento que ejecuta el bailarín con los pies en el suelo, con o sin recorrido. **b.** Fragmento de un ballet interpretado por uno o varios bailarines: *paso a dos, a cuatro.* **19.** DER. **a.** Facultad de delegar o transferir dignidades, empleos o atribuciones. **b.** Pase o exequátur. **20.** LIT. Obra dramática corta, de carácter cómico. **21.** MIL. Cada uno de los aires de marcha de las tropas. **22.** MÚS. Fragmento de escala musical que alterna con otras ornamentaciones ordinarias. ◆ **pasos** s.m.pl. En baloncesto y balonmano, falta en que incurre el jugador que da más de dos pasos consecutivos, mueve el pie pivot o se desliza, reteniendo la pelota sin botarla. ◇ **Abrir(se) paso** Quitar los obstáculos que impiden pasar por un sitio; conseguir situarse en la vida; imponerse, triunfar. **A buen paso** o **a paso largo,** o **ligero** Aceleradamente, de prisa. **A cada paso** Con mucha frecuencia, reiteradamente. **Al paso** Sin detenerse al pasar yendo de una parte a otra. **A paso de tortuga** Con mucha lentitud. **A pasos agigantados** Con gran rapidez. **Dar pasos** Gestionar. **Dar un paso en falso** Realizar una gestión contraproducente o perjudicial para la consecución de algún asunto. **De paso** De manera provisional o sin detenerse; al mismo tiempo. **Llevar el paso** Seguir el paso de una forma regular, acomodándolo a un compás y medida o al de otra persona. **Paso a nivel** Lugar en que una vía férrea cruza con un camino o carretera al mismo nivel. **Paso a paso** Con lentitud, gradualmente. **Paso de armas,** u **honroso** En la edad media, torneo o lance caballeresco que consistía en la defensa de un paso de tránsito obligado. **Paso de camino,** o **de maniobra** MIL. Paso normal que no está sujeto a cadencia, utilizado en las marchas. **Paso de carga** MIL. Paso muy rápido y sin detenerse. **Paso de cebra** Lugar por el que los peatones pueden cruzar una calle, señalizado por franjas blancas paralelas. **Paso del caracol** Cada una de las vueltas de la ranura en espiral del caracol de un reloj. **Paso de la hélice** MAT. Distancia entre dos intersecciones consecutivas de la hélice con la misma generatriz. **Paso de peatones** Zona señalada por donde los peatones deben cruzar una calle, avenida o plaza. **Paso de una hélice** MAT. Espacio que una hélice podría recorrer en cada revolución o giro si actuara en una tuerca sólida y fija. **Paso de un astro por el meridiano** ASTRON. Momento en que el astro parece atravesar exactamente el plano meridiano de un lugar. **Paso oblicuo** Bóveda de cañón cuyo eje no es normal a los parámetros anterior y posterior de esta. **Salir al paso** Salir al encuentro de alguien para detenerlo o interpelarlo; contradecirlo, atajarlo en lo que dice o intenta. **Salir del paso** *Fam.* Librarse de cualquier manera de un asunto, compromiso, dificultad, etc. **Seguir los pasos** Espiar o vigilar a alguien; imitarlo en sus acciones.

2. PASO adv.m. Quedo, en voz baja: *hablar muy paso.*

3. PASO, A adj. (de *pasa*). Se dice de la fruta desecada por cualquier procedimiento: *ciruela pasa; uva pasa.*

PASODOBLE s.m. Música y baile de ritmo rápido y vivo, popularizada hacia 1926, escrita en compás de dos tiempos, que también se utiliza en los desfiles militares y espectáculos taurinos.

PASOTA adj. y s.m. y f. Esp. *Fam.* Que muestra desinterés por lo establecido.

PASOTISMO s.m. Esp. *Fam.* Actitud de pasota.

PASPADURA s.f. Argent., Par. y Urug. Agrietamiento o excoriación de la piel.

PASPARTÚ s.f. Passe-partout.

PASQUÍN s.m. (de *Pasquino,* estatua de gladiador en Roma). Escrito anónimo colocado en lugares públicos con carácter clandestino y con un contenido crítico contra el poder establecido o las instituciones.

PASSE-PARTOUT s.m. (voz francesa) [pl. *passe-partouts*]. Soporte de cartón, tela u otro material, que en un cuadro enmarca la lámina, grabado, etc., por la parte interior del marco.

PASSING-SHOT s.m. (del ingl. *passing shot*) [pl. *passing shots*]. En tenis, tiro potente y a muy poca altura que supera al adversario que está cerca de la red.

PASTA s.f. (lat. tardío *pasta,* del gr. *pásti,* harina mezclada con salsa). Masa de harina, manteca o aceite y otros ingredientes, como azúcar, huevos, etc., con la que se elabora alimentos de repostería. **2.** Masa blanda más o menos consistente elaborada con una mezcla de una sustancia sólida con otra líquida. **3.** Producto elaborado con masa de harina de trigo y agua y dejado desecar, como fideos, macarrones, etc. (También *pasta alimenticia.*) **4.** Pieza pequeña de pastelería o bollería hecha con masa de harina y otros ingredientes, dulces o salados, como las que se toman en el aperitivo, con el té, etc. **5.** Encuadernación hecha con cartón forrado de tela o de piel: *cubiertas de pasta.* **6.** *Fig.* y *fam.* Temperamento, talante, disposición natural. **7.** Argent. Talento o disposición natural, madera. (Se usa como s.m. en la loc. *tener pasta.*) **8.** Esp. *Fig.* y *fam.* Dinero. **9.** PINT. Empaste, unión perfecta de los colores. ◇ **Buena pasta** *Fig.* Carácter apacible y bondadoso. **Pasta de papel** Materia fibrosa obtenida a partir de maderas, papel viejo o de desecho, trapos, paja de cereales, esparto, etc., y destinada a la fabricación de papel.

PASTAFLORA s.f. Pasta muy delicada hecha con harina, azúcar y huevo.

PASTAR v.intr. y tr. Pacer. ◆ v.tr. Llevar o conducir el ganado al pasto.

PASTE s.m. (náhuatl *pāčtli*). C. Rica, Guat., Hond. y Nicar. Planta cucurbitácea cuyo fruto contiene un tejido poroso que se emplea a modo de esponja. **2.** Hond. Planta parásita de algunos árboles.

PASTEAR v.tr. Perú. Espiar.

PASTECA s.f. MAR. Motón largo y liso, con una abertura en la parte superior de una de sus caras laterales.

PASTEL s.m. (fr. ant. *pastel*). Dulce elaborado con una masa de harina o fécula, manteca o mantequilla, huevos, azúcar, etc., que se adorna o rellena generalmente de nata, crema, chocolate, frutas, etc. **2.** Plato elaborado con una masa de harina, huevos y otros ingredientes que se rellena de carne, pescado o vegetales, y se cuece después al horno. **3.** *Fig.* y *fam.* Chanchullo, manejo. **4.** *Fig.* y *fam.* Chapucería. **5.** B. ART. Lápiz constituido básicamente por una pasta acuosa de carbonato de calcio, pigmentada con diversos colores. ◇ **Descubrirse el pastel** *Fam.* Hacerse manifiesto, quedar a la vista algo que se intentaba ocultar.

PASTELEAR v.intr. *Fam.* Contemporizar por conveniencia.

PASTELERÍA s.f. Técnica de elaborar pasteles, tartas y toda clase de dulces. **2.** Conjunto de pasteles o tartas. **3.** Establecimiento donde se preparan y venden estos productos.

PASTELERO, A s. Persona que tiene por oficio elaborar o vender pasteles. **2.** *Fig.* y *fam.* Persona que transige o contemporiza demasiado.

PASTELILLO s.m. Pastel relleno de yema o de un dulce de fruta.

PASTELISTA s.m. y f. Persona que pinta al pastel.

PASTELÓN s.m. Chile. Loseta grande que se emplea para la pavimentación.

PASTEURELOSIS o **PASTEURELLOSIS** s.f. VET. Infección que afecta a numerosas especies animales, debida a una bacteria del género *Pasteurella,* que puede transmitirse al ser humano.

PASTEURIZACIÓN o **PASTERIZACIÓN** s.f. Operación que consiste en calentar un líquido alimenticio a una temperatura inferior a su punto de ebullición para destruir los gérmenes patógenos sin alterar demasiado el sabor y las vitaminas.

PASTEURIZAR o **PASTERIZAR** v.tr. [7]. Efectuar la pasteurización.

PASTICHE s.m. (fr. *pastiche*). Imitación o falsificación que consiste en combinar cierto número de motivos tomados de obras de determinado artista, de modo que parezcan una creación independiente.

PASTILLA s.f. Porción pequeña de ciertas sustancias, generalmente de forma cuadrada, rectangular o redonda: *pastilla de chocolate, de menta, de jabón.* **2.** Dosis sólida de pequeño tamaño de un medicamento y con forma generalmente redonda o cuadrada que suele tragarse sin deshacer: *pastillas contra la tos.* **3.** TECNOL. Pieza mecánica cilíndrica, de poca altura en relación con su diámetro. ◇ **A toda pastilla** Esp. *Fam.* A gran velocidad, con mucha rapidez.

PASTINA s.f. Argent. Mezcla de albañilería para sellar grietas o realizar junturas de mampostería.

PASTINACA s.f. (lat. *pastinaca,* zanahoria, pez). Pez rayiforme ovovivíparo con un aguijón venenoso en la cola, que puede medir hasta 1,50 m de long.

PASTIZAL s.m. Terreno abundante en pasto.

1. PASTO s.m. (lat. *pastus, -us*). Hierba que pace el ganado, o cualquier alimento que le sirve para su sustento. **2.** Lugar en que pasta el ganado. (Suele usarse en plural.) **3.** *Fig.* Materia o cosa sobre la que se ejerce una actividad que la destruye o perjudica: *la casa fue pasto de las llamas.* **4.** Acción de pastar. **5.** Argent., Chile, Méx. y Perú. Césped. ◇ **A (todo) pasto** Mucho, sin restricciones.

2. PASTO o **COAIQUER,** pueblo amerindio agricultor de Colombia (Nariño) y Ecuador (Carchi), de lengua chibcha.

PAŠTŌ s.m. → **PASHTO.**

PASTOR, RA s. (lat. *pastor, -oris*). Persona que tiene por oficio guardar, guiar y apacentar el ganado. ◆ s.m. Ministro de una Iglesia, especialmente protestante. ◇ **Pastor alemán** Perro de una raza de gran tamaño y fuerza, de huesos bien proporcionados, que se caracteriza por su inteligencia y capacidad de aprendizaje. *(V. ilustr. pág. siguiente.)*

PASTORAL adj. Pastoril. **2.** REL. Propio de los

■ PASTOR ALEMÁN

ministros del culto y, en especial, de los obispos: *visita pastoral.* ◆ adj. y s.f. Se dice de la parte de la teología relativa al ministerio sacerdotal. ◆ s.f. Drama bucólico protagonizado por pastores y pastoras. **2.** Pieza musical basada en textos o melodías sacados de la vida pastoril. **3.** Ópera de ambiente campestre, cuyos personajes son pastores. ◇ **Carta pastoral** Escrito dirigido por un obispo a sus diocesanos, generalmente al comienzo de la cuaresma, que trata de un punto doctrinal o de disciplina.

PASTOREAR v.tr. Guardar, guiar y apacentar el ganado.

PASTORELA s.f. Composición poética de origen provenzal (s. XII) que narra el encuentro de un caballero con una pastora a la que corteja. **2.** Composición musical de melodía y canto sencillos y alegres. **3.** Méx. Representación teatral en la que se escenifica el nacimiento del Niño Jesús.

PASTOREO s.m. Acción de pastorear. ◇ **Pastoreo de montanera** Acción de llevar el ganado de cerda a los pastos de bellota o hayuco.

PASTORIL adj. Relativo a los pastores de ganado. **2.** Se dice de la obra lírica, épica o dramática que se desarrolla dentro de un marco bucólico.

PASTOSO, A adj. Que tiene una consistencia blanda y moldeable. **2.** Espeso, pegajoso. **3.** Suave, sin resonancia metálica: *voz pastosa.* **4.** Amér. Se dice del terreno que tiene muchos pastos.

PASTUEÑO, A adj. TAUROM. Se dice de la res dócil que embiste suavemente.

PASTÚN adj. y s.m. y f. → **PASHTO.**

PASTURA s.f. (lat. tardío *pastura,* acción de pacer). Pasto para el ganado. **2.** Lugar donde pasta el ganado.

PASUDO, A adj. Colomb., Méx. y Venez. Se dice de la persona que tiene el pelo ensortijado. **2.** Colomb., Méx. y Venez. Se dice del pelo ensortijado.

PATA s.f. Pie y pierna de los animales. **2.** Fam. Pie y pierna de las personas. **3.** Pieza que soporta un mueble o un objeto; pie, base o apoyo de algo. ◇ **A cuatro patas** Fam. Con las manos y los pies o las rodillas en el suelo. **A pata** Fam. Andando. **De pata negra** Se dice de una variedad de jamón de gran calidad, de una raza de cerdo ibérico. **Estirar la pata** Fam. Morirse. **Hacer la pata** Chile. Dar coba, adular. **Hacer (la) pata ancha** Argent. Fam. Enfrentar un peligro o dificultad. **Mala pata** Fig. y fam. Mala suerte; falto de gracia o de oportunidad. **Meter la pata** Fam. Intervenir en algo con inoportunidad o desacierto. **Pata de gallo** Arruga o surco divergente que con los años se forma en el ángulo externo de cada ojo; planta herbácea, gramínea, con las cañas dobladas por la parte inferior, de unos 60 cm de alt. y flores en espigas que forman panoja; tela tejida con ligamento sarga y utilizando efectos idénticos de trama y urdimbre, que presenta dibujos que recuerdan las huellas de las patas de un gallo o gallina. **Pata de ganso** Armazón o andamiaje que, visto en planta, tiene figura triangular; Argent. planta herbácea anual de la familia de las gramíneas de unos 50 cm de alt., propia de las zonas templadas. **Patas arriba** Al revés, desordenado. **Poner de patitas en la calle** Fam. Despedir, echar a alguien de algún sitio. **Verle las patas a la sota** Argent. Darse cuenta

de un peligro o adivinar las intenciones de alguien.

PATACA s.f. Unidad monetaria de Macao.

PATADA s.f. Golpe dado con el pie o con la pata. ◇ **A patadas** Fam. Con mucha abundancia; con desconsideración, de modo violento. **Dar cien patadas** Fam. Desagradar mucho algo o alguien. **Dar la patada** Fam. Echar a alguien, despedirlo de algún trabajo.

PATAGIO s.m. Membrana de algunos mamíferos y reptiles que les permite volar o saltar de rama en rama. (El patagio comienza en el cuello, envuelve los brazos y los dedos, llega hasta los flancos y las patas, y se extiende hasta la cola.)

PATAGÓN, NA adj. y s. De Patagonia. **2.** De un grupo de pueblos amerindios pampeanos que habitaban en la Patagonia (tehuelche) y en Tierra del Fuego (ona).

PATAGÓNICO, A adj. Relativo a Patagonia o a los patagones.

PATAGUA s.f. Chile. Planta filiácea de flores blancas cuya madera se usa en carpintería.

PATALEAR v.intr. Agitar las piernas o las patas con violencia. **2.** Golpear con los pies el suelo, violenta y repetidamente, en señal de enojo. **3.** Fig. Rabiar.

PATALEO s.m. Acción de patalear. **2.** Ruido hecho con las patas o con los pies. ◇ **Derecho al pataleo** Fam. Recurso inútil que queda a quien, habiendo sido perjudicado por otros, solo puede desahogarse protestando contra ellos.

PATALETA s.f. Manifestación violenta y poco duradera de un disgusto, producido generalmente por una contrariedad insignificante.

PATÁN s.m. y adj. Fam. Hombre rústico e ignorante. **2.** Fig. y fam. Hombre zafio y grosero.

PATANERÍA s.f. Cualidad de patán.

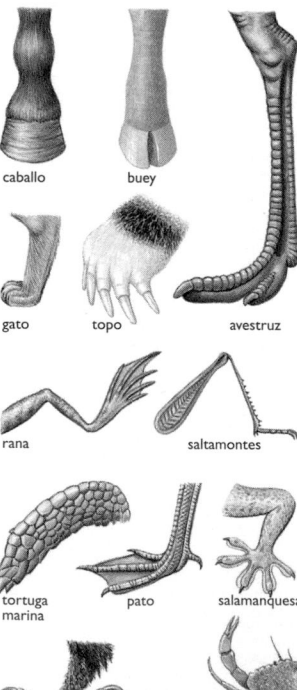

caballo buey

gato topo avestruz

rana saltamontes

tortuga marina pato salamanquesa

águila oruga nécora

■ PATA. Diferentes tipos de patas.

PATAO s.m. Cuba. Pez comestible de color plateado y lomo abultado.

PATARINO s.m. (voz italiana). HIST. Hereje italiano de los ss. XII y XIII, especialmente cátaro de Italia.

PATARRÁEZ s.m. MAR. Obenque supletorio que sirve para aligerar temporalmente a otro obenque sometido a un esfuerzo considerable.

PATASCA s.f. Argent. y Chile. Guiso de carne de cerdo cocida con maíz. **2.** Pan. Pendencia, disputa.

PATATA s.f. (cruce de *papa* y *batata*). Esp. Papa, planta y tubérculo.

PATATAL o **PATATAR** s.m. Terreno plantado de patatas o papas.

PATATERO, A adj. y s. Relativo a la patata o papa. **2.** Se dice de la persona a la que le gustan mucho las patatas o papas. **3.** Se dice de la persona que tiene por oficio vender o cultivar patatas o papas. **4.** Fig. y fam. Se dice del oficial del ejército que ha ascendido desde soldado raso.

PATATÍN. Que (si) patatín, que (si) patatán Expresión que se emplea para reproducir de manera vaga conceptos manifestados por alguien que se consideran de poca importancia.

PATATÚS s.m. (voz de origen onomatopéyico). Fam. Desmayo, ataque de nervios. **2.** Fam. Impresión, susto.

PATAY s.m. Amér. Merid. Pasta seca hecha del fruto del algarrobo.

PATCHWORK s.m. (voz inglesa). Combinación de distintos retales de tela con fines decorativos.

1. PATÉ s.m. (fr. *pâté*). Pasta elaborada con carne o hígado picado, particularmente de cerdo o de ave.

2. PATÉ adj. HERÁLD. Se dice de la cruz cuyos extremos van ensanchándose.

PATEADURA s.f. Acción de patear. **2.** Fig. y fam. Represión o refutación violenta.

PATEAMIENTO s.m. Pateadura.

PATEAR v.tr. Fam. Dar golpes o patadas con los pies. **2.** Pisotear alguna cosa maltratándola. **3.** Fig. y fam. Tratar con desconsideración o malos tratos. ◆ v.intr. Dar patadas en el suelo en señal de enojo o disconformidad. **2.** Fig. y fam. Andar mucho, haciendo gestiones para conseguir algo. **3.** Fig. y fam. Estar muy encolerizado o enojado. **4.** DEP. En golf, golpear la pelota para meterla en el hoyo.

PATENA s.f. (lat. *patena,* pesebre, del gr. *phátni*). LITURG. Recipiente redondo y ligeramente cóncavo en el que se deposita el pan destinado a la consagración durante la misa. ◇ **Limpio como,** o **más limpio que, una patena** Esp. Muy limpio.

PATENTAR v.tr. Obtener patente para un invento o una marca. **2.** Conceder y expedir patentes.

PATENTE adj. (lat. *patens, -entis*). Manifiesto, visible, claro, evidente. ◆ s.f. Documento expedido por una autoridad en que se acredita un derecho o se da permiso para algo. **2.** Testimonio que acredita una cualidad o méritos. **3.** Derecho que se concede a una persona para la explotación en exclusiva de un invento, con determinadas limitaciones. **4.** Amér. Merid. Placa de un automóvil. ◇ **Cartas patentes** Denominación dada en las cancillerías a las cartas abiertas o documentos reales. **Letras patentes** HIST. Edicto público, que se despachaba sellado con el sello principal, sobre una materia importante. **Patente de introducción** DER. Documento que otorga oficialmente la exclusiva para ejercer una industria nueva en el país. **Patente de navegación** MAR. Documento que autoriza a una embarcación para navegar, acredita su nacionalidad y le permite usar el correspondiente pabellón. **Patente de sanidad** Documento que acredita el estado sanitario del puerto de donde procede o donde ha hecho escala un barco y las condiciones sanitarias de este. **Patente industrial** DER. Impuesto que deben pagar los industriales, comerciantes y personas que ejercen ciertas profesiones liberales.

PATENTING s.f. Tratamiento térmico a que se someten los alambres de acero para conferirles características particulares.

PATENTIZAR v.tr. [7]. Hacer patente o evidente una cosa.

PATEO s.m. Acción de patear.

PATERA s.f. Embarcación de fondo muy plano utilizada para cazar patos en aguas poco profundas.

PÁTERA s.f. ANT. Plato poco profundo, sin pie, que se utilizaba para beber o efectuar libaciones, y que era atributo de Higía, diosa de la salud. **2.** ARQ. Ornamento de forma circular, que imita una pátera antigua. **3.** ART. DEC. Roseta de bronce o latón que se utiliza como adorno de muebles, puertas, etc.

PATERFAMILIAS s.m. (pl. *paterfamilias*). ANT. Hombre que era el cabeza de la familia romana.

PATERNAL adj. Relativo al padre. **2.** Como de padre: *hablar en tono paternal.*

PATERNALISMO s.m. Actitud protectora de una persona que ejerce una autoridad. **2.** Doctrina según la cual las relaciones laborales y políticas entre jefes y subordinados deben regirse por las reglas de la vida familiar, caracterizada por el afecto recíproco, la autoridad y el respeto. **3.** Carácter paternal.

PATERNALISTA adj. y s.m. y f. Relativo al paternalismo; partidario del paternalismo.

PATERNIDAD s.f. Estado y cualidad de padre. **2.** Cualidad de autor o de inventor: *reconocer la paternidad de una obra.* **3.** Unión jurídica entre un padre y sus hijos (Se distingue la *paternidad legítima*, cuando el hijo es fruto de una pareja casada; la *paternidad natural*, cuando do los padres del hijo no están unidos por el matrimonio; y la *paternidad adoptiva*, cuando el hijo es adoptado.)

PATERNO, A adj. (lat. *paternus*). Relativo al padre: *familia paterna.*

PATERNÓSTER s.m. (del lat. *Pater noster*, Padre nuestro) [pl. *paternóster*]. Padrenuestro, oración.

PATERO, A adj. y s. Chile. *Fig.* y *fam.* Adulador, servil, soplón, rastrero.

PATÉTICO, A adj. (gr. *pathitikós*). Se dice del gesto, actitud, etc., que expresa padecimiento moral, angustia, pasión o un sentimiento intenso, o que emociona o conmueve.

PAṬHAĀN → PASHTO.

PATHOS s.m. (voz griega, *sufrimiento*). Empleo de rasgos o temas destinados a emocionar fuertemente al lector o espectador.

PATI s.m. Argent. Pez de río, que alcanza los 7 kg, de color gris azulado con manchas oscuras y carne amarilla muy apreciada.

PATIABIERTO, A adj. *Fam.* Que tiene las piernas torcidas y separadas.

PATIALBO, A adj. Se dice del animal de patas blancas. SIN.: *patiblanco.*

PATIBULARIO, A adj. Relativo al patíbulo. **2.** Que produce horror o espanto por su aspecto repugnante.

PATÍBULO s.m. (lat. *patibulum*). Tablado en que se ejecuta a los condenados. **2.** Horca.

PATICOJO, A adj. y s. *Fam.* Cojo.

PATICORTO, A adj. y s. Se dice de la persona o animal que tiene las patas cortas.

PATIDIFUSO, A adj. *Fam.* Patitieso, sorprendido por algo extraordinario.

PATIESTEVADO, A adj. y s. Estevado.

PATIHENDIDO, A adj. Se dice del animal con los pies hendidos o divididos en partes.

PATILLA s.f. Franja de pelo que crece en la cara por delante de la oreja. **2.** Parte accesoria de distintas cosas que la sujeta o encaja en otras: *patillas de los anteojos, de un tablón.* **3.** Cartera o portezuela en las prendas de vestir: *patilla del bolsillo.* **4.** Colomb., Dom., P. Rico y Venez. Sandía.

PATILLUDO, A adj. Que tiene patillas espesas y largas.

1. PATÍN s.m. (de *pato*). Aparato deportivo o de entretenimiento que consiste en una plancha adaptable a la suela del zapato, provista de una especie de cuchilla o de cuatro ruedas, usado para patinar sobre el hielo o sobre una superficie dura, lisa y muy llana. **2.** Patinete. **3.** Esp. Aparato compuesto de dos flotadores paralelos unidos por dos o más travesaños, y movido a remo, por una vela o por un sistema de paletas accionado por pedales, usado para

dar paseos en lagos, proximidades de la costa, etc. **4.** F.C. Base de un riel que se apoya sobre las traviesas. **5.** TECNOL. Parte de un órgano de máquina o de un mecanismo destinada a frotar sobre una superficie que sirve de apoyo a un conjunto en movimiento o para absorber la potencia excedente. ◇ **Patín de cola** Parte del tren de aterrizaje que soporta el peso de la parte trasera del avión cuando está en tierra. **Patín del diablo** Méx. Juguete que consiste en una plataforma con dos ruedas y una barra de dirección.

2. PATÍN s.m. (fr. *patin*, chapín). Albatros.

PÁTINA s.f. Capa fina de óxido de color verdoso que se forma en el bronce y en otros metales debido a la humedad. **2.** Coloración que toman ciertos objetos con el tiempo. **3.** Brillo y coloración artificiales que se da a ciertos objetos para protegerlos o decorarlos. **4.** Película superficial y delgada que se forma sobre las rocas, generalmente de origen químico.

PATINADOR, RA adj. Que patina. ◆ s. Persona que practica el patinaje, especialmente si lo hace de forma profesional.

PATINAJE s.m. Acción de patinar. **2.** Deporte de patinar. ◇ **Patinaje artístico** Exhibición sobre hielo a base de figuras obligatorias o libres, saltos acrobáticos y danza, que se efectúa como espectáculo o en competición. **Patinaje de velocidad** Carrera sobre hielo con patines.

■ **PATINAJE.** Figura de patinaje artístico.

■ **PATINAJE.** Prueba de patinaje de velocidad.

1. PATINAR v.intr. Deslizarse con patines. **2.** Resbalar o deslizarse por falta de adherencia. **3.** *Fig.* y *fam.* Hacer o decir algo con inoportunidad o desacierto.

2. PATINAR v.tr. Dar pátina artificial a un objeto.

PATINAZO s.m. Acción y efecto de patinar bruscamente las ruedas de un vehículo. **2.** *Fig.* y *fam.* Torpeza o equivocación.

PATINETA s.f. Argent., Chile, Méx. y Urug. Patinete.

PATINETE s.m. (fr. *patinette*). Juguete compuesto de una plancha montada sobre dos o tres ruedas, armada por delante de una barra

de dirección articulada en el bastidor y provista en su parte superior de un manubrio. SIN.: *patín.*

PATIO s.m. Espacio cerrado por paredes o galerías que queda en el interior de un edificio, y que puede estar cubierto o descubierto. **2.** Parte o entrada de una casa. **3.** Espacio que queda entre los edificios de las casas de campo, y que puede ser abierto o cerrado. **4.** Esp. En los teatros, planta baja que ocupan las butacas o lunetas. SIN.: *patio de butacas, platea.* ◇ **Patio inglés** Patio pequeño al que dan las ventanas de un semisótano.

PATIPERREAR v.intr. Chile. Vagabundear.

PATIQUEBRAR v.tr. y prnl. Romper una pata a un animal.

PATITIESO, A adj. *Fam.* Que se queda sin movimiento en las piernas o en los pies por el frío, el miedo, etc. **2.** *Fig.* y *fam.* Que se queda sorprendido por algo extraordinario o inesperado.

PATITUERTO, A adj. Que tiene las piernas o patas torcidas. **2.** *Fig.* y *fam.* Mal hecho o torcido.

PATIZAMBO, A adj. Que tiene las piernas torcidas de manera que junta mucho las rodillas y separa los pies.

PATO, A s. Ave palmípeda migratoria en estado salvaje, de pico ancho y tarsos cortos, que se alimenta de partículas vegetales o de pequeñas presas que encuentra en el agua. (Familia anátidos.) **2.** Argent. Deporte que se juega dos equipos de cuatro jugadores cada uno intentan introducir en el aro una pelota, llamada *pato*, de seis asas. **3.** Cuba y Méx. Orinal de cama para varón. **4.** Cuba, P. Rico y Venez. *Fig.* Hombre afeminado. ◇ **El pato de la boda** Argent. *Fam.* Persona a quien se le atribuyen culpas o responsabilidades ajenas. **Estar**, o **andar, pato** Argent., Chile y Urug. Estar o andar sin dinero. **Pagar el pato** *Fam.* Padecer un castigo no merecido, o sufrir las consecuencias de algo sin tener culpa. **Pato aguja** Ave zancuda de unos 90 cm de long., que vive en grupos de pocos individuos cerca de las corrientes y lagos de las selvas tropicales de América del Sur. **Pato cuchara** Pato de pico largo en forma de cuchara, que mide unos 51 cm de long. **Pato de Berbería**, o **almizclero** Pato sudamericano, de unos 90 cm de long., de color negro y pico rodeado de unas excrecencias carnosas. **Pato real** Pato nadador europeo.

hembra   macho

■ **PATO** DE BERBERÍA

PATOCHADA s.f. (voz de origen onomatopéyico). Dicho o hecho inoportuno u ofensivo.

PATOFOBIA s.f. Fobia a contraer una enfermedad.

PATOGENIA s.f. Investigación y estudio de los mecanismos por los que un agente nocivo o patógeno desencadena las enfermedades.

PATOGÉNICO, A adj. Relativo a la patogenia.

PATÓGENO, A adj. Que produce enfermedad.

PATOGNOMÓNICO, A adj. Se dice del síntoma de una enfermedad cuya constatación da un diagnóstico exacto.

PATOJO, A adj. Que tiene las piernas o pies torcidos e imita al pato en el andar. ◆ s. Colomb. Niño, muchacho.

PATOLOGÍA s.f. Parte de la medicina que estudia las causas, síntomas y evolución de las enfermedades.

PATOLÓGICO, A adj. Relativo a la patología.

PATOSO, A adj. Esp. Torpe, desmañado. **2.** Esp. Que pretende ser gracioso sin conseguirlo.

PATOTA s.f. Amér. Merid. Pandilla de jóvenes

gamberros.◇ **En patota** Argent. *Fam.* En grupo de amigos.

PATOTEAR v.tr. Argent. y Urug. Adoptar una actitud agresiva y provocativa.

PATOTERO, A s. Amér. Merid. Miembro de una patota.◆ adj. Amér. Merid. Que manifiesta o posee los caracteres propios de una patota.

PATRAÑA s.f. Mentira de pura invención.

PATRAÑERO, A adj. Que suele contar o inventar patrañas.

PATRIA s.f. Nación considerada como unidad histórica a la que sus naturales se sienten vinculados. **2.** Lugar, ciudad o país en que se ha nacido. SIN.: *patria chica.* ◇ **Madre patria** Estado del que depende o ha dependido un país. (Se dice de España en Hispanoamérica.) **Patria celestial** El cielo o la gloria.

PATRIADA s.f. Acción en la que se arriesga algo en beneficio de los demás. **2.** En Río de la Plata, movimiento político revolucionario arriesgado y, en especial, el que se hace invocando la necesidad de salvar la patria. **3.** Argent., Par. y Urug. Acción trabajosa y desinteresada.

PATRIAR v.tr. Argent. Cortar a un caballo la mitad de la oreja derecha para señalarlo como propiedad del estado.

PATRIARCA s.m. (gr. *patriárkhis,* jefe de familia, de *patrís,* padre, y *ágkhein,* gobernar). *Fig.* Hombre más respetado y con mayor autoridad de una familia o colectividad. **2.** Título honorífico dado antiguamente en la Iglesia latina a los obispos de las primeras sedes. **3.** Título dado en la Iglesia ortodoxa a los obispos de una sede episcopal con autoridad sobre otras sedes secundarias. **4.** Nombre dado a los primeros jefes de familia, en el Antiguo Testamento. ◇ **Patriarca ecuménico** Título de los patriarcas de Constantinopla.

PATRIARCADO s.m. Dignidad de patriarca y ejercicio de sus funciones. **2.** Territorio sometido a la jurisdicción de un patriarca. **3.** SOCIOL. Forma de familia y de sociedad de un grupo caracterizado por la preponderancia del padre sobre los demás miembros de la tribu o de la familia.

PATRIARCAL adj. Relativo al patriarca o al patriarcado. **2.** SOCIOL. Que se basa en el patriarcado.

PATRICIO, A adj. y s. (lat. *patricius*). Se decía del ciudadano romano perteneciente a la clase aristocrática.◆ adj. Noble: *rango patricio.* ◆ s.m. ANT. ROM. Alta dignidad otorgada por los emperadores del bajo imperio a la persona que ostentaba la autoridad suprema en una de las ramas de la administración.

PATRILINAJE s.m. ANTROP. Linaje o grupo de filiación unilineal, en el que todos los miembros se consideran descendientes por vía agnada de un antepasado común, que puede ser real o ficticio.

PATRILINEAL adj. ANTROP. Se dice de una forma de filiación para la que solo cuenta el parentesco por línea paterna.

PATRILOCAL adj. ANTROP. Se dice de una forma de residencia de los nuevos cónyuges, que han de vivir con la familia del marido.

PATRIMONIO s.m. (lat. *patrimonium*). Conjunto de bienes que una persona hereda de sus ascendientes o por cualquier otro procedimiento. **2.** Conjunto de bienes propios de una persona o de una institución, susceptibles de estimación económica. **3.** DER. Conjunto de los bienes, derechos y cargas de una persona. ◇ **Patrimonio del estado** Conjunto de los bienes que, siendo propiedad del estado, no se hallan afectos al uso general o a los servicios públicos. **Patrimonio hereditario** Genotipo. **Patrimonio histórico-artístico** Conjunto de bienes inmuebles y muebles que por su valor histórico, artístico o cultural están sujetos a un régimen especial. **Patrimonio nacional** Conjunto de bienes y derechos que, siendo propiedad del estado, se hallan afectos al uso y servicio del rey y de los miembros de la familia real, para el ejercicio de la alta representación que la constitución y las leyes les atribuyen.

PATRIO, A adj. (lat. *patrius,* relativo al padre). Relativo a la patria. **2.** Relativo al padre. ◇ **Patria potestad** Conjunto de derechos y deberes que corresponden a los padres sobre la persona y el patrimonio de cada uno de sus hijos no emancipados.

PATRIOTA adj. y s.m. y f. (gr. *patriótis,* compatriota, de *patriá,* raza, casta). Que ama profundamente a su patria y quiere serle útil.

PATRIOTERO, A adj. y s. *Fam.* Que da muestras excesivas y ostentosas de patriotismo.

PATRIÓTICO, A adj. Relativo al patriota o al patriotismo.

PATRIOTISMO s.m. Cualidad de patriota.

PATRÍSTICA s.f. Estudio de la vida y obras de los padres de la Iglesia. **2.** Colección de sus escritos. SIN.: *patrología.*

PATRÍSTICO, A adj. Relativo a la patrística.

PATROCINADO s.m. Hombre libre de la España visigoda que se sometía a un patrono o señor por vínculos de dependencia económica o personal.

PATROCINAR v.tr. Favorecer o proteger una causa, empresa, candidatura, etc., quien tiene poder para ello. **2.** Sufragar una empresa o institución los gastos de un programa de radio o televisión, competición deportiva, concurso, etc., generalmente con fines publicitarios.

PATROCINIO s.m. (lat. *patrocinium*). Ayuda o protección que alguien recibe de un patrono o de alguien con poder o influencia. **2.** Acción de patrocinar, sufragar una empresa algo con fines generalmente publicitarios. **3.** Mecenazgo. **4.** Vinculación por la que una persona se encomienda a la protección de otra, obligándose a prestarle fidelidad y determinados servicios.

PATROLOGÍA s.f. (del gr. *patrís,* padre, y *lógos,* tratado). Patrística.

PATRÓN, NA s. (lat. *patronus,* defensor, protector). Persona que emplea a obreros en su propiedad o negocio, especialmente para trabajos de tipo manual. **2.** Jefe, respecto de sus empleados y trabajadores. **3.** Esp. Dueño de una casa de huéspedes, en relación con los huéspedes. **4.** REL. Santo o santa de quien se lleva el nombre, o bajo cuya advocación y protección se pone una iglesia, un país, una población, una comunidad, una corporación, o un grupo de obras o de asociaciones piadosas. ◆ s.m. Ejemplo o modelo que se compara con algo o que se utiliza para referirse a otra cosa de la misma especie. **2.** Persona que gobierna una embarcación menor. SIN.: *patrón de buque.* **3.** Pieza de papel u otro material con la forma debida para cortar igual que ella las que se utilizan para hacer vestidos u otras cosas. **4.** Pliego impreso sobre el que se fija el arreglo de la tirada. **5.** Pliego numerado que sirve de modelo al cajista para hacer un casado. **6.** Árbol o arbusto sobre cuyo tronco se efectúa un injerto. **7.** METROL. **a.** Valor tipo que sirve para definir una unidad. **b.** modelo o tipo legal de los pesos y las medidas. **8.** PINT. Plantilla taladrada que sirve para pintar letras, números o adornos. **9.** TELEV. Generador de señales que produce sobre la pantalla sencillas imágenes geométricas, y que se utiliza para verificar y poner a punto los aparatos receptores.◇ **Cortador de patrones** Especialista en sacar el primer patrón o la que ha de servir para obtener las diferentes tallas o medidas de las prendas de confección; persona que hace los modelos o plantillas de las piezas constitutivas del calzado. **Cortados por el mismo patrón** *Fam.* Semejantes en su totalidad. **Patrón cultural** ANTROP. y SOCIOL. Forma característica de los diferentes elementos constitutivos de una cultura o una sociedad y las actitudes que observan sus miembros, definiendo la forma específica de vida de un grupo. **Patrón dólar** METROL. Sistema monetario basado en el dólar de EUA como numerario de financiamiento en el mercado internacional y como activo de reserva oficial. **Patrón monetario** METROL. Conjunto de relaciones que ligan el dinero patrón a los restantes tipos de dinero del país. **Patrón monetario internacional** METROL. Conjunto de relaciones que ligan los patrones monetarios de diversos países entre sí o con activos de reserva internacional. **Patrón oro** METROL. Sistema monetario basado en la equivalencia establecida por ley, a tipo fijo, entre una moneda y una cantidad de oro de determinada calidad.

PATRONAL adj. Relativo al patrono o al patronato. ◆ adj. y s.f. Se dice de las relaciones, entidades, asociaciones, etc., entre patronos.

PATRONATO s.m. Derecho, poder o facultad del patrono. **2.** Corporación que forman los patronos. **3.** DER. Organismo autónomo de carácter institucional al que se adscriben fondos públicos y privados para el cumplimiento de fines específicos del ente que los crea. **4.** REL. **a.** Fundación de una obra pía. **b.** Cargo de cumplir algunas obras pías, designado por el fundador.◇ **Patronato real** HIST. Derecho que tenían los reyes de España de proveer obispados, prelacías seculares y regulares, dignidades y prebendas en las catedrales o colegiatas, y otros beneficios.

PATRONEAR v.tr. Gobernar como patrón una embarcación.

PATRONÍMICO, A adj. y s.m. (del gr. *patrís,* padre, y *onoma,* nombre). Se dice del nombre o apellido que se ha formado por derivación del nombre del padre o de un antecesor. (Los patronímicos españoles suelen terminar en -*ez,* como Fernández, Pérez o López.) ◇ **Nombre patronímico** Apellido familiar.

PATRONO, A s. (lat. *patronus,* defensor, protector). Patrón, amo, señor. **2.** Patrón, santo. **3.** DER. Individuo o persona jurídica bajo cuya dependencia y por cuya cuenta se ejecuta el trabajo o se presta el servicio que ha sido materia del contrato celebrado con el trabajador. **4.** HIST. **a.** Persona que tiene derecho o cargo de patronato. **b.** Ciudadano romano al que se encontraban vinculadas personas libres.

PATRULLA s.f. (fr. *patrouille*). Conjunto de gente armada, policías, soldados, etc., que rondan para mantener el orden y la seguridad. **2.** Conjunto de barcos o aviones utilizados en la defensa o vigilancia de una zona. **3.** Grupo de personas que se reúnen para un determinado fin, generalmente de trabajo: *una patrulla de limpieza.* **4.** Servicio de la patrulla o patrulla: *estar de patrulla.* **5.** Méx. Automóvil en que patrullan los policías.

PATRULLAR v.intr. y tr. (fr. *patrouiller*). Ir de patrulla.

PATRULLERO, A adj. y s.m. Se dice del soldado, avión o embarcación que forma parte de una patrulla. **2.** Se dice del buque de guerra ligero que puede desempeñar diversas misiones acompañando a buques de mayor porte o, también, otras de vigilancia marítima. **3.** Argent., Cuba y Ecuad. Patrulla, vehículo.

PATUDO, A adj. *Fam.* Que tiene grandes los pies o patas. **2.** Chile. *Fig., fam.* y *vulg.* Se dice de la persona entrometida y de modales toscos. **3.** Chile. Se dice de la persona descarada. ◆ s.m. Pez teleósteo comestible, de tamaño, forma y aspecto semejantes al atún, de los que se diferencia por presentar el cuerpo menos esbelto y las aletas pectorales mucho más largas.

PATULEA s.f. *Fam.* Grupo desordenado de personas que arma alboroto. **2.** Soldadesca indisciplinada. **3.** Nombre despectivo que se dio a la gente armada que, durante la sublevación de noviembre y diciembre de 1842 y tras el bombardeo de Espartero, se adueñó de la ciudad de Barcelona.

PATULECO, A adj. Amér. Se dice de la persona que tiene un defecto físico en las piernas o en los pies.

PATURRO, A adj. Colomb. Se dice de la persona chaparra y rechoncha.

PAULATINO, A adj. Lento, gradual.

PAULIANO, A adj. DER. Se dice de una acción judicial por la que un acreedor demanda la revocación de un acto doloso o dañoso realizado por su deudor.

PAULINO, A adj. Relativo al apóstol san Pablo. **1. PAULISTA** adj. y s.m. y f. De São Paulo.

2. PAULISTA adj. y s.m. y f. Relativo a la congregación católica misionera fundada en EUA en 1858; miembro de dicha congregación.

PAUNI → **PAWNEE**.

PAUPERISMO s.m. Fenómeno social caracterizado por un estado de pobreza endémica de un grupo humano.

PAUPERIZACIÓN s.f. Empobrecimiento de una población o de una clase social.

PAUPERIZAR v.tr. [7]. Empobrecer una población, una clase social.

PAUPÉRRIMO, A adj. Muy pobre: *país paupérrimo*.

PAUSA s.f. (lat. *pausa*) Interrupción momentánea de una acción. **2.** Lentitud, tardanza: *hablar con pausa*. **3.** Signo ortográfico que representa en el lenguaje escrito este silencio, como la coma, el punto, etc. **4.** En la notación musical, signo que representa la interrupción del sonido. SIN.: *silencio*.

PAUSADO, A adj. Que se mueve con lentitud o que se produce con calma y sin precipitación.

PAUTA s.f. (lat. *pacta*, pl. de *pactum*, convenio, pacto). Raya o conjunto de rayas horizontales a igual distancia entre sí que se trazan en un papel como guía para escribir en él. **2.** Instrumento con que se trazan estas rayas. **3.** *Fig.* Guía, norma o regla que se tiene en cuenta en la ejecución de algo.

PAUTAR v.tr. Trazar pautas en el papel. **2.** *Fig.* Dar pautas o reglas para determinar el modo de ejecutar una acción.

PAVA s.f. Amér. Merid. Recipiente de metal con asa en la parte superior, tapa y pico, que se usa para calentar agua y, especialmente, para cebar el mate.

PAVADA s.f. Manada de pavos. **2.** *Fig.* y *fam.* Sosería. **3.** Argent., Perú y Urug. Tontería, estupidez.

PAVANA s.f. (ital. *pavana*). Danza y composición musical noble y lenta de compás binario que, en la antigua suite, iba seguida de la gallarda.

PAVEAR v.intr. Argent. Decir o hacer pavadas.

PAVERO, A adj. y s. *Fam.* Presumido, vanidoso. ◆ s.m. Sombrero andaluz de ala ancha y recta y copa de figura de cono truncado.

PAVÉS s.m. (ital. *pavese*). Pieza de vidrio moldeado, generalmente cuadrada o circular, con estructuras de armadura, que se emplea en la construcción de marquesinas, tabiques, etc. **2.** Escudo oblongo que cubría casi todo el cuerpo del combatiente.

PAVESA s.f. Partícula incandescente que se desprende de un cuerpo en combustión y se reduce a ceniza.

PAVÍA s.f. Variedad de melocotonero, cuyo fruto del mismo nombre tiene la piel lisa y la carne jugosa y pegada al hueso.

PAVIMENTACIÓN s.f. Acción y efecto de pavimentar.

PAVIMENTADO s.m. Pavimentación.

PAVIMENTAR v.tr. Recubrir con pavimento.

PAVIMENTO s.m. (lat. *pavimentum*, de *pavire*, golpear el suelo, aplanar). Revestimiento del suelo para que este quede llano, firme y resistente. **2.** Material con que se pavimenta un suelo.

PAVIPOLLO s.m. Pollo del pavo.

PAVITO, A s. Venez. *Fig.* Gamberro; adolescente.

PAVLOVIANO, A adj. Relativo a las ideas o experimentos de Pávlov.

PAVO, A s. (lat. *pavus*, pavo real). Ave gallinácea, originaria de América del Norte, cuyo macho, que puede pesar hasta 19 kg, tiene verrugas y carúnculas coloreadas en la cabeza, y puede enderezar las plumas de la cola. (El pavo gluglutea.) GEOSIN.: Amér. Central. *chompipe;* Colomb. y Venez. *pisco;* Méx. *guajolote*. **2.** Amér. Central, Chile, Ecuad., Méx. y Perú. Pasajero clandestino, polizón. ◆ adj. y s. *Fam.* Se dice de la persona sosa y con poca iniciativa. ◇ **Pavo real,** o **ruán** Ave gallinácea originaria de Asia, de magnífico plumaje, principalmente en el macho, cuyas plumas de la cola, moteadas de ocelos, pueden levantarse y extenderse en abanico. **Pelar la pava** *Fam.* Dialogar los novios amorosamente. **Subírsele** a alguien **el pavo** Esp. *Fam.* Sonrojarse.

PAVÓN s.m. Pavo real. **2.** Mariposa nocturna de la familia saturnidos. **3.** METAL. Pavonado.

PAVONADO, A adj. Que es de color azul oscuro. ◆ s.m. METAL. Película delgada de óxido de color azul que se forma sobre la superficie del acero y que lo preserva de la oxidación.

PAVONEAR v.intr. y prnl. Presumir, hacer ostentación. ◆ v.intr. *Fig.* y *fam.* Entretener a al-

guien sin darle o hacerle alguna cosa que espera.

PAVONEO s.m. Acción de pavonear o pavonearse.

PAVOR s.m. (lat. *pavor, -oris*). Temor, miedo muy grande.

PAVOROSO, A adj. Que causa o inspira pavor.

PAWNEE, PAUNI o **PANI,** indios de las Praderas estadounidenses, que en 1876 pasaron a una reserva en Oklahoma.

PAYACATE s.m. Méx. Paliacate.

PAYADA s.f. Argent. Competencia o contrapunto de dos o más payadores. **2.** Argent., Chile y Urug. Canto del payador. ◇ **Payada de contrapunto** Argent., Chile y Urug. Competencia en la que, alternándose dos payadores, improvisan cantos sobre un mismo tema.

PAYADOR s.m. Cantante popular de Argentina, Chile y Uruguay que improvisa temas, acompañándose con una guitarra y generalmente en contrapunto con otro. **2.** Ave de pequeño tamaño, arborícola, de pico curvado en la punta, que vive en América Meridional. (Familia corébidos.)

PAYAGUÁ, pueblo amerindio canoero de Argentina y Paraguay (curso alto del río Paraguay), de lengua guaicurú y cultura de los *pueblos del Chaco.

PAYANA s.f. Argent. Juego en el que los niños arrojan al aire piedrecitas o carozos para recogerlos mientras dura su turno.

PAYARA s.f. Pez cinodóntido que vive en el Orinoco.

PAYASADA s.f. Acción o dicho propio de un payaso. **2.** Acción ridícula o fuera de lugar. **3.** Chile. *Fig., fam.* y *desp.* Acción o cosa deleznable, indigna de consideración. **4.** Chile. Acción o manejo mal intencionado y turbio.

PAYASO, A s. (fr. *puillasse*). Artista circense cómico que va vestido y maquillado de forma llamativa. (Suelen actuar formando una pareja: el *clown*, con el rostro maquillado de blanco, y el *augusto*, de caracterización particularmente grotesca.) **2.** Persona que dice chistes, o que con sus gestos o bromas hace reír a los demás. **3.** Persona poco seria en su comportamiento.

PAYÉ s.m. Argent., Par. y Urug. Sortilegio, hechizo. **2.** Argent., Par. y Urug. Amuleto, talismán.

PAYO, A adj. y s. Se dice del campesino ignorante y rudo **2.** Esp. Que no es gitano, en contraposición a la persona o cosa que lo es.

PAZ s.f. (lat. *pax, -cis*). Ausencia de guerra. **2.** Estado de concordia, de acuerdo entre los miembros de un grupo. **3.** Sosiego, estado de la persona no agitada. **4.** Calma, silencio, re-

■ **PAVO** común o silvestre.

■ **PAVO** REAL macho.

poso. **5.** Cese de las hostilidades; tratado que pone fin al estado de guerra: *firmar la paz*. ◇ **Dar la paz a** alguien Darle un abrazo, beso, etc., en señal de fraternidad, como se hace en las misas. **Dejar en paz** No molestar o importunar. **Descansar,** o **reposar, en paz** Morirse. **Estar,** o **quedar, en paz** Estar o quedar igualado en tantos o no tener pérdidas o ganancias en un juego; quedar saldadas las cuentas entre dos personas; corresponder a un favor u ofensa con otros. **Hacer las paces** Reconciliarse. **Paz de Dios** Prohibición eclesiástica de todo acto hostil contra personas o bienes determinados.

PAZGUATERÍA s.f. Cualidad de pazguato. **2.** Actitud o acción propia del pazguato.

PAZGUATO, A adj. y s. Simple, pasmado.

PAZO s.m. Casa antigua y señorial propia de Galicia, especialmente la situada en el campo.

■ **PAZO** de Oca (Orense).

PC s.m. (sigla del ingl. *personal computer*). *Computadora personal.

PD, abrev. de *posdata*.

PE s.f. Nombre de la letra *p.* ◇ **De pe a pa** Completamente, desde el principio al fin.

PEAJE s.m. (fr. *péage*). Derecho que se paga por utilizar un puente, autopista, etc. **2.** Lugar donde se paga este derecho.

PEÁN s.m. (gr. *paian*). ANT. GR. Himno de guerra en honor de Apolo.

PEANA s.f. (del lat. *pes, pedis,* pie) Base o apoyo para colocar encima una figura u otro objeto. **2.** Tarima situada ante el altar.

PEATÓN s.m. (fr. *piéton*). Persona que se desplaza a pie.

PEATONAL adj. Relativo a los peatones; que es de uso exclusivo para peatones.

PEBETE, A s. Argent. Pibe, muchacho ◆ s.m. Argent. Pan de trigo candeal, de miga esponjosa y corteza tostada y fina.

PEBETERO s.m. Recipiente para quemar perfumes. **2.** Recipiente donde arde la llama olímpica durante la celebración de los Juegos olímpicos.

PEBRE s.m. o f. (lat. *piper, -eris,* pimienta). Salsa elaborada con pimienta, ajo, perejil y vinagre. SIN.: *pebruda*.

PEBRINA s.f. Enfermedad de los gusanos de seda, que se caracteriza por la aparición de unas manchas negras como granos de pimienta sobre la piel de las orugas.

PECA s.f. Mancha pequeña, redondeada y de color marrón, que sale en la piel, en especial en el cutis: *cuando toma el sol le salen pecas*.

PECABLE adj. Que puede pecar. **2.** Se dice de la materia posible de pecado.

PECADO s.m. Transgresión de la ley divina. **2.** Cosa lamentable, falta. ◇ **Pecados capitales** TEOL. CRIST. Conjunto de siete pecados que se consideran la causa de todos los demás. (Los siete pecados capitales son: la avaricia, la lujuria, la gula, la envidia, la pereza, la ira y la soberbia.)

PECADOR, RA adj. y s. Que peca. **2.** Inclinado al pecado o que puede cometerlo. ◆ s.f. *Fam.* Prostituta.

PECAMINOSO, A adj. (del lat. eclesiástico *peccamen,* pecado). Relativo al pecado o al pecador. **2.** Inmoral, censurable.

PECANA s.f. Argent. Mortero de piedra para machacar granos, especialmente los de maíz.

PECAR v.intr. (lat. *peccare,* faltar, fallar) [1]. Cometer un pecado. **2.** Faltar a una regla moral o a un deber social. **3.** Tener en exceso algo que se expresa: *pecar de prudente.*

PECARÍ s.m. Mamífero de América similar al jabalí, de pelaje espeso, provisto de una glándula dorsal que segrega una sustancia aceitosa. (Familia tayasuidos.)

■ **PECARÍ** de collar.

PECBLENDA o **PECHBLENDA** s.f. Uraninita.

PECCATA MINUTA loc. (voces latinas, *pecados pequeños*). *Fam.* Error o cosa de poca importancia.

PECERA s.f. Recipiente de agua, generalmente de cristal, acondicionado para tener peces u otro tipo de animales acuáticos.

PECETO s.m. Argent. Corte de carne extraído del cuarto trasero de los vacunos.

PECHAR v.tr. Pagar pecho o tributo. **2.** Amér. Sablear, estafar. **3.** Amér. Empujar. ◆ v.tr. e intr. Asumir una responsabilidad u obligación que no resulta agradable: *pechar con las culpas.*

PECHAZO s.m. Amér. Merid. *Fam.* Sablazo.

PECHBLENDA s.f. → PECBLENDA.

PECHE adj. y s.m. y f. Salv. Débil, enclenque.

PECHENEGOS, pueblo turco que se estableció a fines del s. IX en las estepas entre el Dniéper y el Danubio y fue aniquilado en 1091 por los bizantinos, con la ayuda de los cumanos.

PECHERA s.f. Parte de una prenda de vestir que cubre el pecho. **2.** *Fam.* Parte exterior del pecho, especialmente en las mujeres.

1. PECHERO s.m. Babero que se pone a los niños. **2.** Pieza de un vestido que va sobrepuesta o suelta encima del pecho.

2. PECHERO s.m. Súbdito que estaba obligado a pagar rentas o tributos al rey o señor, en la península Ibérica, a partir de la baja edad media.

PECHICHE s.m. Árbol de América Meridional de madera fina e incorruptible, con cuya fruta madura se elabora un dulce. (Familia verbenáceas.)

PECHINA s.f. Venera, concha que traían cosida a la esclavina los peregrinos de Santiago. **2.** ARQ. **a.** Triángulo de lados curvos que está formado por el anillo de una cúpula y los arcos sobre los que se construye. **b.** Ornamento esculpido en forma de concha.

1. PECHO s.m. (lat. *pectus, -oris*). Parte del cuerpo humano situada entre el cuello y el abdomen, que contiene el corazón y los pulmones. **2.** Parte exterior y delantera de esta parte del cuerpo. **3.** Aparato respiratorio humano: *enfermo de pecho.* **4.** Parte delantera del tronco de algunos animales, especialmente los mamíferos y las aves, situada inmediatamente por debajo del cuello. **5.** Seno de la madre. **6.** *Fig.* Corazón como lugar en que se encuentran los sentimientos: *la alegría no me cabe en el pecho.* **7.** *Fig.* Valor, entereza, paciencia. ◇ **A pecho descubierto** Sin armas defensivas, sin resguardo; con sinceridad y nobleza. **Dar el pecho** Dar de mamar al niño; afrontar una responsabilidad o peligro. **Sacar pecho** Erguirse en actitud arrogante o de desafío. **Tomar,** o **echar, a pecho,** o **a pechos** Tomar un asunto

con mucho empeño e interés; ofenderse o molestarse por algo. **Tomar el pecho** Mamar el niño.

2. PECHO s.m. DER. Contribución o censo que se paga por obligación pública o privada. **2.** HIST. Gravamen o prestación que pagaban los habitantes, siervos o libres, de un dominio en reconocimiento de la potestad señorial.

PECHUGA s.f. Pecho del ave, que está dividido en dos partes iguales. **2.** *Fig. y fam.* Pecho de una persona.

PECHUGONA s.f. y adj. *Fam. y vulg.* Se dice de la mujer de senos prominentes.

PECIO s.m. Objeto abandonado o resto flotante a merced de las olas, a menudo entre dos aguas. **2.** ARQUEOL. Barco hundido o naufragado, principalmente de época clásica.

PECIOLADO, A adj. BOT. Provisto de pecíolo.

PECÍOLO o **PECIOLO** s.m. (del lat. *pedicellus,* dim. de *pes, pedis,* pie). BOT. Rabillo de la hoja que une la lámina con la base foliar o el tallo.

PÉCORA s.f. (ital. *pècora,* oveja). Res o cabeza de ganado lanar. **2.** *Fam. y desp.* Mujer muy mala, capaz de hacer daño y de disfrutar haciéndolo. **3.** *Fam. y desp.* Prostituta.

PECOSO, A adj. Que tiene pecas.

PÉCTICO, A adj. Se dice de una sustancia orgánica contenida en la pectina.

PECTINA s.f. (del gr. *pektós,* coagulado). Sustancia orgánica contenida en las membranas celulares vegetales, utilizada en la elaboración de mermeladas y jaleas de frutas.

PECTINADO, A adj. Que presenta forma de peine. SIN.: *pectíneo, pectiniforme.*

PECTÍNEO, A adj. Pectinado. ◆ s.m. ANAT. Músculo abductor del muslo.

PECTINIFORME adj. Pectinado.

PECTORAL adj. (lat. *pectoralis*). Relativo al pecho: *músculos pectorales.* ◆ adj. y s.m. Útil y provechoso para el pecho. ◆ s.m. Joya colgante trapezoidal, atributo de los faraones. **2.** Pieza de tela bordada que llevaba el sumo sacerdote de los hebreos. **3.** Joya en forma de placa cuadrangular que sujeta la capa sobre el pecho. ◇ **Aletas pectorales** Aletas pares anteriores de los peces. **Cruz pectoral** Insignia de la dignidad episcopal o abacial.

■ **PECTORAL** egipcio en forma de pilono (Saqqâra, XIX dinastía). [Museo del Louvre, París.]

PECUARIO, A adj. (lat. *pecuarius,* de *pecu,* ganado, rebaño). Relativo al ganado.

PECUECA s.f. Amér. Mal olor en los pies.

PECULADO s.m. DER. Malversación de los fondos públicos.

PECULIAR adj. (lat. *peculiaris,* relativo a la fortuna particular). Exclusivo y propio de una persona o cosa.

PECULIARIDAD s.f. Cualidad de peculiar. **2.** Detalle peculiar.

PECULIO s.m. (lat. *peculium,* ahorros, pequeña fortuna personal). *Fig.* Dinero o conjunto de bienes particulares que tiene una persona. **2.** Patrimonio o caudal que el padre o señor confería al hijo de familia o al esclavo, en disfrute y administración.

PECUNIA s.f. (lat. *pecunia,* bienes que se tienen en ganado). Dinero.

PECUNIARIO, A adj. Relativo al dinero.

PEDACERÍA s.f. Méx. Conjunto de pedazos.

PEDAGOGÍA s.f. Ciencia que estudia la metodología y las técnicas que se aplican a la enseñanza y la educación, especialmente la infantil. **2.** Práctica educativa o método de enseñanza en un terreno determinado.

PEDAGOGO, A s. (lat. *paedagogus,* acompañante de niños, preceptor, del gr. *paidagogós*). Persona que se dedica a la pedagogía. **2.** Maestro, educador.

PEDAL s.m. (lat. *pedalem,* de un pie de dimensión). Órgano de un mecanismo, de una máquina o de un vehículo que se acciona con el pie. **2.** MÚS. **a.** Tecla que se acciona con el pie: *teclado de pedales.* **b.** Palanca que se mueve por la acción del pie, y que en el arpa eleva las cuerdas, en el piano modifica la calidad de los sonidos y en el armonio mueve los fuelles. **c.** Nota sostenida y prolongada que no forma parte, obligatoriamente, de las notas constitutivas de un acorde.

PEDALADA s.f. Impulso que se da con el pie a un pedal.

PEDALEAR v.intr. Mover un pedal o los pedales, especialmente los de la bicicleta.

PEDALEO s.m. Acción de pedalear.

PEDALERO s.m. MÚS. Conjunto de teclas de madera, en la parte inferior del órgano, que se accionan con la punta o el tacón del pie y hacen sonar los tubos graves.

PEDÁNEO adj. y s.m. Se dice de la autoridad administrativa cuya jurisdicción se extiende a aldeas o pequeños núcleos de población.

PEDANÍA s.f. Núcleo escasamente poblado que depende de un municipio y que está gobernado por un alcalde pedáneo. **2.** Territorio bajo la jurisdicción de un juez pedáneo.

PEDANTE adj. y s.m. y f. (ital. *pedante,* maestro de escuela). Se dice de la persona engreída, que hace ostentación y alarde de su erudición.

PEDANTEAR v.intr. Actuar o hablar con pedantería.

PEDANTERÍA s.f. Cualidad de pedante. **2.** Dicho o hecho pedante.

PEDANTESCO, A adj. Relativo a los pedantes o a su estilo o modo de hablar.

PEDAZO s.m. (del lat. *pittacium,* trozo de cuero, añadido de la túnica). Parte o porción de una cosa. ◆ **pedazos** s.m.pl. MIN. Fragmentos de carbón de más de 80 mm. ◇ **Caerse a pedazos** *Fam.* Estar una cosa deteriorada o en muy mal estado; estar una persona muy cansada o abatida. **Hacer pedazos** Romper algo completamente, especialmente si se hace en trozos pequeños; *Fig.* difamar, hacer daño moralmente a una persona. **Saltar en (mil) pedazos** *Fam.* Explotar, estallar una cosa rompiéndose. **Ser un pedazo de pan** *Fam.* Ser alguien muy bueno.

PEDERASTA s.m. o f. (gr. *paiderastís,* de *pais, paidós,* niño, y *erastís,* amante). Persona que practica la pederastia.

PEDERASTIA s.f. Práctica sexual con niños. **2.** Sodomía.

PEDERNAL s.m. (del lat. tardío *petrinus,* pétreo). Variedad de sílex que al ser golpeado con el eslabón produce chispas. **2.** *Fig.* Cosa de mucha dureza: *tener el corazón de pedernal.*

PEDERNALINO, A adj. Que es de pedernal o tiene características similares.

PEDESTAL s.m. (fr. *piédestal*). Cuerpo macizo destinado a soportar una columna, una estatua, etc. **2.** *Fig.* Aquello de lo que se sirve o en lo que se apoya una persona o cosa para adquirir una situación ventajosa. ◇ **Poner,** o **tener,** a alguien **en un pedestal** Tenerlo en muy buena opinión o consideración.

PEDESTRE adj. Que se hace a pie: *carrera pedestre.* **2.** *Fig.* Que es vulgar, ramplón u ordinario: *lenguaje pedestre.*

PEDESTRISMO s.m. Parte del atletismo que engloba las diferentes carreras pedestres.

PEDIATRA s.m. y f. Médico especialista en pediatría.

PEDIATRÍA s.f. (del gr. *pais, paidós,* niño, y *iatrós,* médico). Parte de la medicina que se ocupa de la salud de los niños y del tratamiento de sus enfermedades.

PEDIÁTRICO, A adj. Relativo a la pediatría.

PEDICELARIO s.m. Pinza minúscula de las estrellas y erizos de mar, provista de tres brazos.

PEDICULAR adj. Relativo a un pedículo. **2.** Relativo al piojo.

PEDÍCULO s.m. ANAT. Conjunto de elementos anatómicos que unen un órgano al resto del organismo. **2.** BIOL. Soporte o pie de un órgano.

PEDICULOSIS s.f. Infestación de piojos en la piel.

PEDICURISTA s.m. y f. Méx. Pedicuro.

PEDICURO, A s. Persona que tiene por oficio el cuidado de los pies. SIN.: *callista, podólogo.*

PEDIDA s.f. Esp. Petición, especialmente petición de mano: *pulsera de pedida.*

PEDIDO s.m. (lat. *petitus, -us*). Petición, acción de pedir. **2.** Encargo de géneros hecho a un fabricante o vendedor.

PEDIGRÍ o **PEDIGREE** s.m. (ingl. *pedigree*). Genealogía de un animal de raza. **2.** Documento en que consta esta genealogía.

PEDIGÜEÑO, A adj. Demasiado aficionado a pedir.

PEDILLANURA s.f. GEOMORFOL. Superficie de arrasamiento formada por pediplanación.

1. PEDIMENTO s.m. Petición, acción de pedir. **2.** DER. Escrito en que se pide algo a un juez o tribunal.

2. PEDIMENTO s.m. (ingl. *pediment*, frontón). Glacis de erosión desarrollado en una roca dura al pie de un relieve, en las regiones áridas.

PEDINCHE adj. y s.m. y f. Méx. Pedigüeño.

PEDIO, A adj. y s.m. ANAT. Se dice de la estructura relacionada con el pie.

PEDIPALPO s.m. Apéndice par propio de los arácnidos, situado a continuación de los quelíceros, y que en los escorpiones se desarrolla en forma de pinzas.

PEDIPLANACIÓN s.f. GEOMORFOL. Formación de arrasamientos generalizados por el desarrollo de pedimentos y la eliminación de los montes isla cuyas vertientes están en retroceso.

PEDIR v.tr. (lat. *petere*, dirigirse hacia un lugar, aspirar a algo) [89]. Decir a alguien lo que se desea o se espera de él. **2.** Mendigar, pordiosear. **3.** Poner precio el vendedor a la mercancía. **4.** Querer, desear, apetecer. **5.** Hablar uno mismo o alguien en su nombre con los padres o parientes de su novia para que le concedan en matrimonio. **6.** Fig. Requerir una cosa algo como necesario o conveniente.

PEDO s.m. (lat. *peditum*). Vulg. Ventosidad que se expele por el ano. **2.** Fam. Borrachera. **3.** Vulg. Estado similar al de la borrachera, producido por alguna droga. ◇ **Pedo de lobo** Hongo redondeado, blanquecino o grisáceo, cubierto de aguijoncitos tiernos. (Grupo gasteromicetes.)

PEDOFILIA s.f. Atracción sexual del adulto por los niños. SIN.: *paidofilia.*

PEDOLOGÍA s.f. Paidología. **2.** Edafología. (Denominación incorrecta.)

PEDORRERA s.f. Vulg. Acción de expeler ventosidades por el ano. **2.** Vulg. Serie de ventosidades del vientre expelidas por el ano.

PEDORRERO, A adj. y s. Vulg. Que expele ventosidades del vientre con frecuencia o sin reparo. SIN.: *pedorro.*

PEDORRETA s.f. Vulg. Sonido hecho con la boca, imitando el pedo.

PEDRADA s.f. Acción de arrojar una piedra. **2.** Golpe dado con una piedra lanzada. **3.** Señal que deja este golpe.

PEDREA s.f. Acción de apedrear. **2.** Lucha hecha a pedradas. **3.** Pedrisco, granizada. **4.** Esp. Conjunto de los premios de pequeña cuantía de la lotería nacional.

PEDREGAL s.m. Paraje o terreno cubierto de cantos o piedras sueltas. SIN.: *pedroche.*

PEDREGOSO, A adj. Se dice del terreno cubierto de piedras.

PEDREGULLO s.m. Amér. Merid. Conjunto de piedras pequeñas, trituradas, que se usan para afirmar caminos; gravilla.

PEDRERA s.f. Cantera, lugar del que se extrae piedra.

PEDRERÍA s.f. Conjunto de piedras preciosas que se utilizan como adorno.

PEDRISCO s.m. Piedra o granizo grueso que cae de las nubes.

PEDROCHE s.m. Pedregal.

PEDRUSCO s.m. Fam. Piedra grande sin labrar.

PEDUNCULADO, A adj. BIOL. Provisto de un pedúnculo.

PEDUNCULAR adj. Relativo al pedúnculo. ◇ **Síndrome peduncular** Conjunto de síntomas que ponen de manifiesto una afección de los pedúnculos cerebrales.

PEDÚNCULO s.m. BIOL. Pieza alargada o tallo que une un pequeño órgano terminal con el conjunto del cuerpo. **2.** BOT. Eje floral que sostiene las flores.

PEELING s.m. (voz inglesa). Tratamiento cosmético o quirúrgico que consiste en descamar la piel de la cara para alisarla.

PEGA s.f. Acción de pegar una cosa con otra. SIN.: *pegadura.* **2.** Sustancia que sirve para pegar. **3.** Pregunta capciosa, difícil de contestar. **4.** Chile. Lugar donde se trabaja. **5.** Chile. Edad del hombre en que culminan sus atractivos. **6.** Chile, Colomb., Cuba y Perú. Fam. Empleo, trabajo. **7.** Cuba y P. Rico. Liga para cazar pájaros. **8.** Esp. Fig. Obstáculo, contratiempo que dificulta la realización de algo. **9.** MIN. Acción de provocar la explosión de los barrenos haciendo detonar la carga. ◇ **De pega** Falso, fingido.

PEGADA s.f. Potencia que tiene un deportista, especialmente un boxeador o un futbolista, al golpear o chutar.

PEGADIZO, A adj. Pegajoso. **2.** Fig. Que se graba con facilidad en la memoria: *música pega-diza.* ◆ adj. y s. Gorrón.

PEGADO s.m. Parche, trozo de lienzo que contiene un preparado medicamentoso.

PEGADURA s.f. Pega, acción de pegar. **2.** Par te por la que están pegadas dos cosas.

PEGAJOSO, A adj. Que se pega o adhiere fácilmente. SIN.: *pegadizo.* **2.** Contagioso, que se contagia. **3.** Fig. y fam. Se dice de la persona que es excesivamente amable o cariñosa.

PEGAMENTO s.m. Sustancia que sirve para pegar.

PEGAMOIDE s.m. Celulosa disuelta que se aplica sobre una tela o papel para darle mayor resistencia, a imitación del cuero.

PEGAR v.tr. (lat. *picare*, embadurnar o pegar con pez) [2]. Unir una cosa a otra con una sustancia adherente: *pegar un sello.* **2.** Unir una cosa a otra atándola o cosiéndola: *pegar un botón.* **3.** Fig. Poner una cosa al lado de otra de modo que queden en contacto: *pegar el oído a la puerta.* **4.** Golpear a una persona. **5.** Dar a una persona algo que causa daño o disgusto: *pegar una bofetada, un susto.* **6.** Realizar la acción que se expresa: *pegar un salto, un grito.* **7.** Prender una persona fuego a una cosa: *pegar fuego al monte.* ◆ v.tr. y prnl. Transmitir una enfermedad o una cualidad: *pegar la gripe; el talento no se pega.* ◆ v.intr. Armonizar una cosa con otra. **2.** Estar una cosa próxima o contigua a otra. **3.** Tener una sustancia adherente la capacidad de unir cosas: *este pegamento no pega bien.* ◆ v.intr. y prnl. Chocar con fuerza o impulso: *el balón pegó en el larguero.* ◆ **pegarse** v.prnl. Unirse una cosa a otra por su naturaleza o por las circunstancias: *la grasa se pega a los baldosines de la cocina.* **2.** Quedarse la comida adherida al recipiente en que se está cocinando. **3.** Acompañar a una o varias personas a todas partes sin quererlo estas: *se pegó al grupo y no hubo manera de deshacerse de ella.* ◇ **Pegársela a alguien** Esp. Engañarlo; Fam. ser infiel a la pareja: *se la pegó con su mejor amigo.*

PEGATINA s.f. Esp. Adhesivo.

PEGMATITA s.f. (del lat. *pegma, -atis*, del gr. *pigma, -atos*, materia congelada o coagulada). Roca granítica de minerales de grano grueso, que generalmente forma filones y puede contener minerales variados como turmalina, berilo, topacio, etc.

PEGO s.m. Trampa que consiste en pegar dos naipes para que salgan como uno solo. ◇ **Dar**, o **tirar, el pego** Esp. Ganar a las cartas utilizando pegos; Fam. aparentar una cosa o persona que es mejor de lo que en realidad es.

PEGOTE s.m. Materia espesa y pegajosa. **2.** Esp. Fig. y fam. Cosa mal hecha, chapucería. **3.** Esp. Cosa que se superpone a otra desmejo-

rándola. ◇ **Tirarse un pegote** Esp. Fam. Echarse faroles, exagerar.

PEGUJAL s.m. Peculio, bienes. SIN.: *pegujar.* **2.** Terreno de labor muy pequeño y de poca importancia. SIN.: *pegujar.*

PEGUJALERO, A s. Labrador que posee poca tierra de labor. **2.** Ganadero que posee poco ganado.

PEHLEVI s.m. → **PAHLAVI.**

PEHUÉN s.m. Argent. y Chile. Planta araucariácea.

PEINA s.f. Peineta.

PEINADO s.m. Forma de arreglarse el pelo o de peinarse. **2.** Acción de peinar. **3.** Fam. Operación sistemática de rastreo de un lugar realizada por la policía para detectar un objetivo concreto. **4.** TEXT. **a.** Operación que consiste en preparar y enderezar paralelamente las fibras textiles. **b.** Cinta compuesta por fibras textiles sometidas a esta operación. **c.** Tejido elaborado con hilos peinados.

PEINADOR, RA adj. y s. Que peina. ◆ adj. y s.f. Se dice de la máquina que sirve para peinar las fibras textiles. ◆ s.m. Prenda que se pone sobre los hombros al peinarse.

PEINAJE s.m. (fr. *peignage*). TEXT. Peinado de las fibras textiles, especialmente en la hilatura del algodón y en la obtención de estambre.

PEINAR v.tr. y prnl. (lat. *pectinare*). Desenredar, alisar, arreglar o colocar el pelo de una persona. ◆ v.tr. Desenredar o limpiar el pelo o la lana de un animal. **2.** Fam. Rastrear la policía un lugar para detectar un objetivo concreto. **3.** TEXT. Depurar y enderezar paralelamente las fibras textiles.

PEINE s.m. (lat. *pecten, -inis*). Utensilio con varias púas que sirve para desenredar y arreglar el pelo. **2.** Pieza mecánica con esta misma forma. **3.** Pieza situada en el batán del telar que está formada por una serie de alambres laminados y fijos por sus extremos en dos listones. **4.** Conjunto de lizos de un telar. **5.** Utensilio con varias púas de acero que sirve para cardar a mano las materias textiles. **6.** Barra con púas de la máquina textil que sirve para peinar las fibras. **7.** Pieza del arma de fuego que contiene los proyectiles. SIN.: *cargador.*

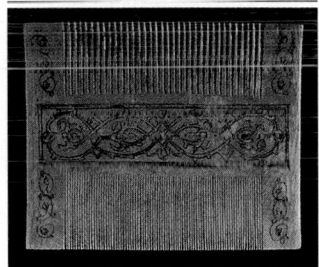

■ **PEINE** de marfil con doble hilera de púas; s. XV. (Catedral de Roda de Isábena, Huesca.)

PEINETA s.f. Peine convexo que se usa como adorno o para sujetar el peinado. SIN.: *peina.* **2.** Chile. Peine. ◇ **Peineta de teja** Peineta grande que se lleva para sostener la mantilla.

PEINILLA s.f. Colomb. y Ecuad. Peine. **2.** Colomb., Ecuad., Pan. y Venez. Especie de machete.

PEJE s.m. Pez, animal.

PEJEGALLO s.m. Chile. Pez sin escamas que tiene una cresta carnosa que le llega hasta la boca.

PEJEPALO s.m. Bacalao sin aplastar y curado al humo. SIN.: *estocafís.*

PEJERREY s.m. Pez que abunda en las costas y en las lagunas litorales de la península Ibérica. (Familia aterínidos.) **2.** Argent. Pez marino o de agua dulce que tiene una banda plateada a lo largo del flanco.

PEJESAPO s.m. Rape.

PEJIGUERA s.f. Esp. Fam. Cosa de poco provecho que solamente presenta dificultades o molestias.

PEKINÉS, SA adj. y s. Pequinés.

PELA s.f. Peladura. **2.** Esp. *Fam.* Peseta. **3.** Méx. Azotaina.

PELADA s.f. Amér. Acción y efecto de cortar el pelo. **2.** Argent. y Chile. *Fig.* Muerte, representada por el esqueleto.

PELADEZ s.f. Méx. Dicho o hecho grosero, insultante y falto de cortesía o buena educación.

PELADILLA s.f. Almendra cubierta con una capa de azúcar cocido, perfumado y, a veces, coloreado. **2.** Canto rodado pequeño.

PELADO, A adj. Desprovisto de aquello que naturalmente lo adorna, cubre o rodea: *un campo pelado.* **2.** *Fig.* Simple, escueto, sin añadido. **3.** Argent., Chile y Ecuad. Calvo. **4.** Argent., Chile y Urug. Que tiene el cabello muy corto. ● adj. y s. Se dice de la persona pobre o que no tiene dinero. **2.** Méx. Mal educado, grosero. **3.** Méx. Se dice de la persona de clase social baja y sin educación. ● s.m. Calvero. **2.** Chile. *Fig.* Soldado raso.

PELADOR, RA adj. y s. Que pela o sirve para pelar: *aparato pelador.*

PELADURA s.f. Acción y efecto de pelar. **2.** Mondadura, piel o desperdicios.

PELAGATOS s.m. y f. (pl. *pelagatos*). *Fam.* y *desp.* Persona con escasos recursos económicos o de baja posición social.

PELAGIANISMO s.m. Doctrina de Pelagio, condenada en el concilio de Éfeso (431), que minimizaba la función de la gracia y exaltaba la primacía y la eficacia del esfuerzo personal en la práctica de la virtud.

PELAGIANO, A adj. y s. Relativo a Pelagio y a su doctrina; partidario de esta doctrina.

PELÁGICO, A adj. *Poét.* Relativo al piélago. ◇ **Depósito pelágico** Depósito de los mares profundos. **Zona pelágica** Zona del mar que comprende su totalidad con excepción de las aguas que bañan el fondo y las orillas.

PELAGRA s.f. (ital. *pellagra*). Enfermedad causada por la carencia de vitamina PP, que se manifiesta por lesiones cutáneas y trastornos digestivos y nerviosos.

PELAGROSO, A adj. y s. Relativo a la pelagra; que padece pelagra.

PELAJE s.m. Pelo de un animal. **2.** Cualidad del pelo o de la lana de un animal. **3.** *Fam.* Gran cantidad de pelo. **4.** *Fig.* y *desp.* Aspecto exterior de una persona. **5.** *Fig.* y *desp.* Condición social, categoría de una persona.

PELAMBRE s.m. o f. Pelo espeso y abundante. SIN.: *pelambrera.* **2.** Porción de pelo arrancada o cortada. **3.** Lechada de cal en que se sumergen las pieles para que pierdan el pelo.

PELAMBRERA s.f. Pelambre. **2.** Lugar donde se apelambran las pieles.

PELAMEN s.m. *Fam.* Pelambre.

PELANAS s.m. o f. (pl. *pelanas*). *Fam.* y *desp.* Persona poco importante.

PELANDUSCA s.f. *Fam.* y *desp.* Prostituta.

PELAR v.tr. y prnl. (lat. *pilare*, sacar el pelo). Cortar o arrancar el pelo. **2.** Hacer caer parte de la piel: *el sol me peló la espalda; se le peló la nariz con el frío.* ● v.tr. Quitar la piel a un animal o las plumas a un ave. **2.** Quitar la piel, la corteza o el envoltorio a una cosa: *pelar una manzana, un caramelo.* **3.** *Fig.* y *fam.* Robar, quitar a una persona dinero o bienes. **4.** *Fig.* y *fam.* Ganar a un jugador todo el dinero. **5.** Argent. Desenvainar un arma. **6.** Argent. *Por ext.* Sacar, exhibir algo. **7.** Méx. *Fam.* Hacer caso a alguien, prestarle atención. ◇ **Duro de pelar** *Fam.* Se dice de lo que es difícil de conseguir o de la persona difícil de convencer. **Hacer un frío que pela** *Fam.* Hacer mucho frío. **Pelarse de frío** *Fam.* Tener mucho frío. **Que se las pela** *Fam.* Muy deprisa.

PELÁSGICO, A adj. Relativo a los pelasgos.

PELASGO, A adj. y s. De un antiguo pueblo que vivió en Grecia antes de la llegada de los indoeuropeos.

PELAYA s.f. Platija.

PELAZGA s.f. *Fam.* Riña, disputa. SIN.: *pelaza.*

PELDAÑO s.m. Parte de una escalera en que se apoya el pie al subir o bajar.

PELEA s.f. Acción y efecto de pelear o pelearse.

PELEANO, A adj. Se dice de la erupción volcánica caracterizada por lavas muy viscosas, que se solidifican rápidamente formando cú-

pulas, y por explosiones muy violentas que forman nubes ardientes.

PELEAR v.intr. y prnl. (de *pelo*). Luchar con sus fuerzas o sus armas dos personas, animales o grupos. **2.** Reñir, disputar de obra o de palabra. **3.** *Fig.* Luchar contra las pasiones y deseos. **4.** *Fig.* Esforzarse mucho para conseguir algo. ● **pelearse** v.prnl. Enemistarse.

PELECANIFORME o **PELICANIFORME** adj. y s.m. Relativo a un orden de aves con las patas provistas de cuatro dedos unidos por una membrana, como el pelícano y el cormorán. SIN.: *esteganópodo.*

PELELE s.m. Muñeco de figura humana hecho de paja o trapo. **2.** *Fig.* Persona de poco carácter que se deja dominar por los demás. **3.** Traje de punto de una sola pieza que generalmente usan los niños para dormir.

PELENDONES, pueblo celtíbero de la península Ibérica que habitaba al N de la actual provincia de Soria.

PELEÓN, NA adj. Que tiende a las peleas. **2.** *Fam.* Se dice del vino muy ordinario.

PELEONERO, A adj. Méx. Peleón, pendenciero.

PELETERÍA s.f. Técnica de tratar las pieles para hacer con ellas prendas de abrigo o de adorno. **2.** Industria o comercio de pieles. **3.** Conjunto de pieles finas. **4.** Establecimiento donde se venden o tratan pieles. **5.** Cuba. Zapatería, tienda de zapatos.

PELETERO, A s. (fr. *pelletier*). Persona que tiene por oficio tratar o vender pieles. ● adj. Relativo a la peletería: *negocio peletero.*

PELIAGUDO, A adj. *Fam.* Que es difícil de entender o resolver.

PELIBLANCO, A adj. Que tiene el pelo blanco.

PELICANIFORME adj. y s.m. → PELECANIFORME.

PELICANO, A adj. Que tiene el pelo cano.

PELÍCANO o **PELICANO** s.m. (lat. *pelicanus*). Ave palmípeda de pico recto, fuerte y largo, con una membrana de piel dilatable en la mandíbula inferior, que forma una especie de bolsa, donde guarda sus peces destinados a la alimentación de las crías. (Familia pelecánidos.)

◼ **PELÍCANO** común.

PELÍCULA s.f. (lat. *pellicula*, dim. de *pellis*, piel). Obra cinematográfica. **2.** Cinta perforada de acetilcelulosa, sobre la que se extiende una emulsión gelatinosa de bromuro de plata, que se emplea en fotografía y en cinematografía. **3.** Piel o membrana muy delgada. **4.** Capa delgada, sólida o líquida, que se forma sobre una superficie. ◇ **De película** *Fam.* Muy bueno; muy bien. **Película lavender** CIN. Película positiva de coloración azul que permite obtener dobles negativos.

PELICULERO, A adj. Relativo a la cinematografía. ● adj. y s. *Fam.* Se dice de la persona muy aficionada al cine. **2.** Se dice de la persona que se deja llevar por su fantasía. ● s. *Fam.* Persona que trabaja en el cine como director, actor o técnico.

PELICULÓN s.m. *Fam.* Película cinematográfica larga y aburrida. **2.** *Fam.* Película muy buena.

PELIGRAR v.intr. Estar en peligro.

PELIGRO s.m. (lat. *periculum*). Situación de la que puede derivar un daño para una persona o cosa: *correr peligro; estar en peligro.* **2.** Persona o cosa que puede ocasionar un daño o mal.

PELIGROSIDAD s.f. Cualidad de peligroso. **2.** DER. PEN. Supuesta tendencia a cometer un

delito, fundada generalmente en su conducta antisocial.

PELIGROSO, A adj. Que implica peligro. **2.** *Fig.* Que puede dañar.

PELILLO s.m. *Fam.* Motivo muy leve de disgusto. ◇ **Echar pelillos a la mar** Esp. *Fam.* Reconciliarse dos o más personas olvidando el motivo de su disputa.

PELILLOSO, A adj. *Fam.* Quisquilloso, susceptible.

PELINEGRO, A adj. Que tiene el pelo negro.

PELIRROJO, A adj. Que tiene el pelo rojo.

PELIRRUBIO, A adj. Que tiene el pelo rubio.

PELITRE s.m. Planta herbácea originaria de África, de hojas partidas y flores amarillas, que se usaba en medicina y, reducida a polvo, como insecticida. (Familia compuestas.)

PELLA s.f. Masa de cualquier material de forma redondeada. SIN.: *pellada.* **2.** Manteca del cerdo tal como se saca de él.

PELLADA s.f. Masa más o menos voluminosa de pasta cerámica. **2.** Pella.

PELLEJA s.f. Pellejo, piel de un animal. **2.** Piel de oveja o carnero curtida de modo que conserve la lana.

PELLEJERÍAS s.f.pl. Chile. Escasez, miseria, contratiempos causados por la pobreza.

PELLEJO s.m. (de *piel*). Piel de un animal, generalmente separada del cuerpo. **2.** *Fam.* Piel del ser humano. **3.** Odre. **4.** Piel de algunos frutos. **5.** *Fig.* y *fam.* Persona borracha. ◇ **Estar,** o **hallarse, en el pellejo de alguien** *Fam.* Estar en las mismas circunstancias que otra persona. **Jugarse el pellejo** *Fam.* Arriesgar la vida. **No caber en el pellejo** *Fam.* Estar muy gordo; estar muy contento, satisfecho. **Quitar el pellejo a alguien** *Fam.* Matarlo; criticarlo; robarle. **Salvar el pellejo** *Fam.* Librarse de la muerte.

PELLET s.m. (pl. *pellets*). FARM. **a.** Comprimido sólido que se implanta en el tejido subcutáneo y es absorbido lentamente por el organismo. **b.** Comprimido protegido por una cubierta que impide la actuación de los jugos gástricos sobre él. **2.** METAL. Bola de mineral de hierro aglomerado, de pequeño tamaño, para enriquecer en hierro un mineral y facilitar su ulterior elaboración en un alto horno. **3.** MINER. Inclusión de pequeños glóbulos calcáreos en otro tipo de roca.

PELLETIERINA s.f. QUÍM. Alcaloide extraído de la raíz del granado.

PELLETIZACIÓN s.f. METAL. Técnica que consiste en disponer el mineral pulverulento en pellets.

PELLICA s.f. Cubierta de cama hecha de pellejos finos. **2.** Zamarra de pieles finas.

PELLICO s.m. Zamarra de pastor. **2.** Abrigo de pieles parecido a la zamarra.

PELLÍN s.m. Chile. Especie de haya de madera muy dura e incorruptible. **2.** Chile. Corazón de este árbol. **3.** Chile. *Fig.* Persona o cosa muy fuerte y de gran resistencia.

PELLIZA s.f. (del lat. *pellicea*, f. de *pelliceum*, hecho de piel). Prenda de abrigo hecha o forrada de piel. **2.** Prenda de abrigo que tiene el cuello y las bocamangas reforzadas en piel o con tela gruesa.

PELLIZCAR v.tr. y prnl. (del cruce de *pizcar* y el lat. *vellicare*) [1]. Tomar entre los dedos un poco de piel o carne apretándola o retorciéndola. **2.** Agarrar una cosa levemente una parte del cuerpo de una persona: *al cerrarse, la puerta le pellizcó los dedos.* ● v.tr. Tomar una pequeña cantidad de una cosa, especialmente con los dedos: *pellizcar el pan.*

PELLIZCO s.m. Acción de pellizcar. **2.** Señal que queda al pellizcar. **3.** Pequeña cantidad de algo que se toma entre los dedos: *un pellizco de sal.* **4.** Cantidad insignificante de algo: *tiene un pellizco de tierra.* **5.** Cantidad de dinero: *se ha llevado un buen pellizco en la lotería.*

PELLÓN s.m. Amér. Merid. Pelleja curtida que forma parte del recado de montar.

PELLUZGÓN s.m. Porción de pelo, lana, estopa, etc., que se toma de una vez con los dedos. **2.** Porción de pelos, hebras o hilos separada de un conjunto de la misma clase.

PELMA s.m. y f. *Fam.* Persona pesada y fastidiosa.

PELMAZO, A s. Pelma.

PELO s.m. (lat. *pilus*). Formación filiforme de la epidermis que cubre la piel de ciertos animales, especialmente en los mamíferos. **2.** Conjunto de estas formaciones filiformes. **3.** Conjunto de estas formaciones de la cabeza de una persona: *pelo castaño*. **4.** Plumón de las aves. **5.** Filamento muy fino y corto de algunas plantas. **6.** Hebra delgada que sobresale en la superficie de un tejido. **7.** Conjunto de cualidades y características del pelo de las caballerías. **8.** Cantidad mínima o insignificante de algo: *por un pelo no ganó la carrera*. **9.** Defecto que tienen algunas gemas y que les resta pureza. ◇ **Al,** o **a, pelo** *Fam.* Muy bien, muy oportunamente. **Caérsele a alguien el pelo** *Fam.* Recibir una reprimenda, sanción o castigo. **De medio pelo** *Fam.* De poca categoría, importancia o valor. **De pelo en pecho** *Fam.* Se dice de la persona fuerte y valiente. **No tener pelos en la lengua** *Fam.* No tener reparo en decir lo que se piensa. **No tener un pelo de tonto** *Fam.* Ser listo y sensato. **No vérsele el pelo a alguien** *Fig.* y *fam.* No ver a una persona durante mucho tiempo por un lugar que solía frecuentar. **Pelo de la dehesa** *Fig.* y *fam.* Rusticidad o tosquedad. **Pelos y señales** *Fig.* y *fam.* Detalles y circunstancias. **Ponérsele a alguien los pelos de punta** *Fam.* Sentir mucho miedo. **Soltarse el pelo** *Fam.* Decidirse a hablar o actuar sin reservas. **Tomar el pelo a alguien** *Fam.* Burlarse de alguien.

PELÓN, NA adj. y s. Que no tiene pelo. **2.** *Fig.* Pobre, de escasos recursos económicos.

PELOPONENSE adj. y s.m. y f. Del Peloponeso. SIN.: *peloponésico*.

PELOTA s.f. (fr. ant. *pelote*). Bola o esfera de material blando y flexible que se utiliza para jugar y practicar diversos deportes. **2.** Juego que se practica con esta bola. **3.** Giro hecho por un librador a cargo de otra persona, sin existir ningún tipo de negocio entre ellos. **4.** *Fam.* Cabeza. ◆ s.m. y f. Esp. Persona que adula. ◆ **pelotas** s.f.pl. *Vulg.* Testículos. ◇ **Devolver la pelota** a alguien Responder a un hecho o un dicho con otro similar. **Echarse,** o **tirarse, la pelota** Pasarse la responsabilidad de algo de una persona a otra. **En pelotas,** o **en pelota** *Vulg.* Desnudo. **Estar la pelota en el tejado** Permanecer una cosa pendiente de resolución. **Hacer,** o **gastar, la pelota** a alguien *Fam.* Adular a una persona. **Pelota base** Béisbol. **Pelota vasca** Juego que consiste en lanzar una pelota contra un frontón, impulsándola con la mano o con ciertos instrumentos, como la pala y la cesta.

PELOTARI s.m. y f. Jugador de pelota vasca.

PELOTAZO s.m. Golpe dado con una pelota. **2.** Esp. *Vulg.* Copa o trago de bebida alcohólica. ◇ **Dar,** o **pegar, un pelotazo** *Fam.* Enriquecer se rápidamente mediante procedimientos ilícitos.

PELOTEAR v.intr. Jugar con una pelota como entrenamiento. **2.** *Fig.* Lanzar una cosa de un lugar a otro. **3.** *Fig.* Discutir dos o más personas entre sí. ◆ v.tr. Repasar y señalar las partidas de una cuenta cotejándolas con sus justificantes. **2.** Argent. *Fig.* y *fam.* Tener a alguien a mal traer. **3.** Argent. *Fig.* y *fam.* Demorar o impedir deliberadamente la realización o desarrollo de un asunto.

PELOTEO s.m. Acción de pelotear. **2.** ECON. Procedimiento fraudulento para crear un crédito artificial.

PELOTERA s.f. *Fam.* Riña, pelea.

PELOTERO, A s. Persona que recoge las pelotas en el juego. **2.** Amér. Jugador de pelota, especialmente de fútbol y béisbol.

PELOTILLA s.f. Instrumento de mortificación de los disciplinantes consistente en una bolita de cera con puntas de vidrio.

PELOTILLERO, A adj. y s. Esp. Pelota, adulador.

PELOTÓN s.m. (fr. *peloton*, ovillo pequeño, grupo de personas). Grupo de ciclistas que marchan juntos en el transcurso de una prueba. **2.** Unidad de soldados, menor que la sección, bajo las órdenes de un sargento o cabo primero. **3.** Grupo apretado y desordenado de cosas o personas: *pelotón de hilos*.

PELOTUDO, A adj. y s. Argent., Par. y Urug. *Vulg.* Estúpido, imbécil.

PELTA s.f. ANT. GR. Escudo pequeño de mimbre o madera, forrado de cuero, en forma de media luna.

PELTADO, A adj. BOT. Se dice de la hoja que tiene el pecíolo fijado en el centro de la cara inferior del limbo.

PELTASTA s.m. ANT. GR. Soldado de infantería ligera provisto de una pelta.

PELTRE s.m. Aleación de estaño, plomo y cinc. **2.** Cinc comercial.

PELUCA s.f. Cabellera postiza. **2.** Pelucona.

PELUCHE s.m. Felpa. **2.** Muñeco o juguete hecho con este material.

PELUCONA s.f. Onza de oro española del s. XVIII. (Se llamaba así porque en ella figuraba el rey con peluca.)

PELUDEAR v.intr. Argent. *Fam.* Emprender una tarea difícil.

PELUDO, A adj. y s. Que tiene mucho pelo o vello. ◆ s.m. Estera afelpada, generalmente redonda, de espartos largos. **2.** Argent. y Urug. Borrachera. **3.** ZOOL. Armadillo velludo de Argentina y Uruguay. (Familia dasipódidos.) ◇ **Caer como peludo de regalo** Argent. y Urug. Llegar inoportunamente.

PELUQUEAR v.tr. y prnl. Amér. Merid., C. Rica y Méx. Cortar o arreglar el cabello a una persona.

PELUQUERÍA s.f. Establecimiento donde se corta o arregla el cabello.

PELUQUERO, A s. Persona que tiene por oficio cortar y arreglar el cabello.

PELUQUÍN s.m. Peluca pequeña que solo cubre parte de la cabeza. **2.** Peluca con bucles y coleta del s. XVIII.

PELUSA s.f. Vello muy fino. **2.** Pelo muy fino que se desprende de las telas. **3.** Esp. *Fig.* y *fam.* Envidia o celos propios de los niños. **4.** BOT. Vello, conjunto de pelos pequeños que cubre algunas frutas y plantas.

PELVIANO, A adj. ANAT. Relativo a la pelvis. ◇ **Aleta pelviana** Aleta abdominal de los peces, que puede estar inserta en la parte delantera o trasera de la zona ventral, según las especies. **Cintura pelviana** Estructura anatómica de los mamíferos formada por la unión de tres pares de huesos: *ilion, isquion* y *pubis*.

PELVIS s.f. (lat. *pelvis*, caldero, bacineta de metal). Estructura ósea de los vertebrados superiores, situada en el extremo posterior o inferior del tronco, y que se articula con la columna vertebral y con las extremidades posteriores o inferiores.

PENA s.f. (lat. *poena*, del gr. *poiní*, multa). Castigo que impone una autoridad a quien comete una falta o delito. **2.** Sentimiento de tristeza o dolor producido por algo desagradable: *su muerte produjo honda pena*. **3.** Cosa que produce dicho sentimiento: *su vida está jalonada de penas y desgracias*. **4.** Dolor físico. **5.** Lastima: *da pena tirar tanta comida*. **6.** Dificultad, trabajo: *con muchas penas logra llegar a fin de mes*. (Suele usarse en plural.) **7.** Amér. Central, Colomb., Méx. y Venez. Vergüenza. **8.** TEOL. Castigo reservado al pecador: *las penas del infierno*. ◇ **A duras,** o **graves,** o **malas, penas** Con gran dificultad o trabajo. **A penas** Apenas **Pena de muerte,** o **capital** Pena por la que se condena al reo a ser ejecutado. **Sin pena ni gloria** Sin sobresalir, ni muy bien ni muy mal. **Valer,** o **merecer, la pena** Resultar provechoso el esfuerzo o trabajo empleado en alguien o algo.

PENACHO s.m. (ital. *pennachio*, de *penna*, pluma). Adorno de plumas de los cascos de los soldados, los sombreros, las cabezas de las caballerías engalanadas, etc. **2.** Conjunto de plumas que tienen algunas aves en la parte superior de la cabeza.

PENADO, A s. Persona condenada a una pena.

PENAL adj. Relativo a las penas, castigos: *leyes penales*. **2.** DEP. Penalti. ◆ s.m. Lugar donde el condenado cumple la pena de privación de libertad impuesta por una autoridad. SIN.: *cárcel, prisión*. ◇ **Código penal** Conjunto estructurado de disposiciones que definen los delitos y faltas, y las penas correspondientes.

PENALIDAD s.f. Dificultad que implica trabajo y sufrimiento. (Suele usarse en plural.) **2.** DER. Sanción prevista por la ley penal.

PENALISTA adj. y s.m. y f. Especialista en derecho penal.

PENALIZACIÓN s.f. Acción y efecto de penalizar.

PENALIZAR v.tr. [7]. Imponer una pena o sanción: *penalizar a un jugador de fútbol con tres partidos*. SIN.: *penar*.

PENALTI o **PENALTY** s.m. (ingl. *penalty*). Falta cometida por un jugador dentro de su área. **2.** Castigo de esta falta que consiste en lanzar el balón a la portería del contrario desde un lugar determinado y solo ante el portero.

PENAR v.intr. Padecer, sufrir un dolor o una pena. **2.** Desear algo con vehemencia: *penar por algo*. ◆ v.tr. Imponer a alguien una pena o sanción. SIN.: *penalizar*. **2.** Señalar la ley una pena para un acto u omisión.

PENATES s.m.pl. (voz latina). MIT. ROM. **a.** Dioses romanos del hogar. **b.** Estatuas de estos dioses.

PENCA s.f. Hoja carnosa y aplanada de algunas plantas. **2.** Nervio central y pecíolo de las hojas de ciertas hortalizas.

PENCO s.m. *Fam.* Jamelgo. **2.** *Fam.* Persona torpe, holgazana o inútil. **3.** Amér. Penca.

PENDEJEAR v.intr. Colomb. *Fam.* Hacer o decir necedades o tonterías.

PENDEJO, A s. (del lat. *pecten*). *Fig.* y *fam.* Pendón, persona de vida irregular y desordenada. **2.** Persona cobarde o tonta. ◆ s.m. Pelo del pubis y las ingles.

PENDENCIA s.f. (lat. *paenitentia*, pesar). Riña.

PENDENCIERO, A adj. Que tiende a riñas o peleas.

PENDER v.intr. (lat. *pendere*). Estar colgada alguna cosa. **2.** Depender. **3.** *Fig.* Estar por resolverse un asunto.

PENDIENTE adj. Que pende. **2.** *Fig.* Que está por resolverse o terminarse: *asunto pendiente*. **3.** Que está muy atento: *estar pendiente de los niños*. **4.** Que está esperando que una cosa ocurra o se resuelva: *estar pendiente de una llamada, de una resolución*. ◆ s.m. Joya o adorno que se pone generalmente en el lóbulo de la oreja. GEOSIN.: Argent. y Chile *aro*; Colomb. *candonga*, Méx. *arete*. **2.** Méx. Preocupación. ◆ s.f. Declive, inclinación de un terreno o superficie. **2.** Inclinación que tiene el plano de un tejado para facilitar el desagüe. **3.** Plano inclinado de un tejado. ◇ **Línea de máxima pendiente de un plano** MAT. Recta que forma el mayor ángulo con un plano horizontal. **Línea de máxima pendiente sobre una superficie** MAT. Curva cuya tangente en cada punto es la línea de máxima pendiente del plano tangente en este mismo punto. **Pendiente de una recta** MAT. Tangente del ángulo que forma esta recta con el plano horizontal. **Pendiente de un plano** MAT. Pendiente de la línea de máxima pendiente del plano. **Pendiente límite** GEOMORFOL. Valor de la inclinación por debajo de la cual dejan de actuar los procesos de modelado de las vertientes. **Rotura de pendiente** GEOMORFOL. Punto de una vertiente caracterizado por un cambio notable del valor de la pendiente.

PÉNDOLA s.f. F.C. En una catenaria, hilo sustentador vertical que une el cable portante con el cable de trabajo.

PENDOLISTA s.m. y f. Persona que escribe con muy buena letra. **2.** Memorialista. **3.** *Fam.* Escritor.

PENDÓN, A adj. y s. (fr. ant. *penon*). Esp. *Fig.* y *fam.* Persona de vida desordenada y disoluta. (Para referirse a una mujer también se usa el masculino: *está hecha un pendón*.) ◆ s.m. Bandera pequeña utilizada como insignia por una parroquia, cofradía o grupo religioso. **2.** BOT. Vástago que sale del tronco principal del árbol. **3.** HIST. Bandera más larga que ancha utilizada como insignia por un caballero o unidad militar.

PENDONEAR v.intr. Esp. *Fam.* Callejear.

PEN DRIVE s.m. (voz inglesa). Pequeño dispositivo informático de memoria que se conecta a la computadora a través de un conector USB.

PENDULAR adj. Relativo al péndulo: *movimiento pendular*. **2.** Se dice de la máquina o del ciclo automático de fabricación en serie dotados de dos posiciones idénticas que trabajan alternativamente. ◇ **Coche pendular** F.C. Vagón cuya caja puede inclinarse alrededor de unos ejes longitudinales dispuestos en los bogies y cuyo centro de inercia se halla por debajo de dichos ejes con objeto de favorecer el equilibrio estable.

PÉNDULO, A adj. Que está colgado, pendiente. ◆ s.m. Cuerpo sólido, suspendido de un punto fijo que está por encima de su centro de gravedad y que oscila por acción de su peso.

PENE s.m. (lat. *penis*). ANAT. Órgano masculino de la copulación y de la micción.

PENEANO, A adj. Relativo al pene.

PENENE s.m. y f. (de la sigla *PNN*, profesor no numerario). Profesor de un centro de enseñanza que no tiene plaza fija.

PENETRACIÓN s.f. Acción y efecto de penetrar. **2.** Perspicacia, agudeza. ◇ **Ayudas a la penetración** ARM. Conjunto de sistemas colocados en la cabeza de un misil con objeto de contrarrestar el efecto de los medios antimisiles enemigos. **Ensayo de penetración** OBR. PÚBL. Determinación de la dureza de una materia bituminosa o grasa por la longitud de penetración, en un tiempo dado, de una aguja cargada con un peso. **Test de penetración** Test utilizado en caso de esterilidad conyugal que consiste en poner en contacto in vitro el esperma del hombre y el moco cervical de la mujer. **Vuelo de penetración** MIL. Vuelo a baja altitud de un avión encargado de atacar objetivos alejados que se encuentran en territorio enemigo.

PENETRANTE adj. Profundo, que penetra mucho. **2.** *Fig.* Agudo, sagaz, incisivo.

PENETRAR v.intr. y tr. (lat. *penetrare*). Introducirse un cuerpo en otro: *la aguja penetra la carne.* **2.** *Fig.* Hacerse sentir una sensación con intensidad: *penetrar el frío hasta los huesos; penetrar un grito los oídos.* **3.** *Fig.* Afectar profundamente el dolor u otro sentimiento. **4.** *Fig.* Comprender bien, profundizar. ◆ v.intr. Pasar al interior de un lugar: *penetrar un tren en un túnel.*

PENETRÓMETRO s.m. Instrumento que sirve para medir la resistencia de una materia bituminosa o grasa mediante el ensayo de penetración.

PÉNFIGO s.m. (gr. *pémphix, -igos*, soplo, ampolla). Enfermedad de la piel que se caracteriza por la formación de vesículas con posteriores alteraciones pigmentarias.

PENIBÉTICO, A adj. Relativo a la cordillera Penibética.

PENICHE s.m. (fr. *péniche*). Barcaza grande y pesada para el transporte fluvial.

PENICILINA s.f. Antibiótico bactericida. (Las propiedades de la penicilina fueron descubiertas por Alexander Fleming en 1928 al estudiar los cultivos de *Penicillium notatum*.)

PENICILINASA s.f. Enzima que hidroliza la penicilina.

PENICILIO s.m. Hongo que se desarrolla sobre el queso, en las frutas almacenadas, etc. (De una de las especies del penicilio se extrae la penicilina.)

PENILLANURA s.f. GEOGR. Superficie ligeramente ondulada producto de la fase final del ciclo de erosión de un relieve.

PENÍNSULA s.f. (lat. *paeninsula*). Extensión de tierra rodeada de agua por todas partes excepto por una, llamada *istmo*, que la comunica con un territorio más extenso.

PENINSULAR adj. y s.m. y f. Relativo a una península. **2.** Relativo a la península Ibérica. (Suele emplearse en oposición a lo relativo a las islas.)

PENIQUE s.m. (anglosajón *pennig*). Moneda fraccionaria que vale 1/100 de libra esterlina. (Hasta 1971, el penique valía 1/12 de chelín.)

PENITENCIA s.f. (lat. *paenitentia*). Mortificación que uno se impone a sí mismo, generalmente por motivos religiosos. **2.** *Fam.* Cosa desagradable que hay que soportar. **3.** HIST. Castigo público que imponía el tribunal de la Inquisición. **4.** REL. **a.** Sacramento de la Iglesia católica por el cual el sacerdote perdona los pecados de la persona que se confiesa. **b.** Pena que impone el sacerdote a la persona que le confiesa sus pecados.

PENITENCIAL adj. Relativo a la penitencia.

PENITENCIARÍA s.f. Lugar donde el condenado cumple la pena de privación de libertad impuesta por la autoridad. SIN.: *cárcel, penal, prisión.* **2.** Cargo de penitenciario. ◇ **Peniten-**

ciaría apostólica o **Sagrada penitenciaría** REL. Tribunal eclesiástico de la Santa Sede encargado de la concesión de indulgencias.

PENITENCIARIO, A adj. y s.m. Se dice del sacerdote o canónigo que tiene la obligación de confesar en una iglesia determinada. ◆ adj. Relativo a la penitenciaría: *establecimiento penitenciario.* ◆ s.m. Sacerdote vinculado a las basílicas romanas de San Pedro, San Juan de Letrán, Santa María la Mayor y Loreto, que se ocupa de dar a los fieles que se confiesan la absolución de los casos reservados.

PENITENTE s.m. y f. (lat. *paenitens, -entis*, p. de *paenitere*, arrepentirse). Persona que confiesa sus pecados al sacerdote. **2.** Persona que hace penitencia, especialmente la que va en una procesión. ◆ s.m. Planta herbácea con racimos de pequeñas flores de color violeta. (Familia liliáceas.)

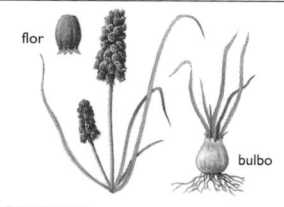

flor
bulbo

■ **PENITENTE**

PENNA s.f. Pluma larga del ala (*remera*) o de la cola (*rectriz*) de las aves.

PENOL s.m. (del lat. *pinna*, ala, pluma). MAR. Extremo de la verga.

PENOLOGÍA s.f. Ciencia que estudia los diversos medios de represión y prevención de los delitos.

PENOSO, A adj. Que causa pena. **2.** Que cuesta mucho trabajo. **3.** *Méx.* Que es muy tímido o se avergüenza con facilidad.

PENSADO, A adj. **Mal pensado** Que tiene tendencia a ver malicia o mala intención en los actos o palabras de los demás.

PENSADOR, RA adj. Que piensa, especialmente si lo hace con intensidad y eficacia. ◆ s. Persona que se dedica a la reflexión profunda de temas generales, especialmente filosóficos.

PENSAMIENTO s.m. Facultad de pensar. **2.** Acción de pensar y cosa pensada. **3.** Conjunto de ideas desarrolladas por una persona o un grupo de personas. **4.** Máxima, sentencia: *los pensamientos de Marco Aurelio.* **5.** Planta herbácea de flores muy variables con los pétalos laterales muy cerca de los superiores. **6.** Flor de esta planta. ◇ **En un pensamiento** Con suma brevedad. **No pasarle** a alguien algo **por el pensamiento** No ocurrírsele, no pensar en ello. **Pensamiento débil** FILOS. Tendencia que critica la rigidez de la razón ilustrada de la modernidad, y propugna aventurar la razón por otros temas de conocimiento menos seguros. **Pensamiento único:** conjunto de las opiniones dominantes y convencionales en los ámbitos económico, político y social.

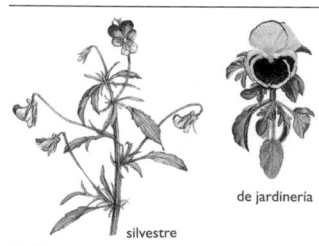

de jardinería
silvestre

■ **PENSAMIENTOS**

PENSANTE adj. y s.m. y f. Que piensa.

PENSAR v.tr. e intr. (lat. *pensare*, pesar) [10]. Formar, ordenar y relacionar en la mente ideas y conceptos: *pienso, luego existo.* **2.** Meditar, re-

flexionar. ◆ v.tr. Tener la intención de hacer algo: *pienso comerme todo el pastel.* **2.** Tener una determinada opinión sobre algo o alguien. **3.** Llegar a una conclusión tras una reflexión: *he pensado no aceptar el trabajo.* ◇ **¡Ni pensarlo!** Se usa para rechazar algo. **Sin pensar** Irreflexivamente, sin someter a juicio.

PENSATIVO, A adj. Que está absorto en sus pensamientos.

PENSIL o **PÉNSIL** s.m. (lat. *pensilis*). Jardín agradable.

PENSIÓN s.f. (lat. *pensio, -onis*, pago). Cantidad de dinero que recibe periódicamente una persona que cumple ciertos requisitos: *pensión de jubilación, de invalidez, de orfandad, de viudedad, alimentaria.* **2.** Casa particular en la que se alojan huéspedes mediante pago. **3.** Establecimiento hotelero de categoría inferior al hotel. **4.** Cantidad de dinero que se paga por alojarse en este establecimiento. ◇ **Media pensión** Régimen escolar que incluye la enseñanza y la comida de mediodía; régimen de alojamiento que incluye habitación y una comida diaria. **Pensión completa** Régimen de alojamiento que incluye habitación y todas las comidas.

PENSIONADO, A adj. y s. Que recibe una pensión. ◆ s.m. Centro educativo donde los alumnos estudian y viven. SIN.: *internado.*

PENSIONAR v.tr. Conceder una pensión.

PENSIONISTA s.m. y f. Persona que recibe una pensión. **2.** Persona que duerme y come en una pensión. **3.** Alumno que estudia y vive en un centro de enseñanza.

PENTACORDIO s.m. ANT. Instrumento musical de cinco cuerdas parecido a la lira.

PENTADÁCTILO, A adj. ZOOL. Que tiene cinco dedos.

PENTADECÁGONO s.m. → **PENTEDECÁGONO.**

PENTAEDRO s.m. MAT. Cuerpo geométrico de cinco caras.

PENTAGONAL adj. Relativo al pentágono. **2.** Que tiene la figura semejante o igual a la del pentágono. **3.** Se dice del cuerpo geométrico cuya base es un pentágono: *prisma pentagonal.*

PENTÁGONO s.m. MAT. Figura geométrica de cinco lados.

PENTAGRAMA s.m. MÚS. Conjunto de cinco líneas horizontales, equidistantes y paralelas, sobre las cuales o entre las cuales se escriben las notas y signos musicales.

PENTÁMERO, A adj. BIOL. Se dice del órgano u organismo que está formado por cinco partes o miembros. **2.** Se dice del coleóptero que tiene cinco artejos en cada tarso.

PENTÁMETRO, A adj. MÉTRIC. CLÁS. Se dice del verso que se compone de cinco pies.

PENTANO s.m. QUÍM. Hidrocarburo saturado (C_5H_{12}).

PENTÁPOLIS s.f. Unión política o alianza que se establecía entre cinco ciudades, en la antigüedad o la edad media.

PENTARQUÍA s.f. Gobierno formado por cinco personas. **2.** Grupo formado por Austria, Prusia, Francia, Gran Bretaña y Rusia, que ejerció, de hecho, la supremacía en Europa de 1815 a 1860.

PENTATLÓN o **PENTATHLON** s.m. Conjunto de cinco pruebas de atletismo que se realizan en un mismo día. (El pentatlón en modalidad no olímpica masculino comprende los 200 m, 1 500 m, lanzamiento de jabalina, lanzamiento de disco y salto de longitud.) **2.** ANT. GR. Conjunto de cinco pruebas (lucha, carrera, salto, disco y jabalina) que realizaba un atleta. ◇ **Pentatlón moderno** Competición olímpica que comprende pruebas de equitación, natación, cross-country, esgrima y tiro en varios días consecutivos.

PENTAVALENTE adj. QUÍM. Que tiene valencia 5.

PENTECOSTAL adj. y s.m. y f. Se dice de la persona que pertenece a una comunidad protestante que concede gran importancia a los carismas y a la acción del Espíritu Santo. (Los pentecostales surgieron a principios del s. XIX en EUA.)

PENTECOSTÉS s.m. Fiesta judía, celebrada cincuenta días después de Pascua, que conmemora la entrega de las tablas de la ley a

Moisés en el Sinaí. (Suele escribirse con mayúscula.) **2.** Fiesta cristiana, celebrada cincuenta días después de Pascua, que conmemora el descenso del Espíritu Santo sobre los apóstoles. (Suele escribirse con mayúscula.)

PENTEDECÁGONO o **PENTADECÁGONO** s.m. Figura geométrica de quince lados.

PENTOBARBITAL s.m. Hipnótico barbitúrico utilizado por vía intravenosa para la anestesia general de corta duración.

PENTODO s.m. y adj. Tubo electrónico de cinco electrodos.

PENTOSA s.f. QUÍM. Osa de cinco átomos de carbono.

PENTOTAL s.m. (marca registrada). Droga a base de ácido barbitúrico que se aplica por vía intravenosa en operaciones quirúrgicas.

PENTRITA s.f. Explosivo constituido por un éster nítrico cristalizado, muy potente y sensible.

PENÚLTIMO, A adj. y s. Que está inmediatamente antes del último.

PENUMBRA s.f. Estado de una superficie incompletamente iluminada por un cuerpo luminoso no puntual cuando un cuerpo opaco intercepta parte de los rayos. **2.** Sombra débil o poco oscura.

PENURIA s.f. (lat. *paenuria*). Insuficiencia, falta de algo, especialmente de aquello que se necesita para vivir.

PENUTIA, familia lingüística de América del Norte (California, Oregón, Columbia Británica) que agrupa diversas lenguas, en su mayoría extinguidas.

PEÑA s.f. (lat. *pinna*, almena). Roca de gran tamaño que constituye un relieve topográfico, generalmente de naturaleza pedregosa. **2.** Grupo de amigos o compañeros que se reúnen habitualmente con algún fin artístico, cultural o recreativo. **3.** Asociación cultural, recreativa o deportiva: *peña taurina*.

PEÑASCAL s.m. Terreno en el que hay muchos peñascos.

PEÑASCAZO s.m. Chile. Pedrada.

PEÑASCO s.m. Peña grande y elevada. **2.** Molusco gasterópodo marino, de color marrón, con el interior anaranjado. (Familia murícidos.) **3.** ANAT. Parte interna del hueso temporal donde se encuentra el oído medio y el oído interno.

PEÑASCOSO, A adj. Se dice del lugar que tiene peñascos.

PEÑAZO adj. y s.m. *Fam.* Que es pesado y molesto.

PÉÑOLA s.f. (lat. *pinnula*, dim. de *pinna*, almena). Pluma de ave para escribir.

PEÑÓN s.m. (del lat. vulg. *pedo, -onis*) Monte peñascoso.

PEÓN s.m. Obrero que realiza un trabajo no especializado u ocupar el grado más bajo en la escala socioprofesional. **2.** Peonza. **3.** Pieza del juego de damas y otros juegos de tablero. **4.** Pieza del ajedrez de menor valor, que se mueve hacia delante avanzando una casilla en cada movimiento y que se desplaza en diagonal y hacia delante para matar a una pieza de la casilla inmediata. **5.** Soldado de infantería. **6.** Criado que acompañaba a pie a un caballero. **7.** Amér. Obrero que realiza un trabajo agrícola no especializado. **8.** TAUROM. Torero auxiliar del matador. ◇ **Peón caminero** Peón que trabaja en la conservación y reparación de la vía pública. **Peón de albañil,** o **de mano** Peón que ayuda al oficial de albañilería.

PEONADA s.f. Trabajo que un peón o jornalero realiza en un día. **2.** Peonaje.

PEONAJE s.m. Conjunto de peones que trabajan en una obra.

1. PEONÍA s.f. (del gr. *paionía*). Planta bulbosa de grandes flores rojas, rosas o blancas. (Familia ranunculáceas.) **2.** Flor de esta planta. **3.** Amér. Merid. y Cuba. Arbusto trepador de pequeñas flores blancas o rojas y semillas gruesas y duras. (Familia papilionáceas.)

2. PEONÍA s.f. Extensión de tierra que se solía asignar a cada soldado a pie tras conquistar un territorio. **2.** En las Indias, porción de tierra que se podía labrar en un día.

PEONZA s.f. Trompo. SIN.: *peón.* **2.** *Fig.* y *fam.* Persona pequeña y bulliciosa.

PEOR adj. (lat. *pejor, -oris*). Que es más malo que aquello con lo que se compara: *es peor estudiante que su hermano.* ◆ adv.m. Mas mal que aquello con lo que se compara: *hoy ha dormido peor que ayer.* ◇ **Tanto peor** Peor todavía.

PEPA s.f. Amér. Pepita, semilla.

PEPA. (Denominación popular de la constitución de Cádiz, llamada así por haber sido promulgada el día de san José [19 de marzo]). **¡Viva la Pepa!** Se aplica a la situación en que reina la alegría y la despreocupación.

PEPE s.m. Bol. y Venez. Petimetre, lechuguino.

PEPENADOR, RA s. Méx. Persona que se dedica a recoger desechos de papel, metal, etc., de la basura para venderlos.

PEPENAR v.tr. Amér. Recoger cosas del suelo. **2.** Amér. Rebuscar, escoger.

PEPERINA s.f. Argent. Subarbusto muy ramificado de flores blancas cuyas hojas aromáticas se utilizan en infusión. (Familia labiadas.)

PEPINILLO s.m. Pepino pequeño conservado en vinagre.

PEPINO s.m. (del ant. *pepón*, melón, lat. *pepo, -onis*) Planta herbácea de tallos rastreros, flores grandes y amarillas y fruto carnoso. (Familia cucurbitáceas.) SIN.: *cohombro.* **2.** Fruto de esta planta, alargado, de color verde oscuro, que se consume como verdura o en ensaladas. SIN.: *cohombro.* ◇ **Importarle,** o **no importarle, a** alguien **un pepino** algo *Fam.* No importarle nada.

■ **PEPINO**

PEPITA s.f. (del lat. *pituita*, humor pituitario, pepita de las aves). Semilla de algunos frutos, como la uva o la sandía. **2.** Trozo de oro u otro metal separado de la veta que se encuentra en los terrenos de tierra arrastrados por una corriente de agua. **3.** Enfermedad de las aves caracterizada por una dificultad respiratoria que obliga a tener el pico entreabierto. **4.** Méx. Semilla de calabaza que se come tostada y salada.

PEPITO s.m. Esp. *Fam.* Sándwich de carne.

PEPITORIA s.f. (del fr. ant. *petite-oie*, ganso pequeño). Guiso de ave, especialmente gallina o pollo, troceada y con una salsa de yema de huevo. **2.** *Fig.* Conjunto de cosas diversas y desordenadas.

de jardinería   silvestre
■ **PEONÍAS**

PEPLO s.m. (gr. *péplon*). Túnica utilizada por las mujeres de la antigua Grecia, sin mangas, abrochada en el hombro y que caía hasta la cintura.

PÉPLUM s.m. (lat. *peplum*) [pl. *péplums*]. CIN. Película cinematográfica histórica o mitológica ambientada en la antigüedad clásica.

PEPONA s.f. (aum. de *Pepa,* Josefa). Muñeca grande y tosca.

PEPÓNIDE s.m. Fruto de las cucurbitáceas.

PÉPSICO, A o **PÉPTICO, A** adj. Relativo a la digestión o a la acción de la pepsina.

PEPSINA s.f. Enzima del jugo gástrico que inicia la digestión de las proteínas.

PÉPTIDO, A adj. y s.m. Se dice del compuesto formado por la unión de un número reducido de aminoácidos.

PEPTONA s.f. Sustancia soluble resultante de la acción de la pepsina sobre las proteínas.

PEQUE s.m. y f. (Apócope de *pequeño*). *Fam.* Niño pequeño.

PEQUÉN s.m. Chile. Ave rapaz diurna similar a la lechuza.

PEQUEÑEZ s.f. Cualidad de pequeño. **2.** Nimiedad, cosa sin importancia. **3.** Mezquindad, falta de generosidad y nobleza.

PEQUEÑO, A adj. Que es de menor tamaño que otros de su misma especie: *mesa pequeña.* **2.** Se dice de la persona de poca estatura. **3.** *Fig.* Que tiene poca duración, intensidad o cantidad: *pequeñas vacaciones, pequeño ruido, pequeña suma de dinero.* **4.** *Fig.* Que tiene poca importancia: *un pequeño problema.* **5.** *Fig.* Humilde o de poca categoría: *pequeño comerciante.* ◆ adj. y s. Se dice del niño que tiene poca edad.

PEQUEÑOBURGUÉS, SA adj. y s. Que pertenece a la pequeña burguesía.

PEQUINÉS, SA adj. y s. De Pekín. ◆ s. y adj. Perro que pertenece a una raza de pequeño tamaño, morro muy corto y orejas lacias con largos flecos.

PERA s.f. (lat. *pira,* pl. de *pirum*). Fruta carnosa y dulce de piel verdosa y forma ligeramente cónica. (La pera es el fruto del peral.) **2.** *Fig.* Perilla, clase de barba. **3.** Objeto de goma en forma de pera con una cánula que permite introducir líquido o aire en un lugar determinado. **4.** Interruptor de luz o timbre eléctrico en forma de pera. ◆ adj. *Fam.* Se dice de la persona elegante y cursi que raya lo cursi. ◇ **Partir peras con** alguien *Fam.* Romper la amistad con una persona. **Pedir peras al olmo** *Fam.* Pretender algo imposible. **Poner a** alguien **las peras a cuarto,** o **a ocho** *Fam.* Reprender a una persona o pedirle cuentas.

PERACIDO s.m. QUÍM. Ácido derivado del agua oxigenada cuya molécula contiene uno o más pares de átomos de oxígeno unidos directamente. **2.** QUÍM. Ácido en el cual el no metal, que tiene cuatro valencias distintas, actúa con la mayor de ellas.

PERAL s.m. Árbol frutal de tronco liso y recto, hojas ovaladas y puntiagudas y flores blancas, cuyo fruto es la pera. (Familia rosáceas.)

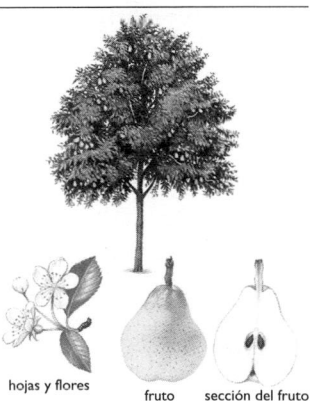

hojas y flores   fruto   sección del fruto
■ **PERAL**

PERALEDA s.f. Terreno plantado de perales. SIN.: *pereda.*

PERALEJO s.m. Variedad de álamo.

PERALTADO, A adj. Que forma peralte: *curva peraltada.* ◇ **Arco peraltado** Arco que prolonga su perfil en sentido de dos rectas paralelas hasta la línea de impostas. **Bóveda peraltada** Bóveda en la cual la distancia entre el plano de arranque y su punto más elevado es mayor que la mitad de la distancia entre los dos estribos.

PERALTAR v.tr. Dar peralte a un arco, bóveda o cercha. **2.** OBR. PÚBL. Dar peralte a una curva.

PERALTE s.m. Parte de un arco, bóveda o armadura que excede del semicírculo en sentido vertical. **2.** Pendiente transversal que existe entre los dos carriles de una curva de la vía o entre los bordes de una curva de carretera.

PERALTO s.m. Altura de una cosa desde su base. **2.** Posición o dirección de una pieza colocada verticalmente.

PERBORATO s.m. Sal del ácido bórico, oxidante, que se utiliza como detergente.

PERCA s.f. (lat. *perca,* del gr. *pérki*). Pez de agua dulce muy voraz, de hasta 50 cm de long. y con dos aletas dorsales, la primera espinosa. ◇ **Perca negra** Perca americana, que se cría en lagos y estanques, introducida en Europa para la pesca deportiva. **Perca trepadora** Pez anfibio originario del litoral del SE asiático que trepa a los matorrales para comerse los insectos.

■ **PERCA** americana.

PERCAL s.m. (fr. *percale*).Tela de algodón tejida con ligamento tafetán. **2.** TAUROM. *Fig.* Muleta.

PERCALINA s.f. Percal sencillo, ligero y de mucho brillo, empleado para entretelas y forros.SIN.: *lustrina.*

PERCANCE s.m. Contratiempo, accidente o suceso inesperado que entorpece o detiene el curso de algo.

PER CÁPITA loc. (lat. *per capita,* por cabeza).ESTADÍST. Por habitante: *producción per cápita.* ◇ **Renta per cápita** Valor que resulta de dividir la renta nacional por el número de habitantes.

PERCATARSE v.prnl. Darse cuenta de algo.

PERCEBE s.m. (del bajo lat. *pollicipes, -edis,* de *pollex,* pulgar, y *pes,* pie). Crustáceo con seis pares de apéndices y un pedúnculo carnoso. (Familia pollicípidos.) **2.** *Fig.* y *fam.* Tonto, ignorante.

PERCENTILA s.f. ESTADÍST. Valor del elemento que divide una serie de datos en cien grupos de igual valor o en intervalos iguales.

PERCEPCIÓN s.f. (lat. *perceptio, -onis*). Acción de percibir. **2.** Conocimiento de algo por medio de los sentidos o de la inteligencia. **3.** Cantidad de dinero que se percibe. **4.** Proceso de recogida y tratamiento de la información sensorial. ◇ **Percepción extrasensorial** PSICOL. Capacidad paranormal de percepción sin mediación de los sentidos y fuera de toda deducción posible.

PERCEPTIBLE adj. Que se percibe con facilidad a través de los sentidos.

PERCHA s.f. Madero largo y delgado que sirve para sostener algo. **2.** Mueble con ganchos para colgar la ropa y otros objetos. SIN.: *perchero.* **3.** *Esp.* Gancho. **4.** MAR. Tronco o madero que lleva un barco para reemplazar las piezas de arboladura, palos, vergas, etc. **5.** TEXT. Máquina utilizada en la industria lanera para el perchado de las telas.

PERCHADO s.m. TEXT. Operación que consiste en dar a las telas de lana y algodón un aspecto felposo, obtenido por raspado.

PERCHAR v.tr. TEXT. Hacer un perchado.

PERCHERO s.m. Mueble con ganchos para colgar la ropa y otros objetos. SIN.: *percha.*

PERCHERÓN, NA adj. y s. Se dice del caballo o yegua que pertenece a una raza francesa originaria de Perche, de gran tamaño y pelaje gris o negro.

PERCIBIR v.tr. (lat. *percipere,* apoderarse de algo). Conocer algo por medio de los sentidos o la inteligencia. **2.** Recibir una cantidad de dinero.

PERCIBO s.m. Acción y efecto de percibir, recibir dinero: *el percibo de haberes.*

PERCIFORME adj. y s.m. Se dice del orden de peces óseos que tienen espinas en las aletas. (Pertenecen a este orden peces como la perca, la caballa, la dorada o el jurel.)

PERCLORATO s.m. Sal del ácido perclórico.

PERCLÓRICO, A adj. Se dice del más oxigenado de los ácidos del cloro ($HClO_4$).

PERCOCHO s.m. Hond. Traje o tela muy sucios.

PERCOLACIÓN s.f. GEOGR. Penetración lenta del agua de lluvia en el terreno. **2.** PETRÓL. Refino del petróleo filtrándolo a través de un lecho de arcilla absorbente granulada.

PERCUDIR v.tr. (lat. *percutere*). Estropear o maltratar el brillo de una cosa, haciéndola parecer vieja. **2.** Penetrar la suciedad en una cosa.

PERCUSIÓN s.f. Acción y efecto de percutir. **2.** Operación del funcionamiento de un arma de fuego que consiste en que el percutor golpee el estopín provocando el disparo. **3.** MED. Método de examen clínico que permite detectar el estado de un órgano por el sonido que se produce al golpear ligeramente la parte del cuerpo en que está situado. ◇ **Instrumento de percusión** Instrumento musical en que el sonido se origina al golpearlo con las manos, bastones o mazos. (El tambor o el triángulo son instrumentos de percusión.)

PERCUSIONISTA s.m. y f. Músico que toca un instrumento de percusión.

PERCUSOR, RA adj. y s. Que percute. ◆ s.m. ARM. Percutor.

PERCUTIR v.tr. (lat. *percutere*). Golpear una cosa. **2.** MED. Explorar mediante la percusión.

PERCUTOR s.m. (fr. *percuteur*). ARM. Pieza metálica cuyo extremo golpea el estopín del cartucho provocando el disparo. SIN.: *percusor.*

PERDER v.tr. (lat. *perdere,* de *dare,* dar) [29]. Dejar de tener una cosa que se tenía:*perder la inocencia.* **2.** No saber dónde está una cosa que se tenía o una persona que estaba al lado:*perder un anillo.* **3.** Dejar de tener la compañía de una persona, especialmente cuando se muere: *perder a un amigo en un accidente.* **4.** Emplear algo mal o inútilmente:*perdió tres horas esperando.* **5.** Dejar escapar, no conseguir tener una cosa que se deseaba:*perder una ocasión.* **6.** No tomar un medio de transporte por no llegar a tiempo: *perder el avión.* ◆ v.tr. e intr. Resultar vencido en un juego o competición deportiva. **2.** Dejar escapar poco a poco su contenido un recipiente: *el depósito pierde.* ◆ v.intr. Empeorar con respecto a un estado anterior: *ha perdido mucho con los años.* ◆ **perderse** v.prnl. Ir a parar algo a un lugar que se desconoce. SIN.: *extraviarse.* **2.** Equivocar el camino o dirección que se quería seguir: *los excursionistas se perdieron.* SIN.: *extraviarse.* **3.** *Fig.* Distraerse, perder la continuidad en un relato, acción, etc. **4.** Aturdirse, turbarse: *me perdí en aquel mar de papeles.* **5.** *Fig.* Estar muy enamorado de una persona:*se pierde por aquella muchacha.* **6.** Dejarse llevar por una cosa por la que se siente una gran debilidad: *se pierde por el chocolate.* ◆ v.tr. y prnl. *Fig.* Dejar de percibir una cosa por los sentidos: *perder la comunicación; la nave se perdió en*

■ **PERCHERÓN**

el horizonte. **2.** Ocasionar una cosa un grave perjuicio a alguien.

PERDICIÓN s.f. (del lat. *perditia,* p. de *perdere*). Acción y efecto de perderse. **2.** Causa, motivo o persona que hacen que alguien se pierda.

PÉRDIDA s.f. Acción de perder o perderse. **2.** Cantidad o cosa perdida. **3.** Daño que se produce en algo. **4.** Escape, fuga, cantidad de un fluido que se pierde por filtraciones o contactos. **5.** MIL. Baja de personal o de material a consecuencia de una acción enemiga o por cualquier otra causa. ◆ **pérdidas** s.f.pl. Pérdida de sangre o flujo procedente de la matriz. ◇ **Pérdida a tierra** Corriente eléctrica que pasa a tierra a consecuencia de un aislamiento imperfecto. **Pérdida de carga** Disminución de la presión de un fluido que circula por una tubería. **Pérdida de velocidad** Situación en que se halla un avión en vuelo cuando su velocidad llega a ser inferior a la necesaria para su sustentación. **Pérdidas y ganancias** CONTAB. Cuenta diferencial en la que se reflejan los valores de aquellas cuentas que implican un beneficio o una pérdida.

PERDIDAMENTE adv.m. Mucho, excesivamente: *está perdidamente enamorado.*

PERDIDO, A adj. Que tiene una determinada cualidad en más alto grado: *tonto perdido; borracho perdido.* ◆ s. *Desp.* Persona viciosa y de costumbres libertinas. ◆ s.m. ART. GRÁF. Número de ejemplares que se tiran de más en cada pliego para suplir los que se inutilicen en la tirada. ◇ **Estar perdido** Estar muy enamorado de alguien; sentir debilidad por algo.

PERDIGAR v.tr. [2]. Asar ligeramente la perdiz u otra ave para conservarla. **2.** Guisar la carne con alguna grasa para que esté más sustanciosa.

PERDIGÓN s.m. Pollo de la perdiz. **2.** Proyectil esférico de plomo, cuyo diámetro no excede los 8 mm. **3.** TEXT. Efecto que presentan las telas cuya trama y urdimbre son de diferente color.

PERDIGONADA s.f. Tiro de perdigones. **2.** Herida que deja este tiro.

PERDIGUERO, A s. y adj. Perro que pertenece a una raza de orejas grandes y caídas, patas altas y nervudas y color blanco con manchas negras, muy apreciado para la caza.

PERDIMIENTO s.m. Perdición o pérdida.

PERDITANCIA s.f. Conductancia total de las resistencias de aislamiento, en una instalación eléctrica.

PERDIZ s.f. (lat. *perdix, -icis*). Ave galliforme de cuerpo grueso y cola corta que anida en los huecos del suelo. (La *perdiz común, o roja,* vive en la península Ibérica y parte de Francia, Italia y Gran Bretaña; la *perdiz pardilla* se encuentra en la mayor parte de Europa; la *perdiz de la cordillera,* de color gris, con alas y cola negra manchadas de blanco, vive en América del Sur; la perdiz macho piñonea cuando está en celo.)

común o roja   pardilla (macho)

■ **PERDICES**

PERDÓN s.m. Acción de perdonar. ◇ **Con perdón** Se usa para excusarse por decir o hacer algo que pueda molestar a otra persona.

PERDONAR v.tr. (lat. tardío *perdonare*). Renunciar a castigar una ofensa recibida, no guardando resentimiento ni rencor: *perdonó el daño que le habían hecho.* **2.** Conceder la absolución de una pena: *le han perdonado dos años de cárcel por buena conducta.* **3.** Liberar a alguien de una obligación. **4.** Se usa como fórmula de cortesía para disculparse o pedir algo: *perdone, pero disiento de lo que usted dice.* **5.** Aprovechar todas las ocasiones en que se presenta una cosa para realizar algo: *no perdona un baile*.

PERDONAVIDAS s.m. y f. (pl.*perdonavidas*). *Fam.* Persona que presume de valiente y fuerte.

PERDULARIO, A adj. y s. Que es muy descuidado con su persona o con sus bienes. **2.** Se dice de la persona viciosa o disipada.

PERDURABLE adj. Perpetuo, que dura siempre. **2.** Que dura mucho tiempo.

PERDURAR v.intr. (lat. *perdurare*, de *durare*, *durar*). Durar largo tiempo. **2.** Persistir, mantenerse firme en una actitud, opinión, etc.

PERECEDERO, A adj. Temporal, que dura solo cierto tiempo: *alimentos perecederos*.

PERECER v.intr. (del ant. perir, lat. *perire*, de *ire*, ir) [37]. Dejar de vivir un persona, especialmente si es de manera violenta o por accidente. **2.** *Fig.* Dejar de existir: *muchos ideales perecieron tras la revolución.*

PEREGRINACIÓN s.f. Acción y efecto de peregrinar. SIN.: *peregrinaje*.

PEREGRINAJE s.m. Peregrinación.

PEREGRINAR v.intr. Ir a un santuario o lugar santo por devoción o por voto. **2.** Viajar por tierras extrañas o que no se suelen frecuentar. **3.** *Fam.* Ir de un lugar a otro haciendo gestiones para conseguir algo.

PEREGRINO, A adj. (lat. *peregrinus*, extranjero). Que viaja por tierras extrañas. **2.** Se dice del ave de paso o migratoria. **3.** *Fig.* Singular, extravagante, extraño: *respuesta peregrina*. **4.** *Fig.* Extraordinario, excelente: *belleza peregrina*. ✦ adj. y s. Se dice de la persona que por devoción o voto va a visitar un santuario o lugar santo. ✦ s.m. DER. ROM. Hombre libre de la antigua Roma que no tenía la ciudadanía romana.

PEREJIL s.m. (del occitano *pe[i]ressil*). Planta herbácea de hojas trifoliadas aromáticas y flores en umbela. (El perejil se utiliza como condimento.;familia umbelíferas.) **2.** *Fig. y fam.* Adorno excesivo. (Suele usarse en plural.) ✦ **perejiles** s.m.pl. *Fig. y fam.* Títulos y dignidades que añadidos a otro principal dan mayor categoría a una persona ✧ **Perejil de monte** Oreoselino. **Poner** a alguien **como hoja de perejil** Criticarlo duramente.

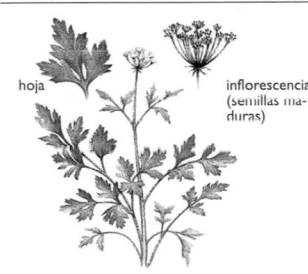

■ **PEREJIL** común.

PERENCIÓN s.f. DER. Caducidad de la instancia.

PERENDENGUE s.m. Adorno de poco valor.

PERENGANO, A s. Designa a una persona cuyo nombre no se desconoce o no se quiere decir. (Se utiliza generalmente en expresiones tras *fulano, mengano y zutano*.)

PERENNE adj. (lat. *perennis*). Que dura indefinidamente o durante un tiempo muy largo. **2.** Continuo, que no se interrumpe. **3.** Se dice de la planta que vive más de tres años. **4.** Se dice de la parte de la planta que permanece viva durante el invierno. **5.** GEOGR. Se dice de un río o de un manantial cuyo flujo es permanente. ✧ **Hoja perenne** BOT. Hoja que vive más de dos años.

PERENNIZAR v.tr. [7]. Hacer perenne.

PERENTORIO, A adj. Urgente o que no se puede aplazar. **2.** DER. **a.** Se dice del último plazo que se concede o de la resolución final que se toma en un asunto. **b.** Relativo a la perención.

PERESTROIKA s.f. (voz rusa). Política reformista llevada a cabo en la URSS tras la llegada al poder de M. Gorbachov.

PEREZA s.f. (lat. *pigritia*, de *piger*, *-gra*, *-grum*, perezoso). Falta de ganas de hacer algo. **2.** Lentitud o descuido en las acciones o movimientos.

PEREZOSA s.f. Argent., Perú y Urug. Tumbona, silla articulada y extensible con asiento y respaldo de lona.

PEREZOSO, A adj. Que tiene pereza. **2.** MED. Se dice del órgano que tiene un funcionamiento lento, especialmente del tubo digestivo. ✦ s.m. Mamífero arborícola originario de América del Sur, de 60 cm de long. y movimientos muy lentos. (Orden desdentados.)

■ **PEREZOSO**

PERFECCIÓN s.f. (lat. *perfectio*, *-onis*). Cualidad de perfecto. **2.** Cosa perfecta. ✧ **Estado de perfección** TEOL. Estado de la vida religiosa basado en la práctica de los consejos evangélicos (pobreza, continencia y obediencia).

PERFECCIONAMIENTO s.m. Acción y efecto de perfeccionar o perfeccionarse.

PERFECCIONAR v.tr. y prnl. Hacer más perfecto. **2.** Acabar una obra con el mayor grado de perfección posible. ✦ **perfeccionarse** v.prnl. DER. Completar los requisitos para que un acto civil, especialmente un contrato, tenga plena fuerza jurídica.

PERFECCIONISMO s.m. Actitud de la persona que quiere mejorar algo indefinidamente, sin estar nunca satisfecho del resultado.

PERFECCIONISTA adj. y s.m. y f. Se dice de la persona que tiende al perfeccionismo.

PERFECTIVO, A adj. Que da o puede dar perfección ✦ adj. y s.m. LING. Se dice del aspecto verbal que presenta una acción como acabada.

PERFECTO, A adj. (lat. *perfectus*). Que tiene todas las cualidades, sin defectos. **2.** Que tiene una cualidad en grado máximo: *un perfecto caballero; un perfecto imbécil*. (Va antepuesto.) ✦ adj. y s.m. LING. Se dice del tiempo verbal que presenta una acción acabada. ✦ s.m. HIST. Creyente cátaro entregado a la renuncia total.

PERFIDIA s.f. Cualidad de pérfido.

PÉRFIDO, A adj. y s. (lat. *perfidus*). Desleal, traidor, que falta a su palabra.

PERFIL s.m. (occitano ant. *perfil*, dobladillo). Línea que dibuja el contorno de una persona o cosa vista de lado. **2.** Línea que dibuja el contorno de una cosa. **3.** Conjunto de características o rasgos de una persona o cosa: *no ajustarse al perfil de encargado*. **4.** Trazo delicado, delgado, que se hace con la pluma escribiendo o dibujando. **5.** Dibujo que representa un corte perpendicular de un objeto. **6.** ARQ. Adorno delicado, especialmente el que se pone al borde, canto o extremo de algo. **7.** EDAFOL. Aspecto del suelo tal como se ve en el frente de un corte. **8.** METAL. Producto metalúrgico, con perfil especial de sección constante, obtenido por laminación u otro procedimiento. ✧ **De perfil** De lado. **Medio perfil** Postura o figura del cuerpo que no está enteramente ladeado. **Perfil de equilibrio** GEOGR. Perfil longitudinal de una corriente cuando la pendiente es suficiente para la evacuación del caudal y carga sólida sin que el río excave ni deposite. **Perfil longitudinal** Curva que representa la línea que une los puntos bajos de un valle. **Perfil psicológico** Representación obtenida considerando los resultados de diversos tests efectuados a una persona. **Perfil transversal** Corte topográfico según una línea perpendicular al eje de un valle.

PERFILADO, A adj. Se dice del rostro delgado y largo. **2.** Se dice de la nariz bien formada.

PERFILADOR, RA adj. y s. Que perfila el contorno. ✦ s.m. Cosmético que sirve para perfilar o destacar el contorno de los labios o los ojos.

PERFILAR v.tr. Dibujar el contorno o perfil de una cosa. **2.** *Fig.* Completar una cosa o esmerar para dejarla perfecta: *perfilar un trabajo*. ✦ **perfilarse** v.prnl. *Fig.* Empezar a verse algo con aspecto definido: *perfilarse una sonrisa en el rostro*.

PERFOLIADO, A adj. BOT. Se dice de la hoja que abraza el tallo de forma que parece estar atravesadas por él.

PERFORACIÓN s.f. Acción y efecto de perforar. **2.** Pozo excavado mecánicamente en el subsuelo y destinado al reconocimiento y a la explotación de un yacimiento de hidrocarburo: *perforación petrolera*. **3.** MED. Abertura u orificio que se produce en un órgano como consecuencia de un traumatismo o una lesión interna.

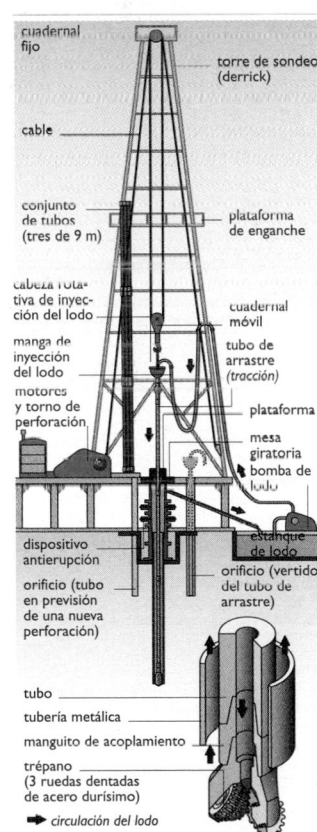

cuadernal fijo

torre de sondeo (derrick)

cable

conjunto de tubos (tres de 9 m)

plataforma de enganche

cabeza rotativa de inyección del lodo

cuadernal móvil

manga de inyección del lodo

tubo de arrastre (tracción)

motores y torno de perforación

plataforma

mesa giratoria

bomba de lodo

dispositivo antierupción

estanque de lodo

orificio (tubo en previsión de una nueva perforación)

orificio (vertido del tubo de arrastre)

tubo

tubería metálica

manguito de acoplamiento

trépano (3 ruedas dentadas de acero durísimo)

➡ *circulación del lodo*

■ **PERFORACIÓN** petrolera. Principio de perforación rotary en tierra firme.

PERFORADOR, RA adj. Que perfora: *máquina perforadora*. ✦ adj. y s. Que se dedica a realizar trabajos de perforación o sondeo: *ingeniero perforador*. ✦ adj. y s.f. Se dice de la máquina que sirve para perforar.

PERFORAR v.tr. (lat. *perforare*). Hacer un agujero que atraviese una cosa total o parcialmente ✦ **perforarse** v.prnl. MED. Producirse una abertura u orificio en un órgano o en una parte del cuerpo como consecuencia de un traumatismo o una lesión interna.

PERFORMANCE s.f. (voz inglesa). Amér. Rendimiento o actuación de una persona en determinado puesto, actividad o profesión. **2.** Méx. Espectáculo en el que se combinan la música, la danza, el teatro y las artes plásticas. **3.** ART. MOD. Representación de arte moderno que combina elementos teatrales con otros de otros campos audiovisuales, y cuyo resultado final se considera una obra artística. SIN.: *acción.* **4.** ECON. **a.** Operación económica. **b.** Rendimiento que se obtiene de esta operación. ◆ **performances** s.f.pl. Conjunto de números que dan las posibilidades de un vehículo, como la aceleración, la velocidad, el consumo, el radio de acción, etc. ◇ **Test de performance** Test no verbal destinado a apreciar las funciones intelectuales.

PERFORMATIVO, A adj. LING. Se dice del verbo cuya enunciación realiza la acción que significa o del enunciado que implica la realización simultánea por el hablante de la acción evocada: *yo juro.*

PERFUMADOR s.m. Utensilio para perfumar o perfumarse. SIN.: *perfumadero.* **2.** Utensilio para quemar perfumes, velas u otras sustancias aromáticas. SIN.: *pebetero, perfumador.*

PERFUMAR v.tr. y prnl. Dar o comunicar perfume. ◆ v.tr. Exhalar perfume.

PERFUME s.m. Sustancia aromática que sirve para perfumar. **2.** *Fig.* Olor agradable.

PERFUMERÍA s.f. Establecimiento donde se venden perfumes y productos de aseo y belleza. **2.** Industria o comercio de estos productos. **3.** Conjunto de esos productos.

PERFUSIÓN s.f. (del lat. *perfundere,* bañar completamente). Baño, untura. **2.** Introducción lenta y continuada de una sustancia medicamentosa o de sangre en un organismo u órgano. (Se practican perfusiones intravenosas, subcutáneas, rectales, a menudo con dispositivos llamados *gota a gota.*)

PERGAMINO s.m. (del lat. *pergamena,* del gr. *pergaminí*). Piel de res preparada para la escritura, encuadernación, fabricación de instrumentos de percusión como la pandereta, etc. **2.** Documento escrito en esta piel. **3.** Papel sin encolar que adquiere la apariencia y las propiedades del pergamino tras ser sometido a un tratamiento químico especial. ◆ **pergaminos** s.m.pl. Títulos de nobleza, diplomas.

PERGELISOL s.m. Permafrost.

PERGENIO s.m. Chile. Muchacho entrometido. **2.** Chile. *Fam.* Persona joven y de mala traza.

PERGEÑAR v.tr. Ejecutar una cosa.

PÉRGOLA s.f. (ital. *pèrgola,* del lat, *pergula,* pabellón, galería). Estructura de columnas o pilastras que sostiene un enrejado por donde trepan plantas ornamentales.

PERIANTIO o **PERIANTO** s.m. BOT. Conjunto formado por el cáliz y la corola de una flor, que rodean los estambres y el pistilo. SIN.: *perigonio.*

PERIARTRITIS s.f. Inflamación de los tejidos situados alrededor de una articulación.

PERIASTRO s.m. Punto de la órbita de un satélite o de un planeta situado a la mínima distancia del cuerpo alrededor del cual gravitan.

PERICÁRDICO, A adj. Relativo al pericardio.

PERICARDIO s.m. ANAT. Membrana serosa que envuelve el corazón, formada por dos hojas.

PERICARDITIS s.f. Inflamación del pericardio.

PERICÁRPICO, A adj. Relativo al pericarpio.

PERICARPIO o **PERICARPO** s.m. BOT. Conjunto de tejidos que constituyen el fruto y envuelven la semilla. (Se distinguen el *epicarpio,* el *mesocarpio* y el *endocarpio.*)

PERICIA s.f. Cualidad de la persona experta en una actividad.

PERICIAL adj. Relativo al perito o al peritaje.

PERICICLO s.m. BOT. Zona más externa del cilindro central del tallo y de la raíz.

PERICLITAR v.intr. Decaer.

PERICO s.m. (de *Perico,* dim. de *Pedro,* nombre con el que se llamaba al papagayo). Loro. **2.** *Fig.* Abanico grande. **3.** Espárrago de

gran tamaño. **4.** *Fig.* Orinal. **5.** *Fam.* Cocaína. (Se usa en el lenguaje de la droga.) **6.** MAR. Vela que se larga en el palo de mesana.

PERICÓN s.m. Abanico muy grande. **2.** Baile tradicional nacional de Uruguay y Argentina de ritmo muy vivo cuyas variadas figuras son ejecutadas por parejas que utilizan pañuelos blancos y celestes con los que forman la bandera y que en determinados momentos se detienen para intercambiar relaciones.

PERICONA s.f. Baile zapateado chileno parecido al pericón uruguayo y argentino.

PERICONDRIO s.m. ANAT. Membrana que envuelve los cartílagos no articulados.

PERICOTE s.m. Roedor de origen americano que vive en los árboles, se oculta de día y busca su alimento de noche o al atardecer. (Familia crícétidos.) **2.** Baile popular asturiano.

PERICRÁNEO s.m. ANAT. Periostio de la superficie exterior del cráneo.

PERIDÍNEO, A adj. y s.m. Relativo a una clase de flagelados provistos de dos flagelos y con pigmentos amarillos o pardos. (Algunas especies son luminiscentes y otras, al acumularse sobre mejillones y ostras, hacen que estos sean muy tóxicos.)

PERIDOTITA s.f. Roca magmática ultrabásica constituida principalmente por olivino y que puede contener piroxenos, granates, etc.

PERIDOTO s.m. (fr. *péridot*). Olivino.

PERIDURAL adj. Que está situado por encima o por fuera de la duramadre. SIN.: *epidural.* **2.** Se dice del espacio situado alrededor del conducto espinal, entre la duramadre y el canal raquídeo óseo. SIN.: *epidural.* ◇ **Anestesia peridural** Anestesia que se aplica en el espacio peridural y que duerme la mitad inferior del cuerpo. (También simplemente *peridural.*) SIN.: *anestesia epidural.*

PERIECO, A adj. y s. Se dice del habitante de la Tierra con relación a otro situado en un punto del mismo paralelo pero diametralmente opuesto a él.

PERIFERIA s.f. (gr. *periphéreia,* circunferencia). Espacio que rodea un núcleo, en especial el de una ciudad. **2.** ECON. Sector de países que, en el sistema de la economía mundial, se encuentran en una situación de estancamiento social por la dependencia de las economías respecto de la del grupo de países industriales capitalistas, que constituyen el centro del sistema.

PERIFÉRICO, A adj. Relativo a la periferia. ◆ s.m. INFORMÁT. Elemento de un sistema de tratamiento de la información distinto de la unidad central que sirve para memorizar datos o comunicar con el exterior.

PERIFLEBITIS s.f. Inflamación de los tejidos que envuelven una vena.

PERIFOLLO s.m. (del cruce del ant. *cerifolio* y *perejil*). Planta herbácea aromática de flores blancas agrupadas en umbelas y fruto comprimido lateralmente. Se utiliza como condimento.) [Familia umbelíferas.] ◆ **perifollos** s.m.pl. *Fam.* y *desp.* Adornos superfluos y generalmente de mal gusto.

PERIFRASEAR v.intr. Usar perífrasis.

PERÍFRASIS s.f. (gr. *períphasis*) [pl. *perífrasis*]. RET. Tropo de sentencia que consiste en expresar un concepto por medio de un rodeo. **2.** GRAM. Construcción formada con un verbo auxiliar más un infinitivo, gerundio o participio: *«sigue trabajando»* es una perífrasis durativa. (También *perífrasis verbal.*)

PERIFRÁSTICO, A adj. Relativo a la perífrasis. **2.** Se dice de la conjugación o del tiempo verbal que está formado por un verbo auxiliar.

PERIGALLO s.m. (port. *perigalho*). Pliegue de la piel que pende debajo de la barbilla. **2.** *Fig.* y *fam.* Persona alta y delgada. **3.** MAR. Aparejo o cabo para mantener suspendida una cosa de poco peso.

PERIGEO s.m. ASTRON. Punto de la órbita de un astro o satélite más próximo a la Tierra. CONTR.: *apogeo.*

PERIGLACIAR adj. GEOMORFOL. Se dice de las regiones próximas a los glaciares, donde la alternancia de los procesos de hielo y deshielo juega un papel preponderante en los fenómenos de erosión y desplazamiento; se dice

también de estos fenómenos: *erosión periglaciar.*

PERIGONIO s.m. Perianto.

PERIHELIO s.m. Punto de la órbita de un planeta más cercano al Sol. CONTR.: *afelio.*

PERILLA s.f. Barba que se deja crecer en la barbilla. **2.** Extremo del cigarro puro por donde se fuma. ◇ **De perilla,** o **perillas** *Fig.* y *fam.* Muy bien, en el momento oportuno.

PERILLÁN, NA adj. y s. Granuja, persona que engaña.

PERIMÉTRICO, A adj. Relativo al perímetro.

PERÍMETRO s.m. GEOMETR. Contorno de una figura. **2.** GEOMETR. Medida de un contorno.

PERIMIR v.tr. [85]. Argent. y Colomb. Caducar un procedimiento al transcurrir el plazo fijado por la ley sin que las partes lo hayan impulsado.

PERINATAL adj. Relativo al período de tiempo inmediatamente anterior o posterior al nacimiento de un ser.

PERINATALOGÍA s.f. Parte de la medicina que se ocupa del feto y del recién nacido durante el período perinatal.

PERINDINGUÍN s.m. Argent. *Argot.* Baile. **2.** Local de diversión de mala fama.

PERINÉ o **PERINEO** s.m. (lat. *perineos,* del gr. *períneos*). Región del cuerpo de forma romboidal entre el ano y los órganos genitales.

PERINEAL adj. Relativo al periné.

PERINEORRAFIA s.f. Sutura quirúrgica del periné.

PERINOLA s.f. Trompo pequeño con un manguillo en la parte superior, que se hace girar con los dedos.

PERIODICIDAD s.f. Cualidad de periódico.

PERIÓDICO, A adj. Se dice de lo que sucede o se hace con regularidad, frecuencia o a intervalos fijos. ◆ s.m. Publicación impresa informativa de periodicidad regular. ◇ **Clasificación periódica de los elementos** QUÍM. Clasificación de los elementos químicos dispuestos en orden creciente de su número atómico, que agrupa por columnas los elementos cuyos átomos tienen la misma estructura electrónica. **Fracción periódica** MAT. Fracción en cuyo desarrollo decimal se repiten indefinidamente una serie de cifras, a partir de la coma (*periódica pura*) o de cierto decimal (*periódica mixta*).

PERIODISMO s.m. Actividad de informar a través de los medios de comunicación. **2.** Carrera o estudios de periodista.

PERIODISTA s.m. y f. Persona que se dedica al periodismo.

PERIODÍSTICO, A adj. Relativo al periodismo: *estilo periodístico.*

PERÍODO o **PERIODO** s.m. (lat. *periodus,* del gr. *períodos*). Espacio de tiempo. **2.** Espacio de tiempo caracterizado por ciertos acontecimientos. **3.** FÍS. Tiempo que una cosa tarda en volver a su estado o posición inicial. **4.** FÍS. Intervalo de tiempo constante que separa dos pasos sucesivos de algunas magnitudes variables por el mismo valor, con el mismo sentido de la variación. **5.** GEOL. Subdivisión de las eras geológicas. **6.** GRAM. Conjunto de varias oraciones relacionadas por elementos de coordinación o de subordinación. **7.** FISIOL. Menstruación. **8.** PATOL. Cada una de las fases de una enfermedad. **9.** QUÍM. Conjunto de elementos de la clasificación periódica de los elementos que figuran entre dos gases nobles sucesivos. ◇ **Período de revolución de un astro** Intervalo de tiempo transcurrido entre dos pasos consecutivos de dicho astro por un punto cualquiera de su órbita. **Período de semidesintegración** Tiempo después del cual la mitad de la masa de un elemento radiactivo se ha desintegrado. **Período de una fracción periódica** MAT. Cifras que, en el desarrollo decimal de esta fracción, se reproducen indefinidamente a partir de una coma o a partir de cierto decimal. **Período de una función periódica** MAT. La menor cantidad fija en que debe incrementarse la variable para que la función tome el mismo valor. **Período sospechoso** DER. MERC. Período que precede inmediatamente a la declaración de quiebra, durante el cual los actos del quebrado son nulos o anulables.

PERIOSTIO s.m. Membrana de tejido conjuntivo que rodea el hueso.

PERIOSTITIS s.f. Inflamación del periostio.

PERIPATÉTICO, A adj. Relativo al peripatetismo; partidario de esta doctrina. **2.** *Fig. y fam.* Ridículo en sus afirmaciones o máximas.

PERIPATETISMO s.m. Filosofía de Aristóteles y sus discípulos.

PERIPATO, A adj. y s.m. Relativo a una clase de animales, de características intermedias entre los anélidos y los artrópodos, que viven en lugares húmedos y se desplazan como las sanguijuelas. SIN.: *onicóforo.*

PERIPECIA s.f. (*gr. peripéteia,* mudanza súbita). Suceso imprevisto que cambia el estado de las cosas.

PERIPLO s.m. Viaje largo por numerosos países. **2.** Circunnavegación.

PERÍPTERO, A adj. y s.m. ARQ. Se dice del edificio rodeado de columnas: *templo períptero.*

PERIPUESTO, A adj. *Fam.* Acicalado, excesivamente arreglado.

PERIQUETE (EN UN) loc. En un momento, en un espacio de tiempo muy breve.

PERIQUITO s.m. Ave originaria de Australia, de pequeño tamaño, plumaje ondulado de colores muy vistosos y cola fina y larga. (Familia psitácidos.)

PERISCÓPICO, A adj. Relativo al periscopio. **2.** Se dice del cristal óptico que da una mayor amplitud al campo visual.

PERISCOPIO s.m. (del gr. *peri,* entorno, y *skopein,* mirar). Instrumento óptico formado por un sistema de lentes y prismas de reflexión total que permite ver por encima de un obstáculo. **2.** Tubo equipado con un sistema óptico que permite a un submarino en inmersión observar la superficie.

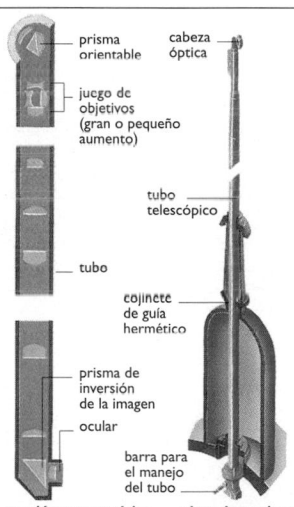

prisma
orientable

cabeza
óptica

juego de
objetivos
(gran o pequeño
aumento)

tubo
telescópico

tubo

cojinete
de guía
hermético

prisma de
inversión
de la imagen

ocular

barra para
el manejo
del tubo

sección esquemática   vista de conjunto

■ **PERISCOPIO** de un submarino.

PERISELENIO s.m. Punto de la órbita de un cuerpo que gravita alrededor de la Luna en el que la distancia entre este cuerpo y la Luna es mínima.

PERISODÁCTILO, A adj. y s.m. Relativo a un suborden de mamíferos ungulados con un número impar de dedos de los cuales el tercero es el más desarrollado, como el rinoceronte y el caballo.

PERISPERMA s.m. BOT. Tejido de reserva de algunas semillas.

PERISTA s.m. y f. Esp. Persona que comercia con objetos robados.

PERISTÁLTICO, A adj. FISIOL. Relativo al peristaltismo. ◇ **Movimiento peristáltico** Contracción anular que se propaga de arriba hacia abajo por el tubo digestivo.

PERISTALTISMO s.m. Conjunto de movimientos de contracción del tubo digestivo que permiten la progresión de su contenido desde el estómago hacia el ano.

PERISTILO s.m. Galería de columnas alrededor de un edificio o de un patio. **2.** Patio interior rodeado de columnas.

PERÍSTOLE s.f. (gr. *peristolé*). Contracción tónica del estómago.

PERISTOMA s.m. Conjunto de apéndices que rodean el orificio de la cápsula de un musgo. **2.** Borde de la abertura de la concha de los moluscos gasterópodos. **3.** Hendidura en la superficie de algunos protozoos, como el paramecio, en el fondo de la cual se encuentra la boca.

PERITACIÓN s.f. Trabajo o estudio de un perito. SIN.: *peritaje.*

PERITAJE s.m. Peritación. **2.** Ingeniería técnica. (Es una denominación antigua.) ◇ **Peritaje mercantil** Grado obtenido al terminar los estudios en las escuelas de comercio.

PERITAR v.tr. Evaluar un perito una cosa.

PERITECIO s.m. Cuerpo productor de ascos.

PERITO, A adj. y s. (lat. *peritus,* experimentado). Experto en una ciencia o arte. ◆ **s.** Persona que, por sus especiales conocimientos, es llamada al proceso para informar sobre hechos cuya apreciación se relaciona con su especial saber o experiencia. **2.** Ingenieros técnicos. (Es una denominación antigua.) ◇ **Perito mercantil** Persona que ha cursado los estudios de peritaje mercantil.

PERITONEO s.m. Membrana serosa que recubre interiormente la cavidad del abdomen *(peritoneo parietal)* y los órganos que contiene *(peritoneo visceral).*

PERITONITIS s.f. Inflamación del peritoneo.

PERIURBANO, A adj. Situado en la periferia de una ciudad.

PERJUDICAR v.tr. y prnl. [1]. Causar o producir un daño material o moral.

PERJUDICIAL adj. Que perjudica o puede perjudicar.

PERJUICIO s.m. Daño que se causa a una persona o cosa. **2.** DER. Ganancia lícita que se deja de obtener o gastos que ocasiona una acción u omisión ajena culpable o dolosa, que da lugar a indemnización de orden civil o penal. ◇ **Sin perjuicio de** Dejando a salvo.

PERJURAR v.intr. Jurar mucho para dar más fuerza al juramento o por costumbre. ◆ **v.intr. y prnl.** Jurar en falso. **2.** Incumplir un juramento.

PERJURIO s.m. Acción de perjurar o incumplir un juramento. **2.** DER. Delito de jurar en falso.

PERJURO, A adj. y s. Que jura en falso o in cumple un juramento.

1. PERLA s.f. (del lat. *perna,* especie de ostra). Concreción esférica, brillante y dura, generalmente de color blanco o grisáceo, formada de nácar que se aglomera en capas concéntricas alrededor de un cuerpo extraño, entre el manto y la concha de determinados moluscos bivalvos. (Las perlas naturales provienen de las ostras períferas del Índico y del Pacífico. Las perlas cultivadas se obtienen mediante la inserción de una bola de nácar, alrededor de la cual la ostra segrega capas períferas.) **2.** *Fig.* Persona o cosa excelente y muy valiosa. **3.** ARQ. Pieza esférica pequeña, de bajo relieve, cuya profusión a lo largo de una moldura forma un adorno. ◇ **De perlas** Perfectamente, muy bien.

2. PERLA s.f. Insecto plecóptero, de color marrón o rojizo, con dos apéndices en el extremo del abdomen. (La perla es muy parecida a la cachipolla y vive cerca del agua en la que se desarrolla su larva.)

PERLADO, A adj. Que tiene el color, forma o brillo de una perla: *dientes perlados.* **2.** Que está adornado con perlas: *un vestido perlado.* **3.** Lleno de gotas: *frente perlada de sudor.*

PERLECHE s.m. (fr. *perlèche*). MED. Inflamación de la comisura de los labios.

PERLERO, A adj. Relativo a la perla.

PERLÍFERO, A adj. Que tiene o produce perlas: *ostras perlíferas.*

PERLINO, A adj. Que es de color perla.

PERLITA s.f. Constituyente microscópico de las aleaciones férricas formado por ferrita y cementita.

PERLÓN s.m. (marca registrada). Fibra sintética parecida al nailon, de gran elasticidad, solidez y resistencia al desgaste.

PERLONGAR v.intr. [2]. MAR. **a.** Navegar a lo largo de la costa. **b.** Desenrollar un cabo para que se pueda tirar de él.

PERMAFROST s.m. Parte profunda del suelo de las regiones frías permanentemente helada. SIN.: *pergelisol.*

PERMANÁ s.m. Bol. Chicha de gran calidad.

PERMANECER v.intr. [37]. Continuar en un lugar durante un tiempo determinado. **2.** Mantenerse una persona o cosa en un mismo estado, situación o cualidad.

PERMANENCIA s.f. Cualidad de permanente. **2.** Acción de permanecer. **3.** Período de tiempo retribuido que un profesor dedica a actividades docentes fuera del horario escolar. (Suele usarse en plural.)

PERMANENTE adj. Que permanece o dura mucho. ◆ **s.f. y adj.** Ondulación artificial del cabello que dura mucho gracias a que se fija mediante productos químicos.

PERMANGANATO s.m. Sal del ácido permangánico.

PERMANGÁNICO, A adj. Se dice del anhídrido (Mn_2O_7) y del ácido correspondiente ($HMnO_4$).

PERMEABILIDAD s.f. Propiedad física del cuerpo que deja pasar a través de él fluidos, radiaciones o líneas de fuerza de un campo magnético. ◇ **Permeabilidad magnética** Relación entre la inducción magnética creada en una sustancia y el campo magnético inductor.

PERMEABLE adj. (del lat. *permeare,* pasar a través). Se dice del cuerpo que puede ser traspasado por fluidos, radiaciones o líneas de fuerza de un campo magnético: *el papel secante es permeable al agua.* **2.** Que se deja influir por las opiniones o comportamientos de otra persona.

PÉRMICO adj. y s.m. (de Perm, c. de Rusia). Se dice del sexto y último período geológico de la era paleozoica que se extiende desde hace unos 280 millones de años hasta hace unos 225, durante el cual se produjeron las últimas fases de la orogenia hercíniana. ◆ adj. Relativo a este período.

PERMISIÓN s.f. Acción de permitir. **2.** Permiso, autorización.

PERMISIVIDAD s.f. Tolerancia, especialmente si es exagerada.

PERMISIVO, A adj. Que tolera o permite: *sociedad permisiva.*

PERMISO s.m. Autorización que se da a una persona para que pueda hacer o decir algo: *dar permiso para fumar.* **2.** Autorización para faltar temporalmente al trabajo, estudios u otras obligaciones, especialmente los militares: *estar de permiso.* **3.** Documento que acredita estar autorizado para hacer algo: *permiso de caza; permiso de acceso.*

PERMITIR v.tr. y prnl. (lat. *permittere*). Autorizar a una persona a hacer o decir algo. **2.** No impedir algo, teniendo la posibilidad de hacerlo: *permitió que bebieran más de la cuenta.* ◆ **v.tr.** Hacer posible la realización de algo: *el puente permite atravesar el río; si mis ocupaciones me lo permiten.* ◆ **permitirse** v.prnl. Tomarse la libertad de hacer o decir algo.

PERMITIVIDAD s.f. Magnitud característica de un dieléctrico que define el incremento de la capacidad de un condensador que se llena con este dieléctrico si el espacio comprendido entre sus armaduras.

PERMUTA s.f. Acción de permutar. **2.** DER. Contrato consensual por el que dos personas se obligan recíprocamente a dar una cosa por otra. ◇ **Permuta mercantil** Permuta de bienes muebles para revenderlos con ánimo de lucro.

PERMUTACIÓN s.f. Cambio de un empleo o destino por otro. **2.** Cambio de una cosa por otra. **3.** Paso de un orden de sucesión determinado de m elementos a otro orden de sucesión de los mismos elementos. ◇ **Permutación de m elementos** MAT. Conjunto formado por estos m elementos clasificados en un orden determinado.

PERMUTAR v.tr. Cambiar una cosa por otra.

2. Cambiar la disposición u orden de dos o más cosas. **3.** DER. Realizar una permuta.

PERNA s.f. Molusco lamelibranquio de los mares cálidos. (Familia inocerámidos.)

PERNADA s.f. Golpe dado con la pierna o movimiento violento hecho con ella. ◇ **Derecho de pernada** HIST. Derecho que tenía el señor feudal medieval de pasar con la esposa de un siervo la noche de bodas. (Podía ser ejercido real o simbólicamente.)

PERNEAR v.intr. Mover violentamente las piernas.

PERNERA s.f. Parte del pantalón que cubre la pierna.

PERNICIOSO, A adj. (lat. *perniciosus*, de *pernicies*, ruina, desgracia). Peligroso y perjudicial para la salud, la vida o la moral. ◇ **Anemia perniciosa** Anemia por carencia pura de vitamina B$_{12}$.

PERNIGÓN s.m. (ital. *pernicore*). Ciruela en dulce.

PERNIL s.m. Anca y muslo del animal, especialmente los de cerdo para su consumo.

PERNIO s.m. Gozne.

PERNO s.m. (cat. *pern*). Pieza metálica cilíndrica provista de una cabeza en un extremo y de una rosca en el otro para poder enroscar una tuerca. ◇ **Perno de anclaje** OBR. PÚBL. Dispositivo de sostenimiento constituido por una barra de acero de algunos metros de longitud asegurada en la roca, ya sea por su extremidad o en toda su longitud, en un orificio perforado a tal efecto.

PERNOCTAR v.intr. (lat. *pernoctare*). Pasar la noche en algún lugar fuera del propio domicilio, especialmente cuando se viaja.

1. PERO conj.advers. (lat. posclásico *per hoc*, por esto, por tanto). Expresa contraposición u oposición: *la idea es buena, pero muy peligrosa*. **2.** Tiene valor concesivo: *un hogar sencillo, pero limpio*; o valor restrictivo: *puedes quedarte, pero no hables*. **3.** Se usa para enfatizar una oración: *pero ¿cómo es posible?*; o para expresar objeción o desaprobación: *pero, ¿quieres callarte?* ◆ s.m. Defecto. **2.** Objeción. **2. PERO** s.m. Manzano cuyo fruto es más largo que grueso. **2.** Fruto de este árbol.

PEROGRULLADA s.f. (de *Pero Grullo*, personaje de la literatura tradicional). Verdad tan evidente que resulta una tontería decirla.

PEROGRULLESCO, A adj. Que es tan evidente que resulta una tontería decirlo.

PEROL s.m. (cat. *perol*). Recipiente semiesférico de metal con dos asas que sirve para guisar. **2.** Venez. Cosa, asunto.

PEROLA s.f. Perol pequeño.

PERONÉ s.m. (fr. *péroné*, del gr. *peróni*, clavija). Hueso largo y delgado de la pierna situado detrás de la tibia.

PERONEO, A adj. y s.m. Se dice del músculo que se une a la parte superior del peroné y a la inferior de los metatarsianos.

PERONISMO s.m. Movimiento político de carácter populista surgido en Argentina en 1945 tras la subida al poder de Perón.

ENCICL. De ideología nacionalista y antiliberal, el peronismo se configuró como un movimiento tendente a aglutinar un frente nacional formado por trabajadores, apoyándose en los sindicatos y el ejército. Su política económica, en lucha contra la oligarquía terrateniente y el poder exterior, se centró en el fomento de la industria y una redistribución, con ciertos límites, del ingreso nacional en favor de las clases trabajadoras. La crisis económica de la década de 1950 puso en crisis el modelo y provocó la caída del régimen (1955). En 1973-1976 se intentó prolongar la experiencia con un segundo gobierno peronista, que fracasó principalmente por los enfrentamientos internos y la guerra civil peronista entre la izquierda de Montoneros y la derecha de la Triple A (agudizados tras la muerte de Perón). El Partido justicialista, órgano del peronismo, ha gobernado el país de 1989 a 1999 y desde 2001. (V. parte n. pr. **justicialista** [Partido].)

PERONISTA adj. y s.m. y f. Relativo al peronismo; partidario de este movimiento.

PERONOSPORÁCEO, A adj. y s.f. Relativo a una familia de hongos inferiores parásitos de las plantas (papa, vid) sobre las que produce el mildiu.

PEROPERATORIO, A adj. Se dice del período de la intervención quirúrgica en que el anestesista reanimador debe garantizar, bajo su responsabilidad, la anestesia al enfermo, la vigilancia de los parámetros vitales, la compensación de las pérdidas electrolíticas y sanguíneas y el tratamiento de las posibles complicaciones. **2.** Que se realiza en el curso de este período: *biopsia peroperatoria*.

PERORACIÓN s.f. Acción y efecto de perorar.

PERORAR v.intr. (lat. *perorare*). Pronunciar una perorata. **2.** Pronunciar un discurso.

PERORATA s.f. Discurso o razonamiento extenso y pesado, molesto o inoportuno.

PEROXIÁCIDO s.m. QUÍM. Oxiácido cuyo grupo OH es remplazado por el grupo O—OH.

PEROXIDACIÓN s.f. Reacción química que consiste en llevar un átomo o una molécula al más alto grado de oxidación posible. **2.** Reacción química que forma un peróxido en sentido estricto, es decir, un derivado del agua oxigenada.

PEROXIDAR v.tr. Transformar en peróxido.

PEROXIDASA s.f. BIOL. Enzima que cataliza las reacciones de oxidación.

PERÓXIDO s.m. Óxido que contiene más oxígeno que el óxido normal. **2.** Derivado disustituido del agua oxigenada.

PEROXISOMA s.m. BIOL. Partícula citoplasmática, rica en enzimas oxidativos, que forma parte de la familia de los microcuerpos.

PERPENDICULAR adj. Se dice del plano que forma un ángulo recto con otro plano o con una línea. ◆ adj. y s.f. Se dice de la línea que forma un ángulo recto con otra línea o con un plano. ◇ **Estilo perpendicular** Estilo propio de la última fase de la arquitectura gótica inglesa (ss. XIV y XVI) caracterizado por las líneas rectas paralelas que sustituyen las curvas y contracurvas del gótico flamígero.

PERPETRACIÓN s.f. Acción y efecto de perpetrar un delito.

PERPETRAR v.tr. (lat. *perpetrare*). Cometer un delito.

PERPETUA s.f. Planta herbácea cuyas flores se conservan durante mucho tiempo. **2.** Flor de esta planta.

PERPETUACIÓN s.f. Acción de perpetuar.

PERPETUAR v.tr. y prnl. [18]. Hacer que algo dure siempre o un tiempo ilimitado.

PERPETUIDAD s.f. Cualidad de perpetuo. ◇ **A perpetuidad** Para siempre.

PERPETUO, A adj. Que dura siempre o un tiempo ilimitado: *tener problemas económicos perpetuos*. **2.** Se dice del cargo que puede ser desempeñado por una persona hasta que se jubile.

PERPIAÑO, A adj. Se dice del arco resaltado a manera de cincho en el intradós del cañón de una nave. ◆ Sillar o piedra a tizón que atraviesa toda la pared u ocupa todo el espesor del muro, y tiene, por consiguiente, dos caras exteriores.

PERPLEJIDAD s.f. Estado de confusión de la persona que no sabe qué hacer o qué pensar ante algo inesperado.

PERPLEJO, A adj. (lat. *perplexus*). Que se muestra confuso ante algo inesperado.

PERRA s.f. Esp. *Fam.* Rabieta. **2.** Esp. *Fam.* Manía u obstinación caprichosa. **3.** Esp. *Fig.* Borrachera. **4.** Esp. Dinero: *estar sin una perra; ahorrar unas perras.* ◇ **Perra chica** Esp. Moneda fraccionaria antigua que valía 5/100 de peseta. **Perra gorda,** o **grande** Esp. Moneda fraccionaria antigua que valía 10/100 de peseta.

PERRADA s.f. Conjunto de perros. **2.** *Fig.* y *fam.* Perrería.

PERRERA s.f. Establecimiento donde se guardan o encierran los perros. **2.** Automóvil destinado a la recogida de perros vagabundos. **3.** Departamento del tren destinado a llevar los perros.

PERRERÍA s.f. Dicho o hecho malintencionado. SIN.: *perrada.*

PERRERO, A s. Empleado de una perrera municipal que se encarga de recoger a los perros vagabundos. **2.** Persona que tiene por oficio cuidar a los perros de caza. **3.** Persona aficionada a tener o criar perros.

PERRO, A s. Mamífero doméstico carnívoro caracterizado por tener los sentidos del olfato y el oído muy finos, por su inteligencia y por su fidelidad al ser humano, que lo ha domesticado desde tiempos prehistóricos; existen numerosas razas. (El perro ladra; familia cánidos.) **2.** *Fig.* Persona muy fiel. **3.** *Fig.* Persona malvada o despreciable. ◆ adj. Muy malo: *una perra vida.* ◇ **A cara de perro** *Fig.* y *fam.* Sin concesiones, sin perdonar nada. **Como el perro y el gato** *Fig.* y *fam.* Se usa para indicar que dos personas no se llevan bien. **De perros** *Fam.* Muy malo: *tiempo, humor de perros.* **Perro,** o **perrito, caliente** Hot dog, sándwich. (Calco del inglés de EUA.) **Perro faldero** Perro pequeño que se tiene como compañía. **Perro lobo** Pe-

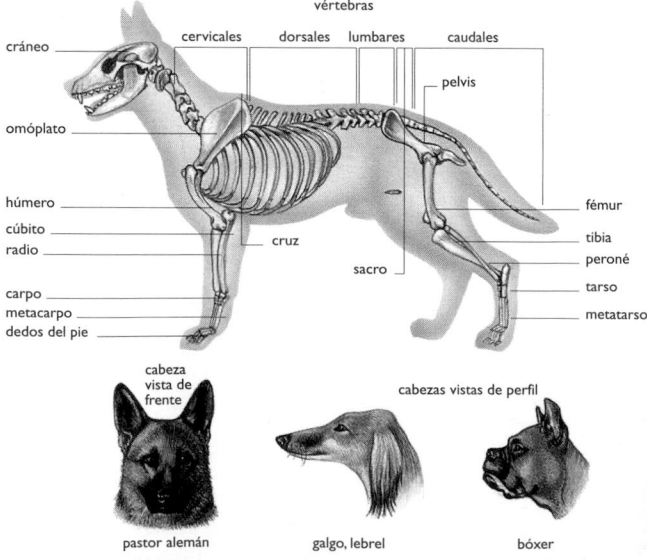

vértebras · cervicales · dorsales · lumbares · caudales · cráneo · pelvis · omóplato · húmero · fémur · cúbito · tibia · radio · cruz · peroné · sacro · tarso · carpo · metacarpo · metatarso · dedos del pie

cabeza vista de frente · cabezas vistas de perfil · pastor alemán · galgo, lebrel · bóxer

■ **PERRO.** Anatomía del esqueleto y morfología de la cabeza.

rro de una raza que se asemeja al lobo. **Perro pastor** Perro que protege y dirige el rebaño.

PERRUNO, A adj. Relativo al perro.

PERSA adj. y s.m. y f. De Persia. ◆ s.m. y f. y adj. Gato de una raza de pelo largo y sedoso de cara aplastada. ◆ s.m. Lengua del grupo iranio hablada en Irán y Afganistán.

PER SAÉCULA SAECULÓRUM loc. (lat. *per saecula saeculorum*, por los siglos de los siglos). Para siempre.

PERSAL s.f. Sal derivada de un peróxido que, en contacto con el agua, da agua oxigenada.

PER SE loc. (voces latinas). Por sí mismo, en sí mismo.

PERSECUCIÓN s.f. Acción de perseguir. ◇ **Delirio de persecución** Trastorno psíquico por el cual el enfermo está convencido de ser atacado por personas reales o imaginarias. SIN.: *manía persecutoria*.

PERSECUTORIO, A adj. Que persigue. **2.** Relativo a la persecución: *manía persecutoria*.

PERSEGUIBLE adj. DER. Que debe o puede ser perseguido judicialmente.

PERSEGUIDOR, RA adj. y s. Que persigue. SIN.: *persecutor*.

PERSEGUIMIENTO s.m. Persecución, acción de perseguir.

PERSEGUIR v.tr. (lat. *persequi*) [90]. Seguir a alguien o algo para alcanzarlo o agarrarlo. **2.** Tratar de obtener o alcanzar algo esforzándose al máximo: *perseguir un fin, un objetivo*. **3.** Tratar de exterminar una cosa, especialmente una creencia o ideología, o a sus partidarios: *perseguir el cristianismo*. **4.** Repetirse una desgracia, molestar o dañar reiteradamente en la vida de una persona: *le persigue la desgracia*. **5.** DER. Proceder judicialmente contra una persona.

PERSEVERACIÓN s.f. MED. Tendencia patológica a repetir un gesto o una palabra tras la desaparición de aquello que lo ha motivado.

PERSEVERANCIA s.f. Firmeza en la realización de algo. SIN.: *persistencia*

PERSEVERANTE adj. Que persevera.

PERSEVERAR v.intr. (lat. *perseverare*). Mantenerse firme en una acción, actitud u opinión. SIN.: *persistir*.

PERSIANA s.f. Cierre de ventanas y balcones formado por tablillas unidas entre sí que sirve para graduar la entrada del aire y de la luz en una habitación.

PÉRSICO, A adj. y s. Persa: *golfo Pérsico*. ◆ s.m. Melocotonero. **2.** Melocotón.

PERSIGNAR v.tr. y prnl. (lat. *persignare*, registrar, tatuar). Hacer la señal de la cruz. **2.** Signar y santiguar a continuación. ◆ **persignarse** v.prnl. *Fig. y fam.* Asombrarse.

PERSISTENCIA s.f. Firmeza en la realización de algo. SIN.: *perseverancia*. **2.** Cualidad de persistente.

PERSISTENTE adj. Que persiste: *idea, dolor persistente*. **2.** BOT. Se dice de la hoja que se mantiene verde todo el año.

PERSISTIR v.intr. (lat. *persistire*). Mantenerse firme en una acción, actitud u opinión: *persistir en una idea, en una decisión*. SIN.: *perseverar*. **2.** Durar mucho tiempo: *el dolor persiste*.

PERSONA s.f. (lat. *persona*, máscara de actor, personaje teatral). Individuo de la especie humana. **2.** Hombre o mujer indeterminados cuyo nombre se omite o desconoce: *¿quiénes son estas personas?* **3.** Individuo de la especie humana sensato y prudente. **4.** DER. Individuo de la especie humana con derechos y obligaciones. **5.** LING. Accidente gramatical del verbo y del pronombre que permite diferenciar al hablante (primera persona), el oyente (segunda persona) y la persona o cosa de la que se habla (tercera persona). **6.** TEOL. Padre, Hijo o Espíritu Santo (en la Trinidad). ◇ **De persona a persona** Sin intervención de un tercero. **En persona o por su persona** Por uno mismo o estando presente; real, materialmente. **Persona física** DER. Individuo de la especie humana. **Persona jurídica** DER. Sociedad, agrupación de individuos con derechos y obligaciones. **Ser otra persona** Haber cambiado la forma de actuar y de considerar las cosas.

PERSONAJE s.m. Persona importante. **2.** Persona o ser de ficción que aparece en una obra artística, como una película, novela, etc.

PERSONAL adj. Relativo a la persona o propio de ella: *agenda personal*. **2.** Subjetivo: *una opinión muy personal*. **3.** Relativo a la persona gramatical. ◆ s.m. Conjunto de personas que trabajan para un mismo organismo o empresa. **2.** Fam. Gente: *asistió mucho personal*. ◆ s.f. y adj. Falta que comete un jugador de baloncesto sobre otro del equipo contrario. ◇ **Modo personal** Modo del verbo que tiene desinencia propia para indicar las diversas personas gramaticales. (Son modos personales el indicativo, potencial, subjuntivo e imperativo.) **Pronombre personal** Pronombre que lleva o es indicador de persona gramatical.

PERSONALIDAD s.f. Conjunto de características que marcan la forma de ser de una persona, individualizándola de las demás. **2.** Energía y fuerza que marcan la forma de ser de una persona: *un niño con personalidad*. (Se aplica generalmente de los adjetivos *poca* o *mucha*.) **3.** Persona que destaca en un ámbito determinado: *asistieron al acto destacadas personalidades de la política*. **4.** Conjunto de datos que identifican a un individuo dentro de la sociedad: *documentos que acreditan su personalidad*. **5.** DER. Aptitud legal para ser sujeto de derechos y obligaciones. **6.** DER. Personería. **7.** PSICOL. Modelo teórico que permite explicar y prever el comportamiento del individuo. ◇ **Test de personalidad** PSICOL. Test proyectivo.

PERSONALISMO s.m. Trato de favor que se da a una persona. **2.** Doctrina filosófica que considera a la persona al valor esencial.

PERSONALISTA adj. y s.m. y f. Relativo al personalismo; partidario de esta doctrina.

PERSONALIZAR v.intr. [7]. Referirse a una persona determinada: *no personalices para no herir susceptibilidades*. **2.** Dar carácter personal a algo: *personalizar un despacho*. **3.** Dar un trato de favor a una persona.

PERSONARSE v.prnl. Presentarse una persona en un lugar. **2.** Esp. DER. Comparecer en un juicio.

PERSONERÍA s.f. Cargo de personero. **2.** DER. Capacidad y representación legal.

PERSONERO s.m. Procurador de las antiguas cortes castellanas. **2.** Amér. Representante.

PERSONIFICACIÓN s.f. Acción de personificar. **2.** Persona o cosa que personifica algo que se expresa. **3.** RET. Prosopopeya.

PERSONIFICAR v.tr. [1]. Atribuir acciones o cualidades propias de una persona a un animal o una cosa. **2.** Representar una persona una característica, cualidad, sentimiento, movimiento artístico, etc.: *Picasso personifica el cubismo*. ◆ v.tr. y prnl. Representar a una persona en un discurso o escrito bajo alusiones o nombres supuestos.

PERSONILLA s.f. Desp. Persona de baja estatura o de mala condición. **2.** Niño o persona querida. (Se usa como apelativo cariñoso.)

PERSPECTIVA s.f. (lat. tardío *perspectivus*, relativo a lo que se mira, de *perspicere*, mirar atentamente). Técnica para representar en dos dimensiones, sobre una superficie plana, los objetos de tres dimensiones. **2.** Aspecto que presentan los objetos vistos a distancia o considerados como un todo. **3.** Representación que utiliza esta técnica. **4.** Desarrollo de un suceso considerado como probable: *haber malas perspectivas económicas*. **5.** Fig. Apariencia o representación engañosa de una cosa. **6.** Punto de vista: *perspectiva histórica*. **7.** Gran avenida en línea recta. ◇ **En perspectiva** En un futuro: *tener un buen plan en perspectiva*. **Obra en perspectiva** ARQ. Disposición particular de una obra de forma que produzca el efecto de un espacio más amplio de lo que es en realidad. **Perspectiva aérea** PINT. Perspectiva que valora la luminosidad y el aire ambiental por encima de las cualidades y las pinturas. **Perspectiva caballera** Perspectiva establecida desde un punto de vista situado en el infinito.

PERSPECTIVISMO s.m. Doctrina filosófica según la cual todo conocimiento es relativo a un punto de vista determinado.

PERSPECTIVO, A adj. Que representa un objeto en perspectiva: *un dibujo perspectivo*.

PERSPICACIA s.f. Cualidad de perspicaz.

PERSPICAZ adj. (lat. *perspicax, -acis*, de vista penetrante). Se dice de la vista o la mirada que percibe a largas distancias. **2.** Fig. Se dice de la persona aguda y sagaz que se percata de las cosas aunque estas no estén claras.

PERSPICUO, A adj. (lat. *perspicuus*). Claro, transparente y terso. **2.** Fig. Se dice del lenguaje claro e inteligible. **3.** Fig. Se dice de la persona que se expresa de este modo.

PERSUADIR v.tr. y prnl. (lat. *persuadere*, de *suadere*, dar a entender). Convencer a una persona para hacer o aceptar algo.

PERSUASIBLE adj. Que puede hacerse creer por los fundamentos que se apoyan.

PERSUASIÓN s.f. Acción y efecto de persuadir. **2.** Facultad de la persona que convence a otra para hacer o aceptar algo.

PERSUASIVO, A adj. Hábil y eficaz para persuadir: *argumentos persuasivos*.

PERSULFATO s.m. QUÍM. Persal obtenida por electrólisis de un sulfato.

PERSULFURO s.m. Compuesto que contiene más azufre que el sulfuro normal.

PERTENECER v.intr. (lat. *pertinere*) [37]. Ser una cosa propiedad de una persona: *este libro me pertenece*. **2.** Formar una cosa parte de otra: *esta silla pertenece al comedor*. **3.** Ser una cosa obligación o responsabilidad de alguien.

PERTENENCIA s.f. Hecho de formar parte de un grupo: *pertenencia a un partido político*. **2.** DER. Acción o derecho que tiene una persona a la propiedad de una cosa. ◆ **pertenencias** s.f.pl. DER. Cosas muebles físicas que son propiedad de alguien. ◇ **Relación de pertenencia** MAT. Propiedad que tienen ciertos objetos de ser elementos de un conjunto.

PÉRTIGA s.f. (lat. *pertica*). Vara larga y flexible, especialmente la utilizada en atletismo en la prueba de salto de altura. **2.** Tubo o varilla articulada en el techo de un tranvía o un trolebús para captar la corriente del cable conductor mediante un contacto deslizante o una polea que lleva en su extremo. ◇ **Pértiga de enganche** Dispositivo articulado que permite enganchar o desenganchar los vagones de un tren sin tener que introducirse entre los topes.

■ **PÉRTIGA.** Salto de pértiga.

PÉRTIGO s.m. Lanza del carro.

PERTINACIA s.f. Cualidad de pertinaz.

PERTINAZ adj. (lat. *pertinax, -acis*). Que dura mucho tiempo: *dolor pertinaz*. **2.** Obstinado, terco.

PERTINENCIA s.f. Cualidad de pertinente.

PERTINENTE adj. Oportuno, adecuado: *observaciones pertinentes*. **2.** Relativo a lo que se expresa a continuación: *esta decisión no es pertinente a mi cargo*. **3.** DER. Concerniente al pleito. **4.** LING. Que tiene un valor distintivo en la estructura de una lengua: *rasgo pertinente*.

PERTRECHAR v.tr. Suministrar pertrechos a una unidad militar. ◆ v.tr. y prnl. *Fig.* Suministrar lo necesario para la realización de una cosa.

PERTRECHOS s.m.pl. Utensilios, máquinas, armas, municiones de una unidad militar. **2.** Utensilios necesarios para realizar una cosa.

PERTURBACIÓN s.f. Acción y efecto de perturbar. **2.** Alteración del estado de la atmósfera caracterizada por vientos fuertes y precipitaciones que corresponde a una depresión ciclónica. **3.** Alteración de las facultades mentales. (También *perturbación mental.*) **4.** ASTRON. Efecto producido en el movimiento de un cuerpo celeste que gira alrededor de otro por toda fuerza que se añade a la atracción del cuerpo principal.

PERTURBADO, A adj. y s. Enfermo mental.

PERTURBAR v.tr. y prnl. Producir desorden, alteración, inquietud o intranquilidad: *perturbar el orden público.* **2.** Hacer perder el juicio.

PERÚ. Valer un perú *Fam.* Ser muy apreciado o estimado.

PERUANISMO s.m. Palabra, expresión o giro propios del español de Perú.

PERUANO, A adj. y s. De Perú. ◆ s.m. Variedad del español hablada en Perú.

PERVERSIDAD s.f. Cualidad de perverso.

PERVERSIÓN s.f. Acción y efecto de pervertir: *perversión del gusto.* **2.** PSIQUIATR. Trastorno mental que impulsa al sujeto a realizar actos considerados como inmorales o antisociales: *perversiones sexuales.*

PERVERSO, A adj. y s. Que actúa con crueldad por placer. ◆ adj. Que manifiesta perversidad: *mirada perversa; comentario perverso.*

PERVERTIR v.tr. y prnl. (lat. *pervertere, trastornar*) [79]. Hacer que una persona realice actos considerados como inmorales o antisociales.

PERVIBRACIÓN s.f. Operación de pervibrar.

PERVIBRADOR s.m. Aparato que sirve para pervibrar.

PERVIBRAR v.tr. Someter el hormigón a vibraciones para mejorar su maleabilidad.

PERVINCA s.f. Planta herbácea que crece en lugares sombríos, de flores azules o malvas y pétalos curvos. (Familia apocináceas.)

hojas
y flor

■ **PERVINCA**

PERVIVIR v.intr. Durar una cosa mucho tiempo o permanecer en el mismo estado o situación a pesar del paso del tiempo: *pervivir un recuerdo en la memoria.*

PESA s.f. Pieza de peso establecido que sirve para determinar, por comparación efectuada con la balanza, el peso de un objeto. **2.** Contrapeso. **3.** Pieza pesada que, suspendida de una cuerda o cadena, sirve para dar movimiento a determinados relojes o de contrapeso en algunas suspensiones o mecanismos. **4.** Colomb., C. Rica, Méx., Nicar. y Venez. Carnicería, establecimiento. **5.** DEP. Haltera.

PESABEBÉS s.m. (pl. *pesabebés*). Balanza para pesar a lactantes y niños pequeños.

PESACARTAS s.m. (pl. *pesacartas*). Aparato para determinar el peso de las cartas.

PESADA s.f. Acción de pesar. **2.** Cantidad que se pesa de una vez.

PESADEZ s.f. Cualidad de pesado. **2.** Sensación de cansancio que se siente en alguna parte del cuerpo: *pesadez de estómago.*

PESADILLA s.f. Sueño que causa angustia o

espanto. **2.** *Fig.* Preocupación intensa y continua.

PESADO, A adj. Que pesa mucho. **2.** *Fig.* Muy lento y torpe en sus movimientos. **3.** Se dice del mecanismo que cuesta mucho esfuerzo mover. **4.** *Fig.* Se dice del sueño del que es difícil despertar. **5.** Se dice del tiempo atmosférico de alta presión atmosférica que produce una sensación de cansancio. **6.** *Fig.* Se dice de la parte del cuerpo que padece cansancio: *sentir la cabeza pesada.* **7.** *Fig.* Que cuesta mucho esfuerzo realizarlo o soportarlo: *trabajo pesado; broma pesada.* **8.** *Fig.* Aburrido, carente de interés: *conversación pesada.* **9.** *Fig.* Se dice de la persona que es molesta o fastidiosa. **10.** QUÍM. Se dice del elemento de peso atómico elevado. ◇ **Agua pesada** QUÍM. Óxido de deuterio (D_2O), semejante al agua corriente, que se emplea como moderador en determinados reactores nucleares. **Peso pesado** Categoría de peso que agrupa a los boxeadores de 81 a 91 kg.

PESADUMBRE s.f. Disgusto o pena.

PESAJE s.m. Acción de pesar o manera de hacerlo. **2.** DEP. Lugar donde se pesan los automóviles que han de participar en una carrera o los competidores que han de intervenir en una prueba deportiva.

PESALECHES s.m. (pl. *pesaleches*). Lactodensímetro. SIN.: *galactómetro.*

PÉSAME s.m. Expresión que manifiesta el pesar por el fallecimiento de alguien.

PESAMOSTOS s.m. (pl. *pesamostos*). Glucómetro.

PESANTE adj. Que pesa. **2.** Pesaroso.

PESANTEZ s.f. FÍS. Gravedad.

1. PESAR v.intr. (lat. *pensare*). Tener cierto peso o mucho peso: *la maleta pesa 5 kg.* **2.** *Fig.* Tener gran influencia o importancia: *su opinión pesa mucho en la empresa.* **3.** *Fig.* Ser una cosa molesta o penosa de soportar: *me pesan tantas responsabilidades.* **4.** *Fig.* Causar un hecho arrepentimiento o tristeza: *le pesó haber mentido.* ◆ v.tr. Tener un peso determinado: *la caja pesa tres kilos.* **2.** Determinar el peso de alguien o algo: *pesar la fruta.* **3.** Examinar atentamente, valorar la importancia de algo: *pesar los pros y los contras.* ◇ **Mal que le pese** Aunque no quiera. **Pese a quien pese** A pesar de los obstáculos que se opongan.

2. PESAR s.m. Sentimiento de dolor. **2.** Arrepentimiento. ◇ **A pesar de** Sin que lo que se expresa a continuación constituya obstáculo o impedimento para la cosa de que se trata.

PESARIO s.m. (lat. *pessarium*, del gr. tardío *pessárion*). MED. Aparato que sirve para mantener el útero en su sitio en caso de prolapso. **2.** MED. Supositorio vaginal. ◇ **Pesario anticonceptivo** MED. Instrumento que se coloca en la vagina para impedir el paso de espermatozoides al cuello uterino.

PESAROSO, A adj. Arrepentido o con pesadumbre.

PESCA s.f. Técnica de pescar. **2.** Conjunto de peces que se han pescado.

PESCADERÍA s.f. Establecimiento donde se vende pescado.

PESCADERO, A s. Persona que vende pescado.

PESCADILLA s.f. Cría de la merluza.

PESCADO s.m. (lat. *piscatus, -us*, pesca). Pez que se saca del medio donde vive para servir como alimento.

PESCADOR, RA adj. y s. Se dice de la persona que tiene por oficio pescar o es aficionada a la pesca.

PESCADORA s.f. Camisa abrochada por delante con cordones.

PESCANTE s.m. Asiento exterior del carruaje tirado por caballerías donde se sitúa la persona que lo lleva. **2.** Pieza de madera o hierro que sobresale de una pared o un poste y que sirve para sostenerlas o colgar una cosa. **3.** Brazo de una grúa. **4.** MAR. Viga de un buque que sirve para suspender pesos, amarrar ciertos cabos, etc.

PESCAR v.tr. (lat. *piscare*) [1]. Sacar peces u otros animales acuáticos del medio en que viven. **2.** Sacar una cosa del fondo del mar u otro líquido. **3.** *Fig.* y *fam.* Contraer una enfermedad: *pescar un resfriado.* **4.** *Fig.* y *fam.* Conseguir algo que se pretendía o buscaba: *pescar*

novio. **5.** *Fig.* y *fam.* Sorprender a alguien mientras está haciendo algo indebido o secreto: *pesqué al ladrón.* **6.** *Fig.* y *fam.* Entender una cosa con rapidez y agudeza.

PESCOZÓN s.m. Golpe dado con la mano en el pescuezo o en la cabeza. SIN.: *pescozada.*

PESCUEZO s.m. Parte del cuerpo de un animal que une la cabeza con el tronco. **2.** *Fam.* Cuello de una persona. ◇ **Apretar,** o **estirar,** o **torcer,** o **retorcer,** a alguien **el pescuezo** *Fam.* Matarlo. **Torcer el pescuezo** *Fam.* Morir.

PESEBRE s.m. (lat. *praesepe*). Cajón o artesa donde comen los animales. **2.** Establecimiento donde comen los animales. **3.** Belén.

PESEBRERA s.f. Conjunto de pesebres de cuadra o caballeriza.

PESETA s.f. (de *peso*, unidad monetaria). Antigua unidad monetaria de España y de Andorra, sustituida por el euro en 2002. ◆ **pesetas** s.f.pl. *Fam.* Dinero: *cuestión de pesetas.* ◇ **Cambiar la peseta** *Fam.* Vomitar.

PESETERO, A adj. y s. Esp. *Fam.* Se dice de la persona que hace las cosas solo por dinero.

PESIMISMO s.m. Disposición o propensión a considerar el aspecto más desfavorable de una cosa. CONTR.: *optimismo.*

PESIMISTA adj. y s.m. y f. Persona que tiende a considerar el aspecto más desfavorable de las cosas. **2.** Que tiene o implica pesimismo.

PÉSIMO, A adj. (lat. *pessimus*). Muy malo.

PESO s.m. (lat. *pensum*, peso de lana que debe hilarse). Fuerza que resulta de la acción de la gravedad sobre un cuerpo. (El peso es igual al producto de la masa de un cuerpo por la fuerza de la gravedad.) **2.** Medida de esta fuerza. **3.** *Fig.* Valor, eficacia o importancia de algo. **4.** *Fig.* Sensación de cansancio o molestia que se siente en alguna parte del cuerpo: *sentir un peso en el estómago.* **5.** *Fig.* Preocupación, angustia o padecimiento. **6.** *Fig.* Carga u obligación que tiene una persona. **7.** Pesa. **8.** Balanza para pesar. **9.** Unidad monetaria de Argentina, Chile, Colombia, Cuba, Filipinas, México, República Dominicana y Uruguay. **10.** DEP. **a.** Esfera metálica de 7,257 kg en categoría masculina y 4 kg en femenina que se lanza con una sola mano en algunas pruebas de atletismo. **b.** Categoría que agrupa a los boxeadores según lo que pesan. **11.** NUMISM. Real de a ocho. ◇ **De peso** *Fig.* Se dice de la persona importante e influyente; se dice de la razón, argumento o motivo decisivos o poderosos. **Peso adherente** F.C. Peso transmitido a la vía por el conjunto de los ejes motores de una locomotora y que interviene en el cálculo del esfuerzo de tracción. **Peso específico de un cuerpo** Cociente entre el peso de un cuerpo y su volumen. **Peso molecular de un cuerpo** Peso de una molécula-gramo de ese cuerpo. **Peso muerto** Peso de los órganos de un mecanismo que, absorbiendo potencia, reduce el trabajo útil; persona o cosa que es o se siente como un lastre o molestia para el desarrollo o consecución de algo.

■ **PESCANTE** con barca salvavidas en un transatlántico.

PÉSOL s.m. BOT. Arveja, guisante.

PESPUNTE s.m. Costura de puntadas seguidas y uniformes que se hace generalmente con la máquina de coser.

PESPUNTEAR v.tr. (del ant. *pospuntar*, dar puntos hacia atrás). Hacer pespuntes. SIN.: *pespuntar*.

PESQUERÍA s.f. Conjunto de actividades relacionadas con la pesca. **2.** Lugar donde se pesca.

PESQUERO, A adj. Relativo a la pesca: *industria pesquera*. ◆ s.m. y adj. Embarcación de pesca.

PESQUIS s.m. Fam. Perspicacia, inteligencia.

PESQUISA s.f. (del ant. *pesquisda*, p. de *pesquirir*, pesquiar). Investigación que se hace para averiguar una cosa. ◆ s.m. Argent. Investigador de la policía.

PESTAÑA s.f. Pelo del borde del párpado. **2.** Parte que sobresale del borde de alguna cosa: *pestaña del pantalón.* ◇ **Jugarse las pestañas** Fam. Jugar o apostar una persona todo lo que es suyo. **No pegar pestaña** Fam. No poder dormir. **Quemarse las pestañas** Fam. Trabajar muy duro en una actividad que se realiza básicamente con la vista.

PESTAÑEAR v.intr. Parpadear. **No,** o **sin, pestañear** Se usa para indicar que una persona presta mucha atención; rápidamente, con decisión.

PESTAÑEO s.m. Acción de mover los párpados rápida y repetidamente.

PESTE s.f. (lat. *pestis*, ruina, destrucción, epidemia). Enfermedad infecciosa y contagiosa producida por el bacilo de Yersin, que la rata transmite al ser humano mediante mordedura o a través de las pulgas. (Se distinguen la *peste bubónica*, directamente transmitida por las pulgas, y la *peste pulmonar*, transmitida de persona a persona por inhalación.) **2.** Mal olor. **3.** Fig. y fam. Abundancia excesiva de una cosa molesta o nociva. **4.** Fig. Persona o cosa que molesta. **5.** VET. Enfermedad infecciosa que afecta a determinados animales domésticos: *peste aviar; peste equina.* ◇ **Decir,** o **echar,** o **hablar, pestes** Hablar muy mal de una persona o cosa.

PESTICIDA adj. y s.m. Se dice del producto que sirve para eliminar los parasitos animales y vegetales de los cultivos. SIN.: *plaguicida*.

PESTÍFERO, A adj. Pestilente.

PESTILENCIA s.f. Peste, mal olor.

PESTILENTE adj. (lat. *pestilens, -tis*). Que huele mal.

PESTILLO s.m. (del lat. *pestulus*, de *pessulus*, cerrojo). Barra pequeña metálica que se corre para introducirla en la hembrilla del marco de una puerta o ventana para cerrarlas. **2.** Pieza que al girar de la llave sale de la cerradura y entra en el cerradero para asegurar el cierre. **3.** P. Rico. Novio. ◇ **Pestillo de golpe** Pestillo cuya parte cortada en bisel, que sobresale de la cabecera de la caja de la cerradura por la acción de un muelle, se eclipsa al cerrar la puerta y entra automáticamente en el cerradero.

PESTIÑO s.m. Dulce elaborado con una masa de harina, agua y huevo que se fríe y se baña en miel.

PESTO s.m. (ital. *pesto*). Salsa elaborada con albahaca y ajo que se liga con aceite. **2.** Argent. Fig. y fam. Paliza.

PESUÑO s.m. Formación córnea que envuelve el dedo de los animales artiodáctilos.

PETACA s.f. (náhuatl *petlakálli*, caja de juncos). Estuche pequeño para tabaco picado o cigarrillos. **2.** Caja de cuero, madera o mimbre, cubierta de cuero usada principalmente en América para colocar la carga a cada lado de la caballería. **3.** Botella pequeña y plana para llevar bebidas alcohólicas. **4.** Méx. Maleta. ◆ petacas s.f.pl. Méx. Fam. Nalgas. ◇ **Hacer la petaca** Gastar una broma que consiste en colocar la sábana de encima de la cama de forma que parezca que está hecha, pero realmente está doblada, de forma que sea imposible meterse en ella.

PETACÓN, NA adj. Colomb. y Méx. Se dice de la persona que tiene las nalgas muy grandes.

PÉTALO s.m. Parte de la corola de una flor plana y coloreada que se inserta por medio de la uña en el receptáculo floral.

PETANCA s.f. Juego que consiste en lanzar una bola pequeña y despues otras mas grandes que deben acercarse lo más posible a la pequeña. (Este juego es originario de Provenza.)

PETAR v.intr. Fam. Agradar, gustar.

PETARDEAR v.tr. Disparar petardos.

PETARDO s.m. (fr. *pétard*, de *péter*, estallar). Tubo pequeño lleno de pólvora u otro explosivo con una mecha en uno de sus extremo que produce una detonación cuando se enciende. **2.** Fig. y fam. Engaño, estafa, sablazo. **3.** Fig. y fam. Persona o cosa muy fea o de escasas cualidades. **4.** Esp. ARM. Morterete afirmado sobre una plancha de madera o bronce cuya explosión se utiliza para derribar obstáculos.

PETASO s.m. ANT. GR. y ROM. Sombrero de ala ancha.

PETATE s.m. (náhuatl *pétlatl*, estera). Lío hecho con la ropa de una persona, especialmente de los marineros, soldados, presos o viajeros. **2.** Estera de fibra vegetal que se usa para dormir sobre ella. **3.** Fig. y fam. Hombre despreciable. ◇ **Liar el petate** Fam. Marcharse de un sitio; morir.

PETENERA s.f. Cante flamenco, parecido a la malagueña, con coplas de cuatro versos octosílabos. ◇ **Salir por peteneras** Fam. Hacer o decir algo inoportuno.

PETICIÓN s.f. Acción de pedir. **2.** Escrito o expresion oral con que se pide una cosa. **3.** DER. Escrito mediante el cual una persona o un grupo de personas formulan una querella o una demanda ante un juez o tribunal. ◇ **Derecho de petición** DER. Derecho que tiene una persona de dirigir una petición a las asambleas, al gobierno o al jefe del estado. **Petición de herencia** DER. Acción que la ley atribuye a un heredero para reivindicar la sucesión frente a otro posible heredero. **Petición de principio** Razonamiento que consiste en presentar como antecedente, y por tanto como cierto, lo mismo que se trata de probar.

PETICIONARIO, A adj. y s. Que pide o solicita oficialmente una cosa.

PETIGRIS s.m. → **PETITGRIS**.

PETIMETRE, A s. (fr. *petit-maitre*, maestro chico). Persona que se arregla mucho y está excesivamente preocupada por seguir la moda.

PETIRROJO s.m. (cat. *pit-roig*). Ave paseriforme de unos 15 cm de long. y plumaje marrón, con el cuello y el pecho rojos. (El petirrojo vive en toda Europa hasta el círculo polar y emigra hacia el N de África y Asia.) [Familia túrdidos.]

◼ PETIRROJO

PETITGRIS o **PETIGRÍS** s.m. (fr. *petit gris*, pequeño gris). Ardilla originaria de Europa septentrional y el N de Siberia occidental, de piel gris plateada en invierno. (Familia esciúridos.) **2.** Piel de este animal, muy apreciada en peletería.

PETITORIO, A adj. Relativo a la petición: *mesa petitoria.* **2.** DER. Se dice de una demanda hecha en juicio para que se reconozca un derecho real sobre un inmueble.

PETIZO, A o **PETISO, A** adj. y s. Amér. Merid. Que es de baja estatura. ◆ s.m. Amér. Merid. Caballo de poca alzada.

PETO s.m. (ital. *petto*, pecho). Pieza de ropa que se coloca sobre el pecho: *el peto de un babero.* **2.** Prenda de vestir que tiene unida esta pieza: *el peto de un pantalón.* **3.** Armadura que servía para proteger el pecho. **4.** Pieza de algunas herramientas, como la azada o el hacha, generalmente de hierro, opuesta a la pala. **5.** Parte inferior del caparazón de los que-

lonios. **6.** Cuba. Pez de gran tamaño de lomo azul y vientre palido. **7.** DEP. Pieza acolchada de caucho que sirve para proteger el pecho en determinados deportes, como béisbol, esgrima, etc.

PETRAL s.m. (lat. *pectorale*, que cubre el pecho). Parte del arnés que ciñe y rodea el pecho del caballo.

PETRARQUESCO, A adj. Relativo a Petrarca o a su obra.

PETRARQUISMO s.m. Estilo poético de Petrarca y de sus seguidores.

PETRARQUISTA adj. y s.m. y f. Relativo al petrarquismo; adscrito al petrarquismo.

PETREL s.m. Ave palmípeda, de unos 20 cm de long., que vive en alta mar, en las zonas frías, y solo acude a tierra para reproducirse.

PÉTREO, A adj. Relativo a la piedra. **2.** Que tiene alguna de las características de la piedra. **3.** Pedregoso, cubierto de piedra.

PETRIFICANTE adj. Que petrifica.

PETRIFICAR v.tr. y prnl. [1]. Convertir algo en piedra o endurecerlo. **2.** Fig. Dejar a alguien paralizado por el asombro o el terror.

PETRODÓLAR s.m. Dólar que resulta de la comercialización del petróleo bruto.

PETROGÉNESIS s.f. GEOL. Proceso de formación de las rocas. **2.** Parte de la petrología que estudia el origen y formación de las rocas, especialmente las ígneas.

PETROGLIFO s.m. ARQUEOL. Grabado o dibujo realizado sobre una piedra. (Son propios de culturas ágrafas; generalmente son conmemorativos y, a veces, rituales.)

PETROGRAFÍA s.f. Parte de la petrología que estudia la descripción de las rocas y su clasificación sistemática.

PETROGRÁFICO, A adj. Relativo a la petrografía.

PETRÓGRAFO, A s. Persona que se dedica al estudio de la petrografía.

PETRÓLEO s.m. (del lat. *petra*, roca, y *oleum*, aceite). Roca que se produce bajo la forma de un aceite mineral más o menos fluido, viscoso, combustible, compuesto principalmente de hidrocarburos, de color claro a muy oscuro y de una densidad que varía de 0,8 a 0,95. ◆ **Equivalente petróleo** Masa de petróleo que proporcionaría la misma cantidad de energía que la producida por otra fuente (carbón, nuclear, etc.) o la consumida por un usuario o un conjunto de usuarios (calefacción, transportes, etc.).

ENCICL. El petróleo es el resultado de la lenta degradación bacteriológica de organismos acuáticos vegetales y animales que hace decenas, en ocasiones centenas, de millones de años proliferaron en los mares y se acumularon en capas sedimentarias. El conjunto de productos surgidos de esta degradación, hidrocarburos y compuestos volátiles, mezclado con los sedimentos y residuos orgánicos, se halla en la *roca madre*; de esta, el petróleo, expulsado por efecto de la compactación provocada por la sedimentación, migra e impregna arena o rocas más porosas y permeables, como las areniscas o las calcáreas. Los yacimientos siempre se localizan en un punto singular o en una anomalía natural de estas rocas, que reciben el nombre de *roca almacén*. Una capa impermeable (de marga o arcilla, por ej.) forma una trampa que permite la acumulación de hidrocarburos e impide que estos escapen. Generalmente el petróleo se presenta con una capa superior de hidrocarburos gaseosos, y se sitúa debajo de una capa de agua salada, más densa que él. El espesor de un yacimiento varía entre unos metros y varios centenares de ellos. Su longitud puede alcanzar varias decenas de kilómetros en Oriente Medio. Además de los principales tipos de hidrocarburos (parafinas, olefinas, aromáticos, principalmente), que se hallan en proporciones muy variables de un yacimiento a otro, el petróleo contiene diversas sustancias (azufre, agua salada, restos de metales, etc.) que lo hacen prácticamente inutilizable en estado bruto. El refino es el conjunto de operaciones industriales llevadas a cabo para tratar y transformar el petróleo bruto en carburantes, gasolinas especiales, combustibles y productos di-

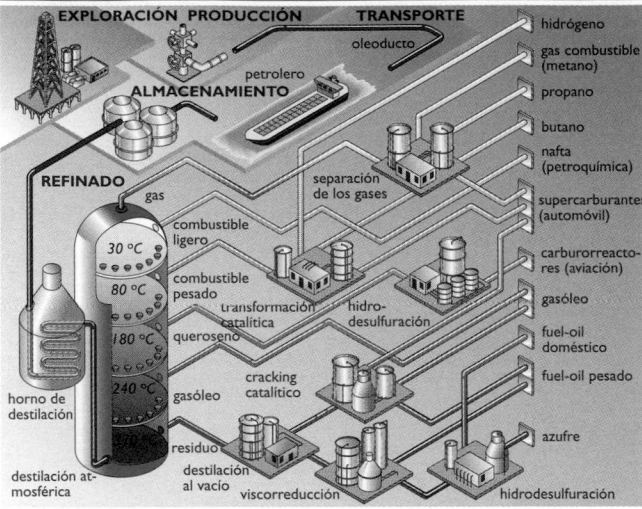

EXPLORACIÓN PRODUCCIÓN   TRANSPORTE

ALMACENAMIENTO

petrolero

oleoducto

hidrógeno

gas combustible (metano)

propano

butano

nafta (petroquímica)

REFINADO

gas

separación de los gases

supercarburantes (automóvil)

combustible ligero

30 °C

carburorreactores (aviación)

combustible pesado

80 °C

transformación catalítica

hidro-desulfuración

gasóleo

querosenol

180 °C

fuel-oil doméstico

cracking catalítico

240 °C

fuel-oil pesado

gasóleo

horno de destilación

residuo

azufre

destilación atmosférica

destilación al vacío

viscorreducción

hidrodesulfuración

■ **PETRÓLEO.** El ciclo del petróleo desde la exploración hasta la extracción y el refinado.

versos. El petróleo constituye la principal fuente de energía en el mundo.

PETROLERO, A adj. Relativo al petróleo: *explotación petrolera.* ◆ adj. y s.m. Se dice del buque cisterna destinado al transporte, sin envase previo, de hidrocarburos líquidos. ◆ s. Persona que vende petróleo al por menor.

PETROLÍFERO, A adj. Que contiene o produce petróleo.

PETROLOGÍA s.f. Parte de la geología que estudia las rocas.

PETROQUÍMICA s.f. Ciencia, técnica e industria de los productos químicos derivados del petróleo.

PETROQUÍMICO, A adj. Relativo a la petroquímica: *empresa petroquímica.*

PETROSO, A adj. Se dice del lugar donde hay muchas piedras. **2.** ANAT. Relativo al peñasco del hueso temporal.

PETULANCIA s.f. Cualidad de petulante.

PETULANTE adj. y s.m. y f. (lat. *petulans, -tis, impetuoso*). Pedante. **2.** Insolente, atrevido.

PETUNIA s.f. (fr. ant. *petun,* tabaco). Planta herbácea de hojas alternas enteras y flores axiales solitarias, de color blanco o violáceo que se cultiva como ornamental. (Familia solanáceas.) **2.** Flor de esta planta.

■ **PETUNIAS**

PEUCO s.m. Chile. Gavilán que se alimenta de pajarillos y lagartijas.

PEÚCO s.m. Calcetín que se pone a los niños que todavía no andan. **2.** Calcetín corto que se emplea especialmente para dormir.

1. PEUL o **PUL** s.m. Lengua nigeriano-congoleña del grupo atlántico occidental hablada en un área que se extiende desde Senegal y Gambia hasta Camerún y el E del lago Chad.

2. PEUL → FULBÉ.

PEUMO s.m. Chile. Árbol de hoja aovada, perenne y fruto ovalado, rojizo, de pulpa blanca y suave. (El peumo tiene propiedades medicinales; familia lauráceas.)

PEYORATIVO, A adj. LING. Que tiene un sentido desfavorable o despectivo: *la palabra* medicucho *es peyorativa.*

PEYOTE s.m. (náhuatl *peyotl,* capullo de gusano). Cactácea originaria de México y de Texas, no espinosa, de pequeño tamaño, cubierta de pelos sedosos, y que contiene numerosos alcaloides, entre ellos la mescalina que produce alucinaciones. (Género *Echinocactus.*)

1. PEZ s.m. (lat. *piscis*). Animal vertebrado acuático, generalmente ovíparo y de respiración branquial, de cuerpo casi siempre fusiforme, que nada con ayuda de aletas pares (pectorales y pelvianas) e impares (dorsales, caudal y anales) y cuya piel está generalmente cubierta de escamas. **2.** *Fig.* Persona astuta y poco escrupulosa. (Se usa generalmente pospuesto a *buen.*) ◇ **Como pez en el agua** Cómodo, satisfecho. **Estar pez** Esp. *Fam.* No saber nada de algún asunto o materia. **Pez aguja** Aguja. **Pez balón** Pez de los mares cálidos, de piel dura desprovista de escamas pero cubierta de espinas en los costados y la zona ventral, que tiene la facultad de hincharse llenando de agua o aire el aparato digestivo. (Familia tetraodóntidos.) **Pez de arena** Lagarto que vive en las regiones desérticas. **Pez de colores,** o **dorado** Pez originario de China de agua dulce, de hasta 25 cm de long. que adopta formas y colores muy diversos. (Familia ciprínidos.) **Pez de cuatro ojos** Pez originario de las aguas

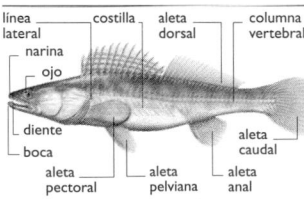

línea lateral

costilla

aleta dorsal

columna vertebral

narina

ojo

diente

aleta caudal

boca

aleta pectoral

aleta pelviana

aleta anal

morfología general y esqueleto

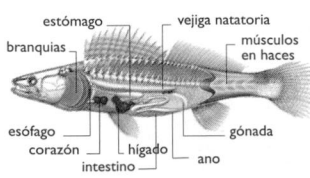

estómago

vejiga natatoria

músculos en haces

branquias

esófago

corazón

hígado

gónada

intestino

ano

anatomía interna

■ **PEZ.** Anatomía de la lucioperca.

cenagosas de los ríos de América intertropical cuyos ojos están divididos en dos partes, la superior para la visión en el aire, y la inferior para la visión en el agua. **Pez del paraíso** Pez de colores brillantes, originario del SE de Asia, de 7 cm de long., con frecuencia criado en acuarios. **Pez de plata** Pez de cuerpo alargado y comprimido, aleta dorsal dividida en dos partes, y color pardusco con manchas largas y plateadas. (Familia clínidos.) **Pez de san Pedro** Pez de cuerpo alto y comprimido, de 30 a 50 cm de long. común en los mares templados. **Pez espada** Pez de los mares cálidos y templados, que alcanza 4 m de long., y cuya mandíbula superior se alarga en forma puntiaguda, como la hoja de una espada. (Orden perciformes.) **Pez gato** Pez originario de Norteamérica de agua dulce, cuerpo robusto, cabeza maciza, ojos pequeños y boca con numerosos dientes pequeños y con largas barbillas. **Pez gordo** Persona importante e influyente. **Pez luna** Pez de los mares tropicales de hasta 3 m de long., de cabeza grande y cuerpo casi discoidal. **Pez martillo** Tiburón de los mares tropicales, con la cabeza prolongada en dos lóbulos laterales, donde están situados los ojos. **Pez rata** Pez óseo de ojos saltones, parecido al peje, que vive enterrado en la arena de las costas mediterráneas, y del que solo sobresale la parte superior de su cabeza. (Long. 25 cm aprox., familia traquiptéridos.) **Pez sierra** Pez marino de rostro en forma de sierra y con doble hilera de dientes implantados en los alvéolos. (Familia prístidos.) **Pez volador** Pez de los mares cálidos cuyas aletas pectorales, muy desarrolladas, le permiten planear sobre la superficie del mar. **ENCICL.** La clase de los peces (20 000 especies), muy heterogénea, agrupa especies con esqueleto cartilaginoso (como la raya y el tiburón) y con esqueleto óseo. Los últimos incluyen un grupo dominante: los teleósteos (carpa, anguila, salmón, perca) y diversos grupos pequeños de peces primitivos o especializados: condrósteos (esturión), holósteos, crisopterigios y dipneustos.

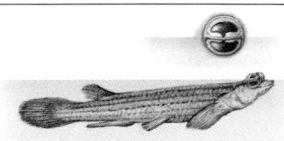

■ **PEZ DE CUATRO OJOS**

2. PEZ s.f. (lat. *pix, picis*). Sustancia sólida, blanda y pegajosa, de color oscuro, insoluble en agua, que se obtiene como residuo de la destilación de la trementina, los alquitranes y las maderas resinosas. **2.** Betún.

PEZÓN s.m. (del lat. *pedicellus,* dim. de *pes, pedis,* pie). Parte central, eréctil y más prominente de la glándula mamaria. **2.** *Fig.* Parte saliente de algunas cosas: *el pezón del eje de una rueda.* **3.** Rabillo que sostiene la hoja, la flor o el fruto de las plantas: *el pezón del limón.*

PEZPITA s.f. Aguzanieves. SIN.: *pezpítalo.*

PEZUÑA s.f. (del lat. *pedis ungula,* uña del pie). Pesuño o conjunto de pesuños de una pata.

PFENNIG s.m. Moneda fraccionaria que vale a 1/100 de marco.

pH s.m. (de *p,* potencial, y *H,* hidrógeno). Coeficiente que caracteriza la acidez o la basicidad de una solución acuosa. (Una solución es ácida si su *pH* es inferior a 7, y básica si es superior a 7.)

PHOT o **FOT** s.m. Unidad de medida de iluminación (símb. ph) equivalente a 10 000 lux o 1 lumen por cm^2.

PI s.f. Nombre de la decimosexta letra del alfabeto griego (π, Π), que corresponde a la *p* española. **2.** MAT. Nombre del signo matemático π, que equivale a 3,1416 y que resulta de la relación constante entre el diámetro de una circunferencia y su longitud.

PIADOSO, A adj. (del ant. *piadad,* piedad). Se dice de la persona devota, religiosa. **2.** Que

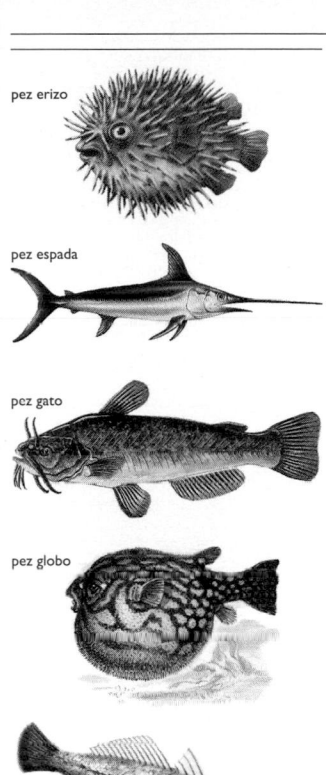

pez erizo

pez espada

pez gato

pez globo

pez rata

pez volador

■ **PECES**

cústico Piano provisto de una mecánica tradicional cuyo sonido está amplificado por un equipo electrónico. **Piano electrónico** Instrumento musical que produce el sonido de las cuerdas percutidas característico del piano mediante un conjunto de osciladores electrónicos. **Piano vertical** Piano que tiene las cuerdas y caja de resonancia en posición vertical.

■ **PIANO** de mediacola.

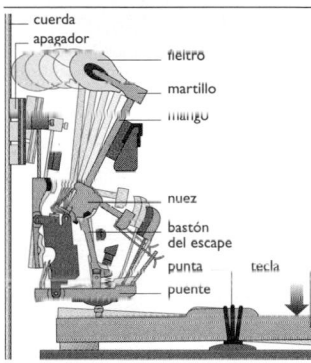

cuerda
apagador
fieltro
martillo
mango
nuez
bastón del escape
punta   tecla
puente

■ **PIANO.** Mecanismo de percusión en un piano vertical.

2. PIANO adv.m. (ital. *piano piano*). MÚS. Suavemente, con una intensidad de sonido débil. ◆ s.m. Pasaje ejecutado de esta forma.
PIANOFORTE s.m. (voz italiana). Instrumento musical de cuerda percutida, precursor del piano moderno, que se utilizó durante el s. XVIII.
PIANOLA s.f. Piano que funciona con corriente eléctrica o mecánicamente por pedales. **2.** Aparato que puede unirse al piano para ejecutar mecánicamente las piezas musicales.
PIAPOCO s.m. Venez. Tucán.
PIAR v.intr. (voz de origen onomatopéyico) [19]. Emitir las aves sonidos agudos y repetidos.
PIARA s.f. Manada de cerdos.
PIASTRA s.f. Moneda fraccionaria que vale 1/100 de la libra de Egipto, Líbano, Siria y Sudán.
PIBE, A s. Argent. Fórmula de tratamiento afectuosa. **2.** Argent. y Urug. Muchacho. ◇ **Estar hecho un pibe** Argent. Fam. Conservarse joven un adulto.
PICA s.f. HIST. Lanza larga formada por un asta que termina en un hierro pequeño y agudo. **2.** Soldado armado con este arma. **3.** TAUROM. **a.** Vara para picar toros que tiene en el extremo una punta de acero. **b.** Golpe dado con esta vara. **4.** Esp. Carta del palo de picas. ◆ **picas** s.f.pl. Esp. Palo de la baraja francesa representado por la figura de una punta de lanza de hierro negra. ◇ **Poner una pica en Flandes** Fam. Conseguir una cosa muy difícil. **Tercio de picas** TAUROM. Primer tercio de la lidia destinado a quebrantar la fortaleza del toro por medio de las heridas que se le infieren con la pica.
PICABUEYES s.m. (pl. *picabueyes*). Ave passe-

riforme de pequeño tamaño, que suele posarse sobre los bueyes y búfalos para cazar las larvas parásitas de su piel.
PICACHO s.m. Pico agudo de una montaña.
PICADA s.f. Picotazo. **2.** Picadura, punzada o mordedura de ciertos insectos, aves o reptiles. **3.** Amér. Senda que se abre en un bosque o en un monte espeso. **4.** Amér. Central, Argent., Bol., Par. y Urug. Carrera ilegal de automotores que se realiza en la vía pública y perturba la normal circulación. **5.** Argent. Pequeña cantidad de comida que se sirve junto a una bebida, por lo común alcohólica. **6.** Colomb. Fam. Punzada, dolor agudo.
PICADERA s.f. Labiérnago.
PICADERO s.m. Recinto donde los picadores adiestran los caballos. **2.** Escuela de equitación. **3.** Argent. Pista o arena de circo. **4.** Colomb. Matadero. **5.** Esp. Fam. Lugar destinado a practicar relaciones sexuales.
PICADILLO s.m. Guiso a base de carne, tocino y ajos picados, revueltos con huevos y sazonados con especias. **2.** Magro de cerdo picado, preparado para hacer embutidos.
PICADO, A adj. Que está labrado o adornado con agujeros muy pequeños: *zapato picado.* **2.** Que tiene en la piel cicatrices como consecuencia de la viruela: *picado de viruela.* **3.** Se dice de los vinos que se avinagran debido a bacterias acéticas. **4.** Se dice del negativo fotográfico en el que se observan numerosos puntos transparentes. **5.** Fig. y fam. Resentido u ofendido por algo. **6.** Amér. Embriagado ligeramente. **7.** HERÁLD. Se dice del ave cuyo pico es de esmalte distinto al resto de su cuerpo. ◆ s.m. Ángulo de una cámara cinematográfica que dirige el eje óptico desde arriba hacia abajo; toma efectuada con este ángulo. **2.** Picadillo. **3.** Avinagramiento de los vinos, debido a bacterias acéticas. **4.** Esp. Descenso de un avión con el morro muy inclinado hacia abajo, con o sin empuje. **5.** COREOGR. Movimiento de danza que consiste en apoyar el peso del cuerpo sobre un pie, plano y en el suelo, mientras se marca con la punta del otro pie hacia adelante, hacia atrás o hacia un lado. ◇ **En picado** Esp. Vuelo descendente de un avión en posición casi vertical y a gran velocidad, Fig. caída o descenso brusco de una actividad: *las ventas cayeron en picado.* **Nota picada** MÚS. Nota coronada por un punto, ejecutada de forma aguda y con vivacidad, y separada completamente de la que le sigue.
PICADOR, RA s. Persona encargada de domar y adiestrar los caballos. **2.** Persona montada a caballo encargada de picar con una garrocha al toro. SIN.: *lancero.* **3.** MIN. Persona que tiene por oficio arrancar el mineral por medio del pico.
PICADORA s.f. Aparato o máquina que sirve para picar carnes, verduras u otros alimentos.
PICADURA s.f. Acción de picar o picarse. **2.** Punzada o mordedura de ciertos insectos, aves o reptiles. SIN.: *picada.* **3.** Herida de superficie pequeña y de profundidad variable. **4.** Principio de caries en la dentadura. **5.** Agujero como de alfiler en la hoja o pliego de papel. **6.** Tabaco picado para fumar. **7.** Mancha rojiza producida por la humedad en un grabado, una placa, etc.
PICAFLOR s.m. Colibrí. **2.** Amér. Fig. Hombre enamoradizo y galanteador.
PICAJOSO, A adj. y s. Que se pica u ofende con facilidad.
PICAMADEROS s.m. (pl. *picamaderos.*) Pico, pájaro insectívoro.
PICANA s.f. Amér. Merid. y Méx. Aguijada, vara para aguijar los bueyes.
PICANTE adj. Que pica al paladar: *salsa picante.* **2.** Fig. y fam. Se dice del chiste o narración que es poco pudoroso, sin llegar a ser obsceno. ◆ s.m. Sustancia o especia que tiene un sabor fuerte que excita o pica al paladar.
PICAPEDRERO, A s. (cat. *picapedrer*). Cantero, persona que tiene por oficio labrar las piedras.
PICAPICA s.m. Pelusilla o polvo de origen vegetal o animal que causa picazón si se aplica sobre la piel de las personas.
PICAPLEITOS s.m. y f. (cat. *picaplets*) [pl. *picapleitos*]. Desp. Abogado.

tiene piedad o siente compasión. **3.** Relativo a la piedad.
PIAFAR v.tr. (fr. *piaffer,* contonearse). Dar patadas el caballo con las patas delanteras rascando el suelo, generalmente cuando está inquieto.
PIAMADRE s.f. ANAT. Membrana meníngea interna.
PIAMONTÉS, SA adj. y s. Del Piamonte.
PIÁN s.m. Enfermedad tropical infecciosa y contagiosa producida por un treponema, que provoca lesiones cutáneas.
PIANISSIMO adv.m. (voz italiana). MÚS. Con un grado de intensidad de sonido muy débil. ◆ s.m. Pasaje ejecutado de esta forma.
PIANISTA s.m. y f. Persona que toca el piano, especialmente si se dedica profesionalmente a ello.
PIANÍSTICO, A adj. Relativo al piano: *técnica pianística.*
1. PIANO s.m. (del ital. *pianoforte*). Instrumento musical de cuerda percutida formado por una serie de teclas que, al pulsarlas, accionan un sistema de macillos que percuten las cuerdas y las hacen sonar. ◇ **Piano de cola** Piano que tiene las cuerdas y la caja de resonancia en posición horizontal. **Piano electroa-**

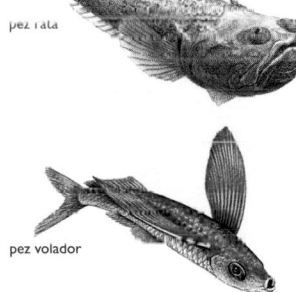

PICAPORTE s.m. (cat. *picaportes*). Aldaba, pieza de las puertas para llamar. **2.** Dispositivo para cerrar de golpe una puerta.

PICAR v.tr. (voz de origen onomatopéyico) [1]. Punzar o morder las aves, los insectos y ciertos reptiles. **2.** Herir levemente con un instrumento punzante. **3.** Tomar las aves la comida con el pico. **4.** Morder los peces el cebo quedando sujetos al anzuelo. **5.** Cortar o dividir una cosa en trozos muy menudos, desmenuzarla: *picar carne.* **6.** Recortar o agujerear un material haciendo dibujos para adorno: *picar papel, tela.* **7.** Causar una cosa picor o escozor en alguna parte del cuerpo: *esta lana pica mucho.* **8.** Fig. Estimular, incitar: *picar la curiosidad, el amor propio.* **9.** Espolear al caballo. **10.** Herir al toro con una pica desde el caballo. **11.** Comenzar a soplar el viento en el mar. **12.** Levantar el viento olas en el mar. **13.** En diversos deportes de pelota, golpear esta con potencia para que la rapidez de su trayectoria dificulte al contrario su devolución. **14.** Herir la bola de billar con el taco para imprimirle un determinado movimiento. ◆ v.tr. e intr. Causar en el paladar una sensación de quemazón ciertas cosas de sabor fuerte como la pimienta, la mostaza, etc. **2.** Comer cantidades pequeñas de alimentos, especialmente en lugar de una comida corriente. **3.** Tomar una porción pequeña de un alimento esporádicamente, generalmente entre las comidas principales. **4.** Fig. Dejarse atraer, atrapar o engañar. ◆ v.intr. Calentar mucho el sol. **2.** Llamar a la puerta. **3.** Sentir una parte del cuerpo picor o escozor: *me pica la nariz.* **4.** Argent. Fam. Acelerar un automotor. **5.** AERON. Descender un avión siguiendo una trayectoria casi vertical. ◆ **picarse** v.prnl. Agujerearse, estropearse: *estas sábanas se han picado; picarse un diente.* **2.** Fig. Ofenderse. **3.** Fig. Sentirse estimulado por amor propio o emular lo que hacen otros. **4.** Fam. Inyectarse una droga. **5.** Estropearse un alimento o bebida: *picarse el vino.* **6.** MAR. Formarse olas pequeñas en el mar por la acción del viento. ◇ **Picar más,** o **muy, alto** Tener pretensiones muy elevadas, generalmente por encima de las posibilidades. **Picárselas** Argent. y Perú. Irse, abandonar un lugar o una situación repentinamente. **Picar una nota** MÚS. Ejecutarla de manera muy clara, de un golpe seco.

PICARDEAR v.tr. y prnl. Hacer adquirir malicia o picardía, o vicios o malas costumbres.

PICARDÍA s.f. Cualidad de pícaro. **2.** Manera de obrar hábil y con cierto engaño o simulación. **3.** Dicho en el que hay malicia o intención picaresca. ◆ s.m. Esp. Conjunto de dormir femenino formado por un camisón muy corto y unos calzones.

PICARDO, A adj. y s. De Picardía. ◆ s.m. Variedad de la lengua de oíl hablada en Picardía.

PICARESCA s.f. Profesión o modo de vivir de un pícaro.

PICARESCO, A adj. Relativo a los pícaros. ◇ **Novela picaresca** Género literario que nace y se populariza en el siglo de oro español. ENCICL. El género de la novela picaresca se inició de forma aislada con el *Lazarillo de Tormes* (1554) y alcanzó sus rasgos más definidos con el *Guzmán de Alfarache* (1599) de Mateo Alemán. El tipo humano del pícaro no corresponde exactamente a la noción real de un niño o mozo, sin oficio y de aspecto miserable que subvenía a sus necesidades mediante algún trabajo ocasional, sino que se entremezcla con otro tipo, el del criado. Este género se define también por un rasgo formal inalterable: el recurso de la simulación autobiográfica. El personaje describe diversos ambientes de una realidad socialmente mezquina. El mensaje de ejemplaridad moral, que responde al motivo ideológico del «desengaño» barroco, en unos casos se deduce del mismo relato (*Lazarillo,* el *Buscón* de Quevedo, el *Diablo cojuelo* de Vélez de Guevara, el *Estebanillo González*), mientras que en otros la narración se interrumpe para dar paso a las disertaciones morales (el *Guzmán,* el *Marcos de Obregón* de V. Espinel, *La pícara Justina* de López de Úbeda). La novela picaresca constituyó un eslabón fundamental en el desarrollo ulterior del realismo europeo y en el s. XVIII se cultivó fuera de España. Ejemplos en otras lenguas son *Las aventuras de Simplicius Simplicissimus*

(1669), de Hans von Grimmelshausen, *Las aventuras de Gil Blas* (1715-1735), de Alain Lesage, *Moll Flanders* (1722), de Daniel Defoe y *Tom Jones* (1749), de Henry Fielding. Su influencia llega hasta América en el s. XIX, presente en la novela que inaugura la narrativa hispanoamericana: *El Periquillo Sarniento,* de J. Fernández de Lizardi.

PÍCARO, A adj. y s. Se dice de la persona que comete engaños en provecho propio con habilidad y astucia, y que generalmente despierta simpatía. **2.** Se dice del protagonista de las novelas picarescas. **3.** Que es ligeramente erótico. ◆ adj. Fig. Malicioso, picante.

PICATOSTE s.m. Trozo pequeño de pan tostado con manteca o frito.

PICAZÓN s.f. Picor, sensación producida por algo que pica. **2.** Fig. Enojo. **3.** Fig. Inquietud, desasosiego por un temor, aprensión, etc.

PICCOLO s.m. Flautín.

PICEA s.f. Árbol parecido al abeto, muy abundante en regiones frías o montañosas de Europa, de agujas verdes y piñas cónicas, que mide hasta 50 m de alt., se explota por su resina y su madera rojiza y suele utilizarse como árbol de Navidad.

piña

escama con semillas

rama con agujas

■ **PICEA**

PICHANGA s.f. Argent. Vino que no ha terminado de fermentar. ◇ **Engaña pichanga** Argent. Engañapichanga.

PICHI s.m. Esp. Vestido de mujer sin mangas y escotado que se pone encima de un suéter, una camisa o una camiseta.

PICHÍ s.m. Argent. y Chile. Orina, pipí, en el lenguaje de los niños.

PICHICATO, A adj. Amér. Mezquino, ruin.

PICHICHI s.m. Esp. Jugador que marca más goles en la liga española de fútbol; premio que se concede a este jugador.

PICHINCHA s.f. Amér. Merid. Precio muy bajo, ganga. **2.** Argent. Ganga, ocasión, oportunidad.

PICHIRUCHE adj. Chile y Perú. Se dice de la persona insignificante.

PICHÓN, NA s. (ital. meridional *piccione*). Cría de palomo. **2.** Fig. y fam. Se usa como apelativo cariñoso.

PICHULEAR v.tr. Argent. y Urug. Hacer negocios de poca importancia. **2.** Chile. Engañar.

PICHULERO, A s. Argent. Fam. Persona que pichulea.

PICNIC s.m. (voz inglesa) [pl. *picnics*]. Merienda campestre.

PÍCNICO, A adj. y s. Se dice de la persona de constitución corpulenta y tendente a la obesidad.

PICNOGÓNIDO, A adj. y s.m. Relativo a una clase de artrópodos marinos, de tamaño pequeño, tronco muy estrecho, con cuatro o seis patas largas y delgadas, que se alimenta de esponjas.

PICNÓMETRO s.m. Recipiente de pequeñas dimensiones que se usa para determinar la densidad de un sólido o de un líquido.

1. PICO s.m. (celta *beccus*). Órgano del ave formado por las dos mandíbulas y las piezas córneas que las recubren. **2.** Órgano bucal de los insectos hemípteros y de la cabeza de algunos coleópteros. **3.** Parte puntiaguda que sobresale en la superficie o en el borde de alguna cosa. **4.** Cima aguda de una montaña. **5.** Montaña de cima aguda. **6.** Herramienta formada por una pieza de hierro o acero, ligeramente encorvada, aguda por un extremo y enastada por su centro en un mango de madera, que se usa para cavar la tierra dura. **7.** Herramienta de cantero de la misma forma que la anterior pero que tiene los extremos de la pieza de hierro acabados en punta y que se usa para extraer los minerales o remover piedras. **8.** Cantidad que excede de un número redondo: *cien y pico.* **9.** Cantidad grande de algo, generalmente de dinero: *el automóvil vale un buen pico.* **10.** Fig. y fam. Boca. **11.** Elocuencia, labia **12.** Fam. Dosis de droga que se inyecta. **13.** Punta acanalada que tienen en el borde algunos recipientes. **14.** MAR. Vértice del ángulo de una pieza de madera curva. ◇ **Andar,** o **irse, de picos pardos** Fam. Divertirse, ir de juerga. **Darse el pico** Fig. y fam. Besarse. **Pico de oro** Fig. Facultad de hablar muy bien; persona que posee esta facultad.

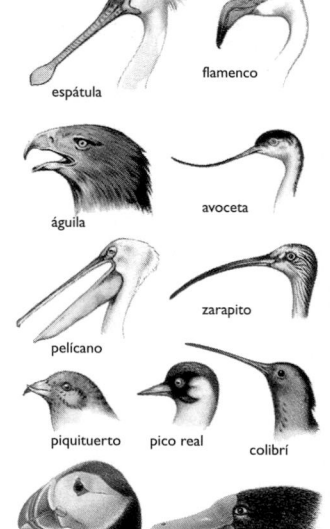

espátula

flamenco

águila

avoceta

pelícano

zarapito

piquituerto

pico real

colibrí

frailecillo

ornitorrinco

■ **PICO.** Diferentes formas de picos (todos de aves menos el del ornitorrinco).

2. PICO s.m. (lat. *picus*). Pájaro insectívoro que vive y hace sus nidos en los troncos de los árboles, de plumaje muy variado, blanco, negro, verde u oscuro, con manchas de color rojo o amarillo. (Familia pícidos.) SIN.: *pájaro carpintero, picamaderos.*

■ **PICO** picapinos.

PICÓN, NA adj. Se dice de las caballerías con incisivos superiores que sobresalen de los inferiores, impidiéndoles cortar bien la hierba. ◆ s.m. Carbón de dimensiones pequeñas que se usa como combustible del brasero. **2.** *Méx. Fam.* Hecho o dicho irónico que se hace o dice para provocar celos, resentimientos o enojo a alguien.

PICOR s.m. (cat. *picor*). Molestia que produce algo que pica, generalmente en la piel, y que genera ganas de rascarse. **2.** Escozor que se siente en el paladar y la lengua por haber comido alguna cosa picante.

PICOTA s.f. Rollo o columna de piedra donde se exhibían las cabezas de los ajusticiados y se exponía a los reos a la vergüenza pública. **2.** *Fig.* Parte superior puntiaguda de una torre o montaña muy alta. **3.** Cereza de consistencia carnosa y escasa adherencia al pedúnculo. ◇ **Poner en la picota** Exponer públicamente los defectos o faltas de alguien.

PICOTADA s.f. Picotazo.

PICOTEAR v.tr. Picar algo las aves reiteradamente. ◆ v.intr. Picar, comer cantidades pequeñas de algún alimento. **2.** *Fig.* y *fam.* Hablar o charlar mucho.

PICRATO s.m. Sal del ácido pícrico.

PICTO, A adj. y s. De un ant. pueblo de Escocia que formó un reino unificado en la alta edad media.

PICTOGRAFÍA s.f. Escritura formada por dibujos de objetos o figuras simbólicas que representan las ideas o conceptos.

PICTOGRÁFICO, A adj. Relativo a la pictografía. ◇ **Escritura pictográfica** Pictografía.

PICTOGRAMA s.m. Dibujo o signo de una escritura pictográfica.

consigna automática   enfermería

escalera mecánica   salida

■ **PICTOGRAMAS**

PICTÓRICO, A adj. Relativo a la pintura: *una muestra pictórica*. **2.** Que posee cualidades propias de la pintura. **3.** Que tiene cualidades aptas para ser representado en pintura.

PICUDILLA s.f. Cuba, P. Rico y Venez. Pez teleósteo de carne muy estimada.

PICUDO, A adj. Que tiene pico.

PICUNCHE, pueblo amerindio, del grupo araucano, que vive en la zona N de Chile.

PICURÉ s.m. Venez. Agutí, roedor.

PIDGIN s.m. Lengua nacida del contacto entre el inglés y una lengua de Asia u Oceanía (*pidgin english* o *pidgin* con el chino, *pidgin melanesio* o *bichlamar* con las lenguas melanesias). **2.** *Por ext.* Segunda lengua, nacida a partir del contacto entre lenguas europeas y lenguas de Asia o de África, que permite la comunicación entre las comunidades.

PIE s.m. (lat. *pes, -dis*). Parte del cuerpo que está en la extremidad de la pierna del ser humano y de las patas de los animales. (El esqueleto del *pie* comprende el *tarso* [astrágalo, calcáneo, escafoides, cuboides, cuneiformes], el *metatarso* [metatarsos] y las *falanges* [dedos].) **2.** Base o parte en que se apoya un objeto: *los pies de una mesa*. **3.** Parte opuesta a la cabecera de algunas cosas: *los pies de la cama.* (Suele usarse en plural.) **4.** Lugar situado en el inicio de algo generalmente alto, como el de una escalera, un árbol, una montaña, etc. **5.** Parte de los calcetines, zapatos,

■ **LAS PIEDRAS PRECIOSAS**
El diamante, la esmeralda, el zafiro y el rubí se consideran piedras preciosas. El primero es una de las formas alotrópicas del carbono; el segundo, de la familia de los silicatos, constituye un tipo de berilo; los dos últimos son variedades de corindón.

Diamante bruto en su ganga de kimberlita (Sudáfrica).

Esmeralda bruta en su ganga de cuarzo y de pirita (Colombia).

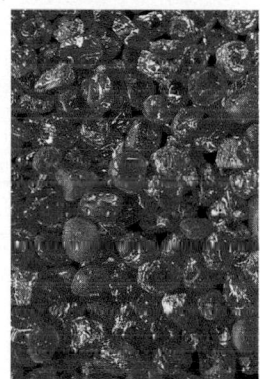
Rubíes de formas embotadas extraídos de arenas aluviales.

Zafiros rodados y redondeados de un yacimiento aluvial.

etc., que cubre el pie. **6.** Órgano muscular de los moluscos, sobre el que pueden arrastrarse. **7.** Parte final de un escrito o una página y que no pertenece al cuerpo principal. **8.** Texto aclaratorio escrito en la base de una fotografía, ilustración, grabado, etc. **9.** Unidad de medida de longitud anglosajona (símb. ft) equivalente a 0,3048 m. (Un *pie* vale 12 pulgadas.) **10.** En métrica clásica, elemento rítmico más pequeño del verso, integrado por dos, tres o cuatro sílabas. **11.** Palabra con que termina lo que dice un personaje en una representación dramática, cada vez que le toca hablar a otro. **12.** Tronco de los árboles y de las plantas en general. **13.** Antigua medida de longitud equivalente a 33 cm aproximadamente. **14.** Chile. Señal o cantidad de dinero que se da como garantía de lo que se ha comprado. **15.** MAT. Punto en el que la perpendicular corta a la línea o a la superficie sobre la que se traza. ◇ **Al pie de la letra** Literal, textualmente; con exactitud, sin variación. **A, o por su, pie** Andando. **A pie, o pies, juntillas** Sin asomo de duda. **Buscar cinco, o tres, pies al gato** *Fam.* Ver complicaciones en un asunto que de por sí no las tiene. **Con buen pie** o **con el pie derecho** Con buena suerte y acierto. **Con mal pie** o **con el pie izquierdo** Con mala suerte y desacierto. **Con pie, o pies, de plomo** *Fam.* Con mucha cautela. **Dar pie** Ofrecer ocasión o motivo para hacer o decir algo. **De, o en, pie o de pies** Erguido o en posición vertical. **En pie** Pendiente de decisión o solución; constante y firmemente. **En pie de** En disposición o actitud de lo que se expresa: *estar en pie de guerra.* **Hacer algo con los pies** Hacerlo mal. **Hacer pie** Llegar con los pies al suelo dentro del agua; establizarse, afirmarse en un intento. **Irse, o salir, por pies** *Fam.* Huir, escapar corriendo. **Nacer de pie, o de pies** *Fam.* Tener buena suerte. **No dar pie con bola** *Fam.* Equivocarse muchas veces seguidas. **No tener algo pies ni cabeza** *Fam.* Ser completamente absurdo, sin sentido. **Parar los pies** Esp. Impedir a alguien que continúe o fi-

nalice una acción o un discurso impertinentes, no adecuados. **Perder pie** No encontrar el fondo con el pie al entrar en un río, en el mar, etc.; no hallar salida en un asunto. **Pie de imprenta** Mención del taller o establecimiento tipográfico, lugar y año de la impresión, que suele constar en los libros. **Pie de león** Edelweiss. **Pie de monte** GEOGR. Piedemonte. **Pie de rey** Instrumento que sirve para medir el diámetro, longitud y espesor de diferentes objetos. **Poner pies en polvorosa** Huir. **Sacar a alguien con los pies por delante, o adelante** *Fam.* Llevarlo a enterrar.

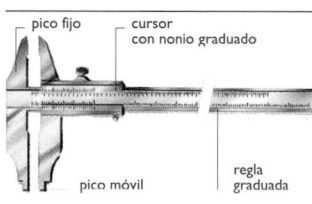
pico fijo   cursor con nonio graduado
pico móvil   regla graduada

■ **PIE DE REY**

PIEDAD s.f. (lat. *pietas, -atis*). Devoción religiosa. **2.** Compasión ante una persona desgraciada o que sufre. **3.** Representación de la Virgen con el cuerpo inerte de Cristo, recostado en su regazo.

PIEDEMONTE s.m. GEOGR. Llanura de acumulación aluvial, que forma un glacis al pie de una cadena de montañas o de un macizo elevado. (También *pie de monte.*)

PIED-NOIR s.m. y f. (voz francesa) [pl. *pieds-noirs*]. Francés de origen europeo establecido en el N de África, particularmente en Argelia, hasta la independencia.

PIEDRA s.f. (lat. *petra*, roca, del gr. *pétra*). Materia mineral dura y sólida, elemento esencial de la corteza terrestre, que se emplea en

795

construcción. **2.** Trozo de esta materia, tallado o no. **3.** Muela, piedra para moler. **4.** Granizo grueso. **5.** PATOL. Cálculo. ◇ **Ablandar las piedras** *Fam.* Despertar compasión o conmover a todos. **De piedra** Paralizado por el asombro. **Edad de la piedra** Período de la prehistoria en que se utilizó la piedra como materia básica del utillaje. **Mal de piedra** MED. Litiasis, principalmente renal y vesical. **Menos da una piedra** *Fam.* Se utiliza para aconsejar a alguien que se conforme con lo que le ha tocado o con lo que ha obtenido. **Piedra angular** Piedra que forma esquina en los edificios sosteniendo dos paredes; base sobre la que se forma una idea. **Piedra blanda** Caliza de construcción, de débil densidad y poca resistencia a la compresión. **Piedra de afilar** Asperón que sirve para afilar. **Piedra de cal** Piedra caliza muy pura químicamente y fragmentada en trozos pequeños. **Piedra de,** o **del, escándalo** *Fig.* Persona, hecho o palabra que es motivo de escándalo. **Piedra de toque** Variedad de jaspe negro, utilizada para ensayar el oro con el parragón; *Fig.* cosa que demuestra o confirma la autenticidad de algo. **Piedra dura** Mineral que puede ser pulido para esculpir objetos de arte o realizar obras de incrustación o mosaico. **Piedra filosofal** Piedra que buscaban los alquimistas para poder transformar los metales en oro. **Piedra fina** Gema o piedra utilizada en bisutería o para la escultura de pequeños objetos de arte, por su belleza y dureza. **Piedra miliar** Mojón que se usa para señalar distancias; *Fig.* suceso que representa el punto de partida para comenzar una nueva fase en la vida de alguien o en alguna cosa. **Piedra pómez** Roca volcánica porosa, ligera y muy dura, que se utiliza para pulir. (También *pómez*.) SIN.: *pumita*. **Piedra preciosa** Piedra utilizada en joyería, como el diamante, la esmeralda, el rubí, etc. **Poner la primera piedra** Colocar, al principio de una obra de construcción, el primer ladrillo o material mediante un acto solemne; *Fig.* Iniciar un negocio o la consecución de una pretensión. **Primera piedra** Primera piedra que se coloca de un edificio notable, siguiendo una ceremonia pública. **Tirar la primera piedra** Ser el primero en lanzar una acusación.

PIEL s.f. (lat. *pellis*). Tejido que recubre externamente la mayor parte del cuerpo humano y de los animales. **2.** Tejido que recubre externamente a un animal despojado del cuerpo y curtido, que se usa para fabricar abrigos, zapatos, etc.; el mismo tejido con su pelo natural, utilizado generalmente para fabricar prendas de abrigo. **3.** *Fig.* Con verbos como *dejar, jugar*, etc., vida, existencia. ◇ **Piel roja** Indio indígena de América del Norte.

ENCICL. La piel está formada por tres tejidos superpuestos: la epidermis (con una capa rica en queratina), la dermis y la hipodermis. Sus anexos son pelos, uñas y glándulas sebáceas y sudoríparas. Además, la dermis contiene los receptores sensoriales sensibles a la presión y la temperatura, así como las fibras nerviosas cuya activación produce dolor.

PIÉLAGO s.m. (lat. *pelagus*). Parte del mar muy alejada de la costa. **2.** *Fig.* Cantidad muy abundante de algo.

PIELITIS s.f. Inflamación de la membrana mucosa que tapiza la pelvis y los cálices renales.

PIELONEFRITIS s.f. Infección del riñón y de la pelvis renal.

PIENSO s.m. (lat. *pensum,* de *pendere,* pesar). Alimento seco que se da a los animales, especialmente al ganado. ◇ **Pienso compuesto** Mezcla homogénea de distintas materias primas y correctores con adición de otras sustancias alimenticias, empleada en la alimentación del ganado.

PIER s.m. Amér. Muelle perpendicular al eje de un río o de un estuario.

PIERCING s.m. Perforación en el ombligo, la nariz, la lengua, el pezón u otra parte del cuerpo por la que se introduce una pieza como adorno. **2.** Pieza, generalmente metálica, que se introduce por esta perforación.

PIERNA s.f. (lat. *perna,* muslo y pierna de un animal). Extremidad inferior del ser humano. **2.** Parte de esa extremidad comprendida entre la articulación de la rodilla y la del tobillo. **3.** Muslo de los cuadrúpedos y de las aves.

4. Argent. *Fam.* Persona dispuesta a prestar compañía. ◇ **A pierna suelta,** o **tendida** *Fam.* Con tranquilidad, con total despreocupación. **Cortarle las piernas** a alguien *Fig.* y *fam.* Impedirle que haga algo. **En piernas** Con las piernas desnudas. **Estirar,** o **extender, las piernas** Pasear una persona para desentumecerse, después de permanecer durante bastante tiempo quieta. **Hacer pierna** Argent. *Fam.* Colaborar, ayudar.

PIERNAS s.m. y f. (pl. *piernas*). *Fam.* Persona insignificante y de poca formalidad, o que actúa sin personalidad propia.

PIES NEGROS o **BLACKFOOT,** pueblo amerindio de lengua algonquina, actualmente en reservas en Montana y Alberta.

PIETISMO s.m. Movimiento religioso nacido en el seno de la Iglesia luterana alemana en el s. XVII, caracterizado por la importancia que otorga a la experiencia religiosa personal, en reacción frente al dogmatismo de la Iglesia oficial.

PIETISTA adj. y s.m. y f. (alem. *pietist*). Relativo al pietismo; partidario de este movimiento.

PIEZA s.f. (célt. *pettia,* pedazo). Cada parte o elemento de un todo: *la biela es una pieza del motor; vestía un traje de tres piezas.* **2.** Trozo de tela u otro material que se coloca en una prenda de ropa o en un objeto para repararlo. **3.** Tira de papel o de tela, plegada o arrollada sobre sí misma, tal como sale de la fábrica. **4.** Cada unidad de un género de cosas de una colección: *una cristalería de setenta y dos piezas.* **5.** Cada habitación de una casa. **6.** Moneda: *pagó con dos piezas de un duro.* **7.** Animal, como objeto de caza o pesca: *se cobró tres piezas.* **8.** Porción de espacio o tiempo. **9.** Objeto, cosa cualquiera. **10.** Cada una de las fichas o figuras que sirven para jugar a las damas, al ajedrez y a otros juegos. **11.** Pieza que no tiene más que un acto. **12.** Composición suelta de música vocal o instrumental. **13.** HERÁLD. Elemento decorativo interior del escudo, que no representa ningún objeto. SIN.: *mueble.* **14.** METROL. Unidad de medida de presión (símb. pz), equivalente a la presión uniforme que ejerce una fuerza normal de 1 estenio sobre una superficie plana de 1 m². ◇ **De una pieza** Paralizado por el asombro: *se quedó de una pieza.*

PIEZOELECTRICIDAD s.f. Aparición de cargas eléctricas en la superficie de ciertos cuerpos cuando se someten a una contracción o, inversamente, variación de las dimensiones de estos cuerpos cuando se les aplica una tensión eléctrica.

PIEZOELÉCTRICO, A adj. Que está dotado de piezoelectricidad: *cuarzo piezoeléctrico.* **2.** Relativo a la piezoelectricidad.

PIEZÓMETRO s.m. Instrumento que se usa para medir la compresibilidad de los líquidos.

PÍFANO s.m. (del alem. ant. *pfifer,* de *pfifen,*

silbar). Flauta pequeña de tono muy agudo, que se usa en las bandas militares; músico que toca este instrumento.

PIFIA s.f. Golpe en falso que se da con el taco en la bola de billar. **2.** *Fig.* y *fam.* Desacierto, dicho o hecho indiscreto o inoportuno.

PIFIAR v.tr. e intr. (del alem. ant. *pfifen,* silbar). Cometer una pifia.

PIGARGO s.m. (lat. *pygargus,* del gr. p ̄*gargos,* de *pygí,* nalga, y *argós,* blanco). Ave falconiforme de plumaje leonado, cola blanca, que alcanza 2,50 m de envergadura, suele vivir en las costas y se alimenta de peces y aves acuáticas. (Familia accipítridos.)

PIGMENTACIÓN s.f. Formación y acumulación de pigmento en los tejidos, especialmente en la piel.

PIGMENTAR v.tr. Dar color a una cosa con un pigmento. ◆ v.tr. y prnl. Producir una cosa una acumulación de pigmento en un tejido orgánico.

PIGMENTARIO, A adj. Relativo al pigmento.

PIGMENTO s.m. (lat. *pigmentum,* colorante, color). Sustancia natural colorante de origen animal o vegetal. **2.** Sustancia insoluble en agua o aceite, natural o artificial, que se agrega a un soporte para colorarlo o hacerlo opaco.

PIGMEO, A adj. y s. (lat. *pygmaeus,* del gr. *pygmaios*). De un pueblo nómada africano que vive en la selva ecuatorial cuyos individuos se caracterizan por su corta estatura. Los pigmeos comprenden a los mbuti, towa y binga (República Centroafricana, Gabón, Camerún). ◆ adj. *Fig.* Muy pequeño.

PIGNORACIÓN s.f. Acción y efecto de pignorar. **2.** ECON. Operación consistente en depositar valores mobiliarios, efectos comerciales o monedas como garantía de un préstamo o de un crédito.

PIGNORAR v.tr. Empeñar, dar en prenda.

PIGNORATICIO, A adj. Relativo a la pignoración. **2.** DER. Relativo al contrato de prenda.

PIGRE adj. Perezoso, holgazán.

PIJADA s.f. Esp. *Fam.* Dicho o hecho propio de una persona pija. SIN.: *pijería, pijez.* **2.** Esp. *Fam.* Tontería, menudencia. SIN.: *pijería, pijez.*

PIJAMA s.m. (ingl. *pyjamas,* del hindustani *paeÿama,* pantalón bombacho de los mahometanos). Conjunto de camisa y pantalón que se usa para dormir. (En algunos países de América suele usarse en femenino.) **2.** Postre elaborado con helado, flan, nata y frutas.

PIJAO, pueblo amerindio de lengua chibcha, aniquilado en el s. XVII, que habitaba en la región andina cercana al río Magdalena (Colombia).

PIJE s.m. Chile y Perú. Cursi.

PIJITE s.m. Amér. Ave palmípeda acuática, parecida al pato, pero de patas largas y color rojizo oscuro, cuya carne es muy apreciada.

PIJO, A adj. y s. Esp. *Desp.* Se dice de la perso-

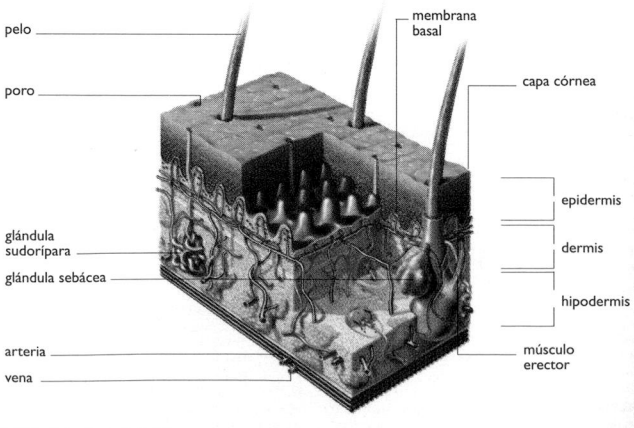

■ **PIEL.** Estructura de la piel.

pelo

poro

glándula
sudorípara

glándula sebácea

arteria

vena

membrana
basal

capa córnea

epidermis

dermis

hipodermis

músculo
erector

na que ostenta una posición social y económica alta y tiene una actitud esnob o afectada. ● adj. Esp. Desp. Relativo a esta persona. ● s.m. Esp. Cosa insignificante. **2.** Esp. Vulg. Pene.

PIJOTERÍA s.f. Esp. Dicho o acción que molesta. **2.** Esp. Cosa insignificante.

PIJOTERO, A adj. Esp. Se dice de la persona que molesta o fastidia.

1. PILA s.f. (del lat. pila, pilar, columna). Conjunto de cosas colocadas unas sobre otras: una pila de leña. **2.** Fig. y fam. Montón, gran cantidad. **3.** Aparato que transforma directamente en energía eléctrica la energía desarrollada en una reacción química. **4.** Macizo de fábrica que constituye un apoyo intermedio de un puente. **5.** INFORMÁT. Estructura ordenada de información en forma de lista lineal en la cual todas las inserciones y eliminaciones deben realizarse por un solo extremo. ◇ **Pila atómica** Reactor nuclear. **Pila solar** Dispositivo que transforma directamente una radiación electromagnética en corriente eléctrica.

pila salina cilíndrica

envoltura de acero
barrita de carbón microporoso
dióxido de manganeso en polvo

cápsula de latón niquelado (polo +)
papel electroporoso
funda aislante
disco de contacto exterior (polo –)

pila de botón (de litio)

junta hermética
separador
cátodo (dióxido de manganeso)

placa de cierre (polo –)
ánodo de litio
electrólito
placa de cierre (polo +)

■ PILAS eléctricas.

2. PILA s.f. (lat. pila, mortero, tina). Recipiente hondo destinado a contener agua que cae de una llave o de un caño. ◇ **Pila bautismal** Recipiente generalmente decorado y con pedestal donde se realiza el bautismo en una iglesia o capilla. **Pila de agua bendita** Recipiente generalmente de piedra o mármol situado en la entrada de una iglesia o capilla, que contiene agua bendecida por un sacerdote.

PILADA s.f. Pila, montón.

PILAGÁ, pueblo del NE de Argentina, de lengua guaicurú, uno de los subgrupos toba.

PILANCÓN s.m. Marmita de gigante.

PILAR s.m. (lat. vulg. pilare). Soporte vertical aislado que, a diferencia de la columna, no es necesariamente cilíndrico ni sigue las proporciones de un orden. **2.** Mojón, señal que se pone en los caminos. **3.** Fig. Persona o cosa que sirve de amparo, apoyo o protección. **4.** Serie de puntos en forma de barra pequeña de las labores de ganchillo. **5.** ANAT. Nombre que se da a diversas estructuras anatómicas en relación con su función o disposición: pilares del diafragma. ◇ **Pilar abandonado** MIN. Macizo de mineral que se deja en el centro de una explotación para impedir los derrumbamientos.

PILASTRA s.f. (de pilastrón, del ital. pilastrone). Pilar adosado a una pared.

PILCA s.f. Amér. Merid. Pirca.

PILCHA s.f. Amér. Merid. Prenda de vestir pobre o en mal estado. (Suele usarse en plural.): se presentó con unas pilchas espantosas. **2.** Argent. Prenda de vestir, sobre todo si es elegante y cara. (Suele usarse en plural.): lucía sus mejores pilchas. **3.** Argent., Chile y Urug. Prenda del recado de montar.

PILCHE s.m. Amér. Merid. Vasija de madera o de la corteza seca de un fruto.

PÍLDORA s.f. (lat. pillula). Medicamento en forma de bolita que se administra por vía oral. **2.** Cualquiera de los anovulatorios con esta presentación. ◇ **Dorar la píldora** Fam. Decir una mala noticia o cosa desagradable, pero suavizándola. **Tragarse la píldora** Creerse una mentira.

PILETA s.f. Argent. Estanque para bañarse o nadar, piscina. (También pileta de natación.) **2.** Argent., Par. y Urug. Fregadero. **3.** Argent. y Urug. Abrevadero. ◇ **Tirarse a la pileta** Argent. Fam. Emprender una acción de resultado incierto.

PILILO s.m. Argent. y Chile. Persona sucia y andrajosa.

PILÍFERO, A adj. BIOL. Que tiene pelos.

PILLADA s.f. Pillería.

PILLAJE s.m. Robo, rapiña.

PILLALLI s.m. (voz náhuatl). Uno de los cinco tipos de propiedad agraria en el Imperio azteca, referida a las tierras que el tlatoani asignaba a nobles y guerreros como recompensa.

PILLAR v.tr. (ital. pigliare, agarrar). Robar, tomar por la fuerza una cosa. **2.** Alcanzar a alguien o algo que se persigue. **3.** Fam. Adquirir o contraer algo: pillar un resfriado. **4.** Fig. Encontrar, sorprender: le pillé con las manos en la masa. **5.** Esp. Atropellar, alcanzar y derribar a alguien una caballería o un vehículo. ● v.tr. y prnl. Aprisionar por accidente una cosa a otra al moverse: pillarse el dedo con la puerta. ● v.intr. Hallarse, estar situado: la casa pilla muy lejos.

PILLASTRE s.m. y f. Fam. Pillo.

PILLEAR v.intr. Fam. Actuar o vivir como un pillo.

PILLERÍA s.f. Fam. Acción propia de un pillo. **2.** Cualidad de pillo. **3.** Fam. Conjunto de pillos.

PILLI s.m. (voz náhuatl). Una de las dos categorías especiales de la clase alta del Imperio azteca, que se mantuvo durante el dominio español.

PILLO, A adj. y s. Se dice de la persona, especialmente del niño, que comete pequeños engaños en contra de su propio bien sin intención de daño. **2.** Granuja, persona falta de escrúpulos. **3.** Fam. Sagaz, astuto. ● s. Niño vagabundo o callejero que comete pequeños delitos.

PILLOW LAVA s.f. (voces inglesas). Lava basáltica elipsoidal, de eje mayor de 1 m aprox., superficie vidriosa, resultante de la emisión de lava en fusión bajo el mar.

PILMAMA s.f. Méx. Nodriza, niñera.

PILME s.m. Chile. Coleóptero negro que produce grandes daños en las huertas.

PILOCARPINA s.f. Alcaloide extraído del jaborandi, utilizado como colirio para el tratamiento del glaucoma.

1. PILÓN s.m. (cat. piló). Pilar, columna, poste. **2.** Pan de azúcar refinado, de forma cónica. **3.** Pesa móvil que se coloca en el brazo mayor de la romana. **4.** Méx. Cantidad extra de una mercancía que el comerciante da como regalo al cliente. ◇ **De pilón** Méx. Por añadidura, por si fuera poco: nos perdimos y de pilón llovía.

2. PILÓN s.m. Receptáculo que en las fuentes sirve de abrevadero, lavadero, etc. **2.** Mortero para majar granos u otras cosas.

PILONCILLO s.m. Méx. Pieza de azúcar moreno en forma de cono truncado.

PILONGA s.f. (de 2. pila). Castaña desecada.

PILONO s.m. Puerta monumental situada en la entrada de los templos egipcios.

PILÓRICO, A adj. Relativo al píloro.

PÍLORO s.m. (lat. pylorus, del gr. pylorós, portero, píloro, de p'li, puerta, y ora, vigilancia). ANAT. Orificio que comunica el estómago con el duodeno.

PILOSIDAD s.f. ANAT. Revestimiento piloso del tegumento.

PILOSO, A adj. Relativo al pelo. **2.** Cubierto de pelos.

1. PILOTAJE s.m. Acción de pilotar un vehículo. ◇ **Pilotaje sin visibilidad** (PSV) Pilotaje de un avión sin visión directa del suelo.

2. PILOTAJE s.m. OBR. PÚBL. Conjunto de pilotes de una obra.

PILOTAR v.tr. Dirigir como piloto un avión, automóvil, barco, etc.

PILOTE s.m. (fr. ant. pilot). Pieza larga, cilíndrica o prismática, hincada en el suelo para soportar una carga o para comprimir las capas de tierra.

PILOTO s.m. Persona que gobierna y dirige una embarcación o una aeronave. **2.** Persona que dirige un vehículo en una competición automovilística o motociclística. **3.** Que sirve de modelo o como prueba: escuela piloto. **4.** Pequeña lámpara eléctrica de advertencia de diversos aparatos, cuadros de mandos, etc. ◇ **Nombre piloto** Denominación de los distintos tipos de madera adoptada por acuerdo internacional con objeto de obviar las dificultades de las diferentes denominaciones locales. **Pez piloto** Pez pelágico de los mares cálidos, de 20 a 30 cm de long., que suele acompañar a los grandes escualos y a los barcos de marcha lenta, y se nutre de desperdicios. **Piloto automático** Dispositivo, generalmente giroscópico, que dirige automáticamente una embarcación o una aeronave sin que intervenga la tripulación. **Piloto de pruebas** Persona que tiene por oficio encargarse de la comprobación de las características y resistencia de un vehículo nuevo.

PILPIL s.m. Arbusto de fruto comestible que crece en Chile. (Familia lardizabaláceas.)

PIL-PIL s.m. Bacalao al pil-pil Guiso elaborado con bacalao, aceite, guindillas y ajos, cocido en una cazuela de barro a fuego lento.

PILSEN adj. y s.f. Se dice de un tipo de cerveza suave y de color pálido.

PILTRA s.f. (fr. ant. peautre, catre). Esp. Fam. Cama, lecho.

PILTRAFA s.f. Residuos o trozos inaprovechables, especialmente de carne. **2.** Fig. Persona de poca consistencia física o moral. **3.** Cosa sin valor.

PILUCHO, A adj. Chile. Desnudo.

PILUM s.m. (voz latina). ANT. ROM. Jabalina utilizada por la infantería romana.

PIMA, pueblo amerindio agricultor de lengua uto-azteca de América del Norte (S de Arizona y N de Sonora).

PIMENTERO s.m. Planta leñosa de las regiones cálidas cuyo fruto es la pimienta. (Familia piperáceas.) **2.** Recipiente que contiene la pimienta.

PIMENTÓN s.m. Polvo que se obtiene de moler pimiento rojo y se usa como condimento.

PIMIENTA s.f. (lat. pigmenta, pl. de pigmentum, colorante). Fruto del pimentero, que se emplea como condimento. ◇ **Pimienta blanca** Pimienta sin corteza y de sabor más suave que la negra. **Pimienta negra** Pimienta que conserva su corteza.

PIMIENTO s.m. Planta herbácea anual, de la que existen numerosas variedades que son cultivadas por sus frutos. (Familia solanáceas.) **2.** Fruto hueco y carnoso de esta planta. (Existen numerosas variedades de pimiento: encarnado largo, pajizo, guindilla, dulce, morrón, choricero, cerecilla, etc.) **3.** Esp. Pimentero. ◇ **Importar** a alguien **un pimiento** algo Esp. Fig. y fam. Serle indiferente. **No valer un pimiento** Esp. Fig. y fam. No valer nada.

pimiento encarnado largo o picante

frutos

pimiento dulce

pimiento encarnado largo

■ PIMIENTO. Pimiento dulce y pimiento picante.

PIMPAMPUM s.m. Esp. Juego de feria que consiste en derribar muñecos a pelotazos.

PIMPANTE adj. Flamante, satisfecho. **2.** Vistoso, garboso.

PIMPINA s.f. Venez. Botijo de cuerpo esférico y cuello largo.

PIMPINELA s.f. (bajo lat. *pimpinella*). Planta herbácea vivaz, de tallos erguidos y flores terminales en densas panículas, empleada en medicina como tónica y diaforética; flor de esta planta. (Familia rosáceas.)

PIMPLAR v.tr. y prnl. Esp. *Fam.* Tomar bebidas alcohólicas, especialmente con exceso.

PIMPOLLO s.m. (de *pino* y *pollo*, animal joven). Vástago o tallo nuevo de las plantas. **2.** Capullo de rosa. **3.** *Fig.* y *fam.* Persona joven y de aspecto atractivo.

PIN s.m. (voz inglesa) [pl. *pins*]. Broche decorativo de metal, a menudo publicitario, que se prende en la ropa.

PINABETE s.m. (cat. *pinavet*, de *pi*, pino, y *avet*, abeto). Abeto.

PINACATE s.m. Coleóptero de color negruzco, que suele vivir en lugares húmedos de América Central. (Familia tenebriónidos.)

PINÁCEO, A adj. y s.f. Abietáceo.

PINACLE s.m. Juego de naipes en que se agrupan cartas correlativas de un mismo palo.

PINACOTECA s.f. (lat. *pinacotheca*, gr. *pinakothéke*, de *pínax*, tabla, cuadro, y *théke*, depósito). Museo de pintura.

PINÁCULO s.m. (lat. *pinnaculum*). Terminación apuntada de un capitel o una construcción arquitectónica. **2.** Pequeña pirámide terminal de un contrafuerte o muro, frecuentemente adornada con motivos vegetales. **3.** *Fig.* Apogeo, auge, momento más alto de una cosa inmaterial.

PINAR s.m. Terreno plantado de pinos.

PINASTRO s.m. Pino rodeno.

PINAZA s.f. Pinocha o aguja del pino que ha caído al suelo. **2.** MAR. Embarcación de quilla plana, mixta de vela y remo, de tres palos, larga, estrecha y ligera.

PINCEL s.m. (cat. *pinzell*). Utensilio compuesto por un mechón de cerdas o fibras sujeto al extremo de una varilla y que sirve para pintar, engomar, etc. **2.** *Fig.* Modo de pintar. ◇ **Pincel electrónico** En los tubos de rayos catódicos, haz de electrones que, sometido a la acción de campos eléctricos y magnéticos, barre la pantalla fluorescente.

PINCELADA s.f. Trazo hecho con el pincel sobre una superficie. **2.** *Fig.* Frase o conjunto de frases con que se define o describe algo de manera breve y concisa.

PINCHADISCOS s.m. y f. (pl. *pinchadiscos*). Esp. *Fam.* Disc-jockey.

PINCHAQUE s.m. Mamífero perisodáctilo de tamaño inferior al tapir americano que vive en los Andes. (Familia tapíridos.)

PINCHAR v.tr. y prnl. Clavar un objeto puntiagudo en un cuerpo poroso: *pinchar una aceituna*. **2.** *Fig.* Incitar a alguien para que haga cierta cosa. **3.** *Fig.* Hacer enojar a alguien. **4.** *Fam.* Poner discos el disc-jockey. **5.** Intervenir un teléfono para realizar escuchas. **6.** *Fam.* Poner una inyección. ◆ v.intr. Sufrir alguien un pinchazo en una rueda del vehículo en el que transita. **2.** *Fig.* y *fam.* Fallar. ◆ v.tr. e intr. *Fam.* Clicar. ◆ **pincharse** v.prnl. *Fam.* Inyectarse habitualmente una droga.

PINCHAZO s.m. Acción de pinchar. **2.** Señal que queda al pincharse algo. **3.** Punzadura en un neumático que le produce pérdida de aire. **4.** *Fam.* Dolor intermitente y agudo como el que causa una aguja al clavarse.

PINCHE s.m. y f. Ayudante de cocina. **2.** Chile. *Fam.* Persona con quien se forma pareja en una relación amorosa informal y de corta duración. ◆ s.m. Chile. *Fig.* y *fam.* Trabajo ocasional. ◆ adj. y s.m. y f. Méx. *Vulg.* Se dice de lo sumamente desagradable, despreciable o de pésima calidad: *¡qué pinche frío hace!*; *estos pantalones están pinches.*

PINCHITO s.m. Esp. Manjar de poco volumen que se toma como aperitivo, generalmente pinchándolo con un palillo.

PINCHO s.m. Punta aguda de cualquier cosa. **2.** Varilla con punta aguda. **3.** Esp. Pinchito.

◇ **Pincho moruno** Esp. Varilla larga preparada con trozos de carne insertados, que se asan y se sirven como aperitivo.

PINCHUDO, A adj. Que tiene pinchos o púas.

PINDONGO, GA s. Esp. *Fam.* Persona que pindonguea.

PINDONGUEAR v.intr. Esp. *Fam.* Ir a muchas fiestas o pasar mucho tiempo fuera de casa para divertirse.

PINEAL adj. (del lat. *pinea*, piña). Relativo a la epífisis. ◇ **Glándula pineal** Epífisis.

PINEDA s.f. Pinar.

PINEDO s.m. Amér. Merid. Pinar.

PINENO s.m. Hidrocarburo terpénico, componente principal de la esencia de trementina.

PINGAJO s.m. Esp. Trozo desgarrado que cuelga de algo. **2.** Esp. *Fig.* y *fam.* Persona poco aseada y mal vestida. SIN.: *pingo*.

PINGO s.m. Argent., Chile y Urug. Caballo. **2.** Esp. Pingajo. **3.** Esp. *Fig.* Vestido de poca calidad. **4.** Esp. *Fig.* y *fam.* Prostituta. **5.** Méx. Muchacho travieso.

PINGONEAR v.intr. *Fam.* Pasar mucho tiempo fuera de casa, en la calle, los bares, etc., para divertirse.

PINGOROTA s.f. Parte más alta de una cosa.

PING-PONG s.m. Deporte que se practica en una mesa rectangular y es parecido al tenis.

PINGÜE adj. (lat. *pinguis*, gordo). Graso, mantecoso. **2.** *Fig.* Abundante, cuantioso: *pingües beneficios.*

PINGÜINERA s.f. Argent. Lugar de la costa donde se agrupan los pingüinos en época de nidificación y cría.

PINGÜINO s.m. *Pájaro bobo*. SIN.: *pingüino antártico.* **2.** Nombre común que da a diversas aves marinas caradriformes del hemisferio norte como el alca. **3.** Ave caradriforme que vivía en los acantilados del hemisferio norte. (El pingüino se extinguió en el s. XIX; familia álcidos.)

PINGULLO s.m. Flauta usada por los aborígenes de Ecuador, Perú y Bolivia.

PINITOS s.m.pl. Primeros pasos del niño. **2.** *Por ext.* Progresos de un convaleciente. **3.** *Fig.* Intentos de realizar una actividad en la que todavía no se tiene experiencia.

PINNADO, A adj. BOT. Se dice de la hoja compuesta de folíolos dispuestos en ambos lados del pecíolo, como las barbas de una pluma.

PINNÍPEDO, A adj. y s.m. Se dice del mamífero carnívoro acuático, de cuerpo fusiforme, extremidades convertidas en aletas como la foca, la morsa y el otario.

PÍNNULA s.f. Folíolo de un helecho.

1. PINO s.m. (lat. *pinus*). Árbol conífero de hojas en forma de aguja, dispuestas en grupos de 2,3 o 5 y persistentes en invierno. (La madera de algunas especies se utiliza en carpintería y construcción [*pino rodeno, pino albar*], otras especies se explotan para la reforestación [*pino de Austria*], para la fijación de las dunas [*pino marítimo*], etc.; familia abietáceas.) **2.** Madera de este árbol. ◇ **En el quinto pino** Esp. *Fig.* y *fam.* Muy lejos. **Hacer el pino** Esp. *Fig.* Situarse en posición vertical con las manos apoyadas en el suelo y las piernas levantadas. **Pino araucaria**, o **brasileño**, o **misionero**, o **Paraná** Árbol de crecimiento rápido que vive en algunas zonas de Brasil y Argentina. (Familia araucariáceas.) **Pino chileno** Árbol conífero de unos 40 m de alt., madera apreciada y piñones comestibles. (Familia araucariáceas.)

ENCICL. El fruto del pino es un cono cuyas escamas se lignifican cuando está maduro (piña); cada escama consta de dos semillas en su parte superior. Los pinos autóctonos de la península Ibérica son: el *pino carrasco, blanco* o de *Alepo*; el *pino rodeno* o *marítimo*, llamado también *pinastro*; el *pino negral, cascalbo, pudio, salgareño* o de *Cuenca*; el *pino albar, silvestre, blanquillo* o *rojo*, y el *pino negro*. En las islas Canarias crece el *pino canario*. Entre los principales pinos americanos se encuentran: el *pino de Monterrey* y el *pino del azúcar*, del N de México; el *pino de Moctezuma* y el *pino ayal-*

cahuite, de México y Guatemala; el *pino de sierra Maestra,* de las islas del Caribe, y el *pino colorado de Guatemala,* el más meridional de los pinos americanos que crece desde México hasta el S de Nicaragua.

■ **PINO** silvestre, rojo o albar.

2. PINO s.m. Chile. Relleno de la empanada de horno, compuesto de carne picada, huevo duro, cebolla, pasas y aceitunas.

3. PINO, A adj. Muy empinado o erguido.

PINOCHA s.f. Hoja del pino.

PINOCITOSIS s.f. BIOL. Inclusión de pequeñas cantidades de un líquido en una célula, tomadas del medio ambiente exterior de la célula.

PINOL o **PINOLE** s.m. Amér. Central y Méx. Harina de maíz tostada, que suele mezclarse con cacao, azúcar y canela para preparar una bebida refrescante.

PINOLILLO s.m. Hond. Bebida refrescante preparada con pinol, azúcar, cacao y canela. **2.** Méx. Insecto ácaro muy pequeño y de color rojo, cuya picadura es muy irritante y molesta.

PINSAPO s.m. (de *pino* y el prerromano *sappus,* abeto). Árbol de corteza blanquecina, hojas aciculares y piñas derechas, más gruesas que las del abeto. (Familia abietáceas.)

PINSCHER s.m. y adj. (voz alemana) [pl. *pinschers*]. Perro de raza de origen alemán, de pelo corto negro amarronado, utilizado como animal de compañía.

1. PINTA s.f. Mota, lunar. **2.** *Fig.* y *fam.* Aspecto o apariencia de una persona o cosa. ◆ s.m. y f. Esp. *Fam.* Pícaro, sinvergüenza. ◇ **Irse de pinta** Méx. Faltar uno a la escuela o al trabajo para ir a divertirse.

2. PINTA s.f. Unidad de medida de capacidad equivalente a 0,47 l en EUA y 0,568 l en Gran Bretaña.

PINTADA s.f. Acción de pintar un texto o dibujo, generalmente de contenido político o social, en la pared de un lugar público. **2.** Texto o dibujo, generalmente de contenido político o social, pintado en la pared de un lugar público. **3.** Ave gallinácea originaria de África, aclimatada en el mundo entero, cuya forma doméstica, de plumaje negruzco punteado de blanco, se cría por su carne. (La pintada grazna; familia fasiánidos.)

■ **PINTADA**

PINTADO, A adj. Que tiene diversos colores. **2.** Que tiene pintas, lunares. ◇ **El más pintado** *Fam.* El más experto, hábil.

Figura superior derecha: piña y agujas

PINTALABIOS s.m. Esp. Cosmético para colorear los labios.

PINTAMONAS s.m. y f. (pl. *pintamonas*). Esp. Desp. Pintor poco hábil.

PINTAR v.tr. (del lat. *pingere*). Representar algo mediante líneas y colores. **2.** Cubrir de pintura la superficie de algo. **3.** Fig. Describir, representar por la palabra o la escritura algo. ◆ v.intr. Ser triunfo el palo de una baraja. ◆ v.intr. y prnl. Fam. Empezar a verse la cualidad de algo: *este asunto pinta bien*. **2.** Tener alguien importancia o significación en un asunto, situación, etc. (Generalmente en construcciones negativas.) ◆ **pintarse** v.prnl. Ponerse maquillaje en el rostro. **2.** Manifestarse cierta expresión en el rostro: *la angustia se pintó en su cara*. ◇ **Pintarse solo para algo** Fam. Tener habilidad para lo que se expresa.

PINTARRAJEAR v.tr. y prnl. Fam. y desp. Pintar o pintarse de cualquier forma o excesivamente. SIN.: *pintarrajar*.

PINTARRAJO s.m. Fam. y desp. Pintura mal hecha.

PINTARROJA s.f. Escualo de pequeño tamaño y piel rasposa que vive en las costas atlánticas y mediterráneas. SIN.: *lija*.

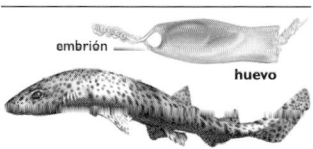

embrión
huevo

■ PINTARROJA

PINTIPARADO, A adj. (de *pinto y parado*). Esp. Que es adecuado, a propósito.

PINTIPARAR v.tr. Fam. Comparar.

PINTO, A adj. Se dice del animal que tiene manchas de varios colores, como el caballo, la vaca, etc.

PINTOR, RA s. (del lat. *pictor*). Artista que se dedica a la pintura. **2.** Persona que tiene por oficio pintar paredes, techos, etc.

PINTORESCO, A adj. (ital. *pittoresco*). Que es digno de ser pintado, por su belleza, variedad, etc. **2.** Que llama la atención por su tipismo. **3.** Fig. Se dice de la persona, situación, tema, etc., que es extravagante u original.

PINTURA s.f. (lat. *pictura*). Arte de pintar. **2.** Obra pintada. **3.** Materia con que se pinta. ◇ **No poder ver ni en pintura** Fig. y fam. Sentir aversión o antipatía hacia alguien o algo.

PINTURERO, A adj. y s. Esp. Se dice de la persona que cuida exageradamente su vestido y arreglo.

PÍNULA s.f. Placa de metal de los instrumentos ópticos y topográficos, provista de un orificio y que sirve para dirigir visuales.

PINYIN s.m. (del chino *hanyu pinyin zimu*, sistema de deletreo de esta lengua). Sistema de transcripción fonética de los ideogramas chinos, adoptado oficialmente en China en 1958.

PINZA s.f. (fr. *pinces*, tenazas, pinza, de *pincer*, agarrar con tenazas, pellizcar). Instrumento formado por dos brazos que se aproximan al presionarlos con los dedos y se usa para agarrar o sujetar cosas. (Suele usarse en plural.) **2.** Pliegue triangular que se cose en una prenda para adaptarla mejor a la figura. **3.** Instrumento de madera o plástico que se usa para sujetar la ropa tendida. (Suele usarse en plural.) **4.** ZOOL. Cualquiera de las piezas móviles, opuestas, dispuestas simétricamente y con función prensora, que poseen algunos animales.

PINZAMIENTO s.m. Compresión de un órgano o de una parte interna del cuerpo entre dos superficies.

PINZAR v.tr. [7]. Sujetar con pinza. **2.** Tomar una cosa con los dedos en forma de pinza.

PINZÓN s.m. Ave seriforme canora que vive en Europa occidental, de plumaje azul y verde con zonas negras y cuello rojo. (El pinzón gorjea; familia fringílidos.)

PIÑA s.f. (lat. *pinea*). Fruto del pino y otras coníferas, de forma ovalada, que se compone de piezas triangulares leñosas. **2.** Ananá. **3.** Argent. y Urug. Fam. Trompada, puñetazo. **4.** Esp. Fig. Conjunto de personas o cosas unidas estrechamente.

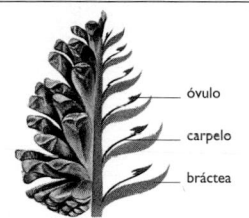

óvulo

carpelo

bráctea

■ PIÑA femenina del pino.

PIÑADA s.f. Esp. Vulg. Dentada.

PIÑATA s.f. (ital. *pignatta*, olla). Juego que consiste en golpear con un palo un recipiente lleno generalmente de dulces o juguetes, llevando los ojos vendados. **2.** Recipiente que se utiliza en este juego.

1. PIÑÓN s.m. (de *piña*). Semilla del pino, comestible en el pino piñonero. ◇ **Estar a partir un piñón con alguien** Fig. y fam. Llevarse muy bien con alguien, tener una relación muy estrecha y armoniosa.

2. PIÑÓN s.m. (fr. *pignon*). Rueda pequeña dentada de un sistema de transmisión de movimiento, en la que engrana una cadena de eslabones soldados o articulados: *piñón de bicicleta*. **2.** La menor de las ruedas dentadas de un engranaje.

PIÑONERO, A adj. Se dice del pino que da piñones comestibles.

PIÑUELA s.f. Gálbula del ciprés.

1. PÍO Onomatopeya de la voz de las aves. ◇ **No decir ni pío** Fam. Guardar silencio absoluto.

2. PÍO, A adj. (lat. *pius*, piadoso). Devoto, piadoso.

3. PÍO, A adj. (fr. *pie*, urraca). Se dice del caballo o de la vaca de capa blanca con manchas negras, alazanas o castañas de gran tamaño.

PIOCHA s.f. (fr. *pioche*). Especie de pico o zapapico que se usa en albañilería. **2.** Méx. Barba terminada en punta que cubre únicamente la barbilla.

PIODERMITIS s.f. MED. Lesión cutánea infecciosa con formación de pus y costras. SIN.: *pio-dermatitis*.

PIÓGENO, A adj. PATOL. Que provoca la formación de pus.

PIOJILLO s.m. Artrópodo de tamaño muy pequeño.

PIOJO s.m. (del lat. *pediculus*, dim. de *pedis*). Insecto sin alas de unos 2 mm de long., que vive como parásito de los mamíferos, chupando su sangre y fijando sus huevos (*liendres*) en la base de los pelos. ◇ **Piojo de mar** Crustáceo de 3 a 4 cm de long., que vive como parásito de las ballenas y de otros grandes mamíferos marinos.

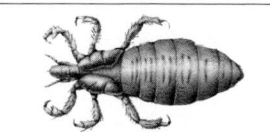

■ PIOJO de la cabeza.

■ PINZÓN real macho con el plumaje estival.

PIOJOSO, A adj. y s. Que tiene piojos. **2.** Fig. Que actúa de forma mezquina o despreciable. **3.** Que no está aseado y viste con ropa vieja y sucia.

PIOJUELO s.m. Pulgón.

PIOLA s.f. Amér. Soga, cuerda. **2.** Argent., Chile y Perú. Bramante. ◆ adj. Argent. Astuto, pícaro. **2.** Argent. y Urug. Fam. Agradable, simpático.

PIOLET s.m. (fr. *piolet*). Bastón de alpinista que se usa para asegurar los movimientos sobre el hielo o la nieve.

PIOLÍN s.m. Amér. Cordel delgado de cáñamo, algodón u otra fibra.

PION s.m. Partícula elemental (π) que posee una carga eléctrica positiva o negativa igual a la del electrón, eléctricamente neutra, y cuya masa equivale a 273 veces la del electrón.

PIONERO, A s. (fr. *pionnier*). Persona que realiza las primeras investigaciones en un campo del saber que serán seguidas por otros posteriormente. **2.** Persona que explora territorios desconocidos. **3.** Miembro de una organización juvenil con fines políticos y educativos, dirigida por el Partido comunista, en la URSS.

PIONIA s.f. Semilla del bucare, parecida al frijol, que se usa para confeccionar collares y pulseras, especialmente en Venezuela.

PIORNO s.m. Planta papilionácea, como el piorno azul, el piorno amarillo, el piorno fino y el piorno serrano.

PIORREA s.f. MED. Flujo de pus, especialmente en las encías.

1. PIPA s.f. (lat. vulg. *pipa*, flauta, del lat. *pipare*, piar). Utensilio formado por una cazoleta y una boquilla que se emplea para fumar. **2.** Cantidad de tabaco contenida en la cazoleta. **3.** Tubo, conducto: *pipa de alimentación*. **4.** Vulg. Pistola. **5.** Tonel de madera usado para guardar líquidos, especialmente aceite y vino. **6.** Méx. Camión con un depósito muy grande para transportar líquidos: *una pipa de gasolina*. ◇ **Pasárselo pipa** Esp. Fam. Pasárselo muy bien, divertirse mucho.

2. PIPA s.f. C. Rica. Fruto completo del cocotero con su corteza exterior e interior. **2.** C. Rica. Fig. y fam. Cabeza. **3.** Esp. Pepita, simiente. **4.** Esp. Simiente de girasol, que se come generalmente tostada. (Suele usarse en plural.)

PIPE-LINE o **PIPELINE** s.m. (ingl. *pipeline*). Canalización para el transporte a grandes distancias de gas (gasoducto), líquidos (petróleo) [oleoducto] o sólidos pulverizados.

PIPERÁCEO, A adj. y s.f. Relativo a una familia de plantas dicotiledóneas apétalas cuyo fruto es una baya seca o carnosa, como el pimentero.

PIPERÍA s.f. Conjunto de pipas, toneles.

PIPERINA s.f. Alcaloide extraído de la pimienta.

PIPERMINT o **PIPERMÍN** s.m. (ingl. *peppermint*). Licor de menta.

PIPERONAL s.m. Heliotropina.

PIPETA s.f. Tubo de cristal abierto por ambos extremos, que sirve para trasvasar pequeñas cantidades de líquido en los laboratorios.

PIPÍ s.m. Orina, en el lenguaje infantil.

PIPIÁN s.m. Méx. Salsa elaborada con pepitas de calabaza tostadas y molidas o maíz con achiote, que se usa para adobar carnes: *pollo en pipián*.

PIPIL, pueblo amerindio recolector del grupo nahua, familia lingüística uto-azteca (El Salvador y Guatemala).

PIPILLA s.f. Méx. Pava, hembra del guajolote.

PIPIOL s.m. Méx. Dulce elaborado con harina, que tiene forma de hojuela.

1. PIPIOLO, A s. Fam. Persona joven e inexperta.

2. PIPIOLO, A adj. y s. Relativo a un grupo político chileno creado en 1823; miembro de este grupo. (Demócratas liberales, mantuvieron una pugna constante con los pelucones, conservadores, y los estanqueros, moderados.)

PIPIRIGALLO s.m. Planta herbácea de flores rosadas que recuerdan la cresta del gallo, muy apta para prados de pasto. (Familia papilionáceas.)

PIPIRITAÑA s.f. Flautilla hecha con la caña de un cereal. SIN.: *pipitaña*.

PIPÓN, NA adj. Amér. Barrigudo. **2.** Argent. y Urug. Harto de comida.

PIPUDO, A adj. *Fam.* Excelente, inmejorable.

PIQUE s.m. Resentimiento, disgusto. **2.** Rivalidad o competencia. **3.** Argent. En competencias y refiriéndose a animales y automotores, aceleración. **4.** Argent., Nicar. y Par. Camino que se abre en el bosque o la selva con el machete. **5.** Chile. Juego infantil con canicas o monedas. **6.** Chile y Hond. Socavón hecho en un monte con fines mineros. ⬦ **A los piques** Argent. *Fam.* Apresuradamente. **Echar a pique** Hacer que se hunda una embarcación; *Fig.* hacer fracasar algo. **Irse a pique** Hundirse en el agua una embarcación; *Fig.* fracasar o acabarse algo.

PIQUÉ s.m. (fr. *piqué*). Tejido de algodón con dibujos en cordoncillos o relieves.

PIQUERA s.f. Abertura de la colmena por la que las abejas entran o salen. **2.** Abertura de los hornos altos por donde sale el metal fundido.

PIQUETA s.f. (de *pica*). Herramienta de albañil, con mango de madera y dos bocas opuestas, una plana y otra afilada.

PIQUETE s.m. (de 2. *pico*). Estaquilla puntiaguda que se clava en la tierra para diversos usos. **2.** Grupo reducido de activistas dedicados a la agitación política y social, y especialmente el que intenta imponer o mantener una huelga. **3.** Méx. Cantidad de licor que se agrega al café y a otras bebidas. SIN.: hacer fracasar **4.** MIL. Grupo poco numeroso de soldados que interviene en algunos servicios extraordinarios: *piquete de ejecución.*

PIQUILLÍN s.m. Árbol de América Meridional de cuyo fruto se hace arrope y aguardiente. (Familia ramnáceas.)

PIQUITUERTO s.m. Ave paseriforme granívora, de unos 18 cm de long. y pico grande, que vive en los bosques de coníferas de las montañas del hemisferio norte.

1. PIRA s.f. (lat. *pyra*, del gr. *pyrá*, de *pyr*, *-rós*, fuego). Hoguera en la que se quemaba antiguamente a las víctimas de los sacrificios y los cadáveres. **2.** *Por. ext.* Hoguera. **3.** HERÁLD. Pieza triangular cuya base, de dos tercios de la anchura del escudo, está en la punta, y el vértice opuesto en el centro del jefe. SIN.: *punta.*

2. PIRA s.f. (de *pirar*). Fuga, huida. ⬦ **Ir de pira** Fam. No asistir a clase; ir de fiesta.

PIRAGUA s.f. Embarcación ligera, larga, estrecha y de fondo plano, movida por remos o a vela. **2.** Planta trepadora de hojas grandes lanceoladas, que crece en América Meridional. (Familia aráceas.)

PIRAGÜISMO s.m. Deporte que se practica con la piragua.

PIRAGÜISTA s.m. y f. Persona que practica el piragüismo.

PIRAL s.m. (del gr. *pyrallís*). Pirausta. ⬦ **Piral de la vid** Insecto lepidóptero cuya oruga ataca la vid.

PIRAMIDAL adj. Que tiene forma de pirámide. ⬦ **Haz piramidal** ANAT. Conjunto de fibras nerviosas que transmiten las órdenes de la motricidad voluntaria del córtex cerebral a la médula espinal.

PIRÁMIDE s.f. (lat. *pyramis*, *-idis*, del gr. *pyramís*). Monumento funerario de grandes dimensiones, de base cuadrangular y cuatro caras triangulares que se juntan en un vértice común, donde se enterraba a los faraones del antiguo Egipto. **2.** En América Central precolombina, monumento de forma parecida, cuya cima cortada forma una plataforma donde se erige un templo. **3.** MAT. Cuerpo geométrico formado por un polígono plano (*base*) y caras triangulares (*caras laterales*) que tienen por base los diferentes lados del polígono y un vértice común (*vértice*). ⬦ **Pirámide de edades**, o **de población** Representación gráfica de la distribución por edades y sexos de un grupo de individuos en un momento determinado. **Pirámide de Malpighi** ANAT. Estructura cónica que forma la sustancia medular del riñón. **Pirámide regular** Pirámide que tiene por base un polígono regular y cuyas caras son triángulos isósceles iguales.

ENCICL. La pirámide egipcia, tumba faraónica, era el centro de un complejo funerario que comprendía, además, dos templos unidos por una calzada. De dimensiones gigantescas (146,60 m de altura, la de Keops) y perfectamente orientada, simbolizaba la escalera que llevaba al faraón hacia Ra, dios del sol. Son célebres las de Gizeh (Keops, Kefrén y Mikerinos). Las civilizaciones precolombinas construyeron un tipo de pirámide escalonada entre los ss. IV y XVI, sobre la que se alzaba un templo, que servía de nexo entre la divinidad y el ser humano.

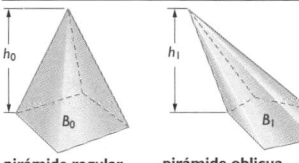

pirámide regular
de base cuadrada
h_0: altura
B_0: base
V_0: volumen

$$V_0 = \frac{h_0}{3} \times B_0$$

pirámide oblicua
(de base pentagonal)
h_1: altura
B_1: base
V_1: volumen

$$V_1 = \frac{h_1}{3} \times B_1$$

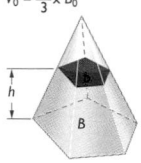

pirámide truncada
regular u otra
(aquí, pentagonal)
de bases paralelas
h: altura
b, B: bases
V: volumen

$$V = \frac{h}{3} \times B + b \times \sqrt{Bb}$$

■ **PIRÁMIDES** (geometría).

PIRANO s.m. Compuesto heterocíclico cuya fórmula hexagonal comporta un átomo de oxígeno.

PIRAÑA s.f. Caribe, pez.

PIRAR v.intr. y prnl. (fam. con caló). Esp. *Fam.* Largarse, irse. ⬦ **Pirárselas** Esp. *Fam.* Irse, fugarse.

PIRATA adj. (lat. *pirata*, del gr. *peiratés*, bandido, de *peiran*, aventurarse). Relativo a la piratería o al pirata. **2.** Clandestino, no autorizado: *emisora pirata.* ➡ s.m. y f. Persona que asalta y roba embarcaciones en el mar. **2.** *Fig.* y *fam.* Persona que saca provecho del trabajo de los demás, que se apropia de obras ajenas. ⬦ **Pirata aéreo**, o **del aire** *Por ext.* Persona que secuestra un avión y generalmente desvía su rumbo. **Pirata informático** *Por ext.* Persona que copia ilegalmente software comercial; persona que, burlando los dispositivos informáticos de seguridad, accede a un sistema para cuyo uso no está autorizado.

PIRATEAR v.intr. Cometer piraterías. **2.** Cometer delitos contra la propiedad intelectual (copiar una idea, reproducir ilegalmente un disco compacto, un programa informático, etc.). **3.** INFORMÁT. Acceder ilegalmente a un sistema informático para modificar o copiar sus informaciones.

PIRATERÍA s.f. Acción del pirata. **2.** Robo o destrucción de los bienes ajenos.

PIRÁTICO, A adj. Relativo al pirata o a la piratería.

PIRAUSTA s.f. Insecto lepidóptero, una de cuyas especies es perjudicial para las plantas forrajeras. (Familia pirálidos). SIN.: *piral.*

PIRCA s.f. (quechua *pírka*, muro, pared). Amér. Merid. Tapia de piedras sin tallar que suele acotar las propiedades en el campo.

PIRCO s.m. (araucano *pídku*). Chile. Guiso elaborado con porotos, choclo y zapallo.

PIRENAICO, A adj. y s. De los Pirineos.

PIRENOMICETAL adj. y s.m. Relativo a un orden de hongos ascomicetes con peritecios en forma de masa bien definida.

PIRÉTICO, A adj. Relativo a la fiebre.

PIREXIA s.f. (del gr. *pys, pyrós*, fuego, y *éxis*, estado). MED. Fiebre elevada.

PIRGÜÍN s.m. Gusano parásito del hígado del ser humano y de numerosos mamíferos. **2.** Enfermedad producida por este parásito. **3.** Chile. Sanguijuela que vive en los remansos de los ríos y que penetra en el intestino de los animales, causándoles generalmente la muerte.

PIRIDINA s.f. Compuesto heterocíclico (C_5H_5N), presente en la composición del alquitrán de hulla.

PIRIDOXINA s.f. Vitamina B6.

PIRIFORME adj. Que tiene forma de pera.

PIRIMÍDICO, A adj. Se dice de una base nitrogenada derivada de una pirimidina, que está presente en la composición de los ácidos nucleicos.

PIRIMIDINA s.f. Compuesto heterocíclico ($C_4H_4N_2$), presente en la composición de las bases pirimídicas.

PIRINCHO, A adj. Argent. Se dice del pelo levantado y tieso. ➡ s.m. Argent., Par. y Urug. Ave trepadora de plumaje marrón acanelado, desordenadamente erguido en el cuello y la cabeza.

PIRINOLA s.f. Méx. Perinola.

PIRIPI adj. Esp. *Fam.* Borracho.

PIRITA s.f. Sulfuro metálico, especialmente sulfuro de hierro (FeS_2).

PIROBO s.m. Argent. *Argot.* Coito.

PIROCLÁSTICO, A adj. Se dice de la roca formada por acumulación de materiales volcánicos fragmentados.

PIROELECTRICIDAD s.f. Polarización eléctrica de ciertos cristales por la acción de un cambio de temperatura.

PIRÓFITA s.f. Especie vegetal resistente a los incendios o cuya germinación necesita el calor del fuego.

PIROFÓRICO, A adj. QUÍM. Que se inflama espontáneamente en el aire.

PIRÓFORO s.m. (del gr. *pys, pyrós*, fuego, y *phérein*, llevar). Sustancia que se inflama espontáneamente en contacto con el aire.

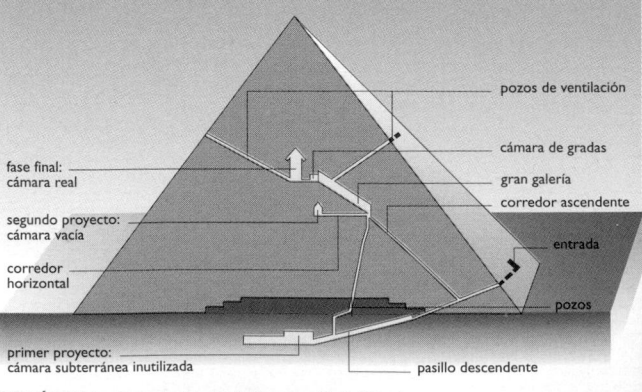

pozos de ventilación
cámara de gradas
gran galería
corredor ascendente
entrada
pozos

fase final:
cámara real

segundo proyecto:
cámara vacía

corredor
horizontal

primer proyecto:
cámara subterránea inutilizada

pasillo descendente

■ **PIRÁMIDE.** Sección de la pirámide de Keops en Gizeh (Egipto).

PIROFOSFÓRICO, A adj. QUÍM. Se dice del ácido (H₄P₂O₇) que resulta de la pérdida de una molécula de agua por el ácido fosfórico más estable.

PIROGÁLICO, A adj. **Ácido pirogálico** Pirogalol.

PIROGALOL s.m. Fenol derivado del benceno, utilizado como revelador fotográfico. SIN.: *ácido pirogálico*.

PIROGENACIÓN s.f. Reacción química producida por la acción de una temperatura elevada.

PIRÓGENO, A adj. MED. Se dice de la sustancia que provoca fiebre.

PIROGRABADO s.m. Procedimiento de grabado en madera, cuero o vidrio, realizado con una punta metálica incandescente. SIN.: *pirografía*.

PIROGRABADOR, RA s. Persona que tiene por oficio pirograbar.

PIROGRABAR v.tr. Adornar con pirograbado.

PIROGRAFÍA s.f. Pirograbado.

PIRÓGRAFO s.m. Aparato eléctrico utilizado en pirograbado para trabajar diversos materiales (madera, cobre, marfil, hueso, etc.).

PIROLEÑOSO, A adj. QUÍM. Se dice de un ácido o una mezcla ácida obtenidos por destilación de la madera.

PIRÓLISIS s.f. Descomposición química obtenida por calentamiento sin catalizador.

PIROLUSITA s.f. (del gr. *pys*, *pyrós*, fuego, y *lýsis*, descomposición). Bióxido natural de manganeso (MnO₂), de color negro.

PIROMANCIA o **PIROMANCÍA** s.f. (lat. *pyromantía*, del gr. *pyromanteía*, de *pys*, *pyrós*, fuego, y *mantéia*, adivinación). Método de adivinación a partir del color, chasquido, movimiento, etc., de la llama de fuego

PIROMANÍA s.f. Tendencia patológica a provocar incendios.

PIRÓMANO, A s. y adj. Se dice de la persona que padece piromanía.

PIROMETRÍA s.f. Medición de temperaturas muy elevadas.

PIRÓMETRO s.m. Instrumento para medir temperaturas muy elevadas.

PIROMUSICAL adj. Se dice del espectáculo que combina la pirotecnia con la música.

PIROPEAR v.tr. Decir piropos.

PIROPO s.m. (lat. *pyropus*, aleación de cobre y oro, del gr. *pyropos*, semejante al fuego). Lisonja, alabanza dicha a una persona, especialmente cumplido halagador dirigido a una mujer.

PIROSIS s.f. Sensación de ardor que sube a lo largo del esófago, desde el epigastrio hasta la faringe.

PIROSULFÚRICO, A adj. Se dice del ácido (H₂S₂O₇) que se obtiene calentando el ácido sulfúrico.

PIROTECNIA s.f. Arte y técnica de la fabricación y utilización de explosivos y fuegos artificiales; lugar donde se fabrican composiciones pirotécnicas.

PIROTÉCNICO, A adj. Relativo a la pirotecnia. ➡ s. Persona que tiene por oficio fabricar o utilizar explosivos y fuegos artificiales. ◇ **Composiciones pirotécnicas** Mezclas que sirven para producir fuegos artificiales.

PIROXENO s.m. (fr. *pyroxène*). Silicato de hierro, magnesio, calcio y a veces aluminio, presente en las rocas eruptivas y metamórficas.

PIROXILADO, A adj. Se dice de los explosivos que contienen nitrocelulosa.

PIROXILO s.m. Producto resultante de la acción del ácido nítrico en una materia celulósica (madera, papel, etc.).

PIRQUÉN s.m. Chile. Mina de carbón pequeña. ◇ **Trabajar al pirquén** Trabajar tal como el operario quiera, pagando lo convenido al dueño de la mina.

PIRQUINERO, A s. Chile. Persona que trabaja al pirquén.

PIRRAR v.tr. *Fam.* Gustar algo o alguien mucho: *los dulces me pirran*. ➡ **pirrarse** v.prnl. *Fam.* Desear con vehemencia algo o a alguien: *pirrarse por los dulces.*

PÍRRICO, A adj. (gr. *pyrríkhi*, nombre de una danza guerrera de la antigüedad). Se dice del triunfo o de la victoria que conlleva

más graves daños para el vencedor que para el vencido.

PIRROL s.m. Compuesto heterocíclico (C₄H₅N) que contiene un ácido de nitrógeno y se extrae del alquitrán de hulla. (Numerosas moléculas coloradas, como la clorofila y la hemoglobina, contienen núcleos *pirrol.*)

PIRRÓLICO, A adj. Relativo al pirrol.

PIRRÓNICO, A adj. y s. Relativo al pirronismo. SIN.: *pirroniano.*

PIRRONISMO s.m. Doctrina escéptica del filósofo *Pirrón.

PIRROTINA s.f. Sulfuro natural de hierro (FeS), ferromagnético.

PIRÚ o **PIRUL** s.m. Méx. Árbol de tronco tortuoso, ramillas colgantes, flores pequeñas y amarillas, fruto globoso y semilla de sabor parecido al de la pimienta. (Familia anacardiáceas.)

PIRUETA s.f. (fr. *pirouette*). Giro completo que se da sobre la punta o el talón de un solo pie, sin cambiar de lugar, especialmente el que hace el bailarín en una coreografía. **2.** *Fig.* Salida airosa de una situación difícil, incómoda o comprometida. ◇ **Pirueta al, o en el, aire** Salto en cuyo transcurso el bailarín efectúa una, dos o tres vueltas completas sobre sí mismo.

PIRUETEAR v.intr. Hacer piruetas.

PIRUJO, A adj. Guat. Hereje, incrédulo. ➡ s.f. Argent. Mujer de clase media que pretende aparentar refinamiento. **2.** Méx. Prostituta.

PIRUL s.m. Méx. → **PIRÚ.**

PIRULÍ s.m. Caramelo atravesado por un palito que sirve de mango.

PIS s.m. *Fam.* Orina

PISA s.f. Acción de pisar, apretar o estrujar con los pies. **2.** Pisado. **3.** Cantidad de aceituna o uva que se estruja de una vez para extraer el jugo. **4.** Cuba. En los ingenios azucareros, lugar donde el buey pisa y prepara el barro destinado a purificar el azúcar; barro preparado de esta manera.

PISADA s.f. Acción de pisar al andar. **2.** Huella dejada por el pie en el suelo al pisar.

PISADERO s.m. Argent. Lugar donde se pisa el barro destinado a la producción de adobes.

PISADO s.m. Operación que consiste en aplastar y romper los granos de uva antes de la fermentación (vino tinto) o del prensado (vino blanco). SIN.: *pisa.*

PISANO, A adj. y s. De Pisa.

PISAPAPELES s.m. (pl *pisapapeles*). Objeto pesado que se pone sobre los papeles para que no se muevan.

PISAR v.tr. (lat. vulg. *pinsare*, del lat. clásico *pinsere*, golpear, machacar). Poner un pie sobre algo o alguien. **2.** Poner alternativamente los pies en el suelo al andar. **3.** Apretar o estrujar algo con los pies o con otro instrumento adecuado: *pisar las uvas.* **4.** Cubrir el ave macho a la hembra, especialmente en las palomas. **5.** *Fig.* Cubrir una cosa parte de otra. **6.** *Fig.* Entrar en un lugar, estar en él. **7.** *Fig.* Anticiparse a obtener o realizar lo que otro pretendía: *me ha pisado la colocación.* **8.** *Fig.* Humillar con desprecio o desconsideración: *no se deja pisar por nadie.*

PISAVERDE s.m. *Fam.* Hombre muy preocupado por su arreglo personal que busca aventuras amorosas constantemente.

PISCARDO s.m. Pez de agua dulce, de pequeño tamaño, común en acuarios y peceras. (Familia ciprínidos.)

PISCÍCOLA adj. Relativo a la piscicultura.

PISCICULTOR, RA s. Persona que se dedica a la piscicultura.

PISCICULTURA s.f. Técnica de criar peces y mariscos en un río, estanque, vivero, etc.

PISCIFORME adj. Que tiene forma de pez.

PISCINA s.f. (lat. *piscina*). Estanque construido para bañarse o nadar. GEOSIN.: Argent. *pileta;* Méx. *alberca.*

PISCIS adj. y s.m. y f. (pl. *piscis*). Se dice de la persona nacida entre el 19 de febrero y el 20 de marzo, bajo el signo de Piscis o Piscis. (Suele escribirse con mayúscula.) [V. parte n. pr.]

PISCÍVORO, A adj. Que se alimenta de peces.

PISCO s.m. Bol., Chile y Perú. Aguardiente de uva fabricado originariamente en Pisco. **2.** Colomb. y Venez. Pavo, ave gallinácea. ◇ **Pisco**

sauer Bol., Chile y Perú. Cóctel elaborado con pisco, jugo de limón, azúcar y hielo picado.

PISCOLABIS s.m. Amér. Trago de aguardiente que suele tomarse como aperitivo. **2.** Esp. *Fam.* Refrigerio o aperitivo que se hace entre las comidas principales.

PISIFORME s.m. ANAT. Hueso del carpo.

PISO s.m. Superficie por la que se anda, especialmente la del interior de un edificio. SIN.: *suelo.* **2.** Cada una de las partes en que se divide horizontalmente un edificio, situadas en diferentes planos. **3.** Capa de cosas superpuestas. **4.** Suela del calzado. **5.** Esp. Departamento, vivienda. **6.** GEOL. Cada una de las divisiones estratigráficas fundamentales constituidas por formaciones o capas correspondientes a una misma edad geológica.

PISOLITA s.f. GEOL. Concreción calcárea de estructura concéntrica y el tamaño superior a 2 mm.

PISOLÍTICO, A adj. Que contiene pisolitas.

PISÓN s.m. En las fundiciones, instrumento manual que tiene una extremidad ancha y plana, con el que se apisona o aprieta la arena en la parte exterior del molde. **2.** Instrumento pesado y grueso que sirve para apretar o apisonar tierra, asfalto, piedras, capas de hormigón y para asentar adoquines.

PISOTEAR v.tr. Pisar algo repetidamente, estropeándolo o destrozándolo. **2.** *Fig.* Humillar, tratar injustamente o con desconsideración. **3.** *Fig.* Infringir o desobedecer alguna ley o precepto.

PISOTEO s.m. Acción de pisotear.

PISOTÓN s.m. Pisada fuerte, especialmente sobre el pie de alguien.

PISPAR v.tr. Argent. *Fam.* Pispear.

PISPEAR o **PISPIAR** v.tr. Amér. Merid. Espiar.

PISTA s.f. (ital. *pista*, de *pesta*, huellas). Rastro que deja una persona o un animal. **2.** *Fig.* Indicio o señal que sirve de guía u orientación para descubrir o averiguar algo. **3.** Extensión de terreno de un aeropuerto en el que los aviones despegan y aterrizan. **4.** Parte descubierta de una estación de servicio donde los vehículos se abastecen de gasolina o son revisados. **5.** Superficie, generalmente circular, que se utiliza como escenario en un circo o como espacio para bailar. **6.** Camino forestal. **7.** Recorrido de una carrera deportiva, convenientemente preparado y señalizado para su celebración. **8.** Lugar donde se celebra una prueba deportiva. **9.** TECNOL. Elemento lineal de un soporte móvil de informaciones grabadas (banda magnética, disco). ◇ **Pista sonora** Parte de la banda magnética que sirve para grabar y reproducir sonidos. **Seguir la pista** *Fam.* Vigilar, espiar.

PISTACHE s.m. Méx. Pistacho.

PISTACHERO s.m. Árbol que crece en las regiones templadas cuyo fruto es el pistacho. (Familia anacardiáceas.)

frutos

■ **PISTACHERO**

PISTACHO s.m. (ital. *pistacchio*). Semilla del pistachero, utilizada en cocina y pastelería y consumida como fruto seco. **2.** Méx. Cacahuate. ◆ adj. y s.m. Se dice del color que es de una tonalidad intermedia entre el verde y el amarillo, como el de la semilla del pistachero. ◆ adj. Que es de este color: *una camisa pistacho.* (Es invariable en plural.)

PISTERO, A adj. y s. Amér. Central. Se dice de la persona que es muy aficionada al dinero. ◆ s.m. Colomb. *Fig.* Hematoma alrededor del ojo, producido por un puñetazo.

PISTILO s.m. (lat. *pistillum,* mano de almirez). Órgano femenino de la flor que consta de uno o más carpelos y comprende el ovario, el estilo y el estigma. **2.** Conjunto de los elementos femeninos de una flor, resultante de la soldadura de varios carpelos, en el que se distingue el ovario, el estilo y el estigma.

PISTO s.m. Guiso elaborado con pimientos, tomates, cebolla, calabacín, berenjena, etc., troceados y fritos. **2.** *Fig.* Mezcla confusa de cosas heterogéneas. **3.** Amér. Central y Perú. Dinero. ◇ **Darse pisto** Esp. *Fam.* Presumir de algo o de alguien.

PISTOLA s.f. (alem. *pistole,* del checo, *piššal,* caramillo, arma de fuego corta). Arma de fuego ligera, de cañón corto, que puede dispararse con una sola mano. **2.** Pulverizador para pintar que tiene la forma semejante a la de una pistola. ◇ **Pistola ametralladora** Arma automática que dispara por ráfagas y se utiliza en el combate a poca distancia.

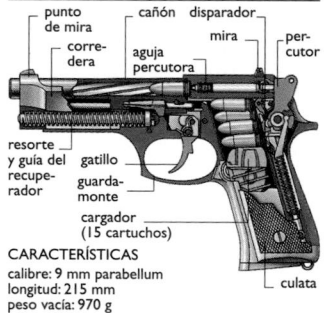

punto de mira
cañón
disparador
mira
percutor
corredera
aguja percutora
resorte y aguja del recuperador
gatillo
guardamonte
cargador (15 cartuchos)
culata

CARACTERÍSTICAS
calibre: 9 mm parabellum
longitud: 215 mm
peso vacía: 970 g

■ **PISTOLA** automática Beretta.

PISTOLERA s.f. Funda de una pistola, generalmente de cuero.

PISTOLERISMO s.m. Conjunto de actividades y modo de actuar de los pistoleros.

PISTOLERO s.m. Persona que utiliza habitualmente la pistola para atracar, amenazar, realizar atentados personales, etc., al servicio de alguien o de una causa revolucionaria.

PISTOLETAZO s.m. Tiro de pistola. **2.** Ruido originado por un tiro.

PISTOLETE s.m. (fr. *pistolet*). Arma de fuego más corta que la pistola.

PISTÓN s.m. (fr. *piston,* del ital. *pistone*). Émbolo. **2.** Pieza central de la cápsula de las armas de fuego, en que está colocado el fulminante. **3.** Mecanismo de algunos instrumentos músicos de viento con el que se consiguen todas las notas de la escala cromática, modificando la longitud del tubo del instrumento.

PISTONUDO, A adj. Esp. *Fam.* Formidable, estupendo.

1. PITA s.f. Agave; fibra que se extrae de esta planta para hacer hilo.

2. PITA s.f. Pitada.

3. PITA s.f. Gallina. (Esta palabra se utiliza repetida para llamar a las gallinas.)

4. PITA s.f. Pan de masa no fermentada típico de las cocinas griega y libanesa que se rellena con carne, queso o verduras.

PITADA s.f. Pitido. **2.** Acción y efecto de pitar en señal de desagrado. **3.** Amér. Merid. Acción de inhalar y exhalar el humo de un cigarro. SIN.: *calada.*

PITÁGORAS. Teorema de Pitágoras GEOMETR. Teorema según el cual, en un triángulo rectán-

gulo, el cuadrado de la hipotenusa es igual a la suma de los cuadrados construidos sobre los lados del ángulo recto.

PITAGÓRICO, A adj. y s. Relativo al pitagorismo; partidario de esta doctrina.

PITAGORISMO s.m. Doctrina de Pitágoras y de sus discípulos (Filolao, Arquitas) centrada en el valor concedido a los números y en la búsqueda iniciática de la purificación del alma.
ENCICL. La filosofía pitagórica tuvo también carácter de secta que creía en la transmigración de las almas *(metempsicosis),* predicaba una reglamentación estricta de comportamientos y tareas y defendía puntos de vista teocráticos, aristocráticos y conservadores. Pitágoras y los pitagóricos sostenían que los números eran la esencia o principio de todas las cosas. De esa forma, todo triángulo de lados proporcionales 3, 4 y 5 es rectángulo; ese teorema de Pitágoras ya lo conocían los babilonios un milenio antes. También se atribuye a Pitágoras y a su escuela el teorema de la suma de los ángulos del triángulo, la construcción de poliedros regulares, el inicio del cálculo de proporciones, ligado al descubrimiento de la inconmensurabilidad de la diagonal y el lado del cuadrado.

PITAHAYA s.f. Planta trepadora que crece en América Meridional, de flores coloradas o blancas, alguna de cuyas especies da frutos comestibles. (Familia cactáceas.)

PITAJAÑA s.f. Planta crasa que crece en América Meridional, con tallos serpenteantes que se unen a otras plantas, sin hojas y con flores. (Familia cactáceas.)

PITANGA s.f. Argent. Árbol tropical, de hojas olorosas y fruto comestible, cuya corteza se utiliza como astringente. (Familia mirtáceas.)

PITANZA s.f. (del ant. *pietanza,* piedad, comida que se da por piedad). Ración de comida que se da a los pobres o a los que viven en comunidad. **2.** *Fam.* Alimento o comida.

PITAR v.tr. e intr. Tocar o hacer sonar el pito. **2.** Dar silbidos en señal de desacuerdo o desagrado: *pitar la faena de un torero.* **3.** Esp. *Fig.* y *fam.* Dar el rendimiento que se esperaba: *este coche pita bien.* ◆ v.tr. Arbitrar un partido. **2.** Amér. Merid. Fumar, aspirar el humo. ◇ **Ir,** o **marchar,** o **salir, pitando** *Fam.* Ir, marchar o salir rápida y precipitadamente.

PITAZO s.m. Méx. Aviso velado que se da a alguien sobre algo que le puede ser de utilidad, o para advertirle de algún peligro.

PITCHER s.m. y f. (voz inglesa). Jugador de béisbol que lanza la pelota.

PITECÁNTROPO s.m. Homínido fósil descubierto en la isla de Java, perteneciente a la especie *Homo erectus.*

PITIÁTICO, A adj. y s. Relativo al pitiatismo.

PITIATISMO s.m. Conjunto de trastornos cuya aparición y cura depende de la sugestión.

PÍTICO, A adj. Relativo al dios Apolo. ◆ s.f. ANT. GR. Profetisa del oráculo de Apolo, en Delfos. ◇ **Juegos píticos** ANT. GR. Juegos panhelénicos que se celebraban cada cuatro años en Delfos, en honor de Apolo.

PITIDO s.m. Sonido que se emite con un pito. **2.** Silbido de los pájaros.

PITIHUÉ s.m. Chile. Ave trepadora que se alimenta de insectos y hace su nido en los huecos de los árboles.

PITILLERA s.f. Estuche para pitillos.

PITILLO s.m. Cigarrillo.

PÍTIMA s.f. Cataplasma que se aplica sobre el corazón. **2.** *Fig.* y *fam.* Borrachera.

PITIMINÍ adj. y s.m. (fr. *petit,* pequeño, y *menu,* menudo). Se dice de una variedad de rosal de flores pequeñas. **2.** Flor de este rosal. ◇ **De pitiminí** De escaso tamaño o importancia.

PITIO, A adj. y s.f. (gr. *pythia,* de *Pythŏ,* antiguo nombre de Delfos). Pítico.

PITIRIASIS s.f. Dermatosis caracterizada por una descamación en finas costras.

PITO s.m. (voz de origen onomatopéyico). Instrumento pequeño que produce al soplar un sonido agudo. **2.** Mecanismo que produce un sonido semejante al del pito, como el de los trenes. **3.** Cigarrillo, pitillo. **4.** Pene. ◇ **No importar,** o **dársele, un pito algo** *Fam.* No importar lo más mínimo. **No valer un pito**

Fam. Tener muy poco valor; tener muy poca salud. **Por pitos o por flautas** *Fam.* Por un motivo u otro. **Tomar por el pito del sereno** Esp. *Fam.* No respetar a una persona o no tenerla en consideración.

1. PITÓN s.m. o f. (gr. *pýthon,* dragón, demonio, adivino). Serpiente que vive en Asia y África, no venenosa, que asfixia a sus presas enrollándose alrededor de ellas. (El *pitón reticulado,* de la península malaya, alcanza una long. de 9 m y un peso de 100 kg, y actualmente es la mayor serpiente conocida.)

■ **PITÓN** reticulado.

2. PITÓN s.m. Pitorro de un botijo, porrón, vasija, etc., que sirve para moderar la salida del líquido que en ellos se contiene. **2.** *Fig.* Bulto pequeño que sobresale en la superficie de algo. **3.** Pico utilizado en alpinismo. **4.** Pico de una montaña. **5.** Chile, Ecuad. y Hond. Boquilla metálica que remata la manguera. **6.** TAUROM. **a.** Extremo superior del asta del toro. **b.** Asta del toro. **7.** ZOOL. Cuerno que empieza a salir a los animales.

PITONISA s.f. (lat. *pythonissa*). En la antigüedad griega, mujer dotada del don de la profecía. **2.** Adivinadora.

PITORA o **PITORÁ** s.f. Colomb. Serpiente muy venenosa.

PITORREARSE v.prnl. Esp. y Méx. *Fam.* Reírse o burlarse de alguien.

PITORREO s.m. Esp. y Méx. *Fam.* Acción y efecto de pitorrearse.

PITORRO s.m. Parte del botijo, porrón, vasija, etc., que tiene un agujero por donde sale el líquido para beber. ◆ s.m. y adj. Carnero con cuernos fuertes y largos.

PITOTE s.m. Esp. *Fam.* Bulla, barullo, pendencia.

PITPIT s.m. ORNITOL. Bisbita.

PITUCO, A adj. y s. Argent. Se dice de la persona que viste elegantemente. **2.** Argent., Chile, Par., Perú y Urug. Petimetre.

PITUITA s.f. Secreción de las membranas mucosas. **2.** Vómito que algunos enfermos de gastritis, especialmente los alcohólicos o los fumadores, expulsan por las mañanas en ayunas.

PITUITARIA s.f. Membrana que recubre las fosas nasales. **2.** Glándula situada en la base del cráneo, encargada de controlar la actividad de otras glándulas y de regular varias funciones del cuerpo, como el desarrollo sexual.

PITUITARIO, A adj. Que contiene o segrega pituita.

PITUSO, A adj. y s. *Fam.* Se dice del niño pequeño, gracioso.

PIU adv. (voz italiana). MÚS. Más: *piu lento.*

PIULAR v.intr. Piar.

PIUNE s.m. Árbol que crece en América Meridional, de hojas grandes y cubiertas de un vello color de orín por el envés, que se usa como medicamento. (Familia proteáceas.)

PIUQUÉN s.m. Avutarda de color blanco y cabeza cenicienta, que vive en América Meridional.

PIURE s.m. Chile. Molusco que tiene forma de saco, con dos aberturas, la boca y el ano, cuya carne es comestible y muy apreciada.

PIURIA s.f. Presencia de pus en la orina.

PÍVOT s.m. y f. (fr. *pivot*) [pl. *pívots*]. Jugador más alto del equipo de baloncesto que juega cerca del aro para encestar canastas o recoger los rebotes de la pelota.

PIVOTANTE adj. Que pivota. **2.** BOT. Se dice de la raíz que es más gruesa que las raíces secundarias y que se desarrolla verticalmente en la tierra, como la zanahoria.

PIVOTAR v.intr. (fr. *pivoter*). Moverse o girar alrededor de un pivote o un eje. SIN.: *pivotear.*

PIVOTE s.m. Extremo de un eje giratorio. **2.** *Fig.* Base, punto de apoyo, elemento principal. **3.** Pieza cilíndrica que sirve de soporte de otra pieza, generalmente permitiendo que una de ellas pueda girar sobre sí misma. **4.** Cada uno de los espigones o puntas de los ejes sobre los que se mueven las ruedas de un reloj.

PÍXEL s.m. (ingl. *pixel*, acrónimo de *picture element*, elemento de imagen) [pl. *píxeles*]. FOT., TELECOM. y TELEV. Elemento más pequeño de una imagen al que se puede aplicar individualmente un color o una intensidad o que se puede diferenciar de los otros mediante un determinado procedimiento, como la fotografía, la telecopia o la televisión.

PÍXIDE s.f. ARQUEOL. Cofre pequeño de formas diversas donde se guardaban joyas. **2.** LITURG. **a.** Caja pequeña que servía para contener la eucaristía, y que dio origen al copón actual. **b.** Recipiente pequeño de metal en el que se lleva la comunión a los enfermos.

PIXIDIO s.m. BOT. Fruto seco del beleño y del llantén cuya parte superior se levanta a modo de tapa y deja descubierta la parte inferior.

PIYAMA s.m. o f. Amér. Pijama.

PIZARRA s.f. Roca sedimentaria de grano muy fino, color gris o azulado y estructura hojosa. **2.** Trozo de esta roca en forma de loseta delgada, preparado especialmente para escribir sobre él o para techar. **3.** Encerado o tablero para escribir o dibujar en él con tiza.

PIZARRAL s.m. Lugar donde abunda la pizarra.

PIZARRERO s.m. Colomb. y P. Rico. Barra para escribir en la pizarra.

PIZARRÍN s.m. Barrita cilíndrica de lápiz o de pizarra blanda, que sirve para escribir o dibujar en la pizarra.

PIZARRÓN s.m. Amér. Pizarra, encerado.

PIZARROSO, A adj. Se dice del terreno donde abunda la pizarra. **2.** Que se parece a la pizarra, especialmente su estructura hojosa.

PIZCA s.f. *Fam.* Porción muy pequeña de algo. **2.** Méx. Recolección, cosecha. ◇ **Ni pizca (una) pizca** *Fam.* Nada.

PIZCAR v.tr. [1]. Méx. Recoger, cosechar, especialmente el maíz o el algodón.

PIZPIRETO, TA adj. (voz de origen onomatopéyico). *Fam.* Se dice de la persona dinámica o presumida, especialmente de la mujer.

PIZPITA s.f. (voz de origen onomatopéyico). Aguzanieves, pájaro. SIN.: *pizpitillo.*

PIZZA s.f. (voz italiana). Torta de harina de trigo cubierta de tomate, queso y otros ingredientes que se cuece en el horno, típica de la cocina italiana.

PIZZERÍA s.f. Establecimiento donde se elaboran, venden o sirven pizzas.

PIZZICATO s.m. (voz italiana). Modo de tocar un instrumento musical de arco, pinzando las cuerdas con los dedos. **2.** Sonido que se obtiene al tocar de este modo un instrumento musical de arco.

pK s.m. Constante que caracteriza el grado de disociación iónica de un electrólito a una temperatura determinada.

PLACA s.f. (fr. *plaque*, chapa, de *plaquer*, chapar). Lámina plana y de poco espesor de una materia rígida. **2.** Pieza de metal con inscripciones. **3.** Insignia de ciertas profesiones, de ciertos objetos: *placa de policía.* **4.** Capa delgada y poco extensa de alguna cosa. **5.** Superficie de una cocina eléctrica donde están los fogones. **6.** Chapa en que figura el número de matrícula de un vehículo. GEOSIN.: Esp. *matrícula.* **7.** ELECTRÓN. Electrodo de un diodo cuya función es recoger los electrones emitidos por el cátodo. **8.** ENCUAD. Hoja de metal grabada que se estampa en la prensa de dorar para decorar la cubierta de un libro encuadernado. **9.** FOT. Lámina de vidrio recubierta de una emulsión sensible a la luz. **10.** GEOL. Unidad estructural rígida, con un espesor de 100 km aprox., que constituye la capa esférica superficial de la Tierra, según la teoría de la tectónica de placas. **11.** MED. **a.** Superficie cubierta de excoriaciones o de granos. **b.** Mancha coloreada que se forma en la piel. ◇ **Placa de acumulador** Electrodo de un acumulador, constituido por una lámina de metal inerte que sirve de soporte a una sustancia de materia activa. **Placa dental** Capa que se forma en la superficie de los dientes, compuesta de saliva, restos de comida y bacterias, que favorece la aparición de caries. **Placa giratoria** Disco móvil provisto de carriles que sirve para efectuar cambios de vía o de dirección en las estaciones de ferrocarril. **Placa motora** ANAT. Punto de unión entre el nervio y el músculo, donde el influjo nervioso libera un agente químico que provoca la contracción del músculo.

PLACAJE s.m. Acción de placar.

PLACA-MODELO s.f. METAL. En moldeo de fundición, placa utilizada para la construcción del molde.

PLACAR v.tr. [1]. En rugby, detener un ataque, sujetando con las manos al contrario y forzándolo a abandonar el balón.

PLACARD s.m. Argent. y Urug. Clóset.

PLACEADO, A adj. TAUROM. Se dice de la res que ha sido toreada en varias plazas.

PLACEBO s.m. Sustancia y, por extensión, tratamiento que puede provocar una mejora de los síntomas de algunos enfermos, pero sin actividad terapéutica científicamente reconocida más allá de la psicológica. ◇ **Efecto placebo** Acción beneficiosa de un placebo, acción terapeutica de origen psicológico: *el efecto placebo de una visita al médico.*

PLÁCEME s.m. Felicitación. (Suele usarse en plural.)

PLACENTA s.f. (lat. *placenta*, torta). Órgano adherido al útero de los mamíferos que envuelve al embrión durante la gestación. **2.** BOT. Parte del carpelo en la que se fijan los óvulos.

PLACENTACIÓN s.f. Formación de la placenta. **2.** BOT. Disposición de los óvulos en el ovario de las plantas con flores.

PLACENTARIO, A adj. Relativo a la placenta. ◆ adj. y s.m. Relativo a una subclase de mamíferos provistos de placenta. (La mayoría de los mamíferos son placentarios.) SIN.: *euterio.*

PLACENTERO, A adj. Agradable, apacible.

1. PLACER s.m. Sensación o sentimiento agradables, satisfacción. **2.** Aquello que gusta y divierte, que da satisfacción: *los placeres de la vida.* **3.** Gusto, satisfacción: *ha sido un placer conocerlo.* ◇ **A placer** Con completa satisfacción, sin impedimento alguno. **Principio de placer** PSICOANÁL. Principio que rige el funcionamiento psíquico del ser humano según el cual la actividad psíquica tiene por finalidad evitar el disgusto y procurar el placer.

2. PLACER v.tr. (lat. *placere*) [73]. Causar placer o dar gusto.

3. PLACER s.m. (cat. *placer*, llanura submarina). GEOL. Depósito de arenas que contiene minerales explotables. SIN.: *placel.* **2.** PESC. Pesquería de perlas en las costas de América.

PLACERO, A adj. Relativo a la plaza. ◆ adj. y s. Se dice de la persona que vende en el mercado o plaza.

PLÁCET s.m. (lat. *placet,* place, parece bien). Aprobación, por parte del gobierno de un país, de la designación de cierta persona como representante de él en otro país. **2.** Fórmula de adhesión empleada en los concilios.

PLACIDEZ s.f. Cualidad de plácido.

PLÁCIDO, A adj. (lat. *placidus*). Agradable, tranquilo.

PLACODERMO, A adj. y s.m. Relativo a una subclase de peces de la era primaria, provistos de una armadura torácica, parecidos a los actuales tiburones.

PLAFÓN s.m. (fr. *plafond*). Tablero o superficie adornada que se aplica a techos, paredes, focos luminosos, etc.

PLAGA s.f. Desgracia pública, calamidad: *las plagas de Egipto.* **2.** Enfermedad que afecta a un gran número de personas. **3.** Organismo animal o vegetal que perjudica a la agricultura. **4.** *Fig.* Abundancia de una cosa, especialmente si es nociva o molesta.

PLAGAL adj. Se dice de un modo musical medieval que empieza una cuarta por debajo del modo principal. **2.** Se dice de la cadencia que se caracteriza por el enlace del acorde de cuarto grado con el de tónica.

PLAGAR v.tr. y prnl. [2]. Llenar o cubrir con excesiva abundancia de algo.

PLAGIAR v.tr. (lat. *plagiare*). Copiar o imitar una obra ajena, especialmente literaria o artística, presentándola como propia. **2.** Amér. Secuestrar, robar.

PLAGIARIO, A adj. y s. Que plagia.

PLAGIO s.m. (lat. *plagium*, proporción de esclavos ajenos). Acción de plagiar. **2.** Copia de una obra ajena, especialmente literaria o artística, que se presenta como propia. **3.** Amér. Secuestro.

PLAGIOCLASA s.f. Feldespato que contiene calcio y sodio.

PLAGUICIDA adj. y s.m. Pesticida.

PLAN s.m. Proyecto, intención de realizar algo. **2.** Programa o disposición detallada de una obra o acción y del modo de realizarla: *plan de desarrollo.* **3.** Tratamiento médico prescrito a un enfermo. **4.** *Fig. y fam.* Forma o manera de pasar un espacio de tiempo: *¡menudo plan, tener que estudiar!* **5.** Esp. *Fig. y fam.* Persona con quien se mantienen relaciones sexuales informales o pasajeras. ◇ **En plan de** *Fam.* En condición de, en actitud de: *salir en plan de amigos.* **No ser plan algo** Esp. *Fam.* No ser conveniente, útil, agradable, etc. **Plan de estudios** Conjunto de asignaturas, trabajos y prácticas que han de cursarse para cumplir un ciclo determinado de estudios u obtener un título. **Plan de vuelo** Documento cumplimentado por un piloto antes de emprender el viaje, que comprende indicaciones sobre el itinerario, la altitud, y el número de personas a bordo, etc.

1. PLANA s.f. (lat. *planam*, f. de *planum*, llano). **a.** Cara de una hoja de papel, en blanco o escrita. **b.** Página, especialmente en un periódico o revista. **2.** Llanura. ◇ **Corregir, o enmendar, la plana a alguien** *Fig.* Descubrirle algún defecto en lo que ha hecho; superar, mejorar lo hecho por otro. **Plana mayor** MIL. Órgano de trabajo que auxilia al jefe de una unidad, tanto en las funciones de mando como en las administrativas; *Fig.* conjunto formado por las personas que tienen más autoridad en un trabajo, una organización, etc.

2. PLANA s.f. (lat. *planam*). Instrumento cortante, con dos mangos, usado por los carpinteros. **2.** Llana, herramienta de albañil. **3.** Martillo de boca cuadrangular, ancha y llana, utilizado por herreros y caldereros.

PLANCHA s.f. (fr. *planche*, tabla). Utensilio para alisar y desarrugar las prendas de ropa que consiste en una base metálica que se calienta, generalmente mediante energía eléctrica, y un asa en la parte superior. **2.** Acción de planchar. **3.** Conjunto de ropa planchada o por planchar. **4.** Pieza, especialmente de metal, delgada y de grosor homogéneo. **5.** Placa de hierro, de cobre, etc., que se usa para asar o tostar ciertos alimentos. **6.** *Fig. y fam.* Desacierto, indiscreción o error que alguien comete. **7.** En artes gráficas, reproducción estereotípica o galvanoplástica preparada para la impresión. **8.** Plantillaza. **9.** Posición del cuerpo totalmente horizontal en el aire. **10.** Ejercicio de natación que consiste en mantenerse boca arriba inmóvil sobre el agua. **11.** MAR. Tablón con travesaños que se usa como puente entre la tierra y una embarcación, o entre dos embarcaciones.

PLANCHADO s.m. Acción y efecto de planchar.

PLANCHADOR, RA s. Persona que plancha, especialmente si se dedica profesionalmente a ello.

PLANCHAR v.tr. Alisar y desarrugar las prendas de ropa con una plancha. ◆ v.intr. Argent., Chile y Urug. No bailar una mujer ninguna pieza en una reunión porque nadie la invita a ello.

PLANCHAZO s.m. Golpe dado con una plancha. **2.** *Fig. y fam.* Desacierto o error.

PLANCHETA s.f. Tablero que se usa para trazar planos.

PLANCHISTA s.m. y f. Persona que tiene por oficio realizar trabajos de planchistería.

PLANCHISTERÍA s.f. Industria dedicada al trabajo de las planchas metálicas.

PLANCTON s.m. Conjunto de plantas y animales de dimensiones pequeñas que flotan en el mar o en el agua dulce. (Según exista o no clorofila en las células, se distingue el *fitoplancton* y el *zooplancton*.)

PLANCTÓNICO, A adj. Relativo al plancton.

PLANEACIÓN s.f. Méx. Planificación, acción y efecto de planificar.

PLANEADO s.m. Operación que tiene por objeto igualar y allanar una de las superficies o planos de las tablas o maderas de sierra.

PLANEADOR s.m. Avión sin motor que vuela utilizando las corrientes atmosféricas.

1. PLANEAR v.intr. Volar un planeador o un avión sin utilizar ningún motor. **2.** Volar un ave con las alas extendidas y sin moverlas.

2. PLANEAR v.tr. Trazar el plan de algo.

PLANETA s.m. (lat. *planeta*, gr. *planítis*, vagabundo, por contraste con las estrellas que parecían fijas.) Cuerpo celeste que gira alrededor del Sol, que tiene masa suficiente para que su propia gravedad supere las fuerzas de cohesión de un sólido rígido, con forma casi esférica y que ha barrido otros cuerpos de la vecindad de su órbita. ◇ **Planeta enano** Cuerpo celeste que gira alrededor del Sol, que tiene masa suficiente para que su propia gravedad supere las fuerzas de cohesión de un sólido rígido, con forma casi esférica, que no ha barrido otros cuerpos de la vecindad de su órbita y no es un satélite (como Plutón, Ceres y Eris). ◇ **Planeta exterior,** o **superior** Planeta más alejado del Sol que la Tierra (Marte, Júpiter, Saturno, Urano y Neptuno). **Planeta interior,** o **inferior** Planeta más cercano al Sol que la Tierra (Mercurio y Venus).

ENCICL. Según la definición adoptada en Praga, en 2006, por la Unión astronómica internacional, actualmente se conocen ocho planetas que giran alrededor del Sol, que son, del más cercano al más lejano: Mercurio, Venus, la Tierra, Marte, Júpiter, Saturno, Urano y Neptuno. (*V. ilustr. pág. 938.*) Se dividen en dos tipos: los *rocosos* o *telúricos* (de Mercurio a Marte), que se caracterizan por ser pequeños, presentar gran densidad, poseer una corteza sólida y haber evolucionado mucho desde su formación; y los planetas *gigantes* (de Júpiter a Neptuno), constituidos sobre todo por gases. Estos últimos, tienen más volumen y una masa mayor que los telúricos, pero son menos densos y con una atmósfera, constituida por hidrógeno y helio, que ha conservado una composición muy parecida a la de la nebulosa que les dio origen. Plutón, que había sido considerado el noveno planeta, se clasifica ahora como planeta enano. Aparte de los planetas y los planetas enanos, hay una multitud de pequeños cuerpos celestes de forma irregular que giran alrededor del Sol: asteroides, cometas, etc. Hay muchas estrellas que poseen planetas (son los llamados planetas *extrasolares* o *exoplanetas*), sin embargo, con los medios técnicos actuales, solo se han podido detectar con métodos indirectos. Por ejemplo, en 1995 se descubrió el primer exoplaneta en la estrella 51 Pegasi al observar unas variaciones cíclicas de su espectro, lo que ha hecho pensar que cerca de ella giraba un planeta. Así mismo, se ha detectado la presencia de planetas en más de 200 estrellas.

PLANETARIO, A adj. Relativo a los planetas. ◆ s.m. Instalación que permite representar sobre una bóveda hemisférica, mediante proyecciones luminosas, los aspectos del cielo y los movimientos de los astros. SIN.: *planetárium*. **2.** Edificio donde se ubica esta instalación. SIN.: *planetárium*.

PLANETOIDE s.m. Asteroide. ◇ **Planetoide artificial** Artefacto que gravita alrededor del Sol y que ha sido enviado desde la Tierra.

PLANÈZE s.f. (voz francesa). Meseta basáltica poco inclinada, resultante de la erosión de una colada en la ladera de un volcán.

PLANGA s.f. Ave rapaz diurna con plumaje de color blanco negruzco y con manchas blancas.

PLANICIE s.f. (lat. *planities*). Llanura muy extensa.

PLANIFICACIÓN s.f. Acción y efecto de planificar. ◇ **Planificación familiar** Conjunto de métodos que permiten a los padres decidir el número y el momento de los nacimientos, en especial los métodos que permiten evitar el embarazo.

PLANIFICADOR, RA adj. Relativo a la planificación. ◆ s. Especialista en planificación.

PLANIFICAR v.tr. [1]. Hacer planes para desarrollar una actividad.

PLANILLA s.f. Amér. Liquidación, estado de cuentas. **2.** Méx. Conjunto de personas pertenecientes a una misma agrupación que contienden en un proceso electoral y que integran una lista: *vota por la planilla azul*. **3.** Méx. Boleta que se rellena de cupones.

PLANIMETRÍA s.f. Parte que en el que está trata de la representación en una superficie plana de una porción de la terrestre.

PLANIMÉTRICO, A adj. Relativo a la planimetría.

PLANÍMETRO s.m. Instrumento para medir áreas de superficies planas.

PLANIPENNE adj. y s.m. Relativo a un orden de insectos de alas plegadas por encima del cuerpo cuando están en reposo, cuya larva es carnívora, como la hormiga león.

PLANISFERIO s.m. Mapa en el que está representada la esfera terrestre o la celeste.

PLANNING s.m. (voz inglesa) [pl. *plannings*]. Plan de trabajo detallado. **2.** Conjunto de técnicas para optimizar los medios de producción de una empresa.

PLANO, A adj. (lat. *planus*). Se dice de la superficie sin relieves. **2.** Se dice del ángulo y de la figura trazados sobre un plano. ◆ s.m. Representación gráfica de la proyección horizontal de una ciudad, una máquina, un edificio, etc. **2.** Superficie formada por puntos situados a un mismo nivel. **3.** Fig. Punto de vista: *veía el problema desde un plano teórico*. **4.** Fig.

Posición social de las personas. **5.** CIN. Imagen que se toma con un determinado encuadre y ángulo de enfoque. (Atendiendo al encuadre se denomina *primer plano* cuando encuadra un detalle, *plano medio* si se corta al personaje a la altura de la cintura, *plano tres cuartos*, o *americano*, cuando abarca hasta las rodillas, y *plano general* cuando encuadra la figura entera.) **6.** MAT. Superficie ilimitada que contiene la totalidad de la recta que une dos de sus puntos. SIN.: *superficie plana*. ◇ **Dar de plano** Chocar o golpear con la parte plana de un cuerpo. **De plano** Clara y manifiestamente. **Electroencefalograma plano** Trazado encefalográfico en el que no pueden individualizarse ondas y que constituye el signo de la muerte.

PLANTA s.f. (lat. *planta*). Vegetal. **2.** Parte inferior del pie, que se apoya en el suelo. **3.** Piso de un edificio. **4.** Plano de la distribución de los locales de un edificio. **5.** Plantillazo. ◇ **Buena planta** Fig. y fam. Buena presencia. **De nueva planta** De nueva construcción. **De planta** Argent. y Méx. Con carácter permanente, fijo: *un profesor de planta*. **Planta baja** Piso de un edificio que está al nivel del terreno.

PLANTACIÓN s.f. Acción de plantar. **2.** Explotación agrícola generalmente grande de ciertas plantas: *plantación de café, de algodón, de bananos*.

PLANTADO, A adj. Fig. Que tiene buena planta, presencia. ◇ **Dejar plantado** a alguien Fig. y fam. No acudir a una cita; romper bruscamente una relación amorosa con alguien.

PLANTADOR, RA adj. y s. Que planta. ◆ s. Dueño de una plantación.

1. PLANTAR v.tr. (lat. *plantare*). Poner una planta, una semilla o un esqueje en un terreno para que se desarrollen: *plantar un rosal*. **2.** Poblar de plantas un terreno: *plantar el jardín de rosales*. **3.** Fig. Hincar algo en tierra para que se sostenga verticalmente: *plantaron un palo en mitad de la era*. **4.** Fig. Colocar una cosa en el lugar que le corresponde o donde debe ser utilizada. **5.** Fig. y fam. Abandonar a alguien con quien se tiene un compromiso, especialmente romper un noviazgo. **6.** Fig. y fam. Hacer esperar a alguien o no acudir a una cita. **7.** Fig. y fam. Poner a alguien o algo en un lugar de manera brusca o contra su voluntad: *le plantaron en la calle*. **8.** Fig. y fam. Dar golpes, pegar: *le plantó dos bofetadas*. **9.** Fig. y fam. Decir algo a alguien con brusquedad: *le plantó cuatro frescas*. ◆ v.intr. y prnl. En algunos juegos de cartas, no querer más cartas de las que se tienen. ◆ **plantarse** v.prnl. Fig. y fam. Ponerse o quedarse firme de pie en un sitio: *se plantó en la puerta y no dejaba pasar a nadie*. **2.** Fig. y fam. Pararse un animal negándose a seguir adelante. **3.** Fig. y fam. Mantenerse firme en una actitud. **4.** Fig. y fam. Llegar a un lugar en menos tiempo del que se considera normal. **5.** Fig. y fam. Ponerse una prenda de vestir, adorno, etc.

2. PLANTAR adj. Relativo a la planta del pie.

PLANTARIO s.m. Almáciga, semillero.

PLANTE s.m. Acción de plantarse. **2.** Actitud de protesta o rechazo de varias personas ante una misma situación.

PLANTEAMIENTO s.m. Acción y efecto de plantear.

PLANTEAR v.tr. Suscitar y poner en condiciones de resolver un problema, asunto, etc.

PLANTEL s.m. Conjunto de personas hábiles o capaces para cierta actividad; lugar o institución donde se han formado. **2.** Lugar donde se crían plantas para ser trasplantadas; conjunto de estas plantas. **3.** Conjunto de vegetales plantados en el mismo terreno: *un plantel de espárragos*. **4.** Este mismo terreno. **5.** Argent. Conjunto de animales que pertenecen a un establecimiento ganadero. **6.** Argent. Personal de una institución. **7.** Argent. Conjunto de personas que integran un equipo deportivo.

PLANTEO s.m. Fam. Planteamiento. **2.** Argent. Protesta colectiva o individual.

PLANTIFICAR v.tr. [1]. Fam. Plantar una bofetada, una insolencia, etc. **2.** Fam. Plantar, colocar a alguien o algo en un lugar de manera brusca o contra su voluntad. ◆ v.tr. y prnl. Fam. Plantar, colocar en un sitio. ◆ **plantificarse** v.prnl. Fam. Presentarse en un lugar en menos tiempo del que se considera necesario.

■ **PLANO.** Escala de planos, con posibles encuadres de una escena de una película (*Río Lobo*, H. Hawks, 1970).

plano general

primer plano

plano medio corto

plano americano o medio

plano completo

PLANTÍGRADO, A adj. ZOOL. Que anda sobre la totalidad de la planta de los pies y no solo sobre los dedos.

PLANTILLA s.f. Pieza de badana, tela, corcho, palma, etc., con que interiormente se cubre la planta del calzado. **2.** Suela sobre la que los zapateros arman el calzado. **3.** Tabla o plancha cortada con los mismos ángulos, figuras y tamaños que ha de tener la superficie de una pieza, y utilizada en varios oficios para marcarla, cortarla, labrarla o moldearla. **4.** Instrumento usado por los delineantes para dibujar curvas que no sean arcos circulares. **5.** Conjunto de jugadores de un equipo deportivo. **6.** Esp. Conjunto del personal fijo de una empresa.

PLANTILLAZO s.m. Acción peligrosa o violenta en el fútbol que consiste en entrar a un contrario con la planta del pie excesivamente elevada. SIN.: *plancha*.

PLANTÍO s.m. Lugar plantado recientemente de vegetales; conjunto de estos vegetales.

PLANTO s.m. Composición elegíaca en verso o prosa.

PLANTÓN s.m. Árbol joven que se ha de trasplantar. **2.** Méx. Grupo de personas que se congrega y permanece cierto tiempo en un lugar público, con el propósito de protestar por algo o para exigir ciertas demandas. **3.** MIL. Soldado destinado a guardar algún almacén u otra dependencia sin que se le releve. ◇ **Dar un plantón** Hacer esperar mucho tiempo a alguien, sin acudir a la cita o acudiendo con mucho retraso.

PLÁNTULA s.f. Planta joven germinada, que se alimenta todavía de las reservas de la semilla o de los cotiledones.

PLAÑIDERO, A adj. Se dice de la persona que llora y gime, y de las voces, ademanes, etc., con que lo hace. ◆ s.f. Mujer a la que se pagaba para asistir a los funerales y llorar al muerto.

PLAÑIDO s.m. Queja y llanto.

PLAÑIR v intr., tr. y prnl. (lat. *plangere*) [49]. Llorar y gemir.

PLAQUÉ s.m. (voz francesa). Chapa muy delgada de oro o plata que se une sobre otro metal de menos valor.

PLAQUETA s.f. (fr. *plaquette*). Elemento celular de la sangre que interviene en la coagulación. SIN.: *trombocito*.

PLASMA s.m. (del gr. *plásios*, de color verde). Parte líquida de la sangre cuyos elementos celulares (glóbulos rojos, glóbulos blancos y plaquetas) están en suspensión. **2.** Sustancia orgánica fundamental de la célula y los tejidos. **3.** FÍS. Gas fuertemente ionizado.

PLASMAFÉRESIS s.f. Acción de separar el plasma de los glóbulos de la sangre.

PLASMAR v.tr. Dar forma o modelar una cosa. **2.** Fig. Dar forma perceptible a algo que es inmaterial, especialmente a una idea. ◆ **plasmarse** v.prnl. Manifestarse algo en una determinada forma.

PLASMÁTICO, A adj. Relativo al plasma celular.

PLÁSMIDO s.m. BIOL. Fragmento de ADN de algunos microorganismos, especialmente de las bacterias, que es independiente del cromosoma.

PLASMOCITO s.m. HISTOL. Célula del tejido linfoide que procede de la transformación de un linfocito B₁ y está especializada en la secreción de anticuerpos.

PLASMODIO s.m. Masa citoplásmica que encierra varios núcleos. **2.** Esporozoo parásito de animales de sangre fría y de sangre caliente, que en el ser humano provoca la malaria.

PLASMÓLISIS s.f. Disminución del volumen de una célula viva sumergida en una solución hipertónica, debida a la pérdida de agua que contiene.

PLASTA s.f. Cosa blanda o aplastada. **2.** Excremento pastoso del ganado. **3.** Esp. *Fig* y *fam.* Cosa mal hecha, imperfecta o sin proporción. ◆ adj. y s.m. y f. Esp. y Méx. Se dice de la persona o cosa pesada, molesta y aburrida.

PLASTELINA s.f. → **PLASTILINA.**

PLASTIA s.f. Operación de cirugía plástica.

PLÁSTICA s.f. Arte de plasmar o de modelar una materia blanda. **2.** Conjunto de las artes figurativas. **3.** Efecto estético de las formas consideradas en sí mismas.

PLASTICIDAD s f. Cualidad de plástico.

PLÁSTICO, A adj. (gr. *plastikós*, de *plassõ*, modelar). Relativo a la plástica o al plástico. **2.** Dúctil, blando, fácil de moldear. **3.** *Fig.* Se dice del estilo o descripción que da realce a las ideas. ◆ s.m. Sustancia sintética de estructura macromolecular que puede ser moldeada mediante calor o presión. (Los plásticos pueden ser *termoplásticos* o *termoendureci-*

bles, transformándose los primeros en los segundos al introducir un tercer polímero reticulable.) **2.** Explosivo constituido por pentrita o hexógeno y un plastificante, que tiene la consistencia de la masilla de vidriero. ◇ **Cuadro plástico** Escenificación de un tema religioso, histórico, etc., realizado con personajes vivientes que permanecen inmóviles en el escenario.

PLASTICULTIVO s.m. Utilización de materiales de plástico en la agricultura.

MATERIAS PLÁSTICAS: PRINCIPALES USOS EN FUNCIÓN DE SUS CARACTERÍSTICAS	
TERMOPLÁSTICOS	
Poliacrílicos	
polimetacrilato de metilo (PPMA)	fibras sintéticas, cristales para anteojos, vidrieras escuadradas, reglas, lentes de contacto, artículos de peluquería,
poliacrilonitrilo (PAN)	películas plásticas para la protección y conservación de alimentos, frascos (química, medicina)
celulósicos	
éteres (metil, etil, bencilcelulosa), ésteres (nitratos, acetatos, butiratos, hidratos)	artículos domésticos, de oficina o de peluquería, envases para cosméticos, óptica
poliamidas (PA)	tejidos artificiales (naílon), interruptores y tomas de electricidad, engranajes, tornillos, aparatos electrodomésticos, jeringuillas, equipamiento para automóviles.
poliésteres saturados	
politereftalato de etileno (PET)	botellas para refrescos, tejidos, películas (fotografía, cine), cintas, componentes eléctricos o electrónicos
politereftalato de butileno (PBT)	piezas mecánicas o piezas aislantes sometidas a elevadas temperaturas
policarbonatos (PC)	discos compactos, cascos de moto, vidrieras de seguridad, material óptico, etc.
poliolefinas	
polietileno (PE)	bolsas, películas, frascos, botelleros, juguetes, cubos, baldes, tubos flexibles, cisternas.
polipropileno (PP)	películas plásticas para embalaje alimentario, filtros, bombas, parachoques y depósitos para gasolina.
poliuretanos termoplásticos (TPU)	hilos, cables, botas de esquí, tablas de windsurf, juntas de estanqueidad, amortiguadores de ruidos
estirénicos	
poliestireno (PS)	envases de yogur, barquillas, armarios de tocador, contrapuertas de refrigeradores y congeladores
poliestireno expandido (PSE)	paneles aislantes, embalajes antichoque
acrilonitrilo-butadieno-estireno (ABS)	fundas para aspiradoras, estructuras rígidas de los asientos del automóvil, cajetines para terminales de cable, computadoras
policloruro de vinilo (PVC)	
PVC flexible	tejidos recubiertos para confección y marroquinería, fundas de aislamiento, cintas adhesivas, toldos, etc.
PVC rígido	tubos de instalaciones sanitarias, ventanas, postigos, canalones, cables eléctricos, revestimiento de embalajes alimentarios o químicos
poliacetales o polioximetilenos (POM)	engranajes, resortes, tornillos, balancines, piezas de rozamiento, grifería, herramientas portátiles, etc.
poliacetato de vinilo (PVAC) y derivados	pinturas, barniz de secado rápido
polímeros fluorados	
politetrafluoretileno (PTFE)	revestimientos antiadhesivos (sartenes), tubos, palieres, cojinetes, juntas, fibras textiles técnicas
TERMOENDURECIBLES	
aminoplastos	
melamina formaldehído (MF)	colas, vajilla de camping, electrodomésticos
resina urea formol (UF)	colas para contrachapados, barnices, espumas, mangos de cacerolas
epóxidos (EP)	equipos eléctricos, sellado, pegamentos, aeronáutica, extracción petrolífera, barcos, raquetas de tenis, palos de golf
fenoplastos (PF)	piezas mecánicas rígidas o resistentes a elevadas temperaturas
poliésteres insaturados (UP)	fibras textiles, barnices, cañas de pescar, cascos, barcos, elementos de la carrocería, masillas
siliconas (SI)	bases de cremas, de lociones y de pomadas, prótesis, junturas hidrófugas o de aislamiento eléctrico, pinturas, elastómeros
poliuretanos termoendurecibles (PU)	espumas de relleno para asientos y para camas

PLASTIFICACIÓN s.f. Acción de plastificar.

PLASTIFICANTE adj. Que plastifica. ◆ s.m. Producto que se añade a una materia para aumentar su plasticidad.

PLASTIFICAR v.tr. [1]. Recubrir un libro, un documento, etc., con una lámina de plástico, generalmente transparente. **2.** Añadir un plastificante a una materia.

PLASTILINA o **PLASTELINA** s.f. Pasta blanda moldeable, de diferentes colores, con la que se forman figuras.

PLASTISOL s.m. Dispersión viscosa de una resina finamente pulverizada en un plastificante líquido.

PLASTO s.m. Orgánulo de las células vegetales que puede cargarse de diversas sustancias nutritivas (almidón) o de pigmentos (clorofila). SIN.: *leucito*.

PLASTRÓN s.m. (fr. *plastron*). Pechera de la camisa, particularmente la sobrepuesta. **2.** Corbata muy ancha que cubría el centro de la pechera de la camisa.

PLASTURGIA s.f. Conjunto de procedimientos y técnicas de transformación de las materias plásticas.

PLATA s.f. (del lat. *plattus*, del gr. *platós*, ancho, plano). Metal precioso, de color blanco, brillante, muy dúctil, de densidad 10,5, cuyo punto de fusión es de 960 °C. **2.** Elemento químico (símb. Ag), de número atómico 47 y masa atómica 107,868. **3.** Dinero en monedas de plata. **4.** *Fig.* Dinero en general, o riqueza. **5.** Conjunto de objetos de plata de una casa. **6.** Amér. Dinero. **7.** HERÁLD. Argén. ◇ **Como una plata** Que está limpio y reluciente: *tener la casa como una plata*. **En plata** *Fam.* Sin rodeos, claramente; en resolución, en resumen.

ENCICL. La plata se encuentra muy raramente en estado puro en la naturaleza; suele hallarse combinada con azufre o antimonio. Es inoxidable en contacto con el oxígeno, ennegrece con el aire (ozono, sulfuros) y es atacada por el ácido nítrico. Después del oro, es el metal más dúctil y maleable; es el mejor conductor del calor y de la electricidad. En aleación con el cobre adquiere mayor dureza.

PLATABANDA s.f. (fr. *platebande*). Arriate. **2.** Moldura lisa o adorno en forma de banda.

PLATAFORMA s.f. (fr. *plate-forme*). Superficie horizontal plana, natural o artificial, situada más elevada que el terreno circundante. **2.** Parte de un vehículo de transporte público inmediata a la puerta de salida o entrada y desprovista de asientos. **3.** *Fig.* Medio que alguien utiliza para conseguir un fin determinado, como expresar una manera de sentir, promocionarse profesionalmente, etc. **4.** En una vía férrea, superficie superior del terraplén sobre la que se dispone el balasto. **5.** Vagón de tren descubierto y con bordes de poca altura, que se emplea para transportar ciertas cargas o mercancías. **6.** Conjunto de reivindicaciones o propuestas de una organización o partido político. **7.** Conjunto de personas que forman una organización y tienen un objetivo común. **8.** Argent. Andén de una estación de ferrocarril. **9.** GEOGR. Estructura caracterizada por repliegues de gran radio de curvatura y escasa pendiente. **10.** PETRÓL. Instalación para la perforación de pozos submarinos. ◇ **Plataforma continental** GEOGR. Prolongación del continente bajo el mar, a una profundidad generalmente inferior a los 200 m, limitada por el talud continental. **Plataforma de lanzamiento** Construcción en la que se disponen los mecanismos necesarios para el despegue de un cohete espacial. **Plataforma estructural** GEOGR. Superficie correspondiente al desprendimiento de una capa geológica dura por el efecto de la erosión.

PLATANAR o **PLATANAL** s.m. Lugar poblado de plátanos o bananos.

PLATANERO, A s. Persona que cultiva plátanos o bananos o vende su fruto. ◆ s.m. Banano.

PLÁTANO s.m. (lat. *platanus*, del gr. *plátanos*). Banano, planta y fruto. **2.** Árbol platanáceo de hasta 3 o 4 m. de alt., gran longevidad (de 500 a 2 000 años), fruto en nuececilla, cuya corteza se desprende por placas y que suele plantarse en plazas y paseos. ◇ **Plátano falso**

Árbol de corteza lisa, con hojas de color verde oscuro por el haz y amarillo azulado por el envés.

amentos masculinos · amentos femeninos

hoja y fruto

■ **PLÁTANO** de sombra.

PLATEA s.f. Patio, parte baja de los teatros.

PLATEADO, A adj. Que tiene un baño de plata. **2.** Que es gris claro brillante como la plata. ◆ s.m. Acción de platear.

PLATEAR v.tr. Revestir o cubrir de plata un objeto. ◆ v.intr. En las plantaciones, tomar las hojas del tabaco un color verde oscuro por encima y claro por el envés.

PLATELMINTO, A adj. y s.m. Se dice del gusano de cuerpo aplanado. (Los gusanos *platelmintos* se dividen en tres clases: turbelarios, trematodos y cestodos.)

PLATENSE adj. y s.m. y f. De La Plata. **2.** Rioplatense.

PLATERESCO, A adj. y s.m. Se dice del estilo decorativo desarrollado en España durante el primer tercio del s. XVI, en el que se combinan elementos clásicos y ojivales y que representa la introducción de las formas ornamentales renacentistas (provenientes en su mayoría de Lombardía) en la arquitectura hispana.

ENCICL. El estilo plateresco cifra sus principales recursos en sobreponer a edificios civiles y religiosos, de estructura gótica, un entramado decorativo de variado repertorio. Las dos Castillas y en menor medida Andalucía son las zonas de difusión por excelencia del plateresco (colegio de Santa Cruz de Valladolid, hospital de la Santa Cruz de Toledo, ayuntamiento de Sevilla). También llegaron los reflejos del plateresco a Hispanoamérica, aplicado sobre la base gótico-mudéjar de la primera arquitectura colonial (fachada de la catedral de Santo Domingo, portada de la iglesia de Acolman, en México).

PLATERÍA s.f. Arte y oficio de platero. **2.** Establecimiento donde se trabaja la plata o se venden objetos de plata, oro o joyas con pedrería. **3.** Calle o barrio donde estaban los talleres de los plateros.

PLATERO, A s. Persona que tiene por oficio trabajar la plata o labrar objetos de plata, oro o joyas con pedrería. ◆ adj. y s. Se dice del asno de pelaje blanquecino o ligeramente agrisado.

PLÁTICA s.f. (lat. *platica*). Conversación entre dos o más personas. **2.** Sermón breve.

PLATICAR v.tr. e intr. [1]. Conversar dos o más personas.

PLATIJA s.f. Pez teleósteo plano, de unos 40 cm de long., carne comestible, que vive en el océano Atlántico y los estuarios, remonta los estuarios. (Familia pleuronéctidos.) SIN.: *pelaya*.

PLATILLO s.m. Pieza en forma de disco o plato de la balanza. SIN.: *plato*. **2.** Címbalo. **3.** Guiso elaborado con carne y verduras picadas. **4.** Méx. Plato, combinación de comestibles que se ha fijado en la tradición alimenticia y que se transmite por medio de una receta.

◇ **Platillo volador** Méx. Ovni con forma de disco. GEOSIN.: Argent. *plato volador;* Esp. *platillo volante.* **Platillo volante** Esp. Ovni con forma disco.

PLATINA s.f. Soporte del microscopio donde se coloca el portaobjetos. **2.** Disco de vidrio deslustrado o de metal y perfectamente plano, para que ajuste en su superficie el borde del recipiente de una máquina neumática. **3.** Pletina de un magnetófono. **4.** IMPR. **a.** Mesa de la prensa o máquina de imprimir sobre la que se apoya o fija la forma. **b.** Mesa revestida de una plancha metálica que sirve para ajustar, imponer y acuñar las formas o moldes. SIN.: *mármol.* **5.** TECNOL. Arandela plana o plato anular de unión para tubos de hierro u otro metal.

PLATINADO s.m. Acción de platinar.

PLATINAR v.tr. Cubrir un objeto con una capa de platino.

PLATINÍFERO, A adj. Que contiene platino.

PLATINITA s.f. Aleación de hierro y níquel que posee el mismo coeficiente de dilatación que el platino.

PLATINO s.m. (fr. *platine*). Metal precioso, de color blanco grisáceo, de densidad 21,4, cuyo punto de fusión es de 1 773 °C. **2.** Elemento químico (Pt), de número atómico 78 y masa atómica 195,07. ◆ **platinos** s.m.pl. Placas de contacto, hechas de tungsteno, en los antiguos dispositivos de encendido en los automóviles. ◇ **Espuma de platino** Platino esponjoso con propiedades catalíticas, obtenido por la calcinación de algunas de sus sales. **Platino iridiado** Aleación de un 90 % de platino y un 10 % de iridio.

ENCICL. Es un sólido maleable y tenaz. Es inoxidable a cualquier temperatura y en caliente se combina con el cloro, el azufre y los metales fundibles. Inatacable por los ácidos, el platino puede ser divalente (compuestos platinosos) o tetravalente (compuestos platínicos).

PLATIRRINO, A adj. y s.m. Relativo a un grupo de primates de cola prensil, con los orificios nasales separados, que poseen 36 dientes y viven en América, como el tití y el mono araña.

PLATO s.m. (lat. *plattus*, del gr. *platós*, ancho, plano). Recipiente redondo, plano, con el centro más o menos hondo y los bordes inclinados, que se usa para poner en él la comida. **2.** Comida que se sirve en un plato: *un plato de lentejas.* **3.** Guiso, combinación de alimentos elaborados de una manera determinada para ser consumidos. **4.** Cada uno de los guisos que se sirven separados en una comida: *de primer plato, sopa.* **5.** Rueda dentada situada en el eje de los pedales de una bicicleta y que sirve para transmitir, a través de una cadena, el movimiento a la rueda posterior. **6.** Disco de arcilla que sirve para ejercitarse en el tiro al plato o tiro al vuelo. **7.** Platillo de la balanza. **8.** Pieza circular del tocadiscos sobre la que se coloca el disco gramofónico, que efectúa un movimiento de rotación regular alrededor de un eje vertical. ◆ adj. y s.m. Argent. y Chile. Se dice de la persona divertida, original y extravagante. ◇ **No haber roto un plato** *Fam.* No haber hecho nada malo. **Pagar los platos rotos** *Fam.* Ser acusado o castigado por algo que no se ha cometido. **Plato combinado** Esp. Comida preparada con diversos manjares que se sirven en un mismo plato, a modo de comida completa. **Plato llano**, o **trinchero** Plato donde se suelen servir alimentos sólidos para ser trinchados. **Plato sopero**, u **hondo** Plato que tiene la profundidad necesaria para contener alimentos líquidos, como la sopa, sin que se derramen. **Plato volador** Argent. Ovni con forma de disco. **Ser plato de segunda mesa** *Fam.*

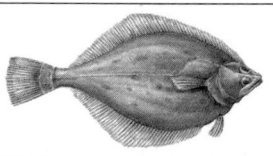

■ **PLATIJA**

Estar o sentirse postergado; ser sucedáneo de algo o de alguien.

PLATÓ s.m. (fr. *plateau*). Recinto cubierto de un estudio cinematográfico o de televisión que sirve de escenario para un rodaje.

PLATÓNICO, A adj. Relativo a la filosofía de Platón. **2.** Se dice del amor que idealiza a la persona amada, sin que se establezca una relación física con ella. ◆ s. Seguidor de la filosofía de Platón o miembro de su escuela.

PLATONISMO s.m. Filosofía de Platón y sus discípulos. **2.** Cualidad de platónico.

PLATUDO, A adj. Amér. Rico, acaudalado.

PLAUSIBLE adj. (lat. *plausibilis*, de *plaudere*). Digno de aplauso o de alabanza. **2.** Admisible, justificado.

PLAYA s.f. (lat. tardío *plagia*, del gr. *plágia*, lados, costados). Terreno generalmente llano, cubierto de arena, guijarros o rocas, a la orilla del mar, de un lago o un río. **2.** Amér. Merid. Lugar llano y espacioso, explanada: *playa de estacionamiento*.

PLAY-BACK s.m. (del ingl. *playback*). Interpretación mímica de una grabación sonora realizada previamente. SIN.: *presonurización*.

PLAY-BOY s.m. (del ingl. *playboy*). Hombre atractivo y generalmente rico que emplea el tiempo en conquistar mujeres y llevar una vida ociosa.

PLAYERA s.f. Zapatilla de lona, ligera y cómoda. **2.** Méx. Camiseta, generalmente de manga corta y sin cuello.

PLAYERO, A adj. Se dice de la prenda de vestir que se usa para ir a la playa. ◆ s.m. Argent. Peón encargado de una playa de estacionamiento o de maniobras.

PLAYO, A adj. y s.m. Argent., Par. y Urug. Que tiene poco fondo.

PLAZA s.f. (lat. *platea*, calle ancha, del gr. *plateia*). Espacio amplio al aire libre, generalmente rodeado de edificios y en el que confluyen varias calles, en el interior de una población. **2.** Mercado, lugar dividido en puestos de venta de comestibles y otros artículos de consumo diario. **3.** Conjunto de comestibles y productos comprados para el consumo diario. **4.** Lugar donde se llevan a cabo las corridas de toros. **5.** Lugar o espacio destinado a ser ocupado por una persona, en un curso, hospital, medio de transporte, etc. **6.** Empleo, cargo o función que se desempeña en una empresa o institución. **7.** Población o zona, considerada desde el punto de vista comercial. **8.** MIL. Ciudad con guarnición. ◇ **Pasar, o sentar, plaza de** algo Tener fama o reputación de algo. **Plaza fuerte** MIL. Ciudad fortificada.

PLAZO s.m. (del ant. *plazdo*, del lat. (*dies*) *placitus*, día de plazo aprobado por la autoridad). Espacio de tiempo señalado para ha-

cer cierta cosa. **2.** Cada parte de una cantidad que se ha de pagar en dos o más veces. ◇ **A plazos** Forma de efectuar el pago de una mercancía, que consiste en concertar con el vendedor unas fechas futuras y unas cantidades que se han de pagar en cada una de estas fechas.

PLAZOLETA s.f. Plaza pequeña, espacio amplio al aire libre.

PLEAMAR s.f. (port. *prea mar*). Altura máxima alcanzada por la marea. **2.** Tiempo que dura esta altura. SIN.: *plenamar*.

PLEBE s.f. (lat. *plebs, plebis*). ANT. ROM. Clase social de los ciudadanos que no eran patricios. **2.** Desp. Pueblo, clase social más baja.

PLEBEYO, A s. (lat. *plebeius*). ANT. ROM. Persona que pertenecía a la plebe. **2.** Persona del pueblo llano. ◆ adj. Relativo a la plebe. **2.** Vulgar, popular.

PLEBISCITAR v.tr. Ratificar mediante un plebiscito. **2.** Elegir con una gran mayoría.

PLEBISCITARIO, A adj. Relativo al plebiscito.

PLEBISCITO s.m. (lat. *plebiscitum*). Consulta que los poderes públicos someten a votación popular para obtener la ratificación de la gestión de un gobernante, o para decidir algún asunto de estado. **2.** ANT. ROM. Ley votada por la asamblea de la plebe.

PLECA s.f. IMPR. Filete corto de una sola raya que suele ponerse al final de un capítulo o

■ EL ARTE PLATERESCO

El arte del renacimiento adquiere caracteres propios e hispánicos con la ornamentación plateresca, determinada, por una parte, por las fachadas «inconexas» (portadas concebidas y realizadas con independencia de la construcción sobre la que se levantan) y por las puertas «colgadas» (composiciones que recuadran la parte alta de la puerta de entrada a un edificio, decoradas con motivos diversos). El plateresco se manifiesta también en la arquitectura fecunda iniciada por Diego de Siloe, Rodrigo Gil de Hontañón y Juan de Álava.

Salamanca. Fachada de la iglesia del convento de san Esteban, diseñada por Juan de Álava (1524-1610).

Salamanca. Vista de la fachada de la universidad (h. 1520-1525).

Toledo. Escalera del claustro del hospital de Santa Cruz (1504-1514).

Alcalá de Henares. Fachada de la universidad, obra de Rodrigo Gil de Hontañón (1541-15583).

para separar dos titulares, dos artículos de diario, revista, etc.

PLECÓPTERO, A adj. y s.m. Relativo a un orden de insectos de cuerpo alargado, largas antenas y larva acuática.

PLECTRO s.m. (lat. *plectrum*, del gr. *plḗttein*, golpear). Lámina de madera, marfil, carey, etc., utilizada para pulsar las cuerdas de ciertos instrumentos musicales. SIN.: *púa*. **2.** *Fig* y *poét.* Inspiración, estilo.

PLEGADERA s.f. Utensilio de madera, metal, marfil, etc., semejante a un cuchillo, que sirve para cortar o plegar papel. SIN.: *cortapapeles.*

PLEGADIZO, A adj. Que se pliega o se dobla con facilidad.

PLEGADO s.m. Acción y efecto de plegar. **2.** ART. GRÁF. Operación que consiste en doblar los pliegos impresos, a fin de darles la forma y tamaño que han de tener para formar el libro. **3.** MEC. Operación de modelado de chapas metálicas, que tiene por objeto doblar una parte de la chapa sobre la otra formando un ángulo determinado.

PLEGADOR, RA adj. Que pliega. ◆ s.m. Instrumento que sirve para plegar.

PLEGADORA s.f. ART. GRÁF. Máquina para plegar los pliegos impresos. **2.** MEC. Instrumento utilizado para el plegado de chapas.

PLEGAMIENTO s.m. Acción y efecto de plegar o plegarse. **2.** Deformación de las capas geológicas relacionada con la orogénesis; pliegues que se forman con esta deformación.

PLEGAR v.tr. (del lat. *plicare*) [4]. Doblar, aplicar una sobre otra dos partes de una cosa flexible. ◆ v.tr. y prnl. GEOL. Ondularse o doblarse un estrato o conjunto de ellos. ◆ **plegarse** v.prnl. *Fig.* Adaptarse o someterse.

PLEGARIA s.f. (bajo lat. *precaria*). Oración o súplica dirigida a una divinidad, a la Virgen o a los santos.

PLEISTOCENO adj. y s.m. (del gr. *pleiston*, lo más, y *kainós*, nuevo). GEOL. Se dice del primer período de la era cuaternaria, que se extiende desde hace unos 2 millones de años hasta hace unos 10 mil años y que corresponde a la edad de la piedra tallada, o paleolítico. ◆ adj. Relativo a este período.

PLEITA s.f. (mozár. *plêjta*, del lat. vulg. *plecta*, entrelazada, y del gr. *plektḗ*, cuerda entretejida). Tira trenzada de esparto, pita, rafia, etc., muy flexible, usada en trabajos de cestería, sombrerería, etc.

PLEITEADOR, RA adj. y s. Que tiene tendencia a pleitear.

PLEITEANTE adj. y s.m. y f. Que pleitea.

PLEITEAR v.tr. Litigar o disputar sobre un asunto en un juicio.

PLEITESÍA s.f. Muestra reverente de acatamiento y cortesía.

PLEITISTA adj. y s.m. y f. Se dice de la persona que tiene tendencia a promover u ocasionar peleas, discusiones o pleitos.

PLEITO s.m. (fr. ant. *plait*, del bajo lat. *placitum*, voluntad regia). Disputa, riña mantenida entre dos o más personas. **2.** DER. Litigio, contienda o controversia judicial entre partes.

PLEMENTO s.m. Conjunto de piedras o dovelas que rellenan los espacios entre los arcos de una bóveda gótica de crucería.

PLENA s.f. Baile y cante popular puertorriqueño.

PLENARIO, A adj. Completo, lleno, total. ◆ s.m. DER. Parte del procedimiento penal que empieza cuando concluye el sumario. ◆ s.m. Pleno, reunión general.

PLENILUNIO s.m. Luna llena.

PLENIPOTENCIA s.f. Poder pleno que se concede a otro para que ejecute, concluya o resuelva una cosa.

PLENIPOTENCIARIO, A adj. y s. Se dice del agente diplomático que tiene plenos poderes para tratar o negociar asuntos.

PLENITUD s.f. Cualidad o estado de pleno. **2.** *Fig.* Momento o situación de mayor intensidad o perfección de algo.

PLENO, A adj. (lat. *plenus*). Lleno completo. **2.** Total o completo: *goza de su plena confianza*. **3.** Se dice del momento central o de mayor intensidad de algo: *en pleno invierno*. ◆ s.m. Reunión o junta general de una corporación.

2. Acierto de todos los resultados de un juego de apuestas. ◇ **En pleno** Sin que falte ninguno de los miembros del grupo o colectividad que se expresa: *el ayuntamiento en pleno.* **Pleno empleo** Situación que se produce cuando toda la mano de obra disponible en un país tiene la posibilidad de encontrar empleo. **Plenos poderes** Autorización para negociar definitivamente en nombre del país o de la persona que se representa.

PLEOCROICO, A adj. Que está dotado de pleocroísmo.

PLEOCROÍSMO s.m. FÍS. Propiedad que poseen ciertas sustancias de presentar coloraciones diversas según la dirección en que se la observa.

PLEONASMO s.m. (lat. *pleonasmus*, del gr. *pleonasmós*, superabundancia, exageración). Figura retórica de construcción que consiste en el uso de palabras innecesarias para dar más fuerza a la expresión: *«yo lo vi con mis ojos»*, es un pleonasmo.

PLEONÁSTICO, A adj. Relativo al pleonasmo: *expresión pleonástica.*

PLEPA s.f. Persona llena de achaques.

PLEREMA s.m. LING. En glosemática, constituyente del plano del contenido.

PLESIOSAURO s.m. Reptil marino fósil de la era secundaria, de cuerpo macizo, miembros en forma de aleta, cuello largo y cabeza pequeña, que alcanzaba hasta 12 m. de long.

PLETINA s.f. Parte de un magnetófono o de una cadena de reproducción de sonido donde se introduce la cinta magnética y que está formada por el dispositivo de arranque, los cabezales y los mandos. SIN.: *platina.* **2.** Laminado de hierro u otro metal de sección rectangular y poco grosor.

PLÉTORA s.f. (gr. *pléthori*, plenitud, superabundancia, de *pléthein*, estar lleno). *Fig.* Abundancia excesiva de algo. **2.** Exceso de sangre o de otros humores en el cuerpo humano.

PLETÓRICO, A adj. *Fig.* Que tiene gran abundancia de alguna cosa positiva, como salud, alegría, etc. **2.** MED. Se dice de un tipo constitucional caracterizado por el buen aspecto físico, rojez de la cara, peso por encima de lo habitual y tensión sanguínea elevada.

PLEURA s.f. (gr. *pleurá*, costilla, costado). Membrana serosa que tapiza el tórax y envuelve los pulmones.

PLEURAL adj. Relativo a la pleura.

PLEURESÍA s.f. Pleuritis.

PLEURÍTICO, A adj. y s. Relativo a la pleuritis; que padece pleuritis.

PLEURITIS s.f. (bajo lat. *pleurisis*). Inflamación de la pleura. SIN.: *pleuresía.*
ENCICL. Según la naturaleza del líquido derramado se distinguen las pleuritis *serofibrinosas* (líquido claro, de origen tuberculoso o vírico, cardiovascular o tumoral), *hemorrágicas* (consecuencia de un tumor maligno del pulmón o de la pleura) o *purulentas* (debidas a una infección bacteriana). Las pleuritis provocan dolor torácico, dificultad para respirar y, en las formas agudas, temblores y fiebre.

PLEURODINIA s.f. (del gr. *pleurá*, costilla, costado, y *odýni*, dolor). Dolor agudo en el tórax, relacionado con una pleuritis o una enfermedad reumática.

PLEURONÉCTIDO, A adj. y s.m. Relativo a una familia de peces óseos, de cuerpo aplanado, que viven en el fondo del mar apoyados en uno de sus lados y tienen los dos ojos en el opuesto, como el lenguado y el rodaballo.

PLEUROTOMÍA s.f. Incisión quirúrgica en la pleura.

PLEXIGLÁS s.m. (marca registrada). Materia plástica transparente y flexible, empleada particularmente como vidrio de seguridad.

PLEXO s.m. (lat. *plexus*). ANAT. Conjunto de filamentos vasculares o nerviosos anastomosados y entrelazados.

PLÉYADE s.f. Grupo de personas que destacan en un campo del saber y desarrollan su actividad en la misma época.

PLICA s.f. (lat. médico *plica*). Esp. Sobre cerrado y sellado que contiene un documento cuya información no debe conocerse o publicarse hasta un momento determinado.

PLIEGO s.m. Hoja de papel, especialmente la de forma cuadrangular y doblada por la mitad. **2.** ART. GRÁF. Conjunto de páginas que resultan de plegar una hoja impresa. **3.** Carta o documento importante que se envía en un sobre cerrado. **4.** Conjunto de papeles que van dentro de un mismo sobre o cubierta. ◇ **Pliego de cargos** DER. Escrito que contiene una exposición de las faltas e infracciones de que se acusa a un funcionario sometido a expediente administrativo. **Pliego de descargos** DER. Documento en el que el funcionario sometido a expediente alega en su defensa. **Pliego suelto,** o **de cordel** LIT. Cuaderno de cuatro u ocho folios que contenía obras literarias populares y que se tenía expuesto a la venta colgado de una cuerda; obra literaria contenida en este cuaderno.

PLIEGUE s.m. Doblez, señal que queda en la parte por donde se ha doblado una cosa. **2.** Ángulo que forma la piel en las articulaciones. **3.** Tela doblada sobre sí misma, cosida a su largo o solo en sus extremos o simplemente marcada con plancha. **4.** GEOL. Ondulación de las capas del terreno, que puede ser hacia fuera (*anticlinal*) o hacia dentro (*sinclinal*). ◇ **Eje de un pliegue** GEOL. Dirección del pliegue.

■ **PLIEGUE.** Conjunto de pliegues sinclinales y anticlinales en las calcáreas jurásicas del valle del Var (Provenza-Alpes-Costa Azul).

PLINTO s.m. (lat. *plinthus*, del gr. *plínthos*, ladrillo). Elemento cuadrado de la parte inferior de la base de una columna. **2.** Aparato gimnástico para saltar, formado por varias secciones horizontales de madera que, colocadas unas sobre otras, permiten obtener diferentes alturas.

PLIOCENO adj. y s.m. (del gr. *pleion*, más, y *kainós*, nuevo). GEOL. Se dice del último período de la era terciaria, que se extiende desde hace unos 5 millones de años hasta hace unos 2 millones de años y que sucede al mioceno. ◆ adj. Relativo a este período.

PLISAR v.tr. Marcar pliegues: *plisar una tela.*

PLOCEIDO, A adj. y s.m. Relativo a una familia de aves granívoras pasceriformes, de pico grande y duro, y voz fuerte, como el gorrión.

PLOMADA s.f. Pesa de plomo u otro metal que cuelga del extremo de un cordel y sirve para comprobar la verticalidad de un elemento: *plomada de albañil.*

PLOMBAGINA o **PLUMBAGINA** s.f. (fr. *plombagine*). Grafito con el que se hacen minas de lápiz.

PLOMERÍA s.f. Establecimiento donde se trabaja el plomo. **2.** Amér. Oficio de plomero. GEOSIN.: Chile, Ecuad. y Perú. *gasfitería;* Esp. *fontanería.* **3.** Amér. Conjunto de instalaciones para la conducción y distribución de aguas en un edificio. GEOSIN.: Chile, Ecuad. y Perú. *gasfitería;* Esp. *fontanería.*

PLOMERO, A s. Persona que tiene por oficio trabajar el plomo. **2.** Amér. Persona que tiene por oficio instalar y reparar el sistema de conducción y distribución de aguas de un edificio. GEOSIN.: Chile. *gásfiter;* Esp. *fontanero;* Nicar. *pajero.*

PLOMÍFERO, A adj. Que contiene plomo. **2.** *Fam.* Que es aburrido o molesto.

PLOMIZO, A adj. Que tiene el color o la apariencia del plomo; que contiene plomo.

PLOMO s.m. (lat. *plumbum*). Metal denso, pesado, de color gris azulado, cuyo punto de fusión es de 327,5 ºC. **2.** Elemento químico (Pb) de número atómico 82 y masa atómica 207,2. **3.** Objeto o pieza hecha con este metal. **4.** Fig. Bala, proyectil. **5.** Fig. y fam. Persona o cosa pesada y molesta. **6.** Esp. ELECTR. Fusible de hilo de plomo. (Suele usarse en plural.) ◆ **plomos** s.m.pl. Trozos cóncavos de plomo que, en las máquinas de imprimir, limitan el espacio que ha de ocupar la tinta en el cilindro. ◇ **A plomo** Verticalmente; fam. pesadamente.
ENCICL. El plomo es un metal dúctil, maleable, blando (se raya fácilmente) y poco tenaz. Resiste a los agentes químicos, pero se empaña en contacto con el aire por formación superficial de un carbonato básico. En general, el plomo es bivalente en sus sales que son insolubles, excepto el nitrato y el acetato, y venenosas. Forma aleaciones con el antimonio, el estaño y el cobre (soldaduras, aleaciones fusibles). Se extrae de los minerales: la *galena* (sulfuro de plomo) y la *cerusita* (carbonato de plomo). La intoxicación crónica por plomo (saturnismo) es una enfermedad propia de trabajos en los que se utiliza este metal.

PLOTTER s.m. (voz inglesa). Unidad periférica de salida de una computadora que se usa para representar gráficos y dibujos por líneas.

PLUMA s.f. (lat. *pluma*). Excrecencia que cubre la epidermis de las aves, formada por un tubo provisto de barbas y bárbulas, que les sirve para volar, proteger el cuerpo y mantener una temperatura constante. **2.** Conjunto de plumas. **3.** Pluma de ave, cortada y afilada que se usaba para escribir. **4.** Utensilio que sirve para escribir o dibujar. **5.** Plumilla. **6.** Caligrafía de alguien. **7.** Fig. Actividad literaria en general o de un escritor determinado. **8.** Fig. Estilo, manera de escribir. **9.** Fig. Escritor. **10.** Fig. y fam. Persona o cosa muy ligera. **11.** Esp. Fig y fam. Afeminamiento en los gestos y en la forma de hablar de un hombre. **12.** DEP. Categoría de peso que agrupa a los boxeadores de 54 a 57 kg. ◇ **A vuela pluma** A **vuelapluma* **Pluma atómica** Méx. Bolígrafo **Sin plumas y cacareando** Fam. Expresión con que se critica la arrogancia del que ha sido derrotado en algo.

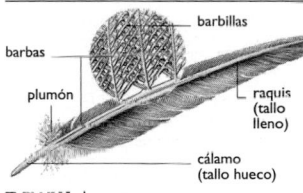

Labels: barbillas, barbas, plumón, raquis (tallo lleno), cálamo (tallo hueco)

■ **PLUMA** de ganso.

PLUMADO, A adj. Que tiene plumas. **2.** HERÁLD. Se dice del escudo o pieza cubiertos de plumas. SIN.: *plumeteado*.

PLUMAJE s.m. Conjunto de plumas que cubren el cuerpo de un ave. **2.** Adorno de plumas que se pone en los sombreros, cascos, etc.

PLUMARIO, A adj. Se dice del arte de hacer mosaicos con plumas de aves.

PLUMAZO s.m. Trazo hecho con la pluma. ◇ **De un plumazo** Fam. De manera brusca y rápida.

PLUMBAGINA s.f. → PLOMBAGINA.

PLUMBAGINÁCEO, A adj. y s.f. Relativo a una familia de plantas herbáceas dicotiledóneas, de hojas simples, flores de cáliz membranoso y fruto seco.

PLÚMBEO, A adj. (del lat. *plumbum*). Que está hecho de plomo. **2.** Fig. Pesado como el plomo.

PLÚMBICO, A adj. Relativo al plomo.

PLUMBÍFERO, A adj. Que contiene plomo.

PLUM-CAKE s.m. (voz inglesa). Pastel elaborado con pasas y frutas confitadas.

PLUMERO s.m. Utensilio para limpiar el polvo, compuesto de plumas o diversos filamentos sujetos a un mango. **2.** Caja o recipiente donde se guardan las plumas. **3.** Plumaje,

---

adorno de plumas ◇ **Vérsele a alguien el plumero** Fam. Traslucirse los pensamientos o intenciones de una persona.

PLUMETEADO, A adj. HERÁLD. Se dice del escudo o pieza cubiertos de pequeños semicírculos montados entre sí en forma de escamas. **2.** Plumado.

PLUMIER s.m. (voz francesa). Caja o estuche donde los escolares guardan los lápices, plumas, gomas de borrar, etc.

PLUMÍFERO, A adj. Que tiene plumas. ◆ adj. y s. Desp. Se dice del periodista o escritor mediocre.

PLUMILLA s.f. Parte de la pluma de escribir o dibujar que, humedecida por la tinta, sirve para hacer trazos. SIN.: *pluma*.

PLUMÓN s.m. Pluma delgada y suave que tienen las aves debajo del plumaje exterior, usada para rellenar almohadas, prendas de abrigo, etc. **2.** Prenda de abrigo rellena con esta pluma.

PLUMOSO, A adj. Que tiene muchas plumas.

PLÚMULA s.f. BOT. Gémula.

PLURAL adj. (lat. *pluralis*, que consta de muchos, de *plus, pluris*, más numerosos). Que expresa un número gramatical superior a uno. **2.** Múltiple: *una actividad plural*. ◆ s.m. LING. Forma de una palabra que corresponde a un número superior a la unidad.

PLURALIDAD s.f. Multiplicidad, circunstancia de ser más de uno.

PLURALISMO s.m. Multiplicidad. **2.** Concepción que admite la pluralidad de tendencias y opiniones en el ámbito político, social, económico, etc. **3.** FILOS. Doctrina que solo admite el mundo formado de individuos y conjuntos de individuos.

PLURALISTA adj. y s.m. y f. Relativo al pluralismo; partidario del pluralismo.

PLURALIZAR v.tr. [7]. Referir o atribuir a varias personas algo que es peculiar de una, pero sin generalizar. **2.** LING. Dar número plural a palabras que ordinariamente no lo tienen.

PLURIANUAL adj. Que dura varios años.

PLURICELULAR adj. BIOL. Que consta de más de una célula. SIN.: *multicelular*.

PLURIDIMENSIONAL adj. Que tiene varias dimensiones.

PLURIDISCIPLINAR adj. Que abarca distintas disciplinas. SIN.: *multidisciplinar*.

PLURIEMPLEO s.m. Desempeño de varios empleos, cargos, oficios, etc., al mismo tiempo por una persona.

PLURIPARTIDISMO s.m. Sistema político que admite la coexistencia de varios partidos.

PLURIVALENTE adj. Que tiene varios valores.

PLUS s.m. (lat. *plus*, más). Cantidad suplementaria: *un plus de peligrosidad* ◇ **Plus familiar** Prestación obligatoria de la seguridad social española destinada a cubrir cargas familiares de los trabajadores.

PLUSCUAMPERFECTO, A adj. y s.m. (del lat. *plus quam perfectum*, más que perfecto). LING. En la clasificación tradicional de los tiempos verbales, antecopretérito.

PLUSMARCA s.f. Récord deportivo.

PLUSMARQUISTA s.m. y f. Deportista que ha establecido una plusmarca.

PLUSVALÍA s.f. Aumento del valor de una cosa. **2.** Aumento de valor de unos terrenos a causa de trabajos o inversiones realizados por la administración. **3.** Incremento del valor corriente en venta de un terreno en la fecha en que termina el período de imposición con respecto a dicho valor al comienzo del período. **4.** Forma monetaria de la parte de producción realizada por el trabajador de la que se apropia sin compensación el propietario de los medios de producción.

PLUTOCRACIA s.f. Gobierno de un estado en que el poder está en manos de los ricos o influido por estos; clase social que forman estas personas.

PLUTÓCRATA s.m. y f. Persona perteneciente a la plutocracia.

PLUTOCRÁTICO, A adj. Relativo a la plutocracia.

PLUTÓN s.m. GEOL. Masa de magma proce-

---

dente de grandes profundidades, que se ha solidificado lentamente.

PLUTÓNICO, A adj. Relativo al plutonismo. **2.** GEOL. Se dice de las rocas eruptivas que se han producido en las profundidades de la Tierra por la acción de fuerzas internas, y que presentan una estructura granulosa, como el granito o el gabro.

PLUTONIO s.m. Metal transuránico del grupo de los actínidos. **2.** Elemento químico (Pu), de número atómico 94.
ENCICL. Obtenido de la irradiación de uranio, el plutonio se utiliza como combustible nuclear en supergeneradores o en centrales «clásicas» y en armas nucleares. Es muy tóxico debido a que su dosis letal se halla en el orden del microgramo.

PLUTONISMO s.m. (del gr. *Ploýton*, dios subterráneo, de los infiernos). Teoría que explica la formación de la corteza terrestre por la acción del fuego interior.

1. PLUVIAL adj. Que procede de la lluvia: *aguas pluviales*. ◇ **Régimen pluvial** Régimen del curso de un río cuyo caudal procede fundamentalmente de las lluvias.

2. PLUVIAL s.m. Ave zancuda de las orillas arenosas de los lagos y ríos de África tropical que limpia la boca de los cocodrilos de los restos de comida. (Familia glareólidos.)

PLUVIOMETRÍA o **PLUVIMETRÍA** s.f. Estudio de la distribución de la lluvia en el espacio y el tiempo.

PLUVIOMÉTRICO, A adj. Relativo al pluviómetro o a la pluviometría.

PLUVIÓMETRO o **PLUVÍMETRO** s.m. Aparato que sirve para medir la cantidad de lluvia caída en un lugar durante un tiempo determinado.

PLUVIOSIDAD s.f. Cantidad de lluvia caída en un lugar durante un tiempo determinado.

POBLACHO s.m. (ital. *popolaccio*). Desp. Pueblo pequeño o pobre.

POBLACIÓN s.f. Acción de poblar. **2.** Ciudad, villa o lugar edificado y habitado por un conjunto de personas. **3.** Conjunto de habitantes de un lugar. (La población mundial aumenta cada año en unos 100 millones aprox., es decir, más de 250 000 personas cada día.) **4.** Conjunto de personas que componen una categoría particular: *población rural*. **5.** Conjunto de especies animales o vegetales que viven en un lugar determinado. **6.** Conjunto de elementos sometidos a un estudio estadístico. **7.** Chile. Barrio marginal de chabolas. ◇ **Población estelar** ASTRON. Conjunto de estrellas que, desde un punto de vista estadístico, poseen propiedades intrínsecas o cinemáticas comunes, como la edad, la composición química, etc.

en millones de habitantes

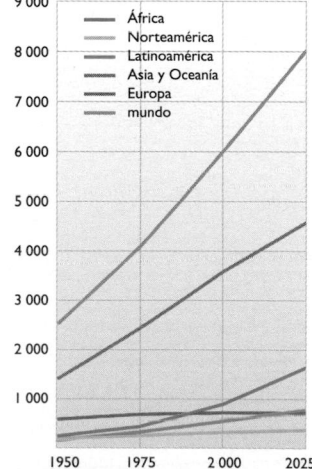

| África | Norteamérica | Latinoamérica | Asia y Oceanía | Europa | mundo |

(años: 1950, 1975, 2 000, 2025; millones de habitantes: 1 000 a 9 000)

■ **POBLACIÓN.** La población mundial.

POBLADO s.m. Conjunto de viviendas que forman una pequeña población, especialmente cuando es de carácter primitivo o provisional.

POBLADOR, RA adj. y s. Habitante. **2.** Que establece una población en un lugar. ◆ s. Chile. Chabolista.

POBLAMIENTO s.m. Acción de poblar. **2.** Proceso de asentamiento de la población o de un grupo humano específico en un área determinada. **3.** Formas de asentamiento resultantes de este proceso.

POBLANO, A adj. y s. De Puebla, estado de México. **2.** Amér. Lugareño, campesino.

POBLAR v.tr. [17]. Ocupar un lugar para establecerse en él. **2.** Ocupar un lugar un conjunto de seres vivos para habitarlo: *poblar un monte*. **3.** Habitar o vivir en algún lugar. ◆ v.tr. e intr. Fundar uno o más pueblos o poblaciones. ◆ v.tr. y prnl. Estar una cosa en gran número o cantidad en algún lugar.

POBO s.m. Álamo, árbol.

POBRE s.m. y f. y adj. (lat. *pauper, -eris*). Persona que no tiene lo necesario para vivir o que lo tiene con escasez. **2.** Mendigo. ◆ adj. Humilde, modesto. **2.** Que es de poco valor. **3.** *Fig.* Infeliz, digno de compasión: *pobre hombre*. ⬦ **Mineral pobre** Mineral de bajo contenido de metal. **Teatro pobre** Tendencia teatral que propugna el uso exclusivo de las facultades de los intérpretes y que rechaza todo despliegue escenográfico y luminotécnico.

POBRETERÍA s.f. Conjunto de pobres. **2.** Escasez o miseria. **3.** Tacañería.

POBRETÓN, NA adj. y s. *Desp.* Pobre.

POBREZA s.f. Cualidad o estado de pobre: *bolsas de pobreza*. **2.** *Fig.* Falta o escasez de algo: *pobreza de espíritu*.

POCERO, A s. Persona que hace pozos o trabaja en ellos. **2.** Persona que limpia los pozos negros o las cloacas.

POCHA s.f. *Esp.* Judía blanca temprana.

POCHO, A adj. Marchito, en estado de putrefacción. **2.** Pálido, descolorido. **3.** *Fig.* Cosa está triste, decaído, o enfermo. ◆ s. Méx. Persona de origen mexicano que vive en EUA, y que ha adoptado las costumbres estadounidenses y habla el español con anglicismos. **2.** Méx. Mezcla de español con inglés.

POCHOLO, A adj. *Esp. Fam.* Bonito, gracioso.

POCHOTE s.m. C. Rica, Hond. y Méx. Árbol silvestre muy espinoso, cuyo fruto contiene una materia algodonosa con que se rellenan almohadas. (Familia bombacáceas.)

POCILGA s.f. (del ant. *porcilga*, del lat. *porcus*, puerco). Establo o cobertizo para cerdos. SIN.: *porqueriza, porquerizo*. **2.** *Fig. y fam.* Lugar sucio y maloliente.

POCILLO s.m. Jícara, vasija pequeña.

PÓCIMA s.f. Bebida medicinal elaborada con vegetales. **2.** Bebida desagradable al gusto.

POCIÓN s.f. (lat. *potio, -onis*). Bebida, especialmente la medicinal.

1. POCO adv.c. Con escasez, en corto grado, insuficientemente. ⬦ **A poco** Pasado un breve espacio de tiempo. **A poco de** Breve tiempo después de ocurrir lo que se expresa. **Dentro de poco** Pronto. **Poco a poco** Gradual o lentamente; se usa para moderar o contener a alguien. **Poco más o menos** Aproximadamente. **Por poco** Casi. **Tener en poco** Considerar indigno o inmerecedor de aprecio y atención.

2. POCO, A adj. y pron.indef. (lat. *paucus, -a, -um*, poco numeroso). Escaso; inferior, en número o cantidad, a lo regular y preciso.

POCOMAN, pueblo amerindio del SE de Guatemala del grupo quiché y familia lingüística maya-quiché.

POCONCHI, pueblo amerindio de Guatemala, del grupo quiché y familia lingüística maya-quiché.

PODA s.f. Acción de podar. **2.** Tiempo en que se realiza esta acción.

PODADERA s.f. (del ant. *foz podadera*, del lat. *falx putatoria*). Instrumento cortante de metal para podar o escamondar árboles, arbustos, etc.

PODAR v.tr. (lat. *putare*, limpiar, podar). Cortar las ramas superfluas de los árboles y otras plantas. SIN.: *mondar*.

PODARIA s.f. MAT. Lugar geométrico de los pies de las perpendiculares que bajan desde un punto fijo del plano de una curva sobre las tangentes de esta.

PODCAST s.m. (acrónimo de la marca *iPod* y del ingl. *broadcast*, emisión) Emisión de radio o de televisión que un usuario puede descargar de Internet mediante una suscripción previa y escucharla tanto en una computadora como en un reproductor portátil. **2.** Archivo que contiene esta emisión.

PODENCO s.m. Perro muy parecido al lebrel, aunque algo menor y más robusto, utilizado para la caza por su vista y olfato.

■ **PODENCO**

1. PODER v.tr. (lat. vulg. *potere*, del lat. clásico *posse*) [61]. Tener la capacidad o facultad para hacer una cosa determinada. **2.** Tener facilidad de hacer una cosa o reunir las condiciones para hacerla. **3.** Tener permiso para hacer algo. **4.** Ser más fuerte que otro. ◆ v.impers. Ser posible que suceda una cosa: *puede que llueva*. ⬦ **Poderlas** Méx. Tener mucho poder o influencia. **Poderle algo** Méx. Producirle gran pena o tristeza: *me pudo mucho la noticia de su muerte*.

2. PODER s.m. Capacidad para hacer algo: *poder de convocatoria*. **2.** Facultad para mandar, dominar o influir. **3.** Posesión o propiedad de algo. **4.** Fuerza, capacidad, eficacia. **5.** Gobierno de un estado. **6.** Conjunto de fuerzas militares de un estado, en especial las militares. **7.** Facultad que una persona da a otra para que obre en su nombre y por su cuenta. **8.** Potencia de una máquina. **9.** FILOS. Conjunto de las relaciones de fuerza y de los procesos de jerarquización que, atravesando toda la estructura económica y política, somete a las personas. ◆ **poderes** s.m.pl. Facultades, autorización para hacer algo, dada por el que tiene autoridad para ello. ⬦ **Poder absoluto** Poder que se ejerce sin ninguna limitación. **Poder adquisitivo** Capacidad económica para adquirir bienes o servicios. **Poder calorífico** Cantidad de calor desprendido durante la combustión, en condiciones normales, de una cantidad dada de combustible. **Poder central** Poder localizado en la sede de los poderes públicos de un país. **Poder constituyente** Poder encargado de elaborar la constitución de un país. **Poder disciplinario** Poder que se ejerce por medio de sanciones, especialmente en la administración, en una empresa o en ciertas profesiones. **Poder ejecutivo** Parte de un gobierno que ejecuta las leyes. **Poder espiritual** Autoridad eclesiástica en materia religiosa. **Poderes públicos** Conjunto de las autoridades que ejercen el poder en el estado. **Poder judicial** Parte de un gobierno que administra la justicia. **Poder legislativo** Parte de un gobierno que elabora o modifica leyes. **Poder reglamentario** Poder ejercido por una autoridad gubernativa o administrativa, que le permite legislar sobre materias que no entran en el campo de la ley o desarrollar las reglas dictadas por el parlamento para su aplicación. **Poder temporal** Gobierno civil de un estado. **Separación de poderes** Principio de derecho público por el que los poderes legislativo, ejecutivo y judicial no deben interferirse entre sí.

PODERÍO s.m. Poder, facultad de hacer o impedir algo. **2.** Dominio que se tiene sobre al-

guien o sobre algo. **3.** Conjunto de bienes y riquezas. **4.** Poder, fuerza, valor.

PODEROSO, A adj. y s. Que tiene mucho poder. **2.** Rico, influyente. ◆ adj. Muy eficaz y de efecto rápido: *remedio poderoso*. **2.** Que es grande, excelente o magnífico.

PODESTÀ s.m. (voz italiana). Primer magistrado de las ciudades del N y centro de Italia en los ss. XIII y XIV.

PODIO o **PÓDIUM** s.m. (lat. *podium*, del gr. *podion*, pie pequeño). Plataforma sobre la que se coloca a una o varias personas para destacarlas por sus méritos o importancia en un triunfo deportivo, en la presidencia de un acto, etc. **2.** ANT. ROM. Muro grueso de un teatro o un anfiteatro que se levanta alrededor de la arena o de la orquesta, y donde estaban los lugares de honor. **3.** ARQ. Plataforma de cierta altura que sirve como basamento a un edificio.

PODOLOGÍA s.f. Parte de la medicina que trata de las enfermedades y deformidades de los pies.

PODÓLOGO, A s. y adj. Médico especialista en podología.

PODÓMETRO s.m. Aparato parecido a un reloj que cuenta el número de pasos dados por la persona que lo lleva e indica la distancia recorrida. SIN.: *odómetro*.

PODÓN s.m. Podadera grande y fuerte.

PODREDUMBRE s.f. Estado de algo que está podrido. **2.** Cosa o parte podrida de una cosa. **3.** Corrupción moral de alguien o de algo.

PODRIR v.tr. (lat. *putrere*, pudrirse) [51]. Pudrir. (Se usa solo en infinitivo y participio.)

PODSOL s.m. (voz rusa). Suelo de las regiones húmedas con invierno frío que se desarrolla sobre una roca madre ácida, formado por un horizonte negro y rico en humus, situado por encima de un horizonte de textura cenicienta, de color gris blanquecino, que a su vez está situado sobre un horizonte inferior, negro, impermeable y rico en hierro.

PODSÓLICO, A adj. Relativo al podsol.

PODSOLIZACIÓN s.f. Transformación de un suelo en podsol.

POEMA s.m. (lat. *poema*, del gr. *poíima*). Obra oral o escrita, compuesta en verso. **2.** Obra en prosa con características propias de la poesía. **3.** *Fig.* Cosa, acción o suceso que se considera cómico: *su forma de actuar es todo un poema*. **4.** MÚS. Pieza musical para un solo instrumento o para un solista. ⬦ **Poema sinfónico** MÚS. Composición orquestal inspirada en un argumento literario, filosófico, etc.

POEMARIO s.m. Colección de poemas.

POESÍA s.f. (lat. *poesis*, del gr. *poíisis*, creación). Arte de evocar y sugerir sensaciones, emociones e ideas mediante un lenguaje sujeto a medidas, cadencias, ritmos e imágenes. **2.** Género poético: *poesía épica, lírica, heroica, etc.* **3.** Conjunto de versos, poema de poca extensión: *recitar una poesía*. **4.** Conjunto de la actividad poética de unos poetas: *la poesía del siglo de oro*. **5.** Carácter de lo que es estéticamente bello y afecta a la sensibilidad: *la poesía de un paisaje*.

POETA s.m. y f. (lat. *poeta*, del gr. *poietés*, creador, hacedor). Persona que compone poesía. **2.** Persona con temperamento poético.

POÉTICA s.f. Arte de componer obras poéticas. **2.** Conjunto de principios y reglas de la poesía. **3.** Teoría de la creación literaria.

POÉTICO, A adj. Relativo a la poesía. **2.** Propio de la poesía: *estilo poético*. **3.** Que contiene poesía, que conmueve: *un relato poético*.

POETISA s.f. Mujer que compone poesía.

POETIZAR v.intr. [7]. Componer poesía, escribir en verso. ◆ v.tr. Dar carácter poético a algo: *poetizar un recuerdo*.

POGONÓFORO, A adj. y s.m. Relativo a un grupo de animales invertebrados filamentosos que viven en las profundidades marinas y que carecen de boca, ano y tubo digestivo.

POGROM s.m. (voz rusa) [pl. *pogromes, pogroms* o *pogrom*]. Sublevación popular acompañada de pillaje y asesinato, en contra de una comunidad judía durante el imperio ruso, especialmente entre 1881 y 1921. **2.** Ataque dirigido contra una minoría étnica o religiosa.

POINTER s.m. y adj. Perro de caza de origen

británico, de cuerpo proporcionado, cola larga y orejas caídas.

POIQUILOTERMO, A adj. y s.m. Se dice de un animal cuya temperatura corporal varía con la del medio ambiente, como los reptiles, los peces, etc. SIN.: *heterotermo*. CONTR.: *homeotermo*.

POISE s.m. Unidad de medida de viscosidad dinámica (símb. P) equivalente a 10^{-1} pascal-segundo.

POKER s.m. (voz inglesa). → **PÓQUER**.

POLACO, A adj. y s. De Polonia. ◆ s.m. Lengua eslava hablada principalmente en Polonia.

POLAINA s.f. (fr. ant. *polaine*, punta larga de un calzado que estuvo de moda en los ss. XII al XV). Prenda de vestir, generalmente de cuero o de paño, que cubre la pierna desde el tobillo o el empeine del pie hasta la rodilla.

POLAQUIURIA s.f. MED. Trastorno vesical, consistente en micciones frecuentes y poco abundantes.

POLAR adj. Relativo a un polo, a los polos, o a las zonas próximas a los polos: *viento polar*. **2.** ELECTR. Relativo a los polos de un imán o de un generador eléctrico. **3.** QUÍM. Se dice de una molécula asimilable a un dipolo eléctrico. ◆ s.f. AERON. Curva que representa las variaciones del coeficiente de sustentación en función del coeficiente de arrastre de un ala o de un avión, cuando varía el ángulo de incidencia. ◆ s.m. Tejido similar que protege del frío. (También *form polar*.) **2.** Prenda de abrigo que cubre la parte superior del cuerpo y se confecciona con este tejido. (También *forro polar*.) ◇ **Círculo polar** Círculo paralelo al ecuador que marca el límite de las zonas polares, donde, durante los solsticios, el día o la noche duran veinticuatro horas. **Clima polar** Clima muy frío y seco en invierno, fresco y poco lluvioso en verano. **Órbita polar** ASTRONÁUT. Órbita de un satélite situado en un plano que contiene los polos del planeta en torno al cual gravita ese satélite.

POLARIDAD s.f. Cualidad que distingue entre sí cada uno de los polos de un imán o de un generador eléctrico. **2.** Propiedad de un cuerpo que tiene propiedades o potencias opuestas en partes o direcciones contrarias, como los polos.

POLARIMETRÍA s.f. Método de análisis químico basado en el poder de rotación del plano de polarización de la luz que tienen ciertas sustancias en solución.

POLARÍMETRO s.m. Aparato para medir la rotación del plano de polarización de la luz.

POLARIZACIÓN s.f. Acción de polarizar o polarizarse. **2.** Propiedad de una onda electromagnética (y más especialmente de la luz) de presentar un reparto determinado de la orientación de sus vibraciones que la componen. **3.** Propiedad de las partículas elementales y de los núcleos de presentar una orientación determinada de su spin. **4.** ELECTR. Establecimiento de una diferencia de potencial entre dos conductores. ◇ **Polarización de una pila** ELECTR. Disminución de la fuerza electromotriz de una pila como consecuencia de reacciones químicas internas. **Polarización dieléctrica** ELECTR. Creación de dipolos en un dieléctrico, mediante un campo eléctrico. **Polarización electroquímica** ELECTR. Modificación del potencial de un electrodo, debido al paso de corriente eléctrica en una cuba electrónica.

POLARIZADO, A adj. Se dice de un aparato que presenta dos polos de distinta naturaleza. **2.** Que ha experimentado polarización: *luz polarizada*.

POLARIZAR v.tr. [7]. Someter a polarización. ◆ v.tr. y prnl. *Fig*. Concentrar la atención, las fuerzas, etc., en algo determinado.

POLAROGRAFÍA s.f. Método de análisis de metales en soluciones salinas que se basa en la observación de la curva de polarización de un electrodo.

POLAROID s.f. (marca registrada). Hoja transparente que polariza la luz que la atraviesa. **2.** Cámara fotográfica que realiza también el revelado en pocos segundos. **3.** Fotografía obtenida con esta cámara.

POLCA o **POLKA** s.f. (voz de origen esla-

---

vo). Danza popular de dos tiempos bailada por parejas, originaria de Bohemia, que se puso de moda en Europa en el s. XIX. **2.** Música para bailar esta danza de tiempo rápido.

PÓLDER s.m. (voz neerlandesa) [pl. *pólders* o *pólderes*]. Terreno pantanoso rodeado de diques que evitan su inundación por las aguas marinas o fluviales, que después es avenado y cultivado.

POLEA s.f. Rueda que gira libremente sobre un eje, y con una llanta de forma apropiada para pasar una correa, cuerda, cadena, etc., que sirve generalmente para arrastrar objetos pesados. SIN.: *garrucha*. ◇ **Polea Koepe** MIN. Torno de extracción que utiliza la adherencia de un cable en una media vuelta de polea.

POLEMARCA s.m. ANT. GR. Magistrado que ejercía altas funciones militares y, a veces, políticas.

POLÉMICA s.f. (del gr. *polemikós*, referente a la guerra, de *pólemos*, guerra). Controversia, discusión sobre un tema.

POLÉMICO, A adj. Relativo a la polémica o al polemista.

POLEMISTA s.m. y f. Persona es aficionada a polemizar. **2.** Escritor que sostiene polémicas.

POLEMIZAR v.intr. [7]. Entablar o sostener una polémica.

POLEMOLOGÍA s.f. Estudio de la guerra considerada como fenómeno social y psicológico.

POLEMÓLOGO, A s. Especialista en polemología.

POLEMONIÁCEO, A adj. y s.f. Relativo a una familia de plantas dicotiledóneas de fruto en cápsula, en su mayoría de origen americano.

POLEN s.m. (lat. *pollen*, flor de harina). Conjunto de granos microscópicos producidos por los estambres y que forman los elementos masculinos de las plantas con flores.

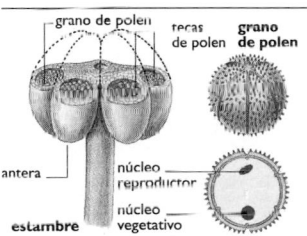

■ **POLEN**. Estambre y polen de la menta.

POLENTA s.f. (lat. *polenta*, especie de gachas). Plato de harina de maíz parecido a las gachas, típico de Italia.

POLEO s.m. (lat. *pulejum*). Planta herbácea de hojas ovales y flores de color azul pálido, con la que se hace una infusión tónica y antiespasmódica. (Familia labiadas.)

POLE POSITION s.f. (voces inglesas). Primera posición para la salida en una carrera de automóviles o motos. (También *pole*.)

POLIÁCIDO, A adj. y s.m. Se dice de un cuerpo que posee varias funciones ácidas.

POLIADICIÓN s.f. QUÍM. Reacción de la formación de polímeros sin eliminación de moléculas.

POLIALCOHOL s.m. Cuerpo que posee varias funciones alcohólicas. SIN.: *poliol*.

POLIAMIDA s.f. Copolímero que resulta de la policondensación de un diácido con una diamina o de aminoácidos.

POLIANDRIA s.f. Estado de una mujer poliandra. **2.** BOT. Estado de una planta poliandra.

POLIANDRA adj. Se dice de la mujer que tiene simultáneamente varios maridos. **2.** BOT. Se dice de la planta que tiene varios estambres.

POLIARQUÍA s.f. Gobierno caracterizado por una pluralidad de centros de poder.

POLIARTRITIS s.f. Reumatismo simultáneo o sucesivo en varias articulaciones.

POLIBUTADIENO s.m. Polímero del butadie-

---

no, utilizado en la fabricación de caucho sintético.

POLICÁRPICO, A adj. Relativo al fruto policarpo. ◆ adj. y s.f. Ranal.

POLICARPO s.m. adj. Fruto formado por varios carpelos no soldados, que puede ser monospermo o polispermo.

POLICÉNTRICO, A adj. Que posee varios centros de dirección.

POLICENTRISMO s.m. Sistema que admite varios centros de dirección o de decisión.

POLICHINELA s.m. (ital. *pulcinella*, de *pulcino*, polluelo). Títere de madera, jorobado por delante y por detrás, que representa el papel de *Polichinela en el teatro de títeres. SIN.: *pulchinela*. **2.** Títere, marioneta.

POLICÍA s.f. (lat. *politia*, organización política, gobierno, del gr. *politeía*). Conjunto de reglas impuestas al ciudadano para garantizar el orden, la tranquilidad y la seguridad públicos. **2.** Fuerza pública encargada del cumplimiento de estas reglas. **3.** Conjunto de los agentes de esta fuerza pública. **4.** Cortesía y educación en el trato y costumbres. ◆ s.m. y f. Agente de policía. ◇ **Policía gubernativa** Cuerpo de policía cuyo ámbito de actuación es todo el territorio español, dependiente del gobierno para funciones de orden público. **Policía judicial** Cuerpo de policía que tiene por objeto la búsqueda y entrega a la justicia de los autores de infracciones. **Policía militar** Unidad militar que desempeña misiones de seguridad y mantenimiento del orden y disciplina de los miembros del ejército. (Se suele abreviar *PM*.) **Policía municipal** Cuerpo policial español dependiente de las corporaciones locales, que realiza funciones de vigilancia y regulación del tráfico en los cascos urbanos, servicios de asistencia ciudadana, y vela por el cumplimiento de las ordenanzas municipales. SIN.: *guardia municipal, guardia urbana*. **Policía secreta** Cuerpo de policía cuyos miembros no van uniformados para pasar desapercibidos.

POLICÍACO, A o **POLICIACO, A** adj. Relativo a la policía. **2.** Se dice de una obra literaria, cinematográfica, teatral o televisiva, cuyo tema es la investigación de crímenes.

POLICIAL adj. Relativo a la policía.

POLICÍCLICO, A adj. ELECTR. Relativo a varios fenómenos periódicos de frecuencias diferentes. **2.** QUÍM. Se dice de un compuesto orgánico cuya molécula está formada por más de un anillo de átomos.

POLICLÍNICA s.f. Clínica en donde se atiende a enfermos de diversas especialidades.

POLICONDENSACIÓN s.f. Conjunto de reacciones mediante las cuales diversas sustancias se unen para dar un cuerpo de elevada masa molecular.

POLICONDENSADO s.m. Compuesto químico obtenido por policondensación.

POLICOPIA s.f. Procedimiento que permite sacar varias copias de un escrito o dibujo.

POLICOPIAR v.tr. Reproducir por policopia.

POLICOPISTA adj. Bol. Multicopista.

POLICROICO, A adj. ÓPT. Que presenta policroísmo.

POLICROÍSMO s.m. ÓPT. Fenómeno que tiene lugar cuando un cuerpo transparente presenta colores diferentes según la dirección en que la que la luz penetra en él.

POLICROMAR v.tr. Pintar algo de diversos colores.

POLICROMÍA s.f. Estado de un cuerpo cuyas partes presentan colores diversos.

POLICROMO, A o **POLÍCROMO, A** adj. De varios colores.

POLICULTIVO s.m. Cultivo de diferentes vegetales en una explotación agrícola o en una región.

POLIDACTILIA s.f. Existencia de más dedos de los normales en una o varias extremidades del cuerpo.

POLIDEPORTIVO, A adj. y s.m. Se dice del conjunto de instalaciones destinadas a la práctica de deportes diferentes.

POLIDIPSIA s.f. MED. Necesidad exagerada y urgente de beber. (Suele ser patológica y acompaña a enfermedades como la diabetes insípida.) SIN.: *potomanía*.

POLIÉDRICO, A adj. Relativo al poliedro.
POLIEDRO s.m. Sólido limitado por superficies planas llamadas *caras*. ◇ **Poliedro regular** Poliedro cuyas caras son polígonos regulares iguales.

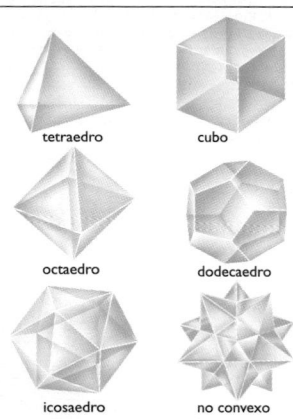

tetraedro   cubo

octaedro   dodecaedro

icosaedro   no convexo

■ **POLIEDRO.** Los cinco poliedros regulares convexos y un poliedro regular no convexo.

POLIEMBRIONÍA s.f. BOT. Formación de dos o más embriones en una semilla. **2.** ZOOL. Formación de varios embriones a partir de un solo cigoto.
POLIÉSTER s.m. (ingl. *polyester*).Copolímero termoendurecible, resultante de la condensación de poliácidos con alcoholes no saturados o con glicoles, utilizado para la fabricación de fibras artificiales y materiales textiles.
POLIESTIRENO s.m. Materia termoplástica obtenida por polimerización del estireno.
POLIETILENO s.m. Materia plástica resultante de la polimerización del etileno. SIN.: *politeno.*
POLIFACÉTICO, A adj. Que ofrece varias facetas o aspectos. **2.** Se dice de las personas de múltiples aptitudes o que se dedican a diversas actividades.
POLIFAGIA s.f. MED. Aumento exagerado de la sensación de hambre.
POLIFÁSICO, A adj. Que presenta varias fases. **2.** ELECTR. Se dice de la corriente eléctrica alterna, constituida por la combinación de varias corrientes monofásicas del mismo período, pero cuyas fases no concuerdan.
POLIFONÍA s.f. MÚS. Composición escrita en partes distintas, sobre todo combinadas en contrapunto y preferentemente cuando se trata casi exclusivamente de partes vocales.
ENCICL. En los ss. XII y XIII, las obras de los compositores de la escuela de Notre Dame de París (Léonin, Pérotin) fueron las primeras manifestaciones de escritura musical para varias voces, pero hubo que esperar hasta el s. XIV para que se afirmara la sensibilidad por la armonía que se apoya en una base cuya función se volverá determinante. Josquin des Prés, G. Dufay, G. P. Palestrina, R. de Lassus, fueron los maestros de un arte que, después de 1600, pasará también al dominio instrumental (fuga). En el s. XVIII, Bach será su representante más ilustre.
POLIFÓNICO, A adj. Relativo a la polifonía. SIN.: *polífono.* CONTR.: *homófono.*
POLÍGALA s.f. (lat. *polygala*, del gr. *polýgalon*).Planta herbácea de tallo delgado y flores azules o violáceas, cuya raíz, perenne, se emplea como expectorante, diurético, purgante y vomitivo. (Familia poligaláceas.)
POLIGAMIA s.f. Hecho de estar una persona casada con varios cónyuges. (Normalmente se considera delito en las sociedades monógamas.) **2.** ZOOL. Condición de los animales en los que un solo macho se acopla con varias hembras o una sola hembra con varios machos.
POLIGÁMICO, A adj. Relativo a la poligamia.

POLÍGAMO, A adj. y s. (gr. *polýgamos*). Se dice de la persona que practica la poligamia. ◆ adj. BOT. Se dice de una planta que posee flores hermafroditas y flores unisexuales, masculinas y femeninas, en el mismo pie. **2.** ZOOL. Se dice de los animales que presentan poligamia.
POLIGÉNICO, A adj. Relativo al poligenismo. **2.** GEOL. Se dice de un relieve formado en condiciones sucesivas diferentes.
POLIGENISMO s.m. Teoría antropológica según la cual la especie humana tendría su origen en diferentes tipos primitivos. CONTR.: *monogenismo.*
POLIGINIA s.f. ANTROP. Caso particular de poligamia en el que un hombre está casado con varias mujeres. **2.** BOT. Condición de una flor que tiene muchos carpelos. **3.** ZOOL. Condición de los animales en los que un solo macho vive con varias hembras y las fecunda.
POLIGÍNICO, A adj. Relativo a la poliginia.
POLIGLOBULIA s.f. Aumento patológico de los glóbulos rojos en la sangre.
POLÍGLOTO, A o **POLIGLOTO, A** adj. (gr. *polýglottos*). Que está escrito en varias lenguas. ◆ adj. y s. Que habla varias lenguas. (Suele usarse la forma *políglota* tanto en masculino como en femenino.)
POLIGONÁCEO, A adj. y s.f. Relativo a una familia de plantas herbáceas sin pétalos, a menudo rojizas y ácidas, como la acedera y el ruibarbo.
POLIGONACIÓN s.f. Distribución de la superficie de un terreno mediante una red de líneas quebradas cuyos puntos de intersección servirán de trama a la topografía.
POLIGONAL adj. Relativo al polígono. **2.** Que tiene varios ángulos: *línea poligonal.*
POLIGONIZACIÓN s.f. METAL. Fenómeno que sucede durante el calentamiento de un metal, caracterizado por la formación de una red de campos de cristalización perfecta que forman un conjunto de figuras poligonales.
POLÍGONO s.m. (del gr. *polýs*, mucho, y *gonía*, ángulo).Figura formada por una línea poligonal cerrada. **2.** Porción de plano limitada por dicha figura. **3.** Esp. Zona urbana delimitada, destinada a una función concreta: *polígono industrial.* ◇ **Polígono de tiro** MIL. Terreno habilitado para practicar con explosivos y proyectiles. **Polígono regular** Polígono que tiene todos sus ángulos y sus lados iguales.

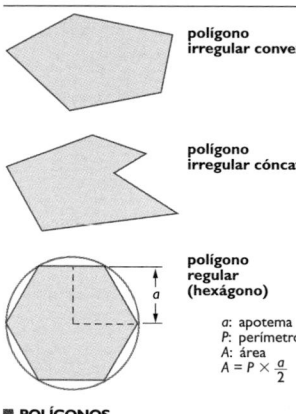

polígono
irregular convexo

polígono
irregular cóncavo

polígono
regular
(hexágono)

a: apotema
P: perímetro
A: área
$A = P \times \dfrac{a}{2}$

■ **POLÍGONOS**

POLIGRAFÍA s.f. Tratado escrito por varios autores sobre materias diversas.
POLIGRÁFICO, A adj. Relativo a la poligrafía. **2.** Relativo a la industria del libro.
POLÍGRAFO, A s. Persona que se dedica a la poligrafía. **2.** C. Rica. Multicopista.
POLIHOLÓSIDO s.m. → POLIÓSIDO.
POLILLA s.f. Denominación que se aplica a diversos insectos lepidópteros, cuyas larvas destruyen los tejidos, especialmente la lana. **2.** *Fig.* Cosa, material o abstracta, que destruye lenta e insensiblemente algo. ◇ **Polilla de la**

cera Insecto lepidóptero que causa estragos en las colmenas. (Familia galéridos.)
POLIMERASA s.f. BIOL. Enzima que enlaza nucleótidos entre sí para formar cadenas polinucleótidas.
POLIMERÍA s.f. BIOL. Forma particular de herencia en que diversos genes alelos pueden sumar sus efectos para dar una gama de variantes en el grado de intensidad de un carácter hereditario determinado. **2.** QUÍM. Relación que existe entre dos moléculas cuando una es polímero de la otra.
POLIMERIZACIÓN s.f. Reacción que enlaza moléculas de escasa masa molecular (monómeros) formando compuestos de masa molecular elevada (macromoléculas o polímeros).
POLIMERIZAR v.tr. [7]. Producir la polimerización.
POLÍMERO s.m. (gr. *polymerés,* compuesto de varias partes). Compuesto químico de elevado peso molecular formado por polimerización.
POLIMÓRFICO, A adj. QUÍM. Dotado de polimorfismo.
POLIMORFISMO s.m. Propiedad de un cuerpo que puede cambiar su morfología sin variar su naturaleza. SIN.: *heteromorfismo.* **2.** Propiedad que poseen ciertas sustancias de cristalizar en formas distintas sin cambiar su composición química. **3.** BIOL. Carácter de una especie cuyos individuos del mismo sexo pueden ser muy diferentes unos de otros, como en el caso de ciertos insectos sociales.
POLIMORFO, A adj. (del gr. *polýs,* mucho, y *morphé,* forma). Que tiene o puede tener varias formas. SIN.: *heteromorfo.*
POLINESIO, A adj. y s. De Polinesia. ◆ s.m. Grupo de lenguas habladas en Polinesia, pertenecientes al grupo oriental de la familia malayopolinesia.
POLINÉSICO, A adj. De Polinesia.
POLINEURITIS s.f. Inflamación simultánea de varios nervios, debida a una intoxicación o a una infección.
POLÍNICO, A adj. Relativo al polen. ◇ **Análisis polínico** Análisis de polen fosilizado en los sedimentos para conocer la flora de los períodos geológicos.
POLINIO s.m. Masa de granos de polen aglomerados, como en las orquídeas.
POLINIZACIÓN s.f. Acción y efecto de polinizar.
POLINIZAR v.tr. [7]. Transportar el polen al lugar adecuado de la planta para que germine o produzca.
POLINÓMICO, A adj. Relativo a los polinomios. ◇ **Expresión polinómica** Expresión en la que únicamente figuran polinomios.
POLINOMIO s.m. MAT. Suma algebraica de monomios.
POLINOSIS s.f. Alergia al polen.
POLINUCLEAR adj. Se dice de una célula que parece contener varios núcleos, como los leucocitos de la sangre.
POLIO s.f. Poliomielitis.
POLIOL s.m. Polialcohol.
POLIOMIELÍTICO, A adj. y s. Relativo a la poliomielitis; que padece poliomielitis.
POLIOMIELITIS s.f. Enfermedad contagiosa producida por un virus que ataca los centros nerviosos, particularmente en la médula espinal, y provoca parálisis graves.
POLIORCÉTICA s.f. (del gr. *poliorkein,* asediar). MIL. Arte de asediar y tomar plazas fuertes.
POLIÓSIDO s.m. Polisacárido.
POLIPASTO o **POLISPASTO** s.m. (del gr. *polýpaston*). MEC. Aparejo, sistema de poleas.
POLIPÉPTIDO s.m. Estructura molecular formada por la asociación de un número importante de moléculas de aminoácidos.
POLÍPERO s.m. Esqueleto calcáreo de las madréporas, secretado por cada pólipo y que separa a los individuos de una misma colonia.
POLIPLOIDE adj. y s.m. BIOL. Se dice del núcleo de una célula o de un organismo que posee un número de cromosomas que es múltiplo de la dotación cromosómica normal.
POLIPLOIDÍA s.f. BIOL. Carácter del núcleo de una célula o de un organismo poliploide.

POLIPNEA s.f. Aceleración del ritmo respiratorio.

PÓLIPO s.m. (lat. *polipus*, pulpo, gr. *polýpoys*, de *pollói*, muchos, y *pódes*, pie). Forma fija de los cnidarios compuesta por un cuerpo cilíndrico con dos paredes entre las que se encuentra la cavidad digestiva y, generalmente, coronada por tentáculos. **2.** PATOL. Tumor benigno y blando que se desarrolla en una mucosa.

POLIPODIO s.m. (gr. *polypódion*, de *polýpoys*, de muchos pies). Helecho de hojas anchamente lobuladas, común en las peñas y muros húmedos.

soro o
agrupación
de esporangios

■ POLIPODIO

POLIPROPILENO s.m. Fibra sintética obtenida por polimerización del propileno.

POLÍPTICO s.m. B. ART. Conjunto de paneles pintados o esculpidos unidos entre sí, que comprenden generalmente unas hojas que pueden cerrarse sobre el panel central.

■ POLÍPTICO de la Resurrección; escuela de Siena, s. XIV. (Pinacoteca de Sansepolcro, Toscana.)

POLIQUETO, A adj. y s.m. Relativo a una clase de anélidos marinos provistos de parápodos y quetas.

POLIRRADICULONEURITIS s.f. Inflamación de varios troncos nerviosos espinales.

POLIS s.f. (voz griega, *ciudad estado*). ANT. Comunidad política que se administraba por sí misma, constituida generalmente por una agrupación urbana y el territorio circundante.

POLISACÁRIDO s.m. Glúcido formado por

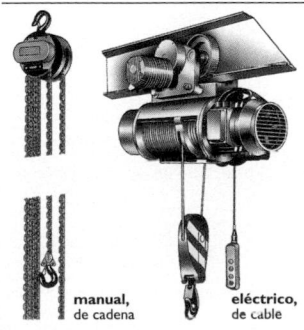

manual,
de cadena

eléctrico,
de cable

■ POLIPASTOS

gran número de osas, como el almidón, la celulosa y el glucógeno. SIN.: *poliósido*.

POLISARIO, A adj. y s. Relativo al Frente polisario, organización política saharaui.

POLISEMIA s.f. (de *poli* y el gr. *sema*, significado). Propiedad de la palabra que tiene diferentes significados.

POLISÉMICO, A adj. Relativo a la polisemia.

POLISÍLABO, A adj. y s.m. Se dice de una palabra, o de una raíz, compuesta de varias sílabas.

POLISÍNDETON s.m. Figura retórica de construcción que consiste en repetir las conjunciones que unen los términos de una enumeración.

POLISÍNTESIS s.f. LING. Uso de palabras muy largas por sus numerosos morfemas, que pueden ser el equivalente de toda una oración, característico de un gran número de lenguas amerindias, del esquimal y de la mayor parte de las lenguas paleoasiáticas.

POLISINTÉTICO, A adj. LING. Relativo a la polisíntesis.

POLISÓN s.m. Armazón o almohadilla que las mujeres se ajustaban en la cintura para aumentar por detrás el volumen de la falda, utilizado en el s. XIX.

POLISPASTO s.m. → POLIPASTO.

POLISTA adj. y s.m. y f. Se dice del jugador de polo o de polo acuático.

POLISTILO, A adj. Se dice del pórtico que tiene muchas columnas. **2.** BOT. Se dice del ovario que tiene muchos estilos.

POLISURCO, A adj. y s.m. Se dice de un arado múltiple de dos, tres o cuatro cuerpos montados en un mismo bastidor.

POLITÉCNICO, A adj. Se dice del centro de enseñanza que engloba y abarca conocimientos de diversas ciencias o artes: *universidad politécnica; instituto politécnico*.

POLITEÍSMO s.m. (del gr. *polýs*, mucho, y *theós*, dios). Creencia en más de un dios. (En la Grecia y Roma antiguas y en el Antiguo Egipto se profesa el politeísmo.)

POLITEÍSTA adj. y s.m. y f. Relativo al politeísmo; que profesa esta creencia.

POLITENO s.m. Polietileno.

POLÍTICA s.f. Ciencia que trata del gobierno de un estado o de una sociedad. **2.** Conjunto de actividades destinadas a ejercer la autoridad en un estado o una sociedad: *política exterior; política de represión*. **3.** Conducta coherente seguida en un asunto determinado. **4.** Actividad que participa directamente en la vida pública: *se dedica a la política*. **5.** Comportamiento prudente y hábil para conseguir un determinado fin: *actuar con política*. ◆ **Política ficción** Género literario y cinematográfico que plantea una situación política futura.

POLITICASTRO s.m. Desp. Político incompetente.

POLÍTICO, A adj. (lat. *politicus*, relativo al gobierno, del gr. *politikós*, relativo a la ciudad y al estado). Relativo a la política. **2.** Se dice de la persona que muestra habilidad y prudencia para manejar un asunto. **3.** Se dice del parentesco que se adquiere con la familia del cónyuge y con la que no hay consanguinidad: *padre político*. ◆ s. Persona que se dedica a la política. ◆ **Preso político** Persona encarcelada por motivos políticos.

POLITICOLOGÍA s.f. Politología.

POLITICÓLOGO, A s. Politólogo.

POLITIQUEAR v.intr. Desp. Intervenir en política.

POLITIQUEO s.m. Desp. Acción de politiquear.

POLITIZACIÓN s.f. Acción y efecto de politizar o politizarse.

POLITIZAR v.tr. y prnl. [7]. Dar contenido o carácter político a una persona o cosa.

POLITOLOGÍA s.f. Ciencia que estudia la política. SIN.: *politicología*.

POLITÓLOGO, A s. Especialista en politología. SIN.: *politicólogo*.

POLITONAL adj. MÚS. Relativo a la politonalidad.

POLITONALIDAD s.f. MÚS. Sistema musical basado en el uso simultáneo de diferentes tonalidades superpuestas.

POLITRAUMATIZADO, A adj. Se dice de la persona herida en un accidente que presenta varias lesiones.

POLIURETANO s.m. Materia plástica empleada en la industria de las pinturas y de los barnices y que sirve para fabricar espumas y elastómeros.

POLIURIA s.f. (del gr. *polýs*, mucho, y *oyron*, orina). Emisión patológica de una cantidad de orina superior a la normal.

POLIÚRICO, A adj. Relativo a la poliuria.

POLIVALENCIA s.f. Cualidad de polivalente.

POLIVALENTE adj. Que es útil y eficaz en diversos aspectos. **2.** QUÍM. Que tiene varias valencias. ◆ **Lógica polivalente** Lógica que admite más de dos valores de verdad.

POLIVINÍLICO, A adj. Se dice de una resina obtenida por polimerización de monómeros derivados del vinilo.

POLIVINILO s.m. Polímero obtenido a partir del cloruro y del acetato de vinilo, que tiene numerosas aplicaciones.

PÓLIZA s.f. (ital. *pòlizza*, del gr. *apódeixis*, demostración, prueba). Documento formal que acredita a efectos de prueba un contrato de seguro u otra operación comercial. **2.** Esp. Sello suelto con que se satisface en determinados documentos el impuesto del timbre. **3.** IMPR. **a.** Lista de todas las letras que componen un surtido de caracteres de imprenta, con indicación de su proporción para un total determinado. **b.** Conjunto de estos caracteres.

POLIZÓN s.m. y f. (fr. *polisson*, niño travieso, ladronzuelo, polizón, de *polir*, raboí). Persona que se embarca clandestinamente en un buque o aeronave.

POLIZONTE s.m. y f. Desp. Policía, agente.

POLJÉ s.m. (voz serbocroata, *llanura*). Depresión amplia y cerrada, propia de las regiones cársicas.

POLKA s.f. → POLCA.

POLLA s.f. Gallina joven que no pone huevos o hace poco tiempo que ha empezado a ponerlos. **2.** Cantidad apostada en algunos juegos de naipes. **3.** Denominación de diversas aves ralliformes que reciben este nombre por su parecido a las gallinas, como la polla de agua. **4.** Esp. Fam. Muchacha joven. **5.** Esp. Vulg. Pene.

■ POLLA de agua.

POLLADA s.f. Conjunto de pollos que sacan las aves de una sola puesta de huevos.

POLLASTRE s.m. Fam. Pollo. **2.** Fam. Joven que presume de hombre mayor.

POLLEAR v.intr. Actuar un adolescente como tal.

POLLERA s.f. Sitio en que se crían los pollos. **2.** Cesto estrecho de boca y ancho de base que sirve para criar y tener pollos. **3.** Utensilio de mimbre acampanado en que se ponía a los niños que todavía no sabían andar. **4.** Amér. Merid. Falda de mujer.

POLLERÍA s.f. Establecimiento donde se venden pollos, gallinas y otras aves comestibles.

POLLERO, A s. Persona que tiene por oficio vender o criar pollos.

POLLINA s.f. P. Rico y Venez. Flequillo.

POLLINO, A s. (lat. *pullinus*, relativo a un animal joven). Asno joven.

POLLITO, A s. Polluelo. **2.** Fam. Pollo, persona joven.

POLLO, A s. (lat. *pullus*, cría de cualquier animal). Cría de un ave, particularmente de una gallina. **2.** Fam. Persona joven.

POLLUELA s.f. Ave zancuda de unos 20 cm de longitud, parecida al rascón, que anida entre la hierba a orillas de pantanos y ríos.

POLLUELO, A s. Cría de ave de pocos días.

1. POLO s.m. (del gr. *pólos*, eje). Cada uno de los dos extremos del eje de rotación de una esfera o cuerpo redondeado. **2.** Cada uno de los extremos o bornes de un circuito o un generador eléctrico, que sirven para conectar los conductores exteriores. **3.** Cada uno de los extremos de un imán o electroimán que ejercen una acción máxima sobre las sustancias paramagnéticas y ferromagnéticas. **4.** *Fig.* Concepto en completa oposición con otro. **5.** *Fig.* Punto, persona o cosa hacia donde se dirigen la atención, interés, etc. **6.** ANAT. Cada una de las partes extremas de algunos órganos. **7.** ASTRON. **a.** Cada uno de los dos puntos en los que el eje de rotación de un astro encuentra la superficie de este, a los que se llama *polo norte* o *boreal* y *polo sur* o *austral*. **b.** Cada una de las regiones situadas alrededor de estos puntos, caracterizadas por su clima glaciar. ◇ **Polo celeste** ASTRON. Cada uno de los dos puntos donde el eje de rotación de la Tierra encuentra la esfera celeste. **Polo de desarrollo** Región industrial o sector de actividad que ejerce un papel impulsor en el desarrollo de la economía. **Polo de un círculo en la esfera** Cada uno de los extremos del diámetro de una esfera perpendicular al plano del círculo. **Polo magnético** Cada uno de los puntos del globo terrestre situados en las regiones polares, hacia donde señala naturalmente la aguja imantada.

2. POLO s.m. (ingl. *polo*, de un dialecto tibetano *polo*, pelota). Deporte que se practica a caballo entre dos equipos de cuatro jugadores y que consiste en impulsar, hacia la meta contraria, una pelota con un mazo. **2.** Suéter fino con botones a la altura del pecho y cuello camisero. ◇ **Polo acuático** Waterpolo.

■ POLO. Jugada de un partido.

3. POLO s.m. (marca registrada). Esp. Bloque pequeño de helado o de hielo perfumado con una esencia, que se agarra por un palillo y se toma como golosina.

4. POLO s.m. Cante flamenco de origen incierto, pero que parece una forma estratificada de las soleares.

POLOLEAR v.tr. Amér. Molestar, importunar. **2.** Chile. Galantear, coquetear. **3.** Chile. Tontear, bromear.

POLOLO s.m. Chile. Pretendiente amoroso. **2.** Chile. Insecto coleóptero fitófago.

POLOLOS s.m.pl. Pantalones bombachos femeninos para gimnasia.

POLONÉS, SA adj. y s. Polaco.

POLONESA s.f. Danza de tres tiempos que nació como danza cortesana y se reafirmó en Alemania en el s. XVIII. **2.** Música de esta danza.

POLONIO s.m. Metal radiactivo que se encuentra en los minerales que contienen radio. **2.** Elemento químico (Po), de número atómico 84. (El *polonio* fue la primera sustancia radiactiva conocida. Fue descubierto por Pierre y Marie Curie en 1898, extrayéndola de la pechblenda o uraninita.)

POLTERGEIST s.m. (alem. *Poltergeist*, espíritu inquieto). Fenómeno físico paranormal espontáneo y repetitivo que se manifiesta por desplazamiento o levitación de objetos, golpes sonoros o incluso por diversas manifestaciones físicas aparentemente inexplicables.

POLTRÓN, NA adj. (ital. *poltrone*, de *poltro*, cama). Holgazán, comodón.

POLTRONA s.f. Sillón confortable.

POLUCIÓN s.f. Contaminación. **2.** Eyaculación involuntaria de semen, generalmente durante el sueño.

POLUCIONAR v.tr. Contaminar.

POLUTO, A adj. (lat. *pollutus*, p. de *polluere*, manchar). Sucio, manchado.

POLVAREDA s.f. Gran cantidad de polvo levantada por el viento o por otra causa. **2.** *Fig.* y *fam.* Agitación que origina entre la gente una noticia o suceso.

POLVERA s.f. Estuche o cajita que contiene polvos faciales y una borla con que se aplican.

POLVILLO s.m. Amér. Hongo que ataca a los cereales.

POLVO s.m. (lat. vulg. *pulvus*, del lat. clásico *pulvis, -eris*). Conjunto de partículas minúsculas que se encuentran en el aire o en la superficie de un objeto y que provienen generalmente de tierra seca. **2.** Conjunto de partículas diminutas que resultan de moler una sustancia o de extraer toda el agua que contiene: *polvo de talco; cacao en polvo*. **3.** Pellizco, cantidad pequeña de una cosa que se toma entre los dedos. ◆ **polvos** s.m.pl. Cosmético en polvo que se aplica sobre el cutis. SIN.: *polvos de tocador.* ◇ **Echar,** o **pegar, un polvo** Esp. Vulg. Practicar el coito. **Estar hecho polvo** Fam. Sentirse muy cansado o abatido. **Hacer polvo** Fam. Destrozar, causar un gran perjuicio o daño a alguien o algo. **Polvo interestelar** Componente sólido en forma de granos de muy reducidas dimensiones que, junto con las estrellas, el gas interestelar y las partículas de alta energía, constituye las galaxias.

PÓLVORA s.f. Mezcla explosiva sólida utilizada generalmente para disparar proyectiles o para la propulsión de ciertos ingenios o cohetes. **2.** Conjunto de fuegos artificiales que se disparan en una fiesta. ◇ **Gastar la pólvora en salvas** Emplear medios inútiles o ineficaces para conseguir un fin. **Haber inventado la pólvora** Decir o hacer algo creyendo que es nuevo, cuando es muy conocido. **Pólvora negra** Mezcla de salitre, azufre y carbón vegetal. **Pólvora sin humo** Pólvora a base de nitrocelulosa.

POLVORIENTO, A adj. Lleno o cubierto de polvo.

POLVORILLA s.m. y f. Fam. Persona inquieta, irreflexiva e irascible.

POLVORÍN s.m. (de *pólvora*). Lugar donde se almacenan municiones, explosivos, pólvoras y otros artificios.

POLVORÓN s.m. Dulce elaborado con harina, manteca y azúcar, que se deshace fácilmente.

POMA s.f. Manzana, fruto. **2.** Variedad de manzana pequeña y chata.

POMADA s.f. (fr. *pommade*). Preparado en el que se mezclan grasas o vaselina con excipientes y productos activos, usado como medicamento de uso tópico.

POMAR s.m. Terreno donde hay árboles frutales, especialmente manzanos.

POMARROSA s.f. Fruto del yambo parecido a una manzana pequeña.

POMELO s.m. (ingl. *pommelo*). Árbol parecido al naranjo cultivado en los países cálidos, que da un fruto comestible, del mismo nombre, de sabor ligeramente amargo y ácido y tamaño mayor que una naranja.

PÓMEZ s.f. (lat. vulg. *pomex, -icis*). *Piedra pómez.

POMO s.m. (lat. *pomum*, fruto comestible de árbol). Pieza de metal, madera, etc., que sirve de remate de algunas cosas o como tirador en muebles, puertas, etc. **2.** Frasco o vaso pequeño para licores o perfumes. **3.** Remate del puño de una espada, que mantiene la guarnición firme y unida a la hoja. **4.** Argent. Recipiente cilíndrico de material flexible en el que se expenden cosméticos, fármacos, pinturas, etc. **5.** Argent. Juguete, generalmente cilíndrico y flexible, con el que se arroja agua durante el carnaval. **6.** Méx. Fam. Botella de alguna bebida alcohólica. **7.** BOT. Fruto carnoso de forma globosa, con pepitas, procedente de un ovario ínfero sincárpico.

POMOLOGÍA s.f. Parte de la arboricultura que se ocupa de los frutos comestibles.

POMPA s.f. (lat. *pompa*, precesión, cortejo, boato, del gr. *pompí*, escolta, boato). Suntuosidad o solemnidad: *la pompa de la corte*. **2.** Ostentación de grandeza, riqueza, vanidad. **3.** Burbuja de aire. **4.** Ahuecamiento en la ropa a causa del aire. **5.** Méx. Fam. Nalga: *se cayó de pompas*. ◇ **Pompas fúnebres** Actividades funerarias.

POMPEYANO, A adj. y s. De Pompeya, antigua ciudad romana. **2.** Relativo a Pompeyo, militar y estadista.

POMPIER adj. (voz francesa, *bombero*). B. ART. Se dice de un artista o de una obra caracterizada por su tendencia académica y falta de creatividad.

POMPÍLIDO, A adj. y s.m. Relativo a una familia de himenópteros provistos de aguijón, con el abdomen rojo y negro.

POMPO, A adj. Colomb. y Ecuad. Que no tiene filo, romo.

POMPÓN s.m. (fr. *pompon*). Borla que suele ponerse como adorno.

POMPOSO, A adj. Hecho con pompa. **2.** Muy vistoso. **3.** Se dice del lenguaje o estilo excesivamente solemne y pedante.

PÓMULO s.m. (lat. *pomulum*, fruto pequeño). Hueso saliente situado a ambos lados de la cara, cerrando la cuenca del ojo en su parte inferior externa. SIN.: *malar.* **2.** Parte saliente de la cara producida por este hueso.

PONCHADA s.f. Amér. Merid. Cantidad importante de algo.

PONCHARSE v.prnl. Guat. y Méx. Pincharse una rueda de un automóvil.

PONCHAZO. A los ponchazos Argent. De la mejor manera posible y con esfuerzo; de cualquier manera, improvisadamente.

PONCHE s.m. (ingl. *punch*). Bebida alcohólica, fría o caliente, que se prepara mezclando ron u otro licor con agua, limón, azúcar y, a veces, alguna especia o té.

PONCHERA s.f. Recipiente en que se prepara y sirve el ponche.

PONCHO s.m. Prenda de abrigo cuadrada que cubre el cuerpo, con una abertura en el centro para pasar la cabeza. (De origen quechua, su uso está extendido en América del Sur.) ◇ **Alzar el poncho** Argent. Marcharse, irse. **Perder el poncho** Argent. Enloquecer de amor.

PONDERACIÓN s.f. Acción de ponderar: *ponderación de pros y contras*. **2.** Cualidad de ponderado. **3.** Expresión con que se pondera. **4.** ESTADÍST. Procedimiento de elaboración de un índice con que coloca a cada uno de los elementos considerados en un lugar proporcional a su importancia real.

PONDERADO, A adj. Que actúa con mesura, equilibrado. **2.** ESTADÍST. Se dice de una magnitud cuyo valor ha sido modificado de acuerdo con determinadas reglas.

fruto   sección del fruto

ramo fructífero

■ POMELO

PONDERAL adj. (del lat. *pondus, -eris,* peso). Relativo al peso.

PONDERAR v.tr. (lat. *ponderare,* pesar, evaluar, de *pondus, -eris,* peso). Alabar algo, resaltar sus cualidades. **2.** Considerar con atención e imparcialidad un asunto. **3.** ESTADÍST. Realizar una ponderación.

PONDERATIVO, A adj. Que encierra ponderación. (Suele aplicarse a la conjunción condicional *si.*)

PONDO s.m. Ecuad. Tinaja.

PONEDERO, A adj. Que se puede poner o está para ponerse. **2.** ZOOTECN. Ponedor. ◆ s.m. Nidal.

PONEDOR, RA adj. Se dice de un ave, especialmente una gallina, que está en edad de poner huevos.

PONENCIA s.f. Exposición que hace un ponente sobre un tema concreto. **2.** Cargo de ponente. **3.** Comisión designada para actuar de ponente.

PONENTE s.m. y f. Persona que presenta en una asamblea una propuesta o informe para discutirlos. **2.** DER. Magistrado que examina las actuaciones y prepara la sentencia, en los tribunales colegiados.

PONER v.tr. y prnl. (lat. *ponere*) [60]. Hacer que una persona o cosa esté en un lugar determinado: *poner el libro sobre la mesa.* **2.** Hacer adquirir a una persona o a una cosa una condición, un estado o una posición determinados. (Se expresa con un adjetivo o construcción adjetiva que se pospone al verbo: *sus palabras me pusieron de buen humor.*) **3.** Emplear, colocar a alguien en un oficio o trabajo: *me pone a trabajar a los siete años.* **4.** Vestir a alguien una prenda determinada: *ponerse el abrigo.* **5.** Exponer algo o alguien a la acción de cierta cosa para que surta su efecto: *lo he puesto a secar.* ◆ v.tr. Disponer, preparar algo para un fin: *poner la mesa.* **2.** Establecer, instalar o montar: *poner un negocio.* **3.** Suponer, dar por cierta una cosa: *pongamos que él no viene,¿qué hacemos?* **4.** Soltar o expulsar un huevo un animal ovíparo. **5.** Dejar un asunto a la resolución de otro: *pongo el caso en tus manos.* **6.** Establecer, determinar: *poner precio a algo.* **7.** Conectar determinados aparatos eléctricos: *poner el televisor.* **8.** Asignar un nombre: *al niño le han puesto Juan.* **9.** Representar una obra teatral o proyectar una película: *¿qué ponen en el cine?* **10.** Contribuir con algo a un fin determinado: *pon algo de tu parte para arreglarlo.* **11.** Pagar a escote o contribuir en algún gasto: *nosotros ponéis el vino, nosotros la comida.* **12.** Imponer o señalar cierta obligación: *poner una multa.* **13.** Enjuiciar: *Juan la critica, Pedro la pone bien.* **14.** Escribir o enviar una carta, comunicación, etc.: *poner un telegrama.* **15.** Con la preposición *en* y algunos nombres, ejercer la acción de los verbos a que los nombres corresponden: *poner en duda.* **16.** Utilizar a alguien para determinado fin: *poner por testigo.* **17.** Con ciertos nombres, causar lo que estos significan: *poner fin.* **18.** Dar una calificación a un examen o a un trabajo. **19.** Escribir una cosa en un lugar. **20.** Escribir de una forma determinada: *puso sal a la carne, poner música a la película.* ◆ ponerse v.prnl. Ocultarse un astro, especialmente el Sol, bajo el horizonte. **2.** Llenarse, mancharse o hartarse: *se puso de barro hasta el cuello.* ◆ v.im-

pers. Esp. *Fam.* Estar escrito algo: *en el periódico no lo pone.* ◇ **Poner al corriente** Enterar, informar sobre algo. **Ponerse a** Comenzar una acción expresada por un infinitivo: *ponerse a llover.*

PÓNEY s.m. → PONI.

PÓNGIDO, A adj. y s.m. Relativo a una familia de primates catarrinos de complexión robusta y extremidades anteriores más desarrolladas que las posteriores, como el chimpancé, el gorila y el orangután.

PONGO s.m. Amér. Merid. Indio que trabaja como criado. **2.** Amér. Merid. Indio que sirve en una finca a cambio del permiso del dueño para cultivar un pedazo de tierra. **3.** Ecuad. y Perú. Paso angosto y peligroso de un río. **4.** GEOGR. Cañón estrecho y profundo excavado por los ríos andinos al atravesar obstáculos montañosos en su camino hacia la selva de Amazonas.

PONI o **PÓNEY** s.m. (ingl. *pony*) [pl.*ponis* o *póneys*]. Caballo de talla pequeña.

■ **PONI** de las Islas Shetland, Escocia.

PONIENTE s.m. Occidente, parte por donde se pone el Sol. **2.** Viento del oeste.

PONTAZGO s.m. Derecho que se paga en algunos lugares por atravesar un río por un puente o sobre una barca. SIN.: *pontaje.*

PONTEVEDRÉS, SA adj. y s. De Pontevedra.

PÓNTICO, A adj. ANT. ROM. Relativo al Ponto Euxino, o a sus costas.

PONTIFICADO s.m. Dignidad de pontífice: *acceder al pontificado.* **2.** Tiempo en que un pontífice desempeña sus funciones como tal.

PONTIFICAL adj. Relativo al pontífice. **2.** Se dice de una ceremonia celebrada solemnemente por un prelado revestido de la autoridad episcopal: *misa pontifical.* ◆ s.m. Conjunto de ornamentos que sirven al obispo para la celebración de los oficios divinos. (Suele usarse en plural.) **2.** Libro que contiene las ceremonias propias del papa y los obispos: *el pontifical romano.*

PONTIFICAR v.intr. [1]. Oficiar como pontífice. **2.** *Fig.* y *fam.* Actuar o hablar con tono dogmático y suficiente.

PONTÍFICE s.m. (lat. *pontifex, -icis*). Prelado supremo de la Iglesia católica romana: *sumo pontífice; romano pontífice.* **2.** Obispo de una diócesis. **3.** ANT. ROM. Magistrado sacerdotal que presidía los ritos y ceremonias religiosas.

PONTIFICIO, A adj. Relativo al pontífice.

PONTO s.m. *Poét.* Mar.

PONTÓN s.m. (lat. *ponto, -onis*). Barcaza de fondo chato usada en puertos y ríos. **2.** Puente de maderos o de una sola tabla.

PONTONERO s.m. Persona que se dedica a la construcción o manejo de pontones, especialmente un soldado que se dedica al tendido de puentes.

PONZOÑA s.f. (del ant. *pozón,* lat. *potio, -onis,* bebida, brebaje venenoso). Veneno, sustancia perjudicial para la salud. **2.** *Fig.* Cosa, pensamiento o actividad que perjudica a la salud física o espiritual.

PONZOÑOSO, A adj. Que contiene ponzoña. **2.** *Fig.* Se dice de un escrito, palabras, etc., malintencionados. **3.** *Fig.* Perjudicial para la salud física o espiritual.

POOL s.m. (voz inglesa).ECON. Acuerdo temporal entre productores o empresas para regular los contingentes de producción con el fin de dominar el mercado.

POP s.m. (voz angloamericana). Estilo musi-

cal de origen anglosajón, que deriva del rock and roll, del rhythm and blues y de la música fulk, surgido en la década de 1960, que da importancia a las melodías y a la sección rítmica. ◆ adj. Relativo a este estilo musical. **2.** Relativo al pop art.

POPA s.f. (lat. *puppis*). Parte posterior de una nave.

POP ART s.m. (voces inglesas).Corriente artística contemporánea que en sus obras utiliza objetos de la vida cotidiana e imágenes tomadas de la publicidad, de las revistas, etc. (Nacido en Londres a mediados de los años 1950, el pop art se impuso en EUA, especialmente con R. Lichtenstein, C. Oldenburg, A. Warhol, J. Rosenquist, T. Wesselmann.) *[V. ilustr. pág. siguiente.]*

POPE s.m. (ruso *pop,* del gr. *pappas*). Sacerdote de alguna de las Iglesias ortodoxas. **2.** *Fig.* Persona con mucha influencia y poder.

POPELÍN s.m. (fr. *popeline*).Tela de lana o de seda que forma cordoncillos horizontales y que tiene menos hilos en la trama que en la urdimbre.

POPLÍTEO, A adj. (del lat. *poples, -itis,* pantorrilla, rodilla). Relativo a la corva: *músculo poplíteo.*

POPOCHO adj. Colomb. Repleto, harto.

POPOLOCA, pueblo amerindio de México (S del est. de Puebla) del grupo popoloca-mazateca y de la familia lingüística otomangue.

POPOLOCA DE MICHOACÁN → CUITLATECA.

POPOLOCA DE OAXACA → CHOCHO.

POPOLOCA MAZATECA, grupo de pueblos amerindios de México (popoloca, chocho, mazateca e ixcateca) de la familia lingüística otomangue.

POPOTE s.m. Mex. Tubo pequeño de papel o plástico para sorber líquidos.

POPULACHERÍA s.f. *Desp.* Popularidad.

POPULACHERO, A adj. Relativo al populacho. **2.** Que gusta al populacho. **3.** Se dice de la persona que procura halagar al populacho o buscar ser comprendida o halagada por él.

POPULACHO s.m. (ital. *popolaccio*). *Desp.* Plebe, chusma.

POPULAR adj. (lat. *popularis*). Relativo al pueblo como colectividad. **2.** Propio del pueblo: *lenguaje popular.* **3.** Que está al alcance de los menos recursos económica o culturalmente: *precios populares.* **4.** Conocido y apreciado por mucha gente: *el fútbol es un deporte muy popular.*

POPULARIDAD s.f. Aceptación y fama que tiene una persona o una cosa entre la mayoría de la gente.

POPULARISMO s.m. Inclinación por formas de vida y, en especial, expresiones artísticas populares.

POPULARISTA adj. y s.m. y f. Relativo al popularismo. **2.** Que es aficionado a lo popular.

POPULARIZAR v.tr. y prnl. [7]. Hacer popular.

POPULISMO s.m. Doctrina política que pretende defender los intereses y aspiraciones del pueblo. **2.** Tendencia socialista que identifica al proletariado con todas las capas populares. **3.** Movimiento ideológico ruso que tenía como objetivo luchar contra el zarismo apoyándose en el pueblo.

POPULISTA adj. Relativo al populismo; partidario del populismo.

POPULOSO, A adj. Se dice del lugar muy poblado.

POPURRÍ, POPURRI o **POTPOURRI** s.m. (del fr. *pot-pourri*). Mezcla de fragmentos musicales de obras diversas. **2.** Mezcla de cosas diversas.

POPUSA s.f. Bol., Guat. y Salv. Tortilla de maíz con queso o trocitos de carne.

POQUEDAD s.f. Cualidad de poco. **2.** Timidez, apocamiento. **3.** Cosa insignificante.

PÓQUER o **PÓKER** s.m. (ingl. *poker*). Juego de cartas en el que cada jugador recibe cinco y gana quien tenga la combinación de cartas de más valor. **2.** Cuatro cartas del mismo valor en este juego. ◇ **Póquer de dados** Juego de dados con combinaciones iguales al juego de cartas.

■ EL POP ART

Los artistas «pop» británicos, primero, y estadounidenses más tarde, reaccionaron contra la subjetividad del expresionismo abstracto, y se interesaron por las imágenes de la vida moderna y de los medios de comunicación de masas, así como por sus diversas manifestaciones: publicidad, periodismo fotográfico, estrellas del cine, cómics y objetos varios de la vida cotidiana.

Claes Oldenburg. *Dos hamburguesas* (1962), yeso pintado. El objeto está enormemente aumentado, en una especie de realismo expresionista que se contrapone al expresionismo abstracto de artistas como Jackson Pollock o Franz Kline. (MOMA, Nueva York.)

David Hockney. *Dos muchachos en una piscina* (1965), pintura sobre tela. La frialdad impersonal y el esquematismo caracterizan esta tela, así como el gusto por la anécdota y la búsqueda del efecto decorativo. De ahí a la tradición de la pintura figurativa sólo hay un paso, que el artista lleva a cabo a partir de ese momento en otras obras suyas. (Galería Felicity Samuel, Londres.)

Tom Wesselmann. *Gran desnudo americano n° 98* (1967), acrílico sobre metal. Sirviéndose del principio del collage, el artista establece un diálogo entre el cuerpo femenino y los elementos de la vida cotidiana, y se compone así esta viva imagen del «glamour» americano. (Museo Wallraf-Richartz-Ludwig, Colonia.)

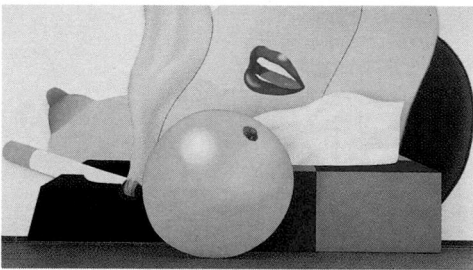

PÓQUIL s.m. Chile. Planta compuesta cuyas flores dan un tinte amarillo.

POR prep. (lat. vulg. *por*, del lat. clásico *pro*, por, para). Indica el lugar a través del cual se pasa o en el que hay algún movimiento: *iremos por la facultad*. **2.** Indica un lugar o una fecha de forma aproximada: *tu casa está por allí*; *por el año 1000*. **3.** Indica parte o lugar concreto: *lo agarró por el asa*. **4.** Indica la causa de algo: *lo detuvieron por robo*. **5.** Indica el modo de ejecutar una cosa: *preséntalo por escrito*. **6.** Indica la condición o la calidad en que actúa, se considera o se valora alguna cosa: *lo tienen por santo; lo doy por hecho*. **7.** Indica que se da o reparte con igualdad una cosa: *un asiento por persona*. **8.** Indica idea de compensación: *lo uno por lo otro*. **9.** Indica multiplicación de números. **10.** Denota proporción: *al diez por ciento*. **11.** Con verbos en infinitivo, indica la acción futura que expresa el infinitivo: *está por pulir.* ◇ **Por qué** Locución adverbial interrogativa que expresa por cuál razón, causa o motivo: *¿por qué se fue tan deprisa?* **Por si (acaso)** Expresión en la que se juntan el significado final de *por* y el hipotético de *si*: *se lo di por si lo necesitaba*.

PORCELANA s.f. (ital. *porcellana*, molusco de concha blanca y brillante). Producto cerámico, generalmente de color blanco, traslúcido si es de poco espesor, impermeable y muy vitrificado. **2.** Objeto de este material. **3.** Metal esmaltado, generalmente blanco con una mezcla de azul, con que se hacen objetos de cocina. ◆ adj. y s.m. Se dice del color blanco mezclado con azul con que los plateros adornan las piezas de oro.
ENCICL. La porcelana verdadera, o dura, de invención china, se hace con una mezcla de caolín, feldespato y cuarzo. Se lleva a cabo una primera cocción (800-1 050 °C); después se aplica una cobertura de feldespato y se cuece a alta temperatura (1 250-1 450 °C) a fin de

conferirle dureza suficiente para que el acero no la raye. En Europa, su fabricación comenzó en Meissen alrededor de 1710, y en Sèvres alrededor de 1770. Desde antes, ya se realizaban imitaciones con ausencia de caolín: las porcelanas suaves. Después de una primera cocción a 1 200 °C, la pieza obtenida se revestía de un vidriado plomizo cocido entre 900 a 1 000 °C.

PORCENTAJE s.m. (ingl. *percentage*). Tanto por ciento, proporción de una cantidad respecto a cien.

PORCENTUAL adj. Que está calculado o expresado en tantos por ciento.

PORCHE s.m. (cat. *porxo*). Soportal, cobertizo. **2.** Entrada o galería adosada a un edificio cubierta con un techo separado.

PORCICULTURA s.f. Cría de cerdos.

PORCINO, A adj. (lat. *porcinus*). Relativo al cerdo.

PORCIÓN s.f. (lat. *portio, -onis*). Cantidad separada de otra mayor. **2.** Parte que corresponde a cada uno en un reparto. **3.** Cada una de las partes en que se dividen las tabletas de chocolate. **4.** *Fig.* y *fam.* Gran cantidad de lo que se expresa.

PORCUNO, A adj. Porcino.

PORDIOSEAR v.intr. Pedir limosna. **2.** *Fig.* Pedir alguien algo con insistencia y humillándose.

PORDIOSEO s.m. Acción de pordiosear.

PORDIOSERO, A s. (de *por Dios*, locución empleada para pedir caridad). Persona muy pobre que pide limosna.

PORFÍA s.f. (lat. *perfidia*, mala fe). Disputa o lucha mantenidas con obstinación. **2.** Insistencia en conseguir algo a pesar de los obstáculos. ◇ **A porfía** En competencia con otro u otros.

PORFIAR v.intr. [19]. Disputar o luchar con obstinación. **2.** Insistir inoportunamente para conseguir algo.

PORFÍDICO, A adj. Relativo al pórfido. **2.** Que tiene la naturaleza o la textura del pórfido.

PÓRFIDO s.m. (del gr. *pórphyros*, de color de púrpura). Roca volcánica alterada formada por fenocristales de feldespatos sobre un fondo uniforme de grano muy fino, utilizada en decoración.

PORFIRIA s.f. Alteración del metabolismo que se caracteriza por la liberación masiva de porfirinas en el organismo.

PORFIRIATO s.m. Período de la historia de México caracterizado por la dictadura personal de Porfirio Díaz.
ENCICL. La primera fase del porfiriato terminó con la entrada de Yves Limantour en Hacienda (1893). Este período se caracterizó por el auge de las compañías enajenadoras de terrenos comunales baldíos; la modificación de la constitución de 1857, que dio paso a la reelección presidencial, y la aprobación de la ley que otorgaba la gran explotación minera a los capitales de EUA y Gran Bretaña. Limantour, tras la crisis de 1892, abrió el país a la inversión extranjera y promovió la creación de nuevas industrias. La corrupción, el fraude electoral y la represión fueron la respuesta de la administración Díaz a las tensiones sociales, nacidas del contraste entre una oligarquía poderosa que controlaba los resortes económicos y políticos frente a doce millones de personas ligadas a la tierra. La crisis de 1907 y las luchas en el seno del gobierno favorecieron el inicio de la revolución mexicana, dirigida por Madero.

PORFIRINA s.f. Compuesto formado por cuatro núcleos de pirrol, que entra en la composición de la hemoglobina y la clorofila.

PORFIROGÉNETA adj. Se dice de un hijo de un emperador bizantino nacido durante el reinado de su padre.

PORÍFERO, A adj. y s.m. Relativo a un tipo de animales invertebrados acuáticos, casi siempre marinos, muy primitivos, con paredes perforadas por canales de circulación, que viven adheridos a una superficie. (Los animales del tipo *poríferos* reciben la denominación de *esponjas*.)

PORISMA o **PORISMO** s.m. (voz griega). MAT. Conjunto de corolarios de una proposición, en la antigua geometría griega.

PORÍSTICO, A adj. MAT. Relativo a un porisma. **2.** Que tiene la naturaleza de un porisma: *proposición porística*.

PORMENOR s.m. Detalle, circunstancia particular que completa un suceso. **2.** Circunstancia poco importante en un asunto.

PORMENORIZAR v.tr. [7]. Describir o enumerar con pormenores.

PORNO adj. (apócope de *pornográfico*). *Fam.* Pornográfico: *cine porno*. ◆ s.m. *Fam.* Pornografía. **2.** Género cinematográfico que muestra únicamente escenas de sexo.

PORNOGRAFÍA s.f. (del gr. *pornográphos*, el que estudia la prostitución; de *pórni*, ramera, y *gráphein*, describir). Representación obscena de actos sexuales. **2.** Obra literaria, artística o cinematográfica que presenta escenas de contenido sexual con el fin de excitar sexualmente.

PORNOGRÁFICO, A adj. Relativo a la pornografía: *cine pornográfico*. (Se abrevia *porno*.)

PORNÓGRAFO, A s. Autor de obras pornográficas.

1. PORO s.m. (lat. tardío *porus*, del gr. *póros*, paso, vía de comunicación). Orificio minúsculo que hay entre las partículas de los sólidos de estructura discontinua. **2.** Orificio muy pequeño del conducto excretor de una glándula en una superficie, principalmente de las glándulas de la piel. **3.** BOT. **a.** Orificio que comunica dos células contiguas, formado en las membranas celulares. **b.** Canal abierto que atraviesa la membrana de diversas algas.

2. PORO s.m. (quechua *púru*). Argent. y Urug. Calabaza en forma de pera usada para cebar el mate.

PORONGO s.m. Argent., Par. y Urug. Calabaza, poro. **2.** Bol., Chile, Pan., Par. y Urug. Recipiente de arcilla para guardar agua o chicha. **3.** Perú. Recipiente de hojalata en que se transporta leche para venderla.

PORONGUERO, A s. Perú. Vendedor de leche.

POROSIDAD s.f. Cualidad de poroso. ◆ **porosidades** s.f.pl. METAL. Cavidades pequeñas o sopladuras minúsculas que presentan ciertas piezas de fundición, debido a una oclusión gaseosa.

POROSO, A adj. Que tiene poros.

POROTO s.m. (quechua *purútu*). Amér. Merid. Amér. Merid. Planta anual, originaria de América, de la que se cultivan varias especies por sus flores ornamentales y, sobre todo, por sus frutos comestibles y sus semillas, ricas en féculas. (Familia papilionáceas.) GEOSIN.: Amér. Central y Méx. *frijol;* Esp. *judía.* **2.** Amér. Merid. Semilla de esta planta, que se come cuando está madura y crudo. GEOSIN.: Amér. Central y Méx. *frijol;* Esp. *judía.* **3.** Amér. Merid. Guiso que se hace con este vegetal. **4.** Amér. Merid. *Fig.* Niño. **5.** Amér. Merid. *Fig.* Persona de poca importancia. ◇ **Anotarse un poroto** Amér. Merid. Tener un acierto.

PORQUE conj.caus. Por causa o razón de que: *no pudo asistir porque estaba enfermo.* ◆ conj.fin. Para que: *hice cuanto pude porque no llegara este caso.*

PORQUÉ s.m. *Fam.* Causa, razón o motivo: *preguntarse el porqué de algo.*

PORQUERÍA s.f. Suciedad, basura. **2.** Excremento. **3.** *Fam.* Acción mala o indecorosa. **4.** *Fam.* Grosería, desatención. **5.** *Fam.* Cosa que vale poco. **6.** *Fam.* Alimento apetitoso pero poco nutritivo o indigesto.

PORQUERIZA s.f. Pocilga, establo.

PORQUERIZO, A s. Persona que cuida puercos. SIN.: *porquero.* **2.** Porqueriza.

PORRA s.f. Palo o bastón nudoso estrecho en la empuñadura y más grueso en el extremo opuesto. **2.** Cachiporra. **3.** Barra corta, generalmente de goma, que usan como arma la policía y otros cuerpos de seguridad. **4.** Churro recto corto y grueso. **5.** Argent. Maraña de cerda, tierra y abrojos que se forma en la cola y crines de un caballo. **6.** Argent. *Fam.* Pelo abundante y largo. **7.** Méx. Conjunto de frases fijas que se dicen con fuerza y ritmo para animar a alguien: *los aficionados no pararon de echar porras a su equipo.* **8.** Méx. Conjunto de seguidores de un equipo deportivo. ◆ **Mandar,** o **enviar, a la porra** *Fam.* Despedir o rechazar a alguien con enojo; desentenderse de algo.

PORRADA s.f. Esp. *Fam.* Abundancia de algo.

PORRAZO s.m. Golpe que se da con la porra o con cualquier objeto duro. **2.** *Fig.* Golpe fuerte que se recibe al caer o al topar con algo duro.

PORRETA (de *porreta,* hojas verdes del puerro). **En porreta** Esp. *Fam.* Completamente desnudo.

PORRILLO A porrillo Esp. *Fam.* En abundancia.

PORRINO s.m. Semilla del puerro. **2.** Planta del puerro cultivada en semillero y preparada para ser trasplantada.

PORRISTA s.m. y f. Méx. Miembro de una porra, conjunto de seguidores de un equipo deportivo.

1. PORRO s.m. Esp. *Fam.* Cigarrillo de marihuana, hachís, etc., mezclado generalmente con tabaco.

2. PORRO s.m. → **PUERRO.**

1. PORRÓN s.m. (lat. *porrum,* puerro). Recipiente de vidrio de forma cónica, con cuello alargado y un pitón que sale de cerca de la base, por donde se bebe vino a chorro.

2. PORRÓN s.m. Nombre de determinados patos que anidan en agujeros o en el suelo, bucean bien, y acostumbran a chapotear a la superficie del agua al levantar el vuelo: *porrón albeola, porrón de collar, porrón moñudo, porrón pardo.*

PORRUDO adj. y s. Argent. Se dice de la persona o animal que tiene porra, pelo abundante.

PORTA s.f. y adj. Vena que conduce la sangre procedente del intestino y el bazo al hígado.

PORTAAERONAVES o **PORTAERONAVES** s.m. (pl.*portaaeronaves* o *portaeronaves*). Barco de guerra acondicionado para el traslado, despegue y aterrizaje de aeronaves.

PORTAAGUJA s.m. TECNOL. Pieza de diferentes máquinas a la que se fija la aguja. ◆ **por-**

taagujas s.m.pl. CIR. Pinza de acero que sostiene la aguja de suturar en una operación.

PORTAAVIONES o **PORTAVIONES** s.m. (pl. *portaaviones* o *portaviones*). Portaaeronaves especialmente acondicionado para aviones.

◼ **PORTAAVIONES.** Vista del portaaviones francés *Charles de Gaulle* tomada en 1999.

PORTABROCAS s.m. (pl.*portabrocas*). Parte de una herramienta o de una máquina donde se coloca una broca.

PORTACARTAS s.m. (pl.*portacartas*). Utensilio para colocar o llevar cartas.

PORTADA s.f. Fachada principal ornamentada de un edificio. **2.** Página de un libro en la que se pone el título con sus detalles complementarios. **3.** Primera página de un periódico o revista.

PORTADILLA s.f. Anteportada.

PORTADOR, RA adj. y s. Que lleva o trae algo de una parte a otra. ◆ adj. F. C. Se dice del cable de una catenaria del que va suspendido el cable de contacto. **2.** Se dice de la corriente alterna y de la onda electromagnética empleadas en telecomunicaciones para la transmisión de señales. ◆ s.m. DER. MERC. Persona que posee títulos o valores comerciales que no son nominativos ◇ **Al portador** Mención inscrita en un efecto de comercio o en un cheque cuyo beneficiario no está designado nominalmente; se dice de los valores mobiliarios transmisibles de mano a mano, y cuyo poseedor es considerado propietario de los mismos. **Portador de cargas** FÍS. Partícula electrizada, como un ion o un electrón. **Portador de gérmenes** Persona que lleva en su cuerpo los gérmenes de una enfermedad.

PORTAEQUIPAJE o **PORTAEQUIPAJES** s.m. (pl.*portaequipajes*). Soporte que se dispone sobre el techo de los automóviles para el transporte del equipaje. **2.** Compartimiento de un automóvil, generalmente en la parte trasera, donde se transporta el equipaje.

PORTAERONAVES s.m. → **PORTAAERONAVES.**

PORTAESCOBILLAS s.m. (pl. *portaescobillas*). Pieza que sujeta las escobillas de una máquina eléctrica rotativa.

PORTAESTANDARTE s.m. Oficial que lleva el estandarte.

PORTAFOLIOS o **PORTAFOLIO** s.m. (pl.*portafolios*). Carpeta o cartera para llevar papeles, documentos, etc.

PORTAFUSIL s.m. Correa para llevar el fusil.

PORTAGUIÓN s.m. Oficial o suboficial que, en campaña o en una parada, lleva el guion distintivo de un oficial general.

PORTAHELICÓPTEROS s.m. (pl. *portahelicópteros*). Portaaeronaves especialmente acondicionado para helicópteros.

PORTAHERRAMIENTAS s.m. (pl. *portaherramientas*). Pieza de las máquinas-herramienta que sujeta los útiles o herramientas que han de labrar las piezas.

PORTAINJERTO s.m. BOT. Individuo sobre el que se efectúa un trasplante o injerto.

PORTAL s.m. Zaguán o primera pieza de la casa, inmediata a la puerta principal. **2.** Soportal. **3.** INFORMÁT. Sitio web concebido para ser el punto de entrada a Internet y que ofrece a los usuarios recursos y servicios. ◇ **Portal de Belén** Establo donde nació Jesucristo.

PORTALADA s.f. Portada monumental de uno o más huecos situada en el muro de acceso al patio donde está el portal de unas casas señoriales.

PORTALÁMPARAS o **PORTALÁMPARA** s.m. (pl.*portalámparas*). Dispositivo en el que se inserta el casquillo de una lámpara de incandescencia o las espigas terminales del casquillo de un tubo electrónico. **2.** Pieza o aparato para sostener una lámpara.

PORTALIBROS s.m. (pl.*portalibros*). Utensilio con correas en que los escolares llevaban sus libros.

PORTALIGAS s.m. (pl.*portaligas*). Prenda interior femenina que sostiene las medias y se sujeta a la cintura.

PORTALLAVES s.m. (pl.*portallaves*). Venez. Llavero, utensilio para guardar llaves.

PORTALÓN s.m. Portalada. **2.** MAR. Abertura de los costados de un barco para la entrada de personas y mercancías.

PORTAMANTAS s.m. (pl.*portamantas*). Utensilio formado por dos correas enlazadas por un asa, utilizado para llevar las mantas o abrigos para viaje.

PORTAMINAS s.m. (pl.*portaminas*). Utensilio para escribir con una mina de grafito recambiable.

PORTAMONEDAS s.m. (pl.*portamonedas*). Monedero, bolsa o cartera. SIN.: *bolsillo.*

PORTANTE adj. Que sostiene o sustenta, que ejerce un esfuerzo. **2.** Que asegura la sustentación. ◆ s.m. Paso de una caballería en que mueve a la vez el pie y la mano del mismo lado. ◇ **Cable portante** Cable fijo del que van suspendidas las vagonetas, los pesos, etc., de los funiculares bicables, o teleféricos de dos cables. **Dar el portante** *Fam.* Despedir a alguien. **Tomar,** o **coger, el portante** Esp. *Fam* Irse, marcharse.

PORTANTILLO s.m. Paso corto y apresurado de una caballería, y particularmente de un pollino.

PORTAÑUELA s.f. (cat. *portanyola,* de *porta,* puerta). Tira de tela que tapa la bragueta de un pantalón.

PORTAOBJETIVO s.m. Tubo frontal de una cámara fotográfica o de un proyector, en el cual se enroscan o encajan los objetivos.

PORTAOBJETO o **PORTAOBJETOS** s.m. (pl. *portaobjetos*). Lámina pequeña rectangular de vidrio en que se coloca el objeto para ser examinado en un microscopio.

PORTAPLUMAS s.m. (pl.*portaplumas*). Varilla en que se inserta una plumilla metálica que se moja en tinta para escribir o dibujar. SIN.: *palillero.*

PORTAR v.tr. (lat. *portare,* portear). Llevar o traer: *portar un paquete.* ◆ **portarse** v.prnl. Actuar de cierta manera: *portarse bien.* **2.** Salir airoso, causar buena impresión, actuar con libertad y franqueza.

PORTARRETRATO o **PORTARRETRATOS** s.m. (pl.*portarretratos*). Marco que se usa para poner retratos en él.

PORTÁTIL adj. Que se puede llevar fácilmente de una parte a otra: *radio portátil, órgano portátil.*

PORTAVIENTO s.m. En el teclado del órgano, tubo conductor del aire. **2.** Saco de aire de la gaita. **3.** Conducto que lleva el aire caliente a las toberas de soplado de un alto horno.

PORTAVIONES s.m. → **PORTAAVIONES.**

PORTAVOZ s.m. y f. Persona o publicación que, con carácter oficioso, es la encargada de transmitir la opinión de las autoridades, de un grupo, partido, etc.

PORTAZGO s.m. Impuesto medieval indirecto de tránsito por un lugar.

PORTAZO s.m. Golpe fuerte dado por una puerta al cerrarse o ser cerrada. **2.** Acción de cerrar la puerta violentamente, para mostrar enojo.

PORTE s.m. Acción de portear. **2.** Aspecto externo de una persona, generalmente favorable: *tener un porte distinguido.* **3.** Tamaño, dimensión o capacidad: *un baúl de gran porte.* ◆ **portes** s.m.pl. Gastos de transporte de mercancías.

PORTEADOR, RA adj. y s. Persona que tiene por oficio portear.

1. PORTEAR v.tr. Llevar de una parte a otra una cosa por un precio convenido.

2. PORTEAR v.intr. Dar golpes las puertas o ventanas, o darlos con ellas.

PORTENTO s.m. (lat. *portentum*, presagio). Persona o cosa que produce admiración por tener dotes extraordinarias. **2.** Hecho prodigioso o milagroso.

PORTENTOSO, A adj. Extraordinario, asombroso.

PORTEÑO, A adj. y s. De Buenos Aires, capital de Argentina.

PORTEO s.m. Acción de portear.

PORTERÍA s.f. Habitación o garita en la entrada de un edificio, donde está el portero. **2.** Vivienda del portero. **3.** Empleo u oficio de portero. **4.** En ciertos deportes de equipo, estructura formada por dos postes y un travesaño por donde debe entrar la pelota para marcar un tanto. SIN.: *meta*.

PORTERO, A s. Persona que custodia la puerta de un edificio público o de una casa privada. **2.** En ciertos deportes de equipo, jugador que defiende la meta de su bando. SIN.: *guardameta*. ◇ **Portero automático,** o **electrónico** Mecanismo electrónico para abrir los portales en las casas desde el interior de las mismas.

PORTEZUELA s.f. Puerta de un automóvil.

PÓRTICO s.m. (lat. *porticus*). Espacio cubierto y con columnas, situado delante de los templos u otros edificios monumentales. **2.** Galería con arcadas o columnas a lo largo de una fachada, patio, etc. **3.** Estructura formada por dos pies derechos y un cabecero, rígidamente enlazados.

PORTILLA s.f. Paso para carros, ganado o peatones entre fincas rústicas. **2.** Ventanilla o abertura circular practicada en los costados o en los mamparos de un barco, para dar luz y ventilación a los camarotes y entrepuentes.

PORTILLO s.m. Abertura en una muralla, pared o tapia. **2.** Postigo o puerta pequeña hecha en otra mayor. **3.** *Fig.* Punto por donde puede fallar una cosa o sobrevenir algún daño, o por donde puede encontrarse la solución de algún problema. **4.** *Fig.* Mella que queda en una cosa quebrada, como plato, escudilla, etc. **5.** GEOGR. Paso estrecho entre dos alturas.

PORTLAND s.m. *Cemento portland.

PORTÓN s.m. Puerta grande y tosca. **2.** TAUROM. Puerta del toril que da a la plaza.

PORTOR s.m. Persona que sostiene o recibe a sus compañeros en los números acrobáticos.

PORTORRIQUEÑO, A adj. y s. → **PUERTORRIQUEÑO.**

PORTUARIO, A adj. Relativo al puerto: *actividad portuaria*.

PORTUGUÉS, SA adj. y s. De Portugal. ◆ s.m. Lengua románica hablada en Portugal y en Brasil.

ENCICL. La independencia de Portugal favoreció desde el s. XII el distinto desarrollo del gallegoportugués al N y al S del río Miño. Como el gallego, el portugués es una lengua arcaizante en relación con otros romances del ámbito occidental (castellano, francés). La condición de lengua oficial y de cultura ha contribuido a establecer y mantener un patrón lingüístico por encima de las variantes dialectales. El dominio lingüístico portugués incluye, además del territorio europeo, archipiélagos del Atlántico (Madeira, Azores), territorios de África (Guinea, Cabo Verde, Santo Tomé, Príncipe, Angola y Mozambique), Asia (Sri Lanka, Macao, Diu y Damão), América (Brasil) y Oceanía (Timor).

PORTUGUESADA s.f. Exageración.

PORTUGUESISMO s.m. Lusitanismo.

PORTULANO s.m. (cat. *portolà*). Colección de planos de puertos encuadernada en forma de atlas.

PORVENIR s.m. (calco del fr. *avenir*). Tiempo futuro. **2.** Situación futura.

POS. En pos de *Poét.* Detrás o tras de.

POSADA s.f. (de *posar*). Establecimiento modesto en que se da alojamiento a huéspedes de paso o forasteros. **2.** Hospedaje. **3.** Precio del hospedaje. **4.** Cada una de las nueve fiestas populares navideñas celebradas en México entre el 16 y el 24 de diciembre, consistentes en rezos y procesiones, seguidas de una comida.

POSADERAS s.f.pl. Nalgas.

POSADERO, A s. Patrón o dueño de una posada.

POSAR v.intr. (lat. tardío *pausare*, cesar, pararse, del gr. *paýein*, detener). Permanecer en una postura determinada para servir de modelo a un artista. **2.** Estar alojado en un sitio. ◆ v.tr. Poner suavemente una cosa o la mirada sobre algo. ◆ v.tr. y prnl. Detenerse un animal volador, o los aeronaves, en algún sitio después de haber volado. ◆ **posarse** v.prnl. Depositarse en el fondo de un recipiente o en el suelo las partículas sólidas que están en suspensión en un líquido o en el aire.

POSAVASOS s.m. (pl.*posavasos*). Soporte de cualquier material que se pone debajo de un vaso para que no deje huella en la mesa.

POSBÉLICO, A adj. Posterior a una guerra.

POSCLÁSICO, A adj. Que sucede a un período clásico.

POSCOMBUSTIÓN o **POSTCOMBUSTIÓN** s.f. Combustión adicional efectuada en un turborreactor para aumentar su empuje. **2.** Dispositivo que garantiza esta combustión.

POSDATA o **POSTDATA** s.f. (del lat. *post datam*, después de la fecha). Añadido escrito en una carta después de concluida y firmada.

POSE s.f. Postura del cuerpo intencionada: *pose hierática*. **2.** Actitud, manera afectada de comportarse o de hablar.

POSEER v.tr. (lat. *possidere*) [34]. Tener, ser el dueño de algo: *poseer riquezas*. **2.** Saber algo: *poseer conocimientos de inglés*. **3.** Tener un hombre trato sexual con alguien. **4.** DER. Gozar de hecho de una cosa o de un derecho con la intención de obrar por cuenta propia.

POSEÍDO, A adj. y s. Dominado por una idea o pasión: *poseído por el odio; poseído del deseo*. **2.** Poseso. **3.** Que está muy seguro de su superioridad.

POSESIÓN s.f. Hecho o circunstancia de poseer algo. **2.** Cosa poseída: *posesiones de ultramar*. **3.** DER. Ejercicio de hecho de una situación jurídica que implica una facultad de apropiación sobre un bien. **4.** Poder de alguien sobre la voluntad o el espíritu de otro. **5.** Trato carnal de un hombre con otra persona. ◇ **Dar posesión** Poner una cosa en manos de otro o a su disposición, o dar alguna señal o cosa como prueba o símbolo de la entrega. **Delirio de posesión** Trastorno mental en que el enfermo cree hallarse en poder de una fuerza sobrenatural. **Tomar posesión** Hacer uso de una cosa que se empieza a poseer.

POSESIONAR v.tr. y prnl. Dar o adquirir posesión de algo. ◆ **posesionarse** v.prnl. Apoderarse de algo.

POSESIVO, A adj. y s. Se dice del adjetivo o pronombre que expresa posesión: *adjetivo posesivo; los posesivos indican también interés*. ◆ adj. y s. Que denota posesión. **2.** Dominante: *una madre posesiva*.

POSESO, A adj. y s. (lat. *possessus*, p. pasivo de *possidere*, poseer). Se dice de una persona poseída por un espíritu.

POSESORIO, A adj. DER. Relativo a la posesión: *capacidad posesoria*.

POSGLACIAL adj. y s.m. GEOL. Posterior a un período o era glaciar, especialmente posterior a la última glaciación cuaternaria.

POSGRADO o **POSTGRADO** s.m. Curso universitario posterior a la licenciatura.

POSGUERRA o **POSTGUERRA** s.f. Período inmediatamente posterior a una guerra.

POSIBILIDAD s.f. Hecho de ser posible una cosa. **2.** Cosa que es posible. ◆ **posibilidades** s.f.pl. Medios de que dispone una persona, especialmente económicos.

POSIBILISMO s.m. Actitud que aprovecha las posibilidades existentes para la consecución de un fin. **2.** Forma de actuación, especialmente en política, que renuncia a la coherencia de la propia postura ideológica para conseguir un acuerdo con otros grupos.

POSIBILITAR v.tr. Hacer posible algo.

POSIBLE adj. (lat. *possibilis*). Que puede ser o suceder, que se puede hacer. ◆ **posibles** s.m.pl. Medios, especialmente económicos, para hacer algo.

POSICIÓN s.f. (lat. *positio*). Manera de estar puesta una persona o cosa. **2.** Lugar que ocupa una persona o cosa. **3.** Manera de pensar o actuar sobre algo o alguien. **4.** Circunstancia en la que alguien se encuentra. **5.** Situación o categoría social o económica: *disfrutar de una buena posición*. **6.** COREOGR. Cada una de las maneras de posar los pies en el suelo combinadas con la colocación de los brazos. **7.** MED. Situación del feto en el interior del útero con respecto a la pelvis. **8.** MIL. **a.** Zona de terreno ocupada por una formación militar en una operación. **b.** Postura adoptada por el soldado a la voz de mando: *posición de firmes, de descanso*. **9.** MÚS. Disposición relativa de los sonidos que forman un acorde.

POSICIONAMIENTO s.m. Acción de posicionar o posicionarse.

POSICIONAR v.intr. Poner en una posición determinada. ◆ **posicionarse** v.prnl. Adoptar una actitud o elegir una opción.

POSIDONIA s.f. Planta marina monocotiledónea típica de las regiones costeras mediterráneas y australianas, donde vive formando vastas praderas. (Familia posidonáceas.)

POSITIVADO s.m. FOT. Exposición de una imagen negativa sobre una emulsión sensible, y revelado subsiguiente.

POSITIVADORA s.f. FOT. Máquina para el positivado.

POSITIVAR v.tr. FOT. Realizar un positivado.

POSITIVISMO s.m. (fr. *positivisme*). Doctrina filosófica de Auguste Comte que rechaza cualquier investigación metafísica y que preconiza la creación de una nueva disciplina, la *física social* (que posteriormente se denominaría sociología), el objetivo de la cual sería completar el conjunto del sistema de las ciencias, alcanzando así la felicidad humana. **5.** Filosofía que admite sin crítica el valor de la ciencia como tal. ◇ **Positivismo jurídico** Doctrina según la cual el derecho positivo es el único que posee fuerza jurídica, rechazando la idea del derecho natural. **Positivismo lógico** Empirismo lógico.

POSITIVISTA adj. y s.m. y f. Relativo al positivismo; partidario del positivismo.

POSITIVO, A adj. (lat. *positivus*, convencional, positivo en gramática). Que se basa en los hechos, la experiencia, etc. **2.** Cierto, real: *hecho positivo*. **3.** Que afirma: *respuesta positiva*. **4.** Que es práctico, útil. **5.** Provechoso, favorable. **6.** MAT. Superior a cero. ◆ adj. y s.m. LING. Se dice del grado de significación del adjetivo o del adverbio sin establecer comparación. ◆ s.m. **1.** Órgano pequeño de cámara o de iglesia. **2.** FOT. Prueba obtenida de un negativo, por contacto o ampliación, y que constituye la imagen definitiva del objeto reproducido. SIN.: *prueba positiva*. ◇ **Electricidad positiva** Electricidad del protón, que se señala con el signo +, que atrae electrones. **Estado positivo** FILOS. Positivismo.

■ POSITIVO

PÓSITO s.m. Institución municipal destinada a almacenar grano y a prestarlo en épocas de escasez. **2.** Depósito de grano. **3.** Asociación de carácter mutuo o cooperativo: *pósito de pescadores.*

POSITRÓN o **POSITÓN** s.m. Antipartícula del electrón que posee la misma masa que este y una carga positiva.

POSITURA s.f. Postura, colocación. **2.** Estado o disposición de una cosa.

POSMA s.f. *Fam.* Pesadez o lentitud para hacer algo. ◆ s.m. y f. y adj. *Fig.* y *fam.* Persona lenta y pesada.

POSMODERNIDAD o **POSTMODERNIDAD** s.f. Período de la cultura occidental iniciado en el último tercio del s. XX que se le pierden los valores racionalistas de la modernidad.

POSMODERNISMO o **POSTMODERNISMO** s.m. ARQ. Movimiento del último cuarto del s. XX que se propone una libertad formal y tendencia al eclecticismo, en contraposición con la rigurosidad de la arquitectura moderna.

POSMODERNO, A o **POSTMODERNO, A** adj. y s. Relativo a la posmodernidad o al posmodernismo; partidario de la posmodernidad o adscrito al posmodernismo.

POSO s.m. (de *posar*). Sedimento de un líquido contenido en un recipiente. **2.** *Fig.* Sensación o sentimiento que queda por alguna cosa pasada: *le queda un poso de amargura.*

POSOLOGÍA s.f. (del gr. *póson*, cuánto, y *lógos*, tratado). Parte de la farmacología que se ocupa de la administración de los medicamentos, en relación con la edad, peso, sexo y estado del paciente.

POSOPERATORIO, A adj. y s.m. MED. → **POSTOPERATORIO.**

POSPALATAL o **POSTPALATAL** adj. Se dice del sonido consonántico que se articula acercando el posdorso de la lengua a la zona última del paladar, próxima al velo: la *[k]* ante las *vocales [e] [i] es una pospalatal.*

POSPONER v.tr. [60]. Poner o colocar a una persona o cosa después de otra. **2.** Diferir, retrasar. **3.** Apreciar a una persona o cosa menos que a otra.

POSPOSICIÓN s.f. Acción de posponer. **2.** LING. Colocación de un elemento a continuación de otro con que se relaciona.

POSPOSITIVO, A adj. LING. Que se pone después de la palabra que rige: *preposición pospositiva.*

POSPRETÉRITO s.m. LING. Tiempo del modo indicativo que indica la posibilidad de una acción en el presente o en el futuro. SIN.: *condicional simple, potencial simple.*

POSTA s.f. (ital. *posta*, lugar, puesto). Conjunto de caballerías que se apostaban a distancias regulares para sustituir las que estaban cansadas. **2.** Casa o lugar donde estaban apostadas las caballerías. **3.** Distancia que hay de una posta a otra. **4.** Bala esférica de plomo.

POSTAL adj. (fr. *postal*, de *poste*, correo). Relativo al correo: *código postal.* **2.** Que se envía por medio del correo: *paquete postal.* ◆ s.f. Tarjeta que se envía por correo, que presenta la reproducción de un paisaje, grabado o dibujo en un lado, y un espacio para escribir en el otro.

POSTCOMBUSTIÓN s.f. → **POSCOMBUSTIÓN.**

POSTDATA s.f. → **POSDATA.**

POSTE s.m. (lat. *postis*, montante de una puerta). Madero, piedra o columna alargado que se coloca verticalmente como soporte, señal, u otro fin. **2.** Palo vertical de una portería de fútbol y de otros deportes.

POSTEMA s.f. (de *apostema*, del gr. *apóstema, -atos*, absceso). Absceso supurado.

PÓSTER s.m. (ingl. *poster*). Cartel o fotografía grande destinado a la decoración.

POSTERGACIÓN s.f. Acción de postergar.

POSTERGAR v.tr. (lat. *postergare*, dejar atrás, del lat. *post tergum*, detrás de la espalda) [2]. Colocar a alguien o algo en un lugar inferior al que tenía o al que le corresponde.

POSTERIDAD s.f. (lat. *posteritas, -atis*, de *posterus*, posterior). Conjunto de generaciones futuras. **2.** Fama póstuma: *pasar a la posteridad.*

POSTERIOR adj. (lat. *posterior, -oris*). Que sucede después de una cosa. **2.** Que sigue en la colocación a otra cosa: *una fila posterior a esta.* **3.** Que está detrás o en la parte de atrás de algo: *parte posterior de la cabeza.* **4.** LING. Se dice de la vocal que se articula retrayendo la lengua por su parte posterior hacia la zona trasera de la boca, hacia el velo del paladar: *en español, [u] y [o] son vocales posteriores.*

POSTERIORIDAD s.f. Circunstancia de ser una cosa posterior a otra: *me lo contó con posterioridad.*

POSTGRADO s.m. → **POSGRADO.**

POSTGUERRA s.f. → **POSGUERRA.**

POSTHIPÓFISIS s.f. ANAT. Parte posterior de la hipófisis que segrega hormonas reguladoras del metabolismo del agua y de las contracciones de los músculos lisos.

POSTIGO s.m. (lat. *posticum*, puerta trasera, de *post*, detrás). Puerta pequeña abierta en otra mayor. **2.** Puerta disimulada en una casa, además de la principal. **3.** Puerta de una sola hoja que cubre una ventana, cerrando el paso de la luz.

POSTILLA s.f. (lat. vulg. *pustella*, ampolla, pústula, dim. del lat. clásico *pustula*). Escama que se forma en las llagas o granos cuando se van secando.

POSTILLÓN s.m. (ital. *postiglione*) Mozo que iba a caballo guiando los que corrían la posta. **2.** Mozo que iba montado en uno de los caballos delanteros del tiro de un carruaje o de una diligencia.

POSTIMPRESIONISMO s.m. Conjunto de corrientes artísticas que, entre 1885 y 1905 aproximadamente, se demarcaron de las características del impresionismo (neo impresionismo, simbolismo, sintetismo, nabis, etc.).

POSTIMPRESIONISTA adj. y s.m. y f. Relativo al postimpresionismo; adscrito al postimpresionismo.

POSTÍN s.m. (voz caló, *piel, pellejo*, del in dostani, *postin, piel*, de *abrigo*). *Fam.* Distinción o elegancia de las personas ricas. ◆ **Darse**, o **gastar, postín** Esp. *Fam.* Presumir de algo, atribuirse importancia. **De postín** Esp. *Fam.* De lujo.

POSTINERO, A adj. Esp. *Fam.* Que presume de lujo o elegancia.

POSTIZA s.f. Castañuela para acompañar el baile, generalmente más fina y pequeña que las regulares. (Suele usarse en plural.)

POSTIZO, A adj. (lat. vulg. *apposticius*, de *apponere*, añadir). Que suple una falta o escasez natural: *dientes postizos.* **2.** Que está añadido, sobrepuesto: *paño, cuello postizo.* **3.** *Fig.* Falso, ficticio: *nombre postizo.* ◆ s.m. Añadido de pelo que suple la escasez o falta de él.

POST MERÍDIEM loc. (lat. *post meridiem*, después del mediodía). Indica las horas del día desde el mediodía hasta media noche. (Se utiliza principalmente en los países anglosajones. Se abrevia *p. m.*)

POSTMODERNIDAD s.f. → **POSMODERNIDAD.**

POSTMODERNISMO s.m. ARQ. → **POSMODERNISMO.**

POSTMODERNO, A adj. y s. → **POSMODERNO.**

POSTÓNICO, A adj. y s. Se dice de una sílaba o de un fonema colocados después de la sílaba tónica.

POSTOPERATORIO, A o **POSOPERATORIO, A** adj. y s.m. MED. Que se produce o sucede a continuación de una intervención quirúrgica.

POSTOR s.m. Licitador. ◆ **Mayor**, o **mejor, postor** Licitador que ofrece el mejor precio en una subasta.

POSTPALATAL adj. → **POSPALATAL.**

POSTRACIÓN s.f. Acción de postrar o postrarse. **2.** Estado de abatimiento o decaimiento físico o moral.

POSTRADO, A adj. Abatido, debilitado. **2.** Se dice de una planta o de un tallo débil que están caídos y solo tienen erguidas las extremidades.

POSTRAR v.tr. (ant. *prostrar*, del lat. *prosternere*, prosternar, derribar). Derribar o inclinar hasta el suelo. ◆ v.tr. y prnl. Debilitar física o moralmente: *la enfermedad le postró.* ◆ **postrarse** v.prnl. Arrodillarse humillándose en señal de respeto, veneración, etc.: *postrarse ante el altar; se postró a sus pies.*

POSTRE s.m. (lat. *poster, -eri*). Alimento, generalmente dulce, que se toma al final de una comida. ◇ **A la**, o **al, postre** Al final.

POSTREMO, A adj. Postrero, último.

POSTRER adj. Apócope de *postrero.* (Se emplea antepuesto a un sustantivo masculino en singular: *el postrer día.*)

POSTRERO, A adj. y s. Que se encuentra el último en una serie de cosas. **2.** Que está, se queda o vive detrás.

POSTRIMERÍAS s.f.pl. (de *postrimero*, último, del lat. *postremus*). Último período o última etapa de una cosa o de la vida de una persona: *las postrimerías del siglo.* **2.** TEOL. Las cuatro últimas cosas que le suceden al ser humano al término de su vida: la muerte, el juicio, el infierno o la gloria.

POST SCRÍPTUM loc. (lat. *post scriptum*, después de lo escrito). Posdata. (Se abrevia *PS.*)

POSTULACIÓN s.f. Acción de postular.

POSTULADO s.m. Principio primero, indemostrable o no demostrado, necesario para establecer una demostración.

POSTULANTE, A s. Persona que postula.

POSTULAR v.tr. (lat. *postulare*). Pedir que se tome una determinada resolución. **2.** Predicar. **3.** Esp. Pedir, especialmente por la calle, en una colecta. **4.** FILOS. Proponer una proposición como postulado.

PÓSTUMO, A adj. (lat. *postumus*). Se dice del hijo que nace después de la muerte de su padre. **2.** Que aparece después de la muerte del autor: *obra póstuma.*

POSTURA s.f. Manera de estar o colocarse. **2.** *Fig.* Actitud que se toma con respecto a un asunto, ideología, etc. **3.** Cantidad que ofrece el postor en una puja o subasta.

POSVENTA o **POSTVENTA** s.f. Conjunto de una empresa que garantiza el mantenimiento y reparación de un artículo vendido.

POTABILIZAR v.tr. [7]. Hacer potable.

POTABLE adj. (lat. *potabilis*, de *potare*, beber). Que se puede beber sin que dañe: *agua potable.* **2.** *Fig.* y *fam.* Aceptable: *un argumento potable.*

POTAJE s.m. (fr. *potage*, puchero). Caldo de un cocido. **2.** Guiso hecho a base de legumbres secas, verduras y otros ingredientes. **3.** Bebida o brebaje en que entran muchos ingredientes. **4.** *Fig.* Mezcla, desorden de cosas.

POTAMOLOGÍA s.f. Hidrología fluvial.

POTASA s.f. (alem. *pottasche*, ceniza de pucheros). Derivado potásico: el hidróxido de potasio (*potasa cáustica*) y los carbonatos de potasio (*potasas carbonatadas*). **2.** Variedad de carbonato de potasio impuro.

POTÁSICO, A adj. Relativo al potasio. **2.** Que deriva del potasio. **3.** Que contiene compuestos de potasio.

POTASIO s.m. Metal alcalino extraído de la potasa, ligero, blando y muy oxidable, de densidad 0,86, cuyo punto de fusión es de 63,65 ºC. **2.** Elemento químico (K), de número atómico 19 y masa atómica 39,098.

POTE s.m. (cat. *pot*). Recipiente cilíndrico pequeño.

POTENCIA s.f. (lat. *potentia*). Capacidad para realizar alguna cosa o producir un efecto. **2.** Fuerza, poder. **3.** Estado con gran poder económico y militar: *potencias aliadas.* **4.** Persona, grupo o entidad poderosa, importante o influyente. **5.** Facultad del alma. **6.** Cociente del ángulo bajo el que se ve un objeto a través de una lupa o de un microscopio por la actitud de este objeto. **7.** FILOS. Capacidad de una cosa de cambiar de estado: *la potencia y el acto.* **8.** FÍS. Cociente entre el trabajo realizado por una máquina y el tiempo empleado en realizarlo. **9.** GEOGR. Poder de transporte y de erosión de una corriente de agua. **10.** GEOL. Espesor de una capa o filón. **11.** MAT. Producto que resulta de multiplicar una cantidad por sí misma tantas veces como indica un número llamado *exponente* o *grado.* ◇ **En potencia** De manera virtual, que puede producirse o ser

819

producido. **Potencia de un conjunto** LÓG. Número cardinal de este conjunto. **Potencia fiscal** Potencia de un motor de automóvil o de motocicleta calculada para servir de base a la imposición fiscal.

POTENCIACIÓN s.f. Acción de potenciar. **2.** MAT. Elevación de un número a un exponente para obtener la potencia correspondiente.

POTENCIAL adj. Relativo a la potencia. **2.** Posible, que solo existe en potencia. ◆ s.m. Fuerza, potencia de la que se puede disponer: *el potencial industrial.* **2.** Cantidad de energía que tiene almacenada un cuerpo. **3.** ELECTR. Magnitud definida por una constante aproximada que caracteriza a los cuerpos electrificados y a las zonas del espacio en las que domina un campo eléctrico, y relacionada con el trabajo producido por el campo eléctrico. ◇ **Energía potencial** FÍS. Energía que posee un cuerpo o un sistema físico por el hecho de su posición, de su estado. **Potencial perfecto** LING. En la clasificación tradicional de los tiempos verbales, antepospretérito. **Potencial simple** LING. En la clasificación tradicional de los tiempos verbales, pospretérito.

POTENCIALIDAD s.f. FILOS. **a.** Capacidad de la potencia. **b.** Equivalencia de dos cosas en virtud y eficacia.

POTENCIALIZACIÓN s.f. Aumento de la acción de algunos medicamentos cuando se administran conjuntamente con otros.

POTENCIAR v.tr. Comunicar fuerza o energía a una cosa o incrementar la que ya tiene. **2.** Aumentar el poder o la eficacia de una cosa.

POTENCIOMETRÍA s.f. QUÍM. Técnica de análisis electroquímico basada en la medida del potencial de una solución.

POTENCIÓMETRO s.m. ELECTR. **a.** Aparato de medida que sirve para comparar una diferencia de potencial con la fuerza electromotriz de una pila patrón. **b.** Resistencia graduable que sirve de divisor de tensión de una fuente de corriente.

POTENTADO, A s. Persona poderosa y rica.

POTENTE adj. (lat. *potens, -tis,* el que puede). Que tiene potencia. **2.** Poderoso, fuerte.

POTENTILA s.f. Planta herbácea trepadora de zonas templadas o frías de flores blancas o amarillas. (Familia rosáceas.)

■ **POTENTILA**

POTERNA s.f. (fr. *poterne,* postigo, puerta trasera). FORT. Puerta menor que da al foso o al extremo de una rampa.

POTESTAD s.f. Dominio, poder sobre una persona o cosa. ◆ **potestades** s.f.pl. REL. Espíritus bienaventurados que forman uno de los nueve coros de ángeles. ◇ **Patria potestad** Autoridad legal de los padres sobre los hijos no emancipados.

POTESTATIVO, A adj. Voluntario, no obligatorio.

POTINGUE s.m. *Fam.* Líquido de aspecto o sabor desagradable. **2.** Crema o producto cosmético.

POTO s.m. Argent., Chile y Perú. Nalgas. **2.** Perú. Recipiente pequeño de barro.

POTOMANÍA s.f. Polidipsia.

POTÓMETRO s.m. → POTETÓMETRO.

POTOSÍ (de *Potosí,* c. de Bolivia). **Valer un potosí** *Fam.* Valer mucho.

POTOSINO, A adj. y s. De Potosí o de San Luis Potosí.

POTRA s.f. Buena suerte.

POTRADA s.f. Conjunto de potros de una yeguada o de un dueño.

POTRANCO, A s. Potro de menos de tres años.

POTREAR v.tr. *Fam.* Molestar a alguien.

POTREREAR v.tr. Argent. *Fam.* Jugar los niños libremente, como en un potrero, terreno baldío.

POTRERO, A s. Persona que cuida potros. ◆ s.m. Lugar destinado a la cría y pasto de ganado caballar. **2.** Amér. Terreno de buena pastura, acotado y destinado al sostenimiento de ganado, especialmente de engorde. **3.** Argent. Parcela en que se divide la estancia ganadera. **4.** Argent. y Perú. Terreno sin edificar donde suelen jugar los niños.

POTRO, A s. Cría de caballo desde que nace hasta la muda de dentición de leche. ◆ s.m. Aparato gimnástico que consiste en una armazón de madera, recubierta de crin y cuero y montada sobre patas. **2.** Instrumento antiguo de tortura.

POTTO s.m. Lemúrido de unos 35 cm de long., nocturno y arborícola, que vive en África tropical. (Familia lorísidos.)

POUJADISMO o **PUJADISMO** s.m. Movimiento político creado en la década de 1950 por Pierre Poujade para la defensa de las «clases medias», mediante un programa antiparlamentario y nacionalista. **2.** Movimiento político y social que comparte tales características.

POYATO s.m. Terreno llano cultivable dispuesto en forma de escalón en la pendiente de una montaña.

POYO s.m. (lat. *podium,* repisa, muro grueso del anfiteatro). Banco de piedra o de albañilería que suele construirse junto a las paredes en las casas de campo.

POZA s.f. Hoyo con agua estancada. **2.** Parte profunda de un río.

POZAL s.m. Balde con que se saca el agua del pozo, o que se emplea en cualquier otro menester.

POZO s.m. (lat. *puteus,* hoyo). Hoyo profundo que se hace en la tierra, especialmente para extraer agua. **2.** Obra, generalmente de piedra o ladrillo y forma circular, que se levanta alrededor de un pozo. (Suele incorporar una polea con un balde u otro recipiente para tomar agua del fondo.) **3.** *Fig.* Persona que tiene en alto grado la cualidad o defecto que expresa: *un pozo de ciencia.* **4.** Argent., Par. y Urug. Socavón, hoyo que se hace en el pavimento de las calles o caminos. **5.** Colomb. Parte de un río apropiada para bañarse. **6.** GEOGR. Depresión en el fondo del mar, cerca de las orillas o los bajos, que los buques buscan para fondear. **7.** MIN. Perforación vertical o ligeramente inclinada, de sección constante, para extraer los minerales o el carbón de una mina, o para otros fines propios de la explotación (ventilación, acceso, etc.). **8.** PETRÓL. Perforación vertical, cilíndrica y profunda para localizar o explotar un yacimiento petrolífero. ◇ **Pozo negro,** o **ciego** Depósito impermeable excavado junto a las casas para la recogida de aguas residuales. **Pozo sin fondo** *Fig.* Persona o cosa insaciable o que no tiene fin.

POZOLE s.m. Guat. Triturado utilizado para alimentar a las aves de corral. **2.** Méx. Guiso que consiste en un caldo muy condimentado, cuyos ingredientes principales son granos de maíz tierno, chile y carne de cerdo o pollo. **3.** Méx. Bebida refrescante de agua y harina de maíz.

PRÁCRITO s.m. Lengua o conjunto de lenguas vulgares surgidas del sánscrito, utilizadas en la antigua India.

PRÁCTICA s.f. (lat. tardío *practicare,* del gr. *praktiké,* ciencia práctica). Realización de una actividad de forma continuada, siguiendo unas pautas o reglas determinadas: *la práctica del deporte fortalece el organismo.* **2.** Destreza o habilidad que se adquiere con la repetición o continuidad de esta actividad: *tiene mucha práctica en hacer este trabajo.* **3.** Uso, costumbre, manera que se tiene de hacer una cosa: *la circuncisión es una práctica normal entre los judíos.* **4.** Aplicación de los conocimientos adquiridos, especialmente la que hacen los estu-

diantes bajo la dirección de un profesor en un ejercicio o clase: *realizar prácticas de química.* ◇ **En la práctica** En la realidad, realmente. **Llevar a la,** o **poner en, práctica** Realizar proyectos, ideas, etc.

PRACTICABLE adj. Que se puede practicar. **2.** Que se puede pasar. **3.** Que se puede abrir y cerrar: *puerta practicable.*

PRÁCTICAMENTE adv.m. Casi.

PRACTICANTE adj. y s.m. y f. Que practica. **2.** Se dice de la persona que profesa y practica su religión: *católico practicante.* ◆ s.m. y f. Persona que tiene por oficio poner inyecciones y realizar otras curas de asistencia médica.

PRACTICAR v.tr. [1]. Realizar una actividad. **2.** Ejercitar una actividad con cierta asiduidad o frecuencia: *practica varios deportes.* **3.** Hacer, ejecutar: *practicar un agujero en la pared.* **4.** Ejercer o aplicar unos conocimientos o una profesión bajo la dirección de un profesor o jefe experto en la materia.

PRÁCTICO, A adj. Que produce un provecho o utilidad material. **2.** Diestro, experimentado, hábil para hacer algo. **3.** En oposición a teórico, se dice de lo que tiende a la realización o aplicación de determinados conocimientos. **4.** FILOS. Se dice de la facultad que enseña el modo de obrar o actuar. ◆ s.m. Persona que dirige las entradas y salidas de las embarcaciones en un puerto.

PRADERA s.f. Conjunto de prados. **2.** Prado grande. **3.** BOT. Formación herbácea integrada principalmente por diversas gramíneas que se agosta más o menos en verano. ◆ **Perro,** o **perrito, de las praderas** Mamífero roedor, zapador y muy prolífico, que habita en América del Norte y México. (Familia esciúridos.)

PRADO s.m. (lat. *pratum*). Terreno húmedo o de regadío en el que se deja crecer o se siembra la hierba para pasto del ganado. **2.** Lugar llano, cubierto de hierba, que sirve de paseo en algunas poblaciones.

PRAGMÁTICA s.f. Procedimiento empleado en el s. XV por los reyes castellanos para dictar disposiciones de carácter general sin el concurso de las cortes. **2.** LING. Disciplina que se propone integrar en el estudio del lenguaje la función que desempeñan los usuarios y las situaciones en las cuales se utiliza. ◇ **Pragmática sanción** Disposición legislativa de un soberano sobre una materia fundamental (sucesión, relaciones entre Iglesia y estado).

PRAGMÁTICO, A adj. y s. (lat. *pragmaticus,* perteneciente a los negocios políticos, del gr. *pragmatikós,* de *pragma,* asunto, negocio). Relativo a la práctica, la ejecución o la realización de las acciones, práctico. **2.** DER. Se dice del autor jurista que interpreta o glosa las leyes nacionales. **3.** FILOS. Pragmatista.

PRAGMATISMO s.m. (ingl. *pragmatism*). Doctrina que toma como criterio de verdad el valor práctico. **2.** Actitud política basada en la eficacia, que consiste en ocuparse de los hechos y oportunidades rechazando el apriorismo dogmático o ideológico. SIN.: *realismo político.*

PRAGMATISTA adj. y s.m. y f. Relativo al pragmatismo; partidario de esta doctrina.

PRALINÉ s.m. (voz francesa). Mezcla de chocolate y almendras con caramelo.

PRANDIAL adj. MED. Relativo a la ingestión de alimentos.

PRANGANA adj. Méx. *Fam.* Que es pobre en extremo.

PRAO s.m. Embarcación de poco calado, larga, estrecha y muy rápida, característica de Malasia. **2.** Velero con dos cascos cuya construcción está inspirada en el prao malasio.

PRASEODIMIO s.m. Metal del grupo de las tierras raras. **2.** Elemento químico (Pr), de número atómico 59 y masa atómica 140,908.

PRATENSE adj. Relativo al prado.

PRATICULTURA s.f. Parte de la agricultura que se ocupa del cultivo de prados.

PRAXIS s.f. (gr. *praxis,* práctica). Práctica, acción. **2.** En la filosofía marxista, acción o conjunto de acciones tendentes a transformar el mundo.

PREADAPTACIÓN s.f. BIOL. Situación de un ser que, viviendo en un medio determinado, posee órganos o funciones que le serían más útiles en otro medio.

PREALPINO, A adj. De los Prealpes.

PREÁMBULO s.m. Introducción que se escribe o dice como preparación o explicación de lo que se va a tratar. **2.** Digresión que se hace antes de entrar en materia o de empezar a decir una cosa claramente. SIN.: rodeo.

PREAMPLIFICADOR s.m. Amplificador de tensión de la señal que sale de un detector o de una cabeza de lectura, antes de su entrada en un amplificador de potencia.

PREAVISO s.m. DER. Comunicación que ha de realizar una parte a otra para poner fin al contrato antes del plazo previsto.

PREBENDA s.f. (lat. tardío praebenda, p. futuro pasivo de praebere, presentar, mostrar). Renta que perciben algunos eclesiásticos por ciertas dignidades u oficios. **2.** Beneficio o privilegio que se percibe por razón de un mérito o un cargo. **3.** Fig. y fam. Oficio o empleo lucrativo y de poco trabajo.

PREBENDADO s.m. Eclesiástico que disfruta de una prebenda.

PREBOSTAZGO s.m. Oficio, cargo y jurisdicción del preboste. **2.** MIL. Destacamento de policía asignado en tiempo de guerra a una unidad.

PREBOSTE s.m. (cat. prebost). Persona que dirige o gobierna una comunidad. **2.** HIST. Oficial público elegido por el rey o por un señor para la administración económica y judicial de sus dominios reales y señoríos.

PRECALENTAMIENTO s.m. Conjunto de ejercicios de preparación que hace un deportista, un bailarín, etc., para salir o calentar los músculos antes de hacer un esfuerzo físico. **2.** Calentamiento de un motor, aparato, etc., antes de someterlo a la función que debe desempeñar.

PRECÁMBRICO, A adj. y s.m. GEOL. Se dice de la primera era geológica, anterior a la era primaria, que se extiende desde la formación de la corteza terrestre hace unos 4 500 millones de años hasta el comienzo de la vida en los mares hace unos 570 millones de años. ✦ adj. Relativo a esta era.

PRECAPITALISMO s.m. Conjunto de relaciones económicas anteriores al capitalismo.

PRECAPITALISTA adj. Relativo al precapitalismo. ◇ **Modos de producción precapitalistas** Modos de producción propios del comunismo primitivo, del esclavismo antiguo y del feudalismo.

PRECARIO, A adj. (lat. precarius, referente al ruego, que se obtiene por complacencia). Inestable, inseguro o escaso. ✦ s.m. DER. Cesión del uso de una cosa, revocable a voluntad del dueño de esta. ◇ **A precario** DER.

■ PRAO

Que se tiene sin título, por tolerancia o inadvertencia del dueño.

PRECAUCIÓN s.f. (lat. precautio, -onis). Actitud de prudencia y cautela de una persona por la existencia o temor de un peligro. **2.** Medida que se toma para evitar un daño o un mal. (Suele usarse en plural.)

PRECAUTORIO, A adj. Preventivo.

PRECAVER v.tr. y prnl. (lat. precavere). Prevenir, tomar medidas con antelación para evitar un peligro, un mal o un daño.

PRECEDENCIA s.f. Primacía, superioridad, importancia de una cosa sobre otra. **2.** Antelación, prioridad de una cosa respecto a otra en el tiempo o en el espacio. **3.** Preferencia en el lugar y asiento y en algunos actos honoríficos.

PRECEDENTE adj. y s.m. f. Que precede. ✦ s.m. Antecedente, acción, dicho o circunstancia que sirve para justificar hechos posteriores. ◇ **Sentar precedente** Hacer algo que influya o sirva de modelo posteriormente en casos o circunstancias semejantes.

PRECEDER v.tr. e intr. (lat. praecedere). Ir, ocurrir o estar algo o alguien delante de lo que se expresa, en tiempo, orden o lugar. ✦ v.tr. Fig. Estar una persona en posición o cargo de más importancia o categoría que otra.

PRECEPTISTA adj. y s.m. f. Que da o enseña preceptos y reglas o que se atiene a ellos.

PRECEPTIVA s.f. Conjunto de preceptos aplicables a determinada materia. ◇ **Preceptiva literaria** Tratado didáctico que expone los preceptos y reglas de la composición literaria.

PRECEPTIVO, A adj. Que tiene que ser obedecido o cumplido en virtud de un precepto o una orden.

PRECEPTO s.m. (lat. praeceptus, -us, de praecipere, tomar primero, prever). Orden o mandato dado por una autoridad competente. **2.** Norma o regla que se da para el ejercicio de una actividad. **3.** REL. CATÓL. Mandamiento de la ley de Dios o de la Iglesia. ◇ **Fiesta de precepto** REL. CATÓL. Fiesta cuya observancia es obligatoria. **Precepto pascual** REL. CATÓL. Obligación que tienen los católicos de comulgar en tiempo de Pascua.

PRECEPTOR, RA s. Persona que convive con una familia y está encargada de la instrucción y educación de los niños.

PRECEPTUAR v.tr. [18]. Establecer o prescribir un precepto.

PRECES s.f.pl. (lat. preces). Ruegos, súplicas.

PRECESIÓN s.f. Desplazamiento del eje de giro de un cuerpo rígido giratorio, producido por la acción de pares de fuerza externos. ◇ **Precesión de los equinoccios** ASTRON. Movimiento rotatorio retrógrado del eje de la Tierra alrededor del polo de la eclíptica, que produce un movimiento gradual de los equinoccios hacia el O.

PRECIADO, A adj. Valioso, excelente, digno de estimación.

PRECIARSE v.prnl. Vanagloriarse, presumir de algo.

PRECINTADO s.m. Acción y efecto de precintar.

PRECINTAR v.tr. Poner un precinto a un objeto o lugar.

PRECINTO s.m. (lat. praecinctus, acción de ceñir). Cuerda, tira de papel o de plástico u otro material que se pone en un objeto o lugar, de manera que no pueda abrirse sin romper dicha sujeción: precinto de garantía.

PRECIO s.m. (lat. pretium). Valor económico aplicado a una cosa que se vende. **2.** Fig. Esfuerzo o dificultad que conlleva la obtención de alguna cosa. ◇ **No tener precio** una cosa Ser de gran valor. **Precio de costo**, o **coste** Valor económico real de un proceso de fabricación o de prestación de un servicio, sin añadir ninguna ganancia. **Precio fijo** Precio fijado por el comerciante y que el comprador no puede debatir o regatear.

PRECIOSIDAD s.f. Persona o cosa preciosa. **2.** Cualidad de precioso.

PRECIOSISMO s.m. LIT. Tendencia al refinamiento de los sentimientos, de las maneras y de la expresión literaria, que se manifestó en Francia, en determinados salones, a principios del s. XVII.

PRECIOSISTA adj. y s.m. f. LIT. Relativo al preciosismo; seguidor de esta tendencia.

PRECIOSO, A adj. Que tiene mucho valor: piedra preciosa. **2.** Que sobresale en importancia, utilidad o calidad. **3.** Fig. y fam. Hermoso, muy bonito.

PRECIOSURA s.f. Amér. Preciosidad, persona o cosa preciosa.

PRECIPICIO s.m. (lat. praecipitium). Abismo, cavidad o declive alto, escarpado y profundo en un terreno. **2.** Fig. Ruina, pérdida material o espiritual.

PRECIPITACIÓN s.f. Acción y efecto de precipitar o precipitarse. **2.** Cantidad total de agua líquida o sólida precipitada por la atmósfera. **3.** MED. Técnica para evidenciar la reacción antígeno anticuerpo, y demostrar la existencia de estos en el suero. **4.** QUÍM. Fenómeno que tiene lugar cuando un cuerpo en disolución se separa del disolvente y se deposita en el fondo del recipiente.

PRECIPITADO, A adj. y s.m. QUÍM. Se dice de la sustancia que en el curso de una reacción química se separa de su disolvente y se deposita en el fondo del recipiente.

PRECIPITAR v.tr. y prnl. (lat. praecipitare). Arrojar a una persona o cosa desde un lugar alto. **2.** Fig. Hacer que una situación o un proceso se desarrolle u ocurra antes del tiempo esperado. ✦ v.tr. Fig. Exponer a alguien a un peligro material o espiritual u ocasionarle una desgracia. ✦ **precipitarse** v.prnl. Fig. Proceder con irreflexión y apresuramiento. **2.** Dirigirse de prisa o bruscamente hacia un lugar o una cosa.

PRECISAR v.tr. Determinar o expresar algo con detalle y exactitud. **2.** Tener necesidad de alguien o de algo.

PRECISIÓN s.f. Cualidad de preciso. **2.** Concisión y exactitud rigurosa del lenguaje, estilo, etc. ◇ **Aparato de precisión** Instrumento de medida destinado a usos que requieren una gran precisión. **Precisión de tiro** Capacidad de agrupación de los disparos de un arma hechos con los mismos datos. **Precisión de un instrumento de medida** Cualidad global de un instrumento que le permite dar indicaciones que coinciden, con mucha aproximación, con el valor verdadero de la magnitud que debe medirse.

PRECISO, A adj. (lat. praecisus, p. de praecidere, cortar bruscamente). Necesario, indispensable para un fin. **2.** Determinado con exactitud. **3.** Claro, distinto. **4.** Se dice del lenguaje, estilo, etc., conciso y rigurosamente exacto.

PRECLARO, A adj. Ilustre, digno de admiración.

PRECLÁSICO, A adj. Que precede a lo clásico, especialmente en arte y letras.

PRECOCIDAD s.f. Cualidad de precoz.

PRECOCINADO, A adj. y s.m. Se dice del alimento que se comercializa ya cocinado.

PRECOGNICIÓN s.f. Conocimiento que se tiene de algo antes de que tenga lugar.

PRECOLOMBINO, A adj. Relativo a las culturas y al arte precolombinos de los pueblos de América con anterioridad a la llegada de Cristóbal Colón. SIN.: prehispánico.

ENCICL. En el continente americano se desarrollaron altas culturas repartidas en tres grandes áreas:
Área mesoamericana. Del período paleoamerindio (9000-7000 a.C.) se conservan muy pocos vestigios. Las culturas preclásicas erigieron la primera pirámide, la pirámide de Cuicuilco. Los *olmecas* alcanzaron una gran importancia en el panorama del arte precolombino mexicano (Tres Zapotes, Las Ventas). La *cultura totonaca* (ss. V-XI d.C.) estableció su centro en El Tajín. Al norte de los totonacas se desarrolló la *cultura huaxteca*, muy refinado, y en el Valle de México se encontraba una *cultura de Teotihuacán*, civilización teocrática con un arte de gran excelencia. Teotihuacán fue destruida por los *toltecas*, que fueron derrotados a su vez por los *aztecas*, instalados en el lago Texcoco (1267), los cuales fundaron en 1325 la metrópoli de Tenochtitlan. En la península de Yucatán y altas tierras de Guatemala se desarrolló la *civilización maya*, que sobresalió en

■ EL ARTE PRECOLOMBINO

En el continente americano, hasta la conquista, alcanzaron gran desarrollo unas culturas que dieron lugar a estilos artísticos muy relacionados con el conjunto de ritos y mitos. En un amplio territorio que comprende México, América Central, las Antillas y el sistema andino de América del Sur, desde Colombia hasta el norte de Chile, se encuentran vestigios de las grandes culturas americanas. Así, por un lado, culturas como las de Teotihuacán, olmecas, zapotecas, toltecas, aztecas y mayas; y por otro, las de Chavín, nazca, mochicas, Tiahuanaco, incas, quimbayás y otras, lograron altas cotas de perfección y orginalidad estética, tanto en arquitectura y escultura como en pintura, cerámica, tejido, orfebrería y arte plumaria.

Palacio de Palenque. Cultura maya, en el estado de Chiapas (México). Edificio que ocupa el centro de la zona ceremonial, construido sobre basamentos escalonados en piedra arenisca.

Mosaico. Cultura tolteca. Hebilla que llevaban los altos dignatarios y que representa cuatro serpientes de fuego. Mosaico realizado en madera, piedra y turquesas procedentes de Chichén Itzá. (Museo nacional de antropología, México.)

Figura de arcilla. Cultura totonaca. (Museo de antropología de la universidad de Veracruz, México.)

Vasija de oro. Cultura quimbayá, procedente de un monumento funerario en el departamento de Antioquia (Colombia). [Museo de América, Madrid.]

Cuchillo de oro. Cultura chimú, norte de Perú. Este cuchillo representa al dios Maymlap. (Museo nacional del Perú, Lima.)

---

arquitectura, escultura y pintura, con una secuencia cultural que va desde el período formativo (2000 a.C.) hasta el período clásico (900 d.C.) y una etapa posclásica de ocupación tolteca (950-1500). La zona de la *cultura zapoteca* (Monte Albán) fue ocupada posteriormente por los *mixteca* (s. XV).

Área circuncaribe. En la costa atlántica colombiana se desarrolló la *cultura Tairona*, y en las Antillas los principales vestigios pertenecen a los *tainos*.

Área andina. En esta zona se han encontrado restos muy antiguos. La cultura formativa de Colombia fue la de *San Agustín*, que dejó más de trescientos monolitos esculpidos. Las altas culturas colombianas, *chibcha* y *quimbayá*, destacaron por su orfebrería. En la costa norte peruana sobresalieron las culturas del horizonte *Chavín* y la *cultura mochica*, notable por su cerámica. Sus herederos culturales fueron los *chimú* (1000-1400 d.C.). En la costa sur los restos más antiguos pertenecen a las *culturas Paracas* (Necrópolis y Cavernas). La *cultura Nazca*, contemporánea de la mochica, destacó por su cerámica. La civilización más importante de la Sierra es la de los *incas*, establecidos en Cuzco en la primera mitad del s. XIII, que extendieron su imperio desde Colombia hasta Chile. En Bolivia la cultura más importante es la de *Tiahuanaco*. En el nordeste argentino la *cultura chacosantiagueña* produjo una cerámica de decoración estilizada.

PRECOMBUSTIÓN s.f. Fase de funcionamiento de un motor diesel, que precede a la inflamación del combustible.

PRECONCEBIR v.tr. [89]. Pensar o proyectar una cosa de antemano.

PRECONIZACIÓN s.f. Acción y efecto de preconizar. **2.** REL. Acto solemne por el cual el papa nombra un nuevo obispo.

PRECONIZAR v.tr. (lat. tardío *praeconizare*) [7]. Recomendar o aconsejar con intensidad alguna cosa. **2.** REL. Designar el papa un nuevo obispo.

PRECONTRATO s.m. DER. Acuerdo entre dos o más personas por el que se comprometen a concluir en el futuro un determinado contrato que actualmente no pueden o no quieren realizar.

PRECORDIAL adj. MED. Relativo a la región anterior del tórax, correspondiente al corazón.

PRECOZ adj. (lat. *praecox, -ocis*). Que se produce, desarrolla o madura antes de tiempo. **2.** Se dice del niño que tiene un desarrollo físico, intelectual o moral superior al que le corresponde por su edad.

PRECURSOR, RA adj. y s. (lat. *praecursor, -oris*, el que corre delante de otro). Que precede o va delante. **2.** *Fig.* Que anuncia, empieza o divulga algo que tendrá su desarrollo o culminación posteriormente. ◇ **El precursor** *Por antonom.* San Juan Bautista.

PREDADOR, RA adj. y s. ZOOL. Depredador.

PREDAR v.tr. Saquear, robar.

PREDATORIO, A adj. Relativo al robo o saqueo. **2.** ZOOL. Relativo al acto de hacer presa: *instinto predatorio.*

PREDECESOR, RA s. (lat. *praedecessor*, el que murió primero, antepasado). Ser que precede a otro en tiempo, orden o lugar. **2.** Antecesor, antepasado.

PREDECIR v.tr. [75]. Anunciar por adivinación, suposición, revelación, etc., algo que ha de suceder en el futuro.

PREDELA s.f. (ital. *predella*, gradilla). B. ART. Parte inferior o banco de un retablo o de un políptico, subdividido generalmente en pequeños compartimientos.

PREDESTINACIÓN s.f. Acción y efecto de predestinar.

PREDESTINADO, A adj. y s. Que tiene que acabar de un modo determinado.

PREDESTINAR v.tr. Destinar anticipadamente una cosa para un fin. **2.** TEOL. Destinar y elegir Dios a los que por medio de su gracia han de lograr la gloria.

PREDETERMINACIÓN s.f. Acción y efecto de predeterminar.

PREDETERMINAR v.tr. Determinar o decidir anticipadamente una cosa.

PRÉDICA s.f. *Desp.* Sermón o discurso.

PREDICABLE adj. Se dice del asunto digno de ser predicado en un sermón. **2.** GRAM. y

LÓG. Que se puede afirmar o decir de un sujeto.

PREDICACIÓN s.f. Acción de predicar. **2.** Discurso en el que se adoctrina o se dan recomendaciones morales o religiosas.

PREDICADERAS s.f.pl. *Fam.* Cualidades o dotes para predicar.

PREDICADO s.m. LING. Parte de la oración funcionalmente complementaria del sujeto y que está ligada a este por una relación de implicación mutua. **2.** LÓG. Lo que se afirma o niega del sujeto de una proposición. ◇ **Cálculo de los predicados** LÓG. Parte de la lógica que estudia las propiedades generales de las proposiciones analizadas en predicados.

PREDICADOR, RA adj. y s. Que predica. ◆ s.m. Orador evangélico que predica la palabra de Dios. ◇ **Orden de predicadores** Nombre oficial de la orden de los dominicos, consagrados a la predicación.

PREDICAMENTO s.m. Prestigio o fama de que goza una persona o cosa e influencia que tiene a causa de ello. **2.** *Méx.* Aprieto, situación difícil.

PREDICAR v.tr. (lat. *praedicare*) [1]. Pronunciar un discurso de contenido moral o religioso. **2.** Aconsejar o publicar algo en un sermón. **3.** Propagar una doctrina o unas ideas de forma pública y patente. **4.** LING. y LÓG. Decir algo de un sujeto.

PREDICATIVO, A adj. LING. y LÓG. Relativo al predicado.

PREDICCIÓN s.f. Acción y efecto de predecir. **2.** Cosa que se predice.

PREDICTIVO, A adj. Relativo a la predicción.

PREDIGERIDO, A adj. Se dice del alimento que ha sufrido una digestión química previa.

PREDILECCIÓN s.f. Preferencia que se siente hacia una persona o cosa entre otras.

PREDILECTO, A adj. Preferido, favorito.

PREDIO s.m. (lat. *praedium*). Finca, heredad, hacienda, tierra o posesión inmueble.

PREDISPONER v.tr. y prnl. [60]. Disponer anticipadamente a alguien para alguna cosa, especialmente una enfermedad. **2.** Influir en el ánimo de una persona a favor o en contra de alguien o de algo.

PREDISPOSICIÓN s.f. Acción y efecto de predisponer.

PREDOMINANTE adj. Que predomina, prevalece o ejerce la principal influencia.

PREDOMINAR v.tr. e intr. Ser alguien o algo lo más importante, tener una cualidad en mayor grado, etc.

PREDOMINIO s.m. Hecho de tener más calidad, superioridad, dominio o difusión una persona o cosa que otra.

PREELEGIR v.tr. [91]. Elegir anticipadamente algo o a alguien.

PREEMINENCIA s.f. Primacía, privilegio o ventaja que alguien o algo tiene sobre otros por razón de sus méritos, calidad o categoría.

PREEMINENTE adj. (lat. *praeminens, -tis*). Que es superior o más importante que otros.

PREESCOLAR adj. Se dice de la educación que precede a la escolarización obligatoria.

PREESTABLECER v.tr. [37]. Establecer de antemano.

PREESTRENO s.m. Exhibición de una película cinematográfica u obra dramática antes de su estreno.

PREEXISTENCIA s.f. Existencia anterior a la presente.

PREEXISTIR v.intr. Existir previamente o con antelación.

PREFABRICACIÓN s.f. Sistema de fabricación que permite realizar una construcción (casa, embarcación, etc.) por medio de elementos estandarizados fabricados de antemano, y cuyo montaje se realiza según un plano preestablecido.

PREFABRICADO, A adj. y s.m. Se dice del material de construcción (de un edificio, de un barco, etc.) preparado en fábrica para su posterior montaje, siguiendo un plano.

PREFABRICAR v.tr. [1]. Construir por el sistema de prefabricación.

PREFACIO s.m. (lat. *praefatio, -onis*). Introducción, preámbulo, prólogo. **2.** LITURG. CA-

TÓL. Solemne introducción a la misa, que canta o recita el celebrante.

PREFECTO s.m. (lat. *praefectus*). Representante del gobierno en cada departamento francés. **2.** DER. CAN. Presidente del tribunal, junta o comunidad eclesiástica. **3.** ENSEÑ. Persona encargada en una colectividad de vigilar el desarrollo de ciertas funciones: *prefecto de estudios*. **4.** HIST. Alto funcionario romano que ejercía un cargo en el ejército o en la administración. ◇ **Prefecto apostólico** Prelado, no obispo, situado al frente de una circunscripción territorial en países de misión. **Prefecto de la Sagrada Congregación** Cardenal delegado por el papa para presidir la Sagrada Congregación.

PREFECTURA s.f. Dignidad, cargo y empleo de un prefecto. **2.** Edificio u oficina en que desempeña su trabajo. **3.** En Francia, circunscripción administrativa de un prefecto, que corresponde a un departamento. **4.** En Francia, ciudad en que reside un prefecto. **5.** HIST. Cada una de las grandes divisiones territoriales del Imperio romano.

PREFERENCIA s.f. Tendencia o inclinación favorable hacia una persona o cosa que predispone a su elección. **2.** Primacía, ventaja. **3.** Asiento o localidad que se considera el mejor en un espectáculo público. ◇ **De preferencia** De manera preferente.

PREFERENTE adj. y s.m. y f. Que prefiere o se prefiere. ◆ adj. Que establece una preferencia a favor de alguien: *clase preferente*. ◇ **Voto preferente** Sistema electoral en el cual el elector puede modificar el orden de candidatos de una lista.

PREFERIR v.tr. y prnl. (lat. *praeferre*, llevar delante, presentar, mostrar) [79]. Gustar más una persona o cosa que otras.

PREFIGURACIÓN s.f. Acción y efecto de prefigurar.

PREFIGURAR v.tr. Representar o describir una cosa anticipadamente.

PREFIJACIÓN s.f. LING. Método morfológico para formar una nueva unidad léxica que consiste en añadir un prefijo a una palabra.

PREFIJAR v.tr. Determinar o señalar anticipadamente los detalles de una cosa. **2.** LING. Proveer de un prefijo.

PREFIJO, A adj. (lat. *praefixus*, p. de *praefigere*, clavar o fijar por delante). Que queda prefijado. ◆ s.m. Conjunto de cifras situado delante de un número de teléfono que identifica al operador escogido, el país o la zona de destino de la llamada, etc. **2.** LING. Morfema de la clase de los afijos que se antepone a una palabra para constituir un derivado.

PREFINANCIACIÓN s.f. Crédito que se concede a una industrial para financiar nuevas inversiones en capital fijo.

PREFLORACIÓN s.f. BOT. Disposición de las piezas florales, particularmente del perianto, en el capullo.

PREFOLIACIÓN s.f. Vernación.

PREGLACIAL adj. y s.m. GEOL. Que ha precedido a la primera época glacial, o a los primeros depósitos glaciares de un lugar.

PREGÓN s.m. (lat. *praeco, -onis*, pregonero). Promulgación o divulgación de una noticia, aviso o hecho que se hace en alta voz y en un lugar público para hacerlo saber a todos. **2.** Propaganda o anuncio de algún producto o mercancía que suele hacerse a voces por la calle. **3.** Discurso literario que se pronuncia en público con ocasión de alguna festividad o celebración. **4.** Antigua forma de cante flamenco de motivo religioso, que solía interpretarse el jueves santo en algunas localidades andaluzas.

PREGONAR v.tr. (lat. tardío *praeconari*). Difundir, divulgar una noticia o un hecho mediante un pregón. **2.** *Fig.* Publicar o difundir algo que debía callarse o permanecer oculto. **3.** *Fig.* Alabar públicamente las cualidades de una persona.

PREGONERO, A adj. y s. Que pregona. ◆ s.m. Oficial público que publica los pregones.

PREGRABADO, A adj. Grabado con anterioridad a su difusión.

PREGUNTA s.f. Acción de preguntar y enunciado con que se pregunta. **2.** Interrogatorio,

serie de cuestiones formuladas a alguien para que las responda. (Suele usarse en plural.) **3.** Forma de control parlamentario que permite a los miembros de las cámaras obtener del gobierno informaciones sobre determinada materia. ◇ **Andar**, o **estar**, o **quedar**, **a la cuarta**, o **a la última**, **pregunta** *Esp.* y *Méx. Fam.* No tener dinero o tener muy poco.

PREGUNTANTE adj. y s.m. y f. Que hace preguntas.

PREGUNTAR v.tr. y prnl. (del lat. *percontari*, someter a interrogatorio). Pedir una persona información sobre algo que no sabe. ◆ **preguntarse** v.prnl. Dudar sobre cierta cosa o plantearse algo sobre lo que se duda.

PREGUNTÓN, NA adj. y s. *Fam.* Que pregunta demasiado o que es indiscreto al preguntar.

PREHELÉNICO, A adj. Relativo a las civilizaciones de principios del II milenio a.C. que se desarrollaron en el Mediterráneo oriental antes de la llegada de los primeros aqueos.

PREHISPÁNICO, A adj. Precolombino.

PREHISTORIA s.f. Período cronológico de la humanidad que va desde la aparición del ser humano hasta los primeros textos escritos. **2.** Disciplina científica que estudia este período histórico. **3.** Fase inicial en el proceso de evolución de un fenómeno o una ciencia o período en que se gesta un movimiento de tipo social. *(V. ilustr. pag. siguiente.)*

ENCIC. A partir del material empleado para la construcción de los utensilios, la prehistoria se divide en edad de piedra y edad de los metales. La primera comprende el paleolítico inferior, medio y superior, epipaleolítico, mesolítico y neolítico. La edad de los metales se inicia con un período de transición (eneolítico o calcolítico) seguido de las edades del bronce y del hierro. Para algunos autores la edad de los metales es ya protohistoria.

PREHISTORIADOR, RA s. Especialista en prehistoria.

PREHISTÓRICO, A adj. Relativo a la prehistoria. **2.** *Fig.* Anticuado, viejo.

PREHOMÍNIDO s.m. Homínido fósil que presenta una mezcla de rasgos comunes a los grandes simios y al ser humano.

PREINDUSTRIAL adj. Anterior a la revolución industrial de fines del s. XVIII.

PREINSCRIPCIÓN s.f. Inscripción previa.

PREJUBILACIÓN s.f. Jubilación que se adelanta a la edad marcada por la ley.

PREJUDICIAL adj. DER. Que debe preceder al juicio.

PREJUICIO s.m. (lat. *praejudicium*, juicio previo, decisión prematura). Opinión preconcebida, generalmente negativa, hacia algo o alguien.

PREJUZGAR v.tr. [2]. Juzgar algo antes de conocerlo o sin tener todos los elementos de juicio necesarios.

PRELACIÓN s.f. (lat. *praelatio, -onis*, acción de poner antes). Preferencia o antelación de una cosa respecto de otra.

PRELADO s.m. (lat. *praelatus*, p. de *praeferre*, poner al frente). Clérigo, secular o religioso, a quien se ha conferido cualquier cargo o dignidad superior dentro de la Iglesia.

PRELATURA s.f. Dignidad de prelado y territorio en el que ejerce su jurisdicción. ◇ **Prelatura personal** Jurisdicción gobernada por un prelado como ordinario propio, erigida por la Santa Sede para la realización de determinadas actividades pastorales.

PRELIMINAR adj. Que sirve de preámbulo o introducción a una materia que se ha de tratar. ◆ adj. y s.m. *Fig.* Que antecede o se antepone a algo, particularmente en un escrito. ◇ **Diligencias preliminares** DER. Trámites procesales previos a la iniciación de la causa, encaminados a determinar con toda seguridad la legitimación del demandado o la existencia del objeto o título litigioso.

PRELUDIAR v.tr. *Fig.* Iniciar o preparar una cosa. ◆ v.intr. y tr. MÚS. Probar un instrumento o la voz, o ensayar e improvisar preludios.

PRELUDIO s.m. (lat. *praeludium*, lo que precede a una representación). Cosa o acción que precede a otra y que le sirve de entrada, anuncio o comienzo. **2.** Pieza musical escrita o improvisada, ejecutada antes de una obra, al

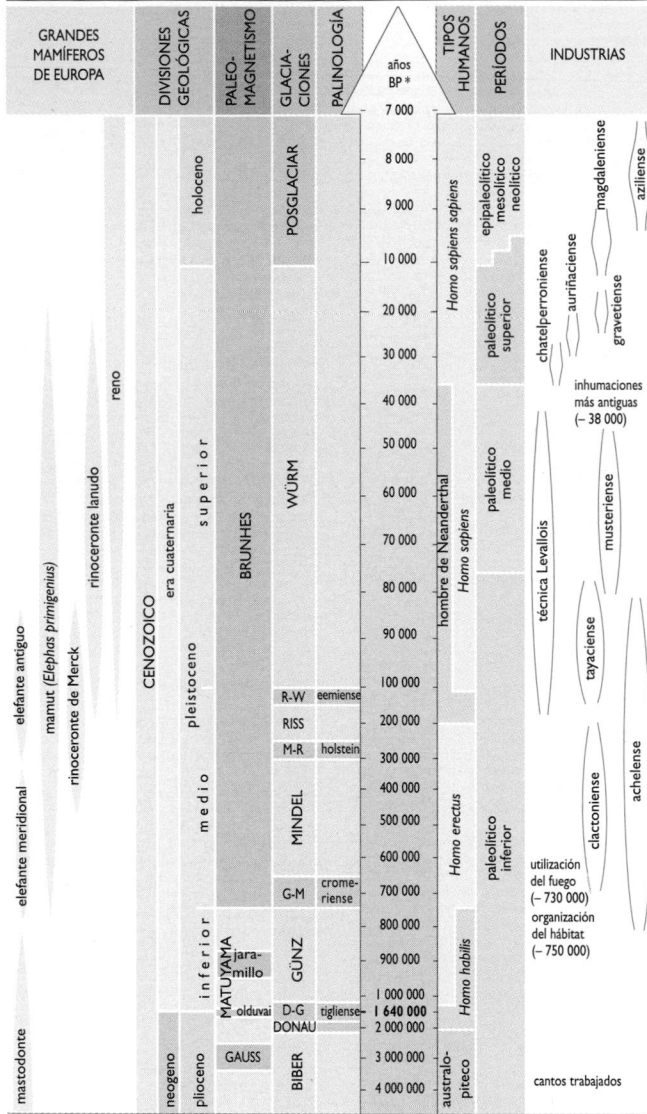

■ **PREHISTORIA.** Cuadro sinóptico.

* BP = *before present* (años descontados desde 1950)

molesto. **3.** *Fig.* Se dice de la persona que actúa o se expresa con torpeza o dificultad. **4.** *Fig.* Se dice del lenguaje o estilo que no tiene espontaneidad ni soltura.

PREMISA s.f. Afirmación o idea que se tiene como cierta y que sirve de base a un razonamiento o una discusión. **2.** LÓG. Cada una de las proposiciones de un silogismo de las que se infiere una conclusión.

PREMOLAR s.m. y adj. Diente situado entre el canino y los molares.

PREMONICIÓN s.f. Sensación o percepción psíquica, sin base real conocida, que informa de un hecho que ocurrirá posteriormente. **2.** *Por ext.* Presentimiento.

PREMONITORIO, A adj. Que anuncia o presagia algo.

PREMONSTRATENSE o **PREMOSTRATENSE** adj. y s.m. y f. Se dice del miembro de una orden de canónigos regulares fundada en 1120 por san Norberto, en Prémontré, cerca de Laon (Francia).

PREMURA s.f. (ital. *premura*). Apremio, prisa, urgencia. **2.** Escasez, falta de una cosa.

PRENATAL adj. Que precede al nacimiento.

PRENDA s.f. (ant. *prendra*, del lat. *pignora*, pl. de *pignus*, *-oris*). Pieza de tela, piel u otro material que sirve a una persona para vestirse. **2.** Cosa que se da o hace como garantía, prueba o demostración de algo o para un fin determinado. **3.** *Fig.* Cualidad física o moral de una persona. **4.** Apelativo cariñoso. ◆ **prendas** s.f.pl. En ciertos juegos de sociedad, objeto que entrega o acción que realiza el jugador que pierde o se equivoca como castigo por su falta. ◇ **En prenda** o **en prendas** En prueba de garantía o fianza. **No dolerle prendas** a alguien Cumplir fielmente sus obligaciones; no escatimar gastos, concesiones, etc., para lograr algo; reconocer la superioridad de otro o admitir un error propio. **Soltar prenda** *Fam.* Decir alguien una cosa que le puede comprometer. (Suele usarse en forma negativa.)

PRENDAR v.tr. (lat. *pignerari*, tomar en prenda). Gustar mucho o impresionar favorablemente. ◆ **prendarse** v.prnl. Enamorarse o entusiasmarse.

PRENDEDOR s.m. Broche, alfiler, etc., que sirve para prender o asir algo.

PRENDER v.tr. (lat. vulg. *prendere*). Agarrar, asir. **2.** Arrestar, detener o poner preso. **3.** *Amér.* Conectar la luz o cualquier aparato eléctrico. ◆ v.tr. y prnl. Sujetar o enredar una cosa en otra de modo que no pueda moverse. ◆ v.intr. Arraigar la planta en la tierra. ◆ v.intr. y tr. Encender, hacer brotar luz o fuego. **2.** *Fig.* Extender o propagar algo.

PRENDERÍA s.f. Establecimiento donde se compran y venden ropas, muebles y otras cosas usadas.

PRENDERO, A s. Persona que tiene por oficio comprar y vender prendas, joyas o muebles usados.

PRENDIDO s.m. Adorno de un tocado o un vestido.

PRENDIMIENTO s.m. Acción de prender: *el prendimiento del ladrón.* **2.** Detención de Jesucristo en el huerto de los Olivos. **3.** Obra de arte que representa este hecho.

PRENOCIÓN s.f. FILOS. **a.** Noción general anterior a toda reflexión y extraída de la experiencia. **b.** Idea innata, o *a priori*, que, según ciertos filósofos, existe en el espíritu anterior a toda experiencia sensible.

PRENSA s.f. (cat. *premsa*). Máquina que sirve para comprimir una cosa. (Está compuesta básicamente de dos plataformas rígidas que se aproximan por accionamiento mecánico, hidráulico o manual de una de ellas.) **2.** Conjunto de publicaciones periódicas, especialmente las diarias. **3.** Actividad de los periodistas. **4.** Conjunto de personas dedicadas a esta actividad. **5.** Máquina de imprimir; imprenta. ◇ **Agencia de prensa,** o **de información** Empresa que se encarga de facilitar noticias, reportajes, artículos, fotografías, etc., a los diarios y otras publicaciones periódicas. **En prensa** En curso de impresión. **Libertad de prensa** Libertad de publicar las opiniones a través de un periódico o de un libro. **Prensa del corazón** Prensa dedicada a temas sentimentales

iniciarse un culto, una representación o una ceremonia. **3.** Obertura o sinfonía. **4.** Fragmento musical que se toca o canta para ensayar la voz, probar los instrumentos o fijar el tono antes de comenzar la ejecución de una obra musical.

PREMATRIMONIAL adj. Que se realiza antes del matrimonio o sirve como preparación a él: *acuerdo prematrimonial.*

PREMATURO, A adj. Que no está maduro: *decisión prematura.* **2.** Que ocurre antes de tiempo. ◆ adj. y s. MED. Que ha nacido antes de que finalice la gestación. (Se dice del nacido entre los días 180 y 270 del embarazo.)

PREMEDITACIÓN s.f. Acción de premeditar. **2.** DER. PEN. Voluntad de ejecutar un delito de modo reflexivo y deliberado, que implica una mayor perversidad y frialdad de ánimo en el delincuente.

PREMEDITAR v.tr. Reflexionar prolongadamente sobre algo antes de realizarlo.

PREMENSTRUAL adj. MED. Relativo al período que precede a la menstruación.

PREMIAR v.tr. (lat. *praemiare*, recompensar). Dar un premio.

PREMIER s.m. y f. (voz inglesa). Jefe del gobierno, primer ministro de Gran Bretaña o de otro país con régimen derivado del británico.

PREMIO s.m. (lat. *praemium*, botín, recompensa). Reconocimiento o recompensa que se da a alguien por la excelencia de una obra, una actividad o una cualidad suya, o como resultado de su participación en un concurso, una rifa, etc. **2.** Nombre de algunas competiciones deportivas, concursos literarios, etc. **3.** Ganador de una de estas competiciones o concursos. **4.** *Esp.* Cada uno de los lotes sorteados en la lotería nacional. ◇ **Premio gordo** *Fig.* y *fam.* Premio mayor de la lotería pública, y especialmente el correspondiente a la de Navidad.

PREMIOSO, A adj. Que apremia. **2.** Gravoso,

acerca de personas famosas. **Prensa forraje-ra** Máquina agrícola que sirve para comprimir el heno, la paja, etc., en balas regulares. **Prensa hidráulica** Prensa accionada por un émbolo sumergido en un cilindro lleno de líquido. **Tener buena, o mala, prensa** Gozar de buena, o mala, fama.

PRENSADO s.m. Acción de prensar. **2.** Operación de extracción del mosto que contiene la pulpa de la uva. SIN.: *prensadura.*

PRENSAR v.tr. Aplastar o hacer compacta una cosa sometiéndola a presión con una prensa o mediante otro procedimiento.

PRENSIL adj. Que sirve para asir o agarrar: *cola prensil.*

PRENSISTA s.m. y f. Persona que tiene por oficio el manejo de una prensa en las imprentas o talleres tipográficos.

PREÑADO, A adj. y s. (del lat. tardío *praegnatus, -us,* preñez). Se dice de la hembra que ha concebido y tiene el feto en el vientre. ◆ adj. *Fig.* Que oculta en sí cierta cosa. **2.** Lleno o cargado de cierta cosa.

PREÑAR v.tr. Fecundar a una hembra. **2.** *Fig* Llenar, henchir.

PREÑEZ s.f. Estado de la hembra preñada, gravidez.

PREOCUPACIÓN s.f. Estado de desasosiego, inquietud o temor producido una situación difícil, un problema, etc. **2.** Cosa, persona o asunto que produce ese estado. **3.** Prejuicio. **4.** Escrúpulo, aprensión.

PREOCUPANTE adj. Que causa preocupación.

PREOCUPAR v.tr. y prnl. (lat. *praeoccupare*). Ocupar predominante e insistentemente el pensamiento alguna cosa que causa inquietud, desasosiego o temor. ◆ **preocuparse** v.prnl. Encargarse, tomar alguien algo a su cuidado.

PREOPERATORIO, A adj. y s.m. MED. Que precede a una intervención quirúrgica.

PREPARACIÓN s.f. Acción y efecto de preparar o prepararse. **2.** Conjunto de conocimientos que se tienen sobre alguna materia: *examinarse sin la debida preparación* ◆ **Preparación microscópica** Producto que resulta de la aplicación de un conjunto de técnicas especiales y que permite observar al microscopio, con detalle suficiente, células, tejidos, etc.

PREPARADO s.m. Medicamento.

PREPARADOR, RA s. Persona que prepara algo. **2.** Entrenador deportivo.

PREPARAR v.tr. (lat. *preparare*). Poner en condiciones de ser usado o de cumplir o realizar un fin: *preparar las maletas.* **2.** Adquirir conocimientos de alguna materia para realizar un examen o prueba: *preparar oposiciones.* **3.** QUÍM. Fabricar, aislar para obtener una sustancia. ◆ v.tr. y prnl. Poner a alguien en condiciones de realizar una acción o de superar una prueba, un examen o una dificultad: *preparar para el examen.* ◆ **prepararse** v.prnl. Darse las condiciones necesarias para que ocurra cierta cosa: *se prepara una tormenta.* **2.** Estar las cosas en vías de ocurrir de cierta manera: *se nos prepara un buen viaje.*

PREPARATIVO s.m. Cosa que se hace o se dispone para la realización de algo. (Suele utilizarse en plural.)

PREPARATORIO, A adj. Que prepara o sirve para preparar: *escuela preparatoria.*

PREPONDERANCIA s.f. Cualidad de preponderante.

PREPONDERANTE adj. y s.m. y f. Que prepondera.

PREPONDERAR v.intr. Prevalecer, dominar o tener más fuerza.

PREPOSICIÓN s.f. Partícula invariable que une dos palabras estableciendo una relación de dependencia entre ellas.

PREPOSICIONAL adj. Relativo a la preposición. **2.** Que tiene el valor de una preposición. **3.** Introducido por una preposición.

PREPOSITIVO, A adj. Relativo a la preposición. **2.** Que hace las funciones de una preposición.

PREPÓSITO s.m. Presidente, jefe o superior de una junta o comunidad.

PREPOTENCIA s.f. Ejercicio de un poder que

es muy grande o superior al de otro, en especial cuando se hace con alarde o de manera abusiva.

PREPOTENTE adj. y s.m. y f. Que actúa con prepotencia. **2.** Que implica o denota prepotencia.

PREPUCIO s.m. (lat. *praeputium*). Repliegue de piel que recubre el glande del pene. **2.** Pliegue musculoso, formado por la parte superior de los labios menores, que cubre el clítoris.

PRERRAFAELISMO s.m. Estilo pictórico de un grupo de pintores ingleses de la era victoriana que, bajo la influencia de Ruskin, adoptaron como modelo ideal las obras de los predecesores de Rafael. (Una inspiración literaria y simbólica, bíblica o histórica, caracteriza a los miembros principales de la «hermandad prerrafaelista»: Rossetti, Hunt, Millais, Brune-Jones.)

■ **PRERRAFAELISMO.** *La rueda de la fortuna,* pintura de Edward Burne-Jones, 1875-1883. (Museo de Orsay, París.)

PRERRAFAELISTA o **PRERRAFAELITA** adj. y s.m. y f. Relativo al prerrafaelismo; seguidor de este estilo.

PRERREFLEXIVO, A adj. FILOS. En la fenomenología, se dice de una modalidad de la conciencia a lo largo de la cual esta no se refleja a sí misma, pero existe plena y positivamente.

PRERROGATIVA s.f. (lat. *praerogativa,* elección previa). Privilegio o ventaja ligado a ciertas funciones, cargos, títulos, etc. **2.** Facultad de alguno de los poderes del estado en orden a su ejercicio o relación con los demás poderes.

PRERROMÁNICO, A adj. Estilo artístico que precede al románico.

PRERROMANO, A adj. Anterior al período de dominación romana.

PRERROMANTICISMO s.m. Movimiento literario y artístico que precedió y anunció el romanticismo.

PRESA s.f. (cat. *presa,* del lat. *praeda*). Acción de prender: *hacer presa.* **2.** Persona, animal o cosa que puede ser prendida o apresada: *una presa de caza.* **3.** ALP. Aspereza o saliente que el alpinista o escalador utiliza para trepar o descender por las rocas. **4.** DEP. En los deportes de lucha, presión o sujeción que se ejerce sobre cualquier parte del cuerpo del adversario para dominarlo. **5.** ODR. PÚBL. Obstáculo artificial para detener una corriente o curso de agua, a fin de regular vías navegables, abastecer de agua a ciudades, irrigar campos o producir energía eléctrica. ◇ **Ave de presa** Ave que caza otros animales para alimentarse. **Presa de bóveda** o **presa-bóveda** Presa de curvatura convexa en la que la mayor parte del empuje del agua revierte a las laderas del embalse por efecto del arco. **Presa de contrafuerte** Presa formada por un sistema de contrafuertes que sostienen el muro de aguas arriba o cortina de estanqueidad. **Presa de gravedad** Presa de perfil triangular que resiste el empuje del agua por el solo peso del muro. **Presa de piedra** Presa que consiste en un macizo trapezoidal formado por mampostería concertada o por empedramiento a granel. **Presa de tierra** Dique de contención que se impermeabiliza por medio de una cortina estanca autorreparable y que comprende un núcleo central absolutamente estable.

PRESAGIAR v.tr. Anunciar o prever por señales o signos algo que va a ocurrir.

PRESAGIO s.m. (lat. *praesagium,* presentimiento). Señal que indica y anuncia algún suceso. **2.** Conjetura derivada de esta señal.

PRESBICIA s.f. Disminución del poder de acomodación del cristalino que impide ver los objetos cercanos.

PRÉSBITA o **PRÉSBITE** s.m. y t. (tr. *presbyte,* del gr. *présbys, -ytos,* viejo). Que padece presbicia. SIN.: *vista cansada.*

PRESBITERIANISMO s.m. Sistema eclesiástico preconizado por Calvino que confiere el gobierno de la Iglesia a un cuerpo mixto (pastores y laicos) llamado *presbyterium.*

PRESBITERIANO, A adj. y s. Relativo al presbiterianismo; miembro de este sistema eclesiástico.

PRESBITERIO s.m. (lat. *presbyterium,* función del *presbítero*). Parte de la Iglesia, al fondo de la nave central, donde está el altar mayor.

PRESBÍTERO s.m. (lat. tardío *presbyter, -eri,* del gr. *presbýteros,* más viejo). Sacerdote, eclesiástico.

PRESBÍTICO, A adj. y s. Relativo a la presbicia; que padece presbicia.

PRESCIENCIA s.f. Conocimiento que Dios

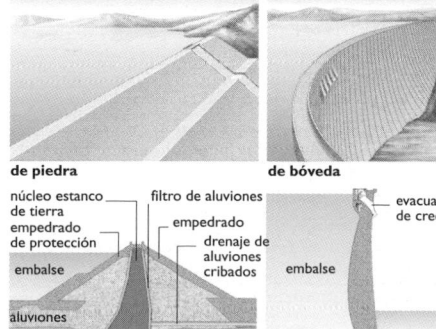

de piedra

núcleo estanco de tierra
empedrado
empedrado de protección

filtro de aluviones

drenaje de aluviones cribados

embalse

aluviones

de bóveda

evacuador de crecidas

embalse

de gravedad

coronamiento con rebosadero

evacuador de crecidas

embalse

galería de visita

■ **PRESAS**

tiene de todo lo que ha de suceder, incluso de los actos libres.

PRESCINDIR v.intr. (lat. *praescindere,* separar). Renunciar a una persona o cosa, o pasar sin ella. **2.** Pasar por alto, omitir.

PRESCRIBIR v.tr. (lat. *praescribere*) [54]. Determinar, mandar o indicar: *prescribir reposo; según prescriben las ordenanzas.* **2.** Recetar. ◆ v.intr. Caducar un derecho o la responsabilidad penal por el transcurso del tiempo, en las condiciones previstas por la ley.

PRESCRIPCIÓN s.f. Acción y efecto de prescribir. **2.** Tratamiento ordenado por el médico. **3.** DER. **a.** Medio legal de adquirir la propiedad mediante una posesión no interrumpida *(prescripción adquisitiva),* o de liberarse de una carga cuando su ejecución no es exigida por el acreedor *(prescripción extintiva).* **b.** Plazo a cuya expiración queda extinguida la acción pública contra el criminal o el delincuente, o al término de la cual se prescribe al condenado de la ejecución de la pena.

PRESCRIPTIBLE adj. Que puede prescribir o prescribirse. **2.** DER. Que está sujeto a prescripción.

PRESCRITO, A o **PRESCRIPTO, A** adj. Determinado, ordenado, indicado. **2.** Extinguido, liberado.

PRESEA s.f. (lat. *praesidia,* pl. de *praesidium,* protección, escolta). Joya u objeto precioso.

PRESELECCIÓN s.f. Selección previa. **2.** TECNOL. Operación preliminar que, en ciertos aparatos (cajas de velocidades, receptores de radio, cámaras fotográficas), permite determinar una combinación elegida de antemano.

PRESELECCIONAR v.tr. Efectuar una preselección.

PRESELECTOR s.m. Dispositivo que permite realizar una preselección.

PRESENCIA s.f. Hecho de estar o encontrarse una persona o cosa en un lugar determinado. **2.** Aspecto exterior de una persona. ⬦ **A, o en, presencia** Delante de. **Presencia de ánimo** Serenidad, imperturbabilidad. **Presencia real** TEOL. Existencia de la realidad del cuerpo y la sangre de Jesucristo en la eucaristía, bajo las especies del pan y del vino.

PRESENCIAL adj. Que implica la presencia de algo o alguien: *clase presencial.* **2.** Se dice de la persona que presencia determinado acontecimiento: *testigo presencial.*

PRESENCIAR v.tr. Ver una persona un acontecimiento o espectáculo hallándose presente en el momento de su desarrollo. **2.** Ver un acontecimiento o espectáculo.

PRESENIL adj. Se dice del estado o fenómeno de apariencia senil detectados antes de la senectud. ⬦ **Demencia presenil** Estado demencial que sobreviene antes de los 70 años.

PRESENILIDAD s.f. Vejez prematura.

PRESENTACIÓN s.f. Acción y efecto de presentar o presentarse. **2.** Aspecto exterior de algo. **3.** MED. Parte del feto que aparece en primer lugar, en el momento del parto.

PRESENTADOR, RA s. Persona que tiene por oficio presentar y comentar un espacio o programa de radio o televisión, o un espectáculo.

PRESENTAR v.tr. (lat. *praesentare*). Poner algo delante de alguien para que lo vea, juzgue, etc. **2.** Mostrar algo determinadas características o apariencia. **3.** Hacer que el público conozca una cosa. **4.** Colocar algo en un sitio provisionalmente para comprobar el efecto que produciría. **5.** Dar, ofrecer: *presentar excusas, respetos.* ◆ v.tr. y prnl. Mostrar alguien una persona a otra para que la conozca, dando su nombre: *presentarles a unos amigos.* **2.** Mostrar, dar a conocer algo atribuyéndole cierto carácter. ◆ **presentarse** v.prnl. Comparecer ante un jefe o autoridad. **2.** Aparecer en un lugar, especialmente de forma inesperada. **3.** Surgir, aparecer una enfermedad o complicaciones en su desarrollo. ⬦ **Presentar batalla** Aprestarse a entrar en combate. **Presentar las armas** Aprestarse a entrar en combate. **Presentar las armas** Ejecutar un movimiento reglamentario del manejo del arma para rendir honores militares.

PRESENTE adj. (lat. *praesens, -entis,* p. de *praesse,* estar presente). Que está delante o en presencia del que habla, en el mismo lugar que él o en el instante en que está ocurriendo

algo. **2.** Que existe, ocurre o se usa en el momento mismo en que se habla. ◆ adj. y s.m. LING. Se dice del tiempo que indica que la acción expresada por el verbo se realiza en el momento en que se habla. ◆ s.m. Época o tiempo en que se está cuando se habla, en oposición al pasado y al futuro: *vivir en el presente.* **2.** Regalo, obsequio. ◆ interj. Fórmula con que se contesta al pasar lista.

PRESENTIMIENTO s.m. Sentimiento vago, instintivo, de que va a suceder algo. **2.** Cosa que se presiente.

PRESENTIR v.tr. [79]. Tener una sensación vaga o intuitiva de que va a ocurrir algo.

PRESERIE s.f. Fabricación industrial de pequeñas cantidades de un artículo o producto antes de emprender la producción a gran escala.

PRESERVACIÓN s.f. Acción y efecto de preservar.

PRESERVAR v.tr. y prnl. (lat. tardío *praeservare*). Proteger, defender o resguardar anticipadamente de un daño o peligro.

PRESERVATIVO, A adj. y s.m. Que sirve o tiene eficacia para preservar. ◆ s.m. Anticonceptivo masculino que consiste en una funda de goma que cubre el pene durante el coito.

PRESIDENCIA s.f. Dignidad, empleo o cargo de presidente. **2.** Tiempo que dura el cargo. **3.** Acción de presidir. **4.** Lugar, oficina o despacho que ocupa un presidente.

PRESIDENCIAL adj. Relativo a la presidencia o al presidente: *tribuna presidencial.*

PRESIDENCIALISMO s.m. Régimen político en el que el poder ejecutivo pertenece al presidente de la república, que ostenta simultáneamente las funciones de jefe del estado y jefe del gobierno.

PRESIDENCIALISTA adj. y s.m. y f. Relativo al presidencialismo; partidario de este régimen político.

PRESIDENTE, A s. Persona que dirige un gobierno, consejo, tribunal, junta o sociedad. ⬦ **Presidente de la república** Jefe del estado en un régimen republicano.

PRESIDIARIO, A s. Persona que cumple condena en un presidio.

PRESIDIO s.m. (lat. *praesidium,* protección, puesto militar). Establecimiento penitenciario donde se cumplen las penas por delitos. SIN.: *prisión.* **2.** Denominación que se da en algunos países a penas graves de privación de libertad. **3.** Conjunto de presidiarios en un mismo lugar.

PRESIDIR v.tr. (lat. *praesidere,* estar sentado al frente, proteger). Tener u ocupar el puesto o lugar más importante o el de más autoridad en una reunión, empresa, etc.; tener u ocupar el cargo de presidente. **2.** *Fig.* Estar algo presente como elemento dominante, que influye en los demás: *la bondad preside sus actos.*

PRESILLA s.f. Anilla de tela, hilo o cordón que se cose en el borde de una prenda de vestir para pasar por ella un botón o enganchar un cierre. **2.** Costura de puntos unidos que se pone en los ojales y otras partes para que la tela no se abra.

PRESINTONÍA s.f. Sintonía memorizada en un receptor de radio o televisión.

PRESIÓN s.f. (lat. *pressio, -onis,* de *premere,* apretar). Acción y efecto de apretar u oprimir. **2.** Fuerza que ejerce un gas, líquido o sólido sobre una superficie. **3.** *Fig.* Influencia o coacción que se ejerce sobre una persona o colectividad para determinar sus actos o su conducta. **4.** DEP. Pressing. **5.** FÍS. Cociente entre la fuerza ejercida por un fluido sobre una superficie y el valor de esta superficie. ⬦ **Presión arterial** Tensión arterial. **Presión atmosférica** Presión que ejerce el aire en un lugar determinado y que se mide en milímetros de mercurio o en milibares, con ayuda de un barómetro. **Presión fiscal** Suma de impuestos directos e indirectos más cotizaciones sociales en relación con el producto interior bruto.

PRESIONAR v.tr. Ejercer presión. **2.** DEP. Efectuar una presión sobre el contrario.

PRESO, A s. (p. ant. *prender*). Persona que está en prisión. SIN.: *prisionero.*

PRESONORIZACIÓN s.f. CIN. y TELEV. Playback.

PRESOR s.m. Elemento de una herramienta de embutición o de punzonado que sujeta el contorno de la chapa o plancha durante la operación de formado o corte.

PRESOSTATO s.m. Aparato que sirve para mantener constante la presión de un generador, un depósito o un conducto que contiene un fluido comprimido.

PRESSING s.m. DEP. Acoso insistente de los jugadores de un equipo sobre el contrario.

PRESSPAN o **PRESSPÁN** s.m. Material a base de celulosa impregnada de aceite o barniz que se utiliza como aislante en electrotecnia.

PRESTACIÓN s.f. Acción y efecto de prestar un servicio, ayuda, etc. **2.** Servicio exigido por una autoridad. **3.** Servicio o ayuda que una persona, una institución o una empresa ofrece a alguien. **4.** Objeto o contenido de la relación del seguro social. ◆ **prestaciones** s.f.pl. Servicio que ofrece una máquina al usuario. ⬦ **Prestación de alimentos** Obligación impuesta por la ley a ciertos parientes de una o varias personas, a las que han de proporcionar todo lo necesario para su subsistencia. **Prestación de servicio** Contrato por el que una de las partes se obliga a prestar a la otra un servicio a cambio de ser retribuida por un precio determinado. **Prestación social** Servicio que el estado, instituciones públicas o empresas privadas deben dar a sus empleados.

PRESTADO, A adj. Que se ha dejado a alguien por algún tiempo para que lo use y después lo restituya. ⬦ **De prestado** Con cosas prestadas o por préstamo de alguien; de manera eventual o poco segura.

PRESTADOR, RA s. Persona que presta algo a otra en un contrato.

PRESTAMISTA s.m. y f. Persona que presta dinero con interés. **2.** Persona que actúa como mediador en la contratación de obreros del ramo de la construcción.

PRÉSTAMO s.m. Acción de prestar. **2.** Cosa que se presta. **3.** DER. Contrato por el que una persona *(prestador)* entrega una cosa a otro *(prestatario)* para que se sirva de ella, obligándose esta última a restituir dicha cosa después de haberla utilizado. **4.** LING. Elemento de una lengua toma de otra. ◆ **préstamos** s.m.pl. Cuenta de Activo representativa de los derechos adquiridos por la concesión de un préstamo. **2.** Cuenta de Pasivo representativa de las obligaciones de la empresa frente a otra entidad a consecuencia de la concesión de un préstamo a corto plazo. ⬦ **Casa de préstamo** Establecimiento autorizado a prestar dinero bajo fianza.

PRESTANCIA s.f. Aspecto distinguido y elegante. **2.** Superioridad entre los de su misma clase.

PRESTAR v.tr. (lat. *praestare,* distinguirse, sobresalir, salir garante). Ceder algo a alguien para que lo use por un tiempo y que después debe devolver. **2.** Dar, comunicar, transmitir lo que se expresa: *prestar apoyo, prestar impulso.* **3.** Tener u observar lo que se expresa: *prestar atención, silencio.* **4.** Ayudar, contribuir al logro de una cosa. ◆ v.intr. Dar de sí, extenderse, estirarse: *las prendas de punto prestan.* ◆ **prestarse** v.prnl. Avenirse, acceder a algo. **2.** Ofrecerse por amabilidad a hacer lo que se expresa: *prestarse a ayudar.* **3.** Dar motivo, ser propio para algo: *palabras que se prestan a error.* ⬦ **Prestar declaración** DER. Declarar.

PRESTATARIO, A s. Persona que toma dinero a préstamo.

PRESTE s.m. Sacerdote que oficia una ceremonia litúrgica.

PRESTEZA s.f. Prontitud, diligencia en hacer o decir algo.

PRESTIDIGITACIÓN s.f. Conjunto de trucos y habilidades con los que se hacen juegos de manos o se producen ciertos efectos extraordinarios como hacer desaparecer a personas o cosas.

PRESTIDIGITADOR, RA s. (fr. *prestidigitateur,* del lat. *praestigiator*). Persona que practica la prestidigitación.

PRESTIGIAR v.tr. Dar prestigio a alguien o algo.

PRESTIGIO s.m. (del lat. *praestigiae,* fantasmagoría, ilusiones, juego de manos). Buena fama, ascendiente de que goza una persona o cosa: *el prestigio de un gran nombre, de una marca.*

PRESTISSIMO adv.m. (voz italiana). MÚS. Muy rápido.

1. PRESTO adv.m. MÚS. Rápido.

2. PRESTO adv.t. (voz italiana). Pronto, en seguida.

3. PRESTO, A adj. (lat. tardío *praestus, -a, -um,* presente, a mano). Pronto, diligente, ligero o rápido en la ejecución de algo. **2.** Dispuesto para hacer la cosa que se expresa.

PRESUMIBLE adj. Posible, probable.

PRESUMIR v.tr. (lat. *praesumere,* formar o imaginar de antemano). Conjeturar, creer por indicios o señales que algo ocurre o va a ocurrir. ◆ v.intr. Vanagloriarse de una cualidad, una posesión o algo que se hace. **2.** Atender alguien excesivamente a su arreglo personal para parecer atractivo.

PRESUNCIÓN s.f. Suposición, conjetura o hipótesis fundada en indicios o señales. **2.** Cualidad del que presume. **3.** DER. Consecuencia que extrae el juez o magistrado de un hecho conocido para averiguar la verdad de otro desconocido.

PRESUNTO, A adj. y s. Que se cree o se supone sin estar demostrado: *presunto culpable.*

PRESUNTUOSO, A adj. y s. Que alardea excesivamente de lo que posee. ◆ adj. Que tiene muchas pretensiones: *fiesta presuntuosa.*

PRESUPONER v.tr. [60]. Suponer o admitir la existencia o realidad de algo como base para tratar otra cosa, o para actuar de cierta manera. **2.** ECON. Formar el cómputo de los gastos o ingresos, o de unos y otros, que ha de resultar en un negocio de interés público o privado.

PRESUPOSICIÓN s.f. Suposición previa que se hace antes de que algo sea demostrado. **2.** Suposición previa, necesaria para la validez lógica de una aserción. **3.** Presupuesto, motivo. **4.** Proposición implícita ligada a la estructura interna de un enunciado.

PRESUPUESTAR v.tr. Hacer un presupuesto. **2.** Inscribir en el presupuesto.

PRESUPUESTARIO, A adj. Relativo al presupuesto, especialmente del estado.

PRESUPUESTO, A adj. Que se ha supuesto o admitido de antemano. ◆ s.m. Cálculo anticipado del coste de una obra o un servicio: *el presupuesto de una reforma.* **2.** Documento contable que presenta la estimación anticipada de los ingresos y gastos relativos a una determinada actividad u organismo por cierto periodo de tiempo. **3.** Suposición, supuesto previo. **4.** Motivo, pretexto.

PRESURA s.f. (lat. *pressura,* acción de apretar, tribulación). Sistema de repoblación consistente en la ocupación de las tierras yermas y abandonadas.

PRESURIZAR v.tr. [7]. Mantener constante la presión en el interior de un espacio cerrado, especialmente el de un avión o una nave espacial.

PRESUROSO, A adj. Que tiene prisa o sucede con rapidez.

PRÊT-À-PORTER s.m. (voz francesa). Conjunto de vestidos confeccionados en serie que son presentados cada temporada, cuyo diseño es obra de un creador de la moda. **2.** Fabricación de estos vestidos.

PRETENCIOSO, A adj. Que alardea demasiado de una cualidad o de algo que es dudoso que posea.

PRETENDER v.tr. (lat. *praetendere,* tender por delante, dar como excusa). Querer algo que se considera difícil o exagerado y poner los medios necesarios para conseguirlo: *pretender aplazar una reunión.* **2.** Querer algo a lo que uno aspira o cree tener derecho, poniendo los medios necesarios para obtenerlo: *pretender el trono un príncipe.* **3.** Cortejar una persona a otra, especialmente un hombre a una mujer para casarse con ella. **4.** Afirmar una cosa dudosa. **5.** Solicitar un empleo.

PRETENDIDO, A adj. Supuesto, imaginado.

PRETENDIENTE, A adj. y s. Que pretende o solicita una cosa. ◆ s.m. Persona que pretende a otra, especialmente un hombre a una mujer para casarse con ella. **2.** Príncipe que rei-

vindica un trono al que pretende tener derecho.

PRETENSADO s.m. Técnica consistente en someter un material a un sistema de compresiones permanentes, por lo general de sentido opuesto a las que producirán las cargas que se apliquen ulteriormente.

PRETENSIÓN s.f. Acción de pretender. **2.** Lo que se pretende. **3.** Derecho que se cree tener sobre algo. **4.** Aspiración ambiciosa o vanidosa y exigencia excesiva o impertinente. (Suele usarse en plural.)

PRETENSIOSO, A adj. Amér. Pretencioso.

PRETERICIÓN s.f. Acción de preterir. **2.** Figura retórica que consiste en fingir no querer hablar de una cosa de la que precisamente se está hablando.

PRETERIR v.tr. (lat. *praeterire*) [79]. Omitir, prescindir de una persona o cosa.

PRETÉRITO, A adj. Transcurrido, pasado: *época pretérita; tiempos pretéritos.* ◆ s.m. LING. Tiempo verbal que expresa el proceso o la cualidad designada por el verbo como realizada o realizándose en un tiempo anterior al presente o a un momento determinado. SIN.: *pretérito perfecto simple, pretérito indefinido.* ◇ **Pretérito anterior** LING. En la clasificación tradicional de los tiempos verbales, antepretérito. **Pretérito imperfecto** LING. En la clasificación tradicional de los tiempos verbales, copretérito. **Pretérito indefinido** LING. En la antigua clasificación tradicional de los tiempos verbales, pretérito. SIN.: *pretérito perfecto simple.* **Pretérito perfecto compuesto** LING. En la clasificación tradicional de los tiempos verbales, antepresente. **Pretérito perfecto simple** LING. Pretérito.

PRETEXTA s.f y adj. Toga bordada de púrpura que usaban los magistrados y los adolescentes en Roma.

PRETEXTAR v.tr. Alegar como pretexto.

PRETEXTO s.m. (lat. *praetextus, -us,* de *praetexere,* poner como tejido o bordado delante de algo). Razón fingida que se alega para ocultar el motivo verdadero.

PRETIL s.m. Barrera o barandilla que se pone a los lados del puente y otros lugares para evitar caídas. **2.** Paseo a lo largo de esta barrera.

PRETINA s.f. Tira de tela de una prenda de vestir que ciñe la cintura.

PRETOR s.m. (lat. *praetor, -oris,* de *praeire,* ir a la cabeza). Magistrado que administra justicia en Roma o que gobernaba una provincia.

PRETORIANISMO s.m. Influencia política ejercida por un grupo militar.

PRETORIANO, A adj. Pretorial. ◆ adj. y s.m. Se decía del soldado de la guardia del pretor y, posteriormente, del emperador.

PRETORIO s.m. ANT. ROM. **a.** Emplazamiento donde se encontraba la tienda del general en un campamento romano. **b.** Palacio del gobernador en las provincias.

PRETURA s.f. (lat. *praeturam*). Dignidad o cargo del pretor romano. SIN.: *pretoría.*

PREUNIVERSITARIO, A adj. y s.m. En España, se decía del curso de enseñanza media que precedía al ingreso a la universidad.

PREVALECER v.intr. (lat. *praevalere*) [37]. Imponerse o sobresalir una persona o cosa entre otras. **2.** Continuar vigente o existiendo.

PREVALER v.intr. [64]. Prevalecer. ◆ **prevalerse** v.prnl. Aprovecharse, valerse o servirse de algo.

PREVARICACIÓN s.f. Acción y efecto de prevaricar. **2.** DER. Delito cometido por un funcionario público en el ejercicio de sus funciones.

PREVARICAR v.intr. (lat. *praevaricari*) [1]. Faltar voluntariamente a la obligación de la autoridad o cargo que se desempeña, quebrantando la fe, palabra, religión o juramento. **2.** Cometer cualquier otra falta análoga, aunque menos grave, en el cargo que se desempeña.

PREVENCIÓN s.f. Acción de prevenir o prevenirse. **2.** Opinión o idea generalmente desfavorable, formada con fundamento o sin él. **3.** Conjunto de medidas tomadas para evitar accidentes de carretera (*prevención de accidentes de carretera*), accidentes de trabajo o enfermedades profesionales (*prevención de accidentes laborales, medicina laboral*), el de-

sarrollo de epidemias o el agravamiento de los estados sanitarios individuales (*medicina preventiva*). **4.** Estado de una persona contra la que existe una acusación de delito o de crimen. **5.** Tiempo que un acusado pasa en prisión antes de ser juzgado. **6.** Puesto de policía o vigilancia destinado a la custodia y seguridad de los detenidos como presuntos autores o cómplices de un delito o falta.

ENCICL. La prevención primaria se ocupa de evitar la aparición de una enfermedad, por medio de la vacunación en el caso de las infecciosas. La prevención secundaria consiste en el diagnóstico precoz de una enfermedad y su tratamiento para atenuarla o, incluso, tomar medidas para limitar una epidemia. La prevención terciaria busca impedir las reincidencias, luchar contra las secuelas o readaptar al enfermo a la vida social o laboral.

PREVENIDO, A adj. Dispuesto, preparado para una cosa. **2.** Advertido, cuidadoso.

PREVENIR v.tr. y prnl. (lat. *praevenire*) [78]. Tomar precauciones o medidas por anticipado para evitar o remediar un mal. **2.** Proveer, preparar con anticipación las cosas para determinado fin. **3.** Predisponer, influir en el ánimo o voluntad de una persona a favor o en contra de alguien o de algo: *me previno contra él.* ◆ v.tr. Avisar o informar a alguien de algo, especialmente si es de un daño o peligro que le amenaza: *te prevengo de que te están difamando.* **2.** Prever, conocer con anticipación un daño o peligro. **3.** Salir al encuentro de un inconveniente, dificultad u obstáculo.

PREVENTIVO, A adj. Que previene o evita: *medicina preventiva.* **2.** Se aplica al ataque o acción armada que se inicia contra una fuerza o nación que presumiblemente se estaba preparando para atacar.

PREVENTORIO s.m. Establecimiento sanitario en el que se atiende preventivamente a determinados enfermos, en particular personas que padecen tuberculosis no contagiosa o enfermedades mentales.

PREVER v.tr. (del lat. *praevidere*) [35]. Ver con anticipación, conjeturar algo que va a ocurrir. **2.** Tomar por adelantado las medidas necesarias para hacer frente a algo.

PREVIO, A adj. (lat. *praevius*) Que precede o sirve de preparación a algo. ◆ s.m. Grabación del sonido realizada antes de impresionar la imagen.

PREVISIÓN s.f. Acción de prever o prevenir: *previsión del tiempo.* **2.** Cosa que se prevé o con que se previene algo que se hará o sucederá.

PREVISOR, RA adj. y s. Que prevé o previene las cosas.

PREVISTO, A adj. Que se sabe o se prevé por anticipado.

PREZ s.m. o f. (provenz. *pretz,* valor). Honor u honra que se adquiere con una acción meritoria. **2.** Buena opinión o buena fama de que goza alguien.

PRIAPISMO s.m. (lat. tardío *priapismus,* del gr. *priapismós,* de *Priapos,* dios de la fecundación). Erección involuntaria y dolorosa del pene, sintomática de diversas afecciones.

PRIETO, A adj. Apretado, tenso. **2.** Se dice del color muy oscuro que casi no se distingue del negro. ◆ adj. y s. Méx. Muy moreno.

1. PRIMA s.f. Primera de las cuatro partes iguales en que dividían los romanos el día artificial. **2.** Primera de las horas canónicas, u horas menores, que debía decirse al salir el sol, suprimida en 1964. **3.** Primera cuerda de algunos instrumentos musicales, que produce un sonido muy agudo y es la más delgada.

2. PRIMA s.f. (fr. *prime,* del ingl. *premium*). Premio, generalmente dinero, que se da como incentivo o recompensa del logro de algo considerado especial.

PRIMACÍA s.f. Cualidad o hecho de ser el primero. **2.** Prioridad o ventaja que se concede a una persona o cosa sobre otras de su misma clase. **3.** Dignidad u oficio de primado.

PRIMADO s.m. Prelado eclesiástico con jurisdicción o precedencia sobre los arzobispos u obispos de una región o de un país.

PRIMA DONNA s.f. (voces italianas). Mujer que canta un papel principal en una ópera.

PRIMAR v.intr. (fr. *primer*). Sobresalir, aventajar: *hoy en día lo que prima es la técnica.* ◆ v.tr. Dar una prima o un premio, como incentivo o recompensa.

PRIMARIO, A adj. (lat. *primarius*, de primera fila). Principal o primero en orden de grado o importancia. **2.** *Fig.* Primitivo, básico. ◆ adj. y s.m. ELECTR. Se dice del circuito que recibe la corriente de la fuente de energía en un transformador o una bobina de inducción. **2.** GEOL. Se dice de la era geológica de aprox. 370 millones de años de duración, y que engloba los períodos *cámbrico, ordovícico, silúrico, devónico, carbonífero* y *pérmico.* SIN.: *era primaria, paleozoico.* ◇ **Árbol primario** Eje de una caja de velocidades o un transformador de par, y, más generalmente, de una transmisión de potencia, que recibe en primer lugar el movimiento del motor. **Colores primarios** Colores rojo, amarillo y azul. **Sector primario** Parte de la actividad económica que comprende la agricultura, extracción minera, ganadería, bosques, pesca y caza.

PRIMATE adj. y s.m. (lat. *primas, -atis*). Relativo a un orden de mamíferos trepadores, de uñas planas y cerebro muy desarrollado, al que pertenecen los lemúridos y los simios. ◆ s.m. Persona importante, prócer. (Suele usarse en plural.) **2.** HIST. En el reino hispanogodo, noble de origen palatino y burocrático.

PRIMAVERA s.f. (del lat. *prima vera*, al principio de la primavera). Estación del año comprendida entre el invierno y el verano. (Del 21 de marzo al 21 de junio, en el hemisferio norte; del 23 de septiembre al 21 de diciembre en el hemisferio sur.) **2.** *Fig.* Época durante la cual alguien o algo alcanza y mantiene el completo vigor o desarrollo: *estar en la primavera de la vida.* **3.** Edad de una persona joven: *tener quince años.* **4.** Planta herbácea de flores solitarias o agrupadas en umbelas, cultivada en jardinería. (Familia primuláceas.) SIN.: *prímula.* **5.** Madera suministrada por diversas plantas de América tropical, que se emplea en ebanistería y contraplacado y para hacer hélices de aviones. ◆ adj. y s.m. y f. *Fam.* Que se deja engañar fácilmente.

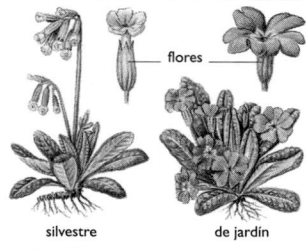

flores

silvestre — de jardín

■ **PRIMAVERAS**

PRIMAVERAL adj. Relativo a la primavera.

PRIMER adj. Apócope de primero, cuando va antepuesto a un sustantivo masculino singular: *el primer lugar; el primer día.*

PRIMERA s.f. La primera de las velocidades del cambio de marchas de un vehículo automóvil. **2.** En alpinismo, primera ascensión o recorrido de un nuevo itinerario. **3.** COREOGR. La primera de las cinco posiciones fundamentales de la danza clásica.

PRIMERIZA s.f. y adj. Primípara.

PRIMERIZO, A adj. y s. Principiante en cualquier actividad u oficio.

1. PRIMERO adv.t. Ante todo, en primer lugar: *primero debo terminar este trabajo.* **2.** Al principio, al comienzo de algo: *primero te cansas, pero luego te acostumbras.* **3.** Antes, más bien, con más o mayor gusto: *primero pasaría hambre que robar.*

2. PRIMERO, A adj. y s. (lat. *primarius*, de primera fila). Que precede a todos los demás componentes de un conjunto o una serie: *primera página; llegar el primero.* **2.** Que predomina en notoriedad, valor o importancia entre los elementos de un conjunto o una serie: *viajar en primera clase; las primeras necesidades*

vitales; ser el primero de la clase; las primeras autoridades. **3.** Que está en el comienzo, en la primera fase de su existencia o desarrollo: *el primer romanticismo, en la primera juventud.* ◇ **De primera** Muy bien o muy bueno. **Primera mano** Capa de material que se aplica como base a los enlucidos y revoques. **Primera necesidad** Calificación de determinada clase de bienes indispensables para la vida humana.

PRIME TIME s.m. (voces inglesas). TELEV. Franja horaria de mayor audiencia.

PRIMICIA s.f. (lat. *primitia*). Fruto primero de cualquier cosa. **2.** *Fig.* Noticia hecha pública por primera vez. **3.** *Fig.* Producto lanzado al mercado por primera vez. **4.** HIST. **a.** Fruto primero de la tierra, o hijo primogénito del ser humano o de los animales destinados a ser ofrecidos a la divinidad. (Suele usarse en plural.) **b.** Prestación debida a la Iglesia de los productos sujetos a diezmo. (Suele usarse en plural.)

PRIMIGENIO, A adj. (lat. *primigenius*). Primitivo, originario.

PRIMÍPARA s.f. y adj. (lat. *primipara*, de *primus*, primero, y *parere*, parir). Hembra que pare por primera vez. SIN.: *primeriza.*

PRIMIPILO s.m. Centurión de grado más elevado de la legión romana.

PRIMITIVISMO s.m. Cualidad de primitivo. **2.** B. ART. Imitación de lo primitivo.

PRIMITIVO, A adj. (lat. *primitivus*). Que es de los primeros tiempos, del primer período, inicial, originario: *los muros primitivos de un edificio.* **2.** *Fig.* Salvaje, que está sin civilizar. ◆ adj. y s. ANTROP. Se dice de la sociedad humana (y de las personas que la componen) que se ha mantenido apartada de las sociedades industriales y que ha conservado su lengua y sus estructuras socioeconómicas propias. **2.** B. ART. Se dice del pintor o escultor que precede a los maestros del renacimiento. ◇ **Colores primitivos** Colores principales convencionales del espectro solar (violeta, índigo, azul, verde, amarillo, anaranjado y rojo). **Función primitiva de otra función** MAT. Función cuya derivada es esta última.

1. PRIMO, A adj. (lat. *primus*). Primero. **2.** Primoroso, excelente. **3.** Se dice de la letra que se marca con un acento para distinguirla de otra igual, empleada generalmente en la notación de una figura geométrica o en una expresión algebraica: b' *se lee* b prima. ◇ **Número primo** Número entero que solo es divisible por sí mismo y por la unidad. **Números primos entre sí** Números que solo tienen como divisor común la unidad.

2. PRIMO, A s. (del lat. *consobrinus primus*, primo hermano). Hijo del tío de una persona. **2.** *Esp. Fam.* Persona que se deja engañar fácilmente. **3.** HIST. Tratamiento que daba el rey a los grandes de España en cartas privadas y documentos oficiales. ◇ **Hacer el primo** *Esp. Fam.* Dejarse engañar fácilmente; hacer algo que resulta pesado o que exige esfuerzo, sabiendo que no tiene recompensa o reconocimiento.

PRIMOGÉNITO, A adj. y s. (lat. *primogenitus*). Se dice del hijo que nace primero.

PRIMOGENITURA s.f. Condición de primogénito. **2.** Conjunto de derechos atribuidos al primogénito. ◇ **Derecho de primogenitura** Derecho por el cual correspondían al hermano mayor más bienes que a los otros en la sucesión de los padres.

PRIMOINFECCIÓN s.f. Primera agresión que sufre un organismo por un germen determinado.

PRIMOR s.m. (lat. *primores*, cosas de primer orden). Delicadeza y esmero con que se hace una cosa. **2.** Cosa hecha de esta manera.

PRIMORDIAL adj. Que es necesario, básico, esencial.

PRIMOROSO, A adj. Que está hecho con primor. **2.** Diestro, experimentado, que hace las cosas con primor.

PRÍMULA s.f. Primavera, planta.

PRIMULÁCEO, A adj. y s.f. Relativo a una familia de plantas herbáceas gamopétalas, de corola regular y fruto en cápsula, que se abre

longitudinalmente, como la primavera o el ciclamen.

PRÍNCEPS adj. (lat. *princeps*, primero, príncipe). Se dice de la primera edición de una obra. SIN.: *príncipe.*

PRINCESA s.f. (fr. *princesse*, de *prince*, príncipe). Mujer que pertenece a la realeza y especialmente la primogénita del rey, heredera de la corona. **2.** Esposa o hija de un príncipe.

PRINCIPADO s.m. Título o dignidad de príncipe. **2.** Territorio sujeto a la potestad de un príncipe. **3.** Estado independiente pequeño, cuyo jefe tiene el título de príncipe. ◆ **principados** s.m.pl. Nombre dado al primer grado de la tercera jerarquía de los ángeles.

PRINCIPAL adj. Que tiene más importancia o valor dentro de un conjunto o serie. **2.** Esencial o fundamental (por oposición a *accesorio*): *explicar el motivo principal de una visita.* **3.** Ilustre, noble: *un caballero principal.* ◆ adj. y s.m. Se dice del piso que está situado entre la planta baja o el entresuelo y el primer piso. ◆ s.m. Jefe, persona que tiene a otras a sus órdenes. **2.** **Ideal principal** MAT. Ideal de un anillo engendrado por un solo elemento. **Oración principal** LING. Oración que rige una o varias oraciones subordinadas y expresa el sentido fundamental de la oración compuesta de la que forma parte. **Planos principales** ÓPT. Planos conjugados, en un sistema óptico centrado, a los cuales corresponde un aumento lineal de +1. **Puntos principales** ÓPT. Puntos del eje de un sistema óptico que tienen un aumento lineal unidad.

PRÍNCIPE s.m. (lat. *princeps, -icis*, el primero, jefe, de *primus*, primero, y *caput*, cabeza). Título dado a un miembro de la realeza, especialmente al primogénito del rey, heredero de la corona. **2.** Título nobiliario que tiene su origen en casas principescas. **3.** El primero y más excelente, superior o aventajado en algo: *el príncipe de los ingenios.* ◇ **Príncipe de Asturias** Título del heredero al trono español. **Príncipe de Gales** Título del heredero al trono británico; tejido, generalmente de lana, que presenta efectos a cuadros obtenidos mediante el empleo de iguales combinaciones de color en la urdimbre y la trama. **Príncipes de la Iglesia** Cardenales y obispos.

PRINCIPESCO, A adj. (ital. *principesco*). Que es o parece propio de un príncipe.

PRINCIPIANTE, A adj. y s. Que empieza o se inicia en una actividad determinada.

PRINCIPIAR v.t.r., intr. y prnl. Empezar, comenzar. ◆ v.intr. Empezar una cosa en la forma, tiempo o lugar que se expresa. ◆ v.tr. Ser el comienzo de alguna cosa o acción.

PRINCIPIO s.m. (lat. *principium*, origen, de *princeps*). Acción de principiar. **2.** Primera parte de una cosa; primera fase de una acción, de un período: *contar una historia desde el principio.* **3.** Causa, origen. **4.** Norma o idea fundamental que rige el pensamiento o la conducta. (Suele usarse en plural.) **5.** Concepto, idea fundamental que sirve de base a un orden determinado de conocimientos o sobre la que se apoya un razonamiento. **6.** Plato que se sirve en la comida entre el primero y los postres. **7.** FILOS. Aquello de que, en cierto modo, procede una cosa en cuanto al ser, al acontecer o al conocer. **8.** FÍS. Ley de carácter general que regula un conjunto de fenómenos físicos y que se justifica por la exactitud de sus consecuencias. **9.** QUÍM. Componente de una sustancia. ◆ **principios** s.m.pl. Nociones primeras de una ciencia o arte. ◇ **Al principio** En el primer momento, inicialmente. **A principios** En los primeros momentos de un período de tiempo. **Dar principio** Realizar el primer acto de una acción. **De principios** Se dice de la persona que tiene creencias firmes; bien educado. **En principio** Se dice de lo que se acepta en esencia, sin que haya total conformidad en la forma o los detalles. **Sin principios** Se dice de la persona que no tiene escrúpulos; mal educada.

PRINGAR v.tr. y prnl. [2]. Manchar con pringue o con algo grasiento o pegajoso. ◆ v.tr. Mojar el pan en la pringue u otra salsa. **2.** *Fam.* Comprometer o hacer participar a alguien en un determinado asunto. ◆ v.intr. *Esp. Fig. y fam.*

Pagar una persona la culpa de una falta o delito que no ha cometido. ◆ **pringarse** v.prnl. Esp. *Fig.* y *fam.* Malversar o apropiarse alguien indebidamente del caudal de un negocio en que interviene. **2.** Esp. Participar en un negocio sucio. ◇ **Pringarla** Esp. *Fam.* Morirse; malograr un negocio, asunto, etc.

PRINGOSO, A adj. Sucio de grasa, pringue o de una cosa pegajosa.

PRINGUE s.m. o f. Grasa que suelta el tocino o cualquier parte grasa de un animal cuando se fríe o se asa. **2.** Cosa grasienta o pegajosa que ensucia.

PRION o **PRIÓN** s.m. Partícula infecciosa constituida exclusivamente por proteínas, que se considera como agente infeccioso de la encefalopatía espongiforme bovina.

PRIOR, RA s. (lat. *prior, -us,* primero entre dos, superior). En algunas órdenes, superior o prelado ordinario del convento; en otras, segundo prelado después del abad.

1. PRIORATO s.m. Cargo de prior. **2.** Ejercicio de este cargo. **3.** Territorio que está bajo la jurisdicción de un prior.

2. PRIORATO s.m. Vino español que se elabora en la comarca homónima, que se añeja fácilmente y produce vinos de postre.

PRIORIDAD s.f. Ventaja, importancia, urgencia, valor, superioridad, etc.: *dar prioridad a los vehículos que vienen por la derecha.* **2.** Anterioridad de una cosa respecto de otra, en el tiempo o en el espacio.

PRIORITARIO, A adj. Que tiene prioridad.

PRIORIZAR v.tr. [7]. Dar prioridad o preferencia a una cosa.

PRISA s.f. (ant. *priesa,* tropel agitado de gente, del lat. *pressa,* apretada, p. de *premere,* apretar). Prontitud y rapidez con que sucede o se hace una cosa: *trabajar con prisa.* **2.** Necesidad o deseo de apresurarse: *tener prisa.* ◇ **Correr,** o **dar, prisa** algo Ser urgente. **Dar,** o **meter, prisa** Instar a alguien y obligarlo a que haga algo rápidamente; acometer al adversario con ímpetu, obligándolo a huir. **Darse prisa** *Fam.* Apresurarse.

PRISCILIANISMO s.m. Doctrina del obispo Prisciliano, basada en un ascetismo y un profetismo excesivos, y mezclada con tendencias agnósticas.

PRISIÓN s.f. (lat. *prehensio, -onis*). Establecimiento penitenciario donde se encuentran personas privadas de libertad, ya sea como detenidos, como procesados o como condenados. **2.** Estado del que está preso o prisionero. **3.** *Fig.* Cosa que ata o detiene física o espiritualmente.

PRISIONERO, A s. Persona privada de libertad por haber caído en poder del enemigo, por haber sido secuestrado o por otra circunstancia que no constituye delito. **2.** Preso. ◆ s.m. Órgano de acoplamiento en un elemento de máquina, fijado de manera que no se puede desmontar.

PRISMA s.m. (lat. tardío *prisma, -atis,* del gr. *prisma,* serrín de madera, prisma). Poliedro limitado por dos polígonos iguales y paralelos y por los paralelogramos que unen dos a dos sus lados correspondientes. **2.** FÍS. Sistema óptico en forma de prisma triangular, de vidrio blanco o de cristal, que sirve para desviar, reflejar, polarizar o descomponer los rayos luminosos.

PRISMÁTICO, A adj. Que tiene forma de prisma. **2.** Que contiene uno o varios prismas: *anteojos prismáticos.* ◆ **prismáticos** adj. y s.m.pl. Se dice de los anteojos, instrumento óptico. ◇ **Colores prismáticos** Colores producidos por el prisma. **Superficie prismática** MAT. Superficie engendrada por una recta de dirección fija que se desplaza apoyándose constantemente en el contorno de un polígono plano.

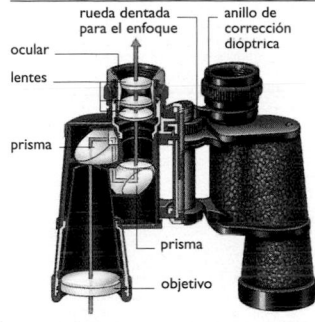

■ **PRISMÁTICOS**

PRÍSTINO, A adj. (lat. *pristinus,* de otros tiempos). Primitivo, originario.

PRITANEO s.m. Edificio público donde se mantenía el fuego sagrado de las ciudades griegas.

PRÍTANO o **PRÍTANIS** s.m. (gr. *prytanis*). ANT. GR. **a.** Primer magistrado de la ciudad. **b.** Miembro ateniense del consejo de los Quinientos.

PRIVACIDAD s.f. Derecho de las personas a salvaguardar su intimidad, especialmente sobre los datos personales de que disponen las entidades públicas o privadas.

PRIVACIÓN s.f. Acción de privar o privarse. **2.** Carencia o falta de una cosa necesaria, que hace padecer.

PRIVADO, A adj. Que no pertenece a la colectividad, sino a un particular: *camino privado.* **2.** Que pertenece a un particular y no al estado. **3.** Que es estrictamente personal y no interesa a los demás: *vida privada.* ◆ s.m. Valido. **2.** Méx. Reservado, local o compartimiento donde se puede estar a solas.

PRIVANZA s.f. Preferencia en el favor y la confianza de un príncipe u otra persona de alta condición.

PRIVAR v.tr. (lat. *privare*). Dejar a alguien sin alguna cosa que necesita o le pertenece, o algo sin alguna cosa que le es propia. **2.** Complacer o gustar mucho. ◆ v.tr. y prnl. Dejar o quedar sin sentido. **2.** Esp. *Fam.* Beber, en especial bebidas alcohólicas. ◆ v.intr. Tener mucha aceptación una persona o cosa. **2.** Gustar mucho. ◆ **privarse** v.prnl. Renunciar voluntariamente a una cosa.

PRIVATIVO, A adj. Propio y especial de una persona o cosa. **2.** LING. Se dice del prefijo que indica ausencia o privación. (Ej.: *in* en *inexacto.*)

PRIVATIZACIÓN s.f. Acción de privatizar.

PRIVATIZAR v.tr. [7]. Hacer que recaigan en el ámbito privado empresas, bienes o servicios que eran competencia del estado.

PRIVILEGIADO, A adj. y s. Que disfruta de un privilegio. **2.** Que destaca entre los de su misma clase por ser muy bueno o extraordinario: *una mente privilegiada.* **3.** Que posee unas cualidades que lo hacen excepcional: *un paraje privilegiado.* **4.** Que implica algún tipo de privilegio: *información privilegiada.*

PRIVILEGIAR v.tr. Conceder privilegio.

PRIVILEGIO s.m. (lat. *privilegium,* privilegio, ley privada, de *privare,* privar, y *lex,* ley). Ventaja o exención especial o exclusiva que se concede a alguien. **2.** DER. **a.** Nombre que toma en el derecho antiguo una ley cuando no atendía al interés general, sino al de un particular, como un nombramiento, o al de una localidad. **b.** Documento en que consta la concesión de un privilegio.

PRO s.m. o f. (lat. vulg. *prode*). Provecho. ◆ prep. En favor de: *asociación pro huérfanos.* ◇ **El pro y el contra** Expresión con que se alude a lo favorable y desfavorable de una cuestión. **En pro de** En favor de. **Hombre de pro** Hombre de prestigio; que es honrado.

PROA s.f. (del lat. *prora*). Parte delantera de una embarcación o de una aeronave.

PROBABILIDAD s.f. Cualidad de probable. ◇ **Cálculo de probabilidades** Conjunto de reglas que permiten determinar el porcentaje de posibilidades de que un suceso se realice.

PROBABILISMO s.m. Doctrina filosófica según la cual la acción depende de opiniones que nunca son ni totalmente falsas ni totalmente ciertas.

PROBABLE adj. Que tiene muchas probabilidades de producirse, de ser verdad. SIN.: *verosímil.* **2.** Que se puede probar.

PROBADO, A adj. Acreditado por la experiencia. **2.** DER. Aceptado por el juez como verdad en una causa.

PROBADOR s.m. Habitación o cabina de un local comercial destinada a que los clientes se prueben las prendas de vestir.

PROBAR v.tr. (lat. *probare,* ensayar, aprobar, comprobar) [17]. Examinar, reconocer si una cosa se adapta al uso al cual ha sido destinada. **2.** Examinar las cualidades de una persona o cosa. **3.** Poner a prueba. **4.** Demostrar, evidenciar la verdad de alguna cosa. **5.** Tomar una pequeña cantidad de alguna sustancia para apreciar su sabor. **6.** Comer o beber algo: *no probar bocado.* **7.** Indicar, servir para hacer saber o conocer cierta cosa. ◆ v.tr. y prnl. Poner a alguien algo, especialmente una prenda de vestir, para ver si le sienta bien. ◆ v.intr. Intentar dar principio a una acción: *probó a levantarse.* **2.** Tener una cosa un efecto determinado en la salud o el ánimo de una persona.

PROBATURA s.f. *Fam.* Prueba.

PROBETA s.f. Recipiente de cristal en forma de tubo, generalmente graduado, con un pie soporte, que se utiliza en análisis químico. ◇ **Probeta de ensayo** Pieza sometida a una prueba física o mecánica, que sirve para determinar las características de un material.

PROBIDAD s.f. (lat. *probitas, -atis*). Cualidad de probo.

PROBIÓTICO, A adj. Se dice del alimento que contiene bacterias vivas que contribuyen al equilibrio de la flora intestinal y potencian el sistema inmunológico, como los yogures y otras leches fermentadas.

PROBLEMA s.m. (lat. *problema,* del gr. *próblema,* tarea, de *probállein,* proponer). Cuestión en que hay algo que averiguar o que provoca preocupación. **2.** Situación difícil que debe ser resuelta. **3.** MAT. Proposición dirigida a averiguar un resultado cuando algunos datos son conocidos.

PROBLEMÁTICA s.f. Conjunto de problemas que atañen a una persona o cosa.

PROBLEMÁTICO, A adj. Que provoca o implica problemas. **2.** Que implica duda o que tiene una solución incierta o difícil.

PROBLEMATIZAR v.tr. [7]. Poner un asunto en cuestión para analizarlo profundamente.

PROBO, A adj. (lat. *probus*). Honesto, honrado, recto.

PROBÓSCIDE s.f. Porción nasal o bucal de diversos animales, prolongada en forma de tubo, con diversas finalidades. SIN.: *trompa.*

PROBOSCIDIO, A o **PROBOSCÍDEO, A** adj. y s.m. (del lat. *proboscis, -idis,* hocico, trompa de elefante, del gr. *proboskís*). Relativo a un orden de mamíferos ungulados provistos de una trompa prensil formada por la prolongación de la nariz unida al labio superior. (El *elefante* pertenece a dicho orden.)

PROCACIDAD s.f. Cualidad de procaz. **2.** Dicho o hecho procaz.

PROCAÍNA s.f. Anestésico local de síntesis.

PROCARIOTA s.m. Organismo con organización celular procariótica.

PROCARIÓTICO, A adj. Se dice de la célula en la que el núcleo no está completamente separado del citoplasma.

PROCAZ adj. (lat. *procax, -acis,* que pide desvergonzadamente). Desvergonzado, insolente.

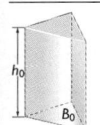

recto
(de base triangular)

h_0: altura
B_0: base
V_0: volumen
$V_0 = h_0 \times B_0$

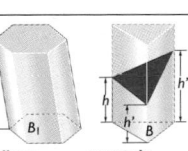

oblicuo
(de base hexagonal)

h_1: altura
B_1: base
V_1: volumen
$V_1 = h_1 \times B_1$

truncado
(de base triangular)

h, h', h'': alturas
B: base
V: volumen
$V = B \times \dfrac{h + h' + h''}{3}$

■ **PRISMAS**

PROCEDENCIA s.f. Lugar, persona o cosa de donde procede alguien o algo. **2.** Conformidad con la moral o el derecho.

PROCEDENTE adj. Que procede de un origen. **2.** Oportuno, necesario, conforme a unas normas.

1. PROCEDER v.intr. (lat. *procedere*, adelantar). Tener una persona o cosa su origen o principio en otra. **2.** Actuar, comportarse de una forma determinada: *proceder irreflexivamente.* **3.** Iniciar una acción después de algunos preparativos: *se procedió al reparto.* **4.** Ser oportuno, necesario, conforme a unas normas de derecho, mandato o conveniencia en general. **5.** Iniciar o seguir un procedimiento criminal contra alguien: *la justicia procedió contra el demandado.*

2. PROCEDER s.m. Manera de actuar alguien.

PROCEDIMIENTO s.m. Método, operación o serie de operaciones con que se pretende obtener un resultado. **2.** DER. Actuación por trámites judiciales o administrativos.

PROCELARIFORME adj. Relativo a un orden de aves marinas con el pico formado por varias piezas córneas yuxtapuestas, como el albatros y el petrel.

PROCELOSO, A adj. (lat. *procellosus*). Poét. Borrascoso, tormentoso: *el proceloso mar.*

PRÓCER s.m. y f. (lat. *procer, -eris*). Persona importante, noble o de elevada posición social. ◆ adj. Alto, elevado, majestuoso.

PROCESADO, A adj. y s. DER. Se dice de la persona sometida a un auto de procesamiento.

PROCESADOR, RA adj. Que procesa. ◆ s.m. INFORMÁT. **a.** Dispositivo electrónico capaz de efectuar el tratamiento completo de una serie de informaciones. **b.** Programa general de un sistema operativo que ejecuta una función compleja homogénea.

PROCESAL adj. Relativo al proceso. ◇ **Derecho procesal** Conjunto de normas que ordenan el desenvolvimiento del proceso o tienen relación inmediata con los actos derivados de él.

PROCESAMIENTO s.m. Acción de procesar.

PROCESAR v.tr. Someter a un proceso. **2.** DER. **a.** Formar autos, instruir procesos. **b.** Declarar y tratar a una persona como presunto culpable de delito. **3.** INFORMÁT. Someter un conjunto de datos a una serie de operaciones.

PROCESIÓN s.f. (lat. *processio, -onis*, acción de adelantarse). Sucesión de personas que avanzan lentamente una tras otra, llevando pasos, imágenes de santos o cualquier otro signo religioso. **2.** Sucesión de personas o animales que avanzan uno tras otro en fila. **3.** Acción o circunstancia de ir unas cosas tras otras en serie. ◇ **Andar,** o **ir, la procesión por dentro** *Fam.* Aparentar alguien tranquilidad y, sin embargo, sentir pena, enojo, inquietud, etc.

PROCESIONARIA s.f. Oruga que se alimenta de las hojas del pino, roble y encina, a las que causa grandes estragos, y que tiene la costumbre de avanzar en largas filas, con la cabeza de una tocando la parte posterior de la anterior.

oruga

mariposa   nido

■ PROCESIONARIA

PROCESO s.m. (lat. *processus, -us*, progresión, progreso). Desarrollo, evolución de las fases sucesivas de un fenómeno. **2.** Método, sistema adoptado para llegar a un determinado fin: *proceso químico, industrial.* **3.** Transcur-

so de un determinado tiempo. **4.** Causa criminal. **5.** DER. Institución mediante la cual el estado cumple a través de sus órganos de justicia su misión de defensa del orden jurídico y social, otorgando a los individuos que elevan una pretensión a los tribunales la oportunidad de satisfacerla. **6.** LING. Noción general que comprende todos los sentidos del verbo (estado, acción, devenir). **7.** PATOL. Término que se emplea ocasionalmente como sinónimo de enfermedad: *proceso gripal.* ◇ **Proceso de datos** INFORMÁT. Adquisición, almacenamiento, manejo y recuperación de datos por medios informáticos.

PROCIDENCIA s.f. MED. **a.** Salida al exterior de alguna estructura interna del organismo. **b.** Salida previa de alguna estructura del feto o anexos por delante de la presentación.

PROCLAMA s.f. Alocución política o militar oral o escrita. ◆ **proclamas** s.f.pl. REL. CATÓL. Notificación pública en la iglesia de las amonestaciones para los que quieren contraer matrimonio u ordenarse.

PROCLAMACIÓN s.f. Acción de proclamar. **2.** Conjunto de actos públicos con que se anuncia o se celebra el inicio de una forma nueva de gobierno o de una etapa nueva dentro de él: *la proclamación de la república.* ◇ **Proclamación de candidatos** Acto con que se da a conocer públicamente a los candidatos electorales de un partido político.

PROCLAMAR v.tr. (lat. *proclamare*). Dar a conocer algo públicamente, en especial si se hace en un acto solemne. **2.** Declarar pública y solemnemente la inauguración de un nuevo gobierno o reinado. **3.** Otorgar un título o dignidad la opinión general o el criterio de algunas personas. **4.** Manifestar mediante ciertas señales algo con claridad: *su actitud clama su altanería.* ◆ **proclamarse** v.prnl. Declararse alguien en posesión de un título, cargo, dignidad o condición: *se proclamó jefe de la banda.*

PROCLÍTICO, A adj. y s.m. LING. Se dice de la palabra privada de acento, que se apoya en la palabra siguiente: *en español el artículo es proclítico.*

PROCLIVE adj. (lat. *proclivis*). Inclinado, propenso a cierta cosa, especialmente a algo reprobable.

PROCOMÚN s.m. Utilidad pública. SIN.: *procomunal.*

PROCÓNSUL s.m. ANT. ROM. Cónsul saliente cuyos poderes se prorrogaban para llevar a término una campaña que hubiera emprendido o para gobernar una provincia.

PROCONSULADO s.m. Dignidad, función del procónsul. **2.** Tiempo que duraba esta función.

PROCORDADO, A adj. y s.m. Relativo a un tipo de animales próximo a los vertebrados inferiores, que carecen de encéfalo y tienen el sistema nervioso central reducido a un cordón.

PROCREACIÓN s.f. Acción de procrear.

PROCREAR v.tr. (lat. *procreare*). Engendrar, reproducirse una especie.

PROCTALGIA s.f. MED. Dolor en el ano o en el recto.

PROCTOLOGÍA s.f. Parte de la medicina que estudia las enfermedades del ano y del recto.

PROCURA s.f. Procuración, poder dado a una persona. ◇ **En procura** Méx. Con la intención de procurarse algo.

PROCURACIÓN s.f. Poder que una persona da a otra para que ejecute algo en su nombre. **2.** Procuraduría, oficina. **3.** Cuidado o diligencia en la realización de los negocios. **4.** DER. Cargo o función del procurador.

PROCURADOR, RA s. Persona autorizada legalmente para representar a otra persona, ya sea en un proceso judicial ante los tribunales o en negocios civiles. ◆ s.m. ANT. ROM. Funcionario del orden ecuestre situado al frente de un servicio importante o de una provincia menor del Imperio romano. **2.** REL. Religioso encargado de los intereses temporales de una comunidad. ◇ **Procurador del Común** Esp. Defensor del pueblo en Castilla y León. **Procurador en cortes** Esp. Miembro de las cortes franquistas.

PROCURADURÍA s.f. Oficio o cargo de pro-

curador. **2.** Oficina o despacho del procurador.

PROCURAR v.tr. y prnl. (lat. *procurare*). Hacer diligencias, esfuerzos, etc., para conseguir algo. ◆ v.tr. Proporcionar o facilitar a alguien una cosa o intervenir para que la tenga.

PRODIGALIDAD s.f. (lat. tardío *prodigalitas, -tis*). Cualidad o comportamiento del pródigo.

PRODIGAR v.tr. y prnl. [2]. Dar mucho de algo. ◆ v.tr. Derrochar, malgastar. ◆ **prodigarse** v.prnl. Esforzarse en ser útil y agradable a los demás. **2.** Excederse en la exhibición personal.

PRODIGIO s.m. (lat. *prodigium*). Suceso extraordinario no puede explicarse por las leyes de la naturaleza. **2.** Persona, cosa o hecho que manifiesta cualidades excepcionales. **3.** Milagro.

PRODIGIOSO, A adj. (lat. *prodigiosus*). Que constituye un prodigio. **2.** Maravilloso, extraordinario, fuera de lo común.

PRÓDIGO, A adj. y s. (lat. *prodigus*). Que gasta sin prudencia. ◆ adj. Generoso. **2.** Que da o produce en abundancia.

PRO DOMO loc.adv. (voces latinas, *por su casa, por sus intereses*). Se dice de una persona que es abogada de su propia causa.

PRÓDROMO s.m. Fase inicial en la evolución de una enfermedad.

PRODUCCIÓN s.f. (lat. *productio, -onis*). Acción de producir. **2.** Cosa producida. **3.** CIN. y TELEV. **a.** Etapa de la preparación de una película o programa. **b.** Película o programa ya realizado. **4.** ECON. **a.** Actividad por la cual determinados bienes se transforman en otros de mayor utilidad. **b.** Conjunto de productos agrícolas e industriales. ◇ **Modo de producción** En la teoría marxista, conjunto constituido por las fuerzas productivas y las relaciones sociales de producción e intercambio, que define un período en la historia de una sociedad. **Relaciones sociales de producción** Conjunto de relaciones que se establecen entre las personas en el proceso de producción económica.

PRODUCIR v.tr. (lat. *producere*, hacer salir, criar) [77]. Hacer que algo exista: *los árboles producen frutos.* **2.** Causar, originar: *su muerte me produjo un gran dolor.* **3.** Dar provecho o ganancias: *quiero invertir en algo que produzca beneficios.* **4.** Fabricar, transformar materias primas en manufacturadas. **5.** Crear obras literarias o artísticas. **6.** CIN. y TELEV. Realizar una producción. ◆ **producirse** v.prnl. Tener lugar, ocurrir.

PRODUCTIVIDAD s.f. Capacidad de la naturaleza o la industria para producir. **2.** Relación mensurable entre una producción dada y el conjunto de factores empleados (productividad global) o uno solo de estos factores (productividad de este factor). **3.** BIOL. Cantidad anual de productos que se pueden obtener de un medio natural sin agotarlo.

PRODUCTIVO, A adj. (lat. *productivus*). Que produce o puede producir: *terreno productivo.* **2.** Que produce utilidad, ganancia: *empresa productiva.*

PRODUCTO s.m. (lat. *productum*, p. pasivo de *producere*). Cosa producida por la naturaleza o por la actividad humana: *productos agrícolas, de belleza.* **2.** Resultado de alguna cosa: *el incidente fue producto de un malentendido.* **3.** MAT. **a.** Resultado de la multiplicación de un número (multiplicando) por otro (multiplicador). **b.** Resultado de aplicar una ley de composición a dos elementos. **4.** QUÍM. Resultado de una operación: *los productos de la destilación del petróleo.* ◇ **Producto directo de dos conjuntos** MAT. Conjunto de los pares formados al asociar un elemento cualquiera del primer conjunto a un elemento cualquiera del segundo. **Producto escalar de dos vectores** MAT. Producto de sus módulos por el coseno del ángulo que forman. **Producto interior** Suma de todos los bienes y servicios producidos en un país durante un período de tiempo, generalmente un año. **Producto interior bruto (PIB)** Producto interior al que se le ha añadido las amortizaciones habidas en el período. **Producto lógico** LÓG. Multiplicación de conceptos, proposiciones o relaciones.

Producto manufacturado Mercancía obtenida por el cambio o transformación de una materia prima. **Producto nacional bruto (PNB)** Producto interior bruto deduciéndole la parte que se debe a los factores productivos extranjeros, y sumándole el producto que corresponda (de los obtenidos en otros países) a los servicios de los factores nacionales. **Producto nacional neto (PNN)** Producto nacional bruto deduciéndole el capital consumido o la amortización a lo largo del año. **Producto semimanufacturado** Mercancía resultante de una transformación parcial y que aún no es apropiada para su elaboración. **Producto vectorial de dos vectores** MAT. Vector perpendicular al plano de estos vectores, que tiene como longitud el valor del área del paralelogramo que subtienden y una forma con ellos un triedro orientado positivamente.

PRODUCTOR, RA adj. y s. (lat. *productor*). Que produce. ◆ s. Persona que emplea su fuerza de trabajo en la fabricación de bienes o en la prestación de servicios. **2.** Empresario o entidad que financia la producción de películas, obras de teatro o programas y emisiones de radio o televisión.

PROEMIO s.m. (gr. *prooímion*, preámbulo, de *oimos*, camino, marcha). Preludio de un canto, o introducción o prólogo de un discurso o libro.

PROEZA s.f. Hazaña, acción valerosa o heroica.

PROFANACIÓN s.f. Acción de profanar.

PROFANAR v.tr. (lat. *profanare*). Tratar una cosa sagrada sin el debido respeto. **2.** Tratar en forma irrespetuosa o indigna a alguien o algo, en especial la memoria de una persona muerta.

PROFANO, A adj. (lat. *profanus*, lo que está fuera del templo). Que no es sagrado ni sirve para usos sagrados: *música profana*. **2.** Irreverente, con carácter antirreligioso. ◆ adj. y s. Ignorante o inexperto en una materia.

PROFASE s.f. BIOL. Primera fase de la mitosis celular, durante la cual los cromosomas se individualizan en filamentos hendidos longitudinalmente.

PROFECÍA s.f. (lat. *prophetia*, del gr. *prophiteía*). Predicción que se hace de cosas futuras por inspiración divina. **2.** Predicción de un hecho futuro a partir de algún indicio o por intuición. **3.** Oráculo o profeta.

PROFERIR v.tr. (lat. *proferre*) [79]. Emitir palabras o sonidos.

PROFESAR v.tr. (del lat. *profiteri*, declarar abiertamente). Ser adepto a ciertos principios, doctrinas, etc. **2.** Tener un sentimiento, actitud etc. **3.** Ejercer una profesión. **4.** Enseñar, especialmente en una universidad. **5.** REL. Ingresar de manera voluntaria en una orden religiosa con el compromiso de cumplir los votos propios de esa orden.

PROFESIÓN s.f. (lat. *professio, -onis*). Actividad permanente que sirve de medio de vida y que determina el ingreso en un grupo profesional determinado. **2.** Aceptación y seguimiento voluntarios en una religión, doctrina o creencia. **3.** Conjunto de profesionales de un ámbito determinado. ◇ **Hacer profesión de** Jactarse de una costumbre, una habilidad, etc.

PROFESIONAL adj. Relativo a la profesión. ◆ adj. y s.m. y f. Que ejerce de manera competente una profesión u oficio. **2.** Que vive de una determinada actividad.

PROFESIONALIDAD s.f. Cualidad de profesional. **2.** Eficacia en la propia profesión.

PROFESIONALIZAR v.tr. [7]. Convertir en profesión una actividad que no lo era. **2.** Convertir a un persona aficionada en profesional. ◆ Ejercer habitual y remuneradamente una determinada actividad intelectual o manual.

PROFESO, A adj. y s. Se dice del religioso que ha profesado en una orden religiosa.

PROFESOR, RA s. (lat. *professor, -oris*, el que hace profesión de algo, maestro). Persona que tiene por oficio enseñar una ciencia, un arte, una técnica, etc. ◇ **Profesor mercantil** Esp. Título de grado superior de las antiguas escuelas profesionales de comercio.

PROFESORADO s.m. Conjunto de los profesionales de la enseñanza. **2.** Cargo de profesor.

PROFETA, TISA s. (lat. *propheta*, del gr. *pro-*

phitis, de *prophánai*, predecir, pronosticar). Persona que hace predicciones por inspiración divina. **2.** Persona que hace predicciones a partir de algún indicio o por intuición.

■ **PROFETA.** El profeta Daniel, por Miguel Ángel. (Capilla sixtina.)

PROFÉTICO, A adj. Relativo a la profecía o al profeta.

PROFETISMO s.m. Tendencia a hacer profecías. **2.** Presencia de dones proféticos en un pueblo, en una comunidad religiosa o en una secta. **3.** Conjunto de las enseñanzas y predicciones de los profetas.

PROFETIZAR v.tr. [7]. Hacer profecías.

PROFILÁCTICO, A adj. Relativo a la profilaxis. ◆ s.m. Preservativo.

PROFILAXIS s.f. Conjunto de medidas destinadas a impedir la aparición o la propagación de enfermedades. **2.** Conjunto de medidas que se toman para evitar algo.

PRO FORMA loc. (voces latinas, *por la forma, como formalidad*). Se dice de la factura provisional que permite al comprador de un bien de equipamiento obtener un crédito o una autorización.

PRÓFUGO, A adj. Fugitivo que huye de la justicia u otra autoridad. ◆ s.m. Se dice del que no se incorpora al servicio militar al ser llamado a filas.

PROFUNDIDAD s.f. Cualidad de profundo. **2.** Hondura. **3.** Dimensión de los cuerpos perpendicular a una superficie dada.

PROFUNDIZAR v.tr. [7]. Hacer más profundo. ◆ v.tr. e intr. *Fig.* Examinar o analizar algo a fondo.

PROFUNDO, A adj. (lat. *profundus*, hondo). Que tiene el fondo muy distante de la superficie. **2.** Que penetra muy adentro: *herida profunda*. **3.** *Fig.* Difícil de penetrar o comprender: *discurso muy profundo*. **4.** *Fig.* Se dice del sonido grave o que viene de muy adentro. **5.** *Fig.* Intenso, no superficial: *dolor profundo*. **6.** *Fig.* Extremo, total, completo: *silencio profundo*. **7.** *Fig.* Notable, acusado: *existe entre ambos una profunda diferencia*. ◇ **Psicología profunda** Psicoanálisis.

PROFUSIÓN s.f. Abundancia excesiva de algo.

PROFUSO, A adj. (lat. *profusus*, p. de *profundere*, derramar). Abundante.

PROGENIE s.f. (lat. *progenies*). *Fam.* Descendencia, posteridad o conjunto de hijos.

PROGENITOR, RA s. (del lat. *progignere*, engendrar). Pariente en línea recta ascendente de una persona. ◆ **progenitores** s.m.pl. Padre y madre de una persona.

PROGESTERONA s.f. Hormona producida por el cuerpo amarillo del ovario durante la segunda parte del ciclo menstrual y durante el embarazo. SIN.: *luteína*.

PROGLOTIS s.m. Anillo de un gusano cestodo (tenia).

PROGNATISMO s.m. ANTROP. Inclinación hacia adelante del perfil de la cara.

PROGNATO, A adj. y s. (del gr. *pro*, hacia adelante, y *gnáthos*, mandíbula). Que tiene prognatismo.

PROGNOSIS s.f. Conocimiento anticipado de algún suceso.

PROGRAMA s.m. (gr. *prógramma*, de *prográphein*, anunciar por escrito). Programación ordenada de las distintas partes o detalles de un trabajo, espectáculo, ceremonia, etc. **2.** Folleto o impreso que contiene dicha programación. **3.** Exposición general de las intenciones o proyectos de una persona, partido, etc. **4.** Proyecto, plan. **5.** Emisión independiente y con tema propio de televisión, radio, etc. **6.** Argent. y Urug. Amorío que no se toma en serio. **7.** Argent. y Urug. Amante ocasional. **8.** INFORMÁT. Conjunto de instrucciones, datos o expresiones que permite ejecutar una serie de operaciones determinadas a una computadora, un aparato automático o una máquina-herramienta.

PROGRAMACIÓN s.f. Acción de programar. **2.** Conjunto de programas que se retransmiten por radio o televisión.

PROGRAMADOR, RA adj. y s. Especialista encargado de la preparación de programas de computación. ◆ s.m. Aparato cuyas señales de salida gobiernan la ejecución de una serie de operaciones que corresponden a un programa. **2.** Dispositivo integrado que gobierna automáticamente la ejecución de las diversas operaciones que debe realizar un aparato electrodoméstico.

PROGRAMAR v.tr. Establecer un programa o fijar las diversas partes o detalles de una determinada acción. **2.** INFORMÁT. Fraccionar un problema que debe resolver una computadora en instrucciones codificadas aceptables por la máquina.

PROGRE s.m. y f. *Fam.* Persona de ideas progresistas.

PROGRESAR v.intr. Experimentar una persona o cosa un progreso, un avance o una mejora. **2.** Avanzar una persona o una acción.

PROGRESIÓN s.f. (lat. *progressio*, progreso, gradación). Acción de progresar. **2.** MAT. Sucesión de números entre los cuales hay una ley de formación constante. ◇ **Progresión aritmética** MAT. Progresión de números en que cada término se obtiene sumando al anterior un número fijo, llamado *razón* o *diferencia*. **Progresión geométrica** MAT. Progresión de números en que cada término se obtiene multiplicando el anterior por un número fijo, llamado *razón*.

PROGRESISMO s.m. Ideología y doctrina partidarias del progreso social en todos los órdenes y, especialmente, en el político-social.

PROGRESISTA adj. y s.m. y f. Partidario del progresismo. **2.** Se dice de la persona, partido o movimiento político con ideas o programas de tipo político y social avanzados.

PROGRESIVIDAD s.f. Cualidad de progresivo. ◇ **Progresividad del impuesto** Sistema en el que el tipo impositivo aumenta al mismo tiempo que la base imponible ostentada por el contribuyente.

PROGRESIVO, A adj. Que progresa o avanza. **2.** Se dice del impuesto cuyo tipo es mayor a medida que aumenta la base imponible.

PROGRESO s.m. (lat. *progressus, -us*, de *progredi*, caminar adelante). Cambio gradual de una persona o cosa que tiende a aumentar o a mejorar. **2.** Desarrollo integral de una sociedad o de la humanidad. **3.** Acción de avanzar o progresar.

PROHIBICIÓN s.f. Acción y efecto de prohibir.

PROHIBICIONISMO s.m. Política favorable a la prohibición.

PROHIBICIONISTA adj. y s.m. y f. Relativo a la prohibición; partidario del prohibicionismo.

PROHIBIR v.tr. (lat. *prohibere*, apartar, mantener lejos, impedir, de *habere*, tener) [57]. Vedar o impedir el uso o ejecución de algo.

PROHIBITIVO, A adj. Prohibitorio. **2.** Se dice del precio muy alto de las cosas.

PROHIJAMIENTO s.m. Acto jurídico por el

que una persona recibe como hijo adoptivo a un expósito o niño abandonado por sus padres y recogido en un establecimiento de beneficencia pública. SIN.: *prohijación.*

PROHIJAR v.tr. [20]. Recibir a alguien como hijo por prohijamiento. **2.** Fig. Adoptar y defender como propias las opiniones, doctrinas o ideas de otros.

PROHOMBRE s.m. Hombre ilustre, que goza de especial consideración entre los de su clase.

PROINDIVISIÓN s.f. DER. CIV. Situación de una masa de bienes o de una cosa que no ha sido partida o dividida entre sus varios propietarios.

PROINDIVISO, A adj. Se dice de todo bien afectado por una proindivisión.

PRÓJIMA s.f. Fam. Prostituta.

PRÓJIMO s.m. (lat. *proximus*, el más cercano, muy cercano, de *prope*, cerca). Cualquier persona con respecto a otra. **2.** Desp. Individuo, tipo.

PROLACTINA s.f. Hormona hipofisaria responsable de la secreción láctea del posparto e implicada en la inhibición de la fertilidad materna que se observa en dicho período.

PROLAMINA s.f. Holoproteína vegetal, rica en ácido glutámico.

PROLAN s.m. Sustancia producida por la placenta, que tiene la misma acción que las gonadotropinas hipofisarias.

PROLAPSO s.m. MED. Caída de un órgano fuera o hacia adelante respecto de su emplazamiento normal.

PROLE s.f. (lat. *proles*). Descendencia de alguien, especialmente los hijos.

PROLEGÓMENO s.m. Cosa que precede a otra. **2.** Tratado que precede a una obra o escrito y que establece los fundamentos generales de la materia que se ha de tratar. (Suele usarse en plural.)

PROLEPSIS s.f. (gr. *prólepsis*, de *prolamba-nein*, tomar de antemano). BIOL. Desarrollo anticipado de un órgano por causas naturales o artificiales. **2.** LING. Construcción gramatical que consiste en colocar un elemento en una unidad sintáctica anterior a la que le correspondería lógicamente. **3.** FILOS. Conocimiento anticipado de una cosa en la doctrina de los epicúreos y los estoicos.

PROLÉPTICO, A adj. Relativo a la prolepsis.

PROLETARIADO s.m. Clase social formada por los proletarios. SIN.: *salariado.*

PROLETARIO, A adj. y s. (lat. *proletarius*, que solo importa como procreador de hijos, de *proles*, prole). Relativo al proletariado; miembro de dicha clase social. ◆ adj. Fig. Plebeyo, vulgar. ◆ s. Persona no propietaria de los medios de producción que vende su fuerza de trabajo por un salario, en un sistema capitalista. ◆ s.m. ANT. ROM. Ciudadano de la última clase, que solo era considerado útil al estado por su descendencia.

PROLETARIZACIÓN s.f. Acción de reducir una categoría de productores independientes (explotadores agrícolas, artesanos, comerciantes) al estado de proletarios.

PROLETARIZAR v.tr. [7]. Dar carácter proletario.

PROLIFERACIÓN s.f. Multiplicación del número de células por división. **2.** Fig. Multiplicación rápida.

PROLIFERAR v.intr. Multiplicarse por proliferación.

PROLÍFICO, A adj. Capaz de reproducirse. **2.** Que tiene facilidad para engendrar o reproducirse abundante y rápidamente. **3.** Se dice de la persona que tiene una extensa producción artística o científica.

PROLIJIDAD s.f. Cualidad de prolijo.

PROLIJO, A adj. (lat. *prolixus*, fluyente, profuso). Muy extenso y detallado. **2.** Cargante, pesado por ser excesivo. **3.** Muy cuidadoso o esmerado.

PROLOGAR v.tr. [2]. Escribir el prólogo de una obra.

PRÓLOGO s.m. (gr. *prólogos*). Texto que precede al cuerpo de una obra. **2.** Fig. Parte de una cosa que precede a otra, o la que sirve de preparación. **3.** ANT. Parte de una obra de

teatro que precedía la entrada del coro y que estaba dedicada a la exposición del tema.

PROLOGUISTA s.m. y f. Autor de un prólogo.

PROLONGACIÓN s.f. Acción de prolongar. **2.** Parte prolongada de una cosa.

PROLONGAMIENTO s.m. Prolongación.

PROLONGAR v.tr. y prnl. (lat. *prolongare*) [2]. Aumentar la longitud o duración de algo.

PROMANAR v.intr. Provenir.

PROMECIO s.m. → PROMETIO.

PROMEDIAR v.tr. Calcular el promedio de algo. **2.** Igualar aproximadamente dos partes de algo o repartir algo en dos partes aproximadamente iguales. ◆ v.intr. Llegar aproximadamente a su mitad un espacio de tiempo determinado: *promediaba junio.*

PROMEDIO s.m. (del lat. *pro medio*, como término medio). Cantidad o valor medio que resulta de repartir entre varios casos la suma de todos los valores correspondientes a cada uno.

PROMESA s.f. (lat. *promissa*). Acción de prometer. **2.** Cosa prometida. **3.** Persona o cosa que muestra indicios de tener un futuro prometedor: *una promesa del fútbol.* **4.** Fig. Indicio o señal que promete algo. **5.** DER. Compromiso para realizar un acto o contraer una obligación: *promesa de compra.* **6.** REL. Acto de ofrecer a Dios o a los santos una obra piadosa.

PROMESANTE s.m. y f. Argent. y Chile. Persona que cumple una promesa piadosa, generalmente en procesión.

PROMETACINA s.f. Antihistamínico derivado de la fenotiacina, ligeramente hipnótico.

PROMETER v.tr. (lat. *promittere*). Decir alguien que hará o dirá cierta cosa, comprometiéndose u obligándose a ello. **2.** Augurar por indicios, señales, etc., un futuro generalmente favorable. **3.** Asegurar o confirmar la certeza de lo que se dice. ◆ v.intr. Dar muestras de una capacidad potencial. ◆ **prometerse** v.prnl. Dar palabra de matrimonio. **2.** Confiar en el logro o realización de una cosa. **3.** REL. Ofrecerse uno, por devoción o agradecimiento, al servicio o culto de Dios o de sus santos.

PROMETIDO, A s. Persona con la que se ha concertado promesa de matrimonio, respecto de la persona con la que se va a casar.

PROMETIO o **PROMECIO** s.m. Metal del grupo de las tierras raras. **2.** Elemento químico (Pm), inestable, de número atómico 61 y masa atómica 145.

PROMINENCIA s.f. Abultamiento o elevación en cualquier cosa. **2.** Cualidad de prominente. **3.** ANAT. Formación saliente de algunos huesos o estructuras del organismo.

PROMINENTE adj. (lat. *prominens, -tis*, p. de *prominere*, adelantarse, formar saliente). Que sobresale de la cosa de que forma parte, o que sobresale más de lo que se considera normal. **2.** Fig. Se dice de la persona ilustre, destacada.

PROMISCUAR v.intr. [3 y 18]. Participar indistintamente en cosas heterogéneas u opuestas. **2.** Comer carne y pescado en una misma comida durante los días de cuaresma u otros en que la Iglesia lo prohíbe.

PROMISCUIDAD s.f. Cualidad de promiscuo.

PROMISCUO, A adj. (lat. *promiscuus*). Se dice de la persona que cambia con frecuencia de pareja sexual y solo busca el placer sexual en sus relaciones. **2.** Se dice de las cosas mezcladas sin orden y de manera confusa.

PROMISIÓN s.f. Promesa, acción de prometer: *tierra de promisión.*

PROMOCIÓN s.f. Acción de promocionar o promover. **2.** Conjunto de personas que han obtenido un grado, empleo o título al mismo tiempo. **3.** DEP. Torneo en que se enfrentan deportistas o equipos para determinar cuáles pertenecerán a la categoría superior en la temporada siguiente. ◇ **Promoción de ventas** Conjunto de acciones destinadas a crear o reactivar la demanda de un producto.

PROMOCIONAR v.tr. Impulsar mediante acciones publicitarias una empresa, un producto comercial, a una persona, etc. **2.** Hacer que alguien mejore en su situación, cargo o categoría social o laboral.

PROMONTORIO s.m. Elevación de poca al-

tura en el terreno. **2.** Elevación de tierra o punta rocosa que se adentra en el mar. **3.** Fig. Abultamiento. **4.** ANAT. Nombre que se da a ciertas estructuras del organismo discretamente sobreelevadas: *promontorio sacro.*

PROMOTOR, RA adj. y s. Que promueve. ◆ s.m. QUÍM. Sustancia que aumenta la actividad de un catalizador. ◇ **Promotor de la fe** Miembro de la congregación de ritos que investiga las faltas en las causas de beatificación y canonización.

PROMOVER v.tr. (lat. *promovere*) [30]. Iniciar o activar cierta acción: *promover el mecenazgo de las artes.* **2.** Ascender a una persona a un grado superior al que tenía. **3.** Producir algo que lleve en sí agitación, movimiento, etc.

PROMULGACIÓN s.f. Acción y efecto de promulgar.

PROMULGAR v.tr. (lat. *promulgare*) [2]. Publicar algo, en especial una ley, de forma solemne u oficial.

PRONACIÓN s.f. Movimiento del antebrazo que permite girar la mano de fuera hacia dentro y poner la palma hacia arriba o hacia abajo.

PRONADOR, RA adj. y s.m. ANAT. Se dice del músculo que permite el movimiento de pronación.

PRONAOS s.m. (voz griega). ARQ. Parte de un templo griego o romano que precede al santuario.

PRONO, A adj. (lat. *pronus*, inclinado hacia adelante, propenso). Tumbado sobre el vientre. **2.** Muy propenso o inclinado a una cosa.

PRONOMBRE s.m. (lat. *pronomen*). Palabra que sustituye a un sustantivo y que realiza la misma función gramatical que este. (En español existen pronombres personales, átonos o tónicos, demostrativos, posesivos, relativos, interrogativos e indefinidos.)

PRONOMINADO, A adj. GRAM. Se dice del verbo que tiene por complemento un pronombre.

PRONOMINAL adj. GRAM. Relativo al pronombre. ◇ **Adjetivo pronominal** Adjetivo posesivo, demostrativo, relativo, interrogativo o indefinido que tiene la forma del pronombre correspondiente. **Adverbio pronominal** Adverbio con función gramatical de pronombre (*cuándo, dónde,* etc.). **Verbo pronominal** Verbo que se conjuga con un pronombre reflexivo (me, te, se, nos, os), como *nublarse, acordarse* o *lavarse.*

PRONOSTICAR v.tr. [1]. Predecir lo que ha de suceder basándose en criterios lógicos y científicos a partir del análisis de cosas y sucesos conocidos: *pronosticar el tiempo meteorológico.* **2.** Indicar una cosa por su aspecto un hecho futuro.

PRONÓSTICO s.m. (lat. *prognosticum*). Predicción basada en criterios lógicos y científicos. **2.** Juicio del médico acerca de la gravedad, evolución y duración de una enfermedad. **3.** Indicio o señal por los que se puede adivinar o suponer algo que ocurrirá en el futuro. **4.** Información sobre los fenómenos astronómicos y meteorológicos futuros.

PRONTITUD s.f. Rapidez o diligencia en hacer una cosa.

1. PRONTO adv.t. En seguida, en un breve espacio de tiempo. ◇ **Al pronto** En el primer momento. **De pronto** Apresuradamente, sin reflexión; de repente, de improviso. **Por de pronto** Provisionalmente, por el momento. **Tan pronto como** En el mismo instante que, en seguida de.

2. PRONTO, A adj. (lat. *promptus, -a, -um*, visible, disponible, pronto, p. pasivo de *promere*, sacar, revelar). Rápido, inmediato: *le deseó una pronta mejoría.* **2.** Dispuesto, preparado para actuar. ◆ s.m. Fam. Arrebato, decisión o impulso repentino.

PRONTUARIO s.m. Compendio de las reglas de una ciencia o arte. **2.** Resumen breve.

PRONUNCIACIÓN s.f. Acción de pronunciar. **2.** Modo de pronunciar las palabras de una lengua: *tener una pronunciación correcta.*

PRONUNCIAMIENTO s.m. Alzamiento militar destinado a derribar un gobierno o a presionar sobre él. **2.** DER. Declaración, condena o mandato del juez.

PRONUNCIAR v.tr. (lat. *pronuntiare*). Emitir

y articular sonidos para hablar. **2.** DER. Publicar una sentencia, auto u otra resolución judicial. ◆ v.tr. y prnl. Hacer que algo resalte o se acentúe más: *las diferencias entre ellos se pronuncian cada vez más.* ◆ **pronunciarse** v.prnl. Declararse o mostrarse a favor o en contra de alguien o de algo. **2.** Sublevarse.

PRONUNCIO s.m. Eclesiástico que ejerce provisionalmente la función de nuncio pontificio.

PROPADIENO s.m. Aleno.

PROPAGACIÓN s.f. Acción y efecto de propagar. **2.** FÍS. Modo de transmisión de las ondas sonoras, luminosas, hercianas, de las radiaciones X, etc.

PROPAGANDA s.f. (del lat. *de propaganda fide,* sobre la propagación de la fe, título de una congregación del Vaticano). Publicidad desarrollada para propagar o difundir un producto, una materia, un espectáculo, etc. **2.** Material o trabajo empleado para este fin.

PROPAGANDISTA adj. y s.m. y f. Que hace propaganda, especialmente de tipo ideológico: *discurso propagandista.*

PROPAGAR v.tr. y prnl. (lat. *propagare*) [2]. *Fig.* Extender el conocimiento de una idea, opinión, doctrina, etc. **2.** *Fig.* Extender, difundir o aumentar una cosa: *el fuego se propagó rápidamente.* **3.** Multiplicar por generación u otro medio de reproducción: *propagar la especie humana.*

PROPÁGULO s.m. BOT. Célula, porción de tejido u órgano que se separa espontáneamente de la planta madre y da lugar a una nueva planta.

PROPALAR v.tr. (lat. tardío *propalare,* de *propalam,* en público). Divulgar o dar a conocer algo que estaba oculto o conocían pocas personas.

PROPANERO, A adj. y s.m. Se dice del barco que transporta propano líquido.

PROPANO s.m. Hidrocarburo saturado gaseoso (C_3H_8), empleado como combustible.

PROPAROXÍTONO, A adj. y s.f. Se dice de la palabra que tiene el acento en la antepenúltima sílaba.

PROPASAR v.tr. y prnl. Exceder un límite, en especial el convenido o establecido. ◆ **propasarse** v.prnl. Cometer un atrevimiento, especialmente en el terreno sexual. **2.** Hacer o decir algo moral o socialmente reprobable.

PROPEDÉUTICA s.f. Conjunto de conocimientos necesarios para el estudio de una disciplina.

PROPELENTE adj. y s.m. Se dice del producto químico, como el combustible de los cohetes o el gas de los aerosoles, que se utiliza para propulsar.

PROPENDER v.intr. (lat. *propendere,* inclinarse adelante) Tender por naturaleza, por condición o por otras causas a ser, actuar o estar de determinada manera.

PROPENO s.m. Propileno.

PROPENSIÓN s.f. Inclinación natural a ser, actuar o estar de determinada manera.

PROPENSO, A adj. Que tiene propensión.

PROPERGOL s.m. Mezcla de sustancias cuya reacción química, en la que no interviene el oxígeno del aire, da origen a un gran volumen de gases calientes, cuya eyección sirve para la propulsión de cohetes por reacción.

PROPICIACIÓN s.f. REL. **a.** Acción buena con que se intenta agradar a Dios o a los dioses o mover su voluntad y misericordia. **b.** Sacrificio que se ofrecía para aplacar la justicia divina y tener a Dios propicio.

PROPICIAR v.tr. (lat. *propitiare*). Hacer o volver propicio.

PROPICIATORIO, A adj. Que propicia.

PROPICIO, A adj. (lat. *propitius,* favorable, benévolo). Favorable, adecuado. **2.** Benigno, inclinado a hacer un bien.

PROPIEDAD s.f. Atributo o cualidad característica o esencial de una persona o cosa: *las propiedades de los metales.* **2.** Derecho a usar y disponer de un bien de forma exclusiva y absoluta, según lo que establece la ley. **3.** Cosa poseída, especialmente si es inmueble. **4.** Adecuación exacta de una palabra o una frase a la idea que se quiere expresar: *hablar con propie-*

dad. **5.** *Fig.* Correspondencia perfecta entre una cosa y su representación. ◇ **En propiedad** Como propiedad; se aplica a la manera de poseer un cargo o empleo cuando no es como interino o sustituto. **Propiedad industrial** Derecho exclusivo a utilizar un nombre comercial, una marca, una patente, un diseño, etc. **Propiedad intelectual** Conjunto de derechos que el autor de una obra intelectual tiene sobre esta en cuanto a su publicación y reproducción. **Propiedad horizontal** En los inmuebles sujetos a comunidad de propietarios, propiedad que recae en propietarios distintos, cada uno de los cuales posee una o más viviendas o locales, y copropiedad conjunta de los elementos comunes.

PROPIETARIO, A adj. y s. Se dice de la persona que tiene la propiedad legal de una cosa, especialmente de un bien inmueble. **2.** Se dice de la persona que posee un cargo o empleo, a diferencia del que solo lo desempeña de forma transitoria.

PROPILENO s.m. Hidrocarburo etilénico $CH_3CH=CH_2$, homólogo superior del etileno. SIN.: *propeno.*

PROPILEO s.m. Entrada monumental de una ciudadela o de un templo griegos constituida por un pórtico con columnas.

■ PROPILEO de entrada a la antigua ciudad de Afrodisia de Caria (península de Anatolia).

PROPINA s.f. (bajo lat. *propina,* dádiva, convite). Dinero dado por un cliente a título de gratificación.

PROPINAR v.tr. (lat. *propinare,* del gr. *propínein,* beber antes que alguien, dar de beber). Dar, administrar: *propinar una bofetada.*

PROPINCUO, A adj. (lat. *propinquus,* de *prope,* cerca). *Poét.* Cercano, próximo.

PROPIO, A adj. (lat. *proprius*). Que pertenece en propiedad a una persona: *vive en casa propia.* **2.** Se usa delante de un nombre de persona o cosa para enfatizar que se trata de esa persona o cosa y no de otra: *el propio autor presentó su obra.* **3.** Característico o particular de una persona o cosa determinada: *diversiones propias de la juventud.* **4.** Natural o característico de alguien o algo: *un clima propio del verano.* **5.** Apropiado, indicado para lo que se expresa: *un calzado propio para el campo.* ◆ adj. y s.m. LÓG. Que se sigue necesariamente o es inseparable de la esencia de las cosas. ◆ s.m. Enviado, mensajero. **2.** REL. Serie de oficios especiales para las diferentes partes del año litúrgico. ◆ **propios** s.m.pl. Parte de las tierras comunales que pertenecían al municipio y cuyos beneficios se destinaban a cubrir los gastos de este. ◇ **Movimiento propio** ASTRON. Movimiento real de un astro (por oposición a su *movimiento aparente*). **Nombre propio** Nombre que solo puede aplicarse a un solo ser, a un solo objeto o a una sola categoría de seres o de objetos (por oposición a *nombre común*). **Sentido propio** Sentido primero, real, de una palabra.

PROPIOCEPTIVO, A adj. Se dice de las sensaciones procedentes de los músculos y de sus anexos y de los canales semicirculares que informan sobre la altitud, los movimientos y el equilibrio.

PROPIOCEPTOR s.m. Estructura nerviosa periférica que proporciona sensibilidad a los huesos, músculos, tendones y articulaciones.

PROPONER v.tr. (lat. *proponere*) [60]. Exponer un plan, proyecto, negocio, idea, etc., a al-

guien que tiene que intervenir en él. **2.** Recomendar o presentar a una persona como idónea para un empleo o cargo o como merecedora de un premio. ◆ **proponerse** v.prnl. Tomar la determinación firme de hacer algo: *proponerse dejar de fumar.*

PROPORCIÓN s.f. (lat. *proportio, -onis,* de *pro portione,* según la parte). Relación en cuanto a magnitud, cantidad o grado, de una cosa con otra, o de una parte con el todo: *la anchura de esta mesa no guarda proporción con su longitud.* SIN.: *proporcionalidad.* **2.** Tamaño, medida o dimensión. **3.** Importancia o intensidad de un hecho o acción: *el incendio adquirió proporciones alarmantes.* **4.** Ocasión u oportunidad para obrar. **5.** MAT. Igualdad entre dos razones. ◇ **A proporción** Según, conforme a.

PROPORCIONADO, A adj. Que tiene la justa y debida proporción o tamaño. **2.** Conveniente o adecuado para algo.

PROPORCIONAL adj. Relativo a la proporción, o que guarda proporción. **2.** MAT. Que está relacionado por una proporción. ◇ **Directamente proporcional** MAT. Se dice de la magnitud o cantidad que varía de tal manera que los números que la miden permanecen en una relación constante. **Inversamente proporcional** MAT. Se dice de una magnitud o cantidad que varía de tal manera que el producto de los números que la miden permanece constante. **Representación proporcional** Sistema electoral que concede a los diversos partidos un número de representantes proporcional al número de sufragios obtenidos.

PROPORCIONALIDAD s.f. Proporción. **2.** Carácter de las cantidades proporcionales entre sí. ◇ **Proporcionalidad del impuesto** Sistema de cálculo del impuesto en el que el tipo impositivo es fijo cualquiera que sea el importe de la base imponible.

PROPORCIONAR v.tr. Hacer lo necesario para que una persona tenga algo que necesita, facilitándoselo o dándoselo. **2.** Establecer o hacer que una cosa tenga la debida proporción con otra.

PROPOSICIÓN s.f. Acción y efecto de proponer. **2.** Cosa que se propone. **3.** Conjunto de palabras con que se propone algo. **4.** Unidad lingüística de estructura oracional. **5.** Oración gramatical. **6.** LÓG. Enunciado susceptible de ser verdadero o falso. ◇ **Cálculo de proposiciones,** o **proposicional** LÓG. Parte de la lógica que estudia las propiedades generales de las proposiciones y de los operadores proposicionales, sin referencia al sentido de estas proposiciones, de las que solo se considera la veracidad o la falsedad. **Proposición de ley** Texto redactado por uno o varios parlamentarios y depositado en la mesa de la cámara de que forman parte, para que sea tramitado como ley. SIN.: *propuesta de ley.* **Proposición no de ley** Petición formulada por uno o varios parlamentarios para que la cámara de la que forman parte redacte un texto legal sobre una materia determinada.

PROPÓSITO s.m. Aquello que alguien se propone hacer. **2.** Objeto, finalidad. **3.** Asunto, materia de que se trata. ◇ **A propósito** Expresa que una cosa es oportuna o adecuada para lo que se desea o para el fin a que se destina; voluntaria o deliberadamente. **A propósito de** En relación con, respecto de. **Fuera de propósito** Inoportunamente, sin venir al caso.

PROPRETOR s.m. ANT. ROM. Alto funcionario, generalmente un antiguo pretor, al que se le gaba el gobierno de una provincia.

PROPRETURA s.f. Dignidad, función de propretor. **2.** Duración de esta función.

PROPUESTA s.f. Proposición o idea que se manifiesta o expone a alguien con un fin determinado. **2.** Recomendación o indicación de cierta persona hecha a la autoridad para un empleo o cargo. **3.** Consulta de un asunto o negocio que se presenta a la junta o consejo que lo ha de aprobar o desestimar.

PROPUGNAR v.tr. (lat. *propugnare,* de *pugnare,* luchar). Defender y apoyar una postura o idea que se considera conveniente.

PROPULSAR v.tr. (lat. *propulsare,* rechazar, apartar). Impeler hacia adelante. **2.** *Fig.* Aumentar la actividad o el desarrollo de algo.

PROPULSIÓN s.f. Acción de propulsar.

PROPULSOR, RA adj. y s. Que propulsa. ◆ s.m. Órgano o máquina destinado a imprimir un movimiento de propulsión. **2.** Materia combustible para la propulsión por cohete.

PRORRATA s.f. Cuota o porción que debe pagar o percibir cada uno en un reparto, hecha la cuenta proporcionada que le corresponde. ◇ **A prorrata** Mediante prorrateo.

PRORRATEAR v.tr. Repartir una cantidad, obligación o carga entre varias personas según la parte proporcional que le toca pagar a cada una.

PRÓRROGA s.f. Acción de prorrogar. **2.** Plazo de tiempo durante el cual se prorroga algo: *prórroga de un partido.* **3.** MIL. En España, beneficio que se concede a determinados mozos para aplazar temporalmente su incorporación a filas.

PRORROGAR v.tr. [2]. Continuar o prolongar algo haciendo que dure más tiempo. **2.** Aplazar, retardar la ejecución o realización de algo.

PRORRUMPIR v.tr. (lat. *prorumpere*). Emitir un grito o un suspiro, o empezar a reír o a llorar, de forma repentina y brusca: *prorrumpir en llanto.* **2.** Surgir o salir con ímpetu una cosa, especialmente un fluido, de algún sitio.

PROSA s.f. (lat. *prosa,* f. del adj. *prosus, -a, -um,* que anda en línea recta). Forma ordinaria del lenguaje hablado o escrito, que no está sujeta a las reglas de ritmo y de cadencia propias de la poesía. **2.** *Fig.* Aspecto prosaico o vulgar de algo.

PROSAICO, A adj. (lat. tardío *prosaicus*). Vulgar, anodino, falto de elevación o interés. **2.** Relativo a la prosa.

PROSAÍSMO s.m. Cualidad de prosaico.

PROSAPIA s.f. (lat. *prosapia*). Linaje o ascendencia de una persona.

PROSCENIO s.m. (gr. *proskínion*). Parte del escenario entre el borde del mismo y el primer orden de bastidores.

PROSCRIBIR v.tr. (lat. *proscribere*) [54]. *Fig.* Prohibir una costumbre o uso. **2.** Desterrar a alguien, generalmente por causas políticas.

PROSCRIPCIÓN s.f. Acción y efecto de proscribir. ◇ **Proscripción de los bienes** Partición o venta de los bienes de un deudor en fuga, en beneficio de los acreedores.

PROSCRITO, A adj. y s. Se dice de la persona que ha sido desterrada.

PROSECTOR, RA s. Encargado de preparar las disecciones en un curso de anatomía.

PROSECUCIÓN s.f. Acción de proseguir. **2.** Acción de perseguir a alguien. SIN.: *proseguimiento.*

PROSEGUIR v.tr. (lat. *prosequi*) [90]. Continuar lo que se había empezado a hacer o decir. **2.** Continuar en un mismo estado o actitud.

PROSELITISMO s.m. Celo exagerado por hacer prosélitos.

PROSELITISTA adj. y s.m. y f. Que practica el proselitismo.

PROSÉLITO s.m. (lat. tardío *proselytus,* del gr. *prosílytos,* el que se establece en un país, prosélito). Persona ganada para una opinión, una doctrina, un partido, etc.

PROSÉNQUIMA s.m. (de *parénquima*). Tejido fibroso de los hongos superiores en el que es posible diferenciar las hifas.

PROSIFICACIÓN s.f. Acción de prosificar. **2.** Poema prosificado.

PROSIFICAR v.tr. [1]. Transcribir una composición poética dándole la forma de la prosa.

PROSIMIO, A adj. y s.m. Lemuroideo.

PROSISTA s.m. y f. Escritor de obras en prosa literaria.

PROSOBRANQUIO, A adj. y s.m. Relativo a una subclase de moluscos gasterópodos de branquias situadas hacia adelante, como el bígaro y la lapa.

PROSODIA s.f. Parte de la fonología que estudia los rasgos fónicos que afectan a las unidades mayores que el fonema o no segmentales. **2.** Estudio de los rasgos fónicos que afectan a la métrica, especialmente a los acentos, y a la cantidad. **3.** Parte de la gramática tradicional que enseña la pronunciación y acentuación correctas de las letras, sílabas y palabras.

◇ **Prosodia musical** Concordancia entre la música (duraciones, intervalos) y los acentos del texto.

PROSÓDICO, A adj. Relativo a la prosodia.

PROSOMA s.m. Porción anterior del cuerpo de algunos animales.

PROSOPOPEYA s.f. (gr. *prosopopoiia,* de *prósopon,* aspecto de una persona, y *poiein,* hacer). Tropo de sentencia por semejanza, que consiste en atribuir cualidades propias de los seres animados a los inanimados y abstractos. **2.** Gravedad afectada en la forma de hablar o de ser.

PROSPECCIÓN s.f. Exploración de un terreno para descubrir un yacimiento geológico, mineral, etc., o agua. **2.** ECON. y SOCIOL. Estudio destinado a mostrar las posibilidades futuras de negocio y las acciones que pueden llevarse a cabo.

PROSPECTAR v.tr. (ingl. *to prospect*). Realizar prospecciones.

PROSPECTIVA s.f. Ciencia que se dedica al estudio de las causas técnicas, científicas, económicas y sociales que aceleran la evolución del mundo moderno, y la previsión de las situaciones que podrían derivarse de sus influencias conjugadas.

PROSPECTIVO, A adj. Relativo a la prospección o a la prospectiva.

PROSPECTO s.m. (lat. *prospectus, -us,* acción de considerar algo, de *prospicere,* examinar). Impreso que acompaña a un medicamento, mercancía, máquina, etc., dando instrucciones sobre su empleo. **2.** Impreso de pequeño tamaño en que se presenta una obra, espectáculo, mercancía, etc.

PROSPERAR v.intr. (lat. *prosperare,* hacer próspero, feliz). Ganar prosperidad. **2.** *Fig.* Prevalecer o imponerse una opinión, idea, etc., poniéndose en práctica o aceptándose. ◆ v.tr. Dar prosperidad.

PROSPERIDAD s.f. Bienestar material o mejora de la situación económica. **2.** Curso favorable de las cosas, buena suerte o éxito en lo que se emprende.

PRÓSPERO, A adj. (lat. *prosperus, -a, -um,* feliz, próspero). Que mejora y se enriquece progresivamente. **2.** Favorable, afortunado, venturoso.

PROSTAGLANDINA s.f. Ácido graso que se halla principalmente en el organismo de los mamíferos, especialmente en los fluidos seminales. (Actúa como vasoconstrictor o vasodilatador en la musculatura lisa, el ciclo menstrual y el embarazo, la fertilidad masculina y en la zona cardiovascular.)

PRÓSTATA s.f. (gr. *próstatis,* que está delante). Órgano glandular, propio del sexo masculino, que rodea el cuello de la vejiga y parte de la uretra y segrega el líquido prostático durante la eyaculación.

PROSTATECTOMÍA s.f. Extirpación quirúrgica, total o parcial, de la próstata.

PROSTATITIS s.f. Inflamación de la próstata.

PROSTERNARSE v.prnl. Postrarse, arrodillarse en señal de adoración o de respeto: *prosternarse ante el altar.*

PROSTÉTICO, A adj. Relativo a la prótesis. ◆ **Grupo prostético** BIOL. Parte de la molécula de una heteroproteína que contiene su radical activo.

PROSTIBULARIO, A adj. Del prostíbulo.

PROSTÍBULO s.m. (lat. *prostibulum*). Establecimiento donde se practica la prostitución.

PRÓSTILO, A adj. y s.m. ARQ. Se dice del templo que presenta una fila de columnas solo en la fachada principal.

PROSTITUCIÓN s.f. Actividad del prostituto. **2.** *Fig.* Degradación moral.

PROSTITUIR v.tr. y prnl. (lat. *prostituere*) [88]. Hacer que una persona mantenga relaciones sexuales a cambio de dinero. **2.** *Fig.* Envilecer o degradar por interés o para obtener una ventaja: *prostituir su talento literario.*

PROSTITUTO, A s. Persona que mantiene relaciones sexuales a cambio de dinero. (Se usa más referido a la mujer.)

PROSUDO, A adj. Chile, Ecuad. y Perú. Se dice del orador pomposo. **2.** Ecuad. Que se da importancia o toma actitudes de superioridad.

PROTACTINIO s.m. Elemento químico (Pa), radiactivo, de número atómico 91.

PROTAGONISMO s.m. Afán que tiene una persona de mostrarse o aparecer como la persona más calificada y necesaria para una actividad. **2.** Cualidad de protagonista.

PROTAGONISTA s.m. y f. (del gr. *protos,* primero, y *agonistis,* actor). Personaje principal de una obra literaria, teatral, cinematográfica, etc. **2.** Persona o cosa que tiene la parte principal en un hecho o suceso cualquiera.

PROTAGONIZAR v.tr. [7]. Actuar como protagonista.

PRÓTALO s.m. (de *pro* y gr. *thallos,* rama). BOT. Pequeña lámina verde resultante de la germinación de las esporas de los helechos o plantas semejantes, en la que se hallan los anteridios y los arquegonios.

PROTAMINA s.f. Polipéptido utilizado en la fabricación de ciertas insulinas de efecto retardado y como antídoto de la heparina.

PRÓTASIS s.f. (pl. *prótasis*). Proposición subordinada de una oración condicional que expresa la hipótesis. **2.** Primera parte de un poema dramático en la que se presenta la acción.

PROTEASA s.f. Enzima que hidroliza los prótidos.

PROTECCIÓN s.f. Acción de proteger: *la protección de la biodiversidad.* **2.** Cosa que protege. ◇ **Protección civil** Organización que reglamenta y coordina la protección de personas y bienes en caso de guerra o calamidades públicas, para evitar o aminorar los riesgos y los daños.

PROTECCIONISMO s.m. Doctrina económica que pretende favorecer la producción nacional frente a la competencia extranjera. (Se opone al librecambismo.)

PROTECCIONISTA adj. y s.m. y f. Relativo al proteccionismo; partidario del proteccionismo.

PROTECTOR, RA adj. y s. Que protege: *crema protectora.* ◆ s.m. Cosa que protege: *un protector de la piel.* **2.** Pieza de protección que se coloca un boxeador en la boca para proteger los dientes. SIN.: *protegedientes.* **3.** En Gran Bretaña, título de regente. (Con este significado, suele escribirse con mayúscula.) **4.** Título dado a diversos próceres americanos. (Con este significado, suele escribirse con mayúscula.)

PROTECTORADO s.m. Situación de un estado que está bajo la protección de otro estado, especialmente en cuanto a las relaciones exteriores y la seguridad.

PROTEGEDIENTES s.m. (pl. *protegedientes*). Protector dental.

PROTEGER v.tr. (lat. *protegere*) [27]. Resguardar a alguien o a algo de peligros, daños o incomodidades. **2.** Favorecer, apoyar: *proteger las artes y las letras; proteger una candidatura.*

PROTEGIDO, A s. Favorito, ahijado.

1. PROTEICO, A adj. (del gr. *proton,* primero). Relativo a las proteínas.

2. PROTEICO, A adj. (de *Proteo,* dios marino griego que tomaba distintas formas). Que cambia de forma, aspecto o ideas: *temperamento proteico.*

PROTEIDO s.m. Proteína.

PROTEIFORME adj. Que cambia frecuentemente de forma.

PROTEÍNA s.f. (del gr. *proteion,* preeminente, primer premio). Macromolécula constituida por numerosos aminoácidos encadenados unidos por enlaces peptídicos, y que forma parte de la materia fundamental de las células y de las sustancias vegetales y animales. SIN.: *proteido.*

ENCICL. Atendiendo a sus funciones y propiedades físico-químicas, las proteínas se pueden clasificar en *proteínas simples* (*holoproteidos*), que por hidrólisis dan solo aminoácidos o sus derivados; *proteínas conjugadas* (*heteroproteidos*), que por hidrólisis dan aminoácidos acompañados de sustancias diversas, y *proteínas derivadas,* formadas por transformación de una oración condicional que desnaturalización y desdoblamiento de las anteriores. Las proteínas son indispensables para la vida, sobre todo por su función plástica (constituyen el 80 % del protoplasma deshidratado de toda célula), pero también por sus funciones biorreguladora (forman parte de los enzimas) y de defensa (los anticuerpos son proteínas).

PROTEÍNICO, A adj. Relativo a las proteínas y a los prótidos.

PROTEINURIA s.f. Presencia de proteínas en la orina.

PROTEÓLISIS s.f. Conjunto de reacciones que se dan en la desintegración de las sustancias protídicas complejas.

PROTEOSÍNTESIS s.f. Elaboración de proteínas por células vivas.

PROTERANDRIA s.f. BOT. Estado de una flor cuyos estambres maduran antes que el pistilo. SIN.: proterandria.

PROTEROGINIA s.f. BOT. Protoginia.

PROTERVO, A adj. y s. (lat. protervus, violento, vehemente, audaz). Malvado, perverso.

PROTÉSICO, A adj. Relativo a la prótesis. ◆ s. Persona especializada en preparar y ajustar prótesis dentales.

PRÓTESIS s.f. (gr. próthesis, anteposición). Pieza, dispositivo o aparato que se coloca en el cuerpo de una persona o animal para sustituir a un órgano, pieza o miembro dañado o amputado. **2.** Colocación de esta pieza, dispositivo o aparato en el cuerpo de una persona o animal. **3.** LING. Adición de una letra no etimológica al principio de una palabra, como la e en escala del latín scala.

PROTESTA s.f. Acción de protestar. **2.** Documento o palabras con que se protesta. ◇ **Canción (de) protesta** Canción pop de los años sesenta caracterizada por un mensaje de crítica social o de compromiso político que llevaba implícitos. (En ingl. protest song.)

PROTESTANTE adj. y s.m. y f. Relativo al protestantismo; que profesa el protestantismo. ◇ **Iglesias protestantes** Conjunto de iglesias surgidas de la *Reforma.

PROTESTANTISMO s.m. Conjunto de las doctrinas religiosas de Lutero y sus seguidores. **2.** Conjunto de las iglesias y comunidades cristianas surgidas de la Reforma.

ENCICL. El protestantismo reúne a diversas iglesias (luteranas, reformadas, anglicanas, etc.) cuya unidad se basa en tres afirmaciones fundamentales: 1, la autoridad soberana de la Biblia en materia de fe (todo lo que sea la tradición humana es rechazado); 2, la salvación por la fe, que es un don de Dios (las buenas obras no son la causa de la salvación sino su consecuencia); 3, la fuerza del testimonio interno del Espíritu Santo, por la cual el creyente comprende el espíritu de la palabra de Dios que se expresa en los libros santos. El protestantismo no pretende ser un conjunto doctrinal, sino una actitud común del pensamiento y de la vida, que es la fidelidad al Evangelio.

PROTESTAR v.intr. (lat. protestari, declarar en voz alta). Expresar con vehemencia queja o disconformidad. ◆ v.tr. Mostrar disconformidad y oposición con vehemencia. **2.** DER. Realizar el protesto de una letra de cambio u otro documento ejecutivo por falta de aceptación o pago, o por otra causa legal.

PROTESTO s.m. Acta notarial, extendida a instancias del tenedor de la letra, en que consta que practicó las diligencias necesarias para su aceptación y pago por parte del librado, sin conseguirlo. ◇ **Protesto del cheque** Acto por el que consta de forma fehaciente la falta de pago de un cheque.

PROTÉTICO, A adj. LING. Relativo a la prótesis.

PRÓTIDO s.m. Proteína.

PROTISTO s.m. Ser vivo unicelular de núcleo diferenciado, como el paramecio y la ameba.

PROTOCOCAL adj. y s.f. Relativo a un orden de algas verdes unicelulares que nunca forman filamentos de crecimiento terminal.

PROTOCOLARIO, A adj. Relativo o conforme al protocolo.

PROTOCOLIZAR v.tr. [7]. Realizar un acto conforme a unas reglas de protocolo.

PROTOCOLO s.m. (lat. tardío protocollum, del gr. tardío protókollon, hoja pegada en un documento para darle autenticidad). Conjunto de reglas de cortesía y urbanidad establecidas para determinadas ceremonias. **2.** Regla ceremonial, diplomática o palatina, establecida

por decreto o por costumbre. **3.** Serie ordenada de escrituras matrices y otros documentos que un notario o escribano autoriza y custodia con ciertas formalidades. **4.** Serie de fórmulas con que se comienza y termina un documento. **5.** INFORMÁT. Conjunto de reglas que rigen el intercambio de informaciones entre dos equipos o entre dos sistemas conectados entre sí. **6.** MED. **a.** Plan preciso y detallado establecido para el tratamiento de una enfermedad o para la realización de un ensayo clínico o intervención quirúrgica. **b.** Conjunto de los diversos informes que se escriben inmediatamente después de realizada una intervención (acto quirúrgico, autopsia, etc.). ◇ **Protocolo de ratificación** DER. INTERN. Conjunto de disposiciones adoptadas después de un trabajo para hacer constar ciertos hechos.

PROTOESTRELLA s.f. Materia interestelar en proceso de condensación para formar una nueva estrella.

PROTÓFITO s.m. Vegetal unicelular.

PROTOGALAXIA s.f. Galaxia en proceso de formación.

PROTOGINA s.f. Variedad de granito de los Alpes, de aspecto verdoso, que ha sufrido un ligero metamorfismo.

PROTOGINIA s.f. BOT. Estado de una flor cuyo pistilo madura antes que los estambres. SIN.: proteroginia.

PROTOHISTORIA s.f. Período de la historia de la humanidad subsiguiente a la prehistoria.

PROTOINDUSTRIALIZACIÓN s.f. Fase previa a la revolución industrial.

PROTOMÁRTIR s.m. Primer mártir. (Se dice especialmente de san Esteban.)

PRÓTOMO s.m. ARQUEOL. Busto de hombre o de animal usado como elemento decorativo.

PROTÓN s.m. (gr. proton, primero). Partícula elemental cargada de electricidad positiva, constituyente estable de la materia, que junto con el neutrón entra en la composición de los núcleos atómicos. (En el átomo, el número de protones, igual al de electrones planetarios, define el número atómico del elemento químico. El núcleo del hidrógeno está compuesto por un solo protón.)

PROTONEMA s.m. BOT. Órgano filamentoso procedente de una espora de musgo, del que nacen los tallos.

PROTONOTARIO s.m. Dignidad más elevada entre los prelados de la corte romana que no son obispos.

PROTOONCOGÉN s.m. Oncogén primitivo o rudimentario.

PROTOPLANETA s.m. Planeta en proceso de formación.

PROTOPLASMA s.m. Conjunto del citoplasma, el núcleo y los plastos.

PROTÓPTERO s.m. Pez de las lagunas de África tropical, de 60 cm de long., que respira por branquias y pulmones y pasa la estación seca en el lodo, en el interior de un capullo de moco seco. (Subclase dipnoos.)

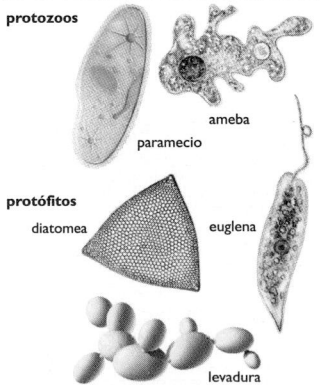

protozoos

ameba

paramecio

protófitos

diatomea

euglena

levadura

■ **PROTISTO.** Algunas especies de protistos.

PROTÓRAX s.m. Primer segmento del tórax de los insectos en el que se articulan el primer par de patas.

PROTOSTOMA adj. y s.m. Relativo a un grupo de metazoos celomados bilaterales, cuya abertura oral deriva del blastoporo directamente.

PROTOTERIO, A adj. y s.m. Monotrema.

PROTOTIPO s.m. Primer ejemplar, modelo. **2.** Primer ejemplar construido industrialmente de una máquina, aparato, vehículo, etc., y destinado a experimentar en funcionamiento sus cualidades y características, con vistas a la construcción en serie. **3.** Fig. Persona o cosa que reúne en sí las más acusadas características de una cualidad, acción, vicio, virtud, etc., o las representa en su máximo grado.

PROTÓXIDO s.m. QUÍM. Óxido menos oxigenado de un elemento: protóxido de nitrógeno.

PROTOZOO adj. y s.m. Se dice de los seres unicelulares de núcleo diferenciado, sin clorofila, generalmente dotados de una boca, como los ciliados (paramecio), los flagelados (tripanosoma), los rizópodos (amebas, foraminíferos, radiolarios) y el hematozoo del paludismo.

PROTRÁCTIL adj. (lat. protractilis). Que puede estirarse hacia adelante.

PROTROMBINA s.f. Sustancia contenida en la sangre y que participa en su coagulación.

PROTUBERANCIA s.f. (del lat. protuberare, ser prominente). Prominencia más o menos redonda de una superficie. **2.** ASTRON. Erupción de materia que se observa con frecuencia alrededor del disco solar. ◇ **Protuberancia anular** ANAT. Fractura del encéfalo, situada debajo del cerebelo, que constituye, con el bulbo raquídeo y los pedúnculos cerebrales, el tronco cerebral.

PROTURO, A adj. y s.m. Relativo a un orden de pequeños insectos muy primitivos, sin alas, sin ojos y sin antenas, que viven en ambientes húmedos (musgo, suelo, etc.).

PROVECHO s.m. (lat. profectus, -us, adelanto, progreso, provecho). Beneficio o utilidad que resulta de algo o que se proporciona a alguien. **2.** Rendimiento o adelantamiento en alguna materia, arte o virtud. ◆ **Buen provecho** Se usa para desear una buena digestión a alguien que come, que va a comer o ha eructado.

PROVECHOSO, A adj. Que produce o da un provecho o beneficio.

PROVECTO, A adj. (del p. de provehere, llevar adelante, avanzar). Maduro, entrado en años. **2.** Que ha adelantado o aprovechado mucho en un aprendizaje, en su desarrollo, etc.

PROVEEDOR, RA s. Persona o empresa encargada de proveer a alguien de lo que necesita para un fin, especialmente un producto o un servicio.

PROVEER v.tr. y prnl. [39]. Suministrar o aprovisionar de lo necesario o conveniente para un fin: proveer de víveres a unos damnificados. **2.** Preparar, disponer o reunir las cosas necesarias para un fin: proveer lo indispensable para un viaje. ◆ v.tr. Resolver, tramitar un asunto o negocio. **2.** Dar o conferir un empleo o cargo. **3.** DER. Dictar un juez o tribunal una resolución que no sea la sentencia definitiva.

PROVENIR v.intr. (lat. provenire, adelantarse, producirse) [78]. Proceder, tener su origen alguien o algo en lo que se expresa.

PROVENZAL adj. y s.m. y f. De Provenza. ◆ adj. Se dice de la literatura de los trovadores. ◆ s.m. Variedad de la lengua de oc hablada en Provenza. **2.** Nombre dado a la lengua utilizada por los trovadores.

PROVERBIAL adj. Relativo al proverbio o que lo incluye: frase proverbial. **2.** Muy conocido o sabido de todos: su proverbial hospitalidad.

PROVERBIO s.m. (lat. proverbium). Refrán.

PROVIDENCIA s.f. (lat. providentia). Disposición anticipada de una cosa, medida o previsión que se toma al ir a realizar algo para remediar un daño o peligro que puede suceder. **2.** DER. Resolución de un tribunal o juzgado con fines de ordenación e impulso del procedimiento. **3.** TEOL. **a.** Previsión y cuidado que Dios tiene de sus criaturas. **b.** Dios, considerado gobernante del universo. (Con este significado se escribe con mayúscula.)

PROVIDENCIAL adj. *Fig.* Que libra de un peligro o una desgracia inminente: *su llegada fue providencial.* **2.** Relativo a la providencia de Dios.

PROVIDENCIALISMO s.m. Creencia religiosa de que todo sucede por disposición de la Providencia.

PROVIDENCIALISTA adj. y s.m. y f. Relativo al providencialismo; partidario de esta doctrina.

PROVIDENTE adj. Prudente, previsor. **2.** Próvido, diligente.

PRÓVIDO, A adj. Prevenido y diligente para proveer lo que es necesario para un fin. **2.** Propicio, benévolo.

PROVINCIA s.f. (lat. *provincia*). División territorial y administrativa de algunos países como Argentina o España. **2.** ANT. ROM. País conquistado fuera de Italia, sujeto a las leyes romanas y administrado por un gobernador romano. ◆ **provincias** s.f.pl. Por oposición a capital, el resto del territorio del país: *vivir en provincias.* ◇ **Provincia religiosa** Conjunto de conventos unidos entre sí bajo un mismo superior, formando parte de la misma orden religiosa.

PROVINCIAL adj. Relativo a una provincia. ◆ s.m. y adj. Superior religioso de una provincia.

PROVINCIALA s.f. Superiora religiosa de una provincia.

PROVINCIALATO s.m. Dignidad o cargo de provincial o provinciala. **2.** Período de tiempo durante el cual gobierna un provincial o provinciala.

PROVINCIALISMO s.m. Palabra, expresión o giro propios de una provincia determinada.

PROVINCIANISMO s.m. Condición de provinciano.

PROVINCIANO, A adj. Relativo a una provincia. ◆ adj. y s. Poco habituado a la vida y costumbres de la capital. **2.** Habitante u originario de una provincia, en oposición al de la capital.

PROVISIÓN s.f. Acción de proveer. **2.** Conjunto de cosas necesarias o útiles para el mantenimiento, especialmente víveres. (Suele usarse en plural.) **3.** Argent. y Urug. Tienda de comestibles en la que también se venden frutas y verduras.

PROVISIONAL adj. Que se hace, se tiene o está en espera de lo definitivo: *cargo provisional.*

PROVISOR s.m. Juez eclesiástico delegado del obispo para ejercer en su nombre la jurisdicción contenciosa.

PROVISORATO s.m. Cargo de provisor. SIN.: *provisoría.*

PROVITAMINA s.f. Sustancia inactiva que existe en los alimentos y que el organismo transforma en vitamina activa.

PROVOCACIÓN s.f. Acción y efecto de provocar. **2.** DER. **a.** Acción de incitar a una o varias personas a cometer un delito o falta. **b.** Acción ofensiva para otra persona, que puede inducirla a la agresión.

PROVOCADOR, RA adj. y s. Que provoca o es inclinado a provocar.

PROVOCAR v.tr. (lat. *provocare*, llamar para que salga alguien) [1]. Incitar o desafiar a alguien a que haga una cosa. **2.** Ocasionar, causar, mover a algo: *provocar la risa.* **3.** Irritar a alguien o estimularlo con palabras, gestos o acciones para que se irrite. **4.** Excitar o tratar de despertar deseo sexual en alguien, por medio de gestos, actitudes, modos de vestir, etc. **5.** Colomb., Perú y Venez. *Fam.* Apetecer.

PROVOCATIVO, A adj. Que provoca, irrita o excita.

PROXENETA s.m. y f. (lat. *proxeneta*, del gr. *proxenein*, hacer de patrono o protector). Persona que induce a otra a prostituirse y se beneficia de las ganancias de esta. SIN.: *alcahuete.*

PROXIMIDAD s.f. Cualidad de próximo, cercanía. **2.** Zona que está alrededor o cerca de un lugar determinado. (Suele usarse en plural.)

PRÓXIMO, A adj. (lat. *proximus*, el más cercano, muy cercano, de *prope*, cerca). Que dista muy poco en el espacio o en el tiempo, que está muy cerca. **2.** Que está o sigue inmediatamente después al lugar o momento que se expresa.

PROYECCIÓN s.f. (lat. *projectio*, acción de echar adelante). Acción y efecto de proyectar, lanzar. **2.** Acción de proyectar imágenes sobre una pantalla. **3.** Imagen luminosa formada sobre una pantalla. **4.** Técnica de aplicación de materiales de construcción (mortero, hormigón), consistente en proyectarlos a presión sobre el soporte que deben revestir. **5.** Operación cartográfica que permite representar el elipsoide terrestre sobre una superficie plana, llamada *plano de proyección*, según ciertas reglas geométricas. **6.** MAT. Operación por la cual, a un punto o a un vector de un espacio vectorial, se le hace corresponder un punto o un vector de un subespacio. **7.** PSICOANÁL. Mecanismo de defensa muy general por el que el sujeto proyecta sobre otro lo que le es propio pero que no acepta como suyo. ◇ **Planos de proyección** En geometría descriptiva, plano horizontal y plano frontal sobre los que se proyectan ortogonalmente las figuras del espacio. **Proyección volcánica** Materia proyectada por un volcán en erupción (bombas, lapilli, cenizas, etc.)

PROYECTAR v.tr. (lat. *projectare*, de *projicere*, echar adelante). Pensar el modo de llevar a cabo algo y establecer los medios necesarios para realizarlo: *proyectar un viaje; proyectar un puente.* **2.** Dirigir una cosa, especialmente un dispositivo u otro aparato, hacia adelante y a cierta distancia: *proyectar piedras; el foco proyecta luz.* **3.** Formar sobre una pantalla la imagen óptica ampliada de diapositivas, películas u objetos opacos. **4.** MAT. Efectuar una proyección. ◆ v.tr. y prnl. Hacer visible por medio de la luz, sobre un cuerpo o una superficie plana, una figura o una sombra.

PROYECTIL s.m. (del lat. *projicere*). Cualquier cuerpo que es lanzado contra un objetivo para producir efectos destructivos (bala, bomba, cohete, granada, misil, obús, etc.).

PROYECTISMO s.m. Conjunto de actividades, escritos y tendencias de las personas que proponen proyectos para aumentar o mejorar la hacienda pública.

PROYECTISTA s.m. y f. Persona que hace o

dibuja proyectos de arquitectura, ingeniería, etc. **2.** Persona aficionada a preparar o a idear planes o proyectos, particularmente con relación a la hacienda pública.

PROYECTIVO, A adj. MAT. Se dice de las propiedades que conservan las figuras cuando son proyectadas sobre un plano. ◇ **Técnica proyectiva** o **test proyectivo** PSICOL. Método de estudio de la personalidad de un individuo que le enfrenta a una situación estandarizada lo más ambigua posible y a la cual responde según el sentido que esta situación reviste para él. **Transformación proyectiva** MAT. Aplicación de un espacio lineal en otro, tal que cuatro puntos en línea recta se transforman en otros cuatro puntos también en línea recta con la misma relación anarmónica que los primeros.

PROYECTO s.m. Intención de hacer algo o plan que se idea para poderlo realizar. **2.** Conjunto de planos y documentos de una obra o edificio, instalación, máquina, etc., que se han de construir o fabricar. **3.** Redacción o disposición provisional de un escrito, un tratado, un reglamento, etc.

PROYECTOR s.m. Aparato que sirve para proyectar imágenes sobre una pantalla. **2.** Aparato que concentra y dirige en una dirección determinada la luz procedente de un foco de gran intensidad.

PRUDENCIA s.f. Moderación, cautela en la manera de ser o de actuar. **2.** Sensatez, buen juicio.

PRUDENCIAL adj. Relativo a la prudencia. **2.** Moderado, suficiente pero no excesivo. **3.** Se dice del cálculo hecho con aproximación.

PRUDENTE adj. (lat. *prudens, -entis*). Que implica prudencia: *actitud prudente.* **2.** Que actúa con prudencia: *persona muy prudente.*

PRUEBA s.f. Acción y efecto de probar: *período de prueba.* **2.** Ensayo que se hace de una cosa: *hacer una prueba a un motor.* **3.** Examen para demostrar determinadas cualidades o habilidades: *pruebas teóricas.* **4.** Señal, muestra o indicio que permite demostrar una cosa. **5.** Competición deportiva. **6.** Primera muestra de una composición tipográfica, que se saca para corregirla. **7.** DER. **a.** Justificación de la verdad de los hechos controvertidos en un juicio, hecha por los medios que autoriza y reconoce por eficaces la ley. **b.** Actividad realizada por las partes y el tribunal para determinar la verdad o falsedad de una afirmación a efectos del curso del proceso y la justicia de la sentencia. **8.** FOT. Imagen obtenida por tiraje de un negativo. **9.** MAT. Operación mediante la cual se controla la exactitud de un cálculo y la veracidad de la solución de un problema. ◇ **A prueba** Que se puede probar antes de aceptarlo o comprarlo. **A prueba de** Capaz de resistir la cosa que se expresa: *a prueba de bombas.* **A toda prueba** Se dice de lo que es muy sólido, fuerte o resistente. **En prueba de** Como muestra o señal de lo que se expresa. **Poner a prueba** Hacer realizar a alguien ciertas acciones o someter algo a algunas verificaciones para conocer sus cualidades o aptitudes. **Prueba del algodón** *Fam.* Prueba que es irrefutable porque detecta hasta el más pequeño defecto. **Prueba positiva** FOT. Positivo.

PRUINA s.f. Revestimiento céreo que, en forma de capa tenue, recubre numerosos frutos, hojas y tallos.

PRURIGINOSO, A adj. MED. Que causa picor; de la naturaleza del prurigo.

PRURIGO s.m. MED. Nombre de diversas afecciones cutáneas caracterizadas por intensos picores.

PRURITO s.m. (lat. *pruritus, -us*, de *prurire*, sentir picor). Picazón, comezón. **2.** *Fig.* Deseo vehemente de hacer una cosa por amor propio.

PRUSIANO, A adj. y s. De Prusia.

PRUSIATO s.m. Cianuro.

PRÚSICO, A adj. (de *Prusia*, ant. estado del N de Alemania). **Ácido prúsico** Ácido cianhídrico.

PŠENT s.m. Tocado de los faraones, formado por coronas del Alto y Bajo Egipto encajadas, que simbolizaba su poder real en estos dos reinos.

■ **PROYECCIÓN** cartográfica. Principio del sistema de proyección de Mercator.

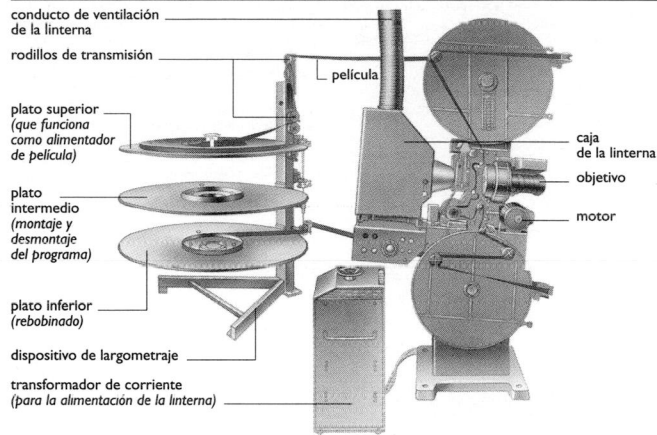

conducto de ventilación de la linterna

rodillos de transmisión

película

plato superior
(que funciona como alimentador de película)

caja de la linterna

objetivo

plato intermedio
(montaje y desmontaje del programa)

motor

plato inferior
(rebobinado)

dispositivo de largometraje

transformador de corriente
(para la alimentación de la linterna)

■ **PROYECTOR** cinematográfico.

PSI s.f. Nombre de la vigésima tercera letra del alfabeto griego (ψ, Ψ), que corresponde al sonido de la grafía *ps*.

PSIC(O) o **SIC(O)**, prefijo que significa *mente*. (Delante de *e,i* toma la forma *psiqu,siqu.*)

PSICOAMINA s.f. Sustancia anfilada parecida a la anfetamina, perteneciente al grupo de los psicotónicos.

PSICOANALÉPTICO, A adj. y s.m. Psicotónico.

PSICOANÁLISIS s.m. Método de investigación psicológica que tiene por objeto dilucidar el significado inconsciente de la conducta y cuyo fundamento se encuentra en la teoría de la vida psíquica formulada por Freud. **2.** Técnica psicoterápica basada en esta investigación. SIN. *psicología profunda.*
ENCICL. Freud considera que la personalidad se forma a partir del rechazo en el subconsciente de situaciones vividas en la infancia como fuentes de angustia y de culpabilidad. El rechazo del recuerdo de estas situaciones traumáticas es debido al papel determinante que desempeña la figura del padre en el triángulo padre-madre-niño y al momento en que aparece el *complejo de *Edipo.*
Freud demostró la importancia de los actos fallidos, de los sueños, donde aparecen de nuevo algunos de los elementos rechazados. Elaboró dos modelos teóricos *(tópicas)* de representación del funcionamiento psíquico. La segunda tópica describe a la persona formada por tres instancias: el inconsciente, es decir, las pulsiones latentes (el *ello*), lo consciente *(yo)*, y el modelo social, conjunto de reglas morales *(superyó)*.
El psicoanálisis es, sobre todo, una terapia: el síntoma que presenta el sujeto es el sustituto de un proceso psíquico reprimido y el conocimiento por parte del sujeto del proceso reprimido debe provocar la desaparición del síntoma. En el proceso de curación, la regla fundamental es que el sujeto deje aflorar libremente todas las asociaciones de ideas que acudan a su mente. Esta regla estructura la relación entre el sujeto y el analista: surge la resistencia y la transferencia. Resistencia (al inconsciente) y transferencia (de los sentimientos de amor y odio hacia el analista) condicionan la reviviscencia por el sujeto de situaciones conflictivas antiguas y reprimidas, base de la neurosis.
Los discípulos de Freud, más o menos continuadores de su obra (algunos, como Adler, Jung y Reich, se apartaron de sus teorías), se agruparon en la *International psychoanalytical association* (K. Abraham, S. Ferenczi, Melanie Klein, D.V. Winnicott y J. Lacan).

PSICOANALISTA s.m. y f. Especialista en psicoanálisis.

PSICOANALIZAR v tr y prnl [7] Someter a psicoanálisis.

PSICOCINESIA s.f. → PSICOQUINESIA.

PSICOCIRUGÍA s.f. Conjunto de intervenciones quirúrgicas que se practican en el encéfalo, destinadas a hacer desaparecer ciertos síntomas de enfermedad mental.

PSICOCRÍTICA s.f. Método de crítica literaria inspirado por el psicoanálisis que consiste en extraer en los textos los temas y relaciones surgidos del subconsciente del escritor.

PSICOCRÍTICO, A adj. Relativo a la psicocrítica. ◆ s. Crítico literario que utiliza la psicocrítica.

PSICODÉLICO, A adj. Relativo al psicodelismo. **2.** Que causa psicodelismo: *droga psicodélica.* **3.** Que evoca este estado psíquico: *música, pintura psicodélica.*

PSICODELISMO s.m. Estado de alteración sensorial, con alucinaciones y euforia, provocado por ciertos alucinógenos.

PSICODISLÉPTICO, A adj. y s.m. Se dice de una sustancia psicótropa que provoca trastornos semejantes a los de las psicosis.

PSICODRAMA s.m. Técnica psicoterápica de grupo que se funda en la catarsis y en la que los pacientes escenifican sus problemas.

PSICOFÁRMACO s.m. Medicamento susceptible de modificar el psiquismo.

PSICOFARMACOLOGÍA s.f. Estudio de las repercusiones de los psicótropos en el sistema nervioso y en las funciones psíquicas.

PSICOFISIOLOGÍA s.f. Estudio científico de las relaciones entre los hechos psíquicos y los hechos fisiológicos.

PSICOGÉNESIS s.f. Estudio de las causas de orden psíquico susceptibles de explicar un comportamiento, una modificación orgánica o un trastorno psiquiátrico.

PSICÓGENO, A adj. Se dice del fenómeno, elemento, etc., cuyo origen se encuentra en el funcionamiento mental.

PSICOKINESIA s.f. → PSICOQUINESIA.

PSICOLÉPTICO, A adj. y s.m. Se dice de la sustancia que tiene una acción moderadora o calmante sobre las funciones psíquicas.

PSICOLINGÜÍSTICA s.f. Estudio científico de los factores mentales e intelectuales que afectan a la expresión y comprensión del lenguaje.

PSICOLINGÜÍSTICO, A adj. Relativo a la psicolingüística.

PSICOLOGÍA s.f. Ciencia que estudia la actividad psíquica. **2.** Carácter o manera de ser: *la psicología popular.* **3.** Capacidad para conocer el carácter de las personas y actuar según este: *carecer de psicología.*
ENCICL. La psicología, considerada hasta finales del s. XIX una rama de la filosofía, se confirmó como ciencia específica recurriendo al método experimental, a las estadísticas y a los modelos matemáticos. La *psicología experimental*, cuya finalidad es el descubrimiento de leyes que regulen el comportamiento humano, se divide en diversos campos según el objeto estudiado: el estudio de reacciones fisiológicas *(psicofisiología)*, el desarrollo del niño *(psicología genética)*, el estudio de los comportamientos individuales en relación con el sistema nervioso, especialmente del lenguaje *(psicolingüística, neurolingüística)*, el estudio de las cualidades individuales comparadas *(psicología diferencial)*, el estudio de los comportamientos en grupo *(psicología social)*. Se distingue de la *psicología clínica*, cuyo objeto es la investigación en profundidad de la persona considerada como una singularidad y cuyo modelo teórico es el psicoanálisis.

PSICOLÓGICO, A adj. Relativo a la psicología o a los hechos psíquicos. **2.** Que actúa sobre la psique: *acoso psicológico, guerra psicológica.* ◇ **Momento,** o **instante, psicológico** Momento oportuno para actuar.

PSICOLOGISMO s.m. Tendencia a reducir la epistemología o teoría del conocimiento al estudio de los estados de consciencia del sujeto.

PSICÓLOGO, A s. Especialista en psicología. ◆ adj. y s. Se dice de la persona que tiene capacidad natural para conocer a los demás, sus sentimientos y las causas que motivan su comportamiento.

PSICOMETRÍA s.f. Conjunto de métodos de medida de los fenómenos psicológicos, especialmente los tests.

PSICOMOTOR, RA adj. Se dice del comportamiento del niño en relación con la adquisición de reflejos (maduración). **2.** Se dice de los trastornos de la realización motora sin soporte orgánico. ◇ **Reeducación psicomotora** Terapia no verbal cuyo objeto es reequilibrar las relaciones entre un sujeto y su cuerpo.

PSICOMOTRICIDAD s.f. Integración de las funciones motoras y mentales por efecto de la maduración del sistema nervioso. **2.** Conjunto de técnicas y ejercicios que sirven para estimular el equilibrio entre las funciones motoras y mentales.

PSICOMOTRIZ adj.f. Psicomotora.

PSICONEUROSIS s.f. PSICOANÁL. Conjunto de afecciones psíquicas cuyos síntomas son la expresión simbólica de conflictos entre el yo y el ello, que tienen su origen en la infancia.

PSICÓPATA s.m. y f. Enfermo mental. **2.** PSIQUIATR. Enfermo que padece una psicopatía.

PSICOPATÍA s.f. PSIQUIATR. Trastorno de la personalidad que se manifiesta principalmente por comportamientos antisociales (paso a la acción) sin sentimiento aparente de culpabilidad.

PSICOPATOLOGÍA s.f. Parte de la psicología que tiene por objeto el estudio comparado de los procesos normales y patológicos de la vida psíquica.

PSICOPEDAGOGÍA s.f. Pedagogía fundada en el estudio psicológico del desarrollo del niño.

PSICOPROFILAXIS s.f. Preparación psicológica para prevenir las reacciones no deseadas que pueden alterar el buen funcionamiento del organismo.

PSICOQUINESIA, PSICOCINESIA o **PSICOKINESIA** s.f. En parapsicología, término que designa la acción directa de la mente sobre la materia.

PSICORRIGIDEZ s.f. Rasgo de carácter que se manifiesta por una ausencia de flexibilidad

■ **PSENT.** El faraón Senusret I tocado con el pshent o tiara del Alto y Bajo Egipto. Detalle de un bajorrelieve egipcio del Imperio medio; XII dinastía (Karnak).

837

de los procesos intelectuales e incapacidad de adaptación a situaciones nuevas.

PSICORRÍGIDO, A adj. y s. Que manifiesta psicorrigidez.

PSICOSENSORIAL adj. Que concierne a las relaciones entre los estímulos sensoriales y la actividad psíquica.

PSICOSIS s.f. Término genérico que designa las enfermedades mentales caracterizadas por una alteración global de la personalidad que subvierte las relaciones del sujeto con la realidad. **2.** Miedo u obsesión irracional de una colectividad debidos a un trastorno en la vida social o política.

ENCICL. La psiquiatría clasifica, entre las psicosis crónicas, los delirios (esquizofrenia) y las psicosis maníaco-depresivas. Los estudios de psicosis se basan principalmente en J. Lacan y M. Klein. Para los psicoanalistas la posición del psicótico respecto a la vida se caracteriza por la escisión: procesos psíquicos totalmente separados coexisten sin encontrarse. Para Lacan el origen se halla en una experiencia vital del complejo de Edipo, gravemente desestructurante para el sujeto. El psicótico intenta inventarse un padre, un niño, una imagen del cuerpo, etc., a partir de los elementos fragmentarios que ha conseguido reunir. Para los kleinianos, el psicótico está dominado por un odio violento a la realidad interna y externa, y el predominio de impulsos destructivos que atacan todo lo que le permitiría tomar conciencia de la realidad y del pensamiento.

PSICOSOCIAL adj. Relativo a la psicología individual y a la vida social.

PSICOSOCIOLOGÍA s.f. Estudio psicológico de los hechos sociales.

PSICOSOMÁTICO, A adj. (del gr. *somatikós*, del cuerpo). Relativo al cuerpo y a la mente. **2.** Se dice del trastorno o enfermedad orgánicos de origen psíquico. ◇ **Medicina psicosomática** Parte de la medicina que estudia los trastornos psicosomáticos.

PSICOTECNIA s.f. Conjunto de tests que permiten apreciar las reacciones psicológicas y fisiológicas (motoras) de los individuos.

PSICOTÉCNICO, A adj. Relativo a la psicotecnia: *test psicotécnico*.

PSICOTERAPEUTA s.m. y f. Especialista en psicoterapia.

PSICOTERAPÉUTICO, A adj. Relativo a la psicoterapia. SIN.: *psicoterápico*.

PSICOTERAPIA s.f. Conjunto de métodos terapéuticos basados únicamente en la relación interpersonal (terapeuta-paciente) que, a través del diálogo, la escucha y las intervenciones del terapeuta, facilitan al paciente un proceso de análisis, comprensión y superación del conflicto psíquico. (No en todas las enfermedades mentales se puede aplicar la psicoterapia, solo en aquellas que están determinadas por la resonancia emocional y por actitudes vinculadas a conflictos psíquicos permanentes.)

PSICÓTICO, A adj. y s. Relativo a la psicosis; que padece una psicosis.

PSICOTÓNICO, A adj. y s.m. Relativo a una clase de psicótropos que incrementan el nivel de vigilancia (anfetaminas, cafeína) o el estado de ánimo (antidepresivos). SIN.: *psicoanaléptico*.

PSICÓTROPO, A adj. y s.m. Se dice de la sustancia medicamentosa que actúa sobre el psiquismo.

PSIQUE s.f. Conjunto de las funciones sensitivas, afectivas y mentales de un individuo.

PSIQUIATRA s.m. y f. Médico especialista en psiquiatría.

PSIQUIATRÍA s.f. Ciencia que estudia y trata las enfermedades mentales. SIN.: *frenopatía*.

ENCICL. Las causas de los desórdenes mentales se conocen mal y, al parecer, son múltiples (bioquímicas, psicológicas, sociales, etc.) y diferentes en cada caso particular. Los principales problemas, además de la ansiedad y la depresión, son las neurosis, las psicosis, las personalidades patológicas, las toxicomanías y las demencias. Los tratamientos activos son las psicoterapias y los medicamentos (ansiolíticos, antidepresivos, neurolépticos, etc.).

PSIQUIÁTRICO, A adj. Relativo a la psiquiatría. SIN.: *frenopático*.

PSÍQUICO, A adj. De la psique o el psiquismo.

PSIQUISMO s.m. Conjunto de caracteres psíquicos de un individuo determinado.

PSITACISMO o **SITACISMO** s.m. Alteración del lenguaje por desconocimiento del sentido de las palabras que se emiten.

PTERIDÓFITO, A adj. y s.m. Relativo a una división de plantas, como los helechos, que presenta alternancia de generaciones en su ciclo vital, con predominio de la fase diploide sobre la haploide.

PTERIGÓGENO, A adj. y s.m. Relativo a una subclase de insectos típicamente alados, que presenta metamorfosis completa o incompleta.

PTERIGOIDEO, A adj. Relativo a la pterigoides. ◆ adj. y s.m. Se dice del hueso de los vertebrados originado a partir de la fragmentación de un cartílago.

PTERIGOIDES adj. y s.f. ANAT. Se dice de unas apófisis óseas de la parte inferior del esfenoides.

PTEROBRANQUIO, A adj. y s.m. Relativo a una clase de animales acuáticos que viven fijos y en colonias, próximos a los antepasados de los vertebrados.

PTERODÁCTILO s.m. Reptil volador del período jurásico europeo, de cola corta, alas membranosas y mandíbula provista de dientes. (Orden pterosaurios.)

■ **PTERODÁCTILO.** Reconstrucción.

PTERÓPODO, A adj. y s.m. Relativo a un orden de gasterópodos marinos, nadadores, de concha muy ligera.

PTEROSAURIO, A adj. y s.m. Relativo a un orden de reptiles del secundario, adaptados al vuelo gracias a una amplia membrana sostenida por el quinto dedo de la mano, muy alargado.

PTIALINA s.f. Enzima de la saliva que inicia la digestión del almidón.

PTIALISMO s.m. MED. Salivación abundante.

PTOMAÍNA s.f. → TOMAÍNA.

PTOSIS s.f. (gr. *ptōsis*, caída). MED. Descenso de un órgano, debido a la relajación de los músculos o los ligamentos que lo sostienen. ◇ **Ptosis palpebral** Descenso del párpado superior por parálisis del músculo elevador.

PÚA s.f. Cuerpo rígido y delgado acabado en punta afilada. **2.** Pincho del puerco espín, erizo, etc. **3.** Diente de un peine o un cepillo. **4.** Pieza metálica de un trompo. **5.** Plectro para tocar instrumentos de cuerda como la guitarra.

PUB s.m. (voz inglesa). Establecimiento donde se sirven bebidas y se escucha música.

PÚBER adj. y s.m. y f. (lat. *puber, -eris*). Que está en la pubertad.

PUBERTAD s.f. (lat. *pubertas, -atis*). Período de la vida caracterizado por el inicio de la actividad de las glándulas reproductoras y la manifestación de los caracteres sexuales secundarios (en el hombre: vellosidad, cambio de voz; en la mujer: desarrollo de la vellosidad y de los senos, menstruación).

PUBESCENCIA s.f. BOT. Estado de una superficie cubierta de vello, pelo fino y suave.

PUBIS s.m. (lat. tardío *pubis*, pubis, vello viril). Parte inferior del vientre, que forma una eminencia triangular y se cubre de vello en la pubertad. ◇ **Hueso pubis** Parte media o anterior del hueso coxal.

PUBLICACIÓN s.f. Acción de publicar: *fecha de publicación*. **2.** Obra o cualquier escrito publicados.

PUBLICANO s.m. (lat. *publicanus*). ANT.

ROM. Adjudicatario de un servicio público (obras, aduanas, etc.) y, en particular, recaudador de impuestos.

PUBLICAR v.tr. (lat. *publicare*) [1]. Difundir una cosa para ponerla en conocimiento de todos. **2.** Editar una obra. **3.** Escribir una obra o realizar un disco, un vídeo, etc., y editarlos.

PUBLICIDAD s.f. Condición o carácter de público. **2.** Conjunto de medios y técnicas que permiten la divulgación de ideas o de objetos. **3.** DER. Circunstancia agravante de algunos delitos, en particular de los delitos contra el honor, y los de opinión, políticos, sociales y religiosos. ◇ **Dar publicidad** Hacer que el público conozca algo, como un producto o una noticia, etc.

PUBLICISTA s.m. y f. Persona que se dedica profesionalmente a la publicidad. SIN.: *publicitario*. **2.** Persona que escribe para el público, especialmente en publicaciones periódicas. **3.** DER. Autor que escribe sobre derecho público, o persona muy versada en esta ciencia.

PUBLICITARIO, A adj. Relativo a la publicidad. **2.** Publicista.

PÚBLICO, A adj. (lat. *publicus*, oficial, público). Que es conocido por mucha gente: *escándalo público*. **2.** Se dice de la persona que se dedica a una actividad que tiene repercusiones sociales: *cargos públicos*. **3.** Que puede ser usado o frecuentado por cualquier persona: *parque, servicio público*. **4.** Relativo a la comunidad: *el bien público*. **5.** Que pertenece al estado: *administración pública; colegio público*. ◆ s.m. Clientela, conjunto de personas que asisten a un lugar, espectáculo, etc., o lo frecuentan. **2.** Conjunto indefinido de personas que forman una colectividad. ◇ **Gran público** Conjunto formado por la mayoría de la gente, en especial la no especializada en el tema de que se trata. **Mujer pública** Prostituta.

PUBLIRREPORTAJE s.m. Publicidad insertada en un periódico, programa de televisión, etc., con el formato de un artículo o un reportaje.

PUCARA o **PUCARÁ** s.m. (voz quechua). En Perú y Bolivia, fortaleza precolombina, construida generalmente con gruesos muros de pirca.

PUCELANO, A adj. y s. Esp. *Fam.* De Valladolid (España).

¡PUCHA! interj. *Amér.* Expresa enojo, contrariedad o sorpresa.

PUCHERAZO s.m. Fraude o falsificación electoral consistente en computar votos no emitidos en la elección.

PUCHERO s.m. (lat. *pultarius*, puchero, olla para vino). Recipiente para guisar, alto, algo abombado y con asas. **2.** Guiso de carne, legumbres, hortalizas y tocino. **3.** *Fig. y fam.* Gesto facial que precede al llanto. (Suele usarse en plural.) **4.** *Fig. y fam.* Alimento diario necesario para mantenerse.

PUCHES s.m.pl. (lat. *pultes*, pl. de *puls, -tis*). Gachas, harina cocida de algún cereal.

PUCHO s.m. (quechua *púcu*, sobras o reliquias). *Amér. Merid.* Colilla de cigarro. **2.** *Amér. Merid.* Resto, residuo, pequeña cantidad sobrante de alguna cosa. ◇ **A puchos** *Amér. Merid.* En pequeñas cantidades, poco a poco. **No valer un pucho** *Amér. Merid.* No valer nada. **Sobre el pucho** *Amér. Merid.* Inmediatamente, enseguida.

PUCHUNCAY adj. *Ecuad.* Se dice del último hijo cuando ha nacido bastantes años después de que le precede.

PUCHUSCO, A s. *Chile.* Hijo menor de una familia.

PUDELACIÓN s.f. Procedimiento metalúrgico que se utilizaba para obtener hierro o acero de bajo contenido en carbono, por contacto de una masa de arrabio con una escoria oxidante en un horno de reverbero. SIN.: *pudelado, pudelaje*.

PUDENDO, A adj. (lat. *pudendus*, p. de futuro pasivo de *pudere*, avergonzar). Vergonzoso. **2.** ANAT. Se dice de algunas estructuras de la región hipogástrica, en relación con los órganos genitales y el periné: *arteria pudenda; nervio pudendo*. ◇ **Partes pudendas** Órganos genitales.

PUDIBUNDO, A adj. (lat. *pudibundus*). Mojigato, excesiva o afectadamente pudoroso.

PÚDICO, A adj. (lat. *pudicus*). Que tiene o denota pudor.

PUDIENTE adj. y s.m. y f. Rico, influyente.

PUDÍN o **PUDIN** s.m. (ingl. *pudding*). → BUDÍN.

PUDINGA s.f. Variedad de conglomerado formada por cantos rodados unidos por un cemento natural.

PUDOR s.m. (lat. *pudor, -oris*). Sentimiento de reserva hacia lo que puede tener relación con el sexo. **2.** Vergüenza, timidez, embarazo.

PUDOROSO, A adj. Que tiene o denota pudor.

PUDRIDERO s.m. Cámara de los cementerios donde se guardan los cadáveres antes de ser colocados en el panteón. **2.** Lugar en que se arrojan los desperdicios para que se pudran.

PUDRIMIENTO s.m. Acción y efecto de pudrir o pudrirse.

PUDRIR v.tr. y prnl. (lat. *putrere*, pudrirse) [51]. Corromper, alterar una materia orgánica. **2.** *Fig.* Molestar, fastidiar o impacientar a alguien.

PUDÚ s.m. Pequeño ciervo que habita en las faldas de la cordillera andina. (Familia cérvidos.)

PUEBLADA s.f. Amér. Merid. Revuelta popular.

PUEBLERINO, A adj. y s. Se dice de la persona que ha nacido o vive en un pueblo y de los actos, ideas, costumbres, etc., propios de ella. **2.** *Fig. y desp.* Tosco, que no sabe desenvolverse en sociedad, o que se asombra o escandaliza de lo moderno.

PUEBLERO, A adj. Argent. y Urug. Relativo a una ciudad o pueblo. **2.** Argent. y Urug. Habitante u originario de una ciudad o pueblo, en oposición a campesino.

1 PUEBLO s.m. (lat. *populus*, pueblo, ciudadanía). Población más pequeña y con menor número de habitantes que la ciudad. **2.** Conjunto formado por las personas de una misma nacionalidad o por las de distinta nacionalidad pero de un mismo estado: *el pueblo español.* **3.** Conjunto de personas que forman una comunidad. **4.** Conjunto de los ciudadanos de un país, respecto de su gobernante. **5.** Conjunto de personas que no habitan en un mismo país, pero que están unidas por su origen, por su religión o por cualquier otro vínculo: *el pueblo judío.* **6.** Conjunto de las personas que pertenecen a las clases sociales trabajadoras, en contraposición a los pudientes: *la explotación del pueblo por la oligarquía dominante.* **7.** ETNOL. Etnia.

2. PUEBLO o **PUEBLOS,** grupo de amerindios del SO de Estados Unidos (Arizona y Nuevo México). Los principales son los hopi, los tano y los zuñi. Se les denomina *indios pueblo* por la construcción de grandes agrupaciones de casas de piedras. La época floreciente de su cultura fue de 900 a 1300.

PUEBLOS DEL CHACO, conjunto de diversos pueblos amerindios que viven en esta región de América del S. Comprende las familias lingüísticas guaicurú, mascoi, tonocote-lule-vilela, mataco-macá y zamuco, así como pueblos de lengua arawak, tupí-guaraní y otras. La economía de estos pueblos se basa en una vida seminómada, que se mantiene solo en los grupos de los extremos N y O del Chaco, mientras que los indios del Chaco argentino viven en reducciones y en invierno trabajan en las plantaciones de caña. La estructura social está fundada en la banda, compuesta por varias familias extendidas que obedecen a un jefe.

PUEBLOS DEL MAR o **BÁRBAROS DEL NORTE,** nombre dado por los egipcios a invasores indoeuropeos procedentes de la zona del mar Egeo, que llegaron a Oriente medio en los ss. XIII-XII a.C. Todos los estados sufrieron la invasión, y algunos fueron destruidos (imperio hitita, Ugarit). Los egipcios los rechazaron en dos ocasiones.

PUELCHE adj. y s.m. y f. De un pueblo amerindio de Argentina, del grupo pampeano, actualmente casi extinguido. (Su lengua, el het o chechehet, dejó de hablarse en el s. XVIII.) ◆ s.m. Chile. Viento que sopla de la cordillera de los Andes en dirección a poniente.

PUENTE s.m. o f. (lat. *pons, -ntis*). Estructura capaz de soportar cargas dinámicas, construida sobre una depresión del terreno u otro obstáculo para cruzarlos. **2.** Día o días laborables que se convierten en festivos por estar entre dos que lo son realmente. **3.** Ejercicio gimnástico en el que el cuerpo, arqueado hacia atrás, descansa en los pies y en las manos. **4.** Pieza delgada de la montura de los anteojos por la que se unen los dos cristales. **5.** AUTOM. Conjunto formado por los elementos que transmiten a las ruedas del movimiento del árbol de transmisión y el peso del vehículo. **6.** ELECTR. **a.** Conexión que se realiza para permitir el paso de la electricidad entre dos cables. **b.** Dispositivo formado por cuatro ramales provistos de elementos diferentes (resistencias, capacidades, etc.) colocados en forma de cuadrilátero en el que una de las diagonales está ocupada por un generador de energía eléctrica y la otra por un aparato de medida. **7.** HERÁLD. Figura artificial que se pinta mazonada indicando el número de arcadas. **8.** MAR. Superestructura de un barco más elevada en el sentido de la manga, donde se halla el puesto de mando. **9.** MED. Mecanismo que permite la fijación de una o varias piezas dentarias artificiales mediante su unión mecánica con piezas naturales que aún persisten o con alguna estructura del maxilar. **10.** MÚS. **a.** Pasaje que señala la transición del primero al segundo tema en un allegro de sonata. **b.** Pieza de madera dura sobre la cual se apoyan las cuerdas en los instrumentos de cuerdas frotadas o

pulsadas. ◇ **Puente aéreo** Transporte de viajeros entre dos ciudades, en vuelos frecuentes y periódicos; MIL. transporte por vía aérea de efectivos humanos o de abastecimiento a una zona a la que no podrían llegar por otro medio. **Puente cantilever** Puente que consta de dos voladizos simétricos que salen de dos pilas contiguas y se unen en el centro mediante vigas. **Puente colgante** Puente cuyo tablero está suspendido por cuerdas o grandes cables. **Puente del volante** TECNOL. Platina desmontable que soporta uno de los pivotes del volante del reloj. **Puente de unión** BIOL. Estructura que realiza la unión entre células vecinas. **Puente giratorio** F. C. Plataforma giratoria que se usa para girar locomotoras y vagones. **Puente grúa** Dispositivo elevador y transportador utilizado en manutención. **Puente levadizo** Puente que se levanta por uno de sus extremos, especialmente el de un castillo que servía para atravesar el foso que lo rodeaba. **Tender un puente** Hacer una persona lo posible para que cese la frialdad o tirantez que mantiene con otra persona.

PUENTING s.m. Deporte de aventura consistente en lanzarse al vacío desde un puente o lugar elevado sujetándose mediante una cuerda elástica atada a los pies.

PUERCADA s.f. Amér. Central y Méx. Porquería, acción indigna, injusticia.

PUERCO, A s. y adj. (lat. *porcus*). Cerdo, mamífero. **2.** Amér. Coendú. ◇ **Puerco espín** Mamífero roedor nocturno de unos 60 cm de long. y con el cuerpo cubierto de púas que se desprenden fácilmente en caso de agresión. (Los puercos espines americanos [familia eretizóntidos] son arborícolas, mientras que los de África, Asia y SE de Europa [familia histrícidos] tienen costumbres terrestres.) **Puerco montés**, o **salvaje**. Jabalí.

■ PUERCO ESPÍN

PUERICIA s.f. (lat. *pueritia*). Período de la vida de una persona comprendido entre la infancia y la adolescencia, entre los 7 y los 14 años aproximadamente.

PUERICULTURA s.f. Disciplina que se ocupa de los cuidados físicos y de la educación de los niños durante los primeros años de vida.

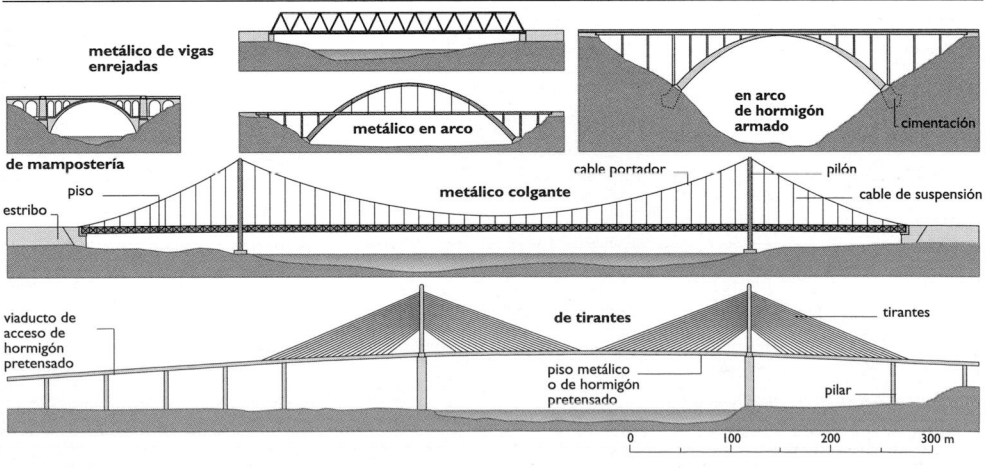

metálico de vigas enrejadas

metálico en arco

en arco de hormigón armado

cimentación

de mampostería

piso

cable portador

pilón

metálico colgante

cable de suspensión

estribo

viaducto de acceso de hormigón pretensado

de tirantes

tirantes

piso metálico o de hormigón pretensado

pilar

0   100   200   300 m

■ PUENTES

PUERIL adj. (lat. *puerilis*, de *puer, -eri*, niño). Iluso, ingenuo, infundado. **2.** Relativo a la puericia.

PUERILIDAD s.f. Cualidad de pueril. **2.** Dicho o hecho propios de un niño. **3.** *Fig.* Cosa sin importancia o fundamento.

PUERILIZAR v.tr. y prnl. [7]. Hacer pueril algo.

PUÉRPERA s.f. (lat. *puerpera*, de *puer, -eri*, niño, y *parere*, parir). Mujer que acaba de parir.

PUERPERAL adj. Relativo al puerperio. ◇ **Fiebre puerperal** Infección que puede aparecer después del parto. **Psicosis puerperal** Episodio psicótico agudo que puede presentarse en las semanas siguientes al parto.

PUERPERIO s.m. Período transcurrido desde el momento del parto hasta que los órganos genitales, sus funciones y el estado general de la mujer vuelven a su estado ordinario anterior al parto.

PUERRO o **PORRO** s.m. (lat. *porrum*). Planta hortícola de hojas anchas y planas, y bulbo alargado y comestible. (Familia liliáceas.)

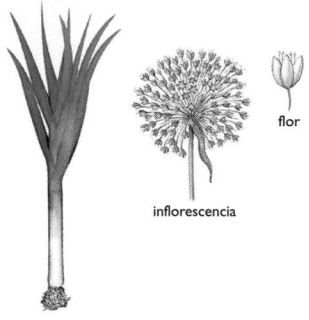

flor

inflorescencia

■ **PUERRO**

PUERTA s.f. (lat. *porta*, portón). Abertura en una pared, una valla, un muro, etc., que va desde el suelo hasta cierta altura y por la que se puede pasar de un lugar a otro. **2.** Panel u otro elemento que cierra esa abertura: *una puerta de vidrio.* **3.** *Fig.* Medio, posibilidad, camino para alcanzar algo. **4.** Acceso a una población que antiguamente era una puerta monumental en la muralla que la rodeaba. **5.** DEP. **a.** Portería, meta. **b.** Espacio señalizado por dos postes que un esquiador debe franquear en la prueba de eslalon. **6.** GEOGR. Garganta, desfiladero: *las puertas del Cáucaso.* ◇ **A puerta cerrada** En privado, de manera secreta. **Cerrar a alguien (todas) las puertas** Negarle ayuda, o impedirle o dificultarle que consiga lo que persigue. **Coger**, o **tomar, la puerta** Marcharse de un sitio bruscamente. **En puertas** o **estar**, o **llamar, a la puerta** algo Estar muy próximo a suceder. **Enseñar**, o **poner a la puerta de la calle** a alguien *Fam.* Despedirlo, echarlo de un lugar. **Franquear las puertas** a alguien Acogerlo. **Llamar a las puertas de** alguien Pedirle ayuda. **Por la puerta grande** *Fam.* Con privilegio u honor.

PUERTO s.m. (lat. *portus, -us*). Abrigo natural o artificial para embarcaciones, provisto de las instalaciones necesarias para embarcar y desembarcar carga o pasajeros. **2.** *Fig.* Situación, persona o lugar en que se encuentra amparo, defensa. **3.** Paso entre montañas, generalmente estrecho y a bastante altitud. **4.** INFORMÁT. Punto de un equipo electrónico en el que se inserta una línea que lo conecta con sistemas exteriores. ◇ **Puerto artificial** Puerto construido por medio de obras hidráulicas. **Puerto de mar** Población o ciudad que posee un puerto.

PUERTORRIQUEÑISMO s.m. Palabra, expresión o giro propios del español de Puerto Rico.

PUERTORRIQUEÑO, A o **PORTORRIQUEÑO, A** adj. y s. De Puerto Rico. SIN.: *boricua, borinqueño.* ◆ s.m. Variedad del español hablada en Puerto Rico.

PUES conj. (lat. *post*, después, detrás, puesto que). Expresa una relación de causa, consecuencia o ilación: *no insistas, pues ya lo he decidido.* **2.** Introduce expresiones exclamativas: *¡pues será caradura el tipo ese!*

PUESTA s.f. Acción y efecto de poner o ponerse. **2.** Período de la producción de huevos por las aves. **3.** Cantidad de huevos puestos por un ave de corral en un tiempo determinado. SIN.: *postura.* **4.** Acción de un astro que desciende bajo el horizonte: *la puesta del sol.* **5.** Momento en que este astro se pone. **6.** Aspecto que da al cielo en este momento. **7.** En los juegos de azar, cantidad que arriesga cada jugador. ◇ **Puesta a punto** Operación consistente en preparar un mecanismo o dispositivo de modo que esté listo para entrar en funcionamiento. **Puesta en escena** Realización escénica o cinematográfica de un texto teatral o de un guion cinematográfico. **Puesta en marcha** Acción de poner algo en funcionamiento; mecanismo de un automóvil que hace que este arranque.

PUESTERO, A s. *Amér.* Persona que tiene un puesto de venta en un mercado. **2.** *Argent., Chile, Par. y Urug.* Persona que tiene a su cargo un puesto de estancia.

PUESTO, A adj. Con los adverbios *bien* y *mal*, bien o mal vestido o arreglado. **2.** Con el adverbio *muy*, peripuesto, acicalado. **3.** Resuelto, empeñado, determinado. (Va acompañado de la prep. *en*.) ◆ s.m. Lugar que ocupa una cosa. **2.** Sitio determinado para la ejecución de una cosa. **3.** Cargo, empleo. **4.** Instalación ambulante o fija donde se vende al por menor. **5.** Resguardo que sirve para acechar la caza. **6.** Destacamento permanente de guardia civil o de carabineros. **7.** *Argent., Chile y Urug.* Cada una de las partes en que se divide una estancia para criar animales, y la vivienda que allí tiene su responsable. ◇ **Estar en**, o **mantener**, o **guardar, su puesto** Estar alguien en la actitud que le corresponde, sin rebajarse ni tratar de igualarse con los que están en posición superior. **Puesto de combate** MIL. Situación del combatiente en el marco de la unidad a que pertenece. **Puesto de guardia** MIL. Cuerpo de guardia. **Puesto de incendio** Instalación consistente en una cañería de agua, provista de espita y mangueras, para el auxilio inmediato en caso de incendio. **Puesto de mando** MIL. Lugar desde donde una persona o grupo dirige las operaciones militares o policiales. **Puesto de maniobra**, o **de enclavamiento** F. C. Cabina de mando de las señales y cambios de vía de una estación. **Puesto de socorro** Local donde se encuentran médicos o enfermeros para socorrer a los heridos. **Puesto de trabajo** Lugar donde se efectúa una de las fases de ejecución de un trabajo; centro de actividad que contiene todo lo necesario para la ejecución de un trabajo determinado. **Puesto que** Expresión que introduce una oración con sentido continuativo o causal: *no hace falta que lo hagas, puesto que ya lo hice yo.*

PUF s.m. Especie de taburete bajo relleno de materia esponjosa o blanda.

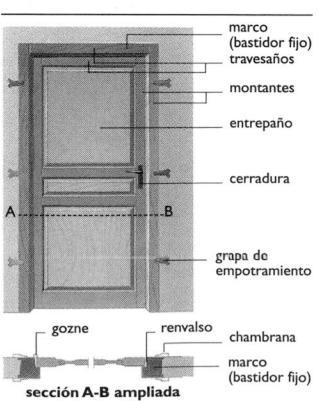

marco
(bastidor fijo)
travesaños

montantes

entrepaño

cerradura

A   B

grapa de
empotramiento

gozne   renvalso

chambrana

marco
(bastidor fijo)

sección A-B ampliada

■ **PUERTA.** Elementos de una puerta.

¡PUF! interj. Expresa asco, repugnancia o desprecio.

PUFO s.m. *Fam.* Estafa o engaño: *dar el pufo.*

PÚGIL s.m. (lat. *pugil, -ilis*). Boxeador.

PUGILISMO s.m. Boxeo.

PUGILÍSTICO, A adj. Relativo al boxeo.

PUGNA s.f. Batalla, pelea. **2.** Oposición entre personas, naciones, partidos, etc.

PUGNAR v.intr. (lat. *pugnare*, de *pugnus*, puño). Combatir o luchar, especialmente con armas no materiales. **2.** Esforzarse para conseguir cierta cosa.

PUGNAZ adj. y s.m. y f. Agresivo o belicoso.

1. PUJA s.f. Acción de pujar, esforzarse.

2. PUJA s.f. *Esp.* DER. Sucesión de ofertas, hechas en subasta o remate público, para la adquisición o arriendo de alguna cosa, mediante las cuales el precio aumenta. **2.** *Esp.* DER. Cantidad que ofrece un licitador.

PUJADISMO s.m. → POUJADISMO.

PUJADOR, RA s. Persona que hace puja en las subastas.

PUJANTE adj. (fr. *puissant*). Que crece o se desarrolla con mucha fuerza o impulso.

PUJANZA s.f. (fr. *puissance*). Vigor, fuerza con que crece o se desarrolla algo.

1. PUJAR v.tr. (lat. *pulsare*, dar empujones, sacudir). Esforzarse para pasar adelante o para proseguir una acción.

2. PUJAR v.tr. e intr. (cat. *pujar*). *Esp.* Realizar la puja para una cosa que se vende o arrienda.

PUJO s.m. Falsa necesidad de evacuación intestinal con dolor o prurito intenso en la región anal. **2.** Contracción abdominal, que se produce voluntaria o involuntariamente, durante el período de expulsión del feto. **3.** *Fig.* Gana incontenible de reír o llorar. **4.** *Fig.* y *fam.* Deseo intenso o ansia de lograr una cosa.

PUL s.m. → PEUL.

PULARDA s.f. (fr. *poularde*). Gallina joven cebada.

PULCHINELA s.m. Polichinela.

PULCRITUD s.f. (lat. *pulchritudo*, hermosura). Cualidad de pulcro.

PULCRO, A adj. (lat. *pulcher, -chra, -chrum*, hermoso). Aseado, de aspecto cuidado, esmerado y limpio. **2.** Se dice de la persona que se comporta y habla con gran delicadeza.

PULGA s.f. (del lat. *pulex, -icis*). Insecto, sin alas y de patas posteriores saltadoras, que se alimenta de sangre extraída por picadura en la piel de los mamíferos; pertenece a un orden próximo a los dípteros y mide como máximo 4 mm de long. ◇ **Pulga de agua** Pequeño crustáceo de agua dulce, de 5 mm de long. máxima, que nada a saltos. (Subclase branquiópodos.) **Pulga de mar** Pequeño crustáceo de agua dulce, de 5 mm de long. máxima, que nada a saltos y que, secado o fresco, sirve como comida para los peces de acuario. (Subclase branquiópodos) **Sacudirse las pulgas** *Esp. Fam.* Evadir las responsabilidades. **Tener malas pulgas** *Esp. Fam.* Tener mal genio.

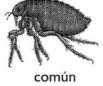

de mar   común

■ **PULGAS**

PULGADA s.f. (lat. vulg. *pollicata*). Medida de longitud, usada antiguamente y aún en la actualidad en diversos países. (En Gran Bretaña y EUA equivale a 2,54 cm.)

PULGAR s.m. y adj. (lat. *pollicaris*, de la longitud de un pulgar, de *polex, -icis*, pulgar). Dedo primero y más grueso y corto de la mano. (En el ser humano y en ciertos primates puede oponerse a los otros dedos.)

PULGARADA s.f. Porción de algo en forma de polvo o granos que puede tomarse entre las yemas del pulgar y otro dedo.

PULGÓN s.m. Nombre genérico que se da a unos pequeños insectos de 1 mm de long. media y color verde, marrón o negro, cuyas hembras y larvas parasitan en las partes tiernas de las plantas. (Son muy perjudiciales para los cultivos; orden homópteros.) SIN.: *piojuelo.*

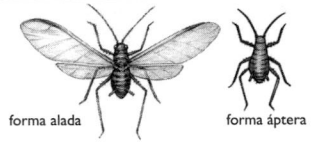

forma alada   forma áptera

■ **PULGONES**

PULGOSO, A adj. Que tiene pulgas. SIN.: *pulguero.*

PULGUERA s.f. Lugar donde hay muchas pulgas.

PULGUIENTO, A adj. Amér. Pulgoso.

PULGUILLAS s.m. y f. (pl.*pulguillas*).*Fam.* Persona susceptible e irritable.

PULIDO, A adj. Arreglado con mucho cuidado y esmero. ◆ s.m. Pulimento.

PULIDOR, RA adj. y s. Que pule, compone o adorna algo. ◆ s.m. Instrumento para pulir.

PULIDORA s.f. Máquina para pulir superficies, dejándolas lisas y brillantes.

PULIMENTAR v.tr. Dar pulimento.

PULIMENTO s.m. (ital. *pulimento*). Acción y efecto de pulir. **2.** Operación de acabado a que se someten los objetos y superficies a fin de eliminar sus irregularidades y asperezas. **3.** Sustancia que da lustre. **4.** GEOGR. Aspecto liso y brillante que adquieren las rocas por la acción del viento (*pulimento desértico*) o de los glaciares (*pulimento glaciar*).

PULIR v.tr. (lat. *polire*). Suavizar la superficie de un objeto dándole tersura y brillo por medio de frotación. **2.** *Fig.* Perfeccionar, corregir algo revisándolo cuidadosamente. ◆ v.tr. y prnl. *Fig.* Quitar la tosquedad a una persona. **2.** Arreglar, dar buen aspecto a algo. ◆ **pulirse** v.prnl. *Fam.* Gastarse todo el dinero o todos los bienes que se poseen.

PULLA s.f. Palabra o expresión irónica con que se pretende herir u ofender a alguien. **2.** Broma, burla.

PULLMAN s.m. (de G. M. *Pullman*, industrial norteamericano). Autocar equipado con elementos de confort. **2.** Vagón de lujo en ciertas líneas de ferrocarril.

PULLOVER s.m. → PULÓVER.

PULMÓN s.m. (lat. *pulmo, -onis*). Órgano par que constituye la parte principal del aparato respiratorio de los vertebrados que respiran oxígeno del aire; está situado en el tórax y rodeado por la pleura. **2.** Órgano de la respiración de ciertas arañas y algunos moluscos terrestres, parecido en su estructura a las branquias. ◇ **Pulmón de acero, o artificial** Recinto o cámara donde se introduce a un enfermo para ayudarlo a respirar y que funciona mediante cambios de la presión del aire en su interior regulados de forma automática.
ENCICL. Cada pulmón está dividido en lóbulos (dos el izquierdo y tres el derecho). El aire llega a los pulmones a través de los bronquios, y la sangre cargada de gas carbónico penetra en ellos por la arteria pulmonar. La sangre se enriquece en oxígeno en los alvéolos, en los que finalizan los bronquiolos, ramificaciones de los bronquios. En los dos pulmones hay más de 700 millones de alvéolos, que representan una superficie respiratoria de 200 m². La sangre oxigenada sale del pulmón por las venas pulmonares. La transformación de la sangre venosa en arterial constituye el fenómeno de la hematosis.

PULMONADO, A adj. y s.m. Relativo a una subclase de moluscos gasterópodos que respiran por medio de un pulmón, como la babosa y el caracol.

PULMONAR adj. Relativo al pulmón.

PULMONARIA s.f. Planta herbácea de hojas ovales de color verde con manchas blancas, empleada contra las enfermedades pulmonares. (Familia borragináceas.) **2.** Liquen coriáceo, de color marrón y superficie con ampo-

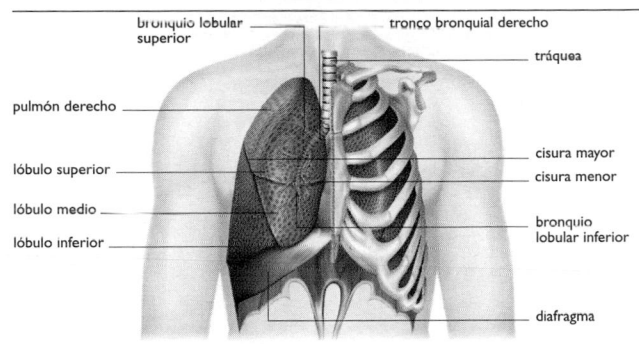

bronquio lobular superior
tronco bronquial derecho
tráquea
pulmón derecho
cisura mayor
lóbulo superior
cisura menor
lóbulo medio
bronquio lobular inferior
lóbulo inferior
diafragma

■ **PULMÓN.** Anatomía de los pulmones.

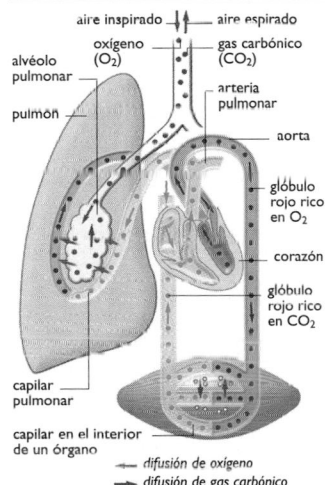

aire inspirado — aire espirado
oxígeno (O₂) — gas carbónico (CO₂)
alvéolo pulmonar
arteria pulmonar
pulmón
aorta
glóbulo rojo rico en O₂
corazón
glóbulo rojo rico en CO₂
capilar pulmonar
capilar en el interior de un órgano
→ difusión de oxígeno
→ difusión de gas carbónico

■ **PULMÓN.** El aparato respiratorio.

llas, que crece sobre los troncos de diversos árboles. (Familia parmeliáceas.)

PULMONÍA s.f. Neumonía.

PULÓVER o **PULLOVER** s.m. (ingl. *pullover*). Suéter con o sin mangas y generalmente con escote en pico.

PULPA s.f. (lat. *pulpa*). Nombre que se da a ciertos tejidos blandos de los animales (pulpa dentaria) o de los vegetales (pulpa azucarada de los frutos carnosos). **2.** Parte blanda de la carne, o carne sin huesos ni ternilla. **3.** Residuo de las fábricas que utilizan como materias primas productos agrícolas, en especial de las fábricas de azúcar.

PULPEJO s.m. Parte carnosa y blanda de un miembro pequeño del cuerpo humano, especialmente la de la palma de la mano que está en la base del pulgar.

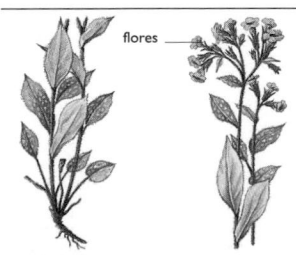

flores

■ **PULMONARIA**

PULPERÍA s.f. Amér. Tienda donde se venden bebidas, comestibles, mercería y otros géneros muy variados.

1. PULPERO s.m. Utensilio para desmenuzar vegetales y obtener pulpas.

2. PULPERO, A s. Amér. Propietario, encargado o dependiente de una pulpería.

PULPITIS s.f. Inflamación muy dolorosa de la pulpa dentaria.

PÚLPITO s.m. (lat. *pulpitum*, tarima, tablado). Plataforma con antepecho y tornavoz que hay en las iglesias para predicar desde ella, cantar la epístola, el evangelio, etc. **2.** *Fig.* Cargo de predicador.

■ **PÚLPITO**

PULPO s.m. (lat. *polypus*, del gr. *polýpoys*, de *pollói*, muchos, y *pódes*, pie). Molusco cefalópodo con ocho brazos provistos de ventosas, que vive en las oquedades de las rocas, cerca de las costas, y se alimenta de crustáceos y moluscos. (*V. ilustr. pág. siguiente.*)

PULQUE s.m. Bebida alcohólica, típica de México y otros países americanos, que se obtiene haciendo fermentar el aguamiel, o jugo que dan los bohordos de las pitas cortados antes de florecer. (Suele mezclarse con jugos de frutas.)

PULQUERÍA s.f. En América latina, taberna donde se sirven pulque y comidas populares.

PULQUÉRRIMO, A adj. (lat. *pulcherrimus*, superl. de *pulcher, -chra, -chrum*, hermoso). Muy pulcro.

PULSACIÓN s.f. Acción de pulsar. **2.** Golpe que se da al pulsar una tecla. **3.** Golpe que se percibe en ciertas partes del organismo por efecto de los latidos del corazón: *sentir pulsaciones en la sien*. **4.** Cada impulso en un movimiento periódico de un fluido.

PULSADOR, RA adj. y s. Que pulsa. ◆ s.m. Dispositivo que sirve para poner en funcionamiento un mecanismo o aparato y que se acciona oprimiéndolo o pulsándolo.

■ PULPO

PULSAR v.tr. (lat. *pulsare*). Tocar, golpear o palpar algo con la yema de los dedos. **2.** Presionar las teclas de la máquina de escribir: *pulsar el espaciador*. **3.** *Fig.* Tantear un asunto para conocer el modo de tratarlo, la opinión de alguien, etc. **4.** MÚS. Hacer sonar las cuerdas de un instrumento realizando una ligera presión sobre ellas.

PÚLSAR s.m. (del ingl. *pulsating star*). ASTRON. Fuente de radiación radioeléctrica, luminosa, X o gamma, cuyas emisiones son muy breves (alrededor de 50 ms) y se repiten a intervalos extremadamente regulares (de algunas centésimas de segundo a unos cuantos segundos).

ENCICL. Según la hipótesis más aceptada, los púlsares son estrellas de neutrones en rotación rápida, dotadas de un campo magnético dipolar muy intenso. Su radiación procedería de partículas cargadas, aceleradas por el campo magnético hasta velocidades relativistas. Confinada en un estrecho haz y arrastrada por la rotación de la estrella, la radiación barrería el espacio a la manera de un faro giratorio.

PULSÁTIL adj. Se dice de lo que pulsa o golpea.

PULSÁTILA s.f. Planta perenne, de raíz leñosa y flores solitarias, que se emplea en medicina. (Familia ranunculáceas.)

PULSEAR v.intr. Probar una persona con otra cuál de las dos tiene más fuerza y logra derribar el brazo de la otra asiéndose mutuamente las manos derechas y apoyando los codos en una superficie.

PULSEADA s.f. Argent., Par., Perú y Urug. Acción y efecto de pulsear.

PULSERA s.f. Aro que, como adorno, se lleva alrededor de la muñeca o en el brazo.

PULSIÓN s.f. PSICOANÁL. Fuerza en el límite entre lo orgánico y lo psíquico que empuja al sujeto a llevar a cabo una acción con el fin de resolver una tensión procedente del organismo, por medio de un objeto, y cuyo prototipo es la pulsión sexual.

PULSO s.m. (lat. *pulsus, -us*, impulso). Latido intermitente de las arterias que se percibe especialmente en cierto punto de la muñeca. **2.** Firmeza en la mano para hacer o realizar con acierto un trabajo delicado. **3.** *Fig.* Habilidad y prudencia con que se trata un asunto, negocio, etc. ◇ **A pulso** Haciendo fuerza con la muñeca y la mano sin apoyar el brazo en ninguna parte; *Fig.* sin ayuda de nadie, por su propio esfuerzo. **Echar un pulso** Pulsear. **Tomar el pulso** Reconocer la frecuencia o ritmo de las pulsaciones de alguien; tantear un asunto, una opinión, etc.

PULULAR v.intr. (lat. *pullulare*). Abundar y moverse muchas personas o animales en un lugar. **2.** Reproducirse un insecto con rapidez en un medio determinado. **3.** Empezar a brotar y echar vástagos una planta u otro vegetal.

PULVERIZADOR, RA adj. Que pulveriza. ◆ s.m. Instrumento o dispositivo que sirve para proyectar un líquido en finísimas gotas.

PULVERIZAR v.tr. y prnl. [7]. Reducir a polvo una cosa. ◆ v.tr. Esparcir un líquido dispersándolo en distintas direcciones en gotas menudísimas. **2.** *Fig.* y *fam.* Destruir, aniquilar.

PULVERULENTO, A adj. Que tiene forma de polvo.

PUMA s.m. (voz quechua). Mamífero carnívoro, que puede alcanzar hasta 2 m de long. y 100 kg de peso, de constitución musculosa, pelaje suave, marrón rojizo o grisáceo, con la cabeza corta y ancha, las orejas redondas y la cola larga y gruesa; vive en las zonas frías de América. (Familia félidos.) SIN.: *león americano*.

■ PUMA

PUMITA s.f. *Piedra pómez.

PUNA s.f. (voz quechua, *tierras altas de la cordillera*). Piso andino que corresponde a las partes elevadas de la cordillera y a las altiplanicies ubicadas entre 3 000 y 4 000 m. **2.** Amér. Páramo. **3.** Amér. Soroche.

PUNCH s.m. (voz inglesa). Cualidad del boxeador, cuyos golpes son decisivos. **2.** Reserva de potencia física que permite a un atleta hacer un esfuerzo decisivo en un momento dado.

PUNCHING-BALL s.m. Balón sostenido verticalmente por medio de cuerdas elásticas, que sirve para entrenarse en el boxeo.

PUNCIÓN s.f. Introducción en el interior del organismo de un instrumento punzante y hueco, para inyectar un líquido u obtener muestras de tejidos.

PUNDONOR s.m. Amor propio.

PUNDOS s.m. Forma de elefantiasis que afecta principalmente a los pies, propia de algunos países centroamericanos.

PUNIBLE adj. Que merece castigo.

PÚNICO, A adj. y s. De Cartago. ◆ s.m. Variedad del fenicio hablada en Cartago.

PUNITIVO, A adj. Relativo al castigo.

PUNK o **PUNKI** adj. (voz angloamericana). Se dice de un movimiento musical y cultural aparecido en Gran Bretaña hacia 1975 cuyos seguidores pregonan una actitud de provocación y de burla con respecto a una sociedad a la que consideran incapaz de aportar algún tipo de esperanza para la juventud. ◆ s.m. y f. Persona adscrita a este movimiento.

PUNTA s.f. (lat. tardío *puncta*, estocada, p. fem. de *pungere*, punzar). Extremo de un objeto u otra cosa alargados: *se pilló la punta de los dedos en la puerta*. **2.** Extremo agudo y punzante de una cosa que sobresale. **3.** Colilla de cigarro. **4.** Pequeña cantidad de algo, especialmente de alguna cualidad moral o intelectual: *una punta de locura*. **5.** Clavo, pieza de hierro puntiaguda. **6.** Terreno, generalmente bajo y de poca extensión, que penetra en el mar. **7.** Instrumento de acero utilizado por el grabador al agua fuerte para dibujar sobre el barniz que recubre la plancha. **8.** HERÁLD. **a.** Tercio inferior del campo del escudo. **b.** Pira. ◆ **puntas** s.f.pl. Puntillas. **2.** Manera de sostenerse un bailarín apoyando solo en el suelo las puntas de los pies, generalmente calzados en unas zapatillas de punta rígida. ◇ **De punta** Apoyando solo la punta de los pies. **De punta a punta** De un extremo a otro de algo. **De punta en blanco** Muy acicalado y con las mejores ropas. **Estar**, o **ponerse, de punta con alguien** Estar enemistado, o enemistarse, con alguien. **Punta roma** Extremidad cónica o redondeada de un tornillo que facilita la inserción de este. **Punta seca** Aguja o buril empleado por los grabadores para hacer trazos finos sobre el cobre; grabado que se obtiene de esta forma. **Sacar punta a algo** Esp. *Fam.* Buscar a una acción, un suceso o a algo que se dice un sentido malicioso que no tiene en realidad; aprovechar al máximo una cosa o em-

plearla, incluso, para lo que no sirve. **Una punta de** Amér. Expresión con la que se pondera la abundancia de algo.

PUNTADA s.f. Agujero hecho al pasar la aguja cuando se cose. **2.** Espacio y porción de hilo entre dos de estos agujeros seguidos. **3.** Esp. *Fig.* y *fam.* Comentario que se dice en una conversación para insinuar algo.

PUNTAL s.m. Madero sólido que sirve para sostener un muro, techo, edificio, etc. **2.** *Fig.* Persona o cosa que es el apoyo de otra. **3.** Amér. Tentempié, refrigerio. **4.** Venez. *Fig.* Merienda ligera. **5.** MAR. **a.** Cada una de las piezas verticales de madera o metálicas que sostienen las cubiertas. **b.** Cada uno de los maderos que sostienen un barco en cala o dique. **c.** Altura del casco de un barco. **6.** MIN. Cualquier elemento de sostén dispuesto en una mina perpendicularmente a los hastiales.

PUNTANO, A adj. y s. De San Luis (Argentina).

PUNTAPIÉ s.m. (de *punta de pie*). Golpe dado con la punta del pie. ◇ **A puntapiés** *Fam.* De modo desconsiderado y violento.

PUNTAZO s.m. Herida hecha con un instrumento punzante. **2.** *Fig.* Indirecta, pulla. **3.** Esp. *Fig.* Neura, ocurrencia.

PUNTEADO, A adj. Se dice de la línea formada por una sucesión de puntos regularmente espaciados. ◆ s.m. Acción y efecto de puntear. **2.** B. ART. Manera de pintar, dibujar o grabar mediante puntos; obra ejecutada de esta manera.

PUNTEAR v.tr. Señalar con puntos u otro signo una relación, lista o cuenta para indicar que están comprobados sus distintos elementos. **2.** Dibujar, pintar o grabar una superficie u otra cosa con puntos, especialmente formando alguna figura o adorno. **3.** Argent., Chile y Urug. Remover con la punta de la pala la capa superior de la tierra. **4.** MÚS. Pulsar las cuerdas de una guitarra u otro instrumento semejante con los dedos o con una púa de manera que pueda diferenciarse cada sonido. ◆ v.intr. Amér. Merid. Marchar a la cabeza de un grupo de personas o animales. **2.** Méx. Ocupar el primer lugar en una competición o torneo deportivo.

PUNTEO s.m. Acción y efecto de puntear.

PUNTERA s.f. Parte del calzado, la media o el calcetín que cubre la punta del pie. **2.** *Fam.* Puntapié.

PUNTERÍA s.f. Destreza del tirador para acertar a un blanco. **2.** Acción de disponer un arma de modo que su proyectil alcance el objetivo. **3.** Dirección en que se apunta.

PUNTERO, A adj. y s. Se dice de la persona que sobresale en alguna actividad. **2.** Argent. y Urug. Se dice de la persona o animal que va delante de los demás componentes de un grupo. ◆ adj. Se dice de lo más avanzado o destacado dentro de su mismo género o especie: *industria puntera*. ◆ s. Amér. Merid. En algunos deportes, delantero. **2.** Argent. En el fútbol, delantero que juega en los laterales. **3.** Argent. Deportista que se halla en el primer puesto en una prueba de velocidad. ◆ s.m. Palo terminado en punta que se usa para señalar los encerados, mapas, etc. **2.** Cincel de boca puntiaguda y cabeza plana que sirve para labrar piedra dura. **3.** INFORMÁT. **a.** Variable cuyo valor es el nombre o la dirección de otra variable. **b.** Registro de memoria que contiene la dirección de una información, o de un conjunto de informaciones, a la cual está ligada la información consecutiva.

PUNTIAGUDO, A adj. Que acaba en punta o tiene la punta aguda.

PUNTILLA s.f. Encaje estrecho con el borde en forma de puntas u ondas. SIN.: *puntas*. **2.** Cachetero, puñal empleado para matar reses, principalmente en las corridas para rematar al toro. ◇ **Dar la puntilla** *Fam.* Clavar el cachetero; rematar un daño grave causado a alguien o a algo. **De puntillas** Pisando solo con la punta de los pies.

PUNTILLADO, A adj. ARQUEOL. Se dice de la cerámica decorada con puntos. **2.** HERÁLD. Se dice de la superficie sembrada de puntos para indicar el metal oro.

PUNTILLERO, A s. Persona que en las corridas remata al toro, clavándole la puntilla.

PUNTILLISMO s.m. Técnica de los pintores neoimpresionistas que consiste en yuxtaponer las pinceladas de color sobre la tela en lugar de mezclar los colores en la paleta. SIN.: *divisionismo.*

PUNTILLISTA adj. y s.m. y f. Relativo al puntillismo; que practica el puntillismo.

PUNTILLO s.m. Orgullo exagerado que hace que una persona se sienta ofendida por cualquier nimiedad. **2.** MÚS. Signo de la notación musical que se coloca a la derecha de una nota o una pausa para indicar que estas aumentan en la mitad su duración y valor.

PUNTILLOSO, A adj. Que tiene mucho puntillo.

PUNTO s.m. (lat. *punctum,* puntada, punto, de *pungere,* punzar). Señal, dibujo o relieve redondeado y muy pequeño: *puntos sobre las íes.* **2.** Signo de puntuación (.) que señala el final de una frase o indica que la letra o el conjunto de letras que le preceden forman una abreviatura. **3.** Parte determinada de un asunto o cuestión: *estar de acuerdo en todos los puntos.* **4.** Parte extremadamente pequeña del espacio: *el punto de intersección de dos líneas.* **5.** Lugar determinado: *punto de reunión.* **6.** Momento, instante determinado: *llegó al punto de las seis.* **7.** Estado, situación en que se encuentra algo. **8.** Grado o intensidad de algo: *su insolencia ha llegado a un punto insoportable.* **9.** Temperatura a la que se produce un fenómeno físico: *punto de ebullición, de fusión.* **10.** Fin o intento de cualquier acción: *siempre llegó al punto que me marcó.* **11.** Puntada que se da sobre la tela para hacer una labor. **12.** Manera de pasar y trabar el hilo en las labores de costura. **13.** Unidad que constituye la puntuación o el elemento de valoración en un juego, concurso, en las notas escolares, etc. **14.** Pundonor. **15.** *Fig.* y *fam.* Persona capaz de engañar, estafar, etc. **16.** Lugar donde se sitúan los automóviles para esperar que los alquilen. **17.** ARQ. **a.** Curvatura ligera hacia arriba que se da a las vigas y arquitrabes para corregir el efecto óptico de comba. **b.** Relación entre la flecha y la luz de un arco. **18.** FÍS. Cuerpo de dimensiones despreciables: *punto material.* **19.** IMPR. Unidad de medida que sirve para designar el cuerpo de la letra. **20.** MAT. Figura geométrica sin dimensiones. **21.** MED. Puntada que da el cirujano pasando la aguja por los labios de la herida. **22.** MÚS. Signo colocado a la derecha de una nota o de un silencio para aumentar en su mitad la duración de esta nota o silencio. **23.** TECNOL. Pieza cónica terminada en punta que sirve para sujetar las piezas que se trabajan en las máquinas-herramienta. **24.** TEXT. **a.** Tejido hecho de lazadillas trabadas entre sí. **b.** Cada una de estas lazadillas. ◇ **Al punto** En seguida. **A punto** Preparado; a tiempo, oportunamente. **A punto fijo** Con certeza. **De todo punto** Enteramente. **Dos puntos** Signo ortográfico (:) que se emplea para indicar que lo que a continuación se escribe es una cita, una frase que desarrolla lo que antecede o una enumeración. **En punto** A la hora exacta. **En,** o **a, punto de caramelo** *Fam.* Se dice de algo que está perfectamente dispuesto para un fin. **Estar a,** o **en, punto de** Expresa la inminencia de una acción o suceso. **Estar en su punto** Estar algo en el momento o de la manera que mejor puede estar. **Hasta cierto punto** De alguna manera, no del todo. **Perder (muchos) puntos** Desmerecer, disminuir en prestigio o estimación. **Punto adherente** MAT. En un conjunto A contenido en un espacio métrico E, punto de E tal que todos sus entornos tienen intersección no vacía con A. **Punto ciego** Localización del fondo del ojo insensible a la luz, que corresponde a la entrada del nervio óptico. **Punto culminante** Punto más importante, de mayor intensidad, esplendor, etc., de una cosa. **Punto de apoyo** *Fig.* Cosa que sirve de apoyo; lugar fijo sobre el que estriba una palanca. **Punto débil,** o **flaco** *Fig.* Parte o aspecto más vulnerable física o moralmente de alguien o algo. **Punto de contacto** *Fig.* Afinidad en algún aspecto entre dos o más personas o cosas; MAT. punto común de dos curvas tangentes, de una curva y su tangente, etc. **Punto de partida,** o **de arranque** Sitio o situación donde tiene principio algo. **Punto de referencia** Hecho, acontecimiento o, en general, dato importante en el desarrollo o para el conocimiento de algo. **Punto de vista** Criterio, manera de juzgar o considerar algo. **Punto en boca** Se usa para prevenir a alguien que calle o para ordenarle que no conteste o replique. **Punto material,** o **físico** FÍS. Masa que se supone aglomerada en un punto geométrico. **Punto muerto** *Fig.* Momento en que ya no se realiza ningún progreso en un proceso o desarrollo; volumen de producción de una empresa para el que la cifra de ingresos coincide con la de costos totales; punto del recorrido de un órgano mecánico en el que no recibe impulso por parte del motor; posición del mando del dispositivo de cambio de velocidades de un automóvil en el que el árbol primario no está acoplado con el secundario. **Punto negro** Lugar que por sus características resulta especialmente peligroso. **Punto neurálgico** Punto en el que el nervio y sus ramificaciones están cerca de la superficie; lugar importante por su situación o por las actividades que en él se ejercen; *Fig.* parte de un asunto especialmente delicada y difícil. **Punto por punto** Detalladamente. **Puntos suspensivos** Signo ortográfico (...) que se utiliza para indicar que la frase queda inacabada. **Punto y aparte** Punto que se pone cuando termina un párrafo y el texto continúa en otro renglón. **Punto y coma** Signo ortográfico (;) que indica una pausa superior a la de la coma e inferior a la del punto y se emplea en una enumeración para separar elementos lingüísticos, generalmente frases o sintagmas, que realizan la misma función sintáctica. **Punto y seguido** Punto que se pone cuando termina un periodo y el texto continúa inmediatamente después del punto en el mismo renglón.

PUNTUABLE adj. En juegos, deportes, exámenes, etc., que es o puede ser calificado con puntos o unidades de puntuación.

PUNTUACIÓN s.f. Acción y efecto de puntuar. ◇ **Signo de puntuación** Signo gráfico que sirve para señalar las pausas entre frases o elementos de frases y las relaciones sintácticas, como el *punto,* la *coma,* las *comillas,* los *guiones,* etc.

PUNTUAL adj. Exacto, detallado, cierto. **2.** Se dice de la persona que hace las cosas en el plazo convenido o debido. **3.** Relativo al punto.

PUNTUALIDAD s.f. Cualidad de puntual.

PUNTUALIZAR v.tr. [7]. Precisar o referir con exactitud los detalles o características esenciales de algo.

PUNTUAR v.tr. [18]. Valorar un examen, un ejercicio, una prueba u otra cosa parecida con puntos. **2.** Poner en un escrito los signos ortográficos necesarios para señalar las pausas de lectura y para darle la entonación y acentuación adecuadas. **3.** Ganar u obtener puntos de clasificación en una competición deportiva. **4.** MÚS. Señalar las pausas, separar las frases al componer. ◆ v.intr. Ser tenida en cuenta una prueba deportiva para el cómputo final de una competición.

PUNZADA s.f. Dolor intenso y repentino que se siente en alguna parte del cuerpo y que es parecido al que produciría algo agudo que se clava. **2.** Pinchazo. **3.** *Fig.* Sentimiento de aflicción producido por un hecho, palabra, etc.

PUNZANTE adj. Que punza. **2.** *Fig.* Se dice de la expresión, el estilo, etc., que contiene ironía aguda.

PUNZAR v.tr. (de *punzón*) [7]. Pinchar. **2.** *Fig.* Causar dolor o aflicción.

PUNZÓN s.m. (lat. *punctio, -onis,* acción de punzar). Instrumento de acero templado que puede servir, cuando es puntiagudo, para abrir orificios, y, si es cilíndrico o cónico y en combinación con una matriz, para cortar o embutir chapa, estampar o matrizar, en frío o en caliente, piezas metálicas. **2.** Buril. **3.** Instrumento de acero utilizado en la fabricación de monedas y medallas que en la boca tiene en realce una figura, la cual, por presión o percusión, queda grabada en el troquel. **4.** Instrumento utilizado para marcar las piezas de metales nobles. **5.** Marca obtenida mediante este instrumento.

PUNZONAR v.tr. Marcar o taladrar con punzón. **2.** Cizallar, con un punzón que presenta el contorno del agujero que se ha de obtener, una porción de metal en una chapa, bajo la acción de una fuerte presión. **3.** Imprimir o grabar la marca de un punzón sobre un objeto de metal precioso.

PUÑADA s.f. *Fam.* Puñetazo.

PUÑADO s.m. Porción de cualquier cosa o cantidad de cosas que caben dentro del puño o de la mano cerrada. **2.** *Fig.* Número restringido de personas o cosas. ◇ **A puñados** Con abundancia y prodigalidad.

PUÑAL s.m. (de *cuchillo puñal,* cuchillo grande como el puño). Arma ofensiva de acero, de hoja corta y puntiaguda.

PUÑALADA s.f. Golpe dado con el puñal u otra arma semejante. **2.** Herida que produce este golpe. **3.** *Fig.* Disgusto o pena muy grande causada a una persona. ◇ **Coser a puñaladas** a alguien *Fam.* Darle muchas puñaladas. **Puñalada trapera** Herida grande que se hace con un puñal, cuchillo, etc.; *Fig.* traición, acción realizada con engaño y mala intención.

PUÑETA s.f. *Fam.* Tontería, cosa nimia. **2.** Bocamanga de algunas togas adornada con bordados o puntillas. ◆ interj. Expresa enojo. ◇ **Hacer la puñeta** a alguien Esp. *Fam.* Fastidiarlo, molestarlo. **Mandar** a alguien **a hacer puñetas** Esp. *Fam.* Despedirlo o contestarle desconsideradamente.

PUÑETAZO s.m. Golpe dado con el puño.

PUÑETERO, A adj. y s. *Fam.* Que fastidia, molesta o causa un perjuicio.

PUÑO s.m. (lat. *pugnus*). Mano cerrada: *amenazar con el puño.* **2.** Pieza que se pone en la parte inferior de la manga de la camisa y otras prendas de vestir, generalmente para recoger el vuelo de la manga. **3.** Mango. **4.** Parte de la espada, bastón, etc., por donde se agarran, y que suele estar adornada de una pieza de materia diferente. **5.** *Fig.* y *fam.* Cualquier cosa demasiado pequeña: *un puño de casa.* ◆ **puños** s.m.pl. *Fig.* y *fam.* Fuerza, energía, dominio físico. ◇ **Comerse los puños** *Fam.* Estar hambriento. **De puño y letra** Escrito a mano por el mismo autor. **Meter en un puño** a alguien *Fam.* Oprimirlo, intimidarlo.

1. PUPA s.f. Lesión cutánea que ocupa una zona bien delimitada. **2.** Voz infantil usada para expresar dolor, daño, etc. **3.** Esp. Erupción en un labio, generalmente debida a la fiebre.

2. PUPA s.f. (lat. *pupila,* huérfana menor de edad, niña de los ojos). Ninfa, y en particular la de los dípteros. **2.** Envoltura quitinosa de donde sale el insecto.

1. PUPILA s.f. Abertura central del iris en la parte anterior del ojo. **2.** *Fig.* y *fam.* Perspicacia, ingenio.

2. PUPILA s.f. Prostituta.

PUPILAJE s.m. Cualidad de pupilo. **2.** Reserva de plaza de aparcamiento de forma permanente en un garaje y cuota que se paga.

1. PUPILAR adj. Relativo al pupilo o a la minoría de edad.

2. PUPILAR adj. ANAT. Relativo a la pupila ocular.

PUPILO, A s. (lat. *pupillus,* pupilo, menor). Persona que se hospeda en una casa particular por precio convenido, o huésped de una pensión. **2.** DER. CIV. Huérfano que se encuentra bajo la custodia de un tutor.

PUPÍPARO, A adj. y s.m. Se dice de ciertos insectos dípteros cuyas larvas se desarrollan en las vías genitales de la hembra y hacen eclosión listas para transformarse en pupas.

PUPITRE s.m. (fr. *pupitre*). Mueble que se utiliza principalmente en las escuelas para apoyarse al escribir y que generalmente dispone de un cajón para guardar libros, papeles, etc. **2.** Mueble de bodega constituido por dos tableros inclinados y con agujeros para introducir el cuello de las botellas, empleado en el proceso de elaboración del champaña. **3.** TECNOL. Tablero inclinado en el que se agrupan los mandos e instrumentos de control de una central eléctrica, fábrica, calculadora, emisora u otra instalación automática.

PUPO s.m. Argent., Bol. y Chile. Ombligo.

PUPOSO, A adj. Que tiene pupas.

PUQUÍO s.m. Amér. Merid. Manantial, fuente.

PURAMENTE adv.m. Solamente.

PURASANGRE s.m. Caballo de una raza ca-

■ PURASANGRE

racterizada por una extraordinaria consanguinidad de origen y una gran aptitud para la velocidad.

PURÉ s.m. (fr. *purée*, del fr. ant. *purer*, purificar, sacar la pulpa). Plato que se hace de legumbres, verduras, papas, etc., cocidas y trituradas. ◇ **Estar hecho puré** *Fam.* Estar maltrecho o destrozado.

PURÉPECHA → TARASCO.

PUREZA s.f. Cualidad de puro.

PURGA s.f. Acción de purgar o purgarse. **2.** Expulsión de un colectivo de uno o varios de sus miembros, generalmente por razones políticas. **3.** Medicina purgante.

PURGACIÓN s.f. Blenorragia. (Suele usarse en plural.)

PURGADOR s.m. Aparato que permite eliminar de una tubería o de una instalación un fluido que, por su presencia o exceso, perturbaría el funcionamiento.

PURGANTE adj. Que purga. SIN.: *purgativo.* ◆ s.m. Sustancia que, administrada por vía oral, facilita o acelera la evacuación del contenido intestinal.

PURGAR v.tr. y prnl. (lat. *purgare*, purificar, purgar) [2]. Administrar un purgante. ◆ v.tr. Vaciar una tubería, canalización o recipiente extrayendo el fluido que tendería a acumularse en ellos. **2.** Sufrir una pena como castigo por haber cometido una falta o un delito. **3.** Limpiar, purificar algo eliminando lo que no conviene. **4.** DER. Hacer desaparecer los indicios, sospechas o cargos que recaen contra una persona. ◆ **purgarse** v.prnl. *Fig.* Liberarse de una cosa no material que causa perjuicio o gravamen.

PURGATORIO s.m. En la religión católica, lugar o estado en el que las almas de los justos acaban de purgar sus faltas antes de alcanzar la gloria. **2.** *Fig.* Lugar donde se padecen o se pasan sufrimientos y penalidades. **3.** *Fig.* Sufrimientos que se padecen.

PÚRICO, A adj. Se dice de las bases nitrogenadas derivadas de la purina y que entran en la composición de los ácidos nucleicos (ADN y ARN) y de sus metabolitos.

PURIDAD (EN) loc. (del lat. *puritas*, pureza, fidelidad). Claramente, sin rodeos.

PURIFICACIÓN s.f. Acción de purificar o purificarse. **2.** REL. CATÓL. Fiesta en honor de la Virgen, llamada también Candelaria y Presentación del Señor. (Con este significado se escribe con mayúscula.)

PURIFICADOR, RA adj. y s. Que purifica. SIN.: *purificante.* ◆ s.m. LITURG. Lienzo de que se sirve el sacerdote en la misa. **2.** QUÍM. y TECNOL. Aparato o dispositivo para purificar.

PURIFICAR v.tr. y prnl. (lat. *purificare*) [1]. Hacer pura o más pura una cosa material o inmaterial. **2.** Someter una cosa sagrada que ha sido profanada a determinadas ceremonias para devolverle su pureza.

PURÍN s.m. Sustancia líquida del estiércol y que se forma por la orina de los animales y las aguas de lluvia.

PURINA s.f. Compuesto químico de fórmula $C_5H_4N_4$, formado por dos compuestos heterocíclicos unidos, que entra en la composición de las bases púricas.

PURÍSIMA s.f. REL. Nombre antonomástico de la Virgen María, considerada en su Inmaculada Concepción.

PURISMO s.m. Voluntad de adaptarse a un modelo ideal que se manifiesta en la preocupación exagerada por alcanzar la perfección. **2.** Preocupación exagerada por la pureza del lenguaje, caracterizada por el deseo de fijar una lengua en una fase de su evolución considerada ideal. **3.** Tendencia artística surgida del cubismo que cultivó la sencillez geométrica de los contornos, a los que dio una limpieza de diseño generadora de efectos monumentales.

PURISTA adj. y s.m. y f. (fr. *puriste*). Propio del purismo o relativo a él.

PURITANISMO s.m. Rigorismo moral o político. **2.** Doctrina de los puritanos.

PURITANO, A adj. y s. (ingl. *puritan*). Que profesa los principios de una moral rigurosa. **2.** Miembro de unas comunidades inglesas de inspiración calvinista que, a mediados del s. XVI, quisieron volver a la pureza del cristianismo primitivo como reacción contra los compromisos de la Iglesia anglicana.
ENCICL. Perseguidos por los soberanos ingleses a partir de 1570, un gran número de puritanos emigraron primero a Holanda y después a América (los *Pilgrim Fathers* que cruzaron el océano en el *Mayflower* en 1620). Los que permanecieron en Inglaterra durante los Estuardo formaron un grupo de oposición que, con Cromwell, fue muy importante en la revolución de 1648.

PURKINJE. Células de Purkinje Neuronas de gran tamaño que se encuentran en la corteza del cerebelo.

PURO, A adj. (lat. *purus*). Sin mezcla, que no contiene ningún elemento extraño: *oro puro.* **2.** Que no está sucio, alterado ni viciado: *aire puro.* **3.** Límpido, transparente: *cielo puro.* **4.** Que es moralmente íntegro, muy honrado. **5.** Casto. **6.** Se dice de la raza cuya descendencia no está mestizada con aportaciones de estirpes distintas. **7.** *Fig.* Que es solo y exclusivamente lo que se expresa: *la pura verdad.* **8.** *Fig.* Bello, perfecto: *perfil puro.* **9.** *Fig.* Se dice del estilo o lenguaje correcto, exento de barbarismos. ◆ s.m. Cigarro. ◇ **De puro** Se usa para intensificar el significado del adjetivo al que se antepone: *de puro valiente es temerario.* (Esta expresión se antepone al adjetivo.) **Meter un puro** Esp. MIL. Arrestar; Esp. *Fam.* reñir o reprender mucho a alguien.

PÚRPURA adj. y s.m. (lat. *purpura*, del gr. *porphýra*). Se dice del color rojo violáceo. ◆ adj. Que es de este color: *un vestido púrpura.* ◆ s.f. Molusco gasterópodo que segrega una sustancia amarillenta que adquiere color púrpura. (Familia murícidos.) **2.** PATOL. Conjunto de manchas rojizas en la piel debidas a la rotura de capilares en el espesor de la dermis. ◇ **Púrpura cardenalicia o sagrada púrpura** Dignidad de cardenal, por alusión al hábito rojo que visten.

PURPURADO s.m. Cardenal, prelado.

PURPÚREO, A adj. Que tiene un tono púrpura. **2.** Relativo a la púrpura.

PURPURINA s.f. Polvo finísimo de bronce o de metal blanco que, aplicado a los barnices o pinturas al aceite, sirve para darles un tono dorado o plateado.

PURRIA s.f. *Fam.* Gente despreciable. **2.** Resto que queda después de haber elegido lo mejor.

PURULENCIA s.f. PATOL. Estado purulento de un tejido o lesión.

PURULENTO, A adj. (lat. *purulentus*). PATOL. Que se parece al pus o lo contiene.

PUS s.m. (lat. *pus, puris*). Líquido amarillento que se forma en los focos de infección, formado por residuos de leucocitos y bacterias.

PUSEYSMO s.m. Movimiento ritualista, llamado también *movimiento de Oxford*, que llevó hacia el catolicismo o hacia una renovación espiritual eclesial a una fracción de la Iglesia anglicana.

PUSH-PULL s.m. y adj. (voz inglesa). ELECTR. Montaje amplificador constituido por dos tubos electrónicos o transistores que funcionan en oposición.

PUSILÁNIME adj. (lat. *pusillanimis*, de *pusillus*, pequeño). Falto de ánimos y de audacia.

PÚSTULA s.f. (lat. *pustula*). Vesícula que contiene pus. ◇ **Pústula maligna** Pústula de color negruzco, que aparece en el ser humano por el bacilo del carbunco.

PUTA s.f. *Vulg.* Mujer que se prostituye. (Se suele usar como insulto). **2.** adj. y s.m. y f. Que es astuto y pícaro: *fue un puta al plantear así la pregunta.* ◇ **Pasarlas putas** Esp. *Vulg.* Pasarlo mal.

PUTADA s.f. *Vulg.* Acción malintencionada contra alguien.

PUTATIVO, A adj. (lat. *putativus*, que se calcula). Se dice del familiar que se considera legítimo sin serlo: *padre putativo.* **2.** DER. Que se supone que tiene una existencia legal, sin ser cierta. ◇ **Matrimonio putativo** Matrimonio entre personas que ignoran la existencia de impedimentos para contraerlo hasta después de haberlo celebrado.

PUTEADA s.f. Argent., Par. y Urug. *Vulg.* Insulto grosero.

PUTEAR v.intr. Frecuentar el trato con personas que ejercen la prostitución. **2.** Amér. *Vulg.* Insultar groseramente. ◆ v.tr. Hacer que una persona se prostituya. **2.** Esp. *Vulg.* Fastidiar, perjudicar a alguien. **3.** Méx. *Vulg.* Golpear, reprender fuertemente a alguien. **4.** Méx. *Vulg.* Vencer de forma apabullante: *putear al rival.*

PUTERÍA s.f. Profesión de la persona que se prostituye. **2.** Reunión de personas que ejercen la prostitución. **3.** *Fam.* Prostíbulo. **4.** *Fig.* y *fam.* Zalamería que usan algunas personas para conseguir algo.

PUTERO, A adj. y s. Que habitualmente mantiene relaciones sexuales con personas que se prostituyen.

PUTICLUB s.m. Esp. *Fam.* Prostíbulo.

PUTIDOIL s.f. Bacteria capaz de destruir las manchas de petróleo.

PUTIZA s.f. Méx. *Vulg.* Paliza, golpiza.

PUTO, A adj. *Vulg.* Que fastidia o resulta complicado o desagradable: *puto tráfico.* **2.** *Vulg.* Se usa para insistir en la ausencia de algo: *ni puta idea.* **3.** *Vulg.* Que suscita admiración o algo no de alabanza: *¡qué puta suerte!* Me preguntaron lo que más había estudiado. (En esta acepción toma el significado por antífrasis.) ◆ s. Persona que se prostituye. (Es mucho más frecuente en femenino.) ◆ s.m. Hombre homosexual. ◆ adj. y s.m. Méx. Cobarde, traidor.

PUTONGHUA s.m. Nombre dado en China a la lengua común oficial.

PUTREFACCIÓN s.f. Acción y efecto de pudrir o pudrirse.

PUTREFACTO, A adj. Podrido, corrompido.

PUTRESCENTE adj. BIOL. Que se halla en vías de putrefacción.

PUTRIDEZ s.f. Cualidad de pútrido.

PÚTRIDO, A adj. Podrido.

PUTSCH s.m. (voz alemana). Golpe de estado o levantamiento organizado por un grupo armado con el fin de hacerse con el poder.

PUTTO s.m. (voz italiana). B. ART. Niño desnudo, angelote.

PUTUTO o PUTUTU s.m. (voz aimara). Bol. y Perú. Cuerno de buey utilizado como instrumento musical.

PUYA s.f. Chile. Planta bromeliácea de propiedades medicinales. **2.** TAUROM. Punta acerada que en un extremo tienen las varas o garrochas de los picadores y vaqueros, con la cual estimulan o castigan a las reses.

PUYAZO s.m. Herida hecha con una puya o garrocha.

PUYO, A adj. Argent. Se dice del poncho más corto de lo ordinario.

PUZOL s.m. (de *Pozzuoli*, pueblo italiano). Puzolana.

PUZOLANA s.f. Roca volcánica muy fragmentada y de composición basáltica.

PUZZLE s.m. (voz inglesa). Rompecabezas, juego.

PVC s.m. (sigla inglesa de *polyvinyl chloride*). Material de cloruro de polivinilo utilizado en la fabricación de elementos de construcción, como puertas y ventanas, tuberías, etc.

PYME s.m. (sigla de *pequeña y mediana empresa*). Empresa que no cumple uno de los tres requisitos necesarios (volumen de ingresos, valor de patrimonio y número de trabajadores de plantilla) para constituir una gran empresa.

PYREX s.m. (marca registrada). Vidrio especialmente resistente al calor, que se emplea en la fabricación de piezas de vajilla.

Q s.f. Vigésima letra del alfabeto español y décimosexta de sus consonantes. (Representa un sonido oclusivo velar sordo.) ◇ Q Conjunto de los números racionales, es decir, de las fracciones, los enteros (positivos y negativos) y el cero. Q* Conjunto de los números racionales privados de cero.

QABARÍ adj. y s.m. REL. Se dice de los iraníes que se mantuvieron fieles al mazdeísmo, después de la conquista musulmana. (En la India, a los qabaríes se les llama *parsis*.)

QASBA s.f. → **KASBA.**

QAYSÍES, tribu árabe, nómada en tiempo de Mahoma, que integró en gran número el ejército de Mūsā ibn Nuṣayr, conquistador de la península Ibérica, donde los qaysíes ocuparon puestos clave en la administración cordobesa.

QUANTO s.m. (pl. *quanta*). FÍS. → **1. CUANTO.**

QUARK s.m. (ingl. *quark*, palabra tomada de la obra *Finnegans wake*, de James Joyce). FÍS. Constituyente elemental de los hadrones, caracterizado fundamentalmente por un color y un sabor.
ENCICL. La materia está constituida por seis tipos de quarks, que se distinguen por «sabores»: *up* (*u*, arriba), *down* (*d*, abajo), *strange* (*s*, extraño), *charme* (*c*, encanto) y *top* (*t*, cima) [puede decirse tanto *quark up* como *quark u*, etc.]. Los quarks se agrupan en parejas de sabores. La primera pareja contiene los quarks *u* y *d*, que forman parte de todos los elementos estables: con dos quarks *u* y un quark *d* se hace un protón; con dos *d* y un *u*, un neutrón. La segunda pareja se forma con los quarks *c* y *s*; la tercera, con los quarks *t* y *b*. El *top* es el último de los quarks cuya existencia está comprobada (1994), y lo que se confirma el buen fundamento del modelo estándar de partículas elementales.

QUÁSAR s.m. (abrev. del ingl. *quasi stellar astronomical radiosource*). Astro de apariencia estelar y gran luminosidad, cuyo espectro presenta un fuerte desplazamiento hacia el rojo.
ENCICL. Los quásar fueron descubiertos en 1960. Interpretado como un efecto Doppler-Fizeau, en el marco de la expansión del universo, el desplazamiento al rojo de su espectro supone que se hallan a grandes distancias. Se prueba así que estos astros son mucho más pequeños que las galaxias (con un diámetro unas 100 veces menor), pero mucho más luminosos (de 100 a 1 000 veces más). Al parecer, los quásar forman el núcleo visible de galaxias activas muy lejanas. Debido a ese gran alejamiento, los quásar representan una fuente preciosa de información sobre el pasado remoto del universo. El origen de su fantástica

energía se atribuye a la radiación emitida por el gas que cae en un agujero negro de gran masa (unos 100 millones de veces la del Sol) situado en su centro. Algunos quásar muestran chorros de materia que se mueven a velocidades en apariencia superiores a la de la luz, fenómeno explicable a partir de ciertas consideraciones de tipo geométrico. Se conocen diversos ejemplos de quásar en los que se observan varias imágenes distintas (*espejismo gravitatorio*), pues su luz se curva debido al campo gravitacional de galaxias más próximas situadas en la misma dirección, de acuerdo con lo previsto por la teoría de la relatividad de Einstein.

QUATTROCENTO s.m. (voz italiana). El s. XV referido a la historia y la cultura italianas. SIN.: *cuatrocientos.*

QUE conj. Sirve para introducir una oración subordinada completiva de sujeto, atributo u objeto: *quiero que vengan todos.* **2.** Enlaza oraciones o partes de una oración entre las que se establece una comparación: *prefiero pasear que ir al cine.* **3.** Expresa relaciones causales, ilativas o finales: *no subas, que no esta en casa.* **4.** Introduce oraciones en las que se ofrece una explicación o una aclaración: *Juan, que así se llama el muchacho, no vendrá.* **5.** Introduce oraciones interrogativas o exclamativas sin precedente, que pueden expresar duda, deseo, orden, sugerencia o decepción: *¡que espere un momento!; ¿que no llegue tarde!; ¡que seamos tan desdichados!; ¿que no quiere trabajar?* **6.** Forma parte de auxiliares verbales: *tengo que irme.* **7.** Puede depender de expresiones que manifiestan deseo o afirmación: *¡lástima que no llegara a tiempo!* **8.** Se usa como equivalente de *lo mismo si... que si..., tanto si... como si..., ya... ya...: que llueva, que no llueva, iremos; quieras que no, lo harás.* **9.** Precedido y seguido del mismo verbo en forma personal, indica insistencia o reiteración: *se pasó toda la tarde charla que charla.* **10.** *Fam.* Se usa para expresar una hipótesis y equivale, en cierta manera, a *si: que no vienes..., me avisas.* ◆ **pron.** Introduce una oración en la que se indican ciertas características del nombre al que complementa dicha oración: *el hombre que vino; la lección que estudio.*

QUÉ pron. (lat. *quid*). Introduce oraciones exclamativas o interrogativas, o sustituye a sustantivos y adjetivos que se omiten: *¡qué tarde es!; ¿qué dices?; dime qué quieres; piensa qué color prefieres.*

QUEBRACHAL s.m. Amér. Merid. Lugar poblado de quebrachos.

QUEBRACHO s.m. Nombre comercial de dos maderas muy ricas en taninos (*quebracho blanco* y *quebracho colorado*), propias de

América Meridional. **2.** Amér. Merid. Árbol de gran altura del que se extrae el tanino y que proporciona una madera dura usada en construcción.

QUEBRADA s.f. Abertura estrecha y abrupta entre montañas. **2.** Quiebra, depresión en el terreno. **3.** Amér. Arroyo que corre por una zona montañosa encajonado entre valles.

QUEBRADERO s.m. **Quebradero de cabeza** *Fam.* Preocupación o problema.

QUEBRADIZO, A adj. Que se quiebra con facilidad: *mineral quebradizo.* **2.** *Fig.* Enfermizo, delicado de salud. **3.** *Fig.* Débil, de poca entereza moral. **4.** *Fig.* Se dice de la voz ágil para hacer quiebros en el canto.

QUEBRADO, A adj. Desigual y tortuoso: *terreno quebrado.* **2.** Pálido: *color quebrado.* **3.** Méx. Se dice del cabello ondulado. ◆ adj. y s. Que ha hecho bancarrota o quiebra. ◆ s.m. y adj. MAT. Fracción. ◇ **Masa quebrada** Masa elaborada con mantequilla y harina, utilizada especialmente en tartas y empanadas. **Pie quebrado** Verso más corto que los demás de la misma estrofa.

QUEBRADURA s.f. Grieta. **2.** Hernia.

QUEBRANTAHUESOS s.m. (pl. *quebrantahuesos*). Ave falconiforme de gran tamaño, de plumaje negrogrisáceo y cabeza blancuzca, que vive en Europa meridional. (Su envergadura puede superar 2,50 m, familia accipítridos.)

QUEBRANTAR v.tr. y prnl. Romper violentamente una cosa dura, especialmente sin que lleguen a separarse del todo sus partes. SIN.: *quebrar.* ◆ v.tr. Abrir algo violentándolo lo que lo mantiene cerrado. **2.** Violar una ley, obligación o pacto: *quebrantar las normas establecidas.* **3.** *Fig.* Debilitar el vigor, la fuerza o la resistencia: *quebrantar la moral, la salud.* **4.** *Fig.* Causar pesadumbre, lástima o compasión. **5.** *Fig.* Vencer un obstáculo o dificultad. SIN.: *quebrar.* ◆ **quebrantarse** v.prnl. *Fig.* Resentirse, experimentar daño o malestar a consecuencia de un golpe, la edad, una enfermedad, etc.

QUEBRANTO s.m. Acción de quebrantar o quebrantarse. **2.** *Fig.* Pérdida o daño en la salud, fortuna, etc.: *un quebranto económico.* **3.** *Fig.* Debilidad, desaliento. **4.** *Fig.* Lástima, conmiseración.

QUEBRAR v.tr. y prnl. (lat. *crepare*, crujir, chasquear, reventar) [10]. Romper, romper con violencia. **2.** *Fig.* Interrumpir la continuación, o cambiar la dirección de algo inmaterial: *quebrar el fluir del sonido.* **3.** Doblar o torcer el cuerpo, generalmente por la cintura. **4.** *Fig.* Ajar el color de la cara. ◆ v.tr. Vencer una dificultad o limitación. SIN.: *quebrantar.* **2.** *Fig.* Templar, suavizar o moderar la fuerza y el rigor de una cosa. **3.** Méx. *Fam.* Matar. **4.** DER. **a.** Cesar en una actividad comercial o industrial por no poder hacer frente a las obligaciones al no alcanzar el activo a cubrir el pasivo. **b.** Violar una ley, obligación o pacto. ◆ v.intr. *Fig.* Romper la amistad con alguien. **2.** *Fig.* Ceder, flaquear. ◆ **quebrarse** v.prnl. Agudizarse la voz de modo que se emita un chillido. **2.** Interrumpirse la continuidad de una cordillera o terreno. **3.** Herniarse. **4.** Argent. *Fig.* Dicho de un testigo, vencerse su resistencia a hablar.

QUEBRAZA s.f. Grieta, hendidura de la piel.

QUEBRAZÓN s.f. Amér. Central, Chile, Colomb. y Méx. Destrozo grande de objetos de vidrio o loza.

QUECHE o **KETCH** s.m. (fr. *caiche*). Embarcación de vela de dos palos, de los cuales el de mesana está situado a la proa de la cabeza del eje del timón.

■ **QUECHE**

QUECHEMARÍN s.m. Embarcación pequeña, de dos palos y, por lo general, con cubierta, de construcción muy sólida, que se usa en las costas de Bretaña y en las del N de España.

QUECHUA o **QUICHUA** adj. y s.m. y f. De unos pueblos del área andina que hablan una lengua propia y que fueron los creadores del Imperio incaico. ◆ s.m. Lengua de una civilización de América del Sur, de la época precolombina, hablada aún en la actualidad en Perú y Bolivia, y en algunas zonas de Ecuador, Colombia y Argentina.

ENCICL. Los quechua viven de la agricultura y la ganadería; los métodos de cultivo son similares a los de la época incaica (terrazas, uso de la taclla). Mantienen su artesanía (cerámica, calabazas decoradas por pirograbado, joyas de oro, plata y cobre, talla de madera) y algunos de sus antiguos ritos religiosos, aunque adoptaron el catolicismo.

La lengua quechua, originaria del alto Apurímac y del Urubamba, sustituyó en muchas regiones al aimara y otras lenguas, y se extendió con el Imperio inca por los Andes y la costa del Pacífico, imponiendo una lengua y una cultura común a pueblos de orígenes distintos. Con la conquista prosiguió su expansión, ya que fue la lengua utilizada por los misioneros para la evangelización. Los dialectos no están muy diferenciados. Se distinguen los septentrionales (o del Chinchasuyu, a los que se suma el lamano o lamista) y los meridionales (o del Tahuantinsuyu).

QUECHUISMO s.m. Palabra, expresión o giro propios del quechua.

QUEDA s.f. Hora de la tarde o de la noche, a menudo anunciada con toque de campana, señalada para que los vecinos se recogieran, especialmente en plazas fuertes. **2.** Campana destinada a este fin. ◇ **Toque de queda** Llamada a silencio de la tropa en un cuartel o campamento, en tiempo de guerra o en estado de sitio; aviso que en determinadas cir-

cunstancias se da a la población para que se retire a sus hogares a una hora fijada por la autoridad.

QUEDADA s.f. Méx. Solterona.

QUEDADO, A adj. Argent. y Chile. Inactivo, flojo, tardo, indolente.

QUEDAR v.intr. y prnl. (lat. tardío *quietare*, *aquietar*, *hacer callar*). Permanecer en cierto lugar o estado: *quedar a la espera; quedarse quieto*. **2.** Con la prep. *en*, resultar definitivamente de una cosa algo que se expresa y se considera comparativamente insignificante: *el proyecto quedó en nada; quedarse en chupatintas*. ◆ v.intr. Resultar en cierta situación o estado: *quedar en ridículo*. **2.** Pasar a un estado o situación determinada: *quedar en la miseria; quedar viudo*. **3.** Subsistir, restar, permanecer. **4.** Haber todavía de cierta cosa, o estar cierta cosa disponible: *aún quedan unos días de vacaciones*. **5.** Faltar lo que se expresa para alcanzar un punto o situación determinada: *quedan aún cien kilómetros*. **6.** Con la prep. *por* y un infinitivo, faltar hacer lo que se expresa para concluir un asunto: *queda por limpiar este despacho*. **7.** Acordar, convenir en lo que se expresa: *quedó en venir; quedaron para mañana*. **8.** Con los adv. *bien, mal*, o con *como*, mostrarse o aparecer ante alguien de la manera que se expresa: *le gusta quedar bien; quedar como un señor*. **9.** *Fam.* Caer, estar situado aproximadamente: *la oficina queda lejos de aquí*. ◆ **quedarse** v.prnl. Apoderarse, adquirir, conservar en su poder: *se quedó con toda la herencia; quedarse un recuerdo*. **2.** Morirse. **3.** *Fam.* Engañar a una persona o abusar de su credulidad: *cree que puede quedarse conmigo*. **4.** Méx. Refiriéndose a las mujeres, permanecer soltera.

1. QUEDO adv.m. Con voz baja o que apenas se oye: *hablar quedo*.

2. QUEDO, A adj. (lat. *quietus, -a, -um*, quieto, tranquilo). Suave, silencioso: *voz queda*.

QUEHACER s.m. Trabajo, ocupación o función que se está realizando o desempeñando. (Suele usarse en plural.)

QUEILITIS s.f. (pl. *queilitis*). Inflamación de los labios.

QUEJA s.f. Expresión de dolor, pena o sufrimiento: *las quejas de un enfermo*. **2.** Manifestación de disconformidad, disgusto o descontento: *exponer quejas a la dirección*. **3.** Motivo para quejarse: *tengo quejas de ti*. **4.** DER. **a.** Recurso interponible por la parte interesada contra las resoluciones de la magistratura de trabajo que no admitiese un recurso de casación o suplicación y desestimase el recurso de reposición interpuesto. **b.** Querella.

QUEJARSE v.prnl. (del lat. *quassare*, golpear violentamente, quebrantar). Expresar con palabras o sonidos el dolor o la pena que se siente: *quejarse de la jaqueca*. **2.** Manifestar re-

sentimiento, disgusto o disconformidad: *quejarse del mal tiempo*. **3.** Querellarse.

QUEJICA adj. y s.m. y f. *Fam.* Que se queja mucho, generalmente con pocos motivos o sin ellos. SIN.: *quejicoso*.

QUEJIDO s.m. Exclamación lastimosa.

QUEJIGO s.m. (voz de origen prerromano). Árbol de tronco grueso, copa recogida y fruto en bellota parecida a la del roble, que crece en casi toda la península Ibérica.

QUEJOSO, A adj. Que tiene queja de algo o de alguien: *quejoso de su mala suerte*. **2.** Argent., Colomb., Méx., Par. y Urug. Quejumbroso.

QUEJUMBROSO, A adj. Que expresa queja: *voz quejumbrosa*.

QUELA s.f. Pinza en que terminan algunos órganos y apéndices de los artrópodos.

QUELACIÓN s.f. MED. Tratamiento de una intoxicación o de un exceso de un determinado ion metálico mediante un quelante. **2.** QUÍM. Complejado de un ion o de un átomo metálico por un ligando, que conduce a la formación de un quelato.

QUELANTE adj. y s.m. FARM. Se dice del producto químico que tiene la propiedad de combinarse con los iones metálicos bivalentes y trivalentes, formando complejos estables, desprovistos de toxicidad y eliminables a través de la orina.

QUELATO s.m. Compuesto en el que un átomo metálico queda situado entre átomos electronegativos ligados a un radical orgánico.

QUELDÓN s.m. Chile. Maqui.

QUELÍCERO s.m. Apéndice situado en la cabeza de los arácnidos.

QUELITE s.m. Méx. Hierba silvestre tierna y comestible.

QUELMAHUE s.m. Chile. Mejillón pequeño de color negro o marrón oscuro.

QUELOIDE s.m. Hinchazón de la piel, fibrosa y alargada, que aparece sobre todo en las cicatrices.

QUELONIO, A adj. y s.m. (del gr. *khelóyn*, tortuga). Relativo a un orden de reptiles de cuerpo comprimido y protegido por un caparazón duro, como la tortuga y el carey.

QUELTEHUE s.m. Chile. Ave zancuda que se domestica y se tiene en los jardines para que destruya los insectos nocivos.

QUELTRO s.m. Chile. Terreno preparado para la siembra.

QUEMA s.f. Acción de quemar o quemarse. **2.** Lugar donde se queman basuras, residuos, desperdicios, etc. ◇ **Huir de la quema** Apartarse de un peligro o compromiso.

QUEMADA s.f. Parte del monte quemado. **2.** Argent. y Méx. Acción que pone en ridículo. **3.** Méx. Quemadura.

QUEMADO, A adj. Argent., Chile, Méx. y Urug. Que tiene la piel morena por haber tomado el sol. **2.** Méx. *Fam.* Desacreditado. ◆ s.m. Cosa quemada o que se quema.

QUEMADOR, RA adj. y s. Que quema. ◆ s.m. Dispositivo que mezcla íntimamente un combustible fluido o pulverulento con un comburente gaseoso (aire u oxígeno), y a cuya salida se efectúa la combustión. **2.** Encendedor.

QUEMADURA s.f. Descomposición de un tejido orgánico, producida por el calor o por una sustancia cáustica o corrosiva. **2.** Herida, señal o destrozo causado por el fuego o algo que quema.

QUEMAR v.tr. y prnl. Consumir o destruir por el fuego: *quemar papeles; se quemó la casa*. **2.** Estropear algo, especialmente la comida, por exceso de fuego o calor: *se ha quemado el arroz*. **3.** *Fig. y fam.* Desgastar a una persona, generalmente la frecuencia o intensidad de una actividad. **4.** Secar una planta el excesivo calor o frío. **5.** Destruir por la acción de una corriente eléctrica o de una tensión de valor excesivo. ◆ v.tr. Pigmentar la piel el sol. **2.** *Fig.* Malbaratar, vender a precio demasiado bajo o derrochar: *quemar la fortuna*. **3.** Méx. *Fam.* Denunciar, calumniar a alguien. **4.** Méx. Estafar, engañar. ◆ v.tr., intr. y prnl. Causar dolor o lesión algo muy caliente: *quemarse con un fósforo*. **2.** *Fig.* Destruir objetos o tejidos orgánicos una sustancia corrosiva o cáustica, el frío, etc.:

■ **QUECHUA.** Niñas quechua en Sillustani (Perú).

la lejía quema. **3.** Fig. Producir sensación de ardor en alimento picante o fuerte. ◆ v.intr. Estar una cosa muy caliente: esta sopa quema. ◆ v.intr. y prnl. Enojar, solivantar a alguien. ◆ **quemarse** v.prnl. Sufrir por una pasión o afecto fuerte. **2.** Fig. Estar cerca de hallar o de acertar algo. ◇ **Quemar etapas** Avanzar rápidamente, sin detenerse en los lugares previstos; realizar algo en menos tiempo del normal.

QUEMARROPA (A) loc. Desde muy cerca del blanco; bruscamente, sin rodeos.

QUEMAZÓN s.f. Fig. Sensación de ardor o picor. **2.** Acción y efecto de quemar o quemarse. **3.** Fig. Sentimiento de disgusto, tristeza o incomodidad.

QUEMO s.m. Argent. Quemada, acción que pone en ridículo.

QUEMÓN s.m. Méx. Quemada, ridículo. ◇ Darse un quemón Méx. Fam. Conocer algo.

QUENA s.f. (quechua kéna). Flauta o caramillo de que se sirven algunos pueblos amerindios de tradición musical incaica (Ecuador, Perú, Bolivia y NO de Argentina).

QUENOPODIÁCEO, A adj. y s.f. Relativo a una familia de plantas herbáceas dicotiledóneas, apétalas, como el quenopodio, la espinaca, la remolacha, etc. SIN.: salsoláceo.

QUENOPODIO s.m. Anserina.

QUEPIS o **KEPIS** s.m. (tr. képi, del suizoalem. käppi, dim. de kappe, gorra). Gorra con visera, de copa ligeramente troncocónica, utilizada como prenda de uniforme por los ejércitos de diversos países.

QUEQUE s.m. Amér. Central y Chile. Bizcocho elaborado con harina, huevos, leche, levadura y azúcar.

QUERATINA s.f. (gr. keratíne, córneo). Sustancia de naturaleza proteica, que interviene en la constitución de las uñas, pelos, plumas, etc.

QUERATITIS s.f. Inflamación de la córnea.

QUERATOCONO s.m. MED. Deformación de la córnea en forma de cono.

QUERATOMÍA s.f. Operación quirúrgica que consiste en practicar varios cortes en la córnea para corregir su curvatura.

QUERATOPLASTIA s.f. Injerto corneal o corrección de una lesión de la córnea.

QUERATOSIS s.f. Enfermedad que produce un engrosamiento de la capa córnea de la piel.

QUERCITRINA s.f. Principio colorante que se extrae del quercitrón. SIN.: quercitrín.

QUERCITRÓN s.m. Roble tintóreo de América del Norte, de cuya corteza se extrae una materia colorante amarilla.

QUERELLA s.f. (lat. imperial querella, queja, lamento, reclamación). Discordia, discusión o riña. **2.** DER. Acusación presentada ante un juez o tribunal. SIN.: queja.

QUERELLANTE s.m. y f. Persona que presenta una querella.

QUERELLARSE v.prnl. Presentar una querella judicial contra alguien. **2.** Manifestar resentimiento contra alguien.

QUERENCIA s.f. Inclinación afectiva hacia alguien o algo. **2.** Tendencia de las personas y los animales a volver al lugar en que se criaron. **3.** Este mismo lugar. **4.** TAUROM. **a.** Inclinación o preferencia que el toro siente por un determinado lugar de la plaza. **b.** Este mismo lugar.

QUERENCIOSO, A adj. Que tiene mucha querencia. **2.** Se dice del lugar que inspira querencia.

QUERENDÓN, NA adj. y s. Amér. Se dice de la persona muy cariñosa.

1. QUERER v.tr. (lat. quaerere, buscar, inquirir, pedir) [62]. Tener el deseo o la intención de poseer, hacer o lograr algo: querer una fortuna; quiero que me escuches; si quieres, puedes irte. **2.** Se usa para pedir o exigir el precio de algo: ¿cuánto quiere por esta joya? **3.** Necesitar algo para algún fin: si no llueve, no quiero el paraguas. **4.** Sentir amor o cariño. **5.** Aceptar una persona hacer o recibir cierta cosa a instancias de otra: la invitamos pero no quiso venir. **6.** Fam. Requerir algo de alguien, pedírselo o preguntárselo. **7.** Desear algo para alguien: todos le quieren felicidad. **8.** Fig. Dar motivo con obras o dichos a que ocurra algo que va

en perjuicio propio: este quiere que le rompan la cara. ◆ v.impers. Estar próximo a so o verificarse algo, haber indicios de que va a ocurrir: parece que quiere llover. ◇ **Querer bien** Amar, apreciar. **Querer decir** Significar; dar a entender una cosa, ser indicio o indicar. **Querer mal** Tener antipatía o mala voluntad hacia alguien o algo. **Sin querer** Involuntariamente.

2. QUERER s.m. Cariño, amor.

QUERIDO, A s. Amante, persona que mantiene relaciones sexuales con otra con la que no está casada. **2.** Apelativo cariñoso.

QUERMES o **KERMES** s.m. (del hispano ár. qármaz, cochinilla). Insecto parecido a la cochinilla, que vive sobre la encina y la coscoja.

QUERMÉS s.f. → KERMÉS.

QUERMESITA o **KERMESITA** s.f. Oxisulfuro de antimonio S_2Sb_2O, monoclínico, de color rojo cereza, que se halla en agrupaciones radiomasas y radiadas sobre antimonita, de cuya transformación procede.

QUERO o **KERO** s.m. (voz quechua). Vaso ceremonial incaico de madera tallada, pintado con escenas de la vida incaica, y laqueado.

QUEROSENO o **QUEROSÉN** s.m. Líquido incoloro o ligeramente amarillento, que destila entre 150 y 300 °C, obtenido como producto intermedio entre la gasolina y el gasóleo a partir del petróleo crudo. (También keroseno; o kerosén, kerosene o querosene, más frecuentes en América.)

QUERUBE s.m. Poét. Querubín.

QUERUBÍN s.m. (lat. cherubin, del hebr. kerubin, pl. de kerub). En la tradición cristiana, ángel que pertenece a una categoría inferior a la de serafín. **2.** Fig. Persona de gran belleza, especialmente un niño. **3.** B. ART. Cabeza o busto de niño con dos alas.

QUERULANTE adj. PSIQUIATR. Se dice del delirio de la persona cuya actividad está orientada a la reparación de las injusticias o perjuicios que, de manera injustificada, cree haber sufrido.

QUERULENCIA s.f. PSIQUIATR. Característica psíquica de las personas que sufren delirio querulante.

QUERUSCO, A adj. y s. De un antiguo pueblo de Germania, cuyo jefe, Arminio, venció a los romanos (9 d.C.) antes de ser derrotado por Germánico (16).

QUESADILLA s.f. **1.** Pastel de queso y masa que se hacía por carnaval. **2.** Pastelillo relleno de almíbar, dulce de fruta, etc. **3.** Ecuad. y Hond. Pan de maíz, relleno de queso y azúcar, que se fríe en manteca. **4.** Méx. Tortilla de maíz rellena de diversos ingredientes, en especial queso, en el comal doblada por la mitad y a la que se añade salsa de chile a la hora de comerse.

QUESERA s.f. Recipiente con una cubierta en forma de campana, generalmente de cristal o plástico, donde se guarda y se sirve el queso.

QUESERÍA s.f. Establecimiento dedicado a la venta o elaboración de quesos.

QUESERO, A adj. Relativo al queso: industria quesera. ◆ s. Persona que elabora o vende quesos.

QUESO s.m. (lat. caseus). Alimento elaborado a partir de la cuajada obtenida por coagulación de la leche. ◇ **Darla con queso** Fam. Engañar o estafar.

QUETRO s.m. Chile. Pato grande que tiene alas sin plumas y no vuela.

QUETZAL s.m. (náhuatl quetzalli, pluma verde y rica). Ave de los bosques centroamericanos y mexicanos, de plumaje verde tornasolado y rojo escarlata y un copete de plumas desflecadas desde el pico a la cerviz. (El quetzal era venerado por los aztecas.) **2.** Unidad monetaria principal de Guatemala.

QUEVEDESCO, A adj. Relativo a Quevedo, o que tiene relación o semejanza con su obra.

QUEVEDOS s.m.pl. (de F. de Quevedo, escritor español). Anteojos que se sujetan solamente en la nariz.

¡QUIA! interj. Fam. Expresa incredulidad o negación.

QUIACA s.f. Chile. Árbol de flores blancas y pequeñas.

QUIANTI s.m. Chianti.

QUIASMA s.m. ANAT. Entrecruzamiento en X de las fibras provenientes de las cintas ópticas.

QUIBEY s.m. Planta herbácea de las Antillas,

que contiene un jugo lechoso, acre y cáustico. (Familia lobeliáceas.)

QUICHÉ, grupo de pueblos amerindios agricultores y tejedores de Guatemala, de lengua de la familia maya-zoque. En época precolombina ocupaban también Yucatán y llegaban hasta el Pacífico, y la capital era Utatlán (Gumarcaaj). En los ss. IX-XVI los quichés conocieron su esplendor político y cultural. En el s. XVI redactaron el libro sagrado Popol-Vuh, fuente histórica de la civilización maya. En 1524 fueron sometidos por Pedro de Alvarado.

QUICHUA adj. y s.m. y f. → QUECHUA.

QUICIAL s.m. Madero que asegura las puertas y ventanas por medio de goznes y bisagras. **2.** Quicio.

QUICIO s.m. Parte de las puertas o ventanas en que entra y juega el espigón del quicial. **2.** Larguero del marco de una puerta o ventana en que se articula el quicial. SIN.: quicial. ◇ **Fuera de quicio** Fuera de orden o estado regular. **Sacar de quicio** algo Exagerar la importancia de una cosa. **Sacar de quicio** a alguien Exasperar a alguien, hacer que pierda la serenidad.

QUID s.m. (lat. quid, ¿qué?). Razón, esencia, punto más delicado o importante. ◇ **Dar en el quid** Acertar en algo.

QUÍDAM s.m. (lat. quidam, uno determinado). Fam. y desp. Persona insignificante o despreciable. **2.** Fam. Persona indeterminada.

QUIEBRA s.f. Acción de quebrar o quebrarse. **2.** Rotura o abertura de algo. **3.** Pérdida o menoscabo. **4.** ECON. Cese de una actividad comercial al no poder hacer frente a las obligaciones de pago y no alcanzar el activo a cubrir el pasivo.

QUIEBRO s.m. Gesto que se hace con el cuerpo doblándolo por la cintura. **2.** Gorgorito hecho con la voz. **3.** TAUROM. Lance o suerte con que el torero hurta el cuerpo con rápido movimiento de la cintura, al embestirlo el toro.

QUIEN pron.relat. (lat. quem, acusativo de quis, quae, quid). Introduce una oración que indica la identidad o la característica de una persona: Ernesto, quien asistió a la reunión...; esta es la mujer de quien te hablé. (Puede sustituirse por el/la que/cual, aquel/lla que.) ◆ pron.indef. Sin antecedente o con antecedente expreso, tiene valor genérico e indica cualquier persona que cumpla las condiciones que se especifican: cásate con quien quieras; que levante la mano quien esté de acuerdo. (Puede sustituirse por el/la que, o por otro pronombre relativo seguido de otro pronombre que le haga de antecedente.)

macho

hembra

■ **QUETZAL**

QUIÉN pron.interrog. Introduce una pregunta, directa o indirecta, sobre la identidad de una persona: *¿quién llama?; dime con quién hablabas.* ✦ **pron.exclam.** Introduce oraciones exclamativas: *¡quién lo hubiera dicho!* ◇ **No ser quién para algo** No tener autoridad para hacerlo.

QUIENQUIERA pron.indef. (pl. *quienesquiera*).Cualquiera,persona indeterminada: *quienquiera que sea dile que no estoy.*

QUIESCENTE adj. Que está en reposo.

QUIETISMO s.m. Doctrina mística que, apoyándose en la obra del sacerdote español Miguel de Molinos (m. 1696), basa la perfección cristiana en el amor a Dios y en la pasividad confiada del alma. SIN.: *molinosismo.* **2.** Inacción, quietud, inercia.

QUIETISTA adj. y s.m. y f. Relativo al quietismo; partidario de esta doctrina. SIN.: *molinosista.*

QUIETO, A adj. (lat. *quietus, -a, -um*). Que no se mueve ni cambia de lugar: *estar quieto.* **2.** *Fig.* Pacífico, tranquilo: *llevar una vida quieta; el mar está quieto.* **3.** *Fig.* Parado, que no avanza en su desarrollo: *dejar un asunto quieto.*

QUIETUD s.f. Falta de movimiento. **2.** *Fig.* Sosiego, reposo.

QUIF o **KIF** s.m. Esp. Grifa.

QUIJADA s.f. (del lat. vulg. *capseum*, semejante a una caja, del lat. *capsa*, caja).Mandíbula de un mamífero, especialmente cuando es grande.

QUIJONES s.m. (pl. *quijones*). Planta herbácea aromática, de flores blancas y fruto seco, que abunda en la península Ibérica. (Familia umbelíferas.)

QUIJONGO s.m. Instrumento de percusión, típico de Colombia, que consiste en un tronco ahuecado y recubierto de piel en un extremo.

QUIJOTADA s.f. *Desp.* Acción propia de quijote. SIN.: *quijotería.*

1. QUIJOTE s.m. (del ant. *cuxot*, del cat. *cuixot*, de *cuixa*, muslo).Parte superior de las ancas de las caballerías. **2.** ARM. Muslera.

2. QUIJOTE s.m. y f. (de *El Quijote*, personaje de la novela homónima de Cervantes). Persona que interviene en asuntos que no siempre le atañen, en defensa de la justicia.

QUIJOTERÍA s.f. Quijotismo. **2.** *Desp.* Quijotada.

QUIJOTESCO, A adj. Que actúa con quijotería. **2.** Que se ejecuta con quijotería.

QUIJOTISMO s.m. Cualidad de quijote. SIN.: *quijotería.*

QUILA s.f. Amér. Merid. Planta parecida al bambú, pero más fuerte. (Familia gramíneas.)

QUILATE s.m. (ár. *qirāt*, unidad de peso, moneda).Unidad de medida de masa equivalente a 200 mg, utilizada para pesar perlas y piedras preciosas.SIN.: *quilate métrico.* **2.** Cantidad de oro puro contenido en una aleación de este metal, expresada en veinticuatro partes de la masa total. **3.** *Fig.* Calidad o valor de una cosa no material.

QUILCO s.m. Chile. Canasta grande.

QUILICO s.m. Ecuad. Ave rapaz de plumaje rojizo.

QUILÍFERO, A adj. y s.m. Se dice de los vasos linfáticos que conducen el quilo desde el intestino hasta la cisterna de Pecquet,que actúa de colector. ◇ **Estómago quilífero** Estómago glandular de los insectos.

QUILIFICACIÓN s.f. Proceso de formación del quilo, por absorción de sustancias por el intestino delgado durante la digestión.

QUILIFICAR v.tr. y prnl. [1]. Convertir el alimento en quilo.

QUILLA s.f. (fr. *quille*).En las embarcaciones, pieza longitudinal que va de proa a popa, formando el canto o arista inferior del casco, y que constituye el eje del barco y la base de la armazón. **2.** Esternón de las aves, o parte saliente de este. **3.** BOT. Pétalo inferior de la flor de las papilionáceas.SIN.: *carena.*

QUILLANGO s.m. Argent., Chile y Urug. Manta hecha con retazos de pieles que usaban algunos pueblos indígenas. **2.** Argent., Chile y Urug. Cobertor realizado con pieles, principalmente de guanaco.

QUILLAY s.m. Argent. y Chile. Arbusto espino-
so, de hasta 2 m de alt., con flores de color blanco amarillento. **2.** Argent. y Chile. Árbol de gran tamaño cuyo tronco, recto y alto, está recubierto por una gruesa corteza rica en saponina, que en medios rurales se emplea como jabón para lavar.(Familia rosáceas.)

flor

■ **QUILLAY**

QUILMAY s.m. Chile. Planta trepadora de hermosas flores, generalmente blancas. (Familia apocináceas.)

1. QUILO s.m. → **1. KILO.**

2. QUILO s.m. (gr. *khylós*, jugo). Líquido blanquecino contenido en el intestino delgado, resultado de la digestión de los alimentos.

3. QUILO s.m. Arbusto de tallos trepadores y fruto azucarado del mismo nombre,que crece en Chile y del cual se hace una chicha. (Familia poligonáceas.)

QUILOGRAMO s.m. → **KILOGRAMO.**

QUILOMBO s.m. (port. de Brasil *quilombo*, refugio de esclavos africanos evadidos).En Brasil, comunidad de negros cimarrones. **2.** Argent. *Fig. y vulg.* Trifulca, desorden, barullo: *en el fútbol se armó un quilombo bárbaro.* **3.** Chile y R. de la Plata. Prostíbulo, burdel. **4.** Venez. Choza, cabaña campestre.

QUILÓMETRO s.m. → **KILÓMETRO.**

QUILQUIL s.m. Helecho arbóreo de rizoma comestible, que crece en Chile. (Familia polipodiáceas.)

QUILTRO s.m. Chile. Perro ordinario. ✦ adj. y s. Chile. *Fig. y fam.* Se dice de la persona despreciable y sin ninguna importancia.

QUILURIA s.f. MED. Presencia de grasas emulsionadas en la orina, que le dan aspecto lechoso.

QUIMBA s.f. Amér. Garbo, contoneo. **2.** Colomb., Ecuad. y Venez. Calzado rústico.

QUIMBAMBAS s.f.pl. *Fam.* Lugar indeterminado y muy lejano.

QUIMBAYÁ, pueblo amerindio de la familia lingüística caribe, act. extinguido, que en época precolombina se extendía por el valle central del Cauca (dep. de Caldas y Antioquia, Colombia).Se han hallado restos de tumbas con objetos de cerámica y, sobre todo, orfebrería (joyas de oro, máscaras), de gran calidad artística y técnica (entre 500 y 1540).

QUIMBO s.m. Cuba. Machete.

QUIMBOMBÓ s.m. → **QUINGOMBÓ.**

QUIMERA s.f. (gr. *khimaira*).*Fig.* Creación de la mente, que se toma como algo real o posible. **2.** *Fig. y fam.* Aprensión, sospecha infundada de algo desagradable. **3.** En heráldica, animal fantástico con el busto de mujer y el cuerpo de cabra. **4.** BOT. Organismo mixto, formado por vía vegetativa a expensas de otros dos concrescentes por injerto. **5.** MIT. GR. Monstruo fabuloso, con cabeza de león, vientre de cabra y cola de dragón, que vomitaba llamas. **6.** ZOOL. Pez holocéfalo de cabeza muy grande, ojos enormes y cola larguísima y delgada que termina en una punta filiforme. (Familia quiméridos.)

QUIMÉRICO, A adj. Fabuloso, irreal. **2.** Sin fundamento, ilusorio o imposible.

QUÍMICA s.f. Ciencia que estudia las propiedades y la composición de los cuerpos, así como sus transformaciones.◇ **Química analí-**
tica Parte de la química que utiliza procedimientos analíticos,en particular para determinar la composición cualitativa y cuantitativa de las sustancias complejas. **Química biológica** Bioquímica. **Química general** Parte de la química que trata de los principios y de las leyes generales. **Química industrial** Parte de la química que trata de las operaciones que interesan especialmente a la industria. **Química mineral**, o **inorgánica** Parte de la química que estudia los no metales, los metales y sus combinaciones. **Química orgánica** Parte de la química que comprende el estudio de los compuestos del carbono.

ENCICL. La química es la base de un pujante sector industrial que en nuestros días comercializa la mayor parte de los productos diferentes, transformados o de síntesis. El s. XX ha contemplado la diversificación de la química en un conjunto de disciplinas cada vez más especializadas. La *química física* estudia la interacción entre la física y la química. Comprende sobre todo: la *termodinámica química*,estudio de los equilibrios; la *cinética química*, estudio de la velocidad de las reacciones; la *termoquímica*,estudio de las cantidades de calor que se aplican en las reacciones; la *química teórica*, aplicación de la mecánica cuántica; la *fotoquímica*, estudio de la interacción materia-luz; la *electroquímica*, estudio de la interacción materia-electricidad. La *química nuclear*, o *radioquímica*, se ocupa de los compuestos de los elementos radiactivos. La *química analítica* perfecciona los métodos de análisis inmediato y de análisis elemental. La *química orgánica* es la química del carbón y sus compuestos. La *bioquímica*, que mantiene nexos estrechos con la anterior, se ocupa de las reacciones químicas en las células y los tejidos de los seres vivos. La *química macromolecular* trata de la síntesis y las propiedades de las macromoléculas (o polímeros), en su mayor parte de origen orgánico. La *química mineral*, disciplina que estudia los cuerpos obtenidos del reino mineral (por oposición a *la química orgánica*), se dirige al estudio del estado natural, la preparación, las propiedades y las reacciones de los cuerpos puros y sus compuestos, así como de la racionalización e interpretación de los fenómenos. La química aplicada abarca: la *química industrial* (en la que se incluyen la petroquímica y la química del carbón); la *ingeniería química*, síntesis de los procesos de la industria química; la *química agrícola*, estudio de los suelos, abonos y la protección de las cosechas; la *química farmacéutica*, concepción y fabricación de medicamentos; en fin, todas las ramas especializadas en la elaboración y fabricación de diversos productos (perfumes, cosméticos, colorantes, etc.). El químico procede por análisis y síntesis.Después de aislar una sustancia, purificada por cromatografía, la estructura de esta —es decir, la disposición de los átomos en relación unos con otros— se establece por medio de técnicas de espectrografía: sobre todo, la espectrometría de masa, en la que la molécula se divide en partes y la masa de los fragmentos ionizados se determina; y la resonancia magnética nuclear, en la que los núcleos de los átomos absorben rayos de microondas. La determinación de la estructura es previo a la síntesis —a partir de las materias primeras más simples— de la molécula y/o de las moléculas análogas, diferentes solo por detalles menudos y que pueden ponerse a prueba también, por ejemplo, por su actividad fisiológica.

■ **QUIMERA** de Arezzo. Bronce etrusco; s. IV a.C. (Museo arqueológico, Florencia.)

QUÍMICO, A adj. Relativo a la química. ◆ s. Especialista en química. ◇ **Arma química** Arma que utiliza sustancias químicas con efectos tóxicos sobre el ser humano, los animales o las plantas.

QUIMIFICACIÓN s.f. Transformación en quimo de los alimentos ingeridos.

QUIMIOLUMINISCENCIA o **QUIMILUMINISCENCIA** s.f. Luminiscencia provocada por un aporte de energía química.

QUIMIORRECEPCIÓN s.f. Capacidad de un organismo para captar modificaciones en la composición química del medio interno, reaccionando en consecuencia. SIN.: *quimiocepción.*

QUIMIORRECEPTOR, RA adj. y s.m. Se dice de un receptor sensible a los estímulos químicos.

QUIMIOSÍNTESIS s.f. BIOL. Síntesis de materiales orgánicos, especialmente las reacciones de oxidación, cuando la fuente de energía es de tipo químico.

QUIMIOSORCIÓN s.f. QUÍM. Fenómeno de adsorción cuyo mecanismo se interpreta por interacciones químicas.

QUIMIOTERAPIA s.f. MED. Tratamiento médico mediante la aplicación de sustancias químicas.

QUIMIOTROPISMO s.m. BIOL. Orientación de un órgano o de un organismo bajo la influencia de un agente químico presente en el entorno.

QUIMO s.m. (gr. *khymós*, jugo). Líquido contenido en el estómago, que resulta de la digestión gástrica de los alimentos.

QUIMONO o **KIMONO** s.m. (jap. *kimono*). Túnica japonesa muy amplia, de una sola pieza que se cruza por delante y se sujeta con un cinturón ancho.

QUIMURGIA s.f. Rama de la química industrial que utiliza productos agrícolas como materia prima.

1 QUINA s.f. (ár. *gínîn*). Árbol cuya corteza, amarga, llamada también *quinquina,* tiene propiedades tónicas astringentes y antipiréticas. (Se dividen en tres grandes grupos: *amarillas, grises y rojas;* familia rubiáceas.) **2.** Corteza de este árbol. **3.** Bebida que se prepara con dicha corteza. ◇ **Tragar quina** *Fam.* Soportar o sobrellevar algo a disgusto, sin manifestarlo externamente.

2. QUINA s.f. Acierto de cinco números en el juego de la lotería.

QUINADO, A adj. Se dice del vino o líquido preparado con quina y usado como medicamento.

QUINARIO, A adj. MAT. Que tiene por base el número cinco.

QUINCALLA s.f. (fr. ant. *quincaille*). Artículo de metal, de poco precio o escaso valor.

QUINCALLERÍA s.f. Establecimiento donde se vende quincalla. **2.** Conjunto de quincalla.

QUINCALLERO, A s. Persona que tiene por oficio fabricar o vender quincalla.

QUINCE adj.num.cardin. y s.m. Diez más cinco. ◆ adj.num.ordin. y s.m. y f.Decimoquinto. ◆ s.m. En el tenis, primer punto de un juego. **2.** En el juego de pelota vasca, ventaja de quince puntos que un jugador concede a otro. **3.** Equipo de rugby.

QUINCEAVO, A adj. y s.m. Se dice de cada una de las partes que resultan de dividir un todo en quince partes iguales. SIN.: *quinzavo.*

QUINCENA s.f. Período de tiempo de quince días. **2.** Conjunto formado por quince unidades. **3.** Paga que se recibe cada quince días.

QUINCENAL adj. Que se sucede o repite cada quincena. **2.** Que dura una quincena.

QUINCENO, A adj. Decimoquinto.

QUINCHA s.f. (quechua *kincha,* cerco). Amér. Merid. Tejido o trama de junco con que se afianza un techo o pared de paja, totora, caña, etc. **2.** Argent., Chile y Perú. Pared hecha de cañas o juncos recubiertos de barro, que se suele emplear para construir cercas, corrales y chozas; cañizo, enramado.

QUINCHAMALÍ s.m. Planta anual, que crece en América Meridional, de cuyas flores se extrae un brebaje utilizado para curar contusiones. (Familia santaláceas.)

QUINCHAR v.tr. Amér. Merid. Cercar o cubrir con quinchas. ◆ v.intr. Amér. Merid. Hacer quinchas.

QUINCHIHUE s.m. Planta herbácea americana, olorosa y de usos medicinales. (Familia compuestas.)

QUINCHO s.m. Argent. Cobertizo consistente en un techo de paja sostenido por columnas de madera, que se utiliza como resguardo en comidas al aire libre.

QUINCHONCHO s.m. Arbusto de semillas comestibles, originario de la India y cultivado en América. (Familia papilionáceas.)

QUINCKE. Edema de Quincke Forma de edema cutáneo-mucoso, de la misma naturaleza del cerebelo.

QUINCUAGENARIO, A adj. y s. Que tiene cincuenta años o más, pero no llega a los sesenta.

QUINCUAGÉSIMA s.f. REL. CATÓL. Domingo que precede al primer domingo de cuaresma y que corresponde al día cincuenta antes de Pascua.

QUINCUAGÉSIMO, A adj.num.ordin. (lat. *quinquagesimum*). Que corresponde en orden al número cincuenta. ◆ adj. y s.m. Se dice de cada una de las partes que resultan de dividir un todo en cincuenta partes iguales.

QUINDE s.m. Colomb., Ecuad. y Perú. Colibrí.

QUINDECENVIRO s.m. ANT. ROM. Cada uno de los quince magistrados encargados de guardar e interpretar los libros sibilinos, así como de controlar los cultos extranjeros.

QUINDÉCIMO, A adj. y s. Quinceavo.

QUINDENIO s.m. Espacio de quince años.

QUINESIÓLOGO, A s. Médico especialista en quinesioterapia. (También *kinesiólogo.*)

QUINESIOTERAPIA o **QUINESITERAPIA** s.f. Método terapéutico para el tratamiento del aparato locomotor mediante movimientos activos o pasivos. (También *kinesioterapia, kinesiterapia* o *cinesiterapia.*)

QUINGENTÉSIMO, A adj.num.ordin. Que corresponde en orden al número quinientos. ◆ adj. y s.m. Se dice de cada una de las partes que resultan de dividir un todo en quinientas partes.

QUINGOMBÓ o **QUIMBOMBÓ** s.m. Planta

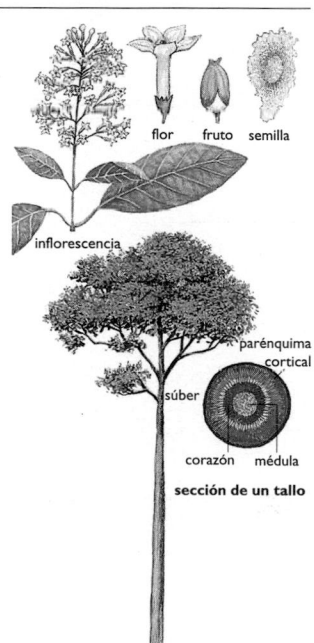

flor   fruto   semilla

inflorescencia

parénquima
cortical

súber

corazón   médula

sección de un tallo

■ **QUINA** amarilla.

herbácea originaria de África y cultivada en América por sus frutos. (Familia malváceas.)

QUINGOS s.m. (quechua *kenkku,* torcido, camino serpenteante). Amér. Zigzag.

QUINIDINA s.f. Alcaloide de la quina.

QUINIELA s.f. Argent., Dom., Par. y Urug. Juego que consiste en apostar a la última o a las últimas cifras de los premios mayores de la lotería. **2.** Argent., Dom., Par. y Urug. Capitalista u organizador de quinielas. **3.** Argent., Dom., Par. y Urug. Persona que recibe o realiza apuestas de quinielas. **4.** Esp. Sistema reglamentado de apuestas, hecho sobre las predicciones del resultado de unos determinados partidos de fútbol, carreras de caballos, galgos, etc. **5.** Esp. Papel impreso en que se escriben dichas predicciones.

QUINIENTOS, AS adj.num.cardin. y s. (lat. *quingenti*). Cinco veces cien. ◆ adj.num.ordin. y s.m. Quingentésimo. ◆ s.m. Siglo XVI. **2.** Cinquecento.

QUININA s.f. Principal alcaloide de la quina, que se emplea como febrífugo.

QUÍNOA o **QUINUA** s.f. (quechua *kínwa*). Planta anual, originaria de Perú, que crece en casi toda América, cuyas semillas se comen cocidas o se usan en forma de harina, y cuyas hojas se consumen como verdura. (Familia quenopodiáceas.)

QUINOLEÍNA s.f. Compuesto heterocíclico C_9H_7N, que comprende un anillo bencénico unido a un anillo pirídico, producido por síntesis y que tiene importantes derivados en farmacia.

QUINONA s.f. Nombre genérico de los derivados bencénicos que poseen dos funciones cetona.

QUINOTO s.m. Argent. Arbusto de flores y pequeños frutos de color naranja, usados para preparar dulces y licores. (Familia rutáceas.) **2.** Argent. Fruto de este arbusto.

QUINQUÉ s.m. (fr. *quinquet*). Lámpara provista de un depósito de aceite o petróleo, cuya llama se halla resguardada por un tubo de cristal.

QUINQUENAL adj. Que sucede o se repite cada quinquenio o que dura un quinquenio: *plan quinquenal.*

QUINQUENIO s.m. (lat. *quinquennium*). Período de cinco años. **2.** Complemento que incrementa un sueldo al cumplirse cinco años de antigüedad en un puesto de trabajo.

QUINQUI s.m. y f. Miembro de una etnia que llegó a España a finales del s. XV y que habita en Castilla, valle del Ebro y Extremadura. (Sus orígenes parecen situarse en la India.) SIN.: *merchero.* **2.** Esp. Fam. Persona, generalmente de origen marginal, que vive de cometer pequeños actos delictivos.

QUINQUINA s.f. Corteza de la quina.

QUINTA s.f. Acción de quintar. **2.** Remplazo anual para prestar el servicio militar obligatorio. **3.** Sorteo de mozos para el servicio militar. **4.** Finca en el campo como casa de recreo. **5.** MÚS. En la escala diatónica, intervalo de cinco grados. ◇ **Entrar en quintas** Ser llamado para hacer el servicio militar. **Quinta del biberón** Reclutamiento de los mozos de 17 y 18 años que se efectuó la Segunda república española en 1938.

QUINTAESENCIA s.f. Última esencia o extracto de algo. **2.** *Fig.* Lo más puro, intenso y acendrado de algo. (También *quinta esencia.*)

QUINTAESENCIAR v.tr. Extraer la quintaesencia. **2.** *Fig.* Purificar, depurar.

QUINTAL s.m. (ár. *quinṭār*). Antigua unidad de peso, cuyo valor varía según las regiones.

QUINTAR v.tr. Esp. Sortear el destino de los mozos que han de hacer el servicio militar. **2.** Esp. Sacar por sorteo una cosa de cada cinco de un conjunto de ellas.

QUINTETO s.m. (ital. *quintetto*). Estrofa de cinco versos de arte mayor. **2.** MÚS. **a.** Composición a cinco voces o instrumentos. **b.** Conjunto vocal o instrumental de cinco ejecutantes.

QUINTILLA s.f. Estrofa compuesta por cinco versos de arte menor, generalmente octosílabos, con dos rimas. **2.** Combinación de cinco versos de cualquier medida, con dos consonancias distintas.

QUINTILLIZO, A adj. y s. Cada uno de los cinco hijos nacidos en un parto quíntuple.

QUINTILLÓN s.m. Un millón de cuatrillones (10^{30}).

QUINTO, A adj.num.ordin. (lat. *quintus*). Que corresponde en orden al número cinco. ◆ adj. y s.m. Se dice de cada una de las cinco partes que resultan de dividir un todo en cinco partes iguales. ◆ s.m. Esp. Mozo que es llamado a realizar el servicio militar. **2.** Esp. *Fam.* Botella de cerveza de 20 cl. **3. Méx.** *Vulg.* Virgen. **4.** HIST. Derecho que sobre la venta o concesión de algo percibía el señor de la tierra o el monarca del reino, y que consistía en un quinto del valor. ◇ **Quinto real** HIST. Tributo que la corona española percibía sobre la explotación de las minas de sus dominios.

QUINTRAL s.m. Chile. Muérdago de flores rojas, de cuyo fruto se extrae liga, y sirve para teñir. **2.** Chile. Enfermedad que sufren las sandías y los porotos.

QUINTRIL s.m. Chile. Fruto del algarrobo.

QUÍNTUPLE adj. Que se repite cinco veces o está formado por cinco elementos iguales o similares. ◆ adj. y s.m. Quíntuplo.

QUINTUPLICACIÓN s.f. Acción y efecto de quintuplicar.

QUINTUPLICAR v.tr. y prnl. [1]. Ser o hacer cinco veces mayor.

QUÍNTUPLO, A adj. y s.m. Que es cinco veces el número o cantidad de cierta cosa: *diez es el quíntuplo de dos*. SIN.: *quíntuple*.

QUINUA s.f. → **QUÍNOA.**

QUINZAVO adj. y s.m. Quinceavo.

QUIÑAZO s.m. Chile, Colomb., Ecuad., Pan. y Perú. Empujón, encontronazo.

QUIÑÓN s.m. Porción de tierra de cultivo repartida en usufructo entre los vecinos de un pueblo por un período determinado. **2.** Porción de terreno de cultivo, cuyas dimensiones varían según los lugares.

QUIOSCO o **KIOSCO** s.m. (fr. *kiosque*). Construcción pequeña instalada en la vía pública, destinada a la venta de periódicos, flores, etc. **2.** Construcción abierta por todos los lados que decora terrazas y jardines.

■ **QUIOSCO** de música. (Plaza de Baeza, Jaén.)

QUIOSQUERO, A adj. y s. Se dice de la persona que atiende un quiosco.

QUIPE s.m. Perú. Bulto que se lleva a la espalda.

QUIPU s.m. (voz quechua, *nudo*). Conjunto de cuerdecillas anudadas que se utilizaba en el Perú precolombino con fines nemotécnicos, para realizar cálculos numéricos o recoger historias o noticias.

QUIQUE s.m. Amér. Merid. Especie de comadreja. ◇ **Ser como un quique** Chile. Ser vivo, rápido y pronto.

QUIQUIRIQUÍ Onomatopeya del canto del gallo. ◆ s.m. Voz del gallo al cantar. **2.** Esp. *Fig.* y *fam.* Tupé, mechón de pelo hueco sobre la cabeza.

QUIRALIDAD s.f. QUÍM. Propiedad de una molécula según la cual esta puede existir bajo dos variedades inversas ópticamente.

QUIRIDIO s.m. Extremidad pentadáctila de los vertebrados y sus diversas modificaciones.

QUIRIE s.m. → **KIRIE.**

QUIRITE s.m. ANT. ROM. Ciudadano de Roma.

QUIRÓFANO s.m. Sala de un centro médico donde se realizan operaciones quirúrgicas.

QUIROMANCIA o **QUIROMANCÍA** s.f. (del gr. *kheír*, mano, y *manteía*, adivinación). Procedimiento de adivinación fundado en el estudio de la mano (forma, líneas, etc.).

QUIROMÁNTICO, A adj. y s. Relativo a la quiromancia; persona que la practica.

QUIROMASAJE s.m. Masaje que se realiza solo con las manos.

QUIROMASAJISTA s.m. y f. Persona especializada en quiromasaje.

QUIROPRÁCTICA s.f. Tratamiento de ciertas enfermedades por manipulación de las vértebras. SIN.: *quiropraxia*.

QUIRÓPTERO, A adj. y s.m. (del gr. *kheír*, mano, y *pterón*, ala). Relativo a un orden de mamíferos que, como el murciélago, están caracterizados por su adaptación al vuelo, para el que cuentan con extremidades anteriores transformadas en alas; son en general animales nocturnos e insectívoros, aunque algunos son frugívoros.

QUIRQUE s.m. Chile. Lagartija.

QUIRQUINCHO s.m. (quechua *kirkínču*). Amér. Merid. Nombre de varias familias de mamíferos adentados, cavadores, que se suelen alimentar de invertebrados y vegetales, con cuyo caparazón, con abundantes pelos cerdosos, se fabrican charangos.

QUIRÚRGICO, A adj. Relativo a la cirugía.

QUISA s.f. Bol. Banano maduro y tostado. **2.** Perú. Ortiga, planta urticácea.

QUISCA s.f. (voz quechua, *espina, púa*). Chile. Espina grande, especialmente de las cactáceas. **2.** Chile. Quisco. **3.** Chile. En coa, cuchillo.

QUISCO s.m. Chile. Cacto espinoso con aspecto de cirio, cuyas espinas alcanzan hasta 30 cm. (Familia cactáceas.)

QUISICOSA s.f. (de *¿qué es cosa y cosa?*, frase con que empezaban tradicionalmente las adivinanzas). *Fam.* Acertijo que debe adivinarse partiendo de unos datos que se dan en forma indirecta, y a veces en verso. **2.** Cosa extraña.

QUISQUE o **QUISQUI** pron.indef. Esp. *Fam.* Individuo, persona: *cada quisque; todo quisqui*.

QUISQUEYANO, A adj. y s. Dominicano, de la República Dominicana.

QUISQUILLA s.f. Camarón.

QUISQUILLOSO, A adj. y s. Que se ofende fácilmente por cosas insignificantes a las que da demasiada importancia. **2.** Se dice de la persona que es muy delicada.

QUISTE s.m. (gr. *kýstis, -eos,* vejiga). Bolsa membranosa que se forma anormalmente en los tejidos del cuerpo y que contiene una sustancia líquida o semisólida de distinta naturaleza. **2.** ZOOL. Membrana resistente e impermeable de numerosos protozoos, que los mantiene aislados del exterior.

QUISTECTOMÍA s.f. Extirpación quirúrgica de un quiste.

QUÍSTICO, A adj. Relativo a los quistes.

QUITA s.f. DER. Remisión o liberación que de una deuda o parte de ella hace el acreedor al deudor.

QUITAIPÓN s.m. Juego de dos cosas que se sustituyen recíprocamente.

QUITAMANCHAS s.m. (pl. *quitamanchas*). Producto que sirve para quitar manchas de la ropa. SIN.: *sacamanchas*.

QUITANIEVES s.m. (pl. *quitanieves*). Máquina que sirve para remover y quitar la nieve que obstruye una vía de comunicación.

QUITANZA s.f. (fr. *quitance*). Finiquito, liberación o carta de pago que se da al deudor cuando paga.

QUITAR v.tr. y prnl. (del lat. *quietus,* tranquilo, libre de guerras). Separar una cosa de otra con la que está unida, de la que forma parte o a la que cubre, o apartarla del lugar donde estaba: *mandó quitar el cartel de la puerta; se quitó el abrigo.* ◆ v.tr. Despojar o privar de una cosa. **3.** Impedir, obstar: *lo cortés no quita lo valiente.* **4.** Exceptuar, prescindir: *quitando el postre, el resto de la comida estuvo bien.* ◆ **quitarse** v.prnl. Apartarse, separarse de un lugar: *quítate de ahí, que estorbas.* **2.** Dejar una cosa que resulta perjudicial o apartarse de ella completamente: *voy a quitarme del tabaco.* **3.** Evitar ciertas cosas insustanciales o innecesarias: *¡quítate de monsergas!*

QUITASOL s.m. Sombrilla de gran tamaño.

QUITASOLILLO s.m. Cuba. Planta umbelífera de raíz picante y aromático.

QUITE s.m. Movimiento con que se evita un golpe o un ataque. **2.** TAUROM. Suerte que efectúa el torero para apartar el toro de otro torero o del caballo. ◇ **Estar al quite,** o **a los quites** Estar preparado para defender o ayudar a alguien.

QUITEÑO, A adj. y s. De Quito.

QUITILIPE o **QUITILIPI** s.m. Argent. Ñacurutu, ave.

QUITINA s.f. Sustancia orgánica nitrogenada que forma parte de la cutícula de los insectos y otros artrópodos.

QUITO, A adj. (del lat. *quietus,* tranquilo, libre de guerras). Libre, exento.

QUITRÍN s.m. Carruaje abierto, de dos ruedas, con una sola fila de asientos y cubierta de fuelle, usado en Cuba.

QUIULLA s.f. Chile. Gaviota serrana.

QUIVI s.m. → I. **KIWI.**

QUIZÁ o **QUIZÁS** adv.d. (del ant. *quiçab*, de *qui sabe*, quien sabe). Expresa posibilidad o duda.

QUIZARRÁ s.f. C. Rica. Árbol de la familia de las lauráceas.

QUIZÁS adv.d. → **QUIZÁ.**

QUÓRUM s.m. (del lat. *quorum*, de quienes, empleado en Inglaterra como fórmula legal). Número de miembros que debe reunir una asamblea para que sea válida una deliberación.

QURAYŠ, tribu árabe a la que pertenecía Mahoma. En al-Andalus, sus miembros (*qurayšíes*) pertenecían a la nobleza de sangre y estaban emparentados en diversos grados con el califa.

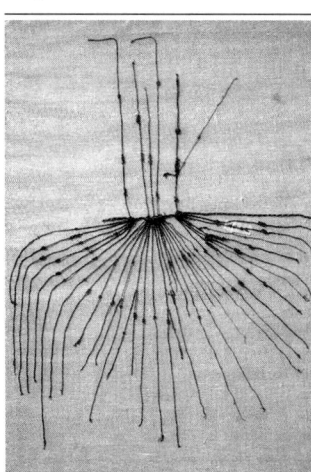

■ **QUIPU**

R s.f. Vigésima primera letra del alfabeto español, y decimoséptima de sus consonantes. (Representa un sonido vibrante alveolar sonoro.) ◇ ℝ Conjunto de los números reales, es decir, de los números racionales y de los números irracionales. ℝ* Conjunto de los números reales con exclusión del cero.

RABADÁN s.m. (del ár. *rabb aḍḍa'n*, pastor de los carneros). Mayoral que cuida todos los hatos de ganado en una cabaña y manda a los pastores. **2.** Pastor a las órdenes del mayoral, que gobierna uno o más hatos de ganado.

RABADILLA s.f. ANAT. Punta o extremidad de la columna vertebral, formada por la última pieza del hueso sacro y por todas las del cóxis. **2.** CARN. Parte de la carne del buey correspondiente a la región de las ancas.

RABANILLO s.m. Planta herbácea silvestre, parecida al rábano, de raíz pequeña.

RABANIZA s.f. Simiente de rábano. **2.** Planta herbácea anual, de tallo ramoso, hojas partidas en lóbulos agudos, flores blancas y fruto seco. (Familia crucíferas.)

RÁBANO s.m. (lat. *raphanus*). Planta herbácea comestible, con raíz de tipo tubérculo, de la familia crucíferas. **2.** Raíz de esta planta. ◇ **Importar un rábano** *Fam.* No importar nada. **Tomar el rábano por las hojas** *Fam.* Interpretar equivocadamente una cosa.

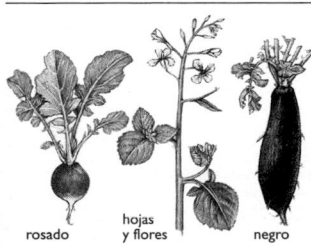

rosado   hojas   negro
          y flores

■ RÁBANOS

RABDOMANCIA o **RABDOMANCÍA** s.f. Búsqueda de objetos ocultos, por medio de objetos dotados de supuestas propiedades detectoras.

RABEL s.m. (ár. *rabāb*). Instrumento musical medieval de tres cuerdas, parecido al laúd, que se toca con arco. (Este instrumento cayó en desuso en el s. XVII.) **2.** Instrumento musical infantil, que consiste en una caña con una cuerda a lo largo de ella, entre las cuales se coloca una bolsa llena de aire.

RABÍ s.m. (voz hebrea, *mi superior*). Rabino.

RABIA s.f. (lat. *rabia*). Enfermedad viral infecciosa transmitida al ser humano por la mordedura de ciertos animales, que se caracteriza por fenómenos de excitación y parálisis. **2.** *Fig.* Ira, enojo, cólera violenta. **3.** *Fam.* Aversión o antipatía hacia alguien o algo: *sentir rabia hacia alguien.* ◇ **Dar rabia** *Fam.* Enojar, disgustar.

RABIACANA s.f. Planta herbácea de flores blancas y rojizas, que crece en la península Ibérica. (Familia oráceas.)

RABIAR v.intr. (de *rabia*). Padecer intensamente del dolor que se expresa: *rabiar de dolor de muelas.* **2.** *Fig.* Desear mucho una cosa: *rabiar por comer.* **3.** *Fig.* Irritarse, enojarse. **4.** *Fig.* Exceder en mucho a lo normal y usual. ◇ **A rabiar** *Fam.* Mucho, con exceso. **Estar a rabiar** *Fam.* Estar muy enojado. **Hacer rabiar a alguien** *Fam.* Enojarlo, mortificarlo.

RÁBICO, A adj. Relativo a la enfermedad de la rabia.

RÁBIDA s.f. → RÁBITA.

RABIETA s.f. *Fam.* Enojo o llanto muy violento y de poca duración, causado generalmente por motivos insignificantes.

RABIETAS s.m. y f. (pl. *rabietas*). Persona que se irrita fácilmente.

RABIHORCADO s.m. Ave palmípeda de los mares tropicales, de plumaje oscuro y vuelo poderoso y rápido. (Orden pelicaniformes.) SIN.: *fragata.* **2.** Colomb. Planta cuyas hojas, parecidas a las del banano, se usan para techar. (Familia cidantáceas.)

RABIJUNCO s.m. Ave de unos 40 cm de long., con largas timoneras centrales terminadas en una punta fina. (Familia faetónidos.)

RABILARGO s.m. Ave de cabeza y nuca de color negro aterciopelado, alas y cola de un color azul grisáceo y región ventral de color gris leonado. (Familia córvidos.)

RABILLO s.m. Pecíolo. **2.** Pedúnculo. **3.** Tira de tela que sirve para apretar o aflojar la cintura de pantalones, chalecos, etc. ◇ **Mirar con el rabillo del**, o **de rabillo de, ojo** Mirar de reojo, disimuladamente. **Rabillo del ojo** Ángulo externo del ojo.

RABÍNICO, A adj. Relativo a los rabinos o al rabinismo.

RABINISMO s.m. Actividad religiosa y literaria del judaísmo, después de la destrucción del templo (70 d.C.) y la dispersión del pueblo judío (s. XVIII cerró el período rabínico.)

RABINISTA s.m. y f. Persona que sigue la tradición de los rabinos.

RABINO s.m. Doctor de la Ley judía. **2.** Jefe espiritual de una comunidad judía. SIN.: *rabí.*

RABIOSO, A adj. (lat. *rabiosus*). Encolerizado, furioso. **2.** *Fig.* Muy violento o intenso. ➤ adj. y s. Que padece rabia.

RÁBITA, RÁBIDA o **RÁPITA** s.f. (ár. *rābita*, santuario fortificado). Fortaleza militar y religiosa musulmana, ubicada en la frontera con los reinos hispanocristianos.

RABIZA s.f. Prostituta.

RABO s.m. Cola, especialmente la de los cuadrúpedos. **2.** *Fig.* y *fam.* Apéndice, parte de una cosa parecida, por su forma, posición, etc., a la cola de un animal. **3.** BOT. Pecíolo, pedúnculo, humillado o avergonzado. ◇ **Con el rabo entre las piernas** *Fam.* Vencido, humillado o avergonzado.

RABÓN, NA adj. Se dice del animal que no tiene rabo o que lo tiene más corto de lo normal. **2.** Argent. y Méx. *Fam.* Se dice de la prenda de vestir que queda corta.

RABONA s.f. *Amér.* Mujer que acompaña a los soldados en campaña y durante sus traslados.

RABOTADA s.f. Expresión brusca, injuriosa o grosera. SIN.: *rabotazo.*

RACAMENTO s.m. (fr. ant. *racquement*). MAR. Especie de collar que sirve para unir las vergas a sus palos o masteleros. SIN.: *racamenta.*

RACANEAR v.tr. Actuar como un rácano.

RÁCANO, A adj. y s. *Fam.* Tacaño.

RACCORD s.m. (voz francesa). CIN. Continuidad espacial o temporal correcta entre dos planos consecutivos.

RACÉMICO, A adj. y s.m. Se dice de una mezcla de dos isómeros ópticos que no desvía el plano de polarización de la luz.

RACER s.m. MAR. **a.** Canoa automóvil rápida. **b.** Yate de motor o de vela especialmente diseñado para regatas.

RACHA s.f. Ráfaga de viento. **2.** *Fig.* y *fam.* Afluencia de muchas cosas de la misma clase, que se dan de manera repentina y en un período breve de tiempo.

RACHEADO, A adj. Se dice del viento que sopla por rachas.

RACIAL adj. Relativo a la raza.

RACIMO s.m. (lat. vulg. *racimus*). Conjunto de frutos que están sostenidos por un mismo tallo, especialmente granos de uva. **2.** *Fig.* Conjunto de cosas dispuestas en forma de racimo.

RACIOCINAR v.intr. (lat. *ratiocinari*). Hacer funcionar la inteligencia para obtener unas ideas de otras.

RACIOCINIO s.m. (lat. tardío *ratiocinium*). Facultad de raciocinar. **2.** Raciocinación. **3.** Discurso, pensamiento, razonamiento.

RACIÓN s.f. (lat. *ratio, -onis*, cálculo, razonamiento, razón). Cantidad de cualquier cosa, especialmente de comida, que se da o asigna a cada persona. **2.** Cantidad de cualquier cosa, especialmente de comida, que se considera suficiente para un fin o se vende a un determinado precio: *una ración de langostinos.* **3.** Cantidad de cualquier cosa, generalmente la que se consume en un solo día o a intervalos regulares por una persona o animal: *ración diaria de lectura; ración semanal de sol.*

RACIONAL adj. Relativo a la razón: *animal racional.* **2.** Ajustado a la razón: *motivo racional.* **3.** Fundado en la razón: *método racional.* **4.** Se dice de una expresión algebraica que no contiene ningún radical. ◆ adj. y s.m. y f. Dotado de razón. ◇ **Número racional** Cada uno de los números que resultan de la ampliación de los números enteros.

RACIONALIDAD s.f. Cualidad de racional.

RACIONALISMO s.m. FILOS. Doctrina según la cual todo lo que existe tiene su razón de ser y no puede ser considerado en sí como ininteligible (por oposición a *irracionalismo*). **2.** Doctrina según la cual el conocimiento humano procede de principios a priori independientes de la experiencia. (En este sentido, el racionalismo, que puede ser *absoluto* [Platón, Descartes] o *crítico* [Kant], se opone al *empirismo*.)

RACIONALISTA adj. y s.m. y f. Relativo al racionalismo; partidario de esta filosofía.

RACIONALIZACIÓN s.f. Acción y efecto de racionalizar. **2.** PSICOL. Justificación lógica y consciente de un comportamiento que revela otras motivaciones inconscientes cuya causa se desconoce. ◇ **Racionalización industrial** Perfeccionamiento de la organización técnica de una empresa con el fin de disminuir los precios, aumentar la cantidad o mejorar la calidad del producto.

RACIONALIZADO, A adj. Se dice de las fórmulas de electrostática y electromagnetismo empleadas habitualmente con el sistema de unidades MKSA.

RACIONALIZAR v.tr. [7]. Reducir a normas o conceptos racionales. **2.** Organizar según cálculos y razonamientos: *racionalizar la alimentación.* **3.** Hacer más eficaz y menos costoso un proceso de producción. **4.** Normalizar.

RACIONAMIENTO s.m. Acción de racionar.

RACIONAR v.tr. Distribuir una cosa en raciones. **2.** Reducir el consumo repartiendo algo en cantidades limitadas.

RACISMO s.m. Ideología que afirma la superioridad de un grupo racial respecto a los demás y que preconiza, en particular, la separación de estos grupos dentro de un país, por segregación racial, e incluso su eliminación.

RACISTA adj. y s.m. y f. Relativo al racismo; partidario de esta ideología.

RACOR s.m. Pieza metálica que sirve para unir tubos y otros perfiles cilíndricos.

RAD s.m. Unidad de medida de cantidad absorbida de radiaciones ionizantes (símb. rd), equivalente a la cantidad de radiación absorbida por un elemento de materia de 1 kg de masa al que las radiaciones ionizantes comunican de manera uniforme una energía de 0,01 julios.

RADA s.f. (fr. *rade*). Bahía o ensenada que constituye un puerto natural.

RADAL s.m. Árbol de madera muy dura utilizada en ebanistería, que crece en América Meridional. (Familia proteáceas.)

RADAR o **RÁDAR** s.m. (acrónimo del ingl. *radio detection and ranging*, detección y situación por radio). Dispositivo que permite determinar la posición y la distancia de un obstáculo por emisión de ondas radioeléctricas y por la detección de ondas reflejadas en su superficie.

ENCICL. El principio del radar se basa en la emisión, por impulsos de corta duración, de estrechos haces de ondas radioeléctricas que, tras reflejarse sobre un obstáculo, se dirigen hacia un receptor. La dirección del trayecto de ida y retorno de estas ondas, que se propagan a la velocidad de la luz (300 km/s), permite determinar la distancia a que se halla el obstáculo. La dirección viene indicada por la orientación de la antena, utilizada primero para la emisión y después para la recepción.
A partir de la batalla de Inglaterra (1940) el ra-

dar sustituyó a todos los sistemas de detección aérea. Además de su función esencial en los tres ejércitos en el campo de la defensa aérea, el empleo militar del radar experimentó una gran diversificación a partir de 1945: *radares de a bordo* de los aviones y *radares de autoguiado* de los misiles en las fuerzas aéreas; *radares de vigilancia terrestres* en el ejército de tierra, y *radares de tiro* en las fuerzas navales.

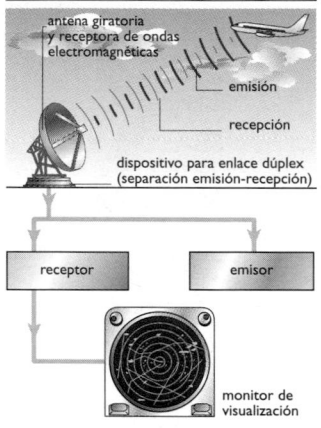

antena giratoria y receptora de ondas electromagnéticas

emisión

recepción

dispositivo para enlace dúplex (separación emisión-recepción)

receptor

emisor

monitor de visualización

■ **RADAR.** Funcionamiento de un radar.

RADARASTRONOMÍA s.f. Técnica del radar aplicada al estudio de los astros.

RADARISTA adj. y s.m. y f. Especialista en el funcionamiento, conservación y reparación de radares.

RADIACIÓN s.f. Acción de radiar. **2.** FÍS. Emisión y propagación de energía bajo forma de ondas o de partículas. ◇ **Presión de radiación** Presión ejercida por las ondas electromagnéticas o acústicas sobre los cuerpos con que tropiezan. **Radiaciones ionizantes** Rayos X y rayos α, β y γ emitidos por los cuerpos radiactivos; conjunto de los elementos constitutivos de una onda que se propaga en el espacio: *radiación infrarroja.* **Radiación solar** Energía emitida por el sol.

ENCICL. Las *radiaciones electromagnéticas* son ondas que se propagan en el vacío en línea recta con la misma velocidad, de aproximadamente $c = 300\,000$ km/s. Su longitud de onda λ está vinculada a su frecuencia ν por la relación $c = \lambda \nu$. Forman una banda ininterrumpida que, de menor a mayor longitud de onda, va de los rayos γ ($\lambda = 1/1\,000$ Å, por ejemplo) hasta las ondas radioeléctricas ($\lambda = 1$ km, por ejemplo), pasando por los rayos X, ultravioleta, luz visible ($0,4 < \lambda < 0,8$) y los rayos infrarrojos. Las radiaciones corpusculares son debidas a partículas animadas de gran velocidad, aunque variable (electrones, protones, neutrones, etc.). La mecánica cuántica ha realizado una síntesis de estos dos tipos de radiaciones, haciendo corresponder partículas puntuales (fotones) a las ondas electromagnéticas y, a la inversa, ondas a las radiaciones corpusculares.

RADIACTIVIDAD s.f. Desintegración espontánea de un núcleo atómico, con emisión de partículas o de radiación electromagnética.

ENCICL. H. Becquerel descubrió en 1896 el fenómeno de la radiactividad en el uranio y rápidamente fue confirmada por M. Curie en cuanto al torio. Los tipos de radiactividad son: rayos alfa, emisión del núcleo de una partícula alfa o núcleo de helio; los rayos beta, emisión de un electrón de radioisótopos ricos en neutrones o emisión de un electrón positivo (positrón) de núcleos deficientes en neutrones; rayos gamma, radiación electromagnética que hace pasar a un núcleo de un estado excitado a uno menos excitado o estable. Existen otros tipos de radiactividad, como la fisión espontánea de un núcleo pesado o la radiactividad por emisión de protones. El período de una

transformación radiactiva es el tiempo necesario para que la mitad de los núcleos del elemento considerado se desintegren. Varía mucho de un núcleo a otro (de 10^{-12} a 10^{17} años). La radiactividad puede representar un grave peligro para seres vivos a causa de la emisión de rayos ionizantes. Sin embargo, esta emisión se emplea para fines biomédicos (p.ej., tratamiento de cáncer con bomba de cobalto). La radiactividad sirve también para fechar (gracias a la ley de decrecimiento radiactivo) en diversas aplicaciones científicas e industriales.

RADIACTIVO, A adj. Relativo a la radiactividad, dotado de radiactividad.

RADIADO, A adj. Formado por rayos divergentes. ◆ adj. y s.m. Relativo a una antigua división del reino animal, que comprendía los equinodermos y los celentéreos.

RADIADOR s.m. Aparato de calefacción que transmite al espacio que le rodea el calor que recibe o que genera. **2.** TECNOL. Dispositivo en que se enfría el líquido de refrigeración de un motor de automóvil, y otros motores de explosión.

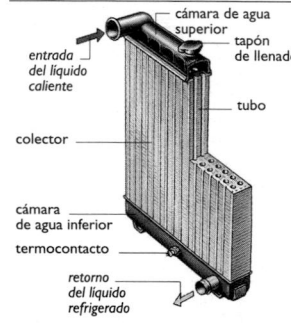

cámara de agua superior
tapón de llenado
entrada del líquido caliente
tubo
colector
cámara de agua inferior
termocontacto
retorno del líquido refrigerado

■ **RADIADOR** de automóvil.

RADIAL adj. Relativo a un radio. **2.** Se dice de la disposición análoga a la de los rayos de una rueda. **3.** ANAT. Relativo al radio: *nervio radial.*

RADIÁN s.m. Unidad de medida de ángulos (símb. rad), equivalente al ángulo que, teniendo su vértice en el centro de un círculo, intercepta en la circunferencia de este círculo un arco de longitud igual a la del radio.

RADIANTE adj. Que radia. **2.** *Fig.* Que brilla intensamente. **3.** *Fig.* Que muestra mucha alegría o felicidad. **4.** HERÁLD. Se dice de las figuras, como el sol, las estrellas, etc., que despiden rayos. SIN.: *rayonante.* ◇ **Gótico radiante** Estilo intermedio entre el *gótico primitivo* y el *gótico flamígero*, caracterizado por la forma radial de las tracerías de los ventanales. **Punto radiante** Punto del cielo de donde parecen emanar las trayectorias de los meteoritos.

1. RADIAR v.tr. (fr. *radier*). FÍS. Emitir radiaciones.

2. RADIAR v.tr. Emitir algo por radio.

RADICACIÓN s.f. Acción y efecto de radicar o radicarse. **2.** *Fig.* Hecho de estar arraigada una cosa inmaterial. **3.** BOT. Disposición de las raíces.

RADICAL adj. (lat. *radicalis*, perteneciente a la raíz). Relativo a la raíz. **2.** *Fig.* Que afecta a la parte fundamental de una cosa de manera completa: *cambio radical.* **3.** Relativo al radicalismo. **4.** BOT. Propio de la raíz. **5.** LING. Concerniente a las raíces de las palabras. ◆ adj. y s.m. y f. Miembro de un partido radical. **2.** *Fig.* Extremoso, tajante, intransigente. ◆ s.m. LING. Parte esencial e invariable de las palabras de una misma familia, que expresa el significado común a toda la familia: *en correr, «corr» es el radical.* SIN.: *lexema, raíz.* **2.** MAT. **a.** Signo de la operación de la extracción de raíces ($\sqrt{\ }$ para la raíz cuadrada). **b.** Expresión que contiene un radical. **3.** QUÍM. Parte de un compuesto molecular que puede existir en estado no combinado (radical libre), o que no cambia en una reacción (radical orgánico). [Algunos radicales libres, contenidos normalmente en las células, pueden intervenir, cuando su

numero es demasiado elevado, en algunos fenómenos (envejecimiento, arteriosclerosis).]
◇ **Índice de un radical** MAT. Cifra que se sitúa entre las ramas de un radical para indicar el grado de la raíz.

RADICALARIO, A adj. QUÍM. Se dice de la reacción en que intervienen radicales libres.

RADICALISMO s.m. Doctrina y actitud que postula la eficacia de las medidas drásticas para conseguir el mejoramiento de las condiciones sociales. **2.** Actitud radical. ◇ **Radicalismo filosófico** Doctrina filosófica y política de Bentham y Stuart Mill, cuyas principales características eran el liberalismo económico, el racionalismo, el utilitarismo y el individualismo.

RADICALIZAR v.tr. y prnl. [7]. Hacer que alguien adopte una actitud radical. **2.** Dar carácter radical a algo.

RADICANDO s.m. MAT. Número o expresión algebraica de que se toma la raíz.

RADICANTE adj. BOT. Se dice de las plantas cuyos tallos emiten raíces en diferentes puntos de su longitud.

RADICAR v.intr. y prnl. (lat. *radicari*, arraigar) [1]. Arraigar. ◆ v.intr. Estar o encontrarse ciertas cosas en determinado lugar. **2.** *Fig.* Estar fundado algo en lo que se expresa. ◆ **radicarse** v.prnl. Establecerse, fijar la residencia.

RADICELA s.f. BOT. Raíz secundaria, muy pequeña, ramificación de la raíz principal.

RADICOTOMÍA s.f. CIR. Sección quirúrgica de una raíz nerviosa raquídea, en general sensitiva, para suprimir un dolor.

RADÍCULA s.f. BOT. Parte de la plántula que dará lugar a la raíz.

RADICULAR adj. BOT. Relativo a la radícula. **2.** MED. Relativo a las raíces, en especial a las de los nervios raquídeos y a las dentarias.

RADICULITIS s.f. Inflamación de la raíz de un nervio raquídeo.

RADIER s.m. Chile. Losa de concreto u hormigón sin armar, de una proporción baja de cemento, que se usa en la construcción.

RADIESTESIA s.f. Facultad que se atribuye a algunas personas para adivinar a distancia la existencia de manantiales, yacimientos, etc., por las oscilaciones de un péndulo o varita.

1. RADIO s.m. o f. Aparato receptor de radiocomunicaciones. **2.** Sistema de transmisión de sonidos mediante ondas hercianas. **3.** Actividad que consiste en transmitir información y programas diversos usando este sistema; conjunto de personas, instalaciones y medios dedicados a esta actividad. **4.** *Fam.* Radiograma. **5.** *Fam.* Radiotelegrama. (En las acepciones 1, 2 y 3 es de género femenino en América Meridional y España.)

2. RADIO s.m. (lat. *radium*, radio, rayo). Recta que une un punto de una circunferencia con su centro. **2.** Distancia determinada a partir de un centro o de un punto de origen en todas direcciones. **3.** Cada una de las varillas metálicas de pequeño diámetro que, en las ruedas de las bicicletas y motocicletas, unen la llanta con el cubo. **4.** ANAT. Hueso más corto de los dos del antebrazo, que se articula con el *cúbito*, permitiendo los movimientos de pronación y supinación. **5.** ZOOL. Cada una de las piezas de armazón de las aletas natatorias de los peces. ◇ **Radio de acción** Máxima distancia que puede alcanzar una aeronave, vehículo o embarcación sin reabastecimiento en ruta, contando con el regreso al punto de partida; zona de influencia.

3. RADIO s.m. Metal alcalinotérreo, parecido al bario. **2.** Elemento químico (Ra), muy radiactivo, de número atómico 88 y masa atómica 226,025. (Descubierto en 1898 por P. y M. Curie, después del polonio, el radio metálico fue aislado en 1910 por M. Curie y A. Debierne.)

RADIOAFICIONADO, A s. Persona que, por afición, se dedica a la radiotransmisión y radiorrecepción por ondas.

RADIOALINEACIÓN s.f. Dispositivo electromagnético que guía a un avión o a un buque a lo largo de un eje.

RADIOALTÍMETRO s.m. Altímetro basado en el principio del radar.

RADIOASTRONOMÍA s.f. Rama de la astronomía que tiene por objeto el estudio de la radiación radioeléctrica de los astros.

RADIOBALIZA s.f. Emisor de poca potencia modulado por una señal de identificación, para guiar a los buques en el mar o para indicar a los aviones la posición que tienen.

RADIOBALIZAR v.tr. [7]. Señalizar con radiobalizas.

RADIOBIOLOGÍA s.f. Estudio de la acción biológica de la ionización producida por los rayos X, cuerpos radiactivos y neutrones.

RADIOBRÚJULA s.f. Radiocompás.

RADIOCARBONO s.m. Isótopo 14 del carbono.

RADIOCASETE o **RADIOCASSETTE** s.m. Aparato electrónico en que van unidos un radiorreceptor y un casete.

RADIOCIRUGÍA s.f. MED. Técnica quirúrgica empleada en el tratamiento de metástasis y tumores basada en la aplicación de radiaciones de alta precisión. (Es menos cruenta que las intervenciones quirúrgicas.)

RADIOCOBALTO s.m. Isótopo radiactivo del cobalto, utilizado en radioterapia. SIN. cobalto radiactivo, cobalto 60

RADIOCOMPÁS s.m. Radiogoniómetro que permite a un avión o buque mantener su dirección gracias a las indicaciones dadas por una emisora situada en tierra. SIN. *radiobrújula*.

RADIOCOMUNICACIÓN s.f. Transmisión de mensajes y señales a distancia, efectuada por medio de ondas radioeléctricas que se propagan en la atmósfera.

RADIOCONDUCTOR s.m. Conductor cuya resistencia varía por acción de las ondas electromagnéticas.

RADIOCRISTALOGRAFÍA s.f. Estudio de la estructura de los cristales basado en la difracción que producen en los rayos X, los electrones, los neutrones, etc.

RADIODERMITIS s.f. Dermitis debida a los rayos X o a sustancias radiactivas.

RADIODIAGNÓSTICO s.m. Aplicación de las radiaciones ionizantes al diagnóstico médico.

RADIODIFUNDIR v.tr. Radiar, transmitir por radio.

RADIODIFUSIÓN s.f. Sistema de transmisión de sonidos mediante ondas hercianas. **2.** Radioemisora. (Se abrevia *radio*.)

RADIODIFUSOR, RA adj. Relativo a la radiodifusión. ◆ adj. y s.m. Se dice del aparato que emite por radio.

RADIODIFUSORA s.f. Argent. Empresa que realiza emisiones radiofónicas destinadas al público.

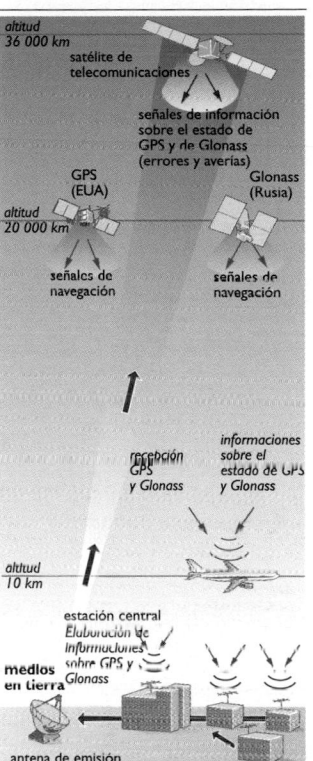

La navegación vía satélite constituye en la actualidad una aplicación de las radiocomunicaciones. Los sistemas complementarios locales o regionales incrementan la seguridad de ciertos medios de transporte al informar instantáneamente a los usuarios de las desviaciones y de las averías.

■ **RADIOCOMUNICACIÓN**

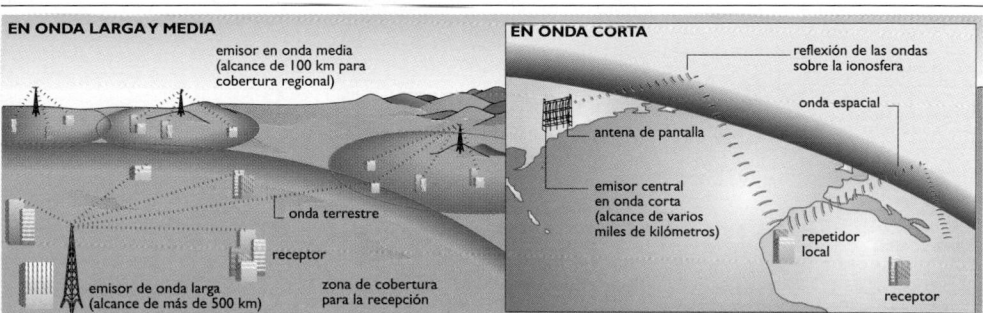

EN ONDA LARGA Y MEDIA

emisor en onda media (alcance de 100 km para cobertura regional)

onda terrestre

receptor

emisor de onda larga (alcance de más de 500 km)

zona de cobertura para la recepción

EN ONDA CORTA

reflexión de las ondas sobre la ionosfera

onda espacial

antena de pantalla

emisor central en onda corta (alcance de varios miles de kilómetros)

repetidor local

receptor

■ **RADIODIFUSIÓN.** Emisión y propagación en onda larga y media (izquierda) y en onda corta (derecha).

RADIODIRIGIR v.tr. [43]. Dirigir a distancia un móvil por ondas radioeléctricas.

RADIOELECTRICIDAD s.f. Técnica que permite la transmisión a distancia de mensajes y sonidos por medio de ondas electromagnéticas.

RADIOELÉCTRICO, A adj. Relativo a la radioelectricidad. **2.** Relativo a la radiación electromagnética de longitud de onda superior al milímetro.

RADIOELEMENTO s.m. Radioisótopo.

RADIOEMISORA s.f. Emisora.

RADIOESCUCHA s.m. y f. Persona que escucha las emisiones radiofónicas, radiotelefónicas o radiotelegráficas.

RADIOFARO s.m. Estación emisora de ondas radioeléctricas, que permite a un buque o un avión determinar su posición y seguir la ruta prevista.

RADIOFONÍA s.f. Sistema de transmisión de sonidos que utiliza las propiedades de las ondas radioeléctricas.

RADIOFÓNICO, A adj. Relativo a la radiofonía.

RADIOFOTOGRAFÍA s.f. Fotografía de la imagen obtenida en una pantalla durante una exploración radiológica.

RADIOFRECUENCIA s.f. Gama de frecuencias de las ondas hercianas utilizadas en radiocomunicaciones.

RADIOFUENTE s.f. Área del cielo que emite radiación radioeléctrica.

RADIOGALAXIA s.f. Galaxia que emite una radiación radioeléctrica intensa.

RADIOGONIOMETRÍA s.f. Determinación de la dirección y la posición de un emisor radioeléctrico.

RADIOGONIÓMETRO s.m. Aparato que permite determinar la dirección de un emisor radioeléctrico y que, a bordo de los aviones y los barcos, sirve para conocer la dirección y la posición.

RADIOGRAFÍA s.f. Técnica fotográfica que utiliza las propiedades penetrantes de los rayos X y γ para el estudio de la estructura interna de los cuerpos. **2.** Imagen obtenida por esta técnica.

RADIOGRAFIAR v.tr. [19]. Obtener radiografías.

RADIOGRAMA s.m. Copia sobre papel de un negativo radiográfico. **2.** Radiotelegrama. (Se abrevia *radio*.)

RADIOGRAMOLA s.f. Aparato consistente en un gramófono acoplado a un radiorreceptor. SIN.: *radiogramófono*.

RADIOGUIAR v.tr. [19]. Pilotar a distancia por medio de ondas hercianas.

RADIOINMUNIZACIÓN s.f. Proceso de adaptación de un tejido de un ser vivo a las radiaciones ionizantes, por el que adquiere mayor resistencia y deja de ser sensible a estas.

RADIOINMUNOLOGÍA s.f. Técnica de búsqueda y dosificación de sustancias químicas, con la ayuda de un antígeno o anticuerpo sobre el que se fija un marcador radiactivo.

RADIOISÓTOPO s.m. Átomo de un elemento químico que emite radiaciones radiactivas. SIN.: *isótopo radiactivo, radioelemento*.

RADIOLARIO, A adj. Relativo a una clase de protozoos de los mares cálidos, formados por un esqueleto silíceo del que emergen radialmente finos seudópodos.

cápsula central

esferoide abierto (cápsula perforada externa)

seudópodo

cubierta gelatinosa (ectoplasma vacuolar)

■ **RADIOLARIO**

RADIOLARITA s.f. Roca sedimentaria silícea, de origen marino, formada esencialmente por conchas de radiolarios.

RADIOLOCALIZACIÓN s.f. Método que permite determinar la posición de un objeto utilizando las ondas electromagnéticas.

RADIOLOGÍA s.f. Parte de la física que estudia los rayos X, el material que permite su producción y sus aplicaciones. **2.** Aplicación de los rayos X al diagnóstico y a la terapéutica.

RADIOMENSAJE s.m. Mensaje radiado.

RADIOMETALOGRAFÍA s.f. Técnica que utiliza las radiaciones para el estudio no destructivo de los metales.

RADIOMETRÍA s.f. FÍS. Medida de la intensidad de una radiación.

RADIÓMETRO s.m. Aparato que sirve para medir el flujo de energía transportada por las ondas electromagnéticas o acústicas.

RADIONAVEGACIÓN s.f. Técnica de navegación basada en la utilización de procedimientos radioeléctricos.

RADIONECROSIS s.f. MED. Destrucción de los tejidos causada por la acción de las radiaciones ionizantes.

RADIONUCLEIDO s.m. Núcleo atómico radiactivo.

RADIOONDA s.f. Onda electromagnética empleada en radiocomunicación.

RADIOOPERADOR, RA s. Operador de radiotelegrafía o radiotelefonía.

RADIORRECEPTOR s.m. Aparato receptor de radiocomunicaciones. (Se abrevia *radio*.)

RADIORRESISTENCIA s.f. Estado de los tejidos y en particular de los tumores que, de forma espontánea o después de ser sometidos a radiación, han perdido la sensibilidad a las radiaciones ionizantes.

RADIOSCOPIA s.f. Examen de un objeto o de un órgano a través de su imagen proyectada sobre una superficie fluorescente por medio de rayos X.

RADIOSENSIBILIDAD s.f. Sensibilidad de los tejidos vivos a la acción de las radiaciones ionizantes.

RADIOSONDA s.f. Aparato que transmite de forma automática a un operador situado en tierra las informaciones recogidas por los elementos de un equipo meteorológico instalado en un globo sonda.

RADIOSONDEO s.m. Exploración vertical de la atmósfera mediante radiosondas.

RADIOTEATRO s.m. Programa radiofónico que emite piezas teatrales. **2.** Argent. Serial radiofónico.

RADIOTECNIA s.f. Conjunto de técnicas de utilización de las radiaciones radioeléctricas.

RADIOTÉCNICO, A adj. y s. Relativo a la radiotecnia; especialista en radiotecnia.

RADIOTELEFONÍA s.f. Sistema de enlace telefónico entre dos interlocutores por medio de ondas electromagnéticas.

RADIOTELÉFONO s.m. Teléfono en el que la comunicación se establece por ondas.

RADIOTELEGRAFÍA s.f. Telegrafía sin hilos.

RADIOTELEGRAMA s.m. Telegrama cursado por radio. (Se abrevia *radio*.)

RADIOTELESCOPIO s.m. Aparato receptor utilizado en radioastronomía.

■ **RADIOTELESCOPIO.** Antenas del radiotelescopio de Narrabri, en Australia.

RADIOTELEVISADO, A adj. Transmitido al mismo tiempo por radio y televisión.

RADIOTERAPIA s.f. MED. Tratamiento por rayos X, rayos γ y radiaciones ionizantes. **2.** Empleo terapéutico del radio y de las sustancias radiactivas.

RADIOTRANSMISIÓN s.f. Emisión efectuada por medio de radioondas.

RADIOYENTE s.m. y f. Persona que escucha las emisiones de radio.

RADÓN s.m. Elemento químico (Rn), radiactivo y gaseoso, de número atómico 86, que proviene de la desintegración de los isótopos del radio.

RAEDERA s.f. Instrumento para raer.

RAEDURA s.f. Acción de raer. **2.** Trozo pequeño y delgado que se saca al raer una cosa.

RAER v.tr. (lat. *radere*, afeitar, pulir) [72]. Quitar algo que se encuentra adherido a una superficie, con un instrumento duro, áspero o cortante. **2.** Señal que queda en una superficie después de raerla. **3.** Rasar, igualar con el rasero.

RAFAELESCO, A adj. B. ART. Relacionado con el arte de Rafael o que tiene las características propias de este arte.

RÁFAGA s.f. Viento que aumenta de velocidad súbitamente, aunque por poco espacio de tiempo. **2.** Golpe de luz intenso e instantáneo. **3.** Serie de disparos sucesivos que efectúa un arma automática. ◇ **Ráfaga coronal** Estructura delgada elemental, brillante, de la corona solar, de extensión aproximadamente radial.

RAFE s.m. (gr. *raphé*, costura, de *ráptein*, coser). Reunión o sutura de fibras musculares aponeuróticas o nerviosas.

RAFIA s.f. Palmera que crece en África y América y proporciona una fibra textil muy sólida. **2.** Fibra de esta palmera.

RAFTING s.m. (voz inglesa). Deporte de aventura que consiste en descender en una embarcación sin motor por un río de aguas.

RÂGA s.m. (voz sánscrita). Modo melódico hindú que expresa un estado de espíritu.

RAGLÁN o **RANGLÁN** adj. (de Lord *Raglan*, mariscal británico). Se dice de la manga que cubre también el hombro y llega hasta la línea del cuello.

RAGTIME s.m. (voz angloamericana). Estilo musical muy sincopado en boga a fines del s. XIX, mezcla del folclore negroamericano y de los aires de danza típicos de los blancos, y que fue una de las fuentes del jazz.

RAGÚ s.m. (fr. *ragoût*). Guisado de carne con papas, zanahorias y otras verduras.

RAÏ s.m. Estilo musical de origen argelino, surgido hacia 1975, que se caracteriza por la fusión de la canción árabe tradicional, el blues y el rock, y por sus letras de contenido satírico y contestatario.

RAICILLA s.f. Filamento de la raíz de una planta.

RAID s.m. (voz inglesa). Incursión rápida y de duración limitada ejecutada en territorio desconocido o enemigo por una formación militar móvil para desmoralizar al adversario, desorganizar su retaguardia, recoger información, etc.

RAÍDO, A adj. Se dice del vestido o tela muy gastados o deteriorados por el uso.

RAIGAMBRE s.f. Conjunto de raíces de los vegetales, unidas y trabadas entre sí. **2.** *Fig.* Conjunto de antecedentes, hábitos, afectos, etc., que hacen que algo sea estable o seguro, o ligan a alguien a un lugar.

RAIGÓN s.m. Raíz de las muelas y los dientes.

RAÍL o **RAIL** s.m. (ingl. *rail*). Esp. Riel.

RAIMI s.m. → RAYMI.

RAIS s.m. Título de varios oficiales o dignatarios del Imperio otomano. **2.** Entre los berberiscos, capitán de corsarios. **3.** En Egipto, título del presidente de la república.

RAÍZ s.f. (lat. *radix, -icis*). Órgano de los vegetales que fija la planta al suelo, de donde absorbe el agua y las sales minerales. **2.** Parte oculta de una cosa y de la cual procede la parte visible o manifiesta. **3.** *Fig.* Causa u origen de algo. **4.** ANAT. Nombre que se da a diversas estructuras anatómicas, en relación con su disposición: *raíces dentarias; raíces nerviosas*. **5.** LING. Parte esencial e invariable de las palabras de una misma familia, que expresa el significado común a toda la familia: *en correr,*

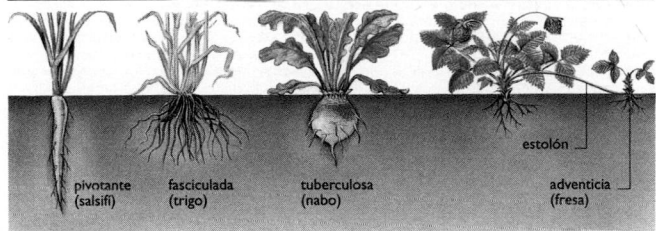

■ **RAÍZ.** Diferentes tipos de raíces.

pivotante (salsifí) · fasciculada (trigo) · tuberculosa (nabo) · adventicia (fresa) · estolón

«corr-» *es la raíz.* SIN.: *lexema, radical.* **6.** MAT. Número, o expresión algebraica, que, elevado al cuadrado, al cubo, a la cuarta potencia..., a la potencia *n*, da el número o la expresión inicial: *raíz cuadrada, cúbica.* ◇ **A raíz de** A consecuencia de. **Bien raíz** Bien inmueble. **De raíz** Enteramente. **Echar raíces** Establecerse en un lugar indefinidamente, afirmarse en algo. **Extraer una raíz** Calcular su valor. **Raíz de una ecuación** Valor real o complejo que satisface esta ecuación. **Tener raíces en un lugar** Estar algo o alguien fuertemente arraigado en un lugar.

RAJA s.f. Hendidura, abertura o quiebra en la superficie de una cosa. **2.** Porción más o menos delgada y uniforme que se corta de algo, generalmente en forma de cuña ◇ **Sacar raja** en un asunto *Fam.* Lograr beneficios.

RAJÁ s.m. (voz sánscrita). Soberano de la India o de otros países hindúes. **2.** Gran vasallo de la Corona, en la India británica. ◇ **Vivir como un rajá** *Fam.* Vivir con gran lujo.

RAJADIABLO o **RAJADIABLOS** adj. y s.m. Chile. Se dice de la persona aficionada a hacer picardías y travesuras.

RAJADO, A s. Chile. Persona que maneja un automóvil a gran velocidad. ◆ adj. Chile. *Fam.* Se dice del que ha sido suspendido en un examen. **2.** Chile. *Vulg.* Desinteresado, generoso.

RAJAR v.tr. Partir algo en rajas o trozos, especialmente la leña. **2.** Amér. Desacreditar a alguien, hablar mal de él. **3.** Chile. *Fig.* y *fam.* Suspender a alguien en los exámenes. **4.** Esp. *Fig.* y *fam.* Hablar mucho. **5.** Esp. *Fig.* y *fam.* Fanfarronear. ◆ v.tr. y prnl. Abrir una raja en una superficie. ◆ **rajarse** v.prnl. *Fig.* y *fam.* Renunciar a hacer algo que se tenía intención de hacer. **2.** Amér. Central, Chile, Perú y P. Rico. Dar con generosidad. **3.** Chile. Gastar mucho dinero en obsequios y fiestas. **4.** Méx. Acobardarse.

RAJATABLA (A) loc. Con todo rigor, de manera absoluta.

RĀJPŪTA s.m. pueblo del N de la India, que habita principalmente en Rājashthān, formado por hacendados que se consideran pertenecientes a la casta de los *kṣatriya* (guerreros).

RALEA s.f. Especie, clase: *un peral de mala ralea.* **2.** *Desp.* Raza, casta o linaje.

RALEAR v.intr. Hacerse rala una cosa al ir perdiendo la intensidad o solidez que tenía. **2.** VITIC. No granar enteramente los racimos de las vides.

RALENTÍ s.m. (fr. *ralenti*). Número de revoluciones por minuto que debe tener el motor de un automóvil u otro vehículo cuando no está acelerado. **2.** CIN. Cámara lenta. ◇ **Al, o en, ralentí** Con lentitud o poca intensidad.

RALENTIZAR v.tr. [7]. Enlentecer.

RALLADOR s.m. Utensilio de cocina que sirve para rallar algunos alimentos.

RALLADURA s.f. Partícula que se consigue al rallar la superficie de algo.

RALLAR v.tr. Desmenuzar una cosa restregándola con el rallador.

RÁLLIDO, A adj. y s.m. Relativo a una familia de aves ralliformes, de tarsos bastante altos, con el dedo posterior muy breve, pico comprimido y cola muy corta. (El *rascón* pertenece a esta familia.)

RALLIFORME adj. y s.m. Relativo a un orden de aves zancudas, cuyas crías nacen cubiertas de plumón y abandonan al nido al momento de nacer. (Las *grullas*, los *rascones* y las *avutardas* pertenecen a este orden.)

RALLO s.m. (lat. *rallum*, de *radere*, raer). Rallador. **2.** Plancha con agujeros parecidos a los del rallador.

RALLY s.m. (voz inglesa). Prueba deportiva de velocidad y resistencia para vehículos de cualquier tipo, habitualmente motos y automóviles, que se desarrolla en carreteras, caminos y pistas difíciles, en la que los concursantes deben recorrer un itinerario determinado pasando diversas pruebas o controles y sin exceder los límites de un tiempo prefijado.

RALO, A adj. Poco numeroso, infrecuente). Claro, poco poblado: *pelo ralo.*

RAM adj. y s.f. (sigla del ingl. *random access memory*). INFORMÁT. Se dice de la memoria cuyo contenido puede ser leído, borrado o modificado a voluntad, a diferencia de la memoria *ROM*.

1. RAMA s.f. (del lat. *ramus*). Parte de un árbol o de un arbusto, que nace del tronco o del tallo, y en la que brotan generalmente las hojas, las flores y los frutos. **2.** Parte de un arte, facultad o ciencia, de una familia o de un sistema complejo. **3.** Cada una de las ramificaciones o divisiones de ciertos instrumentos o aparatos, de un órgano anatómico, de un objeto, etc., que divergen de un eje o a partir de un centro. ◇ **Andarse, o irse, por las ramas** Apartarse del asunto que se va a tratar dando rodeos y deteniéndose en lo menos importante. **En rama** Se aplica a algunos productos industriales a los que les falta cierta elaboración o transformación, **Rama de una curva** MAT. Parte final de una curva; parte de una curva que se aleja hacia el infinito.

2. RAMA, pueblo amerindio agricultor de Nicaragua, del grupo chibcha-arawak, asentado en la laguna de Bluefields.

RAMADA s.f. Amér. Cobertizo hecho con ramas de árboles, enramada. **2.** Chile. Puesto de feria que está construido con este material.

RAMADÁN s.m. (ár. *ramaḍān*). Noveno mes del año musulmán, consagrado al ayuno y privaciones (abstención de alimento, bebida, perfumes, tabaco y relaciones sexuales). [Dura desde el amanecer hasta la puesta del sol.]

RAMADO, A adj. HERÁLD. Se dice del animal cuyos cuernos son de diferente esmalte que el resto del cuerpo.

RAMAJE s.m. (fr. *ramage*). Conjunto de ramas de los árboles y otras plantas.

RAMAL s.m. Cuerda delgada o hilo que compone las cuerdas, sogas, pleitas y trenzas. **2.** Parte que arranca de la línea principal de una carretera, camino, acequia, mina, cordillera, etc. **3.** *Fig.* División que resulta de una cosa en relación y dependencia de ella, como rama suya.

RAMALAZO s.m. Acometida repentina y pasajera de un dolor, enfermedad, desgracia, daño, etc.: *un ramalazo de locura.* **2.** *Fig.* Destello, chispazo. **3.** MAR. Racha, ráfaga.

RAMBLA s.f. (ár. *rámla*, arenal). Cauce natural que forman las aguas pluviales, especialmente cuando lo hace de forma torrencial y cerca de la costa. **2.** En Cataluña, Valencia y Baleares, avenida o calle ancha con árboles. **3.** Argent. y Urug. Avenida al borde del mar o de un río.

RAMEADO, A adj. Se dice del dibujo o pintura que representa ramos, especialmente en tejidos, papeles, etc.

RAMERA s.f. Prostituta.

RAMIFICACIÓN s.f. Acción y efecto de ramificarse. **2.** Rama, parte derivada de otra principal o central. **3.** Consecuencia o derivación de un hecho. **4.** División en varias ramas del tronco de un árbol, una carretera, una vía férrea, un conducto, etc. **5.** División de las arterias, venas y nervios en partes más pequeñas. **6.** Bifurcación de un arroyo, río, etc., en ramales o brazos.

RAMIFICARSE v.prnl. [1]. Dividirse en ramas.

RAMILLETE s.m. Ramo pequeño de flores o plantas. **2.** *Fig.* Conjunto de cosas selectas, útiles o bonitas.

RAMIO s.m. (del malayo *rami*). Planta herbácea de la familia urticáceas, de la que, en Extremo oriente, se extrae una fibra textil.

RAMIRENSE adj. Se dice de la fase de plena madurez del arte asturiano.

RAMIRO s.m. Remigio.

RAMNÁCEO, A adj. y s.f. Relativo a una familia de árboles o arbustos, de hojas simples y flores generalmente hermafroditas, que comprende unas 500 especies de los países templados e intertropicales.

RAMO s.m. (lat. *ramus*, rama). Rama de un árbol o una planta que nace directamente del tronco o tallo. **2.** Rama cortada de un árbol. **3.** Conjunto natural o artificial de flores, ramas o hierbas. **4.** Ristra de ajos, cebollas, etc. **5.** *Fig.* Parte en que se divide una ciencia, industria o actividad: *el ramo de la construcción.* **6.** *Fig.* Indicios de una enfermedad incipiente o no completamente declarada: *ramos de locura.* (Suele usarse en plural.) ◇ **Domingo de Ramos** Último domingo de cuaresma, que da comienzo a la semana santa.

RAMONEAR v.intr. Pacer los animales las hojas y las puntas de las ramas de los árboles.

RAMONEO s.m. Acción de ramonear. **2.** Temporada en que se ramonea.

RAMOSO, A adj. Que tiene muchos ramos o ramas.

1. RAMPA s.f. (fr. *rampe*, de *ramper*, trepar). Terreno en pendiente. **2.** Plano inclinado que une dos superficies y que sirve, principalmente, para subir o bajar cargas disminuyendo los esfuerzos. ◇ **Rampa de erosión** GEOGR. Glacis. **Rampa de lanzamiento** ARM. Estructura en plano inclinado utilizada para el lanzamiento de algunos tipos de misiles.

2. RAMPA s.f. Calambre.

RAMPANTE adj. (fr. *rampant*, de *ramper*, trepar). HERÁLD. Se dice de los cuadrúpedos levantados sobre sus patas traseras. ◇ **Arco rampante** Arco por tranquil.

RAMPLA s.f. Chile. Carrito de mano, consistente en una plataforma de madera apoyada en un eje con dos ruedas grandes, que se utiliza para transportar mercaderías o muebles. **2.** Chile. Acoplado en un camión.

RAMPLÓN, NA adj. Vulgar, chabacano.

RAMRAM s.m. Perú. Planta betulácea.

RANA s.f. (lat. *rana*). Anfibio saltador y nadador, de piel lisa, verde o rojiza, que vive junto a estanques y lagunas. Su voz es la rana croa; su larva, el renacuajo, vive en el agua; orden anuros.) **2.** Juego que consiste en introducir, desde cierta distancia, chapas o monedas por la boca de una figura de rana. ◆ adj. Argent. y Urug. *Fam.* Astuto, pícaro. ◇ **Salir rana** Esp. *Fam.* Defraudar.

■ **RANA** toro americana.

RANAL adj. y s.f. Relativo a un orden de plantas dicotiledóneas de tipo primitivo, de flores helicoidales o cíclicas, con carpelos más o menos separados.

RANCHERÍA s.f. Méx. Pueblo pequeño.

RANCHERO, A adj. Relativo al rancho, granja ganadera. ◆ s. Persona que se encarga de guisar el rancho. **2.** Persona que gobierna un rancho o trabaja en él. ◆ adj. y s.f. Se dice de un tipo de canción mexicana que adquirió gran popularidad en el s. xx, a partir de la revolución. ◇ **No cantar mal las rancheras** Méx. *Fam.* No hacer alguna actividad mal.

RANCHITO s.m. Venez. Barraca mal construida que se levanta en las afueras de las poblaciones.

RANCHO s.m. (de *rancharse,* alojarse, del fr. *se ranger,* arreglarse).Comida que se hace para un grupo grande de personas, como soldados, presos o trabajadores, y que generalmente se compone de un solo guiso. **2.** En EUA, granja ganadera dedicada a la cría extensiva de ganado mayor. **3.** Antillas y Méx. Granja donde se crían caballos y otros cuadrúpedos. **4.** Argent. y R. de la Plata. Vivienda popular campesina. **5.** Venez. Chabola. ◇ **Hacer,** o **formar, rancho aparte** *Fam.* Separarse de los demás en actos o asuntos que pueden ser comunes a todos.

RANCIEDAD s.f. Cualidad de rancio. **2.** Cosa anticuada.

RANCIO, A adj. (lat. *rancidus*). Se dice del vino y de los comestibles grasientos que con el tiempo adquieren sabor y olor más fuerte, mejorándose o echándose a perder. **2.** *Fig.* Se dice de las cosas o costumbres antiguas, y de las personas que las observan: *familia de rancio abolengo.* **3.** *Fig.* Anticuado, pasado de moda. ◆ s.m. Ranciedad. **2.** Tocino rancio.

RAND s.m. Unidad monetaria principal de la República de Sudáfrica.

1. RANDA s.m. *Fam.* Ratero, granuja.

2. RANDA s.f. Encaje que se pone a un vestido como adorno.

RANGER s.m. (voz angloamericana). Cuerpo especial del ejército estadounidense, destinado a combatir guerrillas. **2.** Persona perteneciente a dicho cuerpo.

RANGLÁN adj. → **RAGLÁN.**

RANGO s.m. (fr. *rang*). Categoría o posición que ocupa una persona o una cosa dentro de una clasificación según su importancia, grado o nivel jerárquico. **2.** Clase, índole, categoría. **3.** Grado o nivel jerárquico en una profesión, carrera o actividad. ◇ **Rango de una matriz** MAT. Orden máximo de los determinantes no nulos que pueden formarse con los elementos de la matriz suprimiendo filas o columnas.

RANGOSO, A adj. Amér. Central, Chile y Cuba. Dadivoso, generoso, desprendido.

RANÍ s.f. Reina o princesa de la India. **2.** Mujer de un rajá.

RÁNIDO, A adj. y s.m. Relativo a una familia de anfibios anuros, que carecen de falanges intercalares cartilaginosas, y son de tonos apagados o de vivos colores.

RANILLA s.f. (del lat. *ranula*). Parte del casco de las caballerías más blanca y flexible, de forma triangular, situada entre los pulpejos o talones.

RANITA s.f. Denominación común de diversas especies pequeñas de anfibios anuros. ◇ **Ranita brasileña** Anfibio que vive en América Meridional y anida en huecos de troncos. **Ranita de san Antón** Rana arborícola pequeña que vive cerca del agua en zonas de Europa, Asia y N de África, de color verde pero dotada de homocromía y con dedos adhesivos. (Familia hílidos.) **Ranita marsupial** Anfibio de América tropical, que lleva los huevos en una bolsa dorsal hasta la salida de los renacuajos.

■ **RANITA** DE SAN ANTÓN

RANKING s.m. (voz inglesa). Clasificación de personas o cosas en que se valora su importancia por el orden decreciente en que aparece.

RANQUEL, pueblo amerindio del NO de la Pampa argentina, del grupo araucano, act. extinguido.

RÁNULA s.f. (lat. *ranula,* ranilla).VET.Tumor que se le forma debajo de la lengua al ganado caballar y vacuno.

RANUNCULÁCEO, A adj. y s.f. Relativo a una familia de plantas ranales, de flores helicoidales o cíclicas, hermafroditas, y fruto en folículo, baya o aquenio.

RANÚNCULO s.m. (lat. *ranunculus,* dim. de *rana,* rana).Planta herbácea de la que existen numerosas especies con flores amarillas *(botón de oro)* y otras con flores blancas o rojas. (Familia ranunculáceas.)

■ **RANÚNCULO**

RANURA s.f. (fr. *rainure*). Hendidura o canal estrecho abierto en una superficie.

RANURAR v.tr. Hacer una o varias ranuras en una cosa.

RAP s.m. (voz angloamericana).Estilo musical surgido a mitad de los años setenta en los barrios deprimidos de Nueva York y en otras grandes ciudades estadounidenses, combinación de la música disco,el break dancing y los eslóganes de los graffiti callejeros.

RAPACIDAD s.f. Cualidad de rapaz.

RAPACERÍA s.f. Rapacidad. **2.** Inclinación al robo.

RAPAPOLVO s.m. Esp. *Fam.* Reprensión severa y dura: *echar un rapapolvo.*

RAPAR v.tr. y prnl. (gótico *hrapôn,* arrebatar, arrancar, tirar del cabello). Afeitar. **2.** Cortar el pelo al rape.

1. RAPAZ adj. Inclinado al robo o a la rapiña. ◆ adj. y s.f. Relativo a un orden de aves carnívoras, de pico curvado y garras fuertes y encorvadas. (Las especies de este orden son cazadoras diurnas [*águila, halcón, buitre*] o nocturnas [*búho, lechuza*].)

2. RAPAZ, ZA s. Muchacho, joven.

1. RAPE s.m. (cat. *rap*). Pez comestible, de cabeza muy grande, cubierto de apéndices y espinas, que puede medir hasta 2 m de long.; vive en las costas mediterráneas y atlánticas. (Familia lófidos.) SIN.: *pejesapo.*

■ **RAPE**

2. RAPE (AL) loc. Se dice del pelo cortado casi a raíz.

RAPÉ adj. y s.m. (fr. *rapé,* raspado). Se dice del tabaco reducido a polvo, que se aspira por la nariz.

RAPIDEZ s.f. Cualidad de rápido.

RÁPIDO, A adj. (lat. *rapidus*). Que actúa, se

mueve o se hace en poco tiempo: *un calmante de efecto rápido; un barco rápido.* **2.** *Fig.* Que se hace a la ligera, sin profundizar: *una lectura rápida.* ◆ adj. y s.m. Se dice del tren que solo se detiene en estaciones importantes. ◆ s.m. Parte del curso de un río donde el agua aumenta de velocidad debido a la pendiente o la irregularidad del terreno.

RAPINGACHO s.m. Perú. Tortilla de queso.

RAPIÑA s.f. (lat. *rapina,* de *rapere,* arrebatar). Acción de rapiñar algo.

RAPIÑAR v.tr. *Fam.* Robar algo de poca importancia.

RÁPITA s.f. → **RÁBITA.**

RAPÓNCHIGO s.m. Planta herbácea de flores azules, fruto en cápsula, y raíz comestible, que crece en las zonas montañosas de la península Ibérica. (Familia campanuláceas.)

RAPOSO, A s. Zorro. ◆ s.f. *Fig.* y *fam.* Persona astuta.

RAPPEL s.m. Práctica comercial usual que consiste en un descuento suplementario o bonificación que concede una firma a sus clientes, de acuerdo con la producción aportada o la calidad de esta. **2.** ALP. Técnica de descenso de una pared vertical con la ayuda de una cuerda doble, recuperable una vez se ha efectuado el descenso.

RAPPORT s.m. (voz francesa). Informe, reseña, reportaje.

RAPSODA s.m. y f. (gr. *rapsodós*). En la antigua Grecia, persona que recorría los lugares recitando y cantando poemas épicos. **2.** Poeta, vate. **3.** Recitador de versos.

RAPSODIA s.f. (gr. *rapsodía*). Fragmento de un poema épico, especialmente homérico. **2.** Obra musical que utiliza temas y efectos instrumentales procedentes de músicas nacionales o regionales determinadas.

RAPTAR v.tr. Secuestrar a una persona, generalmente para obtener rescate. **2.** Llevarse a una persona consigo utilizando el engaño o la violencia, con fines sexuales.

RAPTO s.m. (lat. *raptus, -us*).Acción de raptar. **2.** Impulso súbito y violento, arrebato: *un rapto de enajenación mental.*

RAPTOR, RA adj. y s. (lat. *raptor, -oris*). Se dice de la persona que ha raptado a alguien.

RAQUETA s.f. (fr. *raquette*).Instrumento para golpear la pelota en el juego del tenis y otros similares, constituido por un bastidor ovalado provisto de una red de tripa o nailon y terminado en un mango. **2.** Pala de madera con una rejilla hecha con tiras de cuero u otro material, que se sujeta a la suela del calzado para andar sobre la nieve blanda. **3.** Utensilio en forma de rastrillo sin púas, que se usa en las mesas de juego. **4.** Aguja para regular el reloj, adelantándolo o atrasándolo. SIN.: *roseta.*

RAQUIANESTESIA s.f. Anestesia de las extremidades inferiores y del abdomen mediante una inyección en el conducto raquídeo de sustancias que inhiben la sensibilidad y motilidad.

RAQUÍDEO, A adj. Relativo al raquis: *bulbo raquídeo.* ◇ **Conducto raquídeo** Columna vertebral. **Nervios raquídeos** Nervios que nacen de la médula espinal. (El ser humano tiene 31 pares de estos nervios.)

RAQUIS s.m. (gr. *rákhis,* espina dorsal). ANAT. Columna vertebral. **2.** BOT. Eje principal de una inflorescencia. **3.** ZOOL. Eje córneo de las plumas de las aves.

RAQUÍTICO, A adj. y s. Que padece raquitismo. ◆ adj. *Fig.* Exiguo, débil, mezquino.

RAQUITISMO s.m. Enfermedad propia de la infancia, que se caracteriza por la existencia de alteraciones en los tejidos de sostén, secundaria a un trastorno complejo del metabolismo del fósforo y del calcio, que se trata específicamente con la vitamina D. **2.** Desarrollo deficiente de la vid y otras plantas.

RARÁMURI → **TARAHUMARA.**

RAREFACCIÓN s.f. Acción y efecto de rarefacer. SIN.: *enrarecimiento.*

RAREFACER v.tr. y prnl. [66]. Rarificar.

RAREZA s.f. Cualidad de raro. **2.** Cosa o acción rara. **3.** Hecho de ocurrir raras veces algo.

RARIFICAR v.tr. [1]. Enrarecer. SIN.: *rarefacer.*

RARÍFICO, A adj. Chile. Raro, extravagante.

RARO, A adj. (lat. *rarus*). Escaso en clase o especie. **2.** Especial, extraordinario por lo poco frecuente. ◆ adj. y s. Extravagante, singular.

RAS s.m. Igualdad en la superficie o altura de algo: *rebasar el ras de un recipiente*. ◇ **A**, o **al, ras de** Al mismo nivel de otra cosa, casi rozándola.

RASANTE adj. Que se realiza paralelo a una superficie, casi rozándola: *vuelo rasante*. SIN.: *raso*. **2.** MIL. Que tiene la trayectoria tensa, próxima a una línea recta entre arma y objetivo: *tiro rasante*. ◆ s.f. Inclinación de la línea del perfil longitudinal de una calle o camino respecto al plano horizontal. ◇ **Cambio de rasante** Punto en que varía el valor o el sentido de la pendiente de un terreno.

RASAR v.tr. y prnl. Igualar con el rasero. **2.** Pasar rozando ligeramente un cuerpo con otro. **3.** Arrasar.

RASCA s.f. Amér. Borrachera, embriaguez. ◆ adj. Chile. Ordinario.

RASCACIELOS s.m. (pl. *rascacielos*). Edificio muy alto y con muchas plantas.

RASCADO s.m. Acción y efecto de rascar. SIN.: *rascadura*.

RASCADOR s.m. Instrumento o utensilio para rascar o raer.

RASCAR v.tr. y prnl. (del lat. *radere*, afeitar, raer, rascar) [1]. Restregar la piel con algo agudo o áspero, especialmente con las uñas. **2.** Restregar la superficie de algo con un instrumento agudo o raspante. ◆ v.tr. Arañar, hacer arañazos. **2.** *Fig.* y *fam.* Tocar mal un instrumento de cuerda.

RASCATRIPAS s.m. y f. (pl. *rascatripas*) Desp. Persona que toca sin habilidad un instrumento de arco.

RASCÓN s.m. Ave de pico largo, encarnado, flancos listados y parte inferior de la cola de color blanco, que vive a orillas de los pantanos, lagos y ríos.

RASCUACHE adj. Méx. Pobre, miserable, escaso. **2.** Méx. *Fam.* De baja calidad.

RASERA s.f. Paleta formada por un disco de metal con agujeros y un mango largo, para manipular los alimentos al freírlos.

RASERO s.m. (lat. vulg. *rasorium*). Palo cilíndrico con que se rasan las medidas de capacidad para áridos, como cebada, trigo, etc. ◇ **Medir por el mismo rasero** *fam.* Dar a diversas personas el mismo trato sin hacer diferencias.

RASGADO, A adj. Se dice de los ojos que tienen muy prolongada la comisura de los párpados. **2.** Se dice de las ventanas más anchas que altas. ◆ s.m. Rasgón.

RASGADURA s.f. Acción de rasgar o rasgarse. **2.** Rasgón.

RASGAR v.tr. y prnl. [2]. Romper o hacer pedazos una cosa de poca consistencia, como tela o papel, tirando de una parte de ella o de dos partes en direcciones opuestas. ◆ v.tr. Rasguear.

RASGO s.m. Línea o trazo, especialmente el de adorno, que se hace en la escritura. **2.** Facción o línea, característica del rostro de una persona: *tener rasgos muy pronunciados*. **3.** *Fig.* Características de la manera de ser de una persona o cosa: *un rasgo de personalidad; los rasgos principales de la evolución*. **4.** *Fig.* Acción digna de alabanza: *un rasgo de confianza*. **5.** HERÁLD. Línea que cuartela el escudo. ◆ **rasgos** s.m.pl. Carácter de letra: *escritura de rasgos claros*. ◇ **A grandes rasgos** Sin detalles, superficialmente.

RASGÓN s.m. Rotura que se hace al rasgar una tela, papel, etc. SIN.: *rasgadura*.

RASGUEAR v.tr. Tocar la guitarra u otro instrumento similar rozando las cuerdas con las puntas de los dedos de manera que se produzcan varios sonidos simultáneamente. SIN: *rasgar*. ◆ v.intr. Hacer rasgos con la pluma. **2.** *Fig.* Escribir.

RASGUÑADA s.f. Méx. Rasguño.

RASGUÑAR v.tr. (del ant. *rascuñar*, de *rascar* y *uña*). Arañar o rascar con las uñas o con algo agudo y cortante.

RASGUÑO s.m. Arañazo, raspadura.

RASILLA s.f. Ladrillo fino, hueco y delgado.

RASMILLARSE v.prnl. Chile. Rasguñarse la piel ligeramente.

RASMILLÓN s.m. Amér. Rasguño.

RASO, A adj. (de *raer*). Llano, liso, sin desniveles: *terreno raso*. **2.** Despejado, sin nubes o niebla: *cielo raso*. **3.** Que se realiza rozando a poca altura del suelo: *vuelo raso*. **4.** Lleno de lo que se expresa, pero sin rebasar los bordes: *taza rasa de harina*. ◆ s.m. TEXT. **a.** Uno de los tres ligamentos fundamentales. **b.** Tela de seda, de superficie muy lustrosa. SIN.: *satén*. ◇ **Al raso** Al aire libre, sin techo donde guarecerse.

RASPA s.f. Filamento áspero de la cáscara del grano de trigo y otros cereales. **2.** Núcleo de la espiga del maíz. **3.** Espina dorsal de un pescado. **4.** *Fig.* y *fam.* Persona brusca e irritable. **5.** Amér. Reprimenda, regañina. **6.** Méx. Vulgo, pueblo.

RASPADERA s.f. Cuchilla de acero para el raspado de los cortes de los libros antes de aplicarles el dorado.

RASPADILLA s.f. Méx. y Perú. Raspado, hielo raspado y endulzado con jarabe.

RASPADO, A adj. (de *raer*). Desvergonzado. ◆ s.m. Raspadura. **2.** Legrado. **3.** Méx. Hielo raspado al que se añade jarabe de frutas y se come como helado.

RASPADOR s.m. Instrumento para raspar algo.

RASPADURA s.f. Acción de raspar. SIN.: *raspado*. **2.** Lo que se saca al raspar una superficie. SIN.: *raspado*. **3.** Señal que se deja después de raspar. SIN.: *raspado*.

RASPAJO s.m. BOT. Escobajo de uvas.

RASPALLÓN s.m. Pez teleósteo marino, semejante al sargo, de unos 20 cm, que vive en el litoral del Mediterráneo y del Atlántico. (Familia espáridos.)

RASPAR v.tr. Frotar o rascar una superficie con un instrumento agudo y cortante para que quede lisa o para sacar algo que está adherido a ella. **2.** Producir arañazos o rascadas a algo. **3.** Rasar, rozar ligeramente. ◆ v.intr. Venez. Salir apresuradamente.

RASPILLA s.f. Planta herbácea de tallos tendidos y flores azules que crece en la península Ibérica. (Familia borragináceas.)

RASPÓN s.m. Colomb. Sombrero de paja usado por campesinos.

RASPONAZO s.m. Señal producida por un cuerpo que raspa.

RASPOSO, A adj. *Fig.* Áspero al tacto: *manos rasposas*. **2.** *Fig.* De trato despacible. **3.** Que tiene abundantes mugre. **4.** Argent. y Urug. Se dice de la prenda de vestir raída. ◆ adj. y s. Argent. y Urug. Mezquino, tacaño. **2.** Argent. y Urug. Que lleva este tipo de prendas.

RASQUETA s.f. Plancha delgada de hierro con un mango de madera que sirve para rascar superficies.

RASQUETEAR v.tr. Amér. Merid. Pasar un cepillo por el pelo de un caballo para limpiarlo.

RASQUIÑA s.f. Amér. Central. Picor, escozor.

RASTA adj. *Fam.* Rastafari.

RASTAFARI adj. Relativo a un movimiento religioso y cultural de origen jamaicano surgido en los años 20 que cree en la divinidad de Ras Tafari (antiguo emperador de Etiopía), defiende la libertad de los pueblos de origen africano, preconiza el consumo de marihuana y considera el reggae como su música espiritual. ◆ s.m. y f. Persona que sigue este movimiento. (También *rasta*.)

RASTAS s.f.pl. Peinado característico de los rastas o rastafaris que consiste en dejar crecer el cabello formando trenzas y enrollándolas sobre sí mismas, y aplicarles cera de abeja para que queden bien pegadas.

RASTRA s.f. Rastrillo para allanar la tierra. **2.** Rastro, indicio, vestigio. **3.** Cosa que se lleva colgando y arrastrando. **4.** Cosa que sirve para arrastrar objetos de peso puestos sobre ella. **5.** Ristra, sarta de frutos secos. **6.** Cable o red fuerte que se arrastra por el fondo del mar, para buscar y recoger objetos sumergidos o muestras del fondo. **7.** Argent. y Urug. Pieza para sujetar el tirador del gancho, hecha de plata labrada, que lleva una chapa central y

monedas o botones unidos a esta por cadenas.

RASTREAR v.tr. e intr. Perseguir o buscar a alguien o algo siguiendo su rastro: *rastrear una presa*. ◆ v.tr. *Fig.* Inquirir, hacer indagaciones: *rastrear la desaparición de alguien*. **2.** Llevar arrastrando por el fondo del mar una rastra. ◆ v.intr. Hacer alguna labor con el rastro. **2.** Volar casi rozando el suelo.

RASTREO s.m. Acción de rastrear.

RASTRERO, A adj. Que va arrastrando. **2.** Se dice de lo que vuela casi rozando el suelo. **3.** *Fig.* Mezquino, innoble, despreciable: *una actitud rastrera*. **4.** BOT. Se dice del tallo de una planta que crece a ras del suelo y va echando raíces.

RASTRILLADA s.f. Argent. y Urug. Surco o huellas que dejan las manadas de animales sobre el pasto o en tierra.

RASTRILLADO s.m. Acción de rastrillar.

RASTRILLAJE s.m. Argent. Acción y efecto de rastrillar, batir.

RASTRILLAR v.tr. Pasar la rastra por los sembrados. **2.** Recoger o limpiar con el rastrillo la hierba de los parques, jardines, etc. **3.** Argent. En operaciones militares o policiales, batir áreas urbanas o despobladas para registrarlas. **4.** TEXT. Limpiar el lino o cáñamo de la pajilla y estopa, pasándolo entre las púas o dientes del rastrillo.

RASTRILLO s.m. (del lat. *rastellum*, dim. de *rastrum*, rastrillo). Utensilio agrícola armado de dientes o púas, que se emplea para desterronar, arrancar las hierbas, recubrir las semillas, etc. **2.** Utensilio semejante a la azada con dientes en lugar de pala que sirve para extender las piedras, mezclar la argamasa, etc. SIN.: *rastro*.

RASTRO s.m. (lat. *rastrum*, rastrillo). Indicio, señal o vestigio que queda en un sitio de algo que ha existido u ocurrido: *los rastros de una muralla*. **3.** Utensilio agrícola para recoger hierba, paja, etc. **4.** Rastrillo, utensilio semejante a la azada.

RASTROJAR v.tr. Arrancar el rastrojo en un campo.

RASTROJERA s.f. Conjunto de tierras que han quedado en rastrojo. **2.** Temporada en que los ganados pastan los rastrojos. **3.** Pasto de rastrojos.

RASTROJO s.m. (del lat. vulg. *restuculu*). Parte de las cañas de la mies que quedan en la tierra después de segar. **2.** Campo o tierra después de segada la mies y antes de recibir nueva labor. ◆ **rastrojos** s.m.pl. *Fam.* Resto o residuo que queda de algo.

RASURA s.f. Acción y efecto de rasurar. SIN.: *rasuración*.

RASURADA s.f. Méx. Afeitado.

RASURADO s.m. Afeitado.

RASURAR v.tr. y prnl. Afeitar, raer la barba, el bigote o el pelo a ras de piel con una navaja o una maquinilla.

RATA s.f. Mamífero roedor con patas cortas, cabeza pequeña, hocico puntiagudo y cuerpo grueso, que está recubierto de pelo basto y rígido; es muy fecundo, destructivo y voraz. (La rata negra invadió Europa en el s. XIII, propagó la peste y fue suplantada por la rata común en el s. XVII.) **2.** Pez óseo de 25 cm de long., que vive en los fondos arenosos, donde se entierra dejando solo al descubierto los ojos. ◆ s.m. y f. *Fam.* Ratero, ladrón. **2.** *Fam.* Persona tacaña. ◇ **Hacer la rata** Argent. Faltar a clase, hacer novillos. **Más pobre que las ratas**, o **que una rata** Muy pobre. **Rata almizclada** Mamífero roedor de América del Norte, de 60 cm de long., cuya piel, de color pardo rojizo, es muy apreciada en peletería. **Rata de agua** Roedor silvestre omnívoro de Asia y Eu-

■ **RATA** negra o común.

■ **RATA** gris o parda.

ropa, que constituye un serio peligro para los campos sembrados por las galerías que excava en los mismos.

RATANIA s.f. (quechua *ratania,* mata rastrera). Arbusto de América Meridional, de unos 30 cm de alt., cuya raíz se emplea como astringente. (Familia cesalpiniáceas.)

¡RATAPLÁN! Onomatopeya con que se imita el sonido de un tambor.

1. RATEAR v.intr. Robar cosas pequeñas o de poco valor.

2. RATEAR v.tr. Disminuir o rebajar la proporción de algo. **2.** Distribuir, repartir proporcionalmente algo. ➜ **ratearse** v.prnl. Argent. *Fam.* Hacerse la rata.

RATERÍA s.f. Robo de cosas de poco valor.

RATERO, A adj. y s. Se dice del ladrón que roba cosas de poco valor.

RATICIDA s.m. Veneno para matar ratas y ratones.

RATIFICACIÓN s.f. Confirmación de la validez o verdad de algo que se ha dicho anteriormente, en especial de la validez de un tratado o acuerdo internacional.

RATIFICAR v.tr. y prnl. (bajo lat. *ratificare*) [1]. Confirmar la validez o verdad de algo dicho anteriormente, de una promesa, de un contrato, de un tratado, etc.

RATING s.m. (voz inglesa). DEP. Cifra expresada en dimensiones lineales (metros o pies), que sirve de criterio para clasificar los veleros en distintas clases o series.

RATIO s.m. Relación cuantificada entre dos magnitudes, que indica su proporción. **2.** ECON. Relación cuantitativa entre dos fenómenos que refleja una situación concreta de rentabilidad, de nivel de inversiones, etc.

RATO s.m. Espacio de tiempo corto pero indeterminado. ◇ **A cada rato** Con frecuencia. **A ratos** o **de rato en rato** De vez en cuando, en algunos momentos. **A ratos perdidos** Se dice de lo que se hace en el tiempo libre de ocupaciones regulares u obligatorias. **Haber,** o **tener, para rato** Expresa que algo va a tardar en llevarse a cabo. **Pasar el rato** *Fam.* Pasar el tiempo con algún entretenimiento o diversión. **Un rato (largo)** Esp. *Fam.* Mucho, muy: *saber un rato de cine.*

RATÓN s.m. Pequeño mamífero roedor de pelaje gris, muy prolífico y dañino, semejante a la rata pero de menor tamaño. (El ratón puede tener entre 4 y 6 camadas anuales, de entre 4 y 8 crías cada una.) **2.** INFORMÁT. Dispositivo explorador de la pantalla de una computadora, que simplifica y agiliza considerablemente su manejo sin usar el teclado. ◇ **Ratón de biblioteca** *Fig.* y *desp.* Se dice de la persona estudiosa que pasa mucho tiempo entre libros. **Ratón de monte,** o **silvestre** Pequeño ratón gris leonado de los bosques y campos, perjudicial para la agricultura.

■ **RATÓN** doméstico y ratoncillos.

RATONA s.f. Argent. Pájaro de plumaje pardusco, parecido al de los ratones de campo, de al menos 10 cm de long., muy inquieto, que se alimenta de insectos y anida en huecos de paredes y cornisas.

RATONAR v.tr. Morder o roer los ratones una cosa.

RATONERA s.f. Trampa para cazar ratones. **2.** Madriguera de ratones. **3.** Agujero que hace el ratón en paredes, muebles, etc. **4.** *Fig.* Trampa para atrapar o engañar a alguien.

RATONERO adj. Ratonil. ➜ s.m. Ave rapaz diurna de alas anchas, cuello corto y cola amplia y redondeada, que mide entre 50 y 60 cm de long.; se alimenta de roedores, reptiles, pájaros pequeños, etc. (Familia falcónidos.)

■ **RATONERO**

RATONIL adj. Relativo a los ratones. SIN.: *ratonero.*

RAUCO, A adj. *Poét.* Ronco: *voz rauca.*

RAUDA s.f. Cementerio árabe.

RAUDAL s.m. (de *raudo*). Afluencia de agua que corre con fuerza y precipitadamente. **2.** *Fig.* Abundancia de una o varias cosas que surgen de repente: *un raudal de lágrimas.* ◇ **A raudales** En abundancia.

RAUDO, A adj. Rápido, veloz.

RAULÍ s.m. Árbol de América Meridional, que alcanza hasta 50 m de alt., cuya madera es muy empleada en carpintería. (Familia fagáceas.)

RAVE s.f. Concentración festiva de aficionados a la música house o techno, que generalmente se celebra sin autorización en un edificio abandonado o al aire libre.

RAVIOLI s.m. (voz italiana) [pl. *ravioli* o *raviolis*]. Pasta italiana en forma de pequeño cuadrado con los bordes dentados y relleno de carne picada, pescado u otro alimento.

1. RAYA s.f. Línea o señal larga y estrecha que se marca en un cuerpo o superficie cualquiera. **2.** Línea que queda en el peinado al separar los cabellos, unos hacia un lado y otros hacia el lado opuesto. **3.** Guion largo que se usa para separar oraciones incidentales o indicar el diálogo en los escritos. **4.** *Fig.* Límite que se señala a algún hecho, acción, etc.: *sobrepasar la raya de las leyes.* **5.** En el lenguaje de la droga, dosis de cocaína u otra droga en polvo. **6.** Méx. Salario de obrero o campesino. ◇ **A rayas** Con dibujo de rayas. **Pasarse de (la) raya** *Fam.* Propasar el límite de lo tolerable. **Poner,** o **tener, a raya** No permitir a alguien que se propase o exceda.

2. RAYA s.f. (lat. *raja*). Pez cartilaginoso de cuerpo plano, aletas pectorales triangulares muy desarrolladas y unidas a la cabeza y carne muy apreciada.

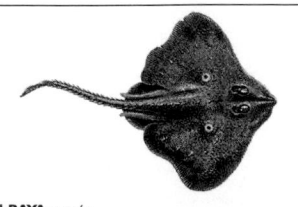

■ **RAYA** común.

RAYADILLO s.m. Tela de algodón rayada.

RAYADITO s.m. Pájaro frecuente en bosques de Patagonia y Tierra del Fuego, de cabeza negra, con una larga ceja ocrácea. (Familia furnáridos.)

RAYADO, A adj. Que tiene dibujo de rayas. ➜ s.m. Acción de rayar. **2.** Conjunto de rayas, listas o estrías de una cosa.

RAYADOR s.m. Amér. Merid. Ave palmípeda parecida a las golondrinas de mar, de color blanco y negruzco y pico rojo, con la mandíbula superior mucho más corta que la inferior. (Familia rincópidos.)

RAYANO, A adj. Que confina o linda con algo. **2.** *Fig.* Se dice casi la cosa que se asemeja, o se asemeja a ella: *persona vulgar, rayana en ordinaria.*

RAYAR v.tr. y prnl. Hacer o trazar rayas sobre una superficie: *he rayado el papel sin querer; el disco se ha rayado.* ➜ v.tr. Tachar lo escrito o impreso con rayas. **2.** Subrayar algo escrito. **3.** Amanecer: *rayar el alba, el día, la luz, el sol.* **4.** Méx. Pagar la raya. ➜ v.tr. e intr. Ser casi lo que se expresa: *sus palabras rayaban (en) el insulto.* ➜ v.intr. Confinar, lindar: *dos parcelas que rayan.* **2.** *Fig.* Sobresalir en algo, distinguirse de las demás personas o cosas. **3.** Méx. Cobrar la raya.

RAY-GRASS s.m. Ballico.

RAYMI o **RAIMI** s.m. (voz quechua, *danza*). Nombre que los incas daban a sus principales fiestas religiosas, especialmente a la fiesta del sol, que se celebraba en Cuzco durante el solsticio de invierno (21 de junio), y que duraba nueve días.

RAYNAUD. Enfermedad de Raynaud Síndrome caracterizado por la aparición de trastornos vasomotores que modifican la circulación en las extremidades; estas se vuelven primero blancas y después cianóticas (azules) bajo el efecto del frío.

RAYO s.m. (lat. *radius,* varita, rayo). Descarga eléctrica acompañada de explosión (trueno) y de luz (relámpago) entre dos nubes o entre una nube y la tierra. **2.** Energía radiante que se propaga en línea recta: *rayo de calor; rayo de luz.* **3.** Haz de corpúsculos o radiación electromagnética que transporta dicha energía: *rayos X; rayos gamma.* (Se usa más en plural.) **4.** *Fig.* Aquello que tiene mucha fuerza o eficacia en su acción. **5.** *Fig.* Persona de carácter muy vivo, o muy rápida en sus acciones. **6.** *Fig.* Desgracia o castigo repentino e imprevisto. ◇ **Echar,** o **estar que echa, rayos** *Fam.* Estar muy enojado e indignado y manifestarlo de algún modo. **Rayos X** FÍS. Rayos electromagnéticos de longitud de onda corta (entre el ultravioleta y los rayos γ) que atraviesan con mayor o menor facilidad los cuerpos. (Los rayos X se utilizan en medicina [radiografía], en la industria y en la investigación.)

RAYÓN s.m. (ingl. *rayon*). Fibra textil artificial fabricada a base de celulosa, mediante diversos procedimientos. **2.** Tejido elaborado con dicha fibra.

RAYONANTE adj. HERÁLD. Radiante.

RAYONISMO s.m. Corriente pictórica rusa de principios del s. XX creada por Lariónov y Goncharova.

RAYUELA s.f. Juego que consiste en tirar monedas o tejos a una raya hecha en el suelo, y en el que gana el que toca o se acerca más a ella. **2.** Amér. Infernáculo.

RAZA s.f. Cada uno de los cuatro grupos en que se divide la especie humana (negra o negroide, amarilla o mongoloide, blanca o caucásica y cobriza) según un conjunto de rasgos físicos comunes y hereditarios. **2.** Subcategoría taxonómica de clasificación de los seres vivos inferior a la de especie cuyos caracteres diferenciales se perpetúan por herencia. **3.** *Fig.* Calidad del origen o linaje. **4.** *Fig.* Calidad de algunas cosas, especialmente la que las contraen en su formación. **5.** Méx. *Fam.* Grupo de gente. **6.** Méx. *Fam.* Plebe. **7.** Perú. Descaro. ◇ **De raza** Se dice del animal, especialmente perro o caballo, que pertenece a una raza seleccionada. ENCICL. La diversidad humana condujo a una clasificación racial fundada sobre los criterios de semejanza más evidentes: leucodérmicos (blancos), melanodérmicos (negros), xantodermos (amarillos). Esta clasificación prevaleció con diversas modificaciones debidas a la influencia de las ideas de Linneo, a lo largo de todo el s.XIX. La evolución de la genética ha llevado en la actualidad a rechazar cualquier intento de clasificación racial.

RAZIA s.f. (fr. *razzia*). Incursión realizada en territorio enemigo con objeto de saquear o destruir. **2.** Acción de explorar una zona buscando a alguien o algo. (También *razzia*.)

RAZÓN s.f. (lat. *ratio, -onis*). Facultad de pensar. **2.** Palabras o frases con que se expresa el discurso. **3.** Argumento que tiende a justificar o a probar una cosa: *aduce razones que no vienen al caso*. **4.** Causa o motivo: *no conozco la razón de su negativa*. **5.** Aquello que es conforme al derecho, a la justicia, al deber: *la razón está de su parte*. **6.** Noticia, aviso, información: *me mandó razón de que fuera a verlo*. **7.** FILOS. Facultad por la que la persona conoce, ordena sus experiencias, tendencias y conducta en su relación con la totalidad de lo real. **8.** MAT. Cociente entre dos cantidades. ⬦ **A razón de** Correspondiendo a la cantidad que se expresa a cada una de las cosas de que se trata. **Asistir la razón a alguien** Tenerla de su parte. **Dar la razón** Reconocer que alguien dice la verdad u obra justamente. **Dar razón** Informar. **En razón a,** o de Por lo que concierne o atañe a alguna cosa y en relación con ella. **En razón directa,** o **inversa** MAT. Directamente, o inversamente, proporcional. **Entrar en razón** Darse cuenta de lo que es razonable y de lo que no lo es. **Meter,** o **hacer entrar, en razón a alguien** Obligarlo a obrar razonablemente. **Perder la razón** Volverse loco; cometer insensateces. **Razón de una progresión** Diferencia constante entre cada dos términos consecutivos de una progresión aritmética o cociente constante entre cada dos términos consecutivos de una progresión geométrica. **Razón social** Nombre con el que está registrada una compañía o sociedad colectiva o comanditaria. **Tener razón** Estar en lo cierto.

RAZONABLE adj. Conforme a la razón: *ex plicación razonable*. **2.** Prudente, sensato, que obra con buen juicio. **3.** Justo, equitativo, suficiente en cantidad o calidad: *un precio razonable*.

RAZONAMIENTO s.m. Acción y efecto de razonar. **2.** Serie de conceptos encaminados a demostrar algo.

RAZONAR v.intr. Pensar, ordenando ideas en la mente, para llegar a deducir una consecuencia o conclusión. **2.** Dar las razones o motivos de algo. ⬦ v.tr. Exponer, aducir las razones en que se apoyan unas cuentas, dictámenes, etc.

RAZZIA s.f. Razia.

RE s.m. Nota musical, segundo grado de la escala de *do*.

REABRIR v.tr. y prnl. [53]. Abrir de nuevo algo.

REABSORBER v.tr. Absorber de nuevo.

REACCIÓN s.f. Acción provocada por otra y de efectos contrarios a esta. **2.** Respuesta a un estímulo. **3.** Tendencia tradicionalista en lo político opuesta a las innovaciones. **4.** Conjunto de los partidarios de esta tendencia. **5.** FÍS. Fuerza que un cuerpo, sujeto a la acción de otro, ejerce sobre él en dirección opuesta. **6.** QUÍM. Fenómeno que se produce entre cuerpos químicos en contacto y que da lugar a nuevas sustancias. **7.** PSICOL. Comportamiento de un ser vivo, que se manifiesta en presencia de un estímulo. SIN.: *respuesta*. **8.** TECNOL. Acción de retorno, retroacción. SIN.: *realimentación*. ⬦ **Reacción nuclear** Fenómeno que se produce al bombardear el núcleo de un átomo con una partícula elemental, otro núcleo, etc., y que da lugar a nuevos núcleos.

REACCIONAR v.intr. Producirse una reacción por efecto de determinado estímulo. **2.** Volver a recobrar actividad. **3.** Defenderse o rechazar un ataque o agresión. **4.** Oponerse fuertemente a algo que se cree inadmisible. **5.** QUÍM. Entrar en reacción.

REACCIONARIO, A adj. y s. Que está en contra de las innovaciones de tipo progresista en el terreno ideológico, político, etc. **2.** Que tiende a restablecer lo abolido.

REACIO, A adj. Que muestra resistencia a ha-

cer algo o a dejar que se ejerza una acción sobre él.

REACTANCIA s.f. Componente de la impedancia de un circuito de corriente eléctrica alterna debido a la existencia de una autoinducción o una capacidad.

REACTIVACIÓN s.f. Acción y efecto de reactivar. **2.** Resurgimiento económico.

REACTIVAR v.tr. Activar de nuevo, dar más actividad. **2.** QUÍM. Regenerar.

REACTIVIDAD s.f. BIOL. Capacidad o modo especial de reaccionar un ser vivo frente a un hecho concreto. **2.** QUÍM. Aptitud para reaccionar presentada por un cuerpo.

REACTIVO, A adj. Que produce reacción. ⬦ s.m. QUÍM. Sustancia empleada para reconocer la naturaleza de los cuerpos, según las reacciones que produce.

REACTOR s.m. Propulsor aéreo que utiliza el aire ambiente como comburente y que funciona por reacción directa sin accionar hélice alguna. **2.** Avión provisto de motor de reacción. **3.** Instalación industrial donde se efectúa una reacción química en presencia de un catalizador. ⬦ **Reactor catalítico** Aparato integrado en el sistema de escape de un vehículo automóvil, que permite asegurar la poscombustión de las sustancias nocivas contenidas en los gases de escape. **Reactor nuclear** Parte de una central nuclear en la que la energía se libera por fisión del combustible. (Durante la fisión de un núcleo de uranio o de plutonio se libera gran cantidad de energía, a la vez que se emiten varios neutrones que provocan otras fisiones. Para evitar que las reacciones en cadena se produzcan con excesiva rapidez, el reactor tiene elementos que las controlan [placas de cadmio que absorben los neutrones de forma controlable].) SIN.: *pila atómica*.

READAPTAR v.tr. Adaptar de nuevo. **2.** Hacer que alguien se habitúe de nuevo a las condiciones normales de vida.

READMITIR v.tr. Admitir de nuevo.

REAFIRMAR v.tr. y prnl. Afirmar de nuevo y de forma más categórica.

REAGRUPAR v.tr. y prnl. Agrupar de nuevo.

REAJUSTAR v.tr. Ajustar de nuevo. **2.** Hablando de salarios, impuestos, precios, aumentar o disminuir su cuantía.

REAJUSTE s.m. Acción y efecto de reajustar.

1. REAL adj. (bajo lat. *de res,* cosa, realidad.) Que tiene existencia verdadera y efectiva. **2.** ASTRON. Se dice de la medida de tiempo basada en la marcha real del sol. **3.** GEOMETR. En geometría analítica, se dice de la recta, punto o plano cuyas coordenadas son números reales. **4.** ÓPT. Se dice de la imagen que se forma en la intersección de rayos convergentes. CONTR.: *virtual*. ⬦ **Números reales** Conjunto de los números racionales e irracionales (por oposición a *números imaginarios*).

2. REAL adj. (lat. *regalis*). Relativo al rey o a la realeza: *corona real*. **2.** *Fig.* y *fam.* Muy bueno,

excelente: *una real moza*. ⬦ s.m. Moneda que equivalía a veinticinco céntimos de peseta. **2.** Unidad monetaria principal de Brasil. ⬦ **Alteza real** Título dado a determinados príncipes y princesas. **Príncipe real** Presunto heredero de la corona.

3. REAL s.m. Campamento de un ejército y especialmente el lugar donde está la tienda del rey o del comandante en jefe.

REALCE s.m. Acción y efecto de realzar. **2.** *Fig.* Importancia, lustre, grandeza. ⬦ **Bordado de realce** Bordado que consiste en rellenar los motivos con una serie de puntadas sobre las cuales se dan, perpendicularmente, otras que forman el verdadero bordado. **Poner de realce** Realzar, destacar algo.

REALENGO, A adj. Se dice de los pueblos que no pertenecían a un señorío ni a una orden. **2.** Se dice del terreno perteneciente al estado. ⬦ s.m. En la España medieval, señoríos reales.

REALEZA s.f. Dignidad o soberanía real. **2.** Magnificencia como la que rodea a un rey.

REALIDAD s.f. (bajo lat. *realitas, atis*). Cualidad de real. **2.** Cosa o hecho real. **3.** Lo efectivo o que tiene valor práctico. **4.** Verdad, lo que ocurre verdaderamente: *la realidad es que no están casados*. ⬦ **En realidad** Realmente.

REALIMENTACIÓN s.f. TECNOL. Reacción.

1. REALISMO s.m. (de *l. real*). Cualidad de realista. **2.** Tendencia literaria y artística que pretende representar la naturaleza tal como es, sin tratar de idealizarla. **3.** Escuela literaria de mediados del s. XIX, que pretende la reproducción íntegra de la realidad y que constituye el origen del naturalismo. **4.** Escuela artística de la misma época. **5.** Doctrina filosófica que afirma que el ser existe independientemente del espíritu que lo percibe (por oposición a *idealismo*). ⬦ **Realismo mágico** Corriente literaria latinoamericana que, frente al documentalismo del realismo tradicional, postula una profundización de la realidad a través de lo mágico que hay en ella. **Realismo socialista** Doctrina definida en los estatutos de la Unión de escritores soviéticos (1934) que imponía al artista una tarea de transformación ideológica y de educación de los trabajadores en el espíritu del socialismo. **Realismo sucio** (dirty realism) Tendencia de la narrativa estadounidense, surgida en los años setenta y ochenta, que se caracteriza por una descripción de los ambientes urbanos sin escalimar los aspectos humanos más sórdidos.

ENCICL. B. ART. El realismo en arte puede definirse por una voluntad de objetividad. Históricamente, el término realismo designa una corriente que se inició a mediados del s. XIX en Francia, con Courbet, Millet o Daumier. La corriente se extendió por diversos países de Europa: la escuela de paisajistas de La Haya, el escultor belga Constantin Meunier, los italianos Signorini, Fattori y Lega, y el ruso Repin. En el s. XX el realismo resurgió bajo formas renovadas, llegando a incluir objetos reales en

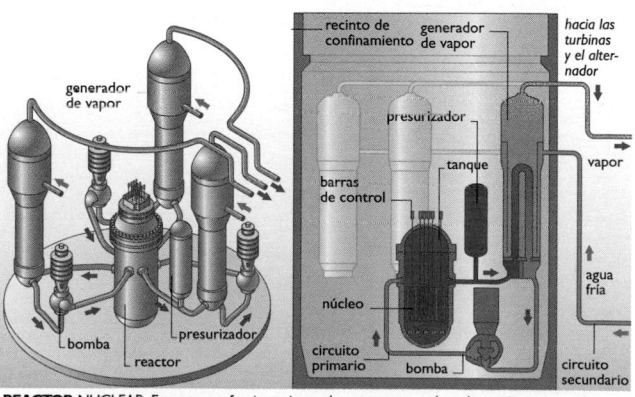

■ **REACTOR** NUCLEAR. Estructura y funcionamiento de un reactor nuclear de uranio enriquecido y agua corriente a presión.

■ EL REALISMO

El realismo del s. XIX exige al pintor una actitud objetiva a la vez que otorga el protagonismo a las gentes sencillas, campesinos y simples ciudadanos que durante largo tiempo, si exceptuamos las representaciones idealizadas o moralizantes de que eran objeto, habían permanecido marginados de la escena artística. «Todo lo que no se imprime en la retina se halla fuera del ámbito de la pintura», proclamó el pintor francés Gustave Courbet; su gigantesco *Estudio del pintor,* expuesto en 1855, constituye una buena ilustración de sus teorías, con una notable influencia de Proudhon.

Ramón Martí Alsina. Retrato femenino. Este óleo recoge una de las características más destacadas del artista, muy preocupado por la observación exacta de los detalles. (Museo comarcal, Mataró.)

Gustave Courbet. *Señoritas a la orilla del Sena* (1856), tela de grandes dimensiones que causó un gran escándalo en el Salón de 1857, en lo que se consideró una utilización de la modernidad social e incluso de la vulgaridad como fuentes de inspiración pictórica. (Museo del Petit Palais, París.)

Jean-François Millet. *La Baratteuse (La mantequera),* [h. 1866-1868], lápiz y pastel. El artista describe con una precisión naturalista el marco de la escena (una cocina rural francesa), al tiempo que le confiere un aire de nobleza valiéndose de un refinado juego de luces. (Museo del Louvre, París.)

Antonio López. *Lavabo* (1973). El pintor combina en este óleo un gran virtuosismo formal con un intimismo poético basado en la observación de la naturaleza, de la vida cotidiana, de la huella de lo que el tiempo destruye. (Col. William Blake, Nueva York.)

Honoré Daumier. *Calle Transnonain, 15 de abril de 1834* (h. 1834, detalle), litografía. En pleno romanticismo, la actualidad política (la represión sangrienta de la insurrección tras el arresto de los miembros de la Sociedad por los Derechos del Hombre, en 1834, en París), lleva a plasmar sin ambages el dramatismo de su realidad histórica. (Biblioteca nacional de París.)

El «nuevo realismo»: Jean Tinguely. *Baluba* (1961-1962), ensamblaje de objetos distintos con motor. Uno de los ejemplos más irónicos de la explotación del universo cotidiano. (MNAM, París.)

la obra (*nuevo realismo*: Y. Klein, J. Tinguely, Arman, Christo, César, etc.) o caracterizándose por una exactitud fotográfica sorprendente (*hiperrealismo*, anunciado desde los años treinta por E. Hopper).

LIT. El francés Champfleury, primer teórico del realismo, juzgó en 1857 que el término era «vago y equívoco». Si dentro del romanticismo ya existía un realismo (Balzac, Stendhal, Manzoni), este se impuso con Champfleury, Duranty, sobre todo Flaubert (quien nunca aceptó el término) y Maupassant. Su sistematización condujo al naturalismo. La corriente realista en otros países europeos reivindicaba la impersonalidad, el rechazo a orientar el arte por la moral y la exposición de hechos ordinarios, cotidianos. En España, el realismo se inició tardíamente, ligado al nacionalismo costumbrista de Fernán Caballero y predomina en las *novelas contemporáneas* de Pérez Galdós y en la narrativa de autores como Pereda. En Hispanoamérica, la tendencia se mezcla con otras visiones y se halla presente tanto en las obras románticas y costumbristas como en las naturalistas.

CIN. Término particular del vocabulario cinematográfico, L. Lumière inaugura el realismo, representado en gran medida por los filmes de J. Vigo, J. Renoir, R. Rossellini, E. Rohmer. Ellos dan preferencia al plano secuencia frente al montaje. El *realismo poético* es una característica de algunas películas francesas, realizadas después de *L'Atalante* (Jean Vigo, 1924) y hasta 1946, que manifestaban la intención de transfigurar la miseria por medio del decorado y la iluminación (Marcel Carné, Julien Duvivier).

2. REALISMO s.m. (de *2. real*). Doctrina u opinión favorable a la monarquía. (En España se aplicó especialmente al absolutismo.)

1. REALISTA adj. y s.m. y f. (de *1. real*). Relativo al realismo; partidario de esta doctrina filosófica o tendencia estética. **2.** Que tiene sentido de la realidad o que obra con sentido práctico.

2. REALISTA adj. y s.m. y f. (de *2. real*). Relativo al realismo; partidario de esta doctrina política.

REALITY SHOW s.m. (voces angloamericanas). Programa de televisión que muestra como espectáculo aspectos de la vida real de sus protagonistas.

REALIZACIÓN s.f. Acción y efecto de realizar o realizarse. **2.** Obra realizada por alguien.

REALIZADOR, RA s. Persona que realiza o dirige películas cinematográficas o programas de televisión o radio.

REALIZAR v.tr. (fr. *réaliser*) [7]. Hacer real, efectivo, algo. ◆ v.tr. Ejecutar, llevar a cabo una acción. **2.** Dirigir una película o una emisión de televisión. ◆ **realizarse** v.prnl. Hacer realidad las propias aspiraciones.

REALMENTE adv.m. De manera real. (Suele tener un significado intensivo.)

REALQUILADO, A adj. y s. Se dice de la persona que alquila una casa o una habitación a otra persona que ya la tiene en alquiler.

REALQUILAR v.tr. Alquilar a otra persona una casa, local, etc., alguien que lo tenía ya en alquiler.

REALZADO, A adj. ARQ. Se dice del arco o la bóveda que tienen una altura mayor que la mitad de su luz.

REALZAR v.tr. y prnl. [7]. Destacar, hacer que algo o alguien parezca mayor, mejor o más importante.

REANIMACIÓN s.f. MED. Procedimiento manual o mecánico y medicamentoso para restablecer las funciones vitales del organismo.

REANIMAR v.tr. y prnl. Confortar, restablecer las energías físicas. **2.** Someter a reanimación. **3.** *Fig.* Infundir valor y ánimo a alguien que está abatido.

REANUDACIÓN s.f. Acción y efecto de reanudar.

REANUDAR v.tr. y prnl. (fr. *renouer*). Continuar algo que se había interrumpido.

REAPARECER v.intr. [37]. Aparecer de nuevo un artista, una publicación, etc.

REAPARICIÓN s.f. Acción de reaparecer.

REARMAR v.tr. Proceder al rearme.

REARME s.m. Proceso de reforzamiento de la capacidad militar de un estado que anteriormente había sido obligado a desarmarse.

REASUMIR v.tr. Asumir de nuevo.

REATA s.f. (de *reatar*, atar de nuevo). Cuerda o correa que ata dos o más caballerías para que vayan en hilera. **2.** Hilera de caballerías que van atadas.

REAVIVAR v.tr. Excitar o avivar de nuevo. ◆ **reavivarse** v.prnl. Renovarse, en especial un dolor, una pena, etc.

REBABA s.f. Resalto que sobresale irregularmente en los bordes de un objeto cualquiera.

REBAJA s.f. Acción de rebajar. **2.** Cantidad que se rebaja de un precio. ◆ **rebajas** s.f.pl. Acción de vender a bajo precio, durante un período de tiempo, en un establecimiento comercial.

REBAJADO, A adj. ARQ. Se dice del arco o la bóveda cuya altura es menor que la mitad de su luz. ◆ adj. y s.m. MIL. Se dice del soldado dispensado de algún servicio.

REBAJADOR s.m. FOT. Producto que sirve para disminuir la opacidad de las imágenes fotográficas.

REBAJAR v.tr. Hacer más bajo el nivel, altura de algo. **2.** Disminuir el precio de algo o deducir una parte de una cantidad. **3.** Reducir los grados del alcohol por adición de agua. **4.** PINT. Apagar los colores. ◆ v.tr. y prnl. Humillar a alguien. **3.** Dispensar o excluir a alguien de un servicio, obligación, etc., especialmente en la milicia.

REBAJO s.m. Corte o disminución hecho en el borde de una pieza, generalmente de madera, para ajustarla con otra. SIN.: *rebaje*.

REBALSAR v.tr., intr. y prnl. Detener y recoger el agua u otro líquido de modo que forme una balsa. ◆ v.intr. Argent., Chile y Urug. Desbordarse, rebosar.

REBANADA s.f. Porción delgada que se saca de una cosa, especialmente del pan, cortándola en toda su anchura.

REBANAR v.tr. Hacer rebanadas de algo. **2.** Cortar algo de parte a parte de una sola vez.

REBAÑADERA s.f. Instrumento de hierro con que se saca fácilmente lo que se cayó en un pozo.

REBAÑAR v.tr. Recoger o apoderarse de algo sin dejar nada. **2.** Apurar el contenido de un plato o recipiente.

REBAÑO s.m. Hato grande de ganado, especialmente lanar.

REBASADERO s.m. MAR. Lugar o paraje por donde un buque puede rebasar o remontar un peligro o estorbo.

REBASAR v.tr. Pasar o exceder de un límite o señal. **2.** Dejar algo atrás en una marcha, camino, etc.

REBATINGA s.f. Méx. Arrebatiña.

REBATIR v.tr. Refutar con argumentos o razones lo aducido por otro.

REBATO s.m. (ár. *ribāṭ*, ataque contra los infieles). Aviso sonoro con que se hace con una campana, un tambor, etc., ante un peligro inminente. ◆ **Tocar a rebato** Dar la señal de alarma ante cualquier peligro.

REBECA s.f. (de *Rebeca*, película de A. Hitchcock, cuya protagonista viste esta prenda). Esp. Suéter abrochado con botones por delante.

REBECO s.m. (voz de origen prerromano) ZOOL. Gamuza.

REBELARSE v.prnl. Negarse a obedecer a la autoridad legítima. **2.** Oponer resistencia a algo o alguien.

REBELDE adj. y s.m. y f. (lat. *rebellis*, de *bellum*, guerra). Que se rebela, subleva o forma parte de una rebelión. **2.** DER. Se dice de la persona a la que el juez declara en rebeldía. ◆ adj. Se dice de la persona o animal difícil de gobernar o educar: *un niño rebelde; un caballo rebelde*. **2.** Se dice de lo que resulta difícil de dominar: *un cabello rebelde; una tos rebelde*.

REBELDÍA s.f. Cualidad de rebelde. **2.** Actitud de la persona rebelde. **3.** DER. Situación del demandado, imputado o procesado que no comparece en la vista de un juicio o no se persona en los autos a requerimiento del juez.

REBELIÓN s.f. (lat. *rebellio, -onis*). Acción y efecto de rebelarse. **2.** DER. Delito de naturaleza política que cometen quienes se levantan en armas, o incitan a ello, contra un régimen establecido.

REBENCAZO s.m. Amér. Merid. Golpe dado con un rebenque.

REBENQUE s.m. (fr. *raban*, cabo que afirma la vela). Látigo de cuero o cáñamo embreado con el cual se castigaba a los galeotes. **2.** Amér. Merid. Látigo recio de jinete. **3.** MAR. Cabo corto y embreado.

REBLANDECER v.tr. y prnl. [37]. Ablandar, poner tierno.

REBOBINAR v.tr. Hacer que una película, una cinta magnética, etc., se desenrolle de una bobina y se enrolle en otra de manera que quede en posición de reproducción inicial. **2.** ELECTR. Cambiar los arrollamientos del inducido o del inductor de un motor eléctrico.

REBOLLO s.m. Árbol de tronco grueso, copa ancha y hojas oblongas, que crece en Aragón y Galicia. (Familia fagáceas.)

REBORDE s.m. Borde saliente de algo: *el reborde de una mesa*. **2.** Borde vuelto o curvado: *el reborde de una vasija*. **3.** Orla.

REBORUJAR v.tr. Méx. Desordenar.

REBOSADERO s.m. Sitio por donde rebosa un líquido.

REBOSAR v.intr. y prnl. Salirse un líquido por los bordes del recipiente o depósito que lo contenía. ◆ v.intr. y tr. Estar un lugar muy lleno de lo que se expresa. **2.** *Fig.* Sobreabundar, generalmente algo bueno o provechoso: *rebosar salud, salud*. **3.** *Fig.* Manifestar por signos externos una cualidad o sentimiento.

REBOTADO, A adj. y s. *Fam.* Se dice de la persona que ha abandonado un estado religioso o una actividad profesional: *fraile rebotado*.

REBOTAR v.intr. Botar repetidamente un cuerpo elástico, bien sobre el terreno, bien chocando con otros cuerpos. **2.** Botar cualquier objeto al chocar en algún sitio. ◆ v.tr. Rechazar una cosa a otra que choca con ella. **2.** Enturbiar el agua. **3.** Argent. y Méx. Rechazar el banco un cheque por falta de fondos. ◆ v.tr. y prnl. *Fam.* Enojar o enfurecer a una persona.

REBOTE s.m. Acción y efecto de rebotar un cuerpo al chocar con otro. **2.** Cada uno de los botes que después del primero da el cuerpo que rebota. **3.** *Fam.* Enojo: *agarrarse un rebote*. **4.** En baloncesto, acción de capturar el balón tras rebotar este en el aro o en el tablero. ◇ **De rebote** *Fam.* De rechazo, de resultas.

REBOTICA s.f. (cat. *rebotiga*). Habitación auxiliar que está detrás de la botica. **2.** Trastienda, habitación.

REBOZAR v.tr. y prnl. [7]. Embozar, cubrir casi todo el rostro con una prenda. ◆ v.tr. Pasar un alimento por huevo batido, harina, rallado, etc.

REBOZO s.m. Prenda o parte de una prenda con la que se cubre la parte inferior del rostro. **2.** *Fig.* Simulación, pretexto. **3.** Amér. Central y Méx. Manto cuadrangular, amplio, que usan las mujeres a modo de abrigo.

REBROTAR v.intr. Volver a brotar.

REBROTE s.m. Acción y efecto de rebrotar. **2.** BOT. Retoño.

REBUJO s.m. Envoltorio hecho con desaliño: *hizo un rebujo con la ropa*. **2.** Maraña de papeles, hilos, pelo, etc.

REBULLIR v.intr. y prnl. [49]. Empezar a moverse lo que estaba quieto.

REBUSCADO, A adj. Se dice del estilo, lenguaje, maneras, etc., que pecan de afectación y de las personas que los usan.

REBUSCAMIENTO s.m. Cualidad de rebuscado.

REBUSCAR v.tr. [1]. Buscar algo con minuciosidad. ◇ **Rebuscárselas** Argent., Chile, Colomb. y Perú. *Fam.* Ingeniarse para sortear las dificultades cotidianas.

REBUSQUE s.m. Argent. y Par. *Fam.* Acción y efecto de rebuscársela. **2.** Argent. y Par. *Fam.* Solución ingeniosa con que se sortean las dificultades cotidianas.

REBUTIR v.tr. Embutir, rellenar.

REBUZNAR v.intr. Dar rebuznos.

REBUZNO s.m. Voz del asno.

RECABAR v.tr. (de *cabo*). Conseguir con instancias y súplicas lo que se desea. **2.** Reclamar alguien para sí derechos, libertades, etc. **3.** Pedir, solicitar: *recabar información.*

RECADERO, A s. Persona que tiene por oficio llevar recados o paquetes.

RECADO s.m. (del ant. *recabdar*, recaudar). Mensaje o respuesta de palabra se da o envía a otro. **2.** Escrito u objeto que una persona envía a otra. **2.** Diligencia, compra, visita u otro quehacer que requiere que una persona salga a la calle: *salir a hacer unos recados.* **4.** Conjunto de útiles necesarios para hacer algo: *recado de escribir.* **5.** Amér. Apero de montar. **6.** Nicar. Carne picada que se emplea para rellenar empanadas.◇ **Coger, o tomar, un recado** Tomar nota de un mensaje para alguien.

RECAER v.intr. [72]. Caer nuevamente enfermo el que estaba convaleciendo o había recobrado ya la salud. **2.** *Fig.* Reincidir en vicios, errores, etc. **3.** Ir a parar sobre alguien cierta cosa: *recaer la responsabilidad del negocio en una persona.* **4.** Estar situada una ventana, balcón, etc., en la dirección o lugar que se expresa.

RECAÍDA s.f. Acción y efecto de recaer.

RECALADA s.f. Acción de recalar un buque.

RECALAR v.tr. y prnl. Penetrar un líquido en un cuerpo seco, dejándolo húmedo o mojado. ◆ v.intr. *Fig.* Aparecer por algún sitio una persona. **2.** MAR. Llegar un buque a la vista de un punto de la costa.

RECALCADO s.m. Operación que tiene por objeto comprimir sobre sí mismo, por martillado, un cuerpo metálico de forma cilíndrica.

RECALCAR v.tr. Apretar mucho una cosa contra otra. **2.** *Fig.* Decir algo acentuándolo con una inflexión de la voz o con énfasis. **3.** TECNOL. Someter a la operación de recalcado.

RECALCIFICACIÓN s.f. MED. Acción de aumentar la calcemia y promover la fijación de calcio en el organismo.

RECALCITRANTE adj. (del lat. *recalcitrare*, cocear, hacer oposición). Que insiste en sus opiniones o errores.

RECALENTADO s.m. Méx. *Fam.* Guiso que queda de una fiesta y se come al día siguiente.

RECALENTAMIENTO s.m. Acción y efecto de recalentar o recalentarse. **2.** Estado de una pieza de rodamiento o de fricción cuya temperatura se eleva por falta de engrase o de refrigeración.

RECALENTAR v.tr. [10]. Calentar de nuevo. **2.** Calentar demasiado.

RECALIFICAR v.tr. [1]. Cambiar la calificación urbanística de un terreno para modificar su uso o usos.

RECALZAR v.tr. [7]. Hacer un recalzo en los cimientos. **2.** AGRIC. Arrimar tierra al pie de los árboles y plantas.

RECALZO s.m. Obra de consolidación, reparación o reconstrucción que se hace en los cimientos de un muro o un edificio, o por debajo de la cimentación existente, sin perjudicar la superestructura.

RECAMAR v.tr. (ital. *recamare*). Bordar en realce.

RECÁMARA s.f. Habitación contigua a otra más importante, destinada a servicios auxiliares. **2.** *Fig.* y *fam.* Cautela, segunda intención. **3.** Parte del arma de fuego situada en la zona posterior de la boca, donde se coloca la carga de proyección. **4.** Amér. Central, Colomb. y Méx. Alcoba, dormitorio.

RECAMARERA s.f. Méx. Criada.

RECAMBIAR v.tr. Sustituir una cosa por otra de la misma clase.

RECAMBIO s.m. Acción y efecto de recambiar. **2.** Pieza de repuesto.

RECANCAMUSA s.f. *Fam.* Cancamusa.

RECANCANILLA s.f. *Fam.* Manera de andar cojeando, como hacen los niños jugando. **2.** *Fig.* y *fam.* Retintín al hablar.

RECAPACITAR v.tr. e intr. Pensar detenidamente una cosa.

RECAPITULACIÓN s.f. Acción y efecto de recapitular.

RECAPITULAR v.tr. Resumir breve y ordenadamente algo dicho o escrito anteriormente con más extensión.

RECARGAR v.tr. [2]. Cargar demasiado o aumentar la carga a alguien o algo. **2.** Aumentar una cantidad a pagar. **3.** Poner mucha cantidad de algo en algún sitio. **4.** *Fig.* Obligar a alguien a realizar mucho trabajo de cierta clase. **5.** Volver a cargar. ◆ v.tr. y prnl. *Fig.* Adornar con exceso.

RECARGO s.m. Acción de recargar. **2.** Cantidad o tanto por ciento que se recarga a algo, especialmente por retraso en el pago.

RECATADO, A adj. Que actúa con modestia o recato.

RECATAR v.tr. y prnl. Encubrir u ocultar lo que no se quiere que se vea o sepa, u obrar procurando no ser visto o de forma discreta.

RECATO s.m. Honestidad, pudor. **2.** Cautela, reserva.

RECAUCHAJE s.m. Chile. Recauchutado.

RECAUCHUTADO s.m. Acción y efecto de recauchutar.

RECAUCHUTAR v.tr. Reparar el desgaste de un neumático, cubierta, etc., recubriéndolo con una disolución de caucho.

RECAUDACIÓN s.f. Acción de recaudar: *recaudación de impuestos.* **2.** Cantidad recaudada. **3.** Oficina donde se recauda.

RECAUDADOR, RA adj. y s. Se dice de la persona encargada de recaudar.

RECAUDAR v.tr. (lat. vulg. *recapitare*). Cobrar o percibir dinero por cualquier concepto. **2.** Reunir cierta cantidad en cobros diversos. **3.** DER. FISC. Cobrar contribuciones, impuestos y otras rentas públicas.

RECAUDERÍA s.f. Méx. Tienda en la que se venden especias, especiería.

RECAUDO s.m. Precaución, cuidado. **2.** DER. Caución, seguridad. ◇ **A (buen) recaudo** Bien guardado o custodiado.

RECAZO s.m. (del ant. *caço*, parte del cuchillo opuesta al filo). Guarnición o parte intermedia, comprendida entre la hoja y la empuñadura de la espada y de otras armas blancas. **2.** Parte del cuchillo opuesta al filo.

RECCIÓN s.f. LING. Propiedad que tiene un verbo o una preposición de ser acompañado por un complemento cuyo modo o caso se determina gramaticalmente.

RECELAR v.tr. y prnl. Desconfiar, temer.

RECELO s.m. Actitud de desconfianza o temor: *crear recelo entre los hombres.*

RECELOSO, A adj. Que tiene recelo.

RECENSIÓN s.f. Crítica o comentario de algún libro, publicado en un periódico o revista.

RECENTAL adj. y s.m. Se dice de la res de ganado ovino o bovino de poca edad.

RECEPCIÓN s.f. (lat. *receptio, -onis*). Acción de recibir. **2.** Ceremonia en que desfilan ante un rey, jefe de estado u otro personaje principal, representantes diplomáticos o dignatarios. **3.** Reunión, con carácter de fiesta, que se celebra en alguna casa particular. **4.** Servicio de un hotel, empresa, etc., encargado de recibir y atender a los clientes. **5.** Lugar donde está instalado este servicio. **6.** Acción de captar las ondas radioeléctricas por un receptor.

RECEPCIONAR v.tr. Recibir mercancías y verificar su estado.

RECEPCIONISTA s.m. y f. Persona empleada en un servicio de recepción, encargada de recibir a los clientes o huéspedes: *recepcionista de hotel.*

RECEPTÁCULO s.m. (lat. *receptaculum*). Recipiente o cavidad en que puede contenerse algo. **2.** BOT. **a.** Parte axial de la flor, sobre la que descansan los diversos verticilos de la misma. **b.** Extremo del pedúnculo, asiento de las flores de un capítulo.

RECEPTIVIDAD s.f. Cualidad de receptivo. **2.** MED. Aptitud para contraer determinadas enfermedades, en especial las infecciosas. **3.** RADIOTECN. Cualidad de un receptor capaz de captar ondas de longitudes muy diversas.

RECEPTIVO, A adj. Que recibe o tiene aptitudes para recibir. **2.** BIOL. Se dice del organismo especialmente sensible a la acción de un agente químico, físico u orgánico.

RECEPTOR, RA adj. y s. Que recibe. ◆ s.m. ELECTR. Conductor en el que la energía eléctrica produce un efecto, mecánico o químico, distinto del efecto Joule. **2.** MED. Persona

que recibe un órgano, tejido o sangre de un donante. **3.** RADIOTECN. Aparato que recibe una señal de telecomunicación o de radiodifusión, transformándola en sonidos: *receptor telefónico; receptor de radio.* **4.** ZOOL. Órgano de sensibilidad. ◇ **Receptor universal** Individuo del grupo sanguíneo AB, que puede recibir sangre de todos los grupos, pero que solo puede dar a los individuos de su propio grupo.

RECESAR v.intr. Bol., Cuba, Méx., Nicar. y Perú. Suspender una corporación sus actividades en forma temporal. ◆ v.tr. Perú. Clausurar una cámara legislativa, una universidad, etc.

RECESIÓN s.f. Disminución de la actividad económica de un país.

RECESIVO, A adj. Que tiende a la recesión o la causa. **2.** BIOL. Se dice del gen o carácter hereditario que no se manifiesta en el fenotipo del individuo que lo posee, pero que puede aparecer en la descendencia de éste.

RECESO s.m. (lat. *recessus, -us*, retirada). Separación, desvío. **2.** Amér. Suspensión temporal de actividades en los cuerpos colegiados, asambleas, etc. **3.** Amér. Tiempo que dura esta suspensión.

RECETA s.f. (lat. *recepta*). Fórmula que indica los distintos componentes que entran en un preparado y el modo de preparación. **2.** Escrito que contiene una prescripción médica. **3.** *Fig.* y *fam.* Procedimiento conveniente para hacer o conseguir algo.

RECETAR v.tr. Prescribir un medicamento o un tratamiento.

RECETARIO s.m. Conjunto de recetas o fórmulas: *un recetario de cocina.* **2.** Anotación de todo lo que el médico ordena que se suministre al enfermo. **3.** Farmacopea.

RECHAZAR v.tr. (fr. ant. *rechacier*) [7]. Separar de sí algo o alguien a otro, obligándole a retroceder en su curso o movimiento. **2.** *Fig.* Contradecir lo que otro expresa o no admitir lo que propone u ofrece. **3.** *Fig.* Resistir al enemigo obligándole a ceder. **4.** *Fig.* Denegar una petición, instancia, etc.

RECHAZO s.m. Acción y efecto de rechazar. SIN.: *rechazamiento.* **2.** Retroceso o vuelta de un cuerpo al encontrarse con alguna resistencia. **3.** MED. Reacción del organismo ante la agresión de un cuerpo extraño.

RECHIFLA s.f. Acción de rechiflar. **2.** *Fam.* Burla con que se acogen las palabras o la actuación de alguien.

RECHIFLAR v.tr. Silbar con insistencia. ◆ **rechiflarse** v.prnl. *Fam.* Burlarse.

RECHINAR v.intr. (voz de origen onomatopéyico). Hacer o causar algo un ruido o sonido desapacible, por frotación o al ponerse en movimiento: *la puerta rechinó al abrirse.* **2.** Producir ruido los dientes al frotar los de una mandíbula con los de la otra. **3.** *Fig.* Hacer o aceptar una cosa con disgusto.

RECHISTAR v.intr. Chistar. (Se usa en frases negativas.)

RECHONCHO, A adj. *Fam.* Grueso y de poca altura.

RECHUPETE (DE) loc. *Fam.* Muy bueno, agradable o muy bien.

RECIBÍ s.m. Expresión con que en los recibos u otros documentos se declara haber recibido aquello de que se trata.

RECIBIDO, A adj. Amér. Que ha terminado un ciclo de estudios.

RECIBIDOR, RA adj. y s. Que recibe. ◆ s.m. Antesala, vestíbulo.

RECIBIMIENTO s.m. Acción y manera de recibir, de acoger a alguien. **2.** Recibidor, antesala, vestíbulo.

RECIBIR v.tr. (lat. *recipere*). Tomar o aceptar una cosa que alguien da: *recibir un regalo; recibir una carta.* **2.** Sufrir una acción: *recibir una bofetada.* **3.** Tomar conocimiento una persona de algo que se le comunica: *recibir noticias; recibir órdenes; recibir críticas.* **4.** Esperar, salir al encuentro de alguien que llega: *fue a recibirla a la estación.* **5.** Acoger una persona a otra en su casa, compañía o comunidad: *los reciben en los mejores casas.* **6.** Admitir una cosa dentro de sí a otra: *este río recibe muchos afluentes.* **7.** Esperar o hacer frente al que acomete, para resistir la embestida o rechazarlo: *el torero recibió al toro de rodillas.* ◆ v.tr. e intr.

Admitir, atender alguien en su casa, despacho, etc., visitas: *solo recibe los lunes*. ◆ **recibirse** v.prnl. Tomar alguien la investidura o el título conveniente para ejercer una facultad o profesión. **2.** Amér. Terminar un ciclo de estudios, graduarse.

RECIBO s.m. Acción de recibir. **2.** Documento en que el acreedor reconoce expresamente haber recibido dinero u otra cosa a efectos del pago o cumplimiento de la obligación. ◇ **Acusar recibo** Comunicar al expedidor la recepción de una cosa.

RECICLADO, A adj. Se aplica al material que ha sido fabricado a partir de desechos y desperdicios: *papel reciclado*. ◆ s.m. Reciclaje.

RECICLAJE s.m. Formación generalmente complementaria, que recibe los cuadros técnicos, docentes, etc., con objeto de adaptarse a los progresos industriales, científicos, etc. **2.** Conjunto de técnicas que tienen por objeto recuperar desechos y reintroducirlos en el ciclo de producción de que provienen. **3.** TECNOL. Acción de someter repetidamente una materia a un mismo ciclo para incrementar los efectos de este.

RECICLAR v.tr. (fr. *recycler*). Proceder a un reciclaje.

RECIDIVA s.f. (lat. *recidivus*, que vuelve a caer, de *recidere*, recaer). Acción y efecto de recidivar.

RECIDIVAR v.tr. Reaparecer una enfermedad que parecía ya curada.

RECIÉN adv.t. (de *reciente*). Sucedido poco antes. (En España se usa antepuesto a participios pasivos: *recién llegado*; en América se emplea con todos los tiempos verbales, indicando que la acción expresada por el verbo se acaba de realizar: *recién llegamos*.)

RECIENTE adj. (lat. *recens, -entis*). Que ha sucedido poco antes. **2.** Fresco, acabado de hacer.

RECINTO s.m. Espacio cerrado y comprendido dentro de ciertos límites. **2.** Zona interior de un castillo o de una plaza fortificada: *recinto amurallado*.

1. RECIO adv.m. Fuertemente, con vigor o violencia: *luchar recio*.

2. RECIO, A adj. Fuerte, robusto, vigoroso. **2.** Grueso, gordo. **3.** Fuerte, duro, violento: *viento recio*.

RECIPIENDARIO, A s. (del lat. *recipiendus*). Persona que es recibida solemnemente en una corporación para formar parte de ella.

RECIPIENTE s.m. (lat. *recipiens, -tis*). Utensilio cóncavo que sirve para contener algo.

RECIPROCIDAD s.f. Circunstancia de ser recíproco.

RECÍPROCO, A adj. (lat. *reciprocus*, que vuelve atrás, que refluye, recíproco). Que tiene lugar entre dos o más personas o cosas, de forma que la acción realizada por ellas es equivalente a la recibida. **2.** LING. Se dice del verbo pronominal que expresa la acción mutua de varios sujetos. **3.** MAT. Se dice de una transformación tal que si *b* es el transformado del elemento *a*, este es, a su vez, el transformado de *b*.

RECITADO s.m. Acción de recitar. SIN.: recitación. **2.** MÚS. Composición musical para una sola voz.

RECITAL s.m. Audición de un solista. **2.** Sesión artística dada por un solo intérprete, o dedicada a un solo género.

RECITAR v.tr. (lat. *recitare*, leer en voz alta). Decir de memoria, en voz alta y con expresividad, párrafos literarios, versos, etc. **2.** Pronunciar o referir en voz alta un discurso u oración.

RECITATIVO s.m. MÚS. Declamación del fragmento narrativo de una ópera, oratorio o cantata que se realiza acompañada de uno o varios instrumentos.

RECKLINGHAUSEN. Enfermedad de von Recklinghausen Nombre de diversas anomalías en la formación del embrión, o neurofibromatosis.

RECLAMACIÓN s.f. Acción y efecto de reclamar. **2.** Oposición o impugnación que se hace de una cosa. ◇ **Libro de reclamaciones** Cuaderno que deben poner a disposición del público determinados establecimientos y orga-

nismos para que este pueda anotar quejas, deficiencias, etc.

RECLAMAR v.intr. (lat. *reclamare*). Pedir que sea revocado un acuerdo, fallo, etc.: *reclamar contra una multa*. ◆ v.tr. Pedir algo a lo que se considera que se tiene derecho: *reclamar una herencia*. **2.** Exigir, mostrar necesidad: *reclamar la atención*. **3.** Llamar la autoridad a un prófugo.

RECLAMO s.m. Voz con que un ave llama a otra de su misma especie. **2.** Fig. Cosa con que se atrae la atención sobre otra. **3.** Llamada o aviso: *acudir al reclamo*. **4.** Silbato o instrumento de viento con que se imita el canto de las aves para atraerlas.

RECLINAR v.tr. y prnl. (lat. *reclinare*). Inclinar una cosa apoyándola en otra. **2.** Inclinar o apoyar el cuerpo, o parte de él, sobre algo.

RECLINATORIO s.m. Mueble en forma de silla, dispuesto para arrodillarse sobre la parte correspondiente al asiento y reclinarse sobre la correspondiente al respaldo.

RECLUIR v.tr. y prnl. (lat. *tardío recludere*) [88]. Encerrar o retener a alguien en un lugar.

RECLUSIÓN s.f. Encierro o prisión voluntaria o forzada. **2.** Prisión, cárcel. **3.** DER. PEN. Condena a pena privativa de libertad. ◇ **Reclusión mayor** Pena privativa de libertad cuya duración se extiende de veinte años y un día a treinta años. **Reclusión menor** Pena privativa de libertad, cuya duración es de doce años y un día a veinte años.

RECLUSO, A adj. y s. Preso.

RECLUTA s.m. y f. Persona que voluntariamente se alista para reemplazar o completar los

reciclaje	nuevos productos
cristal	
frascos, botellas, botellines, tarros	nuevas botellas
papel	
periódicos, revistas	periódicos, revistas, papel secante
cartones	
tetrabriks alimentarios, envoltorios, cartón embalaje	cartón de embalaje, papel secante
plásticos	
botellas de agua, de zumos de fruta, envases de productos de limpieza y de perfumería no tóxicos	suelas de zapatos, fibras textiles, envases para productos alimentarios, placas, revestimientos para suelo, tubos
metales	
bandejas y latas de bebidas de aluminio, latas de conservas (acero), envoltorios metálicos (acero)	envoltorios, piezas para automóviles, chapas

■ **RECICLAJE** de residuos domésticos.

efectivos de un cuerpo de tropas. **2.** Soldado nuevo e inexperto. ◆ s.m. Mozo alistado para el servicio militar obligatorio.

RECLUTAMIENTO s.m. Acción de reclutar soldados, técnicos, funcionarios, etc.

RECLUTAR v.tr. (fr. *recruter*, de *recrue*, recluta, p. de *recroître*, volver a crecer, rebrotar). Alistar reclutas. **2.** Reunir personas para algún fin.

RECOBRAR v.tr. (lat. *recuperare*, de *capere*, agarrar). Recuperar algo que se tenía o poseía: *recobrar un libro, la salud*. ◆ **recobrarse** v.prnl. Restablecerse después de un daño o perjuicio, de un accidente o una enfermedad.

RECOCER v.tr. y prnl. [31]. Cocer algo excesivamente. ◆ v.tr. Volver a cocer algo. **2.** METAL. Tratar un metal para asegurar su equilibrio físico-químico y estructural.

RECOCHINEO s.m. Esp. Fam. Burla o ensañamiento que se añade a una acción que molesta o perjudica a alguien.

RECOCIDO s.m. Acción de recocer. **2.** METAL. Tratamiento térmico consistente en calentar un producto metalúrgico a temperatura suficiente para asegurar su equilibrio físico-químico y estructural, y dejar después que se enfríe lentamente.

RECOCINA s.f. Cuarto contiguo a la cocina, destinado a servicios auxiliares.

RECODO s.m. Ángulo o curva muy marcada que forman las calles, caminos, ríos, etc.

RECOGEDOR, RA adj. Que recoge. ◆ s.m. Utensilio que, al recoger la basura que se amontona al barrer.

RECOGER v.tr. (lat. *recolligere*) [27]. Agarrar alguna cosa que se ha caído. **2.** Reunir ordenadamente los utensilios al terminar el trabajo. **3.** Enrollar o replegar alguna cosa que se había extendido: *recoger las persianas*. **4.** Buscar y reunir cosas de distintos sitios. **5.** Ir juntando y guardando poco a poco alguna cosa, especialmente dinero. **6.** Recolectar los frutos que da la tierra. **7.** Ir a buscar a alguien o algo en el sitio donde se ha dejado o en un lugar convenido: *te recogeré en casa a las siete*. **8.** Fig. Recibir o sufrir las consecuencias de algo que se ha hecho: *recoger el fruto de tantos sacrificios*. **9.** Albergar, dar asilo. **10.** Enrollar o sujetar una cosa. **11.** Tomar en cuenta lo que otro ha dicho o hecho para aceptarlo, rebatirlo o transmitirlo. ◆ v.tr. y prnl. Arremangar, doblar o arrollar hacia arriba alguna cosa, especialmente la extremidad de una tela o de una prenda de vestir: *recogerse los pantalones*. **2.** Estrechar o fruncir una tela, papel, etc., para reducir su longitud. ◆ **recogerse** v.prnl. Retirarse a su casa, redil, etc., una persona o animal. **2.** Retirarse a un sitio adecuado para meditar, rezar, etc. ◇ **Recoger velas** Desdecirse de algo o retroceder en un propósito.

RECOGIDA s.f. Acción de recoger.

RECOGIDO, A adj. Que vive retirado del trato con la gente. ◆ adj. y s.f. Se dice de la mujer que vivía retirada en un convento.

RECOGIMIENTO s.m. Acción y efecto de recoger o recogerse.

RECOLECCIÓN s.f. Acción y efecto de recolectar. **2.** Momento en que se cosecha. **3.** Recopilación, resumen o compendio de una materia.

RECOLECTAR v.tr. Recoger los frutos de la tierra, especialmente la cosecha: *recolectar el trigo*. **2.** Reunir: *recolectar dinero*.

RECOLECTOR, A adj. Que recolecta.

RECOLETO, A adj. (bajo lat. *recolletus*, p. de *recolligere*, recoger). Se dice de la persona que lleva una vida retirada y austera. **2.** Se dice del lugar apartado y solitario.

RECOMBINACIÓN s.f. Reconstitución de una molécula o de un átomo previamente disociados. ◇ **Recombinación génica** Proceso por el que se produce una nueva asociación de caracteres en un individuo descendiente de padres que los portaban por separado.

RECOMENDABLE adj. Digno de recomendación, aprecio o estimación.

RECOMENDACIÓN s.f. Acción y efecto de recomendar. **2.** Alabanza en favor de alguien para interceder cerca de otro. **3.** Escrito en que se recomienda a alguien.

RECOMENDAR v.tr. [10]. Aconsejar a alguien cierta cosa para bien suyo. **2.** Encargar, pedir a alguien que cuide o se ocupe de cierta persona o cosa. **3.** Interceder o hablar en favor de una persona a otra.

RECOMENZAR v.tr. [5]. Comenzar de nuevo.

RECOMERSE v.prnl. Reconcomerse.

RECOMPENSA s.f. Acción de recompensar. **2.** Cosa que se da para recompensar. **3.** DER. CIV. Remuneración o gratificación a quien ha realizado un servicio o favor no exigible.

RECOMPENSABLE adj. Que puede recompensarse. **2.** Digno de recompensa.

RECOMPENSAR v.tr. Retribuir o remunerar un servicio. **2.** Premiar.

RECOMPONER v.tr. [60]. Componer de nuevo.

RECOMPOSICIÓN s.f. Acción y efecto de recomponer.

RECONCENTRAMIENTO s.m. Acción y efecto de reconcentrar o reconcentrarse. SIN.: *reconcentración.*

RECONCENTRAR v.tr. y prnl. Concentrar. ◆ **reconcentrarse** v.prnl. *Fig.* Abstraerse, ensimismarse.

RECONCILIACIÓN s.f. Acción y efecto de reconciliar.

RECONCILIAR v.tr. y prnl. Hacer que lleguen a un acuerdo o vuelvan a ser amigas dos o más personas. **2.** REL. Hacer que vuelva al seno de la Iglesia alguien que se había apartado de ella.

RECONCOMERSE v.prnl. Estar intensamente descontento y no demostrarlo, por envidia, celos, etc.

RECONCOMIO s.m. Acción de reconcomerse.

RECÓNDITO, A adj. (lat. *reconditus*, de *condere*, colocar, guardar, esconder). Muy escondido, reservado y oculto. **2.** Íntimo.

RECONDUCCIÓN s.f. Acción y efecto de reconducir.

RECONDUCIR v.tr. [77]. Llevar de nuevo una cosa a donde estaba.

RECONFORTAR v.tr. Confortar física o espiritualmente a alguien.

RECONOCER v.tr. [37]. Identificar a una persona o una cosa entre varias. **2.** Admitir, aceptar como verdadera una cosa. **3.** Admitir que alguien o algo es lo que expresa. **4.** Declarar que se considera legítimo un nuevo gobierno o un nuevo estado de cosas establecido en un país de forma anormal. **5.** Mostrarse agradecido por cierto beneficio recibido. **6.** Examinar o registrar a una persona o cosa para conocer su estado, condiciones o contenido: *reconocer un terreno.* ◆ **reconocerse** v.prnl. Ser reconocible algo como lo que es. **2.** Acusarse o declararse culpable de un error, falta, etc.

RECONOCIDO, A adj. Agradecido.

RECONOCIMIENTO s.m. Acción y efecto de reconocer o reconocerse. **2.** Gratitud, agradecimiento. **3.** MIL. Operación que tiene por objeto recoger y transmitir informes sobre el terreno y la situación y movimientos del enemigo. ◆ **Reconocimiento de caracteres** INFORMÁT. Aplicación de los métodos de reconocimiento de formas a la lectura automática de los caracteres alfanuméricos impresos. **Reconocimiento y síntesis del habla** INFORMÁT. Conjunto de técnicas gracias a las cuales una computadora es capaz de reconocer las palabras pronunciadas por un usuario o de producir los sonidos correspondientes a la pronunciación de las palabras que debe emitir.

RECONQUISTA s.f. Acción y efecto de reconquistar. **2.** Denominación que se da a la conquista por parte de los reinos cristianos del territorio de la península Ibérica invadido por los musulmanes. (V. parte n. pr.)

RECONQUISTAR v.tr. Volver a conquistar. **2.** Conquistar en la guerra plazas, tierras, etc., que se habían perdido. **3.** *Fig.* Recuperar la opinión, el afecto, la confianza, etc.

RECONSIDERAR v.tr. Volver a considerar o tener en cuenta.

RECONSTITUCIÓN s.f. Acción y efecto de reconstituir.

RECONSTITUIR v.tr. y prnl. [88]. Volver a constituir.

RECONSTITUYENTE adj. Que reconstituye. ◆ s.m. y adj. Cualquier medicamento destinado a mejorar la vitalidad general del organismo.

RECONSTRUCCIÓN s.f. Acción y efecto de reconstruir.

RECONSTRUIR v.tr. [88]. Construir de nuevo: *reconstruir una casa.* **2.** Volver a formar algo que se ha deshecho o roto. **3.** Volver a componer el desarrollo de un hecho, suceso pasado, etc., usando elementos conocidos y llenando con hipótesis las eventuales lagunas.

RECONTAR v.tr. [17]. Calcular o contar algo atentamente para saber con seguridad su valor o cantidad. **2.** Contar de nuevo.

RECONVENCIÓN s.f. Acción de reconvenir. **2.** Cargo o argumento con que se reconviene.

RECONVENIR v.tr. [78]. Censurar, reprender a alguien por sus actos o palabras.

RECONVERSIÓN s.f. Acción y efecto de reconvertir. **2.** ECON. Proceso por el cual la economía de un país o un factor de producción se adapta a nuevas condiciones técnicas, políticas o sociales.

RECONVERTIR v.tr. [79]. Hacer que vuelva a su ser, estado o creencia lo que había sufrido un cambio. **2.** ECON. Realizar una reconversión.

RECOPILACIÓN s.f. Acción de recopilar. **2.** Compendio o resumen de una obra o discurso. **3.** Tratado o texto que resulta de reunir varios. ◆ **recopilaciones** s.f.pl. Nombre dado a las distintas compilaciones del derecho realizadas en época moderna.

RECOPILAR v.tr. (del lat. *compilare*, saquear, plagiar). Juntar o recoger diversas cosas, dando unidad al conjunto; en especial, reunir varios textos literarios.

RÉCORD s.m. (ingl. *record*) [pl. *récords*]. Marca deportiva constatada oficialmente y que supera las anteriores en el mismo género y en idénticas condiciones. **2.** Cosa que supera una realización precedente: *récord de producción.* **3.** Méx. Expediente, historial. ◇ **En un tiempo récord** En menos tiempo del esperado o habitual.

RECORDAR v.tr. e intr. (lat. *recordari*, de *cor*, *corazón*) [17]. Tener o traer algo a la memoria. **2.** Hacer que alguien tenga presente o no olvide algo. **3.** Nombrar, mencionar. ◆ v.tr. y prnl. Parecer una persona o cosa a otra: *me recuerda a su hermana en el modo de hablar.* ◆ v.intr. y prnl. Méx. En las zonas rurales, despertar.

RECORDATORIO s.m. Aviso, advertencia, comunicación, etc., para hacer recordar algo a alguien. **2.** Estampa religiosa impresa con motivo de una primera comunión, fallecimiento o aniversario.

RECORDMAN s.m. (voz inglesa) [pl. *recordmen*]. Deportista masculino que ostenta un récord.

RECORDWOMAN s.f. (voz inglesa) [pl. *recordwomen*]. Deportista femenina que ostenta un récord.

RECORRER v.tr. Atravesar un lugar en toda su extensión o longitud: *recorrer un camino.* **2.** Efectuar un trayecto: *ha recorrido la distancia en pocos minutos.* **3.** Examinar rápidamente con la mirada. **4.** Repasar, leer por encima un libro, escrito, etc.: *recorrer un escrito.* **5.** IMPR. Justificar la composición pasando letras de una línea a otra.

RECORRIDO s.m. Acción y efecto de recorrer. **2.** Camino o conjunto de lugares que se recorren, itinerario. **3.** *Fam.* Represión que abarca varios puntos. **4.** ESTADÍST. Medida de dispersión, cuyo valor es la diferencia entre los valores extremos de una variable. **5.** MAT. Conjunto de los valores que toma una función. **6.** MEC. Carrera del émbolo o pistón de una máquina o motor. ◇ **Recorrido libre medio** FÍS. Distancia media recorrida por una molécula de un gas, entre dos choques consecutivos.

RECORTABLE adj. Que puede recortarse. ◆ s.m. Pliego u hoja de papel con figuras para recortar.

RECORTADO, A adj. Que tiene un borde o contorno con muchos entrantes y salientes. **2.** Se dice de este borde. **3.** Méx. Falto de dine-

ro: *con las compras de navidad, ando muy recortado.*

RECORTADURA s.f. Acción y efecto de recortar. ◆ **recortaduras** s.f.pl. Recortes, partes sobrantes recortadas.

RECORTAR v.tr. Cortar o cercenar lo que sobra de una cosa. **2.** Cortar figuras separándolas de un material cortable. **3.** *Fig.* Disminuir o empequeñecer una cosa material o inmaterial: *recortar los presupuestos.* ◆ **recortarse** v.prnl. Dibujarse el perfil de una cosa sobre otra.

RECORTE s.m. Acción y efecto de recortar. **2.** Suelto o noticia breve de un periódico. **3.** TAUROM. Suerte en que el diestro, para burlar al toro, se sale del viaje recto que lleva para tomar otra dirección. ◆ **recortes** s.m.pl. Porciones o cortaduras excedentes de cualquier materia recortada.

RECOSER v.tr. Volver a coser. **2.** Arreglar con unas puntadas la ropa rota o descosida.

RECOSIDO s.m. Acción y efecto de recoser.

RECOSTAR v.tr. y prnl. [65]. Reclinar, apoyar algo como el cuerpo, o parte de él, en posición inclinada en algún sitio.

RECOVA s.f. Comercio de huevos, gallinas y otras aves. **2.** Argent., Par. y Urug. Soportal.

RECOVECO s.m. Curva, ángulo o revuelta en el curso de una calle, un pasillo, un arroyo, etc. **2.** Rincón, sitio escondido. **3.** *Fig.* Fingimiento, rodeo o manera complicada de hablar o de ser de una persona.

RECREACIÓN s.f. Acción y efecto de recrear. SIN.: *recreo.* **2.** Recreo entre clases.

RECREAR v.tr. (lat. *recreare*, crear de nuevo, volver a la vida). Crear o producir de nuevo: *la novela recrea el ambiente de fines de siglo.* ◆ v.tr. y prnl. Divertir, deleitar, alegrar.

RECREATIVO, A adj. Destinado a divertir o entretener: *salón recreativo.*

RECREO s.m. Recreación: *mi recreo es la lectura.* **2.** Intervalo entre clases para que los niños se distraigan y descansen. SIN.: *recreación.*

RECRÍA s.f. Actividad de recriar.

RECRIADOR, RA s. Persona que se dedica a recriar animales.

RECRIAR v.tr. [19]. Cebar y engordar animales.

RECRIMINACIÓN s.f. Acción de recriminar. **2.** Expresión con que se recrimina algo.

RECRIMINAR v.tr. y prnl. Reprochar o censurar a alguien por sus acciones o sentimientos.

RECRISTALIZACIÓN s.f. Nueva cristalización de una sustancia cuyos cristales habían sido disueltos. **2.** GEOL. Transformación de las rocas que se produce cuando determinados minerales que las constituyen son destruidos y remplazados por otros. **3.** METAL. Nueva cristalización que tiene lugar en un metal o una aleación en estado sólido, durante el proceso de recocido.

RECRISTALIZAR v.tr. e intr. [7]. Producirse una recristalización.

RECRUDECER v.intr. y prnl. (lat. *recrudescere*, volver a sangrar una herida) [37]. Tomar nuevo incremento algo malo o desagradable que ya había empezado a disminuir o ceder.

RECRUDECIMIENTO s.m. Acción y efecto de recrudecer o recrudecerse.

RECTA s.f. MAT. Línea recta.

RECTAL adj. ANAT. Relativo al recto.

RECTANGULAR adj. Relativo al ángulo recto o al rectángulo. **2.** Que tiene uno o más ángulos rectos. SIN.: *rectángulo.* **3.** Que contiene uno o más rectángulos. ◇ **Sistema de coordenadas rectangulares** Sistema de coordenadas en el que cada punto está referido a dos ejes fijos perpendiculares.

RECTÁNGULO, A adj. Rectangular, que tiene ángulos rectos. ◇ **Trapecio rectángulo** Trapecio que tiene dos ángulos rectos. **Triángulo rectángulo** Triángulo que tiene un ángulo recto. ◆ s.m. Paralelogramo que tiene los cuatro ángulos rectos y los lados contiguos desiguales.

RECTIFICACIÓN s.f. Acción y efecto de rectificar. **2.** Palabra o escrito con que se rectifica. **3.** ELECTR. Conversión de una corriente alterna en otra continua. **4.** QUÍM. Destilación fraccionada de un líquido para separar sus elementos constitutivos o para purificarlo.

◇ **Rectificación de una curva,** o **de un arco de curva** MAT. Cálculo de su longitud.

RECTIFICADO s.m. MEC. Acción y efecto de rectificar.

RECTIFICADOR, RA adj. y s. Que rectifica. ◆ s.m. Aparato que convierte la corriente alterna en continua. **2.** QUÍM. Aparato destilatorio para purificar líquidos.

RECTIFICADORA s.f. Máquina-herramienta provista de una muela de útiles abrasivos para efectuar trabajos de rectificado de piezas.

RECTIFICAR v.tr. [1]. Quitar imperfecciones, errores o defectos: *rectificar el asfaltado.* **2.** Poner o hacer recto. **3.** ELECTR. Transformar una corriente alterna en continua. **4.** MEC. Acabar la superficie de una pieza mecanizada alisándola con la muela. **5.** QUÍM. Purificar los líquidos. ◆ v.tr. y prnl. Enmendar los actos, palabras o proceder. ◇ **Rectificar un arco de curva** MAT. Determinar su longitud.

RECTILÍNEO, A adj. En forma de línea recta o que se compone de líneas rectas: *figura rectilínea.* **2.** *Fig.* Se dice del carácter o comportamiento de la persona exageradamente recta, severa o firme.

RECTITIS s.f. Inflamación del recto.

RECTITUD s.f. Cualidad de recto. **2.** *Fig.* Recta razón o conocimiento práctico de lo que se debe hacer o decir. **3.** *Fig.* Exactitud o justificación en las operaciones.

RECTO, A adj. (lat. *rectus*). Que tiene forma lineal, sin ángulos ni curvas: *un camino recto.* **2.** Que va sin desviarse al punto donde se dirige o ir recto a lo cierto. **3.** *Fig.* Justo, severo, fir- me en sus resoluciones: *tiene un padre muy recto.* **4.** Se dice del sentido primitivo y literal de las palabras. **5.** *Fig.* Se dice del sentido verdadero, justo, conveniente, de una obra o acción: *hacer una recta interpretación de las palabras.* **6.** MAT. **a.** Se dice de la línea más corta que se puede imaginar entre dos puntos. **b.** Se dice de uno cualquiera de los ángulos formados dos por dos líneas rectas, cuando estos ángulos son todos iguales. ◆ s.m. ANAT. Segmento terminal del tubo digestivo, que aboca al ano.

RECTOCOLITIS s.f. Inflamación simultánea del recto y el colon.

RECTOR, RA adj. y s. (lat. *rector, -oris*, el que rige). Que gobierna o señala la dirección u orientación de algo. ◆ s. Persona que rige una

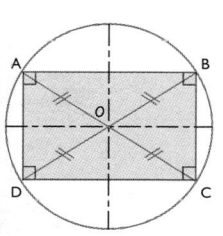

a: longitud
b: anchura
P: perímetro
A: área
$P = 2 (a + b)$
$A = a \times b$

rectángulo
inscrito
en una
circunferencia

triángulo rectángulo inscrito en una circunferencia

BC: hipotenusa

■ **RECTÁNGULOS**

universidad o centro de estudios superiores. ◆ s.m. Cura párroco.

RECTORADO s.m. Oficio, cargo y oficina del rector. **2.** Tiempo durante el cual se ejerce el cargo de rector.

RECTORÍA s.f. Oficio o jurisdicción del rector. **2.** Oficina o casa del rector, cura párroco.

RECTOSCOPIA s.f. Examen del recto mediante un rectoscopio.

RECTOSCOPIO s.f. Endoscopio especial para el examen óptico del recto.

RECUA s.f. Grupo de caballerías que van juntas, particularmente las que llevan los trajinantes. **2.** *Fig.* y *fam.* Conjunto de cosas que van o siguen unas detrás de otras.

RECUADRO s.m. Parte de una superficie limitada por una línea en forma de cuadrado o rectángulo. **2.** Esta misma línea.

RECUBRIMIENTO s.m. Acción y efecto de recubrir. **2.** Sustancia o material que recubre o sirve para recubrir: *un recubrimiento de oro, de pintura plástica.* **3.** CONSTR. Parte de una pizarra, teja, etc., que queda cubierta por otra.

RECUBRIR v.tr. [53]. Cubrir la superficie de una cosa con otra.

RECUELO s.m. Café hecho con el poso que queda después de un primer cocimiento.

RECUENTO s.m. Acción y efecto de recontar.

RECUERDO s.m. Acción y efecto de recordar. **2.** Presencia en la mente de algo percibido con anterioridad. **3.** *Fig.* Objeto que sirve para recordar a quien lo posee una persona, cosa, situación o lugar determinados. ◇ **Recuerdos** Fórmula de cortesía con que una persona o un intermediario que transmita a otra persona un sentimiento de afecto, respeto, simpatía, etc.

RECULAR v.intr. (fr. *reculer*). Cejar o retroceder, andar hacia atrás. **2.** *Fig.* y *fam.* Flaquear, ceder en una actitud u opinión.

RECULÓN, NA adj. TAUROM. Se dice de la res que, ante el desafío del diestro, anda hacia atrás. ◇ **A reculones** *Fam.* Andando a sacudidas hacia atrás.

RECUPERABLE adj. Que puede o debe recuperarse: *un envase recuperable.*

RECUPERACIÓN s.f. Acción y efecto de recuperar o recuperarse. **2.** MED. Conjunto de medidas dirigidas a conseguir que vuelva a la normalidad el funcionamiento del aparato locomotor.

RECUPERADOR s.m. INDUSTR. Aparato para la recuperación de calor o energía.

RECUPERAR v.tr. (lat. *recuperare*, de *capere*, agarrar). Volver a tener algo que, habiéndolo poseído antes, se había perdido: *recuperar las joyas robadas.* **2.** Trabajar un determinado tiempo para remplazar el que se ha perdido por una causa cualquiera: *recuperar una jornada laboral.* **3.** Volver a poner en servicio lo que ya estaba inservible. **4.** Esp. Aprobar un examen después de haberlo suspendido en la primera convocatoria. ◆ **recuperarse** v.prnl. Volver a la normalidad física o espiritual después de una crisis. **2.** Recobrar el conocimiento después de un desmayo.

RECUPERO s.m. Argent. Recuperación (acción y efecto).

RECURRENCIA s.f. BOT. Fenómeno de aparición de formas relacionadas con las otras especies, más o menos afines o congéneres, alejadas en el tiempo o en el espacio. **2.** MAT. Propiedad de una secuencia en la que cualquier término se puede calcular conociendo los precedentes. ◇ **Demostración por recurrencia** LÓG. y MAT. Demostración por la que se extiende a una serie de términos homogéneos la verdad de una propiedad de por lo menos dos de estos fenómenos.

RECURRENTE adj. y s.m. y f. Que recurre. ◆ adj. ANAT. Que vuelve hacia atrás: *nervios recurrentes.* ◆ s.m. y f. DER. Persona que tiene entablado un recurso. ◇ **Fiebre recurrente** Enfermedad infectocontagiosa endémica, que se manifiesta por la existencia de una fiebre recidivante. **Imagen recurrente** Imagen que persiste después de que el ojo haya sido impresionado por un objeto muy iluminado. **Serie, o sucesión, recurrente** MAT. Serie o sucesión en la que cada término se calcula en función de un número finito de términos que le preceden de forma inmediata.

RECURRIDO, A adj. DER. En la casación, se dice de la parte que sostiene o a quien favorece la sentencia que se recurre.

RECURRIR v.intr. (lat. *recurrere*, volver a correr). Buscar en alguien o en algo ayuda en una necesidad. **2.** Volver una cosa al lugar de donde salió. **3.** DER. **a.** Acudir a una autoridad con una demanda o petición. **b.** Entablar recurso contra una resolución.

RECURSIVIDAD s.f. Cualidad de recursivo. **2.** LÓG. Noción que corresponde a la idea intuitiva de calculabilidad efectiva por aproximaciones sucesivas.

RECURSIVO, A adj. INFORMÁT. Se dice de un programa organizado de tal forma que puede llamarse a sí mismo, o sea, pedir su propia ejecución en el curso de su desarrollo. **2.** LING. En gramática generativa, se dice del elemento lingüístico susceptible de ser incluido como constituyente de un elemento de la misma naturaleza un número indefinido de veces.

RECURSO s.m. Acción y efecto de recurrir. **2.** Medio al que se recurre o se puede recurrir para lograr algo. **3.** DER. Medio de impugnación que persigue un nuevo examen de una resolución judicial. ◆ **recursos** s.m.pl. ECON. Medios materiales de que se puede disponer para ser utilizados para un determinado proceso económico. ◇ **Recursos humanos** Conjunto del personal de una empresa. **Recursos naturales** Conjunto de materiales y medios que se pueden disponer del entorno físico.

RECUSACIÓN s.f. Acción y efecto de recusar.

RECUSAR v.tr. (lat. *recusare*). Rechazar, negarse a admitir algo. **2.** Rechazar a alguien por inepto y parcial. **3.** DER. Rechazar justificadamente el que ha de ser juzgado a un juez o juzgador.

RED s.f. (lat. *rete*). Aparejo hecho con hilos, cuerdas o alambres trabados formando una malla que tiene distintas formas, usos o funciones: *una red de pesca; la red de una pista de tenis; la red de seguridad de un acróbata; la red de una portería de fútbol.* **2.** Conjunto de tuberías, líneas de conducción, etc., que se entrecruzan: *red de carreteras.* **3.** *Fig.* Organización con ramificaciones en varios lugares y con comunicación entre ellos: *una red de supermercados.* **4.** Conjunto de personas organizadas para llevar a cabo una acción común: *red de espionaje.* **5.** *Fig.* Ardid o engaño con que se atrae a una persona. **6.** Conjunto de computadoras interconectadas para llevar a cabo el tratamiento de datos o el intercambio de información; por ext. Internet. ◇ **Red cristalina** Disposición regular de los átomos en el seno de un cristal. **Red de teleproceso** INFORMÁT. Conjunto de elementos capaces de tratar información, conectados entre sí por líneas telefónicas. **Red estrellada** INFORMÁT. Red en la que todas las computadoras están conectadas a una computadora central. **Red hidrográfica** Conjunto de ríos que riegan una región. **Red local** INFORMÁT. Red que establece la conexión entre varios equipos informáticos sin recurrir a los enlaces telefónicos de la red pública. **Red pública** INFORMÁT. Soporte de telecomunicaciones informáticas, generalmente instalado por una empresa pública. (*V. ilustr. pág. siguiente.*)

REDACCIÓN s.f. (lat. *redactio, -onis*). Acción de redactar. **2.** Escrito que se ha redactado. **3.** Ejercicio escolar que consiste en un relato escrito sobre un tema determinado. **4.** Oficina donde trabajan los redactores. **5.** Conjunto de redactores de un periódico, una editorial, etc.

REDACTAR v.tr. (del lat. *redactus*, p. de *redigere*, hacer regresar). Poner por escrito algo que ha sucedido, que se ha acordado o que se ha pensado.

REDACTOR, RA s. Persona que tiene por oficio redactar textos, en especial la que trabaja en un periódico, un programa de radio o televisión o una editorial.

REDADA s.f. Acción de lanzar la red. **2.** Conjunto de animales capturados de una vez con la red. **3.** Operación policial que consiste en apresar a una red de delincuentes. **4.** Conjunto de personas apresadas.

REDAÑO s.m. Mesenterio. ◆ **redaños** s.m.pl. *Fig.* Coraje, valor: *joven de muchos redaños.*

REDECILLA s.f. Red o malla pequeña usada

■ **REDES** y artes de pesca. Nazaré (Portugal).

para recoger o adornar el pelo. **2.** ZOOL. Segunda cavidad de las cuatro que componen el estómago de los rumiantes.

REDEDOR s.m. Contorno de una cosa. ◇ **Al rededor** o **en rededor** Alrededor.

REDENCIÓN s.f. (lat. *redemptio, -onis*). Acción de redimir. **2.** TEOL. CRIST. En el cristianismo, salvación del ser humano por medio de la pasión y muerte de Jesús.

REDENTOR, RA adj. y s. (lat. *redemptor, -oris*). Que redime. ◇ **El Redentor** Jesús.

REDENTORISTA adj. y s.m. y f. Relativo a una congregación religiosa clerical misionera, fundada en Nápoles por san Alfonso María de Ligorio; miembro de esa congregación.

REDICHO, A adj. Que habla con afectada corrección, usando palabras escogidas y conceptos pedantes.

REDIL s.m. (de *red*). Lugar vallado donde se guarda el ganado.

REDILAS s.f.pl. Méx. Armazón de tablas alrededor de la plataforma de un camión: *camión de redilas*.

REDIMIR v.tr. y prnl. (lat. *redimere*, volver a comprar, rescatar, de *emere*, coger). Rescatar al cautivo o sacarlo de la esclavitud mediante el pago de un precio. **2.** Librar a alguien de una obligación o una situación penosa: *redimir del ayuno*. **3.** DER. **a.** Dejar libre una cosa de hipoteca u otro gravamen. **b.** Liberar de culpa o gravamen. ◆ v.tr. Comprar de nuevo una cosa que se había poseído y vendido.

REDINGOTE s.m. (fr. *redingote*, levita, del ingl. *riding-coat*, saco o chaqueta para montar a caballo). Capote con mangas.

REDISTRIBUCIÓN s.f. Cambio que se opera en la estructura distributiva de los bienes o rentas. **2.** Modificación en la distribución que proviene de una intervención estatal deliberada con una finalidad social.

REDISTRIBUIR v.tr. [88]. Efectuar una redistribución.

RÉDITO s.m. (lat. *reditus, -us*, regreso, vuelta). Cantidad de dinero que produce, durante un período de tiempo, un bien de capital, como consecuencia de su inversión en una actividad lucrativa. **2.** Interés producido por 100 unidades en un año. SIN.: *tanto por ciento*.

REDITUAR v.tr. [18]. Rendir, producir utilidad o rédito.

REDIVIVO, A adj. Vuelto a la vida, resucitado.

REDOBLADO, A adj. Que es más grueso o resistente que de ordinario.

REDOBLAMIENTO s.m. Acción y efecto de redoblar. SIN.: *redoble*.

REDOBLANTE s.m. Tambor alargado con caja de madera cuyo sonido es más alto que el del tambor corriente.

REDOBLAR v.tr. Hacer que una cosa, espe-

cialmente un clavo, se doble sobre sí mismo. ◆ v.tr. y prnl. Reduplicar, aumentar al doble: *redoblar la vigilancia*. ◆ v.intr. Tocar redobles en el tambor.

REDOBLE s.m. Redoblamiento. **2.** Toque vivo y sostenido que se produce tocando rápidamente el tambor con los palillos.

REDOBLÓN, NA adj. y s. Se dice del clavo que ha de redoblarse.

REDOMA s.f. Recipiente de laboratorio de base ancha y cuello estrecho.

REDOMADO, A adj. Muy cauteloso y astuto. **2.** Consumado, experto.

REDOMÓN, NA adj. Amér. Merid. Se dice de la caballería no domada por completo.

REDONDA s.f. Comarca: *el labrador más rico de la redonda*. **2.** MÚS. Figura de nota musical, que está considerada como medida fundamental del tiempo, o sea, como unidad básica de la métrica musical. ◆ s.f. y adj. Tipo de letra común, de forma circular y derecha. **2.** Redondilla, carácter de la escritura. ◇ **A la redonda** Alrededor.

REDONDEADO, A adj. Que tiene forma aproximadamente redonda.

REDONDEAR v.tr. y prnl. Hacer redondo o más redondo. **2.** Fig. Completar algo de modo satisfactorio: *redondear un negocio*. ◆ v.tr. Prescindir de fracciones para completar unidades de cierto orden: *redondear el precio*. ◆ **redondearse** v.prnl. Fig. Incrementar o tener alguien bastantes bienes o rentas para poder vivir.

REDONDEL s.m. (fr. ant. *reondel*). Fam. Círculo o circunferencia. **2.** TAUROM. Ruedo.

REDONDELA s.f. Argent. y Chile. Cualquier objeto circular. **2.** Chile. Fam. Círculo.

REDONDEO s.m. Acción y efecto de redondear.

REDONDEZ s.f. Cualidad de redondo. **2.** Superficie de un cuerpo redondo: *la redondez de la Tierra*.

REDONDILLA s.f. y adj. Carácter de escritura derecha y circular, con los trazos rectos y la parte central de las curvas más gruesa que en la escritura ordinaria. SIN.: *redonda*. ◆ s.f. MÉTRIC. Estrofa formada por cuatro versos octosílabos que riman aconsonantadamente, el primero con el cuarto y el segundo con el tercero.

REDONDO, A adj. (lat. *rotundus*). Se dice del cuerpo o la figura obtenidos por revolución de una superficie o una línea alrededor de un eje: *la esfera, el cilindro y el cono son cuerpos redondos*. **2.** Se dice del perfil de sección circular o aproximadamente circular: *mesa de cantos redondos*. **3.** Fig. Perfecto, acabado, que no presenta defectos: *un negocio redondo*. **4.** Fig. Categórico, claro, sin rodeos: *su respuesta fue un no redondo*. **5.** Fig. Se dice de la cantidad o

del número de cuya parte fraccionaria o más pequeña se prescinde. ◆ s.m. Esp. Pieza de carne bovina que tiene forma relativamente cilíndrica y está situada junto a la contratapa. ◇ **Caer (en) redondo** Caer desplomado, de un golpe, repentinamente. **En redondo** Dando la vuelta completa; de manera categórica, terminante. **Pase (en) redondo** TAUROM. Pase natural en que se saca la muleta por delante de la cara del toro, para empalmar con otro pase.

REDOVA s.f. (fr. *redowa*). Méx. Trozo pequeño de madera hueco que se toca a manera de tambor de madera, característico de la música del N de México. **2.** Méx. Grupo musical que toca composiciones típicas del N del país.

REDUCCIÓN s.f. (lat. *reductio, -onis*). Acción y efecto de reducir o reducirse: *reducción de impuestos, de precios, de la jornada laboral*. **2.** Operación a que se someten los resultados de las observaciones para corregirlos de los factores que alteran la exactitud de las medidas, tales como aberraciones, perturbaciones, etc. **3.** CIR. Acción de colocar en su lugar los huesos dislocados o fracturados. **4.** MAT. **a.** Operación de remplazar una figura por otra semejante más pequeña. **b.** Transformación de una expresión algebraica por otra equivalente más simple o manejable. **5.** MÚS. Arreglo de una partitura para que pueda ser interpretada por una formación instrumental o vocal de menos efectivos: *reducción para piano de una obra sinfónica*. **6.** QUÍM. Reacción en la que se extrae el oxígeno de un cuerpo que lo contiene o, más generalmente, en la que un átomo o un ion ganan electrones. ◇ **Reducción a la unidad** Procedimiento para resolver la regla de tres. **Reducción al estado laical** Cesación del estado clerical y retorno al estado laical. **Reducción cromática, o cromosómica** Disminución de la mitad del número de cromosomas de una célula que tiene lugar durante una de las divisiones previas a la formación de las células reproductoras. **Reducción directa** METAL. Reducción de un mineral a una temperatura inferior a la temperatura de fusión de los metales que contiene. **Reducción fenomenológica** FILOS. Primera fase del método fenomenológico de Husserl, consistente en la suspensión de juicio sobre la existencia de las cosas.

REDUCCIONISMO s.m. FILOS. Tendencia a simplificar los enunciados o fenómenos complejos, exponiéndolos en proposiciones sencillas.

REDUCIBLE adj. Que se puede reducir. SIN.: *reductible*. ◇ **Ecuación reducible** Ecuación cuyo grado puede disminuirse. **Fracción, o quebrado, reducible** Fracción o quebrado que pueden simplificarse.

REDUCIDO, A adj. Estrecho, pequeño, limitado: *un espacio reducido*. ◆ adj. y s.f. MAT. Se dice del resultado de ciertas reducciones.

REDUCIDOR, RA s. Argent., Chile, Colomb. y Perú. Perista, persona que comercia con objetos robados.

REDUCIR v.tr. y prnl. (lat. *reducere*) [77]. Disminuir, limitar algo de tamaño, extensión, intensidad o importancia: *reducir gastos; reducir una figura*. **2.** Dividir una cosa en partes muy pequeñas: *reducir a trizas, a cenizas*. **3.** Someter u obligar a obedecer a alguien: *reducir al enemigo*. **4.** Resumir, explicar o describir algo, manifestando solo sus rasgos más representativos. **5.** Concentrar por ebullición: *reducir una salsa*. ◆ v.tr. AUTOM. Pasar de una marcha a otra más corta para disminuir la velocidad del vehículo. **2.** CIR. Efectuar una reducción. **3.** MAT. Transformar, simplificar: *reducir dos fracciones al mismo denominador*. **4.** QUÍM. Hacer que un elemento de un compuesto gane electrones o pierda oxígeno. ◆ **reducirse** v.prnl. Moderarse, ceñirse o amoldarse a ciertas circunstancias: *reducirse a vivir sin tanto lujo*.

REDUCTIBLE adj. Reducible. **2.** CIR. Que puede ponerse de nuevo en su lugar.

REDUCTO s.m. (ital. *ridotto*). Lugar que presenta condiciones para encerrarse o defenderse. **2.** Obra fortificada aislada y cerrada. **3.** Fig. Ambiente o lugar que conserva tradiciones o ideologías anticuadas.

REDUCTOR, RA adj. Que reduce o sirve para reducir. ◆ adj. y s.m. MEC. Se dice de un mecanismo que disminuye la velocidad de rotación de un eje. **2.** QUÍM. Se dice del cuerpo que tiene la propiedad de reducir: *el carbono es un reductor.*

REDUNDANCIA s.f. Empleo de palabras innecesarias para expresar una idea que ya es deducible por contexto o que se dice con otras palabras.

REDUNDANTE adj. Que presenta redundancia: *discurso redundante.*

REDUNDAR v.intr. (lat. *redundare,* desbordarse, abundar). Producir un beneficio para alguien o algo: *esa información redunda en nuestro favor.*

REDUPLICACIÓN s.f. Acción y efecto de reduplicar. **2.** Figura retórica que consiste en la repetición de una letra, una sílaba o una palabra.

REDUPLICAR v.tr. [1]. Aumentar algo el doble: *reduplicar los esfuerzos.* SIN.: *redoblar.*

REEDICIÓN s.f. Acción de reeditar. **2.** Nueva edición.

REEDITAR v.tr. Hacer una nueva edición.

REEDUCACIÓN s.f. Conjunto de métodos que tienen como objetivo desarrollar las funciones sanas en un niño o un adulto disminuido, para compensar sus deficiencias y reintegrarlo en un ambiente normal.

REEDUCAR v.tr. [1]. Someter a los métodos de reeducación.

REELEGIR v.tr. [91]. Elegir de nuevo por votación a una persona para un cargo, un premio o una distinción.

REEMBARCAR v.tr. y prnl. [1]. Volver a embarcar, inmediatamente después de haber desembarcado. ◆ **reembarcarse** v.prnl. *Fig.* Meterse de nuevo en un asunto, negocio, etc.: *tras su aventura en política, se reembarcó en la banca privada.*

REEMBARQUE s.m. Acción de reembarcar.

REEMBOLSAR v.tr. → REMBOLSAR.

REEMBOLSO s.m. → REMBOLSO.

REEMISOR s.m. Repetidor.

REEMPLAZAR v.tr. [7]. → REMPLAZAR.

REEMPLAZO s.m. → REMPLAZO.

REEMPRENDER v.tr. Reanudar algo que se había interrumpido: *reemprender la marcha tras un corto descanso.*

REENCARNACIÓN s.f. Encarnación del alma en un nuevo cuerpo después de la muerte.

REENCARNARSE v.prnl. Encarnarse el alma en un nuevo cuerpo después de la muerte.

REENCAUCHADORA s.f. Colomb. y Perú. Instalación para reencauchar llantas o cubiertas de los vehículos.

REENCAUCHAR v.tr. Colomb. y Perú. Recauchutar.

REENCONTRAR v.tr. y prnl. Encontrar de nuevo una cosa, generalmente inmaterial, o una persona: *reencontrar el rumbo; reencontrar a un amigo.* ◆ **reencontrarse** v.prnl. Volver a reunirse alguien con una persona: *se reencontró con sus amigos.* **2.** Volver a encontrarse con algo que no se buscaba: *reencontrarse con lugares añorados.*

REENCUENTRO s.m. Acción de reencontrarse: *reencuentro de ex alumnos.*

REENGANCHAR v.tr. y prnl. Esp. Continuar en el servicio militar.

REENGANCHE s.m. Esp. Acción y efecto de reenganchar o reengancharse.

REENVIAR v.tr. [19]. Reexpedir.

REENVÍO s.m. Reexpedición.

REESCRIBIR v.tr. [54]. Volver a redactar un texto introduciendo modificaciones.

REESTRENAR v.tr. Volver a estrenar, especialmente películas u obras teatrales, al cabo de algún tiempo de su estreno.

REESTRENO s.m. Acción de reestrenar.

REESTRUCTURAR v.tr. Modificar la estructura de una obra, disposición, empresa, proyecto, etc.: *reestructurar la industria textil.*

REEXPEDICIÓN s.f. Acción de reexpedir.

REEXPEDIR v.tr. [89]. Enviar algo recibido previamente al lugar de donde procede o a otro lugar.

REEXPORTACIÓN s.f. Acción de reexportar.

REEXPORTAR v.tr. Exportar lo que se había importado.

REFACCIÓN s.f. Pequeña cantidad de alimento que se toma para reparar fuerzas. **2.** Compostura o reparación de lo estropeado. **3.** Méx. Pieza de repuesto para cualquier aparato mecánico.

REFACCIONAR v.tr. Amér. Restaurar o reparar, especialmente edificios.

REFACCIONARIA s.f. Méx. Tienda de refacciones para aparatos mecánicos.

REFAJO s.m. Falda de tela gruesa que usaban las mujeres como prenda interior de abrigo o como falda.

REFALOSA s.f. Argent. y Chile. Baile popular. **2.** Argent. y Chile. Pancutra.

REFECTORIO s.m. (lat. *refectorius,* que rehace). Comedor común de un colegio o convento, generalmente con un púlpito para el lector.

REFERENCIA s.f. Acción y efecto de referirse o aludir a algo: *hacer referencia a hechos pasados.* **2.** Nota con la que, en un texto, se remite a otro o a otra parte de este. **3.** Noticia o información sobre un acontecimiento: *las referencias de la guerra.* **4.** Informe sobre las cualidades, aptitudes o solvencia de alguien o algo: *dar buenas referencias.* (Suele usarse en plural).

REFERENCIAL adj. Que sirve de referencia. ◆ s.m. Conjunto de elementos que forman un sistema de referencia. **2.** Conjunto de los elementos unidos a este sistema. **3.** MAT. Conjunto general en el que los conjuntos estudiados constituyen subconjuntos.

REFERÉNDUM o REFERENDO s.m. (del lat. *ad referendum,* para consultar). [pl. *referéndums, referéndum o referendos*]. Procedimiento jurídico por el que se somete al voto popular una medida constitucional o legislativa.

REFERENTE adj. Que se refiere a la cosa que se expresa: *declaraciones referentes a la economía.*

REFERÍ s.m. Amér. Juez de una competición deportiva, árbitro.

RÉFERI s.m. Méx. Referí.

REFERIR v.tr. (lat. *referre*) [79]. Dar a conocer o narrar un acontecimiento o suceso: *referir una anécdota.* **2.** Remitir, enviar al lector de un texto a otro lugar de este o a otro texto. **3.** Atribuir algo a un motivo, origen, época, etc. **4.** Reducir o dar la equivalencia de una cantidad en otro tipo de unidades o monedas: *referir una suma a números redondos.* ◆ v.tr. Establecer una relación: *referir a alguien varias cualidades.* ◆ **referirse** v.prnl. Aludir, mencionar explícita o implícitamente: *se refería a un caso.*

REFILAR v.intr. Chile. Pasar tocando ligeramente una cosa.

REFILÓN (DE) loc. a. Se aplica a la forma oblicua o ladeada de incidir una cosa en otra: *el balón le tocó la pierna de refilón.* **b.** Fam. Superficialmente, sin dedicarle mucha atención: *oíamos de refilón el griterío de los alumnos.*

REFINACIÓN s.f. Proceso industrial mediante el cual se hace más puro un metal o sustancia eliminando sus impurezas. SIN.: *refinado, refino.*

REFINADO, A adj. Exquisito, muy cuidado en todos sus detalles y libre de tosquedad o vulgaridad: *persona refinada; modales refina-*dos. **2.** *Fig.* Perfecto, consumado en alguna cualidad o defecto: *una crueldad refinada.* **3.** INDUSTR. Libre de impurezas: *aceite refinado.* ◆ s.m. Refinación. **2.** PETRÓL. Producto de refino, especialmente el obtenido de los aromáticos contenidos en un aceite mineral.

REFINADOR, RA adj. Que refina: *pila refinadora.* ◆ s. Persona que explota o posee una refinería. ◆ s.m. Persona que tiene por oficio refinar metales. **2.** Técnico o industrial especializado en el refino de petróleo. **3.** Aparato utilizado para refinar o purificar la pasta de papel.

REFINAMIENTO s.m. Esmero, buen gusto, manera cuidada, refinada: *refinamiento del lenguaje; refinamiento en el vestir.* **2.** Ensañamiento en el proceder de personas astutas o maliciosas: *herir con cruel refinamiento.* **3.** Detalle de perfección: *una casa con todos los refinamientos modernos.*

REFINAR v.tr. Hacer más fina o más pura una cosa, separando cualquier impureza o materia heterogénea. **2.** *Fig.* Perfeccionar una cosa, cuidando sus últimos detalles y adecuándola a un fin determinado: *refinar los modales.* **3.** Efectuar la refinación del azúcar, aceite, pasta de papel, etc.

REFINERÍA s.f. Instalación industrial donde se refinan determinados productos, como azúcar, petróleo, etc.

REFINO s.m. Refinación.

REFITOLERO, A adj. y s. (del ant. *refitor,* refectorio). Se dice de la persona que cuida del refectorio. **2.** *Fig.* y *fam.* Entrometido. **3.** *Fig.* y *fam.* Acicalado, pulido.

REFLECTAR v.intr. (ingl. *reflect*). Reflejar la luz, el calor, etc.

REFLECTOR, RA adj. (ingl. *reflector*). Que refleja: *espejo reflector.* ◆ s.m. Aparato de superficie bruñida que refleja los rayos luminosos, el calor u otra radiación. **2.** Aparato que lanza la luz de un foco luminoso en determinada dirección.

REFLEJAR v.tr. y prnl. Hacer retroceder o cambiar la dirección de la luz, el calor, el sonido o algún cuerpo elástico, oponiéndoles una superficie lisa. **2.** Devolver una superficie brillante la imagen de algo. ◆ v.tr. *Fig.* Manifestar, hacer patente o perceptible una cosa.

REFLEJO, A adj. (lat. *reflexus, -us,* retroceso, de *reflectere,* doblar hacia atrás). Que ha sido reflejado: *onda refleja.* **2.** Que tiene lugar por reflexión: *visión refleja.* **3.** Se dice de un efecto que siendo producido en un lugar se reproduce espontáneamente en otro: *dolor reflejo.* **4.** Se dice de las acciones que obedecen a motivaciones inconscientes: *acto reflejo.* ◆ s.m. Destello, luz reflejada por un objeto. **2.** Imagen, representación de algo o alguien o cosa que manifiesta otra. **3.** Reacción rápida ante un acontecimiento o un estímulo repentinos: *tener buenos, malos reflejos.* **4.** FILOS. Para los materialistas, imagen de la realidad exterior que se forma en la conciencia humana, y que la constituye. **5.** FISIOL. Conjunto de una excitación sensorial transmitida a un centro por vía nerviosa y de la respuesta motriz o glandular, siempre involuntaria, que provoca. ◇ **Reflejo condicionado** o **condicional** Respuesta particular de un ser vivo ante un estímulo con-

■ **REFINERÍA** de petróleo en el puerto de Yokohama, en Japón.

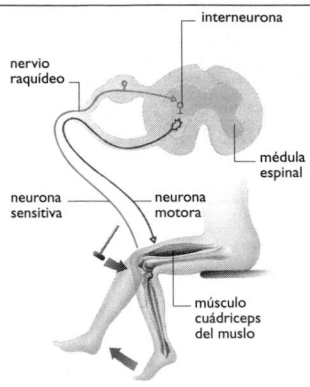

■ REFLEJO rotular.

dicional, adquirida durante un aprendizaje. **Reflejo incondicional,** o **innato** Reflejo que el ser vivo posee de forma natural.

RÉFLEX adj. y s.f. (del ingl. *reflex camera*). Se dice de la cámara dotada de un visor que permite la observación de la imagen en condiciones idénticas a como va a ser captada por la película. **2.** Se dice de un montaje que permite utilizar el mismo elemento amplificador para amplificar señales de alta y de baja frecuencia.

REFLEXIÓN s.f. (lat. *reflexio, -onis*).Acción y efecto de reflejar o reflejarse. **2.** Acción y efecto de reflexionar. **3.** *Fig.* Advertencia, consideración, consejo. **4.** Cambio de dirección de un cuerpo que ha chocado con otro. **5.** Cambio de dirección de las ondas electromagnéticas o sonoras que inciden sobre una superficie reflectante. <> **Ángulo de reflexión** Ángulo formado por el rayo reflejado y la perpendicular a la superficie reflectante en el punto de incidencia. (El ángulo de reflexión es igual al ángulo de incidencia.)
ENCICL. La reflexión de un rayo luminoso en la superficie de separación entre dos medios obedece a las siguientes leyes: 1º El rayo incidente, el rayo reflejado y la normal a la superficie en el punto de incidencia se encuentran en el mismo plano. 2º El ángulo de incidencia *i* es igual al ángulo de reflexión *i'*.

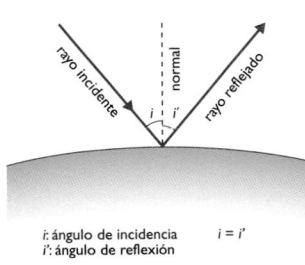

i: ángulo de incidencia   *i* = *i'*
i': ángulo de reflexión

■ REFLEXIÓN de un rayo luminoso.

REFLEXIONAR v.tr. Centrar el pensamiento en algo, considerar con atención.
REFLEXIVIDAD s.f. LÓG. y MAT. Propiedad de la relación reflexiva.
REFLEXIVO, A adj. Que refleja o reflecta. **2.** Que habla o actúa con reflexión. **3.** FILOS. Que concierne a la conciencia considerándose a sí misma como objeto. **4.** LÓG. y MAT. Se dice de una relación verificada para todo par de elementos idénticos. <> **Pronombre reflexivo** Pronombre personal átono que designa la misma persona o la misma cosa que el sujeto. **Verbo reflexivo** Verbo que denota una acción cuyo resultado recae sobre el mismo sujeto que la hace: *lavarse* y *afeitarse* son verbos pronominales.

REFLEXOGRAMA s.m. Registro gráfico de un reflejo.
REFLEXOLOGÍA s.f. Estudio científico de los actos reflejos.
REFLEXOTERAPIA s.f. Método terapéutico mediante masajes en las zonas reflejas de las manos y los pies.
REFLORECER v.intr. [37]. Volver a florecer, especialmente los cultivos o las plantas. **2.** Recobrar el lustre o el valor algo inmaterial que lo había perdido.
REFLOTAR v.tr. Volver a poner a flote una embarcación sumergida o encallada. **2.** Hacer que una empresa o negocio en crisis vuelva a dar beneficios.
REFLUIR v.intr. [88]. Volver hacia atrás una corriente líquida. **2.** *Fig.* Redundar, venir a parar una cosa en otra.
REFLUJO s.m. Movimiento de descenso de la marea. **2.** Parte de la fracción vaporizada que es condensada y reintroducida en estado líquido en el aparato de destilación. **3.** MED. Flujo de un líquido en sentido inverso al normal.
REFOCILAR v.tr. y prnl. (lat. *refocilare*, de *foculum*, calentador). Divertir o alegrar a alguien algo grosero o maligno.
REFORESTACIÓN s.f. Reconstitución de un bosque. **2.** Repoblación artificial de un bosque.
REFORMA s.f. Acción y efecto de reformar. **2.** Modificación de algo para mejorarlo. <> **Reforma agraria** Conjunto de medidas políticas que tiene como objetivo fundamental un cambio rápido y radical en el régimen de propiedad y explotación de la tierra.
REFORMADO, A adj. y s. Partidario de la religión reformada, protestante. **2.** Religioso de una orden reformada. ◆ s.m. Gasolina cuyo índice de octano ha sido mejorado mediante reforming. <> **Religión reformada** Religión protestante, protestantismo.
REFORMAR v.tr. (lat. *reformare*). Modificar algo con el fin de mejorarlo: *reformar los métodos de enseñanza; reformar la vivienda.* **2.** Efectuar el proceso de reforming. ◆ **reformarse** v.prnl. Cambiarse, corregirse.
REFORMATORIO, A adj. Que reforma o arregla. ◆ s.m. Establecimiento penitenciario para el tratamiento correccional de delincuentes menores de edad, con el fin de readaptarlos a la vida social.
REFORMING s.m. Procedimiento de refino que modifica la composición de una bencina pesada, bajo el efecto de la temperatura y la presión, en presencia de un catalizador.
REFORMISMO s.m. Doctrina orientada a la transformación, por vías legales, de las estructuras políticas, económicas y sociales. **2.** Nombre dado por algunos historiadores al despotismo ilustrado en España.
REFORMISTA adj. y s.m. y f. Relativo al reformismo; partidario de esta doctrina.
REFORZADO, A adj. Que está construido muy sólidamente o que tiene refuerzo: *arma, maquinaria reforzada.* **2.** Se dice de la unidad militar a la que se agregan otros elementos, necesarios para cumplir la primera misión asignada.
REFORZADOR, RA adj. Que refuerza o sirve para reforzar. ◆ s.m. FOT. Baño que sirve para reforzar un cliché fotográfico.
REFORZANTE s.m. Tónico.
REFORZAR v.tr. [13]. Añadir nuevas fuerzas a algo: *reforzar la guardia.* **2.** Hacer más fuerte una cosa o darle más fuerza: *reforzar los muros, un mueble.* ◆ v.tr. y prnl. *Fig.* Alentar, animar, fortalecer: *reforzar los ánimos.*
REFRACCIÓN s.f. Acción y efecto de refractar o refractarse. **2.** FÍS. Cambio de dirección de una onda al pasar de un medio a otro.
ENCICL. La refracción de un rayo luminoso al pasar de un medio A a un medio B obedece a dos leyes: 1º, el rayo incidente IO, el rayo refractado OR y la normal NON'a la superficie de separación están en un mismo plano; 2º, la relación entre el seno del ángulo de incidencia *i* y el seno del ángulo de refracción *r* es constante y se denomina *índice de refracción* del medio B respecto del medio A.
REFRACTAR v.tr. y prnl. Producir una refracción: *el prisma refracta la luz.*
REFRACTARIO, A adj. (lat. *refractarius*, pen-

denciero). Que se opone a aceptar o recibir una idea, enseñanza, opinión o costumbre. **2.** Inmune a alguna enfermedad. ◆ adj. y s.m. Que resiste a ciertas influencias físicas o químicas. **2.** Que resiste a muy altas temperaturas: *arcilla refractaria.* **3.** BIOL. Que resiste a una infección microbiana. **4.** HIST. Se dice de los sacerdotes que, durante la Revolución francesa, se negaron a prestar juramento a la constitución civil del clero. <> **Período refractario** Disminución o anulación pasajera de la excitabilidad de un receptor sensorial o de una fibra nerviosa tras un período de actividad.
REFRACTÓMETRO s.m. Aparato para medir los índices de refracción.
REFRACTOR s.m. Anteojo formado únicamente de lentes.
REFRÁN s.m. (occitano ant. *refranh,* estribillo).Sentencia de origen popular; en la cual se expresa un pensamiento moral, un consejo o una enseñanza. (Generalmente, está estructurada en verso y rima en asonancia o consonancia.)
REFRANERO s.m. Colección de refranes.
REFRANGIBLE adj. Que es susceptible de refracción.
REFREGADURA s.f. Refregamiento. **2.** Señal que queda de haber o haberse refregado alguna cosa.
REFREGAR v.tr. y prnl. [4]. Frotar una cosa contra otra repetidamente. **2.** *Fig.* y *fam.* Recordar insistentemente algo que ofende, humilla, avergüenza o mortifica.
REFREGÓN s.m. *Fam.* Refregadura.
REFRENAMIENTO s.m. Acción de refrenar.
REFRENAR v.tr. Sujetar o reducir el jinete al caballo con el freno. ◆ v.tr. y prnl. *Fig.* Contener o reprimir que se manifieste violentamente un impulso o pasión: *refrenar la cólera.*
REFRENDACIÓN s.f. Refrendo.
REFRENDAR v.tr. Autorizar un despacho u otro documento por medio de la firma de persona hábil para ello. **2.** *Fig.* Corroborar, aceptar confirmándola la cualidad o forma de ser que se exprese de algo o alguien.
REFRENDARIO, A s. Funcionario público con autoridad, después del superior, para legalizar con su firma un despacho o documento.
REFRENDO s.m. Acción de refrendar. **2.** Acto por el que el ministro competente se responsabiliza, con su firma, de un decreto o mandato suscrito por el jefe del estado y le da fuerza coercitiva. **3.** Firma del refrendario.
REFRESCAR v.tr. y prnl. [1]. Hacer que una cosa esté fresca o más fresca. **2.** *Fig.* Renovar o actualizar un recuerdo, sentimiento, costumbre, etc.: *refrescar la memoria.* ◆ v.intr. Disminuir su temperatura el tiempo en general, el ambiente o el calor del aire. ◆ v.intr. y prnl. *Fig.* Ponerse fresco, especialmente tomando alguna bebida fría. **2.** *Fam.* Tomar el fresco.
REFRESCO s.m. Bebida fría, sin alcohol, que se toma para quitar la sed. **2.** Refrigerio, alimento moderado y ligero que se suele tomar en un descanso del trabajo. **3.** Conjunto de bebidas, dulces y otros alimentos que se ofrece en ciertas reuniones. <> **De refresco** Se dice del animal que sustituye al que ya está cansado en grandes cabalgadas o trabajos fuertes: *un caballo de refresco.*
REFRIEGA s.f. Combate inferior, en importan-

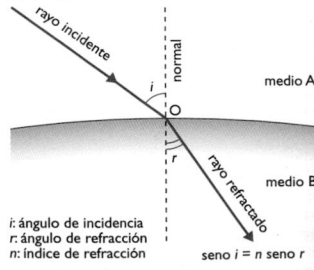

i: ángulo de incidencia
r: ángulo de refracción
n: índice de refracción   seno *i* = *n* seno *r*

■ REFRACCIÓN de un rayo luminoso.

cia y participación de fuerzas, a una batalla. **2.** Riña o disputa violenta

REFRIGERACIÓN s.f. Acción de refrigerar. **2.** Procedimiento técnico para bajar la temperatura, eliminar calor o producir frío.

REFRIGERADO, A adj. Que ha sufrido el proceso de refrigeración: *carne refrigerada.*

REFRIGERADOR, RA adj. Que refrigera. ✦ s.m. Aparato de producción de frío. **2.** Cámara cerrada enfriada artificialmente para conservar alimentos. GEOSIN.: Argent. *heladera;* Chile. *frigider;* Esp. *frigorífico, nevera;* Perú. *refrigeradora.*

REFRIGERADORA s.f. Perú. Refrigerador.

REFRIGERANTE adj. Que refrigera. ✦ s.m. Aparato, instalación o sustancia para enfriar. **2.** Intercambiador de calor utilizado para enfriar un líquido o un gas mediante un fluido más frío: *refrigerante atmosférico.*

REFRIGERAR v.tr. y prnl. (lat. *refrigerare*). Enfriar, someter a la refrigeración: *refrigerar una sala, los alimentos.*

REFRIGERIO s.m. Comida ligera que se toma, generalmente entre las principales, para reparar fuerzas. **2.** *Fig.* Alivio o consuelo en cualquier incomodidad o pena.

REFRINGENCIA s.f. Fís. Propiedad de refractar la luz.

REFRINGENTE adj. Fís. Que refracta la luz. *medio refringente.*

REFRINGIR v.tr. y prnl. (lat. *refringere*) [43] Refractar.

REFRITO, A adj. Recalentado con sartén o vuelto a freír. ✦ s.m. Comida o condimento formados por trozos pequeños y fritos de algo: *un refrito de cebolla y tomate.* **2.** *Fig. y fam.* Cosa rehecha o recompuesta, especialmente un escrito u obra literaria, o compuesta por fragmentos de otra

REFUCILAR v.intr. Amér. Relampaguear.

REFUCILO s.m. Amér. Relámpago.

REFUERZO s.m. Acción y efecto de reforzar. **2.** Cosa con que se refuerza o repara algo, fortaleciendo. **3.** *Fig.* Ayuda que se presta o recibe en alguna necesidad. **4.** ARM. Grueso adicional que se añade a los cañones de las armas de fuego. **5.** FOT. Aumento de los contrastes de un fototipo o cliché fotográfico débil. **6.** MIL. Ayuda que se presta a una tropa para acrecentar su número y potencia. **7.** TECNOL. Pieza que se añade para fortalecerla y aumentar su resistencia, o para evitar que se desgaste. **8.** TEXT. En una prenda o punto, parte más gruesa o tejida con hilo más resistente. ✦ **refuerzos** s.m.pl. Tropas que se suman a otras para aumentar su fuerza o eficacia.

REFUGIADO, A s. Persona que se ha refugiado en un país extranjero a consecuencia de guerras, revoluciones, persecuciones, etc.: *campos de refugiados.*

REFUGIAR v.tr. Dar refugio o protección a alguien. ✦ **refugiarse** v.prnl. Ir a un lugar para encontrar seguridad o tranquilidad.

REFUGIO s.m. (lat. *refugium*). Lugar que sirve para protegerse de un peligro. **2.** Asilo, acogida o amparo. **3.** Zona situada dentro de la calzada, reservada para los peatones y convenientemente protegida del tránsito rodado. **4.** Edificio construido en determinados lugares de las montañas para acoger o resguardar a viajeros y excursionistas, habilitado normalmente para ello.

REFULGENCIA s.f. Cualidad de refulgente.

REFULGENTE adj. (lat. *refulgens, -tis,* p. de *refulgere,* resplandecer). Que emite resplandor. SIN.: *resplandeciente.*

REFULGIR v.intr. (de *refulgencia*) [43]. Brillar, emitir fulgor.

REFUNDICIÓN s.f. Acción y efecto de refundir. **2.** Cosa u obra refundida.

REFUNDIR v.tr. (lat. *refundere*). Volver a fundir: *refundir un metal.* **2.** *Fig.* Dar nueva forma y disposición a una obra. ✦ v.tr. y prnl. Fundir, reunir.

REFUNFUÑAR v.intr. (voz de origen onomatopéyico). Emitir voces confusas o palabras mal articuladas en señal de enojo o desagrado.

REFUNFUÑO s.m. Acción y efecto de refunfuñar.

REFUNFUÑÓN, NA adj. y s. Que refunfuña mucho.

REFUTACIÓN s.f. Acción de refutar. **2.** Argumento o prueba cuyo objeto es destruir las razones del contrario.

REFUTAR v.tr. (lat. *refutare,* rechazar). Impugnar con argumentos o razones lo que otros dicen: *refutar una opinión.*

REFUTATORIO, A adj. Que sirve para refutar: *argumento refutatorio.*

REG s.m. (voz árabe). GEOGR. En los desiertos, vasto espacio constituido por terreno pedregoso del que los materiales más finos han sido sustraídos por la acción del viento.

REGADERA s.f. Recipiente portátil para regar. **2.** Méx. Ducha, aparato o instalación. ◇ **Estar como una regadera** Esp. *Fam.* Estar chiflado.

REGADERAZO s.m. Méx. Baño ligero que se toma con una regadera.

REGADÍO, A adj. Relativo al riego agrícola. ✦ s.m. Terreno dedicado a cultivos que se fertilizan con el riego.

REGALADO, A adj. Agradable, con muchas comodidades o placeres: *una vida regalada.* **2.** *Fig. y fam.* Muy barato: *comprar a un precio regalado.*

REGALAR v.tr. Dar sin recibir nada a cambio, generalmente como muestra de afecto o agradecimiento. **2.** Vender algo muy barato: *en esa tienda parece que regalan las cosas.* **3.** Halagar dar muestras de afecto o admiración. ✦ v.tr. y prnl. Deleitar, recrear: *aquella melodía regalaba los oídos.* ✦ **regalarse** v.prnl. Procurarse cosas que proporcionan comodidad, agrado, placer, etc.

REGALÍA s.f. Derecho exclusivo del soberano. **2.** *Fig.* Privilegio o excepción de cualquier clase. **3.** ECON. Participación en los ingresos o cantidad fija que se paga al propietario de un derecho a cambio del permiso para ejercerlo. **4.** HIST. En Gran Bretaña, insignias reales empleadas en la ceremonia de coronación de los soberanos, como coronas, cetros, espadas, etc. **5.** MÚS. Instrumento de viento, con depósito de aire y lengüetas batientes.

REGALISMO s.m. Doctrina y política de los defensores de las regalías de la corona sobre la Iglesia.

REGALISTA adj. y s.m. y f. Relativo al regalismo; partidario de esta doctrina.

REGALIZ s.m. (del lat. tardío *liquiritia*). Arbusto cuyas raíces se utilizan en la fabricación de ciertas bebidas refrescantes. (Familia papilionáceas.) **2.** Trozo seco de la raíz de este arbusto. **3.** Pasta elaborada con el jugo de la raíz de dicho arbusto y que en forma de barrita o pastilla se toma como golosina.

REGALO s.m. Cosa que se regala. **2.** Placer o gusto que proporciona algo, especialmente una comida o bebida. **3.** Comodidades y placeres con que se vive: *llevar una vida llena de regalo.*

REGALÓN, NA adj. y s. *Fam.* Que vive con mucho regalo.

REGALONEAR v.tr. Argent. y Chile. Tratar con excesivo regalo, mimar. ✦ v.intr. Chile. Dejarse mimar.

REGANTE adj. Que riega. ✦ s.m. y f. Persona que tiene el derecho de regar con agua comprada o repartida para el riego. **2.** Persona encargada del riego de los campos.

REGAÑADIENTES (A) loc. De mala gana, refunfuñando.

REGAÑAR v.intr. Refunfuñar, dar muestras de enojo con palabras y gestos. **2.** *Fam.* Reñir, disputar dos o más personas. ✦ v.tr. *Fam.* Reprender a una persona por su actitud o su comportamiento.

REGAÑINA s.f. Regaño, reprensión. **2.** Riña, disputa.

REGAÑO s.m. Palabras y gestos con que se regaña. **2.** *Fam.* Reprensión.

REGAR v.tr. (lat. *rigare,* mojar, regar) [4]. Esparcir agua sobre la tierra, las plantas, etc., para beneficiarla, limpiarla o refrescarla. **2.** Atravesar un río, afluente o canal una comarca o territorio. ✦ v.tr. y prnl. *Fig.* Esparcir, derramar:

regar la oficina de papeles. ◇ **Regarla** Méx. *Fam.* Cometer un gran desatino, hacer o decir algo sumamente inconveniente.

1. REGATA s.f. (ital. *regata,* disputa). Competición deportiva entre varias embarcaciones de la misma clase.

2. REGATA s.f. (de *riego,* arroyo). Reguera pequeña o surco por donde se conduce el agua a las eras en las huertas y jardines.

REGATE s.m. Esp. Finta. **2.** Esp. *Fig. y fam.* Recurso o salida con que se elude hábilmente una dificultad, una obligación, un compromiso, etc.

REGATEAR v.tr. Debatir el comprador y el vendedor el precio de una mercancía, especialmente el primero para poder obtenerla más barata. **2.** Vender al por menor los comestibles que se han comprado al por mayor. **3.** *Fig. y fam.* Escatimar, ahorrar. ✦ v.tr. e intr. Esp. Fintar.

REGATEO s.m. Acción de regatear.

REGATISTA s.m. y f. Deportista de regatas.

REGATO s.m. Arroyo muy pequeño.

REGAZO s.m. (del ant. *regazar,* remangar las faldas). Cavidad que forma una falda entre la cintura y la rodilla, cuando la persona está sentada. **2.** Parte del cuerpo comprendida entre la cintura y las rodillas, cuando la persona está sentada. **3.** *Fig.* Lugar o cosa que proporciona amparo y refugio

REGENCIA s.f. Gobierno establecido durante la minoridad, la ausencia o la incapacidad de un rey. ◇ **Consejo de regencia** Organismo español, creado por la ley de sucesión de 1947 y suprimido al promulgarse la constitución de 1978. **Estilo regencia** Estilo artístico de transición entre Luis XIV y Luis XV.

REGENERACIÓN s.f. Acción de regenerar o regenerarse. **2.** BIOL. Capacidad natural de un órgano para sustituir tejidos u órganos lesionados o perdidos. **3.** QUÍM. Operación que consiste en renovar la actividad de un catalizador gastado.

REGENERACIONISMO s.m. Movimiento ideológico español que, principalmente como consecuencia del desastre de 1898, proponía una serie de reformas políticas, económicas y sociales para la regeneración del país.

REGENERACIONISTA adj. y s.m. y f. Relativo al regeneracionismo; partidario de este movimiento.

REGENERADO, A adj. Se dice de los productos industriales a los que se han suprimido las impurezas, han quedado como nuevos.

REGENERADOR, RA adj. Que regenera. *un sistema regenerador; horno regenerador.* ✦ s.m. Aparato para regenerar un catalizador. **2.** Aplanamiento o enrejado de ladrillos refractarios en el que se acumula periódicamente el calor

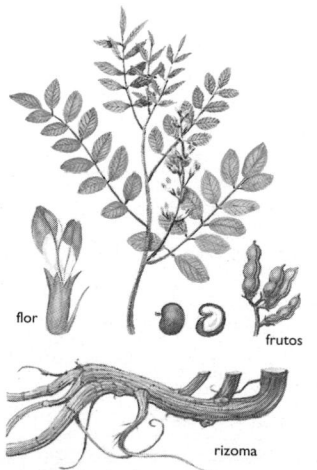

flor

frutos

rizoma

■ REGALIZ

sensible de los humos y lo cede al aire o al gas de calefacción.

REGENERAR v.tr. y prnl. (lat. *regenerare*). Poner en buen estado una cosa degenerada o gastada. **2.** *Fig.* Hacer que una persona cambie de vida apartándose del vicio. **3.** Tratar materias gastadas para que puedan servir de nuevo: *regenerar el caucho.* **4.** QUÍM. Restablecer la actividad de un catalizador. SIN.: *reactivar.*

REGENTA s.f. Mujer del regente. **2.** En algunos centros de enseñanza, profesora.

REGENTAR v.tr. Desempeñar temporalmente un cargo o empleo como sustituto. **2.** Ejercer u ocupar un cargo honorífico o de autoridad. **3.** Dirigir un negocio: *regentar un hotel.*

REGENTE adj. y s.m. y f. Que rige o gobierna: *normas regentes; ser el regente del pueblo.* ◆ s.m. En las órdenes religiosas, persona que gobierna y rige los estudios. **2.** En España, magistrado que presidía una audiencia territorial. **3.** En los Países Bajos, director de ciertas fundaciones caritativas, como orfanatos y hospitales. **4.** Magistrado que ejercía la autoridad en las ciudades neerlandesas. ◆ s.m. y f. Jefe del gobierno durante la minoría de edad, la ausencia o la enfermedad de un soberano. **2.** Persona que, sin ser el dueño, dirige un negocio.

REGGAE s.m. Estilo musical de origen jamaicano derivado del rock cuyas canciones se caracterizan por el ritmo alegre, repetitivo y marcado, las melodías suaves y las letras comprometidas. ◆ adj. Relativo a este estilo de música: *canción reggae.*

REGICIDA adj. y s.m. y f. (lat. *regicida*, de *rex*, rey, y *caedere*, matar). Persona que comete un regicidio.

REGICIDIO s.m. Asesinato de un rey o una reina o atentado contra su vida.

REGIDOR, RA adj. Que rige o gobierna. ◆ s. Concejal. **2.** En un teatro o en una producción cinematográfica o televisiva, persona que se encarga de hacer cumplir las órdenes del director, y que tiene la responsabilidad del desarrollo del espectáculo. ◆ s.m. HIST. Durante la baja edad media en Castilla, miembro del regimiento municipal, y en época moderna, del cabildo de Indias.

REGIDORÍA o **REGIDURÍA** s.f. Oficio de regidor.

RÉGIMEN s.m. (lat. *regimen, -inis*) [pl. *regímenes*]. Conjunto de normas o reglas que rigen una cosa: *régimen penitenciario.* **2.** Regla observada en el modo de vida, y especialmente en las comidas y en las bebidas. **3.** Forma de gobierno de un estado: *régimen parlamentario.* **4.** Denominación dada en España a la dictadura franquista y, en América, a los gobiernos dictatoriales. **5.** Conjunto de condiciones regulares y habituales que provocan y acompañan una sucesión de fenómenos determinados: *régimen de lluvias de un país.* **6.** Forma de funcionamiento normal de una máquina. **7.** Velocidad de rotación de un motor. **8.** Conjunto de variaciones experimentadas por el caudal de un curso de agua: *regímenes fluviales.* **9.** Forma en que se mueve un fluido: *régimen turbulento.* **10.** LING. Palabra o forma de una palabra que sigue a otra con la que tiene relación de dependencia dentro de un sintagma, especialmente la preposición exigida por un verbo. ◇ **Antiguo régimen** Nombre dado a la subformación político-económico-social que tiene como punto final las revoluciones liberal burguesas y la revolución industrial, y cuya superestructura política dominante es el absolutismo. (Abarca desde el renacimiento hasta la Revolución francesa; en España se sitúa entre el reinado de los Reyes Católicos y la guerra de la Independencia.) **Régimen de crucero** Régimen de una máquina, de un motor, etc., que ofrece simultáneamente un rendimiento elevado, un consumo débil y un desgaste tolerable.

REGIMENTAL adj. Relativo al regimiento: unidades regimentales.

REGIMENTAR v.tr. [10]. Organizar varias compañías o partidas sueltas en regimientos.

REGIMIENTO s.m. MIL. Unidad orgánica de una misma arma, mandada por un coronel.

REGIO, A adj. (lat. *regius*). Relativo al rey. SIN.: *real.* **2.** *Fig.* Suntuoso, magnífico: *mansión*

regia. **3.** Argent., Chile y Urug. *Fam.* Excelente, magnífico. ◇ **Agua regia** Mezcla de ácido nítrico y de ácido clorhídrico, que disuelve el oro y el platino.

REGIOMONTANO, A adj. y s. De Monterrey (México) o de Königsberg (Rusia).

REGIÓN s.f. (lat. *regio, -onis*, dirección, región).Territorio o zona que debe su unidad a causas físicas (clima, vegetación, relieve) o humanas (población, economía, estructuras políticas, o administrativas, etc.). **2.** *Fig.* Espacio o lugar que se imagina de gran amplitud: *las regiones remotas del universo.* **3.** *Fig.* Parte, lugar: *la región del inconsciente.* **4.** Nombre de algunas áreas administrativas mayores de ciertos países. **5.** ANAT. Cada una de las zonas amplias y delimitadas del organismo: *región abdominal.* **6.** DER. ADM. Comunidad autónoma que, junto con la nacionalidad, y según el régimen constitucional español, integra la nación y puede acceder al autogobierno. ◇ **Región militar** MIL. División territorial del ejército que está al mando de un teniente general, quien ostenta la categoría de capitán general de la región.

REGIONAL adj. Relativo a una región.

REGIONALISMO s.m. Doctrina o tendencia política que defiende los intereses y aspiraciones particulares de cada región. **2.** Palabra, expresión o giro propios de una región. **3.** Estima o admiración por la cultura y las tradiciones de la propia región: *regionalismo literario.*

REGIONALISTA adj. y s.m. y f. Relativo al regionalismo: *ideas regionalistas.* **2.** Que es partidario del regionalismo político.

REGIONALIZACIÓN s.f. Transferencia a las regiones de las competencias que pertenecían al poder central. **2.** División del mundo en grandes regiones.

REGIONALIZAR v.tr. [7]. Efectuar una regionalización.

REGIR v.tr. (lat. *regere*, gobernar) [91]. Dirigir un asunto o gobernar o administrar un negocio. **2.** Establecer una ley o reglamento lo que se tiene que hacer en un determinado asunto. **3.** LING. Tener una palabra bajo su dependencia otra palabra de la misma oración. ◆ v.intr. Estar vigente una ley, disposición, etc. **2.** Evacuar normalmente el intestino. **3.** *Esp. Fam.* Estar una persona cuerda, en su juicio.

REGISTRADO, A adj. Se dice de un modelo o marca que se somete a la formalidad del registro, para protegerlo contra las falsificaciones.

REGISTRADOR, RA adj. Que registra. ◆ adj. y s.m. TECNOL. Se dice del aparato que deja anotado automáticamente el resultado de ciertos fenómenos. ◆ s. Funcionario que tiene a su cargo algún registro público: *registrador de la propiedad.*

REGISTRAR v.tr. Examinar una cosa con cuidado y minuciosidad para encontrar algo que puede estar oculto. **2.** Anotar, inscribir, o incluir algo en un libro, registro, periódico, etc. **3.** Inscribir un movimiento de valores o una operación contable de cualquier tipo en un libro contable. **4.** Declarar mercancías, géneros o bienes para que sean examinados o anotados. **5.** Transcribir literalmente o extractar, en las oficinas y libros de un registro público, los actos o contratos de los particulares y las resoluciones de las autoridades administrativas o judiciales. **6.** Grabar sonidos o imágenes en un disco, cinta, etc., de manera que puedan reproducirse. ◆ v.tr. y prnl. Inscribir algo o a alguien en un registro. ◆ **registrarse** v.prnl. Producirse un suceso, fenómeno, etc., que puede señalarse o anotarse mediante instrumentos apropiados.

REGISTRO s.m. Acción de registrar. **2.** Libro o cuaderno donde se anotan ciertas cosas para que consten permanentemente. **3.** Asiento, anotación o apuntamiento que queda de lo que se registra. **4.** Oficina donde se tramitan y guardan los registros: *registro mercantil.* **5.** Departamento de la administración pública en que se entrega, anota y registra la documentación referente a dicha dependencia. **6.** Abertura con su tapa para poder examinar, limpiar o reparar lo que está empotrado o subterráneo. **7.** Conjunto de técnicas que permiten fijar, conservar y eventualmente reproducir soni-

dos e imágenes. **8.** ART. GRÁF. Correspondencia exacta de los diversos elementos de un trabajo de superposición. **9.** INFORMÁT. Dispositivo para el almacenamiento temporal de una o más posiciones de memoria de la computadora, destinado a facilitar diversas operaciones. **10.** LING. Nivel o modalidad expresiva que adopta el hablante según la situación o el contexto comunicativo: *registro coloquial; registro familiar.* **11.** MÚS. **a.** Cada una de las tres grandes partes en que se puede dividir la escala musical. **b.** En el órgano y en el clave, nombre dado a las tablillas o botones que se maniobran en la consola y que sirven para variar la sonoridad y el timbre.

ENCICL. En el *registro por grabación mecánica*, las señales se conservan gracias a la deformación que se da a un material; en el registro óptico la conservación se lleva a cabo por medio de la variación de transparencia de un soporte dotado de una capa fotosensible; en el registro magnético se conservan gracias a la imantación variable de una capa magnética. En el procedimiento de *registro mecánico* más moderno, la información (sonidos, imágenes, datos) se registra, una vez digitalizada la señal, en forma de una serie de alvéolos microscópicos practicados en una cara del disco. La lectura se efectúa por un sistema óptico que utiliza un rayo láser. La cantidad de informaciones registradas es muy alta. En el campo de lo sonoro, se realizan discos compactos estereofónicos de larga duración que brindan una reproducción musical de calidad excepcional. En informática, las aplicaciones del disco óptico digital se dirigen al archivo, los bancos de datos y el tratamiento de imágenes.

REGLA s.f. (lat. *regula*, regla, barra de metal). Instrumento para trazar líneas o efectuar mediciones, que consiste en una barra rectangular y plana graduada en centímetros y milímetros. **2.** Principio o fórmula que rige cómo se debe hacer cierta cosa: *la regla del juego.* **3.** Ley o constancia en la producción de los hechos. **4.** Menstruación. **5.** REL. Conjunto de principios por los que se rige la vida de los religiosos de una orden monástica o de una congregación. ◇ **En regla** Según las prescripciones legales, en la forma debida. **Las cuatro reglas** Las cuatro operaciones fundamentales de la aritmética: sumar, restar, multiplicar y dividir. **Poner en regla** Ordenar, normalizar. **Por regla general** Casi siempre, en la mayoría de los casos. **Regla de cálculo** Instrumento utilizado para los cálculos rápidos, basado en el empleo de logaritmos, formado por una regla graduada móvil que se desplaza sobre otra regla provista de otras graduaciones. **Regla de tres** Cálculo de una magnitud desconocida a partir de otras tres conocidas, dos de las cuales varían en proporción directa o en proporción inversa.

REGLADO, A adj. Sujeto a un precepto o regla. ◇ **Superficie reglada** MAT. Superficie engendrada por una recta móvil dependiente de un parámetro.

REGLAJE s.m. MEC. Reajuste, corrección o regulación de las piezas de un mecanismo o aparato: *reglaje de un motor.*

REGLAMENTACIÓN s.f. Acción y efecto de reglamentar. **2.** Conjunto de reglas.

REGLAMENTAR v.tr. Someter una actividad u otra cosa a un reglamento.

REGLAMENTARIO, A adj. Relativo al reglamento. **2.** Conforme al reglamento.

REGLAMENTISTA adj. Se dice de la persona que cumple o hace cumplir con rigor los reglamentos.

REGLAMENTO s.m. Conjunto de reglas o normas que regulan la aplicación de una ley, el régimen de una corporación, la actividad de un deporte, etc. **2.** Acto normativo dictado por la administración del estado en virtud de su competencia propia.

1. REGLAR adj. Relativo a una regla o instituto religioso: *canónigo reglar.*

2. REGLAR v.tr. Regular, someter a reglas o normas una cosa.

REGLETA s.f. ART. GRÁF. Lámina de metal que sirve para espaciar la composición.

REGLETEAR v.tr. ART. GRÁF. Espaciar la composición intercalando regletas.

REGLÓN s.m. Listón de madera, grueso y largo, usado por albañiles y soladores.

REGNÍCOLA adj. y s.m. y f. (del lat. *regnum*, reino, y *colere*, habitar). Se dice del habitante del país de que se trata.

REGOCIJAR v.tr. y prnl. Alegrar, causar regocijo.

REGOCIJO s.m. Alegría o gozo muy intenso que se manifiesta, por lo general, con signos exteriores.

REGODEARSE v.prnl. (de la voz de germanía *godo*, rico). Alegrarse malignamente con un daño, percance o mala situación de otro. **2.** Deleitarse, complacerse con algo. **3.** Argent., Chile y Colomb. Tardar una persona en decidirse por algo, manifestando duda en la elección y haciéndose rogar.

REGODEO s.m. Acción de regodearse. **2.** *Fam.* Diversión, entretenimiento.

REGODEÓN, NA adj. Chile y Colomb. *Fam.* Exigente, descontento.

REGOLDAR v.intr. [17]. Eructar.

REGOLDO s.m. Castaño silvestre.

REGOLFAR v.intr. y prnl. Formar una corriente de agua un remanso. **2.** Cambiar la dirección del viento por el choque con algún obstáculo.

REGOLFO s.m. Retroceso del agua o del viento contra su curso. **2.** Entrante o cala del mar, entre dos cabos o puntas de tierra.

REGOLITO s.m. GEOL. Manto superficial de productos resultantes de la fragmentación de las rocas subyacentes.

REGORDETE, A adj. *Fam.* Pequeño y grueso: *manos regordetas.*

REGRESAR v.intr. Volver de nuevo al lugar de donde se ha salido: *regresar de un viaje.* → v.intr. y prnl. Amér. Volver: *nos regresamos hoy mismo.* → v.tr. Amér. Devolver o restituir algo a su poseedor.

REGRESIÓN s.f. Retroceso, acción de volver hacia atrás. **2.** BIOL. Disminución del rendimiento funcional y atrofia hística de un órgano o tejido. **3.** ESTADÍST. Método de investigación de una relación entre una variable llamada dependiente y una o varias variables llamadas independientes. **4.** PSICOANÁL. Retroceso hacia una fase anterior del desarrollo libidinoso, que se manifiesta por la búsqueda de satisfacciones pulsionales que ignoran los cambios históricos producidos en la vida del sujeto.

REGRESIVO, A adj. Que hace retroceder o implica retroceso.

REGRESO s.m. (lat. *regressus, -us*, de *regredi*, volver atrás). Acción de regresar.

REGÜELDO s.m. *Fam.* Acción de regoldar.

REGUERA s.f. Canalillo o surco que se hace en un jardín, huerta o campo para conducir el agua.

REGUERO s.m. (de *riego*, arroyo). Hilo, corriente o chorro muy delgado de un líquido que se desliza sobre una superficie. **2.** Huella o señal que queda en un líquido u otra cosa que se ha ido vertiendo: *reguero de pólvora.* **3.** Reguera.

REGULACIÓN s.f. Acción y efecto de regular. **2.** BIOL. Conjunto de mecanismos que aseguran la constancia de una característica física o química del medio interior en un animal. **3.** TECNOL. Modo de funcionamiento que, por comparación entre los valores simultáneos de la magnitud que se regula y otra magnitud de referencia, hace que el valor de la primera sea igual al exigido o prefijado. ◇ **Regulación automática** TECNOL. Ajuste gobernado o mantenido mediante un dispositivo asociado a un control automático. **Regulación de empleo** Ajuste o reducción del número de empleados de una empresa según las necesidades de esta, en un momento determinado. **Regulación de torrentes** OBR. PÚBL. Conjunto de obras que proporcionan una defensa contra la impetuosidad de la corriente y disminuyen la erosión y el acarreo de materiales aguas abajo.

REGULADOR, RA adj. Que regula. → s.m. Mecanismo que sirve para ordenar o ajustar el funcionamiento de una máquina o de una de sus piezas.

1. REGULAR adj. (lat. *regularis*). Sometido a una regla. **2.** Que presenta similitud o continuidad en su conjunto, desarrollo, distribución o duración: *trote regular; comportamiento regular.* **3.** Mediano, de calidad o tamaño intermedio: *estatura regular.* → s.m. MIL. Soldado español encuadrado en el grupo de regulares en las plazas de Ceuta y Melilla. **2.** BOT. Se dice de una corola o de un cáliz cuyos elementos son iguales. ◇ **Por lo regular** Por lo común. **Verbos regulares** Verbos que siguen la regla general en toda su conjugación.

2. REGULAR v.tr. (lat. *regulare*). Ajustar, poner en orden una cosa o hacer que se produzca según unas reglas: *regular un caudal de agua.* **2.** Señalar las reglas o normas a que debe ajustarse una persona o cosa. **3.** Ajustar el funcionamiento de un sistema a determinados fines: *regular la plantilla de empleados.*

REGULARIDAD s.f. Cualidad de regular.

REGULARIZACIÓN s.f. Regulación. **2.** Obras que tienen por objeto dar a un curso de agua un lecho único y bien delimitado. **3.** GEOGR. Disminución de las irregularidades de una forma de relieve.

REGULARIZAR v.tr. [7]. Regular.

REGULATIVO adj. y s. Que regula.

RÉGULO s.m. Rey o señor de un pequeño dominio o estado.

REGURGITACIÓN s.f. Acción de regurgitar.

REGURGITAR v.tr. FISIOL. Retornar o refluir una sustancia en un conducto o cavidad.

REGUSTO s.m. Sabor distinto del natural que queda después de ingerir algo: *un regusto amargo.* **2.** *Fig.* Sensación o evocación imprecisa, placentera o dolorosa, que queda después de una acción. **3.** *Fig.* Impresión de analogía, semejanza, etc., que evocan algunas cosas: *una pintura con regusto romántico.*

REHABILITACIÓN s.f. Acción de rehabilitar. **2.** Restauración y remodelación de edificios, zonas urbanizadas, etc. **3.** Recuperación progresiva de la actividad después de una enfermedad, accidente o herida. SIN.: *readaptación.* **4.** DER. PEN. Reintegración legal del crédito, la honra y la capacidad para el ejercicio de los cargos, derechos, dignidades o profesiones de que ha sido privado alguien como consecuencia de una condena impuesta.

REHABILITAR v.tr. y prnl. Restituir a una persona o cosa a su antiguo estado.

REHACER v.tr. [66]. Volver a hacer lo que se había hecho. → v.tr. y prnl. Reponer, reparar lo deteriorado. → **rehacerse** v.prnl. Recuperarse, recobrar la salud, las fuerzas, la serenidad, etc.

REHÉN s.m. (ár. vulg. *rahán*, prenda). Persona que queda retenida como garantía o fianza, mientras se tramita la paz, un acuerdo, un tratado, etc.

REHENCHIMIENTO s.m. Acción de rehenchir.

REHENCHIR v.tr. [81]. Rellenar de plumas, lana, cerda, etc., una cosa blanda, como un colchón, almohada, mueble de tapicería, etc.

REHIELO s.m. FÍS. Fenómeno por el cual dos masas de hielo que experimentan un principio de fusión se sueldan cuando entran en contacto.

REHILAMIENTO s.m. Vibración que acompaña la articulación de ciertas consonantes sonoras, como la *s* de *rasgo*, la *v* labiodental o la [ž] andaluza y argentina correspondiente a la grafía *y, ll* de la lengua estándar.

REHILAR v.intr. [20]. Zumbar por el aire ciertas armas arrojadizas. → v.tr., intr. y prnl. Pronunciar con rehilamiento ciertas consonantes sonoras.

REHILETE s.m. Flechilla con púa en un extremo y papel o plumas en el otro, que se lanza como diversión para clavarla en un blanco. **2.** Volante para el juego de raqueta. **3.** Méx. Juguete de niños consistente en una varilla en cuya punta hay una estrella de papel, que gira movida por el viento. **4.** Méx. Aparato mecánico que reparte el agua en círculos y se usa para regar el pasto. **5.** TAUROM. Banderilla.

REHILETERO s.m. TAUROM. Banderillero.

REHOGAR v.tr. [2]. Sofreír un alimento en manteca o aceite, a fuego lento, antes de añadirle el agua o el caldo.

REHUIR v.tr., intr. y prnl. [88]. Evitar o eludir hacer o decir algo. → v.tr. Rehusar admitir algo.

REHUNDIDO s.m. Vaciado, fondo en el suelo del pedestal.

REHUNDIR v.tr. y prnl. [58]. Hundir o sumergir una cosa a lo más hondo de otra. **2.** Ahondar, hacer más honda una cavidad.

REHUSAR v.tr. (del lat. *refusus*, p. de *refundere*, derramar) [22]. Rechazar, no aceptar.

REIMPLANTACIÓN s.f. Acción de reimplantar.

REIMPLANTAR v.tr. Volver a implantar. **2.** CIR. Colocar de nuevo en su lugar un órgano seccionado, desprendido o extirpado.

REIMPORTAR v.tr. Importar de nuevo lo que se había exportado.

REIMPRESIÓN s.f. Acción y efecto de reimprimir.

REIMPRIMIR v.tr. [52]. Imprimir de nuevo una obra.

REINA s.f. (lat. *regina*). Mujer titular de un reino o princesa soberana del mismo. **2.** Esposa del rey. **3.** Mujer que es elegida por alguna cualidad física para presidir de manera honorífica un acto o un festejo: *reina de la belleza.* **4.** Pieza del ajedrez que representa una reina y que puede moverse en todas las direcciones. SIN.: *dama.* **5.** Carta de la baraja francesa que representa la figura de una reina, lleva la letra Q y ocupa el duodécimo lugar del palo. SIN.: *dama.* → s.f. y adj. Individuo hembra fértil, con función eminentemente reproductora en una colonia de insectos sociales: *abeja reina.* ◇ **Reina Margarita** Planta parecida a la margarita, originaria de Asia, cultivada por sus capítulos, de color azul, rojo o blanco. **Reina mora** Argent. Pájaro, de unos 15 cm de long., de plumaje azul brillante y canto melodioso, fácilmente domesticable.

REINADO s.m. Ejercicio de la dignidad real por un rey o reina determinados. **2.** Tiempo que dura: *el reinado de Carlos I.* **3.** *Fig.* Predominio de una persona o cosa durante un tiempo determinado.

REINANTE adj. Que reina.

REINAR v.intr. (lat. *regnare*). Ejercer su poder un rey, reina o príncipe de estado. **2.** *Fig.* Predominar una o varias personas o cosas sobre otras. **3.** *Fig.* Prevalecer, permanecer con carácter general una cosa durante cierto tiempo: *reina un frío glacial.*

REINCIDENCIA s.f. Acción de reincidir. **2.** DER. PEN. Circunstancia agravante de la culpabilidad penal en que incurre la persona que reincide en un delito.

REINCIDENTE adj. y s.m. y f. Que reincide: *infractor reincidente.*

REINCIDIR v.intr. Volver a incurrir en un error, falta o delito.

REINCORPORACIÓN s.f. Acción de reincorporar o reincorporarse.

REINCORPORAR v.tr. y prnl. Volver a incorporar algo o a alguien. **2.** Incorporar de nuevo a una persona a un empleo o servicio.

REINETA s.f. (fr. *reinette*). Variedad de manzana, de color dorado y muy olorosa.

REINGRESAR v.intr. Ingresar de nuevo en algún lugar, como una corporación o un centro sanitario. → v.tr. Ingresar de nuevo una cantidad de dinero en una cuenta.

REINGRESO s.m. Acción de reingresar: *celebrar su reingreso en el Colegio de abogados.*

REINICIALIZAR v.tr. [7]. INFORMÁT. Volver a iniciar un proceso.

REINO s.m. (lat. *regnum*). Territorio o estado gobernados por un rey o una reina. **2.** *Fig.* Ámbito, espacio real o imaginario que ocupa una cosa o que abarca un asunto o materia: *el reino del amor.* **3.** Diputados o procuradores que con poderes del reino lo representaban o hablaban en su nombre. **4.** HIST. En el Antiguo régimen y en España, territorio del estado que en la edad media fue gobernado por un rey o reina: *reino de Murcia.* **5.** HIST. NAT. Grupo en que se consideran divididos los seres naturales para facilitar su estudio: *reino mineral, reino vegetal y reino animal.* ◇ **Reino de los cielos**, o **de Dios** REL. El paraíso.

REINONA s.f. Esp. *Fam.* *Drag queen.*

REINSERCIÓN s.f. Acción de reinsertar: *programas de reinserción laboral.*

REINSERTAR v.tr. Reintegrar a alguien en un grupo o en la sociedad: *reinsertar a un ex presidiario*. **2.** Volver a insertar algo en un lugar: *reinsertar el disquete en la unidad*.

REINSTAURAR v.tr. Instaurar de nuevo lo que había sido derrocado: *reinstaurar la monarquía*.

REINTEGRAR v.tr. y prnl. Reincorporar a alguien a un trabajo, grupo, etc., o restituirlo en su anterior posición, derechos, etc. ✦ v.tr. Devolver o pagar a una persona una cosa. **2.** Esp. Poner a un documento la póliza correspondiente. ✦ **reintegrarse** v.prnl. Recobrar una cantidad desembolsada o anticipada: *reintegrarse del dinero invertido*.

REINTEGRO s.m. Reintegración. **2.** Póliza que se pone en un documento. **3.** En la lotería, premio consistente en la devolución de la misma cantidad jugada.

REÍR v.intr. y prnl. (lat. *ridere*) [82]. Expresar alegría o regocijo con cierta expresión de la cara y ciertos movimientos y sonidos provocados por contracciones espasmódicas del diafragma. ✦ v.tr. Celebrar con risas una cosa: *rieron el chiste*. ✦ v.intr. *Fig.* Tener una expresión alegre, festiva: *sus ojos ríen; el campo ríe*. ✦ **reírse** v.prnl. Burlarse, menospreciar o no hacer caso: *reírse de su aspecto*. **2.** *Fig.* y *fam.* Estar roto.

RÉITER s.m. Pesa en forma de U invertida que cabalga sobre la cruz de determinados tipos de balanza de precisión.

REITERACIÓN s.f. Acción de reiterar o reiterarse.

REITERAR v.tr. y prnl. (lat. *reiterare*, de *iterare*).Volver a hacer o decir una cosa o insistir sobre ella.

REITERATIVO, A adj. Que denota o implica reiteración.

REITRE s.m. (alem. *reiter*, jinete). Soldado alemán de caballería que servía como mercenario (ss. XVI-XVII).

REIVINDICACIÓN s.f. (del lat. *rei vindictio*, vindicación de una cosa). Acción de reivindicar. **2.** Cosa reivindicada.

REIVINDICAR v.tr. (de *reivindicación*) [1]. Reclamar, exigir o defender alguien aquello a que tiene derecho. **2.** Reclamar algo como propio, o la autoría de una acción: *reivindicar un atentado*. **3.** Rehabilitar la fama o el buen nombre de alguien.

1. REJA s.f. Estructura formada de barras de hierro o madera que se pone en las ventanas y otras aberturas para seguridad y adorno.

2. REJA s.f. (lat. *regula*, regla, barra). Pieza del arado que sirve para abrir el surco en la tierra. **2.** Labor o vuelta que se da a la tierra con el arado.

REJADO s.m. Verja.

REJALGAR s.m. (del ár. *rahỹ al-gâr*). Sulfuro natural de arsénico AsS, de color rojo.

REJEGO, A adj. Méx. *Fam.* Terco, rebelde.

REJERÍA s.f. Arte de construir y ornamentar rejas y verjas. **2.** Conjunto de obras de este arte.

■ **REJERÍA** del s. XV. (Monasterio de El Paular, Madrid.)

REJERO, A s. Persona que tiene por oficio hacer rejas.

REJILLA s.f. Enrejado de madera, alambre, tela metálica, etc., que se pone en algunos sitios para poder ver sin ser visto, obstruir el paso, dividir una superficie, etc. **2.** Tejido en forma de red, colocado en los vagones de trenes, autocares, etc., para depositar el equipaje de mano. **3.** Tejido hecho con tiras de tallos flexibles de ciertas plantas, que sirve como respaldo y asiento de sillas. **4.** ELECTRÓN. Electrodo en forma de reja colocado entre el cátodo y el ánodo de algunos tubos electrónicos. ◇ **Rejilla de hogar** Parrilla. **Rejilla pantalla** Pantalla.

REJO s.m. Punta o aguijón de hierro. **2.** *Amér.* Azote, látigo. **3.** Cuba y Venez. Soga o pedazo de cuero que sirve para atar animales. **4.** Ecuad. Ordeño, acción de ordeñar. **5.** Ecuad. Conjunto de vacas de ordeño.

REJÓN s.m. Barra de hierro que termina en punta o corte. **2.** Especie de puñal. **3.** TAUROM. Asta de madera con una punta de hierro y una muesca cerca de ella, que sirve para rejonear.

REJONAZO s.m. Golpe y herida de rejón.

REJONCILLO s.m. TAUROM. Rejón.

REJONEADOR, RA s. TAUROM. Persona que practica el rejoneo.

REJONEAR v.tr. TAUROM. Torear al rejoneo.

REJONEO s.m. TAUROM. Arte de torear a caballo.

REJUVENECER v.tr., intr. y prnl. [37]. Dar a una persona un aspecto más joven o el ánimo y el vigor propios de la juventud. ✦ v.tr. Dar un aspecto más nuevo o más moderno a una cosa.

REJUVENECIMIENTO s.m. Acción de rejuvenecer.

RELACIÓN s.f. (lat. *relatio*, *-onis*). Correspondencia o conexión que hay entre dos o más cosas. **2.** Correspondencia, trato o comunicación: *relaciones comerciales*. **3.** Persona con la que se mantiene amistad o trato social: *tiene muy buenas relaciones en el ministerio*. (Suele usarse en plural.) **4.** Narración de un hecho, de una situación. **5.** Lista, enumeración: *relación de alumnos matriculados*. **6.** Argent. Copla que intercambian los integrantes de las parejas en algunos bailes folclóricos. **7.** MAT. **a.** Condición o ley que satisfacen dos o varias magnitudes. **b.** En un conjunto, correspondencia existente entre determinados pares de elementos. ✦ **relaciones** s.f.pl. Noviazgo. ◇ **Funciones de relación** PSICOL. Conjunto de funciones orgánicas que aseguran la relación con el medio exterior (motricidad, sensibilidad), por oposición a las funciones de nutrición y de reproducción. **Relación de referencia** LING. y LÓG. Relación entre un signo lingüístico y un objeto específico denotado por aquel. **Relaciones diplomáticas** Reconocimiento mutuo de los gobiernos de dos estados y trato oficial para los asuntos que interesan a ambos países mediante el establecimiento de representantes. **Relaciones internacionales** Parte del derecho internacional público que estudia las relaciones entre los gobiernos y las naciones. **Relaciones laborales** Conjunto de los vínculos jurídicos, administrativos y laborales entre un asalariado y la empresa. **Relaciones públicas** Conjunto de actividades profesionales cuyo objeto es informar sobre las realizaciones de colectividades de todo tipo. **Relación giromagnética** FÍS. Relación entre el momento magnético de una partícula y su momento cinético.

RELACIONAR v.tr. Establecer relación entre dos o más cosas, ideas o hechos. **2.** Hacer relación de un hecho. ✦ **relacionarse** v.prnl. Tener relación. **2.** Mantener relaciones sociales: *se relaciona mucho*.

RELAJACIÓN s.f. Acción y efecto de relajar o relajarse. **2.** Disminución de la severidad o rigidez en el cumplimiento de ciertas normas. **3.** FÍS. Proceso de retorno progresivo al equilibrio de un sistema, después del cese de las acciones exteriores que sufría.

RELAJADO, A adj. Argent. y Urug. Vicioso, desvergonzado. **2.** Pan. Que acostumbra a tomar las cosas en broma.

RELAJAMIENTO s.m. Relajación. **2.** FISIOL. y PSICOL. Disminución del tono muscular, voluntaria o involuntariamente.

RELAJANTE adj. Que relaja. ✦ adj. y s.m. Se dice del medicamento que relaja. **2.** Argent. y Chile. Se dice de los alimentos y bebidas muy azucarados, empalagosos.

RELAJAR v.tr. y prnl. (lat. *relaxare*). Poner flojo o menos tenso. **2.** *Fig.* Hacer que una persona consiga un estado físico y mental de relajación. **3.** *Fig.* Hacer menos severas o rigurosas algunas costumbres, reglas, leyes, etc. **4.** FISIOL. Disminuir el estado de tono normal de una estructura, principalmente la muscular. ✦ **relajarse** v.prnl. *Fig.* Adoptar malas costumbres.

RELAJO s.m. Alboroto, desorden, falta de seriedad. **2.** Argent., Chile, Méx. y Urug. Acción inmoral o deshonesta. **3.** Cuba y P. Rico. Escarnio que se hace de una persona o cosa. **4.** Esp. Holganza, laxitud en el cumplimiento de algo. **5.** Esp. Degradación de costumbres.

RELAMER v.tr. Lamer algo insistentemente. ✦ **relamerse** v.prnl. Lamerse los labios. **2.** *Fig.* Saborear, encontrar satisfacción en una cosa.

RELAMIDO, A adj. Muy arreglado o pulcro.

RELÁMPAGO s.m. Descarga eléctrica en forma de chispa que se produce entre dos nubes cargadas de electricidad o entre una nube y la tierra. **2.** *Fig.* Cualquier resplandor repentino. **3.** *Fig.* Cualquier cosa muy veloz o fugaz. **4.** *Fig.* En aposición a ciertos nombres, indica rapidez y brevedad: *visita relámpago*.

RELAMPAGUEANTE adj. Que relampaguea.

RELAMPAGUEAR v.impers. Haber relámpagos. ✦ v.intr. *Fig.* Arrojar destellos, o brillar mucho algo, especialmente los ojos, por la alegría o la ira.

RELAMPAGUEO s.m. Acción de relampaguear.

RELAPSO, A adj. y s. REL. Que reincide en un pecado del que ya había hecho penitencia, o en una herejía de la que ya había abjurado.

RELATAR v.tr. (del lat. *relatum*, tiempo supino de *referre*). Contar, narrar, hacer la relación de un suceso o hecho.

RELATIVIDAD s.f. Cualidad de lo que es relativo: *la relatividad del conocimiento*. ◇ **Teorías de la relatividad** FÍS. Conjunto de teorías según las cuales todas o parte de las leyes de la física son invariantes por cambio en el interior de una clase dada de sistemas de referencia. ENCICL. Hay que distinguir entre principio y teoría de la relatividad. Un *principio de relatividad* es un *principio de invariancia*, es decir, un enunciado muy general que impone ciertas restricciones a la forma que pueden adquirir las leyes de la física. En este caso, estipula que dichas leyes deben guardar la misma forma en dos sistemas de referencia distintos, uno de los cuales está en movimiento con respecto al otro. Lo que resulta invariante no son las magnitudes físicas (que son relativas al sistema en relación con el que las percibe), sino las relaciones que mantienen entre ellas. Según que el movimiento del segundo sistema de referencia en relación con el primero sea de traslación uniforme o cualquier otro, se habla de *principio de relatividad restringida* o de *principio de relatividad general*. La *relatividad galileo-newtoniana* es una teoría del movimiento (y solo del movimiento) que satisface el principio de relatividad restringida.
En general, una teoría relativista es una teoría que satisface un principio de relatividad (restringida o general). Se reserva el nombre de *teoría de la relatividad* a la parte de la física que determina la estructura que deben tener el espacio y el tiempo —marco general de toda teoría— de manera que el principio de relatividad considerado sea satisfecho.

RELATIVISMO s.m. Doctrina según la cual los valores morales, estéticos, etc. dependen de las épocas, las sociedades, los individuos, sin llegar a erigirse en normas universales. **2.** FILOS. Doctrina según la cual todo conocimiento es relativo, en la medida en que depende de otro conocimiento o está ligado al punto de vista del sujeto.

RELATIVISTA adj. y s.m. y f. Relativo al relativismo; partidario de esta doctrina. **2.** Relativo a la teoría de la relatividad restringida; partidario de esta teoría. ◇ **Partícula relativista** Partícula movida a una velocidad relativista. **Velocidad relativista** Velocidad cuyo orden de magnitud es comparable al de la velocidad de la luz.

RELATIVIZAR v.tr. [7]. Hacer perder el carácter absoluto.

RELATIVO, A adj. Que concierne o hace referencia a una persona o cosa. **2.** Que no es absoluto, que depende de otra cosa. **3.** Poco, en poca cantidad o intensidad. **4.** MÚS. Se dice de la relación existente entre dos escalas o dos tonalidades a las que corresponde la misma armadura en la clave, pero de las cuales una es mayor y otra menor, y cuyas tónicas están separadas por una tercera menor. ◆ adj. y s.m. GRAM. Se dice de un elemento que enlaza o relaciona una oración subordinada que califica o determina a un elemento de la oración principal, el cual se llama antecedente: *pronombre relativo.* ◇ **Oración de relativo** Oración subordinada introducida por un pronombre relativo.

RELATO s.m. Acción y efecto de relatar. **2.** LIT. Obra narrativa de ficción en prosa, menos extensa que la novela.

RELATOR, RA adj. y s. Que relata. ◆ s. Persona que, en un congreso o asamblea, hace relación de los asuntos tratados. **2.** DER. Letrado encargado de hacer relación de los autos o expedientes en los tribunales superiores.

RELATORÍA s.f. Cargo u oficina de relator.

RELAX s.m. (ingl. *relax*). Relajamiento.

RELÉ s.m. (fr. *relais*). ELECTR. Dispositivo electromagnético que, mediante el estímulo de una corriente eléctrica débil, abre o cierra un circuito. ◇ **Relé herciano** Emisor de débil potencia cuya radiación está dirigida hacia el receptor siguiendo un haz lo más estrecho posible. (También *relais*.)

RELEER v.tr. [34]. Leer de nuevo.

RELEGAR v.tr. (lat. *relegare*) [2]. Apartar o dejar de lado a una persona o cosa: *relegar al olvido.*

RELENTE s.m. (del ant. *relentecer*, ablandar). Humedad que en las noches serenas se nota en la atmósfera.

RELEVACIÓN s.f. Acción de relevar. **2.** DER. Extinción de una obligación o gravamen: *relevación de fianza.*

RELEVANCIA s.f. Cualidad o condición de relevante.

RELEVANTE adj. Que sobresale por su importancia o significación.

RELEVAR v.tr. (lat. *relevare*). Eximir a alguien de una obligación. **2.** Destituir a alguien de un cargo. **3.** Sustituir a una persona por otra en un puesto o servicio. ◆ v.tr. y prnl. Sustituir una persona a otra en un puesto o servicio.

RELEVO s.m. Acción de relevar. **2.** Persona o animal que sustituye a otra. **3.** MIL. **a.** Cambio de guardia. **b.** Soldado o guardia que releva a otro. ◇ **Carrera de relevos** Prueba en que los competidores se van pasando un objeto se relevan, realizando cada uno de ellos una parte del recorrido.

RELICARIO s.m. Lugar u objeto en que se guardan reliquias. **2.** Caja, cofre o estuche donde se guardan recuerdos.

RELICTO, A adj. Se dice de los bienes dejados por una persona al morir.

RELIEVE s.m. (fr. *relief*). Parte que sobresale de una superficie. **2.** Elevación o espesor de dicha parte. **3.** *Fig.* Importancia, renombre de una persona. **4.** GEOGR. Conjunto de formas y accidentes de la corteza terrestre. ◇ **Alto relieve** Altorrelieve. **Bajo relieve** Bajorrelieve. **Dar relieve** Dar importancia a algo. **Poner de relieve** Mostrar la importancia de algo, hacer que sobresalga. **Sonido en relieve** Sonido estereofónico.

RELIGIÓN s.f. (lat. *religio, -onis*, escrúpulo, sentimiento religioso, religión). Conjunto de creencias y prácticas y ritos específicos que definen las relaciones entre el ser humano y la divinidad. **2.** Estado de las personas que se obligan con voto a cumplir unas de las reglas autorizadas por la Iglesia.

RELIGIOSAMENTE adv.m. Con puntualidad y exactitud: *pagó religiosamente.*

RELIGIOSIDAD s.f. Cualidad de religioso. **2.** Observancia de los preceptos y prácticas religiosas. **3.** Puntualidad y exactitud a la hora de hacer, observar o cumplir una cosa.

RELIGIOSO, A adj. (lat. *religiosus*). Relativo a la religión. **2.** Que tiene creencias religiosas o que observa las reglas de la religión. **3.** *Fig.* Escrupuloso en el cumplimiento del deber. ◆ s. CRIST. Miembro de una orden, congregación o instituto religioso.

RELIMPIO, A adj. *Fam.* Muy limpio.

RELINCHAR v.intr. (del lat. *hinnitare*, de *hinnire*). Dar relinchos.

RELINCHO s.m. Voz del caballo. **2.** *Fig.* y *fam.* Grito de alegría o satisfacción.

RELINGA s.f. (del fr. *ralingue*). MAR. **a.** Cabo que se cose en los bordes o cantos de las velas para reforzarlos e impedir que estas se desgarren cuando se izan. **b.** Cabo que se cose a las orillas de las redes o artes de pesca.

■ **RELICARIO** de san Pantaleón; s. XVIII, (Monasterio de la Encarnación, Madrid).

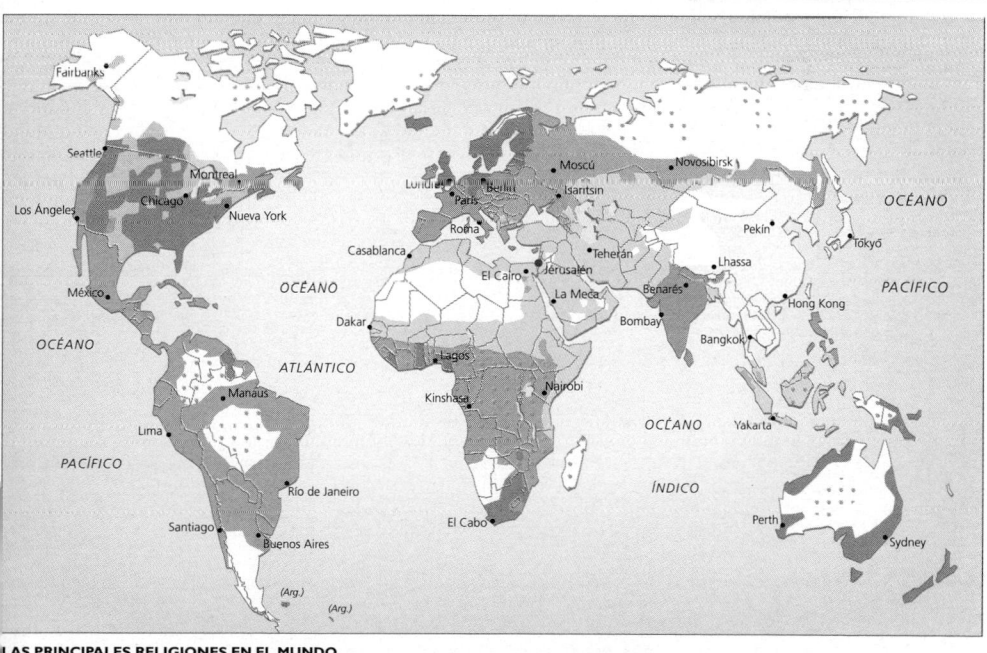

LAS PRINCIPALES RELIGIONES EN EL MUNDO

Cristianismo

- Regiones poco pobladas
- Religiones locales
- Budismo
- Hinduismo
- Islam
- Judaísmo
- Católicos
- Iglesias cristianas de Oriente
- Protestantes, anglicanos
- Cristianos diversos (sectas)

RELIQUIA s.f. (lat. *reliquiae, -arum*, restos, residuos, de *reliquus*, restante). Residuo que queda de un todo. **2.** *Fig.* Huella o vestigio de cosas pasadas. **3.** *Fig.* Cosa vieja o antigua: *ese automóvil es una reliquia.* **4.** REL. Parte del cuerpo o de la vestimenta de un santo que se venera como objeto de culto.

RELLANO s.m. Descansillo. **2.** GEOGR. Llano que interrumpe la pendiente de un terreno.

RELLENA s.f. Méx. Morcilla, moronga.

RELLENAR v.tr. Volver a llenar algo. **2.** Escribir en los espacios en blanco de un impreso la información que se demanda. ◆ v.tr. y prnl. Meter en el interior de aves, pescados, tartas, etc., un relleno. **2.** *Fig.* y *fam.* Hartar de comida o bebida a alguien.

RELLENO, A adj. Que está lleno de algo. **2.** Se dice de las aves, pescados, tartas, etc., que llevan dentro un preparado de diversas sustancias, adecuadas a cada caso. ◆ s.m. Acción de rellenar. **2.** Cosa con que se rellena algo. **3.** *Fig.* Parte superflua de algunas cosas, especialmente de un discurso o escrito.

RELOJ s.m. (cat. ant. *relotge*). Instrumento que sirve para medir el tiempo y señalar la hora. **2.** Cosa que hace perceptible el paso del tiempo, cualquier fenómeno periódico que permite dividirlo en unidades: *las estrellas son el reloj de los pastores.* **3.** INFORMÁT. Órgano alimentado por un generador de impulsos periódicos, que asegura la sincronización del funcionamiento de los diversos elementos de la unidad central de una computadora. ◇ **Contra reloj** Muy deprisa, en el menor tiempo posible; se dice de la prueba deportiva que consiste en cubrir una determinada distancia en el menor tiempo posible. (También *contrarreloj*.) **Reloj astronómico** Reloj que da la lectura de tiempos sidéreos. **Reloj atómico** Reloj cuyo circuito oscilante es alimentado y estrictamente controlado por los fenómenos de transición que presentan los átomos de determinados cuerpos. **Reloj automático** Reloj que funciona mediante la energía suministrada por la aceleración de la gravedad a una masa oscilante. **Reloj de agua** Clepsidra. **Reloj de arena** Reloj compuesto de dos ampollas unidas por el cuello, y que sirve para medir cortos espacios de tiempo mediante el paso de una determinada cantidad de arena que va fluyendo lentamente de un receptáculo a otro. **Reloj de cuarzo** Reloj eléctrico cuyas oscilaciones son mantenidas mediante las vibraciones de un cristal de cuarzo. **Reloj de péndulo** Reloj que utiliza como regulador un péndulo que se mueve por la acción de la gravedad. **Reloj de pesas** Reloj movido por el lento descenso de unas pesas. **Reloj de sol** Reloj que señala las horas del día por medio de la sombra que proyecta una aguja fija sobre una superficie. **Reloj digital** Reloj sin agujas ni cuadrante, en el que la hora se lee mediante cifras que aparecen en una pantalla. **Reloj eléctrico** Reloj cuyo movimiento pendular es producido, mantenido y regulado por una corriente eléctrica. **Reloj electrónico** Reloj construido con circuitos integrados, sin ninguna parte móvil.

RELOJERÍA s.f. Establecimiento en el que se arreglan y venden relojes. **2.** Técnica de hacer relojes.

RELUCIENTE adj. Que reluce.

RELUCIR v.intr. [48]. Lucir o resplandecer mucho. **2.** *Fig.* Destacar por una virtud o una cualidad. ◇ **Sacar a relucir** Decir o revelar una cosa de una manera inesperada o inoportuna.

RELUCTANCIA s.f. Cociente entre la fuerza magnetomotriz de un circuito magnético y el flujo de inducción que lo atraviesa.

RELUCTANTE adj. Reacio, opuesto.

RELUMBRAR v.intr. Resplandecer.

RELUMBRE s.m. Brillo, destello, luz muy viva.

RELUMBRÓN s.m. Destello. **2.** Oropel, cosa de poco valor. ◇ **De relumbrón** Más aparente que verdadero, o de mejor apariencia que realidad.

REM s.m. Unidad utilizada para evaluar el efecto biológico de una radiación radiactiva, igual a la dosis de radiación que produce los mismos efectos biológicos en el ser humano que 1 rad de rayos X de 250 keV (rem).

REMACHADO s.m. MEC. Operación de remachar.

REMACHAR v.tr. (de *2. macho*). Aplastar la cabeza de un clavo ya clavado para asegurarlo mejor. **2.** *Fig.* Recalcar, insistir mucho en algo que se dice. **3.** MEC. Abrir chapas o piezas semejantes con remaches o doblones.

REMACHE s.m. Acción de remachar. **2.** MEC. Elemento de unión permanente entre piezas de poco espesor, consistente en un vástago cilíndrico que presenta en uno de sus extremos un ensanchamiento en forma de cabeza cónica o esférica.

REMAKE s.m. (voz inglesa). Nueva versión de una película, de una obra, de un tema.

REMANENCIA s.f. FÍS. Persistencia de la imanación en una barra de acero que ha estado sometida a la acción de un campo magnético.

REMANENTE adj. y s.m. (del ant. *remaner*, permanecer). Se dice de la parte que queda o se reserva de algo.

REMANGAR v.tr. y prnl. [2]. Recoger hacia arriba una prenda de vestir, especialmente las mangas. ◆ **remangarse** v.prnl. *Fig.* Tomar enérgicamente una resolución.

REMANSARSE v.prnl. Formar un remanso.

REMANSO s.m. (del p. ant. de *remaner*, permanecer). Lugar de una corriente de agua donde esta fluye más lenta o bien se detiene. **2.** Suspensión de un movimiento, acción o proceso.

REMAR v.intr. Mover el remo o los remos para impulsar una embarcación en el agua.

REMARCABLE adj. Notable, sobresaliente.

REMARCAR v.tr. [1]. Volver a marcar una cosa. **2.** Hacer notar algo de manera especial.

REMATADAMENTE adv.m. Total o absolutamente: *rematadamente mal.*

REMATADO, A adj. Sin remedio, por completo: *un loco rematado.*

REMATADOR, RA s. Argent. Persona a cargo de una subasta pública.

REMATANTE s.m. y f. Persona a quien se adjudica la cosa subastada.

REMATAR v.tr. Acabar completamente una cosa. **2.** Acabar de matar a una persona o a un animal. **3.** *Fig.* Agotar, consumir, gastar del todo. **4.** Asegurar el extremo de una costura para que no se deshaga. **5.** Amér. Merid. y Méx. Comprar o vender en subasta pública. **6.** DEP. En el fútbol y otros deportes, dar término a una jugada o serie de jugadas lanzando el balón hacia la meta contraria. ◆ v.intr. Terminar o fenecer.

REMATE s.m. Acción de rematar. **2.** Fin, extremidad o conclusión de una cosa. **3.** Amér. Merid. y Méx. Subasta. **4.** ARQ. Adorno que recubre el caballete de un tejado o que corona un pináculo, aguja, etc. **5.** TAUROM. **a.** Terminación de una suerte. **b.** Final de la acometida del toro. ◇ **Dar remate a** algo Terminarlo. **De remate** Absolutamente, sin remedio: *loco de remate.*

REMBOLSAR o **REEMBOLSAR** v.tr. Devolver a alguien una cantidad desembolsada.

REMBOLSO o **REEMBOLSO** s.m. Acción de rembolsar. **2.** Cantidad rembolsada. **3.** Pago de una cantidad debida. ◇ **Contra rembolso** Forma de pago al contado que realiza el comprador en su domicilio al serle librada una mercancía.

REMEDAR v.tr. (del lat. *imitari*, reproducir, imitar). Imitar o copiar, especialmente por burla o broma.

REMEDIAR v.tr. y prnl. Poner remedio. ◆ v.tr. Evitar que se produzca o que continúe un daño o molestia.

REMEDIO s.m. (lat. *remedium*, de *mederi*, cuidar, curar). Medio o medida que se toma para reparar o evitar un daño. **2.** Cualquier cosa que sirve para curar, mejorar o aliviar una enfermedad o alguno de sus síntomas. **3.** Ayuda, auxilio: *buscar remedio en su desgracia.* **4.** Enmienda o corrección. ◇ **Remedio casero** Procedimiento curativo que se hace con conocimientos vulgares, sin recurrir a la farmacia. **Sin remedio** Inevitablemente.

REMEDO s.m. Acción de remedar. **2.** Cosa que remeda.

REMEMBRANZA s.f. Recuerdo.

REMEMORACIÓN s.f. Acción y efecto de rememorar.

REMEMORAR v.tr. Recordar, traer a la memoria: *rememorar días pasados.*

REMENDAR v.tr. (del ant. *emendar*, enmendar) [10]. Coser a una prenda de ropa o vestido un trozo de tela, para sustituir o reforzar la parte rota o gastada de los mismos. **2.** Componer o reparar un objeto roto.

REMENDÓN, NA adj. y s. Que arregla prendas usadas en lugar de hacerlas nuevas: *zapatero remendón.*

REMENSA s.m. En Cataluña, durante la edad media, campesino adscrito a un dominio señorial, que solo podía abandonar mediante el pago de una redención. ◆ s.f. Esta misma redención.

REMERA s.f. y adj. Cada una de las plumas grandes del ala de un ave. ◆ s.f. Argent. Camiseta de manga corta.

REMERO, A s. Persona que rema en una embarcación.

REMESA s.f. Acción de remitir, enviar. **2.** Conjunto de cosas, especialmente mercancías, que se remiten de una vez. ◇ **Remesa de emigrantes** Cuenta de la balanza de pagos que registra las transferencias que los emigrantes realizan, en moneda del país en que trabajan, hacia su país de origen. **Remesas de Indias** Envíos de metales preciosos desde las Indias occidentales al rey de España.

REMESAR v.tr. Hacer remesas con dinero o mercancías.

REMETER v.tr. Meter de nuevo lo que se ha salido. **2.** Meter los bordes de una cosa más adentro para sujetarla bien: *remeter las sábanas.* **3.** Empujar algo para meterlo en un lugar.

REMEZÓN s.m. (de *remecer*, sacudir, menear, de *mecer*). Amér. Temblor de tierra de poca intensidad.

REMIENDO s.m. Pedazo de tela que se cose a una prenda vieja o rota. **2.** *Fig.* Arreglo o reparación. **3.** *Fig.* Obra de poca importancia que se hace para añadir un complemento a otra: *completar un escrito con un remiendo.*

REMIGIO s.m. Juego de naipes, variante del rumy. SIN.: *ramiro.*

REMILGADO, A adj. Que hace o gasta remilgos: *una remilgada institutriz.*

REMILGO s.m. Gesto o actitud que muestra delicadeza exagerada o afectada.

agujas
juego de engranajes
bloque de circuito
motor paso a paso
oscilador de cristal de cuarzo
bobina generadora
condensador
rotor
juego de engranajes
masa oscilante

El movimiento de la muñeca hace girar la masa oscilante sobre sí misma. Un juego de engranajes amplifica la rotación, transformada por el rotor en carga magnética. La bobina generadora produce una corriente cuya energía es almacenada en el condensador. El oscilador de cristal de cuarzo oscila, y el bloque de circuito produce una señal eléctrica precisa que el motor paso a paso convierte en movimiento giratorio, transmitido a las agujas por otro juego de engranajes.

■ **RELOJ.** Sistema de funcionamiento de un reloj de cuarzo de agujas.

REMILGOSO, A s. Méx. Remilgado.

REMINISCENCIA s.f. Recuerdo impreciso de algo pasado. **2.** Cosa que en una obra artística recuerda un pasaje anterior, otra obra, etc., o tiene influencia de ellos: *novela llena de reminiscencias románticas*.

REMIRADO, A adj. Cauto, circunspecto, reflexivo. **2.** Melindroso, mojigato.

REMIRAR v.tr. Volver a mirar o mirar insistentemente. ◆ **remirarse** v.prnl. Esmerarse o poner mucho cuidado en lo que se hace o dice.

REMÍS o **REMISE** s.m. Argent. Automóvil con chófer, cuyo servicio, efectuado por horas o kilómetros de recorrido, se contrata en una agencia.

REMISERÍA s.f. Argent. Agencia de remises.

REMISIBLE adj. Que se puede remitir o perdonar.

REMISIÓN s.f. Acción de remitir o remitirse. **2.** Indicación que se hace en un escrito para enviar al lector a otra parte del texto o a otro escrito. **3.** Perdón: *remisión de los pecados*. **4.** Condonación de una deuda o parte de ella. **5.** MED. Disminución o desaparición de un síntoma en el curso de una enfermedad. ⋄ **Sin remisión** Sin indulgencia, sin remedio.

REMISO, A adj. Reacio, irresoluto.

REMITE s.m. Nota escrita en los sobres, paquetes, etc., que se mandan por correo, con el nombre y señas de la persona que lo envía. SIN : *remitente*.

REMITENCIA s.f. MED. Remisión de un signo o síntoma.

REMITENTE adj. y s.m. y f. Que remite, especialmente una carta o un paquete. ◆ adj. MED. Que disminuye de intensidad a intervalos: *fiebre remitente*. ◆ s.m. Remite.

REMITIDO s.m. Artículo o noticia que se inserta en un periódico mediante pago.

REMITIR v.tr. (lat. *remittere*). Hacer que algo llegue a una determinado sitio o a una determinada persona: *remitir un impreso*. **2.** Enviar un texto a otro lugar de este o a otro escrito. **3.** DER. Perdonar una pena, eximir o liberar o parte de ella. ◆ v.tr. e intr. Perder una cosa su intensidad o parte de ella. ◆ v.tr. y prnl. Dejar a juicio o dictamen de otro la resolución de una cosa. ◆ **remitirse** v.prnl. Atenerse a lo dicho o hecho: *a las pruebas me remito*.

REMO s.m. (lat. *remus*). Instrumento de madera, alargado y terminado en una pala, que sirve para impulsar una embarcación. **2.** Deporte que se practica en embarcaciones movidas a remo. **3.** Ala de las aves. **4.** Fam. Brazo o pierna de una persona o un cuadrúpedo. (Suele usarse en plural.) ⋄ **A remo** Remando.

■ **REMO.** Carrera de skiff.

REMOCIÓN s.f. Acción de remover o removerse. **2.** DER. Privación de cargo o empleo.

REMODELACIÓN s.f. Reestructuración, especialmente en arquitectura y urbanismo.

REMODELAR v.tr. Efectuar una remodelación.

REMOJAR v.tr. y prnl. Mojar, especialmente sumergiendo en agua: *remojar la ropa*. ◆ v.tr. Fig. y fam. Celebrar algún suceso feliz bebiendo.

REMOJO s.m. Acción de remojar. **2.** Inmersión en agua de algunos alimentos, como legumbres secas, bacalao, pasas, etc. **3.** Cuba y Pan. Propina, gratificación. **4.** Méx. Acto de vestir por primera vez alguna prenda, estreno. ⋄ **A, o en, remojo** Dentro del agua.

REMOJÓN s.m. Mojadura causada por accidente, como la lluvia o la caída en un sitio con agua.

REMOLACHA s.f. Planta bianual, que el primer año da una raíz carnosa y azucarada de forma y volumen variable, y el segundo año produce la semilla; hay dos variedades: una silvestre, de raíz delgada y dura; y otra cultivada, de raíz gruesa, con diferentes variedades: *remolacha azucarera, roja, forrajera*. (Familia quenopodiáceas.) **2.** Raíz de esta planta.

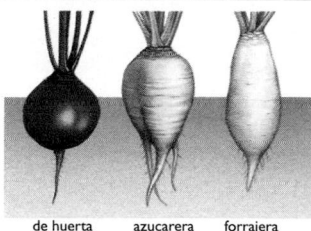
de huerta   azucarera   forrajera
■ **REMOLACHAS**

REMOLCADOR, RA adj. y s. Que remolca o sirve para remolcar. ◆ s.m. Buque especialmente concebido para el remolque.

REMOLCAR v.tr. [1]. Arrastrar un vehículo a otro tirando de él. **2.** Fig. Arrastrar a alguien a hacer algo por lo que no está muy decidido.

REMOLER v.intr. Chile y Perú. Ir de juerga, divertirse. **2.** Guat. y Perú. Incomodar, fastidiar.

REMOLIENDA s.f. Chile y Perú. Juerga, jarana.

REMOLINO s.m. Movimiento giratorio y rápido del aire, agua, polvo, humo, etc. **2.** Mechón de pelos que sale en dirección distinta del resto. **3.** Fig. Amontonamiento desordenado de gente en movimiento. **4.** Fig. Disturbio, confusión. **5.** Torbellino.

REMOLÓN, NA adj. y s. Que se resiste a trabajar o hacer cierta cosa.

REMOLONEAR v.intr. y prnl. Hacerse el remolón.

REMOLQUE s.m. Acción de remolcar. **2.** Vehículo sin motor remolcado por otro. ⋄ **A remolque** Remolcando; sin entusiasmo, por excitación o impulso de otra persona.

REMONTA s.f. Remonte. **2.** MIL. Servicio que comprende la compra, reproducción, cría y cuidado de las caballerías. **3.** MIL. Establecimiento dedicado a este servicio.

REMONTAR v.tr. (fr. *remonter*). Subir una cuesta o una pendiente. **2.** Superar algún obstáculo o dificultad: *remontar una desgracia*. **3.** En los juegos de cartas, jugar una carta superior a las que han sido anteriormente jugadas. **4.** Proveer de caballos una formación militar o plaza montada. ◆ v.tr. Elevar, encumbrar. ◆ v.intr. Subir por el sitio que se expresa: *remontar un río*. **2.** Rebasar un punto contra la corriente o marea. ◆ **remontarse** v.prnl. Subir o volar muy alto las aves, los aviones, etc. **2.** Fig. Llegar retrospectivamente a una determinada época: *remontarse a la prehistoria*. **3.** Fig. Pertenecer a una época muy lejana.

REMONTE s.m. Acción de remontar. ⋄ **Remonte mecánico** En las estaciones de esquí, instalación para el transporte de los esquiadores en las pistas.

REMOQUETE s.m. Apodo.

RÉMORA s.f. (lat. *remora*, retraso, por rémora, de *remorari*, retrasar). Pez marino que no supera los 40 cm de long. y que posee en la cabeza un disco en forma de ventosa, con el que se adhiere a otros peces, cetáceos e incluso embarcaciones, para ser transportado por ellos. **2.** Fig. Cosa que se opone al progreso o realización de algo.

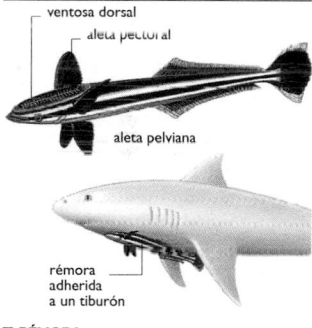
ventosa dorsal
aleta pectoral
aleta pelviana
rémora adherida a un tiburón
■ **RÉMORA**

REMORDER v.tr. [30]. Inquietar o desasosegar interiormente una acción que se ha cometido: *una acción que remuerde*. ◆ **remorderse** v.prnl. Tener algún sentimiento interior reprimido de celos, rabia, etc.

REMORDIMIENTO s.m. Sentimiento de culpabilidad causado por la conciencia de haber cometido una mala acción.

REMOTAMENTE adv.m. Confusamente, vagamente: *lo recuerdo remotamente*.

REMOTO, A adj. (lat. *remotus*, p. de *removere*, apartar). Muy lejos en el tiempo y en el espacio: *época remota; un lugar remoto*. **2.** Fig. Poco verosímil o probable: *no tener la más remota esperanza*.

REMOVER v.tr. y prnl. [30]. Mover cosas o partes de una cosa que están juntas, para que cambien de posición o queden bien mezcladas: *remover la tierra; removerse de inquietud*. **2.** Resolver, investigar: *remover un asunto*. **3.** Fig. Activar algo que está detenido o abandonado. ◆ v.tr. Quitar o apartar algún inconveniente u obstáculo. **2.** Destituir a alguien de su cargo o empleo.

REMOZAMIENTO s.m. Acción de remozar o remozarse.

REMOZAR v.tr. y prnl. [7]. Dar aspecto más

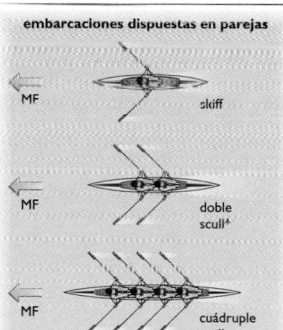
embarcaciones dispuestas en parejas

MF   skiff
MF   doble scull*
MF   cuádruple scull

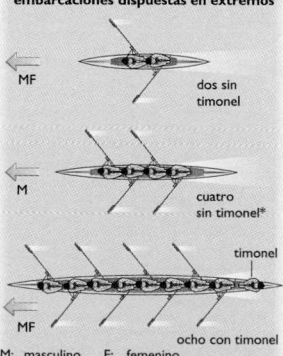
embarcaciones dispuestas en extremos

MF   dos sin timonel
M   cuatro sin timonel*
                timonel
MF   ocho con timonel

M: masculino   F: femenino

(*) Para estas embarcaciones, existe además una categoría más ligera: con un peso individual inferior a 59 kg (F) y 72,5 (M); con una media de equipo inferior a 57 kg (F) y 70 kg (M).

■ **REMO.** Categorías olímpicas.

nuevo o moderno: *remozar la fachada de un edificio.*

REMPLAZAR o **REEMPLAZAR** v.tr. [7]. Ocupar el lugar dejado por alguien o algo.

REMPLAZO o **REEMPLAZO** s.m. Acción de remplazar. **2.** Esp. MIL. Conjunto de nuevos soldados que ingresa cada año en el ejército.

REMUDA s.f. Muda.

REMUDAR v.tr. y prnl. Mudar.

REMUNERACIÓN s.f. Acción y efecto de remunerar. **2.** Cosa con que se remunera, especialmente dinero.

REMUNERAR v.tr. (lat. *remunerari*). Pagar o recompensar: *remunerar por un servicio prestado.*

RENACENTISTA adj. y s.m. y f. Del movimiento cultural y artístico del renacimiento o que tiene relación con él.

RENACER v.intr. [37]. Volver a nacer: *las flores renacen en primavera.* **2.** *Fig.* Tomar nuevas energías y fuerzas: *una esperanza renació en él; me siento renacer.*

RENACIMIENTO s.m. Renovación, retorno: *el renacimiento de las artes, de las costumbres.* **2.** Movimiento literario, artístico y científico que tuvo lugar en Europa en los ss. XV y XVI, basado en gran parte en la imitación de la antigüedad clásica.

ENCICL. B. ART. En las artes fue en Florencia, a partir de la primera mitad del *quattrocento*, donde el retorno a las fuentes antiguas comenzó a traducirse en la elaboración de un sistema coherente de arquitectura y decoración y en la adopción de un repertorio nuevo de temas mitológicos y alegóricos, en el cual el desnudo ocupó un lugar importante. Este *primer renacimiento* estuvo representado por Brunelleschi, Donatello, Masaccio y L. B. Alberti. En 1494, Roma recogió la antorcha del modernismo. Fue el *segundo renacimiento*, obra de artistas de orígenes diversos, reunidos por los papas: Bramante, Rafael, Miguel Ángel y Leonardo da Vinci. A este apogeo clásico del renacimiento contribuyeron Correggio, Tiziano y Palladio. Esta época vio el comienzo de la difusión del nuevo arte en Europa: Durero se impregnó del primer renacimiento veneciano (Bellini), y el viaje de Gosart (1508) a Roma abriría a la pintura de los Países Bajos la vía del romanicismo. En España, esta primera arquitectura se denominaría *plateresca*. De hecho, no iba a ser hasta el segundo tercio del s. XVI cuando se adoptase racionalmente la concepción espacial del renacimiento. En pintura destacó Luis de Vargas, y en escultura, Bartolomé Ordóñez, Alonso Berruguete y Juan de Juni. Hispanoamérica se aprestó a ser receptáculo del renacimiento español, de la mano de los propios colonizadores que le infundieron una inequívoca impronta religiosa. Cabe señalar las catedrales de Guadalajara (México), Lima y Cuzco (Perú). En el segundo tercio del s. XVI aproximadamente se sitúa la fase *manierista* del renacimiento, que llevó a la exasperación las adquisiciones anteriores. Sin embargo, con la conclusión del concilio de Trento (1563), la Reforma se llevó al primer plano con la vuelta a un clasicismo de tendencia purista en arquitectura (Vignola; y en España El Escorial, obra de Juan de Herrera), en tanto que en la pintura aflorarían artistas como el Greco. LIT. → **HUMANISMO.**

MÚS. En el renacimiento musical, es más apropiado hablar de tránsito que de cambio, ya que en el s. XVI se utilizaron las mismas técnicas que en siglos anteriores y éstas alcanzaron su culminación, apogeo y perfeccionamiento. En polifonía sacra las grandes formas son la misa y el motete (en la liturgia católica), el coral luterano y el himno anglicano; se distinguen compositores como Palestrina (1525-1594), Des Prés (1440-1521), Gabrielli (1553-1612), Lasso (1532-1594), Morales (1500-1553), Guerrero (1528-1599) y Victoria (1548-1611). En polifonía profana (madrigales, frottolas, villanelas, canzonetas, arias) destacan Vicentino (1511-1576), Gesualdo (1560-1613), Marenzio (1553-1599), Jannequin (1485-1528), Escobar (m. h. 1514) y Juan del Encina (1469-1529). Antonio de Cabezón (1510-1566) es el máximo representante español de la música instrumental nacida de la polifónica.

RENACUAJO s.m. (del ant. *ranueco*, de *rana*). Larva de los anfibios, acuática, de respiración branquial, con la cabeza unida al tronco por una masa globulosa. **2.** Niño pequeño. **3.** *Desp.* Persona pequeña o raquítica.

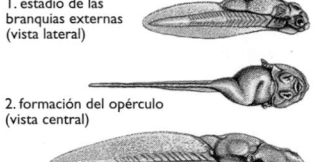

1. estadio de las branquias externas (vista lateral)

2. formación del opérculo (vista central)

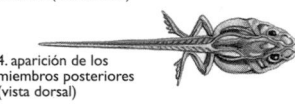

3. estadio de las branquias internas (vista lateral)

4. aparición de los miembros posteriores (vista dorsal)

■ **RENACUAJO.** Cuatro estadios del desarrollo del renacuajo de la rana.

RENAL adj. (del lat. *ren, renis,* riñón). Relativo al riñón.

RENANO, A adj. y s. De los territorios situados en las orillas del río Rin.

RENARD s.f. (voz francesa). Piel de zorro: *renard argenté.*

RENARD. Serie de Renard Progresión geométrica de razón particular, que constituye una de las bases de la normalización de las medidas en la industria.

RENCA s.f. Chile. Planta compuesta.

RENCHIDO, A adj. Méx. Muy apretado.

RENCILLA s.f. Resentimiento o rencor entre dos personas, que suele manifestarse en discusiones o enfrentamientos. (Suele usarse en plural.)

RENCO, A adj. y s. (del germ. *wrankjan,* torcer). Cojo debido a una lesión en la cadera.

RENCOR s.m. (lat. *rancor, -oris,* rancidez, rencor). Sentimiento de hostilidad o resentimiento: *no le guardo rencor.*

RENCOROSO, A adj. Que tiene rencor: *ser rencoroso.* **2.** Que denota o implica rencor: *silencio rencoroso.*

RENDICIÓN s.f. Acción de rendir o rendirse. **2.** Acto por el cual una tropa cercada o una fortaleza asediada deponen las armas, conforme a una capitulación que puede ser acordada con el enemigo. ◇ **Rendición de cuentas** Presentación a conocimiento de quien corresponda, para su examen y verificación, de la relación minuciosa justificada de los gastos e ingresos de una administración o gestión.

RENDIDO, A adj. Sumiso a alguien o algo por admiración o amor: *un rendido admirador.* **2.** Muy cansado, fatigado.

RENDIJA s.f. Abertura estrecha y larga que atraviesa un cuerpo o separa dos cosas muy juntas: *las rendijas de una persiana, de una puerta.*

RENDIMIENTO s.m. Producto o utilidad que da una persona o cosa en relación con lo que gasta, cuesta, trabaja, etc.: *el rendimiento en el trabajo.* **2.** Sumisión, subordinación, humildad. **3.** Amabilidad en el trato, procurando servir o complacer. **4.** ECON. a. Capacidad de transformar los bienes de forma que aumente su cantidad o su utilidad. **b.** Relación entre la cantidad de un producto y la de los factores utilizados para su producción. **5.** INDUSTR. Relación entre el trabajo útil obtenido y la cantidad de energía consumida. **6.** QUÍM. En la preparación de un cuerpo, relación de la masa obtenida con la que habría proporcionado una reacción total.

RENDIR v.tr. (del lat. *reddere,* devolver, entregar) [89]. Someter a alguien o algo al dominio o a la voluntad de alguien o algo, venciendo su resistencia. **2.** Cansar, fatigar mucho sin dejar fuerzas. **3.** Dar u ofrendar lo se expresa: *rendir homenaje, tributo, culto.* **4.** Dar

cuentas de algo: *rendir un informe.* **5.** Obligar a la entrega de tropas, plazas o embarcaciones enemigas: *rendir la plaza.* **6.** Realizar actos de sumisión y respeto con enseñas o instrumentos: *rendir armas.* ◆ v.tr. e intr. Producir utilidad o provecho: *acciones que rinden; rendir una empresa; los trabajadores rinden.* ◆ **rendirse** v.prnl. Dejar de oponer resistencia: *rendirse a la evidencia.*

RENDZINA s.f. (voz polaca). Suelo poco lixiviado que se desarrolla sobre una roca madre calcárea y que contiene fragmentos rocosos en una matriz arcillosa rojiza.

RENEGADO, A adj. y s. Que ha abandonado su religión o creencias. **2.** Muladí.

RENEGAR v.tr. [4]. Negar insistentemente algo. ◆ v.intr. Apostatar, abandonar una religión o creencias. **2.** Abandonar un lazo de parentesco o de amistad. **3.** *Fam.* Hablar mal, quejarse: *renegar del frío.* **4.** Blasfemar. **5.** *Fam.* Refunfuñar, protestar en voz baja. **6.** Detestar, abominar.

RENEGÓN, NA adj. y s. *Fam.* Que reniega o refunfuña con frecuencia.

RENEGRIDO, A adj. Ennegrecido por el humo, la suciedad, etc. **2.** Se dice de la piel muy oscura.

RENGÍFERO s.m. Reno.

RENGLÓN s.m. (del ant. *reglón,* aumentativo de *regla*). Serie de palabras o caracteres escritos o impresos en línea recta. **2.** *Fig.* Concepto en el presupuesto, renta o beneficios de alguien. ◆ **renglones** s.m.pl. *Fig.* y *fam.* Escrito o impreso breves. ◇ **A renglón seguido** *Fam.* Inmediatamente. **Leer entre renglones** Adivinar, suponer la intención del que escribe.

RENGO, A adj. y s. Renco.

RENGUERA s.f. Méx. Cojera.

RENIEGO s.m. Blasfemia. **2.** *Fig.* y *fam.* Dicho injurioso. **3.** Cosa que se dice refunfuñando. (Suele usarse en plural.)

RENIO s.m. Metal de color blanco, que es parecido al manganeso. **2.** Elemento químico (Re), de número atómico 75 y masa atómica 186,207.

RENITENTE adj. (lat. *renitens, -entis,* p. de *reniti,* resistir, oponerse). MED. Que ofrece una cierta resistencia a la presión.

RENO s.m. (fr. *renne*). Mamífero rumiante parecido al ciervo, de hasta 1,50 m de talla, de astas muy ramosas y pelaje espeso que vive en Siberia, Escandinavia, Groenlandia y Canadá, y se domestica para utilizarlo como bestia de tiro y aprovechar su carne, su piel, su leche y sus cuernos. (El reno es el único cérvido cuya hembra tiene cuernos; familia cérvidos.)

■ **RENO**

RENOMBRADO, A adj. Célebre, famoso.

RENOMBRE s.m. Celebridad, fama. ◇ **De renombre** Célebre, famoso.

RENOVAR v.tr. y prnl. [17]. Dar nueva fuerza, actividad, intensidad o validez a algo. **2.** Cambiar una cosa por otra nueva: *renovar la vajilla.*

RENQUEAR v.intr. Cojear. **2.** *Fig.* Vivir, actuar o funcionar con dificultad o trabajosamente.

RENTA s.f. (fr. *rente*). Utilidad o beneficio que rinde anualmente una cosa. **2.** Cantidad de dinero o bienes que paga un arrendatario. **3.** Deuda pública o títulos que la representan. **4.** Cantidad de riqueza que normal y periódicamente afluye al propietario de ciertos facto-

■ EL ARTE DEL RENACIMIENTO

Los artistas del Renacimiento quisieron recuperar el prestigio y la virtud del arte de la antigüedad clásica, que consideraban que había caído en decadencia durante los siglos de la oscura Edad Media. Esta concepción, que explica el término mismo de *Renacimento,* estuvo rodeada durante largo tiempo de una fuerte polémica, actualmente ya zanjada. En cualquier caso, éste fue un período caracterizado por una frenética actividad intelectual, vinculada al movimiento humanista, en el que se pusieron en tela de juicio las creencias establecidas, y ello dio origen a un nuevo sistema formal e iconográfico. Italia se considera la principal cuna de este movimiento.

Primaticcio. *Danaé,* fresco rodeado de altorrelieves de estuco, decoración de una de las paredes de la galería Francisco I en el palacio de Fontainebleau (h. 1535-1540); la decoración restante es obra de Rosso Fiorentino. Fueron esencialmente los artistas italianos quienes dotaron a Fontainebleau –exponente principal del manierismo francés– de su esencia expresiva.

Brunelleschi. Nave de la iglesia de San Lorenzo en Florencia, construida entre 1420 y 1475. Su armoniosa construcción, que rompe con la estética gótica, se organiza a partir de un módulo básico de unos cuatro metros (que corresponde al cuadrilátero formado por cada uno de los tramos de las naves laterales). Cabe destacar también su depurada utilización del orden corintio.

Leonardo da Vinci. *Santa Ana, la Virgen y el Niño,* pintura sobre madera (h. 1508-1510). Las figuras de esta composición piramidal, densa y dinámica, se integran por efecto del *sfumato* en un vasto paisaje cósmico y telúrico. María, en un leve giro, parece querer retener al niño quien, a su vez, tiene cogido al cordero, símbolo de la Pasión. (Museo del Louvre, París)

Diego de Siloe. Bóveda de la capilla mayor de la catedral de Granada, realizada a partir de 1528. Sus amplios huecos semicirculares, de gran belleza, permiten el paso de la luz, que se difumina hasta la semipenumbra de la parte baja.

Piero della Francesca. Parte izquierda de uno de los frescos de la iglesia de San Francisco de Arezzo conocido como *Salomón y la reina de Saba* (h. 1460). Cabe destacar el porte de las figuras, la composición del espacio pictórico, así como la exaltación de la superficie mural, lograda a través del colorido.

Verrocchio. Figura ecuestre de Bartolomeo Colleoni, en Venecia. Esta estatua, hermana de la de Gattamelata, de Donatello, en Padua, fue fundida hacia 1490 por Alessandro Leopardi, a partir del modelo en terracota de Verrocchio.

Tiziano. *Baco y Ariadna* (1523). Esta precoz tela del maestro veneciano constituye una verdadera exaltación de la felicidad pagana, que se asienta en una luminosa policromía. (National Gallery, Londres.)

Alonso Berruguete. Retablo de la adoración de los Reyes (1527-1532), del convento de San Benito en Valladolid. Este retablo dorado, de gran fastuosidad, con un impresionante fondo poblado de esculturas, relieves y pinturas, es un ejemplo precursor del barroco.

res productivos, como consecuencia de que estos se encuentran disponibles o se ponen a disposición de los demás en cantidades limitadas. **5.** Ingreso anual de una persona. **6.** Chile y Méx. Alquiler. ◇ **Impuesto sobre la renta** Impuesto calculado según los ingresos anuales de los contribuyentes. **Política de rentas** Intervención de los poderes públicos con vistas a repartir entre las categorías sociales los ingresos procedentes de la actividad económica. **Renta nacional** Suma de todas las rentas percibidas por los residentes habituales de un país, con inclusión del gobierno, corporaciones y sociedades y que sean remuneraciones de servicios prestados por factores de producción. **Renta perpetua** Título de deuda pública emitido por el estado, en que la fecha de amortización no es fija. **Renta vitalicia** Contrato aleatorio en que una parte cede a otra una suma o capital, con la obligación de pagar una pensión al cedente o a una tercera persona durante la vida del beneficiario.

RENTABILIDAD s.f. Cualidad de rentable.

RENTABILIZAR v.tr. [7]. Hacer que una cosa sea rentable, beneficiosa o ventajosa.

RENTABLE adj. Que produce una renta, un beneficio. **2.** Provechoso.

RENTAR v.tr. Producir renta, utilidad o beneficio. **2.** Amér. Central, Antillas y Méx. Alquilar.

RENTERO, A s. Campesino que tiene en arrendamiento una finca rural.

RENTISTA s.m. y f. Persona que vive de sus rentas.

RENTÍSTICO, A adj. Relativo a las rentas públicas.

RENUENCIA s.f. Cualidad de renuente.

RENUENTE adj. Reacio, remiso.

RENUEVO s.m. Vástago que echa el árbol después de podado o cortado. **2.** Brote de una planta.

RENUNCIA s.f. Acción de renunciar. **2.** Documento que contiene una renuncia.

RENUNCIACIÓN s.f. Renuncia, especialmente la que supone un sacrificio.

RENUNCIAR v.intr. y tr. (lat. renuntiare). Desprenderse voluntariamente de algo o ceder algún bien o derecho: renunciar a una herencia. **2.** Desistir de hacer lo que se proyectaba o deseaba hacer. **3.** Abstenerse de algo.

RENUNCIATARIO, A s. DER. Persona beneficiada con una renuncia.

RENUNCIO s.m. Fig. y fam. Mentira o contradicción.

REÑIDO, A adj. Que está enemistado con otro. **2.** Que se desarrolla con gran igualdad y competencia entre los participantes. **3.** Méx. Opuesto. ◇ **Estar reñido** Ser incompatible u opuesto.

REÑIR v.intr. (lat. ringi, gruñir, estar furioso) [81]. Esp. Disputar de obra o de palabra. **2.** Esp. Desavenirse, enemistarse. ◆ v.tr. Esp. Reprender a alguien con rigor. **2.** Esp. Con complementos como batalla, desafío, pelea, etc., ejecutar, llevar a cabo.

1. REO s.m. Variedad de trucha, de coloración similar a la de los salmones, que habita en las desembocaduras de los ríos. (Familia salmónidos.)

2. REO, A s. (lat. reus). DER. **a.** Durante el proceso penal, el acusado o presunto autor o responsable. **b.** Persona condenada después de la sentencia.

REOBASE s.f. FISIOL. Intensidad mínima de corriente eléctrica que, aplicada durante un tiempo suficiente a un nervio o a un músculo, provoca su excitación.

REOCA. Ser la reoca Esp. Fam. Ser extraordinario, fuera de lo común.

REÓFILO, A adj. BOT. Se dice de las plantas que crecen en corrientes de agua impetuosas.

REOJO (DE) loc. Disimuladamente, sin volver la cabeza o por encima del hombro. (Con los verbos mirar, ver, etc.) ◇ **Mirar de reojo** Tener antipatía u hostilidad hacia alguien.

REOLOGÍA s.f. Parte de la física que estudia la viscosidad, la plasticidad, la elasticidad y el derrame de la materia.

REÓMETRO s.m. Instrumento para medir la velocidad de la corriente de un fluido.

REORDENACIÓN s.f. **Reordenación cromosómica** GENÉT. Cambio de estructura de uno o

más cromosomas, que lleva aparejado la adquisición, la pérdida o el desplazamiento de segmentos cromosómicos.

REORGANIZAR v.tr. y prnl. [7]. Organizar de manera distinta y más eficientemente.

REÓSTATO s.m. ELÉCTR. Resistencia variable que, colocada en un circuito, permite modificar la intensidad de la corriente.

REPANCHIGARSE o **REPANCHINGARSE** v.prnl. [2]. → REPANTIGARSE.

REPANOCHA. Ser la repanocha Esp. Fam. Expresión con que se juzga a alguien o algo extraordinario por bueno o por malo, absurdo, etc.

REPANTIGARSE o **REPANTINGARSE** v.prnl. (lat. vulg. repanticare) [2]. Sentarse con comodidad recostando el cuerpo.

REPARACIÓN s.f. Acción de reparar. **2.** Desagravio, satisfacción de una ofensa o daño. **3.** DER. Obligación que corresponde al responsable del daño de restablecer el equilibrio patrimonial perturbado por aquel. **4.** DER. INTERN. Prestaciones debidas por los estados vencidos a los estados vencedores, a consecuencia de los daños materiales de la guerra.

REPARADOR, RA adj. y s. Que repara, arregla o mejora algo, y especialmente que restablece las fuerzas. **2.** Se dice de la persona que desagravia o satisface una culpa, o de la cosa que sirve para reparar una ofensa o daño. **3.** Se dice de la persona que tiende a encontrar defectos en todo.

REPARAR v.tr. (lat. reparare). Arreglar algo que estaba roto o estropeado: reparar una radio. **2.** Reanimar, restablecer las fuerzas. **3.** Remediar un daño o falta. **4.** Considerar, reflexionar antes de hacer algo: no reparar en gastos. **5.** Fijarse en algo o darse cuenta de ello: reparar en un detalle.

REPARO s.m. Observación que se hace a algo, especialmente si señala una falta o defecto. **2.** Dificultad, inconveniente que se encuentra para hacer algo.

REPARTICIÓN s.f. Acción de repartir o repartirse. **2.** HIST. Sistema de repoblación utilizado en la península Ibérica, que consistía en la distribución de tierras entre los conquistadores. ◇ **Repartimiento de indios** HIST. Encomienda, asignación de mano de obra indígena a los colonos españoles. **Repartimiento proporcional, o en partes proporcionales** Regla matemática que tiene por objeto repartir una cantidad determinada en partes proporcionales a unos números dados.

REPARTIR v.tr. y prnl. Dividir algo en partes asignando un destinatario, colocación, fin o destino a cada una de ellas. ◆ v.tr. Clasificar, ordenar. **2.** Entregar las cosas que distintas personas han encargado o deben recibir. **3.** Extender o distribuir una materia sobre una superficie. **4.** Asignar a cada interesado su parte en una contribución o gravamen.

REPARTO s.m. Acción de repartir o repartirse: reparto de correspondencia. **2.** Relación de los personajes de una obra y de los actores que los representan.

REPASADOR s.m. Argent., Perú y Urug. Paño de cocina que se emplea para secar la vajilla.

REPASAR v.tr. Volver a pasar una cosa por un mismo sitio. **2.** Volver a mirar algo. **3.** Volver a examinar algo para corregir las imperfecciones. **4.** Volver a estudiar una lección para acabar de aprenderla. **5.** Leer un escrito por encima. **6.** Coser la ropa rota o descosida. ◆ v.intr. Volver a pasar alguien por el mismo sitio.

REPASO s.m. Acción de repasar. **2.** Fam. Reprimenda por un error o descuido. ◇ **Dar un repaso** Fam. Demostrar gran superioridad sobre alguien.

REPATRIACIÓN s.f. Acción y efecto de repatriar o repatriarse. **2.** DER. INTERN. Devolución

de un extranjero al país de origen o canje de esa persona con su patria.

REPATRIADO, A adj. y s. Se dice del expatriado que regresa a su patria.

REPATRIAR v.tr., intr. y prnl. Hacer que alguien regrese a su patria.

REPE s.m. Ecuad. Plato preparado con banano verde triturado, mezclado con queso y cocido con leche.

REPECHAR v.intr. Argent. y Urug. Reponerse lentamente de una enfermedad.

REPECHO s.m. Cuesta bastante empinada y corta.

REPELAR v.tr. Pelar completamente. **2.** Cercenar, disminuir una cosa. **3.** Méx. Protestar airadamente, rezongar.

REPELENTE adj. Que produce repulsión. ◆ adj. y s.m. y f. Que repele: repelente de insectos. **2.** Fam. Se dice de la persona afectada y que presume de sus conocimientos.

REPELER v.tr. (lat. repellere). Rechazar, echar de sí alguien o algo a otra persona o cosa que se le acerca, la ataca o choca con ella. **2.** No admitir un material o elemento a otro en su masa o composición. **3.** Fig. Rechazar, contradecir una idea, actitud, etc. **4.** Fig. Causar aversión o repugnancia.

REPELO s.m. Brizna, pelo o parte pequeña de algo que queda levantada o separada parcialmente.

REPELÓN, NA adj. Méx. Que refunfuña. ◆ s.m. Tirón que se da al pelo. **2.** Fig. Porción pequeña que se toma con brusquedad o se arranca de una cosa.

REPELÚS s.m. Fam. Escalofrío producido por temor o asco. **2.** Fam. Miedo o repugnancia hacia algo. SIN.: repeluzno.

REPENSAR v.tr. [10]. Volver a pensar algo con detenimiento.

REPENTE s.m. (lat. repente, ablativo de repens, -tis, súbito). Fam. Movimiento súbito de personas o animales. ◇ **De repente** De manera repentina.

REPENTINO, A adj. (lat. repentinus). Que se produce de manera imprevista.

REPENTIZAR v.intr. [7]. Improvisar, especialmente una composición musical, un poema o un discurso.

REPERCUSIÓN s.f. Acción y efecto de repercutir. **2.** Popularidad o trascendencia que alcanza una cosa.

REPERCUTIR v.intr. (lat. repercutere). Retroceder o cambiar de dirección un cuerpo al chocar con otro. **2.** Producir eco un sonido. **3.** Fig. Influir o causar efecto una cosa en otra.

REPERTORIO s.m. (lat. repertorium, de reperire, encontrar). Índice o registro en que una serie de informaciones están ordenadas para poder encontrarlas fácilmente. **2.** Conjunto de noticias o textos de una misma clase. **3.** MÚS. y TEATR. **a.** Conjunto de obras teatrales o musicales que un intérprete, compañía, orquesta o grupo tiene ensayadas y preparadas. **b.** Colección de obras de un autor dramático o compositor.

REPESCA s.f. Esp. Fam. Acción y efecto de repescar.

REPESCAR v.tr. [1]. Esp. Fam. Admitir nuevamente a alguien o algo que ha sido excluido o eliminado.

REPETICIÓN s.f. Acción y efecto de repetir o repetirse. **2.** Figura retórica de dicción que consiste en repetir palabras o expresiones. ◇ **Arma de repetición** Arma de fuego con un depósito de varios cartuchos que se disparan accionando un mecanismo, como un cerrojo, una palanca, etc.

REPETIDAMENTE adv.m. Varias veces: negar repetidamente una acusación.

REPETIDOR, RA adj. Que repite. ◆ adj. y s. Se dice del estudiante que repite un curso o asignatura por no haber superado los exámenes. ◆ s. Persona que repasa o ayuda a preparar a otra la lección. ◆ s.m. TECNOL. Dispositivo que reproduce un fenómeno. **2.** TELECOM. Conjunto de órganos que permiten la amplificación de las corrientes telefónicas en ambos sentidos de la transmisión. **3.** TELEV. Emisor de poca potencia que retransmite los programas difundidos por una estación principal. SIN.: reemisor.

REPETIR v.tr. y prnl. (lat. *repetere*, volver a dirigirse a, volver a pedir, reanudar) [89]. Volver a hacer o decir lo que se había hecho o dicho. ◆ v.tr. e intr. Volver a servirse de una misma comida. ◆ v.intr. Venir a la boca el sabor de lo que se ha comido o bebido. ◆ v.intr. y prnl. Suceder varias veces una misma cosa.

REPICAR v.tr. [1]. Tañer repetidamente un instrumento sonoro, especialmente las campanas en señal de alegría.

REPINTAR v.tr. Pintar nuevamente algo. ◆ repintarse v.prnl. Maquillarse mucho o de forma exagerada.

REPIPI adj. y s.m. y f. Esp. *Fam.* Se dice de la persona, generalmente joven, afectada y que alardea de sus conocimientos.

REPIQUE s.m. Acción y efecto de repicar.

REPIQUETE s.m. Repique vivo y rápido de campanas u otro instrumento sonoro.

REPIQUETEAR v.tr. e intr. Repicar con viveza las campanas u otro instrumento sonoro. 2. Golpear repetidamente sobre algo haciendo ruido.

REPIQUETEO s.m. Acción de repiquetear.

REPISA s.f. Estante para colocar cosas encima. 2. ARQ. Elemento saliente de un muro que sirve de apoyo de algo o de adorno.

REPISAR v.tr. Volver a pisar o pisar insistentemente.

REPLANTACIÓN s.f. Acción de replantar.

REPLANTAR v.tr. Volver a plantar. 2. Plantar en un terreno algo distinto de lo que había plantado. 3. Trasplantar una planta.

REPLANTEAMIENTO s.m. Acción de replantear. SIN.: *replanteo*.

REPLANTEAR v.tr. Plantear de nuevo un asunto.

REPLAY s.m. (voz inglesa). Repetición inmediata de un determinado fragmento de una transmisión televisiva. 2. Aparato o dispositivo con el que se obtiene esta repetición.

REPLECIÓN s.m. ASTRON. Heterogeneidad de un astro, que se traduce en un aumento local de su campo de gravitación. 2. MED. Estado de un órgano que está lleno: *repleción gástrica*.

REPLEGAR v.tr. [4]. Plegar o doblar muchas veces una cosa. 2. Recoger algo. ◆ replegarse v.prnl. Retirarse de forma ordenada las tropas en combate.

REPLETO, A adj. (lat. *repletus*, p. de *replere*, de *plere*, llenar). Que está muy lleno. 2. Se dice de la persona que ha comido demasiado.

RÉPLICA s.f. Acción de replicar. 2. Expresión, escrito, gesto, etc., con que se replica. 3. B. ART. Copia o reproducción de una obra de arte, ejecutada por el mismo autor o supervisada por él. 4. DER. Alegación del juicio ordinario de mayor cuantía, que tiende a fijar con carácter definitivo los términos en que se plantea el litigio. ◇ **Dar la réplica** Intervenir en un diálogo con un actor que tiene un papel más importante. **Derecho de réplica** Derecho de los particulares a insertar en los periódicos respuestas o aclaraciones a noticias o informaciones aparecidas, que puedan afectar a sus personas.

REPLICACIÓN s.f. Mecanismo mediante el cual las moléculas de ADN o de ARN, en ciertos virus, se dividen para formar nuevas moléculas idénticas a las originales.

REPLICAR v.intr. (lat. *replicare*, desplegar, desarrollar) 1. Contestar a una respuesta o argumento. ◆ v.intr. y tr. Poner objeciones a lo que se dice o se ordena. 2. DER. Presentar el escrito de réplica en una causa.

REPLICATO s.m. Réplica con que una persona se opone a lo que otra dice o manda.

REPLICÓN, NA adj. y s. *Fam.* Respondón.

REPLIEGUE s.m. Pliegue doble. 2. GEOL. Pliegue secundario. 3. MIL. Retirada ordenada de una tropa.

REPOBLACIÓN s.f. Acción y efecto de repoblar. ◇ **Repoblación forestal** Conjunto de trabajos para la regeneración de los montes explotados o de las zonas en que los árboles han sido destruidos o cortados.

REPOBLAR v.tr. [17]. Volver a poblar un lugar con habitantes, plantas, etc.

REPODRIR v.tr. y prnl. [51]. Repudrir. (Se usan solo el infinitivo y participio.)

REPOLLO s.m. Yema, generalmente apical, de volumen considerable, constituida por numerosas hojas apiñadas en torno al punto vegetativo. 2. Col de hojas grandes y muy juntas y forma redondeada.

REPOLLUDO, A adj. Que tiene forma de repollo. 2. *Fig.* Se dice de la persona gruesa y baja.

REPONER v.tr. [60]. Asignar de nuevo a una persona o cosa el empleo, lugar o estado que antes tenía. 2. Remplazar algo que falta o ha sido sacado de un lugar. 3. Volver a escenificar o proyectar una obra ya estrenada anteriormente. 4. Replicar, responder a un argumento. ◆ reponerse v.prnl. Recobrar la salud o la fuerza. 2. Serenarse, tranquilizarse.

REPORTAJE s.m. (fr. *reportage*). Trabajo periodístico sobre unos hechos, un personaje u otro tema con el testimonio lo más directo posible de los mismos. 2. Trabajo periodístico de carácter documental que se emite por radio o televisión. ◇ **Reportaje gráfico** Trabajo fotográfico sobre un suceso o tema en una publicación periódica.

REPORTAR v.tr. y prnl. Refrenar o moderar un impulso, pasión, etc. ◆ v.tr. Proporcionar una cosa consecuencias positivas o negativas.

RÉPORTER s.m. y f. (ingl. *reporter*) [pl. *reporters*]. Reportero.

REPORTERISMO s.m. Oficio de reportero.

REPORTERO, A s. y adj. (ingl. *reporter*). Periodista especializado en la elaboración de noticias o reportajes ◇ **Reportero gráfico** Periodista que se ocupa del testimonio fotográfico de los acontecimientos.

REPOS s.m. Operación financiera en la que se ceden activos estableciendo un pacto de recompra.

REPOSACABEZAS s.m. (pl. *reposacabezas*). AUTOM. Accesorio colocado en la parte superior de los asientos de los vehículos de pasajeros, que sirve para apoyar la cabeza y protegerla en caso de choque frontal.

REPOSADO, A adj. Tranquilo, pausado, sosegado.

REPOSAPIÉS s.m. (pl. *reposapiés*). Pieza cubierta de caucho y adosada al cuadro de una motocicleta que sirve para apoyar los pies.

REPOSAR v.intr. Dejar de trabajar o de realizar algún esfuerzo. 2. Permanecer sin realizar una actividad. 3. Dormir, generalmente durante poco tiempo. 4. Yacer, estar enterrado en un lugar. ◆ v.intr. y prnl. Posarse, depositarse las partículas sólidas que están en suspensión en un líquido.

REPOSERA s.f. Argent. y Par. Tumbona, silla de tijera con asiento y respaldo de lona.

REPOSICIÓN s.f. Acción y efecto de reponer o reponerse. 2. Obra que se repone, especialmente una película cinematográfica.

REPOSO s.m. Acción de reposar. 2. Tranquilidad, ausencia de inquietud o turbación. 3. Estado de una cosa inactiva.

REPOSTAR v.tr. Reponer provisiones, combustible, etc.

REPOSTERÍA s.f. Oficio o arte de hacer pasteles y dulces. 2. Establecimiento donde se hacen y venden estos productos. 3. Conjunto de estos productos.

REPOSTERO, A s. Persona que tiene por oficio hacer dulces de repostería. ◆ s.m. Oficial palatino encargado del depósito donde se guardaban los objetos de uso personal del monarca o el señor feudal. 2. Chile y Perú. Despensa.

REPRENDER v.tr. (lat. *reprehendere*, coger, retener). Amonestar o mostrar disgusto a alguien por sus actos o su comportamiento.

REPRENSIBLE adj. Que merece reprenderse.

REPRENSIÓN s.f. Acción de reprender. 2. Expresión o palabras con que se reprende. 3. DER. PEN. Pena que se ejecuta amonestando al reo.

REPRESA s.f. OBR. PÚBL. **a.** Estanque, contención de agua mediante un muro, obstáculo o barrera. **b.** Presa, construcción para detener y controlar un curso de agua.

REPRESALIA s.f. Acción hostil contra alguien como réplica a un daño recibido. 2. Medida tomada para llevar a término otra réplica.

REPRESAR v.tr. y prnl. Detener o estancar un curso de agua para formar un embalse o una presa. 2. *Fig.* Contener, reprimir.

REPRESENTACIÓN s.f. Acción de representar, especialmente una obra de teatro. 2. Hecho de representar a otra persona o colectividad: *tiene la representación del gobierno*. 3. Persona o conjunto de personas que representan a una colectividad o entidad. 4. Cosa que representa a otra. 5. Imagen mental que se hace alguien de algo. 6. Súplica o petición que se dirige a un superior. 7. Autoridad, importancia o categoría de una persona en un medio social. 8. Sistema de expresión de la voluntad popular por el que una colectividad delega en unos candidatos, representativos de un programa y política determinados, el ejercicio de las funciones y las decisiones inherentes al poder político. 9. MAT. Correspondencia entre los elementos de dos conjuntos. ◇ **En representación de** Representando a la persona, entidad o corporación que expresa.

REPRESENTANTE adj. y s.m. y f. Se dice de la persona o cosa que representa a otra. ◆ s.m. y f. Agente que representa a una casa comercial y vende sus productos. 2. Persona que gestiona los contratos y asuntos profesionales de deportistas, artistas, etc. 3. Actor o actriz. ◇ **Representante del pueblo** Diputado.

REPRESENTAR v.tr. Ser imagen, imitación o símbolo de algo. 2. Ejecutar una obra de teatro. 3. Hacer un determinado papel en una obra teatral o cinematográfica. 4. Actuar en nombre de otra persona o colectividad: *representar al presidente de la junta*. 5. Aparentar una persona determinada edad: *no representar cincuenta años*. 6. Significar, implicar, suponer. ◆ v.tr. y prnl. Evocar, hacer presente a alguien o algo en la mente: *representarse una situación vivida*.

REPRESENTATIVO, A adj. Que representa o puede representar a otra persona o cosa: *asamblea representativa*. 2. Característico, que tiene unas cualidades distintivas. ◆ **Régimen representativo** Forma de gobierno en que el pueblo delega en un parlamento el ejercicio del poder legislativo.

REPRESIÓN s.f. Acción y efecto de reprimir o reprimirse. 2. Acto o conjunto de actos violentos, ejercidos generalmente desde el poder, para contener o castigar actividades políticas o sociales. 3. PSICOL. Rechazo de un acto o tendencia psíquica que una persona efectúa inconscientemente por considerarlos inadmisibles.

REPRESIVO, A adj. Que reprime o tiene como finalidad reprimir: *medidas represivas*.

REPRESOR, RA adj. y s. Que reprime: *el ejército represor*.

REPRIMENDA s.f. Represión, acción de reprender a alguien o palabras con que se reprende.

REPRIMIR v.tr. y prnl. (lat. *reprimere*) Impedir que se manifieste un impulso o sentimiento: *reprimir el llanto*. 2. Impedir que se produzca o se desarrolle una acción, generalmente con el uso de la fuerza: *reprimir un levantamiento político*.

REPRÍS s.m. (del fr. *reprise*, reposición). Paso rápido de un régimen bajo de motor a un régimen superior. SIN.: *reprise*.

REPRISE s.f. (voz francesa). Reposición, especialmente de una obra teatral o cinematográfica. 2. Reprís.

REPRIVATIZACIÓN s.f. Proceso de privatización de una empresa o actividad productiva que había sido expropiada por el poder público.

REPRIVATIZAR v.tr. [7]. Proceder a una reprivatización.

REPROBACIÓN s.f. Acción y efecto de reprobar.

REPROBAR v.tr. (lat. *reprobare*) [17]. Censurar o desaprobar una cosa o la conducta de una persona. 2. Argent., Chile y Méx. No aprobar un curso o examen.

RÉPROBO, A adj. y s. (lat. *reprobus*). Condenado al infierno, según la religión católica.

REPROCHAR v.tr. y prnl. Expresar disgusto a alguien por su comportamiento, mediante quejas y críticas.

REPROCHE s.m. (fr. *reproche*). Acción de reprochar o reprocharse. 2. Expresión con que se reprocha.

REPRODUCCIÓN s.f. Acción y efecto de reproducir o reproducirse. 2. Copia o imitación, especialmente de una obra literaria o artística.

3. Función mediante la cual los seres vivos engendran otros de su misma especie. ◇ **Derechos de reproducción** Derechos del autor o propietario de una obra literaria o artística que le autorizan a controlar la difusión de la misma o a sacar beneficio de ella. **Reproducción asistida** MED. Reproducción mediante técnicas como la inseminación artificial, fecundación in vitro, etc., generalmente para paliar las dificultades o incapacidad de la pareja para la fecundación. SIN.: *procreación asistida.*
ENCICL. La capacidad para reproducirse es una de las características básicas que definen la materia viva, por oposición a las estructuras inertes. Las células se reproducen por simple división (escisiparidad: bacterias) o mediante el proceso complejo de la mitosis (células eucarióticas). La sexualidad, forma superior de la reproducción, se caracteriza por la existencia de gametos, células reproductoras especializadas equipadas solo con un cromosoma de cada par (células *haploides*). La fusión de dos gametos da lugar a una única célula con dotación cromosómica completa *(diploide)*, el cigoto o huevo fecundado. La reproducción puede realizarla un solo individuo cuando este es bisexuado; sin embargo, en la mayoría de los casos, la reproducción es biparental, con fecundación externa (algas, erizos de mar, numerosos peces) o interna (con acoplamiento, en el caso de los animales terrestres, o polinización, en el de las plantas terrestres). El producto expulsado por el organismo materno puede ser una semilla, un huevo o un individuo diferenciado.
REPRODUCIR v.tr. y prnl. [77]. Producir algo de nuevo. ◆ v.tr. Sacar copia de una obra de arte, objeto arqueológico, etc., por diversos procedimientos. **2.** Repetir algo que se había dicho antes. **3.** TECNOL. Trabajar un material para obtener un objeto de formas complejas, utilizando plantillas de reproducción o copias para guiar la herramienta. ◆ **reproducirse** v.prnl. Procrear, engendrar individuos de la misma especie. ◇ **Máquina de reproducir** Máquina que permite ejecutar una pieza similar a un modelo dado con un coeficiente de ampliación o de reducción diferente de la unidad.
REPRODUCTIVO, A adj. Que produce mucho provecho o beneficio.
REPRODUCTOR, RA adj. Relativo a la reproducción: *aparato reproductor.* **2.** Que reproduce. **3.** Se dice del reactor nuclear de neutrones rápidos que produce en su núcleo una cantidad de combustible mayor que la que se consume. ◆ s.m. Altavoz, aparato que emite ondas acústicas. **2.** Animal seleccionado para reproducirse y mejorar la raza.
REPROGRAFÍA s.f. Conjunto de técnicas destinadas a la reproducción de documentos.
REPS s.m. (fr. *reps*). Tejido acanalado de algodón, seda o lana, empleado en tapicería.
REPTACIÓN s.f. Modo de locomoción animal en que el cuerpo avanza sobre una superficie sin la ayuda de las extremidades.
REPTAR v.intr. (lat. *reptare*). Avanzar arrastrando el cuerpo por una superficie, como lo hacen los reptiles y otros animales.
REPTIL o **RÉPTIL** adj. y s.m. (lat. *reptile,* de *repere,* andar arrastrándose). Relativo a una clase de vertebrados poiquilotermos de respiración pulmonar, con el cuerpo cubierto de escamas córneas, con la piel desprovista prácticamente de glándulas y con las extremidades muy cortas, terminadas en garras pentadáctilas (lagartos) o sin extremidades (serpientes).
ENCICL. Los reptiles son animales generalmente ovíparos, con respiración aérea desde su eclosión. Su piel está reforzada con resistentes láminas dérmicas (caparazón de las tortugas, de los grandes lacertilios). En el caso de las serpientes, este revestimiento se renueva en cada muda. En los reptiles puede darse ausencia de patas (serpientes) o por el contrario su presencia puede permitirles una gran movilidad (lagartos). Los reptiles se distribuyen por todo el globo. Entre ellos se han clasificado numerosas formas fósiles, algunas de las cuales miden hasta 30 m de longitud. Entre los reptiles actuales, se distinguen cuatro grandes grupos: *lacertilios* (lagartos), *ofidios* (serpien-

tes), *quelonios* (tortugas) y *crocodilianos* (cocodrilos).
REPÚBLICA s.f. (del lat. *res publica,* la cosa pública, aplicado al gobierno de Roma). Forma de gobierno en la que existe la separación de poderes y el pueblo o una representación elige por votación a sus gobernantes. **2.** Estado con esta forma de gobierno.
ENCICL. El término *república* apareció en el s. VI en Roma, y se aplicó en la edad media a ciertos regímenes aristocráticos (Venecia), antes de referirse en el s. XVIII a una realidad más democrática (Estados Unidos, Francia). Adoptada por regímenes políticos diversos, la república no indica necesariamente democracia (de la misma manera que la democracia no supone república) sino elección.
REPUBLICANISMO s.m. Cualidad de republicano.
REPUBLICANO, A adj. Relativo a la república: *régimen republicano.* ◆ adj. y s. Que es ciudadano de una república. **2.** Partidario de la república.
REPUDIAR v.tr. (lat. *repudiare*). Rechazar algo, no aceptarlo, especialmente por considerarlo moralmente condenable: *repudiar la violencia.* **2.** Rechazar algo a lo que se tiene derecho: *repudiar una herencia.* **3.** Rechazar legalmente el marido a su mujer.
REPUDIO s.m. (lat. *repudium*). Acción y efecto de repudiar el marido a su mujer.
REPUDRIR v.tr. y prnl. [51]. Pudrir mucho. ◆ **repudrirse** v.prnl. *Fam.* Consumirse interiormente, sufrir a causa de una pena o disgusto que no se exterioriza.
REPUESTO s.m. Provisión de cosas guardadas para usarlas cuando se necesiten. **2.** Recambio, pieza de un mecanismo que sirve para sustituir a otra que ya no es útil: *repuestos para el automóvil.* ◆ **De repuesto** Se dice de una cosa que sirve para sustituir la que deja de ser útil: *rueda de repuesto.*
REPUGNANCIA s.f. Sensación física muy desagradable provocada por algo que produce repulsión. **2.** Sentimiento de rechazo hacia una persona o cosa por razones morales.
REPUGNANTE adj. Que repugna.
REPUGNAR v.intr. (lat. *repugnare,* luchar contra algo). Causar repugnancia. ◆ v.tr. Contradecir o negar una cosa. **2.** Sentir repugnancia o aversión hacia una cosa. ◆ v.tr. y prnl. Ser opuesta o contradecir una cosa a otra.
REPUJADO s.m. Procedimiento para decorar el cuero y el metal, que consiste en labrar figuras en relieve con ayuda de un buril o punzón especial. **2.** Obra realizada de este modo. **3.** TECNOL. Operación de modelado o conformación en frío de piezas metálicas huecas, de pared delgada, cuya superficie tiene un eje de revolución.

■ **REPUJADO.** Bandeja de plata repujada y cincelada; s. XVIII.
(Museo diocesano de Calatayud, Zaragoza.)

REPUJAR v.tr. Efectuar un repujado.
REPULGAR v.tr. (de *pulgar,* dedo que se usa al coser) [2]. Hacer un repulgo.
REPULGO s.m. Dobladillo o costura estrecho hecho en la ropa. **2.** Punto para coser dobladillos muy menudo y espeso. **3.** Adorno hecho en el borde de las empanadillas o los pasteles para que no salga el relleno. ◆ **repulgos** s.m.pl. *Fig.* y *fam.* Remilgos, escrúpulos ridículos.
REPULSA s.f. (lat. *repulsa*). Condenación enérgica de algo o de alguien. **2.** Reprimenda dura.
REPULSIÓN s.f. Acción y efecto de repeler.

REPULSIVO, A adj. Que causa repulsión.
REPUNTAR v.intr. Argent. y Urug. Reunir el ganado que está disperso. **2.** Argent. y Urug. Volver a cobrar impulso un hecho o fenómeno cuya intensidad había disminuido. **3.** Argent. y Urug. *Por ext.* Recuperar alguien o algo una posición favorable.
REPUNTE s.m. ECON. Subida de las cotizaciones de la bolsa de valores.
REPUTACIÓN s.f. Opinión que se tiene sobre alguien o algo, generalmente por sus aptitudes o sus cualidades morales.
REPUTAR v.tr. y prnl. (lat. *reputare,* calcular). Estimar, juzgar que alguien o algo es de cierta manera. **2.** Apreciar un mérito.
REQUEBRAR v.tr. [10]. Lisonjear a alguien, especialmente a una mujer, alabando sus atractivos.
REQUEMAR v.tr. y prnl. Volver a quemar o quemar en exceso algo. **2.** Causar ardor en la boca alguna sustancia. ◆ v.tr. Secar las plantas, haciéndoles perder su verdor. ◆ **requemarse** v.prnl. Tener resentimientos sin exteriorizarlos.
REQUERIMIENTO s.m. Acción y efecto de requerir o requerirse. **2.** DER. Acción de un juez o tribunal por la que se intima a una persona para que, en cumplimiento de una resolución, ejecute, o se abstenga de hacerlo, un acto ordenado en ella. **b.** Aviso, manifestación o pregunta que se hace, generalmente bajo fe notarial, a alguna persona para que declare su actitud o dé su respuesta. **3.** HIST. Documento leído por los españoles a los indígenas de las Indias antes de emprender una expedición, en el que se les exhortaba a aceptar a su nuevo soberano y adoptar el cristianismo.
REQUERIR v.tr. y prnl. (lat. *requirere*) [79]. Necesitar: *este problema requiere un análisis detallado.* ◆ v.tr. Comunicar o exigir a alguien que haga algo. **3.** Solicitar el amor de una persona.
REQUESÓN s.m. Masa blanca y mantecosa que se obtiene cuajando la leche y eliminando el suero mediante un molde. **2.** Cuajada que se obtiene de los residuos de la leche que quedan después de la elaboración del queso.
REQUETÉ s.m. Esp. Cuerpo armado de voluntarios del carlismo. **2.** Esp. Persona afiliada a este cuerpo.
REQUETEBIÉN adv.m. *Fam.* Muy bien, espléndidamente.
REQUIEBRO s.m. Expresión con que se requiebra a alguien.
RÉQUIEM s.m. (pl. *réquiem* o *réquiems*). Plegaria de la Iglesia católica por los muertos. **2.** Composición musical para cantar esta plegaria.
REQUILORIO s.m. Adorno o complemento innecesario o excesivo. **2.** *Fam.* Rodeo innecesario para decir algo.
REQUINTO s.m. HIST. Servicio extraordinario impuesto a los indios en Perú y en otras provincias americanas, durante el reinado de Felipe II, que consistía en la quinta parte de sus contribuciones ordinarias. **2.** MÚS. **a.** Clarinete pequeño y de tono agudo, que se usa en las bandas de música. **b.** Guitarra pequeña típica de Colombia y Venezuela.
REQUIRENTE adj. y s.m. y f. Que requiere.
REQUISA s.f. (del fr. *réquisition*). Acción de requisar. **2.** Inspección de las personas o materiales de un establecimiento.
REQUISAR v.tr. Expropiar una autoridad, especialmente el ejército, bienes particulares para utilizarlos. **2.** Confiscar una autoridad algo que se considera ilegal.
REQUISITO s.m. Condición o circunstancia necesaria para una cosa.
REQUISITORIA s.f. DER. Requerimiento judicial que expide el juez instructor para citar o emplazar al acusado de un delito.
REQUISITORIO, A adj. y s.f. Se dice del despacho con que un juez requiere a otro para que ejecute un mandato expedido por el requirente.
RES s.f. Animal cuadrúpedo doméstico de ganado vacuno, lanar, etc., o salvaje, como el jabalí, el venado, etc.

RESABIAR v.tr. y prnl. Hacer adquirir a alguien un vicio o mala costumbre.

RESABIDO, A adj. v. s. Se dice de la persona que alardea de sus conocimientos.

RESABIO s.m. (lat. *resapidus*). Mala costumbre que alguien tiene o adquiere. **2.** Sabor desagradable que deja una cosa después de tomarla.

RESACA s.f. (de *l. saca*). Movimiento de retroceso de las olas. **2.** Malestar que se siente al día siguiente de haber consumido alcohol o drogas en exceso. **3.** Reflujo de la marea.

RESALADO, A adj. *Fam.* Que es gracioso y simpático.

RESALTADO, A adj. HERÁLD. Se dice de la pieza o figura que carga sobre otra, sin encerrarse en ella.

RESALTADOR s.m. Argent. Marcador, instrumento para escribir o dibujar.

RESALTAR v.intr. Sobresalir una cosa o parte de ella más que el resto. **2.** *Fig.* Destacar una persona o una cosa entre otras. ◆ v.tr. Hacer que alguien o algo destaque.

RESALTE s.m. Resalto, saliente.

RESALTO s.m. Acción y efecto de resaltar. **2.** Parte que sobresale de una superficie.

RESARCIMIENTO s.m. Acción y efecto de resarcir o resarcirse.

RESARCIR v.tr. y prnl. [42]. Indemnizar o compensar a una persona por haberle causado un gasto, una pérdida o un agravio.

RESBALADILLA s.f. Méx. Resbalín, tobogán.

RESBALADIZO, A adj. Se dice del lugar en que es fácil resbalar. **2.** Que se resbala o se escurre fácilmente. **3.** *Fig.* Se dice de algo que puede llevar a incurrir en un error o torpeza.

RESBALADURA s.f. Señal o huella que queda después de haber resbalado.

RESBALAR v.intr. y prnl. Deslizarse sobre una superficie, generalmente con lentitud: *las gotas resbalan por el cristal.* **2.** Patinar sobre una superficie lisa, húmeda o helada, perdiendo el equilibrio. **3.** *Fig.* Incurrir en un desliz o error. **4.** *Fig.* No interesar o no importar algo a alguien: *me resbala este asunto.*

RESBALÍN s.m. Chile. Tobogán pequeño.

RESBALÓN s.m. Acción de resbalar o resbalarse. **2.** *Fig.* Falta o equivocación que alguien comete. **3.** Movimiento que se hace al resbalar. **4.** Cerradura con un pestillo que queda encajado por la presión de un resorte.

RESCATAR v.tr. Recuperar, por un precio convenido o mediante la fuerza, a alguien o algo que estaba en poder de otro. **2.** *Fig.* Liberar a alguien o algo del peligro, trabajo u opresión en que se hallaba.

RESCATE s.m. Acción de rescatar. **2.** Precio que se paga para rescatar a alguien.

RESCINDIR v.tr. Dejar sin efecto un contrato o una obligación.

RESCISIÓN s.f. Acción de rescindir.

RESCOLDO s.m. Brasa conservada entre la ceniza. **2.** *Fig.* Resto que queda de un sentimiento que ha sido muy intenso.

RESECAR v.tr. [1]. CIR. Efectuar la resección de un órgano.

RESECCIÓN s.f. CIR. Extirpación total o parcial de un órgano o tejido.

RESECO, A adj. Que está demasiado seco. **2.** Flaco, delgado. ◆ s.m. Sensación de sequedad o molestia en la boca.

RESEDA s.f. (lat. *reseda*). Planta herbácea de flores amarillentas pequeñas agrupadas en espigas o racimos. (Familia resedáceas.) **2.** Flor de esta planta. (De la reseda amarilla se extrae un tinte amarillo.) *[V. ilustr. pág. siguiente.]*

RESELLAR v.tr. Volver a sellar una cosa.

RESELLO s.m. Acción y efecto de resellar.

RESENTIDO, A adj. y s. Que tiene resentimiento contra alguien.

RESENTIMIENTO s.m. Sentimiento contenido y hostil de la persona que se cree maltratada hacia el autor del mal trato.

RESENTIRSE v.prnl. [79]. Sentir dolor o molestia a consecuencia de un daño o enfermedad pasados: *todavía se resiente del estómago.* **2.** Empezar a estar afectado en buen estado o el funcionamiento de una cosa por acción de otra. **3.** *Fig.* Sentir disgusto o pena por algo.

RESEÑA s.f. Acción y efecto de reseñar. **2.** Artículo o escrito breve de una publicación periódica en que se describe algo o se da noticia sobre ello. **3.** Información crítica o comentario sobre una obra literaria, artística o científica.

RESEÑAR v.tr. Describir algo brevemente por escrito. **2.** Hacer una reseña crítica. **3.** Describir a una persona, animal o cosa con sus señas características.

RESERO s.m. Argent. y Urug. Arreador de reses destinadas al consumo de la población y al aprovechamiento industrial.

RESERPINA s.f. Alcaloide extraído de una planta de la familia apocináceas, utilizado por sus propiedades hipotensoras.

RESERVA s.f. Acción de reservar. **2.** Documento o anotación que acredita que alguien puede disponer de cierta cosa o cierto derecho: *el revisor pidió la reserva del billete.* **3.** Conjunto de cosas que se tienen guardadas para cuando sean necesarias: *reserva de víveres.* **4.** Acción de callar alguna cosa por discreción o prudencia. **5.** Actitud de no aceptar completamente una cosa o de no manifestar abierta o totalmente una idea, afecto, estado de ánimo, etc. **6.** Excepción que se hace o condición que se pone a un trato o promesa: *aceptar algo con reserva.* **7.** Territorio reserva-

RESERVAS DE LA BIOSFERA DE AMÉRICA LATINA Y EL CARIBE

	extensión total (en hectáreas)	fecha de designación		extensión total (en hectáreas)	fecha de designación
ANTIGUA Y BARBUDA (EUA)			**GUATEMALA**		
Islas Vírgenes	6 130	1976	Maya	2 112 940	1990
			Sierra de las Minas	242 642	1990
ARGENTINA					
Andino Norpatagónica	2 266 942	2007	**HONDURAS**		
Delta del Paraná	109 200	2000	Río Plátano	832 032	1980
		(ampliación en 2007)	**MÉXICO**		
Laguna Blanca	710 000	1982	Alto Golfo de California	1 652 110	1993
Laguna Oca del Río Paraguay	18 500	2001			(ampliación en 1995)
Las Yungas	1 330 000	2002	Arrecife Alacranes	333 768	2006
Ñacuñán	12 300	1986	Banco Chinchorro	144 360	2003
Parque Atlántico Mar Chiquito	26 488	1996	Barranca de Metztitlán	96 043	2006
Parque Costero del Sur	30 000	1985	Chamela-Cuixmala	63 950	2006
Pereyra Iraola	10 248	2007	Cuatrociénegas	84 347	2006
Riacuelo	387 000	1990	Cumbres de Monterrey	277 396	2006
Riacho Teuquito	81 000	2000	El Cielo	144 530	1986
San Guillermo	981 460	1980	El Triunfo	119 177	1993
Yaboty	236 313	1993	El Vizcaíno	2 546 790	1993
			Huatulco	11 890	2006
BOLIVIA			Islas del Golfo de California	314 736	1995
Apolobamba (Ulla Ulla)	483 744	1977	Islas Marietas	1 383	2008
Estación Biológica del Beni	135 000	1986	La Encrucijada	167 310	2006
Pilón-Lajas	400 000	1977	Laguna Madre y Delta del Río Bravo	572 808	2006
			La Michilía	9 421	1977
BRASIL			La Primavera	30 500	2006
Amazonia Central	20 859 978	2001	La Sepultura	167 310	2006
Caatinga	19 899 000	2001	Los Tuxtlas	155 122	2006
Mata Atlántica (incluye el Cinturón Verde de la ciudad de São Paulo)	35 000 000	1991	Maderas del Carmen	208 381	2006
O Cerrado do Distrito Federal	230 000	1994	Mapimí	342 388	1977
Pantanal	60 000 000	2000	Mariposa Monarca	56 259	2006
Serra do Espinhaço	3 076 458	2005	Montes Azules	331 200	1979
			Pantanos de Centla	302 706	2006
CHILE			Región de Calakmul	1 371 766	1993
Araucarias	93 833	1983			(ampliación en 2006)
Archipiélago de Juan Fernández	9 967	1977	Ría Celestún	81 481	2004
Bosques Templados Lluviosos de los Andes Australes	2 168 956	2007	Ría Lagartos	60 348	2004
Cabo de Hornos	4 884 273	2005	Selva El Ocote	101 288	2006
Fray Jorge	9 959	1977	Sian Ka'an	528 148	1986
La Campana-Peñuelas	17 095	1984	Sierra de Álamos-Río Cuchujaqui	92 890	2007
Laguna San Rafael	1 742 000	1979	Sierra de Huautla	59 031	2006
Lauca	358 312	1983	Sierra de Manantlán	139 577	1988
Torres del Paine	184 414	1978	Sierra Gorda	378 227	2001
			Sierra La Laguna	79 317	2003
COLOMBIA			Sistema Arrecifal Veracruzano	52 239	2006
Ciénaga Grande de Santa Marta	493 150	2000	Volcán Tacana	6 378	2006
Cinturón Andino	855 000	1979			
El Tuparro	918 000	1979	**NICARAGUA**		
Seaflower	30 000 000	2000	Bosawas	1 992 800	1997
Sierra Nevada de Santa Marta	2 115 800	1979	Río San Juan	1 834 000	2003
COSTA RICA			**PANAMÁ**		
Agua y paz	916 000	2007	Darién	859 334	1983
Cordillera Volcánica Central	552 678	1988	La Amistad	207 000	1982
La Amistad	612 570	1982			
			PARAGUAY		
CUBA			Bosque Mbaracayú	280 000	2000
Baconao	82 330	1987	El Chaco	200 000	2005
Buenavista	319 638	2000			
Ciénaga de Zapata	659 300	2000	**PERÚ**		
Cuchillas del Toa	208 300	1987	El Manu	1 909 800	1977
Península de Guanahacabibes	121 572	1987	Huascarán	1 155 800	1977
Sierra del Rosario	25 000	1985	Noroeste	231 402	1977
ECUADOR			**PUERTO RICO (EUA)**		
Archipiélago de Galápagos	14 000 000	1984	Guánica	4 000	1981
Podocarpus-El Cóndor	1 140 080	2007	Luquillo	3 487	1976
Sumaco	931 930	2000			
		(ampliación en 2002)	**REPÚBLICA DOMINICANA**		
Yasuní	1 600 000	1989	Jaragua-Bahoruco-Enriquillo	577 000	2002
EL SALVADOR			**URUGUAY**		
Apaneca-Ilamatepec	59 056	2007	Bañados del Este	1 250 000	1976
Xirihualtepe-Jiquilisco	101 607	2007			
			VENEZUELA		
			Alto Orinoco-Casiquiare	8 700 000	1993

Fuente: UNESCO (www.iberomab.org)

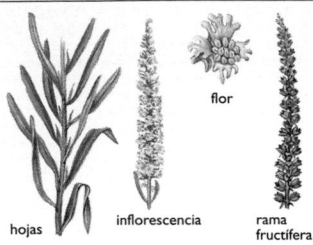

flor

hojas   inflorescencia   rama
fructífera

■ RESEDA

do a los indios en EUA y Canadá, y que está sometido a un régimen especial. **8.** ART. GRÁF. y PINT. Parte que se deja en blanco, en algunos procedimientos de pintura, de dibujo y grabado. **9.** DER. Cláusula contractual que permite a alguna de las partes determinadas facultades, incluso el desistimiento del contrato. **10.** MIL. **a.** Situación de las personas sujetas a las obligaciones militares legales, que empieza al término de la situación de actividad. **b.** Situación a la que pasan los generales al término de la actividad y que equivale al retiro en los empleos inferiores. **11.** REL. Acción de reservar el Santísimo Sacramento. **12.** TECNOL. Porción de superficie que se protege con un agente para preservarla momentáneamente de la acción de un tratamiento, operación, etc., que se efectúa en las partes circundantes. ◆ s.m. y f. Suplente. ◆ **reservas** s.f.pl. Cantidad de petróleo recuperable en un yacimiento. ◇ **Reserva alcalina** FISIOL. Cantidad de bicarbonatos alcalinos existentes en la sangre y que se expresa por el volumen porcentual de gas carbónico que puede liberarse en un volumen determinado de plasma. **Reserva de la biosfera** Zona de ecosistema terrestre y/o marítimo reconocida por la UNESCO y que tiene las siguientes funciones: contribuir a la conservación de la riqueza natural, fomentar el desarrollo económico y humano sostenible y apoyar la investigación y la educación por el medio ambiente. **Reserva mental** DER. Acto por el que la manifestación de voluntad en un negocio jurídico está condicionada o anulada en la mente del agente por el propósito de no aceptar la obligación que se contrae. **Reserva natural** Territorio delimitado y protegido jurídicamente para proteger ciertas especies amenazadas, a las que alberga de forma permanente o temporal. (A menudo están incluidas en los *parques nacionales e incluso pueden identificarse con ellos.) **Reservas nutritivas** Sustancias dotadas de valor calórico que acumula el organismo para facilitar la nutrición en caso de posible déficit alimenticio. **Sin reservas** Abierta o incondicionalmente.

RESERVACIÓN s.f. Amér. Reserva de billetes, habitaciones, etc.

RESERVADO, A adj. Cauteloso, callado. **2.** Que se reserva o debe reservarse. ◆ s.m. Compartimento destinado a personas que quieren estar aisladas.

RESERVAR v.tr. y prnl. (lat. *reservare*). Apartar o guardar una cosa para alguien o para otro momento u ocasión. **2.** Dejar de decir o hacer una cosa para decirla o hacerla más adelante: *reservar su opinión.* ◆ v.tr. Encargar con anticipación billetes, entradas, habitaciones, etc. **2.** REL. Ocultar el Santísimo Sacramento que estaba expuesto. ◆ **reservarse** v.prnl. Esperar una ocasión más propicia para hacer o decir algo.

RESERVISTA adj. y s.m. Se dice de la persona que está en la reserva del ejército.

RESERVÓN, NA adj. Fam. Se dice de la persona excesivamente reservada. **2.** TAUROM. Se dice del toro cauteloso y que no acude a las suertes.

RESERVORIO s.m. Organismo que aloja virus, bacterias u otros microorganismos que pueden causar una enfermedad contagiosa que pueden propagarse hasta formar una epidemia. **2.** Amér. Depósito. **3.** HIDROL. Embalse donde se acumula el agua para su utilización posterior.

RESFRIADO s.m. Enfermedad de las vías respiratorias altas, caracterizada por un exceso de mucosidad e irritación de la garganta.

RESFRIAR v.tr. y prnl. [19]. Causar un resfriado.

RESFRÍO s.m. Resfriado.

RESGUARDAR v.tr. y prnl. Defender o proteger.

RESGUARDO s.m. Acción de resguardar o resguardarse. **2.** Lugar o cosa que sirve para resguardar o resguardarse. **3.** Documento que acredita haber realizado determinada gestión, pago o entrega: *resguardo de matrícula.* **4.** HIST. Territorio que los españoles entregaban a los indios peruanos y en el que estos se regían por sus propios cabildos y alcaldes.

RESIDENCIA s.f. Acción de residir. **2.** Lugar en que se reside: *fijó su residencia en Madrid.* **3.** Casa, vivienda, especialmente si es lujosa. **4.** Casa o conjunto de edificios en los que conviven personas afines por sexo, estado, edad, y que tienen una reglamentación: *residencia de estudiantes.* **5.** Centro hospitalario en el que se pueden internar enfermos o heridos.

RESIDENCIAL adj. Se dice del barrio de una ciudad destinado a residencias, generalmente lujosas, a diferencia de los barrios populares.

RESIDENCIAR v.tr. Investigar un juez la conducta de otro juez u otra persona en el ejercicio de un cargo público. **2.** Pedir cuentas a alguien sobre el cargo que ejerce.

RESIDENTE adj. y s.m. y f. Que reside en determinado lugar. ◆ s.m. HIST. Cargo colonial importante en los ss. XIX y XX. **2.** INFORMÁT. Conjunto de rutinas del sistema operativo que permanecen siempre en memoria central.

RESIDIR v.intr. (lat. *residere*). Vivir habitualmente en un lugar. **2.** Fig. Estar basada una cosa en otra, consistir.

RESIDUAL adj. Relativo al residuo. **2.** GEOL. Se dice del residuo de una roca o de un terreno preexistente, del que una parte de la materia ha sido separada por disolución o por otro medio: *grava residual.* ◇ **Relieve residual** GEOGR. Relieve de una región de penillanura que ha sido preservado de la erosión.

RESIDUO s.m. (lat. *residuus,* que queda, que resta). Parte que queda de un todo después de haber quitado otra o más partes. **2.** Material inservible que queda después de haber realizado algún trabajo u operación. (Suele usarse en plural.) **3.** MAT. Resto de una división o de la extracción de una raíz. ◇ **Método de residuo** Método de investigación preconizado por J. Stuart Mill, que consiste en excluir de un fenómeno las partes cuyas causas se conocen para poder encontrar, por eliminación, las causas de las partes restantes.

RESIGNA s.f. DER. CAN. Renuncia a un beneficio eclesiástico.

RESIGNACIÓN s.f. Acción de resignar o resignarse. **2.** Paciencia o conformidad ante las dificultades o adversidades.

RESIGNAR v.tr. (lat. *resignare,* romper el sello que cierra algo). Entregar una autoridad el mando a otra que la releva o sucede. **2.** Renunciar a un beneficio eclesiástico a favor de otro. ◆ **resignarse** v.prnl. Conformarse ante un acontecimiento o no puede remediarse o una circunstancia adversa.

RESIGNATARIO s.m. Persona en quien se resigna un cargo.

RESILIENCIA s.f. MEC. Índice de resistencia al choque de un material.

RESINA s.f. (lat. *resina*). Sustancia viscosa segregada por determinados vegetales, como las coníferas y las terebintáceas, que se solidifica con el aire y es insoluble en el agua y soluble en alcohol. ◇ **Resina sintética** Producto artificial dotado de propiedades análogas a las de la resina natural.

RESINACIÓN s.f. Extracción de la resina de los pinos, mediante incisiones en el tronco.

RESINAR v.tr. Efectuar la resinación.

RESINERO, A adj. Relativo a la resina: *industria resinera.* ◆ s. Persona que tiene por oficio resinar los pinos.

RESINÍFERO, A adj. Que produce resina.

RESINOSO, A adj. Que tiene resina o se parece a ella.

RESISTENCIA s.f. Acción de resistir o resistir-se. **2.** Capacidad para resistir. **3.** Fuerza que se opone a la acción de otra. **4.** ELECTR. **a.** Cociente entre la diferencia de potencial aplicada a las extremidades de un conductor y la intensidad de corriente que produce, cuando el conductor no es la sede de una fuerza electromotriz. **b.** Conductor en el que toda la energía de la corriente eléctrica se transforma en calor por el efecto Joule y no comprende ninguna fuerza electromotriz. **5.** MEC. Fuerza que se opone al movimiento. ◇ **Resistencia del aire** MEC. Fuerza que el aire opone al desplazamiento de un cuerpo. **Resistencia de materiales** Parte de la mecánica que estudia las dimensiones de los elementos de una construcción para determinar los esfuerzos que tendrán que soportar. **Resistencia pasiva** Método de oposición al poder establecido, consistente en la desobediencia a determinadas normas y en no colaborar con este. **Resistencia pura,** o **muerta** Conductor en el que toda la energía de la corriente eléctrica se transforma en calor por efecto Joule, sin producir fuerza electromotriz.

RESISTENTE adj. Que resiste o se resiste. ◆ adj. y s.m. y f. Que es miembro de la Resistencia.

RESISTIR v.intr., tr. y prnl. (lat. *resistere*). Oponer un cuerpo una fuerza suficiente para no ceder a la acción de otra: *el dique resistió la riada.* **2.** Soportar un ataque, la voluntad de alguien, un impulso, etc., sin dejarse vencer. ◆ v.tr. Aguantar, soportar una molestia.

RESISTIVIDAD s.f. ELECTR. Característica de una sustancia conductora, numéricamente igual a la resistencia de un cilindro de esta sustancia de longitud y de sección iguales a la unidad.

RESMA s.f. (ár. *rízma,* paquete, haz). Conjunto de veinte manos de papel (500 pliegos).

RESMILLA s.f. Paquete de veinte cuadernillos (100 pliegos) de papel de cartas.

RESOL s.m. Reverberación del sol. **2.** Luz y calor producidos por esta reverberación.

RESOLANA s.f. Amér. Luz y calor producidos por la reverberación del sol.

RESOLLAR v.intr. [17]. Respirar, especialmente de manera fuerte y ruidosa. **2.** Fig. y fam. Hablar. (Se usa en frases negativas.)

RESOLUCIÓN s.f. Acción y efecto de resolver o resolverse. **2.** Solución de un problema. **3.** Decisión que se toma en algo que plantea dudas. **4.** Firmeza de carácter, valor. **5.** Calidad de imagen que ofrece una pantalla según el número de columnas de puntos de luz que presenta. **6.** Prontitud, viveza en sus decisiones o actos. **7.** MED. Curación de una enfermedad, en especial de un estado inflamatorio, sin que haya supuración. ◇ **Poder,** o **límite, de resolución** Intervalo suficiente entre dos elementos para que estos se puedan separar por un instrumento de observación o reproducción. **Resolución de un acorde** MÚS. Forma satisfactoria para el oído de encadenar un acorde disonante con el siguiente. **Resolución de una ecuación** MAT. Determinación de las raíces de esta ecuación. **Resolución de un triángulo** MAT. Cálculo de los elementos de un triángulo a partir de tres de dichos elementos. **Resolución judicial** Decisión o providencia que pronuncia un juez o tribunal en una causa.

RESOLUTIVO, A adj. Que resuelve. ◆ adj. y s.m. FARM. Se dice del medicamento que influye de modo directo y rápido en la resolución de un proceso patológico.

RESOLUTORIO, A adj. Que motiva o denota resolución.

RESOLVER v.tr. y prnl. [38]. Encontrar la solución a un problema, duda o dificultad. **2.** Tomar una resolución, decidir: *resolvieron volver a casa.* ◆ v.tr. Hacer que una cosa finalice o se solucione. **2.** Deshacer, disgregar. **3.** MED. Curar una enfermedad o hacer desaparecer sus síntomas. ◆ **resolverse** v.prnl. Convertirse una cosa en otra de menor importancia.

RESONADOR, RA adj. Que resuena. ◆ s.m. Fís. Aparato que vibra por resonancia.

RESONANCIA s.f. Sonido producido por repercusión de otro. **2.** Prolongación o amplificación del sonido que se va reproduciendo por grados. **3.** Fig. Divulgación que adquiere algo, especialmente un hecho, una noticia, etc.

4. FÍS. **a.** Aumento elevado de la amplitud de una oscilación bajo la influencia de una acción periódica de una frecuencia próxima. **b.** Estado inestable de un sistema de partículas elementales en interacción. **5.** QUÍM. Teoría según la cual determinadas moléculas orgánicas solo pueden ser representadas por un conjunto de estructuras que solo difieren por la localización de los electrones. ◇ **Resonancia eléctrica** FÍS. Fenómeno de resonancia que se produce en un circuito oscilante cuando está alimentado por una tensión alterna de frecuencia próxima a su propia frecuencia. **Resonancia magnética** Método de análisis espectroscópico basado en las transiciones inducidas entre los niveles de energía magnética de un átomo, de un ion o de una molécula.

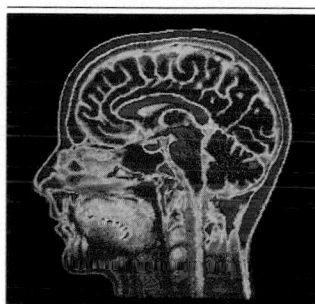

■ RESONANCIA MAGNÉTICA. Sección sagital del cráneo, con colores falsos, obtenida mediante resonancia magnética nuclear.

RESONANTE adj. Que resuena. **2.** FÍS. Que puede entrar en resonancia.

RESONAR v.intr. [17] Producir resonancia. **2.** *Fig.* Tener resonancia una noticia, suceso, etc.

RESOPLAR v.intr. Respirar violentamente y con ruido.

RESOPLIDO s.m. Acción y efecto de resoplar. **2.** *Fig. y fam.* Respuesta brusca.

RESORCINA s.f. Difenol derivado del benceno.

RESORTE s.m. Pieza elástica en espiral que recobra su posición natural después de haber sido doblada, estirada o comprimida, desarrollando una fuerza utilizada en ciertos mecanismos e instrumentos. **2.** Fuerza que proporciona un impulso necesario para algo. **3.** *Fig.* Medio de que alguien se vale para conseguir algo.

RESORTERA s.f. Méx. Horquilla con una tira elástica sujeta a cada uno de sus extremos que se estira para disparar piedras, perdigones, etc., a modo de proyectiles. GEOSIN.: *Argent. gomera; Esp. tirachinas.*

1. RESPALDAR v.tr. y prnl. Dar apoyo o garantía. ◆ v.tr. Poner una nota en el respaldo de un escrito. ◆ **respaldarse** v.prnl. Apoyarse en el respaldo de un asiento.

2. RESPALDAR s.m. Respaldo.

RESPALDO s.m. Acción de respaldar: *no lo conseguirás sin el respaldo del partido.* **2.** Parte de un asiento en que se apoya la espalda. **3.** Vuelta o parte posterior de un papel escrito en que se anota alguna cosa. **4.** Anotación hecha en esta parte posterior.

RESPECTAR v.intr. Atañer, concernir. (Solo frecuente en las locuciones *en lo que respecta a y por lo que respecta a*).

RESPECTIVO, A adj. Se dice del elemento de una serie o conjunto que se corresponde con otro de otra serie o conjunto: *estaban situados en sus respectivos asientos.*

RESPECTO s.m. (lat. *respectus, -us,* acción de mirar atrás). Relación. ◇ **Al respecto** En relación con el asunto o cosa de que se trata. **(Con) respecto a** o **respecto de** En relación con, por lo que corresponde a.

RÉSPED s.m. *Fig.* Intención malévola en algo que se dice. **2.** Lengua de la culebra o de la víbora. **3.** Aguijón de la abeja o de la avispa.

RESPETABILIDAD s.f. Cualidad de respetable.

RESPETABLE adj. Digno de respeto. **2.** Que es considerable por su magnitud: *distancia respetable.* ◇ **El respetable** *Fam.* Público de un espectáculo.

RESPETAR v.tr. (lat. *respectare,* mirar atrás). Tener respeto por alguien o algo. **2.** Tratar con respeto a alguien o algo: *respetar sus opiniones.* **3.** Cumplir leyes o normas. **4.** Conservar una cosa sin dañarla.

RESPETO s.m. Actitud de tolerancia o aceptación hacia alguien o algo que se considera digno. **2.** Sentimiento o actitud deferente o sumisa con que se trata algo o a alguien, por alguna cualidad o estado. **3.** *Fam.* Miedo. ◇ **Campar por sus respetos** Obrar alguien a su antojo. **Presentar respetos** a alguien Transmitir manifestaciones de cortesía y consideración. **Respeto humano** Consideración y temor excesivos a la opinión de los demás que impiden actuar según las propias convicciones.

RESPETUOSO, A adj. Que tiene o expresa respeto hacia alguien o algo.

RÉSPICE s.m. (lat. *respice,* imperativo de *rescipere,* mirar). *Fam.* Represión enérgica y breve. **2.** *Fam.* Contestación seca y desagradable.

RESPINGAR v.intr. (del cruce de *respendar,* echar coces, y *respigar,* suspirar) [2]. Sacudirse y gruñir un animal. ◆ v.intr. y prnl. *Fam.* Levantarse el borde de una prenda de vestir por estar mal hecha o mal colocada.

RESPINGO s.m. Sacudida violenta del cuerpo a causa de un sobresalto o sorpresa. **2.** Acción y efecto de respingar. **3.** Acortamiento indebido de una parte de una prenda de vestir. **4.** *Fam.* Contestación seca y desagradable. **5.** *Fam.* Represión enérgica y breve. **6.** Chile. Frunce, arruga. **7.** TAUROM. Huida muy brusca del toro.

RESPINGO, NA adj. Se dice de la nariz que tiene la punta un poco hacia arriba.

RESPIRABLE adj. Que se puede respirar sin dañar la salud.

RESPIRACIÓN s.f. Acción de respirar. **2.** Función de los seres vivos mediante la cual absorben oxígeno y expulsan dióxido de carbono **3.** Ventilación de un lugar u otra cosa cerrados. ◇ **Respiración artificial** Método de tratamiento de la asfixia y de las parálisis respiratorias consistente en provocar manualmente o con aparatos las contracciones de la caja torácica y restablecer así la circulación del aire en los pulmones. **Respiración celular** Conjunto de las reacciones bioquímicas, localizadas en las mitocondrias, que permiten producir la energía necesaria para la célula viva a partir de la oxidación de la glucosa y la liberación de gas carbónico y agua. **Sin respiración** Muy impresionado, asustado, etc.

ENCICL. Según la forma de intercambio de gases con el exterior, en los animales se distinguen cuatro tipos de respiración: la *respiración cutánea* (lombriz, rana), en la que los intercambios se realizan a través de la piel; la *respiración pulmonar* (aves, mamíferos), en la que el intercambio entre aire y sangre se realiza a través de los pulmones; la *respiración branquial* (peces, crustáceos), en la que el intercambio entre el agua y el medio interior se realiza a través de las branquias, y la *respiración traqueal* (insectos), en la que el aire es conducido en estado gaseoso por las tráqueas hasta los órganos que lo utilizarán. En el ser humano, la absorción (oxígeno) y la eliminación de los gases (gas carbónico) están garantizadas por la *ventilación pulmonar*. Esta se realiza mediante fenómenos mecánicos de expansión y contracción de la caja torácica que provocan la entrada (inspiración) y la salida (espiración) del aire por la tráquea. Los movimientos respiratorios se obtienen gracias a las contracciones del diafragma y de los músculos costales, y el ritmo respiratorio está regulado por el centro respiratorio, situado en el bulbo raquídeo (normalmente, 16 inspiraciones por minuto). Los *intercambios gaseosos* se realizan entre el aire alveolar y la sangre de los capilares pulmonares, de modo que el oxígeno se difunde hacia la sangre y el anhídrido carbónico hacia el exterior.

RESPIRADERO s.m. Abertura o conducto por donde entra y sale el aire o por donde salen humos y gases nocivos. **2.** CONSTR. Lumbrera, tronera.

RESPIRADOR, RA adj. ANAT Se dice del músculo que sirve para la respiración. ◆ s.m. Aparato para realizar la respiración artificial.

RESPIRAR v.intr. (lat. *respirare*). Absorber y expulsar el aire sucesivamente para mantener las funciones vitales de la sangre. **2.** Realizar el organismo la absorción del oxígeno propia de la respiración. **3.** Tener un recinto comunicación con el exterior. **4.** *Fig.* Sentir alivio, liberación. **5.** *Fig.* Animarse, cobrar ánimo. **6.** *Fig. y fam.* Hablar, articular palabras. **7.** *Fig. y fam.* Notificar una persona ausente su situación. ◆ v.tr. *Fig.* Exhalar, despedir. **2.** *Fig.* Tener una característica o encontrarse en un estado que se percibe con claridad: *respirar felicidad; la noche respira paz.* ◇ **Sin respirar** Sin descanso, sin detenerse un momento.

RESPIRATORIO, A adj. Relativo a la respiración. **2.** Que sirve para la respiración o la facilita.

RESPIRO s.m. *Fig.* Alivio de una preocupación, dolor, pena, etc. **2.** Descanso en el trabajo. **3.** *Fig.* Prórroga que se concede a alguien al expirar el plazo convenido para pagar una deuda o cumplir una obligación.

RESPLANDECER v.intr. (lat. *resplendere*) [37]. Despedir rayos de luz propia o reflejada: *las estrellas resplandecen en el firmamento.* **2.** *Fig.* Sobresalir por una cualidad destacable: *resplandecer una cara por su hermosura.* **3.** *Fig.* Reflejar gran satisfacción o alegría: *resplandecer de gozo.*

RESPLANDECIENTE adj. Que resplandece.

RESPLANDOR s.m. Luz muy clara y brillante: *el resplandor del sol, del fuego.* **2.** *Fig.* Brillo que tienen algunas cosas: *ojos llenos de resplandor.* **3.** *Fig.* Esplendor, grandeza o perfección alcanzadas. ◆ **resplandor** s.m.pl. HERÁLD Rayos del sol o de una estrella.

RESPONDER v.tr. e intr. (lat. *respondere*). Decir o escribir algo para satisfacer una pregunta, petición o proposición. **2.** Manifestar o expresar que se ha recibido una llamada: *nadie responde en la casa.* ◆ v.intr. Reaccionar a un estímulo, impulso, móvil, etc., o producir su efecto: *el público respondió con su asistencia.* **2.** Estar en relación de conformidad, corresponder una cosa a otra: *responder a un ideal formado.* **3.** Corresponder con una acción a la realizada por otro. **4.** Responsabilizarse de alguien o algo: *responder de un amigo.* **5.** Replicar, poner objeciones. **6.** Rendir, dar producto o utilidad: *esta tierra no responde.* **7.** Repetir el eco un sonido o voz. ◇ **Responder al nombre de** Llamarse, tener por nombre.

RESPONSABILIDAD s.f. Cualidad de responsable. **2.** Obligación legal o moral que se tiene a consecuencia de haber o haberse cometido una falta. ◇ **De responsabilidad** Se dice de la persona o de la entidad digna de crédito. **Responsabilidad civil** Obligación de reparar los daños y perjuicios causados a alguien por el incumplimiento de un contrato, o una acción perjudicial cometida por uno mismo, por una persona que depende de otra o por algo que se tiene bajo custodia. **Responsabilidad jurídica** Responsabilidad que supone la existencia de un daño, que alcanza a la sociedad en general, a una persona o a ambas. **Responsabilidad ministerial** Necesidad que tiene un ministerio de abandonar sus funciones cuando el parlamento rechaza su confianza. **Responsabilidad moral** Imputabilidad de un acto moralmente bueno o malo a su autor, considerado como su causa libre de haberlo querido y realizado. **Responsabilidad penal** Deber jurídico de responder de los hechos realizados, susceptibles de constituir delito, y de sufrir sus consecuencias jurídicas.

RESPONSABILIZAR v.tr. y prnl. [7]. Hacer o hacerse responsable de algo o alguien.

RESPONSABLE adj. Que debe responder de sus actos o de los de otros: *gobierno responsable.* **2.** Que es formal y consciente de sus palabras, decisiones o actos: *trabajador responsable.* ◆ adj. y s.m. y f. Culpable de algo. **2.** Se dice de la persona que ocupa un cargo de autoridad y dirige una actividad o un grupo de personas.

RESPONSO s.m. (lat. *responsus,* respuesta). Oración por los difuntos.

RESPONSORIAL adj. Se dice del salmo litúrgico cantado después de las lecturas de la misa o del oficio.

RESPONSORIO s.m. Oración recitada o cantada alternativamente por el pueblo o el coro y un solista, después de las lecturas de la misa y de las horas del oficio divino. **2.** Responso.

RESPUESTA s.f. Acción de responder. **2.** Palabras o escrito con que se responde. **3.** Reacción de un ser vivo a un estímulo. **4.** Refutación. **5.** TECNOL. Evolución de un sistema como consecuencia de una excitación.

RESQUEBRAJADURA s.f. Hendidura, grieta.
RESQUEBRAJAR v.tr. y prnl. Producir grietas en algo.

RESQUEMOR s.m. Sentimiento no exteriorizado que causa inquietud, pesadumbre, desasosiego, etc.

RESQUICIO s.m. Abertura que queda entre el quicio y la puerta. **2.** Abertura pequeña o estrecha por donde pasa o puede pasar algo. **3.** *Fig.* Oportunidad pequeña pero que se puede aprovechar.

RESTA s.f. Acción de restar. **2.** MAT. **a.** Sustracción, operación aritmética. **b.** Resultado de esta operación.

RESTABLECER v.tr. [37]. Volver a establecer una cosa: *restablecer el orden.* ◆ **restablecerse** v.prnl. Recuperarse de una enfermedad u otro mal.

RESTABLECIMIENTO s.m. Acción y efecto de restablecer o restablecerse.

RESTALLAR v.intr. Chasquear, producir un sonido agudo y seco, como el del látigo o la honda cuando se sacuden en el aire con violencia. ◆ v.tr. Hacer que algo haga un ruido agudo y seco: *restalló la lengua mostrando su contrariedad.*

RESTANTE adj. Que resta o queda: *los restantes años de su vida.*

RESTAÑADURA s.f. Acción y efecto de restañar.

1. RESTAÑAR v.tr. Volver a estañar algo.

2. RESTAÑAR v.tr., intr. y prnl. (del lat. *stagnare,* inmovilizar, estancar). Detener el curso de un líquido: *restañar la sangre que mana de una herida.*

RESTAR v.tr. (lat. *restare*). Quitar una parte a un todo. **2.** Hacer menor una cosa, generalmente inmaterial. **3.** MAT. Hallar la diferencia entre dos cantidades. ◆ v.intr. Quedar algo de cierta cosa: *esto es todo lo que resta de su fortuna.* **2.** Faltar algo por hacer o suceder, o un tiempo por transcurrir. **3.** Devolver la pelota de saque, en tenis y otros deportes.

1. RESTAURACIÓN s.f. Acción y efecto de restaurar. **2.** Reposición en el poder de un régimen político, una rey o un representante de una dinastía.

2. RESTAURACIÓN s.f. Rama de la hostelería que se ocupa de las comidas y restaurantes.

1. RESTAURADOR, RA adj. y s. Que restaura. **2.** Que tiene por oficio restaurar, especialmente obras de arte.

2. RESTAURADOR, RA s. Persona que tiene o dirige un restaurante.

RESTAURANTE o **RESTORÁN** s.m. (fr. *restaurant*). Establecimiento público donde se sirven comidas a cambio de un precio.

RESTAURAR v.tr. (lat. *restaurare*). Reparar un deterioro, dejar en buen estado: *restaurar un cuadro, una estatua.* **2.** Restablecer, volver a poner algo o a alguien en el estado que antes tenía. **3.** Recuperar algo inmaterial: *restaurar las fuerzas.*

RESTIRADOR s.m. Méx. Mesa de tablero movible que usan los dibujantes.

RESTITUCIÓN s.f. Acción y efecto de restituir.

RESTITUIR v.tr. (lat. *restituere*) [88]. Devolver a alguien algo que tenía antes: *restituir el anillo robado; restituir el bienestar en la familia.* **2.** Volver a poner algo en el estado que antes tenía: *restituir un texto a su forma original.* ◆ **restituirse** v.prnl. Volver al lugar o a la ocupación que se había dejado: *restituirse a su empresa.*

RESTITUTORIO, A adj. DER. Que restituye, o se da o se recibe por vía de restitución.

RESTO s.m. Residuo, parte que queda de un todo. **2.** *Galic.* Parte que falta para completar un todo: *ya te escribiré el resto.* **3.** Acción de devolver la pelota que proviene de un saque del adversario, en tenis y otros deportes. **4.** Cantidad que se señala para apostar, en algunos juegos. **5.** MAT. **a.** Resultado de una sustracción. **b.** Exceso del dividendo sobre el producto del divisor por el cociente, en una división. **c.** Número que es preciso añadir al cuadrado de la raíz cuadrada de un número para encontrar dicho número. ◆ **restos** s.m.pl. Cuerpo o parte del cuerpo de una persona o animal después de muertos: *aquí reposan los restos de un gran hombre.* **2.** Residuos, sobras de comida. **3.** Vestigios, ruinas u objetos que quedan del pasado. ◇ **Echar el resto** *Fam.* Hacer todo lo posible para conseguir algo.

RESTORÁN s.m. → RESTAURANTE.

RESTREGADURA s.f. Acción de restregar o restregarse. **2.** Señal que queda después de restregar una superficie.

RESTREGAMIENTO s.m. Restregadura.

RESTREGAR v.tr. y prnl. [4]. Refregar, pasar repetidamente con fuerza y aspereza una cosa sobre otra.

RESTREGÓN s.m. Restregadura enérgica.

RESTRICCIÓN s.f. Acción y efecto de restringir. ◆ **restricciones** s.f.pl. Limitaciones impuestas en el suministro de productos de consumo, debido a su escasez, a ciertas políticas económicas, etc.

RESTRICTIVO, A adj. Que restringe o sirve para restringir: *medidas restrictivas.*

RESTRINGIR v.tr. (lat. *restringere*) [43]. Reducir los límites de algo: *restringir un crédito; restringir gastos.*

RESUCITADOR, RA adj. y s. Que hace resucitar o que reanima.

RESUCITAR v.tr. (lat. *resuscitare*). Devolver la vida a alguien. **2.** *Fig.* y *fam.* Poner de nuevo en uso, en vigor, algo que había decaído o desaparecido: *resucitar viejas costumbres.* **3.** *Fig.* y *fam.* Reanimar, devolver la energía física o infundir ánimo: *un trago nos resucitará.* ◆ v.intr. Volver a la vida.

RESUDAR v.intr. Sudar ligeramente. **2.** Rezumar un líquido. **3.** Separar una fase líquida durante el calentamiento de una aleación metálica, permaneciendo el resto de la masa en estado sólido.

RESUELLO s.m. Acción de resollar.

RESUELTO, A adj. Solucionado, decidido: *asunto resuelto.* **2.** Que actúa con determinación, firmeza y seguridad: *persona resuelta.* **3.** Propio de la persona que actúa con resolución: *reaccionar de forma resuelta.*

RESULTADO s.m. Consecuencia o efecto que resulta de una acción, hecho, u operación matemática: *el resultado de una negociación, de una suma.* **2.** Rendimiento que se obtiene de algo.

RESULTANDO s.m. Fundamento de hecho enumerado en una sentencia o una resolución judicial o administrativa.

RESULTANTE adj. Que resulta. ◆ s.f. Resultado de la composición de todos los elementos de un sistema. **2.** MAT. Vector único (si existe) equivalente a un sistema de vectores deslizantes. ◇ **Resultante de transformaciones,** o **de operaciones** Transformación, u operación equivalente al conjunto de dichas transformaciones (operaciones) efectuadas sucesivamente.

RESULTAR v.intr. (lat. *resultare,* resurtir, rebrotar). Producirse una cosa como efecto o consecuencia de otra que la ha provocado o motivado. **2.** Llegar a ser o ser algo de una manera determinada. **3.** Producir una cosa una impresión o efecto determinado. **4.** Ocurrir, suceder, producirse algo. **5.** Tener una cosa un resultado: *el automóvil ha resultado bueno.* **6.** Costar algo cierta cantidad: *resulta a diez pesos la pieza.*

RESULTA s.f. Resultado de algo. ◇ **De resultas de** Como consecuencia, por efecto o como resultado de lo que se expresa.

RESUMEN s.m. Acción y efecto de resumir o resumirse. **2.** Exposición breve de los aspectos más importantes de un asunto o materia: *el resumen de un discurso.* ◇ **En resumen** De manera resumida, como conclusión.

RESUMIDERO s.m. Amér. Conducto por el que desaguan las aguas residuales o de lluvia, sumidero.

RESUMIR v.tr. y prnl. (lat. *resumere*). Exponer de forma breve los aspectos más importantes de lo que se ha dicho, escrito o representado: *resumir un libro.* ◆ **resumirse** v.prnl. Reducirse algo a lo más esencial.

RESURGENCIA s.f. Reaparición de una corriente de agua en la superficie, tras haber sido absorbida en las cavidades subterráneas.

RESURGENTE adj. Se dice del agua que reaparece en la superficie después de un trayecto subterráneo.

RESURGIMIENTO s.m. Acción de resurgir.

RESURGIR v.intr. [43]. Surgir de nuevo. **2.** Reanimarse, recuperar las energías físicas o el ánimo.

RESURRECCIÓN s.f. Acción de resucitar: *resurrección de los muertos.* **2.** Retorno a la vida de Jesús, al tercer día después de su muerte. (Suele escribirse con mayúscula.) **3.** Obra artística que representa este hecho.

RETABLO s.m. Construcción vertical pintada o esculpida situada detrás del altar de una iglesia. **2.** Serie de figuras pintadas o talladas que representan un suceso, especialmente de la historia sagrada. **3.** Representación teatral de un episodio de la historia sagrada.

RETACAR v.tr. Apretar, llenar algo hasta que no quepa nada más. ◆ **retacarse** v.prnl. Méx. Comer hasta hartarse.

RETACEAR v.tr. Argent., Par., Perú y Urug. *Fig.* Escatimar algo que se da a otra persona, material o moralmente.

RETACHAR v.tr. Méx. Devolver, restituir. ◆ **retacharse** v.prnl. Méx. Regresarse, volver.

RETACO s.m. *Fig.* Persona baja y rechoncha. **2.** Escopeta corta con la recámara reforzada. **3.** Taco de billar más corto que los normales.

RETACÓN, NA adj. Amér. *Fam.* Retaco, persona baja y rechoncha.

RETAGUARDIA s.f. Conjunto de tropas que van al final de una marcha. **2.** Conjunto de fuerzas e instalaciones bélicas situadas detrás de la línea de fuego. **3.** Zona apartada del combate. **4.** Parte trasera de algo. ◇ **A,** o **en la, retaguardia** *Fam.* Rezagado, postergado.

RETAHÍLA s.f. Serie de cosas que se suceden unas a otras de manera ininterrumpida.

RETAL s.m. (cat. *retall*). Retazo de tela u otro material.

RETAMA s.f. (hispano-ár. *ratáma*). Arbusto silvestre ramoso, de flores amarillas, del que existen numerosas especies, algunas espinosas. (Familia papilionáceas.) SIN.: *hiniesta.*

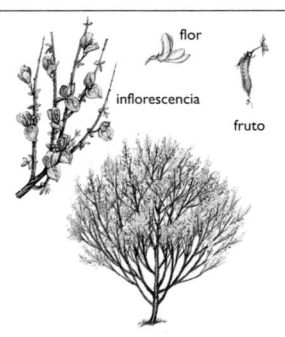

■ RETAMA

RETAMAL o **RETAMAR** s.m. Terreno poblado de retamas.

RETAR v.tr. (ant. *reptar,* acusar, del lat. *reputare,* calcular, reflexionar, reprochar). Desafiar a alguien a competir o luchar: *retar a un duelo.* **2.** Amér. Merid. Regañar.

RETARDADO, A adj. Que sucede cierto tiempo después de la acción que lo provoca. **2.** MEC. Se dice del movimiento cuya velocidad disminuye. ◇ **Apertura retardada** Dispositivo de apertura del paracaídas activado por el paracaidista, al cabo de cierto tiempo de caída libre. **De efecto retardado** Se dice de la medicación que se basa en la fijación del producto activo a una sustancia que lo libera lentamente, con lo que se consigue un aporte continuo durante cierto tiempo; se dice del artefacto dispuesto de manera que transcurre cierto intervalo entre la activación y la explosión.

RETARDADOR, RA adj. Que retarda. ◆ s.m. Dispositivo que sirve para reducir o moderar la velocidad.

RETARDAR v.tr. y prnl. Retrasar, diferir. **2.** Frenar, hacer que algo vaya más lento.

RETARDO s.m. Acción y efecto de retardar o retardarse: *ha llegado con retardo*. **2.** MÚS. Prolongación de la nota de un acorde sobre el siguiente, haciéndola disonante en esa posición.

RETASACIÓN s.f. Acción de retasar. SIN.: *retasa*.

RETASAR v.tr. Volver a tasar una cosa. **2.** Rebajar el precio asignado de las cosas puestas en subasta que no han sido vendidas.

RETAZAR v.tr. [7]. Hacer piezas o pedazos de una cosa.

RETAZO s.m. Fragmento o trozo separado de un todo. **2.** Pedazo sobrante de piel, tela, papel, chapa, etc. SIN.: *retal*. **3.** Méx. Pedazo de carne de res.

RETEJAR v.tr. Reparar un tejado.

RETEL s.m. Instrumento para pescar cangrejos de río, que consiste en un aro con una red que forma bolsa.

RETEMBLAR v.tr. Temblar con fuerza.

RETÉN s.m. Grupo de gente armada dispuesta para caso de necesidad. **2.** Provisión que se tiene de una cosa. **3.** Chile. Cuartel de carabineros pequeño, ubicado en campo, caminos o en la periferia de las ciudades.

RETENCIÓN s.f. Acción de retener. **2.** Detención o marcha muy lenta de los vehículos provocada por la aglomeración o por obstáculos que impiden o dificultan su circulación normal. (Suele usarse en plural.) **3.** Cantidad retenida de un haber. **4.** GEOGR. Inmovilización del agua en forma de nieve *(retención nívea)* o de hielo *(retención glaciar)*. **5.** MED. Permanencia anormal de sustancias o líquidos en un conducto o cavidad, al existir una dificultad para evacuarlos. **6.** PSICOL. Período durante el que se conserva de forma latente lo que ha sido memorizado.

RETENER v.tr. (lat. *retinere*) [63]. Hacer que alguien o algo permanezca en el mismo lugar, estado o situación en el que estaba: *tratar de retener a alguien; ya nada me retiene aquí*. **2.** Descontar una cantidad de un pago para destinarla a otro fin: *retener un tanto por ciento del sueldo.* **3.** Imponer prisión preventiva, arrestar: *lo retuvieron en la comisaría.* **4.** Conservar en la memoria, recordar: *retener fechas.* ◆ v.tr. y prnl. Reprimir, contener.

RETENTAR v.tr. [10]. Volver a reproducirse una enfermedad o dolor ya padecidos.

RETENTIVA s.f. Facultad de recordar.

RETICENCIA s.f. Hecho de decir una cosa solo en parte o de decirla de manera indirecta y con malicia: *hablar sin reticencias*. **2.** Desconfianza o reserva que inspira alguien o algo. **3.** Figura retórica de pensamiento que consiste en dejar incompleta una frase, para que se entienda más de lo que al parecer se calla.

RETICENTE adj. Que usa o contiene reticencias. **2.** Que actúa con reticencia.

RÉTICO, A adj. y s.m. De Retia. **2.** Retorromano.

RETÍCULA s.f. Retículo.

RETICULACIÓN s.f. Formación de enlaces químicos según las diferentes direcciones del espacio durante una polimerización, una policondensación o una poliadición, y que origina una red sólida.

RETICULADO, A adj. Reticular, que tiene forma de red. ◆ adj. y s.m. Se dice de un aparejo arquitectónico constituido por sillares rectangulares dispuestos de manera que sus juntas forman un conjunto de rombos.

RETICULAR adj. Que tiene forma de red o retículo. **2.** Relativo a una red cristalina. ◇ **Sustancia reticular** ANAT. Sistema formado por un conjunto de neuronas del tronco cerebral, que desempeña una función muy importante en la regulación de la actividad de la corteza cerebral. **Teoría reticular** Teoría según la cual los cristales se estructuran formando conjuntos de átomos.

RETÍCULO s.m. Tejido en forma de red. **2.** BIOL. Red formada por las fibras de determinados tejidos o las anastomosis de pequeños vasos. **3.** ÓPT. Disco agujereado con una abertura cortada por dos hilos muy finos que se cruzan en ángulo recto, y que sirve para graduar los anteojos astronómicos y terrestres.

RETICULOCITO s.m. BIOL. Hematíe joven, de estructura granulosa y filamentosa.

RETICULOENDOTELIAL adj. Se dice del sistema formado por células endoteliales dispuestas en forma de red, que constituye la trama del bazo, de la médula ósea y de los ganglios linfáticos.

RETICULOSIS s.f. Enfermedad del sistema reticuloendotelial, caracterizada por un aumento anormal de su número de células. SIN.: *reticuloendoteliosis, reticulopatía*.

RETINA s.f. Membrana sensible del globo ocular, situada en el interior de la coroides y formada por una expansión del nervio óptico, que contiene las células visuales fotosensibles *(conos y bastoncillos)*.

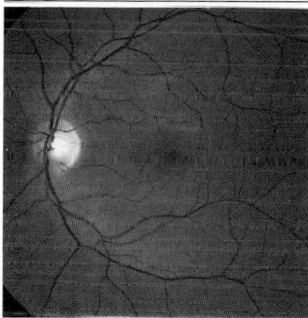

■ **RETINA.** Imagen obtenida al examinar el fondo del ojo.

RETINIANO, A adj. Relativo a la retina.

RETINITIS s.f. Inflamación de la retina.

RETINOL s.m. Vitamina A.

RETINTÍN s.m. (del ant. *retinto*, p. de *retiñir*, tañer). Entonación y modo de hablar malicioso que se utiliza para ofender a alguien. **2.** Sensación que deja en el oído el sonido de una campana u otro cuerpo sonoro.

RETINTO, A adj. Se dice del animal de color castaño oscuro. **2.** TAURÓM. Se dice del toro colorado, pero poco uniforme, con cabos más oscuros o negros.

RETIRACIÓN s.f. Impresión de un pliego por la cara opuesta a la impresa. ◇ **Prensa de retiración** Prensa que imprime sucesivamente las dos caras del papel en una sola pasada de la hoja.

RETIRADA s.f. Acción y efecto de retirar o retirarse, especialmente hacerlo una tropa ordenadamente en la guerra. **2.** Toque militar que ordena esta maniobra.

RETIRADO, A adj. Alejado, distante: *un lugar retirado.* ◆ adj. y s. Se dice de la persona que ha dejado toda actividad profesional, conservando algunos derechos.

RETIRAR v.tr. y prnl. Apartar o separar. **2.** Hacer que alguien deje de prestar servicio activo en una profesión. ◆ v.tr. Hacer que deje de utilizarse una cosa o apartarla del lugar donde estaba. **2.** Fam. Apartar de su profesión a una prostituta y mantenerla. ◆ **retirarse** v.prnl. Abandonar el lugar de la lucha: *retirarse el enemigo.* **2.** Irse a un lugar para dormir o descansar: *retirarse de madrugada.* **3.** Apartarse del trato con la gente o de la amistad con una persona. ◇ **Retirar lo dicho** Retractarse, desdecirse.

RETIRO s.m. Acción de retirar o retirarse. **2.** Situación del militar o empleado retirado. **3.** Pensión que percibe una persona retirada. **4.** Lugar apartado y tranquilo. **5.** Alejamiento de las ocupaciones cotidianas durante cierto tiempo, para dedicarse a ejercicios de piedad.

RETO s.m. Acción de retar. **2.** Dicho o hecho con que se reta o amenaza. **3.** Bol. y Chile. Insulto, injuria.

RETOBADO, A adj. Amér. Central, Cuba y Ecuad. Indómito, obstinado. **2.** Amér. Central, Ecuad. y Méx. Respondón, rebelde. **3.** Argent., Méx. y Urug. Enojado, airado.

RETOBAR v.tr. Argent. y Urug. Forrar o cubrir con cuero ciertos objetos como las boleadoras, el cabo del rebenque, etc. **2.** Chile. Envolver o forrar los fardos de cuero o arpillera. **3.** Méx. Rezongar, responder de mala manera: *retobó cuando se le pidió su cooperación.* ◆ **retobarse** v.prnl. Argent. Rebelarse, enojarse. **2.** Argent. y Urug. Ponerse displicente y en actitud de reserva excesiva.

RETOCAR v.tr. [1]. Modificar con detalles o correcciones una cosa, particularmente un dibujo, pintura o fotografía, para perfeccionarla o restaurarla. **2.** Fig. Completar una obra con los últimos toques. **3.** Tocar repetidamente una cosa.

RETOÑAR v.intr. Volver a echar vástagos o brotes una planta. **2.** Fig. Resurgir de nuevo una cosa.

RETOÑO s.m. Vástago o tallo nuevo que brota de una planta. **2.** Fig. y fam. Hijo de corta edad.

RETOQUE s.m. Acción y efecto de retocar.

RETOR s.m. Tela de algodón fuerte con la urdimbre y la trama muy torcidas, confeccionada a dos cabos.

RETORCER v.tr. y prnl. [31]. Hacer que una cosa dé vueltas girando uno de sus extremos mientras el otro permanece fijo, o haciendo que ambos giren en sentido contrario: *retorcer la ropa lavada.* **2.** Fig. Tergiversar, interpretar algo erróneamente: *retorcer el sentido de una frase.* **3.** Fig. Dirigir un argumento contra la persona que lo ha esgrimido antes. **4.** Efectuar el retorcido de los hilos. ◆ **retorcerse** v.prnl. Fig. Contraerse el cuerpo violentamente por alguna causa: *retorcerse de dolor, de risa.*

RETORCIDO, A adj. Se dice del lenguaje o estilo complicado. **2.** Se dice de la persona que emplea este lenguaje o estilo. **3.** Que habla o actúa disimulando sus sentimientos o intenciones, generalmente malignos. ◆ s.m. Acción de torcer conjuntamente dos o más hilos sencillos en el sentido contrario al de su propia torsión, para obtener hilos más resistentes.

RETORCIJÓN s.m. Argent., Chile, Colomb. y Guat. Retortijón.

RETORCIMIENTO s.m. Acción y efecto de retorcer o retorcerse. SIN.: *retorcedura*.

RETÓRICA s.f. Conjunto de procedimientos y técnicas para expresarse correctamente y con elocuencia. **2.** Tratado sobre estas técnicas. **3.** Manera de expresarse con palabras forzadas y sin contenido: *déjese de retóricas y diga la verdad.*
ENCICL. La retórica nació en los debates políticos y litigios judiciales de la democracia griega antigua. En ella se distinguen cuatro fases para la elaboración de un discurso: la invención o búsqueda de argumentos; la disposición u ordenamiento de argumentos; la elocución o trabajo de estilo; la acción o arte de pronunciar el discurso. En las figuras retóricas se distinguen: *figuras de pensamiento*, que consisten en matices del pensamiento, independientes de la expresión *(antítesis, apóstrofe, interrogación, lítote, prosopopeya, hipérbole, etc.); figuras de dicción*, en las que la palabra conserva su significado *(paronomasia, comparación o imagen, onomatopeya, aliteración, juego de palabras, etc.)* y *tropos* o figuras en las que cambia el sentido de una palabra *(sinécdoque, metonimia, metáfora, alegoría, etc.)*.

RETÓRICO, A adj. (lat. *rhetoricus*, del gr. *ritorikós*). Relativo a la retórica. ◆ adj. y s. Que se dedica al estudio de la retórica. ◇ **Figura retórica** Forma de expresión o giro estilístico que busca conseguir un efecto, mediante un uso particular del lenguaje.

RETORNAR v.tr. Volver a poner una cosa en la situación o en el lugar donde estaba. **2.** Devolver o restituir algo a una persona. ◆ v.intr. y prnl. Regresar, volver algo o alguien al lugar o a la situación en que antes se estuvo.

RETORNELO s.m. → RITORNELO.

RETORNO s.m. Acción de retornar: *el retorno*

al hogar. **2.** ELECTR. Línea o conductor por el que la corriente vuelve al origen en un circuito eléctrico. **3.** TEXT. Orden de pasado de los hilos de urdimbre en el telar. ⋄ **Eterno retorno** FILOS. Teoría de los estoicos según la cual todos los fenómenos cósmicos, terrestres, etc., se suceden de forma cíclica; para Nietzsche, objetivo de toda voluntad afirmativa que desea el retorno de lo que está en el orden de la naturaleza y en el orden eterno de los valores morales superiores.

RETORROMANO, A adj. y s.m. Que pertenece al grupo de dialectos románicos hablados en la Suiza oriental (antigua Retia), el Tirol y el Friul. SIN.: *rético, retorrománico.*

RETORSIÓN s.f. Acción y efecto de retorcer. **2.** *Fig.* Acción de devolver a alguien el daño o agravio que de él se ha recibido.

RETORTA s.f. (fr. *retorte*). QUÍM. **a.** Recipiente de cuello largo, estrecho y curvado que sirve para la destilación. **b.** Horno industrial que sirve para la destilación.

RETORTERO s.m. (lat. *re-tortorium*). **Llevar,** o **traer, al retortero** *Fam.* Hacer ir de un lado a otro; no dejar descansar, dar mucho trabajo.

RETORTIJÓN s.m. Dolor agudo y repentino localizado en el abdomen. **2.** *Esp.* Acción de retorcer una cosa.

RETOZAR v.intr. (del ant. *tozo,* burla) [7]. Juguetear los niños o los animales jóvenes, saltando, corriendo o persiguiéndose unos a otros. ◆ v.intr. y tr. Entregarse a juegos amorosos.

RETOZÓN, NA adj. Se dice de la persona o animal al que le gusta retozar o que retoza con frecuencia. SIN.: *retozador.*

RETRACCIÓN s.f. Acción y efecto de retraer o retraerse. **2.** MED. Acortamiento o deformidad de ciertos tejidos u órganos.

RETRACTACIÓN s.f. Acción de retractar o retractarse.

RETRACTAR v.tr. y prnl. (lat. *retractare,* retocar, revisar). Manifestar alguien que ya no mantiene lo que ha dicho. **2.** Abandonar una actitud que se ha mantenido.

RETRÁCTIL adj. Se dice de la parte de un animal que puede retraerse y permanecer oculto: *las uñas del gato son retráctiles.*

RETRACTILAR v.tr. Envolver un producto en una película transparente que se ajusta a su forma.

RETRACTILIDAD s.f. Cualidad de retráctil.

RETRACTO s.m. DER. Derecho de una persona a adquirir una cosa transmitida a otra persona.

RETRAER v.tr. [65]. Reproducir mentalmente una cosa o tiempo pasados. **2.** DER. Ejercer un derecho de retracto. ◆ v.tr. y prnl. Apartar o disuadir a alguien de un intento. **2.** Retirar un animal un órgano o miembro retráctil. ◆ **retraerse** v.prnl. Retirarse, retroceder. **2.** Aislarse, retirarse del trato con la gente. **3.** Retirarse temporalmente de una actividad. **4.** Refugiarse en algún sitio.

RETRAÍDO, A adj. y s. Se dice de la persona solitaria que se aparta del trato con la gente. **2.** *Fig.* Poco comunicativo, tímido.

RETRAIMIENTO s.m. Acción y efecto de retraerse. **2.** Reserva, timidez, introversión.

RETRANCA s.f. (de *redro-tranca,* de *redro,* detrás, y *tranca*). Colomb. y Cuba. Freno de cualquier vehículo o máquina.

RETRANQUEAR v.tr. Construir el muro de fachada de la parte superior de un edificio más hacia adentro que el resto de fachada. **2.** Labrar el contorno de una columna.

RETRANSMISIÓN s.f. Acción y efecto de retransmitir. **2.** Emisión radiofónica o televisiva transmitida desde otra estación o desde el punto en que tiene lugar.

RETRANSMITIR v.tr. Transmitir una emisión radiofónica o televisiva. **2.** Volver a transmitir.

RETRASADO, A adj. Que actúa, sucede o tiene lugar más tarde de lo previsto: *reloj, tren retrasado.* ◆ s. **Retrasado mental** PSIQUIATR. Persona que padece retraso mental.

RETRASAR v.tr. y prnl. Aplazar, diferir la realización de algo: *retrasar la visita.* ◆ v.tr. Situar a alguien o algo más atrás. **2.** Atrasar, retroceder las agujas del reloj. ◆ v.intr. y prnl. Reza-

garse, quedarse atrás: *retrasarse en una carrera.* **2.** Señalar el reloj una hora anterior a la que realmente es.

RETRASO s.m. Acción y efecto de retrasar o retrasarse: *llegar con retraso.* ⋄ **Retraso mental** Estado de deficiencia intelectual congénita, definido por un coeficiente intelectual inferior a 80 en el test de Binet y Simon. (Según el valor del coeficiente intelectual se distinguen tres grados de retraso mental: debilidad, imbecilidad e idiocia).

RETRATAR v.tr. (ital. *ritrattare*). Hacer el retrato pictórico, escultórico o fotográfico de una persona o cosa. ◆ v.tr. y prnl. Describir con precisión a una persona o cosa.

RETRATISTA s.m. y f. Persona que tiene por oficio hacer retratos. **2.** *Fam.* Fotógrafo profesional.

RETRATO s.m. (ital. *ritratto*). Representación del rostro o de la figura entera de una persona en dibujo, fotografía, pintura o escultura. **2.** Fotografía: *enseñar los retratos de la boda.* **3.** *Fig.* Descripción de una persona o cosa. **4.** *Fig.* Persona o cosa que se parece mucho a otra: *este niño es el retrato de su padre.* ⋄ **Retrato robot** Esp. Dibujo de una persona que se hace a partir de la descripción de uno o varios testigos oculares.

RETRECHERÍA s.f. *Fam.* Cualidad de retrechero. **2.** *Fam.* Acción propia de la persona retrechera.

RETRECHERO, A adj. *Fam.* Simpático y muy atractivo. **2.** *Fam.* Que elude hacer o decir algo.

RETREPARSE v.prnl. Recostarse en el respaldo de un asiento, echándolo hacia atrás al apoyarse. **2.** Echar hacia atrás la parte superior del cuerpo.

RETRETA s.f. (fr. *retraite,* retirada). Toque que ordena el regreso de la tropa a los cuarteles y campamentos militares por la noche.

RETRETE s.m. (cat. *retret*). Habitación con un recipiente para orinar y evacuar el vientre. **2.** Recipiente utilizado para orinar y evacuar el vientre, conectado con una tubería de desagüe.

RETRIBUCIÓN s.f. Acción de retribuir. **2.** Recompensa o pago de una cosa.

RETRIBUIR v.tr. (lat. *retribuere*) [88]. Pagar un servicio o trabajo recibido. **2.** Argent. Corresponder alguien al obsequio o favor que recibe.

RETRIBUTIVO, A adj. Relativo a la retribución. **2.** Que produce retribución o ganancia.

RETRIEVER adj. y s.m. (voz inglesa). Se dice del perro de caza de una raza inglesa, cuya especialidad es cobrar la pieza.

RETRO adj. *Fam.* Se dice del estilo o la moda inspirados en otros de un tiempo pasado situado en el s. XX; seguidor de este estilo o moda. **2.** Que recuerda un tiempo pasado.

RETROACCIÓN s.f. Regresión, retroceso. **2.** En cibernética, retorno de las correcciones y regulaciones de un sistema de informaciones sobre el centro de mando del sistema. SIN.: *feed-back.*

RETROACTIVIDAD s.f. Cualidad de retroactivo.

RETROACTIVO, A adj. Que tiene aplicación, efecto o fuerza sobre algo pasado.

RETROALIMENTACIÓN s.f. Método para mantener la acción o eficacia de un sistema mediante la continua revisión de los elementos del proceso y de sus resultados, con el fin de realizar las modificaciones necesarias.

RETROCEDER v.intr. (lat. *retrocedere*). Volver hacia atrás. **2.** Dejar una actividad o idea ante un obstáculo o peligro.

RETROCESO s.m. Acción y efecto de retroceder. **2.** Empeoramiento de una enfermedad. **3.** Movimiento repentino hacia atrás de un arma de fuego en el momento del disparo. **4.** MAT. Cambio de dirección de una curva, una de cuyas ramas va en sentido contrario a la otra, tangencialmente a ella.

RETROCOHETE s.m. Cohete de frenado de aeronaves espaciales.

RETRÓGRADO, A adj. y s. (lat. *retrogradus*). Opuesto al progreso, partidario de ideas y sistemas pasados y conservadores. **2.** ASTRON. y MEC. Se dice del sentido del movimiento de las agujas del reloj. ⋄ **Amnesia retrógrada**

Amnesia que provoca el olvido de los sucesos ocurridos antes de la enfermedad.

RETRONAR v.intr. [17]. Retumbar.

RETROPIÉ s.m. ANAT. Parte posterior del pie, formada por el astrágalo y el calcáneo.

RETROPROPULSIÓN s.f. Frenado de un vehículo mediante la expulsión de gases hacia atrás, especialmente en aeronaves con un retrocohete.

RETROSPECCIÓN s.f. Mirada o examen retrospectivo.

RETROSPECTIVO, A adj. (del lat. *retrospicere,* mirar atrás). Que se refiere a un tiempo pasado. ◆ s.f. Exposición que muestra obras pertenecientes a distintos momentos de la producción de un artista, escuela o época.

RETROTRAER v.tr. y prnl. (del lat. *retro trahere,* echar hacia atrás) [65]. Hacer que alguien retroceda mentalmente a un tiempo o época pasada.

RETROVENDER v.tr. DER. Devolver un comprador una cosa a la misma persona a quien la compró, a cambio de la devolución de su importe.

RETROVENTA s.f. Acción de retrovender. **2.** DER. Cláusula por la que el vendedor se reserva la facultad de recuperar la cosa vendida abonando al comprador su importe más los gastos de adquisición.

RETROVERSIÓN s.f. MED. Desviación hacia atrás de algún órgano del cuerpo.

RETROVIRUS s.m. Virus que contiene una molécula de ARN, como el virus VIH.

RETROVISOR s.m. y adj. Espejo pequeño que llevan los vehículos en la parte superior del parabrisas o en la parte lateral exterior que permite ver lo que está detrás.

RETRUCAR v.intr. [1]. Dirigir contra una persona un argumento esgrimido por ella misma. **2.** En el juego de billar, golpear una bola a otra después de haber sido impulsada por esta última y haber pegado en la banda. **3.** Argent., Perú y Urug. *Fam.* Replicar prontamente con acierto y energía.

RETRUÉCANO s.m. Figura retórica de construcción que consiste en contrastar dos proposiciones invirtiendo sus términos para que sus sentidos sean contrapuestos o antitéticos. SIN.: *conmutación.*

RETRUQUE s.m. Acción y efecto de retrucar. SIN.: *retruco.* ⋄ **De retruque** Como consecuencia o resultado de una cosa.

RETUMBANTE adj. Que retumba. **2.** *Fig.* Ostentoso, aparatoso.

RETUMBAR v.intr. (voz de origen onomatopéyico). Provocar una cosa mucho ruido en un tono grave. SIN.: *retronar.*

REUMA o **REÚMA** s.m. o f. (lat. *rheuma,* catarro, del gr. *reuma,* flujo, catarro, reuma). Reumatismo.

REUMÁTICO, A adj. y s. Relativo al reumatismo; que padece reumatismo.

REUMATISMO s.m. Enfermedad caracterizada por una afección inflamatoria de articulaciones o músculos. SIN.: *reuma.* ⋄ **Reumatismo articular agudo** Reumatismo debido a la acción de las toxinas de un estreptococo, que afecta a las estructuras del aparato locomotor y que a veces comporta una afección cardíaca. **Reumatismo infeccioso** Infección de huesos y articulaciones debida a la acción directa de diversos gérmenes.

REUMATOIDE adj. Se dice del dolor análogo al del producido por el reumatismo. ⋄ **Factor reumatoide** Globulina anormal presente en el suero de las personas que padecen poliartritis reumatoide. **Poliartritis reumatoide** Inflamación crónica que afecta a varias articulaciones, simultánea o sucesivamente, y que provoca deformaciones e impotencia. SIN.: *poliartritis crónica evolutiva.*

REUMATOLOGÍA s.f. Parte de la medicina que se ocupa de las afecciones óseas articulares, reumáticas y degenerativas.

REUMATÓLOGO, A s. Médico especialista en reumatología.

REUNIÓN s.f. Acción y efecto de reunir o reunirse. **2.** Conjunto de personas reunidas: *una reunión política.* ◆ **Derecho de reunión** DER. Derecho público de los ciudadanos a asociarse libremente, transitoria y espontáneamente, o de manera organizada, por tiempo ilimitado y con fines preestablecidos. **Reunión de dos conjuntos** MAT. Conjunto formado por los elementos que pertenecen por lo menos a uno de los dos conjuntos.

REUNIR v.tr. y prnl. [58]. Volver a unir. **2.** Juntar en el mismo lugar un grupo de personas o cosas. ◆ v.tr. Recoger, juntar o guardar cosas: *reunir un pequeño capital.* **2.** Poseer determinadas cualidades o requisitos: *reunir las condiciones necesarias.*

REVÁLIDA s.f. Acción de revalidar o revalidarse. **2.** Esp. Examen que se hace al finalizar determinados estudios.

REVALIDACIÓN s.f. Acción y efecto de revalidar.

REVALIDAR v.tr. Dar validez de nuevo a algo o confirmar su validez. ◆ v.tr. y prnl. Esp. Realizar un examen general al finalizar determinados estudios.

REVALORIZACIÓN s.f. Acción y efecto de revalorizar.

REVALORIZAR v.tr. [7]. Dar a algo o a alguien más valor o hacer que recupere el valor que tenía.

REVALUACIÓN s.f. Acción y efecto de revaluar o revaluarse.

REVALUAR v.tr. y prnl. [18]. Aumentar el valor de la moneda de un país en relación con las monedas extranjeras. ◆ v.tr. Volver a evaluar.

REVANCHA s.f. (fr. *revanche*). Desquite o venganza.

REVANCHISMO s.m. Actitud agresiva inspirada por el deseo de revancha.

REVANCHISTA adj. y s.m. y f. Relativo al revanchismo; que tiene esta actitud.

REVELACIÓN s.f. Acción y efecto de revelar o revelarse. **2.** Cosa que se revela. **3.** Persona que se manifiesta de forma inesperada un gran talento. **4.** REL. Manifestación de un misterio o una verdad por Dios a los seres humanos.

REVELADO s.m. Conjunto de operaciones para transformar una imagen impresionada latente en imagen fotográfica visible y estable.

REVELADOR, RA adj. y s. Que revela. ◆ s.m. Líquido que actúa sobre la emulsión fotográfica impresionada para conseguir el revelado.

REVELAR v.tr. (lat. *revelare*, quitar el velo). Manifestar, dar a conocer algo que se desconocía: *revelar una gran bondad.* **2.** Descubrir o manifestar lo que se mantenía secreto u oculto. **3.** FOT. Efectuar el revelado. **4.** REL. Hacer una revelación. ◆ **revelarse** v.prnl. Mostrarse alguien con una cualidad que se desconocía: *se reveló como un gran músico.*

REVENIDO s.m. Tratamiento térmico para disminuir la dureza de un metal ligero, principalmente el acero, y aumentar su resistencia.

REVENIMIENTO s.m. Acción y efecto de revenir o revenirse.

REVENIR v.intr. [78]. Volver algo a su estado propio. ◆ **revenirse** v.prnl. Volverse un alimento blando y correoso por la humedad o el calor. **2.** Despedir humedad algunas cosas.

REVENTA s.f. Venta de algo que se ha comprado con el objetivo de sacar un beneficio. **2.** Establecimiento que vende con recargo sobre su precio original entradas y localidades para espectáculos públicos.

REVENTADERO s.m. Chile. Lugar donde las olas del mar revientan o rompen. **2.** Méx. Manantial, hervidero.

REVENTADO, A adj. y s. Argent. *Fam.* Se dice de la persona de carácter sinuoso, malintencionada e intratable.

REVENTAR v.intr. y prnl. [10]. Abrir o abrirse por presión interior: *se ha reventado una tubería.* ◆ v.tr. Hacer que algo estalle o se rompa por aplicarle demasiada presión. **2.** Deshacer o romper aplastando con violencia: *reventar una puerta.* **3.** Cansar a alguien sometiéndolo a un trabajo excesivo. **4.** Hacer enfermar o matar a un caballo al someterlo a un esfuerzo excesivo. **5.** *Fig.* y *fam.* Causar un daño grave: *la crisis ha reventado a muchos.* **6.** *Fig.* y *fam.* Molestar, fastidiar mucho: *me revientan los ruidos.* ◆ v.intr. Estar lleno de cierta cualidad o estado de ánimo: *reventar de satisfacción.* **2.** Tener deseos incontenibles de algo: *revienta*

por hablar. **3.** Chocar las olas del mar contra algo. **4.** *Fam.* Morir violentamente. ◇ **Reventar los precios,** o **el mercado** Ofrecer una mercancía a un precio muy inferior al marcado por la competencia del mercado.

REVENTÓN adj. Que revienta o parece que va a reventar: *clavel reventón.* ◆ s.m. Acción y efecto de reventar o reventarse. **2.** Méx. *Fam.* Fiesta. **3.** AUTOM. Rotura brusca de la cubierta o la cámara de aire del neumático.

REVER v.tr. [35]. Volver a ver. **2.** DER. Fallar un tribunal un caso ya visto por otra sala del mismo.

REVERBERACIÓN s.f. Reflexión de la luz o del calor. **2.** Persistencia de un sonido en el interior de un recinto o local, después de haber cesado su emisión.

REVERBERAR v.intr. (lat. *reverberare*). Producir reverberación.

REVERBERO s.m. Reverberación. ◇ **Horno de reverbero** Horno en el que las materias que deben ser tratadas se calientan indirectamente por medio de una bóveda mantenida a alta temperatura por las llamas y los gases calientes, que proyecta una fuerte radiación sobre la solera.

REVERDECER v.intr. y tr. [37]. Recobrar el color verde una planta o un campo. **2.** *Fig.* Tomar nuevo vigor.

REVERDECIMIENTO s.m. Acción y efecto de reverdecer.

REVERENCIA s.f. (lat. *reverentia,* de *reverer,* reverenciar). Respeto o admiración que se siente y muestra hacia alguien o algo. **2.** Inclinación del cuerpo o flexión de las piernas en señal de respeto o cortesía. **3.** Tratamiento que se da a algunos religiosos. **4.** COREOGR. Movimiento de danza que se ejecuta para saludar.

REVERENCIAR v.tr. Respetar o venerar.

REVERENDÍSIMO, A adj. y s. Se aplica como tratamiento a los cardenales, arzobispos, obispos y otras altas dignidades eclesiásticas.

REVERENDO, A adj. y s. Se aplica como tratamiento a sacerdotes y religiosos.

REVERENTE adj. Que muestra reverencia.

REVERSA s.f. Chile, Colomb. y Méx. Velocidad o marcha atrás en los vehículos de motor.

REVERSIBLE adj. Que puede o debe revertir: *un proceso reversible.* **2.** Se dice de la prenda que puede usarse por el derecho y por el revés. **3.** FÍS. y QUÍM. Se dice de la transformación que puede cambiar de sentido en cualquier momento, bajo la influencia de una modificación infinitesimal en las condiciones de producción del fenómeno. ◇ **Hélice (de paso) reversible** AERON. Hélice con un paso que se cambia mediante rotación de las palas alrededor de su eje.

REVERSIÓN s.f. Vuelta de una cosa al estado que tenía anteriormente.

REVERSO s.m. (ital. *reverso*). Revés de algo. **2.** Cara de una moneda o de una medalla opuesta a la efigie o elemento principal. ◇ **El reverso de la medalla** *Fig.* Persona o cosa que es la antítesis de otra.

REVERTIR v.intr. [79]. Volver una cosa al estado o condición que tuvo antes. **2.** Redundar, tener una cosa a otra como consecuencia: *esfuerzos que revierten en un beneficio.* **3.** DER. Volver una cosa a la propiedad del dueño que antes tuvo.

REVÉS s.m. (lat. *reversum,* de *revertere,* volver). Parte posterior u opuesta a la principal o cara en una cosa plana. **2.** Golpe que se da con el dorso de la mano. **3.** *Fig.* Desgracia, daño imprevisto, contratiempo. **4.** Golpe que, en algunos deportes, se da a la pelota con el dorso de la pala o raqueta. **5.** *Fig.* Cambio brusco en el trato o carácter de alguien. **6.** Golpe de esgrima que se da con la espada diagonalmente, y de izquierda a derecha si el adversario es diestro, o de derecha a izquierda si es zurdo. ◇ **Al revés** En sentido inverso, o de manera contraria a la lógica o habitual.

REVESINO s.m. Juego de naipes que se juega entre cuatro jugadores y que gana el que se lleva todas las bazas o el que se lleva menos.

REVESTIMIENTO s.m. Capa o cubierta con que se resguarda o reviste algo.

REVESTIR v.tr. y prnl. [89]. Vestir una determinada ropa sobre otra, especialmente los sa-

cerdotes al oficiar. **2.** *Fig.* Presentar determinado aspecto, cualidad o carácter: *el acto revistió gran solemnidad.* ◆ v.tr. Recubrir una superficie con una capa, envoltura, etc. **2.** *Fig.* Dar a una cosa una determinada apariencia. **3.** *Fig.* Adornar con palabras retóricas o complementarias: *revestir un discurso.*

REVIEJO, A adj. Muy viejo.

REVISADA s.f. Amér. Revisión, acción de revisar.

REVISAR v.tr. Examinar una cosa para comprobar su estado.

REVISIÓN s.f. Acción de revisar. ◇ **Revisión médica** Esp. Reconocimiento médico que suele practicarse periódicamente con fines preventivos.

REVISIONISMO s.m. Actitud o corriente que somete a revisión las bases de una doctrina o de una teoría, especialmente política.

REVISIONISTA adj. y s.m. y f. Relativo al revisionismo; partidario de esta corriente.

REVISOR, RA adj. y s. Que revisa o examina una cosa. ◆ s. Esp. Persona que tiene por oficio revisar el estado de una cosa, especialmente la que revisa los billetes en un transporte público.

REVISTA s.f. Inspección o acción de revisar a las personas o cosas que están bajo la autoridad o cuidado de alguien. **2.** Publicación periódica, generalmente ilustrada, dedicada a diversas materias o a una determinada. **3.** Presentación de tropas, locales o armas, para que un superior militar las inspeccione. **4.** Espectáculo teatral consistente en una serie de números de canto, baile y humor. **5.** Exposición o examen del estado o situación en que se encuentra una actividad, materia, etc., y que se suele publicar o emitir por radio o televisión. ◇ **Pasar revista** Inspeccionar o examinar un superior una serie de personas o cosas que están a su cargo.

REVISTAR v.tr. Pasar revista a alguien o algo.

REVISTERO, A s. Persona encargada de escribir revistas o reseñas en un periódico. ◆ s.m. Mueble para colocar en él publicaciones periódicas.

REVITALIZAR v.tr. [7]. Dar nueva fuerza o vitalidad a una persona o cosa.

REVIVAL s.m. (voz inglesa, *reaparición, restablecimiento*). Retorno o reactualización de un estilo o moda de un pasado reciente. **2.** REL. Serie de movimientos religiosos colectivos que jalonan la renovación espiritual del protestantismo en los ss. XVIII y XIX.

REVIVIFICAR v.tr. [1]. Vivificar, reavivar.

REVIVIR v.intr. Volver a la vida. SIN.: *resucitar.* **2.** Volver en sí alguien o algo que parecía muerto. **3.** *Fig.* Recobrar una cosa su actividad o fuerza. ◆ v.tr. *Fig.* Evocar, traer algo a la memoria o a la imaginación.

REVIVISCENCIA s.f. Propiedad de determinados seres vivos que, después de haber estado latentes largo tiempo, pueden revivir y recuperar su actividad normal.

REVIVISCENTE adj. Dotado de reviviscencia.

REVOCACIÓN s.f. Acción y efecto de revocar. **2.** Anulación de una orden, mandato, decreto, etc.

REVOCADOR, RA adj. Que revoca. ◆ s. Persona que tiene por oficio revocar paredes.

REVOCADURA s.f. Revoque, acción de revocar. SIN.: *revoco.*

REVOCAR v.tr. [1]. Anular una concesión, un mandato, una norma legal o una resolución. **2.** Enlucir o repintar las paredes exteriores de un edificio. **3.** Disuadir de un propósito o una intención. ◆ v.tr. e intr. Hacer que una cosa retroceda: *esta chimenea revoca el humo.*

REVOCATORIO, A adj. Que revoca o invalida. ◆ s.f. Argent. Revocación.

REVOLCADO s.m. Méx. Guiso de pan tostado, tomate, chile y otros condimentos.

REVOLCAR v.tr. [6]. Derribar a alguien y darle vueltas en el suelo maltratándolo: *el toro revolcó al torero.* **2.** *Fig.* y *fam.* Vencer o confundir a un adversario en una discusión o competición. **3.** *Fig.* y *fam.* Suspender a alguien en un examen. ◆ **revolcarse** v.prnl. Echarse al suelo o sobre algo refregándose o dando vueltas sobre ello.

REVOLCÓN s.m. *Fam.* Acción de revolcar o revolcarse. **2.** *Fig.* y *fam.* Acto sexual.

REVOLEAR v.tr. Argent. y Urug. Hacer girar a rodeabrazo correas, lazos, etc., o ejecutar movimientos circulares amplios con cualquier objeto.

REVOLOTEAR v.intr. Volar dando vueltas y giros en poco espacio o alrededor de algo. **2.** Moverse una cosa ligera por el aire dando vueltas.

REVOLOTEO s.m. Acción de revolotear.

REVOLTIJO s.m. Conjunto de muchas cosas desordenadas. SIN.: *revoltillo.* **2.** *Fig.* Confusión o enredo. SIN.: *revoltillo.* **3.** Guiso que se elabora con varios alimentos troceados que se fríen y se mezclan con huevo. SIN.: *revoltillo.*

REVOLTOSO, A adj. Travieso, enredador: *niño revoltoso.* **2.** Que promueve disturbios o alborotos.

REVOLTURA s.f. Méx. *Fam.* Desorden, mezcla confusa.

REVOLUCIÓN s.f. (lat. *revolutio, -onis*). Cambio brusco y violento en la estructura social o política de un estado, generalmente de origen popular: *la revolución de 1868.* **2.** *Fig.* Cambio total y radical, transformación completa. **3.** Movimiento de una figura de forma invariable alrededor de un eje. **4.** Movimiento orbital periódico de un cuerpo móvil alrededor de un cuerpo central: *la revolución de un planeta.* **5.** Tiempo que dura este movimiento. ◇ **Revolución por minuto** Unidad de medida de velocidad angular (símb. rpm) que equivale a 2π rd/mn. **Revolución por segundo** Unidad de medida de velocidad angular (símb. rps) que equivale a 2π rd/s. **Superficie de revolución** Superficie obtenida por la rotación de una línea de forma invariable, denominada generatriz, alrededor de un eje.

REVOLUCIONAR v.tr. Producir un cambio o alteración en cualquier cosa: *el turismo revolucionó las costumbres.* **2.** Perturbar el orden o la normalidad de un país, entidad o persona. **3.** MEC. Imprimir un número de revoluciones en un tiempo determinado a un cuerpo que gira o al mecanismo que produce el movimiento.

REVOLUCIONARIO, A adj. y s. (fr. *révolutionnaire*). Relativo a la revolución; partidario de la revolución.

REVOLUTO, A adj. BOT. Se dice de la hoja adulta con los bordes enrollados sobre el envés.

REVOLVEDORA s.f. Méx. Máquina en forma de torno para mezclar los materiales de construcción.

REVOLVER v.tr. [38]. Hacer que una cosa dé vueltas de modo que sus elementos o componentes cambien de posición o se mezclen. **2.** Mover un conjunto de cosas que estaban ordenadas, dejándolas desordenadas. **3.** Alborotar o enredar una persona. **4.** Indignar, inquietar, confundir. **5.** Alterar a alguien el funcionamiento del aparato digestivo. **6.** Meditar, reflexionar. ◆ v.tr. y prnl. Hacer que alguien o algo gire o dé una vuelta entera. ◆ **revolverse** v.prnl. Moverse de un lado para otro. **2.** Enfrentarse a alguien o a algo atacándolo o contradiciéndolo. **3.** Cambiarse el tiempo, poniéndose borrascoso.

REVÓLVER s.m. (ingl. *revolver,* de *revolve,* hacer dar vueltas entorno a una órbita). Arma de fuego de repetición, de cañón corto,

cuyo cargador está formado por un tambor y se dispara con una sola mano.

REVOQUE s.m. Acción y efecto de revocar, enlucir. **2.** Capa delgada de mortero u otro material aplicada sobre los paramentos de una obra de fábrica. **3.** Pasta o arcilla que se aplica sobre las piezas de cerámica para ocultar su color natural.

REVUELO s.m. Segundo vuelo que dan las aves. **2.** Revoloteo. **3.** *Fig.* Agitación o turbación producida por algún acontecimiento. **4.** *Fig.* Agitación de cosas semejantes al movimiento de las alas.

REVUELTA s.f. Disturbio, alteración del orden público. **2.** Riña, disputa entre varias personas. **3.** Punto en que una cosa se desvía, cambiando de dirección; este mismo cambio de dirección. **4.** Vuelta o mudanza de un estado o parecer a otro.

REVUELTO, A adj. Difícil de entender, intrincado. **2.** Se dice del mar cuando está agitado o del tiempo inseguro, variable. **3.** Travieso, revoltoso. ◆ s.m. Guiso elaborado con huevos batidos mezclados con otros ingredientes que se sofríen sin adquirir forma definida.

REVUELVEPIEDRAS s.m. (pl. *revuelvepiedras*). Vuelvepiedras, ave caradriforme.

REVULSIÓN s.f. MED. Irritación local provocada para hacer cesar un estado congestivo o inflamatorio.

REVULSIVO, A adj. y s.m. Se dice de la sustancia capaz de provocar una revulsión. **2.** *Fig.* Se dice de algo que, causando padecimiento, resulta saludable y beneficioso por la reacción que produce.

REX s.m. (voz latina, *rey*). En la España prerromana, magistrado supremo de una comunidad política con una organización monárquica. ◇ **Rex Hispaniae** Título que usaron los reyes de León.

REXISMO s.m. Movimiento antiparlamentario belga, autoritario y corporativo, fundado en 1935 por Léon Degrelle y que desapareció en 1944.

REXISTA adj. y s.m. y f. Relativo al rexismo; partidario de este movimiento.

REXISTASIA s.f. GEOMORFOL. Fase de gran actividad erosiva provocada por la ausencia o escasez de cobertura vegetal.

REY, REINA s.m. y f. (lat. *rex, regis*). Monarca soberano de un reino. **2.** *Fig.* Persona, animal, planta o cosa del género masculino que sobresale entre las demás de su especie o en determinado campo. **3.** Pieza principal del ajedrez que puede moverse en todos los sentidos. **4.** Carta de la baraja española que representa la figura de un rey y lleva el número doce. **5.** Carta de la baraja francesa que representa la figura de un rey, lleva la letra K y ocupa el trigésimo lugar del palo. ◇ **Gran rey** Título del rey de Persia, según los autores griegos. **Rey católico** Título oficial del rey de España, a partir de la época moderna. **Rey cristianísimo** Título oficial del rey de Francia en los ss. XVII y XVIII. **Rey de reyes** Título dado a los reyes partos y persas. **Rey de romanos** En el antiguo Imperio germánico, título que llevaba desde el s. XII el emperador antes de su coronación, y luego, a partir de 1508, el sucesor designado del emperador reinante; *Fig.* persona que se supone ha de suceder a otra en algún cargo. **Reyes católicos** Isabel I, reina de Castilla, y Fernando II, rey de Aragón.

REYERTA s.f. Contienda, disputa, riña.

REYEZUELO s.m. Príncipe o señor de los distritos hispanomusulmanes que se habían constituido en taifas independientes. **2.** Pájaro paseriforme de pequeño tamaño, insectívoro, con una franja naranja o amarilla en la cabeza.

REYUNO, A adj. y s. Argent. Se decía del caballo que pertenecía al estado y que como señal llevaba cortada la mitad de la oreja derecha. **2.** Chile. Se decía de la moneda que tenía el sello del rey de España.

REZADO, A adj. Se dice de la misa, oficio o rezo recitado, en contraposición a cantado.

REZADORA s.f. Urug. Persona que se dedica a rezar en los velatorios.

REZAGARSE v.prnl. [2]. Quedarse atrás.

REZAR v.intr. (lat. *recitare,* recitar) [7]. Dirigir a Dios, a la Virgen o a los santos, oral o mentalmente, alabanzas o súplicas. SIN.: *orar.* **2.** *Fig.* y *fam.* Gruñir, refunfuñar. ◆ v.tr. Decir una oración. **2.** *Fam.* Decir un escrito algo que se expresa a continuación. **3.** Leer o decir con atención las oraciones del oficio divino o las horas canónicas. **4.** *Fam.* Referir una cosa a alguien o algo, o ser aplicable a ellos.

REZNO s.m. (lat. *ricinus*). Garrapata. **2.** Larva que se desarrolla en las paredes del estómago de los rumiantes. **3.** Ricino.

REZO s.m. Acción de rezar. **2.** Oración, aquello que se reza. **3.** Oficio eclesiástico que se reza diariamente. **4.** Conjunto de los oficios particulares de cada festividad.

REZONGAR v.intr. [2]. Gruñir o refunfuñar.

REZUMAR v.intr. y prnl. Salir un líquido a través de los poros o rendijas del recipiente que lo contiene. ◆ v.tr. *Fig.* Dejar salir un recipiente el líquido que contiene a través de sus poros o rendijas. **2.** Dejar ver algo o alguien alguna cualidad en alto grado. ◆ **rezumarse** v.prnl. *Fam.* Traslucirse o divulgarse un hecho, situación, etc.

rH, índice análogo al pH, que representa cuantitativamente el valor del poder oxidante o reductor de un medio.

Rh, abrev. de *factor Rhesus.*

RHESUS s.m. *Macaco rhesus. ◇ **Sistema Rhesus** Conjunto de grupos sanguíneos eritrocitarios cuyo antígeno principal (*antígeno D* o *factor Rhesus*) es común en el ser humano y el simio *Macacus rhesus.* (Los individuos portadores del antígeno D se llaman *Rhesus positivos* [Rh⁺], y los que carecen de él, *Rhesus negativos* [Rh⁻].)

rH-METRO s.m. QUÍM. Aparato que sirve para medir el potencial de oxidorreducción de un medio.

RHO s.f. → **RO.**

RHODESIANO, A adj. y s. → **RODESIANO.**

RHYTHM AND BLUES s.m. (voces inglesas). Música popular negra americana surgida del blues, del gospel y del jazz, cantada y acompañada generalmente por el saxofón o la guitarra, que tuvo su apogeo entre 1950 y 1960.

RÍA s.f. Valle fluvial encajado, invadido por el mar, y que queda influido por la penetración de las mareas. **2.** En atletismo e hípica, obstáculo consistente en un espacio de agua colocado tras una valla fija.

¡RIÁ! interj. Se usa para hacer que una caballería tuerza hacia la izquierda.

RIACHUELO s.m. Río pequeño y de poco caudal.

RIADA s.f. Crecida repentina del caudal de un río. **2.** Inundación que provoca esta crecida.

RIAL s.m. Unidad monetaria de Irán.

RIBADOQUÍN s.m. (fr. *ribaudequin*). Arma utilizada en los ss. XIV y XV, formada por varias picas o bocas de fuego montadas sobre un carro.

RIBALDO s.m. (fr. ant. *ribalt,* libertino, bribón, saqueador). HIST. Soldado de cuerpos antiguos de infantería de Francia y otros países.

RIBAZO s.m. Terreno en declive pronunciado que se encuentra especialmente a los lados de un río o de una carretera. **2.** Talud entre dos fincas que están a distinto nivel.

RIBEIRO s.m. Vino blanco o tinto sin crianza

punto de mira · cañón · tambor
percutor
martillo
varilla del expulsor
disparador

CARACTERÍSTICAS
calibre: 357 magnum (9 mm)
longitud: 205 mm
peso en vacío: 890 g
culata

■ **REVÓLVER** MR73

■ **REYEZUELO**

elaborado en una zona de la provincia de Orense que tiene como centro Ribadavia.

RIBERA s.f. (de *riba*, r**i**bera).Orilla del mar o río. **2.** Tierra cercana a los ríos, aunque no esté a su margen.

RIBERANO adj. y s. Amér. Ribereño.

RIBEREÑO, A adj. y s. De la ribera. ◆ s.m. Vino elaborado en la comarca burgalesa de La Ribera, en las localidades de Aranda y Roa de Duero.

RIBERIEGO, A adj. Se dice del ganado que no es trashumante.

RIBESIÁCEO, A adj. y s.f. (de *ribes*, nombre culto de la grosella). Relativo a una familia de plantas parecidas a las rosáceas, como el grosellero.

RIBETE s.m. Cinta, galón o trencilla con que se guarnece o refuerza el borde de una prenda de ropa, del calzado, etc. **2.** *Fig.* Añadidura que se pone en una cosa como complemento o adorno. **3.** *Fig.* Detalle que se añade en una conversación o escrito para hacerlo ameno. ◆ **ribetes** s.m.pl. *Fig.* Asomos, indicios de la cosa que se expresa.

RIBETEADO, A adj. Que tiene el borde de los párpados irritados: *ojos ribeteados*. ◆ s.m. Acción de ribetear.

RIBETEAR v.tr. Poner ribetes.

RIBOFLAVINA s.f. Vitamina B₂.

RIBONUCLEASA s.f. Enzima pancreática que cataliza la hidrólisis de los ácidos ribonucleicos.

RIBONUCLEICO, A adj. **Ácido ribonucleico** BIOQUÍM. ARN.

RIBOSA s.f. Aldosa $C_5H_{10}O_5$ constituida por numerosos nucleótidos.

RIBOSOMA s.m. Orgánulo citoplasmático de una célula viva, que asegura la síntesis de las proteínas.

RICACHÓN, NA adj. y s. *Fam.* y *desp.* Muy rico.

RICAHOMBRÍA s.f. Título que se daba en la baja edad media a la nobleza seglar de primera categoría.

RICAMENTE adv.m. Muy bien, cómodamente.

RICERCARE s.m. (voz italiana, *buscar*). Composición instrumental formada por secuencias yuxtapuestas en que se sigue el procedimiento de la imitación.

RICHTER. Escala de Richter Escala logarítmica numerada de 1 a 9 que se utiliza para medir la magnitud de los sismos. (La magnitud 9 es excepcional; el único ejemplo conocido es el del terremoto de Lisboa de 1755.)

RICICULTURA s.f. Cultivo del arroz.

RICINO s.m. Planta de cuyas semillas, tóxicas, se extrae un aceite utilizado como purgante o como lubricante. (Familia euforbiáceas.)

semilla

■ **RICINO**

RICKETTSIA s.f. Microorganismo intermedio entre los virus y las bacterias, agente de determinadas infecciones contagiosas.

RICKETTSIOSIS s.f. Enfermedad causada por rickettsias, como el tifus exantemático, tifus murino, fiebre exantemática de las montañas Rocosas, fiebre de las trincheras, etc.

RICKSHAW s.m. En algunos países asiáticos, vehículo pequeño para el transporte de personas, de dos ruedas, tirado por un hombre (*culi*), una bicicleta o una motocicleta.

RICO, A adj. y s. Que tiene mucho dinero o muchos bienes. ◆ adj. Que tiene gran valor o es de gran calidad: *ricas alfombras*. **2.** Que

posee en abundancia la cosa que se expresa: *alimento rico en azúcar.* **3.** Se dice del terreno fértil. **4.** Se dice del alimento muy sabroso y agradable al paladar. **5.** *Fig.* y *fam.* Bonito, agradable o simpático. ◇ **Nuevo rico** Persona enriquecida en poco tiempo y que hace ostentación de sus bienes y dinero.

RICOHOMBRE s.m. (pl. *ricoshombres*). Hombre de la alta nobleza, en los reinos hispano-cristianos de la baja edad media.

RICOTA s.f. Argent. Pasta cremosa que se obtiene del cuajo de la leche o del suero del queso, requesón.

RICTUS s.m. (lat. *rictus*, abertura de la boca) [pl. *rictus*]. Contracción de los labios que da al rostro una expresión de risa forzada, dolor, miedo, etc.

RICURA s.f. *Fam.* Persona bonita, agradable o simpática. (Suele usarse como un apelativo cariñoso aplicado a los niños.) **2.** *Fam.* Cosa que tiene un sabor agradable o que es hermosa.

RIDICULEZ s.f. Dicho o hecho que resultan ridículos. **2.** Cosa excesivamente pequeña, insignificante o sin importancia.

RIDICULIZAR v.tr. [7]. Poner en ridículo.

RIDÍCULO, A adj. (lat. *ridiculus*). Que provoca risa o burla. **2.** Insignificante, escaso: *cobra una pensión ridícula.* **3.** Extraño, irregular. ◆ s.m. Situación desairada del que queda menospreciado o burlado.

RIEGO s.m. Acción y efecto de regar. **2.** Agua disponible para regar. ◇ **Riego sanguíneo** Circulación de la sangre.

1. RIEL s.m. (cat. *riell*). Barra de metal sobre la que se ajusta y desliza un mecanismo. **2.** Carril de una vía férrea. GEOSIN. Esp. *raíl.* **3.** Barra pequeña de metal en bruto.

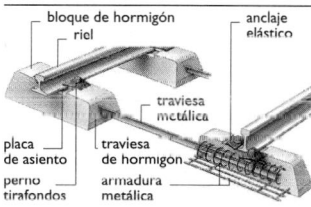

bloque de hormigón
riel
anclaje elástico
traviesa metálica
placa de asiento
traviesa de hormigón
perno tirafondos
armadura metálica

■ **RIEL.** Detalle de la fijación de los rieles de una vía férrea clásica.

2. RIEL s.m. Unidad monetaria de Camboya.

RIELAR v.intr. Brillar con luz trémula algo.

RIENDA s.f. (del lat. *retinere*, retener). Cada una de las dos correas que, sujetas al freno de una caballería, sirven para controlarla. (Suele usarse en plural.) ◆ **riendas** s.f.pl. *Fig.* Dirección o gobierno: *llevar las riendas de la nación.* ◇ **Aflojar las riendas** Aliviar o disminuir el trabajo, la severidad o la sujeción en algo. **A rienda suelta** Con violencia o celeridad; sin freno ni regla: *reír a rienda suelta.* **Dar rienda suelta** o **soltar las riendas** Dar entera libertad a alguien o libre curso a una manifestación, estado de ánimo, etc.

RIESGO s.m. Posibilidad de que se produzca una desgracia o contratiempo. **2.** Peligro: *un amante del riesgo.* ◇ **A riesgo de** Exponiéndose a la desgracia o contratiempo que se expresa, o afrontándolos. **Correr el riesgo de** Estar expuesto a la desgracia o contratiempo que se expresa.

RIESGOSO, A adj. Amér. Arriesgado, peligroso.

RIESLING s.m. Variedad de cepa blanca que constituye la base de los viñedos de Alsacia y Renania. **2.** Vino elaborado con esta cepa.

RIFA s.f. Sorteo de una cosa entre varias personas que consiste en dar o vender billetes numerados y sacar a suerte un número, correspondiendo el premio al que tiene en su billete el número igual al sacado.

RIFAR v.tr. Sortear algo mediante una rifa. ◆ **rifarse** v.prnl. *Fig.* y *fam.* Disputarse varias personas algo o a alguien. ◇ **Rifársela** Méx. *Fam.* Arriesgar la vida.

RIFEÑO, A adj. y s. Del Rif (Marruecos).

RIFF s.m. (voz inglesa). En jazz y rock, frag-

mento melódico breve que se repite rítmicamente a lo largo de una pieza.

RIFIRRAFE s.m. *Fam.* Riña o disputa poco importante.

RIFLE s.m. (ingl. *rifle*, fusil con estrías, de *to rifle*, estriar). Fusil de cañón rayado y de repetición.

RIFLERO s.m. Amér. Soldado provisto de rifle. **2.** Argent. y Chile. Persona que hace negocios ocasionales y generalmente deshonestos o ilícitos.

RIFT s.m. (voz inglesa) [pl. *rifts*]. GEOL. Fosa tectónica, especialmente la alargada en relación con fenómenos de distensión de la corteza terrestre y hundimiento de bóvedas de pliegues de gran radio de curvatura.

■ **RIFT.** El Rift-Valley, en Kenya, visto desde un satélite. Esta región, que forma parte del rift esteafricano, alberga un gran número de fracturas de orientación norte-sur.

RIGIDEZ s.f. Cualidad de rígido: *rigidez muscular.* **2.** ECON. Inflexibilidad de una magnitud económica para reaccionar ante variaciones de otras. **3.** ELECTR. Propiedad de un dieléctrico de oponerse al paso de la chispa.

RÍGIDO, A adj. (lat. *rigidus*) Que es muy difícil de torcerse o doblarse. **2.** *Fig.* Que carece de flexibilidad para adaptarse a las circunstancias. **3.** *Fig.* Riguroso, severo. **4.** *Fig.* Se dice de la persona de cara inexpresiva.

RIGODÓN s.m. (fr. *rigodon*). Danza francesa, de origen provenzal, de compás binario, ritmo moderado y carácter alegre.

RIGOR s.m. (lat. *rigor, -oris*). Severidad, dureza. **2.** Grado de mayor intensidad de la temperatura: *los rigores de la noche ártica.* (Suele usarse en plural.) **3.** Gran exactitud o precisión en la realización de algo. **4.** Extremo o último término a que pueden llegar las cosas. **5.** MED. Rigor. ◇ **De rigor** Obligado, indispensable. **En rigor** Realmente, estrictamente.

RIGORISMO s.m. Exceso de severidad en la moral o en la disciplina.

RIGORISTA adj. y s.m. y f. Que es extremadamente severo.

RÍGOR MORTIS loc. (voces latinas, *rigidez de la muerte*). Estado de rigidez que adquiere un cadáver pocas horas después de la muerte.

RIGÜE s.m. Hond. Tortilla de maíz.

RIGUROSIDAD s.f. Rigor.

RIGUROSO, A adj. Muy severo o estricto. **2.** Exacto, preciso. **3.** Extremado, duro e inclemente: *invierno riguroso.* **4.** Que tiene un carácter áspero y desabrido.

1. RIJA s.f. (ár. *rīsa*, pluma). Fístula del conducto lacrimal.

2. RIJA s.f. (lat. *rixa*). Pelea o alboroto.

RIJOSO, A adj. (lat. *rixosus*). Lujurioso o sensual. **2.** Se dice del animal que se alborota y excita ante la presencia de la hembra. **3.** Pendenciero.

RIMA s.f. (occitano ant. *rima*, verso). Repetición de sonidos en dos o más palabras a partir de la última vocal acentuada, especialmente en las palabras finales de los versos de un poema. ◆ **rimas** s.f.pl. Composición poética. ◇ **Rima asonante**, o **vocálica** Rima en que se repiten los sonidos vocálicos. **Rima conso-**

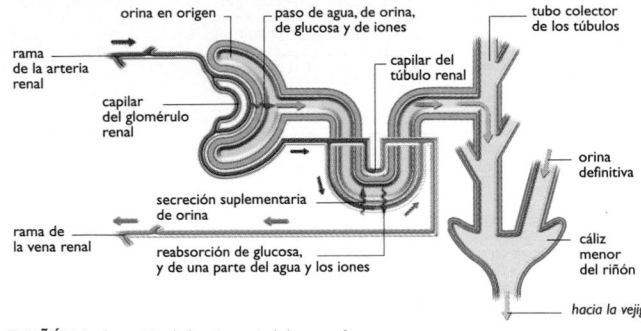

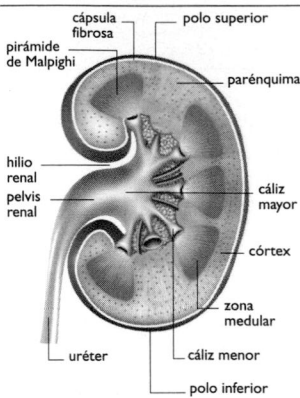

orina en origen

rama de la arteria renal

capilar del glomérulo renal

paso de agua, de orina, de glucosa y de iones

capilar del túbulo renal

tubo colector de los túbulos

secreción suplementaria de orina

rama de la vena renal

reabsorción de glucosa, y de una parte del agua y los iones

orina definitiva

cáliz menor del riñón

hacia la vejiga

■ **RIÑÓN.** La formación de la orina a nivel de una nefrona.

cápsula fibrosa

polo superior

pirámide de Malpighi

parénquima

hilio renal
pelvis renal

cáliz mayor

córtex

zona medular

uréter

cáliz menor

polo inferior

■ **RIÑÓN.** Vista en sección.

---

nante, o **perfecta** Rima en que se repiten los sonidos vocálicos y consonánticos.

RIMADOR, RA adj. y s. Se dice del poeta malo o que solo se preocupa de la rima.

RIMAR v.intr. Tener una palabra rima asonante o consonante con otra, o tener un verso rima asonante o consonante con otro. **2.** Componer versos. ◆ v.tr. Hacer que dos o más palabras rimen entre sí.

RIMAYA s.f. Grieta profunda que en los glaciares separa el hielo de la capa de nieve, o los costados del hielo de las paredes rocosas.

RIMBOMBANTE adj. (del ital. *rimbombare*). *Desp.* Muy aparatoso y ostentoso; enfático y grandilocuente.

RIMERO s.m. Conjunto de cosas amontonadas unas sobre otras.

RÍMEL s.m. (de *Rimmel*, marca registrada). Pasta cosmética que se aplica a las pestañas para darles color y espesor.

RIMÚ s.m. *Chile*. Planta oxalidácea de flores amarillas.

RIN s.m. *Méx*. Aro metálico de la rueda del automóvil, al que se ajusta la llanta.

RINANTO s.m. Planta herbácea de flores solitarias o en racimos terminales, parásita de otras plantas a través de sus raíces. (Familia escrofulariáceas.)

RINCÓN s.m. (del ár. vulg. *rukún*). Ángulo entrante que resulta del encuentro de dos superficies que se cortan. **2.** Lugar o paraje alejado o retirado. **3.** Espacio o lugar pequeño y oculto. **4.** *Fig.* y *fam.* Resto de algo que queda apartado o almacenado. **5.** *Fig.* y *fam.* Casa o habitación usadas como retiro. **6.** Argent. y Colomb. Rinconada. **7.** DEP. Ángulo del ring donde el boxeador descansa entre los asaltos.

RINCONADA s.f. Ángulo entrante que se forma en la unión de dos edificios, calles, caminos, etc. **2.** Argent. y Colomb. Porción de un terreno, con límites naturales o artificiales, destinado a ciertos usos de la hacienda.

RINCONERA s.f. Mueble pequeño cuya forma encaja en un rincón.

RINCOTE s.m. y s.m. Hemipteroideo.

RINDE s.m. *Argent*. Provecho o rendimiento que da una cosa.

RINENCÉFALO s.m. Conjunto de formaciones nerviosas situadas en la cara interna e inferior de cada hemisferio cerebral. (En conexión con el hipotálamo, interviene en el control de la vida vegetativa, en el olfato y en el gusto.)

RINFORZANDO adv. (voz italiana). MÚS. Pasando del piano al forte. (Se abrevia *rinf.* o <.)

RING s.m. (voz inglesa). Cuadrilátero, lugar donde se disputan los combates de boxeo o de lucha.

RINGLERA s.f. (del ant. *reng*, hilera). Hilera de personas o cosas puestas unas detrás de otras. SIN.: *ringla*.

RINGLERO s.m. Línea de las del papel pautado para aprender a escribir.

RINGLETEAR v.intr. *Chile*. Corretear, callejear.

RINGORRANGO s.m. (voz de origen onomatopéyico). *Fam*. Trazo exagerado o inútil en la escritura. **2.** *Fig.* y *fam.* Adorno superfluo y extravagante.

RINITIS s.f. (del gr. *ris*, *rinós*, nariz). Inflamación de la mucosa de las fosas nasales.

RINOCERONTE s.m. (lat. *rhinoceros, -otis*, del gr. *rinokeros, -otos*, de *ris, rinós*, nariz, y *keras*, cuerno). Mamífero perisodáctilo de las regiones cálidas, de hasta 5 m de long., piel dura y rugosa y con uno o dos cuernos sobre la nariz. (Se distinguen cinco especies de rinocerontes: dos en África, el *rinoceronte blanco* [long. 5 m, peso 4 toneladas] y el *rinoceronte negro*; y tres en Asia, el *rinoceronte indio*, el *rinoceronte de Java* [ambos de un solo cuerno] y el pequeño *rinoceronte de Sumatra*; todas las especies están amenazadas por una caza excesiva a causa del marfil de sus cuernos al que se le atribuyen propiedades afrodisíacas y medicinales; el rinoceronte barrita; familia rinoceróntidos.)

blanco (África)

índico o unicorne (India)

■ **RINOCERONTES**

RINOFARINGE s.f. Parte superior de la faringe, contigua a las fosas nasales.

RINOFARINGITIS s.f. Inflamación de la rinofaringe.

RINOLOGÍA s.f. Parte de la medicina que se ocupa de las enfermedades nasales.

RINOPLASTIA s.f. Operación quirúrgica para reconstruir o remodelar la nariz en el caso de malformación o de accidente.

RINOSCOPIA s.f. Examen ocular de las fosas nasales.

RIÑA s.f. Acción de reñir. ◇ **Riñas de gallos** Juegos que consisten en hacer pelear dos gallos, con espolones armados de espuelas de acero y en los que suelen hacerse apuestas.

RIÑÓN s.m. (del lat. *ren, renis*). Órgano par ubicado en el abdomen y compuesto por casi un millón de tubos excretores (*nefrones*) que segrega la orina a partir de la filtración de la sangre, elimina los desechos y desempeña diversas funciones endocrinas (como la regulación de la presión arterial y de las sales minerales del organismo). **2.** *Fig.* Parte central o principal de un lugar, asunto, etc. ◆ **riñones**

s.m.pl. ANAT. Parte del cuerpo que corresponde a la pelvis. ◇ **Costar un riñón** *Esp. Fam.* Costar algo mucho dinero. **Riñón artificial** Conjunto de aparatos que permiten purificar la sangre en los casos de insuficiencia renal. **Riñón flotante** Aumento anormal de la movilidad del órgano. **Tener cubierto el riñón** *Fam*. Disponer de una buena situación económica.

RIÑONADA s.f. Parte del cuerpo en que están los riñones. **2.** Tejido adiposo que envuelve los riñones.

RIÑONERA s.f. Bolsa de pequeño tamaño que se ata a la cintura mediante un cinturón. **2.** Faja que protege la zona lumbar, utilizada especialmente para la práctica de algunos deportes.

RÍO s.m. (lat. *rivus*, arroyo, canal). Curso de agua que desemboca en el mar. **2.** *Fig.* Gran abundancia de cosas o personas.

RIOJA s.m. Vino elaborado en una zona que abarca parte de la comarca de La Rioja.

RIOJANO, A adj. y s. De La Rioja.

RIOLITA s.f. Roca volcánica ácida, compuesta esencialmente de cuarzo y feldespato alcalino.

RIOPLATENSE adj. y s.m. y f. Del Río de la Plata.

RIPIENO s.m. (voz italiana). En la música orquestal de los ss. XVII y XVIII, conjunto de instrumentos que doblan una melodía o la acompañan.

RIPIO s.m. Palabra o frase de relleno en un discurso o escrito. **2.** Conjunto de fragmentos de piedra, ladrillos y otros materiales de desecho, utilizados en la construcción para rellenar juntas, huecos, etc., y para pavimentar. **3.** Residuo o desperdicio de alguna cosa. ◇ **No perder ripio** *Fam*. No perder detalle.

RIPIOSO, A adj. Que tiene muchos ripios.

RIPPLE-MARK s.m. (voz inglesa). Pequeña ondulación formada en la arena por el agua (en la playa) o por el viento (en los desiertos).

RIQUEZA s.f. Abundancia de bienes, fortuna. **2.** Cualidad de rico. **3.** Abundancia de cualquier cosa: *riqueza de vocabulario*. **4.** *Fig.* Conjunto de cualidades que tiene una persona. **5.** Lujo, suntuosidad.

RISA s.f. (del lat. *risus, -us*). Acción de reír, manifestar alegría y regocijo. ◇ **Estar muerto de risa** *Fam*. Reírse mucho; permanecer inactivo sin resolver algo, o estar abandonado y olvidado por los demás.

RISCO s.m. Peñasco alto y escarpado.

RISCOSO, A adj. Peñascoso.

RISIBLE adj. Que causa risa.

RISORIO, A adj. y s.m. Se dice de un pequeño músculo superficial de la cara que está unido a las comisuras de los labios y contribuye a la expresión de la risa.

RISOTADA s.f. Carcajada, risa impetuosa o ruidosa.

RÍSPIDO, A adj. Áspero, rudo.

RIOS: PRINCIPALES CUENCAS				
río	país o continente	superficie de cuenca (km²)	caudal medio (m³/s)	longitud (km)
Amazonas	América del Sur	7 000 000	200 000	7 062
Congo	África	3 800 000	42 000	4 700
Mississippi	Estados Unidos	3 222 000	18 000	3 780
Nilo	África	3 000 000	2 500	6 700
Ob	Rusia	3 000 000	12 500	4 345
Yeniséi	Rusia	2 600 000	19 800	3 354
Liena	Rusia	2 490 000	15 500	4 270
Paraná	América del Sur	1 510 000	16 000	3 000
Ganges	India	2 165 000	16 000	3 090
Amur	Asia	1 845 000	11 000	4 440
Yangzi Jiang	China	1 830 000	34 500	5 980
Mackenzie	Canadá	1 805 000	7 200	4 600
Volga	Rusia	1 360 000	8 000	3 690
Zambeze	África	1 330 000	3 500	2 660
Níger	África	1 500 000	7 000	4 200
Orinoco	Venezuela	900 000	31 000	2 160

RISS s.m. (de *Riss*, río de Baviera).GEOL. Tercera de las grandes glaciaciones de la era cuaternaria en Europa, que se extiende desde hace 250 000 años hasta hace 150 000 años.

RISTRA s.f. (del lat. *restis*, cuerda, especialmente de una ristra). Conjunto de ajos o cebollas atados uno a continuación de otro. **2.** Conjunto de otros frutos o de cualquier otra cosa atados de igual forma: *una ristra de pimientos*. **3.** *Fig.* Serie de cosas inmateriales que están o se suceden una tras otra.

RISTRE s.m. ARM. Pieza que se fijaba en la parte derecha del peto de la armadura, para encajar en él el cabo de la manija de la lanza en el momento de acometer. *lanza en ristre*. ◇ **En ristre** *Fam.* Indica que una cosa se tiene sujeta entre las manos, dispuesta para hacer algo: *paraguas en ristre*.

RISUEÑO, A adj. Que tiene la cara alegre o sonriente. **2.** Que ríe con facilidad. **3.** *Fig.* Que tiene un aspecto alegre, placentero. **4.** *Fig.* Próspero, favorable: *un porvenir risueño*.

RITARDANDO adv. (voz italiana).MÚS. Reteniendo el movimiento. (Se abrevia *rit.* o *ritard.*)

RITIDOMA s.m. BOT. Conjunto de tejidos muertos que recubren los troncos, ramas y raíces de árboles y arbustos.

RITINA s.f. Mamífero sirénido de las costas siberianas, exterminado por el ser humano entre 1741 y 1768.

RÍTMICO, A adj. Sujeto a un ritmo o compás. **2.** MÉTRIC. Se dice del acento que determina y sostiene el ritmo en una expresión lingüística.

RITMO s.m. (lat. *rhythmus*). Forma de sucederse los tiempos fuertes y los tiempos débiles en un verso, una frase musical, etc. **2.** *Fig.* Marcha o curso acompasado en la sucesión o acaecimiento de una cosa. **3.** MÚS. Elemento temporal de la música, constituido por la sucesión y la relación de los valores de duración.

RITO s.m. (lat. *ritus, -us*, costumbre, ceremonia, rito).Acto, generalmente religioso, repetido invariablemente con arreglo a normas prescritas. **2.** Conjunto de normas prescritas para la realización de una ceremonia o del culto religioso. **3.** *Fig.* Manera de hacer alguna cosa ceremoniosamente y como siguiendo un orden prescrito. **4.** Costumbre o acto repetido de manera invariable. **5.** ANTROP. Acto, ceremonia, con frecuencia de carácter repetitivo, que tiene por objeto orientar una fuerza oculta hacia una acción determinada. **6.** REL. **a.** Liturgia: *rito bizantino; rito mozárabe.* **b.** Ceremonia prescrita por la liturgia: *el rito del bautismo*.

RITÓN s.m. ARQUEOL. Recipiente para beber, en forma de cuerno o de cabeza de animal.

RITORNELO o **RETORNELO** s.m. (it. *ritornello*).MÚS. Fragmento musical breve que precede o sigue a un fragmento cantado. **2.** MÚS. Repetición, estribillo.

RITUAL adj. (lat. *ritualis*). Relativo al rito. ◆ s.m. Rito, conjunto de normas prescritas para la realización de una ceremonia, especialmente religiosa. **2.** Libro litúrgico que contiene el orden y la forma de las ceremonias religiosas, con las oraciones que deben acompañarlas. **3.** PSIQUIATR. Acción o conjunto de acciones que, repetidas de manera estereotipada, constituye un síntoma característico de la neurosis obsesiva. ◇ **De ritual** Según la costumbre; según indica el rito.

RITUALIDAD s.f. Observancia de los ritos o de las formalidades establecidos en la realización de algo.

RITUALISMO s.m. Tendencia a acentuar o aumentar la importancia del rito y liturgias en el culto. **2.** *Fig.* Observancia o sujeción exageradas a las formalidades, trámites o normas establecidos en la realización de algo, especialmente en los actos jurídicos u oficiales. **3.** Movimiento surgido en el s. XIX que tendía a restaurar en la Iglesia anglicana las ceremonias y las prácticas de la Iglesia romana.

RITUALISTA adj. y s.m. y f. Relativo al ritualismo; partidario de este movimiento.

RITUALIZAR v.tr. [7]. Convertir algo en un rito o ritual.

RIVAL s.m. y f. (lat. *rivalis*, el que vive al otro lado del río, competidor). Persona o grupo que compite para conseguir la misma cosa o demostrar superioridad.

RIVALIDAD s.f. Enemistad o enfrentamiento que se produce entre rivales.

RIVALIZAR v.intr. [7]. Competir con alguien o algo para conseguir la misma cosa o demostrar superioridad.

RIXDALE s.f. Antigua moneda de plata de diferentes valores, acuñada en los Países Bajos, Europa central y diversos países nórdicos.

RIYAL s.m. Unidad monetaria de Arabia Saudí, Omán, Qatar y la República del Yemen.

RIZADO s.m. Acción y efecto de rizar o rizarse.

RIZAR v.tr. y prnl. (de *erizar*, encrespar) [7]. Formar rizos u ondas en algo, especialmente en el pelo. **2.** Formar olas muy pequeñas en el agua. ◆ v.tr. Hacer en las telas, papel, etc., pliegues o dobleces muy pequeños.

RIZO s.m. Mechón de pelo en forma de onda.

bucle, sortija, etc. **2.** AERON. Figura o acrobacia aérea. **3.** DEP. Salto del patinaje artístico en el que se hace, al menos, un giro completo en el aire. **4.** TEXT. Tela utilizada para la confección de artículos de tocador y baño. ◇ **Rizar el rizo** *Fam.* Complicar un asunto.

RIZOIDE s.m. Filamento unicelular, fijador y absorbente, de las plantas no vasculares, como las algas y los líquenes, y de los prótalos de los helechos.

RIZOMA s.m. (del gr. *ríza*, raíz).Tallo subterráneo, con frecuencia alargado y horizontal, dotado de yemas, que echa vástagos y suele producir también raíces.

■ **RIZOMAS** de lirio.

RIZOMATOSO, A adj. Se dice de la planta con rizoma.

RIZÓPODO, A adj. y s.m. (del gr. *ríza*, raíz, y *poys*, pie). Relativo a un subtipo de protozoos dotados de seudópodos, como las amebas.

RIZOSTOMA s.m. Medusa de hasta 60 cm de diámetro, color blanco o cremoso, con brazos anaranjados y festoneados, que abunda en los mares de Europa occidental. (Clase acalefos.)

RO o **RHO** s.f. Nombre de la decimoséptima letra del alfabeto griego (ρ, P), que corresponde a la *r* española.

ROAD MOVIE s.m. (voces inglesas). Película cinematográfica cuya acción se desarrolla a lo largo de un viaje por carretera.

ROANÉS, SA adj. y s. De Ruán (Francia).

ROANO, A adj. Se dice de la caballería cuyo color de pelo combina el blanco, el gris y el bayo. SIN.: *ruano*.

ROAST-BEEF s.m. → ROSBIF.

RÓBALO o **ROBALO** s.m. (del ant. *lobarro*, de *lobo*). Lubina.

ROBAR v.tr. (del germ. *raubôn*, saquear, robar con violencia). Quitar algo que pertenece a alguien, por medio de la violencia o el engaño. **2.** Raptar a una persona. **3.** *Fig.* Quitar algo no material a alguien: *las preocupaciones le roban el sueño*. **4.** *Fig.* Atraer o captar la voluntad o el afecto, embelesar. **5.** Tomar un naipe o ficha de los no repartidos en ciertos juegos de mesa. **6.** Llevarse una corriente de agua parte de la tierra por donde pasa.

ROBÍN s.m. (lat. *robigo, -iginis*). Herrumbre de los metales.

ROBINIA s.f. (de J. *Robin*, botánico francés). Árbol o arbusto, de hojas compuestas, con estípulas espinosas e inflorescencias en racimos, con flores blancas, rosadas o purpúreas, una de cuyas especies es la acacia falsa. (Familia papilionáceas.)

■ **RITÓN** con cabeza de león; arte aqueménida de Irán. (Metropolitan Museum, Nueva York.)

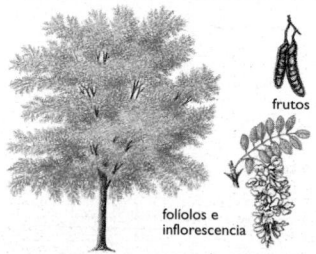

frutos

folíolos e inflorescencia

■ **ROBINIA**

ROBINSÓN s.m. (de *Robinsón Crusoe*, personaje de la novela de D. Defoe). Persona que satisface las necesidades vitales sin ayuda ajena.

ROBINSONIANO, A adj. Relativo al robinsón. **2.** Relativo al héroe novelesco Robinsón Crusoe.

ROBLE s.m. (lat. *robur, roboris*). Árbol de gran tamaño y copa ancha, muy longevo (hasta mil años), caducifolio y con fruto en glande (*bellota*), común en los bosques de Europa, que crece en climas más fríos y húmedos que las especies de hoja perenne del mismo género. (Familia fagáceas.) **2.** Madera de este árbol. **3.** *Fig.* Persona o cosa de gran resistencia y fortaleza.

bellota
o glande

cúpula

hojas y frutos

■ **ROBLE**

ROBLEDAL s.m. Terreno poblado de robles. SIN.: *robledo.*

ROBLÓN s.m. Clavo destinado a ser remachado.

ROBLONAR v.tr. Sujetar con roblones.

ROBO s.m. Acción de robar. **2.** Cosa robada.

ROBOT s.m. (voz inventada en 1920 por K. Čapek, escritor checo) [pl. *robots*]. Máquina automática con aspecto humano capaz de moverse, hablar y actuar. **2.** Máquina automática capaz de manipular objetos o realizar una función determinada por medio de un programa fijo o modificable o mediante aprendizaje: *robot industrial.* **3.** Electrodoméstico de cocina con accesorios que puede realizar diferentes operaciones. **4.** *Fig.* Persona que actúa como un autómata.

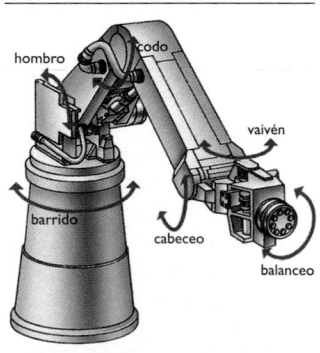

hombro

codo

vaivén

barrido

cabeceo

balanceo

■ **ROBOT** industrial de seis ejes.
Su desplazamiento se debe a una combinación de movimientos alrededor de seis ejes diferentes.

ROBÓTICA s.f. Conjunto de técnicas utilizadas para el diseño y construcción de robots y la puesta en práctica de sus aplicaciones.

ROBUSTECER v.tr. y prnl. [37]. Hacer más fuerte o vigoroso.

ROBUSTECIMIENTO s.m. Acción de robustecer o robustecerse.

ROBUSTEZ s.f. Cualidad de robusto.

ROBUSTO, A adj. (lat. *robustus*, de *robur*, roble). Fuerte o resistente. **2.** Se dice de la persona de buena salud y fuertes miembros.

ROCA s.f. Material constitutivo de la corteza terrestre, formado por un agregado de minerales, que presenta una homogeneidad de composición, estructura y modo de formación. **2.** *Fig.* Cosa o persona muy firme, dura y estable. ◇ **Mecánica de rocas** Aplicación de las leyes generales de la mecánica de los sólidos deformables al comportamiento de las rocas. **Roca almacén**, o **depósito** Roca permeable, impregnada de petróleo o de gas natural de los que constituye el yacimiento, y recubierta por una capa impermeable que impide la migración de los hidrocarburos.

ENCICL. Las rocas se dividen, según su origen, en tres grupos: *rocas sedimentarias*, o *exógenas* (formadas en la superficie, por diagénesis de un sedimento); *rocas eruptivas*, o *magmáticas*, que proceden de la cristalización del magma, en profundidad (*rocas plutónicas*) o en superficie (*rocas volcánicas*); *rocas metamórficas*, que resultan de la transformación mediante metamorfismo de rocas preexistentes. Las rocas eruptivas y las metamórficas, que se forman u originan en profundidad, se denominan, en ocasiones, *endógenas.*

ROCADERO s.m. Armazón de la rueca, que sirve para poner el copo que se ha de hilar.

ROCALLA s.f. (fr. *rocaille*). Conjunto de fragmentos de roca desprendidos o tallados. **2.** Jardín formado por piedras, en el que se plantan vegetales resistentes a la sequedad. **3.** B. ART. Elemento decorativo de carácter asimétrico, que imita formas naturales como conchas, rocas, vegetales, etc., cuyos orígenes parecen hallarse en las grutas de los jardines renacentistas y que alcanzó gran difusión a lo largo del s. XVIII, especialmente en Francia.

ROCAMBOLA s.f. (fr. *rocambole*). Planta herbácea de tallo erguido y enroscado en forma de anillo cerca de la inflorescencia, que se usa como condimento, en sustitución del ajo. (Familia liliáceas.)

ROCAMBOLESCO, A adj. Que es exagerado, inverosímil o extraordinario.

ROCE s.m. Acción de rozar o rozarse. **2.** Señal que queda en alguna cosa de haber sufrido la acción o contacto de otra. **3.** *Fig.* y *fam.* Trato frecuente entre personas: *el roce hace el cariño.* **4.** *Fig.* y *fam.* Enojo, desacuerdo o tensión entre personas.

ROCHAR v.tr. Chile. Sorprender a alguien en alguna cosa ilícita.

ROCHELA s.f. (del sitio de La *Rochela*, c. de Francia). Colomb. y Venez. Bullicio, tumulto, alboroto.

ROCIADA s.f. Acción y efecto de rociar. **2.** *Fig.* Acción y efecto de arrojar o caer cosas esparcidas; *una rociada de balas.* **3.** *Fig.* Reprensión áspera. **4.** Rocío.

ROCIADOR s.m. Instrumento o dispositivo para rociar o pulverizar.

ROCIAR v.tr. (lat. vulg. *roscidare*, del lat. *roscidus*, lleno de rocío) [19]. Esparcir en menudas gotas un líquido. **2.** *Fig.* Arrojar algunas cosas de modo que caigan diseminadas. **3.** *Fig.* Acompañar una comida con alguna bebida. **4.** Humedecer con jugo, grasa, salsa, etc., una carne asada. ◆ v.intr. Caer rocío o lluvia menuda.

ROCIERO, A s. Persona que acude a la romería del Rocío, en Huelva.

ROCÍN s.m. Caballo de mala traza y de poca alzada. **2.** *Fig.* Persona tosca e ignorante.

ROCÍO s.m. (de *rociar*). Vapor que, con la frialdad de la noche, se condensa en la atmósfera en forma de gotas muy menudas. **2.** Capa de gotas menudas que se forma en la tierra, las plantas, etc., durante la noche o la madrugada. **3.** *Fig.* Conjunto de gotas menudas esparcidas sobre algo para humedecerla. **4.** Lluvia ligera y pasajera. ◇ **Punto de rocío** Temperatura a la cual el vapor de agua, en unas condiciones dadas y constantes, forma con el aire una solución saturada.

ROCK adj. y s.m. (voz inglesa). Se dice del estilo musical derivado del rock and roll de la década de 1950, caracterizado por el empleo de melodías y ritmos complejos, que ha desarrollado nuevos estilos musicales, como el pop, el punk, etc. **2.** Rock and roll. ◆ adj. Relativo al rock. ◇ **Rock duro** Estilo musical surgido en la década de 1970, que se caracteriza por la simplicidad del ritmo, la rapidez de ejecución y la potencia sonora.

ROCK AND ROLL s.m. (voces inglesas). Estilo musical surgido en la década de 1950 y derivado del jazz, el rhythm and blues negro y diversos elementos folclóricos, que da prioridad al ritmo con relación a la improvisación melódica. **2.** Baile en dos o cuatro tiempos, con un ritmo muy acentuado.

ROCKER adj. y s.m. y f. Se dice de la persona aficionada al rock and roll, que suele vestir imitando el estilo de la década de 1950. ◆ adj. Que es propio de los rockers.

ROCKERO, A o **ROQUERO, A** adj. y s. Rocker. **2.** Se dice de la persona que se dedica a cantar, tocar o componer música rock.

ROCOCÓ s.m. y adj. (fr. *rococo*, de *rocaille*, rocalla). Movimiento artístico desarrollado en Europa durante buena parte del s. XVIII, que coexistió con el barroco tardío y con los inicios del neoclasicismo. ◆ adj. Recargado y amanerado en los adornos.

ROCÓDROMO s.m. Construcción artificial que simula la pared rocosa de una montaña y se utiliza para entrenarse en escalada y para hacer competiciones.

ROCOSO, A adj. Abundante en rocas.

ROCOTO s.m. (voz quechua). Amér. Merid. Planta de una especie de ají grande. (Familia solanáceas.) **2.** Amér. Merid. Fruto de esta planta.

RODA s.f. Pieza de madera o hierro que limita una embarcación por la proa.

RODABALLO s.m. Pez marino, de hasta 80 cm de long., carne muy apreciada, con el cuerpo comprimido de manera que el flanco derecho es plano y el izquierdo convexo.

RODADA s.f. Señal que, al pasar, deja impresa una rueda en el suelo.

RODADO, A adj. Se dice del tránsito o movimiento efectuado por vehículos de ruedas y del transporte realizado por medio de los mismos. **2.** Se dice de la caballería que tiene manchas más oscuras que el color general de su pelo. ◆ s.m. Argent. Vehículo con ruedas. ◇ **Canto rodado** GEOL. Piedra pequeña desprendida de una roca o veta que, arrastrada por su propio peso, es desgastada por el agua, el hielo o el viento. **Venir rodado** *Fam.* Suceder algo por encadenamiento casual de las circunstancias y de la forma más adecuada o conveniente.

RODADOR, RA adj. Que rueda o cae rodando. ◆ s.m. Ciclista especializado en correr en terreno llano. **2.** Variedad de mosquito americano.

RODADURA s.f. Acción de rodar. **2.** FÍS. Desplazamiento de un cuerpo que permanece sobre otro cuerpo sin resbalar. **3.** METAL. Operación de conformado de los metales por deformación plástica en caliente o en frío.

RODAJA s.f. Rueda, loncha o tajada redonda.

RODAJE s.m. Acción de rodar, especialmente una película. **2.** MEC. Funcionamiento controlado de un motor nuevo hasta conseguir que las superficies de fricción se pulan y se ajusten los huelgos; período de tiempo durante el cual se mantiene este funcionamiento.

RODAL s.m. Lugar o espacio más o menos grande y redondeado que, por alguna circunstancia, se distingue de lo que lo rodea.

RODAMIENTO s.m. MEC. Pieza interpuesta entre los cojinetes y los árboles giratorios de una máquina, y que sustituye el rozamiento de deslizamiento entre las superficies del eje y el cojinete por un rozamiento de rodadura: *rodamiento de bolas; rodamiento de rodillos.*

RODAMINA s.f. Materia colorante roja, de constitución análoga a la de las fluoresceínas.

RODAPIÉ s.m. Paramento de madera u otro material que se pone alrededor de los pies de las camas, mesas y otros muebles.

RODAR v.intr. (lat. *rotare*) [17]. Dar vueltas un cuerpo alrededor de su eje. **2.** Dar vueltas un cuerpo sobre una superficie, trasladándose de lugar. **3.** Caer dando vueltas. **4.** Moverse por medio de ruedas. **5.** *Fig.* Ir algo o alguien de un sitio a otro sin quedarse en ninguno de manera estable. **6.** *Fig.* Suceder en el tiempo una cosa a otra. **7.** *Fig.* Abundar: *en aquella casa rueda el dinero.* **8.** *Fig.* Existir: *vuelven a rodar modas antiguas.* ◆ v.tr. Hacer que un cuerpo dé vueltas alrededor de su eje. **2.** MEC. Hacer que un automóvil circule sin sobrepasar la velocidad establecida para el rodaje. ◆ v.tr. e intr. Filmar las imágenes o escenas de una película cinematográfica, una serie de televisión, etc. ◇ **Echar algo a rodar** Malograr, frustrar algún proyecto, asunto o situación.

RODEAR v.tr. Estar una cosa alrededor de alguien o algo: *una valla rodea el huerto.* **2.** Colocarse alguien o algo alrededor de alguien o algo. **3.** Andar alrededor. **4.** Hacer dar vueltas a una cosa. **5.** Argent., Chile, Colomb., Cuba, Nicar. y Perú. Reunir el ganado mayor en un sitio determinado, arreándolo hacia los distintos lugares donde pace. ◆ v.intr. Ir por un camino más largo que el ordinario. **2.** *Fig.* Decir algo o hablar de manera indirecta, sin claridad o eludiendo la verdad. ◆ **rodearse** v.prnl. Procurarse alguien ciertas cosas a su alrededor, o tener a determinadas personas formando parte de su ambiente: *rodearse de comodidades.*

RODELA s.f. (ital. *rotella*). Escudo redondo utilizado hasta finales del s. XVI. **2.** Disco amarillo utilizado como distintivo por los judíos. **3.** Chile. Roncha, rodaja. **4.** HERÁLD. Escudo ovalado.

1. RODEO s.m. Acción de rodear. **2.** Camino que no es el más corto o directo para ir a un lugar. **3.** Vuelta que se da para despistar a un perseguidor. **4.** *Fig.* Manera indirecta de hacer o conseguir algo para eludir dificultades. **5.** *Fig.* Manera de decir algo sin la claridad necesaria, o eludiendo decir la verdad. **6.** Deporte típico de algunos países americanos que consiste en realizar ciertos ejercicios o lances: acoso de reses bravas, lanzamiento de lazo, doma de caballos salvajes, etc., en que los jinetes demuestran su destreza ecuestre. **7.** Argent., Chile y Urug. Acción de contar o separar el ganado de distintos dueños o el que está destinado a la venta. ◇ **Sin rodeos** Directa o claramente.

2. RODEO s.m. Pez de agua dulce, de unos 8 cm de long., que pone sus huevos en el interior de moluscos bivalvos acuáticos. (Familia ciprínidos.)

RODERA s.f. Rodada. **2.** Camino abierto por el paso de carros a través de los campos.

RODESIANO, A o **RHODESIANO, A** adj. y s. De Rhodesia.

RODETE s.m. Objeto en forma de rosca o rueda. **2.** Moño hecho con las trenzas del pelo, colocadas en forma de rosca sobre la cabeza. **3.** Rosca de lienzo o paño que, colocada en la cabeza, sirve para llevar un peso sobre ella.

RODILLA s.f. (lat. *rotula*, rótula). Parte del cuerpo humano en que la pierna se articula con el muslo. **2.** Parte del cuerpo de los cuadrúpedos en que se articulan los huesos carpianos y metacarpianos con el radio. ◇ **De rodillas** Con las rodillas dobladas y apoyadas en el suelo; en tono suplicante o con insistencia. **Doblar,** o **hincar, la rodilla** Poner una rodilla en tierra, generalmente en señal de acatamiento; someterse, humillarse.

RODILLAZO s.m. Golpe dado con la rodilla.

RODILLERA s.f. Protección que se coloca en la rodilla, generalmente de tela flexible o acolchada. **2.** Convexidad que se forma en la

 de bolas  de agujas  de rodillos cilíndricos

■ **RODAMIENTOS** mecánicos.

parte de la rodilla de un pantalón por el uso. **3.** Remiendo o pieza en la parte de los pantalones correspondiente a la rodilla. **4.** Articulación de algunos mecanismos. **5.** Pieza de la armadura que protegía la rodilla.

RODILLO s.m. Cilindro de madera, piedra u otro material, utilizado en diversos usos o que forma parte de diversas máquinas o aparatos: *rodillo para pintar, para amasar; rodillo de una máquina de escribir, de imprimir.*

1. RODIO s.m. Metal de color blanco, duro, de densidad 12,4, cuyo punto de fusión es de 1 960 °C aprox. **2.** Elemento químico (Rh), de número atómico 45 y masa atómica 102,905. (Se utiliza en aleaciones con platino.)

2. RODIO, A adj. y s. De Rodas (Grecia).

RODODENDRO s.m. Arbusto de montaña, que puede alcanzar hasta 12 m de alt., de hoja perenne, fruto en cápsula, cultivado por sus flores ornamentales. (Familia ericáceas.) **2.** Flor de esta planta, de color rosa, blanca, roja o amarilla.

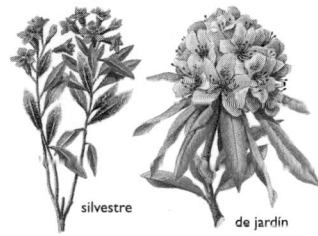

silvestre — de jardín

■ **RODODENDROS**

RODOFÍCEO, A adj. y s.f. Relativo a una clase de algas con clorofila coloreadas por un pigmento rojo, generalmente marinas, que se caracterizan por un ciclo reproductor complejo y que a veces están revestidas por un caparazón calcáreo. SIN.: *rodófito.*

RODOPSINA s.f. Pigmento de color púrpura que se encuentra en los bastones de la retina, indispensable para la visión.

RODRIGÓN s.m. Estaca o vara que se clava al pie de un árbol o un arbusto para sostener sus tallos o ramas. **2.** *Fig. y fam.* Criado anciano que acompañaba a las señoras.

RODRÍGUEZ s.m. Esp. *Fam.* Hombre que permanece solo en la ciudad, trabajando, mientras los demás componentes de la familia ya se han trasladado al lugar de veraneo.

ROEDOR, RA adj. y s.m. Relativo a un orden de mamíferos, vegetarianos u omnívoros, con frecuencia perjudiciales para los cultivos, que tienen largos incisivos aptos para roer, como la ardilla, el ratón y la rata. ◆ adj. Que roe. **2.** *Fig.* Que conmueve o agita el ánimo.

ROEDURA s.f. Acción de roer. **2.** Señal que queda en una cosa al roerla. **3.** Porción que se corta royendo.

ROEL s.m. HERÁLD. Pieza de forma circular y siempre de color.

ROENTGEN o **RÖNTGEN** s.m. (de W. C. *Roentgen,* físico alemán). Antigua unidad de medida de exposición (símb. R) equivalente a $2,58 \times 10^{-4}$ culombios por kilogramo.

ROENTGENIO s.m. (de W. C. *Roentgen,* físico alemán). Elemento químico transuránico (Rg) de número atómico 111.

ROER v.tr. (lat. *rodere*). [34]. Raspar con los dientes una cosa, arrancando algo de ella. **2.** *Fig.* Ir gastando poco a poco una cosa. **3.** *Fig.* Producir un malestar o atormentar persistentemente un sentimiento, pensamiento, etc.

ROGAR v.tr. (lat. *rogare*). [12]. Pedir a alguien como gracia o favor alguna cosa. **2.** Instar o pedir insistentemente o con súplicas. ◇ **Hacerse (de) rogar** Resistirse alguien a algo por el gusto de que se lo pidan insistentemente.

ROGATIVAS s.f.pl. CRIST. Plegarias públicas que se realizan para pedir a Dios por el remedio de una necesidad urgente.

ROGATORIO, A adj. Que implica ruego: *comisión rogatoria.*

ROGÓN, NA s. Méx. *Fam.* Persona que ruega mucho.

ROÍDO, A adj. Carcomido.

ROJEAR v.intr. Mostrar una cosa su color rojo. **2.** Tomar o tener algo un tono rojo. ◆ v.tr. Dar a algo color rojo.

ROJEZ s.f. Cualidad de rojo. **2.** Zona de piel enrojecida.

ROJIZO, A adj. Que tiene un tono rojo.

ROJO, A adj. y s.m. (lat. *russeus*, rojo subido). Se dice del color que ocupa el primer lugar del espectro solar, como el de la sangre. ◆ adj. Que es de este color: *tomates rojos.* **2.** Rubio. **3.** Pelirrojo. ◆ adj. y s. Se dice del partidario de la acción revolucionaria y del grupo político de izquierdas. **2.** Comunista. **3.** En la guerra civil española, nacional republicano. ◆ s.m. Sustancia colorante de uso industrial o empleada para tinciones de células y tejidos: *rojo de cromo; rojo de anilina.* ◇ **Al rojo (vivo)** Incandescente; en estado de gran excitación. **Guardia rojo** Miembro de las juventudes comunistas chinas. **Ponerse rojo** Avergonzarse.

ROL s.m. (fr. *rôle*). Galic. Papel, carácter, cometido o función que desempeña una persona en una acción o representación o en un grupo social. **2.** Lista de nombres, nómina o catálogo. **3.** SOCIOL. Conjunto, difuso o explícito, de los derechos y obligaciones de un individuo en un grupo social, en relación con su estatus jurídico o su función en este grupo.

ROLANDO. Cisura de Rolando Cisura situada en la cara externa de los hemisferios cerebrales, que separa los lóbulos frontal y parietal y está bordeada por dos circunvoluciones correspondientes a la zona matriz (parte delantera) y a la zona sensitiva (parte trasera).

ROLAR v.intr. MAR. **a.** Ir variando de dirección el viento. **b.** Dar vueltas en círculo.

ROLDANA s.f. (cat. ant. *rotllana*, roldana, corro). Rueda de una polea.

ROLLISTA adj. y s. Esp. *Fam.* Persona que cuenta rollos, historias largas y aburridas o historias falsas.

ROLLIZO, A adj. Robusto, grueso o gordo: *un bebé rollizo.* **2.** Redondo, en forma cilíndrica o de rollo. ◆ s.m. Madero redondo descortezado. SIN.: *rollo.*

ROLLO s.m. (lat. *rotulus*, dim. de *rota*, rueda). Cilindro que se forma al rodar o doblarse dando vueltas sobre sí misma una hoja o tira de papel, tela o cualquier otra materia: *rollo de alambre; rollo de papel.* **2.** Rollizo. **3.** *Fig.* Masa de carne o grasa superflua que forma una arruga alrededor del cuerpo o de algún miembro. **4.** Columna de piedra, generalmente rematada por una cruz, antiguamente, servía de señal de límite entre dos términos municipales y, a veces, de picota. **5.** Película fotográfica enrollada en forma cilíndrica. **6.** *Fig. y fam.* Discurso o explicación largos y aburridos. **7.** *Fig.* Persona o cosa que resulta pesada o aburrida: *esta película es un rollo.* **8.** Esp. y Méx. *Fam.* Tema, materia o asunto del que se trata. **9.** Esp. y Méx. *Fam.* Actividad, asunto o ambiente social en el que alguien anda metido.

ROM adj. y s.f. (sigla del ingl. *read only memory*). INFORMÁT. Se dice de la memoria cuya información no puede ser modificada una vez introducida, es decir, que, a diferencia de la RAM, solo es accesible para su lectura.

ROMADIZO s.m. Coriza.

ROMANA s.f. y adj. Balanza de brazos desiguales, en la que se desliza un peso a través del brazo más largo, que está graduado, para equilibrar el objeto suspendido en el brazo corto.

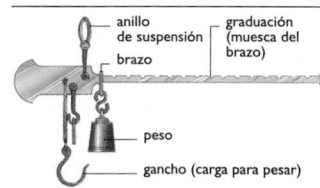

anillo de suspensión — graduación (muesca del brazo)
brazo
peso
gancho (carga para pesar)

■ **ROMANA**

ROMANCE adj. y s.m. (lat. *romanice,* adverbio aplicado al habla de los romanos). Se dice de la lengua que procede del latín. SIN.: *románico.* ◆ s.m. *Anglic.* Relación amorosa pasajera. **2.** Combinación métrica de versos octosílabos en la que los pares riman en asonante y los impares quedan libres. ◆ **romances** s.m.pl. *Fig.* Excusas, monsergas.
ENCICL. El romance deriva del cantar de gesta, al desgajarse del conjunto los fragmentos de mayor interés hasta alcanzar vida propia. Los romances se desarrollaron alrededor de varios temas: los *noticieros* surgieron en torno al asunto de la guerra civil de los Trastámara; los *fronterizos* se centran en las luchas sostenidas en las fronteras con al-Andalus; los *moriscos,* cuando se adoptó el punto de vista árabe. Ya en el s. XV, se crearon romances sobre nuevos temas, que suscitaban el interés de escritores cultos. A fines del s. XVI, en *silvas y flores* de romances y, sobre todo, en el *Romancero general* de 1600, se creó el llamado *romancero nuevo.* Paralelamente el romance pasó al teatro y a la poesía, donde pervivió, transformado, hasta el s. XX.

ROMANCEAR v.tr. Traducir un texto al romance.

ROMANCERO, A s. Persona que canta o recita romances. ◆ s.m. Colección de romances.

ROMANCHE s.m. y adj. Lengua retorrománica hablada en los Grisones y que, en 1938, se convirtió en la cuarta lengua nacional de la Confederación Helvética.

ROMANÍ s.m. Lengua indoeuropea hablada por los gitanos.

ROMÁNICO, A adj. y s.m. (lat. *romanicus, romano*). Se dice del arte que se desarrolló en Europa desde finales del s. X hasta principios del s. XIII. ◆ adj. Se dice de la lengua que procede del latín, como el español, el catalán, el francés, etc. SIN.: *romance.*
ENCICL. El arte románico se puede calificar de funcional en la medida en que, en arquitectura, sustituyó los techumbres de madera por diferentes sistemas de bóvedas de piedra, reforzó mediante la escultura los puntos vitales del edificio, sometió cada dispositivo del trazado y del mobiliario a las intenciones litúrgicas y respetó la belleza propia de cada material. Sin embargo, el arte románico es en primer lugar simbólico: el alzado de las naves es un medio de guiar el espíritu hacia lo divino. El románico heredó múltiples elementos de las civilizaciones con las que se halló en contacto: aportaciones galorromanas, del oriente cristiano, del islam, de los pueblos bárbaros, de los monjes irlandeses. La alta edad media, más allá del renacimiento carolingio, preparó la eclosión, en torno al año 1000, del *primer arte románico,* cuyas pequeñas iglesias se encuentran básicamente en las regiones montañosas, desde Cataluña a los Grisones. El norte de Francia brilló con la abadía de Cluny II (segunda mitad del s. X). El estilo románico alcanzó su plenitud en el s. XI. En los reinos cristianos de la península Ibérica, a la primigenia experiencia dada en Cataluña (monasterio de Ripoll, San Vicente de Cardona, San Pedro de Caserras), se unió la importante corriente que, a través del camino de Santiago, difundió por Aragón, Navarra, Castilla y León los modelos franceses (cripta del monasterio de Leyre, panteón de San Isidoro de León). El florecimiento de finales del s. XI y de la primera mitad del s. XII, en Francia (Saint-Sernin de Toulouse), en España (Santiago de Compostela, catedral de Jaca, San Martín de Frómista) o en Inglaterra (Ely, Durham), no es más que el desarrollo de los programas iconográficos: esculpidos (puerta de las Platerías en la catedral de Santiago de Compostela, y, en todas partes, capiteles de coros y claustros [Santo Domingo de Silos]) o pintados (San Isidoro de León; San Clemente y Santa María de Tahull, en Cataluña). En España, se construyeron en esta época las catedrales de Zamora, Tarragona, Seo de Urgel, Lérida, etc.

ROMANISTA adj. y s.m. y f. Especialista en lenguas o literaturas románicas. **2.** DER. Especialista en derecho romano.

ROMANIZACIÓN s.f. Acción y efecto de romanizar o romanizarse. (Se aplica especialmente al proceso de asimilación de la civilización romana por los pobladores de Iberia.)

ROMANIZAR v.tr. y prnl. [7]. Introducir las costumbres o la cultura de la Roma antigua en un lugar, o transmitirlas a alguien.

ROMANO, A adj. y s. (lat. *romanus*). De Roma o del Imperio romano. ◆ adj. Relativo a la Iglesia católica: *Iglesia romana.* ◇ **Cifra,** o **número, romano** Signo del alfabeto romano que se usa en la numeración romana para expresar una cantidad. (Las letras I, V, X, L, C, D y M equivalen respectivamente a 1, 5, 10, 50, 100, 500 y 1 000.)

ROMANTICISMO s.m. Movimiento artístico que se desarrolló desde finales del s. XVIII hasta el primer tercio del s. XIX, en el que prevalecen los principios de libertad y subjetividad, y la oposición a las reglas clásicas y al racionalismo filosófico. **2.** Cualidad de romántico.
ENCICL. LIT. En busca de la evasión a través del sueño, el exotismo o el pasado, el romanticismo exalta el gusto por el misterio y lo fantástico. Pugna por la libre expresión de la sensibilidad y, con el ensalzamiento del culto a la personalidad, afirma su oposición al ideal clásico. El romanticismo se esboza en las novelas de Richardson (*Clarisa Harlow,* 1747) y los poemas de Ossian, y toma cuerpo con Goethe (*Los sufrimientos del joven Werther,* 1774), Novalis y Hölderlin, en Alemania, y Blake, Wordsworth (*Baladas líricas,* 1798) y Coleridge, en Gran Bretaña. Más tardío en el resto de Europa, el romanticismo triunfó en Francia con Lamartine, Hugo, Vigny y Musset, que prolongó una corriente que se remonta a Rousseau y pasa por Mme. de Staël y Chateaubriand. En Italia se impuso como «una nueva forma de sentir» (Manzoni, Leopardi). En España tardó un poco más (1833) y Larra constituye una aportación realmente valiosa. La poesía de Espronceda y los dramas del Duque de Rivas (*Don Álvaro o la fuerza del sino*) y Zorrilla (*Don Juan Tenorio*) marcan, hacia 1840, su plenitud, que dio lugar a un nuevo género: el costumbrismo. Más tarde, en plena época del realismo, aparece el gran logro de la poesía romántica: las *Rimas* de Gustavo Adolfo Bécquer.
B. ART. De manera paralela al romanticismo li-

■ EL ROMANTICISMO

Este movimiento artístico, opuesto a la tradición académica y neoclásica, supuso el triunfo, desde finales del s. XVIII y, sobre todo, a principios del XIX, de la espontaneidad y la rebelión por encima de la frialdad y la razón. Recuperando las esperanzas depositadas en la Revolución francesa, y frente al materialismo de la revolución industrial, el artista exigía su derecho a la subjetividad y al sueño.

Théodore Géricault. *Carrera del Barberi,* esbozo (h. 1817). El joven pintor, recuperando la perspectiva de Miguel Ángel, pinta un tropel de briosos caballos sujetados por sus palafreneros antes de iniciar la salida. (Museo del Louvre, París.)

Eugène Delacroix. *Mujeres de Argel* (1834). Esta escena «orientalista», colorista y animada fue pintada por el artista después de un largo viaje por el Magreb. Su estilo contrasta con el Oriente ideal de las odaliscas de Ingres, en el que predominan el equilibrio de la composición y la depuración de las líneas. (Museo del Louvre, París.)

Caspar David Friedrich. *El árbol de los cuervos* (1822). Los pintores románticos buscan en la naturaleza el espejo de sus propios sentimientos. En Friedrich, hombre del norte, domina la melancolía, que halla aquí su máxima expresión en la desolación de la escena evocada. (Museo del Louvre, París.)

■ EL ARTE ROMÁNICO

A principios del s. XIX, y por un cierto paralelismo con el ámbito de las llamadas lenguas «romances», los eruditos dieron el nombre de «románico» a los distintos tipos de arquitectura y de arte que florecieron en Europa desde finales del s. X. En esta época la Iglesia, que deseaba contar con lugares de culto en los que tener bajo control a la creciente población, promovió un gran número de edificios religiosos. «Fue como una oleada que se expandió de un pueblo a otro. Podría decirse que el mundo, despojándose de sus viejos harapos, se ataviaba por doquier con las túnicas blancas de las iglesias nuevas» escribió el cronista Raoul Glaber (fallecido en 1050).

Santa Maria di Portonovo. Antigua abadía benedictina de la primera mitad del s. XI, esta iglesia de los alrededores de Ancona (Italia) es propia, todavía, del «primer románico», como muestran sus arquerías y bandas lombardas.

Tournus. Vista en dirección al nártex de distintos niveles (tomada desde la nave colateral) de la iglesia abacial de San Filiberto (s. XI). Esta iglesia, ubicada en el sur de Borgoña, constituye una muestra de la evolución del «primer románico», especialmente por las inusuales bóvedas de cañón transversales que cubren la nave central.

Tahull. La Virgen con el Niño en majestad rodeada de los Reyes Magos (h. 1123), es uno de los frescos que adornan el ábside de la iglesia de Santa María. Estas pinturas, junto con las de la iglesia de San Clemente de Tahull, son muestras capitales del románico catalán del s. XII.

León. El «panteón de los reyes», pórtico monumental de la iglesia de San Isidoro. Las bóvedas de aristas de esta construcción de finales del s. XI, sostenidas por bellos capiteles labrados, están decoradas con frescos del primer cuarto del s. XII en un estilo similar al de algunas pinturas contemporáneas del oeste de Francia.

Moissac. Detalle de la figura del profeta Jeremías (h. 1130) en el parteluz del pórtico de la iglesia abacial de Moissac (Tarn-et-Garonne), en Francia. Esta estatua, decorada con elegantes arabescos, da fe de la maestría que adquirieron durante el s. XII los talleres románicos de escultura, especialmente los de Gascuña o del Languedoc.

Ely. Nave de la catedral de Ely, en Gran Bretaña. Construida durante los dos primeros tercios del s. XII, su nave central descansa sobre pilares superpuestos que sostienen tres niveles de igual altura, y se halla cubierta por un techo de madera decorado con pinturas. El coro, reconstruido en el s. XV, es de estilo gótico.

Poitiers. Fachada occidental de la iglesia de Notre-Dame-la-Grande (s. XII). Una de las principales características del románico de Poitiers y de Saintonge es la proliferación de la decoración escultórica tanto figurativa como ornamental en las fachadas. En esta iglesia la iconografía, de cierta complejidad, hace referencia a los profetas, la Encarnación, las relaciones entre el Antiguo y Nuevo testamento, etc.

terario, el romanticismo artístico fue en Francia una reacción contra el neoclasicismo de la escuela de David, reacción animada entre otros por Delacroix. En Gran Bretaña, después de W. Blake y Fussili, surgieron los paisajistas Constable y Turner. En Alemania, C. D. Friedrich y, románticos por su nostalgia sentimental del pasado, los nazarenos. En España fue desigual, pues se sintió el predominio de Goya en el primer cuarto del s. XIX, que superó los límites del romanticismo. En Hispanoamérica, la escultura y la pintura fueron fomentadas por las Academias, como la de San Carlos, en México, y la de Chile.

MÚS. La estética romántica estableció su especificidad al proclamar la libertad del artista y la expresión de su yo, al destacar la forma y buscar el contraste. La orquesta se enriqueció, se diversificó, se seleccionaron instrumentos por su timbre, su color. La fuente de este movimiento fue el *Sturm und Drang* (tempestad e impulso) alemán, así como la ideología de la Revolución francesa. Se desarrolló en tierras germánicas y su modelo fueron las obras mayores de Beethoven. Entre las obras representativas de esta tendencia en sus diferentes géneros se hallan la *Sinfonía fantástica* de Berlioz, *Amores de poeta* de Schumann, *Rigoletto* de Verdi, la *Sinfonía Fausto* de Liszt, *Tristán e Isolda* de Wagner, los *Kindertotenlieder* de Mahler.

ROMÁNTICO, A adj. y s. (fr. *romantique*, novelesco, romántico). Relativo al romanticismo; adscrito a este movimiento. **2.** Que manifiesta un predominio de idealismo y sentimiento; que afecta a la sensibilidad y a la imaginación predisponiendo a la emoción.

ROMANZA s.f. (ital. *romanza*). Aria, generalmente de carácter sencillo y tierno. **2.** Composición musical del mismo carácter y meramente instrumental.

ROMAZA s.f. (del cruce de *rumex, -icis* y *lapathium*, nombres latinos de esta planta). Planta herbácea, de raíz gruesa, tallo nudoso y rojizo y fruto seco, con una semilla dura y triangular. (Familia poligonáceas.)

ROMBAL adj. Que tiene forma de rombo.

RÓMBICO, A adj. Que tiene forma de rombo. **2.** Se dice del sistema cristalino cuyas formas holoédricas se caracterizan por tener tres ejes binarios rectangulares y no equivalentes, tres planos de simetría y centro. SIN.: *ortorrómbico*.

ROMBO s.m. (lat. *rhombus*). Cuadrilátero cuyos cuatro lados son iguales, y dos de sus ángulos, mayores que los otros dos.

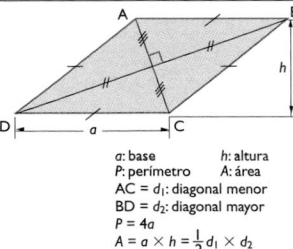

a: base
P: perímetro
AC = d_1: diagonal menor
BD = d_2: diagonal mayor
h: altura
A: área
$P = 4a$
$A = a \times h = \frac{1}{2} d_1 \times d_2$

■ ROMBO

ROMBOÉDRICO, A adj. Se dice del sistema cristalino cuya forma tipo es el romboedro.

ROMBOEDRO s.m. Paralelepípedo cuyas seis caras son rombos iguales.

ROMBOENCÉFALO s.m. EMBRIOL. Estructura nerviosa del embrión, situada alrededor del cuarto ventrículo, a partir de la cual se diferencia el metencéfalo y el mielencéfalo.

ROMBOIDAL adj. Que tiene forma de romboide.

ROMBOIDE s.m. Paralelogramo cuyos lados, iguales dos a dos, no son perpendiculares.

ROMBOIDES s.m. (pl. *romboides*). ANAT. Músculo ancho y delgado de la región dorsal que tiene la forma de un rombo.

ROMERA s.f. Modalidad de cante flamenco.

ROMERAL s.m. Terreno poblado de romeros.

ROMERÍA s.f. (de *romero*). Fiesta popular que se celebra en las inmediaciones de una ermita o santuario y en la que los actos religiosos se acompañan de meriendas, bailes, etc. **2.** Viaje o peregrinación que se hace, generalmente por devoción, a un santuario. **3.** *Fig.* Grupo numeroso de personas que acude a un lugar.

ROMERITO s.m. Méx. Planta herbácea con la que se elabora un platillo del mismo nombre con papas, tortas de camarones y salsa de chile rojo, típico de la cuaresma. (Se usa más en plural.)

1. ROMERO s.m. Arbusto aromático, de flores liliáceas o blanquecinas, que puede medir hasta 2 m de altura.

rama con flores
flor

■ ROMERO

2. ROMERO, A adj. y s. (bajo lat. *romaeus*, del gr. *romaios*, romano). Que va en romería: *los romeros del Rocío*.

ROMO, A adj. Obtuso y sin punta. **2.** Que tiene la nariz pequeña y poco puntiaguda. **3.** *Fig.* Torpe, tonto.

ROMPECABEZAS s.m. (pl. *rompecabezas*). *Fig.* y *fam.* Cosa que entraña dificultad en su entendimiento o resolución. **2.** Juego que consiste en componer una figura o imagen combinando cierto número de piezas, en cada una de las cuales hay una parte de la figura o imagen.

ROMPEHIELOS s.m. (pl. *rompehielos*). Barco construido especialmente para poder navegar por aguas heladas. **2.** Espolón situado frente a los pilares de un puente para protegerlo contra los hielos flotantes.

ROMPEHUELGAS s.m. y f. (pl. *rompehuelgas*). Persona que no se suma a una huelga o que se presta a ocupar el puesto de trabajo de un huelguista.

ROMPEOLAS s.m. (pl. *rompeolas*). Obra levantada a la entrada de una rada o de un puerto, para protegerlos contra el mar abierto.

ROMPER v.tr. y prnl. (lat. *rumpere*) [41]. Partir una cosa en trozos o fragmentos, o separar una parte de ella. **2.** Hacer en una cosa, especialmente en una prenda de vestir, un agujero o abertura. ◆ v.tr. *Fig.* Interrumpir la unión o continuidad de un cuerpo: *el buque rompe las olas*. **2.** *Fig.* Interrumpir cierto estado, proceso, desarrollo, etc. **3.** *Fig.* Quebrantar la observancia de la ley, precepto, contrato u otra obligación. ◆ v.intr. *Fig.* Interrumpir una amistad, relación, noviazgo, etc.: *se iban a casar pero rompieron dos días antes de la boda*. **2.** Deshacerse las olas en espuma por influencia del viento o en las proximidades de la costa. **3.** *Fig.* Empezar y tener principio aquello que se expresa: *romper a llorar; romper el día*. **4.** *Fig.* Abrirse las flores. **5.** *Fig.* Abrirse paso por algún sitio o entre algunas personas: *la policía rompió entre la multitud*. ◇ **De rompe y rasga** Se dice de la persona decidida, resuelta y valiente. **Romper el servicio** DEP. En tenis, ganar el juego en el que no se tiene el saque. **Romper filas** Separarse y disgregarse la tropa al final de un ejercicio de orden cerrado.

ROMPIENTE s.m. Escollo donde el agua del mar o de un río rompe.

ROMPOPE s.m. Amér. Central, Ecuad. y Méx. Bebida elaborada con aguardiente, huevos, leche, azúcar y canela.

RON s.m. (ingl. *rum*). Aguardiente obtenido por fermentación y destilación del jugo de caña de azúcar, o de las melazas y subproductos de la fabricación del azúcar de caña.

RONCA s.f. Grito que da el gamo cuando está en celo para llamar a la hembra.

RONCAL s.m. Queso duro, cocido, prensado y salado, elaborado con leche de oveja y originario del valle del Roncal, Navarra.

RONCAR v.intr. (lat. *rhonchare*) [1]. Producir un sonido ronco al respirar mientras se duerme. **2.** Llamar el gamo a la hembra cuando está en celo.

RONCEAR v.tr. Argent., Chile y Méx. Mover una cosa de un lado a otro, con las manos o por medio de palancas.

RONCHA s.f. Pápula. **2.** Cardenal, equimosis. **3.** Rebanada, loncha.

RONCO, A adj. Que padece ronquera. **2.** Se dice de la voz o sonido áspero y grave. SIN.: *rauco*.

RONCÓN, NA adj. Colomb. y Venez. Fanfarrón.

RONDA s.f. (ár. *rubṭ*, patrulla de jinetes guerreros). Recorrido efectuado, generalmente de noche, para impedir posibles desórdenes e inspeccionar a guardias o centinelas. **2.** Grupo de personas que hace este recorrido. **3.** Serie de etapas que se desarrollan de manera sucesiva y ordenada: *ronda de conversaciones; ronda eliminatoria*. **4.** *Fam.* Serie de consumiciones que toman distintas personas reunidas en grupo: *esta ronda la pago yo*. **5.** Acción de ir los jóvenes tocando y cantando por las calles, principalmente delante de las casas de las jóvenes. **6.** En varios juegos de naipes, vuelta o suerte de todos los jugadores. **7.** Esp. Paseo o calle que rodea totalmente o en gran parte a una población. **8.** COREOGR. Baile cuyos participantes se agarran de la mano formando un círculo que gira alrededor de su centro, imaginario o indicado por un árbol, una piedra sagrada o un bailarín.

RONDADOR, RA adj. y s. Que ronda o va de ronda. ◆ s.m. Instrumento musical popular ecuatoriano a modo de flauta recta o siringa.

RONDALLA s.f. Ronda, conjunto de personas que van tocando y cantando por la calle. **2.** Cuento, conseja.

RONDAR v.intr. y tr. Recorrer un lugar en servicio de vigilancia. **2.** Salir los jóvenes de ronda. **3.** Andar de noche paseando por las calles. ◆ v.tr. *Fig.* y *fam.* Cortejar a una moza. **2.** *Fig.* y *fam.* Ir detrás de alguien importunándole para conseguir algo de él. **3.** *Fam.* Dar vueltas alrededor de una cosa. **4.** *Fig.* y *fam.* Estar el sueño, una enfermedad, etc., a punto de apoderarse de alguien.

RONDEL s.m. (fr. *rondeau*). Composición poética breve en que se repite al final el primer verso o las primeras palabras.

RONDEÑA s.f. Modalidad de cante flamenco.

RONDEÑO, A adj. y s. De Ronda o de la serranía de Ronda (España).

RONDÍN s.m. Bol. y Chile. Persona que vigila o ronda de noche.

RONDÓ s.m. (fr. *rondeau*). MÚS. Composición instrumental o vocal caracterizada por la alternancia de un estribillo y de estrofas en número variable.

RONDÓN (DE) loc. (fr. *de randon*, deprisa, de *randir*, galopar). *Fam.* Sin llamar, sin pedir permiso: *colarse de rondón; entrar de rondón*.

RONDÓN s.m. Amér. Central, Colomb. y Venez. Planta maderable de propiedades medicinales. (Familia anacardiáceas.) **2.** Hond. Especie de escarabajo pelotero.

RONQUERA s.f. Afección de la laringe que provoca alteración del timbre de la voz haciéndolo grave y poco sonoro.

RONQUIDO s.m. Ruido áspero y grave emitido al roncar.

RONRONEAR v.intr. Emitir el gato un sonido ronco y continuado en señal de satisfacción. **2.** Producir un ruido similar a un motor.

RONRONEO s.m. Acción de ronronear. **2.** Sonido que emite el gato cuando ronronea.

RÖNTGEN s.m. → ROENTGEN.

1. RONZAL s.m. (del ár. *rasan*). Ramal o cabestro de una caballería.

2. RONZAL s.m. MAR. Palanca, palanquín.

1. RONZAR v.tr. [7]. Comer una cosa dura haciendo ruido al masticarla.

2. RONZAR v.tr. [7]. MAR. Mover una cosa pesada por medio de palancas.

ROÑA s.f. Porquería, suciedad que se pega fuertemente. **2.** Moho de los metales. **3.** Sarna de los animales, especialmente del ganado lanar. **4.** Sarna de las plantas. **5.** *Fig.* y *fam.* Roñería, mezquindad. **6.** *Fig.* y *fam.* Farsa, astucia, sagacidad. **7.** Colomb. Aspereza, rugosidad. ◆ s.m. y f. *Fam.* Persona roñosa, tacaña.

ROÑERÍA s.f. *Fam.* Tacañería.

ROÑOSO, A adj. Sucio, puerco. **2.** Oxidado. **3.** Que tiene o produce roña. **4.** *Fig.* y *fam.* Tacaño. SIN.: *roñica*. **5.** Ecuad. y Méx. Sin pulimento, áspero.

ROPA s.f. Pieza de tela confeccionada para vestir o de uso doméstico. **2.** Conjunto de prendas de vestir que una persona posee. ◇ **A quema ropa** A quemarropa. **Ropa blanca** Conjunto de ropa de uso doméstico, como sábanas, manteles, etc. **Ropa interior** Conjunto de prendas que se llevan debajo del vestido o traje exterior, especialmente cubriendo los órganos sexuales. **Ropa vieja** Guiso de la carne que ha sobrado de la olla o que antes se aprovechó para obtener caldo o jugo.

ROPAJE s.m. Pieza de tela confeccionada que viste una persona o adorna un objeto o lugar, especialmente suntuosa y usada en ceremonias solemnes. **2.** Conjunto de ropas.

ROPERO s.m. y adj. Armario o cuarto donde se guarda la ropa. ◆ s.m. Asociación benéfica que reparte ropa entre los necesitados. **2.** Amér. Persona muy corpulenta, mastodonte.

ROPÓN s.m. Prenda de vestir larga y amplia que generalmente se ponía sobre los demás vestidos.

1. ROQUE s.m. (del ár. *rujj*). Torre del ajedrez.

2. ROQUE s.m. GEOMORFOL. Edificio volcánico, en forma de pitón, que corresponde a un cilindro de extrusión puesto en resalte por la erosión diferencial.

3. ROQUE adj. Esp. *Fam.* Dormido: *estar, quedarse roque.*

ROQUEDAL s.m. Peñascal.

ROQUEFORT s.m. Queso elaborado con leche de oveja, originario de la región francesa de Roquefort surSoulzon, que tiene manchas de moho azul.

ROQUEÑO, A adj. Rocoso.

1. ROQUERO, A adj. Relativo a las rocas o edificado sobre ellas.

2. ROQUERO, A adj. y s. → ROCKERO.

ROQUETE s.m. (cat. *roquet*). REL. Sobrepelliz de mangas estrechas que visten los obispos y ciertos dignatarios eclesiásticos.

RORCUAL s.m. Mamífero marino semejante a la ballena, pero con la cara ventral estriada y aleta dorsal, cuya mayor especie alcanza los 25 m de long. (El rorcual azul es el animal más grande.)

RORRO s.m. *Fam.* Bebé.

RORSCHACH Test de Rorschach Test proyectivo, constituido por una serie de láminas que representan manchas de tinta que el individuo debe interpretar. (El análisis de las respuestas permite discernir algunos aspectos de la personalidad.)

ROS s.m. (de *Ros* de Olano, militar y escritor español). Gorro militar duro, más alto por delante que por detrás, y con visera.

ROSA s.f. (lat. *rosa*). Flor del rosal, de pétalos acorazonados, colores variados (rojo, amarillo, blanco, etc.) y olor intenso. **2.** Objeto que tiene la forma de esta flor. **3.** Amér. Rosal, planta. ◆ adj. y s.m. Se dice del color rojo claro como el de las encías. ◆ adj. Que es de este color. (Suele ser invariable en plural: *camisetas rosa*.) ➙ **rosas** s.f.pl. Rosetas de maíz. **2.** Antigua canción popular procedente de la tradición folclórica gaditana. ◇ **Novela rosa** Novela que narra una historia de amor y cuyo final suele ser feliz. **Rosa de China** Arbusto de grandes flores púrpuras solitarias. (Familia malváceas.) **Rosa de Jericó** Crucífera de Asia Menor, cuyas ramas se contraen en forma de bola en tiempo seco y se enderezan por efecto de la humedad. **Rosa del azafrán** Flor del azafrán. **Rosa de los vientos**, o **de la aguja**, o **náutica** Figura circular adaptada al cuadrante de la aguja náutica dividida en treinta y dos secciones que marcan los rumbos en que se

divide el horizonte. **Rosa de Navidad** Planta herbácea que crece en lugares húmedos y florece en invierno. (Familia ranunculáceas.)

rosa silvestre

rosa de Jericó

de jardín

trepadora

fruto

■ ROSAS

ROSÁCEO, A adj. Que tiene un tono rosa. ◆ adj. y s.f. Relativo a una familia de plantas dialipétalas con numerosos estambres, provistas frecuentemente de un doble cáliz. (El rosal, el ciruelo, el melocotonero, el cerezo y el peral pertenecen a esta familia.)

ROSACRUZ adj. y s.m. y f. Relativo a la Rosacruz; miembro de esta fraternidad.

ROSADA s.f. Escarcha.

ROSADO, A adj. Que es de color rojo claro. SIN.: *rosa*. **2.** Que tiene un tono rosa. ◆ adj. y s. Argent., Chile y Colomb. Se dice del caballo cuya capa tiene manchas rosadas y blancas, debidas a la transparencia de la piel o al color de los pelos. ◆ adj. y s.m. Se dice del vino joven de color rosa procedente de uvas negras o de mezcla de uvas negras y blancas.

ROSAL s.m. Arbusto de tallos espinosos, cultivado por sus flores olorosas (*rosas*), y del que se conocen numerosas variedades. (Familia rosáceas.)

ROSALEDA s.f. Terreno plantado de rosales.

ROSANILINA s.f. Base nitrogenada cuyos derivados son colorantes que tiñen directamente la fibra animal.

ROSARIO s.m. Rezo de la Iglesia católica en que se conmemoran los quince misterios de la vida de la Virgen, recitando después de cada uno un padrenuestro, diez avemarías y un gloriapatri. **2.** Sarta de cuentas que se pasan entre los dedos para hacer este rezo. **3.** *Fig.* Serie o sucesión de cosas. **4.** *Fig.* y *fam.* Espinazo, espina dorsal. ◇ **Como el rosario de la aurora** *Fam.* De muy mala manera, muy mal.

ROSBIF o **ROAST-BEEF** s.m. (ingl. *roast beef*). Carne de buey o de vaca asada de modo que el interior quede algo cruda.

ROSCA s.f. Objeto de forma redonda con un agujero en el centro. **2.** Bollo o torta de forma redonda con un agujero en el centro. **3.** Espiral o conjunto de espirales de un tornillo o tuerca. **4.** Carnosidad que sobresale en alguna parte del cuerpo. **5.** Chile. Rodete para llevar pesos en la cabeza. ◇ **Hacer la rosca** Esp. *Fam.* Adular, halagar a alguien para obtener algún provecho. **Pasarse de (la) rosca** *Fam.* Excederse.

ROSCADO, A adj. Que tiene forma de rosca. ◆ s.m. Acción de roscar. **2.** TECNOL. Fileteado.

ROSCADORA s.f. y adj. Máquina para roscar cualquier clase de piezas mecánicas.

ROSCAR v.tr. [1]. Hacer la rosca en un tornillo.

ROSCO s.m. Rosca de pan o de bollo. ◇ **No comerse un rosco** Esp. *Fam.* No conseguir alguien algo que pretendía, especialmente en el terreno amoroso.

ROSCÓN s.m. Bollo en forma de rosca grande.

ROSEDAL s.m. Argent. y Urug. Terreno plantado de rosales, rosaleda.

ROSELA s.f. Drosera.

ROSELLONÉS, SA adj. y s. Del Rosellón (Francia). ◆ s.m. Variedad del catalán hablado en esta comarca francesa, en el norte de Gerona y en el nordeste de Lérida.

RÓSEO, A adj. Rosáceo.

ROSÉOLA s.f. MED. Erupción de manchas rosáceas que aparece como consecuencia de diversas enfermedades infecciosas o de la intolerancia a determinados medicamentos.

ROSETA s.f. Mancha rosada que aparece en las mejillas. **2.** ARQ. **a.** Motivo ornamental en forma de rosa abierta. **b.** Rosetón pequeño. **3.** EQUIT. Parte móvil de la espuela, en forma de rueda estrellada. **4.** TECNOL. Raqueta. ◆ **rosetas** s.f.pl. Esp. Masa blanca y esponjosa, parecida al capullo de una flor, que resulta del grano de maíz que se tuesta y revienta por la acción del calor. ◇ **En roseta** BOT. Se dice de las hojas que en la base del tallo o en las ramas se disponen muy juntas, formando una especie de rosa.

ROSETÓN s.m. Adorno circular, parecido a una flor, que se coloca en el techo. **2.** ARQ. Gran ventana circular, cerrada por vidrieras, característica de las iglesias góticas.

■ ROSETÓN gótico de Santa María del Pi (Barcelona); ss. XIV-XV.

ROSILLO, A adj. Que tiene un tono rojo claro. ◆ adj. y s.m. Ruano.

ROSOLI o **ROSOLÍ** s.m. Licor compuesto de aguardiente, canela, azúcar, anís y otros ingredientes aromáticos.

ROSQUILLA s.f. Dulce en forma de rosca pequeña.

ROSTICERÍA s.f. Chile, Méx. y Nicar. Establecimiento donde se asan y venden pollos.

ROSTRADO, A adj. Que remata en punta semejante al pico del pájaro o al espolón de un barco.

ROSTRAL adj. ANT. ROM. Se dice de la columna adornada con espolones de navíos, erigida en recuerdo de una victoria naval.

ROSTRO s.m. (lat. *rostrum*, pico, hocico, boca). Cara, semblante humano. **2.** Pico del ave. **3.** ZOOL. **a.** Prolongación bucal de algunos insectos con la que pican y chupan (como la del pulgón y chinche) o en la que se encuentran las mandíbulas (como la del gorgojo). **b.** Prolongación anterior del caparazón de algunos crustáceos.

ROSTRUM s.m. (voz latina, *pico, hocico, boca*). ANT. ROM. Espolón de un navío de guerra.

ROTA s.f. (port. *rota*). Planta de tallo delgado, sarmentoso y fuerte, utilizado en la construcción de muebles, respaldos de rejilla, etc. (Familia palmáceas.)

ROTACIÓN s.f. Movimiento de un cuerpo alrededor de un eje fijo. **2.** Alternancia de una serie de personas o cosas en el cargo, actividad, función, etc.: *rotación de la presidencia*. **3.** AGRIC. Alternancia de cultivos en un terreno. **4.** MAT. Desplazamiento que conserva las distancias y los ángulos y que transforma un punto M en un punto M' tal que OM = OM' y

(OM,OM') = θ dado, siendo O un punto fijo (en el plano) o la proyección ortogonal del punto M sobre un eje fijo Δ (en el espacio). ◇ **Rotación de existencias** Transformación en cifras de negocios de las existencias de una empresa. **Rotación de personal** Porcentaje de personal remplazado, durante un año, en una empresa, con relación al efectivo medio.

ROTACISMO s.m. LING. Cambio de articulación de una consonante que de su forma primera pasa a la de r alveolar.

ROTAR v.intr. [17]. Girar en torno a un eje. SIN.: *rodar*. **2.** Alternarse en el tiempo o en el desempeño de una función: *la presidencia de la comisión rotará.*

ROTARIO, A s. Miembro de una sociedad filantrópica internacional llamada Rotary Club.

ROTARY s.m. y adj. (voz inglesa). Perforadora que actúa por rotación. **2.** Sistema de conmutación telefónica automático en el que determinados órganos están animados por un movimiento de rotación continuo.

ROTATIVO, A adj. Que gira en torno de un eje fijo. ◆ adj. y s.f. IMPR. Se dice de una máquina de imprimir con formas cilíndricas, cuyo movimiento rotatorio continuo permite una gran velocidad de impresión. ◆ s.m. Periódico impreso con esta máquina.

ROTATORIO, A adj. Que tiene movimiento circular. ◇ **Poder rotatorio** ÓPT. Propiedad de determinadas sustancias de hacer girar el plano de polarización de la luz que las atraviesa.

ROTERÍA s.f. Chile. Acción desagradable y desleal. **2.** Chile. Dicho que denota falta de cortesía o de educación.

ROTERÍO s.m. Chile. *Fam.* Clase social formada por las personas que tienen el nivel socioeconómico más bajo, plebe.

ROTÍFERO, A adj. y s.m. Relativo a un tipo de animales invertebrados microscópicos abundantes en las aguas dulces, que poseen dos coronas de cilios en torno a la boca.

ROTISERÍA s.f. Argent. y Chile. Fiambrería.

ROTO, A adj. y s. Andrajoso. **2.** Chile. Se dice de la persona que pertenece al roterío. **3.** Chile. Incivil, mal educado. **4.** Méx. Se dice del petimetre del pueblo. **5.** Perú. *Fam.* y *desp.* Chileno. ◆ adj. Se dice del color que tiene tonos de otro color: *blanco roto.* ◆ s.m. Esp. Desgarrón en la ropa.

ROTOGRABADO s.m. Procedimiento de heliograbado.

ROTONDA s.f. (ital. *rotonda*). Edificio o sala de planta circular. **2.** Plaza circular.

ROTOR s.m. (ingl. *rotor*). Parte giratoria de determinadas construcciones mecánicas o electromecánicas. **2.** Hélice de un helicóptero o un giravión.

ROTOSO, A adj. Amér. Merid. Harapiento. ◆ s. Chile. *Fig.* Persona de baja condición cultural o social.

ROTSÉ → LOZI.

RÓTULA s.f. (lat. *rotula*, dim. de *rota*, rueda). Hueso aplanado y móvil, situado en la cara anterior de la rodilla. **2.** MEC. Unión entre dos piezas o barras articuladas que permite el movimiento giratorio de las mismas en todos los sentidos.

ROTULACIÓN s.f. Acción de rotular. SIN.: *rotulado.* **2.** Rótulo o conjunto de rótulos. SIN.: *rotulado.*

ROTULADOR, RA adj. y s. Que rotula o sirve para rotular. ◆ s.m. Esp. Marcador, instrumento para escribir o dibujar.

1. ROTULAR v.tr. Poner un rótulo. **2.** Poner títulos o inscripciones en un mapa o en un plano.

2. ROTULAR adj. Relativo a la rótula. SIN.: *rotuliano.*

RÓTULO s.m. (lat. *rotulus*, rollo de papel, dim. de *rota*, rueda). Letrero anunciador o indicador. **2.** Título de un escrito o de una parte del mismo.

ROTUNDIDAD s.f. Cualidad de rotundo.

ROTUNDO, A adj. (lat. *rotundus*, redondo). *Fig.* Terminante, categórico. **2.** *Fig.* Se dice del lenguaje preciso y expresivo. **3.** Redondo.

ROTURA s.f. (lat. *ruptura*). Acción y efecto de romper o romperse algo.

ROTURACIÓN s.f. Acción de roturar. **2.** Terreno recién roturado.

ROTURADORA s.f. Máquina para roturar las tierras.

ROTURAR v.tr. Arar por primera vez las tierras incultas.

ROUGE s.m. (voz francesa). Carmín de labios. **2.** Chile. Colorete.

ROULOTTE s.f. (voz francesa). Caravana, remolque.

ROUND s.m. (voz inglesa). DEP. En boxeo, asalto.

ROYA s.f. BOT. Enfermedad criptogámica causada por hongos uredinales, que afecta sobre todo a los cereales y se caracteriza por la aparición de manchas marrones o amarillas en los tallos y en las hojas.

ROYALTY s.m. (voz inglesa). Compensación monetaria por el uso de una patente, marca, derechos de autor, etc., que el usuario está obligado a entregar al titular de la propiedad.

ROZA s.f. AGRIC. Método de cultivo consistente en roturar parcelas de terreno en sectores de selva o bosque, que, una vez agotadas, son abandonadas, procediéndose a roturar nuevos campos.

ROZADO s.m. Argent. Roza.

ROZADURA s.f. Herida superficial en la piel producida por un roce. **2.** Señal producida por un roce en una superficie.

ROZAGANTE adj. Vistoso, de mucha apariencia. **2.** *Fig.* Satisfecho, contento.

ROZAMIENTO s.m. Roce, acción y efecto de rozar o rozarse. **2.** *Fig.* Disensión o enojo leve entre dos personas. **3.** *Fig.* Resistencia que se opone a la rotación o al deslizamiento de un cuerpo sobre otro. ◇ **Coeficiente de rozamiento** Fracción de la presión normal que hay que aplicar tangencialmente para vencer el rozamiento. **Rozamiento interno** Fenómeno físico-químico responsable del amortiguamiento de las vibraciones en un material. **Rozamiento por deslizamiento** Rozamiento de un cuerpo que se desliza sobre otro. **Rozamiento por rodadura** Rozamiento de un cuerpo que se desplaza rodando sobre otro.

ROZAR v.intr., tr. y prnl. (del lat. *rumpere*, romper) [7]. Pasar algo o alguien tocando ligeramente la superficie de otra cosa o persona. **2.** *Fig.* Tener una cosa relación o conexión con otra. ◆ v.tr. Raspar una cosa la superficie de otra o la piel de una persona. ◆ v.tr. y prnl. Ajar o manchar alguna cosa con el uso al tocarla ligeramente con otra. ◆ **rozarse** v.prnl. *Fig.* Tener trato o relación dos o más personas.

rpm, abrev. de **revolución por minuto.*

RÚA s.f. Calle.

RUANA s.f. Amér. Merid. Poncho rectangular, con una abertura en la parte delantera y sin cierre.

RUANO, A adj. Roano. ◆ adj. y s.m. Argent. Se dice del caballo de crin y cola blancas, en particular del alazán.

RUBATO adv. (voz italiana). MÚS. Indica que se ha de ejecutar un pasaje con una gran libertad de ritmo.

RUBEFACCIÓN s.f. Enrojecimiento de la piel producido por un proceso inflamatorio o irritativo. **2.** En las regiones tropicales, coloración roja del suelo, debida a la impregnación de óxidos férricos.

RUBENIANO, A adj. Que es característico del estilo de Rubens o recuerda a él.

RUBÉOLA o **RUBEOLA** s.f. Enfermedad viral eruptiva, contagiosa y epidémica producida por un virus ultrafiltrable.

RUBÍ s.m. (cat. *robí*). Piedra preciosa, variedad del corindón, transparente y de color rojo vivo con matices rosados o purpúreos. **2.** Piedra dura que sirve de soporte a un eje de una rueda en un reloj.

RUBIA s.f. Planta trepadora propia de las regiones templadas, de cuya raíz se extrae la alizarina, usada en tintorería. (Familia rubiáceas.) **2.** Esp. Automóvil con la carrocería total o parcialmente de madera.

RUBIÁCEO, A adj. y s.f. Relativo a una familia de plantas gamopétalas, como la gardenia.

RUBIALES s.m. y f. y adj. (pl. *rubiales*). *Fam.* Persona rubia.

RUBICUNDEZ s.f. Cualidad de rubicundo.

RUBICUNDO, A adj. (lat. *rubicundus*, rojizo,

colorado). Que es de color rubio rojizo. **2.** Se dice de la persona que tiene la cara rojiza. **3.** Se dice del pelo que tiene un tono rojo.

RUBIDIO s.m. Metal alcalino, parecido al potasio, aunque menos frecuente, de densidad 1,53, cuyo punto de fusión es de 38,9 °C. **2.** Elemento químico (Rb), de número atómico 37 y masa atómica 85,468.

RUBIO, A adj. y s.m. (lat. *rubeus*, rojizo). Se dice del color amarillo brillante, como el del oro o el del trigo maduro. **2.** Se dice del tabaco cuya fermentación ha sido detenida en la fase en que las hojas se vuelven amarillas. ◆ adj. y s. Se dice de la persona o del animal que tienen el pelo amarillo brillante. ◆ s.m. Se dice del pelo que es de este color. ◆ s.m. Pez marino que vive en los fondos cenagosos de la plataforma continental, de hocico prominente, de hasta 60 cm de long. (Grupo teleósteos, género *Trigla.*)

■ RUBIO

RUBLO s.m. Unidad monetaria de Rusia, Bielorrusia y Tadzhikistán.

RUBOR s.m. (lat. *rubor, -oris*). Enrojecimiento de la cara causado por un sentimiento de vergüenza. **2.** *Fig.* Vergüenza. **3.** Color rojo muy vivo.

RUBORIZAR v.tr. y prnl. [7]. Causar rubor.

RUBOROSO, A adj. Que muestra rubor o es propenso a ruborizarse.

RÚBRICA s.f. (lat. *rubrica*, tierra roja, título escrito en rojo). Trazo o conjunto de trazos que, como parte de la firma, se suelen añadir al nombre. **2.** Epígrafe, título, frase o sentencia que precede a un escrito. **3.** *Fig.* Final, conclusión. **4.** ECON. Asiento, partida.

RUBRICAR v.tr. [1]. Poner la rúbrica en un documento o escrito. **2.** *Fig.* Suscribir o dar testimonio de una cosa. **3.** Firmar un despacho o papel y ponerle el sello o escudo de armas.

RUBRO s.m. (lat. *ruber, -bra, -brum*, rojo). Amér. Título o rótulo. **2.** Amér. Merid. Conjunto de artículos de consumo de un mismo tipo o relacionados con una determinada actividad; asiento, partida.

RUCA s.f. Argent. y Chile. Choza, cabaña.

RUCIO, A adj. Se dice del animal de color pardo claro, blanquecino o canoso. **2.** Chile. Rubio. ◆ s.m. Asno, animal.

RUCO, A adj. Amér. Central. Viejo, inútil. (Se aplica especialmente a una caballería.) ◆ s. Méx. *Fam.* Viejo, anciano.

RUDA s.f. (lat. *ruta*). Planta herbácea de flores amarillas verdosas, de cuyas hojas se extrae un producto utilizado en perfumería y medicina. (Familia rutáceas.)

RUDEZA s.f. Cualidad de rudo.

RUDIMENTARIO, A adj. Elemental, poco desarrollado. **2.** Relativo a los rudimentos.

RUDIMENTOS s.m.pl. (lat. *rudimentum*, aprendizaje). Nociones básicas de una ciencia o profesión.

RUDISTA adj. y s.m. Relativo a una familia de moluscos bivalvos, fósiles del secundario, que formaban arrecifes.

RUDO, A adj. (lat. *rudis*, que está en bruto, grosero, burdo). Tosco, áspero, sin pulimento. **2.** Riguroso, violento. **3.** Descortés, grosero, sin educación ni delicadeza natural. **4.** Torpe, que comprende o aprende con dificultad.

RUECA s.f. Instrumento que se usaba para hilar, formado por una vara larga en cuyo extremo se colocaba el copo y con una rueda movida mediante pedal.

RUEDA s.f. (lat. *rota*). Pieza circular que gira alrededor de un eje. **2.** Corro, círculo. **3.** Rodaja de algunas frutas, carnes o pescados. **4.** Suplicio que consistía en romper los miembros del condenado, y atarlo después sobre una rueda de carroza apoyada sobre un poste.

5. Argent. ECON. Jornada de operaciones en los mercados de valores, hacienda, etc. ◇ **Chupar rueda** En ciclismo, colocarse un corredor inmediatamente detrás de otro para utilizarlo como pantalla frente a la resistencia del aire; aprovecharse del trabajo de otro. **Hacer la rueda** Desplegar ciertas aves, como el pavo real, las plumas de la cola en círculo. **Rueda de fricción** Mecanismo de transmisión en el que la tracción de las ruedas se realiza mediante la simple acción del rozamiento. **Rueda de la fortuna** Alegoría de la incertidumbre del destino humano. **Rueda del timón** MAR. Rueda para maniobrar el servomotor del motor, guarnecida en su circunferencia con cabillas. **Rueda de molino** Muela. **Rueda de prensa** Entrevista periodística que sostienen varios informadores con una persona. **Rueda de recambio**, o **de repuesto** Rueda de un automóvil que se reserva para sustituir alguna de las que están en uso. **Rueda hidráulica**, o **de agua** Máquina que transforma en energía mecánica la energía disponible de un pequeño salto de agua. **Rueda libre** Dispositivo que permite a un motor impulsar un mecanismo sin ser arrastrado por él. **Rueda motriz** AUTOM. Rueda movida por el motor y que asegura la tracción del vehículo.

RUEDO s.m. Contorno o borde de una cosa redonda. **2.** Cualquier cosa colocada alrededor de otra adornando su borde. **3.** Estera de esparto, generalmente redonda. **4.** Fig. Corro, cerco de personas. **5.** TAUROM. Espacio destinado a la lidia en las plazas de toros. SIN.: redondel.

RUEGO s.m. Súplica, petición. **2.** Práctica parlamentaria para formular peticiones o preguntas a la mesa del congreso o del senado. ◇ **Ruegos y preguntas** Apartado que en todo órgano colegiado mercantil, civil, etc., se introduce en el orden del día, al final de los asuntos de obligado tratamiento, para que los asistentes puedan interpelar a la presidencia sobre cuestiones que consideren interesantes.

RUFIÁN s.m. Persona que trafica con prostitutas. **2.** Hombre vil y despreciable que vive del engaño y de la estafa.

RUFIANESCA s.f. Conjunto de rufianes; forma de vida de los rufianes.

RUFIANESCO, A adj. Relativo a los rufianes.

RUFO, A adj. (lat. rufus, rojizo, rojo). Chulo o fanfarrón. **2.** Ufano, satisfecho.

RUGBY s.m. (voz inglesa). Deporte que se practica con un balón ovoide impulsado por manos y pies, y en el que se enfrentan dos equipos de 15 jugadores que intentan colocar el balón detrás de la línea de portería contraria (ensayo), o hacerlo pasar por encima de la barra transversal situada entre los postes de la portería.

RUGIDO s.m. Acción y efecto de rugir. **2.** Voz del león, del tigre y de otros animales salvajes.

RUGIENTE adj. Que ruge.

RUGIR v.intr. (lat. rugire) [43]. Producir un sonido ronco y fuerte el león, el tigre u otro animal salvaje. **2.** Emitir alguien, por estar enfurecido o sentir dolor, gritos y voces. **3.** Producir un ruido fuerte y prolongado el viento, el mar, etc.

RUGOSIDAD s.f. Cualidad de rugoso. **2.** Arruga.

RUGOSO, A adj. (lat. rugosus). Que tiene arrugas o asperezas.

RUIBARBO s.m. (del lat. rheu barbarum). Planta herbácea de 1 a 2 m de alt., hojas grandes, ásperas por el haz y vellosas por el envés, flores amarillas o verdes, en espigas, que se usa como purgante. (Familia poligonáceas.)

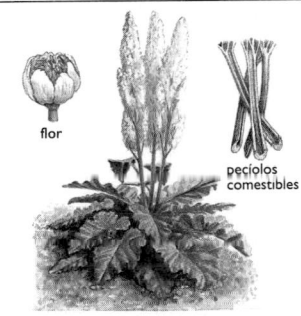

flor

pecíolos comestibles

■ **RUIBARBO**

RUIDO s.m. (lat. rugitus, rugido). Sonido más o menos irregular, confuso y no armonioso. **2.** Alboroto o mezcla confusa de sonidos. **3.** Fig. Importancia exagerada que se da a ciertas cosas; gran interés, comentarios, discusiones que suscita algo.

RUIDOSO, A adj. Que causa mucho ruido. **2.** Fig. Que provoca muchos comentarios, discusiones o gran interés.

RUIN adj. (de ruina). Vil, despreciable. **2.** Pequeño, poco desarrollado. **3.** Avaro, tacaño.

RUINA s.f. (lat. ruina, derrumbe, desmoronamiento). Acción de caer o hundirse un edificio o una construcción. **2.** Acción de destruirse una cosa material o inmaterial. **3.** Fig. Persona que se encuentra en estado de completa decadencia. **4.** Fig. Hecho de quedarse alguien sin sus bienes. ◆ **ruinas** s.f.pl. Restos de una construcción hundida.

RUINDAD s.f. Cualidad de ruin. **2.** Acción ruin.

RUINIFORME adj. GEOL. Se dice de una roca (caliza dolomítica, gres) o de un relieve a los que la erosión ha dado un aspecto de ruina.

RUINOSO, A adj. Que amenaza ruina, o está derruido en parte. **2.** Que causa o puede causar la ruina.

RUISEÑOR s.m. (occitano ant. rossinhol). Ave paseriforme, de unos 15 cm de long., plumaje marrón claro, cuyo macho es un cantor notable. (Familia túrdidos.)

■ **RUISEÑOR**

RULEMÁN s.m. Argent. y Urug. Pieza que funciona como cojinete, rodamiento.

RULENCO, A adj. Chile. Se dice de la persona o animal enclenque y raquítico.

RULERO s.m. Amér. Merid. Rulo para rizar el pelo.

RULETA s.f. (fr. roulette, de rouler, rodar). Juego de azar que se suele jugar en un casino, consistente en lanzar una bola sobre una rueda giratoria, dividida en casillas numeradas del 0 al 36, rojas y negras, hasta que esta se detiene, y cuyo ganador es designado en función de la casilla en la que cae la bola. ◇ **Ruleta rusa** Juego que consiste en poner una sola bala en el tambor de un revólver e ir disparando alternativamente cada uno de los jugadores en su propia sien.

RULETEAR v.intr. Amér. Central y Méx. Fam. Conducir un taxi.

RULETERO, A s.m. Amér. Central y Méx. Fam. Taxista.

RULO s.m. Fam. Objeto de forma cilíndrica, de diversos materiales, que se usa para ondular y dar forma al cabello. **2.** Rodillo para allanar la tierra. **3.** Utensilio de cocina, de forma cilíndrica, de madera u otro material duro, que se usa para aplanar una masa. **4.** Argent., Chile y Esp. Rizo del cabello. **5.** Chile. Tierra de secano o sin riego.

RUMA s.f. (de rumo, espacio en la bodega). Amér. Merid. Montón de cosas.

RUMANO, A adj. y s. De Rumania. ◆ s.m. Lengua románica hablada en Rumania.

RUMBA s.f. Baile popular cubano de origen africano, de compás binario, para el que se suelen utilizar instrumentos de percusión que acentúan las abundantes síncopas. **2.** Música con que se acompaña este baile.

1. RUMBEAR v.intr. Bailar la rumba.

2. RUMBEAR v.intr. Amér. Orientarse. **2.** Amér. Tomar un rumbo determinado. **3.** Nicar. Hacer remiendos.

RUMBERO, A adj. y s. Relativo a la rumba; persona que baila rumbas o es aficionada a ellas.

RUMBO s.m. (del cruce de rumo, espacio en un navío, y el lat. rhombus, rombo). Cada una de las 32 direcciones o vientos que se consideran en la representación del horizonte mediante un círculo. **2.** Dirección de la proa de una embarcación o de una aeronave. **3.** Dirección, camino, derrotero. **4.** Comportamiento o actitud que alguien sigue o se propone seguir en lo que intenta o procura. **5.** Fig. y fam. Generosidad, esplendidez: da con rumbo, que Dios te lo agradecerá. **6.** Fig. y fam. Ostentación o lujo: vive con mucho rumbo.

máximo 100 m

de 6 a 11 m

línea media

línea de 22 m

línea de balón muerto

línea de ensayo

ensayo

máximo 68 m

15 m

5 m

22 m

línea de touche

3 m

5,60 m

balón

de 27 a 29 cm

Melé en un partido.

Touche en un partido femenino.

■ **RUGBY**

RUMBOSO, A adj. *Fam.* Que gasta con esplendidez; que se hace con esplendidez.

RUMÍ s.m. y f. Nombre dado por los moros a los cristianos.

RUMIA s.f. Digestión de los rumiantes, que almacenan en el estómago la hierba no masticada, la regurgitan a continuación a la boca para que sufra una trituración antes de descender de nuevo al libro y al cuajar, donde tiene lugar la digestión gástrica. SIN.: *rumiación.*

RUMIANTE adj. y s.m. Relativo a un suborden de mamíferos ungulados, provistos de un estómago dividido en tres o cuatro cavidades, que realizan la rumia. (El suborden *rumiantes* comprende los *bóvidos* [buey, cordero, cabra, etc.], los *jiráfidos* [jirafa, okapi, etc.], los *cérvidos* [ciervo, gamo, reno, etc.] y los *camélidos* [camello, dromedario, llama, etc.].)

RUMIAR v.tr. (lat. *rumigare,* de *ruma,* primer estómago de los rumiantes). Masticar los rumiantes la hierba almacenada en el estómago y regurgitada a la boca. **2.** *Fig.* y *fam.* Cavilar mucho sobre una cosa.

RUMOR s.m. (lat. *rumor, -oris,* ruido, rumor). Ruido confuso, sordo e insistente. **2.** Información no confirmada que la gente cuenta o comenta.

RUMOREARSE v.impers. Circular un rumor, transmitirse de unas personas a otras.

RUMRUM s.m. → RUNRÚN.

RUMY s.m. Juego de naipes en el que pueden jugar de dos a seis personas con baraja de 52 cartas.

1. RUNA s.f. Carácter de la escritura rúnica.

2. RUNA s.f. Argent. y Bol. Papa pequeña de cocción lenta.

RUNABOUT s.m. (voz inglesa). Pequeña canoa deportiva con un motor de gran potencia alojado en el interior del casco de la nave.

RUNCHO s.m. Marsupial parecido a la zarigüeya común, que vive en América Meridional. (Familia didélfidos.)

RUNDÚN s.m. Argent. Colibrí, pájaro mosca. **2.** Argent. Juguete similar a la bramadera.

RUNGES s.m.pl. Chile. Troncos sin hojas.

RÚNICO, A adj. Se dice de una escritura antigua utilizada por los pueblos germánicos del norte de Europa entre los ss. III y XVII.

RUNRÚN o **RUMRUM** s.m. (voz onomatopéyica). *Fam.* Rumor, ruido confuso. (También *run-run.*) **2.** Argent., Chile y Perú. Juguete que se hace girar para producir un zumbido. **3.** Chile. Ave de plumaje negro, con remeras blancas, que vive en las orillas de los ríos y se alimenta de insectos.

RUNRUNEAR v.intr. Emitir un runrún o rumor.

RUNRUNEO s.m. Acción de runrunear. SIN.: *murmullo.* **2.** Runrún, ruido confuso.

RUOLZ s.m. Aleación de cobre, níquel y plata, de color gris claro brillante, que se usa en orfebrería.

RUPESTRE adj. (lat *rupestrem,* de *rupes,* roca). Que está hecho en las rocas: *iglesia rupestre.* **2.** Se dice de la planta que crece entre las rocas. <> **Arte rupestre** Conjunto de pinturas, grabados y relieves realizados sobre las rocas.

RUPIA s.f. Unidad monetaria de diversos países asiáticos (India, Indonesia, Maldivas, Ne-

pal, Pakistán, Sri Lanka) y africanos (Mauricio, Seychelles).

RUPTOR s.m. Interruptor de una bobina de inducción. **2.** Dispositivo de un automóvil, destinado a interrumpir la corriente en el sistema de encendido eléctrico para producir la chispa en la bujía.

RUPTURA s.f. (lat. *rupturam*). Acción y efecto de romper o romperse, especialmente las relaciones entre personas. SIN.: *rompimiento.*

RURAL adj. (lat. *ruralis,* de *rus,* campo). Relativo al campo.

RURALES s.m.pl. Nombre que recibía en México la policía del campo durante el mandato de Porfirio Díaz.

RUSCO s.m. Brusco, planta.

RUSIENTE adj. (cat. *rosent*). Rojo o candente por la acción del calor.

RUSIFICACIÓN s.f. Acción de rusificar.

RUSIFICAR v.tr. y prnl. [1]. Hacer adoptar las instituciones o la lengua rusas.

RUSO, A adj. y s. De Rusia. ◆ s.m. Lengua eslava hablada en Rusia. (Se utiliza el alfabeto cirílico para escribirla.) **2.** Gabán de paño grueso. <> **Bistec ruso** Hamburguesa.

RÚSTICO, A adj. (lat. *rusticus,* de *rus,* campo). Relativo al campo, o propio de la gente del campo. **2.** *Fig.* Tosco, inculto, grosero. ◆ s. Persona que vive y trabaja en el campo. <> **A la,** o **en, rústica** Se dice del libro que está encuadernado con cubierta de papel o cartulina.

RUSTRO s.m. HERÁLD. Pieza consistente en un losange que trae un círculo en su interior.

RÚSULA s.f. Hongo basidiomicete de sombrero cóncavo y láminas blancas y desprovisto de látex.

RUTA s.f. (fr. *route*). Camino establecido para

realizar un viaje, expedición, etc. **2.** Camino que va de un lugar a otro. **3.** *Fig.* Conducta, comportamiento.

RUTABAGA s.f. Variedad de col, de raíz muy gruesa, cultivada para alimento del ganado. (Familia crucíferas.)

RUTÁCEO, A adj. y s.f. Relativo a una familia de plantas dicotiledóneas dialipétalas con fruto en drupa o en baya, como el limonero y el naranjo.

RUTENIO s.m. (del bajo lat. *Ruthenia,* Rusia). Metal que pertenece al grupo del platino, de densidad 12,4, cuyo punto de fusión es de 2 450 ºC aprox. **2.** Elemento químico (Ru), de número atómico 44 y masa atómica 101,07.

RUTENO, A adj. y s. De Rutenia. <> **Iglesia rutena** Iglesia dependiente de la antigua metrópolis de Kíev, que suscribió el acta de unión con Roma en 1595, de donde su denominación de *Iglesia uniata.*

RUTHERFORD s.m. (de E. *Rutherford,* físico británico). FÍS. Unidad de medida de radiactividad (símb. Rd) equivalente a la radiactividad de una sustancia radiactiva en la que se producen un millón de desintegraciones cada segundo.

RUTHERFORDIO s.m. Elemento químico (Rf), artificial, de número atómico 104.

RUTIDO s.m. Méx. Ruido lejano de agua.

RUTILANTE adj. Que rutila: *estrella rutilante.*

RUTILAR v.intr. (lat. *rutilare*). *Poét.* Brillar mucho, resplandecer.

RUTILISMO s.m. Pigmentación roja del cabello y del vello causada por la eritromelanina.

RUTILO s.m. Óxido natural de titanio (TiO_2).

RUTINA s.f. (fr. *routine,* rutina, marcha por un camino conocido, de *route,* ruta, camino). Costumbre o manera de hacer algo de forma mecánica y usual. **2.** INFORMÁT. Parte de un programa que realiza una determinada función típica, reutilizable en otros programas distintos.

RUTINARIO, A adj. Que se hace o practica por rutina. ◆ adj. y s. Que actúa por rutina.

RUTÓSIDO s.m. Glucósido que se extrae de numerosos vegetales, como la ruda y el tomate, dotado de actividad vitamínica P.

RÚTULO, A adj. y s. De un ant. pueblo del Lacio, absorbido por los romanos desde el s. V a.C.

RUZ s.m. GEOMORFOL. En el relieve de tipo jurásico, valle excavado en el flanco de un anticlinal.

■ **RÚNICO.** Estela con inscripciones rúnicas; s. XII. (Uppsala, Suecia.)

carbonera
comestible

emética
indigesta

■ **RÚSULAS**

S

1. S s.f. Vigésima segunda letra del alfabeto español, y decimoctava de sus consonantes. (Representa un sonido apicoalveolar o predorsal fricativo sordo.)

2. S, abrev. de *sur*.

S. A., sigla de *sociedad *anónima*.

SÁBADO s.m. (lat. *sabbatum*, del hebreo *šabbath*, descanso semanal). Sexto día de la semana, entre el viernes y el domingo. ◇ **Hacer sábado** Hacer la limpieza de la casa a fondo. **Sábado santo** Último día de la semana santa, vigilia de Pascua.

SABALETA s.f. Bol. y Colomb. Pez parecido al sábalo, pero de menor tamaño.

SÁBALO s.m. Pez teleósteo que puede alcanzar los 60 cm de long. y 3 kg de peso, de color azulado verdoso en el dorso y plateado en el resto, con una mancha oscura junto a las aberturas branquiales. (Familia clupeidos.)

SABANA s.f. Llanura extensa característica de las regiones tropicales con prolongada estación seca, caracterizada por la vegetación herbácea y árboles aislados.

SÁBANA s.f. (lat. *sabana*, pl. de *sabanum*, toalla de baño). Pieza de tejido fino que se usa para vestir la cama. ◇ **Pegársele a alguien las sábanas** Fam. Levantarse de la cama más tarde de lo acostumbrado. **Sábana santa** Santo sudario.

SABANDIJA s.f. Reptil o insecto pequeño. **2.** Esp. Fig. Persona despreciable.

SABANEAR v.intr. Amér. Central, Colomb. y Venez. Recorrer la sabana para vigilar el ganado o reunirlo.

SABANERA s.f. Culebra originaria de la sabana, de vientre amarillo y lomo salpicado de negro, verde y pardo.

SABANILLA s.f. REL. Lienzo exterior con que se cubre la mesa del altar.

SABAÑÓN s.m. Lesión inflamatoria de la piel especialmente de las manos, los pies y las orejas, causada por el frío y que se caracteriza por un intenso picor.

SABÁTICO adj. Relativo al sábado: *fiesta sabática*. SIN. *sabatino*. ◇ **Año sabático** Año de exención de docencia remunerado que una universidad concede a un profesor para que se dedique a la investigación, año que la ley mosaica establecía para dejar de cultivar la tierra que se había trabajado durante seis años seguidos.

SABATINA s.f. Oficio religioso propio del sábado. **2.** Chile. Paliza, tunda.

SABATINO, A adj. Relativo al sábado. SIN. *sabático*.

SABBAT s.m. Reunión nocturna de brujos y brujas que se celebraba el sábado a medianoche bajo la presidencia de Satán.

ŠABBAT s.m. Día de la semana que la ley mosaica establece para el descanso y que se dedica al culto divino.

SABEDOR, RA adj. Conocedor.

SABEÍSMO s.m. Religión de los sabeos.

SABELLA s.f. Gusano anélido poliqueto marino de hasta 25 cm de long., que vive en un tubo hundido en el limo y que tiene dos lóbulos de branquias filamentosas.

SABELIANISMO s.m. Doctrina de Sabelio. (También *modalismo* o *monarquianismo*.)

SABELOTODO s.m. y f. (pl. *sabelotodo*). Fam. Sabiondo.

SABEO, A adj. y s. De Saba. ◆ s. Miembro de algunas de las sectas religiosas de la época antigua del islam.

1. SABER v.tr. (lat. *sapere*, tener sabor, tener inteligencia) [68]. Tener conocimiento o información de algo. **2.** Tener habilidad para hacer algo: *saber nadar*. **3.** Ser alguien capaz de comportarse de una determinada manera: *saber callar*. ◆ v.tr. e intr. Tener los conocimientos suficientes y necesarios sobre una materia. ◆ v.intr. Tener noticias de alguien o algo: *saber de un trabajo por la prensa; saber de una persona por alguien*. **2.** Ser sagaz y astuto. **3.** Tener algo un determinado sabor. **4.** Tener una cosa semejanza o apariencia de otra a la que recuerda. **5.** Argent., Ecuad., Guat. y Perú. Soler, acostumbrar. ◇ **A saber** Esto es. (Se utiliza para desglosar, mediante una enumeración, lo que se ha informado de manera global antes.) **Hacer saber** Poner en conocimiento. **Saber mal** Producir algo disgusto o enojo.

2. SABER s.m. Sabiduría, conjunto de conocimientos.

SABICHOSO, A adj. Cuba y P. Rico. Entendido, sabiondo.

SABICÚ s.m. Cuba. Árbol de madera dura y flores blancas y amarillas. (Familia papilionáceas.)

SABIDO, A adj. Se dice de la persona que sabe o entiende mucho de algo.

SABIDURÍA s.f. Conjunto de conocimientos profundos que una persona ha adquirido sobre una materia a través del estudio o la experiencia. SIN. *sapiencia*. **2.** Capacidad para actuar con prudencia y equidad.

SABIENDAS (A) loc. Con conocimiento e intencionadamente.

SABIHONDO, A adj. y s. Fam. → SABIONDO.

SABINA s.f. (lat. *sabina*). Arbusto originario de Europa meridional, cuyas hojas tienen propiedades medicinales.

SABINO, A adj. y s. De un ant. pueblo de Italia central que se fundió con los romanos tras la guerra que mantuvieron con estos provocada, según la leyenda, por el rapto de las sabinas.

SABIO, A adj. y s. (lat. *sapidus*, sabroso, prudente, juicioso). Que ha adquirido un conjunto de conocimientos profundos sobre una materia a través del estudio o la experiencia. **2.** Se dice de la persona prudente, equilibrada y sensata. ◆ adj. Dicho o hecho propio de una persona sabia. **2.** Se dice del animal que tiene muchas habilidades.

SABIONDO, A o **SABIHONDO, A** adj. y s. Fam. Se dice de la persona que presume de saber mucho, o de saber más de lo que en realidad sabe.

SABLAZO s.m. Golpe dado con un sable. **2.** Herida o marca que deja este golpe. **3.** Fig. y fam. Acción de obtener dinero de alguien con habilidad o descaro y sin intención de devolverlo.

1. SABLE s.m. (del alem. ant. *sabel*). Arma blanca curva, larga y generalmente con un solo filo. **2.** Cuba. Pez plateado brillante, de cuerpo delgado y aplastado. **3.** DEP. Arma de esgrima,

■ SABANA. Paisaje de sabana arbórea en el parque nacional de Samburu (Kenia).

de unos 500 g, con una concha prolongada hasta el pomo para proteger la parte superior de la mano.

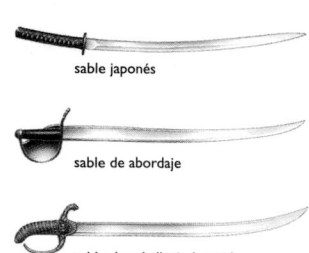

sable japonés

sable de abordaje

sable de caballería (s. XVIII)

■ **SABLES**

2. SABLE s.m. (fr. *sable*). HERÁLD. Esmalte heráldico de color negro.

SABLEAR v.intr. *Fam.* Obtener dinero de alguien con habilidad o descaro y sin intención de devolverlo.

SABLERO, A adj. y s. Chile. *Fam.* Sablista.

SABLISTA adj. y s.m. y f. Persona que sablea. SIN.: *sableador.*

SABOGA s.f. Pez parecido al sábalo, que vive en el litoral de la península Ibérica. (Familia clupeidos.)

SABOR s.m. (lat. *sapor, -oris*). Cualidad de una sustancia que es percibida por el sentido del gusto. **2.** Sensación que una sustancia produce al ser percibida por el sentido del gusto. **3.** *Fig.* Impresión que produce algo. **4.** *Fig.* Semejanza que una cosa tiene con otra a la que recuerda.

SABOREAR v.tr. y prnl. Paladear detenidamente y con placer lo que se come o se bebe. **2.** *Fig.* Disfrutar una cosa lentamente para apreciar mejor sus cualidades.

SABOREO s.m. Acción y efecto de saborear o saborearse.

SABOTAJE s.m. Daño intencionado que se ocasiona a una empresa, institución, un organismo o gobierno para presionarlos y conseguir un determinado objetivo. **2.** *Fig.* Oposición u obstrucción intencionada contra un proyecto, una idea, actividad, etc. para que estos fracasen.

SABOTEAR v.tr. (del fr. *sabot,* zueco). Llevar a cabo un sabotaje.

SABOYANA s.f. Dulce elaborado con bizcocho empapado en almíbar y rociado con ron, al que se prende fuego en el momento de servirlo.

SABOYANO, A adj. y s. De Saboya.

SABROSO, A adj. (lat. tardío *saporosus*). Que es agradable al sentido del gusto. **2.** *Fig.* Sustancioso, interesante. **3.** *Fig.* Malicioso, picante, gracioso.

SABUCO s.m. Saúco.

SABUESO, A adj. y s.m. (bajo lat. *segusius*). Se dice del perro podenco de mayor tamaño que el común y de olfato muy fino. ◆ s.m. y f. *Fig. y fam.* Policía, detective. **2.** *por ext.* Persona hábil para investigar y descubrir cosas.

SABUGO s.m. Saúco.

SABURRA s.f. Capa gruesa blanquecina de células epiteliales descamadas que cubre el dorso de la lengua y que aparece principalmente en las alteraciones del tubo digestivo. SIN.: *sarro.*

SABURROSO, A adj. Que está cubierto de saburra: *lengua saburrosa.*

1. SACA s.f. (de *saco*). Bolsa o saco muy grande, de tela fuerte, más largo que ancho.

2. SACA s.f. Acción de sacar o el estanquero del depósito los efectos para después se venden al público.

SACABOCADOS s.m. (pl. *sacabocados*). Instrumento de boca hueca y contorno cortante en forma de punzón o tenazas que sirve para taladrar chapa metálica, láminas de cuero, corcho, cartón, etc. (También *sacabocado.*)

SACACORCHOS s.m. (pl. *sacacorchos*). Instrumento que consiste en un tornillo de metal, provisto de un mango, para quitar el tapón de una botella.

SACACUARTOS s.m. (pl. *sacacuartos*). Esp. *Fam.* Cosa de escaso valor o interés, pero atrayente, en la que una persona gasta su dinero. ◆ s.m. y f. Esp. Persona que tiene habilidad para sacar dinero a otra mediante el engaño.

SACADOR s.m. Tablero de la máquina de imprimir, en el que se pone el papel que va saliendo impreso.

SACADURA s.f. Chile. Acción y efecto de sacar.

SACALECHES s.m. (pl. *sacaleches*). Instrumento para extraer la leche de la glándula mamaria.

SACAMANCHAS s.m. (pl. *sacamanchas*). Quitamanchas.

SACAMANTECAS s.m. y f. (pl. *sacamantecas*). *Fam.* Criminal que destripa a sus víctimas.

SACAMUELAS s.m. y f. (pl. *sacamuelas*). *Fam. y desp.* Dentista. **2.** *Fig. y fam.* Charlatán.

SACAPUNTAS s.m. (pl. *sacapuntas*). Afilalápices.

SACAR v.tr. [1]. Poner algo o a alguien fuera del lugar donde estaba encerrado o situado. **2.** Hacer que una persona salga de una mala situación: *sacar de la miseria.* **3.** Conseguir, obtener. **4.** Sonsacar: *sacar detalles del suceso.* **5.** Ganar algo por suerte: *sacar un premio de la lotería.* **6.** Comprar una entrada o billete. **7.** Resolver algo que implica un ejercicio mental mediante deducciones: *sacar un misterio.* **8.** Aplicar o atribuir a alguien apodos, defectos, etc. **9.** Resolver algo que implica un ejercicio mental mediante la aplicación de los conocimientos adquiridos: *sacar una suma.* **10.** *Fam.* Hacer una fotografía. **11.** Extraer de una cosa alguna de sus partes o componentes. **12.** Extraer citas, notas, etc., de un texto. **13.** Hacer sobresalir una parte del cuerpo. **14.** Producir, fabricar. **15.** Aventajar una persona a otra en algo: *le sacó más de un minuto.* **16.** Alargar el dobladillo o ensanchar las costuras de una prenda de vestir. **17.** Inventar o divulgar un producto, moda, canción, etc. **18.** Exteriorizar, manifestar: *sacar el genio.* **19.** Citar, nombrar. **20.** Desenvainar un arma. **21.** Elegir por sorteo o votación: *sacar alcalde.* **22.** Poner un jugador de un equipo la pelota en juego al inicio del partido o tras una interrupción del juego. ◇ **Sacar a bailar** Invitar una persona a otra a bailar con ella. **Sacar adelante** Criar, mantener, ayudar, etc., a alguien hasta que pueda valerse por sí mismo; poner en marcha un negocio, asunto, etc., o salvarlo de la crisis. **Sacar de la nada** Elevar de posición o promocionar a alguien económicamente débil. **Sacar de sí** Enfurecer, indignar. **Sacar en claro**, o **en limpio** Lograr aclarar algo. **Sacarle a algo** Méx. *Fam.* Tener miedo de ello: *le sacó a ir sola.*

SACARASA s.f. Invertasa.

SACARÍFERO, A adj. Que produce o contiene azúcar.

SACARIFICAR v.tr. [1]. Convertir una sustancia en azúcar.

SACARIMETRÍA s.f. Procedimiento para medir la cantidad de azúcar en disolución de un líquido.

SACARÍMETRO s.m. Instrumento para medir la cantidad de azúcar en disolución de un líquido.

SACARINA s.f. Sustancia blanca, derivada del tolueno, de sabor dulce. (La *sacarina* se utiliza como sucedáneo del azúcar.)

SACARINO, A adj. Que tiene azúcar. **2.** Que se asemeja al azúcar.

SACAROIDEO, A adj. Que tiene una estructura similar al azúcar: *yeso sacaroideo.*

SACAROMICETÁCEO, A adj. y s.f. Blastomicete.

SACAROSA s.f. Glúcido del grupo de los ósidos que, por hidrólisis, se desdobla en glucosa y en fructosa, y constituye el azúcar de caña y el de remolacha.

SACARURO s.m. FARM. Granulado.

SACASEBO s.m. Planta gramínea silvestre que sirve de pasto al ganado.

SACATESTIGOS s.m. (pl. *sacatestigos*). Instru-

mento que permite cortar y extraer muestras de terrenos.

SACATINTA s.f. Arbusto originario de América Central, de 1 m de alt. aprox. (De las hojas de la *sacatinta* se extrae un tinte azul violeta; familia acantáceas.)

SACAVUELTAS s.m. y f. (pl. *sacavueltas*). Chile. *Fig., fam. y desp.* Persona que rehúye una obligación, responsabilidad o trabajo.

SACERDOCIO s.m. Cargo o estado del sacerdote. **2.** *Fig.* Actividad que se realiza con abnegación.

SACERDOTAL adj. Relativo al sacerdocio o a los sacerdotes.

SACERDOTE, TISA s. (lat. *sacerdos, -dotis*). Persona consagrada a una divinidad que tiene por oficio ofrecerle sacrificios. ◆ s.m. Miembro masculino de la Iglesia católica que ha sido ordenado y que puede celebrar misa. ◇ **Sumo sacerdote** Jefe de los sacerdotes del templo de Jerusalén.

SACHACABRA s.m. Argent. Mamífero rumiante similar al corzo.

SACHAGUASCA s.f. Argent. Planta enredadera con propiedades medicinales. (Familia bignoniáceas.)

SACHET s.m. Argent. Envase sellado de plástico flexible o celofán para contener líquidos. (También *saché.*)

SACHO s.m. (lat. *sarculum,* azada para escardar). Chile. Instrumento que consiste en un armazón de madera con una piedra y que se utiliza como ancla.

SACIAR v.tr. y prnl. (lat. *satiare*). Satisfacer plenamente el hambre o la sed. **2.** *Fig.* Satisfacer plenamente ambiciones, deseos, intenciones, etc.

SACIEDAD s.f. (lat. *satietas, atis*). Estado de satisfecho o de harto. ◇ **Hasta la saciedad** Muchas veces, hasta el agotamiento: *repetir algo hasta la saciedad.*

1. SACO s.m. (lat. *saccus*). Receptáculo de material flexible, generalmente de forma rectangular, abierto por arriba que sirve para guardar o transportar algo; contenido de este receptáculo. **2.** *Fig. y fam.* Persona que tiene en abundancia una cualidad o un defecto que se indica. **3.** Prenda de vestir muy amplia. **4.** Amér. Prenda de abrigo con mangas que cubre el cuerpo desde el cuello hasta la cintura o las caderas, abierta por delante: *saco de lana.* GEOSIN.: Esp. *chaqueta.* **5.** Amér. Prenda de vestir con mangas que cubre el cuerpo desde el cuello hasta las caderas, se cierra por delante y, generalmente, tiene solapas y bolsillos. GEOSIN.: Chile. *vestón;* Cuba. *leva;* Esp. *americana;* Urug. *chapona.* **6.** ANAT. Estructura del organismo en forma de bolsa, cubierta por una membrana. **7.** Petate del soldado. ◇ **Carrera de sacos** Competición que consiste en que cada participante corre metido hasta la cintura en un saco que sostiene con las manos. **No echar en saco roto** *Fam.* No olvidar algo, tenerlo en cuenta para poder sacar algún provecho. **Saco de dormir** Saco almohadillado o forrado donde se mete una persona para dormir, generalmente a la intemperie o en una tienda de campaña. **Saco embrionario** BOT. Conjunto de células de ocho núcleos haploides contenido en el óvulo de las fanerógamas y que constituye el prótalo femenino, en el cual sufrirá una doble fecundación y proporcionará la plántula, a partir de la oosfera, y el albumen, a partir del núcleo secundario.

2. SACO s.m. (ital. *sacco*). *Poét.* Saqueo: *el saco de Roma.* ◇ **Entrar a saco** Saquear.

SACÓN, NA adj. Méx. *Fam.* Miedoso, cobarde: *no seas sacón, no te va a morder el perro.*

SACRALIZACIÓN s.f. Acción de sacralizar. **2.** MED. Anomalía de la quinta vértebra lumbar al unirse a la primera sacra formando una masa única y sólida.

SACRALIZAR v.tr. [7]. Dar carácter sagrado a algo.

SACRAMENTAL adj. Relativo a los sacramentos. ◆ s.m. REL. Rito sagrado instituido por la Iglesia católica para obtener un efecto espiritual.

SACRAMENTAR v.tr. y prnl. Administrar un sacerdote a una persona moribunda los últimos sacramentos.

SACRAMENTO s.m. Acto religioso destinado a la santificación de aquel que lo recibe. (La Iglesia católica y las Iglesias orientales reconocen siete *sacramentos*: bautismo, confirmación, eucaristía, penitencia, extremaunción, orden y matrimonio; la Iglesia protestante solo reconoce dos *sacramentos*: el bautizo y la eucaristía o santa cena.) **2.** TEOL. Signo sagrado instituido por Jesucristo que significa y da, o aumenta, la gracia. ◇ **Con todos los sacramentos** *Fig.* Con todos los requisitos necesarios. **Santísimo**, o **santo**, **sacramento** Pan consagrado durante la celebración de la misa y que para los cristianos es Jesús. (También *santísimo*.) **Últimos sacramentos** Sacramentos que el sacerdote administra a una persona moribunda. (Los *últimos sacramentos* son penitencia, eucaristía y extremaunción.)

SACRIFICADOR, RA adj. y s. Que sacrifica. ◆ adj. y s. Se dice del sacerdote que ofrecía sacrificios.

SACRIFICAR v.tr. (lat. *sacrificare*) [1]. Ofrecer algo a una divinidad en señal de adoración, expiación, etc. **2.** Matar reses para el consumo humano. **3.** Matar un animal moribundo. **4.** *Fig.* Exponer a un riesgo o situación desfavorable para obtener algún beneficio. ◆ **sacrificarse** v.prnl. *Fig.* Renunciar a algo o hacer algo que a uno no gusta o que implica mucho esfuerzo para beneficiar a alguien u obtener algo: *sacrificarse por los hijos.*

SACRIFICIO s.m. (lat. *sacrificium*). Ofrenda hecha a una divinidad en señal de adoración, expiación, etc. **2.** *Fig.* Renuncia voluntaria a algo o privación u obligación que una persona se impone para beneficiar a alguien u obtener algo. ◇ **Sacrificio cruento** Sacrificio en que se inmolaban animales. **Sacrificio del altar** o **santo sacrificio** Misa.

SACRILEGIO s.m. (lat. *sacrilegium*). Profanación de alguien o algo sagrado.

SACRÍLEGO, A adj. y s. (lat. *sacrilegus*, ladrón de objetos sagrados, de *sacer*, sagrado, y *legere*, coger). Que comete sacrilegio. ◆ adj. Que contiene o implica sacrilegio; *acción, intención sacrílega*.

SACRISTÁN, NA s. (bajo lat. *sacristans, -antem*). Persona que se encarga del cuidado de la iglesia y de los objetos que se guardan en la sacristía. (El *sacristán* puede ayudar al sacerdote en el servicio de la misa.)

SACRISTÍA s.f. Parte de la Iglesia donde se guardan los ornamentos y objetos del culto y se reviste el sacerdote.

SACRO, A adj. (lat. *sacer, -cra, -crum*). Sagrado: *arte sacro*. **2.** ANAT. Relativo al hueso sacro. ◆ adj. y s.m. ANAT. Se dice del hueso formado por la soldadura de cinco vértebras, situado entre los dos ilíacos o coxales con los que forma la pelvis, y que sirve de soporte básico a la columna vertebral.

SACROILÍACO, A adj. Se dice de la articulación del sacro con los dos huesos ilíacos.

SACROSANTO, A adj. Que reúne las cualidades de sagrado y santo.

SACUDIDA s.f. Acción y efecto de sacudir: *sacudida sísmica*.

SACUDIDOR, RA adj. Que sacude. ◆ s.m. Instrumento para sacudir una cosa y así limpiarla.

SACUDIR v.tr. (lat. *succutere*). Agitar violentamente. **2.** Golpear o agitar una cosa en el aire con violencia para limpiarla. **3.** *Fam.* Pegar, golpear a una persona. ◆ v.tr. y prnl. Apartar una persona o animal una cosa molesta que está a su alrededor o que tiene encima. ◆ **sacudirse** v.prnl. *Fig.* y *fam.* Deshacerse de alguien o algo.

SACUDÓN s.m. *Amér.* Sacudida rápida y violenta.

SÁCULO s.m. Cavidad del oído interno que contiene los receptores sensibles del sentido del equilibrio.

SÁDICO, A adj. Relativo al sadismo. ◆ adj. y s. Que siente placer viendo sufrir a los otros. ◇ **Estadio sádico-anal** PSICOANÁL. Segundo estadio del desarrollo libidinal, entre los dos y los cuatro años, centrado alrededor de la zona anal, que se convierte en zona erógena dominante.

SADISMO s.m. (del marqués de *Sade*, escri-

tor francés). Comportamiento sexual que consiste en infligir sufrimientos a otra persona para conseguir excitación o satisfacción sexual. **2.** Crueldad que causa placer en la persona que la ejecuta.

SADOMASOQUISMO s.m. PSICOANÁL. Asociación o alternancia de tendencias sádicas y masoquistas.

SADOMASOQUISTA adj. y s.m. y f. PSICOANÁL. Que presenta sadomasoquismo.

SADUCEO, A adj. y s. Relativo a un grupo judío opuesto a la de los fariseos, que negaba la inmortalidad del alma; miembro de esta secta.

SAE s.f. (sigla de *Society of automotive engineers*). Clasificación **SAE** Clasificación de los aceites para motores según su viscosidad.

SAETA s.f. (lat. *sagitta*). *Poét.* Flecha. **2.** Manecilla del reloj o la brújula. **3.** Copla flamenca de carácter religioso que generalmente se canta en las procesiones de semana santa.

SAETERA s.f. Abertura larga y estrecha en el muro de una fortificación por la que se disparaban saetas. **2.** Ventana pequeña y estrecha.

SAFARI s.m. (voz inglesa, del ár. *safara*, viajar). Expedición de caza mayor, especialmente la que tiene lugar en África. **2.** Parque zoológico en el que viven animales salvajes en libertad. ◇ **Safari fotográfico** Expedición para fotografiar animales salvajes en su hábitat natural.

SAFENA s.f. y adj. (ár. *safin*). ANAT. Vena de la extremidad inferior. (Hay dos *venas safenas*.)

SÁFICO, A adj. Relativo a Safo o al safismo.

SAFIO s.m. *Cuba.* Pez similar al congrio (Familia anguílidos).

SAFISMO s.m. (de *Safo*, poeta griega). *Poét.* Lesbianismo.

SAGA s.f. Historia sobre varias generaciones de una misma familia. **2.** Narración épico-legendaria de la antigua literatura nórdica.

SAGACIDAD s.f. Cualidad de sagaz.

SAGAZ adj. (lat. *sagax, -acis*, que tiene buen olfato, sagaz, de *sagire*, oler la pista). Que tiene una habilidad especial para comprender o percibir una cosa de manera clara y rápida: *detective sagaz*. **2.** Se dice del animal, especialmente del perro, hábil para percibir la presencia de la caza.

SAGITA s.f. Porción de recta comprendida entre el punto medio de un arco de círculo y el de su cuerda.

SAGITADO, A adj. BOT. Que tiene forma de flecha.

SAGITAL adj. Que tiene forma de saeta. **2.** Que está dispuesto siguiendo el plano de simetría: *corte sagital.* ◇ **Sutura sagital** ANAT. Sutura articular que une los dos parietales.

SAGITARIA s.f. Planta herbácea acuática de hojas aéreas en forma de punta de flecha. (Familia alismáceas.)

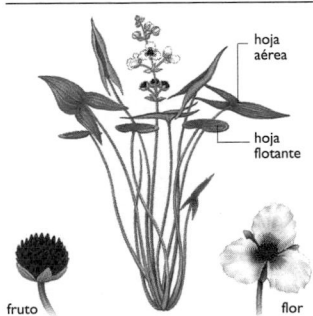

- hoja aérea
- hoja flotante
- fruto
- flor

■ **SAGITARIA**

SAGITARIO adj. y s.m. y f. (pl. *sagitario*). Se dice de la persona nacida entre el 23 de noviembre y el 21 de diciembre, bajo el signo de Sagitario. (Suele escribirse con mayúscula.) [V. parte n. pr.]

SAGRADO, A adj. (lat. *sacratus*, de *sacrare*, consagrar). Que está dedicado a una divini-

dad o a su culto. SIN.: *sacro*. **2.** *Fig.* Que merece un respeto absoluto. ◆ s.m. Lugar dedicado al culto cristiano donde los agentes de la justicia no podía apresar a un delincuente que se había refugiado en él.

SAGRARIO s.m. Parte de un templo donde se guardan las cosas sagradas. **2.** Lugar de una iglesia católica donde se guardan las hostias consagradas. **3.** Capilla de una catedral que sirve de parroquia.

SAGÚ s.m. Palmera tropical, de hasta 5 m de alt., cuyo tronco posee una médula abundante en fécula. (El palmito del *sagú* es comestible.)

SAGUAIPÉ s.m. *Argent.* Sanguijuela. **2.** *Argent., Par.* y *Urug.* Ducla, gusano.

SAHARAUI adj. y s.m. y f. Del Sahara Occidental.

SAHARIANA s.f. Saco o chaqueta de tela delgada y ligera con bolsillos sobrepuestos y cinturón.

SAHARIANO, A adj. y s. Del Sahara.

SAHEL s.m. Relieve formado por las colinas litorales arenosas o de areniscas del N de África.

SAHELIANO, A adj. Relativo al sahel o a Sahel.

SÁHIB s.m. Tratamiento de respeto que utilizaban los indígenas de la India en la época colonial para dirigirse a los blancos.

SAHUÍ s.m. Simio originario de la selva virgen de Brasil y Venezuela, de pequeño tamaño y platirrino.

SAHUMAR v.tr. y prnl. [22]. Dar humo aromático a una cosa.

SAHUMERIO s.m. Acción y efecto de sahumar. **2.** Humo que despide la sustancia aromática con la cual se sahúma. **3.** Sustancia aromática con que se sahúma.

SAÍ s.m. Caí.

SAIGA s.f. Mamífero artiodáctilo originario de las estepas asiáticas, de hocico protráctil en forma de trompa y cuernos de color ámbar.

SAÍN s.m. (del lat. *sagina*, engorde de animales). Grasa de un animal.

SAINETE s.m. Obra teatral breve, jocosa y de carácter popular. **2.** *Fig.* y *fam.* Acontecimiento grotesco o ridículo. **3.** Adorno que realza la gracia o el mérito de otra cosa.

SAINETERO, A s. Persona que escribe sainetes. SIN.: *sainetista*.

SAÍNO s.m. Mamífero artiodáctilo originario de América de unos 50 cm de alt., sin cola, de pelaje relativamente corto y de color rojo grisáceo con un collar blanco alrededor del cuello. (Familia suidos.)

SAJADURA s.f. CIR. Corte hecho en la carne.

SAJAR v.tr. CIR. Hacer sajaduras.

SAJÓN, NA adj. y s. De un pueblo germánico que habitaba en Frisia y en los países de la desembocadura del Elba. **2.** Anglosajón. **3.** De Sajonia. ◆ s.m. Conjunto de dialectos del germánico occidental derivados de la lengua del pueblo establecido a partir del s. II en la desembocadura del Elba.

ENCICL. En el s. V, los sajones emprendieron la colonización del S de la isla de Britania. En Germania, llegaron hasta el Saale. Carlomagno los sometió (772-804) y les impuso el cristianismo.

SAJÚ s.m. Caí, simio.

SAJURIANA s.f. Danza antigua de Argentina y Chile, en que los danzarines hacen resbalar el pie escobillando el suelo, y la pareja traza un ocho en el suelo.

SAKALAVA o **SAKALAVE**, pueblo del O de Madagascar que habla una lengua malayo-polinesia.

SAKE s.m. Bebida alcohólica japonesa que se obtiene de la fermentación artificial del arroz.

SAKI s.m. Saki de cabeza blanca Simio originario de América Meridional, de unos 80 cm de long. y pelambre espesa.

SAKTISMO s.m. Doctrina religiosa de la India, propia de ciertas corrientes (visnuismo, sivaísmo, tantrismo), que otorga a la energía creadora femenina, llamada *sakti*, un papel importante en la liberación del ciclo de renovación y en la historia del universo.

SAL s.f. (lat. *sal, salis*). Sustancia blanca, cristalizada, soluble y de gusto acre, que se emplea como condimento. **2.** *Fig.* Gracia, agudeza, ingenio, garbo, desenvoltura en gestos y ademanes. **3.** QUÍM. Compuesto formado por la sustitución del hidrógeno de un ácido por un metal. ◆ **sales** s.f.pl. Sustancia salina que se da a respirar para reanimar. ◇ **Echar la sal** Méx. *Fam.* Comunicar la mala suerte a algo o a alguien. **Sal de Glauber** Sulfato sódico monoclínico. **Sal de Inglaterra**, o **de Sedlitz**, o **de Epsom**, o **de magnesia** Sulfato magnésico. **Sal de Saturno** Acetato de plomo cristalizado. **Sal de Vichy** Bicarbonato sódico. **Sal diurética** Diurético que elimina del riñón cloruros de sodio y de potasio. **Sales de baño** Sustancia cristaloide, perfumada, que se mezcla con el agua del baño. **Sal gema** Mineral que tiene la composición del cloruro sódico; roca sedimentaria constituida por este mineral. **Sal marina** Cloruro sódico obtenido por evaporación del agua de mar.

SALA s.f. (del germ. *sal*, edificio de una única sala). Habitación de una casa donde se reciben las visitas. SIN.: *salón*. **2.** Conjunto de muebles de esta habitación. SIN.: *salón*. **3.** Habitación de un edificio destinada a un fin determinado: *sala de conferencias; sala de máquinas.* **4.** Conjunto de personas que asistan a un acto o espectáculo. **5.** Local donde se reúne un tribunal de justicia para celebrar audiencias. **6.** Sección administrativa o jurisdiccional de un tribunal colegiado. **7.** Conjunto de magistrados de una sección de un tribunal colegiado. ◇ **Sala de fiestas** Local de baile o cabaret. **Sala de gobierno** Órgano gubernativo de un tribunal colegiado, audiencia o tribunal supremo. **Sala de Justicia** Órgano jurisdiccional del tribunal que conoce y resuelve los procesos de su competencia. **Sala de operaciones** Quirófano.

SALABARDO s.m. Saco o manga de red para extraer la pesca de las redes grandes. SIN.: *salabre*. **2.** Arte de pesca de arrastre para capturar peces pequeños. SIN.: *salabre*.

SALACOT s.m. (tagalo *salakót*) [pl. *salacots*]. Sombrero ligero, redondeado en su parte superior, que se usa en países cálidos.

SALADERO s.m. Lugar donde se salan carnes o pescados.

SALADILLA s.f. Arbusto ramoso, de hojas pequeñas y ovales, que crece en terrenos salobreños. (Familia quenopodiáceas.)

SALADILLO, A adj. Se dice del fruto seco y la semilla salados, como la almendra o el maní.

SALADO, A adj. Que tiene sal. **2.** Que tiene exceso de sal. **3.** *Fig.* Gracioso, agudo. **4.** Argent., Chile y Urug. *Fig. y fam.* Caro, costoso. **5.** C. Rica, Cuba, Ecuad., Guat., Méx., Perú y P. Rico. Se dice del que tiene mala suerte, poco afortunado, desgraciado.

SALADURA s.f. Acción y efecto de salar.

SALAFISMO s.m. Movimiento reformista del islam surgido en el s. XIX, que defiende un retorno a la religión pura antigua.

SALAFISTA adj. y s. m. y f. Relativo al salafismo; partidario de este movimiento.

SALAMANCA s.f. Argent. Salamandra de cabeza chata que se encuentra en las cuevas y que los indios consideran espíritu del mal. **2.** Argent., Chile y Urug. Cueva natural que hay en algunos cerros.

SALAMANDRA s.f. (lat. *salamandra*, del gr. *salamándra*). Anfibio urodelo de piel lisa, de color negro con manchas amarillas, que tiene la forma de un lagarto. (La salamandra gigante de Japón, que mide más de 1 m de long., es el anfibio más grande.) **2.** Estufa de combustión lenta que utiliza generalmente carbón.

■ **SALAMANDRA** común.

SALAMANQUÉS, SA adj. y s. Salmantino.

SALAMANQUESA s.f. Saurio originario del Mediterráneo de hasta unos 16 cm de long., la mitad de los cuales pertenecen a la cola, y de patas cortas. (Familia gecónidos.)

SALAME adj. y s.m. y f. Argent., Par. y Urug. Tonto, ingenuo.

SALAMI s.m. (voz italiana, pl. de *salame*). Embutido de carne vacuna y de cerdo, picadas y curadas.

SALAMÍN, NA adj. y s.m. y f. Argent. *Fig. y fam.* Salame, tonto, ingenuo. ◆ s.m. Argent., Par. y Urug. Salami en forma de chorizo.

SALANGANA s.f. Ave apodiforme originaria de Asia y Oceanía de pequeño tamaño, plumaje pardusco, alas grandes y cola corta y rectangular. (La salangana construye su nido [*nido de golondrina*] con algas aglomeradas.)

1. SALAR v.tr. Poner un alimento en sal para que se conserve. **2.** Echar sal a la comida. **3.** Echar demasiada sal a una comida. ◆ v.tr. y prnl. Argent. y C. Rica. Dar o causar mala suerte. **2.** C. Rica, Guat., Nicar., Perú y P. Rico. Desgraciar, echar a perder. **3.** Cuba, Hond. y Perú. Manchar, deshonrar. **4.** Méx. Comunicar mala suerte.

2. SALAR s.m. Cuenca endorreica en la que a menudo se forma una laguna temporal que deposita costras salinas al desecarse en la estación calurosa. (Los *salares* son frecuentes en las cuencas altas de las grandes cordilleras, especialmente la de los Andes.)

SALARIAL adj. Relativo al salario. ◇ **Masa salarial** Suma de remuneraciones percibidas por un conjunto de trabajadores asalariados.

SALARIO s.m. (lat. *salarium*, suma que se daba a los soldados para comprar sal). Cantidad de dinero que un trabajador recibe, generalmente cada mes, de una persona, empresa o institución a cambio del trabajo realizado para ellos. ◇ **Hoja de salario** Documento justificativo del pago del salario que el empresario debe entregar al asalariado en el momento de efectuar el pago. **Salario base** Suma mensual utilizada para el cálculo de las prestaciones familiares, y calculada siguiendo unos puntos cuyo valor está determinado por acuerdos fijados, llegado el caso, por las convenciones colectivas. **Salario bruto** Salario fijado antes de hacer las retenciones o de sumar las primas. **Salario mínimo interprofesional** Esp. Salario mínimo, fijado anualmente por el gobierno, bajo todo tipo de profesiones y categorías, por debajo del cual está prohibido remunerar a un trabajador. **Salario neto** Salario que se percibe tras haberse efectuado las retenciones o sumado las primas. **Salario real** Salario que expresa el poder adquisitivo real en función del coste de la vida.

SALAZ adj. y s. (lat. *salax, -acis*, que está en celo). Lujurioso. SIN.: *libidinoso.*

SALAZÓN s.f. Acción y efecto de salar o curar con sal un alimento para conservarlo. **2.** Alimento que se pone en sal para que se conserve. **3.** Industria de salar estos alimentos. **4.** Actividad dedicada al comercio de estos alimentos. **5.** Amér. Central, Cuba y Méx. Desgracia, mala suerte.

SALBANDA s.f. (alem. *salband*). MIN. Capa untuosa que se encuentra en la separación de un filón o una falla en contacto con sus paredes hastiales.

SALCE s.m. Sauce.

SALCEDO s.m. Saucedal, terreno poblado de sauces. SIN.: *salceda, saucedo.*

SALCHICHA s.f. (ital. *salciccia*). Embutido de carne picada, generalmente de cerdo, y especias, en tripa delgada y corta.

SALCHICHERÍA s.f. Establecimiento donde se venden salchichas y embutidos en general.

SALCHICHERO, A s. Persona que tiene por oficio hacer o vender embutidos y otros productos de cerdo.

SALCHICHÓN s.m. Embutido de jamón y tocino mezclado con pimienta en grano, en tripa gruesa y que se come crudo.

SALCOCHAR v.tr. Cocer un alimento, generalmente carnes, solo con agua y sal.

SALCOCHO s.m. Amér. Cocción de un alimento en agua y sal para después condimentarlo. **2.** Cuba. Conjunto de restos de comida destinados al engorde de los cerdos.

SALDAR v.tr. (ital. *saldare*, soldar, consolidar, saldar). Pagar una deuda o cuenta. **2.** *Fig.* Poner fin a alguna cosa o situación: *saldar diferencias.* **3.** Vender una mercancía a bajo precio para acabar con las existencias de esta.

SALDO s.m. (ital. *saldo*, entero, intacto). Resultado final de un asunto o situación que se obtiene tras comparar los aspectos negativos con los positivos. **2.** Diferencia entre los totales del debe y el haber de una cuenta. **3.** Mercancía que se vende a bajo precio para acabar con las existencias de esta. **4.** *Fig.* Cosa que se considera de poco valor. **5.** Pago de una deuda o cuenta.

SALEDIZO, A adj. Saliente. SIN.: *salido.* ◆ s.m. ARQ. y CONSTR. Parte del edificio que sobresale de la pared maestra de un edificio.

■ **SALEDIZOS** en Albarracín, Teruel.

SALERO s.m. Recipiente donde se guarda la sal que se usa para cocinar. **2.** Recipiente de tapa agujereada donde se guarda la sal que se usa en la mesa para condimentar la comida. **3.** *Fig. y fam.* Gracia, donaire: *andar con salero.*

SALEROSO, A adj. *Fam.* Que tiene salero, gracia y simpatía.

SALESA s.f. y adj. Religiosa de la congregación de la Visitación de María.

SALESIANO, A adj. y s. Se dice del miembro de la congregación de religiosos (sociedad de padres de san Francisco de Sales) fundada en 1859 por san Juan Bosco, en Turín, y de la congregación de religiosas (hijas de María Auxiliadora) fundada también por el mismo en Turín, en 1872, dedicado a la educación de la juventud.

SÁLIBA → **SÁLIVA.**

SALICÁCEO, A adj. y s.f. Relativo a una familia de árboles con flores sin pétalos, como el sauce y el álamo.

SALICARIA s.f. Planta de flores purpúreas y fruto capsular que vive en lugares húmedos. (La *salicaria* se empleaba antiguamente en medicina por sus propiedades astringentes. Familia litráceas.)

SALICILADO, A adj. Relativo al ácido salicílico o a sus sales.

SALICILATO s.m. Sal o éster del ácido salicílico.

SALICÍLICO, A adj. Se dice del ácido que posee propiedades antisépticas y antiinflamatorias.

SÁLICO, A adj. Relativo a los francos salios. ◇ **Ley sálica** HIST. Ley que impedía que una mujer y sus descendientes ocuparan el trono de un país. (Esta disposición fue establecida en Francia en el s. XIV. Fue introducida en España por Felipe V [1712], y posteriormente en Suecia [1810, derogada en 1979] y Bélgica [derogada en 1991, tras estar vigente más de sesenta años].)

SALICULTURA s.f. Explotación de las salinas. **2.** Industria salinera.

SALIDA s.f. Acción y efecto de salir o salirse. **2.** Parte por donde se sale de un lugar. **3.** Viaje, excursión o paseo. **4.** *Fig.* y *fam.* Dicho o hecho ocurrente, gracioso, oportuno o sorprendente. **5.** *Fig.* Medio o recurso para superar una dificultad o un peligro. **6.** *Fig.* Pretexto. **7.** Acción de iniciar un jugador un juego o una partida. **8.** Momento de comenzar una carrera. **9.** Lugar donde se sitúan los participantes para comenzar una carrera. **10.** Posibilidad de venta de una mercancía. **11.** Partida de data o de descargo en una cuenta **12.** Movimiento de gimnasia que se realiza en las barras asimétricas o en la barra fija, en el que el cuerpo, tras apoyarse en la barra, se proyecta fuera de esta para continuar o terminar el ejercicio. **13.** INFORMÁT. Operación de transferencia de información tratada y de resultados desde la unidad de tratamiento de la computadora a soportes de información externos. ◇ **Salida de baño** Albornoz para ponerse después del baño. **Salida de emergencia** Medio para permitir el acceso al exterior de un local, edificio, vehículo, etc., en caso de siniestro. **Salida de tono,** o **de pie de banco** Despropósito, disparate o dicho inconveniente.

SALIDO, A adj. Saliente. SIN.: *saledizo*, **2.** Se dice de la hembra de un animal mamífero que está en celo. **3.** *Fam.* Se dice de la persona que tiene un gran deseo sexual.

SALIDOR, RA adj. *Amér. Andariego, callejero.*

SALIENTE adj. y s.m. Que sobresale. SIN.: *saledizo, salido.* ◆ s.m. Oriente, levante. ◇ **Ángulo saliente** Ángulo cuya medida es inferior a 180°. CONTR.: *entrante.*

SALÍFERO, A adj. Salino, que contiene sal.

SALIFICABLE adj. QUÍM. Que puede proporcionar una sal.

SALIFICAR v.tr. [1]. QUÍM. Transformar una sustancia en sal.

SALINA s.f. (lat. *salina*). Explotación donde se beneficia de la sal obtenida por evaporación de las aguas del mar o de los lagos salinos por la acción del sol y del viento. (Suele usarse en plural.) **2.** Establecimiento industrial donde se obtiene sal a partir de la sal gema o de una salmuera, mediante calor artificial. **3.** Mina de sal. **4.** Yacimiento de sal gema.

SALINERO, A adj. Relativo a las salinas. **2.** Se dice del toro que tiene el pelo jaspeado de colorado y blanco.

SALINIDAD s.f. Contenido cuantitativo de sal que el agua lleva en disolución.

SALINO, A adj. Que contiene sal. SIN.: *salitroso.* **2.** Relativo a la sal: *sabor salino.* **3.** QUÍM. Que tiene las características de una sal. ◇ **Rocas salinas** Rocas sedimentarias solubles en el agua, que provienen de la evaporación del agua del mar en las lagunas (yeso, sal gema, etcétera).

SALIO, A adj. y s. De una de las facciones de los pueblos francos.

SALIR v.intr. y prnl. (lat. *salire*, saltar) [87]. Pasar del interior de un lugar cerrado o limitado al exterior. **2.** Dejar de desempeñar un oficio o cargo. **3.** Dejar de pertenecer a una asociación o grupo. **4.** Apartarse de lo regular o debido: *salirse de las normas.* ◆ v.intr. Partir una persona o un medio de transporte público hacia un lugar: *el avión sale a las tres.* **2.** Superar un peligro o situación difícil o molesta: *salir de un percance.* **3.** Desaparecer una mancha al limpiarla. **4.** Estar algo más alto o más afuera que otra cosa. **5.** Tener un lugar, especialmente una calle, salida a otro lugar. **6.** Aparecer en un medio de comunicación. **7.** Nacer, brotar: *empieza a salir el trigo.* **8.** Presentarse una ocasión, oportunidad, etc. **9.** Tener una cosa su causa u origen en otra cosa. **10.** Parecerse una persona a otra de su familia que tiene más edad. **11.** Resultar de una determinada manera: *salir muy listo.* **12.** Resultar elegido por sorteo o votación. **13.** Ser encontrado algo que estaba extraviado: *ya salieron las llaves.* **14.** Costar algo una determinada cantidad de dinero. **15.** Dar una operación matemática el resultado correcto: *salir una división.* **16.** Mostrar una persona su posición con respecto a algo o alguien que se está valorando: *salir en defensa de alguien.* **17.** Mantener una relación sentimental con una persona. **18.** Ir una persona a un lugar para realizar una actividad que le divierte: *salir a pescar.* **19.** Decir o hacer algo intempestivo o inesperado. **20.** Iniciar un jugador un juego o una partida. **21.** *Esp.* Resultar una cantidad para cada persona en un reparto. ◆ **salirse** v.prnl. Rebosar o derramarse un líquido del recipiente que lo contiene. **2.** Hacer los tantos o las jugadas necesarias para ganar en un juego. ◇ **Salir adelante** Superar una dificultad o circunstancia adversa; llegar a feliz término en un propósito o empresa. **Salir caro** Ocasionar algo mucho perjuicio o daño. **Salirse con la suya** Obtener una persona lo que se proponía.

SALISH, familia lingüística amerindia de la costa NO de Canadá y EUA. (De la cultura de los pueblos *salish* destaca la talla de la madera [canoas, tótems, utensilios].)

SALITRE s.m. (cat. *salnitre*). Nitrato de potasio. **2.** Sustancia salina, especialmente la que aflora en tierras y paredes. **3.** Chile. Nitrato de Chile, abono nitrogenado natural extraído del caliche.

SALITRERA s.f. Lugar donde hay mucho salitre. **2.** Chile. Centro de explotación del salitre.

SALITRERO, A adj. Relativo al salitre. **2.** Chile. Relativo al nitrato de Chile.

SALIVA s.f. (lat. *saliva*). Líquido alcalino claro y algo viscoso, segregado por las glándulas salivales. (La saliva contiene una enzima que comienza la digestión de los ósidos transformándolos en ósidos; también desempeña un papel mecánico al facilitar la lubricación y la deglución del bolo alimenticio.) ◇ **Gastar saliva** *Fam.* Hablar inútilmente, en general tratando de convencer a alguien. **Tragar saliva** *Fam.* Contener un enojo o indignación, sin exteriorizarlo, o soportar sin protestar algo que disgusta; turbarse, no acertar a hablar.

SÁLIVA o **SÁLIBA,** familia lingüística amerindia que incluye los pueblos *sáliva, piaroa* y *mako, que viven junto a los ríos Vichada, Guaviare* y **Meta,** afl. del Orinoco.

SALIVACIÓN s.f. Secreción de la saliva.

SALIVADERA s.f. *Amér. Merid.* Escupidera, recipiente para echar la saliva.

SALIVAL adj. Relativo a la saliva. ◇ **Glándulas salivales** ANAT. Glándulas que segregan la saliva. (Existen tres pares en el ser humano: *parótidas, submaxilares* y *sublinguales.*)

SALIVAR v.intr. Segregar saliva.

SALIVAZO s.m. Porción de saliva que se escupe de una vez.

SALIVERA s.f. Cuenta que se pone en el freno del caballo para que se refresque la boca. (Suele usarse en plural.)

SALMANTINO, A adj. y s. De Salamanca. SIN.: *salamanqués, salmanticense.*

SALMER s.m. ARQ. Piedra del muro, cortada en plano inclinado, de donde arranca un arco adintelado o escarzano.

SALMISTA s.m. Persona que escribe o canta salmos.

SALMO s.m. (lat. tardío *psalmus,* del gr. *psalmós,* melodía tocada con una lira). Canto litúrgico de la religión de Israel, presente en la liturgia cristiana, que contiene alabanzas a Dios.

SALMODIA s.f. (lat. tardío *psalmodia,* del gr. *psalmódia*). *Fig.* y *fam.* Canto monótono, sin inflexiones de voz. **2.** Música que acompaña a los salmos.

SALMODIAR v.tr. Cantar una canción con cadencia monótona. ◆ v.intr. Rezar o cantar salmos.

SALMÓN s.m. (lat. *salmo, -onis*). Pez de cuerpo alargado que puede alcanzar los 2 m de long., de color azulado en el dorso y plateado en el abdomen. (Familia salmónidos.) ◆ adj. y s.m. Se dice del color rosa anaranjado. ◆ adj. Que es de este color: *vestido salmón.* SIN.: *salmonado.*

SALMONADO, A adj. Se dice del pescado de carne de color anaranjado, como el de salmón. **2.** Que es de color rosa anaranjado: *tonos salmonados.* SIN.: *salmón.*

SALMONELLA s.f. Bacteria en forma de bacilo negativo que se multiplica en el organismo tras su ingestión y que produce salmonelosis.

SALMONELOSIS o **SALMONELLOSIS** s.f. MED. Enfermedad causada por la salmonela.

SALMONETE s.m. (fr. *surmulet*). Pez marino de color rojo y con dos barbillas en la mandíbula inferior. (Se distinguen dos especies de *salmonetes*: el *salmonete de roca,* o *rayado,* y el *salmonete de fango,* o *común*; familia múlidos.)

SALMONICULTURA s.f. Cultivo y reproducción de los salmones.

SALMÓNIDO, A adj. y s.m. Relativo a una familia de peces óseos con dos aletas dorsales, la segunda adiposa, que viven en aguas dulces, frías y oxigenadas, como la trucha y el salmón.

SALMOREJO s.m. Salsa picante elaborada con agua, vinagre, aceite, sal y pimienta.

SALMUERA s.f. Preparación líquida muy salada que se usa para conservar alimentos: *aceitunas en salmuera.* **2.** Líquido que sueltan las cosas saladas. **3.** Agua salada concentrada que se evapora para extraer la sal.

SALOBRE adj. Que contiene sal o sabe a sal. **2.** Se dice de las aguas que tienen cierta salinidad, generalmente menor que la del mar. **3.** Se dice de la fauna o de la flora que vive en dichas aguas.

SALOBREÑO, A adj. Se dice de la tierra que es salobre o contiene alguna sal.

SALOBRIDAD s.f. Cualidad de salobre.

SALOL s.m. Salicilato de fenilo, usado como antiséptico.

SALOMA s.f. Canto cadencioso que cantan varias personas que están realizando juntas un trabajo físico para hacer simultáneo el esfuerzo de todas.

SALOMAR v.tr. Acompañar un trabajo o esfuerzo con una saloma.

SALOMÓN s.m. (de *Salomón,* rey de Israel). Hombre de gran sabiduría.

SALOMÓNICO, A adj. Relativo a Salomón. ◇ **Columna salomónica** ARQ. Columna que tiene el fuste en forma helicoidal.

SALÓN s.m. Sala, habitación de una casa donde se reciben las visitas. **2.** Sala, conjunto de muebles de esta habitación. **3.** Sala grande y amplia de un edificio destinada a la recepción o a la celebración de fiestas, juntas o actos. **4.** Exposición periódica de obras de arte. **5.** Exposición periódica para promocionar los productos de un sector industrial: *el salón del automóvil.* **6.** Establecimiento público que presta un determinado servicio: *salón de belleza.* **7.** *Méx.* Aula. **8.** LIT. Reunión que celebraban hombres de mundo, escritores, artistas y políticos de los ss. XVII y XVIII alrededor de una mujer distinguida. ◇ **De salón** Propio de un ambiente frívolo y mundano.

SALPICADA s.f. *Méx.* Salpicadura.

SALPICADERA s.f. *Méx.* Guardabarros.

SALPICADERO s.m. *Esp.* Tablero situado en el interior de un automóvil, frente al asiento del conductor, donde están algunos mandos y luces indicadoras. SIN.: *tablier.* **2.** *Esp.* Tablero de control de un automóvil.

SALPICADURA s.f. Acción y efecto de salpicar. SIN.: *salpicón.* ◆ **salpicaduras** s.f.pl. Manchas que dejan las gotas que saltan de un líquido o sustancia pastosa en alguien o algo. **2.** *Fig.* Perjuicio superficial que algo negativo que atañe directamente a una persona hace en la reputación de otra persona o cosa.

SALPICAR v.tr. [1]. Mojar o manchar las gotas que saltan de un líquido o una sustancia pas-

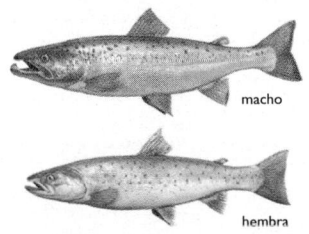

macho

hembra

■ **SALMONES**

tosa a alguien o algo. **2.** *Fig.* Poner varias cosas diseminadas en otra: *salpicar de anécdotas una disertación.* **3.** *Fig.* Perjudicar superficialmente una cosa negativa que atañe directamente a una persona o cosa a la reputación de otra persona o cosa: *el escándalo salpicará a todo el gobierno.* ◆ v.tr. e intr. Saltar las gotas de un líquido o una sustancia pastosa sobre alguien o algo.

SALPICÓN s.m. Salpicadura, acción y efecto de salpicar. **2.** Picadillo de diversas clases de carne o pescado, champiñones, etc., cocido y aderezado con sal, aceite, vinagre, pimienta y cebolla. **3.** Ecuad. Bebida refrescante elaborada con zumo de frutas. ◇ **Salpicón de frutas** Colomb. Ensalada de frutas.

SALPIMENTAR v.tr. [10]. Sazonar un alimento con sal y pimienta. **2.** *Fig.* Amenizar una conversación, discurso, actividad, etc., con gracias, picardías, agudezas, etc.

SALPIMIENTA s.f. Mezcla de sal y pimienta, que se usa como condimento.

SALPINGITIS s.f. MED. Inflamación de las trompas uterinas.

SALPRESO, A adj. (bajo lat. *salpressus,* esparcido con sal). Se dice del alimento que ha sido salado para su conservación: *jamón salpreso.*

SALPULLIDO s.m. → SARPULLIDO.

SALSA s.f. (lat. *salsa,* f. de *salsus,* salado). Sustancia líquida o pastosa que se elabora mezclando varias sustancias y que sirve para condimentar la comida. **2.** Jugo de un guiso o de un alimento del cocinarlo. **3.** *Fig.* Cosa que da gracia o amenidad a algo. **4.** Música caribeña que resulta de la fusión de varios tipos de ritmos caribeños de raíces africanas, cuya principal característica es el predominio de una amplia gama de instrumentos de percusión, especialmente tambores, acompañados por otros de viento y cuerda. **5.** Baile que acompaña esta música. ◇ **Dar la salsa** Argent. *Fam.* Dar una paliza; vencer. **En su propia salsa** En situación o circunstancias favorables para una persona, de forma que esta puede desenvolverse con toda libertad.

SALSAMENTERÍA s.f. Colomb. Establecimiento donde se venden embutidos y carnes asadas.

SALSERA s.f. Recipiente en que se sirve la salsa.

SALSERO, A adj. Relativo a la salsa.

SALSIFÍ s.m. (fr. *salsifis*). Planta de hojas planas y estrechas, flores amarillas y raíces comestibles. (Familia compuestas.) ◇ **Salsifí negro** Escorzonera.

flores y hojas   raíz

escorzonera o salsifí negro

■ **SALSIFÍS**

SALSOLÁCEO, A adj. y s.f. Quenopodiáceo.

SALTADO, A adj. Amér. Merid. Se dice del alimento ligeramente frito.

SALTADOR, RA adj. y s. Que salta: *animal saltador.* ◆ adj. y s.m. Se dice del ortóptero que tiene las patas posteriores apropiadas para el salto. ◆ s.m. Cuerda que se usa en un juego infantil que consiste en saltar por encima de esta cuerda que se hace pasar, en un movimiento giratorio continuo, por debajo de los pies y sobre la cabeza de la persona que salta. SIN.: *comba.*

SALTAGATOS s.m. (pl. *saltagatos*). Colomb. Saltamontes.

■ **SALTO** de esquí en los Juegos olímpicos de Lillehammer (1994).

SALTAMONTES s.m. (pl. *saltamontes*). Insecto ortóptero de color verde o amarillento y patas posteriores largas y robustas que le permiten dar grandes saltos. SIN.: *saltón.* (La hembra del *saltamontes* posee un oviscapto.)

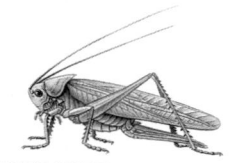

■ **SALTAMONTES**

SALTANEJOSO, A adj. Cuba y Méx. Se dice del terreno ligeramente ondulado.

SALTAOJOS s.m. (pl. *saltaojos*). Peonia.

SALTAPERICO s.m. Cuba. Planta herbácea silvestre de flores azuladas, que crece en terrenos húmedos. (Familia acantáceas.) **2.** Perú. Planta de la familia de las proteáceas.

SALTAR v.intr. (lat. *saltare,* bailar, dar saltos). Levantarse alguien o algo del suelo o de otra superficie con un impulso. **2.** Arrojarse desde un lugar alto, generalmente para caer de pie. **3.** Romperse algo violenta y ruidosamente, generalmente por exceso de presión en su interior. **4.** *Fig.* Manifestar bruscamente enojo o irritación. **5.** Decir algo de forma intempestiva o inesperada. **6.** Salir un líquido disparado con fuerza. **7.** *Fig.* Venir repentinamente algo a la imaginación o a la memoria. **8.** *Fig.* Perder repentinamente alguien un cargo o puesto. ◆ v.tr. Pasar una persona o animal por encima de algo con un salto. **2.** Cubrir el macho de ciertos cuadrúpedos a la hembra. ◆ v.intr. y prnl. Desprenderse violentamente una cosa de otra: *saltar un botón de la camisa.* **2.** Pasar de una cosa a otra omitiendo otra u otras cosas que por orden se encuentran entre ambas. ◆ v.tr. y prnl. Dejar de leer o copiar parte de un texto: *saltarse una línea.* **2.** Ascender a un puesto superior sin haber ocupado el puesto o puestos intermedios.

SALTARÍN, NA adj. y s. Que salta y se mueve mucho. **2.** *Fig.* Inestable, aturdido y de poco juicio. ◆ s.m. Pez teleósteo perciforme de unos 20 cm de long., color castaño verdoso y aletas abdominales muy desarrolladas, con las que puede andar e incluso saltar, que vive en las áreas fangosas de las zonas tropicales. (Familia góbidos.)

SALTEADOR, RA s. Persona que robaba en despoblados o caminos.

SALTEAR v.tr. Hacer una cosa sin continuidad, dejando parte de ella sin hacer o haciéndola sin orden. **2.** Freír a fuego vivo un alimento con mantequilla, aceite o grasa durante poco tiempo. **3.** Asaltar a un viajero para robarle.

SALTEÑO, A adj. y s. De Salta o de Salto.

SALTERIO s.m. (lat. *psalterium,* del gr. *psaltêrion,* especie de cítara). Instrumento musical antiguo de cuerda, de forma generalmente trapezoidal, caja de resonancia plana y un número variable de cuerdas que se pulsaban con los dedos o con un plectro. **2.** Libro de coro que contiene únicamente salmos. **3.** Conjunto de 150 salmos llamados «de David», y que constituye uno de los libros del canon de la Biblia.

SALTIMBANQUI s.m. y f. *Fam.* Titiritero.

SALTO s.m. Movimiento que consiste en levantarse alguien o algo del suelo o de otra superficie con un impulso. **2.** Distancia que se recorre con este salto. **3.** Movimiento que consiste en arrojarse desde un lugar alto, generalmente para caer de pie. **4.** Distancia que se alcanza con este salto. **5.** *Fig.* Cambio brusco y rápido de una cosa a otra: *un salto económico.* **6.** Acción de arrojarse una persona en paracaídas desde un avión en vuelo. **7.** *Fig.* Omisión de una parte de un texto que se produce al leerlo o copiarlo. **8.** Prueba de atletismo que consiste en saltar para conseguir una determinada marca en altura o longitud. **9.** Prueba de natación que consiste en saltar el nadador a la piscina desde un trampolín o plataforma situados a determinada altura. **10.** Prueba de esquí que consiste en que el esquiador salta desde un trampolín para conseguir una determinada marca de longitud. **11.** *Fam.* Palpitación violenta del corazón. **12.** Diferencia notable en cantidad, intensidad, etc., entre dos cosas. **13.** Desnivel brusco del terreno. **14.** Caída violenta y abundante de agua desde un desnivel brusco de terreno. (También *salto de agua.*) **15.** INFORMÁT. Instrucción que provoca una modificación de la secuencia normal de instrucciones de un programa de computadora. ◇ **A salto de mata** Huyendo; sin previsión ni orden. **Salto con pértiga** Prueba de atletismo en que el atleta, después de realizar una breve carrera de impulso, salta con ayuda de una pértiga por encima de un listón situado a determinada altura. **Salto de altura** Prueba de atletismo en que el atleta, después de realizar una breve carrera de impulso, salta por encima de un listón situado a determinada altura. **Salto de cama** Bata de mujer, amplia, de tejido fino y ligero, que se usa al levantarse de la cama. SIN.: *deshabillé.* **Salto de longitud** Prueba de atletismo en que el atleta, después de realizar una breve carrera de impulso, da un salto horizontal para conseguir una determinada marca de longitud. **Salto mortal** Ejercicio acrobático o deportivo que consiste en elevarse una persona del suelo y dar una o varias vueltas completas en el aire. **Triple salto** Prueba de atletismo en que el atleta, después de realizar una breve carrera de impulso, da dos pasos, un salto en horizontal y cae con los pies juntos para conseguir una determinada marca de longitud.

■ **SALTO** DE ALTURA estilo Fosbury.

SALTÓN, NA adj. Se dice del diente o del ojo que sobresale más de lo normal y parece que vaya a salirse de su sitio. **2.** Chile. Suspicaz, receloso. **3.** Colomb. y Chile. Se dice del alimento ligeramente frito. ◆ s.m. Pulgón de las plantas. **2.** Saltamontes. **3.** Pez de color verdoso y azulado, con bandas oscuras en los flancos, y con un larguísimo apéndice en la mandíbula inferior, que vive en el Mediterráneo y el Atlántico. (Familia hemirránfidos.)

SALUBRE adj. *Poét.* Sano.

SALUBRIDAD s.f. Cualidad de salubre. **2.** Estado general de la salud pública en un lugar determinado, por lo común expresado en una estadística. SIN.: *sanidad*.

SALUD s.f. Cualidad del ser vivo que presenta un buen funcionamiento de su organismo. **2.** Conjunto de condiciones físicas de un organismo en un determinado momento. **3.** Estado en que se encuentra una cosa. ◆ interj. Expresión que se usa para saludar a alguien. **2.** Expresión que se usa al brindar para desear a alguien un bien ◇ **Curarse en salud** Prevenirse por anticipado contra algo generalmente negativo.

SALUDA s.m. Impreso sin firma que envía una persona que ocupa un cargo a alguien para informarle brevemente de algo.

SALUDABLE adj. Que conserva, aumenta o restablece la salud. SIN.: *sano*. **2.** De aspecto sano o de buena salud. **3.** *Fig.* Provechoso para un fin: *medidas saludables para la economía*.

SALUDAR v.tr. Dirigir una persona un saludo a otra. **2.** Recibir una persona algo que se espera de una determinada manera. **3.** Dirigir un militar o miembro de un cuerpo armado jerárquico un saludo a alguien o algo.

SALUDO s.m. Palabra, expresión o gesto de cortesía que una persona dirige a otra cuando se encuentra con ella o para despedirla. SIN.: *salutación*. **2.** Expresión o gesto con los que se saluda. **3.** Signo de subordinación y de respeto que un militar o miembro de un cuerpo armado jerárquico dirige a alguien o algo. **4.** MAR. Señal de cortesía que intercambian los barcos de guerra o entre las naves mercantes cuando se encuentran o la batería de costa con los navíos extranjeros que llegan a puerto.

SALUTACIÓN s.f. Saludo: *fórmulas de salutación*. **2.** Fórmula protocolaria de saludo que aparece al comienzo o al final de un documento. ◇ **Salutación angélica** REL. Salutación que hizo el arcángel san Gabriel a la Virgen y que forma la primera parte del avemaría.

SALUTÍFERO, A adj. *Poét.* Saludable.

SALVA s.f. Conjunto de disparos de arma de fuego que se hace al aire durante una celebración en señal de respeto. ◇ **Salva de aplausos** Conjunto de aplausos fervorosos que un grupo numeroso de personas que asisten a un acto da a alguien o algo.

SALVABARROS s.m. (pl. *salvabarros*). Guardabarros.

SALVACIÓN s.f. Acción y efecto de salvar o salvarse. **2.** TEOL. Consecución de la gloria y bienaventuranza eternas. (También *salvación eterna*.)

SALVADO s.m. Cáscara del grano de los cereales desmenuzada por la molienda.

SALVADOREÑO, A adj. y s. De El Salvador. ◆ s.m. Variedad del español hablada en El Salvador.

SALVAGUARDA s.f. Acción de salvaguardar. SIN.: *salvaguardia*. **2.** Documento que una autoridad expide para que realice algo sin peligro de ser detenido. SIN.: *salvaguardia*. **3.** INFORMÁT. Procedimiento de protección de todas las informaciones (programas, datos, etc.) contenidos en un sistema informático, por copia periódica de estas informaciones en soportes permanentes de memoria que se conservan al abrigo de modificaciones e incidentes. SIN.: *salvaguardia*.

SALVAGUARDAR v.tr. Defender o proteger a alguien o algo: *salvaguardar el honor*.

SALVAGUARDIA s.f. Salvaguarda.

SALVAJADA s.f. Dicho o hecho propio de una persona violenta y bárbara. **2.** Dicho o hecho propio de una persona necia o necio.

SALVAJE adj. Se dice del animal que no está domesticado. **2.** Se dice de la planta que crece de forma natural, sin cultivar. **3.** Se dice del terreno no cultivado, generalmente abrupto y escabroso. **4.** *Fig.* Encendido, violento, irrefrenable: *ira salvaje*. ◆ adj. y s.m. y f. Se dice de la persona que pertenece a una cultura primitiva y no se ha adaptado a la civilización. **2.** *Fig.* Violento, cruel, bárbaro. **3.** Necio, inculto.

SALVAJISMO s.m. Modo de ser o de obrar propio de una persona violenta, cruel y bárbara. **2.** Cualidad del animal salvaje.

SALVAMANTELES s.m. (pl. *salvamanteles*). Pieza que se pone debajo de un recipiente caliente o del servicio de mesa para no quemar o manchar el mantel.

SALVAMENTO s.m. Acción y efecto de salvar o salvarse, especialmente la organizada para rescatar a alguien a una situación de peligro.

SALVAPANTALLAS s.m. (pl. *salvapantallas*.) INFORMÁT. Software que, tras cierto tiempo de inactividad del teclado y del ratón, apaga momentáneamente la pantalla de la computadora o emite una imagen en movimiento para evitar el deterioro de su tubo catódico. (También *salvapantalla*.)

SALVAR v.tr. Librar de un peligro, riesgo o daño: *salvarse de un incendio*. **2.** Librar a alguien de la condenación eterna. ◆ v.tr. Evitar un inconveniente o dificultad. **2.** Exceptuar, excluir. **3.** Superar un obstáculo pasando por encima o a través de él. **4.** Recorrer una distancia en un tiempo menor que el normal. **5.** DER. Exculpar o probar la inocencia de alguien.

SALVAVIDAS s.m. (pl. *salvavidas*). Flotador que se utiliza en las tareas de salvamento.

SALVE s.f. Oración dedicada a la Virgen. ◆ interj. *Poét.* Se usa para saludar. (Puede usarse con intención humorística.)

SALVEDAD s.f. Razonamiento que limita o excusa, distinción, excepción: *aceptar algo con algunas salvedades*.

SALVIA s.f. Planta herbácea o arbusto de hojas oblongas o lanceoladas y flores violáceas, blancas o amarillas. (La *salvia* se cultiva por sus propiedades tónicas; familia labiadas.) **2.** Argent. Planta olorosa cuyas hojas se utilizan para infusiones estomacales. (Familia verbenáceas.)

SALVILLA s.f. Chile. Vinagreras.

SALVILORA s.f. Argent. Arbusto originario de las regiones áridas del O de Argentina.

1. SALVO adv.m. Excepto.

2. SALVO, A adj. (lat. *salvus*, sano, salvo.) Que no ha sufrido daño. ◇ **A salvo** Fuera de peligro.

SALVOCONDUCTO s.m. Documento que una autoridad expide a alguien para que pueda circular libremente y sin riesgos por un territorio.

SAMÁN s.m. Árbol originario de América tropical, muy corpulento y robusto. (Familia mimosáceas.)

SÁMARA s.f. BOT. Fruto seco indehiscente, de una sola semilla. (El arce, olmo y fresno tienen *sámaras*.)

SAMARIO s.m. Metal de color amarillo, del grupo de los lantánidos, de densidad 7,54, cuyo punto de fusión es de 1 077 °C aprox. **2.** Elemento químico (Sm), de número atómico 62 y masa atómica 150,36.

SAMARITANO, A adj. y s. De Samaria. **2.** Relativo a una secta religiosa judía que existió en Samaria; seguidor de esta secta. ◆ s. Persona a la que se pueda ayudar a otras personas.

SAMBA s.f. Música popular brasileña de compás binario y líneas melódicas sincopadas. **2.** Baile que acompaña esta música.

SAMBENITO s.m. Calificativo negativo que se da a una persona para caracterizarla. **2.** Especie de capote de lana amarilla, con la cruz de san Andrés y llamas de fuego, que utilizaban los inquisidores para vestir a los reos condenados por el tribunal de la Inquisición, incluso a los reconciliados. **3.** Letrero que se ponía en las iglesias con el nombre y castigo de los penitenciados.

SAMBUMBIA s.f. Colomb. *Fig.* Cosa deshecha en trozos muy pequeños. **2.** Cuba. Bebida elaborada con miel de caña, azúcar y ají. **3.** Méx. Bebida elaborada con piña, agua y azúcar.

SAMNITA adj. y s.m. y f. De un pueblo itálico establecido en Samnio, que fue sometido por Roma en el s. III a.C. (Durante las pugnas entre estos dos pueblos, los romanos sufrieron la célebre derrota de las *horcas* *Caudinas [321 a.C.].)

SAMOANO, A adj. y s. De las islas Samoa.

SAMOTANA s.f. C. Rica, Hond. y Nicar. Algazara, jaleo, bulla.

SAMOVAR s.m. Utensilio de origen ruso para obtener y conservar agua hirviendo para preparar el té que consiste en un recipiente de metal, generalmente de cobre, con una llave y un infiernillo en la parte inferior para calentar el agua.

SAMOYEDO, A adj. y s. De un pueblo de lengua ugrofinesa que habita en las regiones del curso inferior del Ob y del Yeniséi. ◆ s. y adj. Perro que pertenece a una raza de tamaño mediano, complexión fuerte, orejas cortas y pelo espeso de color blanco o crema. (El samoyedo se utiliza en las regiones boreales para tirar trineos.) ◆ s.m. Conjunto de lenguas habladas por los samoyedos.

SAMPA s.f. Arbusto, muy ramoso y copudo, de hojas de color verde claro, que crece en lugares salitrosos de América Meridional.

SAMPÁN s.m. Embarcación asiática, a remo y vela, de fondo plano y con una cúpula de bambú en el centro. (En algunas poblaciones asiáticas se utiliza el *sampán* como vivienda familiar.)

SAMPLER s.m. Aparato electrónico que se utiliza para extraer fragmentos de obras musicales e insertarlos en una nueva composición.

SAMUCO → ZAMUCO.

SAMURÁI s.m. Miembro de la clase guerrera del antiguo sistema feudal de Japón, antes de 1868.

■ **SAMURÁI.** Escuela japonesa del s. XVI. (Biblioteca Eisei, Tōkyō.)

SAMURO s.m. Colomb. y Venez. Ave rapaz diurna.

SAN adj. Santo, se dice de la persona que ha sido canonizada por la iglesia por llevar una vida cristiana ejemplar. (Es apócope de *santo* y se usa delante de los nombres propios masculinos, excepto delante de Domingo, Tomás, Tomé y Toribio.)

SANAR v.intr. Recobrar la salud. ◆ v.tr. Hacer que alguien recobre la salud.

SANATORIO s.m. Establecimiento donde se curan o convalecen enfermos que necesitan tratamiento médico.

SAN BERNARDO s.m. Raza de perros de salvamento, de gran tamaño y de pelo largo y suave.

■ **SAN BERNARDO**

SANCIÓN s.f. Aprobación o legitimación de un acto, uso o una costumbre. **2.** Castigo que impone una autoridad a la persona que infringe una ley o norma. **3.** DER. **a.** Recompensa que dimana del cumplimiento de una norma, o pena establecida para el que la infringe. **b.** Confirmación solemne de una ley por el jefe del estado.

SANCIONABLE adj. Que merece sanción o castigo.

SANCIONAR v.tr. Aprobar o legitimar un acto, uso o una costumbre. **2.** Imponer una autoridad a una persona que infringe una ley o norma un castigo. **3.** DER. Conceder fuerza de ley a una disposición.

SANCO s.m. Argent. Guiso a base de harina que se cocina con cebolla sancochada, ajo y grasa. **2.** Chile. Barro espeso. **3.** Chile. Gachas preparadas con harina tostada de maíz o de trigo, con agua, sal, grasa, además de otros condimentos.

SANCOCHO s.m. Amér. Cocido a base de carne, yuca, banano y otros ingredientes.

SANCTASANCTÓRUM s.m. Lugar muy reservado y respetado. **2.** Cosa que para una persona es de más valor o estimación. **3.** Parte interior y más sagrada del tabernáculo de los hebreos.

SANCTUS s.m. Oración de la misa, posterior al prefacio y anterior al canon, en alabanza a Dios que se inicia con la palabra *sanctus* pronunciada tres veces por el sacerdote. **2.** Parte de la misa en que se canta esta oración.

SANDALIA s.f. Calzado compuesto de una suela que se sujeta al pie mediante tiras, cintas o cordones.

SÁNDALO s.m. Árbol originario de Asia, de gran tamaño, hojas elípticas y flores pequeñas. (Familia santaláceas.) **2.** Madera de este árbol, de excelente olor. (El *sándalo* se utiliza en ebanistería y perfumería.) **3.** Esencia que se extrae de esta madera.

SANDÁRACA s.f. Resina que se obtiene de las coníferas y se emplea en la fabricación de barnices, el glaseado del papel, etc.

SANDEZ s.f. Necedad, tontería, simpleza.

SANDÍA s.f. Planta herbácea anual, rastrera, de hojas de color verde oscuro, flores amarillas y fruto esférico. (Familia cucurbitáceas.) **2.** Fruto de esta planta, casi esférico y de gran tamaño, de pulpa roja y refrescante.

corte del fruto

█ SANDÍA

SANDIEGO s.m. Planta herbácea de jardín originaria de Cuba, de flores moradas y blancas. (Familia amarantáceas.)

SANDINISMO s.m. Movimiento político nicaragüense de carácter populista, surgido en 1927, partidario de las ideas de A. C. Sandino y actualmente articulado en torno al Frente sandinista de liberación nacional.

SANDINISTA adj. y s.m. y f. Relativo al sandinismo; partidario de este movimiento.

SANDIO, A adj. y s. Tonto, majadero.

SANDUNGA s.f. Canción popular mexicana, originaria de Chiapas y típica de la región de Tehuantepec y de Oaxaca. **2.** Baile ceremonioso que acompaña esta canción. **3.** Colomb., Chile, Méx., Perú y P. Rico. Jolgorio, parranda. **4.** Esp. Salero, gracia natural.

SANDUNGUERO, A adj. Fam. Que tiene sandunga, gracia.

SÁNDWICH o **SANDWICH** s.m. (ingl. *sandwich*). Panecillo o trozo de pan cortado a lo largo relleno de alimento. SIN.: *emparedado*. **2.** Esp. Bocadillo de pan inglés o de molde.

SANEADO, A adj. Se dice de la renta o los bienes que están libres de cargas o descuen-

tos. **2.** Se dice de la renta o economía que da importantes beneficios.

SANEAMIENTO s.m. Acción y efecto de sanear. **2.** Procedimiento para eliminar el exceso de agua de los terrenos húmedos.

SANEAR v.tr. Dar condiciones de salubridad a un lugar. **2.** Hacer que la economía, bienes o rentas den beneficios y dejen de proporcionar pérdidas.

SANEDRÍN s.m. HIST. Consejo supremo del judaísmo, con sede en Jerusalén, que estaba presidido por el gran sacerdote.

SANFORIZACIÓN s.f. Procedimiento que consiste en dar a los tejidos de algodón una estabilización dimensional para evitar que encojan en el lavado.

SANGACHO s.m. Faja oscura situada longitudinalmente en el cuerpo del atún, producida por sangre coagulada.

SANGRADO s.m. IMPR. Sangría.

SANGRADURA s.f. Corte hecho en una vena para que sangre.

SANGRANTE adj. Que sangra.

SANGRAR v.intr. Perder una persona o animal sangre por un orificio natural o por una herida. ◆ v.tr. Extraer sangre a una persona con fines terapéuticos. **2.** Fig. y fam. Hurtar, sisar. **3.** Sacar a una persona dinero de manera abusiva. **4.** IMPR. Comenzar una línea de un párrafo más adentro que el resto de líneas del mismo párrafo. **5.** SILVIC. Extraer látex o resina de un árbol haciendo incisiones o cortes en el tronco. **6.** TECNOL. Dar salida al líquido contenido en un lugar o recipiente.

SANGRE s.f. Líquido rojo que circula por los vasos sanguíneos de los vertebrados y transporta los elementos nutritivos y los residuos de todas las células del organismo. **2.** Linaje, familia: *ser de sangre ilustre*. ◇ **A sangre** Se dice de la disposición de un grabado de un libro, revista, etc., que consiste en delimitar uno o varios lados del grabado con los cortes o el lomo. **A sangre fría** Con premeditación, sin estar alterado por la cólera o un arrebato mo-

mentáneo. **A sangre y fuego** Sin consideración con el enemigo; con violencia, sin ceder en nada. **Bullirle la sangre a alguien** Fam. Irritarse una persona por algo. **Chupar la sangre a alguien** Fam. Explotar a una persona en el trabajo o abusar de ella económicamente. **De sangre caliente** Se dice del animal que tiene una temperatura corporal independiente de la temperatura ambiente. **De sangre fría** Se dice del animal que tiene una temperatura corporal dependiente de la temperatura ambiente. **Hacerse mala sangre** Molestarse mucho por lo que otra persona hace. **Lavar con sangre** Matar o herir una persona a otra que la ha ofendido o agraviado. **Llevar en la sangre** Ser algo innato o hereditario. **Mala sangre** Fig. y fam. Carácter perverso. **No llegar la sangre al río** Fam. No tener algo consecuencias graves. **Sangre azul** Fig. Linaje noble. **Sangre de drago** Resina de color rojo que se extrae del tronco del drago y de otros árboles tropicales. **Sangre fría** Serenidad, entereza de ánimo; capacidad para cometer una crueldad. **Subírsele a alguien la sangre a la cabeza** Perder la serenidad, irritarse. **Sudar sangre** Pasar muchos trabajos y penalidades para conseguir algo. **Tener sangre de horchata** Ser muy tranquilo y no alterarse por nada.

ENCICL. La sangre es una suspensión de células, o glóbulos, en el plasma. El plasma está formado por agua, sales minerales, moléculas orgánicas (glúcidos, lípidos, prótidos), hormonas y gas disuelto. La parte globular de la sangre está constituida por: glóbulos rojos, o *hematíes*; glóbulos blancos, o *leucocitos*, y plaquetas sanguíneas, o *trombocitos*. Por término medio, el número de glóbulos rojos está comprendido entre 4,5 y 5,5 millones por mm^3; el de glóbulos blancos, entre 5 000 y 8 000 por mm^3, y el de plaquetas, entre 200 000 y 400 000 por mm^3. La centrifugación de la sangre separa la parte globular (sólida) de la parte plasmática (líquida); la parte globular de una muestra sanguínea centrifugada representa el 45 % de su volumen total: esta tasa constituye el hematocrito.

▓ LA SANGRE

El líquido que circula por las arterias y por las venas se considera uno de los tejidos del organismo, como el óseo, el muscular y otros más. La parte verdaderamente líquida de la sangre es el *plasma*, formado por el *suero*, y al que hay que añadir una sustancia, el *fibrinógeno*. El suero en sí mismo está constituido por agua y diversas sustancias en solución. Tres clases de elementos se encuentran en suspensión en el plasma: los glóbulos rojos, los glóbulos blancos y las plaquetas.

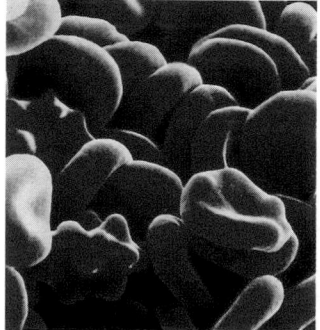

Glóbulos rojos. Llamados también *hematíes* o *eritrocitos*, estos elementos están especializados en el transporte de la hemoglobina, sustancia química que permite hacer llegar el oxígeno captado en los pulmones hasta los demás órganos.

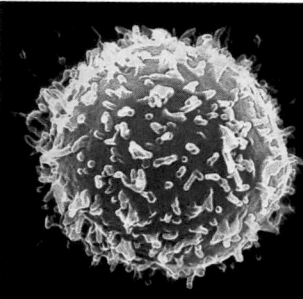

Glóbulos blancos. Esta célula denominada también leucocito y de la que existen diferentes variedades (en la imagen se observa un *linfocito*), participa en las defensas inmunitarias.

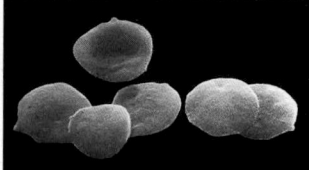

Plaquetas. Estos elementos provienen de fragmentos de gruesas células de la médula ósea, y permiten la *hemóstasis* (parada de las hemorragias por formación de coágulos).

SANGRÍA s.f. Acción y efecto de sangrar, de extraer sangre a una persona con fines terapéuticos. **2.** Parte de la articulación del brazo opuesta al codo. **3.** Bebida refrescante elaborada con vino tinto, agua carbónica, azúcar, limón y, a veces, otras frutas y especias. **4.** *Fig.* Conjunto de pequeños gastos o robos de algo, especialmente de dinero, que se producen de manera continuada. **5.** Salida que se da a las aguas de un río, canal, etc. **6.** Operación que consiste en dejar correr el metal líquido desde el horno al caldero de colada. **7.** IMPR. **a.** Acción y efecto de sangrar. SIN.: *sangrado.* **b.** Espacio en blanco que se deja al principio de una línea de un párrafo que lo sitúa más adentro que el resto de líneas del mismo párrafo. **8.** METAL. Chorro de metal en fusión que sale del horno. **9.** SILVIC. Incisión o corte que se hace en un árbol para extraer látex o resina. ◇ **Tiempo de sangría** Tiempo durante el cual sangra una pequeña escarificación hecha en el lóbulo de la oreja, que constituye una prueba en el estudio sobre la defensa del organismo contra las hemorragias.

SANGRIENTO, A adj. Que causa derramamiento de sangre. **2.** Sanguinario. **3.** *Fig.* Cruel, que ofende gravemente.

SANGRILIGERO, A adj. Amér. Central. Simpático.

SANGRIPESADO, A adj. Amér. Central. Antipático.

SANGRÓN, NA adj. Méx. *Fam.* Antipático, odioso.

SANGUARAÑA s.f. Ecuad. y Perú. Circunloquio, rodeo para decir una cosa. (Suele usarse en plural.) **2.** Perú. Baile popular.

SANGUIJUELA s.f. Gusano del tipo anélidos, clase hirudíneos, que vive en las aguas dulces y cuyo cuerpo termina por una ventosa en cada extremo. (Se alimenta de la sangre de los vertebrados). **2.** *Fig.* y *fam.* Persona que se aprovecha de otra persona de manera continuada ya sea explotándola laboralmente o abusando económicamente de ella.

■ **SANGUIJUELA**

SANGUINA s.f. Hematites roja. **2.** Lápiz rojo oscuro, fabricado con hematites. **3.** Dibujo realizado con este lápiz.

SANGUINARIA s.f. Piedra semejante al ágata, de color de sangre. ◇ **Sanguinaria menor** Planta herbácea originaria de la península Ibérica, de tallos tendidos y flores en glomérulos. (Familia paroniquiáceas.)

SANGUINARIO, A adj. Cruel, feroz, que tiene tendencia a matar o herir. SIN.: *sangriento.*

SANGUÍNEO, A adj. Relativo a la sangre. **2.** Que contiene sangre. **3.** De color de sangre: *rojo sanguíneo.* SIN.: *sanguino.* **4.** Se dice de la persona fácilmente irritable. ◆ **Vasos sanguíneos** Conductos que sirven para la circulación de la sangre.

SANGUINO, A adj. Sanguíneo, de color de sangre. ◆ adj. y s.f. Se dice de la naranja de pulpa de color rojizo. ◆ s.m. Aladierno. **2.** Cornejo.

SANGUINOLENTO, A adj. Que echa sangre. **2.** Manchado o inyectado de sangre: *carne sanguinolenta.*

SANGUIS s.m. CATOL. Sangre de Cristo bajo los accidentes del vino en la eucaristía.

SANGUISORBA s.m. Planta herbácea originaria de las regiones templadas del hemisferio norte, de flores verduscas, purpúreas o blanquecinas. (Familia rosáceas.)

SANHÁYA adj. y s.m. y f. De un importante grupo bereber del N de África. (Enemigos de los zanāta y de los omeyas, llegaron a combatir en la península Ibérica; instalaron el centro de su territorio en Granada en época de Sulaymān al-Musta'in.)

SANÍCULA s.f. Planta herbácea vivaz que crece en lugares frescos. (Familia umbelíferas.)

SANIDAD s.f. Cualidad de sano. **2.** Conjunto de servicios e instalaciones oficiales destinado a conservar la salud pública de un territorio. **3.** Salubridad, estado de la salud pública.

SANITARIO, A adj. Relativo al conjunto de servicios e instalaciones oficiales destinado a conservar la salud pública de un territorio: *centro sanitario.* ◆ s. Persona que trabaja en los servicios e instalaciones de sanidad para prestar atención médica. ◆ s.m. y adj. Aparato de higiene instalado en el cuarto de baño.

SANO, A adj. y s. Se dice del organismo o del miembro, órgano o parte del mismo que no está enfermo y cumple sus funciones con normalidad: *dientes sanos.* ◆ adj. Saludable, que conserva, aumenta o restablece la salud. **2.** Que está en buen estado, que no está gastado o roto. **3.** Fig. Se dice de la persona que no tiene malicia ni malas intenciones. **4.** Que es propio de esta persona. ◇ **Cortar por lo sano** *Fam.* Acabar de manera expeditiva con algo que preocupa o molesta. **Sano y salvo** Sin daño.

SANSCRITISMO s.m. Conjunto de ciencias que tienen por objeto el conocimiento del sánscrito.

SANSCRITISTA s.m. y f. Especialista en sánscrito.

SÁNSCRITO, A s.m. Lengua indoeuropea, sagrada y literaria de la antigua civilización brahmánica. ◆ Relativo a esta lengua.

SANS-CULOTTE s.m. (pl. *sans-culottes*). Revolucionario extremista de la Revolución francesa que pertenecía a las clases sociales más populares.

■ **SANS-CULOTTE** parisiense, acuarela de la época. (Museo Carnavalet, París.)

¡SANSEACABÓ! interj. Se usa para dar por acabado un asunto o una discusión.

SANSIMONIANO, A adj. y s. Relativo al sansimonismo; partidario de esta doctrina.

SANSIMONISMO s.m. Doctrina del conde de *Saint-Simon y de sus discípulos, especialmente *Enfantin y Bazard.

SANSÓN s.m. *Fam.* Hombre muy fuerte.

SANTABÁRBARA s.f. Compartimiento de una embarcación donde se guarda la munición o la pólvora.

SANTACRUCEÑO, A adj. y s. De Santa Cruz y de Santa Cruz de Tenerife.

SANTAFEREÑO, A adj. y s. De Santa Fe de Bogotá.

SANTAFESINO, A o **SANTAFECINO, A** adj. y s. De Santa Fe.

SANTALUCIENSE s.m. y adj. Piso del mioceno de Uruguay, a orillas del río Santa Lucía.

SANTANDERINO, A adj. y s. De Santander.

SANTATERESA s.f. Insecto de unos 5 cm de long., con patas anteriores prensoras, que le permiten atrapar las presas. (Orden ortópteros.)

SANTERÍA s.f. Argent. Establecimiento donde se venden objetos religiosos. **2.** Cuba. Brujería.

SANTERO, A adj. Que rinde culto exagerado a los santos. ◆ s. Persona que cuida un santuario o una ermita. **2.** Persona que pinta, esculpe o vende imágenes de santos. **3.** Curandero que sana con la ayuda de los santos.

SANTIAGUEÑO, A adj. y s. De Santiago del Estero (Argentina).

SANTIAGUERO, A adj. y s. De Santiago de Cuba.

SANTIAGUÉS, SA adj. y s. De Santiago de Compostela (España).

SANTIAGUINO, A adj. y s. De Santiago de Chile.

SANTIAGUISTA adj. y s.m. Relativo a la orden militar de Santiago; miembro de esta orden.

SANTIAMÉN (EN UN) loc. *Fam.* En un instante, rápidamente.

SANTIDAD s.f. Cualidad de santo. **2.** Tratamiento de respeto que se utiliza para dirigirse al papa.

SANTIFICACIÓN s.f. Acción y efecto de santificar.

SANTIFICAR v.tr. [1]. Hacer santo a alguien por medio de la gracia. **2.** Convertir una cosa en santa. **3.** Rendir culto a Dios, los santos o las cosas santas. **4.** Cumplir los preceptos que la Iglesia católica establece para un determinado día absteniéndose de trabajar y asistiendo a misa.

SANTIFICATIVO, A adj. Capaz de santificar.

SANTIGUAR v.tr. y prnl. [3]. Hacer una persona la señal de la cruz sobre otra persona. ◆ **santiguarse** v.prnl. Fig. y fam. Demostrar admiración, asombro o extrañeza.

SANTÍSIMO, A adj. Tratamiento de respeto que se aplica a la Virgen y la Trinidad y que se utiliza para dirigirse al papa. ◆ s.m. Pan consagrado durante la celebración de la misa y que para los cristianos es Jesús. (También *santísimo sacramento.*)

SANTO, A adj. Que está consagrado a Dios o a la religión. **2.** Que produce un efecto bueno y saludable, o un provecho especial. **3.** Se usa antepuesto para enfatizar negativamente el sustantivo a que acompaña: *esperar todo el santo día.* **4.** Relativo a Dios o a la religión. **5.** Conforme a la ley cristiana. **6.** CATOL. **a.** Se dice de la semana que va desde el domingo de Ramos hasta el domingo de Resurrección. **b.** Se dice del día de esta semana: *lunes santo.* ◆ adj. y s. Se dice de la persona virtuosa y muy resignada. **2.** CATOL. Se dice de la persona que ha sido canonizada por la iglesia por llevar una vida cristiana ejemplar. ◆ s. Imagen de una persona canonizada por la iglesia. ◆ s.m. Grabado, estampa o dibujo en una figura. **2.** Día del año que la iglesia católica dedica a un santo para que sea celebrado por los católicos que llevan su nombre: *hoy es su santo.* ◇ **A santo de qué** Expresión que se utiliza para indicar la inoportunidad o inconveniencia de algo. **Írsele** a alguien **el santo al cielo** *Fam.* Olvidársele lo que iba a decir o a hacer. **No ser santo de la devoción** de alguien No sentir una persona simpatía por otra, inspirarle desconfianza. **Quedarse para vestir santos** Quedarse una mujer soltera. **Santa iglesia** Iglesia cristiana. **Santo de Dios** Sanctasanctórum. **Santo y seña** Contraseña que una persona que se acerca a un puesto de guardia da al vigilante de un lugar para poder pasar.

SANTOLINA s.f. (lat. *santonica herba,* hierba de los santones). Planta herbácea vivaz,

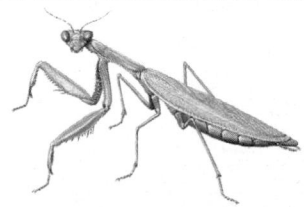

■ **SANTATERESA** o mantis religiosa.

de flores blancas, vellosas y olorosas, propia de la región mediterránea. (Sus aquenios tienen propiedades vermífugas; familia compuestas.)

SANTÓN s.m. Anacoreta de una religión no cristiana, principalmente de la musulmana. **2.** *Fig.* y *fam.* Persona que ejerce una gran influencia sobre una colectividad.

SANTÓNICO s.m. Planta de hojas blancas y flores agrupadas en cabezuelas pequeñas. (Familia compuestas.) **2.** Cabezuela sin abrir de las plantas compuestas.

SANTONINA s.f. Sustancia vermífuga obtenida de las cabezuelas de diversas plantas del género *Artemisia*.

SANTORAL s.m. Libro que contiene vidas de santos. **2.** Lista de los santos que se conmemoran cada día del año. **3.** Parte de un libro litúrgico que contiene los oficios de los santos.

SANTUARIO s.m. Lugar sagrado donde se venera a una divinidad o a un espíritu de los antepasados o de la naturaleza. **2.** Templo donde se venera una imagen religiosa o las reliquias de un santo. **3.** Parte anterior del tabernáculo de los hebreos, separada del sanctasanctórum por un velo. **4.** *Fig.* Lugar que merece especial respeto y consideración por alguna circunstancia. **5.** Territorio donde una organización política o guerrillera goza de impunidad y refugio, generalmente en regiones fronterizas, limítrofes a las que actúan. **6.** ECOL. Paraje que conserva intactas las asociaciones de la flora y de la fauna, por no haber sido afectadas por la intervención humana.

SANTURRÓN, NA adj. y s. Beato, se dice de la persona muy devota que se ejercita en obras de virtud o que afecta devoción.

SANTURRONERÍA s.f. Cualidad de santurrón.

SANŶAQ s.m. HIST. Subdivisión de una provincia en el antiguo Imperio otomano.

SAÑA s.f. Crueldad en el daño que alguien causa: *golpear con saña*. **2.** Energía y voluntad con que una persona lucha o se enfrenta a alguien o algo.

SAÑUDO, A adj. Que actúa con saña o que tiende a actuar con saña. SIN.: *sañoso*.

1. SAO s.m. (voz indígena antillana.) Cuba. Pradera con partes de arbolado y algunos matorrales o maleza.

2. SAO, antiguo pueblo africano no musulmán, constituido por grupos diferenciados por su lengua y su modo de vida, que, a partir del s. I, se estableció al S del lago Chad, y en cuyos túmulos se han encontrado estatuillas de arcilla y bronce.

SAPAJÚ s.m. Caí, simio.

SAPANECO, A adj. Hond. Bajo, rechoncho.

SAPENCO s.m. Caracol terrestre, de 2,5 cm de long., con rayas marrones transversales en la concha. (Familia helícidos.)

SÁPIDO, A adj. Que tiene sabor.

SAPIENCIA s.f. Sabiduría.

SAPIENCIAL adj. Relativo a la sabiduría. ◇ **Libro sapiencial** Libro de la Biblia que contiene una colección de máximas, sentencias y poemas morales. (Los *libros sapienciales* son cinco: *Proverbios, Job, Eclesiastés, Eclesiástico* y *Sabiduría*.)

SAPIENTE adj. y s.m. y f. *Poét.* Sabio.

SAPINDÁCEO, A adj. y s.f. Relativo a una familia de plantas dicotiledóneas tropicales, como el jaboncillo.

1. SAPO s.m. Batracio insectívoro de la subclase anuros, de forma rechoncha, piel verrugosa y ojos saltones. (En Europa, los sapos alcanzan una long. de 10 cm, tienen costumbres terrestres y solo van al agua para poner sus huevos; algunas especies americanas alcanzan los 20 cm de long.) **2.** Argent., Bol., Chile, Pan., Perú y Urug. Juego de la rana. **3.** Chile. Mancha o tara en el interior de las piedras preciosas. **4.** Chile. Acto casual, chiripa. **5.** Cuba. Pez pequeño de cabeza grande y boca hendida, que habita, generalmente, en las desembocaduras de los ríos. ◇ **Echar, por la boca sapos y culebras** *Fam.* Decir maldiciones y reniegos. **Sapo partero** Batracio terrestre, de 5 cm de long., cuya denominación procede del hecho de que el macho transporta hasta su eclosión los huevos puestos por la

hembra. (Subclase anuros.) **Ser sapo de otro pozo** Argent. *Fam.* Pertenecer una persona a otra clase, medio social o esfera laboral. **Tragarse un sapo** Argent. Verse obligada una persona a aceptar una situación desagradable.

■ **SAPO** común.

2. SAPO, A adj. Chile. *Fig.* Disimulado, astuto.

SAPONÁCEO, A adj. *Poét.* Jabonoso.

SAPONARIA s.f. **Saponaria de la Mancha** Planta de hojas carnosas, que crece en las estepas de la península Ibérica. (Familia cariofiláceas.)

SAPONIFICACIÓN s.f. Transformación de una materia grasa en jabón. **2.** QUÍM. Acción de saponificar.

SAPONIFICAR v.tr. [1]. Transformar una materia grasa en jabón. **2.** QUÍM. Descomponer un éster por la acción de una base.

SAPONINA s.f. Glucósido contenido en la jabonera y en otras plantas, que forma espuma con el agua.

SAPONITA s.f. Silicato hidratado natural de magnesio y de aluminio, blanquecino y untuoso. (La *saponita* se usa en la fabricación de porcelana.)

SAPOTÁCEO, A adj. y s.f. Relativo a una familia de plantas dicotiledóneas gamopétalas, tropicales. (Algunas especies de la familia *sapotáceas* proporcionan la goma de chicle, la gutapercha, etc.)

SAPRÓFAGO, A adj. y s.m. ZOOL. Que se alimenta de materias orgánicas en descomposición.

SAPROFITISMO s.m. ZOOL. Sistema de vida de los saprofitos.

SAPROFITO, A adj. y s.m. Se dice del vegetal que extrae su alimento de sustancias orgánicas en descomposición. ◆ adj. Se dice del microorganismo que se alimenta de materias orgánicas sin vida y que generalmente no produce enfermedades en el ser humano.

SAPROPEL s.m. Depósito en el que predomina la materia orgánica formada por la muerte masiva de organismos. (El *sapropel* constituye una roca madre potencial para los hidrocarburos.)

SAQUE s.m. Acción de poner un jugador de un equipo la pelota en juego al inicio del partido o tras una interrupción del juego. ◇ **Tener buen saque** *Fam.* Tener la capacidad de comer mucho.

SAQUEAR v.tr. Robar de forma violenta un grupo de soldados todo lo que encuentra en un lugar ocupado militarmente por ellos. **2.** Tomar una persona o animal todo o casi todo lo que hay en un lugar: *saquear el refrigerador*.

SAQUEO s.m. Acción y efecto de saquear. SIN.: *saqueamiento*.

SAQUERÍA s.f. Fabricación de sacos. **2.** Conjunto de sacos.

SAQUERO, A s. Persona que tiene por oficio hacer o vender sacos.

SARAKOLÉ → SONINKÉ.

SARAMPIÓN s.m. Enfermedad infecciosa y contagiosa causada por un virus filtrable y caracterizada por catarro de las vías respiratorias altas y una erupción de manchas rojas en la piel. (El *sarampión* afecta especialmente a los niños.)

SARANDÍ s.m. Argent. Arbusto, de hasta 4 m de alt., que crece en las márgenes de arroyos y ríos.

SARAO s.m. Reunión o fiesta nocturna de sociedad en la que hay baile o música.

SARAPE s.m. Guat. y Méx. Manta de lana o algodón, generalmente con franjas de colores vivos y a veces con una abertura en el centro para la cabeza, y que cae a lo largo del cuerpo.

SARAPIA s.f. Árbol originario de América meridional de unos 20 m de alt. y uno de diámetro, hojas alternas y una sola semilla. (La madera de la *sarapia* se utiliza en carpintería y su semilla en perfumería, como repelente contra la polilla.) [Familia papilionáceas.] **2.** Fruto de este árbol.

SARASA s.m. Esp. *Fam.* Hombre homosexual.

SARAVIADO, A adj. Colomb. y Venez. Se dice del ave moteada.

SARAZO, A adj. Colomb., Cuba, Méx. y Venez. Se dice del fruto que empieza a madurar, especialmente del maíz. **2.** P. Rico. Relativo al coco maduro o a su agua.

SARCASMO s.m. Ironía hiriente y mordaz con que se insulta, humilla u ofende a alguien.

SARCÁSTICO, A adj. Que denota o implica sarcasmo. **2.** Se dice de la persona que emplea o tiende a emplear sarcasmos.

SARCÓFAGO s.m. ARQUEOL. Sepulcro, generalmente de piedra, donde se colocaba el cadáver de una persona.

SARCOIDE adj. y s.m. Se dice de un pequeño tumor cutáneo, en general múltiple, que se parece al sarcoma, pero de naturaleza benigna.

SARCOMA s.m. Tumor maligno originado a partir de tejido conjuntivo.

SARCOMATOSO, A adj. Relativo al sarcoma.

SARDANA s.f. Baile popular de Cataluña que bailan un grupo de personas asidas de la mano formando un círculo. **2.** Música que acompaña este baile.

SARDINA s.f. Pez marino teleósteo de unos 20 cm de long., de dorso azul verdoso y vientre plateado, muy común en el Mediterráneo y en el Atlántico. (En primavera y verano se desplazan formando densos bancos; familia clupeidos.)

■ **SARDINA**

SARDINAL s.m. Arte de pesca de deriva, formado por redes rectangulares de malla, apropiada para enmallar sardinas y peces de tamaño similar.

SARDINEL s.m. Construcción de ladrillos colocados de canto y de modo que se toquen

■ **SARCÓFAGO.** La masacre de los niobes, mármol de mediados del. s. II. (Museo del Vaticano.)

sus caras mayores. **2.** Colomb. y Perú. Escalón que forma el borde externo de la acera.

SARDINERA s.f. Arte de pesca en forma de gran herradura. (Se utiliza en la pesca de la sardina, el jurel, la caballa y la anchoa.)

SARDINERO, A adj. Relativo a la sardina. **2.** Se dice de la embarcación destinada a la pesca de la sardina. ◆ s. Persona que tiene por oficio vender sardinas.

SARDINETA s.f. Insignia formada por dos galones apareados y terminados en punta, utilizada, según el color y colocación, como divisa de algunos cargos militares o como distintivo de cuerpos y unidades.

SARDO, A adj. y s. De Cerdeña. ◆ s.m. Lengua románica hablada en Cerdeña. ◆ s.m. Méx. *Vulg.* Soldado.

SARDONIA s.f. Planta herbácea de unos 20 a 70 cm, hojas brillantes, tallo grueso y flores pequeñas. (El jugo de la *sardonia* es muy venenoso y produce en los músculos de la cara una contracción que imita la risa.) [Familia ranunculáceas.]

SARDÓNICE s.f. Calcedonia de color marrón con traslucidez roja. SIN.: *sardónica.*

SARDÓNICO, A adj. Afectado, maligno, irónico: *risa sardónica.*

1. SARGA s.f. Tela cuyo tejido forma líneas diagonales. **2.** Ligamento fundamental con que se fabrica esta tela. **3.** Tela pintada para adornar o decorar las paredes.

2. SARGA s.f. Árbol de tronco delgado y fruto en forma de cápsula. (Familia salicáceas.)

SARGADILLA s.f. Planta herbácea, de 60 a 80 cm de alt., tallo erguido, hojas carnosas y flores situadas de tres en tres en las axilas de las hojas. (Familia quenopodiáceas.)

SARGAZO s.m. Alga de color marrón que vive fija en la rocas o flota en el agua mediante vesículas llenas de aire que permiten la flotación. (Los *sargazos* se agrupan en enormes cantidades formando a lo largo de las costas de Florida una verdadera pradera donde ponen los huevos las anguilas. Esta zona recibe el nombre de *mar de los Sargazos.*)

SARGENTO s.m. Suboficial con grado superior al de cabo primero e inferior al de sargento primero, que cuida del orden, administración y disciplina de una compañía y que ejerce el mando de un pelotón. **2.** *Fig.* y *fam.* Persona autoritaria y brusca. ◇ **Sargento furriel** Oficial encargado de alojar a la tropa. (También *furriel.*) **Sargento primero** Suboficial con grado superior al de sargento e inferior al de brigada.

SARGO s.m. Pez de hasta 40 cm de long., de color gris metálico oscuro en el dorso y plateado hacia los flancos y vientre, que suele vivir a escasa profundidad y preferentemente en zonas rocosas. (Familia espáridos.)

SARI s.m. Vestido femenino de la India constituido por una pieza de tela de algodón o de seda, drapeada y ajustada sin costuras ni alfileres.

SARÍA o **SHARÍA** s.f. Ley canónica de la religión islámica que consiste en el conjunto de los mandamientos de Alá relativos a todas las acciones humanas.

SARIAMA s.f. Argent. Ave zancuda de color rojo que posee un pequeño copete.

SARIGA s.f. Bol. y Perú. Zarigüeya.

SARISA s.f. ANT. GR. Lanza larga de la falange macedónica.

SÁRMATA adj. y s.m. y f. De un pueblo nómada de origen iranio que ocupó los países de los escitas y llegó hasta el Danubio (s. I d.C.). [Posteriormente se integraron en la oleada de migraciones germánicas.]

SARMENTERA s.f. Lugar donde se guardan los sarmientos.

SARMENTOSO, A adj. Se dice de la planta de tallo largo, flexible y trepador. **2.** Que tiene alguna de las características de un sarmiento: *dedos sarmentosos.*

SARMIENTO s.m. Tallo joven de la vid. **2.** Tallo leñoso trepador.

SARNA s.f. Enfermedad contagiosa de la piel causada por la hembra de un ácaro que excava surcos en la epidermis para depositar allí sus huevos y que se caracteriza por la erup-

ción de vesículas y un intenso picor. **2.** Enfermedad de las plantas que se caracteriza por producir pústulas en la superficie de los tejidos externos. ◇ **Más viejo que la sarna** *Fam.* Muy viejo o antiguo.

SARNOSO, A adj. y s. Que padece sarna.

SAROS s.m. Período de 18 años y 11 días, que comprende 223 lunaciones y regula aproximadamente los períodos de los eclipses de Sol y de Luna. (Durante el *saros* se produce una media de 84 eclipses, de los que 42 son de Sol y 42 de Luna.)

SARPULLIDO o **SALPULLIDO** s.m. Urticaria.

SARRACENO, A adj. y s. De una tribu del N de Arabia, que opuso una viva resistencia a los emperadores bizantinos, y posteriormente se convirtió al islam. **2.** ANT. Musulmán. ◇ **Sarraceno de Tartaria** Planta herbácea anual originaria de Siberia, cuyo fruto se emplea como alimento para el ganado y para elaborar pan negro. (Familia poligonáceas.)

SARRO s.m. Sustancia amarillenta que se adhiere al esmalte de las piezas dentales. **2.** Saburra. **3.** Sedimento que deja un líquido que tiene sustancias en suspensión o disueltas.

SARTA s.f. Serie de cosas pasadas o sujetas una tras otra en un hilo, cadena o cuerda: *sarta de perlas.* **2.** *Fig.* Serie de sucesos o cosas no materiales que van o suceden una tras otra: *sarta de mentiras.*

SARTÉN s.m. o f. Utensilio de cocina poco profundo, de base ancha y mango largo, que sirve para freír y saltear alimentos. (Es masculino en algunos países de Hispanoamérica.) ◇ **Tener la sartén por el mango** *Fam.* Estar en situación de poder decidir.

SARTENEJA s.f. Ecuad. y Méx. Grieta formada por la sequía en un terreno. **2.** Ecuad. y Mex. Huella del ganado en terrenos lodosos.

SARTENEJAL s.m. Ecuad. Zona de la sabana donde se forman sartenejas.

SARTORIO s.m. Músculo de la parte anterior del muslo.

SASAFRÁS s.m. Árbol de corteza agrietada y rugosa que crece en América del Norte y China. (Las hojas del *sasafrás* se usan como condimento.) [Familia lauráceas.]

SASÁNIDA adj. y s.m. y f. Relativo a la dinastía persa de los Sasánidas. (V. parte n. pr.)

SASTRE, A s. Persona que tiene por oficio confeccionar trajes, especialmente de hombre. ◇ **Traje sastre** Traje de señora compuesto de saco de vestir y falda.

SASTRERÍA s.f. Oficio de sastre. **2.** Taller donde se confeccionan, arreglan o venden trajes, especialmente de hombre.

SATÁNICO, A adj. Relativo a Satanás. **2.** *Fig.* Extremadamente perverso: *sonrisa, intención satánica.*

SATANISMO s.m. Conjunto de actos y ceremonias que se realizan para rendir homenaje o respeto a Satanás. **2.** Perversidad extrema.

SATÉLITE s.m. ASTRON. Cuerpo celeste que gira alrededor de un planeta. **2.** MEC. Piñón de

engranaje que gira entre la rueda que lo arrastra y la corona periférica. ◆ adj. y s.m. Se dice de la persona o cosa que depende totalmente de otra: empresa satélite. **2.** Se dice del estado que está sometido al dominio político, económico o ideológico de otro. ◇ **Satélite artificial** ASTRON. Aparato que ha sido lanzado al espacio y que gira alrededor de un planeta o cuerpo celeste para recoger información.

SATELIZACIÓN s.f. Acción de satelizar.

SATELIZAR v.tr. [7]. Poner un aparato, especialmente un satélite artificial, sobre una órbita cerrada alrededor de la Tierra o de un astro. **2.** Someter a un estado al dominio político, económico o ideológico de otro.

SATÉN s.m. Tela brillante, ligera y lisa, de calidad inferior al raso, que se emplea especialmente para forrar prendas.

SATÍN o **SATINÉ** s.m. Árbol originario de América tropical que puede alcanzar 20 m de alt. (Familia moráceas.) **2.** Madera de este árbol, pesada, dura y compacta. (El *satín* se utiliza en placaje, tornería y ebanistería.)

SATINADO, A adj. Que tiene alguna de las características del satén. **2.** Que tiene un brillo notable. ◆ s.m. Acción y efecto de satinar. ◇ **Piedra satinada** Piedra fina tallada de manera que parezca muy límpida y clara.

SATINAR v.tr. Proporcionar a una tela, un papel o una piel un brillo satén, prensándolos.

SATINETA s.f. Tela de algodón, o de algodón y seda, similar al raso.

SÁTIRA s.f. Obra artística, comentario o escrito en que se censura y ridiculiza a alguien o algo. **2.** LIT. Composición en la que se censura y ridiculiza a alguien con propósito moralizador, lúdico o burlesco.

SATIRIASIS s.f. PSICOL. Estado permanente de excitación sexual en el hombre.

SATÍRICO, A adj. y s. Se dice del escritor que cultiva la sátira. ◆ adj. Que implica o denota sátira. **2.** LIT. Relativo a la sátira. **3.** MIT. Relativo a los sátiros.

SATIRIÓN s.m. Planta herbácea de hojas ensanchadas y flores purpúreas, agrupadas en largos racimos. (Los tubérculos del *satirión*, gruesos y de olor desagradable, son comestibles.) [Familia orquídeas.]

SATIRIZAR v.tr. [7]. Censurar o ridiculizar a alguien o algo en una obra artística, comentario o escrito. **2.** LIT. Censurar o ridiculizar a alguien en una composición con propósito moralizador, lúdico o burlesco.

SÁTIRO s.m. Divinidad de la mitología griega mitad hombre y mitad macho cabrío, con cabeza y torso humanos, cuernos pequeños, largas orejas puntiagudas, cola larga y pezuñas. (Según la mitología, los *sátiros* vivían en los bosques y campos donde buscaban ninfas para satisfacer su desenfrenado apetito sexual.) **2.** *Fig.* Hombre lascivo.

SATISFACCIÓN s.f. Acción y efecto de satisfacer o satisfacerse. **2.** Sensación o sentimiento de placer que tiene una persona cuando ha conseguido algo que se deseaba: *la satisfac-*

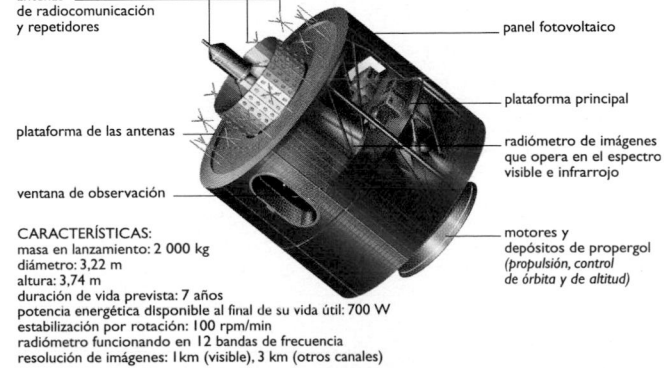

antenas
de radiocomunicación
y repetidores

panel fotovoltaico

plataforma principal

plataforma de las antenas

radiómetro de imágenes
que opera en el espectro
visible e infrarrojo

ventana de observación

CARACTERÍSTICAS:
masa en lanzamiento: 2 000 kg
diámetro: 3,22 m
altura: 3,74 m
duración de vida prevista: 7 años
potencia energética disponible al final de su vida útil: 700 W
estabilización por rotación: 100 rpm/min
radiómetro funcionando en 12 bandas de frecuencia
resolución de imágenes: 1 km (visible), 3 km (otros canales)

motores y
depósitos de propergol
*(propulsión, control
de órbita y de altitud)*

■ **SATÉLITE** artificial. Estructura de un satélite meteorológico Meteosat de segunda generación.

ción del deber cumplido. **3.** Cosa que causa placer: *es una satisfacción conversar contigo*. **4.** Compensación que recibe una persona por el daño, la ofensa o injusticia que se le ha causado: *exigir una satisfacción*. ◇ **Satisfacción sacramental** REL. Penitencia.

SATISFACER v.tr. [67]. Hacer que un deseo o necesidad desaparezcan proporcionando lo que se desea o necesita. **2.** Pagar alguien una deuda. **3.** Agradar o gustar a alguien algo. **4.** Dar respuesta o solución a una pregunta, duda, dificultad o problema. **5.** Cumplir los méritos o exigencias establecidos para algo. **6.** Compensar a alguien por el daño, la ofensa o injusticia que se le ha causado. ◆ **satisfacerse** v.prnl. Vengarse alguien de un agravio o perjuicio. **2.** Contentarse o conformarse con algo.

SATISFACTORIO, A adj. Que satisface o puede satisfacer: *respuesta satisfactoria*.

SATISFECHO, A adj. Complacido, contento.

SATO s.m. Cuba y P. Rico. Perro pequeño, ladrador y vagabundo.

SÁTRAPA s. y adj. *Desp*. Persona que lleva una vida fastuosa. **2.** *Desp*. Persona que abusa de su autoridad. ◆ s.m. Gobernador de una provincia del Imperio persa.

SATRAPÍA s.f. Dignidad de sátrapa. **2.** Provincia del Imperio persa gobernada por un sátrapa.

SATSUMA s.m. Naranja rica en azúcar. **2.** Porcelana japonesa con decoración dorada. (El *satsum* se fabrica en la provincia japonesa de Satsuma desde el s. XVI.)

SATURABLE adj. QUÍM. Que puede ser saturado.

SATURACIÓN s.f. Acción de saturar o saturarse. **2.** Estado que presenta el fluido que contiene en disolución la mayor cantidad posible de otro cuerpo. **3.** INFORMÁT. Estado de una memoria o de una vía de transmisión de informaciones que funcionan en el límite máximo de sus posibilidades. **4.** LÓG. Carácter de un sistema axiomático en el que no se puede añadir un nuevo axioma sin que dé como resultado una teoría contradictoria. **5.** QUÍM. Transformación en enlaces simples de los enlaces múltiples de un compuesto orgánico.

SATURADO, A adj. Se dice de la cosa que está completamente llena de otra. **2.** Se dice del fluido que contiene en disolución la mayor cantidad posible de otro cuerpo. **3.** LÓG. Se dice de un sistema axiomático caracterizado por una saturación. **4.** QUÍM. Se dice del compuesto orgánico que no posee enlaces múltiples.

SATURADOR s.m. Dispositivo que sirve para aumentar la proporción de vapor de agua de la atmósfera, en un local, una habitación, etc. **2.** Aparato que sirve para disolver un gas en un líquido hasta saturarlo.

SATURANTE adj. Que satura. ◇ **Vapor saturante** Vapor de un líquido, en equilibrio con él.

SATURAR v.tr. y prnl. Llenar completamente una cosa de otra. ◆ v.tr. Hacer que un fluido contenga en disolución la mayor cantidad posible de otro cuerpo. **2.** QUÍM. Transformar los enlaces múltiples de un compuesto en enlaces simples.

SATURNAL adj. Relativo a Saturno. ◆ s.f. Orgía, bacanal. ◆ **saturnales** s.f.pl. Fiestas que se celebraban en la antigua Roma en honor de Saturno, durante las que reinaba una gran libertad.

SATURNINO, A adj. Relativo al plomo. **2.** Se dice de la enfermedad causada por una intoxicación de sales de plomo.

SATURNISMO s.m. Enfermedad causada por una intoxicación con sales de plomo.

SAUCE s.m. Árbol o arbusto de hojas lanceoladas, que crece junto al agua. (Familia salicáceas.) SIN.: *salce*. ◇ **Sauce blanco**, o **cabruno** Sauce de hojas elípticas. **Sauce común** Sauce con ramas flexibles y largas y hojas dentadas. **Sauce llorón** Sauce con ramas muy largas, flexibles y colgantes.

SAUCEDAL s.m. Salceda. SIN.: *salcedo, saucedo*.

SAUCEDA s.m. Salceda. SIN.: *salcedo, saucedal*.

SAÚCO s.m. Árbol de flores blancas y frutos ácidos, que alcanza los 10 m de alt. y vive has-

ta 100 años. (Familia caprifoliáceas.) SIN.: *sabuco, sabugo*. ◇ **Saúco falso** Chile. Árbol de unos 5 m de alt.

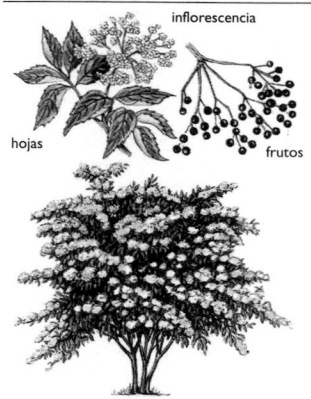

inflorescencia

hojas

frutos

■ **SAÚCO**

SAUDADE s.f. Añoranza, nostalgia.

SAUDÍ adj. y s.m. y f. Del estado de Arabia fundado por Ibn Sa'ūd en 1932. SIN.: *saudita*.

SAUNA s.f. Baño de vapor húmedo a alta temperatura, propio de los países escandinavos, en particular de Finlandia. **2.** Establecimiento donde se toman estos baños.

SAURIO, A adj. y s.m. Lacertilio.

SAURÓPSIDO, A adj. y s.m. Relativo a un grupo de vertebrados, caracterizados por poseer algunos rasgos anatómicos de los reptiles, que abarca las aves y la mayoría de reptiles actuales y fósiles.

SAUTERNES s.m. Vino blanco elaborado con la uva de la región de Sauternes (Francia).

SAUZGATILLO s.m. Árbol del litoral mediterráneo, con largos racimos de flores violáceas. (Familia verbenáceas.)

SAVART s.m. Unidad práctica de intervalo musical.

SAVIA s.f. Líquido que circula por los vasos conductores de los vegetales. **2.** *Fig*. Elemento que da vida o vitalidad a una cosa material o inmaterial. ◇ **Savia ascendente**, o **bruta** Savia que sube desde las raíces hacia las hojas. **Savia descendente**, o **elaborada** Savia producida por las hojas a partir de la savia bruta.

ŠAWIYYA, población bereber del E de Argelia.

SAXÍCOLA adj. BOT. Que vive sobre o entre las rocas.

SAXÍFRAGA s.f. Planta herbácea que crece entre las piedras, utilizada como ornamental.

SAXIFRAGÁCEO, A adj. y s.f. Relativo a una familia de plantas herbáceas o leñosas, con flores cíclicas y hermafroditas, como las hortensias.

hojas

■ **SAUCE** LLORÓN

SAXO s.m. Saxofón. **2.** Saxofonista.

SAXOFÓN o **SAXÓFONO** s.m. Instrumento musical de viento, hecho de cobre o de latón, con embocadura simple y provista de una boquilla de clarinete y de un mecanismo de llaves. (Los cuatro tipos más utilizados son el soprano, el alto, el tenor y el barítono; se abrevia *saxo*.)

lengüeta

boquilla

embreadura

cuerpo

pabellón

culata

■ **SAXOFÓN** tenor.

SAXOFONISTA s.m. y f. Músico que toca el saxófono. (Se abrevia *saxo*.)

1. SAYA s.f. (del lat. *sagum*, sayo). Falda, refajo o enagua. **2.** Vestidura talar.

2. SAYA s.f. En la organización administrativa de los incas, parte de una provincia.

SAYAGUÉS s.m. Lengua creada sobre la base del dialecto leonés, que se utilizó en el primitivo teatro español (Juan del Encina) para recalcar la rusticidad de ciertos personajes.

SAYAL s.m. Tela de lana muy basta.

SAYO s.m. Casaca de guerra que usaron los galos, los romanos y los nobles de la edad media. **2.** *Fam*. Vestido amplio y de hechura simple. ◇ **Cortar un sayo** *Fam*. Criticar a alguien, murmurar en su ausencia.

1. SAYÓN s.m. (del gótico *sagjis*). Verdugo que ejecutaba las penas. **2.** Persona que maltrata a alguien por orden de otro. **3.** *Fig*. y *fam*. Hombre de aspecto feroz. **4.** HIST. En la alta edad media, oficial subalterno encargado de hacer cumplir las órdenes del rey y de los señores. **5.** REL. Cofrade que va en las procesiones de semana santa vestido con una túnica larga.

2. SAYÓN s.m. (de ant. *sabón*, jabón). Planta suburbustiva, con porte de mata tendida, que crece en las costas de la península Ibérica.

SAZÓN s.f. Estado de madurez o perfección de una cosa: *fruta en sazón*. **2.** Sabor que se da a los alimentos. ◇ **A la sazón** En el momento de que se trata.

SAZONAR v.tr. Dar sazón.

SBITEN s.m. Bebida rusa, compuesta de miel y jengibre.

SCALEXTRIC s.m. Esp. Sistema de entrelazado de vías públicas que evita a los automovilistas los cruces a nivel.

SCANNER s.m. → **ESCÁNER**.

SCAT s.m. Estilo de improvisación vocal, en el que las palabras son remplazadas por onomatopeyas, popularizado por grandes compositores de jazz.

SCHERZANDO adv.m. MÚS. Viva y alegremente.

SCHERZO s.m. (pl. *scherzi*). MÚS. Composición musical de compás ternario, de estilo ligero y brillante, que puede remplazar al minué en la sonata y la sinfonía, o constituir una composición independiente.

SCHILLING s.m. Antigua unidad monetaria de Austria (hasta su sustitución por el euro).

SCHLAG s.m. Pena disciplinaria militar usada durante mucho tiempo en Alemania, que consistía en la aplicación de golpes de vara.

SCHNORKEL o **SNORKEL** s.m. Dispositivo que permite a un submarino con motores diesel navegar sumergido, gracias a un tubo periscópico que asegura la entrada de aire y la evacuación de gases.

SCHOONER s.m. MAR. Embarcación de dos palos, con aparejo de goleta.

SCHORRE s.m. GEOGR. Parte alta de las marismas litorales, generalmente cubierta de pastos (prados salados).

SCHUSS s.m. En esquí, descenso directo de cara a la pendiente más pronunciada.

SCOOTER s.m. → ESCÚTER.

SCORE s.m. En ciertos deportes y juegos, tanteo.

SCOTCH s.m. Whisky escocés.

SCRABBLE s.m. Juego de origen norteamericano que consiste en formar palabras y colocarlas en un lugar determinado.

SCRIPT s.m. y f. Colaborador del realizador de una película o de una emisión de televisión, que anota los detalles relativos a la toma de vistas y que es responsable de la continuidad de la realización.

SCRUBBER s.m. Torre lavadora en la que se depura un gas por medio de un chorro de agua finamente pulverizada que arrastra las partículas sólidas que lleva en suspensión.

SCULL s.m. (pl. *sculls*). Embarcación muy ligera, movida por dos personas mediante remos cortos. **2.** Remo usado en este tipo de embarcación.

1. SE pron. pers. (lat. *se*, acusativo del pron. reflexivo de tercera persona). Forma átona del pronombre personal de 3ª persona del singular y del plural. Funciona como complemento directo e indirecto y se usa con verbos pronominales cuando el sujeto es de 3ª persona. Va pospuesto y unido al verbo cuando acompaña a un infinitivo, gerundio o imperativo. **2.** Indica que el sujeto recibe la acción del verbo, pero no la realiza: *el barco se hundió*. **3.** Se usa para construir oraciones pasivas reflejas: *se venden objetos de arte*. **4.** Se usa para construir oraciones impersonales: *se ruega no fumar*.

2. SE pron. pers. Forma átona del pronombre personal de 3ª persona del singular y del plural. Funciona como complemento indirecto sustituyendo a *le* o *les* cuando precede a un pronombre personal de tercera persona que funciona como complemento directo (*lo, la, los, las*.)

3. SE, abrev. de *sudeste*.

SEABORGIO s.m. Elemento químico (Sg), artificial, de número atómico 106 y masa atómica 263,119.

SEBÁCEO, A adj. Relativo al sebo. ◇ **Glándula sebácea** Glándula cutánea anexa a los folículos pilosos, que segrega una grasa que lubrifica el pelo en la superficie de la piel.

SEBESTÉN s.m. Árbol de unos 2 o 3 m de alt., de cuyo fruto se obtiene un mucílago que se ha empleado como emoliente y pectoral. **2.** Fruto de este árbol.

SEBO s.m. Grasa sólida y dura que se obtiene de los animales herbívoros y que, derretida, se utiliza en la fabricación de velas, jabones, etc. **2.** Grasa que segregan las glándulas sebáceas de los animales superiores, y que sirve para lubricar, proteger y mantener blanda la piel. **3.** Aceite o grasa ennegrecida por la frotación de los ejes de un vehículo o de los órganos de una máquina. **4.** *Fam.* Exceso de grasa en las personas. **5.** *Fam.* Mugre, suciedad grasienta. ◇ **Hacer sebo** *Argent. Fam.* Vaguear, simular que se trabaja.

SEBORRAGIA s.f. Seborrea intensa, especialmente en la frente y en la nariz.

SEBORREA s.f. Aumento patológico de la secreción de las glándulas sebáceas de la piel.

SEBORREICO, A adj. Relativo a la seborrea.

SEBOSO, A adj. Que tiene sebo. **2.** Untado de sebo. **3.** *Fam.* Mugriento, sucio de grasa.

SEBUCÁN s.m. *Colomb., Cuba y Venez.* Talega de tela basta utilizada para exprimir la yuca rallada y hacer el cazabe, cibucán.

SECA s.f. Nombre con que se conocen diversas enfermedades fíticas, parasitarias o no, que se manifiestan por desecación total o parcial de la planta.

SECADERO s.m. Lugar para el secado natural

o artificial de ciertos productos: *secadero de tabaco.*

SECADO s.m. Acción de secar. **2.** Operación industrial destinada a eliminar total o parcialmente el agua de una materia húmeda o el solvente contenido en ella.

SECADOR, RA adj. Que seca. ◆ s.m. Aparato que se utiliza para secar. **2.** *Nicar. y Salv.* Paño de cocina para secar platos, vasos, etc. **3.** *Perú y Urug.* Enjuagador de ropa.

SECADORA s.f. Máquina que se emplea para secar la ropa por medio de circulación de aire caliente.

SECAM adj. Se dice del sistema francés de televisión en color desarrollado por Henri de France en 1956 y adoptado en diversos países de Europa y África.

SECANO s.m. Tierra de labor que carece de riego y solo se beneficia del agua de la lluvia.

SECANTE adj. Que seca. **2.** MAT. Se dice de las líneas o superficies que cortan a otras líneas o superficies. ◆ adj. y s.m. Se dice de un papel poroso que absorbe los líquidos y que se emplea para secar la tinta fresca. ◆ s.m. Preparación a base de compuestos metálicos que se añade a los aceites, pinturas, barnices y recubrimientos grasos, para acelerar el secado. ◆ s.f. Acción de cortar una figura dada. **2.** En trigonometría, una de las seis líneas trigonométricas de un ángulo.

SECAR v.tr. y prnl. [1]. Eliminar la humedad de un cuerpo o dejar seca una cosa. ◆ **secarse** v.prnl. Quedarse sin agua: *secarse un río, una fuente.* **2.** Perder una planta su verdor o lozanía, morirse: *estas flores se han secado.* **3.** *Fig. y fam.* Enflaquecer, debilitarse mucho. **4.** *Fig. y fam.* Embotarse, perder agudeza o eficacia: *secarse el entendimiento, la sensibilidad.*

SECCIÓN s.f. Cada de las partes en que se divide un todo continuo o un conjunto de cosas. **2.** Corte o separación hecha en un cuerpo con un instrumento cortante. **3.** Parte de una empresa, en que se realiza un tipo de actividad homogénea, dentro del proceso productivo total. **4.** Agrupación de dos patrullas de un escuadrón en una formación aérea militar. **5.** BIOL. Unidad intermedia entre el género y la especie. **6.** MAT. **a.** Conjunto de puntos comunes a dos superficies. **b.** Superficie que resulta de la intersección de un sólido y un plano, o de dos sólidos. **7.** MIL. **a.** Unidad menor en que se divide una compañía, escuadrón o batería, y que está al mando de un oficial. **b.** Cada uno de los departamentos de un estado mayor. **8.** TECNOL. Dibujo del perfil o figura que resultaría del supuesto corte de un terreno, edificio, máquina, etc., por un plano. ◇ **Sección eficaz** FÍS. Sección de la zona situada alrededor de un núcleo atómico dentro del cual este reacciona con partículas elementales. **Sección mojada** Sección transversal de un canal que sirve para medir su caudal. **Sección recta de un prisma,** o **de un cilindro** Sección de este prisma, o de este cilindro, por un plano perpendicular a las aristas o a la generatriz. **Sección rítmica** En jazz, conjunto de los instrumentos que marcan la línea armónica y el compás de un tema.

SECCIONADOR s.m. Aparato destinado a interrumpir la continuidad de un circuito eléctrico, especialmente por motivos de seguridad.

SECCIONAMIENTO s.m. Acción y efecto de seccionar. **2.** F. C. Dispositivo de señalización destinado a evitar colisiones entre trenes que circulan o maniobran en una misma vía.

SECCIONAR v.tr. Dividir en secciones.

SECESIÓN s.f. Separación de una parte de un país para formar un estado independiente o unirse a otro estado. **2.** Separación de una corriente artística, literaria, política, etc.

SECESIONISMO s.m. Tendencia u opinión favorable a la secesión política.

SECESIONISTA adj. y s.m. y f. Relativo a la secesión; partidario de esta.

SECO, A adj. Que carece de humedad: *terreno seco; tiempo seco; ropa seca.* **2.** Que tiene muy poca agua o que carece de ella: *río seco.* **3.** Se dice de las plantas sin vida: *flores secas.* **4.** Se dice de las frutas de cáscara dura, como avellanas, nueces, etc., y de aquellas a las que se extrae la humedad para que se conserven, como higos, pasas, etc. **5.** Se dice del país o del clima que se caracteriza por la falta de lluvia o humedad. **6.** Flaco. **7.** *Fig.* Tajante, desabrido en el trato, falto de amabilidad o suavidad: *respuesta seca.* **8.** Riguroso, estricto: *una justicia seca.* **9.** *Fig.* Se dice de la bebida pura o sin restos de azúcar: *vino, jerez, champán seco.* **10.** *Fig.* Ronco, áspero y sin resonancia: *golpe, ruido seco.* **11.** *Fig.* Árido, inexpresivo, falto de amenidad: *carácter seco; expresión seca.* **12.** *Fig.* Escueto, sin adornos. ◆ s.m. *Chile.* Puntazo, coscorrón. ◇ **A secas** Solamente, sin otra cosa alguna. **Calor seco** Terapia a base de la aplicación directa de calor, evitando la acción maceradora de los tejidos de las compresas húmedas. **Dejar seco** *Fam.* Dejar muerto en el acto; dejar sorprendido, confuso. **En seco** Fuera del agua o de un lugar húmedo; de repente, bruscamente; sin causa ni motivo; sin medios o sin lo necesario para realizar algo. **Madera seca** Madera curada, libre de savia; madera cuyo contenido de humedad es de un 15 %. **Navegar a palo seco** Navegar un velero sin servirse de las velas, dejándose impulsar solo por la fuerza del viento sobre el casco y la arboladura. **Tos seca** Tos que no se acompaña de expectoración.

SECOYA s.f. → SECUOYA.

SECRECIÓN s.f. Acción de segregar. **2.** Producto o sustancia segregada. **3.** Función por la que una célula especializada del organismo elabora una sustancia que interviene después en la fisiología de este organismo. **4.** Esta sustancia. **5.** Producto del metabolismo vegetal, sin empleo ulterior en los procesos vitales. **6.** Proceso de eliminación de estos productos.

SECRETA s.f. REL. Oración que se dice en la misa después del ofertorio y antes del prefacio.

SECRETAR v.tr. Producir su secreción las glándulas, membranas y células.

SECRETARÍA s.f. En un organismo, empresa, etc., oficina donde los secretarios llevan los asuntos de administración. **2.** Conjunto de los funcionarios o empleados de esta oficina. **3.** Cargo de secretario. **4.** HIST. En España, durante el Antiguo régimen, organismo encargado de la organización administrativa y ejecutiva de los asuntos de gobierno. ◇ **Secretaría de estado** En la administración eclesiástica, orga-

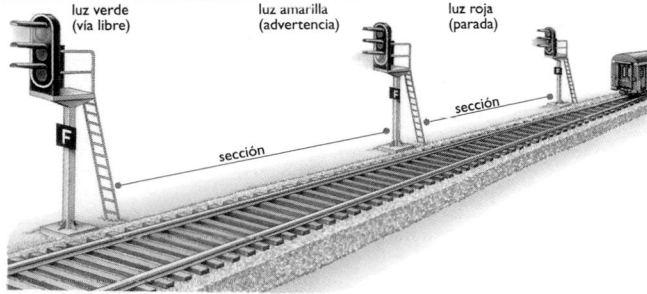

■ **SECCIONAMIENTO** automático luminoso.

nismo administrativo que dirige el cardenal secretario de estado; en España, órgano superior de la administración del estado, dependiente de un ministerio; en algunos estados, cargo de ministro.

SECRETARIADO s.m. Estudios que capacitan para la profesión de secretario. **2.** Cargo o empleo de secretario. **3.** Secretaría, oficina donde trabaja el secretario. **4.** Organismo central de un movimiento artístico, cultural, social, etc., que coordina y dirige la acción de las diversas entidades que dependen de él. **5.** Cuerpo o conjunto de secretarios.

SECRETARIO, A s. Persona encargada de la administración en un organismo, empresa, etc., y cuyas funciones principales son tramitar los asuntos de la entidad, correspondencia, archivo de documentos, etc. **2.** Persona que está al servicio de otra para llevarle los asuntos administrativos y de correspondencia de esta. **3.** Funcionario público, encargado principalmente de dar fe de las actuaciones y diligencias del tribunal al que está adscrito. **4.** HIST. En época moderna, persona que gozaba de la confianza del soberano, a quien ayudaba en el despacho de los asuntos de gobierno. ◆ s.m. Ave rapaz de África, que se alimenta de reptiles y que presenta en la cabeza una serie de plumas eréctiles. ◇ **Secretario de ayuntamiento** Funcionario de la administración local encargado de la secretaría de la corporación municipal. **Secretario de estado** Jefe de un departamento ministerial, con categoría de ministro o de esta; título del ministro de asuntos exteriores de EUA; cardenal presidente de la secretaría de estado. **Secretario de redacción** Periodista que tiene a su cargo la compaginación. **Secretario general** Persona que ocupa, de hecho, la jefatura en determinados partidos políticos.

■ SECRETARIO

SECRETEAR v.intr. *Fam.* Hablar en voz baja o secretamente una persona a otra.

SECRETEO s.m. *Fam.* Acción de secretear.

SECRETER s.m. Mueble con cajones y departamentos, provisto de un tablero para escribir, escamoteable o no.

SECRETINA s.f. Hormona segregada por la mucosa duodenal, que estimula la secreción del páncreas e indirectamente el flujo de bilis.

SECRETO, A adj. Que solo es conocido por un número limitado de personas: *puerta secreta; negociaciones secretas; agente secreto.* **2.** Reservado, confidencial: *comentario secreto; deseo secreto.* **3.** Que se realiza sin desvelarse o sin hacerse público: *matrimonio secreto; misión secreta.* ◆ s.m. Información, noticia o conocimiento que se mantiene reservado y oculto: *guardar un secreto.* **2.** Método, sistema o medio desconocido por la mayoría que sirve para alcanzar un resultado: *secreto de fabricación.* **3.** Reserva, sigilo. **4.** Misterio, cosa arcana. ◇ **En secreto** De manera secreta. **Secreto de confesión** Información revelada a un sacerdote en confesión, y que, por lo tanto, no puede comunicar a otros. **Secreto de estado** Secreto que obliga, bajo delito, a los funcionarios públicos.

SECRETOR, RA adj. FISIOL. Que secreta.

SECTA s.f. Conjunto de seguidores de una ideología doctrinaria. **2.** Sociedad secreta, especialmente política. **3.** Doctrina, confesión religiosa. **4.** REL. Grupo disidente minoritario en las religiones o Iglesias constituidas.

ENCICL. La secta se apoya en un movimiento de conversión personal y en el rechazo de toda mediación de tipo sacerdotal. Surgida como respuesta a una institución eclesiástica acusada de laxitud, la secta adopta, bajo la conducción de un guía, una actitud fundamentalista de respeto a los textos sagrados y revolucionaria de enfrentamiento a las estructuras sociales. Numerosas en todas las religiones y épocas, las sectas se multiplicaron después de 1960 y se distinguieron por su ideal de renovación, el gusto por el sincretismo, el afán de cambiar la vida individual y vivir en una sociedad armoniosa, que exige a sus adeptos una adhesión total y exclusiva.

SECTARIO, A adj. y s. Relativo a una doctrina o secta; partidario de estas. **2.** Intolerante, fanático de un partido o de una idea: *espíritu sectario.*

SECTARISMO s.m. Cualidad o actitud de sectario.

SECTOR s.m. Parte o subdivisión delimitada de un todo. **2.** *Fig.* Ámbito en el que se desarrolla una determinada actividad: *el sector de la construcción, de las finanzas.* **3.** Subdivisión de una red de distribución eléctrica. **4.** MAT. Superficie plana limitada por dos segmentos rectilíneos y un arco de curva. **5.** MIL. Territorio confiado a una división. ◇ **Sector aéreo** MIL. Parte de la región aérea que cuenta con organismos del ejército del aire bajo el mando de un jefe de sector. **Sector circular** Porción de círculo limitado por dos radios y el arco de circunferencia interceptado por ellos. **Sector económico** Cada una de las partes en que, para su estudio y según criterios diversos, se divide la economía. **Sector esférico** Sólido engendrado por un sector circular al girar alrededor de un diámetro que no lo atraviese. **Sector naval** MAR. MIL. Parte de un departamento marítimo bajo el mando de un contralmirante jefe de sector.

SECTORIAL adj. Relativo al sector.

SECUANO, A adj. y s. De un pueblo de la Galia que vivía en el país avenado por el Saona.

SECUAZ adj. y s.m. y f. *Desp.* Partidario o seguidor de alguien.

SECUELA s.f. Consecuencia o resultado de una cosa: *las secuelas de una guerra.* **2.** Chile. Curso que sigue un pleito, juicio o causa. **3.** MED. Trastorno funcional o lesión que persiste tras la curación de un traumatismo o enfermedad.

SECUENCIA s.f. Serie ordenada de cosas que guardan entre sí cierta relación. **2.** CATOL. Poema rítmico que en algunas misas se canta o se recita después del gradual. **3.** CIN. Sucesión ininterrumpida de imágenes o escenas que forman un conjunto y que se refieren a una misma parte o aspecto del argumento. **4.** INFORMÁT. Sucesión de fases operatorias de un automatismo secuencial. **5.** MÚS. Reproducción de un motivo melódico o rítmico en distintos grados de la escala.

SECUENCIAL adj. Relativo a la secuencia. ◇ **Memoria secuencial** INFORMÁT. Memoria en la que las informaciones se desplazan físicamente ante las cabezas de lectura-escritura para ser leídas consecutivamente (por oposición a *memoria de acceso aleatorio*).

SECUENCIAR v.tr. Establecer una sucesión ordenada de cosas que guardan relación entre sí.

SECUESTRAR v.tr. Raptar a una persona, exigiendo dinero o alguna condición determinada por su rescate. **2.** Apoderarse por la fuerza del mando de una nave, avión, etc. **3.** DER. **a.** Depositar de forma provisional una cosa litigiosa en poder del tercero, o un impreso en poder de la administración. **b.** Embargar judicialmente algún bien.

SECUESTRO s.m. Acción de secuestrar. **2.** CIR. Fragmento de hueso necrosado que queda libre en el interior de una lesión inflamatoria o tumoral del hueso, después de una fractura o infección.

SECULAR adj. Seglar. **2.** Que se repite cada siglo. **3.** Que dura un siglo o que existe desde hace siglos. ◆ adj. y s.m. y f. Se dice del clero o sacerdote que no vive sujeto a votos religiosos o monásticos.

SECULARIZAR v.tr. y prnl. [7]. Autorizar a un clérigo a pasar al estado de laico o al clero secular. **2.** Transferir bienes o funciones eclesiásticas a particulares o al estado. **3.** Dar a una cosa carácter secular.

SECUNDAR v.tr. Apoyar, ayudar o favorecer algo o a alguien.

SECUNDARIO, A adj. Que ocupa el segundo lugar en un orden establecido. **2.** De menor importancia que otra cosa: *un cargo secundario; motivo secundario.* **3.** BOT. **a.** Se dice de la estructura presentada por una raíz o un tallo antiguo cuando funcionan las zonas generatrices, que aseguran el crecimiento en espesor. **b.** Se dice de los tejidos producidos por las células meristemáticas. **4.** MED. Se dice de toda manifestación patológica que es consecuencia de otra. **5.** QUÍM. Se dice de un átomo de carbono unido a otros dos átomos de carbono. **6.** PSICOL. En caracterología, se dice de la persona cuyas reacciones son lentas, duraderas y profundas. ◆ s.m. Se dice de la era geológica comprendida entre el pérmico (último período de la era primaria) y el paleoceno (primer período de la era terciaria). **2.** ELECTR. En un transformador o bobina de inducción, se dice del arrollamiento en que la corriente que pasa por el primario crea fuerzas electromotrices y con cuyos terminales se conecta el circuito de utilización. ◇ **Sector secundario** Parte de la actividad económica que comprende las actividades mineras, la producción de energía, las industrias y la construcción.

SECUOYA o **SECOYA** s.f. Conífera que alcanza 140 m de alt. y puede vivir más de 2 000 años. (Familia taxodiáceas.) **2.** Madera de este árbol.

cono
o piña

rama

■ SECUOYA

SED s.f. Necesidad o ganas de beber. **2.** *Fig.* Necesidad de agua o de humedad que tienen las plantas, el campo, etc. **3.** *Fig.* Anhelo, ansia o deseo vehemente: *sed de venganza, de justicia.* ◇ **Apagar**, o **matar, la sed** Aplacarla bebiendo.

SEDA s.f. Sustancia en forma de filamento brillante, segregada por las arañas y las larvas de ciertos lepidópteros, particularmente el llamado *gusano de seda.* **2.** Hilo formado por varias de estas fibras convenientemente preparadas. **3.** Tejido fabricado con este hilo. ◇ **Como una seda** *Fam.* Muy dócil y sumiso; con mucha facilidad y sin obstáculo alguno. **Papel de seda** Papel muy fino y traslúcido. **Seda artificial** Hilo de fibras textiles artificiales que imita el aspecto y propiedades de la seda. **Seda vegetal** Pelos largos y sedosos que envuelven las semillas de ciertas plantas.

SEDACIÓN s.f. Acción de sedar.

SEDAL s.m. Hilo de la caña de pescar. **2.** Fragmento de hilo, plástico, metal, etc., que se hace pasar por el interior de una herida con orificio de entrada y salida para facilitar el drenaje.

◇ **Herida en sedal** Herida producida generalmente por una bala que entra y sale pasando simplemente bajo la piel y sin afectar ninguna parte del organismo. **Sedal de zapatero** Hilo de cáñamo encerado que los zapateros emplean para coser.

SEDALINA s.f. Algodón mercerizado. **2.** Hilo fino y brillante, poco retorcido, semejante a la seda.

SEDÁN s.m. Modelo de automóvil de carrocería cerrada.

SEDANTE adj. y s.m. Que calma el dolor o disminuye los estados de excitación nerviosa. **2.** *Fig.* Que calma o sosiega el ánimo.

SEDAR v.tr. Apaciguar, sosegar.

SEDATIVO, A adj. Sedante.

SEDE s.f. Lugar donde tiene su residencia una entidad política, económica, literaria, deportiva, etc. **2.** Asiento o trono de un prelado que ejerce jurisdicción. **3.** Capital de una diócesis. **4.** Diócesis. ◇ **Santa Sede** o **Sede apostólica** Sede de la cabeza visible de la Iglesia católica; gobierno pontificio. (V. parte n. pr., *Santa Sede.)

SEDENTARIO, A adj. Se dice del oficio o vida de poco movimiento y de la persona que lo ejerce o practica. **2.** ZOOL. Se dice del animal que tiene un hábitat fijo o que permanece fijo sobre un sustrato. ◆ adj. y s. ANTROP. Se dice de las poblaciones que permanecen en su país de origen. CONTR.: *nómada*.

SEDENTARISMO s.m. Modo de vida sedentaria.

SEDENTARIZACIÓN s.f. ANTROP. Proceso por el cual pueblos nómadas adoptan formas de vida sedentarias.

SEDENTARIZAR v.tr. [7]. Volver sedentario.

SEDENTE adj. Que está sentado.

SEDERÍA s.f. Establecimiento donde se venden géneros de seda. **2.** Comercio o elaboración de dichos géneros. **3.** Conjunto de géneros de esta clase.

SEDERO, A adj. Relativo a la seda: *industria sedera*. ◆ s. Persona que tiene por oficio labrar la seda o tratar en ella.

SEDICENTE o **SEDICIENTE** adj. Que se atribuye a sí mismo un nombre, un título o un tratamiento del que carece en realidad.

SEDICIÓN s.f. Levantamiento contra la autoridad legal, de carácter menos grave que la rebelión. ◇ **Sedición militar** Ataque colectivo a la disciplina militar.

SEDICIOSO, A adj. y s. Que promueve una sedición o interviene en ella. ◆ adj. Se dice de los actos o palabras de la persona sediciosa.

SEDIENTES adj. DER. Se dice de los bienes raíces.

SEDIENTO, A adj. y s. Que tiene sed. ◆ adj. *Fig.* Se dice de las plantas o tierras que necesitan riego. **2.** *Fig.* Que tiene ansia o deseo vehemente de una cosa: *sediento de venganza*.

SEDIMENTACIÓN s.f. Acción de sedimentar o sedimentarse. ◇ **Velocidad de sedimentación** MED. Velocidad de caída de los hematíes en un tubo lleno de sangre a la que se ha añadido un anticoagulante.

SEDIMENTAR v.tr. Depositar sedimento un líquido. ◆ v.tr. y prnl. *Fig.* Tranquilizar, sosegar el ánimo. ◆ **sedimentarse** v.prnl. *Fig.* Afianzarse cosas no materiales, como los conocimientos, los sentimientos, etc.

SEDIMENTARIO, A adj. Relativo al sedimento. **2.** De la naturaleza del sedimento. ◇ **Rocas sedimentarias** Rocas formadas en la superficie de la Tierra por diagénesis de sedimentos de origen detrítico o clástico (residuos sólidos

que resultan de la destrucción del relieve), o químico u orgánico (residuos que resultan de la acción de los seres vivos).

SEDIMENTO s.m. Depósito que se forma en un líquido en el que hay sustancias en suspensión. **2.** Depósito móvil dejado por las aguas, el viento y otros agentes de erosión. **3.** Lodo seco o pastoso que se encuentra en suspensión en ciertos petróleos brutos, y que se posa en los tanques de depósito. **4.** *Fig.* Huella o señal que queda en el ánimo: *sedimento de amargura*. ◆ **sedimentos** s.m.pl. En los sondeos y perforación de pozos, detritos o ripio de perforación.

SEDIMENTOLOGÍA s.f. GEOL. Estudio de la génesis de los sedimentos y de las rocas sedimentarias.

SEDOSO, A adj. Parecido a la seda o suave como la seda: *cabello sedoso*.

SEDUCCIÓN s.f. Acción de seducir. **2.** Atracción que se ejerce sobre alguien.

SEDUCIR v.tr. [77]. Atraer, fascinar, ejercer gran influencia: *la idea me seduce*. **2.** Persuadir, incitar con promesas o engaños a que se haga algo, particularmente inducir a alguien a tener relaciones sexuales.

SEDUCTIVO, A adj. Que seduce.

SEFARDÍ adj. y s.m. y f. De los judíos que habitaron la península Ibérica y, en especial, de sus descendientes, desde la expulsión de 1492 hasta la actualidad. SIN.: *sefardita*.

ENCICL. El gentilicio sefardí o sefardita procede de Sefarad, nombre bíblico de España. Los sefardíes, desde la época del Bajo Imperio romano participaron activamente en la vida política y cultural del país. El decreto de expulsión de los Reyes Católicos (1492) obligó a los que no quisieron abrazar el cristianismo a abandonar Castilla y Aragón. La mayoría de los expulsados se dirigieron a Portugal, de donde los que no se quisieron convertir también fueron expulsados (1496-1497), y se dispersaron. En sus países de adopción se organizaron en comunidades y conservaron la lengua castellana. (→ judeoespañol.)

SEGADOR, RA adj. y s. Que siega. ◆ s. Persona que tiene por oficio segar. ◆ s.m. Pequeño arácnido de vientre redondeado y patas muy largas. (Se distingue de las arañas por tener el abdomen sentado respecto al cefalotórax; familia falángidos.)

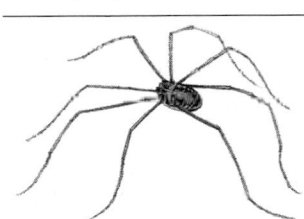

■ **SEGADOR**

SEGADORA s.f. Máquina de segar.

SEGAR v.tr. [4]. Cortar la mies o la hierba con la hoz, la guadaña o con una segadora. **2.** *Fig.* Cortar la parte más alta de algo o cualquier cosa que sobresale entre las demás. **3.** *Fig.* Cortar o impedir bruscamente el desarrollo de algo: *segar la vida, las esperanzas*.

SEGLAR adj. y s.m. y f. Laico, que no es eclesiástico ni religioso.

SEGMENTACIÓN s.f. División en segmentos. **2.** BIOL. Conjunto de las primeras divisiones del huevo tras la fecundación. **3.** INFORMÁT. Método de programación que recurre a la descomposición de los programas en segmentos.

SEGMENTAR v.tr. y prnl. Dividir en segmentos.

SEGMENTO s.m. Porción o parte cortada o separada de una cosa o de un todo. **2.** INFORMÁT. Conjunto de instrucciones consecutivas de un programa que pueden ejecutarse sin necesidad de cargar el programa entero en la memoria central de la computadora. **3.** ZOOL. Artejo. ◇ **Segmento circular**, o **elíptico** Superficie limitada por un arco de curva y la cuerda que

la subtiende. **Segmento de compresión** Aro elástico cortado siguiendo una hélice, utilizado en el mecanismo pistón-cilindro para asegurar la estanqueidad entre los dos medios separados por el pistón. **Segmento de freno** Pieza en forma de media luna, que se oprime contra la superficie interna del tambor y que lleva, en su periferia, una zapata que constituye la superficie de fricción. **Segmento dirigido** Segmento de recta dotado de un sentido. **Segmento esférico** Parte de la esfera comprendida entre dos planos paralelos. **Segmento lineal**, o **rectilíneo** Porción de recta limitada por dos puntos.

SEGOVIANO, A adj. y s. De Segovia.

SEGREGABILIDAD s.f. Tendencia de los elementos más gruesos de una mezcla heterogénea a separarse del conglomerado en el sentido de la pesantez.

SEGREGACIÓN s.f. Acción y efecto de segregar o segregarse. **2.** INDUSTR. Separación parcial de diversas partes homogéneas de una mezcla durante su licuefacción. ◇ **Segregación racial** Forma de racismo consistente en la separación, en el interior de una comunidad, de las personas de una o más etnias.

SEGREGACIONISMO s.m. Política de segregación racial.

SEGREGACIONISTA adj. y s.m. y f. Relativo a la segregación racial; partidario de la misma.

SEGREGAR v.tr. y prnl. [2]. Separar o apartar una cosa de otra o a alguien de algo. ◆ v.tr. Producir y despedir de sí ciertos órganos de animales y plantas determinadas sustancias líquidas o viscosas.

SEGUIDA s.f. Marcha normal de una actividad. ◇ **En seguida** A continuación, inmediatamente después.

SEGUIDILLA s.f. Estrofa, generalmente constituida por cuatro versos, de los cuales el segundo y cuarto son pentasílabos y riman en asonante, y el primero y tercero son heptasílabos y quedan libres. **2.** Antigua canción y danza española, de movimiento rápido y compás ternario. **3.** Argent. Sucesión rápida de hechos.

1. SEGUIDO adv.m. A continuación, inmediatamente después.

2. SEGUIDO, A adj. Continuo, sucesivo, sin intervalos de tiempo o lugar: *un año seguido*. **2.** Recto, sin desviarse del camino o dirección.

SEGUIDOR, RA adj. y s. Que sigue a una persona o cosa o es partidario de ella. ◆ s. Discípulo.

SEGUIMIENTO s.m. Acción de seguir. **2.** AS-TRONÁUT. Determinación a distancia, instantánea y continuada, de las características del movimiento de un ingenio espacial. ◇ **En seguimiento de** En persecución de lo que se expresa.

SEGUIR v.tr. [90]. Ir después o detrás de alguien o algo: *tú ve delante, y yo te seguiré*. **2.** Dirigir la vista hacia alguien o algo que se mueve y mantener la visión en él: *seguir con la mirada*. **3.** *Fig.* Tener como modelo, imitar: *seguir el ejemplo del padre; seguir un estilo*. **4.** *Fig.* Ser del dictamen o partidario de alguien o algo. **5.** *Fig.* Actuar según un criterio, instinto, opinión, etc.: *seguir los propios instintos*. **6.** Estudiar o cursar una carrera o estudios: *seguir un curso de humanidades*. **7.** Ir en busca de alguien o algo, generalmente a partir de pistas, datos, etc.: *seguir una pista*. **8.** Perseguir, acosar, importunar. **9.** Tratar o manejar un negocio o pleito, hacienda las diligencias necesarias. ◆ v.tr. y prnl. Ir después de una sucesión o ser efecto o consecuencia de otra cosa: *a la explosión siguió un grito*. ◆ v.tr. e intr. Ir por un camino o dirección. **2.** Continuar haciendo lo que se expresa o proseguir un estado o actividad: *sigue enfermo*. ◇ **Seguir adelante** Perseverar en algo.

SEGUIRIYA s.f. → SIGUIRIYA.

SEGÚN prep. Conforme o con arreglo a: *actuó según la ley*. **2.** Delante de nombres o pronombres personales, significa con arreglo o conforme a lo que opinan o dicen las personas en cuestión: *según él, todo está bien*. ◆ adv. Como, tal como: *ocurrió según estaba previsto*. **2.** A juzgar por la manera como: *según lo defiende, parece que sea suyo*. **3.** Así como. **4.** Progresión simultánea de dos accio-

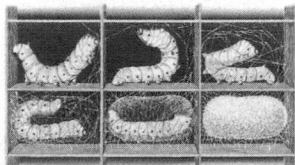

■ **SEDA.** Fabricación del capullo por los gusanos de seda.

nes: *según hablaba, iba emocionándose.* **5.** Denota eventualidad respecto a cierto acontecimiento: *según el trabajo que tenga, iré o no.* ◇ **Según (y) cómo** Expresa eventualidad.

SEGUNDA s.f. MÚS. Intervalo comprendido entre dos notas consecutivas de la escala.

SEGUNDERO s.m. Manecilla del reloj que señala los segundos.

SEGUNDILLA s.f. Colomb. Refrigerio, alimento ligero.

SEGUNDINO s.m. Chile. Mezcla de aguardiente y yema de huevo.

SEGUNDO, A adj.num.ordin. y s. Que corresponde en orden al número dos: *el segundo lugar; ser el segundo en la lista.* ◆ adj. Que se añade a otro: *una segunda juventud.* **2.** Que viene después en orden de valor, de rango, etc.: *viajar en segunda clase; representar un segundo papel.* ◆ s. Persona que en un empleo, institución, etc., sigue en importancia a la persona principal: *el segundo de a bordo en un barco.* ◆ s.m. Cada una de las 60 partes iguales en que se divide el minuto de tiempo o el de circunferencia. **2.** Período de tiempo muy corto, momento: *espera un segundo.* ◇ **Con segundas** Con intención doble o solapada.

SEGUNDOGÉNITO, A adj. y s. Se dice del hijo que nace después del primogénito.

SEGUNDÓN s.m. Hijo segundo en las familias en que hay mayorazgo. **2.** Hijo no primogénito.

SEGUR s.f. Hoz o guadaña para segar. **2.** Hacha grande.

SEGURAMENTE adv.m. Muy probable, pero no seguro.

SEGURIDAD s.f. Cualidad de seguro: *contestó con seguridad.* **2.** Fianza o garantía de indemnidad a favor de alguien. **3.** DER. Garantía que una persona suministra a otra como prueba de que cumplirá lo pactado, prometido o mandado. **4.** MIL. Conjunto de las disposiciones que permiten evitar la sorpresa y proporcionan al mando la libertad de acción indispensable para la conducción de la batalla. ◇ **Cuerpos y fuerzas de seguridad del estado** Conjunto de organismos y funcionarios de la administración pública cuyo fin es velar por la seguridad de los ciudadanos, defender las libertades públicas y garantizar el cumplimiento de las leyes. **Delitos contra la seguridad del estado** Conjunto de delitos que lesionan la seguridad externa o la personalidad internacional del estado o que atacan sus bases políticas y sociales. **De seguridad** Se dice de ciertos mecanismos que aseguran el buen funcionamiento de una cosa. **Dispositivo de seguridad** Mecanismo de un aparato o máquina que sirve para evitar un accidente en caso de funcionamiento anómalo. **Seguridad individual** Garantía que la ley otorga a los ciudadanos contra los arrestos, detenciones y penas arbitrarias. **Seguridad social** Conjunto de leyes y organismos que las aplican que tienen por objeto proteger a los individuos y a las familias contra ciertos riesgos sociales. **ENCICL.** Todos los países industrializados disponen de un sistema de seguridad social, cuyos grandes ejes están constituidos por un seguro contra el desempleo, un seguro contra los accidentes de trabajo y las enfermedades profesionales, seguros sociales y prestaciones familiares. Los sistemas de seguridad social están regidos generalmente por legislaciones estatales, aunque en algunos países se yuxtaponen regímenes obligatorios legales, regímenes obligatorios profesionales y regímenes facultativos. Atendiendo al aspecto técnico de su financiación, los sistemas de seguridad social se clasifican en *sistemas de ahorro o capitalización* (en los que las prestaciones son función de la capitalización de la prima asignada al beneficiario) y *sistemas de reparto* (en los que las sumas necesarias para cubrir las prestaciones se recaudan por medio de un impuesto y se reparten con criterios de política social).

1. SEGURO adv.m. Con seguridad.

2. SEGURO, A adj. (lat. *securum*). Libre de todo daño, peligro o riesgo: *lugar seguro.* **2.** Infalible, cierto, que no admite duda o error: *una prueba segura.* **3.** Firme, estable: *tiempo seguro; una construcción segura.* **4.** Que ofrece garantías de funcionar correctamente. **5.** Confiado, convencido, persuadido de algo: *seguro de* su amistad. **6.** Que tiene fe en sí mismo, que tiene conciencia de su valor o de sus posibilidades: *seguro de sí mismo.* ◆ s.m. Contrato por el que, mediante el pago de una prima, los aseguradores se comprometen a indemnizar de un eventual peligro o accidente: *seguro contra incendios.* **2.** Mecanismo que impide el funcionamiento de una máquina o aparato cuando no se necesita o no se desea. **3.** Méx. Imperdible, alfiler de seguridad. ◇ **A buen, o al, seguro** Probablemente. **De seguro** Ciertamente, con seguridad. **Sobre seguro** Sin aventurarse a sufrir ningún daño, riesgo o equivocación.

SEIS adj.num.cardin. y s.m. Cinco más uno. ◆ adj.num.ordin. y s.m. y f. Sexto. ◆ s.m. Naipe, dado o ficha del dominó que representa seis puntos: *el seis de espadas.* **2.** MÚS. Danza popular puertorriqueña que se presenta en numerosas versiones. ◇ **Seis por cuatro** MÚS. Compás de dos tiempos que tiene la blanca con puntillo como unidad de tiempo. **Seis por ocho** MÚS. Compás de dos tiempos que tiene la negra con puntillo (o tres corcheas) como unidad de tiempo.

SEISAVO, A adj. y s.m. Se dice de cada una de las partes que resultan de dividir un todo en seis partes iguales.

SEISCIENTOS, AS adj.num.cardin. y s.m. Seis veces cien. ◆ s.m. Siglo XVII.

SEISE s.m. Niño de coro que canta en las catedrales en ciertas festividades.

SEISILLO s.m. MÚS. Figura rítmica compuesta de seis notas iguales, que se deben ejecutar en el tiempo correspondiente a cuatro de su mismo valor, en un compás simple.

SEÍSMO s.m. → SISMO.

SELÁCEO, A adj. y s.m. Relativo a una subclase de peces marinos de esqueleto cartilaginoso, con branquias en forma de hendidura y piel áspera sin escamas, como el tiburón o la raya.

SELECCIÓN s.f. Acción de seleccionar: *selección de muestras.* **2.** Conjunto de personas o cosas seleccionadas. **3.** DEP. Equipo que se forma con atletas o jugadores de distintos clubes para disputar un encuentro o participar en una competición, principalmente de carácter internacional. ◇ **Selección artificial** Selección de animales o plantas en vistas a la reproducción. **Selección natural** Selección que hacen los factores ambientales sobre los seres vivos, cuyo resultado es la eliminación de los más débiles y la supervivencia de los más fuertes, según la teoría propuesta por C. Darwin para explicar la evolución de las especies. **Selección profesional** Elección de los candidatos a una profesión, según unos criterios determinados.

SELECCIONADO s.m. Argent. y Urug. DEP. Selección.

SELECCIONADOR, RA s. En las agrupaciones deportivas, persona encargada de seleccionar a los jugadores que han de formar parte de un equipo.

SELECCIONAR v.tr. Elegir entre varias personas o cosas las que se consideran mejores o más adecuadas para un fin.

SELECTIVIDAD s.f. Cualidad de selectivo: *selectividad de la memoria.* **2.** Propiedad de un aparato receptor de radiodifusión selectivo. **3.** Esp. Conjunto de condiciones y pruebas a que se someten los alumnos para acceder a ciertos niveles del sistema educativo.

SELECTIVO, A adj. Que implica una selección: *método selectivo.* **2.** Que selecciona: *público selectivo.* **3.** Se dice del aparato receptor de radiodifusión dotado de una buena separación de ondas de frecuencia cercanas. ◆ adj. y s.m. Se dice del curso previo o primer curso de ciertas carreras.

SELECTO, A adj. Se dice de lo mejor entre otros de su especie o clase: *vinos selectos.*

SELECTOR, RA adj. Que selecciona o escoge. ◆ s.m. Dispositivo compuesto de un relevador electromagnético de dos posiciones, que permite efectuar una operación de selección. **2.** Pedal para accionar el cambio de velocidades de una motocicleta o un ciclomotor. **3.** Conmutador de varias direcciones, operado mediante señales de mando.

SELENHÍDRICO, A adj. Se dice del ácido H₂Se, llamado también *hidrógeno seleniado.*

SELENIATO s.m. Sal del ácido selénico.

SELÉNICO, A adj. Se dice del anhídrido SeO₃ y del ácido correspondiente. **2.** ASTRON. Relativo a la Luna o a sus movimientos.

SELENIO s.m. No metal sólido, parecido al azufre, de densidad 4,79, cuyo punto de fusión en su forma metálica es de 217 ºC. **2.** Elemento químico (Se), de número atómico 34 y masa atómica 78,96. (El selenio se usa para colorear el vidrio, fabricar células fotoeléctricas [su conductividad eléctrica aumenta con la luz que recibe] y es un oligoelemento indispensable en el organismo.)

SELENIOSO, A adj. Se dice del anhídrido SeO₂ y del ácido correspondiente.

SELENITA s.m. y f. Habitante imaginario de la Luna.

SELENOGRAFÍA s.f. Descripción de la superficie de la Luna.

SELENOGRÁFICO, A adj. Relativo a la selenografía.

SELENOLOGÍA s.f. Estudio de la Luna.

SELÉUCIDA adj. y s.m. y f. Relativo a la dinastía helenística de los Seléucidas. (V. parte n. pr.)

SELFACTINA s.f. Máquina de hilar con carro. ◇ **Selfactina de hilar** Máquina de hilar automática.

SELF-GOVERNMENT s.m. Sistema de administración de los dominios británicos y de los antiguos territorios coloniales que obtuvieron su autonomía.

SELFINDUCCIÓN s.f. Autoinducción.

SELFINDUCTANCIA s.f. Autoinductancia.

SELF-MADE MAN s.m. Persona que ha alcanzado una posición material y social por sus propios medios.

SELF-SERVICE s.m. Autoservicio.

SELF-TRIMMER s.m. (voz inglesa). MAR. Barco de carga en el que la parte inferior de las paredes laterales de las bodegas está construida en plano inclinado, lo que permite el self-trimming.

SELF-TRIMMING s.m. MAR. Estiba automática de una carga pulverulenta a granel en un barco.

SELLADOR, RA adj. y s. Que sella o pone el sello en los documentos. **2.** PINT. Se dice de un revestimiento que permite cegar las irregularidades del soporte y conseguir una superficie llana y lisa para que le sea aplicada la mano de pintura.

SELLAR v.tr. Imprimir el sello a una cosa: *sellar una carta.* **2.** Fig. Estampar, imprimir o dejar la huella o señal de una cosa en otra. **3.** Fig. Corroborar la conclusión de una cosa, especialmente de un acuerdo: *sellar un pacto.* **4.** Fig. Cerrar, cubrir, tapar: *sellar los labios.* **5.** TECNOL. Cerrar herméticamente: *sellar el extremo de un tubo.*

SELLO s.m. Viñeta o estampita de un valor convencional, emitida por una administración postal para franquear los envíos confiados al servicio de correos. SIN.: *sello de correos.* **2.** Matriz en que están grabadas en hueco la figura, las armas o la marca simbólica de un estado, de un soberano, de una comunidad o de un particular. **3.** Utensilio que sirve para estampar sobre una carta, documento, etc., la estampilla de una empresa, entidad, organismo oficial, etc. **4.** Lo que queda estampado, impreso o señalado con ese utensilio. **5.** Fig. Carácter distintivo y peculiar de una persona o cosa: *un sello de distinción.* **6.** Disco de metal o de cera que se ponía pendiente o de documentos de importancia para garantizar su destino a una persona determinada. **7.** Sortija con una placa en la que se graban las iniciales de una persona o el escudo de un apellido. **8.** Conjunto de dos obleas entre las que se encierra un medicamento para poderlo tragar sin percibir su sabor. SIN.: *oblea.* **9.** Colomb., Chile y Perú. Reverso de las monedas, cruz.

ŠELÜH, grupo de tribus bereberes que poblaron el Alto Atlas marroquí, el Anti Atlas y el Bajo Atlas.

SELVA s.f. Bosque extenso, sin cultivar y muy poblado de árboles y plantas. **2.** Fig. Abundancia extraordinaria, confusa y desordenada de una cosa. ◇ **Selva virgen** Bosque no alterado por la manipulación del ser humano.

SELVÁTICO, A adj. Relativo a la selva. **2.** *Fig.* Inculto, tosco.

SELYÚCIDA adj. y s.m. y f. Relativo a los Selyúcidas, familia principesca de origen turco. (V. parte n. pr.)

SEMA s.m. LING. Unidad mínima de significado que, junto con otras, componen el significado de una palabra.

SEMÁFORO s.m. Dispositivo de señalización luminosa para la regulación del tráfico urbano. **2.** F. C. Señal óptica para la seguridad del tráfico, en los sistemas de seccionamiento. **3.** MAR. Telégrafo aéreo establecido en las costas para anunciar los buques que vienen de alta mar o navegan a la vista, y comunicarse con ellos.

SEMANA s.f. Período de siete días naturales consecutivos. (Según el calendario civil, empieza el lunes y termina el domingo; según el calendario litúrgico, empieza el domingo y termina el sábado.) **2.** Espacio de tiempo que media entre cualquier día de la semana y el igual de la siguiente. **3.** Salario ganado en una semana. ⋄ **Entre semana** En cualquier día de ella, menos el primero y el último. **Semana santa** Última semana de la cuaresma, desde el domingo de Ramos hasta el de Resurrección.

SEMANAL adj. Que dura una semana: *paga semanal* **2.** Que sucede, se hace o se repite cada semana: *publicación semanal.*

SEMANARIO s.m. Publicación periódica semanal. **2.** Juego de algunas cosas, formado por siete unidades: *un semanario de pulseras.*

SEMANEO s.m. En bolsa, acción de recuperar el dinero invertido a los pocos días de la inversión.

SEMANG, pueblo del grupo negrito que vive en la península malaya.

SEMANTEMA s.m. LING. Unidad léxica provista de significado, por oposición a morfema y fonema.

SEMÁNTICA s.f. LING. Estudio del significado de las palabras y de sus variaciones, y de los problemas relacionados con el significado. **2.** LÓG. Estudio de las proposiciones de una teoría deductiva desde el punto de vista de su verdad o su falsedad.

SEMÁNTICO, A adj. Relativo al sentido, al significado: *el contenido semántico de una palabra.* **2.** LÓG. Relativo a la interpretación de un sistema formal.

SEMANTISTA s.m. y f. Especialista en semántica.

SEMASIOLOGÍA s.f. LING. Estudio semántico que determina el significado a partir de los significantes y sus relaciones.

SEMBLANTE s.m. Expresión que tienen las facciones de una persona y que revelan su estado de ánimo. **2.** Cara, rostro. **3.** *Fig.* Aparien-

cia o aspecto favorable o desfavorable de una cosa.

SEMBLANTEAR v.tr. e intr. Argent., Chile, Méx., Nicar., Par., Salv. y Urug. Mirar a alguien a la cara para adivinar sus intenciones y pensamientos.

SEMBLANZA s.f. Descripción física o moral de una persona.

SEMBRADERO s.m. Colomb. Porción de tierra labrantía o de sembradura.

SEMBRADÍO, A adj. Se dice del terreno destinado a la siembra.

SEMBRADO, A s.m. Terreno en el que se han sembrado semillas. ◆ adj. Cubierto de cosas esparcidas. **2.** HERÁLD. Se dice del escudo, pieza o figura llena de pequeñas figuras o piezas en cantidad indeterminada.

SEMBRADORA s.f. Máquina para sembrar cereales y semillas. SIN.: *máquina de sembrar.*

SEMBRAR v.tr. [10]. Esparcir las semillas en la tierra preparada para que germinen. **2.** *Fig.* Esparcir, desparramar algo sobre una superficie: *sembrar una calle de flores.* **3.** *Fig.* Dar motivo u origen a algo: *sembrar el pánico.* **4.** *Fig.* Hacer algo o prepararlo para que produzca provecho, fruto, bien, etc.: *sembrar bienestar.*

SEMEJANTE adj. Que tiene aspectos o características iguales o similares a otra persona o cosa con la se compara. **2.** Tal, de esta especie: *no es honesto valerse de semejantes artimañas.* **3.** MAT. Se dice de dos figuras que pueden ser transformadas la una en la otra por una semejanza. ◆ s.m. Prójimo, cualquier persona con respecto a otra. (Suele usarse en plural.)

SEMEJANZA s.f. Cualidad de semejante. **2.** FÍS. Correspondencia entre los comportamientos de dos objetos dimensionales distintos. **3.** GEOMETR. Transformación geométrica que conserva la alineación y los ángulos alterando la distancia según un factor de proporcionalidad. **4.** LIT. Símil.

SEMEJAR v.intr. y prnl. Parecerse una persona o cosa a otra.

SEMEMA s.m. LING. Unidad compuesta por un grupo de semas, y que corresponde a un lexema.

SEMEN s.m. BIOL. Esperma. **2.** BOT. Semilla.

SEMENCONTRA s.f. FARM. Medicamento que se obtiene a partir de las cabezas de varias plantas del género *Artemisia,* que contienen un principio activo contra las parasitaciones intestinales.

SEMENTAL adj. y s.m. Se dice del animal macho que se destina a la reproducción. ◆ adj. Relativo a la siembra o sementera.

SEMENTERA s.f. Acción de sembrar. **2.** Terreno sembrado. **3.** Cosa sembrada. **4.** Época del año en que se siembra. **5.** *Fig.* Cosa de la que se originan y propagan otras desagradables.

SEMESTRAL adj. Que sucede o se repite cada semestre: *reunión semestral.* **2.** Que dura un semestre: *cursos semestrales.*

SEMESTRE s.m. Período de seis meses: *una revisión médica al semestre.* **2.** Renta o sueldo que se cobra o paga cada semestre.

SEMIÁRIDO, A adj. Se dice de las regiones y del clima de las zonas próximas a los desiertos. SIN.: *subdesértico.*

SEMIAUTOMÁTICO, A adj. Se dice de un conjunto mecánico cuyo funcionamiento automático implica una ayuda manual. ⋄ **Arma semiautomática** ARM. Arma automática en la que, para hacer fuego, el tirador debe accionar cada vez el disparador.

SEMICILÍNDRICO, A adj. Relativo al semicilindro. **2.** Que tiene forma de semicilindro o es semejante a él.

SEMICILINDRO s.m. Cada una de las dos mitades del cilindro separadas por un plano que pasa por el eje.

SEMICIRCULAR adj. Relativo al semicírculo. **2.** Que tiene forma de semicírculo o es semejante a él. ⋄ **Conductos semicirculares** Pequeños conductos del oído interno, base del sentido del equilibrio, cuyas terminaciones nerviosas perciben las variaciones de posición del individuo.

SEMICÍRCULO s.m. Cada una de las dos mitades del círculo separadas por un diámetro.

SEMICIRCUNFERENCIA s.f. Cada una de las dos mitades de la circunferencia.

SÉMICO, A adj. LING. Relativo al sema.

SEMICONDUCTOR, RA adj. y s.m. ELECTR. Se dice del cuerpo cuya resistividad eléctrica, superior a la de los metales e inferior a la de los aislantes, varía dentro de amplios límites, bajo la influencia de determinados factores, como son la temperatura, la luz, la tensión o la adición de ciertas impurezas.

ENCICL. Los elementos semiconductores, como el silicio y el germanio, se hallan en la columna IV de la clasificación periódica de elementos, es decir, cada uno de sus átomos posee cuatro electrones susceptibles de participar en una reacción química. Otros materiales semiconductores pueden formarse en alianza con los elementos simétricos de esta columna, p. ej., los compuestos del tipo III-IV (arseniuro de galio, GaAs, fosfuro de indio, InP, etc.) o II-VI (teluro de zinc, ZnTe). La resistencia de ciertos semiconductores a temperatura normal puede reducirse con el efecto de campo electromagnético o la presencia de impurezas.

SEMICONSERVA s.f. Alimento envasado en un recipiente cerrado, sin previa esterilización, que se conserva por tiempo limitado.

SEMICONSONANTE s.f. y adj. Sonido vocálico cerrado que va al principio de un diptongo, y tiene características acústicas tanto de vocal como de consonante. (En español la *i* de *pie* y la *u* de *bueno* son semiconsonantes.)

SEMICONVERGENTE adj. MAT. Se dice de una serie convergente que se convierte en divergente cuando se remplazan sus términos por sus valores absolutos.

SEMICORCHEA s.m. Nota musical cuyo valor representa la dieciseisava parte de la redonda.

SEMIDIÉSEL s.m. Motor diésel que funciona con menor grado de compresión y que, por ello, necesita un encendido eléctrico.

SEMIDIÓS, SA s. Persona excepcional por su gonio, por su gloria o por los honores que se le rinden. **2.** MIT GR y ROM. Ser mitológico nacido de una divinidad y un ser humano.

SEMIDORMIDO, A adj. Medio o casi dormido.

SEMIEJE s.m. Cada una de las dos partes de un eje separadas por un punto.

SEMIESFERA s.f. Hemisferio.

SEMIESFÉRICO, A adj. Hemisférico.

SEMIFINAL s.f. Prueba deportiva que precede a la final.

SEMIFINALISTA adj. y s.m. y f. Que participa en una semifinal.

SEMIFONDO s.m. Carrera de media distancia.

SEMIFUSA s.f. Figura de nota musical que representa la dieciseisava parte de una negra y la sesenta y cuatroava parte de una redonda.

SEMIGAE → ZÁPARO.

SEMILIBERTAD s.f. HIST. Condición de semilibre.

SEMILIBRE s.m. y f. HIST. Persona que gozaba de cierta libertad, pero sometida al dominio señorial.

SEMILLA s.f. Embrión en estado latente encerrado en un fruto y que, tras la dispersión y germinación, da una nueva planta. **2.** *Fig.* Cosa que es causa u origen de otra. ◆ **semillas** s.f.pl. Granos que se siembran, exceptuando el trigo y la cebada. *(V. ilustr. pág. siguiente.)*

SEMILLERO s.m. Lugar donde se siembran las plantas que después se han de trasplantar. **2.** Lugar donde se conservan para estudio colecciones de diversas semillas. **3.** *Fig.* Cosa que es causa u origen de que suceda o se realice algo: *un semillero de discordias.*

SEMILUNAR adj. ANAT. Que tiene forma de media luna.

SEMINAL adj. Relativo al semen. **2.** Relativo a la semilla.

SEMINARIO s.m. Establecimiento religioso donde se forma a los que aspiran al sacerdocio. **2.** Conjunto de conferencias sobre un tema determinado. **3.** Grupo de trabajo formado por profesores y alumnos. **4.** Lugar donde se reúne este grupo de trabajo.

SEMINARISTA s.m. Alumno de un seminario.

■ **SELVA** tropical. El dosel forestal de la selva amazónica, en Venezuela.

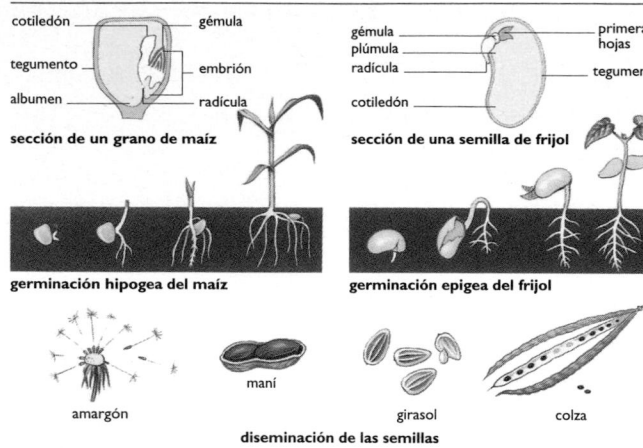

cotiledón — gémula
tegumento — embrión
albumen — radícula

sección de un grano de maíz

gémula — primeras hojas
plúmula
radícula — tegumento
cotiledón

sección de una semilla de frijol

germinación hipogea del maíz

germinación epigea del frijol

amargón

maní

girasol

colza

diseminación de las semillas

■ **SEMILLAS** de algunas plantas y ejemplos de germinación.

SEMINÍFERO, A adj. ANAT. Que produce o contiene semen.

SEMINÍVORO, A adj. y s. Que se alimenta de semillas.

SEMINOLA, pueblo amerindio del grupo muscogi que vivía en Florida, act. en reservas en Oklahoma.

SEMINOMA s.m. MED. Variedad de tumor maligno del testículo.

SEMINOMADISMO s.m. Tipo de vida que combina la agricultura ocasional y la ganadería nómada, normalmente en las proximidades de los desiertos.

SEMIOLOGÍA s.f. Semiótica. **2.** Sintomatología.

SEMIOLÓGICO, A adj. Relativo a la semiología.

SEMIÓLOGO, A s. Especialista en semiología.

SEMIORUGA s.m. Vehículo blindado equipado con ruedas en el eje delantero y con cadenas en los ejes traseros. SIN.: *half-track*.

SEMIÓTICA s.f. Ciencia que estudia los modos de producción, de funcionamiento y recepción de los diferentes sistemas de signos de comunicación en los individuos o colectividades. SIN.: *semiología*.

SEMIÓTICO, A adj. Relativo a la semiótica.

SEMIPAUSA s.f. MÚS. **a.** Silencio de duración igual a una blanca. **b.** Signo que indica este silencio y que se coloca sobre la tercera línea del pautado.

SEMIPERMEABLE adj. Se dice de una membrana o de un tabique que, separando dos soluciones, deja pasar las moléculas de disolvente pero detiene las de los cuerpos disueltos.

SEMIPESADO, A adj. y s.m. En ciertos deportes, como boxeo, lucha o halterofilia, categoría de pesos intermedia entre los pesos medios y los pesos pesados.

SEMIPILA s.f. Conjunto formado por un solo electrodo y una solución electrolítica que lo envuelve.

SEMIPLANO s.m. MAT. Porción de plano limitado por una recta trazada en este plano.

SEMIPOLAR adj. Se dice del enlace químico entre dos átomos, uno de los cuales proporciona al otro los electrones de valencia.

SEMIPRODUCTO s.m. Materia prima que ha sufrido una primera transformación.

SEMIRRECTA s.f. MAT. Cada una de las dos partes en que queda dividida una recta por cualquiera de sus puntos.

SEMIRRELIEVE s.m. ESCULT. Relieve en el que las figuras o los objetos representados sobresalen aproximadamente la mitad de su volumen real.

SEMIRREMOLQUE s.m. Conjunto formado por un vehículo tractor y un remolque que puede ser separado del primero.

SEMIRRÍGIDO, A adj. Se dice de un dirigible con quilla rígida, pero con cubierta exterior flexible.

SEMITA adj. y s.m. y f. De una importante familia de pueblos asiáticos. (Los pueblos semitas, antiguos o modernos, más importantes son: los acadios, los amorritas, los arameos, los fenicios, los árabes, los hebreos y los etíopes.) ◆ adj. Semítico. ◆ s.f. Argent., Bol. y Ecuad. Especie de bollo o galleta, cemita.

SEMÍTICO, A adj. Relativo a los semitas. ◇ **Lenguas semíticas** Grupo de lenguas de la familia camitosemítica habladas en un vasto dominio desde Asia suroccidental hasta el N de África (árabe, hebreo).

SEMITISMO s.m. Carácter semítico. **2.** Palabra, expresión o giro propios de una lengua semítica que se usan en otra lengua.

SEMITISTA s.m. y f. Especialista en estudios semíticos.

SEMITONO s.m. MÚS. Se dice de cada una de las dos partes desiguales en que se divide el intervalo de un tono.

diatónicos (entre dos notas de nombres diferentes)

cromáticos (entre dos notas del mismo nombre)

■ **SEMITONOS**

SEMITRANSPARENTE adj. Que es casi transparente.

SEMIUNCIAL adj. Se dice de una escritura formada por un conjunto de unciales y minúsculas, desarrollada entre los. IV al X.

SEMIVOCAL s.f. y adj. Sonido vocálico cerrado que va al final de un diptongo. (En español, son semivocales la *i* y la *u* de *aire, aura, peine, causa,* etc.)

SÉMOLA s.f. Pasta hecha de harina de trigo, arroz u otro cereal, reducida a granos muy menudos.

SEMOVIENTE adj. Se dice de los bienes que pueden trasladarse por sí mismos de un lugar a otro.

SEMPERVIRENTE adj. Se dice de la planta cuyas hojas están verdes todo el año.

1. SEN s.m. (lat. farmacéutico *sene*). Arbusto semejante a la casia, con cuyas hojas se prepara una infusión empleada como purgante. SIN.: *sena*.

2. SEN s.m. Moneda fraccionaria que vale 1/100 de yen y de otras monedas de Extremo oriente.

SENADO s.m. En algunos países, una de las asambleas parlamentarias. **2.** Edificio donde se reúne esta asamblea. **3.** En la antigua Roma, asamblea política que, durante la república, fue la más alta autoridad del estado.

SENADOCONSULTO s.m. Decisión del senado romano.

SENADOR, RA s. Miembro de un senado.

SENADURÍA s.f. Dignidad o cargo de senador.

SENATORIAL adj. Relativo al senado o al senador.

SENCILLEZ s.f. Cualidad de sencillo.

SENCILLO, A adj. Simple, sin composición. **2.** Sin lujos ni adornos: *vestido sencillo.* **3.** Sin complicación, fácil de comprender, de hacer, etc.: *examen sencillo.* **4.** Sencillo y natural, sin artificio retórico: *estilo sencillo.* **5.** *Fig.* De carácter natural y espontáneo. **6.** Que tiene menos cuerpo o volumen que otras cosas de su especie: *tafetán sencillo.*

SENDA s.f. Camino más estrecho que la vereda, formado por el paso de personas y animales. **2.** *Fig.* Camino, medio, método. SIN.: *sendero.*

SENDERISMO s.m. Actividad deportiva o turística que consiste en recorrer a pie rutas o senderos por el campo o la montaña.

SENDERISTA adj. Relativo al senderismo, actividad deportiva. **2.** Relativo al movimiento revolucionario peruano Sendero Luminoso. ◆ adj. y s.m. y f. Seguidor de Sendero Luminoso.

SENDOS, AS adj.pl. Se dice de aquellas cosas de las que corresponde una para cada una de otras dos o más personas o cosas.

SÉNECA s.m. *Fig.* Hombre de gran sabiduría.

SENECTUD s.f. Ancianidad, último período de la vida humana.

SENEGALÉS, SA adj. y s. De Senegal.

SENEQUISMO s.m. Doctrina moral de Séneca; aplicación de esta doctrina en la conducta y en la literatura.

SENESCAL s.m. Mayordomo mayor de una casa real. **2.** Oficial real con atribuciones de justicia en grado subalterno. **3.** Oficial principal de un señor, que atendía en todos los grados de justicia.

SENESCALADO s.m. Territorio sujeto a la jurisdicción de un senescal. **2.** Senescalía.

SENESCALÍA s.f. Cargo o dignidad de senescal. **2.** Lugar donde se reunía el tribunal del senescal. **3.** Este tribunal.

SENESCENCIA s.f. BIOL. y MED. Involución inherente al envejecimiento de los seres vivos.

SENESCENTE adj. y s.m. y f. Relativo a la senescencia; que padece senescencia.

SENEVOL s.m. Nombre genérico de los ésteres de fórmula $S=C=N-R$, donde R es un radical carbonado.

SENIL adj. Relativo a la vejez. **2.** Que da muestras de senilidad.

SENILIDAD s.f. Debilitamiento físico e intelectual producido por la vejez.

SÉNIOR o **SENIOR** adj. y s.m. (pl. *séniors* o *seniors.*) Se dice de la persona de más edad respecto a otra que lleva el mismo nombre. **2.** DEP. Se dice de los participantes que han pasado de la edad límite para los júniors y que todavía no son veteranos.

SENO s.m. Concavidad o hueco. **2.** Concavidad que forma una cosa curva. **3.** Espacio hueco que queda entre el vestido y el pecho. **4.** Mama, en la mujer. **5.** Útero. SIN.: *seno materno.* **6.** *Fig.* Regazo, amparo, refugio. **7.** *Fig.* Parte interna de algo material o inmaterial: *el seno del mar; el seno de una familia.* **8.** ANAT. **a.** Cavidad existente en el espesor de un hueso o entre las articulaciones de dos o más huesos: *seno frontal; seno maxilar.* **b.** Conducto venoso dentro de la cavidad craneal. **9.** MAT. Relación entre la perpendicular MP trazada desde uno de los extremos M de un arco de círculo AM sobre el diámetro que pasa por el otro extremo de arco, y el radio OA.

SENONES, pueblo de la Galia establecido en la cuenca superior del Yonne, que participó junto a Vercingetórix en la ofensiva contra César. Su ciudad principal era la actual Sens.

SENSACIÓN s.f. Información recibida por el sistema nervioso central, cuando uno de los órganos de los sentidos reacciona ante un estímulo externo. **2.** Impresión de estupor, sorpresa o admiración que produce un hecho, noticia, suceso, etc.: *su llegada causó sensación.* ⬦ **Dar, o tener, la sensación** Dar o tener una determinada idea u opinión de una cosa, sin conocerla completamente: *tengo la sensación de que no vendrá.*

SENSACIONAL adj. Que causa gran sensación, impresión, interés, etc. **2.** Que gusta extraordinariamente.

SENSACIONALISMO s.m. Tendencia de algunos medios informativos a presentar las noticias destacando sus aspectos más llamativos con el fin comercial de provocar asombro o escándalo.

SENSACIONALISTA adj. y s.m. y f. Que implica o denota sensacionalismo: *prensa sensacionalista.*

SENSATEZ s.f. Cualidad de sensato.

SENSATO, A adj. Que piensa y actúa con buen juicio y moderación. **2.** Que es propio de personas sensatas.

SENSIBILIDAD s.f. Facultad de los seres animados de percibir o experimentar, por medio de los sentidos, sensaciones, impresiones, manifestaciones del medio físico, externo o interno. **2.** Capacidad para sentir afectos y emociones. **3.** Capacidad de estar determinadas manifestaciones: *sensibilidad para la música.* **4.** Cualidad de las cosas sensibles. **5.** Rapidez con que una emulsión fotográfica puede proporcionar una imagen latente o una imagen visible. **6.** Cualidad de un instrumento de medida, por la que basta una pequeña variación de la magnitud a medir para modificar la posición del dispositivo indicador. **7.** Grado de reacción de un explosivo por efecto de una excitación provocada por un choque, fricción, elevación de temperatura, etc. **8.** Aptitud de un receptor radioeléctrico, especialmente de un receptor de radiodifusión o de televisión, para captar señales más o menos débiles.

SENSIBILIZACIÓN s.f. Acción de sensibilizar. **2.** MED. Proceso por el que un organismo, después de haber estado en contacto con ciertas sustancias extrañas que actúan como antígenos, adquiere propiedades de reacción, útiles o no, unidas a la producción de anticuerpos.

SENSIBILIZADOR, RA adj. y s.m. Que hace sensibles ciertas materias a la acción de la luz o de otro agente. **2.** Se dice de la sustancia que desencadena la aparición de fenómenos de hipersensibilidad a través de un mecanismo antígeno-anticuerpo.

SENSIBILIZAR v.tr. [7]. Hacer sensible o aumentar la sensibilidad: *la música sensibiliza el oído.* **2.** Hacer sensible a la acción de la luz. **3.** MED. Provocar una sensibilización.

SENSIBLE adj. Que tiene sensibilidad: *los animales son seres sensibles.* **2.** Que es apto a una impresión externa: *ser muy sensible al calor.* **3.** Que siente o se impresiona ante los placeres estéticos. **4.** Se dice de la persona que se deja llevar fácilmente por el sentimiento. **5.** Perceptible por los sentidos: *el mundo sensible.* **6.** Muy perceptible y manifiesto: *experimentar una sensible mejoría.* **7.** Lamentable, que causa disgusto, contrariedad o pena: *una sensible pérdida.* **8.** Fig. Que indica las más ligeras variaciones: *un termómetro muy sensible.* **9.** FOT. Se dice de la cualidad de una capa impresionada bajo la acción de la luz. ⬦ s.f.

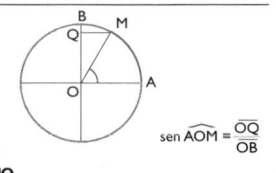

$$\operatorname{sen} \widehat{AOM} = \frac{\overline{OQ}}{\overline{OB}}$$

■ SENO

Séptimo grado de la escala diatónica, situado un semitono por debajo de la tónica. SIN.: *nota sensible.*

SENSIBLERÍA s.f. Sentimentalismo exagerado o fingido.

SENSIBLERO, A adj. Que denota sensiblería.

SENSILIO s.m. Órgano sensorial de los insectos, constituido por células con pelos o sedas, sensible a diversos tipos de vibraciones.

SENSISMO s.m. Sensualismo.

SENSITIVA s.f. Arbusto o planta herbácea de las regiones cálidas, cuyas hojas se repliegan al menor contacto. (Familia mimosáceas.)

SENSITIVO, A adj. Relativo a los sentidos corporales. **2.** Que conduce el influjo nervioso de un órgano sensorial a un centro: *nervio sensitivo.* ⬦ adj. y s. Que es muy sensible o afectable. **2.** PSIQUIATR. Se dice de las personas que sienten vivamente las reacciones ajenas a ellas.

SENSITIVOMOTOR, RA adj. Sensorimotor.

SENSITOMETRÍA s.f. FOT. Estudio de las propiedades de las superficies sensibles a la luz.

SENSITÓMETRO s.m. Instrumento que sirve para realizar exposiciones escalonadas de una superficie sensible a la luz, a fin de estudiar sus propiedades.

SENSOR s.m. Dispositivo que capta magnitudes físicas (variaciones de luz, temperatura, sonido, etc.) u otras alteraciones de su entorno. **2.** Órgano del sistema de estabilización activa de un satélite artificial, que permite definir la orientación real del ingenio y elaborar una señal de error en función de la diferencia entre esta orientación y la deseada.

SENSORIAL adj. Relativo a las sensaciones en tanto que son fenómenos psicofísicos.

SENSORIMÉTRICO, A adj. Relativo a la medida de las sensaciones.

SENSORIMOTOR, RA adj. Relativo a la vez a los fenómenos sensoriales y a la actividad motora: *nervio sensorimotor; trastornos sensorimotores.* SIN.: *sensitivomotor.*

SENSORIO, A adj. Relativo a los sentidos o a la sensibilidad. ⬦ s.m. Centro o conjunto de todas las sensaciones. SIN.: *sensorio común.*

SENSUAL adj. Que proporciona satisfacción o placer a los sentidos. **2.** Inclinado a estos placeres: *labios sensuales; persona sensual.* **3.** Relativo al deseo sexual. **4.** Sensitivo, relativo a los sentidos corporales.

SENSUALIDAD s.f. Cualidad de sensual: *sensualidad de movimientos.* **2.** Propensión o tendencia exagerada a los placeres de los sentidos.

SENSUALISMO s.m. Filosofía según la cual todas las ideas proceden de las sensaciones.

SENSUALISTA adj. y s.m. y f. Relativo al sensualismo; partidario de esta doctrina.

SENTADA s.f. Manifestación no violenta que consiste en sentarse en un lugar público. ⬦ **De una sentada** Fam. De una vez, sin parar.

SENTADO, A adj. Sensato, juicioso: *hablar con palabras sentadas.* ⬦ **Dar por sentado** Considerar algo como fuera de duda o discusión.

SENTADOR, RA adj. Argent. y Chile. Se dice de la prenda de vestir que sienta bien.

SENTAR v.tr. y prnl. [10]. Colocar a alguien en algún sitio de manera que quede apoyado y descansando sobre las nalgas. ⬦ v.tr. Asentar, poner o colocar algo de modo que permanezca firme. **2.** Aplanar, alisar. **3.** Fig. Fundamentar algo en un razonamiento, exposición, etc.: *sentar una idea; sentar las bases.* **4.** Argent., Chile, Ecuad., Perú y Urug. Sofrenar bruscamente al caballo haciendo que levante las manos y se apoye sobre los cuartos traseros. ⬦ v.intr. Fig. y fam. Digerir bien o mal un alimento, ser algo provechoso o perjudicial para el organismo: *la comida me sentó mal; un paseo te sentará bien.* **2.** Fig. Quedar bien o mal una cosa a alguien: *el color moreno te sienta bien.* **3.** Fig. y fam. Agradar, gustar, producir buena o mala impresión en el ánimo: *le sentó mal que no vinieras.* ⬦ **sentarse** v.prnl. Posarse un líquido. ⬦ **Sentar como un tiro** Fam. Molestar algo. **Sentar plaza** Alistarse en un cuerpo armado. **Sentar una cuenta** En contabilidad, realizar una anotación en una cuenta.

SENTENCIA s.f. Resolución judicial en que se decide definitivamente en un juicio o en un proceso; sentencia de muerte. **2.** Dictamen, parecer. **3.** Dicho o frase corta que encierra o contiene un principio moral o un consejo de sabiduría popular. **4.** Proposición, enunciado.

SENTENCIAR v.tr. Condenar, dictar sentencia en materia penal. **2.** Dar o pronunciar una opinión firme o definitiva: *el técnico sentenció que la avería se debía a un defecto de fabricación.* **3.** Fig. y fam. Destinar una cosa para un fin, generalmente negativo: *sentenciar un libro a la hoguera.*

SENTENCIOSO, A adj. Que contiene una sentencia. **2.** Que se expresa con gravedad, como si hablara con sentencias.

SENTIDO, A adj. Que contiene o expresa sentimiento: *una frase muy sentida.* **2.** Muy sensible a una desconsideración, reprimenda, falta de cariño, etc.: *un niño muy sentido.* ⬦ s.m. Capacidad de percibir estímulos físicos externos e internos mediante ciertos órganos que los transmiten al sistema nervioso. **2.** Función psicofisiológica por la que un organismo recibe información sobre ciertos elementos del medio exterior, tanto de naturaleza física (vista, oído, tacto) como química (gusto, olfato). **3.** Facultad para entender, juzgar, apreciar o sentir preocupación por las cosas, o para actuar: *el sentido del deber.* **4.** Razón de ser, finalidad: *su reacción carece de sentido.* **5.** Significado de una palabra o expresión: *el sentido de un mensaje.* **6.** Fig. Expresión, entonación: *recitar con mucho sentido.* **7.** Fam. Dirección: *en sentido contrario.* **8.** Amér. Sien. **9.** LING. y LÓG. Conjunto de representaciones que sugiere una palabra, un enunciado. ⬦ **Doble sentido** Equívoco. **Los cinco sentidos** La vista, el oído, el olfato, el gusto y el tacto. **Perder el sentido** Desmayarse. **Sentido común** Capacidad de distinguir lo verdadero de lo falso, de actuar razonablemente. **Sentido del humor** Capacidad para expresar o admitir lo humorístico. **Sentido directo, o trigonométrico, o positivo** MAT. Sentido de rotación inverso del movimiento de las agujas de un reloj. **Sentido retrógrado, o inverso** Sentido de rotación inverso del sentido directo. **Sexto sentido** Intuición. **Sin sentido** Insensato; sin justificación, ilógico.

SENTIMENTAL adj. Relativo al sentimiento. **2.** Que contiene elementos que emocionan o conmueven, o que expresa sentimientos dulces, especialmente de amor, ternura, etc.: *novela sentimental.* ⬦ adj. y s.m. y f. Se dice de la persona que suele actuar llevado por sentimientos y por impulsos afectivos.

SENTIMENTALISMO s.m. Cualidad de sentimental.

SENTIMIENTO s.m. Acción de sentir. **2.** Estado afectivo o disposición emocional hacia una cosa, un hecho o una persona: *sentimiento de alegría.* **3.** Aflicción, dolor que se siente por algún hecho o suceso ocurrido: *acompañar en el sentimiento.*

SENTINA s.f. Parte baja de la bodega de un buque donde se acumulan las aguas. **2.** Albañal, cloaca. **3.** Fig. Lugar considerado de gran vicio o corrupción.

1. SENTIR v.tr. (lat. *sentire*, percibir con los sentidos, darse cuenta) [79]. Percibir alguna sensación por medio de los sentidos, excepto el de la vista. **2.** Percibir o notar algo por medio del sentido del oído sin total claridad. **3.** Experimentar un sentimiento: *sentir pena.* **4.** Lamentar algún suceso triste o doloroso: *siento mucho lo ocurrido.* **5.** Tener la impresión, creer, opinar: *no siente lo que dice.* **6.** Tener determinada disposición o capacidad de experimentar ciertas sensaciones y emociones: *sentir el arte.* **7.** Presentir, barruntar. ⬦ v.tr. y prnl. Ser consciente de algún hecho subjetivo, darse cuenta: *sentía que no lo lograría; sentirse morir.* ⬦ **sentirse** v.prnl. Encontrarse en determinada situación o estado físico o moral: *sentirse contento.* **2.** Considerarse, reconocerse de cierta manera: *sentirse importante.* **3.** Tener un dolor o molestia en alguna parte del cuerpo. **4.** Méx. Ofenderse, sentirse herido o triste por lo dicho o hecho por alguien: *se sintió cuando le pedí que me pagara.* ⬦ **Sin sentir** Inadvertidamente, sin darse cuenta de ello; rápidamente.

919

2. SENTIR s.m. Sentimiento. **2.** Opinión, parecer: *exponer el sentir sobre una idea.*

SENTÓN s.m. Méx. Golpe que se da alguien en las nalgas al caer.

SENUFO, pueblo negroafricano de Costa de Marfil, Malí y Burkina Faso.

SEÑA s.f. Detalle o particularidad de una persona o cosa, por la que se la reconoce o diferencia. **2.** Gesto o ademán que sirve para atraer la atención o comunicarse con alguien: *hacer señas para llamar a alguien.* **3.** Convención establecida entre dos o más personas para comunicarse. ◆ **señas** s.f.pl. Indicación del paradero o domicilio de una persona.

SEÑAL s.f. Detalle o particularidad que distingue a una persona o cosa de las demás. **2.** Huella, vestigio: *señales de pisadas.* **3.** Imagen o representación de algo: *la bandera a media asta es señal de duelo.* **4.** Signo conocido para advertir, anunciar, dar una orden, etc.: *dar la señal de ataque.* **5.** Lo que muestra o indica la existencia de algo. **6.** Cantidad de dinero que se entrega antes de saldar el precio total como garantía de lo que se ha encargado o comprado. **7.** Mojón que se pone para marcar un límite o lindero. **8.** Cicatriz: *señales de quemaduras.* **9.** En teoría de la comunicación, variación de una magnitud de cualquier naturaleza portadora de información. **10.** Marca o cisura que se hace en las orejas del ganado. **11.** Sonido que da un aparato telefónico: *señal de comunicar.* ◇ **Código internacional de señales** Código adoptado en 1965 por la Organización intergubernamental consultiva de la navegación marítima, consistente en señales convencionales. **En señal de** En prueba o como muestra de algo. **Ni señal** Nada; que no se encuentra o ha desaparecido. **Señal de tráfico** Indicación que se pone en las carreteras, calles, etc., para regular el tráfico.

SEÑALADA s.f. Argent. Acción de señalar el ganado. **2.** Argent. Ceremonia campesina que consiste en señalar el ganado.

SEÑALADO, A adj. Insigne, famoso: *un autor señalado.* **2.** Notable, extraordinario, especialmente referido a fechas o días: *un día señalado; un señalado favor.*

SEÑALAMIENTO s.m. Acción de señalar. **2.** DER. Designación de día para un juicio oral o una vista.

SEÑALAR v.tr. Indicar, mostrar o llamar la atención sobre una cosa o una persona: *la caída de las hojas señala la llegada del otoño.* **2.** Hacer o poner señales. **3.** Indicar, referir algo: *señalar la importancia del hecho.* **4.** Llamar la atención, hacia alguien o algo, con la mano, con un gesto o de otro modo: *señaló con el dedo lo que quería.* **5.** Determinar el tiempo, el lugar, el precio, etc., para cierto fin: *señalar una fecha.* **6.** Hacer la señal convenida para dar a conocer la existencia de algo. **7.** Producir heridas o cicatrices en el cuerpo, particularmente en el rostro. ◆ **señalarse** v.prnl. Distinguirse o sobresalir en alguna cosa o en algún sitio.

SEÑALERO s.m. Argent. Ferroviario responsable de una cabina de señalización.

SEÑALIZACIÓN s.f. Acción y efecto de señalizar. **2.** Conjunto de señales que se usan e instalan en un lugar para proporcionar una información determinada, especialmente las señales de tráfico que regulan la circulación.

SEÑALIZAR v.tr. [7]. Instalar o utilizar señales en una carretera, vía férrea, puerto, etc.

SEÑERO, A adj. Único, notorio, importante. **2.** Aislado, solitario.

SEÑOR, RA s. Persona adulta. **2.** Tratamiento, generalmente de respeto, que se antepone a un apellido, a un título profesional, etc. **3.** Dueño de una cosa o que tiene dominio sobre alguien o algo. **4.** Amo respecto a los criados. **5.** Persona que por su personalidad, porte y distinción inspira respeto y estimación: *ser todo un señor.* ◆ Que denota nobleza o distinción. **2.** Antepuesto a un nombre, encarece el significado del mismo: *dar un señor disgusto.* ◆ s.m. Dios, y especialmente Jesucristo en la eucaristía. (Con este significado suele escribirse con mayúscula.) **3.** Hombre en contraposición a mujer. **3.** HIST. **a.** Poseedor de un feudo. **b.** Título nobiliario. ◆ s.f. Mujer, esposa.

2. Mujer en contraposición a hombre. ◇ **Nuestra Señora** La Virgen María.

SEÑOREAR v.tr. Dominar o mandar en algo, especialmente como señor. **2.** Dominar, ser algo más alto que lo que lo rodea: *el campanario señorea el pueblo.* **3.** Fig. Dominar las propias pasiones.

SEÑORÍA s.f. Tratamiento dado a personas con determinada dignidad. **2.** Persona que recibe este tratamiento. **3.** HIST. Soberanía de ciertos estados italianos que se gobernaban como repúblicas: *la señoría de Venecia.*

SEÑORIAL adj. Relativo al señorío. **2.** Majestuoso, noble: *una casa señorial.*

SEÑORÍO s.m. Dominio o mando sobre algo. **2.** Fig. Distinción, elegancia. **3.** HIST. **a.** Autoridad de un señor. **b.** Territorio sobre el que se extendía esta autoridad.

SEÑORITINGO, A s. Desp. Señorito.

SEÑORITISMO s.m. Desp. Cualidad o actitud de señorito.

SEÑORITO, A adj. y s. Fam. Tratamiento que dan a las personas jóvenes de una casa los criados o subalternos. ◆ s. Persona joven, de familia acomodada, que hace ostentación de su riqueza y lleva una vida frívola. ◆ s.f. Tratamiento dado a las mujeres solteras. **2.** Tratamiento dado a las maestras. ◆ s.f. Cierto cigarro filipino, de cortas dimensiones. **2.** Cigarro puro corto y delgado.

SEÑORÓN, NA adj. y s. Señor rico o importante, o que aparenta serlo.

SEÑUELO s.m. Cosa que sirve para atraer a las aves que se quieren cazar. **2.** Fig. Cosa que sirve para atraer o inducir con engaño. **3.** Figura de ave en que se pone carne como cebo para atraer al halcón remontado. **4.** Argent. y Bol. Grupo de cabestros o manos utilizados para atraer el resto del ganado.

SEO s.f. Catedral.

SÉPALO s.m. BOT. Pieza floral, generalmente verde, situada debajo de la corola y que envuelve el botón floral antes de abrirse. (El conjunto de los sépalos forma el *cáliz.*)

SEPALOIDE adj. BOT. Que tiene forma de sépalo.

SEPARACIÓN s.f. Acción y efecto de separar o separarse. **2.** Espacio medible entre dos cosas separadas. **3.** Objeto que separa (muro, tabique, etc.). **4.** QUÍM. Operación de extracción destinada a aislar uno o varios constituyentes de una mezcla. ◇ **Separación conyugal** Suspensión de la vida conyugal sin ruptura del vínculo. **Separación de bienes** Régimen matrimonial en que cada cónyuge conserva la propiedad y la administración de sus bienes. **Separación de las Iglesias y el estado** Sistema de organización de las relaciones entre las Iglesias y el estado en el que las primeras se consideran como agrupaciones de derecho privado. **Separación isotópica** QUÍM. Operación que consiste en aislar los diferentes isótopos constituyentes de un elemento natural.

SEPARADOR, RA adj. Que separa. ◆ s.m. Aparato, utensilio o dispositivo que sirve para separar. **2.** Instrumento quirúrgico que sirve para separar los labios de una herida, las mandíbulas, los párpados, etc., o para dilatar. **3.** Lámina delgada, aislante y perforada, colocada entre las placas de un acumulador. ◇ **Poder separador** Cualidad del ojo o de un instrumento óptico que permite distinguir dos puntos muy cercanos uno de otro.

SEPARAR v.tr. y prnl. Poner fuera de contacto o proximidad a personas, animales o cosas que estaban juntos, reunidos o mezclados: *separar la cabeza del cuerpo.* ◆ v.tr. Apartar a dos personas o animales que se pelean, para que dejen de hacerlo. **2.** Tomar parte de una cosa o ponerla en otro lugar: *separar un trozo del pastel.* **3.** Distinguir unas cosas de otras: *separar los distintos aspectos de un asunto.* **4.** Destituir, deponer: *separar de un empleo a alguien.* ◆ **separarse** v.prnl. Romper profesional o ideológicamente con alguien, un grupo, entidad, etc.: *mi socio y yo nos hemos separado.* **2.** Dejar de vivir juntas dos personas que formaban una pareja o que estaban casadas.

SEPARATA s.f. Ejemplar o conjunto de ejemplares impresos por separado de algún libro, artículo o revista.

SEPARATISMO s.m. Ideología y movimiento políticos que defienden la independencia de un territorio, su separación del estado al que pertenece.

SEPARATISTA adj. y s.m. y f. Relativo al separatismo; partidario del separatismo.

SEPARO s.m. Méx. Lugar donde se encierra temporalmente a los presuntos responsables de un delito en las delegaciones de policía.

SEPE s.m. Bol. Termes.

SEPELIO s.m. Acción de enterrar los cadáveres con la ceremonia religiosa correspondiente.

SEPIA s.f. Molusco de concha interna, cabeza provista de diez tentáculos con ventosas, que vive cerca de las costas, y que al ser atacado proyecta un líquido negro. (Clase cefalópodos.) **2.** Materia colorante de color marrón rojizo oscuro obtenida de este molusco, que se utiliza en la pintura a la aguada. **3.** Color parecido a esta materia.

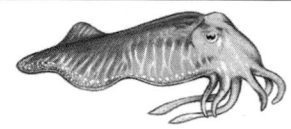

■ **SEPIA**

SEPIOLITA s.f. Silicato hidratado natural de magnesio. SIN.: *espuma de mar.*

SEPSIS s.f. Enfermedad causada por la proliferación en la sangre de bacterias patógenas. SIN.: *septicemia.*

SEPTAL adj. Relativo al séptum.

SEPTENAL adj. Que dura siete años o que se repite cada siete años.

SEPTENARIO, A adj. Que consta de siete elementos, unidades o guarismos. ◆ s.m. Período de siete días. **2.** Período de siete días dedicados al culto de Dios, de la Virgen o de sus santos: *septenario del Espíritu Santo.*

SEPTENIO s.m. Período de siete años.

SEPTENTRIÓN s.m. Norte.

SEPTENTRIONAL adj. y s.m. y f. De la parte del norte.

SEPTETO s.m. MÚS. **a.** Composición vocal o instrumental para siete ejecutantes. **b.** Conjunto musical formado por siete voces o instrumentos.

SEPTICEMIA s.f. Sepsis.

SEPTICÉMICO, A adj. Relativo a la septicemia.

SÉPTICO, A adj. Que causa una infección: *microbios sépticos.* **2.** Causado por microbios. **3.** Contaminado por microbios.

SEPTICOPIOHEMIA s.f. Forma de septicemia caracterizada por la aparición de uno o varios abscesos, superficiales o viscerales.

SEPTIEMBRE o **SETIEMBRE** s.m. (lat. *september, -bris*). Noveno mes del año. (Tiene 30 días.)

SÉPTIMA s.f. Femenino de séptimo. **2.** MÚS. Intervalo que comprende siete grados.

SÉPTIMO, A adj.num.ordin. y s. (lat. *septimus*). Que corresponde en orden al número siete. ◆ adj. y s.m. Se dice de cada una de las partes que resultan de dividir un todo en siete partes iguales.

SEPTO s.m. → **SÉPTUM.**

SEPTUAGENARIO, A adj. y s. De edad comprendida entre los setenta y los ochenta años.

SEPTUAGÉSIMA s.f. Domingo que celebra la Iglesia tres semanas antes de la primera cuaresma.

SEPTUAGÉSIMO, A adj.num.ordin. y s. (lat. *septuagesimus*). Que corresponde en orden al número setenta. SIN.: *setenta.* ◆ adj. y s.m. Setentavo.

SÉPTUM o **SEPTO** s.m. (voz latina, *tabique*). ANAT. Tabique que separa dos cavidades.

SEPTUPLICAR v.tr. y prnl. [1]. Hacer algo siete veces mayor.

SÉPTUPLO, A adj. y s.m. Que contiene un número siete veces exactamente.

SEPULCRAL adj. Relativo al sepulcro o que tiene sus características.

SEPULCRO s.m. (lat. *sepulcrum*). Construcción funeraria, generalmente de piedra, que se levanta sobre el suelo para enterrar uno o varios cadáveres. **2.** Hueco del altar donde están depositadas las reliquias. **3.** Urna o andas cerradas con una imagen de Jesucristo difunto. ◇ **Santo sepulcro** Sepulcro donde estuvo Jesús.

SEPULTAR v.tr. (lat. tardío *sepultare*). Poner en la sepultura a un muerto. **2.** *Fig.* Cubrir completamente algo o a alguien de modo que desaparezca totalmente: *las aguas sepultaron los campos.* **3.** *Fig.* Esconder u ocultar algo inmaterial: *sepultar un recuerdo.*

SEPULTURA s.f. (lat. *sepultura*). Acción de sepultar. **2.** Lugar, hecho en la tierra o levantado sobre ella, donde se entierra uno o más cadáveres. ◇ **Dar sepultura** Enterrar.

SEPULTURERO, A s. Persona que tiene por oficio sepultar a los muertos en los cementerios.

SEQUEDAD s.f. Cualidad de seco. **2.** *Fig.* Trato áspero y brusco.

SEQUEDAL o **SEQUERAL** s.m. Terreno muy seco.

SEQUÍA s.f. Falta de lluvias durante un largo periodo de tiempo.

SÉQUITO s.m. (del ital. *seguito*) Grupo de gente que acompaña a una persona ilustre o célebre. **2.** *Fig.* Cosas que acompañan o siguen a un suceso: *séquito de desgracias.*

1. SER *auxiliar* (del lat. *esse*) [71] Verbo que sirve para la conjugación de todos los verbos en la voz pasiva. ➤ v.copulativo. Verbo sustantivo que afirma del sujeto lo que significa el atributo. ● v.intr. Haber o existir *eso no es de este mundo.* **2.** Servir para una cosa: *Juan no es para esto; este cuchillo es para el pan.* **3.** Suceder, ocurrir: *el eclipse fue ayer.* **4.** Valer, costar: *a cómo es la carne.* **5.** Pertenecer a alguien: *esta casa es mía.* **6.** Constituir: *el robo es delito.* **7.** Expresa causa: *esto fue mi ruina.* **8.** Consistir en, depender de: *la cuestión es decidirse.* **9.** Se usa para afirmar o negar lo que se dice o pretende: *eso es.* **10.** Junto con sustantivos, adjetivos o participios, tener los empleos, propiedades, condiciones, etc., que se expresan: *es médico.* **11.** Seguido de una oración precedida de *que*, expresa causa o excusa: *es que se hace tarde.* **12.** Introduce expresiones adverbiales de tiempo: *es tarde.* **13.** Seguido de la prep. *de* más infinitivo, expresa conveniencia, posibilidad, previsión: *es de desear que no te suceda nada malo.* **14.** Con el imperfecto se expresa la ficción en los juegos: *él era el rey y yo la princesa.* ◇ **A no ser que** Excepto si se cumple la condición que sigue: *iremos de excursión a no ser que llueva.* **Érase una vez** Encabezamiento de los cuentos infantiles. **Lo que sea de cada quien** Méx. Hablando con franqueza, para ser sincero: *no es muy inteligente pero, lo que sea de cada quien, hace bien su trabajo.* **Ser de lo que no hay** Expresa lo extraordinario de cierta cosa o persona, tanto en sentido peyorativo como admirativo. **Ser** alguien **muy suyo** Tener un carácter muy especial, ser muy reservado e independiente.

2. SER s.m. Principio activo y radical constitutivo de las cosas. **2.** Ente. **3.** FILOS. **a.** Existencia. **b.** Esencia. **c.** Todo lo que existe o puede existir, por oposición a la nada y es apto para existir. ◇ **El Ser supremo** Dios.

SERA s.f. Espuerta grande, generalmente sin asas.

SERAC s.m. (voz saboyana) [pl. *seracs*]. Bloque caótico de hielo que se acumula en los lugares donde la pendiente del lecho glaciar se acentúa o donde la adherencia del glaciar disminuye.

SERÁFICO, A adj. (bajo lat. *seraphicus*). Relativo a los serafines. **2.** *Fig.* Plácido, bondadoso: *un semblante seráfico.*

SERAFÍN s.m. (lat. bíblico *seraphin*, serafines, del pl. hebreo *seraphim*). En la tradición cristiana, ángel que pertenece a una categoría superior a la de querubín y que se caracteriza por su gran amor hacia Dios. **2.** *Fig.* Persona de gran belleza, especialmente un niño.

SERAPEUM s.m. Necrópolis de los bueyes Apis en Egipto. **2.** Templo de Serapis en Grecia.

SERBA s.f. Fruto del serbal, parecido a la pera, de color amarillo rojizo, comestible y de sabor agradable.

SERBAL s.m. Árbol de tronco recto, hojas lobuladas, flores blancas y fruto comestible. (Familia rosáceas.)

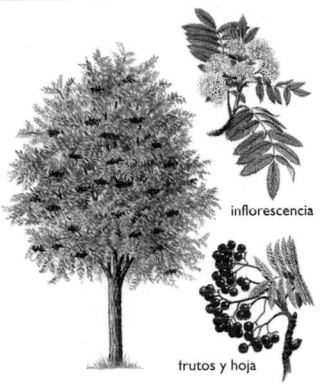

inflorescencia

frutos y hoja

■ **SERBAL**

SERBIO, A o **SERVIO, A** adj. y s. De Serbia. ➤ s.m. Lengua eslava que tiene el estatuto de lengua oficial en Serbia y, junto al bosnio y el croata, en Bosnia-Herzegovina.

SERBOCROATA o **SERVIOCROATA** adj. Relativo a Serbia y a Croacia. ➤ s.m. Lengua eslava meridional que hablaba la mayoría de la población en la antigua Yugoslavia. (Dio lugar a cuatro lenguas oficiales distintas en los estados que surgieron al deshacerse esta federación [1992]: el bosnio, el croata, el montenegrino y el serbio. Los montenegrinos y serbios utilizan el alfabeto cirílico y los bosnios y croatas, el latino.)

SERENA s.f. *Fam.* Sereno, humedad de la atmósfera durante la noche. **2.** LIT. Composición poética o musical de los trovadores que solía cantarse de noche.

SERENAR v.tr., intr. y prnl. Poner tranquilo o quieto: *serenar los ánimos; serenarse el día.*

SERENATA s.f. (ital. *serenata*). Concierto de voces e instrumentos, o de instrumentos solos, que se da por la noche debajo de las ventanas de alguien, para festejarlo. **2.** *Irón.* Ruido o sonido persistente que causa gran molestia, en especial el que se produce de noche: *menuda serenata ha dado el niño.*

SERENIDAD s.f. Cualidad o estado de sereno.

SERENÍSIMO, A adj. y s.f. HIST. En los ss. XV-XVI. título dado a la república de Venecia. ◇ **Alteza serenísima** Tratamiento que se daba en España a los príncipes hijos de reyes.

SERENO, A adj. (lat. *serenus*). Que es o está tranquilo y apacible, sin agitación, movimiento o ruido: *día sereno; mar sereno; mirada serena.* **2.** Se dice de la persona que no está bajo los efectos del alcohol. ➤ s.m. Humedad de la atmósfera durante la noche. ◇ **Al sereno** A la intemperie, durante la noche. **2.** Vigilante nocturno encargado de rondar las calles para seguridad del vecindario. **Gota serena** MED. Amaurosis.

SERERE, pueblo de Senegal que habla una lengua nigeriano-congoleña.

SERGAS s.f.pl. Hazañas, proezas.

SERIAL s.m. Emisión dramática radiofónica o televisiva que se difunde en forma de episodios sucesivos. **2.** Artículos periodísticos que forman una serie. ➤ adj. Relativo a una serie. ◇ **Música serial** Serialismo.

SERIALISMO s.m. Técnica de composición musical basada en la utilización de la serie, de la cual generaliza sus principios al aplicarlos a otros parámetros distintos de la altura de los sonidos. SIN.: *música serial.*

SERIAR v.tr. Formar una serie.

SERICÍCOLA adj. Relativo a la sericicultura.

SERICICULTOR, RA s. Persona que se dedica a la sericicultura. SIN.: *sericultor.*

SERICICULTURA s.f. Técnica e industria de la producción de la seda. SIN.: *sericultura.*

■ **SERICICULTURA.** Criadero de gusanos de seda (Tailandia).

SERICÍGENO, A adj. Que produce seda.

SERICINA s.f. Proteína gelatinosa de la seda, que une los filamentos de fibroína y que se disuelve por acción del agua hirviendo a presión. SIN.: *gres.*

SÉRICO, A adj. Relativo al suero sanguíneo.

SERIE s.f. (lat. *series*, de *serere*, entretejer, encadenar). Conjunto de cosas relacionadas entre sí y que se suceden unas a otras. **2.** *Fam.* Gran número de ciertas cosas: *tiene una serie de libros para leer.* **3.** Disposición biológica según el orden natural de sus afinidades: *serie zoológica.* **4.** Serial televisivo. **5.** DEP. Prueba preliminar. **6.** ECOL. Sucesión de comunidades que se sustituyen unas a otras en un área determinada, como desarrollo de la comunidad a partir de etapas precursoras que van siendo remplazadas por otras más maduras. **7.** MAT. Conjunto de yates con características suficientemente comparables como para que puedan competir juntos. **8.** MAT. Suma infinita cuyos términos son los de una sucesión (u_n) de términos reales o complejos. **9.** QUÍM. Grupo de compuestos orgánicos que presentan numerosas analogías y se distinguen por una diferencia constante en ciertos radicales. ◇ **Desarrollo de una función en serie** MAT. Formación de una serie cuya suma representa esta función en un intervalo dado. **En serie** Se dice de los objetos que se fabrican todos iguales, según un modelo; ELECTR. se dice de varios conductores, generadores o receptores eléctricos acoplados de manera que el polo positivo del primero está unido al polo negativo del segundo, y así sucesivamente, y con la misma intensidad de corriente. **Fuera de serie** Que es extraordinario entre los de su clase.

SERIEDAD s.f. Cualidad de serio. **2.** Actitud o comportamiento serios.

SERIGRAFÍA s.f. Procedimiento de impresión mediante una pantalla o tamiz, semejante al estarcido.

SERINA s.f. BIOL. Aminoácido de función alcohol, constituyente de las proteínas. SIN.: *seroalbúmina.*

SERINGA s.f. Amér. Goma elástica. **2.** Perú. Planta de la familia de las euforbiáceas.

SERINGAL s.m. En la cuenca del Amazonas, asociación de plantas caucníferas.

SERIO, A adj. (lat. *serius*). Responsable, sensato, que obra con reflexión. **2.** Que expresa preocupación, disgusto, contrariedad, etc. **3.** Que no es alegre, que no ríe o que ríe con poca frecuencia. **4.** Grave o digno de consideración: *motivo serio.* **5.** Que no esconde ningún tipo de broma, engaño o ilegalidad: *negocio serio.* **6.** Que se hace dignamente o de acuerdo con ciertos convencionalismos. ◇ **En serio** Con seriedad, sin engaño ni burla.

SERMÓN s.m. (lat. *sermo, -onis*, conversación, diálogo). Discurso religioso pronunciado en público por un sacerdote. **2.** *Fam.* Amonestación, represión.

SERMONARIO s.m. Libro que contiene sermones.

SERMONEAR v.tr. *Fam.* Reprender repetida e insistentemente.

SERMONEO s.m. *Fam.* Acción de sermonear.

SEROALBÚMINA s.f. BIOL. Serina.

SERODIAGNOSIS s.f. Examen del suero que permite confirmar el diagnóstico de una enfermedad infecciosa mediante la identificación de los anticuerpos específicos del germen en cuestión, que representa el antígeno.

SEROLOGÍA s.f. Estudio de los sueros, de sus propiedades y de sus aplicaciones.

SEROLÓGICO, A adj. Relativo a la serología.

SERÓN s.m. Sera más larga que ancha.

SERONEGATIVO, A adj. y s. Que no es seropositivo.

SEROPOSITIVO, A adj. y s. Se dice de la persona que presenta en su suero anticuerpos dirigidos contra un agente infeccioso. (Se aplica especialmente a los pacientes contaminados por el VIH del sida y en cuyo suero se han detectado anticuerpos específicos contra este virus.)

SEROSIDAD s.f. Líquido análogo a la linfa, contenido en las serosas y secretado por ellas.

SEROSO, A adj. MED. Que tiene las características de la serosidad. ◆ adj. y s.f. Se dice de la membrana que tapiza ciertos órganos móviles, formada por dos hojas que delimitan una cavidad virtual, que puede llenarse de líquido.

SEROTERAPIA s.f. Tratamiento de ciertas enfermedades infecciosas por medio de sueros medicinales.

SEROTONINA s.f. Sustancia del grupo de las catecolaminas, que está presente en las neuronas y realiza funciones de neurotransmisor.

SEROVACUNACIÓN s.f. Vacunación simultánea de sueros y vacunas.

SERPEAR v.intr. Poét. Serpentear.

SERPENTEAR v.intr. Moverse o extenderse formando vueltas y ondulaciones: *un río que serpentea.*

SERPENTEO s.m. Acción de serpentear.

SERPENTÍN s.m. Tubo en línea espiral, helicoidal o acodado cierto número de veces, que se utiliza en aparatos de destilación, calefacción y refrigeración. **2.** Antigua pieza de artillería. SIN.: *serpentina.*

SERPENTINA s.f. Tira de papel, larga y estrecha, enrollada, que se desenrolla al lanzarla sujetándola por uno de sus extremos. **2.** Venablo antiguo cuyo hierro forma ondas. **3.** Mineral compuesto por silicato de magnesio hidratado, de color verdoso con manchas o venas más o menos oscuras y de gran dureza. (Se utiliza en decoración.) **4.** Serpentín, antigua pieza de artillería. **5.** TAUROM. Suerte de capa en que se hace girar esta alrededor del cuerpo del torero.

SERPIENTE s.f. (lat. *serpens, -entis*, de *serpere*, arrastrarse). Reptil que carece de extremidades y se desplaza por reptación. (La serpiente *silba.*) [Existen serpientes venenosas: *cobra, serpiente de cascabel, víbora*, y no venenosas: *culebra, boa, anaconda.*] **2.** ECON. Figura en forma de serpiente que indica los límites superior e inferior que no deben rebasar los valores de diversas monedas vinculadas por un acuerdo que limita sus fluctuaciones. SIN.: *serpiente monetaria.* ◇ **Serpiente de mar** Animal fantástico de grandes dimensiones; en el Mediterráneo y Atlántico se aplica este nombre a diversos seres, entre ellos algún elasmobranquio.

SERPIGINOSO, A adj. MED. Se dice de las enfermedades cutáneas de contornos sinuosos.

SERPOL s.m. (cat. *serpoll*). Planta aromática parecida al tomillo. (Familia labiadas.) SIN.: *serpillo.*

SERRADIZO, A adj. Aserradizo.

SERRADURAS s.f.pl. Serrín.

SERRALLO s.m. (ital. *serraglio*). En los países de civilización turca, palacio real, especialmente el del sultán otomano. **2.** Harén de este palacio. **3.** Conjunto de mujeres del harén.

SERRANA s.f. Composición poética parecida a la serranilla. **2.** Modalidad de cante flamenco, probablemente originaria de la serranía de Ronda, que en un principio debió de ser una canción de procedencia folklórica campesina.

SERRANÍA s.f. Terreno cruzado por montañas y sierras.

SERRÁNIDO, A adj. y s.m. Relativo a una familia de peces marinos de fondos rocosos, como el mero y el serrano.

SERRANILLA s.f. Composición lírica constituida por versos hexasílabos u octosílabos,

que generalmente describe el encuentro entre un caballero y una pastora. (Puede presentar la forma de un romance, un villancico o una canción medieval.)

1. SERRANO s.m. Pez de las costas rocosas, afín al mero, que alcanza como máximo 30 cm de long. (Familia serránidos.)

2. SERRANO, A adj. y s. De la sierra.

SERRAR v.tr. (lat. *serrare*) [10]. Cortar madera u otras materias con la sierra.

SERRATO s.m. ANAT. Músculo del tronco, cuyas inserciones presentan aspecto dentado. ◇ **Serrato mayor** Músculo depresor del omóplato.

SERRERÍA s.f. Aserradero.

SERRETA s.f. Semicírculo de hierro que se coloca sobre la nariz de los caballos para guiarlos. **2.** Pato piscívoro, de pico fino y aserrado y cuerpo grácil, generalmente con moño. **3.** HERÁLD. Figura que consiste en dos ramas de hierro dentadas unidas entre sí por una charnela en uno de sus extremos.

SERRÍN s.m. Conjunto de partículas que se desprenden de la madera al serrarla.

SERRUCHAR v.tr. Argent., Chile y P. Rico. Aserrar con el serrucho. ◇ **Serruchar el piso** Argent. *Fam.* Hacer peligrar intencional y solapadamente la situación laboral de otro.

SERRUCHO s.m. Sierra de mano, de hoja ancha y un solo mango. **2.** Chile. Persona que tiene el hábito de aserruchar el piso, es decir, de tratar de hacer perder a alguien su situación laboral. **3.** Chile. *Fig.* Inspector de locomoción colectiva que revisa y corta los billetes.

SERTÃO s.m. (voz brasileña). Región brasileña poco poblada, en la que la ganadería extensiva predomina sobre una agricultura de subsistencia. **2.** Denominación dada a las zonas semiáridas del NE de Brasil.

SERVAL s.m. Carnívoro africano de piel amarillenta con manchas negras, muy apreciada. (Familia félidos.)

■ **SERVAL**

SERVATO s.m. Planta herbácea común en la península Ibérica, cuyos frutos se han utilizado como carminativos. (Familia umbelíferas.) SIN.: *peucédano.*

SERVENTESIO s.m. Estrofa formada por cuatro versos de arte mayor, de los cuales riman el primero con el tercero y el segundo con el cuarto, generalmente en consonante. **2.** Sirventés.

SERVICIAL adj. Que sirve con atención y diligencia. **2.** Que siempre está dispuesto a prestar ayuda o a hacer favores. ◆ s.m. Bol. Sirviente, criado.

SERVICIO s.m. (lat. *servitium*). Acción de servir: *realizar importantes servicios.* **2.** Actividad que consiste en servir: *trabajar al servicio del estado.* **3.** Persona o personas empleadas en los trabajos domésticos de una casa privada. SIN.: *servicio doméstico.* **4.** Utilidad o función que desempeña una cosa. **5.** Organización y personal destinados a cuidar intereses o satisfacer necesidades del público o de alguna entidad oficial o privada: *servicio de mensajería.* **6.** Función o prestación desempeñada por dicha organización: *se suspende el servicio de transporte.* **7.** Conjunto de objetos o utensilios que se utilizan para aquello que se expresa: *servicio de té, de tocador.* **8.** Favor o beneficio que se le hace a una persona: *prestar un gran servicio.* **9.** Conjunto de enseres que se ponen en la mesa para cada comensal. **10.** Retrete. **11.** En algunos deportes, saque. **12.** Conjunto de las comunicaciones y enlaces ferroviarios garantizados de acuerdo con un horario establecido. **13.** Orinal. **14.** HIST. Recurso extraordinario otorgado por las cortes al soberano para contribuir a los gastos excepcionales del

erario o para cubrir su déficit. **15.** MIL. Carrera o profesión militar. ◆ **servicios** s.m.pl. Cocina y demás dependencias del trabajo doméstico y habitaciones de la servidumbre. **2.** Habitaciones donde se encuentran los aparatos higiénicos sanitarios. **3.** Cuerpos y actividades de la organización militar destinados a cuanto precisan las tropas para vivir y combatir. **4.** ECON. Producto de la actividad del ser humano destinado a la satisfacción de sus necesidades, que no se presenta bajo la forma de un bien material. ◇ **De servicio** En el desempeño de un cargo o una función durante un turno de trabajo. **Servicio militar** Conjunto de obligaciones militares legales impuestas a los ciudadanos, a partir de determinada edad y durante un tiempo prefijado, para contribuir en la defensa de su país por medio de las armas. **Servicio público** Actividad de interés general realizada por los poderes públicos. **Servicio secreto** Cuerpo de agentes que a las órdenes de un gobierno se dedica al espionaje con fines políticos o militares; actividades de este cuerpo. **Servicios generales** Actividades accesorias e instalaciones auxiliares de los talleres de fabricación de una planta industrial. **Servicios religiosos** Celebración de actos de culto religioso.

SERVIDOR, RA s. Con respecto a una persona, otra que le sirve. **2.** Persona al servicio del estado o de una entidad. **3.** La persona que habla o escribe refiriéndose a sí misma con humildad. (Se usa también *un servidor.*) ◆ s.m. DEP. En el tenis y en el juego de la pelota, jugador que pone la pelota en juego. **2.** INFORMÁT. Computadora que, dentro de una red, tiene la misión de ofrecer uno o varios servicios específicos.

SERVIDUMBRE s.f. (lat. tardío *servituto, -inis*). Conjunto de criados que sirve en una casa. **2.** *Fig.* Carga excesiva o dependencia exagerada que supone para alguien un trabajo, una obligación, una pasión, un vicio, etc. **3.** Estado o condición de siervo.

SERVIL adj. (lat. *servilis*). Que muestra excesiva sumisión, que sirve o adula por interés, ambición, etc. **2.** Relativo a los siervos y criados. ◆ adj. y s.m. y f. Durante el reinado de Fernando VII, partidario del absolutismo.

SERVILISMO s.m. Cualidad de servil.

SERVILLETA s.f. (fr. *serviette*, del lat. *servire*, servir). Pieza de tela o papel que usa cada comensal para limpiarse la boca, manos, etc., y para proteger la ropa.

SERVILLETERO s.m. Aro en que se pone la servilleta enrollada. **2.** Bolsa o utensilio para guardar la servilleta.

SERVIO, A adj. y s. → SERBIO.

SERVIOCROATA s.m. → SERBOCROATA.

SERVIR v.tr. e intr. (lat. *servire*, ser esclavo, servir) [89]. Trabajar para alguien, especialmente en tareas domésticas. **2.** Prestar ayuda o hacer un favor a alguien: *¿puedo servirlo en algo?* **3.** Poner los alimentos o las bebidas en la mesa. ◆ v.intr. Ser útil para determinado fin. SIN.: *valer.* **2.** DEP. En ciertos deportes como el tenis, poner la pelota en juego. **3.** MIL. Hacer el servicio militar: *servir en infantería.* ◆ v.tr. Suministrar una mercancía a un cliente. **2.** Atender a los clientes en un establecimiento comercial. **3.** En el juego, dar cartas a cada jugador. ◆ **servirse** v.prnl. Seguido de la prep. *de*, emplear, utilizar algo como instrumento o medio: *servirse de un bastón para caminar.* **2.** Acceder a hacer algo, por amabilidad, cortesía o condescendencia: *sírvase cerrar la puerta.* ◇ **Para servirle** o **para servir a usted** Fórmula de cortesía con que una persona se pone a disposición de otra.

SERVOCONTROL s.m. Mecanismo para reforzar o sustituir el esfuerzo del piloto en el manejo de los mandos de un avión.

SERVODIRECCIÓN s.f. Servomando destinado a facilitar el funcionamiento de la dirección de un vehículo automóvil.

SERVOFRENO s.m. Servomando para mejorar el funcionamiento de los frenos.

SERVOMANDO s.m. Mecanismo auxiliar que sustituye la fuerza muscular de una persona, asegurando automáticamente, por amplificación, la fuerza necesaria para el funcionamiento del conjunto.

SERVOMECANISMO s.m. Mecanismo concebido para realizar por sí mismo cierto programa de acción, mediante la comparación permanente entre las órdenes que se le dan y el trabajo que ejecuta.

SERVOMOTOR s.m. Mecanismo de mando cuya energía de maniobra es suministrada por una fuente exterior, a fin de reducir los esfuerzos que deben realizarse o de facilitar el control remoto.

SERVOSISTEMA s.m. TECNOL. Sistema de control remoto y automático de aparatos y vehículos, cuyo funcionamiento tiende a anular la desviación entre una magnitud dirigida y la magnitud que dirige: *los servomecanismos son servosistemas.*

SERVOVÁLVULA s.f. Válvula hidráulica equipada con un dispositivo de mando automático que permite el control asistido de su apertura.

SESADA s.f. Seso de un animal. **2.** Fritada de sesos.

SÉSAMO s.m. (lat. *sesamum,* del gr. *sísamon*). Ajonjolí.

SESAMOIDEO, A adj. y s.m. Se dice de unos huesos supernumerarios, pequeños y redondeados, de constitución fibrosa, que se desarrollan cerca de las articulaciones falángicas del pulgar del pie.

SESEAR v.intr. Pronunciar la *z* o la *c* con sonido de *s.*

SESENTA adj.num.cardin. y s.m. (lat. *sexaginta*). Seis veces diez. ◆ adj.num.ordin. y s.m. y f. Sexagésimo. ◇ **Los (años) sesenta** Década que empieza en el año sesenta y termina en el setenta.

SESENTAVO, A adj. y s.m. Se dice de cada una de las partes que resultan de dividir un todo en sesenta partes iguales.

SESENTENA s.f. Conjunto de sesenta unidades.

SESENTÓN, NA adj. y s. *Fam.* Sexagenario.

SESEO s.m. Fenómeno del habla que consiste en pronunciar el sonido *ce* ([θ]) como el sonido de la *s.* [Se produce en una franja irregular y discontinua de Andalucía, en Canarias y en casi la totalidad de América latina.]

SESERA s.m. Parte de la cabeza del animal en que está el seso. **2.** *Fam.* Seso, masa encefálica. **3.** *Fig.* y *fam.* Inteligencia o capacidad de pensar.

SESGA s.f. Nesga de una prenda de vestir.

SESGADURA s.f. Acción y efecto de sesgar.

SESGAR v.tr. [2]. Cortar o colocar una tela al bies. **2.** Torcer a un lado o atravesar una cosa hacia un lado.

SESGO, A adj. (de *sesgar*) Oblicuo. **2.** *Fig.* Grave, serio en el semblante. ◆ s.m. Oblicuidad o torcimiento en la dirección o posición de una cosa. **2.** *Fig.* Curso o rumbo que toma un asunto. **3.** ESTADÍST. Distorsión en la representatividad de un resultado, bien en el proceso de estimación, bien en la selección o el examen de la muestra. ◇ **Al sesgo** Oblicuamente.

SESI s.m. Cuba y P. Rico. Pez similar al pargo, con aletas pectorales negras y cola amarilla. (Familia hitiánidos.)

SÉSIL adj. (lat. *sessilis,* de *sedere,* estar sentado). BOT. Se dice del órgano inserto directamente sobre el eje y desprovisto de pedúnculo: *hoja sésil.*

SESIÓN s.f. (lat. *sessio, -onis*) Reunión de una asamblea, tribunal, etc. **2.** Cada acto, representación, proyección, etc., de un espectáculo íntegro o de una película, de los que se realizan en un día: *sesión de cine.* **3.** Espacio de tiempo que se emplea en una ocupación ininterrumpida, en un trabajo con otras personas: *sesión de radioterapia; sesión fotográfica; sesión de trabajo.* ◇ **Abrir la sesión** Comenzar una reunión. **Levantar la sesión** Concluir una reunión. **Sesión continua** Sesión en que se proyecta repetidamente el mismo programa de cine. **Sesión parlamentaria** Reunión de los parlamentarios.

SESO s.m. (lat. *sensus, -us,* percepción, sentido, inteligencia). Masa encefálica. **2.** *Fig.* Sensatez, buen juicio. ◇ **Beber(se) el seso, o los sesos** Volverse loco. **Calentarse, o devanarse, los sesos** Pensar demasiado en algo. **Sorber el seso** *Fam.* Hacer que alguien pierda la capacidad de discurrir con sensatez.

SESTEAR v.intr. Dormir la siesta o descansar después del almuerzo. **2.** Recogerse el ganado en las horas de calor, a la sombra.

SESTERCIO s.m. ANT. ROM. Moneda romana de plata o de bronce.

SESUDO, A adj. Sensato. **2.** Inteligente.

SET s.m. (voz inglesa). Cada una de las partes en que se divide un partido de tenis, voleibol, etc. **2.** Escenario o plató donde se efectúan las tomas de vista para un rodaje cinematográfico.

1. SETA s.f. Hongo en que el aparato esporífero tiene forma de sombrero y está sostenido por un pedículo.

comestibles

Boletus edulis   *Boletus aereus*

no comestibles

Boletus felleus   *Boletus satans*

■ SETAS

2. SETA o **ZETA** s.f. Nombre de la sexta letra del alfabeto griego (ζ, Z), que corresponde al sonido africado dentoalveolar sonoro [dz].

SETECIENTOS, AS adj.num.cardin. y s.m. Siete veces ciento. ◆ s.m. Siglo XVIII.

SETENTA adj.num.cardin. y s.m. (lat. *septuaginta*). Siete veces diez. ◆ adj.num.ordin. y s.m. y f. Septuagésimo. ◇ **Los (años) setenta** Década que empieza en el año setenta y termina en el ochenta.

SETENTAVO, A adj. y s.m. Se dice de cada una de las partes que resultan de dividir un todo en setenta partes iguales. SIN.: *septuagésimo.*

SETENTÓN, NA adj. y s. *Fam.* Septuagenario.

SETIEMBRE s.m. → SEPTIEMBRE.

SETO s.m. (lat. *saeptum,* barrera, recinto, seto, p. de *saepire,* cercar). Cercado hecho con palos o varas entretejidos. **2.** División formada con plantas de adorno podadas de modo que simulen una pared.

SETSWANA → TSWANA.

SETTER adj. y s.m. Se dice de una raza de perros de caza ingleses, de pelo largo, sedoso y ondulado, orejas grandes y hocico alargado.

■ SETTER irlandés.

SEUDOALEACIÓN s.f. Producto metálico constituido por varios metales fuertemente mezclados, pero no aleados entre sí.

SEUDOARTROSIS s.f. CIR. Articulación anormal que se forma en una fractura cuya consolidación no puede realizarse.

SEUDÓNIMO s.m. (del gr. *pseydo,* falso, y *ónoma,* nombre). Nombre ficticio que toma una persona que quiere disimular su identidad.

SEUDÓPODO s.m. Prolongación del protoplasma que sirve de aparato locomotor o prensor a ciertos protozoos y a los leucocitos.

SEVERIDAD s.f. Cualidad de severo. **2.** Actitud severa.

SEVERO, A adj. (lat. *severus*). Muy exigente o intransigente con las faltas. **2.** Muy estricto en el cumplimiento de una ley, norma, precepto, etc. **3.** Sobrio, austero: *un decorado severo.* **4.** Serio, grave: *semblante severo.* **5.** Se aplica al clima (frío, calor, etc.) muy extremado.

SEVICHE s.m. Amér. Merid. Cebiche.

SEVICIA s.f. (lat. *saevitia,* violencia). Crueldad excesiva. ◆ **sevicias** s.f.pl. DER. Crueldad o malos tratos de que se hace víctima a una persona sobre quien se tiene potestad o autoridad legítima.

SEVILLANA s.f. Modalidad de baile típica de Andalucía que es una adaptación de la seguidilla tradicional castellana y, más concretamente, de la manchega; también la música con que se baila.

SEVILLANO, A adj. y s. De Sevilla

SEXAGENARIO, A adj. y s. (lat. *sexagenarius,* de *sexageni,* de sesenta en sesenta). Se aplica a la persona de edad comprendida entre los sesenta y los sesenta y nueve años.

SEXAGÉSIMA s.f. DOM. Denominación dada, antes del concilio Vaticano II, al segundo domingo antes de cuaresma.

SEXAGESIMAL adj. Que tiene por base el número sesenta: *sistema sexagesimal.*

SEXAGÉSIMO, A adj.num.ordin. y s. (lat. *sexagesimus,* de *sexaginta,* sesenta) Que corresponde en orden al número sesenta. SIN.: *sesenta.* ◆ adj. y s.m. Se dice de cada una de las partes que resultan de dividir un todo en sesenta partes iguales.

SEXAJE s.m. Método para determinar el sexo de un animal cuando no es distinguible por su aspecto externo.

SEX-APPEAL s.m. (voz angloamericana). Atractivo físico y sexual. SIN.: *sexy.*

SEXENIO s.m. (lat. *sexennium,* de *sex,* seis, y *annus,* año). Período de seis años.

SEXISMO s.m. Actitud de la persona que desprecia o discrimina a las personas por su sexo.

SEXISTA adj. y s.m. y f. Relativo al sexismo; que desprecia o discrimina a las personas por su sexo.

SEXO s.m. (lat. *sexus, -us*). Condición orgánica que distingue el macho de la hembra en los organismos heterogaméticos. **2.** Conjunto de individuos que tienen el mismo sexo: *sexo femenino; sexo masculino.* **3.** Conjunto de los órganos sexuales masculinos o femeninos, en especial los externos. **4.** Sexualidad: *represión del sexo.* ◇ **Sexo débil** o **bello sexo** Las mujeres. **Sexo fuerte,** o **feo** Los hombres.

SEXOLOGÍA s.f. Estudio de los problemas relativos a la sexualidad y a sus trastornos.

SEXÓLOGO, A s. Especialista en sexología.

SEXPARTITO, A adj. Se dice de un tipo de bóveda gótica que se apoya en cuatro pilares maestros, entre los que se elevan dos pilares intermedios.

SEX-SHOP s.m. (voz inglesa) [pl.*sex-shops*]. Establecimiento especializado en la venta de objetos, libros y revistas eróticas o pornográficas, productos afrodisíacos, etc.

SEX-SYMBOL s.m. y f. (voz inglesa) [pl.*sex-symbols*]. Personaje público que simboliza el ideal masculino o femenino en el aspecto de la sensualidad y la sexualidad.

SEXTA s.f. Hora menor del oficio divino, que se suele rezar a la sexta hora del día (mediodía). **2.** MÚS. Intervalo de seis grados diatónicos.

SEXTANTE s.m. (lat. *sextans, antis,* sexta parte). Instrumento de reflexión en el que el limbo graduado abarca 60°, y que permite medir la altura de los astros desde una embarcación o una aeronave. (*V. ilustr. pág. siguiente.*)

SEXTETO s.m. MÚS. **a.** Conjunto vocal o ins-

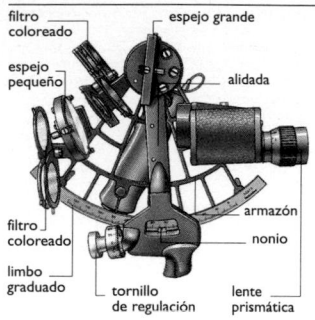

filtro coloreado — espejo grande — espejo pequeño — alidada — filtro coloreado — armazón — nonio — limbo graduado — tornillo de regulación — lente prismática

■ **SEXTANTE**

trumental compuesto de seis ejecutantes. **b.** Composición para seis voces o seis instrumentos.

SEXTILLA s.f. Combinación métrica de seis versos de arte menor.

SEXTILLÓN s.m. MAT. Un millón de quintillones (10^{36}).

SEXTINA s.f. LIT. **a.** Composición poética formada por seis estrofas de seis versos y por una de tres, todos endecasílabos. **b.** Estrofa de seis versos endecasílabos.

SEXTO, A adj.num.ordin. y s. (lat. *sextus*). Que corresponde en orden al número seis. ◆ adj. y s.m. Se dice de cada una de las partes que resultan de dividir un todo en seis partes iguales.

SEXTUPLICAR v.tr. y prnl. [1]. Hacer una cosa seis veces mayor, o multiplicar por seis una cantidad.

SÉXTUPLO, A adj. y s.m. (lat. *sextuplus*, de *sex*, seis, y *plicare*, doblar). Que incluye en sí seis veces una cantidad.

SEXUADO, A adj. Que tiene órganos sexuales. ◇ **Reproducción sexuada** Reproducción que se realiza mediante la intervención de células especializadas, los gametos masculinos y femeninos.

SEXUAL adj. (lat. *sexualis*, femenino). Relativo al sexo o la sexualidad: *educación sexual*. ◇ **Acto sexual** Coito. **Caracteres sexuales** Conjunto de manifestaciones anatómicas y fisiológicas determinadas por el sexo. (Se distinguen unos caracteres *sexuales primarios* [órganos genitales] y unos caracteres *sexuales secundarios* [pilosidad, adiposidad, voz, etc.], especiales de cada sexo.) **Órganos sexuales** Órganos que intervienen en la reproducción.

SEXUALIDAD s.f. Conjunto de caracteres especiales, externos o internos, que presentan los individuos y que determinan su sexo. **2.** Conjunto de fenómenos relativos al instinto y el placer sexual. SIN.: *sexo*. **3.** PSICOANÁL. Conjunto de manifestaciones que abarcan el placer ligado al funcionamiento del aparato genital y los placeres ligados al ejercicio de una función vital, acompañada del apoyo de un placer inmediatamente sexual.

SEXUALIZAR v.tr. [7]. Dar carácter sexual.

SEXY adj. (voz inglesa). Se dice de la persona dotada de atractivo físico, y de las cosas que ponen de relieve este atractivo. ◆ s.m. Sex-appeal.

SHA s.m. (voz persa). Título del soberano de Irán y del antiguo reino asiático de Persia.

SHAM, CHAM o **TIAM,** pueblo de Camboya y de Vietnam, cuyos individuos son los últimos supervivientes del reino de Shampa.

SHAMÁN s.m. → CHAMÁN.

SHAN o **CHEN** s.m. Lengua thai hablada en Birmania.

SHANTUNG s.m. Tela de seda muy resistente que presenta un grano muy pronunciado. **2.** Tela de algodón o rayón de características semejantes.

SHARE s.m. ESTADÍST. Cuota de pantalla.

SHARÍA s.f. → SARÍA.

SHARPIE s.m. (voz inglesa). Pequeño velero de fondo plano, con el pantoque de ángulos vivos y provisto de orza.

SHAWARMA s.m. (voz procedente del árabe). Carne sazonada, generalmente de cordero, que se asa en un eje vertical que gira sobre sí mismo y se sirve cortada a tiras, a menudo dentro de un pan de pita. **2.** *Por ext.* Bocadillo hecho con esta carne.

SHED s.m. (voz inglesa). Cubierta en diente de sierra que tiene una vertiente acristalada de mucha pendiente, expuesta al norte.

SHEIK s.m. → CHEIK.

SHERARDIZACIÓN s.f. Procedimiento termoquímico de protección del acero por difusión superficial de cinc.

SHERIF s.m. (ingl. *sheriff*). En EUA, oficial administrativo electo, con un poder judicial limitado. **2.** En Gran Bretaña, oficial administrativo que representa a la corona en cada condado.

SHERPA, pueblo montañés de Nepal.

SHETLAND s.m. Paño fabricado con la lana de los carneros de Escocia.

SHIATSU s.m. Método curativo consistente en presionar con los dedos sobre ciertos puntos del cuerpo.

SHIDO s.m. En judo, advertencia que sanciona una infracción leve del reglamento.

SHILLING s.m. (voz inglesa). Chelín. **2.** Unidad monetaria principal de Kenya, Somalia, Tanzania y Uganda.

SHILLUK, pueblo de Sudán meridional, perteneciente a una rama nilótica de lengua sudanesa.

SHIMMY s.m. (voz angloamericana). Baile de origen norteamericano, muy en boga en los años inmediatamente posteriores a la primera guerra mundial. **2.** Fenómeno caracterizado por la oscilación repetida de las ruedas directrices de un automóvil alrededor de su eje.

SHIRIANA → WAICA.

SHOCK s.m. (voz inglesa). Conmoción, impresión violenta e imprevista que trastorna o perturba. SIN.: *choque.* **2.** Estado de abatimiento físico consecutivo a un traumatismo *(shock traumático)*, a una operación quirúrgica *(shock operatorio)*, a la anestesia *(shock anestésico)* o a la presencia en el organismo de proteínas extrañas *(shock anafiláctico)*. ◇ **Shock emocional** Conjunto de reacciones psíquicas y orgánicas producidas por una emoción o sentimiento muy intensos y en muy poco tiempo. **Tratamiento de shock** Método terapéutico, utilizado a veces en psiquiatría, que consiste en crear una brusca perturbación biológica en un enfermo.

SHÔGUN, SHOGÚN o **SOGÚN** s.m. Nombre dado a los dictadores militares de Japón de 1192 a 1867.

SHORTS s.m.pl. (voz inglesa). Pantalón corto.

SHOSHÓN, pueblo amerindio de América del Norte (Idaho, Nevada, Utah), de lengua uto-azteca.

SHOW s.m. (voz inglesa). Espectáculo centrado en un actor, un cantante o un animador. **2.** Exhibición, ostentación de determinada cualidad o capacidad. ◇ **Show business,** o **biz** Conjunto de actividades comerciales implicadas en la producción de espectáculos públicos. (Equivale a *industria del espectáculo*.)

SHOWMAN s.m. (voz inglesa) [pl. *showmen*]. Hombre que actúa en un show en el que es la primera estrella, el presentador y el animador.

SHRAPNEL o **SHRAPNELL** s.m. (de H. *Shrapnel,* general británico) [pl. *shrapnel* o *shrapnell*]. Proyectil que contiene balines.

SHUNT s.m. (voz inglesa). ELECTR. Resistencia conectada en derivación en un circuito, de modo que solo deje pasar una fracción de la corriente por este circuito. **2.** MED. Derivación de la corriente sanguínea, patológica o a causa de una intervención quirúrgica.

SHUNTAR v.tr. Proveer de un shunt.

1. SI conj.cond. (lat. *si*). Expresa condición que puede ser real o irreal: *si llueve, no iré; si necesitas algo, dímelo.* **2.** Introduce oraciones interrogativas indirectas: *no sé si esto es cierto.* **3.** Tiene valor concesivo o de contrariedad usos y equivale a *aunque.* **4.** Puede tener valor concesivo-distributivo: *si no ganamos, por lo menos hicimos buen papel.* **5.** Adquiere un matiz causal: *si ayer lo aseguraste, ¿cómo lo niegas hoy?* **6.** Se emplea en expresiones de

protesta, sorpresa, negación o ponderación: *si yo no quería; mira si es amable que me invitó.* **2. SI** s.m. Séptima nota musical de la escala de do. **2.** Signo que representa esta nota.

SI, sigla de **sistema internacional de unidades.*

1. SÍ adv.afirm. (lat. *sic,* así). Se usa, generalmente, para responder afirmativamente a una pregunta. **2.** Se usa enfáticamente en enunciados afirmativos e imperativos: *me voy; sí, y no trates de impedirlo.* ◆ s.m. Consentimiento o permiso: *contestó con un sí.* ◇ **Dar el sí** Aceptar una proposición.

2. SÍ pron.pers. (lat. *sibi,* dativo del pronombre personal de tercera persona). Forma tónica reflexiva del pronombre personal de 3ª persona. Funciona como complemento precedido de preposición: *no están seguros de sí mismos.* ◇ **Por sí solo** Espontáneamente; sin ayuda ajena.

SIAL s.m. Nombre que se daba a la zona externa del globo terrestre, compuesta principalmente de silicatos de aluminio, y que corresponde a la corteza continental.

SIALAGOGO, A adj. y s.m. MED. Se dice de la sustancia que estimula la secreción de saliva.

SIALORREA s.f. Secreción excesiva de saliva.

SIAMANG s.m. (pl. *siamang*). Simio catarrino de las montañas de Indonesia, que alcanza 1 m de long.

SIAMÉS, SA adj. y s. Del antiguo reino de Siam. **2.** Se dice del gato de una raza de color marrón claro o gris, más oscuro en sus orejas y extremidades. ◆ s.m. Lengua thai hablada en Tailandia. ◇ **Hermanos siameses** Gemelos unidos uno al otro por dos partes homólogas de sus cuerpos.

■ **SIAMÉS.** Gato siamés.

SIBARITA adj. y s.m. y f. (lat. *sybarita,* del gr. *sybarítis,* habitante de Síbaris, ciudad de Grecia). Aficionado a los placeres refinados.

SIBARÍTICO, A adj. Relativo al sibarita.

SIBERIANO, A adj. y s. De Siberia.

SIBIL s.m. Pequeña despensa subterránea. **2.** Concavidad subterránea.

SIBILA s.f. (lat. *sibylla,* del gr. *síbylla,* profetisa). En la antigüedad, mujer que transmitía los oráculos de los dioses. **2.** Adivinadora.

SIBILANTE adj. MED. Que tiene el carácter de un silbido: *respiración sibilante.* ◆ adj. y s.f. Se dice de una consonante fricativa o africada caracterizada por la producción de una especie de silbido (s y z son sibilantes).

SIBILINO, A adj. Relativo a las sibilas: *oráculo sibilino.* **2.** *Fig.* Oscuro, incomprensible, ambiguo: *palabras sibilinas.*

SIBONEY → CIBONEY.

SIBUCAO s.m. Árbol que se cultiva en Asia tropical por su madera, muy dura y tintórea.

SIC adv.m. (voz latina, *así*). Colocado entre paréntesis detrás de una palabra o una expresión, indica que es una cita textual por rara o incorrecta que parezca.

SICALIPSIS s.f. Escabrosidad, malicia sexual.

SICALÍPTICO, A adj. (voz de creación expresiva). Escabroso, sexualmente malicioso.

SICAMBRIO, A adj. y s. De un pueblo germánico establecido en la cuenca del Ruhr. (Una parte de ellos se instaló en la Galia, donde, a partir del s. III, se mezclaron con los francos.)

SICAMOR s.m. Ciclamor.

SICANO, A adj. y s. De un pueblo primitivo de Sicilia occidental, desde el III milenio a.C.

SICARIO s.m. (lat. *sicarius,* de *sica,* puñal). Asesino asalariado.

SICASTENIA s.f. Síndrome neurótico caracterizado por abulia, astenia, duda, escrúpulo y meticulosidad.

SICASTÉNICO, A adj. y s. Relativo a la sicastenia; que padece sicastenia.

SICIGIA s.f. ASTRON. Conjunción u oposición de la Luna con el Sol (novilunio y plenilunio).

SICILIANA s.f. MÚS. Fragmento instrumental, probablemente inspirado en una danza siciliana, de carácter pastoral.

SICILIANO, A adj. y s. De Sicilia. ◆ s.m. Dialecto de la Italia meridional, hablado en Sicilia.

SIC(O) → PSIC(O).

SICOFANTA u **SICOFANTE** s.m. En la antigua Grecia, delator profesional. **2.** Calumniador.

SICÓMORO s.m. Árbol de hojas similares a las del moral, fruto pequeño blanquecino, y madera incorruptible. (Familia moráceas.) **2.** Plátano falso.

SICOSIS s.f. Infección de la piel localizada en los folículos pilosos, generalmente causada por estafilococos.

SICROMETRÍA s.f. Determinación del estado higrométrico del aire por medio del sicrómetro.

SICROMÉTRICO, A adj. Relativo a la sicrometría.

SICRÓMETRO s.m. Aparato que sirve para determinar el estado higrométrico del aire.

SICU s.m. Argent. Instrumento de viento compuesto por una doble hilera de tubos de longitud decreciente, siringa. SIN.: *sicuri.*

SÍCULO, A adj. y s. Siciliano. **2.** De un pueblo primitivo del E de Sicilia, que dio su nombre a la isla.

SICURI s.m. Argent. Tañedor de sicu. **2.** Argent. Sicu.

SIDA s.m. (sigla de *síndrome de inmunodeficiencia adquirida*). Afección grave de origen vírico, transmitida por vía sexual o sanguínea, que provoca una alteración del estado vital por la ausencia de reacciones inmunitarias.

ENCICL. El virus causante del sida produce una afectación de los linfocitos (sobre todo los T4) que impide al organismo defenderse de cualquier infección. Actualmente, dentro de la denominación genérica de «virus de inmunodeficiencia humana» (VIH), se distinguen los virus HTLV III y HTLV IV. La enfermedad produce una disminución drástica de las defensas del organismo, por lo que sobrevienen afecciones por gérmenes oportunistas, que sean virus, bacterias, hongos o protozoos. La transmisión se produce exclusivamente por contacto sexual o por la exposición de la sangre u otros líquidos orgánicos de una persona sana con los de una persona infectada; también a través de la placenta de la madre infectada al feto. El hecho de compartir jeringuillas entre personas sanas e infectadas, o la transfusión de sangre contaminada, actúan como transmisores de la enfermedad. Entre los infectados por el VIH los hay que tienen en su sangre anticuerpos contra la infección (seropositivos) aunque no presentan síntomas de la enfermedad, mientras que otros han desarrollado la enfermedad con todas sus manifestaciones. Entre ambos extremos hay un espectro de diversos grados de afectación clínica.

SIDECAR s.m. (Ingl. *sidecar*). Vehículo de una sola rueda y provisto de un asiento, que se acopla lateralmente a las motocicletas.

SIDERACIÓN s.f. PSIQUIATR. Suspensión repentina de las reacciones emocionales y motoras, por un shock emocional intenso.

SIDERAL adj. (lat. *sideralis,* de *sidus, -eris,* constelación, estrella). Relativo a los astros.

SIDERAR v.tr. Destruir súbitamente la actividad vital por un proceso de sideración.

SIDÉREO, A adj. Se dice del tiempo que se mide por el movimiento aparente de las estrellas. **2.** ASTRON. Relativo a las estrellas o los astros.

SIDERITA s.f. (lat. *sideritis,* del gr. *sidirítis, -idos*). Carbonato de hierro (FeCO$_3$), que contiene en general una pequeña cantidad de carbonato de manganeso y carbonatos alcalinotérreos. SIN.: *siderosa.*

SIDEROLÍTICO, A adj. y s.m. GEOL. Se dice

de las formaciones terciarias ricas en menas de hierro, en pequeñas capas o en bolsas dentro de las calizas.

SIDEROLITO s.m. Variedad de meteorito constituida por metales (hierro, níquel) y silicatos, en proporciones similares.

SIDEROSA s.f. (del gr. *sidirítis*). Siderita.

SIDEROSIS s.f. MED. Neumoconiosis debida a la inhalación de óxido de hierro, observada en fundidores, afiladores y soldadores.

SIDEROSTATO s.m. Aparato dotado de un espejo móvil que permite reflejar la imagen de un astro en una dirección fija.

SIDERURGIA s.f. (gr. *sidēros,* hierro, y *ergon,* obra). Metalurgia del hierro.

SIDERÚRGICO, A adj. Relativo a la siderurgia. ◆ s. Obrero o industrial de la siderurgia.

SIDRA s.f. (del lat. *sicera,* bebida embriagante de los hebreos). Bebida alcohólica que se obtiene, principalmente, por fermentación del zumo de manzanas.

SIDRERÍA s.f. Establecimiento en el que se vende o se elabora sidra, o en el que se sirve como especialidad. **2.** Técnica utilizada para la fabricación de sidra.

SIEGA s.f. Acción de segar, en especial la mies. **2.** Mies segada. **3.** Época en que se siega.

SIEMBRA s.f. Acción de sembrar. **2.** Tierra sembrada. **3.** Época en que se siembra.

SIEMENS s.m. Unidad de medida de la conductancia eléctrica (símbolo S), equivalente a la conductancia eléctrica de un conductor que presenta una resistencia eléctrica de 1 ohm.

SIEMPRE adv.t. (lat. *semper*). En todo tiempo. **2.** Que se produce cada vez que concurre una situación determinada: *antes de entrar siempre llama.* **3.** En todo caso, cuando menos: *siempre podrá decir que lo intentó.* **4.** Se usa para enfatizar una afirmación: *siempre será más divertido.* **5.** Méx. A fin de cuentas, definitiva o finalmente: *siempre no te voy a acompañar.* ◇ **De siempre** Acostumbrado o corriente. **De,** o **desde, siempre** Desde que se recuerda. **Siempre que** Cada vez que. **Siempre que** o **siempre y cuando** Con tal que.

SIEMPREVIVA s.f. Planta herbácea originaria de Australia, cuyas flores se secan y se utilizan para hacer ramos ornamentales. (Familia compuestas.) **2.** Flor persistente de esta planta, de color amarillo y con estrechas cabezuelas.

■ SIEMPREVIVA mayor.

SIEN s.f. Región alta y lateral de la cabeza, por encima del arco cigomático, delante de la región temporal.

SIENÉS, SA adj. y s. De Siena.

SIENITA s.f. (de *Siena,* c. de Italia). Roca plutónica, sin cuarzo, constituida principalmente por feldespato alcalino y anfíbol.

SIERPE s.f. Serpiente.

SIERRA s.f. (lat. *serra*). Herramienta para cortar madera, papel, piedra, etc., que consiste en una hoja de acero con el borde dentado y un mango. **2.** Borde dentado de un utensilio cortante: *la sierra del cuchillo.* **3.** GEOGR. **a.** Conjunto de montañas más pequeño que una cordillera. **b.** Terreno montañoso, por contraposición al llano o campiña. ◇ **En diente de sierra** Que presenta puntas, picos o salientes

regularmente dispuestos. **Sierra eléctrica,** o **mecánica** Sierra portátil que dispone de motor para facilitar su manejo y que está compuesta de piezas articuladas con dientes cortantes, o de un disco dentado.

SIERVO, A s. (lat. *servus,* esclavo). Esclavo. **2.** HIST. Persona ligada a la gleba y dependiente de un señor. **3.** REL. Denominación dada a los miembros de algunas órdenes o congregaciones religiosas.

SIESTA s.f. (del lat. *hora sexta,* hora sexta del día, hora de después de comer). Rato que se destina a dormir o descansar después de la comida. **2.** Sueño que se echa después de comer. **3.** Tiempo después del mediodía en que el calor es más fuerte. ◇ **Dormir la siesta** Echarse a dormir después de comer.

SIETE adj.num.cardin. y s.m. (lat. *septem*). Seis y uno. ◆ adj.num.ordin. y s.m. y f. Séptimo. ◆ s.m. Fam. Rasgón o rotura en forma de ángulo que se hace en trajes, telas, etc. **2.** Argent., Colomb. y Nicar. Vulg. Ano. ◇ **Siete y medio,** o **media** Juego de naipes en el que gana el jugador que obtiene la puntuación justa de siete y medio o el que más se aproxima a ese número sin superarlo.

SIETECOLORES s.m. (pl. *sietecolores*). Argent., Chile, Ecuad. y Perú. Pájaro pequeño de patas, pico, cola y alas negras, plumaje de varios colores y un mono rojo vivo en la cabeza, que construye su nido sobre las plantas de las lagunas, donde vive.

SIETECUEROS s.m. (pl. *sietecueros*). Chile, Colomb., Ecuad. y Hond. Callo que se forma en el talón del pie. **2.** C. Rica, Cuba, Nicar. y Venez. Panadizo de los dedos.

SIETEMESINO, A adj. y s. Se dice del niño que ha nacido prematuramente a los siete meses de ser engendrado. **2.** Fig. y fam. Jovencito que presume de persona mayor. **3.** Fig. y fam. Raquítico, enclenque.

SIFÍLIDE s.f. Lesión cutánea sifilítica, que se manifiesta en forma de manchas, granos, etc.

SÍFILIS s.f. (lat. moderno *Syphilis,* título de un poema de G. Fracastoro). Enfermedad venérea infectocontagiosa, provocada por la espiroqueta *Treponema pallidum,* que se manifiesta por un chancro y por lesiones viscerales y encefálicas a largo plazo. (En su tratamiento, además de la penicilina, se usan las sales de bismuto.) SIN.: *luetismo.*

SIFILÍTICO, A adj. y s. Relativo a la sífilis, que padece sífilis.

SIFOMICETE adj. y s.m. Relativo a una clase de hongos inferiores, de talo celular, no tabicado, caracterizados por su micelio en forma de filamentos continuos, sin tabiques celulares.

SIFÓN s.m. (lat. *sipho, -onis,* del gr. *síphon, -onos,* cañería, sitón). Tubo en forma de U invertida, para trasvasar líquidos de un nivel a otro más bajo, elevándolos primero a un nivel situado por encima del nivel más alto. **2.** Tubo de doble curvatura que sirve para evacuar las aguas residuales e impide la salida de malos olores. **3.** Recipiente de vidrio grueso, cerrado con un casquete accionado por una palanca, que permite la salida de un líquido a presión. **4.** Aparato empleado para permitir las aguas de alimentación o de evacuación salven un obstáculo. **5.** Órgano tubular de ciertos moluscos bivalvos, que les permite la renovación del agua que respiran. **6.** En espeleología, conducto natural anegado por el agua.

SIFONÁPTERO, A adj. y s.m. Relativo a un orden de insectos sin alas, afín a los dípteros, como la pulga.

SIFONERO s.m. Argent. Sodero, persona que reparte soda.

SIFONÓFORO, A adj. y s.m. Relativo a un orden de hidrozoos que constituyen colonias pelágicas, con polimorfismo, formadas por individuos especializados.

SIFONOGAMIA s.f. Modo normal de fecundación de las plantas superiores, por medio de un tubo polínico.

SIFOSIS s.f. Joroba.

SIGA, A la siga de Chile. En pos de, tras de.

SIGILAR v.tr. Mantener en secreto u ocultar algo. **2.** Sellar, estampar un sello.

SIGILLATA adj. y s.f. Se dice de la cerámica

de uso corriente en la época del Imperio romano, de color rojizo y cubierta de barniz brillante.

SIGILO s.m. (lat. *sigillum*, sello, secreto con el que se guarda algo). Secreto que se guarda de una cosa o noticia. **2.** Silencio o disimulo para pasar inadvertido.

SIGILOGRAFÍA s.f. Estudio de los sellos.

SIGILOGRÁFICO, A adj. Relativo a la sigilografía.

SIGILOSO, A adj. Que guarda sigilo.

SIGLA s.f. (lat. tardío *sigla, -orum*). Abreviatura formada por las iniciales de un sintagma, que constituye el nombre de una entidad o de otra cosa. **2.** Letra inicial de una palabra que se usa como abreviatura.

SIGLO s.m. (lat. *saeculum*, generación, época, siglo). Período de tiempo de cien años. **2.** Período de cien años en que se divide la era cristiana, que comienza el 1 de enero del año uno y termina el 31 de diciembre del año cien. **3.** Época que se ha hecho célebre por un personaje, un descubrimiento, acontecimiento, etc.: *el siglo de Pericles, del átomo*. **4.** Mucho tiempo: *hace un siglo que no lo veo*. **5.** REL. Vida o actividades profanas, por oposición a las actividades espirituales. ◇ **En, o por, los siglos de los siglos** Para la eternidad. **Siglo de las luces** El s. XVIII en relación con el movimiento de la Ilustración que se produjo a lo largo de todo su transcurso. **Siglo de oro, o dorado** *Fig.* Época de paz, felicidad, prosperidad y gran esplendor cultural; en la literatura española, los ss. XVI y XVII.

SIGMA s.f. Nombre de la decimoctava letra del alfabeto griego (σ, ς, Σ), que corresponde a la s española.

SIGMOIDE adj. Se dice de la parte final del colon, que describe una S antes del recto.

SIGMOIDEO, A adj. Se dice de la cavidad articular de ciertos huesos (cúbito, húmero, radio). ◇ **Válvulas sigmoideas** Válvulas situadas en el inicio de la aorta y de la arteria pulmonar.

SIGMOIDITIS s.f. MED. Inflamación crónica del colon sigmoide.

SIGNADO, A adj. Marcado, llevado por el destino.

SIGNAR v.tr. Poner o imprimir el signo. **2.** Firmar. ◆ v.tr. y prnl. Hacer la señal de la cruz.

SIGNATARIO, A adj. y s. Firmante.

SIGNATURA s.f. Acción de signar. **2.** Señal, especialmente la de números y letras puestas a un libro o documento para indicar su colocación dentro de una biblioteca o archivo. **3.** IMPR. Cifra o marca particular que se pone al pie de la primera plana de cada pliego correspondiente a una obra impresa, para indicar su emplazamiento.

SIGNIFICACIÓN s.f. Significado, idea o concepto, que evoca un signo o cualquier cosa interpretable: *la significación de un cuadro*. **2.** Trascendencia, importancia, influencia. **3.** En lógica, contenido del juicio.

SIGNIFICADO, A adj. Conocido, importante, reputado. ◆ s.m. Idea o concepto que evoca un signo o cualquier cosa interpretable. SIN.: *significación*. **2.** LING. **a.** Sentido, contenido semántico de un signo. **b.** Sentido de una palabra.

SIGNIFICANTE s.m. LING. Imagen acústica o manifestación fonética del signo lingüístico.

SIGNIFICAR v.tr. (lat. *significare*) [1]. Ser una cosa signo o representación de otra. **2.** Ser una palabra o frase expresión de una idea o de una cosa material. **3.** Equivaler una palabra a otra: *«house» significa «casa» en español*. ◆ **significarse** v.prnl. Distinguirse por cierta cualidad. **2.** Mostrar alguien que tiene ciertas ideas.

SIGNIFICATIVO, A adj. Que expresa un significado particular, o que tiene un especial valor expresivo: *un gesto significativo*.

SIGNO s.m. (lat. *signum*, señal). Cosa que evoca o representa la idea de otra. **2.** Carácter de la escritura. **3.** Dibujo que es símbolo, señal o representación convencional de algo: *la cruz es un signo del cristianismo*. **4.** Destino de la persona, ligado al influjo de los astros: *tener un signo trágico*. **5.** Asociación arbitraria de un significado, o contenido semántico, y de un significante, o expresión. **6.** MAT. Símbolo que representa una operación o caracteriza a una magnitud. **7.** MED. Manifestación elemental de una enfermedad. **8.** MÚS. Convención gráfica con que se representan las características de los sonidos musicales (altura, duración e intensidad). ◇ **Signo del zodiaco** Cada una de las 12 secciones iguales en que se divide el zodiaco, distribuidas en 30 º de longitud a partir del punto vernal. (Reciben los nombres de las constelaciones con las que coincidían hace unos 2000 años; a partir del punto vernal son: Aries, Tauro, Géminis, Cáncer, Leo, Virgo, Libra, Escorpión, Sagitario, Capricornio, Acuario y Piscis.)

SIGUIENTE adj. Que sigue. **2.** Ulterior, posterior.

SIGUIRIYA O **SEGUIRIYA** s.f. Una de las tres formas fundamentales, junto a la *toná* y la *soleá*, del cante flamenco, o, más propiamente, de los cantos gitanoandaluces.

SIKH adj. y s.m. y f. Relativo a una secta de la India, fundada por Nãnak Dev (1469-1538); miembro de esta secta.

SIKU s.m. Instrumento musical de viento típico del Altiplano andino.

SÍLABA s.f. (lat. *syllaba*, del gr. *syllabȇ*). Fonema o conjunto de fonemas que se pronuncian con una sola emisión de voz: *mesa tiene dos sílabas*.

SILABACIÓN s.f. LING. División de las palabras en sílabas, atendiendo a los límites silábicos.

SILABARIO s.m. Libro elemental para enseñanza de los niños.

SILABEAR v.intr. y tr. Pronunciar separando las sílabas.

SILABEMA s.m. Fonema que puede funcionar como centro de sílaba.

SILABEO s.m. Acción y efecto de silabear.

SILÁBICO, A adj. Relativo a las sílabas o que se compone de sílabas: *estructura silábica*. ◇ **Canto silábico** Canto en el que a cada nota corresponde una sílaba. **Escritura silábica** Escritura en la que cada sílaba es representada por un solo carácter.

SILANO s.m. Compuesto hidrogenado del silicio, análogo a los hidrocarburos.

SILBANTE adj. Que silba. **2.** Sibilante.

SILBAR v.intr. y tr. (lat. *sibilare*). Dar o producir silbidos. **2.** *Fig.* Manifestar agrado o desagrado el público con silbidos. ◆ v.intr. Producir el aire un sonido muy agudo, similar al silbido: *silbar el viento*. **2.** Producir este sonido un objeto al rozar con el aire: *silbar un proyectil*.

SILBATINA s.f. Argent., Chile, Ecuad. y Perú. Silba, rechifla prolongada.

SILBATO s.m. Instrumento pequeño y hueco, que produce un silbido al soplar por un extremo. SIN.: *silbo*. **2.** Pequeña rotura por donde pasa el aire o un líquido. **3.** Aparato de señalización sonora accionado por vapor o aire comprimido.

SILBIDO s.m. Sonido agudo que se produce al hacer pasar con fuerza el aire por la boca, con los labios o con los dedos colocados en ella de cierta forma. SIN.: *silbo*. **2.** Sonido de igual clase que se hace soplando con fuerza en un silbato, llave, etc. **3.** Sonido agudo que produce el aire. **4.** Voz aguda y penetrante de algunos animales. **5.** En un receptor telefónico, oscilación continua de frecuencia acústica que se produce a causa de los fenómenos de reacción en el circuito de un repetidor.

SILBO s.m. Silbido. **2.** Silbato.

SILENCIADOR s.m. Dispositivo que se utiliza para amortiguar el ruido del funcionamiento de un motor, de la detonación de un arma de fuego, etc.

SILENCIAR v.tr. Guardar silencio sobre algo.

SILENCIO s.m. (lat. *silentium*, de *silere*, callar). Ausencia de todo ruido o sonido: *el silencio de la noche*. **2.** Hecho de estar callado o de abstenerse de hablar: *guardar silencio*. **3.** Circunstancia de no hablar de cierta cosa: *obligar al silencio a los periodistas*. **4.** Interrupción de la correspondencia, falta de noticias. **5.** MÚS. **a.** Interrupción del sonido. **b.** Signo que indica esta interrupción. ◇ **En silencio** Sin protestar, sin quejarse.

SILENCIOSO, A adj. Que calla o tiene costumbre de callar. **2.** Se dice del lugar o tiempo en que hay o se guarda silencio: *un local silencioso*. **3.** Que no hace ruido o que es poco ruidoso: *risa silenciosa*.

SILENTBLOC s.m. (marca registrada). Bloque elástico de caucho especial, comprimido e interpuesto entre dos piezas para absorber las vibraciones y los ruidos.

SILEPSIS s.f. (gr. *sýllepsis*, de *syllambánein*, juntar). LING. Concordancia de las palabras en la frase según el sentido y no según las reglas gramaticales formales: *la multitud de jóvenes lo aclamaban con entusiasmo*.

SILESIO, A adj. y s. De Silesia.

SÍLEX s.m. Roca silícea muy dura, compuesta de calcedonia y ópalo y de color variable, que forma parte de ciertas rocas calcáreas. **2.** Útil prehistórico hecho con esta roca.

SÍLFIDE s.f. (fr. *sylphide*). Ninfa del aire. **2.** *Fig.* Mujer bella y esbelta.

SÍLFIDO, A adj. y s.m. Relativo a una familia de insectos coleópteros, de 1 cm de long., una de cuyas especies es perjudicial para la remolacha.

SILFO s.m. (fr. *sylphe*). Genio del aire de las mitologías celta y germánica.

SILGADO, A adj. Ecuad. Enjuto, delgado.

SILICATO s.m. Mineral constituido por la combinación del ácido silícico y una base, que se puede obtener por fusión conjunta de la sílice con un carbonato de metal alcalino. Se emplea en la fabricación de vidrio, materiales de construcción y refractarios. (Los silicatos forman la casi totalidad de la corteza terrestre.)

SÍLICE s.f. (lat. *silex, -icis*, guijarro, sílice). Dióxido de silicio, SiO_2. (Existen diversas variedades naturales de sílice: el cuarzo cristalizado, la calcedonia, de estructura fibrosa, y el ópalo, amorfo.) ◇ **Sílice fundida** O **vidrio de sílice** Forma vítrea de la sílice, que puede resistir importantes y bruscos cambios de temperatura.

SILÍCEO, A adj. Relativo a la sílice, semejante a ella o que la contienen en cantidad. ◇ **Roca silícea** Roca sedimentaria dura, rica en sílice, como la arena, la arenisca, el sílex o el pedernal.

SILÍCICO, A adj. Se dice de unos hipotéticos ácidos derivados de la sílice.

SILICÍCOLA adj. BOT. Se dice de la planta que crece en suelos silíceos, como el castaño o el brezo.

SILICIO s.m. No metal, de color marrón en estado amorfo, gris oscuro con un brillo metálico en estado cristalizado, de densidad 2,33, cuyo punto de fusión es de 1 410 ºC. **2.** Ele-

silencios

de redonda	de blanca	de negra	de corchea	de semicorchea	de fusa	de semifusa

notas del mismo valor

redonda	blanca	negra	corchea	semicorchea	fusa	semifusa

■ **SILENCIO.** Diferentes figuras indicativas de silencio que se emplean en la escritura musical.

mento químico (Si), de número atómico 14 y masa atómica 28,085.

ENCICL. Presente en la naturaleza en forma de compuestos sólidos (*sílice* y *silicatos*), el silicio representa cerca del 28 % de la corteza terrestre, lo que lo convierte en el segundo elemento tras el oxígeno. Cuerpo muy duro, sólo se disuelve en ciertos metales (plomo, plata, cinc). Arde con el oxígeno para dar lugar a la sílice (SiO_2) y forma con el carbono, en el horno eléctrico, *carburo de silicio* o *carborundo* (SiC), un material de gran dureza. Como el carbono, el silicio puede dar hidruros, en particular los *silanos*. Los derivados de R_2SiO (R = alquilo o fenilo) son las *siliconas*, importantes polímeros sintéticos. El silicio se emplea para preparar el ferrosilicio, elemento de aleación para las fundiciones y los aceros. Muy puro (99,999 %) y en forma de monocristales excitados con boro o arsénico, constituye el principal material de base para la electrónica. Se emplea en los circuitos integrados *(efecto transistor)* y en las fotopilas *(efecto fotovoltaico).*

SILICIURO s.m. Compuesto formado por un metal y silicio.

SILICONA s.f. Sustancia química compuesta de silicio y oxígeno, de consistencia cremosa o sólida, que presenta gran resistencia al calor, la humedad y la electricidad. (Las siliconas líquidas se emplean en la fabricación de cremas, lociones y pomadas. En estética se usan inyecciones de silicona y prótesis de silicona.)

SILICOSIS s.f. Enfermedad crónica causada por la inhalación de polvo de sílice que se caracteriza por una transformación fibrosa del tejido pulmonar.

SILICOTERMIA s.f. Procedimiento metalúrgico de preparación de metales y aleaciones refractarias, por reacción del silicio con un compuesto metálico.

SILICÓTICO, A adj. y s. Relativo a la silicosis; que padece esta enfermedad.

SILICUA s.f. (lat. *siliqua*, vaina, legumbre). BOT. Fruto seco que se abre por cuatro hendiduras, como el del alhelí y el de otras crucíferas.

SILÍCULA s.f. Variedad de silicua corta.

SILIONNE s.f. (marca registrada). Hilo de vidrio formado de fibras elementales textiles continuas, de un diámetro interior a 6 µ.

SILLA s.f. (lat. *sella*). Asiento individual con respaldo y patas. **2.** Sede del papa o de otros prelados. ◇ **Silla de la reina** Asiento hecho entre dos personas agarrándose de las muñecas. **Silla de manos** Vehículo con asiento para una persona, transportado por medio de dos largas varas. **Silla de montar** Guarnición que se coloca encima del caballo y que sirve de asiento al jinete. **Silla de posta** Antiguo carruaje para viajeros y para el servicio de correos. **Silla eléctrica** Silla en que se coloca a los condenados a muerte para ejecutarlos por electrocución. **Silla gestatoria** Silla portátil usada por los papas en actos de gran ceremonia.

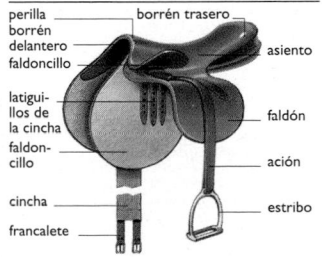

■ **SILLA.** Elementos de una silla de montar.

perilla — borrén trasero
borrén delantero
faldoncillo — asiento
latiguillos de la cincha
faldoncillo — faldón
cincha — ación
francalete — estribo

SILLAR s.m. Piedra labrada que se emplea en construcción.

SILLERÍA s.f. (del ant. *sillarería*, construcción con sillares). Juego de sillas, o de sillas, sillones y sofá, con que se amuebla una habitación. **2.** Conjunto de asientos situados en el coro de las iglesias. (También *sillería de coro*.) **3.** Obra de fábrica hecha de sillares asentados unos sobre otros y en hiladas de

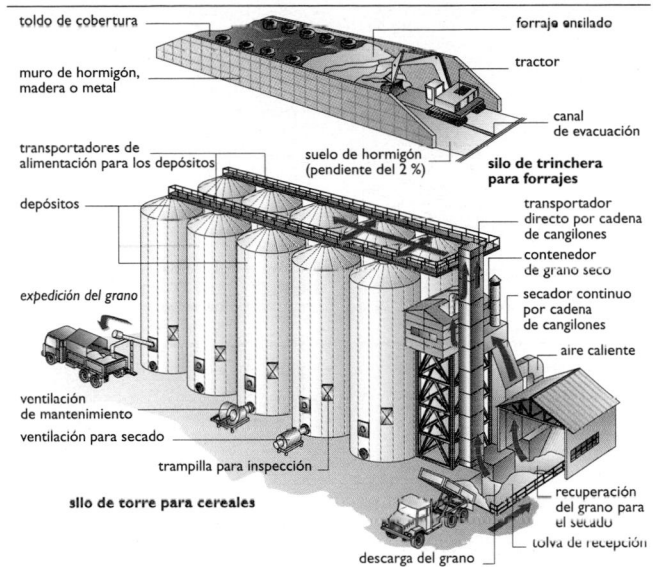

toldo de cobertura
forraje ensilado
tractor
muro de hormigón, madera o metal
canal de evacuación
transportadores de alimentación para los depósitos
suelo de hormigón (pendiente del 2 %)
silo de trinchera para forrajes
depósitos
transportador directo por cadena de cangilones
contenedor de grano seco
expedición del grano
secador continuo por cadena de cangilones
aire caliente
ventilación de mantenimiento
ventilación para secado
trampilla para inspección
recuperación del grano para el secado
tolva de recepción
silo de torre para cereales
descarga del grano

■ **SILOS** de almacenamiento.

juntas finas. **4.** Conjunto de estos sillares o piedras labradas.

SILLÍN s.m. Asiento de bicicleta, motocicleta y otros vehículos análogos.

SILLITA. Sillita de oro Argent. Silla de la reina.

SILLÓN s.m. Asiento de brazos, generalmente mullido y amplio.

SILO s.m. Fosa o cavidad subterránea para guardar grano, tubérculos, forrajes, etc. **2.** *Fig.* Recinto subterráneo, profundo y oscuro. **3.** Depósito cilíndrico o prismático destinado al almacenamiento de productos agrícolas, que se carga por arriba y se vacía por abajo. ◇ **Silo lanzamisiles** ARM. Cavidad revestida de hormigón, abierta en el suelo para almacenar un misil y dispararlo desde allá.

SILOGISMO s.m. Razonamiento que contiene tres proposiciones (mayor, menor y conclusión), tal que la conclusión es deducida de la mayor por medio de la menor, como «*todos los hombres son mortales* [mayor]; *todos los griegos son hombres* [menor]; *luego todos los griegos son mortales* [conclusión]». **2.** Todo razonamiento deductivo riguroso.

SILOGÍSTICA s.f. Ciencia de los silogismos.

SILOGÍSTICO, A adj. Relativo al silogismo.

SILOGIZAR v.intr. [7]. Argumentar con silogismos.

SILT s.m. (voz inglesa). Material detrítico de dimensiones intermedias entre la arena y la arcilla.

SILUETA s.f. (fr. *silhouette*, de É. de *Silhouette*, funcionario francés). Dibujo, representación de los trazos de un rostro, figura u objeto. **2.** Contorno de un objeto al proyectarse sobre un fondo más claro. **3.** Línea del contorno del cuerpo humano.

SILUETEAR v.tr. y prnl. Dibujar, recorrer, etc., algo siguiendo su silueta.

SILÚRICO, A adj. y s.m. (de los *Silures*, pueblo que habitaba el País de Gales). Se dice del tercer período de la era paleozoica o primaria comprendido entre los 430 millones de años y los 395 millones de años, que está situado entre el ordovícico y el devónico. ◆ adj. Relativo a este período.

SILURO s.m. (lat. *silurus*, del gr. *siloyros*). Pez de agua dulce que presenta seis largas barbillas alrededor de la boca, como el *pez gato*.

SILVA s.f. (lat. *silva*, bosque). Colección de escritos sin relación entre sí. **2.** LIT. Composición poética de versos endecasílabos, o endecasílabos y heptasílabos, dispuestos sin orden ni número fijo y que riman a gusto del poeta.

SILVESTRE adj. Que crece o se cría espontáneamente, sin cultivo, en bosques o campos. **2.** Inculto, rústico.

SILVICULTOR, RA s. Persona con especiales conocimientos de silvicultura.

SILVICULTURA s.f. Cultivo y explotación racional de los bosques.

SILVINA s.f. Cloruro potásico KCl natural, utilizado como abono.

1. SIMA s.f. Hendidura natural profunda en una región calcárea.

2. SIMA s.m. (de *silicio* y *magnesio*). GEOL. Capa hipotética y semiprofunda de la corteza terrestre, en la que dominarían la sílice y la magnesia, así como los óxidos de hierro.

SIMARUBA o **SIMARRUBA** s.f. (fr. *simarouba*, del caribe *simaruba*). Árbol de América tropical, cuya corteza tiene propiedades tónicas.

SIMARUBÁCEO, A adj. y s.f. Relativo a una familia de plantas dicotiledóneas dialipétalas de las regiones tropicales, como la simaruba.

SIMBIONTE adj. y s.m. BIOL. Se dice de cada uno de los seres asociados en simbiosis.

SIMBIOSIS s.f. (gr. *sýn*, con, y *bíosis*, medios de subsistencia). *Fig.* Asociación entre personas o entidades que se apoyan o ayudan mutuamente. **2.** BIOL. Asociación de forma equilibrada de dos o más organismos de distinta especie, que les permite obtener ciertos provechos y beneficios.

SIMBIÓTICO, A adj. Relativo a la simbiosis.

SIMBOL s.m. Argent. Planta gramínea de tallos largos y flexibles, que sirve de pasto natural para el ganado y cuyas cañas se usan en cestería.

SIMBÓLICO, A adj. Relativo al símbolo o expresado por medio de él: *lenguaje simbólico.* **2.** Que no tiene valor o eficacia por sí mismo: *un gesto puramente simbólico.*

SIMBOLISMO s.m. **1.** Cualidad del símbolo. **2.** Sistema de símbolos que expresan unas creencias. **3.** Sistema de signos escritos cuya

■ **SILURO**

927

disposición responde a unas reglas, y que traduce visualmente la formulación de un razonamiento. SIN.: *simbología*. **4.** Movimiento literario y artístico aparecido en la segunda mitad del s. XIX como reacción contra el naturalismo y el formalismo parnasiano.

ENCICL. El movimiento simbolista se basa en el *Manifiesto* de Jean Moréas (1886); agrupa poetas que buscaban sugerir, a través del valor musical de las palabras y la elevación de las realidades al nivel de ideas y símbolos, los matices más sutiles de los estados del alma. Ligados al romanticismo alemán y al prerrafaelismo inglés, los simbolistas se agruparon en torno de Verlaine y, sobre todo, Mallarmé. El simbolismo alcanzó al gran público con el teatro de Maeterlinck y alcanzó dimensión internacional con los poetas belgas (G. Rodenbach, V. Verhaeren), ingleses (O. Wilde), alemanes (S. George, Max Klinger), rusos (Balmont), hispanoamericanos (R. Darío), daneses (G. Brandes).

B. ART. Entre los principales representantes del simbolismo en artes plásticas se hallan: en Inglaterra, G. F. Watts, Burne-Jones; en Francia, G. Moreau, Puvis de Chavannes, O. Redon, P. Gauguin; en Bélgica, F. Khnopff, Ensor, W. Degouve; en Holanda, J. Toorop; en los países germánicos, Böcklin, Hodler, G. Klimt; en Italia, Segantini, A. Martini.

SIMBOLISTA adj. y s.m. y f. Relativo al simbolismo; adscrito al simbolismo.

SIMBOLIZACIÓN s.f. Acción y efecto de simbolizar.

SIMBOLIZAR v.tr. [7]. Servir una cosa como símbolo de otra: *la paloma simboliza la paz*.

SÍMBOLO s.m. (lat. *symbolum*, señal para reconocerse). Signo figurativo, ser animado o inanimado, que representa algo abstracto, que es la imagen de una cosa: *la balanza es el símbolo de la justicia*. **2.** Todo signo convencional que indica una abreviatura. **3.** Signo figurativo de una magnitud, de un número, de una operación o de cualquier entidad matemática o lógica. **4.** QUÍM. Letra o grupo de letras adoptadas para designar un elemento. **5.** REL. **a.** Formulario de los principales artículos de fe de una religión. **b.** Profesión de fe cristiana. ◇ **Símbolo de la fe, o de los apóstoles** Credo.

SIMBOLOGÍA s.f. Estudio de los símbolos. **2.** Simbolismo.

SIMETRÍA s.f. (del gr. *symmetría*). Armonía resultante de ciertas posiciones de los elementos que constituyen un conjunto. **2.** *Fig.* Propiedad de las ecuaciones que describen un sistema físico de permanecer invariantes para un grupo de transformaciones. **3.** BIOL. Repetición de un órgano o de una parte orgánica de los seres vivos, en relación con una línea o un plano. **4.** MAT. **a.** Transformación que, a un punto M, hace corresponder un punto M' tal que el segmento MM' posee un punto fijo como centro (simetría con respecto a un punto), una recta o un eje fijos como mediatriz (simetría con respecto a una recta o un eje), o también un plano fijo como plano mediano (simetría con respecto a un plano). **b.** Propiedad de una figura que permanece invariante para esta transformación.

SIMÉTRICA s.f. Todo elemento simétrico de otro.

SIMÉTRICO, A adj. Relativo a la simetría. **2.** Que tiene simetría. **3.** Se dice de dos cosas semejantes y opuestas: *las dos mitades del rostro son simétricas*. **4.** Se dice de una cosa dos cosas respecto a la otra. ◇ **Función simétrica** Función de diversas variables que no se modifica si estas se permutan. **Relación simétrica** MAT. Relación que, si es cierta para *a* y *b*, tomadas en este orden, lo es también para *b* y *a* tomadas en este orden.

SIMIENTE s.f. (lat. *sementis*, siembra). Semilla. **2.** Semen.

SIMIESCO, A adj. Que se asemeja al simio o es propio de él.

SÍMIL s.m. (lat. *similis*, semejante). Comparación, expresión de la semejanza o de la igualdad entre dos cosas. **2.** Figura retórica que consiste en comparar dos términos de diferente categoría y naturaleza que guardan entre sí una semejanza metafórica.

SIMILAR adj. (fr. *similaire*). Semejante, parecido, análogo.

SIMILITUD s.f. (lat. *similitudo*). Semejanza, parecido, analogía.

SIMILIZADO s.m. INDUSTR. Tratamiento del algodón con un álcali, de modo que las fibras se vuelven más delgadas, duras y brillantes.

SIMILOR s.m. (fr. *similor*, del lat. *similis*, semejante, y el fr. *or*, oro). Aleación de cobre, estaño y cinc que imita el oro. SIN.: *crisocalco*.

SIMIO, A adj. y s.m. (lat. *simius*). Relativo a un suborden de primates, casi todos de vida arborícola, de rostro desnudo, y manos y pies prensiles, cuyos dedos terminan en uñas.

SIMÓN s.m. y adj. (de *coche de don Simón*, antiguo alquilador de coches madrileño). En Madrid, antiguo coche de caballos de alquiler y cochero que lo guiaba.

SIMONÍA s.f. (bajo lat. *simonia*, de *Simón* el Mago, personaje bíblico). REL. Acción de negociar con objetos sagrados, bienes espirituales o cargos eclesiásticos.

SIMONIACO, A o SIMONÍACO, A adj. Relativo a la simonía. ◆ adj. y s. Que comete simonía.

SIMPA s.f. Argent. y Perú. Trenza.

SIMPATECTOMÍA s.f. CIR. Ablación de ganglios o de filetes nerviosos del sistema simpático.

SIMPATÍA s.f. (gr. *sympátheia*, acto de sentir igual que otro). Sentimiento de inclinación afectiva hacia alguien o algo. **2.** Carácter de una persona que la hace atractiva y agradable. **3.** Participación en la alegría o dolor de otro. **4.** MED. Mecanismo de lesión de una estructura orgánica cuando la simétrica se halla afectada. ◇ **Explosión por simpatía** En deter-

■ EL SIMBOLISMO

Tanto en el ámbito artístico como poético, el simbolismo se puede considerar como la profundización del romanticismo. El intento de aprehender lo insondable de los estados de ánimo, de sacar a la luz lo inefable e incluso lo invisible, y en general de otorgar protagonismo a lo fantasmagórico frente a lo real, al sueño frente a lo cotidiano y de consagrar la idea en detrimento de la materia –todo lo cual aparecía ya en W. Blake o en C. D. Friedrich–, constituye el universo esencial de la creación simbolista.

Giovanni Segantini. *El amor en la fuente de la vida* (1896). La senda por la que avanzan los enamorados, escribió Segantini, «es estrecha y está flanqueada por rododendros [...]. Amor eterno, dicen los rododendros rojos, esperanza eterna, responden las alheñas siempre verdes. [...] Místico y receloso, un ángel extiende su gran ala sobre la fuente misteriosa de la vida [...]». (Galería de arte moderno, Milán.)

Pierre Puvis de Chavannes. *La esperanza* (h. 1872). Sobre un fondo de ruinas y muerte, de colinas salpicadas de cruces, el artista personifica la alegoría de la esperanza en la actitud de confianza, casi imperiosa, de una joven que sostiene un ramo verde. (Museo de Orsay, París.)

Fernand Khnopff. *La máscara blanca* (1907), lápiz de color. El carácter enigmático, silencioso y hierático de la imagen, como si se hallara fuera del tiempo, el reflejo de los ojos y de las perlas, y la discreción refinada de la paleta confieren a esta obra su gran fuerza expresiva. El pintor belga Khnopff, claramente influido por los prerrafaelistas, era también amigo de poetas como G. Rodenbach. (Galería de arte moderno, Venecia.)

Arnold Böcklin. *La isla de los muertos* (1885-1886). Conducida por un sombrío barquero, una figura humana revestida de la blancura de un sudario aproxima al misterio siniestro y grandioso del más allá. El pintor suizo ejecutó varias versiones de este mismo tema, de clara influencia romántica. (Museo de bellas artes, Leipzig.)

minados explosivos, la que puede producirse cuando tiene lugar otra a poca distancia.

SIMPÁTICO, A adj. Que inspira simpatía. ◆ adj. y s.m. ANAT. Se dice de uno de los dos sistemas nerviosos neurovegetativos que acelera el corazón, aumenta la tensión arterial, dilata los bronquios y ralentiza las contracciones del tubo digestivo. (Actúa antagónicamente al *parasimpático*). ◇ **Reacciones simpáticas** PATOL. Afecciones de localización diferente, pero tan ligadas entre sí que la aparición de una determina la aparición de la otra.

SIMPATICOLÍTICO, A adj. y s.m. Se dice de la sustancia que suprime los efectos de la excitación del sistema nervioso simpático.

SIMPATICOMIMÉTICO, A adj. y s.m. Se dice de la sustancia que reproduce los efectos provocados por el estímulo de los nervios simpáticos.

SIMPATIZANTE adj. y s.m. y f. Que simpatiza con un partido, doctrina, opinión, etc.

SIMPATIZAR v.intr. [7]. Sentir simpatía hacia alguien o algo.

SIMPATOBLASTOMA s.m. Tumor maligno cuyos elementos constitutivos son análogos a los de los esbozos embrionarios del sistema simpático.

SIMPLE adj. (lat. *simplus*). Se dice de un cuerpo formado por átomos idénticos: *el oro y el oxígeno son cuerpos simples*. **2.** Sencillo, poco complicado, sin refuerzos: *mecanismo simple*. **3.** Se dice de la palabra que no se compone de otras de la misma lengua. **4.** QUÍM. Se dice del enlace entre dos átomos formado por un par de electrones. (Se representa por el signo — situado entre los símbolos de los átomos.) **5.** ZOOL. Se dice de los órganos que no presentan ni apéndices, ni divisiones, ni accidentes importantes. ◆ adj. y s.m. y f. *Fig.* Cándido, apacible, incauto: *simple como un niño.* **2.** *Fig.* Falto de listeza, tonto: *simple de entendederas.* ◆ s.m. En tenis, ping-pong y bádminton, partido disputado por dos jugadores, uno contra otro. ◇ **Tiempos simples** Tiempos del verbo que se conjugan sin verbo auxiliar.

SIMPLEMENTE adv.m. Solamente; con solo lo que se expresa.

SIMPLEX s.m. MAT. Conjunto formado por las partes de un conjunto.

SIMPLEZA s.f. Cualidad de simple, ingenuo o tonto. **2.** Tontería, necedad: *decir simplezas.* **3.** *Fam.* Insignificancia, nimiedad: *pelearse por una simpleza.*

SIMPLICIDAD s.f. Cualidad de simple. **2.** Sencillez.

SIMPLIFICACIÓN s.f. Acción y efecto de simplificar.

SIMPLIFICAR v.tr. [1]. Hacer más sencillo o fácil: *simplificar un problema.* **2.** MAT. Convertir una expresión, ecuación, etc., en otra equivalente pero más breve y menos compleja.

SIMPLISMO s.m. Tendencia a simplificar excesivamente.

SIMPLISTA adj. y s.m. y f. Que es demasiado simple o que hace razonamientos excesivamente simples.

SIMPLÓN, NA adj. y s. Tonto; sencillo, ingenuo.

SIMPOSIO o **SIMPÓSIUM** s.m. (gr. *sympósion*, festín). Reunión, congreso científico.

SIMULACIÓN s.f. Acción de simular. **2.** Representación del comportamiento de un proceso por medio de un modelo material cuyos parámetros y cuyas variables son la reproducción de los del proceso estudiado.

SIMULACRO s.m. (lat. *simulacrum*). Acción por la que se finge realizar una cosa: *simulacro de combate.*

SIMULADOR, RA adj. y s. Que simula. ◆ s.m. Aparato capaz de reproducir el comportamiento de otro cuyo funcionamiento se quiere estudiar o cuya utilización se quiere enseñar, o bien de un cuerpo cuya evolución se desea seguir. **2.** INFORMÁT. Programa realizado para representar el funcionamiento de una máquina, de un sistema o de un fenómeno antes de su conmutación real.

SIMULAR v.tr. (lat. *simulare*). Hacer aparecer como real algo que no lo es: *simular un combate.* **2.** Utilizar una computadora para el

estudio de la evolución de un fenómeno físico, económico, etc., del cual se ha procedido previamente a su modelización.

SIMULTANEAR v.tr. Realizar dos o más cosas al mismo tiempo.

SIMULTANEIDAD s.f. Cualidad de simultáneo.

SIMULTÁNEO, A adj. (lat. *simultaneus*, de *simul*, al mismo tiempo). Que se hace u ocurre al mismo tiempo que otra cosa.

SIMÚN s.m. (fr. *simoun*, del ár. *samûm*, viento del desierto). Viento cálido, seco y brusco del desierto.

SIN prep. (lat. *sine*). Denota privación o carencia: *estar sin trabajo.* **2.** Con un infinitivo, expresa la negación de un hecho simultáneo o anterior al del verbo principal: *me fui sin comer.* **3.** Además de: *la obra costó 600 euros, sin el material.*

SINAGOGA s.f. (lat. *synagoga*, del gr. *synagogê*, reunión, lugar de reunión). Casa de reunión y de oración de las comunidades judías. **2.** Asamblea de los fieles bajo la antigua ley judía.

SINALAGMÁTICO, A adj. (del gr. *synállagma*, contrato). Se dice del contrato que produce obligaciones recíprocas.

SINALEFA s.f. (gr. *synaloepha*, de *snaleíphein*, confundir, mezclar). Fusión de la vocal o vocales finales de una palabra con la vocal o vocales iniciales de la palabra siguiente.

SINALGIA s.f. Dolor que se siente en un punto lejano al de la lesión que lo produce.

SINANTÉREO, A adj. BOT. Que tiene las anteras concrescentes, unidas íntimamente en un solo cuerpo.

SINANTROPO s.m. Tipo de arcantropo encontrado cerca de Pekín (China).

SINAPISMO s.m. Medicamento a base de polvo de mostaza.

SINAPIZADO, A adj. MED. Elaborado con polvo de mostaza.

SINAPSIS s.f. NEUROL. Región de contacto entre dos neuronas.

SINÁPTICO, A adj. Relativo a la sinapsis.

SINARQUIA s.f. Gobierno ejercido por varios príncipes, cada uno de los cuales administra una parte del Estado.

SINARQUISMO s.m. Movimiento político derechista mexicano, fundado en León (1937), que surgió como respuesta al gobierno de Lázaro Cárdenas (1934-1940).

SINARTROSIS s.f. ANAT. Articulación fija entre dos huesos.

SINCERARSE v.prnl. (lat. *sincerare*, volver puro). Explicar alguna cosa de la que uno se cree culpable, o supone que otros la creen: *se sinceró conmigo.*

SINCERIDAD s.f. Cualidad de sincero, franqueza.

SINCERO, A adj. (lat. *sincerus*, intacto, natural, sincero). Que se expresa o actúa tal como piensa o siente, libre de fingimientos: *respuesta sincera.*

SINCINESIA s.f. Trastorno de la motilidad, en que la persona afecta, al realizar un movimiento, realiza obligatoriamente otros con la extremidad simétrica.

SINCIPITAL adj. Relativo al sincipucio.

SINCIPUCIO s.m. ANAT. Parte superior y anterior de la cabeza.

SINCITIO s.m. Masa de citoplasma que comprende varios núcleos.

SINCLINAL adj. y s.m. GEOL. Se dice de la parte deprimida de un pliegue simple.

SÍNCOPA s.f. (lat. *syncopa* o *syncope*, pérdida de una sílaba, desmayo). Supresión de un fonema o grupo de fonemas en el interior de una palabra. **2.** MÚS. Elemento rítmico que consiste en un sonido articulado sobre un tiempo débil y prolongado sobre el tiempo fuerte siguiente, o en un sonido articulado sobre la parte débil de un tiempo y prolongado sobre la parte fuerte siguiente.

SINCOPADO, A adj. Se dice de la nota musical que forma síncopa, o del ritmo o canto que tiene notas sincopadas.

SINCOPAL adj. Relativo al estado de síncope.

SINCOPAR v.tr. Suprimir un fonema en el in-

terior de una palabra. **2.** *Fig.* Abreviar. **3.** MÚS. Unir por medio de una síncopa.

SÍNCOPE s.m. (lat. *syncopa* o *syncope*, pérdida de una sílaba, desmayo). Pérdida momentánea de la sensibilidad y del movimiento, debida a una parada repentina y momentánea de la actividad del corazón o a una parada respiratoria.

SINCRÉTICO, A adj. Relativo al sincretismo.

SINCRETISMO s.m. (gr. *sygkritismós*, coalición de los adversarios contra un tercero). ANTROP. Fusión de diversos sistemas religiosos o de prácticas religiosas pertenecientes a diversas culturas. **2.** LING. Fenómeno por el que una forma desempeña distintas funciones gramaticales.

SINCRETISTA adj. y s.m. y f. Relativo al sincretismo; partidario del sincretismo.

SINCROCICLOTRÓN s.m. Acelerador de partículas, análogo al ciclotrón, en el cual se encuentra restablecido el sincronismo entre la frecuencia del campo acelerador y la frecuencia de rotación de las partículas.

SINCRONÍA s.f. Circunstancia de coincidir hechos o fenómenos en el tiempo SIN · *sincronismo.* **2.** LING. Carácter de los fenómenos lingüísticos observados en un estadio de lengua dado, independientemente de su evolución en el tiempo.

SINCRÓNICO, A adj. Que ocurre o se verifica al mismo tiempo. **2.** Se dice de los movimientos que se realizan al mismo tiempo. **3.** Se dice de una máquina eléctrica cuya velocidad angular es siempre igual a la pulsación de la corriente alterna que recibe o que genera, o bien es un submúltiplo o un múltiplo entero de esta pulsación. **4.** LING. Relativo a la sincronía.

SINCRONISMO s.m. (gr. *synkhronismós*). Sincronía.

SINCRONIZACIÓN s.f. Acción y efecto de sincronizar. **2.** CIN. **a.** Coincidencia de la imagen con el sonido. **b.** Coincidencia de los dos engranajes antes de que entren en contacto.

SINCRONIZADA s.f. Méx. Guiso consistente en dos tortillas de maíz o de trigo con una rebanada de jamón y otra de queso entre ambas.

SINCRONIZADOR s.m. TECNOL. Dispositivo o aparato que permite llevar al mismo régimen dos engranajes antes de que entren en contacto.

SINCRONIZAR v.tr. [7]. Hacer que dos o más cosas o fenómenos sean sincrónicos: *sincronizar dos movimientos; sincronizar varios emisores.*

SINCROTRÓN s.m. Acelerador de partículas de gran potencia, que puede ser considerado como una síntesis del ciclotrón y el betatrón. ◇ **Radiación sincrotrón** Radiación electromagnética emitida por electrones relativistas que se desplazan en un campo magnético.

SINDACTILIA s.f. MED. Adherencia de los dedos.

SINDÁCTILO, A adj. y s.m. Que presenta sindactilia.

SINDÉRESIS s.f. (gr. *syntéresis*). Buen juicio, aptitud para juzgar rectamente y con acierto.

SINDICACIÓN s.f. Acción y efecto de sindicar o sindicarse.

SINDICAL adj. Relativo al sindicato. **2.** Relativo al síndico.

SINDICALISMO s.m. Movimiento organizado en sindicatos que tiene por objeto definir, defender y hacer triunfar las reivindicaciones económicas, políticas y sociales de sus miembros. **2.** Doctrina según la cual los problemas sociales deben resolverse fundamentalmente a través de la acción de los sindicatos.

ENCICL. Las principales corrientes del sindicalismo han sido las influidas por el socialismo, el anarquismo y el comunismo. Nacido con las primeras manifestaciones de la revolución industrial, su desarrollo ha estado marcado por el enfrentamiento entre las tesis de Marx y Bakunin. En Gran Bretaña alcanzó gran difusión, especialmente con las trade-unions (desde 1860); en Francia, hacia 1863 surgieron las cámaras sindicales obreras. La intensificación de los contactos francobritánicos llevó a la creación de la Asociación internacional de trabajadores (AIT). En Rusia, desde 1883 nacieron organizaciones socialdemócratas y sindicales; en Alemania, Austria y Hungría, a partir de 1890, los sindicatos socialistas tendieron a la unificación; en España, en 1870 se celebró en Barcelona el I congreso obrero español y se fundó la federación regional española de la AIT (anarquista), y en 1888 se fundó la Unión general de trabajadores, UGT (marxista); en EUA se constituyó en 1904 la Industrial workers of the world; y en América Latina el movimiento se extendió a fines del s. XIX, al tiempo que se producía una división entre anarquistas y socialistas. La primera conferencia sindical internacional tuvo lugar en 1901, de la que surgió en 1913 la Federación sindical internacional (FSI). En 1922 se formó una central anarcosindicalista, con el viejo nombre de la AIT, gracias al esfuerzo español (Confederación nacional del trabajo, CNT), en la que estuvo bien representado el sindicalismo hispanoamericano (Argentina, Uruguay, México, etc.). Tras la crisis de 1929, se crearon importantes centrales en Brasil, Argentina, Chile, México, Cuba, etc., y en 1938 se creó la Confederación de trabajadores de América Latina, con el apoyo comunista. En 1945 se organizó el que ha sido el principal centro del sindicalismo internacional: la Federación sindical mundial (FSM), a la que se incorporó el Congress of industrial organizations de EUA y en cuyo primer congreso estaban representados 70 millones de trabajadores. Existe también un sindicalismo cristiano, agrupado, desde 1920, en torno a la Confederación internacional de sindicatos cristianos (CISC; desde 1968, Confederación mundial del trabajo).

SINDICALISTA adj. y s.m. y f. Relativo al sindicalismo; militante de un sindicato.

SINDICAR v.tr. y prnl. [1]. Agrupar en un sindicato. ◆ **sindicarse** v.prnl. Afiliarse a un sindicato.

SINDICATO s.m. Agrupación formada para la defensa de intereses profesionales comunes: *sindicato obrero*. ◇ **Sindicato vertical** Sindicato mixto que en España agrupaba a todos los elementos de un determinado servicio o ramo de la producción, ordenado jerárquicamente bajo la dirección del estado. (Fue suprimido en 1977.)

SÍNDICO s.m. (lat. *syndicus*, abogado, del gr. *sýndikos*, defensor). Persona encargada, en un concurso de acreedores o en una quiebra, de liquidar el activo y pasivo del concursado o quebrado, para satisfacer en lo posible los créditos contra él. **2.** En el Antiguo régimen, persona encargada de representar a una comunidad de habitantes.

SÍNDROME s.m. Conjunto de síntomas que caracterizan una enfermedad o una afección. **2.** Conjunto de fenómenos que caracterizan una situación determinada. ◇ **Síndrome de Estocolmo** Aceptación progresiva por la persona secuestrada de las ideas y puntos de vista del secuestrador.

SINÉCDOQUE s.f. (lat. *synecdoche*, del gr. *synekdokhí*). Tropo de dicción que consiste en designar un objeto por alguna de sus partes (*cabeza* por *hombre*), una pluralidad por el singular (*el hombre es mortal* por *los hombres son mortales*), el género por la especie (*los mortales* por *los hombres*), etc., y viceversa.

SINECISMO s.m. ANT. GR. Reunión de varias aldeas rurales alrededor de un centro urbano, origen de la ciudad griega, o *polis*.

SINECURA s.f. (del lat. *sine cura*, sin cuidados). Cargo o empleo retribuido que ocasiona poco o ningún trabajo.

SINE DÍE loc. (voces latinas). DER. Sin fijar día.

SINE QUA NON loc. (voces latinas, *sin lo cual no*). Se dice de una condición indispensable, necesaria.

SINEQUIA s.f. MED. Adherencia patológica entre dos superficies.

SINÉRESIS s.f. (gr. *synairesis*, contracción). Licencia poética que consiste en la fusión de dos vocales continuas en una sola sílaba. **2.** QUÍM. Separación del líquido de un gel.

SINERGIA s.f. Acción combinada de diversas acciones tendentes a lograr un efecto único con economía de medios: *sinergias empresa-*

---

riales. **2.** FISIOL. Asociación de varios órganos para realizar una función.

SINÉRGICO, A adj. Relativo a la sinergia.

SINÉRGIDA s.f. Célula vegetal afín a la oosfera que, muy excepcionalmente, puede ser fecundada.

SINESTESIA s.f. FISIOL. Sensación secundaria que se produce en una parte del cuerpo a consecuencia de un estímulo aplicado en otra. **2.** PSICOL. Sensación subjetiva, propia de un sentido, determinada por otra sensación que afecta a un sentido diferente.

SINFÍN s.m. Infinidad, sinnúmero.

SÍNFISIS s.f. ANAT. Articulación poco móvil, formada por tejido conjuntivo elástico. **2.** PATOL. Adherencia anormal entre dos hojas serosas.

SINFISITIS s.f. Inflamación de la sínfisis pubiana.

SINFONÍA s.f. (gr. *synphonía*). Composición musical para orquesta, de tres a cuatro movimientos de notable extensión, de los cuales el primero por lo menos toma la forma de sonata. **2.** *Fig.* Conjunto armonioso de elementos que conjugan a la perfección: *una sinfonía de colores.*

SINFÓNICO, A adj. Relativo a la sinfonía. ◆ adj. y s.f. Se dice de algunas sociedades musicales y de conciertos.

SINFONISTA adj. y s.m. y f. Se dice de la persona que compone o ejecuta sinfonías.

SINGLADURA s.f. Distancia recorrida por una nave en un día. **2.** Intervalo de veinticuatro horas, que empieza generalmente a contarse desde mediodía. **3.** *Fig.* Rumbo, dirección.

SINGLAR v.intr. (fr. *cingler*). MAR. Navegar con rumbo determinado.

SINGLE s.m. (voz inglesa). Disco grabado de 45 r.p.m., con un diámetro de 17 cm, y que reproduce en cada una cara una sola pieza musical.

SINGLETÓN s.m. MAT. Conjunto que solo posee un elemento.

SINGSPIEL s.m. (voz alemana). Obra teatral alemana en la que alternan el recitado y el canto, de carácter ligero y popular.

SINGULAR adj. (lat. *singularis*). Único, solo. **2.** Extraordinario, raro o excelente. ◆ adj. y s.m. LING. Se dice de la categoría gramatical del número que señala una sola persona, una sola cosa o un solo conjunto de personas o de cosas. CONTR.: *plural.* ◇ **En singular** Particular o especialmente.

SINGULARIDAD s.f. Cualidad de singular: *la singularidad de un suceso.* **2.** Característica, particularidad: *es admirado por sus singularidades.* **3.** LING. Rasgo distintivo de la categoría del número que indica la representación de una única entidad aislable.

SINGULARIZAR v.tr. [7]. Hacer que una cosa se distinga entre otras. **2.** Referirse a alguien o algo en particular. ◆ **singularizarse** v.prnl. Distinguirse por alguna particularidad o apartarse de lo común: *singularizarse por su inteligencia.*

SINIESTRA s.f. Mano izquierda. **2.** HERÁLD. Lado izquierdo del escudo.

SINIESTRABILIDAD s.f. Siniestralidad.

SINIESTRADO, A adj. Que ha sufrido un siniestro.

SINIESTRALIDAD s.f. Frecuencia o índice de siniestros. SIN.: *siniestrabilidad.*

SINIESTRO, A adj. (lat. *sinister, -tra, -trum*). Izquierdo: *mano siniestra.* **2.** *Fig.* Malintencionado, perverso: *ideas siniestras.* **3.** *Fig.* Infausto, funesto, desgraciado: *año siniestro.* ◆ adj. y s. Esp. Se aplica a la corriente musical, surgida del punk a finales de la década de 1970, cuyos seguidores siguen una estética sombría (ropa negra, maquillaje que resalta la palidez del rostro, etc.), tienen una actitud vital tendente a la melancolía y la depresión, y gustan de lo macabro y tenebroso. SIN.: *gótico; oscuro.* ◆ s.m. Suceso catastrófico que lleva aparejadas pérdidas materiales y humanas. **2.** Hecho que causa daños a uno mismo o a terceros y que origina la intervención de un asegurador.

SINISTROSIS s.f. Estado mental patológico que reside en una idea delirante de perjuicio corporal.

SINNÚMERO s.m. Número incalculable.

---

1. SINO conj.advers. (del lat. *si non*). Contrapone a un concepto afirmativo otro negativo: *no lo hizo Juan sino Pedro.* **2.** Denota idea de excepción: *nadie lo sabe sino tú.* **3.** Precedido de negación equivale a *solamente* o *tan solo*: *no te pido sino que me oigas.* **4.** Precedido del adv. *no solo*, denota adición de otro u otros miembros de la cláusula: *merece ser estimado no solo por entendido sino por afable.*

2. SINO s.m. (del lat. *signum*, señal). Destino, hado determinado por el influjo de los astros.

SINODAL adj. Relativo al sínodo.

SINÓDICO, A adj. Relativo al sínodo. ◇ **Revolución sinódica** Tiempo que tarda un planeta en volver a estar en conjunción con el Sol.

SÍNODO s.m. (lat. *synodus*, del gr. *sýnodos*). En la Iglesia católica, asamblea de eclesiásticos convocada para tratar de asuntos de una diócesis o de la Iglesia universal. **2.** En la Iglesia reformada, asamblea de delegados (pastores o laicos) de los consistorios parroquiales o regionales. ◇ **Santo sínodo** Consejo supremo de la Iglesia rusa de 1721 a 1917, que remplazó al patriarcado suprimido por Pedro el Grande.

SINOLOGÍA s.f. Ciencia de la historia, de la lengua y de la civilización de China.

SINONIMIA s.f. Circunstancia de ser sinónimas dos o más palabras. **2.** Circunstancia de existir sinónimos.

SINONÍMICO, A adj. Relativo a la sinonimia o a los sinónimos.

SINÓNIMO, A adj. y s.m. (gr. *synónymos*, del gr. *synúnymos*). Se dice de las palabras que tienen un significado equivalente.

SINOPLE o **SÍNOPLE** s.m. (fr. *sinople*). HERÁLD. Color verde.

SINOPSIS s.f. Compendio o resumen de una ciencia, un tratado u otra cosa.

SINÓPTICO, A adj. Que ofrece una visión general: *cuadro sinóptico.* **2.** Que puede ser abarcado de una vez con la vista. ◆ **sinópticos** adj. y s.m.pl. Se dice de los Evangelios de san Mateo, san Marcos y san Lucas, los cuales presentan grandes semejanzas entre sí.

SINOSTOSIS s.f. MED. Unión de los huesos por soldadura.

SINOVECTOMÍA s.f. Ablación quirúrgica de la membrana sinovial.

SINOVIA s.f. (lat. moderno *synovia*). Líquido transparente y viscoso que lubrica las articulaciones.

SINOVIAL adj. Relativo a la sinovia. ◆ s.f. y adj. Serosa que segrega la sinovia: *bolsa, membrana sinovial.*

SINOVITIS s.f. Inflamación de una membrana sinovial.

SINRAZÓN s.f. Acción injusta cometida con abuso de poder.

SINSABOR s.m. Disgusto, pesar.

SINSENTIDO s.m. Cosa ilógica y absurda.

SINSONTE s.m. (náhuatl *centzuntli*, que tiene cuatrocientas voces). Ave paseriforme, parecida al mirlo, que vive en América.

SÍNSORAS s.f.pl. P. Rico. Lugar lejano.

SINSUSTANCIA s.m. y f. *Fam.* Persona insustancial, necia.

SINTÁCTICO, A adj. Relativo a la sintaxis.

SINTAGMA s.m. LING. Unidad sintáctica elemental de una frase.

SINTAGMÁTICO, A adj. LING. **a.** Relativo al sintagma. **b.** Se dice de las relaciones que se establecen entre las unidades de la oración.

SINTAXIS s.f. (gr. *sýntakhis*, disposición conjunta). Parte de la gramática que estudia la estructura de la oración. **2.** Modo de ordenarse o enlazarse las palabras en una oración.

SINTERIZAR v.tr. [7]. Realizar objetos sólidos mediante el prensado de la mezcla de polvos metálicos y materias plásticas no fusibles.

SÍNTESIS s.f. (gr. *sýnthesis*). Reunión de elementos en un todo. **2.** Resumen, compendio. **3.** Método de demostración que procede de los principios a las consecuencias, de las causas a los efectos: *la síntesis es la operación inversa del análisis.* **4.** Exposición de conjunto, apreciación global. **5.** QUÍM. Formación artificial de un cuerpo compuesto a partir de sus elementos. ◇ **Síntesis aditiva** Principio de mezcla de los colores, observable por proyección sobre una pantalla de manchas, no coincidentes en parte, de luces roja, verde y azul. **Síntesis del habla** Conjunto de técnicas que permiten a una computadora producir sonidos reconocibles como palabras por el usuario. **Síntesis sustractiva** Principio de mezcla de los colores observable superponiendo, en una posición en parte no coincidente y delante de un foco de luz blanca, filtros coloreados de amarillo, magenta y azul verdoso (cyan).

SINTETASA s.f. BIOL. Ligasa.

SINTÉTICO, A adj. Relativo a la síntesis: *método sintético.* **2.** Que resume o sintetiza. **3.** Obtenido por síntesis: *caucho sintético.*

SINTETISMO s.m. Tendencia pictórica francesa fundada en el uso de zonas de color aisladas y de contornos rigurosamente delimitados.

SINTETIZADOR, RA adj. Que sintetiza. ◆ s.m. Órgano electrónico utilizado en estudios de composición musical, capaz de producir un sonido a partir de sus constituyentes (frecuencias, intensidades, duraciones).

■ SINTETIZADOR

SINTETIZAR v.tr. [7]. Reducir a síntesis; realizar una síntesis: *sintetizar una lección, sintetizar los hechos.* **2.** QUÍM. Fabricar o preparar por síntesis.

SINTOÍSMO o **SINTO** s.m. (del jap. *shintō*, el camino de los dioses). Religión nacional de Japón, anterior a la introducción del budismo, que rinde culto a los antepasados.
ENCICL. Aunque el sintoísmo nació como un conjunto de creencias y ritos de carácter animista, desde el s. XIV se convirtió en un movimiento nacionalista. En 1868, el gobierno de Meiji lo convirtió en una especie de religión de estado, caracterizado por la adoración al emperador Dios y la afirmación de la grandeza de la raza japonesa. Separado oficialmente del estado, tras el desastre de 1945, el sintoísmo volvió a sus creencias tradicionales y sigue ejerciendo una gran influencia en Japón.

SINTOÍSTA adj. y s.m. y f. Relativo al sintoísmo; que profesa esta religión.

SÍNTOMA s.m. (lat. tardío *symptoma*, del gr. *s"mptuma*, coincidencia, síntoma). Fenómeno que revela un trastorno funcional o una lesión. **2.** Señal, indicio.

SINTOMÁTICO, A adj. Relativo a los síntomas de una enfermedad. **2.** *Fig.* Que constituye un síntoma o indicio: *incidente sintomático.* ◇ **Terapéutica sintomática** Tratamiento que combate los síntomas sin atacar la causa, por oposición al tratamiento fundado en la etiología.

SINTOMATOLOGÍA s.f. Estudio de los síntomas de las enfermedades. SIN.: *semiología.*

SINTONÍA s.f. Fragmento musical que sirve para distinguir el comienzo o el final de un programa de radio o televisión y lo identifica entre varios. **2.** Concordancia o relación de acuerdo entre dos partes. **3.** FÍS. Concordancia en resonancia de diversos circuitos eléctricos que oscilan en una misma frecuencia.

SINTONIZACIÓN s.f. Acción de sintonizar. **2.** Relación de sintonía o concordancia.

SINTONIZADOR, RA adj. Que sintoniza. ◆ s.m. Amplificador sintonizado de alta frecuencia en un receptor de radio o de televisión. **2.** Parte del radiorreceptor que posee los elementos resonantes de sintonía.

SINTONIZAR v.tr. [7]. Captar una emisora de

radio o un canal de televisión regulando el circuito oscilante de un radiorreceptor para que su frecuencia propia coincida con la de la emisora o canal. **2.** *Fig.* Adaptarse a las características de una persona, de un medio, etc.

SINUOSIDAD s.f. Cualidad de sinuoso. **2.** Concavidad, parte sinuosa de algo.

SINUOSO, A adj. (lat. *sinuosus*). Que tiene ondulaciones o recodos: *un camino sinuoso.* **2.** *Fig.* Que oculta o disimula un propósito o una intención: *actuar de forma sinuosa.*

SINUSAL adj. Relativo al seno del corazón, o a un seno.

SINUSITIS s.f. (del lat. *sinus*, seno). Inflamación de los senos óseos de la cara.

SINUSOIDAL adj. Se dice de un fenómeno periódico cuya representación en función del tiempo es una sinusoide. **2.** MAT. Que tiene el aspecto, la forma o la variación de una sinusoide.

SINUSOIDE s.f. MAT. Curva plana que representa las variaciones del seno cuando el arco varía.

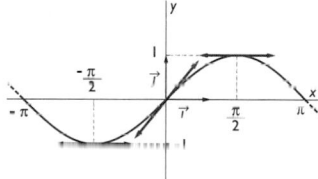

■ **SINUSOIDE.** Representación gráfica de la función $x \rightarrow$ sen x.

SINVERGÜENCERÍA s.f. *Fam.* Desfachatez, falta de vergüenza.

SINVERGÜENZA adj. y s.m. y f. Que comete actos reprochables o ilegales en provecho propio. **2.** Desvergonzado, granuja, tunante.

SIONISMO s.m. (de *Sión*, colina de Jerusalén). Doctrina y movimiento que tuvo por objeto el establecimiento de judíos en una comunidad nacional autónoma o independiente en Palestina.
ENCICL. El sionismo, que durante mucho tiempo se expresó en forma de corriente mística, se abordó en el s. XIX desde la perspectiva de una política de nacionalidad. Recibió su consagración doctrinal con Theodor Herzl y su libro *El Estado judío* (1896). En 1901 se creó el fondo nacional judío para el rescate de las tierras de Palestina. La inmigración judía creció después de la declaración de Balfour (1917), favorable a la creación de una nación judía en Palestina, pero esta fue limitada por Gran Bretaña entre las dos guerras mundiales, con afán de mantener bajo control las susceptibilidades árabes. Después de la segunda guerra mundial y el holocausto de los judíos europeos, la ONU adoptó un plan de división de Palestina. El Estado de Israel se creó en 1948.

SIONISTA adj. y s.m. y f. Relativo al sionismo; partidario de este movimiento.

SIOUX → **SIUX**.

SIQUIERA conj. Equivale a *bien que, aunque: ayúdame, siquiera por última vez.* **2.** Equivale a *o, ya* u otra semejante: *siquiera venga, siquiera no venga.* ◆ adv. Por lo menos, tan solo: *déme usted media paga siquiera.*

SIR s.m. (voz inglesa). Tratamiento honorífico empleado por los británicos.

SIRE s.m. (voz francesa). Título que se daba a los reyes en algunos países.

SIRENA s.f. (del lat. *siren, -enis*). Divinidad del mar que tiene la mitad superior del cuerpo en forma de mujer y la inferior en forma de pájaro o pez. (La iconografía medieval la representó con busto de mujer y cola de pez.) **2.** Dispositivo que emite un sonido intenso y continuo para avisar de algo; también sonido que produce: *la sirena de una ambulancia; la sirena de alarma.*

SIRENIO, A adj. y s.m. Relativo a un orden de

mamíferos herbívoros marinos y fluviales, dotados de aletas, como el manatí y el dugón.

SÍRFIDO, A adj. y s.m. Relativo a una familia de insectos dípteros, que viven sobre las flores.

SIRGA s.f. Maroma que sirve para tirar las redes, llevar las embarcaciones desde tierra, principalmente en la navegación fluvial, y para otros usos. ◇ **Camino de sirga** Camino destinado a la sirga a lo largo de un curso de agua.

SIRGAR v.tr. [2]. Remolcar un barco desde tierra con la ayuda de una sirga.

SIRÍACO, A adj. y s.m. Se dice de la lengua semítica derivada del arameo, que se ha conservado como lengua literaria y litúrgica de ciertas Iglesias orientales.

SIRIMIRI s.m. Lluvia muy fina, persistente y penetrante.

SIRINGA s.f. Flauta de Pan.

SIRINGE s.f. Órgano de fonación de las aves, situado en la bifurcación de los bronquios.

SIRINGOMIELIA s.f. Enfermedad del sistema nervioso central en la que la destrucción de la sustancia gris de la médula espinal acarrea la pérdida de la sensibilidad al dolor y a la temperatura.

SIRIO, A adj. y s. De Siria. ◆ s.m. Variedad del árabe hablada en Siria.

SIRIONÓ, pueblo amerindio del E de Bolivia, del grupo tupí-guaraní.

SIRIPITA s.f. Bol. Grillo. **2.** Bol. *Fig.* Persona entrometida y pequeña.

SIRIRÍ s.m. Argent. Yaguasa, nombre de diversos patos. ■ Argent. Nombre vulgar de diversos pájaros como el benteveo.

SIRKA s.f. Semilla del ají, empleada como condimento en diversos países de América del Sur.

SIRLE s.m. Deyección del ganado lanar y cabrío.

SIRLÍ s.m. Ave paseriforme de alas muy desarrolladas, que vive en las zonas desérticas de África central y septentrional.

SIROCO s.m. (ital. *sirocco*). Viento muy seco y cálido que sopla desde el Sahara hacia el litoral, cuando reinan bajas presiones en el Mediterráneo.

SIROPE s.m. (bajo lat. *siruppus*). Concentrado de azúcar o de jugo de fruta que se usa para endulzar bebidas refrescantes.

SIRTAKI s.m. Danza de origen griego, que se baila con las manos enlazadas.

SIRTE s.f. (lat. *syrtis*). Bajo de arena en el fondo del mar.

SIRVENTÉS s.m. (voz provenzal). Género poético provenzal de los ss. XII y XIII, que trata de la actualidad, en especial política, de una manera polémica y satírica.

SIRVIENTE, A s. Persona dedicada al servicio doméstico.

SISA s.f. (fr. ant. *assise*, antiguo tributo). Corte hecho en la tela de las prendas de vestir para que ajusten al cuerpo, especialmente la escotadura donde debe asentarse la manga. **2.** Esp. Parte que se hurta de lo que se maneja por cuenta de otro, especialmente en cosas menudas.

SISAL s.m. Planta amarilidácea, de cuyas hojas se extraen unas fibras utilizadas en la fabricación de sacos y cuerdas. **2.** Fibra que se utiliza en la fabricación de sacos, cordelería, etc.

SISAR v.tr. Hacer sisas en las prendas de vestir. **2.** Ecuad. Pegar, principalmente pedazos de loza y cristal. **3.** Esp. Hurtar o sustraer, generalmente en pequeñas cantidades.

SISEAR v.intr. y tr. Emitir repetidamente el sonido inarticulado de s y ch, para llamar a alguien o para mostrar desagrado.

SISEO s.m. Acción y efecto de sisear.

SISMICIDAD s.f. Actividad o frecuencia sísmica.

SÍSMICO, A adj. (del gr. *seismós*, temblor de tierra). Relativo a los sismos. ◇ **Prospección sísmica** Método de prospección fundado en la propiedad que tienen las ondas sonoras, provocadas por una explosión en las proximidades de la superficie del suelo, de experimentar refracciones y reflexiones en las superficies de contacto de capas geológicas, que tienen velocidades de transmisión diferentes, según unas leyes análogas a las de la óptica. **Reflexión sísmica** Método de estudio de la estructura interna de la tierra, fundado en el registro de las ondas sísmicas, provocadas por una fuente artificial (explosivo, generador de vibraciones, etc.), después de su reflexión en el suelo. **Refracción sísmica** Método de estudio de la estructura interna de la tierra, fundado en el registro de las ondas sísmicas provocadas por una fuente artificial después de que hayan recorrido un trayecto suficientemente largo en proyección horizontal por el subsuelo.

SISMO o **SEÍSMO** s.m. Sacudida más o menos violenta de la corteza terrestre, que se produce siempre a una cierta profundidad partiendo de un epicentro. SIN.: *terremoto.*

ENCICL. Los sismos se producen por una ruptura del equilibrio mecánico de la corteza terrestre a distintas profundidades. El origen de la perturbación (foco o hipocentro) puede estar situado en una zona de fricción entre placas (como a lo largo de la falla de San Andrés, en California) o en una zona todavía más profunda (penetración de una placa en el manto

formando un ángulo de unos 45 °). Los instantes de llegada de las ondas sísmicas a los distintos observatorios permiten determinar el epicentro del sismo (lugar de la superficie situado sobre el foco). El estudio de la distribución de los epicentros permite realizar mapas de sismicidad.

SISMÓGRAFO s.m. Aparato muy sensible destinado a registrar la hora, duración y amplitud de los sismos.

SISMOGRAMA s.m. Gráfico confeccionado por un sismógrafo.

SISMOLOGÍA s.f. Ciencia y tratado de los sismos.

SISMOMETRÍA s.f. Conjunto de las técnicas de registro de las ondas sísmicas.

SISÓN s.m. (del cat. *sisó*). Ave muy rápida en la carrera y en el vuelo, que vive en pequeñas bandadas en los pastizales y cultivos de Europa. (Familia otídidos.)

SISONNE o **SISSONNE** s.m. COREOGR. Salto que se efectúa después de una flexión (plié) y un impulso de los dos pies, seguido de una caída sobre uno de ellos.

SISTEMA s.m. (lat. tardío *systema,* del gr. *systima,* conjunto). Conjunto ordenado de ideas científicas o filosóficas. **2.** Conjunto ordenado de normas y procedimientos acerca de determinada materia: *sistema de ventas; sistema educativo.* **3.** Conjunto de elementos interrelacionados, entre los que existe cierta cohesión y unidad de propósito. **4.** Conjunto de diversos órganos de idéntica naturaleza. **5.** Medio, método o procedimiento empleado para realizar algo. **6.** Procedimiento ordenado para hacer algo. **7.** Conjunto de aparatos, conductores, instalaciones, etc., que intervienen en el transporte y distribución de energía eléctrica. **8.** Conjunto de términos definidos por las relaciones que existen entre ellos: *sistema lingüístico.* **9.** Modo de gobierno, de administración o de organización social: *sistema feudal.* **10.** HIST. NAT. Método de clasificación basado en el empleo de un solo carácter o de un pequeño número de ellos. <> **Sistema de ecuaciones** Conjunto de dos o más ecuaciones que relacionan simultáneamente diversas incógnitas. **Sistema de referencia** MAT. Sistema de elementos que sirven para fijar la posición de un elemento variable. **Sistema experto** Sistema informático capaz de resolver problemas por deducción y de mostrar el método empleado en la resolución, partiendo de una base de conocimiento y de un sistema de deducción. **Sistema informático** Conjunto del hardware y el software que controlan y gestionan un proceso informático. **Sistema internacional de unidades** (SI) Sistema métrico decimal de medidas de siete unidades básicas (metro, kilogramo, segundo, amperio, grado Kelvin, mol y candela). **Sistema métrico decimal** Sistema de medidas que tiene el metro como base. **Sistema operativo** INFORMÁT. Programa o conjunto de programas que realizan la gestión de los procesos básicos de un sistema informático y permiten la ejecución del resto de programas. **Sistema planetario** Conjunto formado por una estrella y los astros que gravitan alrededor de ella.

SISTEMÁTICA s.f. Clasificación de los seres vivos según un sistema. **2.** Conjunto de datos erigido en sistema.

SISTEMÁTICO, A adj. Relativo a un sistema. **2.** Que sigue o se ajusta a un sistema: *estudio sistemático.* **3.** Que procede con sistema o método.

SISTEMATIZAR v.tr. [7]. Estructurar, organizar con un sistema: *sistematizar la facturación.*

SISTÉMICO, A adj. Relativo a un sistema tomado en su conjunto o al análisis de sistemas. **2.** Se dice del planteamiento científico de los sistemas políticos, económicos, sociales, etc., que se opone al enfoque racionalista al abordar todo problema como un conjunto de unidades en interrelaciones mutuas. <> **Enfermedad sistémica** Enfermedad que afecta a todos los órganos o estructuras de un sistema o aparato.

SÍSTOLE s.f. (gr. *systolé*). Movimiento de contracción del corazón y las arterias. CONTR.: *diástole.*

SISTRO s.m. (lat. *sistrum,* del gr. *seistron*). Antiguo instrumento musical de percusión, cuyos elementos móviles golpean contra el marco cuando se sacude el instrumento.

SITÁCIDO, A adj. y s.m. Relativo a una familia de aves muy características, de pico muy curvo y lengua carnosa, densa y dura, que viven en las selvas de los países cálidos.

SITACISMO s.m. → **PSITACISMO.**

SITACOSIS s.f. Enfermedad infecciosa de loros, periquitos, etc., transmisible al ser humano.

SITAR s.m. Instrumento musical indio, de cuerdas pulsadas.

SITIAL s.m. Asiento de ceremonia.

SITIAR v.tr. Cercar una plaza o fortaleza para atacarla o apoderarse de ella: *sitiar la ciudad.* **2.** *Fig.* Poner en situación tal que forzosamente se deba acceder a lo que se pide o exige.

1. SITIO s.m. Porción determinada del espacio que es o puede ser ocupada. **2.** Paraje o lugar a propósito para algo: *buscar un sitio para dormir.* **3.** Chile y Ecuad. Terreno apto para la edificación. **4.** Cuba y Méx. Finca, menor que la hacienda, dedicada al cultivo y a la cría de

SISMOS Y ERUPCIONES VOLCÁNICAS DE MÉXICO, AMÉRICA CENTRAL Y AMÉRICA DEL SUR

——— Fronteras   • Capitales

▲ **Erupciones volcánicas:** 1. Colima (1903, 1913, 1941); 2. Paricutín (1943); 3. Popocatépetl (1973); 4. Santa María (1902, 1922, 1956, 1976, 1977); 5. Fuego (1932, 1953, 1957, 1962, 1963, 1966, 1971, 1974); 6. Izalco (1955, 1957); 7. San Salvador (1917); 8. San Cristóbal (1997); 9. Rincón de la Vieja (1967); 10. Miravalles (1968, 1969); 11. Poas (1961, 1969, 1976); 12. Irazu (1917, 1918, 1963, 1964); 13. Nevado del Ruiz (1985, 1989); 14. Galeras (1992); 15. Cotopaxi (1942); 16. Tungurahua (1916, 1918); 17. Sangay (1903, 1934, 1935, 1937, 1959); 18. Lascar (1960); 19. Tapungatito (1929); 20. Corcovado (1971); 21. Llaima (1945, 1957); 22. Villarica (1963, 1971); 23. Puyehue (1921, 1960); 24. Lonquimay (1988); 25. Hudson (1991); 26. Mont Pelée (1902).

• **Sismos:** 27. Jalisco (1908); 28. Veracruz (1920); 29. Oaxaca (1968); 30. Colima (1973); 31. Orizaba, Córdoba (1973); 32. México D.F. (1985); 33. Manzanilla (1995); 34. Managua (1931, 1972); 35. Tumaco (1906); 36. Ipiales (1923); 37. Arboleda (1950); 38. Cauca (1983); 39. Cariaco (1997); 40. Cotopaxi (1996); 41. Huanca Bamba (1928); 42. Ancash (1946); 43. Satipo (1947); 44. Arequipa (1958); 45. Lima (1966); 46. Lima, Callao (1974); 47. Moyabamba (1990); 48. Chillán (1939); 49. Valparaíso (1985); 50. Mendoza (1920); 51. San Juan (1944); 52. San Juan (1977).

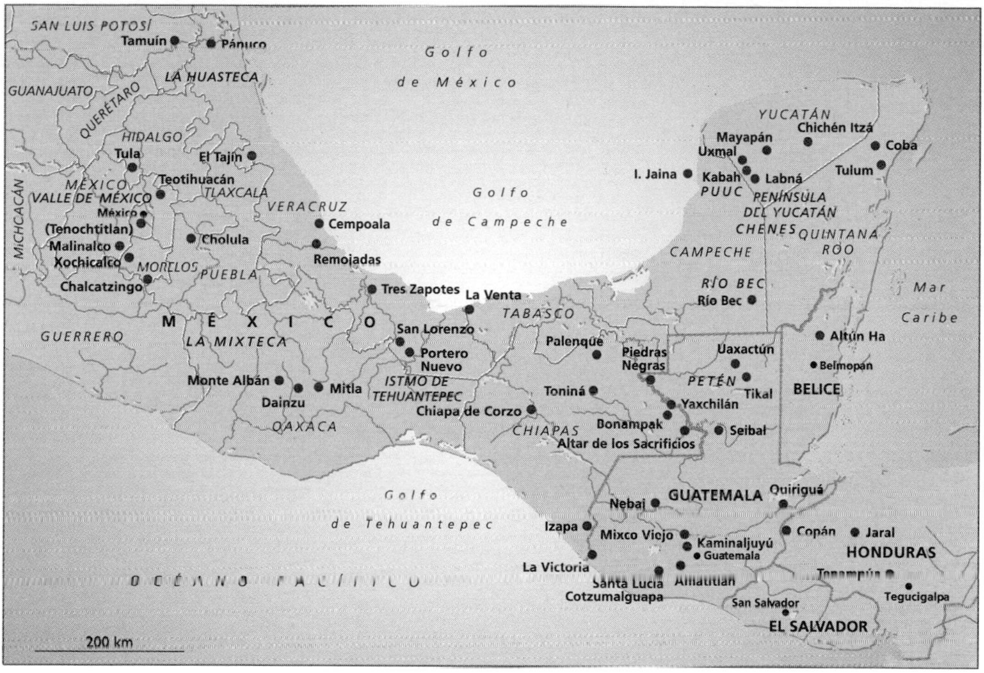

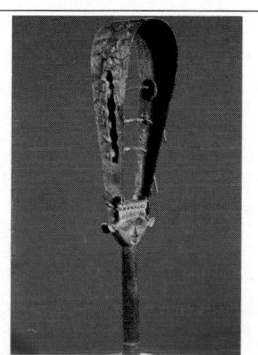

SITIOS ARQUEOLÓGICOS DE MÉXICO Y AMÉRICA CENTRAL

● Principales centros arqueológicos *CHIAPAS* Estados de México ──────── Fronteras ● Capitales

Otros centros del Valle de México: Atzcapotzalco, Cuicuilco, Santa Isabel Ixpatán, Tenayuca, Tepexpán, Tlatelolco, Tlatilco.

─────────────────

animales domésticos. **5.** Méx. Lugar en la vía pública autorizado como base para automóviles de alquiler. ◇ **Sitio arqueológico** Amér. Lugar en el que se encuentran fósiles o restos de valor arqueológico, generalmente bajo tierra, y para cuyo estudio es necesario realizar excavaciones. GEOSIN.: Esp. *yacimiento arqueológico*. (V. *ilustr. pág. siguiente*.) **Sitio web** Lugar de Internet formado por un conjunto de páginas web que una organización o persona exponen mediante una dirección para que se pueda consultar.

2. SITIO s.m. Acción y efecto de sitiar. ◇ **Estado de sitio** Situación excepcional y grave del ordenamiento político y jurídico de la nación, en el que la autoridad civil delega facultades extraordinarias en la autoridad militar, con la suspensión de determinados derechos y libertades constitucionales. **Levantar el sitio** Abandonar el asedio de una plaza fuerte.

SITO, A adj. Situado: *finca sita en la ciudad.*

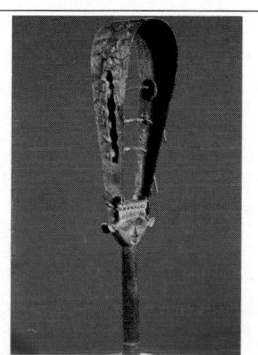
■ **SISTRO** egipcio de bronce (850 a.C.).
[British Museum, Londres.]

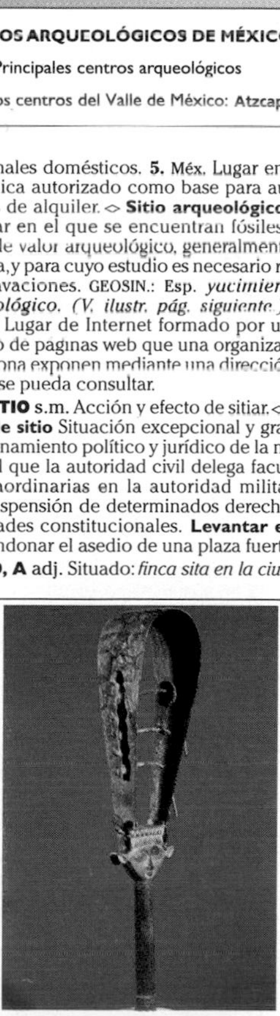

SITOGONIÓMETRO s.m. Aparato que mide ángulos de situación, desvíos angulares, etc.

SITUACIÓN s.f. Acción y efecto de situar. **2.** Estado o condición de una persona o de una cosa: *tener una elevada situación; hallarse en una situación crítica.* **3.** Estado de los asuntos políticos, financieros, etc., de una nación. **4.** Disposición geográfica de una cosa respecto al lugar que ocupa, principalmente una casa, una ciudad, etc. ◇ **Ángulo de situación** MIL. Ángulo formado por la línea de situación y el plano horizontal. **Línea de situación** MIL. Línea que une la pieza y el objetivo.

SITUACIONISMO s.m. Movimiento contestatario europeo de la década de 1960, desarrollado en el medio universitario.

SITUACIONISTA adj. y s.m. y f. Relativo al situacionismo; seguidor de este movimiento.

SITUADO, A adj. Que tiene una situación estable, económica o social: *familia bien situada.*

SITUAR v.tr. y prnl. (bajo lat. *situare*) [18]. Poner en un sitio o situación: *situar una calle en un mapa.* ✦ **situarse** v.prnl. Conseguir una buena posición económica o social.

SÍTULA s.f. ARQUEOL. Cubeta de bronce.

SIÚTICO, A adj. Chile. Cursi. **2.** Chile. Se aplica, también, a cierta apariencia de vestidos. **3.** Chile. *Fam.* Se dice de la persona que en sus modales, lenguaje o forma de vestir, presume de fina o imita a las clases más elevadas.

SIUX o **SIOUX,** conjunto de pueblos amerindios de América del Norte (cuervo, hidatsa, winnebago, iowa, omaha, osage, dakota, etc.), que hablan lenguas emparentadas y que habitaban en las llanuras entre Arkansas y las Rocosas, y que actualmente viven en reservas.

SIVAÍSMO s.m. Corriente religiosa surgida del hinduismo, que hace de Siva un dios más importante que Visnú y Brahma y que constituye el origen de diversas sectas.

SKA s.m. Estilo musical de origen jamaicano, con un ritmo más vivo que el reggae.

SKAI s.m. (marca registrada). Material sintético que imita el cuero.

SKATE BOARD s.m. (del ingl. *skateboard,*

monopatín). Deporte que consiste en ejecutar figuras sobre una plancha dotada de cuatro ruedas, a la vez que se conserva el equilibrio. **2.** Plancha para practicar este deporte. SIN.: *monopatín.*

SKEET s.m. (voz inglesa). Prueba olímpica de tiro al plato.

SKETCH s.m. (voz inglesa). Obra dialogada breve, generalmente cómica, representada en el teatro, music-hall, radio, televisión o cine.

SKINHEAD s.m. y f. adj. (voz inglesa). Joven marginal, de cabeza rapada, que adopta un comportamiento de grupo agresivo, xenófobo y racista, y manifiesta su adhesión a ideologías militaristas. (También *skin.*)

SKIP s.m. (voz inglesa). Especie de carretilla que se desliza por una armazón vertical inclinada, que se utiliza para la alimentación de materiales. **2.** MIN. Gran recipiente que se vacía por vuelco o por apertura del fondo, y que remplaza la jaula de extracción en un pozo.

SKIPPER s.m. (voz inglesa). Comandante de un yate de crucero en regatas.

S. L., sigla de *sociedad *limitada.*

SLALOM s.m. (voz noruega). → ESLALON.

SLAM s.m. (alem. *Schlamm,* limo, lodo). Producto muy fino proveniente del machaqueo y trituración de minerales.

SLIKKE s.f. (neerlandés *slijk*). GEOGR. Parte baja de los lodazales litorales, que queda cubierta por la marea.

SLIP s.m. (pl. *slips*). Calzón corto o ajustado y sin pernera que sirve de ropa interior masculina, de traje de baño o para practicar deporte.

SLIPWAY s.m. (voz inglesa). MAR. Plano inclinado que permite la botadura o el transporte a tierra firme de los barcos.

SLOGAN s.m. → ESLOGAN.

SLOOP s.m. (voz inglesa). Embarcación a vela de un mástil, con un solo foque a proa.

SLOW s.m. (voz inglesa, *lento*). Fox-trot lento.

SMASH s.m. (voz inglesa). DEP. Golpe con el que se devuelve violentamente la pelota.

SME, sigla de *sistema *monetario europeo.*

SMOG s.m. (voz inglesa). Mezcla de humo y niebla que se acumula encima de concentraciones urbanas y, sobre todo, industriales.

SMOKING s.m. → ESMOQUIN.

SMS s.m. (sigla del ing. *short message service*). Mensaje corto de texto que se puede enviar entre teléfonos celulares o móviles.

SNIPE s.m. Embarcación monotipo de regatas a vela para dos tripulantes.

SNOB adj. y s.m. y f. → ESNOB.

SNOBISMO s.m. → ESNOBISMO.

SNORKEL s.m. → SCHNORKEL.

SNOWBOARD s.m. (voz inglesa). Modalidad de esquí que se practica con una tabla sobre la que se apoyan los dos pies.

1. ¡SO! interj. Se usa para hacer que paren las caballerías.

2. SO, voz que se antepone a algunos insultos para reforzar su significado: *so tonto; so idiota.*

3. SO prep. Bajo, debajo de: *so pena de...*

4. SO, abrev. de *sudoeste.*

SOAS s.m. Nombre de dos músculos pares insertos en las vértebras lumbares y en el trocánter menor del fémur, que contribuyen a la flexión del muslo sobre el tronco.

SOASAR v.tr. Asar ligeramente.

SOBA s.f. Sobadura. **2.** *Fig.* Paliza, zurra.

SOBACO s.m. Concavidad que forma el arranque del brazo con el cuerpo.

SOBADO, A adj. Manido, ajado, muy usado. ◆ s.m. Sobadura.

SOBAJAR v.tr. Méx. Humillar, rebajar.

SOBAJEAR v.tr. Sobar, manosear.

SOBANDERO s.m. Colomb. Curandero que se dedica a arreglar los huesos dislocados.

SOBAQUERA s.f. Abertura de algunos vestidos en la parte del sobaco. **2.** Pieza con que se refuerza un vestido por la parte del sobaco.

SOBAR v.tr. Mover y presionar una cosa repetidamente para que se ablande o para amasarla o doblarla: *sobar las pieles.* **2.** Manosear mucho una cosa ajándola o estropeándola. **3.** *Fig.* Manosear a alguien. **4.** *Fig.* Golpear, pegar. **5.** Amér. Curar una dislocación ósea. **6.** Argent. Fatigar al caballo. **7.** Argent. y Méx. Masajear, friccionar alguna parte del cuerpo para aliviar una tensión o dolor. ◆ v.intr. Esp. *Fam.* Dormir. ⬦ **Sobar el lomo** Argent. *Fam.* Adular, dar coba.

SOBERADO s.m. Chile y Colomb. Desván.

SOBERANÍA s.f. Cualidad de soberano. **2.** Dignidad o autoridad suprema: *soberanía de las élites, del pueblo.* **3.** Cualidad del poder político de un estado o de un organismo que no está sometido al control de otro.

SOBERANO, A adj. y s. Que ejerce o posee la autoridad suprema o independiente. ◆ adj. Que es muy grande o muy difícil de superar: *una soberana belleza; una soberana paliza.* **2.** HERÁLD. Se dice del escudo cortinado cuyos trazos están curvados. ◆ s. Rey, reina o príncipe gobernante de un país. ◆ s. Moneda de oro inglesa, acuñada por primera vez en 1489 por Enrique VII. ⬦ **Estado soberano** Estado cuyo gobierno no está sometido al control o a la tutela de otro gobierno.

SOBERBIA s.f. (lat. *superbia*). Sentimiento de superioridad respecto de los demás, que se manifiesta en un trato distante y el menosprecio. **2.** Cólera o ira expresadas de manera exagerada.

SOBERBIAR v.tr. Ecuad. Rechazar algo por soberbia.

SOBERBIO, A adj. (lat. *superbus*). Que tiene soberbia o está dominado por ella. **2.** Que tiene altivez y arrogancia. **3.** *Fig.* Excelente o magnífico. **4.** Grande o de grandes proporciones. **5.** *Fig.* Fogoso, violento.

SOBÓN, NA adj. y s. *Fam.* Que soba. **2.** *Fam.* Que acaricia o toca mucho a personas o cosas hasta llegar a resultar molesto.

SOBORNAR v.tr. (lat. *subornare*). Dar dinero o regalos a alguien para conseguir algo, generalmente ilegal o injusto.

SOBORNO s.m. Acción de sobornar. **2.** Cosa con que se soborna.

SOBRA s.f. Exceso de cualquier cosa sobre su justo ser, peso o valor. ◆ **sobras** s.m.pl. Restos o partes que quedan de algo después de haberlo utilizado o consumido. **2.** Desperdicios o desechos. ⬦ **De sobra** Sobrante, en abundancia, en cantidad más que suficiente.

SOBRADO, A adj. Que sobra, es suficiente y más de lo necesario: *tener tiempo sobrado.* SIN.: *sobrante.* **2.** Chile. Enorme, colosal. **3.** Chile. Desp. Se dice de la persona arrogante que se muestra convencida de su propia valía. **4.** Chile. *Fig.* y *fam.* Que excede de cierto límite. ◆ adv.m. De manera abundante.

SOBRADOR, RA adj. y s. Argent. Se dice de la persona que acostumbra a sobrar a los otros.

SOBRANTE adj. y s.m. Que sobra: *comida sobrante.* ◆ adj. Sobrado: *tener dinero sobrante.*

SOBRAR v.intr. (lat. *superare*, ser superior). Haber más de lo necesario o conveniente de algo. **2.** Estorbar o molestar. **3.** Quedar algo de una cosa. ◆ v.tr. Argent. Tratar a los demás con superioridad.

SOBRASADA s.f. Embutido curado de consistencia pastosa hecho con carne de cerdo muy picada y sazonada con sal, pimienta y pimentón molido.

1. SOBRE prep. (lat. *super*). Encima, por encima de: *volar sobre Madrid.* **2.** Acerca de: *un tema sobre arte.* **3.** Además de: *sobre ser caro, es malo.* **4.** Base o garantía de un préstamo: *prestar sobre joyas.* **5.** Con dominio y superioridad: *mandar sobre los demás.* **6.** Expresa aproximación en una cantidad o número: *vendré sobre las tres.* **7.** Orientación: *la casa da sobre el mar.* **8.** Se utiliza como elemento compositivo que aumenta la significación de la palabra con que se junta: *sobrecargar, sobrealimentación.*

2. SOBRE s.m. Cubierta plana de papel que puede cerrarse y en que se incluyen cartas o documentos que han de enviarse de una parte a otra. **2.** Envoltorio plano y cerrado, normalmente de papel, que contiene polvos, líquidos u otras cosas: *sobre de azúcar.*

SOBREABUNDANTE adj. Que sobreabunda.

SOBREABUNDAR v.intr. Abundar mucho, haber suficientemente y de sobra.

SOBREALIMENTACIÓN s.f. Acción y efecto de sobrealimentar. **2.** Aumento de la cantidad y calidad del alimento ingerido por una persona o un animal. **3.** Alimentación de un motor de combustión interna con aire a una presión superior a la atmosférica.

SOBREALIMENTAR v.tr. y prnl. Dar más alimento del normalmente necesario.

SOBREÁTICO s.m. Planta situada encima del ático.

SOBREBOTA s.f. Amér. Central. Polaina de cuero curtido.

SOBRECALENTAMIENTO s.m. Acción de sobrecalentar o sobrecalentarse. **2.** Estado inestable de un líquido cuya temperatura es superior a su punto de ebullición. **3.** Elevación de la temperatura en el vapor que corresponde a su presión. **4.** Calentamiento intenso de un metal o de una aleación, sin que se produzca fusión ni siquiera parcialmente.

SOBRECALENTAR v.tr. Calentar una sustancia a una temperatura por encima de su punto de cambio de estado, sin que este se produzca. **2.** Calentar un metal hasta el sobrecalentamiento.

SOBRECAMA s.f. Ecuad. Especie de boa.

SOBRECARGA s.f. Exceso de carga. **2.** *Fig.* Preocupación, sufrimiento, etc., que se añade a otro anterior. **3.** Impresión tipográfica, de carácter oficial, que se estampa en un sello de correos para alterar su valor, modificar su

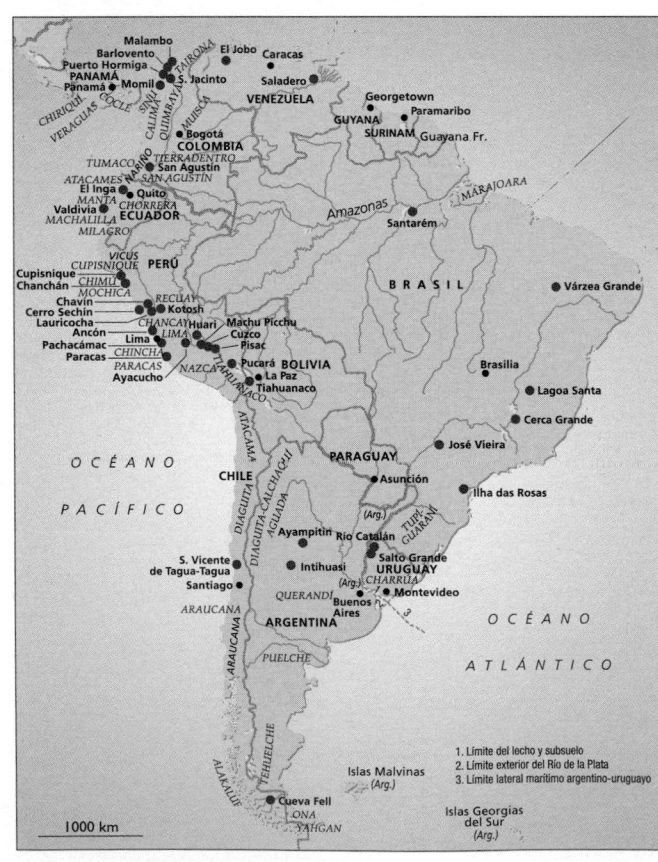

SITIOS ARQUEOLÓGICOS DE AMÉRICA DEL SUR

● Sitios arqueológicos   *NAZCA* Civilizaciones o culturas   ——— Fronteras   ● Capitales

empleo, conmemorar un acontecimiento, etc.
4. Elevación o exceso de carga fiscal, expresado como relación entre los tributos pagados y la renta o ingresos del contribuyente. **5.** Forma de handicap reservada a las carreras de caballos a galope. ◇ **Sobrecarga ponderal** MED. Exceso de peso corporal.

SOBRECARGAR v.tr. [2]. Producir una sobrecarga en algo o en alguien.

SOBRECARGO s.m. (del fr. *subrécargue*). Miembro superior de la tripulación que, en los buques mercantes, tiene a su cuidado la carga y las funciones administrativas que le encomienda el naviero o cargador. **2.** Ayudante de vuelo.

SOBRECEJA s.f. (lat. *supercilium*). Parte de la frente inmediata a las cejas.

SOBRECOGER v.tr. y prnl. [27]. Espantar o impresionar mucho, causando miedo o sorpresa.

SOBRECOMPRESIÓN s.f. Aumento de la compresión de un cuerpo, sea por reducción de volumen, sea por elevación de la presión a que es sometido. **2.** Método que consiste en realizar, en un motor de avión, una compresión variable con la altitud.

SOBRECOMPRIMIDO, A adj. Relativo a la sobrecompresión. ◇ **Motor sobrecomprimido** Motor en el que el grado de compresión de la mezcla detonante se lleva al máximo.

SOBRECONGELACIÓN s.f. Congelación rápida a muy baja temperatura.

SOBRECONGELADO, A adj. y s.m. Se dice de una sustancia alimenticia conservada por sobrecongelación.

SOBRECONGELAR v.tr. Congelar rápidamente a temperatura muy baja.

SOBRECUBIERTA s.f. Cubierta que se pone sobre otra como protección. **2.** Cubierta, generalmente de papel y con alguna ilustración relativa al contenido del libro, que se coloca sobre la encuadernación. **3.** Cubierta de un barco situada encima de la principal.

SOBRECUELLO s.m. Segundo cuello sobre puesto al de una prenda de vestir.

SOBREDICHO, A adj. Mencionado anteriormente en el mismo escrito o discurso.

SOBREDIMENSIONAR v.tr. Hacer que una cosa tenga o parezca tener un tamaño o una importancia superior a los que debería tener realmente: *la televisión sobredimensionó el problema.*

SOBREDORAR v.tr. Dorar los metales, especialmente la plata.

SOBREDOSIS s.f. Dosis excesiva de un medicamento o una droga.

SOBREENTENDER v.tr. y prnl. → SOBRENTENDER.

SOBREENTENDIDO s.m. → SOBRENTENDIDO.

SOBREESDRÚJULO, A adj. → SOBRESDRÚJULO.

SOBREESTIMAR o **SOBRESTIMAR** v.tr. Estimar algo o a alguien por encima de su valor o merecimiento.

SOBREEXCITACIÓN o **SOBREXCITACIÓN** s.f. Acción de sobreexcitar.

SOBREEXCITAR o **SOBREXCITAR** v.tr. y prnl. Aumentar en exceso o excitar mucho la energía vital o actividad de un órgano o de todo el organismo.

SOBREEXPONER o **SOBREXPONER** v.tr. [60]. FOT. Someter a un tiempo de exposición excesivo.

SOBREEXPOSICIÓN o **SOBREXPOSICIÓN** s.f. FOT. Exposición demasiado prolongada de una superficie sensible a la luz.

SOBREFALDA s.f. Falda corta que se coloca como adorno sobre otra.

SOBREFAZ s.f. Superficie o cara exterior de las cosas.

SOBREFUNDIDO, A adj. Que está en estado de sobrefusión.

SOBREFUSIÓN s.f. Estado de un cuerpo que permanece líquido a una temperatura inferior a su temperatura de fusión.

SOBREGIRAR v.tr. Méx. Sobrepasar el límite de crédito autorizado o los fondos de una cuenta bancaria.

SOBREGIRO s.m. Giro o libranza que excede de la cantidad o crédito disponibles.

SOBREHILADO s.m. Basta o hilván de puntadas flojas y largas, que se hace en el borde u orilla de una tela para que no se deshilache. SIN.: *sobrehílo.*

SOBREHILAR v.tr. [20]. Hacer un sobrehilado.

SOBREHUMANO, A adj. Superior a lo humano, que excede las posibilidades humanas: *esfuerzo sobrehumano.*

SOBREIMPOSICIÓN s.f. GEOGR. Fenómeno que ocasiona un curso de agua al cortar, debido a su hundimiento, estructuras geológicas diferentes de aquellas sobre las que se había instalado.

SOBREIMPRESIÓN s.f. FOT. Impresión de dos o más imágenes sobre una misma emulsión fotoquímica. ◇ **Barniz,** o **esmalte, de sobreimpresión** ART. GRÁF. Especie de barniz o esmalte que se aplica a una impresión para protegerla y darle un aspecto brillante.

SOBRELLEVAR v.tr. Aguantar, soportar: *sobrellevar una pena, una enfermedad.*

SOBREMANERA o **SOBRE MANERA** adv.m. Muy o mucho más de lo normal.

SOBREMARCHA s.f. Superdirecta.

SOBREMESA s.f. Tiempo posterior a la comida durante el que los comensales siguen reunidos alrededor de la mesa. ◇ **De sobremesa** Pensado a propósito para colocar sobre una mesa u otro mueble: *lámpara de sobremesa.*

SOBREMOLDEAR v.tr. Moldear una figura en un molde obtenido de un objeto moldeado.

SOBRENADAR v.intr. Mantenerse algo encima de un líquido sin hundirse o sin mezclarse con él.

SOBRENATURAL adj. Que no puede explicarse por las leyes de la naturaleza o que supera sus límites: *poder sobrenatural; una escena sobrenatural.* **2.** TEOL. Que no pertenece a la naturaleza ni es consecuencia o exigencia de la misma.

SOBRENOMBRE s.m. Nombre que se añade o que sustituye al nombre de alguien, y que suele aludir a un rasgo característico de su persona o de su vida. **2.** Apodo o cualquier nombre usado para designar a una persona en vez de hacerlo con su propio nombre.

SOBRENTENDER o **SOBREENTENDER** v.tr. y prnl. [29]. Entender algo que no está expreso en un discurso o escrito pero que está implícito en ellos.

SOBRENTENDIDO o **SOBREENTENDIDO** s.m. Cosa que no está expresada y se da por supuesta en una conversación, discurso, etc.

SOBREPAGA s.f. Cantidad añadida a la paga ordinaria.

SOBREPASAR v.tr. Rebasar o exceder de cierta cosa, cantidad o límite: *sobrepasar los bordes de una vasija.* **2.** Superar, aventajar a otro en una actitud, evolución o progreso: *sobrepasar a alguien en estudios.*

SOBREPELLIZ s.f. REL. Túnica corta de tela fina y blanca que se lleva por encima de la sotana.

SOBREPESO s.m. Exceso de carga. **2.** Exceso de peso en una persona o animal.

SOBREPONER v.tr. [60]. Superponer, poner encima. **2.** Poner por encima de otras personas o cosas, en consideración, rango o autoridad: *sobreponer el deber a la diversión.* ◆ **sobreponerse** v.prnl. *Fig.* Superar un problema o situación difícil o no dejarse abatir por un problema.

SOBREPRECIO s.m. Recargo en el precio ordinario.

SOBREPRIMA s.f. Prima adicional que se paga en los seguros para garantizar algunos riesgos excepcionales.

SOBREPRODUCCIÓN s.f. Producción excesiva de un producto o de una serie de productos, que rebasa la demanda o las necesidades de los consumidores. SIN.: *superproducción.*

SOBREPUJAR v.tr. Exceder o superar una persona o cosa a otra en cualquier ámbito.

SOBRERO, A adj. (port. *sobreiro*). Sobrante, que sobra. **2.** TAUROM. Se dice del toro de reserva que se tiene preparado por si no puede lidiarse alguno de los destinados a una corrida.

SOBRESALIENTE adj. y s.m. y f. Que sobresale: *ángulo sobresaliente.* ◆ s.m. Nota superior a la de notable en la calificación de exámenes. **2.** TAUROM. **a.** Diestro de reserva que

se anuncia en algunas corridas para sustituir, llegado el caso, a alguno de los matadores. **b.** Subalterno de la cuadrilla del rejoneador que a menudo remata la res.

SOBRESALIR v.intr. [87]. Exceder en altura, tamaño, etc. **2.** *Fig.* Ser más importante o tener en mayor grado una cualidad o característica.

SOBRESALTAR v.tr. y prnl. Asustar o provocar un temor.

SOBRESALTO s.m. Sorpresa, alteración del ánimo por un suceso repentino. **2.** Temor o susto repentino. **3.** Movimiento brusco, involuntario, consecutivo a un estímulo psíquico intenso.

SOBRESATURACIÓN s.f. Acción de sobresaturar. **2.** Estado de una solución sobresaturada.

SOBRESATURADO, A adj. GEOL. Se dice de una roca magmática que contiene cuarzo.

SOBRESATURAR v.tr. Obtener una solución más concentrada que la solución saturada.

SOBRESCRITO s.m. Texto que se escribe en el sobre o en la parte exterior de un pliego o paquete para saber a quién se dirige. **2.** El mismo sobre en la dirección.

SOBRESDRÚJULO, A o **SOBREESDRÚJULO, A** adj. LING. Se dice de la palabra acentuada en la sílaba anterior a la antepenúltima.

SOBRESEER v.tr. e intr. (lat. *supersedere, abstenerse*) [34]. DER. Suspender la tramitación de una causa por entender el tribunal que no hay motivo para proseguirla o por no existir suficientes pruebas.

SOBRESEIMIENTO s.m. DER. Acción de sobreseer.

SOBRESTANTE adj. Persona que, bajo la dirección de un técnico, realiza determinadas obras dirigiendo a un cierto número de obreros.

SOBRESTIMAR v.tr. → SOBREESTIMAR.

SOBRESUELDO s.m. Salario o consignación que se añade al sueldo fijo.

SOBRETASA s.f. Tasa suplementaria ◇ **Sobretasa postal** Tasa suplementaria que se aplica al destinatario de un envío insuficientemente franqueado; tasa suplementaria exigida para un envío más rápido.

SOBRETASAR v.tr. Gravar con una sobretasa.

SOBRETENSIÓN s.f. Tensión eléctrica superior al valor más elevado que puede existir, en régimen normal, en una línea o circuito eléctrico.

SOBRETODO s.m. (de *sobre todo*). Gabán o abrigo.

SOBREVENIR v.intr. [78]. Suceder un accidente o cualquier cosa improvisada o repentinamente.

SOBREVIRADOR, RA adj. Se dice de un vehículo automóvil que sobrevira.

SOBREVIRAJE s.m. Acción y efecto de sobrevirar.

SOBREVIRAR v.intr. Tender el puente trasero de un vehículo automóvil a patinar o deslizarse lateralmente hacia el exterior de la curva.

SOBREVIVENCIA s.f. Supervivencia.

SOBREVIVIENTE adj. y s.m. y f. Superviviente.

SOBREVIVIR v.intr. Seguir viviendo después de la muerte de alguna persona, o después de determinada fecha o suceso ocurrido. SIN.: *supervivir.*

SOBREVOLAR v.tr. [17]. Volar sobre un lugar, ciudad, territorio, etc.

SOBREXCITACIÓN s.f. → SOBREEXCITACIÓN.

SOBREXCITAR v.tr. y prnl. → SOBREEXCITAR.

SOBREXPONER v.tr. → SOBREEXPONER.

SOBREXPOSICIÓN s.f. → SOBREEXPOSICIÓN.

SOBRIEDAD s.f. Cualidad de sobrio.

SOBRINO, A s. (lat. *sobrinus*, hijo del primo). Con respecto a una persona, hijo o hija de un hermano o hermana y también hijo de un primo o prima.

SOBRIO, A adj. (lat. *sobrius*). Moderado, especialmente en el beber. **2.** Que denota moderación, no exagerado: *una cena, decoración sobria.* **3.** Sin adornos superfluos: *un traje sobrio.* ◆ adj. y s. Que no está borracho.

SOCA s.f. Amér. Último retoño de la caña de azúcar, que sirve para trasplantarla. **2.** Bol. Brote de la cosecha de arroz.

SOCAIRE s.m. Abrigo que ofrece una cosa por sotavento, o lado opuesto a aquel donde sopla el viento. ◇ **Al socaire** Al abrigo del aire; al amparo de alguien o algo.

SOCALIÑA s.f. Esp. Truco o engaño con que se consigue de alguien lo que no está obligado a dar.

SOCAPA s.f. Pretexto con que se encubre la verdadera intención de algo.

SOCAPAR v.tr. Bol. Encubrir faltas ajenas.

SOCAR v.tr. y prnl. [1]. Amér. Central. Embriagar, emborrachar.

SOCARRAR v.tr. y prnl. (voz de origen prerromano). Quemar o tostar superficialmente una cosa.

SOCARRINA s.f. Fam. Acción de socarrar o socarrarse.

SOCARRÓN, NA adj. y s. Que se burla con disimulo mediante palabras aparentemente serias o ingenuas.

SOCARRONERÍA s.f. Cualidad de socarrón. **2.** Dicho socarrón.

SOCAVACIÓN s.f. GEOMORFOL. Remoción de materiales de fácil arranque, localizada por las corrientes de agua.

SOCAVAR v.tr. Excavar por debajo de algo, dejándolo sin apoyo o con riesgo de hundirse: *socavar los cimientos.* **2.** Fig. Debilitar algo física o moralmente: *socavar la fe en alguien.*

SOCAVÓN s.m. Cueva excavada en la ladera de un cerro o monte. **2.** Hundimiento que se produce en el suelo, principalmente por una corriente de agua subterránea.

SOCCER s.m. (voz angloamericana). Nombre en inglés del fútbol.

SOCHE s.m. Colomb. y Ecuad. Mamífero similar al ciervo.

SOCIABILIDAD s.f. Cualidad de sociable.

SOCIABLE adj. (lat. *sociabilis*). Que tiene facilidad para relacionarse con los demás y disfruta con ello. **2.** Que busca la compañía de sus semejantes.

SOCIAL adj. (fr. *social,* del lat. *socialis*). Que concierne a la sociedad, a una colectividad humana: *clases sociales.* **2.** Que vive en sociedad: *animal social.* **3.** Que concierne a una sociedad comercial: *razón social, firma social.* **4.** Que concierne al mejoramiento de la condición de los trabajadores: *una política social.* **5.** Que concierne a las relaciones entre grupos, entre clases de la sociedad: *clima social.* ◇ **Comportamiento social** Conjunto de relaciones interindividuales que se dan en diversas especies animales. **Legislación social** Conjunto de las disposiciones legislativas y reglamentarias que intervienen en favor de los individuos y de la familia para la solidaridad de la colectividad organizada.

SOCIALDEMOCRACIA s.f. Denominación del partido socialista en ciertos países, especialmente en Alemania, Austria y los países escandinavos. **2.** Conjunto de las organizaciones y los políticos vinculados al socialismo parlamentario y reformista.

SOCIALDEMÓCRATA adj. y s.m. y f. Relativo a la socialdemocracia; partidario de la socialdemocracia.

SOCIALISMO s.m. Doctrina política, económica y social que propugna la propiedad y administración pública de los medios de producción e intercambio. **2.** Sistema político, económico y social basado en esta doctrina. ◇ **Socialismo real** Denominación dada a la práctica económica, política y social de los regímenes llamados comunistas. **ENCICL.** El socialismo se desarrolló en Europa en el s. XIX en forma desigual, pero a partir de un mismo deseo de resolver la cuestión social nacida del desarrollo del capitalismo. El *socialismo utópico* de los años 1830 (R. Owen, en Inglaterra; Saint-Simon, C. Fourier, É. Cabet, L. Blanc, en Francia), confiado en la razón y la bondad humanas, concibió una sociedad ideal en la que reinaría la abundancia y la igualdad; también surgió una corriente reducida, pero durable: el *socialismo cristiano* (La Mennais, Lacordaire). El estallido de las revoluciones de 1848 condujo a la busca de soluciones mejor concebidas y más radicales, de acuerdo con las dos vías propuestas por el marxismo y el anarquismo. Los esfuerzos de unificación del movimiento socialista (creación de la Internacional) no resistieron las grandes escisiones entre marxistas y anarquistas en 1872 y, después, a principios del s. XX, entre marxistas ortodoxos, revolucionarios (como Lenin) y revisionistas (Bernstein) y finalmente, después de la Revolución rusa de 1917, entre los que aceptaban el modelo soviético —los comunistas— y los que lo rechazaban. Inscritos en esa última línea, los actuales partidos socialistas europeos se desprendieron de toda referencia al marxismo y defienden un reformismo más o menos firme, según el país y las circunstancias, dentro de una sociedad capitalista.

SOCIALISTA adj. y s.m. y f. Relativo al socialismo; seguidor de esta doctrina; miembro de un partido socialista.

SOCIALIZACIÓN s.f. Acción de socializar o socializarse.

SOCIALIZAR v.tr. [7]. Transferir al estado las propiedades particulares, sean agrícolas, industriales o financieras, con el fin de que sus beneficios reviertan sobre toda la sociedad. ◆ v.tr. y prnl. Adaptar a un individuo a las exigencias de la vida social.

SOCIEDAD s.f. (lat. *societas, -atis*). Conjunto de personas que se relacionan entre sí, de acuerdo a unas determinadas reglas de organización jurídicas y consuetudinarias, y que comparten una misma cultura o civilización en un espacio o un tiempo determinados. **2.** Sistema organizado de relaciones que se establecen entre este conjunto de personas. **3.** Agrupación de personas con el fin de cumplir, mediante la mutua cooperación, todos o alguno de los fines de la vida: *las abejas viven en sociedad.* **4.** Reunión de personas con fines recreativos, culturales, deportivos o benéficos: *sociedad de amigos de los libros.* **5.** DER. **a.** Agrupamiento de diversas personas que han puesto algo en común para compartir el beneficio que pueda resultar de ello, y al que la ley reconoce una personalidad moral, o jurídica, considerada como propietaria del patrimonio social. **b.** Contrato que da origen a este agrupamiento. ◇ **Alta,** o **buena, sociedad** Conjunto de personas que destacan por su condición social, por su fortuna, etc. **Entrar,** o **presentarse, en sociedad** Iniciar una muchacha su vida social asistiendo a un baile de gala. **Sociedad civil** El cuerpo social, por oposición a la clase política. **Sociedad de consumo** Sociedad de un país industrial avanzado en la que, teniendo en cuenta que las necesidades elementales están aseguradas para la mayor parte de la población, una intensa publicidad propone nuevos bienes de consumo que incitan al gasto continuo. **Sociedad secreta** HIST. Asociación cuyos miembros mantienen en secreto su calidad de tales.

SOCIETARIO, A adj. Relativo al movimiento asociacionista obrero, especialmente de tipo sindical o mutualista. **2.** Relativo a una sociedad mercantil.

SOCINIANISMO s.m. Doctrina del reformador italiano Socino (1525-1562), opuesta a los dogmas de la divinidad de Jesucristo y de la Trinidad, a los que considera incompatibles con el monoteísmo.

SOCIO, A s. (lat. *socius*). Persona asociada con otra u otras para algún fin. **2.** Persona miembro de alguna asociación. **3.** Fam. Amigo, compañero, compinche.

SOCIOBIOLOGÍA s.f. Corriente de pensamiento de origen anglosajón que afirma que, en el análisis de los hechos biológicos, lo que es innato en el comportamiento humano puede servir de explicación científica para ciertos fenómenos sociales.

SOCIOCENTRISMO s.m. Tendencia a concentrar la atención en una dimensión social de los acontecimientos históricos, pasados o actuales.

SOCIOCULTURAL adj. Relativo al estado cultural de la sociedad de un grupo social.

SOCIODRAMA s.m. Forma de psicodrama dirigido a un grupo y que tiende a una catarsis colectiva.

SOCIOECONÓMICO, A adj. Que interesa a la sociedad definida en términos económicos.

SOCIOEDUCATIVO, A adj. Que interesa a la educación colectiva y a la difusión de la cultura.

SOCIOLINGÜÍSTICA s.f. Parte de la lingüística que estudia las relaciones entre el lenguaje, la cultura y la sociedad.

SOCIOLOGÍA s.f. Estudio de los fenómenos socioculturales que surgen de la interacción entre los individuos y entre los individuos y el medio. **2.** Estudio de los fenómenos religiosos, económicos, artísticos, etc., desde el punto de vista de las implantaciones sociales: *sociología de la religión; sociología del arte.* **ENCICL.** Se considera que la sociología, en tanto que estudio de la formación y del funcionamiento de la sociedad, fue fundada por Auguste Comte, quien la llamó ciencia positiva. Karl Marx, sin ser teórico de la sociología, aportó una descripción de la economía de su tiempo que se reveló fecundísima para los sociólogos que le siguieron. Durkheim fue el primero que, en contra de Marx, abrió la vía al estudio concreto y metódico de los hechos sociales (*Las reglas del método sociológico*, 1894). Tras él, Max Weber (1864-1920), Paul Felix Lazarsfeld (1901-1976) y Talcott Parsons (1902-1979) contribuyeron a precisar los métodos y objetivos de la sociología.

SOCIOLÓGICO, A adj. Relativo a la sociología.

SOCIOLOGISMO s.m. Doctrina que afirma la primacía epistemológica de los hechos sociales y de la sociología que los estudia.

SOCIÓLOGO, A s. Especialista en sociología.

SOCIOMETRÍA s.f. Estudio de las relaciones interindividuales de los miembros de un mismo grupo, mediante métodos que permiten medir estas relaciones con ayuda de índices numéricos.

SOCIOPROFESIONAL adj. Que caracteriza a un grupo humano por el sector económico y el nivel en la jerarquía social en que se sitúa.

SOCIOPSICOANÁLISIS s.m. Movimiento sociológico que pretende estudiar los fenómenos sociales con la ayuda de la teoría y los conceptos del psicoanálisis.

SOCIOTERAPIA s.f. PSIQUIATR. Terapia que tiene por objeto la reducción de los trastornos mentales mediante la interacción entre el individuo y su medio vital.

SOCOLAR v.tr. [17]. Colomb., Ecuad., Hond. y Nicar. Rozar, limpiar de maleza un terreno.

SOCOLLÓN s.m. Amér. Central y Cuba. Sacudón, sacudida violenta.

SOCONUSCO s.m. Mezcla de polvos de vainilla y otras especias aromáticas, que se ponía en el chocolate para darle aroma y sabor. SIN.: *polvos de soconusco.* **2.** Fam. Chocolate cocido.

SOCORRER v.tr. Ayudar en una necesidad apremiante o salvar de un peligro: *socorrer a los pobres, a los damnificados.*

SOCORRIDO, A adj. Que se usa a menudo para resolver una dificultad, problema o molestia: *tema socorrido; solución muy socorrida.*

SOCORRISMO s.m. Actividad del socorrista.

SOCORRISTA s.m. y f. Persona especialmente preparada para prestar socorro en caso de accidente.

SOCORRO s.m. Ayuda o asistencia que se presta a alguien que se encuentra en un peligro o necesidad, generalmente grave o apremiante. **2.** Cosa que sirve de ayuda en caso de peligro o necesidad. **3.** En términos militares, contingente que acude en ayuda de otro. **4.** Provisión de municiones que se lleva a un cuerpo o plaza. ◆ interj. Se emplea para pedir ayuda en algún peligro. ◇ **Centro de socorro** Lugar de estacionamiento o aparcamiento del material del cuerpo de bomberos. **Señales de socorro** Señales hechas por un barco para pedir auxilio.

SOCOYOTE s.m. Méx. → XOCOYOTE.

SOCRÁTICO, A adj. Relativo a Sócrates y a su filosofía.

SOCUCHO s.m. Amér. → SUCUCHO.

SODA s.f. (ital. *soda*, del ár. *sáuda*, negra). Bebida gaseosa, transparente y sin alcohol, elaborada con agua y ácido carbónico. (Suele combinarse con bebidas alcohólicas.)

SODADO, A adj. Que contiene sodio o sosa.

SODAR s.m. Aparato basado en el principio

del radar traspuesto a las ondas acústicas, que sirve para medir a distancia los parámetros físicos de la baja atmósfera.

SODERO s.m. Argent. Persona que reparte soda.

SÓDICO, A adj. Que contiene sodio.

SODIO s.m. Metal alcalino, de color blanco, blando, de densidad 0,97, cuyo punto de fusión es de 97,81 ºC. **2.** Elemento químico (Na), de número atómico 11 y masa atómica 22,990. (El sodio está muy extendido en la naturaleza en estado de cloruro [sal marina y sal gema] y de nitrato. Se altera rápidamente con el agua, produciendo la sosa cáustica.)

SODOKU s.m. (voz japonesa). Enfermedad infecciosa típica de Extremo oriente, debida a un espirilo, transmitida por la mordedura de la rata, y que se manifiesta por accesos febriles y erupción cutánea.

SODOMÍA s.f. (de *sodomita*). Práctica del coito anal.

SODOMITA adj. y s.m. Que practica la sodomía.

SODOMÍTICO, A adj. Relativo a la sodomía.

SODOMIZAR v.tr. [7]. Poseer sexualmente a alguien por sodomía.

SOEZ adj. Grosero, ofensivo, de mal gusto: *acción, palabra soez*.

SOFÁ s.m. (fr. *sofa*) [pl. *sofás*]. Asiento mullido, con respaldo y brazos, para dos o más personas.

SOFÁ-CAMA s.m. Sofá transformable en cama.

SOFIÓN s.m. (ital. *soffione*, soplete). Bufido, demostración de enojo. **2.** Arm. trabuco.

SOFISMA s.m. (lat. *sophisma*, gr. *sóphisma*, habilidad, sofisma). Razonamiento falso o capcioso que se pretende hacer pasar por verdadero.

SOFISTA s.m. y f. Persona que usa sofismas o se vale de ellos. **2.** Entre los antiguos griegos, filósofo retórico.

SOFÍSTICA s.f. Movimiento intelectual desarrollado en Grecia, especialmente en Atenas, en la segunda mitad del s. V a.C., representado por los sofistas.

SOFISTICACIÓN s.f. Acción de sofisticar.

SOFISTICADO, A adj. Que carece de naturalidad. **2.** Que es muy complicado o complejo técnicamente.

SOFISTICAR v.tr. [1]. Falsificar, adulterar. **2.** Fig. Dar exceso de artificio o de refinamiento, quitando naturalidad. **3.** Fig. Perfeccionar al máximo. **4.** Falsear con sofismas un razonamiento.

SOFÍSTICO, A adj. Relativo al sofisma, o que incluye sofismas. **2.** Aparente, fingido con sutileza.

SOFITO s.m. (ital. *soffitto*, techo de una sala). ARQ. **a.** Plano inferior de un cuerpo voladizo, especialmente debajo de un goterón. **b.** Intradós de un arco.

SOFLAMA s.f. Fig. Discurso ardoroso con que se intenta arrastrar a una acción: *soflamas revolucionarias*. **2.** Fig. Expresión artificiosa con la que se intenta engañar. **3.** Llama tenue o reverberación del fuego.

SOFLAMAR v.tr. y prnl. Tostar o requemar en la llama.

SOFOCACIÓN s.f. (lat. *suffocatio*). Acción y efecto de sofocar o sofocarse. **2.** Sofoco. **3.** MED. Asfixia por dificultad respiratoria; disnea.

SOFOCAR v.tr. (lat. *suffocare*) [1]. Producir sensación de ahogo, impedir la respiración. **2.** Dominar, extinguir, impedir que siga desarrollándose una cosa: *sofocar la revolución, un incendio*. ◆ v.tr. y prnl. Fig. Abochornar, sonrojar. ◆ **sofocarse** v.prnl. Sufrir una congestión. **2.** Padecer sensación de ahogo. **3.** Fig. y fam. Irritarse, disgustarse o excitarse por algo.

SOFOCO s.m. Efecto de sofocar o sofocarse. **2.** MED. Oleada de calor, de naturaleza congestiva, que aparece por lo general en la cara, especialmente durante la menopausia. SIN.: *sofocación*.

SOFOCÓN s.m. Fam. Disgusto o enojo muy grandes.

SOFOQUINA s.f. Fam. Bochorno, calor sofocante. **2.** Fig. Disgusto o enojo grandes.

SÓFORA s.f. (lat. moderno *Sophora*). Árbol ornamental, de 15 a 30 m de alt., originario de Extremo oriente. (Familia papilionáceas.)

SOFREÍR v.tr. [83]. Rehogar o freír ligeramente. GEOSIN.: Amér. *acitronar*.

SOFRENAR v.tr. Reprimir el jinete a la caballería tirando violentamente de las riendas. **2.** Fig. Refrenar una pasión del ánimo.

SOFRITO s.m. Preparación culinaria, generalmente a base de tomate, cebolla y ajo fritos.

SOFROLOGÍA s.f. Método destinado a dominar las sensaciones dolorosas y el malestar psíquico con técnicas de relajación parecidas al hipnotismo.

SOFTWARE s.m. (voz angloamericana). INFORMÁT. Conjunto de programas y rutinas que permite a la computadora la realización de ciertas tareas.

SOGA s.f. (lat. tardío *soca*). Cuerda gruesa de esparto, trenzada o retorcida. **2.** Parte de un sillar o ladrillo que queda descubierta en el paramento del muro. ◇ **A soga** Manera de construir cuando la dimensión más larga de la piedra, ladrillo, etc., se coloca paralelamente a la dirección del muro. **Con la soga al cuello** Amenazado de un grave riesgo o en situación muy apurada.

SOGUEARSE v.prnl. Colomb. Burlarse de alguien.

SOGUERO, A s. Persona que tiene por oficio hacer o vender sogas.

SOGUILLA s.f. Soga trenzada y delgada.

SOGÚN s.m. ▶ SHOGUN.

SOIRÉE s.f. (voz francesa). Fiesta de sociedad, acto social o función cinematográfica, teatral o musical que se celebra al atardecer o por la noche.

SOJA s.f. (lat. moderno *soja*, del japonés *soy*). Esp. Soya.

SOJUZGAR v.tr. (lat. *subjugare*) [2]. Someter o dominar con violencia.

1. SOL s.m. (lat. *sol, solis*). Estrella luminosa alrededor de la cual gravitan la Tierra y los demás planetas del sistema solar. (Con este significado suele escribirse con mayúscula.) **2.** Luz, radiación o influjo solar. **3.** Astro considerado como el centro de un sistema planetario: *cada galaxia contiene miles de soles*. **4.** Unidad monetaria de Perú. **5.** Porción de la plaza de toros en que da el sol al comenzar las corridas de tarde. **6.** Fig. Alabanza informal o apelativo cariñoso. **7.** BOT. Otro nombre del girasol. **8.** HERÁLD. **a.** Figura heráldica. **b.** En las armas reales, oro. ◇ **Arrimarse al sol que más calienta** Servir al más poderoso. **De sol a sol** Desde que sale el sol hasta que se pone. **No dejar ni a sol ni a sombra** Fam. Seguir a todas horas y en todo lugar, generalmente con importunidad. **Sol de justicia** Sol abrasador. **Tomar el sol** Ponerse en el lugar adecuado para gozar de él recibiendo sus radiaciones. ENCICL. El Sol es una estrella cuya energía proviene de las reacciones termonucleares de fusión del hidrógeno en helio. Su temperatura media en la superficie se estima en 5 800 ºK. La superficie luminosa habitualmente visible, o fotosfera, está formada por una multitud de células de convención, llamadas *gránulos*,

en perfecta evolución. En esta capa, de unos 100 km de espesor, aparecen manchas oscuras de formas y extensiones muy diversas, que corresponden a zonas más frías asociadas a un campo magnético intenso. También se observan las fáculas brillantes, que son huellas en la fotosfera de estructuras situadas en una capa más elevada, la cromosfera, lugar de origen de las protuberancias. Más allá de la cromosfera, de un espesor de unos 5 000 km, la atmósfera solar se prolonga por la corona, que se extiende en el espacio hasta millones de kilómetros. El globo solar limitado por la fotosfera tiene un radio igual a 696 000 km, es decir, cerca de 109 veces el radio ecuatorial de la Tierra. Su densidad media es de 1,41, de manera que su masa es solo 333 000 veces la de la Tierra, por un volumen 1 300 000 veces mayor.

2. SOL s.m. Nota musical, quinto grado de la escala de do mayor.

3. SOL s.m. Dispersión coloidal de partículas en un gas (aerosol) o en un líquido.

SOLADO s.m. Acción de solar. **2.** Revestimiento que cubre un piso.

SOLADOR, RA s. Persona que tiene por oficio solar pisos.

SOLADURA s.f. Solado. **2.** Material que sirve para solar.

SOLAMENTE adv.m. Nada más, con exclusión de. **2.** Expresamente, con particular intento.

SOLANA s.f. Lugar donde da el sol de lleno. **2.** En una casa, galería donde da el sol. **3.** GEOGR. Vertiente de un valle opuesta al sol y opuesta a la umbría.

SOLANÁCEO, A adj. y s.f. Relativo a una familia de plantas gamopétalas, con flores de corola acampanada y bayas con muchas semillas, como la papa, el tomate, la belladona, el tabaco y la petunia.

SOLANAR s.m. Solana.

SOLANO s.m. Viento del este.

SOLAPA s.f. Cualquier cosa o parte de una cosa montada sobre otra, a la que cubre parcialmente. **2.** Extremo del reverso del sobre que sirve para cerrarlo. **3.** Fig. Ficción o apariencia para disimular una cosa. **4.** En la abertura delantera de una prenda de vestir, parte del borde que se dobla hacia afuera sobre el mismo delantero. **5.** Tapa de tela que cierra el bolsillo de algunas prendas de vestir. **6.** ENCUAD. Doblez de una sobrecubierta, o parte de esta que da la vuelta y pasa por el reverso de la tapa o cubierta de un libro.

SOLAPAR v.tr. Poner dos o más cosas de modo que una cubra parcialmente a la otra. **2.** Fig. Disimular, ocultar algo por malicia o por cautela: *solapar las malas intenciones*. ◆ **solaparse** v.prnl. Estar dos o más cosas de modo que cada una de ellas cubra parcialmente a la otra.

1. SOLAR adj. (lat. *solaris*). Relativo al Sol: *rayo, año solar*. **2.** Que protege de los rayos del Sol: *crema solar*. **3.** Relativo a la energía proporcionada por el Sol. ◇ **Célula solar** Célula

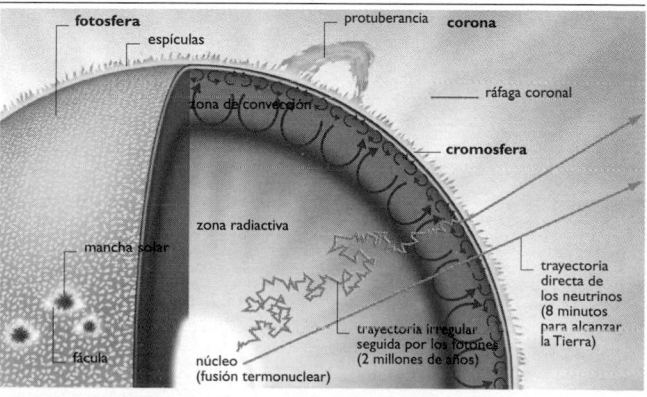

■ **SOL.** Estructura del Sol.

(labels in figure: fotosfera, espículas, protuberancia, corona, zona de convección, ráfaga coronal, cromosfera, zona radiactiva, mancha solar, trayectoria directa de los neutrinos (8 minutos para alcanzar la Tierra), fácula, núcleo (fusión termonuclear), trayectoria irregular seguida por los fotones (2 millones de años))

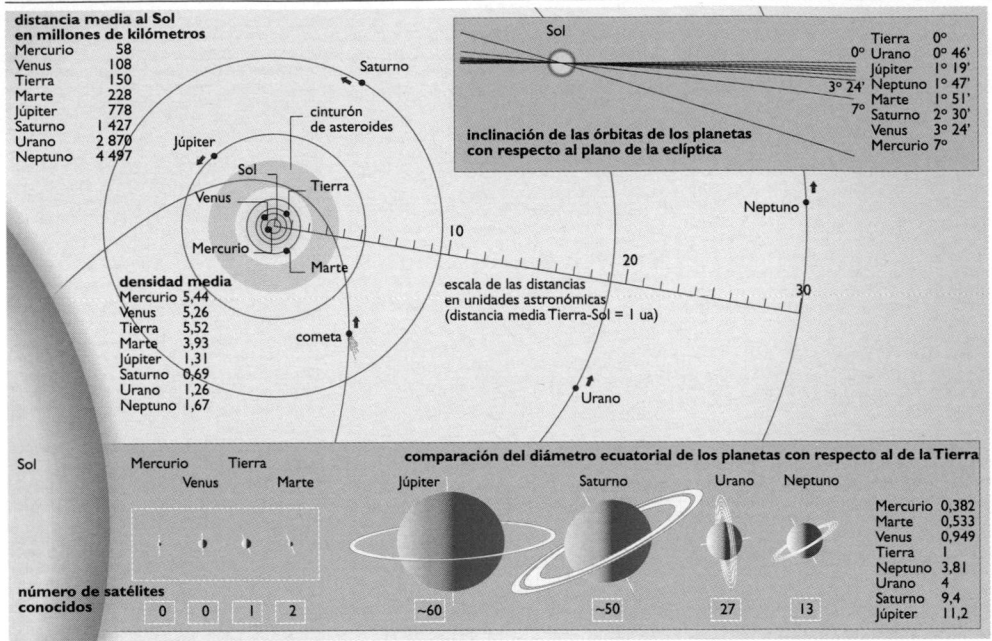

distancia media al Sol en millones de kilómetros

Mercurio	58
Venus	108
Tierra	150
Marte	228
Júpiter	778
Saturno	1 427
Urano	2 870
Neptuno	4 497

cinturón de asteroides

inclinación de las órbitas de los planetas con respecto al plano de la eclíptica

Tierra	0°
Urano	0° 46'
Júpiter	1° 19'
Neptuno	1° 47'
Marte	1° 51'
Saturno	2° 30'
Venus	3° 24'
Mercurio	7°

densidad media

Mercurio	5,44
Venus	5,26
Tierra	5,52
Marte	3,93
Júpiter	1,31
Saturno	0,69
Urano	1,26
Neptuno	1,67

escala de las distancias en unidades astronómicas (distancia media Tierra-Sol = 1 ua)

comparación del diámetro ecuatorial de los planetas con respecto al de la Tierra

Mercurio	0,382
Marte	0,533
Venus	0,949
Tierra	1
Neptuno	3,81
Urano	4
Saturno	9,4
Júpiter	11,2

número de satélites conocidos

Mercurio	Venus	Tierra	Marte	Júpiter	Saturno	Urano	Neptuno
0	0	1	2	~60	~50	27	13

■ SISTEMA **SOLAR**. Disposición de las órbitas y algunas características de los planetas del sistema solar.

fotovoltaica constituida por una unión de monocristales de semiconductor. **Central solar** Central de producción de energía eléctrica a partir de la energía solar. **Constante solar** Potencia de la radiación solar antes de su entrada en la atmósfera. **Panel solar** Panel utilizado en los sistemas de calefacción por energía solar como colector activo de energía. **Plexo solar** ANAT. Plexo de los sistemas simpáticos, situado entre el estómago y la columna vertebral. **Sistema solar** Conjunto formado por el Sol y los astros que gravitan alrededor de él. **Viento solar** Flujo de partículas electrizadas emitido permanentemente por el Sol.

ENCICL. Además del Sol, el sistema solar comprende ocho planetas principales, tres planetas enanos (Plutón, Ceres y Eris), millares de asteroides, cometas, meteoritos y polvos interplanetarios. Los planetas principales se concentran en torno del Sol en un disco de cerca de 4 500 millones de kilómetros de radio (40 veces la distancia media entre la Tierra y el Sol), pero se supone que existe una zona poblada por asteroides y núcleos cometarios más allá de la órbita de Neptuno a unos cientos de unidades astronómicas de distancia del Sol (cinturón de Kuiper), y una vasta concentración de núcleos cometarios (nube de Oort) a distancias del Sol comprendidas entre 40 000 y 100 000 veces la distancia entre la Tierra y el Sol.

■ **SOLAR.** Instalación de paneles de energía solar que proporciona agua caliente (Dakota del Sur, EUA).

2. SOLAR adj. y s.m. Se dice de la casa más antigua y noble de una familia: *un caserón solar.* ◆ s.m. Suelo. **2.** Terreno en que está construido un edificio, o destinado a edificar sobre él. **3.** Linaje noble. **4.** Cuba. Casa de vecindad, inquilinato.

3. SOLAR v.tr. [17]. Revestir el suelo con ladrillos, losas u otro material. **2.** Echar suelas al calzado.

SOLARIEGO, A adj. y s. De solar o linaje antiguo y noble: *hombre solariego.* ◆ adj. Antiguo y noble: *casa solariega.* ◆ s.m. En el Antiguo régimen, hombre de condición jurídica libre que, en virtud de un contrato, poblaba un dominio ajeno, recibía predios para su cultivo y quedaba sujeto al señor de la tierra.

SOLARÍGRAFO s.m. Aparato para medir la radiación solar.

SOLÁRIUM o **SOLARIO** s.m. Terraza o lugar preparado para tomar el sol.

SOLAZ s.m. (occitano ant. *solatz,* placer, del lat. *solacium,* consuelo). Esparcimiento, descanso y recreo del cuerpo o del espíritu.

SOLAZAR v.tr. y prnl. [7]. Proporcionar solaz: *se solaza con la lectura.*

SOLDABILIDAD s.f. Propiedad que tienen ciertos materiales de soldarse.

SOLDADA s.f. Sueldo, salario o estipendio de un soldado o marinero.

SOLDADERA s.f. Guat. Mujer del soldado.

SOLDADESCA s.f. Conjunto de soldados. **2.** Tropa indisciplinada. **3.** Ejercicio y profesión de soldado.

SOLDADESCO, A adj. Relativo o propio de los soldados: *lenguaje soldadesco.*

SOLDADO s.m. (ital. *soldato*). Persona que sirve en la milicia. **2.** Militar sin graduación. **3.** *Fig.* Defensor, partidario de algo. **4.** En las sociedades de hormigas y de termitas, individuo asexuado, destinado a la defensa de la comunidad. ◇ **Soldado de primera** Soldado que puede desempeñar funciones de cabo en caso de necesidad. **Soldado desconocido** Símbolo del conjunto de soldados muertos de una nación durante las guerras. **Soldado raso** Soldado que no tiene grado.

SOLDADOR, RA s. Persona que tiene por oficio soldar. ◆ s.m. Instrumento con que se suelda.

SOLDADURA s.f. Acción de soldar. **2.** Lugar de unión de dos cosas soldadas. **3.** Material que sirve y está preparado para soldar.

SOLDAR v.tr. (lat. *solidare,* consolidar, endurecer) [17]. Unir entre sí dos cosas o dos partes de una cosa. **2.** Efectuar una soldadura.

SOLEÁ s.f. (pl. *soleares*). Modalidad de cante flamenco. **2.** Danza que se baila con esta música. (Suele usarse en plural.)

SOLEAR v.tr. y prnl. Poner al sol.

SOLECISMO s.m. (lat. *soloecismus*). Vicio de dicción consistente en alterar incorrectamente la sintaxis normal de una frase.

SOLEDAD s.f. Estado o circunstancia de estar solo. **2.** Lugar solitario, desierto o tierra no habitada. (Suele usarse en plural.)

SOLEMNE adj. (lat. *sollemnis*). Que se celebra con mucho ceremonial, esplendor y pompa: *acto solemne.* **2.** Pomposo, majestuoso, enfático: *promesa solemne; con tono solemne.* **3.** Aplicado a algunos nombres despectivos, intensifica su significado: *una solemne tontería.*

SOLEMNIDAD s.f. Cualidad de solemne. **2.** Acto o ceremonia solemne. **3.** Festividad solemne. **4.** Cada una de las formalidades de un acto solemne.

SOLEMNIZAR v.tr. [7]. Celebrar de manera solemne. **2.** Hacer solemne una cosa.

SOLENOIDAL adj. Relativo al solenoide.

SOLENOIDE s.m. (del gr. *sōlÿn, -ynos,* conducto, y *eidos,* forma). ELECTR. Hilo metálico enrollado en hélice sobre un cilindro que, cuando es recorrido por una corriente eléctrica, crea un campo magnético comparable al de un imán recto.

SÓLEO adj. y s.m. ANAT. Se dice del músculo situado en la parte inferior y posterior de la pierna, debajo de los gemelos, que sirve para elevar el talón y extender el pie.

SOLER v.intr. [30]. Acostumbrar. (No se usan los futuros de indicativo y subjuntivo, ni el condicional ni el imperativo. Se construye siempre seguido de un infinitivo.)

SOLERA s.f. *Fig.* Cualidad o conjunto de cualidades de una persona, una colectividad o una cosa, que imprime un carácter especial: *casa con solera; un actor de solera; vino de solera.* **2.** Madero puesto horizontalmente en el que se ensamblan o apoyan otros verticales, inclinados, etc. **3.** Muela del molino que está fija debajo de la volandera. **4.** Superficie del fondo en canales y acequias. **5.** Argent. y Chile. Prenda de vestir ligera, con tirantes, que usan las mujeres durante el verano. **6.** Chile. Encintado de las aceras. **7.** Méx. Baldosa, ladrillo. ◇ **Solera de un horno** Suelo del horno o fondo refractario sobre el que se colocan las piezas para calentarlas.

SOLETA s.f. Dom. Sandalia rústica de cuero. **2.** Méx. Galleta alargada, dulce y crujiente.

SOLFA s.f. (de *sol* y *fa*, notas de la escala musical).Arte que enseña a leer y entonar un texto musical. **2.** Conjunto de signos musicales. **3.** *Fig.* y *fam.* Música. **4.** *Fig.* y *fam.* Paliza, zurra. ◇ **Poner en solfa** *fam.* Poner orden en una cosa y hacer que funcione bien.

SOLFATARA s.f. Emanación volcánica en forma de vapor de agua, bióxido de carbono y anhídrido sulfhídrico, por cuya oxidación se forma azufre. **2.** Terreno donde se desprenden estas emanaciones.

SOLFEAR v.tr. Cantar un fragmento musical, pronunciando el nombre de las notas. **2.** *Fig.* y *fam.* Dar una paliza. **3.** *Fig.* y *fam.* Censurar, reprender.

SOLFEO s.m. Acción de solfear. **2.** Técnica de lectura de una partitura musical.

SOLICITADA s.f. Argent. Artículo o noticia que un particular inserta en un periódico mediante pago.

SOLICITANTE adj. y s.m. y f. Que solicita.

SOLICITAR v.tr. (lat. *sollicitare*). Pedir una cosa, en especial si se hace formalmente y siguiendo un procedimiento establecido. **2.** Tratar de conseguir la amistad, el amor, la compañía o la atención de alguien.

SOLÍCITO, A adj. (lat. *sollicitus*). Diligente y pronto en servir, atender o ser agradable: *persona solícita y complaciente.*

SOLICITUD s.f. (lat. *sollicitudo*). Instancia, documento formal con que se solicita algo. **2.** Acción de pedir algo cuidadosa y diligentemente. **3.** Cualidad de solícito.

SOLIDARIDAD s.f. Adhesión incondicional a la causa o empresa de otros. **2.** Entera comunidad de intereses y responsabilidades: *solidaridad entre los pueblos.*

SOLIDARIO, A adj. Que muestra o implica solidaridad. ◇ **Obligación solidaria** DER. Obligación al término de la cual uno de los acreedores puede reclamar la totalidad del crédito, o por la cual uno de los deudores puede verse demandado por la totalidad de la deuda.

SOLIDARIZAR v.tr. y prnl. [7]. Hacer solidaria a una persona o cosa con otra.

SOLIDEO s.m. Casquete, generalmente de seda, que usan los eclesiásticos.

SOLIDEZ s.f. Cualidad de sólido.

SOLIDIFICACIÓN s.f. Paso de un cuerpo del estado líquido al estado sólido.

SOLIDIFICAR v.tr. [1]. Hacer pasar al estado sólido. ◆ **solidificarse** v.prnl. Producirse una solidificación.

SÓLIDO, A adj. (lat. *solidus*). Que tiene una forma propia y una consistencia (por oposición a *fluido*): *cuerpo sólido.* **2.** Firme, macizo y resistente: *una construcción sólida.* **3.** Que tiene un fundamento real, efectivo, durable: *razones sólidas.* **4.** Firme en sus opiniones o sentimientos: *carácter sólido.* **5.** Fís. Se dice de un estado de la materia en el cual los átomos oscilan alrededor de posiciones fijas, con una distribución arbitraria (sólidos amorfos) u ordenada (cristales). ◆ s.m. Cuerpo en el que sus diferentes puntos se encuentran situados a distancias invariables, de manera que tienen una forma y un volumen determinados. **2.** MAT. Porción de espacio bien delimitada y considerada como un todo indeformable.

SOLIDUS s.m. Sobre un diagrama térmico, curva que da la temperatura final de solidificación de una mezcla, en función de su composición.

SOLIFLUXIÓN s.f. GEOGR. En una vertiente, desplazamiento lento y masivo de la parte superficial del suelo empapado en agua, que se produce sobre todo en regiones frías por el deshielo.

SOLILOQUIO s.m. (lat. *soliloquium*). Discur-

so de una persona consigo misma, como si hablara en voz alta.

SOLIO s.m. Trono, silla real con dosel. ◇ **Solio pontificio** Papado.

SOLÍPEDO, A adj. y s.m. ZOOL. **a.** Se dice de los animales cuyo pie tiene un solo dedo terminado en una pezuña. **b.** Équido.

SOLIPSISMO s.m. FILOS. Doctrina idealista según la cual el sujeto pensante no puede afirmar más existencia que la suya propia.

SOLISTA adj. y s.m. y f. Se dice del artista o instrumento que interpreta un solo.

SOLITARIA s.f. Femenino de solitario. **2.** Tenia, gusano intestinal.

SOLITARIO, A adj. (lat. *solitarius*). Que está solo, sin compañía. **2.** No habitado o no concurrido: *casa, calle solitaria.* **3.** Se dice de las flores únicas no aisladas en la cima de un pedúnculo. ◆ adj. y s. Se dice de la persona que busca estar solo, sin compañía: *carácter solitario.* ◆ s.m. Diamante grueso que se engasta solo en una joya. **2.** Juego de naipes que ejecuta una persona sola, a base de obtener determinadas combinaciones o resultados. **3.** Ave paseriforme de tamaño medio, que vive en América Meridional. (Familia rinocríptidos.)

SOLIVIANTAR v.tr. y prnl. Inducir a alguien a tomar una actitud rebelde: *soliviantar al pueblo.* **2.** Indignar, irritar o alterar. **3.** Hacer que alguien conciba deseos o ilusiones irrealizables o se envaneza.

SOLLA s.f. Pez teleósteo perciforme, comestible, de hasta 40 cm de long., que vive en el Atlántico. (Familia pleuronéctidos.)

SOLLADO s.m. (port. *solhado*, suelo). MAR. Cubierta inferior de un buque que suele usarse de almacén.

SOLLO s.m. Esturión.

SOLLOZAR v.intr. [7]. Llorar entrecortadamente con movimientos convulsivos.

SOLLOZO s.m. (lat. vulg. *suggluttium*). Movimiento convulsivo y entrecortado que se produce al sollozar.

1. SOLO o **SÓLO** adv.m. Solamente.

2. SOLO, A adj. (lat. *solus, -a, -um*). Que es único en su especie, que no hay otro en determinada circunstancia, lugar u ocasión: *un solo ejemplar.* **2.** Que está sin compañía, sin familia o sin amigos: *vivir, estar solo.* **3.** Sin añadir otra cosa: *corne pan solo.* ◆ s.m. COREOGR. Paso de danza que se ejecuta sin pareja. **2.** MÚS. Aire cantado o cantado por un único ejecutante, con acompañamiento o sin él, dentro de un conjunto coral o instrumental. ◇ **A solas** Sin compañía o ayuda de otra persona. **Quedarse solo** No tener competidores; en una conversación, hablar mucho, sin dejar intervenir a los demás.

SOLOMILLO s.m. CARN. Pieza alargada de carne, de primera calidad, que se extiende por entre las costillas y el lomo.

SOLSTICIAL adj. Relativo a los solsticios.

SOLSTICIO s.m. (lat. *solstitium*). ASTRON. **a.** Cada uno de los dos puntos de la eclíptica más alejados del ecuador celeste. **b.** Época del año en la cual el Sol alcanza uno de estos puntos.

SOLTAR v.tr. y prnl. [17]. Hacer que algo o alguien deje de estar sujeto o asido: *soltar los cabellos; soltarse de la mano.* **2.** Liberar a una persona o animal: *soltar un pájaro, a un preso.* ◆ v.tr. Dar una paliza, patada, golpe, reprimenda, etc.: *soltar una bofetada.* **2.** Desprenderse de algo: *nunca suelta un duro.* **3.** Dejar salir de sí una manifestación fisiológica, una expresión o la demostración de un estado de ánimo: *soltar una carcajada.* **4.** *Fam.* Decir con violencia o franqueza algo que se tenía contenido o que debía callarse: *soltar una blasfemia.* **5.** MAR. Desasir aquello que mantiene sujetas determinadas piezas a bordo: *soltar amarras.* ◆ **soltarse** v.prnl. Perder la contención en el comportamiento o en el lenguaje. **2.** Adquirir habilidad y desenvoltura: *ya se suelta en el inglés.* **3.** *Fig.* Empezar a hacer terminada cosa: *soltarse a cantar, a andar.*

SOLTERÍA s.f. Estado de soltero.

SOLTERO, A adj. y s. (del lat. medieval *solutus*). Que no ha contraído matrimonio.

SOLTERÓN, NA adj. y s. Que no se ha casa-

do, habiendo ya sobrepasado una edad en la que la gente se suele casar.

SOLTURA s.f. Agilidad, desenvoltura o facilidad con que se hace una cosa: *hablar con soltura el inglés.*

SOLUBLE adj. (lat. *solubilis*). Que se puede disolver o desleír: *el azúcar es soluble en el agua.* **2.** Que se puede resolver: *problema soluble.*

SOLUCIÓN s.f. (lat. *solutio*).Manera de resolver una dificultad, negocio o proceso: *la solución a un problema.* **2.** Desenlace de un asunto, especialmente de una obra dramática. **3.** Mezcla homogénea, que tiene una sola fase, de dos o más cuerpos y, en particular, líquido que contiene un cuerpo disuelto: *una solución azucarada.* **4.** MAT. Sistema de valores de las incógnitas que satisfacen una ecuación o un sistema de ecuaciones. ◇ **Solución de continuidad** Interrupción en una serie de cosas o suspensión de una actividad. **Solución de Ringer** Solución salina, isotónica con relación al líquido celular, que permite el mantenimiento de las células y la supervivencia de los órganos aislados. **Solución sólida** Mezcla homogénea de varios sólidos.

SOLUCIONAR v.tr. Resolver un asunto o hallar solución o término a un proceso: *solucionar un problema.*

SOLUTO s.m. QUÍM. Sustancia en disolución.

SOLUTRENSE adj. y s.m. (de *Solutré Pouilly*, sitio arqueológico francés) Se dice de una facies cultural del paleolítico superior, caracterizada por un retoque en forma de largas lascas planas en ambas caras del útil (hoja de laurel).

SOLVATACIÓN s.f. Combinación o asociación molecular de un cuerpo disuelto con el disolvente.

SOLVATO s.m. Combinación química de un cuerpo disuelto con su disolvente.

SOLVENCIA s.f. Cualidad de solvente.

SOLVENTAR v.tr. Resolver una dificultad o asunto difícil: *solventar conflictos.* **2.** Pagar una deuda o cuenta.

SOLVENTE adj. Libre de deudas. **2.** Que está en una situación económica capaz de satisfacer las deudas o compromisos adquiridos. **3.** Capaz de cumplir debidamente un cargo u obligación. ◆ s.m. Disolvente químico.

SOMA s.m. BIOL. Conjunto de células no reproductoras de los seres vivos.

SOMACIÓN s.f. BIOL. Variación que afecta solo al soma de un organismo, y que no se transmite por herencia.

SOMALÍ adj. y s.m. y f. De Somalia. **2.** De un pueblo que habla una lengua cusita y que vive en Somalia, Etiopía, Kenia y Djibouti.

SOMANTA s.f. Esp. *Fam.* Paliza, zurra.

SOMÁTICO, A adj. Relativo al cuerpo. **2.** BIOL. Relativo al soma.

SOMATIZACIÓN s.f. PSICOL. Acción de somatizar.

SOMATIZAR v.tr. [7]. PSICOL. Convertir un problema psíquico en una enfermedad o en un síntoma orgánico.

SOMATOLOGÍA s.f. (del gr. *soma*, cuerpo, y *lógos*, tratado). Estudio del cuerpo de los seres vivos.

SOMATOTROPINA s.f. Hormona somatótropa.

SOMATÓTROPO, A adj. Se dice de una de las hormonas de la hipófisis, que tiene acción directa sobre el crecimiento.

SOMBRA s.f. (lat. *umbra*).Oscuridad debida a la intercepción de los rayos de luz por un cuerpo opaco. **2.** Zona donde se produce dicha oscuridad. **3.** Parte no iluminada de un espacio que reproduce la silueta del cuerpo interpuesto entre el foco de luz y dicho espacio. **4.** Falta de luz, oscuridad: *las sombras de la noche.* (Suele usarse en plural.) **5.** *Fig.* Recuerdo vago. **6.** Espectro o aparición de una imagen. **7.** *Fig.* Protección, amparo. **8.** *Fig.* Cantidad muy pequeña. **9.** *Fig.* Ignorancia, falta de claridad en la comprensión. **10.** *Fig.* Causas de inquietud o pesimismo, preocupaciones. (Suele usarse en plural.) **11.** *Fig.* Clandestinidad, desconocimiento total. **12.** *Fig.* Mácula, defecto. **13.** *Fig.* y *fam.* Suerte: *la buena sombra nos acompaña.* **14.** *Fig.* y *fam.* Gracia, donaire:

una mujer con sombra. **15.** *Fig.* y *fam.* Persona que sigue a otra por todas partes: *se ha convertido en mi sombra.* **16.** Pigmento de color entre gris y marrón, que se utiliza en pintura artística y decorativa. **17.** ANT. Espíritu de los muertos que conservaban en el más allá una inmaterial apariencia humana. **18.** B. ART. Parte sombreada de un dibujo o de una pintura. (Suele usarse en plural.) **19.** TAUROM. Parte de la plaza que está a la sombra al comenzar la corrida. ⬦ **A la sombra** *Fam.* En la cárcel. **Hacer sombra** Impedir la luz; impedir que alguien o algo sobresalga o se distinga; favorecer, amparar. **Mala sombra** Mal carácter o mala intención: *tener muy mala sombra.* **No ser alguien ni sombra de lo que era** Haber degenerado o decaído en extremo. **Punto de sombra** Punto de bordado hecho sobre una tela transparente, que por el derecho presenta un pespunte y por el revés se cruzan los hilos. **Sombra de ojos** Producto cosmético que se aplica sobre el párpado. **Sombras chinescas** o **teatro de sombras** Espectáculo en el que los personajes son siluetas negras, fuertemente iluminadas por detrás, y que aparecen en una pantalla transparente.

SOMBREADO s.m. Acción y efecto de sombrear un dibujo, pintura, croquis, etc. **2.** Gradación de color. **3.** Técnica que se emplea en microscopia electrónica para hacer visibles los objetos transparentes.

SOMBREAR v.tr. Dar sombra. **2.** Poner sombra en una pintura o dibujo. ⬦ v.tr. y prnl. Maquillar con sombra de ojos los párpados.

SOMBRERAZO s.m. *Fam.* Saludo ampuloso hecho quitándose el sombrero.

SOMBRERERA s.f. Caja para guardar o transportar sombreros.

SOMBRERERÍA s.f. Establecimiento en el que se confeccionan o venden sombreros. **2.** Oficio de sombrerero.

SOMBRERERO, A s. Persona que tiene por oficio confeccionar o vender sombreros.

SOMBRERETE s.m. Caperuza de una chimenea.

SOMBRERO s.m. Prenda de vestir que sirve para cubrir la cabeza, que se compone generalmente de copa y ala. **2.** Tapaboca de los cañones, obuses o morteros. **3.** Porción de un hongo basidiomicete, que soporta los sacos esporíferos. ⬦ **Quitarse el sombrero** Demostrar admiración o respeto por alguien o algo. **Sombrero calañés,** o **de Calañas** Sombrero de ala vuelta hacia arriba y copa comúnmente baja, de cono truncado. **Sombrero chambergo** Sombrero de copa más o menos acampanada y ala ancha, levantada por un lado. **Sombrero cordobés** Sombrero de fieltro, de ala ancha y plana, con copa baja cilíndrica. **Sombrero de copa (alta)** Sombrero de ala estrecha y copa cilíndrica y plana por encima. **Sombrero hongo** Sombrero de fieltro duro y copa aovada.

SOMBRILLA s.f. (fr. *ombrelle*). Utensilio semejante a un paraguas, que sirve para resguardarse del sol.

SOMBRÍO, A adj. Que suele estar en sombra o con muy poca luz: *camino sombrío.* **2.** *Fig.* Triste, tétrico, melancólico: *mirada sombría.*

SOMERO, A adj. Muy cerca de la superficie. **2.** *Fig.* Superficial, poco detallado: *explicación somera.*

SOMESTESIA s.f. FISIOL. Campo de la sensibilidad general correspondiente a la percepción consciente de todas las modificaciones que afectan al revestimiento cutáneo mucoso, las vísceras y los sistemas muscular y osteoarticular. SIN.: *somatestesia.*

SOMETER v.tr. y prnl. (lat. *submittere*). Imponer a alguien, generalmente por la fuerza o por las armas, su autoridad o dominio a los demás: *someter a los rebeldes.* **2.** Hacer depender una cosa de otra: *someter la voluntad.* **3.** Hacer que una persona o cosa reciba o experimente una acción sobre ella: *someter a una operación, a un interrogatorio.* ⬦ v.tr. Exponer un proyecto, idea, plan, etc., para su aprobación o no. **2.** Encomendar la resolución de un negocio o litigio.

SOMETIMIENTO s.m. y f. Acción y efecto de someter o someterse.

SOMIER s.m. (fr. *sommier*). Bastidor rectangular de las camas, de madera o metal, que constituye un soporte elástico para el colchón.

SOMITO s.m. ZOOL. Metámero.

SOMNÍFERO, A adj. y s.m. Que favorece el sueño. **2.** Se dice del fármaco o droga que produce sueño.

SOMNILOQUIA s.f. Emisión de sonidos más o menos bien articulados durante el sueño.

SOMNOLENCIA s.f. Adormecimiento, pesadez física que causa el sueño.

SOMNOLIENTO, A adj. Que tiene somnolencia.

SOMONTANO, A adj. y s. Del Alto Aragón. ⬦ adj. Se dice del terreno o región situados al pie de una montaña.

SOMORMUJO s.m. (del lat. *mergus,* de *submergere,* sumergirse). Ave palmípeda, de 30 cm de long., de dedos lobulados, que vive en aguas tranquilas, se alimenta de peces e insectos y construye nidos flotantes. (El macho es de color gris claro, con la cabeza parda y el pecho negro; la hembra tiene un plumaje menos brillante; familia podicipítidos.)

■ SOMORMUJO

SOMPOPO s.m. Hond. Guiso consistente en carne rehogada en manteca. **2.** Hond. y Nicar. Variedad de hormiga amarilla.

SON s.m. Sonido, especialmente musical. **2.** Estilo de música propio del Caribe que combina elementos hispánicos con otros de origen africano. **3.** Baile popular acompañado de esta música que se ejecuta por parejas con movimientos sensuales. ⬦ **Al son de** Con acompañamiento de un instrumento. **Bailar al son que tocan,** o **al son de alguien** *Fam.* Adoptar la opinión o actitud que toman los demás o que toma otro, o acomodarse a las circunstancias del momento. *Fig.* Estilo, modo de hacer una cosa. **En son de** En actitud de, con ánimo de; del modo o manera que se expresa.

SONADO, A adj. Que es muy nombrado, conocido o famoso. **2.** Se dice del boxeador que ha perdido facultades mentales como consecuencia de los golpes recibidos. ⬦ **Estar sonado** *Fam.* Estar loco. **Hacer una sonada,** o **que sea sonada** Promover un escándalo, dar mucho que hablar.

SONAJA s.f. En algunos juguetes o instrumentos musicales, par o pares de chapas de metal atravesadas por el centro de alambre que se muevan al agitar el soporte en que están colocadas. (Suele usarse en plural.)

SONAJERA s.f. Chile. Sonajero.

SONAJERO s.m. Juguete consistente en un mango con sonajas o cascabeles, que sirve para entretener a los niños muy pequeños.

SONAMBULISMO s.m. Comportamiento motor automático más o menos adaptado que se produce durante el sueño.

SONÁMBULO, A adj. y s. Que ejecuta actos de sonambulismo.

SONANTE adj. Que suena; sonoro. ⬦ s.f. Fonema que reúne a la vez la resonancia característica de la vocal y el ruido de espiración de la consonante.

1. SONAR v.intr. (lat. *sonare*) [17]. Producir o emitir un sonido. **2.** Mencionarse, nombrarse: *sonar en el mundo de las finanzas.* **3.** Parecer, tener el aspecto o apariencia de aquello

que se expresa: *sonar a paradoja.* **4.** Resultar algo vagamente conocido por haberlo visto u oído antes: *una música, un nombre, una noticia que suena.* **5.** Tener una letra valor fónico: *en español, la letra «hache» no suena.* **6.** Argent., Chile y Par. *Fam.* Fracasar, perder, tener mal fin algo o alguien. **7.** Argent., Chile y Urug. *Vulg.* Morir; padecer una enfermedad mental. **8.** Chile. Sufrir las consecuencias de algún hecho o cambio. **9.** Méx. *Vulg.* Golpear a alguien fuertemente: *lo sonaron por mentiroso.* ⬦ v.tr. Hacer que una cosa produzca o emita un sonido. ⬦ v.tr. y prnl. Limpiar las narices de mocos. ⬦ **(Así,** o **tal) como suena** En el sentido estricto de las palabras. **Hacer sonar** Chile. Castigar frecuentemente; ganar en una pelea, dejando al adversario fuera de combate. **Sonar bien,** o **mal** Producir buena, o mala, impresión una expresión en el ánimo del que la oye.

2. SONAR s.m. (acrónimo del inglés *sound navigation ranging*). Aparato de detección submarina por medio de ondas ultrasonoras, que permite la localización e identificación de los objetos sumergidos.

SONATA s.f. (ital. *sonata*). Término que designa habitualmente, desde fines del s. XVII, una composición de música instrumental en tres o cuatro movimientos ejecutada por uno o dos instrumentos, y cuyo primer movimiento obedece, desde el s. XVIII, a un plan determinado. ⬦ **Forma sonata** Forma del primer movimiento, a veces de uno de los demás movimientos, de una sonata, de una sinfonía o de un cuarteto, constituido por la exposición, el desarrollo y la reexposición de dos temas.

SONATINA s.f. Pequeña sonata.

SONDA s.f. (del fr. *sonde*). Acción y efecto de sondar. **2.** Instrumento mecánico o eléctrico, para la exploración de zonas inaccesibles. **3.** Instrumento empleado para quitar o sacar la suciedad y residuos que obstruyen las tuberías. **4.** Cuerda con un peso de plomo que sirve para medir la profundidad de las aguas y explorar el fondo del mar. **5.** MED. Instrumento alargado y fino, que se introduce en un conducto o cavidad con fines terapéuticos o diagnósticos. **6.** MIN. Aparato de perforación que permite alcanzar profundidades medias y grandes, así como extraer muestras de terreno. ⬦ **Sonda espacial** Vehículo de exploración espacial, no tripulado, lanzado desde la Tierra y destinado a escapar del campo gravitatorio terrestre o a evolucionar en los límites de este, para estudiar el medio interplanetario o ciertos astros del sistema solar.

SONDADOR s.m. Aparato para sondar.

SONDAR v.tr. Examinar con una sonda la naturaleza del subsuelo, la profundidad y calidad del agua, etc. **2.** Introducir la sonda en una parte del cuerpo con fines terapéuticos o diagnósticos. **3.** Practicar un agujero de sonda.

SONDEAR v.tr. Sondar. **2.** *Fig.* Intentar conocer la intención, la manera de pensar o los sentimientos de alguien o el estado de alguna cosa: *sondear la opinión.*

SONDEO s.m. Acción de sondar o sondear. **2.** Operación de medir la profundidad del mar. **3.** Método de exploración del fondo del mar. **4.** Exploración de la atmósfera libre con aparatos transportados por aviones o globos. **5.** ESTADÍST. Procedimiento de encuesta sobre ciertas características de una población, a partir de observaciones sobre una muestra limitada, considerada representativa de esta población. **6.** MED. Introducción en un canal natural de una sonda destinada a evacuar el contenido de la cavidad donde desemboca, o a estudiar el calibre, la profundidad y las eventuales lesiones del órgano considerado. **7.** MIN. **a.** Operación de perforar el terreno con la sonda. **b.** Perforación de pequeño diámetro y gran profundidad. ⬦ **Sondeo aerológico** Determinación, por medio de un globo sonda, de la dirección y la velocidad del viento a diversas altitudes.

SONERÍA s.f. Conjunto de todas las piezas que sirven para hacer sonar un reloj.

SONETISTA s.m. y f. Persona que compone o escribe sonetos.

SONETO s.m. (ital. *sonetto*, dim. de *suono*, sonido). Composición poética de catorce versos de arte mayor, generalmente endecasílabos, con rima asonante, distribuidos en dos cuartetos y dos tercetos.

SONGAY, pueblo de Malí, que vive en ambas orillas del Níger, que habla una lengua nilosahariana y está fuertemente islamizado.

SÓNICO, A adj. Relativo a la velocidad del sonido. **2.** Que posee una velocidad igual a la del sonido.

SONIDO s.m. (lat. *sonitus, -us*). Sensación producida en el oído por las vibraciones de los cuerpos, que se propagan por medios elásticos, como el aire. **2.** Toda emisión de voz, simple o articulada. ◇ **Espectáculo de luz y sonido** Espectáculo nocturno que adopta como marco un edificio antiguo y utiliza iluminación y sonido estereofónico.

ENCICL. Los sonidos se distinguen por tres características: la *altura*, cualidad que distingue un sonido grave de otro agudo y que depende de la frecuencia de las vibraciones de la fuente sonora; la *intensidad*, cualidad que distingue un sonido débil de otro fuerte y que depende de la amplitud de las vibraciones; y el *timbre*, cualidad que distingue dos sonidos emitidos por dos instrumentos diferentes y que depende de la complejidad de las vibraciones. Todos los medios materiales pueden transmitir el sonido, pero no puede hacerlo el vacío. En el aire, a 0 ºC, la velocidad de propagación es de 331 m/s: esta velocidad aumenta con la temperatura, y es mayor en los líquidos y los sólidos. Los sonidos percibidos por el ser humano tienen una frecuencia comprendida entre 16 y 20.000 hercios.

SONINKÉ o **SARAKOLÉ**, pueblo de etnia mandinga, que habita principalmente en Malí y también en Senegal y Mauritania.

SONIQUETE s.m. Sonsonete.

SONÓMETRO s.m. Aparato que sirve para medir y comparar sonidos.

SONORIDAD s.f. Cualidad de sonoro.

SONORIZACIÓN s.f. Acción y efecto de sonorizar o sonorizarse.

SONORIZAR v.tr. [7]. Incorporar sonido a una cinta cinematográfica. **2.** Hacer sonora una consonante sorda. **3.** Aumentar la potencia sonora de un manantial o foco emisor, mediante el empleo de amplificadores electrónicos y de altavoces.

SONORO, A adj. (lat. *sonorus*). Que suena o puede sonar. **2.** Que tiene un sonido armonioso, agradable o vibrante: *un instrumento sonoro; voz sonora.* **3.** Que refleja o emite bien el sonido: *bóveda sonora.* **4.** Relativo al sonido: *ondas sonoras.* **5.** Se dice del cine, película, etc., que tiene el sonido incorporado. **6.** FONÉT. Se dice del fonema que se articula con vibración de las cuerdas vocales.

SONOTONE s.m. (marca registrada). Audífono.

SONREÍR v.intr. y tr. (lat. *subridere*) [82]. Reír levemente, sin emitir ningún sonido, con un simple movimiento de labios. ◆ v.intr. *Fig.* Ser favorable a alguien la fortuna, la vida, etc.

SONRIENTE adj. Que sonríe.

SONRISA s.f. Acción de sonreír.

SONROJAR v.tr. y prnl. Ruborizar, causar rubor o vergüenza.

SONROJO s.m. Acción y efecto de sonrojar o sonrojarse.

SONROSAR v.tr. y prnl. Dar color rosado.

SONSACAR v.tr. [1]. Conseguir cierta cosa con insistencia y astucia: *sonsacar dinero a alguien.* **2.** Averiguar, procurar con habilidad que alguien diga lo que sepa sobre algo que interesa.

SONSERA s.f. Argent. Zoncera.

SONSONETE s.m. Sonido repetido y monótono. **2.** *Fig.* Entonación monótona y desagradable al hablar, leer o recitar.

SOÑACIÓN s.f. Ensueño.

SOÑADOR, RA adj. y s. *Fig.* Idealista, romántico.

SOÑAR v.tr. e intr. [17]. Representarse en la imaginación escenas o sucesos durante el sueño. **2.** *Fig.* Fantasear, imaginar como verdaderas y reales cosas que no lo son. ◆ v.intr. *Fig.* Desear mucho algo: *soñar con un largo viaje.* ◇ **Ni soñarlo** *Fam.* Expresa la seguridad de que tiene alguien o de que no existe o no va a ocu-

rrir cierta cosa. **Soñar despierto** Discurrir fantásticamente y dar por cierto lo que no es.

SOÑARRERA s.f. *Fam.* Sueño o ganas de dormir muy fuertes. SIN.: *soñera.* **2.** *Fam.* Sueño muy pesado. SIN.: *soñera.*

SOPA s.f. (del germ. *suppa*, pedazo de pan empapado). Plato de caldo con arroz, fécula, verduras, etc., que se cuece en él. **2.** Cualquier sustancia, como pasta, fécula o verduras, preparadas para hacer sopa. **3.** Pedazo de pan, empapado en cualquier líquido alimenticio. **4.** Plato consistente en rebanadas de pan bañadas o cocidas en cualquier líquido alimenticio. ◆ **sopas** s.f.pl. Rebanadas de pan que se cortan para echarlas en el caldo. ◇ **Dar sopas con honda** *Fam.* Tener o demostrar una gran superioridad sobre una persona o cosa. **Hasta en la sopa** *Fam.* En todas partes. **Hecho, o como, una sopa** *Fam.* Muy mojado. **Sopa boba** Esp. HIST. En España, durante el Antiguo régimen, forma de caridad practicada por las órdenes religiosas, que consistía en el reparto de una comida diaria entre los pobres; *Fig* vida holgazana y a expensas de otro. **Sopa de ajo** Sopa elaborada con rebanadas de pan cocidas en agua, y aceite frito con ajos y a veces pimentón. **Sopa juliana** Sopa elaborada con distintas verduras cortadas en forma de paja.

SOPAIPILLA s.f. Argent. y Chile. Masa frita que se hace con harina, manteca, grasa o aceite y zapallo. ◇ **Sopaipilla pesada** Chile. La que se sirve empapada en chancaca, almíbar o miel.

SOPAPEAR v.tr. Pegar sopapos.

SOPAPO s.m. Golpe dado en la cara, especialmente con los dedos o con el dorso de la mano. **2.** *Fam.* Bofetada, cachete.

SOPE s.m. Méx. Tortilla de maíz, gruesa y pequeña, con frijoles, salsa, queso y otros ingredientes.

SOPERA s.f. Recipiente hondo o ancho y con tapa en que se sirve la sopa.

SOPERO, A adj. y s.m. Se dice del plato hondo en que se suele comer la sopa. ◆ adj. Se dice de la cuchara grande que sirve para tomar la sopa. **2.** Se dice de la persona aficionada a la sopa.

SOPESAR v.tr. Levantar una cosa para tantear el peso que tiene. **2.** Calcular o considerar por anticipado las ventajas o inconvenientes de una cosa.

SOPETÓN s.m. Golpe fuerte y brusco dado con la mano. ◇ **De sopetón** Brusca, improvisada o repentinamente.

SOPICALDO s.m. Caldo con pocas sopas.

SOPLADO s.m. Procedimiento para despellejar las reses en los mataderos. **2.** Procedimiento de moldeo para la fabricación de objetos huecos. **3.** Operación de afino metalúrgico, que consiste en inyectar una fuerte corriente gaseosa en un baño de metal en fusión. **4.** Procedimiento de elaboración de los objetos de vidrio hueco, de boca estrecha.

SOPLADOR, RA adj. y s. Que sopla. ◆ s.m. En las locomotoras de vapor, eyector de tiro o dispositivo instalado en la caja de humo de la máquina. SIN.: *soplador de vapor.* **2.** Oficial vidriero que sopla la masa en fusión.

SOPLADORA s.f. En la fabricación de sombreros, máquina para preparar el pelo ya cortado a fin de facilitar el fieltrado. **2.** Máquina soplante, como la empleada para la fabricación de vidrio soplado, la alimentación de las toberas de un horno, fragua, etc.

SOPLADURA s.f. Acción de soplar. **2.** INDUSTR. **a.** Cada una de las cavidades llenas de gases ocluidos durante la solidificación de una masa de metal fundido. **b.** Huella dejada en el fondo de los recipientes de vidrio soplado.

SOPLAMOCOS s.m. (pl. *soplamocos*). *Fam.* Sopapo, especialmente en las narices.

SOPLANTE adj. Que sopla. ◆ s.f. Compresor empleado para abastecer de agua a un alto horno o a un convertidor. ◇ **Máquina soplante** Máquina mediante la cual se hace circular gran cantidad de aire sobre combustible en ignición, para activar la combustión.

SOPLAR v.intr. y tr. (lat. *sufflare*). Despedir aire por la boca, formando con los labios una abertura redondeada. ◆ v.tr. e intr. Hacer que los fuelles u otros instrumentos adecuados ex-

pulsen aire. ◆ v.intr. Moverse el viento con cierta intensidad. **2.** *Fam.* Beber con exceso. ◆ v.tr. Apartar con un soplo una cosa: *soplar el polvo de la mesa.* **2.** Hurtar, quitar con habilidad y astucia: *soplar dinero.* **3.** Hinchar algo con aire. **4.** Efectuar el soplado de un metal o de una aleación. **5.** *Fig.* Inspirar, sugerir: *la musa sopla sus versos.* **6.** *Fig.* Decir a alguien con disimulo algo que no sabe o no recuerda y sobre lo que ha de hacer una exposición: *le sopló todo el examen.* **7.** *Fig.* Acusar, delatar, denunciar: *soplar un hecho a la policía.* **8.** Pegar un golpe, bofetada, etc.: *soplar un puñetazo.* **9.** En el juego de las damas y otros, quitar al contrario la pieza con que debió matar y no lo hizo. ◆ **soplarse** v.prnl. Beber o comer en exceso: *se sopló dos litros de cerveza.* **2.** *Fig.* y *fam.* Engreírse, envanecerse. ◇ **Soplar vidrio** Hacer objetos de vidrio por soplado.

SOPLETE s.m. (fr. *soufflet*). Aparato que sirve para soldar piezas de metal y trabajar el vidrio, consistente en un tubo por el que sale una llama que se dirige a un punto que necesita una temperatura muy elevada.

SOPLIDO s.m. Soplo brusco y fuerte.

SOPLILLO s.m. Instrumento para aventar el fuego.

SOPLO s.m. Acción de soplar. **2.** *Fig.* Instante o espacio brevísimo de tiempo: *llegar en un soplo.* **3.** MED. Sonido percibido por auscultación de un órgano.

SOPLÓN, NA adj. y s. *Fam.* Que acusa o denuncia. ◆ s.m. Amér. Central. Apuntador de teatro.

SOPONCIO s.m. *Fam.* Desmayo, síncope.

SOPOR s.m. (lat. *sopor, -oris*). Estado patológico de sueño profundo. **2.** Adormecimiento, somnolencia.

SOPORÍFERO, A adj. y s.m. Que produce sueño. ◆ adj. *Fig.* Que aburre mucho.

SOPORTAL s.m. Espacio cubierto que en algunas casas precede a la entrada principal. **2.** Pórtico con arcadas o columnas que hay alrededor de algunas plazas, a lo largo de las fachadas de algunos edificios o delante de las puertas y tiendas que hay en ellas. (Suele usarse en plural.)

SOPORTAR v.tr. (lat. *supportare*). Sostener o resistir una carga o peso. **2.** *Fig.* Aguantar, tolerar: *soportar un dolor, un contratiempo.*

SOPORTE s.m. Cosa que sirve para sostener algo. **2.** En fotografía, material sobre el que va extendida la emulsión fotosensible. **3.** HERÁLD. Animal que, colocado a ambos lados del escudo, parece sostenerlo. **4.** INFORMÁT. Medio material, tarjeta perforada, disco, cinta magnética, etc., capaz de recibir una información, transmitirla o conservarla y, después, restituirla a petición. **5.** MEC. En los aparatos o conjuntos mecánicos, pieza o dispositivo destinado a mantener un órgano en su posición de trabajo. ◇ **Soporte de horquilla** Pequeño soporte replegable que sirve para mantener en equilibrio los vehículos de dos ruedas, cuando están estacionados. **Soporte de manubrio, o manillar** Tubo horizontal que sostiene el manubrio o manillar de la bicicleta. **Soporte publicitario** Medio de comunicación (prensa, televisión o radio) considerado en su utilización para la publicidad.

SOPRANO s.m. y f. (ital. *soprano*). Cantante que tiene voz de soprano. ◆ s.m. Voz femenina más aguda.

SOQUETE s.m. Argent., Chile, Par. y Urug. Calcetín.

SOR s.f. (cat. ant. *sor*, hermana carnal). Tratamiento que se da a algunas religiosas, y que precede al nombre propio: *sor María.*

SORABOS o **SERBIOS DE LUSACIA**, pueblo eslavo de Lusacia que, en el s. X, cayó bajo la dominación de los alemanes, quienes los llamaron *wendos* o *vendos.* Se convirtieron al cristianismo y fueron reducidos a la servidumbre.

SORBER v.tr. (lat. *sorbere*). Beber aspirando. **2.** Atraer o absorber alguien o algo una cosa hacia su interior. **3.** Absorber o recoger una cosa hueca o esponjosa un líquido. **4.** Prestar mucha atención a algo.

SORBETE s.m. (ital. *sorbetto*). Refresco helado y de consistencia pastosa, elaborado con zumo de frutas, agua o leche, yemas de huevo azucaradas, etc. **2.** Amér. Paja, tubo pequeño y delgado para sorber líquidos.

SORBETERA s.f. Recipiente o aparato para preparar sorbetes.

SORBITA s.f. Polialcohol derivado de la glucosa y de la fructosa, que se encuentra en las bayas del serbal.

SORBO s.m. Acción de sorber. **2.** Cantidad de líquido que se sorbe de una vez. **3.** Fig. Cantidad pequeña de un líquido. ⋄ **A sorbos** Bebiendo poco a poco.

SORDERA s.f. Pérdida o disminución considerable del sentido del oído. ⋄ **Sordera verbal** Trastorno que implica la incapacidad de entender lo que se oye. (Es un trastorno típico de las personas que padecen afasia.)

SORDIDEZ s.f. Cualidad de sórdido.

SÓRDIDO, A adj. (lat. *sordidus*). Sucio, pobre y miserable. **2.** Fig. Indecente, deshonesto. **3.** Avaro, mezquino.

SORDINA s.f. (del fr. *sourdine*). Pieza especial que se coloca en los instrumentos musicales, para modificar o disminuir su sonoridad. **2.** Registro del órgano, del armonio y del piano. **3.** En los relojes de repetición, muelle que sirve para impedir que repique el timbre o campana.

SORDO, A adj. y s. (lat. *surdus*). Que no oye nada o que no oye bien. ◆ adj. Que suena poco o con un sonido apagado o poco vibrante: *un golpe sordo; voz sorda.* **2.** Fig. Que no hace caso de lo que se le dice, insensible: *sordo a las súplicas.* **3.** Que se manifiesta, que se contiene: *ira sorda; dolor sordo.* ◆ adj. y s. FONÉT. Se dice de un fonema cuya emisión se realiza sin vibración de las cuerdas vocales. (En español, las consonantes *p, t, c* son sordas.) ⋄ **Hacerse el sordo** No hacer caso o no prestar atención.

SORDOMUDEZ s.f. Estado de la persona sordomuda.

SORDOMUDO, A adj. y s. Que es sordo y mudo.

SORGO s.m. (ital. *sorgo*). Planta gramínea tropical, alimenticia y forrajera.

■ **SORGO**

SORIANO, A adj. y s. De Soria.

SORIASIS s.f. Enfermedad de la piel caracterizada por unas escamas blancas que cubren unas placas rojas.

SORITES s.m. (lat. *sorites*). LÓG. Argumento compuesto de una serie de proposiciones ligadas entre ellas de manera que el atributo de cada una pasa a ser el sujeto de la siguiente, y así sucesivamente hasta la conclusión, que tiene por sujeto el de la primera y por atributo el de la última proposición antes de la conclusión.

SORNA s.f. Fig. Ironía o tono burlón con que se dice una cosa.

SORO s.m. (gr. *sorós*, montón). BOT. Conjunto de esporangios localizado en los helechos.

SOROCHE s.m. (quechua *surā̆či*). Amér. Merid. Dificultad de respirar que, a causa de la rarefacción del aire, se siente en ciertos lugares elevados. **2.** Bol. y Chile. Galena argentífera.

SORORATO s.m. ANTROP. Sistema por el que

un hombre remplaza a la esposa muerta por la hermana menor de esta.

SORPRENDENTE adj. Que causa sorpresa. **2.** Extraordinario, raro, infrecuente.

SORPRENDER v.tr. y prnl. (fr. *surprendre*). Causar impresión, extrañeza o sorpresa. ◆ v.tr. Encontrar o pillar desprevenido a alguien haciendo cierta cosa o en determinada forma o situación: *lo sorprendieron robando.* **2.** Descubrir algo que se oculta o se esconde.

SORPRESA s.f. Alteración emocional provocada por algo imprevisto o inesperado. **2.** Cosa que sorprende. **3.** Operación militar que obliga al enemigo a combatir en un lugar o momento inesperados, o contra medios y procedimientos desconocidos. ⋄ **De,** o **por, sorpresa** Sin avisar, desprevenida o inesperadamente.

SORPRESIVO, A adj. Amér. Que sorprende o produce sorpresa.

SORROSTRADA s.f. Insolencia, descaro.

SORTEAR v.tr. Someter a la suerte la adjudicación o resolución de alguna cosa. **2.** Lidiar, hacer suertes a un toro o esquivar su acometida. **3.** Fig. Esquivar, evitar con habilidad: *sortear un peligro, un obstáculo.*

SORTEO s.m. Acción de sortear. **2.** Operación de sortear los premios de la lotería. **3.** Operación de sortear los mozos en las quintas.

SORTERO, A s. Agorero, adivino.

SORTIJA s.f. (lat. *sorticula*, de *sors, -tis*, suerte). Anillo, generalmente de metal, que se pone como adorno en los dedos de la mano. **2.** Rizo de cabello en forma de anillo.

SORTILEGIO s.m. (lat. *sortilegus*, adivino). Adivinación que se basa en la magia o en la interpretación de signos de la naturaleza. **2.** Cualquier acción realizada por arte de magia. **3.** Fig. Atractivo irresistible que una persona o cosa ejerce sobre alguien.

SOS s.m. Señal radiotelegráfica de socorro que emiten las embarcaciones o los aviones en peligro. (Su empleo internacional, adoptado en 1912 después de la catástrofe del *Titanic*, concluyó en 1999.)

SOSA s.f. (cat. *sosa*). Carbonato sódico Na_2CO_3, que se prepara a partir del cloruro sódico. SIN.: *natrón.* **2.** Planta crasa, fruticosa o herbácea, que crece en suelos salinos del litoral. (Familia quenopodiáceas.) ⋄ **Sosa cáustica** Hidróxido de sodio NaOH, sólido blanco, que funde a 320 ºC, y constituye una base fuerte.

SOSAINA adj. y s.m. y f. Fam. Se dice de la persona sosa.

SOSEGADO, A adj. Quieto, tranquilo, reposado: *carácter sosegado.*

SOSEGAR v.tr. y prnl. (del lat. *sedere*, estar sentado) [4]. Apaciguar, tranquilizar: *sosegar los nervios; sosegarse el mar*

SOSEGATE s.m. **Dar,** o **pegar, un sosegate** Argent. y Urug. Dar una reprimenda de palabra u obra para corregir la conducta de alguien.

SOSERAS adj. y s.m. y f. (pl. *soseras*). Soso, sin gracia.

SOSERÍA s.f. Cualidad de soso. SIN.: *sosera.* **2.** Dicho o hecho insulso, falto de gracia. SIN.: *sosera.*

SOSIA s.m. Persona que se parece tanto a otra que puede confundirse con ella.

SOSIEGO s.m. Tranquilidad, reposo, serenidad.

SOSLAYAR v.tr. Fig. Eludir o esquivar alguna dificultad, obstáculo, compromiso, etc.: *soslayar una pregunta difícil.* **2.** Poner una cosa ladeada para que pueda pasar por un sitio estrecho.

SOSLAYO, A adj. Oblicuo, ladeado. ⋄ **Al,** o **de, soslayo** Oblicuamente; poniendo la cosa que se expresa ladeada o de costado; Fig. eludiendo o dejando de lado alguna dificultad.

SOSO, A adj. (lat. *insulsus*). Falto o escaso de sal. **2.** Falto o escaso del sabor que debe tener. ◆ adj. y s. Fig. Que carece de gracia, de expresión o de viveza.

SOSPECHA s.f. Acción y efecto de sospechar.

SOSPECHAR v.tr. (lat. imperial *suspectare*). Creer o imaginar algo por algún indicio o apariencia. ◆ v.intr. Desconfiar o recelar de al-

guien de quien se cree que ha cometido un delito o una mala acción: *sospechan de él.*

SOSPECHOSO, A adj. Que da motivo para sospechar: *conducta sospechosa.* ◆ adj. y s. Se dice de la persona de conducta o antecedentes que inspiran sospechas.

SOSTÉN s.m. Acción de sostener. **2.** Persona o cosa que sostiene. **3.** Fig. Protección o apoyo moral. **4.** Alimento, sustento: *ganarse el sostén.* **5.** Prenda interior femenina que sirve para sujetar los senos. GEOSIN.: Cuba. *ajustadores;* Esp. *sujetador;* Colomb., Cuba, Méx. y Venez. *brasier.*

SOSTENER v.tr. y prnl. (lat. *sustinere*) [63]. Sujetar a alguien o algo para impedir que se caiga, se manche o se mueva. **2.** Defender con seguridad y firmeza: *sostener una idea, una promesa.* **3.** Sustentar, costear las necesidades económicas: *sostener a toda la familia.* ◆ v.tr. Proteger, prestar ayuda o apoyo: *las influencias lo sostienen en el cargo.* **2.** Realizar una acción durante cierto tiempo: *sostener una larga conversación.* ◆ **sostenerse** v.prnl. Mantenerse un cuerpo en una posición o situación determinadas.

SOSTENIBLE adj. Se dice del proceso que no requiere ayuda externa: *desarrollo, crecimiento sostenible.*

SOSTENIDO, A adj. Se dice de la nota musical cuya entonación es un semitono más alta que la de su sonido natural. **2.** HERÁLD. Se dice de una pieza o figura situada debajo de la principal. ◆ s.m. Signo musical de alteración que indica que la nota a la que precede queda elevada un semitono cromático durante todo el compás en que se encuentra dicha nota. ⋄ **Doble sostenido** Signo musical que equivale al doble del sostenido simple, es decir, que aumenta en un tono la nota a la que afecta.

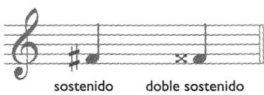

sostenido   doble sostenido

■ **SOSTENIDO**

SOSTENIMIENTO s.m. Acción y efecto de sostener o sostenerse. **2.** Mantenimiento o sustento.

SOSTENUTO adv.m. (voz italiana). MÚS. Indica que una nota o pasaje deben interpretarse de modo uniforme y ligado.

SOTA s.f. (cat. *sota,* debajo). Décima carta de cada palo de la baraja española.

SOTABANCO s.m. Vivienda ubicada sobre la cornisa general de un edificio. **2.** Hilada que se coloca encima de la cornisa para levantar los arranques de un arco o bóveda.

SOTABARBA s.f. Papada, abultamiento carnoso o pliegue cutáneo que sobresale debajo de la barba. **2.** Barba que se deja crecer por debajo de la barbilla.

SOTACURA s.m. Amér. Coadjutor de una parroquia.

SOTANA s.f. (ital. *sottana*). Vestidura talar, en forma de hábito, que llevan los eclesiásticos.

SÓTANO s.m. (del lat. *subtus,* debajo). Parte de un edificio situada bajo la rasante de la calle.

SOTAVENTO s.m. Costado de la nave opuesto al barlovento. **2.** Parte que cae hacia ese lado.

SOTE s.m. Colomb. Insecto similar a la pulga, cuya hembra deposita sus cuñas bajo la epidermis produciendo gran picazón.

SOTECHADO s.m. Cobertizo techado.

SOTERRAMIENTO s.m. Acción de soterrar.

SOTERRAR v.tr. [10]. Enterrar, poner una cosa debajo de tierra. **2.** Fig. Esconder u ocultar una cosa de modo que no aparezca: *soterrar un recuerdo.*

SOTHO o **BASUTO,** conjunto de pueblos bantúes de África meridional, entre los que se encuentran los pedi o sotho del norte.

SOTO s.m. (lat. *saltus, -us*). Terreno poblado de árboles y arbustos, generalmente a la orilla de un río.

SOTOBOSQUE s.m. Vegetación que crece bajo los árboles de un bosque.

SOTOL s.m. Méx. Planta herbácea, de la familia liliáceas, de tallo corto, hojas arrosetadas con espinas en los bordes y una púa terminal. **2.** Méx. Bebida alcohólica que se obtiene por fermentación del tallo de esta planta.

SOTTO VOCE loc. (voces italianas, *en voz baja*). Forma de interpretar un pasaje musical de modo suave y a media voz. **2.** En voz baja o en secreto.

SOTUER s.m. HERÁLD. Pieza formada por la reunión de la barra y de la banda.

SOUFFLÉ s.m. (voz francesa). Preparación gastronómica a base de claras de huevo batidas a punto de nieve, a las que se añaden distintos ingredientes, que en la cocción adquieren un aumento de volumen característico.

SOUL s.f. (voz inglesa). Música popular negra surgida del rhythm and blues y el gospel. (También *soul music*.)

SOUVENIR s.m. (voz francesa). Objeto de recuerdo de un lugar determinado.

SOVIET s.m. (ruso *sovet*, consejo) [pl. *soviets*]. En la URSS, consejo de delegados de los obreros, campesinos y soldados. ◇ **Soviet supremo** En la URSS, órgano superior del estado, compuesto de dos cámaras, el Soviet de la unión y el Soviet de las nacionalidades.

SOVIÉTICO, A adj. Relativo a los soviets y a la URSS.

SOVIETIZAR v.tr. [7]. Someter a la autoridad o la influencia de la Unión soviética.

SOVJÓS o **SOVJOZ** s.m. (acrónimo del ruso *sovétskoie joziáistvo*). En la URSS, gran explotación agrícola, modelo del estado.

SOYA s.f. Planta oleaginosa trepadora, originaria de Asia, de tallo recto y flores blancas, que da semillas de las que se obtiene aceite y harina, y tallos utilizados como hortaliza y como forraje. GEOSIN.: Esp. *soja*.

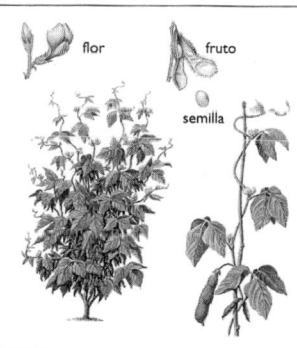

flor fruto semilla

■ SOYA

SPA s.m. (de *Spa*, ciudad belga). Establecimiento comercial que ofrece servicios propios de un balneario, habitualmente formando parte de un hotel, un centro turístico, un gimnasio, etc.

SPAM s.m. (voz inglesa). Correo electrónico no solicitado que se envía a un gran número de destinatarios con fines publicitarios o comerciales.

SPANGLISH s.m. (voz inglesa). Variedad lingüística formada a partir de elementos del español y del inglés, que hablan algunos sectores de la población hispana norteamericana.

SPAR DECK s.m. MAR. Cubierta ligera que se extiende sin interrupción de la proa a la popa de un buque, sin toldilla ni castilletes.

SPARRING s.m. (del ingl. *sparring partner*). Boxeador que entrena a otro.

SPEAKER s.m. (voz inglesa). Presidente de la cámara de los comunes del Reino Unido. ◆ s.m. y f. Locutor de radio o televisión.

SPEECH s.m. (voz inglesa). Discurso corto.

SPEED s.m. (voz inglesa). Droga sintética que estimula el sistema nervioso central.

SPEISS s.m. (voz inglesa). METAL. Mineral de níquel que ya ha sido tratado.

SPENCER s.m. (de J. C. *Spencer*, que puso de moda esta indumentaria). Frac sin faldones o saco de vestir corto.

SPIDER s.m. Automóvil deportivo, descapotable, de un solo asiento, como el cupé. **2.** Cavidad trasera de ciertos automóviles, en la que puede ir un pasajero o el equipaje.

SPIEGEL s.m. (voz alemana). Aleación de hierro, manganeso y carbón, utilizada en la fabricación de acero.

SPIN s.m. (voz inglesa). FÍS. Momento cinético propio de una partícula.

SPINNAKER s.m. (voz inglesa) [pl. *spinnakers*]. Vela triangular de gran superficie, ligera, usada por los yates de regatas.

■ SPINNAKERS

SPOILER s.m. (voz inglesa). Alerón que se coloca en algunos automóviles para mejorar su adherencia cuando circula a gran velocidad.

SPONSOR s.m. y f. → ESPÓNSOR.

SPORT s.m. (voz inglesa) [pl. *sports*]. Deporte. ◇ **De sport** Se aplica a la ropa o al calzado informal y cómodo de llevar.

SPOT s.m. (voz inglesa) [pl. *spots*]. Película publicitaria de corta duración. **2.** Mancha luminiscente concentrada en una pantalla.

SPRAY s.m. (voz inglesa). Aerosol obtenido con una bomba de líquido a presión (medicamento, laca, producto cosmético, etc.).

SPRINGBOK s.m. Antílope común en África del Sur.

SPRINT s.m. (voz inglesa). → ESPRÍN.

SPRINTER s.m. y f. (voz inglesa). → ESPRÍNTER.

SPRUE s.f. (voz inglesa). Enfermedad crónica que se manifiesta por diarrea y por una mala absorción.

SQUASH s.m. (voz inglesa). Juego parecido al frontón, practicado en un espacio cerrado y más reducido.

SQUATTER s.m. y f. (voz inglesa). Persona que ocupa ilegalmente una vivienda deshabitada. **2.** En EUA, pionero que se establecía en territorios que no estaban ocupados.

SQUAW s.f. (voz amerindia). Entre los amerindios de América del Norte, mujer casada.

SQUIRE s.m. (voz inglesa). → ESQUIRE.

SR., abrev. de *señor.*

SRA., abrev. de *señora.*

SRTA., abrev. de *señorita.*

STACCATO adv. y s.m. (voz italiana). MÚS. Palabra que indica que, en una serie de notas rápidas, cada una de ellas ha de interpretarse claramente separada de las demás.

STAFF s.m. (voz inglesa). Grupo formado por la dirección y los cuadros superiores de una empresa u organización.

STAJANOVISMO s.m. → ESTAJANOVISMO.

STAJANOVISTA adj. y s.m. y f. → ESTAJANOVISTA.

STALAG s.m. Nombre dado en Alemania, durante la segunda guerra mundial, a los campos de prisioneros reservados a los suboficiales y soldados.

STALINISMO s.m. → ESTANILISMO.

STALINISTA adj. y s.m. y f. → ESTALINISTA.

STAND s.m. (voz inglesa). Espacio reservado a los participantes en una exposición o feria.

STANDARD adj. y s.m. → ESTÁNDAR.

STAND BY s.m. ECON. Crédito abierto por los bancos y empresas de un país en otros países.

STANDING s.m. (voz inglesa). Posición social, rango de una persona en el mundo: *tener un alto standing*. **2.** Comodidad, lujo: *hotel de gran standing*.

1. STAR s.f. (voz inglesa). Estrella de cine o de teatro.

2. STAR s.m. Embarcación monotipo de regatas a vela, para dos tripulantes.

STARLET s.f. (voz inglesa). Actriz joven que aspira a ser famosa.

STAR-SYSTEM s.m. En los espectáculos (cine, danza), sistema de producción y de distribución centrado en el prestigio de una estrella.

STARTER s.m. (voz inglesa). Dispositivo auxiliar del carburador que, al aumentar la riqueza en carburante de la mezcla gaseosa, facilita el arranque en frío de un motor de explosión. **2.** Aparato que en las carreras o en un campo de aviación da la señal de partida.

STARTING-BLOCK s.m. (ingl. *starting block*). Calce para facilitar la salida de los corredores en las carreras a pie.

■ STARTING-BLOCK. Posición de salida en una carrera de velocidad.

STARTING-GATE s.f. (ingl. *starting gate*). En las carreras de caballos, barrera que se sitúa en la pista y cuyas puertas se abren automática y simultáneamente para la salida de los caballos.

STATU QUO s.m. (voces latinas, *en el mismo estado que antes*). Estado actual de las cosas.

STATUS s.m. → ESTATUS.

STEENBUCK s.m. Pequeño antílope de África meridional, de orejas negras.

STEEPLE-CHASE s.m. (ingl. *steeplechase*). Carrera a pie (3 000 m *steeple*) o a caballo cuyo recorrido está sembrado de obstáculos variados.

STEMM s.m. En esquí, viraje parecido al cristianía.

STEPPAGE s.m. MED. Anomalía de la marcha, debida a una parálisis de los músculos elevadores del pie.

STERILET s.m. Dispositivo anticonceptivo intrauterino y permanente.

STICK s.m. (voz inglesa). Palo de golf y de hockey. **2.** Envase de un producto (desodorante, pegamento, etc.) solidificado en forma de barra.

STILB s.m. (del gr. *stilbō*, brillar). Antigua unidad de medida de luminancia (símb. sb o

943

cd/cm²,), equivalente a la iluminación de un foco que tiene una intensidad de una candela por centímetro cuadrado de superficie aparente.

STOCK s.m. (voz inglesa). Conjunto de las mercancías disponibles en un mercado, un almacén, etc. **2.** Conjunto de utillajes, materias primas, productos semiacabados y acabados, etc., que son propiedad de una empresa. **3.** Conjunto de cosas que se poseen y se guardan como reserva: *tener un stock de novelas para leer.*

STOCK-CAR s.m. (ingl. *stock car*). Vehículo automóvil preparado para participar en carreras en las que las obstrucciones y las colisiones en cadena constituyen una norma.

STOKER s.m. (voz inglesa). Dispositivo de alimentación mecánica con carbón del hogar de una locomotora de vapor.

STOKES s.m. (de G. *Stokes,* físico irlandés). Unidad de medida de viscosidad cinemática (símb. St), equivalente a 10^{-4} metros cuadrados por segundo.

STOP s.m. (voz inglesa). Señal de circulación que ordena una detención. **2.** Señal luminosa situada en la parte trasera de un vehículo, que se enciende al accionar el freno. **3.** Término que sirve, en los telegramas, para separar perfectamente las frases.

STOP-AND-GO s.m. ECON. Corrección de un desarreglo económico por medio de otro, en sentido inverso, y que compensa el primero.

STORY BOARD s.m. Conjunto de viñetas que representan la estructura de un anuncio publicitario antes de rodarse.

STRADIVARIUS s.m. Violín fabricado por Stradivarius, violero italiano que nació a mediados del s. XVII y murió el año 1737.

STRASS s.m. Vidrio muy denso, coloreado con óxidos metálicos, para imitar piedras preciosas.

STRESS s.m. (voz inglesa). → **ESTRÉS.**

STRIP-LINE s.m. ELECTRÓN. Dispositivo de hiperfrecuencia realizado según una técnica análoga a los circuitos impresos.

STRIPPER s.m. (voz inglesa). MED. Instrumento que sirve para efectuar un stripping.

STRIPPING s.m. Separación de las fracciones ligeras y volátiles de un líquido. **2.** Técnica de corrección de una película mediante la sustitución de algunas de sus partes por un fragmento de otra película. **3.** MED. Método de ablación quirúrgica de las varices.

STRIPTEASE, ESTRIPTÍS o **ESTRIPTIS** s.m. (ingl. *strip-tease*). Espectáculo de variedades durante el cual uno o varios artistas se desnudan de una manera lenta y sugestiva.

STUD-BOOK s.m. (ingl. *studbook*). Registro donde se inscriben la genealogía y las marcas de los caballos de pura sangre.

STUKA s.m. (acrónimo del alem. *Sturz-kampf-flugzeug,* avión de combate en picado). Bombardero alemán de la segunda guerra mundial de ataque en picado.

STÚPA s.m. Monumento funerario de origen indio, generalmente búdico o jainí, con reliquias o simplemente conmemorativo.

SU adj. (del lat. *suam,* f. de *suum,* suyo). Forma átona del adjetivo posesivo de la 3ª persona que se usa cuando se antepuesto al nombre. Indica que la persona, animal o cosa designados por el nombre al que precede pertenecen a alguien o algo distinto del emisor y el receptor en un acto de comunicación (son de su propiedad, tienen un parentesco con él, están asociados a él, etc.), o pertenecen al receptor, cuando se le trata de *usted*: *su padre; su casa.*

SUABO, A adj. y s. De Suabia.

SUACA s.f. Méx. Paliza.

SUAHILI adj. y s.m. y f. → **SWAHILI.**

SUARDA s.f. (de *sudar*). Grasa que impregna la lana de los carneros y ovejas. **2.** Sustancia amarillenta obtenida por destilación de las grasas que sobrenadan en las aguas aciduladas residuales del lavado de los vellones.

SUARISMO s.m. Doctrina escolástica contenida en las obras de Francisco Suárez.

SUASORIO, A adj. (del lat. *suadere,* dar a entender). Relativo a la persuasión o que sirve para persuadir: *palabras suasorias.*

SUAVE adj. (lat. *suavis*). Liso y blando al tacto: *tez suave.* **2.** Libre de brusquedad, violencia o estridencia: *palabra, clima, música suave.* **3.** *Fig.* Dócil, apacible: *temperamento suave.*

SUAVIDAD s.f. (lat. *suavitas, -atis*). Cualidad de suave.

SUAVIZACIÓN s.f. Acción y efecto de suavizar.

SUAVIZADO s.m. Operación que consiste en dar un aspecto pulimentado a una piedra dura o a un mármol. **2.** TEXT. Tratamiento destinado a mejorar el tacto de las materias textiles o a facilitar determinadas operaciones de transformación textil.

SUAVIZANTE s.m. y adj. Producto que, utilizado al final del lavado de la ropa, mejora las características de suavidad de las materias.

SUAVIZAR v.tr. y prnl. [7]. Hacer suave: *suavizar asperezas.*

SUBA s.f. Argent. y Urug. Alza, subida de precios.

SUBACUÁTICO, A adj. Que se realiza debajo del agua.

SUBAFLUENTE s.m. Curso de agua tributario de un afluente.

SUBAGUDO, A adj. MED. Se dice de un estado patológico menos acusado que el estado agudo.

SUBALIMENTACIÓN s.f. Alimentación insuficiente en cantidad o en calidad.

SUBALPINO, A adj. GEOGR. Se dice de las regiones situadas junto a los Alpes, Pirineos y demás montañas medioeuropeas.

SUBALTERNO, A adj. (lat. *subalternus*). Se dice del trabajador que está bajo las órdenes de otro: *personal subalterno.* ◆ s.m. Empleado u oficial de categoría inferior. **2.** TAUROM. Diestro de la cuadrilla que está a las órdenes del matador.

SUBÁLVEO, A adj. y s.m. Que está debajo del álveo de un río o arroyo.

SUBARBUSTO s.m. Sufrútice.

SUBARRENDADOR, RA s. Persona que da en subarriendo algo.

SUBARRENDAR v.tr. [10]. Dar o tomar en arrendamiento una cosa que ya está arrendada.

SUBARRENDATARIO, A s. Persona que toma en subarriendo algo.

SUBARRIENDO s.m. Acción de subarrendar. **2.** Precio en que se subarrienda.

SUBASTA s.f. Venta pública por la que se adjudica un bien o cosas de valor al que ofrece más dinero. **2.** Sistema de que se vale la administración para adjudicar los contratos administrativos a los particulares que ofrecen condiciones económicas más ventajosas. **3.** En algunos juegos de naipes, suma que los jugadores pueden añadir sobre la apuesta para obtener alguna ventaja. **4.** En el bridge, petición superior a la del contrario.

SUBASTADOR, RA s. Persona que se dedica a subastar.

SUBASTAR v.tr. (lat. *subhastare*). Vender efectos o contratar servicios, arriendos, etc., en pública subasta. **2.** En ciertos juegos de naipes, añadir una suma a la apuesta inicial para obtener determinadas ventajas.

SUBATÓMICO, A adj. Se dice de toda partícula constitutiva del átomo.

SUBBÉTICO, A adj. Relativo al sistema Subbético.

SUBCALIBRADO, A adj. Se dice del proyectil de calibre inferior al del arma que lo dispara.

SUBCAMPEÓN, NA s. y adj. Participante de una competición que se clasifica en segundo lugar.

SUBCARPÁTICO, A adj. GEOGR. Situado al pie de los Cárpatos.

SUBCLASE s.f. BIOL. Subdivisión de una clase.

SUBCLAVIO, A adj. ANAT. Que está situado debajo de la clavícula.

SUBCOMISIÓN s.f. Grupo de personas de una comisión que tienen un cometido determinado.

SUBCONJUNTO s.m. MAT. Para un conjunto

C, conjunto S formado exclusivamente de elementos pertenecientes a C.

SUBCONSCIENCIA s.f. Subconsciente.

SUBCONSCIENTE adj. Se dice del estado psíquico del que el sujeto no tiene conciencia pero que influye en su comportamiento. **2.** Que no llega a ser consciente. ◆ s.m. Estado psíquico subconsciente. SIN.: *subconsciencia.*

SUBCONSUMO s.m. Consumo en cantidad inferior a la ofrecida.

SUBCONTRATACIÓN s.f. Operación mediante la cual un empresario, bajo su responsabilidad y control, encarga a otra persona la ejecución total o parcial de trabajos que se encuentran a su cargo.

SUBCUTÁNEO, A adj. Que está situado por debajo de la piel: *tumor subcutáneo.* **2.** Que se introduce por debajo de la piel: *inyección subcutánea.*

SUBDELEGACIÓN s.f. Acción de subdelegar. **2.** Distrito, oficina y empleo de subdelegado.

SUBDELEGADO, A adj. y s. Se dice de la persona a la que un delegado transmite sus funciones o atribuciones.

SUBDELEGAR v.tr. [2]. Transmitir un delegado sus funciones o atribuciones a otro.

SUBDESARROLLADO, A adj. Que no llega al nivel normal de desarrollo. **2.** Se dice del país o países cuyos habitantes tienen un nivel de vida bajo, generalmente a causa de una insuficiencia de producción agrícola y del débil desarrollo de la industria, factores con frecuencia agravados por el crecimiento demográfico, más rápido que la progresión de la renta nacional.

SUBDESARROLLO s.m. Situación de pobreza de un país subdesarrollado.

SUBDESÉRTICO, A adj. Semiárido.

SUBDIACONADO o **SUBDIACONATO** s.m. REL. Primera de las órdenes sagradas, que precedía al diaconado.

SUBDIÁCONO s.m. Clérigo que había recibido el subdiaconado.

SUBDIRECCIÓN s.f. Cargo y oficina del subdirector.

SUBDIRECTOR, RA s. Persona que sustituye o ayuda al director en sus funciones.

SÚBDITO, A adj. y s. (lat. *subditus, -a, -um*). Sujeto a la autoridad de un superior con obligación de obedecerlo. ◆ s. Con respecto a un soberano, ciudadano del estado que gobierna. **2.** Nacional de un país en cuanto sujeto a las autoridades políticas de este.

SUBDIVIDIR v.tr. y prnl. Dividir cada una de las divisiones de algo.

SUBDIVISIÓN s.f. Acción y efecto de subdividir.

SUBDOMINANTE s.f. MÚS. Cuarto grado de la escala diatónica, por debajo de la dominante.

SUBDUCCIÓN s.f. GEOL. Buzamiento de una placa litosférica de naturaleza oceánica bajo una placa adyacente, generalmente de naturaleza continental.

SUBECUATORIAL adj. Próximo al ecuador.

SUBEMPLEO s.m. ECON. **a.** Utilización de solo una parte de la mano de obra disponible. **b.** Aprovechamiento de solo una parte del tiempo o de la capacidad profesional de un trabajador o grupo. **c.** Empleo o trabajo con una remuneración anormalmente baja.

SUBENFRIADO, A adj. Se dice de una solución líquida en falso equilibrio a una temperatura en la que el disolvente debería cristalizar.

SÚBER s.m. (lat. *suber,* corcho). BOT. Tejido secundario de las plantas, cuya función es protectora.

SUBERINA s.f. Sustancia orgánica que entra en la composición del corcho.

SUBEROSO, A adj. Que contiene súber. **2.** Que tiene la naturaleza del corcho.

SUBESPACIO s.m. MAT. Subconjunto de un espacio, que posee las mismas propiedades de la misma estructura que el propio espacio.

SUBESPECIE s.f. BIOL. Subdivisión de la especie.

SUBESTACIÓN s.f. ELECTR. Conjunto de transformadores, convertidores, interruptores, etc.

destinados a la alimentación de una red de distribución de energía eléctrica.

SUBESTIMAR v.tr. Atribuir a alguien o algo menos importancia de la que realmente tiene.

SUBEXPONER v.tr. [60]. FOT. Exponer insuficientemente una emulsión fotográfica.

SUBEXPOSICIÓN s.f. FOT. Exposición insuficiente.

SUBFAMILIA s.f. BIOL. Subdivisión de la familia. SIN.: *tribu*.

SUBFUSIL s.m. Arma portátil de tiro, automática, que dispara a ráfagas.

SUBGÉNERO s.m. BIOL. Subdivisión del género.

SUBGLACIAR adj. GEOGR. Relativo a la región donde el glaciar está en contacto con el lecho rocoso.

SUBGRUPO s.m. Subdivisión de un grupo. **2.** MAT. En un grupo, subconjunto que, para la ley de composición del grupo, posee a su vez la estructura de grupo.

SUBIDA s.f. Acción y efecto de subir: *la subida de precios*. **2.** Pendiente o camino por donde se sube. **3.** En el lenguaje de la droga, comienzo de los efectos de una dosis. ◇ **Subida de la leche** Flujo de leche que aparece en las glándulas mamarias después del parto.

SUBIDO, A adj. Se dice del color o del olor muy intenso. **2.** Muy elevado, caro o que excede al término ordinario: *precio subido*.

SUBÍNDICE s.m. MAT. Índice que se coloca a la derecha de una letra para diferenciarla de otras semejantes.

SUBINSPECTOR, RA s. Persona que suple o ayuda al inspector en sus funciones.

SUBINTENDENCIA s.f. Cargo u oficina del subintendente.

SUBINTENDENTE s.m. y f. Persona que sustituye o ayuda al intendente en sus funciones.

SUBINTRANTE adj. MED. Se dice de la afección en que comienza un acceso nuevo antes de terminar el anterior.

SUBIR v.intr. y prnl. (lat. *subire*). Ir desde un lugar a otro que está más alto: *subir a la cima*. **2.** Entrar en un vehículo o montarse encima de él. ◆ v.intr. Aumentar en número, cantidad, intensidad o altura: *subir la fiebre; subir las aguas*. **2.** *Fig.* Mejorar en un empleo o cargo o alcanzar mejor posición económica o social: *subir de categoría*. **3.** Importar, llegar a una cuenta, deuda, etc., a determinada cantidad: *la deuda sube a mil euros*. **4.** Ponerse las claras de huevo a punto de nieve al batirlas. **5.** MÚS. **a.** Elevar la voz o un sonido instrumental del grave al agudo. **b.** Ir del grave al agudo por intervalos conjuntos y disjuntos: *subir hasta el do*. ◆ v.tr. e intr. Aumentar el precio o el valor de algo: *las acciones han subido*. **2.** Hacer más alto algo o irlo aumentando hacia arriba: *subir una pared*. ◆ v.tr. Recorrer hacia arriba algo que está en pendiente: *subir las escaleras*. **2.** Poner o llevar a un sitio más alto: *subir trastos al desván*. **3.** Enderezar o poner vertical algo que estaba inclinado hacia abajo: *subir la cabeza*. **4.** MÚS. Subir el tono: *subir el fa*. ◇ **Subirse a alguien** Méx. *Fam.* Emborracharse.

1. SÚBITO adv.m. De forma súbita.

2. SÚBITO, A adj. (lat. *subitus, -a, -um*). Repentino, inesperado: *idea súbita; cambio súbi-*

to. **2.** *Fam.* Impulsivo, violento, precipitado: *un carácter súbito*.

SUB IÚDICE loc. (lat. *sub iudice*, bajo la autoridad del juez). Se dice de una cuestión que está pendiente de resolución.

SUBJETIVIDAD s.f. Estado o carácter de subjetivo. **2.** Dominio subjetivo.

SUBJETIVISMO s.m. Actitud de quien juzga según sus opiniones personales y ve la realidad solamente a través de su afectividad. **2.** FILOS. Doctrina o actitud que solo admite la realidad subjetiva. ◇ **Subjetivismo jurídico** Doctrina que basa la obligación jurídica en la voluntad del sujeto.

SUBJETIVISTA adj. Relativo al subjetivismo. ◆ adj. y s.m. y f. Que profesa esta doctrina.

SUBJETIVIZACIÓN s.f. Hecho de interpretar las cosas de manera afectiva, de transformar los fenómenos en personales y subjetivos.

SUBJETIVO, A adj. Que varía con el juicio, los sentimientos, las costumbres, etc., de cada uno: *crítica subjetiva*. **2.** FILOS. Que se refiere al pensar, a una consciencia individual. CONTR.: *objetivo*.

SUBJUNTIVO, A adj. y s.m. (lat. *subjunctivus*). Se dice del modo del verbo que indica que una acción es concebida como subordinada a otra, o que la acción se considera simplemente en la mente.

SUBLEVACIÓN s.f. Acción y efecto de sublevar.

SUBLEVAR v.tr. y prnl. (lat. *sublevare*). Alzar en rebeldía o motín: *sublevar al pueblo; sublevarse las tropas*. ◆ v.tr. *Fig.* Excitar, indignar, promover sentimientos de ira o protesta: *las injusticias sublevan*.

SUBLIMACIÓN s.f. Acción y efecto de sublimar o sublimarse. **2.** PSICOANÁL. Mecanismo de defensa del yo por el que un impulso o un instinto se manifiestan en forma de otros considerados como más elevados.

SUBLIMADO, A adj. y s.m. QUÍM. Se dice del cuerpo volatilizado y recogido en estado sólido. ◇ **Sublimado corrosivo** Cloruro mercúrico (HgCl₂), sustancia cáustica muy tóxica.

SUBLIMAR v.tr. y prnl. Engrandecer, exaltar, enaltecer. ◆ v.tr. QUÍM. Hacer pasar directamente del estado sólido al gaseoso. **2.** PSICOANÁL. Resolver mediante sublimación.

SUBLIME adj. (lat. *sublimis*). Excelso, eminente, de gran valor moral, intelectual, etc.: *música, acto sublime*.

SUBLIMIDAD s.f. Cualidad de sublime.

SUBLIMINAL adj. Se dice de la percepción de un estímulo por parte de un sujeto sin que este tenga consciencia de él, cuando este estímulo es muy lejos, o es de poca intensidad o es demasiado breve.

SUBLINGUAL adj. Situado por debajo de la lengua.

SUBLUNAR adj. ASTRON. Que está entre la Tierra y la órbita de la Luna.

SUBMARINISMO s.m. Conjunto de técnicas de inmersión y exploración subacuática, que se utilizan con fines científicos, deportivos o militares.

SUBMARINISTA adj. y s.m. y f. Relativo al submarinismo; que practica el submarinismo.

SUBMARINO, A adj. Que está bajo la superficie del mar: *volcán, relieve submarino*. **2.** Que se efectúa bajo la superficie del mar: *navegación submarina*. ◆ s.m. Buque de guerra concebido para navegar de manera prolongada y autónoma bajo el agua, y para combatir sumergido mediante el lanzamiento de torpedos. **2.** Toda embarcación capaz de sumergirse para llevar a cabo una misión de investigación o de salvamento. ◇ **Pesca submarina** Deporte que consiste en aproximarse a nado al pez y dispararle con un fusil subacuático que lanza arpones.

■ **SUBMARINO** japonés de exploración científica Shinkai 6 500, construido por Mitsubishi. Longitud: 9,5 m. Manga: 2,7 m. Altura: 3,2 m. Peso en vacío: 26 t. Carga útil: 200 kg (3 personas).

SUBMAXILAR adj. ANAT. Situado debajo de la mandíbula inferior.

SUBMÚLTIPLO adj. y s.m. MAT. Se dice del número o la magnitud contenidos un número entero de veces en otro número o magnitud.

SUBNORMAL adj. y s.m. y f. Que es inferior a lo normal, se dice especialmente de las personas cuya edad mental no alcanza la que les corresponde por su edad biológica. ◆ s.f. MAT. Proyección sobre un eje, y en especial sobre el eje de abscisas, del segmento de la normal, en un punto de una curva, comprendido entre este punto y el punto en el cual la normal corta el eje considerado.

SUBOFICIAL s.m. Categoría militar en la que se incluyen los grados comprendidos entre los de oficial y los de tropa, y que en España, en los ejércitos de tierra y del aire, abarca los grados de brigada, sargento primero y sargento.

1. SUBORBITAL adj. ASTRONÁUT. Se dice del movimiento de un ingenio espacial antes de ser puesto en una órbita circunterrestre. ◇ **Velocidad suborbital** Velocidad de inserción de un ingenio espacial en una órbita que no le permite dar una vuelta completa a la Tierra.

2. SUBORBITAL adj. ANAT. Que está debajo de la órbita ocular.

SUBORDEN s.m. BIOL. Subdivisión de un orden.

SUBORDINACIÓN s.f. (lat. tardío *subordinatio, -onis*). Dependencia, sumisión a la orden, mando o dominio de alguien. **2.** LING. Relación de dependencia entre dos o más oraciones en el seno de una oración compuesta. **3.** LÓG. Relación de la especie al género.

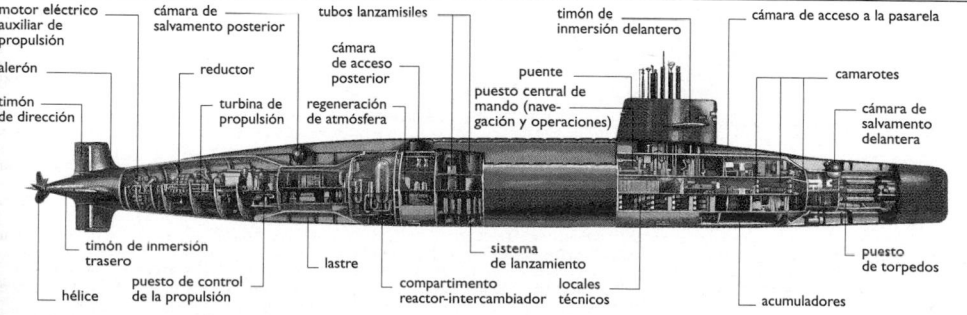

motor eléctrico auxiliar de propulsión — cámara de salvamento posterior — tubos lanzamisiles — timón de inmersión delantero — cámara de acceso a la pasarela

alerón — reductor — cámara de acceso posterior — puente — camarotes

timón de dirección — turbina de propulsión — regeneración de atmósfera — puesto central de mando (navegación y operaciones) — cámara de salvamento delantera

timón de inmersión trasero — lastre — sistema de lanzamiento — puesto de torpedos

hélice — puesto de control de la propulsión — compartimento reactor-intercambiador — locales técnicos — acumuladores

■ **SUBMARINO** nuclear lanzamisiles tipo Redoutable.

SUBORDINADO, A adj. y s. Que está sujeto a otro o bajo su dependencia: *personal subordinado.* ◆ adj. y s.f. LING. Se dice de la oración que depende lógica y gramaticalmente de otra oración del mismo período, a la cual completa, y que tradicionalmente en español se divide en sustantiva, adjetiva y adverbial, según que equivalga a un sustantivo, a un adjetivo o a un adverbio, respectivamente.

SUBORDINANTE adj. Que expresa una subordinación o que introduce una oración subordinada.

SUBORDINAR v.tr. y prnl. (bajo lat. *subordinare*). Poner bajo la dependencia de otro: *subordinarse a una autoridad.* **2.** Establecer un orden de dependencia, considerar o clasificar como inferior o accesorio: *subordinar los intereses particulares a los generales.*

SUBPISO s.m. Vegetación que crece bajo los árboles de un monte. **2.** Esp. Subdivisión de un piso, dividida a su vez en zonas.

SUBPREFECTO s.m. Persona que ayuda o sustituye al prefecto en sus funciones.

SUBPREFECTURA s.f. Función, cargo y oficina del subprefecto.

SUBPRODUCCIÓN s.f. Producción insuficiente.

SUBPRODUCTO s.m. Producto obtenido de manera accesoria en los procesos de elaboración y fabricación de otro producto, o como residuo de una extracción.

SUBPROGRAMA s.m. INFORMÁT. Secuencia de instrucciones que realiza una función particular, concebida para ser utilizada en diferentes programas.

SUBPROLETARIADO s.m. Lumpenproletariado.

SUBPROLETARIO, A adj. y s. Que forma parte del subproletariado.

SUBRAYAR v.tr. Hacer una raya debajo de una letra, palabra o frase escrita. **2.** *Fig.* Recalcar, hacer hincapié en algo.

SUBREINO s.m. Cada uno de los dos grupos taxonómicos en que se dividen los reinos animal y vegetal.

SUBREPTICIO, A adj. (lat. *subrepticius*). Que se hace o toma ocultamente o a escondidas.

SUBROGACIÓN s.f. DER. En una relación jurídica, sustitución de una persona (subrogación personal) o de una cosa (subrogación real).

SUBROGADO, A s. DER. Magistrado designado para remplazar a otro en una relación jurídica.

SUBROGAR v.tr. y prnl. (lat. *subrogare*) [12]. DER. Sustituir a una persona o cosa en una relación jurídica.

SUBROGATORIO, A adj. DER. Se dice de la acción por la que el acreedor se subroga en los derechos o acciones del deudor ejecutado.

SUBSANACIÓN s.f. Acción y efecto de subsanar.

SUBSANAR v.tr. Reparar, remediar, resarcir un daño: *subsanar un defecto.* **2.** Disculpar, disimular: *subsanar un delito.*

SUBSATURADO, A adj. GEOL. Se dice de una roca magmática que contiene feldespatoides.

SUBSCRIBIR v.tr. y prnl. [54]. → SUSCRIBIR.

SUBSCRIPCIÓN s.f. → SUSCRIPCIÓN.

SUBSCRIPTOR, RA o **SUBSCRITOR, RA** s. → SUSCRIPTOR.

SUBSECRETARÍA s.f. Empleo u oficina del subsecretario. **2.** Conjunto de servicios y funciones de un ministerio dirigido por un subsecretario.

SUBSECRETARIO, A s. Persona que suple o ayuda al secretario. **2.** En España, superior de un departamento ministerial, después del ministro. ◇ **Subsecretario de Estado** En algunos países, miembro del gobierno, cuya situación es análoga a la de los secretarios de Estado, pero con una atribución de poder más restringida.

SUBSECUENTE adj. DER. Que sigue o viene después. **2.** GEOGR. Se dice de un curso de agua o de una depresión que siguen el pie de un relieve monoclinal.

SUBSIDENCIA s.f. GEOL. Movimiento lento de hundimiento de una parte de la corteza terrestre bajo el peso de depósitos sedimentarios y por acción de deformaciones. **2.** METEOROL. Movimiento general de hundimiento que afecta a una masa de aire.

SUBSIDIAR v.tr. Conceder subsidio a alguna persona o entidad.

SUBSIDIARIEDAD s.f. Tendencia favorable a la participación subsidiaria del estado en apoyo de las actividades privadas o comunitarias. ◇ **Principio de subsidiariedad** DER. Principio de delegación vertical de los poderes, especialmente en las federaciones.

SUBSIDIARIO, A adj. Que se da como subsidio. **2.** Se dice de la empresa que es delegada en el extranjero de una multinacional. **3.** DER. Se dice de la acción o responsabilidad dispuestas para sustituir a otra principal en caso de fallar esta.

SUBSIDIO s.m. (lat. *subsidium*). Ayuda de carácter oficial que se concede a una persona o entidad: *subsidio de desempleo, familiar.*

SUBSIGUIENTE adj. Que sigue inmediatamente. **2.** Después del siguiente.

SUBSISTENCIA s.f. Vida, acción de vivir. **2.** Conjunto de medios necesarios para vivir: *escasez de subsistencias.* (Suele usarse en plural.) **3.** Permanencia, estabilidad y conservación de las cosas.

SUBSISTIR v.intr. (lat. *subsistere*). Permanecer, perdurar, conservarse. **2.** Vivir: *subsistir en cautiverio.*

SUBSÓNICO, A adj. Relativo a la velocidad inferior a la del sonido. CONTR.: *supersónico.*

SUBSTANCIA s.f. → SUSTANCIA.

SUBSTANCIAL adj. → SUSTANCIAL.

SUBSTANCIAR v.tr. → SUSTANCIAR.

SUBSTANCIOSO, A adj. → SUSTANCIOSO.

SUBSTANTIVACIÓN s.f. → SUSTANTIVACIÓN.

SUBSTANTIVAR v.tr. y prnl. → SUSTANTIVAR.

SUBSTANTIVO, A adj. y s.m. → SUSTANTIVO.

SUBSTITUCIÓN s.f. → SUSTITUCIÓN.

SUBSTITUIR v.tr. [88]. → SUSTITUIR.

SUBSTITUTIVO, A adj. y s.m. → SUSTITUTIVO.

SUBSTITUTO, A s. → SUSTITUTO.

SUBSTRACCIÓN s.f. → SUSTRACCIÓN.

SUBSTRACTIVO, A adj. → SUSTRACTIVO.

SUBSTRAENDO s.m. → SUSTRAENDO.

SUBSTRAER v.tr. [65]. → SUSTRAER.

SUBSTRATO s.m. → SUSTRATO.

SUBSUELO s.m. Terreno que está debajo de la capa superficial de tierra. **2.** Parte profunda del terreno a la que no llegan los aprovechamientos superficiales de los predios.

SUBTANGENTE s.f. MAT. Proyección sobre un eje, y especialmente sobre un eje de coordenadas, del segmento de la tangente, en un punto de una curva comprendido entre el punto de contacto y el punto donde la tangente corta el eje considerado.

SUBTE s.m. Argent. Apócope de *subterráneo,* ferrocarril.

SUBTENDER v.tr. [29]. MAT. Unir una línea recta los extremos de un arco de curva o de una línea quebrada.

SUBTENIENTE s.m. Empleo superior del cuerpo de suboficiales. **2.** Oficial de categoría inmediatamente inferior a la de teniente, que en España ya no existe.

SUBTERFUGIO s.m. Evasiva, escapatoria, pretexto.

SUBTERRÁNEO, A adj. Que está debajo de tierra: *cables subterráneos.* ◆ s.m. Espacio o recinto que está debajo de tierra. **2.** Argent. Ferrocarril metropolitano o metro.

SUBTIPO s.m. BIOL. Subdivisión de un tipo.

SUBTITULADO, A adj. Se dice de la película en versión original con subtítulos.

SUBTITULAR v.tr. Poner un subtítulo a un escrito o a una película.

SUBTÍTULO s.m. Título secundario que se añade a otro principal. **2.** CIN. Traducción del texto de una película, que aparece en la pantalla, en la parte inferior de la imagen. (Suele usarse en plural.)

SUBTROPICAL adj. Situado cerca de los trópicos, pero a una latitud más elevada. ◇ **Clima subtropical** Clima cálido con una larga estación seca.

SUBULADO, A adj. HIST. NAT. Estrechado hasta el ápice en punta fina.

SUBURBANO, A adj. Que está muy próximo a la ciudad. **2.** Relativo al suburbio. ◆ adj. y s.m. Se dice del ferrocarril que comunica la ciudad con las zonas suburbanas. ◇ **Área,** o **zona, suburbana** Territorio que rodea el casco urbano de una ciudad, con la que se encuentra en estrecha dependencia y diaria relación.

SUBURBIAL adj. Relativo al suburbio.

SUBURBIO s.m. (lat. *suburbium*). Barrio periférico de una ciudad, especialmente el habitado por gente de débil condición económica.

SUBUTILIZACIÓN s.f. Aprovechamiento atenuado o disminuido de algo.

SUBVALORAR v.tr. Dar o atribuir a alguien o a algo menor valor o importancia de la que tiene.

SUBVENCIÓN s.f. Acción de subvenir. **2.** Cantidad con que se subviene. **3.** DER. Auxilio económico otorgado por la administración.

SUBVENCIONAR v.tr. Asignar una subvención.

SUBVENIR v.tr. (lat. *subvenire*) [78]. Costear, sufragar el pago de cierta cosa. **2.** Venir en auxilio de alguien.

SUBVERSIÓN s.f. Acción y efecto de subvertir.

SUBVERSIVO, A adj. Capaz de subvertir o que tiende a ello. ◆ adj. y s. Que pretende subvertir el orden establecido: *movimiento subversivo.*

SUBVERTIR v.tr. (lat. *subvertere,* destruir, aniquilar) [79]. Trastornar, perturbar, hacer que algo deje de estar o de marchar con normalidad: *subvertir el orden.*

SUBVIRAR v.intr. Tender un vehículo automóvil a que, en los virajes, sus ruedas delanteras desvíen su trayectoria lateralmente hacia el exterior de la curva.

SUBYACENTE adj. Que subyace.

SUBYACER v.tr. [32]. Existir algo debajo de otra cosa o como trasfondo de ella.

SUBYUGACIÓN s.f. Acción y efecto de subyugar.

SUBYUGAR v.tr. y prnl. (lat. *subjugare*) [2]. Someter a alguien violenta o intensamente.

SUCCÍNICO, A adj. Se dice de un ácido descubierto en el succino.

SUCCINO s.m. (lat. *sucinum*). Ámbar.

SUCCIÓN s.f. (lat. *suctio, -onis*). Acción de succionar.

SUCCIONAR v.tr. Extraer un líquido absorbiéndolo con la boca o con un instrumento. **2.** Absorber completamente algo.

SUCEDÁNEO, A adj. y s.m. (lat. *succedaneus*). Se dice de la sustancia que puede remplazar o sustituir a otra, y que generalmente es de menor calidad.

SUCEDER v.intr. (lat. *succedere*). Producirse espontáneamente un hecho o suceso: *suceder un accidente.* **2.** Ocupar el lugar de alguien o algo, sustituir a alguien en un cargo, dirección, etc.: *suceder en la presidencia.* **3.** Venir después, seguir en un sentido espacial o temporal: *el otoño sucede al verano.* **4.** Descender, proceder, provenir.

SUCEDIDO s.m. Suceso, hecho. **2.** Argent. Relato comúnmente aleccionador de un hecho más o menos extraordinario.

SUCESIÓN s.f. (lat. *secessio, -onis*). Transmisión legal a personas vivas de bienes y obligaciones de personas difuntas. **2.** Circunstancia de estar una cosa detrás de otra en el tiempo o en el espacio. **3.** Conjunto de cosas que siguen unas a otras: *una sucesión de ideas.* **4.** Descendencia de una persona. **5.** MAT. Conjunto de elementos clasificados en un orden determinado.

SUCESIVO, A adj. Que sucede o sigue a otra cosa. ◇ **En lo sucesivo** En el tiempo que ha de seguir al momento en que se está.

SUCESO s.m. (lat. *successus, -us*). Cosa de algún interés que sucede. **2.** Éxito, resultado bueno de un asunto. **3.** Hecho delictivo o accidente que ocurre.

SUCESOR, RA adj. y s. (lat. *successor, -oris*).

Que sucede a otro, especialmente en un cargo o herencia.

SUCESORIO, A adj. Relativo a la sucesión o herencia.

SUCHE adj. Chile. Subalterno, empleado de última categoría. **2.** Venez. Agrio. ◆ s.m. Ecuad. y Perú. Árbol pequeño cuya madera se usa en construcción. (Familia apocináceas.)

SUCIEDAD s.f. Cualidad de sucio. **2.** Inmundicia, porquería. **3.** *Fig.* Dicho o hecho deshonesto, innoble.

SUCINTO, A adj. (lat. *succinctus,* apretado). Breve, resumido, conciso: *una sucinta explicación.*

SUCIO, A adj. (lat. *sucidus,* húmedo, jugoso). Manchado, untado, impuro, con polvo: *manos sucias.* **2.** Que se ensucia fácilmente: *el blanco es un color sucio.* **3.** *Fig.* Se dice del color no puro, confuso, turbio. **4.** *Fig.* Sin escrúpulos, deshonesto, inmoral. **5.** *Fig.* Contrario a la justicia, a la moral, al honor: *negocio sucio.* **6.** *Fig.* Que ofende al pudor, indecente: *una acción sucia.* **7.** *Fig.* Tramposo: *juego, jugador sucio.*

SUCRE s.m. Antigua unidad monetaria de Ecuador, sustituida por el dólar EUA.

SÚCUBO s.m. y adj. (lat. *succubus,* persona que se echa debajo). Demonio o espíritu con apariencia de mujer que, según la tradición, seduce a los hombres durante su sueño.

SUCUCHO o **SOCUCHO** s.m. Amér. Habitación pequeña y precaria que sirve de vivienda. SIN.: *sucuyo.*

SUCULENTO, A adj. (del lat. *sucus,* jugo) Sabroso, nutritivo: *comida suculenta.* **2.** BOT. Se dice de la planta que posee órganos carnosos y ricos en agua.

SUCUMBIR v.intr. (lat. *succumbere*). Ceder, rendirse, someterse: *sucumbir a la tentación.* **2.** Morir, perecer.

SUCURSAL adj. y s.f. (fr. *succursale*). Se dice del establecimiento mercantil o industrial que depende de otro, cuyo nombre reproduce.

SUCURSALISMO s.m. *Desp.* Dependencia de partidos políticos españoles, cuyo ámbito es una nacionalidad o región, respecto del supuesto centralismo de los de ámbito estatal.

SUCUSIÓN s.f. MED. Exploración que consiste en mover al enfermo para provocar la movilización del líquido pleural o gástrico.

SUDACA s.m. y f. Esp. *Desp.* Sudamericano.

SUDACIÓN s.f. Exudación. **2.** Exhalación de sudor.

SUDADERA s.f. Acción de sudar mucho. **2.** Manta pequeña que se pone a las cabalgaduras debajo de la silla. **3.** Camiseta de manga larga que se usa principalmente para hacer ejercicio o deporte.

SUDAFRICANO, A adj. y s. De África del Sur. **2.** De la República de Sudáfrica.

SUDAMERICANO, A o **SURAMERICANO, A** adj. y s. De América del Sur.

SUDANÉS, SA adj. y s. De Sudán. ◇ **Lenguas sudanesas** Gran familia de lenguas negroafricanas, habladas en el Sudán occidental, en las regiones costeras del golfo de Guinea y en África central al N de la Rep. Dem. del Congo.

SUDAR v.intr. y tr. (lat. *sudare*). Expeler sudor por los poros de la piel. **2.** Destilar las plantas algún líquido. ◆ v.intr. *Fig.* Destilar líquido a través de los poros un recipiente, una pared, etc. **2.** *Fig.* y *fam.* Trabajar mucho. ◆ v.tr. Mojar con el sudor: *sudar la camisa.* **2.** *Fig.* y *fam.* Obtener algo con gran esfuerzo: *sudó la victoria.* **3.** *Fig.* y *fam.* Dar algo a la fuerza.

SUDARÁBIGO, A adj. y s.m. Se dice de una lengua semítica afín al árabe.

SUDARIO s.m. (lat. *sudarium*). Lienzo que se pone sobre el rostro de los difuntos o en que se envuelve el cadáver. ◇ **Santo sudario** Lienzo que sirvió para amortajar el cuerpo de Jesucristo.

SUDESTADA s.f. Argent. Viento con lluvia persistente que viene del SE y generalmente provoca la crecida de los ríos.

SUDESTE o **SURESTE** s.m. Punto del horizonte entre el sur y el este, a igual distancia de ambos (abrev. *SE*). **2.** Región o lugar situados en esta dirección. ◆ adj. y s.m. Se dice del viento que sopla de esta parte.

SUDISTA adj. y s.m. y f. Partidario de los estados del sur, en la guerra de Secesión norteamericana (1861-1865).

SUDOESTE o **SUROESTE** s.m. Punto del horizonte entre el sur y el oeste, a igual distancia de ambos (abrev. *SO*). **2.** Región o lugar situados en esta dirección. ◆ adj. y s.m. Se dice del viento que sopla de esta dirección.

SUDOR s.m. Secreción acuosa, que contiene sales minerales y urea, segregada por las glándulas sudoríparas a través de los poros de la piel. **2.** *Fig.* Gotas que aparecen en la superficie de lo que despide humedad. **3.** *Fig.* Jugo o goma que segregan las plantas. **4.** *Fig.* Gran esfuerzo necesario para hacer o conseguir algo.

SUDORÍFICO, A adj. y s.m. Que provoca sudor. SIN.: *sudorífero.*

SUDORÍPARO, A adj. Que segrega sudor.

SUDOROSO, A adj. Que suda mucho o está muy sudado. **2.** Propenso a sudar. SIN.: *sudoriento.*

SUECO, A adj. y s. De Suecia. ◆ s.m. Lengua nórdica hablada principalmente en Suecia. ◇ **Hacerse el sueco** Esp. Desentenderse de algo o fingir que no se entiende.

SUEGRO, A s. (de *suegra,* del lat. vulg. *socra*). Con respecto a un cónyuge, padre o madre del otro.

SUELA s.f. (del lat. *solea*). Parte del calzado que queda debajo del pie y es la que toca el suelo. **2.** Cuero vacuno curtido que se emplea para fabricar esta parte del calzado. **3.** Pedazo de cuero o de goma que se coloca en el extremo inferior del taco de billar. ◇ **De tres,** o **de cuatro,** o **de siete, suelas** *Fam.* Redomado: *pícaro de siete suelas.* **Media suela** Pieza de cuero con que se remienda el calzado y que cubre la planta desde el enfranque a la punta. **No llegarle** a alguien **(ni) a la suela del zapato** Ser muy inferior a él en alguna materia.

SUELAZO s.m. Colomb., Chile, Ecuad. y Venez. Batacazo, golpe fuerte que se da alguien al caer.

SUELDO s.m. (lat. tardío *solidus,* antigua moneda de oro). Remuneración asignada por un determinado cargo o empleo profesional. **2.** NUMISM. En los antiguos sistemas monetarios, pieza equivalente a 1/20 de libra. ◇ **A sueldo** Con retribución fija.

SUELO s.m. (lat. *solum*). Superficie por la que se anda, generalmente allanada o recubierta de algún material para que sea más uniforme: *suelo de terrazo.* **2.** Tierra, terreno: *la explotación del suelo.* **3.** *Fig.* Base de algunas cosas: *el suelo de una vasija.* **4.** EDAFOL. Parte superficial de la corteza terrestre, en contacto con la atmósfera y sometida a la acción de la erosión (mecánica y química) de los animales y de las plantas, lo que produce la alteración y disgregación de las rocas. ◇ **Arrastrar,** o **poner,** o **tirar, por el suelo,** o **los suelos** Desacreditar. **Arrastrarse,** o **echarse, por el suelo,** o **los suelos** *Fam.* Humillarse. **Besar el suelo** Caerse de bruces. **Dar consigo en el suelo** Caerse en tierra. **Por el suelo,** o **los suelos** Denota la depreciación de algo. **Venir(se) al suelo** Caer, arruinarse, destruirse.

SUELTA s.f. Acción y efecto de soltar. ◇ **Dar suelta** a alguien Permitirle esparcirse, divertirse o que salga de su retiro.

SUELTO, A adj. Que no está sujeto: *hojas sueltas; llevar el pelo suelto.* **2.** Ligero, veloz. **3.** Separado, aislado, que no hace juego con otra cosa: *un calcetín suelto.* **4.** Poco compacto, disgregado, disperso. **5.** No frenado, fácil, ágil: *lenguaje, estilo suelto.* **6.** Expedito, hábil: *tener la mano suelta para dibujar.* **7.** Flojo, holgado: *un vestido suelto.* **8.** Que padece diarrea. **9.** TAUROM. Se dice del toro que abandona la suerte sin hacer caso del engaño. ◆ adj. y s.m. Esp. y Méx. Se dice del dinero en moneda fraccionaria. ◆ s.m. Escrito de poca extensión y sin firma, impreso en un periódico.

SUEÑO s.m. (lat. *somnus,* acción de domir). Estado funcional periódico del organismo, y especialmente del sistema nervioso, durante el cual el estado de vigilia se encuentra suspendido de una forma inmediatamente reversible. **2.** Acción de imaginar escenas o sucesos mientras se duerme. **3.** Serie de escenas, imágenes o sucesos, más o menos incoherentes, que se presentan en la mente mientras se duerme: *tener sueños fantásticos.* **4.** Ganas, necesidad de dormir: *tener sueño.* **5.** *Fig.* Lo que carece de realidad o fundamento, proyecto, deseo, esperanza sin probabilidad de realizarse: *vivir de sueños.* ◇ **Caerse de sueño** Tener muchas ganas de dormir. **Conciliar el sueño** Conseguir dormir. **Cura de sueño** PSIQUIATR. Terapia de ciertos episodios agudos mediante un sueño más o menos profundo, provocado artificialmente por medio de psicótropos. **Enfermedad del sueño** Enfermedad contagiosa producida por un tripanosoma y transmitida por la mosca tse-tse. **En sueños** Estando durmiendo. **Ni en sueños** Expresión con la que se niega que algo haya podido o pueda suceder. **Quitar el sueño** Preocupar mucho algo. **Sueño dorado** *Fig.* Deseo vehemente, ilusión halagüeña. **Sueño eterno** La muerte. **Sueño pesado** *Fig.* Sueño muy profundo.

SUERO s.m. (del lat. ibérico *sorus*). Parte líquida de un humor orgánico, como la sangre, la leche o la linfa, después de su coagulación. ◇ **Suero antilinfocitario** Suero que disminuye o anula la actividad inmunitaria de los linfocitos. **Suero fisiológico** Solución salina de composición determinada e isotónica con el plasma sanguíneo.

SUERTE s.f. (lat. *sors, -tis*). Fuerza, poder que determina ciertos acontecimientos independientemente de la voluntad del individuo: *suerte adversa; suerte favorable.* **2.** Circunstancia casual favorable o adversa, fortuna en general. **3.** Casualidad a que se fía la resolución de una cosa. **4.** Situación, condición, estado en que alguien se encuentra. **5.** Destino. **6.** Clase, género, especie: *había toda suerte de personas.* **7.** Manera de hacer algo: *tratar de suerte que...* **8.** Argent. En el juego de la taba, parte cóncava de esta. **9.** TAUROM. Figura que el torero compone con el toro con la capa, las banderillas, la muleta, etc. ◇ **Caer,** o **tocar, en suerte** Corresponder algo por sorteo; suceder algo a alguien por azar. **Desafiar a la suerte** Arriesgarse imprudentemente. **De suerte que** Expresa una consecuencia o resultado de lo que se ha dicho antes. **Echar,** o **tirar, a suerte,** o **a suertes** Decidir la suerte por medio de un sorteo o por otro procedimiento de resultado imprevisible. **Por suerte** Afortunadamente. **Probar suerte** Tomar parte en un sorteo, rifa, etc.; intentar conseguir algo confiando en la buena fortuna. **Tentar a la suerte** Afrontar un riesgo por conseguir algo.

SUERTERO, A adj. Ecuad. y Hond. Dichoso, feliz, afortunado. ◆ s.m. Perú. Vendedor de billetes de lotería.

SUERTUDO, A adj. Amér. Merid. Afortunado.

SUÉTER s.m. (ingl. *sweater*). Esp. y Méx. Prenda de vestir de punto, generalmente con mangas, que llega aproximadamente hasta la cintura. GEOSIN.: Amér. Merid. *chompa;* Argent. y Urug. *tricota;* Esp. *jersey.*

SUEVO, A adj. y s. De alguno de los pueblos germánicos que, junto con los vándalos y alanos, invadieron la península Ibérica en 409. (Dirigidos por Hermerico, fundaron en la provincia romana de Gallaecia un reino *(Reino de los suevos)* que perduró hasta 585, año en que lo conquistó Leovigildo y quedó incorporado al estado visigodo.)

SUFETE s.m. (lat. *suffetem*). Magistrado supremo de Cartago y de otras colonias fenicias.

SUFÍ adj. y s.m. y f. Relativo al sufismo; partidario del sufismo.

SUFICIENCIA s.f. Cualidad de suficiente, bastante. **2.** Capacidad, aptitud, competencia. **3.** Actitud de la persona envanecida con su propia sabiduría: *tener, darse aires de suficiencia.*

SUFICIENTE adj. (lat. *sufficiens, -tis*). Bastante para lo que se necesita: *tener lo suficiente para vivir.* **2.** Apto, idóneo. **3.** Pedante, presumido. ◆ s.m. Calificación que indica la suficiencia del alumno.

SUFIJACIÓN s.f. Procedimiento de formación de palabras con ayuda de sufijos.

SUFIJO s.m. (lat. *suffixus*). LING. Elemento que se coloca al final de ciertas palabras, modificando su significado primario.

SUFISMO s.m. Doctrina mística del islam, que tuvo su origen en el s. VIII en la región de Kufa (Iraq) y se desarrolló al margen de la legalidad chiita y sunnita en múltiples órdenes y confraternidades.

SUFRAGÁNEO, A adj. (bajo lat. *suffraga-neus*). Que depende de otro. ◆ adj. y s.m. REL. Se dice del obispo que depende de un metropolitano.

SUFRAGAR v.tr. (lat. *suffragari*) [2]. Costear, satisfacer: *sufragar gastos*. **2.** Ayudar, favorecer: *sufragar un proyecto.* ◆ v.intr. Amér. Votar a cierto candidato.

SUFRAGIO s.m. Acto de carácter expreso, por el que una persona emite un voto en el seno de una colectividad de la que es miembro, a fin de decidir en una cuestión de interés público, generalmente de carácter político. **2.** Obra buena o acto piadoso que se ofrece para la redención de las almas del purgatorio. ◇ **Sufragio directo** Sistema en el que el elector vota directamente por el candidato a elegir. **Sufragio indirecto** Sistema en el que el candidato a elegir es votado por los miembros de cuerpos elegidos o por delegados elegidos por el cuerpo electoral. **Sufragio universal** Sistema en el que el cuerpo electoral está constituido por todos los ciudadanos con derecho a voto.

SUFRAGISMO s.m. Movimiento sufragista.

SUFRAGISTA adj. y s.m. y f. Partidario del voto femenino. ◆ s.f. Militante que reclamaba el derecho de voto para la mujer. (El movimiento de las sufragistas, nacido en 1865, adoptó una forma militante entre 1903 y 1917.)

SUFRIDO, A adj. Que sufre con resignación, sin queja: *carácter muy sufrido.* **2.** Muy resistente a la suciedad y al uso: *color sufrido; tela sufrida.* ◆ adj. y s.m. Se dice del marido consentido.

SUFRIMIENTO s.m. Capacidad para sufrir o estado del que sufre.

SUFRIR v.tr. e intr. (lat. *sufferre*). Tener o padecer un daño o dolor físico o moral. **2.** Padecer habitualmente una enfermedad o un trastorno físico: *sufrir del estómago.* ◆ v.tr. Experimentar algo desagradable, soportar condiciones no favorables, etc.: *sufrir hambre; sufrir vergüenza.* **2.** Sostener, resistir: *no puede sufrir comer sin sal.* **3.** Aguantar, tolerar: *sufrir las cosquillas.* **4.** Permitir, consentir: *sufrir humillaciones.* ◇ **No poder sufrir** Detestar, no poder soportar.

SUFRÚTICE s.m. Planta intermedia entre el arbusto y la hierba. SIN.: *subarbusto.*

SUFRUTICOSO, A adj. BOT. Se dice de la planta herbácea que es leñosa en la base. SIN.: *sufrutescente.*

SUFUSIÓN s.f. MED. Derrame de un líquido orgánico fuera de su estructura, principalmente de los vasos sanguíneos.

SUGERENCIA s.f. Acción de sugerir. **2.** Idea que se sugiere, inspiración, insinuación.

SUGERENTE adj. Que sugiere. SIN.: *sugeridor.*

SUGERIR v.tr. (lat. *suggerere,* llevar por debajo) [79]. Provocar en alguien alguna idea: *palabras que sugieren otras.* **2.** Insinuar lo que se debe decir o hacer: *le sugirió que se fuera.* **3.** Evocar, traer a la memoria: *un paisaje que sugiere recuerdos.*

SUGESTIBILIDAD s.f. PSICOL. Carácter sugestionable.

SUGESTIÓN s.f. (lat. *suggestio, -onis*). Acción de sugestionar: *poder de sugestión.* **2.** Sugerencia: *aceptar una sugestión.* **3.** PSICOL. Proceso psíquico consistente en pensar o actuar bajo la influencia de otra persona.

SUGESTIONABLE adj. PSICOL. Se dice del sujeto que se somete fácilmente a las sugestiones.

SUGESTIONAR v.tr. y prnl. Influir en la manera de pensar o de actuar de una persona anulando su voluntad. ◆ v.tr. Ejercer un dominio irresistible.

SUGESTIVO, A adj. Que sugiere o suscita algo. **2.** *Fig.* Que suscita emoción: *un plan sugestivo.*

SUHL s.m. (voz árabe, *sumisión*). Pacto de capitulación establecido por los musulmanes en los pueblos que conquistaron.

SUICIDA s.m. y f. Persona que comete suicidio. ◆ adj. Que daña o destruye al propio agente: *un acto suicida.*

SUICIDARSE v.prnl. Cometer suicidio.

SUICIDIO s.m. (del lat. *sui,* de sí mismo, y *homicidium,* homicidio). Acto de quitarse voluntariamente la vida.

SUIDO, A adj. y s.m. (del lat. *sus, suis,* cerdo). Relativo a una familia de mamíferos ungulados con cuatro dedos en cada pata, y con fuertes y desarrollados caninos, como el *cerdo,* el *jabalí* y el *babirusa.*

SUI GÉNERIS loc. (lat. *sui generis,* de su género). Singular, único, especial: *un olor sui géneris.*

SUIMANGA s.m. Pequeña ave paseriforme de los bosques tropicales de África, Asia y Australia, de pico muy delgado, puntiagudo y a menudo ganchudo. (Familia nectarínidos.)

SUINDÁ s.m. Argent. Ave de unos 40 cm de long., coloración pardusca, estriada, con manchas negras. (Familia estrígidas.)

SUIRIRÍ s.m. Argent. Nombre genérico de diversas especies de tiránidos.

SUITE s.f. (voz francesa). Serie de habitaciones de un hotel, comunicadas entre sí, que constituyen una unidad de alojamiento. **2.** MÚS. **a.** Forma instrumental en varios tiempos constituida por una yuxtaposición de movimientos, originariamente de danza, cada uno de ellos con carácter propio y escritos en una única tonalidad. **b.** Selección de fragmentos generalmente sinfónicos, extraídos de una obra de larga duración y destinados al concierto.

SUIZO, A adj. y s. De Suiza. ◆ s.m. Esp. Bollo de harina, huevo y azúcar, muy esponjoso y más o menos ovalado. ◇ **Encaje suizo** Imitación de los antiguos encajes a aguja de mallas desiguales. **Guardia pontificia suiza** Cuerpo de soldados reclutados en Suiza y encargados de la guardia personal de los pontífices que fue creado en 1506.

SUJECIÓN s.f. Acción de sujetar o estado de sujeto. **2.** Cosa o medio con que se sujeta algo.

SUJETADOR, RA adj. y s.m. Se dice de cualquier cosa que sirve para sujetar. ◆ s.m. Esp. Sostén, prenda interior femenina. **2.** Esp. Pieza del biquini que sujeta el pecho.

SUJETAPAPELES s.m. (pl. *sujetapapeles*). Instrumento a modo de pinza o de cualquier otra forma que sirve para sujetar papeles.

SUJETAR v.tr. y prnl. Dominar o someter a alguien. ◆ v.tr. Agarrar a alguien o algo con fuerza: *le sujetaron las manos y los pies.* **2.** Aplicar a alguna cosa un elemento que evita que caiga o se mueva.

SUJETO, A adj. (lat. *subjectus, -um*). Que está agarrado o sujetado. **2.** Expuesto o propenso a cierta cosa que se expresa: *el plan está sujeto a cambios de última hora.* ◆ s.m. Individuo, persona cuyo nombre se desconoce: *un sujeto estrafalario preguntó por ti.* **2.** Asunto o materia de lo que se habla o escribe. **3.** FILOS. El espíritu humano considerado en oposición al mundo externo. **4.** GRAM. Función gramatical propia del término de la relación predicativa, al que se atribuye el predicado en un enunciado. ◇ **Sujeto pasivo** Persona obligada a contribuir en el impuesto sobre la renta.

SULFAMIDA s.f. Compuesto orgánico nitrogenado y sulfurado, que es la base de diversos grupos de medicamentos antiinfecciosos, antidiabéticos y diuréticos.

SULFATADORA s.f. Máquina o aparato para sulfatar.

SULFATAR v.tr. Impregnar las plantas con una solución de sulfato de cobre o de hierro para combatir las enfermedades criptogámicas.

SULFATO s.m. Sal o éster del ácido sulfúrico.

SULFHÍDRICO, A adj. Se dice del ácido formado por azufre e hidrógeno (H_2S), que se presenta en estado gaseoso, incoloro, muy tóxico, con olor a huevos podridos, producido por la descomposición de materias orgánicas. SIN.: *hidrógeno sulfurado.*

SULFHIDRILO s.m. Radical univalente —SH que se encuentra en los tioles.

SULFINIZACIÓN s.f. Cementación mediante azufre.

SULFITACIÓN s.f. Empleo del anhídrido sulfuroso como desinfectante, decolorante, antioxidante, etc.

SULFITO s.m. Sal del ácido sulfuroso.

SULFONACIÓN s.f. Reacción de sustitución de uno o varios átomos de hidrógeno en un compuesto orgánico por uno o varios grupos SO_3H.

SULFONADO, A adj. Se dice de los compuestos bencénicos (llamados también *ácidos sulfónicos*) que contienen el radical SO_3H fijado en un átomo de carbono.

SULFOVÍNICO, A adj. Se dice de un ácido obtenido por acción del ácido sulfúrico sobre el etanol. SIN.: *etilsulfúrico.*

SULFURACIÓN s.f. Irritación, enojo. **2.** AGRIC. y QUÍM. Acción de sulfurar. **3.** MED. Administración de azufre, bajo diferentes formas, en uso tópico.

SULFURADO, A adj. En estado de sulfuro. **2.** Combinado con el azufre. ◇ **Hidrógeno sulfurado** Ácido sulfhídrico.

SULFURAR v.tr. Combinar con azufre. **2.** AGRIC. Introducir sulfuro de carbono en el suelo, para destruir los insectos. ◆ v.tr. y prnl. *Fig.* Irritar o encolerizar a alguien.

SULFÚRICO, A adj. Ecuad. Se dice de la persona irascible. ◇ **Ácido sulfúrico** QUÍM. Ácido oxigenado (H_2SO_4) derivado del azufre, fuertemente corrosivo y que se utiliza en la fabricación de numerosos ácidos, sulfatos y alumbres, superfosfatos, glucosa, explosivos y colorantes, etc.

SULFURO s.m. (de *sulfúrico*). QUÍM. **a.** Combinación de azufre y un elemento. **b.** Sal del ácido sulfhídrico.

SULFUROSO, A adj. QUÍM. **a.** Que tiene la naturaleza del azufre. **b.** Que contiene una combinación de azufre: *vapores sulfurosos.* ◇ **Ácido sulfuroso** Compuesto H_2SO_3, que solo existe en disolución. **Anhídrido sulfuroso** Compuesto oxigenado (SO_2) derivado del azufre, que es un gas incoloro, sofocante, empleado por la descomposición de materias orgánicas y como decolorante y desinfectante.

SULLA s.f. (lat. tardío *sylla*). Planta herbácea de tallo hueco, flores purpúreas y fruto en silicua, que crece en los países cálidos. (Familia papilionáceas.)

SULTÁN s.m. (ár. *sult;afan*). Emperador turco. **2.** Príncipe o gobernador musulmán.

SULTANA s.f. Mujer del sultán, o que goza consideración de tal. **2.** Embarcación empleada por los turcos en la guerra.

SULTANATO s.m. Dignidad de sultán. **2.** Sultanía.

SULTANÍA s.f. Territorio que está bajo la jurisdicción de un sultán. SIN.: *sultanato.*

SULUK → **TAUSUG.**

SUMA s.f. (lat. *summa,* el total). Acción y efecto de sumar. **2.** Conjunto o reunión de varias cosas, especialmente cantidad de dinero: *perdió en el juego sumas importantes.* **3.** Resumen o recopilación de todas las partes de una

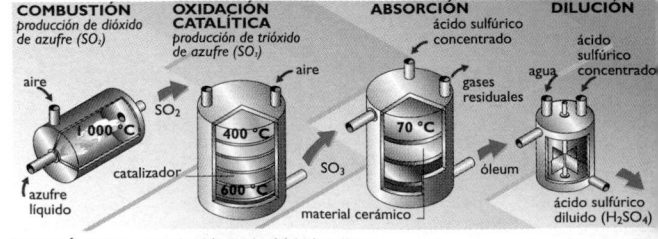

COMBUSTIÓN *producción de dióxido de azufre (SO_2)*

OXIDACIÓN CATALÍTICA *producción de trióxido de azufre (SO_3)*

ABSORCIÓN ácido sulfúrico concentrado

DILUCIÓN ácido sulfúrico concentrado

aire — SO_2 — 1 000 °C

400 °C — SO_3 — 600 °C

catalizador — material cerámico — 70 °C — óleum

gases residuales — agua

azufre líquido — ácido sulfúrico diluido (H_2SO_4)

■ **SULFÚRICO.** Proceso de elaboración del ácido sulfúrico.

ciencia o saber: *suma teológica.* **4.** MAT. **a.** Adición, operación aritmética. **b.** Resultado de la adición. ◇ **En suma** Resumiendo. **Suma algebraica** Resultado de varias sumas y diferencias indicadas. **Suma de una serie** Límite de la suma de los *n* primeros términos de dicha serie, cuando *n* tiende a infinito. **Suma geométrica de varios vectores** Resultado de la composición de estos vectores.

SUMACA s.f. (neerlandés *smak*). Embarcación pequeña de dos palos propia para navegar en poca agua, usada en América del Sur.

SUMACIÓN s.f. Sucesión eficaz de varias excitaciones semejantes que actúan sobre un músculo o un nervio, y que serían ineficaces aisladamente. **2.** Adición, operación aritmética.

SUMADORA s.f. Máquina de calcular mecánica para hacer sumas o adiciones.

SUMANDO s.m. Cantidad que se suma a otra.

SUMAR v.tr. Reunir en una sola varias cantidades homogéneas. **2.** Componer varias cantidades un total: *quince y cinco suman veinte.* ◆ **sumarse** v.prnl. Fig. Agregarse a un grupo, adherirse a una opinión, doctrina, etc.. *la mayoría se sumó a la idea.* ◇ **Suma y sigue** Fam. Indica repetición o continuación de algo.

SUMARIA s.f. DER. Proceso escrito. **2.** En el procedimiento criminal militar, sumario.

SUMARIAL adj. Relativo al sumario o a la sumaria.

SUMARIAR v.tr. DER. Someter a alguien a sumario.

SUMARIO, A adj. Breve, reducido a poca extensión: *una exposición sumaria de los hechos.* **2.** DER. Se dice de determinados juicios que se tramitan con mayor rapidez que los ordinarios. ◆ s.m. Resumen, compendio. **2.** DER. Fase del proceso destinada a fijar todos los materiales que pueden influir en la calificación legal del delito y a determinar la culpabilidad del imputado.

SUMARÍSIMO, A adj. DER. Se dice del proceso o procedimiento, propio de la jurisdicción militar, en que los trámites se abrevian de tal manera que su sustanciación puede durar unas horas.

SUMATORIO, A adj. MAT. Que representa una suma.

SUMERGIBLE adj. Que puede sumergirse. ◆ adj. y s.m. Se dice de las embarcaciones capaces de navegar bajo el agua.

SUMERGIR v.tr. y prnl. (lat. *submergere*) [43]. Poner una cosa dentro del agua o u otro líquido de manera que quede completamente cubierta. ◆ **sumergirse** v.prnl. Fig. Abstraerse concentrando la atención en una cosa determinada: *sumergirse en el estudio.*

SUMERIO, A adj. y s. De un pueblo que se estableció en el cuarto milenio en la baja Mesopotamia. ◆ s.m. Lengua antigua, hablada desde el S de Babilonia hasta el golfo Pérsico y escrita en caracteres cuneiformes. ENCICL. Los sumerios fundaron las primeras ciudades estado (Lagash, Uruk, Ur, etc.), por las que se extendió la primera arquitectura religiosa, la estatuaria y la glíptica, y en las que se utilizó la escritura a fines del cuarto milenio. El establecimiento de los semitas en Mesopotamia (fines del tercer milenio) eliminó a los sumerios de la escena política; pero su cultura literaria y religiosa sobrevivió en todas las culturas del Próximo oriente.

SUMERSIÓN s.f. Acción de sumergir en agua u otro líquido. **2.** GEOMORFOL. Desaparición progresiva de un relieve bajo sus propios derrubios.

SUMIDERO s.m. Agujero abierto en el suelo, conducto o canal por el que evacuan las aguas de lluvia o residuales.

SUMILLER s.m. (fr. *sommelier*). Persona encargada de servir vinos y licores en un hotel o un restaurante.

SUMINISTRAR v.tr. (lat. *subministrare*). Proporcionar a alguien algo, vendiéndoselo o dándoselo.

SUMINISTRO s.m. Acción de suministrar. **2.** Provisión de algo que se suministra. (Suele usarse en plural).

SUMIR v.tr. y prnl. (lat. *sumere*, tomar). Hundir, meter una cosa bajo el agua o la tierra o en

cualquier sitio que quede escondida. **2.** Fig. Abismar, hundir, hacer caer en cierto estado de reflexión, de desgracia, de inferioridad, etc.: *sumir en la miseria.* ◆ v.tr. Consumir el sacerdote el pan y el vino de la Eucaristía. **2.** Méx. Abollar algo: *le sumieron la puerta del automóvil de un golpe.*

SUMISIÓN s.f. Acción y efecto de someter. **2.** Comportamiento amable y servicial.

SUMISO, A adj. (lat. *submissus*). Se aplica a la persona que se somete y se deja manejar o dirigir por otra.

SÚMMUM s.m. (lat. *summum*). Máximo grado de algo.

1. SUMO s.m. Modalidad de lucha japonesa.

2. SUMO o **SUMU,** pueblo amerindio agricultor de lengua misumalpa de las selvas del E de Nicaragua y S de Honduras.

3. SUMO, A adj. (lat. *summus*). Supremo, superior a todos: *la suma felicidad.* **2.** Fig. Muy grande, enorme: *con suma diligencia.* ◇ **A lo sumo** Expresión con que se fija el límite máximo a que llega o se considera que puede llegar una cosa.

SÚMULAS s.f.pl. Sumario que contiene los principios fundamentales de la lógica.

SUNCHO s.m. Amér. Merid. Planta compuesta, de flores amarillas.

SUNCO, A adj. y s. Chile. Manco.

SUNDANÉS s.m. Lengua indonesia, hablada en la parte occidental de Java.

SUNLIGHT s.m. (voz inglesa, *luz solar*). Proyector potente para la toma de vistas cinematográficas.

SUNNA s.f. (voz árabe). Conjunto de tradiciones *(hadiz)* sobre las palabras y acciones de Mahoma.

SUNNÍ s.m. y adj. (ár. *sunni*, el que sigue los principios de la sunna). Denominación aplicada en el islamismo a los ortodoxos (por oposición a los *chiitas*).

SUNNISMO s.m. Corriente mayoritaria del Islam que representa la ortodoxia musulmana frente al chiismo. ENCICL. Con base en la sunna y el consenso comunitario, el sunnismo reconoció como sucesores del profeta a los cuatro primeros califas, después a los Omeyas y los Abasidas, en tanto que los chiitas reservan ese cargo a Alí y sus sucesores. Hostiles a toda novedad y toda forma de esoterismo, los sunnitas representan cerca de 90 % de la comunidad musulmana.

SUNTUARIO, A adj. Relativo al lujo.

SUNTUOSIDAD s.f. Cualidad de suntuoso.

SUNTUOSO, A adj. (lat. *sumptuosus*). Magnífico, con riqueza ostentosa. **2.** Elegante y majestuoso en su actitud o en su porte.

SUPEDITACIÓN s.f. Acción y efecto de supeditar.

SUPEDITAR v.tr. (lat. *suppeditare*). Subordinar una cosa a otra o a alguna condición: *supeditar los deseos a las obligaciones.* ◆ **supeditarse** v.prnl. Fig. Someter alguien su opinión, parecer o decisión a alguien o algo: *no supeditarse a moral ninguna.*

SÚPER adj. Fam. Apócope de *superior,* muy bueno. ◆ s.m. Apócope de *supermercado.* ◆ adj. y s.f. Gasolina de calidad superior.

SUPERABUNDANCIA s.f. Abundancia muy grande.

SUPERABUNDAR v.intr. Abundar mucho.

SUPERACABADO s.m. MEC. Operación que consiste en hacer desaparecer de una superficie metálica la capa superficial de metal amorfo descarburado resultante de la acción de la herramienta.

SUPERACIÓN s.f. Acción de superar o superarse.

SUPERAISLAMIENTO s.m. Aislamiento que posee una conductividad térmica muy baja, utilizado principalmente en los procesos de producción de criotemperaturas.

SUPERALEACIÓN s.f. Aleación de composición compleja que presenta buen comportamiento a altas temperaturas, utilizada en la fabricación de piezas mecánicas refractarias.

SUPERAR v.tr. (lat. *superare*). Vencer a alguien o algo: *te supera en inteligencia.* **2.** Vencer, dejar atrás, pasar. ◆ **superarse** v.prnl.

Hacer una cosa mejor que otras veces: *se ha superado en su nueva obra.*

SUPERÁVIT s.m. (lat. *superávit*, pretérito de *superare*, superar) [pl. *superávit* o *superávits*]. CONTAB. Exceso de los ingresos sobre los gastos.

SUPERBOMBARDERO, A adj. y s.m. Se dice del aparato de aviación de bombardeo de gran capacidad de carga y amplia autonomía.

SUPERCARBURANTE s.m. Gasolina de calidad superior, con un índice de octano que se aproxima, y a veces es superior, a 100.

SUPERCEMENTO s.m. Cemento portland artificial, con unas resistencias inicial y final muy altas.

SUPERCHERÍA s.f. (ital. meridional *superchieria,* abuso de fuerza). Engaño realizado con algún fin.

SUPERCILIAR adj. Relativo a la región de las cejas y la inmediatamente superior: *arco superciliar.*

SUPERCONDUCTIVIDAD s.f. Fenómeno que presentan ciertos metales cuya resistividad eléctrica es prácticamente nula por debajo de cierta temperatura.

SUPERCONDUCTOR, RA adj. y s.m. Que presenta el fenómeno de la superconductividad.

SUPERCRÍTICO, A adj. Se dice del perfil de un ala de avión que, sin aumento importante de la resistencia al avance, permite volar a velocidades próximas a la del sonido.

SUPERCÚMULO s.m. ASTRON. Cúmulo formado por cúmulos de galaxias.

SUPERDIRECTA s.f. En ciertos mecanismos de cambio de velocidades, dispositivo formado por una combinación de engranajes que proporciona al eje de transmisión una velocidad de rotación superior a la del árbol motor.

SUPERDOMINANTE s.f. MÚS. Sexto grado de la escala diatónica, por encima de la dominante.

SUPERDOTADO, A adj. y s. Se dice de la persona que posee cualidades, especialmente intelectuales, que exceden de lo normal.

SUPERESTRATO s.m. LING. Conjunto de hechos que caracterizan una lengua que se habló en un territorio lingüístico determinado y que, después de su desaparición, dejó huellas más o menos importantes.

SUPERESTRUCTURA s.f. Todo lo que se sobrepone a algo que le sirve de base. **2.** Parte superior de una construcción, que sobresale del nivel del terreno o de la línea de apoyos. **3.** Conjunto del aparato estatal y de las formas jurídicas, políticas, ideológicas y culturales de una sociedad (por oposición a *infraestructura*). **4.** F.C. Vía propiamente dicha, constituida por los carriles, las traviesas y los accesorios correspondientes. **5.** MAR. Estructura situada sobre la cubierta principal de un buque y que forma un solo cuerpo con el casco.

SUPERFEROLÍTICO, A adj. Excesivamente fino o pulido, o afectadamente delicado.

SUPERFICIAL adj. Relativo a la superficie: *grietas superficiales.* **2.** Que existe, se da o permanece en la superficie: *herida superficial.* **3.** Fig. Falto de profundidad, sin fondo, frívolo.

SUPERFICIALIDAD s.f. Cualidad de superficial.

SUPERFICIE s.f. (lat. *superficies*). Parte externa de un cuerpo, contorno que delimita el espacio ocupado por un cuerpo y lo separa del espacio circundante. **2.** Fig. Apariencia, aspecto exterior de las cosas. **3.** MAT. Figura geométrica definida por el conjunto de puntos del espacio cuyas coordenadas verifican una ecuación o se dan como funciones continuas de dos parámetros. (Aunque en el lenguaje corriente los términos *área* o *superficie* se identifican, en sentido estricto el área designa la medida de una superficie.) ◇ **Gran superficie** Centro comercial de grandes dimensiones.

SUPERFINO, A adj. Muy fino.

SUPERFLUIDAD s.f. Cualidad de superfluo. **2.** Cosa superflua.

SUPERFLUIDEZ s.f. Disminución considerable de la viscosidad del helio líquido, por debajo de 2,17 °K.

949

SUPERFLUO, A adj. Innecesario, inútil, sobrante: *gastos superfluos.*

SUPERFORTALEZA s.f. Fortaleza.

SUPERFOSFATO s.m. Producto obtenido por tratamiento del fosfato tricálcico mediante ácido sulfúrico, y utilizado como abono.

SUPERGIGANTE s.m. Competición de esquí alpino que consiste en un eslalon realizado durante un largo y pronunciado descenso.

SUPERHETERODINO s.m. y adj. Receptor radioeléctrico en el cual las oscilaciones eléctricas generadas en la antena se superponen a las de un oscilador local para dar lugar a oscilaciones de una frecuencia constante, que pueden amplificarse y filtrarse con facilidad.

SUPERHOMBRE s.m. Hombre superiormente dotado. **2.** Según Nietzsche, tipo humano superior cuyo advenimiento está inscrito en las posibilidades de la humanidad y que llevará a su máxima expresión su voluntad de potencia. (Las ideologías fascista y nazi se apropiaron de esta noción, deformando su sentido.)

SUPERINTENDENCIA s.f. Empleo, cargo y jurisdicción del superintendente. **2.** Oficina del superintendente.

SUPERINTENDENTE s.m. y f. (del lat. *superintendere*, velar por algo). Persona a cuyo cargo está la dirección superior de algo y que ejerce autoridad sobre los demás que trabajan en lo mismo. **2.** HIST. Autoridad que administraba la hacienda estatal y los establecimientos productivos de la corona.

1. SUPERIOR adj. (lat. *superior, -oris*). Situado más alto con respecto a otra cosa: *las plantas superiores de un edificio.* **2.** Fig. Que es más que otra persona o cosa en calidad, cantidad, rango, importancia, etc. **3.** Fig. Excelente, muy bueno: *paño de calidad.* **4.** Fig. Excepcional y digno de aprecio: *lo considero un ser superior.* **5.** Se dice de la parte de un río más cercana a su nacimiento. **6.** HIST. NAT. Más avanzado en la evolución: *animales superiores.*

2. SUPERIOR, RA s. Persona que está al frente de una comunidad religiosa. **2.** Persona que dirige o manda: *espera órdenes de sus superiores.*

SUPERIORIDAD s.f. Cualidad de superior. **2.** Ventaja que tiene una persona en una circunstancia o situación respecto de otra para hacer alguna cosa. **3.** Autoridad.

SUPERLATIVO, A adj. (lat. *superlativus*). Muy grande o excelente en su línea. ◆ adj. y s.m. LING. Se dice del grado de significación que expresa una cualidad llevada a un grado muy alto (*superlativo absoluto*) o a un grado más alto o menos alto (*superlativo relativo*) en comparación a un determinado grupo: *muy guapa; la más guapa; la menos guapa.*

SUPERLIGERO, A adj. Muy ligero. **2.** DEP. Se dice de la categoría de peso que agrupa a los boxeadores que no superan los 63,503 kg.

SUPERMERCADO s.m. Establecimiento para la venta al por menor de artículos alimenticios y de uso doméstico, en el que el cliente se sirve por sí mismo y paga a la salida.

SUPERNOVA s.f. ASTRON. Estrella cuya luminosidad experimenta súbitamente una enorme elevación para después debilitarse gradualmente. (La explosión de una supernova se distingue de la de una nova por su amplitud: la zona afectada es la estrella misma y no solo su envoltura. Este fenómeno es característico de las grandes estrellas que han alcanzado un grado de desarrollo avanzado.)

SUPERNUMERARIO, A adj. Que excede o está además del número ya existente o establecido dentro de una categoría. **2.** Se dice del funcionario que, a petición propia, deja temporalmente el servicio activo, aunque se le reserva la plaza. ◆ s. Empleado que trabaja en una oficina pública sin figurar en la plantilla.

SÚPERO, A adj. (lat. *superum*). BOT. Se dice del ovario que está situado por encima del punto de inserción de los sépalos, pétalos y estambres, como en el tulipán y la amapola. CONTR.: *ínfero.*

SUPERORDEN s.m. BIOL. Nivel de clasificación de los seres vivos entre la clase y el orden.

SUPEROVÁRICO, A adj. BOT. Se dice de la planta cuyo ovario es súpero.

SUPERPETROLERO s.m. Buque petrolero de gran capacidad.

SUPERPOBLACIÓN s.f. Estado de una región geográfica o ciudad cuya población es excesiva con respecto a su nivel de desarrollo o de equipamiento.

SUPERPONER v.tr. y prnl. [60]. Poner una cosa encima de otra: *superponer imágenes.* SIN.: *sobreponer.* **2.** Dar más importancia a cierta cosa que a otra que se expresa. SIN.: *anteponer.*

SUPERPOSICIÓN s.f. Acción de superponer. **2.** Situación de una cosa superpuesta.

SUPERPOTENCIA s.f. País dotado de una fuerte industria y un poderoso ejército, en especial con armamento atómico.

SUPERPRODUCCIÓN s.f. Sobreproducción. **2.** CIN. Película cinematográfica de gran espectacularidad y elevado presupuesto.

SUPERSÓNICO, A adj. Relativo a la velocidad superior a la de la propagación del sonido. SIN.: *ultrasónico.* CONTR.: *subsónico.*

SUPERSTICIÓN s.f. (lat. *superstitio, -onis*). Creencia por la que se atribuye carácter sobrenatural u oculto a ciertos acontecimientos.

SUPERSTICIOSO, A adj. Relativo a la superstición. ◆ adj. y s. Se aplica a la persona que atribuye carácter sobrenatural u oculto a ciertos acontecimientos.

SUPERVISAR v.tr. Vigilar o inspeccionar algo una persona con autoridad para ello.

SUPERVISIÓN s.f. Vigilancia o inspección de algo.

SUPERVISOR, RA adj. y s. Se dice de la persona encargada de supervisar. ◆ adj. y s.m. INFORMÁT. En un sistema de explotación, se dice del programa encargado de controlar el encadenamiento y la gestión de los procesos.

SUPERVIVENCIA s.f. Acción de sobrevivir. SIN.: *sobrevivencia.*

SUPERVIVIENTE adj. y s.m. y f. Que sobrevive a algo, en especial a una catástrofe. SIN.: *sobreviviente.*

SUPERVIVIR v.intr. Sobrevivir.

SUPERYÓ s.m. PSICOANÁL. Una de las tres instancias del aparato psíquico, descrita por Freud en la segunda tópica, y que tiene entre sus funciones la de conciencia moral, y se forma por interiorización de las exigencias parentales.

SUPINACIÓN s.f. Posición de una persona tendida sobre el dorso. **2.** Movimiento del antebrazo que coloca la mano con la palma hacia arriba y el pulgar hacia fuera. **3.** Posición de la mano después de este movimiento. CONTR.: *pronación.*

SUPINADOR, RA adj. y s.m. ANAT. Se dice de los músculos del antebrazo que determinan la supinación.

SUPINO, A adj. (lat. *supinus*). Que está tendido sobre el dorso. **2.** Relativo a la supinación.

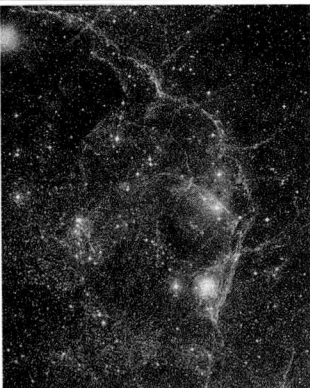

■ **SUPERNOVA.** Nebulosa de la constelación de Vela engendrada por la explosión de una supernova hace alrededor de 12 000 años.

3. Necio, tonto. **4.** LING. Una de las formas nominales del verbo latino.

SUPLANTACIÓN s.f. Acción y efecto de suplantar.

SUPLANTAR v.tr. (lat. *supplantare*, hacer la zancadilla). Sustituir ilegalmente a alguien, usurpar su personalidad o sus derechos inherentes. **2.** Falsear o falsificar un escrito con palabras o cláusulas que alteren el sentido que antes tenía.

SUPLEMENTARIO, A adj. Que sirve para suplir, complementar, aumentar o reforzar algo. **2.** Supletorio. ◇ **Ángulo suplementario** MAT. Ángulo que, añadido a otro, forma con él una suma igual a dos ángulos rectos.

SUPLEMENTERO adj. y s.m. Chile. Vendedor ambulante de periódicos.

SUPLEMENTO s.m. (lat. *supplementum*). Acción y efecto de suplir. **2.** Cosa que se añade a otra para perfeccionarla o completarla. **3.** Hoja o cuaderno que publica un periódico o revista y cuyo texto es independiente del número ordinario: *suplemento dominical.* ◇ **Suplemento de un ángulo** MAT. Lo que le falta para valer 180 °.

SUPLENCIA s.f. Actuación de suplente. **2.** Tiempo que dura esta actividad: *suplencia por maternidad.* **3.** Persona suplente.

SUPLENTE adj. y s.m. y f. Que suple.

SUPLETORIO, A adj. Que sirve para suplir algo que falta. **2.** Que está destinado para complementar algo. ◆ adj. y s.m. Se dice del aparato telefónico conectado en derivación con un teléfono principal.

SÚPLICA s.f. Acción y efecto de suplicar. **2.** Escrito o palabras con que se suplica. **3.** DER. Cláusula final de un escrito dirigido a la autoridad administrativa o judicial en solicitud de una resolución. ◇ **Recurso de súplica** DER. Recurso que se interpone ante el mismo tribunal que ha dictado la resolución, con solicitud de modificación o de quedar sin efecto.

SUPLICANTE adj. y s.m. y f. Que suplica.

SUPLICAR v.tr. (lat. *supplicare*) [1]. Pedir algo de modo humilde e insistente: *suplicar perdón.* **2.** Recurrir contra el auto o sentencia de un tribunal superior y ante el mismo.

SUPLICATORIA s.f. DER. Carta, comunicación u oficio que pasa de un juez o tribunal a otro superior.

SUPLICATORIO, A adj. Que contiene súplica. ◆ s.m. DER. **a.** Instancia que un juez o tribunal dirige a las cortes o parlamento pidiendo autorización para proceder contra alguno de sus miembros. **b.** Escrito que dirige un juez o tribunal inferior a otro superior jerárquicamente para que realice ciertas diligencias necesarias que no puede efectuar por quedar fuera de su competencia territorial.

SUPLICIO s.m. (lat. *supplicium*, sacrificio). Padecimiento corporal, muy doloroso y duradero, ejecutado como castigo y que puede llegar a ocasionar la muerte. **2.** Fig. Lugar donde el reo padece este castigo. **3.** Fig. Padecimiento físico o moral.

SUPLIDO s.m. Anticipo que se hace por cuenta de otra persona, con ocasión de mandato o trabajo profesionales.

SUPLIR v.tr. (lat. *supplere*). Añadir, completar lo que falta en una cosa, o remediar la carencia de ella: *suplir la sal de las comidas con especias vegetales.* **2.** Remplazar, sustituir provisionalmente a alguien o algo en una determinada función, generalmente durante cierto tiempo: *suplir a un profesor.*

SUPONER v.tr. (lat. *supponere*) [60]. Dar por cierta o existente una cosa que se toma como base o punto de partida en una argumentación o en la consideración de algo: *supongo que está a punto de llegar.* **2.** Implicar, traer consigo: *los derechos suponen los deberes.* **3.** Conjeturar, calcular algo por señales o indicios: *se le suponen 300 millones de años.* **4.** Fingir algo: *supón que ha dicho la verdad, y todos contentos.* ◆ v.intr. Tener algo importancia o significación para alguien: *el triunfo supone mucho para este deportista.*

SUPOSICIÓN s.f. Acción de suponer. **2.** Cosa que se supone.

SUPOSITORIO s.m. Medicamento sólido que se administra por vía rectal o vaginal.

SUPRAHEPÁTICO, A adj. ANAT. Que está situado por encima del hígado. ◇ **Vena suprahepática** Vena ancha y corta, colectora de la sangre del hígado, que aboca en la cava inferior, poco antes de entrar esta en el corazón.

SUPRAMAXILAR adj. Situado encima del maxilar superior.

SUPRANACIONAL adj. Que está por encima de la nación: *acuerdos supranacionales.*

SUPRARRENAL adj. y s.f. Se dice de cada una de las dos glándulas endocrinas situadas por encima de los riñones que secretan las hormonas esteroides y la adrenalina. SIN.: *cápsula suprarrenal.*

SUPRAYACENTE adj. GEOL. Que se extiende justo por encima: *arenas suprayacentes.*

SUPREMA s.f. Rodaja de la parte más ancha de la merluza o del rape.

SUPREMACÍA s.f. (del ingl. *supremacy*). Preeminencia, grado supremo que se alcanza en cualquier línea o jerarquía.

SUPREMO, A adj. (lat. *supremus*). Situado en la posición más alta o por encima de todos y de todo, que no tiene superior en su línea: *jefe supremo.* **2.** Que tiene el grado máximo de algo, o que posee en el sentido más elevado una cualidad: *esfuerzo supremo.* **3.** Último, que llega a su fin: *la hora suprema.* ◇ **Suerte suprema** TAUROM. Suerte de matar.

SUPRESIÓN s.f. Acción de suprimir. **2.** Cosa suprimida.

SUPRIMIR v.tr. (lat. *supprimere*). Hacer que desaparezca, cese, deje de hacerse o de existir algo: *suprimir un impuesto.* **2.** Omitir, pasar por alto.

SUPUESTO, A adj. Admitido por hipótesis, presunto, pretendido. ◆ s.m. Suposición sobre la que se basa lo que se dice. ◇ **Por supuesto** Expresión de asentimiento. **Supuesto táctico** MIL. Maniobra táctica que desarrolla un planteamiento estratégico establecido con anterioridad, para adiestramiento de la tropa, mandos, prueba de materiales, etc.

SUPUNOMA s.f. Ave de Nueva Guinea, cuya cabeza está adornada con seis plumas finas y largas.

■ SUPUNOMA

SUPURACIÓN s.f. Acción y efecto de supurar.

SUPURANTE adj. Que supura o hace supurar.

SUPURAR v.intr. (lat. *suppurare*). Formar o liberar pus una lesión orgánica.

SUPURATIVO, A adj. y s. Que tiene virtud de hacer supurar.

SUR s.m. Punto cardinal del horizonte diametralmente opuesto al norte. **2.** Lugar de la Tierra o de la esfera celeste que, respecto de otro, se halla situado en dirección a este punto cardinal. **3.** Parte de un todo que se encuentra en esta dirección. ◆ adj. y s.m. Se dice del viento que sopla del sur.

SURÁ o **SURAH** s.m. Tela de seda con ligamento de sarga, originaria de la India.

SURAL adj. ANAT. Se dice del músculo tríceps de la pantorrilla.

SURAMERICANO, A adj. y s. → SUDAMERICANO.

SURCAR v.tr. [1]. Ir por el espacio volando, navegar por el mar.

SURCO s.m. (lat. *sulcus*). Hendidura que se hace en la tierra con el arado. **2.** Señal o hendidura que deja una cosa al pasar sobre otra. **3.** Arruga en el rostro u otra parte del cuerpo. **4.** Ranura que presenta la superficie de un disco fonográfico.

SURECUATORIAL adj. Que está al S del Ecuador. ◇ **Corriente surecuatorial** OCEANOGR. Deriva tropical lenta que fluye hacia el O, en las cercanías del ecuador, bajo la influencia del alisio del SE.

SUREÑO, A adj. Meridional. **2.** Relativo al sur.

SURESTE s.m. → SUDESTE.

SURF o **SURFING** s.m. (ingl. *surfing*). Deporte que consiste en mantenerse en equilibrio sobre una tabla empujada por una ola.

■ SURF

SURFISTA s.m. y f. Persona que practica el surf.

SURGIDERO s.m. Sitio donde fondean las embarcaciones.

SURGIR v.intr. (lat. *surgere*) [43]. Alcanzar algo cierta altura destacando entre lo que lo rodea. **2.** *Fig.* Salir, aparecer, manifestarse algo: *surgir un problema.* **3.** Brotar agua u otro líquido.

SURIPANTA s.f. Corista de teatro. **2.** Prostituta.

SUROESTE s.m. → SUDOESTE.

SURPLUS s.m. ECON. Excedente. **2.** Cantidad de un bien producido por encima de las necesidades de la demanda.

SURREALISMO s.m. Movimiento literario y artístico, surgido después de la primera guerra mundial, que se alzó contra toda forma de orden y de convención lógica, moral y social, frente a las que, con la expresión del «funcionamiento real del pensamiento» opuso los valores del sueño, del instinto, del deseo y de la rebelión. (*V. ilustr. pág. siguiente.*)

ENCICL. LIT. Preludiado en *Los campos magnéticos* (1919) por André Breton y Philippe Soupault, el movimiento surrealista se afirmó en 1924 con un *Manifiesto* de Breton y la revista *Revolución surrealista.* Estuvo integrado primero por Breton, Soupault, Aragon, Éluard, Crevel, Artaud, Péret. Más tarde, después de 1930, Char, Buñuel y Dalí participaron en este movimiento que quería revolucionar al mismo tiempo la vida, la literatura y el arte. Hasta la muerte de Breton, se sucedieron exclusiones y rupturas, al tiempo que se extendió a diferentes dominios y diversas zonas geográficas (Bélgica, Checoslovaquia, Suiza, Gran Bretaña, las Antillas). En el ámbito hispánico, influyó sobre algunos poetas españoles de la generación del 27 (Larrea, Cernuda, Aleixandre) y más tarde sobre escritores latinoamericanos como Octavio Paz, César Moro, E. A. Westphalen y Enrique Molina.

B. ART. Los artistas surrealistas se expresaban a través del automatismo y una especie de fantasía onírica (plasmados en imágenes muchas veces minuciosas, collages y montajes llamados *objetos surrealistas*). Los más conocidos son Ernst, Masson, Miró, Arp, Tanguy y Magritte, en una primera etapa; en el segundo período destacan Giacometti, Bellmer, Brauner, Óscar Domínguez y Salvador Dalí. En Hispanoamérica, sobresalen los cubanos Wilfredo Lam, Agustín Cadenas y Jorge Camacho, el chileno Roberto Matta, los argentinos Leonor Fini y Miguel Caride y el mexicano Alberto Gironella.

SURREALISTA adj. y s.m. y f. Relativo al surrealismo; adscrito a este movimiento.

SURRECCIÓN s.f. GEOL. Levantamiento de una porción de la corteza terrestre.

SURTIDO, A adj. y s.m. Se dice del conjunto de cosas que se ofrecen variadas dentro de su misma especie: *galletas surtidas; un surtido de caramelos.* ◆ s.m. Acción y efecto de surtir.

SURTIDOR s.m. Chorro de agua que brota del suelo o de una fuente, en dirección hacia arriba. **2.** Bomba que extrae de un depósito subterráneo de gasolina la necesaria para repostar a los vehículos automóviles. **3.** Chiclé.

SURTIR v.tr. y prnl. Proveer de alguna cosa. ◆ v.intr. Salir agua de algún sitio, en particular hacia arriba.

SURTO, A adj. Tranquilo, en reposo, en silencio. **2.** MAR. Fondeado.

SURUBÍ o **SURUVÍ** s.m. Argent. Nombre genérico de diversas especies de peces grandes, de carne amarilla y compacta, que habitan la Cuenca del Plata, y cuya piel es de color generalmente pardusco con distintas tonalidades.

SURUCUÁ s.m. Ave de cola larga y blanca, que vive en las selvas subtropicales de América Meridional. (Familia trogónidos.)

SURUCUCÚ s.m. Ofidio de 2 a 2,5 m de long. y cabeza muy grande, deprimida y en forma de corazón, que vive en América Central y Meridional. (Familia crotálidos.)

■ SURUCUCÚ

SURUMBO, A adj. Guat. y Hond. Tonto, lelo, aturdido.

SURUMPE s.m. Perú. Oftalmía producida por la reverberación del sol en la nieve.

¡SURUVÍ s.m. Argent. → **SURUBÍ.**

¡SUS! interj. Se usa para infundir ánimo. **2.** Se usa para ahuyentar a los animales.

SUSCEPTIBILIDAD s.f. Cualidad de susceptible. ◇ **Susceptibilidad magnética** Razón entre la polarización magnética producida en una sustancia y el campo magnético que la ha producido.

SUSCEPTIBLE adj. (del lat. *suscipere*, asumir). Capaz de recibir cierta modificación o impresión que se expresa: *documento susceptible de varias interpretaciones.* **2.** Que se siente ofendido con facilidad.

SUSCITACIÓN s.f. Acción de suscitar.

SUSCITAR v.tr. (lat. *suscitare*). Promover o provocar un sentimiento, una reacción, una actitud, etc.: *suscitar entusiasmo.*

SUSCRIBIR o **SUBSCRIBIR** v.tr. [54]. Firmar al pie o al final de un escrito. **2.** *Fig.* Adherirse a la opinión de alguien. ◆ v.tr. y prnl. Abonarse a una publicación periódica, a una asociación: *me he suscrito a esta revista.*

SUSCRIPCIÓN o **SUBSCRIPCIÓN** s.f. Acción y efecto de suscribir. ◇ **Derecho de suscripción** Privilegio concedido a un accionista de una sociedad para participar prioritariamente en una ampliación de capital. **Suscripción de acciones** Acto por el que una persona declara su voluntad de ser socio de una sociedad mediante la adquisición de una o varias acciones.

SUSCRIPTOR, RA o **SUBSCRIPTOR, RA** s. Persona que suscribe o que se ha suscrito a algo.

SUSHI s.m. (voz japonesa) Plato típico de la cocina japonesa consistente en una pequeña bola de arroz rodeada de una lámina de pescado crudo y, a veces, enrollada en una hoja de alga.

951

■ EL SURREALISMO

Para los surrealistas una obra de arte no es justificable a menos que contribuya en alguna medida a «cambiar la vida». Y sólo puede hacerlo si se acepta sacrificar la descripción del mundo visible en beneficio de los poderes inventivos del artista. Es así como la teoría del «modelo interior», formulada por André Breton en 1925, pretende liberar al arte de la representación realista que, según él, impera en Occidente desde el Renacimiento: el artista, a partir de ese momento, sólo deberá atender a las imágenes que surgen de lo más profundo de sí mismo.

Salvador Dalí.
Venus de Milo con cajones, escultura-objeto de yeso decorada con piel (1936). Este objeto surrealista, comercializado en forma de ejemplares de bronce pintado, da consistencia al fantasma de deconstrucción del cuerpo humano, al tiempo que juega con el prestigio anhelado por la gran tradición clásica. (Col. part.)

André Breton. *L'oeuf de l'église* (1933), fotomontaje. Poeta, ensayista y teórico, Breton también ejecutó obra plástica, en la que jugaba con «objetos de funcionamiento simbólico» así como con collages y fotomontajes como este. (Col. part.)

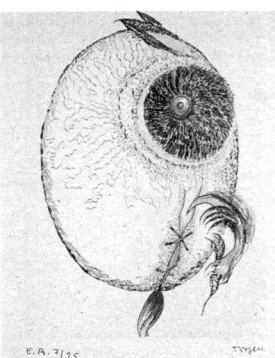

Toyen. *Restos de sueños* (1967), grabado en punta seca realzada con colores. Un conjunto de metamorfosis fantásticas a partir del huevo, el ojo, el sexo y el plumaje, obra de la surrealista checa Marie Čermínová, llamada Toyen, quien en 1947 se instaló en París. (Col. part.)

Yves Tanguy. *Un gran cuadro que representa un paisaje* (1927). Amigo de Jacques Prévert desde 1920, en 1925 Tanguy se unió con él al grupo de Breton, después de haberse sentido profundamente impactado por una tela de De Chirico que había descubierto por azar. Al año siguiente empezó a hacer sus primeras tentativas de dibujo automático, y así surgiría el universo onírico y misterioso que le caracteriza. (Col. part.)

SUSODICHO, A adj. y s. Citado, mencionado anteriormente.

SUSPENDER v.tr. (lat. *suspendere*). Levantar o sostener una cosa en alto, tenerla en el aire de manera que cuelgue. **2.** *Fig.* Privar a alguien por algún tiempo de su cargo, empleo, funciones, etc., generalmente como castigo. **3.** Esp. *Fig.* Declarar a alguien no apto en un examen u oposición. ◆ v.tr. y prnl. Interrumpir provisionalmente un proceso. **2.** Embelesar, enajenar.

SUSPENSE s.m. (ingl. *suspense*). Expectación que se crea en cierto momento del desarrollo narrativo, cuando el clímax de la acción alcanza un nivel tal que la incertidumbre de su desenlace mantiene tenso el ánimo del espectador, auditor o lector. **2.** Género constituido por las películas o novelas de suspense.

SUSPENSIÓN s.f. Acción y efecto de suspender. **2.** Mecanismo que transmite a los ejes el peso de un vehículo y sirve para amortiguar las sacudidas ocasionadas por las desigualdades del terreno. **3.** DER. Pena privativa de derechos públicos, que tiene normalmente carácter accesorio. **4.** FÍS. Estado de un sólido finamente dividido, mezclado en la masa de un líquido sin ser disuelto por este. **5.** GEOGR. Modo de transporte de un material detrítico por un fluido (aire, agua), en el cual se mantiene por la acción de fuerzas ascensionales. ◇ **Punto de suspensión** Punto fijo del que está suspendido un cuerpo y alrededor del cual puede moverse, sin separarse del mismo. **Suspensión de empleo y sueldo** Sanción laboral disciplinaria impuesta por el empresario al trabajador que ha cometido algún hecho tipificado como falta, que implica la paralización temporal de las prestaciones básicas de la relación laboral. **Suspensión de hostilidades, o de armas** Cese local y momentáneo de las hostilidades por acuerdo mutuo entre los beligerantes. **Suspensión de pagos** Estado del comerciante que sobresee transitoriamente en el pago de sus obligaciones.

SUSPENSIVO, A adj. Que tiene virtud o fuerza de suspender.

SUSPENSO, A adj. Perplejo, desconcertado. **2.** Admirado, embelesado. **3.** Esp. Suspendido, calificado no apto en un examen u oposición. ◆ s.m. Calificación que, en un examen, indica la insuficiencia del candidato. **2.** Amér. Expectación impaciente o ansiosa por el desarrollo de un suceso, especialmente de un relato. ◇ **En suspenso** Se dice de algo que se halla aplazado o interrumpido: *dejar en suspenso una decisión.*

SUSPENSOR, RA adj. ANAT. Suspensorio. ◆ **suspensores** s.m.pl. Chile, Perú y P. Rico. Tirantes para sujetar los pantalones. ◇ **Filamento suspensor** BOT. Filamento de las semillas en formación que empuja el embrión hacia los tejidos nutricios.

SUSPENSORIO, A adj. ANAT. Que sostiene. SIN.: *suspensor.* ◆ s.m. Vendaje para sostener el escroto u otro miembro lesionado.

SUSPICACIA s.f. Cualidad de suspicaz. **2.** Sospecha, desconfianza.

SUSPICAZ adj. (lat. *suspicax, -acis*). Se dice de la persona propensa a desconfiar o ver mala intención en las acciones o palabras ajenas.

SUSPIRAR v.intr. (lat. *suspirare*). Dar suspiros. **2.** Desear mucho algo: *suspirar por la libertad.* **3.** Estar enamorado de otra persona: *suspiraba por el vecino.*

SUSPIRO s.m. Aspiración fuerte y prolongada seguida de una espiración, audible, que expresa pena, anhelo, fatiga, alivio, etc. **2.** *Fig.* Cosa imperceptible. **3.** Golosina que se hace con harina, azúcar y huevo. **4.** Argent. y Chile. Nombre de distintas especies de enredaderas que tienen hojas alternas y flores de distintos colores. **5.** Chile. Trinitaria. **6.** MÚS. Figura de silencio cuya duración equivale a una negra.

SUSTANCIA o **SUBSTANCIA** s.f. (lat. *substantia*). Aspecto o cosa que constituye lo esencial o la parte más importante de algo. **2.** Materia en general: *sustancia pastosa; sustancia líquida.* **3.** Elemento que hace nutritivo un producto alimenticio. **4.** FILOS. **a.** Ente que existe en sí o por sí. **b.** Lo que hay de permanente en las cosas que cambian. ◇ **Sin sustancia** *Fam.* Persona poco interesante desde el punto de vista intelectual.

SUSTANCIAL o **SUBSTANCIAL** adj. Relativo a la sustancia. **2.** Se dice de lo fundamental y más importante de una cosa.

SUSTANCIAR o **SUBSTANCIAR** v.tr. Compendiar, extractar, resumir. **2.** DER. Tramitar un juicio hasta dejarlo en condiciones de dictar sentencia.

SUSTANCIOSO, A o **SUBSTANCIOSO, A** adj. Que tiene sustancia o que la tiene en abundancia.

SUSTANTIVACIÓN o **SUBSTANTIVACIÓN** s.f. LING. Acción de sustantivar.

SUSTANTIVAR o **SUBSTANTIVAR** v.tr. y prnl. LING. Dar a una palabra o a una locución el valor y la función de sustantivo.

SUSTANTIVO, A o **SUBSTANTIVO, A** adj. (lat. tardío *substantivus*, sustancial). Que existe por sí mismo, independiente, individual. **2.** Se dice del colorante capaz de teñir el al-

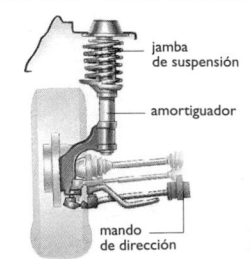

jamba de suspensión

amortiguador

mando de dirección

■ **SUSPENSIÓN** hidráulica de un automóvil.

godón sin la acción previa de un mordiente. ◆ s.m. y adj. LING. Nombre.

SUSTENTABLE adj. Se dice del proceso que no requiere ayuda externa: *desarrollo, crecimiento sustentable.*

SUSTENTACIÓN s.f. Acción y efecto de sustentar o sustentarse. **2.** AERON. Fuerza que mantiene en el aire un avión o un helicóptero. **3.** TECNOL. Estado de un cuerpo mantenido a poca distancia por encima de una superficie y sin tomar contacto con ella, por una fuerza vertical dirigida de abajo arriba que equilibra el peso del cuerpo. ◇ **Plano de sustentación** Ala de un avión. **Polígono de sustentación** Línea cerrada, convexa, que contiene todos los puntos por los cuales un cuerpo se apoya sobre un plano.

SUSTENTÁCULO s.m. Cosa que apoya o sostiene a otra.

SUSTENTANTE adj. Que sustenta. ◆ adj. y s.m. ARQ. y CONSTR. Se dice del elemento o parte que sirve de apoyo a una construcción.

SUSTENTAR v.tr. y prnl. (lat. *sustentare*).Sostener, estar debajo de algo para que no se caiga; *los pilares sustentan la bóveda.* **2.** Dar lo necesario para vivir: *sustentar a los padres.* **3.** Mantener, defender una idea u opinión. **4.** Servir alguien o algo para que una cosa no decaiga o se extinga: *sustentar la moral, las esperanzas.*

SUSTENTO s.m. Conjunto de cosas necesarias para vivir. **2.** Cosa que sustenta, sostiene o sirve de apoyo: *tus palabras son el sustento en mi dolor.*

SUSTITUCIÓN o **SUBSTITUCIÓN** s.f. Acción y efecto de sustituir. **2.** DER. Disposición testamentaria por la que se designa a una persona para que reciba la herencia o legado a falta, o después, del primer llamado. **3.** ECON. **a.** Introducción de una cantidad acrecentada de un factor de producción, para compensar o remplazar el empleo de otro. **b.** En las compras de los consumidores, introducción de unos bienes en sustitución de otros. **4.** MAT. **a.** Permutación efectuada sobre *n* elementos distintos. **b.** Cambio de variables en una función de diversas variables. **c.** Aplicación biunívoca de un conjunto finito sobre sí mismo. **5.** QUÍM. Reacción química en la que un átomo de un compuesto es remplazado por otro átomo o un grupo de átomos.

SUSTITUIR o **SUBSTITUIR** v.tr. (lat. *substituere*) [88]. Poner a una persona o cosa en lugar de otra: *sustituir una palabra por otra.* **2.** DER. Llamar a un heredero a la sucesión en defecto de otro heredero o después de la muerte de este.

SUSTITUTIVO, A o **SUBSTITUTIVO, A** adj. y s.m. Que puede sustituir a otra cosa.

SUSTITUTO, A o **SUBSTITUTO, A** s. Persona que hace las veces de otra en el desempeño de un empleo, cargo, etc.

SUSTO s.m. Impresión repentina causada en el ánimo por temor, sorpresa, etc.

SUSTRACCIÓN o **SUBSTRACCIÓN** s.f. Acción y efecto de sustraer o sustraerse. **2.** DER. Delito de posesión de alguien o algo en contra de la voluntad del dueño legítimo. **3.** MAT. Para dos números *a* y *b*, operación indicada por el signo menos (−), inversa de la adición, que consiste en encontrar un número *c*, llamado diferencia, tal que $a - b + c$.

SUSTRACTIVO, A o **SUBSTRACTIVO, A** adj. MAT. Relativo a la sustracción.

SUSTRAENDO o **SUBSTRAENDO** s.m. En una resta, cantidad que hay que restar de otra llamada *minuendo.*

SUSTRAER o **SUBSTRAER** v.tr. [65]. Extraer o separar una parte de un todo o una cosa de un conjunto. **2.** Robar fraudulentamente. **3.** Efectuar una sustracción. ◆ **sustraerse** v.prnl. Eludir el cumplimiento de una obligación, promesa, etc., o evitar algo que molesta.

SUSTRATO o **SUBSTRATO** s.m. BIOL. Lugar que sirve de asiento a una planta o un animal fijo. **2.** FILOS. Sustancia, lo que hay de permanente en las cosas que cambian. **3.** GEOL. Terreno situado debajo del que se considera. **4.** LING. Lengua anterior a otra, que ha influido en esta dejando ciertas peculiaridades fonéticas, sintácticas o léxicas. **5.** TECNOL. Material en el que se realizan los elementos de un circuito integrado.

SUSUNGÁ s.f. Colomb. y Ecuad. Espumadera.

SUSURRAR v.intr. (lat. *susurrare*). Hablar en voz muy baja: *susurrar al oído.* **2.** *Fig.* Hacer un ruido suave y confuso el aire, el arroyo, etc.

SUSURRO s.m. Acción y efecto de susurrar.

SUTÁS s.m. (fr. *soutache*). Cordón de pasamanería con una hendidura a lo largo, que le da la apariencia de dos cordones unidos, que se emplea para adorno.

SUTE adj. Colomb. y Venez. Se dice de la persona enteca, débil. ◆ s.m. Colomb. Gorrino, lechón. **2.** Hond. Especie de aguacate.

SUTIL adj. (lat. *subtilis*). Muy delicado, delgado, tierno: *un sutil velo; dedos sutiles.* **2.** *Fig.* Suave, poco intenso pero penetrante: *un aroma sutil.* **3.** Ingenioso, agudo: *pregunta sutil.*

SUTILEZA s.f. Cualidad de sutil. **2.** *Fig.* Dicho o concepto muy penetrante, agudo y falto de exactitud y profundidad.

SUTILIZAR v.tr. [7]. Hacer sutil algo.

SÛTRA s.m. (voz sánscrita, *hilo*). En el brahmanismo y el budismo, cada uno de los textos que reúnen, a veces en forma de aforismos cortos, las reglas del ritual y de la moral y las prescripciones relativas a la vida cotidiana.

SUTURA s.f. (lat. *sutura*, costura). ANAT. Articulación dentada de dos huesos. **2.** BOT. Línea de unión entre los carpelos de un pistilo. **3.** CIR. Operación que consiste en coser los labios de una herida.

SUTURAR v.tr. Realizar una sutura en una herida.

SUYO, A adj. y pron.poses. Forma tónica de la 3ª persona del singular. Indica que la persona, animal o cosa designados por el nombre al que acompaña o sustituye pertenecen a algo o alguien distinto del emisor y el receptor en un acto de comunicación (son de su propiedad, tienen un parentesco con él, están asociados a él, etc.), o pertenecen al receptor, cuando se le trata de *usted.* Como adjetivo, se usa siempre detrás del sustantivo; delante del sustantivo, se usa la forma átona *su: el libro es suyo; el suyo es el mejor.* ◇ **De suyo** Por sí mismo. **La suya** *Fam.* Indica que ha llegado la ocasión favorable para alguien distinto del emisor y el receptor, o para el receptor cuando se trata de *usted.* **Los suyos** Personas de la familia o colectividad a la que pertenece alguien distinto del emisor y el receptor, o a la que pertenece el receptor cuando se le trata de *usted.*

SVÁSTICA o **SWÁSTICA** s.f. → **ESVÁSTICA.**

SWAHILI o **SUAHILI** adj. y s.m. y f. De un pueblo negroafricano de Kenya, Tanzania y Zambia, muy mestizado con árabes. ◆ s.m. Lengua bantú hablada en Kenya y Tanzania y utilizada como lengua franca en África oriental, que se escribe en caracteres árabes desde el s. XVI.

SWAP s.m. (voz inglesa). Operación de cambio de moneda entre dos bancos centrales.

SWING s.m. (voz inglesa). En boxeo, golpe dado lateralmente balanceando el brazo. **2.** En golf, movimiento del jugador al ir a golpear la pelota. **3.** Manera de ejecutar la música de jazz, consistente en una distribución típica de los acentos, que produce un balanceo rítmico, vivo y flexible.

SYLI s.m. Antigua unidad monetaria principal de Guinea.

SYLLABUS s.m. (voz latina, *sumario*). REL. Enumeración sumaria de errores doctrinales condenados por la autoridad eclesiástica.

SZLACHTA s.f. (voz polaca). Pequeña nobleza que, a partir del s. XIII, adquirió una gran importancia con el debilitamiento del poder real.

T s.f. Vigésima tercera letra del alfabeto español y decimonovena de sus consonantes. (Representa un sonido oclusivo dental sordo.)

TABA s.f. Astrágalo, hueso del tarso. **2.** Juego que consiste en lanzar al aire un hueso u otra cosa y se gana o se pierde según la manera en que caiga.

TABACAL s.m. Terreno plantado de tabaco.

TABACALERO, A adj. Relativo al cultivo, fabricación y venta del tabaco. ◆ adj. y s. Que tiene por oficio cultivar, elaborar o vender tabaco.

TABACHÍN s.m. Árbol o arbusto de tronco ramificado y flores muy vistosas y abundantes, de color rojo o rojo y amarillo, que crece en México. (Familia leguminosas.)

TABACO s.m. Planta herbácea anual o perenne, originaria de la isla de Tobago, de hasta 2 m de alt., grandes hojas lanceoladas y flores en racimo. (Familia solanáceas.) **2.** Producto elaborado con hojas de tabaco para ser fumado, aspirado o mascado: *tabaco de pipa.* **3.** Rapé. **4.** Esp. Cigarro, cigarrillo. ◇ **Tabaco de España** Insecto lepidóptero de unos 5 cm de envergadura, cuyas larvas atacan a diversas plantas. (Familia ninfálidos.) **Tabaco de montaña** Planta herbácea que crece en Europa y se utiliza para la obtención de tintura alcohólica e infusiones. (Familia compuestas.) **Tabaco indio** Planta que crece en América del Norte, cultivada por sus flores coloreadas y por su acción contra la disnea. (Familia campanuláceas.)

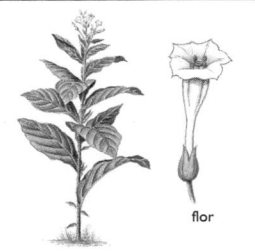

flor

■ **TABACO**

ENCICL. El tabaco puede cultivarse entre las latitudes 40 º S y 50 º N. Sus hojas contienen, en cantidades variables que van del 0,2 al 5 % según las especies, las condiciones de cultivo y los tratamientos de desecación y fermentación, un alcaloide *(nicotina)* que excita el sistema nervioso vegetativo. Tras la recolección,

las hojas de tabaco se someten a las operaciones de secado y elaboración, distintas para los tabacos negros y los rubios. Los principales productores mundiales de tabaco son China, EUA, Brasil, India, Turquía, Zimbabwe, Grecia e Italia. Los principales productores hispanoamericanos son Argentina, México, Cuba y Colombia.

TABALEAR v.intr. Golpear acompasada y suavemente con los dedos sobre algo.

TÁBANO s.m. (lat. *tabanus*). Insecto díptero de cuerpo grueso, de entre 10 y 25 mm de long., y color brillante, cuya hembra pica a diversos vertebrados para chupar su sangre.

■ **TÁBANO**

TABAQUERA s.f. Petaca de bolsillo para guardar tabaco.

TABAQUERÍA s.f. Establecimiento donde se vende tabaco. **2.** Cuba y Méx. Taller donde se elaboran los cigarros puros.

TABAQUERO, A adj. Relativo al tabaco. ◆ adj. y s. Que tiene por oficio cultivar, elaborar o vender tabaco.

TABAQUISMO s.m. Intoxicación crónica producida por el abuso del tabaco, que afecta a los aparatos digestivo, circulatorio y respiratorio y al sistema nervioso. SIN.: *nicotinismo, nicotismo.*

TABARDILLO s.m. Esp. Insolación. ◆ s.m. y f. Esp. *Fig. y fam.* Persona alocada y alborotadora.

TABARDO s.m. Prenda de abrigo larga y ancha de paño o piel.

TABARRA s.f. *Fam.* Persona o cosa pesada o molesta por su insistencia.

TABASCO s.m. Salsa roja muy picante elaborada a partir del fruto de una mirtácea *(pimienta de Tabasco).*

TABERNA s.f. (lat. *taberna*). Establecimiento donde se sirven bebidas y a veces comidas.

TABERNÁCULO s.m. (lat. *tabernaculum*). REL. **a.** Sagrario donde se guarda el Santísimo Sacramento. **b.** En la religión hebraica, santuario itinerante donde se guardaba el arca de la alianza y las Tablas de la Ley hasta la construcción del Templo de Salomón (s. x a.C.). ◇ **Fiesta de los tabernáculos** Fiesta litúrgica judía que se celebra en otoño.

TABERNARIO, A adj. Relativo a la taberna.

TABERNERO, A s. Persona que posee una taberna o trabaja en ella.

TABES s.f. (voz latina). Atrofia progresiva de todo el cuerpo o de una parte. **2.** Ataxia sifilítica locomotriz de origen medular.

TABICAR v.tr. [1]. Dividir o cerrar con tabiques. ◆ v.tr. y prnl. Tapar u obstruir algo que debía estar abierto o libre.

TABIQUE s.m. (ár. *tašbi*). Pared delgada que generalmente separa las habitaciones de una casa o local. **2.** Méx. Ladrillo de caras cuadrangulares. **3.** ANAT. Parte de un tejido que rodea o separa dos cavidades: *tabique nasal.* **4.** BOT. Lámina pequeña que divide la cavidad de un fruto en dos o más compartimientos.

TABLA s.f. (lat. *tabula*). Pieza de madera, plana, de caras paralelas, poco gruesa y mucho más larga que ancha, usada en construcción y en carpintería. **2.** Pieza plana y poco gruesa de ciertas materias rígidas, como metal, piedra, mármol, etc. **3.** Utensilio doméstico hecho con una pieza plana más larga que ancha: *tabla para cortar el pan; tabla de planchar.* **4.** Pintura sobre un soporte de madera. **5.** Índice de los libros dispuesto generalmente por orden alfabético. SIN.: *tabla de materias.* **6.** Cuadro, lista o catálogo en el que están dispuestas metódicamente ciertas materias: *tablas astronómicas; tablas de logaritmos.* **7.** Conjunto ordenado de elementos de información colocados uno detrás de otro. **8.** Parte de tela de un vestido, falda y otras prendas de vestir, que sobresale por medio de un doble pliegue simétrico; pliegue doble liso de esta parte de tela. **9.** Porción de huerto destinado a un cultivo específico: *tabla de lechugas.* **10.** Terreno elevado y llano, frecuente entre los picos de los Andes. **11.** Superficie superior o delantera de un instrumento de cuerda sobre la que van las cuerdas tendidas o apoyadas. SIN.: *tabla de armonía.* **12.** Tambor indio compuesto de pequeños timbales que se percuten con los dedos. ◆ **tablas** s.f.pl. Situación de un juego, especialmente ajedrez o damas, en que nadie puede ganar la partida. **2.** Escenario de un teatro. **3.** *Fig.* Estado de empate entre dos personas o cosas que compiten o se enfrentan. **4.** TAUROM. **a.** Valla que forma la barrera. **b.** Tercio del ruedo inmediato a la barrera. ◇ **Hacer tabla rasa** Prescindir de algo o desentenderse de ello. **Tabla a vela** Windsurf. **Tabla de salvación** *Fig.* Último recurso para salir de una situación apurada o angustiosa. **Tener tablas** Desenvolverse con soltura en un escenario o en cualquier actuación ante el público.

TABLADA s.f. Argent. Lugar donde se selecciona el ganado para el consumo, que antiguamente estaba próximo al matadero.

TABLADO s.m. Suelo de tablas construido en alto sobre un armazón, para colocar algo, hacer un espectáculo, conferencia, etc. **2.** Tablao.

954

TABLAJERÍA s.f. Carnicería, establecimiento de venta de carne.

TABLAJERO, A s. Carnicero, persona que tiene por oficio vender carne.

TABLAO s.m. Tarima o escenario donde se realiza un espectáculo flamenco. SIN.: *tablado*.

TABLATURA s.f. Notación musical antigua, escrita en líneas y con signos, como letras y cifras.

TABLAZÓN s.f. Conjunto de tablas unidas, especialmente las de las cubiertas y el forro de las embarcaciones de madera.

TABLEADO, A adj. Plegado con tablas. ◆ s.m. Acción y efecto de tablear.

TABLEAR v.tr. Dividir un madero en tablas. **2.** Hacer tablas en una tela. **3.** Dividir en tablas una huerta o un jardín.

TABLERO s.m. Plancha de material rígido. **2.** Tabla o conjunto de tablas unidas, de superficie plana y alisada. **3.** Tabla cuadrada con cuadros o con otras figuras dibujadas, para jugar a diversos juegos de mesa. **4.** Pizarra, encerado. **5.** Superficie plana para hacer trabajos manuales, especialmente dibujo. **6.** Superficie en que se ubican los indicadores y dispositivos de control de una máquina o vehículo: *tablero de mandos del avión*.

TABLESTACA s.f. Tabla de madera o acero la minada que se hinca en tierra para apuntalar una excavación o impedir el paso del agua.

TABLETA s.f. Lámina de chocolate u otro alimento dividida en porciones. **2.** Pastilla medicinal. **3.** Argent. Alfajor cuadrado o rectangular hecho con dos hojas de masa unidas entre sí por dulce y que se recubre con un baño de azúcar. **4.** Argent. Confitura aplanada y más larga que ancha.

TABLETEAR v.intr. Producir un ruido con tabletas o tablas, o un sonido parecido con cualquier otra cosa: *tabletear una ametralladora*. **2.** AUTOM. Producir un ruido sordo, rápido y seguido, por estar el cigüeñal y el árbol de levas mal equilibrados.

TABLIER s.m. (voz francesa). Tablero del automóvil.

TABLILLA s.f. Tabla pequeña. **2.** Placa de arcilla, de madera o marfil recubierta de cera, sobre la que se escribía en la antigüedad con un punzón.

TABLOIDE s.m. y adj. Periódico de formato más pequeño de lo habitual en estas publicaciones.

TABLÓN s.m. Tabla grande y gruesa. **2.** Fam. Borrachera. **3.** Amér. Faja de tierra preparada para la siembra. ◇ **Tablón de anuncios** Tablero donde se fijan y exponen anuncios, avisos, u otras informaciones.

TABOR s.m. (ár. *ṭabur*). Unidad de tropa regular marroquí, que pertenecía al ejército español.

TABOULÉ s.m. → **TABULÉ**.

TABÚ s.m. (ingl. *taboo*, voz polinésica, *prohibido*). Prohibición de hacer algo o hablar sobre algo basada en ciertos prejuicios, o actitudes sociales: *para muchas personas el sexo es un tema tabú*. **2.** ANTROP. Prohibición de hacer algo, ver o tocar un objeto o un ser, o hablar sobre ello, debido a su carácter sagrado.

TABUCO s.m. Habitación pequeña y miserable.

TABULACIÓN s.f. Acción de tabular. **2.** IN-FORMÁT. **a.** Cálculo de un conjunto de valores formado por una función cuando sus variables toman valores que dividen un intervalo en subintervalos iguales. **b.** Posición predefinida en una línea donde puede situarse el cabezal de impresión de una impresora o un cursor de una pantalla de visualización.

TABULADO, A adj. y s.m. Relativo a un grupo de cnidarios que se hallan en estado fósil en los terrenos primarios.

TABULADOR s.m. Dispositivo de la máquina de escribir o la computadora que fija los márgenes de las líneas.

TABULADORA s.f. Máquina que hace cálculos valiéndose de tarjetas perforadas.

1. TABULAR v.tr. Expresar valores, magnitudes, conceptos, etc., por medio de tablas. ◆ v.intr. Accionar el tabulador de una máquina de escribir o computadora.

2. TABULAR adj. Que tiene forma de tabla.

TABULÉ o **TABOULÉ** s.m. Plato libanés preparado con sémola de trigo y hortalizas y aderezado con menta, aceite, sal y zumo de limón.

TABURETE s.m. (fr. *tabouret*). Asiento individual sin brazos ni respaldo.

TAC s.m. *Tomografía axial computerizada.

TACADA s.f. Golpe dado con el taco a la bola de billar. **2.** Serie de carambolas seguidas sin soltar el taco.

TACANA (quechua *takána*, mazo para golpear), grupo de pueblos amerindios de la familia lingüística arawak, establecidos principalmente en el O de Bolivia, en Perú y la zona de la Amazonia brasileña.

TACAÑERÍA s.f. Cualidad de tacaño. **2.** Acción propia de tacaño.

TACAÑO, A adj. y s. Que restringe excesivamente sus gastos o se resiste a dar.

TACAY s.m. Colomb. Planta euforbiácea.

TÁCET s.m. (lat. *tacet*, calla). MÚS. Prolongado silencio que ha de guardarse durante un fragmento musical.

TACHA s.f. (fr. *tache*). Falta o defecto. **2.** Clavo mayor que la tachuela. **3.** Amér. Recipiente, tacho.

TACHADURA s.f. Acción y efecto de tachar.

TACHAR v.tr. Atribuir a alguien o algo una falta o tacha: *lo tachó de inepto*. **2.** Invalidar lo que se ha escrito haciendo rayas o un borrón.

TACHE s.m. Méx. Tachadura, falta.

TACHERO, A s. Argent. Fam. Taxista.

TACHISMO s.m. ART. MOD. Corriente pictórica abstracta de la década de 1950, que se caracteriza por la utilización espontánea de manchas y chorreaduras de color. (Entre sus representantes están Tàpies, Wols, Mathieu, Degottex y Burri.)

TACHISTA adj. y s.m. y f. Relativo al tachismo; adscrito al tachismo.

1. TACHO s.m. Amér. Paila grande en que se acaba de cocer el almíbar y se le da el punto de azúcar. **2.** Amér. Merid. Recipiente para calentar agua y otros usos culinarios. **3.** Amér. Merid. Recipiente donde se tira la basura. **4.** Argent. y Chile. Recipiente de metal, de fondo redondeado, con asas, parecido a la paila. **5.** Amér. y Chile. Por ext. Recipiente de latón, hojalata, plástico, etc. **6.** Urug. Balde para fregar el piso. ◇ **Ir al tacho** Argent. y Chile. Fig. y fam. Derrumbarse, fracasar una persona o negocio; morirse.

2. TACHO s.m. Argent. Fam. Taxista.

1. TACHÓN s.m. (del ant. *chatón*, de *chato*). Tachuela grande de cabeza dorada o plateada.

2. TACHÓN s.m. Tachadura muy vistosa en un escrito.

TACHONAR v.tr. Adornar o clavetear una cosa con tachones.

1. TACHUELA s.f. Clavo corto de cabeza ancha.

2. TACHUELA s.f. Colomb. Escudilla de metal usada para calentar cosas. **2.** Colomb. y Venez. Taza de metal, a veces de plata y con adornos, que se tiene en el tinajero para beber agua.

TÁCITO, A adj. (lat. *tacitus*). Que no se expresa porque se sobreentiende o se infiere. **2.** Callado, silencioso.

TACITURNO, A adj. (lat. *taciturnus*). Callado, silencioso.

TACLLA s.f. (voz quechua). Instrumento agrícola utilizado por los pueblos precolombinos del imperio incaico, que consiste en una pala con un mango largo y un saliente para hacer fuerza con el pie.

TACLOBO s.m. Molusco bivalvo muy grande de los mares cálidos, cuyas valvas se utilizan como pilas de agua bendita.

■ TACLOBO

TACO s.m. Pedazo de madera, metal u otra materia que se encaja en un hueco para sostener o equilibrar algo. **2.** Pieza de plástico que se coloca en un hueco para introducir un clavo. **3.** Bloque de hojas de papel de calendario, de billetes de vehículos, entradas, etc. **4.** Palo de madera con un extremo revestido con un pedazo de cuero que se utiliza en el billar para golpear las bolas. **5.** Amér. Merid. y P. Rico. Pieza que sobresale de la suela de un zapato para proteger y reforzar la parte del talón. **6.** Argent. Maza de marfil que se utiliza en el juego de polo para impulsar la bocha. **7.** Esp. Fig. y fam. Lío, confusión. **8.** Esp. Fig. y fam. Palabrota, juramento: *soltar un taco*. **9.** Esp. Trozo cortado de un alimento, como jamón o queso. **10.** Méx. Tortilla de maíz enrollada con algún ingrediente con carne de pollo, de res, papas, etc., en el centro. **11.** TEXT. Pieza pequeña en forma de paralelepípedo que transmite a la lanzadera del telar la percusión del mecanismo impulsor. ◇ **Armarse, o hacerse, un taco** Esp. Fam. Embarullarse o liarse alguien o algo.

TACÓMETRO s.m. Instrumento que mide la velocidad de la máquina a que va acoplado, generalmente en número de revoluciones por minuto. SIN.: *taquímetro*.

TACÓN s.m. Pieza semicircular unida exteriormente a la suela del calzado en la parte del talón. **2.** Guía o tope de metal de una máquina o prensa de imprimir, al que se ajusta el pliego al efectuar el marcado.

TACONAZO s.m. Golpe dado con el tacón.

TACONEAR v.intr. Caminar haciendo ruido con los tacones. **2.** Bailar haciendo ruido con los tacones.

TACONEO s.m. Acción y efecto de taconear.

TACOPATLE o **TACOPLASTLE** s.m. Méx. Planta que se utiliza para curar mordeduras de víbora. (Familia aristoloquiáceas.)

TACOTLI s.m. Esclavo azteca que podía tener familia, esclavos y bienes propios.

TÁCTICA s.f. (gr. *taktiké*, arte de organizar las tropas). Método que se emplea para conseguir un objetivo. **2.** MIL. Conjunto de técnicas y procedimientos para conducir un combate, combinando la actuación de los distintos medios disponibles, con el fin de obtener un resultado determinado. (La táctica es, junto con la logística, la parte ejecutiva de la estrategia.)

TÁCTICO, A adj. Relativo a la táctica. **2.** BIOL. Relativo a la taxis. ◆ adj. y s. Especialista en táctica.

TÁCTIL adj. Relativo al tacto. ◇ **Pantalla táctil** INFORMÁT. Pantalla que reacciona al simple contacto del dedo, permitiendo un diálogo directo con la computadora a la que está conectada.

TACTISMO s.m. Taxis. **2.** ETOL. Atracción o repulsión provocada por ciertos factores del medio ambiente que ocasionan una toma de orientación y una reacción locomotora en las especies animales.

TACTO s.m. (lat. *tactus, -us*). Sentido corporal, distribuido por todo el cuerpo, con el que se percibe la presión de los objetos y algunas de sus cualidades. **2.** Acción de tocar, ejercitar este sentido. **3.** Cualidad de un objeto percibida con el sentido del tacto: *una tela de tacto suave*. **4.** Fig. Capacidad para actuar con delicadeza y diplomacia en situaciones difíciles o comprometidas. **5.** MED. Método de exploración digital que se practica en la vagina o en el recto.

ENCICL. Los corpúsculos, receptores sensibles del tacto, son órganos microscópicos localizados en la dermis. Transforman los fenómenos físicos (presión, temperatura) en potenciales de acción que recorren las fibras nerviosas hacia el sistema nervioso central.

TACUACHE s.m. Amér. Zarigüeya.

TACUACÍN s.m. Méx. Zarigüeya.

TACUACO, A adj. Chile. Retaco, rechoncho.

TACUARA s.f. Argent., Par. y Urug. Planta gramínea, especie de bambú de cañas muy resistentes.

TACURÚ s.m. Argent. y Par. Hormiga pequeña. **2.** Argent. y Par. Nido muy alto, en forma de montículo, que hacen las hormigas o las termitas con sus excrementos mezclados con tierra y saliva.

TADZHIK adj. y s.m. y f. De un pueblo musulmán de lengua irania que habita principalmente en Tadzhikistán. ◆ s.m. Lengua que se habla en Tadzhikistán.

TAEKWONDO s.m. (voz coreana). Modalidad de lucha coreana en que se dan golpes secos con los puños o los pies.

TAEL s.m. Antigua unidad monetaria china.

TAF s.m. (sigla de *tren articulado Fiat*). Tren rápido formado por tres unidades, de las cuales las dos de los extremos son motoras.

TAFETÁN s.m. (persa *taftah,* paño de seda). Ligamento fundamental de la industria textil, de urdimbre y trama similares. **2.** Tela tupida, generalmente de seda, tejida con dicho ligamento. ◆ **tafetanes** s.m.pl. *Fig.* Vestidos y adornos femeninos.

TAFIA s.f. Aguardiente obtenido de las melazas y subproductos de fabricación del azúcar de caña.

TAFILETE s.m. Cuero fino teñido, elaborado con piel de cabra tratada con curtiente vegetal, que se utiliza en encuadernación y en la fabricación de carteras, guantes, bolsas, etc. **2.** Cuero fabricado con piel de oveja y que imita al tafilete de piel de cabra. ◇ **Papel tafilete** Papel de color muy abrillantado que imita al tafilete.

TAFILETEAR v.tr. Adornar o componer algo con tafilete.

TAFILETERÍA s.f. Arte de fabricar o adobar el tafilete. **2.** Conjunto de artículos u objetos hechos de tafilete. SIN.: *marroquinería.*

TAFILETERO, A s. Persona que tiene por oficio elaborar o vender artículos de tafilete. SIN.: *marroquinero.*

TAG s.m. (voz angloamericana). Graffiti de un grafismo cercano a la escritura que utiliza el autor como firma.

TAGAL s.m. Paja originaria de Filipinas, que se trenza con fibra textil y se usa en la confección de sombreros.

TAGALO, A adj. y s. De un pueblo de Filipinas que habita principalmente la isla de Luzón. ◆ s.m. Lengua oficial de la República de Filipinas, perteneciente al grupo indoneso.

TAGARINO, A adj. y s. (cat. *tagarí*). Se dice del morisco que vivía entre cristianos y hablaba perfectamente su lengua.

TAGARNINA s.f. Cardillo. **2.** *Fig.* y *fam.* Cigarro puro de mala calidad.

TAHALÍ s.m. (del ár. *tahlil,* acto de pronunciar una fórmula religiosa). Banda de cuero ancha que cae desde un hombro hasta el lado opuesto de la cintura y sirve para sostener la espada, el sable o el tambor. **2.** Pieza de cuero que cuelga del cinturón y sirve para sostener un machete o un cuchillo.

TAHEÑO, A adj. (del ár. *taḥánnu,* acción de teñirse el cabello con alheña). Se dice del pelo rojizo.

TAHONA s.f. (ár. *ṭaḥūna*). Establecimiento donde se hace o vende pan.

TAHONERO, A s. Persona que tiene por oficio hacer o vender pan.

TAHÚR, RA adj. y s. *Desp.* Que es muy diestro en los juegos en los que se apuesta dinero, especialmente si juega profesionalmente o hace trampas.

TAI-CHI s.m. (voz china). Gimnasia de origen chino que consiste en un encadenamiento continuo, lento y preciso de movimientos corporales.

TAIFA s.f. (ár. *ṭā'ifa*). Cada uno de los reinos en que se dividió la España árabe al disolverse el califato de Córdoba. (V. parte n. pr.) **2.** Facción.

TAIGA o **TAIGÁ** s.f. (voz rusa). Formación vegetal característica de las regiones frías de veranos cortos del N de Eurasia y de América, constituida por bosques de coníferas, y ocasionalmente abedules.

TAILANDÉS, SA adj. y s. De Tailandia.

TAIMA s.f. Chile. Emperramiento, obstinación.

TAIMADO, A adj. y s. (port. *taimado,* astuto, malicioso). Que es astuto y tiene habilidad para ocultar sus intenciones. **2.** Chile. Obstinado, emperrado.

TAIMARSE v.prnl. Chile. Emperrarse, obstinarse.

TAÍNO, A adj. y s. De un pueblo amerindio de lengua arawak, act. extinguido, que habitó La Española, Cuba, Puerto Rico y Jamaica entre los ss. XII y XV.

■ ARTE DE LOS **TAÍNO.** Figura de madera procedente de Cuba.
(Museo antropológico de la Universidad de Montana.)

TAIRONA, pueblo amerindio de la costa N de Colombia, act. extinguido, que en época precolombina desarrolló una importante cultura (ss. VI-XVI), y del que se han hallado restos de poblados, joyas y objetos de piedra, cerámica y concha.

TAITA s.m. (lat. *tata* o *tatta,* padre). Argent., Chile, C. Rica y Ecuad. *Fam.* Nombre con que se alude al padre y a otras personas mayores que merecen respeto.

TAJÁ s.f. Cuba. Especie de pájaro carpintero.

TAJADA s.f. Porción cortada de una cosa, generalmente comestible. **2.** Esp. *Fam.* Borrachera. ◇ **Sacar tajada** *Fam.* Obtener ventaja o provecho en un asunto.

TAJADERA s.f. Cuchilla para picar o cortar la carne u otros alimentos. **2.** Tajo pequeño sobre el que se coloca la carne o el alimento para picarlos o cortarlos. SIN.: *tajadero.* **3.** Herramienta que utiliza el forjador para trabajar o allanar una superficie plana. **4.** Cortafrío, cincel para metales.

TAJADO, A adj. Se dice de la costa o roca cortada verticalmente. **2.** HERÁLD. Se dice del escudo dividido en dos partes iguales por una línea diagonal que va desde el cantón siniestro del jefe al cantón diestro de la punta.

TAJADOR, RA adj. y s. Que taja. ◆ s.m. Tajo donde se corta o pica la carne.

TAJADURA s.f. Acción y efecto de tajar.

TAJAMANIL s.m. Cuba, Méx. y P. Rico. → **TEJAMANÍ.**

TAJAMAR s.m. Espolón de un puente. **2.** Argent. y Ecuad. Represa o dique pequeño. **3.** Argent. y Perú. Zanja en la ribera de los ríos para amenguar el efecto de las crecidas. **4.** Chile, Ecuad. y Perú. Malecón, dique. **5.** MAR. Pieza curva que va ensamblada en la parte exterior de la roda de una embarcación, y que sirve para hender el agua al navegar.

TAJANTE adj. Que taja o corta. **2.** *Fig.* Que no admite discusión ni réplica.

TAJAR v.tr. (lat. vulg. *taleare*). Cortar algo en dos o más partes con un instrumento cortante.

TAJEA s.f. Construcción que protege un conducto. **2.** Obra de fábrica abovedada, cuya luz o abertura varía entre 1 y 8 m.

TAJO s.m. Corte hecho con un instrumento cortante. **2.** Filo o arista de un instrumento cortante. **3.** Pedazo o tronco de madera grueso, generalmente afirmado sobre tres pies, que sirve para cortar y picar la carne. **4.** Esp. Tarea, trabajo que debe hacer alguien. **5.** ESGR. Corte que se da con la espada de derecha a izquierda.

TAKE-OFF s.m. (voz angloamericana). ECON. Despegue.

TAL adj. y pron.dem. (lat. *talis*). Indica indeterminación del término al que se aplica: *un tal Juan.* **2.** Expresa un matiz ponderativo o despectivo: *no trato con tales personas.* **3.** Expresa correlación en una comparación: *de tal palo, tal astilla.* **4.** Igual, semejante: *nunca se ha visto tal cosa.* ◆ adv.m. Así, de esta manera. ◇ **Con tal de,** o **que** Con la condición de que. **Tal como,** o **cual** Como. **Tal para cual** *Fam.* Se usa para expresar semejanza o igualdad de la manera de ser de dos personas o cosas comparadas.

1. TALA s.f. Acción de talar. **2.** Abatida. **3.** Argent., Bol., Par. y Urug. Planta ulmácea maderable, cuya raíz se usa para teñir. **4.** Chile. Acción de comer los animales la hierba que no puede ser cortada por la hoz.

2. TALA s.f. Juego que consiste en elevar con un palo largo un palo puntiagudo que está en el suelo y lanzarlo de un golpe lo más lejos posible. **2.** Palo pequeño y puntiagudo utilizado en este juego.

3. TALA s.m. Esclavo negro que se dedicaba a los trabajos del campo en Hispanoamérica, a las órdenes de un mayoral.

TALABARDO s.m. Planta herbácea de hojas lanceoladas, con mucrones verdes y corolas rojizas. (Familia ericáceas.)

TALABARTE s.m. (occitano ant. *talabart*). Cinturón del que cuelga la espada o el sable.

TALABARTERÍA s.f. Establecimiento donde se fabrican y reparan guarniciones para caballerías y otros objetos de cuero.

TALABARTERO, A s. Persona que tiene por oficio fabricar, reparar o vender talabartes y artículos de cuero.

■ **TAIGA.** Paisaje de taiga en la región de Kolimá (Siberia rusa).

TALACHA s.f. Méx. Instrumento para labrar la tierra, parecido a la azada. **2.** Méx. Reparación, compostura, principalmente las que se realizan en la carrocería de un automóvil. **3.** Méx. Fam. Trabajo o tarea pequeños, principalmente los que se relacionan con el cuidado o mantenimiento de algo.

TALADOR, RA adj. Que tala. ◆ s. Persona que tiene por oficio talar los árboles en terrenos de explotación forestal.

TALADRADORA s.f. Máquina-herramienta que sirve para taladrar y para mandrilar agujeros previamente taladrados. ◇ **Taladradora radial** Taladradora cuyo husillo puede deslizarse sobre un brazo horizontal que se mueve alrededor de una columna vertical, lo que permite desplazar la máquina-herramienta vertical, horizontal y transversalmente. **Taladradora sensitiva** Taladradora en la que el husillo se mueve manualmente mediante una palanca.

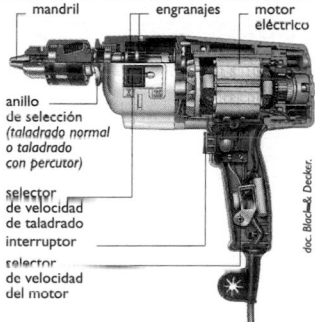

mandril · engranajes · motor eléctrico

anillo de selección (taladrado normal o taladrado con percutor)

selector de velocidad de taladrado

interruptor

selector de velocidad del motor

doc. Black & Decker.

■ **TALADRADORA** eléctrica portátil.

TALADRAR v.tr. Horadar agujerear una cosa con un taladro u otra herramienta. **2.** Fig. Herir los oídos un sonido fuerte y agudo.

TALADRO s.m. (lat. tardío taratrum). Herramienta de filo cortante giratorio, que sirve para agujerear una materia dura. **2.** Agujero hecho con el taladro. **3.** Taladradora.

TALAI-LAMA s.m. → DALAI-LAMA.

TALAJE s.m. Chile. Acción de pacer los ganados. **2.** Chile. Precio que se paga por esto.

TALAMANCA, grupo de pueblos de América Central, de lengua chibcha, muchos de ellos extinguidos.

TALAMETE s.m. MAR. Cubierta que alcanza solo a la parte de proa.

TALÁMICO, A adj. Relativo al tálamo óptico.

TÁLAMO s.m. (lat. thalamus, dormitorio [nupcial]) Lecho conyugal. **2.** ANAT. Parte del encéfalo situada en la base del cerebro, que interviene en la regulación de las funciones vegetativas. SIN.: tálamo óptico. **3.** BOT. Receptáculo de la flor.

TALAMOCO, A adj. Ecuad. Falto de pigmentación, albino.

TALANTE s.m. (lat. talentum). Estado o disposición de ánimo de una persona: estar de mal talante. **2.** Aspecto o manera de ser: una obra de talante costumbrista.

1. TALAR v.tr. Cortar por el pie uno o más árboles. **2.** Destruir, arrasar campos, casas, poblaciones, etc.

2. TALAR adj. (lat. talaris). Se dice de la vestidura, generalmente eclesiástica, que llega hasta los talones. ◆ adj. y s.m. Se dice de las alas que tenía el dios Mercurio en los talones. (Suele usarse en plural.)

TALASEMIA s.f. MED. Hemoglobinopatía hereditaria, que se caracteriza por la persistencia de una hemoglobina de tipo fetal.

TALASOCRACIA s.f. (del gr. thalassa, mar, y krateín, gobernar). Dominio marítimo sobre el que se basa el poder de un estado o pueblo.

TALASOTERAPIA s.f. (del gr. thalassa, mar, y therapeía, terapia). Uso terapéutico de los baños de mar y de los climas marítimos.

1. TALAYOTE o **TALAYOT** s.m. (cat. talaiot, atalaya pequeña). Monumento megalítico de las islas Baleares, parecido a una torre de poca altura.

2. TALAYOTE s.m. Méx. → TLALAYOTE.

TALCO s.m. (ár. ṭalq, nombre de varios minerales). Silicato natural de magnesio, suave y untuoso al tacto, de textura laminar, que se encuentra en los esquistos cristalinos. **2.** Polvo elaborado con esta materia que se usa para el cuidado de la piel.

TALCUALILLO, A adj. Fam. Mediocre, regular. **2.** Fam. Que experimenta una ligera mejoría en su enfermedad.

TALED s.m. (hebr. fal-līt, vestido, manto). Chal ritual con que se cubren la cabeza y el cuello los judíos para efectuar sus plegarias.

TALEGA s.f. (ár. taīqa). Bolsa ancha y corta de tela fuerte. **2.** Fam. Caudal o dinero.

TALEGADA s.f. Cantidad que cabe en una talega. **2.** Golpe fuerte que se da alguien al caer.

TALEGO s.m. Bolsa larga y estrecha, de tela fuerte y basta. **2.** Fig. y fam. Persona gorda y ancha de cintura. **3.** Esp. Vulg. Cárcel. **4.** Esp. Vulg. Porción de hachís.

TALEGUILLA s.f. TAUROM. Calzón del traje de torero.

TALENTO s.m. (lat. talentum). Inteligencia, capacidad intelectual de una persona. **2.** Aptitud o capacidad para realizar algo. **3.** Persona que posee alguna de estas cualidades. **4.** Antigua unidad de peso del oriente mediterráneo.

TALENTOSO, A adj. Que tiene talento. SIN.: talentudo.

TALERO s.m. Argent., Chile y Urug. Látigo para azotar a las caballerías formado por un mango corto y una tira de cuero ancha.

TALGÜEN s.m. Chile. Arbusto de madera fuerte e incorruptible, muy estimada en carpintería. (Familia ramnáceas.)

TALIBÁN adj. y s.m. (ár. ṭaliban, pl. de ṭalib, estudiante). Se dice del miembro de la etnia pashto integrado en la milicia integrista que controló Afganistán desde 1996 hasta 2001. (El régimen talibán impuso una observancia estricta de los preceptos del islam y de las costumbres tradicionales.)

TALIDOMIDA s.f. Tranquilizante actualmente prohibido a causa de su acción teratógena en el feto de las embarazadas que lo ingerían.

TALIO s.m. (gr. thallós, tallo). Metal de color blanco, de densidad 11,85, cuyo punto de fusión es de 303,5 °C. **2.** Elemento químico (Tl), de número atómico 81 y masa atómica 204,383. (El talio se encuentra en determinadas piritas y forma, con diversos ácidos, sales muy tóxicas.)

TALIÓN s.m. (lat. talio, -onis). Castigo idéntico a la ofensa, según la antigua legislación hebrea: ley del talión. (Inspiró la célebre fórmula: «Ojo por ojo, diente por diente».)

TALISMÁN s.m. (del persa ṭilismāt, pl. de ṭilism). Objeto al que se supone dotado de un poder sobrenatural que beneficia a su poseedor.

TALLA s.f. (cat. talla). Acción de tallar. **2.** Estatura de una persona. **3.** Fig. Grado o capacidad moral o intelectual de una persona. **4.** Medida convencional de las prendas de vestir usada en su fabricación y venta. **5.** Escultura, especialmente en madera. **6.** Procedimiento de grabado con buril sobre una plancha de cobre o de acero. **7.** Manera de tallar o labrar el vidrio, el cristal, las piedras preciosas, etc. **8.** Chile. Dicho oportuno, espontáneo. ◇ **Dar la talla** Tener una estatura igual o superior al mínimo requerido para ingresar en el ejército o en un cuerpo determinado; Fig. cumplir los requisitos necesarios para algo.

TALLADO s.m. Acción y efecto de tallar.

TALLADOR, RA s. Persona que tiene por oficio tallar madera, metal, piedras preciosas u otros materiales. **2.** Argent., Chile, Guat., Méx. y Perú. Persona que reparte las cartas o lleva las cuentas en una mesa de juego.

1. TALLAR v.tr. Cortar una piedra, madera, cristal, etc., para darle una determinada forma: tallar el bisel del mármol. **2.** Esculpir cortando la madera, piedra o materia en que se trabaja. **3.** Grabar un hueco, dibujar con cortes en el metal. **4.** Realizar el dentado de una rueda de engranaje, un mecanismo o una herramienta. **5.** Medir la estatura de alguien. ◆ v.intr. Hacer intervenciones importantes en una conversación o discusión. **2.** Chile. Hablar de amores una pareja.

2. TALLAR s.m. Monte en renovación en que los brotes de las nuevas plantas no han llegado al desarrollo necesario y pueden ser destruidos por el ganado. **2.** Bosque nuevo en que ya se puede talar.

TALLARÍN s.m. (ital. taglierino). Pasta alimenticia de harina de trigo en forma de tira larga, estrecha y plana.

TALLAROLA s.f. Cuchilla muy fina con que se corta la urdimbre de la tela de terciopelo.

TALLE s.m. (fr. taille). Cintura, parte del cuerpo humano entre el tórax y las caderas. **2.** Figura, conformación del cuerpo humano. **3.** Parte de una prenda de vestir que corresponde a la cintura. **4.** Medida tomada desde los hombros a la cintura.

TALLER s.m. (fr. atelier). Lugar donde se realizan trabajos manuales. **2.** Establecimiento donde se reparan máquinas y aparatos, especialmente automóviles. **3.** Subdivisión de una industria en la que se desarrollan operaciones determinadas del proceso de fabricación: taller de acabado. **4.** B. ART. **a.** Conjunto de alumnos o colaboradores que trabajan o han trabajado bajo la dirección de un mismo maestro. **b.** Local dispuesto para la ejecución de trabajos artísticos. **5.** PREHIST. Afloración de rocas de grano fino que se encuentra en zonas montañosas, y que proporcionaba material para fabricar hachas, y piezas de sílex para puntas de flecha.

TALLISTA s.m. y f. Persona que talla madera.

TALLO s.m. (lat. thallus, tallo con hojas). Eje de una planta que sostiene las ramas, las hojas, las flores y los frutos, y finaliza en una yema. **2.** Parte de los vegetales inferiores análoga a este eje. **3.** Apéndice o pedúnculo de

■ **TALAYOTE** de Talatí de Dalt (Menorca).

subterráneos

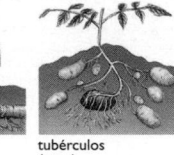

rizoma
(sello de Salomón)

tubérculos
(papa)

aéreos

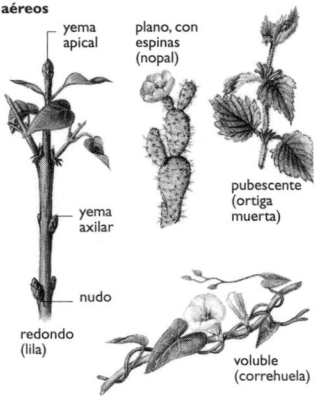

yema
apical

plano, con
espinas
(nopal)

pubescente
(ortiga
muerta)

yema
axilar

nudo

redondo
(lila)

voluble
(correhuela)

■ **TALLO.** Diferentes tipos de tallos.

determinados equinodermos, mediante el cual se fijan al sustrato. **4.** Colomb. Variedad de frijol.

TALLUDO, A adj. Que tiene tallo grande o muchos tallos. **2.** Se dice de la persona que ha dejado de ser joven.

TALMÚDICO, A adj. Relativo al *Talmud. (V. parte n. pr.)

TALMUDISTA s.m. Sabio judío versado en el estudio del Talmud.

TALO s.m. BOT. Cuerpo vegetativo de los vegetales inferiores en el que no se diferencian raíz, tallo y hojas.

TALÓFITO, A adj. y s.f. Relativo a un grupo de vegetales pluricelulares cuyo aparato vegetativo está constituido por un talo. (Está formado por las algas, los hongos y los líquenes.)

1. TALÓN s.m. (lat. vulg. *talo, -onis*). Parte posterior del pie humano, que comprende el hueso calcáneo y los tejidos blandos que lo rodean. **2.** Parte del calzado, calcetín o media que corresponde a esta parte. **3.** Extremo anterior de la culata del fusil. **4.** ARQ. Motivo ornamental compuesto por dos cuartos de círculo, uno convexo y otro cóncavo, que enlazan entre sí. **5.** MAR. **a.** Extremidad de popa en la quilla de un buque. **b.** Corte oblicuo en el extremo posterior de la quilla, para ajustar la madre del timón. **6.** MEC. Saliente destinado a servir de apoyo o tope en una superficie. ◇ **Bailar de talón** COREOGR. Ejecutar un ejercicio apoyando un pie sobre el suelo, sin usar ni punta ni media punta. **Talón del codaste** MAR. Prolongación posterior de la rama horizontal inferior del codaste, sobre la que descansa la mecha del timón de las embarcaciones de hélice.

2. TALÓN s.m. (fr. *étalon,* tipo de pesos y medidas). Esp. y Méx. Documento que está unido a otros iguales formando un cuadernillo, y que se separa de su matriz para darlo al interesado: *talón bancario.*

TALONARIO s.m. Libro o cuaderno pequeño de talones.

TALONEADOR s.m. Jugador de rugby colocado en una melé entre los pilares y que está encargado de talonear el balón.

TALONEAR v.tr. Golpear el balón de rugby con los talones para sacarlo de la melé. **2.** Argent. Incitar al jinete con los talones a la cabalgadura. **3.** Méx. *Vulg.* Pedir un préstamo o

regalo, especialmente dinero. ◆ v.intr. Méx. Prostituirse una persona.

TALONERA s.f. Remiendo, pieza con que se refuerza el talón de las medias o calcetines. **2.** Refuerzo cosido en el bajo de los pantalones para evitar el desgaste. **3.** Argent. Tira de tela colocada en el interior de la botamanga para protegerla del roce. **4.** Argent. y Chile. Pieza de cuero que asegura la espuela al talón de la bota.

TALPACK s.m. Gorro de los jenízaros, utilizado posteriormente por los cuerpos montados de cazadores franceses desde 1854 a 1870.

TALPETATE s.m. Amér. Merid. Capa estratificada del subsuelo, compuesta de barro amarillo y arena fina, usada en la pavimentación de carreteras.

TALQUEZA s.f. C. Rica. Hierba resistente que se utiliza para recubrir la techumbre de las chozas.

TALTUZA s.f. C. Rica. Roedor similar a la rata que vive bajo tierra.

TALUD s.m. (fr. *talus*). Inclinación de un terreno o del paramento de un muro. ◇ **Talud continental** Pendiente que une la plataforma continental con las profundidades marinas.

TALUDÍN s.m. Guat. Reptil similar al caimán.

TALVEZ adv. Amér. Posiblemente, quizá.

TALWEG s.m. (voz alemana, *camino del valle*). GEOGR. Línea imaginaria que une los puntos más bajos de un valle.

TAMAGÁ o **TAMAGÁS** s.f. Amér. Central. Serpiente de una especie muy venenosa.

TAMAL s.m. (náhuatl *tamál-li*). Amér. Masa de maíz con manteca que se envuelve en una hoja de banano o de maíz para cocerla, de formas variadas, que se rellena con carne, pollo, chile o ají, queso u otros ingredientes. **2.** Amér. *Fig.* Lío, embrollo, intriga.

TAMALADA s.f. Méx. Comida en la que se sirven principalmente tamales.

TAMALEAR v.tr. Méx. Comer tamales.

TAMALERO, RA adj. Amér. Se dice de la persona que tiene por oficio hacer o vender tamales.

TAMANDUÁ s.m. (voz tupí). Mamífero arborícola de América tropical, de cola prensil, parecido al oso hormiguero, pero de menor tamaño (unos 50 cm de long.), que se alimenta de hormigas, abejas y termitas.

■ **TAMANDUÁ**

TAMANGO s.m. (port. o leonés *tamanco*). Amér. Merid. Calzado rústico de cuero.

TAMAÑITO, A adj. Humillado y confundido.

TAMAÑO, A adj. (del lat. *tam magnus,* tan grande). Se usa enfáticamente para expresar las dimensiones o importancia de alguien o algo: *nunca oí tamaña tontería.* **2.** Tan grande o pequeño como aquello a lo que se compara. ◆ s.m. Magnitud o volumen de una cosa.

TÁMARA s.f. (ár. *támra*). Palmera de dátiles que crece en Canarias. ◆ **támaras** s.f.pl. Dátiles en racimo.

TAMARINDO s.m. (del ár. vulg. *támar híndi,* dátil índico). Árbol de unos 25 m que se cultiva en las regiones tropicales, por su fruto en vaina. (Familia cesalpiniáceas.) **2.** Fruto comestible de este árbol, de pulpa acidulada.

TAMARISCO s.m. (lat. *tamariscus*). Taray.

TAMARUGAL s.m. Chile. Terreno poblado de tamarugos.

TAMARUGO s.m. Chile. Planta mimosácea parecida al algarrobo que crece en la pampa.

TAMAULIPECO, A adj. y s. De Tamaulipas.

TAMBA s.f. Ecuad. Manta usada como abrigo, chiripá.

TAMBACHE s.m. Méx. *Fam.* Bulto o envoltorio grande, pila o montón de cosas.

TAMBALEANTE adj. Que se tambalea.

TAMBALEARSE v.prnl. Moverse de un lado a otro por falta de equilibrio. **2.** *Fig.* Perder firmeza.

TAMBALEO s.m. Acción de tambalear.

TAMBARRIA s.f. Colomb., Ecuad., Hond. y Nicar. Jolgorio, parranda.

TAMBERO, A adj. y s.f. Argent. Se dice del ganado manso, especialmente de las vacas lecheras. ◆ adj. Amér. Merid. Relativo al tambo. ◆ s. Amér. Merid. Persona que tiene un tambo o está encargada de él.

TAMBIÉN adv.m. Incluye en una afirmación ya expresada otro elemento afectado por dicha afirmación.

TAMBO s.m. (quechua *támpu*). Edificio construido a lo largo de los caminos durante el imperio incaico, para los viajeros descansen. **2.** Argent. Establecimiento ganadero donde se ordeña a las vacas y se vende leche fresca. **3.** Argent. Corral donde se ordeña. **4.** Méx. *Vulg.* Cárcel: *lo metieron al tambo.* **5.** Perú. Tienda rural pequeña.

TAMBOCHA s.f. Colomb. Hormiga de cabeza roja muy venenosa.

TAMBOR s.m. (del persa *tabir*). Instrumento musical de percusión formado por una caja cilíndrica cerrada por una o por sus dos bases con una membrana cuya tensión puede regularse. **2.** Persona que en un conjunto musical toca este instrumento. **3.** *Fam.* Recipiente cilíndrico que se emplea como envase: *un tambor de detergente para ropa.* **4.** Tímpano del oído. **5.** Cimborio. **6.** Bastidor pequeño y redondo en el que se tensa la tela que se ha de bordar. **7.** Aparato que sirve para el arrollamiento de un cable y cuya rotación permite tirar del mismo. **8.** Elemento giratorio de las máquinas trilladoras segadoras, que sirve para sujetar los tallos y empujarlos hacia la rosca de alimentación. **9.** Cabrestante para manejar el timón de una embarcación. **10.** Cilindro sobre el que se arrolla la cadena que produce el movimiento de ciertos relojes. **11.** Cilindro que contiene el resorte motor de un reloj y comunica el movimiento a las ruedas. **12.** Cilindro mayor de una carda. ◇ **Tambor de freno** TECNOL. Pieza circular, unida al buje de la rueda o al árbol que se ha de frenar, sobre la que actúa, por fricción, el segmento de freno. **Tambor lavador** Aparato o máquina en que se efectúa la hidratación, disgregación y lavado de rocas heterogéneas. **Tambor magnético** Dispositivo de almacenamiento de la información, constituido por un cilindro recubierto de sustancia magnética, en el que los datos se almacenan en serie mediante circunferencias de puntos magnéticos.

TAMBORIL s.m. (del ant. *tamborín,* del cat. *tamborí*). Tambor de caja más estrecha y alargada que la del tambor ordinario. **2.** Instrumento musical de percusión, muy ligero, que se cuelga del brazo y se golpea con una pequeña baqueta.

TAMBORILEAR v.intr. Tocar el tambor o el tamboril. **2.** Golpear repetidamente una superficie de forma suave y rítmica.

TAMBORILEO s.m. Acción y efecto de tamborilear.

TAMBORILERO, A s. Persona que toca el tambor o el tamboril.

TAMBORILETE s.m. ART. GRÁF. Tablilla cuadrada de madera con la que se golpea el molde o forma para que todas las letras queden a igual altura.

TAMBORITO s.m. Baile nacional de Panamá, de origen africano.

TAMIL adj. y s.m. y f. De un pueblo de la India meridional y de Sri Lanka, de religión hinduista, que habla una lengua dravídica. ◆ s.m. Lengua dravídica hablada en Tamil Nadu y Sri Lanka.

TAMIZ s.m. (fr. *tamis*). Cedazo de tela o malla muy tupida que sirve para cribar sustancias pulverizadas o líquidos turbios. ◇ **Pasar por el tamiz** Examinar algo concienzudamente. **Tamiz molecular** Zeolita o tierra artificial adsorbente, utilizada para el refino de los gases y de los líquidos, especialmente en la industria petrolera.

TAMIZADO s.m. Acción y efecto de tamizar. **2.** F.C. Movimiento de oscilación lateral rápido de los vehículos de ferrocarril en vías estrechas.

TAMIZAR v.tr. [7]. Pasar por el tamiz. **2.** *Fig.* Seleccionar o depurar.

TAMO s.m. Pelusa desprendida del lino, algodón o lana. **2.** Polvo o paja muy menuda que dejan las semillas trilladas. **3.** Pelusa que se forma debajo de los muebles por falta de limpieza.

TAMPICO s.m. Variedad de agave que crece en México, de la que se obtiene una fibra vegetal. **2.** Fibra obtenida de esta planta.

TAMPOCO adv.neg. Incluye en una negación ya expresada otro elemento afectado por dicha negación: *ayer no vino ni hoy tampoco.*

TAMPÓN s.m. Almohadilla para entintar sellos, estampillas, etc. **2.** Cilindro de material absorbente que se introduce en la vagina durante la menstruación. ◇ **Estado tampón** POL. Estado que se encuentra geográficamente entre dos estados poderosos y antagónicos. **Memoria tampón** INFORMÁT. Zona de memoria que almacena temporalmente información en tránsito de una parte a otra de la computadora. **Sistema tampón** QUIM. Solución cuya concentración en iones hidronio (pH) no se modifica sensiblemente al introducir una base o un ácido fuerte. **Tampón de boca** Tapón cilíndrico de madera forrado de cuero o metal, que sirve para cerrar completamente la boca de un cañón.

TAM-TAM s.m. (voz onomatopéyica) [pl. *tam-tams*]. Instrumento musical de percusión parecido al tambor, de origen africano, que se toca con las manos. **2.** Redoble prolongado de dicho instrumento, con el que en África se comunican ciertos acontecimientos. **3.** MÚS. Gong muy grande de bronce, originario de Extremo oriente.

■ **TAM-TAM** chino.

TAMUGA s.f. Amér. Central. Talego, fardo.
TAMUJO s.m. Arbusto de hasta 1,50 m de alt., con cuyas ramas delgadas se hacen escobas. (Familia euforbiáceas).

1. TAN adv.c. Apócope de *tanto*, cuando se antepone a un adjetivo, un adverbio o una locución adverbial: *es tan alto...; está tan lejos...* **2.** Introduce el primer elemento de una comparación de igualdad: *tan duro como el hierro.* ◇ **Tan siquiera** Siquiera, por lo menos.

2. ¡TAN! Onomatopeya con que se imita el tañido de la campana, el tambor u otro instrumento semejante.

TANACETO s.m. Abrótano.

TANAGRA s.f. (de *Tánagra*, ciudad de Beocia). Estatua pequeña de terracota realizada en Tánagra, sobre todo a partir del s. IV a.C.

TANATE s.m. Amér. Central. Lío, fardo. **2.** Amér. Central y Méx. Cesto cilíndrico de palma o tule. **3.** Méx. *Vulg.* Testículo. ◆ **tanates** s.m.pl. Amér. Central. Trastos, cachivaches.

TANATOLOGÍA s.f. Conjunto de conocimientos científicos sobre la muerte, sus signos, causas y condiciones, utilizados en medicina legal.

TANATORIO s.m. Edificio destinado a velatorios y otros servicios funerarios.

TANDA s.f. Grupo de una totalidad que desempeña un trabajo o función al mismo tiempo: *colocar una tanda de ladrillos.* **2.** Serie de cosas de un mismo género que se suceden formando un conjunto: *una tanda de inyecciones.*

3. Amér. Sección o parte de una representación teatral. **4.** Argent. En televisión, sucesión de avisos publicitarios que se intercalan en un programa.

TÁNDEM s.m. (ingl. *tandem*). Cabriolé descubierto, tirado por dos caballos. **2.** Bicicleta fabricada para ser accionada por dos personas situadas una detrás de la otra. **3.** *Fig.* Asociación de dos personas o de dos grupos para trabajar en una misma actividad.

TANDERO, A s. Chile. Chancero.

TANELA s.f. C. Rica. Pasta de hojaldre acompañada con miel.

TANGA s.m. Prenda interior o traje de baño masculino o femenino de dimensiones muy reducidas, que deja las nalgas al descubierto.

TANGALEAR v.intr. Colomb. y Hond. Demorar el cumplimiento de una obligación intencionadamente.

TANGÁN s.m. Ecuad. Tablero colgado del techo, articulado con cuerdas, que se usa a modo de despensa.

TANGARA s.f. Ave paseriforme de América, de alas cortas y colores vivos.

TANGEDOR s.m. Amér. Serpiente de cascabel.

TANGENCIA s.f. MAT. Estado de tangente.

TANGENCIAL adj. Que es tangente, relativo a la tangencia o a la tangente. ◇ **Aceleración tangencial** Proyección de la aceleración sobre la tangente a la trayectoria. **Brazo tangencial** Brazo de lectura de disco microsurco que efectúa un desplazamiento radial, pero que permanece tangencial al surco. **Fuerza tangencial** Fuerza ejercida en la dirección de la tangente a una curva. **2.** Que concierne a algo pero de forma poco importante.

TANGENTE adj. (del lat. *tangere*, tocar). Que está en contacto por un solo punto. ◆ s.f. Recta que toca en un solo punto a una curva o a una superficie sin cortarla. ◇ **Plano tangente a una superficie en un punto** Plano que contiene las tangentes a todas las curvas trazadas sobre una superficie y que pasan por este punto. **Salirse**, o **irse, por la tangente** *Fam.* Utilizar una evasiva para eludir una respuesta. **Superficies tangentes en un punto** Superficies que admiten el mismo plano tangente en dicho punto. **Tangente a una superficie** Tangente a una curva cualquiera de dicha superficie. **Tangente de un ángulo**, o **de un arco** Cociente del seno por el coseno de dicho ángulo, o de dicho arco (simb. tg).

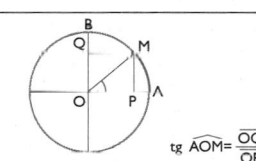

■ **TANGENTE** (función).

TANGERINA s.f. Variedad de mandarina muy apreciada.

TANGIBLE adj. Que puede ser percibido por el tacto. **2.** *Fig.* Real, que se puede comprobar.

TANGO s.m. Baile argentino en el que la pareja enlazada se mueve lentamente por un espacio amplio. **2.** Música y letra de este baile. ◇ **Tango flamenco**, o **gitano** Modalidad de cante flamenco de ritmo vivo.

TANGRAM s.m. Juego formado por un conjunto de diferentes piezas poligonales que pueden combinarse para construir figuras geométricas distintas.

TANGUEAR v.intr. Argent. y Urug. Tocar o cantar tangos.

TANGUILLO s.m. Variante folclórica de los tangos flamencos de Cádiz, que admite incorporaciones muy variadas.

TANGUISTA s.m. y f. Cantante de tangos. **2.** Persona que tiene por oficio bailar con los clientes de un local de esparcimiento.

TANINO s.m. (fr. *tanin*). Sustancia que se halla en algunos órganos vegetales, como la corteza del roble, del castaño, agallas del roble, etc., que se usa para curtir pieles y para fabricar tintas.

TANKA s.m. (tibetano *thang-ka*, objeto plano). Estandarte pintado del Tíbet o Nepal, que representa una imagen religiosa.

TANKER s.m. (voz inglesa). Buque cisterna.

1. TANO, grupo de pueblos de la familia lingüística uto-azteca de Nuevo México (EUA).

2. TANO, A s. Argent. y Urug. *Desp.* Italiano. **2.** Argent. y Urug. Persona grosera.

TANORÍA s.f. Servicio doméstico que los indígenas de Filipinas tenían la obligación de prestar a los españoles.

TANQUE s.m. Vehículo habilitado para transportar gas, agua u otro líquido. **2.** Recipiente grande, generalmente para almacenar agua o productos petrolíferos. **3.** MIL. **a.** Avión cisterna. **b.** Carro de combate.

TANQUETA s.f. Carro de combate ligero.

TANQUISTA s.m. Soldado de una unidad de carros de combate.

1. TÁNTALO o **TANTALIO** s.m. (de *Tántalo*, personaje mítico). Metal de color blanco plateado, muy duro, de densidad 16,6, cuyo punto de fusión es de 2 985 °C. **2.** Elemento químico (Ta), de número atómico 73 y masa atómica 180,948.

2. TÁNTALO s.m. Gran cigüeña de África, América y Asia, de cabeza calva y pico ligeramente curvado y plumaje blanco y rosado con manchas negras.

TANTÁN s.m. (voz onomatopéyica). Gong, hatintín.

TANTEADOR, RA s. Persona que tantea, especialmente en el juego. ◆ s.m. DEP. Tablero o panel en el que se marcan los tantos.

TANTEAR v.tr. Calcular aproximadamente el valor, peso, tamaño, cantidad, etc., de una cosa. **2.** Ensayar una operación antes de realizarla definitivamente. **3.** *Fig.* Indagar el estado de ánimo de alguien o su opinión sobre algo antes de actuar de forma determinada. **4.** Hond. Acechar a alguien para asaltarlo. **5.** Méx. *Fam.* Tomar el pelo a alguien, burlarse de él. **6.** TAUROM. Hacer suertes al toro para juzgar su estado, temperamento e intenciones, al empezar una faena. ◆ v.tr. e intr. Señalar los tantos en el juego.

TANTEO s.m. Acción de tantear. **2.** Proporción de tantos entre los distintos jugadores o competidores de un juego o una competición deportiva. **3.** DER. Derecho que por ley, costumbre o convenio se concede a una persona para adquirir una cosa con preferencia a otra por el mismo precio. ◇ **A**, o **por, tanteo** Aproximadamente.

1. TANTO adv.m. Así, de tal manera, en tal grado: *tanto hace quien tanto quiere.* ◆ adv.c. Hasta tal punto, tal cantidad: *llovió tanto que el terreno se anegó.* **2.** Seguido de *mejor, peor, mayor, menor, más* y *menos*, refuerza la comparación de desigualdad.

2. TANTO, A adj. (lat. *tantus, -a, -um*). En correlación con *como*, establece comparaciones de igualdad de cantidad: *tener tanta suerte como otro.* **2.** En correlación con *que*, tal cantidad, en tal cantidad: *tiene tantos libros que no los llega a leer.* **3.** Tan grande, muy grande: *¿a qué viene tanta risa?* **4.** Tiene un valor indeterminado cuando se refiere a un número o cantidad que no se puede precisar: *a tantos de octubre.* ◆ pron.dem. Equivale a *eso*, incluyendo idea de calificación o ponderación: *no podré llegar a tanto.* ◆ s.m. Cantidad o número determinado de una cosa. **2.** Unidad de cuenta en algunos juegos o competiciones deportivas: *ganó por tres tantos a cero.* ◇ **Al tanto de** Enterado de la cosa que se expresa. **Apuntarse un tanto a su favor**, o **en contra** *Fam.* Tener un acierto o una ventaja, o, un desacierto o desventaja. **En, o entre, tanto** Mientras. **Otro tanto** Lo mismo. **Por (lo) tanto** Como consecuencia de lo expuesto. **Tanto por ciento** Rédito.

TANTRA s.m. Conjunto de textos y ritos hindúes y budistas de tema sagrado.

TANTRISMO s.m. Conjunto de creencias religiosas y ritos que provienen del hinduismo, del budismo tardío y de otros textos sagrados llamados *tántra*.

TANZANO, A adj. y s. De Tanzania.

TAÑEDOR, RA s. Persona que tañe un instrumento musical.

TAÑER v.tr. (lat. *tangere*) [36]. Tocar un instrumento musical de percusión o de cuerda. ◆ v.intr. Tamborilear con los dedos sobre algo.

TAÑIDO s.m. Sonido del instrumento que se tañe, particularmente de las campanas.

1. TAO o **DAO** s.m. (voz china, *la vía*). Principio supremo e impersonal de orden y de unidad del universo, según la antigua filosofía china.

■ **TAO.** Símbolo del tao; en el interior del yin subsiste siempre el yang, y viceversa.

2. TAO adj. y s.m. y f. En las islas Filipinas, se dice de la persona ordinaria, sencilla y analfabeta.

TAOÍSMO s.m. Sistema filosófico y religioso chino fundado en las doctrinas de Laozi y en creencias diversas, que rinde culto a los espíritus de la naturaleza y de los antepasados.
ENCICL. Según Laozi (s. v a.C.) el adepto debe aprender a unirse al tao, es decir, *la vía*, que a la vez es principio primordial del universo y agente de sus transformaciones infinitas. El taoísmo profesa enseñanzas sobre las energías, la meditación y la *larga vida*. Despreciado y perseguido en ocasiones, durante mucho tiempo el taoísmo ha marcado la civilización china.

TAOÍSTA adj. y s.m. y f. Relativo al taoísmo; que profesa el taoísmo.

1. TAPA s.f. (del germ. *tappa*). Pieza que cierra por la parte superior un objeto, especialmente un recipiente, etc. **2.** Cada una de las dos láminas de papel o material duro de la cubierta de un libro. **3.** Carne de una res descuartizada para el consumo, que corresponde al medio de la pata trasera. **4.** Vuelta que cubre el cuello de una solapa a otra de los abrigos, sacos, chaquetas y otras prendas de vestir. **5.** Cubierta córnea que rodea el casco o uña de las caballerías. **6.** Capa de suela que lleva el tacón del calzado, especialmente la que está en contacto con el suelo. **7.** Chile. Pechera de la camisa. **8.** Esp. Cantidad pequeña de comida que se sirve para acompañar a la bebida, generalmente en aperitivos. ◇ **Saltar,** o **levantar, la tapa de los sesos** *Fam.* Matar de un tiro en la cabeza.

2. TAPA s.m. Tela realizada mediante el batanado de cortezas de árboles, especialmente la morera.

TAPABOCA s.m. Bufanda grande. **2.** *Fig. y fam.* Razón, hecho o dicho con que se hace callar a alguien. **3.** Golpe dado en esgrima con el botón de la espada en la boca.

TAPABOCAS s.m. (pl. *tapabocas*). Tapaboca, bufanda. **2.** Taco con que se cierra el ánima de las piezas de artillería.

TAPACETE s.m. MAR. Cubierta o toldo con que se tapa la carroza o saliente de la escala de las cámaras de una embarcación.

TAPACUBOS s.m. (pl. *tapacubos*). Tapa metálica con que se cubre el buje de las ruedas de un automóvil.

TAPACULO s.m. Fruto del escaramujo.

TAPADA s.f. Colomb. Acción y efecto de tapar.

TAPADERA s.f. Pieza que sirve para cubrir un recipiente o cavidad. **2.** *Fig.* Persona o cosa utilizada para encubrir algo, generalmente ilegal.

TAPADILLO (DE) loc. *Fam.* De forma oculta o clandestina.

TAPADO, A adj. y s. Amér. Se dice del personaje o candidato político cuyo nombre se mantiene en secreto hasta el momento propicio. **2.** Argent. Se dice de la persona o animal cuya valía se mantiene oculta. **3.** Argent. y Chile. Se dice de la caballería sin mancha ni señal alguna en su capa. ◆ s.m. Amér. Merid. Abrigo

o capa de señora o de niño. **2.** Argent., Bol. y Perú. Tesoro enterrado. **3.** Colomb. y Hond. Comida indígena que se prepara con bananos y carne, asados en un hoyo hecho en la tierra.

TAPANCO s.m. Entarimado o piso de madera que se pone sobre vigas o columnas en habitaciones de gran altura para dividirlas en dos espacios.

TAPAR v.tr. Cubrir o cerrar con algo lo que está descubierto o abierto. **2.** Estar delante o encima de algo ocultándolo o protegiéndolo. **3.** Poner una cosa delante o encima de algo o alguien de modo que lo oculte o proteja. **4.** *Fig.* Encubrir, ocultar: *tapar un error, una mala acción.* ◆ v.tr. y prnl. Abrigar o cubrir con ropa.

TAPARA s.f. Fruto del taparo, de forma alargada.

TÁPARA s.f. (del lat. *capparis*). Alcaparra.

TAPARO s.m. Árbol semejante a la güira, pero de hoja más ancha, que crece en América Meridional. (Familia bignoniáceas.)

TAPARRABOS s.m. (pl. *taparrabos*). Trozo de tela o prenda muy reducidos con que cubren los genitales.

TAPAYAGUA s.f. Hond. Llovizna.

TAPE s.m. Argent. y Urug. Persona aindiada.

TAPEAR v.intr. Esp. Comer tapas en un bar.

TAPEO s.m. Esp. Acción de tapear.

TAPETE s.m. (lat. *tapete*). Pieza de tela, hule, plástico u otro material con que se cubre una mesa u otro mueble. ◇ **Estar,** o **poner, sobre el tapete** Estar un asunto pendiente de discutirse o resolverse.

TAPETÍ s.m. → **TAPITÍ.**

TAPIA s.f. Trozo de pared que se hace de una sola vez con tierra amasada y apisonada en una horma. **2.** Pared formada por tapias. **3.** Muro de cerca. ◇ **Más sordo que,** o **sordo como, una tapia** *Fam.* Muy sordo.

TAPIAL s.m. Tapia, pared. **2.** Molde u horma de encofrado utilizado para la construcción de muros o tapias.

TAPIALAR v.tr. Ecuad. Tapiar.

TAPIAR v.tr. Cerrar o tapar un espacio o abertura con una tapia o tabique.

TAPICERÍA s.f. Tela o tejido con que se tapiza o se cubre algo para decorarlo. **2.** Establecimiento donde se fabrican, reparan o venden tapices, cortinas y otros tejidos de decoración. **3.** Técnica del tapicero. **4.** Oficio del tapicero. **5.** Conjunto de tapices.

TAPIOCA s.f. (tupí *tipĭok*, residuo). Fécula blanca y granulada, comestible, obtenida de la raíz de la mandioca.

TAPIR s.m. (tupí *tapira*). Mamífero paquidermo de unos 2 m de long., y 1 m de alt., con pelo corto, cabeza grande, trompa pequeña y orejas redondeadas, que vive en Asia tropical y América. (Orden ungulados, suborden perisodáctilos.)

■ **TAPIR** malayo y su cría.

TAPISCA s.f. Amér. Central y Méx. Recolección del maíz.

TAPITÍ o **TAPETÍ** s.m. Mamífero roedor que habita en bosques y selvas de América Central y del Sur, de talla mediana y color bayo pardusco con matices rojizos.

TAPIZ s.m. (fr. ant. *tapiz*, alfombra). Obra de tejido grueso ornamental, elaborada con lana, seda u otra materia textil teñida, que general-

mente se cuelga de las paredes o cubre un mueble. **2.** Revestimiento en forma de tapiz.

TAPIZADO s.m. Acción y efecto de tapizar. **2.** Materia empleada para tapizar.

TAPIZAR v.tr. [7]. Mullir y forrar con tela un asiento u otro mueble. **2.** Cubrir una superficie con tapices o algo similar. **3.** *Fig.* Cubrir una superficie con algo que se adapte a ella.

TAPÓN s.m. Pieza de corcho, metal, madera, etc., que tapa la boca de un recipiente u otro orificio. **2.** *Fig. y fam.* Persona baja y rechoncha. **3.** *Fig. y fam.* Obstáculo que retarda o dificulta el desarrollo normal de algo: *formarse un tapón en la autopista.* **4.** Jugada de baloncesto que consiste en interceptar la trayectoria ascendente del balón lanzado al cesto por un adversario. **5.** En el moldeo por inyección, materia que ha llenado el canal de alimentación entre la punta del tubo inyector y la entrada en el molde. **6.** Masa de hilas o de algodón con que se obstruye una herida o una cavidad del cuerpo. **7.** Acumulación de cerumen en el oído. **8.** Volumen líquido inyectado en un pozo de petróleo durante las operaciones de perforación, o cuerpo sólido destinado a obturar parcialmente un pozo. **9.** MIN. Obstrucción de una canalización de relleno neumático o hidráulico, provocada por los materiales mismos de relleno.

TAPONADORA s.f. Máquina de taponar botellas.

TAPONAMIENTO s.m. Acción y efecto de taponar. **2.** Obturación de un pozo mediante un tapón de cemento. **3.** MED. Introducción de compresas o de una masa en una cavidad natural. ◇ **Taponamiento cardíaco** Accidente agudo de compresión del corazón, que sobreviene a consecuencia de derrames de instalación brusca en el interior del pericardio.

TAPONAR v.tr. y prnl. Cerrar un orificio con un tapón u otra cosa. **2.** Impedir el paso. **3.** Sustituir un nudo en una pieza de madera por un tapón de madera sana. **4.** Hacer en baloncesto un tapón. **5.** MED. Efectuar un taponamiento.

TAPONAZO s.m. Ruido que se produce al destapar una botella de líquido espumoso. **2.** Golpe que da el tapón al salir despedido.

TAPONERÍA s.f. Conjunto de tapones. **2.** Establecimiento donde se fabrican o venden tapones. **3.** Industria taponera.

TAPONERO, A adj. Relativo a la taponería o a los tapones.

TAPSIA s.f. (lat. *thapsia*). Planta herbácea de cuya raíz se extrae una resina usada como revulsivo. (Familia umbelíferas.)

TAPUJARSE v.prnl. *Fam.* Taparse mucho.

TAPUJO s.m. Disimulo, engaño o rodeo con que se actúa o habla: *hablar sin tapujos.*

TAQUÉ s.m. Vástago de los motores de combustión interna que sirve para transmitir la acción del árbol de levas a las válvulas de admisión y escape.

TAQUEAR v.tr. Argent. y Chile. Taconear. ◆ v.intr. Argent. En el billar y el polo, golpear la bocha con el taco. **2.** Argent. Ejercitarse en el uso del taco.

TAQUEO s.m. Argent. Dominio del palo del juego del taco.

TAQUERA s.f. Estante para colocar los tacos del billar.

TAQUERÍA s.f. Méx. Establecimiento donde se sirven tacos.

TAQUIARRITMIA s.f. MED. Forma de arritmia, acompañada de taquicardia.

TAQUICARDIA s.f. (del gr. *takhýs*, rápido, y *kardía*, corazón). Ritmo cardíaco acelerado.

TAQUIFEMIA s.f. PSIQUIATR. Trastorno mental caracterizado por la rapidez al hablar.

TAQUIGRAFÍA s.f. (del gr. *takhýs*, rápido, y *gráphein*, escribir). Sistema de escritura que utiliza abreviaturas y signos convencionales para escribir dictados o lo que se dice a la velocidad que se habla normalmente. SIN.: *estenografía.*

TAQUIGRAFIAR v.tr. [19]. Escribir por medio de taquigrafía. SIN.: *estenografiar.*

TAQUÍGRAFO, A s. Persona que tiene por oficio taquigrafiar lo que se dicta o se habla. ◆ s.m. Aparato registrador de velocidad.

■ LOS TAPICES

El arte del tapiz y esencialmente
del decorado mural, cuyos orígenes
se pueden hallar en Babilonia, Egipto
o Grecia, florece en Occidente –sobre todo
con el tapiz de lizo– en la edad media
(con el *Apocalipsis* de Angers) y hasta el s. XX
(especialmente con J. Lurçat). Desde
el renacimiento clásico hasta el s. XIX, el tapiz
evoluciona como la pintura, buscando
traspasar su espacio bidimensional
con la utilización de la perspectiva.

Arras. *La ofrenda del corazón,*
Flandes, talleres de Arras (h. 1400-1410).
Personajes de la vida señorial y cortés,
en actitudes muy expresivas,
sobre un paisaje de fondo
delicadamente estilizado.
(Museo del Louvre, París.)

Bruselas. *El juicio final,* detalle, taller
bruselense (h. 1500). Estética aún gótica, con un
manierismo elegante, y a la vez no ajena a la influencia del *Políptico de Beaune* de Roger van der
Weyden. (Museo del Louvre, París.)

París. *El Coloso de Rodas* pertenece a
la serie *Historia de Artemisa,* basada en
dibujos de A. Caron. Tejido en diferentes
ocasiones, aquí por un taller de París
(s. XVIII). (Mobiliario Nacional, París.)

TAQUILLA s.f. Mostrador en que se expenden
billetes, entradas de espectáculos, etc. **2.** Dinero que se recauda en un espectáculo. **3.** Armario con casillas para clasificar papeles o documentos, y en especial para guardar los billetes
de ferrocarril, entradas de espectáculos, etc.
4. Armario pequeño para guardar objetos personales en lugares de trabajo, centros de enseñanza o deportivos, etc. **5.** Amér. Central. Taberna. **6.** C. Rica, Chile y Ecuad. Clavo pequeño.

TAQUILLERO, RA adj. *fam.* Se dice del artista o
espectáculo que por su popularidad consigue
o garantiza una gran asistencia de público y,
por lo tanto una gran recaudación económica. ◆ s. Persona que trabaja en una taquilla.

TAQUIMECANOGRAFÍA s.f. Dominio de la
taquigrafía y de la mecanografía. SIN.: *estenodactilografía.*

TAQUIMECANÓGRAFO, A s. Persona que
tiene por oficio taquigrafiar y mecanografiar.

TAQUIMETRÍA s.f. Conjunto de procedimientos para poder efectuar el levantamiento
de planos con el taquímetro.

TAQUÍMETRO s.m. (del gr. *takhýs,* rápido, y
métron, medida). Instrumento topográfico
que mide al mismo tiempo distancias y ángulos horizontales y verticales. **2.** Tacómetro.

TAQUIÓN s.m. Partícula elemental hipotética
dotada de una velocidad superior a la de la
luz en el vacío.

TAQUIPNEA s.f. (del gr. *tachýs,* rápido, y
pneîn, respirar). Respiración acelerada y superficial.

TAQUIPSIQUIA s.f. (del gr. *tachýs,* rápido,
y *psyché,* alma). PSIQUIATR. Encadenamiento anormalmente rápido de las ideas.

TAQUISTOSCOPIO s.m. Aparato que sirve
para presentar a una persona imágenes luminosas durante un tiempo muy breve, con el fin
de experimentar y medir ciertas modalidades
de la percepción.

1. TARA s.f. (ár. *ţáraḥ,* deducción, descuento). Peso de un recipiente, saco o envase sin

incluir el peso de su contenido: *la tara añadida al peso neto constituye el peso bruto.* **2.** Peso
de un vehículo sin incluir la carga. **3.** Defecto
físico de alguien. **4.** Defecto que disminuye el
valor de algo. **5.** Pesa que se coloca en el platillo de una balanza para equilibrar el peso de
un cuerpo colocado en el otro platillo.

2. TARA s.f. (voz quechua). Chile y Perú. Arbusto leguminoso de flores amarillas, de cuya
madera se extrae un tinte. (Familia cesalpiniáceas.) **2.** Colomb. Serpiente venenosa. **3.** Venez. Langosta de tierra de mayor tamaño que
la común.

TARABILLA s.f. Conjunto de palabras dichas
de forma rápida y atropellada. **2.** Listón de madera dura que mantiene tirante, por torsión, la
cuerda del bastidor de una sierra de carpintero. **3.** Ave paseriforme insectívoro que vive en
zonas soleadas de Europa y en las regiones
más septentrionales de la península Ibérica.
(Familia muscicápidos.) ◆ s.m. y f. *fam.* Persona que habla mucho y de manera atropellada.

■ TARABILLA

TARABITA s.f. Amér. Merid. Maroma por la
cual corre la cesta del andarivel. **2.** Ecuad. y
Perú. Andarivel para pasar los ríos y hondona-
das que no tienen puente.

TARACEA s.f. (ár. *tarşî*). Técnica de incrustación sobre madera de trozos de madera, concha, nácar, etc., formando un mosaico.

TARACEADOR, RA s. Persona que tiene por
oficio hacer taraceas.

TARACEAR v.tr. Adornar con taracea.

TARACOL s.m. Antillas. Crustáceo similar al
cangrejo.

TARADO, A adj. y s. Que tiene alguna tara o
defecto. **2.** *fam.* Tonto, chiflado.

TARAHUMARA o **RARÁMURI,** pueblo
amerindio agricultor de México (sierra Madre,
est. Chihuahua), de la familia uto-azteca, que
es uno de los mayores grupos étnicos del país.

TARAMBANA o **TARAMBANAS** s.m. y f. y
adj. *fam.* Persona alocada, de poco juicio.

TARANTA s.f. Fandango del folclore de la
zona oriental andaluza, adaptado a los estímulos formales del flamenco a partir de mediados del s. XIX. **2.** C. Rica y Ecuad. Arrebato pasajero. **3.** Hond. Desvanecimiento, aturdimiento.

TARANTELA s.f. (ital. *tarantella*). Baile popular por parejas del S de Italia, de carácter
alegre y ritmo rápido, y actualmente, danza
típica de Capri y Sorrento. **2.** Música de este
baile.

TARANTÍN s.m. Amér. Central, Cuba y P. Rico.
Cacharro, trebejo. (Suele usarse en plural.)
2. Venez. Tienda muy pobre, tenducha.

TARÁNTULA s.f. (ital. *taràntola,* de *Taranto,*
Tarento, c. de Italia). Araña de tórax velloso,
patas fuertes y picadura venenosa, que vive entre las piedras o en agujeros profundos que excava en el suelo.

TARAPECOSI → **CHIQUITO.**

TARAR v.tr. Determinar la parte del peso de
algo que corresponde a la tara.

TARAREAR v.tr. (de *ta ra ra,* sílabas con se
tararea). Cantar una canción en voz baja sin
articular palabras inteligibles.

TARAREO s.m. Acción de tararear.

TARARIRA s.f. *fam.* Juerga, bullicio. **2.** Argent. y Urug. Pez ictiófago, que vive en las grandes cuencas de América del Sur, de cuerpo rollizo, escamado y color pardo grisáceo. ◆ s.m.
y f. *fam.* Persona bulliciosa y poco formal.
◆ interj. Expresa incredulidad.

TARASCA s.f. Monstruo legendario que vivía
cerca de Tarascón (Francia) y que fue domado por santa Marta. **2.** Figura monstruosa de
serpiente que se sacaba en algunas procesiones. **3.** *Fig. y fam.* Persona o cosa que destruye,
gasta o derrocha algo. **4.** *Fig. y fam.* Mujer fea,
desvergonzada o violenta. **5.** C. Rica y Chile.
Boca grande.

TARASCADA s.f. Herida hecha con los dientes. **2.** *Fig. y fam.* Respuesta áspera o dicho desatento o injurioso. **3.** Derrote violento del toro.

TARASCO, A adj. y s.m. y f. De un pueblo
amerindio tarasco de México, en el estado de Michoacán. En el s. XIV impuso su hegemonía en la región de Michoacán. Entre 1400 y 1450 establecieron una alianza de las principales ciudades
(Tzintzuntzan, Pátzcuaro e Ihuatzio), y en
1450-1530 el imperio tarasco se extendió y presentó fuerte resistencia ante la expansión az
teca, gracias a sus armas de cobre. En 1522
Nuño de Guzmán ejecutó a su último rey, Tangaxoan II. (A la cabeza de su sociedad se hallaban el *Cazonci,* jefe civil, y el *Petámuti,* jefe
religioso. Los tarasco ofrecían sacrificios humanos a Curicaheri, dios solar y del fuego. Dejaron un arte de influencia tolteca, con figuras
de arcilla, cerámica y metalurgia.) [También
purépecha.] ◆ s.m. Lengua amerindia hablada por este pueblo.

TARASCÓN s.m. Argent., Bol., Chile, Ecuad. y
Perú. Mordedura.

TARAY s.m. (del ár. vulg. *ţaráf*). Arbusto de
ramas delgadas con corteza rojiza, hojas glau-
cas muy pequeñas, flores agrupadas en largas
espigas laterales y fruto en cápsula del mismo
nombre. (Familia tamaricáceas.) SIN.: *tamarisco.*

TARCO s.m. Árbol de América Meridional, de
entre 8 y 10 m de alt., cuya madera se utiliza en
ebanistería. (Familia saxifragáceas.) **2.** Argent.
Jacarandá.

TARDANZA s.f. Acción y efecto de tardar.

TARDAR v.intr. (lat. *tardare*). Invertir un

tiempo determinado en hacer algo. ◆ v.intr. y prnl. Emplear más tiempo del previsto, conveniente o necesario en algo.◇ **A más tardar** Indica que el plazo máximo en que debe suceder o sucederá una cosa es el que se expresa.

1. TARDE s.f. Tiempo que transcurre desde el mediodía hasta el anochecer. **2.** Atardecer, últimas horas del día.◇ **Buenas tardes** Fórmula de saludo usual durante la tarde. **De tarde** Se dice de la prenda de vestir que se suele llevar por la tarde, o de la sesión de un espectáculo que se realiza por la tarde. **De tarde en tarde** Algunas veces; con poca frecuencia.

2. TARDE adv.t. A hora avanzada del día o de la noche. **2.** Después del momento acostumbrado, debido, conveniente o necesario. ◇ **Más tarde o más temprano** Expresa el convencimiento de que lo que se expresa ha de ocurrir forzosa o inevitablemente.

TARDECER v.impers. [37]. Empezar a caer la tarde.

TARDENOISIENSE adj. y s.m. Se dice de una facies cultural epipaleolítica, cuya fase final es contemporánea a las primeras manifestaciones neolíticas en Europa.

TARDÍGRADO, A adj. y s.m. Relativo a una clase de animales de entre 0,1 y 1 mm de long., que viven en el mar, en el agua dulce o en los musgos, y son capaces de revivir después de un largo período de desecación.

TARDÍO, A adj. Se dice del fruto que tarda más en madurar: *melocotones tardíos*. **2.** Que llega o sucede más tarde de lo acostumbrado, debido, oportuno o necesario. **3.** LING. Se dice de la lengua que está en la última fase de su existencia: *latín tardío*.

TARDO, A adj. (lat. *tardus*). Pausado o lento en el movimiento o en la acción. **2.** Que habla con lentitud o entiende o percibe con dificultad.

TAREA s.f. (ár. vulg. *ṭarīḥa*). Obra, trabajo efectuado por alguien. **2.** Trabajo que ha de hacerse en un tiempo limitado.

TARECO s.m. (ár. *tarā'ik*, trastos). Cuba, Ecuad. y Venez. Cachivache, trasto.

TARENTINO, A adj. y s. De Tarento.

TARGUM s.m. (voz hebrea, *traducción*). Traducción o paráfrasis aramea del Antiguo Testamento, utilizada por los judíos en las lecturas de la sinagoga a partir del s. V a.C., cuando el hebreo fue sustituido por el arameo.

TARIFA s.f. (del ár. *taríffa*). Tabla de precios, derechos o impuestos. **2.** Precio unitario fijado por el estado de los servicios públicos realizados a su cargo.

TARIFAR v.tr. Fijar o aplicar una tarifa.

TARIMA s.f. (ár. *ṭarima*). Plataforma de madera de poca altura destinada a diversos usos, particularmente como estrado del profesor.

TARJA s.f. (fr. *targe*). Chapa o señal de identificación. **2.** Escudo que cubría todo el cuerpo, usado durante la edad media. **3.** Amér. Tarjeta de visita. **4.** Méx. Parte cóncava del fregadero donde se ponen a lavar los platos y utensilios de cocina.

TARJAR v.tr. Chile. Tachar o marcar parte de un escrito.

TARJETA s.f. (fr. ant. *targette*, escudo pequeño). Cartulina pequeña que tiene impreso el nombre, dirección y otras informaciones de una persona o empresa. **2.** Cartulina pequeña que tiene una función determinada. **3.** INFORMÁT. Soporte con los elementos electrónicos necesarios para la realización de una determinada función por la computadora, como representaciones gráficas, reproducción de sonido, aceleración de la velocidad de ejecución, etc.◇ **Tarjeta de crédito,** o **de pago** Tarjeta plastificada y generalmente con una banda magnética, con la que el titular puede efectuar pagos o realizar otras operaciones financieras, al disponer de un margen de crédito. **Tarjeta madre** INFORMÁT. Tarjeta que contiene el procesador principal de la computadora. SIN.: *placa base*. **Tarjeta postal** Postal.

TARJETERO s.m. Cartera para tarjetas de visita. SIN.: *tarjetera*.

TARJETÓN s.m. Cartulina grande en que va escrita o impresa una participación, invitación, etc.

TARLATANA s.f. (fr. *tarlatane*). Muselina de algodón transparente y con mucho apresto.

TARMACADAM o **TARMACADÁN** s.m. (voz inglesa). Pavimento formado por piedra machacada revestida con una emulsión de alquitrán.

TARO s.m. Planta que se cultiva en las regiones tropicales por sus tubérculos comestibles. (Familia aráceas.)

TAROT s.m. (voz francesa). Baraja de setenta y ocho cartas, más largas que los naipes ordinarios y con figuras distintas, usadas en cartomancia. **2.** Juego en que se usan estas cartas.

TARPÁN s.m. Mamífero perisodáctilo de tamaño mediano, originario de las estepas de Rusia meridional y Ucrania. (Familia équidos.)

TARPÓN s.m. Pez que vive en las regiones cálidas del Atlántico (Florida), de unos 2 m de long., y es objeto de pesca deportiva.

TARRACONENSE adj. y s.m. y f. De Tarragona.

TARRASENSE adj. y s.m. y f. De Terrassa. SIN.: *egarense, terrasense*.

TARREÑA s.f. Pieza de barro cocido que se entrechoca con otra idéntica, produciendo un ruido parecido al de las castañuelas. (Suele usarse en plural.)

TARRO s.m. Recipiente cilíndrico, generalmente más alto que ancho. **2.** Esp. *Vulg.* Cabeza. ◆ s.m. Ave anseriforme de plumaje multicolor, que vive en las costas de Europa occidental.

TARSANA s.f. C. Rica, Ecuad. y Perú. Corteza de un árbol sapindáceo, que se utiliza para lavar.

TARSERO s.m. Primate nocturno del SE de Asia, de pequeño tamaño, cola larga y grandes ojos. (Familia társidos.)

■ **TARSERO**

TARSIANO, A adj. Relativo al tarso.

TARSO s.m. (gr. *tarsós*). Región posterior del esqueleto del pie de algunos vertebrados, formada en el ser humano por siete huesos. **2.** Última parte de las patas de los insectos, que comprende de dos a cinco artejos.◇ **Tarso palpebral** Lámina fibrosa que mantiene tensos los párpados.

TARTA s.f. (fr. *tarte*). Torta o pastel grande, hecho generalmente de masa de harina y relleno o adornado con dulce, frutas confitadas, crema u otros ingredientes.

TÁRTAGO s.m. Planta herbácea de 1 m de alt., cuyas semillas se emplean como eméticas. (Familia euforbiáceas.)

TARTAJEAR v.intr. Hablar con torpeza o defectuosamente, alterando el orden de las palabras o pronunciándolas mal.

TARTAJEO s.m. Acción y efecto de tartajear.

TARTALETA s.f. Pastel pequeño de hojaldre que se rellena con diversos ingredientes.

TARTAMUDEAR v.intr. y tr. Hablar con pronunciación entrecortada y repitiendo las sílabas o sonidos.

TARTAMUDEO s.m. Acción y efecto de tartamudear.

TARTAMUDEZ s.f. Trastorno de la fonación de origen psíquico o físico, que se caracteriza por la repetición de sílabas o por bloqueos durante la emisión de la palabra.

TARTAMUDO, A adj. y s. Que tartamudea.

1. TARTÁN s.m. (fr. *tartan*). Tela de lana con dibujos de cuadros de diferentes colores, originaria de Escocia.

2. TARTÁN s.m. (marca registrada). Material formado por un aglomerado de amianto, productos plásticos y caucho, con que se cubre la superficie de las pistas de atletismo.

TARTANA s.f. (occitano *tartano*). Vehículo

de dos ruedas tirado por caballerías, con cubierta abovedada y asientos laterales. **2.** Embarcación menor, de vela latina, usada en el Mediterráneo para la pesca y el cabotaje.

TARTÁRICO, A adj. Se dice del ácido alcohol (CO_2H—CHOH—CHOH—CO_2H), descubierto en las heces del vino.

1. TÁRTARO s.m. (lat. tardío *tartarus*). Sarro de los dientes. **2.** Mezcla de tartrato ácido de potasio y tartrato cálcico, que forma costra en los recipientes donde fermenta el mosto.

2. TÁRTARO, A adj. y s. De alguno de los pueblos de origen mongol o turco que invadieron el occidente europeo en el s. XII.◇ **Bistec tártaro** Carne servida cruda, triturada y aderezada con varios condimentos, especias, salsas y zume de limón. **Salsa tártara** Mayonesa a la que se le añaden alcaparras, pepinillos, cebolla y huevo duro trinchados.

ENCICL. Los rusos dieron el nombre de tártaros a todos los pueblos que los dominaron del s. XIII a los ss. XV-XVI, y que serían posteriormente repelidos hacia el Volga medio y Crimea. Desde la revolución de 1917 se llama tártaros a grupos étnicos de musulmanes de lengua turca: los tártaros de Kazán o tártaros del Volga, que habitan principalmente en las repúblicas de Tatarstán y de Bashkortostán y los tártaros de Crimea.

TARTERA s.f. Recipiente casi plano de barro cocido, que se emplea para cocer o servir las tortas y tartas. **2.** Fiambrera, recipiente de plástico o metal provisto de tapa.

TARTESIO, A adj. y s. De un pueblo protohistórico de la península Ibérica que habitaba en la cuenca baja del Guadalquivir.

ENCICL. Con influencia de la cultura megalítica mediterránea y mestizados con grupos indoeuropeos de la Meseta, los tartesios desarrollaron una florecente cultura a fines de la edad de bronce (ciudades, navegación, comercio), y mantuvieron un activo intercambio cultural con fenicios y focenses. Poseían una escritura propia de tipo semisilábico. Tras la desaparición del reino de Tartessos (h. 500 a.C.) se los conocía como túrdulos (en el interior) y turdetanos (en el litoral).

TARTRATO s.m. Sal de ácido tartárico.

TARTRECTOMÍA s.f. MED. Eliminación del sarro de los dientes y las encías.

TARUGA s.f. (quechua *tarúka*). Mamífero rumiante parecido al ciervo, que vive en los Andes de Perú, Bolivia y Ecuador. (Familia cérvidos.)

TARUGO s.m. Zoquete, trozo de madera o pan, generalmente grueso y corto. **2.** *Fig.* Persona inculta o torpe.

TARUMBA adj. Se dice de la persona que está atontada o confundida: *me están volviendo tarumba*.

TAS s.m. (fr. *tas*). Yunque pequeño usado por plateros, hojalateros, plomeros y caldereros.

TASA s.f. Acción de tasar. **2.** Precio fijado oficialmente para un determinado artículo. **3.** *Fig.* Medida, límite: *comer sin tasa*. **4.** DER. Contraprestación económica que la administración exige a los particulares por el uso de un servicio público. **5.** ECON. Relación en que varía una magnitud económica respecto a otra con que está relacionada: *tasa de plusvalía; tasa de beneficio.* ◇ **Tasa horaria** Valor de los gastos producidos por el funcionamiento de una máquina o el trabajo de una sección de producción durante una hora.

TASACIÓN s.f. Acción de tasar. **2.** ECON. Valoración del activo, o parte del mismo, de una empresa.

TASAJO s.m. Cecina, pedazo de carne salada y conservada seca. **2.** Trozo de carne.

TASAR v.tr. (lat. *taxare*). Fijar o limitar la autoridad competente el precio o valor de algo. **2.** Valorar, evaluar: *tasar un cuadro*. **3.** *Fig.* Poner límite al uso o consumo de algo para evitar excesos.

TASCA s.f. Taberna, establecimiento donde se sirven bebidas y comidas. **2.** Perú. Conjunto de fenómenos, como corrientes encontradas y oleaje fuerte, que dificultan un desembarco. (Suele usarse en plural.)

TASI s.f. Argent. Enredadera silvestre.

TASQUIL s.m. Fragmento que salta de la piedra al trabajarla.

TASSILI s.m. (voz bereber, *meseta*). Meseta de arenisca del Sahara.

TASTANA s.f. Costra que se forma en las tierras de cultivo por falta de agua. **2.** Membrana que separa los gajos de algunas frutas, como la naranja.

TAT s.m. (sigla del ingl. *thematic apperceptation test*). Test que consiste en hacer relatar al sujeto una historia a partir de una serie de imágenes que representan escenas de significado ambiguo.

TATA s.f. Esp. *Fam.* Niñera o muchacha de servicio. ◆ s.m. Amér. Padre, papá y ocasionalmente abuelo. **2.** Méx. En el lenguaje infantil, abuelo.

TATABRO s.m. Colomb. Pecarí.

TATAGUA s.f. Cuba. Mariposa nocturna, de gran tamaño y color oscuro. (Familia noctuidas.)

TATAIBÁ s.m. Par. Planta silvestre de fruto áspero y amarillo. (Familia moráceas.)

TATAMI s.m. (voz japonesa). Estera gruesa que sirve para practicar sobre ella artes marciales, especialmente judo.

TATARABUELO, A s. Padre o madre del bisabuelo o bisabuela de una persona.

TATARANIETO, A s. Hijo o hija del biznieto o biznieta de una persona.

TATARÉ s.m. Argent. y Par. Árbol de entre 8 y 15 m de alt., cuya madera, de color amarillo, se usa en ebanistería. (Familia leguminosas.)

TATAREAR v.tr. Tararear, cantar bajo sin articular palabras.

¡TATE! interj. (voz de creación expresiva). Se usa para advertir a alguien. **2.** Se usa para expresar que se ha llegado a saber o recordar algo.

TATEMAR v.tr. Méx. Quemar alguna cosa. **2.** Méx. Asar alimentos en el horno o en un hoyo de barbacoa.

TATETÍ s.m. Argent. Juego del tres en raya.

TATO s.m. Nombre que se da cariñosamente a un hermano, usado también como tratamiento de respeto hacia algunas personas.

TATÚ s.m. Armadillo de América Meridional del que existen diferentes especies, que miden entre 35 cm y más de 1 m. SIN.: *mulita*.

■ **TATÚ** y su cría.

TATUAJE s.m. (fr. *tatouage*). Procedimiento para decorar la piel del cuerpo humano, que consiste en hacer un dibujo insertando sustancias colorantes bajo la epidermis. **2.** Dibujo que queda después de esta operación.

TATUAR v.tr. y prnl. [18]. Hacer un tatuaje.

TAU s.f. Nombre de la decimonovena letra del alfabeto griego (τ, T), que corresponde a la *t* española. **2.** Figura heráldica en forma de T. **3.** Tauón.

TAUCA s.f. Bol. y Ecuad. Montón, gran cantidad de cosas. **2.** Chile. Talega grande para guardar el dinero.

TAULA s.f. (voz catalana). Monumento megalítico de las islas Baleares, formado por una gran losa horizontal apoyada sobre otra vertical hincada en el suelo.

TAUMATURGIA s.f. Facultad de realizar prodigios o milagros.

TAUMATURGO s.m. (gr. *thaymatourgós*, de *thayma, -atos*, maravilla, y *érgon*, obra). Persona que realiza prodigios o milagros.

TAUÓN s.m. (de *tau* y *electrón*). Partícula elemental (τ) de la familia de los leptones, cuya masa es 3 491 veces la del electrón. SIN.: *tau*.

TAURINO, A adj. Relativo al toro o a las corridas de toros.

TAURO adj. y s.m. y f. (pl. *tauro*). Se dice de la persona nacida entre el 20 de abril y el 21 de mayo, bajo el signo de Tauro. (Suele escribirse con mayúscula.) [V. parte n. pr.]

TAUROBOLIO s.m. ANT. **a.** Ceremonia en que el fiel se bañaba con la sangre de un toro sacrificado. **b.** Altar en que se realizaba esta ceremonia.

TAURÓFILO, A adj. Aficionado a las corridas de toros.

TAURÓMACO, A adj. Tauromáquico. ◆ adj. y s. Se dice de la persona que entiende de tauromaquia.

TAUROMAQUIA s.f. (del gr. *tayros*, toro, y *mákhesthai*, pelear). Técnica y arte de torear. ENCICL. Los antecedentes de la tauromaquia hay que buscarlos en los ritos y juegos de caza primitivos de los pueblos mediterráneos: la lucha con el toro está presente en la iconografía ibérica y en la cretense. En la alta edad media, el alancear toros fue festejo propio de las bodas, y a lo largo de los ss XVI y XVII los testimonios documentales y artísticos sobre los festejos taurinos son numerosísimos. El toreo a caballo o rejoneo dominó una fiesta que a menudo derivaba en el espectáculo cruel que retrató Goya en su *Tauromaquia*. Su carácter aristocrático (los caballeros solían ser de clase alta) fue cayendo paulatinamente, haciéndose más popular e imponiéndose, a mediados del s. XVIII, el toreo a pie. Joaquín Rodríguez *Costillares*, que dio los primeros pasos hacia la sistematización de las suertes; *Pepe-Hillo*, en cuyo toreo la falta de recursos técnicos se compensaba con la emoción (no obstante se le atribuye una *Tauromaquia* o *Arte de torear* [1796], escrita al parecer por J. de la Tixera, siguiendo sus indicaciones), y Pedro Romero, torero de la serenidad, el dominio, la técnica, revolucionaron el arte de torear, a fines del s. XVIII. Después, la fiesta entró en un período de decadencia hasta la aparición de Francisco Montes *Paquiro*. Por entonces ya se distinguieron dos escuelas en el arte de torear: la sevillana, la de la verónica y el volapié, bullanguera y efectista, representada por *Pepe-Hillo*, *Cúchares*, *Tato* y *Lagartijo*, y la rondeña, más técnica, aplomada y segura, representada por los Romero, Jerónimo José Cándido, *Chiclanero*, Domínguez y *Frascuelo*. Poco tiempo después irrumpieron en escena tres toreros de cualidades excepcionales: Luis Mazzantini, Manuel García *Espartero* y Rafael Guerra *Guerrita*. Con José Gómez *Joselito*, de toreo perfecto, seguro y elegante, a quien solo pudo comparársele Belmonte, con sus faenas arriesgadas y dramáticas, el toreo alcanzó cotas insuperables. En los años cuarenta hay que destacar la figura legendaria de *Manolete*, que ejerció el estilismo más depurado, y la de Antonio Bienvenida; en las décadas de los cincuenta y sesenta, a Luis Miguel Dominguín, Curro Romero, Manuel Benítez *El Cordobés*, Santiago Martín *El Viti*, Rafael de Paula y Sebastián Palomo Linares. A partir de la década de los setenta destacan *Paquirri*, José Mari Manzanares, *Niño de la Capea*, *Espartaco*, Paco Ojeda, César Rincón, etc.

■ **TAUROMAQUIA.** El torero Pedro Romero frente al toro, dibujo a pluma por F. de Goya.

TAUROMÁQUICO, A adj. Relativo a la tauromaquia.

TAUSUG o **SULUK**, pueblo protomalayo de lengua indonesia que vive en el archipiélago filipino de Sulú y en Borneo.

TAUTÓCRONO, A adj. Que sucede o se pro-

duce en intervalos de tiempo de igual duración a los de otra cosa: *oscilaciones tautócronas*.

TAUTOLOGÍA s.f. (del gr. *taytó*, lo mismo, y *lógos*, discurso). Repetición de un mismo pensamiento expresado de distintas maneras, especialmente cuando es inútil. **2.** LÓG. Proposición que siempre es verdadera, sea cual sea el valor de verdad de sus componentes.

TAUTOLÓGICO, A adj. Relativo a la tautología.

TAUTOMERÍA s.f. QUÍM. Equilibrio entre dos isómeros, por la mediación de un ion común.

TAUTÓMERO, A adj. QUÍM. Se dice del compuesto que permanece en equilibrio bajo distintas formas.

TAXÁCEO, A adj. y s.f. Relativo a una familia de plantas gimnospermas del orden coníferas, como el tejo.

TAXATIVO, A adj. Limitado y reducido al sentido estricto de la palabra o a determinadas circunstancias: *ley taxativa*.

TAXI s.m. (apócope de *taxímetro*). Automóvil de alquiler con chófer, provisto generalmente de taxímetro, que lleva al cliente al lugar solicitado.

TAXIA s.f. Taxis.

TAXIARCA s.m. (gr. *taxiarkhos*, de *taxis*, cuerpo de tropas, y *arkhē*, mando). ANT. GR. Comandante de uno de los diez batallones que formaban la infantería ateniense.

TAXIDERMIA s.f. (del gr. *táxis*, ordenación, y *dérma*, piel). Técnica de disecar animales muertos para conservarlos.

TAXIDERMISTA s.m. y f. Persona que practica la taxidermia.

TAXÍMETRO s.m. (fr. *taximètre*). Contador que llevan los taxis y otros automóviles de alquiler, y que va indicando el precio del trayecto en función del tiempo invertido y de la distancia recorrida.

TAXIS s.f. (gr. *táxis*, ordenación) Movimiento de un ser vivo orientado por un factor externo. SIN.: *tactismo, taxia*.

TAXISTA s.m. y f. Persona que tiene por oficio manejar un taxi.

TAXÓN s.m. HIST. NAT. Unidad sistemática en una clasificación.

TAXONOMÍA s.f. Ciencia de la clasificación de los elementos de una de las ciencias naturales.

TAXONÓMICO, A adj. Relativo a la taxonomía.

TAXONOMISTA s.m. y f. Persona que se dedica a la taxonomía.

TAYA s.f. Colomb. Serpiente venenosa de más de 1 m de long., que vive en zonas húmedas.

TAYLORISMO s.m. Sistema de organización del trabajo, de control de los tiempos de ejecución y de remuneración del obrero, establecido por Frederick Winslow Taylor.

TAZA s.f. (ár. *tássa*). Recipiente pequeño de loza u otro material y con asa, para tomar líquidos, generalmente calientes. **2.** Contenido de dicho recipiente: *una taza de chocolate*. **3.** Receptáculo donde cae el agua de las fuentes. **4.** Receptáculo del retrete.

TAZAR v.tr. y prnl. (de *retazar*) [7]. Rozar o romper una cosa, generalmente la ropa por su uso continuado.

TAZMÍA s.f. Tributo que percibía la hacienda real en los reinos de Castilla y de León, durante la baja edad media, consistente en las dos novenas partes del tercio del diezmo eclesiástico.

TAZÓN s.m. Recipiente semiesférico parecido a una taza pero mayor y, generalmente sin asa. **2.** Contenido de este recipiente.

1. TE s.f. Nombre de la letra T. **2.** Objeto o accesorio en forma de T mayúscula, empleado en construcción, imprenta, dibujo, etc.

2. TE pron. pers. Forma átona del pronombre personal de 2ª persona del singular. Funciona como complemento directo e indirecto y se usa con verbos pronominales cuando el sujeto es de 2ª persona del singular. Va pospuesto y unido al verbo cuando acompaña a un infinitivo, gerundio o imperativo.

TÉ s.m. (chino dialectal *t'e*). Árbol originario de China meridional, que se cultiva en todo el Sudeste asiático por sus hojas perennes y lan-

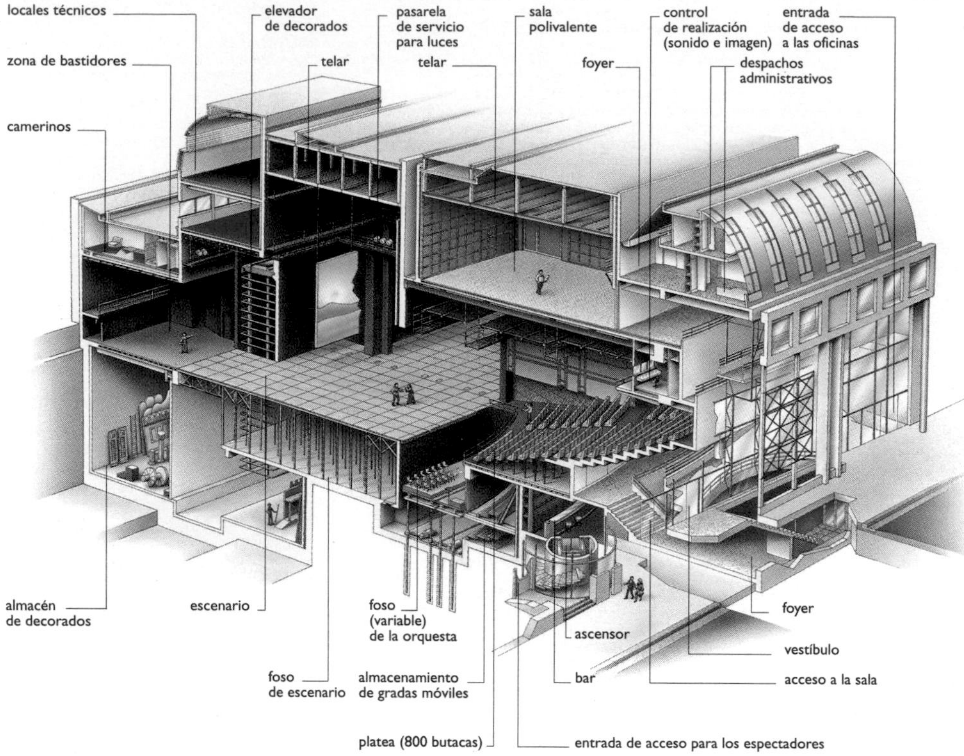

locales técnicos
zona de bastidores
camerinos
elevador
de decorados
telar
pasarela
de servicio
para luces
telar
sala
polivalente
foyer
control
de realización
(sonido e imagen)
entrada
de acceso
a las oficinas
despachos
administrativos

almacén
de decorados
escenario
foso
(variable)
de la orquesta
ascensor
foyer
vestíbulo
acceso a la sala
foso
de escenario
almacenamiento
de gradas móviles
bar
platea (800 butacas)
entrada de acceso para los espectadores

■ **TEATRO.** Sección del Teatro nacional de la Colline de París, compuesto de dos salas polifuncionales de 200 y 800 butacas, respectivamente. Arquitectos: V. Frabre y J. Perrottet, con la colaboración de A. Cattani, N. Napo y M. Raffaelli.

ceoladas, con las que se prepara una infusión. **2.** Hoja de este árbol secada después de su recolección o tras haber sufrido una ligera fermentación. **3.** Infusión que se hace con estas hojas. **4.** Reunión de gente por la tarde para tomar té y pastas. **5.** Nombre de numerosas especies vegetales empleadas en medicina popular: *té de roca; té de Gredos.* ◇ **Té de Paraguay,** o **de los jesuitas,** o **de las misiones** Yerba mate.

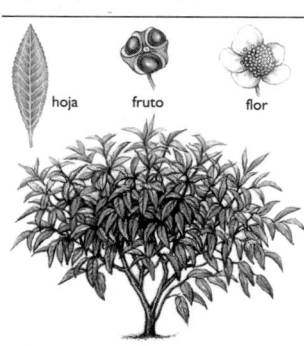

hoja   fruto   flor

■ **TÉ**

TEA s.f. (lat. *teda*). Astilla de madera muy resinosa que se enciende para alumbrar o prender fuego.

TEATINO, A adj. y s.m. Relativo a una congregación de clérigos regulares fundada en Roma en 1524, por Gian Pietro Carafa, futuro Paulo IV, con la intención de reformar las costumbres eclesiásticas; miembro de esta congregación.

TEATRAL adj. Relativo al teatro. **2.** Efectista, exagerado o que intenta llamar la atención.

TEATRALIDAD s.f. Cualidad de teatral.

TEATRALIZAR v.tr. e intr. [7]. Dar carácter teatral.

TEATRO s.m. (lat. *theatrum,* del gr. *théatron,* de *theasthrai,* mirar). Edificio donde se representan obras dramáticas, musicales o de variedades. **2.** Público que asiste a una representación. **3.** Género literario de obras para ser representadas por actores. **4.** Arte de componer obras dramáticas o de representarlas. **5.** Conjunto de obras dramáticas de un autor, época o estilo. **6.** Conjunto de actividades relativas al mundo teatral. **7.** *Fig.* Lugar en que se desarrollan algunas actividades u ocurren sucesos o acontecimientos importantes. ◇ **Hacer,** o **tener, teatro** Actuar de manera efectista, fingida o exagerada. **Teatro de cámara** Teatro de carácter experimental, dedicado especialmente a un público minoritario. **Teatro de operaciones** Sector dotado de unidad geográfica o estratégica, en el que pueden desarrollarse operaciones militares.

TEBAICO, A adj. y s. De Tebas, antigua ciudad de Egipto. ◆ adj. Se dice del compuesto derivado del opio.

TEBAÍNA s.f. Alcaloide tóxico que se extrae del opio.

TEBANO, A adj. y s. De Tebas (Grecia).

TEBEO s.m. (de *TBO,* revista infantil). Esp. Cómic infantil.

1. TECA s.f. (lat. *theca*). Caja pequeña donde se guarda una reliquia. **2.** BOT. Cada una de las dos mitades de la antera completa, formada por dos sacos polínicos, que al llegar a la madurez forman una sola cavidad al desaparecer el tabique divisorio.

2. TECA s.f. (voz de origen tagalo). Árbol de gran tamaño de Asia tropical, que suministra una madera muy apreciada. **2.** Madera de este árbol, dura y que no se pudre.

TECHADO s.m. Techo.

TECHAR v.tr. Poner el techo a una construcción.

TECHNICOLOR s.m. (marca registrada). Procedimiento de cinematografía en color.

TECHNO o **TECNO** s.m. Estilo musical nacido en Detroit en la década de 1980, como una prolongación del house, caracterizado por la utilización de instrumentos electrónicos (sintetizadores, samplers, etc.) y su ritmo repetitivo. ◆ adj. Relativo a este estilo musical.

TECHO s.m. (lat. *tectum*). Parte interior de la cubierta de una habitación, edificio, etc. **2.** Tejado, cubierta de un edificio o construcción. **3.** Cubierta de un vehículo. **4.** Capacidad máxima o punto más alto de algo. **5.** AERON. Altitud máxima que puede alcanzar una aeronave, un misil o un proyectil antiaéreo. **6.** MIN. Terreno que se extiende por encima de una capa o vena mineral. ◇ **Techo de nubes** Base de las nubes bajas. **Techo solar** Mampara sobre el techo de un automóvil, que deja pasar la luz del sol y que puede abrirse para que entre el aire.

TECHUMBRE s.f. Techo, cubierta de un edificio.

TECKEL s.m. Perro de la raza basset, fuerte, de patas cortas y pelo raso y duro o largo.

■ **TECKEL** de pelo largo.

TECLA s.f. Pieza de un instrumento musical situada en la parte exterior del mismo, que se

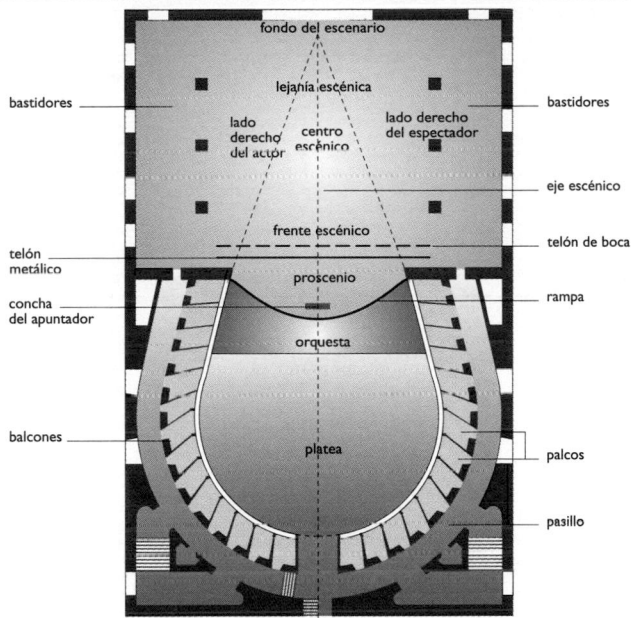

TEATRO. Plano del interior de un teatro a la italiana.

Labels in diagram: fondo del escenario, lejanía escénica, bastidores, lado derecho del actor, centro escénico, lado derecho del espectador, bastidores, eje escénico, frente escénico, telón de boca, telón metálico, proscenio, rampa, concha del apuntador, orquesta, balcones, platea, palcos, pasillo

pulsa con los dedos para producir un sonido. **2.** Pieza de un mecanismo o aparato que se pulsa con los dedos para accionarlo. ◇ **Pulsar,** o **tocar, alguna tecla,** o **teclas** *Fam.* Emplear alguien sus influencias para conseguir algo; manejar los detalles de un asunto que se ha de realizar.

TECLADO s.m. Conjunto de teclas de un instrumento o mecanismo.

TECLEAR v.intr. Pulsar las teclas. **2.** Tamborilear, golpear ligeramente con los dedos sobre una superficie.

TECLISTA s.m. y f. Persona que en un conjunto musical toca un instrumento con teclado. **2.** Persona que trabaja con los teclados de la linotipia, la monotipia o en la fotocomposición.

TECNECIO s.m. Elemento químico artificial (Tc), aislado entre los productos de fisión del uranio, de número atómico 43 y masa atómica 98.

TÉCNICA s.f. Conjunto de procedimientos y métodos de una ciencia, arte, oficio o actividad. **2.** Habilidad en la utilización de dichos procedimientos. **3.** Conjunto de medios y conocimientos para el perfeccionamiento de los sistemas de obtención o elaboración de productos. **4.** Conjunto de aplicaciones prácticas de las ciencias. **5.** *fig.* Sistema para conseguir algo.

TECNICISMO s.m. Cualidad de técnico. **2.** Palabra o expresión propia de una ciencia, arte, oficio o actividad.

TÉCNICO, A adj. (lat. *technicus,* del gr. *tekhnikós,* relativo al arte, técnico). Relativo a la técnica. **2.** Que es propio del lenguaje específico de un arte, una ciencia o un oficio. → s. Persona que posee los conocimientos especiales de una técnica u oficio.

TECNO s.m. → **TECHNO.**

TECNOCRACIA s.f. Gobierno de los tecnócratas.

TECNÓCRATA s.m. y f. y adj. Político o alto funcionario que actúa como especialista o experto en cuestiones técnicas o económicas.

TECNOESTRUCTURA s.f. Grupo de técnicos que controlan y ejercen el poder dentro de las grandes administraciones y las grandes empresas.

TECNOLOGÍA s.f. Conjunto de los conocimientos propios de una técnica. **2.** Conjunto de los instrumentos, procedimientos o recursos técnicos empleados en un determinado sector o producto. ◇ **Tecnologías avanzadas** Medios materiales y organizaciones estructurales que ponen en práctica los descubrimientos y aplicaciones científicas más recientes.

TECNOLÓGICO, A adj. Relativo a la tecnología.

TECO → **CUITLATECA.**

TECOL s.m. Méx. Gusano lepidóptero que ataca el tallo del maguey, reduciéndolo a una sustancia pétrea.

TECOLOTE s.m. Amér. Central y Méx. Búho.

TECOMATE s.m. Guat. y Méx. Planta bignoniácea de aplicaciones medicinales, cuyo fruto comestible, del mismo nombre, tiene una corteza muy dura. **2.** Méx. Recipiente de forma similar a la jícara, hecho de barro o con la corteza del tecomate.

TECPANTLALLI s.m. Conjunto de tierras de la comunidad azteca, cuyo rendimiento se destinaba al sostenimiento del tlatoani.

TECTIBRANQUIO, A adj. y s.m. Relativo a un orden de moluscos gasterópodos marinos que poseen una sola branquia lateral, protegida por un manto.

TECTITA s.f. Vidrio natural, rico en sílice y en alúmina, probablemente de origen cósmico.

TECTÓNICA s.f. Parte de la geología que estudia las deformaciones de la corteza terrestre, por efecto de fuerzas internas, posteriores a su formación; conjunto de estas deformaciones.

TECTÓNICO, A adj. (del gr. *tékton,* obrero, carpintero). Relativo a la tectónica.

TECTRIZ adj. y s.f. BOT. Se dice del órgano que cubre o protege. **2.** ZOOL. Se dice de cada

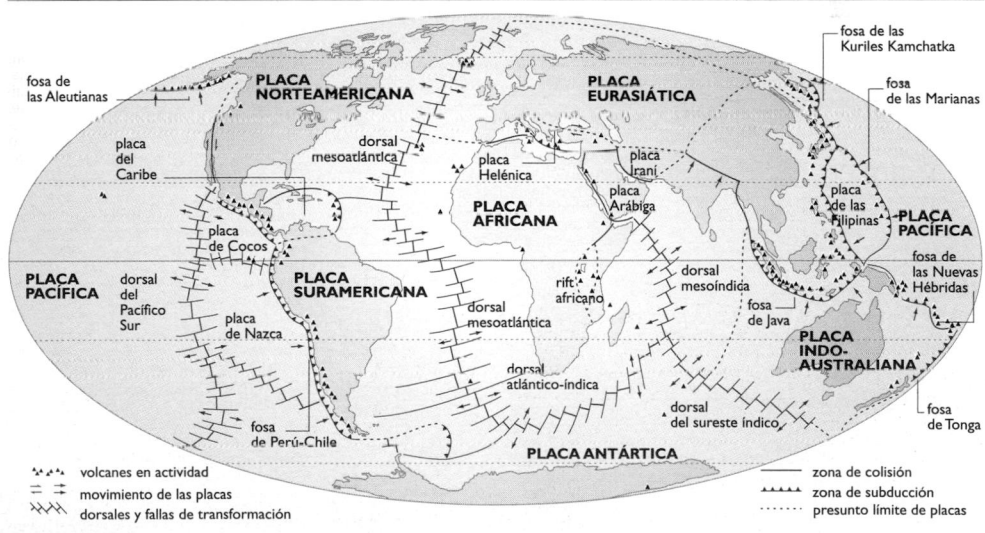

TECTÓNICA de placas. Las placas litosféricas y las grandes estructuras de la litosfera.

una de las plumas que recubren las remeras de las alas de las aves.

TECUHTLALLI s.m. Tierra de los nobles aztecas que, al parecer, era utilizada como establecimiento de refugiados extranjeros, quienes tributaban a su dueño por este usufructo.

TECUHTLI s.m. Indígena azteca que poseía cierto rango dentro de la jerarquía y ejercía funciones como las del juez o supervisor de tributos.

TEDÉUM s.m. Himno de alabanza y de acción de gracias de la Iglesia católica que empieza con las palabras *Te deum laudamus.*

TEDIO s.m. (lat. *taedium,* aversión). Aburrimiento, fastidio, estado de ánimo en que se siente hastío.

TEDIOSO, A adj. Que produce tedio.

TEE-SHIRT s.m. (ingl. *tee shirt*). Camiseta de algodón con mangas cortas.

TEFE s.m. Colomb. y Ecuad. Jirón de tela o piel. **2.** Ecuad. Cicatriz facial.

TEFLÓN s.m. (**marca registrada**). Materia plástica fluorada que es muy resistente al calor y a la corrosión.

TEFRITA s.f. Roca volcánica caracterizada por la asociación de plagioclasa y un feldespatoide.

TEGENARIA s.f. Araña doméstica de entre 10 y 20 mm de long., de abdomen marrón con manchas, que teje una telaraña irregular. (Familia agelénidos.)

■ **TEGENARIA**

TEGUMENTO s.m. (lat. *tegumentum*). ANAT. Piel. **2.** BOT. Tejido que cubre algunas partes de las plantas.

TEGUY s.m. Ave paseriforme, de plumaje pardo oliváceo, que vive en las selvas tropicales de América del Sur. (Familia formicáridos.)

TEHUELCHE, pueblo amerindio pampeano de Argentina, que con los ona constituye el grupo patagón. A mediados del s. XIX. se refugiaron en las zonas más inhóspitas de Tierra del Fuego, y act. están prácticamente extinguidos.

TEÍNA s.f. Alcaloide que se encuentra en el té, químicamente análoga a la cafeína.

TEÍSMO s.m. Doctrina que afirma la existencia de un Dios creador del universo y providente.

TEÍSTA adj. y s.m. y f. Relativo al teísmo; que profesa esta doctrina.

TEJA s.f. (lat. *tegula*). Pieza de barro cocido, generalmente en forma de canal, que se emplea para cubrir el tejado o techo de un edificio. **2.** Sombrero usado por los eclesiásticos. **3.** Dulce de forma semejante a esta pieza de barro cocido. ◇ **A toca teja** Esp. *Fam.* A tocateja. De tejas abajo, o **arriba** *Fam.* En este mundo, o en el mundo sobrenatural. **Teja de alero** La que se usa para la construcción del extremo de un alero. **Teja de caballete** La que se usa para cubrir el caballete o arista superior de un techo o tejado y de las limas salientes.

TEJADO s.m. Esp. Parte superior y exterior de un edificio, que suele estar recubierta por tejas o pizarras. **2.** Esp. Material colocado encima de la armazón de una cubierta y que forma la superficie de la misma. **3.** MIN. Afloramiento que forma la parte alta de los filones metalíferos.

TEJAMANÍ, TEJAMANIL o **TAJAMANIL** s.m. Cuba, Méx. y P. Rico. Tabla delgada que se coloca como teja en el techo o tejado de una casa.

TEJANO, A adj. y s. De Texas. ◆ adj. y s.m. Esp. Se dice de la prenda de vestir, especialmente de los pantalones, confeccionada con tela muy resistente generalmente de color azul, con costuras vistas.

1. TEJAR v.tr. Cubrir de tejas el techo o tejado de un edificio.

2. TEJAR s.m. Lugar donde se fabrican tejas, ladrillos y adobes.

TEJAVÁN s.m. Méx. Construcción rústica de teja y que se usa para proteger el grano, el pasto, etc. SIN.: *tejavana.*

TEJEDOR, RA adj. Que teje. ◆ adj. y s. Chile y Perú. *Fig.* y *fam.* Intrigante, enredador. ◆ s. Persona que tiene por oficio tejer. ◆ s.m. Insecto que corre con mucha agilidad por la superficie del agua. **2.** Ave paseriforme de las regiones cálidas, que recibe este nombre por su habilidad para tejer el nido.

TEJEMANEJE s.m. *Fam.* Actividad intensa o movimiento constante con que se realiza algo. **2.** *Fig.* Intriga, actividad y medios poco honestos o poco claros para conseguir algo.

TEJER v.tr. (lat. *texere*). Formar en el telar la tela con la trama y la urdimbre. **2.** Entrelazar hilos, esparto, etc., para formar trencillas, esteras, etc. **3.** Hacer labor, o una labor de punto, ganchillo, etc. **4.** Formar ciertos animales articulados una tela o capullo con un hilo que fabrican ellos mismos. **5.** *Fig.* Preparar, elaborar una cosa, con cierto orden y poco a poco, a través de diversos razonamientos o actos. **6.** *Fig.* Maquinar, tramar, urdir. **7.** Chile y Perú. Intrigar. ◇ **Tejer y destejer** Cambiar de resolución, haciendo o deshaciendo o adelantando y retrocediendo, en el transcurso de una actividad u operación.

TEJIDO s.m. Manufacturado textil, de estructura laminar flexible, que resulta de tejer o entrecruzar hilos. (Unos, dispuestos en sentido longitudinal, constituyen la *urdimbre;* otros, en perpendicular, la *trama.*) **2.** Textura de una tela. **3.** *Fig.* Cosa formada al entrelazar varios elementos. **4.** HISTOL. Conjunto organizado de células que tienen la misma estructura y la misma función: *tejido óseo.* ◇ **Tejido glial** Tejido conjuntivo íntimamente unido al tejido nervioso, cuya nutrición parece controlar. SIN.: *neuroglia.*

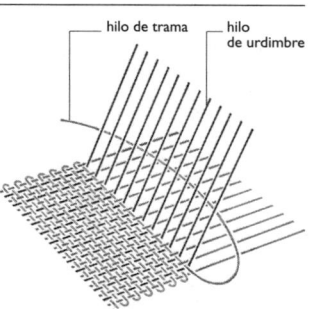

hilo de trama · hilo de urdimbre

■ **TEJIDO.** Detalle de los hilos de urdimbre y de trama de un tejido.

1. TEJO s.m. Plancha metálica circular y gruesa. **2.** Disco hecho de teja, metal, etc., que se usa para lanzarlo en ciertos juegos.

2. TEJO s.m. (lat. *taxus*). Árbol gimnospermo, de follaje persistente y bayas rojas (arilos), que crece en lugares húmedos, sobre terrenos calcáreos, a menudo plantado y tallado con fines ornamentales. (Puede alcanzar una alt. de 15 m y vivir varios cientos de años; sus hojas y yemas son tóxicas.)

TEJOCOTE s.m. Arbusto mexicano, cuyo fruto es parecido a la ciruela y cuyas raíces se usan como diurético. (Familia rosáceas.) **2.** Fruto de este arbusto, de sabor agridulce y color amarillo.

TEJÓN s.m. (lat. tardío *taxo, -onis*). Mamífero plantígrado, omnívoro, de unos 70 cm de long. y 20 kg de peso, que excava madrigueras profundas en la tierra y es común en los bosques de Europa occidental. (Orden carnívoros, familia mustélidos.)

■ **TEJÓN**

TEJONERA s.f. Madriguera del tejón.

TEJÚ s.m. Nombre de diversos saurios americanos, de diferente tamaño. (Familia téjidos.) ◇ **Tejú común** Tejú de color pardo azulado, con manchas amarillas y negras, de hasta 1 m de long., incluida la cola. **Tejú de mancha amarilla** Tejú de grandes dimensiones que tiene dos pliegues característicos en la piel de la garganta.

TEJUELA s.f. Pieza de madera que forma cada uno de los fustes de la silla de montar.

TEJUELO s.m. Cuadrito de cuero, papel u otro material similar que se pega en el lomo o en la tapa de un volumen encuadernado. **2.** Rótulo escrito en este cuadrito. **3.** MEC. Cojinete de soporte de un árbol o eje vertical, que sirve de guía para el movimiento de rotación y de tope para los esfuerzos transversales. **4.** VET. Hueso corto y resistente que sirve de base al casco de las caballerías.

TEKÉ o **BATEKÉ,** pueblo del oeste de la Rep. Dem. del Congo, del sur del Congo y del sudeste de Gabón, de lengua bantú. (Tienen una organización matrilineal y patrilocal. Se organizan en aldeas autónomas, sometidas al consejo de ancianos.)

1. TELA s.f. (lat. *tela,* de *texere,* tejer). Tejido fabricado en un telar. **2.** Capa delgada y flexible, especialmente la que se forma en la superficie de algunos líquidos. **3.** Lienzo o cuadro pintado. **4.** Esp. *Fig.* y *fam.* Materia, asunto por tratar, discutir o estudiar. **5.** MAR. Vela. **6.** TAUROM. Capote. **7.** Película o cobertura membranosa, generalmente delgada y delicada, que recubre determinados frutos u órganos: *tela de la cebolla.* ◇ **Haber tela que cortar** Fam. Haber mucha materia de la que hablar o mucho trabajo del que ocuparse. **Tela asfáltica** Lámina de material impermeabilizante que se coloca en pavimentos para evitar la filtración de humedad. **Tela de araña** Telaraña; ELECTR. bobina arrollada sobre un molde con radios. **Tela de saco,** o **de embalaje** Arpillera, tela de estopa. **Tela metálica** Malla o red de alambre.

2. TELA s.f. (lat. *tela,* pl. de *telum,* dardo). Valla que se construía en justas y torneos para evitar que topasen las monturas de los caballeros que se enfrentaban. ◇ **Poner en tela de juicio algo** Tener dudas acerca de su certeza o éxito; ponerlo bajo riguroso examen.

TELAMÓN s.m. ARQ. Atlante.

TELANGIECTASIA s.f. Dilatación de los vasos capilares, con formación de pequeñas líneas rojas en la piel.

TELAR s.m. Máquina para tejer. **2.** Parte del espesor del vano de una puerta o de una ventana, más próxima al paramento exterior del muro y que forma ángulo recto con él. **3.** Aparato o bastidor en que se disponen los pliegos de los libros para efectuar el cosido manual. **4.** Parte superior del escenario de un teatro,

hojas y frutos

■ **TEJO**

que queda fuera de la vista del público y desde donde se hacen bajar los telones y bambalinas.

TELARAÑA s.f. (del lat. vulg. *tela aranea*, del *aranea*, telaraña).Tela o red que forma la araña con un hilo que segrega ella misma, para capturar presas. **2.** Nube muy ligera. **3.** *Fig.* Defecto en la vista que produce la sensación de tener una nubosidad delante del ojo. ◇ **Mirar las telarañas** *Fam.* Estar distraído y no atender. **Tener telarañas en los ojos** *Fam.* Ser incapaz de juzgar ecuánimemente un asunto, por tener el ánimo ofuscado.

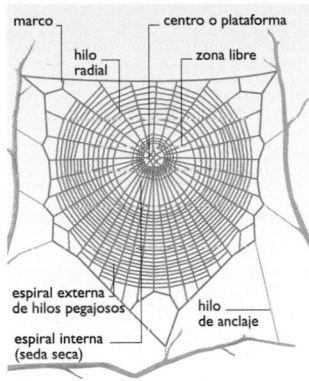

■ **TELARAÑA**

TELE s.f. *Fam.* Televisión.

TELEARRASTRE s.m. Telesquí.

TELECABINA s.f. Teleférico formado por pequeñas cabinas suspendidas de un cable, para transportar personas en intervalos regulares.

TELECINEMATÓGRAFO s.f. Aparato para transformar imágenes y sonidos cinematográficos en señales de televisión. SIN.: *telecinema*.

TELECOMUNICACIÓN s.f. Transmisión a distancia de mensajes hablados, sonidos, imágenes o señales convencionales. (Se usa generalmente en plural.) **2.** Ciencia de la comunicación a distancia.

ENCICL. En menos de un siglo, los medios de telecomunicación se han diversificado mucho. Según el tipo de información transmitida, pueden distinguirse los procesos de telecomunicación del *sonido* (teléfono, radiodifusión), la *imagen* (videografía), la *imagen* y el *sonido* (televisión), *textos* (telégrafo, télex, telecopia, teletexto), *datos informáticos* (teleinformática), etc. Según el modo en que se ponen a disposición de los usuarios, se puede distinguir entre los medios de telecomunicación de sentido único, de un emisor a un receptor (radiodifusión, televisión, radiomensajería...), y los que permiten un diálogo entre dos personas o dos grupos (teléfono), o bien entre, de un lado, una persona o un grupo y, del otro, una máquina que ofrece una batería de servicios (videotex).
El envío de informaciones se lleva a cabo a través de las redes de telecomunicaciones. Estas pueden recurrir a diversos soportes físicos en función del tipo de información que transporten, la rapidez convenida de la transmisión y la distancia que hay que recorrer. La red telefónica, por ej., emplea a la vez cables, fibra óptica, ondas hercianas y, para las comunicaciones intercontinentales, satélites.
Con la interconexión de las telecomunicaciones y la informática, así como con las técnicas digitales, se desarrollan redes multimedia que permiten la transmisión de sonidos, imágenes, textos y datos informáticos a velocidades muy rápidas (autopistas de la información).

TELECONDUCCIÓN s.f. Conducción a distancia de una instalación, en general múltiple, a partir de una base central hacia la cual convergen la información y las telemediciones, y desde donde los telemandos parten hacia máquinas y aparatos.

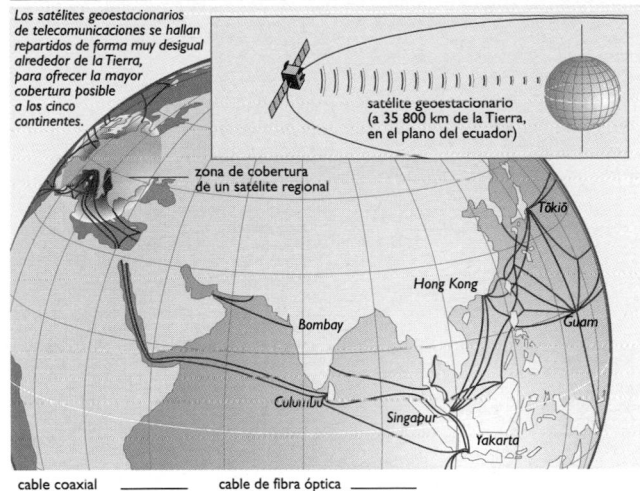

Los satélites geoestacionarios de telecomunicaciones se hallan repartidos de forma muy desigual alrededor de la Tierra, para ofrecer la mayor cobertura posible a los cinco continentes.

satélite geoestacionario (a 35 800 km de la Tierra, en el plano del ecuador)

zona de cobertura de un satélite regional

Tokio
Hong Kong
Guam
Bombay
Columbo
Singapur
Yakarta

cable coaxial _____   cable de fibra óptica _____

■ **TELECOMUNICACIONES** a gran distancia.

TELECONFERENCIA s.f. TELECOM. Conferencia entre varias personas alejadas geográficamente entre sí, establecida mediante un sistema de telecomunicaciones.

TELECOPIA s.f. Sistema de telecomunicación que permite mandar y recibir documentos gráficos por medio de la telefonía.

TELECOPIADORA s.f. Aparato para mandar y recibir documentos gráficos por medio de telecopia.

TELEDETECCIÓN s.f. Detección a distancia de informaciones sobre la superficie de la Tierra o de un planeta, basada en el análisis y tratamiento de imágenes procedentes de aviones, satélites, etc.

■ **TELEDETECCIÓN.** Fotomontaje que muestra el satélite europeo de teledetección por radar ERS I y una de las vistas del sur de Francia obtenidas (abajo, el golfo de León).

TELEDIARIO s.m. Esp. Programa informativo diario de televisión, en que se emiten noticias de actualidad o interés público. SIN.: *informativo*.

TELEDIFUSIÓN s.f. Transmisión de imágenes de televisión por medio de ondas electromagnéticas.

TELEDIRIGIR v.tr. [43]. Controlar o gobernar a distancia un aparato o un vehículo a través de un telecomando.

TELEDISTRIBUCIÓN s.f. Emisión de programas de televisión por medio de una red de cables o fibra óptica.

TELEFACSÍMIL s.m. Fax.

TELEFAX s.m. (marca registrada). Fax.

TELEFÉRICO s.m. Medio de transporte de personas o mercancías, formado por cabinas o asientos suspendidos de uno o más cables, que se utiliza para salvar grandes diferencias de altitud.

■ **TELEFÉRICO.** Telecabina de Bettmeralp (Suiza).

TELEFILM o **TELEFILME** s.m. Película realizada para la televisión.

TELEFIO s.m. (gr. *tyléfhion*, de *Télephos*, rey de Misia). Planta de tallo erguido, hojas carnosas, muy anchas, redondeadas y dentadas, y flores de pétalos blancos o rosados. (Familia crasuláceas.)

TELEFONAZO s.m. *Fam.* Llamada telefónica.

TELEFONEAR v.intr. Llamar por teléfono. ◆ v.tr. Comunicar o transmitir un mensaje por teléfono.

TELEFONÍA s.f. Sistema de telecomunicación que permite transmitir sonidos por medios eléctricos o electromagnéticos. ◇ **Telefonía celular,** o **móvil** Sistema de radiocomunicación que funciona en una zona dividida en células adyacentes, cada una de las cuales contiene una estación de transmisión-recepción radioeléctrica. **Telefonía sin hilos** Radiotelefonía.

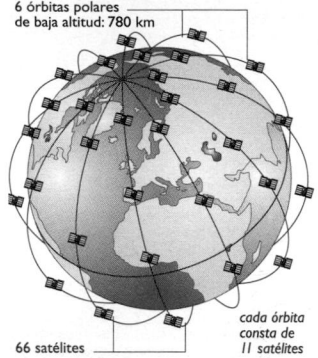

6 órbitas polares
de baja altitud: 780 km

cada órbita
consta de
11 satélites

66 satélites

■ **TELEFONÍA.** Constelación de satélites de la red mundial Iridium de telefonía celular (66 satélites repartidos en seis órbitas polares circulares a 780 km de altitud).

TELEFÓNICO, A adj. Relativo al teléfono o a la telefonía.

TELEFONISTA s.m. y f. Persona que tiene por oficio atender las llamadas telefónicas en una centralita o establecer las comunicaciones telefónicas que no son automáticas en una central telefónica.

TELÉFONO s.m. (del gr. *tele,* lejos, y *phonein,* hablar). Telefonía, sistema de comunicación. **2.** Aparato para establecer comunicación telefónica. **3.** Número que corresponde a este aparato.

TELEFONOMETRÍA s.f. Técnica de mediciones electroacústicas objetivas y de mediciones subjetivas de la voz y el oído que sirven para evaluar la calidad de un sistema telefónico y para definir las condiciones aceptables de audición en una comunicación telefónica.

TELEFOTOGRAFÍA s.f. Técnica de tomar fotografías de personas u objetos lejanos mediante el teleobjetivo. **2.** Fotografía obtenida a través de esta técnica.

TELEGÉNICO, A adj. Que resulta favorecido al aparecer en televisión.

TELEGRAFÍA s.f. Sistema de telecomunicación que permite la transmisión de mensajes escritos por medio de impulsos eléctricos y utilizando un código de señales preestablecido. ◇ **Telegrafía sin hilos** (TSH) Transmisión

de mensajes por medio de ondas electromagnéticas. SIN.: *radiotelegrafía.*

TELEGRAFIAR v.tr. [19]. Transmitir por medio del telégrafo.

TELEGRÁFICO, A adj. Relativo al telégrafo o a la telegrafía.

TELÉGRAFO s.m. (del gr. *tele,* lejos, y *gráphein,* escribir). Telegrafía, sistema de comunicación. **2.** Aparato para establecer comunicación telegráfica. ◆ **telégrafos** s.m.pl. Administración de la que depende dicho sistema de comunicación. **2.** Edificio o local destinado a este servicio.

TELEGRAMA s.m. Mensaje transmitido a través del telégrafo. **2.** Impreso en que se escrito este mensaje y que se entrega al destinatario.

TELEIMPRESOR s.m. y adj. Aparato telegráfico con un teclado alfanumérico que sirve para transmitir mensajes escritos. **2.** Mensaje transmitido con este aparato. SIN.: *teletipo.*

TELEINFORMÁTICA s.f. Informática que hace uso de los medios de telecomunicación.

TELEKINESIA s.f. → TELEQUINESIA.

TELELE s.m. *Fam.* Patatús, soponcio.

TELEMANDO s.m. Puesta en marcha de un aparato o mecanismo a distancia. **2.** Control remoto o mando a distancia.

TELEMARK s.m. En esquí, viraje que se ejecuta en una pendiente suave o al final de una pista.

TELEMARKETING s.m. Uso de los medios de telecomunicación al servicio del marketing.

TELEMÁTICA s.f. Conjunto de técnicas y servicios que asocian la telecomunicación y la informática.

TELEMETRÍA s.f. Medición de distancias por procedimientos acústicos, ópticos o radioeléctricos, o por reflexión de un rayo láser.

TELÉMETRO s.m. Aparato de telemetría.

TELENCÉFALO s.m. Estructura nerviosa del embrión, a partir de la cual se diferencian los hemisferios cerebrales.

TELENOVELA s.f. Programa de televisión con una estructura narrativa y un argumento dramático, que se emite por capítulos.

TELENQUE adj. Chile. Enteco y enfermizo.

TELEOBJETIVO s.m. Objetivo fotográfico de distancia focal larga, capaz de dar una imagen grande de un objeto lejano sin necesidad de ser muy amplia la distancia entre el objetivo y el plano de la película sensible.

TELEOLOGÍA s.f. (del gr. *télos, -eos* fin, y *lógos,* doctrina). FILOS. Creencia en la existencia de un fin o causa final de la estructura del mundo, la actuación del ser humano, etc. **2.** Estudio de las causas finales.

TELEÓSTEO, A adj. y s.m. Relativo a un superorden de peces óseos con boca terminal, branquias recubiertas por opérculos, escamas lisas y aleta caudal con dos lóbulos iguales o sin ninguno.

TELÉPATA adj. y s.m. y f. Que practica la telepatía.

TELEPATÍA s.f. (del gr. *tele,* lejos, y *pathein,* sentir). Fenómeno que consiste en la transmisión de sensaciones y pensamientos entre dos o más sujetos, sin que exista comunicación a través de los sentidos conocidos.

TELEPOSTAL adj. Argent. Perteneciente o relativo al correo.

TELEPROCESO s.m. INFORMÁT. Sistema de procesamiento de los datos suministrados a una computadora a distancia por medio de la telefonía, telegrafía, etc.

TELEPROMPTER s.m. Pantalla usada en los platós de televisión, en la que aparece el texto que el presentador, colaborador, etc., han de leer frente a la cámara.

TELEPUERTO s.m. Centro de emisión y recepción de comunicaciones.

TELEPUNTERÍA s.f. Dispositivo que sirve para apuntar a distancia las piezas de artillería de un navío de guerra desde un puesto central de tiro.

TELEQUINESIA o **TELEKINESIA** s.f. En parapsicología, fenómeno que consiste en el desplazamiento de objetos sin intervención de una fuerza o energía observables.

1. TELERA s.f. Pieza que hace de travesaño en algunos instrumentos o utensilios.

2. TELERA s.f. Cuba. Galleta rectangular y delgada. **2.** Méx. Pan blanco, grande, de forma ovalada, con dos hendiduras paralelas a lo largo.

TELERRADAR s.m. Empleo combinado del radar y de la televisión.

TELERRADIOGRAFÍA s.f. Radiografía que se practica colocando la lámpara de rayos X lejos del sujeto (de 2 a 3 m), para suprimir la deformación cónica de la imagen.

TELESCÓPICO, A adj. Relativo al telescopio: *imagen telescópica.* **2.** Que solo se puede ver con un telescopio. **3.** Se dice del aparato, instrumento, etc., formado por dos tubos de diámetro distinto, de manera que el de diámetro menor puede introducirse en el interior del otro.

TELESCOPIO s.m. (del gr. *tele,* lejos, y *skopein,* observar). Instrumento óptico para observar objetos muy alejados, utilizado en astronomía. ◇ **Telescopio electrónico** Cámara electrónica. **Telescopio espacial** Telescopio que opera en el espacio orbitando en torno a la Tierra.

TELESILLA s.m. Teleférico formado por asientos individuales suspendidos de un cable y repartidos en intervalos regulares, que sirve para transportar personas a un lugar elevado.

TELESPECTADOR, RA s. Persona que mira la televisión. SIN.: *televidente.*

TELESQUÍ s.m. (pl. *telesquís* o *telesquíes*). Medio de transporte formado por un cable de tracción del que penden ganchos con un asiento, en que los esquiadores son arrastrados sobre sus esquís hasta la cima de la pista. SIN.: *telearrastre.*

TELETAC s.m. Sistema automático de pago del peaje en las autopistas que consiste en la lectura a distancia de una banda magnética.

TELETECA s.f. Lugar donde se conservan y clasifican los documentos de archivo de televisión. **2.** Colección de estos documentos de archivo.

TELETEX s.m. Servicio telemático para la transmisión de textos, que ofrece posibilidades suplementarias en relación con el servicio télex, en particular las prestaciones caracterís-

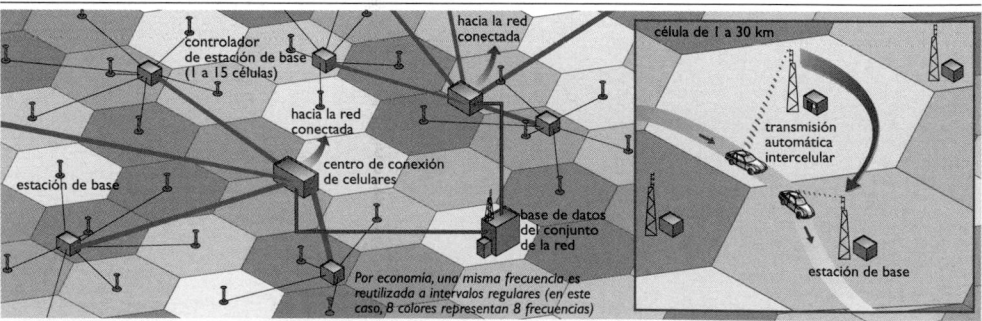

■ **TELEFONÍA.** Estructura de una red de telefonía celular.

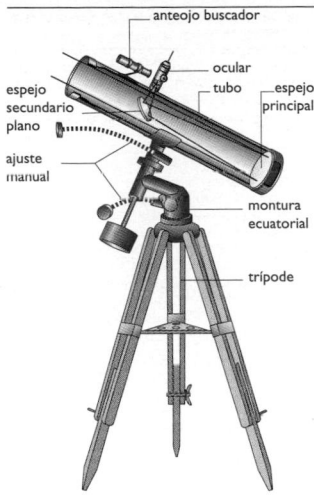

telescopio de Newton

telescopio de Schmidt-Cassegrain

■ **TELESCOPIO.** Dos modelos de telescopio de montura ecuatorial para aficionado.

ticas de las máquinas de escribir y las posibilidades del tratamiento de textos a distancia.

TELETEXTO s.m. Sistema de videografía en el que las informaciones se difunden empleando los medios de transmisión de la televisión destinado al público, y que permite al usuario recibir los mensajes y efectuar una selección.

TELETIPO s.m. (marca registrada). Teleimpresor.

TELETOXIA s.f. Intoxicación de determinados seres vivos por un producto tóxico difundido en el medio ambiente (agua, aire o suelo) a partir de un ser vivo de otra especie.

TELETRABAJO s.m. Forma de trabajo en la que el trabajador utiliza, desde su domicilio, herramientas informáticas y de telecomunicación para comunicar con su empresa.

TELEUTÓSPORA s.f. Teliospora.

TELEVENTA s.f. Venta, por pedido telefónico, de artículos presentados en la televisión.

TELEVISAR v.tr. Transmitir por televisión.

TELEVISIÓN s.f. Sistema de transmisión de imágenes y sonidos por cable o por ondas ra-

dioeléctricas. **2.** Conjunto de medios y personas que aseguran la transmisión de programas, reportajes, etc., por medio de este sistema. **3.** Televisor. ⋄ **Televisión por cable** Teledistribución.
ENCICL. Para transmitir una imagen de televisión, esta se convierte, en la emisión, en señales eléctricas proporcionales al brillo de cada uno de sus puntos. En la recepción, se lleva a cabo la conversión inversa. Las señales transmitidas, después de su amplificación y modulación, restablecen no solo la variación de brillo de cada punto en función del tiempo (señal de vídeo) sino también la posición de cada uno de ellos en el plano de la imagen (sincronización). Los puntos se disponen en líneas sucesivas para formar la imagen gracias a las señales de sincronización. Para conseguir el movimiento, se transmiten 25 o 30 imágenes por segundo. A fin de evitar el parpadeo, cada imagen es producto del entrelazado de dos tramas, una correspondiente a las líneas pares y otra a las impares. El sonido correspondiente se transmite, en modulación de amplitud o de frecuencia, por un medio diferente al que asegura la transmisión de las imágenes. El número de puntos de una línea determina la *definición horizontal;* el número de líneas de una imagen (525 o 625, según el país) proporciona la *definición vertical.* En la televisión en color se transmite, para cada elemento de la imagen, tres señales correspondientes a los colores fundamentales (azul, rojo y verde). Las investigaciones para mejorar la calidad de las imágenes han llevado a la *televisión de alta definición* (TVHD), en la que las imágenes se componen de más de 1 000 líneas y tienen un formato perfectamente adaptado a la difusión de films (relación anchura/altura de 16/9), al contrario de las de los sistemas clásicos (relación anchura/altura de 4/3).

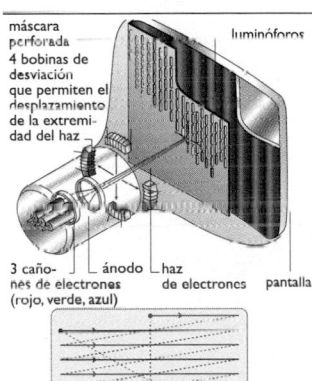

Principio del barrido: en azul, barrido de las líneas pares; en rojo, barrido de las líneas impares. En total 525, 625 o más de mil líneas en la TVAD.

■ **TELEVISIÓN.** Funcionamiento de una pantalla catódica de televisión en color (arriba) y principio de reconstrucción de la imagen por barrido (abajo).

TELEVISIVO, A adj. Relativo a la televisión: *cobertura televisiva.* **2.** Adecuado o apto para ser televisado.

TELEVISOR s.m. Aparato receptor de televisión.

TÉLEX s.m. (acrónimo del ingl. *teleprinter exchange,* intercambio entre teleimpresores) [pl. *télex*]. Servicio telegráfico con conexión directa entre los usuarios por medio de teleimpresores.

TELILLA s.f. Tela, nata de ciertos líquidos. **2.** Tela poco tupida.

TELIÓSPORA s.f. Espora tardía, capaz de resistir un largo tiempo y de germinar sobre el

suelo en el próximo período vegetativo. SIN.: *teleutóspora.*

TELL s.m. ARQUEOL. En el Próximo Oriente, colina artificial formada por las ruinas superpuestas de una antigua ciudad. **2.** GEOGR. En Argelia y Tunicia, conjunto de regiones costeras donde los cultivos son teóricamente posibles sin la ayuda del riego.

TELOFASE s.f. BIOL. Última fase de la mitosis celular, en la que se constituyen los núcleos de las células hijas y se forma una nueva membrana.

TELOLECITO, A adj. y s.m. BIOL. Se dice del huevo que tiene gran cantidad de vitelo nutritivo (cefalópodos, peces, reptiles, aves).

TELÓN s.m. (ital. *telone*). Lienzo grande que se pone en el escenario de un teatro y que se desliza vertical u horizontalmente. ⋄ **Pase de telón** En tauromaquia, pase por alto, dado con la muleta totalmente desplegada. **Telón de acero** Nombre con que se designó, a partir de los años de la guerra fría y hasta 1989, a la frontera que separaba los países denominados occidentales y los países socialistas del E de Europa y URSS. **Telón de boca** El que sirve para ocultar la escena y que suele estar cerrado antes y después de la función y en los entreactos. **Telón de fondo, o de foro** El que se coloca como parte de la decoración y suele estar pintado.

TELONEO s.m. HIST. Impuesto indirecto que gravaba el tránsito y venta de mercancías.

TELONERO, A adj. y s. En un espectáculo, se dice del cantante o del grupo de música que intervienen antes que el cantante o el grupo de música principales.

TELPOCHCALLI s.m. (voz náhuatl). En el México prehispánico, lugar donde los niños recibían instrucción militar, cultural y religiosa.

TELSON s.m. ZOOL. Último anillo del abdomen de los artrópodos.

TELUGU s.m. Lengua drávida hablada en el estado Indio de Andhra Pradesh por los telugus, pueblo melanohindú de la India oriental.

TELURHÍDRICO, A adj. Se dice del ácido H_2Te, gas incoloro y tóxico.

TELÚRICO, A adj. (del lat. *tellus, -uris,* tierra). Relativo a la Tierra. **2.** Sísmico: *movimientos telúricos.* **3.** QUÍM. Se dice del anhídrido TeO_3 y del ácido correspondiente. ⋄ **Planeta telúrico** Planeta denso y pequeño, cuyo prototipo es la Tierra. (También lo son Mercurio, Venus y Marte.)

TELURIO o **TELURO** s.m. No metal, de color blanco azulado, de densidad 6,2, cuyo punto de fusión es de 449,5 °C. **2.** Elemento químico (Te), de número atómico 52 y masa atómica 127,60.

TELURÓMETRO s.m. Aparato radioeléctrico para calcular distancias entre puntos visibles de la Tierra.

TELUROSO, A adj. Se dice del anhídrido TeO_2 y del ácido correspondiente.

TEMA s.m. (lat. *thema, -atis,* del gr. *théma*). Asunto o materia del que trata un libro, conversación, obra artística, conferencia, etc. **2.** Parte de un manual, libro, etc., que forma una unidad dependiente. **3.** Idea que se alguien se obstina: *cada loco con su tema.* **4.** HIST. Circunscripción militar y administrativa del Imperio bizantino. **5.** LING. Parte de una palabra que sirve de base a una declinación o a una conjugación, constituida por la raíz y uno o varios determinativos. **6.** MÚS. Idea musical, formada por una melodía o fragmento melódico, que sirve de base a una composición musical; canción o composición musical. ⋄ **Tema celeste** ASTRON. Figura celeste, representación de los astros en un momento determinado.

TEMALACATL s.m. (voz náhuatl). En el México prehispánico, piedra redonda, con la imagen del Sol y otros símbolos celestes, sobre la que se sujetaba a la víctima en algunos sacrificios.

TEMARIO s.m. Conjunto de temas propuestos para su estudio o discusión.

TEMÁTICA s.f. Conjunto de temas que se dan en una obra, movimiento literario, autor, etc.

TEMÁTICO, A adj. Relativo a un tema literario, artístico, musical, etc. **2.** LING. Relativo al tema de las palabras. **3.** MÚS. Que tiene relación con temas musicales.

TEMATIZAR v.tr. [7]. Convertir un asunto en el tema central o principal de algo.

TEMAZCAL s.m. (náhuatl *temazcalli*, de *tema*, bañarse y *calli*, cosa). En el México prehispánico, construcción de piedra y argamasa en la que se tomaban baños de vapor, especialmente las mujeres embarazadas.

TEMBLADERA s.f. *Fam.* Temblor. SIN.: *tembleque*. **2.** Planta herbácea de hojas lampiñas y estrechas, con panoja terminal de la que cuelgan unas espigas aovadas. (Familia gramíneas.)

TEMBLAR v.intr. (lat. vulg. *tremulare*) [10]. Agitarse, moverse con movimientos cortos, rápidos, involuntarios y reiterados: *las hojas tiemblan en el árbol; temblar de frío.* **2.** *Fig.* Tener mucho miedo o estar asustado. **3.** *Fig.* Emitirse un sonido de manera entrecortada: *temblar la voz.* **4.** Méx. Ocurrir un terremoto. ◇ **Dejar temblando algo** *Fam.* Gastar la mayor parte de ello o dejarlo en situación precaria.

TEMBLEQUE s.m. *Fam.* Temblor. SIN.: *tembladera.*

TEMBLEQUEAR v.intr. *Fam.* Temblar.

TEMBLÓN, NA adj. *Fam.* Que tiembla continua o fácilmente.

TEMBLOR s.m. Acción de temblar. **2.** Agitación motora involuntaria, continuada y repetida, del cuerpo o de una de sus partes. ◇ **Temblor de tierra** Sismo.

TEMER v.intr. (lat. *timere*). Sentir temor. ◆ v.tr. Recelar de algo, sospechar: *temo que va a llover.*

TEMERARIO, A adj. (lat. *temerarius*). Atrevido, imprudente, expuesto a peligros. **2.** Que se dice, hace o piensa sin fundamento o conocimiento de causa: *juicio temerario.*

TEMERIDAD s.f. (lat. *temeritas, -atis*). Cualidad de temerario. **2.** Acción temeraria.

TEMEROSO, A adj. Que siente temor de recibir algún daño. **2.** Temible.

TEMIBLE adj. Capaz de causar temor.

TEMNÉ o **TIMNÉ**, pueblo de Sierra Leona, vinculado al grupo atlántico occidental.

TEMOR s.m. (lat. *timor, -oris*). Miedo, sentimiento de inquietud, de incertidumbre. **2.** Recelo, sospecha, aprensión hacia algo. ◇ **Temor de Dios** Miedo reverencial y respetuoso ante Dios.

TÉMPANO s.m. (lat. *tympanum*, pandero, del gr. *týmpanon*, tambor, pandero). Plancha flotante de hielo. ◇ **Quedarse como un témpano** *Fam.* Quedarse aterido de frío.

TEMPATE s.m. C. Rica y Hond. Piñón.

TEMPERADO, A adj. Templado.

TEMPERAMENTAL adj. Relativo al temperamento. **2.** Que tiene reacciones impulsivas y frecuentes cambios de estado de ánimo o humor.

TEMPERAMENTO s.m. Conjunto de caracteres físicos y psíquicos de una persona que determinan su comportamiento: *temperamento violento.* **2.** *Fig.* Vitalidad, vivacidad: *juventud llena de temperamento.* **3.** Capacidad expresiva vigorosa de un artista, autor, etc.: *un pianista con temperamento.* **4.** MÚS. Afinación practicada en determinados instrumentos, dividiendo la octava en doce semitonos iguales. **b.** Sistema musical que divide la octava en un número determinado de notas (*temperamento desigual, temperamento igual*).

TEMPERANCIA s.f. Templanza.

TEMPERANTE adj. Que tempera. **2.** Amér. Merid. Abstemio.

TEMPERAR v.tr. y prnl. Atemperar, templar. ◆ v.intr. Amér. Central, Colomb., P. Rico y Venez. Cambiar de clima una persona por razones de salud o de placer.

TEMPERATURA s.f. Magnitud física que caracteriza de manera objetiva la sensación subjetiva de calor o frío producida por el contacto de un cuerpo. **2.** Grado o nivel térmico de la atmósfera. **3.** Fiebre. ◇ **Temperatura absoluta** Magnitud definida por consideraciones teóricas de la termodinámica o de la mecánica estadística, prácticamente igual a la temperatura centesimal aumentada en 273,15 grados.

TEMPERO s.m. (del lat. *temperies*, temperatura). Estado adecuado de la tierra para plantar y sembrar, adquirido con la lluvia.

TEMPESTAD s.f. (lat. *tempestas, -atis*). Perturbación intensa de la atmósfera que se manifiesta con viento, lluvia, nieve o pedrisco y sobre todo relámpagos y truenos. **2.** Agitación violenta del agua del mar, causada por el ímpetu y fuerza del viento. **3.** *Fig.* Acción impetuosa, agitación súbita y violenta del ánimo. ◇ **Tempestad magnética** Perturbación magnética acusada por oscilaciones irregulares y súbitas de las agujas imanadas, en una extensa zona.

TEMPESTUOSO, A adj. Que amenaza o produce tempestad: *tiempo tempestuoso.* **2.** *Fig.* Tenso, que amenaza una situación violenta; agitado, violento: *reunión tempestuosa.*

TEMPLABILIDAD s.f. Aptitud de una aleación para adquirir temple o endurecimiento más o menos profundo.

TEMPLADO, A adj. Que no es o no está frío ni caliente: *clima templado.* **2.** Que actúa con moderación. **3.** *Fig.* y *fam.* Sereno o que tiene entereza: *carácter templado.* ◆ s.m. Mezcla del azúcar con melaza, para hacer pasar a esta las impurezas superficiales de los cristales de azúcar en suspensión. **2.** Mezcla de malta molida con agua caliente en la cuba mezcladora.

TEMPLADOR, RA adj. y s. Que templa. ◆ s.m. Llave para afinar instrumentos de cuerda. **2.** Instrumento para regular la tensión de alambres, cables, etc.

TEMPLANZA s.f. Moderación. **2.** Benignidad del clima o la temperatura. **3.** Armonía de los colores. **4.** REL. Virtud cardinal que consiste en moderar los apetitos y los placeres de los sentidos.

TEMPLAR v.tr. (lat. *temperare*). Moderar o suavizar la fuerza o violencia de algo: *templar la tormenta; templar los ánimos.* **2.** Enfriar sumergiendo en un líquido un material calentado por encima de determinada temperatura. **3.** Apretar, atirantar: *templar un muelle.* **4.** Armonizar los colores. **5.** MAR. Adaptar las velas a la fuerza del viento. **6.** MÚS. Afinar un instrumento. **7.** TAUROM. Adecuar el movimiento del capote o de la muleta a la violencia, velocidad, etc., de la embestida del toro. ◆ v.tr. y prnl. Poner templado algo. ◆ v.intr. Ponerse templado el tiempo. ◆ **templarse** v.prnl. *Fig.* Moderarse en la comida, bebida o satisfacción. **2.** Amér. Merid. Enamorarse.

TEMPLARIO s.m. Caballero de la orden militar del Temple.

TEMPLE s.m. Acción y efecto de templar metal, vidrio, etc. **2.** *Fig.* Humor, estado del ánimo de alguien: *estar de buen o mal temple.* **3.** *Fig.* Fortaleza, valentía y serenidad para afrontar dificultades y riesgos: *persona de temple.* **4.** Tratamiento térmico para lograr, mediante el enfriamiento rápido de un producto metalúrgico, que este mantenga, a la temperatura ambiente, la misma estructura cristalina que tenía en caliente o una estructura intermedia. **5.** Disposición y acuerdo armónico de los instrumentos musicales. **6.** Pintura para muros, bóvedas, etc., preparada mezclando el pigmento con cola u otra materia glutinosa caliente; también técnica en que se emplea esta pintura. **7.** Obra pictórica realizada con esta pintura. **8.** Temperatura o estado de la atmósfera.

TEMPLETE s.m. Construcción pequeña formada por un techo o cúpula sostenidos por columnas, que suele usarse para cobijar una estatua y puede formar parte de un altar, mueble, etc.

TEMPLO s.m. (lat. *templum*). Edificio destinado al culto religioso, a menudo construido en honor de una divinidad. **2.** *Fig.* Lugar donde se rinde culto a algo espiritual.

TEMPO s.m. (voz italiana). MÚS. **a.** Velocidad con que se ejecuta una composición. **b.** Notación de los diferentes movimientos de un fragmento interpretado, cuando dichos movimientos han sufrido una aceleración o moderación de tipo accidental.

TÉMPORA s.f. (lat. *tempora*, pl. de *tempus*, tiempo). REL. Tiempo de ayuno en el comienzo de cada una de las estaciones del año. (Suele usarse en plural.)

TEMPORADA s.f. Espacio de tiempo de varios días o meses que forman un conjunto. **2.** Período durante el que se realiza una actividad, manifestación artística, deportiva, etc.: *temporada de ópera.* ◇ **De temporada** Que solo se da durante un cierto período.

1. TEMPORAL adj. Relativo al tiempo, dimensión física. **2.** Que no es duradero ni permanente, que dura solo cierto tiempo: *trabajo temporal.* **3.** Secular, profano, no religioso. ◆ s.m. Tempestad fuerte; viento violento. ◇ **Capear el temporal** *Fam.* Aguantar una embarcación un temporal con maniobras adecuadas; salir de una situación crítica o difícil.

2. TEMPORAL adj. (lat. *temporalis*, de *tempus, -oris*, sien). Relativo a las sienes. ◆ adj. y s.m. Se dice del hueso del cráneo situado en la región de la sien, entre el occipital y el esfenoides, y debajo del parietal. ◇ **Lóbulo temporal del cerebro** ANAT. Parte media e inferior de cada uno de los dos hemisferios cerebrales, que tiene una función importante en la integración de las sensaciones auditivas y en el lenguaje. **Síndrome temporal** Conjunto de síntomas característicos de una lesión del lóbulo temporal.

TEMPORALIDAD s.f. Cualidad de temporal. ◆ **temporalidades** s.f.pl. Retribuciones que los eclesiásticos perciben por ejercer su función.

TEMPORALIZAR v.tr. [7]. Convertir lo eterno o espiritual en temporal, o tratarlo como tal.

TEMPORERA s.f. Canción popular andaluza, refundida dentro de ciertas fórmulas flamencas propias de los fandangos levantinos.

TEMPORERO, A adj. y s. Se dice de la persona que realiza un trabajo u oficio temporalmente.

TEMPORIZACIÓN s.f. Técnica del control del tiempo operatorio o duración de una operación industrial.

TEMPORIZADOR s.m. Dispositivo eléctrico que regula el tiempo entre el principio y el fin del funcionamiento de una máquina, aparato, etc.

TEMPORIZAR v.intr. [7]. Contemporizar. **2.** Ocuparse en algo por mero pasatiempo.

TEMPRANERO, A adj. Que se produce antes del tiempo normal para ello: *fruto tempranero.* **2.** Que se levanta más pronto de lo acostumbrado o que hace las cosas anticipadamente.

TEMPRANILLA adj. y s.f. Se dice de la uva temprana.

TEMPRANILLO s.f. Variedad de uva que produce vino tinto.

TEMPRANO, A adj. (lat. vulg. *temporanus*). Que ocurre, se realiza o se manifiesta pronto o en tiempo anterior al señalado o esperado. **2.** Se dice del fruto que madura antes de lo habitual; planta de fruto temprano. ◆ adv.t. A primera hora del día o de la noche. **2.** Pronto, antes de lo acostumbrado o de lo corriente.

TEMPURA s.m. o f. (voz japonesa). Preparación culinaria típica de la cocina japonesa en que se rebozan los alimentos con una fina masa de harina y se fríen en aceite: *tempura de pescado, de verduras, de marisco.*

TEMU s.m. Chile. Planta mirtácea.

TEN. Ten con ten Tacto o moderación al tratar a alguien o al llevar algún asunto.

TENACIDAD s.f. Cualidad de tenaz.

TENACILLAS s.f.pl. Instrumento con forma de tenaza pequeña, que tiene diferentes usos.

TENAR adj. Se dice de la zona situada en la base del pulgar de la mano. ◇ **Eminencia tenar** ANAT. Saliente del lado externo de la palma de la mano.

TENAZ adj. (lat. *tenax, -acis*). Persistente, adherido con fuerza, difícil de quitar: *un dolor tenaz.* **2.** *Fig.* Firme, perseverante: *hombre tenaz.* **3.** TECNOL. Que se opone mucha resistencia a romperse o deformarse: *metal tenaz.*

TENAZA s.f. (lat. hisp. *tenaces*). Herramienta para sujetar, arrancar o cortar objetos, compuesto de dos piezas cruzadas, móviles y articuladas, que terminan en un filo. (Suele usarse en plural.) **2.** Instrumento quirúrgico para fragmentar huesos. ◇ **No poder sacar ni con tenazas** algo a alguien No conseguir qué o diga algo. **Tenazas de fijación**

TECNOL. Portaherramientas para la sujeción de fresas con vástago cilíndrico. **Tenazas de fontanero** Esp. Herramienta que se emplea para doblar cañerías. **Tenazas de suspensión** Accesorio de aparatos de elevación y transporte que permite izar y trasladar uno o varios objetos o materiales.

TENCA s.f. (lat. tardío *tinca*). Ciprínido comestible de agua dulce, de unos 35 cm de long., que vive en los fondos cenagosos y tranquilos con abundante vegetación. **2.** Argent. y Chile. Ave similar a la alondra. **3.** Chile. Mentira, engaño.

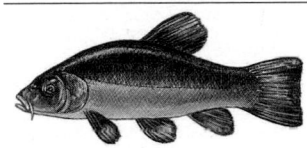

■ **TENCA**

TENDAJÓN s.m. Méx. Tienda pequeña.

TENDAL s.m. Amér. Lugar soleado donde se coloca el café y otros granos para secarlos. **2.** Argent., Chile y Urug. Fam. Conjunto de personas o cosas que, por causa violenta, han quedado tendidas en el suelo. **3.** Chile. Tienda ambulante, puesto. **4.** Ecuad. Barbacoa usada para asolear el cacao.

TENDALADA s.f. Amér. Fam. Conjunto de cosas o personas tendidas en el suelo de manera desordenada.

TENDEDERO s.m. Lugar o conjunto de cuerdas o alambres donde se tiende algo: *tendedero de ropa.* SIN.: *tendedor.*

TENDENCIA s.f. Inclinación o disposición natural de una persona hacia una cosa determinada: *tendencia a engordar; tendencia depresiva.* **2.** Idea política, filosófica, religiosa o artística orientada en una dirección o finalidad. **3.** Acción, fuerza por la que un cuerpo se mueve hacia otro o hacia algo. **4.** ECON. Evolución a largo plazo de una determinada variable o a la que subyacente a sus fluctuaciones cíclicas. ◇ **Tendencia general** ESTADÍST. Movimiento de larga duración, continuo o lento, que representa la evolución normal de un fenómeno.

TENDENCIOSO, A adj. Que presenta algo parcialmente y manifiesta tendencia a un fin determinado.

TENDENTE adj. Que tiende a un fin.

TENDER v.tr. (lat. *tendere*) [29]. Extender lo que estaba doblado, arrugado, etc., horizontalmente. **2.** Colgar la ropa mojada para que se seque. **3.** Colocar, suspender o construir algo desde un lugar a otro: *tender una red telegráfica; tender un puente.* **4.** Alargar algo aproximándolo hacia alguien o algo. **5.** Fig. Tener una inclinación, tendencia física o espiritual hacia algo o alguien: *las plantas tienden hacia la luz; tendía a estar solo.* **6.** Tener una cualidad o característica no bien definida pero sí aproximada a otra de la misma naturaleza: *color que tiende a rojo.* ◆ v.tr. y prnl. Colocar a alguien o algo horizontalmente sobre una superficie: *lo tendieron sobre la camilla; se tendió en la cama.* ◇ **Tender la cama** Méx. Arreglarla, poner las sábanas y las mantas. **Tender la mano** Dar ayuda a alguien. **Tender la mesa** Amér. Poner las cosas necesarias en la mesa para comer, poner la mesa. **Tender un cable** Fam. Ayudar a alguien.

TÉNDER s.m. (ingl. *tender*). Vehículo que, acoplado a la locomotora, lleva el combustible y el agua necesarios para la alimentación de la máquina.

TENDERETE s.m. Puesto de venta callejero donde se tiene toda la mercancía expuesta a la vista de los clientes.

TENDERO, A s. Persona que posee una tienda, especialmente de comestibles, o que trabaja en ella.

TENDIDO, A adj. BOT. Que crece paralelamente al suelo. **2.** HERÁLD. Se dice del delfín

cuya cabeza y cola se dirigen hacia la punta del escudo; echado. **3.** TAUROM. Se dice de la estocada cuya dirección es más horizontal de lo conveniente. ◆ s.m. Acción de tender un cable, alambre, línea de conducción, etc. **2.** Conjunto de cables que constituyen una conducción eléctrica. **3.** Conjunto de ropa lavada que se tiende de una vez. **4.** TAUROM. Graderío descubierto de una plaza de toros; asiento de este graderío.

TENDINITIS s.f. MED. Inflamación de un tendón.

TENDINOSO, A adj. Relativo al tendón. **2.** Que tiene tendones o está compuesto de ellos.

TENDÓN s.m. (lat. moderno *tendo, -onis*). Estructura fibrosa que une los músculos a los huesos. ◇ **Tendón de Aquiles** Tendón que une el músculo de la pantorrilla (*tríceps sural*) al calcáneo, y permite la extensión del pie en la pierna; Fig. punto débil o vulnerable de alguien o algo.

TENDUCHO s.m. Desp. Tienda poco abastecida y de mal aspecto. SIN.: *tenducha.*

TENEBRIÓNIDO, A adj. y s.m. Relativo a una familia de coleópteros nocturnos que se esconden durante el día bajo las piedras y viven principalmente en los países cálidos.

TENEBRISMO s.m. Tendencia pictórica que acentúa el contraste entre las zonas iluminadas y las oscuras.

TENEBRISTA adj. y s.m. y f. Relativo al tenebrismo; que practica esta tendencia pictórica.

TENEBROSIDAD s.f. Cualidad de tenebroso.

TENEBROSO, A adj. Oscuro, cubierto de tinieblas o de sombras. **2.** Fig. Turbio, misterioso, difícil de conocer o comprender.

TENEDOR, RA s. Persona que tiene o posee algo. **2.** Persona que posee legítimamente una letra de cambio u otro valor endosable. ◆ s.m. Utensilio para pinchar o tomar los alimentos sólidos y llevarlos a la boca, formado por un mango alargado en cuyo extremo hay varias púas. **2.** Signo con la forma de este instrumento que indica la categoría de un restaurante: *restaurante de dos tenedores.* ◇ **Tenedor de libros** Persona encargada de llevar los libros de contabilidad de una empresa o de un negocio.

TENEDURÍA s.f. Cargo de tenedor de libros. **2.** Oficina del tenedor de libros. ◇ **Teneduría de libros** Oficio del tenedor de libros.

TENENCIA s.f. Acción de tener. **2.** Cargo de teniente. **3.** Oficina del teniente. **4.** DER. Grado mínimo en el dominio de las cosas, constituido por el simple hecho de poseer. **5.** HIST. Tierra concedida a un vasallo por el rey o señor, quien conservaba la propiedad y otorgaba al concesionario el simple disfrute de la tierra. ◇ **Tenencia ilícita de armas** Delito en que incurre quien posee armas de fuego sin tener la guía y licencia oportunas o sin la guía de pertenencia.

TENER v.tr. (lat. *tenere*) [63]. Poseer, disfrutar: *tener mucho dinero.* **2.** Asir, sostener, sujetar, agarrar: *tener una cuerda tirante; ten el paquete con cuidado.* **3.** Guardar, contener: *este bote tiene azúcar.* **4.** Dominar: *la bebida lo tiene esclavizar.* **5.** Mantener, cumplir: *tener la palabra.* **6.** Expresa una relación de contigüidad física, psicológica, intelectual, etc., entre el sujeto y el complemento: *tener miedo; tener arrugas; tiene veinte años; tener prisa.* **7.** Atribuye una cualidad, estado o circunstancia al complemento: *tiene los ojos azules; tener la comida hecha.* **8.** Expresa relación de similitud: *tiene algo de canallesco.* **9.** Expresa la participación o interés del sujeto en una acción: *el sábado tendremos baile.* ◆ v.tr. y prnl. Estimar, considerar, juzgar: *tener en poco, en mucho, por un ambicioso a alguien; ten por seguro que lloverá; tener a mucha honra.* **2.** Como verbo auxiliar, se une a un participio que concuerda en género y número con el complemento directo: *tiene ganadas las voluntades de todos; tengo pensado hacer un viaje.* **3.** Con *que* y un infinitivo, expresa obligación, necesidad o propósito: *tienes que venir; tiene que ser así; tienen que hablar del asunto.* ◆ **tenerse** v.prnl. Sostenerse, mantenerse en determinada posición: *no poder tenerse en pie.* **2.** Dominarse, contenerse: *téngase el caballero.* ◇ **Tener a bien** Fórmula de cortesía con que se invita a aceptar o

hacer algo. **Tener a mal** Desaprobar, recriminar. **Tener mucho gusto en,** o de Fórmula de cortesía que expresa complacencia en algo. **Tener presente** Conservar algo en la memoria y tomarlo en consideración cuando convenga.

TENERÍA s.f. (fr. *tannerie*, de *tan*, corteza de roble). Curtiduría.

TENESMO s.m. (gr. *tenesmós*). Contracción dolorosa que sufre un órgano, especialmente el esfínter anal y el vesical, para expulsar alguna cosa.

TENIA s.f. (gr. *tainía*). Gusano plano y segmentado, parásito del intestino delgado de los mamíferos. (Orden cestodos). SIN.: *solitaria.*

TENIDA s.f. Chile. Traje.

TENIENTE s.m. y f. Oficial de los ejércitos de tierra y aire, de grado intermedio entre el alférez y el capitán. ◇ **Teniente coronel** Oficial de los ejércitos de tierra y aire, de grado intermedio entre el comandante y el coronel. **Teniente de alcalde** Concejal encargado de ciertas funciones de la alcaldía. **Teniente de navío** Oficial del cuerpo general de la armada, de grado intermedio entre el alférez de navío y el capitán de corbeta. **Teniente general** Oficial de los ejércitos de tierra y aire, de grado intermedio entre el general de división y el capitán general.

TENÍFUGO, A adj. y s.m. Se dice del medicamento que provoca la expulsión de las tenias.

TENIS s.m. (ingl. *tennis*). Deporte que se practica entre dos o cuatro jugadores provistos de raquetas, que consiste en enviar una pelota, por encima de una red, dentro de los límites de un terreno de juego rectangular. **2.** Zapato de lona, plástico o piel, con suela gruesa de hule, apto para hacer ejercicio o practicar algún deporte. (Suele usarse en plural.) ◇ **Tenis de mesa** Deporte similar al tenis, que se practica sobre una mesa de medidas reglamentadas. SIN.: **ping-pong.** (V. ilustr. pág. siguiente.)

TENISTA s.m. y f. Jugador de tenis, especialmente si se dedica a ello profesionalmente.

TENÍSTICO, A adj. Relativo al tenis.

TENOCHCA adj. y s.m. y f. Azteca.

1. TENOR s.m. (ital. *tenore*). Voz masculina más aguda. **2.** Hombre que tiene esta voz.

2. TENOR s.m. (lat. *tenor, -oris*). Contenido de un escrito. ◇ **A este tenor** De este modo o por este estilo.

TENORA s.f. Instrumento musical de viento, de lengüeta doble como el oboe, con la campana o pabellón de metal.

TENORINO s.m. (voz italiana). Tenor muy ligero que canta con voz de falsete.

TENORIO s.m. Hombre que tiene audacia y facilidad para conquistar mujeres.

TENOTOMÍA s.f. Sección quirúrgica de un tendón.

TENREC s.m. Mamífero insectívoro de Madagascar, de unos 35 cm de long., que tiene el cuerpo cubierto de púas.

TENSAR v.tr. y prnl. Poner tenso. **2.** MAR. Tesar.

TENSÍMETRO o **TENSIÓMETRO** s.m. Aparato que sirve para medir tensiones.

TENSIÓN s.f. (lat. *tensio, -onis*). Acción de fuerzas opuestas que, actuando sobre un cuerpo y manteniéndolo tirante, impiden que sus partes se separen unas de otras. **2.** Estado de un cuerpo sometido a esta acción. **3.** Fig. Estado de nerviosismo, impaciencia o exaltación que siente una persona que espera, vigila, etc. **4.** Fig. Situación o estado de enfrentamiento entre personas o comunidades que amenaza una ruptura violenta. **5.** ELECTR. Diferencia de potencial eléctrico. ◇ **Tensión arterial** Presión ejercida por la sangre sobre las paredes de las arterias. **Tensión de vapor de agua** Presión parcial del vapor de agua contenido en el aire. **Tensión superficial** Magnitud igual a la relación entre la energía necesaria para aumentar en una unidad la superficie libre de un líquido y el aumento del área de esta superficie.

TENSO, A adj. (lat. *tensus*, p. pasado de *tendere*, tender). Que sufre tensión o está sometido a ella. ◇ **Tiro tenso** El efectuado con un ángulo inferior a 45 °.

TENSOACTIVO, A adj. Se dice de la sustan-

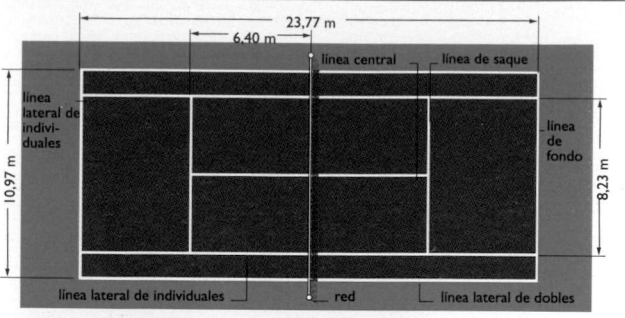

Revés de la jugadora alemana
Steffi Graf.

Saque del jugador
estadounidense Pete Sampras.

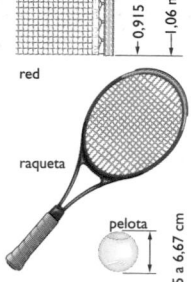

■ **TENIS**

Un intercambio entre dos jugadores (imagen estroboscópica)

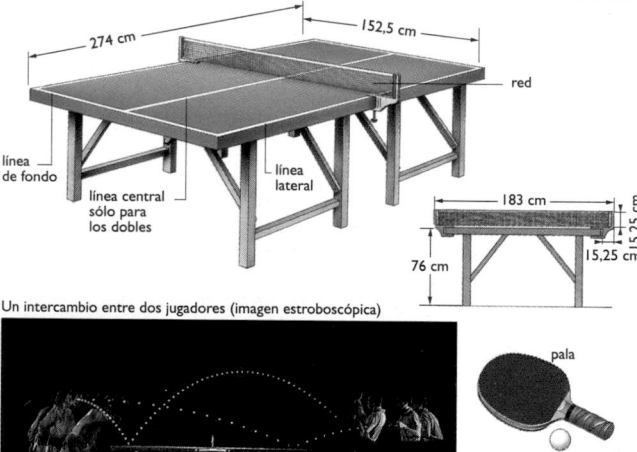

■ **TENIS** DE MESA

---

cia que modifica la tensión superficial del líquido en el que se halla disuelta.

TENSÓN s.f. Composición poética provenzal que consiste en una controversia entre dos o más poetas.

TENSOR, RA adj. Que tensa o sirve para tensar. ◆ adj. y s.m. Se dice del muelle, resorte o cualquier otro mecanismo que sirve para tensar. **2.** Se dice del músculo que estira o pone tensa una parte del cuerpo. ◆ s.m. Magnitud matemática de varios componentes que posee propiedades de invariación formal por cambio de base.

TENSORIAL adj. MAT. Relativo al tensor.

TENTACIÓN s.f. Impulso que induce a hacer algo generalmente reprobable. **2.** Cosa, situación o persona que tienta. **3.** Méx. *Fam.* Curiosidad, inquietud: *tengo la tentación de saber como está.* ◇ **Caer en la tentación** Dejarse vencer por este impulso.

TENTACULAR adj. Relativo a los tentáculos.

TENTÁCULO s.m. Apéndice móvil de que están provistos numerosos animales, como los moluscos y anémonas de mar, utilizado como órgano sensorial y aprehensor. **2.** BOT. Vástago de rápido desarrollo, capaz de sostenerse erguido, cuyo ápice se mueve circularmente hasta dar con un apoyo adecuado.

TENTADERO s.m. TAUROM. Corral o cercado donde se hace la tienta de becerros.

TENTADOR, RA adj. y s. Que tienta o es apetecible.

TENTAR v.tr. y prnl. (lat. *temptare*) [10]. Palpar, tocar una cosa para reconocerla, percibirla o examinarla, por medio del tacto o de algún instrumento. **2.** Inducir a la tentación. **3.** Seducir, atraer, excitar a alguien a hacer algo, al mostrársele necesario, interesante o atractivo. **4.** TAUROM. Probar la bravura de una res.

TENTATIVA s.f. Intento, acción de intentar, experimentar o tantear algo. **2.** DER. PEN. Principio de ejecución de un delito por actos externos que no llegan a ser suficientes para que se realice el hecho, sin que haya mediado desistimiento voluntario del culpable.

TENTEMOZO s.m. Puntal o apoyo que se aplica a una cosa expuesta a caerse. **2.** Cada uno de los palos que cuelgan de la lanza del carro y, puestos de punta contra el suelo, impiden que aquel se vuelque hacia delante.

TENTEMPIÉ s.m. *Fam.* Refrigerio, comida ligera entre las principales.

TENTENELAIRE s.m. Mestizo, hijo de cuarterón y mulata o de jíbaro y albarazada, o a la inversa. **2.** Argent. y Perú. Colibrí.

TENTETIESO s.m. Dominguillo.

TENUE adj. (lat. *tenuis*). Delgado, fino, de poco grosor. **2.** Delicado, sutil, débil, de poca consistencia o sustancia.

TENUIDAD s.f. Cualidad de tenue.

TENUIRROSTRO, A adj. Se dice del ave que tiene el pico fino y puntiagudo.

TENUTO adv. (voz italiana). MÚS. Expresión que se coloca encima de algunos pasajes para indicar que los sonidos deben sostenerse durante toda su duración. (Se abrevia *ten.*)

TEÑIDO s.m. Acción y efecto de teñir o teñirse.

TEÑIR v.tr. y prnl. (lat. *tingere*) [81]. Dar a una cosa un color distinto del que tenía. **2.** *Fig.* Matizar, dar a algo un aspecto, tono o carácter determinado.

TEOBROMINA s.f. Alcaloide contenido en el cacao y en las hojas del té.

TEOCALI o **TEOCALLI** s.m. (voz náhuatl, *casa de dios*, de teotl, *dios* y calli, *casa*). En el México prehispánico, templo.

TEOCOMITE s.m. Amér. Biznaga. (Los aztecas usaban las grandes espinas de esta planta en sus ejercicios rituales.)

TEOCRACIA s.f. Régimen político en el que el poder se considera procedente directamente de Dios, y es ejercido por los que están investidos de autoridad religiosa.

TEOCRÁTICO, A adj. Relativo a la teocracia.

TEODICEA s.f. (del gr. *theós*, dios, y *dike*, justicia). Metafísica del conocimiento de Dios y de sus atributos únicamente a través de la razón. SIN.: *teología natural.*

TEODOLITO s.m. Instrumento para medir ángulos horizontales y verticales, utilizado en geodesia y topografía.

TEOFILANTROPÍA s.f. Secta deísta cuyo dogma se basaba en la creencia en un Dios todopoderoso y bondadoso y que tuvo cierta vigencia a finales del s. XVIII, especialmente en Francia.

TEOFILINA s.f. Alcaloide contenido en las hojas del té, empleado en medicina como diurético.

TEOGONÍA s.f. En las religiones politeístas, doctrina referente al origen y a la genealogía de los dioses; conjunto de divinidades de una mitología determinada.

TEOLOGAL adj. TEOL. CRIST. Se dice de la virtud que tiene como objeto a Dios. (Las *virtudes teologales* son la fe, la esperanza y la caridad.)

TEOLOGÍA s.f. (lat. tardío *theologia*, del gr. *theología*). Ciencia que trata de Dios y de sus atributos y perfecciones. ◇ **Teología de la liberación** Movimiento ideológico surgido en el seno de la Iglesia católica en la década de 1960 en el marco del concilio Vaticano II, caracterizado por la denuncia de la explotación del Tercer mundo por parte de los países ricos. (Fue atacado por el Vaticano durante el pontificado de Juan Pablo II. Leonardo Boff y Jon

Sobrino han sido sus principales portavoces. Ejerció una enorme influencia en América Latina.) **Teología natural** Teodicea.

TEOLÓGICO, A adj. Relativo a la teología.

TEÓLOGO, A s. Especialista en teología.

TEORBA s.f. → TIORBA.

TEOREMA s.m. (gr. *theórema*, investigación). Proposición científica que puede demostrarse. **2.** LÓG. y MAT. Expresión de un sistema formal, demostrable en el interior de dicho sistema.

TEORÉTICA s.f. Teoría.

TEORÉTICO, A adj. Relativo a la teoría.

TEORÍA s.f. (gr. *theoría*, meditación). Conocimiento especulativo, ideal, independiente de toda aplicación. **2.** Conjunto de teoremas o leyes organizados sistemáticamente, sometidos a una verificación experimental, y encaminados a establecer la veracidad de un sistema científico. **3.** Conjunto sistematizado de opiniones o ideas sobre un tema determinado. ⋄ **En teoría** Teóricamente, no comprobado prácticamente. **Teoría deductiva** LÓG. Conjunto de proposiciones demostradas de forma puramente lógica a partir de axiomas, y que enuncian las propiedades correspondientes a un determinado campo de objetos. **Teoría del conocimiento** FILOS. Sistema de explicación de las relaciones entre el pensamiento y los objetos, entre el hombre y el mundo.

TEÓRICA s.f. Teoría, conocimiento especulativo.

TEÓRICO, A adj. (gr. *theorikós*). Relativo a la teoría. ◆ adj. y s. Que se dedica al estudio de la parte teórica de una ciencia.

TEORIZACIÓN s.f. Acción de teorizar.

TEORIZAR v.intr. [7]. Formular una teoría o varias sobre algo.

TEOSOFÍA s.f. Doctrina religiosa que tiene por objeto el conocimiento de Dios, revelado por la naturaleza, y la elevación del espíritu hasta la unión con la divinidad.

TEPACHE s.m. Méx. Bebida elaborada con el jugo de la cáscara de diversas frutas, principalmente, piña y azúcar.

TEPALCATE s.m. Méx. Pez de la familia de los pleuronéctidos. **2.** Méx. Trasto inútil, cacharro. ◆ **tepalcates** s.m.pl. Méx. Fragmentos de un recipiente de barro roto.

TÉPALO s.m. BOT. Pieza del perianto de las flores de las plantas monocotiledóneas, pétalo y sépalo a la vez.

TEPANECA adj. y s.m. y s.f. De un pueblo amerindio de México, del grupo nahua, de lengua uto-azteca, que desde el s. XIII dominó la cuenca del lago Texcoco, donde se encontraba su capital, Azcapotzalco hasta principios del s. XV.

1. TEPE s.m. Pedazo de tierra muy trabado por las raíces del césped o hierba, que se emplea para hacer presas en los regueros, obtener césped ornamental para trasplantar, etc.

2. TEPE s.m. (voz turca, *colina*). ARQUEOL. Colina artificial formada por restos de poblados desaparecidos.

TEPEHUA, pueblo amerindio de México, de lengua maya.

TEPEHUANO, pueblo amerindio del grupo pima-nahua de la familia lingüística uto-azteca, que vive en México (est. de Durango, Nayarit y Chihuahua).

TEPETATE s.m. Méx. Piedra amarillenta, porosa, que cortada en bloques se emplea en construcción.

TEPETOMATE s.m. Méx. Especie de madroño con raíces medicinales y fruto comestible, cuya madera se utiliza en ebanistería.

TEPEZCUINTE o **TEPEZCUINTLE** s.m. C. Rica y Méx. Mamífero roedor, del tamaño de un conejo, con el cuerpo grueso y la piel de color amarillo rojizo.

TEPIDARIO s.m. (lat. *tepidarium*, de *tepidus*, tibio). ANT. ROM. Habitación de las termas romanas donde se mantenía una temperatura templada.

TEPOROCHO, A s. Méx. Indigente que vaga por las calles, especialmente el que padece algún trastorno mental o está drogado.

TEPOTZO s.m. Méx. Nauyaca.

TEPÚ s.m. Chile. Árbol cuya madera se emplea principalmente como leña. (Familia mirtáceas.)

TEPUAL s.m. Chile. Terreno poblado de tepúes, en la desembocadura de los ríos.

TEPUI s.m. (voz amerindia) [pl.*tepuyes*]. Meseta alta de cuarcita propia del macizo de la Guayana venezolana, de paredes verticales con perfiles muy escarpados, en cuya cima han pervivido aislados varios ecosistemas desde hace millones de años. (Este aislamiento y las condiciones climáticas particulares de esta formación son la causa de que los tepuyes hayan evolucionado de forma diferente a la selva de altitudes inferiores.)

■ **TEPUI.** Vista aérea del tepui Venado (Canaima, Venezuela).

TEQUESQUITE s.m. Méx. Sal natural que aparece al desecarse los lagos salobres y que se emplea en la saponificación de las grasas y en medicina popular.

TEQUIAR v.tr. Amér. Central. Dañar, perjudicar.

TEQUICHE s.m. Venez. Plato elaborado con harina de maíz tostado, mantequilla y leche de coco.

TEQUILA s.m. Bebida alcohólica que se obtiene de la fermentación y destilación del aguamiel de una variedad de agave (*maguey tequilero*) y que es originaria de México.

TEQUIO s.m. (náhuatl *tequitl*, trabajo). Trabajo colectivo, de carácter temporal, que realizan los indios de un mismo linaje, clan o comunidad americana. **2.** Amér Central. Fig Molestia, daño.

TEQUIOSO, A adj. Amér. Central. Travieso, molesto.

TERA, prefijo (símb. T) que, colocado delante de una unidad de medida, la multiplica por 10^{12}.

TERAPEUTA s.m. y f. (gr. *therapeutés*, servidor). Médico especializado en terapéutica. ⋄ **Terapeuta ocupacional** Médico especializado en la terapia ocupacional.

TERAPÉUTICA s.f. (lat. *tardío therapeutca*, *-orum*, tratados de medicina, del gr. *therapeuticós*, servicial, que cuida de algo). Parte de la medicina que se ocupa de los tratamientos de las enfermedades; tratamiento o terapia.

TERAPÉUTICO, A adj. Relativo a la terapéutica.

TERAPIA s.f. Tratamiento o curación. (Puede usarse como sufijo.) ⋄ **Terapia ocupacional** Tratamiento empleado en diversas enfermedades somáticas o psíquicas para readaptar al paciente mediante acciones de la vida ordinaria o con determinadas ocupaciones laborales.

TERATOGÉNESIS s.f. Parte de la teratología que se ocupa de la causa de las malformaciones congénitas. **2.** Producción de malformaciones.

TERATOLOGÍA s.f. Parte de la biología que estudia las malformaciones congénitas.

TERATOLÓGICO, A adj. Relativo a la teratología. **2.** Se dice de todo órgano de un ser vivo cuya morfología se aparta de la normalidad.

TERBIO s.m. Metal del grupo de las tierras raras. **2.** Elemento químico (Tb), de número atómico 65 y masa atómica 158,925.

TERCELETE s.m. ARQ. Nervio suplementario de las bóvedas de crucería, que se inicia en el ábaco del capitel y termina en las cadenas.

TERCENA s.f. (port. *tercena*). Ecuad. Carnicería, tienda donde se vende carne.

TERCER adj. Apócope de *tercero*.

TERCERA s.f. Intervalo musical melódico o armónico, que comprende dos tonos o un tono y medio.

TERCERÍA s.f. Oficio o actividad de tercero, mediador o alcahuete.

TERCERMUNDISMO s.m. Doctrina o tendencia que privilegia el tema de la dependencia y del atraso del Tercer mundo sobre otras consideraciones. **2.** Doctrina o tendencia que pretende aplicar análisis y soluciones propias del Tercer mundo a países que no pertenecen propiamente a esta realidad, aunque tienen alguna de sus características (especialmente, el subdesarrollo y la dependencia).

TERCERMUNDISTA adj. y s.m. y f. Del Tercer mundo. **2.** Relativo al tercermundismo; partidario de esta doctrina. ◆ adj. *Por ext.* Atrasado, no moderno; poco desarrollado.

TERCERO, A adj.num.ordin. y s. (lat. *tertiarius*, que contiene una tercera parte). Que corresponde en orden al número tres. ◆ adj. Se dice de cada una de las partes que resultan de dividir un todo en tres partes. ◆ adj. y s. Se dice de la persona o cosa que interviene o aparece en un asunto además de las dos, que, en posiciones opuestas, figuran en él: *tercera solución.* ◆ s. Alcahuete, mediador. ◆ **tercera** Asociación de religiosos (*órdenes terceras regulares*) o de laicos (*órdenes terceras seculares*) que están afiliados a una orden religiosa, como los franciscanos, los dominicos, los carmelitas y los benedictinos. **Tercero en discordia** El que media para zanjar una desavenencia.

TERCEROLA s.f. (del ital. *terzaruola*, *-uolo*). Arma de fuego de repetición, más corta que la carabina.

TERCERÓN, NA adj. y s. Nacido de blanco y mulata, o de mulato y blanca.

TERCETO s.m. (ital. *terzetto*). Estrofa que consta de tres versos, normalmente endecasílabos. **2.** Conjunto de tres personas o cosas. **3.** MÚS. Composición breve para tres voces o tres instrumentos.

TERCIA s.f. CRIST. Parte del oficio monástico o del breviario que se reza hacia las 9 de la mañana. ◆ **tercias** s.f.pl. ⋄ **Tercias reales** Renta de la hacienda real castellana, que consistía en la percepción de dos novenos de los diezmos eclesiásticos.

TERCIADO, A adj. Atravesado o cruzado. **2.** Mediano, ni grande ni pequeño. **3.** Se dice del azúcar de segunda producción y de color amarillo o marrón. **4.** HERÁLD. Se dice del escudo dividido en tres partes iguales.

TERCIANA s.f. Fiebre intermitente cuyos accesos se repiten cada tres días.

TERCIAR v.tr. Dividir una cosa en tres partes. **2.** Equilibrar la carga repartiéndola por igual a los dos lados de la acémila. **3.** Dar la tercera reja o labor a la tierra a fin de prepararla para el cultivo de los cereales. ◆ v.tr. y prnl. Poner una cosa diagonalmente o al sesgo, ladearla. ◆ v.intr. Mediar entre dos partes para ponerlas de acuerdo, o interceder en favor de una frente a la otra. **2.** Intervenir en una acción, tomar parte en una conversación. **3.** Llegar algo a la tercera parte o al tercer punto de algo. ◆ **terciarse** v.prnl. Esp. Presentarse la oportunidad de hacer algo. **2.** TAUROM. Atravesarse el toro en la suerte.

TERCIARIO, A adj. Tercero en orden o en grado. **2.** QUÍM. Se dice de un átomo de carbono unido a otros tres átomos de carbono. ◆ adj. y s.m. Se dice de la era geológica que precede a la era cuaternaria, de una duración de 65 millones de años, y que se caracteriza por el plegamiento alpino y la diversificación de los mamíferos. **3.** Miembro de una orden tercera. ⋄ **Sector terciario** Parte de la población activa empleada en los servicios, como administración, comercio, banca, enseñanza, ejército, etc.

TERCIO, A adj. y s.m. (lat. *tertius*, tercero).

Se dice de cada una de las partes que resultan de dividir un todo en tres partes iguales. ◆ s.m. Unidad del cuerpo de infantería de marina que presta servicio en los tres departamentos marítimos y en Baleares. **2.** Unidad de la infantería española de los ss. XVI y XVII. **3.** Cada una de las frases musicales de que se componen algunos cantes flamencos. **4.** TAUROM. **a.** Espacio comprendido entre la barrera y una circunferencia trazada desde el centro del redondel. **b.** Cada una de las tres etapas en que se divide la lidia: *tercio de varas, de banderillas, de muerte.* ◆ **tercios** s.m.pl. Miembros fuertes y robustos de las personas. ◇ **Tercio de la Guardia civil** Unidad de dicho cuerpo que está al mando de un coronel.

TERCIOPELO s.m. Tejido de superficie velluda, empleado para vestidos y tapicería.

TERCO, A adj. Obstinado, tenaz, que mantiene su actitud a pesar de las dificultades y obstáculos. **2.** Ecuad. Desabrido, despegado.

TEREBECO, A adj. C. Rica. Trémulo, tembloroso.

TEREBEQUEAR v.intr. C. Rica. Temblar.

TEREBINTÁCEO, A adj. y s.f. Relativo a una familia de plantas leñosas, con fruto en drupa, como el anacardo, el zumaque y el mango. SIN.: *anacardiáceo.*

TEREBINTO s.m. (lat. *terebinthus*). Cornicabra, árbol.

TEREBRANTE adj. Se dice del dolor muy intenso que produce la sensación de que se está perforando la zona afectada.

TEREFTÁLICO, A adj. Se dice de un ácido isómero del ácido ftálico, utilizado en la fabricación de fibras textiles.

TEREQUE s.m. Ecuad., Nicar., P. Rico y Venez. Trasto, cacharro.

TERESIANO, A adj. Relativo a santa Teresa de Jesús. **2.** Se dice del instituto religioso que se dedica principalmente a la enseñanza y tiene por patrona a santa Teresa de Jesús. ◆ adj. y s.f. Se dice de la religiosa que pertenece a este instituto religioso.

TERGAL s.m. (marca registrada). Hilo o fibra sintética de poliéster, de patente francesa.

TERGIVERSACIÓN s.f. Acción y efecto de tergiversar.

TERGIVERSAR v.tr. (lat. *tergiversari*). Dar una interpretación errónea a algo.

TERGO s.m. Parte dorsal de cada uno de los anillos de los artrópodos.

TERMAL adj. Se dice de las aguas de manantial calientes y de toda agua de fuente utilizada como tratamiento, así como de las instalaciones que permiten su empleo. ◇ **Estación termal** Localidad dotada de uno o varios establecimientos especializados en el tratamiento de diversas afecciones, mediante la utilización de aguas de manantial, con características mineralógicas determinadas y constantes.

TERMALISMO s.m. Conjunto de medios médicos, higiénicos, hoteleros, hospitalarios y sociales al servicio de la utilización terapéutica de las aguas termales.

TERMAS s.f.pl. (lat. *thermae*, del gr. *thermós*, caliente). Baños públicos de los antiguos romanos. **2.** Caldas, baños de agua mineral caliente.

TERMES s.m. (lat. *termes, -itis*). Insecto que vive en sociedades compuestas por una hembra dotada de un enorme abdomen, un macho, numerosas obreras que aseguran los trabajos de construcción y se encargan de aportar los alimentos, y numerosos soldados, encargados de la defensa. (Vive especialmente en regiones cálidas, donde construye enormes termiteras, y roe la madera, el papel, etc., para alimentarse. Familia xilófagos. Orden isópteros.) SIN.: *termita, térmite.*

TERMIA s.f. Unidad de medida de la cantidad de calor (símb. th), equivalente a 10^6 calorías.

TÉRMICA s.f. Parte de la física que se ocupa de la producción, la transmisión y la utilización del calor.

TERMICIDAD s.f. Acción, en un sistema de cuerpos que sufren una transformación físicoquímica, de intercambiar calor con el medio exterior.

TÉRMICO, A adj. Relativo al calor y a la temperatura. **2.** Se dice de un instrumento o aparato de medida basado en la dilatación que experimenta un hilo metálico cuando lo recorre una corriente que eleva su temperatura: *amperímetro térmico, voltímetro térmico.* **3.** *Fig.* Se dice del neutrón que poseen una energía cinética del orden de la de la agitación térmica y son capaces de provocar la fisión del uranio 235. ◇ **Agitación térmica** Movimiento desordenado de las partículas que constituyen la materia, cuya velocidad aumenta con la temperatura. **Análisis térmico** Conjunto de procedimientos que permiten la medida, en función de la temperatura, de las magnitudes características de una propiedad de una muestra, sometida a aumentos y disminuciones de temperatura. **Central térmica** Instalación industrial donde se produce energía eléctrica a partir de energía térmica. **Máquina térmica** Aparato que transforma el calor en trabajo mecánico.

TERMIDORIANO, A adj. Relativo a los acontecimientos del 9 de termidor del año II, día de la caída de Robespierre.

TERMINACIÓN s.f. Acción y efecto de terminar o terminarse. **2.** Conclusión, extremo o parte final de una cosa. **3.** Final de una palabra, sufijo o desinencia variable según las personas, números, tiempos, etc.

TERMINAL adj. Final, que pone término a una cosa. **2.** Se dice del último período y de las manifestaciones finales de las enfermedades que conducen a la muerte. ◆ adj. y s.f. Se dice del lugar de origen o final de una línea aérea, de ferrocarril, de autobús, etc. ◆ s.m. Conjunto de tanques de almacenamiento y bombas, o depósito, situado al final de un oleoducto: *terminal marítimo.* **2.** ELECTR. Borne. **3.** INFORMÁT. Órgano periférico de una computadora, generalmente situado lejos de la máquina, al que pueden enviarse datos y preguntas y proporciona resultados y respuestas.

TERMINANTE adj. Categórico, concluyente, preciso, contundente, rotundo.

TERMINAR v.tr. (lat. *terminare,* limitar, acabar). Llevar a fin o dar término de una cosa: *terminar los estudios.* ◆ v.intr. y prnl. Tener fin una cosa, llegar a su fin: *la calle termina aquí.*

TÉRMINO s.m. (lat. *terminus,* mojón, linde). Extremo, límite o último punto hasta donde llega algo. **2.** Porción de territorio sometido a la autoridad de un ayuntamiento. **3.** Fin último, momento o período de la existencia o duración de algo: *el término de la vida.* **4.** Límite de tiempo, plazo fijo: *debes pagar en el término*

reina
obreras
rey (caída de las alas después del vuelo nupcial)
soldado
aire caliente
cámara de carrochas
cámara de aire
cámara de hongos
celda real
aire fresco
ventilación del termitero

■ **TERMES.** Termes y termitero.

de dos días. **5.** Elemento de un conjunto; cada uno de los componentes que constituyen un todo. **6.** Palabra, vocablo. **7.** LÓG. Sujeto o predicado en una premisa de un silogismo. **8.** MAT. Cada una de las cantidades que componen una suma, una expresión algebraica, una serie, una sucesión, una progresión, etc. ◆ **términos** s.m.pl. Lenguaje que alguien emplea para expresar cierta cosa. **2.** Condición o carácter de una situación. ◇ **Cruz de término** Cruz monumental, generalmente de piedra, con que solía señalarse el amojonamiento de un término municipal o su entrada en el mismo. **Dar término** a algo Terminarlo. **En último término** Si no queda otro medio o remedio. **Estar en buenos,** o **malos, términos** Estar en buenas, o malas, relaciones con alguien. **Invertir los términos** Cambiar completamente el planteamiento o una cuestión. **Llevar a término** algo Ejecutarlo completamente. **Operación a término** B. Y BOLS. Operación cuya efectividad solo tendrá lugar en una fecha convenida.

TERMINOLOGÍA s.f. Conjunto de términos o vocablos propios de determinada profesión, ciencia o materia: *terminología literaria.*

TERMINOLÓGICO, A adj. Relativo a la terminología.

TERMISTOR s.m. Resistencia eléctrica de coeficiente de temperatura elevado y negativo.

1. TERMITA o **TÉRMITE** s.f. Termes.

2. TERMITA s.f. Mezcla de limaduras de aluminio y óxido de hierro, utilizada para soldar. ◇ **Soldadura por termita** Uno de los tipos fundamentales de soldadura autógena.

TERMITERO s.m. Nido que los termes construyen, especialmente en los países tropicales, formado por galerías y que puede alcanzar grandes dimensiones.

1. TERMO s.m. (gr. *thermós,* caliente). Botella o recipiente aislante, de doble pared, con vacío intermedio, provisto de cierre hermético que sirve para conservar bebidas o líquidos a la misma temperatura en que se introducen.

2. TERMO s.m. (apócope). Termosifón.

TERMOCAUTERIO s.m. Cauterio de platino, que se mantiene incandescente por una corriente de aire carburado.

TERMOCLINA s.f. Capa de agua marítima, o lacustre, cuya temperatura disminuye rápidamente con la profundidad.

TERMOCOPIA s.f. Procedimiento de reprografía basado en el hecho de que las sustancias oscuras absorben más calor que las de color claro.

TERMODINÁMICA s.f. Parte de la física que se ocupa de las relaciones entre los fenómenos mecánicos y caloríficos.

TERMOELÁSTICO, A adj. Que concierne a la comprensibilidad y a la dilatación.

TERMOELECTRICIDAD s.f. Conjunto de fenómenos reversibles de transformación directa de la energía térmica en energía eléctrica, y viceversa. **2.** Electricidad producida en una central térmica, por la combustión del carbón, del gas o del fuel pesado (*termoelectricidad clásica*), o del uranio o plutonio (*termoelectricidad nuclear*).

TERMOENDURECIBLE adj. Se dice de un polímero cuyas macromoléculas, por la acción del calor, se unen por enlace químico formando un material infusible e insoluble.

TERMOGÉNESIS s.f. FISIOL. Parte de la termorregulación que genera calor animal.

TERMOGRAFÍA s.f. Técnica de registro gráfico de la temperatura de los diferentes puntos de un cuerpo, a través de la detección de la radiación infrarroja que emite espontáneamente la piel. (Esta técnica se utiliza en medicina para la detección de tumores de mama, en construcción para controlar el aislamiento, en teledetección, etc.) **2.** Procedimiento de impresión en relieve con una tinta que contiene una resina que se solidifica por calentamiento.

TERMOIÓNICO, A adj. Se dice de la emisión de electrones por un conductor eléctrico calentado a temperatura elevada.

TERMÓLISIS s.f. Parte de la termorregulación que produce pérdida de calor animal.

TERMOLOGÍA s.f. Parte de la física que se

ocupa de los fenómenos en que interviene el calor o la temperatura.

TERMOLUMINISCENCIA s.f. Luminiscencia provocada por un calentamiento notablemente inferior al que produciría la incandescencia.

TERMOMETRÍA s.f. Parte de la física que se ocupa de la medida de la temperatura.

TERMOMÉTRICO, A adj. Relativo al termómetro o a la termometría.

TERMÓMETRO s.m. Instrumento que sirve para medir la temperatura. ◇ **Termómetro centesimal** Termómetro que comprende 100 divisiones. (En la escala Celsius, la división 0 corresponde a la temperatura de fusión del hielo y la división 100 a la temperatura del vapor de agua en estado de ebullición, a una presión atmosférica normal.) **Termómetro de máxima y mínima** Termómetro que registra las temperaturas máxima y mínima alcanzadas durante un determinado período de tiempo. **Termómetro Fahrenheit** Termómetro que comprende 180 divisiones. (En la escala Fahrenheit, la división 32 corresponde a la temperatura de fusión del hielo y la división 212 a la temperatura del agua en estado de ebullición.)

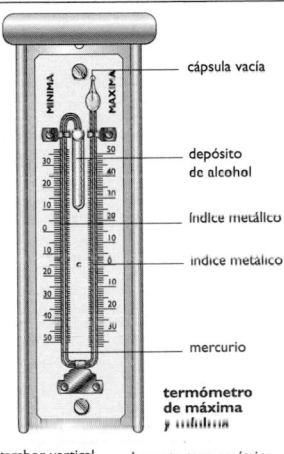

cápsula vacía

depósito de alcohol

índice metálico

índice metálico

mercurio

termómetro de máxima y mínima

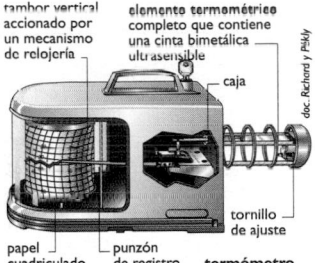

tambor vertical accionado por un mecanismo de relojería

elemento termométrico completo que contiene una cinta bimetálica ultrasensible

caja

papel cuadriculado (diagrama)

punzón de registro

termómetro registrador

doc. Richard y Pisky

■ **TERMÓMETROS**

TERMONUCLEAR adj. Se dice de la reacción de fusión nuclear entre elementos ligeros a temperaturas muy elevadas, y de la energía que produce.

TERMOOXIDACIÓN s.f. Conjunto de las transformaciones químicas (oxidación y polimerización) que sufre un cuerpo graso por la acción simultánea del oxígeno del aire y del calor.

TERMOPAR s.m. Circuito formado por dos metales diferentes entre cuyas soldaduras se ha establecido una diferencia de temperatura, y en el que aparece una fuerza electromotriz. SIN.: *par termoeléctrico*.

TERMOPLÁSTICO, A adj. y s.m. Que se ablanda por la acción del calor y se endurece al enfriarse, de forma reversible.

TERMOPROPULSIÓN s.f. Principio de propulsión basado en la única reacción de la energía térmica.

TERMOQUÍMICA s.f. Parte de la química que estudia las cantidades de calor empleadas en las reacciones químicas.

TERMOQUÍMICO, A adj. Relativo a la termoquímica.

TERMORREGULACIÓN s.f. Regulación automática de la temperatura. **2.** Función fisiológica que mantiene constante la temperatura interna en el ser humano, los mamíferos y las aves.

TERMORREGULADOR, RA adj. Relativo a la termorregulación.

TERMOSCOPIO s.m. Termómetro que sirve para estudiar las diferencias de temperatura entre dos medios.

TERMOSFERA s.f. Capa atmosférica superior a la mesosfera, en la que la temperatura aumenta regularmente con la altura.

TERMOSIFÓN s.m. Dispositivo en el que se genera una circulación de agua por variación de temperatura. (Se abrevia *termo*.)

TERMOSTATO s.m. Aparato que sirve para mantener la temperatura constante.

TERMOTACTISMO s.m. Sensibilidad de determinados organismos a las diferencias de temperatura, que determina generalmente sus reacciones de desplazamiento.

TERMOTERAPIA s.f. Empleo del calor en terapéutica.

TERNA s.f. Conjunto de tres personas propuestas para que se designe entre ellas la que ha de desempeñar cierto cargo o empleo. **2.** En la lotería, conjunto o serie de tres números. **3.** En el juego de dados, pareja de tres puntos. **4.** ELECTR. Conjunto de los tres cables de transporte de una red trifásica. **5.** TAUROM. Conjunto de tres diestros que alternan en una corrida.

TERNADA s.f. Chile y Perú. Terna de pantalón, chaleco y saco.

TERNARIO, A adj. Compuesto de tres elementos: *número ternario*. **2.** MÚS. Se dice del tiempo divisible por tres, perteneciente a un compás ternario. **3.** QUÍM. Se dice de la sustancia orgánica compuesta de carbono, hidrógeno y oxígeno, como los glúcidos y los lípidos. ◇ **Compás ternario** MÚS. El que está formado por tres tiempos o por tres unidades de tiempo. **Fisión ternaria** Fisión nuclear de la que resultan tres fragmentos pesados, en lugar de los dos como es habitual.

TERNASCO s.m. Cordero que todavía se alimenta de leche.

TERNE adj. (romaní *terno*, joven). *Fam.* Terco, obstinado.

TERNEJO, A adj. Ecuad. y Perú. Se dice de la persona fuerte, vigorosa y valiente.

TERNERA s.f. Carne de ternero o ternera.

TERNERO, A s. Ejemplar de ganado vacuno con dentición de leche.

■ **TERNERO**

TERNEZA s.f. Ternura. **2.** Requiebro, dicho cariñoso. (Suele usarse en plural.)

TERNILLA s.f. Cartílago.

TERNO s.m. (lat. *ternus*). Conjunto de tres elementos o cosas de la misma especie. **2.** Traje de hombre compuesto de pantalón, chaleco y saco. **3.** Juramento, blasfemia. **4.** Cuba y P. Rico. Adorno de joyas formado por pendientes, collar y alfiler.

TERNURA s.f. Actitud cariñosa y afable. **2.** Expresión de cariño, afecto y amistad. **3.** Cualidad de tierno.

TERO s.m. (voz de origen onomatopéyico). Argent. Teruteru.

TEROMORFO, A adj. y s.m. Relativo a una subclase de reptiles fósiles de la era secundaria, probablemente emparentados con los mamíferos, que incluye formas terrestres y acuáticas de gran tamaño.

TERPENO s.m. Nombre genérico de los hidrocarburos de origen vegetal, de fórmula general $(C_5H_8)_n$.

TERPINA s.f. (ingl. *turpentine* o *terpentine*, trementina). Hidrato de trementina del que se obtiene el terpineol por deshidratación (esencia de muguete), y que se emplea como expectorante.

TERPINEOL s.m. Compuesto con olor a muguete, derivado de la terpina.

TERQUEDAD s.f. Cualidad de terco o actitud terca.

TERRACERÍA s.f. Méx. Tierra que se acumula en terraplenes o camellones en los caminos o carreteras en obra o construcción. ◇ **Camino, o carretera, de terracería** Méx. El que no está asfaltado o revestido.

TERRACOTA s.f. (del ital. *terra cotta*, tierra cocida). Arcilla modelada y endurecida al horno. **2.** Objeto hecho con esta arcilla.

TERRADO s.m. Cubierta plana de un edificio.

TERRAJA s.f. Tabla guarnecida con una chapa metálica, que sirve para hacer las molduras de yeso, mortero, mármol, etc. **2.** Herramienta para tallar roscas exteriores en pernos, varillas, etc. **3.** Aparato para el moldeo a terraja. ◇ **Moldeo a terraja** En fundición, método para ejecutar moldes o machos de piezas; en la industria de los aglomerados, utilización de moldes de cemento para reproducir la forma de la pieza que se quiere moldear.

TERRAL adj. y s.m. Se dice del viento flojo que sopla de la tierra al mar durante la noche.

TERRAMICINA s.f. Antibiótico de la familia de las tetraciclinas, elaborado a partir del *Streptomyces rimosus*.

TERRANOVA s.m. Perro que pertenece a una raza de pelaje negro, largo y sedoso, y patas palmeadas, originaria de la isla de Terranova.

■ **TERRANOVA**

TERRAPLÉN s.m. (fr. *terre-plein*). Masa de tierra o de material excavado para elevar un terreno o rellenar un hueco. **2.** Desnivel en el terreno, con una cierta pendiente.

TERRAPLENAR v.tr. Llenar de tierra un hueco. **2.** Acumular tierra para levantar un terraplén.

TERRÁQUEO, A adj. (lat. *terraqueus*). Que está compuesto de tierra y agua: *globo terráqueo*.

TERRARIO o **TERRÁRIUM** s.m. Instalación para la cría y cuidado de reptiles, anfibios, artrópodos, etc.

TERRATENIENTE s.m. y f. (cat. *terratinent*). Persona que posee tierras o fincas rurales.

TERRAZA s.f. Terrado, cubierta de un edificio. **2.** En un edificio, espacio descubierto o parcialmente cubierto, de nivel superior al del terreno. **3.** Espacio de terreno llano dispuesto en forma de escalón en la ladera de un terreno elevado. **4.** Terreno acotado delante de un café, restaurante, etc., para sentarse al aire libre. **5.** GEOGR. Resto de una capa aluvial recortada por la erosión. ◇ **Cultivos en terrazas** Campos instalados sobre pendientes dispuestas a propósito en niveles superpuestos o bancales, utilizados para sistemas de cultivo muy variado.

TERRAZGO s.m. Parcela de tierra para sembrar.

TERRAZO s.m. Pavimento o material de revestimiento formado por piedras pequeñas y trozos de mármol aglomerados con cemento.

TERREGAL s.m. Méx. Tierra suelta, polvareda.

TERREMOTO s.m. (ital. *terremoto*). Sismo.

TERRENAL adj. Relativo a la tierra.

TERRENO, A adj. (lat. *terrenus*). Terrestre. **2.** Terrenal. ◆ s.m. Espacio de tierra más o menos extenso, destinado a un uso concreto. **2.** *Fig.* Campo o esfera de acción en que se ejerce un poder o influencia. **3.** *Fig.* Conjunto de actividades, ideas o conocimientos de cierta clase: *el terreno de la ciencia.* **4.** En fútbol y en otros deportes, campo de juego. **5.** Porción más o menos considerable de la corteza terrestre de determinada edad, naturaleza u origen. **6.** MED. Conjunto de factores genéticos, fisiológicos, inmunológicos, etc., que condicionan la resistencia a una enfermedad. ◇ **Estar, o encontrarse, en su propio terreno** Estar en situación ventajosa, discutir de algo que se conoce bien. **Ganar terreno** Difundirse, imponerse, irse introduciendo para conseguir algún fin; progresar. **Perder terreno** Ser aventajado, pasar a una posición o situación menos favorable. **Preparar, o trabajar, el terreno** Predisponer algo de modo que se obtenga éxito o buen resultado. **Sobre el terreno** Allí donde se ha de desarrollar o resolver lo que se trata; improvisando, sin plan previo. **Terreno abonado** *Fig.* Situación o ámbito en que se dan las condiciones óptimas para que se produzca u ocurra algo determinado. **Terreno del honor** Campo donde se llevaba a cabo un duelo o desafío. **Todo terreno** Todoterreno.

TÉRREO, A adj. (lat. *terreus*). Relativo a la tierra: *color térreo.*

TERRERO, A adj. Relativo a la tierra. **2.** Can. y P. Rico. Se dice de la casa de una sola planta. ◆ adj. y s.f. Se dice de la cesta o espuerta que se usan para llevar tierra. ◆ s.m. Depósito o acumulación de tierra, arena, etc., por la acción del agua. **2.** Montón de desechos o roca estéril que se saca de una mina. **3.** Hond. y P. Rico. Lugar en que abunda el salitre. ◆ adj. y s.m. Méx. Polvareda.

TERRESTRE adj. (lat. *terrestris*). Relativo a la Tierra. **2.** Que vive, se desarrolla o se da en la tierra: *plantas, animales terrestres; transporte terrestre.* ◆ s.m. y f. Habitante de la Tierra.

TERRIBLE adj. (lat. *terribilis*). Que causa terror. **2.** Atroz, desmesurado o difícil de tolerar: *genio terrible; sueño terrible.*

TERRÍCOLA adj. y s.m. y f. (del lat. *terra*, tierra, y *colere*, habitar). Que vive y se desarrolla en la tierra, por oposición al que lo hace en el agua o en el aire. **2.** Que habita en el planeta Tierra.

TERRIER s.m. y adj. Perro que pertenece a una raza muy apta para la caza de animales de madriguera *(fox-terrier, bull-terrier, irish-terrier).*

TERRÍFICO, A adj. (lat. *terrificus*). Terrorífico.

TERRÍGENO, A adj. Nacido de la tierra. ◇ **Depósito terrígeno** GEOL. Depósito de los fondos oceánicos, de origen continental.

TERRINA s.f. Recipiente en forma de tronco de cono invertido que se usa para conservar alimentos.

TERRITORIAL adj. Perteneciente al territorio. ◇ **Ejército territorial** El formado por unidades que tienen a su cargo la misión específica de la defensa del territorio.

TERRITORIALIDAD s.f. Característica peculiar que adquieren en el derecho las cosas y hechos jurídicos en cuanto se encuentran en el territorio de un estado.

TERRITORIO s.m. (lat. *territorium*). Porción de tierra perteneciente a una nación, región, provincia, etc.; término que comprende una jurisdicción. **2.** En países de régimen federal como Argentina, Australia, Canadá, Venezuela, etc., entidad política que no goza de completa autonomía interior o que es administrada por el gobierno central. **3.** ETOL. Espacio delimitado elegido por un animal o grupo de animales para desarrollar sus actividades y que es defendido frente a otros individuos. **4.** MED. Conjunto de estructuras anatómicas que dependen de un tronco arterial o filete nervioso.

TERRÓN s.m. Masa pequeña y compacta de tierra. **2.** Masa pequeña y apretada de una sustancia: *terrón de azúcar.* **3.** METAL. Mota.

TERROR s.m. (lat. *terror, -oris*). Miedo muy intenso. **2.** Persona o cosa que provocan este sentimiento.

TERRORÍFICO, A adj. Que causa terror. SIN.: *terrífico.*

TERRORISMO s.m. Dominación por el terror. **2.** Conjunto de actos violentos llevados a cabo por una organización o grupo político frente al poder establecido, para la consecución de sus fines.

TERRORISTA adj. y s.m. y f. Relativo al terrorismo; miembro de una organización terrorista.

TERROSO, A adj. Que tiene el color u otra característica de la tierra. **2.** Que es de tierra o está mezclado con tierra.

TERRUÑO s.m. Comarca o tierra, especialmente el país natal. **2.** Tierra que se trabaja y de la que se vive.

TERSAR v.tr. Poner terso.

TERSO, A adj. (lat. *tersus*). Limpio, transparente. **2.** Liso, tirante, sin arrugas. **3.** *Fig.* Puro, limado, fluido.

TERSURA s.f. Cualidad de terso.

TERTULIA s.f. Reunión habitual de personas que se juntan para conversar sobre un tema determinado. **2.** Argent. Platea alta en un local de espectáculos.

TERTULIANO, A adj. y s. Se dice de la persona que concurre a una tertulia.

TERTULIAR v.intr. Amér. Conversar o hacer tertulia.

TERUTERU s.m. (voz de origen onomatopéyico). Ave caradriforme, de unos 30 cm de envergadura, que vive en América Meridional.

TESALIO, A adj. y s. De Tesalia. SIN.: *tesálico.*

TESALONICENSE adj. y s.m. y f. De Tesalónica. SIN.: *tesalónico.*

TESAR v.tr. MAR. Extender, estirar, poner tirante o en tensión: *tesar un cable; tesar las velas.* SIN.: *tensar.*

TESAURO s.m. Diccionario, catálogo o antología.

TESELA s.f. B. ART. Pequeña pieza, normalmente de forma cúbica, de piedra o de pasta de vidrio coloreada, con la que se realizan los mosaicos.

TESELACIÓN s.f. MAT. Composición de una o varias figuras planas que, repitiéndose con regularidad, pueden llenar el plano.

irish-terrier

bull-terrier

■ **TERRIER**

TÉSERA s.f. ANT. ROM. Ficha de metal o de marfil que servía de billete de entrada, de bono, de boletín, etc.

TESINA s.f. Tesis de menor extensión e importancia que la doctoral, que hay que presentar en algunos casos para obtener el grado de licenciatura.

TESIS s.f. (lat. *thesis*, del gr. *thésis*). Proposición que se enuncia y se mantiene con argumentos. **2.** Trabajo de investigación que se presenta para obtener el grado de doctor universitario. **3.** FILOS. En la lógica de Aristóteles, proposición no demostrada que se usa como premisa de un silogismo. **b.** En las antinomias kantianas, proposición a la que se opone la *antítesis.* **c.** En la filosofía dialéctica, primera fase del proceso dialéctico.

TESITURA s.f. (ital. *tessitura*, tejedura). Actitud o disposición del ánimo. **2.** MÚS. **a.** Término que indica la extensión o registro de una voz o de un instrumento. **b.** Conjunto de los sonidos que se repiten con mayor frecuencia en una pieza o pasaje musicales y que constituyen un promedio de su altura.

TESLA s.m. (de N. *Tesla*, ingeniero yugoslavo). Unidad de medida de inducción magnética (símb. T), en el sistema internacional, equivalente a la inducción magnética uniforme que, repartida normalmente sobre una superficie de un metro cuadrado, produce sobre dicha superficie un flujo magnético total de 1 weber.

TESMOFORIAS s.f.pl. ANT. GR. Fiestas en honor de Deméter y Coré.

TESMOTETES o **TESMOTETO** s.m. ANT. GR. Magistrado ateniense encargado de redactar, guardar e interpretar las leyes y de organizar la justicia.

TESÓN s.m. Firmeza, constancia, perseverancia.

TESORERÍA s.f. Cargo u oficio de tesorero. **2.** Oficina o despacho del tesorero. **3.** Parte del activo de una empresa disponible en metálico o fácilmente realizable, para efectuar sus pagos. **4.** Conjunto de finanzas del estado.

TESORERO, A s. Persona encargada de guardar y contabilizar los fondos de una dependencia pública o privada. ◆ s.m. Canónigo que custodia las reliquias y alhajas de una catedral. **2.** En el Antiguo régimen, oficial real que ejercía diversas funciones en la administración financiera del estado.

TESORITO s.m. Ave paseriforme que vive en América Meridional. (Familia cotíngidos.)

TESORO s.m. (lat. *thesaurus*, del gr. *thesaurós*). Cantidad de dinero, joyas, valores u objetos preciosos, reunida y guardada. **2.** Abundancia de caudal guardado. **3.** Erario de una nación. SIN.: *tesoro público.* **4.** Pequeño edificio en que se guardaban estatuas y exvotos, dentro del recinto de los santuarios panhelénicos. **5.** Depósito oculto e ignorado de dinero u objetos preciosos, cuya legítima pertenencia a un propietario no consta. **6.** *Fig.* Persona o cosa digna de estimación, de mucho valor. **7.** *Fig.* Nombre dado a ciertas obras científicas o literarias: *tesoro de la lengua castellana.* ◇ **Tesoro público** Servicio del estado que efectúa las operaciones de caja y banca que comporta la gestión de la hacienda pública y que ejerce sobre el conjunto de actividades financieras los poderes de tutela conferidos al estado.

TEST s.m. (voz inglesa) [pl. *tests*]. Prueba que permite estudiar y valorar las aptitudes y los conocimientos de un sujeto, o explorar su personalidad. **2.** Prueba que permite juzgar algo en general. ◇ **Test estadístico** Prueba que tiene por objeto, a partir de observaciones realizadas en una muestra, decidir la aceptación o el rechazo de una hipótesis relativa a la distribución de la variable observada en la población de la que proviene la muestra.

ENCICL. Los *tests de nivel*, como los de Binet-Simon, de Terman, o de Wechsler-Bellevue, incluyen pruebas verbales o prácticas, como razonamientos aritméticos, clasificación de imágenes, ensamblajes de objetos, etc. Dan informaciones sobre el coeficiente intelectual. Los *tests proyectivos* (Rorschach, TAT, MMPI) están destinados a explorar aspectos afectivos de la personalidad.

TESTA s.f. (ital. *testa*). Cabeza de una persona o animal. ◇ **Testa coronada** Monarca o soberano de un estado.

TESTÁCEO, A adj. y s.m. ZOOL. Que tiene concha.

TESTADO, A adj. Que muere habiendo hecho testamento. **2.** Que está comprobado o controlado mediante un test.

TESTADOR, RA s. Persona que hace testamento.

TESTAFERRO s.m. (port. *testa de ferro*). Persona que presta su nombre en un contrato, pretensión o negocio, correspondiéndole a otra persona.

TESTAMENTARÍA s.f. Conjunto de documentos, bienes o acciones relacionados con la ejecución de un testamento.

TESTAMENTARIO, A adj. Relativo al testamento. ◆ s. Persona encargada por el testador de cumplir su última voluntad.

TESTAMENTO s.m. (lat. *testamentum*). Negocio jurídico consistente en una declaración de voluntad por la que una persona ordena el destino de sus intereses para después de su fallecimiento. **2.** Documento en que consta esta declaración. **3.** Alianza de Dios con su pueblo y la Iglesia. ◇ **Antiguo Testamento** Conjunto de los libros bíblicos de la historia judía anteriores a la venida de Jesucristo. **Nuevo Testamento** Conjunto de escritos de la Biblia concernientes a la vida y mensaje de Jesucristo: los Evangelios, los Hechos de los Apóstoles, las Epístolas y el Apocalipsis. **Testamento político** Documento que algunos estadistas redactan antes de su muerte.

TESTAR v.intr. (lat. *testari*). Hacer testamento. ◆ v.tr. Comprobar o controlar una cosa mediante un test.

TESTARADA s.f. Cabezazo, golpe dado con la cabeza.

TESTARAZO s.m. Testarada. **2.** Golpe, porrazo o encuentro violento.

TESTARUDEZ s.f. Cualidad de testarudo. **2.** Acción propia de la persona testaruda.

TESTARUDO, A adj. y s. (de *testa*). Que se mantiene en una actitud u opinión a pesar de tener en contra razones convincentes para desistir.

TESTE s.m. Argent. Verruga pequeña que sale en los dedos de la mano.

TESTERA s.f. Parte frontal o delantera de un mueble o cosa semejante. **2.** Parte anterior y superior de la cabeza de un animal. **3.** Pieza de la armadura que protegía la cabeza del caballo. **4.** En la montura militar actual, correa que pasa por la parte superior de la cabeza del caballo.

TESTERO s.m. Testera. **2.** Pared de una habitación.

TESTICULAR adj. Relativo a los testículos.

TESTÍCULO s.m. (lat. *testiculus*, testigo de virilidad, dim. de *testis*, testigo). Glándula sexual masculina que produce los espermatozoides y segrega las hormonas masculinas.

TESTIFICACIÓN s.f. Acción y efecto de testificar.

TESTIFICAR v.tr. (lat. *testificare*) [1]. Atestiguar, firmar o declarar como testigo. **2.** Probar algo con testigos o documentos auténticos. **3.** *Fig.* Indicar, ser muestra o señal de algo.

TESTIFICATIVO, A adj. Que declara con certeza y testimonio verdadero una cosa.

TESTIGO s.m. y f. (del ant. *testiguar*, lat. *testificare*). Persona que emite declaraciones sobre datos procesales ante el juez. **2.** Persona que da testimonio de algo, o lo atestigua. **3.** Persona que presencia algo. ◆ s.m. Cosa que sirve para demostrar la existencia de algo o para indicar o recordar algo. **2.** Placa de yeso, puesta en la superficie de una fisura producida en una obra de mampostería o de fábrica, para vigilar la evolución de su movimiento. **3.** Objeto cilíndrico, a modo de bastón, que un corredor entrega a otro en una carrera de relevos. **4.** Trozo de papel que se deja sin cortar al pie de una hoja para indicar el tamaño original de los pliegos. **5.** Mojón de tierra que se deja a trechos para las excavaciones para poder comprobar el volumen de tierra o materiales extraídos. **6.** MIN. Muestra cilíndrica de terreno que se extrae del suelo mediante un sacatestigos. ◇ **Testigo de cargo**

Testigo que declara en contra del acusado.

Testigo de descargo Testigo que declara en favor del acusado.

TESTIMONIAL adj. Que sirve de testimonio.

TESTIMONIAR v.tr. Atestiguar, testificar. **2.** Dar testimonio de algo: *testimonió su admiración por ella.*

TESTIMONIO s.m. (lat. *testimonium*). Acción y efecto de testimoniar. **2.** Declaración y examen del testigo para provocar la convicción del órgano jurisdiccional.

TESTING s.m. MED. Método de chequeo muscular. (Se usa también *muscle testing*.)

TESTÓN s.m. (de *tostón*, antigua moneda portuguesa). Monedas de plata, con la cabeza de un rey, que se utilizó en diversos países europeos y en Castilla se acuñó en tiempo de Felipe IV.

TESTOSTERONA s.f. Hormona producida por los testículos, que actúa sobre el desarrollo de los órganos genitales y de los caracteres sexuales secundarios masculinos.

TESTUZ s.m. o f. En algunos animales, frente, y en otros, nuca.

TETA s.f. (voz de creación expresiva). Mama. **2.** Pezón. **3.** Queso gallego, de forma redonda y acabado en punta. ◇ **Dar la teta** Dar de mamar. **De teta** Que está en el período de la lactancia. **Quitar la teta** Destetar.

TETANIA s.f. Tendencia patológica a la aparición de espasmos y contracturas musculares.

TETÁNICO, A adj. y s. Relativo al tétanos o a la tetania; que padece el tétanos.

TETANIZAR v.tr. [7]. Provocar mediante excitación eléctrica contracciones prolongadas de un músculo, parecidas a las que se dan en el tétanos.

TÉTANOS s.m. (gr. *tétanos*). PATOL. Enfermedad infecciosa grave, caracterizada por contracciones dolorosas que se extienden a todos los músculos del cuerpo, cuyo agente es un bacilo anaerobio que se desarrolla en las heridas sucias y que actúa por una toxina que ataca los centros nerviosos.

TÊTE-À-TÊTE s.m. (voces francesas). Conversación entre dos personas.

TETERA s.f. Recipiente para la infusión y el servicio del té. **2.** Amér. Central, Méx. y P. Rico. Tetilla de biberón.

TETERO s.m. Colomb. Biberón.

TÉTICO, A adj. FILOS. **a.** Que concierne a una tesis. **b.** En fenomenología, se dice de lo que expone la existencia de la conciencia, de lo que la afirma como tal.

TETILLA s.f. Teta de los animales mamíferos machos. **2.** Pieza de goma u otro material blando, semejante a un pezón, que se pone al biberón para que el niño chupe por él. SIN.: *tetina*.

TETINA s.f. Tetilla de biberón.

1. TETÓN s.m. Trozo o pie de una rama principal podada que queda unido al tronco. **2.** ARM. Saliente que sobresale de una superficie lisa.

2. TETÓN, NA adj. *Fam.* Tetudo.

TETRAATÓMICO, A adj. Formado por cuatro átomos.

TETRABRIK s.m. (marca registrada). Envase de cartón impermeabilizado que sirve para contener alimentos líquidos.

TETRACICLINA s.f. Antibiótico fungicida, cuya molécula comprende cuatro ciclos, y que actúa sobre numerosas bacterias.

TETRACLORURO s.m. Combinación que contiene cuatro átomos de cloro. ◇ **Tetracloruro de carbono** Líquido incoloro CCl_4, empleado como disolvente no inflamable.

TETRACORDIO s.m. Sucesión descendente de cuatro sonidos, que formaban la base de la estructura del sistema musical en la antigua Grecia.

TÉTRADA s.f. Conjunto de cuatro seres o cosas estrechas o especialmente vinculadas entre sí. **2.** BOT. Conjunto formado por los cuatro granos de polen que salen en la meyosis de la misma célula madre.

TETRADINAMIA s.f. BOT. Se dice de los estambres, como los de las crucíferas, cuyo número es de seis y de los que cuatro son más largos que los otros.

TETRAEDRO s.m. MAT. **a.** Poliedro de cuatro caras. **b.** Pirámide de base triangular. ◇ **Tetraedro regular** MAT. Tetraedro cuyas caras son cuatro triángulos equiláteros iguales.

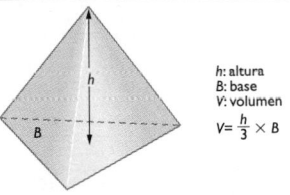

h: altura
B: base
V: volumen
$$V = \frac{h}{3} \times B$$

■ **TETRAEDRO**

TETRÁGONO, A adj. y s.m. Se dice del polígono de cuatro lados y cuatro ángulos. ◆ s.m. MAT. Cuadrilátero.

TETRALOGÍA s.f. Conjunto de cuatro obras, tres tragedias y un drama satírico, que los antiguos poetas trágicos presentaban a los concursos dramáticos. **2.** Conjunto de cuatro obras literarias o musicales, unidas por una misma inspiración.

TETRÁMERO, A adj. BIOL. Dividido en cuatro partes.

TETRAPLEJÍA s.f. Parálisis de cuatro miembros. SIN.: *cuatriplejía*.

TETRAPLÉJICO, A adj. y s. Relativo a la tetraplejía; que padece tetraplejía.

TETRAPLOIDE adj. y s.m. y f. BIOL. Se dice del individuo mutante cuya dotación cromosómica es doble de la de sus progenitores.

TETRAPLOIDIA s.f. Estado de los tetraploides.

TETRÁPODO, A adj. y s.m. Relativo a un grupo de vertebrados de vida terrestre, que poseen cuatro extremidades excepto los que las han perdido secundariamente, como las serpientes. (El grupo *tetrápodos* incluye los anfibios, reptiles, aves y mamíferos.)

TETRARCA s.m. Jefe gobernador de una tetrarquía. **2.** Cada uno de los cuatro emperadores de la tetrarquía de Diocleciano.

TETRARCADO s.m. Dignidad y función de un tetrarca.

TETRARQUÍA s.f. En la época grecorromana, división de un territorio repartido en cuatro partes. **2.** Funciones del gobernador de dicha división. **3.** Gobierno de cuatro.

TETRASÍLABO, A adj. y s.m. Que tiene cuatro sílabas. SIN.: *cuatrisílabo*.

TETRÁSTILO, A adj. y s.m. ARQ. Que tiene cuatro columnas.

TETRÁSTROFO, A adj. Que tiene cuatro estrofas. ◇ **Tetrástrofo monorrimo** Cuaderna vía.

TETRAVALENTE adj. Cuadrivalente.

TÉTRICO, A adj. (lat. *taetricus*). Triste, deprimente, lúgubre.

TETRODO s.m. Válvula de cuatro electrodos, un cátodo, dos rejillas y un ánodo.

TETUANÍ adj. y s.m. y f. De Tetuán. SIN.: *tetuán*.

TETUDO, A adj. *Fam.* Que tiene las tetas muy grandes. SIN.: *tetón*.

TEUCRO, A adj. y s. Troyano.

TEÚRGIA s.f. Magia mediante la que se pretende tener comunicación con las divinidades bienhechoras.

TEÚRGO s.m. (gr. *theurgós*). Mago dedicado a la teúrgia.

TEUTÓN, NA adj. y s. De un pueblo de Germania que invadió la Galia con los cimbrios y fue derrotado por Mario cerca de Aix-en-Provence (102 a.C.). ◆ adj. Alemán. **2.** Miembro de la orden Teutónica. **2.** En la alta edad media, lengua germánica.

TEUTÓNICO, A adj. Relativo a los teutones. ◆ adj. y s. Relativo a la orden Teutónica; miembro de dicha orden. ◆ s.m. Lengua de los teutones.

TEX s.m. Unidad de medida de la masa lineal (símbolo tex), empleada en el comercio de fibras e hilos, que vale 10^{-6} kilogramo por metro, o sea 1 gramo que puede tejerse.

TEX-MEX adj. (acrónimo del ingl. *Texan-Mexican*). Se aplica al estilo culinario propio de la cocina mexicana adaptada a los gustos angloamericanos. **2.** *Por ext.* Se dice de toda actividad o producto que resulta de la adaptación de lo típicamente mexicano a lo angloamericano.

TEXTIL adj. (fr. *textile*). Relativo a los tejidos: *industria textil.* ◆ adj. y s.m. Se dice de la materia que puede tejerse.

TEXTO s.m. (lat. *textum*, texto, tejido). Conjunto de palabras que componen un escrito. **2.** Conjunto de palabras que componen la parte original de una obra en contraposición a las notas, comentarios, traducción, etc., adjuntos. **3.** Página impresa escrita (por oposición a *ilustración*). **4.** Obra escrita. **5.** Pasaje citado de una obra literaria. **6.** Libro designado o que se utiliza como guía en un centro de enseñanza para la preparación de una asignatura o disciplina determinada. (También *libro de texto*.) **7.** Contenido exacto de una ley, acta, etc.

TEXTUAL adj. Relativo al texto. **2.** Exacto: *palabras textuales.*

TEXTURA s.f. Entrelazamiento, disposición y orden de los hilos en un tejido. **2.** Estado de una cosa tejida. **3.** *Fig.* Estructura, disposición de las partes de un cuerpo, una obra, etc. **4.** METAL. Estructura peculiar de los agregados policristalinos de metales y aleaciones, deformados mecánicamente y que presentan por ello una orientación predominante de los cristales metálicos. **5.** PETROGR. Disposición y dimensiones relativas de los elementos constitutivos de una roca.

TEXTURIZACIÓN s.f. Operación de mejora de las fibras textiles sintéticas.

TEZ s.f. Cutis, superficie de la piel del rostro.

TEZONTLE s.m. Piedra volcánica porosa, de color rojizo, muy usada por los aztecas en sus construcciones.

th, símbolo de la *termia*.

THAI adj. y s.m. y f. De un grupo de pueblos del SE de Asia (S de China, Vietnam, Laos, Tailandia y Birmania). ◆ s.m. Familia de lenguas que se habla en el Sudeste asiático.

THALER s.m. Antigua moneda prusiana de plata.

THESAURUS s.m. Diccionario o catálogo exhaustivo y ordenado alfabéticamente de las palabras de una lengua o materia.

THETA o **ZETA** s.f. Nombre de la octava letra del alfabeto griego (Θ, Θ), que corresponde al sonido interdental de *z* en español.

THONGA → **TSONGA**.

THRILLER s.m. (voz inglesa). Película o novela de suspense (policíaca o de terror), que proporciona sensaciones fuertes.

THUG s.m. HIST. Miembro de una asociación religiosa de la India, en la que se practicaba el asesinato como un ritual.

TI pron.pers. Forma tónica del pronombre personal de 2ª persona del singular. Funciona como complemento precedido de preposición: *sin ti no puedo vivir; te lo digo a ti.*

TÍADA s.f. En la antigüedad griega, mujer que celebraba el culto de Dioniso.

TIAM → **SHAM.**

TIAMINA s.f. Vitamina B₁. SIN.: *aneurina.*

TIANGUIS s.m. Méx. Mercado pequeño, principalmente el que se instala de manera periódica en la calle.

TIARA s.f. (lat. *tiara*). Tocado que simbolizaba la soberanía en oriente. **2.** Mitra alta ceñida por tres coronas, que lleva el papa en las ceremonias no litúrgicas. **3.** Dignidad papal.

TIAZOL s.m. Compuesto heterocíclico de cinco átomos, de los cuales uno es de azufre y otro de nitrógeno, y cuyo núcleo desempeña un importante papel en bioquímica.

TIBERINO, A adj. Relativo al río Tíber.

TIBERIO s.m. Fam. Ruido, jaleo, confusión.

TIBETANO, A adj. y s. Del Tíbet. ◆ s.m. Lengua hablada en el Tíbet, que se escribe con un alfabeto de origen hindú.

TIBIA s.f. (lat. *tibia*, flauta, tibia). Hueso largo que forma la parte interna de la pierna. **2.** Hueso o división de las extremidades de ciertos animales.

TIBIEZA s.f. Cualidad de tibio.

TIBIO, A adj. (lat. *tepidus*). Templado, ni muy frío, ni muy caliente: *agua tibia.* **2.** *Fig.* Indiferente, poco vehemente o afectuoso: *tibio entusiasmo.* ◇ **Poner tibio** a alguien *Fam.* Criticarlo.

TIBU → **TUBU.**

TIBURÓN s.m. Pez marino de gran tamaño, cuerpo esbelto y fusiforme, aletas pectorales grandes y morro puntiagudo, con la boca en la parte inferior, provista de dientes afilados. (Aunque algunos son carnívoros, la mayoría son inofensivos y se alimentan de plancton.) **2.** *Fig.* Persona muy ambiciosa y sin escrúpulos.

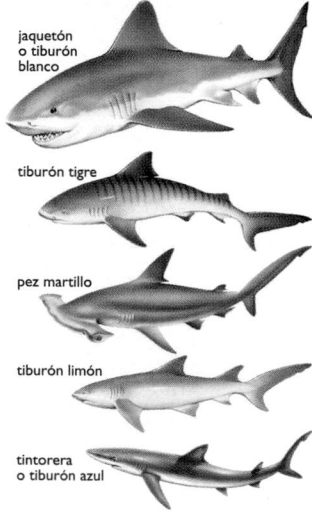

jaquetón
o tiburón
blanco

tiburón tigre

pez martillo

tiburón limón

tintorera
o tiburón azul

■ **TIBURONES**

TIC s.m. (fr. *tic*) [pl. *tics*]. Contracción brusca, rápida e involuntaria de ciertos músculos, especialmente en la cara.

TICHOLO s.m. Argent. Dulce de caña de azúcar o de guayaba, en forma de panes pequeños.

TICKET s.m. (voz inglesa). Billete, bono, boleto.

TICO, A adj. y s. Amér. Central y Méx. Denominación dada a los costarriqueños.

TICTAC o **TIC-TAC** s.m. (voz onomatopéyica) [pl. *tictacs* o *tic-tacs*]. Sonido acompasado que produce el reloj.

TIE-BREAK s.m. (voz inglesa). Sistema para limitar la duración de los partidos de tenis, que consiste en un juego que decide el vencedor cuando están empatados. (El servicio corresponde alternativamente a los dos adversarios.) SIN.: *muerte súbita.*

TIEMPO s.m. (lat. *tempus, -oris*). Dimensión que representa la sucesión continuada de momentos: *el tiempo transcurría lentamente.* **2.** El existir del mundo subordinado a un principio y un fin, en contraposición a la idea de eternidad. **3.** Parte determinada del ser en relación con el devenir continuo y sucesivo del mundo: *el tiempo presente.* **4.** Parte de la vida de un individuo comprendida entre límites más o menos indeterminados: *en mis tiempos las costumbres eran distintas.* **5.** Duración de una acción: *el tiempo de una carrera.* **6.** Período o espacio más o menos largo: *trabajo que requiere mucho tiempo.* **7.** Parte del día establecida o disponible para una determinada acción: *tiempo libre.* **8.** Momento oportuno, ocasión: *llegó antes de tiempo.* **9.** Período, época caracterizada por registrarse alguna cosa o por determinadas condiciones: *tiempo de paz; tiempo de vacaciones.* **10.** Edad de un bebé, especialmente cuando no ha cumplido el año. **11.** Parte de la historia importante por determinados acontecimientos: *época histórica en general: el tiempo de Augusto.* **12.** Cada una de las partes o cada uno de los movimientos

que componen una acción más o menos compleja. **13.** Ciclo de funcionamiento de un mecanismo: *motor de cuatro tiempos.* **14.** Cada una de las partes en que se dividen algunas competiciones deportivas por equipos. **15.** Modificación de la forma verbal, que expresa una relación de tiempo, presente, pretérito, futuro. **16.** Estado de la atmósfera en un momento dado: *hacer buen tiempo.* **17.** MÚS. Cada una de las partes de igual duración en que se divide el compás. ◆ **tiempos** s.m.pl. Cada una de las partes en que se dividen ciertos movimientos de la instrucción militar. ◇ **Al**, o **del, tiempo** Méx. Se dice del refresco que está templado. **A su tiempo** En ocasión oportuna. **A tiempo** En el momento oportuno. **Ganar tiempo** *Fam.* Hacer algo de modo que el tiempo que transcurra aproveche al intento de acelerar o retardar algún suceso o la ejecución de una cosa. **Tiempo atómico** Tiempo en el que la medida está fundamentada en la frecuencia de vibración de un átomo, en unas condiciones determinadas. **Tiempo civil** ASTRON. Tiempo solar medio aumentado en doce horas, que se cuenta de 0 a 24 horas a partir de medianoche. **Tiempo compartido** INFORMÁT. Técnica de utilización simultánea de una computadora a partir de numerosas terminales, en la que se cede sucesivamente una porción de tiempo a cada usuario. **Tiempo de acceso** INFORMÁT. Tiempo que transcurre entre el inicio de una operación de búsqueda en una memoria y la obtención del primer dato. **Tiempo de efemérides (TE)** Tiempo definido por el movimiento de traslación de la Tierra alrededor del Sol. **Tiempo muerto** En baloncesto, interrupción del juego durante un minuto, que solicita un entrenador para dar instrucciones a sus jugadores. **Tiempo parcial** Se dice del trabajo que se efectúa con un horario inferior al normal. **Tiempo real** INFORMÁT. Técnica de utilización de una computadora en la que esta debe elaborar, a partir de informaciones adquiridas o recibidas del exterior, informaciones de mando, control o respuesta en un tiempo breve, coherente con la evolución del proceso con el que está en relación. **Tiempo sideral** Ángulo horario del punto vernal en un lugar determinado. **Tiempo solar medio** Tiempo solar verdadero, sin sus inexactitudes seculares o periódicas, que se cuenta de 0 a 24 horas a partir del mediodía. **Tiempo solar verdadero** Ángulo horario del centro del Sol en un lugar determinado. **Tiempo universal (TU)** Tiempo civil de Greenwich (Gran Bretaña).

TIENDA s.f. (bajo lat. ant. *tenda*). Establecimiento comercial donde se venden artículos, generalmente al por menor. **2.** Pabellón portátil, desmontable, de lona, tela o piel, que se monta al aire libre. (También *tienda de campaña.*) ◇ **Tienda de oxígeno** MED. Recinto con paredes de plástico transparentes, destinado a aislar al sujeto de la atmósfera para someterlo a la acción de oxígeno puro.

TIENTA s.f. Prueba que se hace con las reses para comprobar su bravura. ◇ **A tientas** Guiándose por el tacto, por no poder utilizar la vista.

TIENTO s.m. Acción y efecto de tocar, ejercitar el sentido del tacto. **2.** *Fig.* Tacto, habilidad para hablar u obrar con acierto. **3.** Palo que usan los ciegos para guiarse. **4.** Pieza instrumental imitada del motete, presente, de España desde principios del s. XVI hasta el s. XVIII. **5.** Argent., Chile y Urug. Tira delgada de cuero sin curtir, empleada para hacer látigos, sogas, etc. ◆ **tientos** s.m.pl. Modalidad de cante flamenco, cuyo estilo básico es una consecuencia de los tangos.

TIERNO, A adj. (lat. *tener, -era, -erum*). Que cede fácilmente a la presión, delicado, fácil de romper o partir. **2.** *Fig.* Reciente, de poco tiempo: *brotes tiernos.* **3.** *Fig.* Afectuoso, cariñoso.

1. TIERRA s.f. (lat. *terra*). Parte sólida del planeta Tierra, en contraposición al mar. **2.** Materia inorgánica desmenuzable, de que principalmente se compone el suelo natural. **3.** Zona o parte considerable del globo terrestre: *las tierras australes.* **4.** Patria. **5.** Superficie del planeta Tierra sobre la que se pisa. **6.** Terreno cultivado o cultivable: *ha vendido sus tierras.* **7.** *Fig.* Vida terrena, por oposición a la eterna o

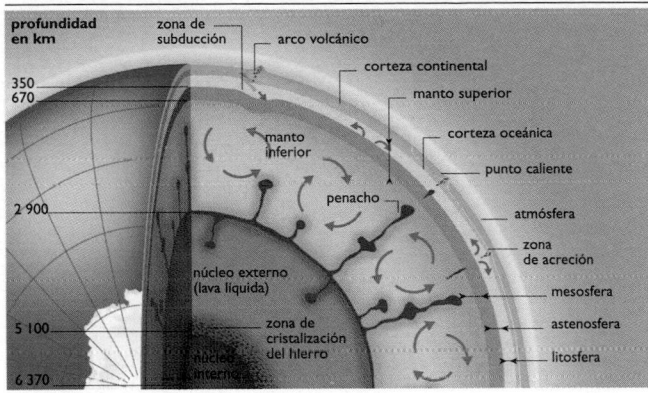

profundidad en km

350
670

2 900

5 100

6 370

zona de subducción
arco volcánico
corteza continental
manto superior
manto inferior
corteza oceánica
punto caliente
penacho
atmósfera
zona de acreción
núcleo externo (lava líquida)
mesosfera
astenosfera
zona de cristalización del hierro
litosfera
núcleo interno

■ **TIERRA.** Estructura de la Tierra.

espiritual. **8.** ELECTR. El suelo considerado como un conductor de poca impedancia. ◆ **tierras** s.f.pl. Pigmentos naturales minerales, obtenidos por simples tratamientos físicos de tierras o minerales.◇ **Echar por tierra** Hacer fracasar algo atacando sus fundamentos; desacreditar a alguien. **Echar tierra** a alguien *Méx. Fam.* Decir cosas de él para perjudicarlo. **Tierra de alfareros** Arcilla grasa. **Tierra de labor** Tierra destinada al cultivo. **Tierra de promisión** La que Dios prometió al pueblo de Israel. **Tierras raras** Grupo de óxidos metálicos, y de los metales correspondientes, de los elementos de número atómico comprendido entre 57 y 71. **Tierra virgen** Tierra que no ha sido nunca cultivada.

2. TIERRA s.f. Planeta del sistema solar habitado por el ser humano.

ENCICL. En orden creciente de distancia al Sol, la Tierra es el tercer planeta principal del sistema solar. Está situada entre Venus y Marte. Gira sobre sí misma con un movimiento casi uniforme, alrededor de un eje que pasa por su centro de gravedad, al mismo tiempo que describe una órbita elíptica alrededor del Sol. El semieje mayor de esta órbita mide unos 149 900 000 km. La revolución de la Tierra alrededor del Sol determina la duración del año, y su rotación sobre sí misma, la del día. La Tierra tiene forma de un elipsoide de revolución achatado. Su diámetro ecuatorial mide aproximadamente unos 12 756 km, y su diámetro polar, 12 713 km. Su superficie es de $510\ 101 \times 10^3$ km^2, su volumen, $1\ 083\ 320 \times 10^6$ km^3, y su masa, de 6×10^{21} toneladas. Su densidad media es de 5,52. Los métodos de datación basados en la desintegración de radioelementos permiten estimar su edad en 4 600 millones de años.

TIESO, A adj. (lat. *vulg. tesus*). Erguido, firme. **2.** Poco flexible, rígido, que se dobla o rompe con dificultad. **3.** Engreído, soberbio. **4.** *Fig.* Que tiene un comportamiento grave, frío, circunspecto. ◇ **Dejar tieso** a alguien *Fam.* Matarlo.

TIESTO s.m. (lat. *testu,* tapa de barro). Recipiente para cultivar plantas. SIN.: *maceta.* **2.** Chile. Cualquier clase de recipiente.

TIESURA s.f. Cualidad de tieso.

TIFÁCEO, A adj. y s.f. (del lat. *typhe,* espadaña, del gr. *týphi*). Relativo a una familia de plantas monocotiledóneas que crecen junto al agua, como la espadaña.

TÍFICO, A adj. y s. Relativo al tifus; que padece esta enfermedad.

TIFOIDEO, A adj. y s.f. (del gr. *thypos,* sopor, y *eidos,* forma). Se dice de una enfermedad infectocontagiosa provocada por alimentos que contienen el bacilo de Eberth, que se multiplican en el intestino y actúan por toxinas.

TIFÓN s.m. (gr. *typhon,* torbellino). Ciclón característico del mar de China.

TIFOSI s.m.pl. (voz italiana). Conjunto de aficionados deportivos italianos, en especial los hinchas de algún equipo de fútbol.

TIFOSIS s.f. Enfermedad microbiana y contagiosa de las aves.

TIFUS s.m. (gr. *typhos,* vapor, estupor). Conjunto de enfermedades infecciosas y contagiosas que causan fiebre alta, erupciones en la piel y dolores de cabeza.◇ **Tifus exantemático** Enfermedad infecciosa debida a una *Rickettsia* y transmitida por el piojo, caracterizada por fiebre elevada, manchas rojas en la piel (exantemas) y estado de sopor. **Tifus murino** Enfermedad parecida al tifus exantemático, en la que la *Rickettsia* es transmitida por la pulga.

TIGRE, ESA s. (lat. *tigris,* del gr. *tígria*). Mamífero carnívoro de las regiones arboladas del SE de Asia y de Siberia oriental, de pelaje amarillo anaranjado y piel rayada. (Es una especie muy amenazada; el tigre es el más grande de los felinos actuales; long. 2,5 m sin la cola; peso aprox. 200 kg; familia félidos.) **2.** Amér. Jaguar. ◆ s.m. Ecuad. Pájaro de mayor tamaño que una gallina y el plumaje semejante a la piel del tigre. ◆ s.f. Mujer atractiva y provocadora.

■ **TIGRE**

TIGRILLO s.m. Carnívoro de unos 60 cm de long., de pelaje amarillo con manchas oceladas, vientre claro y orejas negras con una mancha blanca, que vive desde Colombia y Venezuela hasta el N de Argentina. (Familia félidos.)

TIGRÓN o **TIGLÓN** s.m. Híbrido estéril de tigre y león.

TIHUÉN s.m. Chile. Planta laurácea.

TIJA s.f. (fr. *tige*). Parte cilíndrica, maciza o hueca de una llave, comprendida entre el paletón y el ojo.

TIJERA s.f. (del lat. *[forficies] tonsorias,* [tijeras] de esquilar). Instrumento de acero con dos brazos móviles que cortan por el interior. (Suele usarse en plural.) **2.** Aspa que sirve para apoyar un madero que se ha de aserrar o labrar. **3.** Conjunto de piezas del juego delantero de un vehículo tirado por caballos, en las que se fijan las varas o la lanza. **4.** En lucha libre, presa especial que consiste en agarrar y sujetar al adversario cruzando las piernas a su alrededor. **5.** Cizalla. **6.** Lengua de la culebra. **7.** TAUROM. Suerte de capa que se ejecuta, citando por delante al toro, con los brazos cruzados y deshaciendo el cruce al verificarse el embroque.◇ **De tijera** Se dice de lo que está formado por dos piezas cruzadas y articuladas: *silla de tijera.*

TIJERAL s.m. Chile. Armazón que sostiene el techo de una edificación.

TIJERETA s.f. Insecto de unos 3 cm de long., provisto de dos apéndices en forma de pinza al final de su abdomen, y que se encuentra frecuentemente bajo las piedras y en las frutas. **2.** Amér. Ave migratoria, del tamaño de una golondrina, con la cola dispuesta como las hojas de una tijera.

TIJERETAZO s.m. Corte hecho de un golpe con las tijeras. SIN.: *tijeretada.*

TIJERETEAR v.tr. Dar tijeretazos.

TIJERETEO s.m. Acción de tijeretear. **2.** Ruido que hacen las tijeras movidas repetidamente.

TIJERILLAS s.f. (pl. *tijerillas*). Planta herbácea de tallo trepador y flores de tono amarillento, agrupadas en espigas. (Familia fumariáceas.)

TILA s.f. Tilo. **2.** Flor del tilo. **3.** Bebida o infusión de flores de tilo.

TILACINO s.m. Mamífero marsupial carnívoro de Tasmania, prácticamente extinguido.

TÍLBURI s.m. (ingl. *tilbury*). Cabriolé ligero y de dos plazas, tirado por una sola caballería.

TILDAR v.tr. Aplicar a alguien la falta o defecto que se expresa: *tildar de tacaño, de moderno.*

TILDE s.m. o f. (lat. *titulus,* título, rótulo). Signo gráfico del acento o de la raya superior de la *ñ.* **2.** *Fig.* Tacha, falta o defecto. **3.** PALEOGR. Signo de abreviación. ◆ s.f. Cosa insignificante.

TILIÁCEO, A adj. y s.f. Relativo a una familia de plantas arbóreas, arbustivas o herbáceas que crecen en los países cálidos, como el tilo.

TILICHE s.m. Amér. Central y Méx. Baratija, cachivache.

TILICHERO, A s. Amér. Central. Vendedor de tiliches. ◆ adj. Méx. Se dice de la persona muy afecta a guardar tiliches o cachivaches. ◆ s.m. Méx. Lugar donde se guardan los cachivaches. **2.** Méx. Conjunto de cachivaches.

TÍLICO, A adj. Bol. Débil, apocado, cobarde. **2.** Bol. y Méx. Persona enclenque y flacucha.

TILÍN s.m. Sonido de la campanilla.◇ **Hacer tilín** *Fam.* Gustar mucho una persona o cosa.

TILINGO, A adj. (voz de creación expresiva). Argent., Perú y Urug. Lelo, bobo, atolondrado.

TILLA s.f. (fr. *tille*). MAR. Pequeño compartimiento que llevan las embarcaciones menores a proa y a popa, para guardar útiles, ropa y otros efectos.

TILMA s.f. (náhuatl. *tilmatli,* capa). Méx. Manta de algodón que los hombres del campo llevan sobre el hombro, a manera de capa.

TILO s.m. (del lat. *tilia*). Árbol cultivado como ornamental en parques y avenidas, de entre 25 a 30 m de alt., madera fácil de trabajar y flores de color blanco amarillento, con las que se prepara una infusión de efectos tranquilizantes. (Familia tiliáceas.)

frutos

inflorescencia y hojas

flor

■ **TILO**

TIMADOR, RA s. Persona que tima.

TÍMALO s.m. (lat. *thymallus,* del gr. *thýmallos*). Pez de agua dulce, que mide entre 25 y 40 cm, parecido al salmón, de carne apreciada.

TIMAR v.tr. Estafar, quitar o robar algo con engaño. **2.** *Fig.* y *fam.* Engañar a otro con promesas que luego no se cumplen. ➔ **timarse** v.prnl. Esp. *Fam.* Intercambiar miradas o señas galanteadoras dos personas.

TIMBA s.f. *Fam.* Partida de un juego de azar. **2.** Amér. Central y Méx. Barriga.

TIMBAL s.m. Instrumento musical de percusión formado por una caja semiesférica de cobre, cerrada con una piel tensa que se golpea con unas mazas. **2.** Atabal, tamboril que suele tocarse en fiestas públicas. **3.** Empanada hecha con masa de harina, formando como una caja, rellena de carne, pescado u otros alimentos.

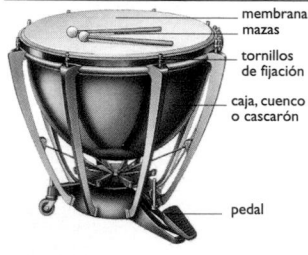

membrana
mazas
tornillos
de fijación
caja, cuenco
o cascarón
pedal

■ **TIMBAL**

TIMBERO, A s. Argent. y Urug. Jugador empedernido.

TIMBÓ s.m. Argent. y Par. Árbol de gran altura, cuya madera, muy resistente al agua, se utiliza para la construcción de canoas. (Familia mimosáceas.)

TIMBÓN, NA adj. Amér. Central y Méx. Se dice de la persona barriguda.

TIMBRADO, A adj. Se dice de la voz que tiene buen timbre: *voz bien timbrada.* **2.** HERÁLD. Se dice del escudo adornado de timbres.

TIMBRAR v.tr. Estampar un timbre, sello o membrete en un papel, documento, etc. **2.** HERÁLD. Poner el timbre en el escudo de armas.

TIMBRAZO s.m. Toque fuerte de un timbre.

TIMBRE s.m. (fr. *timbre,* especie de tambor). Cualidad que distingue un sonido de otro, aunque tengan igual altura e intensidad, cuando son emitidos por dos instrumentos diferentes. **2.** Aparato para llamar o avisar, que suena movido por un resorte, electricidad, etc. **3.** Sonido característico de una voz: *timbre grave.* **4.** *Fig.* Acción, circunstancia o cualidad personal que ennoblece o da honor: *timbre de gloria.* **5.** Sello que se pega en determinados documentos y mercancías, con el que se justifica haber pagado el impuesto correspondiente. **6.** Sello que se estampa en un papel o documento. **7.** Renta del tesoro, constituida por el importe de los sellos, papel sellado y otras imposiciones que gravan ciertos documentos. **8.** Méx. Estampilla, sello postal. **9.** HERÁLD. Ornamento exterior del escudo. **10.** NUMISM. Moneda de oro de la Corona de Aragón, acuñada para competir con el florín (ss. XIV-XV).

TÍMICO, A adj. MED. Relativo al timo, glándula.

TIMIDEZ s.f. Cualidad de tímido.

TÍMIDO, A adj. y s. (lat. *timidus*). Falto de seguridad, de confianza en uno mismo. ➔ adj. Se dice de la actitud, gesto, etc., que demuestra inseguridad: *sonrisa tímida.*

TIMINA s.f. Una de las cuatro bases nitrogenadas contenidas en los ácidos nucleicos y que intervienen en el código genético.

TIMING s.m. (voz inglesa). Constatación, fijación o previsión del tiempo correspondiente a diversas fases de ejecución de una tarea o acción.

TIMNÉ → TEMNÉ.

1. TIMO s.m. *Fam.* Acción y efecto de timar.

2. TIMO s.m. (gr. *thymos,* flor del tomillo, excrecencia carnosa). Glándula situada delante de la tráquea, que solo está desarrollada en los niños y en los animales jóvenes y que desempeña un importante papel en la resistencia a las infecciones.

TIMOL s.m. (del lat. *tymum,* tomillo). QUÍM. Fenol contenido en la esencia de tomillo, que tiene un olor aromático.

TIMÓN s.m. (lat. *temo, -onis,* timón de carro). Aparato instalado en la parte de popa de las embarcaciones y que sirve para dirigirlas. SIN.: *gobernalle.* **2.** *Fig.* Dirección o gobierno de un negocio o asunto. **3.** Dispositivo que regula la progresión de una aeronave en dirección *(timón de dirección)* o en profundidad *(timón de profundidad).* **4.** Palo derecho que sale de la cama del arado y al que se fija el tiro. **5.** Instrumento que gobierna el movimiento de algunas máquinas. **6.** Parte que orienta una rueda eólica en la dirección del viento. **7.** Colomb. Volante del automóvil.

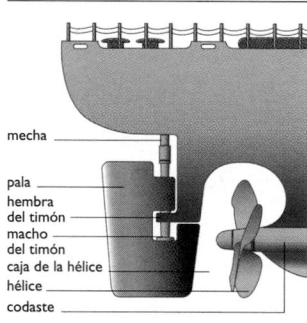

mecha
pala
hembra del timón
macho del timón
caja de la hélice
hélice
codaste

■ **TIMÓN** de buque.

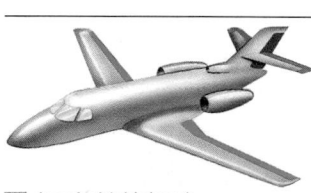

■ de profundidad (cabeceo)
■ laterales (balanceo)
■ de dirección (vaivén)

■ **TIMONES** de un birreactor.

TIMONEAR v.intr. Gobernar el timón.

TIMONEL s.m. (cat. *timoner*). Marinero que maneja el timón.

TIMONERO, A adj. Se dice del arado común o de timón. ➔ adj. y s.f. Se dice de las plumas de la cola de las aves que, en número de 10 a 20, están insertas en las últimas vértebras caudales. ➔ s.m. Timonel.

TIMORATO, A adj. Tímido, indeciso. **2.** Mojigato, que se escandaliza fácilmente.

TIMPANAL adj. ANAT. Se dice del hueso en forma de anillo sobre el que está tensada la membrana del tímpano.

TIMPANISMO s.m. MED. Aumento de la sonoridad del tórax o del abdomen revelado por la percusión, principalmente en el caso de neumotórax o de oclusión intestinal.

TÍMPANO s.m. (lat. *tympanum,* pandero). Atabal, tamboril que suele tocarse en fiestas públicas. **2.** Término con que se denominan los instrumentos de la familia de las cítaras de cuerdas percutidas. **3.** ANAT. **a.** Membrana situada en el fondo del conducto auditivo, que transmite las vibraciones del aire a los huesecillos del oído medio. (También *membrana del tímpano.*) **b.** Cavidad del hueso temporal donde está alojado el oído medio. (También *caja del tímpano.*) **4.** ARQ. Espacio liso u ornamentado con esculturas, comprendido entre el dintel y las cornisas de un frontón o de un gablete.

■ **TÍMPANO** del pórtico de la iglesia románica de Saint-Michel (Charente, Francia), del s. XII, que representa a san Miguel venciendo al dragón.

TINA s.f. (lat. *tina*). Recipiente de madera de forma de media cuba. **2.** Recipiente de gran tamaño, en forma de caldera, que sirve para diversos usos industriales. **3.** Tinaja de barro. **4.** Bañera. **5.** Chile. Maceta para plantas de adorno.

TINACO s.m. Amér. Central y Méx. Depósito de agua situado en la azotea de la casa. **2.** Ecuad. Tinaja grande para depositar la chicha.

TINAJA s.f. Gran recipiente de cerámica, de forma ventruda y boca muy ancha, que se utiliza para guardar aceite, vino, pescado y carne en salazón, etc.

TINAMÚ s.m. Ave de tamaño comprendido entre el de una perdiz y una gallina, que vive en América del Sur, donde es objeto de activa caza.

TINCANQUE s.m. Chile. Capirotazo, golpe dado en la cabeza.

TINCAR v.tr. (quechua *t'inkay*) [1]. Argent. y Chile. Dar un golpe a algo para lanzarlo con fuerza. ➔ v.intr. Chile. Tener un presentimiento, intuir algo.

TINCAZO s.m. Argent. y Ecuad. Capirotazo.

TINCIÓN s.f. Acción y efecto de teñir.

TINCUNACO s.m. Argent. Topamiento.

TINDALIZACIÓN s.f. Esterilización de una sustancia alternando fases de calor, a una temperatura entre 60 ºC y 80 ºC, con fases de cultivo.

TINDÍO s.m. Perú. Ave acuática muy similar a la gaviota.

TINERFEÑO, A adj. y s. De Tenerife (España).

TINGA s.f. Méx. Guiso hecho a base de carne deshebrada de pollo o cerdo, chile, cebolla y especias.

TINGLADO s.m. (del fr. ant. *tingler,* tapar los huecos de la madera). Cobertizo. **2.** Tablado, armazón de tablas. **3.** *Fam.* Enredo, intriga, maquinación.

TINGO s.m. **Del tingo al tango** Méx. De aquí para allá.

TINIEBLA s.f. (lat. *tenebra*). Oscuridad, falta o insuficiencia de luz en un lugar. ◆ **tinieblas s.f.pl.** *Fig.* Ignorancia que se tiene de algo. **2.** *Fig.* Oscuridad, ofuscamiento del entendimiento. ◇ **Oficio de tinieblas** Antes de la reforma litúrgica de 1956, oficio nocturno del jueves y del viernes santos. **Príncipe, o ángel, de las tinieblas** El demonio.

TINO s.m. Acierto y destreza para dar en el blanco al disparar. **2.** *Fig.* Habilidad, destreza. **3.** *Fig.* Juicio, cordura. ◇ **Sacar de tino a alguien** Enojarlo, irritarlo, exasperarlo.

TINOSO, A adj. Colomb. y Venez. Se dice de la persona hábil, diestra y segura.

TINTA s.f. (lat. tardío *tincta*, p. f. de *tignere*). Sustancia líquida o pastosa que se usa para escribir, dibujar, pintar o imprimir. **2.** Secreción líquida y oscura que producen los cefalópodos para defenderse de sus depredadores; se produce en una glándula que se abre en el último tramo del intestino. ◆ **tintas s.f.pl.** Matices del color. ◇ **Cargar, o recargar, las tintas** Exagerar el alcance o significación en lo que se dice o se hace. **Medias tintas** *Fig.* y *fam.* Expresiones o actos que revelan precaución y recelo. **Saber de buena tinta** *Fam.* Haber sido informado de algo por una fuente digna de crédito. **Sudar tinta** *Fam.* Costar a alguien mucho esfuerzo algo. **Tinta china** Tinta que se obtiene al desleír un polvo negro, generalmente negro de humo, en agua. **Tinta simpática** Composición líquida que tiene la propiedad de que no se conozca lo escrito con ella hasta que se le aplique el reactivo conveniente.

TINTAR v.tr. y prnl. Teñir

TINTE s.m. (del lat. *tinctus*). Acción de teñir. **2.** Sustancia que sirve para teñir. **3.** Color que queda al teñir. **4.** *Fig.* Carácter o apariencia superficial o poco marcado en alguien o algo. **5.** *Esp. Fam.* Tintorería, establecimiento.

TINTERILLO s.m. *Desp.* Oficinista, chupatintas. **2.** Amér. Picapleitos.

TINTERO s.m. Recipiente en que se pone la tinta de escribir. **2.** Depósito de tinta que alimenta al cilindro entintador en una máquina de imprimir. ◆ **Dejar(se) algo en el tintero** *Fam.* Olvidarlo u omitirlo.

TINTILLA s.f. Uva de granos pequeños, redondos y negros; también el vino tinto y dulce que se elabora con esta uva.

TINTILLO, A adj. y s.m. Se dice del vino poco subido de color.

TINTÍN s.m. (voz onomatopéyica). Sonido de la campanilla o de un timbre, o el que hacen al chocar dos vasos, copas, etc. SIN.: *tintineo*.

TINTINEAR v.intr. (lat. *tintinnare*). Producir el sonido del tintín. SIN.: *tintinar*.

TINTINEO s.m. Acción de tintinear. **2.** Tintín.

TINTO, A adj. (del lat. *tinctus*, p. de *tignere*). Que está teñido. **2.** Amér. Rojo oscuro. ◆ adj. y s.m. Se dice del vino de color oscuro tirando a negro.

TINTÓREO, A adj. Que sirve para teñir: *maderas tintóreas*.

1. TINTORERA s.f. Pez selácceo de cuerpo fuerte y esbelto, de hasta 3 o 4 m de long., de color azulado o pizarroso en el dorso y flancos, con hocico alargado y subcónico, que vive en los mares tropicales y templados. (Familia carcarínidos.)

2. TINTORERA s.m. Vino español que se elabora en determinadas localidades de la provincia de Valencia.

TINTORERÍA s.f. Oficio de tintorero. **2.** Establecimiento donde se tiñen y limpian las telas, vestidos, etc.

TINTORERO, A s. (lat. *taurarius*). Persona que tiene por oficio teñir o limpiar las telas, vestidos, etc.

TINTURA s.f. Tinte, acción y efecto de teñir y sustancia con que se tiñe. **2.** Líquido en que se ha disuelto una sustancia que le comunica color. **3.** FARM. Alcohol o éter que contiene en disolución los principios activos de una sustancia vegetal, animal o mineral.

TIÑA s.f. (lat. *tinea*). Dermatosis parasitaria de tipo micótico, que afecta a la epidermis y principalmente al cuero cabelludo. ◇ **Más viejo que la tiña** *Fam.* Muy viejo.

TIÑOSO, A adj. Que padece tiña. **2.** *Fig.* y *fam.* Miserable, tacaño.

TÍO, A s. (lat. *thius*, *thia*). Hermano (*tío carnal*) o primo (*tío segundo*, *tercero*, etc.) del padre o la madre. **2.** En algunos lugares, tratamiento que se antepone al nombre de una persona casada o de cierta edad. **3.** *Esp. Fam.* Apelativo para dirigirse a una persona, especialmente a un amigo. **4.** *Esp. Fam.* Persona cuyo nombre se ignora o se desconoce. ◇ **No hay tu tía** *Fam.* Indica la imposibilidad o dificultad de realizar o conseguir algo. **Tío abuelo** Hermano del abuelo.

TIOÁCIDO s.m. Compuesto derivado de un oxiácido por sustitución del oxígeno por azufre.

TIOCARBONATO s.m. Compuesto M_2CS_3 que resulta de la combinación del sulfuro de carbono CS_2 con un sulfuro metálico M_2S.

TIOFENO s.m. QUÍM. Heterociclo de cinco átomos, uno de los cuales es de azufre.

TIOL s.m. Mercaptano.

TIÓNICO, A adj. Se dice de una serie de ácidos oxigenados del azufre, de fórmula general $H_2S_nO_6$ donde n puede tener los valores 3, 4, 5 y 6.

TIORBA o **TEORBA** s.f. Instrumento musical parecido al laúd, que se usó en los ss. XVI-XVIII.

TIOSULFATO s.m. Sal del ácido tiosulfúrico.

TIOSULFÚRICO, A adj. Se dice del ácido de fórmula $H_2S_2O_3$.

TIOVIVO s.m. Atracción de feria consistente en una plataforma giratoria sobre la que hay caballitos de madera, automóviles, barcas, etc., fijos, en los que se montan los niños.

TIP s.m. Méx. Dato o pista que sirve para aclarar algún asunto, resolver un problema, etc.

TIPA s.f. (quechua *ttipa*, canastillo). Árbol, de hasta 20 m de alt., que crece en América meridional, cuya madera, dura y amarillenta, es muy apreciada en ebanistería. (Familia leguminosas.) **2.** Madera de este árbol. **3.** Argent. Cesto de varillas o de mimbre sin tapa.

TIPARRACO, A s. *Desp.* Persona ridícula y despreciable.

TIPAZO s.m. Buen tipo. **2.** Persona alta y apuesta.

TIFEAR v.tr. Amér. Mecanografiar, escribir a máquina.

TIPEJO, A s. *Desp.* Persona ridícula o despreciable.

TIPI s.m. (angloamericano *tepee*). Tienda de forma cónica que constituía la vivienda de los pueblos amerindios de las grandes praderas de EUA.

TIPICIDAD s.f. Cualidad de típico.

TÍPICO, A adj. Peculiar o característico de alguien o algo: *traje típico*; *costumbres típicas*.

TIPIFICAR v.tr. [1]. Adaptar algo a un tipo estándar. **2.** Representar una persona o cosa, el tipo o modelo del género, especie, etc., a que pertenece.

TIPISMO s.m. Cualidad de típico. **2.** Conjunto de características o rasgos peculiares de una región, época, etc.

TIPLE s.m. Voz más aguda de las voces humanas. ◆ s.m. y f. Persona que tiene esta voz.

TIPO s.m. (lat. *typus*, figura, estatua, del gr. *týpos*, golpe, huella, imagen). Elemento que reúne en un alto grado los rasgos y los caracteres esenciales o peculiares de un género, especie, etc. **2.** Clase, categoría, modalidad: *no respondo a este tipo de preguntas*. **3.** Conjunto de los caracteres distintivos o característicos de una raza. **4.** Figura o silueta de una persona: *tener buen tipo*. **5.** Representación de una persona que pone en relieve caracteres muy relevantes o que pueden pertenecer a una colectividad: *el tipo de la Trotaconventos procede de la tradición árabe*. **6.** *Fam.* Persona cuyo nombre se ignora o se desconoce: *un tipo preguntó por ti*. **7.** Categoría taxonómica de los seres vivos inferior a la de reino y superior a la de clase. **8.** FILOS. Cada uno de los grupos, con caracteres definidos, que se establecen en intentos de clasificación de las personas inde-

pendientemente de la raza. **9.** IMPR. **a.** Pieza de metal, fundida en forma de paralelepípedo o prisma rectangular, que lleva en la parte superior una letra u otro signo en relieve para que pueda estamparse. **b.** Cada variedad de letra de imprenta. ◇ **Aguantar, o mantener, el tipo** *Esp. Fam.* Resistir ante un peligro o dificultad. **Jugarse el tipo** *Esp. Fam.* Poner en peligro la propia vida. **Tipo de descuento** Porcentaje del valor de un efecto comercial o letra de cambio que el establecimiento bancario retiene como compensación del anticipo de dinero efectuado al descontar dicho efecto. **Tipo de interés** Porcentaje que se paga por un préstamo a corto o a largo plazo.

TIPOGRAFÍA s.f. Procedimiento de impresión con formas o moldes en relieve. **2.** Imprenta, lugar donde se imprime.

TIPOGRÁFICO, A adj. Relativo a la tipografía: *prensa tipográfica*.

TIPÓGRAFO, A s. Persona que se dedica a componer o corregir textos destinados a la impresión.

TIPOI o **TIPOY** s.m. Túnica larga y sin mangas que visten las indias y campesinas guaraníes.

TIPOLOGÍA s.f. Estudio y clasificación de tipos que se practica en diversas ciencias. **2.** Estudio de los caracteres morfológicos del ser humano, comunes a las diferentes razas. **3.** Biotipología.

TIPÓMETRO s.m. IMPR. Regla graduada en puntos tipográficos.

TÍPULA s.f. (lat. *tippula*). Mosquito de gran tamaño, inofensivo para el ser humano. (Orden dípteros.)

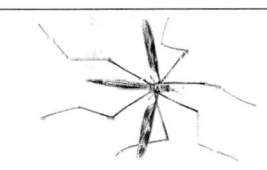

■ **TÍPULA**

TIQUE s.m. Vale, bono, recibo.

TIQUISMIQUIS o **TIQUIS MIQUIS** s.m. y f. (lat. macarrónico *tichi michi*, para ti, para mí) [pl. *tiquismiquis* o *tiquis miquis*]. *Fam.* Persona maniática o muy aprensiva. ◆ s.m.pl. Escrúpulos nimios y sin importancia. **2.** Enojos o discusiones frecuentes y sin motivo. **3.** *Fam.* Expresiones ridículas y afectadas.

TIRA s.f. Pedazo largo, delgado y estrecho de tela, papel u otra materia. **2.** Serie de dibujos que aparece en periódicos y revistas y en los cuales se cuenta una historia o parte de ella. **3.** Méx. *Vulg.* Policía: *llegó la tira y los detuvieron*. ◇ **La tira** *Vulg.* Gran cantidad de una cosa.

TIRABEQUE s.m. (cat. *tirabec*, de *tirar*, tirar, y *bec*, pico). Variedad de guisante o arveja.

TIRABUZÓN n.m. (fr. *tire-bouchon*). Sacacorchos. **2.** *Fig.* Rizo de pelo largo y en forma de espiral.

TIRACHINAS s.m. (pl. *tirachinas*). Esp. Horquilla con una tira elástica para disparar proyectiles. GEOSIN.: Argent. *gomera*; Méx. *resortera*.

TIRADA s.f. Acción y efecto de tirar. **2.** *Fam.* Espacio largo de tiempo o distancia grande entre dos puntos: *queda una buena tirada para llegar*. **3.** Serie ininterrumpida de cosas que se dicen, suceden o se hacen. **4.** Número de ejemplares de que consta una edición. **5.** Méx. *Fam.* Objetivo, propósito. ◇ **Tirada aparte** Separata.

TIRADERA s.f. Flecha de bejuco con punta de asta de ciervo, usada por algunos indios americanos.

TIRADERO s.m. Puesto donde el cazador se coloca para disparar. **2.** Méx. Conjunto de cosas desordenadas: *tiene un tiradero en su cuarto*.

TIRADO, A adj. *Fam.* Que es muy barato. **2.** *Fam.* Que es muy fácil de hacer: *el examen está tirado*. **3.** MAR. Se dice del barco de mucha eslora y poca altura de casco. ◆ adj. y s. *Fam.* Se dice de la persona despreciable o que lleva mala vida. ◆ s.m. Operación de estirar y reducir a hilo los metales, especialmente el oro y la plata, pasándolos por la hilera.

TIRADOR, RA s. Persona que tira, lanza o dispara. ◆ s.m. Pieza que sirve para tirar de algo, como una puerta o un cajón. **2.** Cordón que se tira para hacer sonar una campanilla, un timbre, etc. **3.** Asidero del cual se tira para abrir o cerrar un cajón, una puerta, etc. **4.** Tirachinas. **5.** Argent. Cinturón de cuero curtido propio de la vestimenta del gaucho. **6.** Argent. y Urug. Tirante de un pantalón. (Suele usarse en plural.)

TIRAGOMAS s.m. (pl. *tiragomas*). Tirachinas.

TIRAJE s.m. Acción y efecto de tirar o imprimir. **2.** Operación que tiene por objeto sacar copias fotográficas a partir de un negativo. **3.** Amér. Tiro de la chimenea.

TIRALÍNEAS s.m. (pl. *tiralíneas*). Instrumento de dibujo que sirve para trazar líneas.

TIRAMISÚ s.m. Postre elaborado con bizcocho empapado en café y licor, al que se añaden claras de huevo a punto de nieve mezcladas con un queso muy suave.

TIRANÍA s.f. En la antigua Grecia, poder absoluto. **2.** Gobierno despótico, injusto, cruel. **3.** *Fig.* Abuso excesivo de autoridad, fuerza o superioridad.

TIRANICIDA adj. y s.m. y f. Que comete tiranicidio.

TIRANICIDIO s.m. Muerte dada a un tirano.

TIRÁNICO, A adj. Relativo a la tiranía. **2.** Tirano.

TIRANIZAR v.tr. [7]. Gobernar un tirano un estado. **2.** Tratar con tiranía a alguien.

TIRANO, A adj. y s. (lat. *tyrannus*, del gr. *týrannos*). En la antigüedad griega, se decía de la persona que ejercía el poder absoluto. **2.** Se dice del soberano despótico, injusto, cruel. **3.** *Fig.* Que abusa de su poder, fuerza o superioridad. ◆ adj. *Fig.* Se dice del afecto o pasión que ejerce un dominio excesivo sobre la voluntad de alguien.

TIRANTE adj. Tenso, estirado. **2.** *Fig.* Se dice de las relaciones de amistad frías y próximas a romperse o de las situaciones o actitudes embarazosas y violentas. ◆ s.m. Cada una de las dos tiras de tela o piel, generalmente elásticas, que sostienen desde los hombros un pantalón, delantal u otra prenda de vestir. **2.** Cuerda o correa que, asida a las guarniciones de las caballerías, sirve para tirar de un carruaje. **3.** Correas o cordones que penden del cinturón y sirven para sostener la vaina de una espada o sable por las anillas. **4.** CONSTR. **a.** Riostra y cualquier pieza que trabaja a tracción, fijada por los extremos en otras dos para evitar que se separen. **b.** Pieza o elemento horizontal de una armadura de cubierta, que constituye la base de los cuchillos. ◇ **Falso tirante** CONSTR. Pieza horizontal, paralela al tirante propiamente dicho, y situada a mayor altura que este.

TIRANTEZ s.f. Cualidad o estado de tirante. **2.** ARQ. Dirección de los planos de hilada de un arco o bóveda.

TIRAR v.tr. Despedir una cosa con la mano, generalmente hacia un punto determinado: *tirar piedras al río.* **2.** Derribar, volcar o derramar una cosa. **3.** Desechar una cosa por inútil, gastada o vieja. **4.** *Fam.* Malgastar dinero. **5.** Dibujar una línea o raya. **6.** Realizar una acción determinada, especialmente con fuerza o violencia: *tirar coces.* **7.** Imprimir un dibujo o texto. **8.** Publicar, generalmente un periódico o una publicación periódica, el número de ejemplares que se expresa. **9.** Jugar las cartas, lanzar los dados, etc. **10.** FOT. Reproducir en positivo un cliché fotográfico o sacar copias positivas de un negativo. ◆ v.tr. e intr. Disparar un arma de fuego o un artificio de pólvora: *tirar un cañonazo; tirar al blanco.* ◆ v.intr. Hacer fuerza para traer hacia sí o para llevar tras sí: *tirar de una cuerda.* **2.** Ser demasiado corto o estrecho: *el abrigo me tira de las mangas.* **3.** *Fig. y fam.* Atraer, gustar: *no le tira el estudio.* **4.** *Fig.* Tender, propender: *tener los ojos azules tirando a verdes.* **5.** *Fig. y fam.* Parecerse, asemejarse. **6.** *Fig.* Estar en camino de ser cierta cosa: *tira para cura.* **7.** Tener un motor, o algo semejante, cierta capacidad o potencia de tracción: *este automóvil no tira.* **8.** Producir el tiro o corriente de aire de un hogar, o de otra cosa que arde:

la chimenea tira mucho. **9.** Empuñar un arma, instrumento, etc., para emplearlo: *tirar de navaja.* **10.** Esp. *Fig. y fam.* Torcer, marchar en cierta dirección: *tira a la segunda bocacalle, tira a la derecha.* ◆ **tirarse** v.prnl. Abalanzarse, echarse o dejarse caer sobre algo: *tirarse a la piscina; tirarse al suelo.* **2.** *Fam.* Pasar, transcurrir de cierta manera un tiempo que se expresa: *se ha tirado toda la noche trabajando.* **3.** *Vulg.* Poseer sexualmente a una persona. **4.** TAUROM. Lanzarse sobre el toro para darle la estocada. ◇ **Ir tirando** Mantenerse una persona o cosa en el mismo estado, generalmente con dificultad. **Tirarle a algo** Méx. *Fam.* Tener el propósito de alcanzarlo o de conseguirlo: *le tira a ser director de escuela.*

TIRAS s.f.pl. Chile. Trapos, ropas de vestir.

TIRASSE s.f. (voz francesa). MÚS. Cada uno de los mecanismos de la consola del órgano que se acciona con los pies.

TIRATA s.f. MÚS. Dibujo melódico de carácter ornamental.

TIRATRÓN s.m. Tubo termoiónico, lleno de gas inerte o de vapor de mercurio, empleado como rectificador o como regulador de corriente.

TIRAVIRA s.f. MAR. Cabo doble, fijado por dos de sus extremos en lo alto de un plano inclinado, con el que se arrían cuerpos cilíndricos.

TIREOESTIMULINA s.f. Hormona de la hipófisis que estimula la secreción del tiroides. SIN.: *hormona tireotropa.*

TIRILLA s.f. Lista o tira pequeña para diversos usos, especialmente la que se pone por el cuello en las camisas y suele servir para fijar en ella el cuello postizo.

TIRIO, A adj. y s. De Tiro. ◇ **Tirios y troyanos** *Fam.* Partidarios de opiniones o intereses opuestos.

TIRISTOR s.m. Rectificador que actúa por semiconducción.

TIRITA s.f. (marca registrada). Esp. Tira de adhesivo con un preparado medicinal que sirve para proteger una herida.

TIRITAR v.intr. (voz de origen onomatopéyico). Temblar o estremecerse de frío o por efecto de la fiebre. SIN.: *tititiritar.*

TIRITÓN s.m. Estremecimiento del que tirita.

TIRITONA s.f. *Fam.* Acción de tiritar mucho. SIN.: *tiritera.*

TIRO s.m. Acción y efecto de tirar: *ejercicios de tiro.* **2.** Disparo de un arma de fuego: *se cruzaron tiros entre la policía y los atracadores.* **3.** Ruido producido por un disparo. **4.** Señal o herida que hace lo que se tira. **5.** Proyectil de un arma de fuego: *revólver de cinco tiros.* **6.** Lugar donde se tira al blanco. **7.** Conjunto de caballerías que tiran de un carruaje. **8.** Seguido de la prep. *de* y el nombre del arma disparada o del objeto arrojado, se usa como medida de distancia: *a un tiro de bala.* **9.** Trayectoria de un disparo: *tiro rasante.* **10.** Distancia comprendida entre la unión de las dos perneras y la cintura del pantalón. **11.** Corriente de aire que produce el fuego de un hogar. **12.** Diferencia de presión entre la entrada y la salida de un aparato por el que deben circular gases. **13.** Corriente de fluido provocada por dicha diferencia de presión. **14.** Clut. **15.** Hond. Senda por la que se arrastra la madera. ◇ **Al tiro** Chile,

Colomb., C. Rica y Ecuad. En seguida, prontamente. **Ángulo de tiro** Ángulo que forma la línea de tiro con el plano horizontal. **A tiro** Se dice de lo que se halla al alcance o dentro de las posibilidades de alguien. **De tiros largos** *Fig. y fam.* Vestido de gala. **Ni a tiros** Expresa la imposibilidad de que alguien haga o diga algo. **Salir el tiro por la culata** *Fam.* Dar una cosa un resultado contrario al que se esperaba. **Tiro al blanco** Tiro con arma de fuego sobre una diana u otro objeto. **Tiro al plato** Modalidad de tiro olímpico en que las aves se sustituyen por discos que son lanzados por una máquina automática. **Tiro de gracia** Tiro que remata al que está gravemente herido. **Tiro libre** En baloncesto, sanción con que se castiga al equipo que comete una falta técnica o ciertas faltas personales.

TIROIDEO, A adj. Relativo a la glándula tiroides o al cartílago del mismo nombre.

TIROIDES s.m. (del gr. *thyroeidés*, con forma de puerta). Glándula endocrina situada delante de la tráquea, que produce la tiroxina y la calcitonina. ◇ **Cartílago tiroides** El más voluminoso de los cartílagos laríngeos, que forma el relieve llamado *nuez o bocado de Adán.*

TIROIDITIS s.f. Inflamación del tiroides.

TIROL s.m. Méx. Recubrimiento de apariencia rugosa que se pone en los techos como adorno.

TIROLÉS, SA adj. y s. Del Tirol.

TIRÓN s.m. Acción y efecto de tirar brusca y violentamente de algo. SIN.: *estirón.* **2.** En ciclismo, intento repentino de uno o varios corredores de separarse del resto. **3.** *Fam.* Robo consistente en apoderarse el ladrón de una bolsa, u otro objeto, tirando violentamente de él y dándose a la fuga. ◇ **De tirón** TAUROM. Lance o pase en que se obliga al toro a embestir rectamente el engaño en dirección al diestro, sin dejar que pase. **De un tirón** Seguido, de una vez, en una sola acción.

TIRONEAR v.tr. Dar tirones.

TIRORIRO s.m. *Fam.* Palabra con que se imita el sonido de los instrumentos músicos de boca.

TIROSINA s.f. Aminoácido cuya oxidación produce pigmentos negros o melanina.

TIROSINASA s.f. Enzima que provoca la oxidación de la tirosina.

TIROTEAR v.tr. y prnl. Disparar repetidamente armas de fuego portátiles.

TIROTEO s.m. Acción y efecto de tirotear.

TIROTRICINA s.f. Antibiótico de uso externo.

TIROXINA s.f. Hormona secretada por el tiroides.

TIRRIA s.f. *Fam.* Antipatía injustificada o irracional hacia algo o alguien.

TIRSO s.m. (lat. *thyrsus*, del gr. *thýrsos*, tallo de las plantas). ANT. GR. Emblema de Dioniso, consistente en un bastón con hojas de hiedra o de viña rematado con una piña. **2.** BOT. Inflorescencia en forma de pirámide, como la de las lilas y el castaño de Indias.

TISANA s.f. (gr. *ptisane*, infusión de cebada machacada). Infusión de hierbas medicinales que se toma como bebida.

TISANÓPTERO, A adj. y s.m. Relativo a un orden de insectos de pequeño tamaño, provistos de aparato bucal adaptado a la succión, con franjas en las alas.

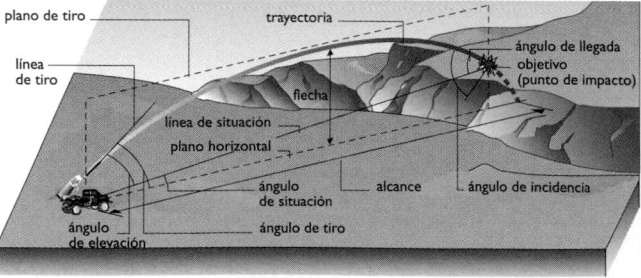

■ **TIRO.** Trayectoria de un proyectil clásico (obús).

TISANURO, A adj. y s.m. Relativo a un orden de insectos primitivos, sin alas, con tres apéndices filiformes al final del abdomen.

TÍSICO, A adj. y s. (lat. *phthisicus*, del gr. *phthisikós*). Relativo a la tisis; que padece esta enfermedad.

TISIOLOGÍA s.f. Parte de la medicina que estudia la tuberculosis.

TISIS s.f. Nombre clásico y común de la tuberculosis.

TISTE s.m. Amér. Central. Bebida refrescante a base de harina de maíz tostado, cacao, achiote y azúcar.

TISÚ s.m. (fr. *tisú*, tejido). Tela de seda, entretejida con hilos de oro y plata que pasan desde la haz al envés. **2.** Pañuelo de papel suave.

TISULAR adj. HISTOL. Relativo a los tejidos.

TITÁN s.m. (lat. *Titan*, personaje mitológico). Persona que descuella por ser excepcional en algún aspecto.

1. TITÁNICO, A adj. Fig. Desmesurado, excesivo: *un esfuerzo titánico*. **2.** Relativo a los Titanes.

2. TITÁNICO, A adj. Se dice del anhídrido TiO_2 y de sus ácidos correspondientes.

TITANIO s.m. (lat. moderno *Titanium*, de los Titanes, personajes mitológicos). Metal de color blanco, duro, de densidad 4,54, cuyo punto de fusión es de 1 677 °C. **2.** Elemento químico (Ti), de número atómico 22 y masa atómica 47,867.
ENCICL. Es un material que se utiliza cada vez más en la industria debido a su ligereza, su gran resistencia a la corrosión y a sus excelentes características mecánicas que sus aleaciones; se emplea en la industria aeroespacial y química.

TÍTERE s.m. Muñeco que se mueve por medio de hilos o con las manos. SIN.: *marioneta*. ◆ s.m. y f. Fig. y fam. Persona que cambia con facilidad de opinión o que actúa influida por los demás. ◆ **títeres** s.m.pl. Fam. Espectáculo público hecho con muñecos, o ejecutado por acróbatas circenses.

TITÍ s.m. (voz onomatopéyica). Simio arborícola de América del Sur, cuyo cuerpo, que mide alrededor de 20 cm, se prolonga en una larga cola tupida. (Familia hapálidos.)

■ **TITÍ** de pinceles blancos.

TITILACIÓN s.f. (lat. *titillatio*, cosquilleo). Acción y efecto de titilar.

TITILAR v.intr. Agitarse con temblor alguna parte del cuerpo: *los párpados titilan*. **2.** Centellear u oscilar una luz o un cuerpo luminoso.

TITILEO s.m. Acción y efecto de titilar.

TITIPUCHAL s.m. Méx. Fam. Multitud, muchedumbre, desorden.

TITIRITAR v.intr. Tiritar.

TITIRITERO, A s. Persona que maneja los títeres. **2.** Acróbata o artista circense.

TITUBEANTE adj. Que titubea.

TITUBEAR v.intr. (lat. *titubare*). Oscilar, tambalearse una cosa, perder la estabilidad. **2.** Hablar articulando las palabras de una manera vacilante y confusa. **3.** Fig. Estar en duda, mostrarse indeciso en algún asunto, materia, acción, etc.

TITUBEO s.m. Acción y efecto de titubear.

TITULACIÓN s.f. Acción y efecto de titular o titularse. **2.** En periodismo, expresión abreviada de lo más destacado de una noticia. ◇ **Titulación de hilos** TEXT. Operación que tiene por objeto indicar el título de los hilos.

TITULADO, A adj. y s. Se dice de la persona que tiene un título académico o nobiliario.

TITULADORA s.f. ART. GRÁF. Aparato de fotocomposición para títulos o textos cortos.

1. TITULAR v.tr. Poner título o nombre a algo. ◆ **titularse** v.prnl. Obtener un título académico. **2.** Llamarse, tener por título, por nombre.

2. TITULAR adj. y s.m. y f. Se dice de la persona que ocupa un cargo teniendo el título o nombramiento correspondiente. ◆ s.m. Encabezamiento de una información en cualquiera de los géneros periodísticos.

TITULILLO s.m. Renglón que se pone en la parte superior o cabeza de la página impresa, para indicar el tema o la materia de que se trata.

TÍTULO s.m. (lat. *titulus*). Nombre, frase que contiene una referencia más o menos explicativa de la materia o argumento de un texto, libro, etc.: *título de un libro; título de un cuadro*. **2.** Dignidad adquirida o heredada, que confiere un derecho u honor: *el título de duque*. **3.** Persona que goza de dicha dignidad. **4.** Lo que demuestra o acredita un derecho, especialmente la posesión de una hacienda, bienes, etc.: *título de propiedad*. **5.** Certificado representativo de un valor mobiliario (acción, obligación, etc.), que puede ser nominativo, al portador o a la orden. **6.** Apelativo que se da a alguien por un cargo, oficio o grado de estudios. **7.** Documento en que se acredita ese derecho. **8.** Cualidad, mérito que da derecho a algo: *la resistencia de la ciudad al asedio fue título de gloria para sus habitantes*. **9.** Cada una de las partes en que se dividen las leyes, reglamentos, etc. **10.** QUÍM. Concentración de una disolución. **11.** TEXT. Designación que indica el grueso de un hilo. SIN.: *número*. ◇ **A título de** Con el pretexto, motivo o causa de lo que se expresa; con el carácter de.

TIUQUE s.m. Chile. Ave rapaz de plumaje oscuro y pico grande. **2.** Chile. Fig. Persona malintencionada y astuta.

TIV, pueblo del SE de Nigeria que habla una lengua bantú.

TIXOTROPÍA s.f. Transformación al estado de sol de ciertos geles muy viscosos cuando se los agita, que recuperan su viscosidad en reposo.

TIZA s.f. (náhuatl *tizatl*). Barrita de arcilla blanca que se usa para escribir en los encerados. **2.** Compuesto de yeso y greda que se usa en el juego del billar para untar la suela de los tacos.

TIZATE s.m. Guat., Hond. y Nicar. Yeso, tiza.

TIZNA s.f. Materia que puede tiznar.

TIZNADO, A adj. Amér. Central. Borracho, ebrio.

TIZNADURA s.f. Acción y efecto de tiznar o tiznarse. **2.** Alteración experimentada por una capa de pintura o de barniz, en contacto con materias mugrientas o sucias.

TIZNAR v.tr. y prnl. Manchar con tizne u otra sustancia semejante.

TIZNE s.m. o f. Humo que se pega a las sartenes y a otros recipientes sometidos a la acción del fuego.

TIZNÓN s.m. Mancha de tizne o de otra sustancia.

TIZÓN s.m. (lat. *titio, -onis*). Palo o leño a medio quemar, que arde produciendo gran cantidad de humo. ◇ **A tizón** Se dice de la forma de colocar los ladrillos o piedras en un muro de modo que la dimensión más larga quede perpendicular al paramento.

TLACATECUHTLI s.m. (voz náhuatl). Título que se daba al soberano azteca. **2.** Juez supremo en dicho pueblo.

TLACHIQUE s.m. Méx. Aguamiel.

TLACONETE s.m. Méx. Babosa, molusco gasterópodo.

TLACUACHE s.m. Méx. Zarigüeya.

TLACUILO s.m. Persona que se dedicaba a dibujar los signos de la escritura azteca.

TLALAYOTE o **TALAYOTE** s.m. Méx. Nombre que se da a diversas plantas asclepiadáceas. **2.** Méx. Talantuyo.

TLALCOYOTE s.m. Méx. Mamífero mustélido dañino que ataca los sembrados de maíz y los gallineros, parecido al coyote, pero mucho más pequeño, y que construye su madriguera en cuevas.

TLAPALERÍA s.f. Méx. Tienda donde se venden pinturas, artículos de ferretería, albañilería y material eléctrico.

TLAPANECA s.m. Pueblo amerindio que vive en las zonas más abruptas de la sierra Madre del Sur (est. de Guerrero, México).

TLAXCALTECA adj. y s.m. y f. De un pueblo amerindio de México, del grupo nahua, de lengua uto-azteca, actualmente extinguido.
ENCICL. Los tlaxcaltecas formaron en la meseta de Tlaxcala los señoríos federados de Ocotelulco, Tepeticpac, Quiahuiztlan y Tizatlan, enfrentados a los aztecas. Tras ser derrotados por Hernán Cortés en Cholula, se aliaron con los españoles y participaron en el sometimiento de los aztecas (Otumba, 1520).

Tm, abrev. de *tonelada métrica*.

TMESIS s.f. (gr. *tmêsis*, corte). Hipérbaton que consiste en intercalar una palabra entre los dos elementos de otra compuesta.

TNT s.m. Trinitrotolueno.

TOALLA s.f. (germ. *thwahlj;afo*). Pieza rectangular que se usa para secarse después de lavarse. **2.** Cubierta que se pone sobre las almohadas. **3.** Tejido de rizo del que suelen ser las toallas. ◇ **Arrojar,** o **lanzar,** o **tirar, la toalla** En boxeo, lanzar la toalla al ring el preparador de un púgil en señal de abandono; abandonar una empresa ante una dificultad.

TOALLERO s.m. Utensilio o soporte para poner o colgar las toallas.

1. TOBA s.f. (lat. *tofus*). Piedra blanda, porosa y ligera, que produce un sonido apagado y sordo al chocar con un metal. **2.** Ladrillo poroso.

2. TOBA adj. y s.m. y f. De un pueblo amerindio guaicurú del Chaco (Argentina, Bolivia y Paraguay), muy aculturado.

TOBERA s.f. Abertura tubular practicada en la parte inferior y lateral de un horno, para la entrada del aire que alimenta la combustión. **2.** Revestimiento metálico de esta abertura. **3.** Orificio graduable practicado en el casquete de un paracaídas para facilitar su manejabilidad. **4.** Conducto perfilado adecuadamente para que el fluido que circula por él aumente su velocidad o su presión.

■ **TOBERA** de un motor criotécnico Vulcain que equipa la fase principal del lanzador europeo Ariane 5.

TOBIANO, A adj. Argent. Se dice del caballo overo cuyo pelaje presenta manchas blancas en la parte superior del cuerpo.

TOBILLERA s.f. Venda, generalmente elástica, con que se sujeta el tobillo en algunas lesiones o luxaciones. **2.** Méx. Calcetín corto.

TOBILLERO, A adj. Que llega hasta los tobillos: *falda tobillera*.

TOBILLO s.m. Parte inferior de la pierna, junto a la garganta del pie, con dos eminencias óseas, una interna y otra externa, que se corresponden con los maléolos.

TOBOGÁN s.m. Pista deslizante, generalmente helicoidal, por la que las personas sentadas o tendidas se dejan resbalar. **2.** Trineo bajo montado sobre dos patines largos y cubiertos con una tabla o plancha acolchada. **3.** Pista hecha en la nieve por la que se deslizan estos trineos especiales. **4.** Rampa o canalón recto o de forma helicoidal, que sirve para el transporte por gravedad de materias a granel, maderos, sacos, etc.

TOCA s.f. (del persa *ṭaq*, chal o velo). Prenda de tela con que se cubría la cabeza. **2.** Prenda de tela blanca que usan las monjas para cubrirse la cabeza.

TOCABLE adj. Que puede tocarse. **2.** Se dice de la obra musical fácil de interpretar.

TOCADISCOS s.m. (pl. *tocadiscos*). Aparato que reproduce los sonidos grabados en un disco. SIN.: *pick-up*.

1. TOCADO s.m. Cualquier prenda con que se cubre o adorna la cabeza. **2.** Arreglo personal, particularmente de las mujeres.

2. TOCADO, A adj. Que empieza a pudrirse: *fruta tocada*. **2.** Algo perturbado, medio loco. **3.** Afectado de lo que se expresa: *tocado de fervor, de herejía*.

1. TOCADOR s.m. Mueble provisto de espejo que sirve para el arreglo personal. **2.** Habitación destinada a este fin.

2. TOCADOR, RA adj. y s. Que toca, especialmente un instrumento musical.

TOCAMIENTO s.m. Acción y efecto de tocar.

TOCANTE adj. Que toca. ◇ **(En lo) tocante a** Referido a.

TOCAR v.tr. (voz de origen onomatopéyico) [1]. Entrar en contacto una parte del cuerpo, especialmente la mano, con otra cosa: *tocar el agua, un objeto*. **2.** Estar en contacto, mediante un objeto, con algo o con alguien: *lo tocó con un bastón*. **3.** *Fam.* Manejar, revolver: *no toques mis papeles*. **4.** Aportar a algo una modificación, variación, etc. **5.** Hacer sonar un instrumento musical: *tocar el piano*. **6.** Interpretar una pieza musical: *la orquesta tocaba un vals*. **7.** *Fig.* Rayar, llegar algo a ser casi lo que se expresa. **8.** *Fig.* Sufrir las consecuencias o resultados de algo. **9.** *Fig.* Hacer mención: *tocó el tema de la crisis*. ◆ v.tr. e intr. Estar una cosa en contacto con otra: *la mesa toca la pared*. **2.** Hacer sonar la campana, sirena, etc., para avisar, llamar la atención, etc. **3.** *Fig.* Con voces como corazón, dignidad, etc., conmover, provocar un sentimiento o reacción espiritual. **4.** Llegar el tiempo o el momento oportuno de hacer lo que se expresa: *te toca jugar a ti*. ◆ v.intr. Corresponder a alguien una obligación o cargo: *a ti te toca decidir*. **2.** Concernir, tener relación, referirse. **3.** *Fam.* Importar, ser de interés, conveniencia o provecho: *este asunto me toca muy de cerca*. **4.** *Fam.* Corresponder algo a alguien en un reparto. **5.** Caer en suerte: *nos ha tocado la lotería*.

TOCARIO, A o **TOKARIO, A** adj. y s. De un pueblo de origen indoeuropeo establecido en Asia central hacia el s. V. ◆ s.m. Lengua indoeuropea hablada en el N del Turkestán chino entre los ss. V y X.

TOCARSE v.prnl. [1]. Cubrirse la cabeza con un sombrero, mantilla, pañuelo, etc.

TOCATEJA (A) loc. *Esp. Fam.* Al contado. (También *a toca teja*.)

TOCAYO, A s. Persona que tiene el mismo nombre que otra.

TOCCATA o **TOCATA** s.f. (voz italiana). Composición musical para instrumentos de teclado, libre, breve y de un solo movimiento.

TOCHO, A adj. *Fam.* Tonto. ◆ s.m. Ladrillo ordinario y tosco, de 5 cm de grueso. **2.** Palo redondo, tranca. **3.** Lingote de hierro.

TOCINERÍA s.f. Tienda donde se vende carne y otros productos del cerdo.

TOCINERO, A s. Dueño de una tocinería o que trabaja en ella.

TOCINETA s.f. Colomb. y P. Rico. Tocino, panceta.

TOCINO s.m. Carne grasa del cerdo y especialmente la salada. ◇ **Tocino de cielo** Dulce hecho con yema de huevo y almíbar bien cuajados.

TOCO s.m. Perú. Hornacina rectangular muy usada en la arquitectura incaica.

TOCOFEROL s.m. BIOL. Sustancia vitamínica de origen vegetal.

TOCOLOGÍA s.f. (del gr. *tókos*, parto, y *lógos*, tratado). Obstetricia.

TOCÓLOGO, A s. Médico especializado en tocología.

TOCOMOCHO s.m. Timo que consiste en ceder a alguien un billete de lotería, aparentemente premiado, por un precio inferior al valor del supuesto premio.

1. TOCÓN s.m. Parte del tronco de un árbol que queda unido a la raíz al cortarlo.

2. TOCÓN, NA adj. Colomb. Rabón.

TOCOTOCO s.m. Venez. Pelícano.

TOCUYO s.m. Amér. Merid. Tela burda de algodón.

TODABUENA s.f. Planta sufrutescente, de unos 40-60 cm, de cuyas hojas y flores se hace una infusión que se ha usado en medicina como vulneraria y vermífuga. (Familia hipericáceas.) SIN.: *todasana*.

TODAVÍA adv.t. Expresa la duración de una acción, de un estado, hasta un momento determinado: *todavía estoy aquí*. ◆ adv.m. A pesar de ello, no obstante, sin embargo. **2.** Con *más, menos, mejor*, etc., expresa encarecimiento o ponderación: *ahora todavía llueve más que antes*.

1. TODO adv.m. Enteramente, exclusivamente compuesto de: *vino todo mojado*.

2. TODO, A adj. y pron.indef. (lat. *totus*). Se dice de lo que está considerado en su integridad en el conjunto de todas sus partes. ◆ s.m. Cosa íntegra, o que consta de la suma y conjunto de sus partes integrantes: *tomar la parte por el todo*. ◆ **todos** s.m.pl. Conjunto de personas o cosas consideradas sin excluir ninguna: *todos aplaudieron*. ◆ **Ante,** o **por encima,** o **sobre, todo** Primera o principalmente. **Del todo** Completamente.

TODOPODEROSO, A adj. y s. Que todo lo puede. ◇ **El Todopoderoso** TEOL. CRIST. Dios.

TODOTERRENO adj. y s. Se dice del vehículo automóvil concebido para circular por terrenos accidentados.

TOESA s.f. (fr. *toise*). Antigua medida francesa de longitud, que equivalía a 1,949 m.

TOFE s.m. Caramelo blando de café con leche o chocolate.

TOFO s.m. Chile. Arcilla blanca refractaria.

TOFU s.m. Pasta alimenticia elaborada a partir de la coagulación de la leche de soja.

TOGA s.f. (lat. *toga*). Manto ancho y largo, que constituía la prenda principal del vestido de los ciudadanos romanos. **2.** Traje talar usado por los magistrados y abogados, y por los profesores universitarios en ciertas ceremonias. **3.** Forma de marcar el pelo que consiste en enrollarlo alrededor de la cabeza de modo que quede liso y hueco.

TOGADO, A adj. y s. Que viste toga. **2.** Se dice del magistrado adscrito a la administración de justicia.

TOGOLÉS, SA adj. y s. De Togo.

TOILETTE s.f. (voz francesa). Peinado, atavío, arreglo personal. **2.** Tocador, mueble. **3.** Lavabo, cuarto de aseo.

TOISÓN s.m. (fr. *toison*). Vellocino.

TOJO s.m. Arbusto de hojas espinosas y flores amarillas, de 1 a 4 m de alt., que crece sobre suelos silíceos. (Familia papilionáceas.)

TOJOLABAL, pueblo amerindio de México (SE de Chiapas) y Guatemala, de la familia lingüística maya.

TOJOSA s.f. Ave de unos 20 cm de long., que vive en América Central. (Familia colúmbidos.)

TOKAMAK s.m. Máquina empleada en las investigaciones sobre energía termonuclear, destinada a obtener el confinamiento de plasma.

TOKARIO, A adj. y s. → TOCARIO.

TOKAY s.m. Vino dulce, de color dorado, producido en la región húngara de Tokay.

1. TOLA s.f. Amér. Merid. Nombre de diferentes especies de arbustos de la familia de las compuestas, que crecen en las laderas de la cordillera andina.

2. TOLA s.f. (voz quechua). Ecuad. Tumba en forma de montículo, perteneciente a diversas culturas precolombinas.

TOLAR s.m. Antigua unidad monetaria de Eslovenia, hasta su sustitución por el euro en 2007.

TOLBUTAMIDA s.f. Sulfamida antidiabética activa por vía oral.

TOLDA s.f. Amér. Tela para hacer toldos. **2.** Colomb. Toldo de una embarcación menor. **3.** P. Rico. Saca que se utiliza para llevar granos. **4.** P. Rico y Urug. Cubierta de lona que se coloca en las carretas.

TOLDERÍA s.f. Campamento de algunos pueblos amerindios de Argentina, Bolivia y Chile, formado por toldos, chozas hechas de pieles y ramas.

TOLDILLA s.f. En los buques mercantes, construcción o superestructura situada a popa sobre la cubierta superior.

TOLDILLO s.m. Colomb. Mosquitero.

TOLDO s.m. Cubierta que se extiende para dar sombra o resguardar de la intemperie. **2.** Argent. y Chile. Tienda de algunos pueblos amerindios hecha con pieles y ramas.

TOLE s.m. (lat. *tolle*, quita de ahí). *Fam.* Griterío y confusión en una reunión de gente. ◇ **Tole tole** *Fam.* Alboroto, pelea, tumulto.

TOLEDANO, A adj. y s. De Toledo.

TOLEMAICO, A adj. Relativo a los Tolomeos.

TOLERABLE adj. Que puede tolerarse.

TOLERANCIA s.f. Respeto a la libertad de los demás, a sus formas de pensar, de actuar, o a sus opiniones políticas o religiosas. **2.** Capacidad de ciertas especies arbóreas para desarrollarse en condiciones de luminosidad reducida. **3.** MED. Capacidad del organismo para soportar, sin dolor, ciertos agentes físicos o químicos. **4.** TECNOL. Diferencia aceptable en ciertas magnitudes, como dimensión, masa, frecuencia, etc., relativas a fabricaciones mecánicas, componentes electrónicos, etc.

TOLERANTE adj. Que tolera.

TOLERANTISMO s.m. Opinión favorable a la tolerancia de cultos religiosos.

TOLERAR v.tr. (lat. *tolerare*). Soportar, sufrir: *tolerar un dolor; tolerar un agravio*. **2.** Aceptar, soportar a alguien cuya presencia es molesta o desagradable. **3.** Permitir: *no tolero los malos modales*. **4.** Aguantar, admitir, resistir, sin recibir daño. **5.** *Fig.* Aceptar, admitir ideas u opiniones distintas de las propias.

TOLETE s.m. (fr. *tolet*). Amér. Central, Colomb., Cuba y Venez. Garrote corto. ◆ adj. y s. Cuba. Torpe, lerdo, tardo en entendimiento.

TOLITA s.f. Explosivo obtenido por nitración del tolueno.

TOLLA s.f. Cuba y Chile. Artesa que se utiliza para dar de beber al ganado.

TOLOACHE s.m. Méx. Planta herbácea de propiedades narcóticas, que se emplea en medicina tradicional, y que en dosis altas puede provocar graves alteraciones.

TOLOLOCHE s.m. Méx. Contrabajo.

TOLONGUEAR v.tr. C. Rica. Acariciar, mimar.

TOLOS s.m. (pl. *toloi*). Sepultura prehistórica, redonda y con cúpula. **2.** Templo de planta circular, cuyo diámetro oscilaba entre los cuatro y los diez metros.

TOLTECA adj. y s.m. y f. De un pueblo amerindio precolombino, del grupo nahua de la meseta de México.

ENCICL. En el s. VIII los toltecas fundaron un reino, convertido en imperio por Mixcoatl (935-947). La cap. era Tollan Xicocotitlán (Tula). Su soberano, Ce Acatl Tipiltzin Quetzalcóatl, se convirtió al culto de Teotihuacán y se instaló en la costa del golfo de México y Yucatán, dando de nuevo impulso a la cultura maya. Tras la derrota ante los chichimecas, en 1168, los que se refugiaron en Culhuacán influyeron en la cultura azteca. Los toltecas crearon una estatuaria muy original, cuyos mejores ejemplos se hallan en Tula y Chichén Itzá.

TOLUENO s.m. Hidrocarburo aromático líquido (C_7H_8) empleado como disolvente y secante, en la preparación de colorantes y medicamentos, y para la construcción de ciertos termómetros. SIN.: *metilbenceno*.

TOLUIDINA s.f. Anilina derivada del tolueno.

TOLUOL s.m. Tolueno impuro.

TOLVA s.f. Depósito en forma de pirámide cuadrangular, truncada e invertida. **2.** Embu-

■ EL ARTE DE LOS TOLTECAS

El nombre *tolteca* deriva de la voz náhuatl *toltecatl,* que significa artífices o artesanos diestros en las obras manuales. Una muestra de esa destreza es su estatuaria, que influiría notablemente en culturas precolombinas posteriores.

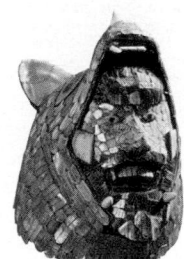

Escultura. Cabeza de hombre barbudo saliendo de las fauces de un coyote; terracota recubierta de mosaico de nácar, procedente de Tula (900-1200). [Museo nacional de antropología, México.]

Calendario. La piedra llamada «de los cuatro glifos», sistema de calendario mesoamericano. (Museo nacional de antropología, México.)

Escultura. Figura de guerrero, en piedra policroma.

do grande para hormigonar, descargar grava de las clasificadoras, etc.

TOLVANERA s.f. (del lat. *turbine*). Remolino de polvo.

TOMA s.f. Acción de tomar. **2.** Porción de una cosa tomada de una vez. **3.** Acción de obtener una muestra de material orgánico, como sangre, células y tejidos, para su análisis. **4.** Conquista u ocupación por las armas de una posición o punto fuerte del enemigo. **5.** Bifurcación, abertura por la que se desvía parte de la masa de un fluido: *toma de agua.* **6.** Acción de administrar una dosis de medicamento por vía oral. **7.** Chile. Muro para desviar el agua de su cauce. **8.** Colomb. Cauce, acequia. **9.** CIN. Acción y efecto de fotografiar o filmar. ◇ **Toma de aire** Abertura por la que se ventilan ciertos locales o aparatos. **Toma de corriente** Dispositivo eléctrico conectado a la línea de alimentación para enchufar en él aparatos. **Toma de datos** INFORMÁT. Conjunto de procedimientos para sacar muestras en el universo real y registrar en un disco magnético, etc., los datos para su tratamiento en un sistema informático. **Toma de posesión** Acto por el que se hace efectivo el nombramiento o designación de una persona para el ejercicio de un cargo, destino, etc. **Toma de sonido** Conjunto de las operaciones que permiten registrar un sonido. **Toma de tierra** Conexión conductora entre una instalación eléctrica o radioeléctrica y el suelo. **Toma de vistas** Registro de la imagen en una película cinematográfica.

TOMACORRIENTE s.m. Argent. y Perú. Enchufe eléctrico.

TOMADO, A adj. Se dice de la voz baja, sin sonoridad, debida a alguna afección en la garganta.

TOMADOR, RA adj. y s. Que toma. **2.** Amér. Aficionado a la bebida. ◆ s. Persona a cuya orden se gira una letra o cambio.

TOMADURA s.f. Toma, acción de tomar. ◇ **Tomadura de pelo** Fig. y fam. Burla, broma, abuso.

TOMAHAWK o **TOMAWAK** s.m. Hacha de guerra de los pueblos amerindios de América del Norte.

TOMAINA o **PTOMAÍNA** s.f. (del gr. *ptoma,* ruina). Producto tóxico que resulta de la descomposición de materias orgánicas.

TOMAR v.tr. Agarrar, asir. **2.** Elegir entre varias cosas. **3.** Recibir, aceptar, admitir. **4.** Percibir, recibir lo que se le da como pago, renta, servicio, etc. **5.** Conquistar, ocupar o adquirir por la fuerza: *tomar una ciudad.* **6.** Adoptar una decisión o un método de actuación: *tomar serias medidas.* **7.** Interpretar algo en determinado sentido: *tomárselo a risa.* **8.** Creer equivocadamente que alguien o algo es como se expresa: *tomar por tonto.* **9.** Servirse de un medio de transporte: *tomar el tren.* **10.** Junto a ciertos nombres, recibir o adquirir lo que estos significan: *tomar aliento.* **11.** Recibir los efectos de algo: *tomar un baño, el sol.* **12.** Construido con un nombre de instrumento, ponerse a ejecutar la acción o el trabajo para el cual sirve el instrumento: *tomar la pluma.* **13.** Calcular una media o magnitud con instrumentos adecuados: *tomar la temperatura.* **14.** Filmar, fotografiar. **15.** Contratar a alguien para que preste un servicio: *tomar un profesor de inglés.* **16.** Contraer, adquirir. **17.** Adquirir mediante pago. **18.** Alquilar. **19.** Emprender una cosa, o encargarse de una dependencia o negocio. **20.** Seguido de y y un infinitivo, realizar súbitamente la acción que se expresa: *tomó y salió corriendo.* ◆ v.tr., intr. y prnl. Comer, beber o ingerir: *tomar café; no tomes tanto.* ◆ v.intr. Encaminarse, empezar a seguir una dirección determinada: *tomar por un atajo.* **2.** Prender, arraigar las plantas en la tierra. ◇ **¡Toma!** Expresa asombro o sorpresa. **Tomar a bien, o a mal** Interpretar en buen, o en mal, sentido algo. **Tomarla con alguien** Contradecirlo y culparlo en cuanto dice o hace. **Tomar las armas** Iniciar una acción bélica. **Tomar sobre sí** Asumir. **Toma y daca** Expresa que hay un trueque simultáneo de cosas y servicios o se espera la reciprocidad de un favor.

TOMATAL s.m. Terreno plantado de tomateras.

TOMATE s.m. (náhuatl *tómatl*). Fruto de la tomatera. **2.** Tomatera. **3.** *Fig.* y *fam.* Agujero hecho en una prenda. ◇ **Haber (mucho) tomate** Esp. *Fam.* Haber mucho lío, estar poco clara una cuestión.

TOMATERA s.f. Planta herbácea de origen americano, cultivada por su fruto comestible, rojo y carnoso, de forma casi esférica y piel lisa y brillante. (Familia solanáceas.)

TOMATICÁN s.m. Argent. y Chile. Guiso preparado con papas, cebolla, tomate y otras verduras.

TOMAVISTAS s.m. (pl. *tomavistas*). Cámara cinematográfica portátil, generalmente para uso no profesional.

TOMAWAK s.m. → TOMAHAWK.

TÓMBOLA s.f. (ital. *tombola*). Sorteo o rifa pública de objetos, generalmente organizada con fines benéficos.

TÓMBOLO s.m. Istmo de arena que une una isla al continente.

TOMENTO s.m. (lat. *tomentum,* borra de relleno). BOT. Conjunto de pelos que cubren la superficie de los órganos de algunas plantas.

TOMENTOSO, A adj. BOT. Que tiene tomento.

TOMILLO s.m. (dim. del mozárabe *tomo,* del lat. vulg. *tumum*). Arbusto de flores blancas o rosadas, muy oloroso, utilizado en perfumería, cocina y farmacología. (Familia labiadas.)

rama / flor

■ TOMILLO

TOMÍN s.m. (ár. vulg. *tomin*). Tercio de adarme.

TOMISMO s.m. Sistema de doctrinas teológicas y filosóficas de santo Tomás de Aquino, que constituye la base de la escolástica.

TOMISTA adj. y s.m. y f. Relativo al tomismo; partidario del tomismo.

TOMO s.m. (lat. *tomus*). División de una obra que generalmente corresponde a un volumen completo. **2.** Libro, volumen. ◇ **De tomo y lomo** *Fam.* De mucha consideración o importancia.

TOMOGRAFÍA s.f. Procedimiento de exploración radiológica, que permite obtener la imagen radiográfica de un plano interno del organismo de una forma nítida, mientras que los otros planos quedan difuminados. ◇ **Tomografía axial computerizada** (TAC) Técnica de exploración radiológica basada en la reconstrucción informática de la imagen de un plano interno del organismo a partir de una serie de análisis de densidad efectuados mediante barrido y/o rotación del conjunto formado por el tubo de rayos X y los detectores. (V. ilustr. pág. siguiente.)

1. TON s.m. Apócope de *tono.* ◇ **Sin ton ni son** *Fam.* Sin motivo o causa.

2. TON s.f. (voz inglesa). Unidad anglosajona de masa (símb. t o ton).

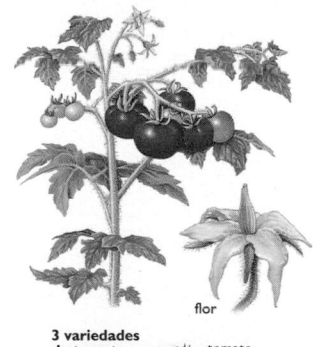

flor

3 variedades de tomates

tomate cherry

de ensalada / tomate pera

■ TOMATES

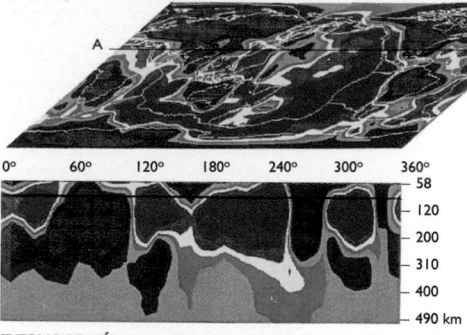

0° 60° 120° 180° 240° 300° 360°

— 58
— 120
— 200
— 310
— 400
— 490 km

Los colores indican las variaciones de velocidad de las ondas sísmicas traducidas en variaciones de la temperatura. Las zonas lentas y cálidas, en color rojo, corresponden a las dorsales y a sus raíces; las zonas rápidas y frías, en color azul, a la litosfera continental y oceánica vieja y a las zonas de subducción.

■ **TOMOGRAFÍA** sísmica. Planisferio a 100 km de profundidad y sección AB siguiendo una línea este-oeste.

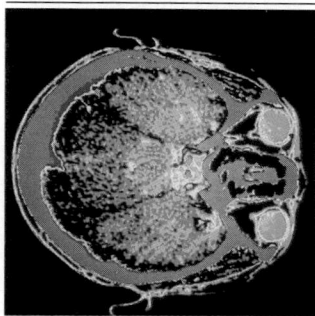

■ **TOMOGRAFÍA** AXIAL COMPUTERIZADA de un cerebro humano normal.

TONÁ s.f. Modalidad de cante flamenco, cuyas formas constituyen la fundamental y más remota creación gitano-andaluza que se conserva.

TONADA s.f. Composición poética para ser cantada. **2.** Música de la misma. **3.** Melodía de una canción. **4.** Amér. Tonillo. **5.** Argent. Nombre genérico de diversas manifestaciones del cancionero folklórico como la baguala y el estilo.

TONADILLA s.f. Tonada o canción ligera. **2.** Canción o pieza ligera cantada que se ejecuta en el teatro.

TONADILLERO, A s. Autor o cantor de tonadillas.

TONAL adj. Relativo al tono o a la tonalidad.

TONALIDAD s.f. Conjunto de fenómenos musicales estructurales derivados de una nota privilegiada, o *tónica*, como punto de referencia de los sonidos empleados. **2.** Relación entre los colores de una fotografía. **3.** Sistema de colores y tonos. **4.** Matiz. **5.** Calidad de reproducción de los receptores radioeléctricos.

TONANTE adj. *Poét.* Que truena.

TONCO, A adj. **Haba tonca** Semilla producida por un árbol de América del Sur, de la que se extrae cumarina.

TONEL s.m. (fr. ant. *tonel*, dim. de *tonne*, tonel). Recipiente de madera formado de duelas unidas y aseguradas con aros de hierro que las ciñen, provisto de dos tapas planas. **2.** Capacidad de este recipiente. **3.** *Fig.* y *fam.* Persona muy gorda. **4.** Observatorio, en forma de tonel, que ciertos buques y embarcaciones llevan para instalar en él un vigía. **5.** Antigua unidad de medida usada en el arqueo de las embarcaciones, que valía 5/6 de tonelada. **6.** AERON. Figura de acrobacia aérea, en la que el avión realiza una especie de barrena horizontal, efectuando un giro, de modo que hay un momento en que vuela de espaldas.

TONELADA s.f. Unidad de medida de masa (símb. t) que vale 10^3 kilogramos. **2.** Cantidad enorme. ◇ **Tonelada de arqueo**, o **Moorson** Unidad internacional de capacidad o arqueo de las embarcaciones equivalente a 2,831,6 m³. **Tonelada métrica de arqueo** Metro cúbico.

TONELADA-KILÓMETRO s.f. Unidad de medida para indicar la intensidad de circulación de mercancías, que equivale al transporte de una tonelada a lo largo de un kilómetro.

TONELAJE s.m. Capacidad total de un buque mercante o de un vehículo de transporte. **2.** Peso expresado en toneladas.

TONELERÍA s.f. Arte, oficio, local o taller del tonelero. **2.** Conjunto de toneles.

TONELERO, A s. Persona que hace o vende toneles.

TONELETE s.m. Pieza de la armadura en forma de faldetas aseguradas a la cintura y que llegaban hasta las rodillas.

TONEMA s.m. Particular inflexión final de la curva melódica de una frase.

TÓNER s.m. (ingl. *toner*). Tinta pulverulenta que utilizan para imprimir especialmente las fotocopiadoras y algunas impresoras.

TONG → DONG.

TONGA s.f. Cuba. Pila de cosas alargadas, colocadas, unas sobre otras, debidamente.

TONGADA s.f. Conjunto de cosas de una misma clase: *tongada de bidones.*

TONGO s.m. Trampa realizada en competiciones deportivas, en que uno de los contendientes se deja ganar.

TÓNICA s.f. Tendencia general: *marcar la tónica en el vestir.* **2.** Bebida refrescante, gaseosa, que contiene extracto de quinina y a veces esencia de naranja amarga. **3.** Firmeza de los valores en bolsa. **4.** MÚS. **a.** Primer grado de la escala. **b.** Nota que da su nombre a la tonalidad sobre la que se basa esta escala.

TONICIDAD s.f. Tono de una estructura o tejido, en especial del músculo.

TÓNICO, A adj. Que recibe el tono o acento: *sílaba tónica.* **2.** Que tiene un efecto estimulante en la moral. **3.** MED. Relativo al tono. ◆ s.m. Loción ligeramente astringente para el cuidado de la piel del rostro. **2.** Sustancia para mejorar una determinada función o el tono total del organismo. SIN.: *reforzante.* ◇ **Acento tónico** Acento de intensidad de una palabra. **Tónico cardíaco** Sustancia que refuerza y regulariza las contracciones del corazón.

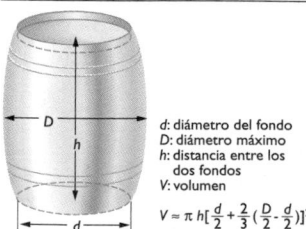

d: diámetro del fondo
D: diámetro máximo
h: distancia entre los dos fondos
V: volumen

$$V = \pi\, h\left[\frac{d}{2} + \frac{2}{3}\left(\frac{D}{2} - \frac{d}{2}\right)\right]^2$$

■ **TONEL**

TONIFICANTE adj. Que tonifica. SIN.: *tonificador.*

TONIFICAR v.tr. [1]. Dar fuerza y vigor al organismo o al sistema nervioso.

TONILLO s.m. Entonación monótona y desagradable al hablar, leer o recitar. **2.** Entonación despectiva e irónica. SIN.: *retintín.*

TONINA s.f. (del lat. peninsular *thunnina*). Atún propio del Mediterráneo, que tiene una long. máxima de 1 m.

TONO s.m. (lat. *tonus*). Intensidad, grado de elevación de un sonido o de la voz humana. **2.** Inflexión, modulación, expresión particular de la voz. **3.** Manera particular de expresarse por escrito, estilo. **4.** Forma de conducta. **5.** Contracción parcial y permanente de ciertos músculos, que regula las actitudes del cuerpo en las diferentes posiciones. **6.** Energía, dinamismo. **7.** LING. Variación en la altura del sonido de la voz, que tiene un valor concreto en ciertas lenguas. **8.** MÚS. **a.** Gama en la que está compuesto un aire. **b.** Intervalo de dos semitonos. **9.** PINT. Color considerado bajo el punto de vista de su valor y de su intensidad. ◇ **A tono** Que no desentona. **Bajar el tono** Comedirse, hablar con más moderación. **Darse tono** Jactarse, engreírse. **De buen**, o **mal, tono** Propio de gente culta y elegante, o vulgar y zafia. **Fuera de tono** Con importunidad, desacertadamente. **Tono interrumpido** El que participa de varios colores. **Tono local** Color propio de un objeto representado en pintura.

TONÓGRAFO s.m. Aparato que permite medir la presión intraocular en un tiempo determinado con ayuda de una sonda apoyada en la córnea y conectada a un sistema de registro gráfico.

TONOMETRÍA s.f. FÍS. Medida de la masa molecular de una sustancia por descenso de la presión de vapor de una solución diluida de esta sustancia. **2.** MED. Medida de la presión intraocular.

TONQUINÉS, SA adj. y s. De Tonkín.

TONSURA s.f. (lat. *tonsura*). REL. **a.** Ceremonia litúrgica (suprimida en 1972) por la que se señalaba la entrada de un laico en el estado eclesiástico o religioso cortándole cinco mechones de cabello en forma de corona. **b.** Coronilla que se rasuraba en la cabeza de los clérigos.

TONSURAR v.tr. Conferir a un laico la tonsura.

TONTADA s.f. Tontería, simpleza.

TONTAINA adj. y s.m. y f. Tonto.

TONTEAR v.intr. Decir o hacer tonterías. **2.** Bromear o galantear como preliminares de una relación erótica.

TONTERA s.f. Tontería (cualidad). **2.** Acceso de tontería.

TONTERÍA s.f. Dicho o hecho que revela falta de inteligencia, sentido o discreción. **2.** *Fig.* Dicho o hecho de poco valor o importancia. **3.** Cualidad de tonto. SIN.: *tontera.* **4.** Melindre, zalamería.

TONTINA s.f. (ital. *tontina*, de L. di *Tonti*, banquero italiano). Operación lucrativa por la que un fondo económico aportado por varias personas es repartido, en una fecha fijada de antemano, solamente entre los socios supervivientes. **2.** Asociación formada para este fin.

TONTO, A adj. y s. (voz de creación expresiva). Que tiene o demuestra poca inteligencia o escaso entendimiento. **2.** Que obra con ingenuidad o sin malicia y que no se aprovecha de las ocasiones. **3.** *Fam.* Muy sentimental y fácilmente conmovible. **4.** *Fam.* Excesivamente pesado o insistente: *ponerse tonto.* **5.** *Fam.* Engreído, muy presumido o vanidoso. ◆ adj. Falto de sentido, finalidad o sensatez: *un temor tonto.* ◇ **A lo tonto** *Fam.* Inconscientemente, como quien no quiere la cosa. **A tontas y a locas** *Fam.* Sin discernimiento ni reflexión. **Hacer el tonto** *Fam.* Hacer o decir tonterías. **Hacerse el tonto** *Fam.* Aparentar ignorancia o distracción por conveniencia.

TONTUNA s.f. Tontería, dicho o hecho tonto.

1. TOP s.m. (pl. *tops*). Señal breve para indicar a un oyente que anote una indicación en un momento preciso. **2.** En televisión, impulso de corriente de corta duración, que sirve para la sincronización.

2. TOP s.m. (voz inglesa). Prenda femenina, generalmente corta, que se utiliza como corsé.

TOPACIO s.m. (lat. *topazion*, del gr. *topázion*). Silicato fluorado de aluminio, que cristaliza como piedra fina, amarilla y transparente.

■ **TOPACIO.** Cristal de topacio azul procedente de Minas Gerais (Brasil).

TOPADA s.f. Topetazo.

TOPAMIENTO s.m. Argent. Ceremonia del carnaval durante la cual varios hombres y mujeres se declaran compadres.

TOPAR v.tr. (de *top*, voz onomatopéyica de un choque brusco). Chocar una cosa con otra. **2.** Amér. Echar a pelear los gallos para probarlos. ◆ v.intr. y prnl. Encontrar a alguien o algo de forma casual. ◆ v.intr. Topetar.

1. TOPE s.m. Límite, extremo o punto máximo a que se puede llegar o que se puede alcanzar o conseguir: *velocidad tope; mi paciencia ha llegado al tope*. ◇ **A, o al, tope o hasta los topes** Muy lleno, excesivamente cargado.

2. TOPE s.m. Parte por donde una cosa puede topar o ponerse en contacto con otra. **2.** *Fig.* Obstáculo, limitación, impedimento. **3.** En una cerradura, placa metálica saliente que limita el juego de un pestillo o cerrojo. **4.** Pieza u órgano destinado a soportar un esfuerzo axial. **5.** Reborde que limita el movimiento de una pieza mecánica. **6.** Fiador de detención de la rueda de escape de un reloj. **7.** F.C. Platillo metálico que sirve para amortiguar los choques violentos entre los vagones de los trenes.

TOPERA s.f. Conjunto de galerías que constituyen la madriguera del topo. **2.** Montículo formado por el topo al excavar su madriguera.

TOPETADA s.f. Topetazo.

TOPETAR v.tr. e intr. Golpear con la cabeza, especialmente los carneros y otros animales cornudos. ◆ v.tr. Chocar una cosa con otra, golpear una cosa a otra.

TOPETAZO s.m. Golpe que dan con la cabeza los animales cornudos. SIN.: *topada, topetada, topetón*. **2.** *Fig.* y *fam.* Golpe dado al chocar dos cuerpos. SIN.: *topada, topetada, topetón*.

TÓPICA s.f. PSICOANAL. Teoría que describe el aparato psíquico según diferentes planos.

TÓPICO, A adj. (del gr. *Topiká*, obra de Aristóteles). Relativo a un lugar determinado o a un lugar común: *una observación tópica*. ◆ adj. y s.m. Se dice del medicamento de uso externo. ◆ s.m. Principio general que se aplica a todos los casos análogos y del que se saca la prueba para el argumento del discurso. **2.** Lugar común, asunto o tema de conversación muy utilizado. **3.** Amér. Tema de conversación. **4.** LING. En gramática generativa y transformacional, una de las relaciones fundamentales de la estructura superficial. **5.** LÓG. Doctrina de los lugares comunes.

TOPINABIR s.m. Argent. y Bol. Planta forrajera alimenticia, cuyos tubérculos son similares a la batata.

TOPLESS s.m. (voz angloamericana). Atuendo femenino que deja el busto al descubierto.

TOP MANTA s.m. Esp. Venta ilegal en la calle de música y productos audiovisuales en CD y DVD, en la que se exponen los artículos sobre una manta extendida en el suelo.

TOP MODEL s.f. (voces inglesas). Modelo de alta costura.

1. TOPO s.m. (del lat. *talpa*). Mamífero de

ojos atrofiados, de unos 15 cm de long., patas anteriores largas y robustas con las que excava galerías en el suelo, donde caza insectos y gusanos. (Orden insectívoros; familia tálpidos.) **2.** Espía doble. **3.** Máquina perforadora rotatoria concebida para excavar en plena sección circular un túnel, una galería o un pozo. **4.** *Fig.* y *fam.* Persona con muy poca vista.

■ **TOPO** común.

2. TOPO s.m. (voz caribe, *piedra redonda*). Lunar de una tela. **2.** Carácter de imprenta, empleado generalmente como ornamentación. **3.** Argent., Chile y Perú. Alfiler grande que remata en forma de cuchara con grabados regionales.

■ **TOPO.** Uno de los topos empleados en la excavación del túnel bajo el canal de La Mancha.

3. TOPO s.m. (voz quechua). Tupo.

TOPOCHO, A adj. Venez. Se dice de la persona rechoncha.

TOPOGRAFÍA s.f. (del gr. *tópos*, lugar, y *gráphein*, describir). Técnica de representación sobre un plano de las formas del terreno, con los detalles naturales o artificiales que tiene. **2.** Disposición, relieve de un terreno.

TOPOGRÁFICO, A adj. Relativo a la topografía. **2.** Se dice de la memoria particular de ciertas computadoras que, en un sistema de paginación, registra a qué páginas virtuales de un programa se atribuyen las páginas reales de la memoria central.

TOPÓGRAFO, A s. Especialista en topografía.

TOPOLOGÍA s.f. Parte de las matemáticas basada en el estudio de las deformaciones continuas en geometría y en las relaciones entre la teoría de las superficies y el análisis matemático. **2.** Estructura definida en un conjunto C por la familia de partes de C (abiertos), que satisfacen ciertos axiomas.

TOPOLÓGICO, A adj. Relativo a la topología. ◇ **Espacio topológico** Espacio provisto de una topología.

TOPOMETRÍA s.f. Conjunto de operaciones efectuadas sobre el terreno para la determinación métrica de los elementos de un mapa.

TOPÓN s.m. Chile, Colomb. y Hond. Topetazo. **2.** Colomb. Puñetazo.

TOPONIMIA s.f. (del gr. *tópos*, lugar, y *ónoma*, nombre). Estudio lingüístico del origen y etimología de los nombres de lugar. **2.** Conjunto de los nombres de lugar de un país, época, etc.

TOPONÍMICO, A adj. Relativo a la toponimia o a los topónimos.

TOPÓNIMO s.m. Nombre propio de lugar.

TOQUE s.m. Acción de tocar momentánea o levemente. **2.** Pequeña aplicación medicinal. **3.** *Fig.* Determinado matiz o detalle: *un toque de distinción*. **4.** Sonido de las campanas u otro instrumento musical, para avisar o anun-

ciar algo. **5.** *Fig.* Llamamiento, indicación, advertencia: *dar un toque de atención*. **6.** *Fig.* Punto delicado, difícil o importante. **7.** Ensayo del oro o de la plata mediante la piedra de toque. **8.** Choque que da el pez al picar el anzuelo. **9.** En pintura, pincelada ligera. **10.** Méx. Calambre que se produce en el cuerpo al entrar en contacto con una corriente eléctrica. **11.** Méx. *Vulg.* Cigarrillo de marihuana. **12.** MIL. Conjunto de notas musicales emitidas por cornetas, trompetas, etc., con objeto de dar una orden. **13.** MÚS. Interpretación a la guitarra de los distintos cantes y bailes flamencos. ◇ **A toque de campana** Con mucha disciplina y puntualidad. **Darse un toque** Méx. *Vulg.* Aspirar el humo de un cigarrillo de marihuana. **Dar un toque** *Fam.* Avisar, llamar la atención; tantear a alguien respecto de algún asunto.

TOQUETEAR v.tr. Manosear, tocar reiteradamente.

TOQUETEO s.m. Acción de toquetear.

TOQUI s.m. Chile. Caudillo, cacique araucano.

TOQUILLA s.f. Pañuelo plegado en forma triangular, que las mujeres se ponen en la cabeza, anudado bajo el mentón, o en el cuello. **2.** Prenda de abrigo de punto de lana, generalmente en forma de capa, usada por las mujeres y los lactantes.

TORACENTESIS s.f. Punción de la cavidad torácica para introducir o evacuar líquido.

TORÁCICO, A adj. Relativo al tórax: *cavidad torácica*. ◇ **Caja torácica** Armazón óseo constituido principalmente por las costillas, que está por detrás a la columna vertebral y por delante al esternón. (Está dotada de una cierta flexibilidad, debido a la laxitud de las articulaciones, que permite los movimientos respiratorios.) **Conducto torácico** Colector linfático que aboca la linfa a la vena subclavia izquierda.

TORACOPLASTIA s.f. CIR. Intervención que consiste en practicar una resección en varias costillas, para hundir una caverna tuberculosa subyacente.

TORACOTOMÍA s.f. CIR. Abertura quirúrgica del tórax.

TORAL adj. Que tiene más fuerza o importancia. ◇ **Arco toral** Gran arco que forma la embocadura del ábside central de un templo; arco limita el espacio del crucero; arco de la nave mayor perpendicular al eje de la misma.

TORANA s.m. (voz sánscrita). Pórtico levantado ante las puertas de las murallas, que adorna también las balaustradas de los *stûpa*.

TÓRAX s.m. (lat. *thorax*, *-cis*, busto, pecho, del gr. *thórax*). Cavidad del cuerpo de los vertebrados, limitada por las costillas, el esternón y el diafragma, que contiene los pulmones y el corazón. **2.** Segunda parte del cuerpo de los insectos, formada por tres anillos, en los que se insertan las patas y las alas. (V. ilustr. pág. siguiente.)

TORBELLINO s.m. (del lat. *turbo*, *-inis*, tempestad). Remolino de viento o de polvo. **2.** Movimiento circular o helicoidal de las moléculas de agua en un curso fluvial. **3.** Movimiento de rotación del aire. **4.** Desplazamiento por movimiento de rotación de las partículas fluidas alrededor de un eje. SIN.: *remolino*. **5.** *Fig.* Concurrencia o coincidencia de muchas cosas a la vez: *torbellino de ideas, de papeles*. **6.** *Fig.* Persona vivaz, inquieta y muy activa.

TORCAZ adj. y s.f. Se dice de una variedad de paloma de cuello verdoso, cortado por un color incompleto muy blanco.

TORCAZA s.f. (del lat. *torquaceus*). Amér. Paloma torcaz.

TORCECUELLO s.m. Ave que habita en jardines y huertos de Europa y África, de unos 16 cm de long., y se agarra a los troncos como el pájaro carpintero. (Familia pícidos.)

TORCEDOR, RA adj. y s. Que tuerce. ◆ s.m. Huso con que se tuerce la hilaza.

TORCEDORA s.f. Máquina con que se tuercen constantemente los hilos de acero, para formar cables.

TORCEDURA s.f. Acción y efecto de torcer. SIN.: *torcimiento*.

TORCER v.tr. y prnl. (del lat. *torquere*) [31]. Encorvar o doblar una cosa recta. **2.** Inclinar

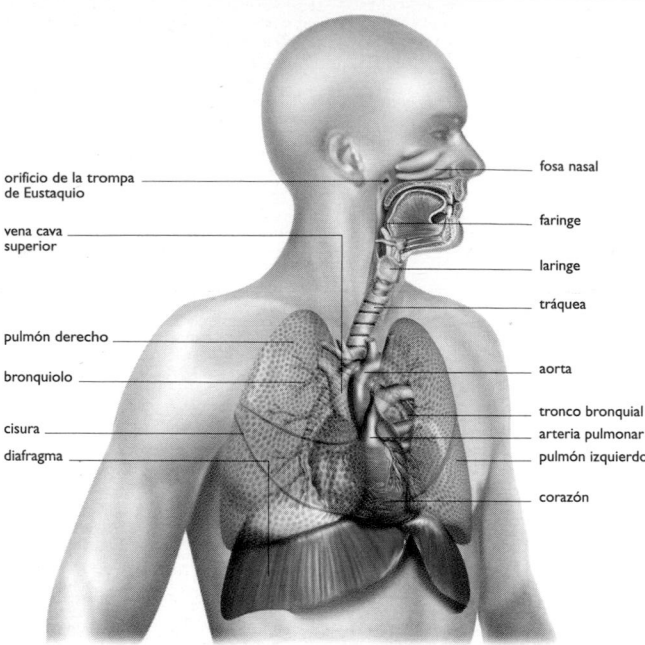

orificio de la trompa
de Eustaquio

vena cava
superior

pulmón derecho

bronquiolo

cisura

diafragma

fosa nasal

faringe

laringe

tráquea

aorta

tronco bronquial

arteria pulmonar

pulmón izquierdo

corazón

■ **TÓRAX.** Los órganos del tórax vistos de frente y las vías aéreas.

una cosa o ponerla sesgada: *ese cuadro se ha torcido.* **3.** Retorcer, dar vueltas a una cosa. **4.** Obligar a un miembro a un movimiento violento; sufrir la dislocación de un miembro: *torcer un brazo; torcerse el pie.* **5.** Cambiar, desviar: *torcer un propósito.* **6.** *Fig.* Hacer que una persona obre mal. ❖ v.tr. Desviar algo de su posición o dirección habitual. **2.** Con palabras como *gesto, semblante, rostro,* etc., expresar desagrado. **3.** *Fig.* Tergiversar, interpretar mal. **4.** TEXT. Arrollar los hilos uno a otro mediante torsión; enrollar entre sí dos madejas mediante torsión. ❖ v.intr. Girar, volver, cambiar de dirección: *torcer a la izquierda.* ❖ **torcerse** v.prnl. *Fig.* Malograrse, frustrarse algo: *nuestros deseos se han torcido.* **2.** *Fig.* Desviarse del camino recto de la virtud y de la razón. **3.** TAUROM. Desviarse el torero del recto camino al entrar a matar.

TORCIDO, A adj. Que no es o no está recto: *piernas torcidas.* **2.** Que no obra con rectitud. **3.** Obtenido por torsión o cableado: *hilo, cable torcido.* **4.** Amér. Se dice de la persona desafortunada. **5.** TAUROM. Se dice de la estocada con tendencia a atravesarse. ❖ s.m. Acción de torcer. **2.** TEXT. **a.** Torsión de las fibras que integran los hilos. **b.** Cordón de seda empleado en tapicería. **c.** Hilo obtenido por torsión de varios hilos retorcidos. **d.** Hilo de urdimbre de algodón, a dos o más cabos. **e.** Hebra gruesa y fuerte de seda torcida.

TORCIJÓN s.m. Acción y efecto de torcer.

TORDILLO, A adj. y s. Tordo.

1. TORDO s.m. Zorzal. **2.** Pez de vivos colores, de unos 15 cm de long., que vive en el Mediterráneo. **3.** Nombre de diversos pájaros de América del Sur.

2. TORDO, A adj. y s. (lat. *turdus*). Se dice de la caballería que tiene el pelo mezclado de negro y blanco. SIN.: *tordillo.*

TOREAR v.tr. e intr. Incitar a un toro para que acometa y sortearlo o burlarlo cuando lo hace. **2.** Lidiar al toro en una plaza, y finalmente matarlo siguiendo las reglas del toreo. ❖ v.tr. y *fam.* Evitar a alguien o algo. **3.** Argent. y Chile. Dirigir insistentemente a alguien palabras que pueden molestarlo o irritarlo. **3.** Esp. *Fig.* y *fam.* Saber llevar bien a alguien, conducir hábilmente un asunto difícil. ❖ v.intr.

Argent., Bol. y Par. Ladrar un perro y amenazar con morder.

TOREO s.m. Acción de torear. **2.** Arte y técnica de torear. **3.** Estilo personal de un torero.

TORERA s.f. Chaquetilla corta y ceñida al cuerpo. ◇ **Saltarse a la torera** *Fam.* Hacer caso omiso de algo, no cumplirlo: *saltarse a la torera las clases.*

TORERO, A adj. Relativo al toro, al toreo o al torero: *tener sangre torera.* ❖ s. Persona que se dedica a torear.

TORÉUTICA s.f. ARQUEOL. Arte de cincelar.

TORIANITA s.f. Óxido natural de uranio y torio, negro y cúbico.

TÓRICO, A adj. Que tiene la forma de un toro o superficie de revolución engendrada por una figura plana cerrada que gira alrededor de un eje que no la corta.

TORII s.m. Pórtico que en Japón precede la entrada de los templos sintoístas.

■ **TORII.** Gran Torii (s. XIX), en la entrada del santuario de Itsukushima, en Japón.

TORIL s.m. Sitio de una plaza de toros donde están encerradas las reses antes de ser lidiadas.

TORILLO s.m. Pez de carne insípida, de unos 20 cm de long., que vive en el Mediterráneo y el Atlántico. (Familia blénidos.) **2.** Ave de pe-

queñas dimensiones, hábil y buena corredora, de las familias turnícidos y pedionómidos.

TORINA s.f. Óxido del torio ThO_2.

TORIO s.m. (de *Thor,* dios escandinavo de la guerra). Metal de color blanco, cristalino, extraído de la torita y perteneciente al grupo de los actínidos, de densidad 11,7, cuyo punto de fusión es de 1 842 ºC. **2.** Elemento químico (Th), de número atómico 90 y masa atómica 232,038. (El método de radiocronología $^{230}Th/^{238}U$, que se basa en la desintegración del uranio en torio, permite fechar fenómenos que no sobrepasan los 300 000 años aproximadamente.)

TORITA s.f. Silicato hidratado de torio $ThSiO_4$, tetragonal.

TORITO s.m. Ave de pequeño tamaño, de América Meridional, que presenta un gran copete de plumas erizadas y cola larga. (Familia tiránidos.) **2.** Argent. y Perú. Nombre de diversas especies de coleópteros de coloración entre el castaño y el negro y cuyo macho suele tener un cuerno encorvado en la frente. **3.** Cuba. Pez cofre con dos espinas a manera de cuernos. **4.** Ecuad. y Nicar. Especie de orquídea.

TORMENTA s.f. (lat. *tormenta,* neutro pl. de *tormentum,* tormento). Perturbación atmosférica violenta que se caracteriza por ráfagas de aire y lluvia, nieve o pedrisco acompañados de rayos, truenos y relámpagos. **2.** *Fig.* Manifestación violenta e impetuosa del estado de ánimo: *una tormenta de celos.*

TORMENTILA s.f. (bajo lat. *tormentilla*). Planta herbácea que crece en lugares montañosos de la península Ibérica, cuyo rizoma se usa como astringente. (Familia rosáceas.)

TORMENTÍN s.m. MAR. Foque pequeño muy resistente, para el mal tiempo.

TORMENTO s.m. (lat. *tormentum*). Aflicción, congoja, preocupación. **2.** *Fig.* Persona o cosa que atormenta. **3.** Castigo que consiste en infligir dolor físico o moral a un acusado para obligarlo a confesar algo. SIN.: *tortura.*

TORMENTOSO, A adj. Que ocasiona o implica tormenta: *borrasca tormentosa; tiempo tormentoso.* **2.** *Fig.* Que es, agitado, violento: *sueño tormentoso.*

TORNA s.f. Acción de tornar, regresar, volver. ◇ **Volver las tornas** Invertir una situación o el desarrollo de algo.

TORNABODA s.f. Día siguiente al de la boda.

TORNADIZO, A adj. y s. Veleidoso, inconstante. ❖ s.m. Judaizante del reino de Castilla en el s. XIV.

TORNADO s.m. Huracán impetuoso y violento.

TORNAR v.intr. (lat. *tornare*). Regresar, volver. ❖ v.tr. Devolver, restituir. ❖ v.tr. y prnl. Cambiar, transformar: *el cielo se tornó negro.*

TORNASOL s.m. Reflejo o viso que hace la luz en algunas telas o en otras materias muy tersas, haciéndolas cambiar de color. **2.** Girasol. **3.** Sustancia colorante de origen vegetal, de color azul violáceo y que se usa como reactivo para reconocer los ácidos.

TORNASOLADO, A adj. Que tiene o hace tornasoles: *aguas tornasoladas.* ❖ s.m. Conjunto de tornasoles de un tejido que se consigue aplicando un sistema de tintura que consiste en superponer diferentes tonalidades o matices de un mismo color.

TORNAVOZ s.m. Dispositivo o aparato para recoger, dirigir y amplificar el sonido, o hacer que se oiga mejor.

TORNEADO, A adj. Se dice del producto hecho con el torno. **2.** *Fig.* Se dice de la parte del cuerpo humano que tiene curvas suaves: *brazos torneados.* ❖ s.m. Acción de tornear.

TORNEAR v.tr. Dar forma a una cosa con el torno.

TORNEO s.m. Competición deportiva. **2.** HIST. Combate, generalmente a caballo, entre dos bandos de caballeros (ss. XI-XVI).

TORNERÍA s.f. Establecimiento donde se hacen o venden productos hechos con el torno. **2.** Oficio de tornero.

TORNERO, A s. Persona que tiene por oficio trabajar con el torno. ❖ s.f. y adj. Monja de un convento de clausura que se encarga del torno.

TORNILLERÍA s.f. Conjunto de tornillos y otras piezas como tuercas, pernos, etc. **2.** Fábrica de tornillos.

TORNILLO s.m. Pieza cilíndrica o cónica, por lo general metálica, con resalte helicoidal y una cabeza con ranura. ◇ **Apretar los tornillos** a alguien *Fam.* Apremiarlo o exigirle el máximo esfuerzo. **Faltarle un tornillo** o **tener flojos los tornillos** *Fam.* Tener alguien poca sensatez y cordura. **Tornillo de banco,** o **de sujeción** Instrumento montado en un banco o en la plataforma de una máquina-herramienta, con que se mantienen sujetas las piezas que se están trabajando.

TORNIQUETE s.m. Dispositivo formado por dos brazos iguales en cruz, giratorios alrededor de un eje vertical, que se pone a la entrada de un lugar para que las personas entren de una en una. **2.** Especie de pestillo para retener el bastidor de una vidriera. **3.** Palanca angular de hierro que comunica el movimiento del tirador a la campanilla. **4.** Pieza de hierro en forma de S alargada, para mantener abiertas las hojas de ventanas, persianas, etc. **5.** Aparato de física que adquiere un movimiento de rotación debido a una fuerza de reacción: *torniquete hidráulico, eléctrico.* **6.** CIR. Instrumento para contener las hemorragias de las extremidades.

TORNISCÓN s.m. *Fam.* Pellizco retorcido.

TORNO s.m. Aparato para la tracción o elevación de cargas que consiste en un cilindro horizontal y una cuerda o cadena a la que se sujeta la carga. **2.** Estructura giratoria empotrada en el hueco de una pared que permite intercambiar objetos de una parte a otra entre dos personas sin que estas se vean. (Los *tornos* se usan especialmente en los conventos de clausura.) **3.** MEC. Máquina-herramienta que sirve para trabajar, por arranque de viruta mediante un útil que realiza los movimientos de avance y penetración, una pieza que se mantiene en rotación alrededor de un eje. **4.** TECNOL. Dispositivo o instrumento que, a modo de prensa o tenaza, se usa en diversos oficios para sujetar e inmovilizar piezas que se van a trabajar. (También *torno de sujeción.*) ◇ **En torno** Alrededor. **Torno de alfarero** Disco que, por impulso manual o mecánico, gira horizontalmente y que lleva en su eje una pequeña mesa horizontal, sobre la que se coloca la pieza de arcilla que se ha de tornear. **Torno de perforación** Torno de gran potencia, con varias velocidades de arrollamiento del cable, que permite izar el trépano desde el fondo de un pozo con gran rapidez.

1. TORO s.m. (lat. *taurus*). Mamífero rumiante macho, de unos 2,5 m de long. y 1,5 m de alt., cabeza gruesa con cornamenta, piel dura y pelo corto. (El toro muge o brama; familia bóvidos.) **2.** *Fig.* Hombre muy fuerte y robusto. **3.** Cuba. Pez similar al cofre. ➝ **toros** s.m.pl. Fiesta o corrida donde se lidian toros. ◇ **Agarrar,** o **coger,** o **tomar, el toro por los cuernos,** o **por las astas** *Fam.* Afrontar un asunto difícil con valor y decisión. **Toro almizclado** Mamífero rumiante de las regiones boreales, con particularidades propias de los bovinos y de los ovinos.

■ TORO

2. TORO s.m. (lat. *torus,* bulto o protuberancia). Moldura saliente de figura semicilíndrica. **2.** MAT. Sólido engendrado por un círculo que gira alrededor de una recta situada en su plano, pero que no pasa por su centro.

TOROIDAL adj. GEOMETR. Que tiene forma de toro.

TOROIDE s.m. Superficie generada por una curva cerrada al girar alrededor de un eje contenido en su plano y que no la corta. **2.** Sólido limitado por esta superficie. **3.** Bobina o transformador en forma de anillo cerrado.

TORÓN s.m. QUÍM. Emanación del torio, isótopo del radón.

TORONJA s.f. (ár. *turūnǧa*). Cidra esférica. **2.** Fruto del pomelo.

TORONJIL s.m. Melisa. SIN.: *cidronela.* ◇ **Toronjil silvestre** Planta herbácea de olor fuerte y flores blancas moteadas de rojo. (Familia labiadas.)

TORONJO s.m. Cidro que produce las toronjas.

TORPE adj. (lat. *turpis*, feo o deforme, ruin). Que se mueve con lentitud y dificultad. **2.** Que no tiene agilidad ni destreza. **3.** Que tiene dificultad para comprender o aprender algo.

TORPEDEAR v.tr. Atacar una embarcación o un avión con un objetivo marítimo con torpedos.

TORPEDEO s.m. Acción y efecto de torpedear. SIN.: *torpedeamiento.*

TORPEDERO, A adj. y s.m. y f. Se dice de la embarcación o del avión destinados a lanzar torpedos: *lancha torpedera.*

TORPEDISTA adj. y s.m. y f. Persona que tiene por oficio encargarse de las maniobras que se han de realizar con los torpedos.

TORPEDO s.m. (lat. *torpedo, -inis*). Proyectil cilíndrico, explosivo, submarino y autodirigido, que una embarcación o un avión lanza para atacar un objetivo marítimo. **2.** Pez marino parecido a la raya, que puede alcanzar 1 m de long. y que posee a cada lado de la cabeza un órgano capaz de producir descargas eléctricas.

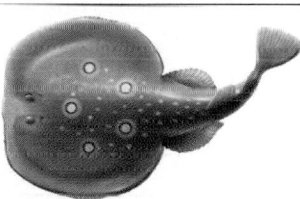

■ TORPEDO

TORPEZA s.f. Cualidad de torpe. **2.** Dicho o hecho propios de una persona torpe.

TÓRPIDO, A adj. MED. Se dice de la lesión crónica y de difícil curación.

TORQUE s.m. (lat. *torques*). Collar céltico, metálico o rígido.

TORR s.m. (de E. *Torricelli,* físico italiano). Unidad de medida de presión equivalente a la presión ejercida por una columna de mercurio de una altura de 1 mm.

TORRE s.f. (lat. *turris*). Construcción más alta que ancha, de planta cuadrada, circular o poligonal. **2.** Pieza del ajedrez situada en los cuatro ángulos del tablero y que tiene la forma de una torre almenada. **3.** Estructura metálica o de hierro armado, que sirve de soporte a una construcción. **4.** Cuba y P. Rico. Chimenea del ingenio de azúcar. **5.** Esp. Casa con jardín situada a las afueras de un núcleo urbano y que se utiliza como segunda residencia. **6.** INDUSTR. Columna de fraccionamiento, cámara de catálisis, reactor o cualquier aparato cilín-

drico y vertical destinado a tratamientos de depuración, desecación de gases, absorción, destilación, combinaciones químicas, etc. ◇ **Torre de aguas** Torre que sirve de depósito para la distribución de agua a presión. **Torre de control** Torre de un aeropuerto, donde se hallan las instalaciones para el control local del tránsito aéreo y el personal encargado de dicho servicio. **Torre de extracción** Torre de una mina en la que la máquina de extracción está situada en la parte superior. **Torre de iglesia** Campanario. **Torre del homenaje,** o **maestra** Torre principal y más fuerte de una fortaleza, donde habitaba el castellano o alcaide. **Torre de marfil** *Fig.* Aislamiento intelectual en el que alguien vive voluntariamente. **Torre de sondeo,** o **de perforación** Derrick.

TORRECILLA s.f. Obra defensiva de pequeñas dimensiones.

TORREFACCIÓN s.f. Acción de torrefactar.

TORREFACTAR v.tr. Tostar el café con un poco de azúcar.

TORREFACTO, A adj. Se dice del café que ha sido tostado con un poco de azúcar.

TORREJA s.f. Amér. Torrija. **2.** Chile. Rodaja de fruta.

TORRENCIAL adj. Relativo a los torrentes: *aguas torrenciales.* **2.** Que tiene alguna de las características propias de un torrente: *lluvias torrenciales.*

TORRENTE s.m. (lat. *torrens, -entis*). Corriente de agua violenta, rápida e irregular que se produce por abundantes precipitaciones o por el deshielo. **2.** *Fig.* Abundancia, gran concurrencia: *torrente de lágrimas; torrente de gente.* ◇ **Torrente de voz** *Fig.* Voz potente y que sale sin esfuerzo al cantar.

TORRENTERA s.f. Cauce de un torrente.

TORRENTOSO, A adj. Amér. Se dice del río o arroyo de corriente impetuosa.

TORREÓN s.m. Torre fortificada para la defensa de una plaza o castillo.

TORRERO, A s. Persona que tiene por oficio cuidar una atalaya o faro.

TORRETA s.f. Cabina acristalada de un avión de bombardeo donde están instalados los cañones y las ametralladoras. **2.** Cúpula giratoria y blindada de un carro de combate que sirve de cámara de combate y de soporte al cañón y donde se colocan el jefe del carro y el tirador. **3.** Estructura central que se eleva sobre la cubierta de un submarino. **4.** Garita acristalada sobre la cubierta de un buque que sirve para proteger de las salpicaduras de las olas, la lluvia, etc. **5.** Bloque portaherramientas de un torno automático o semiautomático que puede presentar sucesivamente todas las cuchillas o herramientas en posición de trabajo. **6.** Estructura metálica situada en lo alto de una central telegráfica y destinada a permitir la concentración de los hilos de una red aérea.

TORREZNO s.m. Pedazo de tocino frito.

TÓRRIDO, A adj. Muy caliente, ardiente.

TORRIJA s.f. Rebanada de pan frito, empapada en leche o vino y endulzada con miel o azúcar.

TORSIÓN s.f. (lat. *tortio, -onis*). Acción y efecto de torcer o torcerse. **2.** MEC. Deformación que experimenta un cuerpo por la acción de dos pares de fuerzas opuestos que actúan en planos paralelos, de modo que cada sección del mismo experimenta una rotación con relación a la precedente. **3.** TEXT. **a.** Número de vueltas por metro que se dan a un hilo. **b.** Operación por la que se transforman las cintas, obtenidas en la fase de hilado previo del algodón, lana cardada, etc., en mechas redondas.

TORSO s.m. Tronco del cuerpo humano.

TORSOR s.m. MAT. Conjunto de una fuerza y de un par de fuerzas cuyo momento está en la misma dirección que la fuerza.

TORTA s.f. Masa de harina y agua, generalmente de forma redonda, que se cuece a fuego lento en el horno. **2.** *Fam.* Bofetada. SIN.: *tortazo.* **3.** *Fig.* y *fam.* Golpe fuerte que se da una persona al caerse o chocar. SIN.: *tortazo.* **4.** Argent., Chile y Urug. Pastel grande, generalmente de forma circular, tarta. **5.** Méx. Sándwich hecho con pan de corteza dura: *torta de jamón,*

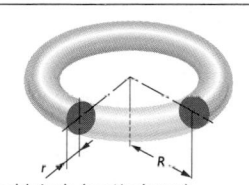

r: radio del círculo (sección de toro)
R: radio del círculo de revolución
A: área   V: volumen
$A = 4\pi^2 \times r \times R$ $V = 2\pi^2 \times r^2 \times R$

■ TORO

de queso. ◇ **Costar la torta un pan** Esp. *Fam.* Tener que dar, hacer, etc., para conseguir una cosa otra que vale más.

TORTADA s.f. Torta grande rellena de carne, dulce, etc.

TORTAZO s.m. *Fam.* Bofetada. SIN.: *torta.* **2.** *Fig.* y *fam.* Golpe fuerte que se da una persona al caerse o chocar. SIN.: *torta.*

TORTÍCOLIS o **TORTICOLIS** s.m. o f. (fr. *torticolis*). Contracción dolorosa de los músculos del cuello que limita los movimientos de esta parte del cuerpo.

TORTILLA s.f. Alimento que se prepara con huevo batido y otros ingredientes opcionales, como papas o queso, que se fríe con aceite. **2.** Amér. Central, Antillas y Méx. Masa de maíz delgada y circular que se cuece al fuego. **3.** Argent. y Chile. Panecillo en forma de disco, chato, por lo común salado, hecho con harina de trigo o maíz y cocido al rescoldo. ◇ **Cambiar,** o **volverse, la tortilla** *Fam.* Acontecer algo de modo opuesto al que se esperaba; trocarse la suerte favorable que alguien tenía. **Tortilla de harina** Méx. Tortilla hecha con harina de trigo.

TORTILLERA s.f. Mujer que se dedica a hacer tortillas de maíz. **2.** Esp. *Vulg.* Lesbiana.

TORTILLERÍA s.f. Establecimiento donde se hacen o venden tortillas.

TÓRTOLA s.f. (lat. *turtur, -uris*). Ave parecida a la paloma, pero más pequeña, de las regiones arboladas de Europa, Asia y norte de África. (La variedad domesticada tiene un collar frontal negro; familia colúmbidos.)

TÓRTOLO s.m. Macho de la tórtola. **2.** *Fig.* y *fam.* Hombre muy enamorado. ◆ **tórtolos** s.m.pl. *Fig.* y *fam.* Pareja de enamorados en actitud muy cariñosa.

TORTRÍCIDO, A adj. y s.m. Relativo a una familia de lepidópteros cuyas larvas suelen constituir plagas forestales, que comprende unos ochenta géneros, con más de mil especies.

TORTUGA s.f. Reptil de cuerpo protegido por un caparazón y un peto, generalmente muy gruesos y rígidos, con cabeza provista de pico córneo sin dientes. (Las especies terrestres, de gran longevidad, son vegetarianas; las de agua dulce [galápagos, *Tryonyx*] son animales carnívoros a veces muy voraces; las tortugas marinas [carey, laúd], generalmente omnívoras, nadan gracias a sus miembros convertidos en aletas.) ◇ **A paso de tortuga** Lentamente. **Tortuga laúd** Tortuga de los mares cálidos, que puede alcanzar 2,40 m de long. y pesar 600 kg, que en lugar de caparazón tiene osículos en una piel oscura.

■ **TORTUGA** gigante de las Galápagos.

TORTUOSO, A adj. (lat. *tortuosus*). Que da muchas vueltas y rodeos, sinuoso. **2.** *Fig.* Complicado, solapado, astuto: *mente tortuosa.*

TORTURA s.f. (lat. *tortura*). Práctica de castigo que consiste en infligir dolor físico o moral a alguien para obligarlo a confesar algo. SIN.: *tormento.* **2.** *Fig.* Sufrimiento físico o moral, intenso y continuado. **3.** *Fig.* Cosa que produce este sufrimiento.

TORTURAR v.tr. y prnl. Someter a alguien a una tortura.

TORVISCO s.m. (lat. hispánico *turbiscus*). Arbusto de flores amarillentas y olorosas y fruto en drupa de color rojo. (Familia timeleáceas.)

TORVO, A adj. (lat. *torvus*). De aspecto fiero y enojado: *mirada torva.*

TORY adj. y s.m. y f. (pl. *tories*). Del partido conservador de Gran Bretaña.

TORZAL s.m. Cordón de varias hebras de seda torcidas o trenzadas entre sí, para coser o bordar.

TOS s.f. (lat. *tussis*). Expulsión brusca y enérgica del aire de los pulmones causada por un fenómeno irritativo en la faringe, laringe, tráquea o bronquios. ◇ **Tos ferina** Enfermedad infectocontagiosa, frecuente en la infancia, que se caracteriza por accesos paroxísticos de tos.

TOSCANO, A adj. y s. De Toscana. ◆ adj. Se dice del orden arquitectónico romano inspirado en el dórico griego. (El orden *toscano* se diferencia del dórico griego por el entablamento sin ornamentos y por una columna, también sin ornamentos, que se apoya en una basa.) ◆ s.m. Variedad del italiano hablada en Toscana. **2.** Cierta clase de cigarro.

TOSCO, A adj. Que está hecho con poca habilidad y cuidado, sin pulir o con materiales de poco valor: *mueble tosco.* **2.** *Fig.* Rústico, carente de cultura y educación: *persona tosca.* **3.** Se dice de la superficie o cara de los sillares o piedras de cantería sin labrar. **4.** Se dice del acabado basto que se da a los sillares, para que imiten la piedra natural.

TOSEDERA s.f. Amér. Tos persistente.

TOSER v.intr. (lat. *tussire*). Tener una persona tos. ◇ **No haber quien le tosa** o **no toserle nadie** a alguien Esp. *Fam.* No poder competir con él; no consentir que le reprendan o censuren.

TÓSIGO s.m. (lat. *toxicum*). Ponzoña, veneno. **2.** *Fig.* Angustia, pena intensa.

TOSQUEDAD s.f. Cualidad de tosco.

TOSTACIÓN s.f. Acción de tostar. SIN.: *tostado.* **2.** TECNOL. Operación que consiste en calentar un mineral en contacto con el aire, para alcanzar una enérgica oxidación.

TOSTADA s.f. Rebanada de pan tostado.

TOSTADERO, A adj. Que tuesta. SIN.: *tostador.* ◆ s.m. Instalación industrial para la torrefacción del café en grano. **2.** *Fig.* Lugar donde hace demasiado calor.

TOSTADO, A adj. Que tiene color subido y oscuro. ◆ s.m. Acción de tostar. SIN.: *tostación.* **2.** Operación que consiste en someter ciertas piedras preciosas a elevadas temperaturas.

TOSTADOR, RA adj. Que tuesta. SIN.: *tostadero.* ◆ s.m. Aparato para tostar café en grano.

TOSTADORA s.f. Aparato para hacer tostadas.

TOSTAR v.tr. y prnl. (lat. vulg. *tostare*) [17]. Exponer algo a la acción directa del fuego hasta que tome color dorado, sin llegar a quemarse. **2.** *Fig.* Causar algo mucho calor. **3.** *Fig.* Poner el sol o el aire morena la piel del cuerpo. **4.** Chile. Vapulear, azotar, zurrar. **5.** TECNOL. Someter a tostación.

TOSTÓN s.m. Cochinillo asado. **2.** Esp. Trozo de pan frito que se añade a la sopa, crema o al puré. **3.** Esp. *Fam.* Fastidio, pesadez. **4.** Esp. *Fam.* Persona o cosa molesta, pesada o aburrida.

TOTAL adj. Completo, que comprende todo, entero, absoluto. ◆ s.m. Resultado de una suma. **2.** Totalidad. ◆ adv.m. En suma, en conclusión.

TOTALIDAD s.f. Conjunto de todos los elementos que forman algo. SIN.: *total.*

TOTALITARIO, A adj. Relativo a la totalidad. **2.** Se dice del régimen político no democrático en el que los poderes ejecutivo, legislativo y judicial están concentrados en un reducido número de dirigentes, que subordinan los derechos de las personas a la razón de estado. **3.** Relativo al régimen totalitario.

TOTALITARISMO s.m. Cualidad de totalitario. **2.** Sistema de un régimen totalitario. ENCICL. La fusión de los poderes ejecutivo, legislativo y judicial, la existencia de un partido único, la difusión de una ideología hegemónica, la movilización de las masas, el control policial, la represión y la eliminación de las categorías de la población señaladas como chivo expiatorio son los rasgos compartidos por los regímenes totalitarios, cuyo estudio desarrolló H. Arendt, quien buscó similitudes entre los regímenes nazi y estalinista.

TOTALIZADOR, RA adj. Que totaliza: *me-*

canismo totalizador. ◆ s.m. Aparato que da el total de una serie de operaciones. **2.** En las carreras de caballos y galgos, conjunto de aparatos indicadores y calculadores.

TOTALIZAR v.tr. [7]. Establecer el total de algo.

TÓTEM s.m. (pl. *tótems*). Entidad de la naturaleza que una sociedad toma como protectora y a la cual rinde culto. **2.** Representación tallada o pintada de esta entidad.

■ **TÓTEMS** de distintas tribus en el parque Stanley de Vancouver (Canadá).

TOTÉMICO, A adj. Relativo a un tótem o al totemismo. ◇ **Poste totémico** Poste de madera de cedro esculpido y pintado erigido por los indios de la costa NO del Pacífico, de Vancouver a Alaska.

TOTEMISMO s.m. Conjunto de creencias y prácticas de una sociedad que rinde culto a los tótems.

TOTIPOTENTE adj. Se dice de la célula embrionaria apta para formar los tejidos más diversos, según las acciones morfógenas que sufra.

TOTONACA, TOTONACO o **TOTONECA** adj. y s.m. y f. De un pueblo amerindio precolombino de México, de lengua maya-zoque, que habitaba en Veracruz (act. también en Puebla). ENCICL. Los totonacas formaban una confederación de ciudades en el S, y en el N crearon un estado. Su economía era agrícola y comercial, y tuvieron dos grandes centros: de 300 a 1200 d.C. El Tajín, máximo exponente del esplendor de la cultura totonaca, con una gran pirámide, y de 900 a 1519, Cempoala. La cultura totonaca destaca por la cerámica, muy variada, la escultura en piedra, la arquitectura monumental y la avanzada concepción urbanística de las ciudades.

TOTOPO s.m. Méx. Trozo de tortilla de maíz tostado o frito.

TOTOPOSTE s.m. Amér. Central. Torta de harina de maíz muy tostada.

TOTORA s.f. (quechua *tutura*). Amér. Merid. Junco que crece a orillas de los lagos y junto al mar.

TOTORAL s.m. Amér. Merid. Terreno poblado de totoras.

TOTOVÍA s.f. (voz de origen onomatopéyico). Ave paseriforme semejante a la alondra, pero de menor tamaño, unos 15 cm de long. (Familia aláudidos.)

TOTUMA s.f. (caribe *tutum*, calabaza). Amér. Fruto del totumo. **2.** Amér. Recipiente hecho con este fruto.

TOTUMO s.m. Amér. Güira.

TOUCHE s.f. (voz francesa). Línea que delimita la anchura del terreno de rugby en las bandas. **2.** Puesta en juego del balón que rebasado esta línea. ◇ **En touche** Se dice del balón que ha rebasado esta línea.

TOUR s.m. (voz francesa). Excursión, viaje turístico. **2.** Vuelta.

TOURNEDÓS s.m. → **TURNEDÓ**.

TOURNÉE s.f. (voz francesa). Gira artística. **2.** Viaje de placer por distintos lugares.

TOXEMIA s.f. Conjunto de accidentes provocados por las toxinas transportadas por la sangre.

TOXICIDAD s.f. Cualidad de tóxico: *la toxicidad del arsénico*.

TÓXICO, A adj. y s.m. Se dice de la sustancia que es venenosa.

TOXICODEPENDENCIA s.f. Drogadicción. SIN.: *toxicomanía*.

TOXICODEPENDIENTE adj. y s.m. y f. Drogadicto. SIN.: *toxicómano*.

TOXICOLOGÍA s.f. Ciencia que estudia la capacidad tóxica, teórica o real, de diversos productos.

TOXICOLÓGICO, A adj. Relativo a la toxicología.

TOXICÓLOGO, A s. Persona que se dedica al estudio de la toxicología.

TOXICOMANÍA s.f. Drogadicción. SIN.: *toxicodependencia*.

TOXICÓMANO, A adj. y s. Drogadicto. SIN.: *toxicodependiente*.

TOXICOSIS s.f. Síndrome grave de aparición brusca, especialmente en lactantes, de causas múltiples y en el que predominan los trastornos digestivos y la deshidratación.

TOXIDERMIA s.f. Conjunto de lesiones cutáneas de origen tóxico.

TOXIINFECCIÓN s.f. Infección causada por una exotoxina que actúa a distancia del foco infeccioso del que ha salido, como la difteria y el tétanos.

TOXINA s.f. Sustancia tóxica de naturaleza proteica, elaborada por un organismo vivo (bacteria, seta venenosa, insecto o serpiente venenosa), que tiene poder patógeno para el ser humano o los animales infectados.

TOXOPLASMOSIS s.f. Enfermedad parasitaria causada por un protozoo, *Toxoplasma gondii*.

TOYOTISMO s.m. Sistema de organización del trabajo en el que el trabajador participa en la productividad de la empresa mejorando la calidad de la producción.

TOZUDEZ s.f. Cualidad de tozudo.

TOZUDO, A adj. (cat. *tossut*). Que sostiene una actitud u opinión fijas, sin dejarse persuadir por otros argumentos.

TRABA s.f. Cosa que une o sujeta una cosa con otra para darles seguridad o coherencia. **2.** *Fig.* Cosa que dificulta u obstaculiza la realización de algo. **3.** Ligadura con que se atan las manos o pies de un animal para impedir que salte o se escape. ◇ **Poner trabas** Poner dificultades.

TRABACUENTA s.m. o f. Error o confusión en una cuenta.

TRABADO, A adj. Se dice de la caballería que tiene las dos manos blancas o bien una mano y un pie de distinto lado. **2.** Se dice de la sílaba que acaba en consonante.

TRABAJADO, A adj. Que se ha elaborado con minuciosidad y gran cuidado: *una obra trabajada*. **2.** Cansado a causa del trabajo.

TRABAJADOR, RA adj. Se dice de la persona a la que le gusta trabajar. ◆ s. Persona que trabaja para otra a cambio de un salario. ◆ s.m. Ave paseriforme de pequeño tamaño, sedentaria e insectívora, que vive en los juncales de las regiones llanas y abiertas de Argentina. (Familia furnáridos.) ◇ **Trabajador social** Profesional diplomado que se dedica a ayudar o prestar un servicio a los miembros de una colectividad.

TRABAJAR v.intr. (del lat. *tripalium*, instrumento de tortura). Realizar una actividad que requiere un esfuerzo físico o intelectual. **2.** Realizar una actividad de forma continuada para ganar dinero: *trabaja en un hospital; trabaja de corrector*. **3.** Funcionar una máquina o aparato. **4.** Representar un papel en el teatro, cine o televisión: *trabajar de galán*. ◆ v.tr. Estudiar algo o ejercitarse en ello: *trabajar mucho el latín*. **2.** Dedicarse un comerciante a la venta, compra o intercambio de determinado tipo de artículos: *solo trabaja tejidos*. **3.** Cultivar la tierra: *trabajar los campos*. **4.** Someter una materia o sustancia a una acción precisa y exacta para darle determinada forma: *trabajar la arcilla*. ◆ **trabajarse** v.prnl. Tratar de complacer a una persona en todo para conseguir algo de ella.

TRABAJO s.m. Actividad que requiere un esfuerzo físico o intelectual. **2.** Actividad que realiza una persona de manera continuada para ganar dinero. **3.** Producto resultante de una actividad física o intelectual: *es un trabajo de artesanía*. SIN.: *obra*. **4.** ECON. Esfuerzo humano aplicado a la producción de riqueza; actividad encaminada a un fin. **5.** MEC. Producto de la intensidad de una fuerza por la proyección, en la dirección de esta fuerza, del desplazamiento de su punto de aplicación. ◆ **trabajos** s.m.pl. Estrecheces, miserias, dificultades: *pasar muchos trabajos*. ◇ **Contrato de trabajo** Contrato por el cual una persona está obligada a realizar una determinada actividad para una empresa o institución a cambio de un salario. **De trabajo** Que se usa para trabajar. **Trabajo de campo** Investigación que se realiza mediante la observación directa, intensiva y personal de un grupo social, población vegetal, especies de animales, terreno, etc. **Trabajo de la madera** Deformación que experimenta la madera por las variaciones de la humedad. **Trabajos forzados** Trabajos físicos que hace obligatoriamente un preso como parte de la pena impuesta por su delito. **Trabajo social** Asistencia social.

TRABAJOSO, A adj. Que da o causa mucho trabajo. **2.** Colomb. Se dice de la persona poco complaciente y muy exigente.

TRABALENGUAS s.m. (pl. *trabalenguas*). Palabra o frase difícil de pronunciar que se propone como juego.

TRABAR v.tr. Juntar o unir una cosa con otra para darles seguridad o coherencia. **2.** Poner trabas a un animal. **3.** *Fig.* Comenzar o iniciar algo: *trabar amistad, trabar conversación*. **4.** *Fig.* Dificultar o obstaculizar la realización de algo: *trabar la marcha de una investigación*. **5.** Dar mayor consistencia a un líquido o a una masa: *trabar una salsa*. **6.** Ligar o ajustar entre sí las piedras, sillares o ladrillos con mortero o argamasa. ◆ **trabarse** v.prnl. Entorpecérsele a alguien la lengua al hablar.

TRABAZÓN s.f. Enlace o relación conveniente de dos o más cosas. **2.** *Fig.* Conexión, coherencia formando un conjunto: *trabazón social; trabazón de ideas*. **3.** Operación destinada a espesar las salsas y hacerlas untuosas, amalgamando los componentes del condimento. **4.** Materia diluida para esta operación.

TRABILLA s.f. Tira de tela o de cuero que pasa por debajo del pie para sujetar los bordes inferiores del pantalón, de la polaina, etc. **2.** Tira de tela que une dos piezas de una prenda de vestir.

TRABUCAR v.tr. y prnl. (cat. u occitano *trabucar*, caer, tropezar) [1]. Trastornar, desordenar: *trabucar los papeles*. **2.** *Fig.* Trastocar, tergiversar: *trabucar ideas, datos, noticias*.

TRABUCAZO s.m. Disparo de trabuco. **2.** Herida y daño que produce el disparo del trabuco. **3.** *Fig.* Impresión desfavorable que causa una noticia o suceso inesperado y desagradable.

TRABUCO s.m. (cat. *trabuc*). Arma de fuego antigua, de corto alcance y con el cañón ensanchado de la boca.

TRACA s.f. (cat. *traca*). Artificio pirotécnico que consiste en una serie de petardos enlazados por una cuerda y que van estallando sucesivamente.

TRÁCALA adj. y s.m. y f. Méx. Tracalero. ◆ s.m. Méx. y P. Rico. *Fam.* Trampa, engaño.

TRACALADA s.f. Amér. Gran cantidad de personas o cosas, montón, multitud. **2.** Méx. Trácala, trampa.

TRACALERO, A adj. y s. Méx. y P. Rico. Tramposo, embaucador.

TRACCIÓN s.f. (lat. *tractio, -onis*). Acción de tirar de algo, de mover cuando la fuerza está colocada delante de la resistencia: *tracción de un vagón; tracción animal*. **2.** Acción de arrastrar un vehículo o de hacer que se mueva por cualquier procedimiento mecánico. **3.** ALP. Técnica de escalada para avanzar lateralmente por una pared lisa. **4.** MEC. Modo de trabajo de un cuerpo sometido a la acción de una fuerza que tiende a alargarlo. ◇ **Vehículo de tracción delantera** Vehículo cuyas ruedas delanteras son motrices.

TRACERÍA s.f. Decoración pétrea formada por combinaciones de figuras geométricas que imitan formas vegetales. (La *tracería* constituye el relleno de la ojiva gótica.)

TRACOMA s.m. Conjuntivitis granulosa causada por un virus específico, endémica en ciertos países cálidos.

TRACTO s.m. ANAT. Conjunto de fibras o de órganos en que predomina la longitud.

TRACTOR, RA adj. y s. Que produce tracción o arrastre. ◆ s.m. Vehículo automóvil con

EL ARTE DE LOS TOTONACAS

La escultura es una de las manifestaciones más destacadas de la cultura totonaca. Recubierta casi siempre de relieves, presenta tres tipos de piezas: yugos, palmas y hachas. Las dos primeras están muy relacionadas con el juego de pelota y las hachas tienen un acentuado carácter mitológico.

Lápida. Representación de un jugador de pelota, procedente de El Tajín.

Escultura. Figura femenina sentada (período Remojadas). [Museo de América, Madrid.]

cabina de conducción climatizada

computadora de a bordo

ventana trasera

filtro de aire

rueda motriz y de dirección

rueda motriz

brazo de elevación

toma de fuerza

enganche

doc. Massey-Ferguson

■ **TRACTOR** agrícola.

ruedas provistas de dispositivos de adherencia para terrenos blandos. (El *tractor* se utiliza especialmente en trabajos agrícolas.)

TRACTORISTA s.m. y f. Persona que tiene por oficio manejar un tractor.

TRACTRIZ adj. y s.f. Tractora.

TRADE-UNION o **TRADE UNION** s.f. (del ingl. *trade union*). Sindicato obrero de los países anglosajones.

TRADICIÓN s.f. (lat. *traditio, -onis*). Transmisión de conocimientos, creencias, costumbres o leyes. **2.** Conocimiento, creencia, costumbre o ley transmitida de generación en generación. **3.** Desarrollo de una actividad en un lugar durante un largo período de tiempo. **4.** DER. Transmisión del dominio de bienes en virtud de un contrato; entrega. **5.** REL. Fuente de la doctrina revelada, junto con las Sagrada Escritura.

TRADICIONAL adj. Relativo a la tradición. **2.** Que es de uso común, usual, acostumbrado.

TRADICIONALISMO s.m. Estima y admiración por la tradición. **2.** Doctrina que defiende el mantenimiento de las tradiciones institucionales, en especial de la monarquía absoluta y la religión.

TRADUCCIÓN s.f. Acción y efecto de traducir. **2.** Texto traducido. **3.** Interpretación de un texto: *traducción del pensamiento de alguien.* **4.** BIOL. Síntesis de una proteína por la célula, a partir de la información codificada en una molécula de ARN. ◇ **Traducción automática** Traducción que se realiza por medio de máquinas electrónicas. **Traducción simultánea** Traducción oral que se va realizando simultáneamente a la emisión de un discurso.

TRADUCIBLE adj. Que puede ser traducido.

TRADUCIR v.tr. (lat. *traducere*) [77]. Expresar un texto o un mensaje oral de una lengua en otra lengua. ◆ v.tr. y prnl. Convertir o transformar una cosa en otra: *el bullicio se tradujo en calma.* **2.** Expresar, representar de una forma determinada ideas, pensamientos, estados de ánimo, etc.: *su tono de voz traducía su inquietud.*

TRADUCTOR, RA adj. Que traduce. ◆ s. Persona que traduce un texto o un mensaje oral a otra lengua, especialmente la persona que se dedica profesionalmente a ello. ◆ s.m. INFORMÁT. Programa que sirve para traducir un programa de un lenguaje de programación a otro lenguaje más asequible que el de la máquina.

TRAER v.tr. (lat. *trahere*) [65]. Llevar a alguien o algo desde un lugar hasta otro más próximo al que habla. **2.** Causar, ocasionar: *el ocio trae otros vicios.* **3.** Tener a alguien en un estado de ánimo o en una determinada situación: *este asunto le trae preocupado.* **4.** Tener puesta una prenda de vestir. **5.** Fig. Alegar razones para apoyar algo que se dice. **6.** Fig. y fam. Contener una publicación algo: *la revista trae de regalo un libro.* ◆ v.tr. y prnl. Fig. Planear algo solapadamente y sin que se sea de forma muy clara la intención: *traerse muchos líos.* ◇ **Traer a mal traer** Fam. Maltratar, molestar o

poner dificultades a alguien. **Traer consigo** Causar, determinar.

TRAFAGAR v.intr. [2]. Trajinar, ajetrearse. **2.** Traficar, comerciar.

TRÁFAGO s.m. Trajín, ajetreo.

TRAFICANTE adj. y s.m. y f. Que trafica o comercia, especialmente de forma irregular o con mercancías ilegales.

TRAFICAR v.intr. [1]. Comerciar o negociar, especialmente de forma irregular o con mercancías ilegales.

TRÁFICO s.m. Acción y efecto de traficar: *tráfico de drogas.* **2.** Circulación de vehículos por vía terrestre, marítima o aérea. **3.** Comunicación y transporte de personas o mercancías. **4.** Técnica de dar curso a las llamadas en un sistema telefónico. ◇ **Tráfico triangular** Itinerario comercial establecido en relación con la trata de negros por los comerciantes europeos, durante los ss. XVII y XVIII.

TRAGACANTO s.m. (gr. *tragakantha*, espina de macho cabrío). Arbusto que crece en Asia Menor e Irán, de unos 2 m de alt., y que exuda una goma blanquecina, de uso farmacológico e industrial. (Familia papilionáceas.) **2.** Goma exudada por este arbusto.

TRAGADERAS s.f.pl. Fam. Credulidad, facilidad para creer algo. **2.** Fig. y fam. Facilidad para aceptar, admitir o tolerar algo inconveniente.

TRAGADERO s.m. Agujero u orificio que traga o absorbe algo. **2.** Sumidero o canal de desagüe en las tierras de labor, en un estanque, embalse, etc.

TRAGALDABAS s.m. y f. (pl. *tragaldabas*). Fam. Persona muy tragona. **2.** Fam. Persona muy crédula o indulgente.

TRAGALEGUAS s.m. y f. (pl. *tragaleguas*). Fam. Persona muy andadora.

TRAGALUZ s.m. Ventana abierta en el techo o en la parte alta de una pared.

TRAGANTE s.m. Orificio colector de líquidos que emboca una cañería de evacuación. **2.** Conducto de un horno de reverbero por donde pasa la llama desde la entrada del horno a la chimenea. **3.** Boca superior de un horno alto o de cuba.

TRAGANTONA s.f. Fam. Comilona.

TRAGAPERRAS s.m. o f. (pl. *tragaperras*). Máquina de juego que funciona automáticamente mediante la introducción de una o varias monedas y da premios en metálico.

TRAGAR v.tr. y prnl. [2]. Hacer que algo pase de la boca al estómago, pasando por la garganta. **2.** Fig. Comer mucho o con voracidad. **3.** Fig. Absorber, embeber un cuerpo a otro: *el mar se lo tragó.* **4.** Fig. Creer fácilmente algo que no es cierto: *se tragó la mentira.* **5.** Soportar o tolerar algo desagradable u ofensivo. **6.** Disimular u ocultar algo, generalmente un sentimiento: *tragarse una pena.* **7.** Fig. y fam. Consumir mucho: *este automóvil traga mucha gasolina.* ◇ **No (poder) tragar** a alguien Fam. Sentir antipatía hacia él.

TRAGASABLES s.m. (pl. *tragasables*). Artista

de circo que realiza un número que consiste en introducir un sable por su garganta hasta el estómago.

TRAGEDIA s.f. (lat. *tragoedia*). Acontecimiento funesto y terrible. **2.** LIT. **a.** Obra dramática en la que intervienen personajes ilustres enfrentados a conflictos provocados por las pasiones humanas y cuyo protagonista se ve conducido a un final funesto. **b.** Género trágico.

TRÁGICO, A adj. (lat. *tragicus*). Relativo a la tragedia: *representación trágica.* **2.** Fig. Funesto, muy desgraciado: *una situación trágica.* ◆ adj. y s. Se dice del autor de tragedias: *los trágicos griegos.* **2.** Se dice del actor que representa una tragedia.

TRAGICOMEDIA s.f. Acontecimiento trágico y cómico a la vez. **2.** LIT. **a.** Obra dramática en la cual se alternan elementos de la tragedia y la comedia. **b.** Género tragicómico.

TRAGICÓMICO, A adj. Relativo a la tragicomedia.

TRAGO s.m. Porción de líquido que se bebe de una vez. **2.** Bebida alcohólica. **3.** Fig. y fam. Adversidad, disgusto, pena: *pasar un mal trago.*

TRAGÓN, NA adj. y s. Fam. Que come mucho o con voracidad.

TRAICIÓN s.f. Falta que comete una persona que no respeta la lealtad y fidelidad debida a otra persona. **2.** Delito que comete una persona contra el estado, especialmente si favorece con ello a un estado enemigo. ◇ **Alta traición** Traición cometida contra el honor, la soberanía, la seguridad o la independencia del estado al cual se pertenece; delito de orden político cometido por un jefe de estado. **A traición** Con engaño o de forma oculta y solapada.

TRAICIONAR v.tr. Cometer traición: *traicionar a un amigo; traicionar a la patria.* **2.** Fig. Ser una persona infiel a su pareja. **3.** Ser alguien o algo la causa de que una persona fracase en un intento: *los nervios lo traicionaron.* **4.** Delatar algo a alguien: *su gesto la traicionó.*

TRAICIONERO, A adj. y s. Traidor: *mirada traicionera.*

TRAÍDA s.f. Acción y efecto de traer: *traída de aguas.*

TRAÍDO, A adj. Muy usado o gastado. ◇ **Traído y llevado** Fam. Manido, sobado.

TRAIDOR, RA adj. y s. Que traiciona. SIN.: *traicionero.* ◆ adj. Fig. y fam. Que delata algo que se quería mantener secreto. **2.** Fig. y fam. Que parece inofensivo pero produce un efecto dañino: *un vino traidor.*

TRAIL s.m. Deporte que se practica con motocicletas en caminos agrestes.

TRÁILER s.m. (ingl. *trailer*). Remolque de un camión de grandes dimensiones. **2.** Camión que lleva este remolque. **3.** Esp. Avance de una película cinematográfica.

TRAÍLLA s.f. (del lat. *tragula*, red de arrastre, tralla). Grada tirada por una o dos caballerías que sirve para traillar la tierra. **2.** Correa con que se llevan atados los perros en una cacería. **3.** Pareja de perros o conjunto de parejas de perros atados con esta correa.

TRAILLAR v.tr. [20]. Allanar o igualar la tierra con la traílla.

TRAÍNA s.f. Red de pesca en forma de una gran bolsa o embudo que una trainera remolca por el fondo o entre dos aguas. SIN.: *traíña.*

TRAINERA s.f. Chalupa de muy poco calado que remolca la traína para la pesca de sardinas, anchoas, arenques, merluza, etc. **2.** Embarcación a remo que se emplea en regatas, especialmente en el N de España.

TRAINING s.m. (voz inglesa, *entrenamiento*). Training autógeno Método de relajación que consiste en obtener un reposo general del organismo por medio de una distensión somática progresiva y una concentración del pensamiento en determinadas sensaciones cenestésicas.

TRAJE s.m. (port. *traje*). Ropa exterior de una persona. **2.** Vestido de hombre compuesto de saco de vestir, pantalón y, generalmente, chaleco, de la misma tela. **3.** Vestido de mujer de una sola pieza. **4.** Vestido distintivo o característico de un grupo de personas, época o lugar: *traje típico andaluz; traje de romano; traje regional; traje de torero.* ◇ **Traje corto** Traje compuesto por unos pantalones muy altos y ceñidos de cadera y un saco o chaqueta muy cortos y ajustados, que llegan solo hasta la cintura, usado por bailadores de flamenco y toreros. **Traje de baño** Prenda elástica que se utiliza para bañarse. GEOSIN.: Argent., Perú y Urug. *malla;* Esp. *bañador.* **Traje de luces** Traje de seda, con bordados de oro, plata y lentejuelas, muy ceñido, que usan los toreros. **Traje de noche** Vestido femenino de ceremonia. **Traje de saco,** o **chaqueta** Vestido femenino compuesto de saco o chaqueta y falda. **Traje pantalón** Vestido femenino compuesto de pantalón y saco de vestir o chaqueta.

TRAJEADO, A adj. Que va muy bien arreglado en su manera de vestir.

TRAJEAR v.tr. y prnl. Facilitar un traje a una persona.

TRAJÍN s.m. Acción de trajinar. **2.** Movimiento intenso o gran actividad que se produce en algún lugar.

TRAJINAR v.intr. (cat. *traginar*). Moverse una persona mucho de un sitio a otro trabajando, con ocupaciones o haciendo gestiones. ◆ v.tr. Llevar, transportar algo en un lugar a otro.

TRAJINERA s.f. Méx. Embarcación pequeña, generalmente adornada con flores, que se usa en los canales de Xochimilco.

TRALLA s.f. (cat. *tralla*). Trenza pequeña de cuero que se coloca al extremo del látigo para que restalle. **2.** Látigo que tiene esta trenza.

TRALLAZO s m. Golpe dado con la tralla. **2.** *Fig.* Represión áspera. **3.** Chut muy fuerte.

TRAMA s.f. (lat. *trama*). Disposición interna, forma en que se relacionan las partes de un asunto: *la trama de una novela.* **2.** Intriga, confabulación para perjudicar a alguien. **3.** Papel transparente y adhesivo, con puntos, líneas o pequeños dibujos, que se utiliza en ilustración y en diseño gráfico. **4.** ART. GRÁF. Pantalla transparente que se coloca delante de la placa sensible, para descomponer la totalidad del original en una serie de puntos que darán la imagen impresora del cliché tramado o para fotograbado directo. **5.** TELEV. Conjunto de las líneas horizontales descritas en un barrido vertical único. **6.** TEXT. **a.** Conjunto de hilos cruzados con los de la urdimbre y colocados a lo ancho de un tejido. **b.** Hilo de seda compuesto de dos o más hilos sencillos, destinado para la trama.

TRAMADO s.m. Retícula de puntos, líneas o sombreados que se da a los fotograbados para darles variedad de tonos.

TRAMAR v.tr. Preparar un engaño o traición con sigilo. **2.** TEXT. Cruzar o atravesar las pasadas o hilos de la trama por entre los de la urdimbre.

TRAMITACIÓN s.f. Acción de tramitar. **2.** Serie de trámites para la resolución de un asunto.

TRAMITAR v.tr. y prnl. Hacer los trámites necesarios para resolver un asunto.

TRÁMITE s.m. Gestión que hay que realizar para resolver un asunto.

TRAMO s.m. Parte en que está dividida una cosa que se desarrolla linealmente, como un camino, calle, etc. **2.** Parte de una escalera comprendida entre rellanos. **3.** Espacio comprendido entre dos puntos de apoyo principales de una edificación. **4.** Altura o sección de la profundidad de un pozo que se reviste de una vez. **5.** Distancia comprendida entre dos soportes de una línea telegráfica.

TRAMONTANA s.f. Maestral, viento del norte.

TRAMOYA s.f. Maquinaria que se utiliza en el teatro para realizar los cambios de decorado y los efectos especiales en el escenario. **2.** *Fig.* Intriga, trama, engaño.

TRAMOYISTA s.m. y f. Persona que tiene por oficio idear, construir o manejar las tramoyas en el teatro.

TRAMP s.m. (voz inglesa). Buque de carga que se fleta según las ofertas del mercado.

TRAMPA s.f. Instrumento que sirve para cazar animales. **2.** *Fig.* Estratagema o ardid para engañar a alguien. **3.** *Fig.* Engaño para conseguir beneficios en el juego. **4.** *Fig.* Deuda que se demora en pagar. **5.** Puerta en el suelo que comunica una parte de un edificio con otra inferior. **6.** Tablero horizontal movible del mostrador de una tienda para poder entrar y salir. **7.** GEOL. Disposición geológica de un yacimiento petrolífero que permite la concentración del petróleo, lo mantiene en las condiciones hidrodinámicas propicias e impide que escape a la superficie.

TRAMPANTOJO s.m. (de *trampa ante ojo*). Fam. Ilusión con que se engaña a alguien haciéndole ver lo que no es.

TRAMPEAR v.intr. Fam. Pedir prestado o fiado dinero con ardides y engaños: *vive trampeando.* **2.** Fam. Ir viviendo soportando achaques y adversidades.

TRAMPERO, A s. Persona que caza con trampas. ◆ s.m. Amér. Armadijo para cazar pájaros.

TRAMPILLA s.f. Puerta pequeña en el suelo de una habitación que comunica con la planta inferior.

TRAMPOLÍN s.m. Tabla flexible colocada sobre una plataforma situada al lado de la piscina sobre la cual bota el nadador para darse impulso al saltar. **2.** Tabla flexible e inclinada usada en competiciones de saltos de esquí acuático. **3.** *Fig.* Cosa que ayuda a conseguir un propósito o a ascender de posición.

TRAMPOSO, A adj. y s. Que hace trampas, particularmente en el juego.

TRANCA s.f. Palo grueso y fuerte que se emplea como bastón, arma de ataque. **2.** Palo grueso y fuerte que se coloca atravesado detrás de una puerta o ventana para cerrarla o asegurarla. **3.** Fam. Borrachera. **4.** Méx. Puerta tranquera. ◇ **A trancas y barrancas** Fam. Con tropiezos, dificultades o interrupciones.

TRANCARSE v prnl. [1]. Chile. Estreñirse, astringirse.

TRANCAZO s.m. Golpe dado con una tranca. **2.** Cuba. Trago largo de licor. **3.** Esp. *Fig.* y fam. Gripe. **4.** Méx. Golpe muy fuerte: *me di un trancazo en la cabeza.*

TRANCE s.m. Momento crítico, decisivo y difícil por el que pasa una persona. **2.** Estado en que un médium manifiesta fenómenos paranormales. **3.** Estado del alma en unión mística con Dios. ◇ **A todo trance** Sin reparar en riesgos. **Postrer,** o **último, trance** *Fig.* Último estado o tiempo de la vida de una persona, próximo a la muerte.

TRANCHETE s.m. Herramienta de zapatero para cortar el cuero.

TRANCO s.m. Paso o salto que se da abriendo mucho las piernas. ◇ **A trancos** Fam. Con precipitación. **Al tranco** Argent., Chile y Urug. Hablando de caballerías y, por extensión, de personas, a paso lento.

TRANQUERA s.f. Amér. Merid. Puerta rústica de un alambrado hecha con maderos.

TRANQUIL s.m. ARQ. Línea vertical o del plomo. ◇ **Arco por tranquil** Arco que tiene sus arranques a distinta altura. SIN.: *arco rampante.*

TRANQUILIDAD s.f. Cualidad de tranquilo.

TRANQUILIZANTE adj. Que tranquiliza. ◆ adj. y s.m. Se dice del medicamento de acción sedante.

TRANQUILIZAR v.tr. y prnl. [7]. Poner tranquila a una persona.

TRANQUILLO s.m. (lat. *tranquillus*). Esp. Fam. Habilidad que se adquiere a fuerza de repetir una misma acción y que permite hacer algo con más rapidez o menos trabajo.

TRANQUILO, A adj. Que está calmado, quieto, o sin movimientos más o menos violentos: *mar tranquilo.* **2.** Que no tiene alboroto ni ruidos molestos: *una calle tranquila.* **3.** Que no tiene remordimientos. **4.** Se dice de la persona o animal que no se altera con facilidad. **5.** Que no está preocupado. ◆ adj. y s. Se dice de la persona despreocupada, a la que no importa quedar bien con los demás ni cumplir sus compromisos.

TRANSA s.f. Argent. Asunto, negocio sucio. **2.** Méx. Engaño, principalmente el que se hace para despojar a alguien de sus bienes.

TRANSACCIÓN s.f. (lat. *transactio, -onis*). Acción y efecto de transigir. **2.** DER. Contrato mediante el cual las partes, haciéndose mutuas concesiones, evitan la provocación de un litigio o ponen fin al ya comenzado.

TRANSALPINO, A o **TRASALPINO, A** adj. De la región que está situada al otro lado de los Alpes.

TRANSAMINASA s.f. Enzima que cataliza la transferencia del grupo —NH₂ de un aminoácido o un ácido cetónico. (La tasa sanguínea de las *transaminasas* aumenta considerablemente en los casos de hepatitis, cirrosis o infarto de miocardio.)

TRANSANDINO o **TRASANDINO, A** adj. y s. De región situada al otro lado de la cordillera de los Andes.

TRANSAR v.intr. y prnl. Amér. Transigir, ceder. **2.** Méx. Despojar tramposamente a alguien de algo: *me transaron en la tienda, pues me cobraron dos veces.*

TRANSATLÁNTICO, A o **TRASATLÁNTICO, A** adj. De la región situada al otro lado del Atlántico. **2.** Que atraviesa el océano Atlántico. ◆ s.m. Embarcación de grandes dimensiones destinada a hacer viajes de pasajeros atravesando un océano o mar.

TRANSBORDADOR, RA o **TRASBORDADOR, RA** adj. Que transborda. ◆ s.m. Embarcación de grandes dimensiones para el transporte de viajeros o mercancías entre las dos orillas de un río, estrecho o canal. **2.** F.C. Aparato o mecanismo utilizado para el traslado de vagones y locomotoras de una vía a otra paralela, perpendicularmente a la dirección de estas. ◇ **Puente transbordador** Plataforma móvil suspendida de una estructura elevada, para cruzar un río o una bahía. **Transbordador espacial** Lanzadera.

TRANSBORDAR o **TRASBORDAR** v.tr. y prnl. Trasladar cosas o personas de un vehículo a otro.

TRANSBORDO o **TRASBORDO** s.m. Acción de transbordar.

TRANSCENDENCIA s.f. → TRASCENDENCIA.

TRANSCENDENTAL adj. → TRASCENDENTAL.

TRANSCENDENTALISMO s.m. → TRASCENDENTALISMO.

TRANSCENDENTE adj. → TRASCENDENTE.

TRANSCENDER v.intr. [29]. → TRASCENDER.

TRANSCONTINENTAL o **TRASCONTINENTAL** adj. Que atraviesa un continente: *ferrocarril transcontinental.*

TRANSCRIBIR o **TRASCRIBIR** v.tr. (lat. *transcribere*) [54]. Copiar un escrito con el mismo o distinto sistema de escritura: *transcribir un texto griego en caracteres latinos.* **2.** Poner por escrito una cosa que se oye. **3.** *Fig.* Expresar por escrito un sentimiento o impresión. **4.** MÚS. Arreglar una música que estaba destinada a uno o varios instrumentos a otro instrumento o conjunto instrumental.

TRANSCRIPCIÓN o **TRASCRIPCIÓN** s.f. Acción y efecto de transcribir.

TRANSCULTURACIÓN s.f. Adopción por parte de un pueblo o grupo social de rasgos culturales propios de otro pueblo o grupo social.

TRANSCURRIR o **TRASCURRIR** v.intr. (lat. *transcurrere*). Pasar el tiempo. **2.** Pasar una acción que se desarrolla durante un período de tiempo de cierta manera.

TRANSCURSO o **TRASCURSO** s.m. Acción de transcurrir el tiempo. **2.** Acción de transcurrir una acción durante un período de tiempo: *en el transcurso de la cena.* **3.** Espacio de tiempo durante el que transcurre una acción: *en el transcurso de un mes tuvo tres accidentes.*

TRANSCUTÁNEO, A o **TRASCUTÁNEO, A** adj. Se dice de la sustancia que puede ser absorbida a través de la piel. SIN.: *transdérmico.*

TRANSDUCCIÓN s.f. BIOL. Intercambio genético que se realiza por mediación de un bacteriófago.

TRANSDUCTOR s.m. Dispositivo que transforma una magnitud física en otra magnitud física, función de la anterior.

TRANSELEVADOR o **TRASELEVADOR** s.m. Aparato que se utiliza en un almacén de calles de circulación rectilínea para desplazar las mercancías.

TRANSEPTO s.m. Nave transversal de una iglesia que forma los brazos de una cruz latina.

TRANSEÚNTE adj. y s.m. y f. (lat. *transiens,*

-euntis). Que transita o pasa por algún lugar. **2.** Que está de paso en un lugar, fijando su residencia allí solo transitoriamente. ◆ adj. FILOS. Se dice de lo que se produce por un agente de tal suerte que el efecto se termina fuera del mismo.

TRANSEXUAL adj. y s.m. y f. Se dice de la persona que adquiere los caracteres sexuales propios del sexo opuesto mediante un tratamiento hormonal o una intervención quirúrgica.

TRANSEXUALISMO s.m. Adquisición de los caracteres sexuales propios del sexo opuesto mediante un tratamiento hormonal o una intervención quirúrgica.

TRANSFERASA s.f. Enzima que cataliza la transferencia de grupos químicos de un compuesto a otro.

TRANSFERENCIA O **TRASFERENCIA** s.f. Acción y efecto de transferir. **2.** ECON. Movimiento de fondos que no tiene contraprestación en la adquisición de bienes o en la prestación de servicios. **3.** INFORMÁT. Desplazamiento de una información de un emplazamiento a otro, especialmente de una posición de memoria central a una unidad periférica de una computadora o viceversa. **4.** PSICOANÁL. Desplazamiento consciente o inconsciente sobre la persona del psicoanalista de los sentimientos experimentados anteriormente hacia las figuras paternas, efectuado en el curso de la cura. SIN.: *transfert.* ◇ **Cadena,** o **línea, de transferencia** Instalación de un taller de fabricación en serie compuesta por un sistema de máquinas de transferencia por las que pasan sucesiva y automáticamente las piezas que se han de mecanizar. **Máquina de transferencia** Máquina-herramienta con múltiples dispositivos de elaboración, en la que las piezas que se trabajan permanecen fijas durante cada una de las fases del mecanizado y después se desplazan mecánicamente de dispositivo en dispositivo durante las operaciones intermedias. **Transferencia bancaria** Operación bancaria que consiste en pasar una cantidad de dinero de una cuenta a otra.

TRANSFERIBLE O **TRASFERIBLE** adj. Que puede ser transferido a otro.

TRANSFERIR O **TRASFERIR** v.tr. (lat. *transferre*) [79]. Pasar una persona a otra alguna cosa sobre la que tiene derecho. **2.** Llevar a alguien o algo de un lugar a otro. **3.** Pasar una cantidad de dinero de una cuenta bancaria a otra.

TRANSFIGURACIÓN O **TRASFIGURACIÓN** s.f. Acción y efecto de transfigurar.

TRANSFIGURAR O **TRASFIGURAR** v.tr. y prnl. Hacer que alguien o algo cambie de figura o aspecto.

TRANSFINITO, A adj. MAT. Se dice del cardinal de un conjunto infinito.

TRANSFONDO s.m. → **TRASFONDO**.

TRANSFORMABLE O **TRASFORMABLE** adj. Que se puede transformar.

TRANSFORMACIÓN O **TRASFORMACIÓN** s.f. Acción y efecto de transformar o transformarse. **2.** Jugada de rugby que consiste en chutar el balón por encima del palo horizontal de la portería y entre los dos palos verticales. **3.** LING. Operación gramatical que convierte una estructura de la lengua en otra por medio de reglas explícitas. **4.** MAT. Correspondencia que asocia a una figura F otra figura F'. ◇ **Relación de transformación** Relación de las tensiones eficaces en los bornes del secundario y del primario de un transformador. **Transformación termodinámica** Modificación que experimenta un sistema por los intercambios de energía con el medio exterior.

TRANSFORMACIONAL O **TRASFORMACIONAL** adj. Relativo a la transformación lingüística o al transformacionalismo: *gramática transformacional.*

TRANSFORMADOR, RA O **TRASFORMADOR, RA** adj. Que transforma: *industria transformadora.* ◆ s.m. Aparato estático que funciona por inducción electromagnética y que transforma un sistema de corrientes variables en uno o varios sistemas de corrientes variables de la misma frecuencia, pero de intensidad y tensión diferentes.

TRANSFORMAR O **TRASFORMAR** v.tr. y

prnl. (lat. *transformare*). Hacer que alguien o algo cambie su forma o sus características. **2.** *Fig.* Hacer que alguien cambie su manera de ser, sus hábitos o costumbres. **3.** Convertir una cosa en otra. **4.** MAT. Realizar una transformación.

TRANSFORMISMO O **TRASFORMISMO** s.m. Teoría biológica que explica la sucesión de las faunas y las floras a lo largo de las eras geológicas por la transformación progresiva de las poblaciones, sea bajo la influencia del medio ambiente (Lamark), sea por mutación seguida de selección natural (Darwin, De Vries). [En este último sentido se habla también de *evolucionismo.*] **2.** Actividad del transformista.

TRANSFORMISTA O **TRASFORMISTA** adj. y s.m. y f. Relativo al transformismo; partidario de esta teoría biológica. ◆ s.m. y f. Artista que cambia rápidamente de traje para imitar y caracterizar una serie de personajes.

TRÁNSFUGA O **TRÁSFUGA** s.m. y f. (lat. *transfuga*). Persona que abandona un partido o ideología y pasa a otro. **2.** Persona que huye de una parte a otra.

TRANSFUNDIR O **TRASFUNDIR** v.tr. (lat. *transfundere*). Hacer pasar un líquido de un recipiente a otro poco a poco.

TRANSFUSIÓN O **TRASFUSIÓN** s.f. Acción y efecto de transfundir. **2.** Operación que consiste en introducir sangre o plasma de una persona en las venas de otra.

ENCICL. Los materiales de transfusión pueden ser sangre total, glóbulos blancos, glóbulos rojos, plaquetas, plasma o ciertos constituyentes del plasma. El grupo sanguíneo del donador debe ser compatible con el del receptor en los sistemas ABO y Rhesus (Rh).

TRANSGÉNICO, A adj. Se aplica al ser vivo (bacteria, animal o planta) que ha sido modificado genéticamente: *semillas transgénicas.* (→ OMG.)

TRANSGREDIR O **TRASGREDIR** v.tr. [55]. Infringir, violar, desobedecer un precepto, una orden o una ley.

TRANSGRESIÓN O **TRASGRESIÓN** s.f. (lat. *transgressio*). Acción y efecto de transgredir. ◇ **Transgresión marina** Sumersión bajo el mar de una parte del continente, como resultado de un descenso del continente o de una elevación del nivel del mar.

TRANSGRESOR, RA O **TRASGRESOR, RA** adj. y s. Que transgrede.

TRANSICIÓN s.f. Acción de pasar gradualmente de un estado a otro o de una situación a otra. **2.** Estado intermedio entre uno anterior y el estado al que se llega como consecuencia de un cambio. **3.** FÍS. Paso de un átomo, núcleo o molécula de un nivel de energía a otro. **4.** HIST. Período histórico que se desarrolla entre el fin de un régimen político y la consolidación de otro. ◇ **Elementos de transición** QUÍM. Elementos metálicos cuya penúltima capa electrónica está solo parcialmente completa. (Los *elementos de transición* suman un total de 56.)

TRANSIDO, A adj. Que está afectado por un dolor físico o moral muy intenso.

TRANSIGENCIA s.f. Acción y efecto de transigir. **2.** Cualidad o actitud de transigente.

TRANSIGENTE adj. Que transige.

TRANSIGIR v.intr. (lat. *transigere*) [43]. Aceptar una persona las opiniones de otra contrarias a las suyas. **2.** Aceptar o permitir una persona una cosa que no le gusta o va en contra de sus principios.

TRANSISTOR s.m. Dispositivo semiconductor que amplifica corrientes eléctricas, genera oscilaciones eléctricas y ejerce funciones de modulación y de detección. **2.** Receptor radiofónico portátil equipado con estos dispositivos.

TRANSITABLE adj. Se dice del lugar que puede ser transitado.

TRANSITAR v.intr. Ir por una vía pública.

TRANSITIVO, A adj. Se dice del verbo que puede llevar complemento directo. **2.** Se dice de la oración construida con un verbo transitivo. **3.** LÓG. y MAT. Se dice de una relación binaria tal que, si se verifica para *a* y *b* y para *b* y un tercer elemento *c*, se verifica también para *a* y *c*.

TRÁNSITO s.m. Acción de transitar. **2.** Paso de personas o vehículos por una vía pública. **3.** Paso de un estado o empleo a otro. **4.** *Fig.* Paso de la vida terrenal a la vida sobrenatural. **5.** MED. Procedimiento de exploración de la imagen y función del tubo digestivo. ◇ **De tránsito** Que está solo de paso para ir a otro sitio.

TRANSITORIO, A adj. Que pasa, que no es definitivo, destinado a no perdurar mucho tiempo, momentáneo.

TRANSLACIÓN s.f. → **TRASLACIÓN**.

TRANSLATICIO, A adj. → **TRASLATICIO**.

TRANSLITERACIÓN O **TRASLITERACIÓN** s.f. LING. Representación de los signos de un sistema de escritura con signos de otro sistema.

TRANSLITERAR O **TRASLITERAR** v.tr. Representar los signos de un sistema de escritura con signos de otro sistema.

TRANSLOCACIÓN O **TRASLOCACIÓN** s.f. Aberración cromosómica por la cual un segmento de cromosoma se separa y se fija sobre un cromosoma no homólogo.

TRANSLUCIDEZ s.f. → **TRASLUCIDEZ**.

TRANSLÚCIDO, A adj. → **TRASLÚCIDO**.

TRANSLUCIR v.tr. y prnl. [48]. → **TRASLUCIR**.

TRANSMIGRACIÓN O **TRASMIGRACIÓN** s.f. Acción y efecto de transmigrar. ◇ **Transmigración de las almas** Metempsicosis.

TRANSMIGRAR O **TRASMIGRAR** v.intr. Emigrar, especialmente todo un pueblo o la mayor parte de él. **2.** FILOS. Pasar un alma de un cuerpo a otro tras la muerte.

TRANSMISIBLE O **TRASMISIBLE** adj. Que puede ser transmitido.

TRANSMISIÓN O **TRASMISIÓN** s.f. Acción y efecto de transmitir. **2.** Conjunto de mecanismos interpuestos entre el motor y las ruedas motrices de un automóvil. ◆ **transmisiones** s.f.pl. Servicios del ejército destinados a mantener la comunicación entre los diversos escalones de mando.

motor delantero y tracción trasera

tracción delantera

motor y tracción traseros

cuatro ruedas motrices

■ **TRANSMISIÓN.** Diferentes sistemas de transmisión del automóvil.

TRANSMISOR, RA O **TRASMISOR, RA** adj. Que transmite. ◆ s.m. Aparato emisor telegráfico o radiofónico.

TRANSMITIR O **TRASMITIR** v.tr. y prnl. (lat. *transmittere*). Comunicar una enfermedad, un estado de ánimo, sentimiento, etc. **2.** Ser algo el medio a través del cual se mueven el sonido, la luz, la electricidad, etc. ◆ v.tr.

Imprimir un dispositivo el movimiento de una pieza a otra. **2.** Hacer llegar una noticia o mensaje a alguien. **3.** Difundir alguien una noticia o un mensaje por radio o televisión.

TRANSMODULACIÓN o **TRASMODULACIÓN** s.f. Deformación de una señal radioeléctrica, como consecuencia de la superposición de otra señal en un elemento de enlace o de amplificación no lineal.

TRANSMUTACIÓN o **TRASMUTACIÓN** s.f. Acción y efecto de transmutar.

TRANSMUTAR o **TRASMUTAR** v.tr. y prnl. Convertir una persona una cosa en otra. **2.** FÍS. Transformar un núcleo atómico en otro.

TRANSNACIONAL o **TRASNACIONAL** adj. y s.f. Multinacional.

TRANSOCEÁNICO, A o **TRASOCEÁNICO, A** adj. Que atraviesa un océano.

TRANSÓNICO, A adj. Se dice de la velocidad próximas a la del sonido (de Mach 0,8 a Mach 1,2). **2.** Se dice del aparato y la instalación utilizados en el estudio experimental de estas velocidades.

TRANSPACÍFICO, A o **TRASPACÍFICO, A** adj. De la región situada al otro lado del océano Pacífico.

TRANSPALETA s.m. Carretilla de manutención que se introduce debajo de una carga o una paleta para alzarla ligeramente y desplazarla en recorridos o trayectos cortos.

TRANSPARENCIA o **TRASPARENCIA** s.f. Cualidad de transparente. **2.** Lámina transparente con algo impreso que se puede proyectar sobre una superficie. **3.** Diapositiva. **4.** *Fig.* Perfecta accesibilidad de la información en las áreas que competen a la opinión pública. **5.** Procedimiento que consiste en proyectar una película sobre una pantalla que sirve de decorado, delante de la cual evolucionan los personajes reales, y que permite de este modo rodar en ciertas escenas de exteriores.

TRANSPARENTAR o **TRASPARENTAR** v.intr. y prnl. Permitir un cuerpo que se deje ver la luz o cualquier otra cosa a través de él. **2.** Ser transparente un cuerpo: *vestido que se transparenta.* **3.** *Fig.* Insinuar, manifestar sentimientos, pensamientos, etc., más o menos claramente: *su rostro transparentaba felicidad.* ◆ **transparentarse** v.prnl. *Fig. y fam.* Clarearse una prenda de vestir por estar desgastada.

TRANSPARENTE o **TRASPARENTE** adj. Se dice del cuerpo que deja atravesar la luz a través del cual pueden verse de forma clara los objetos: *agua transparente.* **2.** *Fig.* Comprensible, que se deja adivinar o vislumbrar: *alusión transparente.* ◆ s.m. Tela, papel, etc., que, colocado a modo de cortina delante de ventanas, balcones, etc., así como al interior de la luz. **2.** ARQ. Luz que se abre en el paramento de una iglesia para iluminar el fondo de un altar, una girola, etc.

TRANSPIRABLE o **TRASPIRABLE** adj. Que permite la transpiración.

TRANSPIRACIÓN o **TRASPIRACIÓN** s.f. Acción de transpirar. **2.** BOT. Emisión de vapor de agua, que se realiza principalmente por las hojas y que asegura la renovación del agua de la planta y su alimentación mineral.

TRANSPIRAR o **TRASPIRAR** v.intr. (del lat. *spirare*). Segregar un cuerpo a través de sus poros un líquido en forma de vapor o de pequeñísimas gotas. **2.** Expulsar una planta vapor de agua.

TRANSPONDOR s.m. Receptor-emisor que responde automáticamente a una señal exterior procedente de un radar, de un sistema de localización, etc.

TRANSPONER v.tr. y prnl. [60]. → **TRASPONER.**

TRANSPORTADOR, RA o **TRASPORTADOR, RA** adj. y s.m. Que transporta. ◆ s.m. Semicírculo graduado que sirve para medir y trazar los ángulos de un dibujo geométrico, plano, etc.

TRANSPORTAR o **TRASPORTAR** v.tr. (lat. *transportare*). Llevar personas o cosas de un lugar a otro. **2.** Causar a alguien un placer o una emoción muy intensa. **3.** MÚS. Efectuar una trasposición. ◆ **transportarse** v.prnl. *Fig.* Extasiarse, embelesarse.

TRANSPORTE o **TRASPORTE** s.m. Acción

de transportar. **2.** Medios o vehículo que se utiliza para trasportar personas o cosas de un lugar a otro. **3.** GEOL. Conjunto de materiales sólidos que un curso de agua puede arrastrar. **4.** MIL. Buque utilizado para transportar tropas o material de guerra.◇ **Aviación de transporte** Subdivisión del ejército del aire encargada de los transportes de personal y de material por avión o por helicóptero. **Transporte de energía eléctrica** Línea aérea eléctrica de alta tensión, para el transporte de energía eléctrica a larga distancia.

TRANSPORTÍN o **TRASPORTÍN** s.m. → **TRASPUNTÍN.**

TRANSPORTISTA o **TRASPORTISTA** s.m. y f. Persona que tiene por oficio transportar mercancías.

TRANSPOSICIÓN s.f. → **TRASPOSICIÓN.**

TRANSURÁNICO, A adj. y s.m. Se dice del elemento químico de número atómico superior al del uranio (92). [Los *elementos transuránicos* son inestables y no existen en estado libre.]

TRANSUSTANCIACIÓN o **TRANSUBSTANCIACIÓN** s.f. TEOL. CATOL. Transformación de la sustancia del pan y del vino en la del cuerpo y la sangre de Jesús en la eucaristía.

TRANSVANGUARDIA s.f. Movimiento artístico italiano de finales de los años 1970 que rehabilita la espontaneidad y la libertad del acto de pintar, alimentándolo al mismo tiempo con múltiples referencias culturales (Sandro Chia, Francesco Clemente, Enzo Cucchi, Mimmo Paladino, etc.).

TRANSVASAR v.tr. → **TRASVASAR.**

TRANSVASE s.m. → **TRASVASE.**

TRANSVERSAL o **TRASVERSAL** adj. Que atraviesa una cosa de un lado a otro perpendicularmente. **2.** GEOL. Perpendicular a la alineación de una cordillera o de un pliegue: *falla transversal.* **3.** MIN. Se dice de la explotación, galería, tajo o frente de trabajo cuya progresión se efectúa alejándose de las galerías principales. ◆ s.f. MAT. Recta que corta a un polígono o a una curva.

TRANSVERSO, A o **TRASVERSO, A** adj. (lat. *transversus*). Colocado o dirigido al través.

TRANVÍA s.m. (del ingl. *tramway*, vía del tranvía, de *tram*, barra de hierro, y *way*, camino, vía).Vehículo público de superficie que circula sobre rieles por una población o sus cercanías.

TRANVIARIO, A adj. Relativo a los tranvías. ◆ s. Persona que tiene por oficio trabajar en el servicio de tranvías.

TRAPA s.f. Gran vocerío, ruido de pies, o al boroto de gente. (Suele usarse repetido.)

TRAPACEAR v.intr. Usar trapacerías.

TRAPACERÍA s.f. Fraude, engaño.

TRAPAJOSO, A adj. Se dice de la persona que pronuncia los sonidos de una lengua de manera confusa porque los cambia o confunde. **2.** Se dice de la persona muy descuidada en el vestir y en su aspecto.

TRÁPALA s.f. Ruido, movimiento o confusión de gente. **2.** *Fam.* Embuste, chisme, engaño.

TRAPALEAR v.intr. Hacer mucho ruido con los pies al andar de un lado para otro. **2.** *Fam.* Usar embustes o engaños.

TRAPATIESTA s.f. Ruido o confusión producida por personas que riñen o gritan.

TRAPEADOR s.m. Chile y Méx. Trapo, bayeta para limpiar el suelo.

TRAPEAR v.tr. Amér. Fregar el suelo con un trapo o bayeta.

TRAPECIAL adj. MAT. **a.** Relativo al trapecio. **b.** De figura de trapecio.

TRAPECIO s.m. Cuadrilátero que tiene dos lados paralelos y desiguales. **2.** Aparato de gimnasia o de circo formado por dos cuerdas verticales unidas en su base por una barra cilíndrica. **3.** ANAT. **a.** Músculo de la espalda que une el omóplato con la columna vertebral. **b.** Primer hueso de la segunda fila del carpo.

trapecio

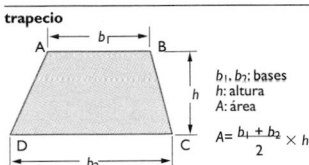

b_1, b_2: bases
h: altura
A: área

$$A = \frac{b_1 + b_2}{2} \times h$$

trapecio rectángulo

TRAPECISTA s.m. y f. Acróbata o equilibrista que hace ejercicios en el trapecio.

TRAPENSE adj. y s.m. y f. Relativo a la orden cisterciense de *Trapa; miembro de esta orden.

TRAPERÍA s.f. Establecimiento donde se venden trapos, vestidos viejos u otros objetos usados. **2.** Conjunto de trapos.

TRAPERO, A s. Persona que tiene por oficio vender trapos, papeles viejos y otros objetos usados.

TRAPEZOEDRO s.m. Cuerpo geométrico formado por veinticuatro caras trapezoidales.

TRAPEZOIDAL adj. MAT. **a.** Relativo al trapezoide. **b.** De figura de trapezoide.

TRAPEZOIDE s.m. Cuadrilátero irregular que no tiene ningún lado paralelo a otro. **2.** ANAT. Segundo hueso de la segunda fila del carpo.

TRAPICHE s.m. (del lat. *trapetus*, molino de aceite). Molino para extraer el jugo de algunos frutos o productos de la tierra, especialmente la caña de azúcar. **2.** Argent., Chile y Méx. Molino para reducir a polvo los minerales.

TRAPICHEAR v.intr. *Fam.* Usar medios poco honestos o lícitos para lograr o alcanzar algo. **2.** Tener amoríos ocultos.

TRAPICHEO s.m. *Fam.* Acción y efecto de trapichear.

TRAPILLO s.m. Cantidad pequeña de dinero que se tiene ahorrada y guardada.◇ **De trapillo** Se dice de la ropa que se lleva cuando no se pretende ir arreglado.

TRAPÍO s.m. Garbo de una mujer en sus movimientos. **2.** TAUROM. Conjunto de cualidades físicas que debe poseer el toro de lidia.

TRAPISONDA s.f. (del imperio de *Trapisonda*, en Asia Menor). Discusión o riña violenta en que hay griterío y agitación. **2.** *Fam.* Embrollo, enredo.

TRAPISONDEAR v.intr. *Fam.* Armar trapisondas o intervenir en ellas.

TRAPISONDISTA s.m. y f. Persona que arma trapisondas o a la que le gusta intervenir en ellas.

TRAPO s.m. (lat. tardío *drappus*). Trozo de tela viejo, roto, o que queda como retal al cortar una pieza para hacer una prenda. **2.** Paño para limpiar, secar o quitar el polvo. **3.** Chile. Tejido, tela. **4.** MAR. Velamen de un buque o embarcación. **5.** TAUROM. Capa, muleta. ◆ **trapos** s.m.pl. *Fam.* Prendas de vestir, especialmente femeninas. ◇ **A todo trapo** Con todas las velas largas. **Poner** a alguien **como un trapo (sucio)** *Fam.* Insultarlo o desacreditarlo. **Sacar los trapos a relucir** *Fam.* Decir a una persona todo lo malo que se piensa de ella o cuantas quejas se tienen contra ella.

TRÁQUEA s.f. (del gr. *trakheia aptepía*, conducto áspero, ronco). ANAT. Tubo del aparato respiratorio del ser humano y de los vertebrados de respiración aérea formado por anillos cartilaginosos y que comienza en la laringe y conduce el aire hasta los bronquios y los pulmones. **2.** BOT. Vaso abierto de las plantas leñosas. **3.** ZOOL. Órgano respiratorio de los insectos y arácnidos que conduce el aire de los estigmas a los órganos.

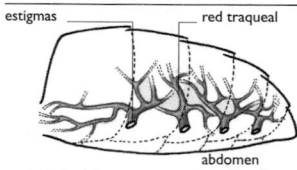

■ **TRÁQUEA** de un insecto.

TRAQUEAL adj. Relativo a la tráquea.

TRAQUEIDA s.f. Vaso de la madera de las coníferas, de tipo primitivo, cortado por tabiques intercelulares, con punteaduras laterales areoladas.

TRAQUEÍTIS s.f. Inflamación de la tráquea.

TRAQUEO s.m. Traqueteo. **2.** Serie de detonaciones o traquidos. **3.** AUTOM. Ruido anormal de un motor, semejante a una detonación seca.

TRAQUEOBRONQUITIS s.f. Inflamación simultánea de la tráquea y de los bronquios.

TRAQUEOTOMÍA s.f. Operación quirúrgica que consiste en abrir la tráquea al nivel de la garganta con el fin de ponerla en comunicación con el exterior por medio de una cánula, cuando hay riesgo de asfixia.

TRAQUETEAR v.intr. Moverse repetidamente una cosa produciendo ruido.

TRAQUETEO s.m. Acción y efecto de traquetear. SIN.: *traqueo*.

TRAQUIDO s.m. Ruido seco y fuerte ocasionado por el disparo de un arma de fuego. **2.** Chasquido.

TRAQUITA s.f. Roca volcánica constituida esencialmente por feldespato alcalino y algo de biotita.

TRARO s.m. Argent. y Chile. Carancho, ave rapaz.

TRAS prep. (lat. *trans*). Detrás de: *la casa está tras los árboles.* (Indica posterioridad en el espacio.) **2.** Después de: *tras un descanso, reanudó el trabajo.* (Indica posterioridad en el tiempo.) **3.** Además de, encima de: *tras de cornudo, apaleado.* **4.** *Fig.* Indica que se está persiguiendo o buscando a alguien o algo. Se utiliza con verbos de movimiento como *ir* o *andar: anda tras un buen empleo.*

TRASALPINO, A adj. → TRANSALPINO.

TRASALTAR s.m. Espacio situado detrás del altar de una iglesia.

TRASANDINO, A adj. y s. → TRANSANDINO.

TRASATLÁNTICO, A adj. y s.m. → TRANSATLÁNTICO.

TRASBOCAR v.tr. [1]. Amér. Vomitar.

TRASBORDADOR, RA adj. y s.m. → TRANSBORDADOR.

TRASBORDAR v.tr. y prnl. → TRANSBORDAR.

TRASBORDO s.m. → TRANSBORDO.

TRASCENDENCIA o **TRANSCENDENCIA** s.f. Consecuencia de gran importancia o valor que tiene una cosa. **2.** Cualidad de trascendente.

TRASCENDENTAL o **TRANSCENDENTAL** adj. De gran importancia o valor por las consecuencias que tiene. SIN.: *trascendente*. **2.** FILOS. Relativo a las condiciones *a priori* del conocimiento, que están fuera de toda determinación empírica.

TRASCENDENTALISMO o **TRANSCENDENTALISMO** s.m. Cualidad de trascendental. **2.** FILOS. Escuela filosófica norteamericana, representada principalmente por Emerson, que se caracteriza por un misticismo de corte panteísta.

TRASCENDENTE o **TRANSCENDENTE** adj. Trascendental. **2.** FILOS. Fuera del alcance de la acción o del conocimiento. **3.** MAT. Se dice del número que no es raíz de ninguna ecuación algebraica de coeficientes enteros. (π es un número trascendente.) ◇ **Curva trascendente** Curva cuya ecuación no es algebraica.

TRASCENDER o **TRANSCENDER** v.intr. (lat. *trascendere*) [29]. Empezar a conocerse un hecho o noticia que estaba oculto. **2.** Extenderse los efectos de algo a otras cosas o a un medio distinto o más amplio: *su religiosidad trasciende a todos los actos de su vida.* **3.** Superar un determinado límite: *es un asunto que trasciende del ámbito profesional.* **4.** Exhalar algo un olor tan penetrante que se percibe a distancia.

TRASCONTINENTAL adj. → TRANSCONTINENTAL.

TRASCORDARSE v.prnl. [17]. Perder la noción de una cosa por olvido o confusión con otra.

TRASCORO s.m. ARQ. Estructura que en una iglesia separa el coro de las naves.

TRASCRIBIR v.tr. [54]. → TRANSCRIBIR.

TRASCRIPCIÓN s.f. → TRANSCRIPCIÓN.

TRASCURRIR v.intr. → TRANSCURRIR.

TRASCURSO s.m. → TRANSCURSO.

TRASCUTÁNEO, A adj. → TRANSCUTÁNEO.

TRASDÓS s.m. Extradós de un arco o bóveda. **2.** Pilastra situada inmediatamente detrás de una columna.

TRASEGAR v.tr. [4]. Cambiar una cosa de un lugar a otro. **2.** Pasar un líquido de un recipiente a otro: *trasvasar.* **3.** *Fam.* Beber mucho alcohol. **4.** Revolver, desordenar cosas.

TRASELEVADOR s.m. → TRANSELEVADOR.

TRASERA s.f. Parte posterior de una casa.

TRASERO, A adj. Situado detrás: *puerta trasera.* ◆ s.m. *Fam.* Nalgas.

TRASFERENCIA s.f. → TRANSFERENCIA.

TRASFERIBLE adj. → TRANSFERIBLE.

TRASFERIR v.tr. [79]. → TRANSFERIR.

TRASFIGURACIÓN s.f. → TRANSFIGURACIÓN.

TRASFIGURAR v.tr. y prnl. → TRANSFIGURAR.

TRASFONDO o **TRANSFONDO** s.m. Parte de un lugar que está más allá del fondo visible: *el trasfondo del mar.* **2.** *Fig.* Conjunto de elementos relacionados con una cosa inmaterial que aparecen ocultos: *el trasfondo de un problema.*

TRASFORMABLE adj. → TRANSFORMABLE.

TRASFORMACIÓN s.f. → TRANSFORMACIÓN.

TRASFORMACIONAL adj. → TRANSFORMACIONAL.

TRASFORMADOR, RA adj. y s.m. → TRANSFORMADOR.

TRASFORMAR v.tr. y prnl. → TRANSFORMAR.

TRASFORMISMO s.m. → TRANSFORMISMO.

TRASFORMISTA adj. y s.m. y f. → TRANSFORMISTA.

TRÁSFUGA s.m. y f. → TRÁNSFUGA.

TRASFUNDIR v.tr. → TRANSFUNDIR.

TRASFUSIÓN s.f. → TRANSFUSIÓN.

TRASFUSOR, RA adj. y s. → TRANSFUSOR.

TRASGO s.m. Duende.

TRASGREDIR v.tr. [55]. → TRANSGREDIR.

TRASGRESIÓN s.f. → TRANSGRESIÓN.

TRASGRESOR, RA adj. y s. → TRANSGRESOR.

TRASHOGUERO s.m. CONSTR. Losa o plan-

cha metálica que se coloca en la pared del fondo del hogar, para protegerla del fuego.

TRASHUMANCIA s.f. Acción de trashumar.

TRASHUMANTE adj. Que trashuma. **2.** Relativo a la trashumancia.

TRASHUMAR v.intr. Pasar el pastor y su ganado de los pastos de invierno a los de verano, y viceversa.

TRASIEGO s.m. Acción y efecto de trasegar. **2.** Acción de pasar el vino de un recipiente a otro durante el proceso de elaboración para clarificarlo.

TRASLACIÓN o **TRANSLACIÓN** s.f. (lat. *translatio, -onis*). Acción y efecto de trasladar. **2.** Movimiento de la Tierra alrededor del Sol. **3.** FÍS. Movimiento de un cuerpo sólido cuyos puntos conservan una dirección constante. **4.** GRAM. Enálage. **5.** MAT. Transformación geométrica que hace corresponder a un punto M otro punto M', de forma que el vector MM' sea equipolente a un vector constante.

TRASLADABLE adj. Que puede ser trasladado. **2.** Se dice de un programa informático que puede ser introducido en un emplazamiento cualquiera de la memoria central de una computadora, o desplazado dentro de dicha memoria durante su ejecución.

TRASLADAR v.tr. y prnl. Cambiar a alguien o algo de lugar: *trasladaron el armario a la otra habitación.* **2.** Cambiar un superior a un empleado para que desempeñe en otro lugar un empleo de la misma categoría. **3.** Cambiar la fecha u hora en que debía verificarse un acto, junta, etc. **4.** Traducir un texto de una lengua a otra. **5.** *Fig.* Expresar una idea, estado de ánimo, etc.: *no consigo trasladar al papel mis emociones.*

TRASLADO s.m. (lat. *translatus, -us*). Acción y efecto de trasladar.

TRASLATICIO, A o **TRANSLATICIO, A** adj. Se dice del sentido de una palabra distinto al que normalmente tiene.

TRASLATIVO, A adj. Que transfiere.

TRASLITERACIÓN s.f. LING. → TRANSLITERACIÓN.

TRASLITERAR v.tr. → TRANSLITERAR.

TRASLOCACIÓN s.f. → TRANSLOCACIÓN.

TRASLÚCIDO, A o **TRANSLÚCIDO, A** adj. Se dice del cuerpo a través del cual pasa la luz y que permite ver confusamente lo que hay tras él.

TRASLUCIR o **TRANSLUCIR** v.tr. y prnl. [48]. Permitir una cosa que a través de ella se perciba algo.

TRASLUZ s.m. Luz que pasa a través de un cuerpo traslúcido o que es reflejada lateralmente por un cuerpo. ◇ **Al trasluz** Colocando una persona un cuerpo traslúcido entre la luz directa y sus ojos para ver lo que hay en el interior de este cuerpo.

TRASMALLO s.m. (lat. vulg. *trimaculum*, de tres redes). Arte de pesca formado por tres redes superpuestas.

TRASMANO (A) loc. Fuera del alcance o del manejo habitual o cómodo de la mano; apartado, en lugar poco frecuentado. SIN.: *a trasmano.*

TRASMIGRACIÓN s.f. → TRANSMIGRACIÓN.

TRASMIGRAR v.intr. → TRANSMIGRAR.

TRASMISIBLE adj. → TRANSMISIBLE.

TRASMISIÓN s.f. → TRANSMISIÓN.

TRASMISOR, RA adj. y s. → TRANSMISOR.

TRASMITIR v.tr. y prnl. → TRANSMITIR.

TRASMODULACIÓN s.f. → TRANSMODULACIÓN.

TRASMUNDO s.m. Lugar al que llega el alma después de la muerte. **2.** *Fig.* Mundo ilusorio de ensueños y fantasías.

TRASMUTACIÓN s.f. → TRANSMUTACIÓN.

TRASMUTAR v.tr. y prnl. → TRANSMUTAR.

TRASNACIONAL adj. y s.f. → TRANSNACIONAL.

TRASNOCHADO, A adj. Falto de actualidad, novedad u oportunidad.

TRASNOCHAR v.intr. Acostarse alguien tarde o pasar la noche o gran parte de ella sin dormir.

TRASOCEÁNICO, A adj. → TRANSOCEÁNICO.

TRASOJADO, A adj. Se dice de la persona demacrada y con ojeras.

TRASOVADO, A adj. BOT. Se dice del órgano laminar, foliáceo, etc., cuya parte más ancha se encuentra distalmente ubicada.

TRASPACÍFICO, A adj. → TRANSPACÍFICO.

TRASPAÍS s.m. Parte interior de una región inmediata al litoral.

TRASPAPELAR v.tr. y prnl. Perder un papel por colocarlo en un lugar distinto del que le corresponde.

TRASPARENCIA s.f. → TRANSPARENCIA.

TRASPARENTAR v.intr. y prnl. → TRANSPARENTAR.

TRASPARENTE adj. → TRANSPARENTE.

TRASPASAR v.tr. Pasar a través de un cuerpo de una parte a otra. **2.** Pasar al otro lado de algo. *traspasar el río.* **3.** Desobedecer una ley o norma. **4.** Fig. Producir una cosa un dolor físico o moral intenso. **5.** Ceder el alquiler de un establecimiento o local a cambio de dinero. **6.** Vender un negocio que está en marcha. ◆ v.tr. y prnl. Atravesar a alguien con un arma o instrumento punzante: *lo traspasó con la espada.* **2.** DER. Ceder a alguien el derecho o dominio de una cosa.

TRASPASO s.m. Acción y efecto de traspasar. **2.** Cesión del alquiler de un establecimiento o local a cambio de dinero. **3.** Venta de un negocio que está en marcha. **4.** Precio por el que se traspasa.

TRASPATIO s.m. Amér. Patio interior de la casa, que se encuentra detrás del patio principal.

TRASPIÉ s.m. Resbalón o tropezón. **2.** Fig. Error o indiscreción.

TRASPIRABLE adj. → TRANSPIRABLE.

TRASPIRACIÓN s.f. → TRANSPIRACIÓN.

TRASPIRAR v.intr. → TRANSPIRAR.

TRASPLANTABLE adj. Que puede ser trasplantado.

TRASPLANTAR v.tr. Cambiar una planta del lugar donde está plantada a otro. **2.** MED. Realizar un trasplante.

TRASPLANTE s.m. Acción y efecto de trasplantar. **2.** MED. Operación que consiste en introducir un órgano u otra parte en el cuerpo de una persona o animal para sustituir un tejido u órgano enfermo.

TRASPONER o **TRANSPONER** v.tr. y prnl. [60]. Poner a una persona o cosa en un lugar diferente. **2.** Pasar una persona o cosa al otro lado de algo, generalmente un obstáculo. ◆ trasponerse v.prnl. Quedarse una persona algo dormida.

TRASPONTÍN s.m. → TRASPUNTÍN.

TRASPORTADOR, RA adj. y s.m. → TRANSPORTADOR.

TRASPORTAR v.tr. → TRANSPORTAR.

TRASPORTE s.m. → TRANSPORTE.

TRASPORTÍN s.m. → TRASPUNTÍN.

TRASPORTISTA s.m. y f. → TRANSPORTISTA.

TRASPOSICIÓN o **TRANSPOSICIÓN** s.f. Acción y efecto de trasponer o trasponerse. **2.** LING. Metátesis. **3.** MAT. Inversión del orden de dos elementos en un determinado sistema ordenado. **b.** Transformación de una matriz en su traspuesta. **4.** MÚS. Cambio de un fragmento de una obra musical de una tonalidad a otra sin variar los intervalos. **5.** QUÍM. Reacción en la que no se conserva el esqueleto fundamental del compuesto de partida. **6.** RET. Figura que consiste en cambiar el orden normal de las palabras de la oración.

TRASPUESTO, A adj. Se dice de la matriz que se obtiene a partir de una matriz A, al permutar filas por columnas: ^tA.

TRASPUNTE s.m. y f. Persona que avisa a los actores cuando tienen que salir a escena.

TRASPUNTÍN, TRASPÍN o **TRASPORTÍN** s.m. Asiento fijo plegable. (También transportín.)

TRASQUILADO, A adj. Malparado.

TRASQUILADURA s.f. Acción y efecto de trasquilar.

TRASQUILAR v.tr. Esquilar: *trasquilar el ganado.* ◆ v.tr. y prnl. Cortar mal el pelo a alguien.

TRASQUILÓN s.m. Desigualdad en el corte del pelo.

TRASTABILLAR v.intr. Tambalearse a causa de un traspiés. SIN.: *trastabillear.*

TRASTABILLEAR v.intr. Trastabillar. **2.** Tartamudear o hablar de forma entrecortada.

TRASTABILLÓN s.m. Amér. Tropezón, traspié.

TRASTADA s.f. Fam. Jugada, acción mala e inesperada contra alguien. **2.** Fam. Travesura.

TRASTAZO s.m. Fam. Golpe fuerte que se da una persona o cosa al caerse o chocar.

TRASTE s.m. (cat. *trast,* del lat. *transtrum,* banco de remero). Amér. Trasto. (Suele usarse en plural.) **2.** MÚS. Barra pequeña incrustada en el mástil de una guitarra y otros instrumentos de cuerda, que indica el lugar donde debe apoyarse el dedo para obtener una determinada nota. ◇ **Dar alguien al traste con** algo Destruirlo, malograrlo.

TRASTEADO s.m. Conjunto de trastes de una guitarra y otros instrumentos de cuerda.

TRASTEAR v.intr. Mover cosas de un sitio para otro. ◆ v.tr. Poner los trastes a la guitarra u otros instrumentos de cuerda. **2.** Fig. y fam. Manejar a alguien con habilidad para conseguir lo que se desea. **3.** TAUROM. Dar series de pases de muleta.

TRASTEO s.m. Acción y efecto de trastear.

TRASTERO, A adj. y s.m. Se dice de la habitación destinada a guardar los trastos que no se usan. ◆ s.m. Méx. Mueble de cocina para guardar platos y vajillas.

TRASTIENDA s.f. Habitación o cuarto que está detrás de la tienda. **2.** Fig. y fam. Astucia o disimulo en el modo de actuar.

TRASTO s.m. (lat. *transtrum,* banco de remero). Objeto inútil, de escaso valor o que estorba por ocupar mucho espacio. **2.** Aparato viejo o que no funciona. **3.** Esp. Fig. y fam. Persona inútil o informal. ◆ trastos s.m.pl. Fam. Utensilios o herramientas propios de una actividad. **2.** TAUROM. Instrumentos empleados en la suerte de matar. (Los trastos son la muleta y el estoque.) ◇ **Tirarse los trastos a la cabeza** Fam. Pelearse y reñir dos o más personas entre sí.

TRASTOCAR v.tr. y prnl. [1]. Hacer que algo cambie o deje de marchar con el orden establecido o con normalidad. ◆ v.tr. y prnl. trastocarse v.prnl. Sufrir un trastorno mental.

TRASTORNAR v.tr. Alterar el orden normal de una cosa, especialmente si conlleva alguna consecuencia negativa. **2.** Fig. Inquietar, intranquilizar, perturbar: *la noticia lo ha trastornado.* **3.** Revolver o desordenar cosas. SIN.: *trastocar.* **4.** Fig. y fam. Gustar mucho a alguien una cosa: *los pieles la trastornan.* **5.** Fig. y fam. Enamorar profundamente a alguien. ◆ v.tr. y prnl. Alterar el estado de ánimo o el equilibrio mental de una persona.

TRASTORNO s.m. Acción y efecto de trastornar o trastornarse. **2.** MED. Alteración no grave de la salud.

TRASTRABADO, A adj. Se dice de la caballería que tiene blancos la mano izquierda y el pie derecho, o viceversa.

TRASTRABILLAR v.intr. Dar traspiés o tropezones. **2.** Titubear, vacilar. **3.** Tartamudear, trabarse la lengua.

TRASTROCAMIENTO s.m. Acción y efecto de trastrocar. SIN.: *trastrueque.*

TRASTROCAR v.tr. y prnl. [6]. Trastocar, hacer que algo cambie.

TRASUDADO s.m. MED. Líquido de composición idéntica a la del plasma, excepto en las proteínas, que aparece en una mucosa o una serosa como consecuencia de un obstáculo en la circulación de retorno del corazón.

TRASUDAR v.tr. Expulsar el trasudor.

TRASUDOR s.m. Sudor tenue, generalmente causado por el miedo o la angustia.

TRASUNTAR v.tr. Hacer una copia de un escrito. **2.** Compendiar, resumir o epilogar una cosa.

TRASUNTO s.m. (lat. *transumptus, -us*). Copia escrita de un original. **2.** Representación o imagen exacta de algo.

TRASVASAR o **TRANSVASAR** v.tr. Pasar un líquido de un recipiente a otro. SIN.: *trasegar.* **2.** Hacer un trasvase para solucionar problemas de descompensación hidrográfica.

TRASVASE o **TRANSVASE** s.m. Acción y efecto de trasvasar. **2.** Paso artificial de toda o parte del agua de la cuenca de un río a otra cuenca próxima, para solucionar problemas de descompensación hidrográfica.

TRASVASIJO s.m. Chile. Trasiego de líquidos.

TRASVERSAL adj. → TRANSVERSAL.

TRASVERSO, A adj. → TRANSVERSO.

TRATA s.f. Tráfico o comercio de seres humanos. ◇ **Trata de blancas** Tráfico y comercio de mujeres para especular con ellas en centros y lugares de prostitución.

TRATABLE adj. Que puede ser tratado. **2.** Cortés y amable, de trato llano y fácil.

TRATADISTA s.m. y f. Autor de tratados.

TRATADO s.m. Obra escrita que desarrolla de manera amplia y profunda una materia: *tratado de química.* **2.** Acuerdo que se establece entre dos o más estados. **3.** Documento donde consta el acuerdo que se establece entre dos o más estados.

TRATAMIENTO s.m. Modo de actuar o comportarse una persona con otra. **2.** Manera de nombrar a una persona al dirigirse a ella según su categoría social, cargo u otras circunstancias. SIN.: *trato.* **3.** Procedimiento al que se somete una cosa para elaborarla, mejorarla o modificarla. **4.** MED. Conjunto de prescripciones que el médico ordena que siga el enfermo para su mejoría y curación. ◇ **Apear el tratamiento** Renunciar una persona al tratamiento que le corresponde; no dar una persona a otra el tratamiento que le corresponde cuando se dirige a ella. **Tratamiento de la información** INFORMÁT. Aplicación sistemática de un conjunto de operaciones sobre datos alfabéticos o numéricos, con objeto de explotar la información por ellos representada. **Tratamiento de textos** Conjunto de procesos informáticos relativos a la creación y manipulación de textos con la computadora. **Tratamiento térmico** Operación o serie de operaciones en el transcurso de las cuales un material (metal, vidrio), en estado sólido, es sometido a ciclos térmicos apropiados con el fin de conferirle características óptimas de empleo.

TRATANTE s.m. y f. Persona que tiene por oficio comprar y vender géneros: *tratante de ganado; tratante en granos.*

TRATAR v.tr. (lat. *tractare*). Actuar o comportarse con una persona de una determinada manera: *tratar con cariño.* **2.** Dar a una persona un calificativo injurioso o despectivo: *tratar de ignorante.* **3.** Dar a una persona el tratamiento que le corresponde según su categoría social, cargo u otras circunstancias. **4.** Someter una cosa a un tratamiento para elaborarla, mejorarla o conservarla. **5.** Someter a un enfermo a un tratamiento para mejorar su salud o curarlo. **6.** Discutir o negociar un asunto. ◆ v.tr., intr. y prnl. Relacionar, tener amistad o relaciones con alguien. ◆ v.intr. Usar una persona una cosa utilizando las manos: *en la fábrica trata todo el día con máquinas automáticas.* **2.** Comunicar la obra de una persona información extensa y amplia sobre algo: *el libro trata de química.* **3.** Intentar o pretender algo: *trató de alcanzarla.* **4.** Comerciar con determinada mercancía: *tratar en antigüedades.* ◆ tratarse v.prnl. Ser una cosa lo que constituye el objeto de lo que se habla, de lo que se intenta o de lo que se hace: *ahora se trata de hallar una solución.*

TRATATIVA s.f. Argent. y Perú. Etapa preliminar de una negociación. (Suele usarse en plural.)

TRATO s.m. Acción y efecto de tratar o tratarse. **2.** Tratamiento, manera de nombrar a una persona al dirigirse a ella según su categoría social, cargo u otras circunstancias. **3.** Acuerdo que se establece entre dos o más personas. ◇ **Cerrar un trato** Quedar de acuerdo las dos partes interesadas en una compraventa determinada, en las condiciones y precios que se han estipulado. **¡Trato hecho!** Fam. Expresión con que se da por definitivo un acuerdo o convenio.

TRATTORIA s.f. (voz italiana). Restaurante de estilo italiano.

TRAUMA s.m. (gr. *trauma*, herida). Choque emocional intenso que deja en el subconsciente una marca negativa. **2.** Traumatismo.

TRAUMÁTICO, A adj. (gr. *traumatikós*). Relativo al traumatismo o al trauma. ◇ **Shock traumático** Síndrome general de abatimiento como consecuencia de un traumatismo.

TRAUMATISMO s.m. MED. **a.** Conjunto de lesiones del revestimiento cutáneo que afecta a un tejido, un órgano o un segmento de miembro, causado accidentalmente por un agente exterior. **b.** Conjunto de trastornos resultantes de estas lesiones. ◇ **Traumatismo psíquico** PSICOANÁL. Trastorno psíquico duradero e intenso causado por la incapacidad de la persona de dar una respuesta adecuada a un acontecimiento negativo.

TRAUMATIZANTE adj. Que provoca un trauma.

TRAUMATIZAR v.tr. y prnl. [7]. Causar un trauma.

TRAUMATOLOGÍA s.f. Parte de la medicina que estudia los traumatismos.

TRAUMATÓLOGO, A s. Médico especialista en traumatología.

TRAVELLER'S CHECK s.m. (voces inglesas). *Cheque de viaje.

TRAVELLING s.m. (voz inglesa). CIN. **a.** Técnica que consiste en filmar con una cámara que se desplaza con ruedas o sobre rieles. **b.** Plataforma sobre la cual se coloca esta cámara.

TRAVERTINO s.m. (voz italiana). Roca calcárea de color blancuzco o amarillento y cavidades revestidas de cristales.

TRAVÉS s.m. Inclinación o desviación de una cosa hacia algún lado. ◇ **A,** o **al, través** Pasando de un lado a otro. **De través** En dirección transversal.

TRAVESAÑO s.m. Pieza horizontal que une dos partes opuestas de una cosa. **2.** Palo horizontal de la portería de fútbol.

TRAVESERO, A adj. Que se coloca de través.

TRAVESÍA s.f. Vía transversal entre otras dos más importantes. **2.** Viaje largo. **3.** Argent. Región vasta y desértica. **4.** Chile. Viento oeste que sopla desde el mar. **5.** Esp. Parte de una vía interurbana que atraviesa el casco urbano de una población. **6.** F. C. Unión de dos vías que se cruzan.

TRAVESTI o **TRAVESTÍ** adj. y s.m. y f. Persona que utiliza ropas propias del sexo contrario.

TRAVESTIDO, A adj. Disfrazado o encubierto. ◆ s. Travestí.

TRAVESTIR v.tr. y prnl. [89]. Vestir a una persona con ropas del sexo contrario.

TRAVESTISMO s.m. Adopción de ropas propias del sexo contrario.

TRAVESURA s.f. Acción que conlleva escaso peligro o causa algún daño leve, especialmente la realizada por un niño.

TRAVIESA s.f. Madero horizontal ensamblado en los montantes de un bastidor. **2.** Cuchillo de armadura que sirve para sostener un tejado. **3.** F.C. Pieza de madera, metal u hormigón armado sobre la que se aferran los carriles. **4.** MIN. Galería transversal al filón, o la que enlaza otras dos.

TRAVIESO, A adj. Inquieto o revoltoso.

TRAYECTO s.m. (del fr. *trajet*, del lat. *trajectus, -us*, travesía). Espacio que se recorre para ir de un lugar a otro: *un trayecto muy largo*. **2.** Acción de recorrer este espacio: *aprovechó para dormir durante el trayecto*. **3.** Ruta o camino que se recorre para ir de un lugar a otro: *un trayecto con curvas*.

TRAYECTOGRAFÍA s.f. Técnica del estudio de las trayectorias de los cohetes y vehículos espaciales.

TRAYECTORIA s.f. Línea que dibuja un cuerpo que se mueve hacia un punto determinado, especialmente un proyectil. **2.** *Fig.* Serie de actuaciones de una persona a lo largo del ejercicio de una determinada actividad: *una trayectoria profesional brillante.*

TRAZA s.f. Plano o proyecto de una obra de

construcción. SIN.: *trazado.* **2.** *Fig.* Aspecto, apariencia: *traza de maleante.* **3.** *Fig.* Habilidad para hacer algo: *tener traza para coser.* **4.** Eje o línea media de una carretera o vía de ferrocarril. ◇ **Darse traza,** o **trazas** *Fam.* Mostrar habilidad para hacer algo. **Llevar** algo **trazas de** Dar indicios de ir a producirse lo que se expresa. **Por las,** o **sus, trazas** Por el aspecto. **Traza de una recta** Intersección de una recta con un plano tomado como plano de proyección. **Traza de un plano** MAT. Intersección de un plano con otro plano de referencia o de proyección.

TRAZABILIDAD s.f. Capacidad que permite seguir el proceso de evolución y desarrollo de un producto en todas sus etapas.

TRAZADO, A adj. HERÁLD. Se dice de la figura sin contorno preciso. ◆ s.m. Acción y efecto de trazar: *trazado de líneas.* **2.** Plano o proyecto de una obra de construcción. SIN.: *traza.* **3.** Recorrido o dirección de un camino, vía o canal sobre un terreno: *trazado de ferrocarril.* **4.** Conjunto de técnicas y operaciones empleadas en la construcción de armazones o estructuras. **5.** Operación que consiste en marcar con precisión sobre una pieza en bruto las líneas de centros y otras señales dimensionales indicadas en el plano de la pieza acabada. **6.** Gráfica obtenida en un aparato registrador. ◇ **Trazado de un plano** Operación que consiste en dibujar un plano siguiendo las notas de campo obtenidas por el topógrafo. **Trazado geodésico** Unión geodésica entre dos puntos mediante la medición de los elementos de una línea poligonal que los une.

TRAZADOR, RA adj. y s. Que traza o idea una obra. ◆ adj. Se dice del proyectil de trayectoria visible que se utiliza generalmente para corregir la puntería. ◆ s.m. Utensilio que sirve para trazar. **2.** Dispositivo en un aparato indicador que traza el diagrama correspondiente a los datos suministrados durante su funcionamiento. **3.** Puntilla de trazar usada por los ajustadores, carpinteros, etc. ◇ **Trazador de ruta** Trazador que dibuja sobre un plano o mapa un itinerario de vuelo. **Trazador radiactivo** Isótopo radiactivo insertado en un medio cuya distribución o evolución quieren estudiarse.

TRAZAR v.tr. (del lat. *trahere, tractum*, tirar) [7]. Hacer trazos. **2.** Representar o dibujar algo con trazos *trazar un retrato.* **3.** *Fig.* Describir mediante palabras los rasgos esenciales de alguien o algo. **4.** *Fig.* Idear y disponer un plan o proyecto. **5.** Delinear o diseñar la traza de una obra de construcción. **6.** TECNOL. Transportar las medidas y formas del dibujo o plano a la pieza en bruto.

TRAZO s.m. Línea que se hace sobre una superficie al escribir o dibujar. **2.** Línea del rostro: *cara de trazos marcados.* **3.** Línea de una letra escrita. ◇ **De trazo continuo** ART. GRÁF. Se dice del original o cliché cuyas tonalidades varían insensiblemente del blanco al negro. **Dibujo,** o **grabado, al trazo** B. ART. Dibujo o grabado, en que se indica el contorno de las formas, sin sombras ni modelado.

TRÉBEDE s.f. Aro o triángulo de hierro que sirve para poner recipientes sobre el fuego. (Suele usarse en plural.)

TREBEJO s.m. Utensilio. (Suele usarse en plural.)

TRÉBOL s.m. (cat. *trèvol*). Planta herbácea de hojas trifolioladas y flores blancas, rosadas o púrpuras. (Familia papilionáceas.) **2.** Carta del palo de trébol. **3.** Parte acanalada extrema de un cilindro de laminador, que sirve para el acoplamiento del cilindro con el árbol motor. **4.** HERÁLD. Figura que representa una hoja de trébol y que tiene un pequeño tallo, lo que la distingue del trifolio. ◆ **tréboles** s.m.pl. Palo de la baraja francesa representado por la figura de un trébol.

TREBOLAR s.m. Amér. Merid. Terreno poblado de trébol.

TRECE adj.num.cardin. y s.m. (lat. *tredecim*). Diez más tres. ◆ adj.num.ordin. y s.m. y f. Decimotercero. ◇ **Estarse,** o **mantenerse,** o **seguir, en sus trece** Persistir obstinadamente en una postura, afirmación o propósito.

TRECEAVO, A adj. y s.m. Se dice de cada

una de las partes que resultan de dividir un todo en trece partes.

TRECENTO s.m. Siglo XIV italiano.

TRECHO s.m. (lat. *tractus, -us*). Espacio o distancia que hay entre dos lugares: *andar un buen trecho.* ◇ **A trechos** De manera discontinua. **De trecho a,** o **en, trecho** Con intervalos de espacio o tiempo.

TRECHOR s.m. (fr. ant. *trecheor*). HERÁLD. Pieza igual que la orla, pero la mitad más estrecha que esta.

TREFILADO s.m. Acción de trefilar. SIN.: *trefilación.*

TREFILAR v.tr. Convertir un metal en hilos de diverso grosor por estirado en frío.

TREFILERÍA s.f. Establecimiento donde se fabrica alambre trefilado. **2.** Técnica de trefilar.

TREGUA s.f. (gót. *triggwa*, tratado). Suspensión temporal de los enfrentamientos entre países que están en guerra. **2.** *Fig.* Interrupción temporal de un trabajo o actividad. ◇ **Dar tregua,** o **treguas** Interrumpirse a intervalos una cosa, especialmente un dolor; dar tiempo, no ser urgente. **Tregua de Dios** HIST. Medida de la edad media decretada por asambleas eclesiásticas y que prohibía las guerras feudales y todo tipo de violencias y venganzas privadas durante determinado período de tiempo.

TREINTA adj.num.cardin. y s.m. (lat. *triginta*). Tres veces diez. ◆ adj.num.ordin. y s.m. y f. Trigésimo. ◆ **Las treinta y cuarenta** Juego de cartas. **Los (años) treinta** Década que empieza en el año treinta y termina en el cuarenta.

TREINTAVO, A adj. y s.m. Se dice de cada una de las partes que resultan de dividir un todo en treinta parte iguales.

TREINTENA s.f. Conjunto de treinta unidades.

TREKKING s.m. Deporte que consiste en recorrer a pie una región.

TREMATODO, A adj. y s.m. Relativo a una clase de gusanos planos no anillados, del tipo platelmintos, parásitos de los vertebrados, de evolución larvaria compleja, como la duela del hígado del cordero.

TREMEBUNDO, A adj. Que causa terror.

TREMENDISMO s.m. Cualidad de tremendista. **2.** Corriente estética desarrollada en España durante el s. XX entre escritores y artistas plásticos que se caracteriza por exagerar la expresión de los aspectos más crudos de la vida real.

TREMENDISTA adj. y s.m. y f. Relativo al tremendismo; seguidor de esta corriente. **2.** Se dice de la persona a la que le gusta contar noticias alarmantes.

TREMENDO, A adj. (lat. *tremendus*, al que se ha de temer). Que causa miedo o terror. **2.** *Fig.* y *fam.* Muy grande o extraordinario. **3.** *Fig.* y *fam.* Que hace o dice cosas sorprendentes. **4.** *Fig.* y *fam.* Se dice del niño muy travieso. ◇ **Echar por la tremenda** *Fam.* Descomedirse, llevar algo a términos violentos. **Tomarse** algo **a la tremenda** *Fam.* Darle demasiada importancia.

TREMENTINA s.f. (lat. *terebinthinam*). Resina semilíquida extraída del lentisco (*trementina de Chío,* o *de Chipre*), del alerce (*trementina de Venecia*), del abeto (*trementina de Alsacia*) o del pino mediterráneo (*trementina de Burdeos*).

TREMOLAR v.tr. (lat. vulg. *tremulare*). Agitar una bandera, estandarte o pendón en el aire.

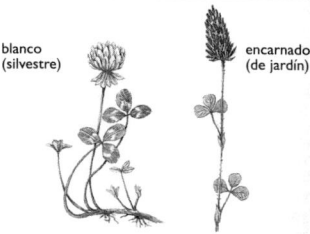

blanco
(silvestre)

encarnado
(de jardín)

■ **TRÉBOLES**

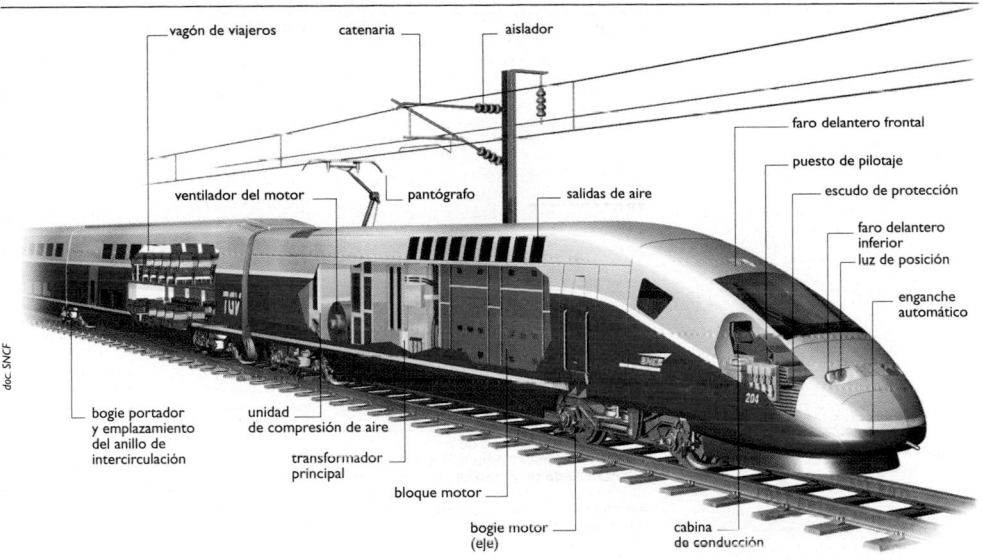

vagón de viajeros · catenaria · aislador

faro delantero frontal

puesto de pilotaje

escudo de protección

ventilador del motor · pantógrafo · salidas de aire

faro delantero inferior
luz de posición

enganche automático

doc. SNCF

bogie portador y emplazamiento del anillo de intercirculación

unidad de compresión de aire

transformador principal

bloque motor

bogie motor (eje)

cabina de conducción

■ **TREN** de alta velocidad. Esquema de una unidad motriz del TGV.

TREMOLINA s.f. *Fam.* Confusión de voces o de gente que discute o riñe: *armarse la tremolina.*

TREMOLITA s.f. MINER. Silicato natural del género anfíbol.

TRÉMOLO s.m. (ital. *trèmolo*). Repetición rápida de un mismo sonido. **2.** *Poét.* Temblor de la voz.

TRÉMULO, A adj. (lat. *tremulus*). *Poét.* Tembloroso, que tiembla: *manos trémulas.*

TREN s.m. (fr. *train*). Conjunto formado por una locomotora y los vagones arrastrados por ella. **2.** *Fig.* Marcha, velocidad a la que se realiza una acción: *imprimir un tren de juego muy acelerado.* **3.** Lujo, comodidades, etc., con que se vive: *llevar un buen tren de vida.* **4.** TECNOL. Conjunto de aparatos, máquinas o instrumentos necesarios en una industria para realizar una operación o servicio determinado: *tren de montaje; tren de embalaje.* ◇ **A todo tren** Sin reparar en gastos, con lujo. **A tren** En ciclismo, a ritmo vivo y sostenido. **Tren carreta** Tren mixto, que marcha a poca velocidad y para en todas las estaciones. **Tren correo** Tren rápido de pasajeros, que suele transportar la correspondencia y lleva un furgón postal. **Tren de alta velocidad** Línea férrea de trazado especial, por la que circulan trenes proyectados para alcanzar velocidades comerciales del orden de 200 km/h. (Entre las principales realizaciones en este campo figuran el Shinkansen japonés, el TGV francés y el AVE español.) **Tren de aterrizaje** Dispositivo sobre el que se apoya un avión y que le permite despegar y aterrizar. **Tren de combate** Conjunto de vehículos que transportan los efectos necesarios a las tropas en el combate. **Tren de engranajes** Conjunto de ruedas dentadas que se engranan con otras para transmitir o transformar un movimiento. **Tren de ondas** FÍS. Grupo de ondas de duración limitada. **Tren de rodaje** Conjunto de elementos que sirven para el movimiento de un vehículo de cadenas. **Tren expreso** Expreso. **Tren mixto** Tren compuesto de vagones para viajeros y de vagones para mercancías. **Tren rápido** Tren que lleva mayor velocidad que el tren expreso. **Tren tranvía** Tren de viajeros que realiza un trayecto corto y para en todas las estaciones.

TRENA s.f. *Esp. Fam.* Cárcel.

TRENCA s.f. *Esp.* Abrigo, impermeable o no, corto y con capucha.

TRENCILLA s.f. Cinta de seda, algodón o lana, que sirve para adorno.

TREND s.m. ECON. Variación de larga duración.

TRENO s.m. En la antigüedad griega, canto, lamentación fúnebre.

TRENZA s.f. Conjunto de tres o más hebras, de cualquier materia, que se cruzan alternativamente. **2.** Peinado que se hace con los cabellos largos entretejidos y cruzados alternativamente. **3.** Galoncillo de oro o plata colocado en el gorro, la gorra o las hombreras, de anchura variable según la categoría o grado militar. **4.** Cuerda de esparto para armar ciertas redes de pesca.

TRENZADO s.m. Acción y efecto de trenzar. **2.** *DANZA.* Salto ligero cruzando los pies. **3.** EQUIT. Paso que da el caballo al pfafar. ◆ **trenzados** s.m.pl. Ornamentación a base de filetes, tajas, junquillos, etc., en forma de trenza.

TRENZAR v.tr. [7]. Hacer trenzas. **2.** Retorcer y entrelazar los mimbres para hacer el esparto o la paja para cestas, esteras, etc. ◆ v.intr. Hacer trenzados (danza).

TREONINA s.f. Aminoácido indispensable para el ser humano.

TREPA s.f. Acción de trepar. ◆ s.m. y f. Persona que intenta conseguir una mejor posición social y laboral valiéndose de procedimientos poco ortodoxos: *el trepa le quitó el puesto.*

TREPADOR, RA adj. Que trepa o es capaz de trepar: *animales trepadores.* **2.** Se dice de la planta que crece sujetándose a un soporte, ya sea por enroscamiento del tallo, como la enredadera, o por órganos fijadores especiales, como las raíces adventicias de la hiedra, los zarcillos del guisante o arveja, etc. ◆ s.m. Ave paseriforme de los bosques de Europa occidental, de unos 15 cm de long., que trepa ágilmente por los troncos. **2.** TECNOL. Garfio con dientes interiores, sujetado con correas al pie, que sirve para subir a los árboles, los postes de telégrafos, etc.

TREPANACIÓN s.f. Operación quirúrgica que consiste en horadar la cavidad craneal con la ayuda de un trépano.

TREPANAR v.tr. Realizar una trepanación.

TREPANG s.m. Holoturia comestible, muy apreciada en Extremo oriente.

TRÉPANO s.m. CIR. Instrumento para realizar una trepanación. **2.** ESCULT. Utensilio para agujerear piedra o mármol. **3.** MIN. y OBR. PÚBL. Herramienta que, en los sondeos, ataca el terreno en la base o fondo del taladro. **4.** TECNOL. Herramienta utilizada en las perforadoras por percusión o martillos neumáticos.

TREPAR v.tr. e intr. (de *trip* o *trep*, voz onomatopéyica de *pisar*). Subir a un lugar alto o poco accesible, ayudándose de los pies y las manos. **2.** Subir o asirse ciertos animales a los árboles, rocas o paredes, mediante los órganos prensiles, como patas, garras, cola, cuerpo de las serpientes, ventosas, etc. ◆ v.intr. Crecer una planta adhiriéndose a otra, a una pared, etc. **2.** *Fig.* y *fam.* Ascender en la escala social ambiciosamente y sin escrúpulos.

TREPIDAR v.intr. (lat. *trepidare*). Temblar, agitarse algo con movimientos rápidos y repentinos. **2.** Funcionar a sacudidas un acoplamiento o embrague. **3.** Realizar un trabajo irregular y brusco una herramienta que adolece de falta de ajuste. **4.** *Amér.* Titubear, dudar.

TREPONEMATOSIS s.f. Enfermedad causada por espiroquetales del género *treponema.*

TRES adj.num.cardin. y s.m. (lat. *tres*). Dos más uno. ◆ adj.num.ordin. y s.m. y f. Tercero. ◇ **Como tres y dos son cinco** *Fam.* Expresa que lo que se afirma es cierto e indiscutible. **Ni a la de tres** *Fam.* Imposibilidad de hacer o admitir algo, a pesar de intentarlo sucesivamente. **Tres cuartos** Prenda de abrigo que cubre hasta medio muslo o hasta la rodilla; en rugby, jugador de la línea de ataque; violín pequeño para niños. **Tres por cuatro** MÚS. Compás de tres tiempos, cuya unidad de tiempo es la negra. **Tres por dos** MÚS. Compás de tres tiempos, cuya unidad de tiempo es la blanca. **Tres por ocho** MÚS. Compás de tres tiempos, cuya unidad de tiempo es la corchea.

TRESBOLILLO (de *trebolillo*, dim. de *trébol*, y *tres*). **A,** o **al, tresbolillo** Aplicado a la manera de estar dispuestos los objetos, en grupos de tres y formando un triángulo.

TRESCIENTOS, AS adj.num.cardin. y s.m. (lat. *trecenti*). Tres veces cien. ◆ adj.num.ordin. y s.m. y f. Tricentésimo. ◆ s.m. Denominación que se aplica al arte, la literatura y, en general, la historia y la cultura del s. XIV.

TRESILLO s.m. Conjunto formado por un sofá y dos butacas que hacen juego en estilo y tapizado. **2.** Juego de naipes entre tres personas, con nueve cartas cada una, en el que gana la que hace mayor número de bazas. **3.** MÚS. Grupo de tres notas de igual valor, sobre las que se pone la cifra 3, que se ejecuta en el mismo tiempo que dos notas de igual duración.

TRESQUILAR v.tr. *Chile, C. Rica y Ecuad.* Trasquilar.

TRETA s.f. Engaño o trampa hábil, sagaz y sutil para conseguir algo.

TREVIRO, A adj. y s. De un pueblo galo que se estableció en el valle inferior del Mosela.

TREZAVO, A adj. y s.m. Treceavo.

TRÍA s.f. Acción y efecto de triar.

TRIÁCIDO, A adj. y s.m. Que posee tres funciones ácidas.

TRÍADA s.f. Grupo de tres unidades. **2.** REL. Grupo de tres divinidades asociadas a un mismo culto.

TRIAL s.m. Prueba motociclista de habilidad sobre terreno montañoso y con obstáculos preparados al efecto.

TRIALSIN s.m. Prueba ciclista de habilidad, con las mismas características que el trial y que se practica en sala o en terreno montañoso.

TRIAMCINOLONA s.f. Corticoide sintético.

TRIANGULACIÓN s.f. División de una superficie de terreno en una red de triángulos, para medir una línea geodésica o para levantar el mapa de una región.

1. TRIANGULAR adj. Que tiene la forma de un triángulo: *figura triangular.* **2.** Que tiene como base un triángulo: *pirámide triangular.* **3.** ANAT. Se dice de diversos músculos que tienen la forma de un triángulo.

2. TRIANGULAR v.tr. Disponer en forma de triángulo. **2.** Hacer una triangulación.

TRIÁNGULO s.m. Polígono de tres ángulos y tres lados. **2.** MÚS. Instrumento de percusión formado por una varilla de acero doblada en triángulo. ◇ **Elemento de un triángulo** Toda magnitud que se puede definir en un triángulo. (Los tres ángulos y los tres lados de un triángulo son los seis elementos principales; las tres alturas y las tres medianas son elementos secundarios.) **Triángulo amoroso** *Fig.* Relación afectiva o sexual entre tres personas. **Triángulo esférico** Triángulo trazado sobre una superficie esférica y cuyos lados son arcos de círculos máximos.

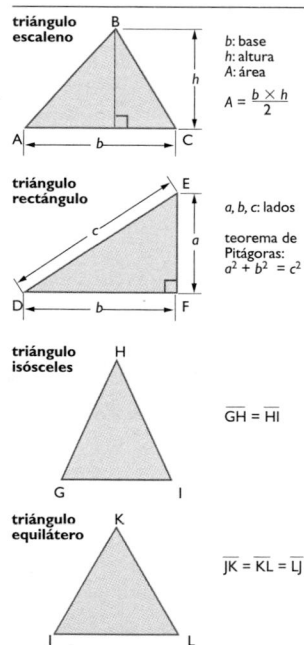

triángulo escaleno

b: base
h: altura
A: área

$$A = \frac{b \times h}{2}$$

triángulo rectángulo

a, b, c: lados

teorema de Pitágoras:
$$a^2 + b^2 = c^2$$

triángulo isósceles

$$\overline{GH} = \overline{HI}$$

triángulo equilátero

$$\overline{JK} = \overline{KL} = \overline{LJ}$$

■ TRIÁNGULOS

TRIAR v.tr. (cat. *triar*) [19]. Escoger, separar, entresacar.

TRIÁSICO adj. y s.m. (del gr. *triás,* trío). Se dice del primer período de la era secundaria, de una duración aproximada de 35 millones de años, representada en Europa occidental por el depósito de tres facies características (areniscas abigarradas, calizas conchíferas y margas irisadas), que corresponden a tres fases sedimentarias. ◆ adj. Relativo a esta era.

TRIATLÓN s.m. Deporte que combina tres pruebas sucesivas: natación, ciclismo y una carrera atlética de fondo.

TRIATÓMICO, A adj. Se dice del cuerpo cuyas moléculas están formadas por tres átomos.

TRIBAL adj. Relativo a la tribu.

TRIBALISMO s.m. Organización de tipo tribal.

TRIBOELECTRICIDAD s.f. Electricidad estática producida por frotamiento.

TRIBOLUMINISCENCIA s.f. Luminiscencia provocada por un choque.

TRIBOMETRÍA s.f. Medición de las fuerzas de rozamiento.

TRIBU s.f. (lat. *tribus*). Agrupación homogénea de familias en los aspectos lingüístico, político, social y cultural, que algunos consideran como una subdivisión de una etnia, y otros como un simple equivalente de la etnia. **2.** *Fam.* Familia numerosa. **3.** ANT. **a.** Una de las divisiones del pueblo, en la antigüedad. **b.** Grupo de los doce que componían el pueblo de Israel y descendencia de cada uno de los doce hijos de Jacob. **4.** HIST. NAT. Subfamilia.

TRIBULACIÓN s.f. (lat. *tribulatio*). Disgusto, pena, preocupación: *pasar muchas tribulaciones.*

TRIBUNA s.f. (bajo lat. *tribuna,* púlpito del tribuno). Plataforma o lugar elevado desde donde se habla al público. **2.** Plataforma elevada destinada a los asistentes a un acto o espectáculo, por lo general al aire libre. **3.** Oratoria, especialmente la política. **4.** Galería de fachada en voladizo, cerrada con cristales, y que puede abarcar uno o varios niveles. **5.** En las pistas deportivas, estadios, etc., espacio, generalmente cubierto y distribuido en graderíos, que ocupan los espectadores. **6.** ARQ. **a.** En las iglesias, galería que corre sobre las naves laterales y abierta a la nave central. **b.** Balcón que sostiene la caja de órganos. ◇ **Tribuna libre** Sección de un periódico o emisión de radio o de televisión en la que una personalidad expone su opinión bajo su propia responsabilidad.

TRIBUNADO s.m. ANT. ROM. **a.** Cargo del tribuno de la plebe. **b.** Ejercicio o desempeño de este cargo.

TRIBUNAL s.m. (lat. *tribunal, -alis*). Órgano del estado encargado de administrar justicia. **2.** Conjunto de magistrados que componen el tribunal. **3.** Lugar donde actúan. **4.** Conjunto de personas autorizadas que se reúnen para juzgar algo, como un examen o una oposición. **5.** ARQ. Parte posterior de las basílicas, en forma de hemiciclo.

TRIBUNICIO, A adj. Relativo al cargo o dignidad del tribuno.

TRIBUNO s.m. (lat. *tribunus,* magistrado de tribu). Orador popular. **2.** ANT. ROM. Magistrado romano que ejercía funciones políticas o militares. ◇ **Tribuno de la plebe** ANT. ROM. Magistrado encargado, en tiempos de la república, de defender los derechos e intereses de la plebe. **Tribuno militar** ANT. ROM. Oficial superior asistente del general en jefe.

TRIBUTABLE adj. Que puede dar tributo.

TRIBUTACIÓN s.f. Acción de tributar. **2.** Tributo. **3.** Régimen o sistema tributario.

TRIBUTAR v.tr. Pagar un tributo o cierta cantidad como tributo. **2.** *Fig.* Ofrecer un obsequio o manifestar respeto o veneración como demostración de admiración o gratitud.

TRIBUTARIO, A adj. Relativo al tributo: *derecho tributario.* **2.** GEOGR. Afluente. ◆ adj. y s. Que paga tributo.

TRIBUTO s.m. (lat. *tributum*). Impuesto, contribución u otra obligación fiscal. **2.** *Fig.* Carga u obligación que se debe satisfacer por el uso o disfrute de algo: *el abuso de la velocidad se cobra un alto tributo en accidentes mortales.* **3.** *Fig.* Muestra de reconocimiento, respeto o consideración hacia una persona: *una antología poética que rinde tributo a la generación del 27.* **4.** *Fig.* Sentimiento favorable que se expresa o se manifiesta hacia una persona: *tributo de amor.* **5.** HIST. Cantidad de dinero o de bienes que el vasallo debía entregar a su señor como reconocimiento de obediencia y sometimiento.

TRICÁLCICO, A adj. Que contiene tres átomos de calcio: *fosfato tricálcico* $Ca_3(PO_4)_2$.

TRICÉFALO, A adj. Que tiene tres cabezas: *monstruo tricéfalo.*

TRICENTENARIO, A adj. Que tiene trescientos años o que dura desde hace trescientos años. ◆ s.m. Espacio de tiempo de trescientos años. **2.** Fecha en que se cumplen trescientos años de algún suceso. **3.** Fiesta con que se celebra esa fecha.

TRICENTÉSIMO, A adj.num.ordin. y s.m. y f. Que corresponde en orden al número trescientos. ◆ adj. y s. Se dice de cada una de las partes que resultan de dividir un todo en trescientas partes iguales.

TRÍCEPS adj. y s.m. (del lat. *tri-,* tres, y *caput,* cabeza). Se dice de los músculos con tres cabezas o tendones en uno de sus extremos.

TRICICLO s.m. Velocípedo de tres ruedas. **2.** Motocarro.

TRICLÍNICO, A adj. Se dice de los cristales que no poseen ningún eje de simetría.

TRICLINIO s.m. ANT. ROM. **a.** Habitación que se utilizaba como comedor. **b.** Cama de tres plazas en la que los romanos se tendían para comer.

TRICLOROETILENO s.m. Compuesto de fórmula $CHCl=CCl_2$, líquido e inflamable que se emplea como disolvente.

TRICOCÉFALO s.m. Gusano de la clase nematodos, que mide de 3 a 5 cm, parásito del intestino del ser humano y de algunos mamíferos.

TRICOLOMA s.m. Hongo basidiomicete de pie corto, sombrero laminado y de diferentes colores según las especies, que crece en bosques y prados.

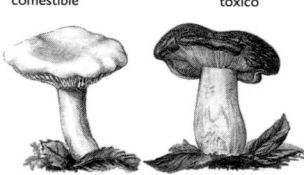

comestible   tóxico

■ TRICOLOMAS

TRICOLOR adj. De tres colores: *la bandera de la República es tricolor.*

TRICOMA s.m. MED. Masa de cabellos producida por acumulación de polvo, materia sebácea y parásitos.

TRICÓPTERO, A adj. y s.m. Relativo a un orden de insectos de metamorfosis completa, cuya larva es acuática y se fabrica una envoltura protectora.

TRICORNIO adj. y s.m. (fr. *tricorne*). Se dice del sombrero con el ala dura y doblada formando tres picos, especialmente el de la Guardia civil española.

TRICOT s.m. (voz francesa). Labor de punto ejecutada a mano. **2.** Género de punto.

TRICOTA s.f. Argent. Suéter.

TRICOTAR v.tr. Tejer, hacer labores de punto.

TRICOTOSA s.f. y adj. (fr. *tricoteuse*). Máquina de hacer géneros de punto. **2.** Telar de punto.

TRICROMÍA s.f. Conjunto de procedimientos fotográficos y fotomecánicos en color, en los que todos los matices se obtienen con los tres colores primarios o los tres colores complementarios.

TRICROMO, A adj. Se dice de la imagen obtenida por tricromía.

TRICÚSPIDE adj. Que tiene tres cúspides o puntas. ◆ adj. y s.f. ANAT. Se dice de la válvula que, en el corazón, separa la aurícula y el ventrículo derechos.

TRIDACIO s.m. (lat. *thridax,* lechuga). Sustancia que se obtiene del tallo de la lechuga, usada como calmante.

TRIDÁCTILO, A adj. Se dice de los miembros de los vertebrados terminados en tres dedos.

TRIDENTADO, A adj. Que tiene tres dientes o espinas.

TRIDENTE s.m. (lat. *tridens, -tis*). Arma con tres puntas. **2.** Cetro con tres dientes, atributo de numerosas divinidades griegas y romanas marinas.

TRIDENTINO, A adj. Relativo a Trento: *disposiciones tridentinas.*

TRIDIMENSIONAL adj. Que tiene tres dimensiones.

TRIDUO s.m. (lat. *triduum*). Serie de tres días dedicados al culto litúrgico católico.

TRIEDRO, A adj. MAT. Que tiene tres caras. ◆ s.m. Figura geométrica formada por tres semirrectas que parten del mismo origen SA, SB y SC, pero que no están situadas en un mismo plano, y limitada por los tres ángulos que tienen dichas semirrectas por lados.

TRIENAL adj. Que se repite cada tres años. **2.** Que dura tres años.

TRIENIO s.m. Período de tres años. **2.** Complemento que incrementa un sueldo al cumplirse tres años de antigüedad en un puesto de trabajo.

TRIERARCA s.m. ANT. GR. **a.** Comandante de una trirreme. **b.** Rico ciudadano ateniense encargado de equipar una trirreme a sus expensas.

TRIFÁSICO, A adj. ELECTR. Se dice del sistema de tres corrientes alternas monofásicas y desplazadas mutuamente de fase en 1/3 de período.

TRIFENILMETANO s.m. Compuesto derivado del metano, de gran importancia en la química de las materias colorantes.

TRIFIDO, A adj. (lat. *trifidus*). HIST. NAT. Hendido en tres divisiones.

TRIFOLIADO, A adj. De tres hojas.

TRIFOLIO s.m. HERÁLD. Figura que representa una hoja de tres pétalos, sin tallo.

TRIFORIO s.m. Galería que corre sobre las naves laterales de una iglesia.

TRIFULCA s.f. *Fam.* Disputa, pelea, riña con mucho alboroto.

TRIGAL s.m. Terreno sembrado de trigo.

TRIGÉMINO, A s.m. ANAT. Quinto par nervioso craneal, que se divide en tres ramas: oftálmica, maxilar superior y maxilar inferior.

TRIGÉSIMO, A adj. num. ordin. y s. Que corresponde en orden al número treinta. ◆ adj. y s.m. Se dice de cada una de las partes que resultan de dividir un todo en treinta partes iguales.

TRIGLICÉRIDO s.m. Lípido formado por la esterificación del glicerol por tres ácidos grasos.

TRIGLIFO o **TRÍGLIFO** s.m. ARQ. Motivo ornamental del friso dórico, formado por dos glifos y dos semiglifos.

TRIGO s.m. (lat. *triticum*). Planta herbácea anual, que produce el grano (cariópside) que da origen a la harina, utilizada principalmente en la elaboración del pan. (Familia gramináceas.) **2.** Grano de esta planta. **3.** Conjunto de granos de esta planta. ◇ **No ser trigo limpio** *Fam.* No ser una persona o un asunto tan

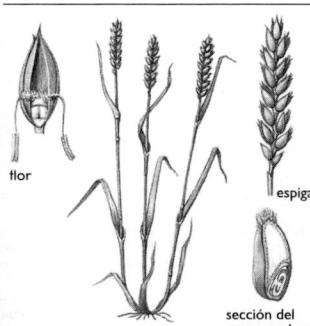

flor / espiga

sección del grano maduro

■ TRIGO

claros u honestos como parecen. **Trigo vacuno** Planta herbácea con largas brácteas dentadas, que es parásita de las raíces de numerosas plantas, especialmente de los cereales.

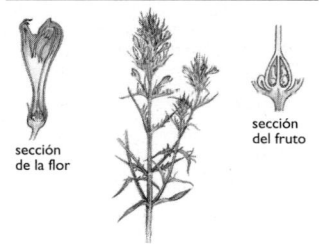

sección de la flor / sección del fruto

■ **TRIGO** VACUNO

TRÍGONO s.m. Área o espacio triangular. ◇ **Trígono cerebral** ANAT. Lámina de sustancia blanca situada por debajo del cuerpo calloso, y que forma la bóveda del tercer ventrículo.

TRIGONOMETRÍA s.f. MAT. **a.** Estudio de las propiedades de las funciones circulares de los ángulos y de los arcos (senos, cosenos y tangentes). **b.** Cálculo de los elementos de un triángulo definido por datos numéricos. ◇ **Trigonometría esférica** Estudio de las relaciones entre los elementos de los triángulos esféricos.

TRIGONOMÉTRICO, A adj. Relativo a la trigonometría. ◇ **Relaciones trigonométricas** Seno, coseno, tangente.

TRIGRAMA s.m. Figura formada por la superposición de tres líneas, utilizada en la adivinación china.

TRIGUEÑO, A adj. y s.m. Se dice del color dorado oscuro tirando a rubio, como el del trigo: *cabello trigueño.*

TRIGUERO, A adj. Relativo al trigo: *producción triguera.* **2.** Que crece o se cría entre el trigo: *espárrago triguero.* **3.** Que tiene buenas condiciones para el cultivo del trigo: *terreno triguero.* ◆ s. Persona que comercia con trigo.

TRILATERAL adj. Que está formado por tres elementos.

TRILÁTERO, A adj. Que tiene tres lados.

TRILERO, A s. Persona que se dedica a cierto juego de apuestas callejero y fraudulento.

TRILINGÜE adj. Escrito en tres lenguas. **2.** Que habla tres lenguas.

TRILITA s.f. Trinitotolueno.

TRILLA s.f. (gr. *trigla*). Acción de trillar. **2.** Época del año en que se trilla.

TRILLADO, A adj. Muy conocido, sabido o falto de originalidad: *tema, asunto muy trillado.*

TRILLADOR, RA adj. y s. Que trilla. ◆ s.f. y adj. Máquina que sirve para desprender y separar el grano de la paja.

TRILLAR v.tr. Triturar la mies y separar el grano de la paja.

TRILLERA s.f. Canción popular andaluza, de origen folclórico campesino, influida por algunos rasgos flamencos externos.

TRILLIZO, A adj. y s. Se dice de la persona que ha nacido a la vez que otros dos en un mismo parto.

TRILLO s.m. (lat. *tribulum*). Instrumento para trillar. **2.** Amér. Central y Antillas. Senda, camino angosto, abierto comúnmente por el continuo tránsito de peatones.

TRILLÓN s.m. Un millón de billones.

TRILOBITES adj. y s.m. Relativo a una clase de artrópodos marinos fósiles de la era primaria, cuyo cuerpo estaba dividido en tres partes.

TRILOBULADO, A adj. Que tiene tres lóbulos o está dividido en tres lóbulos. **2.** ARQ. Que tiene forma de trébol.

TRILOCULAR adj. (del lat. *loculus*, compartimento). ANAT. Dividido en tres partes.

TRILOGÍA s.f. Conjunto de tres obras literarias o cinematográficas de un autor que tienen entre sí cierta unidad. **2.** LIT. En la antigua Grecia, conjunto de tres tragedias de un mismo autor, presentadas a concursos dramáticos.

TRIMARÁN s.m. Embarcación constituida por tres cascos paralelos.

TRÍMERO, A adj. BOT. Que presenta una simetría axial de orden 3, repitiéndose cada forma tres veces alrededor del eje.

TRIMESTRAL adj. Que ocurre, se hace o se repite cada tres meses. **2.** Que dura tres meses.

TRIMESTRE s.m. (lat. *trimestris*). Período de tres meses. **2.** Cantidad que se cobra o se paga cada tres meses. **3.** Conjunto de cosas que corresponden a tres meses, como una publicación, etc.

TRÍMETRO s.m. y adj. MÉTRIC. Verso formado por tres metros.

TRIMMER s.m. RADIOTECN. Condensador ajustable de débil capacidad, que se utiliza para completar la sincronización de un condensador variable, de un circuito oscilante, en un receptor en el que varios circuitos han de estar rigurosamente alineados.

TRIMORFISMO s.m. BOT. Fenómeno que se presenta en las especies integradas por tres formas distintas.

TRIMOTOR, RA adj. Que tiene tres motores. ◆ s.m. Avión provisto de tres motores.

TRINAR v.intr. (voz de origen onomatopéyico). Cantar las aves. **2.** *Fig.* y *fam.* Rabiar, estar muy enojado: *está que trina.* **3.** Hacer trinos musicales.

TRINCA s.f. Conjunto de tres cosas de una misma clase. **2.** Conjunto de tres naipes de la baraja. **3.** Grupo o conjunto de tres personas. **4.** MAR. **a.** Cabo que sirve para trincar una cosa. **b.** Ligadura entre dos maderos, piezas, etc.

1. TRINCAR v.tr. [1]. Atar fuertemente. **2.** Amér. Apretar, oprimir. **3.** Esp. *fam.* Detener, encarcelar. **4.** Esp. *fam.* Matar. **5.** MAR. Asegurar o sujetar fuertemente con trincas los efectos de a bordo.

2. TRINCAR v.tr. [1]. Beber bebidas alcohólicas.

TRINCHA s.f. Ajustador que ciñe el chaleco, el pantalón u otras prendas. **2.** ARM. Cada uno de los tirantes de cuero o lona que, descansando en los hombros, sujetan el cinturón.

TRINCHANTE adj. Que trincha. ◆ s.m. Cuchillo para trinchar o tenedor con que se sujeta lo que se ha de trinchar. **2.** Escoda o especie de martillo empleado por los canteros.

TRINCHAR v.tr. Cortar, partir en trozos la comida, especialmente la carne.

TRINCHE s.m. Colomb., Ecuad. y Méx. Trinchante, tenedor. ◆ adj. Chile y Ecuad. Mueble donde se trincha.

TRINCHERA s.f. Zanja alargada excavada en la tierra que permite a los soldados moverse y disparar a cubierto del enemigo y que constituye una posición defensiva. **2.** Gabardina con cinturón parecida a la que utilizaban los militares durante la primera guerra mundial. **3.** TAUROM. Pase de adorno cambiado por bajo, ejecutado con la mano derecha. ◇ **Guerra de trincheras** Modalidad de combate defensivo en la que los contendientes se establecen sobre líneas continuas de trincheras.

TRINCHERO s.m. Mueble de comedor en donde se trinchan las comidas.

TRINEO s.m. (fr. *traineau*). Vehículo provisto de patines o esquís, que se desliza sobre la nieve y el hielo.

TRINERVADO, A adj. BOT. Que tiene tres nervios.

TRINIDAD s.f. (lat. *trinitas, -atis*). Conjunto de tres personas o cosas. **2.** TEOL. CRIST. **a.** Unión de tres personas distintas que forman un solo Dios (Con este significado se escribe

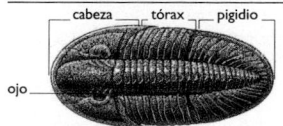

cabeza / tórax / pigidio

ojo

■ **TRILOBITES** (género *Phillipsia*).

con mayúscula; también *Santísima Trinidad.*) **b.** Fiesta en honor de este misterio.

TRINITARIA s.f. BOT. **a.** Pensamiento. **b.** Colomb., P. Rico y Venez. Planta espinosa trepadora de flores moradas y rojas. (Familia nictagináceas.)

TRINITARIO, A adj. y s. De la orden religiosa de la Santísima Trinidad, fundada en 1198 por san Juan de Mata y san Félix de Valois para redimir a los cristianos cautivos en tierra musulmana. (En la actualidad se dedican a las misiones.)

TRINITRINA s.f. Nitroglicerina que se emplea en los tratamientos de angina de pecho, asma, etc.

TRINITROTOLUENO s.m. Sólido cristalizado producido por nitración del tolueno, que constituye un explosivo especialmente potente llamado *tolita.* (Sigla *TNT.*) SIN.: *trilita.*

1. TRINO s.m. Gorjeo emitido por los pájaros. **2.** MÚS. Adorno que consiste en repetir varias veces y de manera rápida dos notas conjuntas separadas por una segunda diatónica, mayor o menor.

2. TRINO, A adj. (lat. *trinus,* triple). Que contiene en sí tres cosas distintas.

TRINOMIO s.m. y adj. MAT. Polinomio compuesto de tres términos.

1. TRINQUETE s.m. Frontón cerrado sin contracancha y con doble pared lateral. **2.** MAR. Palo de proa, en las embarcaciones de dos o más palos, sin contar el bauprés, que presenta a veces una leve inclinación.

2. TRINQUETE s.m. Aldabilla con que se sujetan las puertas. **2.** Pieza que permite retardar o acelerar la marcha de un reloj o cronómetro. **3.** Méx. Trampa, engaño para detener alguna cosa de forma ilícita. **4.** MEC. Mecanismo para asegurar el arrastre en un sentido de un órgano de rotación, a la vez que impide el funcionamiento en el otro sentido.

TRINQUETILLA s.f. MAR. Foque más próximo al trinquete, que va de la cruceta baja a un punto de cubierta o a la roda.

TRINQUIS s.m. Esp. *Fam.* Trago de una bebida alcohólica.

TRÍO s.m. (ital. *trio*). Conjunto de tres personas o cosas. **2.** En ciertos juegos de naipes, conjunto de tres cartas iguales. **3.** MÚS. a. Obra o fragmento musical escritos para tres instrumentos o tres voces. **b.** Conjunto de tres voces o tres instrumentos.

TRIODO s.m. ELECTR. Válvula o lámpara termoiónica de tres electrodos.

TRIPA s.f. Intestino o vísceras completas. **2.** Vientre, parte donde se encuentran los intestinos. **3.** Laminilla muy tenue que se encuentra en el interior del cañón de las plumas de las aves. (Suele usarse en plural.) **4.** Parte interior de un cigarro puro. **5.** Colomb. y Venez. Cámara de las ruedas del automóvil. **6.** Esp. *Fam.* Embarazo, o vientre abultado por el embarazo. **7.** Esp. *Fig.* Parte abultada de algún objeto: *la tripa de una vasija.* ◇ **Echar las tripas** *Fam.* Vomitar con violencia. **Echar tripa** *Fam.* Hacérsele a alguien el vientre voluminoso. **Hacer de tripas corazón** *Fam.* Esforzarse por disimular el miedo u otra impresión o sobreponerse para hacer algo que repugna o implica un esfuerzo. **Revolver las tripas** a alguien *Fam.* Causar algo o alguien una sensación de repugnancia física o moral.

TRIPALMITINA s.f. Palmitina.

TRIPANOSOMA s.m. Protozoo flagelado, parásito de la sangre o de los tejidos de los vertebrados, transmitido generalmente por ciertos insectos, y causante de enfermedades infecciosas, como la del sueño.

TRIPANOSOMIASIS s.f. Enfermedad parasitaria provocada por un tripanosoma. ◇ **Tripanosomiasis americana** Enfermedad de *Chagas.

TRIPARTIR v.tr. Dividir en tres partes.

TRIPARTITO, A adj. Dividido en tres partes, órdenes o clases: *hoja tripartita.* **2.** Se dice del pacto, convenio o alianza entre tres potencias o naciones: *acuerdo tripartito.*

TRIPERÍA s.f. Establecimiento donde se venden tripas, despojos, etc. **2.** Conjunto de tripas.

TRIPERO, A s. Persona que vende tripas.

TRIPI s.m. En el lenguaje de la droga, dosis de LSD.

TRIPICALLOS s.m.pl. Despojos de vaca o de otros animales que se comen guisados.

TRIPITAS s.f.pl. Méx. Comida a base de desperdicios o tripas.

TRIPLANO, A adj. y s.m. Se dice del aeroplano con tres planos o superficies de sustentación superpuestos.

TRIPLAZA s.m. Avión de tres plazas.

TRIPLE adj. y s.m. (lat. *triplus, -a, -um*). Que contiene tres veces la cantidad, número o tamaño de una cosa. SIN.: *triplo.* ◆ adj. Que consta de tres elementos o se compone de tres partes. ◆ s.m. En baloncesto, enceste que se consigue desde una distancia superior a los 6,25 m y que vale tres puntos. ◇ **Punto triple** Temperatura que representa el equilibrio invariable de los estados sólido, líquido y gaseoso de un mismo cuerpo puro.

TRIPLETE s.m. Objetivo fotográfico compuesto por tres lentes que corrigen por compensación las aberraciones.

TRÍPLEX s.m. Vivienda formada por tres plantas que se comunican entre sí.

TRIPLICAR v.tr. y prnl. [1]. Multiplicar por tres. ◆ v.tr. Hacer tres veces mayor una cosa.

TRIPLO, A adj. y s.m. Que contiene tres veces la cantidad, número o tamaño de una cosa. SIN.: *triple.* (Como adjetivo es poco usado.)

TRIPLOBLÁSTICO, A adj. Se dice de las especies animales en las que el embrión presenta tres hojas: ectodermo, endodermo y mesodermo.

TRIPLOIDE adj. y s.m. BIOL. Se dice del organismo cuyas células poseen tres dotaciones cromosómicas en lugar de dos.

TRIPLOIDIA s.f. BIOL. Carácter de triploide.

TRÍPODE s.m. o f. Mesa o banquillo de tres pies. **2.** Soporte de tres pies. ◇ **Palo trípode** MAR. Palo soportado por dos de los menores en vez de obenques.

TRÍPOLI s.m. Roca silícea sedimentaria de origen orgánico (diatomeas), utilizada especialmente como abrasivo y como absorbente. SIN.: *diatomita, kieselguhr, kieselgur.*

TRIPOLITANO, A adj. y s. De Trípoli.

TRIPSINA s.f. Enzima del jugo pancreático que transforma las proteínas en aminoácidos.

TRÍPTICO s.m. (gr. *tríptykhos,* triple, de *trís,* tres veces, y *pt*khi, pliegue). Composición pictórica o escultórica de tres cuerpos, en la que los dos exteriores se cierran sobre el central. **2.** Tratado o composición literaria que consta de tres partes. **3.** Folleto, prospecto o documento que consiste en una hoja que se dobla dos veces sobre sí misma y que consta de tres partes.

TRIPTÓFANO s.m. Aminoácido indispensable para el organismo.

TRIPTONGAR v.tr. [2]. Pronunciar tres vocales formando triptongo.

TRIPTONGO s.m. (del gr. *tri-,* tres, y *phthóggos,* sonido). Sílaba compuesta por tres vocales, que se pronuncia en una sola emisión de voz.

TRIPUDO, A adj. y s. Que tiene el vientre muy abultado. SIN.: *tripón.*

TRIPULACIÓN s.f. Conjunto de personas al servicio de una embarcación o una aeronave.

TRIPULANTE s.m. y f. Miembro de una tripulación.

TRIPULAR v.tr. (del lat. *interpolare* hacer reformas, falsificar, alterar, pintar de colores abigarrados). Manejar una embarcación o aeronave o prestar servicio en ella.

TRIPULINA s.f. Chile. Confusión, barullo.

TRIQUINA s.f. (del gr. *tríkhinos,* fino, *-íni, -inon,* semejante a un pelo). Gusano parásito de 2 a 4 mm de long., que en estado adulto vive en el intestino del ser humano, del cerdo y de otros mamíferos, y en estado larvario en sus músculos. (Clase nematodos.)

TRIQUINOSIS s.f. Enfermedad parasitaria causada por la triquina.

TRIQUINOSO, A adj. Que padece triquinosis.

TRIQUIÑUELA s.f. Ardid, artimaña.

TRIQUITRAQUE s.m. *Fam.* Ruido como de

golpes y movimiento de cosas, repetidos y desordenados. **2.** Estos golpes.

TRIRRECTÁNGULO, A adj. Que tiene tres ángulos rectos.

TRIRREME s.f. ANT. GR. Navío de guerra con tres hileras superpuestas de remeros.

TRIS s.m. Sonido suave que hace una cosa delicada al quebrarse. **2.** *Fig.* Muy pequeña de tiempo o de lugar u ocasión muy leve. ◇ **Estar en un tris** *Fam.* Ser inminente que ocurra algo que se expresa. **Por un tris** *Fam.* Por poco.

TRISAGIO s.m. Himno en honor a la Santísima Trinidad, en el que se repite tres veces la palabra *santo.*

TRISCAR v.intr. (gót. *thriskan,* trillar) [1]. Saltar de un lugar a otro, como hacen las cabras. **2.** *Fig.* Mezclar, enredar.

TRISECCIÓN s.f. MAT. División en tres partes iguales.

TRISECTOR, TRIZ adj. Que da la trisección.

TRISÍLABO, A adj. y s.m. Que tiene tres sílabas.

TRISMO o **TRISMUS** s.m. (gr. *trismós,* chillido). MED. Contractura de las mandíbulas debida a la contracción de los músculos masticadores.

TRISOMÍA s.f. BIOL. Anomalía caracterizada por la aparición de un cromosoma superfluo en un par. (El síndrome de Down se debe a una trisomía.)

1. TRISTE adj. (lat. *tristis*). Que siente tristeza: *estar triste por su ausencia.* **2.** Que muestra o expresa tristeza, dolor: *un rostro triste.* **3.** Que es de carácter melancólico y pesimista o propenso a sentir tristeza: *un niño triste.* **4.** Que causa o produce tristeza: *una triste noticia.* **5.** *Fig.* Insignificante, insuficiente, ineficaz: *una triste explicación.* **6.** *Fig.* y *fam.* Descolorido, pálido, mustio, sin vivacidad: *las flores estaban tristes.*

2. TRISTE s.m. Amér. Merid. Composición popular de tema amoroso que se canta al son de la guitarra.

TRISTEZA s.f. Estado de ánimo caracterizado por el pesimismo, la insatisfacción y la tendencia al llanto. **2.** Cualidad de triste. **3.** Cosa triste.

TRISTÓN, NA adj. Que tiende a la tristeza o la provoca: *es un patio tristón.*

TRITIO s.m. Isótopo radiactivo del hidrógeno, cuyo núcleo está formado por un protón y dos neutrones.

TRITÓN s.m. Anfibio de cola comprimida lateralmente, que vive en las charcas y estanques, y que mide de 10 a 20 cm, según las especies. (Subclase urodelos.) **2.** En la mitología griega, nombre de divinidades marinas descendientes del *dios Tritón* y representadas con cuerpo de hombre barbado y cola de pez, tirando del carro de los dioses del mar.

■ **TRITÓN** crestado.

TRÍTONO s.m. MÚS. Intervalo formado por tres tonos enteros.

TRITURACIÓN s.f. Acción de triturar. **2.** TECNOL. Operación que consiste en reducir una materia a fragmentos de tamaño determinado, según su empleo, o para facilitar la separación de constituyentes heterogéneos.

TRITURADOR, RA adj. y s. Que tritura. ◆ s.m. Máquina para triturar. ◇ **Triturador de basuras** Aparato eléctrico que reduce las basuras a polvo.

TRITURADORA s.f. Máquina para desmenuzar y reducir a fibras los materiales. ◇ **Trituradora espadilladora** Máquina que efectúa, en una sola operación, el agramado y espadillado de fibras largas.

TRITURAR v.tr. (lat. *triturare*). Reducir una materia sólida a trozos muy menudos sin llegar a convertirlos en polvo. **2.** Mascar, desmenuzar la comida con los dientes. **3.** *Fig.* Maltratar física o moralmente a alguien. **4.** *Fig.* Rebatir, criticar con minuciosidad algo.

TRIUNFAL adj. (lat. *triumphalis*). Relativo al triunfo: *acogida triunfal*. ◇ **Arco triunfal** Gran arcada dispuesta a la entrada de la capilla mayor de las basílicas cristianas.

TRIUNFALISMO s.m. Actitud de la persona que da muestra de confianza excesiva en ella misma y en sus teorías.

TRIUNFALISTA adj. y s.m. y f. Que muestra triunfalismo.

TRIUNFANTE adj. Que triunfa o sale victorioso.

TRIUNFAR v.intr. Quedar victorioso. **2.** *Fig.* Tener éxito: *quiere triunfar en la vida*. **3.** ANT. ROM. Conseguir el triunfo.

TRIUNFO s.m. (lat. *triumphus*). Victoria, acción de triunfar. **2.** *Fig.* Éxito en cualquier empeño. **3.** *Fig.* Trofeo. **4.** En ciertos juegos de naipes, palo de más valor; carta de dicho palo. **5.** Argent. y Perú. Baile popular. **6.** ANT. ROM. Entrada solemne de un general romano que ha conseguido una gran victoria.

TRIUNVIRAL adj. Relativo a los triunviros.

TRIUNVIRATO s.m. Magistratura de la antigua Roma compuesta por tres personas. **2.** Grupo de tres personas que ejercen funciones directivas.

TRIUNVIRO s.m. ANT. ROM. Miembro de un triunvirato.

TRIVALENTE adj. QUÍM. Que tiene tres valencias.

TRIVIAL adj. Que carece de toda importancia, trascendencia o interés: *tema trivial*.

TRIVIALIDAD s.f. Cualidad de trivial. **2.** Dicho o cosa trivial.

TRIVIALIZAR v.tr. y prnl. [7] Quitar o no dar importancia a algo.

TRIZA s.f. Trozo pequeño de algo roto. ◇ **Hacer trizas** *Fam.* Destrozar algo completamente; causar un daño moral o físico muy grande a una persona.

TROCA s.f. En la manufactura, devanado y empaquetado del algodón, cantidad de hilo igual a diez madejas.

TROCAICO, A adj. (gr. *trokhaikós*) Relativo al troqueo. ◆ adj. y s.m. Se dice del verso cuyo pie fundamental es el troqueo.

TROCÁNTER s.m. (gr. *trokhantér*). ANAT. Nombre de dos eminencias óseas del fémur, donde se unen los músculos que hacen girar el muslo.

1. TROCAR v.tr. [6]. Cambiar una cosa por otra. ◆ v.tr. y prnl. Convertir una cosa en otra distinta: *trocar la risa en llanto*.

2. TROCAR s.m. (fr. *trocart*, de *trois carres*, tres esquinas). CIR. Instrumento en forma de punzón, con un mango, que se emplea para realizar punciones.

TROCEAR v.tr. Dividir algo en trozos.

TROCHA s.f. Camino abierto en la maleza. **2.** Atajo. **3.** Argent. Ancho de la vía ferroviaria.

TROCHE s.m. **A troche y moche** Sin orden ni medida.

TRÓCLEA s.f. (lat. *trochlea*). ANAT. Articulación en la que un hueso gira en una superficie pulida que le presenta el hueso adyacente.

TROCÓFORA s.f. Larva en forma de trompo invertido, característica de los anélidos y moluscos.

TROFALAXIA s.f. Cambio mutuo de alimento entre ciertos insectos adultos y sus larvas.

TROFEO s.m. (bajo lat. *trophaeum*). Objeto que recuerda un éxito o una victoria: *trofeo de caza*. **2.** Premio que se entrega en una competición. **3.** Parte disecada de un animal cazado o pescado. **4.** B. ART. Motivo decorativo consistente en la figuración en un conjunto de armas, de los despojos del enemigo vencido, etc.

TRÓFICO, A adj. (gr. *trophós*, alimenticio). Relativo a la nutrición de un tejido vivo.

TROFOBLÁSTICO, A adj. Relativo al trofoblasto.

TROFOBLASTO s.m. EMBRIOL. Estrato celular que tiene función de nutrición y que rodea a los blastómeros.

TROGLOBIO, A adj. y s.m. BIOL. Se dice del animal que vive exclusivamente en las cavernas.

TROGLODITA adj. y s.m. y f. Cavernícola. **2.** *Fig.* Bárbaro, rudo, grosero.

TROGLODÍTICO, A adj. Relativo a los trogloditas.

TROIKA s.f. En Rusia, vehículo, como el trineo, el landó, etc., que arrastran tres caballos enganchados uno al lado de otro. **2.** Grupo de tres personas que dirigen políticamente un país o que están al frente de un organismo, entidad, etc. ◇ **Troika europea** Grupo compuesto por el representante del país que ejerce la presidencia del Consejo de ministros de la Unión Europea, del que le ha precedido y del que le sucederá en la presidencia, con objeto de asegurar cierta continuidad en el tratamiento de los temas.

TROJA s.f. Amér. Troje.

TROJE o **TROJ** s.f. Granero limitado por tabiques, donde se almacenan frutos o cereales.

TROLA s.f. *Fam.* Mentira, engaño.

TROLE s.m. (ingl. *trolley-pole*, polea del trole). Trolebús. **2.** ELECTR. Dispositivo de toma de corriente que, en los vehículos de tracción eléctrica, transmite la corriente de la red aérea al electromotor del automóvil.

TROLEBÚS s.m. Vehículo de tracción eléctrica para el transporte público de viajeros, que toma la corriente de una línea aérea bifilar mediante un trole y cuyas ruedas van provistas de neumáticos.

TROLERO, A adj. y s. *Fam.* Mentiroso.

TROLL s.m. En la mitología escandinava, espíritu maléfico.

TROMBA s.f. Columna nubosa o líquida de diámetro muy pequeño, con un rápido movimiento de rotación. ◇ **Tromba de agua** Lluvia abundante y brusca.

TROMBINA s.f. Enzima que interviene en la transformación del fibrinógeno en fibrina, en el curso de la coagulación de la sangre.

TROMBO s.m. Coágulo sanguíneo que se forma dentro del aparato vascular, y que provoca la *trombosis*.

TROMBOCINASA o **TROMBOQUINASA** s.f. BIOL. Enzima que interviene en la coagulación de la sangre, transformando la protrombina en trombina.

TROMBOCITO s.m. Plaqueta.

TROMBOELASTOGRAFÍA s.f. Técnica de estudio de las diferentes fases de la coagulación sanguínea.

TROMBOFLEBITIS s.f. Inflamación de una vena con formación de un coágulo sanguíneo dentro de ella.

TROMBÓN s.m. (ital. *trombone*). Instrumento musical de viento, de la familia del metal, parecido a una trompeta grande, cuya característica es el uso de las varas correderas. **2.** Músico que toca este instrumento. **3.** Antena de media onda, muy empleada para la recepción de ondas de televisión y de modulación de frecuencia. ◇ **Trombón de pistones** Trombón que en lugar de varas correderas está provisto de pistones.

■ **TROMBÓN** tenor.

TROMBOQUINASA s.f. BIOL. → TROMBOCINASA.

TROMBOSIS s.f. Formación o desarrollo de un trombo en un vaso sanguíneo o en el corazón.

TRÓMEL s.m. (alem. *Trommel*, tambor). Criba cilíndrica o cónica, ligeramente inclinada sobre la horizontal, que sirve para clasificar por su grosor materiales fragmentados.

TROMPA s.f. (voz de origen onomatopéyico). Instrumento musical de viento, de la familia del metal, compuesto de una embocadura y de un largo tubo cónico arrollado sobre sí mismo y terminado por un pabellón muy ancho. **2.** Peonza. **3.** Probóscide. **4.** Aparato chupador de algunos insectos. **5.** Esp. *Fig.* y *fam.* Borrachera. **6.** ARQ. Bóveda voladiza fuera del paramento de un muro, de forma cóncava, cónica, oblicua, reglada o de perfil recto. ◆ s.m. y f. Persona que toca la trompa en una orquesta. ◇ **Trompa de Eustaquio** Conducto que comunica la rinofaringe con el oído medio. **Trompa de Falopio** Parte de la estructura del aparato genital femenino que permite el paso del óvulo desde el ovario al útero. **Trompa de vacío** FÍS. Especie de máquina neumática hidráulica que sirve para hacer el vacío. SIN.: *bomba*.

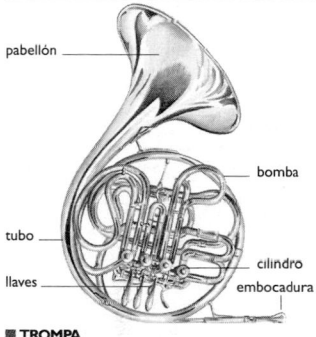

■ **TROMPA**

TROMPADA s.f. Golpe recio y violento que da o recibe una persona o cosa al chocar o al caerse. **2.** Puñetazo, golpazo. SIN.: *trompazo*.

TROMPEAR v.tr. Amér. Dar trompadas o puñetazos.

TROMPE-L'OEIL s.m. (voz francesa). Pintura que a distancia crea la ilusión de realidad, particularmente de relieve.

■ **TROMPE-L'OEIL** de marquetería, por fra Giovanni da Verona; fines s. XV.
(Abadía de Monte Oliveto Maggiore, cerca de Siena.)

TROMPETA s.f. Instrumento musical de viento, de la familia del metal, provisto de embocadura y de un tubo de perforación cilíndrico, ligeramente cónico en su extremo y terminado en un pabellón. **2.** AUTOM. Cada una de las dos cañoneras o tubos abocardados del puente trasero, en cuyo interior van dispuestos los respectivos semiejes o árboles de rueda. SIN.: *trompeta de puente*. **3.** HERÁLD. Cuerno de caza desprovisto de adornos. ◆ s.m. y f. Músico que toca la trompeta. SIN.: *trompetista*.

◇ **Trompeta de los muertos** Hongo basidiomicete en forma de trompeta que crece en la península Ibérica.

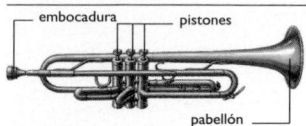

■ **TROMPETA**

TROMPETAZO s.m. Sonido destemplado, estridente o excesivamente fuerte producido por la trompeta u otro instrumento de viento.
TROMPETERO s.m. Pez teleósteo del Mediterráneo y Atlántico, cuyo nombre procede de que tiene el hocico largo en forma de tubo.
TROMPETILLA s.f. Instrumento en forma de trompeta que, aplicado al oído, emplean los sordos para oír mejor. **2.** Méx. Gesto de burla que consiste en hacer ruido expulsando con fuerza el aire por la boca, teniendo la lengua entre los labios.
TROMPETISTA s.m. y f. Músico que toca la trompeta. SIN.: *trompeta.*
TROMPICAR v.intr. [1]. Tropezar repetidamente.
TROMPICÓN s.m. Tropezón. ◇ **A trompicones** Sin continuidad; con dificultades.
TROMPIZA s.f. Amér. Merid. Riña, pelea a puñetazos.
TROMPO s.m. Peonza. SIN.: *peón.* **2.** Giro que da un automóvil sobre sí mismo, impulsado sus ruedas sobre el suelo. **3.** Gasterópodo que posee tentáculos cónicos en la cabeza, pie corto y concha cónica, y que vive en las costas ibéricas. **4.** Instrumento de madera o de metal, de forma cónica, utilizado por los plomeros o fontaneros para abocardar cañerías de plomo.
TROMPUDO, A adj. Amér. Se dice de la persona de labios prominentes.
TRONA s.f. (ár. vulg. *trūna*). Silla para bebés, que tiene las patas muy altas y un tablero.
TRONADA s.f. Tempestad con gran cantidad de truenos.
TRONADO, A adj. Viejo y deteriorado por el uso. **2.** Fam. Se dice de la persona que está algo trastornado mentalmente. **3.** Fam. Arruinado, venido a menos.
TRONAR v.impers. (lat. *tonare*) [17]. Producirse o sonar truenos. ◆ v.intr. Producir un ruido parecido al trueno. **2.** Fig. Resonar con fuerza la voz o algo semejante: *una exclamación tronó en la sala.* **3.** Méx. Fam. Suspender al curso un estudiante. **4.** Méx. Fam. Romper relaciones una pareja, separarse. ◇ **Tronárselas** Méx. Vulg. Fumar marihuana.
TRONCHADO, A adj. Se dice de los sillares o piedras de construcción de forma irregular y con marcas o huellas producidas por la introducción de las cuñas. **2.** HERÁLD. Se dice del escudo dividido en dos partes iguales por una línea que va del cantón diestro del jefe al siniestro de la punta.
TRONCHANTE adj. Que produce mucha risa.
TRONCHAR v.tr. y prnl. Partir, sin herramienta, el tronco, tallo o ramas de una planta, u otra cosa semejante. **2.** Fig. Truncar o impedir que llegue a desarrollarse completamente o realizarse algo: *tronchar las ilusiones.* ◆ **troncharse** v.prnl. Reírse mucho, sin poder contenerse. **2.** Colomb. Dislocarse, luxarse.
TRONCHO s.m. (lat. *trunculus*). Tallo de las hortalizas. **2.** Colomb. y Nicar. Porción, trozo, pedazo.
TRONCO s.m. (lat. *truncus*, sin ramas, talado). Tallo principal de un árbol, desde el tocón hasta el nacimiento de las ramas. **2.** Fig. Ascendiente o línea de ascendientes común de dos ramas o familias. **3.** Conducto o canal principal del que salen o al que concurren otros menores. **4.** Par de caballerías de tiro, enganchadas al juego delantero del carruaje. **5.** ANAT. Parte central del cuerpo, a la que van unidas la cabeza y las extremidades. **6.** ZOOL. Conjunto de estirpes muy grande, que pueden

filogenéticamente considerarse entroncadas por continuidad de origen, en sentido general. ◇ **Estar**, o **dormir, como un tronco** Fam. Estar profundamente dormido. **Tronco de cono** Sólido comprendido entre la base de un cono y una sección que corta todas las generatrices de este cono. **Tronco de pirámide** Sólido comprendido entre la base de una pirámide y una sección plana que corta todas las aristas laterales de esta pirámide. **Tronco de prisma** Sólido limitado en una superficie de prisma por dos secciones planas no paralelas.

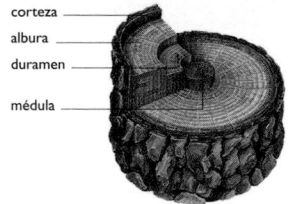

■ **TRONCO** de pino.

TRONCULAR adj. Relativo a un tronco nervioso o vascular.
TRONERA s.f. Ventana muy pequeña y angosta por donde entra escasamente la luz. **2.** Abertura en el costado de un buque o parapeto de una muralla por la que se disparaba. **3.** Agujero abierto en los cuatro rincones de la mesa y en medio de las bandas de un billar. **4.** Abertura o lumbrera practicada en la parte inferior de un alto horno. ◆ s.m. y f. Persona de vida desordenada y poco juicio que lleva una vida disipada o libertina.
TRONÍO s.m. Fam. Señorío y elegancia, especialmente de una persona.
TRONO s.m. (lat. *thronus*, del gr. *thrónos*, sillón alto). Asiento con gradas y dosel en el que se sientan los monarcas y otras personas de alta dignidad. **2.** Fig. Símbolo de la monarquía como institución. ◆ **tronos** s.m.pl. REL. Tercer coro de la suprema jerarquía de los ángeles. ◇ **Trono episcopal** Sede propia del obispo diocesano, erigida sobre tres gradas.
TRONZADO s.m. Operación que consiste en cortar barras, tubos metálicos o troncos, maderos, etc.
TRONZADOR, RA adj. Que tronza: *sierra tronzadora.* ◆ s. Obrero que maneja un tronzador. ◆ s.m. Sierra o máquina para cortar, partir o tronzar.
TRONZAR v.tr. [7]. Dividir en trozos.
TROPA s.f. (fr. *troupe*). Conjunto de soldados, especialmente los de los ejércitos de Tierra y Aire. (Pertenecen a la tropa los militares sin grado [soldados rasos] o con grado de soldado de primera, cabo o cabo primero.) **2.** Conjunto de militares o de gente armada y organizada para la lucha en la guerra: *tropa de combate.* **3.** Multitud o reunión de gran número de personas o animales, especialmente si causan alboroto. **4.** Gente despreciable y de poca monta. **5.** Amér. Merid. Recua de ganado. **6.** Argent. y Urug. Manada de ganado que se lleva de un lugar a otro. ◇ **Clase de tropa** Denominación genérica de los soldados, cabos y cabos primeros. **Tropa ligera** Tropa organizada para maniobrar y combatir en orden abierto e individualmente.
TROPEAR v.intr. Argent. Manejar manadas de ganado.
TROPEL s.m. Conjunto numeroso de gente que se mueve con desorden y gran ruido. **2.** Manada de ganado en movimiento. **3.** Conjunto revuelto y desordenado de cosas. **4.** MIL. Partida o pequeño grupo separado de un ejército. ◇ **De**, o **en, tropel** De forma acelerada y confusa; yendo muchos juntos, sin orden y confusamente.
TROPELÍA s.f. (del gr. *eytrapelía*, agilidad). Acto violento o ilegal cometido con abuso de autoridad o poder.
TROPERO s.m. Argent. y Urug. Persona encargada de guiar tropas, carretas o ganado vacuno.

TROPEZAR v.intr. (del ant. *entropeçar*, del lat. *interpedire*) [5]. Topar en algún obstáculo al caminar, perdiendo el equilibrio. **2.** Encontrar un obstáculo o dificultad que impide avanzar o detiene en un intento: *tropezar con serias dificultades.* ◆ v.intr. y prnl. Fig. y fam. Encontrar casualmente una persona a otra: *tropezar con alguien.*
TROPEZÓN s.m. Acción de tropezar. **2.** Tropiezo, falta o equivocación. **3.** Fig. y fam. Trozo pequeño de algún alimento que se mezcla con la sopa, el caldo u otro guiso. (Suele usarse en plural.) ◇ **A tropezones** Por impulsos, sin continuidad y, por lo tanto, con dificultad.
TROPICAL adj. Relativo al trópico. **2.** Típico de la zona comprendida entre los trópicos: *fruto tropical.* ◇ **Clima tropical** Clima típico de ciertas regiones tropicales, marcado por el claro contraste entre una larga estación seca, el invierno, y una estación de lluvias, el verano. **Países tropicales**, o **intertropicales** Regiones situadas aproximadamente entre los dos trópicos. (Se trata de regiones cálidas y sin contrastes térmicos violentos, pero con contrastes pluviométricos muy claros.)
TROPICALIZACIÓN s.f. Preparación de una sustancia o de un material para hacerlos insensibles o poco sensibles a la acción del clima tropical, y en particular al enmohecimiento o corrosión. **2.** METAL. Tratamiento de pasivación para piezas de acero previamente recubiertas de cinc o de cadmio.
TRÓPICO, A s.m. (lat. *tropicus*). Cada uno de los círculos menores de la esfera terrestre de latitudes + y −23° 27' que delimitan la zona en la que el Sol pasa dos veces por año por el cenit de cada lugar. (El del hemisferio norte es el *trópico de Cáncer* y el del hemisferio sur el *trópico de Capricornio*.) **2.** Región comprendida entre estos dos círculos o paralelos. ◆ adj. Que se refiere a la posición exacta del equinoccio, y, como consecuencia, al instante de los solsticios, donde el Sol, en su movimiento propio, atraviesa a uno u otro de los trópicos. **2.** Se dice de las plantas que abren y cierran diariamente sus flores a distinta hora, según cierta fotoperiodicidad. ◆ **trópicos** s.m.pl. Región intertropical.

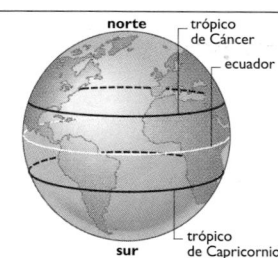

■ **TRÓPICOS**

TROPIEZO s.m. Estorbo o impedimento para realizar o lograr algo. **2.** Fig. Falta, equivocación, error. **3.** Contratiempo.
TROPILLA s.f. Argent. Conjunto de yeguarizos guiados por una madrina.
TROPISMO s.m. BIOL. Orientación de crecimiento de plantas y animales sésiles, bajo la influencia de un estímulo exterior, como el fototropismo, el geotropismo, etc.
TROPO s.m. (lat. *tropus*). En la música medieval, amplificación de un canto litúrgico por medio de adiciones o sustituciones. **2.** RET. Figura que consiste en usar una palabra en un significado no habitual, como la metáfora, la metonimia y la sinécdoque.
TROPOPAUSA s.f. Superficie ideal que limita la troposfera y marca el principio de la estratosfera.
TROPOSFERA s.f. Capa atmosférica que se extiende desde la superficie del globo hasta la base de la estratosfera, extendiéndose hasta una altitud de unos 12 km aproximadamente.
TROQUEL s.m. Matriz o molde metálico empleado en las operaciones de acuñación o de estampado. **2.** Cuchilla para cortar, en una

prensa adecuada, piezas de distintas formas, de cuero, cartón, chapa, etc.

TROQUELADO s.m. Acción de troquelar.

TROQUELAR v.tr. Dar forma con el troquel.

TROQUEO s.m. (lat. *trochaeus*). Pie de la métrica griega y latina, formado por una sílaba larga y una breve.

TROQUÍLIDO, A adj. y s.m. Relativo a una familia de aves diminutas, con pico y lengua adaptados para extraer el néctar de las flores.

TROQUILLÓN s.m. Elemento constitutivo de la madeja.

TROQUÍN s.m. ANAT. Tuberosidad menor de la epífisis superior del húmero.

TROQUITER s.m. ANAT. Gran tuberosidad de la epífisis superior del húmero.

TROTACALLES s.m. y f. (pl. *trotacalles*). *Fam.* Persona ociosa y callejera.

TROTACONVENTOS s.f. (pl. *trotaconventos*). *Fam.* Alcahueta.

TROTADOR, RA adj. Se dice de la caballería que trota bien o mucho.

TROTAMUNDOS adj. y s.m. y f. (pl. *trotamundos*). Persona aficionada a viajar.

TROTAR v.intr. (del alto alem. ant. *trottôn*). Ir una caballería al trote. **2.** Montar un caballo que va al trote. **3.** *Fig.* y *fam.* Andar deprisa.

TROTE s.m. Manera de andar, entre el paso y el galope, del caballo y otros cuadrúpedos. (Consiste en dar pequeños saltos e ir levantando a la vez el pie de un lado y la mano del lado contrario.) **2.** *Fig.* Ocupación, trabajo o actividad muy intensa. ◇ **Al,** o **a, trote** *Fam.* Muy de prisa, de manera acelerada y sin descanso. **De mucho trote** Muy fuerte, que resiste mucho. **Para todo trote** *Fam.* Para uso diario y continuo.

TROTÓN, NA adj. Se dice de las caballerías cuyo paso ordinario es el trote. ◆ s.m. y adj. Caballo media sangre, seleccionado por su velocidad al trote.

TROTSKISMO s.m. Doctrina política desarrollada por Trotski.

TROTSKISTA adj. y s.m. y f. Relativo a Trotski o al trotskismo; partidario de esta doctrina.

TROUPE s.f. (voz francesa). Compañía ambulante de teatro o de circo.

TROVA s.f. Composición métrica escrita generalmente para ser cantada. **2.** Canción amorosa compuesta o cantada por los trovadores. **3.** Verso. **4.** Composición métrica formada a imitación de otra, siguiendo su método, estilo o consonancia.

TROVADOR s.m. Poeta provenzal de los ss. XII y XIII. **2.** En lenguaje literario y poético, poeta.

TROVADORESCO, A adj. De los trovadores.

TROVAR v.intr. (occitano ant. *trobar*). Hacer versos. **2.** Componer trovas.

TROVERO s.m. (fr. *trouvère*). Poeta lírico en lengua de oíl.

TROYANO, A adj. y s. De Troya. ◇ **Planeta troyano** Cada uno de los 15 asteroides que poseen unas duraciones de revolución muy poco diferentes a la de Júpiter y forman sensiblemente un triángulo equilátero con este gran planeta y el Sol.

TROZA s.f. Tronco aserrado por los extremos. **2.** MAR. Sistema de suspensión de las vergas, por el que estas pueden girar alrededor de un plano horizontal y de un plano vertical.

TROZAR v.tr. [7]. Aserrar los troncos para obtener trozas. **2.** MAR. Tesar la troza.

TROZO s.m. Parte o porción de una cosa separada del todo: *un trozo de papel*.

TRUCAJE s.m. Acción de trucar. **2.** Técnica que permite obtener efectos especiales manipulando las imágenes filmadas.

TRUCAR v.tr. [1]. Marcar las cartas para hacer trampas en los juegos de naipes, o hacer trucos en el juego de billar. **2.** Falsificar, falsear. **3.** Retocar el motor de un automóvil o una motocicleta para aumentar su potencia.

1. TRUCHA s.f. (lat. tardío *tructa*). Pez de carne fina y apreciada del que existen dos especies en Europa: la trucha común (*Salmo trutta*) del Atlántico y la trucha arco iris (*Salmo irideus*), originaria del oeste de Norteamérica. (Las truchas de lago y de río son variedades sedentarias de la trucha de mar; la trucha con carne rosada se llama *asalmonada*.)

2. TRUCHA s.f. Amér. Central. Puesto o pequeña tienda, generalmente portátil, de mercería.

TRUCHERO, A adj. Relativo a la trucha.

TRUCHO, A adj. Argent. y Urug. *Fam.* Falso.

TRUCHUELA s.f. Bacalao curado más delgado que el común.

TRUCO s.m. Procedimiento ingenioso o hábil para conseguir algo. **2.** Ilusión, apariencia engañosa hecha con arte: *trucos de prestidigitación*. **3.** Lance del juego del billar que consiste en pegar con la bola propia la del contrario y lanzarla por una tronera o por encima de la barandilla. **4.** Argent. Juego de naipes, variedad de truque. ◇ **Coger el truco** Descubrir la manera de hacer algo o adquirir la habilidad necesaria para hacerlo.

TRUCULENCIA s.f. Cualidad de truculento.

TRUCULENTO, A adj. (lat. *truculentus*, amenazador). Que exagera la crueldad o el dramatismo.

TRUENO s.m. Ruido del rayo, producido por la descarga eléctrica de la que el relámpago es la manifestación luminosa. **2.** Ruido semejante al del rayo: *el trueno de los cañones*. **3.** Petardo, cohete ruidoso.

TRUEQUE s.m. Acción de trocar. **2.** Intercambio directo de bienes y servicios sin mediación del dinero. ◇ **A,** o **en, trueque** A cambio de algo que se da o se hace.

TRUFA s.f. (occitano ant. *trufa*). Hongo comestible y muy apreciado, de forma redonda y de color pardo o negruzco por fuera y blanco o marrón por dentro, que crece bajo tierra en los bosques de encinas y robles. **2.** Crema hecha con chocolate y mantequilla, muy usada en repostería. **3.** Dulce hecho con esta crema y espolvoreada con polvo de cacao, con forma de pequeña bola. ◇ **Trufa de león** Trufa que puede alcanzar el tamaño de una naranja, común en el N de África y S de la península Ibérica. **Trufa de Périgord,** o **violeta** Trufa de color negro o rojizo, con verrugas poligonales, y olor y sabor de fresa, considerada como la más apreciada.

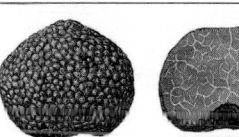

■ TRUFA

TRUFAR v.tr. Rellenar o aderezar con trufas.

TRUHAN, NA o **TRUHÁN, NA** adj. y s. (fr. *truand*). Granuja, que vive de engaños y estafas. **2.** Que con bufonadas, bromas, gestos o cuentos divierte a otros.

TRUHANERÍA s.f. Acción propia del truhan. SIN.: truhanada.

TRUJAMÁN, NA s. (ár. *turgumān*). Intérprete.

TRUMAO s.m. Chile. Tierra arenisca muy fina procedente de rocas volcánicas.

TRUNCADO, A adj. Se dice del poliedro al que se ha sustituido una arista o un vértice por un plano. ◇ **Cono truncado** Tronco de cono. **Pirámide truncada** Tronco de pirámide.

TRUNCADURA s.f. MINER. Sustitución de una arista o un vértice de un cristal por una cara.

TRUNCAR v.tr. (lat. *truncare*) [1]. Cortar una parte de una cosa. **2.** *Fig.* Dejar incompleto el sentido de lo que se escribe o lee, u omitir frases o pasajes de un texto. **3.** *Fig.* Impedir que algo llegue a desarrollarse o realizarse completamente: *truncar las ilusiones*.

TRUPIAL s.m. Ave de América Central, América del Norte y las Antillas, de formas ágiles y plumaje de vivos colores. (Familia ictéridos.)

TRUQUE s.m. (cat. *truc*). Juego de envite en tre varios jugadores a los que se reparten tres cartas, que van jugando de una a una y, llevándose la baza el que echa la carta mayor.

TRUSA s.f. (fr. *trousse*). Méx. y Perú. Calzoncillos. (Se usa también en plural.) **2.** Méx. Calzón, prenda interior masculina. **3.** Perú. Calzón, prenda interior femenina. (Se usa también en plural para referirse a una sola prenda.)

TRUST s.m. (pl. *trusts* o *trustes*). Combinación económica y financiera que reúne bajo un mismo control un grupo de empresas.

TSE-TSE s.f. Mosca africana del género *Glossina*, que se alimenta exclusivamente de sangre y que interviene como transmisora de la enfermedad del sueño.

TSH, sigla de *telegrafía sin hilos*.

T-SHIRT s.m. Tee-shirt.

TSONGA o **THONGA**, pueblo bantú de Mozambique.

TSUNAMI s.m. (voz japonesa). Ola oceánica gigante generada por un plegamiento, una erupción o un sismo submarino. (Puede llegar a alcanzar 20 m de alt. y recorrer distancias considerables, devastando zonas costeras situadas a miles de kilómetros de su origen.)

TSUTUHIL, ZUTUHIL o **ATITECA**, pueblo amerindio maya de Guatemala.

TSWANA o **SETSWANA**, pueblo bantú de Botswana y la República de Sudáfrica.

TU adj. (lat. *tuus, -a, -um*). Forma átona del adjetivo posesivo de la 2ª persona del singular que se usa cuando va antepuesto al nombre. Indica que la persona, animal o cosa designados por el nombre al que precede pertenecen al receptor en un acto de comunicación (son de su propiedad, tienen un parentesco con él, están asociados a él, etc.): *tu casa; tu padre*.

TÚ pron.pers. (lat. *tu*) [pl. *vosotros, vosotras*]. Forma tónica de la 2ª persona masculina y femenina del singular. Designa al receptor en un acto de comunicación. Funciona como sujeto o como predicado nominal: *tú lo has dicho; él es más alto que tú; ¡oye, tú!* ◇ **Hablar,** o **tratar, de tú** Tutear a alguien.

TUAREG adj. y s.m. y f. (del ár. de los beduinos del norte sahariano *tawâreg*). De un pueblo nómada, de lengua bereber y de religión musulmana. ◆ s.m. Lengua bereber hablada por los tuareg.

ENCICL. Se dividen en dos grupos, los *tuareg saharianos* (S argelino) y los *tuareg sahelianos* (regiones septentrionales del Sahel de Malí y del Níger). Inventaron un alfabeto para transcribir su lengua, el tifinagh. Formaron confederaciones que se resistieron durante largo tiempo a la colonización, gracias a sus prácticas nómadas y guerreras (razzia).

TUÁTARA s.m. Reptil oceánico, único representante vivo de los rincocéfalos.

■ TUÁTARA

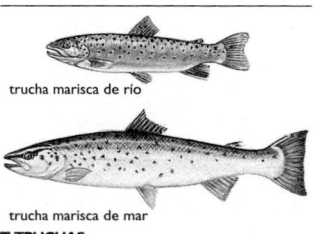

trucha marisca de río

trucha marisca de mar

■ TRUCHAS

TUATUÁ s.f. Cuba y P. Rico. Planta ornamental de propiedades medicinales. (Familia euforbiáceas.)

TUBA s.f. (ital. *tuba*).Instrumento musical de viento, de cobre, de la familia de los bombardinos.

TUBERAL adj. y s.m. Relativo a un orden de hongos ascomicetes, como la trufa.

TUBERCULINA s.f. Líquido obtenido a partir de cultivos del bacilo de Koch, y destinado al diagnóstico de la tuberculosis.

TUBERCULINIZACIÓN s.f. Acción de inyectar tuberculina, como medio de diagnóstico.

TUBERCULIZACIÓN s.f. MED. Formación de un tubérculo en el curso de la tuberculosis.

TUBÉRCULO s.m. (lat. *tuberculum*).Parte engrosada de una parte cualquiera de una planta, especialmente de un tallo subterráneo, como la papa, la chufa, etc. **2.** ANAT. Superficie redondeada de los molares trituradores. **3.** PATOL. Tumor redondeado pequeño del interior de los tejidos, característico de la tuberculosis. ◇ **Tubérculos bigéminos,** o **cuadrigéminos** Eminencias de la cara dorsal del mesencéfalo.

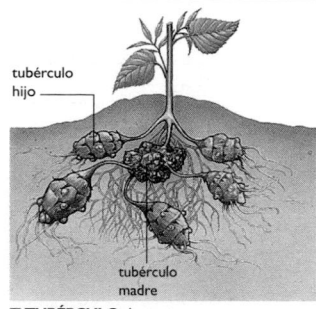

■ **TUBÉRCULO** de aguaturma.

TUBERCULOSIS s.f. Enfermedad infectocontagiosa, producida por el bacilo de Koch y caracterizada por la formación de tubérculos en diversos órganos: pulmones, vértebras (mal de Pott), riñones, piel (lupus tuberculoso), meninges (meningitis tuberculosa) e intestinos. ENCICL. La evolución de la tuberculosis es, por lo general, regresiva, pero en algunos casos, a partir del foco inicial, pueden desarrollarse con el tiempo lesiones tuberculosas generalizadas o localizadas. La tuberculosis pulmonar es la más frecuente de las localizaciones y se manifiesta con fiebre, fatiga, adelgazamiento, tos y hemoptisis. En las imágenes radiológicas se descubren nódulos, infiltraciones y cavernas. Todas las tuberculosis son tratadas actualmente con medicamentos como la estreptomicina, la isoniacida, la rifampicina, etc. La prevención de la tuberculosis se consigue con la vacuna BCG.

TUBERCULOSO, A adj. Relativo al tubérculo o a la tuberculosis. **2.** De forma o aspecto de tubérculo: *raíz tuberculosa.* ◆ adj. y s. Que padece tuberculosis.

TUBERÍA s.f. Tubo o conjunto de tubos que sirve para conducir un fluido o un producto pulverulento en una instalación.

TUBERIZACIÓN s.f. Transformación en tubérculos o en seudobulbos de la parte inferior del tallo o de los órganos radiculares de ciertos vegetales.

TUBERIZADO, A adj. BOT. Que forma un tubérculo.

TUBEROSIDAD s.f. ANAT. **a.** Protuberancia de un hueso para inserciones musculares o ligamentosas. **b.** Cada una de las partes abultadas de las dos extremidades del estómago.

TUBEROSO, A adj. Que tiene tuberosidades.

TUBÍCOLA adj. ZOOL. Se aplica al gusano que vive en un tubo que él mismo construye.

TUBO s.m. (lat. *tubus*). Elemento de sección constante en una conducción, utilizado para la circulación de un fluido o de un producto pulverulento: *tubo de calefacción; tubo de desagüe.* **2.** Recipiente alargado de forma cilíndrica hecho de una materia maleable: *tubo de crema.* **3.** Cañón de una boca de fuego. **4.** Tallo hueco del trigo y de ciertas plantas. **5.** ANAT. Conducto natural: *tubo digestivo.* **6.** BOT. Parte inferior y tubular de los cálices o las corolas gamopétalas. ◇ **Mandar a alguien por un tubo** Méx. *Fam.* Despedirlo de mala manera, apartarse de él definitivamente y con enojo: *¡mándalo por un tubo! Es un grosero.* **Pegar con tubo** Méx. *Fam.* Tener mucho éxito: *pegó con tubo la obra de teatro.* **Tubo acústico** Tubo que produce un sonido cuando la columna de aire que encierra entra en vibración. **Tubo criboso** Vaso por donde circula la savia elaborada. **Tubo de aletas** Elemento de una máquina constituido por un tubo metálico provisto de placas longitudinales o discos transversales. **Tubo de Crookes,** o **de descarga** Tubo lleno de un gas muy enrarecido, en el que se produce una descarga de electrones desde el cátodo al ánodo. **Tubo de ensayo** Tubo de cristal que sirve para efectuar reacciones químicas en pequeñas cantidades. **Tubo de escape** Tubo que sirve para evacuar los gases quemados y en el que va montado el silenciador. **Tubo de humos** Tubo dispuesto para el paso del humo al final de un cañón de chimenea. **Tubo de Malpighi** Órgano excretor de los insectos y miriápodos. **Tubo de ondas progresivas** Tubo electrónico que permite controlar y amplificar ondas de frecuencia muy elevada. **Tubo de Pitot,** o **de Darcy** Instrumento ideado por Pitot y perfeccionado por Darcy, que sirve para medir el caudal de las corrientes de agua. **Tubo de rayos X** Tubo de descarga que emite rayos X. **Tubo electrónico** Componente electrónico formado por una ampolla que contiene un vacío suficiente *(tubo de vacío)* o un gas ionizado *(tubo de gas)* y dos o varios electrodos que emiten y captan haces de electrones o modifican el movimiento. **Tubo lanzatorpedos** Tubo metálico que sirve para lanzar un torpedo en una dirección determinada.

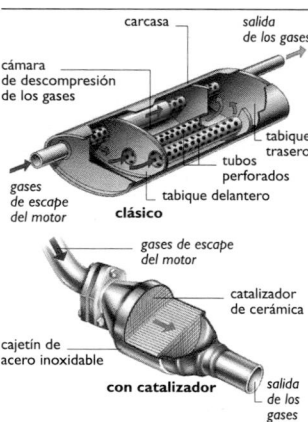

■ **TUBO.** Diferentes tipos de tubo de escape.

TUBU o **TIBU,** grupo político y religioso, que agrupa elementos de varios pueblos musulmanes y que lleva una vida nómada en el Ayr y en el Tibesti principalmente.

TUBULADO, A adj. Provisto de uno o varios tubos. **2.** Tubular.

TUBULADURA s.f. Orificio practicado en una de las paredes de un depósito o conducción, que permite la salida de un fluido al exterior.

TUBULAR adj. Relativo al tubo. **2.** Que tiene forma de tubo. **3.** Relativo a los túbulos renales. **4.** Se dice de una caldera en la que la circulación del fluido o del agua se efectúa por tubos que ofrecen una extensa superficie de calefacción. ◆ adj. y s.m. Se dice de un neumático especial de bicicleta de carreras.

TÚBULO s.m. Tubo pequeño, especialmente los del riñón y los testículos.

TUBULOSO, A adj. Tubular, en forma de tubo.

TUCÁN s.m. (tupí-guaraní *tuka, tukana*). Ave trepadora de América tropical, con plumaje vivamente coloreado y pico voluminoso.

TUCANO, pueblo amerindio de la Amazonia, en la zona fronteriza entre Colombia, Perú y Brasil.

1. TUCO s.m. Argent., Chile y Urug. Salsa de tomate cocida con cebolla, orégano, perejil, ají, etc., con la que se acompañan diversos platos, especialmente pastas.

2. TUCO, A adj. Bol., Ecuad. y P. Rico. Manco. ◆ s.m. Amér. Central, Ecuad. y P. Rico. Muñón. **2.** Argent. Insecto parecido al cocuyo, con fosforescencia en el abdomen. **3.** Perú. Especie de búho.

TUCOROR, pueblo del valle del Senegal, islamizado desde el s. XI.

TUCUIRICO s.m. En las Indias españolas, funcionario que nombraba a los alcaldes y regidores de indios.

TUCUMÁ s.m. Palmera de la cuenca del Orinoco y del Amazonas, de la que se obtiene una fibra textil, y de cuyo fruto se extrae un aceite. (Familia palmáceas.)

TUCUMANO, A adj. y s. De Tucumán.

TUCÚQUERE s.m. Chile. Pájaro estrígido de gran tamaño, similar al búho.

TUCUSO s.m. Venez. Chupaflor, especie de colibrí.

TUCUTUCO s.m. Mamífero roedor, de unos 22 cm de long., de costumbres nocturnas, que vive en América del Sur desde Brasil al Cabo de Hornos.

TUDESCO, A adj. y s. Alemán. ◆ s.m. Durante la guerra de Sucesión de España (1700-1714), defensor de los derechos del archiduque Carlos de Austria al trono español.

TUECO s.m. Oquedad en la madera producida por la carcoma o insectos xilófagos.

TUERCA s.f. Pieza de metal, madera, etc., perforada con un agujero cilíndrico cuya superficie interna está labrada por un surco helicoidal para recibir el vástago fileteado de un perno o de un tornillo.

TUERTO, A adj. y s. Falto de un ojo o de la vista de un ojo. ◆ s.m. Agravio, injusticia, atropello.

TUESTE s.m. Acción de tostar, especialmente el café. **2.** Resultado de tostar.

TUÉTANO s.m. (de *tut-* o *tot-,* voz onomatopéyica del sonido de un instrumento de viento). Médula, sustancia blanda que ocupa los conductos medulares de los huesos. **2.** *Fig.* Meollo, fondo de algo: *llegar al tuétano de un asunto.* ◇ **Hasta el tuétano,** o **los tuétanos** *Fam.* Hasta lo más íntimo o profundo de algo.

TUFARADA s.f. Olor fuerte que se percibe de pronto.

TUFILLAS s.m. y f. (pl. *tufillas*). *Fam.* Persona que se atufa o enoja fácilmente.

1. TUFO s.m. (lat. vulg. *tufus*). Emanación gaseosa que se desprende de las fermentaciones y de las combustiones imperfectas. **2.** *Fam.* Olor desagradable. **3.** *Fig.* y *fam.* Vanidad, orgullo. (Suele usarse en plural.) **4.** Gas carbónico procedente de la fermentación vínica.

2. TUFO s.m. (fr. *touffe*). Mechón de pelo que cae por delante de las orejas o de la frente.

3. TUFO s.m. Toba, piedra caliza.

TUGURIO s.m. (lat. *tugurium*). Vivienda, habitación o establecimiento miserable y pequeño.

TUL s.m. (fr. *tulle,* de *Tulle,* ciudad del Lemosín). Tela delgada que forma malla, generalmente en octágonos, tejida con hilos muy finos de seda, algodón o lino.

TULAREMIA s.f. Enfermedad infecciosa de-

■ **TUCÁN** grande.

bida a un microbio específico (*Pasteurella tularensis*), epidémica en la liebre y transmisible al ser humano.

TULE s.m. Méx. Planta herbácea de la familia de las ciperáceas, o de las tifáceas, de tallos largos y erectos, que crecen a la orilla de ríos y lagos, y cuyas hojas se emplean para hacer petates.

TULENCO, A adj. Amér. Central. Cojo, lisiado.

TULIO s.m. Metal del grupo de los lantánidos. **2.** Elemento químico (Tm), de número atómico 69 y masa atómica 168,934.

TULIPA s.f. Pantalla de forma parecida a la de un tulipán, que se pone en algunas lámparas. **2.** Tulipán pequeño.

TULIPÁN s.m. (fr. ant. *tulipan*). Planta liliácea bulbosa, de bellas flores ornamentales, cuyo cultivo está muy extendido en Países Bajos. **2.** Flor de esta planta.

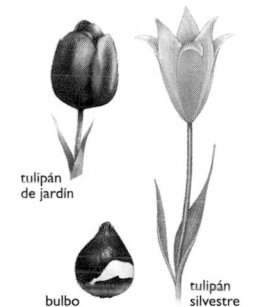

tulipán de jardín

bulbo — tulipán silvestre

■ TULIPANES

TULLIDO, A adj. y s. (del ant. *tollido*, p. del verbo *toller*, quitar, del lat. *tollere*, levantar, sacar). Paralítico o imposibilitado para mover algún miembro.

TULLIR v.tr. [49]. Dejar tullido a alguien. ◆ **tullirse** v.prnl. Perder el movimiento del cuerpo o de uno de sus miembros.

TULPA s.f. Colomb., Ecuad. y Perú. Piedra de las que forman el fogón de las cocinas campesinas.

1. TUMBA s.f. (lat. tardío *tumba*, del gr. *týmbos*, túmulo, montón de tierra). Sepulcro, sepultura. **2.** Fig. Persona que sabe guardar bien un secreto. ◇ **A tumba abierta** En las pruebas de ciclismo en carretera, descenso de los corredores a gran velocidad.

2. TUMBA s.f. Tumbo, sacudida violenta. **2.** Voltereta. **3.** Danza típica de Colombia, considerada a mediados del s. XIX como la principal danza nacional. **4.** Antillas y Colomb. Operación de cortar o talar un monte o bosque.

TUMBADÓ s.m. Colomb. y Ecuad. En las habitaciones, cielo raso.

TUMBAGA s.f. (malayo *tambāga*, cobre). Aleación de oro y cobre, muy quebradiza, que se emplea en joyería. **2.** Aleación de cobre y cinc.

TUMBAR v.tr. (de ¡tumb!, voz onomatopéyica del ruido de un objeto al caer). Hacer caer a alguien o algo que estaba en pie de manera que quede tendido o en posición horizontal. **2.** Fig. y fam. Quitar el sentido algo que ha producido una impresión muy fuerte. **3.** Esp. Fig. y fam. Suspender a alguien en un examen, prueba, ejercicio, etc. **4.** MAR. Inclinar una embarcación para descubrir el costado hasta la quilla a fin de repararla. ◆ **tumbarse** v.prnl. Fam. Acostarse, tenderse.

TUMBILLO s.m. Colomb. Recipiente hecho de calabaza.

TUMBO s.m. Sacudida o vaivén violento. ◇ **Dando tumbos** Dando traspiés o tropezones; con obstáculos o dificultades. **2.** TAUROM. Caída del caballo y el picador.

TUMBONA s.f. Silla extensible y articulada, que puede disponerse en forma de canapé.

TUMEFACCIÓN s.f. MED. Aumento del tama-

ño de una estructura, sea cual sea su naturaleza.

TUMEFACTO, A adj. Hinchado.

TUMESCENCIA s.f. Estado de un órgano que se hincha en el transcurso de ciertas funciones fisiológicas. SIN.: *turgencia*.

TUMESCENTE adj. Se dice de un órgano tumefacto o hinchado.

TÚMIDO, A adj. (lat. *tumidus*). Hinchado.

TUMOR s.m. (lat. *tumor, -oris*). Aumento patológico del volumen de los tejidos o de un órgano, debido a una proliferación celular que forma un nuevo tejido (neoplasia).

TUMORACIÓN s.f. Tumor.

TUMULARIO, A adj. Relativo al túmulo.

TÚMULO s.m. (lat. *tumulus*). Sepulcro levantado sobre el suelo. **2.** Acumulación artificial de tierra o de piedras, generalmente de forma cónica, con que se cubría una tumba en las edades del bronce y del hierro. **3.** Armazón recubierta de paños fúnebres, sobre la que se coloca el ataúd y que se erige para la celebración de las exequias de un difunto.

TUMULTO s.m. (lat. *tumultus, -us*). Alboroto producido por una multitud. **2.** Agitación ruidosa y desordenada.

TUMULTUAR v.tr. y prnl. [18]. Provocar tumultos.

TUMULTUOSO, A adj. Que causa tumultos. **2.** Desordenado, alborotado. SIN.: *tumultuario*.

TUN s.m. Unidad del sistema vigesimal y calendárico maya.

1. TUNA s.f. (del ant. argot fr. *tune*, mendicidad, de *Roi de Thunes*, jefe de los vagabundos franceses). Estudiantina. **2.** Vida vagabunda.

2. TUNA s.f. (voz taína). Nopal. **2.** Fruto de este árbol.

TUNANTADA s.f. Acción propia de tunante.

TUNANTE, A adj. y s. Granuja, pícaro, astuto.

TUNANTERÍA s.f. Cualidad de tunante. **2.** Tunantada.

TUNAR v.intr. Vivir como un vagabundo.

TUNCO, A adj. Guat., Hond. y Méx. Se dice de la persona manca o lisiada. ◆ s.m. Hond. y Méx. Cerdo, puerco.

1. TUNDA s.f. Tundido.

2. TUNDA s.f. Fam. Paliza, serie de golpes, azotes, etc. **2.** Fig. Esfuerzo agotador.

TUNDEAR v.tr. Dar una tunda o paliza.

TUNDIDO s.m. Acción de tundir los paños y telas, SIN.: *tundido, tundidura, tundidura*.

TUNDIDORA s.f. Máquina para tundir paños o telas de lana y tejidos de algodón.

1. TUNDIR v.tr. Fam. Dar golpes, azotes, etc.

2. TUNDIR v.tr. (lat. *tondere*). Cortar o igualar el pelo de los paños y pieles.

TUNDIZNO s.m. Borra o pelo que se saca de los paños al tundirlos.

TUNDRA s.f. (voz finlandesa). En las regiones de clima frío, formación vegetal discontinua, que comprende gramíneas, líquenes y algunos árboles enanos (abedules).

1. TUNEAR v.intr. (de tuno). Hacer cosas de tuno o pícaro o proceder como tal. SIN.: *tunantear*.

2. TUNEAR v.tr. (del ingl. *tuning*). Esp. Practicar el tuning.

TUNECÍ adj. y s.m. y f. Tunecino.

TUNECINO, NA adj. y s. De Túnez o de Túnez. ◆ s.m. Dialecto árabe mogrebí hablado en Tunisia.

TÚNEL s.m. (ingl. *tunnel*). Galería subterránea que se abre para dar paso a una vía de comunicación. ◇ **Efecto túnel** En mecánica cuántica, probabilidad no nula que tiene un cuerpo de sobrepasar una barrera de potencial aunque su energía cinética sea inferior a la altura máxima de esta. **Túnel aerodinámico** Dispositivo experimental que permite hacer circular el aire a gran velocidad alrededor de una maqueta, para estudiar su comportamiento. (*V. ilustr. pág. siguiente.*)

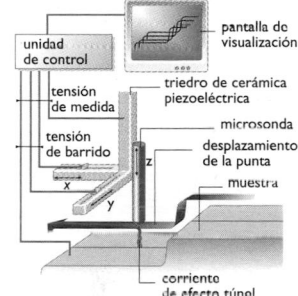

pantalla de visualización

unidad de control

tensión de medida

triedro de cerámica piezoeléctrica

tensión de barrido

microsonda

desplazamiento de la punta

muestra

corriente de efecto túnel

■ TÚNEL. Microscopio de efecto túnel.

TUNERÍA s.f. Cualidad de tunante o pícaro.

TUNGSTENO s.m. (sueco *tungsten*, de *tung*, pesado, y *sten*, piedra). Metal de color blanco plateado, de densidad 19,3, cuyo punto de fusión es de 3 410 °C. **2.** Elemento químico (W), de número atómico 74 y masa atómica 183,84. (Se utiliza para fabricar los filamentos de las lámparas incandescentes. La denominación antigua era *volframio* o *wolframio*.)

TUNGÚS adj. y s.m. y f. De un pueblo del E de Asia, diseminado por toda Siberia oriental, del Yeniséi al Pacífico (Rusia) y NE de China). ◆ s.m. Lengua emparentada con el turco y el mongol, hablada por los tungús.

TÚNICA s.f. (lat. *tunica*). Vestidura en forma de camisa, bastante larga y generalmente sin mangas, usada por numerosos pueblos de la antigüedad. **2.** Vestidura de lana que usan los religiosos bajo el hábito. **3.** Vestido holgado y largo, parecido a la túnica antigua. **4.** ANAT. Nombre de diversas membranas que envuelven algunas partes del cuerpo. **5.** BOT. Envoltura adherente de un bulbo.

■ TUNDRA. Paisaje de tundra en la región del lago Inari (Laponia finlandesa).

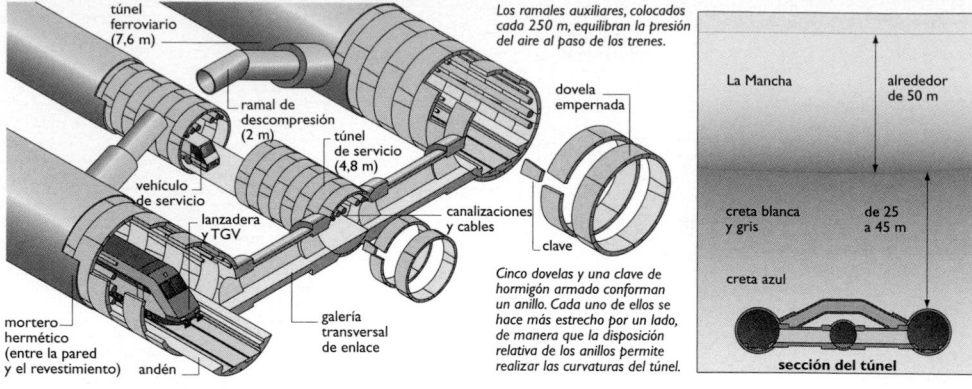

túnel ferroviario (7,6 m)

ramal de descompresión (2 m)

túnel de servicio (4,8 m)

vehículo de servicio

lanzadera y TGV

dovela empernada

canalizaciones y cables

clave

mortero hermético (entre la pared y el revestimiento)

galería transversal de enlace

andén

Los ramales auxiliares, colocados cada 250 m, equilibran la presión del aire al paso de los trenes.

Cinco dovelas y una clave de hormigón armado conforman un anillo. Cada una de ellos se hace más estrecho por un lado, de manera que la disposición relativa de los anillos permite realizar las curvaturas del túnel.

La Mancha — alrededor de 50 m

creta blanca y gris — de 25 a 45 m

creta azul

sección del túnel

■ **TÚNEL** ferroviario bajo el canal de La Mancha.

TUNICADO, A adj. y s.m. Relativo a un subtipo de animales invertebrados marinos con el cuerpo en forma de saco envuelto en una túnica y dotados de aberturas branquiales que les sirven para respirar y alimentarse.

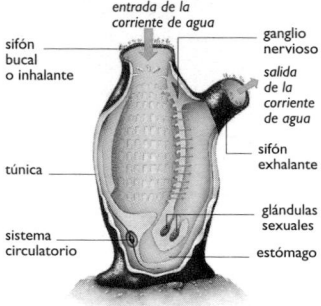

entrada de la corriente de agua

sifón bucal o inhalante

ganglio nervioso

salida de la corriente de agua

sifón exhalante

túnica

glándulas sexuales

sistema circulatorio

estómago

■ **TUNICADO.** Anatomía de un tunicado.

TUNING s.m. (voz inglesa, de *tune*, adaptar). **Esp.** Modificación del aspecto y las características técnicas de un automóvil para hacerlo exclusivo y personalizarlo.

TUNO, A adj. y s. Tunante. ◆ s.m. Estudiante que forma parte de una tuna.

TUNTÚN (voz de creación expresiva). **Al (buen) tuntún** *Fam.* Sin cálculo ni reflexión; sin conocimiento del asunto de que se trata.

TUNTUNITA s.f. Colomb. Repetición molesta.

TUPA s.f. Arbusto o planta herbácea de América tropical, de gran tamaño, que segrega un jugo lechoso y tóxico, y se cultiva en jardinería. (Familia campanuláceas.)

TUPÉ s.m. (fr. *toupet*). Copete, mechón o rizo de cabello sobre la frente. **2.** *Fig.* y *fam.* Atrevimiento, desfachatez.

TUPÍ adj. y s.m. y f. Tupí-guaraní.

TUPICIÓN s.f. Amér. Confusión, turbación. **2.** Bol. Espesura, vegetación densa. **3.** Chile. Abundancia, gran cantidad de algo.

TUPIDO, A adj. Se dice del conjunto de cosas, elementos, etc., que están muy juntos: *follaje tupido.* **2.** Obtuso, torpe: *olfato tupido; mente tupida.* **3.** Argent., Méx. y Urug. Abundante, copioso: *lluvia tupida.*

TUPÍ-GUARANÍ adj. y s.m. y f. De una familia lingüística y cultural amerindia, que comprende diversos grupos extendidos por Paraguay y Brasil, a lo largo de la costa atlántica y de la cuenca del Amazonas.

ENCICL. En la familia tupí-guaraní se distinguen diversos grupos: a) *tupí de las Guayanas;* b) *tupí del alto Amazonas;* c) *grupo del Madeira al Tocantins;* d) *grupo del Tocantins;* e) *pueblos costeros* (tupinamba; f) *pueblos del Paraguay*

y del Chaco (guaraníes). Los tupí emigraron desde el Paraguay y el Paraná hasta el Amazonas, y luego llegaron hasta las Guayanas, al parecer huyendo de los colonos europeos. Eran pueblos muy belicosos, y practicaban la antropofagia. Mantienen sus creencias animistas y sus ritos chamánicos, y viven de una agricultura primitiva, la recolección, la caza y la pesca. LING. El área de influencia de la lengua tupí-guaraní se extiende del Amazonas a Uruguay y del Atlántico a los Andes. En el tupí antiguo pueden distinguirse dos dialectos: el guaraní, que se hablaba en el S y ha dado lugar al guaraní moderno, tal como se habla en Paraguay; y el tupí, al E, que se convirtió en el tupí moderno. El tupí-guaraní fue utilizado por conquistadores y misioneros como lengua de evangelización y de relación con los indios. El guaraní se convirtió en la lengua de las misiones jesuíticas de Paraguay, y tuvo un gran cultivo literario; de ahí el arraigo y desarrollo de dicha lengua en ese país. La familia tupí-guaraní comprende numerosos dialectos y subdialectos.

TUPINAMBA, grupo amerindio del litoral atlántico del bajo Amazonas (Brasil), act. extinguido.

TUPIR v.tr. y prnl. Hacer algo más tupido o espeso.

TUPO s.m. (voz quechua). Alfiler de gran tamaño, generalmente de plata, usado por los pueblos amerindios andinos para sujetar los mantos y ponchos.

TURANIO s.m. Grupo hipotético de lenguas, constituido por el turco, el mongol y el tungús.

1. TURBA s.f. (fr. *tourbe*). Carbón fósil que se forma en las turberas por descomposición parcial de materias vegetales, que contiene un 60 % de carbono y resulta un combustible muy mediocre que, al quemar, desprende gran cantidad de humo.

2. TURBA s.f. (lat. *turba*). Muchedumbre de gente que se manifiesta tumultuariamente.

TURBACIÓN s.f. Acción y efecto de turbar o turbarse.

TURBAMIENTO s.m. Turbación.

TURBAMULTA s.f. *Fam.* Multitud confusa y desordenada de personas o cosas.

TURBANTE s.m. (ital. *turbante*). Tocado oriental que consiste en una larga tira de tela que se arrolla a la cabeza. **2.** Tocado femenino, de tejido flexible, ceñido a la cabeza. **3.** HERÁLD. Figura heráldica, timbre de las dignidades del Imperio otomano.

TURBAR v.tr. y prnl. (lat. *turbare*). Alterar o perturbar el orden o estado natural de algo, generalmente no material: *sus propósitos se turbaron.* **2.** *Fig.* Alterar el ánimo de una persona confundiéndola o aturdiéndola. **3.** *Fig.* Interrumpir de manera molesta o violenta: *su llegada turbó mi tranquilidad.*

TURBELARIO, A adj. y s.m. Relativo a una clase de gusanos platelmintos aplanados, que viven en el mar y en las aguas dulces.

TURBERA s.f. Yacimiento de turba. **2.** Lugar

donde se deposita la turba extraída de los pantanos. **3.** Vegetación que crece en lugares encharcados.

TURBIDEZ s.f. Cualidad de turbio. ◆ **turbideces** s.f.pl. HIDROL. Conjunto de partículas finas arrastradas por un curso de agua. ◇ **Corrientes de turbidez** Corrientes debidas a la gran densidad de las aguas fangosas que resbalan sobre el fondo de un manto de agua, y que se forman en el fondo de los océanos por deslizamiento de masas inestables de lodos que se mezclan con el agua.

TURBIDÍMETRO s.m. Instrumento que permite apreciar la turbidez de un líquido.

TÚRBIDO, A adj. Turbio.

TURBINA s.f. (fr. *turbine*). Máquina motriz compuesta de una rueda móvil sobre la que se aplica la energía de un fluido propulsor (agua, vapor, gas, etc.).

TURBINADO, A adj. HIST. NAT. En forma de peonza: *concha turbinada.*

TURBINTO s.m. Árbol de América meridional que suministra trementina y con cuyas bayas se elabora una agradable bebida. (Familia terebintáceas.)

TURBIO, A adj. (lat. *turbidus,* perturbado, confuso). Sucio o revuelto con algo que quita la transparencia natural: *aguas turbias.* **2.** *Fig.* Que parece contener algo sospechoso o delictivo: *negocio turbio.* **3.** *Fig.* Confuso o poco claro: *mirada turbia; voz turbia.*

TURBIÓN s.m. Aguacero impetuoso, con viento y de poca duración. **2.** *Fig.* Aluvión de cosas o de acontecimientos.

TURBIT s.m. (ár. *túrbid*). Planta trepadora cuyas raíces, largas y gruesas, se han usado como purgantes. (Familia convolvuláceas.) ◇ **Turbit mineral** Sulfato mercurial, de propiedades purgantes.

TURBO s.m. Abrev. de *turbocompresor.* ◆ adj. y s.m. Se dice de un motor sobrealimentado por un turbocompresor. **2.** Se dice de un vehículo provisto de tal motor.

TURBOALTERNADOR s.m. Grupo generador de electricidad, compuesto de una turbina y un alternador montados sobre un mismo eje.

TURBOBOMBA s.f. Bomba centrífuga acoplada directamente a una turbina de vapor.

TURBOCOMPRESOR s.m. Compresor accionado por una turbina. ◇ **Turbocompresor de sobrealimentación** Órgano anexo de un motor térmico de gasolina o diésel, que fuerza la mezcla *(motor de carburación)* o el aire *(motor de inyección)* en el colector de admisión y en la válvula de admisión. (Se abrevia *turbo.*)

TURBOFÁN s.m. Turborreactor de doble flujo, que posee un índice de dilución elevado y cuyo flujo secundario se pone en movimiento por medio de un ventilador de gran diámetro.

TURBOHÉLICE s.f. Turbopropulsor.

TURBOMÁQUINA s.f. Aparato generador o receptor, que actúa dinámicamente sobre un fluido mediante una rueda provista de compartimientos, móvil alrededor de un eje fijo (turrorreactor, turbomotor).

TURBOMOTOR s.m. Órgano de propulsión cuyo elemento esencial es una turbina de gas.

TURBOPROPULSOR s.m. Propulsor aeronáutico compuesto de una turbina de gas, que acciona una o varias hélices por medio de un reductor. SIN.: *turbohélice*.

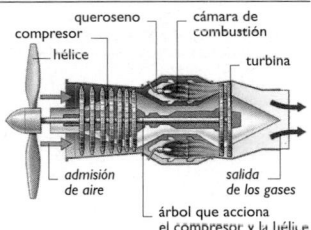

queroseno — cámara de combustión
compresor
hélice
turbina
admisión de aire
salida de los gases
árbol que acciona el compresor y la hélice

■ **TURBOPROPULSOR**

TURBORREACTOR s.m. Turbina de gas utilizada en aeronáutica y que funciona por reacción directa en la atmósfera.

TURBOSOPLANTE adj. y s.f. Se dice de la máquina soplante dotada de gran velocidad de rotación, accionada por turbina de gas o de vapor.

TURBOTRÉN s.m. Tren automotor de tracción autónoma, propulsado por turbinas de gas aeronáuticas.

TURBOVENTILADOR s.m. Dispositivo formado por el acoplamiento de una turbina con un ventilador.

TURBULENCIA s.f. Cualidad de turbio o turbulento. **2.** *Fig.* Confusión, alboroto. **3.** Agitación desordenada de un fluido en movimiento turbulento. ◇ **Calle, o zona, de turbulencia** AERÓN. Disposición de los remolinos en líneas paralelas, como los que salen de los extremos de las alas de un avión.

TURBULENTO, A adj. (lat. *turbulentus*). Turbio, mezclado. **2.** *Fig.* Agitado, alborotado: *aguas turbulentas.* **3.** *Fig.* Agitador, que promueve alborotos, disturbios, etc.: *persona turbulenta.* **4.** MEC. Se dice del movimiento de un fluido en que las partículas que lo constituyen las líneas de corriente no discurren siguiendo trayectorias paralelas, sino que se mezclan y forman remolinos.

TURCA s.f. *Fam.* Borrachera.

TURCO, A adj. y s. De alguno de los pueblos de Asia central y oriental y de los confines orientales de Europa que hablan lenguas de la misma familia y en su mayoría están islamizados. **2.** De Turquía. **3.** *Amér.* Se dice de la persona de origen árabe, sirio o turco que reside en un país de América. ◆ s.m. Lengua hablada en Turquía.

ENCICL. Los turcos son originarios del Altái, y viven act. en Turquía, Azerbaiján, Turkmenistán, Uzbekistán, Kirguizistán y China (Xinjiang). En el pasado, los principales imperios turcos fueron los de los tujue (ss. VI-VIII), los uigures (h. 745-840), los selyúcidas (ss. XI-XIII) y los otomanos, que reinaron desde principios del s. XIV hasta 1922.

TURCOMANO, A o **TURKMENO, A** adj. y s. De un pueblo turco de lengua turcomana, que vive en Turkmenistán, Afganistán e Irán.

TURDETANO, A adj. y s. De un ant. pueblo de la península Ibérica, descendiente de los tartesios. (Fue uno de los pueblos más cultos de la Bética y el que más rápidamente se romanizó.)

TÚRDIDO, A adj. y s.m. Relativo a una familia de aves paseriformes, como los *tordos*, los *mirlos* y los *zorzales*.

TÚRDULO, A adj. y s. De un pueblo de la península Ibérica, de origen ibérico, que ocupaba la zona N, y cuya capital era *Munda* (Montilla, Córdoba).

TURF s.m. (voz inglesa). Pista de un hipódromo.

TURGENCIA s.f. Cualidad de turgente. **2.** BOT. Estado normal de rigidez de los tejidos vegetales vivos. **3.** MED. Tumescencia.

TURGENTE adj. (lat. *turgens, -entis*). Hinchado, en estado de turgencia.

TÚRGIDO, A adj. (lat. *turgidus*). *Poét.* Turgente.

TURIFERARIO s.m. CATOL. Clérigo encargado de llevar el incensario. SIN.: *turibulario*.

TURIÓN s.m. (lat. *turio, -onis*). BOT. Vástago tierno, como el de los espárragos.

TURISMO s.m. Actividad recreativa de viajar por placer: *hacer turismo.* **2.** Afición a viajar o recorrer un país o lugar por placer: *viajar por turismo.* **3.** Conjunto de actividades relacionadas con este tipo de viajes. **4.** Conjunto de personas que hacen ese tipo de viajes. **5.** Automóvil utilitario de uso particular.

TURISTA s.m. y f. Persona que viaja por turismo. ◇ **Clase turista** Tarifa reducida aplicada a ciertos servicios de transporte.

TURÍSTICO, A adj. Relativo al turismo.

TURKMENO, A adj. y s. → TURCOMANO.

TURMA s.f. Hongo ascomicete comestible, muy apreciado, que crece en la península Ibérica. (Familia tuberáceas.) **2.** *Poét.* Testículo.

3. *Colomb.* Planta apocinácea de aplicaciones medicinales.

TURMALINA s.f. (fr. *tourmaline*). Borosilicato natural de aluminio, de coloración variada, que forma prismas alargados y puede ser utilizado como polarizador y analizador. **2.** Piedra fina de color rojo, azul, verde, marrón, etc. SIN.: *esmeralda de Brasil.*

TURMÓDIGOS, pueblo prerromano de la península Ibérica, que habitaba en el N de la prov. de Burgos, entre La Bureba y el río Odra.

TURNAR v.intr. y prnl. (fr. *tourner*). Alternar o establecer un turno con otras personas en la realización de algo. ◆ v.tr. *Méx.* Remitir un asunto, expediente, etc., un funcionario o empleado gubernamental a otro.

TURNEDÓ o **TOURNEDÓS** s.m. (fr. *tournedos*). Filete de solomillo de vacuno.

TURNO s.m. Orden por el que se alternan varias personas en una actividad: *establecer un turno de trabajo.* **2.** Momento u ocasión en que a una persona le corresponde hacer, dar o recibir una cosa: *esperar el turno de hablar.* **3.** División de la jornada de trabajo de veinticuatro horas en períodos de trabajo. **4.** Conjunto de los obreros o empleados que trabajan al mismo tiempo en una empresa. ◇ **De turno** Se dice de la persona o establecimiento público asistencial a quien toca prestar servicio en un determinado momento.

TUROLENSE adj. y s.m. y f. De Teruel.

TURÓN s.m. Mamífero carnívoro, de 40 cm de long. sin la cola, cuerpo alargado muy flexible, patas cortas y cabeza pequeña que, al ser atacado, segrega un líquido hediondo, y cuya piel, de color pardo oscuro, es muy estimada. (Familia mustélidos.)

■ **TURÓN**

TURQUESA s.f. Fosfato alumínico básico de cobre hidratado que constituye una piedra preciosa de color azul cielo o azul verde, opaca o transparente. ◆ adj. y s.m. Relativo al color azul verdoso.

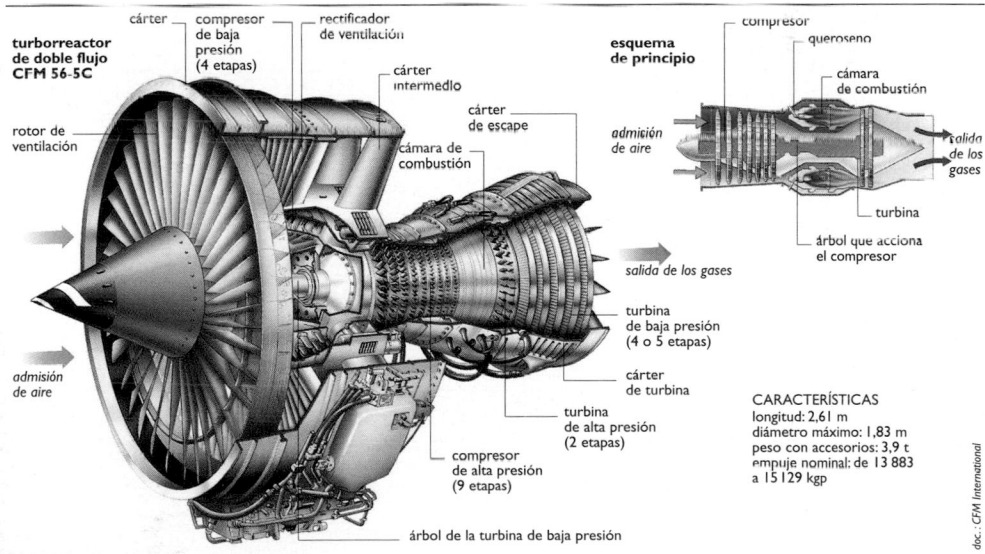

turborreactor de doble flujo CFM 56-5C

cárter — compresor de baja presión (4 etapas)
rectificador de ventilación
cárter intermedio
cárter de escape
cámara de combustión

rotor de ventilación

admisión de aire

salida de los gases

turbina de baja presión (4 o 5 etapas)

cárter de turbina

turbina de alta presión (2 etapas)

compresor de alta presión (9 etapas)

árbol de la turbina de baja presión

esquema de principio

compresor
queroseno
cámara de combustión
admisión de aire
salida de los gases
turbina
árbol que acciona el compresor

CARACTERÍSTICAS
longitud: 2,61 m
diámetro máximo: 1,83 m
peso con accesorios: 3,9 t
empuje nominal: de 13 883 a 15 129 kgp

doc.: CFM International

■ **TURBORREACTOR**

TURQUÍ adj. y s.m. Relativo al color azul añil. ◇ **Mármol turquí** Variedad de mármol azul, veteado de blanco.

TURRO, A adj. y s. Argent. y Urug. Se dice de la persona desvergonzada y de malas intenciones.

TURRÓN s.m. Dulce a base de almendras, piñones, avellanas o nueces, tostado y mezclado con miel o azúcar.

TURRONERÍA s.f. Establecimiento donde se venden turrones.

TURULATO, A adj. (voz de creación expresiva). Fam. Pasmado, estupefacto, alelado.

TUSA s.f. Amér. Gente insignificante o despreciable. **2.** Argent. Acción y efecto de tusar. **3.** Argent. y Chile. Crines del caballo. **4.** Bol., Colomb. y Venez. Mazorca de maíz desgranada. **5.** Chile. Barbas de la mazorca de maíz. **6.** Colomb. Marca de viruela. **7.** Cuba. Cigarrillo que se lía con hojas de maíz. **8.** Cuba. Mazorca de maíz. **9.** Cuba. Fam. Mujer despreciable.

TUSAR v.tr. Amér. Trasquilar. **2.** Argent. Cortar las crines del caballo.

TUSÍGENO, A adj. Que provoca la aparición de tos.

TUSÍLAGO s.m. Planta herbácea cuyas hojas y flores se emplean como pectorales.

TUSO, A adj. Colomb. y P. Rico. Se dice de la persona con el pelo cortado al ras, pelón. **2.** Colomb. y Venez. Se dice de la persona que está picada de viruelas. **3.** P. Rico. Se dice del animal que carece de rabo o que lo tiene corto.

TUSOR s.m. Tela de algodón con ligamento tafetán teñida, o teñida y mercerizada.

TUTE s.m. (ital. *tutti*, todos). Juego de naipes que se juega con baraja española y cuyo objetivo es llegar a reunir los cuatro reyes o los cuatro caballos de la baraja. **2.** Fam. Reunión de cuatro personas de la misma clase. **3.** Fam. Esfuerzo o trabajo duro y muy cansado. ◇ **Darse un tute** Fam. Hacer un esfuerzo extraordinario, trabajando intensamente. **Dar un tute** Usar mucho algo, hasta el extremo de consumirlo, estropearlo, etc.

TUTEAR v.tr. y prnl. Hablar a una persona empleando el pronombre *tú* y la segunda persona singular de los verbos para dirigirse a ella.

TUTELA s.f. Institución ordenada por la ley, que tiene por objeto la protección y asistencia de una persona que, por razón de edad o de incapacidad, no puede gobernarse por sí misma ni proveer a la administración de sus bienes. **2.** Autoridad protectora. **3.** Cargo de tutor. **4.** Fig. Amparo, protección. ◇ **Territorio bajo tutela** País sometido a la tutela de la ONU, quien delega su administración a una potencia.

1. TUTELAR v.tr. Ejercer una tutela sobre alguien.

2. TUTELAR adj. Que guía, ampara o protege. **2.** DER. Relativo a la tutela.

TUTEO s.m. Acción de tutear.

TUTIPLÉN (A) loc. Esp. Fam. En abundancia, en gran cantidad. (También *a tutiplé*.)

TUTOR, RA s. Persona que tiene la tutela de otra. **2.** Fig. Defensor, guía, protector. **3.** Profesor privado que tiene a su cargo la educación general de un alumno. **4.** Persona encargada de orientar y aconsejar a los alumnos de un curso o una asignatura. ◆ s.m. Rodrigón, estaca. **2.** Armadura que se coloca alrededor de un árbol joven para protegerlo.

TUTORÍA s.f. Cargo de tutor.

TUTSI o **BATUTSI,** pueblo de Ruanda y Burundi.

TUTTI s.m. (voz italiana, *todos*). MÚS. Conjunto de los instrumentos de la orquesta.

TUTTIFRUTTI, TUTTI FRUTTI o **TUTTI-FRUTTI** s.m. Helado de frutas variadas.

TUTÚ s.m. (fr. *tutu*). Falda corta de tejido vaporoso, generalmente de tul o muselina blanca, que usan las bailarinas de ballet clásico.

TUTUMA s.f. Chile. Chichón, bulto.

TUYA s.f. Arbusto o árbol originario de Asia o América, cultivado en parques por su follaje ornamental. (Familia cupresáceas.)

TUYO, A adj. y pron. poses. (lat. *tuus, -a, -um*). Forma tónica de la 2ª persona del singular. Indica que la persona, animal o cosa designados por el nombre al que acompaña o sustituye pertenecen al receptor en un acto de comunicación (son de su propiedad, tienen un parentesco con él, están asociados a él, etc.). Como adjetivo, se usa siempre detrás del sustantivo; delante del sustantivo, se usa la forma átona *tu*: *tengo un libro tuyo; ese automóvil corre más que el tuyo; esto es tuyo*. ◇ **La tuya** Fam. Indica que ha llegado la ocasión favorable para el receptor. **Los tuyos** Personas de la familia o colectividad a la que pertenece el receptor. **Lo tuyo** Lo propio de la persona a quien se habla; lo que hace bien o es adecuado para ella.

TUZA s.f. Méx. Pequeño roedor, parecido al topo, que construye galerías subterráneas.

TV, abrev. de *televisión*.

TWEED s.m. (voz inglesa). Tejido de lana, estambre o algodón, generalmente en dos colores, con ligamento sarga y tacto áspero, que se utiliza para la confección de prendas de sport.

TWIST s.m. (voz inglesa). Baile de ritmo muy rápido con balanceo rítmico y torsiones del cuerpo, que se impuso a principios de los años sesenta.

TYPON s.m. Positivo tramado, especial para copia sobre placa offset.

TZELTAL o **TZENDAL,** pueblo amerindio maya de México (Chiapas), en la frontera con Guatemala.

TZOMPANTLI s.m. (voz náhuatl, *empalizada de calaveras*). Construcción realizada por los toltecas y los aztecas del México prehispánico, que consistía en un zócalo de piedra, generalmente decorado con calaveras en relieve, sobre el que se levantaba un armazón de madera en el que se exponían las calaveras de las víctimas sacrificadas a los dioses en los templos de las principales ciudades.

TZOTZIL o **CHAMULA,** pueblo amerindio maya de México (est. de Chiapas), cuya cultura destaca por la artesanía, la literatura oral y la música.

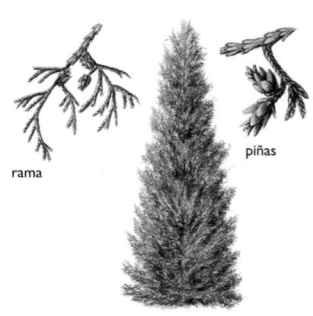

rama   piñas

■ **TUYA** gigante (América).

1. U s.f. Vigésima cuarta letra del alfabeto español, y quinta de sus vocales. **2.** Nombre de la letra *u*.

2. U conj.disyunt. Se usa en lugar de *o* ante palabras que empiezan por *o* o por *ho* para evitar la repetición del mismo sonido: *uno u otro*.

UADI s.m. Río del N de África de caudal poco abundante o intermitente. **2.** Por ext. Curso de agua intermitente de las regiones áridas, alimentado por arroyada.

UAPITÍ s.m. Ciervo de gran tamaño que vive en Alaska y Siberia.

■ **UAPITÍ**

UBAJAY s.m. Árbol muy frondoso de fruto de sabor ácido, que crece en Argentina. (Familia mirtáceas.) **2.** Fruto comestible de este árbol.

UBÉRRIMO, A adj. (lat. *uberrimus*). Muy abundante y fértil.

UBICACIÓN s.f. (lat. *ubicatio, -onis*). Acción y efecto de ubicar o ubicarse.

UBICAR v.intr. y prnl. [1]. Estar alguien o algo en determinado lugar o espacio. ◆ v.tr. Situar o instalar en determinado espacio o lugar.

UBICUIDAD s.f. (lat. escolástico *ubiquitas, -atis*). Cualidad de ubicuo.

UBICUO, A adj. Que está o puede estar en todas partes. **2.** *Fig.* Se dice de la persona muy activa.

UBIQUISTA adj. BIOL. Se dice de la especie animal o vegetal que se adapta a medios ecológicos muy diferentes.

UBRE s.f. (lat. *uber, -eris*). Glándula mamaria de un mamífero hembra.

UCASE o **UKAZ** s.m. (fr. *ukase*, del ruso *ukáz*). Edicto del zar de la antigua Rusia (ss. XVIII-XIX). **2.** Por ext. Decisión autoritaria sin apelación.

UCI s.f. (sigla). *Unidad de cuidados intensivos.

UCRANIANO, A adj. y s. De Ucrania. SIN.: *ucranio*. ◆ s.m. Lengua eslava hablada en Ucrania SIN *ucranio*.

UCRONÍA s.f. Utopía de la historia a partir de hechos o datos que no han existido. **2.** Historia construida lógicamente pero que no ha sucedido realmente.

'UD s.m. Instrumento musical de cuerdas dobles pulsadas, utilizado en el N de África, Oriente próximo y la península arábiga, con caja en forma de pera y mango corto.

■ **'UD**

UD., abrev. de *usted*.

UDMURTO, pueblo ugrofinés que habita a orillas del Kama, en la República de Udmurtia (Rusia).

UDS., abrev. de *ustedes*.

¡UF! interj. Expresa cansancio, fastidio, sofocación, repugnancia, alivio, etc.: *¡uf! ¡qué calor!*

UFANARSE v.prnl. Jactarse, mostrarse orgulloso de algo que se tiene.

UFANO, A adj. Engreído, orgulloso. **2.** Satisfecho, alegre. **3.** Sano y robusto.

UFO s.m. (sigla del ingl. *unidentified flying object*, objeto volante no identificado). Ovni.

UFOLOGÍA s.f. Estudio de los ovnis.

UGANDÉS, SA adj. y s. De Uganda.

UGROFINÉS, SA adj. y s.m. Se dice de una familia de lenguas vinculadas al conjunto uraloaltaico, y que comprende el grupo fínico (finés, lapón, etc.) y el grupo ugro (húngaro, vogul, ostiako). SIN.: *finougro*.

UHF s.m. (sigla del ingl. *ultra high frequency*, frecuencia ultraelevada). Frecuencia de las ondas radioeléctricas comprendidas entre 300 y 3 000 MHz.

UHT s.f. (sigla del ingl. *ultra high temperature*, temperatura ultraelevada). Uperización.

UIGUR adj. y s.m. y f. De un pueblo turco que dominó el imperio de Mongolia entre 745 aprox. y 840 (Actualmente, constituyen la población mayoritaria del Xinjiang [China].) ◆ s.m. Lengua turca de Asia central.

UITLANDER s.m. y f. (voz neerlandesa). Emigrante anglosajón que se estableció en territorio bóer a partir de 1884, atraído por los yacimientos de oro y diamantes del Transvaal y de Orange.

UJIER s.m. (fr. *huissier*). Portero de un palacio o de un tribunal. **2.** Empleado subalterno de algunos tribunales y cuerpos del estado, encargado de realizar ciertas diligencias en la tramitación de los asuntos. **3.** HIST. Criado de palacio con diferentes obligaciones.

¡ÚJULE! interj. Méx. *Fam.* ¡Vaya! **2.** Méx. ¡Huy!

UKELELE s.m. Instrumento musical de cuatro cuerdas pulsadas, parecido a una guitarra pero de menor tamaño, originario de Indonesia.

ULALA s.f. Bol. Variedad de cacto.

ULANO s.m. Lancero de los antiguos ejércitos alemán, austriaco, polaco y ruso.

ÚLCERA s.f. (lat. *ulcera*, pl. de *ulcus, -eris*). Pérdida de sustancia de un revestimiento epitelial, cutáneo o mucoso, acompañada de lesiones en los tejidos subyacentes. **2.** AGRIC. Descortezadura de los árboles.

ULCERACIÓN s.f. Formación de una úlcera. **2.** Úlcera superficial.

ULCERAR v.tr. y prnl. Causar úlcera.

ULCEROSO, A adj. y s. Relativo a una úlcera; que padece una úlcera.

ULCOATE s.m. Méx. Víbora venenosa de coloración negruzca y pecho amarillo.

ULEMA s.m. Doctor de la ley musulmana, jurista y teólogo.

ULIGINOSO, A adj. (lat. *uliginosus*). BOT. Que crece o vive en lugares húmedos.

ULLUCO s.m. BOT. Melloco.

ULMÁCEO, A adj. y s.f. Relativo a una familia de árboles y arbustos con flores desprovistas de pétalos, y fruto en nuez o drupa, frecuentemente alado, como el olmo.

ULMO s.m. Árbol de hoja perenne, que crece en el S de Chile, cuya corteza se emplea para curtir. (Familia eucrifiáceas.) **2.** Madera de este árbol.

ULNAR adj. Relativo al cúbito.

ULPO s.m. Chile y Perú. Mazamorra hecha con harina tostada y agua.

ULTERIOR adj. (lat. *ulterior, -oris*). Que ocurre o se ejecuta en un tiempo posterior a algo. **2.** Que está situado más allá de algo.

ULTIMADAMENTE adv.m. Méx. *Fam.* Finalmente, a todo esto, a fin de cuentas.

ULTIMAR v.tr. Terminar una cosa o efectuar las últimas operaciones para algo. **2.** Elaborar un acuerdo después de unas negociaciones. **3.** Amér. Matar, rematar.

ULTIMÁTUM s.m. (pl. *ultimátum* o *ultimátums*). Exhortación terminante que un estado hace a otro para que cumpla unas condiciones. **2.** Resolución o determinación definitiva.

ÚLTIMO, A adj. (lat. *ultimus*). Que en una serie viene después de los demás: *último día de la semana.* **2.** Que es lo más reciente en el tiempo: *según el último parte meteorológico.* **3.** Que está en la parte final: *fueron sus últimas palabras.* **4.** Que es remoto, lejano o está escondido: *últimas estribaciones de una montaña.* **5.** Decisivo, definitivo, exclusivo: *es la última oferta.* **6.** Que es extremado. ◇ **A la última** *Fam.* A la última moda. **Estar en las últimas** *Fam.* Estar moribundo; estar muy apurado de dinero, salud, provisiones, etc. **Por último** Finalmente, después o detrás de todo.

ULTRA adj. (del lat. *ultra,* más allá). Relativo a la política de extrema derecha y a la radicalización de las opiniones. ◆ s.m. y f. Esp. Persona que tiene ideas políticas radicales, especialmente de extrema derecha.

ULTRABÁSICO, A adj. GEOL. Se dice de la roca eruptiva que contiene menos de un 45 % de sílice y que está constituida esencialmente por silicatos ferromagnésicos que le proporcionan una coloración oscura.

ULTRACENTRÍFUGA s.f. Centrífuga con un régimen de rotación extremadamente elevado, del orden de 60 000 rpm.

ULTRACORRECCIÓN s.f. LING. Fenómeno lingüístico que consiste en construir una forma incorrecta al seguir unas pautas consideradas correctas.

ULTRACORTO, A adj. FÍS. Se dice de la onda electromagnética de entre 1 mm y 1 m de longitud.

ULTRADERECHA s.f. Conjunto de personas o partidos políticos con una ideología política que forma parte de la derecha radical.

ULTRAFILTRO s.m. Filtro cuyo rendimiento es del 99,9 % como mínimo, y es capaz de retener las partículas de 0,01 μm.

ULTRAÍSMO s.m. Movimiento poético español e hispanoamericano surgido en España en la segunda década del s. XX, que se esforzó por incorporar las ideas de las corrientes europeas de vanguardia.

ULTRAÍSTA adj. y s.m. y f. Relativo al ultraísmo; partidario de este movimiento poético.

ULTRAJANTE adj. Que ultraja. SIN.: *ultrajoso.*

ULTRAJAR v.tr. Cometer un ultraje.

ULTRAJE s.m. (cat. *ultratge*). Injuria, ofensa o desprecio que se hace a una persona con palabras o acciones.

ULTRALIGERO, A adj. Que es sumamente ligero. ◆ s.m. Avión pequeño, monoplaza o biplaza, de peso inferior a 170 kg, estructura simplificada, y equipado con un pequeño motor. **2.** Modalidad de vuelo que se practica con este avión.

ULTRALIVIANO, A adj. Ultraligero.

ULTRAMAR s.m. Territorio o conjunto de territorios que están situados al otro lado del mar, especialmente las colonias de un país que están en otro continente. ◇ **Azul de ultramar** Lapislázuli; color de este mineral.

ULTRAMARINO, A adj. De ultramar. ◆ **ultramarinos** s.m.pl. Alimentos u otros productos traídos de ultramar para venderlos. **2.** Establecimiento en que se venden estos alimentos.

ULTRAMICROSCOPIO s.m. Microscopio de alta resolución y con un sistema de iluminación lateral, que permite observar objetos invisibles con el microscopio ordinario.

ULTRAMODERNO adj. Muy moderno.

ULTRAMONTANISMO s.m. Conjunto de doctrinas partidarias del poder absoluto del papa de Roma. **2.** Conjunto de ideas o doctrinas conservadoras o reaccionarias.

ULTRAMONTANO, A adj. Que está más allá

de los montes. ◆ adj. y s. Partidario del ultramontanismo.

ULTRANZA (A) loc. (fr. *à outrance*). Sin detenerse ante las dificultades, con resolución.

ULTRAPRESIÓN s.f. Presión muy elevada, que alcanza varios miles de atmósferas.

ULTRARREALISTA s. y adj. Partidario extremista del monarca y de las ideas monárquicas.

ULTRARROJO, A adj. Infrarrojo.

ULTRASENSIBLE adj. Que es extremadamente sensible.

ULTRASÓNICO, A adj. Ultrasonoro. **2.** Supersónico.

ULTRASONIDO s.m. Vibración compuesta de ondas mecánicas de frecuencia muy elevada (desde 20 kHz a varios centenares de megahercios), que el oído humano no puede percibir.

ULTRASONORO, A adj. Relativo al ultrasonido. SIN.: *ultrasónico.*

ULTRATUMBA (DE) loc. Que está más allá de la muerte.

ULTRAVACÍO s.m. Vacío que se produce a una presión muy baja.

ULTRAVIOLETA adj. y s.m. FÍS. Se dice de la radiación invisible para el ojo humano, situada en el espectro luminoso más allá del violeta, de longitud de onda menor que la de este color y mayor que la de los rayos X.

ULTRAVIRUS s.m. Virus capaz de pasar un filtro de porcelana o de diatomeas.

ULÚA, pueblo amerindio de Nicaragua, del grupo sumo.

ULULAR v.intr. Dar aullidos o alaridos los animales. **2.** Producir un sonido parecido a un aullido: *el viento ululaba en la calle desierta.*

ULULATO s.m. Aullido, alarido.

UMBELA s.f. (lat. *umbella,* sombrilla). BOT. Inflorescencia cuyos pedicelos parten todos de un mismo punto para elevarse al mismo nivel, como los radios de un parasol.

UMBELÍFERO, A adj. y s.f. Relativo a una familia de plantas dicotiledóneas con flores dispuestas en umbelas, algunas de las cuales son comestibles, como la zanahoria y el perejil, y otras venenosas, como la cicuta.

UMBELIFLORO, A adj. y s.f. Relativo a un orden de plantas que tienen las flores en umbelas.

UMBÉLULA s.f. Umbela parcial que, con otras, forma la umbela compuesta.

UMBILICADO, A adj. Que tiene forma de ombligo.

UMBILICAL adj. Relativo al ombligo.

UMBÍLICO s.m. MAT. Punto de una superficie curva en la que todas las secciones normales tienen la misma curvatura.

UMBRÁCULO s.m. Armazón cubierto de ramaje o follaje que resguarda a las plantas del sol pero permite el paso del aire. **2.** Sitio cubierto para resguardarse del sol.

UMBRAL s.m. (del ant. *lumbral,* del lat. *liminaris*). Pieza o escalón que forma la parte inferior de una puerta. **2.** *Fig.* Comienzo, principio de un proceso o actividad. **3.** *Fig.* Límite, entrada: *el umbral de lo increíble.* **4.** ARQ. Viga que se atraviesa en lo alto de un vano para sostener el muro que hay encima. **5.** FISIOL. Límite a partir del cual se percibe una sensación o

estímulo. **6.** GEOGR. Elevación del terreno que determina una línea divisoria de las aguas en el interior de una depresión. **7.** HIDROL. Parte poco profunda en el lecho de un curso de agua, situada entre dos sectores más profundos. **8.** OCEANOGR. Elevación ancha y alargada que se levanta suavemente desde el fondo de un océano, sin acercarse a su superficie, separando dos cuencas. ◇ **Umbral absoluto** FISIOL. Intensidad mínima que debe alcanzar un estímulo para que se perciba. **Umbral de excitación** FISIOL. Intensidad mínima de un excitante para provocar una reacción. **Umbral diferencial** FISIOL. Intensidad mínima en que hay que aumentar un estímulo para que se perciba el cambio.

UMBRALAR v.tr. Poner umbral al vano de un muro.

UMBRELA s.f. ZOOL. Órgano acampanado y gelatinoso de la medusa que, al contraerse, proporciona el impulso necesario para desplazarse.

UMBRÍA s.f. Lugar que por su orientación está siempre en sombra.

UMBRÍO, A adj. Se dice del lugar donde da poco el sol.

UMBRO, A adj. y s. De Umbría (Italia).

UMBROSO, A adj. Que produce sombra. **2.** Umbrío.

UMIAK s.m. (voz esquimal). Embarcación esquimal de grandes dimensiones, hecha de pieles de foca cosidas.

UN, UNA art.indet.sing. Sirve para indicar que el sustantivo al que antecede no se conocía: *tenía un automóvil deportivo.* **2.** Antecede a un sustantivo al que se alude de forma indeterminada: *llegará un día en que me darás tu razón.* ◆ adj.num.cardin. Apócope de *uno,* número: *dale un caramelo o dos.*

UNÁNIME adj. (lat. *unanimis*). Se dice del grupo de personas que tiene un mismo sentimiento u opinión. **2.** Se dice del sentimiento, opinión o decisión que es común a todo un grupo de personas.

UNANIMIDAD s.f. Cualidad de unánime. ◇ **Por unanimidad** Por acuerdo de todas las personas de un grupo.

UNAU s.m. Perezoso de América tropical, con garras en sus patas delanteras. (Orden desdentados, familia bradipódidos.)

UNCIAL adj. y s.f. Se dice de un tipo de escritura de letras mayúsculas de tamaño cercano a la pulgada. **2.** Se dice de la letra usada en esta escritura.

UNCIFORME adj. ANAT. y BOT. Que tiene forma de gancho.

UNCIÓN s.f. (lat. *unctio, -onis*). Acción y efecto de ungir. **2.** Devoción y recogimiento con que alguien se entrega a un sentimiento, generalmente religioso. **3.** Extremaunción.

UNCIR v.tr. (lat. *jungere*) [42]. Atar o sujetar al yugo bueyes, mulas u otras bestias.

UNDÉCIMA s.f. MÚS. **a.** Intervalo formado por una octava y una cuarta. **b.** Redoblamiento a la octava de una cuarta.

UNDÉCIMO, A adj.num.ordin. y s. Que corresponde en orden al número once. ◆ adj. Se dice de cada una de las partes que resultan de dividir un todo en once partes iguales.

■ ULTRALIGERO

UNDERGROUND adj. (voz angloamericana). Se dice del movimiento cultural o de la manifestación artística vanguardistas que se producen fuera de los circuitos comerciales ordinarios. (Es invariable en plural: *existen muchos escritores underground.*)

UNE (normas), conjunto de normas utilizadas en España, de acuerdo con una normalización internacional, para regular la producción industrial y su clasificación.

UNGIDO s.m. Persona que ha sido signada con el óleo sagrado, como un sacerdote o un monarca.

UNGIR v.tr. (lat. *ungere*) [43]. Extender grasa, aceite u otra materia parecida sobre una superficie. **2.** REL. Signar con óleo sagrado: *el sacerdote ungió al enfermo.*

UNGÜENTO s.m. (lat. *unguentum*). Sustancia con que se unge una parte del cuerpo, especialmente con fines medicinales. **2.** *Fig.* Remedio con que se pretende suavizar una situación. (Suele usarse en plural.)

UNGUICULADO, A adj. y s.m. Se dice del mamífero con dedos terminados en uñas.

UNGUIS s.m. (voz latina, *uña*) [pl. *unguis*]. Hueso pequeño de la cara situado en el lado interno de la cavidad orbitaria.

UNGULADO, A adj. Se dice del mamífero con dedos terminados en cascos o pezuñas. ◆ adj. y s.m. Relativo a un grupo de mamíferos unguígrados, herbívoros u omnívoros, como el elefante, el caballo, el rinoceronte y los porcinos y rumiantes.

UNGULAR adj. Relativo a la uña.

UNGULÍGRADO, A adj. Se dice del animal que anda apoyando la extremidad digital.

UNIATA adj. y s.m. y f. Se dice del cristiano de la Iglesia oriental que reconocía la supremacía del papa, conservando al mismo tiempo el derecho de emplear su liturgia nacional.

UNIAXICO, A adj. MINER. Se dice del cristal birrefringente que posee una dirección en la que un rayo luminoso se propaga sin desdoblarse.

UNICELULAR adj. BIOL. Se dice de un organismo formado por una sola célula.

UNICIDAD s.f. Cualidad de único.

ÚNICO, A adj. (lat. *unicus*). Solo y sin otro de su especie: *hijo único.* **2.** *Fig.* Excepcional, fuera de lo común o corriente: *es único en su profesión.* ◇ **Vía única** F. C. Línea que comprende

de una sola vía, por la que los trenes pueden circular en ambos sentidos.

UNICORNIO, A adj. (lat. *unicornuus*). Que tiene un solo cuerno. ◆ s.m. Animal fabuloso con cuerpo de caballo y un cuerno recto en mitad de la frente. **2.** Rinoceronte de un solo cuerno. ◇ **Unicornio de mar** Narval.

UNIDAD s.f. (lat. *unitas, -atis*). Elemento completo y diferenciado que forma parte de un conjunto: *sardinas envasadas en latas de seis unidades.* **2.** Característica de la cosa que no puede dividirse o que forma un todo homogéneo. **3.** Sección que realiza una función concreta dentro de un organismo: *la factoría cons-*

PRINCIPALES UNIDADES DE MEDIDA ANGLOSAJONAS

nombre inglés	símbolo	nombre en español	valor	observaciones
LONGITUD				
inch	in (o ")	pulgada	25,4 mm	
foot	it (o ')	pie	0,304 8 m	equivale a 12 in
yard	yd	yarda	0,914 4 m	equivale a 3 ft
fathom	fm	braza	1,828 8 m	equivale a 2 yd
statute mile	m (o mile)	milla inglesa	1,609 m	equivale a 1 760 yd
nautical mile		milla náutica	1,853 18 m	equivale a 6 080 ft
international		milla marina		
nautical mile		internacional	1,852 m	
MASA-AVOIRDUPOIS (COMERCIO)				
ounce	oz	onza	28,349 g	
pound	lb	libra	453,592 g	equivale a 16 oz
CAPACIDAD				
US liquid pint	liq pt	pinta americana	0,473 l	
pint	UK pt	pinta británica	0,568 l	
US gallon	US gal	galón americano	3,785 l	equivale a 16 oz
imperial gallon	UK gal	galón británico	4,546 l	equivale a 8 UK pt
US bushel	US bu	celemín americano	35,239 l	
bushel	bu	celemín británico	36,369 l	equivale a 8 UK gal
US barrel (petróleo)	US bbl	barril americano	158,987 l	equivale a 42 US gal
POTENCIA				
horsepower	hp	caballo de vapor británico	745,7 W	
TEMPERATURA				
Fahrenheit degree	°F	grado Fahrenheit	*t* grados Fahrenheit corresponden a $\frac{5}{9}(t-32)$ grados celsius	
CALOR, ENERGÍA, TRABAJO				
British termal unit	Btu		1.055,06 J	

PRINCIPALES UNIDADES DE MEDIDA

Las unidades básicas del sistema SI están escritas en **MAYÚSCULA NEGRITA.**
Las unidades derivadas del sistema SI están escritas en VERSALITAS.
Las unidades admitidas internacionalmente con el sistema SI están escritas en minúscula.

MÚLTIPLOS Y SUBMÚLTIPLOS DECIMALES

yotta	Y	10^{24}	o 1 000 000 000 000 000 000 000 000 de unidades	deci	d	10^{-1}	o	0,1	unidad
zetta	Z	10^{21}	o 1 000 000 000 000 000 000 000 de unidades	centi	c	10^{-2}	o	0,01	unidad
exa	E	10^{18}	o 1 000 000 000 000 000 000 de unidades	mili	m	10^{-3}	o	0,001	unidad
peta	P	10^{15}	o 1 000 000 000 000 000 de unidades	micro	μ	10^{-6}	o	0,000 001	unidad
tera	T	10^{12}	o 1 000 000 000 000 de unidades	nano	n	10^{-9}	o	0,000 000 001	unidad
giga	G	10^{9}	o 1 000 000 000 de unidades	pico	p	10^{-12}	o	0,000 000 000 001	unidad
mega	M	10^{6}	o 1 000 000 de unidades	femto	f	10^{-15}	o	0,000 000 000 000 001	unidad
kilo	k	10^{3}	o 1 000 de unidades	atto	a	10^{-18}	o	0,000 000 000 000 000 001	unidad
hecto	h	10^{2}	o 100 unidades	zepto	z	10^{-21}	o	0,000 000 000 000 000 000 001	unidad
deca	da	10^{1}	o 10 unidades	yocto	y	10^{-24}	o	0,000 000 000 000 000 000 000 001	unidad

I. UNIDADES GEOMÉTRICAS

longitud		
METRO	m	
milla		1 852 m

área o superficie		
METRO CUADRADO	m²	
área	a	100 m²
hectárea	ha	10 000 m²
barn	b	10^{-28} m²

volumen		
METRO CÚBICO	m³	
litro	l (o L)	0,001 m³

ángulo plano		
RADIÁN	rad	
revolución	rev	2 π rad
grado centesimal	gr	π/200 rad
grado sexagesimal	°	π/180 rad

minuto	'	π/10 800 rad
segundo	"	π/648 000 rad

ángulo sólido		
ESTEREORADIÁN	sr	

II. UNIDADES DE MASA

masa		
KILOGRAMO	kg	
(los prefijos se unen a la palabra gramo)		
tonelada	t	1 000 kg
GRAMO	g	0,001 kg
quilate		0,000 2 kg
unidad de masa atómica	u	1,660 57·10⁻²⁷ kg

masa lineal		
KILOGRAMO POR METRO	kg/m	
tex	tex	0,000 001 kg/m

masa por unidad de superficie		
KILOGRAMO POR METRO CUADRADO	kg/m²	

masa volumétrica, concentración		
KILOGRAMO POR METRO CÚBICO	kg/m³	
volumen másico		
METRO CÚBICO POR KILOGRAMO	m³/kg	

III. UNIDADES DE TIEMPO

tiempo		
SEGUNDO	s	
minuto	min	60 s
hora	h	3 600 s
día	d	86 400 s
frecuencia		
HERTZ	Hz	

IV. UNIDADES MECÁNICAS

velocidad lineal		
METRO POR SEGUNDO	m/s	
nudo	....	1 852/ 3 600 m/s
kilómetro por hora	km/h	1/3,6 m/s
velocidad angular		
RADIÁN POR SEGUNDO	rad/s	
revolución por minuto	rev/min ..	2 π/60 rad/s
revolución por segundo	rev/s	2 π rad/s
aceleración lineal		
METRO POR SEGUNDO AL CUADRADO	m/s²	
gal	Gal	0,01 m/s²
aceleración angular		
RADIÁN POR SEGUNDO AL CUADRADO	rad/s²	
fuerza		
NEWTON	N	1 kg·m/ s²
momento de una fuerza		
NEWTON-METRO	N/m	
tensión capilar		
NEWTON POR METRO	N/m	
energía, trabajo, cantidad de calor		
JOULE	J	1 N·m
watt-hora	Wh	3 600 J
electrón-volt	eV	1,602 19·10⁻¹⁹ J
potencia		
WATT	W	1 J/s
presión		
PASCAL	Pa	
bar	bar	100 000 Pa
milímetro de mercurio	....	133,322 Pa
viscosidad dinámica		
PASCAL-SEGUNDO	Pa.s	
viscosidad cinemática		
METRO CUADRADO POR SEGUNDO	m²/s	

V. UNIDADES ELÉCTRICAS

intensidad de corriente eléctrica		
AMPERE	A	
fuerza electromotriz,		
diferencia de potencial (o tensión)		
VOLT	V	
potencia		
WATT	W	
potencia aparente		
WATT (o voltamperio)	W (o VA)	
potencia reactiva		
WATT (o var)	W (o *var*)	
resistencia eléctrica		
OHM	Ω	
conductancia eléctrica		
SIEMENS	S	1 Ω⁻¹
intensidad de campo eléctrico		
VOLT POR METRO	V/m	1 N/C
cantidad de electricidad,		
carga eléctrica		
COULOMB	C	

amperio/hora	Ah	3 600 C
capacidad eléctrica		
FARAD	F	
inductancia		
HENRY	H	1 V·s/A
flujo de inducción magnética		
WEBER	Wb	1 V·s
inducción magnética		
TESLA	T	1 Wb/m⁻¹
intensidad de campo magnético		
AMPERE POR METRO	A/m	
fuerza magnetomotriz		
AMPERE	A	

VI. UNIDADES TÉRMICAS

temperatura termodinámica		
KELVIN	K	
temperatura Celsius		
GRADO CELSIUS	°C	
cantidad de calor		
JOULE	J	
caloría	cal	4,185 5 J
flujo térmico		
WATT	W	1 J/s
capacidad térmica, entropía		
JOULE POR KELVIN	J/K	
capacidad térmica másica,		
entropía másica		
JOULE POR KILOGRAMO Y KELVIN	J/(kg·K)	
conductividad térmica		
WATT POR METRO Y KELVIN	W/(m·K)	

VII. UNIDADES ÓPTICAS

intensidad luminosa		
CANDELA	cd	
intensidad energética		
WATT POR ESTEREORRADIÁN	W/sr	
flujo luminoso		
LUMEN	lm	
flujo energético		
WATT	W	
iluminación luminosa		
LUX	lx	
iluminación energética		
WATT POR METRO CUADRADO	W/m²	
luminancia		
CANDELA POR METRO CUADRADO	cd/m²	
convergencia de sistemas ópticos		
METRO A LA POTENCIA MENOS UNO	m⁻¹	
dioptría	δ	1 m⁻¹

VIII. UNIDADES DE RADIACTIVIDAD

actividad radionuclear		
BECQUEREL	Bq	1 s⁻¹
exposición		
COULOMB POR KILOGRAMO	C/kg	
dosis absorbida		
GRAY	Gy	1 J/kg
equivalente de dosis		
SIEVERT	Sv	1 J/kg

IX. CANTIDAD DE MATERIA

MOL	mol	

ta de varias unidades especializadas. **4.** *Fig.* Concordia, convergencia de pensamientos y sentimientos entre dos o más personas: *la unidad del partido en el tema económico era total.* **5.** FARM. Cantidad de una sustancia determinada, que corresponde a una cierta actividad farmacológica fija, que suele evaluarse por un método experimental, químico o biológico. **6.** MAT. Número que ocupa el primer lugar de la serie ordinal y que se representa por la cifra 1. **7.** METROL. Magnitud tomada como término de comparación al medir otra magnitud de la misma especie. **8.** MIL. Fracción del ejército, que puede obrar independientemente, bajo las órdenes de un solo jefe. ◇ **Gran unidad** MIL. Fracción del ejército del tipo división o superior. **Pequeña unidad** MIL. Fracción del ejército inferior a la brigada. **Principio de unidad de caja** CONTAB. Principio presupuestario de carácter contable que exige que los ingresos y los pagos se centralicen en una dependencia única. **Sistema de unidades** Conjunto coherente de unidades elegidas de forma que simplifican ciertas fórmulas físicas que relacionan varias magnitudes. **Unidad astronómica** Unidad de medida de longitud (símb. UA) equivalente a 149 597 870 km. (Corresponde al radio medio de la órbita terrestre y sirve principalmente para expresar las distancias astronómicas dentro del sistema solar.) **Unidad aritmético-lógica** INFORMÁT. Parte de una computadora que efectúa sobre los datos recibidos las operaciones aritméticas o lógicas comandadas por la unidad de control. **Unidad central de proceso** INFORMÁT. Parte de una computadora que ejecuta el programa (comprende la unidad aritmético-lógica y la unidad de control). **Unidad de acción** LIT. Cualidad de la obra dramática que tiene una sola acción principal. **Unidad de combate** MIL. Fracción del ejército que dispone de medios para tomar a su cargo ciertas misiones de combate. **Unidad de control** INFORMÁT. Parte de una computadora que dirige y coordina la ejecución de las operaciones requeridas por el programa. **Unidad de cuenta** Característica de las unidades monetarias que les permite cuantificar el precio de las mercancías; medio de pago internacional utilizado para fines contables, cuyo valor se establece por convención. **Unidad de cuidados intensivos** (UCI), o **de vigilancia intensiva** (UVI) Servicio de un centro hospitalario especialmente equipado para ocuparse de los enfermos graves que exigen atención y control ininterrumpidos. **Unidad de entrada-salida** INFORMÁT. Parte de una computadora a través de la cual se efectúan los intercambios de información con el exterior. **Unidad de lugar** LIT. Cualidad de la obra dramática cuya acción se desarrolla en un único lugar representado en el escenario. **Unidad de tiempo** LIT. Cualidad de la obra dramática cuya acción se desarrolla como máximo en el transcurso de un día y como mínimo la duración real de la obra.

UNIDIRECCIONAL adj. Que tiene una sola dirección. **2.** Se dice de la antena que transmite o recibe en una dirección determinada.

UNIDO, A adj. Se dice de las personas que se tienen mucho cariño y están compenetradas: *familia muy unida.*

UNIFAMILIAR adj. Que corresponde a una sola familia: *vivienda unifamiliar.*

UNIFICACIÓN s.f. Acción y efecto de unificar.: *unificación teritorial.*

UNIFICAR v.tr. y prnl. [1]. Reunir, poner juntas varias cosas o personas para crear un todo homogéneo: *unificar esfuerzos.* **2.** Reducir a un mismo tipo: *unificar los planes de estudios.*

UNIFILAR adj. TECNOL. Que se compone de un solo hilo eléctrico.

UNIFORMAR v.tr. y prnl. Hacer uniforme una cosa o varias entre sí: *uniformar todas las solicitudes.* ◆ v.tr. Poner uniforme a alguien o hacer que lleve uniforme.

UNIFORME adj. (lat. *uniformis*). Que tiene siempre la misma forma o aspecto. **2.** *Fig.* Que no presenta ninguna variación. ◆ s.m. Traje o vestido distintivo e igual o parecido que visten las personas que pertenecen a un determinado grupo o institución.

UNIFORMIDAD s.f. Cualidad de uniforme.

UNIFORMIZAR v.tr. [7]. Hacer que un grupo de personas o cosas forme un conjunto uniforme.

UNIGÉNITO, A adj. Se dice del hijo único.

UNILATERAL adj. Relativo a una sola parte, a un solo lado. **2.** Que considera algo desde un solo punto de vista. **3.** Que considera una sola parte de una cuestión: *visión unilateral de un problema.* ◇ **Contrato unilateral** DER. Contrato que solo crea obligaciones a una de las partes, aunque necesita el acuerdo del beneficiario.

UNILOCULAR adj. BOT. Que tiene una sola cavidad o un solo lóculo.

UNIÓN s.f. (lat. *unio, -onis*). Acción y efecto de unir o unirse. **2.** Asociación de personas o entidades que tienen intereses o fines comunes: *unión de ganaderos.* **3.** Relación conyugal, matrimonio. **4.** DER. INTERN. **a.** Acto que une bajo un solo estado diversas provincias o estados. **b.** Conjunto de provincias o estados unidos de esta manera: *la Unión norteamericana.* (Con este significado se escribe con mayúscula.) **5.** ELECTRÓN. Zona de un semiconductor en la que los modos de conducción se invierten. ◇ **Unión nacional** HIST. Gobierno formado con miembros de la mayoría de partidos en momentos de graves crisis.

UNIONISMO s.m. Doctrina que defiende la unión de partidos o naciones.

UNIONISTA adj. y s.m. y f. Relativo al unionismo; partidario de esta doctrina. **2.** Que defiende la unión entre Irlanda del Norte y Gran Bretaña. **3.** Nordista. ◆ adj. Se dice de la persona, partido, doctrina, etc., que mantiene o propaga cualquier idea de unión.

UNÍPARO, A adj. BOT. Que produce un solo cuerpo, miembro, flor, etc. **2.** ZOOL. Se dice del mamífero hembra que solo tiene un hijo en cada parto.

UNIPERSONAL adj. Que consta de una sola persona. **2.** Que corresponde o pertenece a una sola persona. **3.** LING. Se dice del verbo que solo posee la tercera persona del singular.

UNIPOLAR adj. Que tiene un solo polo.

UNIR v.tr. (lat. *unire*). Juntar estrechamente dos o más cosas de modo que formen una sola o que queden sujetas unas con otras: *unir todas las piezas de la máquina.* **2.** Mezclar cosas líquidas o pastosas de modo que formen una sola sustancia: *unir las yemas con las claras.* **3.** Trabar, hacer que un líquido o pasta se espese y forme liga: *unir la mayonesa.* **4.** Hacer que dos cosas que estaban más o menos lejanas entren en relación o comunicación: *el puente unirá las dos orillas del río.* **5.** *Fig.* Hacer que ciertas cosas o entidades vayan o actúen juntas: *unir esfuerzos.* **6.** *Fig.* Concordar las voluntades, sentimientos, ánimos o pareceres: *los une el amor.* ◆ **unirse** v.prnl. Confederarse o convenirse varios para el logro de algún intento, entrar a formar parte de un grupo: *se unieron contra el tirano.* **2.** Juntarse, agregarse uno a la compañía de otro: *se unió al grupo.* **3.** Estar muy cerca, contigua o inmediata una cosa de otra. ◇ **Unir en matrimonio** Ratificar un sacerdote o funcionario la unión matrimonial. **Unirse en matrimonio** Casarse.

UNISEX adj. Que es apropiado tanto para hombres como para mujeres. (Es invariable en plural: *abrigos unisex.*)

UNISEXUAL adj. Se dice del organismo que tiene un solo sexo.

UNISONAR v.intr. [17]. Sonar en un mismo tono dos voces o instrumentos musicales.

UNÍSONO, A adj. Que tiene el mismo sonido o tono que otra cosa. ◆ s.m. MÚS. Conjunto de voces o de instrumentos que emiten sonidos en el mismo tono, pero en octavas diferentes. ◇ **Al unísono** Sin discrepancias, de común acuerdo y con unanimidad; a la vez y al mismo tiempo.

UNITARIO, A adj. Relativo a la unidad. **2.** Que tiende a la unidad, que la defiende o desea lograrla: *política unitaria.* **3.** Que está compuesto por una sola unidad. ◆ adj. y s. Partidario del centralismo político en Argentina bajo la capitalidad de Buenos Aires. ◇ **Estado unitario** Estado con una fuerte centralización de poderes.

UNIVALENTE adj. Monovalente.

UNIVALVO, A adj. Se dice del fruto capsular o molusco de una sola valva.

UNIVERSAL adj. (lat. *universalis*). Relativo al universo o espacio celeste: *gravitación universal.* **2.** Que se refiere a todo el mundo, a todos los tiempos o a todas las personas: *historia universal.* **3.** Que se refiere a un conjunto de cosas o personas en su totalidad, general: *opinión universal.* **4.** Que concierne o se refiere a todos los casos posibles: *principio que tiene validez universal.* **5.** LÓG. **a.** Que designa a todos los individuos de una especie. **b.** Se dice de la proposición cuyo sujeto se toma en toda su extensión. ◆ **universales** s.m.pl. FILOS. Ideas o términos generales con que los escolásticos clasificaban los seres y las ideas: *la cuestión de los universales.* ◇ **Fresadora universal** TECNOL. Fresadora con cabezal de fresa móvil y alimentación transversal longitudinal. **Motor universal** ELECTR. Motor bobinado en serie, capaz de funcionar a la misma velocidad y potencia tanto en corriente continua como alterna monofásica. **Radiorreceptor universal** RADIOTECN. Radiorreceptor que puede funcionar indistintamente con corriente alterna o continua de igual tensión, sin necesidad de adaptaciones. **Transformador de salida universal** Transformador que, por las derivaciones de sus bobinados, puede usarse entre la última etapa de audiofrecuencia y cualquier tipo de altavoz.

UNIVERSALIDAD s.f. Cualidad de universal. **2.** DER. **a.** Totalidad. **b.** Comprensión en la herencia de todos los bienes, acciones, obligaciones o responsabilidad del difunto.

UNIVERSALÍSIMO, A adj. FILOS. Se dice del género supremo que comprende otros géneros inferiores que también son universales.

UNIVERSALISMO s.m. Cualidad de universal. **2.** Doctrina política que defiende la unificación de los diversos estados.

UNIVERSALISTA adj. y s.m. y f. Relativo al universalismo; partidario de esta doctrina.

UNIVERSALIZAR v.tr. [7]. Generalizar, hacer universal.

UNIVERSIADA o **UNIVERSÍADA** s.f. Conjunto de competiciones de diferentes disciplinas deportivas, que se celebran cada dos años y en las que participan estudiantes universitarios de todo el mundo.

UNIVERSIDAD s.f. (lat. *universitas, -atis*, universalidad, totalidad, comunidad, compañía de gente). Institución formada por un conjunto de centros de enseñanza e investigación, donde se imparte la enseñanza superior. **2.** Edificio o conjunto de edificios donde se imparte este tipo de enseñanza. ◇ **Universidad abierta** Universidad encuadrada en la educación permanente, cuya finalidad primordial es la formación de sectores sociales con dificultades de escolarización. **Universidad popular** Asociación de carácter local dedicada a la formación permanente de adultos y que actúa como centro de animación sociocultural.

UNIVERSITARIO, A adj. Relativo a la universidad. ◆ adj. y s. Que realiza o ha realizado estudios en la universidad. ◇ **Educación universitaria** Nivel educativo superior que se imparte en las facultades universitarias y escuelas técnicas superiores, y en las escuelas, colegios e institutos universitarios.

UNIVERSO s.m. (lat. *universum*, conjunto de todas las cosas). Conjunto de todo lo que existe. **2.** Conjunto de individuos o elementos que se someten a estudio estadístico. **3.** Conjunto unitario que forman ciertas cosas inmateriales de un ámbito determinado: *el universo poético.* *(V. ilustr. pág. siguiente.)*

UNIVITELINO, A adj. BIOL. Se dice de los gemelos originados a partir de un mismo óvulo.

UNIVOCIDAD s.f. Carácter de unívoco.

UNÍVOCO, A adj. (lat. *univocus*). Se dice de la palabra o expresión que tiene siempre un solo significado. **2.** Que tiene el mismo valor o naturaleza que otra cosa: *pareceres unívocos.* **3.** LÓG. Se dice del término que se predica de varios individuos con la misma significación. **4.** MAT. Se dice de la correspondencia entre un elemento del primer conjunto y un solo elemento del segundo.

UNIVOLTINO, A adj. BIOL. Se dice del organismo cuyo ciclo vital dura un año. SIN.: *monocíclico.*

UNO, A adj.num.cardin. y s.m. (lat. *unus*). Se dice del número que ocupa el primer lugar de la serie cardinal. **2.** Unidad: *solo tengo una copia.* (Delante de s.m.en singular se apocopa *un* y generalmente también delante de s.f.singular que comience con *a* o *ha* tónicas.) **3.** En plural y antepuesto a un número cardinal, indica una cantidad aproximada expresada por el cardinal: *vinieron unos veinte.* ◆ adj.num. ordin. y s.m. Primero, que corresponde en orden al número 1, especialmente en una serie: *página uno; el uno es el primero de los números.* ◆ pron.indef. Indica una persona o cosa indeterminada: *llamó uno preguntando por ti.* **2.** En correlación con *otro*, indica contraposición: *uno estudia y otro trabaja.* ◇ **A cada uno** Se usa en relación con un reparto. **A una** A un tiempo, unidamente o juntamente. **De uno en uno** o **uno a uno** o **uno por uno** Uno solo cada vez. **Más de uno** Expresión enfática equivalente a algunos o muchos. **No dar,** o **acertar,** o **tocar, una** *Fam.* Fallar muchas veces de forma consecutiva en la resolución de algo. **Ser (todo) uno** o **ser uno y lo mismo** Ser las cosas de que se trata una misma, verificarse una inmediatamente, a continuación o al mismo tiempo que otra. **Una de dos** Contrapone en disyuntiva dos posibilidades. **Una de las tuyas, suyas,** etc. Alude a una cosa, generalmente censurable, extravagante, etc., con que alguien muestra nuevamente cierta inclinación o particularidad suya. **Uno de tantos** *Fam.* Una persona o cosa sin ninguna cualidad especial que la distinga. **Unos cuantos** Pocos, en número reducido.

UNTADA s.f. Méx. Acción de untar.

UNTADO, A adj. Argent. y Chile. Ebrio.

UNTAR v.tr. (lat. vulg. *unctare*). Cubrir con materia grasa una superficie: *untar con mantequilla la tostada.* **2.** Empapar o mojar algo con una sustancia grasa o pastosa: *untar pan en una salsa.* **3.** *Fig.* y *fam.* Sobornar a alguien. **4.** TECNOL. Lubricar. ◆ v.tr. y prnl. Manchar con una sustancia. ◆ **untarse** v.prnl. *Fig.* y *fam.* Quedarse fraudulentamente con parte de lo que se maneja o administra, especialmente dinero.

UNTO s.m. Materia grasa que se emplea para untar o engrasar. **2.** Ungüento medicinal.

UNTUOSO, A adj. Graso, pegajoso. **2.** *Fig.* Que es excesivamente suave, meloso o empalagoso.

UÑA s.f. (lat. *ungula*). Lámina córnea y dura situada en el extremo distal del dorso de los dedos. **2.** Casco o pezuña de los animales que no tienen dedos separados. **3.** Costra dura que se forma sobre las mataduras de las caballerías. **4.** Excrecencia de la carúncula lagrimal. **5.** Punta corva de ciertos instrumentos metálicos. **6.** Muesca hecha en algunas piezas para poder moverlas o abrirlas con el dedo. **7.** Diente o pestaña que permite el acoplamiento o embrague de dos piezas mecánicas. **8.** Buril pequeño usado por los cerrajeros y los grabadores en metal. **9.** Utensilio provisto de dientes que sirve para marcar los puntos de una costura que se ha de ejecutar a mano. **10.** Punta triangular que rematan los brazos del ancla. **11.** Parte de una hoja que sobresale del canal de un libro para poderlo abrir por una página determinada. **12.** Escotadura semicircular practicada en las páginas de un libro o de un cuaderno, para señalar un capítulo. **13.** BOT. Parte inferior y más estrecha de ciertos pétalos. **14.** ZOOL. Punta corva en que remata la cola del alacrán. ◇ **A uña de caballo** *Fam.* Haciendo correr el caballo a la máxima velocidad; a toda prisa. **Con uñas y dientes** Con mucha fuerza o intensidad. **Dejarse las uñas** Hacer un trabajo con mucho esfuerzo. **De uñas** Con enemistad y enojo, en actitud hostil. **Enseñar,** o **mostrar, las uñas** *Fam.* Amenazar o dejar ver un carácter agresivo. **Hacer las uñas** Hacer la manicura. **Largo de uñas** *Fam.* Inclinado al robo. **No tener uñas para gaitero** Argent., Par. y Urug. *Fam.* Carecer de cualidades para llevar a cabo un trabajo. **Rascarse con sus propias uñas** Méx. Valerse por sí mismo. **Ser uña y carne,** o **carne y uña** *Fam.* Estar dos o más personas muy avenidas o tener una estrecha amistad. **Uña de caballo** BOT. Planta herbácea de la familia compuestas cuyas hojas y flores son pectorales. **Uña de gata** BOT. Planta herbácea de la familia crasuláceas, de tallo de color rojizo y flores verdes.

UÑERO s.m. Inflamación infecciosa de los tejidos que rodean la uña. **2.** Daño producido por una uña cuando crece indebidamente y se introduce en la carne.

UÑETA s.f. Cincel pequeño que utilizan los canteros, marmolistas y escultores. **2.** Herramienta que utilizan los guanteros para cortar las pieles. **3.** Plectro o dedal de carey para tocar instrumentos musicales de cuerda.

UOLOF o **WOLOF**, pueblo de Senegal y de Gambia, que habla una lengua nigeriano-congoleña.

UOMBAT s.m. Marsupial herbívoro de gran tamaño, que vive en el SE de Australia y excava madrigueras profundas.

■ UOMBAT

¡UPA! interj. (voz de creación expresiva). Se emplea para animar o estimular a hacer un esfuerzo. ◇ **¡A upa!** En brazos, especialmente en lenguaje infantil.

¡UPE! interj. C. Rica. Se usa para llamar a los

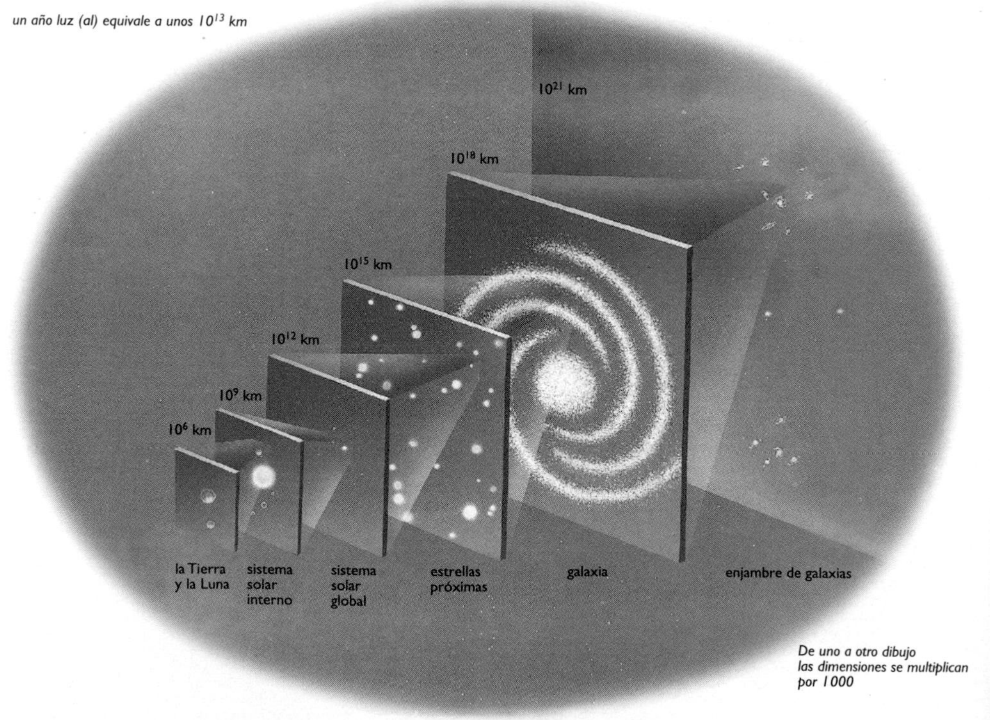

un año luz (al) equivale a unos 10¹³ km

10^{21} km

10^{18} km

10^{15} km

10^{12} km

10^{9} km

10^{6} km

la Tierra y la Luna · sistema solar interno · sistema solar global · estrellas próximas · galaxia · enjambre de galaxias

De uno a otro dibujo las dimensiones se multiplican por 1 000

■ **UNIVERSO.** Escala de distancias en el universo.

moradores de una casa, cuando se entra en ella.

UPERIZACIÓN o **UPERISACIÓN** s.f. Procedimiento de esterilización de la leche consistente en mantenerla a alta temperatura durante unos segundos. SIN.: *UHT.*

UPPERCUT s.m. (voz inglesa). Golpe de abajo arriba que se da en boxeo.

URA s.f. Argent. Larva de un díptero que cx cava bajo la piel ocasionando fuertes molestias.

URALITA s.f. (marca registrada). Fibrocemento obtenido por aglomeración de amianto y cemento.

URALOALTAICO, A adj. Relativo a la región comprendida entre los montes Urales y los montes Altái. ◆ adj. y s.m. Se dice de la familia lingüística a la que pertenecen la mayoría de las lenguas aglutinantes de Europa y N de Asia. **2.** Que habla una lengua de esta familia.

URANATO s.m. Sal del ácido uránico.

URÁNICO, A adj. Se dice del anhídrido UO₃ y del ácido correspondiente. **2.** Relativo al uranio.

URANILO s.m. Radical bivalente UO₂.

URANINITA s.f. Óxido de uranio natural UO₂, del que se extrae también el radio. SIN.: pechblenda, pechblenda.

URANIO s.m. (del gr. *oyránios,* celeste). Metal radiactivo, de densidad 18,7, cuyo punto de fusión es de 1 132 °C aprox. **2.** Elemento químico (U), de número atómico 92 y masa atómica 238,029.
ENCICL. Último elemento natural de la tabla periódica, el uranio natural es una mezcla de isótopos, de los cuales, los tres principales son radiactivos y se hallan en las siguientes proporciones: U 238, 99,28 %; U 235, 0,72 %; U 234, 0,006 %. El isótopo U 235 es el único núclido natural fisible. Se utiliza como combustible en los reactores nucleares en forma de óxido, de aleación metálica o incluso de carburo. Algunos reactores emplean uranio natural, pero la mayor parte utiliza uranio «enriquecido», en el que la proporción de U 235 se aumenta para que alcance, en el caso de los reactores moderados o refrigerados por agua ordinaria, que equipan más de dos tercios de las centrales nucleares, una proporción cercana al 3 %.

URANISMO s.m. Homosexualidad masculina.

URANITA s.f. Fosfato hidratado natural de uranio.

URANOSO, A adj. Se dice del derivado del uranio tetravalente.

URAPE s.m. Arbusto de América Meridional, de flores blancas y tallo espinoso, que se usa para formar setos vivos. (Familia cesalpiniáceas.)

URATO s.m. Sal del ácido úrico. (Puede precipitar en las articulaciones [gota] o en las vías urinarias [cálculos].)

URBANIDAD s.f. Actitud o comportamiento con el que se demuestra buena educación en el trato social.

URBANISMO s.m. Conjunto de conocimientos y técnicas dedicados a la planificación, ordenación y desarrollo del territorio poblado por muchos habitantes y de las necesidades económicas y sociales de estos.

URBANISTA s.m. y f. Relativo al urbanismo. **2.** Persona que se dedica al urbanismo.

URBANÍSTICO, A adj. Relativo al urbanismo.

URBANIZACIÓN s.f. Acción y efecto de urbanizar. **2.** Terreno delimitado para establecer en él un núcleo residencial urbanizado. **3.** Conjunto de edificios construidos en este terreno.

URBANIZAR v.tr. [7]. Acondicionar un terreno para edificarlo y poblarlo.

URBANO, A adj. Relativo a la ciudad. ◆ adj. y s. Esp. Se dice del agente de policía del cuerpo encargado de regular el tráfico en el interior del casco urbano. ◇ **Aglomeración urbana** Conjunto formado por el casco urbano de una ciudad y los núcleos próximos del área suburbana, unidos a él por un espacio con una elevada densidad de población.

URBE s.f. (lat. *urbs, urbis*). Ciudad importante y grande.

URBI ET ORBI loc. (voces latinas, *a la ciudad [Roma] y al mundo entero*). CATOL. Bendición solemne del papa dirigida a los fieles de todo el mundo.

URCHILLA s.f. (mozár. *orchella*). Liquen que vive en las rocas bañadas por el agua del mar.

URDIDO s.m. Operación que consiste en formar la urdimbre de un tejido, disponiendo paralelamente los hilos de igual longitud.

URDIMBRE s.f. Conjunto de los hilos paralelos, dispuestos en sentido longitudinal en las piezas de tela.

URDIR v.tr. (lat. *ordiri*). Preparar los hilos en el urdidor para pasarlos al telar. **2.** *Fig.* Maquinar, preparar algo de modo cauteloso o en secreto, especialmente contra alguien o algo.

URDU s.m. Lengua oficial de Pakistán, del grupo indoiranio.

UREA s.f. (del gr. *oyron*). Sustancia residual de las materias nitrogenadas que el organismo fabrica a partir de ácidos aminados y de sales amoniacales, de fórmula CO(NH₂)₂, que el riñón extrae de la sangre y la concentra en la orina.

UREDINAL adj. y s.f. Relativo a un orden de hongos basidiomicetes parásitos que provocan la roya en las plantas.

UREDÓSPORA s.f. Espora producida por la roya del trigo, que propaga esta enfermedad.

UREICO, A adj. Relativo a la urea.

UREIDO s.m. Compuesto derivado de la urea.

UREMIA s.f. Aumento patológico de la tasa de urea en la sangre, producido por el mal funcionamiento del riñón.

URENTE adj. (lat. *urens, -entis,* quemado). Que quema o escuece.

UREO s.m. Reproducción simbólica de la serpiente naja, que se hacía en el tocado de los faraones y de algunas divinidades egipcias.

UREOPLASTO s.m. Materia plástica termoendurecible, obtenida a partir de la urea y del formol.

URETANO s.m. Éster del ácido carbámico, de fórmula NH₂—CO—OC₂H₅.

URÉTER s.m. Conducto por el que baja la orina desde el riñón hasta la vejiga.

URETEROTOMÍA s.f. CIR. Abertura quirúrgica de un uréter.

URETRA s.f. Conducto desde el cuello de la vejiga hasta el meato urinario, por el que se expulsa la orina al exterior.

URETRAL adj. Relativo a la uretra. SIN.: *urético.*

URETRITIS s.f. Inflamación de la uretra.

URETROTOMÍA s.f. CIR. Abertura quirúrgica de la uretra.

URGENCIA s.f. Cualidad de urgente. **2.** Falta, necesidad apremiante de algo: *tener urgencia de dinero.* **3.** MED. Afección que precisa de un tratamiento adecuado, inmediato e ineludible. ◇ **Procedimiento de urgencia** Procedimiento parlamentario excepcional, consistente en acelerar el estudio y votación de un proyecto de ley. **Servicio de urgencia** Servicio en que se atiende con carácter urgente a los enfermos accidentados.

URGENTE adj. Que urge. **2.** Que se cursa con más rapidez que de ordinario: *carta urgente.*

URGIR v.intr. (lat. *urgere*) [43]. Exigir una cosa una ejecución o solución rápida o inmediata: *urge tomar una decisión.*

URICEMIA s.f. Presencia patológica de ácido úrico en la sangre.

ÚRICO, A adj. Urinario, relativo a la orina. ◇ **Ácido úrico** Ácido orgánico nitrogenado, que resulta de la degradación de las nucleoproteínas en el organismo, y que se encuentra en la orina y, en menor proporción, en la sangre.

URINARIO, A adj. Relativo a la orina. ◆ s.m. Lugar o instalación para orinar, particularmente los dispuestos en lugares públicos. ◇ **Aparato urinario** Conjunto de los riñones y las vías urinarias (uréteres, vejiga y uretra).
ENCICL. Los dos riñones se sitúan en el abdomen a cada lado de la columna vertebral. Su unidad de funcionamiento es la nefrón, un tubo microscópico, rodeado de vasos sanguíneos, que forma la orina a partir de la sangre, al eliminar las sustancias inútiles o tóxicas y conservar las útiles. La orina llega por los uréteres a la vejiga, que la desecha por la uretra.

URINÍFERO, A adj. Que conduce la orina: *conducto urinífero.*

URNA s.f. (lat. *urna*). Recipiente utilizado para guardar cosas, especialmente las cenizas de los muertos. **2.** Caja donde se depositan las papeletas de las votaciones secretas o de los sorteos. **3.** Caja transparente y de lados planos, donde se guardan objetos delicados para que queden visibles pero protegidos. **4.** BOT. Esporangio de los musgos, en forma de urna, cubierto de un opérculo y una cofia.

1. URO s.m. (lat. *urus*). Bóvido salvaje de gran tamaño, parecido al buey, que se extinguió en el s. XVII.

2. URO → **URU.**

UROBILINA s.f. Pigmento biliar que constituye una de las materias colorantes de la orina.

UROBILINURIA s.f. MED. Presencia anormal de urobilina en la orina.

UROCROMO s.m. Sustancia nitrogenada amarilla, que constituye el pigmento más abundante en el organismo.

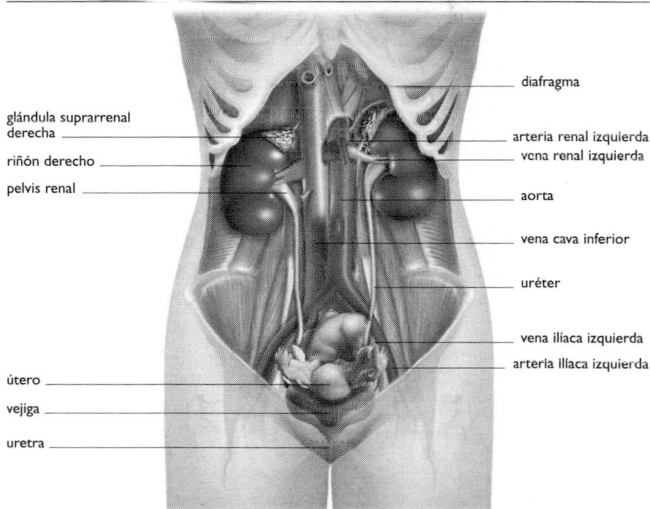

■ **URINARIO.** El aparato urinario femenino.

glándula suprarrenal derecha

riñón derecho

pelvis renal

útero

vejiga

uretra

diafragma

arteria renal izquierda

vena renal izquierda

aorta

vena cava inferior

uréter

vena ilíaca izquierda

arteria ilíaca izquierda

URODELO, A adj. y s.m. Relativo a una subclase de anfibios que tienen la piel ceñida al cuerpo y conservan la cola después de la metamorfosis, como la salamandra o el tritón.

UROGALLO s.m. Ave gallinácea de plumaje oscuro que vive en los bosques de Europa, emite sonidos parecidos a un mugido, y es objeto de caza.

■ UROGALLO

UROGENITAL adj. Genitourinario.

UROGRAFÍA s.f. Radiografía del aparato urinario efectuada tras la inyección intravenosa de una sustancia opaca a los rayos X, que al eliminarse presenta una imagen contrastada de las cavidades renales, los uréteres y la vejiga.

UROLOGÍA s.f. Parte de la medicina que estudia las vías urinarias de los dos sexos, sus enfermedades y el aparato genital del hombre.

URÓLOGO, A s. Médico especialista en urología.

UROPIGIO s.m. **Glándula del uropigio** Glándula sebácea situada en la parte dorsal de la base de la cola de algunas aves, con cuya secreción engrasan sus plumas para hacerlas impermeables.

URÓPODO s.m. Último apéndice abdominal de los crustáceos, generalmente aplanado y que sirve de aleta.

URPILA s.f. Argent., Bol. y Ecuad. Paloma pequeña de color gris. (Familia colúmbidos.)

URQUE s.m. Chile. Papa de mala calidad.

URRACA s.f. (de *Urraca*, nombre femenino). Ave paseriforme de unos 50 cm de long., plumaje negro y blanco y larga cola, que acostumbra adornar su nido con objetos brillantes. SIN.: *cotorra, picaraza, picaza.* **2.** *Fig.* y *fam.* Persona aficionada a recoger y guardar cosas. **3.** Amér. Ave de unos 40 cm de long., con el dorso de color pardo, cola larga y parda con una raya negra y vientre blancuzco, que vive en el campo y frecuentemente en parques y jardines. (Familia cucúlidos.)

■ URRACA

ÚRSIDO, A adj. y s.m. Relativo a una familia de mamíferos carnívoros plantígrados, que pueden ser también omnívoros u herbívoros, como el oso.

URSO, A adj. Argent. *Argot.* Que es corpulento.

URSULINA adj. y s.f. Que pertenece a la orden religiosa de santa Úrsula fundada en 1535 por santa Ángela Merici. **2.** *Fam.* Se dice de la mujer excesivamente recatada.

URTICÁCEO, A adj. y s.f. (del lat. *urtica,* ortiga). Relativo a una familia de plantas herbáceas dicotiledóneas, sin pétalos, generalmente cubiertas de un vello urticante, como la ortiga y el ramio.

URTICAL adj. y s.f. Relativo a un orden de plantas herbáceas dicotiledóneas, con flores poco aparentes. (El orden *urticales* incluye cuatro familias principales: cannabináceas, moráceas, ulmáceas y urticáceas.)

URTICANTE adj. Que produce un picor parecido al que causan las ortigas.

URTICARIA s.f. Erupción cutánea que produce picor, caracterizada por la aparición de edemas en forma de pequeñas pápulas, y que generalmente se debe a una reacción alérgica a ciertos alimentos. SIN.: *salpullido, sarpullido.*

URU o **URO,** pueblo amerindio de lengua independiente (*puquina*) que habitaba en la región del lago Titicaca, de origen e historia desconocidos, y cuya forma de vida ha sido adoptada por los aimaras actuales.

URÚ s.m. Argent. Ave de unos 25 cm de long., plumaje pardo y hábitos terrestres, propia de las zonas selváticas. (Familia fasiánidos.)

URUBÚ s.m. Zopilote.

URUCÚ s.m. Argent. Árbol de poca altura, flores rojas y fruto oval. (Familia bixáceas.)

URUGUAYISMO s.m. Palabra, expresión o giro propios del español hablado en Uruguay.

URUGUAYO, A adj. y s. De Uruguay. ◆ s.m. Variedad del español hablada en Uruguay.

URUNDAY o **URUNDEY** s.m. Árbol de América Meridional, de unos 20 m de alt., y madera roja, usada en construcción de casas, embarcaciones y muebles. (Familia terebintáceas.)

URUTAÚ s.m. Argent., Par. y Urug. Ave nocturna de plumaje pardo, muy similar a la lechuza.

URZUELA s.f. Méx. Condición del cabello que se abre en las puntas.

USADO, A adj. Deslucido o desgastado por el uso.

USANZA s.f. Uso, costumbre, moda.

USAPUCA s.f. Argent. Garrapata.

USAR v.tr. (del lat. *uti*). Hacer servir una cosa para algo: *usar el martillo para clavar un clavo.* **2.** Llevar una prenda de vestir habitualmente: *en invierno uso abrigo.* **3.** Hacer servir una cosa habitualmente: *uso pluma para escribir.* ◆ v.intr. Servirse de una cosa. ◆ v.intr. y prnl. Estar de moda utilizar una cosa: *el sombrero casi no se usa.*

USB s.m. (sigla del ingl. *universal serial bus,* bus de serie universal). INFORMÁT. Bus estándar que permite conectar diferentes periféricos a una computadora.

USÍA pron.pers. Forma tónica de la 2ª persona masculina y femenina del singular, actualmente en desuso, síncopa de *vuestra señoría.* Designa al receptor en un acto de comunicación como tratamiento de respeto. Funciona como sujeto, predicado nominal o como complemento precedido de una preposición. Se usa con el verbo en 3ª persona cuando funciona como sujeto: *¿da usía su permiso?*

USILLO s.m. Achicoria silvestre.

USINA s.f. Argent., Bol., Chile, Colomb., Nicar., Par. y Urug. Instalación industrial, particularmente la destinada a producir gas, energía eléctrica, etc. ◇ **Usina de rumores** Argent. Medio que genera informaciones no confirmadas y por lo común tendenciosas.

USLERO s.m. Chile. Palo cilíndrico de madera usado en la cocina para extender la masa.

USO s.m. (lat. *usus, -us*). Acción de usar. **2.** Posibilidad de ser usada una cosa para algo. **3.** Modo de usar algo: *instrucciones para el uso de una máquina.* **4.** Empleo continuado y habitual de una cosa. **5.** Costumbre o manera de usar algo: *los usos funerarios de los pueblos primitivos.* **6.** DER. Forma del derecho consuetudinario inicial de la costumbre, menos solemne que esta, y que suele convivir como supletorio con algunas leyes escritas. **7.** HIST. Prestación a que estaban sujetos los siervos y colonos de los reinos hispanocristianos durante la edad media. ◇ **Al uso** Según es costumbre en el momento actual o en el que se trata. **Derecho de uso** DER. Derecho de servirse de una cosa ajena y de percibir la porción de frutos necesarios para las necesidades del usuario y de su familia. **De uso externo** Se dice del medica-

mento que se aplica exteriormente o que no se ingiere. **En uso de su derecho** Se dice de la acción llevada a cabo con legítimo derecho. **Estar en buen uso** *Fam.* No estar algo estropeado o gastado. **Estar en uso** Ser una cosa usual o corriente. **Uso de la palabra** Turno que corresponde a una persona para hablar en una reunión. **Uso de razón** Capacidad de juicio que adquiere naturalmente una persona pasada la primera niñez.

USTED pron.pers. (de *vuestra merced*) [pl. *ustedes*]. Forma tónica de la 2ª persona masculina y femenina del singular. Designa al receptor en un acto de comunicación como tratamiento de respeto. Funciona como sujeto, predicado nominal o como complemento precedido de una preposición. Se usa con el verbo en 3ª persona cuando funciona como sujeto: *¿quiere usted sentarse?* ◆ **ustedes** pron.pers.pl. En zonas de Andalucía, Canarias y América, equivale a vosotros.

USTILAGINAL adj. y s.f. Relativo a un orden de hongos basidiomicetes parásitos de los vegetales, en los cuales producen enfermedades como el carbón o la caries.

USTORIO, A adj. Se dice del espejo cóncavo que concentra los rayos del sol en su foco y es capaz de quemar.

USUAL adj. (lat. *usualis*). Que es de uso frecuente, común o fácil.

USUARIO, A adj. y s. Que usa normal u ordinariamente alguna cosa. **2.** DER. Se dice de la persona que tiene derecho de usar de una cosa ajena con cierta limitación. ◇ **Usuario final** INFORMÁT. Persona que utiliza una computadora o un sistema informático, pero que no es especialista en informática ni dispone de instrucciones específicas para su utilización.

USUCAPIÓN s.f. (lat. *usucapio*). DER. CIV. Prescripción adquisitiva, particularmente, prescripción abreviada de los inmuebles de diez a veinte años.

USUCAPIR v.tr. Adquirir una cosa por usucapión. (Suele usarse en infinitivo.)

USUFRUCTO s.m. (lat. *usus fructus,* uso y disfrute). Derecho de una persona de usar un bien de otra, y de percibir los beneficios o intereses. **2.** Utilidad, fruto o provecho que se saca de algo.

USUFRUCTUARIO, A adj. y s. Que posee algo, especialmente un usufructo, y disfruta de su beneficio.

USUPUCA s.f. Argent. Usapuca.

USURA s.f. (lat. *usura,* disfrute, disfrute de un capital prestado). Práctica abusiva que consiste en prestar dinero a un interés excesivo o en condiciones leoninas. ◇ **Pagar con usura** Corresponder a un beneficio o favor con otro mayor o excesivo.

USURARIO, A adj. Relativo a la usura. **2.** Se dice del negocio, trato o contrato en que hay usura.

USURERO, A s. Persona que presta con usura.

USURPACIÓN s.f. Acción y efecto de usurpar. **2.** DER. Delito que se comete apoderándose con violencia o intimidación de inmuebles o derechos ajenos.

USURPADOR, RA adj. y s. Que usurpa. **2.** Que se apodera, por medios injustos, de la autoridad soberana.

USURPAR v.tr. (lat. *usurpare*). Apoderarse con violencia o engaño de un derecho, poder o pertenencia de otra persona.

USUTA s.f. (quechua dialectal *ušúta*). Argent., Bol. y Perú. Sandalia de cuero o fibra vegetal usada por los campesinos.

UT s.f. MÚS. Primera nota de la escala diatónica. (En la actualidad se conoce con el nombre de *do,* en la terminología española e italiana.)

UTA s.f. Perú. Enfermedad que produce úlceras faciales, común en las zonas de desfiladeros de Perú.

UTCUS s.m. Perú. Árbol de fruto comestible. (Familia verbenáceas.)

UTE o **YUTE,** pueblo amerindio del grupo shoshón, de lengua uto-azteca, que vive en reservas en Utah, Colorado y Nuevo México.

UTENSILIO s.m. (lat. *utensilia, -ium,* utensilios, pl. de *utensilis,* útil). Objeto utilizado para realizar un trabajo o actividad determinados, que generalmente se maneja con las manos y de forma habitual.

UTERINO, A adj. ANAT. Relativo al útero: *plexo uterino*. **2.** DER. Nacido de la misma madre que otro, pero de distinto padre.

ÚTERO s.m. (lat. *uterus*). Órgano de las hembras de los mamíferos donde se realiza la gestación del feto. SIN.: *matriz.*

1. ÚTIL adj. (lat. *utilis*). Que produce provecho o beneficio, o sirve para algo. **2.** DER. Se dice del tiempo o días hábiles de un término señalado por la ley o la costumbre.

2. ÚTIL s.m. (fr. *outil*). Utensilio o herramienta. (Suele usarse en plural.) ◆ **útiles** s.m.pl. Méx. Conjunto de libros, cuadernos, lápices y demás objetos que usan los escolares.

UTILIDAD s.f. Cualidad de útil. **2.** Provecho o beneficio que se saca de una cosa. **3.** ECON. Capacidad de un bien para satisfacer una necesidad humana. ◇ **Programa de utilidad** INFORMÁT. Programa perteneciente al sistema de explotación de una computadora, que permite incrementar las posibilidades de base de la máquina.

UTILITARIO, A adj. Que antepone la utilidad a las demás cualidades. ◆ adj. y s.m. Se dice del vehículo automóvil pequeño, económico, funcional y de bajo consumo.

UTILITARISMO s.m. Doctrina filosófica que considera la utilidad el principio y norma de toda acción.

UTILITARISTA adj. y s.m. y f. Relativo al utilitarismo; partidario de esta doctrina.

UTILIZAR v.tr. y prnl. [7]. Hacer servir algo o valerse de alguien para un fin determinado o para sacar provecho.

UTILLAJE s.m. Conjunto de útiles necesarios para un trabajo, actividad o profesión.

UTM s.m. (sigla del ingl. *universal transverse Mercator*) Sistema de proyección derivado del del Mercator, pero en el cual el cilindro se enrolla siguiendo un meridiano. (En el sistema UTM, la Tierra está dividida en 60 husos de 6 ° de longitud cada uno. El límite más allá del cual las deformaciones serían demasiado importantes es 3 ° a cada lado del meridiano de referencia.)

UTO-AZTECA adj. Familia de lenguas amerindias de América del Norte y América Central. ENCICL. Sapir estableció una gran clasificación, *azteca-tano*, formada por el grupo *uto-azteca* (nahua, pima, shoshón) y el grupo *tano-kiowa* (tano, kiowa, zuñi). Otros autores distinguen siete grupos de lenguas: *shoshón*

de las Praderas (bannock, snake, shoshón, comanche, ute); *shoshón del río Kern; shoshón de California meridional;* hopi; pima; *opata-cahita-tarahumara* (14 lenguas) y el grupo *aztecoide* (huichol, zacateca, nahua).

UTOPÍA o **UTOPIA** s.f. (de *Utopía*, obra de Tomás Moro). Sistema o proyecto ideal pero que no se puede realizar. **2.** FILOS. Concepción de una sociedad ideal en la que las relaciones humanas se regulen mecánica o armoniosamente.

ENCICL. Las utopías describen el funcionamiento de sociedades «perfectas», cuya existencia se ubica en lugares cerrados (una ciudad, una isla, etc.). Aportan argumentos para la crítica del orden existente y se proponen como modelos para el establecimiento de comunidades felices. Los autores de utopías son numerosos: Platón, F.Bacon, T.Campanella, T. Moro, Morelly, Saint-Simon, Fourier, etc. También se han propuesto antiutopías a través de descripciones siniestras o totalitarias (A. Huxley, G. Orwell).

UTÓPICO, A adj. Relativo a la utopía. ◇ **Socialismo utópico** Doctrina socialista sistemática y abstracta (por oposición a *socialismo científico*, denominación que K. Marx y F. Engels dieron a su propia doctrina).

UTOPISTA adj. y s.m. y f. Que plantea utopías o es partidario de ellas.

UTRAQUISTA s.m. y f. Husita de la fracción moderada, opuesta a los taboritas.

UTRERO, A s. Novillo o ternera de dos a tres años.

UTRÍCULO s.m. ANAT. Cavidad del vestíbulo del oído interno, que contiene los elementos sensibles a la gravedad y a las aceleraciones. **2.** BOT. Vesícula pequeña formada por una hoja o un segmento foliar.

UV, abrev. de *radiación *ultravioleta.*

UVA s.f. (lat. *uva*). Fruto de la vid, comestible, más o menos redondo y jugoso, que nace en racimos. **2.** Fruto comestible del agracejo. **3.** Verruga pequeña que se forma en el párpado. ◇ **De uvas a peras** Raramente, muy de tarde en tarde. **Estar de mala uva** Fam. Estar de mal humor. **Tener mala uva** Fam. Tener mal carácter o mala intención. **Uva de playa** Fruto del uvero, del tamaño de una cereza grande, muy jugoso y dulce. **Uva de raposa** Planta herbácea que produce una baya negra muy pequeña con propiedades narcóticas. (Familia liliáceas.) **Uva pasa** Uva desecada, natural o artificialmente. **Uva tinta**, o **negra** Uva cuyo

zumo es negro y sirve para dar color a ciertos mostos.

UVALA s.f. (voz serbocroata). GEOMORFOL. Depresión vasta de las regiones de relieve cársico, resultante de la coalescencia de varias dolinas.

UVAYEMA s.f. Vid silvestre trepadora.

UVE s.f. (de *u* con función de *v*). Nombre de la letra *v*. ◇ **Uve doble** Nombre de la letra *w*.

ÚVEA s.f. ANAT. **a.** Capa pigmentada del iris. **b.** Conjunto constituido por la coroides, el iris y el cuerpo ciliar.

UVEÍTIS s.f. Inflamación de la úvea.

UVERAL s.m. Amér. Central. Terreno poblado de uveros.

UVERO s.m. Amér. Central y Antillas. Árbol bajo y frondoso cuyo fruto es la uva de playa. (Familia poligonáceas.)

UVI s.f. (sigla). *Unidad de vigilancia intensiva.

ÚVULA s.f. (lat. *uvula*). ANAT. Masa carnosa pequeña prominente, situada en la mitad del borde posterior del paladar blando. SIN.: *campanilla.*

UVULAR adj. ANAT. Relativo a la úvula. **2.** FONÉT. Se dice del fonema que se articula en la úvula, haciéndola vibrar sobre el postdorso de la lengua.

UXORICIDA adj. y s.m. (del lat. *uxor, -oris*, esposa, y *caedere*, matar). Que comete uxoricidio.

UXORICIDIO s.m. Delito que comete el marido al matar a su mujer.

UYAMA s.f. Pan. Auyama, planta cucurbitácea.

UZBEKO, A adj. y s. De un pueblo turco musulmán de Asia central, que habita principalmente en Uzbekistán y Afganistán. ◆ s.m. Lengua turca hablada en Uzbekistán.

uva blanca   flor   uva negra

■ UVA

V s.f. Vigésima quinta letra del alfabeto español y vigésima de sus consonantes. (Representa un sonido bilabial oclusivo o fricativo sonoro.) ◇ **V** Cifra romana que vale *cinco*. **V1** Bomba autopropulsada de gran radio de acción, empleada por el ejército alemán en 1944 y 1945. **V2** Bomba autopropulsada de gran alcance, empleada por el ejército alemán en 1944 y 1945, más potente que la V1, y precursora de los misiles balísticos modernos.

VACA s.f. (lat. *vacca*). Hembra adulta del toro. **2.** Ecuad. Pulpa del coco. **3.** Méx. Dinero que queda de una apuesta en la que no hay ganador y se juega en una nueva apuesta. ◇ **Enfermedad de las vacas locas** *Encefalopatía espongiforme que afecta al ganado bovino. **Vaca abierta** Vaca fecundada. **Vaca lechera** Vaca destinada a la producción de leche para el consumo humano. **Vaca marina** Manatí; dugón.

VACABUEY s.m. Árbol de flores blancas y fruto comestible, que crece en zonas pantanosas de América Central. (Familia dileniáceas.)

VACACIÓN s.f. Suspensión temporal del trabajo o estudios para descansar. **2.** Tiempo que dura esta suspensión. (Suele usarse en plural.)

VACANTE adj. y s.m. y f. Se dice del cargo o sitio desocupado: *asiento vacante.* ◆ adj. y s.f. Se dice del cargo, empleo, dignidad o plaza que no está ocupado por nadie. ◇ **Sucesión vacante** DER. Sucesión en la que no existe llamamiento testamentario ni persona que reclame la herencia.

VACAR v.intr. [1]. Cesar temporalmente en el negocio, trabajo o estudios habituales. **2.** Quedar vacante un empleo, cargo o plaza por cesar una persona de desempeñarlo o poseerlo.

VACARAÍ s.m. Argent. y Par. Ternero nonato, extraído del vientre de su madre al tiempo de matarla.

VACARAY s.m. Argent. y Urug. Vacaraí.

VACARÍ adj. (ár. *baqarī*). Que es de cuero de vaca, o cubierto de este cuero.

VACCEOS, pueblo prerromano de la península Ibérica, que ocupaba la parte central de la submeseta norte, y cuya ciudad más importante era *Pallantia* (Palencia).

VACCINÍFERO, A adj. Se dice de la ternera a la que se ha inoculado una vacuna y cuyas pústulas proporcionan linfa para la vacunación.

VACCINOSTILO s.m. Instrumento pequeño de metal, en forma de lanceta, que se emplea para vacunar.

VACIADERO s.m. Lugar en que se vacía una cosa. **2.** Sitio o conducto por donde se vacía una cosa.

VACIADO, A s.m. Acción de vaciar o vaciarse. **2.** Escotadura o hueco. **3.** Operación de fabricación de un objeto vertiendo en un molde hueco la materia que ha de ser moldeada, para obtener el positivo. **4.** Objeto fabricado con esta operación. **5.** Operación que consiste en eliminar o quitar parte de la materia de diversas piezas, para aligerarlas o facilitar el funcionamiento de un mecanismo. **6.** Obtención de datos de un texto o un conjunto de textos sobre un determinado tema. ◆ adj. Méx. *Fig.* y *fam.* Gracioso, simpático, chistoso.

VACIADOR s.m. Instrumento para vaciar.

VACIAMIENTO s.m. Acción de vaciar o vaciarse. **2.** CIR. Extracción de las partes internas de un hueso enfermo sin dañar el periostio.

VACIAR v.tr. y prnl. [19]. Dejar vacía una cosa. ◆ v.tr. Formar un hueco en alguna cosa. **2.** Extraer de un libro, escrito, etc., los datos que se necesitan. **3.** Afilar un instrumento cortante. **4.** CIR. Practicar el vaciamiento quirúrgico de una región. **5.** TAUROM. Dar salida al toro con el engaño, especialmente con la muleta, en la suerte de matar. **6.** TECNOL. **a.** Reproducir un objeto mediante el vaciado. **b.** Practicar una escotadura, hueco o cavidad en una pieza de metal o de madera; afinarla o rebajarla dándole forma adecuada. ◆ v.intr. Bajar o menguar la marea. **2.** Menguar el agua en un curso de agua. **3.** Desembocar un curso de agua en un lugar. ◆ **vaciarse** v.prnl. *Fig.* y *fam.* Hablar una persona más de lo necesario. **2.** TAUROM. Salirse el toro de la suerte de forma espontánea, sin llegar a su centro.

VACIEDAD s.f. Dicho o hecho necio o tonto.

VACILACIÓN s.f. Acción y efecto de vacilar. **2.** *Fig.* Duda, titubeo o indecisión en el momento de actuar.

VACILADA s.f. Méx. *Fam.* Acción y efecto de vacilar, hablar en broma.

VACILANTE adj. Que vacila.

VACILAR v.intr. (lat. *vacillare*). Oscilar, moverse una persona o cosa perdiendo su posición de equilibrio o estabilidad. **2.** Estar poco firme o estable una cosa no material: *vacilar la fe de alguien.* **3.** *Fig.* Estar alguien indeciso sobre su manera de pensar, sentir o actuar. **4.** *Fig.* Variar una cosa su intensidad, medida o cualidad entre determinados límites o formas: *vacilar la luz.* **5.** Amér. Central y Méx. Divertirse, estar de juerga, hablar en broma. ◆ v.tr. e intr. *Vulg.* Hacer una broma o burla a alguien: *no me vaciles.*

VACILE adj. Esp. *Vulg.* Tomadura de pelo.

VACILÓN, NA adj. y s. Amér. Central, Méx. y Venez. Juerguista. **2.** Esp. *Vulg.* Burlón, guasón. ◆ s.m. Amér. Central y Méx. Juerga, fiesta, diversión.

VACÍO, A adj. (lat. vulg. *vacivus*). Que no contiene nada. **2.** Que no está ocupado por nadie. **3.** Que no tiene gente o tiene muy poca. **4.** Que carece de lo que contiene habitualmente: *almendra vacía.* **5.** Que carece de la perfección o calidad necesaria: *cabeza vacía.* **6.** *Fig.* Que carece de interés o de contenido intelectual. **7.** *Fig.* Frívolo, presumido, vanidoso: *hombre vacío.* **8.** LING. Se dice de la palabra o término desprovistos por sí solos de contenido semántico. **9.** MAT. Se dice del conjunto que no posee ningún elemento. (Su notación es ∅.) ◆ s.m. Espacio en el que no existe ninguna materia. **2.** Espacio de gran altura o profundidad. **3.** Hueco o cavidad en un lugar. **4.** Ijada, espacio hueco que queda debajo de las costillas. **5.** Vacante de algún empleo, cargo, plaza o dignidad. **6.** *Fig.* Sentimiento por la ausencia de una persona o cosa que antes estaba y se considera importante: *nadie podrá ocupar el vacío que dejó su muerte.* **7.** FÍS. **a.** Espacio donde las partículas materiales están fuertemente enrarecidas. **b.** Atmósfera correspondiente a un estado cuya presión es inferior a la atmosférica. ◇ **Caer en el vacío** Referido a palabras, consejos, proyectos, iniciativas, etc., no tener acogida, no tener consecuencia o no ser atendidos. **De vacío** Sin carga, o sin la cosa que corresponde llevar o que no se ha conseguido. **Hacer el vacío** *Fam.* Aislar, rehuir o ignorar a alguien.

VACUIDAD s.f. Cualidad de vacuo.

VACUNA s.f. Cultivo microbiano o toxina de virulencia atenuada que se inocula a una persona o animal para inmunizarlo contra una enfermedad microbiana. **2.** VET. Enfermedad de origen vírico, que afecta al ganado vacuno, y en menor escala al caballar, caracterizada por la erupción pustulosa en determinadas zonas de la piel.

ENCICL. Las vacunas introducidas en el organismo provocan la formación de anticuerpos capaces de oponerse a la infección causada por un determinado germen infeccioso. Pueden prepararse a partir de gérmenes vivos atenuados (vacuna antipoliomielítica de Sabin), gérmenes muertos (vacuna antipoliomielítica de Lépine y Salk), o toxinas a las que se ha liberado de su poder patógeno, pero que conservan el antígeno (vacunas antidiftérica, antitetánica). Algunas vacunas tienen un período de inmunización breve y obligan a efectuar revacunaciones. En ocasiones pueden provocar reacciones de intolerancia. La acción de las vacunas es, sobre todo, preventiva.

VACUNACIÓN s.f. Acción de vacunar o vacunarse.

VACUNADA s.f. Méx. Vacunación.

VACUNAR v.tr. y prnl. Inocular una vacuna a una persona o animal. **2.** *Fig.* Hacer pasar

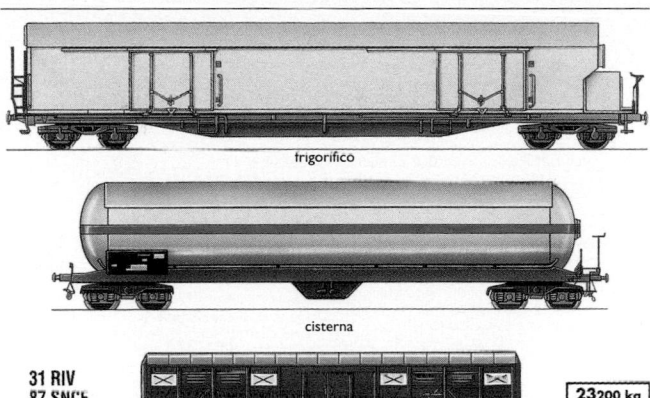

trigorífico

cisterna

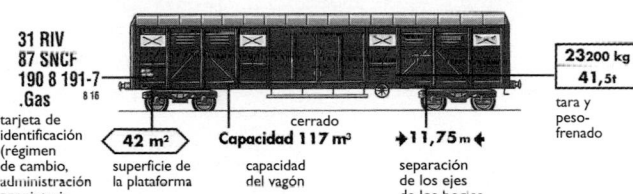

31 RIV
87 SNCF
190 8 191-7
.Gas 8 16

23200 kg
41,5t

tara y peso-frenado

tarjeta de identificación (régimen de cambio, administración propietaria, número de vagón)

42 m²
superficie de la plataforma

cerrado
Capacidad 117 m³
capacidad del vagón

11,75 m
separación de los ejes de los bogies

■ **VAGÓN.** Algunos tipos de vagones y significado de los indicadores.

---

a una persona por determinada experiencia o situación para que quede preparada y prevenida contra una desgracia o dificultad.

VACUNO, A adj. Relativo al toro, a la vaca o al buey. ◆ s.m. Animal bovino.

VACUNOTERAPIA s.f. MED. Conjunto de medios terapéuticos y profilácticos relativos al empleo de las vacunas.

VACUO, A adj. Vacío, falto de contenido. **2.** *Fig.* Frívolo, ligero, insustancial.

VACUOLA s.m. BIOL. Vacúolo. **2.** GEOL. Cavidad en la estructura de una roca.

VACÚOLO s.m. BIOL. Cavidad del citoplasma de las células que encierra diversas sustancias en solución acuosa. SIN.: *vacuola.*

VACUOMA s.m. BIOL. Conjunto de vacúolos de una célula.

VADE s.m. Vademécum, cartapacio. **2.** Carpeta que se tiene sobre el escritorio para guardar papeles y escribir sobre ella. **3.** Mueble en forma de pupitre, con una tapa inclinada sobre la que se escribe y bajo la que se guardan papeles y documentos.

VADEAR v.tr. Atravesar una corriente de agua por un lugar de fondo firme y poco profundo. **2.** *Fig.* Vencer o superar una dificultad.

VADEMÉCUM s.m. Tratado breve que contiene las nociones elementales de una ciencia o arte. **2.** Cartapacio, cartera para llevar libros y papeles.

VADO s.m. (lat. *vadum*). Lugar de una corriente de agua con fondo firme y poco profundo, por el que se puede atravesar sin dificultad. **2.** Espacio de la acera y bordillo de una vía pública por el que los vehículos pueden acceder con facilidad a locales o fincas situadas frente al mismo. **3.** MAR. Punto del mar o de un río donde pueden fondear las embarcaciones.

VAGA s.f. Hilo que queda flojo formando una lazada en un tejido o que queda suelto en un tejido de punto. **2.** Hilo que pasa por más de uno de los otros hilos del tejido que van en dirección contraria, por defecto o por exigirlo el dibujo.

VAGABUNDEAJE s.m. Chile. Vagancia, holgazanería.

VAGABUNDEAR v.intr. Llevar vida de vagabundo. **2.** Ir de un lugar a otro sin un itinerario fijo.

VAGABUNDEO s.m. Acción de vagabundear.

VAGABUNDO, A adj. (lat. *vagabundus*). Que anda o va errante. ◆ adj. y s. Se dice de la persona que va de un lugar a otro, sin ocupación ni destino fijo.

VAGANCIA s.f. Cualidad de vago, poco o mal trabajador. **2.** *Fam.* Pereza, falta de ganas de hacer algo. **3.** Acción de vagar.

1. VAGAR v.intr. (lat. *vagari*) [?] Ir de una parte a otra sin detenerse en ninguna y sin un destino fijo. **2.** Andar por varios sitios sin encontrar algo que se busca. **3.** Andar libre una cosa, o sin el orden y disposición que regularmente debe tener.

2. VAGAR s.m. (lat. *vacare*). Tiempo desocupado o libre para hacer una cosa. **2.** Lentitud, calma.

VAGIDO s.m. Llanto o gemido de un recién nacido.

VAGINA s.f. (lat. *vagina*, vaina). Órgano genital interno de las hembras de los mamíferos, formado por un canal de paredes musculares y revestimiento mucoso, que comunica el útero con la vulva.

VAGINAL adj. Relativo a la vagina.

VAGINISMO s.m. Contracción dolorosa y espasmódica del músculo constrictor de la vagina, de origen psíquico o físico.

VAGINITIS s.f. Inflamación de la mucosa de la vagina.

1. VAGO, A adj. y s. (lat. *vacuus*). Se dice de la persona poco o nada trabajadora.

2. VAGO, A adj. (lat. *vagus*). Indefinido, indeterminado, poco preciso. **2.** Que va de una parte a otra sin detenerse en ninguna y sin una dirección fija. ◆ **Nervio vago** ANAT. Décimo par de nervios craneales. SIN.: *nervio neumogástrico.*

VAGÓN s.m. (fr. *wagon*, del ingl. *waggon*, carro) Vehículo de ferrocarril que es remolcado por una locomotora y que está destinado al transporte de viajeros o mercancías.

VAGONETA s.f. Vehículo pequeño y descubierto que se desplaza sobre rieles para transportar mercancías.

VAGOTOMÍA s.f. Sección quirúrgica del nervio vago.

VAGOTONÍA s.f. Excitabilidad anormal del nervio vago.

VAGUADA s.f. Parte más profunda de un valle por donde corren las aguas de escorrentía, sin que necesariamente exista río ni arroyo.

VAGUEAR v.intr. Estar ocioso y sin querer trabajar.

VAGUEDAD s.f. Cualidad de vago, impreciso. **2.** Expresión o idea vaga o imprecisa.

VAHARADA s.f. Acción de echar vaho o aliento por la boca. **2.** Afluencia súbita y momentánea de un olor.

VAHEAR v.intr. Expeler vaho o vapor. SIN.: *vahar.*

VAHÍDO s.m. Desvanecimiento, pérdida momentánea del conocimiento.

VAHO s.m. (de *baf*, onomatopeya del soplo del vapor). Vapor que despiden los cuerpos en determinadas condiciones. **2.** Aliento, aire espirado por la boca. ◆ **vahos** s.m.pl. Procedimiento curativo consistente en respirar vahos o vapores con alguna sustancia balsámica.

VAÍDO, A adj. **Bóveda vaída** Bóveda *baída.*

VAILAHUÉN s.m. Chile. Nombre de diversas plantas aromáticas compuestas.

VAINA s.f. (lat. *vagina*). Funda alargada de material flexible en la que se guardan armas, herramientas y otros instrumentos de metal. **2.** Envoltura metálica, generalmente de latón, que contiene la carga de proyección de un disparo o de un cartucho de un arma de fuego. **3.** Amér. Contrariedad, molestia. **4.** ANAT. Envoltura de un órgano. **5.** BOT. **a.** Envoltura alargada con dos valvas de una planta leguminosa que contiene una hilera de semillas. **b.** Base de la hoja que abraza parcial o totalmente a la rama en que se inserta. ◆ adj. y s.m. y f. *Fam.* Se dice de la persona despreciable, molesta, presumida o fatua.

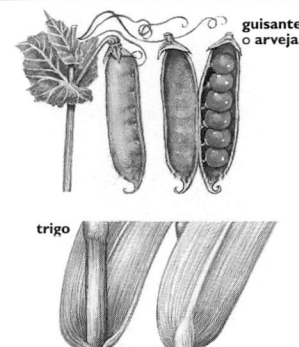

guisante o arveja

trigo

cara interna   cara externa

■ **VAINAS**

VAINAZAS s.m. y f. (pl. *vainazas*). *Fam.* Persona descuidada o perezosa.

VAINICA s.f. Labor de costura con que se adorna una tela junto al dobladillo, consistente en el deshilado de una parte del tejido y en la sujeción de los hilos que quedan descubiertos con puntadas.

VAINILLA s.f. Planta trepadora tropical, originaria de América, África y Asia, que se cultiva por su fruto aromático (Familia orquidáceas.) **2.** Fruto capsular de esta planta, de 15 a 25 cm de long., que se utiliza en confitería, en la fabricación de chocolate y elaboración del coñac y del ron.

■ **VAINILLA**

VAINILLINA s.f. Sustancia olorosa que se extrae de las vainas de vainilla, utilizada en perfumería y en pastelería.

VAIVÉN s.m. Movimiento que describe un cuerpo al desplazarse en dos sentidos de forma alternativa. **2.** Sacudida, movimiento brusco. **3.** *Fig.* Variación, inconstancia o inestabilidad de algo: *un vaivén del destino.* **4.** MAR. Cabo delgado que sirve para entrañar y forrar otros más gruesos. ◇ **Gozne, o bisagra, de vaivén** Gozne de puerta que permite abrirla en ambos sentidos.

VAJEAR v.tr. C. Rica, Cuba y Guat. Perturbar o aturdir a alguien con malas artes para conseguir algo de él. **2.** C. Rica, Cuba y Guat. Adormecer un reptil a sus víctimas, arrojándoles el vaho o el aliento.

VAJILLA s.f. (lat. vulg. *vascella*, pl. de *vascellum*, vasija pequeña). Conjunto de platos, fuentes, tazas y otros recipientes que se emplean en el servicio de la mesa.

VAL s.m. Apócope de *valle*. (Suele usarse en composición de topónimos: *Valderrey.*) **2.** GEOGR. Valle que corresponde a un sinclinal, en las regiones de tipo jurásico.

VALBUENA s.m. Vino que se elabora en las localidades vallisoletanas de Rueda de Seca, Nava del Rey, Sardón y Peñafiel.

VALDENSE adj. y s.m. y f. Relativo a la secta fundada por P. Valdo en el s. XII. Su rechazaba el culto a los santos, la misa y la confesión y predicaba la pobreza absoluta; seguidor de dicha secta.

VALDEPEÑAS s.m. (pl. *valdepeñas*). Vino tinto que se elabora en la provincia de Ciudad Real, con uva de los viñedos de Jancibel y Mantuo Lairen.

VALDIVIANO s.m. Chile. Guiso elaborado con charqui, ají, cebolla y ajo.

VALE s.m. Papel que se puede canjear por una cosa determinada. **2.** Nota firmada, a modo de recibo, que se da para acreditar que se hace una entrega. **3.** Entrada gratuita para un espectáculo público. **4.** DER. Documento por el que la persona que lo suscribe contrae la obligación de pagar a otra persona, o a su orden, o al portador, una cantidad de dinero en un plazo determinado. ◆ s. Amér. *Fam.* Valedor, camarada. ◇ **Vales reales** HIST. Obligaciones del estado, con un interés del 4 % anual, creadas por Carlos III en 1780.

¡VALE! interj. Esp. Expresa aprobación o acuerdo. **2.** Expresa deseo de que cese algo.

VALEDOR, RA s. Persona que favorece o protege a otra. **2.** Méx. *Fam.* Camarada, compañero.

VALEDURA s.f. Colomb. y Cuba. Regalo que hace el ganador de un juego al que pierde o al que está mirando. **2.** Méx. Favor, ayuda.

VALENCIA s.f. Número máximo de átomos de hidrógeno que pueden combinarse con un átomo de otro elemento, o los que pueden sustituir a un átomo de dicho elemento. **2.** Capacidad de un anticuerpo para combinarse con uno o más antígenos. ◇ **Valencia gramo de un elemento** Átomo-gramo de un elemento dividido por su valencia.

VALENCIANA s.f. Méx. Dobladillo del pantalón hacia afuera.

VALENCIANISMO s.m. Palabra, expresión o giro procedentes del valenciano que se usan en otra lengua. **2.** Defensa de los valores políticos, económicos o culturales de Valencia.

VALENCIANO, A adj. y s. De Valencia. ◆ s.m. Variedad del catalán hablada en la Comunidad Valenciana.

VALENTÍA s.f. Valor para enfrentarse a situaciones que entrañan peligro o dificultad. **2.** Hecho o hazaña valiente o heroica.

VALENTINITA s.f. Óxido natural del antimonio Sb_2O_3.

VALENTÓN, NA adj. y s. *Desp.* Fanfarrón que presume de valiente.

VALENTONADA s.f. Jactancia o exageración de la propia valentía.

VALENTONERÍA s.f. *Desp.* Cualidad o actitud propia de valentón.

1. VALER v.tr. e intr. (lat. *valere*) [64]. Tener una cosa un valor económico. **2.** Tener alguien o algo un valor o cualidad: *la película no*

vale nada. **3.** Tener eficacia o utilidad: *un pasaporte caducado no vale.* **4.** Producir, dar un beneficio: *su esfuerzo le valió un premio.* **5.** Tener poder, autoridad o fuerza: *tú vales más que yo con él.* **6.** Servir, ser útil, ser apto para algo: *este traje aún vale para esta temporada; este argumento no vale.* **7.** Servir algo para conseguir otra cosa o eludir un mal: *más vale tarde que nunca.* **8.** Amparar, ayudar: *¡que Dios te valga!* **9.** Ser válido, estar permitido. **10.** Equivaler, tener una cosa el mismo valor que otra. ◆ **valerse** v.prnl. Servirse de alguien o de algo: *valerse de influencias.* **2.** *Fam.* Ser capaz de realizar algo o resolver sus problemas habituales. ◇ **Hacerse valer** Imponerse, obtener el reconocimiento de los propios derechos, méritos, etc. **Hacer valer** Hacer que algo se imponga o sea tenido en consideración. **No valer para nada** Ser inútil. **Valer la pena** Merecer alguien o algo el esfuerzo que se le debe dedicar. **Valer lo que pesa** *Fam.* Ser muy estimable, valorar sus buenas cualidades.

2. VALER s.m. Valor, valía de alguien.

VALERIANA s.f. Planta herbácea de flores rosas o blancas, que crece preferentemente en lugares húmedos y se utiliza como antiespasmódico, y para preparar el licor y el agua de valeriana.)

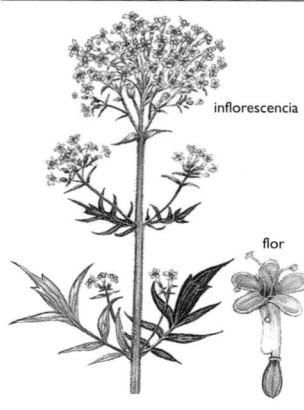

inflorescencia

flor

■ **VALERIANA** común.

VALERIANÁCEO, A adj. y s.f. Relativo a una familia de plantas herbáceas de fruto seco, a la que pertenece la valeriana.

VALEROSO, A adj. Valiente, animoso.

VALET s.m. (voz francesa). Carta de la baraja francesa que representa la figura de un sirviente de armas, lleva la letra *J* y ocupa el undécimo lugar del palo.

VALETUDINARIO, A adj. y s. (lat. *valetudinarius*, de valetudo, mala salud). Enfermizo, delicado de salud.

VALÍ o **WALÍ** m. (ár. *wâli*). Gobernador de una provincia o de una parte de la misma, en un estado musulmán.

VALÍA s.f. Valor, cualidad de la persona o cosa que vale. ◇ **Mayor valía** ECON. Aumento del valor de una cosa por circunstancias extrañas.

VALIDACIÓN s.f. Acción y efecto de validar. **2.** Firmeza, constancia o validez de una acción.

VALIDAR v.tr. Dar validez a una cosa.

VALIDEZ s.f. Cualidad de válido.

VALIDO s.m. Persona que goza de la amistad y confianza de un monarca, por lo que este le da acceso al ejercicio del poder.

VÁLIDO, A adj. (lat. *validus*, fuerte). Que tiene valor y fuerza legal o eficacia para producir su efecto.

VALIENTE adj. y s.m. y f. Que tiene valor para enfrentarse con situaciones peligrosas o difíciles. **2.** Valentón, bravucón: *dárselas de valiente.* ◆ adj. Que es más fuerte o robusto. **2.** Se usa para destacar de forma despectiva o irónica la cualidad de lo que se expresa: *valiente granuja estás hecho.*

VALIJA s.f. (ital. *valigia*). Maleta. **2.** Saco o

cartera de cuero donde se lleva la correspondencia. **3.** Correo que se lleva en ese saco o esta cartera. ◇ **Valija diplomática** Cartera cerrada y precintada que contiene correspondencia oficial entre un gobierno y sus agentes diplomáticos en el extranjero y que no se confía al servicio de correos por su importancia.

VALIMIENTO s.m. Confianza, favor o protección de un personaje de cierto rango.

VALINA s.f. Ácido aminado indispensable para mantener el equilibrio nitrogenado de un ser humano.

VALIOSO, A adj. Que vale mucho.

VALLA s.f. Construcción hecha con estacas, madera u otro material, para delimitar un lugar, cercarlo o defenderlo. **2.** *Fig.* Obstáculo, impedimento. **3.** DEP. Obstáculo artificial empleado en ciertas competiciones atléticas o hípicas. **4.** TAUROM. Barrera. ◇ **Valla de seguridad** Viga metálica o de hormigón dispuesta horizontalmente por encima del suelo, al borde de una carretera o entre dos vías de autopista, con el fin de impedir que un vehículo pueda salirse de la calzada. **Valla publicitaria** Cartelera colocada en una calle, carretera u otro espacio público, con fines publicitarios.

VALLADAR s.m. Valla, cerca. **2.** *Fig.* Obstáculo, impedimento.

VALLADO s.m. (lat. *vallatus*). Valla, cerca. **2.** Cerco defensivo hecho de arbustos, tierra apisonada u otro material.

VALLAR v.tr. Cercar o delimitar con vallas.

VALLE s.m. (lat. *vallis*). Depresión de terreno entre montañas o terrenos elevados. **2.** Conjunto de lugares, caseríos o pueblos situados en esta depresión. **3.** Depresión de terreno cruzada por un curso de agua o por un glaciar. ◇ **Valle ciego** Valle de un relieve cársico en que las aguas penetran en el suelo y no está cerrado río abajo. **Valle de lágrimas** Este mundo, la vida terrenal. **Valle muerto** Valle que ya no es recorrido por un curso de agua. **Valle suspendido** Valle secundario cuya confluencia con el valle principal está marcada por un desnivel brusco.

VALLENATO s.m. (de *valle* y *nato*, oriundo o propio del valle). Música popular típica de la costa caribeña de Colombia, que suele acompañar con acordeón. (Está basado en el son, el merengue y otros ritmos.)

VALLISOLETANO, A adj. y s. De Valladolid.

VALLISTO adj. y s. Argent. De los valles calchaquíes de Argentina.

VALÓN, NA adj. y s. De Valonia. ◆ s.m. Dialecto del grupo de oïl hablado en Valonia y en el norte de Francia.

VALONA s.f. **Hacer** a alguien **la valona** Méx. *Fam.* Echarle una mano, cubrirlo, hacerse cómplice con su silencio.

VALOR s.m. (lat. tardío *valor*, *-oris*). Cualidad física, intelectual o moral que se aprecia de alguien. **2.** Cualidad de algo digno de interés y estima, precio: *un cuadro de valor.* **3.** Precio de una cosa. **4.** Cualidad de valiente: *le faltó valor para afrontarlo.* **5.** Alcance, significación, eficacia o importancia de algo: *una afirmación sin valor; quitar valor a una frase.* **6.** *Fig.* Persona que posee, o a la que se atribuyen, cualidades positivas para aquello que se expresa: *un joven valor de la canción.* **7.** Descaro, desvergüenza: *tuvo el valor de negarlo.* **8.** Cada una de las supuestas cualidades positivas, consideradas en abstracto: *escala de valores de una sociedad.* **9.** Certificado acreditativo de la obligación que una persona física o jurídica tiene hacia su tenedor. **10.** Rédito o producto de una cosa. **11.** Propiedad que caracteriza a los bienes económicos y constituye el fundamento de su intercambio. **12.** FILOS. Lo que una determinada moral establece como ideal o norma. **13.** LING. Participación de un elemento lingüístico en un sistema de relaciones entre significante y significado. **14.** MAT. Determinación posible de una magnitud o de una cantidad variables, o parte de ellas. **15.** MÚS. Duración de una nota. **16.** PINT. Proporción de luz y sombra, de claro y oscuro o de una atmósfera dada de color. ◆ **valores** s.m.pl. Títulos representativos de participación de haberes de sociedades, de cantidades prestadas, de mercancías, de fondos pecuniarios o de servicios que son materias de operaciones mercantiles. ◇ **Armarse de valor** Prepararse para afrontar algo temible. **Escala de valores** Jerarquía establecida entre los principios morales. **Teoría del valor** ECON. Explicación de lo que constituye el valor de los bienes. **Valor añadido** Conjunto de retribuciones generadas en la realización de una actividad productiva que constituyen, junto a la correspondiente a los bienes incorporados en el producto final, el valor total de este producto. **Valor mobiliario** Título negociable emitido por personas jurídicas públicas y privadas, que representa una fracción de su capital social (acción) o de un préstamo a largo plazo que les es concedido (obligación). **Valor numérico** de una magnitud Medida de esta magnitud.

VALORACIÓN s.f. Acción y efecto de valorar o de evaluar. **2.** QUÍM. Método volumétrico de análisis cuantitativo para determinar la cantidad de sustancia contenida en una solución.

VALORAR v.tr. Establecer o señalar el valor económico de algo. **2.** Hacer que aumente el valor de algo. **3.** Apreciar y determinar el valor, cualidades y méritos de alguien o algo: *valorar el estilo de una obra.* **4.** Tener en cuenta algo para calcular o prever su importancia.

VALORIZACIÓN s.f. Acción de valorizar. **2.** Conjunto de medidas financieras para contrarrestar la pérdida del valor de las rentas del estado, motivada por la caída del valor adquisitivo de la moneda.

VALORIZAR v.tr. [7]. Aumentar el valor de algo. **2.** Valorar, evaluar el valor de algo.

VALQUIRIA s.f. (escandinavo ant. *valkyrja*). Divinidad de la mitología escandinava que designaba los héroes que habían de morir en un combate y servía de escanciadora en el Valhala.

VALS s.m. (alem. *walzer*, de *walzen*, dar vueltas). Baile en pareja de origen alemán, de compás 3/4, que en su origen tenía un movimiento lento, pero que en la forma más moderna (vals vienés) es de ritmo vivo y rápido. **2.** Música de este baile.

VALUAR v.tr. [18]. Valorar, evaluar.

VALVA s.f. Parte dura que se articula con otra y forma la concha de los moluscos y otros animales. **2.** BOT. Cada una de las dos partes de un fruto que recubre la semilla. **3.** CIR. Instrumento empleado para separar las partes blandas en una exploración o intervención quirúrgica.

VALVAR adj. Relativo a la valva.

VÁLVULA s.f. (del lat. *valva*, hoja de puerta). Dispositivo que sirve para regular el paso de un fluido, mediante la presión de un resorte móvil. **2.** Placa metálica que sirve de obturador móvil en el interior del tubo de una estufa, en el fondo de un depósito de agua, etc. **3.** Aparato que regula el movimiento de un fluido en una canalización. **4.** ANAT. Repliegue pequeño que se forma en la luz de algunos vasos para impedir el reflujo de sangre en sentido opuesto al de la corriente. **5.** ELECTR. Dis positivo que se intercala en un circuito para dejar pasar la corriente solo en un sentido. ◇ **Válvula de altitud** Válvula adaptada al carburador de los motores de aviación para corregir la concentración de la mezcla a medida que disminuye la densidad del aire con la altura. **Válvula de escape** Obturador que da salida a los gases de una caldera, etc; *Fig.* ocasión, motivo o cosa a la que se recurre para desahogarse de una tensión, trabajo excesivo o para salir de la monotonía diaria. **Válvula de seguridad** Válvula de una conducción, una caldera, etc., que se abre automáticamente cuando la presión interior rebasa un límite determinado; válvula intercalada en los tubos de perforación para evitar las erupciones. **Válvula en cabeza** Válvula de un motor de explosión situada en la parte superior de la culata.

VALVULAR adj. Relativo a la válvula. **2.** ANAT. Se dice del órgano que posee válvulas.

VALVULINA s.f. Aceite lubricante que se utiliza en la caja de cambios de un automóvil.

VAMPIRESA s.f. (ingl. *vamp*). Mujer de gran atractivo físico que seduce a los hombres con facilidad para aprovecharse de ellos. SIN.: *vamp*.

VAMPIRISMO s.m. Comportamiento de un vampiro. **2.** *Fig.* Codicia excesiva. **3.** MED. **a.** Ma-

nifestación sádica consistente en la mutilación de cadáveres. **b.** Necrofilia.

VAMPIRO s.m. (húngaro *vampir*). Cadáver que, según la superstición popular, sale por la noche de su tumba para chupar la sangre de los vivos. **2.** *Fig.* Persona que se enriquece con el trabajo ajeno. **3.** Murciélago de América tropical, generalmente insectívoro, pero que puede alimentarse de la sangre de animales y personas mordiendo a sus víctimas.

■ **VAMPIRO**

VANÁDICO, A adj. Se dice del anhídrido V_2O_5 y de los ácidos correspondientes.

VANADINITA s.f. Óxido de vanadio plumbífero natural.

VANADIO s.m. (lat. moderno *vanadium*, de *Vanadís*, diosa de la mitología escandinava). Metal de color gris plateado, de densidad 6,11, cuyo punto de fusión es de 1 890 °C aprox. **2.** Elemento químico (V), de número atómico 23 y masa atómica 50,941. (Se usa en la fabricación del acero, en las aleaciones refractarias, las superaleaciones, etc.)

VANAGLORIA s.f. Presunción o jactancia de una cualidad que alguien tiene o se atribuye.

VANAGLORIARSE v.prnl. Presumir o mostrarse orgulloso de algo.

VANDALAJE s.m. *Amér.* Vandalismo.

VANDÁLICO, A adj. Relativo a los vándalos o al vandalismo.

VANDALISMO s.m. (fr. *vandalisme*). Inclinación a destruir y devastar las propiedades ajenas o públicas o a promover escándalos sin respeto ni consideración a los demás. **2.** Devastación o destrucción propia de los vándalos.

VÁNDALO, A adj. y s. De un pueblo germánico, procedente de Escandinavia. **2.** *Fig.* Se dice de la persona salvaje y destructiva.

ENCICL. Sus principales tribus, asdingos y silingos, unidas a suevos y alanos, tras invadir la Galia conquistaron la península Ibérica entre 409 y 411. Bajo el mando de Genserico (428-477), los vándalos pasaron al N de África y fundaron un reino que se extendió hasta Sicilia y las Baleares. Enfrentados con Bizancio, fueron derrotados en 533 y quedaron incorporados al Imperio.

VANESA s.f. Mariposa diurna de colores muy variados, vuelo rápido, que vive en regiones templadas. (Familia ninfálidos.)

VANGUARDIA s.f. Parte de un ejército que va delante del cuerpo principal. **2.** Persona o grupo que anticipa las ideas o tendencias que se seguirán en el futuro. ◇ **A (la), o en, vanguardia** Delante de los demás. **De vanguardia** Se dice del movimiento, grupo o persona que es partidario de la renovación, avance e investigación en un campo determinado del saber.

VANGUARDISMO s.m. Movimiento o tendencia de vanguardia.

VANGUARDISTA adj. y s.m. y f. Relativo al vanguardismo; seguidor de este movimiento o tendencia.

VANIDAD s.f. Orgullo inspirado en un alto concepto de las propias cualidades o méritos, con un deseo excesivo de ser bien considerado y alabado. **2.** Cosa muy ostentosa o que muestra mucho lujo y riqueza sin reflejar otra cualidad. **3.** Cualidad de vano. **4.** B. ART. Naturaleza muerta que evoca la caducidad de la vida o las postrimerías del ser humano.

VANIDOSO, A adj. y s. Que tiene y muestra vanidad.

VANO, A adj. (lat. *vanus*). Que carece de realidad, sustancia o entidad. **2.** Que carece de contenido. **3.** Presuntuoso, frívolo e insustancial. **4.** Inútil, ineficaz o infructuoso. **5.** Que no tiene fundamento, razón o prueba. ● s.m. Hueco de una puerta, ventana u otra abertura en un muro o pared. ◇ **En vano** Inútilmente, de manera ineficaz; sin necesidad, razón o justicia.

VÁNOVA s.f. Colcha o cubrecama de algodón, particularmente la de estilo vasco con franjas y dibujos de colores.

VAPOR s.m. (lat. *vapor, -oris*). Gas que resulta de la vaporización de un líquido o de la acción del calor sobre un sólido. **2.** Vapor de agua empleado como fuerza motriz. **3.** Emanación de un cuerpo. **4.** MAR. Embarcación movida por una máquina de vapor. ◇ **Al vapor** Se dice del alimento cocido con el vapor de agua en ebullición. **Al, o a todo, vapor** *Fam.* Rápidamente, con gran velocidad. **Baño de vapor** Permanencia en un local cerrado, a alta temperatura, cuya atmósfera está saturada de vapor de agua. **Vapor saturado** Vapor cuya presión alcanza el máximo valor posible a una temperatura dada. **Vapor seco** FÍS. Vapor no saturante.

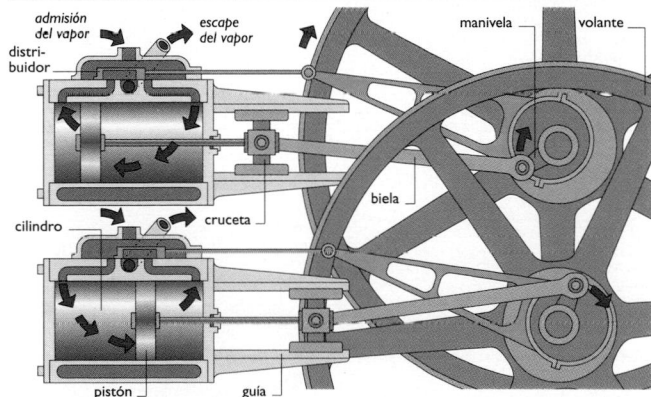

■ **VAPOR.** Esquema del funcionamiento de una máquina de vapor.

admisión del vapor

escape del vapor

distribuidor

manivela

volante

biela

cilindro

cruceta

pistón

guía

VAPORIZADO s.m. Acción de someter los hilos o los tejidos a la acción del vapor para darles apresto, fijar los colores, etc.

VAPORIZADOR s.m. Aparato que sirve para vaporizar un líquido. **2.** Recipiente en que se realiza la vaporización.

VAPORIZAR v.tr. y prnl. [7]. Convertir un líquido o un sólido en vapor por la acción del calor. SIN.: *evaporar, evaporizar.* **2.** Dispersar, proyectar un líquido en gotas finísimas.

VAPOROSO, A adj. Que es tenue, ligero y muy fino. **2.** Vago, desvaído.

VAPULEAR v.tr. y prnl. (del lat. *vapulare*). Azotar o golpear repetida y violentamente. **2.** *Fig.* Reprender, reñir o reprobar duramente.

VAPULEO s.m. Acción de vapulear.

VAQUEAR v.intr. Argent. Cazar ganado salvaje.

VAQUERÍA s.f. Lugar donde se ordeñan las vacas o se vende su leche. **2.** Amér. Trabajo propio de la recolección de ganado. **3.** Argent. y Urug. Batida del campo para cazar el ganado salvaje, que se efectuaba hasta principios del s. XIX.

VAQUERIZA s.f. Corral o establo donde se recoge el ganado vacuno.

VAQUERO, A s. Pastor de ganado vacuno. ◆ adj. y s.m. Esp. Se dice de la prenda de vestir, especialmente de los pantalones, confeccionada con tela muy resistente generalmente de color azul, con costuras vistas. ◆ s.m. Cowboy. ◆ adj. Relativo a los pastores de ganado bovino.

VAQUETA s.f. Piel de ternera adobada y curtida.

VAQUETÓN, NA adj. y s. Méx. *Fam.* Flojo, vago, dejado.

VAQUILLA s.f. Vaca joven que se corre y es toreada por los aficionados en fiestas populares. **2.** Chile y Nicar. Ternera entre el año y medio y los dos años. ◆ **vaquillas** s.f.pl. Festejo popular en que se corren y torean vaquillas.

VAQUILLONA s.f. Argent., Chile, Nicar. y Perú. Ternera de dos a tres años.

VÁQUIRA s.f. Colomb. y Venez. Pecarí. SIN.: *vaquiro.*

VAR s.m. (sigla de *volt amperios reactivos*). ELECTR. Vatio utilizado para medir la potencia eléctrica reactiva (símb. var).

VARA s.f. (lat. *vara*, de *varus, -a, -um*, patizambo). Rama de un árbol o arbusto larga, delgada y limpia de hojas. **2.** Palo largo y delgado. **3.** Bastón usado como insignia de autoridad y mando que llevan los alcaldes y que usaban antiguamente los ministros de justicia. **4.** Representación de esta autoridad o dignidad. **5.** Escapo con flores. **6.** Barra de la parte delantera de un vehículo tirado por caballos, a la que se engancha la caballería. **7.** Antigua unidad de medida de longitud de origen español equivalente a 0,8356 m. **8.** HERÁLD. Palo disminuido en dos tercios su espesor. SIN.: *vergeta.* **9.** TAUROM. Esqueleto del toro. **10.** TAUROM. Pica: *suerte de varas.* ◇ **Vara de Aarón, o de Jesé** Nardo. **Vara de oro, o de san José** Planta de flores amarillas que crece en bosques y se cultiva a menudo como ornamental. (Familia compuestas.)

VARADA s.f. Varadura. **2.** Conjunto de jornaleros que trabajan en el campo bajo la dirección de un capataz. **3.** Tiempo que duran estos trabajos.

VARADERA s.f. Protección que se coloca en el costado de un barco.

VARADERO s.m. Lugar donde se varan las embarcaciones, para limpiarlas, pintarlas o carenarlas.

VARAL s.m. Palo donde se encajan las estacas laterales de la caja de un carro. **2.** Argent. En los saladeros, armazón de cañas sobre la que se tiende la carne al aire libre para hacer tasajo.

VARANO s.m. Reptil lacértido carnívoro, de larga cola y lengua bífida, que mide de 2 a 3 m de longitud y vive en África, Asia y Australia.

VARAPALO s.m. Golpe dado con un palo o vara. **2.** Golpe o zurra. **3.** *Fig.* y *fam.* Disgusto o contratiempo grande.

VARAR v.intr. Quedar detenida una embarcación en un banco de arena, en la playa o entre piedras. ◆ v.tr. Sacar a la playa y poner en seco una embarcación.

VARAYOC s.m. → **WARAYOC**.

VARAZÓN s.f. Chile. Cardumen de peces.

VAREADOR, RA s. Persona que tiene por oficio varear los árboles. ◆ s.m. Argent. Persona que tiene por oficio varear los caballos de competición.

VAREAR v.tr. Golpear con una vara o palo. **2.** Golpear las ramas de un árbol con una vara para hacer caer el fruto. **3.** Argent. Ejercitar un caballo de carreras para conservarlo en buenas condiciones físicas. **4.** TAUROM. Herir o picar a los toros con la vara o la garrocha.

VAREC s.m. (voz escandinava). Alga marrón que se recoge para abonar las tierras arenosas, extraer sodio y yodo, hacer camas en establos y otras finalidades.

VAREGO, A adj. y s. De un pueblo vikingo que, durante la segunda mitad del s. IX, penetró en Rusia y practicó un comercio activo entre el Báltico, el mar Negro y el Caspio.

VAREJÓN s.m. Amér. Merid. y Nicar. Verdasca. **2.** Colomb. Variedad de yuca.

VARENGA s.f. (fr. *varangue*). Pieza curva de dos ramas o brazos, que forma la parte inferior de la cuaderna de una embarcación.

VAREO s.m. Acción y efecto de varear un árbol.

VARETAZO s.m. TAUROM. Golpe dado por el toro al torero con la pala del cuerno. SIN.: *palazo, paletazo.*

VARETO o VARETÓN s.m. Ciervo de uno a dos años, con una cornamenta formada por dos troncos rectos y cortos, sin ramificaciones.

VARÍ s.m. Chile y Perú. Ave rapaz diurna de plumaje grisáceo. (Familia falcónidas.)

VARIABILIDAD s.f. Cualidad de variable.

VARIABLE adj. Que puede variar. **2.** Inestable, inconstante: *carácter variable.* **3.** LING. Se dice de una palabra susceptible de variación según el número, el género, la función, etc. ◆ s.f. LÓG. y MAT. Término indeterminado que, en una relación o una función, puede ser remplazado por diversos términos determinados que son los valores.

VARIACIÓN s.f. Acción y efecto de variar. **2.** BIOL. Modificación de un animal o de una especie en relación con el tipo de su especie. (Se distinguen las *somaciones*, puramente individuales, y las *mutaciones*, transmisibles.) **3.** MÚS. Procedimiento de composición que consiste en utilizar un mismo tema transformándolo, adornándolo y dejándolo más o menos reconocible. ◆ **variaciones** s.f.pl. Forma musical que usa del procedimiento de variación. ◇ **Cálculo de variaciones** Rama del análisis matemático cuya finalidad es determinar los máximos y los mínimos de una integral en condiciones determinadas. **Variaciones de m elementos tomados p a p** MAT. Conjunto de los grupos que se pueden formar tomando *p* elementos entre los *m* dados, de forma que cada grupo difiere de los demás por la naturaleza o por el orden de los elementos que lo componen.

VARIADO, A adj. Que tiene variedad o está compuesto por elementos diferentes.

VARIANCIA s.f. Número máximo de factores del equilibrio cuyo valor puede fijarse simultáneamente en un sistema en equilibrio físicoquímico. **2.** ESTADÍST. Cuadrado de la desviación tipo.

VARIANTE s.f. Variedad o diferencia entre diversas clases o formas de una misma cosa. **2.** Texto o fragmento de un texto que difiere del que comúnmente es admitido, por correccio-

■ **VARANO** gigante australiano.

nes de un autor, o alteraciones de la copia o la edición de una obra. **3.** Esp. Desviación de un trecho de una carretera o camino. **4.** Esp. Signo distinto de uno en una quiniela de fútbol. **5.** LING. Forma especial de un fonema o una palabra determinados. **6.** MÚS. **a.** Forma en que se presenta una melodía popular según la región donde se ejecuta. **b.** Versión sencilla de un fragmento de virtuosismo o adaptación a instrumentos o voces distintos del original.

VARIAR v.tr. [19]. Hacer que alguien o algo sea diferente. **2.** Dar variedad: *variar la alimentación.* ◆ v.intr. Cambiar, transformarse, modificarse: *los gustos, los precios varían.* **2.** Ser diferente, distinto. **3.** MAT. Cambiar de valor.

VARICELA s.f. Enfermedad infecciosa, contagiosa y epidémica no grave, debida a un virus herpes, que afecta especialmente a los niños y confiere inmunidad, caracterizada por una erupción de vesículas, que desaparecen en unos diez días.

VARICOCELE s.m. Dilatación varicosa de las venas del cordón espermático y del escroto.

VARICOSO, A adj. y s. (lat. *varicosus*). Relativo a las varices; que padece varices.

VARIEDAD s.f. Cualidad de vario o variado. **2.** Cada una de las distintas clases de algo: *las variedades de un mismo modelo.* **3.** Inconstancia, inestabilidad. **4.** HIST. NAT. Subdivisión de la especie. ◆ **variedades** s.f.pl. Espectáculo compuesto por números musicales, humorísticos y otras atracciones. ◇ **De variedad** Méx. *Fam.* Divertido, jocoso: *que Juan apareciera cayó de variedad y nos puso lo aburrido.*

VARIETÉS s.f.pl. (fr. *variétés*). Variedades.

VARILLA s.f. Barra, generalmente metálica o de madera, larga y delgada que forma parte de la armazón de un objeto. **2.** Hueso largo de los que forman la quijada de un mamífero. **3.** Méx. Barra larga y delgada de hierro que se cubre con hormigón y se usa en la construcción.

VARILLAJE s.m. Conjunto de varillas.

VARIO, A adj. (lat. *varius*, de colores varios, inconstante). Que tiene variedad o algunos elementos diferentes. **2.** Inconstante, inestable. ◆ **varios** adj. y pron.indef.pl. Se dice de una cantidad imprecisa de que se expresa: *varios libros.*

VARIOLIZACIÓN s.f. Técnica de profilaxis de la viruela, practicada antes de la introducción de la vacuna por Jenner, que consistía en inocular polvo de costras desecadas.

VARIÓMETRO s.m. ELECTR. Aparato que sirve para medir inductancias.

VARIOPINTO, A adj. (ital. *variopinto*). Multiforme, diverso: *multitud variopinta.*

VARITA s.f. Vara pequeña. ◇ **Varita mágica** Vara de un hada, mago, o prestidigitador, etc., que tiene poderes mágicos.

VARIZ s.f. (lat. *varix, -icis*) [pl. *varices*]. PATOL. Dilatación permanente de una vena, particularmente frecuente en las piernas.

VARÓN s.m. (del germ. *baro*, hombre libre, apto para la lucha). Persona del sexo masculino. ◇ **Santo varón** *Fig.* Hombre de gran bondad y paciencia.

VARONÍA s.f. Descendencia por línea de varón.

VARONIL adj. Relativo al varón o propio de él: *fuerza varonil.*

VASALLAJE s.m. Estado o condición del vasallo. **2.** *Fig.* Sumisión servil, obediencia incondicional.

VASALLÁTICO, A adj. Relativo al vasallo o al vasallaje.

VASALLO, A s. (del celta *vassos*, servidor). Persona libre que se ponía al servicio de otra más poderosa, rey o señor, que la protegía a cambio de prestarle determinados servicios. **2.** Súbdito de un soberano. **3.** Estado o país respecto de otro sobre el que tenía soberanía. **4.** *Fig.* Persona que depende estrechamente de otra.

VASAR s.m. Estante que en las despensas y cocinas sirve para poner la vajilla u otras cosas.

VASCO, A adj. y s. Del País Vasco. SIN.: *vascongado.* ◆ s.m. LING. Lengua hablada en el País Vasco. SIN.: *euskera, euskara, vascuence.* ENCICL. El vasco es una de las lenguas prerromanas habladas en la península Ibérica y la única superviviente. Los estudiosos no han podido establecer su origen ni su parentesco con las demás lenguas. Partiendo de información escasa y no siempre fiable, se ha reconstruido el proceso de retracción del área lingüística del vasco a lo largo de la historia. El vasto dominio de la época romana (territorios comprendidos entre los ríos Garona, Segre y Ebro) se ha reducido hasta los límites actuales, que cierran un área de apenas 10 000 km²: del lado español, la provincia de Guipúzcoa, la parte central y oriental de la de Vizcaya, la franja norte de la de Álava y la zona más septentrional de la de Navarra; del lado francés, parte del departamento de Pyrénées-Atlantiques. La fuerte dialectalización del vasco ha favorecido la penetración del castellano, que ha ejercido desde su origen una intensa presión política y cultural. En 1968, la Academia de la lengua vasca inició una serie de estudios para la normalización de la ortografía, el léxico, la declinación y el verbo vasco, que dieron por fruto el vasco unificado *(euskara batua)*. En 1984 la Academia sentó las bases para la redacción de la gramática del euskara batua.

VASCÓN, NA adj. y s.m. y f. De un pueblo prerromano de la península Ibérica, de lengua no indoeuropea, que se expandió entre los Pirineos centro-occidentales y el río Ebro. (Su romanización fue solo parcial.)

VASCONGADO, A adj. y s. Vasco.

VASCUENCE s.m. LING. Vasco.

VASCULAR adj. (del lat. *vasculum*). Relativo a los vasos sanguíneos; *sistema vascular.* **2.** Se dice de las enfermedades que se derivan de un defecto de irrigación de los tejidos. ◇ **Planta vascular** BOT. Planta que tiene vasos.

VASCULARIZACIÓN s.f. Disposición o producción de los vasos de una región del organismo, una estructura o un tejido.

VASCULARIZADO, A adj. Se dice de un órgano provisto de vasos.

VASCULONERVIOSO, A adj. Relativo a los vasos y a los nervios.

VASECTOMÍA s.f. Escisión quirúrgica de los conductos deferentes, que vuelve estéril al hombre.

VASELINA s.f. (ingl. *vaseline*, del alem. *wasser*, agua, y el gr. *élaion*, aceite). Grasa mineral, traslúcida, extraída de residuos de la destilación de los petróleos y utilizada en farmacia y en perfumería.

VASIJA s.f. (del lat. *vasilia*). Recipiente de forma y material diverso, destinado a contener algo o usado como adorno; especialmente el que está fabricado de forma artesanal y tiene un tamaño manejable.

VASILLO s.m. Celdilla del panal.

VASO s.m. (lat. vulg. *vasum*). Recipiente de forma cilíndrica o de cono truncado, que sirve para beber. **2.** Cantidad de líquido que cabe en él. **3.** Vasija o recipiente cóncavo. **4.** ANAT. Conducto por donde circula la sangre o la linfa. (Se distinguen tres clases de vasos: las *arterias*, los *capilares* y las *venas*.) **5.** BOT. Tubo que sirve para la conducción de la savia bruta. ◇ **Ahogarse en un vaso de agua** *Fam.* Afligirse o preocuparse mucho por un motivo sin importancia. **Vaso de noche** Orinal. **Vasos comunicantes** Sistema constituido por dos o más recipientes unidos entre sí por debajo del nivel del fluido que contienen y en los cuales, por estar igualmente sometidos a la presión atmosférica, el fluido alcanza la misma altura. **Vasos sagrados** Vasos destinados al culto.

VASOCONSTRICCIÓN s.f. Disminución del diámetro de la luz de los vasos sanguíneos.

VASODILATACIÓN s.f. Aumento de la luz de los vasos sanguíneos.

VASOMOTOR, RA adj. MED. Relativo al movimiento regulador de los vasos sanguíneos. ◇ **Trastornos vasomotores** Trastornos circulatorios debidos a una relajación de los vasos (rojez) o a su constricción (palidez), relacionados con trastornos funcionales del sistema nervioso vegetativo o de los centros vasomotores del sistema nervioso central.

VASOMOTRICIDAD s.f. MED. Movimiento regulador de las arterias y las venas.

VASOPRESINA s.f. Hormona del lóbulo posterior de la hipófisis, que aumenta la tonicidad de los vasos y disminuye el volumen de la orina.

VASQUISMO s.m. Tendencia política y cultural que propugna una forma de autogobierno para el País Vasco y defiende sus valores históricos y culturales.

VÁSTAGO s.m. Brote que surge de un vegetal muy cerca del pie, del tallo o del cuello de la raíz. **2.** Hijo u otro descendiente de una persona. **3.** Varilla metálica que sirve para articular o sostener otras piezas.

VASTO, A adj. (lat. *vastus*). Muy amplio, dilatado o extenso.

VATE s.m. (lat. *vates*). Poeta. **2.** Adivino.

VÁTER s.m. (ingl. *water closet*) [pl. *waters* o *wáteres*]. Retrete, excusado. (Abrev. *WC.*) SIN.: water, water-closet.

VATICANO, A adj. Relativo al Vaticano.

VATICINAR v.tr. Adivinar, predecir.

VATICINIO s.m. (lat. *vaticinium*). Acción y efecto de vaticinar.

VATÍMETRO s.m. ELECTR. Instrumento de medida de la potencia desarrollada en un circuito eléctrico.

VATIO s.m. (de *Watt*, físico británico). Unidad de medida de potencia, de flujo energético y de flujo térmico (símb. W), equivalente a la potencia de un sistema energético en el que se transfiere uniformemente una energía de 1 julio cada segundo.

VATIO-HORA s.m. Unidad de medida de trabajo, de energía y de cantidad de calor (símb. Wh), equivalente a la energía producida en 1 hora por una potencia de 1 vatio y que vale 3 600 julios.

VAURIEN s.m. Velero monotipo de regatas, con orza y aparejo en sloop.

VD., abrev. de *usted.*

VDS., abrev. de *ustedes.*

VE s.f. Nombre de la letra *v.*

VECINAL adj. Relativo al vecindario o a los vecinos de una población. **2.** Se dice del camino más estrecho que una carretera, construido y conservado por el municipio.

VECINDAD s.f. Cualidad de vecino, cercano.

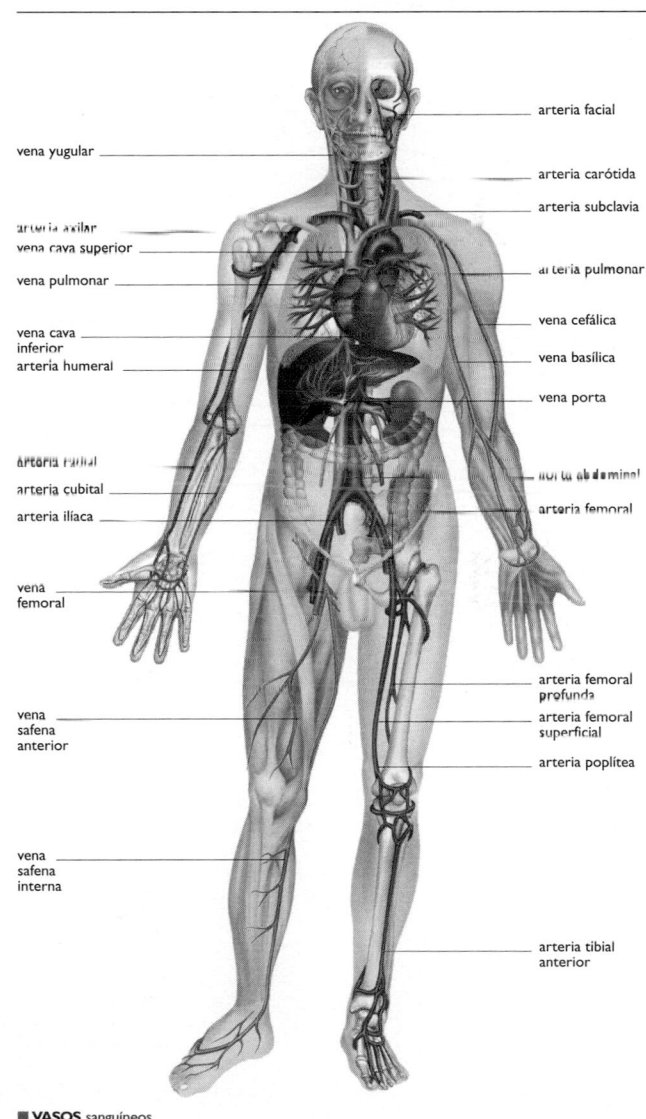

arteria facial

vena yugular

arteria carótida

arteria subclavia

arteria axilar

vena cava superior

arteria pulmonar

vena pulmonar

vena cefálica

vena cava inferior

arteria humeral

vena basílica

vena porta

arteria radial

arteria cubital

aorta abdominal

arteria iliaca

arteria femoral

vena femoral

arteria femoral profunda

vena safena anterior

arteria femoral superficial

arteria poplítea

vena safena interna

arteria tibial anterior

■ **VASOS** sanguíneos.

2. Conjunto de personas que viven en un mismo edificio. **3.** Vecindario. **4.** Alrededores, cercanías de un sitio. **5.** Méx. Conjunto de viviendas populares con patio común, generalmente una antigua casa grande adaptada para tal efecto.

VECINDARIO s.m. Conjunto de los vecinos de una población o barrio.

VECINO, A adj. y s. (lat. *vicinus,* de *vicus,* barrio, pueblo). Persona que vive cerca de otra, en el mismo edificio, calle, barrio, etc. **2.** Que tiene casa en una población y contribuye a las cargas o impuestos de esta. ✦ adj. *Fig.* Cercano, próximo, inmediato: *países vecinos.* **2.** *Fig.* Que se asemeja, afín, parecido. ✦ s. Durante la edad media y el Antiguo régimen, nombre dado a los habitantes cabezas de familia de los núcleos urbanos que gozaban del estado de plena libertad o franquicia.

VECTOR s.m. (lat. *vector, -oris,* el que conduce). En la terminología técnica, agente que transporta algo de un lugar a otro. **2.** MAT. Segmento de recta orientado en el que se distingue un origen y un extremo. **3.** MED. Artrópodo que transmite el germen de una enfermedad (bacteria, virus o protozoario) de un sujeto afectado a otro sano. **4.** MIL. Vehículo (bombardero, submarino, misil, etc.) portador de una carga explosiva, especialmente nuclear. ◇ **Radio vector** Segmento orientado que tiene como origen un punto fijo, y cuyo extremo puede desplazarse sobre una curva dada. **Sistema de vectores deslizantes** Conjunto compuesto de un número finito de vectores móviles sobre su línea de aplicación. **Vector energético** Forma intermediaria en la que se transforma la energía de una fuente primaria para su transporte o su almacenamiento, antes de su utilización. **Vector fijo** Vector cuya posición en el espacio está totalmente determinada. **Vector libre** Vector que puede ser remplazado por cualquier otro vector paralelo, del mismo sentido y la misma longitud.

VECTORIAL adj. Relativo a los vectores. ◇ **Análisis,** o **cálculo, vectorial** Estudio de las funciones de una variable vectorial. **Espacio vectorial** Estructura de un conjunto cuyo modelo lo proporcionan las propiedades de los vectores libres del espacio euclídeo ordinario. **Magnitud vectorial** Magnitud física cuya definición exige un valor numérico, una dirección y un sentido.

VEDA s.f. Acción y efecto de vedar. **2.** Espacio de tiempo en que está prohibido cazar o pescar. ◇ **Levantar la veda** Dar por terminada la prohibición de pescar o cazar en un lugar determinado.

VEDADO, A adj. y s.m. Acotado y cerrado por ley u ordenanza: *terreno vedado.*

VEDAR v.tr. (lat. *vetare*). Prohibir por ley, estatuto o mandato. **2.** Impedir, dificultar.

VEDETTE s.f. (voz francesa). Artista principal de un espectáculo de variedades, teatro, cine, etc.

VÉDICO, A adj. Relativo a los Veda. ✦ s.m. Lengua en la que están escritos los Veda, y que es una forma arcaica del sánscrito.

VEDIJA s.f. Mechón de lana o de pelo enredado.

VEDISMO s.m. Religión hindú que dio origen al brahmanismo.

VEEDOR s.m. En la edad media y durante el Antiguo régimen, inspector público. **2.** En el ejército, oficial que se ocupaba de la intendencia en la administración de las capitanías.

VEGA s.f. Terreno bajo, llano y fértil. **2.** Área de regadío que produce una sola cosecha. SIN.: *huerta.*

VEGETACIÓN s.f. Conjunto de plantas o de vegetales de un área determinada. ◇ **Vegetaciones adenoideas** Folículos linfoides hiperplásicos que se encuentran en los segmentos altos del aparato respiratorio, en particular la rinofaringe, y que pueden dificultar la respiración.

VEGETAL adj. Relativo a las plantas: *mundo vegetal.* ✦ s.m. Ser vivo caracterizado por la ausencia de boca, de sistema nervioso y de órganos locomotores, así como por la presencia de redes celulósicas, generalmente de clorofila y almidón y la reproducción por espo-

ras. (Bacterias, árboles, plantas y hongos son vegetales.)

VEGETAR v.intr. y prnl. (lat. *vegetare,* animar). Germinar, crecer, desarrollarse y multiplicarse las plantas. ✦ v.intr. *Fig.* Vivir alguien sin ningún interés o inquietud de tipo moral o intelectual. **2.** *Fig.* Disfrutar voluntariamente de una vida tranquila y reposada, exenta de trabajo y preocupaciones.

VEGETARIANISMO s.m. Régimen de alimentación que se basa en la ingestión casi exclusiva de productos de origen vegetal; algunas veces se consumen también productos derivados de animales, como la leche, los huevos, la miel, etc.

VEGETARIANO, A adj. y s. (fr. *végétarien*). Relativo al vegetarianismo; que practica este régimen alimenticio.

VEGETATIVO, A adj. Se dice del órgano u organismo que solo realiza las funciones fisiológicas estrictamente imprescindibles para continuar vivo: *tejido vegetativo.* ◇ **Aparato vegetativo** Raíces, tallo y hojas de las plantas superiores, y talo de las plantas inferiores, que aseguran la nutrición. **Crecimiento vegetativo** Diferencia entre el número de nacimientos y el número de defunciones en una población, en un período determinado. **Multiplicación vegetativa** Aquella que se realiza por medio de un elemento del aparato vegetativo (estolones, injertos, etc.). **Sistema nervioso vegetativo** Conjunto de los sistemas nerviosos simpático y parasimpático, que regulan el funcionamiento de las vísceras. **Vida vegetativa** Vida puramente orgánica.

VEGUERO, A adj. Relativo a la vega. ✦ s.m. Cigarro puro hecho de una sola hoja de tabaco enrollada. ✦ s. Persona que trabaja en el arado y cultivo de una vega. **2.** Cultivador de una vega para la explotación del tabaco.

VEHEMENCIA s.f. (lat. *vehemens, -tis*). Cualidad de vehemente.

VEHEMENTE adj. Que tiene una fuerza impetuosa: *discurso vehemente.* **2.** Que obra de forma irreflexiva, dejándose llevar por los impulsos: *persona muy vehemente.* **3.** Ardiente y lleno de pasión.

VEHICULAR v.tr. Conducir, comunicar.

VEHICULADOR s.m. Producto utilizado en el teñido de las fibras textiles formadas por poliéster, para acelerar la velocidad de difusión de los colorantes en la fibra.

VEHÍCULO s.m. (lat. *vehiculum,* de *vehere,* llevar a cuestas, llevar en carro). Medio de transporte terrestre, aéreo o acuático. **2.** Cosa que sirve de paso para transmitir o conducir algo: *el aire es el vehículo del sonido.* **3.** Excipiente farmacéutico. **4.** ÓPT. Prisma que endereza la imagen dada por un objetivo de anteojo.

VEINTE adj.num.cardin. y s.m. (lat. *viginti*). Dos veces diez: *tiene veinte años; cinco por cuatro son veinte.* ✦ adj.num.ordin. y s.m. Vigésimo, que corresponde en orden al número veinte: *página veinte; es el veinte de la lista.* ◇ **Los (años) veinte** Década que empieza en el año veinte y termina en el treinta.

VEINTEAVO, A o **VEINTAVO, A** adj. y s.m. Se dice de cada una de las veinte partes iguales en que se divide un todo: *cinco es la vein-*

teava parte de cien; diez veintavos equivalen a una mitad.

VEINTENA s.f. Conjunto o grupo de veinte unidades: *una veintena de libros.* **2.** Sucesión de veinte años o veinte días consecutivos: *la primera veintena de la vida.* **3.** Aproximadamente veinte: *habría una veintena de personas.*

VEINTICINCO adj.num.cardin. y s.m. Veinte más cinco. ✦ adj.num.ordin. y s.m. y f. Vigésimo quinto.

VEINTICUATRO adj.num.cardin. y s.m. Veinte más cuatro. ✦ adj.num.ordin. y s.m. y f. Vigésimo cuarto.

VEINTIDÓS adj.num.cardin. y s.m. Veinte más dos. ✦ adj.num.ordin. y s.m. y f. Vigésimo segundo.

VEINTINUEVE adj.num.cardin. y s.m. Veinte más nueve. ✦ adj.num.ordin. y s.m. y f. Vigésimo noveno.

VEINTIOCHO adj.num.cardin. y s.m. Veinte más ocho. ✦ adj.num.ordin. y s.m. y f. Vigésimo octavo.

VEINTISÉIS adj.num.cardin. y s.m. Veinte más seis. ✦ adj.num.ordin. y s.m. y f. Vigésimo sexto.

VEINTISIETE adj.num.cardin. y s.m. Veinte más siete. ✦ adj.num.ordin. y s.m. y f. Vigésimo séptimo.

VEINTITRÉS adj.num.cardin. y s.m. Veinte más tres. ✦ adj.num.ordin. y s.m. y f. Vigésimo tercio o tercero.

VEINTIÚN adj. Apócope de *veintiuno.*

VEINTIUNO, A adj.num.cardin. y s.m. Veinte más uno. ✦ adj.num.ordin. y s.m. y f. Vigésimo primero.

VEJACIÓN s.f. Acción y efecto de vejar. SIN.: *vejamen.*

VEJAMEN s.m. (lat. *vexamen, -inis*). Vejación.

VEJAR v.tr. (lat. *vexare*). Maltratar, molestar a alguien haciendo que se sienta humillado.

VEJATORIO, A adj. Que veja o es capaz de vejar.

VEJESTORIO s.m. *Desp.* Persona muy vieja.

VEJEZ s.f. Cualidad de viejo. **2.** Último período de la vida de las personas. **3.** Manías, actitudes o dichos propios de la vejez.

VEJIGA s.f. (lat. vulg. *vessica*). Receptáculo abdominal en el que se acumula la orina que llega de los riñones a través de los uréteres, y que comunica con el exterior por el canal de la uretra. **2.** Vesícula.

1. VELA s.f. Acción de velar, permanecer despierto sin dormir. **2.** Cilindro de cera u otra materia grasa, con pabilo para que pueda encenderse y dar luz. ✦ **velas** s.f.pl. *Fig.* y *fam.* Mocos que cuelgan de la nariz. **2.** TAUROM. Cuernos altos y levantados. ◇ **A dos velas** *Fam.* Con carencia o escasez de dinero. **En vela** Sin dormir por falta de sueño. **No dar vela en,** o **para, un entierro** *Fam.* No dar autoridad, motivo o pretexto para que se intervenga en algo. **Vela de armas** HIST. Una de las ceremonias necesarias para ser armado caballero.

2. VELA s.f. (lat. *vela*). Conjunto de piezas de lona, lienzo fuerte y otro tejido, cortados y cosidos entre sí formando una superficie capaz de recibir el viento, y que sirve para propulsar

■ **VELA.** El trimarán *Groupe-Pierre-1ᵉʳ* de Florence Arthaud, vencedor de la Ruta del Ron en 1990.

una embarcación. **2.** Práctica deportiva de la navegación de vela: *club de vela.* **3.** Velamen, conjunto de velas: *llevar mucha vela.* **4.** Barco de vela.◇ **Arriar,** o **recoger, velas** Reprimirse, contenerse, ir desistiendo de un propósito. **A toda vela** Con todas las velas desplegadas; dedicándose completamente a la ejecución o consecución de algo.

VELADA s.f. Reunión o tertulia nocturna para entretenimiento y diversión. **2.** Sesión musical, literaria o deportiva que se celebra por la noche.

VELADO s.m. PINT. En una superficie recién barnizada, defecto que consiste en una disminución del brillo y en la aparición de una película nebulosa.

VELADOR, RA adj. y s. Que vela o está sin dormir. ◆ s. Méx. Vigilante nocturno de oficinas o edificios en construcción. ◆ s.m. Mesa pequeña y redonda con un solo pie, que en su base se ramifica en tres. **2.** Lamparilla eléctrica de sobremesa. **3.** Amér. Merid. Mesa de noche. **4.** Argent., Méx. y Urug. Lámpara o luz portátil que suele colocarse en la mesita de noche. **5.** Méx. Veladora.

VELADORA s.f. Méx. Vela gruesa y corta, en forma de cono truncado o invertido que se prende por devoción ante la imagen de un santo.

VELADURA s.f. PINT. Preparación pictórica traslúcida y a veces transparente, muy fluida.

VELAMEN s.m. (cat. *velam*). Conjunto de las velas de una embarcación o de uno de sus palos. SIN.: *velaje.* **2.** BOT. Envoltura que recubre las raíces de orquídeas y aráceas epífitas. **3.** TAUROM. Cornamenta.

1. VELAR v.intr. (lat. *vigilare*). Permanecer despierto voluntariamente el tiempo destinado a dormir. **2.** *Fig.* Cuidar solícitamente algo: *velar por su salud.* ◆ v.tr. Hacer el centinela guardia durante las horas nocturnas. **2.** Asistir de noche a un enfermo o pasarla con un difunto en señal de duelo o respeto. ◆ v.tr. e intr. REL. Asistir por horas o turnos delante del Santísimo Sacramento cuando está expuesto o en el monumento.

2. VELAR v.tr. y prnl. Cubrir algo con un velo. ◆ v.tr. *Fig.* Ocultar, atenuar o disimular algo: *velar la realidad.* ◆ **velarse** v.prnl. FOT. Borrar-

se la imagen en la placa o en el papel por la acción indebida de la luz.

3. VELAR adj. Relativo al velo del paladar: *región velar.* ◆ adj. y s.f. FONÉT. Se dice de un fonema cuyo punto de articulación está cerca del velo del paladar, como la *k* y la *g.* SIN.: *gutural.*

VELARIUM o **VELARIO** s.m. Tela con que se cubrían los circos, los teatros y los anfiteatros romanos para abrigar a los espectadores del sol y la lluvia.

VELARIZACIÓN s.f. Acción y efecto de velarizar.

VELARIZAR v.tr. y prnl. [7]. Hacer velar un sonido.

VELATORIO s.m. Acto de velar a un difunto. **2.** Grupo de personas que realizan este acto.

VELCRO s.m. (marca registrada). Sistema de cierre flexible consistente en dos fibras de tela, cada una de ellas con un tipo especial y distinto de urdimbre, que al unirse quedan adheridas entre sí.

VELD s m. (voz neerlandesa, *campo, meseta*). GEOGR. Meseta cubierta de sabana o estepa de la República de Sudáfrica.

VELEIDAD s.f. (lat. escolástico *velleitas*). Cualidad de veleidoso. **2.** Capricho.

VELEIDOSO, A adj. Se dice de la persona inconstante y mudable, y de sus actos.

VELERÍA s.f. Arte de hacer velas para las embarcaciones. **2.** Taller donde se fabrican velas y trabajos relacionados con el aparejo de los barcos.

VELERO, A adj. Se dice de la embarcación muy ligera o que navega mucho: *barco velero.* ◆ s.m. Buque de vela. **2.** Aparato proyectado para vuelos sin motor.

VELETA s.f. Placa móvil alrededor de un eje vertical, que se coloca en lo alto de un edificio para indicar la dirección del viento. **2.** AERON. Dispositivo de ciertos aviones ligeros que señala el momento en que el aparato va a entrar en pérdida de velocidad. ◆ s.m. y f. Persona que cambia a menudo de opinión.

VELIZ o **VELÍS** s m. Méx. Maleta de mano que puede ser de cuero o de metal.

VELLO s.m. (lat. *villus*, pelo de los animales o de los paños). Conjunto de pelos más cor-

tos y finos que los de la cabeza o la barba, que cubren algunas partes del cuerpo humano. **2.** Conjunto de pelillos que cubren algunas frutas y plantas.

VELLOCINO s.m. (del lat. *vellus, -eris*). Vellón que resulta de esquilar las ovejas.

1. VELLÓN s.m. Toda la lana de un carnero u oveja, que sale junta al esquilarla. **2.** Piel curtida de oveja o carnero, con su lana.

2. VELLÓN s.m. (fr. *billon*). Aleación de lata y de cobre, con que se labró moneda. **2.** Moneda de cobre que se usó en lugar de la fabricada con liga de plata.

VELLOSIDAD s.f. Existencia de vello.◇ **Vellosidad intestinal** ANAT. Pliegue de la pared del intestino que aumenta la superficie de este y favorece los fenómenos de absorción.

VELLOSILLA s.f. Planta herbácea de flores amarillas, que crece en la península Ibérica. (Familia compuestas).

VELLOSO, A adj. Provisto o cubierto de vello: *cuerpo velloso; hojas vellosas.*

VELLUDO, A adj. (cat. *vellut,* terciopelo). Que tiene mucho vello.

VELO s.m. (lat. *velum*). Tejido muy fino y transparente que se emplea para cubrir ligeramente algo. **2.** Prenda de tul, encaje, gasa, etc., usada por las mujeres para cubrirse la cabeza o el rostro en determinadas circunstancias. **3.** Manto con que cubren la cabeza y parte superior del cuerpo las religiosas. **4.** *Fig.* Cosa delgada, ligera o flotante que encubre más o menos la vista de otra. **5.** *Fig.* Lo que encubre o disimula la verdad o la falta de claridad en algo: *palabras con un velo de indulgencia.* **6.** BOT. Velamen, envoltura que rodea algunos hongos jóvenes. **7.** FOT. Oscurecimiento accidental de un cliché por exceso de luz. ◇ **Correr,** o **descorrer, el velo** Dejar a la vista algo que se quería ocultar. **Correr,** o **echar, un tupido velo** Dejar de hablar de algo por no ser conveniente mencionarlo o recordarlo, o por ser poco agradable. **Velo del paladar** ANAT. Conjunto que forma el techo de la cavidad bucal.

VELOCIDAD s.f. Magnitud física que representa el espacio recorrido en una unidad de tiempo. **2.** Gran rapidez en el movimiento. **3.** AUTOM. Cada una de las combinaciones o

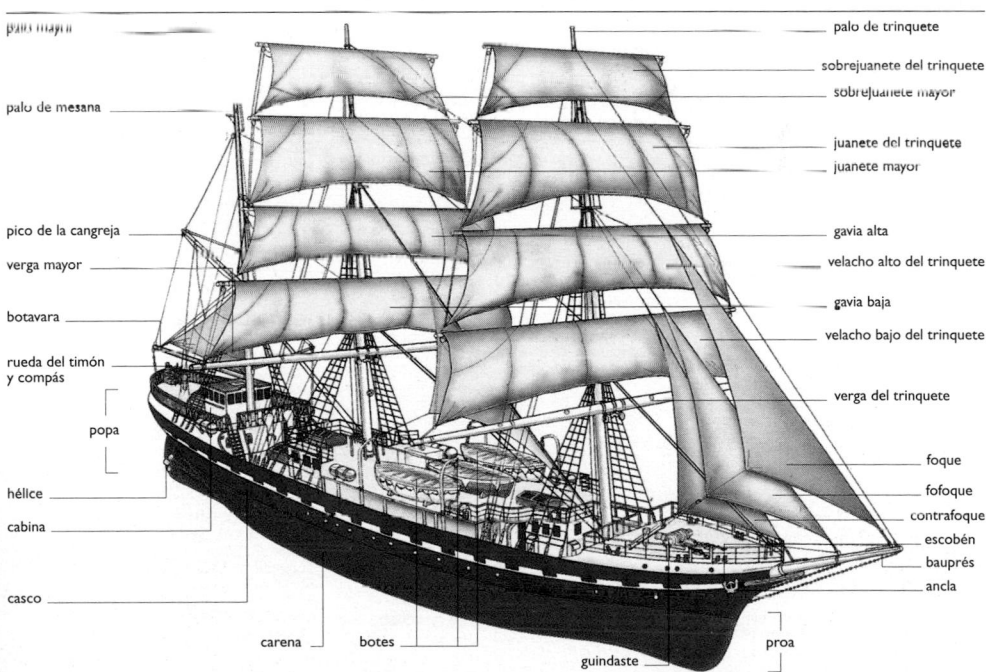

palo mayor

palo de mesana

pico de la cangreja

verga mayor

botavara

rueda del timón y compás

popa

hélice

cabina

casco

carena   botes   guindaste   proa

palo de trinquete

sobrejuanete del trinquete

sobrejuanete mayor

juanete del trinquete

juanete mayor

gavia alta

velacho alto del trinquete

gavia baja

velacho bajo del trinquete

verga del trinquete

foque

fofoque

contrafoque

escobén

bauprés

ancla

■ **VELERO.** Aparejos, casco, velamen y superestructuras de un barco de vela.

relaciones de engranaje de un motor de automóvil. ◇ **Carrera de velocidad** En atletismo y en ciclismo, carrera en pista, generalmente de corta distancia. **Velocidad angular** Derivada respecto al tiempo del ángulo descrito por el radio vector del móvil. **Velocidad de crucero** Media horaria que un vehículo es capaz de mantener durante un largo recorrido. **Velocidad inicial** Velocidad que posee el proyectil en el origen de su trayectoria. (Abrev. V_0.) **Velocidad instantánea** Límite de la velocidad media en un trayecto en que su la longitud tiende a cero. **Velocidad media** Relación entre el camino recorrido y el tiempo empleado en recorrerlo. **Velocidad práctica de tiro** Número medio de disparos que un arma puede tirar sobre un objetivo en un minuto, teniendo en cuenta el tiempo necesario para su carga.

VELOCÍMETRO s.m. Cuentakilómetros. **2.** Indicador de velocidad del avión, con respecto al aire y no con relación a tierra.

VELOCÍPEDO s.m. Vehículo movido por pedales, que constituyó el origen de la bicicleta. **2.** Bicicleta.

VELOCISTA s.m. y f. y adj. Atleta especializado en las carreras de velocidad.

VELÓDROMO s.m. (fr. *vélodrome*). Pista para determinadas carreras ciclistas.

VELOMOTOR s.m. Motocicleta ligera cuya cilindrada no excede a 50 cm^3.

VELÓN s.m. Lámpara metálica de aceite, compuesta de un depósito con uno o varios picos por los que pasa la mecha, y provista de una pantalla de hojalata. **2.** Chile y Perú. Vela de sebo muy gruesa que suele ser corta.

VELORIO s.m. Acción de velar un cadáver. **2.** Fiesta nocturna que se celebra en ciertas casas con motivo de haber acabado alguna faena doméstica, como la matanza del cerdo.

VELOZ adj. (lat. *velox, -ocis*). Que se mueve muy deprisa, con rapidez, que puede ir a mucha velocidad: *automóvil veloz*. **2.** Hecho o ejecutado a gran velocidad: *una carrera veloz*.

VELVETÓN s.m. Tela de algodón que imita el terciopelo.

VENA s.f. (lat. *vena*). Vaso que conduce la sangre a la linfa al corazón. **2.** *Fig.* Inspiración poética, facilidad para componer versos. **3.** *Fig.* Disposición natural para alguna actividad determinada: *tener vena de músico*. **4.** Lista ondulada, ramificada y de distinto color que la superficie en algunas piedras y maderas. **5.** Conducto natural por donde circula el agua en las entrañas de la tierra. **6.** BOT. **a.** Nervadura muy saliente de ciertas hojas. **b.** Fibra de la vaina de ciertas legumbres. **7.** MIN. Filón de roca o de una masa mineral encajado en una roca de distinta naturaleza. ◇ **Coger**, o **hallar, de vena** a alguien *Fam.* Encontrarlo en disposición favorable para lograr o conseguir lo que se pretende de él. **Darle a alguien la vena** *Fam.* Sentir un impulso súbito o irrazonable. **Estar en vena** *Fam.* Estar inspirado para llevar a cabo una actividad.

VENABLO s.m. (lat. *venabulum*). Dardo o lanza corta arrojadiza que en el s.XVI, en España, era el distintivo de alférez. ◇ **Echar venablos** Prorrumpir en expresiones de cólera.

VENADA s.f. Amér. Cierva.

VENADEAR v.tr. Méx. *Fig.* Asesinar a alguien en el campo y a mansalva.

VENADO s.m. (lat. *venatus, -us*, pieza cazada). Ciervo.

1. VENAL adj. Relativo a las venas.

2. VENAL adj. Vendible, destinado a ser vendido o expuesto a la venta: *objetos venales*. **2.** Que se deja corromper o sobornar con dádivas: *justicia venal*.

VENÁTICO, A adj. y s. *Fam.* Que tiene vena de loco, o ideas extravagantes.

VENATORIO, A adj. Cinegético.

VENCEDERO, A adj. Sujeto a vencimiento en una fecha determinada: *factura vencedera el próximo mes*.

1. VENCEJO s.m. ZOOL. Ave parecida a la golondrina, pero de alas más estrechas y cola más corta, que vive prácticamente en todo el mundo y caza insectos durante su rápido vuelo. (Orden apodiformes.)

2. VENCEJO s.m. (del lat. *vincire*, atar, encadenar). Lazo o ligadura con que se ata algo, especialmente las mieses.

VENCER v.tr. (lat. *vincere*) [25]. Obligar a un enemigo a rendirse, derrotarlo en un combate: *vencer en la batalla*. **2.** Resultar el primero en un concurso, competición, etc. **3.** Inducir a alguien a seguir determinado parecer o cambiar de opinión: *venció mi resistencia*. **4.** Afrontar y resolver con éxito una dificultad, problema, etc.: *vencer un obstáculo*. **5.** Prevalecer una cosa sobre otra: *la razón venció a la locura*. **6.** Aventajar una persona o cosa en cierta cualidad. **7.** Subir, coronar o superar la altura o aspereza de un lugar: *vencer una cumbre*. ◆ v.tr. y prnl. Rendir a alguien las cosas físicas o morales que actúan sobre ella: *le venció el sueño, el hambre, el dolor*. **2.** Ladear, torcer, inclinar, hundir algo o a alguien el peso de algo: *el paquete le vencía*. ◆ v.intr. Terminar cierto plazo. **2.** Terminar o perder su fuerza obligatoria un contrato por cumplirse la condición o el plazo en él fijado. **3.** Hacerse exigible una deuda u otra obligación: *el recibo vence el día veinte*. ◆ v.tr., intr. y prnl. Dominar, refrenar las pasiones, afectos, etc.: *vencer el miedo*.

VENCETÓSIGO s.m. (lat. *vincetoxicum*). Planta herbácea de raíces medicinales, con flores pequeñas y blancas y de olor parecido al del alcanfor. (Familia asclepiadáceas.)

VENCIDO, A adj. y s. Que ha sido derrotado: *un país vencido*. ◇ **A la tercera va la vencida** Expresa que a la tercera tentativa se suele conseguir el fin deseado. **Darse por vencido** Cesar en la oposición o rendirse ante el convencimiento de la inutilidad de un esfuerzo.

VENCIMIENTO s.m. Acción y efecto de vencer. **2.** *Fig.* Inclinación o torcimiento de algo material: *vencimiento de una estantería*. **3.** Momento en que se ha de cumplir una obligación o fecha en que se debe pagar una deuda.

VENDA s.f. (germ. *binda*). Franja de tela o gasa para cubrir heridas o para sujetar la cura aplicada en ellas. ◇ **Caérsele** a alguien **la venda de los ojos** Salir del estado de ofuscación en que estaba. **Tener una venda en**, o **delante de, los ojos** Ignorar la verdad por ofuscación o no quererla saber.

VENDAJE s.m. Acción de cubrir con vendas una parte determinada del organismo. **2.** Técnica terapéutica basada en el empleo de vendas. **3.** Conjunto de vendas.

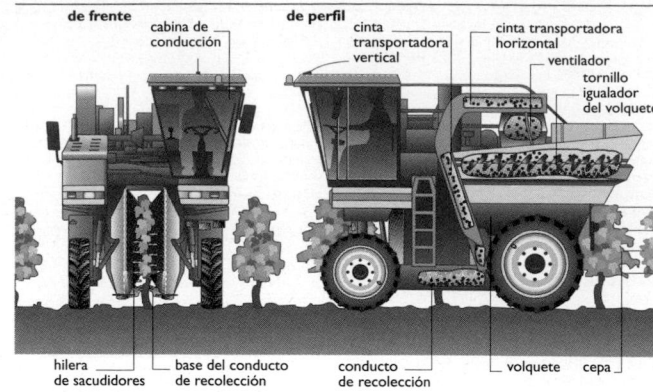

■ **VENDIMIADORA.** Sistema de funcionamiento.

de frente — cabina de conducción — de perfil — cinta transportadora vertical — cinta transportadora horizontal — ventilador — tornillo igualador del volquete — hilera de sacudidores — base del conducto de recolección — conducto de recolección — volquete — cepa

VENDAR v.tr. Aplicar una venda o atar o cubrir con ella.

VENDAVAL s.m. (fr. *vent d'aval*, viento del oeste). Viento fuerte que no llega a temporal. **2.** Viento fuerte del sur, con tendencia a rolar al oeste. **3.** MAR. En las costas orientales de América Central, viento del oeste que sopla en otoño. ◆ **vendavales** s.m.pl. Vientos utilizados para la travesía de regreso de las Indias Occidentales a España.

VENDEDOR, RA adj. y s. Que vende o tiene por oficio vender. ◆ s. DER. Persona que procede a una venta o que es parte en un contrato de compraventa.

VENDER v.tr. (lat. *vendere*). Ceder a otro algo a un determinado precio. **2.** Ejercer esta actividad comercial: *vender fruta en el mercado*. **3.** Exponer u ofrecer al público géneros o mercaderías. **4.** Sacrificar al interés algo que no tiene valor material: *vender la honra*. **5.** Faltar a la fe, confianza o amistad que se debe a otro. ◆ **venderse** v.prnl. *Fig.* Dejarse sobornar o corromper: *venderse al mejor postor*. **2.** *Fig.* Decir o hacer inadvertidamente algo que descubre lo que se quiere tener oculto. **3.** *Fig.* Seguido de la prep. *por*, atribuirse alguien una condición o cualidad que no tiene. ◇ **Estar,** o **ir, vendido** No poder fiarse de las personas que tiene alrededor o de alguien o algo que se tiene que utilizar. **Vender caro** algo a alguien Hacer que le cueste mucho trabajo o fatiga el conseguirlo. **Venderse caro** Prestarse con gran dificultad al trato o comunicación.

VENDETTA s.f. (voz italiana, *venganza*). Estado de enemistad producido por una muerte o una ofensa y que se transmite a toda la familia de la víctima. **2.** Venganza de un asesinato por medio de otro asesinato entre dos clanes.

VENDIMIA s.f. (lat. *vindemia*). Recolección de la uva. **2.** Época en que se efectúa esta colección. **3.** Uva que se recoge en la vendimia.

VENDIMIADOR, RA s. Persona que trabaja en una vendimia.

VENDIMIADORA s.f. Máquina para la recolección de la uva.

VENDIMIAR v.tr. (lat. *vindemiare*). Recoger la uva de las viñas.

VENDOS → **WENDOS.**

VENECIANO, A adj. y s. De Venecia.

VENENCIA s.f. Recipiente o cacillo de metal, con mango en forma de varilla terminada en gancho, que sirve para sacar pequeñas cantidades de vino o mosto de una cuba, tonel, etc.

VENENO s.m. (lat. *venenum*). Sustancia que ocasiona la muerte o graves trastornos en el organismo. **2.** *Fig.* Cosa nociva para la salud. **3.** *Fig.* Cosa capaz de pervertir o causar un daño moral. **4.** Maldad o mala intención en lo que se dice o se hace.

VENENOSO, A adj. Que contiene veneno, capaz de envenenar. **2.** *Fig.* Mal intencionado, que desacredita o deshonra.

VENERA s.f. (lat. *veneria*). Concha de la vieira, semicircular y de dos valvas.

■ **VENCEJO** real.

VENERABLE adj. Digno de veneración. ◆ s.m. Presidente de una logia masónica. **2.** REL. En la Iglesia católica, título dado a un siervo de Dios en vías de beatificación.

VENERACIÓN s.f. Acción y efecto de venerar.

VENERAR v.tr. (lat. *venerari*). Sentir o mostrar respeto en grado sumo a alguien. **2.** REL. Dar o rendir culto a Dios, a los santos y a las cosas sagradas.

VENÉREO, A adj. (bajo lat. *venereus*, perteneciente a Venus, divinidad romana). Relativo al placer o al trato sexual. ◇ **Enfermedades venéreas** Enfermedades infecciosas contraídas principalmente por contacto sexual.

VENERO s.m. Manantial de agua. **2.** *Fig.* Cosa que origina o contiene en gran cantidad una cosa: *un venero de información*. **3.** Criadero de un mineral.

VÉNETO, A adj. y s. De uno de los pueblos indoeuropeos del N de Europa, que, en el I milenio a.C., se establecieron un grupo en el N de Italia (actual Véneto) y otro en la Galia, en Armórica (región de Vannes).

VENEZOLANISMO s.m. Vocablo o giro privativo de Venezuela.

VENEZOLANO, A adj. y s. De Venezuela. ◆ s.m. Modalidad lingüística adoptada por el español en Venezuela.

VENGANZA s.f. Daño o agravio infligido a alguien como respuesta o satisfacción a otro recibido de él.

VENGAR v.tr. y prnl. (lat. *vindicare*, reivindicar) [2]. Tomar satisfacción o dar respuesta a un agravio o daño por medio de otro: *vengar una ofensa*.

VENGATIVO, A adj. Inclinado a la venganza.

VENIA s.f. (lat. *venia*). Licencia para obrar.

VENIAL adj. Que de manera leve es contrario a la ley y que por tanto es de fácil perdón: *falta venial*. ◇ **Pecado venial** Pecado leve (por oposición a *pecado mortal*).

VENIALIDAD s.f. Cualidad de venial.

VENIDA s.f. Acción y efecto de venir. **2.** Crecida impetuosa de un río.

VENIDERO, A adj. Que está por venir o suceder, futuro: *años venideros*.

VENILLA s.f. Vena pequeña.

VENIR v.intr. (lat. *venire*, ir, venir) [78]. Moverse trasladarse de allá para acá. **2.** Moverse hacia acá del modo que se expresa: *venir a pie*. **3.** Presentarse una persona ante otra: *hacer venir ante sí*. **1.** Acercarse o estar próximo en el tiempo: *el año que viene*. **5.** Seguir inmediatamente una cosa a otra: *después del prólogo viene la introducción*. **6.** Suceder: *vinieron grandes calamidades*. **7.** Tener su origen una cosa en otra: *ese carácter le viene de familia*. **8.** Ajustarse una cosa a otra: *el pantalón le viene estrecho*. **9.** Estar, hallarse: *la foto viene en la portada*. **10.** Aparecer en alguien cierta sensación, sentimiento, idea, etc.: *venir sueño, risa*. **11.** Volver a tratar un asunto después de una digresión, *pero vengamos al caso*. **12.** Pasar el dominio o uso de una cosa de unos a otros. **13.** Seguido de la preposición *en* y un sustantivo, toma el significado del verbo correspondiente a dicho sustantivo: *venir en conocimiento de algo*. **14.** Con la preposición *a* y ciertos nombres, estar pronto a hacer lo que estos significan. **15.** Seguido de la preposición *a* y de un verbo como *ser, tener, decir*, etc., expresa equivalencia aproximada: *viene a tener la misma anchura*. **16.** Con la preposición *sobre* significa caer. **17.** Seguido de la preposición *con*, aducir una cosa: *no me vengas con discursos*. ◆ **v.auxiliar.** Con gerundio intensifica la significación durativa de este: *venían haciendo lo mismo*. **2.** Con la preposición *a* y un infinitivo, equivale a un verbo simple: *viene a decir lo mismo*. ◆ v.intr. y prnl. Llegar al sitio donde está el que habla: *vinieron a verme*. **2.** Llegar alguien a transigir o avenirse: *se vino a mis razonamientos*. ◇ **Venir al pelo** *Fam.* Ser provechoso o útil. **Venir a menos** Caer del estado que se gozaba, descender de posición económica o social. **Venir a parar en algo** Terminar, desembocar en lo que se expresa. **Venir bien** Resultar adecuado o conveniente. **Venir clavado** *Fam.* Ser adecuada o conveniente una cosa para otra. **Venir a al-**

guien **con algo** Acudir a él contando algo extraordinario o inesperado. **Venirse abajo** Caer una cosa; deprimirse una persona.

VENOSO, A adj. Relativo a las venas. ◇ **Sangre venosa** Sangre pobre en oxígeno y rica en gas carbónico, que circula por las venas y las arterias pulmonares.

VENTA s.f. (lat. *vendita*). Acción y efecto de vender. **2.** Cantidad de cosas que se venden. **3.** Parador o posada en los caminos o despoblados para hospedaje de viajeros. **4.** DER. Contrato consensual, bilateral y oneroso, por el cual una de las partes se obliga a entregar a la otra una cosa a cambio de un precio convenido. ◇ **Venta a crédito** Venta de una cosa cuya entrega precede al pago. **Venta al contado** Venta en la cual la entrega de la cosa y el pago se producen al mismo tiempo. **Venta a plazos** Venta a crédito, en que el pago se efectúa en inversiones periódicas en un espacio de tiempo. **Venta de oficios** HIST. Práctica habitual en las monarquías del occidente europeo, desde fines de la edad media hasta los ss.XVIII y XIX, ya fuera referida al desempeño del oficio en sí o al derecho de su transmisión por vía hereditaria, así como a la variación de la duración del cargo.

VENTADA s.f. Golpe, ráfaga de viento.

VENTAJA s.f. (del ant. *aventage*, del fr. *avantage*, de *avant*, delante). Circunstancia de ir o estar delante de otro u otros en una actividad, competición, juego, etc. **2.** Circunstancia o situación favorable o de superioridad.

VENTAJEAR v.tr. Argent., Colomb., Guat. y Urug. Sacar ventaja mediante procedimientos reprobables.

VENTAJERO, A adj. y s. Dom., P. Rico y Urug. Ventajista.

VENTAJISTA adj. y s.m. y f. Se dice de la persona que por cualquier medio, lícito o no, procura obtener ventaja en sus asuntos o tratos.

VENTAJOSO, A adj. Que reporta, ofrece o tiene ventajas.

VENTANA s.f. Abertura, generalmente rectangular, dejado o practicada, a una cierta distancia del suelo, en la pared de una construcción, para dar luz y ventilación. **2.** Cualquier abertura de forma semejante. **3.** Hoja u hojas, generalmente con cristales, con que se cierra una ventana. **4.** Cada uno de los orificios de la nariz. **5.** INFORMÁT. Área rectangular de la pantalla de una computadora a través de la cual se pueden gestionar mensajes, tablas de datos, pantallas gráficas y movimientos del cursor. ◇ **Arrojar**, o **echar**, o **tirar**, algo **por la ventana** *Fam.* Malgastarlo, desperdiciarlo; dejar pasar, desaprovechar una oportunidad. **Ventana oval** ANAT. Orificio situado en la pared interna del oído medio. **Ventana tectónica** GEOL. Abertura realizada por la erosión en un manto de corrimiento.

VENTANAJE s.m. Conjunto de las ventanas de un edificio.

VENTANAL s.m. Ventana grande en los muros exteriores de un edificio.

VENTANEAR v.intr. *Fam.* Asomarse frecuentemente a la ventana o pasarse mucho tiempo asomado a ella.

VENTANILLA s.f. Abertura pequeña que hay en la pared o tabique de los despachos de billetes, bancos y otras oficinas, por la cual los empleados se comunican con el público que se halla fuera. **2.** Abertura cubierta con vidrio plano, que tienen los automóviles, vagones de tren y otros vehículos. **3.** Abertura rectangular de un sobre, tapada por un papel transparente, que permite ver la dirección del destinatario escrita en la misma carta que va dentro del sobre. **4.** Ventana de la nariz.

VENTANILLO s.m. Pequeña abertura hecha en la puerta exterior de las casas y en general protegida con una rejilla, que permite ver a la persona que llama, sin necesidad de abrir la puerta. **2.** Postiguillo de puerta o ventana.

VENTANO s.m. Ventana pequeña.

VENTAR v.intr. [10]. Ventear.

VENTARRÓN s.m. Viento muy fuerte.

VENTEAMIENTO s.m. Alteración del vino por la acción del aire.

VENTEAR v.tr. Olfatear el aire los animales sirviéndose de orientación. **2.** Sacar o arrojar una cosa al viento para enjugarla o limpiarla. ◆ v.intr. Soplar viento o hacer fuerte aire. SIN.: *ventar*.

VENTERIL adj. Relativo a la venta o al ventero.

VENTERO, A s. Persona que es propietaria de una venta o se encarga de ella.

VENTILA s.f. Méx. Ventanilla pequeña de un automóvil. **2.** Méx. Serie de ventanillas que abren y cierran horizontalmente para regular la entrada de aire en una habitación.

VENTILACIÓN s.f. Acción de ventilar. **2.** Corriente de aire que se establece al ventilar una habitación. ◇ **Ventilación asistida** MED. Asistencia respiratoria. **Ventilación pulmonar** FISIOL. Movimiento del aire en los pulmones.

VENTILADOR s.m. Aparato para renovar el aire de un lugar cerrado, o para poner en movimiento el aire de un sitio produciendo frescor.

VENTILAR v.tr. y prnl. (lat. *ventilare*). Renovar el aire de un lugar. ◆ v.tr. Poner, sacar una cosa al aire y agitarla para que se le vaya la humedad o el polvo: *ventilar una manta*. **2.** *Fig.* Tratar, dilucidar, intentar resolver algo: *ventilar un asunto.* ▲ *Fig.* Hacer que, trascienda al público en general un asunto privado o íntimo: *ventilar asuntos personales*. ▲ *v.tr. Fam.* Hacer que se completa y satisfactoriamente el proceso de llenado y vaciado del aire en el pulmón. ◆ **ventilarse** v.prnl. *Fig.* Renovar alguien un aspecto, ideas o pensamientos que ha mantenido inalterables durante más tiempo del debido. **2.** Esp. *Fam.* Terminar con algo: *se ventiló todas las galletas*. **3.** Esp. *Fam.* Matar a alguien.

VENTISCA s.f. Borrasca o tempestad de viento y nieve.

VENTISCAR v.intr. [1]. Nevar con viento fuer-

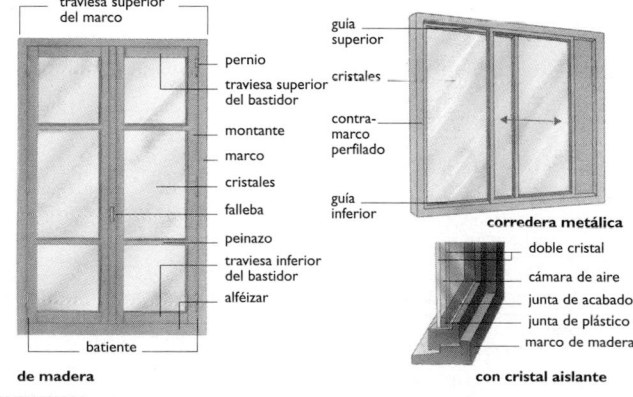

de madera

con cristal aislante

corredera metálica

traviesa superior del marco

pernio
traviesa superior del bastidor
montante
marco
cristales
falleba
peinazo
traviesa inferior del bastidor
alféizar
batiente

guía superior
cristales
contra-marco perfilado
guía inferior

doble cristal
cámara de aire
junta de acabado
junta de plástico
marco de madera

■ VENTANAS

te. SIN.: *ventisquear*. **2.** Levantarse la nieve del suelo por la violencia del viento. SIN.: *ventisquear*.

VENTISCOSO, A adj. Se dice del tiempo y del lugar en que son frecuentes y abundantes las ventiscas.

VENTISQUEAR v.intr. Ventiscar.

VENTISQUERO s.m. Parte del monte más alta y más expuesta a las ventiscas. **2.** Lugar donde se conserva largo tiempo la nieve y el hielo en lo alto de una montaña. **3.** Masa de nieve o hielo que hay en este lugar.

VENTOLA s.f. MAR. Fuerza que hace el viento contra un obstáculo.

VENTOLERA s.f. Golpe o racha de viento fuerte pero poco duradero. ◇ **Dar a alguien la ventolera** *Fam.* Metérsele en la cabeza una idea repentina que no tiene explicación lógica.

VENTOLINA s.f. MAR. Viento leve y variable que suele soplar antes y después de la calma.

VENTORRERO s.m. Sitio alto y despejado, muy combatido por los vientos.

VENTORRO s.m. *Desp.* Venta, posada. **2.** Venta pequeña.

VENTOSA s.f. Objeto consistente en una concavidad que, al hacerse el vacío, queda adherida por presión a una superficie. **2.** Abertura que se practica en algunos sitios para dar paso y entrada al aire. **3.** MED. Ampolla de vidrio que se aplica sobre la piel para producir una revulsión local, enrareciendo el aire en su interior. **4.** ZOOL. Órgano de fijación de la sanguijuela, el pulpo y otros animales.

VENTOSEAR v.intr. Expeler ventosidades.

VENTOSIDAD s.f. Acúmulo de gases en el interior de la luz intestinal, especialmente cuando son expulsados por el ano.

VENTOSO, A adj. Se dice del día, del tiempo o del lugar en que corre viento fuerte.

VENTRAL adj. Relativo al vientre. **2.** Que es anterior: *cara ventral.* CONTR.: *dorsal.*

VENTRICULAR adj. Relativo al ventrículo.

VENTRÍCULO s.m. (lat. *ventriculus*). Cavidad del corazón, de paredes musculadas, cuyas contracciones envían la sangre a las arterias. **2.** Cada una de las cuatro cavidades del encéfalo que contienen el líquido cefalorraquídeo.

VENTRICULOGRAFÍA s.f. MED. Técnica radiológica de estudio de los ventrículos cerebrales por opacificación de los mismos mediante un producto de contraste.

VENTRÍLOCUO, A adj. y s. Se dice de la persona que puede hablar emitiendo sonidos sin mover los labios y los músculos faciales, de manera que parezca que es otra persona la que habla.

VENTRILOQUIA s.f. Arte del ventrílocuo.

VENTRUDO, A adj. Que tiene mucho vientre o muy abultado.

VENTURA s.f. (lat. *ventura*, lo por venir). Felicidad, buena suerte, fortuna. **2.** Contingencia, casualidad. ◇ **A la (buena) ventura** Sin un plan preconcebido. **Por ventura** Por suerte o casualidad; quizá.

VENTURI. Tubo de Venturi Tubo provisto de un estrechamiento, utilizado para la medida del caudal de los fluidos.

VENTURINA s.f. Piedra fina, de ornamentación, constituida por cuarzo e inclusiones de mica.

VENTUROSO, A adj. Afortunado, dichoso.

VÉNULA s.f. ANAT. Venilla.

VENUS s.f. (de *Venus*, diosa itálica). Mujer de gran belleza. **2.** PREHIST. Denominación dada a unas estatuillas de mujer, características del período auriñaciense.

1. VER v.tr. (lat. *videre*) [35]. Percibir con los ojos, percibir mediante el sentido de la vista: *desde aquí veo el mar.* **2.** *Fig.* Observar, examinar, considerar alguna cosa. **3.** Someterse a examen, a visita, a control de parte de un técnico, especialista, experto, etc.: *que lo vea el médico.* **4.** *Fig.* Comprender, entender, darse cuenta de una realidad, un hecho, una situación: *ver los motivos de mi enojo.* **5.** *Fig.* Adquirir el conocimiento de algo. **6.** *Fig.* Ser testigo de un hecho o acontecimiento. **7.** *Fig.* Juzgar, considerar apto, idóneo, posible. **8.** *Fig.* Tener en cuenta: *solo se sus propios intereses.* **9.** *Fig.* Probar: *veremos si funciona.* **10.** *Fig.* Ser un lugar el escenario de algún acontecimiento, su-

ceso, etc.: *es una llanura que ha visto muchas batallas.* **11.** *Fig.* Imaginar, fantasear: *ver fantasmas.* ◆ v.tr. y prnl. Frecuentar, visitar, encontrar a alguien: *iré a verlo mañana.* ◆ v.intr. En el póquer, igualar la apuesta propuesta por el adversario, a fin de obligarlo a mostrar el juego. ◆ **verse** v.prnl. Estar en un sitio de manera visible. **2.** Reflejar un objeto la propia imagen. ◇ **A,** o **hasta, más ver** *Fam.* Se usa como saludo de despedida. **A ver** Expresión en tono interrogativo con que se acompaña la acción de acercarse a mirar una cosa o se muestra interés por algo; expresa curiosidad o expectación; se usa para llamar la atención de alguien antes de darle una orden o de decirle algo. **Dejarse ver** No querer pasar inadvertido, salir, mostrarse para ser conocido. **Echar de ver** algo Advertir o percibir cierta cosa. **Hacer ver** algo a alguien Hacerle cambiar de opinión. **No poder ver** a alguien *Fam.* Sentir antipatía hacia una persona. **Ser de ver** *Fam.* Se usa como digna de admiración. **Tener que ver** Tener alguna relación o interés común. **Verlas,** o **ver, venir** Esperar para la resolución de algo de una determinación o intención de otro, o el suceso futuro; ser muy astuto y percatarse con rapidez de lo que ocurre o se trama. **Vérselas con** alguien *Fam.* Pelearse con una persona. **Ver venir a** alguien *Fam.* Adivinar su intención.

2. VER s.m. Sentido de la vista. **2.** Aspecto, apariencia: *estar de buen ver.*

VERA s.f. Orilla de un mar, río, etc. **2.** Lugar que está más cercano de la persona o cosa que se expresa: *siéntate a mi vera.*

VERACIDAD s.f. Cualidad de veraz.

VERANDA s.f. Galería ligera que rodea una casa. **2.** Mirador o balcón acristalado.

VERANEANTE adj. y s.m. y f. Que veranea.

VERANEAR v.intr. Pasar el verano en algún lugar distinto del que habitualmente se habita.

VERANEO s.m. Acción y efecto de veranear.

VERANIEGO, A adj. Relativo al verano: *ropa veraniega.*

VERANILLO s.m. **Veranillo de san Martín** Esp. Tiempo breve a mediados de otoño en que vuelve a hacer calor.

VERANO s.m. (del lat. vulg. *veranum tempus*, tiempo primaveral). Estación del año, comprendida entre la primavera y el otoño. **2.** En los trópicos, temporada de sequía, que dura unos seis meses.

VERAS s.f.pl. Realidad, verdad en aquello que se dice o hace. ◇ **De a veras** *Méx.* De verdad, no falso. **De veras** Realmente, sinceramente. **Ir de veras** Ser real lo que se hace o va a suceder.

VERATRINA s.f. Alcaloide tóxico producido por el eléboro blanco o veratro.

VERAZ adj. (lat. *verax, -acis*). Que dice o usa siempre la verdad. **2.** Que corresponde enteramente a la verdad o realidad: *relato veraz.*

VERBAL adj. Que se hace o estipula de palabra y no por escrito: *comunicación verbal.* **2.** Relativo a la palabra. SIN.: *oral.* **3.** LING. Relativo al verbo: *forma verbal.* ◇ **Nota verbal** Nota escrita pero no firmada, remitida por un agente diplomático a un gobierno extranjero.

VERBALISMO s.m. Propensión a fundar el razonamiento más en las palabras que en los conceptos.

VERBALISTA adj. Relativo al verbalismo.

VERBALIZAR v.tr. [7]. Expresar una cosa con palabras.

VERBALMENTE adv.m. Hablando, no por escrito.

1. VERBENA s.f. (de *coger la [planta de la] verbena,* madrugar mucho). Fiesta popular con bailes callejeros, tenderetes, bebidas, etc., que se celebra en las vísperas de ciertas festividades. **2.** Baile al aire libre.

2. VERBENA s.f. (lat. *verbena,* ramo que utilizaban los sacerdotes en los sacrificios). Planta arbustiva, subarbustiva o herbácea, de cuyas especies, amarga y astringente, se usó como resolutiva, febrífuga y vulneraria. (Familia verbenáceas.)

VERBENÁCEO, A adj. y s.f. Relativo a una familia de plantas herbáceas o leñosas que crecen en los países cálidos y templados del hemisferio austral, como la verbena o la hierba luisa.

VERBENERO, A adj. Relativo a las verbenas populares: *traje verbenero.*

VERBERAR v.tr. (lat. *verberare,* azotar). Golpear el viento o el agua en algún sitio.

VERBIGERACIÓN s.f. PSIQUIATR. Emisión automática de palabras o de frases enteras, incoherentes y sin continuidad, que se da especialmente en los estados demenciales.

VERBIGRACIA adv.m. Por ejemplo.

VERBO s.m. (lat. *verbum,* palabra). Lenguaje: *atrae al auditorio con su verbo fácil.* **2.** LING. Categoría gramatical que agrupa al conjunto de formas compuestas por una base léxica y un determinado número de afijos que constituyen las marcas de número, persona y tiempo, cuya función sintáctica es estructurar los términos del enunciado y cuyo papel semántico es expresar la acción que realiza o padece el sujeto, su existencia o estado, e incluso las modificaciones aportadas a otros elementos incluidos en el predicado. **3.** TEOL. CRIST. Segunda persona de la Santísima Trinidad, encarnada en Jesucristo. (Con este significado, se escribe con mayúscula.)

VERBORRAGIA s.f. *Desp.* Verborrea.

VERBORREA s.f. *Desp.* Empleo excesivo de palabras al hablar.

VERBOSIDAD s.f. Tendencia a emplear más palabras de las necesarias para expresarse.

VERDAD s.f. (lat. *veritas, -atis*). Adecuación entre una proposición y el estado de cosas que expresa. **2.** Conformidad entre lo que una persona manifiesta y lo que ha experimentado, piensa o siente: *juró contarnos la verdad.* **3.** Pensamiento o afirmación que se expone de forma clara, directa y sincera: *decir las verdades a alguien.* (Suele usarse en plural.) **4.** Principio o juicio dado o aceptado como cierto: *verdad filosófica, científica.* **5.** Realidad, existencia real de una cosa. **6.** Conjunto de principios que son la base de la vida espiritual y de la vida universal: *el místico busca la verdad.* ◇ **A decir,** o **a la, verdad** Expresión con que se afirma la certeza y realidad de una cosa; se usa para rectificar o desvirtuar alguna idea expresada antes o consabida. **De verdad** Expresión enfática con que se insiste en la certeza de una afirmación; realmente, sinceramente, seriamente. **En verdad** Verdaderamente. **Faltar a la verdad** Mentir, decir lo contrario de lo que es o se sabe. **La hora,** o **el momento, de la verdad** El momento en el cual una intención, un propósito o algo semejante deben encontrar una verificación en la realidad o en el que se deben poner en práctica determinadas afirmaciones. **Verdad de Perogrullo** Perogrullada.

VERDADERAMENTE adv.m. Con toda verdad, realmente.

VERDADERO, A adj. Que es conforme a la verdad, a la realidad: *la verdadera causa del problema.* **2.** Que es realmente o plenamente lo que indica su nombre: *amor verdadero.* **3.** Real y efectivo, en contraposición a nominal, presunto: *no se sabe cuál es el verdadero padre de la criatura.* **4.** Sincero, veraz, que dice siempre la verdad.

VERDAL adj. BOT. Se dice de ciertas frutas que tienen color verde aun después de maduras: *aceituna verdal.* **2.** Se dice de los árboles que las producen.

VERDASCA s.f. Vara o ramo delgado y verde.

VERDASCAL s.m. Masa forestal o monte bravo cuyas ramas han crecido tanto que sirven para hacer varas.

VERDE adj. y s.m. (lat. *viridis,* verde, vigoroso, joven). Se dice del color que ocupa el

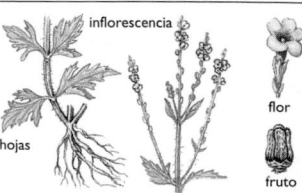

■ **VERBENA.** Variedad medicinal.

inflorescencia

flor

hojas

fruto

cuarto lugar del espectro solar, como el de la hierba fresca o las hojas de los árboles. ◆ adj. Que es de este color: *ojos verdes*. **2.** Se dice de la planta, parte de la planta o leña que no está seca. **3.** Se dice de la legumbre o verdura que se consume fresca conservando aún su color verde. **4.** Se dice de las frutas que todavía no están en sazón para ser comidas, en contraposición a maduro. **5.** *Fig.* Que está en sus principios y que le falta mucho para perfeccionarse: *el proyecto todavía está verde*. **6.** Se dice de los movimientos ecologistas o de sus partidarios: *partido verde*. **7.** Que contribuye a la conservación del medio ambiente: *producto verde*. **8.** *Fig.* Se dice de las personas mayores que tienen inclinaciones amorosas consideradas impropias de su edad: *viejo verde*. **9.** *Fig.* Se dice de los chistes, cuentos, imágenes, etc., que hablan de sexo y de las personas aficionadas a ellos: *chistes verdes*. **10.** *Fig.* Se dice de los primeros años de la vida y de la juventud. ◆ s.m. Hierba baja y abundante que cubre el terreno: *el verde del parque*. ◇ **Poner verde** *Fam.* Censurar o reprender a alguien con acritud; criticarlo. **Zona verde** Espacios libres plantados de vegetación, emplazados dentro de la ciudad.

VERDEAR v.intr. y prnl. Tomar color verde o tirar a verde. **2.** Empezar a brotar plantas en los campos, o cubrirse de hojas los árboles.

VERDECER v.intr. [37]. Cubrirse de verdor la tierra o los árboles.

VERDECILLO s.m. Ave paseriforme de Europa y Oriente próximo, de cuerpo rechoncho, pico corto y grueso y plumaje listado de color amarillo verdoso. (Familia fringílidos.)

■ VERDECILLO

VERDEGAL s.m. Lugar en el campo que está verde.

VERDEMAR adj. y s.m. Se dice del color verdoso como el que tiene a veces el mar. ◆ adj. Que es de este color: *agua verdemar*. (Es invariable.)

VERDEO s.m. Recolección de las aceitunas antes que maduren para consumirlas después de aderezadas o encurtidas.

VERDERÓN s.m. Ave paseriforme, de 15 cm de long., de plumaje verde oliva, que se alimenta de semillas y es muy frecuente en los bosques y jardines de Europa. (Familia fringílidos.)

VERDIALES s.m.pl. Fandango bailable de presunto origen morisco y que tomó el nombre de la región olivarera de los montes de Málaga en que se desarrolló.

VERDÍN s.m. Cardenillo. **2.** Moho que se encuentra en las aguas dulces, paredes, lugares húmedos y en la corteza de los frutos cuando se pudren.

VERDINEGRO, A adj. y s.m. Se dice del color verde oscuro. ◆ adj. Que es de este color.

VERDISECO, A adj. Medio seco.

VERDOLAGA s.f. (del lat. *portulaca*, de *portula*, puertecita). Planta herbácea de hojas carnosas comestibles y flores amarillentas o, a veces, rojas. (Familia portulacáceas.)

flor

■ VERDOLAGA

VERDOR s.m. Color verde intenso de las plantas en su lozanía. **2.** *Fig.* Vigor, lozanía de las plantas.

VERDOSO, A adj. Que tiene un tono verde.

VERDUGADO s.m. Prenda de vestir que usaban las mujeres debajo de las sayas o de las faldas para ahuecarlas.

VERDUGAL s.m. Monte bajo que, después de quemado o cortado, se cubre de verdugos.

VERDUGO s.m. Persona que se encarga de ejecutar a los condenados a muerte o, antiguamente, de aplicar los castigos corporales que dictaba la justicia. **2.** *Fig.* Persona muy cruel o que castiga sin piedad. **3.** Prenda de lana que se ciñe a la cabeza y cuello, dejando solo al descubierto los ojos, la nariz y la boca. **4.** Tallo verde o brote de un árbol. **5.** Estoque muy delgado. **6.** CONSTR. Hilada de ladrillo que se pone horizontalmente en una fábrica de otro material. ◆ adj. y s.m. Se dice del toro que tiene las chorreras negras.

VERDUGÓN s.m. Señal roja e hinchada que dejan en el cuerpo los azotes. **2.** Verdugo, vástago nuevo de árbol.

VERDUGUILLO s.m. Roncha que suele levantarse en las hojas de algunas plantas. **2.** Espada de estoque, de dos clases: corta y muy cortante o de hoja muy larga y fina. **3.** TAUROM. Estoque que se emplea en el descabello.

VERDULERÍA s.f. Establecimiento donde se venden verduras, hortalizas, frutas, etc.

VERDULERO, A s. Persona que tiene por oficio vender verduras, hortalizas, etc. ◆ s.m. Mueble de cocina donde se guardan las verduras.

VERDUNIZACIÓN s.f. Procedimiento de depuración del agua por adición de pequeñas cantidades de cloro.

VERDURA s.f. Legumbres u hortalizas que se comen frescas, antes de que se sequen, conservando aún su color verde.

VERDUZCO, A o **VERDUSCO, A** adj. Que tiene un tono verde oscuro.

VERECUNDIA s.f. Vergüenza.

VERECUNDO, A adj. Vergonzoso, que se avergüenza con facilidad.

VEREDA s.f. (bajo lat. *vereda*). Camino angosto, formado generalmente por el paso repetido de personas y ganado. **2.** Amér. Merid. y Cuba. Parte de la calle por donde circulan los peatones; acera. ◇ **Entrar en vereda** *Fam.* Cumplir alguien con sus obligaciones o llevar una vida ordenada y regular. **Hacer entrar, o meter, por, o en, vereda** Hacer que alguien cumpla sus deberes y obligaciones y lleve una vida ordenada y regular.

VEREDICTO s.m. Fallo pronunciado por un jurado sobre un hecho sometido a su juicio. **2.** Parecer, dictamen o juicio emitido de forma reflexiva por alguien autorizado en la materia de que se trata.

VERGA s.f. (lat. *virga*). Miembro genital masculino de los mamíferos. **2.** MAR. Percha giratoria generalmente cilíndrica que, colocada por la parte de proa de un palo o mástil, sirve para asegurar la vela.

VERGAJO s.m. Látigo, especialmente el que está hecho con una verga del toro seca y retorcida.

VERGEL s.m. (occitano ant. *vergier*). Huerto con gran cantidad de flores y árboles frutales.

VERGENCIA s.f. ÓPT. Inverso de la distancia focal de un sistema óptico centrado.

VERGER v.intr. [27]. GEOMORFOL. Estar inclinado o dirigido en un sentido determinado.

VERGETA s.f. HERÁLD. Vara.

VERGETEADO, A adj. HERÁLD. Se dice del escudo, pieza o partición cubiertos de varas o vergetas. SIN.: *vergetado*.

VERGLÁS s.m. (fr. *verglas*). Capa de hielo, fina y transparente, en la superficie del suelo o de los cuerpos sólidos.

VERGONZANTE adj. Vergonzoso. **2.** Se dice de la persona que actúa de modo encubierto o disimulado por vergüenza.

VERGONZOSO, A adj. Que causa vergüenza: *espectáculo vergonzoso*. ◆ adj. y s. Se dice de la persona que se avergüenza con facilidad: *adolescente vergonzosa*.

VERGÜENZA s.f. (lat. *verecundia*). Sentimiento de pérdida de dignidad ocasionado por alguna falta cometida o por alguna acción o estado deshonroso o humillante. **2.** Sentimiento de incomodidad debido a la timidez o al temor de hacer el ridículo. **3.** Estimación de la propia dignidad. **4.** Indignidad, escándalo. **5.** Cosa o persona que causa deshonor, infamia. **6.** HIST. Pena menor de la Inquisición española, consistente en exponer y hacer desfilar al reo con la espalda al aire, con una argolla al cuello y una capucha. ◆ **vergüenzas** s.f.pl. Genitales. ◇ **Perder la vergüenza** Descararse o insolentarse alguien. **Vergüenza ajena** Vergüenza que se siente por las acciones de otros.

VERICUETO s.m. Camino estrecho, tortuoso, accidentado y generalmente alto por donde solo se puede pasar con dificultad. (Suele usarse en plural.)

VERÍDICO, A adj. Que se ajusta a la verdad. **2.** Verosímil o creíble.

VERIFICACIÓN s.f. Acción de verificar o verificarse. **2.** Acto o proceso mediante el cual son comprobados los poderes de los diputados vencedores en unas elecciones, por el organismo designado por la constitución para tal fin. **3.** EPISTEMOL. Procedimiento que trata de confirmar las consecuencias de una ley o un teorema pertenecientes a una ciencia por medio de hechos construidos a partir de observaciones empíricas, de montajes técnicos, de conceptos y, a veces, de útiles matemáticos. **4.** TECNOL. Operación de comprobación o medición, mediante la que se garantiza la calidad de un determinado proceso o fabricación.

VERIFICADOR, RA adj. y s. Que verifica. ◆ s. Persona encargada del funcionamiento de una verificadora de tarjetas o cinta perforada. ◆ s.m. Instrumento que sirve para controlar.

VERIFICADORA s.f. Máquina que efectúa automáticamente la comparación de un paquete de tarjetas o de una cinta perforada con un paquete o una cinta de referencia.

VERIFICAR v.tr. [1]. Probar que algo es verdadero o exacto: *verificar una declaración*. ◆ v.tr. y prnl. Realizar o efectuar la cosa expresada por el complemento: *se ha verificado el inventario*. ◆ **verificarse** v.prnl. Resultar cierto o verdadero algo previsto o anunciado.

VERIFICATIVO, A adj. Que sirve para verificar.

VERIGÜETO s.m. Molusco lamelibranquio comestible que vive en las costas ibéricas. (Familia venéridos.)

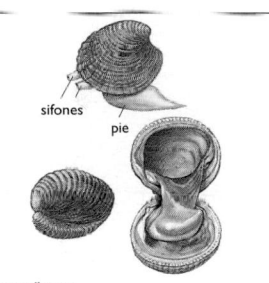

sifones
pie

■ VERIGÜETO

VERIJA s.f. Pubis. **2.** Amér. Ijar, ijada.

VERIL s.m. MAR. Línea que une los puntos de igual sonda.

VERISMO s.m. Escuela literaria y musical que, en la Italia de fines del s. XIX y principios del s. XX, reivindicó el derecho a representar la realidad sin idealización. **2.** Cualidad de lo que representa o relata las cosas con gran realismo.

VERISTA adj. y s.m. y f. Relativo al verismo; partidario o seguidor de esta escuela.

VERJA s.f. Enrejado o estructura de barras de hierro, de diversos tamaños y figuras, que se emplea como puerta, ventana o cerca.

VERME s.m. Gusano, en especial lombriz intestinal.

VERMEJO s.m. Vino español que se elabora

en la provincia de León, en la zona de Valencia de Don Juan.

VERMICIDA adj. y s.m. Se dice del medicamento utilizado para combatir los parásitos intestinales.

VERMICULADO, A adj. ARQ. Que tiene ornamentos que imitan las galerías que abren los gusanos en la madera.

VERMICULAR adj. Que se parece a los gusanos o participa de sus cualidades.

VERMIFORME adj. Que tiene forma de gusano.

VERMÍFUGO, A adj. y s.m. Vermicida.

VERMINOSIS s.f. Enfermedad parasitaria debida a los gusanos.

VERMINOSO, A adj. Se dice de las úlceras que crían gusanos, y de las enfermedades acompañadas de producción de lombrices.

VERMIS s.m. ANAT. Región media del cerebelo.

VERMÚ o **VERMUT** s.m. (alem. *wermut*, ajenjo). Bebida alcohólica, compuesta de vino blanco, ajenjo y otras sustancias amargas y tónicas. **2.** Aperitivo, conjunto de bebidas y alimentos que se toman antes de comer. ◆ s.m. Argent., Colomb. y Chile. Función de cine o teatro que se da por la tarde.

VERNACIÓN s.f. Disposición de las hojas en la yema. SIN.: *prefoliación*.

VERNÁCULO, A adj. (lat. *vernaculus*). Propio del país de que se trata: *lengua vernácula*.

VERNAL adj. (lat. *vernalis*). Relativo a la primavera. ◇ **Punto vernal** Punto de intersección de la eclíptica y el ecuador celeste, en el que el sol franquea el equinoccio de primavera.

VERNALIZACIÓN s.f. Transformación, debida al frío, de las semillas o las plantas, que les confiere la aptitud para florecer. SIN.: *jarovización*.

VERNISSAGE s.m. (voz francesa). Ceremonia, acto de inauguración de una exposición de arte.

VÉRNIX CASEOSA s.f. (lat. *vernix caseosa*). Sustancia sebácea blancuzca que recubre el cuerpo del feto al nacer.

VERO s.m. Piel de la marta cebellina, muy suave, propia para peletería. **2.** HERÁLD. Uno de los dos tipos de forros, consistente en una especie de campanillas o vasos de argén y azur, que encajan perfectamente unos con otros.

VERONAL s.m. Barbitúrico empleado como analgésico.

VERONÉS, SA adj. y s.m. y f. De Verona. SIN.: *veronense*.

VERÓNICA s.f. Planta herbácea común en bosques y prados, de flores azules o coloreadas de blanco o púrpura. (Familia escrofulariáceas.) **2.** TAUROM. Lance dado con la capa de frente y a dos manos.

VEROSÍMIL adj. Que parece verdadero o es creíble: *historia verosímil*.

VEROSIMILITUD s.f. Cualidad de verosímil.

VERRACO s.m. (lat. *verres*). Macho porcino reproductor. **2.** Amér. Pecarí.

VERRAQUEAR v.intr. *Fig.* y *fam.* Berrear, llorar los niños con mucha fuerza y rabia. **2.** *Fam.* Gruñir, dar señales de enojo.

VERRAQUERA s.f. *Fam.* Llorera muy fuerte y con rabia.

VERRIONDO, A adj. Se dice del cerdo y de otros animales cuando están en celo. **2.** Se dice de las verduras cuando están mal cocidas o duras.

VERRUGA s.f. (lat. *verruca*). Protuberancia benigna y pequeña, dura y rugosa, que sale en la piel. (Está formada por la dilatación de las papilas vasculares y el endurecimiento de la epidermis que las cubre.)

VERRUGO s.m. Pez marino de unos 60 cm de long., con los flancos surcados por bandas doradas bordeadas de azul, que tiene una barbilla reducida casi a una verruga. (Familia esciénidos.)

VERRUGOSIDAD s.f. Lesión cutánea de aspecto verrugoso.

VERSADO, A adj. Se dice de la persona que conoce a fondo una materia determinada: *versado en filosofía*.

VERSAL adj. y s.f. IMPR. Se dice de las letras mayúsculas.

VERSALITA o **VERSALILLA** adj. y s.f. (de *verso*, por emplearse esta letra a principio de verso).IMPR. Se dice de las letras mayúsculas de igual altura de ojo que las minúsculas del mismo cuerpo.

VERSALLESCO, A adj. Relativo a Versalles. **2.** Muy cortés o galante: *modales versallescos*.

VERSAR v.intr. (lat. *versari*, encontrarse habitualmente en un lugar).Tener como asunto o tema la materia que se expresa: *la conferencia versa sobre historia*.

VERSÁTIL adj. (lat. *versatilis*).Voluble e inconstante, que cambia con facilidad de gustos, opiniones o sentimientos. **2.** Que sirve para múltiples aplicaciones. **3.** Que se vuelve o se puede volver con facilidad. **4.** Méx. Se dice de la persona que presenta muchas facetas.

VERSATILIDAD s.f. Cualidad de versátil.

VERSICOLOR, RA adj. BIOL. Que tiene varios colores o que muda de color.

VERSÍCULO s.m. División numerada de un capítulo de la Biblia, del Corán y de otros libros sagrados. **2.** Verso de un poema escrito sin rima ni metro fijo y determinado, en especial cuando el verso constituye unidad de sentido. **3.** En el oficio y en la misa, breve frase salmódica seguida de una respuesta del coro.

VERSIFICAR v.tr. [1]. Poner en verso lo que está en prosa. ◆ v.intr. Componer versos: *versificar en octosílabos*.

VERSIÓN s.f. (del lat. *vertere*). Traducción de un texto: *existen varias versiones castellanas de* Hamlet. **2.** Interpretación particular al narrar un hecho, asunto, tema, etc. **3.** Adaptación de una obra intelectual para presentarla de forma distinta de la original u ofrecerla a otro destinatario: *versión definitiva de un texto*. **4.** Presentación revisada de una obra o producto que mantiene sus características esenciales. **5.** MED. **a.** Desviación de la posición de un órgano. **b.** Maniobra realizada para modificar la posición del feto en el interior del útero. ◇ **Versión original** Película cinematográfica que se puede escuchar con la banda sonora original. (Se abrevia *v. o.*)

1. VERSO s.m. (lat. *versus, -us*). Conjunto de palabras que forman una unidad en un poema, medidas según ciertas reglas (pausa, rima, etc.), provistas de un determinado ritmo, bien sea atendiendo a la cantidad de sílabas, como en latín y griego *(versos métricos)*, a su acentuación, como en alemán o inglés *(versos rítmicos)*, o a su número, como en las lenguas románicas *(versos silábicos)*. **2.** Género literario de las obras compuestas en verso, en contraposición a las compuestas en prosa. **3.** *Fam.* Poesía o composición en verso. **4.** ARM. Determinada pieza de artillería antigua. ◇ **Verso libre** Verso que no está sujeto a rima ni a medida.

2. VERSO, A adj. y s.m. (lat. *versus, -a, -um*). Se dice de la segunda carilla o reverso de un folio.

VERSTA s.f. Medida itineraria utilizada antiguamente en Rusia, que equivale a 1 067 m.

VERSUS prep. (voz latina). Por oposición a, frente a.

VÉRTEBRA s.f. (lat. *vertebra*). Cada uno de los huesos que constituyen la columna vertebral. (El ser humano tiene 24 vértebras: 7 cervicales, 12 dorsales y 5 lumbares. Cada vértebra está formada por un cuerpo, los pedículos, las apófisis articulares y las láminas que limitan el agujero vertebral, por donde pasa la médula espinal; las vértebras tienen apófisis laterales, llamadas transversales, y una apófisis posterior espinosa.) SIN.: *espóndilo*.

VERTEBRADO, A adj. y s.m. Relativo a un tipo de animales provistos de columna vertebral y, en general, de dos pares de extremidades. (Comprende cinco clases: mamíferos, aves, reptiles, peces y anfibios.)

VERTEBRAL adj. Relativo a las vértebras: *columna vertebral*.

VERTEBRAR v.tr. Articular una cosa con otra, proporcionando consistencia y cohesión.

VERTEDERA s.f. Pieza del arado en forma de lámina que sirve para volver la tierra movida por la reja.

VERTEDERO s.m. Desagüe o rebosadero por donde se da salida a los excesos de agua en presas, redes de alcantarillado, cisternas, etc. **2.** Esp. Basurero. ◇ **Vertedero controlado** Esp. Lugar en que se vierten los desechos sólidos urbanos e industriales, procurando no afectar el medio ambiental.

VERTEDOR, RA adj. y s. Que vierte. ◆ s.m. Conducto que da salida a un líquido.

VERTELLO s.m. (lat. *verticulus*). MAR. Bolita de madera horadada que se emplea como guía y para resguardar los cabos del roce.

VERTER v.tr. y prnl. (lat. *vertere*, girar, cambiar) [29]. Derramar, dejar caer o vaciar un líquido o una materia disgregada fuera del recipiente en que están contenidos. **2.** Hacer pasar un líquido o una materia disgregada de un recipiente a otro. ◆ v.tr. Traducir un texto de una lengua a otra. **2.** Decir o emitir máximas, conceptos, etc., con determinado propósito, generalmente siniestro o desagradable: *verter infundios sobre alguien*. ◆ v.intr. Desembocar una corriente de agua en otra más importante o en el mar.

VÉRTEX s.m. (lat. *vertex, -icis,* cima). Parte más alta del cráneo de los vertebrados y de los insectos.

VERTICAL adj. (lat. tardío *verticalis*). Perpendicular al horizonte. **2.** *Por ext.* Perpendicular a una línea que representa convencionalmente al horizonte. ◆ adj. y s.f. Se dice de la línea perpendicular al horizonte. ◆ s.m. ASTRON. Círculo mayor de la esfera celeste, cuyo plano contiene la vertical del punto de observación. ◇ **Vertical de un lugar** Dirección del hilo de la plomada en dicho lugar.

VERTICALIDAD s.f. Cualidad de vertical.

VERTICALISMO s.m. Sistema de integración sindical de empresarios y obreros en un único organismo, durante la época franquista en España.

VÉRTICE s.m. (lat. *vertex, -icis,* polo en torno al cual gira el cielo).Punto en que concurren los dos lados de un ángulo. **2.** Punto donde concurren dos o más planos. **3.** Parte más elevada de un monte, especialmente cuando termina en punta. **4.** Coronilla, parte más elevada de la cabeza humana. ◇ **Vértice de una curva** Punto en el cual la curvatura es máxima o mínima. **Vértice de un ángulo sólido,** o **de un cono** Punto de donde parten todas las generatrices del ángulo, o del cono. **Vértice de un poliedro** Punto de encuentro de por lo menos tres de sus caras. **Vértice de un polígono** Punto de encuentro de dos lados consecutivos. **Vértice de un triángulo** Vértice de uno de sus ángulos; vértice del ángulo opuesto al lado que se toma como base.

VERTICIDAD s.f. FÍS. Facultad que tiene un cuerpo de dirigirse en una dirección con preferencia a las otras.

VERTICILADO, A adj. BOT. Dispuesto en verticilo.

VERTICILO s.m. BOT. Conjunto de hojas, flores o piezas florales que parten a un mismo nivel del eje que las sostiene.

VERTIDO s.m. Acción de verter o verterse. **2.** Sustancia vertida.

VERTIENTE s.m. o f. Pendiente o declive de una montaña, de un tejado, etc., por donde corre el agua. ◆ s.f. Aspecto de algo. **2.** GEOMORFOL. En un valle, pendiente que va de la vaguada a la línea de interfluvio.

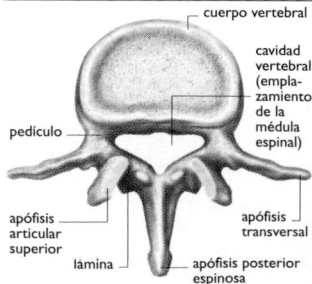

cuerpo vertebral

cavidad vertebral (emplazamiento de la médula espinal)

pedículo

apófisis articular superior

lámina

apófisis transversal

apófisis posterior espinosa

■ **VÉRTEBRA** lumbar (vista superior).

VERTIGINOSO, A adj. Se dice del movimiento muy rápido o apresurado: *velocidad vertiginosa*. **2.** Relativo al vértigo: *altura vertiginosa*.
VÉRTIGO s.m. (lat. *vertigo, -ginis*, movimiento de rotación). Sensación de falta de equilibrio en el espacio. **2.** Fig. Apresuramiento, actividad intensísima en que alguien o algo se sume o es arrastrado: *el vértigo de la gran ciudad*. **3.** Fig. Arrebato, pérdida momentánea del juicio. ◇ **De vértigo** Fam. Se dice de las cosas que producen vértigo porque son muy rápidas o impresionan por alguna cualidad especial o por alguna circunstancia: *velocidad de vértigo; cifras de vértigo*.
VERTISUELO s.m. EDAFOL. Unidad de la clasificación de los suelos, que designa suelos de climas cálidos con fuertes alternancias estacionales y una estación seca muy acentuada. SIN · *regur, vertisol*.
VESANIA s.f. (lat. *vesania*). Demencia, locura o furia muy intensa.
VESICACIÓN s.f. MED. Efecto producido por un medicamento vesicante.
VESICAL adj. ANAT. Relativo a la vejiga.
VESICANTE adj. y s.m. MED. Que produce ampollas en la piel. SIN.: *vesicatorio*.
VESÍCULA s.f. ANAT. Órgano en forma de saco o vejiga que contiene una secreción. **2.** BOT. Cavidad cerrada, que en determinadas plantas acuáticas actúa como flotador. **3.** PATOL. Prominencia pequeña de la epidermis que contiene un líquido seroso.
VESICULAR adj. Relativo a las vesículas, en especial la biliar. **2.** En forma de vesícula.
VESPA s.f. (marca registrada). Motocicleta de tipo escúter con las ruedas pequeñas y el motor en la parte posterior y protegido.
VESPASIANA s.f. Chile. Urinario público.
VESPERAL s.m. REL. Libro litúrgico que contiene el oficio de la tarde.
VESPERTINO, A adj. (lat. *vespertinus*). Relativo a la tarde: *periódico vespertino*.
VÉSPIDO, A adj. y s.m. Relativo a una familia de insectos himenópteros provistos de aguijón, como la avispa.
VESRE s.m. Argent. Creación de palabras por inversión de sílabas que se usa jergalmente o con fines humorísticos (*gomia* por *amigo*, *vesre* por *revés*).
VESTAL adj. Relativo a la diosa Vesta. ◆ adj. y s.f. Se dice de las doncellas romanas consagradas a la diosa Vesta. **2.** Se dice de la mujer casta.
VESTIBULAR adj. ANAT. Relativo al vestíbulo del oído.
VESTÍBULO s.m. (lat. *vestibulum*). Pieza de un edificio o vivienda inmediata a la puerta principal de entrada. **2.** ANAT. Cavidad del oído interno, que comunica con el oído medio a través de las ventanas redonda y oval, se prolonga por el caracol y es sede de los canales semicirculares.
VESTIDO s.m. Prenda de vestir, pieza de tela, piel, etc., que se pone sobre el cuerpo para cubrirlo. **2.** Conjunto de piezas que sirven para este uso. **3.** Prenda de vestir exterior completa de una persona: *vestido de etiqueta*. **4.** Prenda de vestir exterior femenina de una sola pieza: *no sabía si ponerse el vestido rojo o la falda y la blusa verdes*. **5.** HERÁLD. Escudo que contiene un losange o un óvalo, cuyos ángulos o polos, respectivamente, tocan los bordes del escudo.
VESTIDURA s.f. Vestido. ◆ **vestiduras** s.f.pl. REL. Vestidos que, sobrepuestos al ordinario, usan los sacerdotes para el culto divino. ◇ **Rasgarse las vestiduras** Escandalizarse excesiva o hipócritamente por algo que otros hacen o dicen.
VESTIGIO s.m. (lat. *vestigium*, planta del pie, huella). Huella o señal que queda de algo o alguien que ha pasado o ha desaparecido. **2.** Indicio que permite inferir la verdad o la existencia de algo.
VESTIGLO s.m. (del lat. *besticula*, bestia pequeña). Monstruo horrible y fantástico.
VESTIMENTA s.f. Conjunto de prendas de vestir de una persona.
VESTIR v.tr. y prnl. (lat. *vestire*) [89]. Poner un vestido. ◆ v.tr. Proveer a alguien de ropa.

2. Fig. Cubrir una cosa con otra para adornarla o protegerla: *vistió las paredes con cuadros*. **3.** Referido a un hábito que indica un particular estado o condición, entrar o estar en tal estado o condición: *vestir la toca monjil*. **4.** Fig. Aparentar un estado de ánimo demostrándolo exteriormente, en especial en el rostro: *vistió su cara de alegría*. **5.** Confeccionar ropa a alguien: *viste a las damas más distinguidas de la ciudad*. ◆ v.intr. Ir con determinada ropa. **2.** Ser ciertos vestidos, telas, materiales, etc., elegantes y adecuados para fiestas u ocasiones importantes. ◆ v.intr. y prnl. Fig. Cubrirse, revestirse: *los árboles se vistieron de verde*. ◆ **vestirse** v.prnl. Cambiarse de vestido, poniéndose uno apropiado para determinada circunstancia: *preferiría cenar en un lugar informal, para no tener que vestirse*. **2.** Ser cliente de un determinado sastre o modista: *se viste en las mejores casas de alta costura*. **3.** Levantarse de la cama después de haber estado enfermo. ◆ **A medio vestir** Sin terminar de vestirse. **De (mucho) vestir** Que es elegante y adecuado para fiestas u ocasiones solemnes. **El mismo que viste y calza** Fam. Expresión con que se corrobora la identidad de la persona que habla o de quien se habla.
VESTÓN s.m. Chile. Saco, prenda de vestir.
VESTUARIO s.m. Conjunto de los vestidos de una persona. **2.** En ciertos establecimientos públicos y en los teatros, lugar para cambiarse de ropa.
VETA s.f. (lat. *vitta*, ínfula de sacerdote). Vena, faja o lista que se observa en ciertas maderas y piedras. **2.** Vena, filón metalífero. **3.** Fig. Propensión a alguna cosa que se menciona: *tiene una veta de loco*.
VETAR v.tr. Poner el veto a una persona, ley, acuerdo, medida, etc.
VETARRO, A adj. y s. Méx. Fam. Viejo, envejecido.
VETAZO s.m. Ecuad. Latigazo.
VETEADO, A adj. Que tiene o presenta vetas: *maderas veteadas*. SIN.: *vetudo*.
VETEAR v.tr. Señalar o pintar vetas en algo, imitando las naturales de la madera o del mármol.
VETERANÍA s.f. Cualidad de veterano.
VETERANO, A adj. y s. (lat. *veteranus*). Se dice de los soldados que han cumplido un largo servicio en activo; *veterano de guerra*. **2.** Fig. Se dice de la persona experimentada en alguna actividad: *médico veterano*. **3.** DEP. Deportista que ha pasado el límite de edad para los sénior. ◆ s.m. HIST. Soldado que había obtenido ya el retiro, o que, cumplido el tiempo de servicio, lo prolongaba voluntariamente.
VETERINARIA s.f. Ciencia que estudia y cura las enfermedades de los animales.
VETERINARIO, A adj. (lat. *veterinarius*, de *veterinae*, bestias de carga). Relativo a la veterinaria. ◆ s. Persona que por profesión o estudio se dedica a la veterinaria.
VETIVER s.m. Raíz olorosa que se emplea para perfumar la ropa y preservarla de la polilla.
VETO s.m. (lat. *veto*, presente de *vetare*, prohibir, vedar). Facultad que tiene una persona o corporación para vedar o impedir una cosa. **2.** Institución por la que una autoridad puede oponerse a la entrada en vigor de una ley o de una resolución. ◇ **Poner el veto** Oponerse a determinada persona o a que otros planean, aprueban o aceptan.
VETONES, pueblo prerromano de la península Ibérica, establecido en la zona occidental de la Meseta, entre el Tajo y el Duero.
VETUSTEZ s.f. Cualidad de vetusto.
VETUSTO, A adj. (lat. *vetustus*). Muy viejo, muy antiguo o de mucha edad.
VEXILLUM s.m. (voz latina). ANT. ROM. Estandarte de los ejércitos romanos.
VEXILO s.m. BOT. Estandarte. **2.** ZOOL. Cada uno de los lados de la pluma de un ave.
VEZ s.f. (lat. *vicis*, turno, puesto que uno ocupa). Momento u ocasión en que ocurre algo o se ejecuta una acción. **2.** Cada uno de los actos o sucesos repetidos, realizados en momentos y circunstancias distintos: *repetir un ejercicio muchas veces*. **3.** Esp. Alternación, turno: *ceder la vez*. **4.** Esp. Tiempo u ocasión de hacer una cosa por turno u orden: *le llegó*

la vez de entrar. ◇ **A la vez** A un tiempo, simultáneamente. **A mi, tu,** etc., **vez** Expresa una correspondencia de acciones. **De una vez** Con una sola acción: *se bebió el vaso de vino de una vez*; seguido, con continuidad: *hizo todo el trabajo de una vez*; con una palabra o de un golpe: *dilo de una vez*. **En vez de** En sustitución de: *en vez del alcalde, fue un edil*; al contrario, lejos de: *en vez de subir, bajo*. **Hacer las veces de** Sustituir algo o a alguien. **Tal vez** Posiblemente, quizá. **Una vez (que)** Después que.
VHF s.m. (sigla del ingl. *very high frequency*, frecuencia muy elevada). Frecuencia muy elevada con que se designan las ondas radioeléctricas de frecuencias comprendidas entre 30 y 300 MHz.
VHS s.m. (sigla del ingl. *video home system*). Sistema de videocasete y magnetoscopio creado en 1976 por la firma japonesa JVC.
VÍA s.f. (lat. *via*). Espacio destinado al paso de personas o vehículos que van de un lugar a otro. **2.** Sistema de transporte o comunicación entre dos lugares; *vía aérea*. **3.** Recorrido, itinerario que conduce a un lugar determinado. **4.** En complementos sin preposición, punto o lugar de paso de un itinerario, o un medio de transmisión: *retransmisión vía satélite*. **5.** Fig. Procedimiento particular que se sigue para un determinado fin: *vía judicial*. **6.** Espacio que queda entre las dos roderas señaladas por los carros en los caminos. **7.** ANAT. Se dice de los numerosos conductos que forman un sistema: *vías urinarias*. **8.** F.C. **a.** Parte del suelo explanada de un ferrocarril, en el cual se asientan los carriles. **b.** Riel del ferrocarril. **9.** REL. Entre los ascéticos, modo y orden de vida espiritual encaminada a la perfección de la virtud: *vía purgativa*. ◇ **Ancho de la vía** Distancia entre las dos ruedas de un mismo eje de un automóvil. **Dar vía libre** Dejar libre el paso; dejar libertad de acción, no poner límites. **Dejar vía libre** Apartarse de algún asunto para que otra persona pueda emprenderlo. **De vía estrecha** Desp. Se dice de la persona o cosa mediocre dentro de su clase, especie o categoría. **En vías de** está pasando los trámites y cambios necesarios para llegar a su fin u objetivo. **Por vía de** Mediante. **Por vía oral** MED. Por la boca. **Vía de agua** Abertura, grieta, por la que el agua invade el interior de una embarcación. **Vía de apremio** En derecho español, fase del proceso ejecutivo en el que el acreedor insta al cumplimiento de los actos necesarios para la satisfacción de su crédito. **Vía de comunicación** Camino terrestre o ruta marítima o aérea establecida. **Vía ejecutiva** Procedimiento para hacer un pago judicialmente, procurando antes convertir en dinero los bienes de otra índole pertenecientes al obligado. **Vía férrea** Ferrocarril. SIN.: *línea férrea*. **Vía gubernativa** Cauce legal para recurrir ante los actos de la administración considerados no legales o lesivos. **Vía húmeda** Empleo de disolventes líquidos en una operación química. **Vía muerta** F.C. Vía que no tiene salida y sirve para apartar de la circulación vagones y locomotoras. **Vía ordinaria** Modo, o forma regular y común de hacer algo. **Vía pública** Calle, plaza, camino, etc., por donde puede transitarse. **Vía sacra** Vía procesional que unía Atenas y Eleusis; en Grecia, camino que conducía a un gran santuario, en Roma, vía triunfal que, a través del foro, conducía al capitolio. **Vía seca** Operación química llevada a cabo mediante el calor, sin empleo de disolvente.

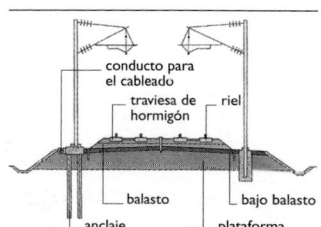

conducto para
el cableado

traviesa de
hormigón

riel

balasto

bajo balasto

anclaje

plataforma

■ **VÍA.** Sección transversal de una doble vía de línea de ferrocarril de alta velocidad.

VIABILIDAD s.f. Cualidad de viable. **2.** Buen estado de una carretera, que permite la circulación.

VIABLE adj. (fr. *viable*). Que puede realizarse: *proyecto viable.* **2.** MED. Capaz de vivir: *feto viable.*

VÍA CRUCIS s.m. (lat. *via crucis,* camino de la cruz) [pl. *vía crucis*]. Camino señalado con catorce estaciones que representan los pasos del Calvario y que se recorre rezando en cada una de ellas, en memoria de la pasión de Jesucristo. **2.** Ejercicio piadoso consistente en dichos rezos. **3.** *Fig.* Trabajo, aflicción o sufrimientos continuados que sufre una persona. (También *viacrucis.*)

VIADUCTO s.m. (ingl. *viaduct*). Puente de gran longitud construido para salvar una depresión del terreno en el trazado de una vía de comunicación, como una carretera, una autopista o una vía de ferrocarril.

■ **VIADUCTO,** en el norte de la isla de Gran Canaria, sobre el barranco de Valerón.

VIAGRA s.f. Fármaco contra la impotencia masculina.

VIAJANTE s.m. y f. Representante de una casa comercial que hace viajes para negociar ventas o compras. ◆ adj. Que viaja.

VIAJAR v.intr. Desplazarse de un lugar a otro, generalmente con un medio de transporte: *viajar en tren.* **2.** Trasladarse de un lugar a otro con cierta frecuencia, especialmente para conocer diversos lugares: *viajar por el extranjero.* **3.** Desplazarse un medio de transporte siguiendo una ruta o trayecto establecido: *el autocar viaja todos los días.* **4.** Recorrer un viajante su ruta para promocionar o vender mercancías: *viaja por el norte.*

VIAJE s.m. (cat. *viatge,* del lat. *viaticum,* provisiones para el viaje). Acción de viajar, desplazarse de un lugar a otro. **2.** Recorrido que se hace andando y volviendo de un lugar a otro. **3.** *Fam.* Estado alucinatorio provocado por el consumo de drogas. **4.** Cantidad de alguna cosa transportada de una sola vez de un lugar a otro. **5.** *Fig.* Paso de la vida a la muerte: *emprender el último viaje.* **6.** TAUROM. Dirección que toma el toro al embestir. ◇ **Agarrar viaje** Argent., Perú y Urug. *Fam.* Aceptar una propuesta. **¡Buen viaje!** Fórmula de cortesía usual para despedir a un viajero. (Se usa despectivamente para demostrar que no importa que alguien se vaya o algo se pierda o malogre.) **Rendir viaje** Llegar al punto de destino un barco.

1. VIAL adj. Relativo a la vía: *seguridad vial.* ◆ s.m. Calle o camino formado por dos filas paralelas de árboles.

2. VIAL s.m. Frasquito destinado a contener un medicamento inyectable o bebible, del cual se extraen las dosis convenientes.

VIALIDAD s.f. Conjunto de servicios pertenecientes a las vías públicas.

VIANDA s.f. (fr. *viande*). Alimento que sirve de sustento a las personas.

VIANDANTE s.m. y f. Persona que marcha a pie por un camino, calle, etc.

VIARAZA s.f. Argent., Colomb., Guat. y Urug. Acción inconsiderada y repentina.

VIARIO, A adj. Relativo a los caminos y carreteras: *red viaria.*

VIÁTICO s.m. (lat. *viaticum,* viaje). Dinero o provisiones para hacer un viaje. **2.** REL. Sacramento de la eucaristía que se administra a un enfermo en peligro de muerte.

VÍBORA s.f. (lat. *vipera*). Serpiente venenosa, de 50 a 60 cm de long., con cabeza triangular, vivípara, que vive con preferencia en lugares pedregosos y soleados. **2.** *Fig.* Persona malévola, de malas intenciones o que gusta de hablar mal de los demás.

■ **VÍBORA** europea.

VIBOREAR v.intr. Argent. y Urug. Serpentear, moverse ondulándose como las serpientes. **2.** Argent. y Urug. Serpentear, moverse ondulándose como las serpientes. **3.** Méx. Hablar mal de alguien a sus espaldas, inventar chismes.

VIBOREZNO s.m. Cría de la víbora.

VIBRACIÓN s.f. Acción de vibrar. **2.** FÍS. Movimiento periódico de un sistema material alrededor de su posición de equilibrio. ◇ **Vibración del hormigón** Acción de someter al hormigón, durante su fraguado, a vibraciones que mejoran su homogeneidad y adherencia.

VIBRADOR s.m. Aparato que produce vibraciones mecánicas.

VIBRÁFONO s.m. Instrumento musical formado por láminas de acero de tubos de resonancia, que se golpean con macillas.

VIBRANTE adj. Que vibra. **2.** Emotivo, enérgico: *discurso, arenga, vibrante.* ◆ adj. y s.f. FONÉT. Se dice de una consonante fricativa cuya emisión va acompañada de una serie rápida de aberturas y cierres del canal bucal al paso del aire espirado, como la *r* y la *rr.*

VIBRAR v.intr. (lat. *vibrare*). Moverse un cuerpo, generalmente largo y elástico, con un movimiento rápido y de poca amplitud. **2.** Temblar la voz u oscilar un sonido por emitirse intermitentemente o variando entre dos tonos. **3.** Agitarse, estremecerse, sentir una sacudida nerviosa o una alteración del ánimo: *el público vibró de entusiasmo.*

VIBRÁTIL adj. Que puede vibrar. ◇ **Cilio vibrátil** Órgano filamentoso, que permite el desplazamiento de ciertos protozoos (paramecio), la formación de la corriente de agua que nutre a los moluscos lamelibranquios, la expulsión de partículas sólidas en la tráquea del ser humano, etc.

VIBRATO s.m. Ligera ondulación en la emisión vocal de un sonido. **2.** MÚS. Vibración obtenida en los instrumentos de cuerda por medio de un movimiento rápido de oscilación del dedo.

VIBRATORIO, A adj. Que vibra o puede vibrar: *movimiento vibratorio.*

VIBRIÓN s.m. Bacilo de cuerpo en forma de coma.

VIBRISA s.f. Pluma filiforme de las aves. **2.** Pelo táctil de determinados mamíferos.

VIBRÓGRAFO s.m. Aparato de control que mide por comparación las vibraciones en la marcha de los relojes, para poner de manifiesto la existencia de defectos en los engranajes, en los escapes, etc.

VIBROMASAJE s.m. Masaje que se realiza con un aparato especial que transmite al cuerpo las vibraciones producidas por un motor eléctrico.

VIBROSCOPIO s.m. Instrumento que sirve para el estudio y observación de las vibraciones de los cuerpos.

VIBURNO s.m. (lat. *viburnum*). Arbusto de hojas ovales, flores blancas y olorosas, en corimbos terminales, y raíz rastrera que se extiende mucho. (Familia caprifoliáceas.)

VICARÍA s.f. Oficio o dignidad de vicario. **2.** Territorio de su jurisdicción. **3.** Despacho o residencia del vicario. ◇ **Pasar por la vicaría** *Fam.* Casarse.

VICARIANTE adj. Que remplaza o sustituye a otra cosa. **2.** Se dice del órgano capaz de suplir la insuficiencia de otro órgano. **3.** Se dice de la especie vegetal que puede remplazar a otra en una asociación.

VICARIATO s.m. Vicaría. **2.** Tiempo que dura el cargo de vicario.

VICARIO, A adj. y s. (lat. *vicarius,* el que realiza la función de otro). Se dice de la persona que hace las veces de otra, sustituyéndola en sus funciones o ayudándola con el mismo poder y facultades. ◆ s.m. Sacerdote que ejerce su ministerio en una parroquia bajo la autoridad de un párroco. ◇ **Vicario apostólico** Obispo que gobierna un territorio que no tiene jerarquía eclesiástica regular y que depende directamente de la sede pontificia. **Vicario capitular** Sacerdote encargado de una diócesis mientras está vacante la sede. **Vicario coadjutor** Sacerdote encargado de ayudar al párroco en sus funciones y de sustituirlo en caso de ausencia o de enfermedad. **Vicario de Jesucristo** El papa. **Vicario general** Sacerdote que ayuda al obispo en la administración de una diócesis.

VICEALMIRANTAZGO s.m. Cualidad o dignidad de vicealmirante.

VICEALMIRANTE s.m. Oficial de la armada, de grado intermedio entre el de contraalmirante y el de almirante.

VICENAL adj. (lat. *vicennalis*). Se dice de lo que sucede o se repite cada veinte años o que dura veinte años.

VICEPRESIDENCIA s.f. Cargo o funciones de vicepresidente.

VICEPRESIDENTE, A s. Persona que suple o está capacitada para suplir al presidente en ciertos casos, o en quien este delega.

VICETIPLE s.f. Chica de conjunto que actúa en las revistas musicales o en teatros de variedades.

VICEVERSA adv.m. Invirtiendo el orden de los términos de una afirmación: *viaje Madrid-Londres y viceversa.*

VICHAR v.tr. Argent. y Urug. Espiar, atisbar. SIN.: *vichear.*

VICHY s.m. Tejido de algodón con ligamento de tafetán y combinaciones de colores vivos y sólidos. **2.** Agua mineral de Vichy.

VICIAR v.tr. y prnl. Hacer tomar a alguien un vicio o una costumbre considerada negativa, dañándole o corrompiéndole física o moralmente. **2.** Alterar o corromper la esencia de algo: *viciar la pronunciación; viciar la atmósfera.* **3.** Hacer tomar a un animal un defecto de comportamiento. **4.** Deformarse una cosa. ◆ v.tr. DER. Anular o quitar el valor o validación de un acto. ◆ **viciarse** v.prnl. Adquirir un vicio o una costumbre considerada negativa.

VICIO s.m. (lat. *vitium*). Disposición habitual al mal. **2.** Mala costumbre o hábito contrario a las normas de la buena educación. **3.** Costumbre o hábito que gusta mucho y de los cuales es difícil sustraerse. **4.** Falta, imperfección o incorrección que altera algo en su esencia. **5.** Mimo o exceso de condescendencia con alguien. **6.** Lozanía y frondosidad excesiva para el rendimiento vegetal. **7.** Torcedura o desviación que presenta una cosa por haber estado sometida a una postura indebida. **8.** Mala costumbre o hábito adquirido por un animal. ◇ **De vicio** *Fam.* Sin motivo o causa justificada. **Vicio de dicción** Incorrección, defecto o falta en el uso del idioma ya sea de pronunciación, de morfología, de léxico o de sintaxis. **Vicio de forma** DER. Defecto que presenta el acto jurídico que adolece de la falta de una de las formalidades exteriores exigidas por la ley para su validez.

VICIOSO, A adj. Que tiene algún vicio o hábito considerado negativo. **2.** Que es propio de estas personas. **3.** Que implica vicio o hábito negativo. **4.** *Poét.* Vigoroso y fuerte, sobre todo para producir, especialmente se dice de las plantas abundantes y frondosas: *vegetación viciosa.* **5.** PATOL. Relativo a alguna malformación o curación defectuosa de una lesión.

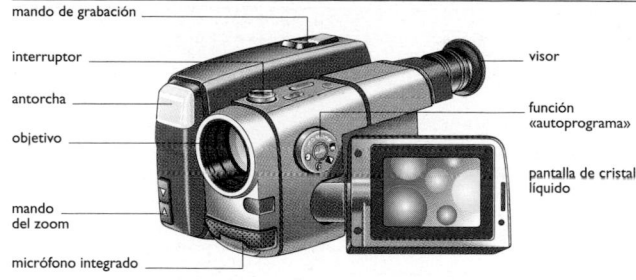

mando de grabación

interruptor

antorcha

objetivo

mando
del zoom

micrófono integrado

visor

función
«autoprograma»

pantalla de cristal
líquido

■ **VIDEOCÁMARA**

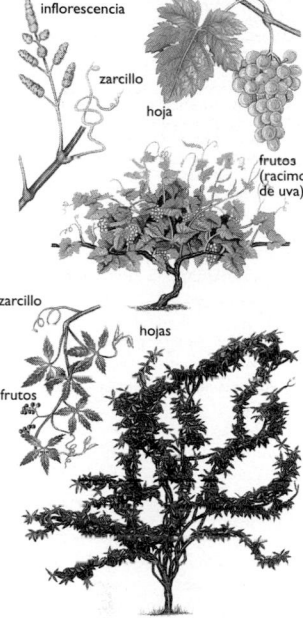

inflorescencia

zarcillo

hoja

frutos
(racimo
de uva)

zarcillo

hojas

frutos

■ **VID** y vid silvestre.

VICISITUD s.f. Alternancia de sucesos opuestos. **2.** Suceso, accidente que suele provocar un cambio repentino en la marcha de algo.

VICISITUDINARIO, A adj. Que acontece por orden sucesivo o alternativo.

VÍCTIMA s.f. (lat. *victima,* persona o animal destinados a un sacrificio religioso). *Fig.* Persona que sufre las consecuencias de una acción propia o de otros: *es víctima de sus propios errores.* **2.** *Fig.* Persona que muere o sufre un grave daño en un accidente, desastre, etc.: *víctimas de la inundación.* **3.** Persona o animal destinado al sacrificio para satisfacer a los dioses.

VICTIMARIO, A s. Persona que por sus acciones o modo de actuar produce daño o perjuicio a otra, convirtiéndola en su víctima.

VICTIMISMO s.m. Actitud de la persona que asume continuamente el papel de víctima.

VICTORIA s.f. (lat. *victoria*) Triunfo, superioridad o ventaja en una lucha o competición. **2.** Vehículo tirado por caballos, de cuatro ruedas y con capota plegable. ◆ interj. Expresa júbilo por el triunfo conseguido. ◇ **Cantar victoria** Alegrarse por el triunfo.

VICTORIANO, A adj. Relativo a la reina Victoria I de Gran Bretaña y a su época.

VICTORIOSO, A adj. Que ha conseguido una victoria, éxito o cualquier cosa por la que había estado luchando: *ejército victorioso.* **2.** Se dice de las acciones con las cuales se consigue un triunfo o éxito: *batalla victoriosa.*

VICUÑA s.f. (quechua *wikuña*). Camélido andino parecido al guanaco, pero de menor tamaño, de color leonado, que habita en pequeños grupos en los páramos andinos en alturas superiores a los 3 000 m y es apreciado por su lana. (Es una especie protegida.) **2.** Pelo de este animal. **3.** Tejido fabricado con dicho pelo. **4.** Imitación de este tejido lograda con lana fina o lana y algodón mezclados.

■ **VICUÑA**

VID s.f. (lat. *vitis*). Arbusto, con frecuencia trepador, cultivado desde la prehistoria por sus bayas azucaradas, o uvas, cuyo jugo fermentado produce el vino.

VIDA s.f. (lat. *vita*). Conjunto de las propiedades características de los seres orgánicos, por las cuales evolucionan, se adaptan al medio, se desarrollan y se reproducen: *el objeto de la biología es el estudio de la vida.* **2.** Existencia de esos seres. **3.** Conjunto de los seres vivos. **4.** Tiempo en el que un organismo está en actividad. **5.** Período de tiempo entre el nacimiento y la muerte: *su vida fue muy breve.* **6.** Conjunto de los hechos, de los acontecimientos más importantes sucedidos a una persona en el curso de su existencia: *me contó su vida.* SIN.: *biografía.* **7.** Duración de las cosas: *construir con materiales resistentes y de vida larga.* **8.** Energía, capacidad de obrar con vigor y entusiasmo: *una persona llena de vida.* **9.** Animación, vivacidad en general: *unos ojos llenos de vida.* **10.** Modo de vivir, en relación con una determinada actividad: *vida de soltero.* **11.** Modo de conducir la propia existencia, modo de ser, de comportarse: *lleva una vida ociosa.* **12.** Conjunto de todo lo que es necesario para vivir, particularmente el alimento, el sustento: *el costo de la vida ha subido.* **13.** Cosa de valor, interés a la existencia: *la música es su vida.* **14.** Actividad, fuerza activa en un determinado campo: *la crisis ensombrece la vida nacional.* **15.** Conjunto de las manifestaciones, del desarrollo de algo: *el director ha dejado de interesarse por la vida del periódico.* **16.** Cosa o circunstancia que es o se considera esencial para el desarrollo de otra. **17.** Ser humano: *en la guerra se perdieron muchas vidas.* ◇ **A vida o muerte** se aplica a la decisión tomada o acto con pocas esperanzas de que el resultado sea bueno. **Buscarse la vida** Usar medios conducentes para ganarse el sustento. **Calidad de vida** Conjunto de factores o condiciones que caracterizan el bien general en una sociedad. **Con la vida pendiente de un hilo** Estar en mucho peligro. **Darse buena vida,** o **la gran vida,** o **la vida padre** Modo de vivir en el que se disfruta de muchas comodidades o que resulta muy placentero. **De por vida** Perpetuamente, por todo el tiempo de la vida. **De toda la vida** Desde hace mucho tiempo. **En la vida,** o **en mi, tu,** etc., **vida** Nunca. **Enterrarse en vida** Apartarse del mundo. **Entre la vida y la muerte** En peligro inminente de muerte. **Escapar,** o **salir, con vida** Librarse de un grave peligro de muerte. **Ganarse la vida** Trabajar o buscar los medios de mantenerse. **Pasar a mejor vida** Morir. **Vida eterna,** o **perdurable** REL. Felicidad eterna de los elegidos. **Vida futura** u **otra vida** REL. Existencia del alma después de la muerte. **Vida latente** BIOL. Estado caracterizado por una intensa disminución de la actividad metabólica de un organismo vivo. **Vida perra,** o **de perros** Modo de vivir lleno de dificultades o penalidades.

VIDALITA o **VIDALA** s.f. Canción criolla del N de Argentina de carácter amoroso y triste, muy popular desde comienzos del s. XIX. **2.** Aire popular andaluz, act. en desuso, procedente de la canción argentina homónima.

VIDENTE adj. y s.m. y f. Se dice de la persona capaz de adivinar el porvenir o las cosas ocultas, o de prever lo que va a ocurrir.

VÍDEO s.m. Técnica que permite registrar magnética o mecánicamente la imagen y el sonido en un soporte, y reproducirlos en una pantalla. **2.** Magnetoscopio de uso doméstico. **3.** Sucesión de imágenes obtenidas con esta técnica grabadas en una cinta magnética. ◇ **Señal vídeo** Señal que contiene los elementos necesarios para la transmisión de una imagen. **Sistema vídeo** Sistema que permite la transmisión de imágenes y sonido a distancia.

VIDEOARTE s.m. Actividad artística que consiste en crear y manipular imágenes electrónicas para difundirlas en directo o en diferido. (El coreano N.J.Paik fue pionero de este arte.)

VIDEOCÁMARA s.f. Cámara de registro de imagen sobre soporte no fotográfico, generalmente magnética SIN.: *cámara de vídeo.*

VIDEOCASETE o **VIDEOCASSETTE** s.m. o f. Casete que contiene una cinta magnética que puede registrar y reproducir un programa televisivo o una película. SIN.: *videocinta.*

VIDEOCLIP s.m. Pequeño cortometraje realizado en vídeo, que presenta una canción o un tema musical ilustrado con imágenes, a veces de carácter narrativo. (Se usa también *clip*.)

VIDEOCLUB s.m. Comercio dedicado a la venta, alquiler o intercambio de videocasetes grabadas.

VIDEOCONFERENCIA s.f. Conferencia realizada mediante el videoteléfono.

VIDEOCONSOLA s.f. Aparato para reproducir juegos electrónicos, provisto de mandos de control.

VIDEODISCO s.m. Disco donde se graban imágenes y sonidos para su posterior reproducción en el televisor.

VIDEOFRECUENCIA s.f. Frecuencia de la señal suministrada por el tubo captador de imagen en la cadena de aparatos que constituyen un emisor de televisión.

VIDEOGRAFÍA s.f. Procedimiento de telecomunicación que permite la visualización de imágenes alfanuméricas y gráficas en una pantalla. **2.** Edición de programas audiovisuales.

VIDEOJUEGO s.m. Juego electrónico que se visualiza por medio de una pantalla.

VIDEOTECA s.f. Colección de videocasetes. **2.** Mueble o lugar donde se guardan.

VIDEOTELÉFONO s.m. Aparato que combina el teléfono y la televisión.

VIDEOTEX s.m. Sistema de videografía en el que la transmisión de las demandas de información de los usuarios y de los mensajes obtenidos como respuesta se realiza por medio de una red de telecomunicaciones, especialmente la red telefónica.

VIDICÓN s.m. Tubo analizador de imágenes de televisión, cuyo principio se funda en la fotoconductividad.

VÍDIMUS s.m. (voz latina, *vimos*). DER. Acta encabezada por la fórmula *vidimus*, que contiene la transcripción de otra anterior.

VIDORRA s.f. *Fam.* Vida cómoda y sin preocupaciones.

VIDORRIA s.f. Colomb. y Venez. Vida cargada de penalidades.

VIDRIADO, A adj. Se dice de la superficie de un objeto que está barnizada o esmaltada. ◆ s.m. Barro o loza con barniz vítreo. **2.** Sustancia vítrea adherente que sirve de esmalte para metal.

VIDRIAR v.tr. Dar a las piezas de barro o loza un barniz que, fundido al horno, toma la transparencia y el lustre del vidrio. ◆ **vidriarse** v.prnl. *Fig.* Ponerse vidrioso algo: *vidriarse los ojos.*

VIDRIERA s.f. Bastidor con vidrios con que se cierran puertas y ventanas. **2.** Escaparate de una tienda. **3.** Composición decorativa translúcida, formada por piezas de vidrio, generalmente de colores, unidas con plomo, que se coloca en una ventana, puerta, etc. SIN.: *vitral.*

VIDRIERÍA s.f. Taller donde se fabrica, labra y corta el vidrio. **2.** Establecimiento donde se venden vidrios.

VIDRIO s.m. (lat. *vitreum*, objeto de vidrio). Cuerpo sólido, mineral, no cristalino, generalmente frágil, que resulta de la solidificación progresiva de ciertas sustancias tras su fusión. **2.** Pieza u objeto de este material. **3.** Placa de vidrio que se coloca en las ventanas, puertas, etc., para cerrar dejando pasar la luz. **4.** GEOL. Materia sólida no cristalizada que resulta del enfriamiento brusco de las lavas al contacto con el aire o el agua. ◇ **Pagar los vidrios rotos** *Fam.* Cargar con toda la culpa no siendo el único o el culpable. **Vidrio armado** Vidrio obtenido incorporando a su masa un trenzado de hilos de hierro aprisionado entre dos hojas laminadas simultáneamente. **Vidrio laminado** Vidrio de seguridad constituido por varias hojas de vidrio separadas por una lámina de plástico. **Vidrio metálico** Sólido amorfo obtenido por temple ultrarrápido de una aleación metálica líquida. **Vidrio templado** Vidrio tratado térmicamente al objeto de aumentar su resistencia mecánica y la resistencia a las variaciones bruscas de temperatura.

VIDRIOSO, A adj. Que tiene el aspecto del vidrio o es semejante a él en lustre y transparencia. **2.** *Fig.* Se dice del asunto difícil de tratar, que debe manejarse o tratarse con mucho cuidado o tiento. **3.** *Fig.* Se dice de la mirada o de los ojos que parecen no mirar a ningún punto determinado. **4.** *Fig.* Susceptible, que fácilmente se enoja o desazona: *carácter vidrioso.* **5.** Se dice del suelo resbaladizo por haber helado.

VIEIRA s.f. Molusco bivalvo comestible, de hasta 13 cm de long., que puede nadar en el mar cerrando bruscamente sus valvas. (Familia pectínidos.)

■ LAS VIDRIERAS (VITRALES)

Conocidas ya en la antigüedad mediterránea y en Bizancio, las vidrieras alcanzaron su máximo esplendor durante el medievo, encumbradas por el arte religioso. En la arquitectura gótica, las vidrieras ocuparon un papel destacado y se convirtieron en resplandecientes «paredes de luz», que narraban leyendas piadosas y mostraban las grandes figuras sagradas en todo su esplendor. En la actualidad, la vidriera mantiene su vigencia como recurso artístico, aunque el tratamiento de los temas es alusivo y, con frecuencia, abstracto.

Chartres. En uno de los medallones de la vidriera de san Eustaquio, en la catedral de Chartres (s. XIII), se observa al santo persiguiendo a un ciervo. Este tipo de vidriera, concebida para decorar las ventanas bajas de una iglesia, se pensó para que fuera observada de cerca por los fieles.

León. Presbiterio de la catedral. Mediado el s. XIII, la influencia del vidriado se extendió por España. Estas vidrieras de la catedral de León fueron realizadas entre los siglos XIII y XIV, repartidas por los ventanales, el triforio y los rosetones.

York. *La Anunciación a san Joaquín* (detalle), catedral de York (Inglaterra), [h. 1340-1350]. Las figuras fueron moldeadas con un nuevo sentido del realismo, con ayuda de la grisalla realzada con amarillo plateado.

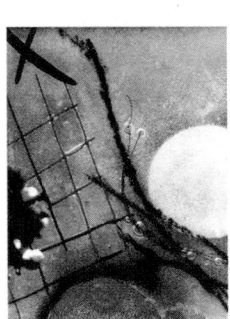

Ciudad de México. *Mirada Azul,* Aline Masson (2003). Técnica de emplomado. Yuxtaposición de vidrios opacos y traslúcidos, acompañada de elementos gráficos que construyen planos de fuga y planos fijos donde queda atrapada la mirada.

Ciudad de Jalapa (México). *Sin título* (detalle), Aline Masson (2002). Técnica de vidrio caliente fusionado. Grafismo obtenido mediante inserciones de materiales metálicos. Este detalle pertenece a un conjunto de cinco vitrales cuyos elementos se construyen en torno al círculo, el cuadrado y el triángulo, en armonía con la arquitectura.

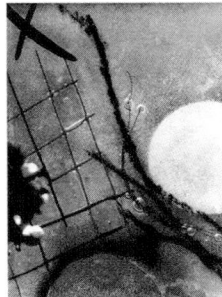
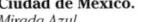

■ VIEIRA

VIEJA s.f. Femenino de viejo. **2.** Pez gregario de carne muy apreciada, de unos 40 cm de long., que vive en bancos y frecuenta escollos y arrecifes. (Familia escáridos.)

VIEJERA s.f. P. Rico. Vejez. **2.** P. Rico. *Fig.* Cosa inservible y vieja.

VIEJO, A adj. y s. (lat. *vetulus*, de cierta edad, algo viejo). Que tiene mucha edad y está en el último período de su existencia natural. ◆ s. Amér. Apelativo cariñoso que se aplica a los padres y también entre cónyuges y amigos. ◆ adj. Antiguo, no reciente: *viejas costumbres; viejos amigos.* **2.** Usado, deslucido, estropeado: *vestido viejo.* **3.** Envejecido: *estar muy viejo.* **4.** Se dice del vino añejo, que tiene muchos años de cava. ◇ **De viejo** Se dice del establecimiento donde se vende género de segunda mano, y de dicho género. **Viejo verde** *Desp.* Viejo libidinoso.

VIEJORRÓN s.m. Méx. Mujer muy guapa.

VIENÉS, SA adj. y s. De Viena.

VIENTO s.m. (lat. *ventus*). Movimiento del aire que se desplaza de una zona de altas presiones a una zona de bajas presiones. **2.** *Fam.* Ventosidad. **3.** Cuerda o alambre con que se ata o se sujeta algo para mantenerlo en posición vertical o en forma conveniente. **4.** *Fig.* Vanidad, jactancia: *sus palabras están llenas de viento.* **5.** MONT. Olor que deja una pieza de caza en los lugares por donde ha pasado. ◇ **A los cuatro vientos** Sin ninguna reserva, enterándose todo el mundo. **Beber los vientos por** Desvivirse por algo; estar muy enamorado de alguien. **Como el viento** Rápida y velozmente. **Contra viento y marea** Arrostrando inconvenientes y dificultades. **Con viento fresco** *Fam.* Se usa para rechazar o despreciar a alguien o algo. **Correr malos vientos** Ser las circunstancias adversas. **Instrumento de viento** MÚS. Instrumento musical en que el sonido se origina porque el aire que en él se insufla hace vibrar sus paredes. **Llevarse el viento algo** Desaparecer por no ser estable o duradero. **Viento blanco** Argent. Borrasca de

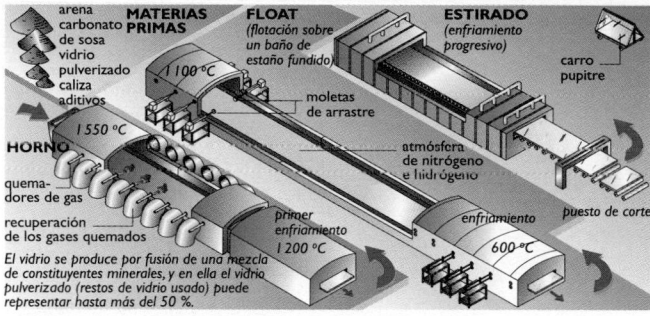

arena
carbonato **MATERIAS**
de sosa **PRIMAS**
vidrio
pulverizado
caliza
aditivos

FLOAT
(flotación sobre
un baño de
estaño fundido)

ESTIRADO
(enfriamiento
progresivo)

carro
pupitre

1 100 °C

moletas
de arrastre

HORNO 1 550 °C

atmósfera
de nitrógeno
e hidrógeno

quema-
dores de gas

recuperación
de los gases quemados

primer
enfriamiento
1 200 °C

enfriamiento
600 °C

puesto de corte

El vidrio se produce por fusión de una mezcla
de constituyentes minerales, y en ella el vidrio
pulverizado (restos del vidrio usado) puede
representar hasta más del 50 %.

■ **VIDRIO.** Elaboración del vidrio.

viento y nieve. **Viento en popa** *Fam.* Con buena suerte o prosperidad.

VIENTRE s.m. (lat. *venter, -tris*).Parte inferior
y anterior del tronco humano que contiene
principalmente los intestinos. SIN.: *abdomen*.
2. Parte abultada de un objeto: *el vientre de
una botella*. **3.** Fondos de una embarcación.
4. Saco de una vela. **5.** FÍS. Punto de un cuerpo
vibrante en que las oscilaciones alcanzan una
amplitud máxima.◇ **Bajo vientre** Órganos genitales. **Hacer de,** o **del, vientre** Evacuar el
vientre. **Sacar el vientre de mal año,** o **de
pena** *Fam.* Saciar el hambre comiendo más o
mejor de lo que se acostumbra.

VIERNES s.m. (lat. *dies Veneris*, día de Venus'). Quinto día de la semana, entre el jueves
y el sábado. ◇ **Viernes santo** Día en que la
Iglesia católica conmemora la muerte de Jesús.

VIERTEAGUAS s.m. (pl. *vierteaguas*). Resguardo que se pone cubriendo las salientes
de los paramentos, para que por su superficie
inclinada resbale el agua de la lluvia.

VIETNAMITA adj. y s.m. y f. De Vietnam.
◆ s.m. Lengua monosilábica hablada en Vietnam.

VIGA s.f. Pieza horizontal de una construcción,destinada a soportar una carga. **2.** Prensa
compuesta de un gran madero horizontal, que
puede girar alrededor de un extremo, para exprimir la aceituna.

VIGENCIA s.f. Cualidad o estado de vigente.

VIGENTE adj. (lat. *vigens, -entis*).Que está en
vigor y observancia: *norma, ley, costumbre vigente.*

VIGESIMAL adj. Que tiene por base el número veinte.

VIGÉSIMO, A adj.num.ordin. y s. (lat. *vigesi-
mus*). Que corresponde en orden al número
veinte. ◆ adj. y s.m. Se dice de cada una de
las partes que resultan de dividir un todo en
veinte partes iguales.

VIGÍA s.m. y f. (port. *vigia*). Persona que tiene a su cargo vigilar, generalmente desde una
atalaya, la posible presencia de enemigos o de
un peligro. ◆ s.f. Atalaya, torre. ◆ s.m. MAR. **a.**
Marinero que está de centinela en la arboladura de un barco. **b.** Torre o atalaya en que
suele colocarse ese marinero.

VIGIL adj. Se dice del estado caracterizado
por la falta de sueño. **2.** En la antigua Roma,
miembro de la milicia urbana encargado de
la lucha contra incendios y de la guardia nocturna.

VIGILANCIA s.f. Acción y efecto de vigilar.
2. Servicio montado y dispuesto para vigilar.

VIGILANTE adj. Que vigila o está atento.
◆ s.m. y f. Persona que se encarga de vigilar
un lugar.

VIGILAR v.tr. e intr. Observar atentamente a
alguien o algo para que no sufra o cause daño,
para que se desarrolle correctamente, etc.

VIGILIA s.f. (lat. *vigilia*).Acción de estar despierto o en vela. **2.** Falta de sueño o dificultad
en dormirse. **3.** REL. **a.** Víspera de una festividad religiosa. **b.** Abstinencia y ayuno por precepto eclesiástico. **c.** Oficio litúrgico en la
noche.

VIGO s.m. Hond. Parche, emplasto.

VIGOR s.m. (lat. *vigor, -oris*). Fuerza física.

2. Energía física o moral con la que se lleva a
cabo algo: *actuar, discutir con vigor.* **3.** Plena
eficacia, validez legal de leyes, decretos, etc.:
entrar en vigor nuevas normas. **4.** Vitalidad,
capacidad para crecer, desarrollarse y dar frutos o flores las plantas.

VIGORIZADOR, RA adj. Que da vigor.

VIGORIZANTE adj. y s.m. Se dice del producto o sustancia que da vigor.

VIGORIZAR v.tr. y prnl. [7]. Dar vigor. **2.** *Fig.*
Animar, infundir ánimo o valor.

VIGOREXIA s.f.Trastorno del comportamiento que se caracteriza por la obsesión de conseguir un cuerpo musculoso.

VIGOROSO, A adj. Que tiene vigor. **2.** Que denota o muestra resolución y firmeza: *palabras
vigorosas.*

VIGOTA s.f. MAR. Pieza de madera circular,
oval o lenticular, con uno o varios orificios,
por donde se pasa un cabo.

VIGUERÍA s.f. Conjunto de vigas de una
construcción.

VIGUÉS, SA adj. y s. De Vigo.

VIGUETA s.f. Viga corta, sostenida por las vigas principales, o que sirve de unión entre las
mismas.

VIH s.m. (sigla de *virus de inmunodeficiencia humana*).Virus causante del sida.

VIHUELA s.f. Nombre genérico de diferentes
instrumentos hispánicos de cuerda, según tocados con arco, punteados con plectro o tañi-
dos con los dedos.

VIHUELISTA s.m. y f. Intérprete de vihuela.
2. Compositor de música para vihuela.

VIKINGO, A adj. y s. (escandinavo *viking*).
De un pueblo escandinavo de guerreros, navegantes y comerciantes, que emprendieron expediciones marítimas y fluviales de Rusia al
Atlántico desde el s. VIII hasta principios del
s. XI. (→ normando.)

VIL adj. (lat. *vilis*, barato, sin valor).Innoble
y digno de desprecio, que entraña maldad,
servilismo, cobardía y falsedad.

VILANO s.m. BOT. Limbo del cáliz de una flor,
que sirve de aparato de vuelo en la diseminación eólica. **2.** Penacho de diversas semillas
que carece de homología.

VILAYATO s.m. Unidad administrativa de algunos países musulmanes.

VILELA, grupo de pueblos amerindios del N
de Argentina, de lengua lule-vilela, act. extinguidos.

VILEZA s.f. Cualidad de vil. **2.** Acción o expresión vil.

VILIPENDIAR v.tr. Despreciar, insultar o tratar con desdén.

VILIPENDIO s.m. (bajo lat. *vilipendium*) Humillación, deshonra o desprecio.

VILIPENDIOSO, A adj. Que causa o implica
vilipendio.

VILLA s.f. (lat. *villa*, casa de campo, residencia de un embajador cuando no podía en-
trar en Roma). Originariamente, edificio o
conjunto de edificios aislados en el campo
con características aptas para satisfacer, además de la exigencia de habitación, la de la intendencia para la explotación agrícola. **2.** Denominación dada por motivos históricos a

algunas poblaciones, ya sean grandes o pequeñas. **3.** Casa aislada de las demás, con
jardín o huerta, generalmente unifamiliar y
extraurbana. ◇ **Villa miseria** Argent. y Urug.
Barrio marginal de chabolas.

VILLADIEGO, Coger, o **tomar, las de Villadiego** *Fam.* Ausentarse repentina e impensadamente, en general huyendo de un riesgo o
compromiso.

VILLAMELÓN s.m. Méx. *Fam.* Profano que habla con aire de suficiencia de lo que no entiende. (Se dice sobre todo del aficionado a
los toros.)

VILLANCICO s.m. Canción popular de Navidad. **2.** Composición poética musical, con texto vulgar y de estilo rústico, que evolucionó
hasta llegar a la forma de cantata barroca.

VILLANESCO, A adj. Relativo a los villanos.

VILLANÍA s.f. Condición de villano. **2.** *Fig.* Dicho o hecho vil, ruin, indecoroso u obsceno.

VILLANO, A adj. y s. (del lat. vulg. *villanus*,
labriego). *Fig.* Innoble, vil, ruin, indigno, capaz
de cometer villanías. **2.** Se dice de los vecinos
de una villa o aldea, pertenecientes al estado
llano,en contraposición al estado noble o hidalgo. ◆ adj. Rústico,no refinado. ◆ s.m. Música y
baile españoles, comunes en los ss. XVI y XVII.

VILLAR s.m. (bajo lat. *villaris*, población).
Pueblo pequeño.

VILLISTA adj. y s.m. y f. Relativo a Pancho
Villa; partidario del mismo.

VILLORRIO s.m. *Desp.* Población que carece
de lo necesario para vivir bien.

VILO (EN) loc. Suspendido, sin apoyo. **2.** Con
indecisión y zozobra por conocer algo o por
algo que se teme.

VILORTA s.f. Varilla flexible que sirve para
atar o sujetar algo. **2.** Abrazadera que sujeta el
timón a la cama del arado.

VILOTE adj. Argent. Se dice de la persona
débil y cobarde.

VIMANA s.m. En la India medieval, torre santuario piramidal.

VINA s.f. Instrumento musical de la India,
provisto de cuatro cuerdas.

VINAGRE s.m. (cat. *vinagre*).Solución acuosa rica en ácido acético, resultante de la fermentación del vino o de otro líquido alcohólico, utilizada como condimento. **2.** *Fig.* Persona
malhumorada o irritable.

VINAGRERA s.f. Recipiente destinado a contener vinagre para el uso diario. **2.** Amér. Merid.
Acidez de estómago. ◆ **vinagreras** s.f.pl.
Utensilio para el servicio de mesa con un recipiente para el aceite y otro para el vinagre.

VINAGRETA s.f. Salsa fría compuesta de vinagre, aceite y sal, y algún que otro ingrediente, como cebolla, perejil, mostaza, etc.

VINAJERA s.f. (fr. ant. *vinagière*). Cada una
de las dos jarritas que contienen el vino y el
agua que se emplean en la misa. ◆ **vinajeras**
s.f.pl. Conjunto de ambas jarritas y la bandeja
o recipiente que las contiene.

VINARIEGO, A s. Persona que se dedica a
cultivar viñas o especialista en este cultivo.

VINARIO, A adj. Relativo al vino.

VINATERÍA s.f. Tienda de vinos. **2.** Comercio
con vino.

VINATERO, A adj. Relativo al vino. ◆ s. Persona que comercia con vino o lo transporta
para venderlo.

VINAZA s.f. Producto acuoso de la destilación de sustancias orgánicas. **2.** Vino de baja
calidad que se extrae de los posos y heces.

VINAZO s.m. Vino muy fuerte y espeso.

VINCHA s.f. (quechua *wincha*). Amér. Merid.
Cinta o pañuelo que se ciñe a la cabeza para
sujetar el pelo.

VINCHUCA s.f. (quechua *wihčúkukk*, que
cae arrojado). Argent., Chile y Perú. Nombre
de diversos insectos hematófagos alados, de
tamaño mediano que, en general, representan
un peligro para las personas por ser transmisores del mal de Chagas.

VINCULACIÓN s.f. Acción y efecto de vincular. **2.** Bien sujeto a tales reglas sucesorias o
asignado a tal particular finalidad que queda
sustraído a la circulación comercial e inmovilizado en manos de determinadas familias o
instituciones.

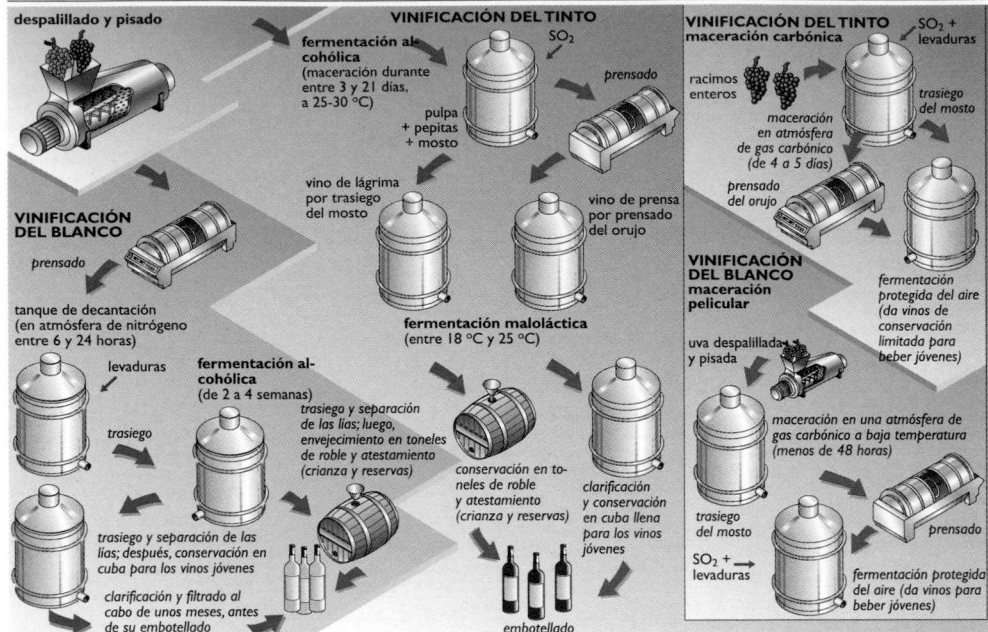

despalillado y pisado

VINIFICACIÓN DEL TINTO

fermentación alcohólica
(maceración durante entre 3 y 21 días, a 25-30 °C)

SO_2

prensado

pulpa
+ pepitas
+ mosto

VINIFICACIÓN DEL TINTO
maceración carbónica

SO_2 +
levaduras

racimos
enteros

maceración
en atmósfera
de gas carbónico
(de 4 a 5 días)

trasiego
del mosto

prensado
del orujo

VINIFICACIÓN
DEL BLANCO

prensado

vino de lágrima
por trasiego
del mosto

vino de prensa
por prensado
del orujo

VINIFICACIÓN
DEL BLANCO
maceración
pelicular

fermentación
protegida del aire
(da vinos de
conservación
limitada para
beber jóvenes)

tanque de decantación
(en atmósfera de nitrógeno
entre 6 y 24 horas)

fermentación maloláctica
(entre 18 °C y 25 °C)

uva despalillada
y pisada

levaduras

fermentación alcohólica
(de 2 a 4 semanas)

maceración en una atmósfera de
gas carbónico a baja temperatura
(menos de 48 horas)

trasiego

trasiego y separación
de las lías; luego,
envejecimiento en toneles
de roble y atestamiento
(crianza y reservas)

conservación en to-
neles de roble
y atestamiento
(crianza y reservas)

clarificación
y conservación
en cuba llena
para los vinos
jóvenes

trasiego
del mosto

prensado

trasiego y separación de las
lías; después, conservación en
cuba para los vinos jóvenes

SO_2 +
levaduras

fermentación protegida
del aire (da vinos para
beber jóvenes)

clarificación y filtrado al
cabo de unos meses, antes
de su embotellado

embotellado

■ **VINO.** Proceso de elaboración del vino.

1. VINCULAR v.tr. y prnl. Unir con vínculos una cosa a otra, hacer depender una cosa de otra determinada. ◆ v.tr. Sujetar ciertos bienes o propiedades por disposición de su dueño, generalmente en testamento, a determinada sucesión, uso o empleo. **2. VINCULAR** adj. Relativo al vínculo.

VÍNCULO s.m. (lat. *vinculum*). Unión, ligazón o atadura que une una cosa a otra, generalmente inmateriales: *el vínculo del matrimonio*. **2.** DER. **a.** Unión o relación que existe entre una persona y otra. **b.** Unión y sujeción de una propiedad, renta, derecho, cargo, etc., al perpetuo dominio de un linaje o familia, con prohibición de partirlo o enajenarlo.

VINDICAR v.tr. y prnl. [1]. Defender, especialmente por escrito, a quien ha sido calumniado, atacado o censurado injustamente. **2.** Vengar, tomar satisfacción de un agravio, ofensa o perjuicio. **3.** DER. Reivindicar.

VINDICATIVO, A adj. Empleado para vindicar, para defender la buena fama de alguien a quien se ataca injustamente: *alegato vindicativo*. **2.** Vengativo.

VINDICATORIO, A adj. Que sirve para vindicar.

VINDICTA s.f. Venganza por un agravio o perjuicio recibido. ◇ **Vindicta pública** DER. Satisfacción de los delitos, por la sola razón de justicia.

VÍNICO, A adj. Relativo al vino.

VINÍCOLA adj. Relativo a la elaboración del vino: *industria vinícola*.

VINICULTOR, RA s. Persona que se dedica a la vinicultura.

VINICULTURA s.f. Elaboración o crianza de vinos.

VINÍFERO, A adj. Que produce vino.

VINIFICACIÓN s.f. Conjunto de procedimientos que transforman la uva en vino.

VINÍLICO, A adj. Se dice del compuesto químico que contiene el radical vinilo y de las resinas obtenidas por su condensación.

VINILLO s.m. Vino muy flojo, de poca graduación.

VINILO s.m. Radical etilénico monovalente $CH_2=CH-$, que se utiliza en la fabricación de discos de microsurco, juguetes y prendas impermeables.

VINILOGÍA s.f. Relación existente entre dos moléculas que difieren por la intercalación de un doble enlace carbono-carbono. (Dos moléculas vinílogas presentan propiedades químicas análogas. Es el caso del etileno y del butadieno.)

VINÍLOGO, A adj. Relativo a la vinilogía.

VINO s.m. (lat. *vinum*). Bebida alcohólica que se hace del zumo de las uvas fermentado. (Los vinos se clasifican según su color [blanco, clarete, rosado y tinto], su contenido en azúcar, que se aplica sobre todo a los vinos blancos [brut, seco, semiseco, dulce], y su contenido en alcohol, expresado en grados alcohólicos). ◇ **Aguar,** o **bautizar,** o **cristianar, el vino** *Fam.* Echarle agua. **Dormir el vino** *Fam.* Dormir después de haberse emborrachado. **Tener buen,** o **mal, vino** *Fam.* Comportarse alguien de forma pacífica, o agresiva, cuando se emborracha; tener buen, o mal, carácter. **Vino de aguja** Vino con pequeñas burbujas de gas carbónico. **Vino de mesa,** o **de pasto** Vino que se suele beber en las comidas. **Vino generoso** Vino que tiene una graduación alcohólica superior a 15 grados. **Vino espumoso** Vino cuya efervescencia resulta de una segunda fermentación alcohólica en recipiente cerrado, ya espontánea, ya obtenida por el método champañés. **Vino pardillo** Vino entre blanco y clarete, de baja calidad, más bien dulce que seco. **Vino peleón** *Fam.* Vino de mala calidad. **Vino virgen** Vino que fermenta sin casca.

VINOCOLORÍMETRO s.m. Aparato que sirve para determinar la intensidad de la coloración del vino.

VINOLENCIA s.f. Destemplanza o exceso en el beber vino.

VINOLENTO, A adj. (lat. *vinolentus*). Que bebe vino en exceso.

VINOSO, A adj. Que tiene la calidad, el color, fuerza, propiedad o apariencia del vino. **2.** Vinolento.

VINOTE s.m. Residuo líquido que queda en la caldera del alambique, una vez efectuada la destilación del vino, al fabricar el aguardiente.

VIÑA s.f. (lat. *vinea*). Terreno plantado de vides. ◇ **Ser algo una viña** *Fam.* Producir muchos beneficios o utilidades. **La viña del Señor** *Fig.* Conjunto de los fieles cristianos.

VIÑADOR, RA s. Persona que trabaja en el cultivo de las viñas.

VIÑAMARINO, A adj. y s. De Viña del Mar.

VIÑATERO, A s. Propietario de viñas. **2.** Argent. y Perú. Viticultor.

VIÑEDO s.m. (lat. *vinetum*). Terreno plantado de vides.

VIÑERO, A adj. Se dice de la máquina agrícola y, particularmente, del arado propio para el cultivo de la vid.

VIÑETA s.f. (fr. *vignette*). Dibujo que se pone como adorno al principio o al final de los libros o de sus capítulos. **2.** Dibujo, figura, escena estampada en un libro, publicación, etc., generalmente humorística y con texto o comentarios. **3.** Pequeño dibujo recortado en forma de etiqueta y colocado sobre diversos objetos, como cajas de cigarros, botellas, etc.

1. VIOLA s.f. (ital. *viola*). Instrumento musical de arco, de forma y fabricación parecidas a las del violín. **2.** Instrumento de cuerda típico de Brasil, de uso muy difundido en las zonas rurales. **3.** MÚS. Término genérico que, de los ss. XV al XVIII indicaba una familia de instrumentos de arco de distintos tamaños y que se tocaban en diferentes posiciones. (Según estas posiciones, se clasifican en *violas da braccio* y *violas da gamba*; algunos tipos particulares de

■ **VIOLA.** Ejecutante tocando la *viola da gamba*, detalle de una pintura de C. Netscher.
(Museo del Louvre, París.)

viola son la *viola de amor,* la *viola bastarda* y la *viola de bordón.*) ◆ s.m. y f. Persona que toca la viola en una orquesta.
2. VIOLA s.f. Violeta. **2.** Alhelí.
VIOLÁCEO, A adj. y s. Violeta. ◆ adj. y s.f. Relativo a una familia de plantas de flores dialipétalas zigomorfas, como la violeta.
VIOLACIÓN s.f. Acción y efecto de violar. **2.** Relación sexual impuesta por coacción y que constituye un delito.
VIOLADO, A adj. y s.m. Violeta.
VIOLADOR, RA adj. y s. Se dice de la persona que viola, en especial del hombre que viola a una mujer.
VIOLÃO s.m. (voz portuguesa). Instrumento musical de cuerda típico de Brasil.
1. VIOLAR v.tr. (lat. *violare*). Infringir, obrar en contra de una ley, precepto, etc. **2.** Cometer violación sexual. **3.** Profanar un lugar sagrado.
2. VIOLAR s.m. Sitio plantado de violetas.
VIOLENCIA s.f. (lat. *violentia*). Cualidad de violento. **2.** Manera de actuar haciendo uso excesivo de la fuerza física. **3.** Acción injusta con que se ofende o perjudica a alguien. **4.** Acción o efecto de violentarse. **5.** DER. Coacción física ejercida sobre una persona para viciar su voluntad y obligarla a ejecutar un acto determinado. ◇ **Hacer violencia a,** o **sobre,** alguien Obligarlo por medio de la fuerza a hacer algo contra su voluntad. **No violencia** Forma de acción política que se caracteriza por el empleo de tácticas no violentas. **Violencia de género** Violencia que ejerce un miembro de una pareja contra el otro, especialmente el hombre contra la mujer. **Violencia doméstica** Violencia ejercida en un hogar por un miembro de una familia contra otro, especialmente un hombre contra la mujer.
VIOLENTAR v.tr. Hacer que algo ceda, vencer su resistencia mediante la fuerza o la violencia: *violentar la cerradura.* **2.** *Fig.* Entrar en una casa o en otra parte por la fuerza, contra la voluntad de su dueño. **3.** Obligar a alguien a que haga una cosa contra su voluntad. **4.** Dar una interpretación forzada o falsa a un texto. ◆ **violentarse** v.prnl. *Fig.* Vencer alguien su resistencia o repugnancia a hacer algo.
VIOLENTO, A adj. (lat. *violentus,* de *vis,* fuerza, poder). Que se hace o sucede con brusquedad, ímpetu, fuerza o intensidad excesiva: *sacudida violenta.* **2.** Se dice de la manera o medio para ejecutar algo que se sirve de la fuerza contra la razón y la justicia. **3.** Iracundo, irascible, irritable. **4.** Que está fuera de su natural estado, situación o modo: *una postura violenta del cuerpo.* **5.** Que se encuentra en una situación embarazosa o incómoda. **6.** Se dice de lo que hace alguien contra su gusto, por ciertos respetos o consideraciones. **7.** Se dice de la interpretación falsa o torcida que se da a un dicho, escrito, etc.
VIOLERO, A s. Constructor de instrumentos de cuerda, pulsadas o frotadas. **2.** Vihuelista.
VIOLETA s.f. (fr. *violette*). Planta herbácea muy apreciada en jardinería por sus flores. (Familia violáceas.) **2.** Flor de esta planta. ◆ adj. y s.m. Se dice del color morado claro, como el de esta planta. ◆ adj. Que es de este color. (Suele ser invariable en plural.) ◇ **Violeta de genciana** Sustancia colorante, derivada de la anilina, empleada como antiséptico.

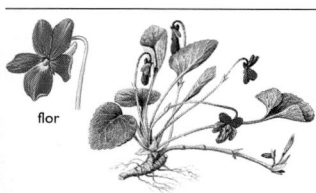

■ **VIOLETA**

VIOLETERO, A adj. y s. Se dice de la persona, generalmente mujer, que vende por las calles ramitos de violetas.
VIOLÍN s.m. Instrumento musical de cuatro cuerdas afinadas por quintas (sol, re, la, mi),

que se frotan con un arco. ◆ s.m. y f. Violinista. ◇ **Violín de Ingres** Hobby, pasatiempo favorito. **Violín en bolsa** Argent. *Fam.* Expresión con que se indica la intención de no opinar o excluir a alguien de un asunto.

voluta
clavija
varilla
mástil
cuerdas
cinta de crines
tabla armónica
armazón
ese
puente
cordel
caja de resonancia
botón

■ **VIOLÍN** y su arco.

VIOLINISTA s.m. y f. Persona que toca el violín.
VIOLÓN s.m. Instrumento musical de cuerda que se toca con arco y que representa el registro más bajo dentro de la familia del violín. ◆ s.m. y f. Persona que toca este instrumento en un conjunto instrumental. ◇ **Tocar el violón** *Fam.* Quedar en ridículo o abochornado al intervenir en una conversación hablando fuera de propósito o dando muestras de no estar enterado de lo que se trata. Persona muy importante.
VIOLONCHELISTA o **VIOLONCELISTA** s.m. y f. Persona que toca el violonchelo.
VIOLONCHELO, VIOLONCELLO o **VIOLONCELO** s.m. Instrumento musical de cuatro cuerdas afinadas por quintas (do, sol, re, la), que se frotan con un arco. **2.** Violonchelista.
VION s.m. Mamífero rumiante del tamaño de una liebre, que vive en las selvas tropicales de África. (Familia tragúlidos.)
VIP s.m. y f. (sigla del ingl. *very important person*). Persona muy importante.
VIPÉRIDO, A adj. y s.m. Relativo a una familia de serpientes venenosas que incluye las diferentes especies de víboras.
VIPERINO, A adj. y s.m. Relativo a la víbora. **2.** *Fig.* Que tiene sus características.
VIRA s.f. Banda de cuero con que se refuerza el calzado. **2.** Saeta muy delgada y aguda.
VIRACOCHA s.m. Nombre que los incas daban a los conquistadores españoles, por creer los hijos de los dioses.
VIRADA s.f. MAR. **a.** Acción y efecto de virar de una embarcación. **b.** Punto donde se vira.
VIRADOR s.m. Líquido empleado en fotografía para virar. **2.** Mecanismo que permite modificar, cuando se para, la posición del eje de una máquina giratoria (turbina, alternador, etc.).
VIRAGO s.f. (lat. *virago, -inis*). Mujer varonil.
VIRAJE s.m. Acción y efecto de virar. **2.** FOT. Tratamiento que transforma la plata reducida de la imagen fotográfica en otra sal que produce un tono determinado.
VIRAL adj. Vírico.
VIRAPITÁ s.m. Argent. Árbol que alcanza hasta 30 m de alt. (Familia leguminosas.)
VIRAR v.tr. e intr. Cambiar de bordada o de rumbo una embarcación. **2.** *Por ext.* Cambiar la dirección de algo: *virar hacia la izquierda; virar la cabeza.* **3.** Dar vueltas al cabrestante de una embarcación para levar anclas, suspender cosas de peso, etc. **4.** *Fig.* Evolucionar, cambiar de ideas, de orientación, de procedimientos, etc., en la manera de actuar. ◆ v.tr. FOT. Someter el papel impresionado a la operación o proceso de viraje.
VIRARÓ s.m. Argent. y Urug. Árbol de hojas

lustrosas, que alcanza hasta los 20 m de alt. (Familia leguminosas.)
VIRASIS o **VIRIASIS** s.f. Enfermedad causada por uno o varios virus. SIN.: *virosis.*
VIRA VIRA s.f. Argent., Chile, Perú y Venez. Planta herbácea, cubierta de una pelusa blanca, que se emplea en infusión como pectoral. (Familia compuestas.)
VIRESCENCIA s.f. Metamorfosis de las partes coloreadas de las flores en hojas verdes.
VIRGEN adj. y s.m. y f. (lat. *virgo, -inis*). Se dice de la persona que no ha tenido unión sexual. ◆ adj. No tocado por el ser humano, intacto: *nieve virgen; selva virgen.* **2.** *Fig.* Que tiene intacta la pureza, que no ha sufrido contaminación, corrupción, etc. **3.** No cultivado. **4.** Genuino, privado de sustancias extrañas: *cera virgen; lana virgen.* ◆ s.f. Pintura o escultura que representa a María, madre de Jesús. **2.** Cada uno de los pies derechos que, en los lagares o alfarjes, guían el movimiento de la viga. **3.** REL. **a.** María, que fue madre de Jesús sin perder su virginidad. (En esta acepción se escribe con mayúscula.) **b.** Santa que, no habiendo contraído matrimonio y habiendo guardado la castidad, es venerada por la Iglesia. **c.** Cristiana que se ha consagrado al servicio de Dios, renunciando al matrimonio. ◇ **Aceite virgen** Aceite puro extraído de una sola especie vegetal por medios mecánicos. **Película virgen** FOT. Película que no ha sido impresionada. **Ser un viva la virgen** *Fam.* Ser una persona despreocupada e informal.
VIRGINAL adj. Relativo a la Virgen. **2.** *Fig.* Puro, intacto, inmaculado. **3.** Relativo a la persona que es virgen. ◆ s.m. MÚS. Espineta utilizada en Inglaterra durante los ss. XVI y XVII.
VIRGINIA s.f. Tipo de tabaco procedente de Virginia, que en la actualidad se cultiva en otras partes del mundo.
VIRGINIANO, A adj. y s. De Virginia. **2.** Argent. y Urug. Se dice de la persona nacida bajo el signo de Virgo.
VIRGINIDAD s.f. Estado de virgen.
VIRGO adj. y s.m. y f. (lat. *virgo, -inis,* virgen). Virgen. **2.** Se dice de la persona nacida entre el 23 de agosto y el 22 de septiembre, bajo el signo de Virgo. (El plural es *virgo;* suele escribirse con mayúscula.) [V. parte n. pr.] ◆ s.m. Virginidad. **2.** Himen.
VIRGUERÍA s.f. Esp. *Vulg.* Cualidad de virguero. **2.** Esp. *Vulg.* Acción o dicho propio de virguero.
VIRGUERO, A adj. y s. Esp. *Vulg.* Extraordinario, excelente en su línea.
VÍRGULA s.f. Trazo o línea pequeña y delgada empleada en la escritura, como el acento, la coma, la cedilla, etc. **2.** Bacilo encorvado, agente del cólera. **3.** Vara delgada.
VIRIASIS s.f. → VIRASIS.
VÍRICO, A adj. Relativo a los virus.
1. VIRIL adj. (lat. *virilis*). Varonil, propio de hombre. **2.** *Fig.* Fuerte, valiente, seguro. ◇ **Edad viril** Edad adulta del hombre.
2. VIRIL s.m. Vidrio muy claro y transparente que se pone delante de algunas cosas para preservarlas pero sin ocultarlas. **2.** CATOL. Estuche de cristal en el que se coloca la hostia consagrada para su exposición en la custodia.
VIRILIDAD s.f. Cualidad de viril. **2.** Potencia sexual del varón. **3.** Madurez sexual del macho. **4.** Edad adulta del hombre.
VIRILISMO s.m. MED. Aparición de caracteres masculinos en un sujeto de sexo femenino.
VIRILIZAR v.tr. y prnl. [7]. MED. Dar carácter viril a alguien o algo. SIN.: *masculinizar.*
VIRINGO, A adj. Colomb. Desnudo.
VIRIÓN s.m. Partícula infectiva libre de los virus. **2.** Unidad estructural de los virus.
VIRIPAUSIA s.f. Andropausia.
VIROLA s.f. Anillo metálico que se coloca en el extremo de ciertos objetos para evitar que se abran. **2.** En la fabricación de monedas, anillo de acero en que se coloca el cospel y en el que este recibe la acción de los cuños. **3.** Pieza circular ajustada en el eje de un volante de reloj y que lleva una hendidura para fijar la espiral.
VIROLENTO, A adj. y s. Que tiene viruelas. **2.** Marcado o señalado por las viruelas.

VIROLOGÍA s.f. Parte de la microbiología que estudia los virus.

VIROLÓGICO, A adj. Relativo a la virología.

VIROSIS s.f. Virasis.

VIRREINA s.f. Esposa del virrey. **2.** Mujer que gobierna un territorio en nombre y con autoridad del rey.

VIRREINAL adj. Relativo al virrey o al virreinato.

VIRREINATO s.m. Cargo o dignidad de virrey. **2.** Territorio gobernado por un virrey.
ENCICL. El virreinato, como institucionalización de un reino o territorio equiparado, regido por un virrey, tiene su origen en la Corona de Aragón, donde el rey, a causa de la diversidad de territorios, se veía obligado al absentismo, que se agudizó al fijarse la residencia real en Castilla. Se crearon lugartenientes generales para cada reino de la corona. Entre los ss. XV y XVI, cuando se elevó el prestigio del virrey y se ampliaron sus funciones (sobre todo en Italia y Navarra), se equiparó este cargo al de lugarteniente. Desde el s. XVI fueron virreinatos, en Europa: Galicia (no permanentemente), Navarra, Aragón, Cataluña, Valencia, Mallorca, Nápoles, Sicilia y Cerdeña; en los Países Bajos y el Milanesado había gobernadores con funciones de virrey. El virreinato se extendió a las Indias, donde se crearon los de Nueva España (1535) y Perú (1542), y de este surgieron los de Nueva Granada (1719) y del Río de la Plata (1776). Los primeros suprimidos fueron los de la Corona de Aragón por los decretos de Nueva planta (1707), y los italianos y los de los Países Bajos, al perderse estos territorios. Los virreinatos indianos desaparecieron al finalizar el dominio español (a principios del s. XIX) y el de Navarra, al convertirse el reino en provincia (1841). El virrey representaba al monarca y era también capitán general. El diferente estatus del virreinato estaba en función de su distancia geográfica y del equilibrio entre el rey y los estamentos políticos de los diferentes territorios. El poder del virrey en los reinos españoles era más amplio, acaparando gobierno y justicia, pero las leyes los ceñían, mientras que en las Indias el virrey gobernaba más absolutamente, aunque la justicia estuviese en manos de la audiencia. El cargo era ostentado por nobles y, en algún caso, por eclesiásticos, y el mandato era indefinido o temporal (sexenal, quinquenal o trienal).

VIRREY s.m. (lat. *vice regis*, en sustitución del rey). Hombre que gobierna un territorio en nombre y con autoridad del rey.

VIRTUAL adj. Que tiene existencia aparente o potencial pero no real o efectiva: *virtual candidato a la presidencia.* **2.** INFORMÁT. Se dice de los elementos (terminales, memoria, etc.) de un sistema informático a los que se considera poseedores de propiedades distintas de sus características físicas. ◇ **Objeto,** o **imagen, virtual** FÍS. Objeto, o imagen, cuyos puntos se encuentran en la prolongación de los rayos luminosos. **Realidad virtual** Simulación audiovisual de un entorno real por medio de imágenes de síntesis tridimensionales.

VIRTUALIDAD s.f. Cualidad de virtual.

VIRTUALMENTE adv.m. De manera virtual, en potencia. **2.** En una realidad virtual: *juego virtualmente actractivo.* **3.** Casi, en la práctica.

VIRTUD s.f. (lat. *virtus, -utis,* fortaleza de carácter). Cualidad que se considera moralmente buena en una persona: *la humildad es una virtud.* **2.** Capacidad para producir un efecto, generalmente positivo. **3.** Eficacia para curar alguna enfermedad o desarreglo fisiológico. **4.** Vida de la persona virtuosa. **5.** Castidad, especialmente de una mujer. **6.** TEOL. Cualidad permanente del espíritu que inclina a practicar el bien. ◇ **En,** o **por, virtud de** Gracias a, por medio de.

VIRTUOSISMO s.m. Habilidad excepcional en un arte, especialmente en la ejecución o interpretación musical.

VIRTUOSO, A adj. y s. (lat. *virtuosus*). Dotado de virtudes. ◆ s. Artista dotado de virtuosismo. **2.** Persona de gran talento en algo: *virtuoso de la palabra.*

VIRUELA s.f. (lat. vulg. *variola*). Enfermedad infecciosa, inmunizante, muy contagiosa y epidémica, debida a un virus y caracterizada por una erupción de manchas rojas que se transforman en vesículas y más tarde en pústulas que, una vez curada la enfermedad, se secan dejando cicatrices indelebles.

VIRULÉ (A LA) loc. (del fr. *bas roulé*, media enrollada por la parte superior). Esp. Estropeado, torcido o en mal estado.

VIRULENCIA s.f. Cualidad de virulento.

VIRULENTO, A adj. Que contiene crítica mordaz o ponzoñosa: *discurso virulento.* **2.** MED. **a.** Ocasionado por un virus o que participa de su naturaleza. **b.** Infectado, con pus: *herida virulenta.*

VIRUS s.m. (lat. *virus, -i,* zumo, ponzoña). Microorganismo, invisible al microscopio óptico, que solo contiene un ácido nucleico y que solo puede desarrollarse en el interior de una célula viva. ◇ **Virus filtrante** Germen patógeno que puede atravesar los filtros más finos y que solo es perceptible con el microscopio electrónico. SIN.: *ultravirus.* **Virus informático** Secuencia de instrucciones que se introduce en la memoria de una computadora con objeto de que, al ser procesada, produzca alteraciones graves en el funcionamiento de la máquina.
ENCICL. Los virus son responsables de numerosas enfermedades de las plantas, los animales y el ser humano. Las infecciones víricas pueden ser triviales (resfriado común, verrugas, algunas infecciones respiratorias) o graves (hepatitis, sida y, probablemente, algunos tipos de cáncer). Los principales medios utilizados por el organismo para combatir los virus son la fiebre y las reacciones inflamatorias, la formación de interferón y la producción de anticuerpos.

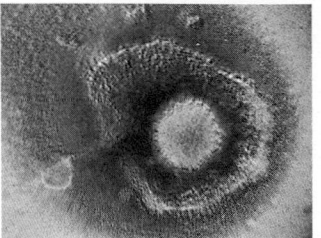

■ **VIRUS** del herpes.

VIRUTA s.f. Porción de madera, metal, etc., desprendida por la acción de una herramienta o útil. **2.** C. Rica. *Fig.* Mentira, embuste.

VIS s.f. (lat. *vis,* fuerza). **Vis cómica** Comicidad, facultad para producir efectos cómicos.

VISA s.f. Amér. Certificación firmada que da autenticidad y validez. GEOSIN.: *Esp. visado.*

VISADO s.m. Acción de visar. **2.** Esp. Visa.

VISAJE s.m. (fr. *visage*). Mueca de la cara.

VISAR v.tr. Dar la autoridad competente validez a un pasaporte u otro documento para determinado uso. **2.** Reconocer o examinar un documento, certificación, etc., poniéndole el visto bueno.

VIS À VIS loc. (voces francesas, *frente a frente*). En presencia uno del otro.

VISAYA o **BISAYA**, pueblo malayo de las Filipinas, que ha dado su nombre al *archipiélago de las Visayas* (entre Luzón y Mindanao).

VISCACHA s.f. Amér. Vizcacha.

VÍSCERA s.f. (lat. *viscera*). Órgano hueco inervado por los sistemas ortosimpático y parasimpático, como el corazón, el estómago y el útero.

VISCERAL adj. Relativo a las vísceras. **2.** Que proviene de lo más profundo del ser, inconsciente: *reacción, emoción, miedo visceral.* ◇ **Esqueleto visceral** Esqueleto que sirve de soporte a la boca y las branquias de ciertos vertebrados.

VISCOELÁSTICO, A adj. Se dice del sólido que es a la vez elástico y viscoso.

VISCOPLÁSTICO, A adj. Se dice del sólido que es a la vez plástico y viscoso.

VISCOSA s.f. Celulosa sódica que se emplea en la manufactura del rayón.

VISCOSIDAD s.f. Cualidad de viscoso. **2.** Materia viscosa. **3.** FÍS. Resistencia de un fluido a su derrame uniforme y sin turbulencia. (Se mide en poises.) **4.** PINT. Grado de espesamiento de una pintura o un barniz. ◇ **Viscosidad absoluta,** o **dinámica** Resistencia opuesta por un fluido para una velocidad de deformación dada. **Viscosidad cinemática** Cociente de la viscosidad dinámica de un fluido por su masa de volumen. **Viscosidad eléctrica** Resistencia que oponen los gases al paso de la chispa eléctrica, independiente de la densidad y viscosidad mecánica del gas.

VISCOSILLA s.f. Fibra textil artificial que se obtiene de la celulosa y está mezclada con lana o algodón.

■ **VIRREINATO**

La evolución de la institución del virreinato fue poco pronunciada. Se apreció con mayor intensidad en Indias, donde en el s. XVIII se acentuó el carácter militar del virrey, en un período en el que este ya había desaparecido de la Corona de Aragón.

Nueva Granada. Mapa del virreinato creado a principios del s. XVIII, que comprendía los estados actuales de Colombia, Ecuador, Venezuela, Panamá y parte de Perú y Brasil.

Nueva España. Mapa de 1767 (México y sur de Estados Unidos). [Museo naval, Madrid.]

VISCOSÍMETRO s.m. Aparato industrial que sirve para medir la viscosidad.

VISCOSO, A adj. (lat. *viscosus*). Que tiene consistencia pastosa, glutinosa, pegajosa. **2.** FÍS. Que posee una viscosidad elevada.

VISERA s.f. Ala pequeña de las gorras y otras prendas semejantes, para proteger los ojos del sol. **2.** En los automóviles, pieza movible que puede abatirse sobre el cristal delantero para proteger al chófer y acompañante de los rayos del sol. **3.** Pieza suelta de cartón o de plástico que se coloca en la frente, sujeta con una goma, y sirve para resguardar la vista. **4.** Pieza del casco que protegía el rostro o parte de él.

VISIBILIDAD s.f. Cualidad de visible. **2.** Mayor o menor distancia a que pueden reconocerse o verse los objetos con claridad, según las condiciones atmosféricas.

VISIBILIZAR v.tr. [7]. Hacer visible artificialmente lo que no puede percibirse de forma natural.

VISIBLE adj. Que puede verse. **2.** Que se manifiesta de manera evidente y fácilmente perceptible, por lo que se admite dudas: *una prueba visible; un visible descontento*.

VISIGODO, A adj. y s. De un pueblo germánico que constituyó uno de los dos grandes grupos de los godos.

ENCICL. En el s. II a.C., los visigodos se establecieron en Escitia, cerca del mar Negro. En 376, empujados por los hunos, atravesaron el Danubio y penetraron en el Imperio romano, actuando unas veces como aliados y otras como enemigos. Alarico I invadió Italia y saqueó Roma (410). El *foedus* de 418 les concedió toda la Aquitania II y parte de la Narbonense I, con capital en Tolosa (act. Toulouse), y en los años siguientes se desplazaron hacia el S. Teodorico I murió en la batalla de los campos Cataláunicos. Teodorico II impuso su dominio en Hispania, donde derrotó a los suevos (456). (V. parte II. pl., hispanovisigodo [reino].) En 507, la derrota de Alarico II ante los francos obligó a los visigodos a replegarse a Hispania. Tras una etapa de dominio ostrogodo, con Leovigildo (572-586) el reino visigodo se centró en Toledo. Su hijo Recaredo abrazó el cristianismo (589), lo que determinó la unidad religiosa del reino. La unificación litúrgica impuesta en el IV concilio de Toledo fue acompañada de la unidad legislativa, compendiada en el *Liber iudiciorum* (l. 654), promulgado por Recesvinto. Rodrigo, último rey visigodo, fue derrotado por los musulmanes en la batalla de Guadalete (711). Los visigodos mantuvieron las instituciones del pueblo hispanorromano, sobre todo la Iglesia, que a través de los sucesivos concilios de Toledo influyó poderosamente en el estado. Su arquitectura alcanzó pleno desarrollo en el s. VII: iglesias de San Juan de Baños de Cerrato (Palencia), San Pedro de la Mata (Toledo) y San Pedro de la Nave (Zamora). La escultura tuvo como única finalidad la decoración arquitectónica. Expertos orfebres y esmaltistas se organizaron en talleres que trabajaban para la corte, de donde proceden los grandes tesoros de Guarrazar y de Torredonjimeno, compuestos de cruces y coronas votivas.

VISIGÓTICO, A adj. Visigodo. **2.** Se aplica a la escritura latina usada en los antiguos territorios del reino visigodo.

VISILLO s.m. Cortina fina y transparente que se coloca en la parte interior de los cristales de una ventana o balcón. (Suele usarse en plural.)

VISIÓN s.f. (lat. *visio, -onis*). Hecho de ver o de representarse algo. **2.** Cosa que se ve. **3.** Percepción por el órgano de la vista. **4.** Alucinación: *tener visiones*. **5.** Fig. Punto de vista particular sobre un asunto. **6.** Aparición sobrenatural. ◇ **Ver visiones** Fam. Alucinar o imaginar algo que no existe. **Visión beatífica** TEOL. Acto de ver a Dios, en el cual consiste la bienaventuranza.

ENCICL. En el ser humano la visión comprende cuatro funciones: la visión de las formas (que puede conseguirse con un solo ojo), la de las distancias (binocular), la de los colores y la del movimiento. La adaptación de la retina hace posible la visión con poca luz, y gracias a

la acomodación del cristalino pueden observarse los objetos cercanos o lejanos. Las radiaciones ultravioleta e infrarroja son visibles para numerosas especies animales, mientras que otras no distinguen los colores.

VISIONAR v.tr. Ver una película cinematográfica o televisiva, generalmente fuera de los cauces de distribución.

VISIONARIO, A adj. y s. Que tiene visiones, revelaciones sobrenaturales o ideas extravagantes o curiosas.

VISIONUDO, A s. Méx. Fam. Persona que se comporta o habla de manera extravagante para llamar la atención.

VISIR s.m. (turco *vezir*, del ár. *wazîr*, ministro). En los países islámicos, jefe supremo de la administración. ◇ **Gran visir** Primer ministro en el Imperio otomano.

VISIRATO s.m. Cargo o dignidad de visir.

VISITA s.f. Acción de visitar. **2.** Persona que visita: *charlar con las visitas*. **3.** Acto en el que el médico reconoce a un enfermo. **4.** HIST. Procedimiento empleado por la administración estatal castellana medieval y española durante el Antiguo régimen, para inspeccionar la gestión de los oficiales públicos por medio de determinados delegados del rey, en calidad de jueces. ◇ **Devolver, o pagar, la visita** Corresponder una persona a otra con otra visita. **Pasar visita** Visitar el médico a sus enfermos. **Visita de médico** Fig. y fam. Visita de corta duración. **Visita pastoral** Visita que hace el obispo para inspeccionar las iglesias de su diócesis.

VISITACIÓN s.f. Visita que hizo la Virgen María a su prima santa Isabel y que conmemora la Iglesia. (Con este significado se escribe con mayúscula.) **2.** Representación de este encuentro.

VISITADOR, RA s. Persona que se encarga de hacer visitas de inspección o reconocimiento. **2.** Persona al servicio de un laboratorio farmacéutico que presenta a los médicos las novedades terapéuticas. **3.** Religioso, encargado de inspeccionar algunas casas de su orden o de dirigir a los religiosos de una provincia. ◆ adj. y s. Que hace o es aficionado a hacer visitas.

VISITADORA s.f. Dom., Hond., P. Rico y Venez. Lavativa.

VISITANTE adj. y s.m. y f. Que visita.

VISITAR v.tr. (lat. *visitare*). Ir a ver a alguien al lugar donde se encuentra, estar con él cierto tiempo para hacerle compañía. **2.** Ir el mé-

dico a casa de un enfermo para examinarlo. **3.** Ir a un lugar, país, población, etc., para conocerlo o con fines turísticos. **4.** Informarse personalmente de una cosa, yendo al lugar para su reconocimiento o inspección. **5.** Examinar un médico a los enfermos. **6.** Ir a un templo o santuario por devoción o para ganar indulgencias.

VISITEO s.m. Desp. Acción de hacer o recibir muchas visitas.

VISLUMBRAR v.tr. Ver algo de una manera confusa o imprecisa, debido a la distancia o falta de luz. **2.** Fig. Tener indicios, conjeturas, o ver una pequeña posibilidad de algo: *vislumbrar la magnitud de un problema*.

VISLUMBRE s.f. Fig. Apariencia o indicio de algo: *se aprecia vislumbre de mejoría en el tiempo*. **2.** Fig. Noticia, visión o percepción muy corta y leve de algo. **3.** Reflejo o débil resplandor de una luz.

VISNUISMO s.m. Conjunto de las doctrinas y prácticas religiosas relativas a Viṣṇú.

VISO s.m. (lat. *visus, -us*). Reflejo o brillo de algo que lo hace parecer de color distinto al suyo propio. **2.** Aspecto o apariencia de algo. (Suele usarse en plural.) **3.** Forro o prenda que usan las mujeres debajo de un vestido transparente. **4.** Destello luminoso que despide algo al darle directamente una luz potente. (Suele usarse en plural.)

VISÓN s.m. (fr. *vison*). Mamífero carnívoro del tamaño del turón, muy apreciado por su piel, que vive en Europa, Asia y América. **2.** Piel de este animal. **3.** Prenda hecha con la piel de este animal.

■ VISÓN europeo.

Moneda de Sisebuto. (Museo arqueológico, Palencia.)

Hebilla (h. 550). Elaborada con bronce y fragmentos de granate. (Museo arqueológico, Barcelona.)

■ EL ARTE VISIGODO

Precedente del arte asturiano y del mozárabe, el arte visigodo se manifestó principalmente en la arquitectura y la escultura, pero fue la orfebrería la que dejó una impronta más duradera y donde se manifestó más claramente una personalidad propia

San Pedro de la Nave (Zamora). Interior de la nave central (fines s. VII), una de las muestras más conseguidas de la arquitectura visigoda.

VISOR s.m. Dispositivo montado en una cámara fotográfica o cinematográfica que sirve para delimitar la imagen que se capta sobre la superficie sensible. **2.** Instrumento óptico con lentes de aumento, que permite examinar una película en curso de montaje, o diapositivas. ◇ **Visor de tiro** Sistema de tiro que utilizan los pilotos de aeronaves para el ataque.

VÍSPERA s.f. (del ant. *viéspera,* lat. *vespera,* la tarde y el anochecer). Día anterior a otro determinado. ◆ **vísperas** s.f.pl. En la liturgia católica, hora del oficio divino que se reza al atardecer. ◇ **En vísperas** En tiempo inmediatamente anterior.

VISTA s.f. Sentido corporal localizado en los ojos, mediante el cual es posible ver, percibir la luz, los colores, los objetos: *el órgano de la vista.* **2.** Visión, acción de ver. **3.** Mirada. **4.** *Fig.* Acierto o sagacidad para percibir cosas que otros no perciben: *tener vista para los negocios.* **5.** Aspecto, apariencia. **6.** Panorama visible desde un punto determinado: *esta casa tiene una bella vista.* **7.** Representación de un paisaje, lugar, edificio, etc.: *una vista de Roma.* **8.** Parte visible de una prenda interior, como los puños, cuello y pechera de una camisa. (Suele usarse en plural.) **9.** Abertura, ventana o hueco por donde se da luz a un edificio, o por donde se ve el exterior. (Suele usarse en plural.) **10.** DER. Acto procesal, realizado en la sede del tribunal, en el que las partes exponen ante el juez o tribunal, directamente o por medio de otras personas, sus pretensiones fundadas o razonadas. ◆ s.m. Empleado de aduanas a cuyo cargo está el registro de géneros. ◇ **A la vista** Visible; evidente; en perspectiva previsible; se dice de la cláusula que se inserta en ciertos documentos de crédito y por la cual se entiende que debe pagarse su importe a la presentación de los mismos. **A la vista de** Al parecer; vigilando o cuidando lo que se expresa; en consideración o atención de algo. **A primera, o simple, vista** Sin detenimiento y sin profundizar mucho. **A vista de pájaro** Desde lo alto, desde el aire; *Fam.* con una mirada superficial. **Conocer de vista** Conocer a una persona por haberla visto alguna vez, sin haber tenido trato con ella. **Con vistas a** Con el propósito o la intención de. **Corto de vista** Que padece miopía; *Fig.* poco perspicaz. **En vista de** En consideración o atención a algo.

Hacer la vista gorda *Fam.* Fingir que no se ha visto algo, tolerar. **¡Hasta la vista!** *Fam.* Expresión de despedida. **Herir la vista** Deslumbrar. **Írsele la vista** a alguien Desvanecerse, marearse. **Perder de vista** Dejar de ver a alguien o algo; dejar de tener noticias de alguien o algo. **Saltar a la vista** Ser evidente una cosa. **Tener vista** Ser muy perspicaz. **Vista cansada** Presbicia. **Vista de águila** *Fig.* Capacidad de ver cosas a gran distancia. **Vista de lince** Capacidad de ver cosas aparentemente invisibles o difíciles de percibir. **Volver la vista atrás** Recordar hechos pasados, meditar sobre ellos.

VISTAZO s.m. Mirada rápida y superficial. **2.** Lectura rápida.

VISTO, A adj. Conocido, poco original o novedoso. **2.** Con *bien* o *mal,* considerado: *una acción mal vista.* ◆ s.m. Cada uno de los datos que preceden a los considerandos y que contribuyen a fundar un dictamen, acuerdo o fallo, citándose los preceptos y normas aplicables para la decisión. **2.** DER. Fórmula con que se significa que no procede dictar resolución respecto a un asunto. ◇ **Dar, o conceder, el visto bueno** Aprobar, dar la conformidad. **Ni visto ni oído** Muy rápidamente. **Nunca visto** Raro o extraordinario. **Por lo visto** Al parecer. **Visto que** Dado que. **Visto y no visto** Con gran rapidez.

VISTOSIDAD s.f. Cualidad de vistoso.

VISTOSO, A adj. Que atrae la vista o la atención por su calidad, brillantez, viveza, etc.

VISUAL adj. Relativo a la visión. ◆ s.f. Línea recta imaginaria que va desde el ojo del espectador al objeto observado. ◇ **Línea de visual** Línea imaginaria que va desde el ojo del tirador al objetivo. **Memoria visual** Buena memoria de lo que se ha visto.

VISUALIDAD s.f. Efecto agradable que produce un conjunto de objetos vistosos.

VISUALIZACIÓN s.f. Acción y efecto de visualizar. **2.** Operación que consiste en hacer materialmente perceptible la acción y los efectos de un fenómeno. **3.** INFORMÁT. Representación de los resultados de un proceso de tratamiento de datos, bajo forma alfanumérica o gráfica, en una pantalla de rayos catódicos.

VISUALIZAR v.tr. [7]. Visibilizar. **2.** Representar mediante imágenes ópticas fenómenos de

otro carácter. **3.** Formar en la mente una imagen visual de un concepto abstracto.

VITÁCEO, A adj. y s.f. Ampelidáceo.

VITAL adj. (lat. *vitalis*). Relativo a la vida, esencial para la vida: *las funciones vitales.* **2.** Muy importante, trascendente o fundamental: *una cuestión vital.* **3.** Dotado de gran aptitud o impulso para vivir, desarrollarse o actuar: *persona vital.* ◇ **Principio vital** Entidad no material postulada por ciertos biólogos para explicar la vida.

VITALICIO, A adj. Que dura desde que se obtiene hasta el fin de la vida: *cargo vitalicio; renta vitalicia.* **2.** Que disfruta de algún cargo de esta índole: *senador vitalicio.* ◆ s.m. Pensión que dura hasta el fin de la vida del beneficiario de ella. **2.** DER. Póliza de seguro sobre la vida.

VITALIDAD s.f. Energía, vivacidad: *la vitalidad propia de la juventud.* **2.** *Fig.* Fuerza expresiva de un escrito, texto o similar: *vitalidad de un estilo.* **3.** Cualidad de vital o circunstancia de ser vital o trascendente una cosa.

VITALISMO s.m. Doctrina biológica que hace de un principio vital el principio explicativo de la vida o que afirma la irreductibilidad de la vida a toda materia.

VITALISTA adj. y s.m. y f. Relativo al vitalismo; partidario del vitalismo.

VITALIZAR v.tr. [7]. Dar o infundir fuerza o vigor.

VITAMINA s.f. Sustancia orgánica indispensable para el crecimiento y buen funcionamiento del organismo, que por sí mismo no puede efectuar su síntesis. (Se distinguen las *vitaminas liposolubles* [A, D, E y K] y las *vitaminas hidrosolubles* [B, PP, C y P]. Su ausencia o déficit acarrea enfermedades por carencia o avitaminosis [escorbuto, beriberi, pelagra, etc.].)

VITAMINADO, A adj. Que contiene vitaminas. SIN.: *vitamínico.*

VITAMÍNICO, A adj. Relativo a las vitaminas. **2.** Vitaminado.

VITAMINIZACIÓN s.f. *Fam.* Adición de vitaminas a un alimento.

VITAMINOLOGÍA s.f. Ciencia que estudia las vitaminas.

VITAMINOTERAPIA s.f. Empleo de las vitaminas con fines terapéuticos.

VITANDO, A adj. (lat. *vitandus*). Odioso, abominable o execrable: *un crimen vitando.* **2.** Que debe ser evitado: *un tema vitando.*

VITELA s.f. (ital. *vitella,* ternera, piel de vaca adobada). Pergamino muy blanco, fino y flexible. ◇ **Papel (de) vitela** Papel de calidad superior, liso y sin grano, de gran transparencia.

VITELINA s.f. y adj. Membrana que envuelve el óvulo humano y el de algunos animales.

VITELINO, A adj. Relativo al vitelo o la vitelina.

VITELO s.m. BIOL. Conjunto de sustancias de reserva contenidas en el óvulo de los animales.

VITÍCOLA adj. (del lat. *vitis,* vid, y *colere,* cultivar). Relativo a la viticultura. ◆ s.m. y f. Viticultor.

VITICULTOR, RA s. Persona que se dedica a la viticultura. **2.** Persona entendida o experta en viticultura.

VITICULTURA s.f. Cultivo de la vid.

VITÍLIGO s.m. MED. Desaparición, por placas limitadas, de la pigmentación de la piel.

VITIVINÍCOLA adj. Relativo a la vitivinicultura. ◆ s.m. y f. Vitivinicultor.

VITIVINICULTOR, RA s. Persona que se dedica o que entiende en vitivinicultura.

VITIVINICULTURA s.f. Arte de cultivar la vid y elaborar el vino.

VITO s.m. Baile popular andaluz, en compás de seis por ocho. **2.** Música con que se acompaña este baile. **3.** Letra que se canta con este baile.

VITOLA s.f. Faja o banda en forma de anillo que llevan como distintivo de fábrica los cigarros puros. **2.** Marca o medida con que se distinguen, según su tamaño, los cigarros puros.

VÍTOR s.m. (del lat. *victor,* vencedor). Aclamación, voces dadas en honor a una persona o una acción. (Suele usarse en plural.)

PRINCIPALES VITAMINAS		
	fuentes	**carencia**
vitamina A	aceites de hígado de pescado, verduras, productos lácteos	xeroftalmia, hemeralopia
vitamina B₁ antineurítica	corteza externa de los cereales completos, legumbres, carne, pescado, huevos, productos lácteos	beriberi
vitamina B₂	productos lácteos, huevos, carne, pescado, hortalizas	trastornos cutáneos y mucosos
vitamina B₅	la mayoría de los alimentos: carne, huevos, productos lácteos, legumbres, pescado	retraso del crecimiento, trastornos cutáneos
vitamina B₆	numerosos alimentos: carne, pescado, cereales, verduras, fruta, leche	trastornos cutáneos y neurológicos
vitamina B₉	numerosos alimentos: hígado, leche, queso, hortalizas	anemia
vitamina B₁₂ antianémica	hígado, riñones, yema de huevo	anemia de Biermer
vitamina C antiescorbútica	frutas frescas, verduras	escorbuto
vitaminas D (D₂ y D₃) antirraquitismo	aceites de hígado de pescado, productos lácteos	trastornos de la calcificación (raquitismo; osteomalacia)
vitamina E de fertilidad	germen de cereales	interrupción de la espermatogénesis, aborto
vitamina F	aceites vegetales	trastornos cutáneos
vitaminas H	riñones, hígado, yema de huevo	trastornos cutáneos
vitaminas K (K₁ y K₂) antihemorrágicas	vegetales verdes	hemorragias
vitamina P	frutas	problemas capilares
vitamina PP antipelagra	levadura de cerveza, hígado de los mamíferos	pelagra, trastornos nerviosos

VITOREAR v.tr. Aplaudir o aclamar con vítores.

VITORIANO, A adj. y s. De Vitoria.

VITRAL s.m. Composición decorativa formada por piezas de vidrio unidas con plomo, que se coloca en puertas, ventanas, etc. SIN.: *vidriera. (V. ilustr. pág. 1036.)*

VÍTREO, A adj. Que es de vidrio o tiene sus propiedades. **2.** GEOL. Que contiene vidrio. **3.** MINER. Se dice de la textura de ciertas rocas eruptivas constituidas por vidrio. ◇ **Cuerpo,** o **humor, vítreo** ANAT. Sustancia transparente y gelatinosa que llena el globo ocular, entre el cristalino y la retina.

VITRIFICACIÓN s.f. Acción de vitrificar. **2.** Método de acondicionamiento de los residuos radiactivos de alta actividad, consistente en envolver estos residuos, previamente calcinados, con una red vítrea por adición de frita de vidrio a alta temperatura.

VITRIFICAR v.tr. y prnl. [1]. Hacer que una cosa adquiera un aspecto o consistencia vítreos. **2.** Revestir con una materia plástica un entarimado o parquet para protegerlo. **3.** Convertir en vidrio por fusión.

VITRINA s.f. (fr. *vitrine*). Escaparate o armario con puertas y paredes de cristal para exponer objetos de valor o artículos de comercio.

VITRIÓLICO, A adj. Que es de la naturaleza del vitriolo.

VITRIOLIZAR v.tr. [7]. Someter a la acción del ácido sulfúrico.

VITRIOLO s.m. (cat. *vidriol*). Ácido sulfúrico concentrado. SIN.: *aceite de vitriolo.* **2.** Antiguo nombre de los sulfatos.

VITROCERÁMICA s.f. Materia parecida a los productos cerámicos, formada por microcristales dispersos en una fase vítrea residual.

VITROLA s.f. Amér. Gramófono.

VITUALLA s.f. Víveres. (Suele usarse en plural.)

VITUPERABLE adj. Que merece vituperio.

VITUPERAR v.tr. (lat. *vituperare*). Criticar, censurar o reprender duramente.

VITUPERIO s.m. Acción que causa afrenta o deshonra. **2.** Baldón u oprobio que se dice a alguien.

VIUDA s.f. Planta herbácea, de 30 a 90 cm de alt., con flores de color purpúreo oscuro, que crece en la península Ibérica. (Familia dipsacáceas.) **2.** Flor de esta planta. ◇ **Viuda paradisíaca** Ave paseriforme africana, de colores blanco y negro con rojo y dorado, que se alimenta de semillas e insectos. (Familia plocéidos.)

■ VIUDA PARADISÍACA

VIUDEDAD s.f. Viudez. **2.** DER. Pensión o renta que cobra el cónyuge sobreviviente por razón de viudez.

VIUDEZ s.f. Estado de viudo.

VIUDITA s.f. Ave paseriforme sudamericana de pequeño tamaño, insectívora, que frecuenta terrenos arbustivos abiertos o juncales. (Familia tiránidos.)

VIUDO, A adj. y s. (lat. *viduus*). Se dice de la persona a quien se le ha muerto su cónyuge y no ha vuelto a casarse. ◆ adj. Se dice del alimento que se sirve solo, sin acompañamiento de carne.

VIURA adj. y s.f. Relativo a una variedad de uva blanca muy utilizada en la elaboración de vinos de Rioja y Navarra.

VIVA s.m. Aclamación de entusiasmo, alegría, etc. ◆ interj. Se usa para aclamar a alguien, aprobar algo con entusiasmo o recibir a alguien o algo con alegría.

VIVAC o **VIVAQUE** s.m. (fr. ant. *bivac*). Campamento provisional de las tropas al raso. **2.** Campamento ligero que los montañeros instalan para pasar la noche. **3.** Abrigo de alta montaña.

VIVACE adv.m. (voz italiana). MÚS. Vivo, rápido, animado: *allegro vivace.*

VIVACIDAD s.f. Cualidad de vivaz. **2.** Viveza, esplendor, intensidad: *vivacidad de colores.*

VIVALES s.m. y f. (pl. *vivales*). Esp. Fam. Persona lista en provecho propio.

VIVAMENTE adv.m. Con intensidad y energía: *siento vivamente molestarlo.*

VIVAQUEAR v.intr. Pasar la noche al raso, especialmente las tropas acampadas.

1. VIVAR s.m. (del lat. vulg. *vivare*). Lugar donde se cría la caza menor, en especial, tipo de conejera móvil.

2. VIVAR v.tr. Amér. Vitorear, aclamar con vivas.

VIVARACHO, A adj. Fam. Se dice de la persona, generalmente joven, de carácter vivo y alegre.

VIVAZ adj. Vigoroso, eficaz: *una te vivaz.* **2.** Perspicaz, agudo, que muestra vivacidad: *ojos vivaces.* **3.** Que vive mucho tiempo. ◇ **Plantas vivaces** Plantas que viven varios años y dan fruto varias veces durante su existencia, como árboles, hierbas rizomatosas, etc.

VIVENCIA s.f. Hecho o experiencia vividos por una persona, que contribuye a formar su carácter y personalidad. **2.** PSICOL. Intensidad con que una imagen psíquica aparece en la conciencia.

VIVENCIAL adj. Relativo a las vivencias.

VÍVERES s.m.pl. Alimentos, todo lo que sirve para alimentar.

VIVERO s.m. Terreno donde se transplantan desde la almáciga arbolillos u otras plantas, para trasponerlos, después de recriados, a su lugar definitivo. **2.** Lugar donde se crían o guardan vivos dentro del agua, generalmente en el mismo mar, río o lago, peces, moluscos, etc. **3.** Fig. Semillero, causa u origen de algo.

VIVÉRRIDO, A adj. y s.m. Relativo a una familia de pequeños mamíferos carnívoros, como la jineta y la mangosta.

VIVEZA s.f. Cualidad de vivo, de estar lleno de vivacidad, de vigor: *la viveza de los niños; viveza de ingenio.* **2.** Rapidez expresiva: *la viveza de una descripción.* **3.** Intensidad luminosa: *la viveza de ciertos colores.*

VÍVIDO, A adj. Se dice de lo que en la obra literaria parece producto de la propia vida y experiencias del autor.

VÍVIDO, A adj. Fig. Intenso, floreciente, vigoroso, lleno de vida: *realidad vívida.* **2.** Fig. Que tiene una luminosidad intensa: *la vívida luz del sol.* **3.** Poét. Vivaz, que vivifica.

VIVIDOR, RA s. Persona que vive a expensas de los demás, buscando y logrando lo que le conviene, por medios poco escrupulosos. ◆ adj. y s. Que vive.

VIVIENDA s.f. (del lat. vulg. *vivenda*). Refugio natural o construcción que está destinada a ser habitada por personas. **2.** Género de vida o modo de vivir.

VIVIENTE adj. y s.m. y f. Que vive: *seres vivientes.*

VIVIFICADOR, RA adj. Que vivifica. SIN.: *vivificante.*

VIVIFICAR v.tr. [1]. Dar vida, nueva fuerza y vigor.

VIVIFICATIVO, A adj. Capaz de vivificar.

VIVÍFICO, A adj. Que incluye vida o nace de ella.

VIVIPARISMO s.m. Modo de reproducción de los animales vivíparos.

VIVÍPARO, A adj. y s. Se dice del animal cuyas crías nacen ya desarrolladas y sin envoltura. CONTR.: *ovíparo.*

1. VIVIR v.intr. (lat. *vivere*). Tener vida, estar vivo. **2.** Continuar siendo, existiendo, trabajando. **3.** Durar o seguir vigente. **4.** Fig. Perdurar en el recuerdo. **5.** Fig. Conducir la propia existencia de una determinada manera: *vivir tranquilo; vivir solo; vivir en paz.* **6.** Fig. Hacer al fin, el valor principal de la existencia: *solo vive para la música.* **7.** Fig. Gozar de todas las posibilidades, ventajas, experiencias y realidades de la existencia. **8.** Habitar: *vivir en el campo.* **9.** Habitar junto con otra persona, cohabitar. **10.** Mantenerse, obtener o tener algo los medios de subsistencia: *vive de su trabajo; vivir de la caza.* ◆ v.tr. Experimentar una situación determinada: *vivir momentos de angustia.* ◇ **No dejar vivir** Fam. Molestar; ser motivo de pena, remordimiento, etc., cierta cosa. **Saber vivir** Conocer las normas o costumbres que son la base de las relaciones humanas, tener habilidad para vivir bien y obtener beneficios.

2. VIVIR s.m. Modo de vida o de subsistencia. ◇ **De mal vivir** De dudosa moralidad.

VIVISECCIÓN s.f. Disección practicada a un animal vivo como experimento.

VIVO, A adj. (lat. *vivus, -a, -um*). Que vive o tiene vida: *los seres vivos.* **2.** Que continúa existiendo, que dura todavía: *antiguas costumbres aún vivas.* **3.** Fig. Vivaz, inquieto: *un niño muy vivo.* **4.** Fig. Lleno de energía, de interés: *ejercer un vivo influjo.* **5.** Intenso: *color, fuego vivo.* **6.** Fig. Que se manifiesta con fuerza, con intensidad: *dolor vivo.* **7.** Fig. Que muestra vivacidad: *ojos vivos.* **8.** Fig. Que sobrevive o persevera en la memoria después de la muerte, la destrucción o la desaparición: *conservar vivo su recuerdo.* **9.** Fig. Que se altera con facilidad: *carácter, temperamento vivo.* **10.** Eficaz, persuasivo: *un relato vivo; prosa viva.* **11.** Agudo y bien determinado: *cantos vivos de una mesa.* ◆ adj. y s. Avispado, listo: *ser más vivo que el hambre.* ◆ s. Persona que vive: *el mundo de los vivos.* ◆ s.m. Raíz o parte principal de una cosa. **2.** Borde, canto u orilla de algo. **3.** Filete, cordoncillo o trencilla que se pone como remate en los bordes o en las costuras de las prendas de vestir. ◇ **A lo vivo** Con mucha actividad, energía o vehemencia; muy expresivamente, con mucho realismo. **En vivo** Se dice de la manera de vender, pesar, etc., a los animales, o de operar, experimentar, etc., con un organismo. **Lo vivo** Lo más sensible o el punto más delicado. **Vivo,** o **vivito, y coleando** Fam. Que está con vida después de haber estado al borde de la muerte.

VIZCACHA s.f. (quechua *wiskáča*). Roedor de unos 80 cm de long., de color gris oscuro, con el vientre blanco y la cara blanca y negra, de costumbres nocturnas y que habita en grandes madrigueras en América Meridional en grupos muy numerosos. (Familia chinchíllidos.)

■ VIZCACHA

VIZCACHERA s.f. Amér. Merid. Madriguera de la vizcacha.

VIZCAÍNO, A adj. y s. De Vizcaya.

VIZCONDADO s.m. Título y dignidad de nobleza ligado a ciertas tierras cuyo propietario llevaba el título de vizconde. **2.** Zona en la que ejercía jurisdicción un vizconde.

VIZCONDAL adj. Relativo a un vizconde o a un vizcondado.

VIZCONDE, ESA s.m. y f. (bajo lat. *vice comitis*, en sustitución del conde). Miembro de la nobleza inmediatamente inferior al conde. ◆ s.f. Esposa del vizconde. ◆ s.m. Antiguamente, señor de un vizcondado.

VOCABLO s.m. (lat. *vocabulum*). Palabra, unidad léxica con significado pleno y categoría gramatical.

VOCABULARIO s.m. Conjunto de palabras reunidas según cierto criterio y ordenadas alfabética o sintácticamente que hace referencia a una lengua, a una ciencia, a una técnica, a un arte, a un medio social o a un autor: *vocabulario jurídico, técnico, argentino.* **2.** Glosario.

VOCACIÓN s.f. (lat. *vocatio, -onis*, acción de llamar). Inclinación natural de una persona por un arte, una profesión o un determinado género de vida: *vocación por la música*. **2.** TEOL. Llamada al sacerdocio o a la vida religiosa.

VOCACIONAL adj. Relativo a la vocación.

VOCAL adj. (lat. *vocalis*, hecho con la voz). Que se expresa con la voz, verbalmente. **2.** Relativo a la voz: *las cuerdas vocales*. ► s.m. y f. Persona que en una junta, corporación o asociación tiene derecho de voz, y a veces de voto. ► s.f. Sonido del lenguaje producido por las vibraciones de la laringe y que varía según la forma de la boca, la separación de las mandíbulas y la posición de la lengua. **2.** Letra que representa este sonido: *en español, las vocales son cinco: a, e, i, o, u.* ◇ **Música vocal** Música escrita para ser cantada (por oposición a *música instrumental*).

VOCÁLICO, A adj. Relativo a las vocales.

VOCALISMO s.m. Sistema de vocales de una lengua determinada.

VOCALISTA s.m. y f. (ingl. *vocalist*). Cantante de un conjunto musical o de una orquesta.

VOCALIZACIÓN s.f. Acción y efecto de vocalizar. **2.** Manera de vocalizar. **3.** En una obra cantada, fórmula melódica amplificadora, escrita o improvisada, sobre una sílaba, y vinculada al arte del *bel canto*.

VOCALIZAR v.intr. y tr. [7]. Articular con la debida distinción las vocales, consonantes y sílabas de una palabra. **2.** Realizar ejercicios de canto, sin nombrar las notas ni pronunciar palabras, sobre una o varias sílabas. ► v.intr. y prnl. FONÉT. Transformarse en vocal una consonante.

VOCATIVO s.m. (lat. *vocativus*). LING. Caso de la declinación de nombres, pronombres y adjetivos, que expresa una invocación, mandato, llamamiento o súplica.

VOCEADOR, RA adj. y s. Que vocea. ► s. Méx. Persona que vende periódicos en la calle voceándolos.

VOCEAR v.intr. Vociferar. ► v.tr. Llamar a alguien, gritando su nombre. **2.** Publicar o difundir algo que debía callarse o permanecer oculto. **3.** Anunciar en voz alta y por la calle algún producto o mercancía para venderlos. **4.** Aplaudir o aclamar con voces. **5.** Fig. Ser cierta cosa inanimada una muestra clara de algo.

VOCERAS s.m. y f. (pl. *voceras*). Fam. Bocazas.

VOCERÍO s.m. Griterío, confusión de voces altas y desentonadas: *el vocerío del mercado*.

VOCERO, A s. Portavoz. ► s.m. En los tribunales castellanoleoneses de la edad media, persona que actuaba en representación de un litigante.

VOCIFERANTE adj. y s.m. y f. Que vocifera. SIN.: *vociferador*.

VOCIFERAR v.intr. (lat. *vociferari*). Dar voces o gritos. SIN.: *vocear*.

VOCINGLERÍA s.f. Ruido o confusión producidos por muchas voces.

VOCINGLERO, A adj. y s. Que grita o habla muy alto. **2.** Que habla mucho y vanamente. ► adj. Se dice de los pájaros que cantan.

VOCODER s.m. INFORMÁT. Dispositivo electrónico que permite la síntesis de respuestas vocales por un sistema informático.

VODEVIL s.m. (fr. *vaudeville*). LIT. Comedieta ligera de intriga vivaz y divertida.

VODEVILESCO, A adj. Relativo al vodevil.

VODKA o **VODCA** s.m. o f. (voz rusa). Aguardiente que se obtiene por destilación de cereales, especialmente centeno.

VOGUL adj. y s.m. y f. De un pueblo ugrofinés de Siberia occidental (región del Ob).

VOIVODA s.m. (del serbocroata *voi*, ejército, y *voditi*, conductor). En los países balcánicos y en Polonia, alto dignatario civil o militar.

VOIVODATO s.m. División administrativa de Polonia.

VOLADA s.f. Vuelo hecho de una vez.

VOLADIZO, A adj. Que sobresale de un plano vertical: *viga voladiza*. ► s.m. Parte de un edificio, construcción, estructura, etc., que no reposa directamente sobre su apoyo: *puente grúa con voladizos; construcción en voladizo*.

VOLADO, A adj. Se dice del tipo de imprenta

de menor tamaño que se coloca en la parte superior del renglón, volante. **2.** Méx. Moneda lanzada al aire para decidir la suerte. ◇ **Estar volado** Esp. Fam. Estar inquieto, intranquilo, sobresaltado o sentirse inseguro. **Salir volado** Méx. Fam. Salir a escape.

VOLADOR, RA adj. Que vuela: *águila voladora; máquina voladora*. ► s.m. Árbol americano, maderable, de copa ancha, flores en panojas terminales y fruto seco y redondo. **2.** Molusco cefalópodo comestible, semejante al calamar pero menos delicado. **3.** Méx. Práctica prehispánica que consistía en girar en el aire en un trapecio suspendido de una rueda giratoria asegurada a cierta altura, en el tope de un árbol cortado a cercén. (En la actualidad todavía se practica como espectáculo.) **4.** P. Rico. Molinete, juguete infantil.

VOLADURA s.f. Acción y efecto de volar algo con un explosivo.

VOLANDAS (EN) loc. Por el aire, levantado del suelo; rápidamente, en un instante.

VOLANDERA s.f. Arandela para evitar el roce entre dos piezas de una máquina.

VOLANDERO, A adj. Que está colgado y pendula: *hoja volandera*. **2.** Fig. Fugaz, pasajero: *amores volanderos*. **3.** Fig. Accidental, casual, imprevisto: *un hecho volandero*.

VOLANTE adj. Que vuela. **2.** Que va o se lleva de un sitio a otro: *escuadrón volante*. ► s.m. Rueda que transmite su movimiento a un mecanismo. **2.** Rueda de mano que sirve para accionar el mecanismo de dirección de un automóvil, y para guiarlo a voluntad. **3.** Deporte automovilístico: *un as del volante*. **4.** Anillo provisto de dos topes que detiene y deja libres alternativamente los dientes de la rueda de escape en un reloj. SIN.: *balancín*. **5.** Adorno de tela plegada, rizada o fruncida, que se pone en prendas de vestir, en visillos, cortinas, etc. **6.** Hoja de papel que sirve para anotaciones sucintas o en que se manda una comunicación o aviso. **7.** MEC. Órgano giratorio de una máquina destinado a regularizar la marcha, que está constituido por un sólido con un gran momento de inercia respecto a su eje. ◇ **Volante magnético** En ciertos motores de explosión ligeros, dispositivo de encendido.

VOLANTÍN s.m. (cat. *volantí*). Cordel con varios anzuelos, sencillos o múltiples, que se emplea para pescar. **2.** Plomo de dicho aparejo. **3.** Amér. Voltereta. **4.** Argent., Chile, Cuba y P. Rico. Cometa pequeña de papel.

VOLAPIÉ s.m. Suerte de matar los toros que consiste en herir al animal cuando está parado, pasando el espada a su lado a la carrera.

VOLAPÜK s.m. (de *vol* y *pük*, palabras tomadas del ingl. *world*, mundo, y *speak*, hablar). Lengua universal que fue compuesta artificialmente a partir de elementos latinos, alemanes y en especial ingleses por el alemán Johann Martin Schleyer (1831-1912) en 1879.

VOLAR v.intr. (lat. *volare*) [17]. Ir, moverse o mantenerse en el aire por medio de alas o de otro modo. **2.** Llevar a cabo, realizar un vuelo con un aparato aéreo o similar. **3.** Fig. Ir por el aire una cosa lanzada con violencia. **4.** Fig. Transcurrir rápidamente el tiempo. **5.** Fig. Correr, andar, moverse con mucha rapidez: *voló a dar la noticia*. **6.** Fig. Hacer algo con mucha rapidez: *comer volando*. **7.** Fig. y fam. Huir de un sitio. **8.** Fig. y fam. Desaparecer inesperadamente una cosa o gastarse rápidamente: *el dinero voló en pocos días*. **9.** Fig. Difundirse algo rápidamente: *las noticias vuelan*. **10.** Fam. Sentir los efectos de una droga. ► v.intr. y prnl. Fig. Elevarse algo en el aire, ser transportado por el viento: *todos los papeles volaron*. ► v.tr. Fig. Hacer algo se derrumbe con una sustancia explosiva: *volar un edificio*. **2.** Hacer que el ave se levante y vuele para dispararle: *el perro voló la perdiz*. **3.** Fig. Irritar, enojar a alguien: *aquellos insultos lo volaron*. **4.** Levantar una letra o signo de imprenta, de modo que resulte volado. **5.** Méx. Sustraer, arrebatar, robar. ◇ **Echar a volar** Fam. Difundir una noticia, calumnia, etc. **Echarse a volar** Empezar a volar; independizarse los hijos de los padres.

VOLATERÍA s.f. Conjunto de aves de diversas especies. **2.** Caza de aves que se hace con otras enseñadas a este efecto.

VOLATERO, A s. Cazador de volatería.

VOLÁTIL adj. y s.m. y f. (lat. *volatilis*). Que vuela o puede volar. ► adj. Fig. Voluble, inconstante, mudable: *persona volátil*. **2.** Que se mueve ligeramente y por el aire: *átomos volátiles*. **3.** INFORMÁT. Se dice de la memoria cuyo contenido se borra al interrumpirse la alimentación eléctrica. **4.** QUÍM. Que tiene la propiedad de volatilizarse. ► s.m. Animal organizado para el vuelo, especialmente ave doméstica.

VOLATILIDAD s.f. Cualidad de volátil.

VOLATILIZACIÓN s.f. Acción y efecto de volatilizar.

VOLATILIZAR v.tr. y prnl. [7]. Transformar un cuerpo sólido o líquido en gaseoso o en vapor. ► volatilizarse v.prnl. Fig. y fam. Desaparecer inesperada o rápidamente una cosa: *el dinero se volatilizó en seguida*.

VOLATÍN s.m. (del ant. buratín, volatinero, del ital. *burattino*, títere). Acrobacia. **2.** Volatinero.

VOLATINERO, A s. Acróbata.

VOL-AU-VENT o **VOLOVÁN** s.m. (voz francesa). Molde de pasta de hojaldre que se rellena con picadillo de pescado, carne, trufas, aceitunas, etc.

VOLCADO s.m. Acción y efecto de volcar. **2.** INFORMÁT. **a.** Operación consistente en traspasar la información de un soporte a otro. **b.** Visualización, en pantalla o papel, de la totalidad o parte de la memoria de la computadora, generalmente para encontrar la causa de un error que se ha producido.

VOLCÁN s.m. (port. *volcão*, del lat. *Vulcanus*, dios del fuego). Relieve resultante de la emisión a la superficie de productos a alta temperatura que salen del interior de la tierra, suben por una fisura de la corteza (*chimenea*) y salen por una abertura de forma generalmente circular (*cráter*). **2.** Fig. Pasión ardiente o agitada. **3.** Colomb. Precipicio. **4.** P. Rico. Conjunto desordenado de cosas puestas unas sobre otras. ◇ **Estar sobre un volcán** Estar en una situación peligrosa.
ENCICL. Se distinguen varios tipos de volcanes: el tipo *hawaiano*, o efusivo (Mauna Loa, Hawai) se caracteriza por lavas basálticas muy fluidas; en el tipo *vulcaniano*, o explosivo (Vulcano, Italia) dominan las proyecciones acompañadas de explosiones; el tipo *peleano*, o extrusivo (Montaña Pelada, Martinica) se caracteriza por la extrusión de lavas ácidas y viscosas, que se solidifican en seguida formando domos o agujas; en el tipo *estromboliano*, o mixto (Stromboli, Italia), las proyecciones alternan con coladas de lava; en el tipo *fisural* (Decán), la lava sale por fisuras longitudinales y forma vastas extensiones.

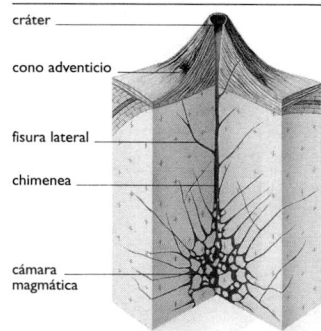

cráter
cono adventicio
fisura lateral
chimenea
cámara magmática

■ VOLCÁN (sección).

VOLCANCITO s.m. En algunos lugares de América latina, pequeños volcanes que emiten coladas de barro, y promontorios que estas forman. SIN.: *macaluba*.

VOLCÁNICO, A adj. Relativo a los volcanes. **2.** Fig. Ardiente, apasionado. ◇ **Roca volcánica** GEOL. Roca eruptiva que se forma en la superficie por enfriamiento brusco del magma de un volcán debido al contacto con el aire o el agua.

VOLCANISMO s.m. → VULCANISMO.
VOLCANOLOGÍA s.f. → VULCANOLOGÍA.
VOLCANÓLOGO, A s. → VULCANÓLOGO.
VOLCAR v.tr. y prnl. [6]. Tumbar o inclinar un recipiente u otra cosa de manera que pierda su posición normal, se caiga o vierta su contenido. ◆ v.tr., intr. y prnl. Tumbarse, inclinarse o dar vuelta un vehículo. **2.** INFORMÁT. Realizar un volcado. ◆ **volcarse** v.prnl. *Fig.* y *fam.* Poner el máximo interés y esfuerzo en alguien o algo: *volcarse en el trabajo.* **2.** *Fig.* y *fam.* Ser muy amable con alguien.
VOLEA s.f. Voleo, golpe dado en el aire a algo. **2.** En el juego de pelota, acción de darle a esta con el brazo levantado antes de que bote.
VOLEAR v.tr. Golpear algo en el aire para impulsarlo.
VOLEIBOL s.m. Deporte que se disputa entre dos equipos de seis jugadores, lanzando un balón, que se golpea con la mano, por encima de una red. SIN.: *balonvolea.*
VOLEMIA s.f. Volumen total de la sangre contenida en el compartimento intravascular del organismo.
VOLÉMICO, A adj. Relativo a la volemia.
VOLEO s.m. *Fam.* Bofetón. **2.** Golpe dado en el aire a algo antes de que caiga al suelo. **3.** Cierto movimiento rápido de la danza española, consistente en levantar un pie de frente lo más alto posible. ◇ **A,** o **al, voleo** Se dice de la manera de sembrar, esparciendo la semilla en el aire a puñados; *Fam.* arbitrariamente, sin criterio. **Del primer,** o **de un, voleo** *Fam.* Con rapidez o de un golpe.
VOLFRAMIO o **WOLFRAMIO** s.m. (alem. *wolfram*). → TUNGSTENO.
VOLICIÓN s.f. (lat. *volitio*). Acto de la voluntad que se manifiesta en la acción.
VOLITIVO, A adj. Relativo a la voluntad: *acto volitivo.*
VOLOVÁN s.m. → VOL-AU-VENT.
VOLQUETE s.m. Vehículo cuya caja puede hacerse bascular o girar sobre el eje, para volcarla y vaciar su contenido. **2.** Vagón de bordes altos para el transporte de mercancías a granel.
VOLSCO, A adj. y s. De un ant. pueblo de Italia (SE del Lacio), encarnizado enemigo de Roma, que no fue sometido hasta el s. IV a.C.
VOLT s.m. En la nomenclatura internacional, voltio.
VOLTAICO, A adj. ELECTR. **a.** Se dice de la electricidad producida por las pilas. **b.** Se dice de la pila eléctrica de Volta.
VOLTAJE s.m. Tensión eléctrica.
VOLTÁMETRO s.m. ELECTR. Aparato en el que se produce una electrólisis.

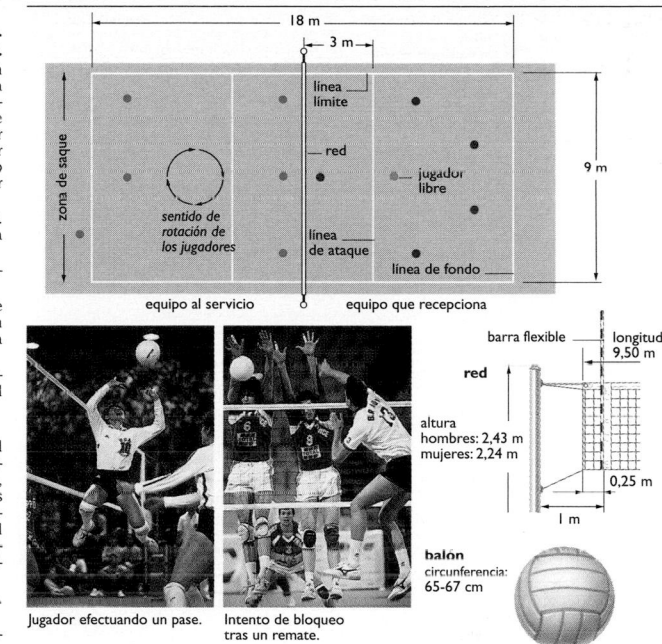

equipo al servicio   equipo que recepciona

Jugador efectuando un pase.   Intento de bloqueo tras un remate.

■ **VOLEIBOL**

VOLTAMPERIO s.m. Nombre especial del vatio (símb. VA) utilizado para medir la potencia aparente de corriente eléctrica alterna.
VOLTARIO, A adj. *Chile.* Dadivoso, gastador. **2.** *Chile.* Obstinado, caprichoso.
VOLTEADA s.f. **Caer en la volteada** *Argent. Fam.* Verse alguien casualmente comprometido en una situación desagradable y ajena.
VOLTEADO s.m. *Méx. Fam.* Homosexual.
VOLTEAR v.tr. y prnl. Dar vueltas a algo hasta ponerlo al revés de como estaba colocado. **2.** Hacer dar vueltas en el aire a alguien. **3.** Hacer dar vueltas a las campanas para que suenen. **4.** *Amér.* Derribar con violencia, volcar, derramar. **5.** *Amér.* Cambiar la dirección o posición de algo: *voltear la cabeza.* ◆ v.intr. Dar vueltas cayendo o rodando, o dar volteretas.
VOLTEO s.m. Acción y efecto de voltear.
VOLTERETA s.f. Vuelta dada en el aire.
VOLTERIANISMO s.m. Filosofía de Voltaire. **2.** Incredulidad y hostilidad a la influencia de la Iglesia.
VOLTERIANO, A adj. y s. Relativo a Voltaire y a su filosofía; partidario de este o de esta filosofía.
VOLTÍMETRO s.m. ELECTR. Aparato que sirve para medir una diferencia de potencial en voltios.
VOLTIO s.m. (de A. *Volta,* físico italiano). ELECTR. Unidad de medida de fuerza electromotriz y de diferencia de potencial o tensión (símb. V), equivalente a la diferencia de potencial existente entre dos puntos de un hilo conductor, recorrido por una corriente constante de 1 amperio, cuando la potencia perdida entre estos puntos es igual a 1 vatio.
VOLUBILIDAD s.f. Cualidad de voluble.
VOLUBLE adj. (lat. *volubilis,* que se puede volver). Que cambia frecuentemente de actitud o manera de pensar: *carácter voluble.* **2.** BOT. Se dice del tallo y de la planta trepado-

■ **VOLCÁN.** Erupción del Kliuchevskaia Sopka, en la península de Kamchatka (Rusia), en 1994. Fotografía tomada desde el transbordador espacial estadounidense.

■ **VOLUBLE.** Tallo voluble (lúpulo).

ra que crecen en espiral alrededor de un soporte.

VOLUDEPRESIÓMETRO s.m. Instrumento de medida del caudal de los gases comprimidos a partir de la caída de presión que se produce al pasar el gas por un orificio calibrado.

VOLUMEN s.m. (lat. *volumen,* rollo de manuscrito, tomo). Medida del espacio ocupado por un cuerpo en tres dimensiones. **2.** Grosor de un objeto. **3.** Libro de los que componen una misma obra. **4.** Fuerza, intensidad de los sonidos o de la voz. **5.** *Fig.* Magnitud o importancia de un hecho, de un negocio o empresa. **6.** HIST. En la antigüedad, manuscrito enrollado alrededor de un bastoncillo. ◇ **Volumen de negocio,** o **de negocios** ECON. Total de transacciones comerciales efectuadas por una empresa durante un ejercicio económico.

VOLUMETRÍA s.f. Medida de volúmenes.

VOLÚMICO, A adj. Se dice del cociente de una magnitud por el volumen correspondiente: *masa volúmica.*

VOLUMINOSO, A adj. Que tiene mucho volumen.

VOLUNTAD s.f. (lat. *voluntas, -atis,* de *velle,* querer). Facultad, capacidad de determinarse a hacer o no hacer algo. **2.** Firmeza con la que se ejerce esta facultad: *tener voluntad; voluntad inflexible.* **3.** Deseo, aquello que se quiere. **4.** Consentimiento: *contar con la voluntad de los padres.* **5.** Mandato de una persona. ◇ **A voluntad** Según lo que desea la persona implicada. **Buena,** o **mala, voluntad** Intención real de hacer algo bien, o mal; disposición de ánimo favorable, o desfavorable, hacia alguien. **Ganar,** o **ganarse, la voluntad de alguien** Lograr su afecto o convencerlo de lo que se desea. **Última voluntad** Disposición testamentaria o la expresada en el momento de la muerte. **Voluntad expresa** Voluntad que consta de palabra o por escrito de forma clara y terminante.

VOLUNTARIADO s.m. Esp. Conjunto de personas que se ofrecen voluntarias para una tarea común, generalmente altruista. **2.** Esp. Servicio militar que se cumple mediante compromiso voluntario.

VOLUNTARIEDAD s.f. Cualidad de voluntario.

VOLUNTARIO, A adj. Que nace de la propia voluntad: *acto voluntario.* **2.** Hecho por propia voluntad y no por obligación o deber. ◆ s. Persona que se presta a hacer o realizar algo por su propia voluntad. ◆ s.m. Esp. Soldado que ingresa en filas por propia voluntad, acogiéndose a una legislación especial.

VOLUNTARIOSO, A adj. Que pone o tiene voluntad, resolución o constancia. **2.** Que quiere hacer siempre su propia voluntad.

VOLUNTARISMO s.m. Actitud del que cree poder modificar el futuro por la sola voluntad. **2.** FILOS. Doctrina o tesis que pone a la voluntad como fundamento del ser y da más valor a la acción que al conocimiento.

VOLUNTARISTA adj. y s.m. y f. Relativo al voluntarismo; partidario del voluntarismo.

VOLUPTUOSIDAD s.f. Placer de los sentidos, placer sexual. **2.** Placer, satisfacción intensa de orden moral o intelectual.

VOLUPTUOSO, A adj. (lat. *voluptuosus*). Que inspira o expresa placer. ◆ adj. y s. Inclinado a la voluptuosidad.

VOLUTA s.f. Figura de espiral: *volutas de humo.* **2.** ARQ. Adorno en forma de espiral en los ángulos de los capiteles jónicos y compuestos.

VOLVA s.f. BOT. Membrana gruesa que envuelve completamente el sombrero y el pie de ciertos hongos antes de madurar.

VOLVEDOR s.m. Aparato que sirve para hacer girar sobre sí mismo un macho de rosca.

VOLVER v.tr. (lat. *volvere*) [38]. Invertir la posición de una cosa, haciéndola girar: *volver la cabeza.* **2.** Hacer girar una puerta, ventana, etc., para cerrarla o entornarla. **3.** Poner una prenda de modo que quede por fuera la parte interior o revés. **4.** Devolver. **5.** Pasar las hojas de un libro de un lado a otro: *volver la página.* ◆ v.tr. y prnl. Cambiar o hacer que alguien o algo cambie de estado o deje de ser como era y sea de la manera que se expresa: *la fama lo ha vuelto orgulloso; el perro se ha vuelto rabioso.* ◆ v.intr. Torcer, dejar el camino o línea recta, dirigiéndose en otro sentido: *al llegar a la esquina vuelva a la derecha.* **2.** Reanudar o continuar el relato o discurso que se había interrumpido. ◆ v.intr. y prnl. Ir de nuevo a un lugar en que ya se ha estado o de donde uno se ha marchado: *volver a la ciudad; no ha vuelto por aquí.* **2.** Con la prep. *a* y un verbo en infinitivo, hacer otra vez lo que este verbo expresa: *volver a equivocarse.* ◆ **volverse** v.prnl. Girar la cabeza o la mirada hacia algo o alguien. **2.** Ponerse en contra de alguien o algo. ◇ **Volver atrás** Retroceder. **Volver en sí** Recobrar el conocimiento después de un desmayo.

VÓLVULO s.m. (ital. *vòlvolo*). MED. Torsión de un órgano hueco alrededor de un punto fijo.

VÓMER s.m. (lat. *vomer, -eris,* reja de arado). ANAT. Hueso que forma la parte superior del tabique de las fosas nasales.

VÓMICA s.f. Expectoración de secreciones purulentas pulmonares, de procedencia respiratoria.

VÓMICO, A adj. Que causa o provoca vómito. ◇ **Nuez vómica** Semilla de un árbol de Asia tropical que contiene estricnina.

VOMITAR v.tr. (lat. *vomitare*). Arrojar por la boca lo contenido en el estómago. **2.** *Fig.* Arrojar o lanzar violentamente de sí: *el volcán vomita lava.* **3.** *Fig.* Proferir maldiciones, insultos, etc.: *vomitar injurias.* **4.** *Fig.* y *fam.* Declarar o revelar lo que se mantenía en secreto y se resistía o negaba a descubrir.

VOMITERA s.f. Vómito grande o repetido.

VOMITIVO, A adj. y s.m. Se dice de la sustancia que provoca el vómito.

VÓMITO s.m. Acción de vomitar. **2.** Cosa vomitada.

VOMITONA s.f. *Fam.* Vomitera.

VOMITORIO s.m. Corredor por donde entraba la muchedumbre en un anfiteatro romano.

VORACIDAD s.f. Cualidad de voraz.

VORÁGINE s.f. *Fig.* Mezcla de sentimientos y afectos muy intensos. **2.** Remolino muy fuerte e impetuoso que forman las aguas del mar, de un río, etc.

VORAGINOSO, A adj. Agitado, turbulento.

VORAZ adj. (lat. *vorax, -acis,* de *vorare,* devorar, tragar). Que come mucho y con avidez. **2.** Se dice del hambre muy intensa y de la manera ávida de comer. **3.** *Fig.* Que destruye o consume rápidamente: *incendio voraz.*

VÓRTICE s.m. (lat. *vortex, -icis*). Torbellino hueco que puede originarse en un fluido en movimiento. **2.** Centro de un ciclón.

VOS pron.pers. (lat. *vos,* vosotros). Forma tónica de la 2ª persona masculina y femenina del singular. Designa al receptor en un acto de comunicación y se emplea en el lenguaje ceremonioso como tratamiento de respeto. Funciona como sujeto, predicado nominal o como complemento precedido de preposición. Se usa con el verbo en 2ª persona del plural cuando funciona como sujeto. **2.** Amér. Forma tónica de la 2ª persona masculina y femenina del singular. Designa al receptor en un acto de comunicación. Funciona como sujeto o como predicado nominal.

VOSEAR v.tr. Dar a una persona tratamiento de vos.

VOSEO s.m. Uso del pronombre *vos* en lugar de *tú.*

ENCICL. El voseo es un fenómeno característico del español de América, aunque no se extiende a la totalidad del territorio. La práctica mayoritaria del voseo corresponde a Argentina, Paraguay, Uruguay y la mayor parte de América Central. Se manifiesta también, aunque con menor firmeza o solo en parte del país, en Colombia, Venezuela, Ecuador, Bolivia, Chile y zonas adyacentes a su frontera septentrional. El uso de *vos* va acompañado con frecuencia (aunque con distribución geográfica irregular) de formas verbales peculiares, como los presentes de indicativo en plural y sin diptongo (*vos cantás* o *tenés,* por *cantáis* o *tenéis*).

VOSOTROS, AS pron.pers. Forma tónica de la 2ª persona del plural. Designa a dos o más receptores en un acto de comunicación. Funciona como sujeto, como predicado nominal o como complemento precedido de preposición. (Se utiliza en España y, de forma restringida y protocolaria, en América.)

VOTACIÓN s.f. Acción y efecto de votar. **2.** Sistema de emisión de votos: *votación secreta.* ◇ **Votación de confianza** Resolución que se sigue, en los debates parlamentarios, al planteamiento de una cuestión de confianza o de una moción de censura. **Votación secreta** Votación hecha de manera que no se sabe quién ha emitido cada voto.

VOTANTE adj. y s.m. y f. Que vota. **2.** Que tiene el derecho de votar.

VOTAR v.intr. y tr. Dar su voto o decir su dictamen en una elección o deliberación. ◇ **¡Voto a!** *Fam.* Expresión de amenaza, sorpresa, admiración, etc.

VOTIAK adj. y s.m. y f. De un pueblo finés establecido entre el Viatka y el Kama, en la República de Udmurtia (Rusia).

VOTIVO, A adj. Ofrecido por voto o relativo a él: *lámparas votivas.* ◇ **Misa votiva** Misa que se celebra por alguna causa particular.

VOTO s.m. (lat. *votum,* promesa que se hace a los dioses, ruego, deseo). Opinión o parecer de cada una de las personas llamadas a hacerlo en orden a una elección o a la decisión de algo sobre un asunto o materia. **2.** Persona que vota. **3.** Derecho a votar: *no tener ni voz ni voto.* **4.** Acción de emitir un voto u opinión en un sufragio. **5.** Papeleta, bola, etc., que sirve para votar. **6.** Promesa de carácter religioso, que envuelve un sacrificio, hecha a Dios, a los dioses, a la Virgen o a un santo. **7.** Promesa de renunciamiento que se hace al adoptar el estado religioso. (Los votos son pobreza, castidad y obediencia.) **8.** Deseo de aquello que se expresa: *desear votos de felicidad.* **9.** Blasfemia o expresión irreverente. ◇ **Hacer votos por** Manifestar deseos de lo que se expresa. **Voto de censura** Acuerdo que toma una junta para censurar o desautorizar la opinión o actuación de uno de sus miembros; *moción de censura. **Voto de confianza** Autorización o facultad que se da a alguien para que actúe o decida libremente en cierto asunto; voto que emiten las cámaras o asambleas en aprobación de la actuación del gobierno o prestándole su apoyo en el futuro. **Voto directo** Voto en que el elector designa a una persona determinada para ejercer el cargo a cubrir. **Voto indirecto** Aquel en que el elector designa a un delegado, quien a su vez designa a la persona que debe ocupar un puesto. **Voto obligatorio** Voto que si no se ejerce conlleva una sanción.

VOX PÓPULI loc. (lat. *vox populi,* voz del pueblo). Se usa para afirmar la veracidad de un juicio u opinión difundido entre la gente.

VOYEUR adj. y s.m. y f. (voz francesa). Se dice de la persona que obtiene placer al contemplar escenas eróticas.

VOYEURISMO s.m. PSIQUIATR. Desviación sexual en la que el placer se obtiene por la contemplación de escenas eróticas.

¡VÓYTELAS! interj. Méx. *Fam.* Expresa sorpresa.

VOZ s.f. (lat. *vox, vocis*). Sonido emitido por el ser humano al hablar, cantar, etc. **2.** Calidad, timbre o intensidad de este sonido. **3.** Sonido emitido por un animal. **4.** Sonido producido por algo: *la voz del viento.* **5.** *Fig.* Cualquier manera de expresarse una colectividad o algo que no hable: *la voz de la conciencia.* **6.** Grito que se da en señal de enojo, para llamar a alguien o para pedir algo: *dar voces de auxilio.* **7.** Palabra, vocablo: *voces españolas de origen árabe.* **8.** *Fig.* Acción de expresar alguien su opinión en una asamblea o reunión, aunque no tenga voto en ella o derecho a hacerlo. **9.** *Fig.* Rumor, noticia vaga: *corre la voz de que está arruinado.* **10.** LING. Forma que toma el verbo según que la acción sea realizada o sufrida por el sujeto: *voz activa; voz pasiva.* **11.** MÚS. Parte vocal o instrumental de una composición. ◇ **A media voz** Con voz baja o más baja de lo regular. **Alzar,** o **levantar, la voz a alguien** Hablarle a gritos y sin respeto. **A voces** Gritando o en voz alta. **A voz en grito** Gritando. **De viva voz** Hablando, por oposición a escribiendo; oyendo, en vez de leyendo. **Llevar la voz cantante** Imponerse a los demás en una reunión o dirigir un negocio. **Tomarse la voz** o **tener la voz tomada** Ponerse o estar ronco o afónico por una afección de garganta. **Voz de mando** MIL. La que da a sus subordinados el que los manda.

ENCICL. Las voces humanas pueden clasificarse en dos categorías: las *voces de hombre*, que son las más graves, y las *voces de mujer*, cuyo registro es más elevado de una octava. Entre las voces de hombre se distinguen la de *tenor* (registro superior) y la de *bajo* (registro inferior); entre las voces de mujer, la de *soprano* y la de *contralto*. Soprano y tenor, contralto y bajo forman el cuarteto vocal. La voz de bajo se divide en bajo profundo y barítono, y la de soprano, en soprano y mezzosoprano. En el registro masculino hay que añadir la voz de contratenor (voz de tenor que, mediante técnica, domina el falsete).

VOZARRÓN s.m. Voz muy potente y gruesa.

VTOL s.m. (sigla del ingl. *vertical take off and landing*). Avión de despegue y aterrizaje verticales (en español ADAV).

VUDÚ s.m. (voz de la lengua fon hablada en Benín). Culto muy difundido entre los negros de las Antillas y de los estados del S de EUA. **2.** Divinidad venerada en dicho culto.

VUECENCIA pron.pers. Vuestra excelencia. (Se usa en la lengua oral como tratamiento.)

VUELAPLUMA (A) loc. Manera de escribir sin pensar mucho y con rapidez. (También *a vuela pluma.*)

VUELCO s.m. Acción y efecto de volcar. **2.** *Fig.* y *fam.* Alteración total, ruina, trastorno. ◇ **Dar un vuelco el corazón** Sufrir alguien una impresión inesperada muy fuerte o un susto.

VUELILLO s.m. Adorno de encaje u otro tejido ligero, que se pone en las bocamangas de algunos trajes.

VUELO s.m. Acción de volar. **2.** Espacio que se recorre volando. **3.** Parte de un tejado que sale fuera del paramento de la pared que la sostiene. **4.** Amplitud de un vestido, desde la parte que no se ajusta al cuerpo, o de cualquier tejido fruncido. ◇ **Al o, a vuelo** Se dice del modo de cazar o agarrar las aves o cualquier animal con alas mientras vuelan; entender algo a la primera o por una indicación o señal. **Alzar, o levantar, el vuelo** Echar a volar un ave; *fam.* marcharse de un sitio, generalmente para independizarse. **Cortar los vuelos** Privar a alguien de la libertad para hacer lo que desea. **De altos vuelos** De mucha importancia o magnitud. **Horas de vuelo** *fam.* Experiencia que tiene una persona en algo: *no es tonto, tiene muchas horas de vuelo.* **Vuelo a vela** Vuelo sin motor en el que el planeador se desplaza aprovechando las corrientes aéreas. **Vuelo libre** Deporte de vuelo sin motor en que se utiliza un planeador triangular metálico recubierto de tela. **Vuelo planeado** Vuelo sin motor, o con todos los motores parados, y que consiste en descender imprimiendo al aparato suficiente velocidad de sustentación.

VUELTA s.f. Acción de volver o regresar: *la vuelta a casa.* **2.** Devolución de algo a quien lo tenía antes: *la vuelta de un préstamo.* **3.** Movimiento circular completo de un cuerpo alrededor de un punto o sobre sí mismo: *la Tierra da vueltas en torno al Sol.* **4.** Acción de recorrer la periferia de un recinto, plaza, etc.: *dar una vuelta a la manzana.* **5.** En ciclismo y otros deportes, carrera en etapas recorriendo una región, país, etc.: *vuelta ciclista a España.* **6.** *Fig.* Trastorno o cambio repentino de un estado a otro: *su situación dio una gran vuelta.* **7.** Cambio total en la manera de pensar, de sentir, de actuar, etc.: *vuelta del carácter.* **8.** Paseo: *salir a dar una vuelta.* **9.** Giro de una llave en una cerradura al abrir o cerrar. **10.** Curvatura de una línea, camino, cauce, etc.: *las vueltas de una carretera.* **11.** Movimiento o figura circular que se da a algo o algo que se enrolla o está enrollado alrededor de otra cosa. **12.** Tela sobrepuesta en las solapas o en las mangas de ciertas prendas de vestir. **13.** Esp. Dinero sobrante que se devuelve a quien al hacer un pago entrega una cantidad superior al importe de este. **14.** Cada una de las veces que se repite una acción en la que hay una sucesión o turno: *la segunda vuelta de una competición.* **15.** Repaso que se da a una materia o texto: *dar una vuelta al inglés.* **16.** En los juegos de cartas, número de golpes jugados, iguales al número de jugadores, de modo que cada uno es sucesivamente mano. **17.** TEXT. Cada una de las series paralelas de puntos que forman los géneros de punto. ◇ **A la vuelta** Al volver, al regreso. **A la vuelta de** Después de transcurrido el tiempo que se expresa. **A la vuelta de la esquina** Indica la proximidad o cercanía de un lugar o la facilidad de conseguir o alcanzar algo. **Andar a vueltas con, o para, o sobre** Gestionar o trabajar algo que presenta dificultad, para averiguarlo o realizarlo. **A vuelta de correo** Por el correo inmediato, sin perder día. **Buscar las vueltas a alguien** *Fam.* Procurar pillarlo descuidado o en un error para perjudicarlo. **Dar cien vueltas** *Fam.* Superar una persona o cosa a otra en calidad u otra característica. **Dar media vuelta** *Fam.* Marcharse de un sitio. **Dar vueltas** Buscar algo en varios sitios sin encontrarlo. **Dar vueltas a, o en, la cabeza** Pensar o reflexionar mucho sobre algo. **Dar vueltas la cabeza** Marearse. **De, o a la, vuelta** En el camino de regreso de algún sitio. **Estar de vuelta** *Fam.* Estar alguien enterado de antemano de algo de que se le cree ignorante; conocer bien la cosa de que se trata y tener experiencia sobre ella. **Media vuelta** Acción de volverse una persona, de modo que el cuerpo quede de frente en dirección opuesta a la que tenía antes. **No tener vuelta de hoja** *Fam.* Ser algo claro y evidente. **Poner de vuelta y media** *Fam.* Insultar, reprender duramente o hablar muy mal de alguien. **Vuelta al ruedo** TAUROM. Acción de dar un torero la vuelta a la arena para recoger los aplausos del público, en recompensa por una buena faena. **Vuelta de campana** Vuelta que se da con el cuerpo en el aire, volviendo a caer de pie; vuelta completa en el aire dada por un objeto.

VUELTO, A adj. Colocado con la cara o el frente en la dirección que se expresa: *vuelto hacia la pared.* **2.** Con la cara hacia un lado. **3.** Cambiado, en posición contraria a la normal: *llevar un guante vuelto.* **4.** Invertido: *poner los vasos vueltos sobre la mesa.* ◆ s.m. Amér. Cambio, vuelta, dinero sobrante de un pago.

VUELVEPIEDRAS s.m. (pl. *vuelvepiedras*). Ave caradriforme de 23 cm de long., que anida en las costas atlánticas rocosas del extremo N, y es migradora común en la península Ibérica. SIN.: *revuelvepiedras.*

VUESTRO, A adj. y pron.poses. (lat. *voster, -tra, -trum*). Forma tónica o átona de la 2ª persona del plural. Indica que la persona, animal o cosa designados por el nombre que acompaña o sustituye pertenecen a un conjunto de dos o más receptores en un acto de comunicación (son de su propiedad, tienen un parentesco con él, están asociados a él, etc.), o al receptor cuando se le trata de *vos*: *vuestro padre; estos libros son vuestros.* ◆ adj. f. Se usa precediendo a ciertos tratamientos en el lenguaje ceremonioso: *vuestra majestad.* ◇ **La vuestra** *Fam.* Indica que ha llegado la ocasión favorable para un conjunto de dos o más receptores. **Los vuestros** Personas de la familia o colectividad a la que pertenece un conjunto de dos o más receptores.

VULCANIANO, A adj. (de *Vulcano*, volcán de las islas Eolias). GEOL. Se dice de un tipo de erupción volcánica caracterizada por el gran predominio de explosiones sobre las emisiones de lava.

VULCANISMO o **VOLCANISMO** s.m. (del lat. *Vulcanus*, dios del fuego). Conjunto de manifestaciones volcánicas.

VULCANIZACIÓN s.f. Operación que consiste en mejorar el caucho, tratándolo con azufre.

VULCANIZADORA s.f. Méx. Establecimiento donde se reparan llantas de automóvil.

VULCANIZAR v.tr. [7]. Someter a vulcanización.

VULCANOLOGÍA o **VOLCANOLOGÍA** s.f. Estudio de los volcanes y de los fenómenos volcánicos.

VULCANÓLOGO, A o **VOLCANÓLOGO, A** s. Especialista en vulcanología.

VULGAR adj. (lat. *vulgaris*). Que carece de distinción o novedad: *modales vulgares.* **2.** Se aplica al sustantivo común o general, por contraposición a científico o técnico. **3.** Perteneciente al vulgo.

VULGARIDAD s.f. Cualidad de vulgar. **2.** Hecho, expresión, cosa, etc., vulgares. **3.** Cosa que carece de novedad e importancia por ser ya conocido por la mayoría de la gente.

VULGARISMO s.m. Palabra o expresión propia de la lengua popular.

VULGARIZACIÓN s.f. Acción y efecto de vulgarizar.

VULGARIZAR v.tr. y prnl. [7]. Hacer vulgar o poco refinado algo: *vulgarizar una costumbre.* ◆ v.tr. Hacer asequible al vulgo una ciencia o un arte: *vulgarizar la música clásica.*

VULGO s.m. (lat. *vulgus, -i*). Estrato inferior de la población considerado como menos culto y más ordinario o tosco. **2.** Conjunto de personas que solo tienen un conocimiento somero sobre ciertas materias o actividades.

VULNERABILIDAD s.f. Cualidad de vulnerable.

VULNERABLE adj. Que puede recibir un daño o perjuicio física o moralmente y resulta fácilmente conmovido por ello.

VULNERACIÓN s.f. Acción y efecto de vulnerar.

VULNERAR v.tr. (lat. *vulnerare, herir*). *Fig.* Quebrantar, infringir una ley, precepto, disposición, etc. **2.** Causar daño o perjuicio a alguien física o moralmente.

VULNERARIA s.f. Planta herbácea de flores amarillas, que se usaba en cataplasmas. (Familia papilionáceas; género *Anthyllis.*)

VULNERARIO, A adj. y s.m. Se dice de los medicamentos que curan las llagas y heridas.

VULPEJA s.f. (lat. *vulpecula*, dim. de *vulpes, zorra*). Zorra. SIN.: *vulpécula.*

VULTUOSO, A adj. MED. Se dice de la cara roja y congestionada.

VULVA s.f. (lat. *vulva*). Conjunto de las partes genitales externas de la mujer y de las hembras de los animales superiores.

VULVAR adj. Relativo a la vulva.

VULVARIA s.f. Planta quenopodiácea cuyas hojas exhalan un olor fétido, que se usaba en enemas como antihistérica y antihelmíntica.

VULVITIS s.f. Inflamación de la vulva.

W s.f. Vigésima sexta letra del alfabeto español y vigésima primera de sus consonantes. (Representa un sonido semivocálico, semejante a *u*, o semiconsonántico, semejante a *gu*.)

WAGNERIANO, A adj. y s. Relativo a R. Wagner o a su obra.

WAGON-LIT s.m. (pl. *wagon-lits*). Coche cama de un tren.

WAHHĀBÍ adj. y s.m. y f. Relativo al wahhābismo; partidario de este movimiento.

WAHHĀBISMO s.m. Movimiento político-religioso, de tendencia puritana, de los musulmanes de Arabia.

WAICA, GUAICA, SHIRIANA o **YANOMA-NO**, grupo amerindio de Venezuela (S y frontera con Brasil).

WAKASH s.m. Grupo de lenguas amerindias de América del Norte, habladas por los nootka y los kwakiutl.

WALABY s.m. Pequeño marsupial herbívoro australiano, parecido al canguro.

■ **WALABY** de las rocas.

WALI s.m. → **VALÍ.**

WALKIE-TALKIE s.m. (voz inglesa) [pl. *walkie-talkies*]. Aparato emisor-receptor portátil, para comunicaciones a corta distancia.

WALKMAN s.m. (marca registrada) [pl. *walkmans* o *walkmen*]. Reproductor portátil de casetes que solo se usa con auriculares.

WAMPUM s.m. (voz inglesa). Cinturón bordado con cuentas de vidrio de colores, que usaban algunos pueblos amerindios como adorno o como prenda de matrimonio, y posteriormente como moneda.

WAP s.m. (acrónimo del ingl. *wireless application protocol,* protocolo de aplicación sin hilos) TELECOM. Protocolo que permite acceder a Internet desde teléfono celular o móvil.

WAPITÍ s.m. (angloamericano *wapiti,* voz algonquina). Uapití.

WARAYOC o **VARAYOC** s.m. (voz quechua). En ciertas comunidades quechuas andinas, como en Perú, autoridad de origen inca, que tiene a su cargo la administración de justicia de las comunidades locales.

WASP s.m. y f. (acrónimo del angloamerica-

no *white anglo-saxon protestant*) [pl. *wasps*]. En Estados Unidos, persona de origen anglosajón y de religión protestante.

WAT o **WATT** s.m. (de *Watt,* físico escocés) [pl. *wats* o *watts*]. Nombre del vatio en la nomenclatura internacional.

WATER s.m. (ingl. water closet). → **VÁTER.**

WATERPOLO s.m. (del ingl. *water polo*). Deporte acuático que se practica entre dos equipos de siete jugadores y que consiste en introducir un balón en la portería contraria. SIN.: *polo acuático*.

WAU s.f. Sonido de *u* de carácter semiconsonántico o semivocálico. 2. Digamma.

WAZA-ARI s.m. (voz japonesa). En judo, ventaja técnica que se obtiene al proyectar al adversario sobre la espalda, con una fuerza insuficiente para ganar, o al inmovilizarlo entre 25 y 30 segundos.

WC, abrev. de *water.*

WEB s.f. (voz inglesa, acrónimo de *world wide web*). Sistema lógico de acceso y búsqueda de la información disponible en Internet, cuyas unidades informativas son las páginas web. 2. *Página web.

WEBCAM s.f. Cámara de vídeo miniaturizada que se puede conectar a una computadora para grabar o emitir en directo imágenes a través de Internet.

WEBER s.m. (de *W. E. Weber,* físico alemán). METROL. Unidad de medida de flujo de inducción magnética (símb. Wb), equivalente al flujo de inducción magnética que, al atravesar un circuito de una sola espira, produce una fuerza electromotriz de 1 voltio, si se reduce a cero en 1 segundo por disminución uniforme.

WEBLOG s.m. (voz inglesa). Blog.

WEEK-END s.m. (ingl. *weekend*). Fin de semana.

WELTER s.m. **Peso welter** Categoría de boxeadores que pesan de 67 kg hasta menos de 71 kg para los amateurs, y de 66,678 kg hasta menos de 69,853 para los profesionales.

■ **WATERPOLO.** Acción de un partido Australia-Estados Unidos celebrado durante el Mundial femenino de 1986.

WENDOS o **VENDOS,** ant. nombre dado en la edad media por los alemanes a los eslavos entre el Odra y el Elba. (→ sorabos.)

WESTERN s.m. (voz angloamericana) [pl. *westerns*]. Película cinematográfica de acción que narra las aventuras de los colonizadores y cowboys en el Oeste americano del s. XIX. 2. Género de este tipo de películas.

■ **WESTERN.** Escena de *La conquista del Oeste* (1962), película rodada por J. Ford, H. Hathaway y G. Marshall.

WESTFALIANO, A adj. y s. De Westfalia, región histórica de Alemania. ◆ adj. Relativo a la paz de Westfalia (1648).

WHARF s.m. (voz inglesa). MAR. Muelle o espigón perpendicular a la orilla del mar, un río o un lago, donde los barcos pueden atracar a uno y otro lado.

WHISKY o **GÜISQUI** s.m. (voz escocesa) [pl. *whiskies* o *whiskis*]. Aguardiente de cereales que se fabrica especialmente en Escocia y en EUA. (Para su fabricación su utilizan cebada, avena, centeno o maíz dependiendo del tipo de whisky.)

WHIST s.m. (voz inglesa). Juego de naipes, cercano al bridge, de origen británico, que se juega entre dos parejas, y del que existen numerosas variantes.

WHITE SPIRIT s.m. (voces inglesas). Disolvente mineral intermedio entre la gasolina y el queroseno, que ha sustituido a la esencia de trementina como disolvente de grasas y diluyente de pintura.

WICHITA, grupo de pueblos amerindios del NE de Texas.

WI-FI s.m. (acrónimo del ingl. *wireless fidelity*). Tecnología que permite conectar diferentes equipos informáticos a través de una red inalámbrica de banda ancha. ◆ adj. Relativo a esta tecnología: *red wi-fi, acceso wi-fi.*

WIGWAM s.m. (voz algonquina). Tienda de forma cónica y planta elíptica o circular, utilizada por las tribus amerindias de los algonquinos orientales.

WINCHESTER s.m. (marca registrada). Fusil de repetición norteamericano, de 10,7 mm de calibre, utilizado en la guerra de Secesión y en la guerra de 1870.

WINDSURF o **WINDSURFING** s.m. (ingl. *windsurfing*). Modalidad de surf en la que la plancha es propulsada por el viento mediante una vela que maneja el deportista.

WINTERGREEN s.m. (voz inglesa). Arbusto de América del Norte, de hojas aromáticas que proporcionan una esencia muy utilizada en perfumería. (Familia ericáceas.)

WIRSUNG. Conducto de Wirsung Conducto principal de excreción del páncreas en el duodeno.

WOK s.m. Sartén redonda y profunda propia de la cocina asiática.

WOLFRAMIO s.m. → VOLFRAMIO.

WOLOF → UOLOF.

WON s.m. Unidad monetaria de las dos repúblicas coreanas.

WOOFER s.m. (voz inglesa) [pl. *woofers*]. Altavoz de graves.

WORLD MUSIC s.f. (voces inglesas). Corriente musical surgida a finales de la década de 1980, que mezcla elementos del jazz y del pop con músicas tradicionales de diferentes regiones del mundo. (La world music engloba estilos musicales muy diversos.)

WORLD WIDE WEB (voces inglesas). → WEB.

WORMIANO, A adj. (de O. *Worm,* médico danés). ANAT. Se dice de cada uno de los pequeños huesos, muy numerosos en la bóveda craneana, situados entre el occipital y los parietales.

WÜRM s.m. (de *Würm,* río alemán). Última de las cuatro grandes glaciaciones que se produjeron en el cuaternario.

WURMIENSE adj. Relativo al würm.

WWW → WEB.

WYANDOT → I. HURÓN.

WYANDOTTE s.f. y adj. (voz angloamericana). Raza mixta norteamericana de gallinas, obtenida por diversos cruces, que se cría especialmente por su carne, su puesta y su incubación.

X s.f. Vigésima séptima letra del alfabeto español, y vigésima segunda de sus consonantes. (Representa la combinación de sonidos [ks] o [gs] cuando es intervocálica y [s] cuando es inicial de palabra o final de sílaba.) **2.** Variable de una ecuación o inecuación. ◆ adj. De cantidad indeterminada: *ganar por x puntos un partido*. (Se utiliza antepuesto a un sustantivo para sustituir una cantidad que no se conoce o no se puede o quiere decir.) **2.** Cualquiera: *un día x*. (Se utiliza pospuesto a un sustantivo para referirse a una persona, animal o cosa que no se conoce o no se puede o quiere decir.) **3.** Se dice de la película pornográfica. **4.** Se dice de la sala de cine donde se proyectan películas pornográficas. ◇ **X** Cifra romana que vale *diez*.

XANTELASMA s.m. MED. Conjunto de manchas que aparecen en el ángulo interno del ojo, en el párpado superior, causado por depósitos intradérmicos de colesterol.

XÁNTICO, A adj. Xantogénico.

XANTODERMO, A adj. **Raza xantoderma** Raza amarilla.

XANTOFILA s.f. Pigmento amarillo de las células vegetales, que se encuentra en la clorofila formando parte de su estructura.

XANTOGÉNICO, A adj. Se dice del ácido poco estable (RO—CS—SH), que deriva del sulfuro de carbono. SIN.: *xántico*.

XANTOMA s.m. Tumor benigno, cutáneo o subcutáneo, de coloración amarilla, que contiene esencialmente colesterol.

XENOFILIA s.f. Estima o admiración por la cultura y las tradiciones de otros países.

XENOFOBIA s.f. (del gr. *xénos*, extranjero, y *phóbos*, miedo). Aversión hacia la cultura y las tradiciones de otros países o hacia los extranjeros.

XENÓFOBO, A adj. y s. Que siente aversión hacia la cultura y las tradiciones de otros países o hacia los extranjeros.

XENÓN s.m. Gas noble, presente en la atmósfera, de densidad 5,897 g/l a 0 °C. **2.** Elemento químico (Xe), de número atómico 54 y masa atómica 131,29.

XERO s.m. Roedor originario de África, parecido a la ardilla y de 20 cm de long. sin contar la cola.

XEROCOPIA s.f. Copia de un texto o imagen obtenida por xerografía.

XERÓFILO, A adj. BIOL. Se dice de la planta adaptada a un medio o clima seco. (Las plantas *xerófilas* para adaptarse al medio o clima en que viven pueden modificar su morfología [reducir las hojas a espinas] o su modo de vida [vida vegetativa subterránea].)

XERÓFITO, A adj. BIOL. Xerófilo.

XEROFTALMIA s.f. Enfermedad de los ojos causada por la carencia de vitamina A, que se caracteriza por disminuir la transparencia de la córnea.

XEROGRAFÍA s.f. Procedimiento de impresión sin contacto.

XEROGRAFIAR v.tr. [19]. Reproducir un texto o una imagen por xerografía. SIN.: *xerocopiar*.

XEROSUELO s.m. EDAFOL. Suelo de las regiones subdesérticas en el que la evolución edafológica permanece muy limitada y en el que la vida biológica se reduce a algunos meses por año.

XETO, A adj. Méx. Se dice de la persona que tiene labio leporino.

XHOSA → XOSA.

XI s.f. Nombre de la decimocuarta letra del alfabeto griego (ξ, Ξ), que corresponde al grupo *ks*.

XIFO s.m. Pez originario de México, de coloración variada y de 6 a 10 cm de long.

■ **XIFO**

XIFOIDEO, A adj. Relativo a la apófisis xifoides.

XIFOIDES adj. y s.m. (del gr. *xiphoeidés*, semejante a una espada). ANAT. Se dice de la apófisis que constituye la parte inferior del esternón.

XILEMA s.m. BOT. Conjunto formado por el parénquima, vasos y fibras leñosas de un haz conductor. **2.** Conjunto formado por las partes leñosas de una planta.

XILENO s.m. Hidrocarburo bencénico $C_6H_4(CH_3)_2$, que se extrae del alquitrán de hulla y se obtiene especialmente a partir del petróleo.

XILIDINA s.f. Amina derivada del xileno. (La *xilidina* se utiliza en la fabricación de colorantes).

XILÓFAGO, A adj. y s.m. Se dice del insecto que se alimenta de madera.

XILÓFONO o **XILOFÓN** s.m. Instrumento musical de percusión formado por un número variable de láminas de madera o metal que se golpean con dos baquetas.

XILOGRAFÍA s.f. Técnica de grabar imágenes en madera. **2.** Impresión o grabado que se hace con una plancha de madera grabada.

■ **XILOGRAFÍA.** *Cristo en el huerto de los olivos* (h. 1450-1470), grabado sobre madera. (Museo del Louvre, París.)

XILÓGRAFO, A s. Persona que tiene por oficio grabar imágenes en madera.

XOCOYOTE o **SOCOYOTE** s.m. Méx. Benjamín, último de los hijos de una familia.

XOLA s.f. Méx. Pipita, hembra del pavo.

XOSA o **XHOSA,** pueblo de África austral, que habla una lengua bantú (grupo khoisan).

XOXALERO, A s. Méx. Hechicero, brujo.

XTABENTÚN s.m. Méx. Enredadera de flores blancas cuya semilla posee un fuerte narcótico que enloquece y emborracha. **2.** Méx. Bebida embriagante, muy aromática, que se prepara a partir de esta enredadera.

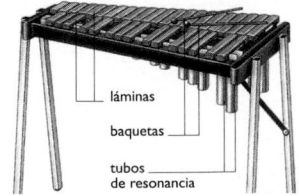

láminas

baquetas

tubos
de resonancia

■ **XILÓFONO**

1. Y s.f. Vigésima octava letra del alfabeto español, y vigésima tercera de las consonantes. (Representa un sonido vocálico anterior cerrado cuando va al final de palabra siguiendo a otra vocal y un sonido consonántico palatal fricativo sonoro en el resto de casos.)

2. Y conj.cop. (lat. *et,* también, aun, y). Nexo coordinante que une palabras, sintagmas u oraciones que tienen la misma función. (Delante de palabras que empiezan por *i* o *hi,* se sustituye por *e: mamíferos e insectos.*) **2.** Se emplea al principio de una oración interrogativa para introducir la pregunta: *¿y tu trabajo?* **3.** Se emplea al principio de una oración exclamativa o interrogativa para dar énfasis: *¡y, cállate ya!*

YA adv.t. (lat. *jam*). Confirma que una acción se ha realizado: *ya hemos hablado de esto.* **2.** Con verbos en presente, confirma la realización de una acción, o contrasta el estado en relación al pasado cuando ocurría lo contrario: *era rico, pero ya es pobre.* **3.** Con verbos en futuro, confirma la realización de una acción más tarde: *ya nos veremos.* **4.** Finalmente o últimamente: *ya es preciso decidirse.* **5.** Con verbos en presente, confirma que inmediatamente se va a realizar una acción: *ya voy.* ◆ adv.afirm. Expresa asentimiento: —*¿sabes que te han despedido?* —*Ya.* ◆ conj.distrib. Introduce varias alternativas que conducen a la misma consecuencia: *ya con gozo, ya con dolor.* (Suele usarse repetida.) ◇ **Ya que** Introduce una causa que explica un hecho.

ỸABAL s.m. → **YÉBEL**.

YABUNA s.f. Cuba. Hierba gramínea muy abundante en la sabana.

YABUNAL s.m. Cuba. Terreno poblado de yabunas.

YAC s.m. → **YAK**.

YACARÉ s.m. Reptil similar al cocodrilo pero de tamaño algo más pequeño, de unos 2,5 m de long., que vive en América del Sur y se alimenta de peces y vertebrados. (La piel del *yacaré* se utiliza en la industria de curtidos; familia aligatóridos.)

YACENTE adj. Que yace: *estatua yacente.* ◆ s.m. Escultura funeraria que representa a una persona yacente.

YACER v.intr. (lat. *jacere*) [32]. Estar echada o tendida en un lugar: *yacer en la cama.* **2.** Estar algo extendido y fijo sobre el suelo: *un pueblo que yace a orillas de un río.* **3.** Estar una persona enterrada en un lugar. **4.** Estar en un lugar. **5.** Poét. Hacer una persona el amor con otra.

YACIFATE s.m. Venez. Planta burserácea.

YACIJA s.f. Cama pobre o cosa sobre la cual una persona se acuesta.

YACIMIENTO s.m. Lugar en que se acumulan naturalmente minerales sólidos, líquidos o gaseosos: *yacimiento de plata, petrolífero.* **2.** Esp. *Sitio arqueológico.* (También *yacimiento arqueológico.*)

YAGUA s.f. (voz taína). Colomb. y Venez. Planta palmácea. **2.** Cuba y P. Rico. Tejido fibroso que envuelve la parte más tierna de la palma real.

YAGUAL s.m. Amér. Central y Méx. Rodete que se pone sobre la cabeza para llevar pesos.

YAGUANÉ adj. y s.m. Amér. Mofeta, zorrillo. **2.** Argent., Par. y Urug. Se dice del ganado vacuno o caballar con el pescuezo y los costillares de distinto color al del resto del lomo, barriga y parte de las ancas.

YAGUAR s.m. → **JAGUAR**.

YAGUARETÉ s.m. Argent., Par. y Urug. → **JAGUARETÉ**.

YAGUASA s.f. Cuba y Hond. Ave acuática similar al pato salvaje.

YAGURÉ s.m. Amér. Mofeta.

YAHGÁN → **YÁMANA**.

YAITÍ s.m. Cuba. Árbol delgado de madera oscura y dura. (La madera del *yaití* se emplea para hacer vigas y horcones; familia euforbiáceas.)

YAK o **YAC** s.m. Mamífero rumiante de pelo fino y largo que puede alcanzar 1,90 m de alt. y 700 kg de peso y vive en el Tíbet a 5 000 m de alt. (El *yak* se utiliza como animal de labor, montura y carga; familia bóvidos.)

■ YAK

YAL s.m. Chile. Pájaro pequeño conirrostro que tiene el pico amarillo y el plumaje gris.

ỸAMĀ'A s.f. (voz árabe, *asamblea*). Reunión de notables que representan un aduar del N de África.

YÁMANA o **YAHGÁN** adj. y s. De un pueblo paleoamerindio del grupo fueguino que vivía al S de la isla Grande de Tierra del Fuego.

YÁMBICO, A adj. Relativo al yambo. **2.** Se dice del verso compuesto de yambos.

1. YAMBO s.m. (lat. *iambus,* del gr. *íambos*). MÉTRIC. CLÁS. Pie de la poesía latina y griega formado por una sílaba breve y otra larga acentuada. **2.** MÉTRIC. Cláusula rítmica de la poesía española formada por una sílaba átona seguida de otra tónica.

2. YAMBO s.m. Mirtácea originaria de la India, cultivada por sus frutos refrescantes.

YANACONA s.m. y f. (del quechua *yanacuna*). Servidor del emperador y otras personalidades del Imperio inca. **2.** Indígena que servía a los conquistadores españoles.

YANACONAJE s.m. Sistema de prestaciones laborales a cambio del usufructo de una parcela agrícola que se llevaba a cabo en Perú. **2.** Sistema de prestación de servicios propio de los yanaconas.

YANG s.m. (voz china). Fuerza cosmológica, indisoluble del yin y del tao, que se manifiesta especialmente por el movimiento.

YANOMANO → **WAICA**.

YANQUI o **YANKEE** s.m. y f. y adj. (voz inglesa). Apodo dado por los ingleses a los colonos rebeldes de Nueva Inglaterra, posteriormente por los sudistas a los nordistas, y actualmente aplicado a los habitantes anglosajones de EUA.

1. YANTAR v.tr. (lat. vulg. *jantare,* desayunar). Poét. Comer, especialmente al mediodía.

2. YANTAR s.m. Poét. Comida.

YAPA s.f. (voz quechua, *aumento, añadidura*). Amér. Propina, añadidura.

YAPAR v.tr. Amér. Añadir el vendedor algo a lo comprado. **2.** Argent. Agregar un objeto a otro que se emplea para el mismo uso o que se elabora del mismo material.

YÁPIGOS o **YAPIGIOS**, pueblo de origen ilirio que se estableció en el s. v a.C. en Apulia.

YAPÓ s.m. Mamífero marsupial originario de Venezuela, Paraguay y Brasil que tiene las patas anteriores con los dedos unidos por una membrana hasta la punta, el pelo de color blanco, negro y ceniza, las orejas grandes y redondeadas y la cola algo más larga que el resto del cuerpo. (Familia didélfidos.)

YAPÚ s.m. (voz guaraní). Argent. Pájaro de las zonas boscosas y selváticas, de color negro mezclado con amarillo, que alcanza unos 40 cm de long. (Familia ictéridos.)

YAQUI adj. y s.m. y f. De un pueblo amerindio del grupo pima-nahua de la familia lingüística uto-azteca, que vive a orillas del río Yaqui (Sonora, México).

ENCICL. Se alzaron repetidamente contra los españoles para preservar su autonomía, hasta su derrota definitiva en 1832. Posteriormente lucharon en la guerra de Intervención (1861-

1867) en el bando imperial, y se rebelaron contra el porfiriato desde 1875.

YARARÁ s.f. Amér. Merid. Ofidio venenoso, de unos 150 cm de long. y sección casi triangular, de color pardo claro con dibujos más oscuros, en forma de semicírculos y ángulos, y cuya mordedura puede ser mortal. (Familia vipéridos.)

YARAVÍ s.m. (quechua *yaráwi*). Canto tradicional de los incas, de carácter melancólico, de Ecuador, N de Argentina, Perú y Bolivia.

YARDA s.f. (ingl. *yard*). Unidad de medida de longitud anglosajona equivalente a 0,914 m.

YARE s.m. Venez. Jugo venenoso que se extrae de la yuca amarga. **2.** Venez. Masa de yuca dulce con la que se hace el cazabe.

YARETA s.f. Amér. Merid. Planta pequeña originaria de los páramos andinos. (Familia umbelíferas.)

YAREY s.f. Cuba. Planta con cuyas fibras se hacen sombreros. (Familia palmáceas.)

YARO, pueblo amerindio originario de Brasil que en el s. XVI se estableció en Uruguay. (Los *yaro* fueron exterminados en el momento de la conquista.)

YATAGÁN s.m. Sable con la hoja curvada en dos sentidos opuestos, que fue utilizado por los turcos y los árabes.

YATAÍ o **YATAY** s.m. Argent., Par. y Urug. Planta con estípite de 8 a 10 m de alt. y hojas de 2,5 a 3 m de long. (Con los frutos del *yataí* se elabora aguardiente y sus yemas terminales se utilizan como alimento para el ganado.) [Familia palmáceas.]

YATE s.m. (ingl. *yacht*). Embarcación de recreo, de vela o a motor, generalmente lujosa.

YAUTÍA s.f. Planta herbácea originaria de América tropical. (Familia aráceas.)

YAYA s.f. Cuba. Planta mirtácea. **2.** Perú. Especie de ácaro.

YAYO, A s. *Fam.* Abuelo.

YAZ s.m. → JAZZ.

YE s.f. Nombre de la letra *y.*

YÉBEL o **ŶABAL** s.m. (ár. *ŷabal*). Montaña en el N de África.

YEDRA s.f. → HIEDRA.

YEGUA s.f. (lat. *equa*). Hembra del caballo. **2.** Amér. Central. Colilla de cigarro. ◆ adj. Amér. Central y P. Rico. Estúpido, tonto.

YEGUADA s.f. Conjunto de ganado caballar. **2.** Amér. Central y P. Rico. Tontería, disparate.

YEGUARIZO, A adj. y s. Argent. Caballar.

YEÍSMO s.m. Pronunciación del fonema palatal, fricativo, lateral, sonoro (correspondiente a la letra *ll*) como el fonema palatal, fricativo sonoro (correspondiente a la letra *y*).

ENCICL. El *yeísmo*, fenómeno corriente en el habla de Castilla la Nueva, Extremadura, Andalucía y Canarias, se distribuye de forma irregular en el español de América. Son yeístas, en general, los hablantes de México y América Central, buena parte de los de Venezuela y Colombia y una pequeña parte de los de Ecua-

dor y Perú; en el sur, son yeístas la inmensa mayoría de los argentinos y los habitantes del tercio central de Chile.

YEÍSTA adj. Relativo al yeísmo. ◆ adj. y s.m. y f. Que pronuncia el fonema palatal, fricativo, lateral, sonoro (correspondiente a la letra *ll*) como el fonema palatal, fricativo sonoro (correspondiente a la letra *y*).

YELDO s.m. Plancton del mar Cantábrico que se ve a simple vista.

YELMO s.m. (germ. occidental *helm*). Parte de la armadura medieval que cubría la cabeza y el rostro. **2.** HERÁLD. Timbre del escudo en forma de casco.

YEMA s.f. (lat. *gemma*). Parte central del huevo de los vertebrados ovíparos. **2.** Brote en forma de botón escamoso que aparece en el tallo de las plantas cuando las hojas todavía se hallan imbricadas o envueltas unas sobre otras. **3.** Dulce que se elabora con azúcar y la parte central del huevo de los vertebrados ovíparos. ◇ **Yema del dedo** Parte de la punta del dedo opuesta a la uña.

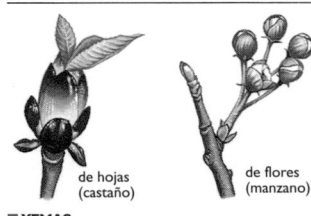

de hojas (castaño)   de flores (manzano)

■ **YEMAS**

YEMBE o **YEMBÉ** s.m. (voz africana). Tambor africano de forma troncocónica, fabricado con madera y piel de cabra.

YEMENÍ adj. y s.m. y f. De Yemen.

YEMITA s.f. Méx. Dulce a base de yema de huevo, azúcar y otros ingredientes.

YEN s.m. Unidad monetaria de Japón.

YERBA s.f. Hierba. **2.** Infusión que se prepara con las hojas de este árbol. ◇ **Yerba mate** Árbol de origen americano de hojas lampiñas, oblongas y aserradas en el borde, fruto en drupa y flores axilares blancas. (Familia aquifoliáceas.)

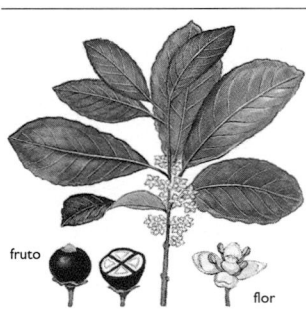

fruto   flor

■ **YERBA** MATE

YERBABUENA o **YERBA BUENA** s.f. → HIERBABUENA.

YERBAL s.m. Argent. y Par. Plantación de yerba mate. **2.** Colomb. Matorral.

YERBATAL s.m. Argent. Yerbal.

YERBATERO, A adj. y s. Chile, Colomb., Ecuad., Méx., P. Rico y Venez. Se dice del médico o curandero que recurre a las hierbas para sanar. ◆ adj. R. de la Plata. Relativo a la yerba mate o a su industria. ◆ s. Chile, Colomb., Ecuad., Méx., P. Rico y Venez. Persona que tiene por oficio vender hierbas o forraje. **2.** R. de la Plata. Persona que se dedica al cultivo, industrialización o venta de la yerba mate.

YERBERA s.f. Argent. y Par. Conjunto formado por dos recipientes, generalmente de madera, para la yerba y el azúcar con que se prepara el mate.

YERBERO, A s. Méx. Curandero.

YERBILLA s.f. Guat. Tela de algodón con cuadros de colores diferentes.

YERMAR v.tr. Dejar yermo un terreno.

YERMO, A adj. (lat. tardío *eremus*, desierto). Inhabitado, despoblado. ◆ adj. y s.m. Se dice del terreno no cultivado.

YERNO s.m. (lat. *gener, -eri*). Marido de la hija de una persona.

YERO s.m. (lat. vulg. *erum*). Planta herbácea que crece en la península Ibérica y cuya harina se utiliza como pienso. (Familia papilionáceas.)

YERRO s.m. Falta o equivocación cometida por descuido, inadvertencia o ignorancia.

YÉRSEY o **YERSI** s.m. Amér. Suéter. **2.** Amér. Jersey, tejido.

YERTO, A adj. Tieso, rígido, inerte por el frío, la muerte, el miedo u otro sentimiento.

YESCA s.f. (lat. *esca*, alimento). Materia muy seca que arde fácilmente.

YESERÍA s.f. Establecimiento donde se fabrica o vende yeso. **2.** Obra hecha de yeso. **3.** Elemento decorativo en yeso tallado, muy utilizado en la arquitectura hispanoárabe.

■ **YESERÍA.** Detalle de un capitel. (La Alhambra de Granada.)

YESERO, A adj. Relativo al yeso. ◆ s. Persona que tiene por oficio fabricar o vender yeso.

YESO s.m. (lat. *gypsum*, del gr. *gýpsos*). Roca sedimentaria formada por sulfato cálcico hidratado y cristalizado. **2.** Material que resulta de la deshidratación parcial del yeso natural o piedra de yeso, por calentamiento a temperaturas del orden de 150 ºC, y de una molturación, y que, mezclado con agua, fragua formando una masa a la vez sólida y blanda que se utiliza para la reproducción de esculturas, la inmovilización de miembros fracturados, la construcción, etc. **3.** Escultura vaciada en yeso.

YESQUERO s.m. Encendedor que utiliza la yesca como materia combustible. **2.** P. Rico. Encendedor.

YETA s.f. Argent. y Urug. Desgracia continua, mala suerte.

YEYUNO s.m. Parte del intestino delgado entre el duodeno y el íleon.

YIDDISH s.m. Lengua germánica hablada por las comunidades judías de Europa central y oriental. SIN.: *judeoalemán.*

YIELD s.m. (voz inglesa). ECON. Rendimiento proporcional de los beneficios de una actividad económica.

ŶIHÂD s.m. o f. (voz árabe, *esfuerzo*). Guerra santa que todos los musulmanes deben realizar contra los infieles.

1. YIN s.m. → JEAN.

2. YIN s.m. (voz china). Fuerza cosmológica, indisoluble del yang y del tao, que se manifiesta sobre todo por la pasividad.

ŶINN s.m. (voz árabe). Espíritu benefactor o maléfico del islam.

YIRO s.m. Argent. y Urug. Vulg. Prostituta.

YO pron.pers. (lat. vulg. *eo*, del lat. clásico *ego*). Forma tónica de la 1ª persona masculina y femenina del singular. Designa al emisor en un acto de comunicación. Funciona como sujeto o predicado nominal. ◆ s.m. Personalidad: *el yo del poeta*. **2.** FILOS. Sujeto pensante. **3.** PSICOANÁL. Entidad de la estructura psíquica constituida por la parte del ello que se ha modificado al tomar contacto con el mundo exterior. SIN.: *ego*. ◇ **Ideal del yo** PSICOANÁL. Posición del superyó que representa un ideal al que el sujeto trata de compararse por identificación con los modelos de los padres. **No yo** FILOS. Conjunto de todo lo que es distinto del yo. **Yo ideal** PSICOANÁL. Posición del yo perteneciente al registro de lo imaginario y que representa el ideal infantil de omnipotencia heredado del narcisismo.

YOD s.f. Sonido vocálico anterior cerrado que si está al principio de un diptongo funciona como una semiconsonante *(pie)* y si está al final como una semivocal *(aire)*.

YODACIÓN o **IODACIÓN** s.f. Esterilización de las aguas de consumo por yodo.

YODAR o **IODAR** v.tr. Someter a la acción del yodo.

YODATO o **IODATO** s.m. Sal del ácido yódico.

YODHÍDRICO, A o **IODHÍDRICO, A** adj. Se dice del ácido (HI) formado por combinación de yodo e hidrógeno.

YÓDICO, A o **IÓDICO, A** adj. Se dice del ácido (HIO₃) resultante de la oxidación del yodo.

YODISMO o **IODISMO** s.m. Intoxicación por yodo.

YODO o **IODO** s.m. (fr. *iode*). No metal del grupo de los halógenos, de densidad 4,9, cuyo punto de fusión es de 114 °C. **2.** Elemento químico (I), de número atómico 53 y masa atómica 126, 904. (Se utiliza en farmacia y en fotografía.)

YODOFORMO o **IODOFORMO** s.m. Triyodometano (CH₃I). [El *yodoformo* se emplea especialmente como antiséptico.]

YODURO o **IODURO** s.m. Sal del ácido yodhídrico.

YOGA s.m. Doctrina filosófica hindú que se basa en una serie de ejercicios espirituales y físicos para llegar al estado de perfección. **2.** Conjunto de ejercicios espirituales y físicos de esta doctrina destinados a liberar el espíritu de las tensiones del cuerpo.

YOGUI s.m. y f. (hindú *yogi*). Persona que practica yoga.

YOGUR, YOGURT o **YOGHURT** s.m. (turco *yoghurt*). Producto lácteo cremoso y de sabor ligeramente agrio que se obtiene de la fermentación de la leche con fermentos lácticos acidificantes.

YOHIMBINA s.f. Alcaloide de la corteza de yoimboa, cuya acción se opone a los efectos del sistema simpático.

YOIMBOA, YOHIMBÉ o **YUMBEHOA** s.m. Árbol, originario de Camerún. (La madera del *yoimba* se emplea en trabajos de minas, traviesas y construcciones navales; familia apocináceas.)

1. YOLA s.f. (fr. *yole*). MAR. Embarcación a remo, estrecha y muy ligera.

2. YOLA s.f. (ingl. *yawl*). MAR. Velero de dos mástiles.

YOM KIPPUR s.m. Fiesta judía de penitencia y oración que se celebra diez días después del año nuevo judío (sept.-oct.), también llamada *Gran Perdón*.

YONQUI s.m. y f. *Fam.* Persona que se inyecta droga.

YORUBA, pueblo de África occidental (Nigeria principalmente, Togo y Benín), que habla una lengua del grupo kwa. Fundaron reinos (Ife, Benín) a partir del s. XV.

YO-YO s.m. (marca registrada). Juguete que consiste en dos discos pequeños unidos en su centro por un eje que tiene un cordón sujeto y enrollado a él. (Se juega sujetando el extremo del cordón que queda libre con el dedo corazón y dejando caer la pieza formada por los dos discos, que baja cuando se desenrolla el cordón y sube cuando se enrolla.)

YUAN s.m. Unidad monetaria de China.

YUBARTA s.f. (ingl. *jubarte*). Mamífero cetáceo de 15 m de long., de largas aletas.

YUCA s.f. (voz taína). Planta liliácea de origen americano aclimatada en los países templados y con cuya raíz se elabora una harina alimenticia.

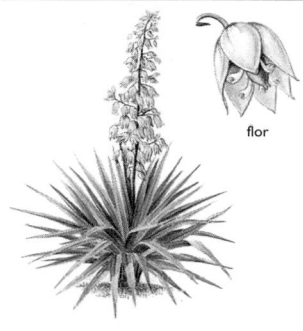

flor

■ **YUCA**

YUCAL s.m. Terreno plantado de yucas.

YUCATECA s.m. LING. Maya.

YUCATECO, A adj. y s. De Yucatán.

YUDO → **JUDO.**

YUDOKA → **JUDOKA.**

YUGO s.m. (lat. *jugum*). Instrumento de madera que se sujeta a la cabeza o a la cruz de las mulas o bueyes, y al que va sujeta la lanza del carro o el timón del arado. **2.** *Fig.* Carga pesada o atadura que una cosa conlleva: *estar bajo el yugo de un tirano*. **3.** Armazón de madera del que cuelga la campana y que permite que esta gire. **4.** ANT. Lanza colocada horizontalmente sobre otras dos hincadas en tierra, y bajo la cual los romanos hacían pasar a los enemigos vencidos.

YUGOSLAVO, A o **YUGOESLAVO, A** adj. y s. De Yugoslavia.

1. YUGULAR adj. (lat. *jugularis*, de *jugulum*, garganta). ANAT. Relativo al cuello. ◆ s.f. y adj. Vena grande del cuello. (Hay cuatro *yugulares*: anterior, externa, interna y posterior) **2.** Pieza

■ **YOLA**

de la armadura antigua compuesta de láminas metálicas a ambos lados del casco para resguardar cara y cuello y que se ataban por debajo de la barba.

2. YUGULAR v.tr. Cortar el cuello a una persona o animal. **2.** *Fig.* Cortar brusca o repentinamente el desarrollo de algo.

YUKO s.m. Ventaja técnica que se obtiene en el judo proyectando claramente el yudoka al adversario sobre el suelo por combinación o inmovilizándolo en el suelo durante un mínimo de 20 segundos, pero menos de 25.

YUMA, pueblo amerindio de América del Norte, que se extiende de California y Arizona al N de México.

YUMBEHOA s.m. → YOIMBOA.

YUNCARIRSH → CHIQUITO.

YUNGA o **YUNCA,** adj. y s.m. De un pueblo amerindio ya extinguido que vivía en la región costera de Perú.

YUNQUE s.m. (del ant. incue, del lat. *incus, -udis*). Bloque de hierro acerado sobre el que se forjan los metales. **2.** ANAT. Huesecillo del oído medio, entre el martillo y el estribo.

YUNTA s.f. Par de bueyes, mulas u otros animales que se sujetan juntos al yugo para realizar labores del campo. ◆ **yuntas** s.f.pl. Venez. Gemelos, botones iguales que se ponen en los puños de la camisa.

YUPATÍ s.m. Marsupial de unos 30 cm de long., que vive en los bosques de América, desde Costa Rica hasta el centro de Paraguay (Familia didélfidos.)

YUPPY s.m. y f. (voz angloamericana). Persona joven que desempeña un alto cargo en el sector financiero y que tiene una posición económica elevada.

YUQUERÍ s.m. Argent. Planta de fruto similar a la zarzamora. (Familia mimosáceas.)

YUQUILLA s.f. Cuba. Sagú.

YURÉ s.m. C. Rica. Paloma pequeña.

YURRO s.m. C. Rica. Manantial, arroyuelo.

YURUMA s.f. Venez. Médula de una planta palmácea con la que se elabora una harina panificable.

YURUMÍ s.m. Amér. Merid. Tipo de oso hormiguero.

1. YUTE s.m. (ingl. *jute*, del bengalí *jhuto*). Tejido basto que sirve para hacer tela de saco, que se obtiene de los tallos de una planta de la familia tiliáceas, cultivada en la India, Bangla Desh y China. **2.** Planta que suministra este tejido.

2. YUTE → UTE.

YUXTALINEAL adj. Se dice de la traducción en la que el texto y el original se corresponden línea por línea en dos columnas contiguas.

YUXTAPONER v.tr. y prnl. [60]. Poner una cosa junto a otra o poner dos cosas juntas.

YUXTAPOSICIÓN s.f. Acción y efecto de yuxtaponer.

YUXTAPUESTO, A adj. LING. Se dice del elemento lingüístico, especialmente de la oración, que está unido a otro sin utilizar un nexo gramatical.

YUYAL s.m. Amér. Merid. Paraje poblado de yuyos.

YUYERO, A adj. y s. Argent. Se dice de la persona que utiliza hierbas con propiedades medicinales. **2.** Argent. Se aplica al curandero que receta principalmente hierbas para curar. **3.** Argent. Se dice de la persona que vende hierbas.

YUYO s.m. (quechua *yúyu*). Amér. Merid. Hierbajo. ◆ **yuyos** s.m.pl. Argent. y Perú. Hierbas tiernas comestibles. **2.** Hierbas empleadas como condimento. ◇ **Yuyo colorado** Argent. Carurú.

YUYÚ s.m. Embarcación china, pequeña, corta, ancha y maniobrada a vela o a remo.

Z s.f. Vigésima novena letra del alfabeto español, y vigésima cuarta de las consonantes. (Representa un sonido fricativo interdental sordo. En Hispanoamérica y en algunas regiones de España [parte de Andalucía y Canarias] representa un sonido fricativo alveolar sordo.) ◇ ℤ Conjunto de los números enteros relativos, es decir de los números positivos y negativos, y del cero. ℤ* Conjunto de los números enteros relativos excepto el cero.

ZABORDAMIENTO s.m. MAR. Acción y efecto de zabordar. SIN.: *zabordo*.

ZABORDAR v.intr. MAR. Varar un barco en tierra.

ZACATAL s.f. Amér. Central y Méx. Pastizal.

ZACATE s.m. (náhuatl *zacatl*). Amér. Central y Méx. Hierba, pasto, forraje. **2.** Méx. Estropajo.

1. ZACATECA adj. y s.m. y f. De un pueblo amerindio de México (Zacatecas, Durango), actualmente extinguido, nómada y de cultura bastante primitiva.

2. ZACATECA s.m. Cuba. Empleado de pompas fúnebres.

1. ZACATÓN s.m. C. Rica y Méx. Hierba alta para pasto.

2. ZACATÓN, NA s. Méx. *Fam.* Persona miedosa, huidiza, cobarde.

ZACUA s.f. Méx. Pájaro ictérido, de plumaje marrón, dañino para los cultivos. (Las plumas de la *zacua* eran utilizadas por los aztecas como adorno.)

ZAFACOCA s.f. Amér. Riña.

ZAFACÓN s.m. Dom. y P. Rico. Recipiente donde se tira la basura.

ZAFADO, A adj. y s. Argent. Atrevido, descarado, insolente. **2.** Méx. Loco chiflado.

ZAFADURA s.f. Amér. Dislocación, luxación.

ZAFADURÍA s.f. Argent. y Urug. Conducta o lenguaje atrevidos o groseros.

ZAFAR v.intr. y prnl. *Fam.* Liberarse de algo que molesta. ◆ v.tr. y prnl. Argent. y Urug. Separar, desprender: *zafarse la cubierta del libro.* ◆ v.prnl. Escaparse de un peligro o esconderse de alguien. **2.** Amér. Dislocarse o desconyuntarse un hueso.

ZAFARRANCHO s.m. En un cuartel militar, limpieza general de los dormitorios y anexos. **2.** *Fig. y fam.* Riña o pendencia con gran alboroto y ruido. **3.** *Fig. y fam.* Destrozo, estrago, trastorno producido en algo. **4.** Acción y efecto de desembarazar una parte de la embarcación, para dejarla dispuesta a determinada faena. ◇ **Zafarrancho de combate** Preparación de las armas y útiles de combate para desarrollar una inmediata acción de guerra.

ZAFIEDAD s.f. Cualidad de zafio.

ZAFIO, A adj. Tosco, inculto o grosero en los modales o en el comportamiento.

ZAFÍREO, A adj. *Poét.* Que es de color azul, como el zafiro. SIN.: *zafirino*.

ZAFIRO s.m. (ár. *ṣāqa*, retaguardia de un ejército). Piedra preciosa de color azul, variedad transparente del corindón. **2.** HERÁLD. Azur de un arma real.

1. ZAFRA s.f. Recipiente de metal, grande, con tapadera, y generalmente con una llave en su parte inferior, donde se coloca el aceite para almacenarlo.

2. ZAFRA s.f. (port. *safra*). Cosecha de la caña de azúcar. **2.** Fabricación del azúcar de caña y del remolacha. **3.** Tiempo que dura esta fabricación. **4.** Can. Cosecha.

ZAFRE s.m. Óxido de cobalto, de color azul.

ZAGA s.f. Parte de atrás o posterior de una cosa. ◇ **A (la),** o **en, zaga** Detrás o en la parte posterior. **No ir,** o **no quedarse, en zaga** No ser una persona o cosa inferior a otra.

ZAGAL, LA s. Persona que ha llegado a la adolescencia. **2.** Pastor joven que está a las órdenes del rabadán o mayoral.

ZAGUÁN s.m. (ár. *'usṭuwān*). Pieza de un edificio inmediata a la entrada y que sirve de vestíbulo.

ZAGUERO, A adj. y s. Que va, está situado o se coloca detrás. ◆ s. Jugador, especialmente de fútbol, que forma parte de la línea de defensa de un equipo.

ZAHERIR v.tr. [79]. Decir o hacer algo a alguien para humillarlo o molestarlo.

ZAHÍNA s.f. Planta gramínea anual, originaria de la India, con flores en panoja colgante y granos mayores que los cañamones. (Los granos de la *zahína* sirven para hacer pan y como alimento para las aves.) [Toda la planta se usa como pasto.]

ZAHÓN s.m. Prenda, generalmente de cuero, que llevan sobre los pantalones los cazadores y la gente de campo para protegerlos. (Suele usarse en plural.)

ZAHORÍ s.m. y f. Persona que tiene la facultad de descubrir manantiales subterráneos, valiéndose de una varilla o de un péndulo. **2.** *Fig.* Persona observadora y perspicaz que adivina lo que alguien piensa o siensa.

ZAHÚRDA s.f. Pocilga. **2.** Tugurio.

ZAINO, A adj. Traidor, falso, poco digno de confianza. **2.** Se dice de la caballería falsa o con resabios. **3.** Se dice del caballo o de la yegua de pelaje castaño oscuro. **4.** Se dice de la res vacuna de color negro sin ningún pelo blanco.

ZALAMERÍA s.f. Caricia o demostración de cariño exagerada y empalagosa, que general-mente se ofrece para conseguir algo de alguien. SIN.: *zalema*.

ZALAMERO, A adj. y s. Que hace o tiende a hacer zalamerías.

ZALEMA s.f. (ár. *salām*, paz). Reverencia que se hace como señal de sumisión. **2.** Zalamería.

ZAMACUCO, A s. (ár. *ṣamakūk*). Persona que simula ser torpe o calla, pero que al final consigue hacer su voluntad.

ZAMACUECA s.f. Baile típico de Chile que se baila por parejas y que termina en un zapateado. (La *zamacueca* apareció en Chile hacia 1825 procedente de Perú y se impuso en los medios urbanos y rurales.) **2.** Música lenta que acompaña este baile, en compás de seis por ocho. **3.** Canción que acompaña este baile.

ZAMARRA s.f. Chaleco de piel con su pelo, para abrigarse del frío. **2.** Saco de piel con su pelo, para abrigarse del frío.

ZAMARREAR v.tr. *Fam.* Mover a una persona de un lado a otro con violencia. **2.** Mover un animal la presa que tiene entre los dientes de un lado a otro con violencia para despedazarla o rematarla. **3.** *Fig. y fam.* Acosar a alguien en una disputa colocándole en una situación apurada.

ZAMARRILLA s.f. Planta leñosa aromática de flores blancas o encarnadas en cabezuelas vellosas. (Familia labiadas.)

ZAMARRO s.m. Zamarra, chaleco de piel con su pelo para abrigarse del frío. ◆ **zamarros** s.m.pl. Colomb., Ecuad. y Venez. Zahones para ir a caballo.

ZAMARRONEAR v.tr. Argent., Chile y Ecuad. Zamarrear.

ZAMBA s.f. Amér. Merid. Danza en compás de 6/8, que se baila en pareja suelta y con revoleo de pañuelos.

ZAMBAPALO s.m. Baile grotesco originario de América que estuvo de moda en España durante los ss. XVI y XVII. **2.** Música que acompaña este baile.

ZAMBO, A adj. y s. Se dice de la persona que tiene torcidas las piernas desde las rodillas. **2.** Amér. Se dice del hijo de negro e india o viceversa. ◆ s.m. Simio de América que tiene la cola prensil y casi tan larga como el cuerpo. (Familia cébidos.)

ZAMBOMBA s.f. Instrumento musical de percusión formado por un cilindro hueco, cerrado por un extremo con una piel muy tirante, que tiene en el centro una varilla que al ser frotada produce sonidos fuertes y ásperos. ◆ interj. *Fam.* Expresa sorpresa.

ZAMBOMBAZO s.m. *Fam.* Estampido o explosión fuerte que produce mucho ruido.

ZAMBRA s.f. (ár. *zamr*, instrumentos musicales). Fiesta gitana con cante y baile, que deriva de una antigua danza ritual gitana originaria de una fiesta morisca homónima. **2.** *Fig. y fam.* Algarada, bulla o jaleo producidos por un grupo de personas.

ZAMBULLIDA s.f. Acción de zambullir o zambullirse.

ZAMBULLIR v.tr. y prnl. [49]. Sumergir algo o a alguien en el agua o cualquier otro líquido, de forma impetuosa y rápida. ◆ **zambullirse** v.prnl. *Fig. y fam.* Meterse de lleno en alguna actividad o asunto: *zambullirse en el estudio.*

ZAMBULLÓN s.m. *Amér.* Zambullida.

ZAMBUTIR v.tr. *Méx. Fam.* Introducir alguna cosa a la fuerza en un lugar estrecho.

ZAMORANO, A adj. y s. De Zamora.

ZAMPABOLLOS s.m. y f. (pl. *zampabollos*). *Esp. Fam.* Persona glotona.

ZAMPAR v.tr. Meter bruscamente una cosa en un líquido o en un sitio. **2.** Arrojar algo con tra un sitio o dejarlo caer de modo que choque violentamente. ◆ v.intr. y prnl. Comer de prisa, con avidez o con exageración. ◆ **zamparse** v.prnl. *Fam.* Meterse en un sitio de improviso sin ser invitado, sin pedir permiso o sin llamar.

ZAMPÓN, NA adj. y s. *Fam.* Tragón, glotón.

ZAMPOÑA s.f. Instrumento musical rústico parecido a una flauta o compuesto de muchas flautas a modo de gaita. **2.** *Fig. y fam.* Dicho trivial, superficial y sin sustancia.

ZAMUCO o **SAMUCO**, pueblo amerindio del N del Chaco (Chile y Argentina); conjunto de conocimientos, tradiciones y costumbres de los pueblos del Chaco.

ZAMURO s.m. *Colomb. y Venez.* Zopilote.

ZANAHORIA s.f. (ár. vulg. *safunāriya*) Planta herbácea bianual, de flores blancas, hojas muy divididas, cultivada por su raíz. (Familia umbelíferas.) **2.** Raíz comestible de esta planta, de color anaranjado, forma cónica y alargada, y rica en azúcar.

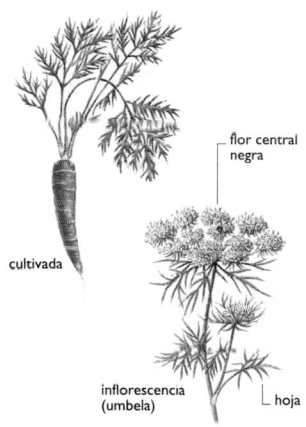

flor central
negra

cultivada

inflorescencia
(umbela)

hoja

■ ZANAHORIA

ZANATA adj. y s.m. y f. De un pueblo bereber del N de África, que, en la edad media, constituyó la fracción bereber más numerosa de la península Ibérica. SIN.: *cenete.*

ZANATAL s.m. *Méx.* Bandada de zanates.

ZANATE s.m. *C. Rica, Guat., Méx. y Nicar.* Pájaro de plumaje negro que se alimenta de semillas.

ZANCA s.f. (lat. tardío *zanca*, tipo de calzado). *Fig. y fam.* Pierna larga y delgada de una persona o un animal. **2.** Parte de la pata de las aves zancudas que va desde el tarso hasta la junta del muslo. **3.** CONSTR. Viga o pieza de apoyo en pendiente, a la que se fijan las huellas y contrahuellas de una escalera y que limita a esta por la parte del vano o hueco. SIN.: *limón, limonera.*

ZANCADA s.f. Paso más largo del normal: *dar zancadas.* ◇ **De, o en, dos zancadas** *Fam.* Con rapidez o facilidad para llegar a un sitio.

ZANCADILLA s.f. Acción de cruzar una persona su pierna por entre las de otra para hacerle perder el equilibrio y caer. **2.** *Fig.* Ardid, estratagema o engaño para perjudicar a alguien.

ZANCADILLEAR v.tr. Poner o hacer la zancadilla a alguien.

ZANCAJOSO, A adj. Que tiene los pies torcidos hacia fuera.

ZANCO s.m. Cada uno de los dos palos altos con un soporte para el pie que se usan para andar a una cierta altura del suelo en juegos de equilibrio o danzas tradicionales. **2.** CONSTR. Cada uno de los maderos o puntales verticales que forman la base o parte principal de un andamio.

ZANCÓN, NA adj. *Fam.* Que tiene las zancas largas. **2.** *Colomb., Guat., Méx. y Venez.* Se dice del traje demasiado corto.

ZANCUDO, A adj. Que tiene las zancas largas. ◆ adj. y s.f. Relativo a un grupo de aves de patas largas, que buscan su alimento en las aguas dulces poco profundas. ◆ s.m. *Amér.* Mosquito.

ZANDÉ o **AZANDE**, pueblo de Sudán y de la Rep. Dem. del Congo.

ZANFONÍA s.f. Instrumento musical cuyas cuerdas suenan al ser frotadas por un cilindro con púas que se acciona mediante una manivela.

ZANGANEAR v.intr. *Fam.* Holgazanear

1. ZÁNGANO s.m. (port. *zângão*). Abeja macho.

2. ZÁNGANO s.m. Fandango bailable, originario de Málaga, de procedencia folclórica y asimilado al flamenco a partir de la segunda mitad del s. XIX.

3. ZÁNGANO, A s. *Fam.* Persona holgazana que no trabaja ni hace nada de provecho. **2.** *Fig. y fam.* Persona sin gracia ni oportunidad.

ZANGOLOTEAR v.tr., v.intr. y prnl. *Fam.* Mover algo o a alguien continua y violentamente.

ZANGUANGO, A adj. y s. Indolente, perezoso. ◆ s. *Amér. Merid.* Persona generalmente corpulenta que se comporta de manera estúpida y torpe.

ZANJA s.f. Excavación larga y estrecha que se hace en la tierra. **2.** *Amér.* Surco que abre en la tierra la corriente de un arroyo.

ZANJAR v.tr. *Fig.* Resolver las dificultades o inconvenientes, de modo expeditivo para poner fin a un asunto. **2.** Abrir o excavar zanjas.

ZANJÓN s.m. *Chile.* Precipicio, despeñadero.

ZANNI o **ZANI** s.m. (lombardo-véneto *zan*, hipocorístico de *Giovanni*, Juan). Personaje bufón de la comedia italiana.

ZANQUEAR v.intr. Andar mucho y muy deprisa. **2.** Torcer las piernas al andar.

1. ZAPA s.f. (ital. *zappa*). Excavación de una galería subterránea, o de una trinchera o zanja al descubierto. **2.** Trinchera o zanja abierta al pie de un muro, de una obra, etc., para destruir sus cimientos. **3.** Pala que usan los zapadores. **4.** GEOMORFOL. Destrucción de un relieve por la base. ◇ **Trabajo, o labor, de zapa** *Fig.* Maquinación llevada a cabo de forma oculta con un fin determinado.

2. ZAPA s.f. Piel de raya, tiburón u otro escualo o seláceo, preparada y teñida de diversos colores, para encuadernaciones, estuches, etc.

ZAPADOR s.m. Militar perteneciente o encuadrado en unidades básicas del arma de ingenieros. **2.** Antiguamente, soldado encargado de abrir zapas.

ZAPALLO s.m. (quechua *sapállu*). *Amér. Merid.* Calabaza, planta y fruto.

ZAPALOTE s.m. *Amér. Central.* Maíz en cuya mazorca hay granos de colores diversos.

ZAPANDO, A adj. *Cuba y P. Rico.* Se dice del alimento que está correoso por falta de cocción.

ZAPAPICO s.m. Herramienta para picar y cavar, con el mango de madera y dos bocas opuestas, una puntiaguda y la otra con el corte angosto.

ZAPAR v.tr. e intr. Hacer excavaciones.

ZÁPARO, pueblo amerindio amazónico de Ecuador que habita entre los ríos Napo y Pastaza y que está dividido en varias tribus (la

principal es la de los semigae): lengua hablada por este pueblo.

ZAPARRASTROSO, A adj. y s. → **ZARRAPASTROSO.**

ZAPATA s.f. Madero que calza un puntal. **2.** Calzado que llega a media pierna, parecido al coturno antiguo. ◇ **Zapata de freno** TECNOL. Pieza metálica revestida de un material especial y que, por rozamiento, retarda o detiene un movimiento.

ZAPATEADO s.m. Baile flamenco considerado el origen de los restantes estilos bailables gitano-andaluces, caracterizado por el rítmico golpear de los pies. **2.** Música de este baile.

ZAPATEAR v.tr. Dar golpes con los pies calzados en el suelo u otra superficie, llevando un ritmo muy vivo. **2.** Golpear una cosa con el pie calzado. **3.** ESGR. Dar o señalar muchos golpes al contrario con el botón o zapatilla, sin recibir ninguno. ◆ v.intr. EQUIT. Moverse el caballo aceleradamente sin cambiar de sitio.

ZAPATEO s.m. Acción de zapatear.

ZAPATERÍA s.f. Establecimiento donde se fabrican, reparan o venden zapatos. **2.** Arte y técnica de fabricar o reparar zapatos. **3.** Oficio de zapatero.

ZAPATERO, A s. Persona que tiene por oficio fabricar, reparar o vender zapatos. ◆ adj. Se dice de un alimento que está duro o correoso debido a una cocción defectuosa. ◆ s.m. Teleósteo acantopterigio, de cabeza puntiaguda, que vive en los mares de América tropical. **2.** Mueble para guardar zapatos. **3.** Tejedor, insecto. ◇ **Zapatero de viejo,** o **remendón** Persona que tiene por oficio remendar zapatos.

ZAPATILLA s.f. Zapato ligero, sin cordones ni ninguna clase de sujeción, que se emplea especialmente para andar por casa. **1.** Zapato plano usado en ballet, generalmente de seda, con la suela de cuero muy ligero. **3.** Zapato especial que se usa para practicar determinados deportes, generalmente ligero, de suela de goma y con cordones **4.** Suela del taco de billar.

ZAPATISTA adj. y s.m. y f. Relativo al movimiento agrarista revolucionario dirigido por E. Zapata, que se desarrolló en el S y centro de México durante la revolución mexicana; partidario de Zapata o de este movimiento. **2.** Relativo al Ejército Zapatista de Liberación que participó con más protagonismo en la rebelión campesina indígena de Chiapas (1994); miembro o partidario de este ejército.

ZAPATO s.m. Calzado que cubre el pie hasta el tobillo, cuya suela suele ser de un material más duro que el resto. ◇ **Saber dónde le aprieta el zapato** *Fam.* Saber y conocer bien los defectos o puntos débiles de alguien.

ZAPATUDO, A adj. *Cuba y P. Rico.* Se dice del alimento que está correoso por falta de cocción.

ZAPEAR v. intr. (ingl. *zap*). Cambiar reiteradamente de canal de televisión con el control remoto.

ZAPEO s.m. Acción de zapear. SIN.: *zapping.*

ZAPOTAL s.m. Terreno poblado de zapotes.

ZAPOTAZO s.m. *Méx. Fam.* Golpe que, al caer, se da alguien contra el suelo.

ZAPOTE s.m. (náhuatl *zapotl*). Árbol de tronco liso, madera blanca, hojas perennes y fruto comestible, que es originario de América. (Familia sapotáceas.) SIN.: *zapotero.* **2.** Fruto de este árbol, de forma esférica, consistencia blanda y sabor muy dulce. SIN.: *zapotero.*

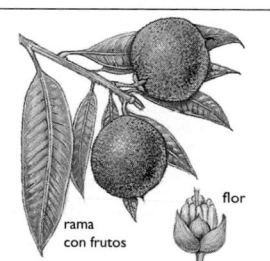

flor

rama
con frutos

■ ZAPOTE

ZAPOTECA adj. y s.m. y f. De un pueblo amerindio de México, del grupo olmeca, de lengua otomangue, que vive esencialmente en Oaxaca, pero también en Veracruz, Chiapas y Guerrero.

ENCICL. En el s. IX a.C., los zapotecas ocuparon Etla, la laguna Zope, Huamelulpan y Monte Albán. En 100-800 d.C., tuvieron un período de esplendor (Monte Albán). Hacia 1100 d.C., desplazados por los mixtecas, se establecieron en Zaachila y Mitla, y lograron subsistir pese a los ataques del azteca Ahuitzotl a principios del s. XVI. En 1551 fueron sometidos por los españoles. Tuvieron un doble gobierno formado por el *tlatoani* (soberano) y el *ujia tano* (sumo sacerdote). Realizaron complejas construcciones funerarias, pirámides y estelas, y practicaron la metalurgia (oro) y la cerámica.

■ **ZAPOTECA.** Urna funeraria de Monte Albán (Oaxaca). Terracota policroma.

ZAPOTERO s.m. Zapote.

ZAPOYOLITO s.m. Amér. Ave trepadora similar al perico.

ZAPPING s.m. Cambio continuo del canal del televisor mediante el control remoto.

ZAR, RINA s.m. (eslavo *tsar,* del lat. *caesar, césar*). Emperador de Rusia. **2.** Soberano de Bulgaria y Serbia. ◆ s.f. Esposa del zar.

ZARA s.f. (quechua *sára*). Maíz.

ZARABANDA s.f. Fig. Jaleo, ruido, agitación, desorden. **2.** Danza popular española, de compás ternario. **3.** Música de esta danza. **4.** Copla que se cantaba con esta música.

ZARAGATA s.f. Fam. Alboroto o tumulto producido por personas que hablan y ríen o que se pelean y riñen.

ZARAGATE s.m. Amér. Central y Venez. Persona despreciable.

ZARAGATERO, A adj. y s. Fam. Aficionado a las zaragatas o que las provoca.

ZARAGATONA s.f. (del ár. *bazr qaṭūna*). Planta herbácea, cuya semilla, del mismo nombre, contiene mucílago y se usa en medicina como emoliente.

ZARAGOZANO, A adj. y s. De Zaragoza.

ZARAGÜELLES s.m.pl. (ár. *sarawīl,* calzoncillos). Calzones anchos, con perneras formando pliegues, que se usaban antiguamente y que forman parte del traje regional valenciano y murciano. **2.** Calzoncillos blancos que asoman por debajo del calzón del traje regional aragonés.

ZARAGUTEAR v.intr. Venez. Holgazanear, vagabundear.

ZARAMULLO s.m. Perú y Venez. Bellaco, persona despreciable.

ZARANDA s.f. Criba, instrumento para cribar. **2.** Venez. Trompo hueco que zumba al girar.

ZARANDAJAS s.f.pl. Esp. y Méx. Cosas sin importancia de las que no vale la pena ocuparse.

ZARANDAR v.tr. Pasar algo por la zaranda.

ZARANDEAR v.tr. Mover o sacudir algo o a alguien de un lado a otro con rapidez y energía. ◆ **zarandearse** v.prnl. Perú, P. Rico y Venez. Contonearse.

ZARANDEO s.m. Acción de zarandear o zarandearse. **2.** Acción de zarandar.

ZARAPITO s.m. Ave migratoria, de pico largo y arqueado hacia abajo, que vive cerca de las extensiones de agua dulce o en las costas. (Familia carádridos.)

ZARATE s.f. Hond. Sarna.

ZARBO s.m. Pez de río semejante al gobio.

ZARCILLO s.m. (lat. *circellus,* dim. de *circulus,* aro). Pendiente en forma de aro. **2.** Órgano filamentoso de ciertas plantas (vid, arveja, etc.) que se enrolla alrededor de un soporte.

ZARCO, A adj. (ár. vulg. *zárqa*). Que es de color azul claro.

ZARÉVICH s.m. (voz rusa). Primogénito del zar.

ZARIGÜEYA s.f. (guaraní *sarigweya*). Mamífero americano de la subclase marsupiales, provisto de una larga cola prensil que sirve a la hembra para mantener a las crías sobre el dorso.

■ **ZARIGÜEYA**

ZARISMO s.m. Régimen político de Rusia hasta 1917, en que el poder soberano pertenecía al zar.

ZARISTA adj. y s.m. y f. Relativo al zar o al zarismo; partidario del zarismo.

ZARPA s.f. Mano o pie con uñas afiladas y curvas de ciertos animales, como el león, el tigre, etc. **2.** Fig. y vulg. Mano humana. ◇ **Echar la zarpa,** o **las zarpas** Fam. Agarrar a alguien con las manos o las uñas; apoderarse de algo con violencia o engaño.

ZARPAR v.intr. (ital. ant. *sarpare*). Marcharse una embarcación del lugar en que está anclado. **2.** Partir, salir en barco.

ZARPAZO s.m. Golpe dado con la zarpa. **2.** Arañazo producido por este golpe.

ZARRAPASTROSO, A o **ZAPARRASTROSO, A** adj. y s. Fam. Que tiene un aspecto descuidado o desaliñado y viste con ropa rota o sucia. **2.** Fam. Que está sucio, roto o descuidado.

ZARZA s.f. Arbusto espinoso, cuyos frutos están compuestos de pequeñas drupas. (Familia rosáceas.)

ZARZAL s.m. Matorral de zarzas o terreno poblado de zarzas.

ZARZAMORA s.f. Fruto de la zarza. **2.** Zarza.

ZARZAPARRILLA s.f. Arbusto voluble, de tallos espinosos, flores verdes y fruto en baya. (Familia liliáceas.) **2.** Bebida elaborada con las raíces de este arbusto, que se utiliza como depurativo o como bebida refrescante.

ZARZARROSA s.f. Flor del escaramujo.

ZARZO s.m. Tejido plano, hecho de varillas, juncos, cañas o mimbre.

ZARZUELA s.f. Composición dramática española en la que alternan los fragmentos hablados y los cantados. **2.** Género teatral y musical constituido por este tipo de composiciones. **3.** Plato elaborado con varias clases de pescado y marisco y condimentado con una salsa especial.

ENCICL. El origen de esta composición dramática se remonta a principios del s. XVII y su nombre proviene del pequeño palacio llamado de la Zarzuela (por la abundancia de zarzas que lo rodeaban), en el Real sitio del Pardo, donde se representaban obras declamadas y cantadas. Los cultivadores principales fueron Hidalgo, Peyró, Patiño, M. Romero, A. Solís,

Juan de Navas, Durón y otros. Con la llegada de la ópera (s. XVIII), la zarzuela declinó para renacer con Rodríguez de Hita, Ramón de la Cruz, P. Esteve y Grimau, alcanzando su grado máximo a finales del s. XIX y principio del s. XX, con figuras como Barbieri (*El barberillo de Lavapiés,* 1874), Arrieta, Oudrid, Caballero, Chueca (*La Gran Vía,* 1886; *Agua, azucarillos y aguardiente,* 1897), Chapí (*El rey que rabió,* 1891; *La revoltosa,* 1897), Bretón (*La verbena de la Paloma,* 1884), Guerrero (*Los gavilanes,* 1923), Jerónimo Jiménez, Amadeo Vives (*Bohemios,* 1904; *Doña Francisquita,* 1923), Penella, Pablo Sorozábal (*La del manojo de rosas,* 1942; *La tabernera del puerto,* 1936) y Moreno Torroba (*Luisa Fernanda,* 1932).

¡ZAS! Onomatopeya con que se imita el sonido que produce un golpe, frecuentemente usada también para indicar la brusquedad con que se hace o sucede algo.

ZASCANDIL s.m. y f. Esp. Fam. Persona atolondrada, informal y entrometida.

ZASCANDILEAR v.intr. Esp. Fam. Comportarse como un zascandil.

ZĀWIYA s.f. (voz árabe). Conjunto de instalaciones religiosas islámicas, construidas cerca del mausoleo de un morabito.

ZEDA, ZETA, CEDA o **CETA** s.f. Nombre de la letra *z.*

ZEGRÍ adj. y s.m. y f. Relativo a los Zegríes. (V. parte n. pr.)

ZÉJEL s.m. (ár. *zaǧal*). Estrofa derivada de la moaxaja, utilizada en numerosas cantigas galaicoportuguesas y villancicos.

ZELOTE s.m. Miembro de un grupo nacionalista judío que desempeñó un papel muy activo en la revuelta contra la ocupación romana entre los años 66 y 70.

ZEMI s.m. Figura antropomorfa, provista de grandes genitales, venerada por los taino de las Antillas.

ZEN adj. y s.m. (voz japonesa). Se dice de un sistema filosófico budista originario de China e introducido en Japón a finales del s. XII.

ZENIT s.m. → CENIT.

ZEOLITA s.f. MINER. Silicato natural complejo de ciertas rocas volcánicas.

ZEPELÍN s.m. (de *F. von Zeppelin,* oficial alemán). Globo dirigible de estructura metálica rígida, inventado por F. Zeppelin.

ZETA s.f. Nombre de la letra *z.* (También *zeda, ceda* o *ceta.*) **2.** Seta, letra griega. **3.** Theta. ◆ s.m. Esp. Fam. Automóvil de la policía.

ZEUGMA o **CEUGMA** s.m. LING. Figura retórica que consiste en no repetir en dos o más enunciados un término expresado en uno de ellos: *era guapa y (era) delgada.*

ZIDOVUDINA s.f. Medicamento empleado para retardar la aparición de los síntomas del sida, también llamado *AZT.*

ZIGOMORFO, A o **CIGOMORFO, A** adj. BOT. Se dice de la flor que tiene simetría bilateral, como la de las leguminosas, labiáceas, etc.

ZIGOTO s.m. → CIGOTO.

ZIGURAT s.m. (pl. *zigurats*). Torre escalonada, propia de la arquitectura religiosa mesopotámica y de origen sumerio, en cuya cumbre hay un templo.

■ **ZARZAPARRILLA**

ZIGZAG s.m. (fr. *zigzag*) [pl. *zigzags*]. Línea quebrada formada por segmentos lineales que forman alternativamente ángulos entrantes y salientes.

ZIGZAGUEAR v.intr. Moverse en zigzag o estar algo dispuesto en forma de zigzag.

ZIGZAGUEO s.m. Acción de zigzaguear.

ZINC s.m. → CINC.

ZÍNGARO, A adj. y s. → CÍNGARO.

ZINJANTROPUS s.m. Denominación dada por L. B. S. Leakey, en 1959, a un australopiteco descubierto en Olduvai, datado hace aproximadamente 1,5-1,9 millones de años, que posteriormente englobó en su hipótesis general del *Homo habilis*.

ZINNIA s.f. → CINIA.

ZÍPER s.m. (ingl. *zipper*). Méx. Cremallera.

ZIPIZAPE s.m. Esp. y Méx. *Fam.* Riña, discusión, jaleo de poca trascendencia.

ZIRÍ adj. y s.m. y f. Relativo a los Ziríes. (V. parte n. pr.)

ZIRIANE → KOMI.

ZLOTY s.m. Unidad monetaria de Polonia.

ZOC s.m. Méx. Murciélago.

ZÓCALO s.m. (lat. *socculus*). Parte inferior del muro de una habitación, que se pinta de distinto color o que está protegida por un revestimiento. **2.** Friso. **3.** Parte inferior del exterior de un edificio que sirve para elevar los basamentos a un mismo nivel. **4.** Parte inferior de un pedestal. **5.** Méx. Plaza mayor. **6.** GEOL. Conjunto de terrenos antiguos, a menudo metamórficos o cristalinos, que constituyen plataformas rígidas parcialmente recubiertas de depósitos sedimentarios más recientes.

ZOCO s.m. (ár. *sūq*). En los países árabes, mercado generalmente cubierto.

ZÓDIAC s.f. (marca registrada). Embarcación de caucho que suele ir equipada con un motor fuera borda.

ZODIACAL adj. Relativo al zodiaco.

ZODIACO o **ZODÍACO** s.m. (gr. *zodiakós*). ASTRON. Zona de la esfera celeste que se extiende 8,5° a uno y otro lado de la eclíptica y en la que se desplaza el Sol, la Luna y los principales planetas del sistema solar.

ZOEA s.f. Forma larvaria de ciertos crustáceos.

ZOECIA s.f. ZOOL. Individuo de una colonia de briozoos.

ZOFRA s.f. Tapete o alfombra moriscos.

ZOILO s.m. *Fig.* Crítico malintencionado, mordaz y parcial.

ZOLCUATE s.m. Méx. Serpiente venenosa cuyo canto imita el de la codorniz. (Familia crotálidos.)

ZOLOTA → CHOROTÍ.

ZOMBI s.m. (voz africana). Dios serpiente, de fuerza sobrenatural, que puede devolver la vida a un cadáver, en el culto vudú. **2.** Muerto que ha sido revivido mediante un rito mágico, en el culto vudú. **3.** *Fig.* Persona que está aturdida o actúa como un autómata.

ZOMPOPO s.m. Amér. Central. Hormiga de cabeza grande que se alimenta de hojas. (Familia formícidos.)

1. ZONA s.f. (lat. *zona*, cinturón, zona cosmográfica). Superficie delimitada que se distingue de lo que la rodea. **2.** Cada una de las divisiones, subáreas o sectores con una función específica, en que se divide una ciudad u otra demarcación territorial: *zona comercial*. **3.** Parte de un todo. **4.** GEOGR. **a.** Espacio que se alarga sensiblemente en el sentido de los paralelos. **b.** Cada una de las divisiones de la Tierra determinadas por los polos, los círculos polares y los trópicos, que corresponden a los grandes tipos de clima: *zona tropical*. **5.** MAT. Parte de la superficie de una esfera limitada por dos planos paralelos que la cortan. ◇ **Zona azul** Zona urbana señalizada que está destinada al estacionamiento de vehículos mediante el pago de una tarifa que depende del tiempo de permanencia. **Zona crepuscular** ESTADÍST. Margen de error o indeterminación en una estimación obtenida por sondeo. **Zona de influencia** Conjunto de estados o territorios reservados a la influencia política exclusiva de un estado determinado. **Zona de tiro** Parte de un campo de baloncesto más próxima a las canastas. **Zona franca** Zona en la que, además de ser depósito franco, se permite la instalación de industrias que están eximidas del pago de derechos de aduanas de los productos recibidos y reexpedidos. **Zona húmeda** ECOL. Superficie recubierta permanente o regularmente por el agua con una profundidad relativamente escasa. **Zona marítima** MIL. División del territorio español a efectos de jurisdicción del mando y administración de la armada, y con independencia de los aspectos operativos.

2. ZONA s.m. Afección viral debida a un herpes, caracterizada por erupciones vesiculosas de la piel localizadas a lo largo de los nervios sensitivos. SIN.: *zóster*.

ZONAL adj. Relativo a una zona. **2.** HIST. NAT. Que posee bandas transversales coloreadas.

ZONALIDAD s.f. Disposición de fenómenos diversos de acuerdo con las grandes zonas climáticas del globo.

ZONCERA s.f. Amér. Comportamiento que refleja falta de inteligencia o seriedad. **2.** Argent. Dicho o hecho de poca importancia. **3.** Objeto de poco valor.

ZONDA s.m. Argent. Viento cálido y seco proveniente del O, que sopla en el área de la cordillera y alcanza particular intensidad en la región de Cuyo. (Existe la creencia de que afecta negativamente al estado anímico.)

ZONGO, A adj. Se dice de la persona esquiva y huraña.

ZONIFICACIÓN s.f. División de una ciudad o área territorial en subáreas o zonas caracterizadas por una función determinada. SIN.: *zonación*.

ZONOTE s.m. Méx. Manantial profundo, depósito natural de agua.

ZONTO, A adj. Amér. Central. Se dice del animal desorejado.

ZONZO, A adj. y s. (voz de creación expresiva). Se dice de la persona sosa. ◆ adj. Amér. Tonto.

ZOO s.m. (gr. *zoon*, animal). Zoológico.

ZOOFAGIA s.f. Cualidad de zoófago.

ZOÓFAGO, A adj. y s. Que se alimenta de animales.

ZOÓFITO, A adj. y s.m. Relativo a un grupo que forma parte de las cuatro divisiones en que se dividía el reino animal. SIN.: *fitozoo*.

ZOOFOBIA s.f. Miedo morboso a los animales.

ZOOGEOGRAFÍA s.f. Estudio de la distribución de los animales en la superficie terrestre.

ZOOGLEA s.f. Masa de microbios aglutinados por una sustancia viscosa.

ZOOLATRÍA s.f. Adoración o culto a los animales.

ZOOLOGÍA s.f. Parte de las ciencias naturales que estudia los animales.

ZOOLÓGICO, A adj. Relativo a la zoología. ◆ s.m. Establecimiento destinado a conservar vivas y criar distintas especies de animales, generalmente exóticos o salvajes, a fin de exponerlos al público. (También *parque zoológico* o *jardín zoológico*; se abrevia *zoo.*)

ZOÓLOGO, A s. Persona que se dedica a la zoología.

ZOOM s.m. (voz inglesa). Objetivo de una cámara fotográfica, de cine o de televisión, cuya distancia focal puede variarse de una forma continua. **2.** Movimiento que se hace con este objetivo.

ZOOMORFISMO s.m. Hecho de dar forma o apariencia animal a algo que por naturaleza no lo tiene.

ZOOMORFO, A adj. Que tiene forma de animal.

ZOONOSIS s.f. (del gr. *zoon*, animal, y *nósos*, enfermedad). Enfermedad infecciosa propia de los animales que puede ser transmitida a las personas, como la rabia.

ZOÓSPORA s.f. Espora que puede nadar por medio de cilios vibrátiles, que producen diversos hongos y algas.

ZOOSPORANGIO s.m. Esporangio que produce zoósporas.

ZOOTECNIA s.f. Ciencia que estudia las condiciones y procedimientos adecuados para la cría y explotación de los animales domésticos.

ZOOTERAPÉUTICO, A adj. Relativo a la terapéutica de los animales.

ZOOTERAPIA s.f. Terapéutica de los animales.

ZOPENCO, A adj. y s. *Fam.* Muy torpe, tonto, tosco, bruto.

ZOPILOTE s.m. (náhuatl *tzopílotl*, de *tzotl*, inmundicia, y *piloa*, colgar). Ave de rapiña, parecida al buitre pero de unos 60 cm de long., de plumaje negro son las patas, la cabeza y el cuello rojizos, que vive en las zonas cálidas de América. (Familia catártidos.) SIN.: *urubú*.

■ **ZOPILOTE**

ZOPILOTEAR v.tr. Méx. Comer con voracidad.

ZOQUE, pueblo amerindio del S de México (est. de Chiapas y Tabasco); lengua hablada por este pueblo, que constituye una familia de lenguas.

ZOQUETE adj. y s.m. y f. *Fam.* Torpe, que tiene dificultad para entender las cosas. ◆ s.m. Trozo o pedazo de madera que sobra al labrar un madero.

■ **ZIGURAT.** Ruinas del zigurat de Tšoga Zanbil, construido en el s. XIII a.C. por Untaš-Napirisa, rey de Elam.

ZOROASTRISMO s.m. Religión de los antiguos persas, fundada por Zaratustra (o Zoroastro), que está basada en la existencia de dos principios divinos, el bien y el mal, que están constantemente en lucha.

ZORONGO s.m. Baile popular de Andalucía. **2.** Música y canción de este baile. **3.** Pañuelo doblado que los labradores de algunos lugares llevan arrollado a la cabeza. **4.** Moño ancho y aplastado con que las mujeres se recogen el pelo en la parte posterior de la cabeza.

ZORRA s.f. Mamífero carnívoro de la familia cánidos, de cola larga y tupida, hocico puntiagudo, que se alimenta de aves y de pequeños mamíferos. SIN.: *raposa*. **2.** *Fig.* y *fam.* Ramera, prostituta. **3.** *Fig.* y *fam.* Borrachera. **4.** *Argent.* Carro de cuatro ruedas que se desliza sobre rieles movido por medio de una palanca, vagoneta. **5.** *Chile. Fig.* y *vulg.* Vulva.◇ **No tener ni zorra (idea)** *Esp. Fam.* No tener ni la más remota idea. **Zorra ártica** Zorra de las regiones árticas, cuyo pelaje de color gris azulado se vuelve blanco en invierno. **Zorra de mar** Tiburón muy frecuente en las costas de la península Ibérica.

■ **ZORRA** común.

ZORRERÍA s.f. Acción realizada con astucia y disimulo.

ZORRILLO s.m. Mamífero carnívoro de América del Sur, de pelaje negro con una o dos franjas blancas, que arroja un líquido de olor intenso para defenderse. (Familia mustélidos.) SIN.: *zorrino*.

■ **ZORRILLO**

ZORRO, A adj. y s. *Fam.* Astuto, taimado. ◆ s.m. Macho de la zorra. **2.** Zorra. **3.** Piel de la zorra. ◆ **zorros** s.m.pl. Utensilio para sacudir el polvo, formado de tiras de orillo, piel, colas de cordero, etc., sujetas en un mango. ◇ **Hecho unos zorros** *Esp. Fam.* Cansado y maltrecho. **Zorro orejudo** Mamífero carnívo-

ro de África del sur, de 60 cm de long. y de orejas muy desarrolladas.

ZORRUNO, A adj. Relativo al zorro.

1. ZORZAL s.m. (voz de origen onomatopéyico). Ave paseriforme, de plumaje grisáceo o marrón, cuerpo esbelto y canto melodioso. (Familia túrdidos.) SIN.: *tordo*. ◇ **Zorzal marino** Pez acantopterigio, de unos 20 cm de long., de color oscuro. (Familia lábridos.)

2. ZORZAL, LA adj. y s. *Chile. Fig.* y *vulg.* Papanatas, persona simple a la que es muy fácil engañar.

ZORZALEAR v.tr. *Chile.* Sacar dinero a una persona, sablear. **2.** *Chile.* Abusar de alguien con buena fe.

ZÓSTER o **ZOSTER** s.m. o f. (gr. *zostér*, cinturón). Zona, afección viral.

ZOTE adj. y s.m. y f. Torpe, que tiene dificultad para entender las cosas.

ZOZOBRA s.f. *Fig.* Inquietud, temor. **2.** Acción de zozobrar.

ZOZOBRAR v.intr. (cat. *sotsobrar*, volcarse la embarcación, de *sots*, debajo, y *sobre*, encima). Naufragar o irse a pique una embarcación. **2.** *Fig.* Fracasar o frustrarse un proyecto o empresa.

ZUAVO s.m. (del bereber *zwawa*, nombre de una tribu de Cabilia). Soldado que pertenecía a un cuerpo de infantería francesa creado en Argelia en 1831.

ZUECA s.f. *Chile.* Zueco.

ZUECO s.m. (lat. *soccus*). Zapato de madera de una sola pieza. **2.** Zapato de cuero con suela de madera o de corcho. **3.** Planta de 30 a 40 cm de alt., de tallo hojoso, hojas ovales y una o dos grandes flores de sépalos y pétalos oscuros, con labelo amarillo y venas rojizas. (Familia orquídeas.)

ZULACAR v.tr. [1]. Tapar, cerrar o reparar con zulaque. SIN.: *zulaquear*.

ZULAQUE s.m. (hispanoár. *sulâqa*). INDUSTR. Betún hecho con cal, aceite, estopa y escorias o vidrios molidos, para tapar las juntas de las cañerías de aguas, las costuras de los fondos de las embarcaciones y para obras hidráulicas.

ZULO s.m. (voz vasca). *Esp.* Agujero o habitáculo, generalmente subterráneo, que se usa para esconder algo o a alguien.

ZULÚ adj. y s.m. y f. De un pueblo de África austral del grupo ngoni. (Poseían una organización social guerrera, desarrollada desde el s. XVI, que fue aplicada a una gran confederación gobernada por Chaka [1818-1828].) **2.** *Fig.* y *fam.* Bárbaro, bruto. ◆ s.m. Lengua bantú hablada por este pueblo.

ZUMACAR v.tr. [1]. Curtir las pieles con el tanino que se extrae del zumaque.

ZUMAQUE s.m. (ár. *summâq*). Arbusto de las regiones cálidas, del que se obtienen barnices, lacas y taninos. (Familia anacardiáceas.)

ZUMBA s.f. *Fig.* Chanza, burla. **2.** Cencerro grande que lleva la caballería delantera de una recua, o el buey que hace de cabestro. **3.** *Amér.* Zurra, paliza. **4.** *Méx.* Borrachera.

ZUMBADO, A adj. y s. *Esp. Fam.* Loco, que ha perdido la razón.

ZUMBAR v.intr. (de la onomatopeya del zumbido). Producir un sonido continuado y bronco: *los abejorros zumban*. **2.** *Guat.* Hablar mal de alguien. ◆ v.tr. *Fam.* Dar golpes o una paliza a alguien. ◆ v.intr. y prnl. *Fig.* y *fam.* Burlarse de alguien. ◇ **Salir zumbando** *Fam.* Irse muy de prisa. **Zumbar los oídos**, o **las sienes**, o **la cabeza** Tener la sensación de oír un soni-

do continuado y bronco, en realidad inexistente.

ZUMBIDO s.m. Sonido continuado y bronco, como el que hacen los insectos al volar.

ZUMBÓN, NA adj. y s. *Fam.* Burlón.

ZUMILLO s.m. Planta herbácea, de raíces gruesas y tallos de hasta 1 m de alt., de cuya raíz se extrae un jugo usado como revulsivo. (Familia umbelíferas.)

ZUMO s.m. (gr. *zomós*, jugo, salsa). Líquido que se extrae exprimiendo o majando legumbres, frutas, etc. **2.** *Fig.* Utilidad o provecho que se saca de algo.

ZUNCHO s.m. Abrazadera de hierro u otro metal resistente con que se refuerza algo.

ZUNTECO s.m. *Hond.* Avispa de color negro.

ZUNZÚN s.m. *Cuba.* Colibrí.

ZUÑI, pueblo amerindio de Estados Unidos, del grupo pueblo, que vive act. en reservas de Nuevo México y Arizona.

ZURCIDO s.m. Acción de zurcir. **2.** Cosido hecho en un roto de una tela al zurcir.

ZURCIDOR, RA adj. y s. Se dice de la persona que tiene por oficio zurcir.

ZURCIR v.tr. (lat. *sarcire*) [42]. Coser la rotura o desgaste de una tela, recomponiendo la urdimbre y la trama del tejido o reforzándolo con pequeñas puntadas. ◇ **¡Que te, le**, etc., **zurzan!** *Esp. Fam.* Exclamación de enojo con que se expresa desinterés por lo que otro dice, pretende o hace.

ZURDAZO s.m. En fútbol, disparo con la pierna izquierda.

ZURDEAR v.tr. *Méx.* Acometer con la mano izquierda.

ZURDO, A adj. y s. Que usa con mayor habilidad la mano o el pie izquierdos. ◆ adj. Izquierdo: *el lado zurdo*. **2.** TAUROM. **a.** Se dice del toro que cornea tratando de herir con el pitón izquierdo. **b.** Se dice del toro que tiene un cuerno más corto que otro. ◆ adj. y s.f. Se dice de la mano izquierda.

ZUREAR v.intr. Emitir arrullos la paloma.

ZURITO, A adj. Se dice de la paloma silvestre. SIN.: *zuro*.

1. ZURO s.m. Corazón o raspa de la mazorca del maíz, después de desgranada.

2. ZURO, A adj. y s. Zurito.

ZURRA s.f. *Fam.* Paliza, serie de golpes.

ZURRADERA s.f. Instrumento para zurrar las pieles.

ZURRAPA s.f. Brizna o sedimento que se halla en los líquidos y que poco a poco se va asentando en el fondo formando el poso. (Suele usarse en plural.)

ZURRAR v.tr. Dar una zurra. **2.** TECNOL. Curtir y trabajar las pieles.

ZURRIAGAR v.tr. [2]. Azotar, golpear con el zurriago.

ZURRIAGAZO s.m. Golpe dado con un zurriago o con una cosa flexible. **2.** *Fig.* Desgracia que sobreviene de forma inesperada y brusca. **3.** *Fam.* Trago de vino o de otro licor.

1. ZURRIAGO s.m. Látigo, tira de cuero o cuerda, para golpear o azotar. SIN.: *zurriaga*.

2. ZURRIAGO, A adj. *Méx.* Se dice de la persona muy tonta.

ZURRÓN s.m. Morral, talego para llevar la caza o provisiones.

ZURRUMBANCO, A adj. *C. Rica* y *Méx.* Se dice de la persona que está atolondrada por el alcohol.

ZUTANO, A s. *Fam.* Se usa para designar una persona cualquiera: *estaban fulano, mengano y zutano*.

ZUTUHIL → TSUTUHIL.

PREFACIO

Comúnmente los diccionarios toman la palabra como punto de referencia y no destacan otras unidades superiores (refranes, proverbios, frases célebres, etc.). Con el objetivo de cubrir este vacío se presentan estas páginas en las que aparece una cuidada selección de frases célebres y refranes.

FRASES CÉLEBRES

A menudo dudosas, apócrifas o mutiladas, son referente común para una sociedad que necesita inventar referencias y forjar modelos emblemáticos. Estas frases aparecen acompañadas de breves anotaciones sobre su origen, autor, el contexto en que fueron formuladas o la obra de la que forman parte.

REFRANES

Los refranes, sentencias y máximas nacieron al margen del saber instituido, en el campo, en el taller o en la alcoba. Por lo general, nos han llegado a través de la tradición oral, aunque hay algunos que proceden de textos literarios. Son portadores de nuestros temores y deseos y conjuran la mala suerte, a veces con el sabor añadido de su arcaísmo. En nuestra selección aparece primero una sección de refranes que pertenecen a todos los hablantes del español y, en seguida, *una sección con frases propias de países de América Latina.* Se agrega también una pequeña explicación que aclara su significado.

Las frases célebres y refranes, reunidos en florilegio en estas páginas rosa, son, como todas las maneras de hablar y de escribir nuestra lengua, material cultural producido por el imaginario colectivo de nuestra comunidad.

FRASES CÉLEBRES

Abrazaos todos, hijos míos, como yo abrazo al general de los que fueron contrarios nuestros. Últimas palabras de la arenga que el general Espartero pronunció en Vergara (31 ag. 1839), antes de abrazar al general carlista Maroto al concluir la primera guerra carlista.

Apártate de mi sol. Respuesta que dio Diógenes Laercio a Alejandro al preguntarle éste qué favor deseaba de él.

Aplastemos lo infame *(Ecrasons l'infâme)*. Palabras con que Voltaire terminaba la mayor parte de sus cartas a los enciclopedistas, y particularmente a D'Alembert. Voltaire entendía por "infame" todo lo que le parecía supersticioso.

arte es largo y la vida breve (El) *[Ars longa, vita brevis]*. Traducción latina del primer aforismo de Hipócrates.

¡Averígüelo, Vargas! Frase que se usa para expresar que algunas cosas son difíciles de averiguar. Se cree que su origen se debe a que Carlos I encomendaba sus asuntos difíciles a Francisco de Vargas. También se ha atribuido a Isabel la Católica.

Bajad el telón, la farsa ha terminado *(Baissez le rideau, la farce est jouée)*. Frase de autenticidad dudosa, que se atribuye a Rabelais agonizante.

Bienaventurados los pobres de espíritu. Primer versículo de las bienaventuranzas (Mt. 5, 3), que promete el reino de los cielos a los que, conscientes de su propia insuficiencia, lo esperan todo de Dios y nada del mundo.

Buscad y hallaréis. Palabras del Sermón de la montaña (Mt. 7, 7), que se citan a veces para alentar a alguien en sus esfuerzos.

Carpe diem *(Aprovecha el día presente)*. Palabras de Horacio que exhortan a disfrutar de la vida, ya que la vida es breve, a gozarla en todo momento.

Con este signo vencerás *(In hoc signo vinces)*. La tradición cuenta que cuando Constantino luchaba contra Majencio apareció una cruz en el cielo con estas palabras: *In hoc signo vinces*. Hizo pintar este signo en su estandarte o lábaro, y venció. Se emplea para designar a aquello que, en una circunstancia cualquiera, nos hará superar una dificultad, o conseguir alguna ventaja.

Con la Iglesia hemos dado, Sancho. Frase que profiere don Quijote en el capítulo IX de la segunda parte de *El Quijote*. Se utiliza para significar que no es conveniente que en los asuntos de uno se interpongan la Iglesia o sus ministros, porque se saldrá perdiendo.

Conócete a ti mismo *(Gnothi seauton)*. Frase del oráculo de Apolo grabada en el frontón del templo de Delfos y convertida luego en la

máxima favorita de Sócrates, para quien tiene el sentido de examen e indagación mental de lo que es la virtud.

contrarios se curan con contrarios (Los) *[Contraria contrariis curantur]*. Máxima de la medicina clásica, en oposición a la de la homeopatía: *Similia similibus curantur (Los iguales se curan con iguales)*.

corazón tiene razones que la razón no conoce (El) *[Le cœur a ses raisons, que la raison ne connaît poin]*. Frase de Pascal (*Pensamientos*, VI, 277): se usa para indicar que los argumentos del corazón son distintos de los de la razón.

¡Cuán gritan esos malditos! Verso inicial del *Don Juan Tenorio* de José Zorrilla.

Cuando Augusto bebe, Polonia se emborracha. Expresión empleada por Federico II de Prusia, en la *Epístola a mi hermano*, para indicar que el ejemplo de los superiores es seguido por los inferiores.

Cuando la construcción marcha, todo marcha. Aforismo francés pronunciado por primera vez por Martin Nadaud (1849). Indica que la buena marcha del sector de la construcción suele ser signo de prosperidad general.

Cúmplase la voluntad nacional. Frase repetida con frecuencia por Espartero, hasta convertirse en la muletilla con que le caracterizaban tanto sus amigos como sus enemigos. Esta fórmula encubrió su retirada ante acciones que no derivaban ciertamente de la voluntad nacional.

Decíamos ayer. Frase atribuida a fray Luis de León, al volver a su cátedra después de varios años de encarcelamiento.

Dejad que los niños se acerquen a mí. Palabras de Jesús, en el Evangelio (Lc. 18, 16; Mt. 19, 14), a sus discípulos, quienes "reprendían" a los niños que se acercaban a él.

Dejemos a los troyanos. Verso de las *Coplas* de Jorge Manrique. A veces se usa, en lenguaje culto, con el mismo valor que la locución: *Dejémonos de historias*.

del alba sería (La). Palabras iniciales del capítulo IV de *El Quijote*, que se han tomado como elipsis, aunque en realidad son continuación de la última frase del capítulo anterior: "*...le dejó ir a buena hora. La del alba sería...*"

Delenda Carthago *(Cartago debe ser destruida)*. Palabras con las que Catón el Viejo terminaba sus discursos, fuesen del tema que fuesen. Se emplea para expresar una idea fija que se tiene en mente, cuya realización se persigue constantemente y a la que se retorna siempre.

¡Después de mí el diluvio! *(Après nous, le déluge).* Expresión atribuida a Luis XV, rey de Francia, y que indica su despreocupación por la alarmante situación del reino. Señala el completo desinterés del que la pronuncia por lo que sucederá después de él.

Dios es Dios y Mahoma su profeta. Traducción corriente, pero inexacta, de una fórmula de la religión musulmana, cuyo sentido exacto es: "No hay dios sino Dios (Alá) y Mahoma es el enviado de Dios."

Dios, patria y rey. Lema del carlismo, que, en el País Vasco y Navarra, adopta con frecuencia la forma cuádruple *Dios, patria, fueros, rey.*

Dividir para reinar *(Divide ut regnes).* Máxima política enunciada por Maquiavelo, utilizada ya por el senado romano.

Dolce far niente *(Dulce no hacer nada).* Locución italiana que se emplea para expresar indolencia o agradable ociosidad.

En mis dominios no se pone el sol. Frase de origen incierto, que se atribuye a Felipe II. Se usa como expresión manifiesta de poder.

Errar es de humanos *(Errare humanum est).* Se emplea para explicar, paliar una falta, una equivocación. Se añade a veces: "...*perseverare diabolicum*" (perseverar es cosa del diablo).

espíritu es diligente, pero la carne es flaca (El) *[Spiritus promptus est, caro autem infirma].* Palabras de Jesús, para poner en guardia a sus discípulos contra la tentación, pese a las muestras de buena voluntad que le daban (Mt. 26, 41).

espíritu espira donde quiere (El) *[Spiritus ubi vult spirat].* Traducción literal del texto latino del Evangelio según san Juan (3, 8). De ordinario se cita para dar a entender la gratuidad imprevisible de los dones de Dios.

estado soy yo (El) *[L'état c'est moi].* Frase atribuida a Luis XIV y citada comúnmente como divisa del absolutismo.

"—¿Es una revuelta? —No, señor, es una revolución". Frases intercambiadas entre Luis XVI y el duque de La Rochefoucauld-Liancourt, cuando se supo en Versalles que la Bastilla había sido tomada (14 julio 1789).

Faja o caja. Frase pronunciada por el brigadier Juan Prim en Barcelona (sept. 1843) para responder a los que le acusaban de ir tras el ascenso *(faja).* Con ella Prim afirmó que para ascender era preciso jugarse la vida *(caja).*

Fiat lux *(Hágase la luz).* Alusión a las palabras del Génesis (1, 3): "*Dios dijo:'Hágase la luz', y la luz fue hecha*", que han venido a ser símbolo de toda creación.

fortuna ayuda a los audaces (La) *[Audaces fortuna juvat].* Locución imitada del hemistiquio de Virgilio (*Eneida*, X, 284): "*Audentes fortuna juvat...*"

Fuera de la Iglesia no hay salvación. Fórmula teológica de san Cipriano (*Epístolas*, 73, 12), cuyo significado es el de que no hay otra salvación que la predicada por la Iglesia de Cristo.

He aquí el principio del fin *(C'est le commencement de la fin).* Palabras de Talleyrand cuando los reveses de 1812 hacían presagiar el hundimiento del Imperio.

historia me absolverá (La). Frase pronunciada por Fidel Castro y que dio título a su autodefensa en el juicio por el asalto al cuartel de Moncada (26 julio 1953).

hombre propone y Dios dispone (El). Cita extraída de la *Imitación de Cristo* (I, cap. XIX), con la que se da a entender que los proyectos no siempre se realizan.

hombres de buena voluntad (Los). Expresión del Evangelio según san Lucas (2, 14), con la que se designa a los hombres dispuestos a aceptar la ley del reino de Dios.

individuo es inefable (El). Aforismo de la filosofía perenne, con que se expresa que la peculiaridad, que es propia de cada ser individual, es distintiva e inexpresable de forma adecuada.

In illo tempore *(En aquel tiempo).* Se utiliza con el significado de: *otros tiempos* o *hace mucho tiempo.*

Last but not least *(El último punto pero no el menos importante).* Expresión inglesa que se utiliza en una argumentación para subrayar un argumento final, o bien en una enumeración, para valorar la importancia del último término.

Lejos de nosotros la perniciosa novedad de discurrir. Frase contenida en una exposición de la universidad de Cervera a Fernando VII. Representa la forma de pensar de determinados sectores sociales del antiguo régimen.

Lo bueno, si breve, dos veces bueno. Frase que forma parte del comentario de Gracián a uno de sus aforismos del *Oráculo manual:* "*No cansar.*" La frase completa reza: "*Lo bueno, si breve, dos veces bueno; y aun lo malo, si poco, no tan malo*"

Lo que está escrito, escrito está *(Quod scripsi, scripsi).* Respuesta de Pilatos a los judíos, que reclamaban el cambio de la inscripción colocada en la cruz de Jesús (Jn. 19, 22). Estas palabras sirven para expresar una resolución inquebrantable.

Manos blancas no ofenden. Frase que se atribuye a Calomarde, tras haber sido abofeteado por la infanta Luisa Carlota en La Granja, a finales de septiembre de 1832.

Matadlos a todos, Dios reconocerá a los suyos. Frase atribuida a Arnau Amalric, abad del Cister, legado del papa en la cruzada contra los albigenses, al ser consultado sobre el medio de distinguir a los herejes de los verdaderos creyentes.

mensaje es el medio (El). Frase de H. Marshall McLuhan (*Para comprender los media*, 1964). Con ella se resume la idea de que lo importante no es tanto el contenido de lo que se comunica como los medios gracias a los cuales se transmite éste.

Mens sana in corpore sano *(Mente sana en cuerpo sano).* Máxima de Juvenal (*Sátiras*, X, 356). El hombre verdaderamente inteligente, dice el poeta, solo pide al cielo *la salud del espíritu con la salud del cuerpo.* En su aplicación estos versos han cambiado a menudo su sentido, para expresar que la salud del cuerpo es una condición importante para la salud de la mente.

Mientras este abad nos mande, no haremos nada bueno. Palabras pronunciadas por el general Cabrera en la expedición del pretendiente Carlos María Isidro contra Madrid (1837), cuando estaba dispuesto a asediar la ciudad, pero el pretendiente le obligó a retirarse.

mies es mucha y los operarios son pocos (La). Palabras de Jesús a sus discípulos (Mt. 9, 37), indicando la buena disposición de las gentes y la escasez de predicadores de la buena nueva. Se usan para aludir a la falta de misioneros, predicadores, etc.

Mi reino no es de este mundo. Respuesta de Jesús a Pilatos (Jn. 18, 36), que indica el sentido trascendente de su misión.

Muchos son los llamados y pocos los escogidos. Palabras del Evangelio (Mt. 20, 16; 22, 14), que se refieren a la vida futura, pero que, en la práctica, se utilizan en multitud de circunstancias.

mujer de César no solo debe ser honrada, sino parecerlo (La). Palabras con que César, según Plutarco, justificó el repudio de su mujer Pompeya. La frase se emplea para poner sobre aviso a alguien contra una actitud equívoca.

naturaleza abomina del vacío (La) *[Natura abhorret a vacuo].* Aforismo de la física antigua, establecido para justificar algunos fenómenos que no podía explicar. Los experimentos de Torricelli sobre la gravedad atmosférica probaron su falsedad.

Ni Dios, ni dueño *[Ni Dieu, ni maître].* Divisa de Auguste Blanqui, y título de su periódico de 1880; posteriormente la utilizaron como lema los anarquistas.

Nihil (o **nil) obstat** *[Nada se opone].* Fórmula empleada por la censura eclesiástica para autorizar la impresión de una obra en la que no se ha encontrado ninguna objeción doctrinal: El *nihil obstat* precede al *imprimatur* (permiso de imprimir).

Ni quito ni pongo rey, pero ayudo a mi señor. Frase atribuida a Bertrand du Guesclin. Se dice que en la lucha cuerpo a cuerpo sostenida entre Pedro I y Enrique de Trastámara, éste consiguió la victoria gracias a la ayuda que le prestó el caballero francés, quien justificó su acción con la frase citada.

Nobleza obliga *[Noblesse oblige].* Máxima del duque de Lévis, que se usa para indicar que cada uno debe hacer honor a su rango y a su reputación.

No echéis margaritas a los cerdos. Palabras del Evangelio (Mt. 7, 6); significa que no se debe hablar a un necio de cosas que es incapaz de apreciar.

No escribo contra quien puede proscribir. Respuesta de Polión a quienes le aconsejaban que replicara a los epigramas que le dedicaba Octavio.

Non (o **nec) plus ultra** *[No más allá].* Inscripción que, según la mitología, grabó Hércules en los montes Calpe y Abila, que él separó para unir el Océano y el Mediterráneo; para los antiguos, estos montes señalaban el fin del mundo. La frase se emplea sustantivada: El no va más.

No pasarán. Eslogan utilizado en la zona republicana durante la guerra civil española, y que, nacido a raíz de la defensa de Madrid, significaba que el enemigo sería detenido en su avance.

No ser digno de desatar las correas de las sandalias a alguno. Serle muy inferior en mérito. Alusión a un pasaje del Evangelio (Mc. 1, 7; Lc. 3, 16; Jn. 1, 27), en el que Juan Bautista habla de cuán superior a él es el Mesías que anuncia.

Nosotros somos los únicos conspiradores: Vuestra Merced por haber agobiado el país con exacciones insoportables, y yo por

haber querido libertar al pueblo de semejante tiranía. Frase que la tradición pone en boca de Túpac Amaru, en respuesta a las demandas del visitador general Areche, que le exigía que declarase quiénes habían sido sus cómplices.

O tempora! o mores! *(¡Qué tiempos!, ¡qué costumbres!).* Exclamación con que Cicerón se lamenta de la perversidad de sus contemporáneos (*Catilinarias*, I, 1 y *Verrinas: De signis*, 25, 56).

Padre, perdónalos porque no saben lo que hacen. Plegaria que Jesús crucificado dirigía a Dios en favor de sus verdugos (Lc. 23, 34).

Pan y toros. Frase utilizada durante el s. XIX, adaptando la frase de Juvenal *panem et circenses*, para indicar cómo se podía dar satisfacción a todas las necesidades de las clases populares españolas, evitando así su participación en política.

Para todo sirven las bayonetas, menos para sentarse en ellas. Palabras que Emilio Castelar dirigió a Prim en las cortes durante la discusión de la partida del presupuesto destinada al ministerio de Guerra. Con ellas quiso significar que un gobierno no podía sostenerse por el mero apoyo de las fuerzas armadas.

Peor es meneallo. Frase de don Quijote en el capítulo XX de la primera parte de *El Quijote*, y que se usa para atajar una discusión que, si siguiera, pondría de manifiesto cosas que vale más no revelar.

Pienso, luego existo *(Cogito ergo sum).* Frase de Descartes *(discurso del Método)* que da cuenta de la existencia de un sujeto pensante, sobre la cual construyó su propio sistema de pensamiento, después de haber dudado de todos los razonamientos filosóficos.

Poner el cascabel al gato. En la fábula de La Fontaine *Junta de ratones*, éstos buscan un voluntario para que ponga un cascabel al gato que los está diezmando. Por alusión poner el cascabel al gato significa ser el primero en acometer una empresa ardua o en plantear un problema difícil.

Prefiero ser el primero en este pueblo que el segundo en Roma. Frase que Plutarco (*César*, XII), atribuye a Julio César al atravesar un miserable pueblo de los Alpes, y que indica la orgullosa ambición del personaje.

Prefiero una injusticia, que un desorden. Frase pronunciada por Goethe con ocasión de un incidente en la evacuación de Maguncia por los franceses (1793). La injusticia consistía en dejar libre a un culpable responsable del saqueo de una iglesia, y no en castigar a un inocente. La frase ha sido utilizada en muchas ocasiones en un sentido contrario al pensamiento de Goethe.

Primum vivere, deinde philosophari *(Antes es vivir que filosofar).* Precepto de los antiguos, a través del que se burlan de los que solo saben filosofar y discutir, y son incapaces de solucionarse la vida.

Primus inter pares *(Primero entre sus iguales).* Expresión que designa a quien se distingue por una superioridad cualquiera de sus compañeros de idéntico rango.

Proletarios de todos los países, uníos. Última frase del *Manifiesto comunista* de Marx y Engels, por la que se afirmaba la necesidad de organización y unidad entre todos los obreros del mundo.

propiedad es un robo (La) *[La propiété, c'est le vol].* Aforismo situado por Proudhon al principio de su obra *¿Qué es la propiedad?,* con el que pretendió poner en evidencia la injusticia de un régimen social basado en la propiedad.

puertas del infierno no prevalecerán contra ella [la Iglesia] (Las). Palabras de Jesús en la promesa hecha al apóstol Pedro, al instituir la Iglesia, que ha de triunfar sobre las potencias de la muerte (Mt. 16, 18).

Quisiera no saber escribir *(Vellem nescire litteras).* Respuesta que daba Nerón, en los primeros tiempos de su reinado, cada vez que debía firmar una sentencia de muerte.

Quosquem tandem *(¿Hasta cuándo abusarás, Catilina, de nuestra paciencia?).* Primeras palabras del primer discurso de Cicerón contra Catilina. Se utiliza para significar la duración del aguante de una situación insostenible.

Rara avis in terris *(Ave rara en la tierra).* Hipérbole de Juvenal (*Sátiras*, VI, 165). Dícese por extensión de todo lo que es extraordinario. Normalmente, se usan sólo las dos primeras palabras: *Rara avis.*

Recuerda, hombre, que eres polvo y polvo volverás a ser *(Memento, homo, quia pulvis est et in pulverem reverteris).* Palabras que pronuncia el sacerdote cuando el miércoles de ceniza marca con ceniza la frente de los fieles en recuerdo de las palabras del Génesis (3, 19), dichas por Dios a Adán, después del pecado original.

religión es el opio del pueblo (La). Frase de K. Marx, que implica que las doctrinas religiosas se utilizan para apartar a las clases sociales explotadas de sus problemas esenciales.

rey ha muerto, viva el rey! (¡El). Palabras pronunciadas por el heraldo para anunciar al pueblo la muerte del rey y el advenimiento de su sucesor.

rey reina, pero no gobierna (El). Fórmula atribuida a Thiers, que caracterizaba, en 1830, la ponderación de poderes en una monarquía constitucional.

Salve César (o Emperador), los que van a morir te saludan *[Ave Caesar (o Imperator), morituri te salutant].* Palabras que, según Suetonio (*Claudio*, 21), pronunciaban los gladiadores romanos cuando desfilaban, antes del combate, ante el emperador.

¡Santiago y cierra España! o **¡Santiago!** Tradicionalmente, grito con que, al romper la batalla, los caballeros del reino de Castilla-León invocaban a su patrón. Con posterioridad siguió usándose, en algunas ocasiones hasta tiempos recientes.

Se non è vero, è ben trovato *(Si no es verdad, está bien hallado).* Proverbio italiano de fácil aplicación y frecuente uso.

Sic transit gloria mundi *(Así pasa la gloria del mundo).* Palabras (seguramente sacadas de *Imitación de Cristo*, I, 3, 6) que se dirigían a los soberanos pontificios en su coronación, para recordarles la fragilidad del poder humano.

Si la naturaleza se opone, lucharemos contra ella y haremos que nos obedezca. Frase atribuida a Simón Bolívar como respuesta a los realistas que querían hacer creer a los venezolanos que el terrible terremoto de 1812 era un castigo del cielo por sublevarse en contra de Fernando VII. Algunos historiadores afirman que las verdaderas palabras del Libertador fueron: *"Aunque la naturaleza se oponga lucharemos contra ellos [realistas] y haremos que nos obedezcan."*

Si quieres la paz, prepara la guerra *(Si vis pacem, para bellum).* Locución que significa que para evitar ser atacado, lo mejor es prepararse para defenderse. Vegecio (*Tratado sobre el arte militar*, III, Prol.) dice: *"Qui desiderat pacem, praeparet bellum".*

Siete llaves [o doble llave] al sepulcro del Cid. Frase pronunciada por Joaquín Costa con la que, frente a los repetidos llamamientos a la tradición histórica y espíritu religioso, quiso afirmar la necesidad del progreso económico, social y político.

Soldados, desde lo alto de estas pirámides, cuarenta siglos os contemplan *(Soldats, songez que du haut de ces pyramides quarante siècles vous contemplent).* Frase que se supone pronunció Bonaparte antes de la batalla de las Pirámides (21 julio 1798).

Soy hombre: nada humano me es ajeno *(Homo sum: humani nil a me alienum puto).* Versos de Terencio (*Heautontimorumenos*, I, 1, 25) que expresan el sentimiento de la solidaridad humana.

Subamos al Capitolio para dar gracias a los dioses. Expresión oratoria por la que Escipión se sustrajo a una acusación de malversaciones: *"Dejemos a este miserable mentiroso (su acusador) y subamos al Capitolio para dar gracias a los dioses."*

suerte está echada (La) *[Alea iacta est].* Frase pronunciada por César al cruzar el Rubicón.

Tanto monta. Frase que figura en el escudo de los Reyes Católicos. Aunque una interpretación tradicional pretende que se refiere a la igualdad entre ambos esposos ("Tanto monta, monta tanto, Isabel como Fernando"), la verdad es que estas palabras aluden exclusivamente al emblema de Fernando (un yugo, con un nudo cortado), y a la frase pronunciada por Alejandro Magno al cortar el nudo gordiano: *"Tanto monta, claro es, cortar que desatar."*

The right man in the right place *(El hombre adecuado en el lugar adecuado).* Expresión inglesa que se aplica al hombre que conviene a la perfección con el empleo a que ha sido destinado.

tiempo es oro (El) *[Time is money].* Proverbio inglés que se usa para recordar que el tiempo bien empleado es una ganancia.

¡Tú también, hijo mío! *(Tu quoque, fili!).* Supuestas palabras que César dirigió a Marco Junio Bruto, a quien estimaba profundamente, al reconocerle entre los que le daban muerte.

¡Un caballo! ¡Un caballo! ¡Mi reino por un caballo! *(A horse! A horse! My Kingdom for a horse!).* Exclamación de Ricardo III, rey de Inglaterra, en la batalla de Bosworth (1485), en la que fue vencido por Enrique Tudor y en la que murió.

Un emperador debe morir de pie. Frase del emperador Vespasiano, quien conservó la serenidad hasta el último momento de su vida y, en el momento de expirar, hizo un esfuerzo para levantarse.

Vade retro, Satanás *(Retrocede, Satanás).* Palabras de Jesús, que se encuentran en los Evangelios bajo una forma un poco diferente (Mt. 4, 10; Mc. 8, 33). Se utilizan para rechazar a alguien cuyas proposiciones se rehúsan.

Vanidad de vanidades y todo es vanidad *(Vanitas vanitatum, et omnia vanitas).* Palabras con que empieza el libro del Eclesiastés (1, 2), y que resumen todo su contenido: todo lo que el hombre persigue, riqueza, placeres, trabajo, ciencia, "todo es vanidad, y perseguir el viento".

Vender la primogenitura por un plato de lentejas. Alusión a un episodio de la historia de Esaú y Jacob (Gén. 25, 30-34). Dícese del que malbarata su patrimonio o situación privilegiada a trueque de una satisfacción inmediata y sin valor.

Veni, vidi, vici *(Llegué, vi y vencí).* Palabras con que César anunció al senado la rapidez de la victoria que acababa de llevar a cabo, cerca de Zela (47), contra Farnaces, rey del Ponto. Se usa familiarmente para expresar el pronto logro de cualquier éxito.

¡Virtud, no eres más que un nombre! Exclamación atribuida a Bruto, en el momento en el que, vencido en la segunda batalla de Filipos, iba a atravesarse con su espada.

¡Viva Cartagena! Locución usada para indicar una situación de desorden. Alude a la insurrección cantonalista de Cartagena de 1873.

Vox populi, vox Dei *(Voz del pueblo, voz de Dios).* Adagio según el cual se establece la verdad de un hecho, la justicia de algo, por la opinión más generalizada.

Ya no hay Pirineos. Frase atribuida erróneamente a Luis XIV cuando su nieto Felipe V fue coronado rey de España (1700). En realidad la idea fue expresada por el embajador español.

Yo soy la voz del que clama en el desierto. Palabras de Juan Bautista a los judíos, al preguntarle estos si él era Cristo, Elías o alguno de los profetas.

REFRANES

A boda ni bautizado, no vayas sin ser llamado: contra los entrometidos.

Abril, aguas mil: alude a que este mes suele ser muy lluvioso en algunas regiones.

A buena hambre no hay pan duro, ni falta salsa a ninguno: alude a que cuando una necesidad apremia no se repara en delicadezas.

A buen entendedor, pocas palabras bastan: expresa que la persona inteligente comprende fácilmente lo que se le quiere decir.

A caballo regalado, no hay que mirarle el diente [o no le mires el dentado]: recomienda admitir sin ningún reparo e inconveniente las cosas regaladas o que no cuestan nada, aunque tengan algún defecto o falta.

A cada cerdo le llega su san Martín: se usa aludiendo peyorativamente a alguien que recibe su merecido por sus acciones o en el sentido de que todas las cosas tienen su plazo.

A Dios rogando y con el mazo dando: recomienda hacer cada uno lo posible para conseguir lo que se desea sin esperar ayuda alguna o que ocurran milagros.

A falta de pan, buenas son tortas: recomienda conformarse con lo que se tiene, a falta de otra cosa mejor.

Agua de por mayo, pan para todo el año: manifiesta lo convenientes que son en este mes las lluvias para fecundizar los campos.

Agua de por san Juan, quita vino y no da pan: alude a que la lluvia por san Juan es dañosa a las vides y de ninguna utilidad a los trigos.

Agua pasada no muele molino: expresa que una oportunidad o una situación pasadas ya no se pueden aprovechar o no tienen eficacia.

Alábate, cesto, que venderte quiero: advierte que el que desea conseguir alguna cosa, no ha de contentarse con el favor o protección de otro, sino que debe ayudarse con su propia diligencia.

A la ocasión la pintan calva: recomienda aprovechar las oportunidades.

A las diez, en la cama estés y si es antes, mejor que después: contra la costumbre de trasnochar.

A la tercera, va la vencida: advierte que repitiendo los esfuerzos cada vez con mayor ahínco, a la tercera se suele conseguir el fin deseado. También significa que después de tres tentativas infructuosas, se debe desistir del intento. Otras veces se dice, en son de amenaza, a quien, habiendo cometido ya dos faltas, no se le quiere perdonar una más.

A la vejez, viruelas: se dice cuando alguien de edad ya madura hace o experimenta algo impropio de su edad.

Al buen día, métele en casa: aconseja aprovechar las ocasiones favorables.

Al buen pagador no le duelen prendas: alude a que el que quiere cumplir con lo que debe, no se niega a dar cualquier seguridad que le exijan.

Al cabo de cien años todos seremos calvos [o **salvos**]: sobre la brevedad de la vida.

Al cabo de los años mil, vuelve el agua a su cubil: señala que con el transcurso del tiempo vuelve a hacerse o a actualizarse lo que ya estaba en desuso.

Al enfermo que es de vida, el agua le es medicina: destaca la robusta constitución o buena estrella de una persona.

Al gallo que canta, le aprietan la garganta: contra los indiscretos y los que no saben guardar un secreto.

Algo tendrá el agua cuando la bendicen: da a entender que el alabar a una persona o cosa a quien nadie culpa, o cuando no viene al caso, es señal de haber en ella alguna malicia.

A lo hecho, pecho: aconseja tener fortaleza para hacer frente a las consecuencias de un error o falta cometidos.

Al mal tiempo, buena cara: contra el desánimo en las circunstancias adversas.

Amigo reconciliado, enemigo doblado: advierte contra el amigo con quien se ha reñido alguna vez.

Amistad de yerno, sol en invierno: sobre la tibieza o poca duración de las relaciones amistosas entre suegros y yernos.

Amor con amor se paga: recomienda corresponder en la misma medida con que uno es favorecido, o tratado. (Suele usarse irónicamente.)

Amor loco, yo por vos, y vos por otro: señala el hecho frecuente de que una persona amada por uno ame a otro que no le corresponde.

Amor trompetero, cuantas veo tantas quiero: sobre la facilidad con que se enamoran algunas personas.

Ande yo caliente y ríase la gente: se aplica al que prefiere su gusto o su comodidad al bien parecer.

Antes que te cases, mira lo que haces: advierte que se mediten bien los asuntos graves, antes de meterse en ellos.

A pan duro, diente agudo: aconseja actuar diligentemente como fórmula para superar las dificultades poniendo actividad y diligencia.

A quien cuece o amasa, no hurtes hogaza: advierte la dificultad que entraña el intentar engañar a alguien en algo en lo que está experimentado o en aquello en lo que tiene mucha práctica.

A quien Dios no le dio hijos, el diablo le dio sobrinos: expresa que por causa ajena le sobrevienen problemas y preocupaciones al que no los tiene por su propia situación.

A quien Dios quiere bien, la perra le pare lechones: alude a que todo le sale bien a quien tiene buena suerte.

A quien madruga, Dios le ayuda: contra la pereza.

A rey muerto, rey puesto: expresa lo pronto que queda ocupado el puesto o el vacío afectivo dejado por una persona.

A río revuelto, ganancia de pescadores: indica que en las revueltas y desórdenes suelen sacar utilidad los que saben aprovecharlas.

A su tiempo maduran las brevas [o **las uvas**]: en favor de la paciencia para la consecución de un fin.

Al pan, pan, y al vino, vino: en pro de la sinceridad.

Al que [o **A quien**] **de ajeno se viste, en la calle le desnudan:** advierte de que quien se atribuye prendas o cosas que no son suyas, se expone a verse despojado de ellas en cualquier lugar o momento.

Al que va a la bodega, por vez se le cuenta, beba o no beba: advierte que se huya de lugares sospechosos, aunque se vaya con buen fin o intención.

Aún no ensillamos, y ya cabalgamos: contra los que quieren llegar al fin antes de tiempo sin haber puesto los medios necesarios.

Aunque la garza vuela muy alta, el halcón la mata: contra los engreídos.

Aunque la mona se vista de seda, mona se queda: advierte contra el afán de disimular los defectos o de acicalarse en exceso.

avaricia [o **codicia**] **rompe el saco (La):** enseña que muchas veces se frustra el logro de una ganancia moderada por el ansia de aspirar a otra mayor.

bien no es conocido hasta que es perdido (El): advierte el gran aprecio que debe hacerse de la buena suerte.

Bien vengas, mal, si vienes solo: alude a que los males o desventuras suelen venir seguidos.

buey suelto bien se lame (El): se refiere a lo apreciable que es la libertad.

Buey viejo, surco derecho: hace referencia a aquellas personas que por su inteligencia y práctica desempeñan eficazmente su trabajo u oficio.

Cada loco con su tema: advierte que cada cual presta más interés a lo que le afecta.

Cada oveja con su pareja: recomienda tratar cada uno con sus iguales.

Cada uno cuenta [o **habla**] **de la feria como le va en ella:** expresa que cada cual habla de las cosas según el provecho o daño que ha sacado de ellas.

Cada uno sabe dónde le aprieta el zapato: expresa que cada uno sabe bien lo que le conviene.

Cada uno tiene su modo de matar pulgas: alude a la diversidad de caracteres de las personas.

Callen barbas y hablen cartas: advierte de que no vale la pena defender con palabras lo que no puede ser defendido con pruebas y hechos.

Calvo vendrá que calvo me hará [o **que calvo vengará**]: alude a la muerte.

Cantarillo que muchas veces va a la fuente, o deja el asa o la frente: sobre la temeridad del que a menudo se expone al peligro.

caridad bien ordenada empieza por uno mismo (La): advierte lo natural que es pensar en las necesidades propias antes que en las ajenas.

Casa con dos puertas mala es de guardar: señala que la existencia de dos accesos a una casa facilita los robos y el allanamiento.

casado casa quiere (El): sobre la conveniencia de vivir independientemente del resto de la familia una vez casados.

Cielo aborregado, suelo mojado o **Cielo borreguero, vendaval o agua del cielo:** expresa que las nubes aborregadas son indicio de lluvia.

Cobra [o **Coge**] **buena fama, y échate a dormir:** enseña que quien una vez adquiere buena fama, con poco trabajo la conserva.

comer y el rascar, todo es empezar (El): expresa la facilidad en continuar una acción una vez empezada.

Comida hecha, compañía deshecha: reprende al que se aparta del amigo cuando ya no le es útil.

Condición de buen amigo, condición de buen vino: porque uno y otro son mejores siendo viejos.

Con la vara que midas, serás medido: enseña que en esta vida seremos tratados según tratemos a los demás.

Con pan y vino se anda el camino: señala que es necesario cuidar del sustento de los que trabajan, si se quiere cumplir bien con su obligación.

consejo de la mujer es poco, y el que no lo toma, un loco (El): expresa que las mujeres suelen acertar cuando aconsejan.

Contra el vicio de pedir, hay la virtud de no dar: se usa para negarse a una petición.

cornudo es el postrero [o **el último**] **que lo sabe (El):** suele usarse cuando una persona ignora lo que le importaría saber antes que nadie.

Cosa hallada no es hurtada: además de su significación recta, tiende a disculpar al que se vale de la ocasión para conseguir sus fines.

costumbre hace ley (La): sobre la fuerza de la costumbre.

Cría cuervos y te sacarán los ojos: advierte que los beneficios hechos a quien no los merece son correspondidos con desagradecimiento.

Cuando el río suena, agua lleva [o **agua o piedra lleva**]: expresa que todo rumor o hablilla tiene algún fundamento.

Cuando el sol sale, para todos sale: expresa que hay muchos bienes y ocasiones de que disfrutan todos.

Cuando las barbas de tu vecino vieres pelar, echa las tuyas a remojar: aconseja aprender de lo que sucede a otros a fin de escarmentar y precaverse.

Cuando marzo mayea, mayo marcea: cuando en marzo hace buen tiempo, lo hace malo en mayo.

Cuando una puerta se cierra, ciento se abren: expresa que tras un suceso desdichado, suele venir otro feliz y favorable.

Cuando uno no quiere, dos no barajan [o **no riñen**]: recomienda la serenidad de ánimo para evitar enfrentamientos.

Cuando viene el bien, mételo en tu casa: aconseja no despreciar la buena suerte.

Cuenta y razón conserva [o **sustenta**] **amistad:** recomienda tener cuentas claras aun entre amigos.

Cuidados ajenos, matan al asno: advierte contra los entrometidos.

Dame pan y dime tonto: comenta la conducta de alguien que no se da por ofendido con los insultos o las desatenciones, si con ello obtiene una ventaja material.

dar y tener, seso ha menester (El): advierte en contra de los excesos.

De casta le viene al galgo el ser rabilargo: sobre la herencia de ciertas costumbres.

De desagradecidos está el infierno [o **el mundo**] **lleno:** contra los ingratos.

De diestro a diestro, el más presto: expresa que entre dos igualmente hábiles, el más diligente lleva la ventaja.

De dinero y bondad, quita siempre la mitad: advierte de la tendencia a la exageración que tienen las personas al hablar de dinero.

De fuera vendrá quien de casa nos echará: se usa contra los entrometidos.

De [o **Sobre**] **gustos no hay nada escrito:** sobre la libertad y diversidad en cuestión de gustos

De hombres es errar; de bestias, perseverar en el error: contra la obstinación.

Del agua mansa me libre Dios, que de la brava [o **recia**] **me guardaré yo:** advierte de las personas de genio aparentemente apacible, ya que cuando se enojan suelen ser las más impetuosas y terribles.

Del árbol caído todos hacen leña: expresa el desprecio que se hace comúnmente de aquel a quien ha sido contraria la suerte y la utilidad que todos procuran sacar de su desgracia.

Del dicho al hecho hay mucho trecho: señala la distancia que hay entre lo que se dice y lo que se hace, y aconseja no confiar enteramente en las promesas, pues suele ser mucho menos lo que se cumple que lo que se ofrece.

Del mar, el mero; y de la tierra, el carnero: señala la calidad y exquisitez de la carne de estos animales.

Del plato a la boca se cae la sopa: sobre la inseguridad de las más fundadas esperanzas.

De lo poco, poco, y de lo mucho, nada: contra la avaricia de los enriquecidos.

De los enemigos, los menos: se usa cuando se trata de deshacerse de los que causan perjuicio.

De los escarmentados se hacen los avisados: señala que la experiencia enseña a evitar las ocasiones peligrosas.

deseo hace hermoso lo feo (El): expresa que el ansia o afán de poseer una cosa ofusca el entendimiento.

Desnudo nací, desnudo me hallo; ni pierdo ni gano: afirma que el que no tiene ambición se conforma fácilmente aunque pierda o deje de adquirir algunos bienes.

Después de beber, cada uno dice su parecer: expresa que el consumo excesivo de alcohol suele provocar indiscreción.

De tal palo, tal astilla: sobre la semejanza de acciones, caracteres, o costumbres entre padres e hijos.

diablo, harto de carne, se metió fraile (El): censura al que reforma sus costumbres relajadas cuando ya no tiene vigor para continuarlas.

dicha de la fea, la hermosa la desea (La): expresa que la mujer fea suele tener más suerte que la hermosa en el matrimonio.

Dime con quién andas, y te diré quién eres: señala que por la compañía que buscan se conoce la manera de ser de las personas.

Dinero llama dinero: sobre el poder del dinero.

dineros del sacristán, cantando se vienen y cantando se van (Los): expresa que el dinero ganado con poco esfuerzo suele gastarse con facilidad.

Dios los cría y ellos se juntan: comenta que las personas suelen buscar sus amigos entre los de sus propias costumbres y maneras de pensar.

Donde fueres, haz como [o **lo que**] **vieres:** sobre la conveniencia de acomodarse a las costumbres, usos y estilos del país donde uno se halla.

Donde hay patrón, no manda marinero o **Donde manda capitán, no gobierna marinero:** expresa que donde hay superior no puede mandar el inferior

Donde las dan, las toman: advierte que el que se porta mal con otro recibirá el mismo trato.

Donde menos se piensa, salta la liebre: expresa la ocurrencia repentina de algo totalmente inesperado.

duelos con pan son buenos [o **son menos**] **(Los):** afirma que los trabajos son más soportables habiendo bienes y conveniencias.

El que la sigue la consigue: expresa que el que pone los medios necesarios consigue el fin que pretende.

El que malas mañas ha, tarde [o **nunca**] **las perderá:** sobre la dificultad de librarse de las malas costumbres.

El que menos corre, vuela: sobre el que obra con disimulo, afectando indiferencia al mismo tiempo que solicita las cosas con más eficacia.

El que no cojea, renquea: expresa que nadie es perfecto.

El que no llora, no mama: aconseja insistir en las peticiones, ruegos y súplicas si se quiere conseguir un objetivo.

El que roba a un ladrón [o Ladrón que roba a ladrón] tiene cien años de perdón: disculpa a quien roba o engaña a alguien que lo ha hecho antes con otros.

En boca cerrada no entra mosca [o **no entran moscas**]: en pro de la discreción.

En cada casa cuecen habas, y en la nuestra, a calderadas: en todas partes hay dificultades y problemas, y cada uno tiene los suyos por mayores.

En cada tierra, su uso, y en cada casa, su costumbre: aconseja amoldarse a los usos y costumbres del sitio donde se viva o de las personas con quienes se trata.

En casa del herrero, cuchillo de palo: señala que donde hay los medios y la facilidad para conseguir una cosa, suele ser corriente su ausencia.

En casa llena, presto se guisa la cena: expresa que donde hay abundancia de medios, se resuelven con mayor facilidad todos los problemas.

En los nidos de antaño no hay pájaros hogaño: alude a la inestabilidad de las cosas terrenas.

En martes, ni te cases ni te embarques: sobre la superstición que considera el martes como día aciago.

En nombrando al rey de Roma, luego asoma o **Hablando del rey de Roma, que aquí se asoma:** se usa familiarmente cuando llega aquel de quien se estaba hablando.

En tierra de ciegos [o En el país de los ciegos] el tuerto es rey: expresa que por poco que uno valga en cualquier aspecto sobresale entre los que valen menos.

Entre dos muelas cordales [o molares] nunca metas [o pongas] tus pulgares: aconseja no entrometerse en las peleas entre parientes muy cercanos.

Entre hermanos, dos testigos y un notario: sobre la conveniencia de respetar la formalidad en los tratos, incluso entre parientes o amigos cercanos.

Entre padres y hermanos no metas tus manos: aconseja no entrometerse en las peleas entre parientes muy cercanos.

Entre sastres no se pagan hechuras: sobre las buenas relaciones entre personas de un mismo empleo, profesión u oficio.

Éramos pocos y parió mi abuela: con que se da a entender que aumenta de modo inoportuno la concurrencia de gente allí donde ya hay mucha.

Esa es [o no es] la madre del cordero: con que se indica que cierta cosa es, o no es, la razón real de un hecho.

Gallo que no canta, algo tiene en la garganta: expresa que cuando uno no interviene en conversaciones que le atañen, suele ser porque tiene algo que temer.

gato maullador, nunca buen cazador (El): se dice del que habla mucho y obra poco.

Gloria vana, florece y no grana: advierte cuán poco suelen durar las satisfacciones.

gozo en el pozo (El): expresa que se ha malogrado una cosa con que se contaba.

hábito no hace al monje (El): expresa que las apariencias no siempre reflejan con sinceridad el interior de las personas.

Habló el buey y dijo mu: se usa cuando alguien que de ordinario no habla nada, dice de pronto una tontería.

Hacer un hoyo para tapar otro: contra aquellos que para evitar un daño o cubrir una trampa hacen otra.

Hágase el milagro, y hágalo el diablo: expresa que lo importante y bueno no desmerece por oscuro e insignificante que sea quien lo haya hecho. También expresa que no se suele cuidar mucho de los medios, con tal de lograr los fines.

Haz bien y no mires [o no cates] a quién: aconseja hacer el bien desinteresadamente.

hombre es fuego; la mujer estopa: llega el diablo y sopla (El): alude a la mutua atracción entre hombres y mujeres.

Hombre prevenido vale por dos: advierte la gran ventaja que lleva en cualquier asunto el que obra con prevención.

Honra y provecho no caben en un saco: expresa que generalmente los empleos de honor y distinción no son de mucho lucro.

Ir por lana y volver trasquilado: expresa que uno ha sufrido perjuicio o pérdida en aquello en que creía ganar u obtener provecho.

letra con sangre entra (La): recomienda castigar para enseñar.

Lo mejor de los dados es no jugarlos: aconseja evitar las ocasiones y los riesgos.

Lo mejor es enemigo de lo bueno: expresa que muchas veces, por querer mejorar, se pierde el bien que se tiene o el que se puede conseguir.

Lo poco agrada, y lo mucho enfada: señala que el exceso suele ser molesto aun en las cosas más gratas.

Lo que abunda no daña: advierte que el exceso en las cosas útiles para algún fin no puede causar perjuicio.

Lo que de noche se hace a la mañana parece: advierte del error de fiarse del sigilo para obrar mal.

Lo que no acaece en un año, acaece en un rato: sobre la contingencia y variedad de los sucesos humanos.

Lo que no has de comer, déjalo cocer: aconseja no inmiscuirse en asuntos ajenos.

maestro ciruela que no sabe leer y pone escuela (El): censura al que habla magistralmente de algo que no entiende.

mal cobrador hace mal pagador (El): contra los que se descuidan en las cosas que son de su interés.

Mal de muchos, consuelo de tontos: niega que sea más llevadera una desgracia cuando comprende a un crecido número de personas. Los que tienen contraria opinión dicen: *Mal de muchos, consuelo de todos.*

Mal me quieren mis comadres, porque digo las verdades: indica que el decir la verdad suele traer enemistades.

mal, para quien le fuere a buscar (El): aconseja huir del peligro.

Malo vendrá que bueno me hará: advierte que las personas o cosas que se tienen por malas, pueden luego valorarse de distinta manera, comparadas con otras peores.

mandar no quiere par (El): advierte que cuando son muchos los que gobiernan, con frecuencia se pierde el acierto por disparidad de pareceres.

Mano sobre mano, como mujer de escribano: advierte contra la ociosidad.

Marzo ventoso y abril lluvioso, hacen el año [o **sacan a mayo**] **florido y hermoso:** expresa cómo conviene que sea el tiempo en dichos meses.

Más da el duro que el desnudo: expresa que del avaro cabe esperar más que del que no tiene nada.

Más hace el que quiere que no el que puede: sobre la fuerza de la voluntad.

Más presto se coge al mentiroso que al cojo [o **Más pronto cae un hablador que un cojo**]: sobre la facilidad con que suelen descubrirse las mentiras.

Más sabe el diablo por ser viejo que por ser diablo: destaca lo mucho que vale la larga experiencia.

Más sabe el loco en su casa que el cuerdo en la ajena: recomienda no censurar o no aconsejar o intervenir en cosas de otro, que por equivocado que parezca conoce mejor que nadie.

Más vale algo que nada: aconseja no despreciar las cosas por muy pequeñas o de poca calidad que sean.

Más vale fortuna en tierra que bonanza por la mar: evidencia los riesgos de la navegación, y prefiere a estos cualquier trabajo o adversidad en tierra firme.

Más vale malo conocido que bueno por conocer: advierte los inconvenientes que pueden resultar de sustituir una persona o cosa ya experimentada por otra que no se conoce.

Más vale maña que fuerza: expresa que generalmente se consiguen mejores resultados mediante la habilidad y suavidad que a través de la fuerza y la violencia.

Más vale pájaro en mano que ciento [o **buitre**] **volando:** aconseja no dejar las cosas seguras, aunque sean pequeñas o escasas, por la esperanza de otras mayores pero inseguras.

Más vale prevenir que curar [o **lamentar**]: sobre la conveniencia de tomar las precauciones necesarias para evitar perjuicios de difícil remedio.

Más vale ser cabeza de ratón que cola de león: expresa que es mejor ser el primero y mandar en una comunidad pequeña que ser el último en otra mayor.

Más vale tarde que nunca: advierte que resulta más útil y estimable hacer algo, aunque tarde, que dejar de hacerlo.

Matrimonio y mortaja, del cielo baja: expresa cuán poco valen los propósitos humanos con relación al casamiento y la muerte.

melón y el casamiento ha de ser acertamiento (El): expresa que el acierto en estas dos cosas depende más de la casualidad que de la elección.

Menea la cola el can, no por ti sino por el pan: expresa que generalmente los halagos y obsequios se hacen más por interés que por amor.

miedo guarda la viña (El) o **Miedo guarda viña, que no viñadero:** explica que el temor al castigo suele ser eficaz para evitar los delitos.

Mucha salud, no es virtud: hace la recomedación de no presumir de la buena salud de que se goza, por ser esta una situación que se disfruta sin mérito alguno.

Muchos pocos hacen un mucho: aconseja evitar los perjuicios y pérdidas pequeñas, porque, continuadas, acarrean grandes pérdidas. Del mismo modo, recomienda no subestimar las ganancias pequeñas, porque, unidas, pueden ser el origen de grandes fortunas.

muerto al hoyo, y el vivo al bollo [o **al gozo**] **(El):** por un lado, recuerda la necesidad de superar el fallecimiento de los seres queridos; por otro, censura a los que olvidan con excesiva prontitud a sus muertos.

Muerto el perro, se acabó la rabia: expresa que cesando una causa cesan con ella sus efectos.

Nadie diga [o **Nadie puede decir**] **de esta agua no beberé:** da a entender que nadie está libre de que le suceda lo que a otro, ni seguro de que no hará alguna cosa por mucho que le repugne.

Ni bebas agua que no veas, ni firmes carta que no leas: aconseja procurar la seguridad propia, aunque sea a costa de cualquier trabajo o diligencia.

Ni mesa sin pan, ni ejército sin capitán: aconseja no prescindir de lo principal.

niños y los locos dicen las verdades (Los): expresa que la verdad se halla frecuentemente en las personas que no son capaces de reflexión, ni disimulo.

Ni pidas a quien pidió, ni sirvas a quien sirvió: alude al conocimiento de los trucos de un oficio que tienen las personas que se han dedicado a él.

Ni tanto ni tan calvo que se le vean los sesos: advierte contra las exageraciones.

No con quien naces, sino con quien paces: indica que las personas que más influyen en las costumbres y hábitos de otra son las que conviven con ella.

No es lo mismo predicar que dar trigo: expresa que es más fácil aconsejar que practicar lo que se aconseja.

No es mal sastre el que conoce el paño: se dice de la persona inteligente en asunto de su competencia. Se aplica también al que reconoce sus propias faltas.

No es oro todo lo que reluce: aconseja no fiarse de las apariencias, porque no todo lo que parece bueno lo es en realidad.

No es tan bravo [o **fiero**] **el león, como lo pintan** [o **El león no es como lo pintan**]: expresa que una persona no es tan antipática y terrible como se creía o que un negocio es menos complicado y difícil de lo que se pensaba.

No es villano el de la villa, sino el que hace la villanía: expresa que en todos los sitios hay personas de buen y mal proceder.

No hay atajo sin trabajo: expresa que sin trabajo no se puede conseguir en poco tiempo lo que se quiere.

No hay bien ni mal que cien años dure: se usa para consolar al que padece.

No hay mal que por bien no venga: expresa que un suceso infeliz suele ir acompañado de otro de carácter favorable.

No hay miel sin hiel: sobre la inconstancia y poca duración de los bienes humanos, pues tras un suceso próspero y feliz, viene regularmente otro triste y desgraciado.

No hay peor astilla [o **cuña**] **que la de la misma madera** [o **del mismo palo**] [o **Para que la cuña apriete, debe ser del mismo palo**]: expresa que no hay peor enemigo que el que ha sido amigo, compañero o del mismo oficio o familia.

No hay peor sordo que el que no quiere oír: expresa que son inútiles los medios para persuadir al que con malicia no quiere hacerse cargo de las razones de otro.

No hay plazo que no llegue [o **que no se cumpla**] **ni deuda que no se pague:** reprende la imprudencia del que promete hacer una cosa de difícil ejecución, fiado sólo en lo largo del plazo que toma para ello. También se emplea para advertir a quien impunemente da rienda suelta a su maldad de que tarde o temprano tendrá que responder de sus actos.

No por mucho madrugar amanece más temprano: advierte que no por hacer diligencias antes de tiempo se apresura el logro de una cosa.

No se acuerda el cura de cuando fue sacristán: critica a las personas que al ascender en el trabajo se muestran autoritarias e intolerantes con las que pertenecen a su anterior categoría profesional.

Nunca es tarde si la dicha es buena: alude a la llegada de un bien que se ha esperado mucho.

Obra empezada, medio acabada: explica que la mayor dificultad en cualquier cosa está generalmente en comenzarla.

Obras son amores, que no buenas razones: recomienda confirmar con hechos las buenas palabras ya que éstas solas no acreditan el cariño y la buena voluntad.

ocasión hace al ladrón (La): expresa que a veces se hacen cosas malas que no se habían pensado por haber oportunidad para ejecutarlas.

ociosidad es la madre de todos los vicios (La): enseña la conveniencia de vivir ocupado para no caer en el vicio y depravación.

ojo del amo engorda al caballo (El): sobre la conveniencia de que cada uno cuide de sus bienes.

Ojos que no ven, corazón que no llora [o **siente**]: señala que las lástimas y penas que están lejos, se sienten menos que las que se tienen a la vista.

Ovejas bobas, por do va una van todas: sobre el poder del ejemplo y las malas compañías.

Pájaro viejo no entra en jaula [o **Lechuza vieja no entra en cueva de zorro**]: enseña que a los experimentados o versados en una cosa, no es fácil engañarlos.

Palabras y plumas el viento las lleva [o **las tumba**]: sobre la ligereza e inseguridad de la palabra dada por la facilidad con que se quiebra o no se cumple.

Pan con pan, comida de tontos: expresa lo insulso o falto de interés que resulta algo que se hace entre cosas o personas iguales, particularmente una reunión solo de personas del mismo sexo.

perro del hortelano, que no come las berzas ni las deja comer al amo (El): contra el que ni se aprovecha de las cosas ni deja que los otros hagan uso de ellas.

perro flaco todo es pulgas (El) [o **Al perro flaco no le faltan las pulgas**]: expresa que al pobre mísero y abatido suelen afligirle todas las adversidades.

Peso y medida quitan al hombre fatiga: da a entender lo importante que es actuar con moderación, prudencia y sentido común en todos los aspectos de la vida.

Piensa el ladrón que todos son de su condición: sobre la propensión a sospechar de otro lo que uno mismo hace.

placeres son por onzas, y los males por arrobas (Los): advierte que en la vida son más frecuentes los disgustos y pesares que los gustos y satisfacciones.

Pobreza no es vileza: enseña que nadie se debe afrentar ni avergonzar de padecer necesidad, y reprende a los que desprecian a quien la padece.

Por dinero baila el perro, y por pan, si se lo dan: sobre el poder que tiene el dinero, que influye aun en aquellos a quienes no sirve ni aprovecha.

Por el interés, lo más feo hermoso es: denota cuánto entorpece el interés la claridad del entendimiento y la rectitud de la voluntad.

Por el hilo se saca el ovillo: expresa que por la muestra y por el principio de una cosa se conoce lo demás de ella.

Por mucho trigo nunca es mal año: advierte que lo que abunda siendo bueno, no daña.

Por todas partes se va a Roma o **Todos los caminos llevan a Roma:** explica la posibilidad de ir o llegar a un mismo objetivo o fin por diversos medios o caminos.

Preguntando se va (o **llega**) **a Roma:** sentencia que afirma que preguntando se puede resolver cualquier duda o ignorancia sobre cierto asunto.

Primero es la obligación que la devoción: enseña no anteponer ninguna cosa al cumplimiento de los deberes.

Primero son mis dientes que mis parientes: expresa que cada uno debe mirar antes por sí que por los otros, por muy allegados que sean.

Quien a buen árbol se arrima, buena sombra le cobija: sobre las ventajas de que goza el que tiene buenos protectores e influencias.

Quien a hierro mata, a hierro muere: advierte que uno debe esperar el mismo trato que aplica a otros.

Quien ama [o **busca**] **el peligro, en él perece:** alerta contra los temerarios.

Quien bien quiere, tarde olvida: expresa que el cariño o amor verdadero no lo alteran las contingencias del tiempo ni otras circunstancias: siempre perdura.

Quien bien siembra, bien coge: explica que el que acierta a emplear bien su liberalidad o servicios, fácilmente consigue lo que desea.

Quien bien te quiere [o **quiera**] **te hará llorar:** enseña que el verdadero cariño consiste en advertir y corregir al amigo en lo que yerra.

Quien busca, halla: afirma que la dedicación personal es el mejor medio para conseguir lo que se desea, afanarse en ello.

Quien calla, otorga: expresa que quien no contradice en ocasión conveniente, da a entender que aprueba.

Quien canta, sus males espanta: recomienda buscar alguna diversión para aliviar los males o penas.

Quien con niños se acuesta, meado se levanta [o **cagado amanece**]: expresa que quedará defraudado quien deja la gestión de sus negocios en manos de personas ineptas.

Quien da pan a perro ajeno, pierde el pan y pierde el perro: enseña que el que hace beneficios a personas desconocidas y con fin interesado, comúnmente los pierde.

Quien desparte lleva la peor parte: advierte a los mediadores la prudencia con que deben proceder.

Quien dice la verdad, ni peca ni miente: aconseja decir siempre la verdad por amarga que sea.

Quien espera, desespera: expresa el estado del que vive en una esperanza incierta de lograr lo que desea.

Quien fue a Sevilla perdió su silla: advierte que la ausencia o negligencia suelen ocasionar pérdidas. También expresa que uno no tiene derecho a recobrar lo que voluntariamente dejó.

Quien habla lo que no debe, oye lo que no quiere: advierte de los murmuradores.

Quien mal anda, mal acaba: advierte que el que vive desordenadamente suele tener un mal final.

Quien más mira, menos ve: expresa que la excesiva suspicacia induce muchas veces a error.

Quien más tiene, más quiere: advierte sobre la insaciabilidad de los codiciosos.

Quien mucho abarca, poco aprieta: enseña que quien emprende o toma a su cargo muchos negocios a un tiempo, no suele desempeñar bien ninguno.

Quien no arrisca, no aprisca: aconseja correr algún riesgo si se quieren conseguir unos objetivos.

Quien no oye consejo, no llega a viejo: recomienda oír el parecer de personas prudentes.

Quien no se aventura, no pasa la mar: aconseja correr algún riesgo si se quieren conseguir unos objetivos.

Quien pregunta, no yerra: sobre la conveniencia de informarse con cuidado y aplicación de lo que se ignora.

Quien quita la ocasión, quita el pecado: aconseja se huya de los peligros para evitar los daños.

Quien siembra vientos, recoge tempestades: predice las funestas consecuencias que puede traerle a alguien el predicar malas doctrinas o suscitar enconos.

Quien te conoce [o **conozca**], **ése te compre** [o **que te compre**]: expresa el descubrimiento de un engaño o de la malicia de alguno.

Quien tiene vergüenza, ni come ni almuerza: advierte que las personas vergonzosas no suelen prosperar.

Quien todo lo quiere, todo lo pierde: contra el ambicioso, que por deseo desmedido pierde incluso lo que tiene seguro.

ropa sucia se debe lavar en casa (La): aconseja a las familias y amigos arreglar sus disensiones en la intimidad.

saber no ocupa lugar (El): da a entender que nunca estorba el saber.

Sarna con gusto no pica: expresa que las molestias ocasionadas por cosas que placen no incomodan.

Si la envidia tiña fuera, ¡qué de tiñosos hubiera!: reprende a los envidiosos.

Sobre gusto [o **gustos**], **no hay disputa** o **Sobre gustos no se ha escrito** [o **no hay nada escrito**]: de gustos no hay nada escrito.

Sol que mucho madruga, poco dura: enseña que las cosas intempestivas o demasiado tempranas suelen malograrse.

Tanto vales cuanto tienes: expresa que el poder y la estimación entre los hombres suele ser proporcional a la riqueza que poseen.

tiempo cura al enfermo, que no el ungüento (El): expresa que el tiempo es el remedio más eficaz.

Tras cornudo, apaleado, y mándanle bailar: reprende la injusticia de los que quieren que quien recibe un mal tratamiento quede sin disgusto.

Una buena capa todo lo tapa: expresa que la apariencia suele encubrir muchas faltas.

Una golondrina no hace verano: expresa que un ejemplo o caso no hace regla.

Un clavo saca otro clavo: expresa que a veces un mal o cuidado hace olvidar o no sentir otro que antes se tenía.

Un grano no hace granero, pero ayuda a su compañero: en pro del ahorro.

Un loco hace ciento: sobre la influencia del mal ejemplo.

Uno levanta la caza y otro la mata: expresa que los afortunados consiguen por casualidad y sin trabajo el fruto de los desvelos y fatigas de otros.

Unos nacen con estrella, y otros nacen estrellados: constata la distinta suerte que tienen las personas.

verdades de Perogrullo, que a la mano cerrada llamaba puño (Las): critica la estupidez que entraña el decir perogrulladas.

Ver la paja en el ojo ajeno, y no la viga en el propio: contra los que reparan en los defectos ajenos y no en los propios, aunque sean mayores.

Voz del pueblo, voz del cielo: expresa que el convenir comúnmente todos en un parecer es prueba de su certidumbre.

Zapatero, a tus zapatos: aconseja que cada cual se limite a ocuparse de lo que es su actividad propia o a opinar sobre lo que entiende.

ALGUNOS REFRANES
DE AMÉRICA LATINA

Argentina

Al perro flaco no le faltan pulgas: A quien está abatido se le acumulan todos los males, variante de "el perro flaco es todo pulgas".

De a uno come la gallina y se llena: recomienda hacer las cosas por partes.

Déle sin asco, que es churrasco: recomienda hacer algo que es beneficioso (churrasco es carne asada).

Dios castiga sin palo y sin rebenque: a todos llega la justicia divina. Equivalente de "Dios castiga sin palo ni piedra".

Emprestar plata es comprar disgustos: recomienda precaución en cuestiones de dinero.

Lechuza vieja no entra en cueva e'zorro: no es fácil engañar a quien tiene experiencia. Variante de "pájaro viejo no entra en jaula".

No apure caballo flaco en cuesta arriba: hay que realizar tareas al ritmo que exigen.

No es pa' todos la bota e'potro: señala que algo no puede ser del gusto de todos.

Otra cosa es con guitarra: señala que es mejor contar con lo necesario.

Porotos a medio día y a la noche porotos, mala comida y mala cena: indica que es necesario echar mano de diferentes medios para lograr buenos fines (*poroto* es frijol, judía).

Si entre burros te ves, rebuzna alguna vez: recomienda comportarse como los que lo rodean.

Ta... güeno le dijo la mula al freno: alude a que hay que acatar ciertas cosas, aunque sea a regañadientes.

Va en gustos, dijo mi abuela y tomaba mate en plato: cada quien tiene su modo (el *mate* no puede tomarse en plato).

Bolivia

Al miedo no ha habido sastre que le haga calzones: nadie está exento de sentir miedo.

Cuando hay arruga, no hay duda: indica que la edad de alguien no puede ocultarse.

muerto sabe a quien le sale (El): indica que alguien enfrenta una situación en forma merecida.

No hay muerto malo ni novia que no sea bonita: la condición de alguien determina la forma en que se percibe.

Chile

Andar con el 131: equivale a andar borracho (el art. 131 de la Ley de Alcoholes penaba la ebriedad pública).

Aunque la bota se vista de sol igual aplasta: las apariencias engañan.

Como te criaste, te quedaste: los antecedentes justifican el presente.

Con calma y tiza: los logros se obtienen con paciencia y dedicación (se refiere al juego del billar, en el que se usa tiza en el taco para lograr la mejor jugada).

cura Gatica, que predica y no practica (El): hay quien aconseja lo que no realiza.

Dale con que las gallinas mean: respuesta a quien expone argumentos absurdos.

Dile a un leso que es bueno con el hacha y te pela un monte: se refiere a que con estímulo alguien puede realizar algo (*leso* es tonto).

El que monta pingo chúcaro, que aguante si corcovea: recomienda paciencia (*pingo* es un caballo).

Está mal peinada la gallina: se refiere a algo que no es justo, que no es pertinente.

Lo bueno gusta y lo malo entretiene: lo bueno es pasajero, lo malo duradero.

Más vale pan duro a pie que filete arrodillado: aconseja conservar la dignidad.

Muchas manos matan la guagua: cuando muchos intervienen en algo, se echa a perder (la *guagua* es un bebé).

Mujer que tiene dos amores no es tonta sino advertía; si una vela se apaga le queda otra encendida: aconseja tomar previsiones.

No gastes pólvora en pájaros que no se comen: hay que dedicarse a lo que realmente vale la pena.

No hay caracol que no tenga vuelta: siempre habrá una nueva oportunidad.

No me salgas conque doña María mató al pato y las visitas no vinieron: se aplica cuando fracasa una convocatoria.

No se meta con la tuerta, que la coja se enoja: alude a que no hay que inmiscuirse en asuntos ajenos.

Para mentir y comer pescado hay que tener mucho cuidado: mentir exige mucho y suele ser evidente.

pega es pega y el leseo leseo (La): alude a que hay que separar aspectos de trabajo (*pega*) y personales (*leseo*, cosas sin importancia).

Peor es mascar lauchas: siempre hay cosas peores (*laucha* es un ratón).

Colombia

A burro negro, no le busque pelo blanco: aconseja no buscar lo imposible. Equivale a "buscarle tres pies al gato" (o "mangas al chaleco").

A cada marrano le llega su sábado: A todos les llega su hora. Variante de "a cada cerdo (o chancho) le llega su San Martín".

A camino largo, paso corto: hay que adaptarse a los fines que se han propuesto, sobre todo si son a largo plazo. Equivale a "más vale paso que dure y no trote que canse".

A chillidos de marrano, oídos de matarife: no hay que atender a razones vanas. Equivalente de "a palabras necias, oídos sordos".

A la mejor cocinera, se le ahuma la olla: todos pueden cometer un error. Equivalente de "al mejor cazador se le va la liebre".

Al que no lleva la carga le parece que no pesa: quien no lleva a cabo algo, le parece fácil.

Antes que acabes, no te alabes: aconseja terminar las empresas y no fanfarronear.

Antes son mis dientes que mis parientes: primero hay que ver por sí mismo. Variante de "primero mis dientes que mis parientes".

Bala que zumba no mata: lo que se anuncia no causa daño. Equivale a "perro que ladra no muerde".

Blanco es, gallina lo pone: alude a que se conoce el origen de algo por evidente.

buey solo bien se lame (El): quien está acostumbrado a la soledad puede atenderse a sí mismo.

Cachetada en cuero ajeno no duele: no se siente igual lo que no se experimenta en carne propia.

Cada arepa tiene su tiesto: cada quien tiene su lugar (la *arepa* es un pan aplastado de harina de maíz). Equivale a "cada oveja con su pareja".

Caimán no come babilla: los de su misma especie no se atacan (la *babilla* es un tipo de cocodrilo).

El que bebe agua en tapara o se casa en tierra ajena, no sabe si el agua es clara ni si la mujer es buena: señala que en ocasiones no se cuenta con elementos suficientes para juzgar (la *tapara* es un fruto con cuya cáscara se elaboran recipientes).

El que quiera marrones que aguante tirones: quien desee algo, debe aguantar las consecuencias para obtenerlo (*marrones* son los rizos que se hacían con papeles).

En esta vida maluca si no hay pan se come yuca: hay que conformarse con lo que haya a mano (*maluco* se refiere a algo feo o que tiene mal sabor). Equivalente de "a falta de pan, buenas son las tortas".

frío conoce al desnudo y el mosco al arremangado (El): se sufren males de acuerdo a cada estado.

Llanero no toma caldo ni pregunta por el camino: quien conoce bien lo que hace sabe cómo y por dónde ir.

mico le dijo al mono: "mira qué rabo tenés"; y el mono le contestó: "¿y el tuyo no te lo ves?" (El): es fácil ver los defectos de los demás, pero no los propios. Variante de "ver la paja en el ojo ajeno y no la viga en el propio".

pez que busca anzuelo, busca su duelo (El): quien busca lo que puede dañarlo saldrá lastimado.

plata es un aceite que cualquier tornillo afloja (La): con dinero todo se puede.

puerco más flaco se come la mejor mazorca (El): quien parece más débil logra el mejor resultado.

Si esta víbora te pica, no hay remedio de botica: hay cosas que no tienen remedio.

Subir como palmera para caer como coco: se refiere a quien hace muchos desplantes y ofrece pocos resultados.

Tantas manos en un plato, pronto se acaba el ajiaco: se aplica cuando demasiados participan en una misma labor.

Cuba

Al que ha de cargar tarros, al nacer le apuntan: no es posible huir al destino cuando se está predestinado a algo (*tarros* quiere decir cuernos).

Café sin tabaco es carne sin sal: señala que la combinación de ciertos elementos es indispensable.

culpa de todo la tuvo el totí (La): frase que se emplea para deslindarse de responsabilidad ante un hecho (*totí* es un pájaro que causa daños en los cultivos).

Es como matar un totí a cañonazos: indica una acción exagerada (*totí* es un pájaro).

Hay vistas que tumban cocos y matan jicoteas en el río: se refiere a quien lanza miradas que denotan gran enojo, es decir, miradas que matan, miradas asesinas (*jicotea* es un tipo de tortuga).

La biajaca no sabe lo que pasa en la manigua, ni la jutía sabe lo que pasa dentro de la laguna: quien habita en un lugar determinado no sabe lo que ocurre en en otro diferente (la *biajaca* es un pez, la *manigua* es una zona de vegetación espesa; la *jutía* es un roedor).

México

A darle que es mole de olla: invitación a hacer algo de inmediato.

A quién le dan pan que llore: nadie se queja cuando recibe beneficios.

Ahora verás huarache, ya apareció tu correa: siempre hay alguien que pone fin a los excesos de otro (*huarache* es un tipo de calzado rústico).

Al bruja nadie se le arrima: al pobre nadie lo atiende (*bruja* se dice de quien no tiene dinero).

Al nopal lo van a ver sólo cuando tiene tunas: a ciertas personas las buscan sólo por conveniencia (*nopal* es una cactácea comestible y *tuna* (o higo chumbo) es su fruto).

Cada cual hace de su vida un papalote: señala que cada quien hace de su vida lo que desea, a pesar de las advertencias (el *papalote* es la cometa).

comal le dijo a la olla "mira qué tiznada estás" y la olla le respondió "mírate tú por detrás" (El): los defectos de los demás saltan a la vista, y no los propios (*comal* es una plancha para calentar alimentos). Variante de "ver la paja en el ojo ajeno y no la viga en el propio".

Dar una sopa de su propio chocolate: retribuir a quien causó un perjuicio con el mismo mal que hizo.

De lejos se reconoce al pájaro que es canario: es fácil distinguir a quien es auténtico.

De lengua me como un plato: señala que no se cree lo que alguien ha dicho.

De tal jarro, tal tepalcate: Los antecedentes justifican el presente (*tepalcate* es el fragmento de una vasija rota). Equivale a "de tal padre, tal hijo".

El que mata a balazos, no puede morir a sombrerazos: indica que quien ejerce violencia, sufrirá violencia. Equivale a "el que a hierro mata, a hierro muere".

El que tiene más saliva, traga más pinole: quien está mejor preparado alcanza la meta pretendida.

Es bueno el encaje, pero no tan ancho: aconseja no abusar.

Hasta al mono más listo se le cae el zapote: todos cometen errores. Variante de "al mejor cazador se le va la liebre".

No hay que buscarle ruido al chicharrón: advierte que no hay que buscar problemas (*chicharrón* es piel de cerdo muy frita).

No le hace que nazcan chatos, nomás que respiren bien: se aplica a lo que no es muy atractivo pero funciona a la perfección.

No todos los que chiflan son arrieros: no hay que confiar en las apariencias.

Pa' que tanto brinco estando el suelo tan parejo: no hay que exagerar cuando se realiza una tarea común.

puerca más flaca es la primera que rompe el chiquero (La): quien tienen menos es quien más problemas da.

Puerto Rico

El que tiene narices no manda a oler: se dirige a quien puede comprobar algo por sí mismo.

Fiao murió, Malapaga lo mató: indica que no pueden hacerse nuevos favores por no haberse saldado los anteriores.

Hay muchos caciques y pocos indios: señala que a todos quieren mandar y pocos actuar.

No todo lo negro es morcilla: no hay que fiarse de las apariencias. Variante de "no todo lo que brilla es oro" o "no todo el monte es orégano".

Tanto nadar para morir en la orilla: indica que luego de muchos esfuerzos lo buscado no se obtuvo.

República Dominicana

Más cuesta la sal que el chivo: lo que parece superfluo ofrece mayor dificultad.

puerco cimarrón sabe en qué palo se rasca (El): señala que quien conoce bien algo sabe utilizar los elementos adecuados.

yagua que está para uno no se la comen los burros (La): lo que tiene un destino determinado no debe ir a otro.

Venezuela

bachaco cría alas para perderse (El): señala un cambio de actitud cuando alguien mejora su situación (*bachaco* es una hormiga).

Buey cansado asienta firme el paso: quien tiene experiencia sabe a qué ritmo hay que trabajar.

Cachicamo hace cueva para lapa: señala que alguien se aprovecha del trabajo realizado por otro (*cachicamo* es armadillo; *lapa* es un mamífero (*Agouti paca*) que en otros países recibe nombres diferentes: paca, guardatinaja, tepezcuintle, jochi).

Cachicamo llamando a morrocoy conchúo: criticar a otros por lo mismo que uno puede ser criticado (*cachiacamo* es armadillo, *morrocoy* tortuga y *conchúo* indica que uno tiene caparazón, pero también equivale a *conchudo*, es decir, cínico, indolente). Variante de "el burro hablando de orejas".

Cuando hay santo nuevo, los viejos no hacen milagros: señala que las novedades acaparan la atención.

El que nace marutón, ni que lo fajen chiquito: indica que hay cosas que no pueden modificarse (*marutón* es el aumentativo de *maruto*, que significa ombligo). Equivalente de "el que nace barrigón, es inútil que lo fajen" o "árbol que nace torcido, nunca su tronco endereza".

En rastrojo viejo siempre hay batatas: señala que existe la posibilidad de que algo vuelva a ocurrir (*rastrojo* es un huerto deforestado, inactivo). Equivale a "Donde hubo fuego, cenizas quedan".

Es bueno el cilantro, pero no tanto: señala que todo debe guardar su justa proporción.

Gallo que no repite, no es gallo: señala que quien quiera destacar debe estar dispuesto a enfrentar a más de uno. Proviene de las peleas de gallos, en las que un mismo gallo sostiene varios encuentros.

Guerra avisada no mata soldado y si lo mata es por descuidado: advierte que hay que estar atento en cierta situación.

Loro viejo no aprende a hablar: señala que algunas personas mayores se niegan a aprender cosas que de jóvenes no aprendieron.

Más es la bulla que la cabulla: indica que se hacen más desplantes que acciones. (*cabulla* es un hilo grueso). Equivale a "Mucho ruido y pocas nueces".

morrocoy no siente el peso de su carapacho (El): quien es responsable no reniega de sus deberes (*morrocoy* es tortuga).

AACHEN → **AQUISGRÁN**.

AAIÚN (El), c. de Marruecos, cap. del Sahara Occidental; 94 000 hab. Antigua capital del Sahara Español.

AALBORG → **ÅLBORG**.

AALST, en fr **Alost**, c. de Bélgica (Flandes Oriental); 76 382 hab. Colegiata del s. XV.

AALTO (Alvar), *Kuortane 1898-Helsinki 1976*, arquitecto y diseñador finlandés. Modificó la orientación del estilo internacional en un sentido orgánico.

AARE o **AAR**, r. principal de Suiza, que nace en los Alpes, afl. del Rin (or. izq.); 295 km. Pasa por Berna.

AARGAU → **ARGOVIA**.

AARHUS → **ÅRHUS**.

AARÓN, *s. XIII a. C.*, hermano mayor de Moisés y primer sumo sacerdote de los hebreos.

ABA, c. del SE de Nigeria; 271 000 hab.

ABAU (Diego José), *Tegucigalpa, Michoacán, 1727-Bolonia 1779*, poeta y humanista mexicano. Jesuita, desde 1767 vivió en Bolonia, donde escribió el poema *Heroica Deo carmina* (1769). También publicó obras didácticas y científicas (*Cursus philosophicus; Geografía hidráulica*).

ĀBĀDĀN, c. de Irán, junto a la desembocadura del Šaṭṭ al-'Arab, en el golfo Pérsico; 84 774 hab. Puerto.

ABAD DE SANTILLÁN (Sinesio **García Fernández**, llamado Diego), *Burgos 1898-Barcelona 1983*, anarquista español. Miembro de la FAI, residió muchos años en Argentina. Fue consejero de la Generalidad de Cataluña (1936-1937). Publicó memorias y obras sobre los movimientos obreros español y argentino.

ABADÍA MÉNDEZ (Miguel), *Vega de los Padres, Tolima, 1867-Bogotá 1947*, político y escritor colombiano. Miembro del Partido conservador, fue presidente (1926-1930). Fundó el periódico literario *El ensayo* (1887) y escribió un *Compendio de historia moderna* (1916).

ABADÍES, **'ABBĀDÍES** o **BANU 'ABBĀD**, dinastía de monarcas de taifas de Sevilla (1023-1091), destronada por los Almorávides.

ABAD Y QUEIPO (Manuel), *Santa María de Villarpedre, Asturias, 1751-Santa María de la Sisla, Toledo, 1825*, prelado español. Obispo de Michoacán en 1810, participó en la independencia mexicana. Fue ministro de gracia y justicia (1820-1824) y obispo de Tortosa en 1824.

ABAKÁN, c. de Rusia, cap. de Jakasia, en Siberia, en la confluencia del *Abakán* y el *Yeniséi*; 154 000 hab.

ABANCAY, c. de Perú, cap. del dep. de Apurímac; 19 007 hab. Agricultura e industrias derivadas.

ABARCA DE BOLEA → **ARANDA (conde de)**.

ABASCAL Y SOUSA (José Fernando), *Oviedo 1743-Madrid 1827*, militar español. Virrey del Perú (1806-1816), practicó una política reformista y se enfrentó a la emancipación.

ABASÍES, **'ABBĀSÍES**, **ABASIDAS** o **ABÁSIDAS**, dinastía de 37 califas (750-1258), fundada por Abu-l-'Abbās Abd Allāh. Sucedieron a los Omeyas y desplazaron el imperio musulmán hacia Iraq. Hicieron de Bagdad su capital y el centro de una brillante civilización. Dominaron solo la parte oriental del imperio omeya, ya que España se independizó en 756, con 'Abd al-Raḥmān I, y el N de África en 778. En 1258 fueron derrocados por los Selyúcidas, aunque se mantuvieron en Egipto hasta 1517.

ABASOLO, mun. de México (Guanajuato); 46 365 hab. Cereales; ganado porcino. Ópalos.

ABASOLO (Mariano), *Dolores, Guanajuato, h. 1783-Cádiz 1816*, militar mexicano. Independentista, fue encarcelado por los realistas en 1811.

ABATE o **ADDATE** (Niccolò **dell'**), *Módena h. 1509-¿Fontainebleau 1571?*, pintor italiano. Llamado a Fontainebleau (1552), colaboró con Primaticcio (lienzos como *El rapto de Proserpina*, Louvre).

ABBADO (Claudio), *Milán 1933*, director de orquesta italiano. Ha sido director musical de la Scala de Milán (1968-1986), de la ópera de Viena (1986-1991) y de la orquesta filarmónica de Berlín (1989-2002), antes de crear la orquesta del festival de Lucerna (2003).

'ABBĀS, *m. h. 652*, tío de Mahoma.

'ABBĀS I el Grande, *1571-en el Māzandarān 1629*, sha safawí de Persia (1587-1629). Hizo de Isfahán su capital.

'ABBĀS (Ferhāt), *Taher 1899-Argel 1985*, político argelino, presidió el Gobierno provisional de la república de Argelia (1958-1961).

'ABBĀS (Maḥmūd), llamado **Abū Mazen**, *Zefat, Galilea, 1935*, político palestino. Uno de los principales negociadores del acuerdo palestino-israelí de Washington (1993), primer ministro (2003), sucedió a Y. 'Arafat en la jefatura de la OLP (2004) y en la presidencia de la Autoridad nacional palestina (2005).

'ABBĀS ḤILMĪ II, *Alejandría 1874-Ginebra 1944*, jedive de Egipto (1892-1914). Fue depuesto por los británicos.

ABC, diario conservador español de tendencia monárquica, fundado en Madrid en 1905 por T. Luca de Tena. Uno de los principales del país por su tirada y difusión, se edita en varias capitales.

ABC (American Broadcasting Company), una de las tres grandes cadenas de televisión estadounidenses (junto con la CBS y la NBC), fundada en 1943. ABC News presenta un telediario de gran difusión, «Good Morning America».

'ABD AL-'AZĪZ IBN AL-ḤASAN, *Marrakech 1878 o 1881-Tánger 1943*, sultán de Marruecos (1894-1908). Hijo y sucesor de Mūlāy Ḥasan, fue destronado por su hermano Mulay Ḥafiẓ.

'ABD AL-'AZĪZ IBN MŪSĀ IBN NUṢAYR, *m. en Sevilla 716*, primer emir de al-Andalus (714-716). Hijo de Mūsā ibn Nuṣayr, conquistó el S de la península Ibérica.

'ABD AL-'AZĪZ III IBN SA'ŪD, llamado **IBN SA'ŪD**, *Riyāḍ h. 1880-íd. 1953*, rey de Arabia Saudí (1932-1953). A partir del Naŷd, conquistó los territorios de Arabia Saudí, creada en 1932, donde fundó instituciones modernas.

'ABD ALLĀH, *La Meca 545 o 554-h. 570*, padre de Mahoma.

■ ALVAR **AALTO**. El museo de arte de Jutlandia del Norte, en Ålborg (1968-1972).

'ABD ALLĀH, *Córdoba 844-íd. 912,* emir de Córdoba (888-912), de la dinastía de los Omeyas. Se enfrentó a árabes y muladíes.

'ABD ALLĀH o **ABDALLAH,** *Riyād 1921,* rey de Arabia Saudí (desde 2005). Gobernó en nombre de su hermanastro Fahd, enfermo, a partir de 1995, antes de sucederlo en el trono.

'ABD ALLĀH II o **ABDALLAH II,** *Amman 1962,* rey de Jordania, de la dinastía hachemí. Primogénito de Ḥusayn, lo sucedió en 1999.

'ABD AL-MALIK AL-MUẒAFFAR, *m. en Guadalmellato, Córdoba, 1008,* jefe amirí (975-1008). Hijo de Almanzor, al que sucedió en 1002 como jefe de al-Andalus.

'ABD AL-MALIK IBN QAṬAN AL-FIHRĪ, *d. 670-Córdoba 741,* emir de al-Andalus (732-734 y 741). Se enfrentó a la sublevación de los bereberes con el apoyo de los sirios, quienes lo derrocaron y asesinaron.

'ABD AL-MU'MIN, *Tagra, Argelia-Salé 1163,* fundador de la dinastía almohade. Conquistó Marruecos (1147) y el resto del N de África, y en España sometió los reinos de taifas (1157).

'ABD AL-RAḤMĀN I, *Dayr Hanin, Siria, 731-Córdoba 788,* primer emir omeya de Córdoba (756-788). En 773 rompió las relaciones con Damasco, dando origen al emirato independiente de Córdoba. Sus choques con Damasco permitieron el avance cristiano al S.

'ABD AL-RAḤMĀN II, *Toledo 792-Córdoba 852,* emir de Córdoba (822-852). Sufrió la sublevación de Toledo (834-837) y ataques normandos (844). Protegió las artes y las letras.

'ABD AL-RAḤMĀN III, *Córdoba 891-íd. 961,* primer califa de Córdoba (912-961). Conquistó Torrox (928) y Toledo (932), rompió con Bagdad (929) y fortaleció la hegemonía musulmana en la península Ibérica. Hizo de Córdoba la ciudad principal del occidente europeo, por sus construcciones y esplendor cultural.

'ABD AL-RAḤMĀN IBN 'ABD ALLĀH AL-GĀFIQĪ, *m. en Poitiers 732,* emir de al-Andalus (721 y 730-732). Carlos Martel lo derrotó en Poitiers.

'ABD AL-RAḤMĀN IBN MARWĀN AL-YILLĪQĪ, *m. en Badajoz 889,* jefe muladí. Gobernó Extremadura, independiente de los Omeyas.

'ABD AL-WĀDÍES, dinastía beréber de Tilimsen (1235-1550).

ABD EL-KADER, en ár. **'Abd al-Qādir ibn Muhyī al-Dīn,** *cerca de Mascara 1808-Damasco 1883,* emir árabe. De 1832 a 1847 dirigió la lucha contra la conquista francesa de Argelia, pero tuvo que entregarse y fue encarcelado (1847-1852). Se retiró a Damasco.

ABD EL-KRIM, en ár. **'Abd al-Karīm,** *Ajdir 1882-El Cairo 1963,* caíd rifeño. En 1921 levantó el Rif contra los españoles y obtuvo la victoria de Annual, que aumentó su poder. Atacó la zona francesa de Marruecos para apoderarse de Fez, pero, tras el desembarco de Alhucemas de las escuadras española y francesa, se rindió (1926). Deportado a Reunión, huyó (1947), y se refugió en El Cairo.

ABDERA, colonia fenicia en la costa de Almería (act. *Adra*).

ABDERA, ant. c. griega de Tracia, junto al Egeo.

ABDERRAMÁN → **'ABD AL-RAḤMĀN.**

'ABDUH (Muḥammad), *en Egipto 1849-Alejandría 1905,* reformador musulmán. Discípulo de Yamāl al-Dīn al-Afgānī y muftí de Egipto desde 1889, preconizó la vuelta a las fuentes del islam y la necesidad de la educación.

ABDUL RAHMAN, *Alor Star 1903-Kuala Lumpur 1990,* político malayo. Negoció la independencia y fue primer ministro (1957-1970).

ABDÜLAZIZ, *İstanbul 1830-íd. 1876,* sultán otomano (1861-1876). Fue depuesto por un golpe de estado de la oposición liberal.

ABDÜLHAMID I, *İstanbul 1725-íd. 1789,* sultán otomano (1774-1789). — **Abdülhamid II,** *İstanbul 1842-íd. 1918,* sultán otomano (1876-1909). Fue depuesto por los Jóvenes turcos.

ABDULLAH, 'ABD ALLĀH o **ABDALLAH,** *La Meca 1882-Jerusalén 1951,* emir (1921-1946) y rey (1946-1951) de Transjordania, de la dinastía hachemí. Bajo su reinado, Transjordania —convertida en reino de Jordania— se anexionó una parte de la Palestina árabe (1950). Fue asesinado.

ABDÜLMECID I, *İstanbul 1823-íd. 1861,* sultán otomano (1839-1861). Inauguró la era de las reformas: el Tanzimāt (1839-1876).

ABÉCHÉ, c. del E de Chad, cap. del Ouadaï; 83 000 hab.

ABEJORRAL, mun. de Colombia (Antioquía); 25 335 hab. Cultivos tropicales.

ABE KŌBŌ, *Tōkyō 1924-íd. 1993,* escritor japonés, poeta y novelista (*La mujer de la arena,* 1962).

ABEL, personaje bíblico. Segundo hijo de Adán y Eva, pastor nómada, lo mató por celos su hermano Caín.

ABEL (Niels), *isla de Finnøy 1802-Arendal 1829,* matemático noruego. Creador de la teoría de las integrales elípticas, demostró la imposibilidad de resolver mediante radicales la ecuación algebraica general de 5º grado. — Un premio de matemáticas con su nombre se instituyó en 2002 (otorgado por primera vez en 2003).

ABELARDO (Pedro), en fr. Pierre Abélard o **Abailard,** *Le Pallet 1079-priorato de Saint-Marcel 1142,* teólogo y filósofo francés. Virtuoso de la dialéctica, que aplicó a los dogmas cristianos *(Sic et non),* adversario del realismo en la disputa de los universales, fue condenado por su doctrina acerca de la Trinidad. Es autor de emotivas cartas de amor a Eloísa.

ABELL (Kjeld), *Ribe 1901-Copenhague 1961,* dramaturgo danés. Renovador de la técnica dramática, rompió con el realismo (*La melodía perdida,* 1935; *Silkeborg,* 1946; *El grito,* 1961).

ABENALARIF, en ár. **Abū-Abbas Ibn al-Arif,** *Almería 1088-Marrakech 1141,* filósofo hispanoárabe. Neoplatónico, su obra muestra los caminos para llegar a la unión con Dios.

ABENALCUTÍA, en ár. **Ibn al-Quṭiyya,** *m. en Córdoba 977,* poeta y cronista musulmán, descendiente de Witiza, autor de *Historia de la conquista de al-Andalus* y el *Libro de los verbos,* que terminó Ibn Ṭarif.

ABENALJATIB, en ár. **Ahmad ibn al-Jaṭīb,** *Loja 1313-Fez 1374,* polígrafo hispanomusulmán. Primer ministro de Muḥammad V en Granada, fue acusado de herejía y alta traición y asesinado en prisión. De su vasta producción bibliográfica, en particular sobre temas históricos y médicos, destaca el diccionario biográfico *El círculo sobre la historia de Granada.*

ABENARABÍ, en ár. **Abū Bakr Muḥammad ibn 'Arabī,** también conocido como **Muhyī al-Dīn** («vivificador de la religión»), *Murcia 1164-Damasco 1240,* filósofo y místico hispanoárabe. Influido por el neoplatonismo y el pensamiento gnóstico, autor de una obra inmensa centrada en el Corán, en la que desarrolla el tema de la unicidad de Dios *(La sabiduría de los profetas; Revelaciones).* El sufismo reconoce en él el «mayor de los maestros».

ABENCERRAJES, en ár. **Banū Sirāy,** familia granadina de origen africano, que tuvo gran influencia en el reino de Granada (s. XV). Fue rival de los Zegríes.

ABENEZRA → **'EZRA.**

ABENHAZAN, en ár. **Abū Muḥammad 'Alī ibn Hazm,** *Córdoba 993-Casa Montija, Huelva, 1064,* polígrafo hispanomusulmán. Es autor de *El *collar de la paloma* y de una *Historia crítica de las religiones, sectas y escuelas,* más conocida por el título de *Fiṣal.*

ABÉN HUMEYA, *1520-Laujar, Almería, 1569,* noble morisco andalusí. Fue elegido rey morisco durante la sublevación de las Alpujarras.

ABENJALDÚN, en ár. **'Abd al-Rahmān ibn Jaldūn,** *Túnez 1332-El Cairo 1406,* historiador y filósofo árabe. Es autor de una inmensa *Crónica universal* (concluida en 1382), precedida por unos *Prolegómenos* con su filosofía de la historia.

ABENSAID ('Alī ibn Mūsā ibn Sa'īd al-Magribi, conocido como), *Alcalá la Real 1208-Damasco o Túnez 1286,* erudito y crítico literario hispanoárabe. Realizó una antología literaria *(Libro de la esfera de la literatura).*

ABENTOFAIL, en ár. **Ibn Ṭufayl,** *Wadi Ach, act. Guadix, h. 1110-Marrakech 1185,* médico y filósofo hispanoárabe. Amigo de Averroes, fue médico y consejero del sultán Abū Ya'qūb Yūsuf. Su obra *El filósofo autodidacto* establece los nexos entre filosofía y religión.

ABEOKUTA, c. del SO de Nigeria; 376 894 hab.

ABERDEEN, c. de Gran Bretaña (Escocia), junto al mar del Norte; 216 000 hab. Pesca. Terminal petrolera. Metalurgia. — Catedral (s. XV); museos.

ABERDEEN (George Gordon, conde de), *Edimburgo 1784-Londres 1860,* político británico. Primer ministro de 1852 a 1855, no pudo evitar la guerra de Crimea.

ABGAR, nombre de varios reyes de Edesa (s. II a. C.-s. III d. C.).

ABIDJAN, c. de Costa de Marfil, junto a la laguna Ebrié; 2 500 000 hab. Principal ciudad del país, fue su capital hasta 1983. Puerto. Aeropuerto.

ABILENE, c. de Estados Unidos (Texas); 106 000 hab.

ABISINIA, ant. nombre de *Etiopía.

ABJASIA, república autónoma de Georgia, junto al mar Negro; 538 000 hab. *(abjasios);* cap. *Sujumi.* Los abjasios, pueblo caucasiano en parte musulmán, han desarrollado un importante movimiento secesionista (independencia autoproclamada, reconocida en 2008 por Rusia).

ABNER, s. XI a. C., general de Saúl y de David. Fue asesinado por Joab, también general de David, quien veía en él un rival.

ABOMEY, c. de Benín; 41 000 hab. Ant. capital del reino de Dahomey, fundado en el s. XVII. — Museo en los palacios reales del s. XIX. (Patrimonio de la humanidad 1985.)

ABRABANEL (Yĕhudá) → **HEBREO** (León).

ABRAHAM, s. XIX a. C., patriarca bíblico. Originario de Ur, se estableció con su clan en Palestina, donde llevó una vida de pastor seminómada. Antepasado de los pueblos judío y árabe a través de sus hijos Isaac e Ismael, también es reivindicado por los cristianos, que se consideran sus herederos espirituales.

ABRAHAM (Karl), *Bremen 1877-Berlín 1925,* médico y psicoanalista alemán. Se interesó por los estadios pregenitales de la libido, y contribuyó ampliamente a extender la corriente psicoanalítica.

ABRAHAMS (Peter), *Johannesburgo 1919,* escritor sudafricano en lengua inglesa. Sus novelas se centran en los conflictos raciales (*No soy un hombre libre,* 1954; *Una corona para Udomo,* 1956).

■ NIELS **ABEL**

■ **ABIDJAN.** El barrio del Plateau (centro de negocios).

ABRAMOVITZ (Šalom Yaàqob), llamado **Mendele Mojer Sefarim,** *Kopyl, gob. de Minsk, 1835-Odessa 1917,* escritor ruso en lenguas yiddish y hebrea. Describió los guetos de Europa oriental *(Andanzas de Benjamín III,* 1878).

ABREGO, ant. **La Cruz,** mun. de Colombia (Norte de Santander); 28 513 hab. Minas de plomo.

ABREU (José Antonio), *Valera 1939,* compositor, director de orquesta y economista venezolano. Desde 1975, ha impulsado un sistema de orquestas juveniles e infantiles en su país (FESNOJIV) que propicia la integración de los jóvenes mediante la educación musical, cuyo principal exponente es la Orquesta sinfónica de la juventud venezolana Simón Bolívar. Fue ministro de cultura entre 1990 y 1994. (Premio Príncipe de Asturias de las artes 2008.)

ABREU GÓMEZ (Ermilo), *Mérida 1894-México 1974,* escritor mexicano, autor de teatro, relatos sobre leyendas indígenas *(Canek,* 1940), novelas *(Naufragio de indios,* 1951) y ensayos.

ABREUS, mun. de Cuba (Cienfuegos), 23 737 hab. Ganadería. Central azucarero.

ABRIL (Pedro Simón), *Alcaraz de la Mancha h. 1530-h. 1595,* humanista español, autor de manuales de divulgación filosófica y de gramática latina y griega, y de un tratado sobre la enseñanza *(Apuntamientos,* 1589).

ABRIL (Victoria **Mérida Rojas,** llamada Victoria), *Madrid 1959,* actriz de cine española. Vinculada a los films de V. Aranda *(Cambio de sexo,* 1976; *Amantes,* 1991) y de P. Almodóvar *(Átame!,* 1989; *Tacones lejanos,* 1991), sobresale su intensidad dramática *(El 7º día,* C. Saura, 2004).

ABRUZOS (los), en ital. *Abruzzi,* región del centro de Italia, en los Apeninos; 1 243 690 hab.; cap. *L'Aquila;* 4 prov. *(L'Aquila, Chieti, Pescara* y *Teramo).* Región montañosa, culmina en el Gran Sasso (2 914 m.). Parque nacional.

ABSALÓN, s. x a.C., hijo de David. Rebelado contra su padre y derrotado, huyó, pero su cabellera quedó enredada en las ramas de un árbol. Joab, que lo persiguía, lo mató.

Abstraction-Création, asociación de artistas y revista (1931-1936). Fundado en París por Georges Vanterloo y Auguste Herbin, el grupo sucedió a *Cercle et Carré* de Joaquín Torres García y Michel Seuphor (1930). Artistas de diversos países, de tendencia constructivista, se afiliaron a ella, entre ellos Mondrian.

ABŪ 'ABD ALLĀH → BOABDIL.

ABŪ 'ABD ALLĀH MUḤAMMAD, llamado **el Zagal,** sultán de Granada (Muḥammad XII) [1485-1486]. Enfrentado a Boabdil, se alió con los Reyes Católicos.

ABŪ BAKR, *h. 573-Medina 634,* primer califa (632-634). Suegro de Mahoma, lo sucedió.

ABŪ DABI → ABŪ ẒABI.

ABUJA, cap. de Nigeria, en el centro del país; 306 000 hab.

Abukir (batallas de), batallas navales y terrestres desarrolladas en la bahía de Abukir durante la campaña francesa de Egipto: victoria de Nelson sobre una escuadra francesa (1 ag. 1798); victoria de Napoleón Bonaparte sobre los turcos (25 julio 1799); victoria británica que obligó a los franceses a rendir la plaza (8 marzo 1801).

ABŪ-L-ʿABBĀS 'ABD ALLĀH, llamado **al-Saffāḥ** («el Sanguinario»), primer califa abasí (750-754). Mandó matar a los Omeyas (750).

ABŪ-L-ʿAFIYA (Abraham), *Zaragoza 1240-d. 1291,* cabalista hebraicoespañol. Vivió en Tudela. Es autor de un comentario cabalístico de la *Guía de los perplejos* de Maimónides.

ABŪ-L-ʿAFIYA (Todros ben Yosef), *m. h. 1285,* rabino hebraicoespañol, autor de comentarios bíblicos, talmúdicos y cabalísticos.

ABŪ-L-ʿATĀHIYA, *Kūfa 748-Bagdad h. 826,* poeta árabe. Su poesía destila una visión pesimista del destino del hombre.

ABULCASIS (Abū-l Qāsim ibn 'Abbās **al-Zahrāwī,** llamado), *Córdoba h. 936-íd. h. 1013,* médico hispanomusulmán. Escribió una enciclopedia médica y farmacológica, donde incluye un tratado de cirugía.

ABŪ-L-HASAN 'ALĪ, conocido como **Muley-Hacén,** sultán de Granada (h. 1463-1485) Tras apoderarse del trono de su hijo Boabdil de Granada, abdicó a favor de su hermano Abū 'Abd Allāh.

ABŪ MAZEN → 'ABBĀS (Mahmūd).

ABŪ NUWĀS, *Ahvāz h. 762-Bagdad h. 815,* poeta árabe. Cantor del amor y del vino, es el creador del lirismo moderno en árabe.

ABŪ SIMBEL, sitio arqueológico del Alto Egipto, bajo la segunda catarata del Nilo. Los dos templos rupestres, erigidos durante el reinado de Ramsés II, fueron desmontados como consecuencia de la construcción de la presa de Asuán, reconstruidos por encima del nivel del río y adosados a un acantilado artificial. Patrimonio de la humanidad 1979.)

ABŪ TAMMĀM, *Djāsim h. 804-Mosul 845,* poeta árabe. En reacción contra Abū Nuwās, recuperó la poesía tradicional beduina.

ABŪ ẒABI o **ABŪ DABI,** uno de los *Emiratos Árabes Unidos, junto al golfo Pérsico; 670 000 hab.; cap. *Abū Ẓabi* (243 000 hab.). Petróleo. Complejo turístico y cultural (universidad, museos) en curso de acondicionamiento en la isla de Saadiyat.

Abwehr (voz alem. que significa *defensa),* servicio de información del estado mayor alemán, reconstituido después de 1919. De 1935 a 1944 fue dirigido por el almirante Canaris.

ABYDOS, sitio arqueológico del Alto Egipto. La supuesta ubicación de la tumba de Osiris hizo de este lugar un importante centro de peregrinación. — Necrópolis de las primeras dinastías faraónicas. Templos, entre ellos el de Seti I, donde se encontró la *tabla de Abydos,* relación de faraones de Nārmer a Seti.

ABYLA o **ABILA,** promontorio en la costa africana del estrecho de Gibraltar. Formaba con la otra *Columnas de Hércules.*

AÇAB → AJAB.

ACACÍAS, mun. de Colombia (Meta), avenado por el *río Acacías;* 26 144 hab. Colonia penal.

ACAD o **AKKAD,** c., estado y dinastía de la baja Mesopotamia (h. 2325-2160 a.C.). Sargón el Grande fundó el imperio de Acad, destruido por invasores bárbaros venidos del Zagros.

Academia, escuela filosófica fundada por Platón en los jardines próximos a Atenas (ss. IV-I a.C.). — Con el nombre de *Academia,* fueron apareciendo en Europa a partir del renacimiento instituciones culturales, literarias, artísticas o científicas con patrocinio oficial. Primero en Italia *(Academia de la Crusca,* 1582), después en Francia (1635) y posteriormente en España, con el advenimiento de los Borbones, lo que originariamente eran reuniones de humanistas se convirtieron en instituciones oficiales (la *Real academia española* data de 1713). En Hispanoamérica las academias se fundaron generalmente después de la independencia. Actualmente el *Instituto de España coordina las actividades de todas las Academias españolas. (V. lista de Academias al final del volumen.)

ACADIA, primera colonia francesa de América del Norte, que se corresponde sobre todo con la actual Nueva Escocia (Canadá). Fue cedida a Gran Bretaña en 1713.

ACAJETE, mun. de México (Puebla), en la falda del volcán La Malinche; 33 975 hab.

ACAJUTLA, c. de El Salvador (Sonsonate); 16 270 hab. Principal puerto marítimo del país. Pesca. Refinería de petróleo. Planta de fertilizantes.

ACAMAPICHTLI, primer soberano (tlatoani) de los aztecas (1376-1396). Fue tributario y a la vez aliado de los tepanecas de Azcapotzalco.

ACÁMBARO, mun. de México (Guanajuato); 98 126 hab. Nudo ferroviario. — Convento franciscano (1526) de estilo plateresco (claustro); casas de época virreinal; puente del s. XVIII.

ACAMBAY, mun. de México (México); 37 766 hab. Agricultura (maguey), silvicultura.

ACAPETAGUA, mun. de México (Chiapas), en la planicie costera de Tehuantepec; 18 277 hab.

ACAPONETA, mun. de México (Nayarit), avenado por el *río Acaponeta* (210 km), 35 866 hab. Agricultura e industrias derivadas.

ACAPULCO, mun. de México (Guerrero), en la *bahía de Acapulco;* 592 187 hab.; cab. *Acapulco de Juárez* (515 374 hab.). Puerto, centro comercial y principal centro turístico del país. Aeropuerto. Industrias alimentarias, textiles y mecánicas. — En la época virreinal fue el puerto comercial más importante del Pacífico *(nao de Acapulco* o *galeón de Manila en comercio con Oriente).

ACAPULCO (fosa de), depresión submarina del Pacífico (5 700 m), junto a la costa S de México.

ACARIGUA, c. de Venezuela (Portuguesa); 116 551 hab. Centro comercial y de comunicaciones.

ACATLÁN, mun. de México (Puebla), avenado por el *río Acatlán* (150 km), 27 027 hab. Minas de carbón.

ACATLÁN DE PÉREZ FIGUEROA, mun. de México (Oaxaca); 32 818 hab. Cultivos subtropicales.

ACATZINGO, mun. de México (Puebla); 23 956 hab. Canteras de mármol. Convento del s. XVI.

ACAXOCHITLÁN, mun. de México (Hidalgo); 26 293 hab. Fruticultura. Industria de la madera.

ACAY (nevado de), cerro de los Andes argentinos (Salta); 5 716 m.

ACAYA, región de la ant. Grecia, en el N del Peloponeso. Tras la conquista romana (146 a.C.), el nombre designó la Grecia sometida a Roma. — Los cruzados crearon en 1205 el *principado de Acaya* o de *Morea,* reconquistado por los bizantinos en 1432.

ACAYUCAN, mun. de México (Veracruz); 52 106 hab. Agricultura, ganadería e industrias derivadas.

ACCIAIUOLI, familia florentina que dirigió una poderosa compañía bancaria en el s. XIV.

Accio (batalla de) → **Actium.**

Acción católica, conjunto de movimientos católicos que se organizaron a partir de 1925, bajo el pontificado de Pío XI, a fin de vincular a los laicos a la acción apostólica del clero.

Acción democrática o **AD,** partido político venezolano, fundado en 1941. De orientación socialdemócrata, accedió al poder con las presidencias de R. Gallegos, R. Betancourt, R. Leoni, J. Lusinchi y C. A. Pérez.

acción nacional (Partido) o **PAN,** partido político mexicano fundado en 1939, de orientación conservadora. Venció en las elecciones presidenciales de 2000 y de 2006.

Acción republicana, partido político español, fundado en 1924 por M. Azaña. En 1934 formó con otros grupos Izquierda republicana.

ACCRA, cap. de Ghana, junto al golfo de Guinea; 949 000 hab. Puerto.

ACCURSIO (Francesco), *Dagnolo h. 1185-Bolonia h. 1263,* jurisconsulto italiano. Renovador del derecho romano, es autor de la *Gran glosa* o *Glossa ordinaria.*

ACEH o **ATJEH,** región de Indonesia, en el N de Sumatra; 55 392 km²; 3 416 000 hab.; cap. *Banda Aceh.* Ant. sultanato que controlaba la mayor parte del comercio de la pimienta (ss. XVI-XVII). Principal potencia de Sumatra hasta el s. XIX, islamizada, Aceh se enfrentó al ejército colonial holandés (1873-1904) y después al gobierno indonesio, desarrollando fuertes reivindicaciones independentistas (acuerdo de paz en 2005 y ley de autonomía en 2006). La región fue devastada por un sismo, seguido de un tsunami, el 26 dic. 2004.

Acero (pacto de) [22 mayo 1939], pacto de asistencia militar germano-italiano firmado en Berlín por Ribbentrop y Ciano.

ACERO DE LA CRUZ (Antonio), *Santa Fe de Bogotá principios s. XVII-íd. 1667,* pintor y arquitecto colombiano. En Bogotá se conservan diversas obras suyas *(La Virgen del Rosario,* Las Aguas; *Inmaculada,* San Francisco).

ACEVAL (Emilio), *1854-1931,* político paraguayo. Presidente de la república desde 1898, fue derribado por un golpe militar en 1902.

ACEVEDO, mun. de Venezuela (Miranda); 61 415 hab.

ACEVEDO (Remigio), *Rengo 1868-Santiago 1941,* compositor y organista chileno. Compuso música religiosa y la ópera *Caupolicán* (1902).

ACEVEDO BERNAL (Ricardo), *Bogotá 1867-Roma 1930,* pintor colombiano. Practicó el costumbrismo, la pintura religiosa y el retrato.

ACEVEDO DÍAZ (Eduardo), *Montevideo 1851-Buenos Aires 1921,* escritor y político uruguayo, autor de una trilogía sobre la independencia y las guerras civiles (1888-1893) y de otras novelas.— **Eduardo A. D.,** *Dolores 1882-Buenos Aires 1959,* jurisconsulto y escritor argentino. Hijo de Eduardo Acevedo, fue profesor de derecho civil y escribió libros de derecho (*La compraventa del trabajo,* 1910), así como ensayos y novelas.

ACEVEDO VILÁ (Aníbal), *San Juan 1962,* político puertorriqueño. Presidente del Partido popular democrático (desde 1997), en 2004 fue elegido gobernador.

ACEVEDO Y GÓMEZ (José), *Bogotá 1775-1817,* patriota colombiano. Dirigió la lucha por la emancipación en 1810.

ACHA (Mariano), *1801-1841,* militar argentino. Enemigo de Rosas, destacó en la acción de Palmitas, en la que venció a las tropas rosistas. Derrotado y entregado a Pacheco a condición de respetar su vida, fue encarcelado y decapitado.

ACHÁ (José María de), *1810-Cochabamba 1868,* político y militar boliviano. Destacó a las órdenes de Santa Cruz. Presidente en 1861, fue derrocado en 1864 por Mariano Melgarejo.

ACHACACHI, cantón de Bolivia (La Paz), junto al Titicaca; 29 935 hab.

ACHEBE (Chinua), *Ogidi 1930,* escritor nigeriano en lengua inglesa. Sus novelas describen la descomposición de las sociedades africanas tradicionales por el contacto con Europa (*Todo se desmorona,* 1958; *Arrow of God,* 1964).

ACHESON (Dean Gooderham), *Middletown, Connecticut, 1893-Sandy Spring, Maryland, 1971,* político estadounidense. Sucesor del general Marshall como secretario de Estado (1949-1953), concluyó la Alianza atlántica y dirigió la política estadounidense en la guerra de Corea.

ACHÍ, ant. **Majagual,** mun. de Colombia (Bolívar), junto al Cauca; 23 417 hab. Puerto fluvial.

ACHINSK, c. de Rusia, en Siberia; 122 000 hab. Cemento; aluminio.

ACHÚCARRO (Joaquín), *Bilbao 1937,* pianista español, intérprete notable de Mozart, Schumann y Falla. (Premio nacional de música 1992.)

ACHÚCARRO Y LUND (Nicolás), *Bilbao 1880-Guecho 1918,* médico español. Colaborador de Ramón y Cajal, se especializó en neuropatología y psiquiatría. Investigó sobre la glía, las alteraciones en el ganglio cervical simpático en algunas psicosis, y descubrió técnicas de tinción del tejido nervioso.

ACIS MIT. GR. Pastor siciliano amado por Galatea. Fue convertido en río para escapar de Polifemo, quien, celoso, trató de aplastarlo con una roca.

Acnur (Alto comisionado de las Naciones unidas para los refugiados), organización internacional de carácter humanitario. Creado en 1951, tiene por objetivo garantizar la protección de los refugiados. Sede: Ginebra. (Premio Nobel de la paz 1954 y 1981.)

AÇOKA → AŚOKA.

ACOLMAN, mun. de México (México); 32 316 hab. Agricultura.— Convento de San Agustín (1560), con portada y claustro platerescos (frescos).

ACONCAGUA, pico de los Andes argentinos (Mendoza), junto a la frontera chilena; 6 959 m. Es el pico más alto del continente americano.

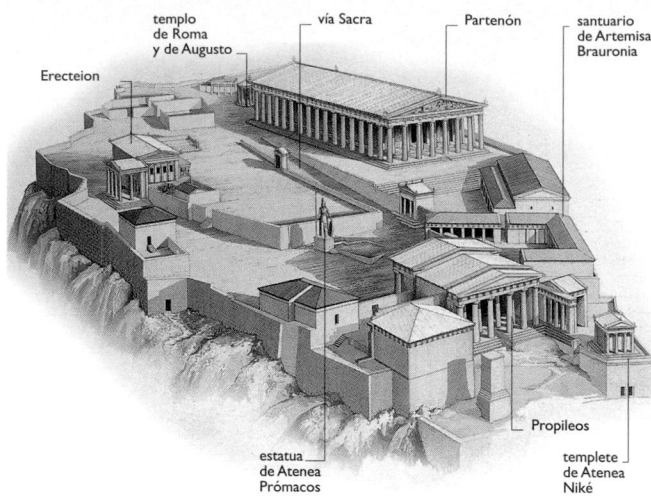

■ **ACRÓPOLIS.** Reconstrucción de la Acrópolis de Atenas.

ACONCAGUA, r. de Chile (Valparaíso), que nace en los Andes, al NO del *Aconcagua,* y desemboca en el Pacífico, junto a Concón; 192 km.

ACONQUIJA (sierra del), sierra del NO de Argentina, que forma parte de las sierras Pampeanas; 5 550 m en el cerro del Bolsón.

ACORA, mun. de Perú (Puno), a orillas del Titicaca; 25 296 hab. Minas de plata. Aguas termales.

ACORANGO, pico de los Andes bolivianos (Oruro); 6 530 m.

ACOSTA (Cecilio), *San Diego de los Altos 1818-Caracas 1881,* escritor y jurista venezolano. Escribió poesía y ensayos sobre temas literarios, históricos, políticos y jurídicos (*Reseña histórica y prospecto del código de derecho penal,* 1865; *Influencias del elemento histórico-político en la literatura dramática y en la novela,* 1887).

ACOSTA (José de), *Medina del Campo 1540-Salamanca 1600,* naturalista e historiador español. Jesuita, vivió en los virreinatos de Perú y Nueva España. Es autor de una *Historia natural y moral de las Indias* (1590) y de catecismos bilingües (aymara-español; quechua-español).

ACOSTA (Julio), *1876-San José 1954,* político costarricense. Presidente de la república (1920-1924), su elección significó la normalización tras el régimen de Federico Tinoco.

ACOSTA (Óscar), *Tegucigalpa 1933,* escritor y periodista hondureño. Ha contribuido a consolidar el género del cuento en su país (*El arca,* 1956). También es autor de poesía (*Tiempo detenido,* 1962) y de ensayos (*Heliodoro Valle, vida y obra,* 1964). [Premio nacional de literatura 1979.]

ACOSTA CASTILLO (Manuel María de los Santos), *Miraflores, Boyacá, 1827-Bogotá 1901,* político, médico y militar colombiano. General y presidente de los Estados Unidos de Colombia (1867-1868), fundó la universidad (1867), el archivo y la biblioteca nacionales.

ACP (países), conjunto de los países de África, del Caribe y del Pacífico (act. en número de 79) que están vinculados a la Unión europea por acuerdos preferenciales o específicos, definidos sucesivamente por las convenciones de *Lomé, por el acuerdo de cooperación ACP-CE firmado en 2000 en Cotonou (de 2000 a 2007) y, para una buena parte de los países ACP, por acuerdos de cooperación económica interinos (desde 2008).

ACRE, r. fronterizo entre Brasil y Perú, afl. del Purús (or. der.); 800 km.

ACRE, estado del O de Brasil; 153 000 km²; 417 437 hab.; cap. *Río Branco.* Fue cedido por Bolivia en 1903.

ACRE, act. *Akko,* c. de Israel, junto al Mediterráneo; 45 000 hab. Puerto.— Ant. fortaleza de los cruzados (*San Juan de Acre*), formó parte del reino de Jerusalén. (Patrimonio de la humanidad 2001.)

Acrópolis, ciudadela de la antigua Atenas. Instalada sobre una roca de unos 100 m de altura, lugar consagrado a Atenea desde el período micénico, fue saqueada por los persas durante las guerras médicas. En el s. v a.C., Pericles encargó a Fidias su renovación; se construyeron magníficos monumentos (Partenón, Erecteion), a los que se accedía por los Propíleos.— Rico museo de obras arcaicas. (Patrimonio de la humanidad 1987.)

Acta sanctorum, relatos referentes a la vida de los santos, redactados en gran medida en el s. XVII por Bolland y sus continuadores (*bolandistas*).

Acta única europea, tratado firmado en 1985 y ratificado en 1986 y 1987 por los estados miembros de la CEE. Entró en vigor el 1 de julio de 1987, y definía las modalidades de un «gran mercado interior», establecido el 1 de enero de 1993.

ACTEÓN MIT. GR. Cazador que sorprendió a Artemisa en el baño y al que la diosa, irritada, metamorfoseó en ciervo. Fue devorado por sus propios perros.

Actium o **Accio** (batalla de) [31 a.C.], victoria naval de Octavio y Agripa sobre Marco Antonio, a la entrada del golfo de Ambracia, Grecia. Aseguró a Octavio, el futuro Augusto, el dominio sobre el mundo romano.

ACTOPAN, mun. de México (Hidalgo), acci dentado por los *Órganos de Actopan;* 34 622 hab. Convento agustino del s. XVI, con pinturas murales. Museos de arte colonial y de arte popular otomí.

■ EL **ACONCAGUA**

ACTOPAN, mun. de México (Veracruz), a orillas del golfo de México; 37 318 hab. Puerto pesquero. Turismo.

Actors Studio, escuela de arte dramático fundada en 1947 en Nueva York y dirigida de 1951 a 1982 por Lee Strasberg. Su método, inspirado en los principios de Stanislavski, se basa en la concentración y la búsqueda interior de las emociones.

Actos de los apóstoles → **Hechos de los apóstoles**.

ACUARIO, constelación zodiacal. — **Acuario**, undécimo signo del zodiaco, que el Sol atraviesa del 20 de enero al 19 de febrero.

ACULCO, mun. de México (México); 24 231 hab. En él ocurrió la primera derrota de los independentistas mexicanos (7 nov. 1810).

ACUÑA, mun. de México (Coahuila); 110 487 hab. Cereales y caña de azúcar. Ganadería.

ACUÑA (Antonio Osorio de), *m. en Simancas 1526*, prelado español. Obispo de Zamora (1507), dirigió a los rebeldes en la guerra de las Comunidades y tomó Toledo, donde fue hecho arzobispo (1521). Murió ajusticiado.

ACUÑA (Francisco de), tallador hispanoamericano, activo en Santa Fe de Bogotá en el s. XVII. Es autor del tabernáculo (destruido) y del púlpito de la catedral.

ACUÑA (Hernando de), *Valladolid 1518-Granada 1580*, poeta español. Combatió en diversas guerras al servicio de Carlos Quinto. Petrarquista (*Varias poesías*, 1591), debe su fama al soneto *Al rey nuestro señor*.

ACUÑA (Manuel), *Saltillo 1849-México 1873*, poeta mexicano. De cuño romántico, de su obra (*Poesías*, 1874) destacan *Nocturno a Rosario y Ante un cadáver*. Se suicidó.

ACUÑA DE FIGUEROA (Francisco), *Montevideo 1790-íd. 1862*, poeta uruguayo, autor de la letra de los himnos nacionales de Uruguay y Paraguay, y de poemas satíricos (*La Malambrunada*).

ACUÑA Y MANRIQUE (Juan de), marqués de Casafuerte, *Lima 1657-México 1734*, administrador español. Virrey de México (1722-1734), expulsó a los británicos de Honduras y sometió Nayarit. Fue el primer virrey criollo.

ACURIO (Gastón), *Lima 1967*, cocinero peruano. Chef del restaurante Astrid & Gastón (Lima), ha contribuido a divulgar la rica tradición culinaria peruana.

AÇVIN → **ASVIN**.

ACXOTECATL (Cristóbal), *México h. 1514-Atlihuetzia, México, 1527*, protomártir cristiano de América. Educado por los franciscanos, era hijo de un cacique que lo mató, arrojándolo al fuego, por difundir el Evangelio.

ADAD, dios semítico de la tormenta y la lluvia. Fue especialmente importante en Asiria.

ADAJA, r. de España, afl. del Duero (or. izq.); 194 km. Pasa por la c. de Ávila. Centrales hidroeléctricas.

ADAM (puente de), cadena de arrecifes entre Sri Lanka y la India.

ADAM (Robert), *Kirkcaldy 1728-Londres 1792*, arquitecto y decorador británico. Con su hermano **James** (Kirkcaldy 1730-Londres 1794) se inspiraron en la antigüedad y, apartados de las formas palladianas, practicaron una decoración elegante (*estilo Adam*).

ADAMAOUA, ADAMAWA o **ADAMAUA**, altiplanicie de Camerún.

ADAMOV (Arthur), *Kislovodsk 1908-París 1970*, dramaturgo francés de origen ruso. Su teatro evolucionó del simbolismo trágico (*La parodia*, 1952) al realismo político (*Primavera del 71*, 1963).

ADAMS (Ansel), *San Francisco 1902-Monterrey 1984*, fotógrafo estadounidense. Con su arte riguroso y sensible, firmó algunos de los más bellos paisajes del Oeste norteamericano.

ADAMS (Gerard, llamado Gerry), *Falls Road, Belfast 1948*, político norirlandés. Preside el Sinn Féin desde 1983, partido al que condujo a la firma del acuerdo de *Stormont. Elegido al parlamento británico (1983-1992 y desde 1997), es miembro de la asamblea de Irlanda del Norte desde 1998.

ADAMS (John Couch), *Laneast, Cornualles, 1819-Cambridge 1892*, astrónomo británico. Predijo mediante el cálculo, independiente-

mente de Le Verrier, la existencia del planeta Neptuno, que no se tomó en cuenta.

ADAMS (Samuel), *Boston 1722-íd. 1803*, político estadounidense. Fue uno de los pioneros de la independencia. — **John A.**, *Braintree, Massachusetts, 1735-íd. 1826*, político estadounidense. Primo de Samuel, participó en la redacción de la constitución y fue el segundo presidente de EUA (1797-1801). — **John Quincy A.**, *Braintree 1767-Washington 1848*, político estadounidense. Hijo de John, fue el sexto presidente de EUA (1825-1829).

ADÁN, el primer hombre, según la Biblia. Dios, cuando lo había creado y al que desobedeció, lo expulsó, junto con Eva, del Paraíso.

ADÁN (Juan), *Tarazona 1741-Madrid 1816*, escultor español. Escultor de cámara de la corte, fue una de las figuras más destacadas del neoclasicismo (*Piedad*, catedral de Lérida; *Hércules y Anteo*, jardines de Aranjuez).

ADÁN (Rafael de la Fuente, llamado Martín), *Lima 1908-íd. 1985*, escritor peruano. Rigor formal y experimentalismo lingüístico definen su obra (*La casa de cartón*, 1928, novela breve; poesía: *Travesía de extramares*, 1950; *La mano desasida*, 1964).

ADANA, c. del S de Turquía; 916 150 hab. Universidad. Textil.

Adán Buenosayres, novela de L. Marechal (1948), que retrata el alma múltiple de la sociedad porteña mediante el monólogo interior.

ADAPAZARI, c. del NO de Turquía; 159 116 hab.

ADDA, r. de Italia, que nace en el NE de la Bernina, afl. del Po (or. izq.); 313 km. Avena la Valtelina y atraviesa el lago de Como.

ADDINGTON (Henry), vizconde Sidmouth, *Londres 1757-íd. 1844*, político británico. Primer ministro en 1801, negoció la paz de Amiens.

ADDIS ABEBA o **ADDIS ABABA**, cap. de Etiopía, a 2 500 m de alt.; 1 250 000 hab. Sede de la Unión africana. — Museos.

ADDISON (Joseph), *Milston 1672-Kensington 1719*, escritor y político inglés. Sus artículos en *The Spectator* contribuyeron a formar el retrato del perfecto gentleman.

ADDISON (Thomas), *Long Benton, cerca de Newcastle upon Tyne, 1793-Brighton 1860*, médico británico. Describió la insuficiencia de las glándulas suprarrenales (*enfermedad de Addison-Biermer*).

ADELAIDA, en ingl. **Adelaide**, c. de Australia, cap. de Australia Meridional, junto al océano Índico; 1 023 700 hab. Puerto. Metalurgia. Universidad.

ADELAIDA (santa), *Orb, Suiza, h. 931-monasterio de Seltz 999*, esposa del rey de Italia Lotario II, y luego del emperador Otón I.

ADELIA (Tierra), en fr. **Terre Adélie**, sector del continente antártico a 2 500 km al S de Tasmania; 350 000 km² aprox. Bases científicas francesas. — Fue descubierto por Jules Dumont d'Urville en 1840.

ADÉN, c. de Yemen, junto al *golfo de Adén*; 417 000 hab. Puerto. — Fue capital de Yemen del Sur de 1970 a 1990.

ADÉN (golfo de), golfo del NO del océano Índico, entre el S de Arabia y el NE de África.

ADÉN (protectorado de), antiguos territorios bajo protectorado británico en el *golfo de Adén*. Adén y sus alrededores se convirtieron en colonia británica en 1937. De 1959 a 1963, con la mayoría de los sultanatos del protectorado, ingresó en una federación de estados que obtuvo la independencia en 1967 (→ **Yemen** [República de]).

ADENA, sitio arqueológico de Estados Unidos (Ohio). Epónimo de una fase cultural prehistórica (1000 a.C.-700 d.C.) caracterizada por la presencia de vastos túmulos, la sedentarización y los inicios de la horticultura.

Adena (acrónimo de *Asociación para la defensa de la naturaleza*), nombre con el que también se conoce el *WWF.

ADENAUER (Konrad), *Colonia 1876-Rhöndorf 1967*, político alemán. Canciller de la República federal de Alemania (1949-1963) y presidente de la Unión democratacristiana (CDU), fue el artífice de la recuperación económica del país y un firme partidario de la creación

■ MANUEL **ACUÑA**   ■ KONRAD **ADENAUER** en 1949.

de la Comunidad económica europea y de la reconciliación francoalemana.

ADER (Clément), *Muret 1841-Toulouse 1925*, ingeniero francés. Precursor de la aviación, construyó varios aparatos voladores, entre ellos el *Éolo* (1890).

ADHERBAL, rey de Numidia (118-112 a.C.). Hijo de Micipsa, fue asediado y apresado en Cirta por Yugurta, quien lo mandó asesinar.

ADIGIO, r. de Italia, que nace en los Alpes, en la frontera entre Suiza y Austria, y desemboca en el Adriático; 410 km. Atraviesa el Trentino y el Véneto, y pasa por Trento y Verona.

ADIGUESIA o **ADIGUEI**, república de Rusia, cerca del mar Negro; 442 000 hab.; cap. *Maikop*.

ADIRONDACK o **ADIRONDACKS** (montes), macizo del NE de Estados Unidos (estado de Nueva York); 1 629 m. (Reserva de la biosfera 1989.)

ADJANI (Isabelle), *París 1955*, actriz francesa. Formada en la Comedia francesa, sobresale en el cine en el registro de pasiones exacerbadas: *Diario íntimo de Adèle H.* (F. Truffaut, 1975), *La reina Margot* (P. Chéreau, 1994), *Adolphe* (B. Jacquot, 2002).

ADLAN (Amics de l'art nou, Amigos del arte nuevo) [1932-1939], grupo artístico fundado por J. Prats, J. Gomis y J. L. Sert en Barcelona, con centros en Madrid, Bilbao y Tenerife, para dar a conocer las nuevas tendencias del arte.

ADLER (Alfred), *Viena 1870-Aberdeen, Gran Bretaña, 1937*, médico y psicólogo austriaco. Tras alejarse del psicoanálisis freudiano, desarrolló una teoría del funcionamiento psíquico centrada en el sentimiento de inferioridad (*Teoría y práctica de la psicología individual*, 1918).

ADLER (Victor), *Praga 1852-Viena 1918*, político austriaco. Fue uno de los principales líderes del Partido socialdemócrata austriaco.

ADO-EKITI, c. del SO de Nigeria; 325 000 hab.

ADOLFO ALSINA, partido de Argentina (Buenos Aires); 18 045 hab. Nudo ferroviario. Balneario.

ADOLFO ALSINA, dep. de Argentina (Río Negro); 44 582 hab.; cab. *Viedma*.

ADOLFO DE NASSAU, *1248* o *1255-1298*, emperador germánico (1292-1298). Fue derrotado y muerto por Alberto I de Habsburgo.

ADOLFO FEDERICO, *Gottorp 1710-Estocolmo 1771*, rey de Suecia (1751-1771). Bajo su gobierno se opusieron *Sombreros* y *Gorros*.

ADONAY, título dado a Dios en el Antiguo testamento y en la Biblia hebrea.

ADONIS, dios fenicio de la vegetación, venerado en el mundo grecorromano. Muerto mientras cazaba, pasa parte del año en los infiernos y la otra entre los vivos, con Afrodita.

ADONIS → **ADÚNIS**.

ADORNO (Theodor Wiesengrund), *Frankfurt del Main 1903-Visp, Suiza, 1969*, filósofo y musicólogo alemán. Miembro de la escuela de Frankfurt (*Dialéctica de la Ilustración*, 1947, con M. Horkheimer), renovó la estética a partir de su lectura de Marx y Freud (*La personalidad autoritaria*, 1950).

ADOUM (Jorge Enrique), *Ambato 1923*, escritor ecuatoriano. Tras *Los cuadernos de la tierra* (1952), su poesía adquirió un tono más hermético e intimista (*Dios trajo la sombra*, 1960; *Yo me fui con tu nombre por la tierra*, 1964). Ha publicado también crítica literaria, novela y teatro.

ADOUR, r. de Francia, que nace en los Pirineos y desemboca en el Atlántico, junto a Bayona; 335 km.

ADRA, c. de España (Almería); 21 505 hab. *(abderitanos)*. Centro comercial. Turismo. Pesca. — Es la ant. *Abdera* fenicia.

ADRAR, vilayato del Sahara argelino; cap. *Adrar*.

ADRET (Šelomó ben), *Barcelona h. 1235-íd. h. 1310*, rabino y talmudista hebraicoespañol. Es autor de más de 3 000 *responsa*, fuente histórica sobre los judíos españoles.

ADRIÀ (Ferran), *L'Hospitalet de Llobregat 1962*, cocinero español. Chef del restaurante El bulli (Rosas, Gerona), destaca por su cocina de vanguardia.

Adriana (villa), residencia de recreo del emperador Adriano en Tibur (act. Tívoli). Construida entre 117 y 138, sus restos muestran el eclecticismo arquitectónico de la época y el sincretismo del emperador. (Patrimonio de la humanidad 1999.)

ADRIANO, en lat. **Publius Aelius Hadrianus**, *Itálica 76-Baia 138*, emperador romano (117-138). Sucesor de Trajano, que lo había adoptado, convirtió el consejo del príncipe en un órgano de gobierno, tendió a unificar la legislación (*Edicto perpetuo*, 131) y defendió al Imperio de los bárbaros por medio de muros y fortificaciones. Príncipe instruido y gran viajero, construyó la villa *Adriana. Su mausoleo es act. el castillo de Sant'Angelo, en Roma.

■ **ADRIANO.** (Museo de las Termas, Roma.)

ADRIANO I, *m. en torno 795*, papa de 772 a 795. Pidió ayuda a Carlomagno contra los lombardos. — **Adriano IV** (Nicholas **Breakspear**), *Langley h. 1100-Anagni 1159*, papa de 1154 a 1159. Se enfrentó a Arnaldo de Brescia, al rey normando de Sicilia y al emperador Federico Barbarroja. — **Adriano VI** (Adriaan **Floriszoon**), *Utrecht 1459-Roma 1523*, papa de 1522 a 1523. Preceptor de Carlos Quinto, fue inquisidor general y regente de Castilla, donde afrontó la sublevación de las Comunidades (1520).

ADRIANÓPOLIS → EDIRNE.

Adrianópolis (tratado de) [14 sept. 1829], tratado firmado en Adrianópolis entre los imperios ruso y otomano. Reconocía la anexión, en el Cáucaso, del litoral del mar Negro por parte de Rusia y la independencia de Grecia.

ADRIÁTICO (mar), parte del Mediterráneo, entre Italia y la península balcánica. El Po es su principal tributario.

ADRUMETA o HADRUMETA, colonia fenicia de África. Ruinas cerca de Susa (Túnez).

Adua o Adwa (batalla de) [1896], victoria de los etíopes del negus Menelik II sobre los italianos del general Baratieri en Adua, Etiopía.

ADULIS, ant. puerto de Etiopía, junto al mar Rojo (act. Zula, Eritrea). Centro del comercio del marfil y el oro del reino de Aksum.

ADÛNIS o ADONIS ('Alí Ahmad Sa'id **Esber,** llamado), *Qasabin 1930*, poeta libanés de origen sirio, de inspiración filosófica y política (*Canciones de Mihyar el de Damasco*, 1961).

ADY (Endre), *Érmindszent 1877-Budapest 1919*, poeta húngaro. Inició el lirismo moderno en su país (*Sangre y oro*, 1907; *El carro de Elías*, 1909; *A la cabeza de los muertos*, 1918).

ADZHARIA, república autónoma de Georgia, junto al mar Negro; 393 000 hab.; cap. *Batumi*.

AECIO, *Durostorum, Mesia-454*, general romano. Señor indiscutido del Imperio romano de Occidente, defendió la Galia contra los francos y los burgundios, y contribuyó a la derrota de Átila en los campos Cataláunicos (451). Fue asesinado por Valentiniano III.

AEG (Allgemeine Elektrizitäts-Gesellschaft), empresa alemana de construcciones eléctricas. Fundada en 1883, está muy diversificada (electrónica, electrodomésticos, componentes).

Aegates → Égates.

AEIOU, abrev. de la divisa de la casa de los Habsburgo. Puede leerse a la vez en latín (*Austriae est imperare orbi universo*: «Corresponde a Austria reinar sobre todo el universo») y en alemán (*Alles Erdreich ist Österreich untertan*: «Toda la Tierra está sometida a Austria»).

Aenor (Asociación española de normalización), entidad privada española, creada en 1986 para promover la calidad, competitividad y homogeneización industrial, adaptándolas a los criterios de la Unión europea.

Aerolíneas argentinas, compañía aérea argentina, fundada en 1950 como empresa pública. Fue privatizada entre 1990 y 2009.

Aerovías de México, compañía aérea mexicana, fundada en 1934 como *Aeronaves de México (Aeroméxico)*. Fue nacionalizada de 1959 a 1988.

AERTSEN (Pieter), *Amsterdam 1508-íd. 1575*, pintor holandés. Activo en Amberes y Amsterdam, pintó temas religiosos y costumbristas.

AFAR Y DE LOS ISSA (territorio francés de los), denominación dada de 1967 a 1977 a la actual *república de Djibouti*.

AFGANISTÁN, en persa **Afghānestān**, estado de Asia central; 650 000 km²; 21 500 000 hab. *(afganos)*. CAP. *Kabul*. LENGUAS: *persa (dari)* y *pashto*. MONEDA: *afghani*.

GEOGRAFÍA

En su mayor parte es un país montañoso (especialmente al N: macizo del Hindú Kūš) y árido (a menudo menos de 250 mm de pluviosidad), atravesado por valles (Amú Daryá al N, Helmand al S). Al pie de los relieves, parcialmente irrigados, se desarrollan los cultivos de cereales y frutales, y se localizan las principales ciudades (Kabul, Qandahār, Harāt). El resto del país es básicamente dominio del pastoreo ovino, a menudo nómada. El cultivo de adormidera, actualmente prohibido, sigue floreciente. La población, totalmente islamizada, muestra una gran diversidad étnica, con miembros que pertenecen al grupo iraní (pashtos [40 %] y tadzhiks [30 %]) y otros de origen turco (uzbekos, turcomanos, kirguices). La población y la economía sufrieron gravemente con la ocupación soviética de la década de 1980, a la que sucedió una guerra civil que opuso las facciones de los mujahiddin entre ellas y a los mujahiddin con los talibanes.

HISTORIA

El Afganistán antiguo y medieval. Provincia del imperio aqueménida (ss. VI-IV a.C.), helenizada con Alejandro Magno (329 a.C.), sobre todo Bactriana, la región integró el imperio kušāna (ss. I a.C.-v d.C.), de influencia budista. Posteriormente el país se integró cada vez más en el mundo musulmán. Iniciada con la conquista árabe de Harāt (651), la islamización avanzó con los Gaznawíes (ss. X-XII). **1221-1222:** el país fue arrasado por los mongoles.

La época moderna y contemporánea. Ss. XVI-XVII: el país quedó dividido entre el Irán ṣafawí y la India mogol. **1747:** fundación de la primera dinastía nacional afgana. **1839-1842:** primera guerra anglo-afgana. **1878-1880:** segunda guerra anglo-afgana. **1921:** tratado de amistad con la Rusia soviética y reconocimiento de la independencia de Afganistán. **1973:** golpe de estado que derrocó al rey Zāhir Shah. Proclamación de la república. **1978:** golpe de estado comunista. **1979-1989:** intervención militar de la URSS para apoyar al gobierno de Kabul en la lucha contra los mujahiddin. **1992:** los mujahiddin, dirigidos por el tadzhik Ahmad Chah Masud, derrocaron a Mohammed Nadjibollah (en el poder desde 1986) y establecieron un régimen islámico. Pero las facciones se enfrentaron por el control del territorio. **1996:** los talibanes, movimiento militar-religioso apoyado por Pakistán, subieron al poder y, agrupados en torno al mullah Omar, impusieron un islamismo radical. Las fuerzas de la oposición se agruparon en 1999 en un Frente islámico unido, o Alianza del norte, dirigido por Masud. **2001:** Masud fue asesinado (9 sept.). Tras los atentados en su territorio (11 sept.), Estados Unidos, apoyado por la comunidad internacional, intervino en Afganistán contra la red islamista al-Qaeda y su jefe Osama Bin Laden, considerados responsables de los atentados, y contra los talibanes, acusados de apoyarla. Los bombardeos estadounidenses y los asaltos de las tropas de la Alianza del norte derrocaron al régimen talibán (oct.-dic.). Tras una conferencia que reunió en Bonn, bajo el auspicio de la ONU, a todas las partes de la oposición afgana, se creó un gobierno de transición multiétnico

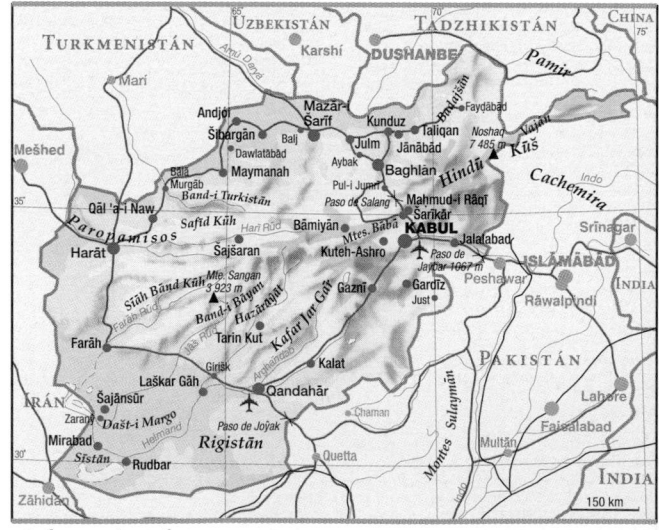

Afganistán

— carretera
— ferrocarril
✈ aeropuerto

● más de 1 000 000 hab.
● de 100 000 a 1 000 000 hab.
● de 25 000 a 100 000 hab.
• menos de 25 000 hab.

1000 2000 4000 m

(dic.), presidido por el dirigente pashto moderado Hamid Karzai. Una fuerza internacional de asistencia a la seguridad (ISAF) fue desplegada en Kabul y su región. **2002:** Karzai fue confirmado como jefe del estado interino por una Loya Jirga (asamblea tradicional) presidida por el antiguo rey Zähir Shah. **2003:** la OTAN tomó el mando de la ISAF. **2004:** una nueva constitución fue adoptada. H. Karzai fue elegido presidente de la República islámica de Afganistán por sufragio universal. **2005:** un nuevo parlamento fue elegido. Pero el país siguió sumido en la inseguridad y la inestabilidad, con un resurgimiento de los talibanes, pese al mantenimiento de una presencia militar importante.

AFL-CIO (American Federation of Labor-Congress of Industrial Organizations), organización sindical estadounidense. Se constituyó en 1955 por fusión de la AFL (Federación americana del trabajo, creada en 1886 siguiendo el modelo británico de las trade-unions) y el CIO (Congreso de organizaciones industriales, desgajado de la AFL en 1935). En 2005 la abandonaron varios sindicatos para crear la federación Change to Win (Cambiar para vencer).

AFORTUNADAS o **BIENAVENTURADAS** (islas), ant. nombre de las islas Canarias.

ÁFRICA, una de las cinco partes del mundo; 30 310 000 km²; 799 000 000 hab. *(africanos).*

GEOGRAFÍA

Atravesada casi en su mitad por el ecuador y comprendida en su mayor parte entre los trópicos, África es un continente cálido. Los climas y la vegetación se diferencian más en función de las variaciones pluviométricas que térmicas. Aparte de los extremos N y S, de clima mediterráneo, domina el calor constante. La aparición de una estación seca y su prolongación, a medida que se aleja del ecuador, ocasionan el paso del clima ecuatorial y de la selva densa a climas tropicales con selvas claras, y luego con sabanas y estepas. El desierto aparece cerca de los trópicos (Sahara, Kalahari). Más de la mitad de África carece de salida al mar, en el que desembocan los grandes ríos (Nilo, Congo, Níger, Zambeze).

La población africana estuvo estancada durante mucho tiempo, la escasez global del poblamiento estuvo vinculada a las condiciones climáticas y edafológicas, a menudo desfavorables para el hombre, y a la magnitud de la trata de esclavos (ss. XVI-XVII). Pero la colonización europea, que combatió las epidemias y la elevada mortalidad infantil, conllevó una recuperación demográfica iniciada a fines del s. XIX. La población creció rápidamente (más de un 2 % de media anual) y se caracteriza por su juventud (más del 40 % de los africanos tienen menos de 15 años) y por una urbanización rápida. Los estragos del sida han ralentizado este fenómeno de crecimiento demográfico, pero no parecen act. capaces de invertirlo.

La colonización también es responsable en gran parte de la estructura política actual (fragmentación en una multitud de estados) y de la naturaleza de la economía (colonias de explotación o de repoblación). Ello explica en gran medida la importancia de las plantaciones (cacao, café, aceite de palma, maní), de la extracción minera (petróleo, cobre, manganeso, diamantes) y la frecuente insuficiencia de cultivos de subsistencia e industrias de transformación. La independencia solo ha modificado esta situación de forma parcial y local. Sobre todo ha reavivado tensiones étnicas y religiosas, nacidas del mantenimiento de las fronteras que surgieron del reparto colonial.

HISTORIA

Desde los orígenes de la historia a la penetración europea. Milenios VI-III a.C.: el Sahara era territorio de pastores. **IV milenio:** en el valle del Nilo nació la civilización egipcia. **II milenio:** la desecación del Sahara separó el Mogreb del África negra. **H. 814-146:** Cartago estableció su imperio en el norte. **H. 450:** Hannón exploró las costas atlánticas. **S. I a.C.:** el Mogreb se convirtió en la provincia romana de África. **S. v d.C.:** los vándalos se apoderaron de ella. **S. VI:** fueron expulsados por Bizancio. **S. VII:** la conquista árabe estuvo acompañada por la islamización; esta, a través de las caravanas, se extendió al África negra a partir del s. XI, a pesar de la resistencia, en particular, de los principados cristianos (Nubia y Etiopía). Mientras tanto, se formaron verdaderos imperios: en la región del río Senegal y del alto Níger, los principales fueron el Gliana (antiguo reino de Ouagadou, apogeo en el s. XI), el Malí (apogeo en el s. XIII) y el Songay (apogeo en el s. XVI), islamizados, así como el Bornu (apogeo en el s. XVI); en la costa guineana se formaron más tarde algunos reinos, entre los que destacó el de Benín, creado por los yoruba (apogeo en los ss. XV-XVI), y el de los mossi, hostiles al islam; por último, al S del paralelo 5 norte, los bantúes desarrollaron una civilización original de estados bien organizados, entre los que destacaron el reino del Kongo (fundado a comienzos del s. XIV) y, en la parte central y oriental de África, el de Monomotapa (apogeo h. 1500).

El período colonial. 1488: Bartolomeu Días dobló el cabo de Buena Esperanza. **1497-1498:** Vasco da Gama circunnavegó la costa E. **Ss. XVI-XVII:** se multiplicaron las factorías, portuguesas (Angola, Mozambique), inglesas y holandesas (Guinea) o francesas (Guinea, Senegal). El interior, inexplorado, decayó a causa de la trata. **S. XIX:** Francia conquistó Argelia (1830-1870) y Senegal (1854-1865); se exploró el interior (Caillié, Nachtigal, Livingstone y Stanley); Lesseps construyó el canal de Suez (1869). El reparto de África, acelerado por la conferencia de Berlín (1884-1885), llevó a la constitución de grandes imperios coloniales europeos, que debieron vencer muchas resistencias y se enfrentaron en diversos conflictos. **1918:** las colonias alemanas quedaron bajo soberanía británica, belga o francesa.

El África independiente. El movimiento de emancipación, iniciado antes de la segunda guerra mundial, se aceleró. **1955-1960:** la mayoría de las colonias francesas y británicas ac-

---

◼ EL ARTE AFRICANO

En África, el arte tradicional siempre obedeció a un propósito esencial: en las sociedades secretas servía para los ritos iniciáticos; en las comunidades campesinas, para los ritos agrícolas, e incluso en la corte para las prácticas de adivinación asociadas a ciertos objetos (por ejemplo, la «portadora de copa» en los luba). Así pues, la tradición dictó siempre los cánones de representación, lo que hacía que la obra artística, además de ser el fruto de la sensibilidad plástica de su creador, se convirtiera en un elaborado lenguaje sacro.

Arte de los luba, Rep. dem del Congo. «Portadora de copa», estatua atribuida al maestro de Buli. (Museo real de África central, Tervuren.)

Arte de los bobo, Burkina Faso. Máscara «Do», madera pintada. El «Do», o principio renovador, se invoca con esta máscara para obtener la lluvia y la fertilidad. Su forma de mariposa recuerda la llegada de estos insectos con las primeras lluvias.

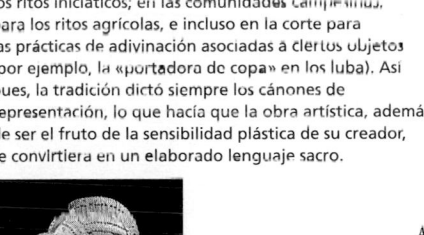

Arte de los baga. Guinea. «Nimba» de madera y clavos de cobre. Combinada con una falda típica (un largo taparrabos), esta máscara-escultura —que se lleva sobre los hombros— se utiliza en los ritos de fecundidad. (Museo Barbier-Mueller, Ginebra.)

Arte de los dogon, Mali. Casa de reunión de los hombres («togu-na»). La techumbre, una estructura formada con gavillas de tallos de mijo, reposa encima de cuatro columnas de madera que llevan sendos senos esculpidos, como evocación de los ocho principales ancestros de los dogon.

Arte de la región de Djenné, Mali. Estatuilla de mujer, en terracota; s. XIII. (Museo del quai Branly, París.)

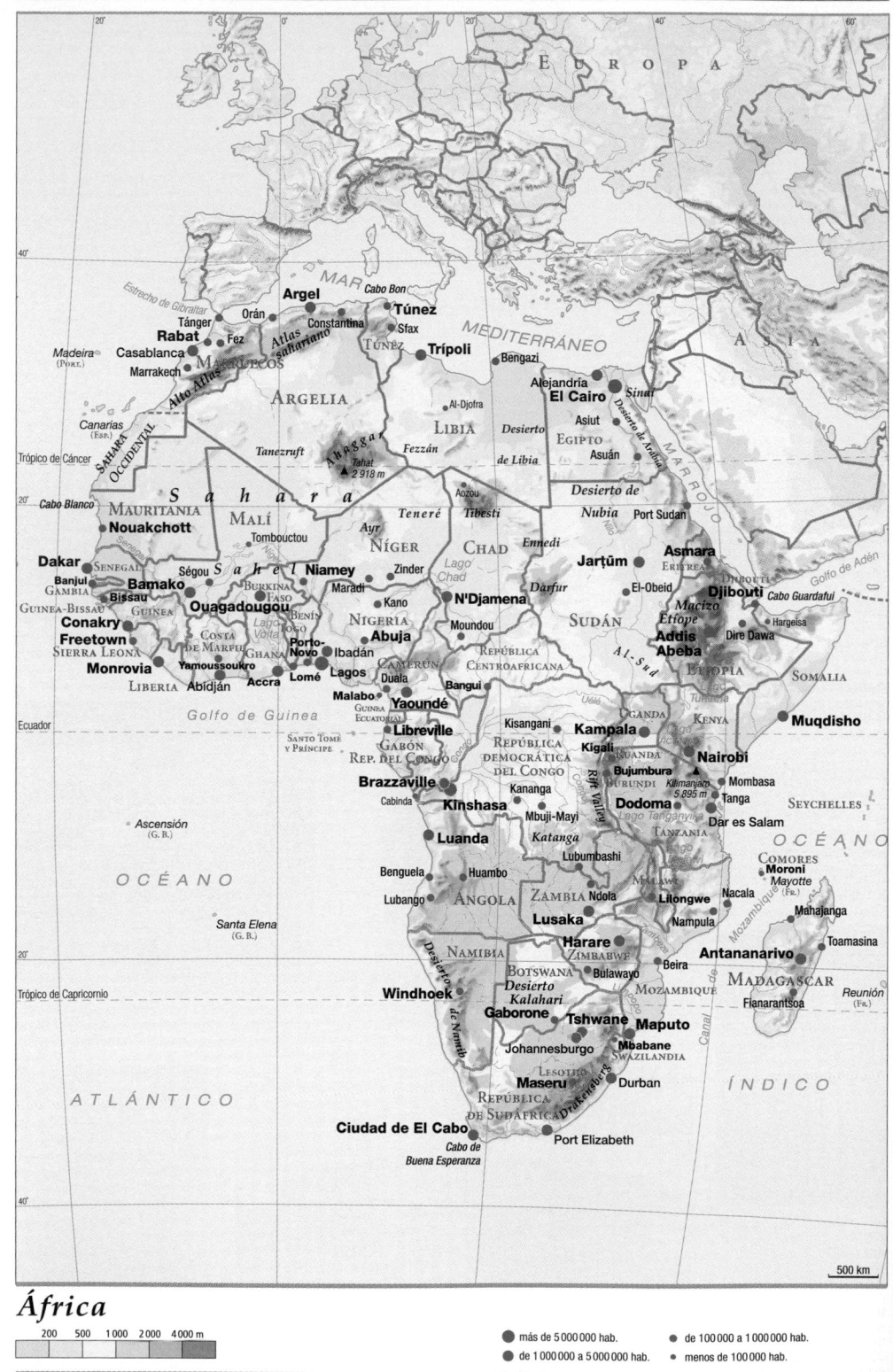

África

	200	500	1000	2000	4000 m

● más de 5 000 000 hab.
● de 1 000 000 a 5 000 000 hab.

● de 100 000 a 1 000 000 hab.
• menos de 100 000 hab.

cedieron a la independencia. **1968:** Guinea Ecuatorial se independizó de España. **Desde 1975:** en África austral, las colonias portuguesas —Angola, Cabo Verde, Guinea-Bissau, Mozambique— se independizaron (1975), mientras que en Zimbabwe la minoría blanca permaneció en el poder hasta 1980. Namibia se emancipó de la tutela sudafricana en 1990. El continente africano, enfrentado a graves dificultades económicas (hambre en Etiopía, sequía en el Sahel) y convulsionado por conflictos locales de implicaciones a menudo étnicas, fue hasta 1988 uno de los escenarios de la lucha este-oeste (en especial en Angola y el Cuerno de África). Tras una dinámica de democratización política y de liberalización económica en la década de 1990, actualmente numerosos países de África están sometidos a regímenes autoritarios o sufren sangrientas guerras internas o regionales.

África (guerra de) [1859-1860], conflicto armado entre España y Marruecos. O'Donnell, jefe del ejército expedicionario español, inició diversas campañas victoriosas contra los rifeños (valle de los Castillejos), que culminaron en las batallas de Tetuán y Wad Ras.

ÁFRICA AUSTRAL, sector S de África.

ÁFRICA DEL NORTE, otra denominación del *Mogreb.

ÁFRICA DEL SUDOESTE → NAMIBIA.

ÁFRICA ECUATORIAL FRANCESA, federación de las colonias de Gabón, Congo Medio, Ubangui-Chari y Chad (1910-1958).

ÁFRICA NEGRA, parte del continente africano habitada sobre todo por pueblos negros.

ÁFRICA OCCIDENTAL ESPAÑOLA, denominación que se aplicó desde 1934 a las colonias españolas en la costa NO africana: Cabo Yubi (hasta 1958), Ifni (hasta 1969) y Sahara Español (hasta 1975)

ÁFRICA OCCIDENTAL FRANCESA, federación que agrupó, de 1895 a 1958, las colonias de Senegal, Mauritania, Sudán, Alto Volta, Guinea francesa, Níger, Costa de Marfil y Dahomey.

ÁFRICA ORIENTAL ALEMANA, ant. colonia alemana en África oriental (1884-1919), que agrupaba Tanganyika, Ruanda y Burundi.

ÁFRICA ORIENTAL BRITÁNICA, ant. posesiones británicas en África oriental: Kenya, Uganda, Zanzíbar y, desde 1919, Tanganyika.

ÁFRICA ROMANA, conjunto de los territorios de África del Norte colonizados por los romanos desde la caída de Cartago (146 a C.) hasta la llegada de los vándalos (s. v).

Afrikakorps, nombre dado a las tropas alemanas, bajo el mando de Rommel, que junto a los italianos lucharon de 1941 a 1943 contra los británicos en Libia, Egipto y Túnez.

AFRODITA MIT. GR. Diosa de la belleza y el amor. Nacida en un remolino del mar, es la esposa infiel de Hefaistos y la madre de Eros. Los romanos la asimilaron a Venus. — Su efigie se conoce gracias a las réplicas romanas (la *Afrodita de Cnido* y la *de Arles*, copia de Praxíteles [Vaticano y Louvre], la *Venus de Milo*).

AGADIR, c. del S de Marruecos, junto al Atlántico; 110 000 hab. Estación balnearia. Pesca.— En 1911, el envío de un cañonero alemán (*Panther*) a este puerto fue el punto de partida de un incidente franco-alemán.

AGA KAN III, *Karâchi 1877-Versoix, Suiza, 1957,* príncipe y jefe religioso de una parte de los ismailíes.— **Aga Kan IV,** *Creux-de-Genthod, Suiza, 1936,* nieto y sucesor de Aga Kan III.

AGAMENÓN MIT. GR. Rey legendario de Micenas y Argos, hijo de Atreo y hermano de Menelao. Jefe de los griegos que asediaron Troya, sacrificó a su hija Ifigenia para aplacar la ira de Artemisa y los vientos contrarios. A su regreso, fue asesinado por su esposa Clitemnestra y el amante de esta, Egisto.

AGAR, personaje bíblico. Esclava egipcia de Abraham y madre de Ismael, fue expulsada con su hijo por Sara cuando nació Isaac.

AGASSI (Andre), *Las Vegas, 1970,* tenista estadounidense. Ganó sobre todo un título en Wimbledon (1992), y en Roland Garros (1999), dos en Flushing Meadow (1994 y 1999) y cuatro en los internacionales de Australia (1995, 2000, 2001 y 2003).

AGASSIZ (Louis), *Môtier, cantón de Friburgo,*

1807-Cambridge, Massachusetts, 1873, naturalista estadounidense de origen suizo. Investigador de la paleontología, la glaciología y la paleoclimatología, contribuyó a que se reconociera la existencia de períodos glaciales.

ÁGATA (santa) → **ÁGUEDA.**

AGATOCLES, *Termas h. 361-289 a.C.,* tirano y rey de Siracusa. Luchó contra Cartago.

Agencia espacial europea → ESA.

Agencia internacional de la energía atómica → AIEA.

AGEO, *s. vi a.C.,* profeta bíblico.

AGESILAO II, rey de Esparta (399-360 a.C.). Luchó con éxito contra los persas y, en Corona, Beocia (394), contra Tebas y sus aliados.

ÁGIDAS, dinastía real de Esparta que ostentó el poder entre los ss. VIII a.C., conjuntamente con los Próclidas.

AGILA, rey visigodo (549-555). Derrotado cerca de Sevilla por una coalición entre Atanagildo, que le sucedió, y los bizantinos, fue asesinado por sus propios partidarios.

AGLABÍES, dinastía árabe que reinó en el NE de África (800-909).

AGNELLI (Giovanni), *Villar Perosa 1866-Turín 1945,* industrial italiano. Fundador de *Fiat en 1899, fue su presidente desde 1920. — **Giovanni A.,** *Turín 1921-Roma 2003,* industrial italiano. Nieto de Giovanni, presidió el grupo Fiat (1966-1996) y fue senador vitalicio de Italia a partir de 1991. — **Umberto A.,** *Turín 1935-íd. 2004,* industrial italiano. Hermano del anterior, presidió Fiat de 2003 a 2004.

AGNI, fuego del sacrificio y dios del fuego en los textos védicos.

AGNÓN (Šémuel), *Buczacz, Galitzia, 1888-Rehovot 1970,* escritor israelí. Es autor de novelas sobre los judíos de Polonia y los pioneros de la colonización de Palestina (*Las abandonadas,* 1908; *El ajuar de la desposada,* 1931; *Cuentos de Jerusalén,* 1959). [Premio Nobel 1966.]

AGOTE (Luis), *Buenos Aires 1868-íd. 1954,* médico y político argentino. Descubrió que el citrato de sodio impide la coagulación de la sangre, un avance que revolucionó los métodos de transfusión. Fue diputado en 1910 y 1916. Además de escritos científicos, también publicó libros históricos y literarios.

AGRA, c. de la India (Uttar Pradesh), junto al Yamuná; 955 694 hab. Ciudad imperial de Bâbur. Numerosos monumentos, entre ellos el fuerte Rojo y el *Tâŷ Mahall,* mausoleo del s. XVII.

AGRAM → ZAGREB.

AGRASSOT (Joaquín), *Orihuela 1836-Valencia 1919,* pintor español. Discípulo de Fortuny, practicó la pintura costumbrista de temática popular, la de historia y el retrato (*Desnudo,* museo de bellas artes, Valencia).

agraviados (guerra de) [1827], levantamiento absolutista en Cataluña, a favor del infante don Carlos y contra Fernando VII.

ÁGREDA, v. de España (Soria); 3 260 hab. (*agredanos*). Murallas medievales. Iglesias de Nuestra Señora de la Peña (románica) y de San Miguel (gótica).

ÁGREDA (María Coronel, en religión sor María Jesús de), *Ágreda 1602-íd. 1665,* religiosa española. Monja franciscana, célebre por sus éx-

tasis y visiones, desde 1643 aconsejó por carta a Felipe IV en asuntos de estado. Su obra *Mística ciudad de Dios* (escrita entre 1637 y 1660) fue condenada por la Inquisición.

ÁGREDA (Sebastián), *Potosí 1792-1872,* general y político boliviano. Presidente provisional en 1839, fue también ministro de guerra e intervino en la campaña de Perú.

AGRESTI (Alejandro), *Buenos Aires 1961,* director de cine argentino. Es autor de comedias corales (*Buenos Aires viceversa, 1996; El viento se llevó lo qué,* 1998) y dramas (*Valentín,* 2002; *Todo el bien del mundo,* 2004).

AGRICOLA (Georg Bauer, llamado), *Glauchau 1494-Chemnitz 1555,* erudito alemán. Médico, se interesó por la mineralogía y la metalurgia (*De re metallica,* 1556).

AGRICOLA (Mikael), *Pernaja h. 1510-Kuolemajärvi 1557,* prelado y escritor finlandés. Obispo de Turku, introdujo la Reforma en Finlandia y publicó el primer libro impreso en finés.

AGRÍCOLA (Cneo Julio), *Forum Julii, act. Fréjus, Francia, 40-93,* general romano. Completó la conquista de Britania. Fue suegro de Tácito, quien escribió su biografía.

AGRIGENTO, c. de Italia (Sicilia), cap. de prov.; 54 603 hab. Conjunto de templos dóricos griegos (ss. VI-V a.C.) [patrimonio de la humanidad 1997]. Monumentos medievales y barrocos. Museo arqueológico nacional.

AGRIPA (Marco Vipsanio), *63-12 a.C.,* general romano. Yerno y colaborador de Augusto, que instituyó en su favor una especie de corregencia, estuvo al mando en la batalla de Actium (31 a.C.). Inauguró en Roma el Panteón, obra monumental de la época imperial.

AGRIPA (Menenio), cónsul romano. Cónsul desde 502 a.C., apeló a la concordia entre la plebe y los patricios (494) mediante su apólogo *Los miembros y el estómago* (aquellos no pueden prescindir de este, y viceversa).

AGRIPINA la Mayor, *14 a.C.-33 d.C.,* princesa romana. Nieta de Augusto, hija de Marco Vipsanio Agripa y de Julia, casó con Germánico, del que tuvo a Calígula y Agripina la Menor.

AGRIPINA la Menor, *h. 15-59 d.C.,* princesa romana. Hija de Agripina la Mayor y de Germánico, y madre de Nerón, se casó en terceras nupcias con el emperador Claudio, su tío, al que hizo adoptar a su hijo. Más adelante, envenenó a Claudio para que Nerón ascediera al trono, pero este la hizo asesinar.

AGUA, volcán de Guatemala, en la región Central; 3 766 m. Centro turístico.

AGUACHICA, mun. de Colombia (Cesar); 48 824 hab. Centro productor de café.

AGUADA, mun. de Puerto Rico; 35 911 hab. Industrias alimentarias y del calzado.

AGUADA (cultura de), cultura precolombina del NO de Argentina (650-900), que alcanzó un gran desarrollo técnico y artístico en el trabajo del metal, la piedra y la cerámica (motivo decorativo, el felino).

AGUADA (La), volcán de los Andes argentinos (Catamarca); 5 795 m.

AGUADA DE PASAJEROS, mun. de Cuba (Cienfuegos), junto a la bahía Cochinos; 27 354 hab. Ganadería.

■ ŠÉMUEL **AGNÓN**

■ **AGRIGENTO.** Templo dórico llamado «de la Concordia», s. v a.C.

AGUADAS, mun. de Colombia (Caldas); 26 455 hab. Café y caña de azúcar. Minas de oro y plata.

AGUADILLA, c. del O de Puerto Rico, 59 335 hab. Agricultura (caña de azúcar, café, tabaco) e industrias derivadas. Aeropuerto. Turismo.

AGUADO (Dionisio), *Madrid 1784-íd. 1849*, guitarrista y compositor español. Escribió para guitarra (*Tres rondós brillantes*, 1822) y un método que renovó su estudio e interpretación.

AGUADULCE, distr. de Panamá (Coclé), en la llanura del Pacífico; 26 192 hab. Centro comercial.

AGUÁN o **ROMANO,** r. de Honduras, que nace al O de Yoro y desemboca en el Caribe; 240 km.

AGUÁN, valle de Honduras, en la cuenca del río del mismo nombre. Banana, cítricos, maíz, arroz y palma.

AGUA PRIETA, mun. de México (Sonora), en la frontera con EUA; 34 380 hab. Minas de manganeso.

Agua Prieta (plan de) [abril 1920], manifiesto proclamado en Agua Prieta (México) por el gobernador del estado de Sonora, Adolfo de la Huerta, que activó la destitución del presidente Carranza. A. de la Huerta fue nombrado presidente interino.

AGUARICO, r. de Ecuador y Perú, frontera entre ambos países, afl. del Napo (or. izq.); 675 km.

AGUAS BLANCAS, cerro de los Andes argentinos (Catamarca); 5 760 m.

AGUAS BUENAS, mun. de Puerto Rico, en la cordillera Central; 25 424 hab. Industrias (textil, calzado).

AGUASCALIENTES, c. de México, cap. del est. homónimo; 506 384 hab. Centro industrial y comercial. Nudo ferroviario. — Monumentos del s. XVIII: catedral; palacio del gobierno; iglesias de Guadalupe, del Encino, de San Marcos y de Santo Domingo. — convención de **Aguascalientes** (oct. 1914), convención convocada por Carranza para conciliar las facciones revolucionarias a la caída del régimen de V. Huerta. Concluyó con la caída de Carranza y la proclamación de Roque González como presidente con el apoyo de Villa y Zapata.

AGUASCALIENTES (estado de), est. de México, en la sierra Madre occidental; 5 589 km²; 719 659 hab.; cap. *Aguascalientes*.

AGUASVIVAS, r. de España, afl. del Ebro (or. der.); 105 km. Embalse de Moneva (riego).

AGUAYTÍA, r. de Perú, afl. del Ucayali (or. izq.); 209 km. Puente en la carretera Huánuco-Pucallpa (705 m).

ÁGUEDA, r. de España, afl. del Duero (or. izq.); 130 km. Forma frontera con Portugal en su curso inferior.

ÁGUEDA, ÁGATA o **GADEA** (santa), *s. III*, virgen y mártir siciliana.

AGÜERO (Benito Manuel), *Burgos h. 1620-Madrid 1668*, pintor español. Discípulo de Martínez del Mazo, fue uno de los primeros cultivadores del paisajismo en España (*Paisaje con Latona*, Prado).

AGÜERO (Joaquín de), *Camagüey 1816-1851*, político cubano. Lideró un alzamiento independentista en 1851; al fracasar este, fue fusilado junto al resto de los líderes: Miguel Benavides, Tomás Betancourt y Fernando de Zayas.

AGÜERO (Juan Miguel de), arquitecto español activo en Cuba y México en la segunda mitad del s. XVI. Constructor de algunas fortificaciones de La Habana, pasó a México, donde concluyó la catedral de Mérida e intervino en la catedral de México. Fue uno de los introductores de la técnica renacentista en América.

AGÜEROS (Cristóbal), *San Luis de la Paz, Michoacán, 1600-d. 1670*, humanista mexicano. Dominico, escribió *Vocabulario de la lengua zapoteca* y *Miscelánea espiritual* (1666), en zapoteca.

Águila azteca (orden del), condecoración mexicana, otorgada desde 1933 a extranjeros por servicios a México o a la humanidad.

águila y la serpiente (El), crónica novelada de Martín Luis Guzmán (1928), cuyos elementos autobiográficos se entrecruzan con descripciones de la revolución mexicana (1910-1915) y retratos de sus principales figuras.

AGUILAR DE CAMPOO, v. de España (Palencia); 7 643 hab. *(aguilarños)*. Restos de murallas. Monasterio benedictino (ss. XII-XIII); iglesia de San Miguel (gótica).

AGUILAR DE SANTILLÁN (Rafael), *México 1863-íd. 1940*, geógrafo mexicano. Miembro fundador de la sociedad científica Antonio Alzate, es autor de obras de cartografía y meteorología mexicanas.

ÁGUILAS, v. de España (Murcia); 27 559 hab. *(aguileños)*. Minas de plomo y metalurgia ligera. Puerto pesquero y de embarque. Turismo. — Importante puerto en la época romana.

AGUILERA (Francisco Vicente), *Bayamo 1821-Nueva York 1877*, patriota cubano. Fue uno de los líderes de la revolución de 1868, y desde 1869 vicepresidente de la república.

AGUILERA MALTA (Demetrio), *Guayaquil 1905-México 1981*, escritor ecuatoriano. Destacó en reportajes (*Canal Zone. Los yanquis en Panamá*, 1935), dramas, crudos relatos (*Los que se van*, 1930) y novelas (*Don Goyo*, 1933; *Siete lunas y siete serpientes*, 1970).

AGUILERA Y GAMBOA → **CERRALBO** (marqués de).

AGUILILLA, mun. de México (Michoacán), avenado por el *río Aguililla*; 23 171 hab.

AGUILÓ (Marià), *Palma de Mallorca 1825-Barcelona 1897*, escritor español en lengua catalana, una de las principales figuras de la Renaixença. Poeta (*Libro de la muerte*, 1898; *Libro del amor*, 1901), dirigió el *Romancero popular de la tierra catalana* (1893) y realizó el *Diccionario Aguiló* (8 vols., 1915-1934).

AGÜIMES, v. de España (Las Palmas), en Gran Canaria; 20 692 hab. *(agüimenses)*. Agricultura.

AGUINALDO (Emilio), *Imus, cerca de Cavite, 1869-Manila 1964*, político filipino. Dirigió la lucha por la independencia, primero contra España y luego contra EUA, y fue presidente del gobierno revolucionario (1897-1901).

AGUINIS (Marcos), *Córdoba 1935*, escritor argentino. Es autor de novelas (*La cruz invertida*, 1970; *La gesta del marrano*, 1992; *Asalto al paraíso*, 2002), relatos (*Todos los cuentos*, 1986) y ensayos (*El combate perpetuo*, 1981) en los que bucea en la identidad argentina.

AGUIRRE (Domingo de), *Ondárroa ¿1864?-Zumaia 1920*, escritor español en lengua vasca, autor de novelas costumbristas (*Agua marina* (1906), *El helecho* (1912, su obra cumbre, donde refleja el ambiente de los caseríos).

AGUIRRE (José María de) → **LIZARDI**.

AGUIRRE (Juan Bautista), *Villa de Daule 1725-Tívoli, Italia, 1786*, poeta ecuatoriano. Jesuita, docente y médico, su poesía, influida por el siglo de oro español, canta al amor, la filosofía y la teología. Su oración por la muerte de Juan Nieto Polo de Águila, obispo de Quito, fue el primer libro impreso en Ecuador (1760). Abandonó América en 1767.

AGUIRRE (Julián), *Buenos Aires 1868-íd. 1924*, compositor y pianista argentino. Su obra se inspira en temas criollos (*Aires nacionales; Suite*).

AGUIRRE (Lope de), *Oñate 1511/1518-Barquisimeto 1561*, conquistador español. Enrolado en la expedición de Pedro de Ursúa por el Amazonas en busca de El Dorado (1559), se rebeló en 1561 y emprendió una sangrienta marcha. Fue asesinado por sus soldados.

AGUIRRE (Nataniel), *Cochabamba 1843-Montevideo 1888*, escritor boliviano. Autor de la novela histórica *Juan de la Rosa (Memorias del último soldado de la independencia)* [1885], también escribió ensayos políticos.

AGUIRRE CERDA (Pedro), *Pocuro, Aconcagua, 1879-Santiago 1941*, político chileno. Líder del Partido radical, de izquierda republicana, encabezó el Frente Popular y presidió la república de 1938 a 1941.

AGUIRRESAROBE (Javier), *Eibar 1948*, director de fotografía español. Colaborador de los principales realizadores españoles desde su primer film (¿*Qué hace una chica como tú en un sitio como éste?*, F. Colomo, 1978), destacan sus trabajos con I. Uribe (*La muerte de Mikel*, 1983), P. Miró (*Beltenebros*, 1991; *El perro del hortelano*, 1996) y A. Amenábar (*Los otros*, 2001; *Mar adentro*, 2004). [Premio nacional de cinematografía 2004.]

AGUIRRE Y LECUBE (José Antonio), *Bilbao 1904-París 1960*, político español. Líder del Partido nacionalista vasco, fue presidente del gobierno autónomo de Euskadi durante la guerra civil y el exilio (1936-1960).

AGUJA (cabo de la), cabo de Colombia (Magdalena), en la vertiente atlántica.

AGUJAS (cabo de las), extremo S de África, al E del cabo de Buena Esperanza. — corriente de las **Agujas,** corriente marina cálida del océano Índico. Recorre de NE a SO el litoral de Sudáfrica.

AGULLANA, mun. de España (Gerona); 655 hab. En sus inmediaciones, necrópolis de la cultura de los campos de *urnas (ss. IX-VII a. C.).

AGUSTÍ (Ignacio), *Lliçà de Vall, Barcelona, 1913-Barcelona 1974*, escritor español, autor de un ciclo de novelas sobre la burguesía catalana: *La ceniza fue árbol* (1943-1972).

AGUSTÍN (san), *Tagaste, act. Suq-Ahras, Argelia, 354-Hipona 430*, teólogo y padre de la Iglesia latina. Romano de África, hijo de padre pagano y madre cristiana (santa Mónica), permaneció largo tiempo ajeno a la Iglesia. Profesor de elocuencia, se convirtió (387) por influencia de san Ambrosio y pasó a ser obispo de Hipona (396). «Doctor de la gracia», se opuso al maniqueísmo, al donatismo y al pelagianismo. Además de sus *Cartas*, en ocasiones verdaderos tratados, sus principales obras son *La *ciudad de Dios* y *Confesiones*. Teólogo, filósofo y moralista, ejerció una influencia capital en la teología occidental. Como escritor dio al latín cristiano sus cartas de nobleza.

■ SAN **AGUSTÍN**. Detalle de un fresco (1480) de Botticelli que se halla en la iglesia de Todos los Santos, en Florencia.

AGUSTÍN o **AUSTIN** (san), *m. en Canterbury h. 605*, arzobispo de Canterbury. Monje benedictino, el papa Gregorio I le encargó evangelizar Inglaterra, donde fundó la sede episcopal de Canterbury.

AGUSTÍN CODAZZI, mun. de Colombia (Cesar); 39 621 hab. Agricultura y ganadería.

AGUSTINI (Delmira), *Montevideo 1886-íd. 1914*, poetisa uruguaya. Su obra es modernista y de temática erótico-espiritual, con símbolos de intenso lirismo (*El libro blanco*, 1907; *Cantos a la mañana*, 1910; *Los cálices vacíos*, 1913).

AGUYARI (José), *Venecia 1843-Buenos Aires 1885*, pintor y litógrafo italiano. En 1869 se estableció en Argentina, donde pintó paisajes (*Vistas y costumbres argentinas*, álbum litográfico).

AHAGGAR u **HOGGAR,** macizo volcánico del Sahara argelino; 2 918 m. C. pral. *Tamenghest*. Menos árido (por su altitud) que el resto del desierto, está habitado por los tuareg.

Ahasverus → *judío errante* (El).

AHERN (Bertie), *Dublín 1951*, político irlandés. Líder del Fianna Fáil (1994-2008), fue primer ministro desde 1997 hasta 2008.

AHIDJO (Ahmadou), *Garoua 1924-Dakar 1989*, político camerunés. Negoció la independencia y presidió la república (1961-1982).

AHLIN (Lars Gustav), *Sundsvall 1915-Estocolmo 1997*, escritor sueco. Renovó la novela proletaria.

AHMADĀBĀD o **AHMEDABAD**, c. de la India (Gujarāt); 3 297 655 hab. Centro textil. — Ciudad antigua con monumentos (ss. XV-XVII).

AHMADINEŶAD (Mahmūd), *Aradan, al SE de Teherán, 1956*, político iraní. Ultraconservador, es presidente de la república desde 2005.

AHMADNAGAR, c. de la India (Mahārāshtra), al E de Bombay; 221 710 hab. Mercado de algodón.

AHMED I, *Manisa 1590-İstanbul 1617*, sultán otomano (1603-1617). — **Ahmed III**, *1673-İstanbul 1736*, sultán otomano (1703-1730). Dio asilo a Carlos XII tras su derrota en Poltava, y firmó la paz de Passarowitz (1718).

AHMOSIS, faraón de Egipto (1580-1558 a.C.). Finalizó la expulsión de los hicsos de Egipto y fundó la XVIII dinastía.

AHO (Juhani Brofeldt, llamado Juhani), *Lapinlahti 1861-Helsinki 1921*, escritor finlandés, novelista naturalista (*La mujer del pastor*, 1893).

AHOME, mun. de México (Sinaloa); 254 681 hab. Pesca (camarón). Ingenio azucarero. Cab. *Los Mochis* (162 659 hab.), centro comercial.

AH PUCH MIT. AMER. Dios de la muerte para los mayas, opuesto a Itzamná.

Ahrām (al-), diario egipcio de información general. Fue fundado en 1876.

AHRIMÁN, espíritu del mal, opuesto a Ahura-Mazdā, principio del bien, en el mazdeísmo.

AHTISAARI (Martti), *Viipuri 1937, act. en Rusia*, diplomático y político finlandés. Socialdemócrata, fue presidente de la república de 1994 a 2000. Antes y después de este mandato, ha desempeñado un papel determinante como mediador, a menudo en nombre de la ONU, en numerosos conflictos (Namibia, Indonesia, Kosovo, Iraq) [Premio Nobel de la paz 2008.]

AHUACATLÁN, mun. de México (Nayarit), junto al río Ahuacatlán; 15 846 hab. Industria azucarera.

AHUACHAPÁN (departamento de), dep. de El Salvador, junto a la frontera de Guatemala; 1 222 km²; 260 563 hab.; cap. *Ahuachapán* (40 359 hab.).

AHUACUOTEINGO, mun. de México (Guerrero); 15 608 hab. Centro agrícola.

AHUALULCO, mun. de México (San Luis Potosí); 17 403 hab. Centro minero (plomo, oro y plata).

AHUALULCO DE MERCADO, mun. de México (Jalisco), en la cuenca alta del Ameca; 16 884 hab.

AHUITZOTL, soberano azteca (1486-1502). Sucesor de su hermano Tizoc, condujo al imperio a su máxima extensión, promocionó a gente común (*macehualtin*) para altos cargos e inició la construcción de Malinalco.

AHUMADA (Francisco Javier Girón, duque de), *Pamplona 1803-Madrid 1869*, militar español. Organizó y dirigió (1844-1854) el cuerpo de la Guardia civil.

AHURA-MAZDĀ u **ORMUZD**, dios supremo del mazdeísmo, creador y principio del bien.

AHVĀZ, c. de Irán, cap. de Jūzistān, al N de Ābādān; 724 653 hab.

AHVENANMAA, en sueco **Åland**, archipiélago finlandés del Báltico; 1 505 km²; 24 647 hab.

AIBONITO, mun. de Puerto Rico, en la cordillera Central; 24 971 hab. Turismo.

Aida, ópera de Verdi en cuatro actos, con libreto de A. Ghislanzoni, basado en una idea del egiptólogo Mariette (El Cairo, 1871).

AIEA (Agencia internacional de la energía atómica), organización intergubernamental autónoma, integrada en la ONU. Creada en 1957, promueve las aplicaciones pacíficas de la energía atómica. Sede: Viena. (Premio Nobel de la paz 2005.)

AIGÜESTORTES Y LAGO DE SAN MAURICIO (parque nacional de), parque nacional de España, en el Pirineo de Lérida (14 119 ha). Lagos. Bosques.

AIHOLE, sitio arqueológico de la India (Decán). Algunos templos de esta antigua capital de los Chālukya (ss. VI-VIII) figuran entre los más antiguos de la India.

AIKEN (Howard Hathaway), *Hoboken, Nueva Jersey, 1900-Saint Louis 1973*, informático estadounidense. La calculadora electrónica *Mark 1*, programada por una cinta perforada, que concibió y realizó entre 1939 y 1944 para su uso en el cálculo de tablas balísticas, fue una de las primeras computadoras.

AILEY (Alvin), *Rogers, Texas, 1931-Nueva York 1989*, bailarín y coreógrafo estadounidense. Fundador y director de su propia compañía, la Alvin Ailey American Dance Theatre (1959), fue uno de los maestros de la danza de la comunidad negra de EUA (*Revelations*, 1960; *Cry*, 1971; *For Bird with Love*, 1986).

■ ALVIN **AILEY** en un ensayo con su compañía.

AIN, dep. del SE de Francia (Ródano-Alpes); 5 762 km²; 515 270 hab.; cap. *Bourg en Bresse* (43 008 hab.).

AÍNSA-SOBRARBE, mun. de España (Huesca); 2 500 hab.; cap. *Aínsa*; conjunto medieval: murallas, casas, plaza porticada, iglesia.

AÏN TEMOUCHENT, c. de Argelia, al SO de Orán; 49 000 hab.

AÏR → AYR.

AIRA (César), *Coronel Pringles 1949*, escritor argentino. Sus novelas conjugan lo absurdo y la parodia con elementos históricos o realistas (*Moreira*, 1975; *Canto castrato*, 1984; *La mendiga*, 1998; *Yo era una chica moderna*, 2004). También es autor de relatos (*El vestido rosa*, 1984) y ensayos (*Alejandra Pizarnik*).

Airbus, familia de aviones de transporte europeos. La GIE Airbus Industrie, fundada en 1970 para comercializar estos aparatos y que agrupaba a constructoras europeas como la española CASA, cedió su lugar en 2001 a una sociedad privada, con sede en Toulouse. Airbus ocupa, a nivel mundial, un puesto de primer orden en su sector.

Air France, compañía francesa de navegación aérea, constituida en 1948. En 2004 formó con la holandesa KLM (fundada en 1919) el grupo Air France-KLM.

AIRY (sir George Biddell), *Alnwick, Northumberland, 1801-Londres 1892*, astrónomo británico. Desarrolló la hipótesis de la isostasia y fue el primero en proponer una teoría completa sobre la formación del arco iris. Dirigió el observatorio de Greenwich (1835-1881).

'Ā'IŠA, *La Meca h. 614-Medina 678*, hija de Abū Bakr y tercera esposa de Mahoma.

AISÉN DEL GENERAL CARLOS IBÁÑEZ DEL CAMPO (región de), región del S de Chile; 108 494 km²; 82 071 hab.; cap. *Coihaique*.

AISNE, r. de Francia, afl. del Oise (or. izq.); 280 km.

AISNE, dep. del N de Francia (Picardía); 7 369 km²; 535 842 hab.; cap. *Laon*.

AITOR, patriarca legendario de los vascos.

AIX-EN-PROVENCE, c. de Francia (Bouches-du-Rhône); 137 067 hab. Universidad. — Catedral gótica (ss. V-XVII) con baptisterio (s. V) y claustro (s. XII). *Anunciación* (1443) de la iglesia de la Magdalena. Museo de bellas artes. — Festival musical (arte lírico). — Fundada por Roma (123 a.C.).

AIX-LA-CHAPELLE → AQUISGRÁN.

AIZENBERG (Roberto), *Entre Ríos 1928-Buenos Aires 1996*, pintor argentino. Su obra se ins-

cribe dentro del surrealismo, con influencia de la pintura metafísica.

AJAB o **ACAB**, *m. en Ramot Galaad 853 a.C.*, rey de Israel (874-853). Soberano brillante pero idólatra, persiguió al profeta Elías.

AJACCIO, c. de Francia, cap. de Córcega y del dep. de Corse-du-Sud, en la costa O de la isla; 54 697 hab. Turismo. — Catedral (s. XVI). Casa natal de Napoleón.

AJALPAN, mun. de México (Puebla), avenado por el Tehuacán; 26 780 hab. Silvicultura.

AJANTĀ (montes), montañas de la India, al N del Decán. Santuarios rupestres budistas (s. II a.C.-pr.s. VII d.C.), con pinturas y esculturas (patrimonio de la humanidad 1983).

■ MONTES **AJANTĀ**. Detalle de una pintura mural (s. VI) de uno de los santuarios budistas de esta región.

AJAZ, rey de Judá (736-716 a.C.). Se convirtió en vasallo del rey de Asiria Teglatfalasar III.

AJDUKIEWICZ (Kazimierz), *Ternopol 1890-Varsovia 1963*, lógico y epistemólogo polaco. Adherido al empirismo lógico, desarrolló en historia de la ciencia un punto de vista convencionalista (*El lenguaje y el conocimiento*, 1960-1966) y elaboró una teoría de las categorías semánticas.

AJJER (tassili de los), macizo de Argelia, en el Sahara, al N del Ahaggar. Pinturas y grabados rupestres (milenios VI-III) de los pastores del neolítico. (Patrimonio de la humanidad 1982; reserva de la biosfera 1986.)

AJMÁTOVA (Anna Andréievna), *Odessa 1889-Moscú 1966*, poetisa rusa. Representante destacada del acmeísmo, desarrolló un arte clásico de tema popular (*Rosario*, 1914; *Réquiem*).

AJMER, c. de la India (Rajasthan); 401 930 hab. Monumentos de los ss. XII-XVII.

AJNATÓN o **AKNATÓN → AMENOFIS**.

AJTAL (al-), *Hira o Ruṣāfa, Siria, h. 640-Kūfa h. 710*, poeta árabe. Cristiano nestoriano de la corte omeya de Damasco, fue rival de Ŷarir.

AJUCHITLÁN DEL PROGRESO, mun. de México (Guerrero); 28 167 hab. Cultivos subtropicales. Madera.

AJURIAGUERRA (Julián de), *Bilbao 1911-Villefranque, Hautes-Pyrénées, 1993*, neuropsiquiatra francés de origen español. Sus investigaciones sobre el desarrollo en los primeros años de vida son una síntesis interdisciplinar (*Manual de psiquiatría infantil*, 1970).

AJUSCO, sierra de México, en la cordillera Neovolcánica. Culmina en el Malacatépetl (4 094 m).

AKADEMGORODOK, c. de Rusia, en Siberia, cerca de Novosibirsk; 60 000 hab. Institutos de investigación científica.

AKASHI, c. de Japón (Honshū); 270 722 hab.

ĀKBAR, *Umarkot 1542-Āgra 1605*, emperador de la India (1556-1605), de la dinastía de los Grandes Mogoles. Amplió su imperio y lo dotó de una administración regular y tolerante.

AKHILA, ACHILA o **AQUILA,** noble visigodo del s. VIII. Primogénito de Witiza, se enfrentó a los partidarios de Rodrigo (710) y pidió ayuda a Mūsā ibn Nuṣayr, que conquistó el reino.

AKI-HITO, *Tōkyō 1933,* emperador de Japón. Sucedió en el trono a su padre Hiro-Hito (1989).

AKINARI → **UEDA AKINARI.**

AKITA, c. de Japón (Honshū); 302 362 hab.

AKMOLA → **ASTANA.**

AKOLA, c. de la India (Mahārāshtra); 327 946 hab. Mercado algodonero.

AKOSOMBO, c. de Ghana, en el río Volta. Importante embalse (lago Volta) y central hidroeléctrica.

AKRA LEUKĒ («promontorio blanco»), colonia de probable fundación griega (s. IV a.C.) en la península Ibérica (mun. de Tossal de Manises, Alicante), conquistada por Amílcar Barca (h. 237 a.C.) y por los romanos (201 a.C.).

AKRON, c. de Estados Unidos (Ohio), próxima al lago Erie; 223 019 hab. Centro de la industria de los neumáticos.

AKSAKOV (Serguéi Timoféievich), *Ufá 1791-Moscú 1859,* escritor ruso. Describió la vida patriarcal rusa. — **Iván A.,** *Nadézhdino 1823-Moscú 1886,* periodista y poeta ruso. Hijo de Serguéi, fundó el diario eslavófilo *Rus (Rusia).*

AKSUM o **AXUM,** c. del N de Etiopía; 19 000 hab. Ruinas antiguas. (Patrimonio de la humanidad 1980.) — El *reino de Aksum* (ss. I-X) fue próspero gracias a su comercio (marfil). Cuna de la civilización y la Iglesia etíopes, fue destruido por los árabes.

AKTAU, ant. *Shevchenko,* c. de Kazajstán, junto al Caspio; 169 000 hab. Central nuclear.

AKTOBE, c. de Kazajstán; 267 000 hab. Industria química.

AKUTAGAWA RYŪNOSUKE, *Tōkyō 1892-íd. 1927,* escritor japonés. Los personajes de sus narraciones son seres a merced de la angustia o la locura *(Rashōmon; Kappa).*

AKYAB → **SITTWE.**

ALÁ, nombre árabe que designa al Dios único, adoptado por los musulmanes y también por los cristianos de lengua árabe.

ALABAMA, estado de Estados Unidos; 4 040 587 hab.; cap. *Montgomery.* Explorada por Hernando de Soto (1540) y por los franceses, la región formó parte de Luisiana. Se convirtió en estado en 1813.

ALACANT → **ALICANTE.**

ALADI (Asociación latinoamericana de integración), organismo económico latinoamericano, creado en 1980 en Montevideo en sustitución de la ALALC (Asociación latinoamericana de libre comercio, fundada en 1959), para regular los acuerdos bilaterales de comercio y la formación a largo plazo de un mercado común. Comprende 12 países miembros.

Aladino, personaje de *Las *mil y una noches.* Hijo de un pobre sastre, va al centro de la Tierra en busca de una lámpara mágica, donde habita un genio que satisface sus deseos.

ALAGOAS, estado del NE de Brasil; 27 731 km²; 2 512 515 hab.; cap. *Maceió.*

ALAGÓN, r. de España, afl. del Tajo (or. der.); 209 km. Desemboca en Alcántara. Pantano de Gabriel y Galán.

ALAGÓN, v. de España (Zaragoza); 5 627 hab. *(alagoneros).* Restos de una necrópolis celtibérica. Es la *Alaun lusonia.* — tratado de **Alagón** (1136), tratado por el cual Alfonso VII de Castilla reconoció la posesión de Zaragoza a Ramiro II de Aragón.

ALAIN-FOURNIER (Henri Alban **Fournier,** llamado), *La Chapelle-d'Angillon 1886-en combate 1914,* novelista francés, autor de *El gran Meaulnes* (1913).

ALAIOR, v. de España (Baleares), en Menorca; 7 390 hab. *(alayorenses).* Turismo. Conjuntos arqueológicos de Torre de'n Gaumés y Torrauba de'n Salort de la cultura talayótica.

ALAJUELA, c. de Costa Rica, cap. de la prov. homónima; 150 968 hab. Industria alimentaria. — Catedral colonial. — En la ciudad se proclamó la independencia del país (25 nov. 1821).

ALAJUELA, prov. de Costa Rica, en el centronorte del país; 9 718 km²; 821 390 hab.; cap. *Alajuela.*

ALAJUELITA, cantón de Costa Rica (San José); 37 808 hab. Centro cafetero. Alfarería.

ALALC → **ALADI.**

ALAMÁN (Lucas), *Guanajuato 1792-México 1853,* político, economista e historiador mexicano. Miembro del Partido conservador, fue ministro de relaciones interiores (1823-1825) y exteriores (1853). Fomentó la ganadería, la industria y la minería. Es autor de una *Historia de México* (1849-1852).

Alamein (batalla de El-) [23 oct. 1942], batalla de la segunda guerra mundial, durante la campaña de Libia. Victoria de Montgomery sobre las fuerzas germanoitalianas de Rommel en El-Alamein, a 100 km al O de Alejandría.

ALAMINOS (Antón de), *n. en Palos de Moguer h. 1475,* navegante español. Participó en el segundo viaje de Colón (1493) y en las expediciones de Ponce de León, Grijalva y H. Cortés.

Álamo (asalto al fuerte de El) [4 marzo 1836], acción militar de la guerra de rebelión de Texas en el Álamo, antiguo monasterio situado en San Antonio. Las tropas mexicanas del general Santa Anna derrotaron a los tejanos. En la batalla murió el pionero Davy Crockett.

ÁLAMOS, mun. de México (Sonora); 29 091 hab. Cultivos subtropicales. Ganadería. Curtidos.

ÅLAND → **AHVENANMAA.**

ALANGE, v. de España (Badajoz); 1 804 hab. Balneario. Termas romanas. Cuevas con pinturas rupestres. — Victoria de Alfonso IX de León sobre Ibn Ḥūd que posibilitó la toma de Mérida (1230).

ALAQUÀS, v. de España (Valencia); 26 939 hab. *(alacuaseros).* Manufactura de la madera y juguetería. — Castillo (ss. XV-XVI).

ALARCÓN (Abel), *La Paz 1881-Buenos Aires 1954,* escritor boliviano. Es autor de poesías, cuentos y novelas históricas que recrean la atmósfera de la época precolombina *(En la corte de Yahuar Huácac,* 1915).

ALARCÓN (Juan Ruiz de) → **RUIZ DE ALARCÓN.**

ALARCÓN (Pedro Antonio de), *Guadix 1833-Madrid 1891,* escritor español. En relatos *(El clavo,* 1881) y novelas como *El *sombrero de tres picos* —su obra más conocida—, *El escándalo* (1875) o *El niño de la bola* (1878) destacan sus dotes de narrador. Es también autor de teatro *(El hijo pródigo,* 1857), poemas, escritos periodísticos o históricos *(Diario de un testigo de la guerra de África,* 1859).

Alarcos (batalla de) [1195], victoria de los almohades sobre las tropas de Alfonso VIII de Castilla, junto a la fortaleza de Alarcos, cerca de la act. Ciudad Real.

ALARCOS LLORACH (Emilio), *Salamanca 1922-Oviedo 1998,* lingüista español. Introdujo en España la fonología y el estructuralismo. Es autor de la *Gramática de la lengua española* (1994) que publicó la Real academia, de la cual fue miembro (1973).

ALARICO I, *delta del Danubio 370-Cosenza 410,* rey de los visigodos (396-410). Asoló las regiones balcánicas del Imperio romano de Oriente, invadió Italia y saqueó Roma (410). — **Alarico II,** rey de los visigodos (484-507). Desde Aquitania, comenzó una penetración en Hispania (Castilla la Vieja). Fue derrotado y muerto por Clodoveo en Vouillé (507). Promulgó el *Breviario de Alarico* (506), compilación de legislación romana.

ALAS (Leopoldo) → **CLARÍN.**

ALASKA, estado de Estados Unidos, que ocupa el NO de América septentrional; 1 530 000 km²; 550 043 hab.; cap. *Juneau.* La Brooks Range separa las llanuras del N de la depresión central, avenada por el Yukón. Al S se yergue la *cadena de Alaska* (6 194 m en el monte McKinley), en parte volcánica, que prosigue en la *península de Alaska.* La población se concentra en el litoral S, de clima relativamente suave. La pesca, la silvicultura, el turismo y sobre todo, actualmente, la extracción de hidrocarburos son los principales recursos. — La región fue cedida en 1867 por Rusia a EUA, y en 1959 se convirtió en uno de sus estados.

ALASKA (corriente de) → **ALEUTIANAS.**

ALASKA (Olvido **Gara,** llamada), *México 1963,* cantante mexicana. Establecida en España, vocalista de los grupos Kaka de Luxe, Pegamoides, Dinarama y Fangoria *(Bailando,* 1981, *Interferencias,* álbum, 1998; *Absolutamente,* álbum, 2009), fue un personaje destacado de la «movida madrileña» en la década de 1980.

ALAUITAS → **'ALAWÍES.**

ALAUNGPAYA o **ALOMPRA,** *Shwebo 1714-1760,* rey de Birmania (1752-1760). Unificó el país y fundó la dinastía Konbaung.

ALAUSÍ, cantón de Ecuador (Chimborazo), en la hoya del Chanchán; 44 406 hab. Industria textil.

ÁLAVA (provincia de), en vasc. **Araba,** prov. de España, en el País Vasco; 3 047 km² y 286 497 hab. *(alaveses);* cap. *Vitoria-Gasteiz.* En la vertiente S de las montañas Vascas. Al NO (Alto Nervión) predominan la ganadería y la industria (metalúrgica); el centro (Llanada de Vitoria) es agrícola e industrial, y al S, en el valle de la Rioja alavesa destaca por su riqueza vitivinícola y cultivos de huerta.

ÁLAVA (Juan de), conocido también como *Juan de Ibarra, ¿Larrinoa? h. 1505-Salamanca 1537,* arquitecto español. De formación gótica, fue un iniciador del estilo plateresco, en el que destacan obras realizadas en Salamanca, Plasencia y Santiago de Compostela.

'Alawíes, también denominados **Nuṣayrī,** secta del islam chiita fundada en el s. IX, poderosa sobre todo en Siria.

'ALAWÍES o **ALAUITAS** (dinastía de los), dinastía reinante en Marruecos desde 1666.

ALBA, familia de actores españoles. Destacan Leocadia (Valencia 1866-Madrid 1952) y su hermana Irene (Madrid 1873-Barcelona 1930), así como las hijas de Irene y del actor Manuel Caba: Irene (Madrid 1899-íd. 1957) y Julia (Madrid 1902-íd. 1988). Los hijos de Irene Caba Alba, casada con el actor Emilio Gutiérrez, han seguido la tradición familiar: Irene (en cine: *La tía Tula,* M. Picazo, 1964), Julia (en teatro: *Cuarenta quilates, Madame Raquin;* en cine: *El color de las indias* [M. Camus, 1997], *You're the One* [J. L. Garci, 2000]) y Emilio (en teatro: *La mujer de negro;* en cine: *La caza* [C. Saura, 1965], *La comunidad* [Á. de la Iglesia, 2000]).

ALBA o **ALBA DE TORMES** (casa de), familia aristocrática española. En 1429 Juan II de Castilla donó la villa de Alba de Tormes al obispo Gutierre Álvarez de Toledo, y en 1438 el título de conde de Alba a Fernando Álvarez de Toledo. En 1469 García Álvarez de Toledo (m. en 1488) recibió el título de primer duque de Alba. El más importante miembro de la familia fue Fernando *Álvarez de Toledo.

ALBA (Santiago), *Zamora 1872-San Sebastián 1949,* político español. Liberal, fue varias veces ministro de Alfonso XIII, y presidió las cortes de la segunda república durante el bienio negro (1934-1936).

ALBACETE, c. de España, cap. de la prov. homónima y cab. de p. j.; 149 667 hab. *(albacetenses* o *albaceteños).* Industria agroalimentaria, textil y cerámica. — Catedral (s. XVI). Centro arqueológico.

ALBACETE (provincia de), prov. de España, en Castilla-La Mancha; 14 862 km². 363 263 hab.; *(albacetenses* o *albaceteños);* cap. *Albacete.* En el extremo SE de la Meseta. Al N se extienden La Mancha albaceteña y el Campo de Montiel; al SO, la Sierra; al SE, los Altos de Chinchilla, y al NE el valle del Júcar. Actividad agrícola: vid, cereales y olivo. Importante producción de vino. Industria en la capital.

ALBA DE TORMES, v. de España (Salamanca); 4 654 hab. *(albenses).* Arquitectura románico-mudéjar. Solar de los duques de Alba. Convento fundado por santa Teresa de Jesús (s. XVI).

ALBAICÍN, barrio de Granada, que alcanzó gran esplendor en la época musulmana. Actualmente es un barrio popular, con quintas de recreo (cármenes). [Patrimonio de la humanidad 1994.]

ALBAIDA (marqués de) → **ORENSE** (José María).

ALBA JULIA, c. de Rumania (Transilvania); 51 000 hab. Catedral románico-gótica.

ALBA LONGA, ant. c. de Italia (Lacio), supuestamente fundada por Ascanio, hijo de Eneas. Famosa por la leyenda de los Horacios y los Curiacios, su rivalidad con Roma finalizó con la victoria de esta (s. VII a.C.).

ALBÁN (Francisco), pintor quiteño de mediados del s. XVIII, autor de un ciclo de pinturas sobre san Ignacio (1760-1764) y de obras sobre santo Domingo (1783-1788). — **Vicente A.**, pintor quiteño. Hermano de Francisco, es autor de estampas populares de fines del s. XVIII (museo de América, Madrid).

ALBANI (Francesco), *Bolonia 1578-íd. 1660*, pintor italiano. Discípulo de los Carracci, pintó composiciones mitológicas de paisajes serenos y delicados.

ALBANIA, en albanés **Shqipëria**, estado de la Europa balcánica, a orillas del Adriático; 29 000 km²; 3 500 000 hab. *(albaneses).* CAP. *Tirana.* LENGUA: *albanés.* MONEDA: *lek.*

GEOGRAFÍA

Las cadenas Dináricas, en gran parte cubiertas de bosque, ocupan el conjunto del país, a excepción de la parte central, donde, a orillas del Adriático, se extienden llanuras y colinas. Estas agrupan a la mayor parte de una población mayoritariamente islamizada y todavía en rápido crecimiento. El clima es mediterráneo en una estrecha franja litoral; en otras regiones es de tipo continental. La agricultura (trigo, frutales, tabaco), la ganadería y la extracción de cromo son los principales recursos. Pero, la economía sigue siendo propia de un país en vías de desarrollo, y la emigración no se ha detenido.

HISTORIA

Antes de la independencia. Ocupada inicialmente por los ilirios, Albania fue colonizada por los griegos (s. VII a.C.) y después por Roma (s. II a.C.). A finales del s. VI se instalaron en el país muchos eslavos. **Ss. XV-XIX**: a pesar de la rebelión de Skanderberg (1443-1468), el país cayó bajo dominio otomano y en gran medida fue islamizado. Varias tentativas de rebelión fracasaron, sobre todo la de 'Alí Bajá de Tebelen (1822).

La Albania independiente. 1912: Albania se convirtió en principado independiente. **1920:** entró en la SDN. **1925-1939:** Ahmed Zogú dirigió el país como presidente de la república y luego como rey (Zogú I). **1939:** invasión de Albania por las tropas italianas. **1946:** proclamación de la república popular. Dirigida por Enver Hoxha, rompió con la URSS (1961) y más adelante con China (1978). **1985:** Ramiz Alia sucedió a E. Hoxha. Bajo su gobierno, el país salió del aislamiento político y económico, y a partir de 1990 se democratizó. **1992:** tras la victoria electoral de la oposición democrática, R. Alia dimitió y Sali Berisha fue nombrado presidente. **1997:** un movimiento insurreccional popular desestabilizó el país. La oposición socialista, encabezada por Fatos Nano, ganó las elecciones. S. Berisha dimitió. Rexhep Mejdani fue nombrado presidente. **1998:** una nueva constitución se aprobó por referéndum. **1999:** Albania tuvo que hacer frente a la afluencia masiva de refugiados de Kosovo. **2002:** Alfred Moisiu fue elegido presidente. **2007:** Bamir Topi lo sucedió.

ALBANO o **ALBANS** (san), *m. en Verulamium, act. Saint Albans, h. 303*, primer mártir de Inglaterra.

ALBANOS (montes), colinas de Italia, en el Lacio. Dominan el sitio arqueológico de Alba Longa.

ALBANY, c. de Estados Unidos, cap. del estado de Nueva York, junto al Hudson; 101 082 hab.

ALBARDÓN, dep. de Argentina (San Juan); 16 431 hab. Cultivo de la vid. Canteras de mármol.

ALBARRACÍN, c. de España (Teruel); 1 055 hab. *(albarracinenses)*. Fue cabeza de una taifa *(albarracinenses)*. Murallas árabes (s. XI), reconstruidas (s. XIV). Catedral (s. XIII). Mansiones (s. XVII). En el término, abrigos con pinturas rupestres levantinas.

ALBARRACÍN (sierra de), sierra de España, en el sistema Ibérico; 1 921 m. En ella nacen los ríos Tajo, al O, y Júcar, al S.

ALBATERA, v. de España (Alicante); 8 811 hab. *(albateranos)*. Palacio del marqués de Dos Aguas.

ALBEE (Edward), *Washington 1928*, dramaturgo estadounidense. Sus obras versan sobre la incomunicación (*La historia del zoo*, 1959; *¿Quién teme a Virginia Woolf?*, 1962; *Delicado equilibrio*, 1966; *La cabra*, 2002).

ALBÉNIZ (Isaac), *Camprodón 1860-Cambo-les-Bains, Francia, 1909*, compositor y pianista español. Pianista prodigio realizó numerosas giras por España, América y Europa. Sus mejores obras son para piano inspiradas en el folclore español: *Rapsodia española, Suite española, Recuerdos de viaje, Cantos de España, Iberia* (1906-1909). Compuso también óperas (*Pepita Jiménez*, 1896; *Merlín*, 1898-1902 [estrenada en 2003]), lieder (*Cuatro melodías*) y la pieza sinfónica *Catalonia* (1899).

y desemboca aguas arriba de Talavera de la Reina. Centrales eléctricas.

ALBERDI (Juan Bautista), *Tucumán 1810-París 1884*, jurista y político argentino. Opuesto a la dictadura de Rosas, tras la caída de este redactó las *Bases para la organización política de la confederación argentina* (1852), que inspiraron la constitución del país de 1853.

ALBERINI (Coriolano), *Buenos Aires 1886-íd. 1960*, filósofo argentino. Introdujo en su país la filosofía vitalista e historicista (*Problemas de la historia de las ideas filosóficas en Argentina*, 1966).

ALBERONI (Giulio), *Fiorenzuola d'Arda 1664-Piacenza 1752*, cardenal italiano y ministro de España. Primer ministro de Felipe V (1716) y favorito de Isabel Farnesio, después del tratado de Utrecht quiso sacar a España de su decadencia y conseguir para su rey la regencia de Luis XV, pero fracasó y fue destituido tras la invasión francesa de 1719.

ALBERTA, prov. de Canadá, entre Columbia Británica y Saskatchewan; 661 000 km²; 2 545 553 hab.; cap. *Edmonton*. Petróleo y gas natural. Trigo.

ALBERTI (Leon Battista), *Génova 1404-Roma 1472*, humanista y arquitecto italiano. Sus tratados de pintura y arquitectura lo convierten en el primer gran teórico de las artes del renacimiento. Realizó planos y maquetas para edificios de Rímini (templo Malatesta), Florencia (palacio Rucellai) y Mantua (iglesia de San Andrés).

ALBERTI (Rafael), *El Puerto de Santa María 1902-íd. 1999*, poeta español. Miembro destacado de la generación del 27, se inclinó a la pintura, pero se centró en la poesía a partir de *Marinero en tierra* (1925, premio nacional de literatura) y *Sobre los ángeles* (1929). En 1931 ingresó en el Partido comunista y ensayó un teatro vanguardista y comprometido (*Fermín Galán*, 1931; *El hombre deshabitado*, 1931; *Noche de guerra en el museo del Prado*, 1937). Tras la guerra civil, residió en Argentina (*Coplas de Juan Panadero*, 1949; *Retornos de lo vivo lejano*, 1952, poemas; *La arboleda perdida*, memorias, 3 vols., 1942, 1987 y 1996; *El adefesio*, 1944, teatro). En 1963 se estableció en Roma (*Roma, peligro para caminantes*, 1968), y en 1977 regresó a España (*Abierto a todas horas*, 1979; *Canciones para Altair*, 1988). [Premio Cervantes 1983.]

■ RAFAEL **ALBERTI**, por G. Prieto.

Albertina, importante colección pública de dibujos y grabados, en Viena (Austria).

ALBERTO (lago), lago de África ecuatorial (Uganda y Rep. dem. del Congo), atravesado por el Nilo; 4 500 km².

SANTOS

ALBERTO (san), *Lieja h. 1166-Reims 1192*, obispo de Lieja. Fue asesinado por emisarios del emperador Enrique VI.

ALBERTO Magno (san), *Lauingen, Baviera, h. 1193-Colonia 1280*, dominico, teólogo y filósofo alemán. Mediante sus enseñanzas en Alemania y París, dio a conocer el pensamiento de Aristóteles y fue maestro de santo Tomás de Aquino.

Albania

— ferrocarril
— carretera
✈ aeropuerto
★ lugar de interés turístico

● más de 100 000 hab.
● de 30 000 a 100 000 hab.
● de 10 000 a 30 000 hab.
● menos de 10 000 hab.

200 500 1000 1500 m

■ ISAAC **ALBÉNIZ**

ALBERCA (La), mun. de España (Salamanca); 1 122 hab. *(albercanos)*. Conjunto medieval. En las cercanías, monasterio de Las Batuecas (1597).

ALBERCHE, r. de España, afl. del Tajo (or. der.); 177 km. Nace en la sierra de Villafranca (Ávila).

1087

AUSTRIA

ALBERTO I o **ALBERTO I DE HABSBURGO,** *h.1255-Brugg,Argovia,1308,* duque de Austria y emperador germánico (1298-1308). — **Alberto II** o Alberto V de Habsburgo, *1397-Neszmély 1439,* duque de Austria (1404-1439), rey de Bohemia y Hungría (1437) y emperador germánico (1438-1439).

ALBERTO, *Wiener Neustadt 1559-Bruselas 1621,* archiduque de Austria.Virrey de Portugal (1583-1593),gobernador (1595) y príncipe de los Países Bajos (1598-1621) por su matrimonio con Isabel Clara Eugenia, hija de Felipe II, firmó con las Provincias Unidas la tregua de los Doce años (1609).

ALBERTO, *Viena 1817-Arco, Italia, 1895,* archiduque y general austriaco.Tío de Francisco José,venció a los italianos en Custozza (1866).

BÉLGICA

ALBERTO I, *Bruselas 1875-Marche-les-Dames 1934,* rey de Bélgica (1909-1934). Luchó al frente de su ejército contra la invasión alemana de 1914.— **Alberto II,** *Bruselas 1934,* rey de Bélgica (desde 1993). Hijo menor de Leopoldo III, sucedió a su hermano Balduino I.

■ **ALBERTO I** de Bélgica. (Museo real del ejército, Bruselas.) ■ **ALBERTO II** de Bélgica.

BRANDEBURGO Y PRUSIA

ALBERTO I DE BALLENSTÄDT, el Oso, *h. 1100-1170,* primer margrave de Brandeburgo (1134-1170), fundador de la dinastía ascania.
ALBERTO DE BRANDEBURGO, *Ansbach 1490-Tapiau 1568,* gran maestre de la orden Teutónica y primer duque hereditario de Prusia (1525-1568).

GRAN BRETAÑA

ALBERTO, *Rosenau, Turingia, 1819-Windsor 1861,* príncipe consorte del Reino Unido. Segundo hijo del duque de Sajonia-Coburgo-Gotha, casó (1840) con la reina Victoria, su prima.

MÓNACO

ALBERTO I, *París 1848-íd. 1922,* príncipe de Mónaco (1889-1922), de la casa de Grimaldi. Fundó el Instituto oceanográfico de París y el Museo oceanográfico de Mónaco.— **Alberto II,** *Mónaco 1958,* príncipe de Mónaco desde 2005, de la casa de Grimaldi. Sucedió a su padre Raniero III.

ALBERTO (Alberto **Sánchez,** llamado), *Toledo 1895-Moscú 1962,* escultor español. Sus primeras obras reflejan desde 1923 la influencia de Rafael Barradas. Junto a Benjamín Palencia, fundó la escuela de Vallecas. Entre 1931 y 1936 su estilo evolucionó hacia un surrealismo crítico.En 1938 se instaló en la URSS.
ALBERTO ADRIANI, mun. de Venezuela (Mérida), junto al Chama; 81 179 hab. La cab., *El Vigía,* es un centro industrial y comercial.
ALBI, c. de Francia, cap. del dep. de Tarn, a orillas del Tarn; 49 106 hab.Vidrio.— Catedral gótica (ss. XIII-XV). Museo Toulouse-Lautrec. — En ella surgió en el s. XII el movimiento albigense.
albigenses (cruzada contra los) [1209-1244], guerra organizada por iniciativa de Inocencio III contra el conde de Tolosa Raimundo VI y los *albigenses* o *cátaros,* apoyados por Pedro II de Aragón. Desencadenada por el asesinato (1208) del legado pontificio, fue dirigida por los barones del norte de Francia, al mando de Simon de Montfort. Marcada por atrocidades en ambos bandos, terminó con la toma de la fortaleza albigense de Montségur.

ALBINONI (Tommaso), *Venecia 1671-íd. 1750,* compositor italiano. Es autor de sonatas y conciertos. El famoso *Adagio de Albinoni,* pastiche realizado en el s.XX (R.Giazotto), contribuyó al redescubrimiento del compositor.
ALBIÓN, nombre tradicional de Gran Bretaña desde Tolomeo.
ALBIZU CAMPOS (Pedro), *1893-1965,* político puertorriqueño, fundador del Partido nacionalista (1928).
ALBIZZI, familia florentina que fue adversaria de los Médicis, en los ss. XIV-XV.
ALBOCÀSSER, v. de España (Castellón); 1 344 hab. *(albocacenses).* Pinturas rupestres del grupo levantino en el barranco de la Valltorta.
ALBOÍNO, rey de los lombardos (561-572).
ALBORÁN (isla de), isla de España,en el *mar de Alborán,* a 56 km de Marruecos; 0,53 km².
ALBORÁN (mar de), extremo O del Mediterráneo, comprendido entre el estrecho de Gibraltar, España y Marruecos.
ALBORAYA, en cat. Alboraia, mun. de España (Valencia); 16 943 hab. *(alborayenses).* Industria.Turismo.
ÁLBORG o **AALBORG,** c.de Dinamarca,en el N de Jutlandia; 158 141 hab. Catedral de los ss. XIV-XVIII; museos.
ALBORNOZ (Álvaro de), *Luarca 1879-México 1954,* político español. Radical, fue ministro en 1931-1933, y presidente del gobierno republicano en el exilio (1945-1946).
ALBORNOZ (Gil Álvarez **Carrillo** de), *Cuenca 1310-Viterbo, Italia, 1367,* eclesiástico español.Arzobispo de Toledo y consejero de Alfonso XI de Castilla (1338), cardenal en Aviñón (1350), Inocencio VI le confió la pacificación de los Estados Pontificios. Fundó el Colegio es-

pañol de Bolonia,ocupó la Penitenciaría apostólica (1357) y fue legado en Italia.
ALBRET (casa de), familia gascona fundada por Amanieu I (1050), en la que destacaron Alano el Grande (1440-1522) y su hijo Juan de Albret, casado con Catalina de Navarra, reconocido rey de Navarra (1484-1512) como Juan III. Los Albret continuaron reinando en la Baja Navarra hasta su incorporación a la corona francesa (1589).
ALBRIGHT (Madeleine), *Praga 1937,* política y diplomática estadounidense de origen checo. Demócrata, representante permanente de EUA ante la ONU (1993-1996), fue secretaria de estado (1997-2001).
Albuera (batalla de La) [16 mayo 1811], victoria de las tropas aliadas, mandadas por Beresford, Blake y Castaños, sobre las francesas de Soult, durante la guerra de la Independencia, en La Albuera (Badajoz).
ALBUFERA DE VALENCIA, laguna costera de España, a 15 km al S de la ciudad de Valencia; 34 km². Arrozales. Pesca. Parque natural (humedal de aves acuáticas).
ALBUQUERQUE, c. de Estados Unidos (Nuevo México), junto al río Bravo; 384 736 hab. Iglesia del s. XVIII y antigua universidad. — Fue fundada en 1660 en honor del virrey de México por Francisco Cuervo y Valdés.
ALBUQUERQUE (Afonso de), *Alhandra 1453-Goa 1515,* conquistador portugués.Virrey de las Indias (1509), ocupó Goa y Malaca, fundando la potencia portuguesa en las Indias.
ALBURQUERQUE (cayos de), arrecife coralino de Colombia, en el Caribe.
ALBURQUERQUE (Bernardo de), *Alburquerque-Oaxaca 1579,* prelado español. Dominico, fue obispo de Oaxaca (1559-1579) y escribió en zapoteca una *Doctrina cristiana.*
ALBURQUERQUE (Juan Alfonso de),*m.en Medina del Campo 1354,* político castellano de origen portugués. Consejero de Pedro I,se enemistó con él y huyó a Portugal.Murió a su vuelta a Castilla para participar en un levantamiento contra el rey.
ALBURQUERQUE MELO (Emiliano Augusto de), conocido como **Di Cavalcanti,** *Río de Janeiro 1897-íd. 1976,* pintor brasileño. En 1923 viajó a París, donde conoció a Picasso, Matisse y Braque, y expuso en diversas capitales europeas. De vuelta a Brasil, hizo de la mulata el tema recurrente de su obra. Realizó paneles y murales para el Fórum Lafayette de Belo Horizonte, e ilustró libros.
ALCA (Área de libre comercio de las Américas),proyecto de zona de libre comercio americana, gestado en la Cumbre de las Américas celebrada en Miami en 1994. Impulsado por Estados Unidos, su implantación se ve dificultada por un movimiento de rechazo en parte de América Latina.
Alcáçovas (tratado de) [1479], tratado firmado por los Reyes Católicos y Alfonso V de Portugal en Alcáçovas (cerca de Évora, Portugal), por el cual este reconoció a Isabel como reina de Castilla y sus derechos sobre Canarias.
ALCALÁ (Xavier), *Miguelaturra, Ciudad Real, 1947,* escritor español en lengua gallega. Es autor de novelas (*Voltar, seis personaxes e un fado,* 1972; *A nosa Cinza,* 1980; *Fábula,* 1980; *Alén da desventura,* 1998) de narrativa esmerada y con datos autobiográficos.
ALCALÁ DE GUADAÍRA, c. de España (Sevilla), cab. de p. j.; 57 206 hab. *(alcalareños).* Centro agrícola e industrial. — Restos romanos y visigodos; catedral-fortaleza mudéjar; iglesias medievales.
ALCALÁ DE HENARES, c. de España (Madrid), cab. de p. j.; 166 397 hab. *(alcalaínos o complutenses).* Centro industrial. — Es la *Complutum* romana.Cuna de Miguel de Cervantes. Iglesias góticas y barrocas. Universidad iniciada por Cisneros en 1498. Edificios universitarios, del plateresco al barroco. (Patrimonio de la humanidad 1998.)
ALCALÁ DEL RÍO, v. de España (Sevilla); 9 301 hab. *(alcalareños).* Es la *Ilipa* romana.
ALCALÁ LA REAL, c. de España (Jaén), cab. de p j; 21 599 hab. *(alcalaínos).* Castillo de la Mota, antigua fortaleza musulmana reconstruida en los ss. XIII-XV, con iglesia del s. XIV, reconstruida en el s.XVI.

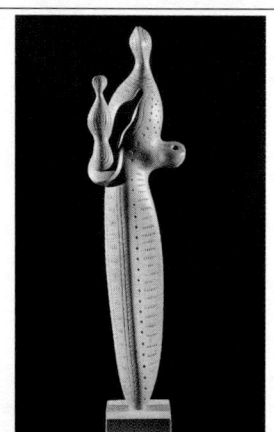

■ **ALBERTO.** *Maternidad* (1920-1922). [Museo nacional centro de arte Reina Sofía, Madrid.]

■ **ALBI.** La catedral de Santa Cecilia (ss. XIII-XV) y la tribuna del coro (h. 1500).

ALCALÁ YÁÑEZ (Jerónimo **de**), *Segovia 1563-íd. 1632*, escritor español, autor de tratados religiosos y de la novela picaresca *Alonso, mozo de muchos amos*, o *El donado hablador* (1624 y 1626).

ALCALÁ ZAMORA (Niceto), *Priego de Córdoba 1877-Buenos Aires 1949*, político español. Miembro del Partido liberal, se adhirió al republicanismo en 1930. Fue el primer presidente de la segunda república (1931-1936).

■ NICETO **ALCALÁ ZAMORA**. (E. Hermoso; Banco de España, Madrid.)

alcalde de Zalamea (El), comedia en verso de Calderón de la Barca (1640-1650), que aborda los temas del honor y del conflicto entre ley moral y ley del estado.

ALCÁMENES, *s. v a.C.*, escultor griego. Fue discípulo y rival de Fidias (grupo de *Procne e Itys*, hallado en la Acrópolis de Atenas).

Alcan, grupo multinacional formado alrededor de la sociedad canadiense Alcan Aluminium Limited (cuyos orígenes se remontan a 1902) por una serie de fusiones-adquisiciones. Comprado en 2007 por el grupo minero Rio Tinto, actualmente forma la entidad Rio Tinto Alcan, líder mundial del sector del aluminio.

ALCANADRE, r. de España, afl. del Cinca (or. der.); 143 km. Canales de riego.

ALCÁNTARA, v. de España (Cáceres); 1 650 hab. (*alcantareños* o *alcantarinos*). Avenada por el Tajo (*embalse de Alcántara*). Majestuoso puente romano (106). Convento de San Benito (s. XVI).

ALCÁNTARA (Francisco de Paula), *1785-1848*, general venezolano. Se distinguió en la guerra de la independencia americana.

Alcántara (orden de), orden religiosa y militar española, fundada en 1156 por caballeros salmantinos de regla cisterciense. Sometida a la orden de Calatrava, en 1495 Fernando el Católico fue nombrado su administrador, con lo que los bienes de la orden pasaron a la corona.

ALCANTARILLA, v. de España (Murcia); 33 453 hab. (*alcantarilleros*). Industria alimentaria y textil. Escuela de paracaidismo.

ALCANTUZ (Lorenzo), *Oiba-Santa Fe de Bogotá 1782*, dirigente de los comuneros de Nueva Granada. Murió en la horca.

ALCAÑIZ, c. de España (Teruel), cab. de p. j.; 13 127 hab. (*alcañizanos*). Colegiata (campanario gótico y fachada barroca). Ayuntamiento con fachada renacentista. Castillo de los Calatravos del s. XIV (parador de turismo) con capilla románica y pinturas murales.

ALCARAZ, c. de España (Albacete), cab. de p. j.; 2 087 hab. (*alcaraceños*). Castillo y murallas medievales. Edificios renacentistas.

ALCARAZ (sierra de), sierra de España, en sierra Morena; 1 798 m en el cerro Almenara.

ALCARRIA (La), comarca de España (prov. de Guadalajara, Cuenca y Madrid), que se extiende desde el Henares hasta la serranía de Cuenca y limita al S con La Mancha. Agricultura. Miel.

ALCAZABA (Simón **de**), *m. en Patagonia 1535*, navegante y descubridor portugués al servicio de España. En 1534 dirigió una expedición a la Patagonia.

ALCÁZAR (Baltasar **del**), *Sevilla 1530-Ronda 1606*, poeta español, autor de poesía satírica en octosílabos (*Cena jocosa*) y epigramas.

ALCÁZAR (Mariana), *Valencia 1739-Madrid 1797*, actriz y cantante española, gran intérprete de tonadillas y zarzuelas.

ALCÁZAR DE SAN JUAN, c. de España (Ciudad Real), cab. de p. j.; 26 150 hab. (*alcazareños*). Nudo ferroviario. — Fue cap. del priorato de San Juan.

ALCAZARQUIVIR, en ár. **al-Qaṣr al-kabīr**, c. del N de Marruecos; 48 000 hab. En ella se produjo la *batalla de Alcazarquivir* (o de los *Tres Reyes*), entre Sebastián de Portugal y el pretendiente al trono marroquí Muḥammad al-Mutawakkil contra el sultán ʿAbd al-Malik (4 ag. 1578), en la que murieron los tres soberanos.

ALCESTES MIT. GR. Hija de Pelias y esposa de Admeto. Aceptó morir en lugar de su marido, pero fue arrebatada de los infiernos por Heracles. — Su leyenda inspiró a Eurípides una tragedia (438 a.C.) y una ópera en 3 actos de Gluck, con libreto de Calzabigi (1767).

ALCIATI (Andrea), *Alzate 1492-Pavía 1550*, jurisconsulto italiano. Autor de *Emblemata* (1531), estudió el derecho romano desde el análisis histórico y lingüístico.

ALCÍBAR (José **de**), *h. 1730-1810*, pintor mexicano, cofundador de la Academia de pintores de México (1753), que dirigió (*Retrato de sor María Ignacia de la Sangre de Cristo*). Su estilo es colorista y suntuoso.

■ JOSÉ DE **ALCÍBAR**. *Sor María de la Sangre de Cristo* (1777). [Museo nacional de historia, México.]

ALCIBÍADES, *h. 450-en Frigia 404 a.C.*, general ateniense. Discípulo de Sócrates, jefe del partido democrático, arrastró a los atenienses a emprender la arriesgada expedición contra Sicilia (415). Acusado de sacrilegio (mutilación de las estatuas de Hermes), huyó y vivió un tiempo en Esparta; más tarde buscó la protección del sátrapa Tisafernes, y tras algunos éxitos militares volvió a Atenas (407). Murió asesinado, en el exilio.

ALCINA FRANCH (José), *Valencia 1922-Madrid 2001*, antropólogo español. Especialista en arqueología de la América precolombina, editó la *Revista española de antropología americana*. Es autor de *Bibliografía básica de arqueología americana* (1960) y *Manual de arqueología americana* (1965).

ALCINOO MIT. GR. Personaje de la *Odisea*, rey de los feacios y padre de Nausica. Acogió a Ulises tras su naufragio.

ALCIRA, en cat. **Alzira**, c. de España (Valencia), cab. de p. j.; 40 658 hab. (*alcireños*). Núcleo árabe y restos de murallas. Ayuntamiento del s. XVI.

ALCMENA MIT. GR. Esposa de Anfitrión. Seducida por Zeus, fue madre de Heracles.

ALCMEÓNIDAS, familia aristocrática de la Atenas clásica. Distinguidos por su apego a la democracia, entre sus miembros se contaron Clístenes, Pericles y Alcibíades.

ALCOBAÇA, c. de Portugal, al N de Lisboa; 5 079 hab. Monasterio cisterciense (ss. XIII-XVIII), que acoge las tumbas de Pedro I e Inés de Castro, con notables esculturas góticas (patrimonio de la humanidad 1989).

ALCOBENDAS, v. de España (Madrid), cab. de p. j.; 89 612 hab. (*alcobendanos*). Centro industrial.

Alcoi → ALCOY.

Alcolea (batalla de) [28 sept. 1868], victoria de las tropas del general Serrano sobre las de Isabel II en Alcolea (Córdoba). Decidió el triunfo de la revolución española de 1868.

ALCORA (l'), v. de España (Castellón); 9 106 hab. (*alcoranos*). Cerámica industrial. — Fabricó loza y porcelana en los ss. XVIII-XIX (*cerámica de Alcora*).

ALCORCÓN, v. de España (Madrid), cab. de p. j.; 144 636 hab. En el área metropolitana de Madrid.

ALCORIZA (Luis), *Badajoz 1921-Cuernavaca 1992*, director y guionista de cine mexicano de origen español. Guionista de L. Buñuel (*Los *olvidados; Él*, 1952), bajo su influencia retrató, como director, la realidad de la provincia mexicana (*Tiburoneros*, 1962; *Tarahumara*, 1964; *Mecánica nacional*, 1974; *Presagio*, 1974; *Lo que importa es vivir*, 1988).

■ LUIS **ALCORIZA**. Escena de la película *Presagio* (1974).

ALCORTA (Amancio), *Santiago del Estero 1805-Buenos Aires 1862*, economista, político y compositor argentino. Escribió sobre temas monetarios y bancarios y compuso música de cámara y piezas para piano. Fue ministro de gobierno en las provincias de Santiago de Estero y Salta y senador en la provincia de Buenos Aires.

ALCOVER (Antoni Maria), *Manacor 1862-Palma de Mallorca 1932*, filólogo español. Fundador del *Bolletí del diccionari de la llengua catalana* (1901-1936), primera revista de filología en España, inició el *Diccionari català-valencià-balear* (publicado por fascículos a partir de 1926), concluido por F. de B. Moll.

ALCOVER (Joan), *Palma de Mallorca 1854-íd. 1926*, poeta español en lenguas castellana y catalana. En su obra, intimista y nostálgica, vinculada a la Renaixença, destacan *Atardecer* (1909) y *Poemas bíblicos* (1918).

ALCOY, en cat. **Alcoi**, c. de España (Alicante), cab. de p. j.; 60 423 hab. (*alcoyanos*). Centro agrícola y principalmente industrial. — Poblado ibérico del Puig (s. IV a.C.), con santuario de época romana (museo municipal).

ALCUDIA, en cat. **Alcúdia**, c. de España (Baleares), en Mallorca; 12 512 hab. (*alcudianos*). Base de submarinos. Central termoeléctrica. Turismo. — Murallas (s. XIV).

ALCUINO, en lat. **Albinus Flaccus**, *York h. 735-Tours 804*, teólogo y filósofo anglosajón. Fue uno de los maestros de la escuela palatina fundada por Carlomagno, y tuvo una importancia crucial en el renacimiento carolingio.

ALDABRA (islas), archipiélago del océano Índico, dependencia de las Seychelles. (Patrimonio de la humanidad 1982.)

ALDAIA, mun. de España (Valencia); 24 458 hab. (*aldayeros*). Fábricas de abanicos.

ALDAMA, mun. de México (Tamaulipas), a orillas del golfo de México; 23 898 hab. Pesca.

ALDAMA (Juan), *San Miguel el Grande ¿1769?-*

Chihuahua 1811, militar y político mexicano. Nombrado teniente general por Hidalgo, participó en el asalto a Guanajuato (1810). Fue fusilado por los realistas.

ALDAN, r. de Rusia, en Siberia, afl. del Liena (or. der.); 2 242 km.

ALDANA (Francisco de), *Nápoles 1537-Alcazarquivir 1578*, poeta español. Militar, luchó en Flandes y contra los turcos. Es autor de sonetos y canciones de influencia italiana y de epístolas. De estas, la dedicada a Arias Montano es una de las cimas de la lírica española.

ALDANA (José Manuel), *México 1758-íd. 1810*, compositor y violinista mexicano. Adscrito al clasicismo, compuso música religiosa (*Misa en re mayor*, himnos y canciones marianas).

ALDAO (Martín), *Rosario 1875-Buenos Aires 1961*, novelista argentino. Es autor de *La novela de Torcuato Méndez* (1912), en la que describe la vida bonaerense.

ALDEAQUEMADA (abrigos de), serie de trece yacimientos de arte rupestre levantino (mun. de Aldeaquemada, Jaén).

ALDECOA (Ignacio), *Vitoria 1925-Madrid 1969*, escritor español. Tras escribir poesía, se dedicó a la novela (trilogía *La España inmóvil* [1954-1956], sobre la posguerra española) y al cuento (*Caballo de pica*, 1961).

ALDEHUELA (José Martín), *Manzaneda 1719-Málaga 1802*, arquitecto e ingeniero español. Es autor del puente de Ronda (1784-1788), de un solo arco, y del acueducto de San Telmo.

ALDERETE (Jerónimo de), *m. en 1556*, conquistador español. Participó con Valdivia en la conquista de Chile.

ALDERNEY, en fr. *Aurigny*, una de las islas Anglonormandas, frente al cabo de La Hague; 2 375 hab.; cap. *Saint Anne*. Turismo.

ALDO → MANUZIO.

ALDRICH (Robert), *Cranston, Rhode Island, 1918-Los Ángeles 1983*, director de cine estadounidense. Sus películas se caracterizan por la acción brutal y frenética y los climas opresivos o paroxísticos: *Veracruz* (1954), *El beso de la muerte* (1955), *¿Qué fue de Baby Jane?* (1962).

ALDRIN (Edwin Eugene, llamado Buzz), *Montclair, Nueva Jersey, 1930*, astronauta estadounidense. Fue el segundo hombre, después de Neil Armstrong, en poner el pie en la Luna (Apolo 11, 21 de julio de 1969).

ALDROVANDI (Ulisse), *Bolonia 1522-íd. 1605*, médico y naturalista italiano. Creó el primer jardín botánico en 1560, y escribió varias obras sobre plantas y animales.

ALDUNATE (Manuel), *Santiago 1815-Valparaíso 1898*, arquitecto chileno. Realizó el Congreso, el parque Consiño y el paseo de Santa Lucía en Santiago, y la casa consistorial en Valparaíso.

ALEANDRO (Norma), *Buenos Aires 1936*, actriz argentina. Debutó en el cine con *La muerte en las calles* (L. Fleider, 1952), y ha destacado por sus trabajos dramáticos tanto en el teatro como en el cine, a las órdenes de L. Puenzo (*La historia oficial*, 1985), E. Mignogna (*Sol de otoño*, 1996; *El faro*, 1998), H. Babenco (*Corazón iluminado*, 1997) o J. J. Campanella (*El hijo de la novia*, 2001).

ALECHINSKY (Pierre), *Bruselas 1927*, pintor y grabador belga. Miembro del grupo Cobra, destaca como calígrafo y colorista, así como por su humor incisivo.

■ PIERRE **ALECHINSKY.** *Volcán embrujado* (1974). [Museo de bellas artes de Ostende.]

ALECSANDRI (Vasile), *Bacău 1821-Mirceşti 1890*, poeta y político rumano. Es autor de poemas líricos y épicos, y de comedias satíricas.

ALEGRE (Francisco Javier), *Veracruz 1729-Bolonia, Italia, 1788*, escritor y erudito mexicano. Jesuita, fue traductor y profesor de retórica, filosofía y derecho canónico. Historiador de su orden (*Historia de la compañía de Jesús en Nueva España*), tras la expulsión de los jesuitas de América se instaló en Bolonia, donde escribió *Las instituciones teológicas* (1770-1788), considerada su obra máxima.

ALEGRÍA (Ciro), *Quilca, Huamachuco, 1909-Lima 1967*, novelista peruano. Representante de la corriente indigenista, desde *La serpiente de oro* (1935) el indio y su vida son símbolos de una narrativa de reivindicación continental. Además de *Los perros hambrientos* (1938) y *El *mundo es ancho y ajeno* (1941), su obra maestra, son notables sus memorias (*Mucha suerte con harto palo*, 1976).

■ CIRO **ALEGRÍA** ■ VICENTE **ALEIXANDRE**, por A. López Alarcón.

ALEGRÍA (Claribel), *Estelí 1924*, escritora salvadoreña. Poetisa y narradora (*Cenizas de Izalco*, 1966), destaca por su lírica vibrante, sensible y alejada de la retórica (*Suite de amor, angustia y soledad*, 1951; *Acuario*, 1955; *Vía única* 1965; *Pagaré a cobrar y otros poemas*, 1973; *Sobrevivo*, 1978, premio Casa de las Américas; *Soltando amarras*, 2005).

ALEGRÍA (Fernando), *Santiago 1918*, escritor chileno. Es autor de novelas (*Camaleón*, 1950; *Caballo de copas*, 1957; *Mañana los guerreros*, 1964) y cuentos (*El poeta que se volvió gusano*, 1956) de marcado carácter social. También ha ejercido la crítica literaria.

ALEIJADINHO (António Francisco Lisboa, llamado **El**), *Ouro Preto ¿1730?-íd. 1814*, escultor, decorador y arquitecto brasileño. Adornó las iglesias de Minas Gerais con obras de un barroco muy expresivo (Bom Jesús de Congonhas do Campo).

ALEIXANDRE (Vicente), *Sevilla 1898-Madrid 1984*, poeta español. Miembro de la generación del 27, con *Ámbito* (1928) se inició en la poesía pura, camino que abandonaría en sus obras siguientes: *Espadas como labios* (1932) y los poemas en prosa de *Pasión de la tierra* (1935). *La destrucción o el amor* (1935), obra de plena madurez en la que se reveló como poeta visionario, le valió el reconocimiento de la crítica (premio nacional de literatura). También destacan: *Sombra del paraíso* (1944), *Historia del corazón* (1954), *Poemas de la consumación* (1968), *Diálogos del conocimiento* (1974). [Premio Nobel de literatura 1977.]

ALEJANDRA-FIÓDOROVNA, *Darmstadt, Prusia, 1872-Yekaterinburg 1918*, zarina de Rusia. Hija del duque de Hesse, Luis IV, y esposa del zar Nicolás II, fue ejecutada con su familia en 1918. Canonizada por la iglesia ortodoxa rusa en 2000.

ALEJANDRETA → İSKENDERUN.

ALEJANDRÍA, en ár. **al-Iskandariyya**, c. de Egipto, al O del delta del Nilo; 3 170 000 hab. Puerto. Centro comercial y financiero, intelectual (universidad, biblioteca [*Bibliotheca Alexandrina*, 2002, heredera simbólica de la biblioteca antigua]) e industrial (metalurgia, textil). — Fundada por Alejandro Magno (332 a.C.), célebre por su faro, que iluminaba su rada, fue, en tiempo de los Tolomeos, el centro artístico y literario de Oriente, y uno de los principales focos de la civilización helenística

(museo, biblioteca). Albergó una importante comunidad judía de habla griega. — La *Iglesia de Alejandría* desempeñó un papel fundamental en el desarrollo del cristianismo.

SANTOS Y PAPAS

ALEJANDRO (san), *m. h. 326*, patriarca de Alejandría (313-326). Hizo condenar a Arrio en el concilio de Nicea (325).

ALEJANDRO III (Rolando **Bandinelli**), *¿Siena?-Civita Castellana 1181*, papa de 1159 a 1181. Se enfrentó a Federico Barbarroja, contra quien organizó la Liga lombarda, y convocó el III concilio de Letrán (1179). — **Alejandro VI** (Rodrigo **Borgia** o **Borja**), *Játiva 1431-Roma 1503*, papa de 1492 a 1503. Por su vida privada, su gusto por la intriga y su nepotismo, fue un hábil príncipe del renacimiento más que un papa; entre sus actos de carácter diplomático, el más notorio es la bula **Inter caetera* (1493), que decidió la partición de las tierras del Nuevo Mundo entre España y Portugal. — **Alejandro VII** (Fabio **Chigi**), *Siena 1599-Roma 1667*, papa de 1655 a 1667. En 1665 prescribió la firma del formulario antijansenista.

ANTIGÜEDAD

ALEJANDRO MAGNO, *Pela 356-Babilonia 323 a.C.*, rey de Macedonia (336-323). Hijo de Filipo II, al que sucedió, y discípulo de Aristóteles, sometió a la Grecia rebelde. Atravesó el Helesponto y venció a las tropas persas de Darío III a orillas del Gránico (334), con lo que obtuvo el dominio de Asia Menor. De nuevo vencedor de los persas en Issos (333), conquistó el litoral sirio (en general Tiro) y penetró en Egipto, donde fundó Alejandría (332). Atravesó el Éufrates y el Tigris, y derrotó a los persas entre Gaugamela y Arbelas (331), con lo que puso fin al poder de los Aqueménidas. Se apoderó de Babilonia y Susa, quemó Parsa (Persépolis) y alcanzó el Indo. Pero, por el agotamiento de su ejército, regresó a Babilonia, donde organizó su imperio esforzándose por fundir las civilizaciones griega y persa. Dicho imperio, a su muerte, fue repartido entre sus generales.

■ **ALEJANDRO MAGNO.**
(Museo arqueológico nacional, Nápoles.)

BULGARIA

ALEJANDRO I DE BATTENBERG, *Verona 1857-Graz 1893*, primer príncipe de Bulgaria (1879-1886). Tuvo que abdicar.

GRECIA

ALEJANDRO I, *Tatoi 1893-Atenas 1920*, rey de Grecia (1917-1920), hijo de Constantino I.

POLONIA

ALEJANDRO JAGELLÓN, *Cracovia 1461-Vilnius 1506*, gran duque de Lituania (1492-1506) y rey de Polonia (1501-1506).

RUSIA

ALEJANDRO I, *San Petersburgo 1777-Taganrog 1825*, zar de Rusia (1801-1825), de la dinastía de los Románov. Hijo de Pablo I, se adhirió a la III coalición contra Napoleón I y luego transigió ante él (Tilsit, 1807; Erfurt, 1808). Tras el fracaso de la campaña de Rusia (1812), participó en la liberación de Europa (Leipzig, 1813; campaña de Francia, 1814). Firmó con Austria y Prusia la Santa alianza (1815). — **Alejandro II**, *Moscú 1818-San Petersburgo 1881*, zar de Rusia (1855-1881), de la dinastía de los Románov. Hijo de Nicolás I, llevó a cabo grandes reformas: abolición de la servidumbre (1861), creación de los *zemstvo* (1864), justicia igual para todos y servicio militar obligatorio (1874). Vencedor de los otomanos en la guerra de 1877-1878, hubo de aceptar las disposiciones del congreso de Berlín (1878). Murió asesinado. — **Alejandro III**, *San Petersburgo 1845-Livadia 1894*, zar de Rusia (1881-1894), de la dinastía de los Románov. Hijo de Alejandro II, practicó una política reaccionaria y firmó con Francia la alianza francorrusa (1891-1894).

■ **ALEJANDRO I** de Rusia, por R. Gérard. (Museo de bellas artes, Lausana.)

■ **ALEJANDRO II** de Rusia, por A. Mouillard. (Biblioteca nacional, París.)

ALEJANDRO NEVSKI, *h. 1220-Gorodets 1263*, príncipe de Nóvgorod (1236-1252) y gran príncipe de Vladímir (1252-1263). Derrotó a los suecos (1240) y a los caballeros Portaespadas (1242).

SERBIA Y YUGOSLAVIA

ALEJANDRO I KARAGJORGJEVIĆ, *Cetinje 1888-Marsella 1934*, rey de los serbios, croatas y eslovenos (1921-1929) y de Yugoslavia (1929-1934). Hijo de Pedro I de Serbia, su política fue centralista y autoritaria. Murió asesinado.

ALEJANDRO I OBRENOVIĆ, *Belgrado 1876-íd. 1903*, rey de Serbia (1889-1903). Hijo de Milan I, fue asesinado por un complot militar.

ALEJANDRO DE HUMBOLDT (parque nacional), parque nacional de Cuba (Guantánamo, Holguín); 69 341 ha. Especies endémicas. (Patrimonio de la humanidad 2001.)

ALEJANDRO FARNESIO → FARNESIO (Alejandro).

ALEJANDRO SEVERO → SEVERO ALEJANDRO.

ALEJO, nombre de varios emperadores bizantinos. — **Alejo I Comneno**, *Constantinopla 1058-íd. 1118*, emperador bizantino (1081-1118). Su reinado estuvo marcado por un enérgico resurgimiento del poder bizantino. — **Alejo III Ángelo**, *m. en 1210*, emperador

bizantino (1195-1203). — **Alejo IV Ángelo**, *h. 1182-Constantinopla 1204*, emperador bizantino (1203-1204), sobrino de Alejo III Ángelo.

ALEJO (san), *m. en 1378*, prelado ruso. Metropolita de Moscú (1354), desempeñó un papel esencial en la lucha por la primacía de Moscú.

ALEJO MIJÁILOVICH, *Moscú 1629-íd. 1676*, zar de Rusia (1645-1676), de la dinastía de los Románov. Hizo aprobar el código de 1649, que institucionalizó la servidumbre, y las reformas litúrgicas de 1666-1667, que desencadenaron el cisma de los «viejos creyentes».

ALEM (Leandro), *Buenos Aires 1844-íd. 1896*, político argentino. Encabezó la revolución que depuso a Juárez Celman (1890) y fue presidente provisional (1893). Cofundador de la Unión cívica radical (1890), se suicidó.

ALEMA (Massimo d'), *Roma 1949*, político italiano. Secretario nacional del Partido democrático de la izquierda (PDS, ex Partido comunista italiano) de 1994 a 1998, después presidente del mismo partido —renombrado Demócratas de izquierda (DS)— de 2000 a 2007, fue presidente del Consejo de 1998 a 2000 y, de 2006 a 2008, vicepresidente del Consejo y ministro de asuntos exteriores.

ALEMÁN (Arnoldo), *Managua 1946*, político nicaragüense. Liberal, alcalde de Managua (1990-1995), fue presidente de la república de 1997 a 2002.

ALEMÁN (Mateo), *Sevilla 1547-México h. 1615*, escritor español, autor del *Guzmán de Alfarache*, prototipo de la novela picaresca española.

ALEMÁN (Miguel), *Sayula, Veracruz, 1900-México 1983*, político mexicano. Miembro del PRI, fue presidente de la república (1946-1952).

ALEMANIA, en alem. **Deutschland**, estado federal de Europa central; 357 000 km²; 81 700 000 hab. *(alemanes)*. CAP. *Berlín*. LENGUA: *alemán*. MONEDA: *euro*. El país está formado por 16 Länder (estados): Baden-Württemberg, Baja Sajonia, Baviera, Berlín, Brandeburgo, Bremen, Hamburgo, Hesse, Mecklemburgo-Antepomerania, Rin del Norte-Westfalia, Renania-Palatinado, Sajonia, Sajonia-Anhalt, Sarre, Schleswig-Holstein y Turingia.

INSTITUCIONES

Nombre oficial: República federal de Alemania. Ley fundamental de 1949, revisada en 1990. Los 16 Länder tienen parlamento propio. El presidente de la república (jefe del estado) es elegido para 5 años por el parlamento federal (Bundestag y algunos representantes de los

Länder). El canciller dirige el gobierno federal (elegido por el Bundestag a propuesta del jefe del estado). El parlamento bicameral se compone del *Bundestag*, elegido para 4 años por sufragio universal directo, y el *Bundesrat*, designado por los gobiernos de los Länder.

GEOGRAFÍA

Alemania es la primera potencia económica de Europa, de la que constituye también el estado más poblado, después de Rusia. La historia, más que el medio natural, explica esta primacía y, en particular, la precocidad y amplitud del desarrollo comercial e industrial (este último favorecido por la abundante hulla del Ruhr). La relativamente reciente unidad alemana (segunda mitad del s. XIX) es responsable, a pesar del peso adquirido por Berlín, de la presencia de grandes ciudades (Hamburgo, Munich, Frankfurt, Colonia, Stuttgart, Bremen, Hannover, Leipzig, Dresde), con una función importante en la vida económica, social y cultural del país: más del 85 % de los alemanes viven en ciudades. La población es densa (próxima a los 230 hab. por km²), especialmente en las regiones renanas. No obstante, ha disminuido recientemente, debido a un índice de natalidad muy bajo, inferior al índice de mortalidad, influido por un sensible envejecimiento.
Cerca de un tercio de la población activa trabaja en la industria, de gran vocación exportadora, concentrada en sus estructuras, pero diversificada en sus producciones. Se sitúan en primer lugar las construcciones mecánicas (entre ellas, la automotriz), eléctricas y la química, muy por delante de los sectores tradicionales (extracción hullera, siderurgia o industria textil), por lo general en declive. La agricultura ocupa solo el 4 % de la población activa, pero satisface la mayor parte de las necesidades nacionales en cereales, productos lácteos, azúcar, patatas, carne, frutas y verduras. Los servicios emplean a la mayor parte de la población activa, lo cual atestigua el nivel de desarrollo de la economía. Aproximadamente el 30 % de la producción (industrial sobre todo) se exporta (más de la mitad a la Unión europea). Este índice, muy alto si se considera la importancia del mercado interior, compensa el tradicional déficit de la balanza en los servicios (inversiones en el extranjero, saldo negativo del turismo).
La integración de los Länder de la antigua RDA es costosa (sobre todo la modernización de infraestructuras y equipamientos), y esta parte oriental del país tiene un alto índice de desempleo. Pero, tras haber sufrido las conse-

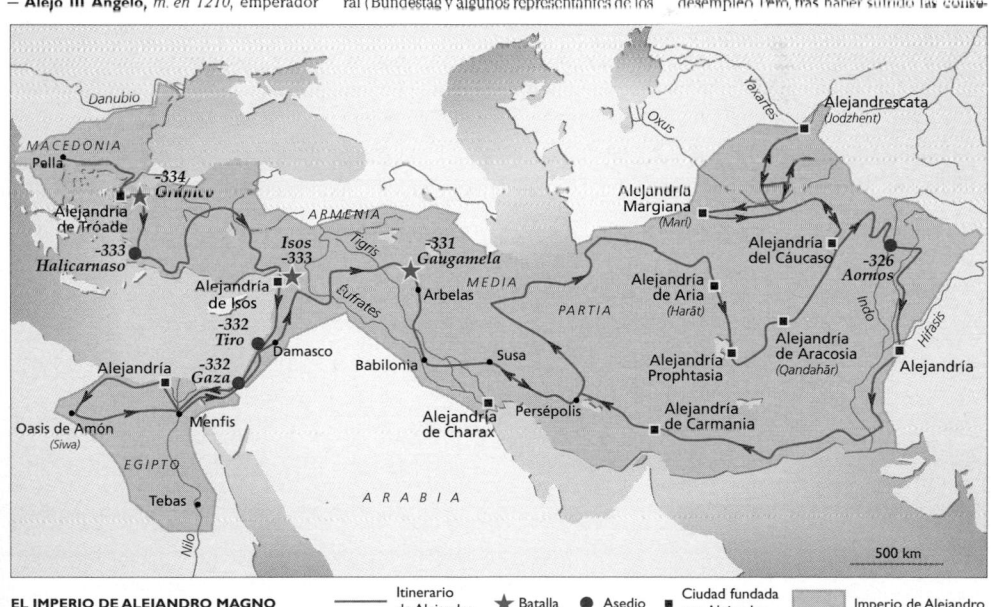

EL IMPERIO DE ALEJANDRO MAGNO

— Itinerario de Alejandro ★ Batalla ● Asedio ■ Ciudad fundada por Alejandro ▢ Imperio de Alejandro

Alemania

200 500 1 000 m

═══ autopista	✈ aeropuerto	★ lugar de interés turístico
─── carretera	límite de Länd	⬤ más de 1 000 000 hab.	● de 100 000 a 500 000 hab.
─── ferrocarril	**Munich** capital de Länd	⬤ de 500 000 a 1 000 000 hab.	· menos de 100 000 hab.

cuencias de la reunificación, Alemania ha restablecido el dinamismo económico, socavado sin embargo act. por la crisis económica mundial.

HISTORIA

Los orígenes. I milenio a.C.: los germanos se instalaron entre el Rin y el Vístula, desplazando a los celtas hacia las Galias. Fueron empujados hacia el E por los romanos, que establecieron una frontera fortificada *(limes)* entre Coblenza y Ratisbona. **Ss. V-VI:** durante las gran des invasiones, los bárbaros germánicos fundaron varios reinos; el de los francos se impuso sobre los demás. **800:** fundación del Imperio carolingio. **843:** el tratado de Verdún dividió el imperio en tres reinos: al E, la *Francia orientalis* de Luis el Germánico constituiría la Germania. **919:** Enrique I el Pajarero, duque de Sajonia, fue elegido rey de Germania.

El Sacro Imperio. 962: el sajón Otón I el Grande, rey de Germania y de Italia, fundó el Sacro Imperio romano germánico. **1024-1138:** la dinastía de Franconia chocó con el papado: querella de las Investiduras (1076-1122), marcada por la humillación de Enrique V en Canosa (1077). **1138-1250:** la dinastía suaba (Hohenstaufen), con Federico I Barbarroja (1152-1190) y Federico II (1220-1250), inició las luchas entre el papado y el Imperio. **1250-1273:** el Gran Interregno, período de anarquía, favoreció la emancipación de los principados. **1273-1291:** Rodolfo I de Habsburgo fue elegido emperador con el título de rey de romanos. **1356:** Carlos IV de Luxemburgo promulgó la Bula de oro, auténtica constitución del Sacro Imperio. **S. XVI:** el Imperio, en su apogeo con Maximiliano I (1493-1519) y Carlos Quinto (1519-1556), vio rota su unidad religiosa por la Reforma protestante. **1618-1648:** la guerra de los Treinta años asoló el país. **1648:** los tratados de Westfalia confirmaron la división religiosa y política (350 estados) del país y la debilidad del poder imperial. **S. XVIII:** el reino de Prusia, dirigido por los Hohenzollern desde 1701, dominó Alemania y se convirtió en gran potencia con Federico II. **1806:** Napoleón sustituyó el Sacro Imperio por la Confederación del Rin, que excluía a Prusia. Apoyado por esta, despertó el nacionalismo alemán, dirigido contra Francia.

La unidad alemana. 1815: en el congreso de Viena, la Confederación del Rin fue sustituida por la Confederación germánica (39 estados autónomos), que englobaba Prusia y Austria. **1834:** unión aduanera de los estados alemanes *(Zollverein)*. **1848-1850:** fracaso de los movimientos nacionales y liberales. Austria y Prusia lucharon por constituir en su beneficio una «gran» o «pequeña» Alemania. **1862-1871:** Bismarck llevó a cabo la unidad alemana, tras eliminar a Austria (Sadowa, 1866) y vencer a Francia (1870-1871). **1871:** se proclamó el «Imperio alemán» en Versalles (el rey de Prusia se convirtió en emperador). **1871-1890:** Bismarck impulsó la política del Kulturkampf. La notable expansión industrial fue acompañada de la formación de un potente partido socialista. **1890-1914:** Guillermo II, que obtuvo la dimisión de Bismarck, añadió a su política colonial ideales pangermanistas. **1914-1918:** la primera guerra mundial acabó con la derrota de Alemania (tratado de Versalles, 28 junio 1919).

De Weimar al III Reich. 1919: fue promulgada la primera constitución democrática. El socialdemócrata F. Ebert fue elegido presidente de la república. La república de Weimar (17 estados o Länder) reprimió el movimiento espartaquista (1919). La humillación ocasionada por el tratado de Versalles, la ocupación del Ruhr por Francia (1923-1925) y la crisis económica favorecieron la ascensión del nacionalsocialismo. **1925:** Hindenburg reemplazó a Ebert. **1933-1934:** Hitler, canciller y *Führer,* inauguró el III Reich, un estado dictatorial y centralizado. **1936:** remilitarización de Renania. **1938-1939:** anexión de Austria *(Anschluss)* y de parte de Checoslovaquia. Alemania atacó Polonia. **1940-1945:** segunda guerra mundial. Alemania invadió y ocupó Francia y la mayor parte de los países europeos, pero fracasó ante la resistencia de Gran Bretaña y de la URSS, aliadas con EUA. Capituló el 8 de mayo de 1945.

De la ocupación a la división. 1945-1946: fue ocupada por los ejércitos aliados de Estados Unidos, Francia, Gran Bretaña y la URSS, y su frontera con Polonia quedó delimitada al E por la línea Oder-Neisse. **1948:** EUA, Francia y Gran Bretaña crearon un estado federal en sus zonas de ocupación. La URSS bloqueó los accesos de Berlín Oeste (hasta mayo 1949). **1949:** la división quedó consagrada tras la creación de la República federal de Alemania o RFA (23 mayo) y, en la zona soviética, de la República democrática alemana o RDA (7 oct.). Ambos precisaron en sus constituciones que Alemania era una república indivisible y que el pueblo alemán debería unificarse.

La República federal de Alemania. 1949: tras las elecciones ganadas por la CDU (Unión democratacristiana), K. Adenauer fue nombrado canciller. Beneficiándose de la ayuda estadounidense (plan Marshall), Alemania inició una rápida recuperación económica. Acogió a millones de refugiados alemanes expulsados de Hungría, Polonia y Checoslovaquia. **1951:** revisión del estatuto de ocupación. La RFA entró en la CECA. **1955:** se convirtió en miembro de la OTAN. **1956:** creación de la Bundeswehr. **1958:** la RFA entró en la CEE. **1963-1966:** durante el mandato del canciller L. Erhard, también democristiano, prosiguió el «milagro económico». **1966-1969:** el canciller K. Kiesinger, democristiano, formó un gobierno de «gran coalición» CDU-SPD (Partido socialdemócrata). **1969-1974:** el canciller W. Brandt, socialdemócrata, formó un gobierno de «pequeña coalición» con el Partido liberal. Centró su política en la apertura al E *(Ostpolitik)*. Tras concluir un tratado con la URSS y reconocer la línea Oder-Neisse como frontera con Polonia (1970), la RFA firmó con la RDA el tratado interalemán de mutuo reconocimiento (1972). **1974-1982:** con el canciller H. Schmidt, socialdemócrata, se mantuvo en el poder la coalición con los liberales. **1982-1987:** el canciller H. Kohl, democristiano, formó un gobierno de coalición con el Partido liberal. Los Verdes entraron en el Bundestag en 1983. **1984:** Richard von Weizsäcker fue elegido presidente de la república. **1987:** la coalición CDU-Partido liberal ganó las elecciones y Kohl siguió siendo canciller. **1989:** la RFA se enfrentó a los problemas planteados por una afluencia masiva de refugiados de la Alemania del E y por los cambios en la RDA.

La República democrática alemana. Organizada económica y políticamente según el modelo soviético, la RDA estuvo dirigida por el Partido socialista unificado (SED). **1949:** Wilhelm Pieck se convirtió en presidente y Otto Grotewohl en jefe del gobierno. **1950:** Walter Ulbricht fue elegido primer secretario del SED. La RDA se adhirió al Comecon. **1953:** estallaron disturbios obreros. **1955:** la RDA se adhirió al pacto de Varsovia. **1960:** muerte de W. Pieck. La función de presidente de la república fue sustituida por un órgano colectivo, el Consejo de estado, con W. Ulbricht como presidente. **1961:** a fin de acabar con la intensa emigración de los alemanes del E hacia la RFA, se construyó un muro que separaba Berlín Este y Berlín Oeste. **1963:** se flexibilizó el sistema de planificación económica. **1964:** Willi Stoph sucedió a Grotewohl como jefe de gobierno. **1972:** se firmó el tratado interalemán de reconocimiento mutuo entre la RFA y la RDA, que abrió el camino al reconocimiento de la RDA por parte de los países occidentales. **1973:** muerte de W. Ulbrich. W. Stoph accedió a la jefatura del estado. Horst Sindermann dirigió el gobierno. **1976:** E. Honecker (primer secretario del SED desde 1971) sucedió a W. Stoph, quien recuperó la dirección del gobierno. **1989:** un éxodo masivo de ciudadanos de la RDA hacia la RFA e importantes manifestaciones que reclamaban la democratización del régimen provocaron a partir de octubre la dimisión de los principales dirigentes (entre ellos Honecker y Stoph, sustituido en el puesto de canciller por Hans Modrow), la apertura del muro de Berlín y de la frontera interalemana, y el abandono de toda referencia al papel dirigente del SED. **1990:** en las primeras elecciones libres (marzo), la Alianza por Alemania, en la que la CDU era la formación mayoritaria, obtuvo una amplia victoria. Su líder, Lothar de Maizière, formó un gobierno de coalición (abril).

La Alemania reunificada. 1990: unión económica y monetaria entre la RFA y la RDA (julio). El tratado de Moscú (sept.) entre los dos estados alemanes, EUA, Francia, Gran Bretaña y la URSS estableció las fronteras de la Alemania unida, restableciendo su completa soberanía. Los Länder (Brandeburgo, Mecklemburgo-Antepomerania, Sajonia, Sajonia-Anhalt y Turingia) fueron reconstituidos en la Alemania del E (julio) y, con el Land de Berlín, se adhirieron a la RFA y se proclamó la unificación de Alemania (3 oct.). Las primeras elecciones de la Alemania reunificada (dic.) fueron ganadas por la coalición CDU-Partido liberal, dirigida por Helmut Kohl. **1992:** actos violentos de extremistas de derecha contra inmigrantes y peticionarios de asilo. **1993:** revisión constitucional para limitar el derecho de asilo. **1994:** la coalición CDU-Partido liberal volvió a ganar las elecciones, y H. Kohl ocupó por cuarta vez la dirección del gobierno. Roman Herzog fue elegido presidente de la república. **1998:** el SPD venció claramente en las elecciones y Gerhard Schröder, nuevo canciller, formó un gobierno de coalición con los Verdes. **1999:** Alemania participó en la intervención militar de la OTAN y posteriormente en las fuerzas multinacionales encargadas de mantener la paz en Kosovo. Johannes Rau fue elegido presidente de la república. **2002:** el SPD ganó las elecciones; G. Schröder, reelegido canciller, mantuvo la coalición con los Verdes. **2004:** Horst Köhler fue elegido presidente de la república. **2005:** la CDU ganó, por una ajustada diferencia, las elecciones anticipadas. Su presidenta, Angela Merkel, se convirtió en canciller al frente de un gobierno de «gran coalición» CDU-SPD.

ALEMBERT (Jean Le Rond d'), *París 1717-íd. 1783,* erudito y enciclopedista francés. Escéptico en religión y defensor de la tolerancia, expuso en su *Discurso preliminar* de la *Enciclopedia* la filosofía natural y el espíritu científico que presiden la obra. Estudió la resolución de las ecuaciones diferenciales.

D'ALEMBERT, por L. Tocqué. (Museo de bellas artes, Grenoble.)

ALENCAR (José Martiniano de), *Mecejana 1829-Río de Janeiro 1877,* escritor y político brasileño. Autor de novelas históricas e indianistas (*El guaraní,* 1857; *Iracema,* 1865; *El gaucho,* 1870), su narrativa inauguró la tradición de los temas rurales en la literatura brasileña. Cultivó también el periodismo y el teatro. Miembro del Partido conservador, fue ministro de justicia (1868-1870) y diputado.

ALENCASTRE NOROÑA Y SILVA (Fernando de), duque de Linares, marqués de Valdefuentes, *h. 1641-México 1717,* administrador español, virrey de Nueva España de 1711 a 1716.

ALENTEJO, en port. **Alemtejo,** región de Portugal, al S del Tajo. Se distinguen el *Alto Alentejo* (cap. Évora) y el *Bajo Alentejo* (cap. Beja).

ALENZA (Leonardo), *Madrid 1807-íd. 1845,* pintor español. Considerado el iniciador del romanticismo madrileño, su obra se centra en el costumbrismo satírico (*Escena siniestra; El sacamuelas,* Prado, Madrid), los temas de historia y los retratos.

Aleph (El), colección de cuentos fantásticos de J. L. Borges (1949), en la que desarrolla el espectro más amplio de su temática filosófica y metafísica.

ALEPO, c. del NO de Siria; 1 542 000 hab. Gran mezquita fundada en 715, reconstruida en el

s. XII. Ciudadela. Museo. (Patrimonio de la humanidad 1986.) — La ciudad, cuya existencia está atestiguada desde el s. XX a.C., fue una ciudad árabe próspera en los ss. XII-XIII y una de las principales escalas de Levante (ss. XV-XVIII).

ALERCES (parque nacional de Los), parque nacional de Argentina, en los Andes (Chubut).

ALESIO o **ALESSIO** → **PÉREZ DE ALESIO.**

ALESSANDRI (Arturo), *Longaví 1868-Santiago 1950*, político chileno. Liberal, fue presidente de la república en tres ocasiones (1920-1924, 1925 y 1932-1938). — **Jorge A.**, *Santiago 1896-íd. 1986*, político chileno. Hijo de Arturo, fue presidente de la república de 1958 a 1964, y apoyó el golpe militar y la dictadura de Pinochet.

ALESSANDRIA, c. de Italia (Piamonte), cap. de prov., junto al Tanaro; 90 475 hab. Monumentos, sobre todo de los ss. XVIII y XIX.

ALESSI (Galeazzo), *Perugia 1512-íd. 1572*, arquitecto italiano. Formado en Roma, desarrolló su actividad principal en Génova y Milán.

ALEUTIANAS (islas), archipiélago de islas volcánicas, en la costa NO de América septentrional, que prolonga Alaska y pertenece a Estados Unidos. Bases aéreas. Pesca. (Reserva de la biosfera 1976.) — **Aleutianas** (corriente de Alaska y de las), corriente marina caliente de la zona ártica del Pacífico. Circula de O a E a lo largo de la costa de Alaska y de las islas Aleutianas.

ALEXANDER (archipiélago), archipiélago estadounidense del Pacífico, dependencia de Alaska.

ALEXANDER (Franz), *Budapest 1891-Nueva York 1964*, psiquiatra y psicoanalista estadounidense de origen alemán. Pionero del psicoanálisis en Estados Unidos, también contribuyó al desarrollo de la medicina psicosomática.

ALEXANDER (Harold George), conde **Alexander of Tunis**, *Londres 1891-Slough 1969*, mariscal británico. Adjunto de Eisenhower, estuvo al mando de las fuerzas aliadas en Italia (1943-1944) y el Mediterráneo (1944-1945). Fue gobernador de Canadá (1946-1952) y ministro de defensa (1952-1954).

ALFAFAR, v. de España (Valencia); 18 878 hab. *(alfafarenses)*. Regado por el canal del Turia.

ALFAJAYUCÁN, mun. de México (Hidalgo); 15 700 hab. Centro artesanal. — Convento del s. XVI.

ALFAMBRA, r. de España, afl. del Turia (or. izq.); 102 km. Desemboca cerca de Teruel.

ALFARO, c. de España (La Rioja); 9 083 hab. *(alfareños* o *alfarenses)*. Horticultura e industria conservera. — Iglesia de San Miguel (1545-1685). Palacio abacial (s. XVIII).

ALFARO (Andreu), *Valencia 1929*, escultor español. Su obra, comprometida y personal, se ha acercado al informalismo, la abstracción geométrica y el minimalismo, y experimenta con materiales diversos, principalmente estructuras metálicas. (Premio nacional de escultura 1981.)

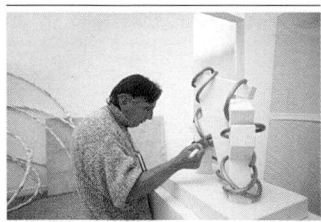

■ ANDREU **ALFARO** junto a una de sus obras en la Bienal de Venecia.

ALFARO (Eloy), *Montecristi 1842-Quito 1912*, general y político ecuatoriano. Fundador del Partido radical-liberal (1895), fue presidente de la república (1895-1901 y 1906-1911). Promovió el ferrocarril de Guayaquil a Quito, y estableció la separación de la Iglesia y el Estado y la enseñanza pública obligatoria. Después de fracasar en su intento de volver al poder, fue hecho prisionero y asesinado en la cárcel.

ALFARO SIQUEIROS → **SIQUEIROS.**

ALFEO, en gr. **Alfios**, r. de Grecia, en el Peloponeso. Pasa cerca de Olimpia. — Fue divinizado por los antiguos griegos.

ALFIERI (Vittorio), *Asti 1749-Florencia 1803*, escritor italiano. Es autor de tragedias que proponen un ideal de voluntad y heroísmo (*Saúl*, 1782; *Antígona*, 1783; *Mirra*, 1789), y de una autobiografía.

ALFÖLD, vasta llanura de Hungría, entre el Danubio y Rumania.

alfonsíes (Tablas), tablas astronómicas para el cálculo de efemérides, establecidas en Toledo (1272) por orden de Alfonso X el Sabio. Basadas en las *Tablas* de Azarquiel, se utilizaron hasta la publicación de las *Tablas rudolfinas* de Kepler.

ALFONSÍN (Raúl), *Chascomús 1926-Buenos Aires 2009*, político argentino. Líder de la Unión cívica radical, durante su mandato como presidente de la república (1983-1989), caracterizado por una grave crisis económica y política, fue procesada la cúpula militar de la dictadura que le precedió.

ARAGÓN Y CATALUÑA

ALFONSO I el Batallador, *¿Echo? h. 1073-Poleñino, Huesca, 1134*, rey de Aragón y de Navarra (1104-1134). Hijo de Sancho I, hermano y sucesor de Pedro I, casó con Urraca de Castilla (1109), a quien repudió en 1114. Luchó contra los musulmanes (toma del valle del Ebro en Zaragoza, 1118) y organizó una expedición a Andalucía (1125-1126). Su testamento no fue aceptado por sus súbditos, y el reino se dividió a su muerte.

■ **ALFONSO I EL BATALLADOR.** Miniatura, ss. XIV-XV. (Monasterio de Poblet, Tarragona.)

ALFONSO II el Casto [I de Cataluña], *Sant Pere de Vilamajor, Barcelona, 1152-Perpiñán 1196*, rey de Aragón (1162-1196). Primogénito de Ramón Berenguer IV y Petronila, incorporó a la Corona de Aragón Provenza (1167), el condado de Rosellón (1172) y el del Pallars Jussà (1192). Firmó con Alfonso VIII de Castilla el tratado de Cazola (1179). Cultivó la poesía en lengua provenzal.

ALFONSO III el Liberal [II de Cataluña], *Valencia 1265-Barcelona 1291*, rey de Aragón (1285-1291). Primogénito de Pedro el Grande, ocupó Mallorca, Ibiza y Menorca, pero tuvo que ceder Sicilia (tratado de Tarascón, 1291).

ALFONSO IV el Benigno [III de Cataluña], *¿Nápoles? 1299-Barcelona 1336*, rey de Aragón y de Cerdeña (1327-1336). Hijo de Jaime II, intervino en la conquista de Cerdeña (1323) y mantuvo una guerra contra Génova (1329-1336).

ALFONSO V el Magnánimo [IV de Cataluña], *¿Medina del Campo? 1396-Nápoles 1458*, rey de Aragón, Cerdeña y Sicilia (1416-1458), y rey de las Dos Sicilias (Alfonso I) [1442-1458]. Hijo de Fernando I, pacificó Cerdeña y Sicilia y, tras una larga pugna, accedió al trono de Nápoles (1442), donde convirtió su corte en un gran foco cultural.

ASTURIAS, CASTILLA Y LEÓN

ALFONSO I el Católico, *693-Cangas 757*, rey de Asturias (739-757). Hijo del duque Pedro de Cantabria y yerno de Pelayo, fue elegido rey por los nobles al morir Favila. Realizó penetraciones por el sistema Central y el valle del Ebro, sin que pudiera anexionarlos a su territorio.

ALFONSO II el Casto, *Oviedo 759-842*, rey de Asturias (791-842). Acosado por los árabes (Oviedo, 794 y 795), tomó la iniciativa y entró en Lisboa en 798. En su época se inició el arte asturiano y se descubrió el supuesto sepulcro de Santiago (813).

■ **ALFONSO II EL CASTO.** Miniatura del s. XII. (Archivo de la catedral de Santiago de Compostela.)

■ **ALFONSO V.** Miniatura del s. XII. (Archivo de la catedral de Santiago de Compostela.)

ALFONSO III el Magno, *Oviedo 838-Zamora 910*, rey de Asturias (866-910). Hijo de Ordoño I, mantuvo una dura pugna con Córdoba. Extendió el reino de Asturias hasta el Mondego y el Duero, que repobló con mozárabes.

ALFONSO FROILAZ, *s. X*, rey de León. Hijo de Fruela II, a quien sucedió a su muerte (925), fue desposeído por los hijos de Ordoño II.

ALFONSO IV el Monje, *m. en Ruiforco, León, 932*, rey de León (926-932). Hijo de Ordoño II, en 931 abdicó en favor de su hermano Ramiro II quien, al querer Alfonso recuperar el trono, lo mandó cegar.

ALFONSO V, *m. en Viseu, Portugal, 1028*, rey de León (999-1028). Hijo de Vermudo II, luchó contra los musulmanes en Portugal y murió durante el sitio de Viseu.

ALFONSO VI el Bravo, *1040-Toledo 1109*, rey de León (1065-1109), de Castilla (1072-1109) y de Galicia (1073-1109). Segundo hijo de Fernando I. Rey de León, fue destronado (1072) por su hermano Sancho II de Castilla, pero antes de morir este asesinado ese mismo año, Alfonso fue reconocido rey de León y de Castilla. Reconquistó Toledo (1085), pero fue derrotado por los almorávides en Sagrajas (1086). Valencia fue tomada por el Cid en su nombre en 1094.

ALFONSO VII el Emperador, *1105-El Muradal, Ciudad Real, 1157*, rey de León y Castilla (1126-1157). Hijo de la reina Urraca y del conde Ramón de Borgoña. Rey de Galicia (1111), asumió los reinos de León y Castilla al morir su madre. Los reinos cristianos le rindieron vasallaje y se proclamó emperador (1135). En 1143 reconoció la secesión de Portugal. A su muerte dividió su reino entre sus hijos Sancho (Castilla) y Fernando (León).

ALFONSO VIII el de Las Navas o **el Noble**, *Soria 1155-Gutierre-Muñoz, Ávila, 1214*, rey de Castilla (1158-1214). Hijo de Sancho III y de Blanca de Navarra. Luchó contra los almohades; derrotado en Alarcos (1195), venció en la batalla de Las Navas de Tolosa (1212).

ALFONSO IX, *Zamora 1171-Villanueva de Sarria, Lugo, 1230*, rey de León (1188-1230). Hijo de Fernando II, rivalizó con Alfonso VIII de Castilla e impulsó la reconquista por Extremadura. Reunió las primeras cortes (1188) y fundó la universidad de Salamanca (1218).

ALFONSO X el Sabio, *Toledo 1221-Sevilla 1284*, rey de Castilla y de León (1252-1284). Hijo de Fernando III, fracasó en la pugna por la corona del Sacro Imperio romano germánico. Tomó varias plazas andaluzas, pero tuvo que renunciar al Algarve y a sus aspiraciones sobre Navarra. Fomentó la actividad cultural (escue-

ALFONSO X EL SABIO. Ilustración de las *Cantigas de Santa María*.
(Biblioteca de El Escorial, Madrid.)

la de traductores de Toledo), y fue excelente poeta en gallego. De su extensa obra, jurídica, científica, histórica y literaria, destacan el *Fuero real de Castilla*, el *Código de las Siete Partidas*, las *Tablas *alfonsíes*, la *Crónica general*, la *General e grand estoria* y las **Cantigas de Santa María*, así como el *Lapidario* y los *Libros de ajedrez, dados y tablas*.

ALFONSO XI el Justiciero, *Salamanca 1311-Gibraltar 1350*, rey de Castilla y de León (1312-1350). Venció a los musulmanes en la batalla del Salado (1340) y tomó Algeciras (1344).

ESPAÑA

ALFONSO XII, *Madrid 1857-íd. 1885*, rey de España (1875-1885), de la dinastía de los Borbones. Desterrado tras la revolución de 1868, que destronó a su madre Isabel II, fue coronado a raíz del pronunciamiento militar de Martínez Campos. Casó con María de las Mercedes de Orleans y con María Cristina de Habsburgo-Lorena. En su reinado destacó el gobierno de Cánovas del Castillo: fin de la tercera guerra carlista (1876), pacificación de Cuba (1878) y redacción de la constitución de 1876. (→ **Restauración.**)

ALFONSO XIII, *Madrid 1886-Roma 1941*, rey de España (1886-1931), de la dinastía de los Borbones. Hijo póstumo de Alfonso XII, durante su minoría de edad (regencia de su madre, María Cristina) tuvo lugar la guerra hispanonorteamericana que puso fin al imperio colonial español (1898). Al alcanzar la mayoría de edad (1902) juró la constitución, y en 1906 casó con Victoria Eugenia de Battemberg. Su asentimiento a la dictadura de Primo de Rivera (1923-1930) contribuyó al desprestigio de la monarquía, y tras la victoria electoral republicana en 1931, se exilió en Italia.

NÁPOLES

ALFONSO I → ALFONSO V [Aragón].

PORTUGAL

ALFONSO I HENRIQUES o ENRÍQUEZ, *Guimarães h. 1110-Coimbra 1185*, rey de Portugal (1139-1185), de la dinastía de Borgoña. Proclamado rey por sus tropas tras la victoria de Ourique contra los musulmanes, obtuvo la independencia de Portugal y emancipó del vasallaje de Alfonso VII de Castilla y León, quien lo reconoció en 1143. — **Alfonso III el Reformador,** *Coimbra 1210-Lisboa 1279*, rey de Portugal (1248-1279), de la dinastía de Borgoña. Acabó la reconquista al ocupar el Algarve. — **Alfonso V el Africano,** *Sintra 1432-íd. 1481*, rey de Portugal (1438-1481), de la dinastía de

Avís. Emprendió varias expediciones a Marruecos. Casó con Juana la Beltraneja, hija de Enrique IV de Castilla, y luchó por la corona castellana contra Isabel la Católica.

ALFONSO (Alfonso **Sanchez Portela,** llamado), *Madrid 1902-íd. 1990*, fotógrafo español. Su obra constituye un importante documento gráfico de la historia española del s. XX y de sus protagonistas.

ALFONSO (Mošé **Sefardí,** llamado Pero) *Huesca 1062-h. 1135*, escritor hispanohebreo, autor de *Disciplina clericalis*, colección de cuentos orientales escritos en latín, fuente de fabularios castellanos.

Alfonso X el Sabio (orden civil de), orden española, creada en 1902 como sucesora de la orden de Alfonso XII. Premia los servicios a las ciencias, las letras y las artes.

ALFONSO CARLOS I → CARLISTA (rama).

ALFONSO MARÍA de Ligorio (san), *Marianella 1696-Nocera 1787*, religioso napolitano. Fundador de los redentoristas (1732), desarrolló una teoría moral de tendencia antijansenista. Doctor de la Iglesia (1871).

ALFREDO el Grande, *Wantage, Berkshire, ¿849?-899*, rey de Wessex (871-878) y de los anglosajones (878-899). Tras vencer a los daneses establecidos en Inglaterra, favoreció el renacer de la cultura anglosajona.

ALFRINK (Bernardus Johannes), *Nijkerk 1900-Utrecht 1987*, prelado neerlandés. Arzobispo de Utrecht (1955), cardenal (1960), fue uno de los principales participantes en el concilio Vaticano II.

ALFVÉN (Hannes), *Norrköping 1908-Estocolmo 1995*, físico sueco. Estudió el plasma de la magnetosfera y descubrió las ondas, que llevan su nombre, que nacen y se propagan en este medio (Premio Nobel 1970.)

ALGARDI (Alessandro), *Bolonia h 1595-Roma 1654*, escultor italiano, rival de Bernini (relieve de *El encuentro de Atila con san León el Grande*, San Pedro de Roma).

ALGARVE, región que constituye el extremo meridional de Portugal y corresponde al distrito de Faro.

ALGECIRAS, mun. de Colombia (Huila); 18 046 hab. Cultivos subtropicales; mercado agrícola.

ALGECIRAS, c. de España (Cádiz), cab. de p.j.; 104 087 hab. *(algecireños).* En el Campo de Gibraltar. Importante tráfico portuario. Refinería de petróleo, metalurgia. — Se desarrolló tras la ocupación británica de Gibraltar (s. XVIII). — **conferencia de Algeciras** (1906), conferencia celebrada entre varios países europeos y EUA, que confirmó la internacionalización econó-

mica de Marruecos y la posición privilegiada de España y Francia en la zona.

ALGEMESÍ, c. de España (Valencia); 25 028 hab. *(algemesireños).* Agricultura de huerta.

ALGHERO → ALGUER.

ALGORTA → GUECHO.

ALGUER, en ital. **Alghero,** c. de Italia, en Cerdeña (Sassari); 38 200 hab. Repoblada por catalanes (s. XIV), se habla el *alguerés.*

ALHAMA DE GRANADA, c. de España (Granada), 5 927 hab. *(alhameños).* Centro agropecuario. Aguas termales sulfocarbonatadas. — Puente romano. Baños árabes (s. XII). Iglesia mayor con torre de D. de Siloe.

ALHAMA DE MURCIA, v. de España (Murcia); 15 856 hab. *(alhameños).* Calzados y muebles.

Alhambra, palacio nazarí de Granada, construido en los ss. XIII-XIV. Dentro de las murallas hay distintos edificios: la alcazaba, del s. IX, con dos torres del s. XIII; el alcázar, palacio árabe, con el Mexuar, el diván o salón del trono y el harén, etc., y hermosos patios (de los Arrayanes, de los Leones). Destaca por la finura de su decoración de mármol, estuco y azulejo. En 1526 se construyó anexo el palacio de Carlos Quinto, obra de Pedro Machuca (museos de bellas artes y de arte hispano-musulmán) [Patrimonio de la humanidad 1984.]

ALHAMBRA. El Patio de los Leones (s. XIV).

Alhandega (batalla de) **→** SIMANCAS.

ALHAURÍN DE LA TORRE, mun. de España (Málaga); 21 649 hab. *(alhaurinos).* Industrias alimentarias.

ALHAURÍN EL GRANDE, v. de España (Málaga); 17 021 hab. *(alhaurinos).* Géneros de punto.

ALHAZEN, en ár. Ibn al-Haytam **al-Ḥazin,** *Basora 965-El Cairo 1039*, científico árabe. Autor de muchas obras de matemáticas, óptica y astronomía, gran conocedor de los autores griegos, y en particular de Tolomeo, inspiró a los sabios del renacimiento.

ALHUCEMAS (peñón de), islote de soberanía española en la costa N de Marruecos; 0,015 km². Destacamento militar. — desembarco de **Alhucemas** (8 sept. 1925), desembarco de tropas españolas y francesas para contrarrestar la ofensiva de Abd-el-Krim.

'ALĪ, *m. en Kūfa*, cuarto califa (656-661). Esposo de Fátima y yerno de Mahoma, fue asesinado. Su supuesta tumba, en al-Naŷaf, se convirtió en un centro de peregrinación chiita.

ALI (Cassius **Clay,** posteriormente **Muhammad),** *Louisville 1942*, boxeador estadounidense. Fue varias veces campeón del mundo de los pesos pesados. También marcó su época por la firmeza de sus convicciones (sobre todo, en su denuncia de la discriminación racial).

Aliados (los), conjunto de naciones que lucharon contra Alemania, Austria-Hungría, Bulgaria y Turquía durante la primera guerra mundial, y contra las potencias del Eje en la segunda.

ALFONSO XIII, por J. Sorolla.

alianza (Cuádruple) [2 ag. 1718], pacto entre Francia, Gran Bretaña, las Provincias Unidas y Austria, para asegurar que España respetara el tratado de Utrecht. España se adhirió en 1720, renunciando a sus posesiones italianas.

alianza (Cuádruple) [20 nov. 1815], tratado firmado, por iniciativa de Castlereagh, entre Gran Bretaña, Austria, Prusia y Rusia, para preservar el equilibrio europeo.

alianza (Santa) [26 sept. 1815], pacto político de fraternidad y ayuda mutua firmado por los monarcas de Rusia, Austria y Prusia. Tuvo un papel limitado al negarse Gran Bretaña a asociarse a ella y crear la Cuádruple alianza.

alianza (Triple) [23 en. 1668], pacto constituido en La Haya por Inglaterra, las Provincias Unidas y Suecia contra Francia.

alianza (Triple) [1865], tratado firmado por Argentina, Brasil y Uruguay por el que declararon la guerra a Paraguay.

alianza (Triple) o **Tríplice** [20 mayo 1882], acuerdo defensivo firmado por Alemania, Austria-Hungría e Italia. Cesó en 1915, al entrar en guerra Italia en el bando de los Aliados.

Alianza para el progreso (1961-1970), programa de desarrollo de América Latina auspiciado por EUA y aprobado por la OEA (ag. 1961), con el objeto de fomentar las reformas sociales y económicas, y apoyar los regímenes democráticos. Sirvió como estrategia para frenar el avance revolucionario en América Latina.

Alianza popular → **popular** (Partido).

Alí Babá, personaje de *Las *mil y una noches*. Gracias a la fórmula mágica «¡Ábrete, sésamo!», Alí Babá abre la caverna donde 40 ladrones han acumulado un fabuloso botín.

'ALÍ BAJÁ, *İstanbul 1815-Bebek 1871*, estadista otomano. Fue uno de los principales reformadores de la época del Tanzimāt (1839-1876).

'ALÍ BAJÁ de Tebelen, *Tebelen h. 1744-Ioanina 1822*, gobernador otomano de Ioanina. Revocado por el gobierno otomano en 1820, resistió dos años asediado en Ioanina.

ALÍ BEY (Domingo **Badía y Leblich**, llamado), *Barcelona 1767-cerca de Damasco 1822*, aventurero español. Agente de Godoy recorrió el N de África, y llegó a La Meca, Palestina y Constantinopla.

ALICANTE, en cat. **Alacant**, c. de España, cap. de la prov. homónima y cab. de la prov.; 276 886 hab. (*alicantinos*). Centro turístico. — Castillo de Santa Bárbara (ss. XIII-XVIII) con muralla interior y exterior. Iglesia barroca de Santa María. Museos: arqueológico y de arte del s. XX.

ALICANTE (provincia de), prov. de España, en la Comunidad Valenciana; 5 863 km²; 1 445 144 hab.; cap. *Alicante*. Agricultura próspera en la costa (horticultura, palmerales, cítricos). Salinas en la desembocadura del Segura. La industria se concentra en Alicante y Alcoy: química, metalmecánica, papelera, textil, del calzado, del juguete y alimentaria (turronera en Jijona). Importante zona turística (Costa Blanca).

Alicia en el país de las maravillas, relato infantil de Lewis Carroll (1865). Narra un sueño de Alicia en el que la niña, siguiendo a un conejo blanco, descubre un mundo regido por una lógica absurda y amenazadora.

'ALÍDAS, descendientes de 'Alí, considerados por los chiitas como los únicos herederos espirituales del Profeta.

ALIDE (Asociación latinoamericana de instituciones financieras para el desarrollo), organismo internacional no gubernamental que representa a las instituciones que financian el desarrollo en América Latina y el Caribe. Fundado en 1968 como *Asociación latinoamericana de instituciones financieras de desarrollo*, en 1998 cambió su nombre y sus estatutos. Tiene la sede en Lima.

'ALÍ IBN YŪSUF IBN TĀŠFĪN, *Ceuta 1084-Marrakech 1143*, soberano almorávid (1106-1143), hijo de Yūsuf ibn Tāšfīn.

ALĪGARH, c. de la India (Uttar Pradesh); 479 978 hab. Universidad.

ALIPPI (Elías), *Buenos Aires 1883-íd. 1942*, actor y dramaturgo argentino. Destacó en la escena rioplatense, formando compañía con Enrique Muiño.

Aliseda (tesoro de), tesoro descubierto en Aliseda (Cáceres), formado por adornos femeninos de oro y otros objetos, de inspiración oriental con factura tartésica (s. VII a.C.).

Aljafería, palacio árabe de Zaragoza, residencia de los reyes de la taifa, construido en la segunda mitad del s. XI. En el s. XII fue monasterio. Los Reyes Católicos construyeron diversas dependencias (salón del trono con artesonados mudéjares).

Aljubarrota (batalla de) [15 ag. 1385], victoria en Aljubarrota, cerca de Leiria, de Juan de Avís, rey de Portugal, sobre los ejércitos castellanos que sostenían la pretensión de Juan I de Castilla al trono luso.

ALKMAAR, c. de Países Bajos, al NO de Amsterdam; 90 778 hab. Mercado de quesos. — Ciudad pintoresca con monumentos góticos. Museo municipal.

ALLĀHĀBĀD, ant. **Ilāhābād**, c. de la India, en la confluencia del Ganges y el Yamunā; 858 213 hab. Centro de peregrinación. — Columna de Aśoka (h. 240 a.C.); fuerte de Ākbar (1583). Museo.

ALLAIS (Maurice), *París 1911*, economista francés. De tendencia liberal, ha contribuido al desarrollo de la economía matemática así como al estudio del equilibrio económico general. (Premio Nobel 1988.)

ALLARIZ, v. de España (Orense); 5 158 hab. (*alaricanos*). Curtidos y calzados. — Iglesias románicas (s. XII). Monasterios románicos en los alrededores. (Reserva de la biosfera 2005.)

ALLEGHENY o **ALLEGHANY**, macizo y meseta del centro de los Apalaches (Estados Unidos).

ALLEN (Allen Stewart **Konigsberg**, llamado **Woody**), *Nueva York 1935*, guionista, actor y director de cine estadounidense. Representante de cierto tipo de humor judío neoyorquino, hecho de lucidez y autocrítica, dirige comedias y obras de mayor gravedad (*Toma el dinero y corre*, 1969; *Annie Hall*, 1977; *Interiores*, 1978; *Manhattan*, 1979; *Otra mujer*, 1988; *Maridos y mujeres*, 1992; *Poderosa Afrodita*, 1995. Con *Match Point* (2005) comenzó un ciclo de películas europeas (*Vicky Cristina Barcelona*, 2008). [Premio Príncipe de Asturias 2002.]

■ WOODY **ALLEN**   ■ SALVADOR **ALLENDE**

ALLENBY (Edmund, vizconde), *Brackenhurst, Nottinghamshire, 1861-Londres 1936*, mariscal británico. Al mando de las fuerzas británicas en Palestina (1917-1918), tomó Jerusalén, Damasco y Alepo, y obligó a los turcos a capitular. Alto comisario en Egipto, contribuyó a elaborar el tratado de independencia de Egipto (1922).

ALLENDE, mun. de México (Coahuila); 15 864 hab. Textiles.

ALLENDE, mun. de México (Guanajuato); 77 624 hab.; cab. *San Miguel de Allende*.

ALLENDE, mun. de México (Nuevo León); 19 286 hab. Cítricos.

ALLENDE (Ignacio María de), *San Miguel el Grande, Guanajuato, 1779-Chihuahua 1811*, patriota mexicano. Participó con Hidalgo en la lucha independentista, y fue nombrado generalísimo (1811).

ALLENDE (Isabel), *Lima 1942*, escritora chilena. En su obra lo fantástico y lo real se mezclan según las pautas del realismo mágico (*La casa de los espíritus*, 1982; *La hija de la fortuna*, 1998; *Inés del alma mía*, 2006).

ALLENDE (Pedro Humberto), *Santiago 1885-*

íd. 1959, compositor chileno, fundador de la escuela musical moderna chilena (*La voz de las calles; Concierto para violín y violonchelo*).

ALLENDE (Salvador), *Valparaíso 1908-Santiago 1973*, político chileno. Miembro fundador del Partido socialista (1933), fue diputado, senador y ministro de sanidad (1939-1942). Elegido presidente (1970) por la Unidad popular, nacionalizó el cobre y se enfrentó a la política estadounidense en Chile. Fue derrocado por el golpe militar de 1973, durante el cual se suicidó.

ALLENTOWN, c. de Estados Unidos (Pennsylvania); 105 090 hab. Centro industrial.

ALLEPPEY, c. de la India (Kerala), en la costa de Malabār; 264 887 hab. Puerto.

ALLER, mun. de España (Asturias); 15 398 hab.; cap. *Cabañaquinta*. Hulla.

Allgemeine Elektricitats-Gesellschaft → **AEG**.

ALLIER, r. de Francia, que nace en el macizo Central, afl. del Loira (or. izq.); 410 km.

ALLIER, dep. del centro de Francia (Auvernia); 7 340 km²; 344 721 hab.; cap. *Moulins* (22 667 hab.).

ALMA ATÁ → **ALMATY**.

ALMADÉN, c. de España (Ciudad Real), cab. de p. j.; 7 152 hab. (*almadenenses*). Ant. minas de mercurio (explotadas desde el s. IV a.C. hasta 2003).

ALMAFUERTE (Pedro Bonifacio **Palacios**, llamado), *San Justo 1854-La Plata 1917*, poeta argentino. Por sus *Evangélicas* (prosas, 1915) se le considera un romántico neto. En su obra destacan *Lamentaciones* (1906), *Poesías* (1917), *Amorosas* (1917) y *Nuevas poesías* (1918).

Almagesto, tratado de matemáticas y astronomía, compuesto por Claudio Tolomeo (s. II), que fue autoridad hasta el s. XVI.

ALMAGRO, c. de España (Ciudad Real), cab. de p. j.; 8 262 hab. (*almagreños*). Industria de encajes. — Convento de dominicos (s. XVI). Corral de comedias (s. XVII). Museo nacional de teatro. Festival internacional de teatro clásico.

ALMAGRO (Diego de), *Almagro 1475-Cuzco 1538*, conquistador español. Tras acompañar a Pizarro en la conquista del Perú, en 1535 emprendió una expedición hacia los territorios del actual Chile. Nombrado gobernador de Nuevo Toledo, reclamó y ocupó Cuzco (1537), entrando en conflicto con los Pizarro, que lo derrotaron y ejecutaron. — **Diego A.**, llamado **el Mozo**, *Panamá 1520-Cuzco 1542*, conquistador español. Hijo de Diego de Almagro, participó en la conjura que asesinó a F. Pizarro (1541) y fue vencido por Vaca de Castro (1542).

ALMAGRO BASCH (Martín), *Tramacastilla, Teruel, 1911-Madrid 1984*, arqueólogo español. Realizó estudios sobre pintura rupestre y dirigió las excavaciones de Ampurias. Fue el responsable del traslado del templo egipcio de Debod a Madrid (1970). — **Martín A.-Gorbea**, *Barcelona 1946*, arqueólogo español. Hijo de Martín Almagro, ha excavado, entre otros, los yacimientos de Pozo Moro (ibérico) y *Segóbriga.

ALMAGUER, mun. de Colombia (Cauca); 17 860 hab. Café. Artesanía textil. Lavaderos de oro.

ALMANSA, c. de España (Albacete), cab. de p. j.; 22 488 hab. (*almanseños*). Restos de la época romana. Castillo medieval. Embalse construido en 1348. — batalla de **Almansa** (25 abril 1707), derrota de los partidarios del archiduque Carlos durante la guerra de Sucesión española. Permitió a Felipe V adueñarse de Aragón y Valencia.

ALMANZOR, en ár. **al-Manṣūr** («el Victorioso»), sobrenombre de **Muḥammad ibn Abī 'Amir al-Ma'afiri**, *Torrox, Almería, 940-Medinaceli 1002*, guerrero y político de al-Andalus. Primer ministro de Hišām II, trasladó la administración a Medina Azara. Dirigió expediciones victoriosas contra tierras cristianas: Barcelona (985), Santiago de Compostela (997).

ALMATY, ant. **Alma Atá**, c. de Kazajstán, al S del lago Baljash; 1 128 000 hab. Fue la capital del país hasta 1997.

ALMAZÁN, v. de España (Soria), cab. de p. j.; 5 795 hab. (*adnamantinos*). Murallas (s. XIII).

Iglesia románica de San Miguel. Casas señoriales.

ALMAZORA, en cat. **Almassora**, v. de España
(Castellón); 16 897 hab. *(almazorinos)*. Industria alimentaria.

ALMEIDA GARRETT (João Baptista de),
Oporto 1799-Lisboa 1854, escritor y político
portugués. Es autor de poesías y de un teatro
nacionalista y romántico *(Un auto de Gil Vicente*, 1838; *Frei Luiz de Souza*, 1844).

ALMELO, c. del E de Países Bajos (Overijssel);
62 668 hab.

ALMENDRALEJO, c. de España (Badajoz),
cab. de p. j.; 27 610 hab. *(almendralejeños)*. Industria alimentaria y vitivinícola. — Iglesia gótica. Palacios.

ALMENDROS (Néstor), *Barcelona 1930-Nueva
York 1992*, operador y director de fotografía español. Realizó su carrera entre Francia *(Mi noche con Maud*, É. Rohmer, 1969; *El último metro*,
F. Truffaut, 1980) y EUA, donde ganó un Oscar
por *Días del cielo* (T. Malick, 1977).

ALMERE, c. de Países Bajos (Flevoland);
91 689 hab.

ALMERÍA, c. de España, cap. de la prov. homónima y cab. de p. j.; 168 945 hab. *(almerienses)*.
Puerto exportador de productos agrícolas y
minerales. Turismo. — Alcazaba (s. VIII), con torre del homenaje (s. XII); catedral (s. XVI); plaza
neoclásica de la Constitución (s. XIX); museo
arqueológico.

ALMERÍA (provincia de), prov. de España, en
Andalucía; 8 774 km²; 518 229 hab.; cap. *Almería*. Cultivos de regadío en enarenados, hortalizas (tomates), uva, frutas tempranas, flores. Industria en la capital. Turismo en el litoral.

ALMERÍA (cultura de), facies cultural neolítica y calcolítica desarrollada a partir de los poblados de El Garcel y La Gerundia (Almería).

ALMIRALL (Valentí), *Barcelona 1841-íd. 1904*,
político español. Republicano federal, promovió el pacto de Tortosa (1869). Fundador del
Diari català (1879-1881), primer diario en catalán, participó en la redacción del *Memorial de
agravios*.

ALMIRANTAZGO (islas del), archipiélago de
Melanesia, que forma parte de Papúa y Nueva
Guinea; 2 100 km²; 26 000 hab.

ALMIRANTE, c. de Panamá (Bocas del Toro);
12 430 hab. Puerto comercial (bananas).

ALMIRANTE BROWN, partido de Argentina
(Buenos Aires); 449 105 hab. Forma parte del
Gran Buenos Aires.

ALMIRANTE BROWN, dep. de Argentina
(Chaco); 30 669 hab. Agricultura.

ALMIZARAQUE, yacimiento calcolítico español de la cultura de Los Millares (Cuevas de
Almanzora, Almería).

Almizra (tratado de) [1244], tratado firmado
en Almizra (Alicante) entre Jaime I de Aragón
y el futuro Alfonso X de Castilla para fijar la divisoria entre las zonas de reconquista de ambos reinos.

ALMODÓVAR (Pedro), *Calzada de Calatrava
1949*, director de cine español. Es autor de un
cine atento al pastiche *(Pepi, Luci, Boom y otras
chicas del montón*, 1980) —al que luego incorporó los esquemas del melodrama clásico *(La
ley del deseo*, 1987)—, que satiriza la sociedad
española contemporánea *(Mujeres al borde de
un ataque de nervios*, 1988; *Todo sobre mi madre*, 1999, Oscar a la mejor película de habla no
inglesa; *Hable con ella*, 2002, Oscar al mejor
guion original; *Volver*, 2006; *Los abrazos rotos*,
2009). [Premio Príncipe de Asturias 2006.]

ALMOHADES, dinastía beréber que reinó en
el islam occidental, nacida del movimiento reformista que inició su fundador, Muhammad
ibn Tūmart (1121). Dominó en el N de África y,
desde 1147, se extendió a la península Ibérica,
instalándose en Sevilla. Yūsuf II venció a los almorávides (1187). Los almohades fueron derrotados en la batalla de Las Navas de Tolosa
(1212). Su período fue la última etapa de esplendor de al-Andalus. Florecieron las ciencias (Abentofail, Averroes, Avenzoar), las artes,
las letras y el comercio.

ALMOLOYA DE JUÁREZ, mun. de México
(México); 64 620 hab. Centro agrícola.

ALMONACID (Sebastián de), *n. en Torrijos h.
1460*, escultor español, activo entre 1486 y

1532. Formado en la escuela hispanoflamenca
de Toledo, sus obras presentan rasgos de transición al renacimiento (portada del claustro
de la catedral de Segovia, 1486-1487; sepulcros
de los Luna, catedral de Toledo, 1489).

ALMONASTER LA REAL, v. de España (Huelva); 1 963 hab. Castillo (s. XV) con una mezquita (ss. XI-XII). Iglesia mudéjar con portada manuelina.

ALMONTE, v. de España (Huelva); 17 444 hab.
(almonteños). Centro vinícola. — Ermita de la
Virgen del Rocío (romería anual).

ALMORÁVIDES, dinastía bereber del islam
occidental. Su fundador, Yūsuf ibn Tāsfin
(1061-1106), conquistó el N de África, acudió
en ayuda de los reinos de taifas de la península Ibérica y unió al-Andalus a su imperio. Fueron expulsados de la Península por los almohades. El período almorávid se caracterizó por
la intolerancia religiosa y el declive de la poesía culta, junto con el auge de las ciencias y de
la poesía popular.

ALMQUIST (Carl Jonas Love), *Estocolmo 1793-
Bremen 1866*, escritor sueco. Su obra poética y
novelesca es una de las más originales del romanticismo sueco *(El libro del rosal silvestre)*.

ALMUDAINA (la), barrio de Palma de Mallorca. Acoge palacios góticos, renacentistas y barrocos, la catedral, el palacio episcopal y el *palacio de la Almudaina*, residencia de los valíes,
convertida por Jaime II en palacio real.

ALMUÑÉCAR, c. de España (Granada);
21 275 hab. *(almuñequeros)*. Turismo. — Restos
arqueológicos (s. VI a C.) y necrópolis (s. VII
a. C.) de la *Sexi* fenicia.

ALOMAR (Gabriel), *Palma de Mallorca 1873-El
Cairo 1941*, político y escritor español. Representante de la tendencia progresista del catalanismo, fue presidente de la Unió socialista
de Catalunya y diputado. Poeta y ensayista, su
obra *El futurismo* *(El futurisme*, 1904) es anterior al ensayo de Marinetti. Escribió contra el
naturalismo *La estética arbitraria* (1904-1905).

ALOMPRA → ALAUNGPAYA.

ALONG (bahía de), bahía de Vietnam, al NE de
Haiphong, sembrada de bloques rocosos calcáreos.

ALONSO (Alicia Martínez, llamada Alicia), *La
Habana 1920*, bailarina cubana. Formada en
Cuba y en Nueva York, desde 1941 fue miembro del American Ballet Theatre, además de
colaborar con los Ballets rusos de Montecarlo
y con Pro arte musical en La Habana. En 1948
fundó su propia compañía y desde 1959 dirigió el Ballet nacional de Cuba, con el que desarrolló una escuela con sello propio. Bailarina virtuosa y purista, fue considerada como la
mejor intérprete del ballet *Giselle*. De 1986 a
1992 dirigió el Gran teatro de La Habana.

ALONSO (Amado), *Lerín, Navarra, 1897-Arling-
ton, EUA, 1952*, filólogo y crítico literario español. Director de la *Revista de filología hispánica* y de la *Nueva revista de filología hispánica*,
es autor de *El problema de la lengua en América* (1935), *Estudios lingüísticos* (1951 y 1953) y
*De la pronunciación medieval a la moderna en
español* (2 vols., 1955).

ALONSO (Carlos), *Tunuyán 1929*, pintor, dibujante y grabador argentino. De estilo figurativo, sobresalen sus ilustraciones del *Quijote* y
del *Martín Fierro*.

ALONSO (Dámaso), *Madrid 1898-íd. 1990*, poeta y filólogo español. Ejerció una gran influencia en la nueva apreciación de la poesía barroca española *(Estudios y ensayos gongorinos*,
1955). Desarrolló numerosos estudios sobre estilística *(Poesía española*, 1950; *Seis calas en la
expresión literaria española*, con C. Bousoño,
1951). Su obra poética alcanza su máxima expresión en *Los hijos de la ira* (1944). Miembro
de la Real academia española (1948), fue su director (1969-1982). [Premio Cervantes 1978.]

ALONSO (Fernando), *Oviedo 1981*, piloto automovilístico español. En 2001 accedió a la fórmula 1, donde ha obtenido 21 victorias (al final
de la temporada 2008) y dos campeonatos
del mundo (2005 y 2006). Ha sido el piloto
más joven en obtener dos campeonatos. [Pre-
mio Príncipe de Asturias 2005.]

ALONSO (Francisco), *Granada 1890-Madrid
1948*, compositor español, autor de zarzuela
(La Bejarana) y revista *(Las Leandras*, 1930).

ALONSO (José Luis), *Madrid 1925-íd. 1990*, director de teatro español. Dirigió el teatro nacional María Guerrero, por cuya labor obtuvo
dos veces el premio nacional de teatro, y montajes con la Compañía nacional de teatro clásico y con el Centro dramático nacional.

ALONSO BARBA → BARBA.

ALONSO Y TRELLES (José María), *Ribadeo, España, 1857-Tala, Canelones, 1924*, escritor uruguayo. Bajo el seudónimo de **El viejo Pancho**
colaboró en el periódico *El Tala cómico*. Su libro de poemas *Paja brava* (1915) se inscribe
en la corriente gauchesca.

ALOST → AALST.

ALPERA, v. de España (Albacete); 2 349 hab.
(alperinos). En las proximidades, abrigos prehistóricos con pinturas de estilo levantino.

ALPES, principal sistema montañoso de Europa, que se extiende a lo largo de más de 1 000
km, desde el Mediterráneo hasta Viena (Austria), y está dividido entre Alemania, Austria,
Eslovenia, Francia, Italia, Liechtenstein y Suiza;
los Alpes son penetrables gracias a profundos
valles (Ródano y Rin, Isère, Inn, Enns, Drava,
Adigio), ensanchados por los glaciares cuaternarios. La cadena es atravesada por numerosas carreteras y ferrocarriles (Mont Blanc, Gran
San Bernardo, Simplón, San Gotardo, Brennero), mediante túneles.
Las condiciones naturales (relieve accidentado, clima riguroso) no resultan demasiado favorables para el hombre; sin embargo, el poblamiento es antiguo y relativamente denso,
sobre todo en los valles (donde se localizan
las ciudades, las mayores de las cuales son
Grenoble e Innsbruck). La economía —inicialmente basada en un policultivo de subsistencia, la ganadería trashumante, la explotación
forestal y, en ocasiones, la del subsuelo— ha
sido renovada, al menos localmente, mediante
la hidroeléctrica (favorecida por el desnivel y la abundancia de precipitaciones) y sobre todo el turismo.
El incremento de los intercambios, potencia-
dos por la mejora de las comunicaciones, ha
orientado la economía hacia una especialización en función de las aptitudes regionales:
ganadería bovina intensiva para los productos
lácteos, electrometalurgia y electroquímica
cerca de las centrales (aunque se exporta
gran parte de la electricidad alpina), estaciones de verano o de deportes de invierno en
cotas altas o a orillas de los lagos subalpinos
(Loman, lago Mayor, lago de Constanza).

ALPES AUSTRALIANOS, parte meridional
de la cordillera Australiana.

ALPES-DE-HAUTE-PROVENCE, dep. del S de
Francia (Provenza-Alpes-Costa Azul); 6 925 km²;
139 561 hab.; cap. *Digne-les-Bains* (17 680 hab.).

ALPES ESCANDINAVOS, nombre que en
ocasiones se da a las montañas que forman el
límite entre Suecia y Noruega.

ALPES-MARITIMES, dep. del S de Francia
(Provenza-Alpes-Costa-Azul); 4 299 km²;
1 011 326 hab.; cap. *Niza*.

ALPES NEOZELANDESES, cordillera de la
isla del Sur, en Nueva Zelanda.

ALPUJARRA (La) o **LAS ALPUJARRAS**, comarca de España, en el sistema Penibético

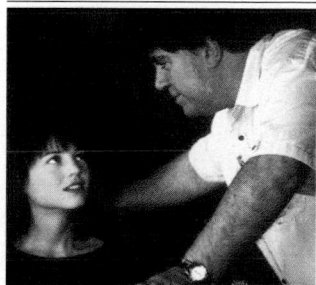

■ PEDRO **ALMODÓVAR** con Leonor Watling
durante el rodaje de *Hable con ella* (2002).

(prov. de Granada y Almería). Regadíos y enarenados en la costa.

Alpujarra (sublevaciones de **La**) [1500-1501 y 1568-1571], levantamientos de la población morisca del reino de Granada. Sofocada la última rebelión, Felipe II decretó la expulsión de los moriscos del reino de Granada.

ALPUY (Julio), *Tacuarembó 1919-Nueva York 2009*, pintor y escultor uruguayo. Discípulo de Torres García, su pintura está cerca de las pictografías del arte rupestre. Realizó decoraciones murales, mosaicos y vidrieras, así como tallas en madera.

ALQUERDI (cueva de), en vasc. **Alkerdi**, cueva de España en el mun. de Urdax (Navarra), con figuras de bisontes y ciervos pertenecientes al paleolítico superior.

Alqueva, embalse de Portugal (Alentejo), sobre el Guadiana, el mayor de Europa (250 km², puesto en funcionamiento en 2003).

ALSACIA, en fr. **Alsace**, región histórica y administrativa del E de Francia, a orillas del Rin, en la vertiente E de los Vosgos; 8 280 km²; 1 734 145 hab.; cap. *Estrasburgo*; 2 dep. (*Bas-Rhin* y *Haut-Rhin*).— Centro comercial histórico, fue un foco humanista y reformista. Germánica desde la disolución del Imperio carolingio (s. IX), centro renano, en el s. XVII pasó a Francia. Formó parte de Alemania en 1870-1919 (Alsacia-Lorena) y 1940-1944.

ALSAMA, sigla que designa el conjunto de las provincias de la Pradera canadiense (*Alberta, Saskatchewan* y *Manitoba*).

ALSINA (Adolfo), *Buenos Aires 1829-íd. 1877*, político y militar argentino. Vicepresidente de la república con Sarmiento (1868-1874), destacó en las campañas contra los indios en la Pampa.

ALSINA (Carlos Roque), *Buenos Aires 1941*, pianista y compositor argentino. Es autor de obras escénicas, de piezas para solistas y orquesta y de música de cámara.

ALSINA (Pablo), *Barcelona 1830-íd. 1897*, dirigente obrero español. Primer diputado español de la clase obrera (1869), participó en la sublevación federalista de 1869.

ALTAGRACIA, c. de Venezuela (Zulia), junto al lago Maracaibo; 24 375 hab. Puerto terminal del oleoducto de Mene de Mauroa.

ALTAGRACIA (La), prov. de la República Dominicana, en el extremo E del país; 3 085 km²; 109 600 hab.; cap. *Salvaleón de Higüey*.

ALTAGRACIA DE ORITUCO, c. de Venezuela (Guárico); 26 217 hab. Hulla y coque.

ALTÁI, sistema montañoso de Asia central que se extiende por Rusia, China y Mongolia; 4 506 m. (Patrimonio de la humanidad 1998.)

ALTÁI (República del), república de Rusia, junto a la frontera oriental de Kazajstán; 92 600 km²; 112 000 hab.; cap. *Gorno-Altáisk*.

ALTAMIRA, mun. de México (Tamaulipas); 36 499 hab. Salinas y pozos petrolíferos.

ALTAMIRA, mun. de la República Dominicana (Puerto Plata); 34 562 hab. Café. Lignito y antracita.

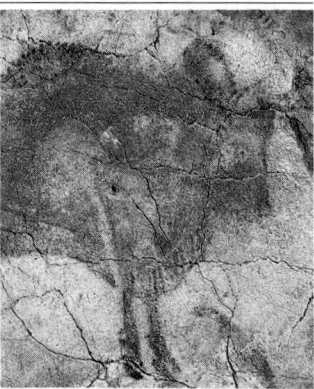

■ **ALTAMIRA.** Detalle de una pintura del techo de la sala principal; período magdaleniense medio.

ALTAMIRA (cueva de), cueva con pinturas paleolíticas, situada en el mun. español de Santillana del Mar (Cantabria). Descubierta en 1868 por Modesto Cubillas y dada a conocer en 1880 por Marcelino Sanz de Sautuola, destaca el «gran techo de los polícromos», con pinturas de bisontes del magdaleniense medio y de las más importantes del arte rupestre del paleolítico superior. Además de las representaciones de animales, se encuentran signos abstractos y huellas de manos. (Patrimonio de la humanidad 1985.)

ALTAMIRA Y CREVEA (Rafael), *Alicante 1866-México 1951*, historiador y jurista español. Vinculado a la Institución libre de enseñanza, fue juez del Tribunal de La Haya. Tras la guerra civil española, se exilió a México (1944). Es autor de *Historia de España y de la civilización española* (1901) e *Historia del derecho español* (1903).

ALTAMIRANO (Ignacio Manuel), *Tixtla 1834-San Remo, Italia, 1893*, escritor y político mexicano. De ascendencia india, luchó con Juárez en la guerra de la Reforma e impulsó la mejora del sistema educativo. Fundó periódicos liberales (*El correo de México*, 1867) y la revista literaria *El renacimiento* (1889). Es autor de narrativa (*Clemencia*, 1869; *Cuentos de invierno*, 1880; *El Zarco*, edición póstuma de 1901) y de poesía (*Rimas*, 1880).

■ IGNACIO MANUEL **ALTAMIRANO**

ALTAR o **CÁPAC-URCU**, pico de la cordillera Oriental de los Andes ecuatorianos, volcán extinguido; 5 319 m.

ALTAR, r. de México, afl. del Magdalena (or. der.); 380 km. Embalse Cuauhtémoc, para riegos.

ALTAR DE LOS SACRIFICIOS, sitio arqueológico de Guatemala (El Petén), centro ceremonial maya (1000 a.C-900 d.C.) del que se conserva una gran plaza rodeada de pirámides y estelas con jeroglíficos de época clásica.

ALTDORFER (Albrecht), *h. 1480-Ratisbona 1538*, pintor y grabador alemán. Es el principal representante de la escuela del Danubio, de estilo lírico y minucioso (*La Natividad*, h. 1520; *La batalla de Alejandro*, 1529, Munich).

ALTERIO (Héctor), *Buenos Aires 1929*, actor argentino. Ha trabajado en el cine de su país (*La maffia*, L. Torre-Nilsson, 1972; *La historia oficial*, L. Puenzo, 1985; *El hijo de la novia*, J. J. Campanella, 2001) y en España (*A un dios desconocido*, J. Chávarri, 1977; *Don Juan en los infiernos*, G. Suárez, 1991).

ALTHUSSER (Louis), *Birmandreis, Argelia, 1918-La Verrière, Yvelines, 1990*, filósofo francés. Renovó el estudio del marxismo con aportes del psicoanálisis (*Leer «El capital»*, 1965).

ALTIN TAGH, macizo de China, que separa el Tíbet y el Xinjiang. Supera localmente los 5 000 m de alt.

ALTIPLANO (El), nombre dado a la altiplanicie comprendida entre las ramas occidental y oriental de los Andes centrales. Abarca territorios de Perú, Bolivia, Argentina y Chile; 3 400 m de alt. media. Gran riqueza minera.

ALTMAN (Robert), *Kansas City 1925-Los Ángeles 2006*, director de cine estadounidense. Sus películas, de gran inventiva formal, son apuntes y variaciones sobre los géneros tradicionales (*M.A.S.H.*, 1970; *El largo adiós*, 1973; *Nashville*, 1975; *El juego de Hollywood*, 1992; *Vidas cruzadas*, 1993; *Gosford Park*, 2001; *El último show*, 2006).

ALTMAN (Sidney), *Montreal 1939*, químico canadiense y estadounidense. Ha demostrado

que la molécula de ARN puede tener actividad enzimática. (Premio Nobel 1989.)

ALTO (El), c. de Bolivia (La Paz), al SO de La Paz; 405 492 hab. Industria. Aeropuerto, el más alto del mundo.

Alto comisionado de las Naciones unidas para los refugiados → ACNUR.

ALTO DE LOS ÍDOLOS, centro ceremonial megalítico de Colombia (San José de Isnos, Huila), en la or. izq. del alto Magdalena. Necrópolis (fosas sepulcrales, sarcófagos monolíticos, corredores con estatuas) de los ss. I a.C.-VI d.C.

ALTOLAGUIRRE (Manuel), *Málaga 1905-Burgos 1959*, poeta e impresor español. Fundó *Litoral* y otras revistas de la generación del 27. Al terminar la guerra civil se exilió a Cuba y luego a México. Sus *Poesías completas* se editaron en 1960.

ALTO LUCERO, mun. de México (Veracruz), junto al golfo de México; 25 822 hab. Apicultura.

ALTO PERÚ, nombre que recibió durante la época colonial la región que coincide aproximadamente con la actual Bolivia.

ALTOTONGA, mun. de México (Veracruz); 41 251 hab. Cultivos tropicales, fruticultura.

ALTO VOLTA → BURKINA FASO.

ALTUNA (Horacio), *Córdoba 1941*, dibujante y guionista argentino. Con Carlos Trillo como guionista, creó el personaje *El loco Chavez* para el diario *Clarín* (1975).

ALTUN HA, centro arqueológico maya de Belice. Habitado entre los ss. III-XIV d.C., se construyeron templos, palacios, zonas de viviendas y tumbas que han dejado numerosos objetos de jade.

ALUM (Manuel), *Arecibo 1944*, bailarín, coreógrafo y pedagogo puertorriqueño. Formado en la Neville Black de Chicago y con Martha Graham en Nueva York, en 1972 fundó su propia compañía. Ha sido director adjunto de la School of Modern Dance.

ALVA (Luis Ernesto, llamado **Luis** o **Luigi**), *Lima 1927*, tenor peruano. Ha destacado como afamado intérprete de Mozart y de los autores del s. XVIII.

■ ALBRECHT **ALTDORFER.** *Descanso en la huida a Egipto* (1510). [Galería de pinturas, Berlín-Dahlem.]

ALVA IXTLILXÓCHITL (Fernando), *Texcoco 1568-México 1650*, cronista mexicano. Descendiente de la casa real de Texcoco, escribió *Historia de la nación chichimeca* y *Compendio histórico del reino de Texcoco*.

ALVAR (Manuel), *Benicarló 1923-Madrid 2001*, filólogo y crítico literario español. Investigador y ensayista (*El Romancero: tradicionalidad y pervivencia*, 1970; *Lengua y sociedad*, 1976), es autor de atlas lingüístico-etnográficos y de estudios sobre dialectología. Académico (1974), fue director de la Real academia española (1988-1991).

ALVARADO, mun. de México (Veracruz), en el golfo de México, junto a la *laguna de Alvarado;* 46 072 hab. Puerto pesquero y de cabotaje.

ALVARADO (Francisco de), *México s. XVI-Teposcolula 1603,* lingüista mexicano. Ingresó en los dominicos en 1574. Es autor de un *Vocabulario en lengua mixteca* (1593).

ALVARADO (Lisandro), *El Tocuyo 1858-Valencia 1931,* polígrafo venezolano, autor de obras históricas (*Sobre las guerras civiles del país,* 1893), etnográficas (*Glosario de voces indígenas de Venezuela,* 1921) y lingüísticas.

ALVARADO (Pedro de), *Badajoz 1485-Guadalajara, México, 1541,* conquistador español. Colaborador de Cortés en la conquista de México, su actuación provocó el levantamiento azteca (1520). Conquistó Guatemala y El Salvador, fue gobernador de Guatemala y teniente gobernador en Honduras.

ALVARADO (Salustio), *La Coruña 1897-Madrid 1981,* biólogo español. Formuló la teoría del origen mitocondrial de los plastos. Fundó la Real sociedad española de historia natural.

ALVARADO TEZOZÓMOC (Hernando de), *México h. 1525-h. 1600,* cronista mexicano. Nieto de Moctezuma, es autor de *Crónica mexicana* (1598), en español, y de *Crónica Mexicáyotl,* en náhuatl, copiado en 1609 por Domingo de San Antón Muñón Chimalpáin.

ÁLVARES CABRAL → CABRAL.

ÁLVAREZ (Agustín), *Mendoza 1857-Mar del Plata 1914,* sociólogo argentino Autor de ensayos (*Sudamérica,* 1894; *La herencia moral de los pueblos americanos,* 1919), llevó a cabo una intensa labor educativa.

ÁLVAREZ (Gregorio), *Montevideo 1925,* militar y político uruguayo. Dirigió la represión contra los tupamaros, participó en el golpe contra Bordaberry y fue presidente de la república (1981-1985).

ÁLVAREZ (José Sixto), llamado **Fray Mocho,** *Gualeguaychú 1858-Buenos Aires 1903,* escritor argentino. Autor costumbrista (*Un viaje al país de los matreros,* 1897; *Cuadros de la ciudad,* 1906), fundó la revista *Caras y caretas* (1898). En *Memorias de un vigilante* (1897) y otras obras refleja su experiencia como policía.

ÁLVAREZ (Juan), *Atoyac, act. Atoyac de Álvarez, 1790-La Providencia, Guerrero, 1867,* militar y político mexicano. Proclamó el plan de Ayutla (1854) y fue presidente de la república (1855-1856).

ÁLVAREZ (Mario Roberto), *Buenos Aires 1913,* arquitecto argentino. Perteneciente al movimiento racionalista, es autor de numerosos edificios privados y del Centro cultural General San Martín (Buenos Aires), su obra más emblemática.

ÁLVAREZ (Melquíades), *Gijón 1864-Madrid 1936,* político español. Fundó el Partido reformista (1912) y fue presidente del congreso (1922-1923). En 1933 apoyó a la coalición de derechas.

ÁLVAREZ (Valentín Andrés), *Grado 1891-Oviedo 1982,* economista y escritor español. Pionero en la aplicación de las matemáticas a la estadística a la economía, dirigió la elaboración de las primeras tablas input-output de la economía española. Cofundó la facultad de ciencias políticas y económicas de Madrid. Fue asimismo autor dramático.

ÁLVAREZ BRAVO, familia de fotógrafos mexicanos. — **Manuel A. B.,** *México 1902-íd. 2002.* Su obra está centrada en las relaciones humanas, y su vinculación con los sueños, la muerte y la fugacidad de la existencia. Profesor en la Escuela central de artes plásticas, fundó el Fondo editorial de la plástica mexicana. También trabajó como operador en *¡Viva México!,* de S. Eisenstein. (Premio nacional de las artes 1975.) — **Dolores A. B.,** llamada **Lola A. B.,** *México 1907-íd. 1993,* esposa de Manuel. Representante de la fotografía social y testimonial impregnada de un lirismo particular, experimentó con el fotomontaje y fue una de las primeras fotorreporteras latinoamericanas.

ÁLVAREZ CUBERO (José), *Priego, Cuenca, 1768-Madrid 1827,* escultor español. De estilo neoclásico, es autor de *La defensa de Zaragoza* (1825) y de retratos de Carlos IV y María Luisa.

ÁLVAREZ DE CASTRO (Mariano), *Granada y Burgo de Osma 1749-Figueras 1810,* militar es-

pañol. Gobernador militar de Gerona, defendió la plaza ante el asedio francés hasta su caída (1809).

ÁLVAREZ DE CIENFUEGOS (Nicasio), *Madrid 1764-Orthez, Francia, 1809,* poeta español. Autor prerromántico, su lírica está dominada por la soledad y lo sepulcral (*Obras poéticas,* ed. 1816). También escribió tragedias neoclásicas.

ÁLVAREZ DE LA PEÑA (Manuel Francisco), llamado **el Griego,** *Salamanca 1727-Madrid 1797,* escultor español. De estilo neoclásico, es autor de la estatua ecuestre de Felipe V (palacio real) y de la fuente de Apolo, en Madrid.

ÁLVAREZ DE SOTOMAYOR (Fernando), *Ferrol 1875-Madrid 1960,* pintor español. De corte academicista, se especializó en el retrato, principalmente de tipos de su tierra natal.

ÁLVAREZ DE TOLEDO (Fernando), 3ᵉʳ duque de Alba, *Piedrahíta, Ávila, 1508-Lisboa 1582,* militar español. Dirigió el ejército español en la batalla de Mühlberg (1547) y fue virrey de Nápoles (1556) y gobernador general en Flandes (1567-1573), donde su política de fuerza (tribunal de los tumultos, ejecuciones) fracasó y extendió la insurrección. Fue condestable de Portugal (1580-1582).

ÁLVAREZ GATO (Juan), *Madrid h. 1430/1440-íd. 1509,* poeta español. Mayordomo en la corte de Isabel la Católica, su *Cancionero* inició la boga de los poemas amatorios a lo divino. También escribió poesía moral y religiosa.

ÁLVAREZ QUINTERO (hermanos), comediógrafos españoles. **Serafín A. Q.,** *Utrera 1871-Madrid 1938,* y **Joaquín A. Q.,** *Utrera 1873-Madrid 1944.* Muy prolíficos, destacaron en comedias y sainetes por su habilidad en el tratamiento del lenguaje y de los tipos populares (*El patio,* 1900; *Las de Caín,* 1908; *Puebla de las mujeres,* 1912; *Mariquilla Terremoto,* 1930). Su teatro más serio roza el sentimentalismo (*Malvaloca,* 1912).

ÁLVAREZ Y MÉNDEZ → MENDIZÁBAL.

ÁLVARO OBREGÓN, ant. Villa Obregón, o delegación de México (D.F.), en el área metropolitana de México; 639 213 hab. Centro industrial.

ÁLVARO OBREGÓN, mun. de México (Michoacán), junto a la laguna de Cuitzeo; 15 651 hab. Centro agrícola.

ALVEAR (Carlos María de), *Santo Ángel, Misiones Orientales, 1789-Nueva York 1852,* militar y político argentino. Fomentó la revolución de 1812, conquistó Montevideo y fue nombrado director supremo (1815), en el que fue derrocado y desterrado a Brasil. Destacó en la guerra contra este país (1825-1827) y fue ministro varias veces.

ALVEAR (Máximo Marcelo Torcuato de), *Buenos Aires 1868-íd. 1942,* político argentino, presidente de la república (1922-1928) y, desde 1931, jefe del Partido radical.

ALZATE Y RAMÍREZ (José Antonio de), *Ozumba 1737-México 1799,* científico y periodista mexicano. Sacerdote, fue uno de los intelectuales más influyentes de la colonia. Promovió periódicos como la *Gaceta de literatura de México* (1788-1795) y es autor de tratados y ensayos sobre diversas materias científicas.

ALZIRA → ALCIRA.

AMACURO, r. de Venezuela, tributario del Atlántico, que marca la frontera con Guyana; 250 km.

AMADEO, nombre de varios condes y duques de Saboya. — **Amadeo VIII,** *Chambéry 1383-Ginebra 1451,* conde (1391-1416) y luego duque (1416-1440) de Saboya. Creador del estado saboyano, fue el último antipapa (1439-1449), con el nombre de Félix V.

AMADEO I, *Turín 1845-íd. 1890,* duque de Aosta y rey de España (1870-1873). Hijo de Víctor Manuel II de Italia, de la casa de Saboya, aceptó la corona española ofrecida por las Cortes (dic. 1870) y firmó la constitución (en. 1871), con el único apoyo de los progresistas. La hostilidad general lo llevó a renunciar, y se proclamó la república.

Amadís de Gaula, libro de caballerías castellano escrito hacia el s. XIV y conocido gracias a la refundición de Garci Rodríguez de Montalvo (Zaragoza, 1508). Narra las andanzas de Amadís y sus amores con Oriana. Creó un modelo idealizado de caballero errante y amante fiel.

AMADO (Jorge), *Cacao de Ferradas, Bahía, 1912-Salvador 2001,* escritor brasileño. Es autor de 50 novelas que compaginan la crítica social y la inspiración folclórica (*Tierras del sinfín,* 1942; *Gabriela, clavo y canela,* 1958; *Tocaia Grande,* 1984).

AMADO CARBALLO (Luis), *Pontevedra 1901-íd. 1927,* poeta español en lengua gallega. Combinó tradición popular y elementos vanguardistas (*Proel,* 1927; *El gallo,* 1928).

AMADOR DE LOS RÍOS (José), *Baena 1818-Sevilla 1878,* erudito español. Su obra se centra en temas medievales: *Historia política, social y religiosa de los judíos de España y Portugal* (1875-1876), *Historia crítica de la literatura española* (1861-1865).

AMADOR GUERRERO (Manuel), *Turbaco, Colombia, 1833-1909,* político panameño, primer presidente de la república de Panamá (1904-1908).

AMADU o **AHMADU TALL,** *1833-Mey Kulfi, Sokoto, 1898,* soberano tucoror del Sudán occidental. Hijo y sucesor (1864) de al-Hayy 'Umar, fue depuesto por los franceses (1889).

AMAGÁ, mun. de Colombia (Antioquia); 21 054 hab. Agricultura. Minas de hierro y carbón.

AMAGASAKI, c. de Japón (Honshū), junto a la bahía de Osaka; 498 999 hab. Centro industrial.

AMAGER, isla de Dinamarca, integrada parcialmente en Copenhague.

'Amal, partido y milicia chiítas del Líbano, surgidos del movimiento fundado por el imán Mūsā Sadr en 1974.

AMALARICO, *502-Barcelona 531,* rey de los visigodos (507-531). Hijo de Alarico II. Vencido por los francos, huyó a Barcelona, donde fue asesinado.

AMALASUNTA, *498-Bolsena 535,* reina y regente de los ostrogodos (526-534). Hija de Teodorico el Grande, quiso continuar la política de reconciliación con los romanos, lo cual provocó la rebelión de los ostrogodos. Fue estrangulada por orden de su marido, Teodato.

AMALFI, mun. de Colombia (Antioquia); 17 175 hab. Cultivos tropicales. Productos lácteos.

AMALFI, c. de Italia (Campania), al S de Nápoles; 5 585 hab. Centro turístico. — Catedral (h. 1200) de estilos arábigo-normando y barroco.

Amalia, novela de J. Mármol (1855), crónica lúgubre y espeluznante de los más turbulentos episodios de la dictadura de Rosas.

AMAMBAY (departamento de), dep. de Paraguay, en la selva, junto a la frontera con Brasil; 12 933 km²; 97 158 hab.; cap. *Pedro Juan Caballero.*

AMÁN, personaje bíblico. Favorito y ministro del rey de los persas en el libro de Ester, quiso exterminar a los judíos, pero la reina Ester los salvó. Caído en desgracia, fue ahorcado.

AMĀN ALLĀH KAN, *Pagmān 1892-Zurich 1960,* emir, y después rey de Afganistán (1919-1929). Consiguió que Gran Bretaña reconociera la independencia de Afganistán (1921). Trató de imponer reformas modernizadoras, pero tuvo que abdicar.

amantes de Teruel (Los), leyenda española sobre los trágicos amores de Diego Marsilla e Isabel de Segura. — Inspiró obras de Rey de Artieda (1581), Pérez de Montalbán (1638) y J.E. Hartzenbusch (1836).

AMAPÁ, estado del N de Brasil; 289 050 hab.; cap. *Macapá.* Manganeso.

AMAPALA, c. de Honduras (Valle); 10 781 hab. Puerto de altura en la isla del Tigre. Turismo.

AMARA, c. de Iraq, a orillas del Tigris; 132 000 hab. Mercado agrícola.

AMARAL (Tarsila do), *Capivari, São Paulo, 1897-São Paulo 1973,* pintora brasileña, de inspiración surrealista y folclórica.

AMARAPURA, c. de Birmania, al S de Mandalay, a orillas del Irawaddy; 10 000 hab. Sederías. — Ant. capital del país.

AMARĀVATĪ, ant. cap. de los Āndhra, en la India (Decán), y sitio arqueológico búdico. Acogió una célebre escuela escultórica (s. II a.C.-s. IV).

AMARILIS, seudónimo de una poetisa peruana no identificada del s. XVII, autora de la *Epístola a Belardo* incluida por Lope de Vega en *La Filomena* (1621).

AMARILLO, c. de Estados Unidos, en el NO de Texas; 157 615 hab.

AMARILLO (mar), mar del océano Pacífico, entre China y Corea.

AMARILLO (río) → HUANG HE.

AMARNA (**Tell al-**), centro arqueológico de Egipto, en el valle medio del Nilo, emplazamiento de Ajtatón, capital fundada en el s. XIV a.C. por Amenofis IV. Entre sus restos (ejemplo único de urbanismo) se han descubierto archivos diplomáticos y numerosas obras de arte: bustos de Nefertiti (Berlín, El Cairo).

■ TELL AL-**AMARNA.** Busto de una princesa amarniana, en piedra polícroma; Imperio nuevo, s. XIV a.C. (Museo del Louvre, París.)

AMAR Y BORBÓN (Antonio), *n. en Zaragoza h. 1745,* militar español, virrey de Nueva Granada desde 1802 hasta su independencia en 1810.

AMASIS, ceramista griego (activo h. 555-525 a.C.), brillante representante de la cerámica ática de figuras negras.

AMAT (Frederic), *Barcelona 1952,* pintor español. Su obra, caracterizada por el informalismo matérico, emplea tejidos, papel y otras materias plásticas (serie *Trapos,* desde 1973). Ha participado en producciones teatrales como escenógrafo.

AMATEPEC, mun. de México (México), avenado por el San Felipe; 23 101 hab. Minas de oro y plata.

AMATERASU, diosa del sol y de la fertilidad, en el panteón sintoísta. Al emperador de Japón se lo considera su descendiente.

AMATES (Los), mun. de Guatemala (Izabal); 28 786 hab. Agricultura de plantación. Madera.

AMATI (Niccolò), *Cremona 1596-íd. 1684,* violero italiano. Miembro de una célebre familia de violeros de Cremona, fue maestro de Stradivarius.

AMATLÁN DE LOS REYES, mun. de México (Veracruz), en la vertiente oriental del Orizaba; 27 776 hab.

AMATLÁN-TUXPAN, mun. de México (Veracruz), en la Huasteca; 29 051 hab. Maíz, frutales. Petróleo.

AMAT Y JUNYENT (Manuel de), *Vacarisses, Barcelona, 1707-Barcelona 1782,* militar español. Gobernador de Chile (1755-1761) y virrey del Perú (1761-1776), protegió las artes.

AMAURY I, *1135-1174,* rey de Jerusalén (1163-1174). — **Amaury II de Lusignan,** *h. 1144-San Juan de Acre 1205,* rey de Chipre y Jerusalén (1197-1205).

AMAYA (Carmen), *Barcelona 1913-Bagur, Gerona, 1963,* bailaora española. Gitana, en 1917 debutó en Barcelona y en 1929 actuó en París. También realizó giras por América y trabajó en el cine (*Los Tarantos,* 1962).

AMAZONAS, r. de América del Sur, nacido en los Andes y que desemboca en el Atlántico, el primero del mundo por su longitud (7 062 km desde las fuentes del Apurímac), por su caudal (200 000 m³/s de promedio) y por la amplitud de su cuenca, la *Amazonia. Formado por ríos andinos, el Amazonas propiamente dicho nace en la confluencia del Ucayali y el Marañón. Recibe, por la izq., al Negro, Trombetas, Paru, entre otros, y por la der. al Madeira, Tapajós, Xingu, Tocantins. Desemboca en un gran delta que incluye la isla de Marajó. De régimen pluvial, es navegable hasta Iquitos (el gran tonelaje, hasta Óbidos, Brasil). — Su desembocadura fue alcanzada por Américo Vespucio (1499); Y. Yáñez Pinzón recorrió su estuario (1500), y la expedición de F. de Orellana, su curso alto hasta la desembocadura (1542).

AMAZONAS, estado del N de Brasil; 1 564 000 km²; 2 088 682 hab. *Manaus.*

AMAZONAS (departamento de), dep. del N de Perú, en la transición de los Andes a la llanura amazónica; 39 249 km²; 375 993 hab.; cap. *Chachapoyas.*

AMAZONAS (departamento del), dep. del S de Colombia, en la selva amazónica; 109 665 km²; 30 327 hab.; cap. *Leticia.*

AMAZONAS (estado), estado de Venezuela, fronterizo con Brasil y Colombia; 175 750 km²; 59 690 hab.; cap. *Puerto Ayacucho.*

AMAZONIA, región de América del Sur, que comprende la cuenca central e inferior del río Amazonas; 7 000 000 km². Se extiende por las Guayanas, Venezuela, Colombia, Ecuador, Perú, Bolivia y, sobre todo, Brasil. De clima cálido y húmedo, es un dominio del bosque ombrófilo, difícil de penetrar. La población, de unos 150 000 hab., practica una agricultura itinerante, la caza y la recolección. Diversos trusts privados han explotado las reservas forestales y minerales (hierro, manganeso, oro, petróleo) con consecuencias catastróficas para los aborígenes y el medio natural. Constituye la mayor reserva ecológica del planeta.

AMBARTSUMIÁN (Víktor Amazaspóvich), *Tbilisi 1908-Biurakán 1996,* astrofísico armenio. Descubrió las asociaciones estelares e hizo progresar el estudio de los fenómenos explosivos en los núcleos de las galaxias.

AMBATO, c. de Ecuador, cap. de la prov. de Tungurahua; 124 166 hab. Centro agrícola. Cabecera de una vía de penetración a la selva amazónica.

AMBERES, en neerl. **Antwerpen,** en fr. **Anvers,** c. de Bélgica, cap. de la prov. homónima; 467 518 hab. Universidad. Es uno de los grandes puertos europeos y uno de los principales centros industriales de Bélgica. — Catedral gótica (ss. XIV-XV, pinturas de Rubens); ayuntamiento renacentista; iglesias barrocas. Ricos museos (bellas artes, Plantin-Moretus [patrimonio de la humanidad 2005]). — Capital económica de Europa en el s. XV, fue desplazada por Amsterdam. Con la independencia de Bélgica (1830) renovó su pujanza.

■ **AMBERES.** Vista de la ciudad desde el río Escalda; al fondo, a la izquierda, la torre de la catedral (acabada en 1521).

AMBERES (provincia de), prov. de Bélgica (Flandes); 2 867 km²; 1 605 167 hab.

AMBOINA, isla de Indonesia, en el archipiélago de las Molucas; c. pral. *Ambon.*

AMBOISE, c. de Francia (Indre-et-Loire), a orillas del Loira; 11 968 hab. Castillo gótico y renacentista; casa solariega Clos-Lucé, donde murió Leonardo da Vinci. — En esta ciudad fue proclamado en 1563 el *edicto de Amboise,* que concedía libertad de culto a los protestantes.

AMBRACIA → ARTA.

AMBRONA, sitio arqueológico de España (Miño de Medinaceli, Soria) en el que se han encontrado útiles de piedra correspondientes a cazadores achelenses del paleolítico inferior.

AMBROSETTI (Juan Bautista), *Gualeguay 1865-Buenos Aires 1917,* arqueólogo y naturalista argentino. Iniciador de la etnografía y la arqueología científica en su país, fundó el museo etnográfico de Buenos Aires. Se dedicó al estudio de las culturas amerindias y la fauna y la flora del NO argentino.

ambrosiana (biblioteca), biblioteca de Milán. Abierta en 1609, posee numerosos libros raros y valiosos manuscritos. Tiene anexa una pinacoteca.

AMBROSIO (san), *Tréveris h. 340-Milán 397,* padre y doctor de la Iglesia latina. Obispo de Milán, atacó los cultos paganos y el arrianismo, bautizó a san Agustín y cristianizó las instituciones imperiales. Reformó el canto sacro y creó el *rito ambrosiano.*

AMEALCO, mun. de México (Querétaro); 38 389 hab. Cereales, frijol, alfalfa. Ganadería. Bosques.

AMECA, mun. de México (Jalisco), en la cuenca del *río Ameca* (260 km); 48 259 hab. Agricultura.

AMECAMECA, ant. **Amecameca de Juárez,** mun. de México (México); 31 621 hab. Iglesia del s. XVI (uno de los claustros más antiguos de México).

AMEGHINO (Florentino), *Luján 1854-La Plata 1911,* paleontólogo argentino. Introdujo el enfoque paleontológico en la teoría de la evolución. Describió más de 9 000 animales desapa-

■ **AMAZONAS.** La cuenca del Amazonas a su paso por Perú.

recidos y en su *Contribución al conocimiento de los mamíferos de la República Argentina* (1889) más del 80 % eran descubrimientos propios. Dirigió el museo nacional de Buenos Aires (1902-1911).

Amejoramientos, disposiciones dictadas por los reyes de Navarra Felipe III (1330) y Carlos III (1418) para mejorar las primitivas leyes del fuero general. Las reivindicaciones navarras forales de los ss. XIX y XX se basaron en dichos textos, y las disposiciones autonómicas aprobadas en 1982 recibieron el nombre de *Pacto sobre reintegración y amejoramiento del régimen foral de Navarra.*

AMENÁBAR (Alejandro), *Santiago de Chile 1972,* director de cine español. Desde su debut (*Tesis,* 1996) ha abanderado una nueva generación de cineastas españoles influidos por géneros clásicos del cine estadounidense: suspense (*Abre los ojos,* 1997), fantástico (*Los otros,* 2001), drama (*Mar adentro,* 2004, Oscar a la mejor película de habla no inglesa).

AMENEMES o **AMENEMHAT,** nombre que llevaron cuatro faraones de la XII dinastía (ss. XX-XVIII a.C.).

AMENGUAL (René), *Santiago 1911-íd. 1954,* pianista y compositor chileno. De su obra destacan *Preludio sinfónico* (1939), cuartetos de cuerda (1941-1950), *Concierto para piano* (1941) y *Concierto para arpa* (1950).

AMENOFIS, nombre de cuatro faraones de Egipto de la XVIII dinastía (1580-1320 a.C.). — **Amenofis IV** o **Ajnatón** («el Servidor de Atón»), faraón de Egipto (1372-1354 a.C.). De temperamento místico, instauró, con el apoyo de la reina Nefertiti, el culto de Atón, dios supremo y único. Trasladó su capital de Tebas

(ciudad del dios Amón) a Ajtatón (act. Tell al-Amarna), pero su reforma no le sobrevivió.

AMÉRICA, una de las cinco partes del mundo; 42 000 000 km²; 813 000 000 hab.

GEOGRAFÍA

América es el continente más alargado (más de 15 000 km de N a S). Está formado por dos amplias masas triangulares (América del Norte y América del Sur), unidas por un estrecho istmo (América Central). Unas cadenas montañosas, al O recientes y elevadas (Rocosas y Andes) y al E antiguas y erosionadas (Apala-

■ **AMENOFIS IV** y Nefertiti adorando el disco solar (representación del dios Atón). Estela procedente de Ajtatón, en Amarna.
(Museo egipcio, El Cairo.)

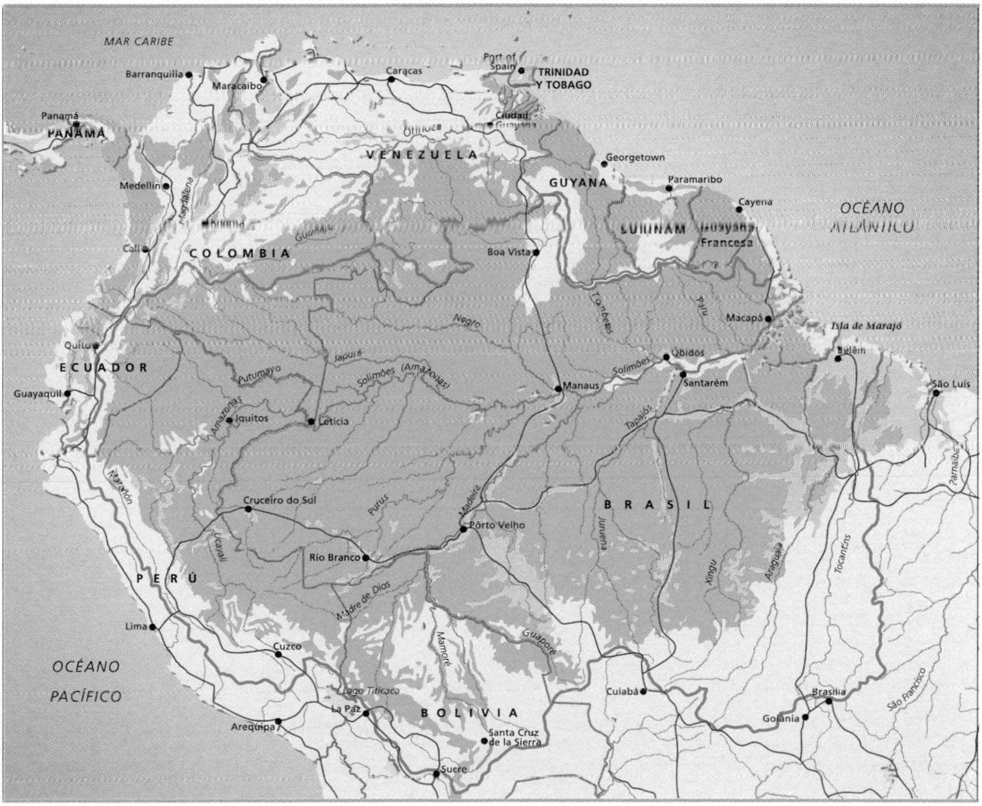

ches, macizo de las Guayanas, escudo Brasileño), enmarcan amplias cuencas aluviales avenadas por los principales ríos (Mississippi y Missouri, Orinoco, Amazonas, Paraná y Paraguay). La extensión en latitud es causa de la variedad de los climas (de tendencia dominante templada y fría en América del Norte, ecuatorial y tropical en América Central y en América del Sur) y de la vegetación (tundra del N canadiense, a la que sucede, hacia el S, el bosque de coníferas; estepa desértica de las mesetas de México y de una parte de la fachada marítima de Chile y Perú; bosque denso de la Amazonia, etc.).

América fue totalmente transformada por la colonización europea, más temprana en las Antillas, América Central y América del Sur. Los pueblos precolombinos, numéricamente poco importantes, fueron asimilados por mestizaje (frecuente en Iberoamérica), confinados en reservas (indios de América del Norte) o exterminados. Los negros, introducidos desde el s. XVI como esclavos, forman una comunidad en EUA y están más o menos mezclados con los demás grupos humanos en el resto del continente.

El origen de los inmigrantes y elementos económicos y socioculturales permiten distinguir dos subconjuntos: por una parte la América anglosajona, que abarca Estados Unidos y Canadá, el área de mayor desarrollo económico relativo, cuya población es predominantemente blanca (en su mayor parte descendientes de inmigrantes provenientes de las islas Británicas y, en general, de Europa septentrional), aunque existe una importante minoría negra y una importante inmigración de habla hispana (chicanos, puertorriqueños, cubanos); por otra, la América Latina, donde la población

AMAZONIA

—— límite hidrográfico de la cuenca del Amazonas

—— carreteras

▨ zonas de bosque húmedo

▨ zonas de bosque devastado

criolla, descendiente de inmigrantes de Europa meridional (españoles, portugueses, italianos) se halla en proporciones muy variables, según las regiones, junto con mestizos, amerindios, mulatos y negros.

América (Copa del), en ingl. **America's Cup** [del nombre de un velero estadounidense], regata disputada cada 4 años, cuyo origen se remonta a 1851.

AMÉRICA CENTRAL o **CENTROAMÉRICA,** sector central y más estrecho del continente americano, entre el istmo de Tehuantepec (México) y el de Panamá. Comprende los estados de Guatemala, Honduras, Belice, Nicaragua, Costa Rica, El Salvador y Panamá, además de la porción meridional de México. (*V. mapa pág. 1105.*)

AMÉRICA DEL NORTE o **NORTEAMÉRICA,** parte septentrional del continente americano, que comprende Canadá, Estados Unidos y la mayor parte de México (hasta el istmo de Tehuantepec).

AMÉRICA DEL SUR, SURAMÉRICA o **SUDAMÉRICA,** sector meridional del continente americano, desde el istmo de Panamá hasta el cabo de Hornos. Comprende, de N a S, los estados de Colombia, Venezuela, Trinidad y Tobago (insular), Guyana, Surinam, Brasil, Ecuador, Perú, Bolivia, Paraguay, Uruguay, Argentina y Chile, así como la Guayana Francesa. (*V. mapa pág. 1104.*)

AMÉRICA ESPAÑOLA, conjunto de las antiguas colonias españolas del Nuevo Mundo (virreinatos de Nueva España, Nueva Granada, Perú y Río de la Plata; capitanías generales de

Guatemala, Chile, Venezuela y Cuba), que se independizaron de España en el s. XIX.

AMÉRICA LATINA o **LATINOAMÉRICA,** sector del continente americano que comprende las tierras continentales e insulares situadas al S del río Bravo; 21 527 960 km²; 440 000 000 de hab.

GEOGRAFÍA

El mestizaje, el aflujo de mano de obra africana y en menor medida asiática, y la inmigración europea han configurado un mosaico etnocultural muy complejo; predomina la población europea en Argentina, Uruguay, Chile y S de Brasil; negroafricana en el área antillana y el NE brasileño, e indomestiza en la región andina, México y Centroamérica.

La economía sigue en buena parte basada en la exportación de materias primas agropecuarias y mineras. El comercio interlatinoamericano es débil (en torno al 15 % del total de intercambios), aunque se dan diversos esfuerzos de integración, bien a través de organismos internacionales regionales como el Sistema económico latinoamericano (SELA) o la Comisión económica para América Latina y el Caribe (CEPAL) de la ONU, bien a través de acuerdos regionales: pacto Andino, pacto Amazónico, Caricom, Mercado común centroamericano, Mercosur o el Tratado de libre comercio (TLC).

HISTORIA

Descubrimiento y colonización del Nuevo mundo. Entre los grupos que poblaron América Latina destacaron principalmente cuatro pueblos, con una civilización adelantada: ma-

yas, aztecas, chibchas e incas. **1492:** con la llegada de Colón a la isla de Guanahaní (Antillas) se abrió el Nuevo mundo a la conquista europea. **1493-1520:** se sucedieron las exploraciones y se iniciaron los asentamientos en las Antillas y en la costa del continente: Colón llegó a La Española (1493); F. de Ojeda y A. Vespucio recorrieron el litoral venezolano (1499); P. Álvares Cabral llegó a Brasil e inició el asentamiento portugués en la zona (1500); Núñez de Balboa cruzó el istmo de Panamá y descubrió el Pacífico (1513); Pérez de la Rúa recorrió las costas peruanas (1515); Díaz de Solís llegó al Río de la Plata (1516); Fernández de Córdoba alcanzó las costas del golfo de México (1517); Magallanes alcanzó la Tierra del Fuego y franqueó el estrecho que llevaría su nombre (1520). **1520-1550:** se sucedieron las expediciones militares de conquista y sometimiento de las poblaciones indígenas. H. Cortés culminó la conquista del imperio azteca (1521); F. Pizarro conquistó el imperio inca (1531-1536); Belalcázar entró en Quito (1534); conquista y colonización del Río de la Plata y Paraguay, comenzada por P. de Mendoza y J. de Ayolas (1535-1537); P. de Valdivia inició la conquista de Chile (1540). **A partir de 1550:** se consolidó el marco jurídico que dotó al Imperio español de una estructura económica (encomiendas) y política característica: virreinatos de Nueva España (1535), Perú (1542), Tierra Firme o Nueva Granada (1717) y Río de la Plata (1776); audiencias (Santo Domingo, Santa Fe de Bogotá); capitanías generales (Guatemala, Cuba, Venezuela y Chile). Los efectos que el proceso colonizador tuvo entre

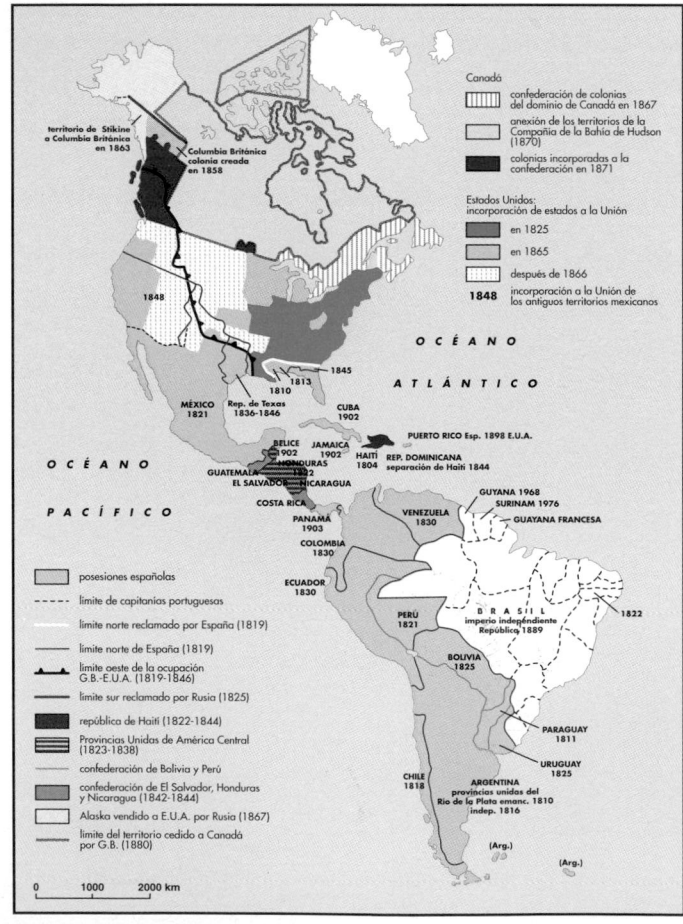

INDEPENDENCIA DE AMÉRICA

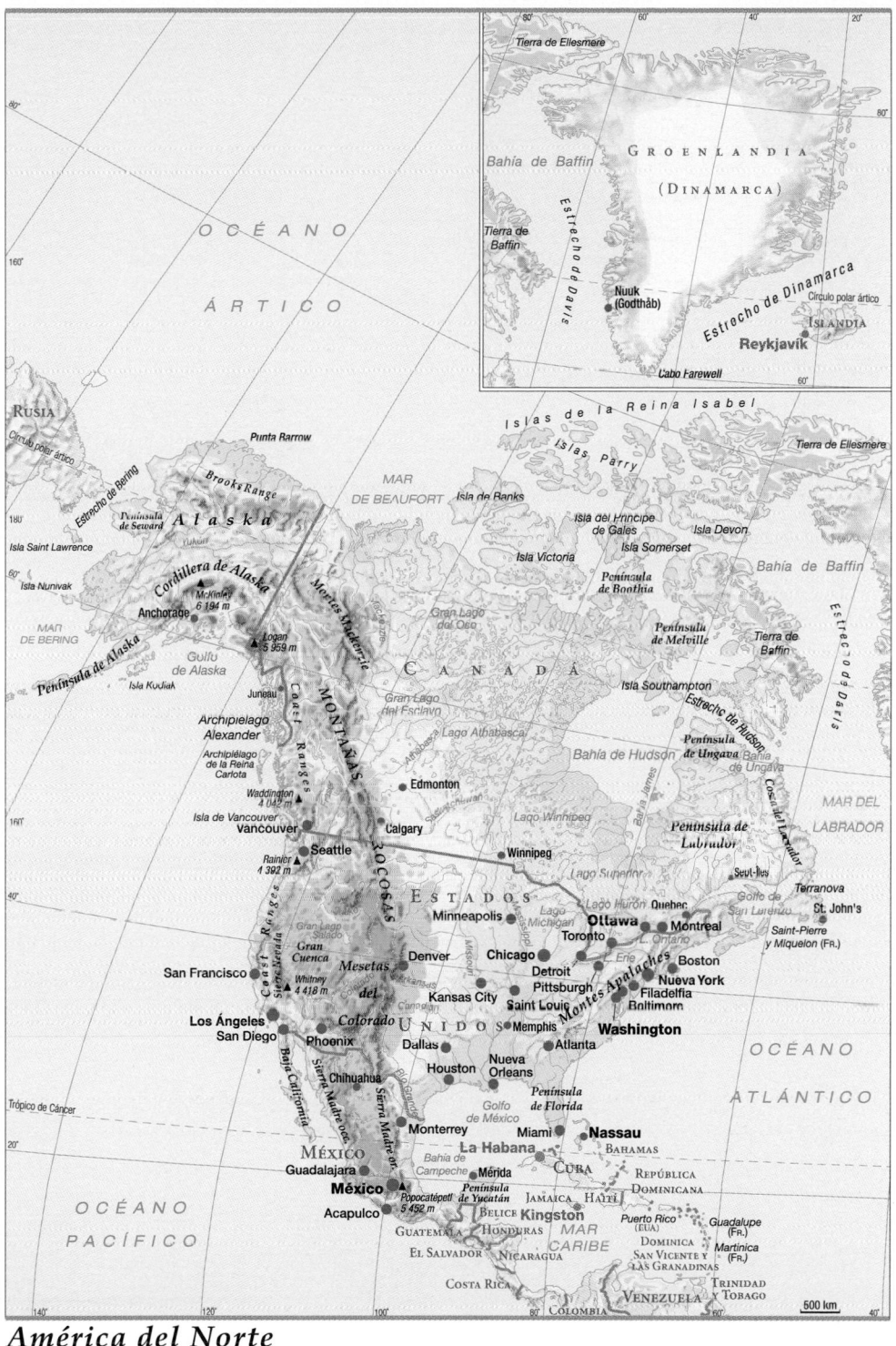

OCÉANO ÁRTICO

Tierra de Ellesmere

GROENLANDIA

(DINAMARCA)

Bahía de Baffin

Tierra de Baffin

Nuuk (Godthåb)

Estrecho de Dinamarca

Círculo polar ártico

ISLANDIA

Reykjavík

Cabo Farewell

Islas de la Reina Isabel

Islas Parry

Tierra de Ellesmere

RUSIA

Círculo polar ártico

Punta Barrow

MAR DE BEAUFORT

Isla de Banks

Isla del Príncipe de Gales

Isla Devon

Estrecho de Bering

Península de Seward

Brooks Range

Alaska

Isla Saint Lawrence

Isla Nunivak

MAR DE BERING

Cordillera de Alaska

McKinley 6 194 m

Anchorage

Montes Mackenzie

Logan 5 959 m

Gulfo de Alaska

Isla Victoria

Isla Somerset

Península de Boothia

Península de Melville

Bahía de Baffin

Tierra de Baffin

Estrecho de Davis

Península de Alaska

Isla Kodiak

Juneau

CANADÁ

Gran Lago del Oso

Isla Southampton

Estrecho de Hudson

Coast Ranges

Archipiélago Alexander

Archipiélago de la Reina Carlota

Waddington 4 042 m

Gran Lago del Esclavo

Lago Athabasca

Península de Ungava

Bahía de Ungava

MAR DEL LABRADOR

Isla de Vancouver

Vancouver

Calgary

Edmonton

Lago Winnipeg

Bahía de Hudson

Península de Labrador

Rainier 4 392 m

Seattle

Winnipeg

Lago Superior

Sept-Îles

Terranova

St. John's

MONTAÑAS

ROCOSAS

Gran Lago Salado

Gran Cuenca

Minneapolis

Lago Michigan

Lago Huron

Quebec

Golfo de San Lorenzo

Saint-Pierre y Miquelon (Fr.)

ESTADOS

Denver

Chicago

Ottawa

Toronto

L. Ontario

L. Erie

Montréal

Boston

San Francisco

Whitney 4 418 m

Sierra Nevada

Coast Ranges

Mesetas

del

Kansas City

Saint Louis

Pittsburgh

Detroit

Montes Apalaches

Nueva York

Filadelfia

Baltimore

Los Ángeles

San Diego

Phoenix

Dallas

Colorado

UNIDOS

Memphis

Atlanta

Washington

Baja California

Sierra Madre Occ.

Chihuahua

Houston

Nueva Orleans

Península de Florida

OCÉANO ATLÁNTICO

Trópico de Cáncer

Monterrey

Golfo de México

Miami

Nassau

BAHAMAS

MÉXICO

Guadalajara

México

Acapulco

Popocatépetl 5 452 m

Bahía de Campeche

Mérida

Península de Yucatán

La Habana

CUBA

REPÚBLICA DOMINICANA

JAMAICA

HAITÍ

Puerto Rico (EUA)

Guadalupe (Fr.)

OCÉANO PACÍFICO

BELICE

Kingston

DOMINICA

Martinica (Fr.)

GUATEMALA

HONDURAS

MAR CARIBE

SAN VICENTE Y LAS GRANADINAS

EL SALVADOR

NICARAGUA

COSTA RICA

TRINIDAD Y TOBAGO

VENEZUELA

COLOMBIA

500 km

América del Norte

200   500   1 000   2 000   4 000 m

● más de 5 000 000 hab.   ● de 100 000 a 1 000 000 hab.

● de 1 000 000 a 5 000 000 hab.   • menos de 100 000 hab.

América del Sur

200   500   1 000   2 000   4 000 m

● más de 5 000 000 hab.   ● de 100 000 a 1 000 000 hab.
● de 1 000 000 a 5 000 000 hab.   • menos de 100 000 hab.

1. Límite del lecho y subsuelo
2. Límite exterior del Río de la Plata
3. Límite lateral marítimo argentino-uruguayo

500 km

El proceso hacia la independencia. 1809-1816: en el marco general de las revoluciones del s. XVIII, la población criolla fue adquiriendo una conciencia de emancipación que se tradujo en las tentativas independentistas: creación de juntas de gobierno (Ecuador, 1809; Chile y Buenos Aires, 1810; Venezuela y Paraguay, 1811; Colombia, 1813); levantamiento del cura Hidalgo en México (1810-1811). En esta primera oleada revolucionaria, los españoles sofocaron la mayor parte de las revueltas. **1821-1825:** segunda oleada revolucionaria, que se saldó con la victoria de los independentistas: emancipación de las Provincias Unidas del Río de la Plata (1816); San Martín liberó Chile y Perú (1817-1821); Iturbide, México (1821); Bolívar y Sucre, la parte N de América del Sur (Venezuela, Ecuador, Colombia y Bolivia, 1824). También Brasil accedió a la independencia en 1822. Tras la independencia, una serie de tentativas unificadoras fallaron: Provincias Unidas de Centro América (1823-1838); República de la Gran Colombia (Colombia, Ecuador y Venezuela, 1819-1830); Confederación Perú-boliviana (1836-1839); Confederación de Honduras, El Salvador y Nicaragua (1842-1844); sus respectivos procesos de desmembración dieron lugar a los marcos estatales actuales. En 1865 la República Dominicana obtuvo la independencia definitiva, y Cuba en 1898.

El siglo XX. Desde principios de siglo EUA proyectó su hegemonía sobre América Latina, fragmentada y en vías de desarrollo. La inestabilidad política (numerosos pronunciamientos militares) y un crecimiento económico dependiente de las potencias capitalistas, condicionó la evolución socioeconómica. A nivel político, tras la experiencia revolucionaria mexicana de la década de 1910, aparecieron diversos movimientos revolucionarios y, en particular, la revolución cubana (1959). En los años siguientes Estados Unidos aumentó su influencia. El triunfo de tentativas izquierdistas (Allende, 1970-1973) fue contrarrestado por regímenes militares, que dominaron la vida política en muchos países (Nicaragua somocista, Chile, Argentina, Paraguay) durante la década de 1970 y parte de la de 1980. En esta última, Centroamérica se vio convulsionada por los conflictos armados. El retorno a la paz y a la democracia se vio ensombrecido por una fuerte recesión económica que se tradujo en una pesada deuda externa. Al mismo tiempo, cierto número de acuerdos comerciales fueron establecidos entre diferentes países con el fin de llevar a término la integración económica de la región en una vasta zona de librecambio (que debe pasar, según unos, por una colaboración con el mercado norteamericano y, según otros, por una alianza entre los países latinoamericanos). El hundimiento de partidos políticos tradicionales (Venezuela, México), el creciente protagonismo político de los pueblos indígenas (Ecuador, Bolivia, Perú) y el liderazgo regional de Brasil y Argentina marcan el período más reciente.

American Airlines, compañía estadounidense de navegación aérea, fundada en 1930 con el nombre de American Airways y organizada bajo su nombre actual en 1934.

American Federation of Labor → AFL-CIO.

AMERSFOORT, c. de Países Bajos (prov. de Utrecht), junto al Eem; 101 974 hab. Barrios antiguos rodeados de canales.

AMES, mun. de España (La Coruña); 16 549 hab. *(mahianes);* cap. *Bertamiráns.* Serrerías.

AMÉZAGA (Juan José), *Montevideo 1881-íd. 1956,* político y jurisconsulto uruguayo. Presidente de la república (1943-1947), durante la segunda guerra mundial apoyó a los Aliados.

AMHERST (Jeffrey, barón), *Sevenoaks 1717-íd. 1797,* mariscal británico. Finalizó la conquista de Canadá (1758-1760).

AMIANO MARCELINO, *Antioquía h. 330-h. 400,* historiador latino. Sus *Historias,* que cubren desde el reinado de Nerva a la muerte de Valente (96-378), continúan la obra de Tácito.

AMICIS (Edmondo de), *Oneglia 1846-Bordighera 1908,* escritor italiano, autor de novelas sentimentales y moralizantes (*Corazón,* 1866).

AMIENS, c. de Francia, cap. de la región de Picardía y del dep. de Somme; 139 210 hab. Industria. Universidad. — Gran catedral gótica del s. XIII (patrimonio de la humanidad 1981). Casa de Jules Verne. — Gran centro comercial medieval. En 1802 se firmó la *paz de Amiens* entre Francia y Gran Bretaña, que puso fin a la segunda coalición.

AMIGOS (islas de los) → TONGA.

Amigos del país (Sociedades económicas de) → Sociedades económicas de Amigos del país.

AMÍLCAR BARCA, *h. 290-Elche 229 a.C.,* general cartaginés. Padre de Aníbal, tras luchar contra Roma en Sicilia, reprimió la revuelta de los mercenarios (240-238) y conquistó el S de la península Ibérica (237-229).

AMIN (Samir), *El Cairo 1931,* economista egipcio. Es un especialista en los problemas del Tercer mundo, de inspiración marxista, ha estudiado las relaciones entre el subdesarrollo y el imperialismo (*El desarrollo desigual,* 1973).

AMIN DADA (Idi), *Koboko 1925-Yidda, Arabia Saudí, 2003,* político ugandés. Presidente (1971-1979), estableció un régimen de terror.

AMINTAS III, rey de Macedonia (h. 393-370 o 369 a.C.). Fue padre de Filipo II.

AMIRANTES o **ALMIRANTES** (islas), archipiélago del océano Índico, dependencia de Seychelles.

AMIRÍES, miembros de la familia de Almanzor. Destacaron los reyes de la taifa de Valencia 'Abd al-'Aziz ibn 'Abd al-Rahmān (1021-1061) y su hijo 'Abd al-Malik (1061 1065).

AMIS (Martin), *Oxford 1949,* escritor británico. Hijo del escritor Kingsley Amis, es autor de novelas (*El libro de Rachel,* 1973; *La información,* 1994; *Perro callejero,* 2003) y de ensayos con elementos autobiográficos (*Experiencia,* 2000; *Koba el Temible,* 2002).

AMISTAD (parque nacional **La**) → TALAMANCA (cordillera de).

AMITĀBHA («Buda de la Luz infinita»), el buda más popular del budismo del Gran Vehículo, venerado en Japón como *Amida.*

'AMMĀN, cap. de Jordania; 1 213 300 hab. Vestigios romanos; ciudadela; museos.

Amnesty International, organización humanitaria, privada e internacional, fundada en 1961 para defender a los encarcelados por sus ideas, raza o religión, y para luchar contra la tortura. (Premio Nobel de la paz 1977.)

AMÓN o **AMMÓN,** dios egipcio, que en su origen, en Tebas, fue señor del aire y la fecundidad. Más tarde fue asimilado a Ra (culto de Amón-Ra) y considerado «rey de los dioses».

AMÓN o **AMMÓN,** personaje bíblico. Hijo de Lot y hermano de Moab, es el antepasado epónimo de los ammonitas.

AMONIO SACAS, *pr. s. II-s. III d.C.,* filósofo griego, fundador, en Alejandría, del neoplatonismo.

AMOR (Guadalupe), *México 1920-íd. 2000,* escritora mexicana, autora de poesía (*Poesías completas,* 1951), novelas y cuentos.

amor brujo (El), ballet en un acto de Falla (1915), inspirado en un texto de Martínez Sierra. Destaca la *Danza ritual del fuego.*

AMOREBIETA-ETXANO, mun. de España (Vizcaya); 16 216 hab. Centro industrial.

AMORIM (Enrique), *Salto 1900-íd. 1960,* escritor uruguayo. Sus novelas rurales recrean la Pampa (*La carreta,* 1929; *El caballo y su sombra,* 1941). En *La victoria no viene sola* (1952) aborda temas urbanos.

AMORÓS (Juan Bautista) → LANZA (Silverio).

AMOR RUIBAL (Ángel María), *San Verísimo de Barro, Pontevedra, 1860 Santiago de Compostela 1930,* filósofo y teólogo español. Propugnó una filosofía cristiana abierta a las aportaciones con-

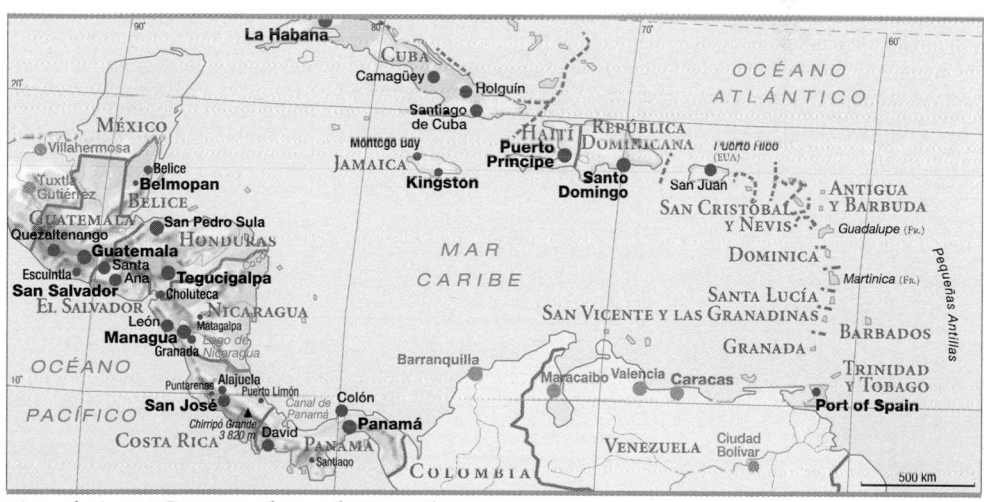

América Central y el Caribe

200 500 1 000 2 000 4 000 m

● más de 500 000 hab.
● de 100 000 a 500 000 hab.
● de 50 000 a 100 000 hab.
• menos de 50 000 hab.

temporáneas (*Los problemas fundamentales de la filosofía y del dogma*, 10 vols.,1900-1945).

AMÓS, *s. VIII a.C.,* profeta bíblico.Sus profecías constituyen el *Libro de Amós.*

AMOUR (yébel), macizo montañoso de Argelia,en el Atlas sahariano; 1 977 m.

AMOY o **XIAMEN,** c. de China (Fujian), en una isla frente a Taiwan; 639 436 hab.

AMPATO (nevado de), volcán de Perú (Arequipa), en la cordillera Occidental; 6 310 m.

AMPÈRE (André Marie), *Lyon 1775-Marsella 1836,* físico francés.Autor de la teoría del electromagnetismo,concibió el galvanómetro,sentó las bases de la teoría electrónica de la materia e inventó el telégrafo eléctrico, y, con Arago,el electroimán.

AMPOSTA, c. de España (Tarragona); 16 372 hab. *(ampostinos).* Situada en la raíz del delta del Ebro. Cultivos de secano; industrias alimentarias.Castillo.

AMPURDÁN, en cat. **Empordà,** comarca de España (Gerona), dividida en *Alto Ampurdán,* cuyo centro es Figueras, y *Bajo Ampurdán,* con centro en La Bisbal d'Empordà.El litoral forma la mayor parte de la Costa Brava.

AMPURIAS, en cat. **Empúries,** en gr. **Emporion,**establecimiento griego en el golfo de Rosas (Gerona). Fundado por los focenses de Massalia (Marsella) en el s.VI a.C.y ocupado por los romanos desde el s.III a.C.,fue abandonado tras las invasiones de francos y alamanes (s.III). — Las excavaciones han descubierto la segunda ciudad griega *(neapolis)* y la romana (ss. IIII a.C.),con sus respectivas necrópolis, y mosaicos,esculturas,una palestra y un anfiteatro.

■ **AMPURIAS.** Mosaico helénico-romano.

AMPURIAS (condado de), entidad territorial situada en el Alto Ampurdán,que dependió de la familia del mismo nombre (ss.IX-XIV).

'AMR, *m. h. 663,* compañero de Mahoma y conquistador de Egipto (640-642).

AMRAVATI, c. de la India (Mahārāshtra); 433 746 hab. Centro comercial (algodón).

AMRITSAR, c. de la India (Panjāb); 709 456 hab.Es la ciudad santa de los sikhs.Templo de Oro o Dorado (s.XVI).

AMSTERDAM, cap. de Países Bajos (Holanda Septentrional); 702 444 hab. (más de 1 100 000 en la aglomeración). Ciudad industrial (talla de diamantes, construcciones mecánicas, industrias químicas y alimentarias); puerto en el golfo del Ij,unido al mar del Norte y al Rin por dos canales. — Hermosos monumentos y prestigiosos museos: Rijksmuseum (obras maestras de la pintura holandesa), casa de Rem-

■ **AMSTERDAM**

■ ANDRÉ MARIE **AMPÈRE,** detalle de un autorretrato. (Academia de las ciencias, París.)

■ ROALD **AMUNDSEN** en 1925, antes de su expedición al polo norte.

■ ANA **DE AUSTRIA,** reina de España. (Museo Lázaro Galdiano, Madrid.)

■ ANA **DE AUSTRIA,** reina de Francia. (Palacio de Versalles.)

brandt,Stedelijk Museum (arte moderno),museo Van Gogh, etc. — Tras romper con España en 1578,Amsterdam conoció una gran prosperidad en el s.XVII y desempeñó una función importante en el comercio internacional.

Amsterdam (tratado de) [2 oct. 1997], tratado firmado al final de la Conferencia intergubernamental de la Unión europea (marzo 1996-junio 1997) y que entró en vigor,tras su ratificación,el 1 mayo 1999. Revisó y completó el tratado de Maastricht.

AMÚ DARYÁ, ant. **Oxus,** r. de Asia central, que nace en el Pamir y desemboca en el mar de Aral; 2 540 km.Se utiliza para el regadío.

AMUNÁTEGUI SOLAR (Domingo), *Santiago 1860-íd.1946,* historiador y político chileno.Destacó por su dedicación a la didáctica de la historia. Entre sus obras figuran *Chile bajo la dominación española* (1923) e *Historia social de Chile* (1933). Fue ministro en varias ocasiones.

AMUNDSEN (Roald), *Borge 1872-en el Ártico 1928,* explorador noruego. Fue el primero en cruzar el paso del Noroeste (1906) y alcanzó el polo S en 1911. Desapareció buscando la expedición polar de Nobile.

AMUR, en chino **Heilong Jiang,** r. del NE de Asia, formado por el Argún y el Shilka,que desemboca en el mar de Ojotsk; 4 440 km. Sirve de frontera entre Rusia (Siberia) y el NE de China.

ANA (santa), esposa de san Joaquín y madre de la Virgen,según la tradición cristiana.

BIZANCIO

ANA COMNENO, *1083-1148,* princesa bizantina. Fue la historiadora del reinado de su padre, Alejo I Comneno *(Alexíada).*

ESPAÑA

ANA DE AUSTRIA, *Cigales 1549-Badajoz 1580,* reina de España (1570-1580). Hija de Maximiliano II de Austria,fue la cuarta esposa de Felipe II (1570) y la madre de Felipe III.

FRANCIA

ANA DE AUSTRIA, *Valladolid 1601-París 1666,* reina de Francia. Hija de Felipe III de España, fue esposa de Luis XIII (1615) y regente (1643-1661).

GRAN BRETAÑA

ANA BOLENA o **BOLEYN,** *h. 1507-Londres 1536,* reina de Inglaterra. Segunda esposa de Enrique VIII de Inglaterra (1533), quien, para casarse con ella, se divorció de Catalina de Aragón, fue acusada de adulterio y ejecutada.

ANA DE CLÈVES o **DE CLÉVERIS,** *Düsseldorf 1515-Chelsea 1557,* reina de Inglaterra. Fue la cuarta esposa de Enrique VIII de Inglaterra, que la desposó y repudió el mismo año (1540).

ANA ESTUARDO, *Londres 1665-íd. 1714,* reina de Gran Bretaña e Irlanda (1702-1714). Hija de Jacobo II,luchó contra Luis XIV. Mediante el Acta de unión (1707),reunió en un solo estado los reinos de Escocia e Inglaterra con el nombre de *Gran Bretaña.*

RUSIA

ANA IVÁNOVNA, *Moscú 1693-San Petersburgo 1740,* emperatriz de Rusia (1730-1740), de

la dinastía Románov. Dejó gobernar a su favorito E. J. Biron y a los alemanes de su entorno.

ANABAR, meseta de Rusia en Siberia oriental. Es la parte más antigua del zócalo siberiano,donde nace el *río Anabar.*

Anábasis, relato histórico escrito por Jenofonte (s. IV a.C.). Relata la campaña de Ciro el Joven contra Artajerjes II y la retirada de los mercenarios griegos (los Diez mil), a cuyo mando iba el propio autor.

ANACLETO o **CLETO** (san), *m. en Roma 88,* papa de 76 a 88.Se cree que murió mártir.

ANACLETO II (Pietro Pierleoni), antipapa (1130-1138). En su enfrentamiento con el papa Inocencio II,apoyado por san Bernardo,buscó ayuda en el normando Roberto II,para el cual declaró Sicilia reino hereditario.

ANACO, c. de Venezuela (Anzoátegui); 61 386 hab.

ANACREONTE, *Teos,Jonia,s. VI a.C.,* poeta lírico griego.Las *Odas* que se le han atribuido son cantos al amor y a la buena mesa, e inspiraron la poesía llamada *anacreóntica* del renacimiento.

ANADIR, r. de Rusia, en Siberia, que desemboca en el *golfo de Anadir,* en el mar de Bering; 1 145 km.

ANAGNI, c.de Italia (Lacio); 18 000 hab. Catedral de los ss. XI-XIII. — En 1303, Bonifacio VIII fue detenido en Anagni por emisarios de Felipe IV el Hermoso de Francia.

ANAHEIM, c. de Estados Unidos (California); 266 406 hab. Turismo (Disneyland).

ANÁHUAC, parte S de la altiplanicie mexicana,que abarca el Distrito Federal y varios estados circundantes. Por extensión, se ha dado este nombre a todo el territorio mexicano.

ANÁHUAC, mun. de México (Nuevo León); 16 479 hab. Algodón. Aguacates.Vacuno.

Ana Karénina, novela psicológica de L. Tolstói (1875-1877), que se opone los estragos de la pasión ilegítima entre Ana y Vronski a la imagen apacible de una pareja unida, la de Kitty y Levin.

Anales, obra de Tácito (s. II) sobre la historia romana desde la muerte de Augusto a la de Nerón (14-68). Solo se conservan algunos de sus 16 libros.

ANA MARÍA (golfo), golfo del S de Cuba (Ciego de Ávila).

ANÁPOLIS, c. de Brasil, al NE de Goiânia; 239 047 hab.

ANASAGASTI (Teodoro de), *Bermeo 1880-Madrid 1938,* arquitecto español. Su obra oscila en el eclecticismo y la sencillez decorativa,precursora del racionalismo (Real cinema de Madrid,casa de Correos de Málaga).

ANASAZI, cultura prehistórica del SO de Estados Unidos. Su desarrollo comprende varias fases sucesivas: «Basket Makers» o «Cesteros» entre 100 a.C. y 700 d.C., fase Pueblo y,en su apogeo,fase Gran Pueblo,con los grandes conjuntos de Pueblo Bonito o Mesa Verde.

ANASTASIO I (san), *m. en Roma 401,* papa de 399 a 401.Condenó a Orígenes y a los donatistas.

ANASTASIO I, *Dirraquio, act. Durrës, ¿431?-¿Constantinopla? 518,* emperador bizantino (491-518). Apoyó el monofisismo.

ANATOLIA (del gr. *Anatolē,* el Levante), nombre recibido con frecuencia por Asia Menor, y que designa hoy en día el conjunto de la Turquía asiática.

ANAXÁGORAS, *Clazómenas h. 500-Lámpsaco h. 428 a.C.,* filósofo griego presocrático. Consideró la inteligencia como el principio de todo el universo.

ANAXIMANDRO, *Mileto h. 610-h. 547 a.C.,* filósofo griego presocrático, de la escuela jonia. Consideró que el principio del universo es lo infinito.

ANAXÍMENES de Mileto, *h. 585-h. 525 a.C.,* filósofo griego presocrático, de la escuela jonia. Consideró que el aire es el principio del universo.

ANC (African National Congress) → **Congreso nacional africano.**

ANCASH (departamento de), dep. del centro de Perú, en la Sierra; 40 627 km²; 1 063 459 hab.; cap. *Huaraz.*

ANCHICAYÁ, r. de Colombia, de la vertiente pacífica. Arenas auríferas. Central hidroeléctrica.

ANCHIETA (Juan de), *Azpeitia 1450-íd. 1523,* compositor y sacerdote español, autor de misas, motetes, magníficats y villancicos.

ANCHIETA o **ANCHETA** (Juan de), *Azpeitia h. 1540-Pamplona 1588,* escultor español. De formación renacentista italiana, su influencia alcanzó el País Vasco, Navarra y La Rioja. Entre sus obras destacan *La Asunción* y *La coronación de la Virgen* del retablo mayor de la catedral de Burgos (h. 1576), y el retablo de San Miguel de la Seo de Zaragoza (1580).

ANCHORAGE, c. de Estados Unidos (Alaska); 226 338 hab. Aeropuerto.

ÁNCIRA, antiguo nombre de *Ankara.

ANCÍZAR (Manuel), *Fontibón 1812-Bogotá 1882,* escritor y político colombiano. Presidió el gobierno revolucionario de 1860 tras el triunfo de los radicales. Es autor de *Peregrinación de Alfa* (1853) y *Vida del mariscal Sucre* (1860).

ANCOHUMA (cerro), pico de Bolivia (La Paz), en la cordillera Oriental; 6 427 m.

ANCO MARCIO, cuarto rey legendario de Roma (640-616 a.C.). Nieto de Numa, al parecer fundó Ostia.

ANCÓN, mun. de Perú (Lima); 3 607 hab. Sitios arqueológicos de pescadores relacionados con los constructores de Chavín (1200-400 a.C.). *tratado de Ancón* (1883), acuerdo entre Chile y Perú para poner fin a la guerra del Pacífico.

ANCONA, c. de Italia, cap. de las Marcas y de la prov. homónima, en las costas del Adriático; 101 179 hab. Puerto. — Arco de Trajano. Catedral románico-bizantina (ss. XI-XII). Museos.

ANCÓN DE SARDINAS, bahía del N de Ecuador, en la frontera con Colombia.

ANCUD, bahía entre la costa continental de Chile (Los Lagos) y la isla de Chiloé. Pesca y extracción de mariscos. Deportes náuticos.

ANCUD, com. de Chile (Los Lagos); 38 374 hab. Industria cárnica. Puerto en la bahía de Ancud.

ANDAGOYA (Pascual de), *Valle de Cuartango, Álava, 1495-Cuzco 1548,* descubridor español. Fundó la ciudad de Panamá y exploró el O de Colombia.

ANDAHUAYLAS, c. de Perú (Apurímac), en la cordillera de Vilcabamba; 25 160 hab. Centro agrícola.

ANDALUCÍA, región de España que constituye una comunidad autónoma; 87 268 km²; 7 975 672 hab. *(andaluces);* cap. *Sevilla;* 8 prov. *(Almería, Cádiz, Córdoba, Granada, Huelva, Jaén, Málaga* y *Sevilla).*

GEOGRAFÍA

Ocupa el sector meridional de la península Ibérica. La sierra Morena, al N, la separa de la Meseta; el centro está ocupado por la depresión Bética, regada por la cuenca del Guadalquivir, y al S se levanta el sistema Bético, con las cimas más altas de la Península (Mulhacén, 3 478 m; La Veleta, 3 392 m). Es una región fundamentalmente agrícola, con dominio de los latifundios. Destacan los cultivos tradicionales de cereales (valle del Guadalquivir), vid (Campiña de Jerez) y olivos (Jaén), junto a otros más modernos: arroz (marismas del Gua-

dalquivir), caña de azúcar (valle del Genil), hortalizas y frutas tempranas (hoyas de Málaga, Motril y Adra; enarenados de Granada y Almería). La industria se concentra en los núcleos de Sevilla, Huelva (química), Cádiz (astilleros), el Campo de Gibraltar (petroquímica, siderurgia) y la zona industrial de Córdoba. Minería en sierra Morena. Importante desarrollo turístico (Costa del Sol, Costa de Almería).

HISTORIA

S. XI a.C.: los fenicios fundaron la colonia de Gadir y establecieron factorías en el S de Andalucía, con las que contribuyeron a la formación de la cultura tartésica. **H. 500 a.C.:** la cultura tartésica dio paso a la turdetana. **S. III a.C.:** los romanos invadieron la región (segunda guerra púnica) e impusieron su cultura y administración (Bética). **Ss. V-VI:** ocupación de los vándalos y luego de los visigodos, tras un paréntesis bizantino. **711:** la victoria musulmana en Guadalete marcó el fin del dominio visigodo. **711-929:** emirato de Córdoba. **929-1031:** califato de Córdoba. **Ss. XI-XIII:** reinos de taifas. **1091-1146:** invasión almorávid. **1146-1269:** dominio almohade. **1333:** invasión benimerín. **1231-1492:** reino nazarí de Granada. **1492:** culminación de la reconquista con la toma de Granada por los Reyes Católicos; incorporación de Andalucía al reino de Castilla. **1500-1501** y **1568-1571:** sublevaciones moriscas de La Alpujarra. **Ss. XVI-XVIII:** los puertos andaluces (Sevilla, Cádiz) prosperaron gracias al comercio con América, y se consolidó la estructura latifundista de la propiedad agraria (s. XIX). **1981:** aprobación del estatuto de autonomía. **2007:** nuevo estatuto.

ANDALUCÍA, mun. de Colombia (Valle del Cauca); 16 080 hab. Cultivos tropicales. Minas de carbón.

ANDALUS (al-), denominación dada en la edad media por los árabes a la España musulmana.

ANDAMAN (islas), archipiélago indio del golfo de Bengala.

ANDAMAN Y NICOBAR, territorio de la India, en el golfo de Bengala; 279 111 hab.; cap. *Port Blair.* Está formado por los archipiélagos de las Andaman y las Nicobar, bañados, al E, por el mar de Andaman. Se vio afectado por un tsunami, generado por un sismo, el 26 dic. 2004.

ANDARAPA, mun. de Perú (Apurímac), en la cordillera de Vilcabamba; 20 100 hab.

ANDECA o **AUDECA,** rey de los suevos (584-585). Destronó a Eborico, pero fue vencido por Leovigildo y su reino quedó incorporado al estado visigodo.

ANDERLECHT, mun. de Bélgica, al SO de Bruselas, a orillas del Senne; 87 884 hab. Casa de Erasmo.

ANDERS (Władysław), *Blonia 1892-Londres 1970,* general polaco. Dirigió las fuerzas polacas reconstituidas en la URSS, que destacaron en Italia (1943-1944).

ANDERSCH (Alfred), *Munich 1914-Berzona 1980,* escritor alemán, nacionalizado suizo. Sus relatos están dominados por la soledad (*Un aficionado a las medias tintas,* 1963).

ANDERSEN (Hans Christian), *Odense 1805-Copenhague 1875,* escritor danés. Es célebre por sus **Cuentos* populares, a la vez melancólicos y humorísticos, maravillosos y realistas.

■ HANS CHRISTIAN **ANDERSEN,** por C. A. Jensen.
(Museo Andersen, Odense.)

ANDERSEN NEXØ (Martin), *Copenhague 1869-Dresde 1954,* escritor danés. Es uno de los principales representantes de la novela proletaria (*Ditte, hija de los hombres,* 1917-1921).

ANDERSON (Philip W.), *Indianápolis 1923,* físico estadounidense. Ha investigado el estado de superfluidez y los materiales superconductores. (Premio Nobel 1977.)

ANDERSON (Sherwood), *Camden 1876-Colón, Panamá, 1941,* escritor estadounidense. Es uno de los creadores de la novela corta norteamericana moderna (*Winesburg, Ohio,* 1919)

ANDERSON IMBERT (Enrique), *Córdoba 1910-Buenos Aires 2000,* escritor y crítico argentino. Es autor de cuentos lírico-fantásticos, novelas (*Fuga,* 1953) y ensayos (*Historia de la literatura hispano-americana,* 1954).

ANDES, mun. de Colombia (Antioquia); 37 507 hab. Café, maíz. Minas de oro. Industria tabacalera.

ANDES (cordillera de los), sistema montañoso de América del Sur, que bordea el litoral pacífico desde el N de Venezuela hasta Tierra del Fuego (8 500 km); su altura media sobrepasa los 3 500 m, y culmina en 6 959 m (Aconcagua). No constituye una cadena única: en Colombia y Ecuador comprende una serie de serranías separadas por profundos valles; en el S del Perú y Bolivia los distintos ramales enmarcan una extensa meseta, el Altiplano; y los Andes meridionales, que marcan la divisoria entre Argentina y Chile, se estrechan hacia el S. (*V. mapa pág. siguiente.*)

ANDES (Los), com. de Chile (Valparaíso); 50 622 hab. Centro industrial y turístico.

ÁNDHRA, dinastía, también denominada *Sá-*

■ CORDILLERA DE LOS **ANDES.** Lagos glaciares en Argentina.

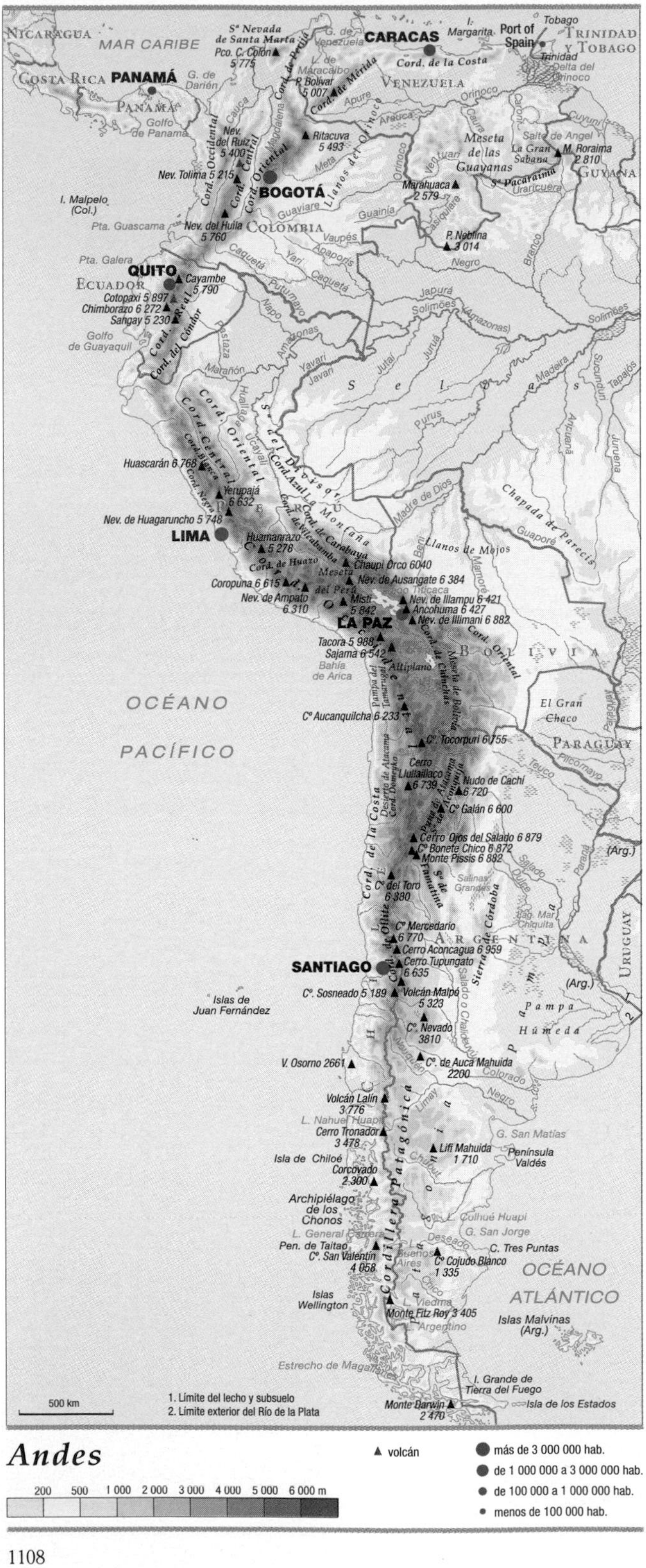

Andes

Mapa de los Andes con las ciudades de CARACAS, BOGOTÁ, QUITO, LIMA, LA PAZ, SANTIAGO, PANAMÁ y países como VENEZUELA, COLOMBIA, ECUADOR, BOLIVIA, PARAGUAY, ARGENTINA, URUGUAY.

Principales elevaciones y referencias geográficas:
- Sª Nevada de Santa Marta, Pco. C. Colón 5 775
- Nev. del Ruiz 5 400
- Nev. Tolima 5 215
- Nev. del Huila 5 760
- Cayambe 5 790
- Cotopaxi 5 897
- Chimborazo 6 272
- Sangay 5 230
- Huascarán 6 768
- Yerupajá 6 632
- Nev. de Huagaruncho 5 748
- Huamanrazo 5 278
- Coropuna 6 615
- Nev. de Ampato 6 310
- Tacora 5 988
- Sajama 6 542
- Cª Aucanquilcha 6 233
- Cª Tocorpuri 6 755
- Cerro Llullaillaco 6 739
- Nudo de Cachi
- Cª Galán 6 600
- Cerro Ojos del Salado 6 879
- Bonete Chico 6 872
- Monte Pissis 6 882
- Cª del Toro 6 380
- Cª Mercedario 6 770
- Cerro Aconcagua 6 959
- Cerro Tupungato 6 635
- Cª Sosneado 5 189
- Volcán Malpo 5 323
- Cª Nevado 3810
- Cª de Auca Mahuida 2200
- V. Osorno 2661
- Volcán Lalín 3 776
- Cerro Tronador 3 478
- Corcovado 2 300
- Cª San Valentín 4 058
- Cª Cojudo Blanco 1 335
- Monte Fitz Roy 3 405
- Monte Darwin 2 470
- Ritacuva 5 493
- Mirahuaca 2 579
- P. Neblina 3 014
- M. Roraima 2 810
- Nev. de Ausangate 6 384
- Nev. de Illampu 6 421
- Ancohuma 6 427
- Nev. de Illimani 6 882
- Misti 5 842
- Lifi Mahuida 1 710

500 km

1. Límite del lecho y subsuelo
2. Límite exterior del Río de la Plata

▲ volcán

● más de 3 000 000 hab.
● de 1 000 000 a 3 000 000 hab.
● de 100 000 a 1 000 000 hab.
● menos de 100 000 hab.

200 500 1 000 2 000 3 000 4 000 5 000 6 000 m

---

tavāhana, que reinó en el Decán (India) entre los ss. I a.C. y III d.C.

ĀNDHRA PRADESH, estado de la India, en el Decán, junto al golfo de Bengala; 275 000 km²; 66 508 000 hab.; cap. *Hyderābād.*

andina (Comunidad) o **CAN,** organización latinoamericana encargada de impulsar la integración de los países andinos, surgida tras la adopción del *protocolo de Trujillo* (1996) y el establecimiento en 1997 de la *Secretaría general de la Comunidad andina,* con sede en Lima. Tiene como antecedente el *acuerdo de Cartagena* o *pacto Andino* (1969), suscrito con el propósito de establecer una unión aduanera por Bolivia, Chile (lo abandonó en 1976), Colombia, Ecuador y Perú, y al que se adhirió Venezuela en 1973 (se retiró en 2006), que constituyeron el *grupo Andino.* En el plano político, cuenta desde 1979 con el *Tribunal de justicia,* con sede en Quito, y el *Parlamento andino,* con sede en Bogotá. El *Consejo presidencial andino* es el máximo órgano decisorio.

ANDIZHÁN, c. de Uzbekistán (Ferganá); 293 000 hab.

ANDORRA (principado de), estado de Europa, en los Pirineos, entre España y Francia; 465 km²; 65 800 hab. *(andorranos).* CAP. *Andorra la Vella* (18 000 hab.). LENGUA: *catalán.* MONEDA: *euro.* Turismo y comercio. Plaza financiera con exenciones fiscales.

HISTORIA

El nacimiento de Andorra como entidad política data de la época carolingia. Propiedad del obispo de Urgel desde el s. X, en 1278 se firmaron los Pariatges, que acordaron la soberanía compartida por dos copríncipes, el obispo de Urgel y el conde de Foix (más tarde el soberano, y luego el presidente, de Francia). En 1993 se aprobó por referéndum la primera constitución de su historia, que declaró la soberanía nacional e instauró un régimen parlamentario, y Andorra ingresó en la ONU.

ANDO TADAO, *Ōsaka 1941,* arquitecto japonés. Mediante la sobria articulación de formas de hormigón, crea una poética del espacio que suele integrarse en el entorno natural.

■ **ANDO TADAO.** Interior del pabellón de Japón en la Exposición Universal de Sevilla (1992).

ANDRADE (Domingo Antonio de), *Cée, La Coruña, 1639-Santiago de Compostela 1712,* arquitecto y entallador español. Se enmarca en el barroco clasicista (catedral de Santiago, torre del Reloj, retablo de Santo Domingo).

ANDRADE (José Oswald de Sousa, llamado Oswald de), *São Paulo 1890-íd. 1954,* escritor brasileño. Fue uno de los iniciadores del modernismo y del «movimiento antropofágico» literario (*Pau-Brasil,* 1925, poesía; *Marco Zero,* 1943-1945, novela).

ANDRADE (Mário Raúl de Moráis), *São Paulo 1893-íd. 1945,* escritor y musicólogo brasileño. Poeta y novelista, introdujo el modernismo en su país (*Paulicéia desvariada,* 1922; *Macu-*

naíma, 1928).También es autor de *Ensayo sobre la música brasileña* (1928).

ANDRADE (Olegario Víctor), *Alegrete, Brasil, 1839-Buenos Aires 1882*, poeta argentino. Discípulo de Víctor Hugo, dio una forma épica al sentimiento nacional (*Obra poética*, 1887).

ANDRÁSSY (Gyula, conde), *Kassa, act. Košice, 1823-Volosca, cerca de Rijeka, 1890*, político húngaro. Presidente del consejo de Hungría (1867-1871), fue ministro de asuntos exteriores de Austria-Hungría (1871 1879).

ANDRÉ (José), *Buenos Aires 1881-íd. 1944*, compositor argentino, autor de la obra para orquesta *Impresiones porteñas* (1930).

ANDREA DEL CASTAGNO → **CASTAGNO**.

ANDREA DEL SARTO → **SARTO**.

ANDREA PISANO → **PISANO**.

ANDREAS-SALOMÉ (Lou), *San Petersburgo 1861-Gotinga 1937*, escritora alemana. Perteneció a la élite cultivada de su tiempo y su vida al lado de Nietzsche, Rilke y después de Freud, de quien fue discípula, testimonia los inicios de la emancipación de la mujer.

Andorra

- ● más de 15 000 hab.   ● de 5 000 a 10 000 hab.
- ● de 10 000 a 15 000 hab.   ● menos de 5 000 hab.

1 000   1 500   2 000   2 600 m

—— carretera

ANDRÉIEV (Leonid Nikoláievich), *Oriol 1871-Mustamäggi, Finlandia, 1919*, escritor ruso. Es uno de los mejores representantes del simbolismo ruso, por sus relatos (*Abismo*, 1902) y teatro (*Vida humana*, 1907).

ANDRENIO (Eduardo **Gómez de Baquero**, llamado), *Madrid 1866-íd 1929*, ensayista y crítico literario español, autor de *Novelas y novelistas* (1918) y *El renacimiento de la novela en el siglo XIX* (1924).

ANDREOTTI (Giulio), *Roma 1919*, político italiano. Diputado democristiano a partir de 1945, fue presidente del consejo (1972-1973, 1976-1979 y 1989-1992) y ministro de asuntos exteriores (1983-1989).

ANDRÉS (san), *s. I*, apóstol de Jesús, hermano de san Pedro. Según la tradición, fue crucificado en Patrás.

ANDRÉS II, *1175-1235*, rey de Hungría, de la dinastía de los Árpád (1205-1235). Participó en la quinta cruzada (1217-1218).

ANDRÉS ESTELLÉS (Vicent), *Burjassot 1924-Valencia 1993*, poeta español en lengua catalana. Gran renovador de la lírica valenciana, la muerte, el amor y el sexo dominan su obra (*La noche*, 1956; *Doncel amargo*, 1958; *Libro de las maravillas*, 1971; *Horacianas*, 1974).

ANDREWS (Thomas), *Belfast 1813-íd. 1885*, físico irlandés. Descubrió la *temperatura crítica* y reconoció la continuidad de los estados líquido y gaseoso.

ANDRIA, c. de Italia (Apulia); 82 556 hab. Monumentos medievales.

ANDRIĆ (Ivo), *Dolac 1892-Belgrado 1975*, novelista yugoslavo en lengua serbia. Evoca Bosnia y las luchas políticas de su país (*La crónica de Travnik, Un puente sobre el Drina*, 1945). [Premio Nobel 1961.]

ANDRINÓPOLIS → **EDIRNE**.

ANDRÓMACA MIT. GR. Heroína de la *Ilíada*, esposa de Héctor y madre de Astianacte. Tras la conquista de Troya, fue llevada cautiva a Grecia por Neoptólemo, hijo de Aquiles. Es modelo de virtudes familiares y domésticas.

— Su historia inspiró a Eurípides (h. 425 a.C.) y Racine (1667), entre otros.

ANDRÓMEDA MIT. GR. Hija de Cefeo, rey de Etiopía, y de Casiopea. Fue liberada de un monstruo por Perseo, que la desposó.

ANDRÓMEDA, constelación boreal. Alberga el objeto celeste más alejado visible con el ojo desnudo, la galaxia espiral M 31 (galaxia de Andrómeda), distante 2,2 millones de años luz.

ANDRÓNICO I Comneno, *Constantinopla 1122-1185*, emperador bizantino (1183-1185). Hizo estrangular a Alejo II para apoderarse del trono, y fue derrocado por Isaac II Ángelo. — **Andrónico II Paleólogo**, *Nicea 1256-Constantinopla 1332*, emperador bizantino (1282-1328). Tras luchar sin éxito contra los turcos y contra su nieto, abdicó. — **Andrónico III Paleólogo**, *Constantinopla h. 1296-íd. 1341*, emperador bizantino (1328-1341). Nieto de Andrónico II Paleólogo, no pudo impedir el avance de los turcos en Asia Menor.

ANDRÓPOV (Yuri Vladímirovich), *Nagútskoie, región de Stávropol, 1914-Moscú 1984*, político soviético. Fue jefe de la KGB (1967-1982), secretario general del partido (1982-1984) y presidente del Soviet supremo (1983-1984).

ANDROS o **ÁNDRO**, una de las islas Cícladas (Grecia).

ANDROUET DU CERCEAU → **CERCEAU**.

ANDRZEJEWSKI (Jerzy), *Varsovia 1909-íd. 1983*, escritor polaco. Fue uno de los iniciadores de la revuelta de los intelectuales en 1956 (*Cenizas y diamantes*, 1948).

ANDÚJAR, c. de España (Jaén), cab. de p. j., 37 621 hab. (*andujareños*). Cerámica. — Iglesias de Santa María y San Miguel con portadas platerescas

ANDÚJAR (Manuel), *La Carolina 1913-Madrid 1994*, escritor español, autor de novelas inscritas en el realismo crítico (trilogía *Vísperas*, 1970), relatos (*Los lugares vacíos*, 1971), teatro, ensayo y poesía.

ANETO, pico de España (Huesca), el más alto de los Pirineos; 3 404 m.

ANFIÓN MIT. GR. Hijo de Zeus y Antíope, poeta y músico, de quien se decía que levantó las murallas de Tebas; al sonido de su lira las piedras se colocaban solas.

ANFÍPOLIS, ant. c. griega de Macedonia, colonia de Atenas, junto al Estrimón. Tucídides fue exiliado por no haber sabido defenderla contra el historiador Brásidas (424 a.C.). Filipo de Macedonia se apoderó de ella (357 a.C.).

ANFITRIÓN MIT. GR. Rey legendario de Tirinto, hijo de Alceo y esposo de Alcmena. Zeus adoptó su aspecto para seducir a Alcmena, quien dio a luz a Heracles. — Su leyenda inspiró una comedia de Plauto, imitada por Molière (1668) o J. Giraudoux (1929).

ANFITRITE MIT. GR. Diosa del mar, esposa de Poseidón.

ANGARÁ, r. de Rusia, en Siberia, que nace en el lago Baikal, afl. del Yeniséi (or. der.); 1 826 km. Instalaciones hidroeléctricas (Bratsk).

ANGARSK, c. de Rusia, en Siberia, a orillas del Angará; 269 500 hab.

ANGEL (salto de), cascada de Venezuela, en el río Churún, en el parque nacional de Canaima (patrimonio de la humanidad 1994). Descubierta por J. C. Angel (1937), es el mayor salto ininterrumpido del mundo (979 m).

ÁNGEL (Félix), *Medellín 1949*, pintor y dibujante colombiano. Sus obras tienden a la monumentalidad y subrayan lo grotesco.

ÁNGELA de Merici (santa), *Desenzano del Garda 1474-Brescia 1540*, religiosa italiana, fundadora de las ursulinas (1535).

ángel azul (El), película alemana de J. von Sternberg (1930). Obra maestra del cine sonoro temprano, dio fama a Marlene Dietrich.

ÁNGELES, c. de Filipinas (Luzón), al NO de Manila; 236 000 hab.

ÁNGELES (Los), com. de Chile (Biobío), cap. de prov., a orillas del Biobío; 142 136 hab. Centro industrial, comercial y turístico.

ÁNGELES (fray Juan de los), *Corchuela, Toledo, 1536-Madrid 1609*, escritor místico español. Teólogo franciscano, dirigió varios conventos, fue predicador de la Corte (1594) y confesor de las descalzas reales. Su obra denota el conocimiento de la filosofía clásica y la influen-

cia de Ruysbroeck y Tauler (*Triunfos del amor de Dios*, 1590; *Manual de vida perfecta*, 1608).

ÁNGELES (Victoria de los) → **VICTORIA DE LOS ÁNGELES**.

ÁNGELES ORTIZ (Manuel), *Jaén 1895-París 1984*, pintor español. Su obra está marcada por el poscubismo picassiano de la década de 1920 y por la abstracción. (Premio nacional de bellas artes 1981.)

Angélica, heroína del *Orlando enamorado* (1495) de Boiardo y del *Orlando furioso* (1532) de Ariosto. La pérfida hechicera de Boiardo se convierte en Ariosto en inocente oriental extraviada en Occidente. Barahona de Soto prosiguió el tema en *Las lágrimas de Angélica* (1586).

ANGÉLICO (Guidolino **di Pietro**, en religión Fra Giovanni **da Fiesole**, llamado el Beato y, con mayor frecuencia, Fra o Fray), *en el Mugello h. 1400-Roma 1455*, pintor y dominico italiano. Es uno de los maestros de la escuela florentina y uno de los más profundos intérpretes de la iconografía cristiana (frescos y retablos del convento de San Marcos en Florencia, donde era fraile; capilla de Nicolás V en el Vaticano). Fue beatificado en 1982.

■ FRA **ANGÉLICO**. *Ángel músico* (detalle), fragmento del retablo de *La Madonna dei Linaioli* (tejedores de lino), de 1433.
(Museo de San Marcos, Florencia.)

ÁNGELO, dinastía que reinó de 1185 a 1204 en el imperio bizantino.

ANGELOPOULOS (Theodoros, llamado Theo), *Atenas 1935*, director de cine griego. Su obra se caracteriza por los planos largos y el sentido de la errancia y la contemplación: *El viaje de los comediantes* (1975), *Paisaje en la niebla* (1988), *La mirada de Ulises* (1995), *La eternidad y un día* (1998), *Eleni* (2004).

ÁNGEL R. CABADA, mun. de México (Veracruz), en la llanura costera del golfo de México; 28 236 habitantes.

ANGELUS SILESIUS o **ÁNGELO SILESIO** (Johann **Scheffler**, llamado), *Breslau 1624-íd. 1677*, poeta alemán. Su mística barroca y apasionada combina la alquimia con la espiritualidad católica (*El peregrino querubínico*).

ANGERS, c. de Francia, cap. del dep. de Maine-et-Loire; 156 327 hab. Universidad. — Edificios góticos (catedral). Castillo de los condes de Anjou (tapices del *Apocalipsis). — Fue capital de Anjou.

ANGIOLINI (Gasparo), *Florencia 1731-Milán 1803*, bailarín, coreógrafo y compositor italiano. Fue uno de los creadores del ballet-pantomima.

ANGKOR, conjunto arqueológico de Camboya occidental, en el emplazamiento de una antigua capital de los reyes khmer fundada en

889 por Yaśovarman I. Innumerables monumentos (s. VII-fines s. XIII), de gran simbolismo arquitectónico, están adornados con una rica decoración esculpida. Los templos-montaña de Phnom Bakheng y del Bayon, en el núcleo de Angkor Thom, y el complejo funerario de Sūryavarman II, Angkor Vat (s. XII), representan el apogeo del arte khmer. (Patrimonio de la humanidad [en peligro] 1992.)

■ **ANGKOR.** El complejo funerario de Angkor Vat; arte khmer del s. XII.

ANGLADA CAMARASA (Hermenegild), *Barcelona 1871-Pollensa 1959*, pintor español. Desde 1894 residió en París, y en 1914 se estableció en Mallorca. Representante de la faceta simbolista y costumbrista del modernismo catalán, su obra se centra en paisajes, tipos populares y escenas costumbristas.

ANGLERÍA (Pedro Mártir **de**), en ital. Pietro Martire **d'Anghiera**, *Arona 1459-Granada 1526*, erudito italiano. Establecido en España (1487), fue cronista de la corte de los Reyes Católicos y de Indias. Sus obras son valiosas fuentes para la historia de España y de los descubrimientos *(De orbe novo decades octo; De rebus occeanicis; Opus epistolarum)*.

ANGLÉS (Higinio), *Maspujols, Tarragona, 1888-Roma 1969*, sacerdote y musicólogo español. Fundador y director del Instituto español de musicología, en Roma (1947) dirigió el Instituto pontificio de música sacra. Son relevantes sus estudios sobre música medieval.

ANGLESEY, isla de Gran Bretaña (País de Gales), en el mar de Irlanda; 67 800 hab.

ANGLONORMANDAS (islas), en ingl. **Channel Islands**, grupo de islas del canal de la Mancha, cerca de la costa normanda, dependencia de la corona británica: *Jersey, Guernesey, Alderney (Aurigny), Sark (Sercq);* 195 km²; 120 000 hab. Centros turísticos. Hortalizas, flores y frutales; ganadería. – La corona de Inglaterra ejerce la soberanía en las islas como descendiente de los duques normandos.

ANGOL, com. de Chile (Araucanía); 46 003 hab. Centro industrial (productos lácteos, curtidos).

ANGOLA, estado de África austral, junto al Atlántico; 1 246 700 km²; 8 500 000 hab. *(angoleños).* CAP. *Luanda.* LENGUA: *portugués.* MONEDA: *kwanza.*

GEOGRAFÍA
Angola está formada por una altiplanicie relativamente irrigada y cubierta de sabanas, que domina una llanura costera estrecha y desértica. La guerra civil, ligada a rivalidades étnicas, desorganizó una economía cuya baza principal es la riqueza del subsuelo (diamantes, hierro y sobre todo petróleo). La agricultura (mandioca, maíz, café) y la ganadería siguen siendo mayoritarias entre la población, en un contexto catastrófico hasta hace poco (combates, sequía, hambrunas).

HISTORIA
Habitada desde el neolítico, fue ocupada en el I milenio d.C. por los bantúes, hoy aún mayoritarios. **S. XV:** recibió su nombre de la dinastía N'gola (reino Ndongo).
Antes de la independencia. 1482: el portugués Diogo Cão descubrió el país. **1580-1625:** los portugueses lucharon contra el reino Ndongo. La trata se convirtió en la primera actividad del país. **1877-1879:** Serpa Pinto explo-

ró el interior. **1889-1901:** unos tratados fijaron los límites del país. **1899 y 1911:** las prestaciones personales obligatorias sustituyeron la esclavitud. **1955:** Angola fue convertida en provincia portuguesa.
La independencia. 1961: la insurrección de Luanda inició la guerra de independencia, pero el movimiento nacionalista estaba dividido. **1975:** se proclamó la independencia, y estalló la guerra civil. El Movimiento popular de liberación de Angola (MPLA) de Agostinho Neto (convertido en presidente de la república) se impuso con la ayuda de Cuba, sin vencer totalmente a los rebeldes —en particular, la Unión nacional para la independencia total de Angola (UNITA)— apoyados por Sudáfrica. **1979:** a la muerte de Neto, José Eduardo Dos Santos lo sucedió al frente del estado. **1988:** un acuerdo entre Angola, Sudáfrica y Cuba supuso un alto el fuego en el N de Namibia y el S de Angola, seguido de la retirada de las tropas sudafricanas y cubanas (1989-1991). **1991:** se instauró el multipartidismo. Dos Santos firmó un acuerdo de paz con UNITA. **1992:** primeras elecciones legislativas y presidenciales libres, favorables al partido en el poder, el MPLA. La negativa de UNITA a aceptar el resultado ocasionó una reanudación de la guerra civil. **1994-1995:** UNITA y el gobierno firmaron otro acuerdo de paz. **1998:** tras el fracaso de una tentativa de gobierno de unidad nacional (1997), se reanudó la lucha armada. **2002:** Jonas Savimbi, líder histórico de UNITA, murió en combate contra las fuerzas gubernamentales. Los rebeldes acordaron la paz con el gobierno central y se convirtieron en un partido legal de oposición.

ANGOSTURA, mun. de México (Sinaloa); 44 529 hab. Agricultura. Salinas. Curtidos.

ANGOSTURA, antiguo nombre de *Ciudad Bolívar (Venezuela).

Angostura (congreso de) [1819], congreso celebrado en Angostura por iniciativa de Bolívar. En él se acordó la unión de la capitanía general de Venezuela y el virreinato de Nueva Granada en un solo estado.

Angry Young Men («Jóvenes airados»), movimiento literario y artístico liderado por John Osborne y crítico con los valores tradicionales de la sociedad británica, se desarrolló en Gran Bretaña entre 1955 y 1965.

ÅNGSTRÖM (Anders Jonas), *Lödgö 1814-Uppsala 1874*, físico sueco. Especialista en el análisis espectral, fue el primero en medir las longitudes de onda y determinar las límites del espectro visible.

ANGUIANO (Raúl), *Guadalajara 1915-México 2006*, pintor mexicano. Miembro fundador del Taller de gráfica popular (1937), realizó pinturas murales socialmente comprometidas (1936-1937) en Morelia y México, y en el museo nacional de antropología (1964). [Premio nacional de ciencias y artes 2000.]

ANGUILA, isla de las Pequeñas Antillas británicas; 6 500 hab. Ocupada por los británicos a partir de 1666, es autónoma desde 1976.

ANGULEMA, en fr. **Angoulême**, c. de Francia, cap. del dep. de Charente, a orillas del Charente; 46 324 hab. Catedral románica. Festival anual del cómic.

ANGULEMA (Luis **de Borbón**, duque **de**), *Versalles 1775-Gorizia, Austria, 1844*, último delfín de Francia. Hijo de Carlos X, intervino en España al mando de los Cien mil hijos de san Luis (1823) y murió en el exilio.

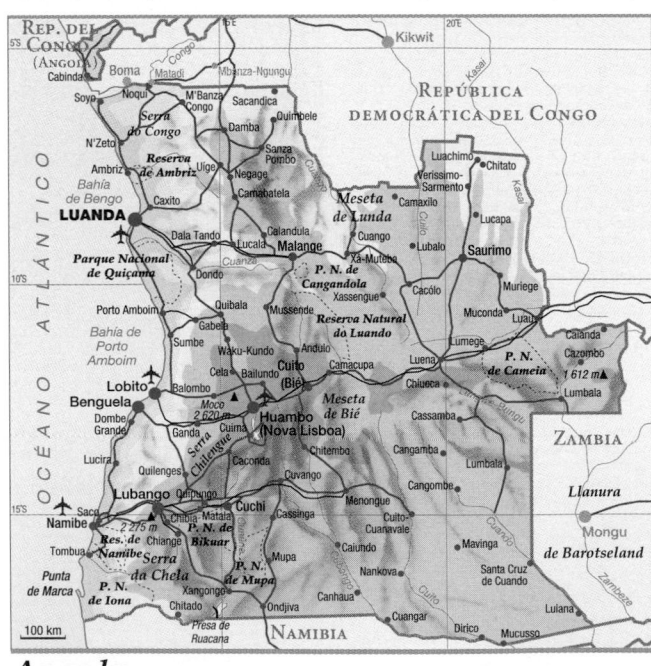

Angola

		● más de 2 000 000 hab.
carretera		● de 100 000 a 2 000 000 hab.
ferrocarril		● de 50 000 a 100 000 hab.
✈ aeropuerto		● menos de 50 000 hab.

200   500   1000   1500 m

■ RAÚL **ANGUIANO.** *La espina* (1952).
[Museo nacional de arte, México.]

ANGULO ÍÑIGUEZ (Diego), *Valverde del Camino 1901-Sevilla 1986*, historiador del arte español, especialista en pintura castellana de los ss. XVI-XVII (*Historia del arte hispanoamericano*, 4 vols., 1945; *Historia del arte*, 2 vols., 1956).

ANHALT, principado alemán creado a comienzos del s. XIII. Fue un ducado de 1806-1807 a 1918.

ANHUI, prov. de China oriental, junto al Yangzi Jiang; 140 000 km²; 57 610 000 hab.; cap. *Hefei*.

ANI, ant. cap. de Armenia (act. en Turquía), saqueada en 1064 por los turcos. Importantes ruinas.

ANÍBAL, *247-Bitinia 183 a.C.*, general y estadista cartaginés. Hijo de Amílcar Barca, en 221 a.C. fue proclamado caudillo por el ejército. De 221 a 219 amplió las conquistas púnicas en la península Ibérica, pero desencadenó la segunda guerra púnica al atacar Sagunto, aliada de Roma (219). Al frente de un poderoso ejército que contaba con elefantes, y después de una difícil travesía de los Alpes, llegó a Italia y venció a los romanos en Trasimeno (217) y Cannas (216), pero no pudo tomar Roma. Fue reclamado por Cartago (203) y vencido en Zama (202) por Escipión el Africano. Se exilió en oriente, donde se envenenó para escapar de los romanos.

■ **ANÍBAL.** Busto antiguo en mármol. (Museo arqueológico, Nápules.)

anillo del nibelungo (El) → **Tetralogía.**

ANJOU, región histórica de Francia, alrededor del Loira, entre Bretaña y Turena. Actualmente la mayor parte forma el dep. de Maine-et-Loire; cap. *Angers*. En el s. XII, con los Plantagenet, fue el centro de un vasto imperio francoinglés. El condado pasó a Carlos de Anjou (1246), fundador de la segunda dinastía. Ducado con los Valois (s. XIV), Luis XI la anexionó a Francia (1481).

ANJOU (primera casa de), casa condal de Anjou fundada en el s. X (→ **Plantagenet**).— **segunda casa de A.,** casa fundada en 1246 por Carlos I de Anjou, rey de Sicilia. — **tercera casa de A.,** casa fundada en 1290 por Carlos de Valois, hermano de Felipe IV el Hermoso.

ANJOUAN → NDZOUANI

ANKARA, ant. **Angora,** cap. de Turquía, en Anatolia central, a unos 1 000 m de alt.; 3 573 000 hab. en la aglomeración. Monumentos romanos; fortaleza bizantina; museos, entre ellos el rico museo de las Civilizaciones anatolias (períodos neolítico e hitita).— En el nombre de *Ancira* (en gr. *Ankara*), fue una de las ciudades más prósperas de la antigüedad.

ANNABA, ant. **Bona,** c. del E de Argelia, cap. de vilayato; 256 000 hab. Metalurgia. Universidad. — Emplazamiento de la ant. *Hipona;* restos romanos.

Annales, revista histórica francesa. Fundada en 1929 con el título de *Annales d'histoire économique et social*, por Lucien Febvre y Marc Bloch, con el objeto de sustituir la historia basada en los acontecimientos por una historia «total» que integra el conjunto de las ciencias sociales. Desde 1994 lleva el subtítulo *Histoire, Sciences sociales*.

ANNAM, región central de Vietnam, entre Tonkín y Cochinchina; c. prales. *Huê* y *Da Nang*. Está formada por pequeñas llanuras (cultivo de arroz) junto al mar de China, dominadas al O por las montañas poco pobladas de la *cordillera Annamita*.

ANNAMITA (cordillera), cadena montañosa de Asia, en los confines de Vietnam y Laos.

ANNAN (Kofi), *Kumasi 1938*, alto funcionario internacional ghanés. Desde 1997 hasta 2007 fue secretario general de la ONU, último paso de una larga carrera dentro de la organización. (Premio Nobel de la paz 2001.)

■ KOFI **ANNAN**   ■ GABRIELE D'**ANNUNZIO.** (Col. Bertarelli, Milán.)

ANNAPÛRNA o **ANAPÛRNA,** cima del Himalaya (Nepal); 8 078 m. Primer ochomil escalado (en 1950, por la expedición francesa de Maurice Herzog).

ANN ARBOR, c. de Estados Unidos (Michigan); 109 592 hab. Universidad.

ANNECY, c. de Francia, cap. del dep. de Haute-Savoie, a orillas del *lago de Annecy* (27 km²; 52 100 hab. Turismo. — Castillo (ss. XII-XVI, museo regional); catedral (s. XVI). Festival internacional de cine de animación.

ÁNNENSKI (Innokenti Fedórovich), *Omsk 1856-San Petersburgo 1909*, poeta ruso. Fue uno de los inspiradores del simbolismo ruso (*El cofrecillo de ciprés*, 1910).

ANNOBÓN (isla), de 1973 a 1979 **Pagalu,** isla de Guinea Ecuatorial; 172 km²; 1 400 hab. Descubierta por los portugueses (1471), en 1778 fue cedida a los españoles.

ANNUAL, localidad de Marruecos, al O de Melilla, escenario de la derrota de las fuerzas españolas frente a los rifeños de Abd el-Krim (julio 1921).

ANNUNZIO (Gabriele d'), *Pescara 1863-Gardone Riviera, Brescia, 1938*, escritor italiano. Es autor de poemas, obras de teatro y novelas (*El placer*, 1889; *El fuego*, 1900), donde se mezclan el culto a la belleza, heredado de Carducci, y el refinamiento simbolista aplicado tanto a la vida (D'Annunzio se forjó un personaje de dandi y héroe durante la primera guerra mundial) como a la obra de arte.

ANOUILH (Jean), *Burdeos 1910-Lausana 1987*, dramaturgo francés. Su teatro abarca una amplia gama desde la fantasía (*El baile de los ladrones*, 1938) al pesimismo (*Antígona*, 1944).

ANQUETIL (Jacques), *Mont-Saint-Aignan 1934-Ruán 1987*, ciclista francés. Fue el primer ciclista en ganar cinco veces el tour de Francia (1957 y de 1961 a 1964) y conquistar las tres grandes vueltas: tour, giro de Italia (1969, 1964) y vuelta a España (1963).

ANQUISES MIT. GR. Príncipe troyano, padre de Eneas.

■ **ANKARA.** La ciudad antigua.

ANSARIYYA o **ANSARIEH** (yébel), montaña de Siria, que domina la fosa del Gâb; 1 583 m.

ANSCARIO u **ÓSCAR** (san), *en Picardía 801-Bremen 865*, evangelizador de Escandinavia.

Anschluss (palabra alem. que significa *incorporación*), incorporación de Austria a Alemania. Prohibida por los Aliados en los acuerdos de paz de 1919, fue impuesta por Hitler en 1938 y finalizó en 1945.

ANSELMO (san), *Aosta 1033-Canterbury 1109*, arzobispo de Canterbury. Teólogo, impartió sus enseñanzas en la abadía de Bec (act. Bec-Hellouin), y desarrolló el argumento de la prueba ontológica de la existencia de Dios.

ANSERMA, mun. de Colombia (Caldas); 33 821 hab. Centro agrícola y minero (oro, carbón, plata).

ANSERMANUEVO, mun. de Colombia (Valle del Cauca); 17 901 hab. Café, tabaco e industria.

ANSHAN, c. de China (Liaoning); 1 210 000 hab. Siderurgia.

ANSÓ (Valle de), comarca de España (Huesca). V. pral. *Ansó*. Típico valle del alto Pirineo.

ANSON (Luis María), *Madrid 1935*, periodista español. Director de la agencia Efe (1976-1983), fue director del diario *ABC* (1983-1997). En 1998 fundó el diario *La razón*. (Real Academia 1996.)

ANTA, dep. de Argentina (Salta); 39 466 hab.; cap. *El Piquete*. Maíz, vid. Ganadería.

ANTAKYA, ant. **Antioquía,** c. de Turquía, cap. de la prov. de Hatay, en el Orontes inferior; 123 871 hab. Museo arqueológico (mosaicos antiguos). Ruinas. — Capital del reino seléucida y más tarde de la provincia romana de Siria, la ciudad de Antioquía fue una de las grandes metrópolis de Oriente y tuvo un papel fundamental en los comienzos del cristianismo. En tró en decadencia tras la invasión persa (540) y la conquista árabe (636). Las cruzadas la convirtieron en capital de uno de los estados latinos de Levante (1098), conquistado por los mamelucos en 1268.

ANTÁLCIDAS, general espartano. Negoció con Persia un tratado por el cual Esparta abandonaba las ciudades griegas de Asia Menor (386 a.C.).

ANTALYA, ant. **Adalia,** c. de Turquía, en el Mediterráneo; 378 208 hab. Puerto. — Puerta de Adriano (s. II), muralla del s. III. Museo.

ANTANANARIVO, ant. **Tananarive,** cap. de Madagascar, en la meseta de Imerina, entre 1 200 y 1 500 m de altitud; 1 050 000 hab.

ANTÁRTICA, nombre utilizado en Chile para designar la Antártida.

ANTÁRTICO (océano), nombre dado en ocasiones al océano Atlántico Sur.

antártico argentino (Instituto), organismo argentino, creado en 1951 para la investigación científica y la técnica polar. Organiza expediciones anuales a la Antártida.

ANTÁRTIDA, continente comprendido casi por completo dentro del círculo polar austral; 13 000 000 km². Esta zona —protegida por el tratado antártico de 1959— recubierta casi en su totalidad por una enorme masa de hielo cuyo espesor medio supera los 2 000 m, muy fría (la temperatura se eleva raramente por encima de –10 °C), casi desprovista de flora y de fauna terrestres, está deshabitada, excepto las estaciones científicas. (→ **polares** [regiones].) En ocasiones, el término *Antártida* designa globalmente el continente y la masa oceánica que lo rodea. *(V. mapa al final del volumen.)*

ANTEMIO de Tralles, *n. en Tralles s. VI*, arquitecto y matemático bizantino. Realizó los planos de Santa Sofía de Constantinopla.

ANTENOR, *fines del s. VI a.C.*, escultor griego. Es autor de una majestuosa coré de la Acrópolis de Atenas.

ANTEO MIT. GR. Gigante, hijo de Poseidón y de Gea. Cada vez que tocaba la tierra, de la que había salido, recobraba las fuerzas. Heracles lo ahogó manteniéndolo en el aire.

ANTEQUERA, c. de España (Málaga), cab. de p. j.; 40 598 hab. *(antequeranos)*. Centro comercial e industrial. — Restos de una alcazaba (s. XIII). Iglesias barrocas. En las cercanías, grandes construcciones megalíticas (cuevas de Menga, El Romeral y Viera, h. 2000 a.C.) y parque natural del *Torcal de Antequera*.

ANTIATLAS, cordillera de Marruecos meridional, entre los uadi Draa y Sus; 2 531 m.

ANTIBES, c. de Francia (Alpes-Maritimes), en la Costa Azul; 73 688 hab. Turismo.— Museo de historia y arqueología; museo Picasso en el castillo Grimaldi.

ANTICRISTO, adversario de Cristo que, según san Juan, aparecerá antes del fin del mundo para oponerse al reino de Dios.

ANTÍGONA MIT. GR. Hija de Edipo y de Yocasta, y hermana de Eteocles y Polinices. Condenada a muerte por haber enterrado a su hermano Polinices contra las órdenes del rey Creonte, se ahorcó.— Antígona, defensora de las leyes «no escritas» del deber moral, familiar o religioso contra la falsa justicia de la razón de estado, ha inspirado a numerosos dramaturgos: Sófocles (h. 442 a.C.), Alfieri (1783), J. Anouilh (1944) y Espriu (1955).

ANTIGÓNIDAS, dinastía (306-168 a.C.) que reinó en Macedonia y parte de Grecia en la época helenística.

ANTÍGONO, rey de los judíos (40-37 a.C.), el último de los Asmoneos.

ANTÍGONO Monoftalmos («el Tuerto»), *m. en 301 a.C.*, general macedonio, fundador de la dinastía de los Antigónidas. Quiso gobernar el imperio creado por Alejandro Magno y se hizo proclamar rey (306), pero fue vencido y muerto en Ipsos (301).

ANTIGUA GUATEMALA, c. de Guatemala, cap. del dep. de Sacatepéquez; 15 081 hab. Rico conjunto barroco. Catedral, convento de la Merced, iglesias de San Pedro y San Francisco, ayuntamiento, universidad (actual museo colonial). [Patrimonio de la humanidad 1979.] — Fue capital del país desde su fundación (1543) hasta 1776, tres años después de que prácticamente fuera destruida por un terremoto.

ANTIGUA Y BARBUDA, estado de las Antillas; 442 km²; 83 000 hab. CAP. *Saint John's*. LENGUA: *inglés*. MONEDA: *dólar del Caribe oriental.* (V. mapa debajo de **Antillas** [Pequeñas].) Está formado por las islas de *Antigua* (280 km²), *Barbuda* y *Redonda*. Turismo y servicios.

antigüedad, período de la historia. (V. parte n. com.)

Antigüedades judías, obra redactada en griego para Flavio Josefo (h. 95), que narra la historia del pueblo judío desde la creación del mundo hasta 66 d.C.

Antiguos y los modernos (querella de los), polémica suscitada en Francia (ss. XVII y XVIII) sobre los méritos comparados entre los escritores y artistas de la antigüedad y los del reinado de Luis XIV.

Antikomintern (pacto) [25 nov. 1936], pacto contra la Internacional comunista firmado por Alemania y Japón. Italia se adhirió en 1937, y Manchukuo, Hungría y España en 1939.

ANTILÍBANO, cadena montañosa de Asia occidental, entre Siria y el Líbano; alt. máx. 2 629 m.

ANTILLAS, archipiélago de América Central que separa el océano Atlántico del mar Caribe. Está formado, al N, por las Grandes Antillas o Antillas Mayores (Cuba, La Española, Jamaica, Puerto Rico), a las que se vinculan las Bahamas y las islas Turks y Caicos, y al E y al S, por las Pequeñas Antillas (*v. mapa al lado*). [Hab. *antillanos*.]

GEOGRAFÍA

De relieve variado, a menudo volcánico, las Antillas gozan de un clima tropical, suavizado por el alisio. Reciben precipitaciones, en ocasiones violentas (ciclones), más abundantes sobre las Pequeñas Antillas orientales (las «islas de Barlovento»: Guadalupe, Dominica, Martinica, Santa Lucía, San Vicente y las Granadinas, Barbados y Granadas) que sobre las Pequeñas Antillas meridionales («islas de Sotavento»: Aruba, Bonaire, Curaçao, islas de Aves, Los Roques, Orchila, Tortuga, Blanquilla y Margarita, frente a las costas de Venezuela). La población (cerca de 40 millones de antillanos sobre cerca de 240 000 km²) es heterogénea: los indígenas caribes fueron reemplazados por blancos y sobre todo por esclavos negros, que forman actualmente, con los mestizos, la mayoría de la población. Tiene en general un nivel de vida bajo, agravado además por el crecimiento demográfico. Aparte de la bauxita (Jamaica) y del petróleo (Trinidad), los cultivos tropicales (caña de azúcar, plátanos, café, cítricos, etc.) constituyen —con el turismo, localmente— los principales recursos del archipiélago.

HISTORIA

Pobladas por pueblos arawak y caribes, fueron la primera tierra americana pisada por Colón (Guanahaní, 12 oct. 1492). La colonización española, a la que en el s. XVII se sumaron ingleses y franceses, menguó la población indígena y llevó muchos esclavos negros a las islas, en las que se extendieron la agricultura de plantación. S. XIX: independencia de las Grandes Antillas (Haití, 1804; República Dominicana, 1865; Cuba, 1898). **A partir de 1960:** emancipación de las Pequeñas Antillas y de Jamaica (1962).

ANTILLAS (mar de las) → **CARIBE.**

ANTILLAS FRANCESAS, Guadalupe, Martinica, Saint-Barthélemy y Saint-Martin (parte francesa).

ANTILLAS NEERLANDESAS, posesiones neerlandesas de las Antillas; 800 km²; 200 000 hab.; cap. *Willemstad*. Corresponden esencialmente a las dos islas (*Curaçao y Bonaire*) situadas frente a las costas de Venezuela.

ANTILLÓN (Isidoro de), *Santa Eulalia, Teruel, 1778-íd. 1814*, geógrafo y político español. Profesor del seminario de nobles de Madrid, publicó diversos mapas y tratados de geografía (*Elementos de la geografía astronómica, natural y política de España y Portugal,* 1808), así como trabajos jurídicos y políticos.

ANTÍNOE o **ANTINÓPOLIS**, c. del ant. Egipto (Tebaida), junto al Nilo, fundada por Adriano en honor de Antínoo.

ANTÍNOO, *m. en 130*, joven griego, favorito del emperador Adriano, quien lo deificó después de que muriera ahogado en el Nilo.

ANTÍOCO, nombre de trece reyes seléucidas. — **Antíoco III Megas**, *m. en 187 a.C.*, rey de Siria (223-187 a.C.), de la dinastía de los Seléucidas. Reconquistó Armenia, el país de los partos

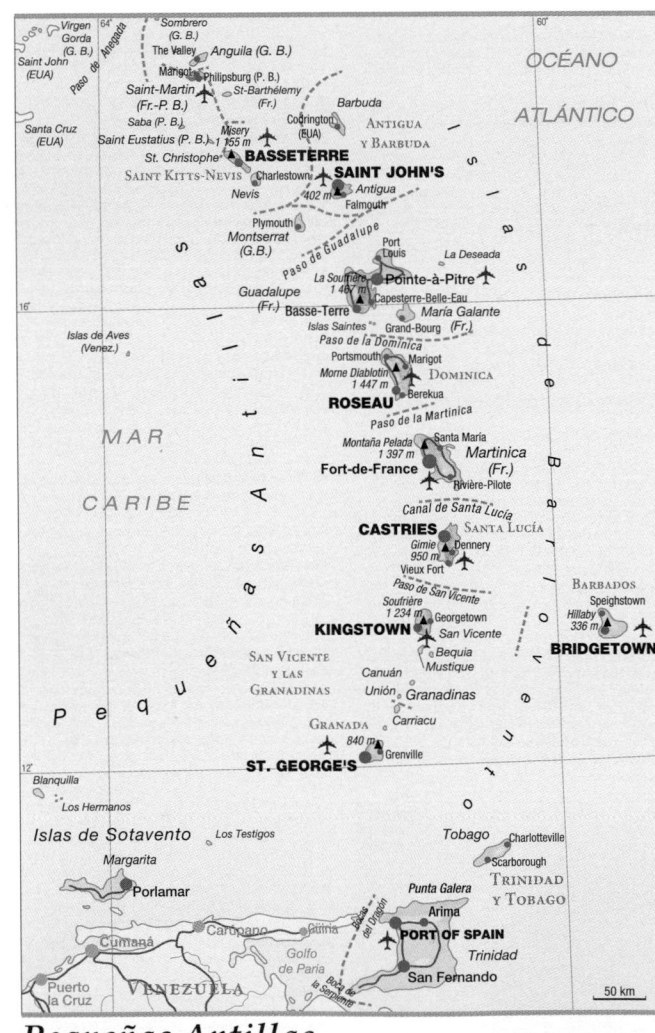

Pequeñas Antillas

carretera
ferrocarril
aeropuerto

● más de 100 000 hab.
● de 30 000 a 100 000 hab.
● de 10 000 a 30 000 hab.
● menos de 10 000 hab.

200 500 1 500 m

y la Bactriana (212-205 a.C.), y a continuación se enseñoreó de Palestina (195). Intervino en Grecia contra los romanos, pero fue vencido en Magnesia del Sípilo (189) y, por la paz de Apamea (188), tuvo que abandonar Asia Menor a Roma.— **Antíoco IV Epífanes,** *m. en 164 a.C.,* rey de Siria (175-164 a.C.), de la dinastía de los Seléucidas. Su política de helenización provocó la revuelta de los Macabeos en Judea (167).

ANTÍOPE MIT. GR. Hija de Nicteo, rey de Tebas. Seducida por Zeus, engendró a los gemelos Anfión y Zeto.

ANTIOQUIA, c. de Colombia (Antioquia); 18 555 hab. *(antioqueños).* Fue fundada en 1541 por Jorge Robledo.

ANTIOQUIA (departamento de), dep. de Colombia, avenado por el Magdalena, el Cauca y el Atrato; 63 612 km²; 3 888 067 hab.; cap. *Medellín.*

ANTIOQUÍA → ANTAKYA.

ANTÍPATRO o **ANTÍPATER,** *h. 397-319 a.C.,* general macedonio. Gobernó Macedonia durante la ausencia de Alejandro Magno y, tras la muerte de éste, venció a las ciudades griegas sublevadas (guerra lamiaca, 323-322 a.C.).

ANTÍSTENES, *Atenas h. 444-365 a.C.,* filósofo griego. Fue el fundador de la escuela cínica.

ANTISUYU → TAHUANTINSUYU.

ANTOFAGASTA, c. del N de Chile, cap. de la región homónima; 226 749 hab. Gran centro industrial y puerto exportador de las regiones mineras.

ANTOFAGASTA (región de), región del N de Chile; 126 049 km²; 407 409 hab.; cap. *Antofagasta.*

ANTOFALLA (salar de), desierto salado de Argentina (Catamarca), en la Puna; 573 km². Al O se levanta el *volcán Antofalla* (6 409 m).

ANTOLÍNEZ o **ANTOLÍN** (José), *Madrid 1635-íd. 1675,* pintor español. Exponente de la escuela barroca madrileña, trató temas religiosos, mitológicos, de género y retratos. Destacan sus representaciones de la *Inmaculada* (1665, Prado).

ANTÓN, distr. de Panamá (Coclé), en el litoral del Pacífico; 30 610 hab. Centro ganadero.

ANTONELLI, familia de ingenieros y arquitectos italianos al servicio de Felipe II.— **Juan Bautista A.,** *Ascoli 1531-Toledo 1588.* Estudió el proyecto de un canal de Panamá y realizó obras en los ríos Tajo, Ebro y Guadalquivir (1580-1587) — **Bautista A.,** *Gatteo di Romagna h. 1550-Madrid 1616.* Hermano de Juan Bautista, planeó las fortificaciones del estrecho de Magallanes, Cartagena de Indias, Santo Domingo y La Habana, y trabajó en México, Florida y España — **Juan Bautista A.,** *1585-1649.* Hijo de Bautista, elaboró planos de Cartagena de Indias y trabajó en fortificaciones militares en San Juan de Puerto Rico y en Cuba.

ANTONELLI (Giacomo), *Sonnino 1806-Roma 1876,* prelado y estadista romano. Cardenal y secretario de Estado (1848) de Pío IX, alentó la política intransigente de los Estados Pontificios contra el reino de Italia. Contribuyó a la restauración borbónica en España.

ANTONESCU (Ion), *Pitești 1882-Jilava, act. en Bucarest, 1946,* mariscal y político rumano. Dictador de Rumania desde 1940, en 1941 condujo a su país a luchar junto a Hitler contra la URSS. Detenido en 1944, fue ejecutado.

ANTONINO (san), *Florencia 1389-Montughi 1459,* dominico italiano. Arzobispo de Florencia desde 1446, defendió la «reforma de la observancia» dentro de su orden. Financió las pinturas de Fra Angélico en el convento de San Marcos, del que fue prior.

ANTONINO PÍO, en lat. *Titus Aelius Hadrianus Antoninus Pius, Lanuvium 86-161,* emperador romano (138-161). Su reinado marcó el apogeo del Imperio.

ANTONINOS, dinastía que incluye a siete emperadores romanos (Nerva, Trajano, Adriano, Antonino Pío, Lucio Vero, Marco Aurelio y Cómodo), que reinaron de 96 a 192 d.C.

ANTONIO (Antonio Ruiz Soler, llamado), *Sevilla 1921-Madrid 1996,* bailarín y coreógrafo español. Debutó en 1928 y desde 1939 hasta 1952 formó pareja con Rosario. En 1953 creó su propia compañía, con la que alcanzó prestigio internacional. Creó el martinete, estilo flamenco hasta entonces reservado al cante.

ANTONIO (Marco) → MARCO ANTONIO.

ANTONIO (Nicolás), *Sevilla 1617-Madrid 1684,* erudito y bibliógrafo español. Su *Biblioteca hispana* (1672-1696) es el más completo índice bibliográfico de escritores españoles hasta su época.

ANTONIO Abad (san), *Qeman, Alto Egipto, 251-monte Golzim 356,* patriarca del monaquismo cristiano. Eremita en los desiertos de la Tebaida, fundó las dos primeros monasterios dedicados a la vida cenobítica, para los numerosos cristianos que se le sumaban en su retiro. Según la tradición, durante mucho tiempo sufrió grandes tentaciones (en forma de visiones).

ANTONIO ANTE, cantón de Ecuador (Imbabura); 23 787 hab. Centro agrícola y ganadero. Textiles.

ANTONIO DE BORBÓN, *1518-Les Andelys 1562,* duque de Vendôme (1537-1562) y rey de Navarra (1555-1562) por su matrimonio con Juana III de Albret, de la que tuvo un hijo, el futuro Enrique IV.

ANTONIO de Padua (san), *Lisboa h. 1195-Padua 1231,* franciscano portugués. Predicó en Italia y Francia, en especial contra los cátaros. Se le invoca para recuperar los objetos perdidos y para conseguir novio.

ANTONIO MARÍA CLARET (san), *Sallent 1807-Fontfroide, Francia, 1870,* prelado español. Fundador de los claretianos (1849), fue obispo de Santiago de Cuba y confesor y consejero de Isabel II. Fue canonizado en 1950.

ANTONIO MARÍA ZACCARIÀ (san), *Cremona 1502-íd. 1539,* religioso italiano. Fue el fundador de los barnabitas (1530).

ANTONIONI (Michelangelo), *Ferrara 1912-Roma 2007,* cineasta italiano. Director de obra innovadora, su obra expresa la opacidad de los seres, la soledad y la incomunicación: *La aventura* (1960), *La noche* (1961), *El eclipse* (1962), *El desierto rojo* (1964), *Blow up* (1966), *Profesión: reportero* (1975), *Identificación de una mujer* (1982).

ANTONIORROBLES (Antonio Robles Soler, llamado), *Robledo de Chavela 1897-San Lorenzo de El Escorial 1983,* escritor español. Es autor de literatura infantil (*Veintiséis cuentos por orden alfabético,* 1930) y de novelas satíricas (*La muerte, su adulterio y la ironía,* 1929)

ANTOÑETE (Antonio Chenel Albadalejo, llamado), *Madrid 1934,* matador de toros español. Tomó la alternativa en 1953 y destacó por su toreo depurado. Se retiró en 2001.

antropología (museo nacional de), museo de la ciudad de México (1964), construido por P. Ramírez Vázquez, que alberga colecciones de arte precolombino de las diversas culturas mesoamericanas (olmecas, maya, azteca, etc.).

Antropología estructural, obra de Claude Lévi-Strauss (1958 y 1973), en la que expone su método de análisis de los hechos sociales (mito, parentesco, arte de las máscaras).

ANTSIRANANA, ant. Diego Suárez, c. del N de Madagascar, en la *bahía de Antsiranana;* 53 000 hab. Puerto.

ANTUNES (António Lobo), *Lisboa 1942,* escritor portugués. Médico, trabajó en Angola durante la guerra de independencia y en el servicio de psiquiatría de un hospital portugués. Sus novelas, a la vez torrenciales y contenidas, testimonian la historia política de Portugal y las inquietudes del ser humano (*En el culo del mundo,* 1979; *Tratado de las pasiones del alma,* 1990; *Manual de inquisidores,* 1996; *Yo he de amar una piedra,* 2005).

ANTÚNEZ (Nemesio), *Santiago 1918-íd. 1993,* arquitecto y pintor chileno. Su pintura, de estilo abstracto, tiene influencia de Klee y Matta. Realizó murales para la sede de la ONU en Nueva York (*La fuerza de la tierra,* 1966) y fundó el Taller 99, de gran repercusión en el grabado en Chile. Dirigió el museo de arte contemporáneo de la universidad de Chile y el museo de bellas artes en Santiago.

ANTUÑANO (Esteban de), *Veracruz 1792-Puebla 1847,* economista mexicano. Impulsó la industrialización de su país. Es autor de *Economía política en México* (1840-1846).

ANU, dios supremo del panteón sumerio.

ANUBIS, dios funerario del antiguo Egipto. Representado con cabeza de chacal, introducía a los muertos en el otro mundo.

Anunciada o **Annunziata** (orden de la), antigua orden de caballería italiana fundada en 1364 por Amadeo VI, duque de Saboya, y abolida en 1946.

ANURĀDHAPURA, c. del N de Sri Lanka; 36 000 hab. Fundada en el s. v a.C., fue la capital de Ceilán hasta el s. x.— Importantes restos búdicos (amplio centro arqueológico). [Patrimonio de la humanidad 1982.]

ANYANG, c. de China (Henan); 420 332 hab. Cap. de los Shang desde el s. XIV al s. XI a.C. Ruinas de la necrópolis real (patrimonio de la humanidad 2006).

ANYANG, c. de Corea del Sur, al S de Seúl; 480 668 hab.

ANZHERO-SÚDZHENSK, c. de Rusia (Siberia), en el Kuzbass; 108 000 hab. Hulla; química.

ANZIO, c. de Italia (Lacio), al SE de Roma; 32 383 hab. Puerto pesquero.— Desembarco de los Aliados en 1944 para cortar la retaguardia alemana.

ANZOÁTEGUI (estado), est. del N de Venezuela, lindante con el Caribe; 43 300 km²; 917 485 hab.; cap. *Barcelona.*

ANZOÁTEGUI (José Antonio), *Barcelona 1789-Pamplona, Colombia, 1819,* general y patriota venezolano. Actuó con Bolívar para liberar Venezuela y Bogotá, y en la batalla de Boyacá.

ANZUS → Pacífico (Consejo del).

AÑASCO, mun. del O de Puerto Rico, en la *bahía de Añasco;* 25 234 hab.

año mil, año que los historiadores del s. XVII al s XIX interpretaron como un hito que para los cristianos de occidente coincidiría con el terror del fin del mundo y el juicio final.

AOL Time Warner → Time Warner.

AOMORI, c. de Japón, en el N de Honshū; 287 808 hab. Puerto.

AORAKI o **COOK** (monte), punto culminante de Nueva Zelanda, en la isla del Sur; 3 754 m.

AOSTA, c. de Italia, cap. del Valle de Aosta, junto al Dora Baltea; 35 895 hab. Monumentos romanos y medievales.

AOSTA (Valle de), región autónoma de Italia, entre Suiza (Valais) y Francia (Saboya); 3 262 km²; 115 397 hab. Está comunicada a través de los túneles del Gran San Bernardo y del Mont Blanc.— De 1032 a 1945, salvo en 1800-1814 (imperio francés), perteneció a Saboya. En 1948 pasó a ser región autónoma.

AOUITA (Said), *Kenitra 1960,* atleta marroquí. Campeón olímpico (1984) y del mundo (1987) en 5 000 m, también estableció diversos récords mundiales en carreras de medio fondo (1 500 m, 2 000 m, 3 000 m).

AOZOU (banda de), extremo septentrional de Chad. Reivindicada y ocupada por Libia desde 1973, fue devuelta a Chad (1994).

APA, r. de Paraguay, afl. del río Paraguay. Marca la frontera con Brasil.

APALACHES (montes), cordillera del E de América del Norte, entre el Alabama y el estuario del San Lorenzo; 2 037 m en el monte Mitchell. Los Apalaches están precedidos al O por la meseta apalache y al E por el Piedmont que domina la llanura costera; importantes yacimientos hulleros. Han dado nombre a un tipo de relieve clásico, el *relieve *apalachiano.*

Apamea (paz de) [188 a.C.], tratado firmado por Antíoco III Megas en Apamea Cibotos, que aseguraba a los romanos el arbitraje en los asuntos de Asia Menor.

APAMEA DEL ORONTES, ant. c. de Siria. Importante centro comercial romano. Ruinas romanas y paleocristianas (mosaicos).

APAN, mun. de México (Hidalgo); 30 090 hab. Elaboración de pulque.— Convento del s. XVI.

APANÁS, lago artificial de Nicaragua, uno de los mayores de Centroamérica; 51 km².

APAPORIS, r. de Colombia, afl. del Caquetá, que forma un tramo de la frontera con Brasil; 885 km.

■ Escena de la TAPICERÍA DEL APOCALIPSIS («La nueva Jerusalén»). Fines del s. XIV.
(Museo de tapices del castillo de Angers, Francia.)

APARICIO (José), *Alicante 1773-Madrid 1838*, pintor español. Discípulo de David, pintor de Fernando VII y director de la Academia de San Fernando, introdujo el neoclasicismo en España (*El hambre en Madrid*, 1818).

APARTADÓ, mun. de Colombia (Antioquia); 44 661 hab. Bananas, coco, maíz. Explotación forestal.

APASEO EL ALTO, mun. de México (Guanajuato), junto al *río Apaseo*, afl. del Lerma; 37 414 hab.

APASEO EL GRANDE, mun. de México (Guanajuato); 44 676 hab. Agricultura (cereales y legumbres).

APATZINGÁN, mun. de México (Michoacán); 76 643 hab. Minas de plata y canteras de yeso. — En la cab., *Apatzingán de la Constitución*, se proclamó la primera constitución del país (22 oct. 1814).

APAXCO, mun. de México (México), avenado por el *río Apaxco;* 15 379 hab. Agricultura. Mármoles.

APEC (Asia Pacific Economic Cooperation, en esp. Cooperación económica Asia-Pacífico), organización económica regional. Fundada en 1989, act. comprende 21 miembros: China, Hong Kong, Taiwan, Japón, Corea del Sur, siete de los diez países de la ASEAN (excepto Birmania, Laos y Camboya), Australia, Nueva Zelanda, Papúa y Nueva Guinea, Estados Unidos, Canadá, México, Chile, Perú y Rusia.

APELDOORN, c. de Países Bajos (Güeldres); 148 204 hab. Electrónica. — Residencia de verano de la familia real (palacio y jardines de finales del s. XVII).

APELES, *s. IV a.C.*, pintor griego. Famoso retratista de Alejandro Magno, no se conservan obras suyas.

APENINOS, macizo de Italia que culmina en los Abruzos, en el Gran Sasso (2 914 m). Forma la dorsal de la península italiana.

APERGHIS (Georges), *Atenas 1945*, compositor griego. Es autor de teatro musical y de óperas (*Pandaemonium*, 1973; *Enumeraciones*, 1988; *Tristes trópicos*, 1996).

APIA, cap. de Samoa; 34 000 hab.

Apia (vía), antigua vía romana que iba de Roma a Brindisi. Vestigios de tumbas (entre ellas la de Cecilia Metela).

APIANO, *Alejandría h. 95 d.C.-d. 160*, historiador griego, autor de una *Historia romana*.

APICIO, *n. h. 25 a.C.*, gastrónomo romano, probable autor de los *Diez libros de cocina*.

APIS, toro divinizado de la mitología egipcia. Adorado en Menfis desde fecha muy temprana, encarnaba a Ptah.

APIZACO, ant. **Barrón y Escandón**, mun. de México (Tlaxcala); 43 663 hab. Material ferroviario.

APO (monte), volcán y punto culminante de las Filipinas, en la isla de Mindanao; 2 954 m.

Apocalipsis (tapicería del), en el castillo de Angers, el más vasto conjunto de tapices historiados de la edad media que se conserva (107 m de largo), realizado por N. Bataille (desde 1376) según los cartones de Jean de Bandol.

Apocalipsis de san Juan, último libro del Nuevo testamento, atribuido según la tradición al apóstol san Juan.

APODACA, mun. de México (Nuevo León), avenado por el Pesquería; 37 181 hab. Fruticultura.

APOLLINAIRE (Wilhelm Apollinaris de Kostrowitzky, llamado Guillaume), *Roma 1880-París 1918*, escritor francés. Orientador de las vanguardias artísticas, teórico, autor de un «drama surrealista» (*Las tetas de Tiresias*, 1917), fue un poeta inventivo y libre (*Alcoholes*, 1913; *Caligramas*, 1918).

■ GUILLAUME APOLLINAIRE. *Grupo de artistas* (1908). Pintura de Marie Laurencin que representa a Apollinaire rodeado por Picasso, ella misma y Fernande Olivier. (Museo de arte, Baltimore.)

APOLO MIT. GR. Dios de la belleza, de la luz, de las artes y la adivinación. Tenía en Delfos un santuario donde su profetisa, la *Pitia*, transmitía los oráculos del dios. — Entre sus más célebres representaciones figuran las del frontón O del templo de Zeus en Olimpia, el *Apolo del Pireo* (Atenas, museo nacional), el *Apolo Sauróctono* (Louvre), copia de Praxíteles, y el *Apolo del Belvedere* (Vaticano), copia de Leocares.

Apolo, programa estadounidense de exploración humana de la Luna. Entre 1969 y 1972 permitió poner el pie en la Luna a doce astronautas. (El primer alunizaje fue realizado el 21 de julio de 1969 por N. Armstrong y B. Aldrin a bordo del Apolo 11.)

APOLOBAMBA (nudo de), macizo de la cordillera Real boliviana; 6 040 m en el Chaupi Orco.

APOLODORO de Damasco o **el Damasceno**, arquitecto e ingeniero griego, activo en el s. II d.C. Autor de construcciones monumentales para Trajano, se conocen sus ingenios bélicos por los relieves de la columna trajana.

APOLONIA, ant. c. de Iliria (Albania), centro intelectual en la época helenística.

Apolonio (libro de), poema anónimo español del s. XIII, en cuaderna vía, inspirado en la novela bizantina *Historia de Apolonio, rey de Tiro*.

APOLONIO de Perga o **de Pérgamo**, *fines s. III-principios s. II a.C.*, científico griego. Con su obra sobre las secciones cónicas sistematizó los anteriores conocimientos sobre el tema. Sus demás obras, perdidas, se han podido reconstruir parcialmente gracias a Papo.

APOLONIO de Rodas, *Alejandría h. 295-h. 230 a.C.*, poeta griego. Es autor de la epopeya *Las argonáuticas*.

APOLONIO de Tiana, *Tiana, Capadocia-Éfeso 97 d.C.*, filósofo griego neopitagórico.

APONTE MARTÍNEZ (Luis), *Lías, Ponce, 1922*,

prelado puertorriqueño. Arzobispo de San Juan desde 1964, en 1973 fue creado cardenal.

APÓSTOLES, dep. de Argentina (Misiones); 28 938 hab. La cap. fue fundada en 1633 con el nombre de *Natividad de la Virgen* por el jesuita Diego de Alfaro.

APPENZELL, cantón de Suiza, enclavado dentro del de Sankt Gallen; 415 km²; 68 800 hab. Entró en la confederación en 1513, y en 1597 fue dividido por razones religiosas en dos semicantones, *Ausser-Rhoden* e *Inner-Rhoden*.

Apple, sociedad estadounidense de construcción de material informático y electrónico, fundada en 1976. Ha sido pionera en el desarrollo de la microinformática (Apple II, 1977; Macintosh, 1984; iMac, 1998) y se ha diversificado con éxito en la música (reproductor digital iPod, 2001) y las telecomunicaciones móviles (iPhone, 2007).

APPLETON (sir Edward Victor), *Bradford 1892-Edimburgo 1965*, físico británico. Midió la altitud de la ionosfera y participó en la invención del radar. (Premio Nobel 1947.)

APPOMATTOX, localidad de Estados Unidos (Virginia). En 1865, el ejército de los confederados de Lee se rindió en ella al general Grant, poniendo así fin a la guerra de Secesión.

APPONYI (Albert, conde), *Viena 1846-Ginebra 1933*, político húngaro. Conservador, representó a Hungría en la Conferencia de la paz de París (1919-1920) y después en la SDN.

APRA (Alianza popular revolucionaria americana) o **PAP** (Partido aprista peruano), partido político peruano de orientación populista, fundado en México por V. R. Haya de la Torre (1924). Alcanzó la presidencia en 1985-1990 y desde 2006 con Alan García.

APRILE o **APRILI**, familia de escultores italianos, oriundos de Carone, cerca de Lugano, en cuyo taller de Génova se labraron, en el s. XVI, obras renacentistas con destino a España.

APSHERONSK (península de), extremo oriental del Cáucaso, que se adentra en el mar Caspio. Emplazamiento de Bakú.

APULEYO, *Madaura, Numidia, h. 125-h. 180*, escritor latino. Es autor de **Metamorfosis*.

APULIA, en ital. **Puglia**, región de Italia meridional; 3 986 430 hab.; cap. *Bari*; 5 prov. (*Bari, Brindisi, Foggia, Lecce* y *Tarento*).

APURE, r. de Venezuela, afl. del Orinoco (or. izq.), formado por la confluencia del Uribante y el Sarare; 805 km. Navegable en gran parte.

APURE (estado), est. del S de Venezuela, avenado por el Orinoco y sus afluentes; 76 500 km²; 302 623 hab.; cap. *San Fernando*.

APURÍMAC, r. de Perú, en los Andes; 885 km. Junto con el Urubamba, forma el Ucayali.

APURÍMAC (departamento de), dep. del S de Perú, en la Sierra, entre la cordillera Oriental y el Altiplano; 15 757 km²; 404 190 hab.; cap. *Abancay*.

APUSENI (montes), ant. **Bihar** o **Bihor**, macizo del O de Rumania; 1 848 m.

'AQABA o **AKABA** (golfo de), golfo del extremo NE del mar Rojo. Emplazamiento del puerto jordano de 'Aqaba y de Eilat.

Aquea (liga), coalición de doce ciudades del Peloponeso. Creada en el s.V a.C., reconstituida en 281 a.C., fue destruida por Roma (146 a.C.).

AQUEMÉNIDAS, dinastía persa fundada por Ciro II hacia 556 a.C. Unificó progresivamente oriente (mediados del s. VI-fines del s. IV a.C.) y dejó de reinar en 330 a.C., a la muerte de Darío III. — Persépolis y Susa atestiguan el esplendor y eclecticismo de su arte áulico.

AQUERONTE MIT. GR. Río de los infiernos.

AQUILA, mun. de México (Michoacán), a orillas del Pacífico; 19 726 hab. Mercado agrícola.

AQUILA (L'), c. de Italia, cap. de los Abruzos y de prov., al NE de Roma; 66 863 hab. Fortaleza del s. XVI (museo nacional). — Sismo en 2009.

AQUILEA, en ital. **Aquileia**, c. de Italia (Friul-Venecia-Julia), junto al Adriático; 3 351 hab. Fue destruida por Atila (452). — Restos romanos; basílica de los ss. XI-XV. Museos arqueológico y paleocristiano. (Patrimonio de la humanidad 1998.)

AQUILES MIT. GR. Personaje central de la **Ilíada*, hijo de Tetis y Peleo. Mató a Héctor para vengar a su amigo Patroclo, y murió herido en el talón por una flecha arrojada por Paris y guiada por Apolo.

AQUINO (Corazón, llamada Cory), *Manila 1933*, política filipina. Líder de la oposición tras el asesinato de su marido, Benigno Aquino (1932-1983), fue presidenta (1986-1992).

AQUISGRÁN, en alem. **Aachen**, en fr. **Aix-la-Chapelle**, c. de Alemania (Rin del Norte-Westfalia); 236 987 hab. Estación termal. — Bella catedral gótica, que tiene como centro la capilla Palatina, de 805; tesoro (patrimonio de la humanidad 1978). Museos (bellas artes, arte contemporáneo). — Fue residencia preferida de Carlomagno. En ella se firmaron dos tratados: el de 1668 y el de 1748, que pusieron fin a las guerras de Devolución y de Sucesión de Austria. En 1818 se celebró un congreso que significó el fin de la ocupación de Francia por la Santa alianza.

■ AQUISGRAN. La capilla Palatina.

AQUISMÓN, mun. de México (San Luis Potosí); 26 797 hab. Agricultura y ganadería. Petróleo.

AQUITANIA, mun. de Colombia (Boyacá), a orillas de la laguna Tota; 16 810 hab.

AQUITANIA, en fr. **Aquitaine**, región histórica y administrativa del SO de Francia; 41 308 km², 2 795 000 hab., cap. *Burdeos*. 5 dep. (*Dordogne, Gironde, Landes, Lot-et-Garonne y Pyrénées-Atlantiques*). Corresponde a la parte O de la cuenca homónima. — Carlomagno la constituyó en reino (781-877). La dinastía de Poitou fue soberana del ducado de Aquitania hasta 1137. Formó parte del imperio angloangevino (en los ss. XIII-XV fue denominada Guyena), y Carlos VII la unió a Francia en 1453.

AQUITANIA (cuenca de), región natural de Francia, que forma una cuenca sedimentaria entre el macizo Armoricano, el macizo Central, los Pirineos y el Atlántico.

ARABA → **ÁLAVA**.

árabe (Liga) → **Liga árabe**.

árabe-israelíes (guerras) [1948-1975], los cinco conflictos que desde 1948 enfrentaron al estado de Israel con diversos estados árabes. La creación en 1948 del estado de Israel, como resultado del reparto de Palestina aprobado por la ONU en 1947, no fue aceptada por los estados árabes. Ello condujo a varios enfrentamientos armados. La primera guerra (mayo 1948-en. 1949) concluyó con la derrota de los estados árabes. Se firmaron armisticios que convirtieron las líneas de alto el fuego en nuevas fronteras de Israel. La segunda (oct.-nov. 1956) enfrentó a Israel y Egipto en el Sinaí, paralelamente a la expedición francobritánica en el canal de Suez. La ONU restableció la línea de armisticio de 1949. La tercera (*guerra de los Seis días*, junio 1967) se saldó con una severa derrota árabe y la ocupación de Cisjordania, Gaza, el Golán y el Sinaí por Israel. La cuarta guerra (*guerra del Yom Kippur*, oct. 1973) empezó con victorias de Egipto y Siria, pero acabó siendo favorable a Israel, sin provocar cambios en la situación. En 1982-1983 tuvo lugar un quinto conflicto en el Líbano, con la invasión del ejército israelí, que expulsó a los combatientes palesti-

nos. La resistencia de los chiitas obligó a Israel a retirarse del país a excepción de una zona al S. (de la que se retiró en 2001). Sin embargo, se inició una dinámica de paz que llevó al tratado de Washington (1979) entre Israel y Egipto, país que en 1982 recuperó el Sinaí, y al acuerdo de Washington (1993) entre Israel y la OLP.

ÁRABE UNIDA (República) [RAU], ant. estado de Oriente medio, formado por Egipto y Siria (1958-1961). Hasta 1971, Egipto conservó el nombre de República árabe unida.

'ARĀBĪ (ibn) → **ABENARABÍ**.

ARABIA, vasta península que constituye el extremo SO de Asia, entre el mar Rojo y el golfo Pérsico, en el *mar de Arabia* (o mar de Omán); 3 000 000 km²; 32 000 000 hab. Comprende Arabia Saudí, Yemen, Omán, la Unión de Emiratos Árabes, Qatar, Bahrayn y Kuwayt. (*V. mapa pág. siguiente.*)

ARABIA (mar de), **MAR ARÁBIGO** o **MAR DE OMÁN**, parte NO del océano Índico. El *golfo de Omán*, que bordea el *sultanato de Omán*, forma su parte más estrecha y lo comunica con el Pérsico por el estrecho de Ormuz.

ARABIA SAUDÍ, en ár. **'Arabiyya al-Sa'udiyya**, estado de Asia, que ocupa la mayor parte de la península de Arabia; 2 150 000 km²; 21 028 000 hab. (*saudíes*). CAP. *Riyād*. C. PRALES. *Yidda, Medina y La Meca*. LENGUA: *árabe*. MONEDA: *riyal saudí*. (*V. mapa pág. siguiente.*)

INSTITUCIONES

Monarquía. Una ley fundamental de 1992 recuerda los principios de ejercicio del poder. El rey gobierna según la saría.

GEOGRAFÍA

El país, vasto pero en su mayor parte desértico, debe su importancia política y económica al petróleo. Miembro influyente de la OPEP, es el primer productor y sobre todo exportador de petróleo, del que posee alrededor de una cuarta parte de las reservas mundiales. El petróleo ha atraído a numerosos inmigrantes, sin alterar no obstante una estructura social aún casi feudal, en esta cuna del islam (ciudades santas de Medina y La Meca). Sus ingresos han financiado el desarrollo del refino, pero también el de cultivos (trigo), oneroso en un medio natural adverso.

HISTORIA

En 1932, Arabia Saudí nació de la unión en un solo reino de las regiones y reinos dende 1902 Ibn 'Abd al-'Aziz III Ibn Sa'ūd, llamado Ibn Sa'ūd. **1932-1953:** Ibn Sa'ūd modernizó el país gracias a los fondos procedentes del petróleo, descubierto en 1930 y explotado desde 1945 por los estadounidenses. **1953-1964:** su hijo Sa'ūd comenzó a reinar, aunque en 1958 cedió de facto el poder a su hermano Faysal, quien lo depuso en 1964. **1964-1975:** Faysal se convirtió en líder del panislamismo y protector de los regímenes conservadores árabes. **1975-1982:** su hermano Jālid reinó en el país. **1982:** su hermano Fahd lo sucedió. **1991:** una fuerza multinacional, desplegada en el territorio saudí, intervino contra Iraq (guerra del *Golfo*). **2005:** a la muerte de Fahd, su hermanastro 'Abd Allāh (que ejercía el poder de facto desde 1995 por enfermedad del rey) ascendió al trono.

'ARĀBĪ BAJÁ o **URĀBĪ BAJÁ**, *cerca de Zagazig 1839-El Cairo 1911*, oficial egipcio. Jefe de la resistencia nacionalista, ministro de guerra (1881), fue derrotado por los británicos (sept. 1882) y deportado hasta 1901.

ARÁBIGO (golfo), ant. nombre del mar *Rojo*.

ARÁBIGO (mar) → **ARABIA** (mar de).

ARABOS (Los), mun. de Cuba (Matanzas); 26 149 hab. Caña de azúcar, plátanos. Central azucarera.

ARACAJÚ, c. de Brasil, cap. del est. de Sergipe; 401 244 hab. Puerto.

ARACAR (cerro), pico de los Andes argentinos (Salta), próximo a Chile; 6 020 m.

ARACATACA, mun. de Colombia (Magdalena); 36 089 hab. Plátanos. — Cuna de G. García Márquez.

ARACENA, c. de España (Huelva), cab. de p. j.; 6 756 hab. (*arundenses*). Iglesia prioral

de Nuestra Señora del Mayor Dolor (ss. XIII-XIV); ermitas de estilo mudéjar. Cueva de las Maravillas. Museo geológico minero.

ARACNÉ MIT. GR. Joven lidia que destacaba en el arte de tejer; fue transformada en araña por haber osado desafiar a Atenea.

ARAD, c. de Rumania, cerca de Hungría; 190 088 hab. Museo.

ARADOS, isla y c. de Fenicia, muy floreciente a partir del II milenio (act. *Ruwād*, Siria).

'ARAFĀT (Yāsir o Yasser), *Jerusalén 1929-Clamart, Francia, 2004*, político palestino. Presidente, desde 1969, de la Organización para la liberación de Palestina (OLP), en 1989 fue nombrado presidente del «Estado palestino» proclamado por la OLP. Fue uno de los artífices del acuerdo entre Israel y Palestina firmado en Washington en 1993. Convertido en 1994 en presidente de la Autoridad nacional palestina, elegido en 1996 rais (presidente) del Consejo de la autonomía palestina, asumió estas funciones hasta su muerte. (Premios Nobel de la paz y Príncipe de Asturias de cooperación internacional 1994.)

■ YĀSIR 'ARAFĀT ■ FRANÇOIS ARAGO.
(Observatorio de París.)

ARAGALL (Jaime), *Barcelona 1939*, tenor español. Debutó en el Liceo de Barcelona en 1964. Distinguido tenor lírico, cultiva las óperas italiana y francesa.

ARAGO (François), *Estagel, Rosellón, 1786-París 1853*, físico y político francés. Junto con Biot midió un arco del meridiano terrestre. También llevó a cabo estudios de astronomía, óptica (polarización de la luz) y electricidad (inducción del hierro por la corriente). Miembro del gobierno provisional de 1848, abolió la esclavitud en las colonias.

ARAGON (Louis), *París 1897-íd. 1982*, escritor francés. Uno de los fundadores del surrealismo (*El campesino de París*, 1926), trató temas relacionados con su militancia comunista, sin romper con el lirismo (*Los ojos de Elsa*, 1942). [*V. ilustr. pág. siguiente.*]

ARAGÓN, r. de España, afl. del Ebro (or. izq.); 192 km. Embalses y centrales hidroeléctricas.

ARAGÓN, región de España, que constituye una comunidad autónoma; 47 650 km²; 1 277 471 hab. (*aragoneses*); cap. *Zaragoza*; 3 prov. (*Huesca, Teruel y Zaragoza*).

GEOGRAFÍA

Está configurada por una depresión central, el valle del Ebro, dominado por dos somontanos, el oscense y el ibérico, y por dos grandes cordilleras, los Pirineos al N (Aneto, 3 404 m) y el sistema Ibérico al S (Moncayo, 2 313 m). Destacan la ganadería (Huesca) y los cultivos de cereales, frutales, vid (Cariñena) y olivo. La minería (más del 90 % de la producción nacional de lignito) predomina en la provincia de Teruel. Explotación de gas natural en El Serrablo (Huesca) y producción hidroeléctrica en la cuenca del Ebro. La actividad industrial de transformación y manufacturera (metálica, química, textil, agroalimentaria) se localiza preferentemente en Zaragoza (que concentra la mitad de la población aragonesa) y en el corredor del Ebro, con centros menores como Calatayud, Monzón, Sabiñánigo y Jaca.

HISTORIA

H. 197 a.C.: Aragón, poblada en sus orígenes por vascones, celtíberos e iberos, cayó en poder de Roma. **S. v:** invasiones germánicas.

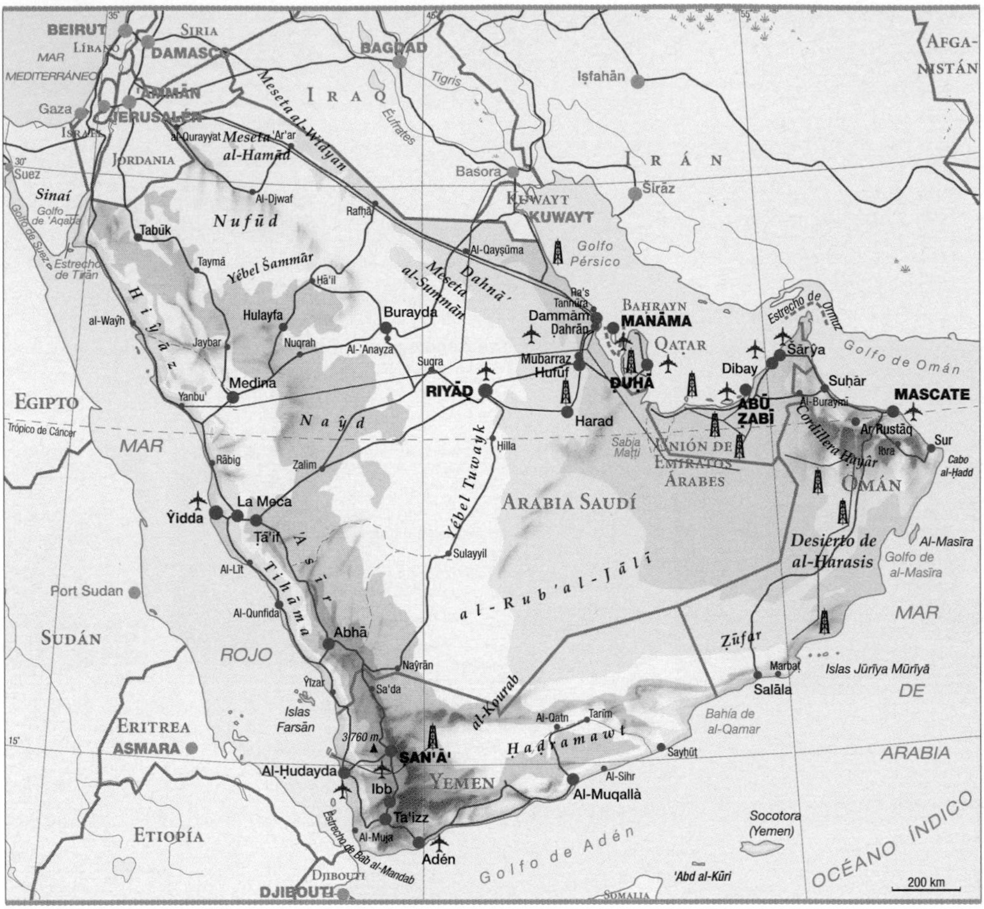

Arabia Saudí

200	500	1000	2000	3000 m

— carretera

— ferrocarril

✈ aeropuerto

⬥ pozos de petróleo

oleoducto y gasoducto

● más de 1 000 000 hab.

● de 100 000 a 1 000 000 hab.

● de 50 000 a 100 000 hab.

• menos de 50 000 hab.

S. VIII: ocupación musulmana, sobre todo en el valle del Ebro. **S. IX:** aparecen núcleos independientes, apoyados por los francos, en los Pirineos (conde Aureolo). **1010-1110:** reino taifa de Zaragoza. **1118:** toma de Zaragoza por Alfonso I el Batallador. **1137:** el reino de Aragón se unió al principado de Cataluña y formó la Corona de Aragón. **1412:** compromiso de Caspe. **1469:** matrimonio de Fernando de Aragón e Isabel de Castilla (Reyes Católicos), que significó la unión de ambos reinos. **1494:** creación del Consejo de Aragón por Fernando el Católico. **1585:** alteraciones de Aragón, motín fuerista contra Felipe II que terminó con el ajusticiamiento del justicia mayor Lanuza (1591). **1707:** Felipe V derogó los fueros de Aragón, que perdió su condición de reino. **1982:** estatuto de autonomía. **2007:** nuevo estatuto.

ARAGÓN (condado y reino de), condado y reino medievales de la península Ibérica. El condado de Aragón fue fundado en el s. IX por Aznar Galindo. Ramiro I, hijo de Sancho el Mayor, fue el primer rey de Aragón (1035). El reino se extendió hasta el Ebro durante el reinado de Pedro I, y Alfonso I el Batallador tomó Zaragoza (1118). Le sucedió Ramiro II el Monje, cuya hija Petronila casó con el conde de Barcelona Ramón Berenguer IV (1137), uniendo el reino de Aragón y el principado de Cataluña. (→ **Aragón** [Corona de].)

ARAGÓN (Corona de), nombre que recibieron a partir del s. XII los dominios pertenecientes a

los reyes de Aragón y condes de Barcelona. La Corona de Aragón, formada en un principio por la unión del reino de Aragón y el condado de Barcelona (1137), se amplió de un modo progresivo al ir conquistando nuevos territorios (Valencia, Murcia, Mallorca, Ibiza, Menorca, Sicilia, Cerdeña, Malta, Nápoles y los ducados de Atenas y Neopatria). A la muerte de Fernando el Católico, la Corona de Aragón (Aragón, Cataluña, Valencia) continuó existiendo legalmente, pero desde 1556 se segregaron de ella los territorios italianos, y desapareció con el decreto de Nueva planta (1716) de Felipe V.

ARAGÓN (Agustina **Saragossa y Doménech**, llamada Agustina **de**), *Barcelona 1790-Ceuta 1858*, heroína española. Destacó por su valor en la defensa de Zaragoza, sitiada por los franceses (1808).

Aragón (Consejo de), organización creada en 1494 para asesorar al monarca en lo referente a la Corona de Aragón. Fue trasladado a Castilla; Felipe V lo suprimió.

aragonés (Partido), nombre dado al grupo de aristócratas ilustrados partidarios en el último tercio del s. XVIII de la política reformista del aragonés conde de Aranda.

ARAGUA (estado), est. del N de Venezuela, accidentado por la cordillera de la Costa; 7 014 km²; 1 192 410 hab.; cap. *Maracay*.

ARAGUAIA, r. de Brasil, afl. del Tocantins (or. izq.); 1 902 km.

ARAHAL, c. de España (Sevilla), en La Campiña; 18 501 hab. *(arahalenses)*. Construcciones metálicas.

ARÁIZ (Óscar), *Bahía Blanca 1940*, bailarín y coreógrafo argentino. En 1968 fundó y dirigió el ballet del teatro San Martín de Buenos Aires (más tarde Ballet contemporáneo de Buenos Aires). Ha sido director de danza de la ópera de Munich, del teatro Colón de Buenos Aires (1979) y del Gran Teatro de Ginebra (1980-1990). De 1990 a 1997 tomó de nuevo la dirección del ballet del teatro San Martín. Ha creado numerosas coreografías *(Sinfonía india, 1965; Fun, 1977; Misia, 1987).*

ARAIZA (Francisco), *México 1950*, tenor mexicano. En su brillante carrera internacional

■ LOUIS **ARAGON**   ■ ÓSCAR **ARÁIZ**

destacan las interpretaciones de obras de Mozart y Rossini.

ARAK, c. de Irán; 265 349 hab. Alfombras.

ARAKAN, cordillera de Birmania, entre el río Irrawaddy y el golfo de Bengala.

ARAKS, ant. **Araxes,** r. de Asia, que nace en Turquía, afl. del Kura (or. der.); 994 km. Marca una parte de la frontera entre Irán y Azerbaiján.

ARAL (mar de), gran lago salado de Asia, entre Kazajstán y Uzbekistán; 34 000 km². Recibe al Syr Daryá y al Amú Daryá, cuya aportación no puede impedir el descenso de su superficie (68 000 km² en 1960), relacionado con la intensidad del regadío.

ARALAR (sierra de), sierra de España, en los montes Vascos; 1 472 m en el Irumugarrieta. — Santuario de *San Miguel de Aralar,* con importante retablo de esmaltes del s. XII.

ARAM, personaje bíblico. Uno de los hijos de Sem, es el antepasado de los arameos.

ARAMBERRI, mun. de México (Nuevo León); 17 027 hab. Mercado agrícola.

ARAMBURU (Juan Carlos), *Reducción 1912,* prelado argentino. Arzobispo de Tucumán (1957) y de Buenos Aires (1975-1990), en 1976 fue creado cardenal.

ARAMBURU (Pedro Eugenio), *Río Cuarto 1903-Carlos Tejedor 1970,* general y político argentino. Participó en el derrocamiento de Perón y asumió la presidencia provisional (1955-1958). Fue asesinado por los montoneros.

ARAN (islas de), archipiélago de Irlanda, formado por tres islas (Inishmore, Inishmaan e Inisheer), que cierra la bahía de Galway. Pesca. Turismo.

ARÁN (Valle de), en andaluz **Val d'Aran,** comarca de España, en el NO de la prov. de Lérida; 470 km²; cap. *Viella.* Tiene dos accesos: el puerto de la Bonaigua y el túnel de Viella. Deportes de invierno. Turismo estival. En 1990 se restituyeron las instituciones históricas de la comarca por una ley de régimen especial.

ARANA OSORIO (Carlos), *Barberena, Santa Rosa, 1918-Guatemala 2003,* militar y político guatemalteco. Líder de la extrema derecha, fue presidente entre 1970 y 1974.

ARANA Y GOIRI (Sabino), *Abando, act. en Bilbao, 1865-Pedernales, Vizcaya, 1903,* político nacionalista vasco. Teórico y propagandista del nacionalismo vasco (*Bizkaya por su independencia, 1892*), fundó los abandoibarristas («círculos vascos»), origen del Partido nacionalista vasco. Encarcelado en 1895-1896 y 1902, publicó diversas obras sobre la cultura y la lengua vascas (gramática, ortografía).

ARANDA (Pedro Pablo Abarca de Bolea, conde de), *Siétamo, Huesca, 1719-Épila 1798,* militar y político español. En 1766, tras el motín de Esquilache, Carlos III le nombró gobernador del consejo de Castilla. Decidió la expulsión de los jesuitas (1767) e inspiró una política de reformismo ilustrado. De 1773 a 1787 fue embajador en Francia. Primer ministro de Carlos IV en 1792, se enfrentó a Godoy, su sucesor, y fue desterrado (1794).

ARANDA (Vicente), *Barcelona 1926,* director y guionista de cine español. Tras encabezar la renovadora corriente cinematográfica de la escuela de Barcelona (*Fata Morgana,* 1966), a partir de *Cambio de sexo* (1976) desarrolla su interés por las pasiones humanas más extremas (*Amantes,* 1991; *Carmen,* 2003).

ARANDA DE DUERO, v. de España (Burgos), cab. de p. j.; 29 762 hab. (*arandinos*). Centro industrial. — Iglesia de Santa María (s. XVI), de estilo barroco.

ARANDAS, mun. de México (Jalisco); 45 800 hab. Maíz, frijol y linaza. Licores y textiles.

ARANGO (Doroteo) → **VILLA** (Pancho).

ARANGUREN (José Luis López), *Ávila 1909-Madrid 1996,* filósofo y escritor español. Desarrolló una teoría de los estados del alma, una nueva concepción de la ética y una preocupación por abrir la religión al mundo contemporáneo. Obras: *Ética* (1958), *Moral y sociedad* (1966), *Ética de la felicidad y otros lenguajes* (1988, premio nacional de ensayo).

ARANJUEZ, v. de España (Madrid), cab. de p. j.; 39 652 hab. Industrias mecánicas, químicas y alimentarias. — Real sitio, residencia veraniega de los monarcas españoles desde Felipe II hasta Carlos IV. Ciudad típicamente barroca que se extiende alrededor del *palacio de Aranjuez* (con intervención de J. B. de Toledo, J. de Herrera, P. Caro, S. Bonavia, Sabatini); parterre de palacio, jardín de la Isla (s. XVIII) y jardín del Príncipe (ss. XVIII-XIX), con la neoclásica Casita del Príncipe. Plaza e iglesia de San Antonio (1768). [Patrimonio de la humanidad 2001.] — motín de **Aranjuez** (17-18 marzo 1808), levantamiento promovido por los partidarios del príncipe de Asturias. Motivó el encarcelamiento de Godoy y la abdicación de Carlos IV en su hijo Fernando VII.

ARANY (János), *Nagyszalonta, act. Salonta, Rumania, 1817-Budapest 1882,* poeta húngaro. Es autor de la epopeya nacional *Toldi* (1874-1879).

Aránzazu (santuario de) → **OÑATE.**

Araña (cueva de la) → **BICORP.**

ARAOZ DE LAMADRID (Gregorio), *Tucumán 1795-Buenos Aires 1857,* militar argentino. Combatió a los españoles durante la guerra de la independencia.

Arapiles (batalla de los) [22 julio 1812], victoria de Wellington sobre los franceses durante la guerra de la Independencia española, en Arapiles (Salamanca). Forzó la retirada de los ejércitos franceses de Andalucía.

ARARAT (monte), macizo volcánico de Turquía oriental; 5 165 m. Según la Biblia, fue donde embarrancó el arca de Noé.

ARATA (Luis), *Buenos Aires 1895-íd. 1967,* actor argentino. Activo en el teatro, sobre todo en textos de Pirandello, y el cine (*Giacomo,* 1938), se distinguió en la composición de caracteres y demostró un gran talento cómico.

ARAUCA, c. de Colombia, cap. del dep. homónimo, en la or. der. del Arauca; 21 279 hab. Frente a la c. venezolana de El Amparo.

ARAUCA, r. de Venezuela y Colombia, afl. del Orinoco (or. izq.); 1 300 km (navegable unos 600 km). Forma parte de la frontera entre los dos países. En la or. der. colombiana, *parque nacional del Arauca.*

ARAUCA (departamento del), dep. del NE de Colombia, en la frontera con Venezuela; 23 818 km²; 70 085 hab.; cap. *Arauca.*

Araucana (La), poema épico en tres partes de Alonso de Ercilla (1569-1589), escrito en octavas reales. El protagonista es el pueblo araucano —en lucha con los españoles— y sus caudillos, entre todo Caupolicán.

ARAUCANÍA (región de), región del centro-sur de Chile; 31 760 km²; 774 959 hab.; cap. *Temuco.*

ARAUCO, c. de Chile (Biobío); 29 896 hab. Centro industrial y activo puerto en el *golfo de Arauco.*

ARAUCO (golfo de), golfo de Chile (Biobío), en el Pacífico, comprendido entre la isla de Santa María y la costa chilena. Alberga los puertos de Boca, Coronel, Lota y Arauco.

ARAÚJO (Loipa), *La Habana 1943,* bailarina cubana. Primera bailarina del Ballet nacional de Cuba (1967), en 1973 pasó a formar parte del Ballet nacional de Marsella de Roland Petit, para quien creó *Notre Dame de París* y *La arlesiana* (1974). En 1989 pasó a ser maestra de ballet de la compañía de Maurice Béjart.

ARAURE, c. de Venezuela (Portuguesa), unida a Acarigua; 55 299 hab. Aeropuerto nacional.

ARAVALLI (montes), cordillera del NO de la India, que limita con el Decán.

ARAXES → **ARAKS.**

ARBELÁEZ, mun. de Colombia (Cundinamarca); 19 881 hab. Agricultura y explotaciones forestales.

Arbelas (batalla de) [331 a.C.], victoria decisiva de Alejandro Magno sobre Darío III.

ARBENZ (Jacobo), *Quezaltenango 1913-México 1971,* político guatemalteco. Presidente en 1951, reformista, fue derribado tras la invasión del país por Castillo Armas (1954).

ARBIL → **IRBIL.**

ARBOGASTO, *m. en 394,* general de origen franco al servicio de los romanos. Hizo asesinar a Valentiniano II para proclamar emperador de occidente al retórico Eugenio (392), pero fue vencido por Teodosio (394).

árbol de la ciencia (El), novela de Pío Baroja (1911), que cierra la trilogía *La raza.* Narra la tragedia de un hombre cuyo exagerado racionalismo moralizador le lleva a rechazar el mundo en que vive.

ARBOLEDA (Julio), *Popayán 1817-montaña de Berruecos 1862,* escritor y político colombiano. Conservador, tras ascender a la presidencia fue asesinado por liberales. Es autor de poemas y de un esbozo épico (*Don Gonzalo de Oyón,* 1838).

ARBOLETES, mun. de Colombia (Antioquia), en la costa caribe; 34 962 hab. Maíz, plátanos y arroz.

ARBOUR (Louise), *Montreal 1947,* magistrada canadiense. Juez en Ontario (1987-1996), fue fiscal de los tribunales penales internacionales para la ex Yugoslavia y para Ruanda de 1996 a 1999. Fue a continuación magistrada de la Corte suprema de Canadá (1999-2004), y más tarde alto comisionada de la ONU para los derechos humanos (2004-2008).

ARBUS (Diane), *Nueva York 1923-íd. 1971,* fotógrafa estadounidense. Abandonó la fotografía de moda por la temática social y retrató la soledad y el sufrimiento humanos.

ARCADIA, región de la antigua Grecia, en la parte central del Peloponeso. La tradición poética clásica la convirtió en un país idílico, y ha dado nombre a un nomo de la Grecia moderna.

Arcadia, novela pastoril de Lope de Vega (1598), inspirada en la *Arcadia* de Sannazaro.

ARCADIO, *h. 377-408,* emperador romano de oriente (395-408), primogénito de Teodosio I. Con bolivianismos. Dirigente conservador, fue presidente de la república (1888-1892).

ARCE (José), *Lobería 1881-Buenos Aires 1968,* médico y diplomático argentino. Describió el signo radiológico que lleva su nombre para diagnosticar las tumoraciones intratorácicas. Fue rector de la universidad de Buenos Aires, embajador en China y presidió la Asamblea general de la ONU en 1948.

ARCE (Manuel José), *1787-1847,* militar y político salvadoreño. Presidente de las Provincias Unidas de Centro América (1824-1828), una guerra civil lo condujo al destierro (1829).

ARCEDIANO DEL ALCOR (Alonso Fernández de Madrid, llamado El), *Palencia 1475-1559,* humanista español. Escritor ascético e historiador, tradujo a Erasmo y es autor de una compilación de anales (*Silva palentina* o *Silva de cosas memorables*).

ARCELIA, mun. de México (Guerrero); 37 067 hab. Cultivos tropicales. Minas de oro y plata.

■ EL PALACIO DE **ARANJUEZ**

ArcelorMittal, grupo siderúrgico internacional, surgido de la fusión, en 2006, de las sociedades Arcelor (ella misma nacida, en 2001-2002, de la unión de Arbed [Luxemburgo], Aceralia [España] y Usinor [Francia]) y Mittal Steel. Es el líder mundial en la producción de acero.

ARCHENA, v. de España (Murcia); 14 516 hab. *(archeneros).* Balneario.— Necrópolis ibérica. Restos de piscinas romanas y árabes.

ARCHIPENKO (Alexander), *Kíev 1887-Nueva York 1964,* escultor estadounidense de origen ruso. Desempeñó en París, h. 1910-1914, un papel innovador (figuras geometrizadas de formas vaciadas, «escultopinturas», assemblages).

ARCILA FARÍAS (Eduardo), *Maracaibo 1912-íd. 1996,* periodista e historiador venezolano, especialista en economía colonial americana (*Economía colonial de Venezuela,* 1946; *Ensayos sobre la colonización en América*).

ARCIMBOLDO o **ARCIMBOLDI** (Giuseppe), *Milán 1526 o 1527-íd. 1593,* pintor italiano. Activo en la corte de Praga, es autor de retratos de fantasía, típicamente manieristas, compuestos de flores y de frutos, de conchas y de peces.

■ GIUSEPPE **ARCIMBOLDO.** *El almirante.*
(Col. Tappenbeck, Mouzay, Francia.)

ARCINIEGA (Claudio de), *Burgos h. 1528-México 1593,* arquitecto y escultor español. Realizó los planos de la catedral de México, el primer edificio de la Universidad de México, el túmulo imperial para las exequias de Carlos Quinto y obras públicas en Puebla. — **Luis de A.,** arquitecto y escultor español. Como su pariente Claudio, también se trasladó a México, donde realizó numerosas obras en Puebla, entre ellas la catedral.

ARCINIEGAS (Germán), *Bogotá 1900-íd. 1999,* escritor colombiano. Escribió ensayos panamericanistas con una prosa accesible y amena no exenta de sutileza (*El estudiante de la mesa redonda,* 1932; *América tierra firme,* 1937; *Biografía del Caribe,* 1945). También fue periodista y docente.

ARCINIEGAS (Ismael Enrique), *Curití 1865-Bogotá 1938,* poeta colombiano, de influencia parnasiana (*Antología poética,* 1932).

ARCIPRESTE DE HITA → **HITA.**

ARCIPRESTE DE TALAVERA → **TALAVERA.**

Arco, feria anual de arte contemporáneo que se celebra en Madrid desde 1982, con el objeto de promocionar las propuestas plásticas más recientes y fomentar el coleccionismo.

Arcole (batalla de) [15-17 nov. 1796], victoria de Napoleón I sobre los austriacos, cerca de Verona.

ARCOS DE LA FRONTERA, c. de España (Cádiz), cab. de p. j.; 27 087 hab. *(arcobricenses* o *arqueños).* Iglesia de Santa María (s. XV), con restos mudéjares. Plaza mayor y hospital de la Caridad (1740).

ARDABIL o **ARDEBIL,** c. de Irán, en Azerbaiján; 311 022 hab.

ARDANZA (José Antonio), *Elorrio, Vizcaya, 1941,* político español. Miembro del Partido

nacionalista vasco, fue lehendakari del gobierno vasco de 1985 a 1998.

ARDÈCHE, dep. del SE de Francia (Ródano-Alpes); 5 529 km²; 286 023 hab.; cap. *Privas* (10 490 hab.). Avenado por el *río Ardèche,* afl. del Ródano (or. der.); 120 km.

ARDEMANS (Teodoro), *Madrid 1661-íd. 1726,* arquitecto y pintor español. Estudió pintura con C. Coello y fue maestro mayor de las catedrales de Granada y Toledo y de los sitios reales, arquitecto de palacio y pintor de cámara de Felipe V. Su obra más importante es el palacio, la capilla y los jardines de La *Granja de San Ildefonso.*

ARDEN (John), *Barnsley 1930,* dramaturgo británico. Su obra, carnavalesca y política, está influida por Brecht (*El baile del sargento Musgrave,* 1959; *El barro del hospicio,* 1963).

ARDENAS, en fr. **Ardenne** o **Ardennes,** macizo de arenisca y esquistos, cuya mayor parte está situada en Bélgica, pero que penetra en Francia y Luxemburgo. Presenta un relieve aplanado, pero cortado por valles profundos (Mosa). Forma una región de entre 400 y 700 m de alt., poco habitada y cubierta de bosques, landas y turberas. Escenario, en ag. 1914, de combates de envergadura entre franceses y alemanes, y en mayo 1940, de la penetración del Mosa por la Wehrmacht.— **batalla de las Ardenas** (dic. 1944), última contraofensiva de los blindados alemanes, que fracasó ante la resistencia estadounidense en Bastogne.

ARDENNES, dep. del NE de Francia (Champagne-Ardenne); 5 229 km²; 290 130 hab.; cap. *Charleville-Mézières.*

ARDEN QUIN (Carmelo), *Rivera 1913,* pintor y escultor uruguayo. En Buenos Aires, junto a Kosice y Maldonado, fundó la revista **Arturo* y organizó exposiciones conjuntas. Cofundó el grupo de arte abstracto Madí.

ARDERÍUS (Joaquín), *Lorca 1890-México 1969,* novelista español. Autor de novelas psicológicas (*La duquesa de Nit,* 1926) y de denuncia social (*Campesinos,* 1931; *Crimen,* 1933), desde 1939 vivió exiliado en México.

ARDÉVOL (Fernando), *Barcelona 1878-íd. 1972,* pianista y compositor español. Fundador de la Academia Ardévol (1917), compuso canciones, obras orquestales y, especialmente, música de cámara. — **José A.,** *Barcelona 1911-La Habana 1981,* compositor español nacionalizado cubano. Hijo de Fernando, fundó en La Habana una orquesta de cámara y el Grupo de renovación musical. Compuso obras de cámara, para orquesta y para piano, y música de películas.

ARDITO BARLETTA (Nicolás), *Aguadulce 1938,* político y economista panameño. Desempeñó los cargos de ministro de planificación y política económica, vicepresidente del Banco mundial y presidente de la república (1984-1985). Dimitió de esta última responsabilidad por sus desavenencias con el hombre fuerte del país, el general Noriega.

ARECIBO, mun. de Puerto Rico, en el N de la isla; 93 385 hab. Centro industrial. Turismo. Aeropuerto. Radiotelescopio con antena parabólica de 305 m de diámetro.

ARELLANO (Juan de), *Santorcaz, Madrid, 1614-Madrid 1676,* pintor español, especializado en pintura de flores.

ARENAL (volcán), volcán activo del NO de Costa Rica, junto al lago artificial del mismo nombre; 1 657 m. Parque natural.

ARENAL (Concepción), *Ferrol 1820-Vigo 1893,* socióloga y ensayista española. De formación autodidacta, dedicó su obra a la reforma social (situación obrera, sistema penitenciario, instrucción y derechos de la mujer). Desarrolló sus ideas en obras como *La beneficencia, la filantropía y la caridad; Cartas a un obrero* (1880); *La mujer del porvenir* (1884); *El pauperismo* (1885), y *La condición de la mujer en España.*

ARENAS (Reinaldo), *Holguín 1943-Nueva York 1990,* escritor cubano. Es autor de *El mundo alucinante* (1969), evocación fantástica de la vida de fray Servando Teresa de Mier; *Con los ojos cerrados* (1972), relatos; *El palacio de las blanquísimas mofetas* (1980), novela; *Antes que anochezca* (1992), memorias. En 1980 se exilió a EUA.

ARENAS DE SAN PEDRO, c. de España (Ávila), cab. de p. j.; 6 464 hab. *(areneros* o *arenen-*

ses). Castillo de la Triste condesa (s. XV). Monasterio de San Pedro de Alcántara.

ARENDT (Hannah), *Hannover 1906-Nueva York 1975,* filósofa estadounidense de origen alemán. Judía, discípula de Jaspers y de Heidegger, huyó del nazismo en 1934 y se instaló en EUA en 1941. Su estudio del totalitarismo, que resalta las semejanzas entre el nazismo y el estalinismo, se basa en un análisis del desarrollo del antisemitismo y del imperialismo en el marco del estado-nación (*Los orígenes del totalitarismo,* 1951). También reflexionó sobre la relación del hombre y la acción (*La condición humana,* 1958).

ARENILLAS, cantón de Ecuador (El Oro), en la llanura costera; 21 622 hab. Cacao, café.

Areópago, en la antigua Atenas, tribunal con sede en la colina consagrada a Ares. Vigilaba a los magistrados, interpretaba las leyes y juzgaba los delitos de sangre.

AREQUIPA, dep. del S de Perú, entre la cordillera Occidental y el Pacífico; 63 345 km²; 1 003 000 hab.; cap. *Arequipa.*

AREQUIPA, c. de Perú, cap. del dep. homónimo; 591 700 hab. Está situada al pie del volcán Misti. Centro comercial, industrial y cultural. — Centro del *barroco arequipeño:* iglesia de la Compañía de Jesús, convento de la Merced, San Agustín, edificios civiles. (Patrimonio de la humanidad 2000.) — Fue fundada por Pizarro en 1540.

ARES MIT. GR. Dios de la guerra, identificado con el Marte de los romanos.

ARESTI (Gabriel), *Bilbao 1933-íd. 1975,* poeta español en lengua vasca. Tras una etapa simbolista, cultivó la poesía política (*Piedra y pueblo,* 1964; *Piedra vasca,* 1967). Escribió también narrativa y teatro. Miembro de la Academia de la lengua vasca, impulsó el vasco unificado (*euskara batua).*

ARETINO (Pietro), *Arezzo 1492-Venecia 1556,* escritor italiano. Autor satírico y licencioso, su obra describe la vida política y cultural basada en la adulación cortesana (*Coloquio de las damas* o *Diálogos,* 1534; *Cartas,* 1537-1557).

ARETZ-THIELE (Isabel), *Buenos Aires 1919,* compositora y musicóloga argentina. Estudió el folclore de Argentina, Bolivia, Perú, Venezuela y Uruguay.

ARÉVALO, c. de España (Ávila), cab. de p. j.; 7 446 hab. *(arevalenses).* Importante foco de arte mudéjar castellano (muralla, castillo, puentes).

ARÉVALO (Juan José), *Taxisco 1904-Guatemala 1990,* político guatemalteco. Presidente de la república (1945-1951), impulsó la ODECA e inició una política de reformas moderadas.

ARÉVALO MARTÍNEZ (Rafael), *Quezaltenango 1884-Guatemala 1975,* escritor guatemalteco. Poeta modernista en *Las rosas de Engaddi* (1915), destacó por su narrativa cerebral e introspectiva, «psicozoológica»: *El hombre que parecía un caballo* (1915), *El señor Monitot* (1922), *El hechizado* (1935).

AREZZO, c. de Italia (Toscana), cap. de prov.; 90 577 hab. Monumentos medievales, frescos de Piero della Francesca en la iglesia de San Francisco, museos.

AREZZO (Guido d'), *Arezzo h. 990-íd. 1033,* benedictino italiano. Teórico de la música, dio su nombre a las notas de la gama.

AREZZO (Guittone d'), *Arezzo h. 1235-Florencia 1294,* poeta italiano. Es autor de *Cartas* y de poesías morales y religiosas.

■ REINALDO
ARENAS

■ HANNAH
ARENDT en 1927.

ARFE (de), familia de orfebres de origen alemán, activos en Castilla y Andalucía en el s. XVI. Sus obras se encuadran, estilísticamente, entre el gótico tardío y el renacimiento. — **Enrique de A.,** *h. 1475-h. 1545*, formado en Colonia, realizó las custodias de las catedrales de Córdoba y Toledo. — **Antonio de A.,** *León h. 1510-Madrid h. 1578*. Hijo de Enrique, realizó obras de orfebrería plateresca. — **Juan de A.,** *León 1535-Madrid 1603*. Hijo de Antonio, fue orfebre y tratadista de arte.

ARGA, r. de España, afl. del Aragón (or. der.); 150 km. Atraviesa Pamplona.

ARGANDA DEL REY, v. de España (Madrid), cab. de p. j.; 30 662 hab. *(argandeños).*

ARGANTONIO o **ARGANTHONIOS,** *m. h. 550 a. C.,* rey tartésico. Su pacífico y próspero gobierno ayudó a crear un mito en torno a Tartessos.

ARGAR (El), poblado prehistórico situado en Antas (Almería), que da nombre a una de las culturas más características del bronce medio de la península Ibérica. Se divide en Argar A (1800-1500 a. C.), con enterramientos en cistas o fosas, y Argar B (1500-1200 a. C.), con inhumaciones en grandes vasijas.

ARGEL, en fr. **Alger,** en ár. **al-Yazā'ir,** cap. de Argelia y de vilayato; 3 200 000 hab. en la aglomeración. Metrópoli política y económica del país. Aeropuerto y puerto. Sismo (este de la ciudad y región vecina) en 2003. — El casco viejo (qasba) es de época otomana (patrimonio de la humanidad 1992). Gran mezquita (s. XI). — Capital de un estado argelino durante la dominación otomana (desde el s. XVI), fue tomada por los franceses en 1830. El Comité francés de liberación nacional se constituyó en ella en 1943. Es en Argel donde se desencadenaron los acontecimientos responsables de la caída de la IV república francesa (13 mayo 1958).

Argel (putsch de) [21-26 abril 1961], tentativa de sedición militar desencadenada en Argelia por una facción del ejército francés apoyada por los argelinos de origen europeo, con el fin de oponerse a la política argelina del general De Gaulle. Poco seguido por la tropa, fracasó.

ARGELANDER (Friedrich), *Memel 1799-Bonn 1875,* astrónomo alemán. Fue el autor de un gran catálogo de estrellas, el *Bonner Durchmusterung (BD),* que da la posición y el brillo de más de 324 000 estrellas. Contribuyó a desarrollar el estudio de las estrellas variables.

■ **ARGEL**

ARGELÈS-SUR-MER, c. de Francia (Pyrénées-Orientales); 9 164 hab. Centro turístico. Iglesia (s. XIV). — Acogió un campo de concentración con 90 000 refugiados españoles (febr. 1939).

ARGELIA, en fr. **Algérie,** en ár. **Barr al-Yazā'ir,** estado de África, junto al Mediterráneo; 2 380 000 km²; 28 600 000 hab. *(argelinos).* CAP. *Argel.* LENGUAS: *árabe* (oficial) y *tamazight* (nacional). MONEDA: *dinar argelino.*

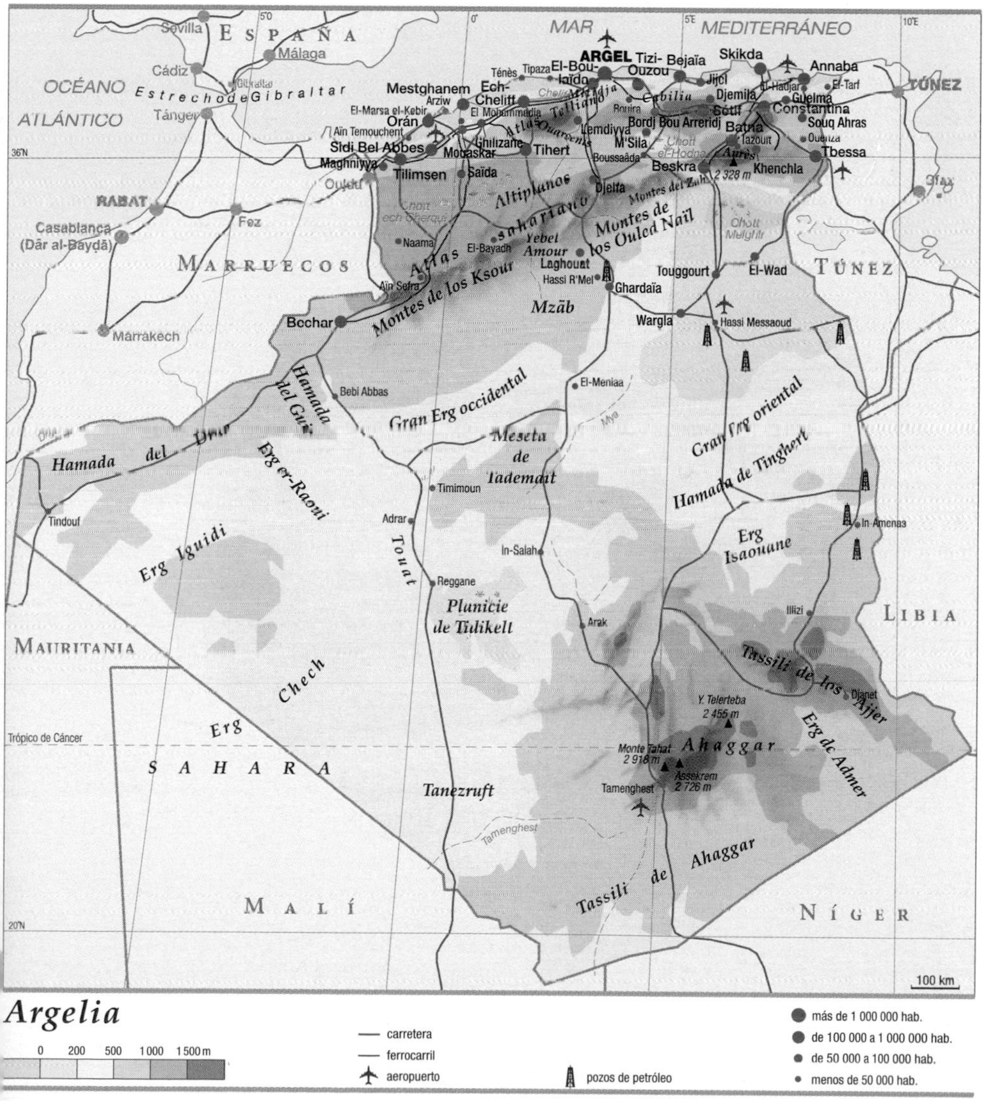

Argelia

0   200   500   1000 1500 m

— carretera
— ferrocarril
✈ aeropuerto
⬥ pozos de petróleo

● más de 1 000 000 hab.
● de 100 000 a 1 000 000 hab.
● de 50 000 a 100 000 hab.
● menos de 50 000 hab.

INSTITUCIONES

República democrática y popular. Constitución de 1996, revisada en 2002 y 2008. El presidente de la república es elegido cada 5 años por sufragio universal. Nombra al primer ministro. Parlamento compuesto por la Asamblea popular nacional, elegida para 5 años mediante sufragio universal, y el Consejo de la nación, elegido (en sus dos tercios) para 6 años (un tercio de los miembros son designados por el presidente).

GEOGRAFÍA

Argelia, muy vasta, está aún globalmente poco poblada. La mayor parte del país forma parte del Sahara. La población, que crece a un ritmo rápido (más de un 2 % anual), se concentra en el litoral, de clima mediterráneo, o en sus proximidades. Yuxtapone a habitantes de lengua árabe (ampliamente mayoritarios) y beréber (Aurès, Cabilia), todos musulmanes. El índice de natalidad, muy elevado hasta mediada la década de 1980, explica la gran juventud de la población (aprox. el 30 % de los argelinos tiene menos de 15 años). La urbanización ha progresado con mayor rapidez que la industria, favorecida no obstante por los ingresos procedentes de la extracción de petróleo y gas natural, recursos esenciales. La ganadería ovina domina en las altiplanicies. La franja mediterránea, emplazamiento de las principales ciudades, presenta ciertos cultivos (trigo, cebada), algunos irrigados (cítricos). Tras la independencia, la socialización de la economía no estimuló la productividad. La emigración (hacia Francia) no acabó con el aumento del desempleo. La economía, que sufrió en la década de 1990 la violencia que laceró al país, se ha restablecido act., aunque sigue muy dependiente de la renta energética y debe esforzarse para atender las demandas sociales.

HISTORIA

La Argelia antigua. Argelia, habitada por los bereberes, recibió la influencia de las civilizaciones fenicia (finales del II milenio) y cartaginesa (ss. VIII-III a.C.). Los bereberes, los mauritanos y los númidas organizaron reinos poderosos en Numidia y Mauritania. **S. II a.C.:** bajo dominio romano (victoria de Mario sobre Yugurta en 105 a.C.), Argelia vivió un gran esplendor (desarrollo de Timgad, Tebessa). Fue cristianizada. **S. V:** los vándalos devastaron el país. **S. VII:** dominio de Bizancio.

Árabes y bereberes. S. VII: llegada de los árabes (incursiones de 'Uqba ibn Nafi' en 681-682). Argelia fue islamizada y gobernada desde de Damasco por califas omeyas, y después desde Bagdad por califas abasíes. Los bereberes se resistieron al dominio árabe. **Ss. X-XI:** soberanía de los Fatimíes (dinastía chiita). **Ss. XI-XII:** los Almorávides, y luego los Almohades, dinastías bereberes, dominaron el Magreb y al-Andalus. **Ss. XIII-XVI:** el país se fragmentó en numerosos principados (uno de los más importantes en Tremecén), confederaciones tribales o puertos libres. El litoral se abrió a la civilización andalusí.

La regencia de Argel. 1518: frente a la amenaza española, los argelinos llamaron a los corsarios turcos. Uno de ellos, Barbarroja, situó a Argel bajo la soberanía otomana. **1587:** Argelia formó la regencia de Argel. Gobernada por los dey a partir del s. XVII, subsistió principalmente debido a la actividad de los buques corsarios en el mediterráneo.

La colonización francesa. 1830: toma de Argel por orden del gobierno de Carlos X. **1832-1847:** resistencia de Abd el-Kader, que declaró la guerra a Francia (1839) y fue vencido por el general Bugeaud. **1852-1870:** la dominación se extendió a la Cabilia (1857) y a los confines

saharianos. Se instalaron numerosos colonos, sobre todo a partir de 1870 (aprox. 984 000 «pieds-noirs» en 1954). **1870-1940:** la economía experimentó cierto desarrollo, pero la situación de los nativos no mejoró.

La guerra de Argelia. El nacionalismo musulmán, surgido en el período de entreguerras, fue radicalizándose hasta el levantamiento de Constantina (1945) y su violenta represión, que abrió un abismo irreversible entre las comunidades musulmana y francesa. **1954:** estalló la rebelión en la Gran Cabilia y el Aurès impulsada por el Frente de liberación nacional (FLN), fundado por A. Ben Bella, y su brazo armado, el Ejército de liberación nacional. **1955:** Francia decretó el estado de emergencia. **1956:** el gobierno francés envió 400 000 hombres para pacificar el territorio. Arresto de Ben Bella. **1957:** fueron eliminadas las redes del FLN. **1958:** el FLN instauró el Gobierno provisional de la república de Argelia (GPRA). **1959:** De Gaulle proclamó el derecho de los argelinos a la autodeterminación. **1962:** los acuerdos de Évian (marzo) pusieron fin a la guerra y Argelia optó por la independencia mediante un referéndum (julio).

La Argelia independiente. 1963: Ben Bella, presidente de la nueva república, estableció un régimen socialista de partido único (FLN). **1965:** fue depuesto por H. Bumedián, quien orientó la política exterior desde una tendencia antiimperialista hacia una posición neutralista. **1979:** el coronel Bendjedid le sucedió a su muerte. **1988:** estallaron graves disturbios provocados por la carestía y las penurias. Chadli lanzó un programa de reformas políticas y económicas. **1989:** se aprobó una importante reforma de la constitución. El FLN perdió el estatuto de partido único y se instauró el pluripartidismo. **1992:** tras el éxito obtenido por el Frente is-

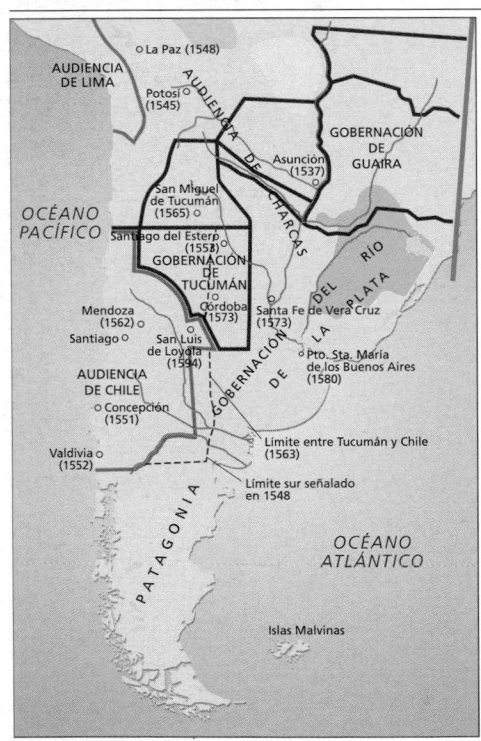

ARGENTINA: SIGLO XVI

☐ misiones de moxos

☐ misiones de chiquitos

■ misiones de indios guaranies (1607-1767)

—— límite de audiencia

—— límite de gobernación

—— tratado de Tordesillas, 1494 (división del territorio entre España y Portugal)

ARGENTINA: VIRREINATO DEL RÍO DE LA PLATA A FINES DEL SIGLO XVIII

—— límite de virreinato de la Plata (fines s. XVIII)

—— límites de intendencia o gobierno

☐ línea de fortines

lámico de salvación (FIS) en la primera vuelta de las elecciones legislativas (dic. 1991), Chadli dimitió (en.). Se suspendió el proceso electoral y un Alto comité de estado, presidido por M. Budiaf, asumió el poder provisional. Se decretó el estado de emergencia (febr.) y se disolvió el FIS (marzo). Budiaf fue asesinado (junio) y le sucedió Ali Kafi (julio). El gobierno tuvo que hacer frente al aumento de ataques terroristas islamistas. **A partir de 1993:** se multiplicaron los atentados, sobre todo contra extranjeros e intelectuales. Un nuevo régimen de transición, formado y presidido por el general L. Zerual (en. 1994), alternó la represión con intentos de negociación. **1995:** las elecciones presidenciales pluralistas confirmaron a L. Zerual como presidente. **1996:** una nueva constitución amplió los poderes del presidente. **1997:** el partido presidencial ganó las elecciones legislativas. Sin embargo, la violencia se radicalizó más (masacres colectivas de civiles). **1999:** L. Zerual dejó sus funciones antes del fin de su mandato. Abdelaziz Buteflika fue elegido presidente. Emprendió una política de reconciliación nacional que se reveló impotente para detener una violencia casi cotidiana. **2001:** graves disturbios estallaron en Cabilia, donde la situación se mantuvo tensa pese al reconocimiento, en 2002, del tamazight como lengua nacional. **2002:** el FLN ganó las elecciones legislativas. **2004:** A. Buteflika fue reelegido presidente. **2005:** una Carta para la paz y la reconciliación nacional fue aprobada en referéndum. **2007:** el FLN obtuvo una vez más la victoria en las elecciones legislativas, marcadas por una abstención récord. El país conoció un rebrote del terrorismo islamista.

ARGENSOLA (Lupercio Leonardo **de**), *Barbastro 1559-Nápoles 1613*, poeta español. Sus sonetos, canciones, epístolas y sátiras son cla-

sicistas. Fue también dramaturgo, cronista de Aragón y secretario de la emperatriz María.
— **Bartolomé Leonardo de A.,** *Barbastro 1562-Zaragoza 1631,* escritor español. Hermano de Lupercio, cultivó el mismo tipo de poesía (en 1634 se editó la obra de ambos: *Rimas*) y continuó los *Anales de Aragón* de Zurita.

ARGENTA (Ataúlfo), *Castro-Urdiales 1913-Los Molinos, Madrid, 1958*, director de orquesta español. Titular de la orquesta nacional de España, destacó en la obra de ambos. Fue un repertorio clásico.

ARGENTEUIL, c. de Francia (Val-d'Oise), a orillas del Sena; 95 416 hab. Industria aeronáutica.

ARGENTINA, estado de América del Sur, en la fachada atlántica de la parte meridional del continente. La superficie de sus tierras emergidas corresponde al continente americano y a la provincia de Tierra de Fuego, Antártida e islas del Atlántico sur es de 3 761 274 km²; 37 031 797 hab. *(argentinos).* CAP. *Ciudad Autónoma de Buenos Aires.* I ENGUA; *español.* MONEDA: *peso. (V. mapa al final del volumen.)*

INSTITUCIONES

Constitución de 1853, modificada en 1994. Estado federal dividido en 23 provincias, más el distrito de la capital federal. La reforma de 1994 establece un mandato de cuatro años, renovable para un segundo mandato, e instaura la figura del jefe del gobierno. El presidente es elegido por voto universal directo y el legislativo, compuesto de cámara de diputados y senado, por elección directa.

GEOGRAFÍA

Componen el territorio cuatro grandes regiones: al O los Andes (con el pico culminante de América, el Aconcagua, 6 959 m), flanqueados en el sector septentrional por otros alineamientos montañosos (la Precordillera); dos extensas áreas mesetarias, al NO (la Puna) y al

S del país (la Patagonia); y finalmente, las llanuras chaqueña, mesopotámica y pampeana, que representan más de la mitad del territorio y el sector preponderante desde el punto de vista demográfico y económico.

La población, predominantemente blanca, se distribuye de manera muy desigual: el litoral concentra el 70 % del total; la población urbana asciende al 86 %, y la aglomeración del Gran Buenos Aires representa el 38 % del total. La inmigración europea (en especial de italianos y españoles en la primera mitad del s. XX) ha sido determinante, ya que el crecimiento vegetativo tiende a descender. La agricultura cerealista (trigo en particular) y la ganadería vacuna, concentradas en las provincias pampeanas, son la base de la economía del país y el renglón principal de la exportación. Revisten especial importancia las industrias relacionadas con la ganadería: cárnicas, servidas por una red de refrigeradores altamente tecnificada, y de derivados lácteos. Destacan también la producción de vino (en Mendoza y San Juan), maíz, caña de azúcar (en el NO), algodón, tabaco, soja, pieles, lana. Por otro lado, el turismo constituye una fuente importante de ingresos.

El potencial hidroeléctrico es aprovechado mediante grandes centrales (El Chocón, en el río Limay; Salto Grande, en el río Uruguay; Yacyretá, en el río Paraná, entre otras), y se explotan yacimientos petrolíferos en Chubut, Neuquén, Mendoza, Salta y Tierra del Fuego. Argentina se sitúa a la cabeza de los productores de energía sudamericanos, y cubre el 90 % de su consumo interno. Los recursos mineros son modestos y están alejados de los centros industriales: estaño, plomo, cinc, manganeso y cobre en las faldas de los Andes; hierro en Jujuy y Río Negro. La siderurgia (Palpalá, San Nicolás de los Arroyos, Villa Constitución, Ramallo) recurre a mineral de importación.

La industria ligera (metalurgia, construcciones metálicas, textil, química) se concentra en las provincias más urbanizadas (Buenos Aires, Córdoba, Santa Fe). Desde la década de 1970, el sector entró en una crisis aguda debido a políticas económicas basadas en la exportación de materias primas agropecuarias, lo que motivó el desmantelamiento de buena parte del aparato industrial. A la contracción de la demanda interna y la crisis de inversiones se vino a sumar, a principios de la década de 1990, la especulación financiera, que estimuló la sobrevaloración de la moneda nacional, lo que generó una importante deuda externa y una altísima inflación. Las medidas de saneamiento económico y monetarias (convertibilidad del peso con el dólar en una relación de uno a uno), las cosechas extraordinarias de cereales y oleaginosas y los ingresos por las últimas privatizaciones contuvieron la inflación y permitieron una recuperación general. Pero a principios de la década de 2000, la fuga de depósitos bancarios y la no renovación de las ayudas que el país recibía del FMI provocaron un colapso financiero, que el gobierno afrontó con la implantación de restrictivas medidas económicas y fiscales (retención de los depósitos bancarios *[corralito]*, dic. 2001-nov. 2002) y la derogación de la ley de convertibilidad del peso, que supuso una fuerte depreciación de la moneda. Desde 1991, Argentina forma parte de Mercosur.

HISTORIA

El poblamiento precolombino. La actual Argentina estaba habitada antes de la conquista por un heterogéneo mosaico de pueblos. Las tierras andinas y preandinas las ocupaban pueblos agrícolas, sometidos a la influencia incaica, como los lules y tonocotes de Tucumán, los sanavirones y comechingones de Córdoba y San Luis, o los huarpes de San Juan y Mendoza. Corrientes y Misiones pertenecían al espacio guaraní, asimismo agrícola. En el Chaco vivían cazadores-recolectores del grupo guaicurú: tobas, mataguayos y abipones. En la Pampa, Patagonia y Tierra del Fuego, pueblos cazadores y pescadores como los querandíes, tehuelches, puelches y fueguinos.
La conquista española. 1516: descubrimiento del Río de La Plata por Juan Díaz de Solís.

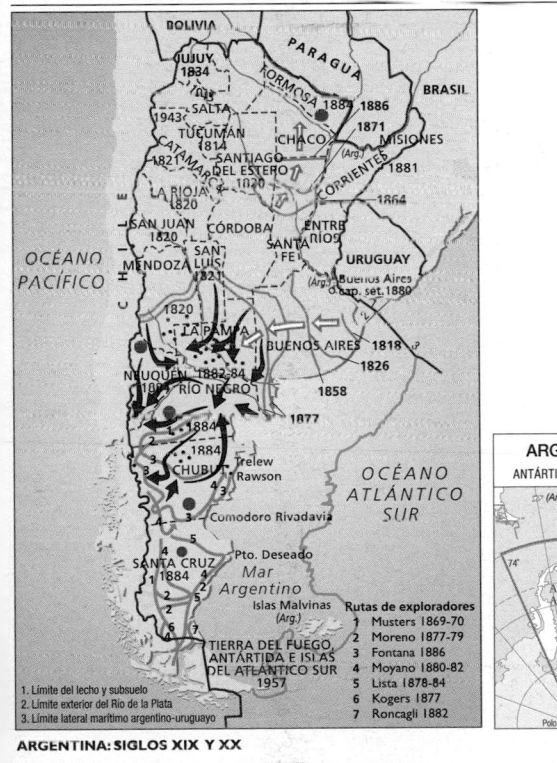

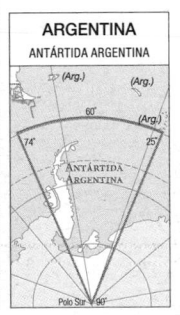

ARGENTINA
ANTÁRTIDA ARGENTINA

ARGENTINA: SIGLOS XIX Y XX

—— límite internacional
- - - límite provincial
—— líneas de frontera
1818 fecha de formación de fronteras

⋰⋱ paraderos indios
● territorios nacionales convertidos en provincias en 1955
➤ rutas militares

1. Límite del lecho y subsuelo
2. Límite exterior del Río de la Plata
3. Límite lateral marítimo argentino-uruguayo

Rutas de exploradores
1 Musters 1869-70
2 Moreno 1877-79
3 Fontana 1886
4 Moyano 1880-82
5 Lista 1878-84
6 Kogers 1877
7 Roncagli 1882

1520: Magallanes exploró la Patagonia. **1536:** primera fundación de Buenos Aires por Pedro de Mendoza. **1580:** la segunda y definitiva la realizó Juan de Garay. Durante dos siglos este territorio ocupó una posición marginal dentro del Imperio español, hasta que en el s. XVIII se expandió la ganadería del litoral y la actividad comercial del puerto de Buenos Aires. **1776:** se constituyó el virreinato del Río de la Plata, con capital en Buenos Aires, con lo que reforzó su posición de enlace entre Perú y Europa.
La independencia. 1806-1807: dos incursiones británicas, que ocuparon Buenos Aires y Montevideo, desencadenaron la crisis virreinal y la militarización de la población criolla. **1808-1810:** la ocupación de España por los franceses reforzó la posición criolla, que en mayo de 1810 impuso en Buenos Aires una Junta de gobierno. **1810-1812:** la Junta estableció su autoridad en el virreinato, a excepción del Alto Perú (Bolivia), Paraguay y la Banda Oriental (Uruguay). **1812-1816:** mientras San Martín emprendía la emancipación de Chile y Perú, el congreso de Tucumán proclamó la independencia (1816).
El caudillismo y la Confederación rosista. 1816-1829: las luchas entre los caudillos provinciales y entre federalistas y unitarios impidió la constitución efectiva del nuevo estado. Rivadavia restableció el predominio de Buenos Aires e impulsó una nueva constitución unitaria (1826), pero la guerra con Brasil (1825-1828) acarreó su caída y el restablecimiento de una laxa Confederación argentina. **1829-1852:** Rosas controló la gobernación de Buenos Aires e impuso su hegemonía sobre el país, unido de hecho, aunque no institucionalmente. El bloqueo francés (1838-1843) y anglofrancés (1845-1848), que reclamaba la libre navegación del Río de la Plata, la represión contra sus oponentes en Buenos Aires, y el enfrentamiento con los caudillos del litoral, erosionaron la posición de Rosas, derrocado por una coalición integrada por Entre Ríos, Corrientes, Montevideo y Brasil (1852).
La organización nacional y la expansión de la economía exportadora. 1852-1860: mientras Buenos Aires se separaba de la Confederación, el resto aprobó la constitución de 1853, que estableció una república federal con un poder ejecutivo nacional fuerte, y eligió a Urquiza como presidente. **1859-1860:** la guerra entre Buenos Aires y la Confederación acabó con el reingreso de Buenos Aires, reafirmada su posición capital en el estado. **1862-1868:** el porteño Bartolomé Mitre fue presidente de la república unificada. **1865-1880:** la guerra de la Triple alianza contra Paraguay (1865-1870) y la definitiva conquista de la Pampa, con el sometimiento de la población india tras las campañas militares de Alsina y Roca (1876-1879), consolidaron el nuevo estado, su posición regional hegemónica y la expansión de su economía, basada en las exportaciones agropecuarias: cueros, lana, cereales y carne. **1880-1886:** presidencia de Roca, que proporcionó la estabilidad política que precisaba esa expansión y subrayó el predominio de los grandes terratenientes y la élite comercial porteña. La revolución de 1890 no alteró las bases del régimen oligárquico, pero dio lugar a un nuevo movimiento político: el radicalismo.
Del radicalismo a la intervención militar. 1891-1910: la Unión cívica radical, fundada en 1890 por L. Alem, se constituyó en la oposición política al régimen oligárquico; apoyada por un amplio abanico social, que se extendía por las clases medias e incluía a sectores trabajadores y elementos terratenientes, fue liderada desde 1897 por Hipólito Yrigoyen. **1911-1912:** el presidente Roque Sáenz Peña concedió la reforma electoral, que garantizaba el sufragio masculino, universal y secreto. **1916-1930:** la UCR accedió por primera vez al poder durante las presidencias de Yrigoyen (1916-1922), Alvear (1922-1928) y de nuevo Yrigoyen (1928-1930); el populismo de este último suscitó el golpe de 1930, que lo derrocó e inició un largo ciclo de intervencionismo militar.
La restauración conservadora y el peronismo. 1930-1943: la oligarquía recuperó el poder bajo la tutela del ejército, pero la crisis eco-

nómica mundial y la caída del comercio exterior pusieron en entredicho la hegemonía del sector exportador. **1943-1945:** un segundo golpe militar, con inclinaciones germanófilas, incubó un nuevo movimiento populista, vertebrado por el coronel Perón, con el apoyo de sectores sindicales (CGT) y disidentes del radicalismo. **1946-1952:** Perón accedió a la presidencia con una amplia mayoría del electorado, e inició un cambio en la política económica, que fomentó el mercado interior y el desarrollo industrial a costa de los réditos proporcionados por el sector exterior; organizó su propia formación política, el Partido justicialista, e hizo reformar la constitución (1949) para permitir su reelección. En esa etapa fue clave el papel ejercido por su esposa, la popular Eva Duarte, fallecida en 1952. **1952-1955:** en su segundo mandato Perón tuvo que hacer frente a las dificultades de su programa de industrialización; buscó el apoyo de EUA, pero reforzó la orientación represiva de su política interior y se enfrentó a la Iglesia católica. En 1955 fue derribado por un golpe militar.
Los regímenes militares. 1955-1958: el gobierno del general Aramburu proscribió el peronismo y restauró la hegemonía conservadora. El ejército controló la situación política indirectamente durante las presidencias de Frondizi (1958-1962) e Illía (1963-1966), a los que obligó a dimitir ante la reanudación de la movilización obrera y peronista. **1966-1970:** el general Onganía implantó una dictadura militar férrea hasta el estallido social de la insurrección en la ciudad de Córdoba (*Cordobazo*, 1969), que acabó motivando su dimisión. **1970-1973:** el régimen militar negoció con Perón el retorno al orden constitucional y la plena legalización del peronismo, que, tras los mandatos de Levingston y Lanusse, triunfó de nuevo en las elecciones de 1973. **1973-1976:** Perón asumió de nuevo la presidencia, pero murió poco después y le sucedió su esposa María Estela Martínez; mientras, el peronismo se desgarraba en una guerra interna y se desencadenaba una incipiente actividad guerrillera. El deterioro social fue aprovechado por el ejército, que estableció una dictadura militar. **1976-1982:** el gobierno militar, presidido sucesivamente por los generales Videla, Viola y Galtieri, se caracterizó por su sangrienta represión contra la izquierda y los movimientos populares.
El retorno al orden constitucional. 1982: la derrota ante la escuadra británica, y el subsiguiente fracaso de la ocupación militar de las Malvinas, obligó a los militares a abandonar el poder y convocar elecciones libres, en las que triunfó Raúl Alfonsín, candidato de la Unión cívica radical (UCR). **1983-1989:** Alfonsín impulsó el procesamiento de los principales responsables de la represión de la dictadura anterior, aunque se vio sometido a una constante presión militar (leyes de Punto final y Obediencia debida, promulgadas en 1986 y 1987, respectivamente); sin embargo, el fracaso de su política económica le acarreó una creciente impopularidad. **1989:** el triunfo electoral de Carlos Saúl Menem vino a situar al peronismo en el poder. Menem atemperó el populismo peronista, se alió a los grupos exportadores y consiguió estabilizar la situación económica. **1994:** elecciones para la asamblea constituyente con objeto de reformar la constitución. **1995:** reelección de Menem. **1997:** la Alianza, coalición formada por la UCR y el Frente del país solidario (Frepaso), venció en las legislativas. **1999:** se firmó con Chile un acuerdo que fijó la frontera en los Hielos Continentales. El candidato de la Alianza, Fernando de la Rúa, fue elegido presidente. **2001:** su política económica provocó sucesivas protestas y saqueos que lo obligaron a dimitir, así como a su sucesor interino, el justicialista Adolfo Rodríguez Sáa. **2002:** el justicialista Eduardo Duhalde fue nombrado presidente por el parlamento. **2003:** el justicialista Néstor Kirchner fue elegido presidente de la república. **2005:** las leyes de Punto final y Obediencia debida fueron declaradas inconstitucionales, lo que permitió reabrir las causas contra los responsables de la dictadura militar. **2007:** la justicialista Cristina Fernández de Kirchner fue elegida presidenta de la república.

ARGENTINA (Antonia **Mercé,** llamada **la**), *Buenos Aires 1890-Bayona, Francia, 1936,* bailarina y coreógrafa española. Creadora de una forma más culta de la danza española, obtuvo fama mundial con *El amor brujo,* de Falla (1925). En 1928 formó la primera compañía del Ballet español, con la que actuó por Europa formando pareja con Vicente Escudero.

ARGENTINA (Magdalena **Nile del Río,** llamada **Imperio**), *Buenos Aires 1906-Benalmádena 2003,* actriz y cantante argentina de origen español. Comenzó su carrera como cantante en Madrid en 1923. Esposa y musa de Florián Rey (*La hermana San Sulpicio,* 1934; *Nobleza baturra,* 1935; *Morena Clara,* 1936; *Carmen la de Triana,* 1938), fue la gran estrella del cine español de la década de 1930.

ARGENTINITA (Encarnación **López Júlvez,** llamada **la**), *Buenos Aires 1895-Nueva York 1945,* bailarina y coreógrafa española. Debutó a los ocho años. En 1932 fundó con García Lorca el Ballet de Madrid, con el que presentó estampas folclóricas (*Las calles de Cádiz, Sevillanas del siglo XVIII, El café de Chinitas, El Tango del escribano*). Creó su propia versión de *El amor brujo.*

ARGENTINO (lago), lago de Argentina (Santa Cruz); 1 415 km²; 200 m de prof. Centro turístico.

argentino-brasileña (guerra) [1825-1828], conflicto armado entre Brasil y la Confederación argentina por el dominio de la Banda Oriental, que desembocó en la independencia de Uruguay.

ARGERICH (Martha), *Buenos Aires 1941,* pianista argentina. De gran técnica, destaca como intérprete de Chopin, Liszt, Bartók y Prokófiev.

■ MARTHA ARGERICH   ■ HOMERO **ARIDJIS**

ARGHEZI (Ion N. **Teodorescu,** llamado Tudor), *Bucarest 1880-íd. 1967,* poeta rumano. Unió la doble experiencia de la vida monástica y de las luchas políticas (*Cántico al hombre,* 1956).

Arginusas (batalla de las) [406 a.C.], batalla naval de la guerra del Peloponeso. Victoria de Atenas sobre Esparta junto a las Arginusas (mar Egeo); los generales vencedores fueron ejecutados por no haber recogido a los muertos y heridos.

ARGÓLIDA, región montañosa de la ant. Grecia, en el NE del Peloponeso; cap. *Argos;* c. prales. *Micenas, Tirinto* y *Epidauro.*

ARGOS, c. de Grecia (Peloponeso), cerca del golfo de Nauplia; 22 256 hab. Ant. cap. de la Argólida, a la que los dorios dieron la supremacía sobre los centros micénicos.

ARGOS o **ARGUS** MIT. GR. Príncipe de Argos que tenía cien ojos, la mitad de los cuales permanecían abiertos durante el sueño. Se le encargó la misión de vigilar a Ío, pero fue asesinado por Hermes y Hera, quien sembró sus ojos en la cola del pavo real.

ARGOTE DE MOLINA (Gonzalo), conde de Lanzarote, *Sevilla 1548-Las Palmas de Gran Canaria 1596,* historiador español. Militar, destacó como bibliófilo y medievalista (*Discurso sobre la poesía castellana,* 1575; *Nobleza de Andalucía,* 1588).

ARGOVIA, en alem. **Aargau,** cantón de Suiza; 1 404 km²; 518 900 hab.; cap. *Aarau* (16 481 hab.).

ARGUEDAS (Alcides), *La Paz 1879-Chulumani 1946,* escritor y político boliviano. Diplomático y jefe del Partido liberal, su novela *Raza de* *bronce* (1919) es uno de los primeros documentos indigenistas. Escribió también una inconclusa *Historia de Bolivia* (1920-1929) y unas memorias.

ARGUEDAS (José María), *Andahuaylas 1911-Lima 1969*, escritor peruano. Criado en una comunidad expresiva que se refleja en sus primeras obras (*Agua*, 1935; *Yawar fiesta*, 1941) y que culmina en *Los *ríos profundos*, su novela principal. En su producción, donde se describe la lenta disgregación de la cultura india, destacan también *El sexto* (1961) y *Todas las sangres* (1964), así como sus obras de antropólogo e investigador del folclore indígena (*Canciones y cuentos del pueblo quechua*, 1949).

ARGÜELLES (Agustín), *Ribadesella 1776-Madrid 1843*, político español. Diputado en las cortes de Cádiz, fue ministro de gobernación (1820-1823) y tutor de la reina Isabel II.

ARGÜELLES BRINGAS (Gonzalo), *Orizaba 1877-México 1942*, pintor mexicano, destacado paisajista y acuarelista.

ARGÜELLO MORA (Manuel), *San José 1834-íd. 1902*, escritor costarricense. Abogado, apoyó al presidente J. R. Mora Porras y a la caída de este partió al destierro en Europa. Su obra recoge leyendas tradicionales y relatos históricos de su país: *Costa Rica pintoresca* (1899), *Un drama en el presidio de San Lucas* (1900).

ARGÚN, r. de Asia; 1 530 km. Rama madre del Amur, en su curso inferior separa China y Rusia.

ARGYLL (Archibald **Campbell**, marqués **de**), *h. 1607-Edimburgo 1661*, noble escocés. Aliado de Cromwell, contribuyó a entregar al rey Carlos I a los parlamentarios ingleses. Fue decapitado al advenimiento de la Restauración.

ÅRHUS o **AARHUS**, c. de Dinamarca, en la costa E de Jutlandia; 247 000 hab. Puerto. Construcciones mecánicas.— Catedral de los ss. XIII-XV. Museo de prehistoria y arqueología.

ARIADNA MIT. GR. Hija de Minos y Pasífae. Proporcionó a Teseo, llegado a Creta para combatir contra el Minotauro, el hilo para salir del Laberinto tras matar al monstruo. Teseo la raptó y luego la abandonó en la isla de Naxos.

Ariane, lanzadera espacial europea. Inaugurada en 1979, comercializada en 1983, conoció varias versiones sucesivas en tres etapas (Ariane 1 a 4). Para mantener la competitividad de Europa, una nueva lanzadera mucho más potente y de concepción diferente, la Ariane 5, tomó el relevo. Experimentada de 1996 a 1998, efectuó con éxito su primer vuelo comercial en 1999. (v. parte n. com. **lanzadera**.)

ARIAS (Arnulfo), *Penonomé 1901-Miami 1988*, político panameño. Presidente en 1940-1941, 1949-1951 y 1968, las tres veces fue derrocado. Representó, bajo una bandera populista, a las fuerzas de la oligarquía tradicional.

ARIAS (Céleo), *Goascorán 1835-Comayagua 1890*, político hondureño. Presidente de la república (1872-1879), fue derrocado por Leiva.

ARIAS (Harmodio), *Penonomé 1886-en EUA 1962*, político y jurisconsulto panameño. Presidente de la república (1932-1936), negoció con EUA un tratado sobre el canal más favorable para su país. Fue miembro de la Comisión codificadora nacional de Panamá, y autor de *Las contribuciones de la América Latina al desarrollo del derecho internacional*. Murió en un accidente de aviación.

ARIAS (Imanol), *Riaño 1956*, actor español. De formación teatral, ha sobresalido en el cine (*Demonios en el jardín*, M. Gutiérez Aragón, 1982; *El Lute*, V. Aranda, 1987; *La flor de mi secreto*, P. Almodóvar, 1995) y en televisión (*Cuéntame*).

ARIAS (Óscar), *Heredia 1941*, político costarricense. Socialdemócrata del Partido de liberación nacional, ha sido presidente de la república de 1986 a 1990 y de nuevo desde 2006. Obtuvo el premio Nobel de la paz en 1987 por su acción a favor de la paz en América Central.

ARIAS (Virginio), *Ranquil 1855-Santiago de Chile 1941*, escultor chileno. Dirigió la Academia de bellas artes de Chile y realizó una obra de inspiración neoclásica.

ARIAS DÁVILA (Pedro) → **PEDRARIAS DÁVILA**.

ARIAS FERNÁNDEZ (Antonio), *Madrid 1620-íd. 1684*, pintor español. Su obra se encuadra en el barroco madrileño. Entre 1639 y 1640 realizó obras para el alcázar de Madrid (*Carlos V, Felipe II*), antes de crear obras religiosas (*La moneda del César*, 1646, Prado).

ARIAS MONTANO (Benito), *Fregenal de la Sierra 1527-Sevilla 1598*, humanista español. Dirigió la edición de la *Biblia políglota de Amberes* (1569-1573) y escribió en latín una colección de odas (*Testimonios de la salvación humana*, 1571), una *Retórica* (1572) y tratados (*Historia natural*, 1601).

ARIAS NAVARRO (Carlos, marqués **de**), *Madrid 1908-íd. 1989*, político español. Alcalde de Madrid (1965-1973), fue presidente del gobierno a la muerte de Carrero Blanco (1973) y del primer gabinete de la monarquía (1975 1976).

ARIBAU (Buenaventura Carlos), *Barcelona 1798-íd. 1862*, escritor español. Debe su fama al poema en catalán *La patria* (1833) y es considerado el iniciador de la Renaixença.

ARICA, c. de Chile, cap. de la región de Arica y Parinacota, a orillas del Pacífico; 169 217 hab. Puerto. Centro industrial y pesquero. Ferrocarril desde La Paz (Bolivia) con mineral boliviano de exportación.

ARICA Y PARINACOTA (región de), región del N de Chile; 16 873 km²; 189 644 hab.; cap. *Arica*.

ARIDJIS (Homero), *Contepec 1940*, escritor mexicano. Su poesía está marcada por la sensualidad y el dominio de la expresión: *Los ojos desdoblados* (1960), *Los espacios azules* (1969), *Quemar las naves* (1975). En su narrativa destacan *Espectáculo del año dos mil* (1981) y *La santa muerte* (2004, relatos).

ARIÉGE, dep. de Francia (Midi-Pyrénées); 4 890 km²; 136 455 hab., cap. *Foix* (10 446 hab.). Avenado por el *río Ariège*, afl. del Garona (or. der.); 170 km.

Ariel, ensayo de José Enrique Rodó (1900). Exalta los valores culturales e históricos de la latinidad, por contraposición al utilitarismo norteamericano. Ejerció una gran influencia.

ARIES o **CARNERO**, constelación zodiacal. — **Aries**, primer signo del zodiaco, en el que el Sol entra en el equinoccio de primavera.

ARIGUANÍ, mun. de Colombia (Magdalena), junto al *río Ariguaní*; 234 250 hab. Agricultura.

ARIO, mun. de México (Michoacán); 25 656 hab. Café, caña de azúcar. Minas de cobre. Aº ródromo.

ARIÓN, *Lesbos s. VII a. C.*, poeta lírico griego. Según Heródoto, fue arrojado al mar por unos piratas y salvado por unos delfines, a los que había encantado con su lira.

ARIOSTO (Ludovico **Ariosto**, llamado **el**), *Reggio nell'Emilia 1474-Ferrara 1532*, escritor italiano. Es autor del poema épico *Orlando furioso* (1532).

ARIOVISTO, jefe de los suevos. Fue vencido por César en Alsacia en 58 a.C.

ARISTA (Íñigo) → **ÍÑIGA** (dinastía).

ARISTA (Mariano), *San Luis Potosí 1802-en el Atlántico 1855*, militar y político mexicano, ministro de guerra y marina (1848-1851) y presidente de la república (1851-1853).

ARISTARAIN (Adolfo), *Buenos Aires 1943*, director de cine argentino. Cultor del cine negro, su obra aúna crítica social y compromiso ético: *Tiempo de revancha*, 1981; *Un lugar en el mundo*, 1992; *Martín (Hache)*, 1997; *Lugares comunes*, 2002; *Roma*, 2004.

ARISTARCO, *h. 215-h. 143 a. C.*, gramático y crítico griego, prototipo del crítico severo.

ARISTARCO de Samos, *Samos 310-h. 230 a. C.*, astrónomo griego. Fue el primero en emitir la hipótesis de la rotación de la Tierra sobre sí misma y inventó un método para medir las distancias de la Tierra a la Luna y al Sol.

ARISTIDE (Jean-Bertrand), *Port-Salut 1953*, político haitiano. Portavoz de la teología de la liberación, fue el primer presidente de Haití elegido democráticamente (dic. 1990). Accedió al cargo en febr. 1991 pero en sept. del mismo año fue derrocado por un golpe de estado. En 1994 fue restituido en sus funciones con la ayuda del ejército estadounidense. Su mandato expiró en 1996. Muy cuestionado tras su

regreso a la jefatura del estado en 2001, tuvo que dimitir y exiliarse en 2004.

ARÍSTIDES, llamado **el Justo**, *h. 540-h. 468 a. C.*, general y estadista ateniense. Se encumbró en Maratón, pero, por instigación de su rival Temístocles fue condenado al ostracismo (483 a. C.). Reclamado en la segunda invasión persa, combatió en Salamina y Platea, y participó en la formación de la liga de Delos.

ARISTÓBULO II, rey de Judea (67-63 a. C.). Fue envenenado por Pompeyo.

ARISTÓFANES, *Atenas h. 445-h. 386 a. C.*, comediógrafo griego. Sus once obras conservadas constituyen variaciones satíricas sobre temas coetáneos y defienden las tradiciones contra las ideas nuevas: *Los caballeros*, *Los arcanenses*, *La paz* y *Lisístrata* denuncian a los demócratas, que prosiguen la guerra contra Esparta; *Las avispas* parodia la manía pleitista de los atenienses; *Las tesmoforiazusas* y *Las ranas* critican a Eurípides y *Las nubes* a Sócrates; en *La asamblea de las mujeres* y *Las aves* se satirizan las utopías políticas; *Pluto* marca el paso del teatro «comprometido» a la alegoría de carácter moralizador.

ARISTÓTELES, *Estagira, Macedonia, 384-Calcis, Eubea, 322 a. C.*, filósofo griego. Discípulo de Platón en la Academia, y preceptor de Alejandro Magno, en 335 a. C. fundó en Atenas el Liceo, también llamado escuela peripatética. Con un enfoque enciclopédico, desarrolló el concepto de un universo finito, rigurosamente jerarquizado según la relación, en todo ser, entre la forma y la materia, y expuesto globalmente a la aprehensión de un pensamiento humano cuyas modalidades deben adaptarse a cada objeto de estudio. Es autor de tratados de lógica, política, biología (anatomía comparada, clasificación de los animales), física y metafísica, la disciplina básica del conjunto. Su obra ejerció una influencia de primer orden, tanto en los orígenes de la ciencia y la filosofía del islam como en el pensamiento cristiano medieval: *Organon* (obras de lógica), *Ética a Nicómaco*, *Política*, *Física*, *Metafísica*.

ARIZARO (salar de), desierto salado de Argentina, en la Puna, 2 375 km².

ARIZONA, estado del SO de Estados Unidos; 295 000 km²; 3 665 228 hab.; cap. *Phoenix*. Turismo (Gran Cañón). Extracción de cobre. — En el s. XVI, la región fue recorrida por Vázquez Coronado. Tras la guerra con México, EUA obtuvo la cesión del territorio (1848), que adquirió el rango de estado en 1912.

ARJÁNGUELSK, c. de Rusia, junto al mar Blanco; 416 000 hab. Puerto. Pesca. Industrias de la madera.

ARJONA, mun. de Colombia (Bolívar); 37 033 hab. Caña de azúcar; ganadería. Refinerías de azúcar.

ARKANSAS, estado del S de Estados Unidos, al O del Mississippi; 2 350 725 hab.; cap. *Little Rock*. Bauxita. Avenado por el *río Arkansas* (2 300 km), afl. del Mississippi (or. der.).

ARKWRIGHT (sir **Richard**), *Preston 1732-Cromford, Derbyshire, 1792*, inventor e industrial británico. Fue uno de los creadores de la industria algodonera inglesa, al inventar máquinas hidráulicas para los hilados.

Arlanda, aeropuerto de Estocolmo, al N de la ciudad.

ARLANZA, r. de España, afl. del Arlanzón (or. izq.); 155 km. Centrales hidroeléctricas.

ARLANZÓN, r. de España, afl. del Pisuerga (or. izq.); 129 km. Pasa por Burgos.

ARLBERG, puerto de montaña de Austria, entre los estados del Tirol y Vorarlberg; 1 802 m. Túnel ferroviario (10,2 km de longitud; abierto en 1884) y túnel de carretera (14 km de longitud; abierto en 1978).

Arlequín, personaje de la commedia dell'arte. Viste un traje de retales triangulares de distintos colores, un antifaz negro y un sable de madera. Bufón cínico y cobarde en sus inicios, evolucionó hacia una mayor complejidad psicológica en las obras de Goldoni y Marivaux.

ARLES, c. de Francia (Bouches-du-Rhône), a orillas del Ródano; 51 614 hab. Teatro y anfiteatro romanos. Catedral románica de San Trófimo (s. XII).— Importante ciudad romana, fue sede de numerosos concilios de las Galias. (Patrimonio de la humanidad 1981.)

ARLINGTON, c. de Estados Unidos (Texas); 261 721 hab.

Arlington (cementerio de), cementerio nacional de Estados Unidos, junto al Potomac (Virginia), frente a Washington.

ARLINGTON (Henry **Bennet,** conde de), *Little Saxham, Suffolk, 1618-Euston 1685,* estadista inglés. Ministro de Carlos II de 1662 a 1674, fue el inspirador de su política exterior.

Arlit, yacimiento de uranio de Níger.

ARLT (Roberto), *Buenos Aires 1900-íd. 1942,* escritor argentino. Sus novelas (*El juguete rabioso,* 1926; *Los siete locos,* 1929; *Los lanzallamas,* 1931) y su teatro (*Saverio el cruel,* 1936) narran la degradación de las relaciones humanas por un entorno desquiciado que se mueve entre el cinismo y la violencia.

■ ROBERTO **ARLT**

Armada invencible, nombre dado a la flota enviada por Felipe II contra Inglaterra, en 1588, al mando del duque de Medinasidonia (130 naves y más de 20 000 hombres). Fue diezmada por combates y tempestades.

ARMAGH, c. de Gran Bretaña (Irlanda del Norte); 14 000 hab. Metrópolis religiosa de la isla, residencia de un arzobispo católico, primado de Irlanda, y de un arzobispo anglicano.

ARMAGNAC, región de Francia que ocupa la mayor parte del dep. de Gers. Policultivo (viñas destinadas a la producción del aguardiente *armagnac*). — El *condado de Armagnac,* constituido en 960, se unió a la corona en 1607.

ARMANI (Giorgio), *Piacenza 1934,* modisto italiano. En 1975 fundó su propia firma, en Milán, con S. Galeotti, cuya indumentaria se caracteriza por una sobria elegancia.

armañacs (facción de los), partidarios de la casa de Orleans en la guerra de los Cien años. En los reinados de Carlos VI y Carlos VII se opusieron a los borgoñones, hasta el tratado de Arras (1435).

ARMAVIR, c. de Rusia, al pie de la vertiente N del Cáucaso; 161 000 hab.

ARMENDÁRIZ (Ramón, llamado **Montxo**), *Olleta, Navarra, 1949,* director de cine español. Es autor de un cine intimista y comprometido (*Tasio,* 1984; *Secretos del corazón,* 1997; *Obaba,* 2005). [Premio nacional de cinematografía 1998.]

ARMENDÁRIZ (Pedro), *México 1912-Los Ángeles 1963,* actor de cine mexicano. Protagonista habitual de las películas de E. Fernández (*Flor silvestre,* 1943; *María Candelaria,* 1943; *Enamorada,* 1946), también trabajó en el cine estadounidense (*El fugitivo,* J. Ford, 1947).

ARMENIA, en armenio **Hayastan,** estado de Asia, en el Cáucaso; 29 800 km²; 3 600 000 hab. (*armenios*). CAP. *Ereván.* LENGUA: *armenio.* MONEDA: *dram armenio.*

GEOGRAFÍA

Constituye un conjunto de tierras altas, de relieve poco uniforme, cortado por cuencas (en ocasiones lacustres) y accidentado por cumbres, a menudo volcánicas. Ereván concentra más de un tercio de una población étnicamente homogénea. La economía yuxtapone los cultivos (cereales, patatas) y la ganadería (bovina y ovina) a algunas actividades industriales (extracción del cobre, metalurgia de transformación). Está lastrada por el conflicto latente con Azerbaiján, país que engloba el Alto *Karabaj.

HISTORIA

La Armenia antigua y medieval. Ss. IX-VII a.C.: se formó en torno al lago de Van el estado de Urartu, rival del imperio asirio. En el s. VII se menciona a los armenios, población indoeuropea procedente de Tracia o Asia Menor. **189 a.C.:** Armenia, sometida a los Selyúcidas desde finales del s. IV a.C., recuperó la independencia. **S. I a.C.:** Armenia fue conquistada sucesivamente por los romanos y los partos, y desde finales del s. III se convirtió al cristianismo. **640:** los árabes invadieron Armenia. **885-1079:** la dinastía local de los Bagratíes deparó cierta prosperidad al país. **Ss. X-XIV:** florecimiento de una escuela de arquitectura y pintura mural (Aghtamar, etc.). **Mediados s. XI-principios s. XV:** la Gran Armenia fue asolada por las invasiones turcas y mongolas. La Pequeña Armenia, creada en Cilicia (1080), apoyó a los cruzados en su lucha contra el islam, pero acabó sucumbiendo a los golpes de los mamelucos (1375). Los otomanos conquistaron toda Armenia (salvo algunos kanatos integrados en Irán) y la sometieron a la autoridad del patriarca armenio de Constantinopla.

La Armenia contemporánea. 1813-1828: la rusos conquistaron Armenia oriental. **1915:** 1 500 000 armenios fueron víctimas del genocidio perpetrado por el gobierno de los Jóvenes turcos. La república de Armenia, proclamada en 1918, fue reconocida por los Aliados en el tratado de Sèvres, pero las tropas turcas kemalistas y el Ejército rojo ocuparon el país. **1922:** la república de Armenia se integró en la URSS. **1936:** se convirtió en una república federada.

El despertar nacional. 1988: los armenios se rebelaron y reclamaron la anexión del Alto Karabaj (Azerbaiján) a la república de Armenia; los gobiernos de la URSS y de Azerbaiján se opusieron. **1990:** el Movimiento nacional armenio obtuvo la victoria en las primeras elecciones libres. **1991:** se proclamó la independencia del país, que se adhirió a la CEI. Levon Ter-Petrossian fue elegido presidente de la república (reelegido en 1996). **1998:** tras la dimisión de este último, Robert Kocharián fue elegido jefe del estado (reelegido en 2003). **2008:** lo sucedió Serge Sarkissian.

ARMENIA, c. de Colombia, cap. del dep. de Quindío; 187 130 hab. Elaboración y exportación de café. Industria textil, química. Aeropuerto.

ARMERÍA, mun. de México (Colima); 21 847 hab. Agricultura de regadío, ganadería. Salinas.

ARMERO, mun. de Colombia (Tolima), al pie de la cordillera Central; 29 304 hab. (antes de ser devastado en 1985 por una erupción del nevado del Ruiz).

ARMILLITA (Fermín **Espinosa Saucedo,** llamado), *Saltillo 1911-México 1978,* matador de toros mexicano. Tomó la alternativa en 1927 y destacó por su toreo frío y cerebral; fue también un gran banderillero.

■ PEDRO **ARMENDÁRIZ** junto a Dolores del Río en la película *María Candelaria* (1943).

ARMINIO, *h. 18 a.C-19 d.C,* jefe del pueblo germánico de los queruscos. Destruyó las legiones de Varo (9 d.C.) en el bosque de Teutoburgo, pero fue vencido por Germánico (16).

ARMINIUS (Jacob **Harmensz,** latinizado como Jacobus), *Oudewater 1560-Leiden 1609,* teólogo protestante holandés, fundador de la secta de los arminianos. El arminianismo suavizaba la doctrina de Calvino sobre la predestinación.

ARMÓRICA, ant. región de la Galia, que corresponde a la actual Bretaña.

ARMORICANO (macizo), en fr. **massif Armoricain,** región geológica del O de Francia (Bretaña, Normandía occidental y Vendée).

ARMSTRONG (Lance), *Plano, Texas, 1971,* ciclista estadounidense. Campeón del mundo en carretera (1993), es el primer corredor en ganar siete tours y en lograrlo de modo consecutivo (1999 a 2005).

ARMSTRONG (Louis), *Nueva Orleans 1901-Nueva York 1971,* músico estadounidense de jazz. Iniciador del jazz clásico, fundó varios grupos (Hot Five, Hot Seven, etc.). Cantante, cornetista y trompetista, dio más importancia a la improvisación y al solista (*West End Blues,* 1928; *Mahogany Hall Stomp,* 1929).

■ LOUIS **ARMSTRONG** en 1960.

ARMSTRONG (Neil), *Wapakoneta, Ohio, 1930,* astronauta estadounidense. Fue el primer hombre en caminar sobre la Luna (Apolo 11, 21 julio 1969).

ARNAL (Enrique), *Tupiza 1932,* pintor boliviano. Exponente de la nueva figuración americana, su obra mezcla expresionismo y surrealismo.

ARNEDO, c. de España (La Rioja); 12 855 hab. (*arnedanos*). Industrias del calzado, textil y agroalimentarias. — Castillo y murallas; iglesia de Santo Tomás (portada gótica).

ARNHEM, c. de Países Bajos, cap. de Güeldres, junto al Rin; 131 703 hab. Fue objetivo de una operación aerotransportada aliada (1944).

ARNICHES (Carlos), *Alicante 1866-Madrid 1943,* comediógrafo español. Sobresalió en el género chico y el sainete madrileño (*El santo de la Isidra,* 1898; *Es mi hombre,* 1921). El humor negro y la crítica social aparecen en *La señorita de Trévelez* (1910), que se anticipa al esperpento, y *Los caciques* (1919).

ARNIM (Ludwig Joachim, llamado **Achim von**), *Berlín 1781-Wiepersdorf 1831,* escritor alemán. Casado con Bettina Brentano, escribió cuentos fantásticos y, con Clemens Brentano, su cuñado, recogió las canciones populares alemanas (*El cuerno maravilloso*).

ARNO, r. de Italia que desemboca en el Mediterráneo; 241 km. Pasa por Florencia y Pisa.

ARNOBIO, *segunda mitad del s. III d.C,* escritor latino. Es autor de una apología de la religión cristiana (*Contra los paganos*).

ARNOLD (Benedict), *Norwich 1741-Londres 1801,* militar estadounidense. Traicionó a su país al tratar de entregar el arsenal de West Point a los ingleses (1779).

ARNOLD (Matthew), *Laleham, Surrey, 1822-Liverpool 1888,* escritor británico. En sus ensayos se erigió en defensor de un moralismo panteísta.

ARNULFO, *850-Ratisbona 899,* rey de Germania (887-889) y emperador de Occidente (896-899), de la dinastía de los Carolingios. Era nieto de Luis el Germánico.

AROA, c. de Venezuela (Yaracuy), junto al *río Aroa;* 24 616 hab. Minas de cobre y pirita.

ARON (Raymond), *París 1905-íd. 1983,* ensayista francés. De tendencia liberal, es autor de ensayos sobre filosofía, sociología y economía política (*Las etapas del pensamiento sociológico*, 1967).

ARONA, v. de España (Santa Cruz de Tenerife), en Tenerife; 38 416 hab. Centro turístico (playas).

AROSA (ría de), en gall. **Arousa**, ría de España, entre las prov. de Pontevedra y La Coruña, en las Rías Bajas.

AROSEMENA (Florencio Harmodio), *Panamá 1872-Nueva York 1945*, político e ingeniero panameño. Liberal, fue presidente de la república (1928) hasta que fue depuesto en el primer movimiento revolucionario panameño (1932), por un golpe que tuvo apoyo popular y en el que destacó Arnulfo Arias.

AROSEMENA (Juan Demóstenes), *1879-Balboa 1939*, político panameño. Hermano de F. H. Arosemena, fue impuesto por este como presidente de la república (1936-1939).

AROSEMENA (Pablo), *Panamá 1836-íd. 1920*, político panameño. Fue presidente de la asamblea constituyente (1903) y de la república (1910-1912).

AROSEMENA MONROY (Carlos Julio), *Guayaquil 1920-íd. 2004*, político ecuatoriano. Presidente de la república (1961-1963), fue derrocado por los militares.

ARP (Hans o Jean), *Estrasburgo 1886-Basilea 1966*, pintor, escultor y poeta francés. Cofundador del movimiento dadá en Zurich y en Colonia, en su obra conjugó surrealismo y abstracción (*Bailarina*, 1925).

ÁRPÁD, dinastía que reinó en Hungría de h. 904 a 1301. Transformó progresivamente una confederación de tribus húngaras en un poderoso reino medieval. — **Árpád**, m. en 907, jefe magiar, fundador de la dinastía. Bajo su mando los húngaros conquistaron Panonia.

ARQUELAO, h. 23 a.C.-18 d.C., etnarca de Judea y Samaria (4 a.C.-6 d.C.). Hijo de Herodes el Grande, fue desterrado por Augusto por su mal gobierno y su despotismo.

arqueológico nacional (museo), museo español instalado en el palacio de bibliotecas y museos de Madrid, inaugurado en 1867. Posee colecciones de objetos prehistóricos, ibéricos, célticos, púnicos, griegos, paleocristianos, visigodos, hispanoárabes, así como arqueología numismática y una reproducción del «Techo de los polícromos» de la cueva de Altamira.

ARQUÍLOCO, *Paros 712-h. 664 a.C.*, poeta griego, el más antiguo y notable cultivador del verso yámbico.

ARQUÍMEDES, *Siracusa 287-íd. 212 a.C.*, científico griego. Su obra científica es considerable, tanto en el campo de las matemáticas como en física o mecánica. Perfeccionó el sistema numérico griego, llevó a cabo los primeros trabajos de geometría infinitesimal y se aproximó al número π gracias a la medición de polígonos inscritos en el círculo y circunscritos a este. Fundador, en física, de la estática de los sólidos y de la hidrostática, formuló el principio que lleva su nombre: *Todo cuerpo sumergido en un fluido experimenta un empuje vertical, dirigido de abajo arriba, igual al peso del fluido que desaloja*. Se le atribuyen diversos inventos mecánicos, tales como pa-

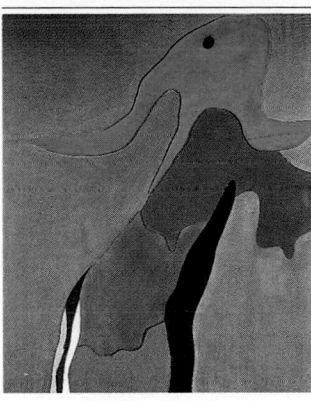

■ HANS **ARP**. *Bailarina* (1925). [Museo nacional de arte moderno, París.]

Armenia

500 1000 1500 2 000 m

— carretera
— ferrocarril
★ lugar de interés turístico

● más de 1 000 000 hab.
● de 100 000 a 1 000 000 hab.
● de 30 000 a 100 000 hab.
● menos de 30 000 hab.

lancas, muflas, ingenios bélicos. Durante tres años el uso de dichos ingenios tuvo en jaque a los romanos, que asediaban Siracusa, pero murió durante la toma de esta.

ARRABAL (Fernando), *Melilla 1932*, dramaturgo español en lenguas castellana y francesa. Fundador del «teatro pánico» junto con Topor y Alejandro Jodorowsky, es autor de obras escénicas (*El cementerio de automóviles*, 1958; *El jardín de las delicias*, 1969, *Carta de amor*, 1999) y novelas (*La torre herida por el rayo*, 1983). También se ha dedicado al cine (*¡Viva la muerte!*, 1969). [Premio nacional de teatro 2001 y 2003.]

Arrabal (revuelta del) [818], sublevación del arrabal sur de Córdoba contra al-Ḥakam I, dirigida por los alfaquíes, al implantarse nuevos impuestos. Fue reprimida sangrientamente.

ARRAIJÁN, distr. de Panamá (Panamá); 37 186 hab. Cultivos hortícolas. Industrias químicas.

ARRAS, c. de Francia, cap. del dep. de Pas-de-Calais; 43 566 hab. Ant. cap. del Artois.— Célebre por los tratados que firmaron Carlos VI y Juan sin Miedo (1414) y Carlos VII con Felipe III de Borgoña (1435), así como por la *Unión de Arras* entre Luis XI y Maximiliano de Austria (1482). Estuvo bajo la soberanía de los condes de Flandes (ss. IX-XII), de Francia y de España (1492-1640), hasta que, por el tratado de los Pirineos (1659), pasó definitivamente a Francia.

ARRASATE → MONDRAGÓN.

ARRAU (Claudio), *Chillán 1903-Mürzzuschlag, Austria, 1991*, pianista chileno. Destacó en el repertorio alemán, de Bach a Schumann, y adquirió un gran relieve por su interpretación de la música de Chopin y Liszt, aunando el rigor de su técnica a la inspiración poética.

ARREAZA CALATRAVA (José Tadeo), *Barcelona 1903-Caracas 1970*, poeta venezolano, autor de *Canto a Venezuela*.

ARRECIFE, c. de España (Las Palmas), cap. de Lanzarote y cab. de p. j.; 43 711 hab. (*arrecifeños*). Centro turístico. — Museo arqueológico (cultura guanche) y etnográfico; centro de arte El Almacén, creado por C. Manrique.

ARREDONDO (Inés), *Culiacán 1928-México 1989*, escritora mexicana. Autora de libros de relatos (*La señal*, 1965; *Río subterráneo*, 1979; *Opus 123*, 1983) y de una novela corta (*Los espejos*, 1988), su obra destaca por el cuidado tratamiento de los personajes.

ARREDONDO (Isidoro), *Colmenar de Oreja, Madrid, 1653-Madrid 1702*, pintor español, discípulo de A. Ricci y figura de la escuela barroca madrileña (frescos del alcázar de Madrid).

ARREDONDO (Nicolás Antonio de), m. en 1802, militar y administrador español, virrey del Río de la Plata (1789-1795).

ARREOLA (Juan José), *Ciudad Guzmán 1918-Guadalajara 2001*, escritor mexicano. Maestro del relato corto fantástico (*Varia invención*, 1949; *Confabulario*, 1952), su prosa poética se consolidó en la novela *La feria* (1963). Cultivó también el teatro: *La hora de todos* (1954). [Premio Juan Rulfo 1992.] También fue un destacado ajedrecista.

ARRHENIUS (Svante), *Wijk, cerca de Uppsala, 1859-Estocolmo 1927*, físico y químico sueco. Autor de la *teoría de los iones*, también demostró la función del gas carbónico en el clima. (Premio Nobel de química 1903.)

ARRIAGA, mun. de México (Chiapas), en la llanura litoral del Pacífico; 31 514 hab.

ARRIAGA (Guillermo), *México 1958*, escritor y cineasta mexicano. Con una prosa expresiva y punzante, tanto en sus novelas y libros de relatos (*Escuadrón guillotina*, 1991; *El búfalo de la noche*, 1999; *Retorno 201*, 2003) como en sus guiones (*Amores perros*, A. González Iñárritu, 2000; *Los tres entierros de Melquíades Estrada*, T. Lee Jones, 2005) y realizaciones cinematográficas (*Lejos de la tierra quemada*, 2008) aflora la violencia de la sociedad contemporánea.

ARRIAGA (Juan Crisóstomo de), *Bilbao 1806-París 1826*, compositor español. Compuso una *Sinfonía en re*, tres cuartetos para cuerda, la ópera *Los esclavos felices* y otras piezas (romanzas, cantatas).

ARRIAGA (Ponciano), *San Luis Potosí 1811-íd. 1863*, político mexicano. Redactor de la constitución de 1857, luchó junto a Juárez tras el golpe de estado de 1859.

■ CARLOS **ARRUZA**,
por R. Montenegro.

■ PEDRO DE **ARRIETA**. Detalle de las torres de la antigua basílica de Guadalupe (1695-1709).

ARRIAGA (Rodrigo de), *Logroño 1592-Praga 1667*, filósofo y teólogo español. Jesuita, enseñó en Valladolid, Salamanca y Praga. Fue una gran figura de la Contrarreforma en Bohemia.

ARRIANO, en lat. **Flavius Arrianus**, *Nicomedia h. 95-h. 175*, historiador y filósofo griego. Ciudadano romano, discípulo de Epicteto, cuyas enseñanzas reflejó en *Disertaciones* y *Manual de Epicteto*, es autor de una *Anábasis* sobre la expedición de Alejandro Magno.

ARRIAZA (Juan Bautista de), *Madrid 1770-íd. 1837*, diplomático y poeta español. Compuso *Poesías patrióticas* (1810) y otras amorosas y satíricas, de aire prerromántico.

ARRIETA (José Agustín), *Santa Ana de Chiautempan 1802-Puebla 1874*, pintor mexicano. Trató temas costumbristas (*La pulpería*) y bodegones.

ARRIETA (Pascual, llamado Emilio), *Puente la Reina 1823-Madrid 1894*, compositor español. Autor primero de óperas italianizantes, obtuvo el éxito en la zarzuela (*El grumete*, 1853; *Marina*, 1871; convertida en ópera, 1887).

ARRIETA (Pedro de), *m. en México 1738*, arquitecto mexicano, representa la evolución del barroco en su país (antigua basílica de Guadalupe, 1695-1709; templo de San José el Real; iglesia de San Miguel; y obras civiles como la casa Chaves Nava; palacio de la Inquisición, 1733-1737).

ARRIETA (Rafael Alberto), *Rauch 1889-Buenos Aires 1968*, poeta y crítico literario argentino. Junto a su *Antología poética* (1942) destacan sus obras sobre literatura comparada.

ARRIO, *h. 256-336*, sacerdote de Alejandría. Al negar la divinidad de Cristo, causó una de las crisis más graves de la Iglesia cristiana. Su doctrina, el *arrianismo*, fue condenada por los concilios de Nicea (325) y Constantinopla (381).

ARROW (Kenneth J.), *Nueva York 1921*, economista estadounidense. Es autor de estudios sobre las opciones colectivas y la teoría del bienestar. (Premio Nobel 1972, compartido con el británico sir John R. Hicks.)

ARROYO, c. del SE de Puerto Rico; 18 918 hab. Caña de azúcar.

ARROYO (Eduardo), *Madrid 1937*, pintor español. Influido por el surrealismo y el pop art, evolucionó hacia un realismo crítico y subversivo. También ha creado escenografías.

ARROYO DEL RÍO (Carlos Alberto), *Guayaquil 1894-íd. 1969*, político ecuatoriano. Líder del Partido liberal, fue presidente (1940-1944).

ARRUE (Juan de), *Ávalos 1565-Puebla 1637*, pintor mexicano. Discípulo de A. de la Concha, trabajó en Puebla (retablo del altar mayor de la catedral, pinturas para el convento de San Bernardo).

ARRUGA (Hermenegildo), *Barcelona 1886-íd. 1972*, oftalmólogo español. Perfeccionó la cirugía de la catarata y del desprendimiento de retina. Su *Cirugía ocular* (1946) es clásica en la materia.

ARRUPE (Pedro), *Bilbao 1907-Roma 1991*, jesuita español. Ingresó en la Compañía en 1927 y ejerció su primer apostolado en Japón (1938-1950). Fue su 28° prepósito general, de 1965 a 1983. En el concilio Vaticano II estuvo con los sectores progresistas y en la década de 1980

mantuvo un enfrentamiento con Juan Pablo II por su apoyo a la Teología de la liberación.

ARRUZA (Carlos Ruiz Camino, llamado Carlos), *México 1920-Toluca 1966*, matador de toros mexicano. Tomó la alternativa en México en 1940, y en 1944 se presentó en España, donde formó pareja con Manolete. Fue excelente torero de capa, banderillero y rejoneador.

ARS (cura de) → **JUAN MARÍA VIANNEY**.

ARSÁCIDAS, dinastía parta que reinó en Irán de 250 a.C. a 224 d.C. Fundada por Arsaces (h. 248 a.C.), tuvo treinta y ocho reyes y fue derrocada por los Sasánidas.

ARSINOE II FILADELFO, *h. 316-h. 270 a.C.*, reina de Egipto, de la dinastía de los Lágidas. Se casó con su hermano Tolomeo II Filadelfo, en quien influyó enormemente.

ARSUAGA (Juan Luis), *Madrid 1954*, paleontólogo español. Especialista en evolución humana, desde 1991 codirige, con J.Mª Bermúdez de Castro y E. Carbonell, las excavaciones en los yacimientos de Atapuerca, cuyos descubrimientos ha contribuido a divulgar.

ARTA, c. de Grecia (Epiro), cerca del *golfo de Arta*, formado por el mar Jónico; 20 450 hab. Es la ant. *Ambracia*.

ARTÁ (cuevas de), en cat. **Artà**, cuevas de origen cárstico, en la isla de Mallorca (mun. de Capdepera). Turismo.

ARTABÁN, nombre de varios reyes partos arsácidas.

ARTAGNAN (Charles de Batz, conde d'), *Castelmore entre 1610 y 1620-Maastricht 1673*, caballero gascón. Oficial de los mosqueteros, sirvió a Luis XIV. Fue inmortalizado por A. Dumas (*Los tres mosqueteros*, 1844).

ARTAJERJES I, rey aqueménida de Persia (465-424 a.C.). Hijo de Jerjes I, firmó con los atenienses la paz de Calias (449-448), que puso fin a las guerras médicas. — **Artajerjes II**, rey aqueménida de Persia (404-358 a.C.). Venció y mató en Cunaxa (401) a su hermano Ciro el Joven, que se había rebelado contra él. — **Artajerjes III**, rey aqueménida de Persia (358-338 a.C.). Hijo de Artajerjes II, reconquistó Egipto (343).

ARTAUD (Antonin), *Marsella 1896-Ivry-sur-Seine 1948*, escritor francés. Poeta adscrito inicialmente al surrealismo, creador del «teatro de la crueldad» (*El teatro y su doble*, 1938), ha ejercido gran influencia en la literatura moderna.

Arte concreto-invención, movimiento artístico argentino, promovido por Tomás Maldonado en 1944. Influido por el neoplasticismo neerlandés y la Bauhaus, proclamaba un compromiso con el arte abstracto geométrico y rechazaba la ilusión de realidad creada por el arte tradicional.

Arte magna, nombre dado al sistema filosófico de Ramón Llull, que culmina en *Ars magna generalis ultima* (1305-1308). Propone un sistema de principios generales para resolver los diversos problemas científicos y morales.

ARTEAGA, mun. de México (Coahuila); 18 345 hab. (3 641 en la cab., *Villa Arteaga*).

ARTEAGA, mun. de México (Michoacán); 17 975 hab. (6 912 en la cab., *Arteaga de Salazar*). Explotación maderera.

ARTEAGA (Ángel), *Campo de Criptana 1928-Madrid 1984*, compositor español. De su obra, en general adscrita a la estética expresionista, destacan *La mona de imitación* (1958), ópera, y *Kontakion* (1962) e *Himnos medievales* (1974), para coro y orquesta.

ARTEAGA (Esteban de), *Moraleja de Coca, Segovia, 1747-París 1797*, escritor español. Jesuita, escribió sobre música y poesía y el tratado de estética *La belleza ideal* (1789).

ARTEAGA (Sebastián de), *Sevilla 1610-México 1675*, pintor español. Se formó en Sevilla con influencia de Zurbarán, y realizó en México toda su obra, de gran colorismo, con dominio del claroscuro (*El Santo Cristo*, colegiata de Guadalupe; *Los desposorios de la Virgen*, *El crucificado*, Academia de bellas artes, México).

ARTECHE (Oswaldo Salinas Arteche, llamado Miguel), *Cautín 1926*, escritor chileno, poeta de acento religioso (*Solitario, mira hacia la ausencia*, 1953) y novelista (*La otra orilla*, 1956; *La disparatada vida de Félix Palissa*, 1975).

ARTEIXO, mun. de España (La Coruña); 22 153 hab.; cap. *Baiuca*. Pesca. Minería.

ARTEMISA, mun. de Cuba (La Habana); 65 200 hab. Lagos subterráneos. Industria azucarera.

ARTEMISA o **ARTEMIS** MIT. GR. Divinidad de la naturaleza, protectora de los animales salvajes y de la caza, identificada con la Diana de los romanos.

ARTEMISA II, reina de Caria (353-351 a.C.). Construyó a su esposo Mausolo el Mausoleo de Halicarnaso, considerado en la antigüedad una de las siete *Maravillas del mundo (353 a.C.).

Artemision (batalla del cabo) [480 a.C.], batalla naval de las guerras médicas. Combate entre la flota griega y la de Jerjes en el cabo Artemision, al N de la isla de Eubea.

ARTETA (Ainhoa), *Tolosa 1964*, soprano española. Debutó en 1991. Destacada por el vibrato de su voz y sus dotes expresivas, sobresale en el repertorio belcantista, Mozart y Puccini.

ARTETA (Aurelio), *Bilbao 1879-México 1940*, pintor español. Buen retratista, en sus cuadros con figuras monumentales de dibujo esquemático supera el expresionismo de la pintura vasca de la época. Fue también un excelente muralista (sede del Banco Bilbao, Madrid).

ARTHUR (Chester Alan), *cerca de Fairfield, Vermont, 1830-Nueva York 1886*, político estadounidense. Republicano, fue presidente de EUA (1881-1885).

ARTIBONITO o **ARTIBONITE**, r. de La Española (República Dominicana y Haití), el más largo de la isla. Desemboca en la bahía de Gonâve; 320 km.

ÁRTICAS (regiones) o **ÁRTICO**, conjunto constituido por el *océano Ártico* y la región continental e insular (*tierras Árticas*) situada al N del círculo polar ártico, que engloba el N de América, de Europa y de Siberia, Groenlandia y las Svalbard. De clima muy frío, posee zonas dotadas de una vegetación muy pobre (tundra) y fauna terrestre y marina. Los grupos humanos están muy dispersos (esquimales, lapones, samoyedos) y viven sobre todo de la caza, la pesca y la ganadería.

ÁRTICO (archipiélago), conjunto de las islas de Canadá, entre el continente americano y Groenlandia.

ÁRTICO (océano), conjunto de los mares situados en la parte boreal del globo, limitado por las costas septentrionales de Asia, América y Europa, y por el círculo polar ártico.

ARTIGAS, ant. **San Eugenio**, c. de Uruguay, cap. del dep. homónimo; 34 551 hab. Extracción de ágatas y amatistas. Aeropuerto.

ARTIGAS (departamento de), departamento de Uruguay; 12 145 km²; 69 000 hab.

ARTIGAS (José Gervasio), *Montevideo 1764-Ibiray, cerca de Asunción, 1850*, general uruguayo. Se enfrentó al gobernador español de Montevideo (sitio de 1811) y al gobierno centralista de Buenos Aires (1814-1820), para exigir un régimen federal en el antiguo virreinato. En 1816 hizo frente a la invasión lusobrasileña hasta que fue derrotado definitivamente en Tacuarembó (1820). El gobernador de Entre Ríos, Ramírez, que aspiraba a sustituirlo al frente de los federalistas, le declaró la guerra y lo venció (batalla de la Bajada, 1820), por lo que Artigas huyó a Paraguay. Aun así, se le considera como el padre de la independencia de su país.

ARTIGAS Y SANZ (José Antonio de), *Zaragoza 1887-Madrid 1977*, ingeniero español. Descubrió la luz fría e introdujo en el lenguaje internacional la *candela*, unidad de intensidad luminosa.

ARTIN (Emil), *Viena 1898-Hamburgo 1962*, matemático alemán, confundador, con Emmy Noether, del álgebra moderna.

ARTOIS, región del N de Francia, entre la cuenca de París y Flandes; cap. *Arras*. Ant. condado fundado por Luis IX, formó parte de Borgoña (1384) y de la casa de Austria (1493). Los tratados de los Pirineos y de Nimega lo unieron definitivamente a Francia.

ARTOLA (Miguel), *San Sebastián 1923*, historiador español. Autor de estudios sobre el Antiguo régimen (*Los afrancesados*, 1953) y el constitucionalismo, y director de obras generales (*Historia de España Alfaguara; Enciclopedia de historia de España*), fue presidente del Instituto de España (1986-1995).

Arturo, revista artística editada en Buenos Aires en 1944. Constituyó el punto de partida del movimiento *Arte concreto-invención.

ARTÚS o **ARTURO**, rey legendario del País de Gales, que acaudilló la resistencia de los celtas frente a la conquista anglosajona (fines s. v-inicios s. VI). Sus aventuras dieron origen a las novelas del llamado *ciclo artúrico, ciclo bretón* o *materia de Bretaña*.

ARUBA, isla de las Antillas, dependencia de Países Bajos; 67 000 hab.

ARUCAS, c. de España (Las Palmas), cab. de p.j., en Gran Canaria; 31 973 hab. (*aruquenses* o *uruqueños*). Industria alimentaria y tabacalera.

ARUNACHAL PRADESH, est. del NE. de la India; 83 700 km²; 865 000 hab.; cap. *Itanagar*.

ARUNDEL (Thomas), *1353-1414*, prelado inglés. Canciller durante el reinado de Ricardo II, fue arzobispo de Canterbury (1396), y en

el de Enrique IV combatió la herejía de los lolardos.

ARVELO LARRIVA (Alfredo), *Barinitas 1883-Madrid 1934*, poeta venezolano. En *Sones y canciones* (1909) evoca los Llanos venezolanos.

ARVELO TORREALBA (Alberto), *Barinas 1904-íd. 1971*, poeta venezolano. Es autor de poesía nativista, inspirada en el folclore (*Música de cuatro*, 1928; *Glosas al cancionero*, 1940; *Florentino y el diablo*, 1957).

ARYABHATA, *Pataliputra, act. Patná, 476-550*, matemático y astrónomo indio. En sus escritos se encuentra la primera referencia a la notación decimal de posición; en astronomía, defendió la rotación de la Tierra.

ARZAK (Juan María, llamado Juan Mari), *San Sebastián 1943*, cocinero español, pionero y principal exponente de la nueva cocina vasca. (Premio nacional de gastronomía 1985 y 1995.)

ARZALLUZ (Xabier), *Azcoitia 1932*, político español. En 1968 ingresó en el Partido nacionalista vasco, del que fue elegido presidente desde 1980 hasta 1984 y nuevamente de 1985 a 2004. Impulsó la vía soberanista en su partido.

ARZAQUEL → **AZARQUIEL**.

ARZIW, ant. **Arzew**, c. de Argelia, junto al *golfo de Arziw*, al NE de Orán; 22 000 hab. Puerto petrolero y terminal de gasoducto; licuefacción de gas; refino de petróleo.

ARZÚ (Álvaro), *Guatemala 1946*, político guatemalteco. Cofundador y secretario general del Partido de avanzada nacional (PAN), conservador moderado, fue presidente de la república de 1996 a 2000. Durante su presidencia impulsó la conciliación nacional y llegó a un acuerdo de paz con la guerrilla.

ASAD (lago), lago de Siria, creado por un cm balse sobre el Éufrates; 640 km².

ASAD (Hāfiz al-), *cerca de Latakia 1928-Damasco 2000*, general y político sirio. Tomó el poder en 1970, y desde 1971 fue presidente de la república siria y secretario general del Ba'at.
— **Bachar al-A.**, *Damasco 1965*, político sirio.

■ JOSÉ GERVASIO
ARTIGAS

■ HILARIO
ASCASUBI

Segundo hijo de Hāfiz al-Asad, lo sucedió al frente del Ba'at y del estado en 2000.

ASAHIKAWA, c. de Japón (Hokkaidō); 359 071 habitantes.

Asahi Shimbun («diario del sol naciente»), diario japonés fundado en 1879, uno de los más importantes del mundo por su tirada.

ASAM (hermanos), artistas alemanes. **Cosmas Damian A.**, *Benediktbeuern 1686-Munich 1739*, pintor y arquitecto, y **Egid Quirin A.**, *Tegernsee 1692-Mannheim 1750*, escultor y estucador. Principales representantes del barroco del S de Alemania, su obra más destacada es la *Asamkirche* («iglesia de los Asam», h. 1733), que construyeron y decoraron juntos en Munich.

ASÁNGARO → **AZÁNGARO**.

ASANSOL, c. de la India (Bengala Occidental); 763 845 hab. Yacimiento de hulla; metalurgia.

ASARADÓN o **ASSARHADDON**, rey de Asiria (680-669 a.C.). Extendió su poder mediante la conquista del N de Egipto.

ASCALÓN, puerto de la ant. Palestina.

ASCANIA (casa de), dinastía de Alemania que reinó en Brandeburgo hasta 1320, en Lauenburg hasta s. XVII y en Anhalt hasta 1918.

ASCANIO o **JULIO** MIT. GR. Hijo de Eneas, al que sucedió en Italia como rey de Lavinia. Fundador de Alba Longa, César pretendía descender de él.

ASCASUBI (Hilario), *Fraile Muerto, Córdoba, 1807-Buenos Aires 1875*, poeta argentino. En Montevideo escribió los poemas gauchescos de *Paulino Lucero* (1853), contra Rosas; en Buenos Aires el periódico político y satírico *Aniceto el Gallo* (1853-1859). Su gran obra es *Santos Vega o Los mellizos de la Flor* (1872), relato en verso en el que creó el prototipo del gaucho y poetizó la pampa.

ASCÁSUBI o **AZCAZUBI** (Francisco Javier), *m. en Quito 1810*, patriota y militar ecuatoriano, precursor del movimiento independentista en Quito (1809).

ASCÁSUBI (Manuel de), político ecuatoriano del s. XIX. Presidente interino de la república (1849), fue derrocado por el general Urbina (1850).

ASCENSIÓN (isla de), isla británica del Atlántico austral; 88 km². Fue descubierta el día de la Ascensión de 1501 por João da Nova.

ASCHAFFENBURG, c. de Alemania (Baviera), junto al Main; 65 650 hab. Castillo renacentista de los arzobispos de Maguncia (museo).

ASCLEPÍADES de Prusa, *Prusa, Bitinia, 124-40 a.C.*, médico griego. Ejerció en Grecia y Roma, donde combatió las doctrinas de Hipócrates, y dio origen a la escuela metódica, fundada por sus discípulos.

ASCLEPIO MIT. GR. Dios de la salud y la medicina. Muy venerado en Epidauro, tiene como atributo un bastón con una serpiente enroscada. Es el Esculapio de los romanos.

ASCOLI PICENO, c. de Italia (Marcas), cap. de prov., a orillas del Tronto; 52 371 hab. Monumentos desde la época romana al renacimiento; museos.

ASCOT, localidad de Gran Bretaña (Inglaterra), cerca de Windsor; 12 500 hab. Hipódromo.

ASDRÚBAL, *h. 270-221 a.C.*, general cartaginés. Yerno de Amílcar, con quien colaboró en las campañas de ocupación del S y del Levante de la península Ibérica, fundó Cartago Nova

Regiones Árticas

| 200 | 500 | 1 000 | 2 000 m | | 500 | 1 000 | 2 000 m |

● más de 1 000 000 hab.
● de 100 000 a 1 000 000 hab.
● menos de 100 000 hab.

1127

(Cartagena). — **Asdrúbal Barca,** *h. 245-207 a.C.,* general cartaginés. Hermano de Aníbal, con quien colaboró en la ocupación del centro de la península Ibérica, fue vencido y muerto en Italia, a orillas del Metauro, cuando llevaba refuerzos a su hermano.

ASEAN (Association of South East Asian Nations, en esp. Asociación de naciones del Sureste asiático), organización regional fundada en Bangkok, en 1967, por Indonesia, Malaysia, Filipinas, Singapur y Tailandia. Concebida con el objeto de estrechar la cooperación entre los países no comunistas de la zona, al acabar la guerra fría se orientó hacia una cooperación regional, económica y política más amplia. Brunei ingresó en 1984, Vietnam en 1995, Birmania y Laos en 1997 y Camboya en 1999. En 2004 acordó establecer (en 2010) una zona de libre comercio con China.

Asencio (grito de) [1811], episodio inicial de la emancipación uruguaya, protagonizado por V. Benavides, P. Viera y otros patriotas.

ASER, personaje bíblico. Octavo hijo de Jacob, es el antepasado epónimo de una tribu israelita establecida en la alta Galilea.

ASERRÍ, cantón de Costa Rica (San José); 36 368 hab. Centro agrícola y ganadero. Turismo.

ASES, dioses guerreros de la mitología germánica del N.

Asesinos, adeptos a una rama del ismailismo fundada por Ḥasan ibn al-Sabbah y establecida a finales del s. XI en Irán y Siria. Su nombre de *ḥaṡṡāṡiyyin* («bebedores de *ḥaṡiṡ*») fue transformado por los cruzados en el de «asesinos».

ASHDOD, c. de Israel, al S de Tel-Aviv-Jaffa, a orillas del Mediterráneo; 90 100 hab. Puerto.

ASHGABAT, ant. **Ashjabad,** cap. de Turkmenistán; 416 000 hab.

ASHIKAGA, familia aristocrática japonesa, fundada por Ashikaga Takauji (1305-1358), que dio 15 shōgun a Japón entre 1338 y 1573.

ASHQELON o **ASHKELON,** c. de Israel, a orillas del Mediterráneo; 64 200 hab. Puerto petrolero.

ASHTON (William **Mallandaine,** llamado sir **Frederick),** *Guayaquil 1906-Eye, Suffolk, 1988,* bailarín y coreógrafo británico. De 1963 a 1970 fue director del Royal Ballet y marcó la creación coreográfica británica con su estilo refinado (*Symphonic Variations,* 1946; *Marguerite and Armand,* 1963; *A Month in the Country,* 1976).

ASIA, una de las cinco partes del mundo, situada casi por completo en el hemisferio N; 44 000 000 km²; 3 600 000 000 hab. En su mayor parte está formada por regiones bajas al NO (Siberia occidental, depresión aralocaspiense) y por amplias mesetas de rocas antiguas al S (Arabia, Decán), separadas por montañas (Cáucaso, Zagros, Himalaya, Tian Shan, Altái), las cuales, a su vez, encierran altiplanos (Anatolia, meseta iraní, Tíbet). El E está fragmentado en penínsulas (Kamchatka, Corea, Indochina, Malaysia), islas (Sajalín, Taiwan, Hainan) y archipiélagos (Japón, Filipinas, Indonesia). Aparte de Siberia, Mongolia y el Tíbet, de clima continental acentuado (inviernos muy fríos), existen dos grandes ámbitos climáticos, por lo general cálidos: un *Asia occidental* seca, y, en el resto del continente, un Asia húmeda, el *Asia de los monzones,* de lluvias estivales.

El clima condiciona más que el relieve el establecimiento de la población. El 90 % de los habitantes se concentra en el Asia húmeda (30 % de la superficie del continente), especialmente en las llanuras y los deltas de los grandes ríos: Indo, Ganges y Brahmaputra, Mekong, río Rojo, Yangzi Jiang, Huang He. En esta región, la población se dedica aún principalmente al cultivo del arroz, base de una alimentación con predominio vegetariano. La sequía de Asia occidental explica su escasa densidad demográfica y la subsistencia de la ganadería nómada, excepto en los focos de agua, donde se siembran los cultivos, y en los centros urbanos o industriales (petróleo), donde se concentra una parte creciente de la población. En Asia occidental, la población está islamizada casi en su totalidad, mientras que el Asia húmeda es de mayoría budista o hinduista, pese a contar con los tres mayores países musulmanes del mundo (Indonesia, Pakistán y Bangla Desh).

ASIA CENTRAL, parte de Asia que se extiende desde el mar Caspio hasta China y que corresponde al S de Kazajstán, Uzbekistán, Turkmenistán, Kirguizistán, Tadzhikistán y el O de Xinjiang (China). Determinados estudios también incluyen a Afganistán.

ASIA MENOR, nombre que se daba en historia antigua a la región occidental de Asia al S del mar Negro.

ASIA MERIDIONAL o **ASIA DEL SUR,** parte de Asia que engloba la India, Pakistán, Bangla Desh, Sri Lanka y el Sureste asiático. Las costas de la mayoría de estos países se vieron afectadas por un tsunami mortífero —consecuencia de un sismo submarino con epicentro junto a la isla de Sumatra— el 26 dic. 2004 (cerca de 230 000 muertos).

ASIA OCCIDENTAL o **ASIA ANTERIOR,** parte de Asia que comprende desde el contorno E del Mediterráneo hasta Afganistán y Pakistán.

ASIENTOS, mun. de México (Aguascalientes); 24 395 hab. Minería (oro, plata, cobre, plomo y cinc).

Así habló Zaratustra, poema filosófico en prosa de F. Nietzsche (1883-1885) sobre los temas del superhombre y del eterno retorno.

ASIMOV (Isaac), *Petrovich 1920-Nueva York 1992,* escritor estadounidense de origen ruso. Bioquímico de formación, escribió relatos de ciencia ficción (*Fundación,* 1942-1949).

ASÍN PALACIOS (Miguel), *Zaragoza 1871-San Sebastián 1944,* arabista español. Especialista en pensamiento islámico (*Orígenes de la filosofía hispanomusulmana,* 1914), dirigió la revista *Al-Andalus.* Académico (1915), fue presidente de la Real academia española (1943).

'ASĪR, prov. de Arabia Saudí, al S del Ḥiŷāz; cap. *Abhā.* Antiguo emirato.

ASIRIA, imperio mesopotámico que dominó el Oriente antiguo en los ss. XIV-XIII y IX-VII a.C. Del III milenio a la segunda mitad del II milenio, la ciudad-estado de Assur creó un imperio que rivalizó con los acadios, Babilonia y Mitanni. Del s. XIV al s. XI a.C., con el primer imperio asirio, Asiria se convirtió en un estado poderoso de Asia occidental (Salmanasar I, 1275-1245), que fue asolado por las invasiones arameas. Del s. IX al s. VII, con el segundo imperio, Asiria recuperó su poder, en apogeo con el reinado de Assurbanipal (669-h. 627). En 612 a.C., la caída de Nínive ante los ataques de los medos (Ciaxares) aliados con los babilonios, puso fin al poder asirio. — El arte asirio, que floreció entre los siglos XIII y VII a.C., se caracteriza por una arquitectura de proporciones colosales y una decoración (ladrillos es-maltados o frisos con relieves) inspirada en los mitos y en las hazañas del soberano.

ASÍS, en ital. **Assisi,** c. de Italia (Umbría, en la prov. de Perugia); 25 637 hab. Cuna de san Francisco de Asís (que instituyó la orden de los frailes menores) y de santa Clara. — Basílica de San Francisco, formada por dos iglesias superpuestas (s. XIII); frescos de Cimabue, Giotto, P. Lorenzetti, S. Martini. El edificio, dañado por un sismo en 1997, ha sido restaurado. (Patrimonio de la humanidad 2000.)

■ **ASÍS.** Interior de la basílica superior de San Francisco, con frescos de finales del s. XIII atribuidos a Giotto.

ASIUT, c. de Egipto central; 274 000 hab. Presa sobre el Nilo.

ASKIA o **ASKYA,** dinastía islamizada que gobernó el imperio songay entre 1492 y 1591. Sucedió a la dinastía de los Sonni y fue eliminada por los marroquíes (batalla de Tondibi).

ASMARA, cap. de Eritrea, a 2 400 m de alt.; 374 000 hab.

ASMODEO, demonio de los placeres impuros en el libro bíblico de Tobías y la literatura judía.

ASMONEOS, dinastía descendiente de los Macabeos. Reinó de 134 a 37 a.C. en Palestina.

ASNAM (el-) → **CHELIFF (Ech-).**

asno de oro (El), título que reciben en ocasiones las *Metamorfosis* de Apuleyo.

ASŌ, volcán activo de Japón (Kyūshū); 1 592 metros. Parque nacional.

Asociación de estados del Caribe, organismo internacional de consulta, concertación y cooperación fundado en 1994 en Cartagena de Indias, cuya finalidad es promover el desarrollo de los países del Caribe. Está integrado por 25 países.

Asociación de mayo, sociedad secreta fundada en Argentina (1838) para derrocar la dictadura de Rosas. Destacaron E. Echeverría, J. B. Alberdi y J. M. Gutiérrez.

Asociación nacional republicana → **colorado** (Partido) [Paraguay].

AŚOKA o **AÇOKA,** soberano de la India (h. 269-232 a.C.), de la dinastía Maurya. Reinó en casi toda la India y contribuyó al desarrollo del budismo, que inspiró su política.

ASO TARO, *Iizuka, prefectura de Fukuoka, 1940,* político japonés. Varias veces ministro (sobre todo de asuntos exteriores, 2005-2007), es presidente del Partido liberal democrata (PLD) y primer ministro desde 2008.

ASPASIA de Mileto, *Mileto, segunda mitad s. v a.C.,* compañera de Pericles, célebre por su belleza y su inteligencia, fue criticada por la influencia que ejerció sobre él.

ASPE, v. de España (Alicante); 16 593 hab. (*aspenses*). Canteras de mármol. Muebles.

ASPROMONTE, macizo granítico de Italia (Calabria); 1 956 m.

ASQUERINO (Mariano), *Reus 1889-Madrid 1957,* actor español. Formó compañía con I. López Heredia y tuvo su época más brillante de 1920 a 1940. — **María A.,** *Madrid 1925,* actriz de teatro y cine española, hija de Mariano.

ASQUITH (Herbert Henry), conde de **Oxford y Asquith,** *Morley 1852-Londres 1928,* político británico. Jefe del partido liberal, primer minis-

■ **ASIRIA.** «Asurnasirpal II cazando leones con el arco». Bajorrelieve procedente del palacio de Nimrud; s. IX a.C. (British Museum, Londres.)

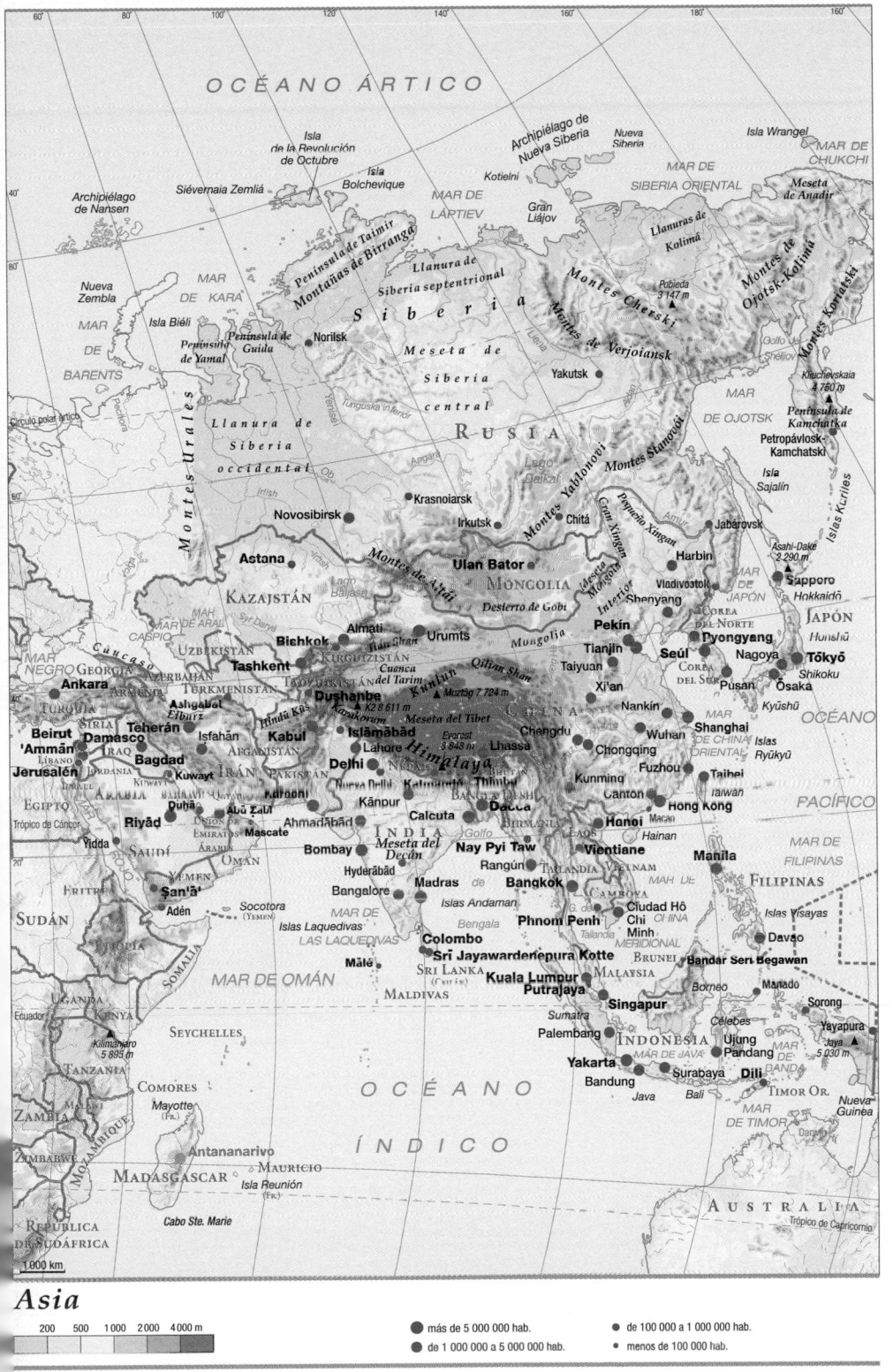

OCÉANO ÁRTICO

Archipiélago de Nansen
Siévernaia Zemliá
Isla de la Revolución de Octubre
Isla Bolchevique
Archipiélago de Nueva Siberia
Nueva Siberia
Isla Wrangel
MAR DE CHUKCHI
Meseta de Anadir
Kotielni
MAR DE SIBERIA ORIENTAL
Gran Liájov
MAR DE LÁPTIEV
Llanuras de Kolimá
Montes Korilaski

Nueva Zembla
MAR DE KARA
Península de Taimir
Montañas de Birranga
Llanura de Siberia septentrional
Montes Cherski
Montes de Ojotsk-Kolimá
Pobieda 3 147 m

MAR DE BARENTS
Isla Biéli
Península de Yamal
Península de Guidá
Norilsk
Siberia
Meseta de Siberia central
Montes de Verjoiansk
Yakutsk
Kliuchevskaia 4 760 m
Península de Kamchatka
Petropávlovsk-Kamchatski

Círculo polar ártico
Llanura de Siberia occidental
Ob
RUSIA
Lago Baikal
Montes Yablonovi
Montes Stanovói
MAR DE OJOTSK
Isla Sajalín
Islas Kuriles

Montes Urales
Novosibirsk
Krasnoiarsk
Irkutsk
Chitá
Gran Xingan
Jabárovsk
Asahi-Dake 2 290 m

Astana
KAZAJSTÁN
Montes de Altai
Ulan Bator
MONGOLIA
Desierto de Gobi
Pequeño Xingan
Harbin
Vladivostok
Shenyang
Sapporo
Hokkaidō
JAPÓN
Honshū

MAR DE ARAL
MAR CASPIO
Lago Baljash
Bishkek
Almati
Urumtsi
Mongolia
Meseta Mongólica
COREA DEL NORTE
Pyongyang
Pekín
Tianjin
Seúl
Nagoya
Tōkyō

UZBEKISTAN
Tashkent
KIRGUIZISTÁN
Tian Shan
Qilian Shan
Taiyuan
Pusan
Osaka
Shikoku

MAR NEGRO
GEORGIA
Ankara
Cáucaso
AZERBAIYÁN
TURKMENISTÁN
TADZIKISTÁN
Dushanbe
Cuenca del Tarim
K2 8 611 m
Muztug 7 724 m
Xi'an
COREA DEL SUR
Kyūshū
OCÉANO

TURQUÍA
SIRIA
Ashgabat
Elburz
Isfahán
Hindú Kúsh
Karakórum
Meseta del Tibet
CHINA
Nankín
Shanghai
MAR DE CHINA ORIENTAL
Islas Ryūkyū

Beirut
'Ammán
Teherán
Damasco
IRAQ
Bagdad
Kuwait
IRÁN
AFGANISTÁN
Kabul
PAKISTÁN
Islamabad
Lahore
Everest 8 848 m
Himalaya
Lhassa
Chengdu
Chongqing
Wuhan
Fuzhou
Taihei
Taiwan

Jerusalén
EGIPTO
JORDANIA
ARABIA
Riyād
Duba
Abū Zabī
Mascate
Delhi
Nueva Delhi
NEPAL
Katmandú
BUTÁN
Thimbu
BANGLADESH
Kunming
Canton
Hong Kong
Macao

Yidda
SAUDÍ
OMÁN
UNIÓN DE LOS EMIRATOS ÁRABES
Karachi
Kānpur
Calcuta
Dacca
BIRMANIA
Hanoi
Hainan
PACÍFICO

SUDÁN
YEMEN
San'a'
Adén
Bombay
Ahmadābād
INDIA
Meseta del Decán
Hyderābād
Nay Pyi Taw
Rangún
Vientiane
LAOS
Manila
MAR DE FILIPINAS
FILIPINAS

ERITREA
Socotora (Yemen)
Islas Laquedivas
LAS LAQUEDIVAS
Bangalore
Madras
Islas Andaman
Bengala
Bangkok
TAILANDIA
VIETNAM
CAMBOYA
Phnom Penh
Ciudad Hô Chi Minh
CHINA
Islas Visayas
Davao

Kilimanjaro 5 895 m
SEYCHELLES
Colombo
Māle
Sri Jayawardenepura Kotte
SRI LANKA (Ceilán)
Kuala Lumpur
Putrajaya
BRUNEI
Bandar Seri Begawan
MALASIA
Borneo
Manado
Sorong

UGANDA
KENYA
TANZANIA
COMORES
MALDIVAS
MAR DE OMÁN
Singapur
Sumatra
Palembang
INDONESIA
Célebes
Ujung Pandang
MAR DE JAVA
Yayapura
Java 5 030 m

ZAMBIA
MALAWI
MOZAMBIQUE
Mayotte (Fr.)
OCÉANO ÍNDICO
Yakarta
Bandung
Java
Surabaya
Bali
Dili
TIMOR OR.
MAR DE TIMOR
Nueva Guinea
Darwin

ZIMBABWE
Antananarivo
MAURICIO
MADAGASCAR
Isla Reunión (Fr.)

REPÚBLICA DE SUDÁFRICA
Cabo Ste. Marie
AUSTRALIA
Trópico de Capricornio

1 000 km

Asia

200   500   1000   2000   4000 m

● más de 5 000 000 hab.
● de 1 000 000 a 5 000 000 hab.
● de 100 000 a 1 000 000 hab.
• menos de 100 000 hab.

1129

tro de 1908 a 1916, defendió el Home Rule y la entrada de Gran Bretaña en la guerra (1914).

ASSAB, c. de Eritrea, junto al mar Rojo; 22 000 hab. Refinería de petróleo.

ASSAM, est. de la India, entre Bangla Desh y Birmania; 78 400 km²; 22 414 000 hab.; cap. *Dispur.* Región avenada por el Brahmaputra, muy húmeda. Plantaciones de té.

ASSEN, c. de Países Bajos, cap. de Drenthe; 50 357 hab. Museo provincial (prehistoria).

ASSINIBOINE, r. de Canadá, afl. del Red River (or. izq.), en Winnipeg; 960 km.

Associated Press, agencia de prensa estadounidense. Fundada en 1848 por 6 periódicos neoyorquinos, es hoy una de las mayores agencias de prensa del mundo.

ASSUR o **AŠŠUR,** c. de Mesopotamia, en la or. der. del Tigris (act. *al-Šargāt,* Iraq). Fundada en el s. XXVI a.C., fue una de las capitales del imperio asirio. — Las excavaciones, llevadas a cabo entre 1903 y 1914, han exhumado numerosos objetos de arte. (Patrimonio de la humanidad 2003.)

ASSUR, ASUR o **AŠŠUR,** dios principal de la ciudad homónima y posteriormente de Asiria.

ASSURBANIPAL o **AŠŠUR-BAN-APLI,** rey de Asiria (669-h. 627 a.C.). Con la conquista de Egipto, la sumisión de Babilonia y la destrucción del imperio elamita, condujo al imperio asirio a su apogeo. — En las ruinas de su palacio, en Nínive, se ha encontrado parte de su biblioteca.

ASTAIRE (Frederick E. **Austerlitz,** llamado Fred), *Omaha, Nebraska, 1899-Los Ángeles 1987,* bailarín, cantante y actor estadounidense. Virtuoso del claqué, fue una de las figuras más brillantes de la comedia musical de Hollywood (*Sombrero de copa,* Mark Sandrich, 1935; *Melodías de Broadway,* Vincente Minnelli, 1953), destacando sus memorables solos y sus dúos, sobre todo con Ginger Rogers y Cyd Charisse.

■ FRED **ASTAIRE** y Ginger Rogers en el film *Swing Time,* de George Stevens (1936).

ASTANA, ant. Tselinograd, después **Akmola,** cap. de Kazajstán (desde 1997); 286 000 hab.

ASTARTÉ, AŠTART o **IŠTAR,** principal divinidad de Mesopotamia, diosa del amor y del deseo, pero también de los combates bélicos. Posteriormente fue venerada en Asiria y Siria con el nombre de *Aštart.* Los griegos la asimilaron a Afrodita, convirtiéndola en *Astarté.*

Astérix, personaje de cómic francés creado en 1959 por el guionista R. Goscinny y el dibujante A. Uderzo. Es un pequeño guerrero galo que lucha contra los romanos, acompañado de su inseparable amigo Obélix.

ASTI, c. de Italia (Piamonte), cap. de prov.; 72 384 hab. Vinos blancos. Monumentos antiguos.

ASTIAGES, último rey de los medos de Irán

(h. 585-550 a.C.). Fue destronado por Ciro II el Grande.

ASTIANACTE MIT. GR. Personaje de la *Ilíada,* hijo de Héctor y de Andrómaca. Ulises se arrojó desde lo alto de las murallas de Troya.

ASTOLFO, rey de los lombardos (749-756). Fue derrotado por Pipino el Breve.

ASTON (Francis William), *Harbone 1877-Cambridge 1945,* físico británico. Descubrió la existencia de los isótopos de los elementos químicos. (Premio Nobel 1922.)

ASTORGA, c. de España (León), cab. de p. j.; 12 377 hab. (*astorganos* o *asturicenses*). Restos de la época romana (*Asturica Augusta*) y murallas medievales. Catedral gótica renovada (s. XVI). Ayuntamiento (s. XVII). Palacio episcopal modernista (A. Gaudí).

ASTRADA (Carlos), *Córdoba 1894-Buenos Aires 1970,* filósofo argentino. Discípulo de Heidegger, es autor de *El juego existencial* (1933), *La ética formal y los valores* (1938) y *Marx y Hegel* (1958).

ASTRAJÁN, c. de Rusia, cerca de la desembocadura del Volga en el mar Caspio; 512 000 hab. Puerto. Conservas de pescado.

ASTRANA MARÍN (Luis), *Villaescusa de Haro 1889-Madrid 1959,* erudito español. Traductor de Shakespeare y biógrafo de éste y de autores clásicos españoles (*Cervantes,* 6 vols., 1948-1955), escribió también obras teatrales.

ASTREA, mun. de Colombia (Cesar); 16 666 habitantes.

astrofísica de Andalucía (Instituto de) [IAA], centro científico español del CSIC, con sede en Granada, creado en 1975 para la investigación astrofísica y el desarrollo de tecnología espacial; de él depende el observatorio de Sierra *Nevada.

astrofísica de Canarias (Instituto de) [IAC], organismo científico español para la investigación astrofísica, fundado en 1982, que administra el Instituto universitario de astrofísica de La Laguna y los observatorios del *Teide (Tenerife) y el *Roque de los Muchachos (La Palma), junto a otros países europeos.

ASTURIAS (Principado de), región del N de España que constituye una comunidad autónoma uniprovincial; 10 565 km²; 1 076 896 hab. (*asturianos*); cap. *Oviedo.*

GEOGRAFÍA

Es una región montañosa, accidentada al N por un conjunto de colinas y pequeñas sierras, y al S por un sector de la cordillera Cantábrica (Picos de Europa al E, 2 648 m en Torrecerredo). En el sector central se abre la cuenca de Oviedo. Ganadería extensiva en el interior y agricultura en la región costera. Pesca y turismo en el litoral. La minería (carbón) se halla en regresión, y la industria siderúrgica ha sido objeto de una drástica reconversión, ambas muy dependientes del sector público. El sector terciario, en alza, se concentra en los grandes núcleos urbanos (Oviedo, Avilés, Gijón).

HISTORIA

S. I a.C.: Asturias, hasta entonces poblada por astures y cántabros, cayó en poder de Roma. **Ss. V-VI:** fue ocupada por los suevos y luego (585) por los visigodos. **718:** Pelayo formó el reino de Asturias, tras la invasión musulmana de 711. **722:** batalla de Covadonga, inicio de la Reconquista. **914:** Ordoño II trasladó la capital de Oviedo a León; el reino de Asturias pasó a ser una provincia de la corona leonesa o castellano-leonesa. **1388:** Asturias recibió el título de principado. **1717:** la audiencia remplazó a la Junta del Principado como órgano principal de la administración. El s. XVIII contempló una importante mejora económica con la incorporación de nuevos cultivos y la explotación de las minas de carbón. **S. XIX:** impulso de la industrialización; aumento del proletariado y arraigo del socialismo y el anarquismo. **1934:** revolución de octubre y toma de Oviedo. **1981:** aprobación del estatuto de autonomía.

ASTURIAS (reino de), primero de los reinos cristianos de la Reconquista. Formado en Galicia (Asturias y Galicia), abarcó desde el reinado de Pelayo (718-737) hasta el de Alfonso III el Magno (866-910), bajo cuyo mandato se extendió hasta el Mondego (Portugal) y el valle del Duero. Desde el reinado de Ordoño II, el

reino se denominó de León (traslado de la capital de Oviedo a León, 914).

Asturias (príncipe de), título que se otorga al heredero de la corona española. Creado en las cortes de Palencia en 1388.

ASTURIAS (Miguel Ángel), *Guatemala 1899-Madrid 1974,* escritor guatemalteco. Se inició con *Leyendas de Guatemala* (1930), recreación poética de relatos mayas. Su primera y más famosa novela es *El *Señor Presidente* (1946), satírica denuncia de la dictadura de Estrada Cabrera. Tras *Hombres de maíz* (1949) se acentúa en su obra la crítica político-social: la trilogía *Viento fuerte* (1950), *El papa verde* (1954) y *Los ojos de los enterrados* (1960), sobre las duras condiciones de vida en las plantaciones bananeras; *Week-end en Guatemala* (1956) y *Mulata de tal* (1963). Notable es también su poesía (*Clarivigilia primaveral,* 1965) y su teatro. (Premio Nobel 1967.)

■ MIGUEL ÁNGEL
ASTURIAS

ASUÁN, c. de Egipto meridional, junto al Nilo, cerca de la primera catarata; 191 500 hab. Presa, una de las mayores del mundo, que permite el embalse del lago Nasser.

ASUERO, nombre bíblico del rey persa Jerjes I en la Vulgata.

ASUNCIÓN, cap. de Paraguay, que constituye una entidad especial; 502 426 hab. (*asunceños*). En la or. izq. del río Paraguay, frente a la desembocadura del Pilcomayo. — Fundada en 1537, fue reedificada en el s. XIX (catedral, palacio del Congreso, Panteón nacional, museo histórico).

■ **ASUNCIÓN.** Plaza de los Héroes.

ASUNCIÓN (La), c. de Venezuela, cap. del est. Nueva Esparta, en la isla Margarita; 6 334 hab. Algodón, caña de azúcar y maíz. Destilería.

ASUNCIÓN MITA, mun. de Guatemala (Jutiapa); 25 286 hab. Calzados, muebles. — Restos arqueológicos.

ASÚNSOLO (Ignacio), *Hacienda de San Juan Bautista 1890-México 1965,* escultor mexicano. Profesor y director de la Escuela de bellas artes de México, realizó esculturas monumentales.

AŠVIN o **AÇVIN,** dioses gemelos del hinduismo primitivo, que curan las enfermedades. Se corresponden con los Dioscuros.

ATABAPO, r. fronterizo entre Venezuela y Colombia, afl. del Orinoco junto a la ciudad de San Fernando; 245 km. Navegable.

ATACAMA (desierto de), desierto del N de Chile; 132 000 km². Al E se prolonga en la *puna de Atacama,* región andina de Chile, de 4 000 m de alt., en la que abundan los salares. Cobre.

ATACAMA (fosa de), depresión marina del Pacífico, frente a las costas chilenas; 7 364 m de prof.

ATACAMA (región de), región del N de Chile; 78 268 km²; 230 786 hab.; cap. *Copiapó*.

ATACAMES (cultura de), cultura precolombina de Ecuador, con base en la desembocadura del río Atacames (Esmeraldas) [700-1526], compuesta por agricultores y marisqueadores. Destacan sus tumbas-chimenea.

ATACO, mun. de Colombia (Tolima); 21 486 hab. Minas de oro, plata, cobre y carbón.

ATAHUALPA, *1500-Cajamarca 1533*, soberano inca (1525-1533) y último emperador de Perú (h. 1528-1533). Hijo menor de Huayna Cápac, pugnó con su hermano Huáscar, a quien venció, por la herencia de su padre. Fue apresado en Cajamarca por los españoles y ejecutado por orden de Pizarro.

■ **ATAHUALPA** (F. Huamán Poma de Ayala en *Nueva Corónica y Buen Gobierno*, 1600-1615).

ATAHUALPA (Juan Santos, llamado), *Cajamarca o Cuzco h. 1710-San Luis de Shuaro 1756*, jefe de una revuelta indígena peruana contra los españoles (1742-1756).

ATAKORA, cordillera del N de Benín y de Togo.

ATALANTA MIT. GR. Virgen cazadora. Había prometido su mano a aquel que la venciera en una carrera. Hipómenes lo consiguió, tras dejar caer tres manzanas de oro tomadas en el jardín de las Hespérides.

ATALÍA, reina de Judá (841-835 a.C.). Hija de Ajab, rey de Israel, y de Jezabel, casó con Joram, rey de Judá. Cuando murió su hijo Ocozías, hizo exterminar a toda la estirpe real y se impuso como reina. Fue derrocada y asesinada por una revuelta popular que impuso como sucesor a su nieto Joas.

ATÁLIDAS, dinastía macedonia que reinó entre los ss. III y II a.C. sobre el reino de Pérgamo, en la época helenística.

ATALO I, *m. en 197 a.C.*, rey de Pérgamo (241-197 a.C.). Luchó con los romanos contra Filipo V de Macedonia. — **Atalo II Filadelfo**, *m. en 138 a.C.*, rey de Pérgamo (159-138 a.C.). Participó junto a los romanos en la destrucción de la liga Aquea (146). — **Atalo III**, *m. en 133 a.C.*, rey de Pérgamo (138-133 a.C.). Legó su reino a los romanos.

ATANAGILDO, rey de los visigodos (h. 554-567). Desde 551 disputó el trono a Ágila, y lo logró con el apoyo bizantino. Residió en Toledo e intentó la unificación de la Península.

ATANASIO (san), *Alejandría h. 295-íd. 373*, patriarca de Alejandría, padre de la Iglesia griega. Fue un firme adversario del arrianismo.

ATAPUERCA, conjunto de sitios paleontológicos de España, en la sierra del mismo nombre (mun. de Ibeas de Juarros, Burgos). Sus cuevas y galerías —entre ellas, las simas de los Huesos y del Elefante, y la Gran Dolina— aco-

gen restos humanos que abarcan desde hace aprox. 1,2 millones años (los más antiguos de Europa) hasta el neolítico. Los descubrimientos en Atapuerca han replanteado la datación de la presencia humana en el continente europeo y han dado a conocer la existencia de una especie (*Homo antecessor*) anterior y con rasgos comunes tanto con los neandertales como con el *Homo sapiens*. (Patrimonio de la humanidad 2000.)

ATARFE, mun. de España (Granada); 10 975 hab. (*atarfeños*). Es la *Ilíberis* prerromana y romana, y la *Elvira* medieval.

ATARRABIA → VILLAVA.

ATATÜRK → KEMAL PAŞA.

ATAÚLFO, *m. en Barcelona en 415*, rey de los visigodos (410-415). Sucesor de Alarico I, conquistó el S de las Galias. En 414 se casó con Gala Placidia, hermana del emperador Honorio, quien mandó un ejército para dominar a los visigodos; Ataúlfo instaló su corte en Barcelona, donde murió asesinado.

ATBARA o 'ATBARA, r. de Etiopía y Sudán, afl. del Nilo (or. der.); 1 100 km.

ATC (Argentina televisora color), cadena estatal de televisión de Argentina, nacida de la fusión del Ente autárquico mundial con Canal 7. Es la de mayor audiencia del país.

ATENÁGORAS, *Tsaraplana, Epiro, 1886-İstanbul 1972*, prelado ortodoxo griego. Patriarca ecuménico de Constantinopla (1948), luchó por la unidad del mundo ortodoxo y por renovar los vínculos con Roma (entrevista con Paulo VI en Jerusalén, 5 en. 1964).

ATENAS, en gr. **Athínai**, cap. de Grecia; 745 514 (*atenienses*) [3 230 000 hab. en la aglomeración]. La aglomeración, cuya población sigue creciendo, es un centro administrativo, comercial (puerto de El Pireo), industrial y cultural. Atenas es uno de los grandes centros turísticos del mundo, gracias a la belleza de sus monumentos antiguos en la Acrópolis (Partenón, Erecteion, Propileos, etc.) y a la riqueza de sus museos (→ **Acrópolis**).

HISTORIA

La ciudad, establecida sobre la roca de la Acrópolis, se fue extendiendo al pie de la antigua fortaleza, reuniendo todas las pequeñas tribus de los alrededores. Dirigida al principio por los eupátridas, Solón la reorganizó (594 a.C.), Pisístrato le dio su esplendor (560-527) y Clístenes le dotó de sus instituciones democráticas (507). A principios del s. V a.C. era, junto con Esparta, una de las primeras ciudades griegas; poseía ya su doble carácter de ciudad mercantil con sus puertos de El Pireo, Falera y Muniquia, y de ciudad democrática, mientras que Esparta era una ciudad militar y aristocrática. La victoria sobre los persas (→ **médicas** [guerras]), en el s. V a.C., hizo de Atenas la primera ciudad de Grecia. El período subsiguiente fue el más brillante de la historia de Atenas: dueña de los mares griegos, dirigió la liga de Delos y brilló, en tiempos de Pericles (461-429 a.C.), con un esplendor incomparable. Durante el llamado siglo de Pericles la Acrópolis se pobló de espléndidos monumentos (Partenón); las obras de Fidias, las tragedias de Esquilo y Sófocles le dieron una fama universal. No obstante, la rivalidad con Esparta dio origen a la guerra del Peloponeso (431-404); Atenas perdió su poder político en favor de Esparta, aunque mantuvo su supremacía intelectual y artística. Tiranizada entonces por los Treinta, recuperó su libertad y su grandeza cuando Tebas destruyó a Esparta (371). Con Demóstenes apareció como modelo de ciudad libre contra el conquistador Filipo de Macedonia, que la venció en Queronea (338 a.C.). A pesar de algunos intentos de organizar la resistencia contra los sucesores de Alejandro, cayó, con toda Grecia, bajo la dominación romana (146). Sin embargo, continuó siendo uno de los centros de la cultura helenística, y Roma recogió su legado.

ATENAS (ducado de), estado latino de Oriente. Creado a raíz de la cuarta cruzada (1202-1204), se convirtió en ducado en 1261. Tras la batalla de Cefiso, en 1311 cayó en poder de los almogávares y, entre 1355 y 1388, pasó a depender de la Corona de Aragón.

ATENCO, mun. de México (México), en la cuenca del Lerma; 16 418 hab.

ATENEA MIT. GR. Diosa del pensamiento, las artes, las ciencias y la guerra. Salió armada de la frente de Zeus. Corresponde a la Minerva de los romanos. — Una de las más célebres representaciones de la diosa —aparte de la *Atenea Partenos* de Fidias, conocida por réplicas— es la de una estela funeraria (museo de la Acrópolis, Atenas) donde se muestra con casco, pensativa, apoyada sobre su lanza.

ATENEO, *Naucratis, Egipto, s. II-III d.C.*, escritor griego. Es autor de *El banquete de los doctos*, serie de curiosidades fruto de sus lecturas y que conserva citas de 1 500 obras perdidas.

ATHABASCA, r. del O de Canadá, que desemboca en el *lago Athabasca*; 1 230 km. Constituye el tramo superior del *Mackenzie. Importantes yacimientos de esquistos bituminosos.

ATHOS, montaña de Grecia (Macedonia), en el S de la más oriental de las penínsulas calcídicas; 2 033 m. Centro monástico de la Iglesia de Oriente desde el s. VII, constituye una república confederal bajo la jurisdicción canónica del patriarcado de Constantinopla y el protectorado político de Grecia. — Sus conventos (ss. XIII-XIX, con restos del s. IX) albergan importantes manuscritos y obras de arte. (Patrimonio de la humanidad 1988.)

■ **MONTE ATHOS**. Vista parcial del monasterio de Vatopédi, fundado en la segunda mitad del s. X.

ÁTICA, península de Grecia donde se encuentra Atenas.

ATIENZA, v. de España (Guadalajara); 467 hab. (*atienzanos*). Conjunto monumental: castillo, plaza mayor con soportales, iglesias románicas.

ATILA o **ÁTILA**, *m. en 453*, rey de los hunos (434-453). Invadió el Imperio romano de Oriente (441) y la Galia, pero fue vencido en los campos Cataláunicos (451) por los ejércitos del romano Aecio y el visigodo Teodorico. En 452 saqueó Italia, pero renunció a Roma persuadido por el papa León I el Grande. Su imperio desapareció con él.

ATIRAU, ant. **Gúriev**, c. de Kazajstán, junto al mar Caspio, en la desembocadura del Ural; 156 700 hab. Puerto. Centro petrolero.

ATIS MIT. GR. Dios de la vegetación, de origen frigio. Fue amado por Cibeles, que lo enloqueció para castigar su infidelidad. Se emasculó y fue convertido en pino.

ATITLÁN (lago de), lago de Guatemala (Sololá); 125 km². Pesca. Turismo. En sus proximidades se encuentra el *volcán Atitlán* (3 537 m de alt.).

ATIZAPÁN DE ZARAGOZA, mun. de México (México); 202 248 hab. La c., *Ciudad López Mateos* (188 497 hab.), es un centro industrial y comercial.

ATL (Gerardo Murillo, llamado «Doctor»), *Guadalajara 1875-México 1964*, pintor y escritor mexicano. Formado en Europa, introdujo en México el interés por el muralismo renacentista italiano, el postimpresionismo y el fauvismo (1904), y organizó el movimiento de

■ MAX **AUB**

■ DOCTOR **ATL**. *Paricutín* (1943). [Col. part.]

pintores revolucionarios en el que participaron Orozco, Siqueiros y Rivera (1914). Realizó paisajes, sobre todo de volcanes.

ATLACOMULCO, mun. de México (México), avenado por el Lerma; 39 124 hab. Agricultura y ganadería.

ATLANTA, c. de Estados Unidos, cap. de Georgia; 394 017 hab. (2 833 511 en el área metropolitana). Centro industrial, comercial y financiero. Importante aeropuerto (primer rango mundial en tráfico de pasajeros). — High Museum of Art.

ATLÁNTICAS DE GALICIA (Islas) → **ISLAS ATLÁNTICAS DE GALICIA**.

ATLANTIC CITY, c. de Estados Unidos (Nueva Jersey); 37 986 hab. Estación balnearia.

ATLÁNTICO (departamento de), dep. del N de Colombia, en la costa del Caribe; 3 338 km²; 1 428 601 hab.; cap. *Barranquilla*.

ATLÁNTICO (océano), océano que separa Europa y África de América; 106 000 000 km². Está formado por grandes cubetas situadas bajo la plataforma continental, desarrollada sobre todo en el hemisferio N, donde se hallan los mares Mediterráneo, del Norte y Báltico, y el mar Caribe. Separa estas cubetas, en el centro del océano, una larga dorsal submarina meridiana, cuyas cimas constituyen islas (Azores, Ascensión, Tristán da Cunha).

Atlántico (batalla del), conjunto de combates librados en el océano Atlántico y los mares adyacentes por los alemanes y los Aliados durante la segunda guerra mundial.

ATLÁNTICO NORTE (Región Autónoma), región del NE de Nicaragua, junto al Atlántico; 32 159 km²; 192 716 hab.; cap. *Puerto Cabezas*.

Atlántico Norte (pacto del) → **OTAN**.

ATLÁNTICO SUR (Región Autónoma), región del SE de Nicaragua, junto al Atlántico; 27 407 km²; 272 252 hab.; cap. *Bluefields*.

ATLÁNTIDA, isla hipotética del Atlántico, sumergida en tiempos remotos, que ha inspirado desde Platón numerosos relatos legendarios.

ATLÁNTIDA (departamento de), dep. de Honduras, a orillas del Caribe; 4 251 km²; 262 000 hab.; cap. *La Ceiba*.

Atlántida (La), poema épico de J. Verdaguer (1877) y consagración de la literatura catalana de la Renaixença. Narra el hundimiento del legendario continente. — Inspiró a M. de Falla la cantata escénica *La Atlántida*, inacabada, que fue completada por E. Halffter (1961).

ATLAS, conjunto montañoso del N de África. Está formado por varias cadenas: en Marruecos, el *Alto Atlas* o *Gran Atlas*, parte más elevada del sistema (4 165 m en el yébel Tubkal), está separado del *Atlas Medio*, al N, por el Muluya y del *Antiatlas*, al S, por el uadi Sus; en Argelia, el *Atlas telliano* y el *Atlas sahariano* o *presahariano* rodean los altiplanos.

ATLAS o **ATLANTE** MIT. GR. Titán que se rebeló contra los dioses y fue condenado por Zeus a sostener la bóveda del cielo.

ATLAUTLA, ant. **Atlautla de Victoria**, mun. de México (México); 16 840 hab. Fruticultura.

ATLIXCO, mun. de México (Puebla); 91 660 hab. Iglesias de la Merced, San Agustín y capilla de la Tercera Orden (ss. XVII-XVIII) en estilo «barroco de argamasa atlixquense».

ATOTONILCO EL ALTO, mun. de México (Jalisco), avenado por el *río Atotonilco*; 40 619 habitantes.

ATOTONILCO EL GRANDE, mun. de México (Hidalgo); 24 152 hab. Maíz, fruticultura. Cemento.

ATOYAC, mun. de México (Veracruz); 21 179 hab. Agricultura tropical. Explotación forestal.

ATOYAC DE ÁLVAREZ, mun. de México (Guerrero); 43 743 hab. Producción de copra. Volframio.

ATRATO, r. de Colombia, en la vertiente atlántica; 750 km. Navegable en sus cursos alto y medio.

ATRIDAS MIT. GR. Descendientes de Atreo, cuyos miembros más conocidos son Agamenón y Menelao. El origen del destino trágico de la familia (adulterio, parricidio, incesto) era el odio de Atreo a su hermano Tieste.

ATROPOS MIT. GR. De las tres Parcas, es la encargada de cortar el hilo de la vida.

AT&T (American Telephone and Telegraph), sociedad estadounidense de telecomunicaciones. Fundada en 1885, representó, con sus filiales, el grupo conocido como «Bell System». Mantiene act. un papel de primer rango en su sector.

'ATTĀR (Farid al-Dīn), *Nišāpūr h. 1119-h. 1190 o h. 1220*, poeta persa. Su poesía está inspirada en la mística sufí (*El lenguaje de los pájaros*).

ATTLEE (Clement, conde), *Londres 1883-íd. 1967*, político británico. Formó parte del gabinete de guerra dirigido por W. Churchill. Líder laborista, fue primer ministro de 1945 a 1951.

ATUEL, r. de Argentina, afl. del Salado, que nace de una laguna glaciar; 482 km. En su desembocadura origina la región pantanosa de los *Bañados del Átuel*. Central hidroeléctrica.

ATURES (rápidos de), rápidos del Orinoco, en la frontera entre Venezuela y Colombia, entre las desembocaduras del Guaviare y el Meta.

ATWOOD (George), *Londres 1746-íd. 1807*, físico británico. Inventó un aparato para el estudio de la caída de los cuerpos.

ATWOOD (Margaret), *Ottawa 1939*, escritora canadiense en lengua inglesa. Su obra múltiple denuncia las convenciones culturales, la invasión tecnológica y las violaciones de los derechos humanos (*Resurgir*, 1972; *El cuento de la criada*, 1985; *El asesino ciego*, 2000; *Oryx y Crake*, 2003). [Premio Príncipe de Asturias 2008.]

ATXAGA (Joseba Irazu, llamado Bernardo), *Asteasu, Guipúzcoa, 1951*, escritor español en lengua vasca, autor de poesía (*Etiopía*, 1978), relatos (*Obabakoak*, 1988), novelas (*El hombre solo*, 1993; *Esos cielos*, 1995; *Siete casas en Francia*, 2009) y literatura infantil. (Premio nacional de narrativa 1989.)

ATZALÁN, mun. de México (Veracruz); 45 287 hab. Agricultura, ganadería y apicultura.

AUB (Max), *París 1903-México 1972*, escritor español. Exiliado en México desde 1942, escribió obras teatrales (*Espejo de avaricia*, 1934; *San Juan*, 1943; *Deseada*, 1950; *No*, 1952), novelas (*Jusep Torres Campalans*, 1958; la serie *El laberinto mágico*, 1943-1968, sobre la guerra civil), cuentos, poesía, ensayo y artículos (*Los tiempos mexicanos de Max Aub*).

AUBE, dep. del NE de Francia (Champagne-Ardenne); 292 131 hab.; cap. *Troyes*.

AUBIGNÉ (Agrippa d'), *cerca de Pons 1552-Ginebra 1630*, escritor francés. Calvinista, escribió una epopeya mística (*Los trágicos*, 1616) y una *Historia universal* (1616-1620). Su poesía amorosa se inserta en el barroco literario.

AUBUSSON (Pierre d'), *Monteil-au-Vicomte 1423-Rodas 1503*, gran maestre de la orden de San Juan de Jerusalén. Resistió el asedio de los turcos en Rodas (1480).

AUCANQUILCHA (cerro), pico de los Andes chilenos, cerca de la frontera con Bolivia; 6 233 m de alt.

AUCKLAND, c. de Nueva Zelanda, en la isla Norte; 840 000 hab. Principal puerto y centro industrial del país.

AUDE, dep. del S de Francia (Languedoc-Rosellón); 6 139 km²; 309 770 hab.; cap. *Carcasona*.

AUDEN (Wystan Hugh), *York 1907-Viena 1973*, escritor estadounidense de origen británico. Su poesía evolucionó desde el compromiso social y político hacia la aceptación de la concepción cristiana (*The Age of Anxiety*, 1947).

AUDENARDE → **OUDENAARDE**.

AUDH → **OUDH**.

AUDUBON (John James), *Les Cayes, isla de La Española, 1785-Nueva York 1851*, ornitólogo y pintor estadounidense. Estudió las aves y los cuadrúpedos de América del Norte, de los que realizó famosos grabados coloreados.

AUE (Hartmann von), *en Suabia h. 1150-h. 1215*, poeta alemán. Fue el primer poeta cortesano en lengua alemana.

Aufklärung (Zeitalter der) [«el siglo de las luces»], movimiento del pensamiento racionalista que se esforzó por promover una emancipación intelectual en la Alemania del s. XVIII.

AUGIAS MIT. GR. Rey de Élide. Heracles limpió sus inmensos establos desviando el río Alfeo.

AUGSBURGO, en alem. **Augsburg**, c. de Alemania (Baviera), a orillas del Lech; 264 764 hab. Industrias mecánicas y textiles. — Monumentos medievales y clásicos; museos.

Augsburgo (confesión de), formulario redactado por Melanchthon y presentado en 1530 a la dieta imperial de Augsburgo, presidida por Carlos Quinto. Constituye, en 28 artículos, la profesión de fe luterana.

Augsburgo (liga de) [1686-1697], coalición de las potencias europeas contra Francia, formada por el emperador, los príncipes alemanes, España y Suecia, y aliada con las Provincias Unidas, Inglaterra y Saboya. Tras la guerra entre Francia y la liga de Augsburgo, a partir de 1688, Luis XIV hubo de aceptar una solución negociada (paz de Ryswick, 1697).

Augsburgo (paz de), texto firmado en 1555 por los luteranos y los católicos. Dividió el Imperio germánico entre ambas confesiones al reconocer el derecho de los príncipes a escoger la religión de su Estado, según el principio *cuius regio, eius religio*.

AUGUSTA, ant. nombre de numerosas ciudades fundadas por Augusto u otro emperador romano (*Augustus*). En Hispania, destacan: Caesaraugusta (Zaragoza), Emerita Augusta (Mérida) y Asturica Augusta (Astorga).

Augusta (vía), principal calzada romana en Hispania, construida por Augusto para enlazar Narbo (Narbona) con Gades (Cádiz), como prolongación de la vía Hercúlea, que iba de Tarraco (Tarragona) a Cartago Nova (Cartagena).

Augustinus, obra póstuma de Jansenio (1640). Pretende exponer las doctrinas de san Agustín sobre la gracia y la predestinación. La obra, condenada por Urbano VIII en 1642, fue utilizada por los adversarios del jansenismo para extraer de ella una serie de proposiciones declaradas heréticas en 1653.

AUGUSTO, en lat. **Caius Julius Caesar Octavianus Augustus**, *Roma 63 a.C.-Nola 14 d.C.*, emperador romano (27 a.C.-14 d.C.). Conocido al principio con el nombre de *Octavio*, y luego con el de *Octaviano*, era sobrino nieto de César y su heredero. Asociado con Marco Antonio y Lépido en un triunvirato (43), conservó para sí Italia y occidente, y venció al ejército republicano en la batalla de Filipos. Único mandatario tras su victoria de Actium sobre Marco Antonio (31), recibió, además del título de Augusto (27), los poderes repartidos hasta entonces entre las distintas magistraturas. Organizó una sociedad basada en el retorno a las tradiciones antiguas y administrada por un cuerpo de funcionarios reclutados en las clases superiores (orden senatorial y orden ecuestre). Reorganizó las provincias, divididas en *provincias senatoriales y provincias imperiales*. Acabó la conquista de Hispania y llevó la frontera del Imperio hasta el Danubio; pero, en Germania, su lugarteniente Varo sufrió una severa derrota en Teutoburgo (9 d.C.). Designó a su sucesor (su sobrino Marcelo, Agripa y luego Tiberio) y, a su muerte, fue venerado como un dios. El principado de Augusto constituye una de las etapas más brillantes de la historia romana *(siglo de Augusto)*.

■ **AUGUSTO.** Antiguo camafeo que representa al emperador. (Biblioteca nacional, París.)

AUGUSTO II, *Dresde 1670-Varsovia 1733,* elector de Sajonia y rey de Polonia (1697-1733). Destronado por Carlos XII (1704), fue restablecido en el trono por las tropas rusas (1710). — **Augusto III,** *Dresde 1696-íd. 1763,* elector de Sajonia y rey de Polonia (1733-1763). Hijo de Augusto II, obtuvo el trono de Polonia contra Stanislas Leszczynski (guerra de Sucesión de Polonia).

AUKA, llanos del NE de Honduras, en la frontera con Nicaragua.

Aula Dei, cartuja española (Peñaflor del Gállego, Zaragoza) fundada en 1564. Pinturas murales de Goya con escenas de la vida de la Virgen (h. 1773).

AULIS o **ÁULIDE** MIT. GR. En la *Ilíada*, puerto de Beocia. Fue el lugar donde se reunió la flota griega que partía hacia Troya, y donde Ifigenia fue sacrificada.

AULNOY (Marie Catherine Le Jumel de Barneville, condesa d'), *Barneville h. 1650-París 1705,* escritora francesa. Es autora de *Cuentos de hadas* (1697-1698) y de obras sobre España (*Relación del viaje por España,* 1691).

AULO GELIO, s. II d.C., gramático latino. Sus *Noches áticas* son una fuente de información sobre la literatura y la cultura antiguas.

AUNG SAN SUU KYI, *Rangún 1945,* política birmana. Hija del general Aung San (1915-1947), héroe de la independencia, y líder de la oposición democrática, está sometida al control de los militares en el poder (en arresto domiciliario: 1989-1995, 2000-2002 y desde 2003). [Premio Nobel de la Paz 1991.]

AURANGĀBĀD, c. de la India (Mahārāshtra); 592 052 hab. Establecimientos búdicos rupestres (*caitya* o *vihāra*, ss. II-VII), decorados con relieves esculpidos. Edificios mogoles.

AURANGZEB o **AWRANGZIB,** *1618-Aurangābād 1707,* emperador de la India (1658-1707), de la dinastía de los Grandes Mogoles. Con sus guerras en el Decán y su intransigencia hacia los hindúes se inició la decadencia del imperio mogol.

AURELIANO, en lat. **Lucius Domitius Aurelianus,** *h. 214-275,* emperador romano (270-275). Se opuso con éxito a los Godos (271), venció a Zenobia, reina de Palmira (273), y edificó en Roma un muro fortificado.

Aurelia (vía), vía romana que unía Roma y Arles, en la Galia, y que bordeaba el Mediterráneo.

AURÈS, macizo montañoso del E de Argelia (2 328 m). Lo habitan sobre todo bereberes.

AURIC (Georges), *Lodève 1899-París 1983,* compositor francés. Miembro del grupo de los *Seis, escribió música de ballet para Diáguilev (*Los fastidiosos,* 1924) y bandas sonoras de filmes para J. Cocteau y R. Clair.

Auriga de Delfos, estatua griega de bronce del s. v a.C., de tamaño natural. Fue ofrecida al templo de Delfos, con la cuadriga de la que formaba parte.

AURIOL (Vincent), *Revel 1884-París 1966,* político francés. Socialista, fue el primer presidente de la IV República (1947-1954).

AUROBINDO (Srī), *Calcuta 1872-Pondicherry 1950,* filósofo indio. Concibió el yoga como la disciplina que permite reconocer en uno mismo la verdad de Dios.

AUSANGATE, cadena montañosa de Perú (Cuzco); 6 384 m en el *nevado de Ausanga*.

AUSCHWITZ, en polaco **Oświęcim,** c. de Polonia, cerca de Katowice; 45 100 hab. Campo de concentración alemán abierto en 1940. En las proximidades, los alemanes crearon también el mayor campo de exterminio (Auschwitz-Birkenau [patrimonio de la humanidad 1979]) y un campo de trabajo (Auschwitz-Monowitz). Entre 1940 y 1945, un millón de judíos perecieron. Museo de la deportación.

AUSONIO, *Burdigala, act. Burdeos, h. 310-h. 395,* poeta latino. Cantó con lirismo y erudición los paisajes del Mosela y Aquitania.

AUSTEN (Jane), *Steventon 1775-Winchester 1817,* novelista británica. Describió con sensibilidad y sentido crítico a la pequeña burguesía provincial inglesa (*Sentido y sensibilidad,* 1811; *Orgullo y prejuicio,* 1813).

AUSTER (Paul), *Newark 1947,* escritor estadounidense. Sus novelas (*La invención de la soledad,* 1982; *La música del azar,* 1990; *Tombuctú,* 1999; *Un hombre en la oscuridad,* 2008), y concretamente su *Trilogía de Nueva York* (*La ciudad de cristal,* 1985; *La habitación cerrada,* 1986; *Fantasmas,* 1986), en la que juega brillantemente con la forma policíaca explicitan los temas del azar, la perdida, la soledad y la tentación de la nada. (Premio Príncipe de Asturias 2006.)

Austerlitz (batalla de) [2 dic. 1805], victoria de Napoleón sobre los emperadores de Austria y Rusia («batalla de los tres emperadores»), en Austerlitz, act. *Slavkov* (Moravia).

AUSTIN, c. de Estados Unidos, cap. de Texas, en la llanura costera, junto al Colorado; 656 562 hab. Universidad.

AUSTIN (John Langshaw), *Lancaster 1911-Oxford 1960,* filósofo británico. Su obra, inscrita en el pensamiento analítico, tiene gran importancia en la historia de las teorías del lenguaje (*Cómo hacer cosas con palabras,* 1962).

AUSTRAL o **ANTÁRTICO** (océano), nombre que recibe la parte de los océanos Atlántico, Pacífico e Índico situada entre el círculo polar antártico y el continente glacial. Argentina no reconoce su existencia.

AUSTRALES Y ANTÁRTICAS FRANCESAS (Tierras), colectividad francesa que comprende territorios del S del océano Índico (las *Tierras australes:* archipiélago de las Kerguelen, islas San Pablo y Amsterdam, archipiélago Crozet) y la *Antártida* (Tierra Adelia).

AUSTRALIA, estado federal de Oceanía; 7 700 000 km²; 18 300 000 hab. (*australianos*). CAP. *Canberra.* LENGUA: *inglés.* MONEDA: *dólar australiano.* El país está formado por 6 estados (Australia Meridional, Australia Occidental, Nueva Gales del Sur, Queensland, Tasmania y Victoria) y dos territorios (Territorio del Norte y Territorio de la capital australiana). *[V. mapa pág. siguiente.]*

INSTITUCIONES

Constitución de 1901. El estado federal (6 estados, cada uno con gobierno y parlamento propios, y 2 territorios) es miembro de la Commonwealth. El gobernador general representa a la corona británica. El primer ministro es responsable ante la cámara de representantes, la cual nombra a los ministros. El parlamento bicameral consta de la cámara de representantes, elegida para 3 años, y el senado, elegido para 6 años. Los últimos poderes de intervención directa de Gran Bretaña fueron abolidos por la *Australian Act* de 1986.

GEOGRAFÍA

Australia, cuya vasta extensión hace considerarla a veces un continente, está poco habitada. Es un país desértico, excepto los extremos E y S, de clima templado, donde se concentra puntualmente la población. Canberra, creación artificial, es la única gran ciudad del interior. Las cinco ciudades principales (Sydney, Melbourne, Brisbane, Adelaida y Perth), todas costeras, agrupan el 60 % de la población australiana, urbanizada en total en más del 85 %. Los aborígenes representan aproximadamente el 2 % de la población, menos que la minoría asiática (en plena expansión).

La agricultura emplea solamente al 5 % de la población activa, pero es notable la producción, mecanizada y extensiva: trigo, azúcar, ganadería bovina y sobre todo ovina (primer productor mundial de lana). El subsuelo, muy rico, proporciona abundantes cantidades de productos energéticos (hulla, hidrocarburos y uranio) y minerales (bauxita, hierro, plomo y cinc). La industria añade valor a estas producciones (siderurgia y metalurgia de transformación, química, aluminio). Las materias primas constituyen la base de las exportaciones, dirigidas act. sobre todo a China. El sector terciario aporta dos tercios del PIB. Tradicionalmente floreciente, la economía australiana sufre act. un período de gran sequía, sobre todo en el sur del país (que padece incendios devastadores), y los efectos de la crisis mundial.

HISTORIA

Los orígenes y el principio de la colonización británica. A Australia, ocupada en parte por poblaciones denominadas «australoides», cuyos vestigios se remontan a unos 40 000 años, llegaron navegantes holandeses en el s. XVII. **1770:** James Cook exploró la costa meridional. **1788:** principio de la colonización británica en Nueva Gales del Sur, a partir de Port Jackson (Sydney). Australia fue en sus comienzos una tierra de deportación de convictos.

Poblamiento y expansión. La colonización se extendió a todo el territorio en el s. XIX. La explotación de la tierra corrió a cargo de los agricultores y los ganaderos de oveja merina. La fiebre del oro (1851) aceleró la inmigración británica. Se desarrollaron las vías férreas, así como la exportación del trigo. De modo paralelo y sucesivo se crearon las seis colonias (actuales estados), que fueron dotadas de gobiernos responsables ante los parlamentos (1851-1880). **1901:** se proclamó oficialmente la *Commonwealth* de Australia. El país participó activamente en las dos guerras mundiales junto a los Aliados.

Australia a partir de 1945. Australia, convertida en una nación dotada de una industria potente y moderna, se afirmó como el aliado privilegiado de EUA en la región. Desarrolló relaciones económicas con Japón, China y Vietnam. Políticamente, el período se ha caracterizado por la alternancia en el poder de los liberales (entre ellos Robert Gordon, que encabezó el gobierno de 1939 a 1941 y de 1949 a 1966, Malcolm Fraser, 1975-1983, y John Howard, 1996-2007) y los laboristas (Bob Hawke, 1983-1991; Paul Keating, 1991-1996, y Kevin Rudd, primer ministro desde 2007). Desde finales de la década de 1990, Australia reforzó su estatus de potencia militar y política en la zona Asia-Pacífico.

AUSTRALIA MERIDIONAL, estado de Australia; 984 000 km²; 1 459 622 hab.; cap. *Adelaida.*

AUSTRALIA OCCIDENTAL, estado de Australia; 2 530 000 km²; 1 622 777 hab.; cap. *Perth.*

AUSTRASIA o **REINO DEL ESTE,** ant. parte de Europa que englobaba el NO de Francia, parte de Bélgica y parte del O de Alemania. Rival de Neustria, fue reino merovingio de

561 a 751. En torno a Austrasia, los francos lograron su unidad bajo los Merovingios y los Carolingios.

AUSTRIA, en alem. **Österreich,** estado federal de Europa central; 84 000 km²; 8 000 000 hab. *(austriacos).* CAP. *Viena.* LENGUA: *alemán.* MONEDA: *euro.* El país está formado por nueve estados federales o Länder (Alta Austria, Baja Austria, Burgenland, Carintia, Estiria, Salzburgo, Tirol, Viena y Vorarlberg).

INSTITUCIONES

Constitución de 1920, restaurada en 1945. República federal (9 Länder, cada uno tiene su gobierno y su asamblea). El presidente de la república es elegido por sufragio universal directo para 6 años. El canciller, jefe de la mayoría parlamentaria, dirige el gobierno federal. El parlamento se compone del Consejo nacional *(Nationalrat),* elegido para un período de 4 años, y del Consejo federal *(Bundesrat),* designado por las asambleas de los Länder.

GEOGRAFÍA

El país se extiende en su mayor parte sobre los Alpes, y culmina en las Hohe Tauern (3 796 m en el Grossglockner), a menudo heladas y cortadas por profundos valles (Inn, Salzach, Enns, Mur, Drava), que abren cuencas donde se concentra la población (Klagenfurt). Las llanuras y las colinas solo se extienden en el N (valle del Danubio) y en el E (Burgenland). El clima varía según la altitud y la exposición solar.

La actividad agropecuaria, basada en la ganadería, pasa por dificultades en las vertientes de los valles alpinos. Los cultivos (trigo y re-

molacha azucarera) se localizan fundamentalmente en las llanuras. La industria, de antigua raigambre, se ha visto favorecida sobre todo por el desarrollo de la hidroelectricidad; bastante diversificada (siderurgia, metalurgia de transformación, textil, química), se localiza principalmente en las grandes ciudades: Linz, Graz y sobre todo Viena. El turismo es muy activo, particularmente en las regiones montañosas (Vorarlberg y Tirol).

HISTORIA

Los orígenes. Austria, centro de la civilización de Hallstatt en el I milenio a.C., fue ocupada por los romanos, cuyos campamentos militares formaron el núcleo de las ciudades. **796 d.C.:** Carlomagno venció a los bárbaros que habían invadido la región entre los ss. III y VII, y en 803 constituyó la marca del Este *(Österreich* desde 996). **1156:** esta se convirtió en un ducado hereditario de los Babenberg, que le anexionaron Estiria y una parte de Carniola. **1253-1278:** el ducado fue anexionado a Bohemia y luego conquistado por Rodolfo I de Habsburgo, emperador en 1273.

La Austria de los Habsburgo. Los Habsburgo, dueños del país, llevaron también el título imperial a partir de 1438. **1493-1519:** Maximiliano I fue el artífice de la grandeza de la casa de Austria: a través de su matrimonio con María de Borgoña (1477), obtuvo los Países Bajos y el Franco Condado; casó a su hijo con la heredera de España y concertó el matrimonio de sus nietos con los del rey de Bohemia y Hungría. **1521:** Fernando I recibió de Carlos Quinto (emperador desde 1519) los dominios austria-

cos. **1526:** se convirtió en rey de Bohemia y Hungría. **Ss. XVI-XVII:** Austria fue el baluarte de Europa frente al avance otomano (asedios de Viena, 1529 y 1683; tratado de Karlowitz [1699], por el que Austria obtuvo Transilvania). Centro de la Contrarreforma durante la guerra de los Treinta años, fracasó en su intento de evitar el desmembramiento político y religioso de Alemania (tratados de Westfalia, 1648). **S. XVIII:** el siglo estuvo marcado por el reinado ilustrado de María Teresa (1740-1780) y por el centralista de José II (1780-1790), así como por las guerras: contra Francia (en 1714, Austria obtuvo los Países Bajos y una parte de Italia), de Sucesión de Austria (perdió Silesia), y de los Siete años. En el primer reparto de Polonia (1772), Austria obtuvo Galitzia. **1804:** Francisco II, derrotado dos veces por Napoleón (1797-1800), reunió sus estados con el nombre de Imperio de Austria (conservó hasta 1806 el título de emperador romano germánico). **1814-1815:** en el congreso de Viena, los territorios conquistados por Napoleón fueron devueltos a Austria, que dominaba el N de Italia, presidía la liga germánica y aparecía como árbitro de Europa gracias a la intervención de Metternich. **1859:** ante los francopiamonteses, perdió Lombardía. **1866:** victoria de Prusia en Sadowa. Austria perdió el Véneto. **1867:** Francisco José I aceptó el reparto del poder entre Austria y Hungría (compromiso austrohúngaro), que marcó el inicio de la monarquía austrohúngara pero no resolvió las tensiones nacionalistas. **1879-1882:** Austria firmó con Alemania e Italia la Triple alianza. **1908:** se

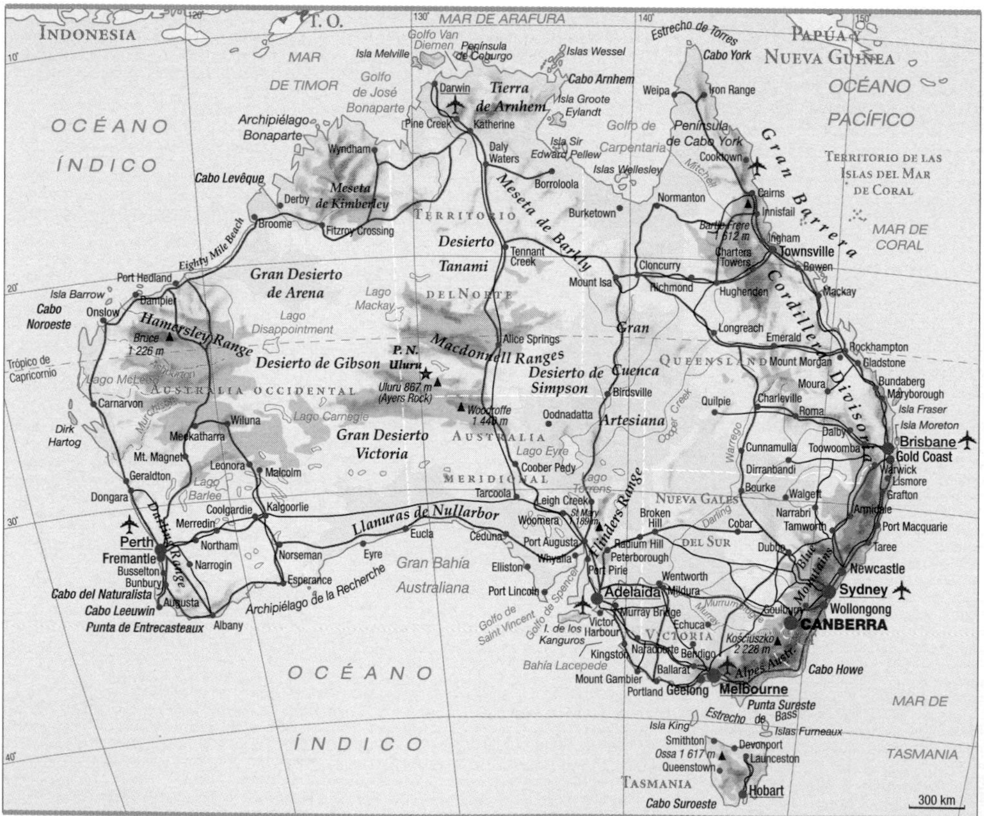

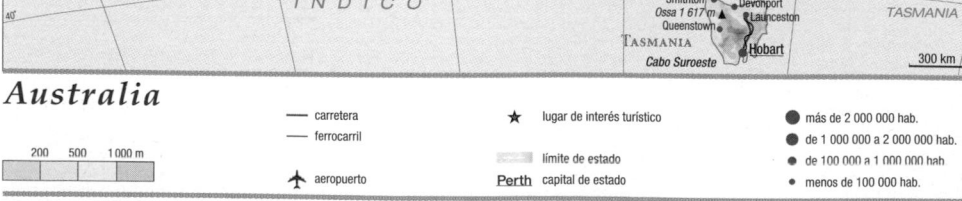

Australia

carretera
ferrocarril

200 500 1 000 m

✈ aeropuerto

★ lugar de interés turístico

límite de estado

Perth capital de estado

● más de 2 000 000 hab.
● de 1 000 000 a 2 000 000 hab.
● de 100 000 a 1 000 000 hab
● menos de 100 000 hab.

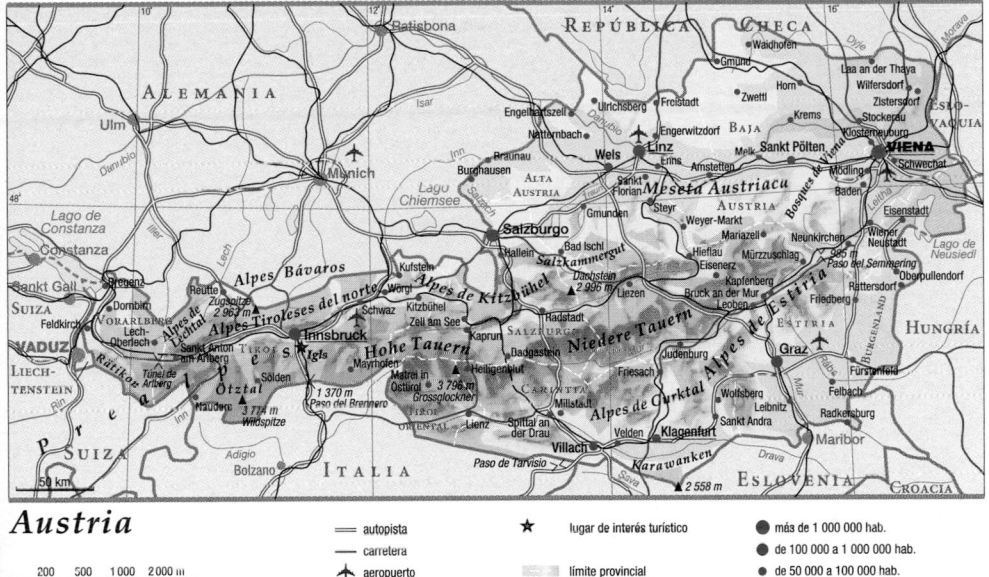

Austria

—— autopista	★ lugar de interés turístico	● más de 1 000 000 hab.
—— carretera		● de 100 000 a 1 000 000 hab.
✈ aeropuerto	▨ límite provincial	● de 50 000 a 100 000 hab.
✈ ferrocarril	**Graz** capital de provincia	● menos de 50 000 hab.

200 500 1 000 2 000 m

anexionó Bosnia-Herzegovina. **1914:** el asesinato del archiduque Francisco Fernando, heredero del trono, en Sarajevo (28 junio), desencadenó la primera guerra mundial. **1916:** Carlos I sucedió a Francisco José. **1918:** la derrota provocó la desaparición del imperio.

La república de Austria. 1919-1920: los tratados de Saint-Germain y de Trianón reconocieron la existencia de los estados nacionales nacidos de la doble monarquía. **1920:** la república de Austria, proclamada en Viena, se dotó de una constitución federativa (9 Länder). A pesar de la política de los cancilleres cristianosociales Seipel, Dollfuss y Von Schuschnigg, Austria fue absorbida por la Alemania nazi a raíz del Anschluss (1938) y formó parte del Reich hasta 1945. **1945-1955:** Austria, de nuevo república federal, quedó dividida en cuatro zonas de ocupación. **1955:** el tratado de paz hizo de Austria un estado neutral. Desde 1945 se alternaron en el poder, por separado o formando una coalición, el Partido populista (ÖVP, conservador), con el canciller Leopold Figl (1945-1953), y el Partido socialista (SPÖ), con el presidente Karl Renner (1945-1950) y el canciller Bruno Kreisky (1970-1983). **1986:** Kurt Waldheim fue elegido presidente de la república; el socialista Vranitzky se convirtió en canciller. **1992:** Thomas Klestil fue elegido presidente. **1995:** Austria se incorporó a la Unión europea. **1997:** el socialdemócrata Viktor Klima fue nombrado canciller. **1999:** las elecciones legislativas estuvieron marcadas por la fuerte subida del Partido liberal (FPÖ, extrema derecha), dirigido por Jörg Haider. **2000:** el Partido popular —cuyo líder, Wolfgang Schüssel, fue nombrado canciller— formó un gobierno de coalición con el Partido liberal. Esta alianza suscitó encendidas reacciones en el seno de la Unión europea. **2004:** el socialdemócrata Heinz Fischer sucedió a T. Klestil en la presidencia de la república. **2007:** tras la victoria del Partido socialdemócrata (SPÖ) en las elecciones (oct. 2006), Alfred Gusenbauer dirigió un gobierno de «gran coalición» con el Partido popular (ÖVP). **2008:** el fracaso de este gobierno condujo a unas elecciones anticipadas (sept.): el SPÖ y el ÖVP fueron duramente castigados y la extrema derecha obtuvo un gran avance (su líder histórico, Jörg Haider, murió en nov.). La «gran coalición», no obstante, se reanudó, con Werner Faymann (SPÖ) como canciller.

AUSTRIA (Alta), prov. del N de Austria; 1 340 000 hab.; cap. *Linz.*

AUSTRIA (Baja), prov. del NE. de Austria; 1 481 000 hab., cap. *Sankt Pölten.*

AUSTRIA (casa de), nombre con el que se designa también a la familia de los *Habsburgo, y en especial a su rama española, que reinó durante los ss. XVI y XVII: Carlos I (1516-1556, emperador [Carlos Quinto] de 1519 a 1556), Felipe II (1556-1598), Felipe III (1598-1621), Felipe IV (1621-1665) y Carlos II (1665-1700); a la muerte de este último subió al trono la casa de Borbón. El período de los Austrias abarca el ciclo completo de ascenso, apogeo y comienzo de la decadencia del Imperio español.

AUSTRIA-HUNGRÍA o IMPERIO AUSTROHÚNGARO, nombre dado, de 1867 a 1918, a la monarquía donde comprendía el imperio de Austria, o Cisleithania (cap. *Viena*), y el reino de Hungría, o Transleithania (cap. *Budapest*). Austria-Hungría fue gobernada por los Habsburgo. Estaba poblada por austriacos, húngaros, checos, serbios, eslovenos, polacos, rutenos, etc. Tras la derrota de los imperios centrales (1918), el tratado de Saint-Germain (1919) disolvió el Imperio, que fue sustituido por estados independientes.

austro-prusiana (guerra) [1866], conflicto que enfrentó a Prusia, apoyada por Italia, y Austria, secundada por los principales estados alemanes. Declarada a iniciativa de Bismarck, tenía como meta despojar a Austria de su papel de potencia dominante en Alemania, en beneficio de Prusia. La victoria de Prusia fue fácil, sobre todo después de la batalla de Sadowa. Austria, vencida, tuvo que ceder el Véneto a Italia.

AUTLÁN, mun. de México (Jalisco); 41 499 hab. Minas de manganeso y hierro.

Auto acordado de 1713, texto legal de Felipe V por el que anulaba la ley de Partidas que había regulado hasta entonces la sucesión a la corona española. Fue derogado por Carlos IV.

Auto de los Reyes Magos, obra teatral religiosa de la segunda mitad del s. XII, incompleta. Constituye la más antigua pieza teatral en castellano.

AUTUN, c. de Francia (Saône-et-Loire); 18 085 hab. Monumentos romanos. Catedral de Saint-Lazare (h. 1120-1140), obra maestra del románico borgoñón.

AUVERNIA, en fr. *Auvergne,* región geográfica, histórica y administrativa de Francia, situada en el macizo Central; 26 013 km²; 1 308 878 hab.; cap. *Clermont-Ferrand;* 4 dep. (*Allier, Cantal, Haute-Loire y Puy-de-Dôme*). Condado de

Aquitania, durante la alta edad media se fragmentó en varios dominios.

AUXERRE, c. de Francia, cap. del dep. de Yonne, a orillas del Yonne; 40 292 hab. Antigua abadía de San Germán (pinturas carolingias); catedral gótica con vidrieras del s. XIII; museos.

AVALOKITEŚVARA, uno de los principales bodhisattvas del budismo mahāyāna. Su culto predomina sobre todo en Japón y el Tíbet.

ÁVALOS (Juan de), *Mérida 1911-Madrid 2006,* escultor español. De su obra, monumental y academicista, destacan los grupos escultóricos del valle de los Caídos (1951-1954).

Avanti!, periódico socialista italiano, fundado en 1896.

avaro (El), comedia de Molière (1668). Inspirada en la *Aulularia* de Plauto, trata de la obsesión en que puede degenerar la avaricia.

AVDEIEV (Serguéi Vasílievich), *Chapaievsk, región de Samara, 1956,* cosmonauta ruso. Participó en tres vuelos espaciales de larga duración a bordo de la estación Mir (1992, 1995 y 1999). Ostenta el récord de tiempo pasado en el espacio en duración acumulada (747 días, 14 horas, 11 minutos).

AVEDON (Richard), *Nueva York 1923-San Antonio, Texas, 2004,* fotógrafo estadounidense. Célebre por sus fotografías de moda extrañas y de una sofisticación extrema, también realizó retratos descarnados.

AVEIRO, c. de Portugal, cap. de distr., junto a la *laguna de Aveiro;* 35 246 hab. Museo en el convento de Jesús (ss. XV-XVIII).

AVELLANEDA, partido de Argentina (Buenos Aires), en el Gran Buenos Aires; 346 620 hab. Centro industrial. Puerto.

AVELLANEDA, dep. de Argentina (Río Negro); 27 320 hab. Agricultura y ganadería. Explotación forestal.

AVELLANEDA, dep. de Argentina (Santiago del Estero); 18 270 hab. Centro agropecuario.

AVELLANEDA (Alonso Fernández de), seudónimo, no identificado, del autor del *Quijote* apócrifo (1614).

AVELLANEDA (Gertrudis Gómez de) → **GÓMEZ DE AVELLANEDA.**

AVELLANEDA (Nicolás), *Tucumán 1836-en el Atlántico 1885,* político argentino. Presidente de la república (1874-1880), durante su mandato se terminó la conquista de la Patagonia (1879) y se federalizó Buenos Aires (1880).

AVELLINO, c. de Italia (Campania), cap. de prov.; 54 343 hab.

AVEMPACE (Abū Bakr Muḥammad ibn Yaḥyā **ibn Baŷŷa**, conocido como), *Zaragoza fines s. XI-Fez 1138*, filósofo hispanoárabe. Es autor de comentarios a Aristóteles, de tratados de lógica y de un tratado sobre el alma (*Régimen del solitario*). Su sistema es racionalista, y concibe a Dios como inteligencia suprema.

AVENTINO (monte), una de las siete colinas de Roma. La plebe romana rebelada contra el patriciado se retiró a él hasta que obtuvo el reconocimiento de sus derechos (494 a.C.).

AVENZOAR, en ár. Abū Marwān **ibn Zuhr,** *Peñaflor, Córdoba, 1091-Sevilla 1161*, médico hispanomusulmán, autor del *Taysīr*, uno de los mejores tratados prácticos sobre la descripción y el tratamiento de las enfermedades.

AVERCAMP (Hendrick), *Amsterdam 1585-Kampen 1634*, pintor holandés. Sus paisajes invernales están poblados por una multitud de pequeños personajes pintorescos.

AVERNO, lago de Italia, cerca de Nápoles, que desprende emanaciones sulfurosas. En la antigüedad se le consideraba la entrada a los infiernos. En sus orillas se encontraba la cueva de la sibila de Cumas.

AVERROES (Abū-l-Walīd Muḥammad **ibn Rušd,** conocido como), *Córdoba 1126-Marrakech 1198*, filósofo y médico hispanoárabe. Sus extensos *Comentarios* a Aristóteles, mezcla de elementos peripatéticos, neoplatónicos y religiosos, dieron lugar a numerosas controversias en las universidades europeas (averroísmo) y ejercieron profunda influencia en el pensamiento cristiano medieval. Autor de importantes escritos sobre medicina (1162-1169), su racionalismo lo llevó a refutar a Algazel (*La destrucción de la destrucción*, 1180).

AVERY (Frederick Bean, llamado Tex), *Taylor, Texas, h. 1907-Burbank 1980*, dibujante y realizador de dibujos animados estadounidense. Creador del cerdo Porky, del perro Droopy y, con Chuck Jones y Ben Hardaway, del conejo Bugs Bunny, con su humor renovó el ritmo y el espíritu de los dibujos animados.

AVES (islas de), islas coralinas de Venezuela, en el Caribe, deshabitadas. Refugio de aves marinas. Destacamento militar.

Avesta, libro sagrado de los mazdeístas. El texto fue escrito en el s. IV d.C.

AVEYRON, dep. del S de Francia (Midi-Pyrénées); 263 808 hab.; cap. *Rodez.*

Avianca (acrónimo de *Aerovías nacionales de Colombia*), compañía aérea colombiana, fundada en 1919.

AVICEBRÓN (Šelomó **ibn Gabirol,** conocido por los escolásticos como), *Málaga h. 1020-Valencia 1050 o 1058*, poeta y filósofo hebraicoespañol. De su obra poética, en hebreo, destaca *Corona real*, en prosa rimada. Su neoplatonismo influyó en la escolástica franciscana. En su obra principal, *Fuente de la vida*, escrita en árabe, distingue entre materia y forma, y considera la voluntad como emanación de Dios y fuerza impulsora del universo.

AVICENA (Abū ʿAlī al-Husayn **ibn Sīnā,** conocido como), *Afšana, cerca de Bujará, 980-Hamaḏān 1037*, médico y filósofo iraní. Fue uno de los sabios más notables de oriente. Su *Canon de la medicina* y su interpretación de Aristóteles tuvieron una influencia considerable en Europa hasta el s. XVII.

AVIENO (Rufo Festo), *n. en Bolsena*, autor latino del s. IV. Su *Descriptio orbis terrae*, con el apéndice *Ora maritima*, contiene la primera noticia escrita sobre la península Ibérica.

ÁVILA, c. de España, cap. de la prov. homónima y cab. de p. j.; 47 843 hab. (*abulenses* o *avileses*). Conjunto monumental: murallas (h. 1100; 2,5 km, con 90 torreones y 9 puertas). Palacios (ss. XV-XVI). Catedral (ss. XII-XV). Monasterios de San Vicente (ss. XII-XIV), con cimborrio y portada románicos, y de Santo Tomás (s. XV), residencia de los Reyes Católicos y sede de la Inquisición. Conventos carmelitas (ss. XVI y XVII). [Patrimonio de la humanidad 1985.] — Cuna de santa Teresa.

ÁVILA (pico del), cumbre de Venezuela, en la cordillera de la Costa; 2 160 m. Centro del *parque nacional del Ávila*, unido por teleférico a Caracas.

ÁVILA (provincia de), prov. de España, en Castilla y León; 8 048 km² y 164 991 hab. (*abulenses* o *avileses*); cap. *Ávila.* En la Meseta Central. Está regada por los sistemas del Duero, al N, y del Tajo, al S. Es una provincia eminentemente agrícola (cereales, patatas, vid y hortalizas). Ganadería en las áreas de montaña. La industria está poco desarrollada.

ÁVILA (maestro de), pintor anónimo de la escuela castellana, activo en Ávila en la segunda mitad del s. XV, al que se suele identificar con Pedro García del Barco. Representante del estilo gótico hispanoflamenco, su obra más destacada es el *Tríptico del Nacimiento* (museo Lázaro Galdiano, Madrid).

ÁVILA (Roberto, llamado Beto), *Veracruz 1926-íd. 2004*, beisbolista mexicano. Bateador, fue el primer latinoamericano en ganar una corona de bateo en las Grandes ligas de Estados Unidos (1954).

ÁVILA CAMACHO (Manuel), *Teziutlán 1897-México 1955*, militar y estadista mexicano. Secretario de Guerra y de Marina con Cárdenas, fue presidente (1940-1946). En 1942 entró en la segunda guerra mundial con los Aliados.

AVILÉS, v. de España (Asturias), cab. de p. j.; 83 930 hab. (*avilesinos* o *avilesinos*). Centro industrial: siderurgia, aluminio, química, mecánica, textil, alimentaria, vidrio. Pesca. Importante puerto.

AVIÑÓN, en fr. Avignon, c. de Francia, cap. del dep. de Vaucluse, a orillas del Ródano; 88 312 hab. Turismo. Catedral románica, palacio-fortaleza de los papas (s. XIV). Museos. (Patrimonio de la humanidad 1995.) — Festival de teatro desde 1947. — Sede pontificia de 1309 a 1376 y residencia de los papas de Aviñón durante el cisma de occidente (1378-1417), fue gobernada por la iglesia hasta 1791.

■ **AVIÑÓN.** Los restos del puente St-Bénezet, el Petit-Palais, la catedral y el palacio de los Papas.

Aviñón (papas de), los siete papas de origen francés (Clemente V, Juan XXII, Benito XII, Clemente VI, Inocencio VI, Urbano V, Gregorio XI) que, de 1309 a 1376, convirtieron Aviñón en la capital del papado, por haber dejado de ser Italia un lugar seguro. Durante el gran cisma de occidente, Clemente VII y Benito XIII también residieron en esta ciudad.

AVÍS o **AVIZ,** dinastía que reinó en Portugal de 1385, con Juan I, a 1580, con el cardenal Enrique, a cuya muerte Felipe II de España heredó la corona.

AVOGADRO (Amedeo di Quaregna y Ceretto, conde), *Turín 1776-íd. 1856*, químico y físico italiano. En 1811 formuló la hipótesis según la cual existe el mismo número de moléculas en volúmenes iguales de gases diferentes, a la misma temperatura y a la misma presión (v. parte n. com. **número de *Avogadro**). La ley que lleva su nombre es una de las bases de la química.

AVVAKUM, *Grigorovo h. 1620-Pustozersk 1682*, arcipreste y escritor ruso. Su rechazo de las reformas litúrgicas del patriarca Nikón provocó el cisma de los viejos creyentes, o *raskol.* Condenado a muerte, murió en la hoguera. Como escritor, el relato de su vida es una de las pri-

meras obras de la literatura rusa en lengua popular.

AXAYÁCATL, soberano azteca (1469-1481). Hijo de Moctezuma I, anexionó Tlatelolco a Tenochtitlan, y extendió el poder azteca hacia la Huasteca y Tehuantepec, aunque no pudo conquistar el reino tarasco de Tzintzuntzan. Hizo construir el templo de Coahuatlán y la Piedra del Sol.

AXOCHIAPAN, mun. de México (Morelos), en las laderas de la sierra Tenango; 21 404 hab.

AXULAR (Pedro **Aguerre Azpilicueta,** llamado Pedro **de**), *Urdax, Navarra, 1556-Sare, Francia, 1644*, escritor español en lengua vasca. Su obra ascética *Después* (1643) se considera un modelo de prosa vasca.

AYABACA, mun. de Perú (Piura); 34 077 hab. Minas de oro y carbón. Fábricas de aguardiente.

AYACUCHO, dep. de Argentina (San Luis); 15 251 hab. Centro ganadero. Serrerías. Minas (oro, estaño).

AYACUCHO, partido de Argentina (Buenos Aires); 19 663 hab. Industrias textiles. Planta hidroeléctrica.

AYACUCHO, c. de Perú, cap. del dep. homónimo; 83 000 hab. Numerosos edificios religiosos de los ss. XVI al XVIII. — Fundada por Pizarro en 1539 (San Juan de la Frontera de Huamanga), Bolívar le dio su nombre actual en memoria de la batalla librada en sus proximidades (1824), en la que Sucre venció a las tropas españolas del virrey La Serna, y que significó la independencia definitiva de Perú y la expulsión de los españoles del país.

AYACUCHO (departamento de), dep. del S de Perú, en la Sierra; 48 501 km²; 612 489 hab.; cap. *Ayacucho.*

AYALA, mun. de México (Morelos); 43 200 hab. Centro agrícola. — plan de **Ayala** (1911), declaración política que recogía las bases del agrarismo mexicano, realizada por una junta revolucionaria reunida a propuesta de E. Zapata.

AYALA (Bernabé de), *Sevilla h. 1600-íd. 1672*, pintor español, discípulo de Zurbarán (*Virgen de los Reyes*, 1662, Lima). — **Josefa de A.,** *Sevilla h. 1630-Óbidos 1684*, pintora portuguesa. Sobrina de Bernabé, destacan sus bodegones, próximos técnicamente a Zurbarán.

AYALA (Daniel), *Abalá 1906-Veracruz 1975*, compositor y director de orquesta mexicano. De su obra, inspirada en la cultura maya, destacan *Tribu* (1934), *El hombre maya* (1940) y *Aguas verdes* (1952).

AYALA (Eligio), *Mbuyapey 1880-1930*, político paraguayo. Presidente de la república (1923-1928), ocupó el Chaco. Murió en un atentado.

AYALA (Eusebio), *Barrero Grande 1875-Buenos Aires 1942*, político y jurisconsulto paraguayo. Especialista en derecho mercantil e internacional, fue presidente de la república (1921-1923, provisional, y 1932-1936). Afrontó la guerra del Chaco (1932-1935), tras la cual fue derrocado.

AYALA (Fernando), *Gualeguay 1920-Buenos Aires 1997*, director de cine argentino. Puente entre el clasicismo y el nuevo cine argentino de la década de 1960, sus inicios están marcados por una obra crítica (*Los tallos amargos*, 1956; *El jefe*, 1958) que se mantiene, aunque de modo más convencional, a lo largo de su filmografía: *Plata dulce* (1981), *El arreglo* (1982)

AYALA (Francisco), *Granada 1906*, escritor español. Su narrativa tiende al realismo crítico y está marcada por el sarcasmo (*La cabeza del cordero*, 1949; *Historia de macacos*, 1955; *Muertes de perro*, 1958; *El fondo del vaso*, 1962). Es autor de ensayos (*Realidad y ensueño*, 1963; *Confrontaciones*, 1974) y memorias (*Recuerdos y olvidos*, 1982-1983). [Premios: nacional 1983 y 1988; Cervantes 1991; Príncipe de Asturias 1998.] (Real academia 1983.)

AYALA (Francisco José), *Madrid 1934*, biólogo español. Profesor de las universidades Rockefeller y de California, se ha especializado en el estudio de la base molecular de la evolución biológica. Ha sido presidente de la Asociación americana para el avance de la ciencia y asesor científico de la presidencia de EUA. Entre sus obras destacan *Origen y evolución del hombre* (1980), *La naturaleza inacabada* (1994) y *La teoría de la evolución* (1994). También es autor de trabajos sobre filosofía de la ciencia.

AYAMONTE, c. de España (Huelva), cab. de p. j.; 16 939 hab. (*ayamontinos*). Agricultura, pesca. Conservas. Acuicultura. Puente internacional con Portugal sobre el Guadiana.

AYAPEL, mun. de Colombia (Córdoba), a orillas de la *ciénaga de Ayapel;* 35 254 hab. Ganadería.

ÁYAX MIT. GR. Personaje de la *Ilíada,* hijo de Oileo, rey de los locrios. Raptó a Casandra en el templo de Atenea, pero la diosa hizo que muriese en un naufragio.

ÁYAX MIT. GR. Personaje de la *Ilíada,* hijo de Telamón, rey de Salamina. Enloqueció por no haber obtenido las armas de Aquiles, que recibió Ulises.— Inspiró a Sófocles una tragedia.

AYDIN, c. del O de Turquía; 107 000 hab.

AYER (sir Alfred Jules), *Londres 1910-íd. 1989,* filósofo británico, cofundador del positivismo lógico (*Lenguaje, verdad y lógica,* 1936).

AYERS ROCK → ULURU.

AYEYARWADY → IRRAWADDY.

AYGUALS DE IZCO (Wenceslao), *Vinaroz 1801-Madrid 1875,* escritor español. Autor de comedias, introdujo el género del folletín en España (*María, la hija de un jornalero,* 1845-1846).

AYLLÓN, v. de España (Segovia); 1 216 hab. Plaza mayor porticada y casas nobles. Palacio de Contreras (1497), con portada plateresca.

AYLWIN (Patricio), *Viña del Mar 1918,* político chileno. Presidente de la república por el Partido demócrata cristiano (1990-1994), impulsó el retorno a un régimen democrático tras la dictadura de Pinochet.

■ DANIEL **AYALA** ■ MANUEL **AZAÑA**

AYMÉ (Marcel), *Joigny 1902-París 1967,* escritor francés. Es autor de novelas en las que se mezclan sátira y fantasía (*La yegua verde*), de obras de teatro y de cuentos (*Cuentos del gato encaramado*)

AYO EL CHICO, mun. de México (Jalisco); 27 080 hab. Ganadería y avicultura. Industrias lácteas.

AYOLAS (Juan de), *Briviesca 1493 o 1510-en el Chaco 1538,* conquistador español. Participó en la expedición al Río de la Plata (1535) y exploró el Paraná y el Chaco (hasta la región de Charcas).

AYOPAYA, cantón de Bolivia (Cochabamba); 26 658 hab.; cap. *Villa Independencia.*

AYORA (Isidro), *Loja 1879-1978,* político ecuatoriano. Presidente de la república (1926-1931), durante su mandato se elaboró una nueva constitución (1928).

AYR o **AÏR,** macizo montañoso del Sahara meridional (Níger). C. pral. *Agadés.* (Patrimonio de la humanidad [en peligro] 1991; reserva de la biosfera 1997.)

AYUBÍES o **AYYUBÍES,** dinastía musulmana fundada por Saladino. Reinó en los ss. XII-XIII en Egipto, Siria y gran parte de Mesopotamia, Arabia y Yemen.

AYUTHIA, AYUTTHAYA o **AYUDHYA,** c. de Tailandia, al N de Bangkok; 75 898 hab. Ant. cap. de Siam (1350-1767); numerosos monumentos de los ss. XIV-XVII (templos, stūpas). [Patrimonio de la humanidad 1991.]

AYUTLA DE LOS LIBRES, mun. de México (Guerrero); 33 283 hab. En su cab. se proclamó (1 marzo 1854) el *plan de Ayutla,* declaración contra el gobierno de Santa Anna, que condujo a la reunión del congreso constituyente de 1856.

AZA (Vital), *Pola de Lena 1851-Madrid 1911,* comediógrafo español. Popular autor de sainetes (*Aprobados y suspensos,* 1875; *El sombrero de copa,* 1887; *La rebotica,* 1895), en colaboración con Ramos Carrión compuso el libreto de la zarzuela *El rey que rabió* (1892).

AZAILA, poblado ibérico situado en el Cabezo de Alcalá (mun. de Azaila, Teruel). Sus niveles inferiores corresponden a una necrópolis de túmulos de la edad del hierro, rodeada por un recinto amurallado. Posteriormente existió un núcleo romano. Se ha hallado una rica cerámica decorada.

AZÁNGARO o **ASÁNGARO,** c. de Perú (Puno); 20 761 hab. Minas de plata, plomo, cobre y sal.

AZANZA (Miguel José de), *Aviz, Portugal, 1746-Burdeos 1826,* político español. Virrey de Nueva España (1798-1800) y ministro con Carlos IV, Fernando VII y José I, presidió la Asamblea de notables que redactó la constitución de Bayona y reconoció a José I, por lo que debió exiliarse al regreso de Fernando VII. Es coautor, con O'Farril, de una *Memoria sobre los hechos que justifican su conducta política desde marzo de 1808 hasta abril de 1814,* arquetipo del pensamiento afrancesado.

AZAÑA (Manuel), *Alcalá de Henares 1880-Montauban, Francia, 1940,* político y escritor español. Fundador de Acción republicana (1925), ministro de guerra, fue presidente del gobierno en 1931-1933 (constitución, estatuto de autonomía de Cataluña, ley de reforma agraria). De nuevo jefe del gobierno (febr. 1936), en mayo accedió a la presidencia de la república, hasta su dimisión al final de la guerra civil (febr. 1939). Es autor de ensayos, escritos políticos, memorias, obras de teatro y narraciones.

AZAÑA Y LLANO (Josefa de), *Abancay 1696-Cajamarca 1748,* poetisa peruana. Capuchina, su obra, de tema religioso, se compone de loas, coloquios y una de las pocas pastorelas conocidas: *Coloquio de la natividad del Señor.*

AZARA (Félix de), *Barbuñales, Huesca, 1746-íd. 1821,* naturalista y geógrafo español. Ingeniero militar, durante veinte años estudió la geografía y la historia natural del Río de la Plata y del Paraguay. Sus textos biogeográficos sobre los cuadrúpedos y los pájaros de la región (publicados en 1802) influyeron en Darwin. También escribió *Viajes a través de la América meridional,* publicado en francés en 1809.

AZARQUIEL o **ARZAQUEL** (Abū Isḥāq Ibrāhīm ibn Yahyá al Naqqas, llamado), *h. 1029-Córdoba 1100,* astrónomo y matemático árabe. Autor de las primeras tablas astronómicas (*Tablas de Toledo*), inventó la azafea y otros instrumentos de observación del cielo, y perfeccionó el ecuatorio.

AZCAPOTZALCO, delegación de México (Distrito Federal); 601 524 hab. Centro industrial en el área metropolitana de la ciudad de México.— Fue capital de los toltecas y luego de los tepanecas, que llegaron a dominar todo el valle de Texcoco hasta su derrota ante los aztecas en 1428.

AZCÁRATE (Gumersindo de), *León 1840-Madrid 1917,* jurisconsulto y político español. Fue diputado, primero republicano y luego reformista (1886-1916). Defensor del krausismo político, es uno de los pioneros de la política social y desarrolló un concepto de la sociología muy ligado a la cuestión social. Es autor de estudios de derecho político (*El régimen parlamentario en la práctica,* 1885).

AZCÁRATE Y FLÓREZ (Pablo de), *Madrid 1890-Ginebra 1971,* diplomático y jurisconsulto español. Fue secretario adjunto de la Sociedad de naciones (1933-1936), embajador en Londres durante la guerra civil y presidente del comité de la ONU para la paz en Palestina (1948).

AZCONA (Rafael), *Logroño 1926-Madrid 2008,* escritor y guionista de cine español. Caracterizado por un particular humor negro, es autor de narrativa y de numerosos guiones, principalmente para M. Ferreri (*El pisito,* 1958), L. G. Berlanga (nueve filmes, entre ellos *Plácido,* 1961; *El verdugo,* 1963, y *La escopeta nacional,* 1978) y C. Saura (*La prima Angélica,* 1973). [Premio nacional de cinematografía 1981.]

AZCONA HOYO (José Simón), *La Ceiba 1927,* político hondureño. Liberal, fue presidente de la república (1986-1990).

AZEGLIO (Massimo d'), *Turín 1798-íd. 1866,* escritor y estadista italiano. Fue uno de los jefes moderados del Risorgimento.

AZERBAIJÁN, en persa **Adharbayǧān,** región de Asia occidental, entre la república de Azerbaiján e Irán. En 1828, Irán cedió a Rusia la zona septentrional del Azerbaiján.

AZERBAIJÁN (República de), en azerí **Azarbaycan,** estado de Asia, en el Cáucaso; 87 000 km²; 7 200 000 hab. (*azerbaijaneses*). CAP. *Bakú.* LENGUA: *azerí (azerbaijanés).* MONEDA: *manat azerbaijanés.*

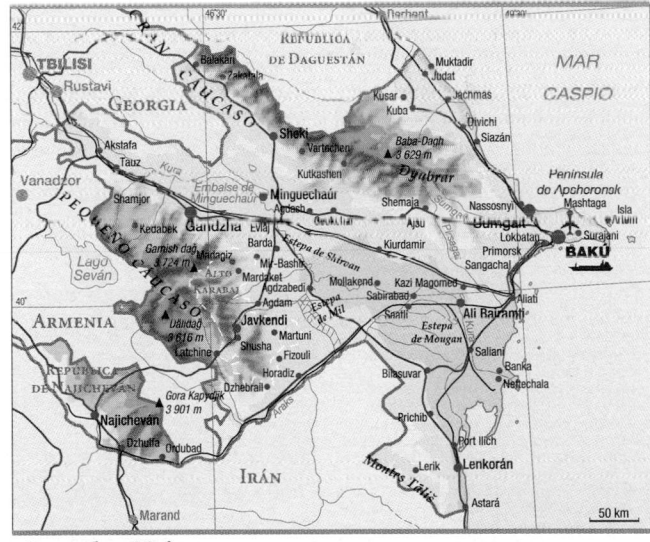

Azerbaiján

Puerto petrolero

0 500 1000 2000 m

— carretera
— ferrocarril
✈ aeropuerto
— oleoducto

● más de 1 000 000 hab.
● de 100 000 a 1 000 000 hab.
● de 30 000 a 100 000 hab.
● menos de 30 000 hab.

GEOGRAFÍA

El país está habitado en más del 80 % por azeríes, musulmanes. Está situado en la depresión del Kura y en su contorno montañoso. La aridez explica la extensión de la ganadería ovina, salvo zonas de irrigación (algodón, viña, tabaco). Sin embargo, los hidrocarburos (gas y sobre todo petróleo) siguen siendo las bazas principales de una economía perjudicada por el conflicto en torno al Alto Karabaj, que enfrenta al país con Armenia.

HISTORIA

Antigua provincia de Irán, Azerbaiján fue invadida por los turcos selyúcidas en el s. XI. **1828:** Irán cedió la parte septentrional de Azerbaiján al Imperio ruso. **1918:** se proclamó una república independiente. **1920:** fue ocupada por el Ejército rojo y sovietizada. **1922:** se incorporó a la URSS. **1923-1924:** se crearon la república autónoma de Najicheván y la región autónoma del Alto Karabaj, que fueron anexionadas a Azerbaiján. **1936:** Azerbaiján se convirtió en una república federada de la URSS. **1988:** se opuso a las reivindicaciones armenias sobre el Alto Karabaj; se desarrolló el nacionalismo azerí y se produjeron pogroms antiarmenios. **1990:** los comunistas vencieron en las primeras elecciones libres. **1991:** el país obtuvo la independencia y se adhirió a la CEI. **1992:** la oposición nacionalista accedió al poder. **1993:** el ejército armenio del Alto Karabaj tomó el control de dicha región y ocupó el SO de Azerbaiján. Los comunistas recuperaron el poder. Heydar Alíyev se convirtió en presidente de la república. **2003:** su hijo, Iljam Alíyev, lo sucedió en la jefatura del estado (reelegido en 2008).

AZEVEDO (Aluísio), *São Luís 1857-Buenos Aires 1913*, escritor brasileño, autor de la primera novela naturalista brasileña, *O mulato* (1881).

Azhar (al-) [«(la mezquita) espléndida»], mezquita fundada en El Cairo por los Fatimíes (973). Convertida, por sus numerosas ampliaciones, en una muestra antológica de la arquitectura islámica en Egipto, alberga una de las grandes universidades musulmanas.

Azincourt (batalla de) [25 oct. 1415], batalla de la guerra de los Cien años. Victoria de las tropas del rey de Inglaterra Enrique V frente a las francesas de Carlos VI. Permitió a los ingleses conquistar gran parte de Francia.

AZKUE (Resurrección María de), *Lequeitio 1864-Bilbao 1951*, escritor español, autor de un *Diccionario vasco-español-francés* (1905-1906), un *Cancionero popular vasco* (1923) y la colección *Literatura popular del País Vasco* (1935-1947).

AZNAR (José María), *Madrid 1953*, político español. Presidente de la Junta de Castilla y León (1987-1989) y del Partido popular (1990-2004), tras las elecciones legislativas de 1996, ganadas por el Partido popular, fue investido presidente del gobierno, con el apoyo de las fuerzas políticas nacionalistas. Fue reelegido para un segundo mandato (2000-2004), esta vez con mayoría absoluta.

AZNAR (Juan Bautista), *Cádiz 1860-Madrid 1933*, militar y político español. Mandó la escuadra española en la guerra de Marruecos (1921) y presidió el último gobierno de Alfonso XIII (1931).

AZNAR (Manuel), *Echalar, Navarra, 1894-Madrid 1975*, periodista y diplomático español. Fundador y director de *El sol* (1917, 1931-1933), también dirigió los diarios *Euskadi* y *La vanguardia*, presidió la agencia Efe y fue embajador de España en la ONU (1955-1963).

AZNAR EMBID (Severino), *Tierga, Zaragoza, 1870-Madrid 1959*, sociólogo español, uno de los fundadores del catolicismo social en España (*Problemas sociales de la actualidad*, 1914; *Impresiones de un demócrata cristiano*, 1950).

AZNAR GALINDO I, *809-838*, conde de Aragón. Apoyado por Carlomagno, fue expulsado del condado por García el Malo.

AZNAR GALINDO II, *s. IX*, tercer conde de Aragón. Casó con Oneca, hija de García Íñiguez, rey de Pamplona.

AZOGUES, c. de Ecuador, cap. de la prov. de Cañar; 68 351 hab. Artesanía. Fábrica de cemento.

AZORES, en port. **Açores**, archipiélago portugués del Atlántico; 2 247 km²; 241 794 hab.; cap. *Ponta Delgada*. Forma una región autónoma. Las principales islas, volcánicas y montañosas, son São Miguel, Pico y Terceira. Bases aéreas estadounidenses en las islas de Santa María y Terceira. — El archipiélago fue ocupado por los portugueses (1432-1457) y constituyó una escala de los navíos españoles en su regreso de América.

Azores (anticiclón de las), masa de altas presiones centrada en el Atlántico que alcanza Europa occidental en verano.

AZORÍN (José Martínez Ruiz, llamado), *Monóvar 1873-Madrid 1967*, escritor español. Tras sus primeros escritos políticos, alcanzó la madurez literaria con la trilogía novelesca *La voluntad* (1902), *Antonio Azorín* (1903) y *Las confesiones de un pequeño filósofo* (1904), cuyo protagonista le sirvió para hacer el análisis de su propia desilusión, típica de la generación del 98, de la que fue exponente. Escribió ensayos sobre paisajes y temas españoles (*España*, 1909; **Castilla*, 1912) y sobre literatura castellana (*La ruta de Don Quijote*, 1905; *Clásicos y modernos*, 1913). Su novela *Don Juan* (1922) fue seguida de un intento de renovación vanguardista (*Félix Vargas*, «etopeya», 1928). Estrenó varias obras de teatro (*Lo invisible*, 1927; *Brandy, mucho Brandy*, 1927). Posteriormente publicó memorias, novelas (*El escritor*, 1941) y ensayos literarios. (Real academia 1924.)

AZOV (mar de), golfo de Europa oriental, poco profundo, formado por el mar Negro, entre Ucrania y Rusia meridional; 38 400 km². Recibe al Don.

AZOYÚ, mun. de México (Guerrero); 30 820 hab. Agricultura y ganadería. Industrias madereras.

AZPEITIA, v. de España (Guipúzcoa), cab. de p.j.; 13 657 hab. *(azpeitianos)*. Iglesia columnaria renacentista, típicamente vasca. Santuario de Loyola, con la casa solariega de san Ignacio de Loyola.

AZPILCUETA (Martín de), llamado **Doctor Navarro**, *Barasoain, Navarra, 1493-Roma 1586*, canonista español. Fue el primero en formular la teoría del cuantitativismo monetario (*Tratado de las rentas de los beneficios eclesiásticos; Manual de confesores y penitentes*, ambos de 1556).

AZPIROZ (Manuel), *1836-1905*, jurisconsulto mexicano. Fiscal en el proceso contra el emperador Maximiliano de México, es autor de obras jurídicas.

AZTLÁN, lugar de donde decían provenir los aztecas cuando llegaron al Valle de México (1215).

AZUA (provincia de), prov. de la República Dominicana, a orillas del Caribe; 2 430 km² y 184 200 hab.; cap. *Azua de Compostela*.

AZÚA (Félix de), *Barcelona 1944*, escritor español. Su poesía (*Cepo para nutria*, 1968; *Pasar*

y siete canciones, 1977; *Farra*, 1983) es experimental e intelectualizante. Su narrativa (*Última lección*, 1981; *Historia de un idiota contada por él mismo*, 1986; *Cambio de bandera*, 1991), culturalista e irónica, ofrece una desilusionada visión del hombre.

AZUA DE COMPOSTELA, c. de la República Dominicana, cap. de la *prov. de Azua*; 65 352 hab. Puerto en la bahía de Ocoa. Aeropuerto internacional.

AZUAY (provincia de), prov. de Ecuador, en la región interandina; 7 804 km²; 506 546 hab.; cap. *Cuenca*.

AZUAY CAÑAR, cultura prehispánica de Ecuador (provincias de Azuay y Cañar), conocida por sus ornamentos de oro y bronce dorado, y por su cerámica.

AZUELA (Arturo), *México 1938*, novelista mexicano. Nieto de Mariano Azuela, profesor de matemáticas y de historia de la ciencia en la UNAM, es autor, entre otros, de *El tamaño del infierno* (premio Xavier Villaurrutia 1974), *Un tal José Salomé* (1975), *Manifestación de silencios* (1978, premio nacional de novela), *El don de la palabra* (1984), *El matemático* (1988), *Los ríos de la memoria* (cuentos, 2003), *Alameda de Santa María* (2004), *La ciencia en El Quijote* (2005).

AZUELA (Mariano), *Lagos de Moreno, Jalisco, 1873-México 1952*, novelista mexicano. En *Los fracasados* (1908) y *Mala yerba* (1909) abordó los males sociales desde una perspectiva naturalista. *Andrés Pérez, maderista* (1911) anticipa el realismo histórico de sus tres grandes novelas sobre la revolución: **Los de abajo* (1916), *Los caciques* (1917) y *Las moscas* (1918). Las vanguardias europeas influyeron en *La luciérnaga* (1932). Sus últimas novelas suponen una vuelta a la crónica y la sátira política y social (*Nueva burguesía*, 1941; *La mujer domada*, 1946; *Sendas perdidas*, 1949).

AZUERO, península del S de Panamá, en el Pacífico, que divide los golfos de Parita al E y Montijo al O. En ella se encuentran las ciudades de Chitré y Las Tablas.

AZUERO PLATA, patriotas colombianos. **Juan Nepomuceno A. P.**, *El Socorro 1780-1857*, sacerdote y político, y su hermano **Vicente A. P.**, *Oiba 1787-hacienda de Esperanza, Cundinamarca, 1844*, jurisconsulto y político. Destacaron en la lucha por la independencia.

AZUL, partido de Argentina (Buenos Aires); 62 385 hab. Centro ganadero e industrial.

AZUL (río) → **YANGZI JIANG**.

Azul, libro en prosa y verso de Rubén Darío (1888), que marca el inicio del modernismo. En la obra, influida por el simbolismo francés, destacan los poemas dedicados a las cuatro estaciones.

AZUQUECA DE HENARES, v. de España (Guadalajara); 19 491 hab. Zonas industriales.

AZURDUY DE PADILLA (Juana), *1781-1862*, patriota boliviana, una de las heroínas de la lucha por la independencia de Bolivia.

AZURMENDI (Joxe), *Cegama, Guipúzcoa, 1941*, escritor español en lengua vasca. Es autor de poesía (*Palabras verdes*, 1971) y, sobre todo, de ensayos (*Los españoles y los euskaldunes*, 1992).

■ JOSÉ MARÍA AZNAR

■ AZORÍN, por Vázquez Díaz.

■ ARTURO AZUELA

■ MARIANO AZUELA

BAADE (Walter), *Schröttinghausen 1893-Gotinga 1960,* astrónomo estadounidense de origen alemán. Descubrió la existencia de dos tipos de agrupaciones estelares (1944), lo que condujo a una revisión de la escala de medida de las distancias de las galaxias.

BAAL o **DA'AL,** término semítico que significa «señor», y que se aplicó a numerosas divinidades y en particular al dios cananeo Hadad. En la Biblia, designa a todos los falsos dioses.

BAALBEK o **BALBEK,** c. del Líbano; 18 000 hab. Ant. c. siria llamada *Heliópolis* en la época helenística, próspera en tiempos de los Antoninos. — Restos de los templos de Júpiter y de Baco. (Patrimonio de la humanidad 1984.)

■ **BAALBEK.** El templo de Baco; s. II d.C.

Ba'at o **Baas,** partido socialista fundado en 1953 por el sirio Michel Aflaq para reagrupar en una nación todos los estados árabes de Oriente medio. Gobierna Siria desde 1963 y rigió Iraq (1968-2003).

BĀB ('Alī Muḥammad, llamado **el**), *Šīrāz 1819-Tabriz 1850,* jefe religioso iraní. Instigador de una reforma del islam en un sentido místico, liberal e igualitario (*babismo*), fue fusilado y sus partidarios, asesinados.

BABA, cantón de Ecuador (Los Ríos), en la Costa; 27 918 hab. Agricultura y ganadería; bosques.

BABAHOYO, ant. **Bodegas,** c. de Ecuador, cap. de la prov. de Los Ríos; 105 785 hab. Puerto fluvial.

BĀB AL-MANDAB o **BĀB EL-MANDEB** («la puerta de los lamentos»), estrecho entre Arabia y África, que comunica el mar Rojo con el golfo de Adén

BABANGIDA (Ibrāhīm), *Minna 1941,* general y político nigeriano. Jefe del ejército de tierra (1984), en 1985 dirigió el golpe de estado tras el cual fue presidente hasta 1993.

BABBAGE (Charles), *Teignmouth 1792-Londres 1871,* matemático británico. Proyectó, sin llegar a realizarla, una máquina de calcular de

tarjetas perforadas que puede considerarse precursora de las computadoras modernas.

Babel (torre de), gran torre que, según la Biblia, los hijos de Noé intentaron construir en *Babel* (nombre hebreo de Babilonia) para escalar el cielo. Dios acabó con esta tentativa mediante la confusión de las lenguas.

BÁBEL (Isaak Emmanuilovich), *Odessa 1894-Moscú 1941,* escritor soviético. Sus relatos describen con vigor la revolución rusa (*Caballería roja,* 1926), y con humor tierno los ambientes judíos (*Cuentos de Odessa,* 1931).

BĀBER o **BĀBUR** (Zāhir al-Dīn Muḥammad), *Andizhán 1483-Agra 1530,* fundador del imperio mogol de la India. Descendiente de Tamerlán, conquistó la India (1526-1530).

BABEUF (François Nöel, llamado Gracchus), *Saint-Quentin 1760-Vendôme 1797,* revolucionario francés. Conspiró contra el Directorio y fue ejecutado. Su doctrina de colectivización de la tierra está cerca del comunismo.

BABIA, comarca de España (prov. de León), avenada por el Luna y el Sil. Ganado vacuno y lanar. (Reserva de la biosfera 2004.)

Babieca, caballo del Cid Campeador.

BABILONIA, c. de la baja Mesopotamia, cuyas ruinas, a orillas del Éufrates, están a 160 km al SE de Bagdad. Su fundación se atribuye a los acadios (2325-2160 a.C.). La I dinastía amorrita se estableció en ella (h. 1894 a.C.). Hammurabi, sexto rey de esta dinastía, la convirtió en su capital. Sometida frecuentemente por Asiria, se mantuvo como capital intelectual y religiosa de Mesopotamia. A fines del s. VII a.C. la dinastía caldea se estableció en ella. Su fundador, Nabopolasar, tomó parte con los medos en la destrucción de Asiria. Su hijo, Nabucodonosor II, tomó Jerusalén (587 a.C.) e hizo cautivos a muchos de sus habitantes. De su reinado datan los principales monumentos de Babilonia. La ciudad, tomada por Ciro II (539 a.C.), fue una provincia del imperio persa. Jerjes la desmanteló tras su rebelión. Alejandro la escogió como capital de Asia y murió en ella (323 a.C.), que declinó cuando los Seléucidas fundaron Seleucia junto al Tigris.

BABILONIA, parte inferior de Mesopotamia, llamada muy tardíamente *Caldea;* c. prales. *Babilonia, Ur* y *Behistún.*

BABINGTON (Anthony), *Dethick 1561-Londres 1586,* conspirador inglés. Organizó una conspiración destinada a asesinar a la reina Isabel y a coronar a María Estuardo. Fue ejecutado.

BABINSKI (Joseph), *París 1857-íd. 1932,* médico francés de origen polaco. Describió signos y síndromes de afecciones neurológicas.

BABITS (Mihály), *Szekszárd 1883-Budapest 1941,* escritor húngaro. Director de la revista *Nyugat,* fue autor de poemas (*El libro de Jo-*

nás, 1941) y de novelas psicológicas (*El califa de la cigüeña,* 1910).

BACA (Luis), *Durango 1826-México 1853,* compositor mexicano. Es autor de óperas, obras de cámara y un *Ave María* (1834).

BACAB MIT. AMER. Cada uno de los cuatro dioses mayas que sostenían el universo.

BACA FLOR (Carlos), *Islay 1867-Neuilly-sur-Seine. Francia. 1941,* pintor peruano, autor de retratos realistas y paisajes impresionistas.

BACALL (Betty Joan Perske, llamada Lauren), *Nueva York 1924,* actriz de cine estadounidense Con *Tener o no tener* (H. Hawks, 1944) inició su carrera y su colaboración con Humphrey Bogart. Posteriormente afianzó su carrera con *Escrito sobre el viento* (D. Sirk, 1956).

BACALLAR Y SANNA (Vicente), marqués de **San Felipe,** *Cagliari, Cerdeña, 1669-La Haya 1726,* diplomático e historiador español. Partidario de los Borbones, participó en las negociaciones de Utrecht (1713). Embajador en Génova, preparó la invasión de Cerdeña (1717).

BACARISSE (Mauricio), *Madrid 1895-íd. 1931,* escritor español, poeta de transición entre el modernismo y el ultraísmo y la poesía pura (*Mitos,* 1929) y autor de novelas (*Los terribles amores de Agliberto y Celedonia,* 1931).

BACARISSE (Salvador), *Madrid 1898-París 1963,* compositor español. Es autor de obras concertantes, de cámara y escénicas.

BACĂU, c. del E de Rumania; 204 495 hab.

BACCARAT, c. de Francia (Meurthe et Moselle), a orillas del Meurthe; 4 817 hab. Cristalería.

BAC DE RODA (Francesc Macià i Ambert, llamado), *m. en Vic 1713,* militar español. Destacado partidario del archiduque Carlos durante la guerra de Sucesión, fue ejecutado al término de la misma.

BACH, familia de compositores y músicos alemanes. — **Johann Sebastian** o **Juan Sebas-**

■ **BABILONIA.** Un aspecto de las ruinas.

1139

tián B., *Eisenach 1685-Leipzig 1750*, compositor alemán. Organista, dirigió la orquesta del príncipe Leopoldo de Anhalt en Köthen (1717) y, en 1723, fue nombrado cantor de la escuela de Santo Tomás de Leipzig, donde vivió hasta su muerte. Sus obras de música religiosa, vocal o instrumental, deben su valor a la pericia de su arquitectura, la riqueza de su inspiración, la audacia del lenguaje armónico y la espiritualidad que de ellas se desprende (*Cantatas; Pasiones; Misa en «si»; Preludios; Fugas; Corales para órgano; *Clave bien temperado; Partitas; *Conciertos brandeburgueses; Suites para orquesta; Conciertos para violín y orquesta; Conciertos para violín y orquesta; Suites para violonchelo, Sonatas para flauta y clave; Sonatas para violín y clave; Ofrenda musical y El arte de la fuga*). — **Wilhelm Friedemann B.**, *Weimar 1710-Berlín 1784*, compositor alemán. Hijo mayor de Juan Sebastián, organista y maestro de capilla, fue pionero de la «forma sonata» y autor de unas imaginativas *Fantasías* para clave.— **Karl Philipp Emanuel B.**, *Weimar 1714-Hamburgo 1788*, compositor alemán. Segundo hijo de Juan Sebastián, clavecinista y músico de Federico II de Prusia, fue un precursor de las sonatas de dos temas. — **Johann Christian B.**, *Leipzig 1735-Londres 1782*, compositor alemán. Sexto hijo de Juan Sebastián, nombrado en 1760 organista de la catedral de Milán, en 1762 pasó a ser compositor titular del King's Theatre de Londres. Su estética galante en las obras instrumentales anuncia a Mozart y la escuela vienesa.

■ J. S. **BACH**,
por E. G. Haussmann.
(Museo histórico
de la ciudad, Leipzig.)

■ MICHELLE
BACHELET

BACH (Alexander, barón von), *Loosdorf 1813-Schöngrabern 1893*, estadista austriaco. Ministro del interior (1849-1859), llevó a cabo una política centralizadora.

BACHELARD (Gaston), *Bar-sur-Aube 1884-París 1962*, filósofo francés. Es autor de una epistemología histórica, un análisis psicológico del conocimiento científico (*La formación del espíritu científico*, 1938) y un análisis del imaginario poético (*El agua y los sueños*, 1942).

BACHELET (Michelle), *Santiago 1951*, política chilena. Socialista, ministra de salud (2000-2002) y de defensa nacional (2002-2004), en 2006 accedió a la presidencia de la república.

BACHÎR ('Omar Hasan Ahmed al-), *Hosh Bannaga, Shendi, 1944*, militar y político sudanés. Llegado al poder tras el golpe de estado de 1989, es presidente de la república.

BACHMANN (Ingeborg), *Klagenfurt 1926-Roma 1973*, escritora austriaca. Su obra lírica y novelística, influida por Heidegger, reflexiona sobre la condición femenina frente a la violencia y la escritura (*Malina*, 1971).

BACICCIA o **BACICCIO** (Giovanni Battista Gaulli, llamado **il**), *Génova 1639-Roma 1709*, pintor italiano. En Roma, fue el decorador barroco más brillante de su época (fresco en la bóveda de la iglesia del Gesù, h. 1675).

BACK (sir George), *Stockport 1796-Londres 1878*, almirante británico. Partió en 1833 en busca de J. Ross y exploró el NO de Canadá.

BACLE (César Hipólito), *Versoix 1794-Buenos Aires 1838*, litógrafo y naturalista suizo activo en Argentina. Introductor de la litografía en Argentina, fundó varias publicaciones y realizó retratos de hombres ilustres, vistas de Buenos Aires y la serie *Trajes y costumbres de la provincia de Buenos Aires* (1835).

BACO, nombre dado a *Dioniso por los romanos, al que celebraban en las bacanales.

BACOLOD, c. de Filipinas, en la isla de Negros; 364 180 hab. Puerto.

BACON (Francis), barón de **Verulam**, *Londres 1561-íd. 1626*, filósofo inglés. Relacionó de manera innovadora el progreso humano y los avances del saber. Su obra *Instauratio magna* (1623) desarrolla una teoría empirista, y su *Novum organum scientiarum* (1620) propone una clasificación de las ciencias. Fue canciller de Inglaterra con Jacobo I.

■ FRANCIS **BACON**.
(Galería nacional
de retratos, Londres.)

BACON (Francis), *Dublín 1909-Madrid 1992*, pintor británico. Su obra, que expresa la inadaptación y el malestar de los seres por medio de violentas deformaciones y estridencias del color, influyó sobre la «nueva figuración».

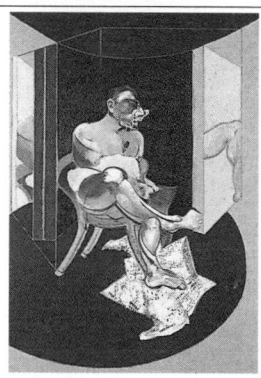

■ FRANCIS **BACON**. *Estudio de George Dyer*, tabla de un díptico (1971). [Col. part.]

BACON (Roger), *Ilchester o Bisley h. 1220-Oxford 1292*, filósofo y científico inglés. Franciscano, llamado «el Doctor admirable» por sus aportaciones en todos los campos del saber, entre ellos la alquimia, y la observación de que el calendario juliano estaba equivocado, fue un precursor del uso del método experimental en las ciencias (*Opus maius*, 1267-1268).

BACTRIANA, ant. región de Asia central, en el norte de Afganistán; cap. *Bactra* (act. *Balj*). Satrapía del imperio persa y luego seléucida, fue sede de un reino griego (ss. III-II a.C.).

BÁCUM, mun. de México (Sonora), junto al golfo de California; 22 182 hab. Centro agrícola.

BADA (José Marcelo de), *Lucena 1691-Granada 1755*, arquitecto español. Evolucionó desde el academicismo (fachada de la iglesia del Sagrario, Granada, 1722) al barroco (sacristía de la cartuja de Granada, 1730-1742).

BADAJOZ, c. de España, cap. de la prov. homónima y cab. de p. j.; 136 136 hab. (*badajocenses, badajoceños o pacenses*). Industrias agropecuarias.— Murallas medievales; catedral (ss. XIII-XVI); iglesia de la Concepción (s. XVIII); museos arqueológico y de arte contemporáneo.— En época musulmana fue capital del reino de los Aftasíes (s. XI).

BADAJOZ (provincia de), prov. de España, en Extremadura; 21 657 km²; 661 874 hab.; cap. *Badajoz*. En el O de la Meseta Sur, ocupa una penillanura flanqueada por los montes de Toledo, al NE, y por la sierra Morena al S. Regadíos en las Vegas del Guadiana.

BADAJOZ (Juan de), llamado **el Viejo**, arquitecto español activo entre 1499 y 1522. Maestro de obras de la catedral de León (Librería, act. capilla de Santiago), se inscribe en el gótico tardío. — **Juan de B.**, llamado **el Mozo**, *h. 1495-León 1554*, arquitecto español. Hijo de Juan el Viejo, realizó en León obras de estilo plateresco.

BADALONA, c. de España (Barcelona), cab. de p. j.; 208 944 hab. (*badaloneses*). Centro industrial. Monasterio de San Jerónimo de la Murtra (ss. XV-XVIII), ant. residencia real. Es la *Baitolo* ibera y la *Baetulo* romana (termas, teatro).

BÁDAMI, sitio arqueológico de la India (Karnātaka), en el lugar de una antigua capital de los Chālukya. Santuarios rupestres brahmánicos (ss. VI-VII) con relieves.

BADA SHANREN o **PA-TA-CHAN-JEN**, (Zhu Da o Chu Ta, llamado), *Nanchang 1625-¿1705?*, pintor chino. Fue un fecundo pintor individualista de la época Ming.

BAD EMS → EMS.

BADEN, ant. estado de la Alemania renana, act. parte del Land de Baden-Württemberg. Margraviato en 1112, gran ducado en 1806 y república en 1919.

BADEN (Maximiliano de) → **MAXIMILIANO DE BADEN.**

BADEN-BADEN o **BADEN**, c. de Alemania (Baden-Württemberg), cerca del Rin; 51 085 hab. Estación termal. Castillo (s. XVI, museos) y otros monumentos.

BADEN-POWELL (Robert, barón), *Londres 1857-Nyeri, Kenya, 1941*, general británico. Fundó la organización de los *boy-scouts* (1908).

BADEN-WÜRTTEMBERG, Land del SO de Alemania; 35 750 km²; 9 618 696 hab.; cap. *Stuttgart*.

BADGASTEIN, c. de Austria, cerca de Salzburgo; 6 000 hab. Estación termal; deportes de invierno (alt. 1083-2 246 m).

BADÍA (Concepción), *Barcelona 1898-íd. 1975*, soprano española. Destacó en el lied y la ópera. Difundió la música de Granados.

BADIA DEL VALLÈS, mun. de España (Barcelona), en la aglomeración de Barcelona; 15 533 hab. (*badienses*).

BADÍA Y LEBLICH → ALÍ BEY.

BADIRAGUATO, mun. de México (Sinaloa), junto al río Humaya; 39 170 hab. Agricultura y ganadería.

BĀDIS, rey de Granada (1038-1073). Tuvo por rivales a los Abadíes de Sevilla. Su crueldad provocó varios levantamientos.

BADOGLIO (Pietro), *Grazzano Monferrato 1871-íd. 1956*, mariscal italiano. Gobernador de Libia (1929-1933), virrey de Etiopía (1938), fue presidente del Consejo tras la caída de Mussolini y negoció el armisticio con los Aliados (1943).

Badr (batalla de) [624], victoria de Mahoma sobre los quraýšíes en Badr, al SO de Medina.

BADUILA → TOTILA.

BAEDEKER (Karl), *Essen 1801-Coblenza 1859*, librero y escritor alemán. Fue célebre por su colección de guías de viaje.

BAEKELAND (Leo Hendrik), *Gante 1863-Beacon 1944*, químico estadounidense de origen belga. En 1907 inventó la baquelita (1907), primera resina de síntesis.

BAENA, c. de España (Córdoba), cab. de p. j.; 19 725 hab. (*baeneros o baenenses*). Iglesias de Santa María la Mayor, Guadalupe y Madre de Dios.

BAENA (Juan Alfonso de), *Baena 1406-1454*, poeta español. Recopiló el *Cancionero de Baena* (1445), antología poética castellana que incluye parte de su obra.

BAENA SOARES (João Clemente), *Belém 1931*, diplomático y político brasileño, secretario general de la OEA de 1984 a 1994.

BAEYER (Adolf von), *Berlín 1835-Starberg 1917*, químico alemán. Realizó la síntesis del índigo. (Premio Nobel 1905.)

BAEZ (Joan), *Nueva York 1941*, cantautora estadounidense, representante de la canción protesta (*Farewell Angelina*, 1975).

BÁEZ (Buenaventura), *Azúa 1810-en Puerto Rico 1884*, político dominicano. Presidente en 1849-1853 y 1856-1858, y de nuevo tras la independencia del país (1865), fue derrocado por Cabral (1866) y volvió al poder en 1868-1873. Defendió la anexión a EUA y encabezó el partido de los Rojos (conservadores).

BAEZA, c. de España (Jaén), cab. de p. j.; 15 738 hab. (*baezanos, bastetanos, beacienses o betienses*). Regadíos y ganadería. — Ciudad monumental, con numerosos edificios civiles y religiosos, góticos y platerescos, del s. XVI. (Patrimonio de la humanidad 2003.)

BAFFIN (isla o tierra de), isla del archipiélago Ártico canadiense, separada de Groenlandia por el *mar de Baffin*; aprox. 470 000 km².

BAFFIN (William), ¿*Londres? h. 1584-golfo Pérsico 1622*, navegante inglés. En 1616 penetró por primera vez, a través del estrecho de Davis, en el mar que actualmente lleva su nombre.

BAFOUSSAM, c. de Camerún; 131 000 hab.

BAGARÍA (Luis), *Barcelona 1882-La Habana 1940*, caricaturista español. Dibujante de humor autodidacta y mordaz caricaturista, trabajó en publicaciones como *El sol, Cu-cut* y *Simplicissimus*.

BAGDAD, cap. de Iraq, junto al Tigris; 5 909 000 hab. (*bagdadíes*). Monumentos de los ss. XIII-XIV. Museos. Sin embargo, tanto la ciudad como su papel administrativo y cultural y sus actividades económicas se vieron gravemente afectados por las guerras (1980-1988, 1991 y desde 2003). — Bagdad conoció su mayor prosperidad como capital de los Abasíes (ss. VIII-XIII) y fue destruida por los mongoles en 1258.

■ **BAGDAD.** La gran mezquita chiíta de al-Kāzimayn (s. VIII; restaurada en el s. XIX).

Bagdad (pacto de) → **Cento.**

BAGEHOT (Walter), *Langport 1826-íd. 1877*, economista británico. Estudió el mercado financiero de Londres y la constitución inglesa.

BAGRATIÓN (Piotr Ivánovich, príncipe), *Kizliar 1765-Sima 1812*, general ruso. Luchó contra Napoleón y fue mortalmente herido en la batalla de Borodinó.

BAGRE (El), mun. de Colombia (Antioquia); 18 962 hab.

BAGUÍO, c. de Filipinas (Luzón); 183 000 hab. Estación climática.

BAGUIRMI, ant. sultanato musulmán de Sudán central (act. en Chad), fundado en el s. XVI.

BAHAMAS, ant. **islas Lucayas**, estado de las Antillas, al SE de Florida; 13 900 km²; 280 000 hab. CAP. *Nassau*. LENGUA: *inglés*. MONEDA: *dólar de las Bahamas*. (V. mapa de **Estados Unidos.**) De sus setecientas islas, dos (*Gran Bahama* y sobre todo *Nueva Providencia*) concentran la mayoría de la población. Viven sobre todo del turismo, como plaza financiera y sede de empresas. — Descubiertas por Colón, fueron colonia británica desde 1672 hasta 1973, cuando se independizaron.

BAHAMONTES (Federico Martín), *Val de Santo Domingo, Toledo, 1928*, ciclista español, ganador en 1959 del tour de Francia y seis veces de su gran premio de la montaña.

BAHĀWALPŪR, c. de Pakistán; 180 300 hab.

BAHÍA o **BAÍA**, estado del NE de Brasil; 561 000 km²; 11 801 810 hab.; cap. *Salvador*.

BAHÍA (cultura de), cultura precolombina de la costa de Ecuador (500 a.C.-800 d.C.). Influenciada por la cultura chorrera, destaca por sus figurillas de cerámica.

BAHÍA BLANCA, c. de Argentina (Buenos Aires); 271 467 hab. En la desembocadura del Napostá Grande. Centro industrial y turístico. Puerto exportador. Universidad nacional del Sur.

BAHORUCO → **BAORUCO.**

BAHR AL-ABYAD, nombre árabe del *Nilo Blanco

BAHR AL-AZRAK, nombre árabe del *Nilo Azul.

BAHR AL-GAZĀL, r. de Sudán, emisario de una cubeta pantanosa; 240 km.

BAHRAYN o **BAHREIN**, estado de Asia, en el golfo Pérsico; 660 km²; 580 000 hab. CAP. *Manāma*. LENGUA: *árabe*. MONEDA: *dinar de Bahrayn*. (V. mapa de **Arabia Saudí.**) Archipiélago de 33 islas, desde 1986 está comunicado con Arabia Saudí por un puente. Plaza financiera. Petróleo. — Protectorado británico en 1914, Bahrayn se independizó en 1971. Ha sido gobernado sucesivamente por el emir Isa ibn Salman al-Jalifa (1971-1999) y su hijo Hamad ibn Isa al-Jalifa (desde 1999). En 2002, el emirato se convirtió en una monarquía constitucional.

BAHRIYA o **BAHARIYA**, oasis de Egipto, a 400 km al SO de El Cairo. Alberga un conjunto de tumbas de la XXVI dinastía (ss. VII-VI a.C.) y una necrópolis de varios miles de momias parcialmente doradas (el «Valle de las momias de oro»), de épocas helenística y romana.

BAIA, ant. localidad balneario, cerca de Nápoles. Lugar de recreo de los romanos.

BAIA MARE, c. del NO de Rumania; 148 815 hab.

BAIKAL, lago de Rusia, en Siberia meridional, que vierte sus aguas en el Yeniséi a través del Angará; 31 500 km²; long. 640 km; prof. máxima 1 680 m. Permanece helado 6 meses al año. ■ Principal centro paleolítico y mesolítico de Siberia. (Reserva de la biosfera 1986; patrimonio de la humanidad 1996.)

Baikonur (cosmódromo de) → **TIURATAM.**

BAILÉN, c. de España (Jaén), 17 472 hab. (*bailenenses*). Minería. Turismo. — batalla de **Bailén** (19 julio 1808), batalla de la guerra de la Independencia española, en la que las fuerzas españolas del general Castaños vencieron a las francesas de Dupont, lo que obligó a José Bonaparte a abandonar Madrid.

BAIRD (John Logie), *Helensburgh 1888-Bexhill 1946*, ingeniero británico. Fue uno de los pioneros de la televisión (primera demostración, 1926; primeras imágenes en color, 1928; primera transmisión a larga distancia, 1929).

Baire (grito de) [24 febr. 1895], nombre con que se conoce el grito de independencia que inició el alzamiento definitivo en Cuba.

BAJA ÉPOCA → **EGIPTO.**

BA JIN o **PA KIN**, *Chengdu 1904-Shanghai 2005*, escritor chino. Sus obras narran las transformaciones sociales de China (*Familia*, 1933).

BAJO BAUDÓ, mun. de Colombia (Chocó), avenado por el *Baudó*; 17 063 hab. Ganadería; serrerías.

BAJO IMPERIO, período de la historia romana comprendido entre la muerte de Severo Alejandro (235) y el fin del Imperio de Occidente (476). Se inicia con un período de anarquía militar (235-284) y se caracteriza por el establecimiento de un poder imperial absoluto, el impulso del cristianismo y la división del Imperio entre oriente y occidente.

BAJOS DE HAINA, c. de la República Dominicana (San Cristóbal), en el Caribe; 34 924 hab.

BĀJTARĀN, ant. **Kirmānšāh**, c. de Irán, en el Kurdistán; 560 514 hab.

BAKER, r. de Chile, que nace en el lago General Carrera y desemboca en el Pacífico; 440 km.

BAKER (Chesney Henry, llamado Chet), *Yale, Oklahoma, 1929-Amsterdam 1988*, trompetista, cantante y compositor de jazz estadounidense. Miembro del cuarteto sin piano del saxofonista Gerry Mulligan a principios de la década de 1950, inventó una sonoridad torturada y romántica (álbum *Broken Wing*).

BAKER (Joséphine), *Saint Louis 1906-París 1975*, artista de music-hall francesa de origen estadounidense. Se reveló al público parisiense en 1925 y alcanzó fama como cantante, bailarina, actriz de cine y animadora de revistas.

BAKER (sir Samuel White), *Londres 1821-Sandford Orleigh 1893*, viajero británico. Exploró África central y descubrió el lago Alberto (1864).

BAKI (Mahmud Abdulbaki, llamado), *İstanbul 1526-íd. 1600*, poeta turco. Es autor de un *Diván* donde aúna virtuosismo y lirismo.

BAKIN o **KYŌKUTEI BAKIN**, *Edo, act. Tōkyō, 1767-íd. 1848*, escritor japonés, autor de novelas de gran éxito (*Historia de los ocho perros de Satomi de Nansō*, 1814-1841).

BAKONY (montes), pequeño macizo del O de Hungría, cubierto de bosque, al N del lago Balatón; 704 m. Bauxita.

BAKRĪ (Abū 'Ubayd al-), *h. 1010-Córdoba 1094*, geógrafo y científico hispanoárabe. Es autor de un diccionario geográfico, varios itinerarios y un libro de farmacología.

BAKÚ, en azerí **Baki**, cap. de Azerbaiján, junto al mar Caspio, en la península de Apsheronsk; 1 725 500 hab. Centro de explotación petrolífera. — Ruinas de las épocas turca y persa. (Patrimonio de la humanidad [en peligro] 2000.)

BAKÚ (Segundo), región petrolífera de Rusia, entre el Ural y el Volga.

BAKUNIN (Mijaíl Alexándrovich), *Priamujino 1814-Berna 1876*, revolucionario ruso. Participó en las revoluciones de 1848 en París y Praga. Miembro de la I Internacional (1868-1872), se opuso a Marx y fue teórico del anarquismo.

BALADA (Leonardo), *Barcelona 1933*, compositor español, autor de *Guernica* (1966), *Sinfonía del acero* (1972) y las óperas *¡Verdugo! ¡Verdugo!* (1982) y *Cristóbal Colón* (1989).

BALAGUER, c. de España (Lérida), cab. de p. j.; 13 275 hab. (*balaguerienses*). Monumentos góticos; plaza porticada; puente gótico sobre el Segre.

BALAGUER (Joaquín), *Navarrete, Santiago, 1907-Santo Domingo 2002*, político dominicano. Ocupó altos cargos bajo el régimen de Trujillo, incluida la vicepresidencia. Presidente de la república en 1960-1962, con el apoyo de EUA ocupó de nuevo el cargo de 1966 a 1978 y, con el Partido reformista socialcristiano fundado por él, de 1986 a 1996.

BALAGUER (Víctor), *Barcelona 1824-Madrid 1901*, escritor español en lengua catalana y castellana. Impulsor de la Renaixença, fue poeta (*Lo trobador de Montserrat*, 1861), dramaturgo (*Los Pirineus*, 1893) e historiador (*Historia de Cataluña y de la Corona de Aragón*, 1850-1863).

BALAITOUS (monte), pico granítico de los Pirineos franceses, en la frontera con Aragón; 3 144 m.

BALAKIREV (Mili Alexéievich), *Nizhni-Nóvgorod 1837-San Petersburgo 1910*, compositor ruso. También pianista y director de orquesta, fue el fundador del grupo de los *Cinco y autor de *Islaméj* (1869), para piano.

Balaklava (batalla de) [25 oct. 1854], batalla de la guerra de Crimea. Victoria francobritánica sobre los rusos en Crimea, junto al mar Negro. Destacó la actuación de la caballería británica (carga de la brigada ligera).

BALAKOVO, c. de Rusia, a orillas del Volga; 202 000 hab. Central hidroeléctrica y central nuclear.

BALANCÁN, mun. de México (Tabasco), avenado por el Usumacinta; 37 099 hab. Caucho.

BALANCHINE (Gueorgui Melitónovich Balanchivadze, llamado George), *San Petersburgo 1904-Nueva York 1983*, bailarín y coreógrafo ruso nacionalizado estadounidense. Colaborador de Diáguilev, cofundador de la School of American Ballet y promotor del New York City Ballet, creó varias obras maestras del repertorio del s. XX, en un estilo neoclásico riguroso (*Apolo musageta*, 1928; *The Four Temperaments*, 1946; *Agon*, 1957).

BALANZA → **LIBRA.**

BALASSI o **BALASSA** (Bálint), *Zólyom 1554-Esztergom 1594*, poeta húngaro. Cronológicamente, fue el primer gran lírico de su país.

BALATÓN (lago), lago de Hungría, al pie de los montes Bakony, al SO del Danubio; 596 km². Turismo.

Balazote (bicha de), escultura ibérica orientalizante, con cuerpo de toro y cabeza humana barbada, hallada en *Balazote* (Albacete).

BALBÁS (Jerónimo de), arquitecto y escultor español, nacido probablemente en Andalucía a mediados del s. XVII. De estilo barroco andaluz, trabajó también en México, donde introdujo el estípite (retablo de la capilla de los Reyes de la catedral, h. 1718).

■ JERÓNIMO DE **BALBÁS**. Retablo de la capilla de los Reyes; catedral de México.

BALBEK → **BAALBEK.**

BALBÍN (Ricardo), *Buenos Aires 1904-La Plata 1981*, político argentino. Miembro de la Unión cívica radical, lideró la oposición a Perón.

BALBO (Cesare), **conde de Vinadio,** *Turín 1789-íd. 1853*, político italiano. Fue uno de los promotores del Risorgimento.

BALBO (Italo), *Ferrara 1896-cerca de Tubruq 1940*, mariscal italiano. Uno de los artífices del fascismo, ministro del aire (1926-1935), dirigió numerosas incursiones aéreas y más tarde fue gobernador de Libia (1939).

BALBOA (Silvestre de), *Las Palmas de Gran Canaria h. 1570-Puerto Príncipe, act. Camagüey, h. 1640*, poeta español, autor del primer poema épico cubano, *Espejo de paciencia* (1608).

BALBOA (Vasco Núñez de) → **NÚÑEZ DE BALBOA.**

BALBUENA (Bernardo de), *Valdepeñas 1568-San Juan de Puerto Rico 1627*, poeta español. Autor del poema épico *Bernardo o la victoria de Roncesvalles* (1624), vivió en México (*Grandeza mexicana*, 1604) y fue obispo de San Juan de Puerto Rico.

BALCANES (montes), larga cadena montañosa de Bulgaria; 2 376 m en el pico Botev.

BALCANES (península de los) o **PENÍNSULA BALCÁNICA,** la más oriental de las penínsulas de Europa meridional, limitada aproximadamente al N por el Sava y el Danubio.

GEOGRAFÍA

La península engloba Albania, Bosnia-Herzegovina, Bulgaria, Croacia, Grecia, Kosovo, Macedonia, Montenegro, Serbia y la Turquía europea. Es una región esencialmente montañosa (Alpes Dináricos, montes Balcanes, Ródope, Pindo), de clima continental en el interior y mediterráneo en el litoral. Los valles (Morava, Vardar, Marica) concentran, junto con las cuencas interiores (Sofía), la mayor parte de la población.

HISTORIA

La península balcánica, crisol en el que se mezclan diversos pueblos, se sometió a los turcos a partir de fines del s. XIV. La lucha de los pueblos balcánicos contra la dominación otomana, las disensiones religiosas entre ortodoxos, católicos y musulmanes y la rivalidad de las grandes potencias provocaron diversos conflictos: guerras ruso-turca (1877-1878) y greco-turca (1897), guerras balcánicas (1912-1913), campañas de los Dardanelos, de Serbia y de Macedonia durante la primera guerra mundial, y campaña de los Balcanes (1940-

1941). Los problemas de las minorías nacionales y de las fronteras entre estados resurgieron en 1991-1992, al descomponerse Yugoslavia, y están en la raíz de la guerra en Croacia (1991-1992) y Bosnia-Herzegovina (1992-1995), así como del conflicto de Kosovo (1999).

BALCARCE, partido de Argentina (Buenos Aires); 41 284 hab. Industria del mueble. Turismo.

BALCARCE (Antonio **González**), *Buenos Aires 1774-íd. 1819 o 1820*, militar y político argentino. Derrotó en Suipacha a las tropas realistas (1810) y fue gobernador de Buenos Aires (1814) y director de las Provincias Unidas del Río de la Plata (1816).

BALDOMIR (Alfredo), *Montevideo 1884-íd. 1948*, político uruguayo. Miembro del Partido colorado, fue presidente de la república (1938-1943). Reformó la constitución de 1934.

BALDR o **BALDER,** dios escandinavo-germánico, el mejor de los Ases. Hijo de Odín y de Frigg, encerrado en el reino de la muerte, es el dios del amor y de la luz, que dirigirá la regeneración universal.

BALDUINO I, *Valenciennes 1171-1205*, conde de Flandes y de Hainaut y emperador latino de Constantinopla (1204-1205). Jefe de la cuarta cruzada, resultó elegido emperador tras la toma de Constantinopla por los cruzados. — **Balduino II,** *Constantinopla h. 1217-1273*, emperador latino de Constantinopla (1228-1261).

BALDUINO I, *Bruselas 1930-Motril, España, 1993*, rey de Bélgica (1951-1993). Accedió al trono al abdicar su padre, Leopoldo III. En 1960 casó con Fabiola de Mora y Aragón.

■ **BALDUINO I**
de Bélgica.

BALDUINO I DE BOULOGNE, *m. en 1118*, rey de Jerusalén (1100-1118). Hermano de Godofredo de Bouillon, fue el fundador del reino de Jerusalén, que amplió y consolidó.

BALDUNG (Hans), llamado **Baldung Grien,** *Gmünd 1484 o 1485-Estrasburgo 1545*, pintor y grabador alemán. Establecido en Estrasburgo en 1509, su obra asocia la sensualidad con lo fantástico y lo macabro.

BALDWIN (James), *Nueva York 1924-Saint-Paul-de-Vence, Francia, 1987*, escritor estadounidense. Hijo de un pastor protestante negro, buscó la solución de los conflictos raciales en una revolución moral (*Otro país*, 1962).

BALDWIN (James Mark), *Columbia 1861-París 1934*, psicólogo y sociólogo estadounidense. Fue uno de los primeros teóricos del desarrollo del niño.

BALDWIN (Stanley), *Bewdley 1867-Stourport 1947*, político británico. Conservador, fue primer ministro (1923, 1924-1929 y 1935-1937).

BALEARES (islas), en cat. **Balears,** archipiélago español del Mediterráneo que constituye una comunidad autónoma uniprovincial; 5 014 km²; 1 001 062 hab.; cap. *Palma de Mallorca*.

GEOGRAFÍA

Las Baleares comprenden las islas de Mallorca, Menorca, Ibiza, Formentera y Cabrera, y otros islotes menores. El relieve de Mallorca e Ibiza es variado, con llanos y sierras, mientras que Menorca presenta una morfología dominada por la horizontalidad. En la actividad agrícola predomina el secano, junto a áreas de regadío. Industria de construcción, textil, cuero y calzado, y alimentaria. El sector terciario representa el 82 % del PIB regional; las islas constituyen una de las mayores zonas turísticas de España.

HISTORIA

II milenio a.C.: cultura talayótica en Mallorca y Menorca. **S. VII a.C.:** los cartagineses ocuparon Ibiza. **122 a.C.:** Roma conquistó el archipiélago. **426:** incursiones y posterior ocupación por los vándalos. **554:** invasión de los bizantinos. **902:** inicio del dominio musulmán. **1076:** independencia de la taifa de Mallorca. **S. XIII:** conquista por Jaime I. **1276:** nacimiento del reino de Mallorca. **1343:** reincorporación a la Corona de Aragón. **1450:** levantamiento campesino en Mallorca (revolución de los forenses). **1521-1523:** sublevación de las Germanías en Mallorca. **S. XVIII:** tras la guerra de Sucesión, Menorca fue ocupada por Gran Bretaña (1708-1802) y Mallorca e Ibiza perdieron sus privilegios por el decreto de Nueva planta (1715). **1983:** aprobación del estatuto de autonomía.

BALENCIAGA (Cristóbal), *Guetaria 1895-Valencia 1972*, modisto español. Tras abrir casas de alta costura en España, en 1937 se instaló en París. Su estilo, austero en los trajes de calle y suntuoso en los de noche, destaca por la excelencia del corte.

BALFOUR (Arthur James, conde), *Whittinghame 1848-Woking 1930*, político británico. Primer ministro conservador al frente de un gobierno unionista (1902-1905) y secretario del Foreign Office (1916-1922), preconizó en 1917 la constitución de un hogar nacional para los judíos en Palestina (*declaración Balfour*).

BALI, isla de Indonesia, separada de Java por el *estrecho de Bali*; 5 561 km²; 2 778 000 hab. (*balineses*). Turismo. — Entre los ss. VIII y XV floreció en ella un interesante arte búdico. — En 2002 y 2005 sendos atentados atribuidos a al-Qaeda afectaron a la industria turística.

BALIKESIR, c. del O de Turquía; 170 589 hab.

BALIKPAPAN, c. de Indonesia (Borneo); 344 000 hab. Puerto petrolífero.

Balilla (Opera nazionale), institución italiana fascista paramilitar, creada en 1926. Tomó el nombre del joven genovés G. B. Perasso, llamado *Balilla*, que dio la señal de la rebelión contra los austriacos en 1746.

BALINT (Michael), *Budapest 1896-Londres 1970*, psiquiatra y psicoanalista británico de origen húngaro. Es autor de un método basado en reuniones periódicas de médicos que analizan en común sus relaciones con los enfermos (*grupo Balint*).

BALJASH, lago del E de Kazajstán; 17 300 km².

BALKENENDE (Jan Pieter, llamado Jan Peter), *Kapelle, Zelanda, 1956*, político neerlandés. Democristiano, es primer ministro desde 2002.

BALL (John), *m. en Saint-Albans 1381*, sacerdote inglés. Encabezó junto con Wat Tyler la rebelión igualitaria de los campesinos en Londres en 1381. Fue ejecutado.

BALLA (Giacomo), *Turín 1871-Roma 1958*, pintor italiano. Fue uno de los grandes maestros del futurismo por sus estudios de la descomposición de la luz y del movimiento.

BALLADUR (Édouard), *Izmir 1929*, político francés. Miembro del RPR y más tarde de la UMP, fue primer ministro de 1993 a 1995.

BALLAGAS (Emilio), *Camagüey 1908-La Habana 1954*, poeta cubano, exponente de la poesía pura y del «negrismo»: *Poesía negra* (1934) y dos antologías sobre el tema (*Antología de la poesía negra hispanoamericana*, 1935; *Mapa de la poesía negra americana*, 1946).

BALLARD (James Graham, llamado J. G.), *Shanghai 1930-Shepperton 2009*, escritor británico. Maestro de la ciencia ficción, analiza la angustia del ser humano ante los dramáticos trastornos de su medio ambiente (*El mundo sumergido*, 1963; *El mundo de cristal*, 1966; *Crash*, 1973; *El imperio del sol*, 1984; *Milenio negro*, 2003).

BALLESTER (Manuel), *Barcelona 1919-íd. 2005*, químico español. Descubrió los polímeros PP, la síntesis de carbaniones y los radicales libres inertes.

BALLESTEROS (Severiano), *Pedreña, Cantabria, 1957*, jugador de golf español. Vencedor del Masters de Augusta (1980 y 1983) y del Open británico (1979, 1984 y 1988), ganó la Ryder Cup como jugador en tres ocasiones (1985, 1987, 1995) y como capitán (1997). Se retiró en 2007.

BALLESTEROS Y BERETTA (Antonio), *Roma 1880-Pamplona 1949*, historiador español. Es-

■ HONORÉ
DE **BALZAC**,
por L. Boulanger.

■ **BALTHUS.** *Les beaux jours* (1944-1946).
[Joseph Hirshhorn Museum and Sculpture Garden, Washington.]

cribió una *Historia de España y su influencia en la universal* (1918-1941) y dirigió la *Historia de América y de los pueblos americanos.*

Ballets rusos, compañía de ballet creada y dirigida por Diághilev de 1909 a 1929.

BALLEZA (Mariano), *Valladolid, act. Morelia-1812,* patriota mexicano.Vicario del pueblo de Dolores, luchó por la independencia. Fue fusilado por los españoles.

BALLIVIÁN (José), *La Paz 1805-Río de Janeiro 1852,* general y político boliviano.Héroe de la Independencia, en 1839 se alzó en armas y se proclamó jefe supremo provisional de la república. Derrotó a los peruanos en Ingavi (1841) y en 1843 fue elegido presidente,cargo que debió dejar (1847) por su despotismo.

BALMACEDA (José Manuel), *Santiago 1838-íd. 1891,* político chileno. Reformista, fue presidente de 1886 a 1891.Legisló el matrimonio civil y promovió la educación pública. Chocó con conservadores y liberales, quienes crearon una junta en Iquique, lo que llevó a la guerra civil. Derrotado, se suicidó.

BALMES (Jaime), *Vic 1810-íd. 1848,* filósofo y teólogo español. Sacerdote desde 1834, abordó los problemas económicos y sociales de su tiempo con criterios renovadores y eclécticos. Filósofo más importante del s.XIX español, con un escolasticismo influido por la filosofía del sentido común, su aportación más original es la teoría de la certeza (*El *criterio,* 1843; *Filosofía fundamental,* 1846).

DALMIS (Francisco Javier), *Alicante 1753-Madrid 1819,* médico y botánico español. Cirujano militar y de cámara de Carlos IV (1795), dirigió la Real expedición marítima de la vacuna (1803-1806), primera gran empresa sanitaria de carácter internacional, que introdujo la vacunación antivariólica.

BALMONT (Konstantin Dmítrievich), *Gumnishchi 1867-Noisy-le-Grand, Francia, 1942,* poeta ruso, fue un destacado simbolista (*Visiones solares,* 1903; *Aurora boreal,* 1931).

BALSAS, r. de México, tributario del Pacífico; 880 km.— La depresión del Balsas, entre la cordillera Neovolcánica y la sierra Madre del Sur, posee grandes recursos mineros e hidroeléctricos.

BALSEIRO (José Antonio), *Córdoba 1919-Bariloche 1962,* físico argentino. Discípulo de G.Beck en el Observatorio astronómico de Mendoza, fundó y dirigió el Instituto de física de Bariloche (1955-1962).Es una figura clave en el desarrollo de la energía nuclear en Argentina.

BALTA (José), *Lima 1814-íd.1872,* militar y político peruano. Encabezó en el N el levantamiento conservador contra el dictador Prado (1867).Fue presidente de 1868 a 1872.

BALTASAR, nombre popular tradicional de uno de los tres Reyes Magos.

BALTASAR, *m. en 539 a.C.,* regente de Babilonia. Hijo del rey Nabonides, fue vencido y muerto en la toma de Babilonia por Ciro II.

BALTASAR CARLOS, *Madrid 1629-Zaragoza 1646,* príncipe de Asturias. Hijo y heredero de Felipe IV,murió prematuramente.

BALTHASAR (Hans Urs von), *Lucerna 1905-Basilea 1988,* teólogo católico suizo. Fue uno de los grandes teólogos del s.XX (*Teología de la historia,* 1950)

BALTHUS (Balthasar Klossowski, llamado), *París 1908-Rossinière, Suiza, 2001,* pintor francés. Pintó originales paisajes e interiores con figuras humanas,de tenue coloración.

BÄLTI, c.de Moldavia; 159 000 hab.

BÁLTICO (mar), mar interior del Atlántico, que bordea Alemania, los países Bálticos, Dinamarca, Finlandia, Polonia, Rusia y Suecia; 385 000 km². Generalmente poco profundo, poco salado, sin mareas notables, sujeto a congelación,se comunica con el mar del Norte por los estrechos daneses y forma entre Suecia y Finlandia el golfo de Botnia. Desde 2000, un puente sobre el estrecho de Øresund enlaza Dinamarca y Suecia por vía terrestre.

BÁLTICOS (países), conjunto formado por las repúblicas de Estonia, Letonia y Lituania.

BALTIMORE, c. de Estados Unidos (Maryland),en la bahía de Chesapeake; 736 014 hab. (2 382 172 en la aglomeración). Puerto. Centro industrial. Universidad Johns Hopkins. Importantes museos.

BALUCHISTÁN o **BELUCHISTÁN,** región montañosa de Asia, entre Irán y Pakistán.

BALZAC (Honoré de), *Tours 1799-París 1850,* escritor francés. Es autor de *La comedia humana,* retrato de la sociedad francesa desde la Revolución hasta 1848 en 90 novelas que influyeron en la literatura realista y naturalista europea. Sus novelas principales son: *La piel de zapa* (1831), *Eugenia Grandet* (1833), *Papá Goriot* (1834-1835), *La búsqueda del absoluto* (1834), *Las ilusiones perdidas* (1837-1843), *Grandeza y decadencia de César Birotteau* (1837), *La prima Bette* (1846). Escribió también cuentos y obras de teatro.

BALZAR, cantón de Ecuador (Guayas), a orillas del Daule; 58 187 hab.Mercado agropecuario.

BAM o **BAMM,** c. del SE de Irán; 80 000 hab. (en 2003). Palmeral (dátiles).— Ciudadela de adobe, amurallada. (Patrimonio de la humanidad [en peligro] 2004.) — Fundada por los par. tos (s.III a.C.),fue un centro de peregrinación y caravanero. El 26 dic. 2003, un sismo destruyó gran parte de la ciudad (incluido el conjunto monumental) y causó unos 20 000 muertos.

BAMAKO, cap. de Malí, a orillas del Níger; 658 300 hab. Aeropuerto.

BAMBAMARCA, mun. de Perú (Cajamarca); 38 684 hab.Agricultura y ganadería. Minas de plata y carbón.

BAMBANA, r.de Nicaragua (Región Autónoma Atlántico Norte), afl. del Prinzapolka (or. izq.); 183 km. Nace en la cordillera Isabelia y desemboca en la cuenca del Caribe.

BAMBERG, c. de Alemania (Baviera); 69 980 hab.Puerto fluvial (junto al canal Rin-Main-Danubio).— Catedral del s.XIII (esculturas),monumentos barrocos y conjunto de casas antiguas. Museos. (Patrimonio de la humanidad 1993.)

BAMBOCCIO (il) o **EL BAMBOCHO → VAN LAER.**

BAMENDA, c.del O de Camerún; 110 000 hab.

BĀMIYĀN, c. de Afganistán, entre el Hindú Kūš y el Kuh-i Bābā; 8 000 hab. Centro búdico, en la ruta de la seda, con monasterios rupestres (ss.II-VII) [pinturas y esculturas,entre ellas dos budas gigantescos tallados en la roca,des-

truidos por los talibanes en 2001]. (Patrimonio de la humanidad [en peligro] 2003.)

BĀNA, escritor indio del s. VII.Poeta en la corte del rey Harṣa *(Gesta de Garsha),* es uno de los maestros de la novela en sánscrito *(Kādambarī).*

BANACH (Stefan), *Cracovia 1892-Lviv 1945,* matemático polaco. Sus estudios sobre los espacios vectoriales tipológicos le llevaron a introducir los espacios normados completos.

BANATO, región de Europa que corresponde a la parte SE de la cuenca Panónica.En 1919 fue dividida entre Rumania,Hungría y Yugoslavia.

BANCES CANDAMO (Francisco Antonio de), *Sabugo, Asturias, 1662-Lezuza, Albacete, 1704,* dramaturgo y poeta español.Epígono de Calderón, cultivó todos los géneros teatrales de la época (*La piedra filosofal; En esta vida todo es verdad y todo es mentira*) y escribió un tratado en defensa de la comedia. Su obra poética está influida por Góngora.

BANCO (El), mun. de Colombia (Magdalena), junto al Magdalena; 41 971 hab.Puerto fluvial.

Banco central de la República Argentina, organismo bancario estatal argentino, fundado en 1935 con capital mixto y nacionalizado en 1946. Sus precedentes son la Caja de conversión (1890) y el Banco de la Nación Argentina (1891).

Banco central europeo (BCE), institución europea. Creado por el tratado de Maastricht (1992) y prefigurado por el Instituto monetario europeo (IME,1994-1998), empezó a operar en 1998. Su misión esencial es,tras la instauración del euro (1999),definir y establecer —en colaboración con los bancos centrales nacionales (con los que forma el Sistema europeo de bancos centrales, o SEBC)— la política monetaria europea comunitaria. Sede: Frankfurt.

Banco centroamericano de integración económica, institución financiera centroamericana, con sede en Tegucigalpa, creada en 1960 por Guatemala, El Salvador, Honduras, Nicaragua y Costa Rica para financiar proyectos públicos y privados de desarrollo e integración en la región.

Banco de España, organismo bancario español, creado en 1856 (su origen se remonta al Banco nacional de San Carlos, 1782) y nacionalizado en 1962.Tiene el privilegio de emisión de moneda, operaciones con el tesoro, créditos al sector público, etc., y goza de autonomía con respecto al ejecutivo.Asesora al gobierno en política monetaria e inspecciona el funcionamiento de la banca privada. Desde el 1 en. de 1999, está integrado en el Sistema europeo de bancos centrales, con los bancos centrales del resto de naciones de la Unión monetaria y el Banco central europeo.

Banco de la República, organismo bancario colombiano,fundado en 1923 con capital mixto. Privatizado en 1951, el gobierno readquirió su parte del capital en 1973.Posee la exclusiva de emisión.La Superintendencia bancaria y la Junta monetaria regulan las operaciones bancarias y la política monetaria.

Banco del Sur, institución financiera suramericana, con sede en Caracas, creada en 2007 por Argentina, Bolivia, Brasil, Ecuador, Paraguay, Uruguay y Venezuela, para financiar proyectos de desarrollo e integración en la región.

Banco de México, organismo bancario mexicano, creado en 1925 con capital propiedad del estado y bancos públicos, y que tiene el privilegio de emisión. Controla la política monetaria y es agente del gobierno ante las instituciones financieras internacionales.Nacionalizado en 1982,es autónomo desde 1994.

Banco de pagos internacionales (BPI), organización y banco internacionales. Fue creado en 1930 con el objetivo de favorecer la cooperación de los bancos centrales y facilitar las operaciones financieras internacionales. Sede: Basilea.

Banco europeo de inversión (BEI),organismo financiero de derecho comunitario. Creado por el tratado de Roma, tiene por objetivo contribuir al desarrollo equilibrado de la Unión europea, facilitando la financiación de proyectos económicos tanto en el interior como en el exterior de la Unión.

Banco europeo para la reconstrucción y el desarrollo (BERD), institución bancaria internacional creada en 1991 para favorecer la transición de las economías de los países de Europa del Este hacia economías abiertas de mercado.

Banco interamericano de desarrollo (BID), institución creada en 1959 en el seno de la OEA, con sede en Washington, para impulsar el progreso económico y social de América Latina y el Caribe. Actualmente lo integran otros países extrarregionales, como España, sumando un total de 46 miembros.

Banco mundial, conjunto de cinco instituciones internacionales que proporcionan asistencia técnica y financiera a los países en vías de desarrollo. Son: el Banco internacional de reconstrucción y fomento [o desarrollo] (BIRF [o BIRD]), fundado en 1946, la Asociación internacional de fomento [o desarrollo] (AIF [o AID]), fundada en 1960, la Corporación financiera internacional (CFI), fundada en 1956, el Centro internacional para el arreglo de diferencias relativo a inversiones (CIADI), creado en 1966, y el Organismo multilateral de garantía de inversiones (OMGI), fundado en 1988.

BANCROFT (George), *Worcester 1800-Washington 1891,* historiador y político estadounidense. Entre 1834 y 1874 redactó una voluminosa *Historia de Estados Unidos.*

BANDA (La), dep. de Argentina (Santiago del Estero); 104 664 hab. Curtidurías; industrias lácteas.

Banda de los cuatro, nombre dado a la coalición de cuatro dirigentes chinos: *Jiang Qing, viuda de Mao Zedong, Wang Hongwen (entre 1933 y 1935-1992), Yao Wenyuan (1931-2005) y Zhang Chunqiao (1917-2005). Fueron acusados de complot y arrestados en 1976, tras la muerte de Mao Zedong.

BANDA ORIENTAL, denominación de los territorios españoles del Río de la Plata situados al E del río Uruguay. Comprendía el actual Uruguay y otras zonas integradas en Brasil.

BANDAR ʿABBĀS, c. de Irán, en el estrecho de Ormuz; 249 504 hab. Puerto.

BANDARANAIKE (Sirimavo), *Ratnapura 1916-Kadawata, cerca de Colombo, 2000,* política cingalesa. Tras suceder a su marido, **Solomon Bandaranaike** (1899-1959), asesinado, fue presidenta del Sri Lanka Freedom Party (de 1960 a su muerte) y primera ministra (1960-1965, 1970-1977 y 1994-2000). — **Chandrika B. Kumaratunga,** *Colombo 1945,* política cingalesa. Hija de Solomon y de Sirimavo, fue primera ministra (ag.-nov. 1994), más tarde presidenta de la república (1994-2005).

BANDAR LAMPUNG, c. de Indonesia (Sumatra), surgida de la fusión del centro administrativo Tanjung Karang y del puerto Teluk Betung; 458 000 hab.

BANDAR SERI BEGAWAN, cap. de Brunei; 64 000 hab.

BANDE, v. de España (Orense), cab. de p. j.; 2 602 hab. *(bandeses).* Canteras de pizarra. — Iglesia visigótica de Santa Comba (s. VII).

BANDEIRA (Manuel), *Recife 1886-Río de Janeiro 1968,* poeta brasileño. Su obra une virtuosismo formal y temas cotidianos (*Carnaval,* 1919; *Estrela da tarde,* 1958).

BANDELLO (Matteo), *Castelnuovo Scrivia h. 1485-Bazens, Francia, 1561,* escritor italiano. Escribió *Novelas cortas* al modo de Boccaccio.

BANDERAS (José Antonio **Domínguez Banderas,** llamado Antonio), *Málaga 1960,* actor de cine español. Revelado a las órdenes de P. Almodóvar (*La ley del deseo,* 1987; *¡Átame!,* 1989), más tarde ha desarrollado una carrera internacional (*Los reyes del mambo,* A. Glimcher, 1992; *Two Much,* F. Trueba, 1995; *La máscara del Zorro,* M. Campbell, 1997). También ha ejercido la dirección (*Locos en Alabama,* 1999; *El camino de los ingleses,* 2006).

BANDERAS (Quintín), *Santiago de Cuba 1834-1906,* guerrillero cubano. Destacó en la guerra por la independencia. En 1905 se alzó contra Estrada Palma cuando este pidió la intervención de EUA, y fue asesinado.

BANDIAGARA, localidad de Malí, en la meseta de Bandiagara. La meseta está limitada por altos acantilados, al pie de los cuales habi-

tan los dogon. (Patrimonio de la humanidad 1989.)

BANDINELLI (Baccio), *Florencia 1488-íd. 1560,* escultor italiano. Émulo de Miguel Ángel, es autor del grupo *Hércules y Caco* (1534), en la plaza de la Señoría de Florencia.

BANDUNDU, c. de la Rep. dem. del Congo, a orillas del Kasai; 97 000 hab.

BANDUNG o **BANDOENG,** c. de Indonesia (Java); 2 058 000 hab.

Bandung (conferencia afroasiática de) [18-24 abril 1955], conferencia que reunió a los representantes de 29 países de África y Asia. Opuesta al imperialismo y al colonialismo, afirmó su voluntad de emancipación frente a los «grandes» (neutralismo), con lo que marcó la emergencia del Tercer mundo en el escenario internacional y preludió el movimiento de países no alineados.

BANÉR (Johan Gustafsson), *Djursholm 1596-Halberstadt, Alemania, 1641,* general sueco. Se distinguió en la guerra de los Treinta años: la victoria de Chemnitz sobre los imperiales (1639) le permitió invadir Bohemia.

BANES, mun. de Cuba (Holguín), a orillas del Atlántico; 85 873 hab. Plátanos y caña de azúcar.

BANFF (parque nacional de), parque nacional de Canadá (Alberta), en las montañas Rocosas.

BANGALORE, c. de la India, cap. del Karnātaka; 4 086 548 hab. Industria tecnológica. – Monumentos antiguos.

BANGKA, isla de Indonesia, al SE de Sumatra. Estaño.

BANGKOK, en thai **Krung Thep** («Ciudad de los Ángeles»), cap. de Tailandia, cerca de la desembocadura del Chao Phraya; 5 876 000 hab. Aeropuerto. Turismo.— Monumentos del s. XVIII: templos (Wat Phra Keo, Wat Pö) y palacios.

■ **BANGKOK.** Mercado flotante.

BANGLA DESH, estado de Asia, a orillas del golfo de Bengala; 143 000 km²; 123 100 000 hab. CAP. *Dacca.* C. PRAL. *Chittagong.* LENGUA: *bengalí.* MONEDA: *taka.*

GEOGRAFÍA

Bangla Desh se extiende sobre la mayor parte del delta del Ganges y del Brahmaputra. Es una región muy húmeda (con frecuentes inundaciones provocadas por el paso de ciclones), productora sobre todo de arroz y yute (principal exportación). El país, muy pobre en recursos mineros y de industrialización inexistente, padece una superpoblación agravada por la rapidez del crecimiento demográfico. De población mayoritariamente musulmana, es uno de los estados más pobres del mundo y sobrevive con la ayuda internacional.

HISTORIA

1971: el Pakistán Oriental, nacido en 1947 del reparto de Bengala, obtuvo la independencia y se convirtió en Bangla Desh bajo la égida de Mujibur Raḥmān (primer ministro desde 1971). **1975:** convertido en presidente de la república, M. Raḥmān fue depuesto y asesinado durante un golpe militar dirigido por Zia ur-

Raḥmān. **1978-1981:** Zia ur-Raḥmān, presidente de la república. **1982:** las fuerzas armadas llevaron al poder al general Ershad (presidente de la república en 1983). **1990:** la oposición llevó a este último a dimitir. **1991:** Jaleda Zia (del Bangladesh National Party), viuda de Zia ur-Raḥmān, fue nombrada primera ministra. Se restableció el sistema parlamentario. **1996:** Hasina Wajed (de la liga Awami), hija de Mujibur Raḥmān, fue nombrada primera ministra. **2001-2006:** Jaleda Zia fue de nuevo primera ministra. **2007-2008:** el país vivió una grave crisis política, con un régimen de transición. **2009:** tras la victoria de la Liga Awami en las elecciones (dic. 2008), Hasina Wajed volvió a ser primera ministra.

BANGUI, cap. de la República Centroafricana, a orillas del Ubangui; 400 000 hab.

BANGWEULU (lago), lago pantanoso de Zambia; 5 000 km².

BANÍ, c. de la República Dominicana, cap. de la prov. de Peravia; 30 412 hab. Regadíos.

BANJA LUKA, c. del N de Bosnia-Herzegovina; 195 000 hab. Ant. fortaleza; mezquita (s. XVI).

BANJARMASIN, c. de Indonesia (Borneo); 481 000 hab.

BANJUL, ant. **Bathurst,** cap. de Gambia, en el estuario del río Gambia; 160 000 hab.

BAN KI MOON, *Umsong, prov. de Chungchong del Norte, 1944,* diplomático surcoreano. Ministro de asuntos exteriores y de comercio (2004-2006), desde 2007 es secretario general de la ONU.

■ **BAN KI MOON**

BANKS (isla), isla de Canadá, la más occidental del archipiélago Ártico.

BANNA (Hasan al-), *Mahmudieh 1906-El Cairo 1949,* doctrinario egipcio. Fundador en 1928 de los Hermanos musulmanes, murió asesinado.

Bannockburn (batalla de) [24 junio 1314], victoria obtenida en Bannockburn (condado de Stirling) por el rey escocés Robert Bruce contra los ingleses, que permitió la independencia de Escocia.

banquete (El), diálogo de Platón sobre el amor y la belleza (h. 385 a.C.).

BANSKÁ BYSTRICA, c. del centro de Eslovaquia; 85 007 hab. Monumentos y casas de los ss. XV-XVI.

BANTING (sir Frederick Grant), *Alliston 1891-Musgrave Harbor 1941,* médico canadiense. Participó en el descubrimiento de la insulina. (Premio Nobel 1923.)

BANYOLES → BAÑOLAS.

BÁNZER (Hugo), *Santa Cruz 1926-íd. 2002,* militar y político boliviano. Tras el golpe de estado de 1971, impuso una férrea dictadura de derechas hasta 1978. En 1979 fundó la Alianza democrática nacionalista. Fue presidente de nuevo entre 1997 y 2001.

BÁÑEZ (Domingo), *Valladolid 1528-Medina del Campo 1604,* teólogo dominico español. Tomó parte en las controversias *de auxiliis* sobre la gracia con una posición *(bañecismo)* que le enfrentó a los molinistas. Fue confesor de santa Teresa de Jesús.

Baño (orden del), orden de caballería inglesa, establecida por Jorge I en 1725.

BAÑOLAS, en cat. **Banyoles,** c. de España (Gerona); 15 084 hab. *(bañolenses).* Iglesia románica de Santa María de Porqueres; iglesia del monasterio de San Esteban (retablo, s. XV).

BAÑOLAS (lago de), lago de España (Gerona), formado por filtraciones del Llierca; 2 208 metros de long. y 63 de prof. máxima. — La

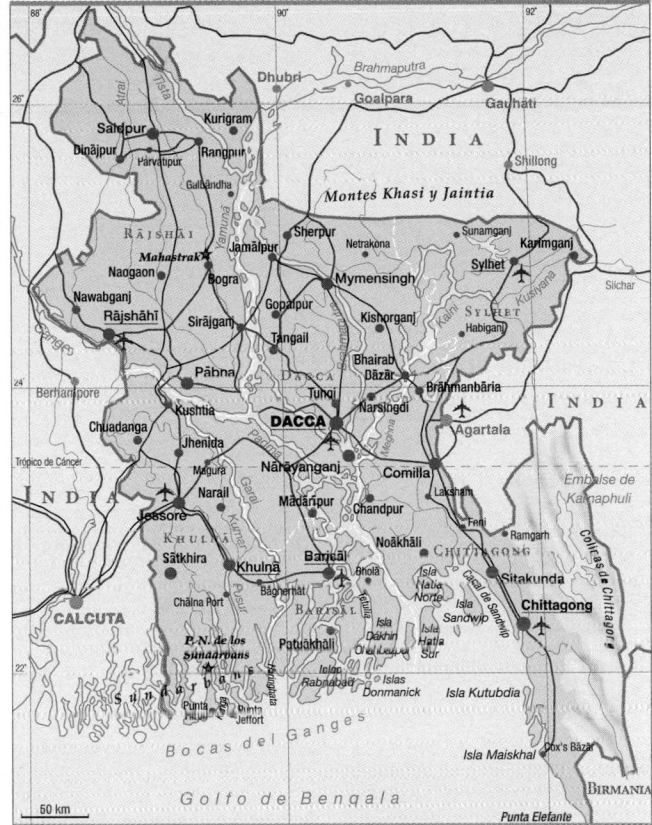

Map showing India, Bangla Desh (DACCA), Calcuta, Chittagong, Birmania, Golfo de Bengala.

Bangla Desh

Legend:
- lugar de menos turístico
- carretera
- límite provincial — ferrocarril
- **Sylhet** capital de provincia — aeropuerto
- más de 1 000 000 hab.
- de 100 000 a 1 000 000 hab.
- de 30 000 a 100 000 hab.
- menos de 30 000 hab.

mandíbula de Bañolas, hallada junto al lago, se considera perteneciente a un Anteneanderthal (h. 100 000 a C.)

BAÑOS DE CERRATO, v. de España, en el mun. de Venta de Baños (Palencia). Iglesia visigótica de San Juan Bautista (661).

BAO-DAI, *Hué 1913-París 1997,* emperador de Vietnam (1932-1945). Obligado por el Vietminh a abdicar (1945), de 1949 a 1955 fue jefe del estado vietnamita.

BAODING, c. de China, al SO de Pekín; 535 100 hab. Jardines de la época Ming.

BAORUCO o **BAHORUCO** (provincia de), prov. de la República Dominicana, en el SO del país; 1 376 km²; 86 100 hab.; cap. *Neiba.*

BAOTOU, c. de China, en Mongolia Interior, junto al Huang He; 1 130 000 hab. Siderurgia.

BAPTISTA (Mariano), *Sucre 1832-1907,* político boliviano. Miembro del Partido conservador, fue vicepresidente de 1892 a 1896.

BAQUEIRA-BERET, estación de deportes de invierno de España, en el valle de Arán (Lérida); 1 500-2 510 m de alt.

BAQUERIZO MORENO (Alfredo), *Guayaquil 1859-Nueva York 1950,* político y escritor ecuatoriano. Fue presidente en 1916-1920 y 1931. Novelista, fundó la revista *Guayaquil.*

BAQUERO (Gastón), *Banes 1918-Madrid 1997,* poeta cubano. Exiliado en España desde 1959, su poesía conjuga la fantasía con la sinceridad y los valores humanos (*Magias e invenciones,* 1984; *Poemas invisibles,* 1991).

Bárabudur → Borobudur.

BARACALDO, en vasc. **Barakaldo,** mun. de España (Vizcaya), cab. de p.j.; 97 281 hab. (*baracaldeses*). Industria metalúrgica, química y de la construcción.

BARACOA, mun. de Cuba (Guantánamo); 75 523 hab. Centro industrial. — Fundada por Diego Velázquez (1512), fue la primera ciudad de la isla, y sede episcopal hasta 1522.

BARADEI (Muḥammad el-), *El Cairo 1942,* alto funcionario internacional egipcio. Jurista de la ONU desde 1980, fue director general de la AIEA desde 1997 hasta 2009, donde desempeñó una estrategia basada en el diálogo (inspecciones en Iraq, en 2002-2003; y en Irán, desde 2005). [Premio Nobel de la paz 2005.]

BARADEO (Jacobo), *m. en Edesa 578,* monje y obispo siríaco monofisita. Su apostolado dio origen a la Iglesia denominada *jacobita.*

BARADERO, partido de Argentina (Buenos Aires); 28 493 hab. Puerto en el *río Baradero,* brazo del Paraná.

BARAGUÁ, mun. de Cuba (Ciego de Ávila); 23 132 hab. Caña de azúcar; bananos. Industria azucarera.

BARAHONA, c. de la República Dominicana, cap. de la prov. homónima; 67 100 hab. Centro azucarero y puerto exportador. Aeropuerto.

BARAHONA (provincia de), prov. de la República Dominicana; 2 528 km²; 151 300 hab.

BARAHONA DE SOTO (Luis), *Lucena 1548-Antequera 1595,* poeta español. Es autor del poema épico *Las lágrimas de Angélica* (1586), imitación del *Orlando* de Ariosto, y de églogas y sonetos.

Barajas, aeropuerto internacional de Madrid.

BARAK (Ehud), *Mishmar-Hasharon, cerca de Netanya, 1942,* militar y político israelí. Jefe del estado mayor del ejército (1991-1994), ministro de asuntos exteriores (1995-1996), presidente del Partido laborista (1997-2001), fue primer ministro de 1999 a 2001. En 2007 fue reelegido líder del Partido laborista. Ha sido ministro de defensa en distintos gobiernos desde 2007.

BARAKALDO → **BARACALDO.**

BARALT (Rafael María), *Maracaibo 1810-Madrid 1860,* escritor y político venezolano, nacionalizado español. Desde 1843 vivió en España, donde sirvió a la causa liberal. Autor de *Resumen de la historia de Venezuela* (1841), fue también poeta y filólogo (*Diccionario de galicismos,* 1855). [Real academia 1853.]

BARANDIARÁN (José Miguel de), *Ataun, Guipúzcoa, 1889-íd. 1991,* prehistoriador y antropólogo español. Sacerdote, fundó en Vitoria (1929) la sociedad y revista *Eusko-folklore* y en Francia (1946) el Instituto vasco de investigaciones y la revista *Ikuska.* Obras: *Mitología vasca* (1922), *El hombre primitivo del País Vasco* (1934), *Historia general del País Vasco* (1980).

BARANOA, mun. de Colombia (Atlántico), en el delta del Magdalena; 33 647 hab. Fuentes termales.

BARANOVICHI, c. de Bielorrusia, al SO de Minsk; 167 000 hab.

BÁRÁNY (Robert), *Viena 1876-Uppsala, Suecia, 1936,* médico austriaco. Estudió la fisiología y las enfermedades del oído. (Premio Nobel 1914.)

BARAÑAÍN, en vasc. **Barañain,** mun. de España (Navarra); 20 871 hab. Centro industrial.

BARAS (Sara), *San Fernando 1971,* bailaora de flamenco y coreógrafa española. Intérprete de estilo preciso, en 1997 fundó su propia compañía (*Sensaciones,* 1998; *Mariana Pineda,* 2002). [Premio nacional de danza 2003.]

BARATIERI (Oreste), *Condino 1841-Sterzing, act. Vipiteno, 1901,* general italiano. Gobernador de Eritrea, fue derrotado por Menelik II en Adua (1896).

BARAYA (Antonio), *Girón, 1768-Bogotá 1816,* patriota colombiano. Formó parte de la junta insurreccional de Santa Fe, y venció en Palacé (1811) a los españoles, que lo fusilaron.

BARBA (Álvaro Alonso), *Lepe 1569-Sevilla 1662,* mineralogista español. Sacerdote, pasó gran parte de su vida en Perú. Descubrió la amalgamación en caliente de la plata (1590). En *Arte de los metales* (1640), la única obra metalúrgica del s. XVII, sistematizó los conocimientos de su época y enseñó a planificar analíticamente los procesos químicos.

BARBA (Eugenio), *Brindisi 1936,* director de teatro danés de origen italiano. Instalado desde la década de 1960 en Dinamarca, donde fundó el Odin Theater (1964), se inspira en Grotowski para sus investigaciones sobre la formación y el arte del actor.

Barba Azul, personaje de un cuento de Perrault (1697). Asesino de seis esposas, muere a manos de los hermanos de la séptima. A menudo asociado a figuras históricas o legendarias, fue adaptado por los hermanos Grimm (1812). — Inspiró a M. Maeterlinck y a P. Dukas un cuento musical, *Ariana y Barba Azul* (1907), y a Béla Bartók, una ópera, *El castillo de Barba Azul* (1918).

BARBACID (Mariano), *Madrid 1950,* bioquímico español. Su equipo fue pionero en aislar un oncogen humano (1981). Desde 1998 dirige el Centro nacional de investigaciones oncológicas, o CNIO (Madrid).

BARBACOAS, mun. de Colombia (Nariño); 19 878 hab. Minas de oro. Turismo (Playa Grande y Telembí).

BARBADOS, estado de las Pequeñas Antillas (islas de Barlovento); 431 km²; 263 000 hab. CAP. *Bridgetown.* LENGUA: *inglés.* MONEDA: *dólar de Barbados.* (V. mapa de **Antillas** [pequeñas].) Caña de azúcar. Turismo. — Descubierta por los españoles en 1519, fue inglesa desde 1627. Accedió a la independencia en 1966, en el marco de la Commonwealth.

BARBA JACOB (Porfirio) → **OSORIO** (Miguel Ángel).

BÁRBARA (santa), virgen y mártir. Según la leyenda, fue decapitada por su padre. Es patrona de los artilleros, los zapadores y los bomberos.

1145

BÁRBARA DE BRAGANZA, *Lisboa 1711-Madrid 1758*, reina de España. Hija de Juan V de Portugal, casó (1729) con el futuro Fernando VI de España, sobre quien influyó.

BARBARROJA → FEDERICO I [Sacro Imperio].

BARBARROJA (**Jayr al-Dīn**, llamado), *m. en Istanbul 1546*, pirata turco. Señor de Argel, que colocó bajo la soberanía otomana (1518), impidió el desembarco en la ciudad de los españoles (1519), a los que arrebató el islote del Peñón (1529). Como gran almirante de la flota otomana (1533), arrebató Túnez a los españoles (1535-1536) y combatió contra el emperador Carlos Quinto.

Barbarroja (operación), plan de invasión de la URSS ideado por Hitler en dic. 1940, que, puesto en práctica el 22 junio 1941, rompió el pacto germanosoviético (1939).

BARBASTRO, c. de España (Huesca), cab. de p. j.; 14 671 hab. (*barbastrenses o barbastrinos*). Catedral renacentista terminada en 1533; ayuntamiento mudéjar (s. XV); plaza mayor porticada.

BARBATE, v. de España (Cádiz), cab. de p. j.; 22 020 hab. (*barbateños o besipenses*). Puerto pesquero; conservas; astilleros. Central termoeléctrica. — En el término, algunos autores sitúan la batalla de *Guadalete*.

BARBERÀ DEL VALLÈS, mun. de España (Barcelona); 26 681 hab. (*barberenses*). Centro industrial.

BARBERÁN (Mariano), *Guadalajara 1895-1933*, aviador militar español. En 1933 atravesó el Atlántico de Sevilla a Camagüey, en el *Cuatrovientos*. Desapareció al proseguir la travesía hacia México.

BARBERINI, familia romana de origen florentino, uno de cuyos miembros, el cardenal Maffeo Barberini, fue papa con el nombre de *Urbano VIII*. Su palacio, en Roma, es un bello ejemplo del estilo barroco.

barbero de Sevilla (El) → **Fígaro**.

BARBEY D'AUREVILLY (Jules), *Saint-Sauveur-le-Vicomte 1808-París 1889*, escritor francés. Autor de relatos (*Las diabólicas*, 1874) y de novelas (*El caballero Des Touches*, 1864) se forjó, por su dandismo y sus artículos feroces, un personaje de catolicismo virulento y provocador.

BARBIERI (Francisco Asenjo), *Madrid 1823-íd. 1894*, compositor español. Destacó en la zarzuela con obras como *Los diamantes de la corona* (1855), *Pan y toros* (1864), *El barberillo de Lavapiés* (1874).

BARBIERI (Leandro, llamado «Gato»), *Rosario 1935*, saxofonista argentino. Su estilo es una original mezcla de las tradiciones latinoamericanas y las aportaciones del free jazz.

BARBIERI (Vicente), *Buenos Aires 1903-íd. 1956*, poeta argentino. Autor de *El bailarín* (1953, premio nacional de poesía), cultivó también la novela y el teatro.

BARBIZON, mun. de Francia (Seine-et-Marne); 1 498 hab. En este pueblo fueron a trabajar o a vivir T. Rousseau, Corot, Millet, Narcisse Diaz de La Peña (1807-1876), Constant Troyon (1810-1865), etc., que constituyeron una *escuela de Barbizon* (museo).

BARBOSA, mun. de Colombia (Antioquia); 28 623 hab. Minas de oro.

BARBOSA, mun. de Colombia (Santander), en la cordillera Oriental; 16 785 hab. Cultivos tropicales.

BARBOSA (Moacir), *Campinas 1921-Santos 2000*, futbolista brasileño. Destacado portero, jugó con los equipos Ypiringa, Santa Cruz, Bonsucesso y Vasco da Gama.

BARBUDA, isla de las Antillas que forma parte del *estado de Antigua y Barbuda*.

BARCA (La), mun. de México (Jalisco), junto al lago de Chapala; 46 666 hab. Industrias lácteas.

BARCALA (Washington), *Montevideo 1920-Madrid 1993*, pintor uruguayo. Influido inicialmente por el constructivismo, más tarde incorporó a su obra materiales no convencionales y de desecho.

BARCE (Ramón), *Madrid 1928-íd. 2008*, compositor español. Representante de la vanguardia musical española, destacó por sus trabajos

de investigación teórica. (Real academia de bellas artes de San Fernando 2001.)

BARCELÓ (Miquel), *Felanitx 1957*, pintor español. Desde sus primeras obras pictórico-objetuales, ha evolucionado hacia una pintura de factura matérica, con un vivo acercamiento a las fuentes primitivas, fruto de sus frecuentes estancias en África. (Premio Príncipe de Asturias 2003.)

BARCELONA, c. de España, cap. de Cataluña y de la prov. homónima y cab. de p. j.; 1 496 266 hab. (*barceloneses o barcelonenses*). El área de influencia de la ciudad, dominada por las alturas de Montjuïc y el Tibidabo, se extiende a los núcleos vecinos, que forman la *Mancomunidad de municipios del área metropolitana de Barcelona*. Puerto. La industria es todavía importante; sector terciario en auge; ferias y congresos. Turismo. — De la época romana se conserva parte de la muralla. Abundan los edificios de los ss. XII-XVI: catedral (fachada del s. XX), iglesia de Santa María del Mar, palacio real mayor, palacio de la Generalidad, Atarazanas, monasterio de *Pedralbes. Al modernismo se adscriben las obras de A. Gaudí (la *Pedrera, parque y palacio *Güell, *Sagrada Familia; casas Vicens y Batlló [patrimonio de la humanidad 2005]) y de L. Domènech i Montaner (Palau de la música catalana y hospital de Sant Pau [patrimonio de la humanidad 1997]), etc. Museos arqueológico, nacional de arte de Cataluña, arte contemporáneo, Centro de cultura contemporánea, Picasso, Fundación Miró, colección Thyssen, CaixaForum, etc. — Festival de música electrónica («Sonar»). — El núcleo antiguo (la romana *Barcino*) fue amurallado en el s. III. En el s. XIII constituyó un próspero municipio regido por el Consejo de Ciento. La crisis económica y social se reflectaría tras la capitulación en la guerra de Sucesión (1714), pero con el desarrollo industrial la ciudad creció de forma pujante en los ss. XIX (plan Cerdà; Exposición universal, 1888), XX (Exposición universal, 1929; Juegos olímpicos, 1992) y en los inicios del XXI (Forum de las culturas, 2004).

■ **BARCELONA.** Vista del puerto.

BARCELONA, c. de Venezuela, cap. del est. Anzoátegui; 221 792 hab. Centro comercial e industrial en una región agrícola y petrolera. Edificios coloniales.

BARCELONA (casa de), linaje de los soberanos de Cataluña, posteriormente reyes de Aragón. Tuvo sus orígenes en la casa condal de Carcasona, y agrupó los condados de *Barcelona*, Gerona, Besalú, Ampurias, Rosellón, Urgel, Cerdaña y Conflent.

BARCELONA (condado de), condado que nació con la reconquista de la ciudad (801). Bajo dominio franco hasta 987, el conde Borrell consiguió la independencia. En 1137 se unió al reino de Aragón a raíz del matrimonio del conde Ramón Berenguer IV con Petronila, hija de Ramiro II el Monje.

BARCELONA (provincia de), prov. de España en Cataluña; 7 733 km²; 4 736 277 hab.; cap. *Barcelona*. El relieve comprende tres unidades básicas: las sierras Prelitoral y Litoral, el Pirineo y la depresión Central, recorrida por los ríos Llobregat, Cardoner y Besós. Cultivos de vid (Penedès), cereales, hortalizas, flores y frutales. La industria se concentra en torno a Barcelona (metalurgia, química, electrónica, textil) y en la depresión Central (textil).

Barcelona (paz de) [29 junio 1529], acuerdo entre el papa Clemente VII y el emperador Carlos Quinto, por el que, a cambio del compromi-

so mutuo de luchar contra los herejes, el papa reconocía al emperador la soberanía sobre Nápoles.

Barcelona (tratado de) [19 en. 1493], convenio entre Carlos VIII de Francia y Fernando el Católico de Aragón por el que aquel devolvía los condados de Rosellón y Cerdaña a la Corona de Aragón, a cambio de que Fernando no efectuase alianzas contra Francia.

BARCELONETA, mun. del N de Puerto Rico; 20 947 hab. Centro industrial (metalurgia, textil).

BÁRCENA (Catalina), *Cienfuegos 1890-Madrid 1978*, actriz cubanoespañola. Su carrera estuvo vinculada al dramaturgo Gregorio Martínez Sierra, en cuya compañía ingresó en 1917 como primera actriz. Trabajó ocasionalmente en el cine (*Canción de cuna*, 1941; *Los hombres las prefieren viudas*, 1943).

BÁRCENA Y RAMOS (Mariano de la), *Ameca, Jalisco, 1848-México 1898*, ingeniero, meteorólogo, naturalista y político mexicano. Fundó y dirigió el Observatorio astronómico y meteorológico (1877) y fue gobernador de Jalisco (1890). En 1885 representó a México en la exposición de Nueva Orleans. Escribió *Estudios sismológicos*, *Tratado de paleontología mexicana* y otras obras científicas.

BARCINO, ant. c. romana fundada en el s. I a.C., en *mons* Taber. Es la act. *Barcelona*.

BARCLAY DE TOLLY (Mijaíl Bogdánovich, príncipe), *Luhde-Grosshoff, Livonia, 1761-Insterburg 1818*, mariscal ruso de origen escocés. Hábil adversario de Napoleón I, en 1815 fue comandante en jefe de los ejércitos rusos.

Barclays, banco británico instalado en la City de Londres desde 1736. Es uno de los bancos más importantes del mundo. En 1966 fue el primero en lanzar con éxito una tarjeta de crédito en Gran Bretaña.

BARCO (Virgilio), *Cúcuta 1921-Bogotá 1997*, político colombiano. Líder del Partido liberal, presidente de la república (1986-1990), firmó la paz con la guerrilla M-19.

BARCO DE ÁVILA (El), v. de España (Ávila); 2 606 hab. (*barcenses*). Castillo de la casa de Alba; iglesia (ss. XII-XIV); murallas; casas solariegas.

BARCOKEBAS o **BAR KOŠEBÁ**, *m. en 135*, nombre de significado mesiánico («Hijo de la estrella») dado a Simón Bar Koziba, jefe de la segunda revuelta judía (132-135). En 1951 se encontraron unas cartas de Simón en las cuevas situadas junto al mar Muerto.

BARDDHAMAN, ant. **Burdwān**, c. de la India (Bengala Occidental); 244 789 hab.

BARDEEN (John), *Madison 1908-Boston 1991*, físico estadounidense. Fue el responsable de la puesta a punto del transistor de germanio y formuló una teoría de la superconductividad. (Premio Nobel 1956 y 1972.)

BARDEM (Javier Encinas Bardem, llamado Javier), *Las Palmas de Gran Canaria 1969*, actor español. Actor de estilo meticuloso e intensamente dramático (*Jamón, jamón*, Bigas Luna, 1992; *Los lunes al sol*, F. León, 2002; *Mar adentro*, A. Amenábar, 2004), también ha desarrollado una carrera internacional (*Antes que anochezca*, J. Schnabel, 2000; *No Country for Old Men*, E. y J. Coen, 2007, Oscar al mejor actor de reparto). [Premio nacional 2008.]

BARDEM (Juan Antonio), *Madrid 1922-íd. 2002*, director de cine español. Con L. G. Berlanga, renovó el cine español durante el franquismo empleando los modelos del neorrealismo ita-

■ JAVIER **BARDEM**   ■ PÍO **BAROJA**

liano: *Muerte de un ciclista* (1955), *Calle Mayor* (1956). En la década de 1970 firmó un cine comprometido socialmente: *El puente* (1976), *Siete días de enero* (1978).

BARDO (El), c. de Túnez, en la aglomeración de Túnez; 46 000 hab. Ant. palacio del bey. Museo (antigüedades y mosaicos). — En 1881 se firmó en ella el tratado que establecía el protectorado francés.

BARDONECCHIA, localidad de Italia (Piamonte), a la salida de los túneles del Fréjus; 3 200 hab. Estación estival y de deportes de invierno (alt. 1 312-2 700 m).

BARDOT (Brigitte), *París 1934*, actriz francesa. Consagrada por el filme de R. Vadim *Y Dios creó la mujer* (1956), destacó por su sensualidad.

BAREA (Arturo), *Madrid 1897-Londres 1957*, escritor español. Exiliado en Londres, publicó la trilogía novelesca *La forja de un rebelde* (1941-1944), donde narra su adolescencia y sus experiencias en la guerra de Marruecos y durante la guerra civil.

BAREILLY, c. de la India (Uttar Pradesh); 607 652 hab.

BARENBOIM (Daniel), *Buenos Aires 1942*, pianista y director de orquesta argentino, nacionalizado israelí y español. Ha sido director de la orquesta de París (1975-1989), de la sinfónica de Chicago (1991-2006) y de la orquesta de la ópera estatal de Berlín (desde 1992). También se le conoce por su compromiso por la paz. (Premio Príncipe de Asturias de la concordia 2002.)

BARENTS (mar de), parte del océano Ártico, al N de la península escandinava y de Rusia occidental. Yacimientos de gas natural.

BARENTS o **BARENTSZ** (William), *isla de Terschelling h. 1550-en Nueva Zembla 1597*, navegante neerlandés. Descubrió Nueva Zembla (1594) y las Spitzberg (1596).

BARGA (Andrés García de la Barga llamado **Corpus**), *Madrid 1888-Lima 1975*, escritor español. Periodista en Buenos Aires y Lima, es autor de novelas y de las memorias *Los pasos contados* (4 vols., 1963-1973).

Bargello (el), palacio de Florencia, residencia del podestà y más tarde del *bargello* (jefe de policía); act., museo nacional de escultura.

BAR-HILLEL (Yehoshua), *Viena 1915-Jerusalén 1975*, lógico israelí de origen polaco. Neopositivista del círculo de Viena, estudió las relaciones entre el lenguaje y la lógica, así como la traducción y la documentación automáticas.

BARI, c. de Italia, cap. de Apulia y cap. de prov., a orillas del Adriático; 341 273 hab. Puerto. Centro industrial. Arzobispado. Universidad. — Fortaleza; catedral y basílica de San Nicolás (arte románico de Apulia). Museos. — Fue un puerto próspero en la edad media, punto de partida hacia Tierra Santa.

BARILLAS (Manuel Lisandro), *Quezaltenango 1844-México 1907*, político guatemalteco. Presidente (1886-1892), gobernó como dictador.

BARILOCHE, dep. de Argentina (Río Negro); 94 774 hab. Centro turístico (deportes de invierno). Aeropuerto.

BARINAS, c. de Venezuela, cap. del est. homónimo; 153 630 hab. Centro de una rica región agrícola. Aeropuerto. Universidad. Centro turístico.

BARINAS (estado), est. de Venezuela, en Los Llanos; 35 200 km²; 452 458 hab.; cap. *Barinas*.

BARISAL, c. de Bangla Desh, en el delta del Ganges; 180 000 hab.

BARISAN (montes), cadena volcánica de Indonesia (Sumatra); 3 801 m en el Kerinchi.

BARITÚ, parque nacional de Argentina (Salta); 72 439 ha de selva subtropical.

BARJOLA (Juan Galea Barjola, llamado Juan), *Torre de Miguel Sesmero, Badajoz, 1919-Madrid 2004*, pintor español. Expresionista, pintó en la década de 1960 temas y escenas bélicas, y en la de 1980, escenas taurinas.

BARKLA (Charles Glover), *Widnes 1877-Edimburgo 1944*, físico británico. Investigó los rayos X y las ondas radioeléctricas. (Premio Nobel 1917.)

Barlaam y Josafat, novela griega escrita hacia el s. XI, basada en la leyenda de Buda, que a

través de versiones latinas y romances fue objeto de adaptaciones castellanas.

BARLACH (Ernst), *Wedel 1870-Rostock 1938*, escultor alemán. Su estilo es de un expresionismo contenido.

BARLETTA, c. de Italia (Apulia), junto al Adriático; 86 215 hab. Puerto. — Estatua colosal de un emperador romano (s. IV o V).

BARLOVENTO, islas de las Pequeñas Antillas, entre Puerto Rico y Trinidad, divididas en dos grupos: Leeward al N y Windward al S, según la denominación inglesa.

BARLOW (Joel), *Redding 1754-Zarnowiec, cerca de Cracovia, 1812*, diplomático y poeta estadounidense. Es autor de la epopeya colombina *The vision of Columbus* (1787).

BARLOW (Peter), *Norwich 1776-Woolwich 1862*, científico británico. Profesor de matemáticas, ideó la *rueda de Barlow*, prototipo del motor eléctrico (1828), y la *lente de Barlow*, utilizada para amplificar el aumento de los anteojos astronómicos y de los telescopios.

BARNARD (Christian), *Beaufort West 1922-Pafos, Chipre, 2001*, cirujano sudafricano nacionalizado griego. En 1967 realizó el primer trasplante de corazón.

BARNARD (Edward Emerson), *Nashville 1857-Williams Bay 1923*, astrónomo estadounidense. Fotografió la Vía Láctea y descubrió 19 cometas y un satélite de Júpiter (1892).

BARNAÚL, c. de Rusia, en Siberia, junto al Ob; 673 000 hab. Metalurgia, química.

BARNECHEA (Lo), com. de Chile (Santiago), en la conurbación de Santiago; 48 615 hab.

BARNES (Djuna), *Cornwall-on-Hudson 1892-Nueva York 1982*, escritora estadounidense. En su apasionada obra, además de reflexionar sobre el universo femenino, experimenta con el lenguaje (*El bosque de la noche*, 1936).

BARNET (Boris Vasílievich), *Moscú 1902-Riga 1965*, director de cine soviético. Es autor de películas intimistas, teñidas de humor y poesía: *La muchacha de la sombrerera* (1927), *Okraina* (1933), *A la orilla del mar azul* (1936).

BARNET (Miguel), *La Habana 1940*, escritor y etnólogo cubano. Es autor de libros en los que mezcla la mirada etnológica y testimonial con la creación literaria. Entre sus obras se hallan las novelas *Biografía de un cimarrón* (1966), *La canción de Rachel* (1969), *Gallego* (1981), *La vida real* (1986) y *Oficio de ángel* (1989). Ha realizado también poesía, guiones de cine y estudios históricos y antropológicos.

BARNUM (Phineas Taylor), *Bethel, Connecticut, 1810-Bridgeport 1891*, empresario estadounidense. A partir de 1871 dirigió un gran circo itinerante, que sigue activo con el nombre de *Ringling Bros. and Barnum & Bailey Circus*.

BAROCCI o **BAROCCIO** (Federico Fiori, llamado [il]), *Urbino h. 1535-íd. 1612*, pintor y grabador italiano. Autor de cuadros religiosos, precursor del barroco, fue influido por los manieristas, y trabajó para la corte española.

BARÖDA → VADODARA.

BAROJA (Pío), *San Sebastián 1872-Madrid 1956*, novelista español. Exponente de la generación del 98, cultivó el periodismo, las memorias (*Desde la última vuelta del camino*, 7 vols., 1944-1949 [el 8º volumen se publicó en 2005]), el teatro y la poesía. Escribió más de setenta novelas, que agrupó en trilogías: *La lucha por la vida* (*La busca*, 1904; *Mala hierba*, 1904; *Aurora roja*, 1905) y *Tierra vasca* (*La casa de Aizgorri*, 1900; *El mayorazgo de Labraz*, 1903; *Zalacaín el aventurero*, 1909) son las más notables, junto con las novelas *Aventuras, inventos y mixtificaciones de Silvestre Paradox* (1901), *César o nada* (1910), *El* *árbol de la ciencia* y *La sensualidad pervertida* (1920), y las *Memorias de un hombre de acción* (22 vols., 1913-1935). Escéptico y anticlerical, expresa en sus personajes, marginales, su descontento. Su prosa, con un aparente descuido estilístico, está llena de vivacidad. (Real academia 1934.)

BAROJA (Ricardo), *Minas de Riotinto 1871-Vera de Bidasoa 1953*, pintor, grabador y escritor español. Su obra plástica, de temática vasca, está influida por el impresionismo.

BARQUISIMETO, c. de Venezuela, cap. del est. Lara; 625 450 hab. Centro industrial. Universidad.

BARR (Murray Llewellyn), *Belmont, Ontario, 1908-Londres 1995*, genetista canadiense. Desarrolló una prueba biológica que permite determinar el sexo y el diagnóstico de ciertas anomalías cromosómicas.

BARRA (Eduardo de la), *Santiago 1839-íd. 1900*, escritor chileno, poeta y preceptista (*Estudios sobre versificación castellana*, 1892).

BARRABÁS, agitador político cuya liberación, según los Evangelios, reclamaron los judíos en lugar de la de Jesús.

BARRADAS (Rafael), *Montevideo 1890-íd. 1929*, pintor uruguayo. Dio a conocer en España su obra, que mezcla cubismo y futurismo. También fue cartelista, ilustrador y escenógrafo.

BARRAGÁN (Luis), *Guadalajara 1902-México 1988*, arquitecto mexicano. Combinó el minimalismo moderno con elementos tradicionales mediterráneos y mexicanos, a los que incorporó colores pastel. Su obra está repartida entre su país (México y Guadalajara), Francia y España. (Premio Pritzker 1980.) – Casa-estudio en México (patrimonio de la humanidad 2004).

BARRAGÁN (Luis), *Buenos Aires 1914*, pintor argentino. Expuso por primera vez con el grupo Orión (1939). En 1950 se incorporó al grupo abstracto Veinte pintores y escultores.

BARRAL (Carlos), *Barcelona 1928-íd 1989*, escritor y editor español. Poeta (*Usuras y figuraciones*, 1973), también es autor de memorias (*Años de penitencia*, 1975; *Los años sin excusa*, 1978; *Cuando las horas veloces*, 1988) y de la novela *Penúltimos castigos* (1983).

BARRANCABERMEJA, c. de Colombia (Santander), a orillas del Magdalena; 153 296 hab. Centro petrolero (refinerías, punto de partida de oleoductos). Central térmica.

BARRANCAS, mun. de Colombia (La Guajira); 15 068 hab. Cultivos de café. Minas de carbón y cobre.

BARRANCO, barrio de Lima, centro bohemio de la capital. Escuela nacional de aviación. Museo de arte colonial Pedro de Osma.

BARRANCO DE LOBA, mun. de Colombia (Bolívar), en el valle del Magdalena; 15 490 hab.

BARRANQUILLA, c. de Colombia, cap. del dep. de Atlántico, en la desembocadura del Magdalena, en el Caribe; 899 781 hab. Industria textil y mecánica, astilleros. Posee el puerto que canaliza la mayor parte del comercio exterior del país.

BARRANQUITAS, mun. del centro de Puerto Rico; 25 605 hab. Centro turístico de montaña.

BARRAQUER, familia de médicos españoles. — **Luis B.**, *Barcelona 1855-Sant Climent de Llobregat, Barcelona, 1928*. Neurólogo, creó el primer servicio de neurología de España y describió varios síndromes nuevos (lipodistrofia progresiva y atrofia lateral). — **Ignacio B.**, *Barcelona 1884-íd. 1965*. Sobrino de Luis, fundó en 1947 en Barcelona el Instituto Barraquer, pionero en investigación oftalmológica, e ideó una técnica de extracción del cristalino.

BARREDA (Gabino), *Puebla 1820-México 1881*, médico, filósofo y político mexicano. Formado en París (1847-1851) con A. Comte, introdujo el positivismo en México. Secretario de educación con Juárez, en 1867 redactó la *Ley de instrucción pública*, con la que influyó en la reforma de la enseñanza, y fundó la Escuela nacional preparatoria. Escribió *De la educación moral* (1863) y *Oración cívica* (1867).

BARREIRO, c. de Portugal, junto al Tajo, frente a Lisboa; 47 770 hab. Centro industrial.

BARREIRO (Miguel), *Montevideo 1780-íd. 1847*, político uruguayo. Colaborador de Artigas y gobernador delegado de Montevideo (1815-1817), no pudo impedir la invasión portuguesa de 1816.

BARRENECHEA (Ana María), *Buenos Aires 1913*, lingüista argentina. Es autora de *Estudios de gramática estructural* (1969), con M. M. de Rosetti, y de *Estudios lingüísticos y dialectológicos* (1979).

BARRENECHEA (Julio), *Santiago 1910-íd. 1979*, poeta chileno. La pureza formal y el equilibrio marcan su obra: *Mi ciudad* (1945), *Diario morir* (1954), *Ceniza viva* (1968).

BARRERA (Gran), formación coralina que bordea la costa NE de Australia (Queensland), a lo largo de cerca de 2 500 km.

BARRÈS (Maurice), *Charmes 1862-Neuilly-sur-Seine 1923,* escritor francés. Nacionalista, pasó del individualismo (trilogía *Culto del yo,* 1888-1891) a la necesidad de tradición y orden, y finalmente al desencanto.

BARRETTO (Ray), *Nueva York 1929-Hackensack, Nueva Jersey, 2006,* percusionista, compositor y director de orquesta estadounidense, de origen puertorriqueño. Se acreditó como una autoridad en el movimiento musical hispano (*Latino '62,* 1962).

BARRIE (sir James Matthew), *Kirriemuir, Escocia, 1860-Londres 1937,* novelista y dramaturgo británico, creador de *Peter Pan* (1904).

BARRIENTOS (María), *Barcelona 1884-San Juan de Luz 1946,* soprano ligera española, gran intérprete de ópera italiana y francesa.

BARRIENTOS (René), *Tarata 1919-Arque, Cochabamba, 1969,* militar y político boliviano. Vicepresidente con Paz Estensoro, lo derrocó y presidió una junta militar (1964-1965). Se hizo elegir presidente de la república (1966-1969) y reprimió la agitación estudiantil y minera y las guerrillas. Falleció en accidente de avión.

BARRIONUEVO (Jerónimo de), *Granada 1587-Sigüenza 1671,* escritor español. Poeta, sus cartas (*Avisos,* 4 vols., 1892-1894) reflejan la vida cortesana su época.

BARRIOS (Los), v. de España (Cádiz), en el Campo de Gibraltar; 16 825 hab. (*barreños*). Ganadería.

BARRIOS (Armando), *Caracas 1920-íd. 1999,* pintor venezolano. Su obra pasó por diferentes fases: cubismo, abstracción y, a partir de 1954, una figuración geométrica. Fue director del Museo de bellas artes de Caracas.

BARRIOS (Eduardo), *Valparaíso 1884-Santiago 1963,* escritor chileno. Dentro de un realismo psicologista, escribió relatos y novelas (*El niño que enloqueció de amor,* 1915; *Un perdido,* 1917; *El hermano asno,* 1922; *Gran señor y rajadiablos,* 1948; *Los hombres del hombre,* 1950). Fue también dramaturgo (*Teatro escogido,* 1947).

BARRIOS (Gerardo), *Sesori 1811-San Salvador 1865,* general y político salvadoreño. Presidente de la república desde 1859, en 1863 entró en guerra con Guatemala. Fue vencido y fusilado.

BARRIOS (Justo Rufino), *San Lorenzo 1835-Chalchuapa, El Salvador, 1885,* general y político guatemalteco. Ocupó la presidencia de la república desde 1873 y, promulgada la constitución de 1879, fue reelegido (1880-1885).

BARRIOS MANGORÉ (Agustín), *San Juan Bautista de las Misiones 1885-San Salvador, El Salvador, 1944,* guitarrista y compositor paraguayo. Virtuoso de la guitarra de fama mundial, recorrió América y Europa. Entre sus más de 100 obras se hallan: *Danza paraguaya, La catedral, Estudios y preludios, Las abejas, Mazurka apassionata, Madrigal y Jha che valle.*

BARROS ARANA (Diego), *Santiago 1830-íd. 1907,* historiador y político chileno. Liberal, se exilió al subir al poder Santa María. Publicó una *Historia general de Chile* (16 vols., 1884-1902).

BARROS GREZ (Daniel), *Colchagua 1834-Talca 1904,* escritor chileno. Es autor de novelas (*Pipiolos y pelucones,* 1876), cuentos, teatro y ensayos sobre temas folclóricos.

BARROS LUCO (Ramón), *Santiago 1835-1919,* político chileno. Presidente de la república (1910-1915), durante su mandato se alió con Argentina y Brasil contra la influencia de EUA.

BARROSO (José Manuel Durão), *Lisboa 1956,* político portugués. Ministro de asuntos exteriores (1992-1995) y presidente del Partido socialdemócrata (1999-2004), fue primer ministro desde 2002 hasta que pasó a presidir la Comisión europea (2004).

BARROW (Isaac), *Londres 1630-íd. 1677,* matemático, filólogo y teólogo inglés, maestro de Newton y un precursor del cálculo diferencial.

BARRUNDIA (José Francisco), *Guatemala 1784-Nueva York 1854,* político guatemalteco. Fue presidente de la Federación centroamericana (1829-1830), y en 1837 presidió la asamblea de Guatemala.

BARRY (Jeanne Bécu, condesa du), *Vaucou-*

leurs 1743-París 1793, favorita de Luis XV. En 1769 se convirtió en amante del rey. Fue guillotinada durante el Terror.

BARTH (Heinrich), *Hamburgo 1821-Berlín 1865,* explorador y geógrafo alemán. Obtuvo una valiosa documentación etnográfica de su expedición a África central (1850-1855).

BARTHES (Roland), *Cherburgo 1915-París 1980,* ensayista francés. Su obra se inspiró en la lingüística, el psicoanálisis y la antropología (*El grado cero de la escritura,* 1953).

BARTÓK (Béla), *Nagyszentmiklós, act. en Rumania, 1881-Nueva York 1945,* compositor y pianista húngaro. Su lenguaje culto se enriqueció gracias a sus investigaciones etnomusicológicas sobre los folclores húngaro, rumano y búlgaro. Obras: ópera *El castillo de Barba Azul* (1911), pantomima *El mandarín maravilloso* (1918-1919), 6 cuartetos de cuerda (1908-1939), 6 cuadernos de *Mikrokosmos* (1926-1937), *Concierto para orquesta* (1943) y 3 conciertos para piano (1926-1945).

■ BÉLA **BARTÓK**

BARTOLI (Cecilia), *Roma 1966,* mezzosoprano italiana. Tras debutar en 1987, su voz de coloratura excepcional y su maestría técnica le han permitido afirmarse como una de las mejores intérpretes de óperas del barroco, de Mozart y de Rossini.

BARTOLOMÉ (san), uno de los apóstoles de Cristo. Algunos lo identifican con el *Natanael* del Evangelio de san Juan.

BARTOLOMÉ MASÓ, mun. de Cuba (Granma); 58 128 hab. Cultivos de plantación; centro azucarero.

BARTOLOMÉ MITRE, partido de Argentina (Buenos Aires); 24 576 hab. Agricultura y ganadería. Actualmente llamado Arrecifes.

BARTOLOMEO (Baccio **della Porta,** en religión Fra), *Florencia 1472-íd. 1517,* pintor italiano. Dominico, tendió a un clasicismo monumental.

BARTON (sir Derek Harold Richard), *Gravesend 1918-College Station, EUA, 1998,* químico británico. Investigó la conformación de las moléculas y las relaciones entre estas y la reactividad química. (Premio Nobel 1969.)

BARTRA (Agustí), *Barcelona 1908-Terrassa 1982,* poeta español en lengua catalana. Su obra es una constante búsqueda del mito: *Màrsias i Adila* (1948), *Quetzalcóatl* (1960), *Ecce homo* (1968). Cultivó también la narrativa, el teatro y el ensayo.

BARTRINA (Joaquim Maria), *Reus 1850-Barcelona 1880,* poeta español. Su poesía presenta motivos irreligiosos y cientifistas (*Algo,* 1874).

BARÚ, distr. de Panamá (Chiriquí), en el Pacífico; 46 627 hab.; cap. *Puerto Armuelles.*

BARUC o **BARUK,** personaje bíblico, discípulo y secretario del profeta Jeremías.

BARUTA, c. de Venezuela (Miranda), en el área metropolitana de Caracas; 182 941 hab.

BARVA o **BARBA,** cantón de Costa Rica (Heredia), en la cordillera Central; 22 862 hab.

BARYSHNIKOV (Mijaíl Nikoláievich), *Riga 1948,* bailarín ruso nacionalizado estadounidense. Afincado en occidente (1974), dirigió el American Ballet Theatre (1980-1989) antes de fundar su propia compañía, la White Oak Dance Project (1990-2002).

BĀRZĀNĪ (Mullāh Muṣṭafa al-), *Barsan h. 1902-Washington 1979,* jefe kurdo. Dirigió la insurrección kurda contra el gobierno iraquí (1961-1970).

BASADRE (Jorge), *Tacna 1903-Lima 1980,* historiador peruano. Autor, entre otros estudios,

de *La ciudad y el campo en la Historia del Perú* (1929) e *Historia de la República del Perú* (1939-1969), fue director de la biblioteca nacional y ministro de instrucción pública.

BASALDÚA (Héctor), *Pergamino 1895-Buenos Aires 1976,* pintor argentino. Autor de retratos, paisajes y escenas urbanas, fue director de escenografía del teatro Colón.

BASARAB I, *h. 1310-1352,* príncipe de Valaquia. Reunió bajo su autoridad la Valaquia.

BASASEACHIC (salto de), cascada de México (Chihuahua), en el *arroyo de Basaseachic;* 311 metros.

BASAURI, mun. de España (Vizcaya), en el área metropolitana de Bilbao; 47 036 hab. (*basaurianos* o *basaurienses*); cap. *Arizgoiti.* Centro industrial.

BASEL → **BASILEA.**

BASELITZ (Hans-Georg, **Kern,** llamado Georg), *Deutschbaselitz, Sajonia, 1938,* artista alemán. Neoexpresionista, sus pinturas (en las que los personajes aparecen a menudo del revés), esculturas en madera y linograbados revisten un carácter monumental.

BASF (Badische Anilin und Soda Fabrik), empresa alemana de productos químicos. Fundada en 1865, formó el primer cártel de la industria de los colorantes y fue un pilar de la economía de guerra alemana. Desmantelada tras la segunda guerra mundial, actualmente es una de las primeras empresas químicas del mundo.

BASHKORTOSTÁN, ant. **Bashkiria,** república de Rusia, en el S de los Urales; 4 008 000 hab.; cap. *Ufá.* Los rusos y los tártaros superan en número a los bashkir nativos. Petróleo.

BASHŌ (Matsuo **Munefusa,** llamado), *Ueno 1644-Osaka 1694,* poeta japonés, maestro del haiku (*Sendas de Oku,* 1689-1692).

BASIE (William, llamado **Count**), *Red Bank 1904-Hollywood, Florida, 1984,* músico de jazz estadounidense. Compositor y pianista, fundó dos orquestas (1935 y 1952), reveló a muchos solistas y fue un maestro del swing.

BASILDON, c. de Gran Bretaña (Inglaterra), al NE de Londres; 152 000 hab.

BASILEA, en alem. **Basel,** en fr. **Bâle,** c. de Suiza, cap. de un semicantón, *Basilea Ciudad,* a orillas del Rin; 365 000 hab. en la aglomeración. Puerto fluvial. Industrias químicas y mecánicas. — Catedral románica y gótica; museos. Feria anual de arte contemporáneo. — En el *concilio de Basilea* (1431-1449), que prosiguió en Ferrara y Florencia, se proclamó la superioridad del concilio sobre el papa. En 1795, Francia firmó dos tratados en esta ciudad: uno con Prusia y otro con España (cesión de las plazas ocupadas en España a cambio de la parte oriental de La Española).

■ **BASILEA.** El ayuntamiento (1503-1512), decorado con frescos (1608) de Hans Bock.

BASILEA (cantón de), cantón de Suiza; 555 km²; 447 800 hab. Entró a formar parte de la Confederación en 1501. En 1883, debido a una guerra civil, el cantón quedó dividido en dos semicantones. — **Basilea Comarca,** semicantón del cantón de Basilea (Suiza); 518 km²; 250 400 hab.; cap. *Liestal* — **Basilea Ciudad,** semicantón del cantón de Basilea (Suiza); 37 km²; 197 400 hab.; cap. *Basilea.*

BASILICATA, región del S de Italia; 605 940 hab.; cap. *Potenza;* 2 prov. (*Matera y Potenza*).

BASÍLIDES, s. *II d.C.,* gnóstico cristiano alejandrino. La secta que fundó desapareció en el s. IV.

BASILIO (san), llamado **el Grande,** *Cesarea 329-íd.379,* padre de la Iglesia griega. Obispo de Cesarea, luchó contra el arrianismo y ejerció gran influencia en el desarrollo del monacato.

BASILIO I, en ruso **Vasili,** *1371-1425,* gran príncipe de Vladímir y de Moscú (1389-1425). — **Basilio II** en ruso *Vasili, 1371-1462,* gran príncipe de Vladímir y de Moscú (1425-1462). Rechazó la unión de la Iglesia rusa con Roma suscrita en 1439. — **Basilio III,** *1479-1533,* gran príncipe de Vladímir y de Moscú (1505-1533). Hijo de Iván III y de Zoé (Sofía) Paleóloga, sobrina del último emperador de Bizancio, continuó la obra de su padre.

BASILIO I el Macedonio, *Adrianópolis h. 812-886,* emperador bizantino (867-886), fundador de la dinastía macedonia. — **Basilio II el Bulgaróctono,** *957-1025, emperador* bizantino (961-1025). Sometió la aristocracia, derrotó a los fatimíes y conquistó Bulgaria. Llevó al imperio a su apogeo.

BASILIO SHUISKI, *1552-Gotsynin, cerca de Varsovia, 1612,* zar de Rusia (1606-1610). Fue derrocado durante la invasión polaca.

BASORA o **BAŞRA,** c. de Iraq, a orillas del Şatt al 'Arab; 617 000 hab. Puerto. Vasto palmeral. Industrias químicas y alimentarias.

BASOV (Nikolái Guennádievich), *Usman 1922-Moscú 2001,* físico ruso. En 1956 ideó un oscilador molecular con amoníaco y posteriormente trabajó con láseres. (Premio Nobel 1964.)

BASQUIAT (Jean-Michel), *Nueva York 1960-íd. 1988,* pintor estadounidense. Próximo al pop art, mezcla en sus telas, jalonadas de palabras, conceptos y de poemas, figuras desolladas, fuego, tótems vudús (referencias a sus orígenes haitiano y puertorriqueño) y símbolos de la sociedad de consumo norteamericana.

BAS-RHIN, dep. del E de Francia (Alsacia); 4 755 km²; 1 026 120 hab.; cap. *Estrasburgo.*

BASS (estrecho de), brazo de mar que separa Australia continental y Tasmania; 200 km de anchura.

BASSA (Ferrer), *h. 1290-1348,* pintor y miniaturista catalán. Introdujo en Cataluña el estilo italogótico. Su única obra conservada son los murales de la capilla de San Miguel del monasterio de Pedralbes, en Barcelona (1346).

BASSÆ, sitio arqueológico griego (Arcadia). Su templo dórico, construido por Ictino (fines s v. a.C.) y consagrado a Apolo, es uno de los mejor conservados del país (patrimonio de la humanidad 1986).

BASSANI (Giorgio), *Bolonia 1916-Roma 2000,* escritor italiano. En su obra, la sociedad ideal y la real de Ferrara sirven de escenario para describir la marginación sufrida por judíos y homosexuales (*La novela de Ferrara,* entre cuyas partes destacan *Los anteojos de oro* [1958] y *El jardín de los Finzi-Contini* [1962]).

BASSANO (Jacopo da **Ponte,** llamado Jacopo), *Bassano, Venecia, 1515-íd. 1592,* pintor italiano. Naturalista y manierista, en sus cuadros bíblicos y religiosos dio gran importancia al paisaje rural y a los efectos de luz. Varios de sus hijos, sobre todo Francesco y Leandro, instalados en Venecia, continuaron su obra.

BASSEIN o **PATHEIN,** c. de Birmania; 144 000 hab.

BASTERRA (Ramón de), *Bilbao 1888-Madrid 1928,* escritor español. Su prosa (*La obra de Trajano,* 1921) y su poesía (*Las ubres luminosas,* 1923; *Vírulo, mediodía,* 1927) están marcadas por su obsesión por lo hispánico.

BASTERRETXEA (Néstor), *Bermeo 1924,* escultor español. Interesado en la búsqueda de las raíces nacionales vascas, entre sus obras destacan la serie *Cosmogónica vasca* (1972), esculturas geométricas abstractas de connotaciones simbólico-nacionalistas, y *Estelas mortuorias* (1974-1975), basadas en las antiguas estelas funerarias discoídeas vascas.

BASTI, ant. c. ibérica de la Bética, cap. de los bastetanos. Es la act. *Baza.*

BASTIA, c. de Francia (Córcega), cap. del dep. de Haute-Corse; 39 016 hab. Puerto. Ciudadela.

BASTIDAS (Rodrigo **de**), *Sevilla 1460-Santiago de Cuba 1527,* navegante y descubridor español. Tras explorar la costa de Venezuela (1501), en 1507 se instaló en Santo Domingo. En 1525 regresó a Tierra Firme, donde fundó Santa Marta.

Bastilla (la), fortaleza de París construida entre 1370 y 1382. Fue ciudadela militar y prisión desde Luis XIII. Símbolo de la arbitrariedad real, fue tomada por el pueblo (1789) y destruida (1790).

BASUTOLANDIA, ant. protectorado británico del África austral (1868-1966). [→ **Lesotho.**]

BATA, c. de Guinea Ecuatorial, cap. de Mbini; 32 800 hab. Puerto; aeropuerto.

BAT'A (Tomáš), *Zlín 1876-Otrokovice 1932,* industrial checo. Fundador de una fábrica de zapatos, fue uno de los primeros industriales en hacer participar a su personal de los beneficios.

BATABANÓ, golfo del SO de Cuba. En el SO se halla Isla de la Juventud. Esponjas.

BATABANÓ, mun. de Cuba (La Habana); 21 360 hab. Puerto pesquero en el *golfo de Batabanó.*

BATAILLE (Georges), *Billom 1897-París 1962,* escritor francés, interesado por el erotismo y obsesionado por la muerte (*La experiencia interior; La parte maldita; Las lágrimas de Eros*).

BATAILLON (Marcel), *Dijon 1895-París 1977,* hispanista francés. Se dedicó al estudio de la literatura y el pensamiento del siglo de oro. Escribió *Erasmo y España* (1937), obras sobre la novela picaresca, *La Celestina,* y los historiadores de Indias (Las Casas) y *Varia lección de clásicos españoles* (1965).

BATALHA, c. de Portugal (Estremadura), al N de Lisboa; 14 995 hab. Bello convento real de los ss. XV-XVI, erigido para conmemorar la batalla de Aljubarrota (patrimonio de la humanidad 1983).

BATANGAS, c. de Filipinas (Luzón); 184 970 hab. Puerto.

Batasuna, coalición electoral vasca, formada en 1979 con Herri Batasuna («Pueblo unido»). De ideología nacionalista radical, mantuvo un notable peso electoral. Adoptó el nombre de Euskal Herritarrok («Ciudadanos vascos») desde 2001 hasta 2003, año en que fue ilegalizada por sus vínculos con ETA.

RÁTAS (República), nombre que adoptaron las Provincias Unidas de 1795 a 1806.

BATAVIA → YAKARTA.

BATESON (Gregory), *Grantchester, cerca de Cambridge, 1904-San Francisco 1980,* antropólogo estadounidense de origen británico. Tras estudiar a las poblaciones de Bali y Nueva Guinea, aplicó la teoría de la comunicación al campo de la psiquiatría (*Hacia una teoría de la esquizofrenia,* 1956), y, por último, llegó a un enfoque global de las culturas (*Hacia una ecología del espíritu,* 1972).

BATH, c. de Gran Bretaña (Inglaterra), junto al Avon; 79 900 hab. Estación termal. — Notable monumento del s. XVIII. Museos. (Patrimonio de la humanidad 1987.)

BÁTHORY o **BÁTORY,** familia húngara a la que perteneció Esteban I, rey de Polonia, y que dio dos príncipes a Transilvania.

BATHURST → BANJUL.

BATILDE (santa), *m. en Chelles 680,* reina de los francos. Casó con Clodoveo II y gobernó durante la minoría de su hijo Clotario III.

BATISTA (Fulgencio), *Banes 1901-Guadalmina, España, 1973,* político y militar cubano. Presidente (1940-1944), en 1952 se proclamó jefe del estado y del ejército. Gobernó dictatorialmente, en beneficio de EUA. Fue derrocado por la revolución de Castro (1959) y se estableció en España.

BATLLE (Jorge), *Montevideo 1927,* político uruguayo. Perteneciente a una familia de políticos del Partido colorado de larga tradición, fue presidente de la república desde 2000 hasta 2001.

BATLLE (Lorenzo), *Montevideo 1810-1887,* político y militar uruguayo. Miembro del Partido colorado, presidente de 1868 a 1872, su políti-

ca partidista provocó un movimiento revolucionario dirigido por el Partido blanco.

BATLLE BERRES (Luis), *Montevideo 1897-íd. 1964,* político uruguayo. Diputado del Partido colorado, fue presidente de la república en 1947-1951 y 1955-1956.

BATLLE PLANAS (Juan), *Torroella de Montgrí, Gerona, 1911-Buenos Aires 1966,* pintor argentino de origen español. Su obra se inscribe dentro de la estética surrealista (collages de las «radiografías paranoicas»).

BATLLE Y ORDÓÑEZ (José), *Montevideo 1854-íd. 1929,* estadista uruguayo. Presidente de la república (1903-1907) por el Partido colorado, se enfrentó a los levantamientos de Saravia, jefe del Partido blanco. Reelegido (1911-1915), organizó el poder ejecutivo, separó la Iglesia del Estado, implantó el voto secreto y proporcional, aprobó leyes progresistas y estimuló la diversificación agrícola.

■ **JOSÉ BATLLE**   ■ **CHARLES**
Y ORDÓÑEZ   **BAUDELAIRE**

BATLLORI (Miquel), *Barcelona 1909-Sant Cugat 2003,* religioso e historiador español. Especializado en el renacimiento, dirigió la revista *Archivum Historicum Societatis Iesu* (1951-1960). De su numerosa obra, destacan *Historia y mito de la intervención de los jesuitas en la independencia de Hispanoamérica* (1953) y *Alejandro VI y la casa real de Aragón* (1958). [Premio nacional de las letras 2001.]

Batman, personaje de cómic, justiciero enmascarado que se disfraza de murciélago. Creado en 1939 por Bill Finger (1917-1974) y Bob Kane (1916-1998) en la revista *Detective Comics,* ha inspirado varias películas.

BATNA, c. de Argelia, cap. de vilayato, al N del Aurès; 185 000 hab.

BATON ROUGE, c. de Estados Unidos, cap. de Luisiana, junto al Mississippi; 219 531 hab. Refino de petróleo y química.

BÁTORY → BÁTHORY.

BATRES MONTÚFAR (José), *San Salvador 1809-Guatemala 1844,* escritor y político guatemalteco. Militar e ingeniero, fue corregidor y diputado. En *Tradiciones de Guatemala* (1845) se muestra como un elegante narrador en verso, con gran sentido del paisaje y humorismo.

RATTÃNI (al-), *Harrãn, Mesopotamia, act. Turquía, h. 858-Qasr al-Djiss, cerca de Sãmarrã, 929,* astrónomo árabe. Sus observaciones permitieron conocer mejor los movimientos aparentes del Sol y los planetas. Dejó un gran tratado de astronomía (*al-Zij*).

BATTHYÁNY (Lajos, conde), *Presburgo 1806-Pest 1849,* político húngaro. Presidente del consejo (marzo-oct. 1848) en el primer ministerio húngaro surgido de la revolución de 1848, fue fusilado.

BATTŪTA → IBN BAŢŢŪTA.

BÃTÜ KAN, *1204-h. 1255,* príncipe mongol. Fundador de la Horda de Oro, nieto de Gengis Kan, conquistó Rusia (1238-1240) y Hungría (1241), y llegó hasta el Adriático (1242).

BATUMI o **BATÜM,** c. de Georgia, cap. de Adzharia, junto al mar Negro; 138 000 hab. Puerto.

BAT YAM, c. de Israel, en las afueras de Tel-Aviv-Jaffa; 145 300 hab.

BAUCIS → FILEMÓN.

BAUDELAIRE (Charles), *París 1821-íd. 1867,* escritor francés. Heredero del romanticismo, expresó el trágico destino humano y una visión del universo donde descubre «correspondencias» secretas. Sus poemas (*Las flores del* *mal*, 1857) y su crítica (*El arte romántico*, 1868) se abren a la modernidad.

BAUDÓ, serranía de Colombia (Chocó); 1 810 m en Alto del Buey, donde nace el *río Baudó* (150 km).

BAUDOUIN DE COURTENAY (Jan Ignacy), *Radzymin 1845-Varsovia 1929*, lingüista polaco. Fue un precursor de la fonología.

BAUDRILLARD (Jean), *Reims 1929-París 2007*, sociólogo francés. Estudió la relación entre la producción de objetos y los deseos y fantasmas de los consumidores.

BAUER (Bruno), *Eisenberg 1809-Rixdorf 1882*, crítico y filósofo alemán. Influido por el hegelianismo, criticó el cristianismo por haberse convertido en una rémora para el progreso, tras unos inicios revolucionarios.

BAUER (Otto), *Viena 1881-París 1938*, político y teórico austriaco. Fue uno de los dirigentes del Partido socialdemócrata austriaco.

Bauhaus, escuela de arquitectura y artes aplicadas, fundada en Weimar (1919) por W. Gropius y trasladada a Dessau (1925-1932). Tuvo un gran papel en la evolución de las ideas y técnicas modernas. Enseñaron en ella, entre otros, los pintores Johannes Itten (1888-1967), Feininger, Klee, Oskar Schlemmer (1888-1943), Kandinsky y Moholy-Nagy, y los arquitectos Hannes Meyer (1889-1954) y Mies Van der Rohe, además de Breuer, Josef Albers y el grafista Herbert Bayer (1900-1985). [Patrimonio de la humanidad 1996.]

BAULIEU (Étienne Émile), *Estrasburgo 1926*, médico y bioquímico francés. Ultimó la puesta a punto de la píldora abortiva RU 486.

BAUMGARTEN (Alexander Gottlieb), *Berlín 1714-Frankfurt del Oder 1762*, filósofo alemán. Separó la estética de la filosofía y la definió como la ciencia de la belleza.

BAURÉS, r. de Bolivia (Beni), afl. del Iténez (or. der.), formado por el San Martín y el Blanco; 520 km.

BAURU, c. de Brasil, al O-NO de São Paulo; 254 698 hab.

BAUSCH (Philippine, llamada Pina), *Solingen 1940*, bailarina y coreógrafa alemana. Directora del Tanztheater de Wuppertal desde 1973, figura señera de la danza expresionista contemporánea, ha creado un estilo que combina onirismo y violencia (*Barbazul*, 1977; *Nelken*, 1982; *Palermo, Palermo*, 1989; *Danzón*, 1995; *El hombre que limpia cristales*, 1997; *Agua*, 2001; *Nefés*, 2003).

■ PINA **BAUSCH** en 1991.   ■ MARÍA **BAYO**

BAUTA, ant. **Hoyo Colorado**, mun. de Cuba (La Habana); 32 745 hab. Planta textil.

BAUTISTA (Francisco), *Murcia 1594-Madrid 1679*, arquitecto y jesuita español. Sus obras, de transición del clasicismo al barroco, pertenecen a la escuela castellana. Inventó la cúpula encamonada.

BAUTISTA (Julián), *Madrid 1901-Buenos Aires 1961*, compositor español. Compuso cuartetos, un ballet, diversas obras sinfónicas y de cámara, y música para cine.

BAUTZEN, c. de Alemania (Sajonia), al E de Dresde; 46 522 hab. Victoria de Napoleón sobre los rusos y los prusianos (20-21 mayo 1813).

BAUX-DE-PROVENCE (Les), mun. de Francia (Bouches-du-Rhône); 443 hab. Ha dado su nombre a la *bauxita*. — Ruinas de una importante ciudad de la edad media; restos del s. XVI.

BAUZÁ (Felipe), *Palma de Mallorca 1764-Londres 1834*, marino, geógrafo y político español.

Miembro de la expedición de Malaspina, es autor del proyecto de división provincial de España (1822). Diputado por Mallorca (1822), al caer el régimen constitucional huyó a Gran Bretaña.

BAVIERA, en alem. **Bayern**, Land de Alemania; 70 553 km²; 11 220 735 hab. (*bávaros*); cap. *Munich*; c. prales. *Augsburgo, Nuremberg, Ratisbona* y *Bayreuth*. Comprende Baviera propiamente dicha (antepaís alpino al S del Danubio) y el N de la cuenca de Suabia y de Franconia.

HISTORIA

A principios del s. X Baviera era uno de los ducados más importantes del Imperio germánico. **1070-1180**: fue gobernada por la dinastía de los Güelfos, expoliada del ducado en 1180 por los Wittelsbach, que reinaron hasta 1918. **1467-1508**: el duque Alberto IV el Sabio unificó sus estados, que se convirtieron en un bastión de la Contrarreforma. **1623**: Maximiliano I obtuvo el título de elector. **1806**: Maximiliano I José, aliado de Napoleón I, obtuvo el título de rey. **1825-1886**: Luis I (1825-1848) y Luis II (1864-1886) fueron grandes constructores. **1866**: Baviera, aliada de Austria, fue derrotada por Prusia. **1871**: se incorporó al imperio alemán. **1918-1919**: se convirtió en un Land dentro de la república de Weimar. **1923**: el putsch de Hitler en Munich fracasó. **1949**: el Estado libre de Baviera pasó a ser un Land de la RFA.

BAVÓN (san), *m. a. 659*, monje de Gante y patrón de esta ciudad.

BAYACETO I, en turco **Bāyazīd**, *h. 1360-Aksehir 1403*, sultán otomano (1389-1403). Vencedor de los cruzados en Nicópolis (1396), fue capturado por Timūr Lang en Ankara (1402).

BAYAGUANA, mun. de la República Dominicana (San Cristóbal); 20 492 hab. Arroz.

BAYAMO, c. de Cuba, cap. de la prov. de Granma; 154 797 hab. Metalurgia. Azúcar, tabaco. — Monumentos antiguos.

BAYAMÓN, mun. del N de Puerto Rico; 220 262 hab. Centro industrial.

BAYDĀ' (Al-) o **EL-BEIDA**, c. de Libia; 67 000 habitantes.

Bayer, sociedad alemana cuyos orígenes se remontan a 1863. Especializada en sus inicios en la química y convertida en una de las primeras empresas mundiales en ese sector, actualmente privilegia los campos de la sanidad (farmacia, ciencias de la vida) y la agroquímica.

BAYER (Johann), *Rain 1572-Augsburgo 1625*, astrónomo alemán. Autor del primer atlas celeste impreso (*Uranometría*, 1603), introdujo la costumbre de clasificar las estrellas de las constelaciones al designarlas con letras griegas, según su brillo aparente.

BAYES (Thomas), *Londres 1702-Tunbridge Wells 1761*, matemático inglés. Intentó determinar la probabilidad de las causas mediante la observación de los efectos, estudio que retomaron Laplace y Condorcet.

BAYEU, familia de pintores españoles del s. XVIII. — **Francisco B.**, *Zaragoza 1734-Madrid 1795*. Realizó numerosas obras para la corte y trabajó para la Real fábrica de tapices. Discípulo de Mengs y cuñado de Goya, su estilo evolucionó del barroco tardío a un clasicismo académico (*La apoteosis de Hércules*, 1768-1769). — **Ramón B.**, *Zaragoza 1746-Aranjuez 1793*, Hermano de Francisco, se dedicó principalmente a los cartones para tapices.

BAYEUX, c. de Francia (Calvados); 15 403 hab. Catedral. Célebre tapiz bordado (s. XI), con escenas de la conquista de Inglaterra por Guillermo el Conquistador (*Tapiz de la reina Matilde*, o *de Bayeux*).

BAYO (María), *Fitero 1960*, soprano española. Reconocida intérprete de Mozart, se caracteriza por su musicalidad, expresividad y proyección vocal. Sobresale asimismo en la ópera italiana y francesa.

BAYO Y SEGUROLA (Ciro), *Madrid 1860-íd. 1939*, escritor español. Sus obras reflejan las impresiones de sus viajes: *El peregrino en Indias*, 1912; *Por la América desconocida*, 1920; *La reina del Chaco*, 1935.

BAYONA, en fr. **Bayonne**, c. de Francia (Pyrénées-Atlantiques), a orillas del Adour; 41 778 hab. Puerto y centro turístico. — Catedral (ss. XIII-XVI); museos Bonnat y vasco.

Bayona (constitución de), texto legal, de tendencia moderada y centralista, aprobado en 1808 por la Asamblea de notables, convocada por Napoleón en Bayona (Francia), tras las abdicaciones de Fernando VII y Carlos IV en la *entrevista de Bayona* y la designación como rey de España de José I.

BAYONA (Pilar), *Zaragoza 1899-íd. 1979*, pianista española, gran intérprete de Bach y Guridi.

BAYREUTH, c. de Alemania (Baviera), junto al Main; 73 393 hab. Monumentos, entre ellos un teatro del s. XVIII, decorado con los Bibiena. Teatro y festival anual dedicado a las óperas de Wagner (1876).

BAYTAR (Abū Muḥammad ibn al-), *Málaga h. 1190-Damasco h. 1248*, botánico y farmacólogo hispanoárabe. Es autor de dos tratados enciclopédicos que reúnen la tradición farmacológica hispanoárabe y oriental.

BAYYA → AVEMPACE.

BAZ (Ignacio), *Tucumán 1826-íd. 1887*, pintor argentino. Realizó retratos de personajes ilustres argentinos, acuarelas y miniaturas en marfil.

BAZA, c. de España (Granada), cab. de p. j.; 20 818 hab. (*baztetanos* o *bastitanos*). Agricultura e industrias derivadas. — Ruinas árabes (s. XI), iglesia mayor barroca, con capilla del Sagrario de D. de Siloe. — Es la ant. *Basti.*

BAZA (sierra de), sierra de España, que constituye el cuerpo central del sistema Penibético; 2 269 m en el pico de Santa Bárbara.

Baza (dama de), escultura sedente en piedra con restos de policromía, hallada en 1971 en la necrópolis ibérica del Cerro del Santuario, en la Hoya de Baza (museo arqueológico nacional, Madrid).

BAZÁN (Álvaro de), 1er marqués de **Santa Cruz**, *Granada 1526-Lisboa 1588*, marino español. Capitán general del mar Océano y del Mediterráneo, venció en diversas expediciones contra los turcos, destacando en la batalla de Lepanto. Felipe II le encargó los preparativos de la Armada invencible, empresa que no culminó a causa de su muerte.

BAZÁN (Álvaro de), 2° marqués de **Santa Cruz**, *Nápoles 1571-Madrid 1646*, marino español, hijo de Álvaro de B. Capitán general de las galeras de Nápoles (1603) y de las de España (1615), triunfó sobre turcos y berberiscos.

BAZILLE (Frédéric), *Montpellier 1841-Beaune-la-Rolande 1870*, pintor francés. Fue uno de los iniciadores del impresionismo.

■ **BAYEUX**. Detalle del *Tapiz de la reina Matilde*; fines del s. XI. (Centro Guillermo el Conquistador, Bayeux.)

BBC (British Broadcasting Corporation), organismo británico de radio y televisión, creado en Londres en 1922.

BBVA, grupo financiero español constituido en 1999 con la integración del banco Bilbao Vizcaya (cuyos orígenes se remontan a la creación en 1857 del banco de Bilbao) y Argentaria. Ampliado con una serie de adquisiciones (Bancomer, en 2004), tiene una fuerte presencia en América Latina.

BCE, sigla de *Banco central europeo.

BEA (Augustin), *Riedböhringen 1881-Roma 1968*, teólogo católico alemán. Jesuita y cardenal (1959), preparó el concilio Vaticano II y trabajó en el desarrollo del ecumenismo.

BEAGLE (canal), estrecho de América del Sur que une el Atlántico y el Pacífico. Está situado en la región austral del continente, entre Tierra del Fuego por el norte y las islas Gordon, Hoste, Navarino, Picton y Nueva por el sur.

BEAMON (Robert, llamado Bob), *Jamaica, estado de Nueva York, 1946*, atleta estadounidense. Fue campeón olímpico en 1968 y, de 1968 a 1991, plusmarquista mundial de salto de longitud (8,90 m).

BEARDSLEY (Aubrey), *Brighton 1872-Menton, Francia, 1898*, dibujante británico. Esteta apasionado, fue célebre por sus ilustraciones, de tendencia modernista (*Salomé*, de Wilde; *Cuentos*, de Poe; *Volpone*, de Ben Jonson).

■ AUBREY BEARDSLEY. Ilustración para *Salomé* (1894), de O. Wilde. (Biblioteca nacional, París)

BÉARN, región de Francia; cap. *Pau*. Constituye la parte oriental del departamento Pyrénées-Atlantiques. Desde el s. X fue un vizcondado, incorporado a la corona francesa en 1620.

BEATA, isla al S de la República Dominicana (Pedernales), frente al *cabo Beata*.

Beat Generation, movimiento literario y cultural que se desarrolló en Estados Unidos en las décadas de 1950 y 1960. Sus miembros (J. Kerouac, W. Burroughs, A. Ginsberg, etc.) rechazaron la sociedad industrial y buscaron las raíces americanas, mediante el viaje (*En el camino*, 1957, de J. Kerouac), la meditación zen y las experiencias con las drogas.

BEATLES (The), grupo británico de música pop. Estaba integrado por **Richard Starkey**, llamado **Ringo Starr**, *Liverpool 1940*, **John Lennon**, *Liverpool 1940-Nueva York 1980*, **Paul McCartney** (act. sir), *Liverpool 1942*, y **George Harrison**, *Liverpool 1943-Los Ángeles 2001*. De 1962 a 1970 fue el símbolo de la música pop mundial (*She Loves You*, 1962; *Yesterday*, 1965; *Sergeant Pepper's Lonely Heart's Club Band*, 1967; *Let it Be*, 1970).

BEATO (Miguel), *Salamanca 1939*, biólogo español. Director del Instituto de biología molecular de la universidad de Marburgo (Alemania) y del Centro de regulación genómica de Barcelona (constituido en 2000), ha investigado los mecanismos de acción hormonal, las interacciones proteicas, la expresión genética, la estructura de la cromatina, la apoptosis y el cáncer.

BEATO DE LIÉBANA, *m. en 798*, monje asturiano, autor de *Comentarios al Apocalipsis* (h. 776), obra en doce libros con miniaturas.

BEATRIZ, *Soestdijk 1938*, reina de Países Bajos. Sucedió a su madre Juliana en 1980.

■ **BEATRIZ**, reina de Países Bajos. ■ **BEAUMARCHAIS**, por Nattier. (Col. part.)

Beatriz, personaje de la *Vida nueva* y de la *Divina comedia*, inspirado a Dante por la florentina Beatrice Portinari (h. 1265-1290). Encarnación de la belleza y la bondad, objeto de amor y de contemplación, es musa y guía del poeta en su búsqueda de la salvación.

BEATRIZ DE PORTUGAL, *Coimbra 1373-1409*, reina de Castilla (1383-1390). Hija de Fernando I de Portugal y segunda esposa de Juan I de Castilla, esta alianza pretendía la unión de los dos reinos.

BEATRIZ DE SILVA (santa), *Campo Mayor, Toledo, 1424-Toledo 1491*, religiosa española, fundadora de la orden de la Inmaculada Concepción. Fue canonizada en 1976.

BEATRIZ DE SUABIA, *m. en Toro 1235*, reina de Castilla (1220-1235), esposa de Fernando III y madre del futuro Alfonso X.

BEATTY (David), *Borodale, Irlanda, 1871-Londres 1936*, almirante británico. Tras distinguirse en la batalla de Jutlandia (1916), mandó la flota británica (1916-1918) y fue primer lord del Almirantazgo (1919-1927).

BEAUFORT (mar de), mar del océano Ártico, en el N de Alaska y de Canadá.

BEAUFORT (sir Francis), *1774-1857*, oficial de marina británico. Concibió en 1805 la escala utilizada para medir la fuerza del viento (v. parte n. com. **escala de *Beaufort**).

BEAUHARNAIS (Josefina de) → JOSEFINA.

BEAUJOLAIS, comarca francesa, en el borde oriental del macizo Central, entre el Loira y el Saona. Es una de las grandes regiones vitícolas de Francia (*beaujolais*).

BEAUMARCHAIS (Pierre Augustin **Caron** de), *París 1732-íd. 1799*, escritor francés. Sus comedias *El barbero de Sevilla* (1775) y *Las bodas de Fígaro* (1784) fueron una crítica atrevida e ingeniosa de la sociedad francesa.

BEAUMONT, c. de Estados Unidos (Texas); 114 323 hab. Puerto petrolero; química.

BEAUMONT (Francis), *Grace-Dieu 1584-Londres 1616*, poeta dramático inglés. Es autor, con Fletcher, de tragedias y de comedias de intriga (*The knight of the burning pestle*, 1611).

BEAUPERTHUY (Louis Daniel), *Sainte-Rose, Guadalupe, 1807-Bartica Grove, Guyana, 1871*, médico francés. Demostró que la fiebre amarilla se transmite por un mosquito (1854).

■ THE BEATLES en 1968: Ringo Starr (a la izquierda), Paul McCartney (en el centro), John Lennon (a la derecha) y George Harrison (en primer plano).

BEAUVAIS, c. de Francia, cap. del dep. de Oise; 57 335 hab. Catedral inacabada (ss. XIII-XVI), con vidrieras. Galería nacional de tapices.

BEAUVOIR (Simone de), *París 1908-íd. 1986*, escritora francesa. Compañera de Sartre y feminista, escribió ensayos (*El segundo sexo*, 1949), novelas (*Los mandarines*, 1954) y memorias.

BEBEL (August), *Colonia 1840-Passugg, Suiza, 1913*, político alemán. Fue uno de los fundadores del Partido socialdemócrata alemán.

BEBETO (José Roberto **Gama de Oliveira**, llamado), *Salvador 1964*, futbolista brasileño. Goleador, ganó la copa del mundo con la selección de su país (1994).

BECCAFUMI (Domenico), *cerca de Siena h. 1486-Siena 1551*, pintor italiano. Grabador y escultor, es el manierista más importante de la escuela de Siena.

BECCARIA (Cesare **Bonesana**, marqués de), *Milán 1738-íd 1794*, jurisconsulto y economista italiano. Su tratado *De los delitos y las penas* (1764) es la base de las legislaciones modernas. Expresó las protestas de la conciencia pública y los filósofos de la época contra el proceso secreto, la tortura, la desigualdad de los castigos según las personas y la crueldad de los suplicios.

BECERRA (Francisco de), *Trujillo 1545-Lima 1605*, arquitecto español activo en América. En 1573 llegó a la ciudad de México, donde realizó obras para conventos y el coro de la catedral, labrado en cantería. En Puebla realizó el colegio de San Luis y los planos de la catedral. En Quito comenzó la construcción de las iglesias de Santo Domingo y San Agustín y tres puentes. En 1582 se trasladó a Lima (planos de las catedrales de Lima y de Cuzco).

■ FRANCISCO DE BECERRA. Catedral de Cuzco (Perú), proyectada por él (1598-1605).

BECERRA (Gaspar), *Baeza 1520-Madrid 1605*, escultor y pintor español. Cultivó un estilo manierista derivado de Miguel Ángel. Realizó esculturas (retablo mayor de la catedral de Astorga) y decoró con pinturas al fresco el alcázar de Madrid y el palacio de El Pardo.

BECHAR, c. de Argelia, en el Sahara, cap. de vilayato; 197 000 hab.

BECHET (Sidney), *Nueva Orleans 1897-Garches, Francia, 1959*, músico estadounidense de jazz. Clarinetista, saxofonista, compositor y director de orquesta, gran improvisador, fue un maestro del estilo Nueva Orleans (*Petite fleur*, 1952; *Dans les nuits d'Antibes*, 1952).

BECHTEREV o **BEJTEREV** (Vladímir Mijáilovich), *cerca de Viatka 1857-Leningrado 1927*, psicofisiólogo ruso. A partir del reflejo condicionado estudiado por Pavlov, desarrolló antes que Watson una psicología conductual.

BECHUANALANDIA → BOTSWANA.

BECK (Guido), *Liberec 1903-Río de Janeiro 1988*, físico checo. Asistente de W. Heisenberg y reconocido por sus trabajos sobre el decaimiento beta, la fisión del uranio y las secciones eficaces en la captura de neutrones, tuvo que abandonar Europa y en 1943 se incorporó al Observatorio astronómico de Córdoba. Introductor de la física teórica en Argentina, participó en la fundación del Instituto de física de Bariloche. En 1951 viajó a Brasil, donde creó el Centro brasileiro de pesquisas físicas.

BECKENBAUER (Franz), *Munich 1945*, futbolista alemán. Líbero, fue capitán del equipo de la RFA que ganó la copa del mundo (1974).

BECKER (Gary Stanley), *Pottsville 1930*, economista estadounidense. Ha extendido el análisis económico al estudio de las relaciones y de los comportamientos humanos. (Premio Nobel 1992.)

BECKET (santo Tomás) → **TOMÁS BECKET.**

BECKETT (Samuel), *Foxrock 1906-París 1989*, escritor irlandés. Es autor, en inglés y luego en francés, de novelas (*Molloy*, 1951; *El innombrable*, 1953) y de obras de teatro que expresan lo absurdo de la condición humana (*Esperando a Godot*, 1953; *Final de partida*, 1957; *Días felices*, 1961). [Premio Nobel 1969.]

■ **SAMUEL BECKETT**

■ **BEETHOVEN.** Grabado de 1814. (Museo histórico, Viena.)

BECKMANN (Max), *Leipzig 1884-Nueva York 1950*, pintor alemán, representante del expresionismo y de la «nueva objetividad».

BÉCQUER, familia de pintores sevillanos del s. XIX, llamados en realidad **Domínguez,** y a la que perteneció el poeta Gustavo Adolfo Bécquer. — **José B.,** *Sevilla 1810-íd. 1845*. Fue, con su hermano Joaquín, uno de los iniciadores de la escuela romántica sevillana, de temática costumbrista. — **Joaquín B.,** *Sevilla h. 1819-íd. 1879*. Hermano de José, fue pintor de cámara de Isabel II. — **Valeriano B.,** *Sevilla 1834-Madrid 1870*. Hijo de José, pintó escenas costumbristas y su obra se cuenta entre las más personales y maduras del romanticismo español.

BÉCQUER (Gustavo Adolfo), *Sevilla 1836-Madrid 1870*, poeta español. Es el más genuino representante del romanticismo español, en su faceta más íntima, punto de partida de la poesía moderna. La inspiración popular y la corriente influida por la lírica germánica se funden en su obra. Sus temas predilectos son la poesía y la lengua poética, el amor, el desengaño, la soledad y el destino final del hombre, y su ideario lo plasmó en las *Cartas literarias a una mujer* (1861) y las **Rimas.* Lo fantástico predomina en las *Leyendas* (1857-1864), muestra excepcional de la prosa poética del s. XIX, y en *Cartas desde mi celda* (1864), ensayos íntimos compuestos tras su estancia en el monasterio de Veruela (Zaragoza).

BECQUEREL (Antoine), *Châtillon-Coligny 1788-París 1878*, físico francés. Sus estudios aportaron una contribución fundamental al progreso de la electricidad y sus aplicaciones. — **Henri B.,** *París 1852-Le Croisic 1908*, físico francés. Nieto de Antoine, descubrió la radiactividad. (Premio Nobel 1903.)

BEDA el Venerable (san), *Wearmouth h. 672-Jarrow 735*, benedictino anglosajón. Poeta, historiador y teólogo, escribió una *Historia eclesiástica de la nación inglesa.* Doctor de la Iglesia.

BEDDOES (Thomas Lovell), *Clifton 1803-Basilea 1849*, escritor británico. Sus poemas y dramas muestran un romanticismo macabro.

BEDFORD, c. de Gran Bretaña (Inglaterra), cap. del condado de *Bedfordshire*; 75 600 hab.

BEDFORD (Juan de Lancaster, duque de) → **LANCASTER.**

BÉDIÉ (Henri Konan), *Dadiékro 1934*, político marfileño. Presidente de la Asamblea nacional (1980-1993) y de la república a la muerte de Houphouët-Boigny (1993), fue confirmado por las elecciones de 1995 y destituido en 1999.

BEDNORZ (Johannes Georg), *Neuenkirchen 1950*, físico alemán. Con K. Muller, ha investigado las cerámicas superconductoras a alta temperatura. (Premio Nobel 1987.)

BEDÓN (fray Pedro), *Quito 1556-íd. 1621*, dominico ecuatoriano. De noble y culta familia criolla, abogó por los indígenas y fundó conventos, como el de la Recoleta de Quito.

BEDREGAL (Yolanda), *La Paz 1916-íd. 1999*, poetisa boliviana. Fundó la Unión nacional de poetas y fue miembro de la Academia boliviana de la lengua y del Ateneo femenino de Bolivia. Es autora de *Naufragio* (1936), *Nadir* (1950), *Del mar y la ceniza* (1957).

BEECHAM (sir Thomas), *Saint Helens 1879-Londres 1961*, director de orquesta británico. En 1947 fundó la Royal Philharmonic Orchestra.

BEECHER-STOWE (Harriet Beecher, Mrs. Stowe, llamada Mrs.), *Litchfield 1811-Hartford 1896*, novelista estadounidense. Es autora de *La *cabaña del tío Tom.*

BEERSHEBA, c. de Israel, junto al Néguev; 135 000 hab. Vestigios de la ant. *Bersabee* de los reyes de Judea, y de las épocas aqueménida, helenística y romana. Museo. (Patrimonio de la humanidad 2005.)

BEETHOVEN (Ludwig van), *Bonn 1770-Viena 1827*, compositor alemán. Niño prodigio, dio su primer concierto de violín a los ocho años y fue concertista a los catorce. En 1792 se estableció en Viena, donde fue protegido por la nobleza. A pesar de sus problemas de audición, que lo llevarían a padecer sordera desde 1802, se afianzó como gran compositor. Heredero de W. A. Mozart y de la tradición clasicista vienesa, fue el precursor del romanticismo alemán. Autor de piezas dramáticas (ópera *Fidelio*, 1805-1814) y vocales (*Misa solemnis*, 1823), fue sin embargo en el campo instrumental donde consolidó su estilo personal, con 17 cuartetos para cuerda, 32 sonatas para piano y violonchelo (*Patética; Claro de luna; Appassionata; Hammerklavier*), 5 conciertos para piano (5° llamado «Emperador», 1809) y 9 sinfonías (3ª llamada «Heroica», 1804; 5ª, 1807-1808; 6ª, «Pastoral», 1808; 9ª, «Coral», con solistas y coros, 1824), entre otras obras.

BEGIN (Menahem), *Brest-Litovsk, Bielorrusia, 1913-Tel-Aviv-Jaffa 1992*, político israelí. Jefe del Irgún (1942) y luego líder del Likud, fue primer ministro (1977-1983) y firmó (1979) un tratado de paz con Egipto. (Premio Nobel de la paz 1978.)

BEHAIM (Martin), *Nuremberg 1459-Lisboa 1507*, cosmógrafo y navegante alemán. Es autor de un globo terráqueo que representa los conocimientos geográficos antes de Colón.

BEHAN (Brendan), *Dublín 1923-íd. 1964*, escritor irlandés. Es autor de relatos autobiográficos (*Borstal Boy*, 1958; *Confesiones de un rebelde irlandés*, 1965) y de obras de teatro (*The Quare Fellow, 1954*).

BÉHANZIN, *1844-Argel 1906*, último rey de Dahomey (1889-1893). Hijo del rey Glé-Glé, fue deportado a Argelia tras la conquista de su reino por los franceses.

BEHISTÚN o **BISOTUN,** sitio arqueológico del Kurdistán iraní. Rocas cubiertas de bajorrelieves e inscripciones que sirvieron de base para el estudio de la escritura cuneiforme por parte del británico H. Rawlinson (1810-1895). [Patrimonio de la humanidad 2006.]

BEHRENS (Peter), *Hamburgo 1868-Berlín 1940*, arquitecto y diseñador alemán. Racionalista, pasaron por su estudio Gropius, Mies van der Rohe y Le Corbusier.

BEHRING (estrecho de) → **BERING.**

BEHRING (mar de) → **BERING.**

BEHRING (Emil von), *Hansdorf 1854-Marburgo 1917*, médico y bacteriólogo alemán. Fue uno de los creadores de la sueroterapia. (Premio Nobel 1901.)

BEHZĀD o **BIHZĀD** (Kamāl al-Din), *h. 1455-h. 1536*, miniaturista persa. Renovador de los principios de composición, creó la escuela șafawí de Tabriz.

BEI, sigla de *Banco europeo de inversión.*

BEIDA (El-) o **BAYḌĀ** (Al-).

BEIDERBECKE (Leon, llamado Dix), *Davenport, Iowa, 1903-Nueva York 1931*, músico estadounidense de jazz. Corneta, pianista y compositor, fue uno de los primeros blancos interesados en el jazz y en la improvisación (*Singin' the Blues*, 1927).

BEIJING → **PEKÍN.**

BEIPIAO, c. de China (Liaoning); 605 000 hab.

BEIRA, c. de Mozambique, junto al Índico; 299 300 hab. Puerto.

BEIRA, ant. prov. del centro de Portugal.

BEIRUT, en ár. **Bayrūt,** cap. del Líbano, junto al Mediterráneo; 1 500 000 hab. Museo arqueológico. — Fue asolada de 1975 a 1990, y de nuevo dañada en el verano 2006, por los diversos conflictos que han afectado al Líbano.

■ **BEIRUT**

BÉJA o **BĀDJA,** c. del N de Túnez; 46 700 hab. Azúcar.

BEJAÏA, ant. *Bugía*, c. de Argelia, cap. de vilayato, junto al *golfo de Bejaïa*; 115 000 hab. Puerto petrolero, refinería.

BÉJAR, c. de España (Salamanca), cab. de p. j.; 15 690 hab. (*bejaranos* o *bejeranos*). Industria textil. — Muralla medieval; iglesias de Santa María (s. XIII) y del Salvador (s. XVI); palacio renacentista.

BEJARANO (fray Francisco), pintor y tallista de la escuela limeña de principios del s. XVII. Sus cuadros más famosos son una *Nuestra Señora del Carmen*, en el convento de las carmelitas descalzas, en Lima, y una serie de retablos en el convento de San Agustín, Lima.

BÉJART (Maurice Berger, llamado Maurice), *Marsella 1927-Lausana 2007*, bailarín y coreógrafo francés y suizo. Impulsor del Ballet du xxe siècle fundado en 1960 en Bruselas, convertido en Béjart Ballet Lausanne en 1987, y del centro coreográfico Mudra-Bruxelles (1970-1987), se mantuvo ligado a la técnica clásica pero su estética y sus concepciones escénicas introdujeron en la danza a un público más amplio (*Sinfonía para un hombre solo*, 1955; *La consagración de la primavera*, 1959; *Bolero*, 1961; *Misa para el tiempo presente*, 1967; *Rey Lear-Próspero*, 1994; *El viaje nocturno*, 1997; *Luz*, 2001).

■ **MAURICE BÉJART** en *Rey Lear-Próspero* (1994).

BEJTEREV → **BECHTEREV.**

BEKAA, alta llanura árida (pero parcialmente irrigada) del Líbano, entre el monte Líbano y el Antilíbano.

BÉKÉSCSABA, c. del SE de Hungría, cap. de prov.; 67 600 hab.

Bektâši o **Bektâšiyya,** orden derviche conocida desde comienzos del s. XVI y suprimida por la República turca en 1925. Llamada así en honor de Ḥāŷŷī Wālī **Bektâš** (en turco Veli Haci Bektaş) [h. 1210-1271], místico musulmán, estuvo relacionada con los jenízaros.

BĒL, dios mesopotámico asimilado a Marduk. Su nombre también evoca al Baal cananeo.

BÉLA IV, *1206-Budapest 1270,* rey de Hungría (1235-1270), de la dinastía de los Árpád. Restauró el país tras los mongoles (1242).

BELALCÁZAR o **BENALCÁZAR** (Sebastián de), *Belalcázar, Córdoba, entre 1480 y 1495-Cartagena de Indias 1551,* conquistador español. Desde 1524 en Panamá y Nicaragua con Hernández de Córdoba, y desde 1530 con Pizarro en Perú, cofundó con Almagro Santiago de Quito (1534) y fundó Guayaquil (1535), Santiago de Cali y Popayán (1536). Participó en la batalla de Añaquito contra Gonzalo Pizarro.

BELATE → **VELATE.**

BELAU → **PALAOS.**

BELAÚNDE TERRY (Fernando), *Lima 1912-íd. 2002,* político y arquitecto peruano. Decano de la facultad de arquitectura de la Universidad católica de Lima (1943-1960), en 1956 fundó el partido Acción popular. Presidente (1963-1968), fue derrocado por el general Velasco Alvarado. Exiliado a EUA, volvió a su país (1975) y fue reelegido presidente (1980-1985).

BELBEL (Sergi), *Terrassa 1963,* dramaturgo español en lengua catalana. Autor de prestigio internacional (*Elsa Schneider,* 1988; *Morir,* 1995; *Forasteros,* 2004), destaca también como director teatral (*La posadera*) y de ópera (*Il viaggio a Reims*). [Premio nacional de literatura 1994 (teatro) y 1996 (literatura dramática).]

BELCEBÚ, divinidad cananea, príncipe de los demonios para los judíos y los cristianos.

BELCHITE, v. de España (Zaragoza); 1 643 hab. (*belchitanos*). Resultó muy dañada durante la guerra civil española (*batalla de Belchite,* ag.-sept. 1937).

BELÉM, ant. **Pará,** c. de Brasil, cap. del est. de Pará; 1 246 435 hab. Puerto en la desembocadura del Amazonas.

BELÉM, barrio de Lisboa. Torre fortificada junto al Tajo y monasterio de los Jerónimos, de estilo manuelino, fundado en 1496.

BELÉN, dep. de Argentina (Catamarca); 20 926 hab. Centro vitivinícola y textil.

BELÉN, en ár. **Bayt Lahm,** c. de Cisjordania, al S de Jerusalén; 24 100 hab. Patria de David, según los Evangelios allí nació Jesús.

BELÉN DE UMBRÍA, mun. de Colombia (Risaralda); 27 557 hab.

BELEÑO (Joaquín), *Panamá 1922,* escritor panameño. Periodista, narrador de la realidad sociopolítica de su país, su obra recoge la expresividad del habla popular: *Luna verde* (1951), *Los forzados de Gamboa* (1960), *Flor de banana* (1970).

BELFAST, c. de Gran Bretaña, cap. de Irlanda del Norte; 325 000 hab. Puerto. Centro comercial e industrial.

BELFEGOR o **BEELFEGOR,** divinidad moabita. Se le rendía un culto licencioso.

BELFORT, c. de Francia, cap. del Territorio de Belfort; 51 913 hab. Plaza fuerte durante la guerra franco prusiana (1870-1871).

BELFORT (Territorio de), dep. de Francia (Franco Condado); 609 km²; 137 408 hab.; cap. *Belfort.*

BELGAUM, c. de la India (Karnâtaka); 401 619 hab.

BÉLGICA, en fr. **Belgique,** en neerl. **België,** en alem. **Belgien,** estado federal de Europa, a orillas del mar del Norte; 30 500 km²; 10 511 000 hab. (*belgas*). CAP. *Bruselas.* C. PRALES. *Amberes, Lieja* y *Gante.* LENGUAS: *neerlandés, francés* y *alemán.* MONEDA: *euro.*

INSTITUCIONES

Monarquía constitucional hereditaria desde la constitución de 1831. La revisión constitucional de 1993 convirtió al país en un estado federal compuesto por 3 comunidades (francesa, flamenca y germanófona) y 3 regiones (Región flamenca, Región valona y Bruselas capital). El gobierno federal está dirigido por un primer ministro responsable ante el parlamento. Este se compone de 2 cámaras con idénticos poderes, elegidas cada 4 años por sufragio universal directo: la Cámara de representantes y el Senado.

GEOGRAFÍA

País de dimensiones reducidas, relieve moderado (se eleva hacia el SE y culmina a 694 m) y clima oceánico, suave y húmedo, es uno de los estados más densamente poblados del mundo (340 hab. por km² aprox.). Ello se debe a su historia y su estratégica posición geográfica, en el centro de la parte más dinámica del continente, la Europa del NO, y con apertura al mar del Norte. La magnitud de los intercambios económicos (las exportaciones representan cerca de la mitad del PIB) también se debe a la exigüidad del mercado interior, pero sobre todo al volumen y la naturaleza de la producción, y se incrementó con la integración en el Benelux y, después, en la UE.

La industria (siderurgia, metalurgia de transformación, química, agroalimentaria y textil) tiene ne sectores (industria pesada y textil) en crisis. La agricultura emplea pocos activos (2 %), pero es muy intensiva, y combina cereales, plantas industriales (remolacha) y ganadería bovina y porcina. Los servicios, diversificados (destacan los transportes), ocupan a más de dos tercios de la población activa, resultado (en gran medida) del alto índice de urbanización, de la densidad de una red urbana bien jerarquizada. La falta de crecimiento actual de la población no ha impedido el aumento del desempleo, uno de los mayores problemas junto con la magnitud de la deuda pública (superior al PIB) y a la persistencia del antagonismo entre flamencos (hoy mayoritarios) y valones, que se traduce en la existencia de una frontera lingüística y la estructura federal del estado.

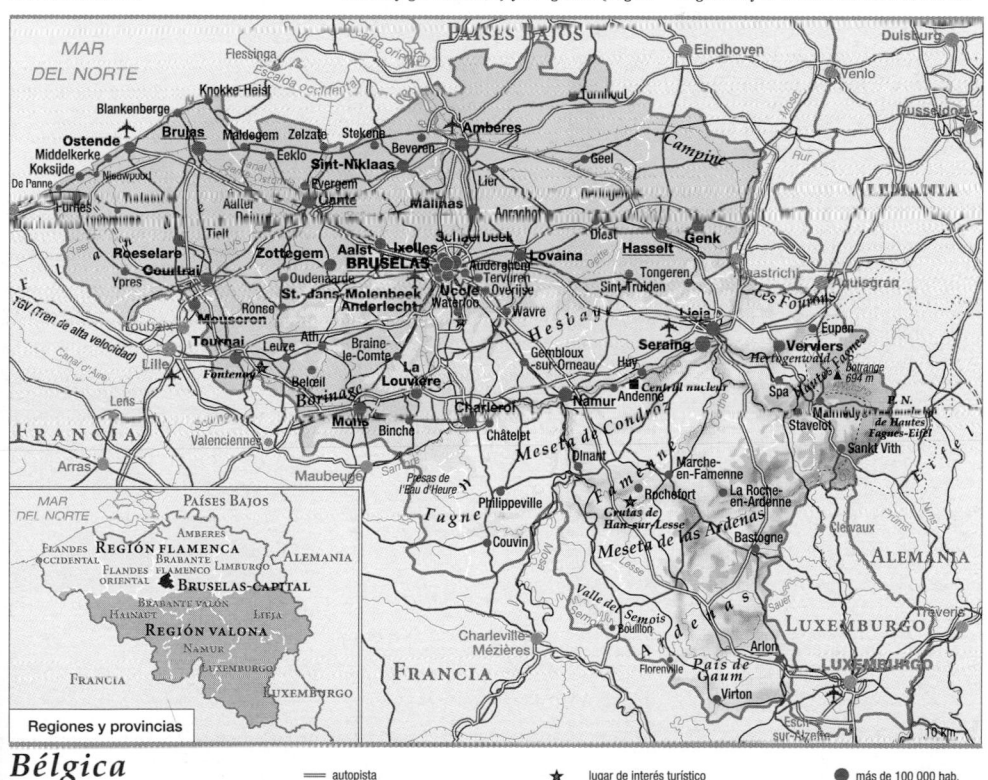

Bélgica

=== autopista	★ lugar de interés turístico
—— carretera	⋯⋯ límite de provincia
—— ferrocarril	**Brujas** capital de provincia
✈ aeropuerto	

0   100   200   500 m

● más de 100 000 hab.
● de 50 000 a 100 000 hab.
● de 10 000 a 50 000 hab.
● menos de 10 000 hab.

Regiones y provincias

HISTORIA

Desde los orígenes al dominio austriaco.
57-51 a.C.: la Galia Belga, celta, fue ocupada por César. **Ss. IV-VI:** invasión del N por los francos. **843:** el tratado de Verdún dividió el país entre Francia occidental (futura Francia) y Francia media (futura Lotaringia, unida al reino de Germania en 925). **Ss. IX-XV:** formación de principados y de centros comerciales en las ciudades (paños flamencos). **Ss. XIV-XV:** los «Países Bajos», en los que estaba integrada Bélgica, formaron un conjunto cada vez más unificado bajo el dominio de los duques de Borgoña.
La dominación de los Habsburgo. 1477: por la boda de María de Borgoña y Maximiliano de Austria, los Países Bajos pasaron a los Habsburgo. **1555-1556:** Felipe II de España accedió al trono. **1572:** su absolutismo y los excesos del duque de Alba provocaron la insurrección de los Países Bajos. **1579:** independencia de las siete provincias del N, que formaron las Provincias Unidas; las del S quedaron bajo soberanía española. **S. XVII:** las guerras de Luis XIV precisaron el marco territorial de Bélgica. **1713:** el tratado de Utrecht devolvió los Países Bajos españoles a la casa de Austria.
De la sublevación a la independencia. 1789: las reformas que quiso imponer el emperador José II provocaron una insurrección y la proclamación de la independencia (1790) de los Estados belgas unidos. **1795-1815:** Francia ocupó el país. **1815:** unificación de las futuras provincias belgas con las antiguas Provincias Unidas (reino de los Países Bajos, creado en provecho del conde Guillermo de Orange, Guillermo I). **1830:** los desaciertos del rey provocaron la secesión de las provincias belgas.
El reino de Bélgica. 1831: la conferencia de Londres reconoció la independencia de Bélgica, monarquía constitucional y hereditaria cuyo primer soberano fue Leopoldo I. **1865-1909:** con Leopoldo II, se sumó al desarrollo industrial la implantación en África. **1908:** el rey legó el Congo a Bélgica. **1909-1945:** bajo Alberto I (1909-1934) y Leopoldo III (1934-1951), Bélgica, neutral, fue ocupada por Alemania en las dos guerras mundiales.
Bélgica desde 1945. 1951: Leopoldo III, acusado de ambigüedad ante los alemanes, fue obligado a abdicar en favor de su hijo, Balduino I. En el plano internacional, Bélgica se adhirió a la ONU (1945), al Benelux (1948), a la OTAN (1949) y pasó a ser miembro de la CEE (1958). **1960:** independencia del Congo Belga. **1977:** bajo el gobierno de Léo Tindemans, el pacto de Egmont dividió Bélgica en tres regiones: Flandes, Valonia y Bruselas. **1979-1992:** Wilfried Martens dirigió el gobierno. Puso en marcha el proceso de descentralización. **1992:** Jean-Luc Dehaene se convirtió en primer ministro. **1993:** una revisión constitucional transformó la Bélgica unitaria en un estado federal con poderes descentralizados. Alberto II sucedió a su hermano Balduino I. **1999:** Guy Verhofstadt se convirtió en primer ministro. **2007:** los democristianos flamencos ganaron las elecciones, pero las divergencias entre flamencos y valones sobre el federalismo provocaron una grave crisis política. **2008:** Yves Leterme se convirtió en primer ministro (marzo), sin que se alcanzara un acuerdo sobre el porvenir del estado federal. Herman Van Rompuy lo reemplazó (dic.).
BELGOROD → BIÉLGOROD.
BELGRADO, en serbio **Beograd,** cap. de Serbia, en la confluencia del Danubio con el Sava; 1 687 000 hab. Centro comercial e industrial. — Museos. — Tras la ocupación otomana (1521-1867), se convirtió en capital de Serbia (1878), y más tarde del reino de los Serbios, Croatas y Eslovenos (1918), que en 1929 tomó el nombre de Yugoslavia. Al frente de una federación reducida en 1992 a Serbia y Montenegro, en 2006 volvió a ser capital solo de Serbia.
BELGRANO, lago de Argentina (Santa Cruz), junto a la frontera chilena, en los Andes; 67,34 km².
BELGRANO, dep. de Argentina (Santa Fe); 38 866 hab. Agricultura (frutas y cereales); ganadería.

■ GIOVANNI **BELLINI.** *Virgen con el niño entre san Juan Bautista y una santa* (h. 1505), pintura sobre madera (detalle). [Academia de Venecia.]

BELGRANO (Manuel), *Buenos Aires 1770-íd. 1820,* militar y político argentino. Independentista, participó en la primera junta de gobierno (1810) y fue el creador de la bandera argentina (1812). Derrotó a los realistas en Tucumán y Salta pero, vencido en el Alto Perú, tuvo que retirarse (1814) y marchó a Europa en misión diplomática. En 1816 dirigió el ejército del N, e intervino en la «guerra gaucha».
BELIAL, otro nombre de la potencia del mal en la Biblia y en el judaísmo.
BELICE, en ingl. **Belize,** hasta 1973 **Honduras Británica,** estado de América Central, en el Caribe; 23 000 km²; 240 709 hab. CAP. *Belmopan.* C. PRAL. *Belice* (44 000 hab.). LENGUA: *inglés.* MONEDA: *dólar de Belice.* (V. mapa de **Guatemala.**) Caña de azúcar y agrios. Turismo.

HISTORIA
Habitado por los mayas, en la segunda mitad del s. XVI perteneció al virreinato de Nueva España. España concedió licencia de establecimiento a los ingleses en 1713. Fue reclamado por México y, tras su independencia, por Guatemala. Gran Bretaña lo erigió en colonia (1862-1964). En 1981 accedió a la independencia, que Guatemala reconoció en 1991. Es miembro de la Commonwealth. El país ha visto la alternancia en el poder del Partido de unidad popular, formación socialdemócrata encabezada por el carismático líder de la independencia George Price, y del Partido democrático unido de Manuel Esquivel, conservador.
BÉLINSKI → BIELINSKI.
BELISARIO, en *Tracia h. 500-Constantinopla 565,* general bizantino. Bajo Justiniano, fue el artífice de las reconquistas a los vándalos en África (533), Sicilia (535) e Italia, donde también combatió contra los ostrogodos (537-538).
BELITUNG o **BILLITON,** isla de Indonesia, entre Sumatra y Borneo. Estaño.
BELL (Alexander Graham), *Edimburgo 1847-cerca de Baddeck, Canadá, 1922,* ingeniero estadounidense de origen británico. Tras idear un aparato para sordos que traducía las vibraciones acústicas a oscilaciones eléctricas, patentó el teléfono (1876) y fundó la empresa de telecomunicaciones AT&T.
BELL (sir Charles), *Edimburgo 1774-North Hallow 1842,* fisiólogo británico. Se le conoce por sus investigaciones sobre el sistema nervioso.
BELL (Daniel), *Nueva York 1919,* sociólogo estadounidense. Ha analizado la evolución social moderna (*El advenimiento de la sociedad postindustrial,* 1973).
BELLA CHELITO (Consuelo **Portella,** llamada **la**), *Placetas, Cuba, 1880-Madrid 1960,* canzonetista española. Dio a conocer en España la rumba cubana.
bella durmiente del bosque (La), personaje de un cuento de Perrault (1697). Se trata de una joven princesa a quien un hada sume en un sueño de cien años, del que solo la saca el beso de un príncipe. — Inspiró el ballet de Marius Petipa sobre música de Chaikovski (1890),

y, en 1959, una película de dibujos animados producida por los estudios Disney.
BELLA OTERO (Carolina **Rodríguez,** llamada **la**), *Puente Valga, Pontevedra, 1868-Niza 1965,* bailarina española. Triunfó en Europa, sobre todo en París, y alternó con la alta sociedad.
BELLARY, c. de la India (Karnátaka); 245 758 hab.
BELLA VISTA, dep. de Argentina (Corrientes), en la or. izq. del Paraná, 31 014 hab.
BELLAVISTA, mun. de Perú (Piura); 42 318 hab. Cultivos de algodón.
BELLAY (Joachim du), *cerca de Liré 1522-París 1560,* poeta francés. Colaborador de Ronsard, fue el autor del manifiesto de la Pléyade, *Defensa e ilustración de la lengua francesa* (1549). De su poesía destacan *Las añoranzas* (1558).
BELLI (Carlos Germán), *Chorrillos 1927,* poeta peruano. Su obra, influida por el surrealismo, reúne arcaísmos y barroquismos: *¡Oh hada cibernética!* (1962), *En alabanza del bolo alimenticio* (1979), *La miscelánea íntima* (2003). [Premio Neruda 2006.]
BELLIDO DOLFOS → VELLIDO ADOLFO.
BELLINI (Giovanni), *h. 1430-Venecia 1516,* pintor italiano. Consolidó la escuela veneciana mediante un sentido nuevo de la organización espacial, la luz y el color. Su padre, **Jacopo** (h. 1400-1470), y su hermano **Gentile** (1429-1507) también fueron pintores.
BELLINI (Vincenzo), *Catania 1801-Puteaux, Francia, 1835,* compositor italiano. Sus óperas (*La Sonnambula,* 1831; *Norma,* 1831) manifiestan su talento melódico y su lirismo.
BELLMAN (Carl Michael), *Estocolmo 1740-íd. 1795,* poeta sueco. Es autor de poemas populares e idílicos (*Epístolas de Fredman,* 1790).
BELLMER (Hans), *Kattowitz, act. Katowice, Polonia, 1902-París 1975,* artista alemán. Su erotismo exacerbado sedujo a los surrealistas (dibujos, grabados, pinturas, esculturas, assemblages [*Muñeca,* distintas versiones], fotos).
BELLO, ant. **Hato Viejo,** mun. de Colombia (Antioquia); 212 861 hab. Industria textil.
BELLO (Andrés), *Caracas 1781-Santiago de Chile 1865,* humanista y político venezolano. Poeta, filólogo y legislador, fue el pionero de la instrucción en la América liberada. Ejerció como profesor de derecho romano y fundó la Universidad de Chile (1842). En el plano político, arbitró entre EUA y Ecuador (1864) y entre Perú y Colombia (1865). Su obra principal, **Gramática de la lengua castellana* (1847), muestra su preocupación por la conservación de la unidad de la lengua. Sus poemas *Alocución a la poesía* (1823) y la silva *A la agricultura de la zona tórrida* (1826) anticiparon el romanticismo nativista americano. También destacan *Principios de derecho de gentes* (1832), *Filosofía del entendimiento* (1843) y el *Código civil para la república de Chile* (1852).

■ ANDRÉS **BELLO**   ■ JACINTO **BENAVENTE**

BELLONI (José Leoncio), *Montevideo 1882-íd. 1965,* escultor uruguayo. Realizó grupos escultóricos y monumentos (*La carreta,* 1929, parque Ordóñez, Montevideo).
BELLOW (Saul), *Lachine, Canadá, 1915-Brookline, Massachusetts, 2005,* escritor estadounidense. Sus novelas convierten las vicisitudes de la comunidad judía norteamericana en un modelo de las angustias y del destino humanos (*Las aventuras de Augie March,* 1953; *Herzog,* 1964; *El legado de Humboldt,* 1975; *Ravelstein,* 2000). [Premio Nobel 1976.]

BELLUGA (Luis Antonio **de Moncada y**), *Motril 1662-Roma 1743*, eclesiástico y político español. Obispo de Cartagena (1705), apoyó a Felipe V en la guerra de Sucesión, pero se opuso a su política regalista. Fracasó en sus intentos de reforma canónica.

BELMONDO (Jean-Paul), *Neuilly-sur-Seine 1933*, actor francés, lanzado con la *nouvelle vague* (*Al final de la escapada*, J.-L. Godard, 1960).

BELMONTE, v. de España (Cuenca); 2 445 hab. (*belmonteños*). Murallas; castillo del marqués de Villena (1456); colegiata de San Bartolomé.

BELMONTE (Juan), *Sevilla 1892-Utrera 1962*, matador de toros español. Formó con Joselito una de las más famosas parejas del toreo. Destacó en la verónica, el molinete, el pase natural y el de pecho. Fue también rejoneador.

BELMOPÁN, cap. de Belice; 5 000 hab.

BELO HORIZONTE, c. de Brasil, cap. de Minas Gerais; 2 048 861 hab. Centro industrial.

BELONA, diosa itálica de la guerra.

BELT (**Gran**) y **PEQUEÑO BELT**, nombre de dos estrechos daneses: uno entre las islas de Fionia y Sjaelland, y otro entre Fionia y Jutlandia. Prolongados por el Cattegat y el Skagerrak, comunican los mares Báltico y del Norte.

BELTRÁN (Enrique), *México 1903-1994*, biólogo mexicano. Especialista en el estudio, manejo y conservación de los recursos naturales, área en la que fue pionero, fundó (1952) y dirigió el Instituto mexicano de recursos naturales renovables. También fue fundador, en 1964, de la Sociedad mexicana de historia de la ciencia y la tecnología.

BELTRÁN (Lucila, llamada Lola), *Rosario 1932-México 1996*, cantante mexicana, intérprete de música mariachi (*Cucurrucucú Paloma; Cielito lindo*) y actriz de cine (*Camino de la horca*, 1962; *La bandida*, 1963).

BELTRÁN MASSÉS (federico Armando), *Güira de Melena, Cuba, 1885-Barcelona 1949*, pintor español. Discípulo de Sorolla, destacó en el retrato.

BELTRANEJA (la) → **JUANA DE CASTILLA**.

BELUCHISTÁN → **BALUCHISTÁN**.

Belvedere, pabellón del Vaticano construido bajo los papas Inocencio VIII y Julio II. Alberga una colección de esculturas antiguas (**Laoconte; Apolo del Belvedere; Torso del Belvedere*).

BELYI → **BIELYI**.

BEŁZEC, c. de Polonia, al SE de Lublin. Campo de exterminio alemán (1942-1943), donde murieron 600 000 judíos.

BELZÚ (Manuel Isidro), *La Paz 1811-íd. 1865*, general y político boliviano. Levantó a los indios y mestizos contra la aristocracia criolla. Presidente (1848-1855), hizo frente a unos cuarenta movimientos para derrocarlo.

BEMBÉZAR, r. de España, afl. del Guadalquivir (or. der.); 126 km. Embalse y central hidroeléctrica (15 120 kW).

BEMBO (Pietro), *Venecia 1470-Roma 1547*, cardenal y humanista italiano. Codificó las reglas gramaticales y estéticas de la lengua literaria italiana.

BENACERRAF (Baruj), *Caracas 1920*, médico venezolano, nacionalizado estadounidense. Estudió la regulación genética del sistema inmunológico y la producción de anticuerpos de cada organismo ante los mismos antígenos o cuerpos extraños. (Premio Nobel 1980.)

BENALCÁZAR → **BELALCÁZAR**.

BEN ALÍ (Zine el-Abidine **Bin 'Alí**, *Hammam-Sousse 1936*, político tunecino. Se convirtió en presidente de la república tras la destitución de Burguiba (1987), y ha sido reelegido varias veces desde entonces.

BENALMÁDENA, v. de España (Málaga); 31 964 hab. (*benalmadeneros* o *benalmadenos*). Centro turístico.

BENARÉS o **VĀRĀNASI**, c. de la India (Uttar Pradesh), junto al Ganges; 1 026 467 hab. Una de las siete ciudades santas del hinduismo, también es sagrada para los budistas en recuerdo de los primeros sermones que pronunció Buda en ella.

BENASQUE (Valle de), comarca de España (Huesca), en los Pirineos centrales. Ibones. Turismo. Estación de deportes de invierno en Cerler. *Puerto de Benasque* (2 448 m de alt.), en la frontera francoespañola.

BENAVENTE, c. de España (Zamora), cab. de p. j.; 16 763 hab. Restos de murallas; torre del Caracol (s. XVI); iglesias románicas de San Juan del Mercado y Santa María del Azogue.

BENAVENTE (Jacinto), *Madrid 1866-íd. 1954*, dramaturgo español. Su teatro, costumbrista y apartado de las vanguardias europeas, adquirió fama entre la burguesía a la que criticaba, y abarca desde la alta comedia (*Rosas de otoño*, 1905) hasta la tragedia rural (*Señora ama*, 1908; *La malquerida*, 1913) y la imitación de la commedia dell'arte (*Los *intereses creados*, 1907). [Premio Nobel 1922.]

BENAVIDES (Óscar Raimundo), *Lima 1876-íd. 1945*, general y político peruano. Presidente de la república en 1914-1915 (provisional) y 1933-1939, gobernó dictatorialmente y reprimió el aprismo.

BENAVIDES (Vicente), *Quirihue 1777-Santiago 1822*, militar chileno. Luchó alternativamente con los patriotas y con el ejército realista. Encabezó unas bandas de indios y hacendados partidarios de España. Fue ahorcado por traición por los independentistas.

BEN BELLA (Ahmed), *Maghnia 1916*, político argelino. Uno de los dirigentes de la insurrección de 1954, encarcelado en Francia de 1956 a 1962, fue el primer presidente de la república argelina (1963-1965). Fue derrocado por Bumedián y encarcelado hasta 1980, fecha en que se exilió. Volvió a la política en 1990.

BENDER → **TIGHINA**.

BENE (Carmelo), *Campi 1937-Roma 2002*, hombre de teatro, cineasta y escritor italiano. Esteticismo barroco y provocación definieron su trabajo como actor y de adaptación de sus textos al cine o el teatro.

BENEDEK (Ludwig **von**), *Odenburg, act. Sopron, 1804-Graz 1881*, general austriaco. Fue vencido en 1866 en Sadowa.

BENEDETTI (Mario), *Paso de los Toros 1920-Montevideo 2009*, escritor uruguayo. Comprometido con la izquierda, su primera producción (*Quién de nosotros*, 1953; *El reportaje*, 1958; *Montevideanos*, 1959; *Ida y vuelta*, 1963) refleja la condición socioeconómica de Uruguay. Desde finales de la década de 1960, su obra, menos política, tiene como objeto la situación de América Latina e incluye ensayos (*El escritor latinoamericano y la revolución posible*, 1974), cuentos (*Con y sin nostalgia*, 1977; *Geografías*, 1984), novelas (*La tregua*, 1960; *Gracias por el fuego*, 1966), poesía (*Poemas de la oficina*, 1956; *Las soledades de Babel*, 1991) y teatro (*Pedro y el capitán*, 1979) [Premios: José Martí 2001; Menéndez Pelayo 2005.] (Academia nacional de letras 2003.)

BENEDETTI MICHELANGELI (Arturo), *Orzinuovi 1920-Lugano 1995*, pianista italiano. Buscó sonoridades densas y personales.

BENEDICTO XI (Niccolò Boccasini), *cerca de Treviso 1240-1304*, papa de 1303 a 1304. Perdonó a Felipe IV el Hermoso de Francia, pero excomulgó a Guillermo de Nogaret. — **Benedicto XII** (Jacques **Fournier**), *Saverdun, Foix-Ariège 1342*, papa de 1334 a 1342. Se esforzó en reformar la Iglesia y en restablecer la paz entre Francia e Inglaterra. Emprendió la cons-

trucción del palacio de los papas en Aviñón. — **Benedicto XIII** (Pedro **Martínez de Luna**), llamado **el Papa Luna**, *Illueca 1328-Peñíscola 1424*, antipapa de obediencia aviñonesa (1394-1424). Apoyó la elección de Clemente VII, que originó el cisma de occidente, y fue su sucesor. Se negó a abdicar tras ser depuesto en 1417 y se refugió en España. — **Benedicto XIII** (Pierfrancesco **Orsini**), *Gravina, reino de Nápoles, 1649-Roma 1730*, papa de 1724 a 1730, implicado en la querella jansenista. — **Benedicto XIV** (Próspero **Lambertini**), *Bolonia 1675-Roma 1758*. Canonista eminente, durante su pontificado (1740-1758) se fijó el ritual de las beatificaciones y canonizaciones. — **Benedicto XV** (Giacomo **della Chiesa**), *Génova 1854-Roma 1922*, papa de 1914 a 1922. Durante la primera guerra mundial hizo proposiciones de paz (1917). Dio un nuevo impulso a las misiones y publicó el código de derecho canónico (1917). — **Benedicto XVI** (Joseph **Ratzinger**), *Marktl am Inn, Baviera, 1927*, papa desde 2005. Arzobispo de Munich y cardenal (1977), prefecto de la Congregación romana para la doctrina de la fe (1981-2005), impuso el estricto respeto de la tradición. Colaborador cercano de Juan Pablo II, lo sucedió en 2005.

■ **MARIO BENEDETTI**   ■ **BENEDICTO XVI**

BENEDITO (Manuel), *Valencia 1875-Madrid 1963*, pintor español. Discípulo de Sorolla, realizó retratos, naturalezas muertas y desnudos de un impresionismo luminista.

Benelux (de *Belgique, Nederland, Luxembourg*), unión monetaria y aduanera. Firmada en Londres, en 1943 y 1944, por Bélgica, Países Bajos y Luxemburgo, en 1958 fue ampliada como unión económica.

BENEŠ (Eduard), *Kožlany 1884-Sezimovo-Ústí 1948*, político checoslovaco. Fue ministro de asuntos exteriores y presidente de la república (1935-1938 y 1945-1948).

BENET (Juan), *Madrid 1927-íd. 1993*, escritor español. En una línea renovada y experimental, sus novelas se sitúan en Región, país mítico que es un paralelo de la España contemporánea: *Volverás a Región* (1968); *Saúl ante Samuel* (1980); *Herrumbrosas lanzas I, II y III* (1983, 1984 y 1986). También escribió relatos, ensayos y piezas teatrales.

BENEVENTO, c. de Italia (Campania), cap. de prov.; 62 683 hab. Monumentos antiguos y medievales. — Pirro II fue vencido en ella por los romanos (275 a.C.).

BENGALA, región del E de la península india. Está dividida en la república de la India (estado de *Bengala Occidental*, 88 700 km²; 67 982 732 hab.; cap. *Calcuta*) y Bangla Desh. Superpoblada, produce arroz y yute. — Conquistada por los musulmanes a fines del s. XII, pasó bajo dominación británica a partir de 1757. En 1947, Bengala Occidental fue anexionada a la Unión India y Bengala Oriental (Dacca) se convirtió en el Pakistán Oriental, act. Bangla Desh.

BENGALA (golfo de), golfo del océano Índico, entre la India, Bangla Desh y Birmania.

BENGAZI, c. de Libia, en Cirenaica; 485 000 habitantes.

BENGBU, c. de China (Anhui); 449 000 hab.

BENGKULU, c. de Indonesia, en el SO de Sumatra, a orillas del océano Índico; 170 183 hab.

BENGUELA, c. de Angola, a orillas del Atlántico; 155 000 hab. Puerto.

■ **BENARÉS.** Peregrinos hinduistas purificándose en el Ganges.

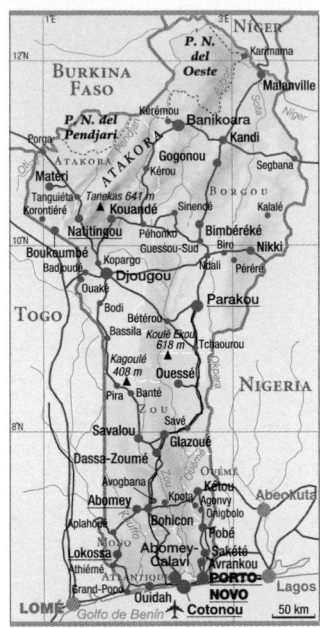

Benín

— carretera   límite de departamento

Cotonou   capital de departamento

— ferrocarril   ● más de 500 000 hab.

✈ aeropuerto   ● de 100 000 a 500 000 hab.

100   300   500 m   ● de 50 000 a 100 000 hab.

● menos de 50 000 hab.

BENGUELA (corriente de), corriente marina fría del Atlántico meridional. Remonta hacia el ecuador a lo largo de la costa de África.

BENGUEREL (Xavier), *Barcelona 1905-íd. 1990,* escritor español en lengua catalana. Sus novelas reflejan una preocupación metafísica y religiosa (*Icària, Icària...,* 1974). Sus poemas están recogidos en *Aniversari* (1987).

BENGUEREL (Xavier), *Barcelona 1931,* compositor español. Perteneciente a la generación del 51, su obra, vanguardista, abarca todos los géneros (*Cantata d'amic e amat,* 1959).

BEN GURIÓN (David), *Plońsk, Polonia, 1886-Tel-Aviv 1973,* político israelí. Uno de los fundadores del estado de Israel, fue jefe del gobierno de 1948 a 1953 y de 1955 a 1963.

Ben Gurión, aeropuerto de Tel-Aviv-Jaffa.

BENI, r. de Bolivia; 1 600 km. Unido al Mamoré en la frontera brasileña, forma el Madeira.

BENI (departamento de), dep. de Bolivia, en la transición entre la Amazonia y el Chaco; 213 564 km²; 251 390 hab.; cap. *Trinidad.*

BENICARLÓ, c. de España (Castellón); 19 908 hab. (*benicarlandos* o *benicarlonenses*). Puerto. Centro industrial. Turismo.

BENICÀSSIM, v. de España (Castellón); 6 151 hab. Turismo. Aguas termales. – Festival musical (FIB).

BENIDORM, v. de España (Alicante); cab. de p. j.; 54 321 hab. (*benidormenses*). Centro turístico (playas).

BENI-MELLAL, c. de Marruecos, en la llanura del Tadla; 95 000 hab.

BENIMERINES o **MARINÍES,** dinastía beréber que reinó en Marruecos de 1269 a 1465. El soberano más importante fue Abu-l-Hasan ʾAlī (1331-1351), vencido por los cristianos en la batalla del Salado (Cádiz, 1340).

BENÍN, ant. reino de la costa del golfo de Guinea (act. Nigeria). Fundado hacia 1300 por un príncipe de Ife, entre los ss. XIV y XVII dominó la región entre el delta del Níger y Lagos con el *oba* (rey) Eware. Obtuvo su fortuna del comercio con los portugueses (esclavos, marfiles).

Protectorado británico en 1892, en 1897 se integró en la colonia de Nigeria. – Su apogeo (s. XVII) queda atestiguado en bronces influidos por el arte de *Ife y marfiles esculpidos.

BENÍN, ant. **Dahomey,** estado de África occidental, junto al *golfo de Benín*; 113 000 km²; 5 600 000 hab. (*benineses*). CAP. *Porto-Novo.* C. PRAL. *Cotonou.* LENGUA: *francés.* MONEDA: *franco CFA.*

GEOGRAFÍA

Al S, ecuatorial y parcialmente boscoso, se opone el N, tropical y recubierto de sabanas. La mandioca es la base de la alimentación; el aceite de palma, el algodón y el maní son los principales productos de exportación, que pasan por el puerto de Cotonou, principal ciudad.

HISTORIA

Una migración adja-fon procedente de Tado (act. Togo) dio origen a la creación del reino de Allada (¿s. XVI?), del que surgieron los reinos de Porto-Novo y Abomey. Este último (el Dan Homé o Dahomey) conquistó hacia 1720 el puerto de Ouidah, que le dio acceso al comercio atlántico. **S. XIX:** Dahomey pasó de la trata de esclavos al comercio del aceite de palma. Aumentó la influencia francesa a pesar de los esfuerzos del rey Glé-Glé y de su hijo Béhanzin, hecho prisionero en 1894. **S. XX:** colonia incluida en el África Occidental Francesa (1895), territorio de ultramar (1946) y miembro de la Communauté (1958), se convirtió en república independiente en 1960. Dirigido desde 1972 por Mathieu Kérékou, creador de un régimen marxista-leninista, Dahomey se convirtió en 1975 en República popular de Benín. **1990:** inicio de un proceso de democratización (nueva constitución que instauraba un régimen presidencial). **1991:** Nicéphore Soglo accedió al frente del estado. **1996:** vencedor de las elecciones presidenciales, M. Kérékou dirigió de nuevo el país. **2006:** Thomas Boni Yayi lo sucedió.

BENÍN (golfo de), parte del golfo de Guinea, al O del delta del Níger.

BENIN CITY, c. del S de Nigeria; 207 000 hab.

BENÍTEZ (Fernando), *México 1912-íd. 2000,* escritor mexicano. Es autor de ensayos históricos (*La vida criolla en el siglo XVI,* 1953), relatos y novelas (*El agua envenenada,* 1961) centrados en la vida de los indios de su país.

BENÍTEZ ROJO (Antonio), *La Habana 1931-Northampton, EUA, 2005,* escritor cubano. Es autor de cuentos (*Tute de reyes,* 1967), novelas (*El mar de las lentejas,* 1979; *Mujer en traje de batalla,* 2001) y ensayos (*La isla que se repite,* 1998) centrados en la realidad de su país.

BENITO de Aniano (san), *h. 750-821,* benedictino francés. Fundador de la abadía de Aniano, renovó la regla benedictina.

BENITO de Nursia (san), *Nursia h. 480-Montecassino d. 547,* patriarca y legislador del monaquismo cristiano de occidente. De familia noble romana, se retiró a la soledad de Subiaco. Hacia 529 fundó el monasterio de Montecassino, cuna de la orden de los benedictinos.

BENITO JUÁREZ, ant. **Juárez,** partido de Argentina (Buenos Aires); 20 502 hab. Vacunos.

BENITO JUÁREZ, delegación de México (Distrito Federal), en la aglomeración de la ciudad de México; 544 882 hab.

Benito Juárez, aeropuerto internacional de la ciudad de México.

BENJAMÍN, personaje bíblico. Último de los doce hijos de Jacob (el segundo que tuvo con Raquel, su segunda esposa), fundó la tribu de los benjaminitas en el S de Palestina.

BENJAMIN (Walter), *Berlín 1892-cerca de Portbou, España, 1940,* escritor y filósofo alemán, autor de ensayos de historia y crítica en la línea de la escuela de Frankfurt (*La obra de arte en la época de su reproductibilidad técnica,* 1936).

BEN JELLOUN (Tahar), *Fez 1944,* escritor marroquí en lengua francesa. Su enfoque autobiográfico ha ido enriqueciéndose con personajes marginales y desarraigados (*La noche sagrada,* 1987; *Sufrían por la luz,* 2001).

BENLLIURE, familia de artistas españoles de los ss. XIX-XX. — **José B.,** *Cañamelar, Valencia, 1855-Valencia 1937.* Influido por Fortuny, pintó obras religiosas y costumbristas. — **Juan Antonio B.,** *Valencia 1859-Madrid 1930.* Hermano

de José, realizó pintura de historia. — **Mariano B.,** *El Grao 1862-Madrid 1947.* Escultor, realizó numerosos monumentos, mausoleos, imaginería religiosa, retratos y grupos escultóricos de un realismo efectista.

BENN (Gottfried), *Mansfeld 1886-Berlín 1956,* escritor alemán. Influido al principio por Nietzsche (*Morgue,* 1912) y por el nacional-socialismo, buscó en el lirismo la solución a sus problemas como hombre y escritor (*Poemas estáticos,* 1948; *Doble vida,* 1950, autobiografía).

BENNASSAR (Bartolomé), *Nîmes 1929,* hispanista francés, especialista en los siglos XVI y XVII (*Los españoles: actitudes y mentalidades desde el siglo XVI al XIX,* 1975; *La España del siglo de oro,* 1982; *El conquistador de lo imposible,* 2000).

BENNETT (James Gordon), *New Mill, Gran Bretaña, 1795-Nueva York 1872,* periodista estadounidense. En 1835 fundó el *New York Herald* (*New York Herald Tribune* de 1924 a 1966).

BENNETT (Richard Bedford), *Hopewell 1870-Mickleham, Gran Bretaña, 1947,* político canadiense. Fue líder del partido conservador (1927-1938) y primer ministro (1930-1935).

BEN NEVIS, punto culminante de Gran Bretaña, en los Grampianos (Escocia); 1 344 m.

BENONI, c. de Sudáfrica, cerca de Johannesburgo; 207 000 hab. Minas de oro.

BENQI → **BENXI.**

BENTHAM (Jeremy), *Londres 1748-íd. 1832,* filósofo y jurisconsulto británico. Su moral utilitaria se basa en el cálculo del placer en relación con el dolor. Es autor de un importante proyecto sobre arquitectura de las cárceles.

BENTIVOGLIO, familia principesca italiana, soberana de Bolonia en los ss. XV y XVI.

BENUE o **BÉNOUÉ,** r. de Camerún y Nigeria, afl. del Níger (or. izq.); 1 400 km. (Reserva de la biosfera 1981.)

BENVENISTE (Émile), *Alepo, Siria, 1902-Versalles 1976,* lingüista francés. Es autor de trabajos sobre el indoeuropeo, así como de lingüística general.

BENXI o **BENQI,** c. de China (Liaoning); 769 000 hab. Metalurgia.

BEN YEHUDA (Eliezer Perelman, llamado Eliezer), *Lushki, Lituania, 1858-Jerusalén 1922,* escritor y lexicógrafo judío. Inició el *Gran diccionario de la lengua hebrea antigua y moderna,* origen del renacimiento del hebreo.

BENZ (Carl), *Karlsruhe 1844-Ladenburg 1929,* ingeniero alemán. En 1878 construyó un motor de gas de dos tiempos, y en 1886 patentó su primer automóvil: un triciclo con motor de gasolina.

BEOCIA, región de la antigua Grecia, al NE del golfo de Corinto, cuyo centro principal era Tebas. Gracias a Epaminondas, impuso su hegemonía sobre Grecia de 371 a 362 a.C.

■ SAN **BENITO DE NURSIA.** «Dama ofreciendo el pan envenenado a san Benito», detalle de los frescos (finales del s. XIII) del monasterio de Subiaco (Italia).

Beovulfo o **Beowulf,** héroe legendario del *Lai de Beowulf,* poema épico anglosajón en dos partes (ss. VIII-X). Caballero perfecto, mata al monstruo Grendel y a la madre de este, pero envejece y no sobrevive a la victoria contra un dragón.

BERASATEGUI (Martín), *San Sebastián 1960*, cocinero español. Chef de Martín Berasategui en Lasarte (Guipúzcoa) y otros restaurantes en el País Vasco, ha enriquecido el recetario tradicional vasco con nuevas técnicas y cocciones y el equilibrio entre productos.

BERAZATEGUI, partido de Argentina (Buenos Aires), en el Gran Buenos Aires; 243 690 hab.

BERBEO (Juan Francisco), *Socorro 1739-1795*, comunero de Nueva Granada. Comandante de los comuneros, tras su derrota colaboró con los españoles, que lo nombraron corregidor.

BERBERA, c. de Somalia; 65 000 hab. Puerto.

BERBERATI, c. de la República Centroafricana; 45 000 hab.

BERBERÍA o **PAÍS DE LOS BEREBERES**, nombre que se daba a las regiones de África del Norte situadas al O de Egipto (Libia y Magreb).

BERBEROVA (Nina Nikolaievna), *San Petersburgo 1901-Filadelfia 1993*, escritora rusa nacionalizada estadounidense. Sus novelas (*La acompañante*, 1928) narran la vida de los emigrados. También ha escrito biografías (*Chaikovski*, 1936) y su autobiografía (*Nina Berberova*, 1969).

BERCEO (Gonzalo de), *¿Berceo?, La Rioja, h. 1196-íd. d. 1252*, poeta español. Primer representante del mester de clerecía, su obra, marcada por el sentimiento religioso y la intención didáctica, se nutre de fuentes latinas en prosa: vidas de santos (*Vida de santo Domingo, Vida de san Millán y Vida de santa Oria*), obras marianas (**Milagros de Nuestra Señora*) y de tipo religioso en general. En su poesía se produce una conjunción de la tradición culto-eclesiástica con una lengua llena de rasgos dialectales y populares, donde lo coloquial alcanza un rasgo artístico.

BERCHEM o **BERGHEM** (Nicolaes), *Haarlem 1620-Amsterdam 1683*, pintor holandés. Se hizo célebre por sus paisajes italianizantes, en los que sobresalen los contrastes de luz.

BERCHTESGADEN, c. de Alemania (Baviera), en los Alpes bávaros; 8 016 hab. Casas y monumentos antiguos. Residencia de Hitler (el «nido de águilas»).

BERD → **Banco europeo para la reconstrucción y el desarrollo.**

BERENGARIO I, *m. en Verona 924*, rey de Italia (888-924) y emperador de occidente (915-924). Fue vencido en Piacenza por Rodolfo II de Borgoña. — **Berengario II**, *m. en Bamberg 966*, rey de Italia (950-961). Nieto de Berengario I, fue destronado por Otón I el Grande (961).

BERENGUELA, *Segovia o Burgos 1181-monasterio de las Huelgas, Burgos, 1246*, reina de León (1197-1204), regente (1214) y reina de Castilla (1217). Abdicó a favor de su hijo Fernando III, a quien hizo reconocer como rey de León a la muerte de Alfonso IX.

BERENGUELA BERENGUER, *Barcelona 1108-Palencia 1149*, reina de Castilla y León (1128-1149), hija de Ramón Berenguer III, conde de Barcelona, y esposa de Alfonso VII de Castilla, con el que colaboró en el gobierno del reino.

BERENGUER (Dámaso), *San Juan de los Remedios, Cuba, 1878-Madrid 1953*, militar y político español. Alto comisario de Marruecos, se le responsabilizó del desastre de Annual. Fue jefe del gobierno de España (1930-1931).

BERENGUER (Luis), *El Ferrol 1923-San Fernando 1979*, novelista español. Su prosa constituye una elegía de costumbres y personajes caducos: *Marea escorada* (1969); *Leña verde* (1973).

BERENGUER RAMÓN I el Curvo, *h. 1006-Barcelona 1035*, conde de Barcelona, Gerona y Ausona (1017-1035). Reinó bajo la tutela de su madre Ermessenda hasta 1023.

BERENGUER RAMÓN II el Fratricida, *1053-en Palestina h. 1097*, conde de Barcelona, Gerona y Ausona (1076-1096). Asesinó a su hermano Ramón Berenguer II, con quien debía cogobernar.

BERENICE, *s. i a. C.*, princesa judía. Tras el sitio de Jerusalén, Tito se la llevó a Roma (70), pero renunció a casarse con ella por disgustar al pueblo romano. — Inspiró las tragedias *Berenice* (1670) de Racine y *Tito y Berenice* (1670) de Corneille.

BERENSON (Bernard), *cerca de Vilnius, Lituania, 1865-Settignano, Italia, 1959*, historiador del arte estadounidense. Se especializó en la pintura italiana del s. XIII al renacimiento.

BEREZINÁ, r. de Bielorrusia, afl. del Dniéper (or. der.); 613 km. Paso del ejército napoleónico en retirada (1812).

BEREZNIKÍ, c. de Rusia, en los Urales; 201 000 hab. Tratamiento de la potasa.

BERG (ducado de), ant. estado de Alemania, en la or. der. del Rin. Cap. Düsseldorf. Creado en 1101, a partir de 1806 fue un gran ducado de la Confederación del Rin, hasta que se convirtió en provincia prusiana (1815).

BERG (Alban), *Viena 1885-íd. 1935*, compositor austriaco. Discípulo de Schönberg, fue uno de los pioneros del dodecafonismo serial, y autor de las óperas *Wozzeck* (1925) y *Lulú* (inacabada, estrenada en 1937).

BERGADÁ (Guillem de), *h. 1143-h. 1192/1196*, trovador catalán en lengua provenzal. Señor feudal, compuso versos fáciles, de contenido grosero y con tonadas sencillas, contra sus enemigos.

BERGAMÍN (José), *Madrid 1895-San Sebastián 1983*, escritor español. Neocatólico de espíritu paradójico con tendencia al aforismo y al juego conceptista, escribió ensayos (*El cohete y la estrella*, 1923; *Disparadero español*, 1936-1940; *Fronteras infernales de la poesía*, 1957), poesía (*La claridad desierta*, 1973; *Esperando la mano de nieve*, 1982) y teatro.

BÉRGAMO, c. de Italia (Lombardía), cap. de prov., junto a los Alpes; 115 655 hab. Iglesia de Santa María Maggiore (ss. XII-XVI) y otros monumentos. Pinacoteca de la academia Carrara.

BERGANZA (Teresa), *Madrid 1936*, mezzosoprano española. En 1956 inició una brillante carrera internacional, con obras de Mozart, Monteverdi, Purcell, Rossini, Bizet, Mussorgsky y Falla. (Premio nacional de música 1996.)

■ TERESA **BERGANZA**
■ INGRID **BERGMAN** en 1946.

BERGARA → **VERGARA**.

BERGEN, c. de Noruega, junto al Atlántico; 216 066 hab. Puerto. Monumentos; museos.

Bergen-Belsen, campo de concentración alemán abierto en 1943, a 65 km de Hannover. Llegó a tener 75 000 reclusos.

BERGEN OP ZOOM, c. de Países Bajos (Brabante Septentrional); 46 900 hab. Monumentos antiguos. — Resistió varios asedios de los españoles entre 1581-1605 y en 1622, pero fue tomada por los franceses en 1747 y 1795.

BERGER PERDOMO (Óscar), *Guatemala 1946*, político guatemalteco. Conservador, fue presidente de la república de 2004 a 2008.

BERGISCH GLADBACH, c. de Alemania (Rin del Norte-Westfalia), al E de Colonia; 104 037 hab.

BERGIUS (Friedrich), *Goldschmieden, cerca de Wrocław, 1884-Buenos Aires 1949*, químico alemán. Llevó a cabo la síntesis industrial de carburantes (1921). [Premio Nobel 1931.]

BERGMAN (Ingmar), *Uppsala 1918-isla de Farö, al norte de Gotland, 2007*, director de cine y de teatro sueco. Sus retratos de parejas plantean con ironía y ternura la cuestión de la verdad de los sentimientos, del miedo al otro y de lo real (*Juegos de verano*, 1951; *El séptimo sello*, 1957; *Gritos y susurros*, 1972; *Fanny y Alexander*, 1982; *Saraband*, 2003).

BERGMAN (Ingrid), *Estocolmo 1915-Londres 1982*, actriz sueca. Tras triunfar con papeles juveniles, destacó entre otros comprometidos (*Casablanca*, M. Curtiz, 1943; *Te querré siempre*, R. Rossellini 1953; *Sonata de otoño*, I. Bergman, 1978).

BERGMAN (Torbern), *Katrineberg 1735-Medevi 1784*, químico y cristalógrafo sueco. Sentó las bases de la química analítica moderna y desarrolló una teoría reticular de los cristales.

BERGSON (Henri), *París 1859-íd. 1941*, filósofo francés. Su filosofía espiritualista convierte la intuición en el único medio para llegar al conocimiento de la duración y la vida (*Materia y memoria*, 1896; *La evolución creadora*, 1907). [Premio Nobel de literatura 1927.]

BERIA (Lavrenti Pávlovich), *Merjeuli, Georgia, 1899-Moscú 1953*, político soviético. Director del NKVD (1938), fue ejecutado a la muerte de Stalin.

BERING (estrecho de), estrecho entre Asia y América que comunica el océano Pacífico (*mar de Bering*) con el Ártico. Debe su nombre al navegante danés Vitus **Bering** (1681-1741).

BERING o **BEHRING** (mar de), parte N del Pacífico, entre Asia y América.

BERINGIA, nombre dado al istmo que unía tiempo atrás Asia y América en el estrecho de Bering. Fue por donde cruzaron (25000 a 10000 a.C.) los asiáticos que poblaron América.

BERIO (Luciano), *Oneglia, act. en Imperia, 1925-Roma 2003*, compositor italiano. Serialista (*Nones*, 1954), investigó las sonoridades de los instrumentos y la voz. Pionero de la música electroacústica en Italia, compuso música vocal (*Circles*, 1960), instrumental (*Sequenza I a XIV*, 1958-2002) y teatral (óperas: *La vera storia*, 1982; *Cronaca del luogo*, 1999).

BERISSO, partido de Argentina (Buenos Aires), a orillas del Río de la Plata; 74 012 hab.

BERKANE, c. del NE de Marruecos; 60 000 hab.

BERKELEY, c. de Estados Unidos (California), cerca de San Francisco; 102 724 hab. Universidad.

BERKELEY (George), *cerca de Kilkenny 1685-Oxford 1753*, obispo y filósofo irlandés. Propugnó que el conocimiento se basa en la percepción, pero que sólo existe el espíritu.

BERLAGE (Hendrik), *Amsterdam 1856-La Haya 1934*, arquitecto neerlandés. Fue uno de los primeros partidarios del funcionalismo (Bolsa de Amsterdam, 1897).

BERLANGA (Luis García), *Valencia 1921*, director de cine español. Es autor de películas corales, recorridas por una inspiración esperpéntica, crítica e irreverente (*¡Bienvenido, míster Marshall!*, 1952; *Plácido*, 1961; *El verdugo*, 1962; *La escopeta nacional*, 1978). [Premio Príncipe de Asturias 1986.]

BERLANGA DE DUERO, v. de España (Soria); 1 148 hab. (*berlangueses*). Castillo medieval y murallas. Colegiata gótica (s. XVI). A 9 km, iglesia mozárabe de *San Baudel de Berlanga.

BERLÍN (Israel Baline, llamado Irving), *¿Temun?, Siberia, 1888-Nueva York 1989*, compositor estadounidense de origen ruso. Con sus canciones (*Cheek to Cheek*; *There's no Business like Show Business*) contribuyó al éxito de la comedia musical en Broadway y en Hollywood.

BERLIN (sir Isaiah), *Riga 1909-Oxford 1997*, filósofo británico. Reflexionó sobre la libertad con vistas a defender un pluralismo radical capaz de evitar los escollos del relativismo (*Elogio de la libertad*, 1969).

BERLÍN, cap. de Alemania y del *Land de Berlín*, a orillas del Spree; 3 395 000 hab. (*berlineses*). Centro administrativo, industrial (construccio-

■ INGMAR **BERGMAN**. *El séptimo sello* (1957).

nes mecánicas y eléctricas, edición) y comercial. — Monumentos de los ss. XVIII-XX. Museos, entre ellos los de la isla del Spree (museo de Pérgamo, antigua galería nacional, etc.) [patrimonio de la humanidad 1999], los del Kulturforum (galería de pintura, nueva galería nacional, etc.), los del complejo de Dahlem (museo etnográfico, etc.), el museo judío (arquitecto: Daniel Libeskind), el museo histórico alemán (reabierto en 2003; arquitecto: Ieoh Ming Pei), el monumento al Holocausto (arquitecto: Peter Eisenman). — Festival de cine. – Capital de Brandeburgo (1415), del reino de Prusia, y después del imperio alemán (1871), del II y del III Reich. Conquistada por las tropas soviéticas en 1945, fue dividida en cuatro sectores de ocupación administrados por los Aliados —EUA, Francia, Gran Bretaña y URSS— (estatuto cuatripartito). Los tres sectores occidentales se unificaron en 1948, y la URSS respondió con el bloqueo de Berlín (hasta 1949). Mientras el sector de ocupación soviética, *Berlín Este*, fue proclamado capital de la RDA en 1949, *Berlín Oeste* se convirtió en una dependencia de la RFA. En 1958, la URSS abolió unilateralmente el estatuto cuatripartito de Berlín. Entre 1961 y 1989 el muro de *Berlín separó las zonas este y oeste de la ciudad. En 1990 pasó a ser la capital de la Alemania reunificada y en 1999 volvió a acoger el gobierno y el parlamento alemanes.

■ **BERLÍN.** Apertura del muro en nov. 1989.

BERLÍN, Land de Alemania; 889 km²; 3 475 392 hab.; cap *Berlín.*

Berlín (conferencia de) [15 nov. 1884-26 febr. 1885], conferencia internacional reunida en Berlín por iniciativa de Bismarck, que fue el preludio de la ocupación de África por los europeos.

Berlín (congreso de) [13 junio-13 julio 1878], congreso reunido en Berlín, que revisó el tratado de *San Stefano y restableció el equilibrio europeo en perjuicio de Rusia.

Berlín (muro de), línea fortificada erigida en 1961 por la RDA para aislar Berlín Este de Berlín Oeste e impedir el éxodo de sus ciudadanos. La apertura de este muro (1989), que restableció la libre circulación entre los dos sectores de la ciudad, y su destrucción, simbolizaron la desaparición de la frontera entre las dos Alemanias, preludio de la reunificación de 1990.

Berliner Ensemble, compañía teatral fundada por B. Brecht en 1949, en Berlín Este.

BERLINGUER (Enrico), *Sassari 1922-Padua 1984,* político italiano. Secretario general del Partido comunista italiano desde 1972, preconizó el «compromiso histórico» con la Democracia cristiana.

BERLIOZ (Hector), *La Côte-Saint-André 1803-París 1869,* compositor francés. Destacó por su gran sentimiento dramático y suntuosa escritura orquestal (*Sinfonía fantástica,* 1830; *Benvenuto Cellini,* 1838; *Réquiem,* 1837; *Romeo y Julieta,* 1839; *La condenación de Fausto,* 1828-1846).

BERLUSCONI (Silvio), *Milán 1936,* empresario y político italiano. Apoyándose en un poderoso grupo financiero y de comunicación (Fininvest), fundador y presidente de partidos políticos que encarnan la derecha ultraliberal (Forza Italia [1994], más tarde Pueblo de la Libertad [2009]), ha sido presidente del consejo

de abril 1994 a en. 1995 y, de nuevo, de 2001 a 2006, y desde 2008.

BERMEJO, r. de Bolivia y Argentina, afl. del Paraguay (or. der.); 1 780 km. Nace en la cordillera Real, forma frontera entre los dos países y desemboca al N de Resistencia.

BERMEJO, dep. de Argentina (Chaco); 23 124 hab. Centro agrícola (frutales); destilerías.

BERMEJO, c. de Bolivia (Tarija), a orillas del río homónimo, en la frontera con Argentina.

BERMEJO (mar) → **CALIFORNIA** (golfo de).

BERMEJO (Bartolomé), *Córdoba h. 1440-d. 1501,* pintor español. Activo en Aragón, Cataluña y Valencia, es uno de los máximos representantes del gótico hispanoflamenco. Entre sus obras destacan el *Retablo de santo Domingo de Silos* (1477-1479, Prado) y especialmente la *Piedad del canónigo Desplà* (1490, museo de la catedral de Barcelona).

BERMEO, v. de España (Vizcaya); 16 972 hab. (*bermeanos*). Puerto pesquero. Iglesia y convento góticos; torre de Ercilla.

BERMUDAS, en ingl. **Bermuda,** archipiélago británico del Atlántico, al NE de las Antillas; 53,5 km²; 74 000 hab. Turismo. — Descubierto h. 1515 por los españoles, inglés en 1612, el archipiélago goza desde 1968 de un régimen de autonomía interna.

BERMÚDEZ DE LA TORRE (Pedro José), *Lima 1661-íd. 1746,* poeta peruano. Ligado al grupo de escritores que desarrollaron su obra al amparo de las academias del virreinato, su poesía de formas barrocas se publicó bajo el título de *Telémaco en la isla de Calipso* (1728).

BERMUDO → **VERMUDO.**

BERNA, en alem. **Bern,** en fr. **Berne,** cap. de Suiza y del *cantón de Berna,* a orillas del Aare; 128 634 hab. (aprox. 344 700 hab. en la aglomeración). Universidad. Sede de oficinas internacionales. — Monumentos antiguos y museos, entre ellos el museo de bellas artes y el centro Paul Klee. (Patrimonio de la humanidad 1983.) — Ciudad imperial en 1218, entró, con su cantón, en la Confederación suiza en 1353. Se convirtió en la capital federal en 1848.

■ **BERNA.** Casas en la orilla izquierda del Aare.

BERNA, cantón de Suiza; 5 961 km²; 941 100 hab.

BERNABÉ (san), apóstol. Fue compañero de san Pablo, pero la epístola que se le atribuye es apócrifa (principios del s. II).

■ **HECTOR BERLIOZ,** por Gustave Courbet. (Museo de Orsay, París.)

■ **SILVIO BERLUSCONI**

BERNÁCER (Germán), *Alicante 1883-San Juan de Alicante 1965,* economista español. Autor de importantes contribuciones a la ciencia económica, que anuncian los trabajos de Keynes, fue el primer director del Servicio de estudios del Banco de España (1930-1953).

BERNADETTE SOUBIROUS (santa), *Lourdes 1844-Nevers 1879,* religiosa francesa. Sus visiones de la Virgen (1858) originaron las peregrinaciones a Lourdes.

BERNADOTTE (Jean-Baptiste) → **CARLOS XIV** [Suecia].

BERNAL (Miguel), *Morelia 1910-León 1956,* compositor mexicano. Es autor de ballets (*Navidad en Pátzcuaro*), el poema sinfónico *Noche en Morelia* y la ópera *Tata Vasco* (1941).

BERNAL Y GARCÍA PIMENTEL (Ignacio), *México 1910-íd. 1992,* antropólogo y arqueólogo mexicano. Es autor de obras sobre culturas mesoamericanas (*El mundo olmeca,* 1968; *Arte precolombino de América Central,* 1971).

BERNALDO DE QUIRÓS (Cesáreo), *Gualeguay 1879-Buenos Aires 1968,* pintor argentino. Recibió influencia del impresionismo. Sus temas están inspirados en la vida de la Pampa.

BERNALDO DE QUIRÓS (Constancio), *Madrid 1873-México 1959,* sociólogo y jurista español. Discípulo de Giner de los Ríos, fue uno de los fundadores de la escuela de criminología (1903). Se exilió en 1939 y vivió en Santo Domingo y México. Es autor de *Nuevas teorías de la criminalidad* (1898) y *La mala vida en Madrid. Estudio psico-sociológico* (1901).

BERNANOS (Georges), *París 1888-Neuilly-sur-Seine 1948,* escritor francés. Católico, en sus novelas y libelos combatió la mediocridad y la indiferencia (*Diario de un cura rural,* 1936; *Los grandes cementerios bajo la luna,* 1938, sobre la guerra civil española; *Diálogos de carmelitas,* 1949).

BERNAOLA (Carmelo Alonso), *Ochandiano, Vizcaya, 1929-Madrid 2002,* compositor español. Representante de la generación del 51 con obras como *Superficie n° 1* (1961) o *Sinfonía en do* (1974), también es autor de música para cine, teatro, televisión y radio.

BERNARD (Claude), *Saint-Julien 1813-París 1878,* fisiólogo francés. Demostró la función glicogénica del hígado y descubrió el sistema nervioso simpático. Es autor de *Introducción al estudio de la medicina experimental* (1865).

BERNÁRDEZ (Francisco Luis), *Buenos Aires 1900-íd. 1978,* poeta argentino. Tras un contacto con el ultraísmo (*Alcándara,* 1925), su poesía trató una temática religiosa (*El buque,* 1935; *La ciudad sin Laura,* 1938; *El ruiseñor,* 1945; *La flor,* 1951).

BERNARDIN DE SAINT-PIERRE (Henri), *El Havre 1737-Eragny-sur-Oise 1814,* escritor francés. Es famoso por su novela *Pablo y Virginia* (1788), con temas y sentimientos que fueron aprovechados por el romanticismo.

BERNARDINO de Siena (san), *Massa Marittima 1380-Aquila 1444,* franciscano italiano. Predicó la reforma de las costumbres e inició la devoción al santo nombre de Jesús.

BERNARDO, m. en 844, duque de Septimania, hijo del conde de Tolosa. Conde de Barcelona (826), sofocó el motín antifranco de Aisó. Intrigó contra Ludovico Pío.

BERNARDO de Claraval (san), *Fontaine-lès-Dijon 1090-Clairvaux 1153,* religioso, teólogo y doctor de la Iglesia. Cisterciense (1113), fundó la abadía de Clairvaux (1115), impulsó su orden y predicó la segunda cruzada. Místico, adversario de Abelardo, fue consejero de reyes y papas. Fue canonizado en 1173.

BERNARDO DE SAJONIA-WEIMAR → **SAJONIA-WEIMAR.**

Bernardo del Carpio, héroe legendario de la España medieval, vencedor de Roldán en Roncesvalles y protagonista de cantares de gesta perdidos y romances.

BERNERS-LEE (sir Timothy), *Londres 1955,* informático británico. Especialista en software de comunicación, inventó el World Wide Web, sistema hipermedia inaugurado en 1990 en el Cern, cuya función era facilitar el intercambio de documentos entre los físicos de todo el mundo, y que quedó a disposición de los usuarios de internet a partir de 1991. (Premio Príncipe de Asturias de investigación científica y técnica 2002.)

BERNHARD (Thomas), *Heerlen, Países Bajos, 1931-Gmunden 1989,* escritor austriaco. Su poesía, sus novelas (*Maestros antiguos,* 1985) y su teatro rezuman desesperación.

BERNHARDT (Rosine **Bernard,** llamada Sarah), *París 1844-íd. 1923,* actriz francesa. Por su extraordinaria voz y su sensibilidad dramática, destacó en la interpretación del repertorio clásico.

■ SARAH **BERNHARDT,** por Nadar (1864).

BERNI (Antonio), *Rosario 1905-Buenos Aires 1981,* pintor argentino. Vinculado al muralismo mexicano, reflejó temas populares de su país en obras de gran expresividad y compromiso social, con diversas técnicas y materiales.

■ ANTONIO **BERNI.** *Desocupados* (1934).
[Museo de arte latinoamericano, Buenos Aires.]

BERNI (Francesco), *Lamporecchio h. 1497-Florencia 1535,* poeta italiano, autor de poesías satíricas y paródicas.

BERNINA, macizo de los Alpes suizos e italianos, entre el Inn y el Adda; 4 052 m. El *deshielo de la Bernina* (2 323 m) une la Engadina (Suiza) con la Valtelina (Italia).

BERNINI (Gian Lorenzo), *Nápoles 1598-Roma 1680,* arquitecto, escultor y pintor italiano. Maestro del barroco monumental y decorativo, realizó trabajos para las iglesias de Roma (baldaquino de San Pedro, 1624; *Éxtasis de santa Teresa* en Santa Maria della Vittoria, 1642-1652), fuentes (del Tritón, de los Cuatro ríos, etc.), la doble columnata ante la basílica de San Pedro, etc. También esculpió grupos como *Apolo y Dafne* (1622-1625, galería Borghese) y bustos.

BERNIS (Francisco), *Sevilla 1877-Madrid 1933,* economista español. Reformista, divulgó las ideas socialistas. Es autor de *La hacienda pública y los impuestos* (1917) y *La capacidad de desarrollo de la economía española* (1925).

BERNOULLI, familia de científicos, originaria de Amberes y refugiada en Basilea a fines del s. XVI. — **Jacques I B.,** *Basilea 1654-íd. 1705,* matemático suizo. Completó el cálculo infinitesimal de Leibniz. En su obra póstuma, *Ars conjectandi* (1713), sentó las bases del cálculo de probabilidades. — **Jean I B.,** *Basilea 1667-íd.*

1748, matemático suizo. Hermano de Jacques, desarrolló y sistematizó los trabajos de análisis de Leibniz. — **Daniel B.,** *Groninga 1700-Basilea 1782,* matemático suizo. Segundo hijo de Jean, fue uno de los fundadores de la hidrodinámica (*teorema de Bernoulli*) y realizó estudios fundamentales de mecánica.

BERNSTEIN (Eduard), *Berlín 1850-íd. 1932,* teórico político alemán. Marxista, introdujo una corriente reformista en el seno de la socialdemocracia alemana.

BERNSTEIN (Leonard), *Lawrence 1918-Nueva York 1990,* compositor y director de orquesta estadounidense. Director de la orquesta filarmónica de Nueva York (1958-1969), compuso sobre todo la música de la comedia musical *West side story* (1957).

BERRIOZÁBAL, mun. de México (Chiapas), avenado por el Grijalva; 17 561 hab. Centro agrícola.

BERRO (Bernardo Prudencio), *1779-Montevideo 1868,* político uruguayo. Miembro del Partido blanco, fue presidente (1860-1864). Tras una revuelta del Partido colorado (1865), se sublevó y fue derrotado.

BERROCAL (Miguel **Ortiz**), *Villanueva de Algaidas, Málaga, 1933,* escultor español. Su obra, de formas orgánicas articuladas e interesada en la reproducción en serie, oscila entre los trabajos monumentales y los seriados en pequeño formato (*minimúltiples*).

BERRUGUETE (Alonso), *Paredes de Nava, Palencia, h. 1486-Toledo 1561,* pintor y escultor español. Hijo de Pedro Berruguete. Estudió en Italia. A partir de 1517 trabajó en España como pintor de corte, y luego como escultor en Valladolid y Toledo. Entre sus obras figuran las esculturas del retablo de la Mejorada de Olmedo (h. 1523) y del monasterio de San Benito de Valladolid (1525-1532).

BERRUGUETE (Pedro), *Paredes de Nava h. 1450-Ávila 1504,* pintor español. En su formación influyeron los pintores flamencos activos en Castilla y la pintura italiana, que conoció en Urbino (h. 1472). En esta ciudad realizó retratos para el palacio ducal. A partir de 1483 trabajó en Toledo (retablos; pinturas murales del claustro de la catedral) y desde 1495 en Ávila (retablo mayor de la catedral, 1499).

■ PEDRO **BERRUGUETE.** *La piedad.*
(Museo diocesano, Palencia.)

BERRY, región de Francia, al S de la cuenca de París (Cher e Indre).

BERRY (Chuck), *Saint Louis 1926,* cantante, guitarrista y compositor de rock estadounidense. Pionero del rock and roll, introdujo en él rhythm and blues (*Maybellene; Johnny B. Goode; Carol*).

Berta (de *Bertha Krupp,* hija de un industrial

alemán), nombre dado a los cañones alemanes de gran potencia que bombardearon París en 1918.

Bertelsmann, grupo empresarial alemán, fundado en 1835. Es uno de los primeros grupos mundiales en el sector editorial y de la comunicación.

BERTIN (Dominique), *Vanves, cerca de París, 1945-México 2001,* empresario y promotor cultural francomexicano. Gerente general de Larousse para México (1975-2001) y director para América Latina desde 1994, afianzó la presencia del *Pequeño Larousse Ilustrado* y difundió, con el mismo espíritu que animó a Larousse en el s. XIX, el conocimiento de la lengua española y de la cultura universal a los cuatro vientos de Hispanoamérica.

BERTOLUCCI (Bernardo), *Parma 1941,* director de cine italiano. Sus películas, evocación de sus obsesiones o representación de la historia, revelan una constante preocupación formal (*La estrategia de la araña,* 1970; *El último tango en París,* 1972; *Novecento,* 1976; *El último emperador,* 1987; *El cielo protector,* 1990; *Pequeño Buda,* 1993; *Soñadores,* 2003).

BERTONI (Moisés Santiago), *Lottigna 1857-colonia Guillermo Tell, act. Puerto Bertoni, Misiones, 1929,* naturalista paraguayo de origen suizo. Emigró en 1887 a Paraguay, donde estudió la flora, fauna, etnografía y clima locales y fundó la Escuela nacional de agricultura. Escribió más de 500 títulos (*Descripción física, económica y social del Paraguay,* 1907; *La civilización guaraní,* 1922-1927).

BERTRANA (Prudenci), *Tordera 1867-Barcelona 1941,* escritor español en lengua catalana. Naturalismo y modernismo se funden en sus novelas (*Josafat,* 1906; *Náufrags,* 1907; *¡Yo! Memorias de un médico filósofo,* 1925) y relatos. Posterior es su trilogía autobiográfica *Entre la tierra y las nubes* (1931-1948).

BERTRAND (Francisco), *Juticalpa 1866-La Ceiba 1926,* político hondureño. Presidente (provisional, en 1911-1912, el y 1913 a 1919), su intento de imponer un sucesor adicto provocó una insurrección que lo derrocó.

BERUTTI (Arturo), *San Juan 1862-Buenos Aires 1938,* compositor argentino. Revalorizó los temas de inspiración nacional: *Sinfonía argentina* (1890) y óperas, como *Pampa* (1897). — **Pablo B.,** *San Juan 1866-Buenos Aires 1914,* compositor argentino. Hermano de Arturo, compuso óperas y fundó un conservatorio en Buenos Aires.

BERWICK (James **Stuart Fitz-James,** duque de), *Moulins 1670-Philippsburg 1734,* mariscal de Francia. Hijo natural de Jacobo II de Inglaterra, no consiguió restablecer a su padre en el trono (1689). Como lugarteniente de los ejércitos franceses, durante la guerra de Sucesión española logró la victoria de Almansa (1707). Sitió y tomó Barcelona en 1714 al servicio de Felipe V de España, al que posteriormente combatió, para imponer el criterio de la Cuádruple alianza, en las fronteras navarra y catalana (1719-1720).

BERZELIUS (Jöns Jacob, barón), *Väfversunda 1779-Estocolmo 1848,* químico sueco. Uno de los fundadores de la química moderna, instituyó la notación química por símbolos, enunció las leyes de la electroquímica, aisló diversos cuerpos simples y estudió la catálisis, la isomería, etc. (*V. ilustr. pág. siguiente.*)

BES, genio de la mitología egipcia. Aparece representado como un enano grotesco. Se convirtió en protector de las parturientas.

BESALÚ, v. de España (Gerona); 1 996 hab. (*besarenses* o *besadenses*). Calles porticadas; puente medieval sobre el Fluviá; sinagoga medieval; Iglesias románicas.

BESALÚ (condado de), territorio catalán reconquistado en 785. Independiente hasta 1111, se unió al condado de Barcelona.

BESANÇON, c. de Francia, cap. de la región del Franco Condado y del dep. de Doubs, a orillas del Doubs; 122 308 hab. Universidad. Industria (textil). — Restos romanos. Edificios del renacimiento. Ciudadela de Vauban. Museos.

BESARABIA, región situada entre el Prut y el Dniéster, actualmente repartida entre Moldavia y Ucrania. Fue anexionada sucesivamente por el Imperio otomano (1538), Rusia (1812), Rumania (1918) y la URSS (1940).

BESKIDES o **BESKYDES**, región montañosa del NO de los Cárpatos (Eslovaquia y Polonia).

BESKRA, ant. **Biskra**, c. de Argelia, cap. de vilayato, al pie del Aurès; 91 000 hab. Oasis. Turismo.

BESNES (Juan Manuel), *San Sebastián 1788-Montevideo 1865*, pintor y dibujante uruguayo de origen español. Realizó dibujos a pluma de escenas de campo y de episodios históricos.

beso (El), nombre de dos esculturas, de estilos antitéticos, de Rodin (1886-1898, de mármol, en el museo Rodin) y de Brancusi (varias versiones, a partir de 1908, en piedra).

BESSARIÓN (Juan), *Trebisonda 1403-Ravena 1472*, humanista bizantino. Cardenal, partidario de la unión de las Iglesias de Oriente y Occidente, fue uno de los promotores del renacimiento del helenismo en el mundo latino.

BESSEL (Friedrich Wilhelm), *Minden 1784-Königsberg 1846*, astrónomo alemán. En 1838 publicó la primera medición precisa de una distancia estelar, y fue auge considerable a la astrometría. Desarrolló funciones matemáticas con numerosas aplicaciones en física.

BESSEMER (sir Henry), *Charlton 1813-Londres 1898*, industrial británico. Inventó un procedimiento económico para la obtención de acero (1855), que triunfó.

BESSON (Benno), *Yverdon-les-Bains 1922-Berlín 2006*, director de teatro suizo. Colaborador de B. Brecht en el Berliner Ensemble, defendió, en los escenarios de teatro y de ópera europeos, un estilo que asocia el espectáculo con una ironía de alcance político (*Como gustéis; El círculo de tiza caucasiano*).

BESTEIRO (Julián), *Madrid 1870-Carmona 1940*, político español. Presidente del PSOE (1928-1931) y de la UGT (1928-1933), se distinguió por sus tesis reformistas. Presidió las cortes constituyentes de la república (1931-1933) y formó parte del Consejo nacional de defensa (1939). Murió en prisión.

BETANCES Y ALACÁN (Ramón Emeterio), llamado **el Antillano**, *Cabo Rojo 1827-París 1898*, político y médico puertorriqueño. Abolicionista, fue uno de los padres de la independencia de Puerto Rico. Como médico, trabajó en varias campañas contra el cólera.

BETANCOURT (Esteban), *Camagüey 1893-La Habana 1942*, escultor cubano, autor de monumentos (*Monumento a Martí*, Puerto Padre; *Amor y muerte; Aurora*).

BETANCOURT (Rómulo), *Guatire 1908-Nueva York 1981*, político y periodista venezolano. Fundador de Acción democrática (1941), dio un golpe de estado contra Medina Angarita y encabezó una junta revolucionaria (1945-1948). Fue presidente de la república de 1959 a 1964. Fundó diversos periódicos.

BETANCUR (Belisario), *Amagá 1923*, político colombiano. Candidato presidencial desde 1970 por el Partido conservador, fue presidente de la república entre 1982-1986.

BETANIA, act. **Al-'Azariyya**, localidad próxima a Jerusalén. Según los Evangelios, en ella vivían Marta, María y Lázaro.

BETANZOS, c. de España (La Coruña), cab. de p. j.; 12 361 hab. (*brigantinos*). Iglesias góticas de San Francisco y Santa María del Azogue. Arquitectura popular. Edificios modernistas.

BETANZOS (Francisco de, en religión Domingo de), *León h. 1480-Valladolid 1549*, misionero dominico español. Llegó a Nueva España en 1526, e introdujo la orden dominica en México y Guatemala. En 1537 logró que Pablo III declarara «personas racionales» a los indios.

BETANZOS (Juan de, ¿en Galicia? 1510-Cuzco 1576, cronista español. Llegó a Perú posiblemente con Pizarro en 1531. Vinculado a los incas, fue uno de los primeros quechuistas. Autor de un libro de doctrina cristiana y de varios vocabularios, su obra principal es *Suma y narración de los incas* (publicada en 1880), valioso documento para conocer la cultura inca.

BETHE (Hans Albrecht), *Estrasburgo 1906-Ithaca, Nueva York, 2005*, físico estadounidense de origen alemán. En 1938 descubrió el ciclo de transformaciones termonucleares que explica el origen de la energía del Sol y de las estrellas. (Premio Nobel 1967.)

BETHENCOURT (beato Pedro de), *Chasma, Tenerife, 1619-Guatemala 1667*, misionero español. Se estableció en Guatemala, donde tomó el hábito terciario de san Francisco y fundó la orden hospitalaria de los betlemitas, que se extendió por toda América.

BÉTHENCOURT (Juan de), *Grainville 1359-íd. 1442*, navegante normando. Conquistó algunas de las islas Canarias (Lanzarote, Fuerteventura, La Gomera y Hierro) y fue feudatario de los reyes de Castilla Enrique III (de 1403 a 1412) y Juan II (de 1412 a 1418) hasta que vendió las islas al conde de Niebla.

BETHENCOURT Y MOLINA (Agustín de), *Santa Cruz de Tenerife 1758-San Petersburgo 1824*, ingeniero español. En España estableció la primera línea de telegrafía óptica y fue el primer director de la Escuela de ingenieros de caminos, canales y puertos. Trabajó en Rusia al servicio de Alejandro I.

BETHLEHEM, c. de Estados Unidos (Pennsylvania); 71 428 hab. Centro siderúrgico.

BETHLEN (Gabriel o Gábor), *Illye 1580-Gyulafehérvár 1629*, príncipe de Transilvania (1613-1629). Intervino en la guerra de los Treinta años al lado de las potencias protestantes.

BETHMANN-HOLLWEG (Theobald von), *Hohenfinow 1856-íd. 1921*, político alemán. Fue canciller del imperio alemán (1909-1917).

BÉTICA o **BAETICA**, ant. provincia romana del S de la península Ibérica, regada por el río Betis (Guadalquivir), limitada al O por el río Anas (Guadiana) y al S y al E por el Mediterráneo. Fue creada por Augusto, y corresponde aproximadamente a la actual *Andalucía*.

BÉTICO (sistema), unidad geológica del S de España, que engloba el sistema y la depresión *Penibéticos* y el sistema *Subbético*. Culmina en el *Mulhacén*.

BETSABÉ o **BETHSABÉE**, personaje bíblico. Esposa de Urías el Hitita, general de David. Este se enamoró de ella después de verla bañándose y, para casarse con ella, envió a su marido a morir en combate. Betsabé le dio un hijo, Salomón.

BETTELHEIM (Bruno), *Viena 1903-Silver Spring 1990*, psicoanalista estadounidense de origen austriaco. Fue especialista en el tratamiento de las psicosis infantiles, sobre todo el autismo (*La fortaleza vacía*, 1967).

■ **BERZELIUS**, por J. Way. (Academia real de las ciencias, Estocolmo.)

■ BENAZIR **BHUTTO**

BEUYS (Joseph), *Kleve 1921-Düsseldorf 1986*, artista alemán. Adalid de la vanguardia a partir de finales de la década de 1950, recurrió a materiales (fieltro, grasa, etc.) y formas de expresión (intervenciones, environments-acciones) no tradicionales.

BEVAN (Aneurin), *Tredegar 1897-Asheridge Farm 1960*, político británico. Fue uno de los líderes del Partido laborista.

BEVERIDGE (lord William Henry), *Rangpür, Bengala, 1879-Oxford 1963*, economista y administrador británico. Colaboró en la instauración del seguro de desempleo (1911) y de la seguridad social en Gran Bretaña (*plan Beveridge*, 1942), poniendo el acento en el pleno empleo y la seguridad de los ingresos.

BEVERLY HILLS, c. de Estados Unidos (California), en las afueras de Los Ángeles; 32 000 hab. Residencia de numerosos actores de cine.

BEVIN (Ernest), *Winsford 1881-Londres 1951*, político británico. Sindicalista, laborista, fue

ministro de trabajo (1940-1945) y secretario de estado para asuntos exteriores (1945-1951).

BEYLE (Henri) → STENDHAL.

BÉZIERS, c. de Francia (Hérault); 71 428 hab. Vinos. — Catedral fortificada (ss. XII-XIV).

BEZWADA → VIJAYAVADA.

BHADGAUN, **BHATGAON** o **BHAKTAPUR**, c. de Nepal; 84 000 hab. Fundada en el s. IX, fue capital real (ss. XII-XV). Monumentos de los ss. XV-XVIII. (Patrimonio de la humanidad 1979 [en peligro desde 2003, ampliado en 2006].)

BHAGALPUR, c. de la India (Bihār), a orillas del Ganges; 261 855 hab.

BHARHUT, sitio arqueológico de la India (Madhya Pradesh). Restos de un stūpa cuya arcaica decoración esculpida (museo de Calcuta) anuncia el estilo de Sāñci.

BHARTRIHARI, poeta y gramático indio en lengua sánscrita del s. VII. El nombre podría designar a dos personajes distintos, uno poeta y el otro gramático.

BHATGAON → BHADGAUN.

BHATPARA, c. de la India (Bengala Occidental); 304 952 hab.

BHAVABHŪTI, autor dramático indio en lengua sánscrita de los ss. VII-VIII. Su teatro se inspira con frecuencia en el *Rāmāyaṇa*.

BHAVNAGAR o **BHAUNAGAR**, c. de la India (Gujarāt), en la península de Kāthiāwār; 403 521 hab. Puerto.

BHILAINAGAR → DURG-BHILAINAGAR.

BHOPĀL, c. de la India, cap. de Madhya Pradesh; 1 063 662 hab. En 1984, un escape de gas tóxico causó millares de muertos.

BHUBANESWAR, c. de la India, cap. de Orissā; 411 542 hab. Centro del culto a Śiva desde el s. v. Numerosos templos de tipo śikhara, con rica decoración esculpida; el más importante es el Lingarāja (s. XI).

BHUMIBOL ADULYADEJ, *Cambridge, EUA, 1927*, rey de Tailandia desde 1946 (coronado en 1950) con el nombre de *Rāma IX*.

BHUTÁN o **BUTÁN**, estado de Asia, junto al Himalaya; 47 000 km²; 1 670 000 hab. CAP. Thimbu. LENGUA: tibetano (dzongkha). MONEDAS: ngultrum y rupia india. (V. mapa de **Nepal**.) En su mayor parte está cubierto por la selva. En la población, de mayoría budista, incluye una importante minoría nepalesa, hinduista. — Reino vasallo de la India en 1865, puesto bajo control británico (1910) y convertido en semiprotectorado indio (1949), es independiente desde 1971 (reyes: Jigme Singye Wangchuck, 1972-2006; Jigme Khesar Namgyel Wangchuck, desde 2006).

BHUTTO (Zulfikar 'Ali), *Larkana 1928-Rawalpindi 1979*, estadista paquistaní. Presidente de la república (1971-1973), y luego primer ministro hasta 1977, fue derrocado y ejecutado por el general Zia Ul-Haq. — **Benazir B.**, *Karāchi 1953-Rāwalpindi 2007*, política paquistaní. Hija de Zulfikar 'Ali, primera mujer jefe de gobierno en un país musulmán, fue primera ministra de 1988 a 1990 y de 1993 a 1996. De regreso a su país en oct. 2007 tras ocho años de exilio, fue asesinada en un atentado (27 dic.).

Biac-na-bató (pacto de) [1897], acuerdo entre España y los insurrectos filipinos, firmado en Luzón, por el que estos acababan la soberanía española.

BIAFRA (República de), nombre que adoptó la región SE de Nigeria, habitada mayoritariamente por ibo, durante la secesión de 1967 a 1970. Dicha secesión provocó la *guerra de Biafra*.

BIALIK (Hayim Nahmán), *Rady, Ucrania, 1873-Viena 1934*, poeta en lengua hebrea. Ejerció una profunda influencia en el movimiento sionista (*En la ciudad de la desolación*, 1904).

BIAŁYSTOK, c. del NE de Polonia, cap. de voivodato; 273 300 hab. Palacio del s. XVIII.

BIANCHI (Andrés) → BLANQUI.

BIANCIOTTI (Héctor), *Calchín Oeste, Córdoba, 1930*, escritor argentino nacionalizado francés. Ha escrito novelas que lindan con lo fantástico, y narraciones de inspiración autobiográfica, primero en español (*Los desiertos dorados*, 1967) y más tarde en francés (*Sin la misericordia de Cristo*, 1985; *Lo que la noche le cuenta al día*, 1992; *La nostalgia de la casa de Dios*, 2003).

Salvo mención especial, los libros citados están aceptados en los tres cánones (judío, católico y protestante) en el caso del Antiguo testamento, y en los cánones católico y protestante en el caso del Nuevo testamento.

ANTIGUO TESTAMENTO

Pentateuco (o Torá):
Génesis
Éxodo
Levítico
Números
Deuteronomio

Libros históricos:
Josué
Jueces
Samuel I y II
Reyes I y II
Crónicas I y II
Esdras
Nehemías
Macabeos I y II (catól.)

Libros proféticos:
Isaías
Jeremías
Lamentaciones (catól. y protestante)
Baruc (catól.)
Ezequiel
Daniel (catól. y protestante)
Oseas
Joel
Amós
Abdías
Jonás
Miqueas
Naúm
Habacuc
Sofonías
Ageo
Zacarías
Malaquías

Libros proféticos y sapienciales:
Salmos
Proverbios
Job
El cantar de los cantares
Eclesiastés
Sabiduría (catól.)
Eclesiástico (catól.)
Tobías (catól.)
Judit (catól.)
Ester
Rut

NUEVO TESTAMENTO

Evangelios
san Mateo
san Marcos
san Lucas
san Juan

Hechos de los Apóstoles

Epístolas de san Pablo
a los romanos
a los corintios I y II
a los gálatas
a los efesios
a los filipenses
a los colosenses
a los tesalonicenses I y II
a Timoteo I y II
a Tito
a Filemón
a los hebreos

Epístolas «católicas»
de Santiago
de san Pedro I y II
de san Juan I, II y III
de san Judas

Libro profético:
Apocalipsis, de san Juan

BIARRITZ, c. de Francia (Pyrénées-Atlantiques); 30 739 hab. Centro turístico.

BIASTERI → LAGUARDIA.

BIBANS (cadena de los), macizo de Argelia, al S de la Gran Cabilia; 1 735 m. Está atravesado por el desfiladero llamado Portes de fer.

BIBIENA, sobrenombre de los **Galli,** familia de arquitectos y escenógrafos boloñeses (fines s. XVII y s. XVIII). Trabajando para muchas cortes de Europa, fueron virtuosos de la recreación monumental efímera de espíritu barroco (teatro, ceremonias religiosas y civiles).

Biblia, conjunto de libros santos del judaísmo, al que los cristianos sumaron los suyos con el nombre de *Nuevo testamento.* La Biblia judía (*Antiguo testamento* de los cristianos), cuya lengua es el hebreo (salvo algunos textos en arameo), quedó fijada como unidad entre el s. II a.C. y finales del s. I d.C. Comprende 24 libros distribuidos en tres partes (Torá, Profetas y Hagiógrafos), relativos a la historia y a la religión del pueblo judío. El *Nuevo testamento* se refiere a la revelación cristiana y a los orígenes de la Iglesia; fue escrito principalmente en griego. En el s. IV, san Jerónimo llevó a cabo una traducción latina de los dos testamentos, parte importante de la cual, con el nombre de *Vulgata,* se convirtió en la versión oficial de la Iglesia de Occidente.

Biblia políglota complutense, primera edición políglota de la Biblia (1520), realizada en la Universidad de Alcalá de Henares bajo el mecenazgo del cardenal Cisneros.

BIBLIÁN, cantón de Ecuador (Cañar); 20 954 hab. Minas de carbón. Agricultura y ganadería.

Biblioteca nacional, institución argentina, con sede en Buenos Aires, fundada en 1810. Publica *Bibliografía nacional argentina.*

Biblioteca nacional de Colombia, institución colombiana, con sede en Bogotá, cuyos orígenes se remontan a 1777.

Biblioteca nacional de España, institución española, con sede en Madrid, fundada por Felipe V en 1712. Carlos III la incrementó notablemente. Cuenta con unos 3 000 incunables y numerosos tesoros bibliográficos.

Biblioteca nacional de México, institución mexicana, con sede en Coyoacán (México DF), creada en 1833 e inaugurada en 1844. Contiene las publicaciones especializadas en el desarrollo cultural de México.

BIBLOS, en gr. **Byblos,** c. de la ant. Fenicia, al N de Beirut (act. Yabayl, Líbano). Centro comercial activo del IV al I milenio, vinculado a Egipto, fue derrotada por Tiro. — Se ha descubierto en ella el sarcófago de Ahiram (s. X a.C.), que ostenta la más antigua inscripción alfabética conocida (entre los ss. XIII y X a.C. Restos antiguos y medievales. (Patrimonio de la humanidad 1984.)

BICH (Marcel), *Turín 1914-París 1994,* industrial francés de origen italiano. Fundador en 1950 de un grupo con su nombre, se dio a conocer en 1953 con la difusión del bolígrafo «Bic».

BICLARO o BICLARA (Juan de), *Santarém h. 540-Gerona 621,* eclesiástico y cronista hispanovisigodo. Combatió el arrianismo y fue perseguido por Leovigildo. Fundó el monasterio de Biclara (Vallclara, Tarragona) y fue obispo de Gerona (590-621). Escribió el *Chronicon biclarense* (590).

BICORP, mun. de España (Valencia); 676 hab. En su término se halla la cueva de la Araña, con pinturas prehistóricas de tipo levantino (escenas de caza y recolección de la miel).

BIDASOA, r. de España, en la vertiente cantábrica; 60 km. En su tramo final forma frontera con Francia. Aprovechamiento hidroeléctrico y para riego.

BIDAULT (Georges), *Moulins 1899-Cambo-les-Bains 1983,* político francés. Presidió el Consejo nacional de la Resistencia (1943) y el gobierno (1949-1950). Opuesto a la política argelina de De Gaulle, se exilió de 1962 a 1968.

BIDPĀI o PILPĀY, *¿s. III?,* brahmán hindú. Personaje semilegendario, se le atribuye la redacción de unos apólogos en sánscrito que inspiraron a fabulistas europeos.

Biedermeier, nombre dado al estilo de la pintura y de las artes decorativas dirigidas a las clases medias en Alemania y Austria, en los años 1815-1848.

BIEDMA, dep. de Argentina (Chubut); 45 583 hab.; cab. *Puerto Madryn,* puerto exportador.

BIEITO (Calixto), *Miranda de Ebro 1963,* director de teatro español. Director artístico del teatro Romea de Barcelona, aborda el repertorio clásico (*El rey Juan; La vida es sueño*) y los montajes de ópera (*Wozzeck; Don Carlo*) de un modo innovador y radical.

BIEL, en fr. **Bienne,** c. de Suiza (Berna), a orillas del *lago de Biel* (40 km²); 51 893 hab. Centro relojero.

BIELEFELD, c. de Alemania (Rin del Norte-Westfalia); 324 674 hab. Metalurgia.

BIÉLGOROD o BELGOROD, c. de Rusia, al S de Kursk; 311 000 hab. Museos.

BIELINSKI o BÉLINSKI (Vissarión Grigórievich), *Sveaborg, act. Suomenlinna, 1811-San Petersburgo 1848,* crítico ruso. Contribuyó al triunfo del realismo en la literatura rusa.

BIELLA, c. de Italia (Piamonte); 48 277 hab. Centro textil (lana). Catedral parcialmente gótica, con baptisterio prerrománico.

BIELORRUSIA, oficialmente **Belarús,** estado de la Europa oriental, junto a Polonia; 208 000 km²; 10 100 000 hab. (*bielorrusos*). CAP. *Minsk.* LENGUAS: *bielorruso y ruso.* MONEDA: *rublo bielorruso.* (*V. mapa pág. siguiente.*)

GEOGRAFÍA
El país presenta un relieve poco contrastado y un clima fresco y húmedo; está parcialmente cubierto de bosques y marismas. La agricultura combina ganadería (bovina y porcina) y cultivos (patatas, cebada, remolacha), pero se ha resentido de las secuelas del accidente nuclear de Chernobil, que también ha afectado al sector agroalimentario, rama esencial de una industria carente de otras materias primas. Los lazos económicos y culturales con Rusia siguen siendo importantes. Cerca del 80 % de la población es bielorrusa de origen, pero todavía hay más de un 10 % de rusos.

HISTORIA
Ss. IX-XII: la región, habitada por eslavos orientales, formaba parte de los estados de Kíev. **Ss. XIII-XIV:** llamada Rusia Blanca, se integró en el gran ducado de Lituania, unido a Polonia a partir de 1385. **Ss. XIV-XVII:** se diferenciaron tres ramas de eslavos orientales: bielorrusos, rusos y ucranianos. La influencia polaca se hizo preponderante. **1772-1793:** los dos primeros repartos de Polonia concedieron Bielorrusia al Imperio ruso. **1919:** se proclamó la República socialista soviética de Bielorrusia, independiente. **1921:** la parte occidental de Bielorrusia fue anexionada a Polonia. **1922:** la RSS de Bielorrusia se adhirió a la URSS. **1939:** le fue incorporada la Bielorrusia occidental. **1945:** la RSS de Bielorrusia se convirtió en miembro de la ONU. **1991:** el Soviet supremo proclamó la independencia del país (ag.), una se adhirió a la CEI (dic.). **1994:** Aleksandr Lukashenko fue elegido presidente de la república (reelegido en 2001 y 2006) y ejerció un poder autoritario.

BIELSA (Rafael), *Santa Fe del Rosario 1889-Rosario 1966,* jurista argentino. Especialista en derecho administrativo (*Ciencia de la administración*), de 1952 a 1955 fue separado de su cátedra en la Universidad de Buenos Aires por sus opiniones políticas.

BIELSKO-BIALA, c. de Polonia, en Silesia; 184 400 hab.

BIELYI (Borís Nikoláievich Bugáiev, llamado **Andréi),** *Moscú 1880-íd. 1934,* escritor ruso. Poeta y novelista simbolista, interpretó la revolución de Octubre como el resurgimiento de una civilización específica a medio camino entre oriente y occidente (*Sinfonías,* 1904-1908; *La paloma de plata,* 1910; *Petrogrado,* 1913; *Moscú* 1922-1930).

BIÊN HOA, c. de Vietnam; 274 000 hab.

bienio negro, nombre con que se designó en España el período (nov. 1933 a febr. 1936), en que las derechas (Partido radical de Lerroux, CEDA de Gil-Robles) gozaron de mayoría en las cortes de la segunda república.

bienio progresista, nombre que se da al período de 1854 a 1856 en España, caracterizado por la vuelta al poder de Espartero.

BIENNE → BIEL.

BIENVENIDA (Antonio Mejías Jiménez, llamado **Antonio),** *Caracas 1922-Madrid 1975,* matador de toros español. Tomó la alternativa en 1942 y fue maestro clásico con el capote, la muleta y las banderillas.

BIERMANN (Ludwig), *Hamm 1907-Munich 1986,* astrofísico alemán. Autor de trabajos sobre la física de los plasmas, el Sol y los cometas, sugirió la existencia del viento solar (1951).

BIERUT (Bolesław), *cerca de Lublin 1892-Moscú 1956,* político polaco. Presidente del gobierno provisional (1945) de la república (1947-1952), del consejo de ministros (1952-1954) y secretario general del Partido obrero unificado polaco (1948-1956), dirigió la alineación de su país según el modelo soviético.

BIERZO (El), comarca de España (León), avenada por el Sil y sus afluentes. Minería en declive.

BIGARNY, BIGUERNY o **VIGARNY** (Felipe de), conocido también como **Felipe de Borgoña**, *Langres h. 1475-Toledo 1542,* escultor español de origen borgoñón. En la transición entre el gótico y el renacimiento, en 1498 se instaló en Burgos, en cuya catedral se halla la mayoría de su obra. También trabajó en las catedrales de Toledo, Granada y Salamanca.

BIGATTI (Alfredo), *Buenos Aires 1898-íd. 1964,* escultor argentino. Neoclásico, destaca su *Monumento al general Mitre* (La Plata 1942).

BIGNONE (Reynaldo), *Morón 1928,* político y militar argentino. Participó en el golpe de estado militar de 1976 y fue presidente de la república de 1982 a 1983.

BIHĀR, estado de la India, en el NE del Decán y en el E de la llanura del Ganges; 94 150 km²; 64 530 000 hab.; cap. *Paṭnā.*

BIHOR o **BIHAR** → APUSENI.

BIHZĀD (Kamāl al-Dīn) → BEHZĀD.

BIISK, c. de Rusia, en Siberia, a orillas del Ob; 235 000 hab. Centro industrial.

BIJAGOS (islas) → BISSAGOS.

BIJĀPUR, c. de la India (Karnātaka); 193 038 hab. Monumentos indomusulmanes de los ss. XVI-XVII (mausoleo Gol Gunbadh s. XVII).

BIKANER, c. de la India (Rājasthān); 415 355 hab. Textil. Fortaleza del s. XVI. Museo.

BIKILA (Abebe), *Jato 1932-Addis Abeba 1973,* atleta etíope. Doble campeón olímpico de maratón (1960, en Roma, donde se forjó su leyenda como el «corredor de los pies descalzos», y

1964), inauguró la línea de los grandes corredores de fondo del este de África.

BIKINI, atolón de Micronesia (islas Marshall), donde tuvieron lugar experimentos nucleares estadounidenses a partir de 1946.

BILAL (Enki), *Belgrado 1951,* dibujante y guionista de cómics francés de origen yugoslavo. Mezcla en sus cómics política-ficción y realismo (la *Trilogía Nikopol,* 1980-1992; la *Tetralogía del Monstruo,* 1998-2007). También es director de cine (*Bunker Palace Hotel,* 1989).

BILASPUR, c. de la India (Chhattisgarh); 233 570 hab.

BILBAO, en vasc. **Bilbo,** v. de España, cap. de la prov. de Vizcaya y cab. de p. j.; 354 271 hab. *(bilbaínos).* La ciudad forma con otras vecinas una extensa conurbación y un complejo económico que se extiende por la ría del Nervión. Es el principal núcleo industrial del País Vasco (siderurgia), cuyo gran desarrollo se produjo a fines del s. XIX y culminó con la creación de Altos hornos de Vizcaya. También destaca la química y el refino de petróleo. Importante actividad portuaria, cuya prosperidad data de los ss. XV-XVI, y financiera. Aeropuerto. — Catedral gótica de Santiago (1404). Santuario de Begoña. Edificios civiles del s. XIX. Museo de bellas artes y museo Guggenheim.

BILBAO (Francisco), llamado **el Apóstol de la libertad de América,** *Santiago 1823-La Plata 1865,* escritor y político chileno. Por sus *Boletines del espíritu* (1850) fue excomulgado y desterrado. Publicó también *El Evangelio americano* (1864) y fundó la Sociedad de la igualdad.

Bild, ant. **Bild Zeitung,** diario popular alemán, creado en 1952 por A. Springer. Por su tirada es el primer diario de Alemania.

BILDT (Carl), *Halmstad 1949,* político sueco. Presidente del Partido moderado (1986-1999), fue primer ministro (1991-1994). Tras desempeñar (desde 1995) funciones como emisario internacional en los Balcanes, en 2006 fue nombrado ministro de asuntos exteriores.

BILL (Max), *Winterthur 1908-Berlín 1994,* arquitecto, diseñador, pintor y escultor suizo. Pionero de una abstracción racional («arte concreto»), propició la síntesis de las artes.

BILLINGHURST (Guillermo), *Arica 1851-1915,* político peruano. Demócrata, se opuso a Leguía y lideró un movimiento popular que for-

zó su elección como presidente por el Congreso (1912). El ejército lo derrocó en 1914.

BILLINI (Francisco Gregorio), *Santo Domingo 1844-1898,* escritor, político y pedagogo dominicano. Presidente (1884-1885), impulsó un sistema de profesores ambulantes. Renunció al cargo y se dedicó a la literatura (*Engracia y Antoñita,* 1892) y el periodismo.

BILLITON → BELITUNG.

BINCHOIS (Gilles), *Mons h. 1400-Soignies 1460,* compositor francoflamenco. Compuso canciones y motetes polifónicos.

BINET (Alfred), *Niza 1857-París 1991,* psicólogo francés. Fundó la psicología experimental en Francia y creó el método de los tests de nivel intelectual *(test de Binet-Simon).*

BINFORD (Lewis), *Norfolk, Virginia, 1929* o *1931,* prehistoriador estadounidense. Estudia los procesos de evolución cultural (*Nuevas perspectivas en arqueología,* 1968) y es el pionero de la corriente teórica «Nueva arqueología».

BIN LADEN (Osama), *Riyāḍ 1957,* dirigente integrista islámico. Miembro de una multimillonaria familia saudí, en 1980 se instaló en Afganistán para promover la resistencia antisoviética. Más tarde, con la creación de la organización terrorista al-Qaeda, dirigió sus ataques hacia Estados Unidos. Los atentados del 11 de *septiembre de 2001 provocaron una amplia operación internacional en pos de su captura.

BINNING (Gerd), *Frankfurt 1947,* físico alemán. Diseñó, con H. Rohrer, el primer microscopio electrónico con efecto túnel. (Premio Nobel 1986.)

BIOBÍO o **BÍO-BÍO,** r. de Chile, en el Valle Central; 370 km. Pasa por Nacimiento y Concepción y desagua en el Pacífico. Navegable.

BIOBÍO (región del), región del centro de Chile; 36 929 km²; 1 729 920 hab.; cap. *Concepción.*

BIOCO o **BIOKO,** ant. **Fernando Poo,** isla de Guinea Ecuatorial; 2 017 km²; 80 000 hab.; cap. *Malabo.*

biodiversidad de Costa Rica (Instituto nacional de) o **Inbio,** institución privada costarricense creada en 1989, dedicada al análisis científico de las especies biológicas y su diversidad.

BION (Wilfred Ruprecht), *Muttra, act. Mathurā, India, 1897-Oxford 1979,* psiquiatra y psicoanalista británico. Estudió el desarrollo de la mente del niño y sus trastornos.

BIOT (Jean-Baptiste), *París 1774-íd. 1862,* astrónomo y físico francés. Estudió diversas cuestiones de astronomía, geofísica y sobre todo física (electromagnetismo).

BIOY CASARES (Adolfo), *Buenos Aires 1914-íd. 1999,* escritor argentino. Exponente de la literatura fantástica (*La *invención de Morel,* 1940; *Historia prodigiosa,* 1956), en ocasiones opta por una ambientación más real sin abandonar lo sobrenatural (*El sueño de los héroes,* 1954; *Diario de la guerra del cerdo,* 1969; *Dormir al sol,* 1973; *Historias desaforadas,* 1986). Con J. L. Borges escribió cuentos policíacos, a veces bajo el seudónimo de Bustos Domecq, y recopiló una *Antología de la literatura fantástica* (1940). [Premio Cervantes 1990.]

BIRĀTNAGAR, c. del E de Nepal; 130 000 hab.

BIRD (Junius Bouton), *Rye 1907-Nueva York 1982,* prehistoriador y arqueólogo estadounidense. Sus trabajos en yacimientos de cazadores-recolectores de Patagonia demostraron la antigüedad y la expansión de la población «paleoamerindia» en América del Sur (*Preceramic Cultures in Chicama and Virú. A Reappraisal of Peruvian Archaeology,* 1948).

BIRF o **BIRD** (Banco internacional de reconstrucción y fomento [o desarrollo]), organización internacional. Pertenece al grupo del *Banco mundial.

BIRKENAU, en polaco **Brzezinka,** localidad de Polonia. Campo de exterminio alemán, creado en 1941 a 3 km al SO de Auschwitz, cuyas víctimas fueron esencialmente judías.

BIRKENHEAD, c. de Gran Bretaña (Inglaterra), en el estuario del Mersey; 280 000 hab.

BIRKHOFF (George David), *Overisel 1884-Cambridge, Massachusetts, 1944,* matemático estadounidense. Desarrolló la teoría general de los sistemas dinámicos, siguiendo los trabajos de Poincaré.

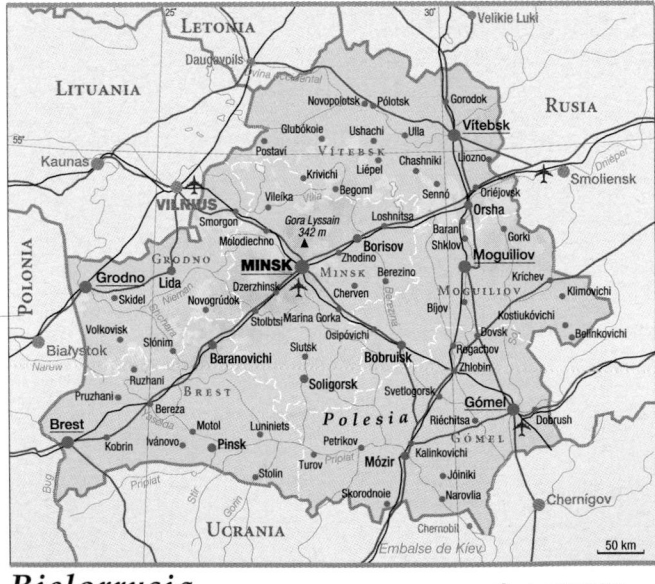

Bielorrusia

● más de 1 000 000 hab.			
carretera	● de 250 000 a 1 000 000 hab.		
ferrocarril	● de 100 000 a 250 000 hab.		
✈ aeropuerto	● menos de 100 000 hab.		

200 m — límite regional
Brest capital de región

■ ADOLFO **BIOY**
CASARES

■ **BISMARCK**

BIRMANIA, oficialmente **MYANMAR,** en birmano **Myanma,** en ingl. **Burma,** estado del Sureste asiático; 678 000 km²; 47 500 000 hab. *(birmanos).* CAP. *Nay Pyi Taw.* LENGUA: *birmano.* MONEDA: *kyat.*

GEOGRAFÍA

Agrupa en una federación, la Unión de Myanmar, a la ant. colonia de Birmania y 7 estados «periféricos» con minorías étnicas, a veces turbulentas, que representan el 20 o 25 % de la población total, de mayoría budista. Cruzado por el trópico y situado en el dominio del monzón, es un país casi del todo agrícola, notable productor de arroz, sobre todo en el delta del Irrawaddy, en la desembocadura de la gran depresión central, que es el eje del país. Otros cultivos (algodón, maní, caña de azúcar, té, hevea) son secundarios. La explotación forestal (teca, bambú) es el principal recurso (con la adormidera) de las regiones periféricas, montañosas, cortadas por los valles del Chindwin, el Irrawaddy y el Saluén.

HISTORIA

Los reinados de los thai (shan), los môn y los birmanos. 832: la civilización de los pyu, tibetobirmana, fue vencida por tribus thai. **S. IX:** los môn instauraron en la baja Birmania el reino de Pegu, y los birmanos del NE llegaron a Birmania central. **S. XI:** constituyeron un estado en Pagan (fundada en 849), que cayó en manos primero de los sinomongoles y después de los shan (1287-1299). **1347-1752:** los birmanos reconstituyeron un reino con capital en Toungoo. **1539-1541:** conquistaron el territorio môn y unificaron el país. **1752:** los môn se adueñaron de Ava y pusieron fin al reino de Toungoo. **1752-1760:** Alaungpaya reconstituyó el imperio birmano. **1810-1824:** se amplió con Manipur y Assam, perdido ante los británicos en 1826.
El dominio británico. 1852-1855: los británicos conquistaron Pegu y anexionaron Birmania al imperio de Gran Bretaña. **1942-1948:** Birmania, invadida por los japoneses (1942) y reconquistada por los Aliados en 1944-1945, accedió a la independencia (1948).
La Birmania independiente. 1948-1962: U Nu, primer ministro de la Unión birmana (1948-1956; 1957-1958; 1960-1962), se enfrentó a la guerra civil desencadenada por los comunistas y a la rebelión de los karen (1949-1955). **1962:** el general Ne Win instauró un régimen socialista y autoritario. No obstante, las rebeliones étnicas se reanudaron y las tensiones entre las minorías hinduista, musulmana y cristiana y la mayoría budista se mantuvieron. **1981:** Ne Win fue sustituido por el general San Yu en la jefatura del estado, pero conservó el poder efectivo como líder del partido único. **1988:** Ne Win y San Yu dimitieron de sus cargos; la oposición al poder militar se extendió y reclamó la democratización del régimen. **1990:** la oposición ganó las elecciones, pero los militares conservaron el poder. **1992:** la ONU condenó unánimemente a la junta en el poder por su política represiva. **1995:** Aung San Suu Kyi, líder de la oposición, que estaba sometida a arresto domiciliario desde 1989, fue liberada (sufrió nuevos arrestos domiciliarios de 2000 a 2002 y desde 2003). **1997:** a pesar de la ausencia de apertura política, el país fue admitido en el seno de la ASEAN. **2007:** nacidas de una protesta contra el encarecimiento de la vida, grandes manifestaciones de oposición al régimen militar, encabezadas por monjes budistas, fueron duramente reprimidas (sept.). **2008:** al tiempo que el paso del ciclón Nargis provocó un desastre humani-

tario, la junta organizó un referéndum para hacer aprobar una constitución que perpetúa su poder (mayo).
Birmania (carretera de), carretera de Rangún a Kunming (Yunnan), construida en 1938. Permitió a los Aliados abastecer China durante la segunda guerra mundial (1939-1942, 1945).
BIRMINGHAM, c. de Estados Unidos (Alabama); 265 968 hab. Metalurgia.
BIRMINGHAM, c. de Gran Bretaña (Inglaterra), en los Midlands; 934 900 hab. (2 500 400 en la aglomeración). Centro metalúrgico. Gracias al carbón y el hierro, en los ss. XVIII y XIX fue un núcleo de desarrollo de la industria británica. – Importante museo.
BIROBIDZHAN, c. de Rusia, cap. de la región autónoma de los Hebreos (ant. *Birobidzhan),* al O de Jabárovsk; 86 300 hab.
BĪRŪNĪ (al-), *Kat, Juārizm, h. 973-¿Gazni? d. 1050,* científico y enciclopedista de origen iraní. Viajó mucho, sobre todo por la India con el sultán Maḥmūd de Gazni. Ha dejado diversos tratados de matemáticas, astronomía, botánica y mineralogía. También fue historiador.
BISAYAS → VISAYAS.
BISHKEK, de 1925 a 1991 **Frunze,** cap. de Kirguizistán; 631 000 hab.
BISKRA › BESKRA.
BISMARCK (archipiélago), archipiélago de Melanesia, dependencia de Papúa y Nueva

Guinea. La isla principal es Nueva Bretaña. Ant. colonia alemana (1884-1914).
BISMARCK (Otto, príncipe **von),** *Schönhausen 1815-Friedrichsruh 1898,* político prusiano. Elevado a la presidencia del consejo de Prusia por Guillermo I (1862), llevó a cabo la unidad alemana en beneficio de Prusia (1864-1871). Tras derrotar a Austria en Sadowa (1866), creó la Confederación del Norte de Alemania. Tras la guerra franco-alemana (1870-1871), que terminó con la victoria alemana y la anexión de Alsacia y Lorena, hizo proclamar el Imperio alemán en Versalles (18 en. 1871). Canciller de dicho imperio (II Reich), practicó una política autoritaria: inició contra los católicos el Kulturkampf (1871-1878) y se esforzó por neutralizar a los socialdemócratas mediante la represión y la adopción de una legislación social avanzada. Tuvo que renunciar a la alianza de los tres emperadores (Alemania, Austria y Rusia), y concluyó con Italia y Austria la Triple alianza (1882). Abandonó el poder en 1890, poco después del advenimiento de Guillermo II.
BISMUNA, laguna del NE de Nicaragua, junto al Caribe.
BISOTUN → BEHISTÚN.
BISQUERTT (Próspero), *Santiago 1881-íd. 1959,* compositor chileno, autor de cuartetos de cuerda *(Aires chilenos,* 1947), sinfonías *(Poema lírico,* 1910) y poemas sinfónicos *(Procesión del Cristo de mayo,* 1930; *Metrópolis,* 1940).

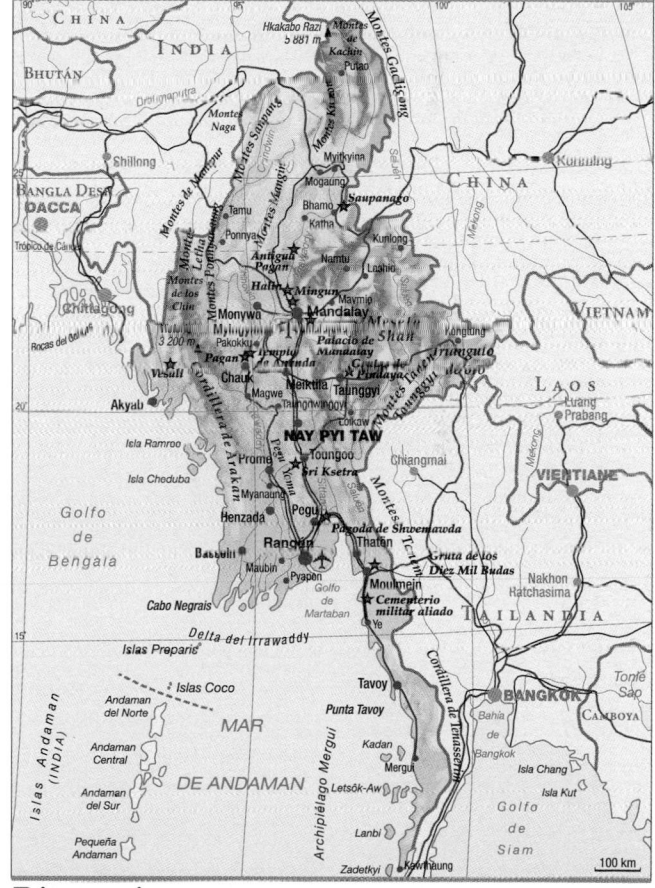

Birmania

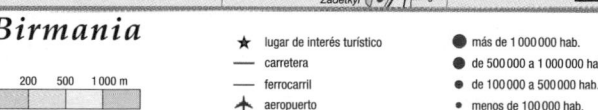

200   500   1 000 m

★ lugar de interés turístico
— carretera
⊢ ferrocarril
✈ aeropuerto

● más de 1 000 000 hab.
● de 500 000 a 1 000 000 hab.
● de 100 000 a 500 000 hab.
• menos de 100 000 hab.

100 km

BISSAGOS o **BIJAGOS** (islas), archipiélago de Guinea-Bissau.

BISSAU, cap. de Guinea-Bissau; 127 000 hab. Aeropuerto.

BITETTI (Ernesto), *Rosario 1943*, guitarrista argentino. Destaca como intérprete de compositores españoles y argentinos.

BITINIA, ant. región y reino del NO de Asia Menor, a orillas del Ponto Euxino y de la Propóntide. Independiente del s. III a 74 a.C., fue anexionada por Roma.

BITOLA o **BITOLJ**, ant. **Monastir**, c. de Macedonia; 84 000 hab. Mezquita del s. XVI. Museo arqueológico.

BITRÜYÏ (Abū Ishāq al-), conocido como **Alpetragius**, *Los Pedroches, Córdoba-h. 1204*, astrónomo hispanoárabe. Discípulo de Abentofail, en su *Libro de astronomía* intentó dar una explicación mecánica de los movimientos planetarios que mostrara el acuerdo entre el sistema de las esferas homocéntricas y la física de Aristóteles.

BITTI (Bernardo), *Ancona 1548-Lima 1610*, pintor italiano activo en Perú. Jesuita, se formó en el manierismo y tuvo numerosos discípulos. Una de sus mejores obras la realizó en la iglesia de la Compañía, en Lima. También hay obras suyas en Sucre, y en las iglesias de San Pedro de Lima y de la Compañía de Arequipa.

BIYA (Paul), *Mvomeka'a, cerca de Meyomessala, 1933*, político camerunés. Sucesor de Ahidjo en la presidencia de la república (1982), ha sido regularmente reelegido desde entonces.

BIZANCIO, colonia griega fundada en el s. VII a.C. en el Bósforo. En el mismo emplazamiento se creó Constantinopla, que fue capital del Imperio bizantino, y posteriormente, con el nombre de *Istanbul*, del Imperio otomano.

BIZANTINO (Imperio), nombre que recibe el Imperio romano de Oriente cuya capital era Constantinopla y que duró de 295 a 1453. **324-330**: Constantino fundó Constantinopla en el emplazamiento de Bizancio. **395**: Teodosio I dividió el Imperio romano; el Imperio de Oriente fue confiado a Arcadio. **527-565**: Justiniano I trató de restablecer el Imperio romano en sus antiguas fronteras, pero los bizantinos fueron atacados por los bárbaros: eslavos en los Balcanes, lombardos en Italia, iranios en Siria. **610-711**: con los Heráclidas, el Imperio dejó de ser romano para convertirse en grecooriental. **636-642**: perdió Siria y Egipto, conquistados por los árabes. **717-802**: durante la dinastía isáurica estalló la querella de las imágenes (iconoclastia). Bizancio perdió Ravena (751). **820-867**: durante la dinastía de Amorio se restableció definitivamente el culto de las imágenes (843). **867-1057**: el Imperio alcanzó su apogeo con la dinastía macedonia. **1054**: el papa León IX y el patriarca Miguel Cerulario se excomulgaron recíprocamente (cisma de oriente). **1071**: los turcos llegaron a Asia Menor. **1081-1185**: los Comneno concedieron ventajas comerciales a Venecia y no pudieron resistir a los turcos ni a los normandos. **1185-1204**: los Ángelo no pudieron evitar el hundimiento del Imperio. **1204**: los cruzados tomaron Constantinopla. Se formaron principados griegos en Epiro, Trebisonda y Nicea. **1258-1453**: los Láscaris de Nicea restauraron el Imperio. **1258-1453**: los Paleólogos, que reconquistó Constantinopla (1261), aseguró la supervivencia del Imperio. **1453**: los turcos tomaron Constantinopla.

BIZERTA, c. de Túnez; 94 500 hab. Puerto. Refino de petróleo. Base naval en el Mediterráneo, en la desembocadura del *lago de Bizerta*.

BIZET (Georges), *París 1838-Bougival 1875*, compositor francés. Es autor de obras maestras del teatro lírico (*La arlesiana*, 1872; *Carmen*, 1874).

BIZKAIA → **VIZCAYA**.

BJERKNES (Vilhelm), *Cristianía, act. Oslo, 1862-íd. 1951*, geofísico noruego. Es autor de trabajos precursores en meteorología, en los que aplica la mecánica de fluidos a los movimientos de la atmósfera y del océano.

BJÖRK (Björk Guðmundsdóttir, llamada), *Reykjavík 1965*, cantante y compositora islandesa. Ha contribuido al éxito del rock alternativo tanto por sus investigaciones musicales

■ GEORGES **BIZET**   ■ TONY **BLAIR**

como por sus proezas vocales (*Debut*, 1993; *Post*, 1995; *Homogenic*, 1997; *Volta*, 2007).

BJØRNSON (Bjørnstjerne), *Kvikne 1832-París 1910*, escritor noruego. Uno de los principales dramaturgos de su país (*Una quiebra*, 1875; *Más allá de las fuerzas humanas*, 1883-1895), tuvo un papel importante en la separación de Noruega y Suecia. (Premio Nobel 1903.)

BLACK (Joseph), *Burdeos 1728-Edimburgo 1799*, físico y químico británico. Fue el primero en diferenciar claramente temperatura y cantidad de calor.

BLACKBURN, c. de Gran Bretaña (Inglaterra), al NO de Manchester; 110 000 hab.

Black Muslims («Musulmanes negros»), movimiento separatista negro estadounidense, fundado en 1930. Apela al islam y se opone a la integración de los negros en la sociedad norteamericana.

Black Panthers («Panteras negras»), organización de autodefensa formada en 1966, en Estados Unidos, por revolucionarios negros que reivindican el «poder negro» (*black power*).

BLACKPOOL, c. de Gran Bretaña (Inglaterra), junto al mar de Irlanda; 144 500 hab. Estación balnearia.

BLACKSTONE (sir William), *Londres 1723-íd. 1780*, jurista británico. Sus *Commentaries on the Laws of England* (1765-1769) vulgarizaron el derecho inglés e influyeron en las ideas constitucionales británicas.

BLADES (Rubén), *Panamá 1948*, compositor y cantante panameño. Autor e intérprete de música caribeña de cariz social, se asoció con la orquesta de Willie Colón entre 1975 y 1982 (*Plantación adentro*, 1977; *Pedro Navaja*, 1978). También ha actuado en el cine. En 1994 fue candidato a la presidencia de Panamá.

BLAGA (Lucian), *Lancrăm 1895-Cluj 1961*, dramaturgo, poeta y filósofo rumano. En su obra cumbre *Poemele luminii* (1919) captó, a través de mitos, espiritualidad y paisajes, la esencia de la cultura rumana.

BLAGOVÉSCHENSK, c. de Rusia, en la frontera china; 214 000 hab.

BLAI (Pere), *m. en Barcelona 1620*, arquitecto español. Realizó en estilo renacentista la fachada y el salón de Sant Jordi del palacio de la Generalidad (Barcelona, 1596-1619). También trabajó en la catedral de Tarragona.

BLAIR (Anthony, llamado **Tony**), *Edimburgo 1953*, político británico. Líder del Partido laborista (1994-2007). Fue primer ministro desde 1997 hasta 2007. Llevó a cabo la reforma del estado del bienestar, modernizó las instituciones del reino (descentralización) y arbitró la solución del conflicto de Irlanda del Norte. En política exterior fue proeuropeo y dio pruebas de su condición de fiel aliado de Estados Unidos (especialmente durante la guerra de Iraq).

BLAKE (Robert), *Bridgwater 1599-frente a las costas de Plymouth 1657*, almirante inglés. Dirigió la flota al servicio de Cromwell, asegurando a los ingleses el dominio del canal de la Mancha. En 1657 destruyó una escuadra española anclada al abrigo de los fuertes de Tenerife.

BLAKE (William), *Londres 1757-íd. 1827*, poeta y grabador británico. Sus poemas líricos y épicos (*Cantos de inocencia*, 1789; *Cantos de experiencia*, 1794) unen el asombro respeto a la creación humana a la mitología que remite simultáneamente a la Revolución francesa y a una metafísica personal. Ilustró sus propios escritos (grabados, acuarelas).

BLAKEY (Art), *Pittsburgh 1919-Nueva York 1990*, batería de jazz estadounidense. Inspirador de varias generaciones desde el bop, en 1954 fundó el grupo Jazz Messengers.

BLANC (Louis), *Madrid 1811-Cannes 1882*, historiador y político francés. Teórico del socialismo, fue miembro del gobierno en 1848, y vio cómo fracasaba su proyecto de talleres sociales. Fue desterrado a Gran Bretaña, de donde regresó en 1870.

BLANCA (bahía), bahía de Argentina (Buenos Aires). Lugar turístico.

BLANCA (cordillera), cordillera del N de Perú, en la cordillera Occidental de los Andes. Alcanza notables altitudes (Huascarán, 6 768 m; Hualcán, 6 150 m).

BLANCA I, *1386-1441*, reina de Navarra (1425-1441) y condesa de Nemours. Esposa de Martín el Joven de Sicilia y luego de Juan II de Aragón, su testamento provocó la guerra civil entre agramonteses y beaumonteses.

BLANCA II, *Olite 1424-Lescar 1464*, reina de Navarra (1461-1464). Apoyó a su hermano Carlos de Viana en la guerra por el reino navarro, enfrentándose a su padre, Juan II. A la muerte de Carlos, jurada reina, renunció en favor de su ex marido Enrique IV de Castilla (1462).

BLANCA DE BORBÓN, *h. 1335-Medina-Sidonia, 1361*, reina de Castilla (1353-1361). Esposa de Pedro I, pasó su vida confinada.

BLANCA DE CASTILLA, *Palencia 1188-Maubuisson 1252*, reina de Francia. Hija de Alfonso VIII de Castilla y esposa de Luis VIII de Francia, ejerció la regencia tras la muerte de Luis (1226).

■ **BLANCA DE CASTILLA.**
Genealogía de los reyes navarros y de Castilla.
(Biblioteca nacional, Madrid.)

BLANCA DE NÁPOLES o **DE ANJOU**, *1283-Barcelona 1310*, reina de Aragón (1295-1310), esposa de Jaime II de Aragón y madre del futuro Alfonso IV.

BLANCA DE NAVARRA, *m. en 1155*, reina de Castilla (1151-1155), hija de García Ramírez IV de Navarra y esposa de Sancho III de Castilla.

BLANCAFORT (Manuel), *La Garriga 1897-Barcelona 1987*, compositor español. Influido por los impresionistas, Stravinski y el grupo de los Seis, compuso piezas para piano, obras sinfónicas, conciertos, etc.: *Parque de atracciones*

■ WILLIAM **BLAKE**. *El Gran Dragón y la mujer revestida de sol* (1805). [National Gallery of Art, Washington.]

■ EL ARTE BIZANTINO

La síntesis perfecta entre helenismo, orientalismo e influencia romana realizada por la civilización bizantina constituye el principal rasgo de su originalidad. El arte bizantino, esencialmente espiritual, es a un tiempo el garante del dogma y el propagador de la fe cristiana. Así, tanto la arquitectura como la iconografía contribuyen a transmitir el simbolismo religioso. La cúpula, evocación del cielo por antonomasia, queda reservada a Cristo, mientras que el ábside es destinado a la Virgen de la Encarnación, y el universo terrestre se despliega majestuosamente a lo largo de los muros de la nave central.

Santa Sofía de Constantinopla (s. IV). Aunque su planta se inspira en la basílica romana, su concepción, con un inmenso espacio central iluminado y una imponente cúpula que preside todas las estructuras, resulta extremadamente innovadora.

I'laca de una puerta del coro. Marfil (s. VIII). Los guardias adormecidos delante del sepulcro de Cristo, debajo, las dos Marías ante Cristo resucitado. (Museo del Castello Sforzesco, Milán.)

Santa Sofía de Tesalónica (s. VIII). La equilibrada combinación entre una planta alargada y otra central, con una cúpula poco elevada la convierten en la precursora de las posteriores basílicas de cruz griega y cúpula de tambor.

Moisés recibiendo las Tablas de la Ley. Miniatura del *Salterio de París* (1ª mitad del s. X). En esta miniatura, todo —composición, estilo, colorido— evoca la antigüedad clásica, al tiempo que ilustra el renacimiento que tuvo lugar en tiempo de los macedonios. (Biblioteca nacional, París.)

Lamentación de Cristo. Fresco (s. XII) de la iglesia de Sveti Panteleimon en Nerezi, cerca de Skopje. Esta composición, obra probablemente de artistas procedentes de Constantinopla, logra una conciliación armoniosa entre el ritmo de la composición, la agilidad de las líneas, la tendencia al realismo y una sobria tensión dramática.

Virgen de Vladimir. Este icono del s. XII, que llegó de Constantinopla de la mano de un príncipe ruso que lo donó a la catedral de Vladimir, fue el precursor de los iconos conocidos como las «Vírgenes de la ternura». (Galería Tretiakov, Moscú.)

Iglesia de los Santos Teodoros (Mistra, s. XIII). Constituye un buen ejemplo de la consecución de planos bien definidos con una distribución proporcionada de los distintos volúmenes. La cúpula, que se alza encima de un elevado tambor, contribuye a subrayar la verticalidad y la impresión de ligereza del conjunto. La decoración a base de piedras y ladrillos es típica de la tradición griega.

(1920-1924), *Evocaciones* (1969), *Tripticum sacrum* (1985).

Blancanieves, personaje de un cuento de los hermanos Grimm (1812). Esta joven princesa, refugiada en casa de los siete enanitos y envenenada por su madrastra, no volverá a la vida hasta que aparezca el Príncipe Azul. — La película de dibujos animados de W. Disney (*Blancanieves y los siete enanitos*, 1938) está inspirada en este cuento.

BLANCHARD (María **Gutiérrez Blanchard,** llamada María), *Santander 1881-París 1932,* pintora española. A partir de 1909 residió en París, donde recibió una fuerte influencia cubista. Realizó obras de temática familiar y naturalezas muertas.

BLANCO, r. de México, en la vertiente atlántica; 150 km. Su cuenca alberga una región industrial.

BLANCO (cabo), cabo del NO de Costa Rica, en la península de Nicoya.

BLANCO (cabo), cabo de África, en Mauritania.

BLANCO (mar), mar formado por el océano Ártico, al NO de Rusia.

BLANCO (Andrés Eloy), *Cumaná 1896-México 1955,* escritor y político venezolano. Combatió la dictadura de J.V. Gómez, por lo que sufrió la cárcel y el exilio. Poeta popular (*Tierras que me oyeron,* 1921; *Poda,* 1934; *Barco de piedra,* 1937; *Giraluna,* 1955), fue también dramaturgo y ensayista.

BLANCO (Manuel), *Nervianos de Alba, Zamora, 1778-en Filipinas 1845,* botánico español. Agustino, es autor del primer estudio científico de la botánica filipina (*Flora de Filipinas. Según el sistema de Linneo,* 1837).

BLANCO (Salvador Jorge), *Santiago 1926,* político dominicano, presidente de la república (1982-1986) con el Partido revolucionario dominicano.

BLANCO-AMOR (Eduardo), *Orense 1897-Vigo 1979,* escritor español en lenguas gallega y castellana. Cultivó la poesía (*Romances galegos,* 1928; *Cancioneiro,* 1956), la narrativa (*La parranda,* 1959, hito de la novela gallega contemporánea por introducir en su época novedades literarias como el tremendismo, el ritmo cinematográfico o perspectivas suburbanas; *Las musarañas,* 1962), el teatro, el ensayo y el periodismo.

BLANCO FOMBONA (Rufino), *Caracas 1874-Buenos Aires 1944,* escritor venezolano. Representante del modernismo, fue poeta, narrador (*Cuentos americanos,* 1904) y novelista (*El hombre de hierro,* 1907). Destaca su diario *Camino de imperfección* (1929) y su labor como historiador (*El conquistador español del siglo XVI. Ensayo de interpretación,* 1921) y crítico literario.

blanco nacional (Partido), organización política uruguaya, conservadora y nacionalista, creada en la primera mitad del s. XIX. Ocupó el poder hasta fines del s. XIX, y lo recuperó en 1958-1966 y en 1990-1995. Fue declarado ilegal de 1976 a 1982.

BLANCO WHITE (José María **Blanco y Crespo,** llamado), *Sevilla 1775-Liverpool 1841,* escritor español en lengua castellana e inglesa. Poeta (su soneto *Mysterious Night* fue celebrado por Coleridge), periodista y polemista religioso, escribió *Cartas desde España* (1822), de gran vigor crítico, y una autobiografía (*The Life,* 1845).

blandengues (cuerpo de), tropa criolla de caballería organizada en el virreinato del Río de la Plata en 1752 y definitivamente reconocida en 1797, para defender las fronteras de la Banda Oriental.

BLANES, v. de España (Gerona), cab. de p. j.; 30 441 hab. (*blandenses*). Industria textil y de la construcción. Turismo. Iglesia del s. XV. Es la romana *Blanda.*

BLANES (Juan Manuel), *Montevideo 1830-Pisa 1901,* pintor uruguayo. Fue el iniciador de la pintura histórica en Río de la Plata.

Blanquerna, novela utópica de Ramon Llull (h. 1283-1285, publicada en 1521), dentro de la cual se inserta el *Libro de amigo y amado.*

BLANQUI o **BIANCHI** (Andrés), *Milán 1677-Córdoba 1740,* arquitecto italiano activo en Ar-

 ■ ANDRÉS ELOY BLANCO

 ■ VICENTE **BLASCO** IBÁÑEZ

gentina. Jesuita, realizó en Buenos Aires importantes iglesias (el Pilar, 1720; la Merced, 1721-1733; San Telmo, 1734), la fachada antigua de la catedral, el cabildo (1725). También produjo numerosas obras en Córdoba.

BLANQUI (Louis Auguste), *Puget-Théniers 1805-París 1881,* teórico socialista y político francés. Carbonario (1824), participó en las manifestaciones obreras de 1848 y en la Comuna. Fue el inspirador del sindicalismo revolucionario (*blanquismo*).

BLANQUILLA (La), isla de Venezuela, en el Caribe; 32 km².

BLANTYRE, c. de Malawi; 403 000 hab. Principal ciudad del país.

BLASCO (Jesús), *Barcelona 1919-íd. 1995,* dibujante y guionista de cómic español. Creó los personajes de *Cuto* (1935) y *Anita Diminuta* (1941) e historietas ya clásicas del cómic europeo (*Zarpa de acero,* 1962; *Los guerrilleros,* 1968). En 1986 dibujó los nuevos episodios de *El capitán Trueno.*

BLASCO IBÁÑEZ (Vicente), *Valencia 1867-Menton, Francia, 1928,* novelista español. Naturalismo y realismo confluyen en sus novelas *La barraca* (1898) y **Cañas y barro* (1902), centradas en su tierra valenciana. *Sangre y arena* (1908) y *Los cuatro jinetes del Apocalipsis* (1916), llevadas al cine, le dieron fama internacional. Republicano, fundó su propio partido regionalista.

BLASIS (Carlo), *Nápoles 1795-Cernobbio 1878,* bailarín y coreógrafo italiano. Autor de obras didácticas sobre la danza clásica (*Tratado elemental del arte de la danza,* 1820), fue profesor en la escuela de la Scala de Milán, donde formó a algunas de las mayores bailarinas del s. XIX.

BLAU (Peter), *Viena 1918,* sociólogo estadounidense de origen austriaco. Ha elaborado una teoría de las organizaciones y contribuido al análisis de la estratificación social.

Blaue Reiter (Der), en esp. **El jinete azul,** movimiento artístico (1911-1914) constituido en Munich por Kandinsky, los pintores alemanes Franz Marc (1880-1916) y August Macke (1887-1914), el pintor ruso Alexei von Jawlensky (1864-1941), etc. Su registro estético se situaba en la confluencia del fauvismo, la abstracción, la espontaneidad lírica y «primitivista» y el expresionismo. R. Delaunay y P. Klee, entre otros, participaron en el movimiento (Munich, Berlín).

 ■ DER **BLAUE REITER.** *Pequeño caballo azul* (1912), Franz Marc. (Museo de Sarre, Sarrebruck.)

BLAVATSKY (Helena Petrovna), *Ekaterinoslav, act. Dnipropetrovsk, 1831-Londres 1891.* Cofundadora, junto con el coronel H. S. Olcott, de la Sociedad teosófica (1875), es una de las figuras más influyentes del ocultismo contempo-

ráneo. Es autora de *Isis sin velo* (1877) y la *Doctrina secreta* (1888).

BLAY (Miquel), *Olot 1866-Madrid 1936,* escultor español. Autor modernista de obras decorativistas y alegóricas, su estilo evolucionó hacia un mayor monumentalismo.

BLEGER (José), *Ceres, Santa Fe, 1922-Buenos Aires 1972,* psiquiatra y psicoanalista argentino, figura destacada del movimiento analítico sudamericano (*Psicoanálisis y dialéctica materialista,* 1958).

BLENKINSOP (John), *Leeds 1783-íd. 1831,* ingeniero británico. Desde 1811 construyó las primeras locomotoras que efectuaron un servicio regular en las minas de hulla.

BLÉRIOT (Louis), *Cambrai 1872-París 1936,* aviador y constructor de aviones francés. Fue el primero en cruzar en avión el canal de la Mancha (1909).

BLEST GANA (Alberto), *Santiago 1830-París 1920,* novelista chileno. Realista, tras *La aritmética del amor* (1860) su narrativa se consolidó con **Martín Rivas* (1862), *Durante la reconquista* (1897) y *Los trasplantados* (1904).

BLIDA → BOULAÏDA (El-).

BLIXEN (Karen), *Rungsted 1885-íd. 1962,* escritora danesa. Es autora de relatos (*Siete cuentos góticos,* 1934) y novelas (*Mi granja africana,* 1937).

BLOCH (Ernst), *Ludwigshafen 1885-Tubinga 1977,* filósofo alemán. Hizo un estudio marxista de la utopía (*El principio de esperanza,* 1954-1959).

BLOCH (Marc), *Lyon 1886-Saint-Didier-des-Formans 1944,* historiador francés. Renovó los estudios históricos y propugnó una historia económica y social. Fundó con L. Febvre la revista *Annales d'histoire économique et sociale* (1929). Fue fusilado por los alemanes.

BLOEMAERT (Abraham), *Gorinchem 1564-Utrecht 1651,* pintor holandés. Representante de la escuela de Utrecht, su obra, al principio manierista, es muy variada y de un gran virtuosismo. Influyó en numerosos discípulos (entre ellos sus hijos, grabadores o pintores), especialmente con sus dibujos de paisajes.

BLOEMFONTEIN, c. de Sudáfrica, cap. del Estado Libre; 300 150 hab.

BLOIS, c. de Francia, cap. del dep. de Loir-et-Cher, a orillas del Loira; 51 832 hab. Castillo (ss. XIII a XVII, muy restaurado en el s. XIX). Catedral (ss. X-XVII). — Fue residencia favorita de los reyes de Francia en el s. XVI.

Blois (tratados de), nombre de cuatro tratados entre Francia, España y el Imperio, concluidos a principios del s. XVI (1504, 1505, 1509, 1512).

BLOK (Alexander Alexándrovich), *San Petersburgo 1880-íd. 1921,* poeta ruso. Es uno de los principales representantes del simbolismo ruso (*La ciudad,* 1904-1911; *Los doce,* 1918).

BLOOM (Harold), *Nueva York 1930,* ensayista estadounidense. Catedrático de humanidades en las universidades de Yale y York, sus ensayos literarios divergen de la crítica tradicional (*Poesía y represión,* 1976; *El canon occidental,* 1994; *Shakespeare: la invención de lo humano,* 1998; *Genios,* 2005).

BLOOMFIELD (Leonard), *Chicago 1887-New Haven 1949,* lingüista estadounidense. Su obra *Lenguaje* (1933) fundó la escuela estructuralista norteamericana.

Bloqueo continental, medidas tomadas por Napoleón I (1806-1808) para cerrar al comercio británico los puertos europeos.

BLOW (John), *Newark 1648 o 1649-Londres 1708,* compositor inglés. Escribió obras religiosas y la ópera *Venus y Adonis* (h. 1685).

BLÜCHER (Gebhard Leberecht), príncipe **Blücher von Wahlstatt,** *Rostock 1742-Krieblowitz 1819,* mariscal prusiano. Su ejército (1813-1815) contribuyó a la victoria de Leipzig (1813). Derrotado por Napoleón en Ligny, intervino de forma decisiva en Waterloo (1815).

BLUEFIELDS, c. de Nicaragua, cap. de la Región Autónoma Atlántico Sur, en la *bahía de Bluefields;* 35 730 hab. Industria. Puerto exportador de El Bluff.

BLUE MOUNTAINS, nombre que reciben varias cadenas montañosas, en particular en Australia y Estados Unidos (en los Apalaches).

BLUM (Léon), *París 1872-Jouy-en-Josas 1950*, político francés. Socialista, rechazó adherirse a la III Internacional. Líder de la SFIO, presidió un gobierno de Frente popular (1936-1937 y 1938). Deportado a Alemania (1943), fue de nuevo presidente del gobierno en 1946-1947.

BLUMENAU, c. del SE de Brasil (Santa Catarina); 211 677 hab.

BLUNT (Anthony), *Bournemouth 1907-Londres 1983*, historiador del arte británico. Se especializó en arte clásico francés.

BOABDIL alteración del nombre árabe **Abū 'Abd Allāh**, *Granada-Vaco de Bacona, Marruecos, 1527*, último sultán nazarí de Granada, con el nombre de *Muḥammad XI* (1482-1483 y 1486-1492). Luchó contra su padre, Muley Hacén, y su tío, el Zagal, propiciando la toma de Granada (1492) por los Reyes Católicos.

BOACO (departamento de), dep. de Nicaragua, en el Escudo central; 4 982 km²; 117 900 hab.; cap. *Boaco* (24 758 hab.).

BOADELLA (Albert), *Barcelona 1943*, director de teatro español. Fundador en la década de 1960 de la compañía Els joglars, sus montajes parodian instituciones (*Teledeum*, 1983) y personalidades (*Ubú president*, 1995; *Daaalí*, 1999).

BOADICEA o **BUDICCA**, *m. en 61 d.C.*, esposa de un rey de la isla de Bretaña. Luchó contra los romanos y, vencida, se envenenó.

BOADILLA DEL MONTE, v. de España (Madrid); 20 686 hab. *(navalmereños)*. Ciudad dormitorio de Madrid. Campus.

BOAL (Augusto Pinto), *Río de Janeiro 1931-íd. 2009*, director, autor e investigador teatral brasileño. Autor de obras políticas (*Revolución en América del Sur*, 1961), fundó el Teatro arena (1956), grupo renovador de la escena brasileña, inscrito en la poética del «teatro del oprimido».

BOAS (Franz), *Minden 1858-Nueva York 1942*, antropólogo estadounidense de origen alemán. Estudió en trabajos de campo a numerosos pueblos amerindios de Norteamérica, definiendo las condiciones para un enfoque riguroso de las culturas (*Cuestiones fundamentales de antropología cultural*, 1911).

BOBADILLA (Francisco de), *m. en 1502*, gobernador español de las Indias de 1499 a 1501, enviado a intervenir en La Española por la polémica gestión de C. Colón y sus hermanos.

BOBBIO (Norberto), *Turín 1909-íd. 2004*, filósofo italiano. Catedrático de filosofía del derecho (*Teoría de la ciencia jurídica*, 1950) y de filosofía política (*De Marx a Hobbes*, 1965), definió las condiciones de implantación de la democracia (*El tiempo de los derechos*, 1990).

BOBO-DIOULASSO, c. del SO de Burkina Faso; 231 000 hab.

BOBRUISK, c. de Bielorrusia, junto al Berezina; 223 000 hab.

BOCA (La), típico barrio portuario de Buenos Aires, junto al Riachuelo.

BOCA DEL RÍO, mun. de México (Veracruz), en el litoral del golfo de México; 61 883 hab. Turismo.

BOCANEGRA o **BOCCANEGRA**, familia genovesa cuyo origen se remonta al s. XIII, que dirigió el partido popular. — **Simone B.**, *m. en 1363*, primer dux de Génova. Murió envenenado. Inspiró a Verdi la ópera *Simón Bocanegra* (1857), basada en la obra homónima de Antonio García Gutiérrez (1843). — **Egidio** o **Gil B.**, *m. en Sevilla 1367*, marino genovés. Dirigió el asedio de Gibraltar (1341) como almirante de Castilla al servicio de Alfonso XI, e intervino en

■ LÉON **BLUM** en 1937.   ■ JULIO **BOCCA**

la guerra civil castellana. — **Ambrosio B.**, *m. en Palma del Río 1373*, almirante de Castilla. Hijo de Egidio, mandó la escuadra castellana y derrotó a los portugueses (1370) y a los ingleses (La Rochela, 1372).

BOCANEGRA (Matías de), *Puebla de los Ángeles 1612-México 1668*, jesuita y poeta mexicano. En *Canción a la vista de un desengaño* exalta la vida religiosa sobre la mundana.

BOCANEGRA (Pedro Atanasio), *Granada 1638-íd. 1689*, pintor español. Representante de la escuela barroca andaluza, con influencia de Alonso Cano, pintó obras religiosas.

BOCÁNGEL (Gabriel), *Madrid 1603-íd. 1658*, poeta español. Expuso su poética, de una matizada estética barroca, en el prólogo a *Rimas y prosas* (1627). Además de *La lira de las musas* (1637), escribió teatro y tratados en prosa.

BOCAS DEL TORO (provincia de), prov. de Panamá, a orillas del Caribe; 8 917 km²; 93 361 hab.; cap. *Bocas del Toro* (12 000 hab.).

BOCCA (Julio), *Buenos Aires 1967*, bailarín argentino. Caracterizado por un estilo espontáneo a la vez teatral y virtuoso, fue primer bailarín del teatro Colón de Buenos Aires y del American Ballet Theatre. En 1990 fundó su propia compañía, el Ballet argentino. Se retiró en 2007.

BOCCACCIO (Giovanni), *Florencia o Certaldo 1313-Certaldo 1375*, escritor italiano. Autor de idilios mitológicos, alegóricos (*Ninfale fiesolano*, 1344-1346) o psicológicos (*Elegia di madonna Fiammetta*, h. 1343), y del *Decameron*, fue el primer gran prosista italiano.

■ **BOCCACCIO**. Detalle de un fresco de Andrea del Castagno (Florencia).

BOCCHERINI (Luigi), *Lucca 1743-Madrid 1805*, compositor y violonchelista italiano. Es autor de quintetos y cuartetos de cuerda, un *Stabat Mater*, sonatas, sinfonías y conciertos para violonchelo. Vivió en Madrid desde 1769. Fue músico de cámara del infante de España Luis y de Federico Guillermo II de Prusia.

BOCCIONI (Umberto), *Reggio di Calabria 1882-Verona 1916*, pintor, escultor y teórico italiano. Futurista, tomó del divisionismo, del arte besco modernista y del cubismo los medios para expresar el movimiento.

BOCHICA MIT. AMER. Entre los chibchas, héroe civilizador, enviado por el dios creador para enseñar la cultura y las artes.

BOCHUM, c. de Alemania (Rin del Norte-Westfalia), en el Ruhr; 393 053 hab. Universidad. Metalurgia (automóvil).

BOCK (Fedor von), *Küstrin 1880-Lehnsahn 1945*, mariscal alemán. Estuvo al mando del ejército en Polonia, Francia y Rusia (1939-1942). Tras su derrota ante Moscú (1941) fue apartado de sus funciones por Hitler.

BÖCKLIN (Arnold), *Basilea 1827-cerca de Fiesole, Italia, 1901*, pintor suizo. Es autor de composiciones mitológicas y simbólicas en las que subyace un sentimiento profundo de unión del hombre con la naturaleza (*La isla de los muertos*, varias versiones, 1880-1890). Residió largos períodos en Italia.

BOCOYNA, mun. de México (Chihuahua), en la sierra Madre Occidental; 18 113 hab. Aserraderos.

BOCSKAI (István), *Cluj 1557-Kassa 1606*, príncipe de Transilvania (1605-1606). Jefe de la insurrección de 1604 contra los Habsburgo, obtuvo el reconocimiento de la independencia de Transilvania (1606).

BOCUSE (Paul), *Collonges-au-Mont-d'Or 1926*, cocinero francés. Ha renovado el arte culinario de su país.

bodas de Caná (Las), tela monumental del Veronés (1563, Louvre). Fue realizada para el refectorio de los benedictinos de San Giorgio Maggiore de Venecia; la opulencia de la aristocracia veneciana de la época sirve de marco para el tema bíblico.

Bodas de sangre, tragedia poética en tres actos de F. García Lorca (1933), inspirada, al parecer, en un suceso real que él elevó a categoría poética: la predestinación del amor y la imposibilidad de escapar a su fatalidad.

BODEGA Y QUADRA (Juan Francisco de la), *Lima 1743-México 1794*, marino español. Participó en varias expediciones al NO de América (1775, 1779, 1792).

BODENSEE → **CONSTANZA** (lago de).

BODH GAYĀ o **BUDDA-GAYĀ**, localidad de la India (Bihār), principal lugar santo del budismo (Śākyamuni adquirió en ella el estado de buda). — Gran templo Mahābodhi fundado hacia los ss. IIHII, reconstruido varias veces. (Patrimonio de la humanidad 2002.)

bodleyana (biblioteca), biblioteca de Oxford, organizada por sir Thomas **Bodley** (Exeter 1545-Londres 1613). Contribuyó poderosamente al movimiento intelectual del renacimiento inglés.

BODONI (Giambattista), *Saluzzo 1740-Parma 1813*, impresor italiano. Las obras salidas de sus prensas son célebres por la belleza de sus caracteres.

BOECIO, *Roma h. 480-cerca de Pavía 524*, filósofo y poeta latino. Ministro de Teodorico el Grande, escribió *Consolación de la filosofía*.

Boeing Company, sociedad estadounidense de construcciones aeronáuticas. Fundada en 1916, se sitúa en el primer rango mundial en su sector (fusión en 1997 con McDonnell Douglas).

bóers (guerra de los) [1899-1902], conflicto que enfrentó a las repúblicas bóers de África austral con los británicos, quienes vencieron y se anexionaron Orange y el Transvaal.

BOÉTIE (Étienne de La), *Sarlat 1530-Germignan 1563*, escritor francés. Poeta y amigo de Montaigne, analizó la tiranía en *Discurso de la servidumbre voluntaria* o *Contra uno* (1576).

BOFARULL Y MASCARÓ (Próspero de), *Reus 1777-Barcelona 1859*, historiador español. Su obra *Los condes de Barcelona vindicados* (1836) tuvo gran influencia en los orígenes de la Renaixença. También es autor de *Colección de documentos inéditos del Archivo de la Corona de Aragón* (1847-1859).

BOFF (Leonardo), *Concórdia, Santa Catarina, 1938*, teólogo brasileño. Franciscano (1959), ha sido uno de los promotores de la teología de la liberación. En 1992 renunció al sacerdocio.

BOFILL (Ricardo), *Barcelona 1939*, arquitecto español. En 1963 creó el Taller de arquitectura de Barcelona, un equipo multidisciplinar inicialmente neoexpresionista. A partir de la década de 1970 adoptó un estilo posmoderno de lenguaje clásico. Tiene obras en todo el mundo, en particular en Francia (Montpellier y París) y España (ampliación del aeropuerto, Barcelona; Palacio de congresos, Madrid).

BOFILL I MATES (Jaume) → **LIOST** (Guerau de).

BOGARDE (sir Derek Van den Bogaerde, llamado Dirk), *Londres 1921-íd. 1999*, actor británico. Elegante e impasible, destacó en papeles de personajes turbios (*El sirviente*, J. Losey, 1963), atormentados (*Muerte en Venecia*, L. Visconti, 1971) o refinados (*Providence*, A. Resnais, 1976).

BOGART (Humphrey), *Nueva York 1899-Hollywood 1957*, actor estadounidense. Encarnación del detective privado y del aventurero, impuso un nuevo estilo de héroe, cáustico y desengaña-

■ HUMPHREY **BOGART** y Lauren Bacall
en *Cayo largo* (1948), de John Huston.

ñado, pero vulnerable al amor (*El halcón maltés*, J. Huston, 1941; *Casablanca*, M. Curtiz, 1943;
La reina de África, J. Huston, 1952; *El sueño eterno*, H. Hawks, 1946).

BOĞAZKÖY, sitio arqueológico de Capadocia, en el emplazamiento de la ant. Hattusa.
Esta, fundada en el s. XXIV a.C., fue (1600-1200) la
capital de los hititas. Ruinas. Numerosas tablillas
grabadas han permitido su identificación
(1906). [Patrimonio de la humanidad 1986.]

BOGDÁN I, príncipe de Moldavia (1359-
1365). Liberó Moldavia de Hungría (1359).

BOGOR, ant. **Buitenzorg**, c. de Indonesia
(Java); 271 000 hab. Jardín botánico.

BOGOTÁ, r. de Colombia, afl. del Magdalena;
280 km. Avena la *sabana de Bogotá*, y sus embalses suministran agua y energía a la capital.

BOGOTÁ, desde 1991 hasta 2000 **Santa Fe de
Bogotá** D.C., cap. de Colombia y del dep. de
Cundinamarca, que constituye el Distrito Capital de 1 587 km² y 4 921 264 hab. (*bogotanos*).
Se halla a 2 600 m de altura y se extiende al pie
de los cerros de *Monserrate y Guadalupe. Centro industrial (textil, química, metalurgia), financiero y cultural (universidades).— Catedral
barroca; iglesias hispanocoloniales y edificios
civiles posteriores en torno a la plaza de *Bolívar (barrios de la Candelaria, Santa Bárbara,
Belén). Quinta y museo de Bolívar; museo de
bellas artes; museo colonial y museo del *Oro
del Banco de la República (arte precolombino); museo numismático en la Casa de la Moneda y museo de Fernando Botero.— Festival
iberoamericano de teatro.— Fundada en 1538
por G. Jiménez de Quesada, ha sido capital del
virreinato de Nueva Granada (1739), de la Junta suprema independentista (1810), de Gran
Colombia hasta 1831 y de Colombia (1886).

Bogotá (carta de), nombre con que se conoce
la carta fundacional de la Organización de estados americanos (OEA).

Bogotá (pacto de), tratado aprobado en la IX
conferencia internacional americana (1948),
para resolver conflictos fronterizos en el conti-

■ **BOGOTÁ**. Vista de la zona de negocios, con
los Andes al fondo.

1168

nente mediante arbitrajes y el Tribunal internacional de justicia. Fue ineficaz.

BOHAI (golfo del), golfo de China, en el mar
Amarillo.

BOHEMIA, región de Europa central, en el O
de la República Checa. Está formada por macizos hercinianos, una meseta y la llanura (Polabí) avenada por el Elba; cap. *Praga*.

HISTORIA

**La Bohemia medieval. Fines del s. VIII-princi-
pios del s. X:** los eslavos, establecidos en la región desde el s. V, organizaron el imperio de la
Gran Moravia. **S. X:** los príncipes checos de la
dinastía Přemysl unificaron las tribus eslavas
de la región. **1212:** vasallos del Sacro Imperio
romano germánico, obtuvieron el título de rey
(Otakar I Premysl). **1278:** Otakar II Přemysl
(1253-1278), dueño de Austria desde 1251, fue
vencido por Rodolfo I de Habsburgo. **1306:** la
dinastía Přemysl se extinguió. A partir del s. XIII
se establecieron colonos alemanes. **1310-1437:**
la dinastía de los Luxemburgo concluyó la
anexión de Moravia, Silesia y Lusacia a Bohemia. En el reinado de Carlos IV (1346-1378),
que hizo de Praga la capital del Sacro Imperio,
la Bohemia medieval alcanzó su apogeo. Tras
el suplicio de Jan Hus, una guerra civil (1420-
1436) enfrentó a sus partidarios con los cruzados de Segismundo IV. **1458-1526:** la dieta eligió rey a Jorge de Poděbrady (1458-1471), a
quien sucedieron Ladislao II Jagellón (1471-
1516) y Luis II Jagellón (1516-1526), y luego
(1526) a Fernando de Habsburgo.
La dominación de los Habsburgo. 1526-1648:
la unión con Austria fue reforzada por la constitución de 1627, que dio la corona de Bohemia a los Habsburgo. Los protestantes se sublevaron contra ellos (defenestración de Praga,
1618) y fueron vencidos en la Montaña Blanca
(1620). El país fue asolado por la guerra de los
Treinta años (1618-1648). **S. XIX:** los checos participaron en la revolución de 1848 y reivindicaron la igualdad con los alemanes. Tras el
compromiso austrohúngaro (1867), reclamaron un régimen análogo al de Hungría. **1918:**
el país accedió a la independencia y, con Eslovaquia, formó Checoslovaquia. A partir de
1969, y hasta 1993, Bohemia constituyó con
Moravia la República Checa, una de las dos repúblicas federadas de Checoslovaquia.

BOHEMUNDO I, *h. 1050-Canosa di Puglia
1111*, príncipe de Antioquía (1098-1111). Hijo
de Roberto Guiscardo, fue uno de los jefes de
la primera cruzada y fundó el principado de
Antioquía.

BÖHL DE FABER (Cecilia) → **CABALLERO**
(Fernán).

BÖHL DE FABER (Juan Nicolás), *Hamburgo
1770-Cádiz 1836*, hispanista alemán. Precursor
del romanticismo en España, publicó obras sobre el romancero y el teatro del siglo de oro.

BÖHM (Karl), *Graz 1894-Salzburgo 1981*, director de orquesta austriaco. Dirigió la Ópera de
Viena (1943-1945; 1954-1957) e interpretó la *Tetralogía* de Wagner en Bayreuth. También fue
un especialista de Mozart y Berg.

BÖHM-BAWERK (Eugen von), *Brünn, act.
Brno, 1851-Viena 1914*, economista austriaco.
Fue uno de los más notorios representantes de
la escuela marginalista austriaca.

BÖHME (Jakob), *Altseidenberg 1575-Görlitz
1624*, teósofo y místico alemán. Autor de
Mysterium magnum (1623), ejerció gran influencia en el pensamiento moderno alemán.

BOHR (Niels), *Copenhague 1885-íd. 1962*, físico danés. En su Instituto de Copenhague, fue
uno de los fundadores de la física cuántica.
Elaboró una teoría de la estructura del átomo
incorporando el modelo planetario de Rutherford y el cuanto de acción de Planck. Propuso
una interpretación de la mecánica cuántica a
la que se opuso Einstein. (Premio Nobel 1922.)
— **Aage B.**, *Copenhague 1922*, físico danés.
Hijo de Niels, contribuyó a elaborar la teoría
de la estructura en capas del núcleo atómico
y del reparto de los nucleones, llamada «modelo unificado». (Premio Nobel 1975.)

BOIARDO (Matteo Maria), *Scandiano 1441-
Reggio nell'Emilia 1494*, poeta italiano. Su poema épico *Orlando enamorado* (1495), completado por Ariosto (*Orlando furioso*), se inspira
en la épica carolingia y el ciclo bretón.

BOILEAU (Nicolas), llamado **Boileau-Des-
préaux**, *París 1636-íd. 1711*, escritor francés.
Imitador de Horacio, en sus poemas satíricos y
morales contribuyó a fijar el ideal literario clásico (*Arte poética*, 1674).

BOIRO, mun. de España (La Coruña); 18 038
hab. (*boirenses*). Puerto pesquero; industria.

BOISE, c. de Estados Unidos, cap. de Idaho;
125 738 hab.

BOITO (Arrigo), *Padua 1842-Milán 1918*, compositor y escritor italiano. Escribió óperas (*Mefistófeles*, 1868) y redactó los libretos de *Falstaff* y de *Otelo* para Verdi.

BOIX Y MOLINER (Miguel Marcelino), *Cuevas
de Vinromá, Castellón, 1633-íd. 1722*, médico español. Catedrático de cirugía en Alcalá, su
defensa de la medicina hipocrática (1711) desencadenó una de las principales polémicas
científicas del s. XVIII en España, sobre la pervivencia de la tradición escolástica.

BOJADOR, cabo del Sahara Occidental.

BOJER (Johan), *Orkanger 1872-Oslo 1959*, escritor noruego. Es autor de dramas y novelas
realistas.

BO JUYI, *Xinzheng 772-Luoyang 846*, poeta
chino. Opuesto a la poesía erudita, evocó la
vida cotidiana (*El canto del amor eterno*).

BOKARO STEEL CITY, c. de la India (Jharkhand); 415 686 hab. Acerería.

BOKASSA (Jean Bédel), *Bobangui 1921-Bangui
1996*, político centroafricano. Presidente de la
República Centroafricana (1966), se proclamó
emperador (1976). Fue derrocado en 1979.

BOKÉ, c. de Guinea; 10 000 hab. Bauxita.

BOKSBURG, c. de Sudáfrica, cerca de Johannesburgo; 150 000 hab. Minas de oro.

BOLA DE NIEVE (Ignacio Jacinto Villa, llamado), *Guanabacoa 1911-México 1971*, músico
cubano. Tras iniciar su carrera en 1933, se estableció en México. Extraordinario pianista, alcanzó gran éxito con *Ay Mama Inés*, y E. Gre-
net. Compuso *Si me pudieras querer*, *Ay amor* y
Tú me has de querer.

BOLAÑO (Roberto), *Santiago 1953-Barcelona
2003*, escritor chileno. Afincado en España
desde 1977, es autor de novelas imaginativas e
irónicas (*Consejos de un discípulo de Morrison
a un fanático de Joyce*, con A. García Porta,
1984; *Los detectives salvajes*, 1999; *2666*, 2004,
póstuma), cuentos (*Llamadas telefónicas*,
1997), poesía (*Los perros románticos*, 2000) y
artículos. (Premio Rómulo Gallegos 1999.)

BOLAÑOS (Enrique), *Masaya 1928*, político nicaragüense. Liberal, vicepresidente durante el
mandato de A. Alemán, sucedió a este en la
presidencia de la república (2002-2007).

BOLAÑOS (Luis), *Marchena 1549-Buenos Aires
1629*, misionero y franciscano español. Inició
el sistema de reducciones en Paraguay y publicó el primer catecismo en guaraní (1603).

BOLDINI (Giovanni), *Ferrara 1842-París 1931*,
pintor italiano. Desde 1880 fue un retratista de
la alta sociedad de París.

BOLINGBROKE (Henri Saint John, vizconde),
Battersea 1678-íd. 1751, político británico. Primer ministro tory (1714-1715), combatió a partir de 1723 la política de Walpole. Amigo de
Pope y de Swift, influyó en Voltaire y Rousseau
con su deísmo y su filosofía de la historia.

BOLÍVAR, pico de Colombia (Magdalena), en
la sierra Nevada de Santa Marta; 5 775 m.

BOLÍVAR, pico de Venezuela, punto culminante de la sierra Nevada de Mérida (5 007 m)
y del país.

BOLÍVAR, partido de Argentina (Buenos Aires);
32 797 hab. Centro agropecuario e industrial.

BOLÍVAR, mun. de Colombia (Antioquia),
avenado por el Bolívar; 28 147 hab.

BOLÍVAR, mun. de Colombia (Cauca); 46 882
hab. Caña de azúcar, tabaco y café. Minas de
oro y cobre.

BOLÍVAR, mun. de Colombia (Santander), en
la cordillera Oriental; 21 641 hab.

BOLÍVAR, mun. de Colombia (Valle del Cauca); 16 993 hab. Minas de hierro.

BOLÍVAR, cantón de Ecuador (Manabí); 55 546
hab. Cacao, caña de azúcar y café. Maderas.

BOLÍVAR, mun. de Venezuela (Lara); 29 675
hab.; cab. *El Tocuyo*. Industria química, alimentaria y textil.

BOLÍVAR (departamento de), dep. del N de Colombia; 25 978 km²; 1 197 623 hab.; cap. *Cartagena.*

BOLÍVAR (estado), est. del SE de Venezuela; 238 000 km²; 964 650 hab.; cap. *Ciudad Bolívar.* Industria.

BOLÍVAR (provincia de), prov. de Ecuador, en la Sierra, avenada por el Chimbo; 4 271 km²; 155 088 hab.; cap. *Guaranda.*

BOLÍVAR (Simón), llamado **el Libertador,** *Caracas 1783-San Pedro Alejandrino, cerca de Santa Marta, Colombia, 1830,* general y político venezolano. Fue educado por Simón Rodríguez y Andrés Bello. De 1799 a 1807 viajó por Europa y EUA (se afilió a la masonería y frecuentó círculos revolucionarios), pero regresó a Venezuela tras conocer los intentos independentistas de Miranda, y en 1810 se incorporó a la lucha por la independencia. Las derrotas frente a los realistas lo llevaron al exilio (Curaçao, Cartagena, 1812), donde redactó la *Memoria dirigida a los ciudadanos de Nueva Granada por un caraqueño.* En 1813 recibió el título de *Libertador,* por sus victorias en Nueva Granada y Venezuela, pero la reacción realista lo obligó a exiliarse (*Carta de Jamaica* [1815], su programa político y revolucionario). Reanudada la lucha en 1816, se afincó en la Guayana venezolana (Angostura). Después de la victoria de Boyacá (1819), que liberó Colombia, el congreso de Angostura aprobó la ley fundamental de la república de la Gran Colombia (territorios actuales de Colombia, Panamá, Ecuador y Venezuela). Tras un armisticio con España (1820), se retomó la fase militar de la emancipación, que concluyó con las victorias de Bolívar en Venezuela (Carabobo, 1821) y Perú (Junín, 1824), y de Sucre en Perú (Ayacucho, 1824) y en el Alto Perú. En 1825 se constituyó la República Bolívar (act. Bolivia), cuya constitución redactó Bolívar. En 1826 se reunió en Panamá el congreso panamericanista convocado por Bolívar. En 1827 prestó juramento en Bogotá como presidente de la república de la Gran Colombia (nombrado Dictador en 1829). No obstante, decepcionado ante la creciente oposición en Nueva Granada y la proclamación de Venezuela como estado independiente, renunció al cargo en 1830.

■ NIELS **BOHR**   ■ SIMÓN **BOLÍVAR**
por A. Michelena.
(Museo Bolívar, Caracas.)

Bolívar (plaza de), plaza de Bogotá, donde están ubicadas la catedral, la capilla del Sagrario y diversos edificios administrativos (palacio presidencial, de Comunicaciones, Capitolio).

BOLIVARIANA DE VENEZUELA (República) → VENEZUELA.

BOLIVIA, estado de América del Sur, en la región andina; 1 100 000 km²; 8 328 665 hab. *(bolivianos).* CAP. *La Paz* (cap. administrativa y sede del gobierno) y *Sucre* (cap. constitucional). LENGUAS: *español, quechua, aimara* y *lenguas de la familia tupí-guaraní.* MONEDA: *boliviano.* (*V. mapa al final del volumen.*)

INSTITUCIONES

Régimen presidencial. Constitución de 2009. El presidente de la república es elegido cada 5 años por sufragio universal, así como los miembros de la cámara de diputados y de la cámara de senadores, que componen el poder legislativo. El país se divide en 9 departamentos.

GEOGRAFÍA

El relieve está dominado por los dos grandes ramales andinos: la cordillera Occidental (6 542 m en el pico Sajama) y la Oriental, formada por la Puna, por encima de los 4 000 m, interrumpida por grandes macizos volcánicos (Illampu, 6 368 m). Entre ambas está El Altiplano, con los lagos Titicaca y Poopó, y grandes salares (Uyuni). El Oriente, desde el pie de los Andes hacia el río Paraguay, es una tierra selvática de llanuras y bajas mesetas.

Más de la mitad de la población es amerindia (aymara en El Altiplano, quechua en los valles); los mestizos representan casi un tercio de la población, y el resto son criollos.

Los cultivos (patata, cebada), con métodos tradicionales y bajo rendimiento (salvo la coca, fuente de una importante economía paralela), cubren menos de un 5 % de la superficie del país. La industria es débil, reducida a la transformación de productos agrícolas, el textil y la petroquímica, y se resiente de la falta de salida al mar. La minería (estaño —5° productor mundial—, plata, tungsteno, cinc, antimonio, plomo, hierro), en crisis, ha cedido el protagonismo a la explotación de yacimientos de gas natural (principalmente) y de petróleo (Oriente, Chaco). Sin embargo, la renta media por habitante sigue siendo baja. Los principales socios comerciales son Brasil, Argentina, EUA, Japón y Perú. En 1997 Bolivia se asoció a Mercosur.

HISTORIA

El poblamiento precolombino. El territorio estaba ocupado por pueblos pukina y aymara, entre estos se desarrolló la cultura de Tiahuanaco (500-1000 d.C.), a la que siguieron las etapas «chullpa» y del imperio inca (h. 1450).

La conquista y colonización española. 1535-1538: Gonzalo y Hernando Pizarro consumaron la conquista del Alto Perú. **1545:** el descubrimiento de los yacimientos de plata del Potosí convirtió a la región en la más rica del Imperio español, y a Potosí en la ciudad más poblada de América en el s. XVII. La audiencia de Charcas, integrada en el virreinato del Perú, configuró el marco territorial del futuro estado boliviano. **1776:** el Alto Perú pasó a formar parte del virreinato del Río de La Plata.

La independencia. 1809: sublevaciones en La Paz, Chuquisaca, Potosí, Cochabamba y Santa Cruz, reprimidas por el virreinato, que derrotó también a las tropas de La junta de Buenos Aires. **1810:** el Alto Perú, reincorporado al virreinato peruano, fue el último reducto español en Sudamérica. **1809,** tras la victoria en Ayacucho, Sucre, enviado por Bolívar, convocó una asamblea que proclamó la independencia del país y redactó su constitución.

La consolidación del nuevo estado. 1826-1828: Sucre fue proclamado presidente vitalicio, pero las disidencias criollas internas y la presión peruana le obligaron a dimitir. **1829-1839:** su sucesor, Santa Cruz, organizó el nuevo estado y promovió la Confederación Perú-boliviana (1836-1839), disuelta por la oposición de Argentina y Chile, cuyo ejército derrotó a Santa Cruz. **1841:** la última invasión de Bolivia por tropas de Perú se detuvo con la batalla de Ingavi, que ratificó la independencia.

La era de los caudillos y la pérdida del litoral. Bolivia quedó en poder de caudillos como Belzú (1848-1855), Melgarejo (1864-1871) y Daza (1876-1880). Sus gobiernos mantuvieron el orden social colonial en pleno declive de la minería tradicional. **1879-1883:** el control de las explotaciones salitreras del litoral desencadenó la guerra con Chile (guerra del Pacífico), al cabo de la cual se firmaron el pacto de Tregua en 1884 y el tratado de Paz y Amistad en 1904, que determinaron los límites entre Chile y Bolivia, país que perdió toda salida al mar.

La república oligárquica. 1882-1889: el partido conservador, representante de la aristocracia, gobernó el país desde la presidencia de Gregorio Pacheco (1884-1888), con la decadencia de las explotaciones argentíferas sacavó la hegemonía conservadora. **1889-1920:** la revolución de 1899 llevó al poder al partido liberal; su gestión, en la que destacó el general Montes, presidente en 1904-1909 y 1913-1917, estuvo significada por el traslado de la capital a La Paz y la expansión de la minería del estaño. La revolución de 1920 acabó con la hegemonía liberal, pero ni el republicano Saavedra

(1921-1925) ni el nacionalista Siles (1926-1930) generaron un sistema político estable.

La guerra del Chaco y el MNR. 1932-1935: la derrota ante Paraguay (guerra del Chaco) precipitó la quiebra de la república oligárquica. **1936-1946:** una generación de militares (Toro, Busch, Villarroel) asumió el poder con un programa nacionalista y de reformas sociales, sistematizado por el Movimiento nacionalista revolucionario. **1952-1964:** la insurrección popular de 1952 entregó el poder al MNR; durante las presidencias de Paz Estenssoro y Siles Zuazo, el MNR nacionalizó el estaño e impulsó una reforma agraria. **1964:** la ruptura con los sindicatos obreros, encabezados por Lechín, marcó el inicio del declive del MNR.

Entre el nacionalismo populista y el autoritarismo militar. 1964-1978: el general Barrientos, que liquidó el foco guerrillero de Che Guevara (1967), inició un nuevo período de gobiernos militares, que oscilaron entre la experiencia izquierdista de Torres (1970-1971) y la dictadura derechista de Bánzer (1971-1978). **1978-1982:** sucesivos golpes militares impidieron el acceso a la presidencia de Siles Zuazo, vencedor en las elecciones de 1978, 1979 y 1980; en esta nueva fase de dictaduras militares, la tradicional alianza con la oligarquía del estaño fue sustituida por la implicación de sectores militares en el narcotráfico.

El retorno a un régimen civil. 1982-1993: el descrédito interno e internacional de los gobiernos militares propició finalmente la entrega del poder a Siles Zuazo, quien moderó su programa de reformas ante la crítica situación económica. Esa línea de acción fue seguida por sus sucesores, Paz Estenssoro (1985-1989) y Paz Zamora (1989-1993), líder del Movimiento de izquierda revolucionaria y anterior aliado de Siles Zuazo, que accedió a la presidencia con el apoyo de Bánzer. **1993:** Gonzalo Sánchez de Lozada, del MNR, fue elegido presidente de la república. **1997:** Bánzer, líder de Acción democrática nacionalista (ADN), fue nombrado presidente por el congreso. **2001:** dimitió por razones de salud. Fue remplazado por el vicepresidente Jorge Quiroga. **2002:** Gonzalo Sánchez de Lozada, del MNR, fue elegido presidente. **2003:** tras un estallido social ante el alza de impuestos (febr.) y el proyecto de exportar el gas natural del país provocó nuevas movilizaciones y un paro general, durante represiones (sept.-oct.) y finalmente la huida de O. Sánchez de Lozada. Lo sucedió el vicepresidente Carlos Mesa (20 oct.), quien acordó una tregua con el movimiento popular y formó gobierno sin contar con los partidos políticos tradicionales. **2004:** el gobierno vio refrendada su política en torno al gas (nacionalización, exportación) mediante referéndum. **2005:** el país vivió un período de agitación social y de inestabilidad política que forzó la renuncia a la presidencia de C. Mesa; lo sustituyó Eduardo Rodríguez. **2006:** Evo Morales, líder de la izquierda, fue el primer amerindio en acceder a la jefatura del estado. Decretó la nacionalización de los hidrocarburos y la puesta en marcha de la reforma agraria. Pero, muy pronto, las reivindicaciones autonomistas en varias regiones y las diferencias en torno a un proyecto de nueva constitución (finalmente aprobada mediante referéndum en en. 2009) exacerbaron las tensiones en el país. **2008:** Morales superó un referéndum revocatorio.

BÖLL (Heinrich), *Colonia 1917-Langenbroich 1985,* escritor alemán. Católico, evocó la Alemania de la posguerra, en la derrota (*El tren llegó puntual,* 1949) y en su renacimiento materialista (*Retrato de grupo con señora,* 1971; *El honor perdido de Katharina Blum,* 1974). [Premio Nobel 1972.]

BOLLAND (Jean), llamado **Bollandus,** *Julémont 1596-Amberes 1665,* jesuita flamenco. Inició la recopilación del *Acta sanctorum,* continuada por los *bolandistas.*

BOLLULLOS DE LA MITACIÓN, v. de España (Sevilla); 5 009 hab. *(bollulleros).* Ermita de Nuestra Señora de Cuatrohabitan, antigua mezquita almohade (s. XII).

Bollywood (de Bombay y Hollywood), nombre que recibe el centro de la industria cinematográfica india situado en Bombay.

BOLOGNESI, mun. de Perú (Ancash), junto al río Santa; 31 535 hab. Agricultura; minas de plata.

BOLONIA, en ital. **Bologna,** c. de Italia, cap. de Emilia-Romagna y de prov.; 404 322 hab. Universidad. Feria del libro. Colegio español (s. XIV). La ciudad fue sede de una importante escuela de derecho (ss. XII y XIII).

BOLONIA (Giovanni da **Bologna,** llamado también **Giambologna** y, en España, **Juan de**), Douai 1529-Florencia 1608, escultor flamenco de la escuela italiana. Después de haber residido en Roma, desarrolló en Florencia la parte esencial de su carrera de manierista, abundante y diversa (Venus de los jardines Boboli, h. 1573; El rapto de las sabinas, 1582). Pietro Tacca, Adrien de Vries y Pierre Francheville fueron sus discípulos.

■ JUAN DE **BOLONIA.** Mercurio volando, estatua de bronce (1563-1565). [Museo nacional de Bargello, Florencia.]

BOLSENA (lago de), lago de Italia, al N de Viterbo; 115 km².

BOLT (Usain), Sherwood Content, Trelawny, 1986, atleta jamaicano. Obtuvo en 2008 tres títulos olímpicos (100 m, 200 m y relevos 4 × 100 m), batiendo en cada ocasión el récord del mundo.

BOLTANSKI (Christian), París 1944, artista francés. Usando como materiales viejas fotos, documentos y objetos banales, se ha consagrado a una búsqueda metódica de la identidad de los seres y de la vida, minada por la repetición, la insignificancia y el olvido.

BOLTON, c. de Gran Bretaña (Inglaterra); 154 000 hab. Textil.

BOLTZMANN (Ludwig), Viena 1844-Duino, cerca de Trieste, 1906, físico austriaco. Es el principal creador de la teoría cinética de los gases, que amplió a la mecánica estadística.

BOLYAI (János), Kolozsvár, act. Cluj-Napoca, 1802-Marosvásárhely 1860, matemático húngaro. Es autor de trabajos sobre geometría no euclidiana.

BOLZANO, en alem. **Bozen,** c. de Italia (Alto Adigio), cap. de prov.; 98 233 hab. Centro turístico. Metalurgia. — Monumentos medievales.

BOLZANO (Bernard), Praga 1781-íd. 1848, matemático y lógico checo de origen italiano. Elucidó conceptos fundamentales de la semántica moderna. Sus trabajos sobre el infinito originaron la teoría de los conjuntos.

BOMBAL (María Luisa), Viña del Mar 1910-Santiago 1980, escritora chilena. Sus novelas (La última niebla, 1935; La amortajada, 1938) y cuentos (La historia de María Griselda, 1946) indagan en la psicología femenina, en un clima dominado por lo inconsciente y la irrealidad.

BOMBAY o **MUMBAI,** c. de la India, cap. de Mahārāshtra, junto al océano Índico; 12 571 720 hab. (18 066 000 hab. en la aglomeración). Puerto. Industria textil, mecánica y química. Centro de la cinematografía india (*Bollywood). — Museo. — En el s. XVII, la ciudad fue el principal centro comercial inglés, y en el s. XIX fue una capital de la India británica.

BOMBELLI (Raffaele), Borgo Panigale 1526-Bolonia 1572, matemático italiano. Formuló las reglas de cálculo de los números complejos.

BON, cabo y península de Túnez.

BONA → **ANNABA.**

BONAIRE, una de las Antillas Neerlandesas.

BONAMPAK, centro arqueológico maya de Chiapas (México), próximo a Yaxchilán. Centro ceremonial. Destaca el Templo de las pinturas, con tres salas decoradas con murales al fresco (790) bien conservados, de rico colorido y variada composición.

BONAO, c. de la República Dominicana, cap. de la prov. de Monseñor Nouel; 30 046 hab. Centro de la región ganadera de Bonao.

BONAPARTE, familia francesa de origen italiano. Charles Marie (Ajaccio 1746-Montpelier 1785), de una rama establecida en Córcega en el s. XVI, casó con Maria Letizia **Ramolino** (Ajaccio 1750-Roma 1836) y tuvo numerosa descendencia. — **José B.** → **José I Bonaparte.** — **Napoleón B.** → **Napoleón I.** — **Francisco Carlos José B.** → **Napoleón II.** — **Luciano B.,** Ajaccio 1775-Viterbo 1840, príncipe de Canino. Jugó un papel decisivo durante el golpe de estado del 18 de brumario (1799). — **María Ana,** llamada **Elisa B.,** Ajaccio 1777-cerca de Trieste 1820, princesa de Lucca y de Piombino, fue gran duquesa de Toscana (1809-1814). — **Luis B.,** Ajaccio 1778-Livorno 1846, rey de Holanda (1806-1810). — **Carlos Luis B.,** → **Napoleón III.** — **Paulina B.** Ajaccio 1780-Florencia 1825. Casó con el príncipe Camillo Borghese. — **María Anunciata,** llamada **Carolina B.,** Ajaccio 1782-Florencia 1839, reina de Nápoles (1808-1814). — **Jerónimo B.,** Ajaccio 1784-Villegenis 1860, rey de Westfalia (1807-1813).

BONAVAL (Bernal o Bernaldo de), trovador de la escuela galaicoportuguesa de la primera mitad del s. XIII. Compuso cantigas de amor y de amigo.

BONAVIA (Santiago), Piacenza 1699-Madrid 1758, arquitecto, escenógrafo y pintor italiano, activo en España desde 1731. Introdujo un nuevo estilo italianizante en la arquitectura cortesana española (remodelación de Aranjuez).

BOND (Edward), Londres 1934, dramaturgo británico. Su teatro, a menudo inspirado en Shakespeare (Lear, 1969-1971; Bingo, 1973), mezcla poesía con denuncia social y política (Salvados, 1964; El crimen del siglo XXI, 1997-1998).

Bond (James), protagonista de las novelas de espionaje de Ian Fleming (Londres 1908-Canterbury 1964). Agente secreto, seductor infatigable, fue popularizado en el cine por el director Terence Young, sobre todo en Agente 007 contra el Doctor No (1962).

BONET CASTELLANA (Antonio), Barcelona 1913-íd. 1989, arquitecto español. Miembro del *GATEPAC, se exilió en 1939 y trabajó en Argentina y Uruguay. Tras su regreso a España en la década de 1950, realizó obras en Barcelona (torre Urquinaona) y Madrid (Tribunal constitucional).

■ **BONAMPAK.** Pintura mural que representa una escena de batalla y el castigo infligido a los prisioneros, s. VIII. (Museo nacional de antropología, México.)

BONETE CHICO, cerro volcánico de Argentina (La Rioja), en la cordillera de los Andes; 6 872 m.

BONETE GRANDE, cerro de Argentina (La Rioja), en la cordillera de los Andes; 5 943 m.

BONGO ODIMBA (Omar), Lewai, act. Bongoville, 1935, político gabonés. Es presidente de la república desde 1967.

BONG RANGE, cordillera de Liberia. Mineral de hierro.

BONHOEFFER (Dietrich), Breslau 1906-campo de concentración de Flossenbürg 1945, teólogo protestante alemán. Desde 1933 luchó contra el nazismo y defendió a grupos de judíos, pero fue detenido (1943) y ejecutado. Su teología se centra en el lugar del cristiano en una sociedad secularizada (Ética).

BONIFACIO (Wynfrith, en religión san), Kirton, Wessex, h. 675-cerca de Dokkum, Holanda, 754, arzobispo de Maguncia, evangelizó Germania y reorganizó el clero franco.

BONIFACIO VIII (Benedetto **Caetani**), Anagni h. 1235-Roma 1303, papa de 1294 a 1303. Convencido de la supremacía espiritual y temporal de la Santa Sede, entró en conflicto con el rey francés Felipe IV el Hermoso, quien lo humilló en Anagni (1303). — **Bonifacio IX** (Pietro **Tomacelli**), Nápoles h. 1355-Roma 1404, papa de Roma de 1389 a 1404, durante el gran cisma de occidente. Demoró la solución del conflicto por su intransigencia.

BONIFÁS, familia de escultores españoles de los ss. XVII-XVIII, activos en Cataluña. — **Lluís B.,** Marsella-Riudoms 1696, fue uno de los introductores del barroco en Barcelona. — **Lluís B. i Sastre,** Barcelona 1683-Valls 1765. Hijo de Lluís Bonifás, inició un taller de escultura donde se formaron notables escultores de la época. — **Lluís B. i Massó,** Valls 1730-íd. 1786. Hijo de Lluís Bonifás i Sastre, fue una de las grandes figuras del barroco catalán, con rasgos de incipiente neoclasicismo.

BONIFAZ NUÑO (Rubén), México 1923, poeta mexicano. Desde una poesía de corte clásico (La muerte del ángel, 1945) derivó hacia un estilo más libre y coloquial: Canto llano a Simón Bolívar (1958), Fuego de pobres (1961), Siete de espadas (1966), Glacas (2003).

BONILLA (Manuel), Juticalpa 1849-Tegucigalpa 1913, político y militar hondureño. Presidente de la república en 1903-1907, gobernó dictatorialmente. Ocupó de nuevo la presidencia en 1912-1913.

BONILLA (Policarpo), Tegucigalpa 1858-Nueva Orleans 1926, político hondureño. Jefe del Partido liberal, fue presidente de la república (1894-1898).

BONILLA NAAR (Alfonso), Cartagena 1916-íd. 1978, médico y escritor colombiano. Miembro fundador del Colegio de cirujanos de Colombia y de la Sociedad colombiana de higiene, investigó la lucha contra el cáncer. Su prosa recrea situaciones de la vida cotidiana con elementos de suspense (Cuentos impresionantes, 1959; La pezuña del diablo, novela, 1965). También escribió poesía.

BONILLA Y SAN MARTÍN (Adolfo), Madrid

■ **BOMBAY.** La Puerta de la India, arco de triunfo construido con ocasión de la visita del rey Jorge V en noviembre de 1911 (al sur de la ciudad).

1875-íd. 1926, erudito español. Editó a los clásicos, entre ellos a Cervantes, y escribió sobre literatura, filosofía y derecho (*Erasmo en España*, 1907; *Las teorías estéticas de Cervantes*, 1916).

BONIN, en japonés **Ogasawara shoto**, archipiélago japonés del Pacífico, al SE de Japón. Al E, profunda fosa marina (10 347 m).

BONITO, pico del NE de Honduras (Atlántida); 2 435 m. En su falda se encuentra la ciudad de La Ceiba.

BONN, c. de Alemania (Rin del Norte Westfalia), a orillas del Rin; 296 859 hab. Universidad. Monumentos antiguos. Importantes museos.— Fue la capital de la República federal de Alemania de 1949 a 1990.

BONNARD (Pierre), *Fontenay-aux-Roses 1867-Le Cannet 1947*, pintor y litógrafo francés. Formó parte del grupo de los nabis. Fue un postimpresionista colorista, sutil y lírico (*El baño*, 1925).

Book of Common Prayer (The) [«el libro de plegarias comunes»], misal, breviario y ritual oficial de la Iglesia anglicana (1549; revisado en 1552, 1559, 1604 y 1662).

BOOLE (George), *Lincoln 1815-Ballintemple, cerca de Cork, 1864*, matemático y lógico británico. Es el creador de la lógica matemática moderna (*álgebra de Boole*).

BOONE (Daniel), *cerca de Reading 1734-cerca de Saint Charles 1820*, pionero estadounidense. Descubrió Kentucky. Fenimore Cooper lo inmortalizó en sus obras con los nombres de *Ojo de halcón* y *Carabina larga*.

BOORMAN (John), *Shepperton 1933*, director de cine británico. Se interesa por los itinerarios espirituales y plantea una reflexión alegórica sobre el devenir de las civilizaciones (*Deliverance*, 1972; *Zardoz*, 1973; *Excalibur*, 1981; *Esperanza y gloria*, 1987).

BOOTH (William), *Nottingham 1829-Londres 1912*, predicador evangélico británico. En 1865 fundó la Misión cristiana que en 1878 se convirtió en Ejército de salvación.

BOOTHIA, península del N de Canadá, separada de la isla de Baffin por el *golfo de Boothia*.

BOOZ, personaje bíblico. Era esposo de Rut y antepasado de Jesús.

BOPHUTHATSWANA, antiguo bantustán de Sudáfrica.

BOPP (Franz), *Maguncia 1791-Berlín 1867*. lingüista alemán. Su *Gramática comparada de las lenguas indoeuropeas* (1833-1852) es el origen de la lingüística comparada.

BOQUERÓN (departamento de), dep. de Paraguay, en el Gran Chaco, junto a las fronteras de Argentina y Bolivia; 91 669 km²; 26 292 hab.; cap. Filadelfia.

BOR, c. de Serbia; 29 000 hab. Extracción y metalurgia del cobre.

BORÅS, c. de Suecia; 101 766 hab.

BORBÓN (casas de), en fr. **Bourbon**, casas soberanas cuyos miembros han reinado en Francia (ss. XVI-XIX), España (dinastía reinante desde el s. XVIII), Nápoles, Sicilia y Parma (ss. XVIII-XIX).

La casa feudal. Fundada en el s. X, la casa de Borbón empezó a prosperar después de que en 1272 la señoría pasase a Roberto de Francia, conde de Clermont, hijo de Luis IX. El hijo de Roberto, Luis I el Grande, fue nombrado duque de Borbón en 1327; ocho duques de Borbón se sucedieron de Luis I a Carlos III, condestable de Francisco I, cuyos bienes fueron confiscados en 1527. La rama menor de la Marche-Vendôme se convirtió entonces en rama mayor de la familia.

Las casas reales. La casa de Borbón obtuvo el trono de Navarra (1555) con Antonio de Borbón, y el trono de Francia con Enrique IV (1589). El hijo de este último, Luis XIII, tuvo dos hijos. Del linaje principal, descendiente de su hijo primogénito, Luis XIV, proceden: la rama mayor francesa, heredera del trono de Francia hasta 1830 y extinguida en la persona del conde de Chambord (Enrique V) en 1883, y la rama española, dividida a su vez en varias ramas; del linaje menor, descendiente de Felipe de Orleans, segundo hijo de Luis XIII, y llegado al trono de Francia con Luis Felipe I (1830-1848), proceden: la *rama de Orleans;* la rama

de Orleans-Braganza, o casa imperial de Brasil, y la rama de Montpensier, cuyos miembros son infantes de España. En 1734, la rama española de la casa de Borbón accedió a la corona de Nápoles y Sicilia con Carlos VII, y se mantuvo con Fernando I, rey de las Dos Sicilias (rama Borbón-Anjou-Sicilia), hasta la constitución del reino de Italia (1860). En 1748 consiguieron también los ducados de Parma, Piacenza y Guastalla, y Felipe I inició la rama Borbón-Parma, que reinó hasta 1859.

Los Borbones de España. Carlos II de España, muerto sin herederos directos, designó sucesor a Felipe, duque de Anjou (rama Borbón-Anjou), que accedió al trono en 1700 (Felipe V), lo que provocó la guerra de Sucesión española. Los Borbones iniciaron en el s. XVIII la centralización de la administración española, en contraste con la descentralización de los reinos de los Austrias, y sentaron las bases del estado moderno (Felipe V, Luis I, Fernando VI, Carlos III, Carlos IV). Fernando VII no sintonizó con el cambio social del s. XIX, y reprimió todo intento de liberalismo y constitucionalismo. Su hija Isabel II tuvo que apoyarse en los liberales, mientras que los absolutistas que habían apoyado a Fernando se vincularon al pretendiente Carlos María Isidro, iniciando un pleito dinástico que se perpetuó hasta prácticamente la actualidad. (→ **carlista** [rama].) Tras el destronamiento de Isabel II (1868), el corto reinado de Amadeo I de Saboya y la primera república, fue restaurado en el trono el hijo de Isabel, Alfonso XII (1871). El hijo de este, Alfonso XIII, consintió en la supresión del régimen constitucional (dictadura de Primo de Rivera, 1923-1930) y en 1931 tuvo que exiliarse tras la victoria electoral republicana. En el destierro, abdicó en favor de su hijo Juan de Borbón Battenberg (1941), que intentó resolver la disputa dinástica con los carlistas, sin éxito. El hijo de Juan, Juan Carlos, fue proclamado rey en 1975, tras la muerte de Franco. Su hijo Felipe es el príncipe heredero.

BORBÓN BATTENBERG (Juan de), *San Ildefonso 1913-Pamplona 1993*, conde de Barcelona, heredero del trono de España. Tercer hijo de Alfonso XIII, se convirtió en heredero tras la renuncia de sus hermanos (1933). En 1977 cedió sus derechos y la jefatura de la Casa real española a su hijo Juan Carlos I.

BORBÓN PARMA (Carlos Hugo de), *París 1930*, político español. Hijo de Javier de Borbón Parma, en 1975 sucedió a su padre como pretendiente carlista a la corona española. Tras su regreso a España (1977), renunció a pleitos dinásticos y participó en la política (1980).

BORBÓN PARMA (Javier de), *Pianore Lucca, Italia, 1889-Coira, Suiza, 1977*, pretendiente a la corona de España. Jefe del carlismo, apoyó a Franco durante la guerra civil española.

BORDABERRY (Juan María), *Montevideo 1928*, político uruguayo. Elegido presidente por el Partido colorado en 1971, gobernó dictatorialmente. Fue destituido por el ejército en 1976. Procesado por crímenes durante su mandato, en 2006 ingresó en prisión.

BORDEAUX → **BURDEOS.**

BORDET (Jules), *Soignies 1870-Bruselas 1961*, médico y microbiólogo belga. Descubrió el microbio de la tos ferina. (Premio Nobel 1919.)

BORDIGHERA, c. de Italia (Liguria), en la Riviera; 11 559 hab. Estación balnearia.

BORDJ BOU ARRERIDJ, c. de Argelia, al pie de los Bibans; 84 000 hab.

BÓREAS MIT. GR. Dios de los vientos del norte, hijo de un titán y de la Aurora (Eos).

BORES (Francisco), *Madrid 1898-París 1972*, pintor español. En 1925 se instaló en París, donde recibió la influencia del cubismo y el surrealismo. Sus obras posteriores, de un gran lirismo y sensualidad, evidencian su preocupación por el color y la luz.

BORG (Björn), *Södertälje, cerca de Estocolmo, 1956*, tenista sueco. Ganó sobre todo cinco títulos en Wimbledon (1976 a 1980) y seis en Roland Garros (1974 y 1975, 1978 a 1981).

BORGES (Jacobo), *Caracas 1931*, pintor, dibujante y grabador venezolano. Representante de la nueva figuración latinoamericana, su obra aborda con acento satírico los problemas sociales.

BORGES (Jorge Luis), *Buenos Aires 1899-Ginebra 1986*, escritor argentino. Residió en Europa, donde entró en contacto con el expresionismo alemán y el ultraísmo español. En Buenos Aires (1921) se vinculó a las revistas *Prisma*, *Proa* y *Martín Fierro*, y dotó de expresión nueva a viejos temas bonaerenses en los poemas de *Fervor de Buenos Aires* (1923), *Luna de enfrente* (1925) y *Cuaderno de San Martín* (1929). Con *Historia universal de la infamia* (1935) comenzó su carrera de narrador dentro del género fantástico: *El jardín de los senderos que se bifurcan* (1941), **Ficciones* (1944), *El *Aleph* (1949), *El hacedor* (1960), en prosa y verso; *El informe de Brodie* (1970), *El libro de arena* (1975), *Los conjurados* (1985, poesía). La originalidad de sus cuentos es inseparable de su interés por los problemas metafísicos y de sus juegos recreadores de lecturas. Así, su narrativa se funde con su labor crítica y ensayística: *Inquisiciones* (1925), *Evaristo Carriego* (1930), *Discusión* (1932), *Historia de la eternidad* (1936), *Otras inquisiciones* (1952). Entre sus obras en colaboración destaca *Antología de la literatura fantástica* (1940), con A. Bioy Casares. (Premio Cervantes 1979.)

■ JORGE LUIS
BORGES

BORGHESE, familia italiana originaria de Siena y establecida en Roma. Dio varios prelados a la Iglesia, entre ellos el papa Pablo VI (1605).
— **Camillo B.**, *Roma 1775-Florencia 1832*, oficial del ejército napoleónico. Casó con Paulina Bonaparte, hermana de Napoleón I.

Borghese (villa), gran parque público de Roma. Galería Borghese (museo de pintura), museo Borghese (escultura), villa Giulia (museo etrusco).

BORGIA → **BORJA.**

BORGOÑA, en fr. **Bourgogne**, región histórica y administrativa del E de Francia; 31 582 km²; 1 610 067 hab.; cap. *Dijon;* 4 dep. (*Côte-d'Or*, *Nièvre*, *Saône-et-Loire* y *Yonne*). **534:** el primer reino, fundado por los burgundios, fue conquistado por los merovingios. **771:** Carlomagno lo anexionó. **S. X:** se dividió entre el condado de Borgoña (Franco Condado), al E del Saona, que formó parte del imperio, y el ducado de Borgoña al O. **1361:** Juan II el Bueno, rey de Francia, heredó el ducado. **1363:** este pasó a su hijo Felipe II el Atrevido, fundador de la segunda casa de los Capetos de Borgoña (→ **borgoñones** [Estados]).

BORGOÑA (dinastía de), primera dinastía que reinó en Portugal (1128-1383). Tomó su nombre de Enrique de Borgoña, a quien Alfonso VI de León, su suegro, confió el condado de Portugal.

BORGOÑA (Juan de), pintor de origen borgoñón activo en Castilla entre 1495 y 1536. Introdujo, con Berruguete, el estilo renacentista en España. De su obra destacan los frescos de la catedral de Toledo (sala capitular).

BORGOÑONES (Estados), estados constituidos entre 1363 y 1477 en torno a Borgona y Flandes. Formados a partir del ducado de Borgoña por Felipe el Atrevido (1363-1404) y sus sucesores, crecieron mediante compras, matrimonios y herencias de numerosos territorios, convirtiéndose en una de las grandes potencias europeas del s. XV. A la muerte de Carlos el Temerario (1477), los Estados Borgoñones fueron repartidos entre Francia y la casa de Austria.

borgoñones (facción de los), facción francesa partidaria del duque de Borgoña, opuesta a los *armañacs. Apoyó a Inglaterra en la guerra de los Cien años.

BORIQUEN o **BORINQUÉN**, nombre dado por los taínos a la isla de Puerto Rico.

BORIS I, *m. en 907*, kan de los búlgaros (852-889). Proclamó el cristianismo religión oficial de su estado (865).

BORIS III, *Sofía 1894-íd. 1943*, zar de Bulgaria (1918-1943). Hijo del príncipe Fernando, se acercó a Alemania durante la segunda guerra mundial. Probablemente fue asesinado por los nazis.

BORÍS GODUNOV, *h. 1552-Moscú 1605*, zar de Rusia (1598-1605). Su reinado estuvo marcado por una serie de disturbios relacionados con el hambre de 1601-1603. Inspiró a Pushkin una tragedia (1831), en la que se basó Mussorgsky para su ópera *Borís Godunov* (1874), notable por el colorido y realismo de los recitativos y coros.

BORJA o **BORGIA**, familia de origen aragonés, documentada en Játiva en el s. XII y establecida en Italia desde mediados del s. XV, donde fue conocida como Borgia.— **Alonso de B.** → **Calixto III.**— **Rodrigo B.** → **Alejandro VI** [santos y papas].— **César B.**, *Roma h. 1475-Viana 1507*, príncipe y condotiero italiano. Hijo de Rodrigo y gonfalonero de la Iglesia, fue un político hábil, pero pérfido y cruel (Maquiavelo lo tomó como modelo en su libro *El príncipe*).— **Lucrecia B.**, *Roma 1480-Ferrara 1519*, duquesa de Ferrara. Hermana de César, famosa por su belleza, protectora de las artes y las letras, fue un mero instrumento de la política de su familia, más que una criminal, como pretende su fama.— **Francisco de B.** → **Francisco de Borja** (san).

BORJA (Rodrigo), *Quito 1936*, político ecuatoriano. Líder de Izquierda democrática, socialdemócrata, fue presidente de la república de 1988 a 1992.

BORJA PÉREZ (Arturo), *Quito 1892-íd. 1912*, poeta ecuatoriano. Seguidor de los simbolistas franceses, perteneció al grupo que introdujo la innovación métrica en la poesía de su país (*Idilio estival; Por el camino de las quimeras; La flauta de ónix*). Se suicidó.

BORJA Y ARAGÓN (Francisco de), príncipe de Esquilache, *Madrid h. 1577-íd. 1658*, poeta español. Compuso poesía de corte clásico (*Obras en verso*, 1639) y el poema épico *Nápoles recuperada* (1651). Fue virrey del Perú.

BORMANN (Martin), *Halberstadt 1900-¿Berlín 1945?*, político alemán. Uno de los dirigentes del partido nazi, general de las SS en 1933 y jefe del estado mayor de R. Hess, desapareció en 1945 durante los combates de Berlín.

BORN (Bertrán de), *h. 1140-abadía de Dalon a. 1215*, trovador provenzal. Es autor de poemas de inspiración satírica y moral.

BORN (Max), *Breslau 1882-Gotinga 1970*, físico británico de origen alemán. Fue pionero de la interpretación probabilista de la mecánica cuántica. (Premio Nobel 1954.)

BORNEO, isla de Asia, la mayor de Insulindia; 750 000 km². La mayor parte (540 000 km²), al S (Kalimantan), pertenece a la república de Indonesia (8 232 000 hab.); el N de la isla forma dos territorios miembros de Malaysia (Sabah [ant. Borneo Septentrional] y Sarawak) y un sultanato independiente (Brunei). Es una región de mesetas, dominadas al N por cadenas montañosas y limitadas al S por vastas llanuras pantanosas. La isla de Borneo, atravesada por el ecuador, está cubierta de bosques densos. Yacimientos de petróleo y de gas.

BORNHOLM, isla de Dinamarca, en el Báltico; 45 067 hab. Piedras rúnicas. Iglesias redondas fortificadas.

BORNU, ant. imperio de la zona sudanesa, al SO del lago Chad. Adoptó en el s. XVI el nombre de Kanem-Bornu y fue destruido al producirse la derrota de Rabah frente a los franceses (1900).

Borobudur o **Bărăbudur**, gran monumento búdico del centro de Java (h. 800). Jalonado por stupas, sus cuatro pisos de galerías decoradas con bajorrelieves reproducen un mandala. (Patrimonio de la humanidad 1991.)

BORODÍN (Alexandr), *San Petersburgo 1833-íd. 1887*, compositor ruso. Es autor de *El príncipe*

Ígor, terminada por Rimski-Kórsakov y Glazunov (1890), *En las estepas de Asia central* (1880), cuartetos y sinfonías.

Borodinó (batalla de), nombre que dan los rusos a la batalla del *Moskvá*.

borrachos (Los), nombre con que se conoce el cuadro de Velázquez titulado *Baco* o *El triunfo de Baco* (h. 1629, Prado). Velázquez abordó en este cuadro la temática mitológica desde una perspectiva desmitificadora e incluso burlesca, del mismo modo que lo hizo la literatura contemporánea.

BORRÁS (Enrique), *Badalona 1863-Barcelona 1957*, actor español. Destacado intérprete de autores catalanes y de clásicos españoles, dirigió la compañía del teatro Romea de Barcelona.

BORRÁS (fray Nicolás), *Cocentaina 1530-Gandía 1610*, pintor español. Manierista, trabajó para diversas iglesias valencianas (retablo mayor del monasterio de Cotalba, 1571).

BORRASSÀ (Lluís), *Gerona h. 1360-Barcelona h. 1424*, pintor catalán. Máximo representante catalán del gótico internacional, tuvo un importante taller en Barcelona. Trabajó en la catedral de Gerona (reparación de las vidrieras, h. 1380). Destacan los retablos de los siete gozos de la Virgen (Copons, Barcelona, 1402), de San Salvador de Guardiola (Barcelona, 1404) y de Santa Clara (Vic, 1414).

BORRELL I → **WIFREDO II.**

BORRELL II, *h. 915-Seo de Urgel 992*, conde de Barcelona, Ausona y Gerona (947-992), que gobernó con su hermano Miró hasta 966, y conde de Urgel (948-992). Rompió el vasallaje con los reyes francos (989).

BORROMEAS (islas), grupo de cuatro islas situadas en el lago Mayor (Italia).

BORROMEO (san Carlos) → **CARLOS BORROMEO.**

BORROMINI (Francesco), *Bissone 1599-Roma 1667*, arquitecto italiano. Uno de los maestros del barroco italiano, de estilo complejo y dinámico, construyó en Roma las iglesias de San Carlo alle quattro fontane, San Ivo, etc.

BORROW (George), *East Dereham 1803-Oulton Broak 1881*, escritor y viajero británico. Conocedor de la lengua y las costumbres gitanas (*Los gitanos en España*, 1841), escribió también *La Biblia en España* (1843), autobiografía novelada.

BORZAGE (Frank), *Salt Lake City 1893-Hollywood 1962*, director de cine estadounidense. Sus películas exaltan, en un marco realista, el poder del amor (*El séptimo cielo*, 1927; *Fueros humanos*, 1933; *Deseo*, 1936; *Adiós a las armas*, 1933; *La hora radiante*, 1938).

BOSCÁN (Juan), *Barcelona entre 1487 y 1492-Perpiñán 1542*, poeta español. Introdujo la métrica italiana en la poesía castellana, con la adhesión de Garcilaso. Es autor de poesías en metros tradicionales castellanos, pero sobre todo de sonetos, canciones renacentistas, tercetos y octavas reales. Destacan la *Octava rima*, la epístola a Mendoza y la *Historia de Hero y Leandro* (en endecasílabos sin rima). En prosa, tradujo *El cortesano*, de Castiglione.

BOSCH (Carl), *Colonia 1874-Heidelberg 1940*, químico e industrial alemán. Consiguió en 1909, con F. Haber, la síntesis industrial del amoníaco. (Premio Nobel 1931.)

BOSCH (Juan), *en La Vega 1909-Santo Domingo*

2001, político y escritor dominicano. Fundó el Partido revolucionario dominicano (1939). Elegido presidente de la república en 1962, fue derrocado por un golpe de estado (1963). Creó el Partido de la liberación dominicana (1973). Es autor de novelas (*La mañosa*, 1936), cuentos (*Camino real*, 1933; *Indios*, 1935; *La muchacha del Guaira*, 1955) y ensayos políticos (*De Cristóbal Colón a Fidel Castro*, 1969).

BOSCH GIMPERA (Pedro), *Barcelona 1891-México 1974*, prehistoriador y antropólogo español. Creador de una fecunda escuela de prehistoriadores fundó, junto con Adolf Schulten, las *Fontes Hispaniae antiquae* (1922). Es autor, entre otras, de *El poblamiento antiguo y la formación de los pueblos de España* (1945) y *Paleontología de la península Ibérica* (1974).

BOSCO (Hieronymus Van Aeken o **Aken**, llamado Jerónimo **Bosch** y, en España, el), *'s-Hertogenbosch h. 1450-íd. 1516*, pintor brabanzón. Trató temas religiosos o populares con un simbolismo extraño, una imaginación descomunal y una gran calidad pictórica (*El *jardín de las delicias*, 1503-1504, Prado; trípticos de *El carro de heno*, Prado y El Escorial; *Las tentaciones de san Antonio*, h. 1510, Lisboa).

■ EL **BOSCO**. Detalle de *Cristo con la cruz a cuestas* (entre 1500 y 1516).
[Museo de bellas artes, Gante.]

BOSCONIA, mun. de Colombia (Cesar); 21 697 hab.

BOSE (Satyendranath), *Calcuta 1894-íd. 1974*, físico indio. Elaboró una teoría estadística aplicable a los fotones, que retomaría Einstein para aplicarla a los bosones.

BÓSFORO («Vado de los bueyes»), ant. **estrecho de Constantinopla**, estrecho entre Europa y Asia, que comunica el mar de Mármara y el mar Negro. Lo cruzan dos puentes de tránsito rodado. En la orilla O se halla Ístanbul.

BOSNIA-HERZEGOVINA, en bosnio, croata y serbio **Bosna i Hercegovina**, estado de la Europa balcánica; 51 100 km²; 3 500 000 hab. (*bosnios o bosníacos*). CAP. *Sarajevo*. LENGUAS: *bosnio, serbio y croata*. MONEDA: *marco convertible*.

INSTITUCIONES

República federal compuesta por dos entidades: la Federación de Bosnia-Herzegovina (croatomusulmana) y la República serbia de Bosnia. Constitución de 1995. Presidencia colegial constituida por 3 miembros (un croata, un musulmán y un serbio), elegida cada 4 años (la presidencia de la presidencia se turna cada 8 meses entre dichos miembros). Parlamento compuesto por la cámara de representantes y la cámara de los pueblos. Cada entidad dispone de un presidente y un parlamento.

■ BOROBUDUR. El gran templo escalonado (s. IX).

■ BOSSUET, por H. Rigaud. (Louvre, París.)

GEOGRAFÍA

El país está compuesto por tres nacionalidades de religiones diferentes: musulmanes (44 % en 1991 y con nacionalidad desde 1969), serbios (31 %; ortodoxos) y croatas (17 %; católicos). La viabilidad del nuevo estado (compartimentado por el relieve, casi sin acceso al mar) fue comprometida por la guerra civil, que provocó destrucciones, desplazamientos de población y la partición de hecho del territorio según criterios étnico-religiosos.

HISTORIA

La región fue conquistada por los otomanos (Bosnia en 1463, Herzegovina en 1482) e islamizada. Administrada por Austria-Hungría (1878) y anexionada en 1908, se integró en el Reino de los serbios, croatas y eslovenos (1918) y luego en Yugoslavia (1945-1946). **1990:** el musulmán Alija Izetvegović fue elegido presidente de Bosnia-Herzegovina. Ante la disolución de Yugoslavia, serbios, musulmanes y croatas se enfrentaron: los serbios querían quedarse en Yugoslavia y separarse de Bosnia si esta la abandonaba; los musulmanes deseaban un estado bosnio independiente y multinacional; los croatas se dividían entre los partidarios de un estado bosnio unitario y los defensores de su reparto étnico. **1992:** tras la independencia, una guerra enfrentó a los serbios (dirigidos por Radovan Karadžić y apoyados por la nueva república de Yugoslavia), los musulmanes y los croatas. Los serbios, que proclamaron una República serbia de Bosnia-Herzegovina (en.), ocuparon dos tercios del país y practicaron la limpieza étnica. Se estableció una fuerza de protección de la ONU (FORPRONU). **1993:** se propusieron planes de reparto o división. Enfrentamiento entre croatas y musulmanes. La ONU declaró zonas de seguridad a Sarajevo y otras cinco ciudades asediadas por los serbios. **1994:** EUA hizo que los croatas y los musulmanes formasen una Federación croatomusulmana en Bosnia. Los representantes de Alemania, EUA, Francia, Gran Bretaña y Rusia (grupo de contacto) trataron de imponer un nuevo plan de reparto. **1995:** se creó una fuerza de reacción rápida para apoyar a la FORPRONU (junio). Los serbios se apoderaron de las zonas de seguridad de Srebrenica y Zepa (julio). Una gran contraofensiva (ag.-sept.), apoyada por el ejército croata, devolvió a los croatomusulmanes la mitad del territorio. Se proclamó un alto el fuego (oct.). En Dayton, bajo los auspicios de EUA, se cerró un acuerdo (nov., firmado en dic. en París) entre los presidentes serbio (por los serbios de Bosnia), croata y bosnio. En él se establecía el mantenimiento de un estado único de Bosnia-Herzegovina. La FORPRONU fue relevada por una fuerza multinacional de paz (IFOR) bajo mando de la OTAN. **1996:** las primeras elecciones tras el final del conflicto dieron la victoria a los partidos nacionalistas. El IFOR dejó paso a una nueva fuerza de estabilización de la paz (SFOR). Un alto representante de la comunidad internacional quedó a cargo de las cuestiones civiles. **1998:** la supremacía de los nacionalistas en las elecciones (confirmada en las de 2000 y 2002) reflejó las dificultades para la reconstrucción política y civil del país. **2004:** la SFOR fue relevada por una fuerza de pacificación de la Unión europea (EUFOR). **2006:** los partidos moderados ganaron las elecciones.

BOSÓN, m. en 887, rey de Provenza y Borgoña (879-887), cuñado de Carlos el Calvo.

BOSSUET (Jacques Bénigne), Dijon 1627-París 1704, prelado y escritor francés. Célebre por sus sermones, fue obispo de Meaux (1681) y sostuvo la política antiprotestante de Luis XIV. Es autor de obras históricas, apologéticas y oratorias (Sermones; Oraciones fúnebres).

BOSTON, c. de Estados Unidos, cap. de Massachusetts; 574 283 hab. (2 870 669 en la aglomeración). Puerto. Centro industrial, cultural y financiero. Importante museo de arte.

Bosworth (batalla de) [22 ag. 1485], batalla al O de Leicester que puso término a la guerra de las Dos Rosas. Victoria de las tropas de Enrique Tudor (futuro Enrique VII) sobre Ricardo III, que murió en ella.

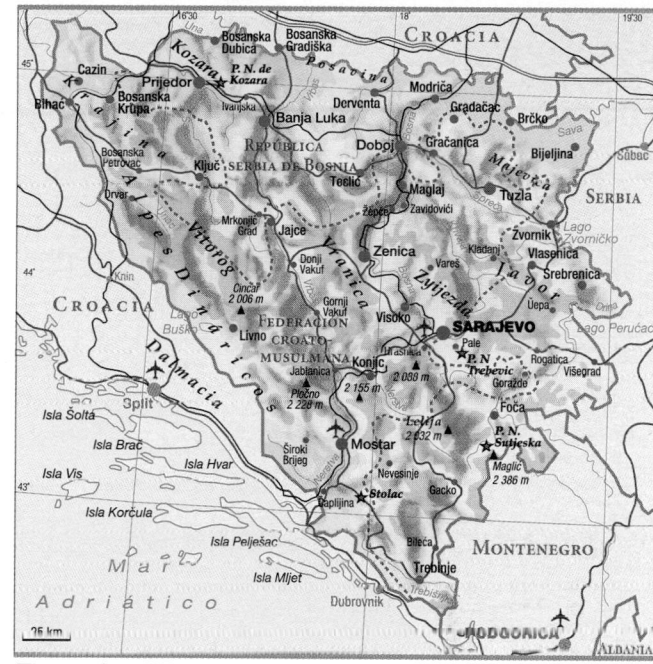

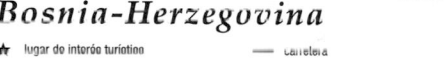

Bosnia-Herzegovina

★ lugar de interés turístico
200 500 1000 2000 m

— carretera
— ferrocarril
--- límite entre entidades

● más de 500 000 hab.
◐ de 100 000 a 500 000 hab.
● de 30 000 a 100 000 hab.
● menos de 30 000 hab.

BOTERO (Fernando), Medellín 1932, pintor y escultor colombiano. Su estilo se caracteriza por la figuración sensual y paródica de personajes obesos, representados con una técnica cuidada. La mayoría de sus esculturas monumentales, se exponen al aire libre.

BOTERO (Santiago), Medellín 1972, ciclista colombiano. Escalador y contrarrelojista, en su palmarés figuran varias etapas en el tour de Francia y en la vuelta a España (2000 y 2002) y el campeonato del mundo CRI en 2002.

BOTEV (pico), punto culminante de la cordillera de los Balcanes, en Bulgaria; 2 376 m.

BOTEV (Hristo), Kalofer 1848-cerca de Vraca 1876, poeta y patriota búlgaro, autor de poesías de inspiración revolucionaria y nacional.

BOTHA (Louis), Greytown 1862-Pretoria, act. Tshwane, 1919, general y político sudafricano. Reorganizador del ejército bóer, fue primer ministro del Transvaal (1907) y la Unión Sudafricana (1910).

BOTHA (Pieter Willem), Paul Roux, estado de Orange, 1916-Johannesburgo 2006, político suda-

fricano. Líder del Partido nacional, fue primer ministro (1978-1984) y presidente (1984-1989).

BOTHE (Walter), Oranienburg 1891-Heidelberg 1957, físico alemán. Obtuvo en 1930 una radiación penetrante que más tarde fue identificada como neutrones (Premio Nobel 1954.)

BOTHWELL (James Hepburn, barón de), ¿1535?-Dragsholm, Dinamarca, 1578, noble escocés. Provocó la muerte de Enrique Estuardo, segundo esposo de María Estuardo (1567), con la que se casó, pero tuvo que exiliarse.

BOTI (Regino), Guantánamo 1878-íd. 1958, poeta y ensayista cubano. Modernista (Arabescos mentales, 1913), luego renovó su poesía (Kodak-Ensueño, 1929; Kindergarten, 1930), recopiló cantos populares y escribió ensayos (La nueva poesía en Cuba, 1927).

BOTÍN, familia de financieros españoles. —
Emilio B. López. Accedió a la presidencia de turno del Banco de Santander en 1909.
Emilio B.-Sanz de Sautuola López, Puente de San Miguel 1903-Santander 1993. Hijo de Emilio Botín, presidió la entidad entre 1950 y 1986. — **Emilio B.-Sanz de Sautuola García de los Ríos,** Santander 1934. Hijo de Emilio Botín-Sanz de Sautuola, impulsó una cadena de fusiones desde 1986 que desembocaron en la creación del *SCH.

BOTNIA (golfo de), extremo septentrional del Báltico, entre Suecia y Finlandia.

Botorrita (bronce de) → **CONTREBIA BELAISCA.**

BOTSWANA, ant. **Bechuanalandia,** estado de África Austral; 570 000 km²; 1 530 000 hab. CAP. Gaborone. LENGUA: inglés. MONEDA: pula. (V. mapa de **Namibia.**) El país se extiende por el desierto de Kalahari. Ganadería bovina. Producción de diamantes. — Protectorado británico en 1885 (Bechuanalandia), Botswana obtuvo la independencia en 1966, dentro del marco de la Commonwealth. Sus presidentes han sido Seretse Khama (1966-1980), Quett Masire (1980-1988) y Festus Mogae (1998-2008) e Ian Khama (desde 2008).

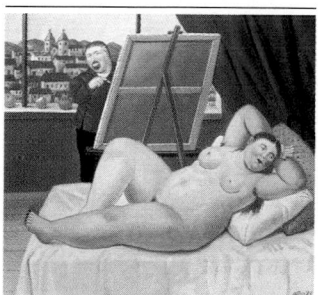

■ FERNANDO **BOTERO.**
Autorretrato con una modelo (1994). [Col. part.]

BOTTA (Mario), *Mendrisio 1943*, arquitecto suizo. Empezó, en su país, con casas unifamiliares alejadas de las convenciones del estilo internacional. El museo de arte moderno de San Francisco y la catedral de Évry le dieron fama en 1995.

BOTTICELLI (Sandro **Filipepi**, llamado), *Florencia 1445-íd. 1510*, pintor italiano. Es autor de vírgenes y de cuadros de inspiración religiosa o mitológica (*La *primavera*, h. 1478; *El nacimiento de Venus*, 1484, museo de los Uffizi), idealizados por la gracia de sus arabescos y la transparencia de su colorido. No obstante, su último período está marcado por la inquietud espiritual (*La calumnia*, Uffizi; *Pietà*, Munich).

BOTTROP, c. de Alemania (Rin del Norte-Westfalia), en el Ruhr; 119 676 hab.

BOTZARIS o **BÓTSARIS** (**Márkos**), *Sulí, Albania, 1786-Karpenision 1823*, héroe de la independencia griega, defensor de Missolonghi (1822-1823).

BOUAKÉ, c. de Costa de Marfil; 330 000 hab.

BOUCHER (François), *París 1703-íd. 1770*, pintor francés. También grabador y decorador, pintó escenas pastoriles y mitológicas con gracia y virtuosismo (*El triunfo de Venus*, 1740; *Diana en el baño*, 1742).

BOUCHES-DU-RHÔNE, dep. del SE de Francia (Provenza-Alpes-Costa Azul); 5 087 km²; 1 835 719 hab.; cap. *Marsella*.

BOUDIN (Eugène), *Honfleur 1824-Deauville 1898*, pintor francés. Autor de marinas y paisajes, fue un precursor del impresionismo.

BOUGAINVILLE (isla), la mayor de las islas del archipiélago de las Salomón (perteneciente, desde 1975, a Papúa y Nueva Guinea); aprox. 9 000 km²; 100 000 hab. Cobre. — Fue descubierta en 1768 por el navegante francés Louis Antoine de Bougainville (1729-1811).

BOUGUER (Pierre), *Le Croisic 1698-París 1758*, científico francés. Participó en la expedición que midió en Perú un arco de meridiano al nivel del ecuador, ocasión en que hizo observaciones gravimétricas. Fundó la fotometría.

BOUILLON (Godofredo de) → GODOFREDO DE BOUILLON.

BOULAÏDA (El-), ant. **Blida**, c. de Argelia, cap. de vilayato, al pie del *Atlas de El-Boulaïda*; 191 000 hab.

BOULANGER (Georges), *Rennes 1837-Elsene 1891*, militar y político francés. Ministro de guerra, popular, agrupó a sectores de izquierda y de derecha, pero renunció a un golpe de estado y se exilió a Bélgica.

Boulder Dam → Hoover Dam.

BOULEZ (Pierre), *Montbrison 1925*, compositor y director de orquesta francés. Heredero de Debussy y de Webern, siguió la tradición serialista (*El martillo sin dueño*, 1955; *Pli selon pli*, 1958-1962) antes de investigar formas abiertas y la síntesis de los sonidos.

BOULLE (Pierre), *Aviñón 1912-París 1994*, escritor francés. Es autor de novelas de aventuras (*El puente sobre el río Kwai*, 1952) y de ciencia ficción (*El planeta de los simios*, 1963).

BOULOGNE-BILLANCOURT, c. de Francia (Hauts-de-Seine), al SO de París, junto al *bois de Boulogne*; 107 042 hab.

BOULOGNE-SUR-MER, c. de Francia (Pas-de-Calais), en la Mancha; 45 508 hab. (casi 100 000 hab. en la aglomeración). Principal puerto pesquero francés (conserverías).

BOUMEDIENE → BUMEDIÁN.

Bounty, buque británico cuya tripulación se amotinó (1789) y, tras abandonar a su capitán, W. Bligh, en una barca en alta mar, se estableció en Tahití y Pitcairn.

Bourbaki (Nicolas), seudónimo colectivo de un grupo de matemáticos, en su mayoría franceses, que desde 1939 abordó las matemáticas desde su punto de partida lógico y propugnó su sistematización (*Elementos de historia de las matemáticas*).

BOURDELLE (Antoine), *Montauban 1861-Le Vésinet 1929*, escultor francés. Es autor de bronces (*Monumento a Alvear*, 1923, Buenos Aires) y bajorrelieves.

BOURDIEU (Pierre), *Denguin 1930-París 2002*, sociólogo francés. Es autor de estudios sobre sociología de la educación (*La reproducción*, 1970) y de la cultura (*La distinción*, 1979), así

---

como de encuestas descriptivas (*La miseria del mundo*, 1993) que dan cuenta de los conflictos sociales y de su reproducción.

BOURGEOIS (Louise), *París 1911*, escultora estadounidense de origen francés. En 1938 se estableció en Nueva York, donde frecuentó el ambiente surrealista. Su obra es de contenido simbólico.

BOURGES, c. de Francia, cap. del dep. de Cher y ant. cap. del Berry; 76 075 hab. Catedral gótica (patrimonio de la humanidad 1992). — Festival de música. — Fue residencia de Carlos VII y centro de la resistencia francesa durante la guerra de los Cien años.

BOURGET (Le), mun. de Francia (Seine-Saint Denis), en la zona suburbana NE de París; 11 728 hab. Aeropuerto. Museo del aire y del espacio.

BOURGOGNE → BORGOÑA.

BOURGUIBA → BURGUIBA.

BOURNEMOUTH, c. de Gran Bretaña (Inglaterra), junto al canal de la Mancha; 154 400 hab. Estación balnearia.

BOURNONVILLE (August), *Copenhague 1805-íd. 1879*, coreógrafo danés. Bailarín y pedagogo de tradición francesa, fue maestro del Ballet danés. El Ballet real danés perpetúa su repertorio (*La Sylphide*, 1836; *Napoli*, 1842).

BOUSOÑO (Carlos), *Boal, Asturias, 1923*, poeta y crítico español. El verso libre y la expresión coloquial distinguen su poesía (*Oda en la ceniza*, 1967; *Metáfora del desafuero*, 1989; *El ojo de la aguja*, 1993). Notables son sus estudios de estilística: *Teoría de la expresión poética* (1952), *El irracionalismo poético* (1977). [Premios: nacional de ensayo 1978; nacional de poesía 1990; nacional de las letras 1993; Príncipe de Asturias 1995.] (Real academia 1979.)

BOUSSAÂDA, c. de Argelia; 67 000 hab. Oasis.

BOUTEFLIKA → BUTEFLIKA.

BOUTROS GHALI (Boutros), *El Cairo 1922*, jurista, diplomático y político egipcio. Ministro de asuntos exteriores (1977-1991), fue secretario general de la ONU entre 1992 y 1996.

BOUTS (Dirk o Dieric), *Haarlem h. 1415-Lovaina 1475*, pintor flamenco. Influido por Van Eyck y Van der Weyden, pintó temas religiosos de carácter intimista (*Retablo de la Eucaristía*, 1464-1468, Lovaina).

BOUVET, isla volcánica del Atlántico sur, dependencia de Noruega.

Bouvines (batalla de) [27 julio 1214], victoria obtenida en Bouvines, al SE de Lille, por el rey de Francia Felipe IV Augusto sobre el emperador Otón IV y sus aliados, Juan sin Tierra y el conde de Flandes.

BOVES (José Tomás), *Oviedo 1782-Urica, Venezuela, 1814*, militar español. En su juventud se trasladó a Venezuela, donde luchó con los españoles contra los patriotas. Se adueñó de la región de Los Llanos, se enfrentó a Bolívar (1813), ocupó Caracas y Barcelona y obtuvo la victoria de El Salado. Murió en combate.

BOVET (Daniel), *Neuchâtel 1907-Roma 1992*, farmacólogo italiano de origen suizo. Realizó investigaciones sobre los antihistamínicos y los curarizantes de síntesis. (Premio Nobel de fisiología y medicina 1957.)

BOWEN (Norman Levi), *Kingston, Ontario, 1887-Washington 1956*, geólogo estadounidense de origen canadiense. Fue el fundador de la petrología experimental moderna.

BOWIE (David Robert **Jones**, llamado David), *Londres 1947*, cantante y compositor de rock británico. Ha frecuentado diversos estilos, desde el glam (*Ziggy Stardust*, álbum, 1972) hasta la música de baile (*Let's Dance*, álbum, 1983), y ha influido en numerosos artistas.

BOWLBY (John), *Londres 1907-isla de Skye 1990*, médico y psiquiatra británico. Desarrolló la teoría del vínculo del lactante con la madre.

BOWLES (Guillermo o William), *Cork h. 1714-Madrid 1780*, científico irlandés, autor de *Introducción a la historia natural y a la geografía física de España* (1775), principal descripción geográfica de España en el s. XVIII.

BOWLES (Paul), *Nueva York 1910-Tánger 1999*, compositor y escritor estadounidense. Novelista (*El cielo protector; La casa de la araña*) y poeta, su estilo marcó especialmente a la *Beat Generation.

---

bóxers (guerra de los), conflicto con que culminó en 1900 el movimiento xenófobo promovido en China por los bóxers. La revuelta llegó a amenazar legaciones europeas en Pekín, lo que provocó una expedición internacional que acabó con aquella.

BOYACÁ (departamento de), dep. de Colombia, en la cordillera Oriental; 23 189 km²; 1 097 618 hab.; cap. *Tunja*.

Boyacá (batalla de) [7 ag. 1819], batalla de la independencia de América Latina. Victoria de las fuerzas de Bolívar sobre las tropas realistas españolas (1819) en *Boyacá* (Colombia), por la que se adueñaron de toda Nueva Granada.

Boyacá (orden de), orden colombiana creada en 1919, en el primer centenario de la batalla de Boyacá.

BOYER (Charles), *Figeac 1897-Phoenix 1978*, actor francés, nacionalizado estadounidense. Encarnó al seductor francés: *Su vida íntima* (R. Stevenson, 1941), *Luz que agoniza* (G. Cukor, 1944).

BOYER (Jean Paul), *Port-au-Prince 1776-París 1850*, político haitiano. Mulato educado en París, se unió a los independentistas. Combatió los regímenes de Dessalines y Christophe, y alcanzó la presidencia de la república (1818). Fue derrocado por una revolución en 1843.

BOYLE (Robert), *Lismore Castle 1627-Londres 1691*, físico y químico irlandés. Formuló la ley de compresibilidad de los gases, introdujo la noción moderna de elemento químico en oposición a la teoría aristotélica de los elementos y descubrió el papel del oxígeno en las combustiones y la respiración.

Boyne (batalla del) [1 julio 1690], victoria de Guillermo III de Nassau sobre Jacobo II Estuardo a orillas del *río Boyne*, Irlanda. Consagró el triunfo de la revolución iniciada en 1688 en Inglaterra.

BOZEN → BOLZANO.

BP (British Petroleum), grupo petrolero internacional. Surgido en 1954 de la Anglo-Iranian Oil Company (fundada en 1909), es uno de los líderes mundiales del sector.

BRABANTE, en fr. y neerlandés **Brabant**, región histórica dividida act. entre Bélgica y Países Bajos. Ducado formado en el s. XII de la unión de los condados de Lovaina y Bruselas, en 1430 se incorporó al ducado de Borgoña, y en 1477 pasó a la casa de Austria, cuya rama española tuvo que reconocer a las Provincias Unidas la posesión de la parte septentrional (1609).

BRABANTE, en fr. y neerlandés **Brabant**, ant. prov. del centro de Bélgica. Englobaba las provincias actuales de *Brabante Flamenco* y *Brabante Valón* (creadas en 1995), además de la región de Bruselas Capital.

BRABANTE (Siger de), *h. 1235-Orvieto 1281 o 1284*, teólogo brabanzón. Profesor en París, fue acusado de herejía por su doctrina, impregnada por la interpretación hecha por Averroes del aristotelismo. Probablemente murió asesinado.

BRABANTE SEPTENTRIONAL, prov. del S de Países Bajos; 2 243 546 hab.; cap. *'s-Hertogenbosch*; c. pral. *Eindhoven*.

BRABHAM (sir Jack), *Hurstville, cerca de Sydney, 1926*, piloto y fabricante automovilístico australiano. Ganó el campeonato del mundo de automovilismo en 1959, 1960 y 1966.

BRACAMONTE Y GUZMÁN (Gaspar de), conde de Peñaranda, *h. 1595-Madrid 1676*, diplomático y estadista español. Ministro en el congreso de Westfalia (1645-1648) y virrey de Nápoles (1661), dirigió la política exterior española de 1665 a 1674.

BRACHO (Julio), *Durango 1909-México 1978*, director de teatro y de cine mexicano. De su trabajo teatral destaca *El sueño de Quetzalcóatl*, de tema nacionalista y revolucionario, y del cinematográfico, *Distinto amanecer* (1943) y *La sombra del caudillo* (1960).

BRADBURY (Ray Douglas), *Waukegan 1920*, escritor estadounidense, relevante autor de relatos de ciencia ficción (*Crónicas marcianas*, 1950; *Fahrenheit 451*, 1953).

BRADFORD, c. de Gran Bretaña (Inglaterra); 295 000 hab. Textil. Electrónica. — Museo nacional de los medios de comunicación.

BRADLEY (Francis Herbert), *Clapham, act. en*

Londres, 1846-Oxford 1924, filósofo británico. Se adscribió al idealismo hegeliano.

BRADLEY (James), *Sherborne 1693-Chalford 1762*, astrónomo británico. Descubrió la aberración de la luz de las estrellas (1727) y la nutación del eje de rotación terrestre (1748).

BRADLEY (Omar), *Clark 1893-Nueva York 1981*, general estadounidense. Se distinguió en Túnez y en Sicilia (1943) y estuvo al mando del 12° grupo de tropas estadounidenses, que condujo hasta Alemania (1944-1945).

BRAGA, c. del N de Portugal, cap. de distr.; 90 535 hab. Catedral de los ss. XII-XVIII (obras de arte, tesoro); santuario del Bom Jesus do Monte (s. XVIII).

BRAGA (Teófilo), *Ponta Delgada, Azores, 1843-Lisboa 1924*, político y escritor portugués. Fue presidente de la república en 1915. Es autor de libros de poesía y de historia de la literatura.

BRAGADO, partido de Argentina (Buenos Aires); 40 449 hab. Cereales y ganado vacuno.

BRAGANZA, en port. **Bragança**, c. del NE de Portugal, cap. de distr.; 16 554 hab. Fortaleza con doble muralla.

BRAGANZA, dinastía que reinó en Portugal de 1640 a 1910 y en Brasil de 1822 a 1889. Se originó con Alfonso I, duque de Braganza, hijo natural de Juan I, rey de Portugal.

BRAGG (sir William Henry), *Wigton 1862-Londres 1942*, físico británico. Con su hijo, sir W. L. Bragg, construyó el primer espectrógrafo de alta frecuencia, y gracias a ello descubrió la estructura de muchos cristales. (Premio Nobel 1915.) — sir **William Lawrence B.**, *Adelaida, Australia, 1890-Ipswich 1971*, físico británico. Trabajó con su padre, William Henry, sobre la difracción de los rayos X en los cristales. (Premio Nobel 1915.)

BRAHE (Tycho), *Knudstrup 1546-Praga 1601*, astrónomo danés. A partir de 1576, en la isla de Hveen, en el Sund, construyó un observatorio astronómico y lo equipó con grandes instrumentos, gracias a los cuales efectuó las observaciones astronómicas más precisas antes de la invención del anteojo. Las del planeta Marte permitieron a Kepler enunciar las leyes del movimiento de los planetas.

BRAHMĀ, uno de los principales dioses del panteón hindú. Primer ser creado y creador de todas las cosas, suele representarse con cuatro rostros y cuatro brazos, símbolos de su omnisciencia y de su omnipresencia.

■ **BRAHMĀ.** Madera tallada; India, s. XVIII. (Museo de Trivandrum, India.)

BRAHMAGUPTA, *h. 598-h. 665*, matemático indio. Fue el primero que utilizó los números negativos y formuló las cuatro operaciones fundamentales.

BRAHMAPUTRA, r. de Asia, que nace en el Tíbet y desemboca en el golfo de Bengala; 2 900 km; cuenca de 900 000 km². Forma un gran delta con el Ganges.

BRAHMS (Johannes), *Hamburgo 1833-Viena 1897*, compositor alemán. Es autor de lieder, música de cámara, obras para piano, cuatro sinfonías de romántico lirismo, oberturas, conciertos (*Concierto para violín*, 1879) y un *Réquiem alemán* (1868).

BRĂILA, c. de Rumanía, a orillas del Danubio; 234 706 hab. Puerto fluvial. Celulosa y papel.

■ TYCHO **BRAHE**   ■ JOHANNES **BRAHMS**, por Laurens. (Col. part., Bonn)

BRAILLE (Louis), *Coupvray 1809-París 1852*, inventor francés. Ciego desde los 3 años, ideó una escritura de puntos en relieve para invidentes, el *braille.*

BRAMAH (Joseph), *Stainborough 1748-Londres 1814*, industrial británico. Precursor en la construcción de máquinas-herramienta industriales, entre sus inventos destacan una prensa hidráulica y una cepilladora de madera con 28 herramientas.

BRAMANTE (Donato **d'Angelo**, llamado), *cerca de Urbino 1444-Roma 1514*, arquitecto italiano. Trabajó en Milán (ábside de Santa Maria delle Grazie) y posteriormente en Roma, donde se erigió en maestro del clasicismo: templete de San Pietro in Montorio; patio del Belvedere y primeros trabajos de la basílica de San Pedro (a partir de 1505 por encargo de Julio II).

BRAMÓN (Francisco), *México-d. 1654*, poeta mexicano. Figura del barroco, en *Los sirgueros de la virgen sin original pecado* (1620) adaptó la técnica de la novela pastoril a un tema religioso, al que también integró elementos musicales y dramáticos indígenas.

BRAMPTON, c. de Canadá (Ontario); 209 222 hab. Industria del automóvil.

BRANCUSI o **BRÂNCUȘI** (Constantin), *Pestisani 1876-París 1957*, escultor rumano. Miembro de la escuela de París, buscó una esencia simbólica de la forma (*La musa dormida*, 1906; *El pájaro en el espacio*, varias versiones), renovada con un estilo tosco, arcaizante y mágico (*El* "*beso*"). Sus Columnas sin fin para Pu precursoras del minimalismo.

BRANDEBURGO, en alem. **Brandenburg**, Land de Alemania; 29 059 km²; 2 641 152 hab.; cap. *Potsdam.* Ocupa la parte occidental del Brandeburgo histórico (c. pral. Berlín), que formó parte de la RDA de 1949 a 1990; su parte oriental fue atribuida a Polonia en 1945. — Zona de encuentro entre eslavos y germanos desde el s. VII, pasó a los Ascanios (s. XII) y más tarde a los Wittelsbach y a los Luxemburgo. El margraviato, cuyo titular pasó a ser elector del imperio en 1356, correspondió a los Hohenzollern (1415), cuya herencia se incrementó con Prusia en 1618. (→ **Prusia.**)

BRANDEBURGO, c. de Alemania (Brandeburgo), a orillas del Havel, al O de Berlín; 89 208 hab. Catedral de los ss. XII-XV y otros monumentos.

BRANDES (Georg), *Copenhague 1842-íd. 1927*, crítico danés. Inició a los países escandinavos en las literaturas europeas modernas e hizo triunfar la estética realista.

BRANDO (Marlon), *Omaha 1924-Los Ángeles 2004*, actor de cine estadounidense. Formado en el Actors Studio, intérprete recio, complejo, excesivo, trabajó entre otros con E. Kazan (*Un tranvía llamado deseo*, 1951; *La ley del silencio*, 1954), L. Benedek (*¡Salvaje!*, 1954), F.F.Coppola (*El padrino*, 1972) y B. Bertolucci (*El último tango en París*, 1972).

BRANDSEN, ant. **Coronel Brandsen**, partido de Argentina (Buenos Aires); 18 452 hab.

BRANDT (Bill), *Londres 1904-íd. 1983*, fotógrafo británico. Sus fotos de cuerpos petrificados, dentro de perspectivas inusuales, lo convierten en innovador del desnudo femenino. Realizó asimismo desgarradores reportajes sobre la población londinense durante los ataques aéreos de 1940.

BRANDT (Herbert Karl **Frahm**, llamado **Willy**), *Lübeck 1913-Unkel 1992*, político alemán. Presidente del Partido socialdemócrata (1964-1987) y canciller de la RFA (1969-1974), orientó la diplomacia alemana hacia la apertura al este (*Ostpolitik*). [Premio Nobel de la paz 1971.]

BRANNER (Hans Christian), *Ordrup 1903-Copenhague 1966*, escritor danés. Sus novelas y obras de teatro se inspiran en el psicoanálisis (*El caballero*, 1949).

BRANT o **BRANDT** (Sebastian), *Estrasburgo h. 1458-íd. 1521*, humanista alsaciano. Es autor del poema satírico *La nave de los locos.*

BRANTING (Hjalmar), *Estocolmo 1860-íd. 1925*, político sueco. Fundador del Partido socialdemócrata (1889), contribuyó a la separación pacífica de Noruega y Suecia (1905). Al frente de tres gobiernos socialistas entre 1920 y 1925, practicó una política social avanzada. (Premio Nobel de la paz 1921.)

BRAQUE (Georges), *Argenteuil 1882-París 1963*, pintor francés. Creador del cubismo con Picasso, es célebre por sus collages, sus naturalezas muertas de gran sensualidad y sus series de talleres, pájaros, etc.

■ GEORGES **BRAQUE.** *Taller IX* (1954-1956). [Fundación Maeght, Saint-Paul-de-Vence, Francia.]

BRASIL, estado federal de América del Sur; 8 512 000 km²; 176 770 000 hab. (*brasileños*). CAP *Brasilia* (c. MODERNA *São Paulo* y *Río de Janeiro*). LENGUA: *portugués.* MONEDA: *real.*

INSTITUCIONES

República federal (26 estados dotados de gobierno y parlamento, y un distrito federal). La constitución de 1988 fue modificada en 1994 y 1997. El presidente de la república es elegido cada 4 años por sufragio universal. El congreso se compone de la cámara de los diputados, elegida cada 4 años, y el senado federal, elegido cada 8 años.

GEOGRAFÍA

Brasil ocupa la mitad de la superficie de América del Sur y concentra una parte equivalente de la población. La población brasileña (cuyo crecimiento se ha reducido de 1,4 % anual) es muy variada, y en ella se mezclan blancos, negros, indios y asiáticos, en su mayoría mestizos. Se concentra en más de sus tres cuartas partes en las ciudades, de las cuales unas quince superan el millón de habitantes. En las grandes ciudades, a las que acude la población rural de un país con grave subempleo, se han multiplicado los barrios de chabolas. La población es más densa en el litoral. El interior (al NO, selva amazónica, cálida y húmeda; más al E y al S, mesetas a menudo áridas y de suelos mediocres) suele estar deshabitado, excepto los yacimientos mineros y los frentes de colonización de las rutas transamazónicas, origen de la progresiva deforestación de la Amazonia.

La agricultura emplea aún a más del 20 % de la población activa. Brasil es el primer o segundo productor mundial de café, cítricos, azúcar y soja. La ganadería bovina está también muy desarrollada. La industria se beneficia de abundantes recursos mineros: hierro (el más importante, que ha permitido el auge de la siderurgia), bauxita, manganeso. El potencial hidroeléctrico está parcialmente aprovechado. La explotación petrolífera crece (sobre todo en los yacimientos off-shore), y Brasil desarrolla la producción de biocarburantes.

Pese a la riqueza de recursos, el crecimiento está frenado por un agro arcaico (grandes propiedades subexplotadas y muchos campesinos sin tierra), las irregularidades climáticas y el veloz aumento poblacional. A las desigualdades sociales se añaden contrastes regionales de desarrollo, sobre todo entre el NE, degradado, y las dinámicas ciudades del SE. Una parte importante de la industria de transformación (montaje de automóviles, química, electrónica) está bajo control extranjero. No obstante, la deuda exterior, durante mucho tiempo enorme, act. se ha enjugado.

HISTORIA

El período colonial. 1500: Pedro Álvares Cabral descubrió Brasil, que pasó a ser posesión portuguesa. **1532-1560:** los intentos franceses de instalación acabaron con la victoria de los portugueses. **1624-1654:** atraídos por la riqueza azucarera del país, los holandeses fundaron algunos asentamientos en las costas, antes de ser expulsados. **1720-1770:** la búsqueda de oro provocó la creación del Brasil interior, dominio de los mestizos, que abandonaron la costa a los blancos. Se desarrollaron las grandes plantaciones (cultivo de algodón, cacao y tabaco), que aseguraron la renovación económica del país. **1775:** la esclavitud india fue abolida y se

incrementó el recurso a la mano de obra negra. **1777:** después de una guerra con España, por los tratados de San Ildefonso (1777) y de El Pardo (1778) Portugal delimitó su frontera S con la Banda Oriental. **1808-1821:** la familia real portuguesa, en su huida ante los ejércitos napoleónicos, se instaló en Río de Janeiro. **1815:** Juan VI elevó a Brasil al rango de reino. **El imperio brasileño. 1822-1889:** durante el reinado de Pedro I (1822-1831) y Pedro II (1831-1889), Brasil, imperio independiente, experimentó un considerable auge demográfico (inmigración) y económico (café, vías férreas). Guerra argentino-brasileña por la posesión de la Banda Oriental (1825-1828). Las fronteras del país se rectificaron tras la guerra con Paraguay (1865-1870). La abolición de la

Brasil

200   500   1 000 m

autopista
carretera
ferrocarril
aeropuerto

★ lugar de interés turístico
⚑ pozos de petróleo
↗ gasoducto
límite de estado
Manaus capital de estado

● más de 3 000 000 hab.
● de 1 000 000 a 3 000 000 hab.
● de 500 000 a 1 000 000 hab.
• de 100 000 a 500 000 hab.
· menos de 100 000 hab.

1. Límite del lecho y subsuelo
2. Límite exterior del Río de la Plata
3. Límite lateral marítimo argentino-uruguayo

300 km

esclavitud negra creó descontento entre la aristocracia terrateniente (1888).

La república de los «coroneles». 1889: Pedro II fue derrocado por el ejército, y se proclamó una república federal. No obstante, el poder real se mantuvo en manos de las oligarquías que poseían la tierra y los hombres. El cultivo del café siguió siendo preponderante, asegurando la prosperidad; se desarrolló la producción de trigo y caucho. **1917:** Brasil declaró la guerra a Alemania.

La era Vargas. 1930: la crisis económica acarreó la caída del régimen. Getúlio Vargas accedió al poder; elegido presidente en 1934, en 1937 instauró un régimen dictatorial. **1942:** la participación de Brasil en la segunda guerra mundial junto a los Aliados trajo consigo un auge económico. **1945:** Vargas fue depuesto por los militares. **1950:** Vargas fue reelegido presidente. Acosado por la oposición, ligada a los intereses extranjeros, se suicidó (1954).

Los militares en el poder. 1956-1964: se sucedieron varios gobiernos reformistas, blanco de la influencia de las compañías multinacionales. **1960:** Brasília se convirtió en la capital del país. **1964-1985:** como consecuencia de un golpe de estado militar, los generales accedieron al poder (Castello Branco, Costa e Silva, Médici, Geisel, Figueiredo). La economía quedó subordinada al dominio de EUA.

El retorno a la democracia. 1985: los civiles volvieron al poder. El presidente José Sarney (1985-1990) y su sucesor, Fernando Collor de Mello (elegido en diciembre de 1989 en las primeras elecciones por sufragio universal), tuvieron que enfrentarse a una situación económica y financiera difícil. **1992:** acusado de corrupción, F. Collor de Mello fue suspendido en sus funciones y se vio obligado a dimitir. La transición corrió a cargo del vicepresidente Itamar Franco. **1995:** Fernando Henrique Cardoso accedió a la presidencia de la república. **1999:** al inicio de su segundo mandato, tuvo que hacer frente a una grave crisis financiera (seguida de otra en 2001). **2003:** Luiz Inácio Lula da Silva, líder histórico de la izquierda brasileña, accedió a la jefatura del estado (renovó su mandato en 2007).

BRASIL (corriente del), corriente marina caliente. Recorre de N a S las costas de Brasil.

BRASILEÑO (escudo) o **MACIZO BRASILEÑO**, extensa región de América del Sur, limitada al N por el Amazonas y el Atlántico al O por el Madeira, al S por los ríos Paraguay y Uruguay y al E por el Atlántico.

BRASÍLIA, cap. de Brasil y del distrito federal (5 814 km²; 1 596 274 hab.), en las mesetas del interior, a unos 1 100 m de alt. Centro administrativo y comercial. — Construida a partir de 1957 bajo la dirección del urbanista L. Costa y el arquitecto O. Niemeyer, presenta un diseño vanguardista (autopistas, bloques residenciales de gran escala aislados entre jardines y espacios abiertos). [Patrimonio de la humanidad 1987.]

BRAŞOV, c. de Rumania, en Transilvania; 323 835 hab. Construcciones mecánicas. Monumentos medievales.

BRASSENS (Georges), *Sète 1921-Saint-Gély-du-Fesc 1981*, cantautor francés. Es autor de canciones poéticas e inconformistas.

BRĂTIANU (Ion), *Piteşti 1821-Florica 1891*, político rumano. Fue primer ministro de 1876 a 1888. — **Ion (Ionel) B.,** *Florica 1864-Bucarest 1927*, político rumano. Hijo de Ion Brătianu, fue varias veces primer ministro, en particular en 1914-1918 y 1922-1926.

BRATISLAVA, cap. de Eslovaquia, a orillas del Danubio; 441 453 hab. Centro comercial, cultural e industrial. Monumentos antiguos y museos. — Es la ant. *Presburgo.*

BRATSK, c. de Rusia, en Siberia; 259 000 hab. Gran central hidroeléctrica sobre el Angará. Industria maderera; aluminio.

BRATTAIN (Walter Houser), *Xiamen, China, 1902-Seattle 1987*, físico y técnico estadounidense. Junto con William B. Shockley y John Bardeen, desarrolló el primer transistor. (Premio Nobel 1956.)

BRAU (Salvador), *Cabo Rojo 1842-San Juan 1912*, historiador y poeta puertorriqueño. De carácter nacionalista, entre sus obras destacan *Puerto Rico y su historia (Investigaciones críticas)* [1892] e *Historia de Puerto Rico* (1904). Poeta neorromántico, reunió su poesía en *Hojas caídas* (1909).

BRAUCHITSCH (Walther von), *Berlín 1881-Hamburgo 1948*, mariscal alemán. Comandante en jefe del ejército de tierra en 1938, fue depuesto de sus funciones por Hitler (1941).

BRAUDEL (Fernand), *Luméville-en-Ornois 1902-Cluses 1985*, historiador francés. Su obra *El Mediterráneo y el mundo mediterráneo en la época de Felipe II* (1949) contribuyó a esclarecer la noción de «historia total».

BRAULIO (san), *¿Zaragoza? h. 590-íd. 651*, prelado español. Colaborador de san Isidoro en las *Etimologías* (637), sus escritos epistolares son importantes para conocer la España visigoda. Fue obispo de Zaragoza y consejero de Chindasvinto y Recesvinto.

BRAUN (Karl Ferdinand), *Fulda 1850-Nueva York 1918*, físico alemán. Inventó el oscilógrafo catódico. (Premio Nobel 1909.)

BRAUN (Matyáš Bernard), *Oetz, Tirol, 1684-Praga 1738*, escultor checo. Aparte de varias estatuas del puente Carlos de Praga, las obras más famosas de este artista barroco son los grupos del bosque de Kuks, en el norte de Bohemia.

BRAUN (Wernher von), *Wirsitz, act. Wyrzysk, Polonia, 1912-Alexandria, Virginia, 1977*, ingeniero alemán, nacionalizado estadounidense. Desde 1930 trabajó en cohetes experimentales junto con Oberth. En 1937 fue nombrado director técnico del centro de pruebas de cohetes de Peenemünde, donde realizó el V2. En 1945 pasó a EUA, donde realizó, a partir de 1950, el primer misil balístico guiado estadounidense, y se convirtió en uno de los principales artífices del programa espacial estadounidense. Dirigió la construcción del cohete Saturn V, que permitió el envío de astronautas a la Luna.

BRAUWER (Adriaen) → **BROUWER.**

BRAVO o **GRANDE DEL NORTE,** r. de México y Estados Unidos, que nace en las Rocosas y desemboca en el golfo de México; 3 034 km. Desde El Paso hasta su desembocadura (2 092 km) marca la frontera entre los dos países. Riego y centrales hidroeléctricas (presas del Elefante, en EUA, y Falcón, en México).

BRAVO (Claudio), *Valparaíso 1936*, pintor chileno. De tendencia hiperrealista, destacan sus bodegones y retratos. Al establecerse en Tánger (1972), añadió a su temática los paisajes marroquíes.

BRAVO (Juan), *Segovia-Villalar 1521*, aristócrata castellano. Fue uno de los jefes de la sublevación de las Comunidades. Los realistas lo ejecutaron tras la derrota de Villalar.

BRAVO (Nicolás), *Chilpancingo 1786-íd. 1854*, militar y político mexicano. Se unió al movimiento insurgente (1811). Fue miembro del poder ejecutivo (1823-1824) y presidente sustituto (1842 y 1846). Luchó contra la invasión estadounidense (1847).

BRAVO DE SARAVIA (Melchor), *Soria 1498-íd. 1576*, administrador español. Fue gobernador interino del Perú (1552-1555), presidente de la nueva audiencia de Chile (1565) y gobernador de Chile (1567-1575).

BRAVO DE SOBREMONTE (Gaspar), *San Cristóbal de Sobremonte, Palencia, 1603-Madrid 1683*, médico español. Su *Operum medicinalium* (1654-1674) renovó la medicina galénica con la influencia grecoárabe.

BRAVO MURILLO (Juan), *Fregenal de la Sierra, Badajoz, 1803-Madrid 1873*, político español. Ministro de hacienda (1849-1852) y primer ministro (1851-1852), puso fin a los conflictos con la Santa Sede e intentó promulgar una constitución ultraconservadora.

BRAZZA (Pierre **Savorgnan de**), *Roma 1852-Dakar 1905*, explorador francés de origen italiano. Exploró y colonizó el territorio del Congo francés.

BRAZZAVILLE, cap. del Congo, a orillas del Malebo Pool; 938 000 hab. Un ferrocarril (Congo-Océano) une la ciudad con la costa atlántica. Universidad. Aeropuerto.

Brazzaville (conferencia de) [30 en.-8 febr. 1944], conferencia organizada por De Gaulle y el Comité francés de liberación nacional de Argel. Estableció los principios de una nueva organización de las colonias francesas del África negra.

BRECCIA (Alberto), *Montevideo 1918-Buenos Aires 1993*, dibujante de cómics uruguayo. Es autor de historias de misterio y fantasía: *Mort Cinder* (1962), *El eternauta* (1968).

BRECHT (Bertolt), *Augsburgo 1898-Berlín Este 1956*, dramaturgo alemán. Poeta (*Elegías de Buckow*, 1953) y narrador (*Historias de almanaque*, 1949), creó en oposición al teatro tradicional, donde el espectador se identifica con el protagonista, el «teatro épico». En él se invita al actor a presentar a su personaje sin confundirse con él («efecto de distanciamiento»), mientras que al espectador le corresponde dedicar a la obra la mirada crítica y objetiva que acostumbra aplicar a la realidad (*La ópera de cuatro cuartos*, 1928; *Madre Coraje y sus hijos*, 1941; *El señor Puntila y su criado Matti*, 1948; *El círculo de tiza caucasiano*, 1948; *La resistible ascensión de Arturo Ui*, 1959). Fundó (1949) y dirigió la compañía del Berliner Ensemble. (*V. ilustr. pág. siguiente.*)

BREDA, c. de Países Bajos (Brabante Septentrional); 124 794 hab. Castillo; gran iglesia del s. XV. — Fue tomada por los tercios españoles de Spínola (1625). — **tratado de Breda** (1667), tratado entre Inglaterra, las Provincias Unidas, Francia y Dinamarca, por el que Inglaterra concedió a las Provincias Unidas y a Francia ventajas territoriales y comerciales.

Breda (compromiso de) [1566], texto por el que relevantes personajes flamencos, calvinistas y católicos reclamaban de Felipe II una efectiva tolerancia religiosa.

Breda (la rendición de), llamado popularmente **Las lanzas,** cuadro de Velázquez (1634-1635, Prado), que representa la entrega de las llaves de la ciudad flamenca a las tropas españolas. (*V. ilustr. pág. siguiente.*)

BREGENZ, c. de Austria, cap. del Vorarlberg, junto al lago de Constanza; 27 236 hab. Turismo. Museo de Vorarlberg.

BREGUET (Abraham Louis), *Neuchâtel 1747-París 1823*, relojero francés. Se especializó en relojería de lujo y cronometría marina. — **Louis B.,** *París 1804-íd. 1883*, constructor francés de instrumentos científicos. Nieto de Abraham Louis, fabricó los primeros telégrafos franceses. — **Louis B.,** *París 1880-Saint-Germain-en-Laye 1955*, industrial francés. Nieto de Louis, fue un pionero de la construcción aeronáutica en Francia.

BREL (Jacques), *Schaerbeek 1929-Bobigny 1979*, cantante belga. Es autor de canciones poéticas (*Le plat pays*, 1962) y satíricas (*Les bourgeois*, 1961).

BREMEN o **BREMA,** c. de Alemania, cap. del *Land de Bremen*, a orillas del Weser; 551 604 hab. Puerto. Centro comercial, financiero e industrial. — Monumentos antiguos e importantes museos (pintura, culturas no europeas). — Fue uno de los puertos comerciales más activos de la Hansa (s. XIII). Ciudad libre del Imperio en 1646.

BREMEN (Land de), Land de Alemania; 404 km²; 673 684 hab.; cap. *Bremen.*

BREMERHAVEN, c. de Alemania (Land de Bremen), en la desembocadura del Weser; 131 492 hab. Museo alemán de la marina.

■ **BRASÍLIA.** Edificios del palacio del Congreso, en la plaza de los Tres Poderes (1957-1960), obra del arquitecto Oscar Niemeyer.

■ LA RENDICIÓN DE **BREDA**, de Velázquez (1634). [Museo del Prado, Madrid.]

■ BERTOLT **BRECHT** en 1955.

BRENAN (Gerald), *Sliema, Malta, 1894-Alhaurín el Grande 1987*, hispanista británico. En 1943 publicó *El laberinto español*, notable estudio sobre los antecedentes de la guerra civil. También es autor de *La faz de España* (1950).

BRENDEL (Alfred), *Loučná nad Desnou, Moravia, 1931*, pianista austriaco, gran intérprete de Beethoven, Schubert y Liszt.

BRENES (Roberto), *San José 1874-íd. 1947*, escritor costarricense. Poeta modernista (*En el silencio*, 1907), filosófico y esotérico (*Los dioses vuelven*, 1928), también escribió ensayo.

BRENNER (Sydney), *Germiston 1927*, biólogo británico de origen sudafricano. Pionero de la biología molecular, al establecer en 1963 el nematodo *C. elegans* como modelo animal de estudio amplió las líneas de investigación en los campos de la biología celular, molecular y del desarrollo. Recibió el premio Nobel de fisiología y medicina en 2002, junto a J. Sulston y R. Horvitz, por el descubrimiento del programa de «suicidio celular» (*apoptosis*).

BRENNERO (paso del), en alem. **Brenner**, puerto de los Alpes, en la frontera italoaustriaca, entre Bolzano e Innsbruck; 1 370 m. Importante paso ferroviario y de carreteras.

BRENNUS, nombre de varios jefes galos. La leyenda romana lo asignó a un jefe de los senones que h. 390 a.C. se apoderaron de Roma.

BRENTANO (Clemens), *Ehrenbreitstein 1778-Aschaffenburg 1842*, escritor alemán. Hermano de Bettina Brentano y colaborador de Achim von Arnim en *El cuerno maravilloso*, es uno de los principales románticos alemanes.

BRENTANO (Elisabeth, llamada Bettina), *Frankfurt del Main 1785-Berlín 1859*, escritora alemana. Casada con Achim von Arnim, mantuvo correspondencia con Goethe y dedicó el final de su vida a estudios sociales.

BRENTANO (Franz), *Marienberg 1838-Zurich 1917*, filósofo y psicólogo alemán. Diferenció la lógica de la psicología y desarrolló la noción —retomada por Husserl— de intencionalidad de la conciencia (*De la clasificación de los fenómenos psíquicos*, 1911).

BREÑA, mun. de Perú (Lima), en la aglomeración limeña, 97 157 hab.

Brera (palacio de), palacio de Milán del s. XVII, que alberga una célebre pinacoteca, una biblioteca, etc.

BRESCIA, c. de Italia (Lombardía), cap. de prov.; 200 722 hab. Monumentos (desde la época romana) y museos.

BRESCIA (Arnaldo de), *Brescia fines s. XI-Roma 1155*, reformador italiano. Luchando contra la corrupción del clero y por el retorno a la sencillez de la Iglesia primitiva, levantó Roma contra el papa. Entregado por Federico Barbarroja, fue ejecutado.

BRESLAU → WROCŁAW.

BRESSON (Robert), *Bromont-Lamothe 1901-Droue-sur-Drouette 1999*, director de cine francés. Sus películas se caracterizan por un misticismo inicial (*El diario de un cura rural*, 1951) que a partir de *Pickpocket* (1960) se transfor-

ma en economía de gestos y voces (*El proceso de Juana de Arco*, 1961; *El dinero*, 1983).

BREST, ant. **Brest-Litovsk**, c. de Bielorrusia, en la frontera polaca; 277 000 hab.

BREST, c. de Francia (Finistère), en la or. N de la **rada de Brest**; 156 217 hab. Universidad. Puerto y bases militares.

Brest-Litovsk (tratado de) [3 marzo 1918], tratado de paz firmado entre Alemania, Austria-Hungría, Bulgaria, el Imperio otomano y la Rusia soviética, por el que Rusia renunciaba a Polonia y a una parte de los países Bálticos y Bielorrusia. El tratado fue anulado por el de Versalles.

BRETAÑA, en fr. **Bretagne**, región histórica del O de Francia, que actualmente constituye una región administrativa; 27 208 km²; 2 906 197 hab.; cap. *Rennes*; 4 dep. (*Côtes-d'Armor, Finistère, Ille-et-Vilaine* y *Morbihan*). La Bretaña histórica englobaba también el actual departamento de Loire-Atlantique.

HISTORIA

S. v: los habitantes de Bretaña (act. Gran Bretaña) emigraron a Armórica (act. Bretaña). **939:** vencidos los normandos, se convirtió en ducado. **1341-1365:** guerra de sucesión, ganada por Juan de Montfort (duque Juan IV). **S. XV:** el ducado vivió en independencia. **1491-1499:** la duquesa Ana casó con Carlos VIII (1491) y Luis XII (1499), reyes de Francia. **1532:** edicto de unión con Francia. **1793-1795:** sublevación de los chuanes. **S. XX:** desarrollo del movimiento nacionalista.

Brétigny (tratado de) [8 mayo 1360], tratado firmado en Brétigny, cerca de Chartres, entre Francia e Inglaterra. Puso fin a la primera parte de la guerra de los Cien años.

BRETON (André), *Tinchebray 1896-París 1966*, escritor francés. Principal fundador y teórico del surrealismo (*Manifiestos del surrealismo*, 1924-1930), es autor de obras poéticas y narrativas (*Nadja*, 1928; *El amor loco*, 1937).

BRETÓN (Tomás), *Salamanca 1850-Madrid 1923*, compositor español. Autor de óperas (*Los amantes de Teruel*, 1889; *La Dolores*, 1895) y de numerosas zarzuelas (*La verbena de la Paloma*, 1894), también compuso música orquestal y de cámara.

BRETÓN DE LOS HERREROS (Manuel), *Quel, La Rioja, 1796-Madrid 1873*, dramaturgo español. Influido por la comedia moratiniana (*A la vejez viruelas*, 1824), su teatro alcanzó la máxima expresión en el neoclasicismo costumbrista, con la parodia de la clase media: *Marcela o ¿cuál de los tres?* (1831), *Muérete y verás* (1837), *Escuela del matrimonio* (1852).

Bretton Woods (acuerdos de) [julio 1944], acuerdos financieros internacionales. Concluidos por 44 países en Bretton Woods (New Hampshire, EUA), instauraron un sistema monetario internacional que favorecía al dólar.

BREUER (Marcel), *Pécs 1902-Nueva York 1981*, arquitecto y diseñador estadounidense de origen húngaro. Antiguo alumno de la Bauhaus, construyó el edificio de la Unesco, en París (1953), con Nervi y Zehrfuss.

BREUGHEL → BRUEGEL.

BREUIL (Henri), *Mortain 1877-L'Isle Adam 1961*, prehistoriador francés, especialista en arte rupestre francocantábrico y en arte levantino español.

BREUIL-CERVINIA, estación de deportes de invierno de Italia (valle de Aosta), al pie del Cervino (alt. 2 050 m).

Brevísima relación de la destrucción de las Indias, obra de fray Bartolomé de Las Casas (1552), el más conocido de sus *Tratados*. Denunció el maltrato de los indios.

BREWSTER (sir David), *Jedburgh 1781-Melrose 1868*, físico británico. Sus estudios de óptica le permitieron descubrir, en particular, las leyes de la polarización por reflexión.

BRÉZHNEV (Leonid Ilich), *Kumenskoie, act. Dnieprodzerhinsk, 1906-Moscú 1982*, político soviético. Primer secretario del partido comunista (1964), mariscal (1976), a partir de 1977 fue presidente del presidium del Soviet supremo. Tras firmar con Nixon los acuerdos SALT I (1972) y suscribir los acuerdos SALT II (1979), puso punto final a la distensión con la invasión de Afganistán (diciembre de 1979).

BRIAND (Aristide), *Nantes 1862-París 1932*, político francés. Socialista, fue 25 veces ministro y 11 veces presidente del gobierno. Favorable a la paz con Alemania (pacto de Locarno, 1925), fue uno de los artífices de la Sociedad de naciones. (Premio Nobel de la paz 1926.)

Briand-Kellogg (pacto) [27 ag. 1928], pacto de renuncia a la guerra, elaborado por A. Briand y F. B. Kellogg, al que se adhirieron cerca de 60 estados en 1928-1929.

BRIANSK, c. de Rusia, al SO de Moscú; 459 000 hab.

BRIDGEPORT, c. de Estados Unidos (Connecticut); 141 686 hab. Puerto.

BRIDGMAN (Percy Williams), *Cambridge, Massachusetts, 1882-Randolph 1961*, físico estadounidense. Sus investigaciones se centraron en las ultrapresiones. (Premio Nobel 1946.)

Brigadas internacionales, formaciones militares de voluntarios extranjeros, en su mayoría comunistas, y procedentes de 50 estados, que combatieron con el ejército republicano durante la guerra civil española (1936-1939).

Brigadas rojas, en ital. **Brigate Rosse**, grupo terrorista italiano. Fundado en 1970 por Renato Curcio, entre 1974 y 1980 cometió un gran número de secuestros y asesinatos, entre ellos el del líder de la Democracia cristiana, Aldo Moro (1978).

BRIGHT (Richard), *Bristol 1789-Londres 1858*, médico británico. Es conocido por sus investigaciones sobre las enfermedades renales.

BRIGHTON, c. de Gran Bretaña (Inglaterra), a orillas del canal de la Mancha; 133 400 hab. Estación balnearia y ciudad de congresos. Conjunto urbano de época Regency.

BRÍGIDA (santa), *Fochart h. 455-Kildare h. 524*, religiosa irlandesa, patrona de Irlanda. Fundadora del monasterio de Kildare, forma con san Patricio y san Columba la «tríada taumatúrgica» de Irlanda.

BRÍGIDA DE SUECIA (santa), *Hof Finstad h. 1303-Roma 1373*, mística sueca. Madre de santa Catalina de Suecia, escribió unas *Revelaciones* sobre la Pasión.

BRIL (Paulus), *Amberes 1554-Roma 1626*, pintor flamenco. Pintó paisajes de la campiña italiana.

BRILLAT-SAVARIN (Anthelme), *Beley 1755-*

■ ANDRÉ **BRETON**, por Man Ray.

■ LEONID **BRÉZHNEV**

París 1826, gastrónomo francés. Es autor de *Fisiología del gusto* (1826).

BRILLOUIN (Léon), *Sèvres 1889-Nueva York 1969,* físico francés. Especialista en física cuántica y en la teoría de los semiconductores, también demostró la analogía entre información y entropía, creando el concepto de «neguentropía» (conservación o aumento de orden).

BRINDISI o **BRINDIS,** c. de Italia (Apulia), cap. de prov., a orillas del Adriático; 91 778 hab. Puerto de viajeros. Petroquímica.

BRINES (Francisco), *Oliva 1932,* poeta español. Su lírica, influida por Cernuda, se enfrenta al paso destructor del tiempo: *Las brasas* (1960), *Aún no* (1971), *El otoño de las rosas* (1986). [Premio nacional de poesía 1987; premio nacional de las letras 1999.] (Real academia 2001.)

BRINK (André Philippus), *Vrede 1935,* escritor sudafricano en lengua afrikaans. Su obra novelística combina investigación formal y denuncia del apartheid (*Una árida estación blanca,* 1979)

BRIONES, v. de España (La Rioja); 818 hab. *(brioneros).* Iglesia gótica (s. XVI) con torre barroca (s. XVIII).— Fue fortaleza de Castilla.

BRISBANE, c. de Australia, cap. de Queensland; 1 301 000 hab. Puerto. Centro industrial.

BRISTOL, c. de Gran Bretaña (Inglaterra), cerca del *canal de Bristol;* 370 300 hab. Puerto. Catedral e iglesia de Saint Mary Redcliffe, góticas. Museos.

BRISTOL (canal de), brazo de mar formado por el Atlántico, entre el País de Gales y Cornualles.

BRITÁNICAS (islas), conjunto formado por Gran Bretaña y sus dependencias e Irlanda.

BRITÁNICO (Tiberio Claudio), *¿41 d.C.?-55,* príncipe romano. Hijo de Claudio y de Mesalina, heredero del trono imperial, fue apartado por Agripina y envenenado por Nerón.

British Airways, compañía aérea británica, fundada en 1973 a partir de la unión de tres sociedades. Privatizada en 1987, es hoy una de las principales del mundo.

British Museum, museo de Londres, creado en 1753. Ricas colecciones de arqueología de Oriente medio, arte griego (friso del Partenón) y romano, etc.

British Petroleum → **BP.**

BRITO (Plentaro, llamado **Eduarso**), *Puerto Plata 1906-Santo Domingo 1946,* barítono dominicano. Se hizo popular en Europa a partir de 1932 como intérprete de zarzuelas (*La Virgen Morena; Luisa Fernanda*) y canciones (*Quiéreme mucho; Amapola).*

BRITTEN (Benjamin), *Lowestoft 1913-Aldeburgh 1976,* compositor británico. Pianista y director de orquesta, escribió óperas (*Peter Grimes,* 1945; *The Turn of the Screw,* 1954) y música religiosa (*War Requiem,* 1962)

BRIVIESCA, c. de España (Burgos), cab. de p. j.; 6 235 hab. *(briviescanos).* Colegiata de Santa María, iglesia del convento de Santa Clara. Es la ant. *Virovesca.*

BRNO, en alem. **Brünn,** c. de la República Checa, en Moravia; 387 986 hab. Feria internacional. Circuito de motociclismo.— Monumentos medievales y barrocos. Museos.

BROADWAY, gran arteria que atraviesa Nueva York, en Manhattan. Centro de creación teatral estadounidense (salas de espectáculos).

BROCENSE (Francisco Sánchez de las Brozas,** llamado **el**),*Las Brozas, Cáceres, 1523-Salamanca 1600,* humanista español. Autor de tratados filosóficos y retóricos (*De arte dicendi,* 1556), contribuyó a la reforma de los estudios clásicos. Dejó una obra de gran valor para la lingüística moderna (*Minerva o de la propiedad de la lengua latina* (1587).

BROCH (Hermann), *Viena 1886-New Haven, EUA, 1951,* escritor austriaco. Su obra novelística es una meditación sobre la evolución de la sociedad alemana y el sentido de la obra literaria (*La muerte de Virgilio,* 1945).

BROCKEN o **BLOCKSBERG,** punto culminante del Harz (1 142 m). La leyenda sitúa allí la reunión de las brujas en la noche de Walpurgis (30 abril-1 mayo).

BRODSKY o **BRODSKI** (Joseph), *Leningrado*

1940-Nueva York 1996, poeta estadounidense de origen soviético. Condenado en 1964 en la URSS por «parasitismo social», emigró en 1972 a EUA. Su poesía, que se nutre de cultura clásica, mezcla lo cotidiano y la filosofía (*Versos y poemas,* 1965; *To Urania,* 1988). [Premio Nobel 1987.]

BROEDERLAM (Melchior), pintor flamenco, mencionado entre 1381 y 1409 en Ypres. Realizó las alas de uno de los retablos de la cartuja de Champmol (h. 1394, museo de Dijon).

BROGLIE (Louis, duque de), *Dieppe 1892-Louveciennes 1987,* físico francés. Desarrolló la mecánica ondulatoria de la materia, base de la mecánica cuántica. (Premio Nobel 1929.)

BROMFIELD (Louis), *Mansfield 1896-Columbus 1956,* novelista estadounidense, autor de *Vinieron las lluvias* (1937).

BRØNSTED (Johannes Niclaus), *Varde 1879-Copenhague 1947,* químico danés. Estudió la cinética de las relaciones químicas, la termodinámica de las soluciones y modernizó la teoría de los iones de Arrhenius.

BRONTË (Charlotte), *Thornton 1816-Haworth 1855,* escritora británica. Evocó en sus novelas las exigencias sociales y pasionales de la mujer (*Jane Eyre,* 1847). — **Emily B.,** *Thornton 1818-Haworth 1848,* novelista y poeta británica. Hermana de Charlotte, es autora de la novela lírica *Cumbres borrascosas* (1847). — **Anne B.,** *Thornton 1820-Scarborough 1849,* novelista británica. Hermana de Charlotte y de Emily, publicó novelas didácticas y morales (*Agnes Grey,* 1847).

BRONX, barrio de Nueva York; 1 203 789 hab.

BRONZINO (Agnolo Tori,** llamado **il**), *Florencia 1503-íd. 1572,* pintor italiano. Es autor de retratos suntuosos y manieristas.

BROOK (Claudio), *México 1927-íd. 1995,* actor mexicano. Prolífico actor secundario del cine mexicano (*El último rebelde,* M. Contreras Torres 1958; *El último mexicano,* J. Bustillo Oro, 1958), su prestigio arrancó a partir de sus colaboraciones con L. Buñuel: *Viridiana* (1961), *El ángel exterminador* (1962), *La vía lactea* (1969) y sobre todo *Simón del desierto* (1965), que protagonizó.

BROOK (Peter), *Londres 1925,* director de teatro y cine británico. Partiendo de las ideas de Artaud y de las formas dramáticas no occidentales, en su ensayo *El espacio vacío* (1970) definió una estética teatral propia, fundada en la desnudez del espacio escénico. Ha reinterpretado el repertorio shakespeariano, y ha dirigido películas (*Moderato cantabile,* 1960; *Mahábhárata,* 1990).

BROOKLYN, barrio de Nueva York, en el O de Long Island; 2 291 664 hab.

BROOKS (Louise). *Cherryvale 1906-Rochester 1985,* actriz estadounidense. Realizó sus más importantes interpretaciones bajo la dirección de G. W. Pabst, que la llamó a Alemania (*La caja de Pandora,* 1929; *Tres páginas de un diario,* 1929).

BROOKS (Richard), *Filadelfia 1912-Beverly Hills 1992,* director de cine estadounidense. Defensor de los valores humanistas y democráticos, realizó, entre otras películas, *Semilla de maldad* (1955), *La gata sobre el tejado de cinc* (1958), *El fuego y la palabra* (1960), *A sangre fría* (1967) y *Buscando a Mr. Goodbar* (1977).

BROQUA (Alfonso), *Montevideo 1876-París 1946,* compositor uruguayo. Es autor de

poemas sinfónicos *Tabaré* (1910) y *La Cruz del Sur* (1919-1922), así como de óperas, ballets, canciones y piezas para piano.

BROSSA (Joan), *Barcelona 1919-íd. 1998,* artista plástico y poeta español en lengua catalana. Miembro fundador de *Dau al Set,* en la década de 1940 realizó sus primeros poemas visuales —inspirados en los caligramas— y poemas-objeto, en la tradición del *ready-made* duchampiano y el poema-objeto de Breton. Su obra teatral (*Poesia escènica. Teatre complet,* 6 vols., 1973-1983) y poética (*Poesia rasa,* 1970; *Rua de llibres,* 1980) hunde sus raíces en el surrealismo. Destacó también como cartelista y guionista cinematográfico.

BROTONS (Salvador), *Barcelona 1959,* compositor y director de orquesta español. Director de diversas orquestas españolas y estadounidenses, ha compuesto obras para orquesta, cámara y voz (ópera *Reverend Everyman,* 1989).

BROUSSE (Paul), *Montpellier 1844-París 1912,* político francés. Fundó el Partido socialista posibilista (1882), de carácter reformista.

BROUWER o **BRAUWER** (Adriaen), *Oudenaarde 1605* o *1606-Amberes 1638,* pintor flamenco. Artista de vida tumultuosa, es autor de escenas de tabernas y fumaderos de una gran calidad plástica.

BROUWER (Luitzen Egbertus Jan), *Overschie 1881-Blaricum 1966,* matemático y lógico neerlandés. Desarrolló una lógica, llamada «intuicionista», que afirma que la matemática no puede deducirse de la lógica.

BROWN (Earle), *Lunenburg 1926-Rye, Nueva York, 2002,* compositor estadounidense. Recibió la influencia de John Cage y las teorías matemáticas (*Available Forms, I y II,* 1961-1962).

BROWN (Gordon), *Glasgow 1951,* político británico. Canciller del Exchequer (1997-2007), sucedió a T. Blair al frente del Partido laborista y en el cargo de primer ministro.

BROWN (Guillermo), *Foxford 1777-Barracas 1857,* marino argentino de origen irlandés. Se incorporó al movimiento revolucionario de 1810. Participó en el sitio de Montevideo y apoyó la campaña de San Martín. Mandó la armada durante la guerra con Brasil y el bloqueo francés del Río de la Plata (1838).

BROWN (Herbert Charles), *Londres 1912-Lafayette, Indiana, 2005,* químico estadounidense de origen británico. Sus investigaciones se centraron en el desarrollo de los hidruros y los compuestos de boro como reactivos en síntesis orgánica (Premio Nobel 1979.)

BROWN (James), *¿Barnwell, Carolina del Sur, 1933?-Atlanta 2006,* cantante estadounidense de rhythm and blues. Contribuyó al advenimiento de la música soul y proclamó la identidad negra.

BROWN (John), *Torrington 1800-Charlestown 1859,* abolicionista estadounidense. Enemigo acérrimo del esclavismo, fue ejecutado tras dirigir un ataque armado a un arsenal.

BROWN (Robert), *Montrose 1773-Londres 1858,* botánico británico. Describió la flora australiana y descubrió el movimiento desordenado de las partículas diminutas en suspensión en un líquido o un gas (*movimiento browniano*).

BROWN (Trisha), *Aberdeen, estado de Washington, 1936,* bailarina y coreógrafa estadounidense. Cofundadora del Judson Dance Theatre de Nueva York (1962), fundó su propia compañía en 1971. En sus obras (*Walking on the Wall,* 1971; *Glacial Decoy,* 1979; *Newark,* 1987; *M.O.,* 1995; *Geometry of Quiet,* 2002), de carácter experimental, ha abandonado progresivamente las técnicas del «modern dance» por la improvisación.

BROWNE (sir Thomas), *Londres 1605-Norwich 1682,* escritor y médico inglés. Una reflexión tolerante, influida por Montaigne, impregna su célebre *Religio medici,* así como unos curiosos y sutiles ensayos autobiográficos.

BROWNING (Elizabeth Barrett), *cerca de Durham 1806-Florencia 1861,* escritora británica. Es autora de los *Sonetos del portugués* (1850) y de la novela en verso *Aurora Leigh* (1857). — **Robert B.,** *Camberwell, Londres, 1812-Venecia 1889,* poeta británico, esposo de Elizabeth. Poeta de inspiración romántica (*Sordello,* 1840; *El anillo y el libro,* 1866-1869), auguró la desilusión en plena época victoriana.

■ LOUISE **BROOKS** en *La caja de Pandora* (1929), de Pabst.

■ GORDON **BROWN**

■ ALFREDO **BRYCE**
ECHENIQUE

■ **BRUEGEL EL VIEJO.** *El baile de los campesinos.* (Kunsthistorisches Museum, Viena.)

Bruc (acciones del) [6 y 14 junio 1808], victorias españolas sobre los franceses al inicio de la guerra de la Independencia, en las cañadas del Bruc, en el macizo de Montserrat.

Brücke (Die), grupo artístico que fue el crisol del expresionismo alemán.

BRUCKNER (Anton), *Ansfelden 1824-Viena 1896,* compositor austriaco. Pedagogo y organista, es autor de monumentales sinfonías, motetes y misas, de escritura a menudo contrapuntística.

BRUCKNER (Theodor **Tagger,** llamado **Ferdinand**), *Viena 1891-Berlín 1958,* dramaturgo austriaco, promotor del teatro de vanguardia posterior a la primera guerra mundial.

BRUEGEL o **BREUGHEL** (Pieter), llamado **Bruegel el Viejo,** *h. 1525/1530-Bruselas 1569,* pintor flamenco. Establecido en Bruselas en 1563, es autor de escenas inspiradas en el folclore de Brabante (*Los proverbios,* Berlín-Dahlem), no menos célebres que sus paisajes rústicos (*Los *cazadores en la nieve*) o históricos (*El empadronamiento de Belén,* Bruselas), obras, todas ellas, de gran calidad pictórica. — **Pieter II B.,** llamado **Bruegel d'Enfer** («del Infierno»), *Bruselas 1564-Amberes 1638,* pintor flamenco. Hijo de Bruegel el Viejo, trabajó siguiendo su ejemplo. — **Jan I° B.,** llamado **Bruegel de Velours** («de Terciopelo»), *Bruselas 1568-Amberes 1625,* pintor flamenco. Hermano de Pieter II, es autor de cuadros de flores y de delicados paisajes bíblicos o alegóricos.

BRUGHETTI (Faustino), *Dolores 1877-La Plata 1956,* pintor argentino. Sus paisajes renovaron la pintura argentina del s. XX.

BRUGHETTI (Romualdo), *La Plata 1913,* crítico de arte argentino. Es autor de *Vanguardia argentina en el arte; Geografía plástica argentina;* y una monumental *Historia general del arte en la Argentina* (1965).

BRÜHL, c. de Alemania (Rin del Norte-Westfalia); 41 301 hab. Castillo rococó de Augustusburg, residencia de los obispos de Colonia, por F. de Cuvilliés y J. B. Neumann (h. 1725-1765); bellos jardines (patrimonio de la humanidad

■ **BRUNELLESCHI.** Detalle de la capilla de los Pazzi, en Florencia (iniciada h. 1430).

1984). Pabellón del Benediktusheim (1844) que alberga desde 2005 el museo Max Ernst.

BRUJAS, en neerl. **Brugge,** en fr. **Bruges,** c. de Bélgica, cap. de Flandes Occidental; 117 063 hab. Puerto comunicado con Zeebrugge por un canal marítimo. Industrias mecánicas y textiles. — Monumentos medievales y renacentistas; catedral; museos (pintura de primitivos flamencos). [Patrimonio de la humanidad 2000.] — Ciudad comercial próspera en el s. XIV.

BRULL (Mariano), *Camagüey 1891-Marianao 1956,* poeta cubano. Posmodernista e intimista en *La casa del silencio* (1916), se convirtió en el máximo exponente de la poesía pura de las Antillas (*Poemas en menguante,* 1928; *Canto redondo,* 1934; *Solo de rosas,* 1941; *Tiempo en pena,* 1950).

BRUM (Baltasar), *Artigas 1883-Montevideo 1933,* político uruguayo. Militante del Partido colorado, fue presidente de la república (1919-1923).

BRUMMELL (George), *Londres 1778-Caen 1840,* dandi británico, llamado «el rey de la moda».

BRUN (Charles Le), *París 1619-íd. 1690,* pintor y decorador francés. Protegido de Luis XIV y Colbert, fue director de los Gobelinos y dominó el arte francés oficial. Decoró el Louvre y Versalles con grandiosidad.

BRUNA (Pablo), llamado **el Ciego de Daroca,** compositor español del s. XVII. Compuso piezas para órgano, que se conservan en El Escorial y Barcelona.

BRUNDTLAND (Gro Harlem), *Oslo 1939,* política noruega. Presidenta del Partido laborista (1981-1992) y primera ministra (1981, 1986-1989 y 1990-1996), en la década de 1980 encabezó en la ONU la comisión mundial para el medio ambiente y el desarrollo (*Comisión Brundtland*). Fue directora general de la OMS de 1998 a 2003.

BRUNEI, estado del Sureste asiático, en el N de la isla de Borneo; 5 765 km²; 290 000 hab. CAP. *Bandar Seri Begawan.* LENGUA: *malayo.* MONEDA: *dólar de Brunei.* (V. mapa de **Malasia.**) Petróleo y gas natural. — Protectorado de la corona británica desde 1906, se independizó (1984) en el marco de la Commonwealth. Está dirigido desde 1967 por el sultán Hassanal Bolkiah.

BRUNEL (sir Marc Isambard), *Hacqueville 1769-Londres 1849,* ingeniero británico de origen francés. Construyó máquinas-herramienta automáticas y realizó el primer túnel bajo el Támesis (1824-1842). — **Isambard Kingdom B.,** *Portsmouth 1806-Westminster 1859,* ingeniero británico. Hijo de Marc Isambard, construyó los primeros grandes buques de hierro propulsados por hélice (1419): *Great Western* (1837), *Great Britain* (1845) y *Great Eastern* o *Leviathan* (1858).

BRUNELLESCHI (Filippo), *Florencia 1377-íd. 1446,* arquitecto italiano. Orfebre en sus inicios, en Roma se reveló el arte de la antigüedad, y se convirtió en Florencia en el gran iniciador del renacimiento: pórtico del hospital de los Inocentes (1419); cúpula de Santa María del Fiore (1420-1436); sacristía vieja de San Lorenzo; capilla de los Pazzi, en Santa Croce; iglesia de Santo Spirito.

BRUNER (Jerome), *Nueva York 1915,* psicólo-

go estadounidense. Estudió la adquisición del lenguaje y el desarrollo cognitivo del niño (*A Study of Thinking,* 1956; *Acts of Meaning,* 1990).

BRUNET (Marta), *Chillán 1901-Montevideo 1967,* escritora chilena. Sus novelas (*María Nadie,* 1957; *Amasijo,* 1963) y relatos tratan dramas rurales narrados con lirismo.

Brunete (batalla de) [julio 1937], batalla de la guerra civil española, en Brunete (Madrid). Los republicanos aseguraron la defensa de Madrid, pero no evitaron la reanudación de la ofensiva nacionalista en el N.

BRUNHILDA, BRUNILDA o **BRUNEQUILDA,** *en España h. 534-Renève, Borgoña, 613,* reina de Austrasia. Hija del rey visigodo Atanagildo y esposa de Sigeberto I de Austrasia, libró una guerra cruenta contra Fredegunda, reina de Neustria. Clotario II, hijo de Fredegunda, la capturó y la hizo matar.

BRÜNING (Heinrich), *Münster 1885-Norwich, EUA, 1970,* político alemán. Jefe del Centro católico (1924-1929), canciller del Reich (1930-1932), Hindenburg le hizo dimitir.

BRÜNN → BRNO.

BRUNO o **BONIFACIO de Querfurt** (san), *Querfurt, Sajonia, h. 974-Sudauen 1009,* religioso camaldulense. Evangelizó Rusia y Prusia.

BRUNO (san), *Colonia h. 1030-San Stefano di Bosco, Calabria, 1101,* fundador de la orden de la Cartuja. En 1084 se estableció en el macizo de la Chartreuse, cerca de Grenoble, y lo convirtió en importante centro eremítico.

BRUNO (Giordano), *Nola 1548-Roma 1600,* filósofo italiano. Fue uno de los primeros en romper con la concepción aristotélica de un universo cerrado y en defender la tesis de Copérnico (*La cena del miércoles de ceniza,* 1584). Desembocó en un humanismo panteísta, y, acusado de herejía por la Inquisición, fue quemado vivo.

BRUNSWICK, península del S de Chile, entre el estrecho de Magallanes y el seno Otway.

BRUNSWICK, en alem. **Braunschweig,** c. de Alemania (Baja Sajonia); 256 267 hab. Centro industrial. Catedral románica y gótica; museos. — Fue capital del estado de Brunswick.

BRUNSWICK (estado de), en alem. **Braunschweig,** ant. estado de Alemania. Ducado de 1235 a 1918 y más tarde república, se incorporó al Reich en 1934.

BRUNSWICK (Carlos, duque de), *Wolfenbüttel 1735-Ottensen 1806,* general alemán. Jefe de los ejércitos coligados (1792), lanzó desde Coblenza un ultimátum amenazando a los parisienses en caso de ataque a la familia de Luis XVI, lo que provocó la caída de la monarquía. Vencido en Valmy (1792), fue herido de muerte en la batalla de Auerstedt.

BRUSELAS, en fr. **Bruxelles,** en neerl. **Brussel,** cap. de Bélgica y de la región de *Bruselas Capital* (161 km² y 949 070 hab.), a orillas del Senne; 136 424 hab. Universidad. Centro administrativo, cultural, comercial, intelectual e industrial. — Catedral de San Miguel, ant. colegiata (ss. XIII-XVII); ayuntamiento (s. XV) en la plaza Mayor; plaza Real (s. XVIII). Museos. — Principal ciudad de los Países Bajos al integrarse Brabante en los Estados borgoñones (1430). Se sublevó contra Guillermo I de Orange y se convirtió en la capital del reino independiente de Bélgica (1830). Bruselas es una de las capitales de la Unión europea y sede del Consejo permanente de la OTAN desde 1967.

■ **BRUSELAS.** Vista parcial de la plaza Mayor.

Bruselas (tratado de) [17 marzo 1948], alianza defensiva firmada entre Francia, Gran Bretaña y los países del Benelux. Ampliado a la RFA e Italia por los acuerdos de París (1954), sirvió de base a la Unión europea occidental (UEO), organización política y militar que fue sustituida en 2000 por la política exterior y de seguridad común de la Unión europea.

BRUSÍLOV (Alexéi Alexéievich), *San Petersburgo 1853-Moscú 1926*, militar ruso. Célebre por su ofensiva victoriosa en Galitzia (1916), nombrado generalísimo tras la abdicación de Nicolás II (1917), se adhirió al régimen soviético.

BRUTO (Lucio Junio), personaje legendario. Tras expulsar a Tarquino el Soberbio, último rey de Roma, se habría convertido en uno de los dos primeros cónsules de la república (509 a.C.).

BRUTO (Marco Junio), *Roma h. 85-42 a.C.*, político romano. Participó con Casio en la conjuración que acabó con la muerte de César (idus de marzo 44). Se suicidó tras ser vencido por Marco Antonio y Octavio en Filipos.

BRUTTIUM o **BRUCIO**, antiguo nombre de Calabria.

BRUYÈRE (Jean de La), *París 1645-Versalles 1696*, escritor francés. Escribió *Los caracteres* (1688-1696), modelo de estilo elíptico y sintético.

Bryan-Chamorro (tratado), acuerdo diplomático entre Nicaragua y Estados Unidos (1914, ratificado en 1916), por el que Nicaragua concedía a perpetuidad a EUA el derecho a construir un canal interoceánico.

BRYCE ECHENIQUE (Alfredo), *Lima 1939*, escritor peruano. En sus cuentos (*Huerto cerrado*, 1968), novelas (*Un mundo para Julius*, 1970; *La vida exagerada de Martín Romaña*, 1981; *Reo de nocturnidad*, 1997; *El huerto de mi amada*, 2002) y memorias retrata la sociedad limeña tradicional y aborda con ironía el desarraigo y la función del arte. (Premio nacional 1972; premio nacional de narrativa [de España] 1998.)

BUARQUE (Francisco Buarque de Hollanda, llamado Chico), *Río de Janeiro 1944*, músico brasileño. Desde su debut discográfico en 1966, las letras sensibles y atentas a la realidad social de Brasil distinguen sus canciones (*Apesar de você; O que será; Tatuagem; Atrás da porta*). También ha cultivado el teatro, la novela y el cine como gionista y actor.

BUBER (Martin), *Viena 1878-Jerusalén 1965*, filósofo israelí de origen austriaco. Renovó el estudio de la tradición judía (*Yo y tú*, 1923; *Gog y Magog*, 1941).

BUBKA (Serguéi), *Voroshilovgrad, act. Luhansk, 1963*, atleta ucraniano. Seis veces campeón del mundo de salto de pértiga (1983, 1987, 1991, 1993, 1995 y 1997) y campeón olímpico en 1988, entre 1984 y 1994 batió 17 veces el récord mundial, llevándolo de 5,85 m a 6,14 m (primer saltador de pértiga que superó los 6 m, en 1985).

BUCARAM (Abdalá Jaime), *Guayaquil 1952*, político ecuatoriano. Abogado, es fundador y director supremo del populista Partido roldosista ecuatoriano. Alcalde de Guayaquil (1984-1985), fue elegido presidente de la república en 1996 y destituido por el parlamento por incapacidad mental en 1997.

BUCARAMANGA, c. de Colombia, cap. del dep. de Santander; 352 326 hab. Centro industrial y cultural; universidad. Aeropuerto.

BUCARELI Y URSÚA (Antonio María), *Sevilla 1717-México 1779*, militar y administrador español. Fue gobernador de Cuba (1766-1771) y virrey de Nueva España (1771-1779).

BUCAREST, en rumano **Bucureşti**, cap. de Rumania, a orillas del Dîmbovita, subafl. del Danubio; 2 064 474 hab. Centro administrativo e industrial. Iglesias de influencia bizantina (ss. XVI-XVIII). Numerosos museos, entre ellos el museo nacional de arte (en el palacio real), el museo nacional de arte contemporáneo (en el palacio del parlamento) y el museo del pueblo (etnográfico). — Mencionada en 1459, en 1862 se convirtió en la capital de los principados unidos de Moldavia y Valaquia. Varios tratados se firmaron en ella (1812, 1913, 1918).

Bucéfalo, nombre del caballo de Alejandro.

Bucentauro, nave en la que el dux de Venecia se embarcaba el día de la Ascensión, para celebrar su matrimonio simbólico con el mar.

BUCERO o **BUTZER** (Martin), *Sélestat 1491-Cambridge 1551*, reformador alsaciano. Dominico, tomó partido por Lutero y propagó la Reforma en Alsacia e Inglaterra.

BUCHANAN (George), *Killearn 1506-Edimburgo 1582*, humanista escocés. Preceptor del futuro Jacobo I de Inglaterra, propugnó una monarquía limitada (*De iure regni apud Scotos*, 1579).

BUCHANAN (James), *cerca de Mercersburg 1791-Wheatland 1868*, político estadounidense. Presidente de EUA (1857-1861), tomó medidas favorables al esclavismo.

BUCHANAN (James M.), *Murfreesboro 1919*, economista estadounidense. Es autor de importantes estudios sobre elecciones colectivas y gasto público. (Premio Nobel 1986.)

BUCHEHR, c. de Irán, a orillas del golfo Pérsico; 132 824 hab. Puerto.

Buchenwald, campo de concentración alemán (1937-1945), cerca de Welmar.

BUCHNER (Eduard), *Múnich 1860-Focsani, Rumania, 1917*, químico alemán. Demostró que los fermentos actúan mediante enzimas. (Premio Nobel 1907.)

BÜCHNER (Georg), *Goddelau 1813-Zurich 1837*, poeta alemán. Sus dramas revolucionarios y desilusionados sondaron «el abismo de la naturaleza humana» y abrieron el camino a una nueva dramaturgia (*La muerte de Danton*, 1835; *Woyzeck*, 1836).

BUCK (Pearl S.), *Hillsboro 1892-Danby 1973*, novelista estadounidense. Es autora de novelas sobre China. (Premio Nobel 1938.)

BUCKINGHAM (George Villiers, duque de), *Brooksby 1592-Portsmouth 1628*, político inglés. Fue favorito de los reyes Jacobo I y Carlos I. Tras el fracaso de sus negociaciones para la boda de la infanta española María con el futuro Carlos I (1623), encabezó el partido antiespañol y se acercó a Francia. Se atrajo, a causa de sus alianzas, el odio de los parlamentarios ingleses. Se preparaba para socorrer a los hugonotes asediados en La Rochela cuando fue asesinado por un oficial puritano.

Buckingham (palacio de), palacio de Londres construido en 1705 y reformado varias veces, residencia oficial de los soberanos británicos desde 1837.

BUCKINGHAMSHIRE, condado de Gran Bretaña, al NO de Londres; 619 500 hab.; cap. *Aylesbury*.

Bucólicas, conjunto de diez poemas de Virgilio (42-39 a.C.), cortos diálogos de pastores, a imitación de Teócrito.

BUCOVINA o **BUKOVINA**, región de Europa repartida entre Ucrania y Rumania. Parte septentrional de Moldavia, fue cedida a Austria (1775) y unida a Rumania en 1918. La Bucovina del Norte fue anexionada por la URSS en 1947.

Bu-craa, yacimiento de fosfatos del Sahara Occidental.

■ **BUCAREST.** El Ateneo rumano (sala de conciertos; fines del s. XIX.)

BUDA («el iluminado»), nombre con el que se designa al fundador del budismo, Siddhārta Gautama, también llamado Śākyamuni, por pertenecer a la tribu Śākya. Nacido en Kapilavastu (s. VI-¿s. V? a.C.), tomó el nombre de Buda tras acceder a la «iluminación» o «despertar»

■ **BUDA** predicando el primer sermón. Arte gupta; s. V d.C. (Museo de Sārnāth, India.)

(*bodhi*) en Bodh-Gaya. Su predicación comenzó en Benarés y prosiguió durante mucho tiempo por todo el NE de India.

BUDAPEST, cap. de Hungría, a orillas del Danubio; 2 016 774 hab. Formada por la unión (1873) de *Buda* (ciudad alta) y *Obuda*, en la or. der. del río, y *Pest*, en la or. izq. Centro administrativo, intelectual, comercial e industrial. — Restos romanos; monumentos barrocos, neoclásicos y eclécticos. Museos, entre ellos el de bellas artes, muy importante. — El centro histórico fue declarado patrimonio de la humanidad (1987, ampliado en 2002). Buda, ocupada por los otomanos de 1541 a 1686, se convirtió en la capital de Hungría en 1867.

BUDÉ (Guillaume), *París 1467-íd 1540*, humanista francés. Promotor del estudio del griego en Francia, contribuyó a la creación de los «lectores reales», origen del Colegio de Francia.

BUDICCA → **BOADICEA**.

BUENA ESPERANZA (cabo de), ant. **cabo de las Tormentas**, cabo del S de África (Sudáfrica). Fue descubierto por Bartolomeu Dias (1488) y doblado por Vasco da Gama, en ruta hacia las Indias (1497).

buen amor (Libro de), obra poética del Arcipreste de Hita, que se conserva en dos manuscritos de 1330 a 1343. Escrita en la tradición del mester de clerecía con abundantes elementos juglarescos, trata de los amores de don Melón de la Huerta y doña Endrina, gracias a los buenos oficios de la vieja Trotaconventos (antecedente de la Celestina). Se intercalan elementos heterogéneos: fábulas y apólogos, disquisiciones didácticas, una antología de poemas líricos, eruditos y populares, etc. La obra, de gran efecto satírico, esta dominada por un humor desenfadado, que socarronamente quiere pasar por moralista.

BUENAVENTURA, c. de Colombia (Valle del Cauca); 193 185 hab. Puerto exportador en el Pacífico.

BUENAVENTURA, mun. de México (Chihuahua); 16 317 hab. Centro agropecuario y forestal.

BUENAVENTURA (san), *Bagnorea, act. Bagnoregio, Toscana, 1221 Lyon 1274*, teólogo italiano. General de los franciscanos (1257), cardenalobispo de Albano (1273), fue legado papal en el concilio de Lyon. Sus numerosas obras de teología, inspirada en la doctrina de san Agustín, le valieron el nombre de «Doctor seráfico».

BUENAVENTURA (Enrique), *Cali 1925-íd. 2003*, dramaturgo, director y actor teatral colombiano. Director del Teatro experimental de Cali desde 1955, su teatro mezcla formas populares adaptándolas a los estilos más renovadores de la escena. Ha escrito obras teatrales (*Los papeles del infierno*, 1967, *Ópera bufa*, 1982) y numerosos ensayos teóricos y críticos sobre teatro.

BUENAVISTA, mun. de México (Michoacán), al pie del cerro Tancítaro; 30 676 hab.

BUENO, r. de Chile, en la vertiente pacífica, el más caudaloso de los del Valle Central; 150 kilómetros.

BUENO (Gustavo), *Santo Domingo de la Calzada 1924*, filósofo español, representante de una corriente de pensamiento del materialismo dialéctico antidogmático (*Ensayos materialistas*, 1972; *El animal divino*, 1985; *El mito de la cultura*, 1995).

1181

■ ANTONIO
BUERO VALLEJO

■ **BUENOS AIRES.** Un aspecto del centro de la ciudad.

BUENOS AIRES, mun. de Colombia (Cauca), 31 760 hab. Café, caña de azúcar. Oro y carbón.

BUENOS AIRES, cantón de Costa Rica (Puntarenas); 34 977 hab. Caña de azúcar, café y maíz.

BUENOS AIRES (Ciudad Autónoma de), cap. de Argentina, en la or. der. del estuario del Plata; 2 776 138 hab. (12 550 000 el *Gran Buenos Aires) [porteños].* El Gran Buenos Aires, que comprende 28 partidos, concentra la mitad de los establecimientos industriales del país (metalurgia, química, automotriz, etc.). El sector terciario está asimismo muy desarrollado por su carácter de capital del estado y principal puerto (exportaciones de cereales y de carne) y centro cultural.— Fundada en 1536 y definitivamente por Juan de Garay en 1580, adquirió auge con la creación del virreinato del Río de la Plata en 1776. Ocupada temporalmente por los británicos (1806), fue cuna del movimiento independentista (1810) y consolidó su capitalidad a partir de la década de 1860.— La arquitectura colonial está representada por la catedral, el Cabildo y los templos de la Merced, del Pilar, San Francisco y Santa Catalina, todos del s. XVIII. Desde fines del s. XIX ha experimentado un considerable desarrollo arquitectónico en el que predominan los estilos neoclásico, segundo imperio francés, art-nouveau y art-déco (Congreso nacional, Casa de gobierno, teatro Colón, palacio Barolo, parque de Palermo), además de abundar las edificaciones eclécticas y posmodernas. Cuenta con importantes colecciones de arte repartidas entre los museos de bellas artes, arte latinoamericano (*MALBA), arte moderno, histórico nacional, etc.

BUENOS AIRES (lago), lago compartido entre Argentina (Santa Cruz) y Chile (Aisén del General Carlos Ibáñez del Campo), donde se le conoce con el nombre de *lago General Carrera;* 2 240 km².

BUENOS AIRES (provincia de), prov. de Argentina, en la región pampeana; 307 571 km²; 12 582 321 hab. *(bonaerenses);* cap. *La Plata.*

Buen Retiro (palacio del), residencia real española, construida por Alonso Carbonell para Felipe IV (1631) en Madrid. Contenía una importante colección de cuadros (actualmente en el Prado) y tapices. Su parque, muy modificado, es el actual *Retiro.*

BUERO VALLEJO (Antonio), *Guadalajara 1916-Madrid 2000,* dramaturgo español. Representante del teatro de la posguerra, su obra mezcla simbolismo y realidad: *Historia de una escalera* (1949), *En la ardiente oscuridad* (1950), *Hoy es fiesta* (1956), *Un soñador para un pueblo* (1958), *Las meninas* (1960), *El tragaluz* (1967), *La Fundación* (1974), *Música cercana* (1989). [Premio Cervantes 1986; premio nacional de las letras españolas 1996.] (Real academia 1971.)

BUESACO, mun. de Colombia (Nariño), cerca del nudo de Pasto; 18 248 hab. Mercado agrícola.

BUFFALO, c. de Estados Unidos (estado de Nueva York), junto al lago Erie, cerca del Niágara; 328 123 hab. Universidad. Puerto fluvial. Centro industrial.— Museo de arte.

BUFFALO BILL (William Frederick **Cody,** llamado), *condado de Scott, Iowa, 1846-Denver 1917,* pionero estadounidense. Participó en las operaciones contra los cheyenes y los siux. Famoso tirador, se convirtió en director de circo.

BUFFET (Bernard), *París 1928-Tourtour, Var, 1999,* pintor y grabador francés. Creó imágenes de mucha fuerza, con un grafismo nervioso y acerado.

BUFFON (Georges Louis **Leclerc, conde de**), *Montbard 1707-París 1788,* naturalista francés. Es autor de *Historia natural* (aprox. 40 vols., 1749-1804).

BUG o **BUG MERIDIONAL,** r. de Ucrania que desemboca en el mar Negro; 806 km.

BUG o **BUG OCCIDENTAL,** r. de Bielorrusia y de Polonia que desemboca en el Narew (or. izq.); 810 km.

BUGA, c. de Colombia (Valle del Cauca); 94 753 hab. Cultivos de plantación; mercado cafetero.

BUGALAGRANDE, mun. de Colombia (Valle del Cauca); 21 709 hab. Minas de oro, platino y carbón.

BUGATTI (Ettore), *Milán 1881-París 1947,* industrial italiano nacionalizado francés. Fue un pionero de la fabricación de automóviles deportivos, de carrera y de lujo.

BUGÍA → BEJAÏA.

BUIGAS (Carlos), *Barcelona 1898-íd. 1979,* ingeniero español. Diseñó las fuentes luminosas del recinto de la Exposición universal de Barcelona de 1929. También diseñó fuentes y surtidores en París, Lisboa, Granada, Santo Domingo, Caracas, Valencia y San Sebastián.

BUIN, com. de Chile (Santiago), avenado por el Maipo; 52 475 hab. Centro vinícola.— **combate del puente de Buin** (6 en 1839), batalla en la que las fuerzas chilenas de Bulnes vencieron a las de la Confederación Perú-boliviana, mandadas por Santa Cruz.

BUJARÁ, c. del centro de Uzbekistán; 228 000 hab. Turismo.— Monumentos de los ss. IX-XVI, entre ellos el mausoleo (h. 907) de Ismā'īl Sāmāní. (Patrimonio de la humanidad 1993.)

■ **BUJARÁ.** Mausoleo (h. 907) de Ismā'īl Sāmāní (soberano de Transoxiana).

BUJARIN (Nikolái Ivánovich), *Moscú 1888-íd. 1938,* economista y político soviético. Teórico del POSDR, defensor de una política económica moderada, fue eliminado por Stalin de la presidencia de la Internacional comunista (1928), y luego condenado y ejecutado (1938). Fue rehabilitado en 1988.

BUJUMBURA, ant. **Usumbura,** cap. de Burundi; 272 600 hab.

BUKAVU, c. de la Rep. dem. del Congo, cerca del lago Kivu; 418 000 hab.

Bula de la santa cruzada, documento pontificio por el que se otorgaba a los españoles privilegios e indulgencias adquiridos mediante una limosna. Estas gracias, dispensadas de manera permanente a partir de Carlos Quinto, fueron abolidas en 1966.

Bula de oro, acta sellada con la cápsula de oro del sello imperial, promulgada en 1356 por Carlos IV, con la que se reglamentó la elección al Sacro Imperio, confiada a siete electores, tres eclesiásticos y cuatro laicos.

BULAWAYO, c. de Zimbabwe; 414 000 hab.

BULGÁKOV (Mijaíl Afanásievich), *Kíev 1891-Moscú 1940,* escritor ruso. Autor de novelas sobre la guerra civil (*La guardia blanca,* 1925) y la NEP, de comedias satíricas y dramas históricos, trató el tema del artista condenado al compromiso con el poder político (*El maestro y Margarita,* 1928-1940, publicada en 1966).

BULGANIN (Nikolái Alexándrovich), *Nizhni Nóvgorod 1895-Moscú 1975,* mariscal soviético. Fue presidente del consejo de 1955 a 1958.

BULGARIA, en búlgaro **Balgarija,** estado de la Europa balcánica, junto al mar Negro; 111 000 km²; 8 700 000 hab. *(búlgaros).* CAP. *Sofía.* LENGUA: *búlgaro.* MONEDA: *lev.*

INSTITUCIONES

República de régimen semipresidencial. La constitución es de 1991. El presidente de la república se elige por sufragio universal cada 5 años. La asamblea nacional (que designa al primer ministro) es elegida por sufragio universal directo para 4 años.

GEOGRAFÍA

La población, que incluye una minoría de origen turco, se concentra en cuencas interiores (Sofía) y llanuras (parte meridional del valle del Danubio y valle del Marica) separadas por los Balcanes. El macizo del Ródope ocupa el S del país. El clima es continental con tendencia a la aridez.

La agricultura proporciona trigo y maíz, así como tabaco, fruta, rosas y vinos, principales productos de exportación. Junto a las tradicionales industrias textiles y alimentarias se han desarrollado la siderurgia, la metalurgia y la industria química, que valorizan las producciones del subsuelo (sobre todo lignito y cobre). El turismo tiene relevancia en el litoral del mar Negro.

HISTORIA

Los orígenes. La región, poblada por tracios, fue conquistada por los romanos, que la subdividieron en provincias (Mesia, s. I a C.; Tracia, s. I d C.), y perteneció más tarde al Imperio bizantino. Los eslavos se establecieron en ella a partir del s. VI.

De los imperios búlgaros a la dominación otomana. H. 680: se instalaron pueblos de origen turco en el bajo Danubio y fundaron el primer imperio búlgaro. **852-889:** Boris I, tras su conversión al cristianismo (865), organizó una Iglesia nacional de lengua eslava. **893-927:** Simeón I el Grande instauró un patriarcado independiente. **1018:** los bizantinos vencieron al zar Samuel y se hicieron señores de Bulgaria. **1187:** fundación del segundo imperio búlgaro. **Mediados del s. XIV:** Bulgaria, amenazada por los mongoles, estableció en sus fronteras desde 1241, y por los tártaros, fue dividida en varios principados. **1396-1878:** bajo la dominación otomana, Bulgaria fue parcialmente islamizada. La Iglesia búlgara, unida al patriarcado de Constantinopla, obtuvo la creación de un exarcado independiente en 1870.

La Bulgaria independiente. 1878: tras la guerra ruso-turca (1877-1878), el congreso de Berlín decidió crear una Bulgaria autónoma y mantener la administración otomana en Macedonia y en Rumelia oriental. **1885:** esta última fue anexionada a Bulgaria. **1908:** su país accedió a la independencia durante el reinado de Fernando I de Sajonia-Coburgo (1887-1918). **1912:** Bulgaria entró en guerra contra el Imperio otomano junto a Serbia, Grecia y Montenegro. **1913:** en desacuerdo con sus antiguos aliados a propósito del reparto de Macedonia, les declaró la guerra y fue derrotada. **1915:** entró en la primera guerra mundial junto a los imperios centrales. **1919:** el tratado de Neuilly privó al país de acceso al mar Negro. **1935:** el zar Boris III instauró una dictadura personal. **1941:** Bulgaria, al principio neutral en la segunda guerra mundial, se adhirió al pacto tripartito. **1944:** mientras el país era ocupado por el Ejército rojo, un gobierno formado tras la insurrección del 9 de septiembre lo hizo entrar en la guerra al lado de la URSS. La república, proclamada en 1946, fue dirigida por los comunistas Vasil Kolarov y Georgi Dimitrov, que orientaron al país hacia la construcción del socialismo (1948). Vălko Červenkov (1950-1954) y su sucesor Todor Živkov, primeros secretarios del partido comunista, se mantuvieron fieles a la alineación con la URSS. **1990:** el partido renunció a su papel dirigente; ganó las primeras elecciones libres, y se formó un gobierno de unidad nacional. Zheliu Zhélev, portavoz de la oposición, accedió a la presidencia. **1991:** la oposición democrática formó un nuevo gobierno. **1994:** victoria de los socialistas (ex comunistas) en las elecciones legislativas. **1995:** Bulgaria solicitó la adhesión a la Unión europea. **1997:** el líder demócrata Petăr Stoyanov accedió a la presidencia de la república. Las elecciones legislativas devolvieron el poder a la oposición democrática. **2001:** una coalición reunida en torno a Simeón de Sajonia-Coburgo-Gotha (rey de Bulgaria, con el nombre de Simeón II, de 1943 a 1946) ganó las elecciones legislativas; este último fue nombrado primer ministro. **2002:** el socialista Georgi Părvanov accedió a la presidencia de la república (reelegido en 2006). **2004:** Bulgaria se integró en la OTAN. **2005:** tras la ajustada victoria de su partido en las elecciones legislativas, el socialista Sergei Stanišev fue nombrado primer ministro al frente de un gobierno de gran coalición. **2007:** Bulgaria ingresó en la Unión europea.

BULL (Frederik Rosing), *Oslo 1882-íd. 1925*, ingeniero noruego. Con su tabuladora impresora y su selectora (1922) desarrolló la mecanografía por tarjetas perforadas.

Bull (John) → **John Bull**.

BULL (John), *Somerset h. 1562-Amberes 1628*, compositor inglés. Organista e intérprete de virginal, es autor de piezas para teclado.

BULL (Olaf), *Cristianía, act. Oslo, 1883-íd. 1933*, poeta noruego. Escribió obras de temática filosófica (*Las estrellas*, 1924).

BULLRICH (Silvina), *Buenos Aires 1915-Ginebra 1990*, novelista argentina. Tras *La tercera versión* (1944) y *Bodas de cristal* (1952), donde predomina lo psicológico, describió con acentos críticos y agridulce el mundo de la clase media y alta argentina (*Los burgueses* (1964), *Los monstruos sagrados* (1971).

BULNES, com. de Chile (Biobío), 20 971 hab.

Nudo de comunicaciones (carretera y ferrocarril).

BULNES (Manuel), *Concepción 1799-Santiago 1866*, militar y estadista chileno. Participó en las luchas por la independencia y apoyó a J. Prieto en la guerra civil (1829-1830) que dio el poder a los conservadores. Intervino contra la Confederación Perú-boliviana. Sucedió a Prieto en la presidencia (1841-1851).

BÜLOW (Bernhard, príncipe **von**), *Klein-Flottbek 1849-Roma 1929*, político alemán. Fue canciller de 1900 a 1909.

BÜLOW (Friedrich Wilhelm), *Falkenberg 1755-Königsberg 1816*, general prusiano. Venció a Ney en Dennewitz (1813) y se distinguió en Waterloo (1815).

BULTMANN (Rudolf), *Wiefelstede, cerca de Oldenburg, 1884-Marburgo 1976*, exégeta y teólogo protestante alemán. Su obra está basada en la interpretación del elemento milagroso en el Nuevo testamento con vistas a extraer su núcleo doctrinal («desmitologización»).

BUMEDIÁN (Muḥammad **Bŭkharrūba**, llamado Huari), *Heliópolis 1932-Argel 1978*, militar y político argelino. Jefe del estado mayor del Ejército de liberación nacional (1960), fue presidente de la república (1965-1978).

Bund o **Unión general judía de los trabajadores de Lituania, Polonia y Rusia,** partido socialista judío fundado en Vilnius en 1897, activo en Polonia hasta 1948.

Bundesbank, oficialmente **Deutsche Bundesbank,** llamado **Buba,** banco federal de la República federal de Alemania. Creado en 1957, base del sistema monetario y bancario alemán, tras la instauración del euro ha pasado a formar parte del Sistema europeo de bancos centrales.

Bundesrat, una de las asambleas legislativas de la Confederación de Alemania del Norte (1866-1871), del imperio alemán (1871-1918) y, desde 1949, de la RFA.

Bundestag, una de las asambleas legislativas de la República federal de Alemania.

Bundeswehr, nombre dado en 1956 a las fuerzas armadas de la RFA.

BUNGE (Mario), *Buenos Aires 1919*, filósofo argentino. Fundador y rector de la Universidad obrera argentina (1938-1943), estudió física nuclear, se especializó en epistemología y semántica y desarrolló una filosofía materialista (*Ética y ciencia*, 1960; *World y realidad*, 1970, *Treatise on Basic Philosophy*, 8 vols., 1974-1989; *Epistemología*, 1980; *El problema mente-cerebro*, 1985; *Diccionario de filosofía*, 1998).

BUNIN (Iván Alexéievich), *Vorónezh 1870-París 1953*, escritor ruso. Fiel al realismo clásico en sus novelas y relatos (*La aldea*, 1910), evolucionó hacia una prosa más lírica y sensual (*L'amour de Mitia*, 1925). [Premio Nobel 1933.]

BUNSEN (Robert Wilhelm), *Gotinga 1811-Heidelberg 1899*, químico y físico alemán. Construyó una pila eléctrica, inventó un mechero de gas y, con Kirchhoff, creó el análisis espectral.

BUNYAN (John), *Elstow 1628-Londres 1688*, escritor inglés. Su alegoría religiosa *El viaje del peregrino* (1678-1684) ejerció una profunda influencia en las clases populares.

BUÑUEL (Luis), *Calanda, Teruel, 1900-México 1983*, director de cine español, nacionalizado mexicano. Surrealista en sus inicios, autor de películas vanguardistas (*Un *perro andaluz*, 1929; *La edad de oro*, 1930; ambas en colaboración con S. Dalí), es autor de una obra considerada la más importante del cine en español. Desarrolló su personal filmografía, marcada por profundas convicciones antiburguesas, en México (*Los *olvidados*, 1950; *Nazarín*, 1959; *El ángel exterminador*, 1962), España (*Viridiana*, 1961; *Tristana*, 1970) y Francia (*Bella de día*, 1966; *El discreto encanto de la burguesía*, 1973, Oscar a la mejor película de habla no inglesa; *El fantasma de la libertad*, 1974; *Ese oscuro objeto del deseo*, 1977).

■ LUIS **BUÑUEL** a principios de la década de 1970.

BUONARROTI (Michelangelo) → **MIGUEL ÁNGEL.**

BUONTALENTI (Bernardo), *Florencia 1536-íd. 1608*, arquitecto, pintor y escultor italiano. Manierista, destacó como decorador de las fiestas en la corte de los Médicis.

BURAIDA, n. de Arabia Saudí, 70 000 hab. Mercado de camellos.

BURBAGE (Richard), *Londres h. 1567-íd. 1619*, actor inglés. Interpretó los principales papeles de los dramas de Shakespeare.

BURCKHARDT (Jacob), *Basilea 1818-íd. 1897*, historiador suizo en lengua alemana. Desarrolló la historia de la cultura (*Kulturgeschichte*) en todos sus aspectos (sobre todo el artístico), concretamente en *Der Cicerone* (1855) y *La cultura del renacimiento en Italia* (1860).

BURCKHARDT (Johann Ludwig), *Lausana 1784-El Cairo 1817*, explorador suizo. Descubrió el yacimiento de Petra (1812) y visitó La Meca (1814).

BURDEOS, en fr. **Bordeaux,** c. del SO de Francia, cap. de la región de Aquitania y del dep. de Gironde, a orillas del Garona; 218 948 hab. Universidad. Puerto. Vinos.— Monumentos medievales (catedral, ss. XII-XIV). Conjunto neoclásico del s. XVIII (plaza de la Bolsa, teatro). [Patrimonio de la humanidad 2007.]— Fue capital del ducado de Aquitania (1032), puerto inglés (1154-1453) y comerció con azúcar y esclavos (s. XVIII).

BURDWĀN → BARDDHAMAN.

BUREIÁ, r. de Rusia, en Siberia, afl. del Amur (or. izq.); 623 km. Yacimientos mineros (hierro y hulla) en su valle.

BURGAS, c. de Bulgaria, junto al mar Negro; 211 600 hab. Puerto. Refino de petróleo; química.

BURGENLAND, prov. de Austria, en la frontera de Hungría; 274 000 hab.; cap. *Eisenstadt.*

BÜRGER (Gottfried August), *Molmerswende 1747-Gotinga 1794*, poeta alemán. Es autor de baladas (*Leonora*, 1773).

BURGESS (Anthony), *Manchester 1917-Londres 1993*, escritor británico. Denunció en sus nove-

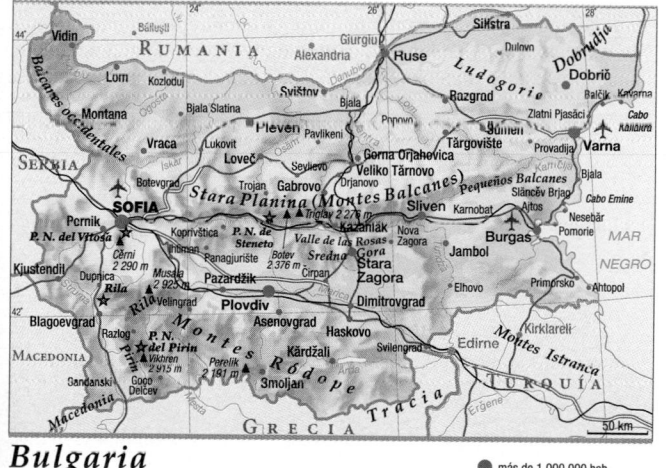

Bulgaria

★ lugar de interés turístico

200 500 1000 2000 m

═══ autopista
─── carretera
─┼─ ferrocarril
✈ aeropuerto

● más de 1 000 000 hab.
● de 250 000 a 1 000 000 hab.
● de 100 000 a 250 000 hab.
● de 50 000 a 100 000 hab.
• menos de 50 000 hab.

1183

las la violencia moderna (*La naranja mecánica*, 1962) a través de un culto ambiguo al héroe (*Sinfonía napoleónica*, 1974).

BURGKMAIR (Hans), *Augsburgo 1473-íd. 1531*, pintor y grabador alemán. Adoptó las nuevas concepciones del renacimiento italiano.

BURGO DE OSMA-CIUDAD DE OSMA, mun. de España (Soria), cab. de p. j.; 4 966 hab. *(burgueses);* cap. *El Burgo de Osma.* Catedral (ss. XIII y posteriores); murallas (s. XV); antigua universidad (s. XVI); museo catedralicio. — Fue una importante c. romana (*Uxama Argalea*) y medieval.

BURGOS, c. de España, cap. de la prov. homónima y cab. de p. j.; 163 358 hab. *(burgaleses)*. Industria (textil, química). — Catedral gótica (ss. XIII-XVI), con fachada realizada por Juan de Colonia (patrimonio de la humanidad 1984); notables edificios civiles (casa del Cordón, s. XV), arco de Santa María (s. XVI, en la antigua muralla), iglesia de San Nicolás, cartuja de *Miraflores, monasterio de las *Huelgas. — Situada en la confluencia de varias vías del Camino de Santiago, alcanzó un gran auge en el s. XVI, vinculado al comercio de la lana.

BURGOS (provincia de), prov. de España, en Castilla y León; 14 328 km²; 347 240 hab.; cap. *Burgos.* Enmarcada al N por la cordillera Cantábrica y al E por el sistema Ibérico, se suceden de N a S las llanuras de La Lora y La Bureba, el Páramo y, ya en la línea del Duero, la fértil Ribera burgalesa. Economía básicamente agraria, con focos industriales en la cap., Aranda de Duero y Miranda de Ebro.

BURGOS (Javier de), *Motril 1778-Madrid 1849*, político español. Ministro de fomento (1833), estableció la actual división provincial. En 1843 presidió la comisión que dio pie a la reforma tributaria de Alejandro Mon.

BURGOYNE (John), *Sutton 1722-Londres 1792*, general británico. Al mando de los refuerzos británicos enviados a Canadá contra los insurgentes norteamericanos, tuvo que capitular en Saratoga (1777).

BURGUIBA (Habīb ibn 'Alī), *Monastir 1903-íd. 2000*, político tunecino. Fundador del Neo Destur (1934), fue el principal artífice de la independencia de Túnez. Presidente de la república a partir de 1957, fue elegido presidente vitalicio en 1975 y destituido en 1987.

BURIATIA, república de Rusia, limítrofe con Mongolia; 1 053 000 hab.; cap. *Ulán Udé*. Los buriatos de nacimiento apenas representan el 25 % (aprox. 70 % de rusos).

BURICA (punta), península del S de Costa Rica, en la frontera con Panamá.

BURIDAN (Jean), *¿Béthune? h. 1300-d. 1358*, filósofo escolástico francés. Estuvo vinculado al nominalismo.

Buridan (asno de), fábula atribuida falsamente a Jean Buridan, según la cual un asno se dejaría morir de hambre y de sed ante un saco de avena y un balde de agua, incapaz de elegir entre ambos bienes.

BURJASSOT, c. de España (Valencia); 35 171 hab. *(burjasotenses)*. Centro industrial.

BURKE (Edmund), *Dublín h. 1729-Beaconsfield 1797*, político y escritor británico. Whig, se opuso a la política colonial británica en América. Su obra *Reflexiones sobre la Revolución francesa* (1790), contraria a la misma, obtuvo gran éxito.

BURKINA FASO, ant. **Alto Volta,** estado de África occidental; 275 000 km²; 10 600 000 hab. CAP. *Ouagadougou.* LENGUA: *francés.* MONEDA: *franco CFA.*

GEOGRAFÍA

Enclavado en el corazón del Sahel, es un país pobre, a menudo árido, con una mediocre agricultura de subsistencia (sorgo, mijo) y algunas plantaciones comerciales (algodón, maní). La ganadería (bovina y sobre todo ovina) se resiente de las frecuentes sequías. Los mossi constituyen la etnia principal de un país mayoritariamente islámico.

HISTORIA

El período precolonial. Ss. XII-XVI: los mossi y los gurmanché fundaron reinos guerreros. Los caballeros mossi, procedentes del sur, dominaron a los agricultores autóctonos. En el s. XV fundaron el reino de Ouagadougou, de donde surgieron en diversas épocas otros reinos mossi. Su idioma alcanzó gran difusión. Los mossi se resistieron durante mucho tiempo a la islamización. **S. XVIII:** los diula del reino de Kong (act. Costa de Marfil) unificaron el O del país creando Gwiriko, en torno a Bobo-Dioulasso. **La colonización. 1898:** tras las exploraciones de Binger (1886-1888) y de Monteil (1890-1891), Francia, victoriosa ante Samory Turé, ocupó Bobo-Dioulasso. **1919:** incluido en el Alto Senegal-Níger (1904), Alto Volta se convirtió en colonia específica. **1932:** fue repartido entre Sudán, Costa de Marfil y Níger. **1947:** reconstituido el país, se desarrolló un movimiento nacionalista dirigido por Maurice Yaméogo. **De la independencia al pluripartidismo. 1960:** se proclamó la república independiente (5 ag.), bajo la presidencia de Yaméogo. **1966-1980:** el país fue gobernado por el general Lamizana, que llegó al poder y fue desalojado de

él mediante sendos golpes de estado. Después de otros dos golpes de estado, el capitán Thomas Sankara se hizo con el poder en 1983, y cambió el nombre del país por el de Burkina Faso (1984). Llevó a cabo una «revolución democrática y popular». **1987:** T. Sankara fue asesinado durante el golpe de estado militar dirigido por el capitán Blaise Compaoré, quien lo sucedió al frente del estado. **1991:** se instauró el multipartidismo. Las elecciones presidenciales de 1991 y 1998 (boicoteadas por la oposición) y las de 2005 mantuvieron en el poder a B. Compaoré.

BURLADA, en vasc. **Burlata,** mun. de España (Navarra), en la aglomeración de Pamplona; 16 887 hab. Centro industrial.

burlador de Sevilla (El) → **Don Juan.**

BURLINGTON, c. de Canadá (Ontario), junto al lago Ontario; 125 912 hab.

BURNABY, c. de Canadá (Columbia Británica), en la aglomeración de Vancouver; 158 858 hab.

BURNE-JONES (sir Edward), *Birmingham 1833-Londres 1898*, pintor británico. Prerrafaelita, con sus temas procedentes de la mitología clásica o de las leyendas medievales influyó en el simbolismo europeo.

BURNS (Robert), *Alloway, Ayrshire, 1759-Dumfries 1796*, poeta británico. Prerromántico, admirador de Rousseau, cantó a la naturaleza y la vida sencilla en dialecto escocés.

BURRIANA, c. de España (Castellón); 26 499 hab. *(burrianenses)*. Industria. Centro turístico.

BURRO (Sexto Afranio), político romano. Prefecto del pretorio, fue preceptor y consejero de Nerón.

BURROUGHS (Edgar Rice), *Chicago 1875-Encino, California, 1950*, escritor estadounidense. Creó el personaje de *Tarzán.

BURROUGHS (William), *Saint Louis, 1914-Lawrence, Kansas, 1997*, escritor estadounidense. Fue uno de los principales representantes de la *Beat Generation (*El almuerzo desnudo*, 1959; *Tierras del Occidente*, 1988).

BURRUYACÚ, mun. de Argentina (Tucumán), junto al río Salí; 29 028 hab. Fábricas de harina.

BURSA, c. de Turquía, al SE del mar de Mármara; 834 576 hab. Monumentos ricamente decorados: Türbe verde (1414-1424). — Ant. cap. del Imperio otomano (1326-1402).

BURTON (sir Richard Francis), *Torquay 1821-Trieste 1890*, viajero británico. Descubrió el lago Tanganyika junto con Speke (1858).

BURTON (Richard Walter Jenkins Jr., llamado Richard), *Pontrhydyfen, País de Gales, 1925-Ginebra 1984*, actor británico. Famoso por sus tormentosos matrimonios con Elizabeth Taylor y su dominio del cine histórico, su desigual carrera se dividió entre teatro y cine: *Cleopatra* (J. L. Mankiewicz, 1963), *La noche de la iguana* (J. Huston, 1964).

BURTON (Robert), *Lindley, Leicestershire, 1577-Oxford 1640*, escritor inglés. Es autor de *La anatomía de la melancolía* (1621).

BURTON (Timothy William llamado **Tim**), *Burbank, California, 1958*, director de cine estadounidense. Con sus frescos fantásticos, burlescos o inquietantes, ha renovado el cine de gran espectáculo (*Batman*, 1989; *Eduardo Manostijeras*, 1990; *Ed Wood*, 1994; *Charlie y la fábrica de chocolate*, 2005; *Sweeney Todd*, 2007).

BURUNDI, ant. **Urundi,** estado de África central; 28 000 km²; 6 502 000 hab. *(burundeses)*. CAP. *Bujumbura.* LENGUAS: *francés y kirundi.* MONEDA: *franco de Burundi.* (V. mapa de **Ruanda.**) Es un país de altas mesetas, exclusivamente agrícola, densamente poblado (por los hutu y los tutsi).

HISTORIA

Reino fundado probablemente a fines del s. XVII, Burundi formó parte del África Oriental Alemana desde fines del s. XIX hasta 1916. **1923-1962:** estuvo en el seno de Rwanda-Urundi, bajo mandato y más tarde bajo tutela belga. **1962:** el país accedió a la independencia. **1966:** la monarquía fue abolida en beneficio de la república. **1976:** el teniente coronel J.-B. Bagaza se convirtió en presidente de la república. **1987:** fue derrocado por un golpe de estado militar dirigido por el mayor Pierre Buyoya.

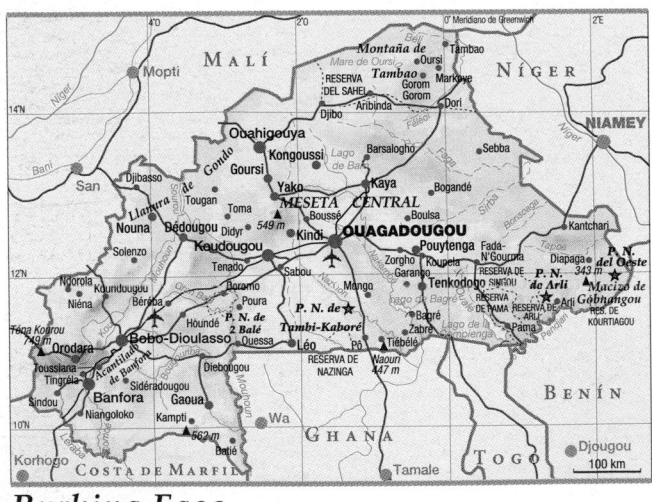

Burkina Faso

★ lugar de interés turístico
— carretera
— ferrocarril
✈ aeropuerto

● más de 400 000 hab.
● de 50 000 a 400 000 hab.
● de 20 000 a 50 000 hab.
● menos de 20 000 hab.

200   300   500 m

La vida política estuvo dominada por rivalidades (masacres de 1972 y de 1988) que opusieron a los hutu, mayoritarios, y los tutsi, minoritarios pero que tradicionalmente han ocupado el poder. **A partir de 1988:** se inició un proceso de democratización, tendente a un reequilibrio del poder entre los tutsi y los hutu. Una nueva constitución (1992), que instauró el multipartidismo, permitió la elección, en junio 1993, del primer presidente hutu, Melchior Ndadaye. Pero el asesinato de este (oct.) marcó el regreso a los enfrentamientos intercomunitarios permanentes. **1996:** P. Buyoya volvió al poder gracias a un golpe de estado. **2003:** en virtud de un acuerdo (alcanzado en 2000) de alternancia de las comunidades en la jefatura del estado, P. Buyoya (tutsi) cedió el poder a Domitien Ndayizeye (hutu). **2005:** victoria en las elecciones de un movimiento hutu disidente. Su líder, Pierre Nkurunziza, accedió a la presidencia de la república.

BUSCH (Germán), *1904-La Paz 1939,* militar y político boliviano. Dio el golpe militar que situó al coronel Toro en el poder (1936), le desplazó (1937) y se hizo elegir presidente constitucional.

Buscón (El), título abreviado de la novela picaresca de Quevedo *Historia de la vida del Buscón, llamado don Pablos, ejemplo de vagabundos y espejo de tacaños* (publicada en Zaragoza en 1626), obra barroca donde la prosa del autor alcanza la cumbre de su expresividad.

BUSH (George Herbert Walker), *Milton, Massachusetts, 1924,* político estadounidense. Republicano, vicepresidente (1981-1989) y presidente (1989-1993) del país, fue muy activo en política exterior, pero no pudo resolver los problemas económicos y sociales.

■ GEORGE BUSH   ■ GEORGE WALKER BUSH

BUSH (George Walker), *New Haven 1946,* político estadounidense. Hijo de George H. W., republicano, gobernador de Texas (1995-2000), fue presidente de Estados Unidos de 2001 a 2009. Enfrentado al trauma sufrido por su país al verse afectado de lleno por el terrorismo (atentados del 11 de *septiembre de 2001), llevó a cabo una política muy intervencionista (en Afganistán, a partir de 2001; en Iraq, desde 2003) y, en el interior, resueltamente conservadora. Reelegido en 2004, su segundo mandato acabó envuelto en una grave crisis financiera y económica.

BUSHNELL (David), *Saybrook, Connecticut, 1742-Warrenton, Georgia, 1824,* inventor estadounidense. Fue un precursor del submarino (*Tortuga,* 1775) y del empleo de la hélice para la propulsión de los navíos.

BUSON o **YOSA BUSON,** *Kema 1716-Kyôto 1784,* poeta y pintor japonés. Renovó el arte del haiku al incorporarle humor y libertad de tono y asociándola a la pintura. Con Ike Nô Taiga, es de los artistas que mejor asimilaron la inspiración de los pintores eruditos de China.

BUSONI (Ferruccio Benvenuto), *Empoli 1866-Berlín 1924,* compositor, pianista y teórico italiano. Niño prodigio del piano, es autor de la ópera *Doktor Faust* (1925) y del tratado *Esbozo de una nueva estética de la música* (1907). Su influencia fue considerable.

BUSSOTTI (Sylvano), *Florencia 1931,* compositor italiano. Dirigió el teatro de la Fenice, de Venecia (1976-1980), y se consagró con *Pasión según Sade* (1965) y *The Rara Requiem* (1970).

BUSTAMANTE (Anastasio), *Jiquilpan 1780-San Miguel Allende, Querétaro, 1853,* militar y estadista mexicano. Derrocó a Guerrero y fue presidente del ejecutivo (1830-1832). Exiliado tras una insurrección (1832-1836), volvió a la presidencia (1837-1841) y afrontó guerras y movimientos separatistas y federalistas.

BUSTAMANTE (Carlos María), *Oaxaca 1774-México 1848,* político e historiador mexicano. Luchó por la independencia y destacó en el Partido conservador. Es autor de *Cuadro histórico de la revolución mexicana* (1823-1832).

BUSTAMANTE (José María), *Toluca 1777-México 1861,* compositor mexicano. Es autor de música sacra y del melodrama *México libre* (1821).

BUSTAMANTE (Ricardo José), *La Paz 1821-Arequipa 1886,* poeta boliviano. Es autor de poesía romántica y patriótica (*Canto heroico al 16 de julio de 1809,* 1850).

BUSTAMANTE RIVERO (José Luis), *Arequipa 1894-Lima 1989,* político y jurista peruano. Presidente de la república (1945-1948), fue derrocado por el ejército. Presidió el Tribunal internacional de La Haya (1967-1970). Es autor de estudios de derecho internacional.

BUSTAMANTE Y SIRVÉN (Antonio Sánchez de), *La Habana 1865-íd. 1951,* jurista cubano. Representó a su país en las conferencias de paz en La Haya (1907) y Versalles (1919), fue juez del Tribunal de La Haya (1922-1945) y autor del código de derecho internacional privado (*código Bustamante*), aprobado en la VI conferencia panamericana (1928), que presidió.

BUSTILLOS, cantón de Bolivia (Potosí); 49 050 hab.; cab. *Llallagua* (23 266 hab.). Yacimientos de estaño en Catavi.

BUSTO DUTHURBURU (José Antonio del), *Lima 1932,* historiador peruano. Es autor, entre otras obras, de *Historia general del Perú* (1970-1978) e *Historia marítima del Perú* (1977).

BUTÁN → **BHUTÁN.**

■ ABDELAZIZ   ■ LORD **BYRON,**
BUTEFLIKA   por Th. Phillips.
               (Galería nacional de
               retratos, Londres.)

BUTE (John **Stuart,** conde de), *Edimburgo 1713-Londres 1792,* político británico. Primer ministro del rey Jorge III (1761-1763), negoció el tratado de París (1763).

BUTEFLIKA (Abdelaziz), *Oujda 1937,* político argelino. Ministro de asuntos exteriores de 1963 a 1979, es presidente de la república desde 1999 (reelegido en 2004 y en 2009).

BUTENANDT (Adolf), *Lehe 1903-Munich 1995,* químico alemán. Recibió el premio Nobel (1939) por sus investigaciones sobre las hormonas sexuales.

BUTLER (Samuel), *Langar 1835-Londres 1902,* escritor británico. Sus novelas son sátiras de la sociedad victoriana (*Erewhon,* 1872; *The Way of all Flesh*).

BUTOR (Michel), *Mons-en-Barœul 1926,* escritor francés. Su poesía, su obra crítica y sus novelas (*La modificación,* 1957; *Boomerang,* 1978) experimentan con nuevas formas (*nouveau roman*) y constituyen una exploración de todos los ámbitos de la cultura.

BUTT (Isaac), *Glenfin 1813-cerca de Dundrum 1879,* político irlandés. En 1870 inauguró el movimiento para el Home Rule.

BUTZE (Germán), *México 1912,* dibujante y guionista mexicano, autor de la serie *Los supersabios* (1937).

BUTZER (Martin) → **BUCERO.**

BUXTEHUDE (Dietrich), *Oldesloe, Holstein, 1637-Lübeck 1707,* compositor danés. Organista de Lübeck, donde fundó unos conciertos vespertinos (*Abendmusiken*), compuso cantatas y obras para órgano y para clavicordio.

BUYS-BALLOT (Christophorus Henricus Didericus), *Kloetinge 1817-Utrecht 1890,* meteorólogo neerlandés. Organizador de la meteorología en su país y a nivel internacional, estableció la regla que determina la localización del centro de una depresión por la observación de la dirección de los vientos y la importancia del déficit barométrico.

BUZĂU, c. del SE de Rumanía; 148 247 hab.

BUZZATTI (Dino), *Belluno 1906-Milán 1972,* escritor italiano. Sus novelas (*Bernabé de las montañas,* 1933; *El desierto de los tártaros,* 1940) y relatos coinciden en mezclar realismo e inspiración fantástica.

BYDGOSZCZ, c. de Polonia, cap. de voivodato, al NE de Poznań; 383 600 hab. Nudo de comunicaciones.

BYNG (George) vizconde **Torrington,** *Wrotham 1663-Southill 1733,* almirante inglés. En 1718 desbarató la escuadra española organizada por Patiño frente al cabo Passero (Sicilia).

BYRD (Richard Evelyn), *Winchester, Virginia, 1888-Boston 1957,* almirante, aviador y explorador estadounidense. Sobrevoló el polo norte (1926) y más tarde el polo sur (1929), y exploró la Antártida (1933-1935, 1939-1941, 1946-1947).

BYRD (William), *h. 1543-Stondon Massey 1623,* compositor inglés. Organista de la capilla real, compuso misas, motetes, canciones y obras para teclado y para viola.

BYRON (George **Gordon,** lord), *Londres 1788-Missolonghi, Grecia, 1824,* poeta británico. Sus poemas expresan el dolor de vivir (*La peregrinación de Childe Harold,* 1812) o exaltan a los héroes rebeldes (*Manfred,* 1817; *Don Juan,* 1824). Su muerte entre los insurgentes griegos, combatiendo por su independencia, hizo de él el prototipo del héroe y del escritor románticos.

BYTOM, c. de Polonia (Silesia); 232 000 hab. Hulla. Siderurgia. Iglesias medievales; museo.

CAACUPÉ, c. de Paraguay, cap. del dep. de Cordillera; 25 103 hab. Centro agropecuario. Turismo.

CAAGUAZÚ, cordillera de Paraguay, al E del departamento homónimo; 150 km de long.

CAAGUAZÚ, distr. de Paraguay (Caaguazú); 65 391 hab. Bosques; ganadería; industria maderera.

CAAGUAZÚ (departamento de), dep. de Paraguay, junto a la frontera con Brasil; 11 474 km²; 382 319 hab.; cap. *Coronel Oviedo.*

CAAMAÑO (Francisco), *Santo Domingo 1933-Sierra de Ocoa 1973,* militar y político dominicano. Jefe de policía con Juan Bosch, en 1965 dirigió un levantamiento para establecer un régimen democrático en su país, que fracasó. Murió en un enfrentamiento con el ejército.

CAAMAÑO (José María Plácido), *Guayaquil 1838-Sevilla 1901,* político ecuatoriano, presidente del país (1883-1888) tras derrocar al dictador Veintemilla.

CAAMAÑO (Roberto), *Buenos Aires 1923-íd. 1993,* pianista y compositor argentino. Director artístico del teatro Colón (1960-1963), su estilo nacionalista está influido por el neoclasicismo. Es autor de *Variaciones americanas* (1953) y *Conciertos para piano* (1957 y 1971).

CAAZAPÁ (departamento de), dep. de Paraguay, entre el Campo y la Selva; 9 496 km²; 128 550 hab.; cap. *Caazapá* (20 658 hab.).

CABA (Eduardo), *Potosí 1890-La Paz 1953,* compositor boliviano. Es autor de *12 aires indios* y de ballets *(Potosí; Kallana),* inspirados en el folclore indígena.

CABA ALBA → **ALBA.**

CABAIGUÁN, mun. de Cuba (Sancti Spíritus); 60 221 hab. Ganado vacuno; manufacturas de tabaco.

CABAL (José María), *Buga 1769-Popayán 1815,* militar y naturalista colombiano. Implicado en todas las movilizaciones a favor de la independencia, fue presidente de la Confederación de ciudades del Cauca (1812) y general en jefe del ejército (1814-1816). También inició trabajos científicos sobre la quina y la aclimatación del trigo. Murió fusilado por las fuerzas españolas.

CABALLÉ (Montserrat), *Barcelona 1933,* soprano española. Es una de las máximas intérpretes del bel canto romántico y de las óperas de Mozart, R. Strauss, Puccini, Cherubini *(Medea),* etc. (Premio nacional de música 1988.)

CABALLERO (Bernardino), *Ibicuy, Argentina, 1839-Asunción 1912,* militar y político paraguayo. Héroe de la guerra de la Triple alianza (1865-1870), fue presidente de la república (1880-1886) y fundador y líder del Partido republicano o colorado.

CABALLERO (Cecilia Böhl de Faber, llamada Fernán), *Morges, Suiza, 1796-Sevilla 1877,* escritora española. Hija de Juan Nicolás Böhl de Faber, sus novelas, escritas originalmente en francés o alemán, representan el tránsito del romanticismo costumbrista al realismo *(La *gaviota,* 1849; Clemencia,* 1852; *La familia de Alvareda,* 1856). Sus *Cuadros de costumbres populares andaluzas* (1852) incluyen cuentos y poesías.

CABALLERO (José), *Huelva 1916-Madrid 1991,* pintor y dibujante español. Surrealista de línea precisa e imaginación delirante, evolucionó hacia el informalismo matérico.

CABALLERO (José Antonio, marqués de), *m. en 1821,* político español. Ministro de gracia y justicia (1798-1808), persiguió al grupo reformista y tomó parte en los preparativos del motín de Aranjuez (1808). Reconoció a José I, y estuvo exiliado entre 1814 y 1820.

CABALLERO (Luis), *Bogotá 1943-íd. 1995,* pintor colombiano. Centrado en el tema del cuerpo masculino, posee un estilo figurativo, influido por el manierismo y Bacon.

CABALLERO (Manuel Fernández) → **FERNÁNDEZ CABALLERO.**

CABALLERO BONALD (José Manuel), *Jerez de la Frontera 1926,* escritor español. Caracterizado por su barroquismo expresivo, es autor de ensayos *(Luces y sombras del flamenco,* 1975; *Breviario del vino,* 1980), novelas *(Dos días de setiembre,* 1962; *Ágata ojo de gato,* 1974; *Campo de Agramante,* 1992) y poesía *(Las adivinaciones,* 1952; *Descrédito del héroe,* 1977; *Laberinto de Fortuna,* 1984; *Manual de infractores,* 2005). [Premio nacional de las letras 2005; premio nacional de poesía 2006.]

CABALLERO CALDERÓN (Eduardo), *Bogotá 1910-íd. 1993,* escritor colombiano. Es autor de novelas de un crudo realismo *(El Cristo de espaldas,* 1952; *Caín,* 1969), relatos *(Tipacoque,* 1941) y ensayos.

caballero de Olmedo (El), drama de Lope de Vega (1641), inspirado en una historia real de amor, celos y venganza.

CABANATUÁN, c. de Filipinas (Luzón), al N de Manila; 173 000 hab.

CABANILLAS ENRÍQUEZ (Ramón), *Cambados 1876-íd. 1960,* autor teatral y poeta español en lengua gallega. Su obra está influida por el modernismo: *En destierro* (1913), *Caminos del tiempo* (1949), *Na noite estrelecida* (1926), en que aborda la materia de Bretaña. (Real academia 1927.)

CABANILLES (Juan Bautista), *Algemesí 1644-Valencia 1712,* compositor español. Organista de la catedral de Valencia desde 1665, compuso tientos, tocatas, pasacalles y diferencias.

cabaña del tío Tom (La), novela de Harriet Beecher-Stowe contra la esclavitud (1852).

CABAÑAS (departamento de), dep. de El Salvador, dep. de El Salvador; 1104 km²; 136 293 hab.; cap. *Sensutepeque.*

CABAÑERO (Eladio), *Tomelloso 1930-Madrid 2000,* poeta español, autor de una poesía testimonial y amorosa que refleja su mundo rural manchego *(Poesía 1956-1970,* 1970).

CABAÑEROS (parque nacional de), parque nacional de España, en los montes de Toledo (Ciudad Real); 39 000 ha. Fauna de rapaces y carroñeras.

CABARRÚS (Francisco, conde de), *Bayona 1752-Sevilla 1810,* financiero y político español de origen francés. Director del Banco nacional de San Carlos (1782-1790) y defensor de la libertad de comercio, fue encarcelado por sus ideas enciclopedistas (1790-1792). Consejero de estado de Godoy, impulsó la enajenación de mayorazgos y la venta de bienes eclesiásticos (1798), e influyó en los nombramientos de Saavedra y Jovellanos como ministros (1797). Desterrado en 1799-1808, fue secretario de hacienda de José I.

CABARRÚS (Teresa) → **TALLIEN.**

Cabecico del Tesoro, necrópolis ibérica en El Verdolay (La Alberca, Murcia), que ha proporcionado un notable ajuar: cerámica ática (fines del s. v a.C.), púnica, campaniense e ibérica, figurillas de terracota y falcatas de hierro.

CABET (Étienne), *Dijon 1788-Saint Louis, EUA, 1856,* teórico y político francés. En *Viaje a Icaria* (1842) desarrolló una utopía comunista, que fracasó en la práctica.

CABEZA DE MANZANEDA, cumbre de España (Galicia), una de las mayores del sistema Galaico; 1 778 m. Estación de deportes de invierno (1 450-1 778 m).

CABEZA DE VACA (Álvar **Núñez**), *Jerez de la Frontera h. 1500-Sevilla h. 1560,* explorador español. Entre 1527 y 1536 exploró el S de EUA

■ MONTSERRAT
CABALLÉ

entre Florida y México, y relató sus aventuras en *Naufragios*. Nombrado adelantado del Río de la Plata, realizó una infructuosa expedición al río Paraná y fundó el puerto de Los Reyes (1543). A su regreso, fue deportado a España (1545).

CABEZAS DE SAN JUAN (Las), v. de España (Sevilla); 15 676 hab. *(cabeceños)*. Arroz. Canteras de piedra y yeso.— Alzamiento militar de Riego (1 en. 1820), que inició la revolución liberal.

CABEZÓN (Antonio de), *Castrillo de Matajudíos, Burgos, 1510-Madrid 1566*, compositor y organista español. Ciego desde niño, entró al servicio de la corte. Genio del órgano, compuso obras instrumentales de técnica muy avanzada (*Obras de música para tecla, harpa y vihuela*, 1578). También escribió composiciones vocales.

CABILIA o **KABILIA**, región montañosa del NE de Argelia. De O a E se distinguen: la *Gran Cabilia* o *Cabilia de Djurdjura* (2 308 m), la *Cubilia de los Babor* y la *Cabilia de Collo*.

CABIMAS, c. de Venezuela (Zulia); 209 000 hab. Puerto. Refinerías de petróleo. Oleoducto.

CABINDA, enclave de Angola a orillas del Atlántico, entre las dos repúblicas del Congo; 7 270 km²; 108 000 hab.; cap. *Cabinda*. Petróleo.

CABO (Ciudad de El), en ingl. **Cape Town**, en afrikaans **Kaapstad**, cap. legislativa de la República de Sudáfrica; cap. de la *prov. de El Cabo Occidental*; 2 993 000 hab. en el área metropolitana. Activo puerto en el extremo sur del continente africano, en la bahía de la Tabla, a 50 km del cabo de Buena Esperanza. Centro industrial (agroalimentario).— La ciudad fue fundada por los holandeses en 1652, y en 1814 se convirtió en británica, junto con toda la provincia de El Cabo.

CABO (El), ant. prov. de Sudáfrica, que en 1994 se escindió en las *provincias de El Cabo Oriental, Norte de El Cabo, El Cabo Occidental* y una parte que pasó a la provincia del Noroeste.

CABO BRETÓN (isla de), isla de Canadá (Nueva Escocia), a la entrada del golfo del San Lorenzo (unida por una carretera al continente). Parque nacional.

Cabora Bassa o **Cahora Bassa**, presa y central hidroeléctrica de Mozambique, en el valle del Zambeze.

CABORCA, mun. de México (Sonora); 50 452 hab. Agricultura y ganadería. Aeropuerto.

CABO ROJO, mun. del SE de Puerto Rico; 38 521 hab. Salinas. Industrias metalúrgica, textil y del cuero.

CABO SAN LUCAS, c. de México (Baja California Sur), en el *cabo San Lucas*. Centro turístico.

CABOT (estrecho de), brazo de mar entre Terranova y la isla de Cabo Bretón.

CABOTO (Giovanni), *Génova o Venecia h. 1450-en Inglaterra h. 1500*, navegante italiano. Obtuvo de Enrique VII de Inglaterra el monopolio de la exploración de nuevas tierras y probablemente llegó hasta la isla de Cabo Bretón en 1497.— **Sebastiano C.**, *Venecia entre 1472 y 1483-Londres 1557*, navegante italiano. Hijo del anterior, participó en los viajes de su padre y recorrió más tarde la costa norteamericana.

Al servicio de Carlos Quinto, exploró el Río de la Plata (1527) y se adentró hasta Asunción. En 1548 volvió a servir a Inglaterra.

CABO VERDE, estado insular de África, al O de Senegal; 4 000 km²; 400 000 hab. *(caboverdianos)*. CAP. Praia. LENGUA: *portugués*. MONEDA: *escudo de Cabo Verde*. (V. mapa de **Senegal**.) El país se compone de una decena de islas habitadas y muchos islotes.— Ant. colonia portuguesa, se independizó en 1975.

CABO YUBI o **CABO JUBI** → YUBI.

CABRA, c. de España (Córdoba), cab. de p. j.; 20 711 hab. *(egabrenses)*. Iglesia de la Asunción; palacio de Sessa.— Es la ant. *Egabro*.

CABRAL, mun. de la República Dominicana (Barahona), avenado por el Yaque del Sur; 24 543 hab.

CABRAL (Amílcar), *Bafatá h. 1925-Conakry 1973*, político guineano. En 1956 creó el Partido africano para la independencia de Guinea Portuguesa y de las islas de Cabo Verde (PAIGC). Murió asesinado.

CABRAL (Facundo), *La Plata 1937*, cantautor argentino. Destacó desde 1971 por sus canciones, caracterizadas por su llaneza y espíritu libertario (*No soy de aquí, ni soy de allá; América*). También ha escrito libros (*Salmos; Borges y yo*).

CABRAL (José María), *1819-Santo Domingo 1899*, militar y político dominicano. Luchó por la independencia contra los haitianos (1855) y contra el intento de anexión española (1861-1865). Presidente (1865 y 1866-1868), obtuvo la renuncia española a la posesión de Santo Domingo. Fue derrocado por una revolución.

CABRAL (Manuel del), *Santiago 1907-Santo Domingo 1999*, escritor dominicano. Uno de los grandes poetas de la negritud (*Pilón*, 1936; *Compadre Mon*, 1943; *La isla ofendida*, 1962), también es autor de cuentos, novelas (*El presidente negro*, 1973) y una autobiografía (*Historia de mi voz*, 1964).

CABRAL (Pedro Álvares), *Belmonte h. 1460-¿Santarém? 1526*, navegante portugués. Tomó posesión de Brasil en nombre de Portugal en 1500, y posteriormente exploró las costas de Mozambique y llegó a la India.

CABRERA, isla de España (Baleares), al S de Mallorca; 15,7 km². Es la mayor isla del *archipiélago de Cabrera*, parque nacional marítimo terrestre desde 1991 (10 021 ha).

CABRERA, mun. de la República Dominicana (María Trinidad Sánchez), en la costa atlántica; 24 438 hab.

CABRERA (villa condal de), viz. condado de la Cataluña medieval, del condado de Gerona (h. 1170), que alcanzó su máximo esplendor con Bernat II Cabrera (1349-1364).

CABRERA (Bernardo de), *Calatayud 1289-Zaragoza 1364*, noble aragonés. Consejero de Pedro el Ceremonioso (1347) y tutor (1351) del futuro Juan I, durante la guerra con Castilla se mostró partidario de la paz, lo que le costó su proceso y ejecución.

CABRERA (Jerónimo Luis de), *Sevilla 1538-Santiago del Estero 1574*, conquistador español. Gobernador de Tucumán (1572), fundó Córdoba de la Nueva Andalucía (1573). Fue ejecutado por su sucesor en el cargo, G. Abreu.

CABRERA (Lidia), *Nueva York 1900-La Habana*

1991, etnóloga y escritora cubana. Autora de estudios sobre la cultura afrocubana, la santería y el sincretismo religioso, entre sus títulos figuran *El monte* (1954), *La laguna sagrada de los Ñáñigos* (1988) o *Cuentos para adultos, niños y retrasados mentales* (1996).

CABRERA (Miguel), *Tlalixtac, Oaxaca, 1695-México 1768*, pintor mexicano. Fundador de la Academia de pintores de México (1753), es famoso por su *Retrato de sor Juana Inés de la Cruz* (1751). Hay numerosas obras suyas en las catedrales de México y Puebla, y en Taxco.

CABRERA (Nicolás), *Madrid 1913-Las Rozas de Madrid 1989*, físico español. Pionero en el campo de la física del estado sólido, desarrolló teorías sobre la oxidación de los metales y el crecimiento de los cristales.

CABRERA FELIPE (Blas), *Lanzarote 1878-México 1945*, físico español. Especialista en magnetoquímica, es autor de trabajos sobre las propiedades eléctricas y magnéticas de diversas sustancias y disoluciones. (Real academia 1936.)

CABRERA INFANTE (Guillermo), *Gibara 1929-Londres 2005*, escritor cubano, nacionalizado británico. Después de apoyar y pertenecer al gobierno castrista, se exilió. El lenguaje experimental y la evocación de la ciudad perdida (La Habana) caracterizan sus novelas, muy influidas por Faulkner (*Tres tristes tigres*, 1967; *La Habana para un infante difunto*, 1979). Fue también un destacado crítico de cine y ensayista. (Premio Cervantes 1997.)

CABRERA Y GRIÑÓ (Ramón), *Tortosa 1806 Wentworth, cerca de Gran Bretaña, 1877*, militar español. Jefe de los carlistas en el Maestrazgo, instaló en Morella el centro de sus dominios (1838). En la segunda guerra carlista (1846-1849) fue comandante general de Cataluña, Aragón y Valencia. Nombrado jefe del partido y del ejército carlista (1869), dimitió en 1870 y en 1875 reconoció a Alfonso XII.

CABRERA Y LATORRE (Ángel), *Madrid 1879-Buenos Aires 1960*, naturalista español, nacionalizado argentino. Eminente zoólogo, residió en Argentina desde 1925. Entre sus numerosas publicaciones destacan *Manual de mastozoología* (1922) y, con J. Yepes, *Mamíferos sudamericanos* (1943).

CABRERA Y QUINTERO (Cayetano), *m. en 1778*, poeta y dramaturgo mexicano. Presbítero, escribió gramáticas de griego, hebreo y náhuatl. De su poesía de estilo barroco destacan *Escudo de armas*, sobre la virgen de Guadalupe, y *El índice poético de la admirable vida del glorioso patriarca san Francisco de Asís*. En teatro (*El iris de Salamanca*) siguió los modelos españoles.

CABRERO, com. de Chile (Biobío); 21 684 hab. Centro agrícola; nudo de comunicaciones.

CABRIEL, r. de España, afl. del Júcar (or. izq.); 220 km. Embalse y central hidroeléctrica de Contreras.

CACA-ACA o **HUAYNA POTOSÍ**, pico de Bolivia (La Paz), en los Andes; 6 190 m de alt.

CACAHOATÁN, mun. de México (Chiapas); 22 785 hab. Cultivos de plantación; explotación forestal.

CACAMATZIN, *m. en 1521*, soberano chichimeca, señor de Texcoco (1516). Enfrentado a su hermano Ixtlilxóchitl se alió con Cortés (1519), quien le encarceló. Murió en prisión. Escribió poesía.

CACCINI (Giulio), *Tívoli h. 1550-Florencia 1618*, cantante y compositor italiano. También fue instrumentista, y contribuyó al nacimiento del estilo recitativo y la adaptación de la música al texto (*Nuove musiche*, 1602), además de ser uno de los iniciadores de la ópera florentina (*Eurídice*, 1600).

CÁCERES, mun. de Colombia (Antioquia); 18 160 hab. Puerto sobre el Cauca *(Puerto Antioquia)*.

CÁCERES, c. de España, cap. de la prov. homónima y cab. de p. j.; 82 235 hab. *(cacereños)*. Centro terciario. Universidad.— Recinto amurallado de origen romano. Conjunto arquitectónico (ss. XIV-XVI). [Patrimonio de la humanidad 1986.]— Fue la *Norba Caesarina* romana y plaza fuerte musulmana, reconquistada en 1227.

■ GUILLERMO **CABRERA INFANTE**

■ CIUDAD DE EL **CABO**. La ciudad, al pie de la montaña de la Tabla.

CÁCERES (provincia de), prov. de España, en Extremadura; 19 945 km²; 407 546 hab.; cap. *Cáceres*. El Tajo y sus afl. avenan la penillanura que ocupa el centro de la prov., mientras al N se alzan las alineaciones del sistema Central (Gredos, Béjar, Gata, Peña de Francia) y al S los montes de Toledo. Economía agropecuaria. Importante producción hidroeléctrica.

CÁCERES (Andrés Avelino), *Ayacucho 1833-Lima 1923*, militar y político peruano. Encabezó la resistencia a la ocupación chilena durante la guerra del Pacífico. Presidente (1886-1890), accedió de nuevo al cargo tras un golpe de estado (1894). Fue derrocado por una coalición de demócratas y civilistas en 1895.

CÁCERES (José Eslava Cáceres, llamado Pepe), *Tolima 1934-Bogotá 1987*, matador de toros colombiano. Tomó la alternativa en Sevilla (1956) y a partir de 1967 fue una figura de los ruedos americanos. Murió de una cornada.

CÁCERES LARA (Víctor), *Gracias 1915*, escritor hondureño. Representante de la tendencia criollista, es autor de cuentos (*Humus*, 1952), ensayos (*Efemérides nacionales*, 1973) y poesía (*Romances de la alegría y de la pena*, 1943). También ha cultivado el periodismo bajo el seudónimo de Manuel Trejo.

CACHAPOAL, r. de Chile (Libertador General Bernardo O'Higgins). Su cuenca es una de las más ricas del país.

CACHEMIRA o **KASHMIR**, ant. estado de la India, act. repartido entre la India (estado de Jammu y Cachemira) y Pakistán. Es una región montañosa (regularmente alcanzada por sismos), atravesada por el Jhelum, que riega la cuenca de Srinagar. — Reino hindú hasta que fue conquistado por un aventurero musulmán (1346), fue anexionado por el imperio mogol (1586). Cachemira, donde los musulmanes constituyen las tres cuartas partes de la población, reivindicada desde 1947 por la India y Pakistán, fue objeto de disputa en las guerras indopaquistaníes de 1947-1949 y 1965, y sigue albergando grandes tensiones.

CACHI (nevado de), pico de Argentina (Salta), en la Puna; 6 380 m de alt.

CÁCHIRA, mun. de Colombia (Norte de Santander); 16 808 hab. Centro agrícola y minero.

CACHO (Fermín), *Ágreda 1969*, atleta español. Medalla de oro en 1 500 m en los Juegos olímpicos de Barcelona (1992) y subcampeón en los de Atlanta (1996), también obtuvo dos medallas de plata en los mundiales de 1993 y 1997. Fue campeón de Europa en 1994.

CACIQUE MARA, mun. de Venezuela (Zulia), en la aglomeración de Maracaibo; 151 850 hab.

CACO MIT. ROM. Bandido que vivía en el Aventino. Robó a Hércules los bueyes de Gerión, haciéndolos salir hacia atrás; Hércules descubrió la estratagema y lo mató.

CACOCUM, mun. de Cuba (Holguín); 42 128 hab. Caña de azúcar.

CADALSO (José), *Cádiz 1741-Gibraltar 1782*, escritor español. Autor de poesías anacreónticas y de la sátira *Los eruditos a la violeta* (1772), sus mayores obras son *Cartas marruecas* (1789), visión crítica de la sociedad española, y *Noches lúgubres* (1792), precursora del romanticismo.

CADALSO DE LOS VIDRIOS, v. de España (Madrid); 2 248 hab. Industria vidriera en los ss. XVI-XVII. Restos del palacio de Villena (1534).

CA'DA MOSTO (Alvise), *Venecia 1432-1488*, navegante veneciano. Exploró por encargo de Portugal las costas de Senegal, y descubrió las islas de Cabo Verde (1456) con Antonio da Noli.

CADAQUÉS, v. de España (Gerona); 2 301 hab. (*cadaquesenses*). Turismo. — Museo de arte contemporáneo; casa de Dalí en Port Lligat.

CADENAS (Rafael), *Barquisimeto 1930*, poeta venezolano. Perteneciente a la generación de 1958, su poesía, de tono confesional, ha pasado de la exuberancia verbal a una gran sencillez y cohesión (*Los cuadernos del destierro*, 1960; *Falsas maniobras*, 1966; *Intemperie*, 1977).

CADEREYTA DE MONTES, mun. de México (Querétaro); 37 542 hab. Planta petroquímica.

CADEREYTA JIMÉNEZ, mun. de México (Nuevo León); 45 147 hab. Refinería de petróleo.

CADÍ (sierra del), sierra de España, en el Pirineo oriental. 2 642 m de alt. Es atravesada por el *túnel del Cadí* (5 km).

CÁDIZ, c. de España, cap. de la prov. homónima y cab. de p. j.; 140 061 hab. (*gaditanos*). Industria naval. Activo puerto. Centro comercial regional e internacional, administrativo y universitario. — Monumentos de los ss. XVII-XVIII (catedral, oratorio de San Felipe Neri, hospicio). Museos arqueológico y de bellas artes. — El origen de la ciudad se remonta al I milenio a.C. Fue colonia cartaginesa (*Gadir*) y romana (*Gades*). El comercio con América le dio gran prosperidad en los ss. XVI-XVIII; fue sede de las cortes que redactaron la constitución de 1812, y en ella se inició la revolución de 1868.

CÁDIZ (golfo de), golfo de la costa atlántica S de la península Ibérica, comprendido entre el cabo de Trafalgar (España) y el de Santa María (Portugal).

CÁDIZ (provincia de), prov. de España, en Andalucía; 7 394 km²; 1 125 105 hab.; cap. *Cádiz*. Al E el sistema Bético remata en Tarifa y el peñón de Gibraltar; al N hay llanuras aluviales y marismas. En el litoral se abren tres bahías: la bahía de Cádiz, la de Algeciras y la de Barbate. Vid, ganadería, producción forestal (corcho). Industrias en los núcleos urbanos del litoral.

Cádiz (constitución de), nombre por el que se conoce la *Constitución política de la monarquía española*, también llamada popularmente *la Pepa*. De orientación liberal, fue promulgada por *las cortes de Cádiz* (19 de marzo de 1812) y abolida por Fernando VII en 1814. Volvió a tener vigencia durante el trienio liberal (1820-1823).

Cádiz (cortes de) [24 sept. 1810-10 mayo 1814], primeras cortes parlamentarias españolas, inauguradas en Cádiz. Convertidas en cortes constituyentes, abolieron el feudalismo y la Inquisición y promulgaron la *constitución de Cádiz*. En enero de 1814 los diputados absolutistas lograron su traslado a Madrid. Con el restablecimiento del absolutismo quedaron disueltas y su obra legislativa fue anulada.

CADMEA, ciudadela de Tebas, en Beocia (Grecia).

CADMOS MIT. GR. Fundador fenicio de Tebas, en Beocia.

CADORNA (Luigi, conde), *Pallanza 1850-Bordighera 1928*, mariscal italiano. Fue jefe del estado mayor en 1914, y generalísimo del ejército italiano de 1915 a 1917.

CAEN, c. de Francia, cap. de la región de Baja Normandía y del dep. de Calvados, a orillas del Orne; 115 624 hab. Universidad. — Ant. abadías fundadas por Guillermo I de Inglaterra y la reina Matilde; castillo (museo de Normandía).

CAERE → CERVETERI.

CAESARAUGUSTA, ant. c. romana de Hispania, fundada por Octavio Augusto. Es la act. *Zaragoza*.

CAFARNAUM, c. de Galilea, a orillas del lago Tiberíades, donde, según los Evangelios, predicó Jesús.

CAFFARELLI (Luis A.), *Buenos Aires 1948*, matemático argentino. Su investigación se centra en las ecuaciones no lineales y sus aplicaciones en problemas de optimización, dinámica de fluidos, etc. Ha desarrollado la docencia universitaria en algunos de los centros de mayor prestigio de Estados Unidos.

CAFRERÍA o **PAÍS DE LOS CAFRES**, denominación de origen árabe dada por los geógrafos de los ss. XVII y XVIII a la parte de África situada al S del ecuador y poblada por bantúes.

CAFTA (del ingl. Central American Free Trade Agreement), acuerdo entre Estados Unidos, por un lado, y Costa Rica, República Dominicana, El Salvador, Guatemala, Honduras y Nicaragua, que establece condiciones preferentes en el comercio entre estos países. Entró en vigor a lo largo de 2006 y 2007.

CAGAYAN DE ORO, c. de Filipinas, en el N de Mindanao; 340 000 hab. Puerto.

CAGE (John), *Los Ángeles 1912-Nueva York 1992*, compositor estadounidense. Discípulo de Schönberg y creador de la técnica del «piano preparado», fue uno de los primeros en introducir en música las nociones de la indeter-

minación en la composición y de lo aleatorio en la ejecución. En 1952 creó un espectáculo que anunciaba los happenings.

CAGGIANO (Antonio), *Coronda, Santa Fe, 1889-Buenos Aires 1979*, prelado argentino. Arzobispo de Buenos Aires (1959-1975) y cardenal (1942), fue el fundador de la Acción católica argentina.

CAGIGAL o **CAJIGAL** (Juan Manuel), *Nueva Barcelona 1803-Yaguaraparo, Sucre, 1856*, matemático y militar venezolano. Fundó la Academia de matemáticas (1831) y el Observatorio astronómico de Caracas.

CAGLIARI, c. de Italia, cap. de Cerdeña y cap. de prov.; 203 254 hab. Petroquímica. Museo arqueológico.

CAGLIOSTRO (Giuseppe Balsamo, llamado Alessandro, conde de), *Palermo 1743-prisión pontificia de San León, cerca de San Marino, 1795*, aventurero italiano. Médico de aficiones ocultistas, se hizo famoso en Europa. Condenado por la Inquisición, acusado de masón y hereje, murió en prisión.

CAGUA, c. de Venezuela (Aragua); 73 465 hab. Industrias químicas; construcciones metálicas.

CAGUAS, mun. del centro de Puerto Rico; 133 447 hab. Centro agrícola y comercial. Canteras de mármol.

CAHABÓN, mun. de Guatemala (Alta Verapaz); 21 122 hab. Pastos (ganadería); café.

CAHOKIA, sitio arqueológico de Estados Unidos, al E de Saint Louis (Illinois). Vestigios de un centro ceremonial de los indios, que floreció en el s. X. Numerosos túmulos (900-1050). Parque natural. (Patrimonio de la humanidad 1982.)

CAHORS, c. de Francia, a orillas del Lot; 20 787 hab. Catedral (cúpulas de inicios del s. XII); puente fortificado (s. XIV).

CAHUACHI, sitio arqueológico nazca, en el curso medio del río Nazca (Perú), formado por una plataforma piramidal de más de 20 m de alt. y otras menores. Tumbas (tejidos, cerámica).

CAIBARIÉN, mun. de Cuba (Villa Clara); 39 437 hab. Centro pesquero (esponjas y crustáceos).

CAICARA DE ORINOCO, c. de Venezuela (Bolívar); 29 233 hab. Frutas tropicales, aguacate. Diamantes, oro y bauxita.

CAICEDO (Domingo), *Bogotá 1783-íd. 1843*, militar y político colombiano. Defensor de la independencia de las colonias americanas en las cortes de Cádiz (1812), fue presidente interino del ejecutivo en dos ocasiones (1830 y 1831).

CAICEDONIA, mun. de Colombia (Valle del Cauca); 29 972 hab. Cafetales, tabaco.

CAICOS → TURKS.

Caídos (Valle de los), monumento construido en 1940-1950 en Cuelgamuros (sierra de Guadarrama, Madrid), en recuerdo de los muertos del bando franquista en la guerra civil española. Comprende una necrópolis, una basílica y un monasterio benedictino.

CAIFÁS, sobrenombre de José, sumo sacerdote judío (18-36), durante el proceso a Jesús.

CAILLE (abate Nicolas Louis de la), *Rumigny 1713-París 1762*, astrónomo francés. Del cielo austral y observó más de 10 000 estrellas, que agrupó en 14 constelaciones nuevas.

CAIMÁN (islas), en ingl. Cayman Islands, archipiélago británico del Caribe, al S de Cuba; 260 km²; 17 000 hab.; cap. *George Town*.

CAIMITO, mun. de Cuba (La Habana); 27 026 hab. Ganadería; ingenio azucarero.

CAÍN, personaje bíblico. Primogénito de Adán y Eva, agricultor, mató a su hermano Abel por envidia.

CAINGUÁS, dep. de Argentina (Misiones); 43 851 hab. Cultivos de yerba mate y tabaco; apicultura.

CAIRO (El), en ár. al-Qāhira, cap. de Egipto, junto al Nilo; 6 800 992 hab. (*cairotas*) [11 128 000 hab. en la aglomeración]. La ciudad más grande de África. Centro comercial, administrativo, intelectual (universidad) y turístico. — Mezquitas antiguas (Ibn Tūlūn [s. IX], al-*Azhar, etc.); murallas, puertas imponentes y ciudadela de la edad media; palacios y mausoleos. Ricos museos, entre ellos el museo de arte egipcio. (Patrimonio de la humanidad 1979.) — La ciudad, fundada por los fatimíes en 969, se convirtió en una gran metrópoli económica e intelectual, cuya modernización emprendió Isma'il Baja. Sede de la Liga árabe (1945-1979 y desde 1990).

CAJA DE MUERTOS, isla de Puerto Rico, frente a la playa de Ponce; 202 km³. Reserva natural.

CAJAMARCA, mun. de Colombia (Tolima); 17 522 hab. Mercado agrícola. Minas de oro.

CAJAMARCA, c. de Perú, cap. del dep. homónimo; 59 100 hab. Restos incaicos. Edificios coloniales del s. XVIII: catedral, iglesias de San Antonio y Belén, capilla de la Dolorosa, casas nobles.

CAJAMARCA (departamento de), dep. del N de Perú, en los Andes; 33 248 km²; 1 387 809 hab.; cap. *Cajamarca.*

CAJEME, mun. de México (Sonora), junto al golfo de California; 255 645 hab.; cab. *Ciudad Obregón.*

CAJEME, bautizado José María Leyva, *¿Hermosillo? 1839-Médanos, Sonora, 1887,* cacique yaqui. Alcalde mayor del río Yaqui (1874), encabezó una rebelión india contra el poder central (1882). Fue fusilado.

CAJIBÍO, mun. de Colombia (Cauca); 26 817 hab. Maderas finas. Minas de oro, carbón y sal.

CAJICÁ, mun. de Colombia (Cundinamarca); 20 749 hab. Minas de carbón. Industrias textiles.

Cajón (El), embalse y central eléctrica de Honduras.

CALABOZO, c. de Venezuela (Guárico), en Los Llanos; 79 578 hab. Catedral barroca (1790).

CALABRIA, región de Italia, en el extremo meridional de la península; 15 080 km²; 2 037 686 hab.; cap. *Catanzaro;* 5 prov. (*Catanzaro, Cosenza, Crotona, Reggio di Calabria y vibo valentia).* El ducado de Calabria, conquistado en el s. XI por los normandos, fue uno de los núcleos del reino de Sicilia.

CALACEITE, v. de España (Teruel); 1193 hab. (*calaceitanos*). Abrigos prehistóricos; poblado ibérico amurallado. Iglesia barroca (s. XVII); plaza porticada y casas señoriales.

CALAHORRA, c. de España (La Rioja), cab. de p. j.; 18 924 hab. (*calagurritanos, calahorranos o calahorrenos*). Restos romanos. Catedral (ss. XV-XVII), iglesias de Santiago y San Francisco.

CALAHORRA (La), v. de España (Granada); 888 hab. Castillo-palacio obra de artistas italianos para el marqués de Zenete (1509-1512).

CALAIS, c. de Francia (Pas-de-Calais), frente al *paso de Calais;* 75 836 hab. Principal puerto francés de viajeros (enlace con Gran Bretaña). — Tomada por los ingleses (1347), fue restituida a Francia (1598).

CALAIS (paso de) o ESTRECHO DE DOVER, estrecho entre Francia y Gran Bretaña, 31 km de anch. entre Calais y Dover y 185 km de largo. Es poco profundo y comunica el canal de la Mancha con el mar del Norte. Lo atraviesa subterráneamente un túnel ferroviario.

■ EL **CAIRO.** La madrasa del sultán Hasan (1356-1363).

CALAKMUL, ant. centro de la cultura maya de México (Campeche). — Estelas de piedra con relieves y fechas conmemorativas (ss. VI-X d.C.). [Reserva de la biosfera 1993 (ampliada en 2006); patrimonio de la humanidad 2002.]

CALAMA, c. de Chile (Antofagasta); 120 602 hab. En las cercanías, minas de cobre de *Chuquicamata.

CALAMAR, mun. de Colombia (Bolívar); 21 283 hab. Puerto fluvial en el Magdalena.

CALAMATA o KALAMATA, c. de Grecia (Peloponeso); 43 838 hab. Puerto.

CALAMUCHITA, dep. de Argentina (Córdoba); 38 509 hab. Yacimientos de cobre y cuarzo aurífero. Ganadería.

CALANCHA (fray Antonio de la), *Chuquisaca 1584-íd. 1654,* cronista boliviano. Agustino de vasta cultura, su inconclusa *Crónica moralizadora de la orden de san Agustín en el Perú* describe costumbres y paisajes de Bolivia y el Alto Perú en la época virreinal.

CALAR ALTO, cumbre de España, en el sistema Penibético (Almería); 2 168 m. — Complejo astronómico hispanoalemán (Instituto geográfico nacional-Instituto Max Planck); gran telescopio.

CALARCÁ, mun. de Colombia (Quindío); 52 476 hab. Centro sericícola. Yacimientos de oro y plata.

CALATAÑAZOR, v. de España (Soria); 75 hab. Conjunto urbano de arquitectura popular castellana. Ruinas: castillo, ermita de San Juan, iglesia de la Soledad (románicas).

Calatañazor (batalla de), legendaria victoria de las tropas cristianas sobre Almanzor (1002). Citada en las crónicas cristianas, los supuestos vencedores eran soberanos que ya habían fallecido en 1002. La leyenda puede partir de la batalla de Peña Cervera (30 ag. 1000), en la que se impuso Almanzor, que tuvo lugar cerca de Calatañazor (Soria), a 15 km al N de Clunia (Coruña del Conde, Burgos).

CALATAYUD, c. de España (Zaragoza), cab. de p. j.; 17 876 hab. (*bilbilitanos*). Ruinas romanas (*Bilbilis*) y medievales. Colegiatas de Santa María (s. XVI) y del Santo Sepulcro (s. XVII).

CALATAYUD (Alejo), *m. en 1730,* revolucionario altoperuano. Se rebeló contra los españoles en Cochabamba (1730) y fue ejecutado.

CALATRAVA (José María), *Mérida 1781-Madrid 1847,* político y jurisconsulto español. Ministro de gracia y justicia (1823), fue presidente del gobierno (1836-1837) y practicó una política progresista; nombró ministro de hacienda a Mendizábal. — **Ramón María C.,** *Mérida 1786-Madrid 1876,* político español. Hermano de José María, fue ministro de hacienda en 1842.

CALATRAVA (Santiago), *Benimamet, Valencia, 1951,* arquitecto e ingeniero español. Virtuoso de la estructura metálica monumental, seguidor de una visión organicista de la arquitectura, ha adquirido reputación internacional gracias a sus numerosos puentes (puente del Alamillo, Sevilla, 1987-1992; puente de la Alameda, Valencia, 1991-1995; puente de Europa, Orleans, 2000) y otras obras: estaciones, aeropuertos, complejos deportivos, centros de arte. (Premio Príncipe de Asturias 1999; premio nacional de arquitectura 2007.) [Real academia de bellas artes de San Fernando 2000.]

Calatrava (orden de), orden religiosa y militar española, fundada en 1158 en Calatrava por el abad Raimundo de Fitero. La regla de la orden (1164), basada en las de san Benito y el Cister, fue adoptada por distintas órdenes militares. Participó en las campañas de Fernando II y Alfonso X contra los musulmanes, y recibió generosas donaciones de tierras que la convirtieron en una de las instituciones con mayor poder económico de la Península. En 1219 se fundó una rama femenina. Tras el nombramiento de Fernando el Católico como administrador general de la orden (1488), los bienes de esta pasaron a la corona (1523).

Calatrava la Nueva (castillo de) → **CALZADA DE CALATRAVA.**

CALBUCO, com. de Chile (Los Lagos), en la *isla de Calbuco;* 26 924 hab. Pesca (conservas).

CALCANTE o CALCAS MIT. GR. Adivino que

en la *Ilíada* participa en la guerra de Troya. Ordenó el sacrificio de Ifigenia y aconsejó la construcción del caballo de Troya.

CALCAÑO, familia de literatos venezolanos. — **José Antonio C.,** *Caracas 1827-íd. 1897,* cultivó todos los géneros literarios y fue director de la Academia venezolana. — **Eduardo C.,** *Cartagena de Indias 1831-Caracas 1904.* Hermano de José Antonio, fue político, jurista, escritor y musicólogo *(Curso de teoría musical).* — **Julio C.,** *Caracas 1840-1918.* Hermano de José Antonio y de Eduardo, escribió cuentos y poesías y el ensayo *El castellano en Venezuela* (1897). — **José Antonio C.,** *1900-1980.* Nieto de José Antonio, compositor y musicólogo, perteneció al Movimiento de renovación musical que en la década de 1930 introdujo nuevos rumbos estéticos en la música venezolana (*Contribución al estudio de la música en Venezuela,* 1939).

CALCEDONIA, ant. c. de Asia Menor (Bitinia), junto al Bósforo, frente a Bizancio. Es la act. *Kadiköy.* Sede del IV concilio ecuménico (451), que condenó el monofisismo.

CALCHAQUÍES (cumbres), sistema montañoso de Argentina (Tucumán y Salta); más de 4 000 m de alt.

CALCÍDICA, península de Grecia que forma otras tres, entre ellas la del monte Athos.

CALCIDIO, s. IV d.C., helenista hispanorromano, fuente importante de conocimiento de la filosofía griega.

CALCOCONDILO (Demetrio), *Atenas h. 1423-Milán 1511,* gramático griego. Refugiado en Italia a partir de 1447, contribuyó al renacimiento de los estudios griegos.

CALCUTA o KOLKATA, c. de la India, cap. del est. de Bengala Occidental, junto al Hūghli; 10 916 672 hab. Comercio de yute; industria mecánica y textil. Importante museo (Indian Museum). — Fue fundada en 1690 por los británicos, que la convirtieron en la capital de la India (1772-1912).

■ **CALCUTA.** Edificio de arquitectura victoriana en el centro de la ciudad.

CALDAS, mun. de Colombia (Antioquia); 42 158 hab. Minas de cuarzo. Loza y vidrio.

CALDAS (departamento de), dep. de Colombia, entre los ríos Cauca y Magdalena, cruzado por la cordillera Central; 7 888 km²; 838 094 hab.; cap. *Manizales.*

CALDAS (Francisco José de), *Popayán 1768-Bogotá 1816,* botánico, astrónomo, geógrafo y revolucionario colombiano. Colaboró con las expediciones de J. C. Mutis y A. von Humboldt. Dirigió el Observatorio astronómico de Bogotá (1805), en cuya sede se preparó la revolución de 1810. Murió fusilado por los realistas. En su obra, destacan estudios biogeográficos como *Del influjo del clima sobre los seres organizados* (1810).

CALDEA, nombre dado a una parte de la región de Sumer, y después a Babilonia.

CALDER (Alexander), *Filadelfia 1898-Nueva York 1976,* escultor estadounidense. Realizó, mediante varas y placas metálicas pintadas y articuladas, los poéticos *móviles* (a partir de 1932-1934), seguidos por las poderosas estructuras de los *stabiles.*

CALDERA (Rafael), *San Felipe 1916,* abogado y político venezolano. Profesor de derecho del trabajo, fundó el partido democratacristiano COPEI (1946). Presidente de la república (1968-1974), inició reformas económicas y sociales y nacionalizó las compañías eléctricas. De 1994 a 1999, como candidato independiente, volvió a ser presidente.

CALDERÓN (Alberto Pedro), *Mendoza 1920-Chicago 1998*, matemático argentino. Ingeniero de formación, sus contribuciones al análisis matemático, sobre todo el desarrollo con Antoni Zygmund de la teoría de las integrales singulares, lo convirtieron en uno de los matemáticos más influyentes del s. XX.

CALDERÓN (Fernando), *Guadalajara 1809-Aguascalientes 1845*, escritor mexicano. De su obra de teatro, a caballo del clasicismo y el romanticismo, destacan *La muerte de Virginia*, crítica del gobierno de Santa Anna, y la comedia *A ninguna de las tres*, precursora del costumbrismo en México. Su poesía (*El soldado de la libertad; La vuelta del desterrado*) recibió la influencia de Lamartine y Espronceda.

CALDERÓN (María), llamada **la Calderona**, actriz de teatro española de la primera mitad del s. XVII. Fue amante de Felipe IV, de quien tuvo un hijo, *Juan José de Austria.

CALDERÓN DE LA BARCA (Pedro), *Madrid 1600-íd. 1681*, dramaturgo español. Poeta cortesano y soldado, en 1651 se ordenó sacerdote. Su teatro (110 comedias, 80 autos sacramentales, entremeses, zarzuelas, loas, etc.), basado en el de Lope de Vega, introduce importantes modificaciones: suprime escenas innecesarias y reduce las secundarias; subordina los personajes a uno central; acentúa las ideas monárquicas y el tema del honor (*El *alcalde de Zalamea; El mayor monstruo, los celos*). La angustia barroca de la existencia, junto con los problemas teológicos, delinean los autos sacramentales, que requieren un gran aparato escénico y donde Calderón alcanzó su máximo lirismo. Su lenguaje es la culminación del culteranismo en el teatro y su riqueza expresiva posee elementos del conceptismo intelectual (*La *vida es sueño*). Sus obras han sido divididas temáticamente: comedias religiosas (*La devoción de la cruz*), histórico-legendarias (*El sitio de Breda*), de enredo (*Casa con dos puertas, mala es de guardar*), de honor (*El médico de su honra*), filosóficas (*El gran teatro del mundo*), mitológicas (*Eco y Narciso*) y autos sacramentales (*A Dios por razón de estado*).

■ PEDRO
CALDERÓN DE LA BARCA.
(Biblioteca nacional, Madrid.)

■ FELIPE
CALDERÓN HINOJOSA

CALDERÓN FOURNIER (Rafael Ángel), *Managua 1949*, político costarricense. Hijo de R. Á. Calderón Guardia, fue presidente (1990-1994) por el Partido unidad socialcristiana.

CALDERÓN GUARDIA (Rafael Ángel), *San José 1900-íd. 1970*, político costarricense. Presidente (1940-1944), se enzarzó en una guerra civil al perder las presidenciales de 1948 y estuvo exiliado en Nicaragua (1949-1958).

CALDERÓN HINOJOSA (Felipe), *Morelia 1962*, político mexicano. Estudió derecho, economía y administración pública. Ha sido dirigente del Partido acción nacional y diputado en dos ocasiones. En 2006 fue elegido presidente de la república.

CALDERÓN SOL (Armando), *San Salvador 1948*, político salvadoreño. Miembro del partido ARENA, fue presidente (1994-1999).

CALDERS (Pere), *Barcelona 1912-íd. 1994*, escritor español en lengua catalana. Cuentista dotado de humor y fantasía (*Todos los cuen-*

tos, 1968), en su novela *La sombra de la pita*, 1964 refleja su vida de exiliado en México. También fue dibujante.

CALDES DE MONTBUI, v. de España (Barcelona); 12 464 hab.(*caldenses*). Aguas termales. Restos romanos.

CALDONO, mun. de Colombia (Cauca); 15 763 hab. Cultivos tropicales. Tejidos de lana.

CALDWELL (Erskine), *White Oak, Georgia, 1903-Paradise Valley, Arizona, 1987*, escritor estadounidense. Sus novelas describen con realismo la vida de los blancos pobres del sur de EUA (*La ruta del tabaco*, 1932; *La chacrita de Dios*, 1932).

CALEDONIA, ant. nombre de Escocia.

Calendario azteca → **Sol** (Piedra del).

CALEPINO (Ambrogio), *Bérgamo h. 1440-1510*, lexicógrafo italiano. Es autor de un *Diccionario de la lengua latina* (1502).

CALERA, mun. de México (Zacatecas), en la sierra de Zacatecas; 17 355 hab. Centro agrícola.

CALERA (La), c. de Chile (Valparaíso); 45 465 hab. Industrias (química, papel, cemento).

CALERA (La), mun. de Colombia (Cundinamarca); 15 322 hab. Cultivos tropicales; ganadería. Cemento.

CALGARY, c. de Canadá (Alberta), al pie de las Rocosas; 710 677 hab. Centro ferroviario, comercial e industrial.

CALI, c. de Colombia, cap. del dep. del Valle del Cauca; 1 350 565 hab. Es uno de los principales centros industriales y culturales del país. Complejo deportivo. — Ant. monasterio de San Francisco y torre mudéjar (s. XVIII). Edificios del s. XIX (catedral, palacio de justicia). Museos. — Fue fundada en 1536 por S. de Belalcázar.

Calias (paz de) [449-448 a.C.], paz concluida entre Atenas y los persas, que puso fin a las guerras médicas. Garantizó la autonomía de las ciudades griegas de Asia y aseguró la hegemonía ateniense en el mar Egeo.

Calibán, personaje de *La tempestad* de Shakespeare (1611). Es un monstruo, hijo de una bruja y encarnación de la fuerza bruta (por oposición a Ariel, espíritu del aire), sometido al mago Próspero pero en rebeldía contra él.

CALÍCRATES, arquitecto griego del s. V a.C. Colaboró con Fidias e Ictino en la construcción del Partenón.

CALICUT, act. **Kozhikode**, c. de la India (Kerala), a orillas del mar de Omán; 419 513 hab. Puerto. Aeropuerto. La ciudad ha dado su nombre a las telas de algodón llamadas *calicós*. — Su puerto, frecuentado por los mercaderes árabes desde el s. VII, fue alcanzado por Vasco da Gama en 1498.

CALIFORNIA, región de América del Norte, en la costa del Pacífico, que abarca los estados de Baja California y Baja California Sur, en México, y el estado de *California*, en EUA.

CALIFORNIA, estado del O de Estados Unidos, junto al Pacífico; 411 000 km²; 29 760 021 hab.; cap. *Sacramento;* c. prales. *Los Ángeles, San Francisco* y *San Diego*. Es el estado más poblado del país. De clima cálido y con frecuencia seco (lo cual fomenta la repetición de devastadores incendios), está formado por una larga depresión (Gran Valle) enmarcada por la sierra Nevada en el E y por montañas de media altura en el O (Coast Ranges), que llega hasta el litoral, en donde se localizan las principales ciudades. Los cultivos frutícolas y viñedos, de gran importancia, se sitúan en el Gran Valle. La gama de industrias y servicios (sobre todo turismo) es muy amplia. — Colonizada por misioneros españoles en el s. XVIII, en 1822 pasó a formar parte de México, pero después de varias sublevaciones fue anexionada por EUA en 1848 y recibió el estatuto de estado en 1850. En el s. XIX, el descubrimiento de oro y la construcción del primer ferrocarril transcontinental contribuyeron a su prosperidad.

CALIFORNIA (corriente de), corriente marina fría del Pacífico oriental. Bordea hacia el S el litoral californiano.

CALIFORNIA (golfo de) o **MAR DE CORTÉS** o **MAR BERMEJO**, golfo del Pacífico, en la costa O de México, limitado al O por la *penín-*

sula de Baja California. (Patrimonio de la humanidad 2005.)

CALIFORNIA (península de **Baja**), península montañosa y árida del NO de México, que se extiende a lo largo de 1 260 km, entre el Pacífico y el golfo de California (est. de Baja California y Baja California Sur). — Pinturas rupestres (h. 1000 a.C.), obra de pueblos cazadores-recolectores, en la zona de San Francisco de la Sierra.

CALIFORNIA (estado de **Baja**), est. de México, que ocupa la mitad N de la *península de Baja California;* 70 113 km²; 1 657 927 hab.; cap. *Mexicali*.

CALIFORNIA SUR (estado de **Baja**), est. de México, que ocupa la mitad S de la *península de Baja California;* 73 677 km²; 317 326 hab.; cap. *La Paz*.

CALÍGULA (Cayo César Augusto Germánico), *Antium 12 d.C.-Roma 41*, emperador romano (37-41). Hijo de Germánico, desequilibrado mental, gobernó tiránicamente y murió asesinado.

Calila y Dimna, colección de apólogos sánscritos, vertida del pahlavi al árabe por Ibn al-Muqaffa' (s. VIII), de donde deriva la versión castellana encargada por Alfonso X (1251).

CALIMA, r. de Colombia (Valle del Cauca), afl. del San Juan. — Su valle acoge un importante centro arqueológico (ss. VIII-XI d.C.): objetos de oro, cerámica decorada con incisiones.

CALÍMACO, escultor griego que trabajó en Atenas a fines del s. V a.C. Fue discípulo de Fidias.

CALÍMACO, *Cirene h. 305-h. 240 a.C.*, poeta y gramático alejandrino, uno de los principales representantes de la poesía *alejandrina.

CALIMAYA, mun. de México (México); 21 806 hab. Centro agrícola.

CĂLINESCU (George), *Bucarest 1899-íd. 1965*, escritor rumano. Su obra novelesca y crítica refleja la crisis de conciencia de las letras rumanas (*Vida de Mihai Eminescu*, 1932; *El arcón negro*, 1960).

CALÍOPE MIT. GR. Musa de la poesía épica y de la elocuencia.

CALIPSO MIT. GR. Ninfa de la isla de Ogigia (¿Ceuta?). En la *Odisea*, acoge a Ulises náufrago y lo retiene diez años.

CALISTO MIT. GR. Ninfa de Arcadia. Amada por Zeus, fue transformada en osa por Hera, y muerta por Artemisa en una cacería. Zeus la convirtió en una constelación, la Osa Mayor.

CALIXTLAHUACA, centro arqueológico de México, cerca de Toluca. Destacan la pirámide circular de Ehécatl-Quetzalcóatl y la rectangular de Tláloc. — Fue capital de los matlatzincas hasta la conquista azteca (1476).

CALIXTO I (san), *h. 155-222*, papa de 217 a 222. Había sido esclavo. — **Calixto II** (Gui de **Bourgogne**), *m. en 1124*, papa de 1119 a 1124. Puso fin a la querella de las Investiduras mediante el concordato de Worms (1122). — **Calixto III** (Alonso de **Borja**, en ital. **Borgia**), *Játiva 1378-Roma 1458*, papa de 1455 a 1458. Fue obispo de Vic (1423) y de Valencia (1429), y pasó a Italia con Alfonso V. Fracasó en su proyecto de cruzada contra los turcos. Favoreció a los Borja, nombrando cardenal a su sobrino Rodrigo, el futuro Alejandro VI.

CALKINÍ, mun. de México (Campeche); 32 084 hab. Cultivos tropicales. Industria textil.

CALLAGHAN (James, lord), *Portsmouth 1912-Ringmer, Sussex Oriental, 2005*, político británico. Líder del Partido laborista (1976-1980), fue primer ministro de 1976 a 1979.

CALLAO (El), c. de Perú, cap. de la *provincia constitucional de El Callao* (147 km²; 876 877 hab.). Forma una conurbación con Lima. Activo puerto en el Pacífico. Industrias (astilleros, química, metalurgia). — Fundada en 1537, fue la última plaza americana que perdieron los españoles (1826). — Durante la guerra entre España y las repúblicas de Chile y Perú tuvo lugar el *bombardeo de El Callao* (2 mayo 1866) por la escuadra española del Pacífico al mando de Méndez Núñez; la acción se saldó sin vencedores ni vencidos.

CALLAS (Maria Kalojeropulu, llamada María), *Nueva York 1923-París 1977*, soprano estadounidense y griega. De virtuosismo vocal y expresividad dramática notables, destacó en los papeles máximos de la ópera italiana del s. XIX (Bellini,Verdi).

CALLEJA (Saturnino), *Burgos 1855-Madrid 1915*, editor español. Fundó en Madrid (1875) su casa editora, que publicó obras pedagógicas y recreativas (cuentos).

CALLEJA DEL REY (Félix María), conde de **Calderón**, *Medina del Campo 1757-Valencia 1828*, militar y político español.Virrey de Nueva España (1813-1816),logró numerosas victorias sobre los independentistas mexicanos.

CALLEJAS (Rafael Leonardo), *Tegucigalpa 1943*, político hondureño.Líder del derechista Partido nacional,fue presidente de la república (1990-1994).

CALLERÍA, mun.de Perú (Ucayali),en la selva amazónica; 46 607 hab.Explotación forestal.

CALLES (Plutarco Elías), *Guaymas, 1877-Cuernavaca 1945*, político mexicano. Gobernador de Sonora (1912-1919) y secretario de Gobernación de Á. Obregón (1920-1923), fue presidente de la república (1924-1928). Inició una reforma agraria y del ejército.Padeció la oposición de sectores católicos intransigentes (revolución cristera) y de EUA,por la ley del petróleo. Fundó el Partido nacional revolucionario (1929) y fue ministro de hacienda (*ley Calles*, 1931, abandono del patrón oro). Estuvo exiliado en 1936-1941 por su oposición a Cárdenas.

CALLOSA DE SEGURA, c.de España (Alicante); 15 409 hab. Producción de redes. ☐ Iglesia con portada gótica. Necrópolis ibérica.

CALLOT (Jacques), *Nancy 1592-íd.1635*, grabador y pintor francés.Maestro del aguafuerte,influyó en los grabadores del s.XVII (*Caprichos*).

CALLOWAY (Cabell, llamado **Cab**), *Rochester 1907-Hockessin 1994*, músico de jazz estadounidense.Cantante conocido por su fantasía escénica, fue un virtuoso del scat (*Minnie The Moocher*, 1931) y precursor del bop. Dirigió varias orquestas.

CALMETTE (Albert), *Niza 1863-París 1933*, médico y bacteriólogo francés. Descubrió con Guérin la vacuna antituberculosa (*BCG*).

CALNALI, mun.de México (Hidalgo), en la Huasteca; 15 737 hab.Mercado agrícola.

CALOMARDE (Francisco Tadeo), *Villel,Teruel, 1773-Toulouse 1842*, político español.Dirigió la política gubernamental durante la década ominosa. Fue destituido y desterrado por su participación en la conspiración de La Granja en favor del infante Carlos María Isidro (1832).

CALOOCAN, c.de Filipinas (Luzón), en el área suburbana de Manila; 746 000 hab.

CALOTO, mun.de Colombia (Cauca); 24 773 hab.Cultivos subtropicales.

CALPAN, mun.de México (Puebla); 11 114 hab. Convento franciscano de San Andrés (1548),uno de los más antiguos del país, con portada plateresca.

CALPE, en cat.**Calp**, v.de España (Alicante); 16 733 hab. (*calpinos*). Salinas.Pesca.Turismo. En el término se encuentra el peñón de Ifac.

CALPE, una de las dos *Columnas de Hércules,antiguo nombre de Gibraltar.

CALPULALPAN, mun.de México (Tlaxcala); 21 495 hab.Centro agrícola.

■ MARÍA **CALLAS** en *Norma*, de Bellini (1964).

CALPURNIO PISÓN, nombre de una rama de la gens Calpurnia.— **Cayo Calpurnio P.,**político romano. Cónsul en 67 a.C., fue acusado de peculado por César, y defendido por Cicerón.— **Cayo Calpurnio P.,** *m.en 65 d.C.*, político romano.Organizó la conspiración,llamada *de Pisón*, contra Nerón.

CALTANISSETTA, c.de Italia (Sicilia),cap.de prov.; 60 162 hab. Monumentos antiguos. Museo mineralógico.

CALVADOS, dep. de Francia (Baja Normandía); 5 548 km²;618 478 hab.;cap.*Caen.*

CALVARIO, colina de los alrededores de Jerusalén en que fue crucificado Jesucristo.

CALVAS, cantón de Ecuador (Loja); 29 296 hab.;cab.*Cariamanga.* Caña de azúcar,café.

CALVIÁ, en cat. **Calvià**, v.de España (Baleares), en Mallorca; 37 419 hab. (*calvianenses*). Centro turístico.

CALVILLO, mun.de México (Aguascalientes), en la sierra Madre Occidental;37 099 hab.

CALVIN (Melvin), *Saint Paul 1911-Berkeley 1997*, bioquímico estadounidense. Describió el ciclo de la fotosíntesis de las plantas clorofílicas (*ciclo de Calvin*). [Premio Nobel de química 1961.]

CALVINO (Italo), *Santiago de Las Vegas, Cuba, 1923-Siena 1985*, escritor italiano.Sus cuentos emplean el humor y lo fantástico con estética neorrealista (*El barón rampante*, 1957).Su agudeza formal también brilla en experimentos posmodernos (*Las ciudades invisibles*, 1972).

CALVINO (Juan), en fr. Jean **Cauvin**, llamado Jean **Calvin**, *Noyon 1509-Ginebra 1564*, reformador francés. Partidario de las ideas luteranas (1533),tuvo que dejar París y pasó temporadas en Estrasburgo, Basilea y Ginebra, donde se estableció definitivamente en 1541. Quiso convertirla en ciudad modelo, instaurando una disciplina rigurosa. Su principal obra, *Institución de la religión cristiana* (1536), proclama la soberanía total de Dios, árbitro único de la salvación del hombre mediante la predestinación.

■ **CALVINO.** (Museo Boymans-Van Beuningen, Rotterdam.)

CALVO (Rafael), *Sevilla 1842-Cádiz 1888*, actor español. De sobria hondura dramática, descolló en las obras de Echegaray.— **Ricardo C.,** *Granada 1844-Madrid 1895*, actor español.Hermano de Rafael,fue primer actor de la compañía de María Guerrero e interpretó obras del repertorio español clásico y moderno.

CALVO SOTELO (Joaquín), *La Coruña 1905-Madrid 1993*, dramaturgo español.Su teatro político y de tesis se basa en una ideología conservadora (*Criminal de guerra*, 1951; *La muralla*, 1954). También escribió comedias (*La visita que no tocó el timbre*, 1950; *Una muchachita de Valladolid*, 1957). [Real academia 1955.]

CALVO SOTELO (José), *Tuy 1893-Madrid 1936*, político español. Ministro de hacienda durante la dictadura de Primo de Rivera, fundó en 1934 el Bloque nacional. Fue asesinado por agentes del orden público el 13 de julio de 1936,lo que precipitó la sublevación militar.

CALVO SOTELO (Leopoldo), *Madrid 1926-Pozuelo de Alarcón 2008*, político español.Sobrino de José y Joaquín Calvo Sotelo,fue ministro del gobierno de Arias Navarro (1975-1976). Miembro de la UCD, participó en los gobiernos de Suárez (1976-1981), a quien sucedió como presidente del gobierno (1981-1982). Durante su mandato España ingresó en la OTAN.

CALZADA DE CALATRAVA, c. de España (Ciudad Real); 4 687 hab. (*calzadeños*). Vinos. — Ruinas del castillo-convento de Calatrava la Nueva (s.XIII),con iglesia gótica restaurada.

CALZADA DE LOS GIGANTES, paraje del N de Irlanda. Está formada por un conjunto de columnas basálticas erosionadas por el mar. (Patrimonio de la humanidad 1986.)

CAM, personaje bíblico.Segundo hijo de Noé, fue objeto de una maldición,sobre sus descendientes (cananeos),por irreverencia hacia su padre.

CAM (Diogo) → **CÃO.**

CAMACHO (Eulogio Marcelino), *Burgo de Osma 1918*, político y sindicalista español. Militante del PCE desde 1935,encarcelado en diversas ocasiones,fue diputado (1977-1980),secretario general (1976-1987) y presidente (1987-1996) de Comisiones obreras.

CAMACHO (Jorge), *La Habana 1934*, pintor cubano.Instalado en París desde 1960 y vinculado al movimiento surrealista, sus obras muestran cierta influencia del estilo onírico de Tanguy.

CAMAGÜEY, c.de Cuba, cap. de la prov. homónima; 286 404 hab. Centro comercial e industrial. Aeropuerto. — Iglesias barrocas (s. XVIII). [Patrimonio de la humanidad 2008.] — Fue fundada en 1514 con el nombre de *Santa María del Puerto de Príncipe*.

CAMAGÜEY (provincia de), prov. de Cuba, en el centro-este de la isla; 15 839 km²; 723 000 hab.; cap.*Camagüey.*

CAMAJUANÍ, mun. de Cuba (Villa Clara); 64 899 hab.Tabaco, caña de azúcar, frutales.

CAMAÑO (Joaquín), *La Rioja, Tucumán, 1737-Valencia, España, 1820*, misionero rioplatense. Jesuita, colaborador de Hervás, realizó estudios geográficos y lingüísticos.

CÁMARA (Hélder Pessôa), *Fortaleza 1909-Recife 1999*, prelado brasileño. Arzobispo de Recife (1964-1985), se erigió en defensor de los pobres y los oprimidos del Tercer mundo.

CÁMARA (Sixto Sáenz de la), *Milagro, Navarra, 1825-Olivenza 1859*, escritor y político español. Difusor de las ideas del Partido democrático desde las diversas publicaciones que fundó o dirigió,es autor de *El espíritu moderno* y *La cuestión social.*

Cámara de comercio internacional → **CCI.**

Cámara de los lores → **lores.**

CAMARGA (La), en fr.**Camargue**, región natural de Francia,en Provenza,cubierta en gran parte por mantos de agua; 60 000 ha. Parque natural. (Reserva de la biosfera 1977 [ampliada en 2006].)

CAMARGO, mun. de España (Cantabria); 22 749 hab.; cap.*Muriedas.* Cuevas de El *Juyo y *Pendo.

CAMARGO, mun. de México (Chihuahua); 44 623 hab. Ganadería.Minas de manganeso.

CAMARGO, mun. de México (Tamaulipas), en la frontera con EUA; 16 014 hab.Yacimientos de petróleo y gas natural.

CAMARGO (Sergio), *Río de Janeiro 1939-íd. 1990*, escultor brasileño. Influenciado por Brancusi,en la década de 1960 abandonó la figuración y se vinculó al arte cinético.En su última etapa trabajó el mármol.

CAMARÓN (José), *Segorbe 1730-Valencia 1803*, pintor español. Realizó obras de estilo rococó. Sus hijos **José Juan** (Segorbe 1760-Madrid 1819) y **Manuel** (Segorbe 1763-1806) fueron también pintores.

CAMARÓN DE LA ISLA (José Monge, llamado), *San Fernando 1950-Badalona 1992*, intérprete de cante flamenco español. Su voz,profunda y desgarrada,dio una gran fuerza a sus interpretaciones (*Autorretrato*, album,1990).

CAMAS, c. de España (Sevilla); 25 333 hab. (*cameros*). Agricultura.Industria diversificada.

CÀ MAU (cabo), extremo meridional de Indochina (Vietnam).

CAMAXTLI MIT. AMER. Divinidad solar de los tlaxcaltecas,protectora de la caza.

CAMBACÉRÈS (Eugenio), *Buenos Aires 1843-París 1888*, escritor y político argentino. Introductor del naturalismo en su país (*Sin rumbo*, 1885;*En la sangre*, 1887),destacó como periodista satírico (*Poupourrí*, 1881).Partidario anticlerical,fue diputado.

CAMBACÉRÈS (Jean-Jacques de), **duque de Parma**, *Montpellier 1753-París 1824*, jurisconsulto y político francés. Segundo cónsul (1799), fue uno de los redactores del código civil napoleónico (1804).

CAMBADOS, v. de España (Pontevedra), cab. de p.j.; 13 240 hab. *(cambadeses).* Vinos. Pesca. — Pazos señoriales de Santo Thomé, de los condes de Fefiñanes, del conde de Monterrey. Iglesia del s. XVI.

CAMBAY (golfo de), golfo de la costa de la India, en el mar de Omán.

CAMBIASO (Luca), *Moneglia, cerca de Génova, 1527-El Escorial 1585*, pintor italiano. Figura de la escuela genovesa, desde 1583 pintó cuadros de altar y frescos en El Escorial *(Martirio de santa Úrsula y sus compañeras).*

CAMBIO (Arnolfo di), *cerca de Florencia h. 1240-Florencia 1302*, escultor y arquitecto italiano. Formado junto a Nicola Pisano, trabajó en Roma, renovó el género funerario e impulsó la arquitectura en Florencia.

CAMBISES II, rey aqueménida de Persia (h. 528-522 a.C.). Hijo y sucesor de Ciro II el Grande, conquistó Egipto (525).

CAMBÓ (Francisco), *Verges, Gerona, 1876-Buenos Aires 1947*, político español. Miembro de la Lliga regionalista y uno de los fundadores de Solidaritat catalana, fue ministro en 1918 y 1921-1922. Aunque aceptó la segunda república en 1931, colaboró con Franco durante la guerra civil. Fue un notable mecenas del arte y las letras catalanas.

CAMBOYA, en khmer **Kampuchea,** estado del Sureste asiático; 181 035 km²; 7 100 000 hab. *(camboyanos).* CAP. *Phnom Penh.* LENGUA: *jemer.* MONEDA: *riel.*

GEOGRAFÍA

El país, de clima cálido y húmedo, está formado por mesetas cubiertas de bosques o de sabanas, en torno a una depresión central donde se encuentra el Tonlé Sap y que es atravesada por el Mekong. En esta zona se concentra la población (formada fundamentalmente por jemeres y de gran mayoría budista), que vive sobre todo del cultivo del arroz.

HISTORIA

De los orígenes al protectorado francés. S. I-comienzos s. IX: en el delta y en el curso medio del Mekong se estableció el reino hinduizado de Funan (ss. I-VI). **Mediados del s. VI:** fue conquistado por los kambuja, antepasados de los jemeres. **Comienzos del s. IX-1432:** Jayavarman II, (802-h. 836), instauró el culto del dios-rey, de inspiración śivaíta. Sus sucesores, entre ellos Yaśovarman I (889-h. 910), fundador de Angkor, llevaron una política de conquistas, creando un imperio cuyas fronteras alcanzaban la Birmania y el Vietnam actuales. **S. XIII:** entró en la brillante civilización de Camboya y triunfó el budismo. **1432:** Angkor fue abandonada en favor de Phnom Penh. **1432-1863:** Ang Chan (1516-1566) construyó la nueva capital, Lovêk, saqueada en 1594 por los siameses. Desgarrado por los conflictos entre sus príncipes, el país perdió el delta del Mekong, colonizado en el s. XVIII por los vietnamitas, y a mediados del s. XIX fue utilizado como campo de batalla entre Siam y Vietnam. **1863:** Norodom I (1859-1904) aceptó el protectorado francés.

La independencia. 1953: Norodom Sihanuk, rey desde 1941, obtuvo la independencia total de Camboya. **1955:** abdicó. **1960:** Norodom Sihanuk volvió a la jefatura del estado. Se benefició del apoyo de los países socialistas y de Francia, y procuró mantener una política de neutralidad. **1970:** fue derrocado por un golpe de estado militar, apoyado por Estados Unidos, en provecho del general Lon Nol. **1975:** los jemeres rojos tomaron el poder. Convertido en Kampuchea democrática, el país fue sometido a una dictadura sangrienta dirigida por Pol Pot y Khieu Samphan. **1978-1979:** apoyándose en los adversarios del régimen, el ejército vietnamita ocupó Camboya. Se proclamó la República popular de Kampuchea. **1982:** Sihanuk reagrupó en un movimiento de coalición en el exilio las diversas tendencias de la resistencia camboyana. **1989:** las tropas vietnamitas abandonaron el país, que recuperó el nombre de estado de Camboya. **1990:** creación de un

Consejo nacional supremo (CNS) compuesto por diferentes facciones camboyanas, entre ellas los Jemeres rojos. **1991:** regreso a Phnom Penh de Norodom Sihanuk, nombrado presidente del CNS. Un acuerdo, firmado en París, colocó al país bajo la tutela de la ONU hasta la celebración de elecciones libres. Paralelamente, el gobierno de Camboya, dirigido desde 1985 por Hun Sen, siguió en pie. **1993:** tras las elecciones libres (mayo), una nueva constitución (sept.) restableció la monarquía parlamentaria. Norodom Sihanuk recuperó el trono. Un gobierno de coalición se puso en marcha, dirigido conjuntamente por Norodom Ranariddh, hijo de Sihanuk y jefe de filas de los realistas, y Hun Sen, líder del Partido del pueblo camboyano (PPC). **1997:** Hun Sen destituyó al príncipe Ranariddh, reemplazado por Ung Huot. **1998:** muerte de Pol Pot. Los últimos jefes jemeres rojos se integraron en el poder o fueron arrestados. Al término de elecciones ganadas por el PPC, Hun Sen dirigió solo un nuevo gobierno de coalición. **1999:** Camboya fue admitida en el seno de la ASEAN. **2003:** el PPC ganó ampliamente las elecciones. Hun Sen volvió a ocupar el cargo de primer ministro (mandato renovado tras la victoria aplastante del PPC en las elecciones de 2008). **2004:** Norodom Sihanuk abdicó. Uno de sus hijos, Norodom Sihamoni, lo sucedió en el trono. **2009:** apertura de los primeros juicios a antiguos dirigentes del régimen de los Jemeres rojos.

CAMBRAI, c. de Francia (Nord), a orillas del Escalda; 34 210 hab. Puerto. Formó parte de los Países Bajos españoles hasta que en 1677 Luis XIV la incorporó a Francia. — **tratado de Cambrai** o paz de las **Damas** (1529), tratado negociado por Luisa de Saboya, en nombre de Francisco I de Francia, y Margarita de Austria, en nombre de Carlos Quinto, por el que aquel renunciaba a Italia y este a Borgoña.

Cambrai (liga de) [1508], alianza entre Fernando el Católico, el papa Julio II, el emperador Maximiliano y Luis XII de Francia contra Venecia. El rey español logró recuperar enclaves del reino de Nápoles en 1509. Tras la retirada francesa, el papa organizó la Santa *liga (1511), a la que se adhirió Fernando el Católico.

CAMBRE, v. de España (La Coruña); 17 805 hab. Iglesia benedictina de Santa María (s. XII).

CAMBRIDGE, c. de Estados Undios (Massachusetts); 95 802 hab. Centro intelectual: universidad de Harvard y sus museos; Massachusetts Institute of Technology (MIT). Industria fotográfica.

CAMBRIDGE, c. de Gran Bretaña (Inglaterra), cap. del condado de *Cambridgeshire,* a orillas del Cam; 101 000 hab. Universidad con famosos *colleges* (el primero se fundó en 1284). — Capilla de estilo gótico perpendicular del King's College (s. XV). Museo Fitzwilliam.

■ **CAMBRIDGE.** La capilla del King's College (s. XV) con su bóveda de abanico.

CAMBRILS, v. de España (Tarragona); 19 942 hab. *(cambrilenses).* Centro turístico (playas).

CAMERARIUS (Joachim), en alem. **Kammermeister,** *Bamberg 1500-Leipzig 1574,* humanista alemán. Redactó, con Philipp Melanchthon, la *Confesión de Augsburgo* (1530).

CAMERINO Z. MENDOZA, mun. de México (Veracruz); 27 531 hab.; cab. *Ciudad Mendoza.* Industrias.

CAMERON (Verney Lovett), *Radipole 1844-Leighton Buzzard 1894,* explorador británico.

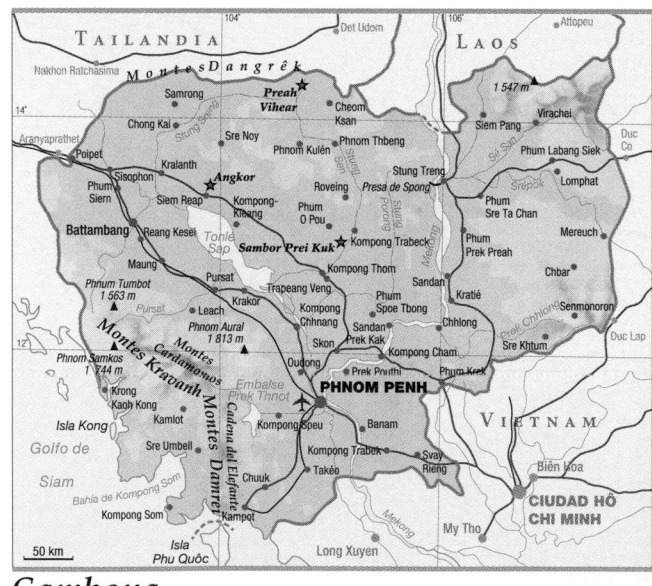

Camboya

★ lugar de interés turístico
— carretera
— ferrocarril
✈ aeropuerto

● más de 1 000 000 hab.
● de 250 000 a 1 000 000 hab.
● de 10 000 a 250 000 hab.
● menos de 10 000 hab.

Partió de Zanzíbar (1873), atravesó África de E a O y llegó a Benguela (1875).

CAMERÚN, en fr. **Cameroun,** en ingl. **Cameroon,** estado de África, junto al golfo de Guinea; 475 000 km²; 12 662 000 hab. *(cameruneses).* CAP. *Yaoundé.* LENGUAS: *francés* e *inglés.* MONEDA: *franco CFA.*

GEOGRAFÍA

El país está formado por llanuras (litoral), macizos volcánicos aislados (monte Camerún [4 070 m]), macizos en el centro (Adamaua) y colinas y mesetas en el N y el S. El clima, cálido, es más seco al N. Se pasa del bosque denso (maderas finas, cacao, café) a la sabana (bovinos; mijo, sorgo, mandioca). Aparte del ramo alimentario, la industria está representada por la producción de aluminio (Edéa) y la extracción de petróleo. Duala es el principal puerto y la metrópoli económica.

HISTORIA

Antes de la colonización. S. XIII: primera oleada de inmigrantes bantús (sobre todo los duala) llegados del S, seguida por la de los fang. El N estaba habitado por pueblos de lengua sudanesa (sao, peul), llegados del valle del Níger (s. XI y s. XIX). En el S, los bamileke y los bamum fundaron jefaturas y reinos. Los pigmeos eran los pobladores más antiguos de la selva. **La época colonial y la independencia. 1860:** intervención de los europeos (británicos y alemanes); llegada de los misioneros e instalación de las primeras factorías. **1884:** G. Nachtigal obtuvo el primer tratado de protectorado sobre Camerún, que se convirtió en colonia alemana. **1911:** un tratado francoalemán amplió las posesiones alemanas. **1916:** los Aliados expulsaron a los alemanes. **1919** y **1922:** Camerún se dividió en dos zonas, bajo mandato británico y francés. **1946:** los mandatos se transformaron en tutelas. Se desarrollaron las reivindicaciones nacionales. **1960:** el ex Camerún francés se proclamó independiente. Ahmadou Ahidjo se convirtió en presidente. **1961:** tras la anexión del S del ex Camerún británico (el N estaba unido a Nigeria), el país pasó a ser una república federal. **1966:** Ahidjo instauró un régimen de partido único. **1972:** la federación se convirtió en república unitaria. **1982:** Paul Biya sucedió a Ahidjo. **1990:** se restableció el multipartidismo. **Desde 1991:** el poder vigente, cuestionado, tuvo que enfrentarse a un aumento de la oposición. **1995:** Camerún, miembro de la Commonwealth.

CAMILO → FURIO CAMILO.

CAMILO (Francisco), *Madrid h. 1615-íd. 1673,* pintor español, miembro de la escuela barroca madrileña *(Martirio de san Bartolomé,* Prado).

CAMILO (Michel), *Santo Domingo 1954,* compositor, director de orquesta y pianista dominicano. Autor e intérprete de jazz latino *(Michel Camilo,* 1988; *Rendezvous,* 1993; *Triángulo,* 2002), también es un destacado compositor, director y pianista de música clásica fusionada con ritmos caribeños.

Camino, obra de espiritualidad escrita por Josemaría Escrivá de Balaguer. Fue publicada con el título de *Consideraciones espirituales* en 1934, y con el definitivo en 1939.

CAMINO (Francisco, llamado Paco), *Camas 1941,* matador de toros español. Poseedor de un depurado e inteligente estilo, actuó entre 1960 y 1982.

Camino de perfección, tratado de vida interior escrito por santa Teresa de Jesús para las religiosas de su orden (1583).

CAMINO DE SANTIAGO, otro nombre de la Vía Láctea.

CAMIRI, c. de Bolivia (Santa Cruz); 20 376 hab. Yacimientos de petróleo. Refinerías.

CAMNITZER (Luis), *Lübeck, Alemania, 1937,* artista uruguayo. De origen judío, emigró a Uruguay en 1939. Radicado en EUA, es creador de instalaciones *(El libro de los muros,* 1993) en las que con textos, imágenes y objetos plantea debates éticos y artísticos.

CAMÕES o **CAMOENS** (Luís Vaz de), *Lisboa 1524 o 1525-íd. 1580,* escritor portugués. Es autor de poemas de tradición medieval *(redondilhas)* o pastoril, de sonetos inspirados en el renacimiento italiano, de obras dramáticas y de la epopeya nacional *Los Lusíadas* (1572).

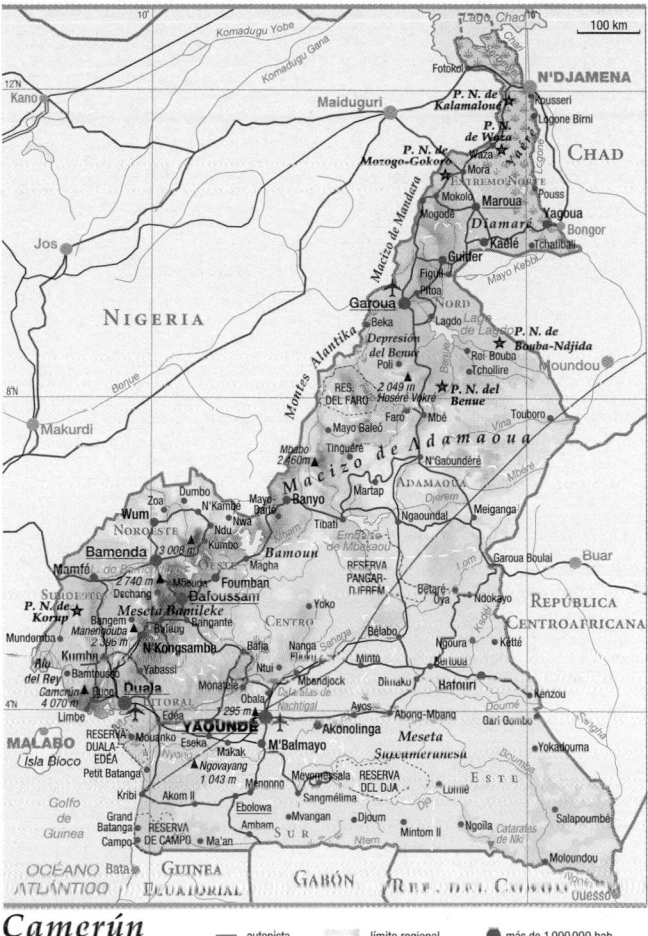

Camerún

★ lugar de interés turístico

| | 500 | 1 000 | 1 500 | 2 000 m |

━━━ autopista
━━━ carretera
┿┿┿ ferrocarril
✈ aeropuerto

━━━ límite regional
Duala capital
━━━ regional
━━━ oleoducto

● más de 1 000 000 hab.
● do 100 000 a 1 000 000 hab.
● de 50 000 a 100 000 hab.
• menos de 50 000 hab.

■ LUÍS DE **CAMÕES** (h. 1570).

CAMÓN AZNAR (José), *Zaragoza 1899-Madrid 1979,* historiador y crítico de arte español. Es autor de estudios sobre el Greco, Picasso y Velázquez. En 1969 fundó el *museo Camón Aznar* en Zaragoza con su colección particular.

CAMPA (Gustavo E.), *México 1863-íd. 1934,* compositor y teórico musical mexicano. Compuso una ópera *(El rey poeta,* 1901), una misa, obras para orquesta y canciones.

CAMPANA, partido de Argentina (Buenos Aires); 71 360 hab. Centro industrial; refinería de petróleo.

CAMPANA (Dino), *Marradi 1885-Castel Pulci 1932,* poeta italiano. Llevó hasta la locura una experiencia visionaria *(Canti orfici,* 1914).

CAMPANELLA (Tommaso), *Stilo, Calabria, 1568-París 1639,* filósofo y dominico italiano. Acusado de herejía, encarcelado durante 27 años, es autor de una utopía famosa, *La *ciudad del Sol.*

CAMPANIA, región de Italia, en la vertiente occidental de los Apeninos; 5 589 587 hab.; cap. *Nápoles;* 5 prov. (*Avellino, Benevento, Caserta, Nápoles* y *Salerno).* El litoral está formado por llanuras separadas por pequeños macizos calizos (península de Sorrento) o volcánicos (Vesubio, campos Flégreos, etc.). Sus ricos suelos favorecen fértiles cultivos (frutales, horticultura, viña).

CAMPANO (Miguel Ángel), *Madrid 1948,* pintor español. Influido por el expresionismo abstracto norteamericano, su pintura refleja destreza en el gesto y el color. En sus últimas obras, bodegones y paisajes mallorquines, trata los volúmenes en clave cubista. (Premio nacional de artes plásticas 1996.)

CAMPAÑA (Pieter **Kempenen,** llamado en España Pedro de), *Bruselas 1503-íd. h. 1580,* pintor flamenco. Tras viajar a Italia, donde trató a discípulos de Rafael, en 1537 se instaló en Sevilla, donde introdujo las nuevas tendencias italianas y flamencas (*El descendimiento de la cruz* y el retablo de la *Purificación*, catedral de Sevilla).

CAMPBELL-BANNERMAN (sir Henry), *Glasgow 1836-Londres 1908*, político británico. Líder de los liberales en la cámara de los comunes (1899) y primer ministro (1905-1908), promovió importantes reformas (nuevo estatuto para los sindicatos, preparación de la autonomía sudafricana).

Camp David (acuerdos de) [17 sept. 1978], acuerdos-marco concluidos en Washington con ocasión de la cumbre estadounidense-egipcia-israelí. Preveían la firma de un tratado de paz egipcio-israelí (que se firmó en marzo de 1979) y planteaban el problema del estatuto de Gaza y Cisjordania.

CAMPECHE, c. de México, cap. del est. homónimo; 148 099 hab. Puerto de altura en la *bahía de Campeche*, en el golfo de México. Aeropuerto. — Catedral barroca. (Patrimonio de la humanidad 1999.) — Fue fundada en 1540.

CAMPECHE (banco de), plataforma continental que prolonga (unos 20 km) la península de Yucatán, en el golfo de México. Petróleo.

CAMPECHE (estado de), est. de México, en el O de la península de Yucatán; 51 883 km²; 528 824 hab.; cap. *Campeche*.

CAMPECHE (José), *San Juan 1751-íd. 1809*, pintor puertorriqueño. Sobresalió en el retrato. Fue también decorador, tallista y músico.

CAMPECHUELA, mun. de Cuba (Granma); 48 547 hab. Explotación forestal. Ingenios azucareros.

CAMPELLO (El), v. de España (Alicante); 18 366 hab. Astilleros. Salazones de pescado.

CAMPENY (Damià), *Mataró 1771-Barcelona 1855*, escultor español. Su obra es neoclásica (*Lucrecia muerta*, 1804; *Cleopatra agonizante*, 1805).

CAMPERO (Narciso), *Tarija 1815-Sucre 1896*, militar y político boliviano. Jefe supremo del ejército, fue nombrado presidente durante la guerra del Pacífico (1880) y ocupó el cargo hasta 1884. Impulsó la colonización del Chaco.

Campesinos (guerra de los) [1524-1526], insurrecciones campesinas y urbanas que agitaron el Sacro Imperio. Dirigida por algunos reformadores radicales (entre ellos Münzer, en Turingia), fue reprimida por los príncipes católicos y luteranos coligados.

CAMPIDANO, llanura de Italia, en el S de Cerdeña.

CAMPILLO Y COSSÍO (José del), *Alles, Asturias, 1693-Madrid 1743*, político español. Dirigió la política española desde 1741. Aunque en sus obras defendía la reforma agraria y administrativa en las Indias y el mercantilismo, su política no pasó de tímidas reformas en la hacienda pública y en la liberación del comercio con América. Propuso la educación de los indios.

CAMPIN (Robert) → **FLÉMALLE** (maestro de).

CAMPINA GRANDE, c. de Brasil (Paraíba); 326 153 hab.

CAMPINAS, c. de Brasil (estado de São Paulo); 846 084 hab.

CAMPIÑA (La) o **CAMPIÑA DEL GUADALQUIVIR**, comarca de España, en Andalucía, en la or. izq. del Guadalquivir. Regadíos. Toros de lidia.

CAMPIÑA ROMANA, en ital. **Agro romano**, región de Italia (Lacio), en los alrededores de Roma.

CAMPISTEGUY (Juan), *Montevideo 1859-íd. 1937*, político uruguayo. Miembro destacado del Partido colorado, fue ministro en 1897-1899 y 1903-1904 y presidente de la república (1927-1931).

CAMPO (Ángel del), *México 1868-íd. 1908*, escritor y periodista mexicano. Precursor del realismo en su país, colaboró en diversas publicaciones bajo los seudónimos de **Micrós** y **Tick Tack**. Su vasta obra narrativa y periodística fue reunida en tres volúmenes (*Ocios y apuntes*, 1890; *Cosas vistas*, 1894; *Cartones*, 1897).

CAMPO (Conrado del), *Madrid 1879-íd. 1953*, compositor y pedagogo español. Fue profesor en el conservatorio de Madrid, desde donde influyó en varias generaciones de músicos. Es autor de óperas (*La tragedia del beso*, 1915; *Bohemios*, 1920; *Lola la piconera*, 1950) y de numerosas obras sinfónicas y de cámara.

CAMPO (Estanislao del), *Buenos Aires 1834-íd. 1880*, poeta argentino. Continuador de la poesía gauchesca de H. Ascasubi bajo el seudónimo de **Anastasio el Pollo**, su poema *Fausto* (1866) se considera la obra más genuinamente gauchesca después del *Martín Fierro* de Hernández.

CAMPOALEGRE, mun. de Colombia (Huila); 23 679 hab. Mercado agrícola. Yacimientos auríferos.

CAMPOAMOR (Ramón de), *Navia 1817-Madrid 1901*, poeta español. Es autor del libro de poemas *Doloras* (1846), *Pequeños poemas* (1872) y *Humoradas* (1886), géneros o subgéneros poéticos que él inventó. En prosa escribió su *Poética* (1883), además de obras teatrales, políticas y seudofilosóficas.

CAMPOBASSO, c. de Italia, cap. de Molise y cap. de prov.; 50 163 hab.

CAMPO DE LA CRUZ, mun. de Colombia (Atlántico); 25 251 hab. Cultivos de regadío; ganadería.

Campoformio (tratado de) [18 oct. 1797], tratado firmado cerca de Campoformio (act. Campoformido, Véneto) entre Francia y Austria, tras la campaña de Bonaparte en Italia. Austria cedía Bélgica y el Milanesado a Francia, le reconoció el derecho de anexión de la orilla izquierda del Rin y recibía la parte oriental de la antigua república de Venecia.

CAMPO GRANDE, c. de Brasil, cap. de Mato Grosso do Sul; 525 612 hab.

CAMPOMANES (Pedro Rodríguez Campomanes y Pérez de Sorriba, conde de), *Santa Eulalia de Sorriba, Tineo, 1723-Madrid 1803*, político, economista e historiador español. Ilustrado y reformista, fue miembro del Consejo de hacienda y del de Castilla, que presidió (1783-1791), y ministro de Carlos III. Ejerció gran influencia sobre la política española (expulsión de los jesuitas, 1767), impulsó las Sociedades económicas de amigos del país y fue director de la Real academia de la historia (1764-1791). Es autor de *Tratado de la regalía de España* (1753), *Discurso sobre el fomento de la industria popular* (1774) y *Discurso sobre la educación popular de los artesanos y su fomento* (1775-1777).

CÁMPORA (Héctor José), *Mercedes 1909-Cuernavaca, México, 1980*, político argentino. Peronista, fue elegido presidente en marzo de 1973, pero en julio cedió el puesto a Perón. Su breve presidencia supuso el triunfo efímero de la izquierda peronista. Perseguido tras el golpe de estado de 1976, se exilió en 1979.

CAMPOS, c. de Brasil (estado de Río de Janeiro); 388 640 hab.

CAMPOS (Tierra de), comarca tradicional de España (León, Palencia, Valladolid y Zamora). Agricultura de secano (cereales), ganadería lanar.

CAMPOS (Rubén), *Guanajuato 1876-íd. 1945*, escritor mexicano. Destacó como poeta (*La flauta de Pan*) y folclorista (*Cuentos mexicanos; El folklore literario de México*).

CAMPOS CERVERA (Herib), *Asunción 1905-Buenos Aires 1953*, poeta paraguayo. Su obra poética (*Ceniza redimida*, 1950) participa del surrealismo y la temática social.

Campos de Castilla, obra poética de Antonio Machado (1912). A los poemas sobre el paisaje y el hombre soriano y de reflexión crítica, se añadieron en la edición definitiva los de su época en Baeza, tras la muerte de su esposa Leonor.

CAMPOS ELÍSEOS o **ELÍSEO** MIT. GR. Morada de las almas virtuosas en el más allá.

CAMPRODON, v. de España (Gerona); 2 319 hab. (*camprodoneses*). Puente sobre el Ter (s. XV). Iglesia del monasterio de San Pedro (s. XII).

CAM RANH, c. de Vietnam; 118 000 hab.

CAMUS (Albert), *Mondovi, act. Deraan, Argelia, 1913-Villeblevin, Yonne, 1960*, escritor francés. Sus ensayos (*El mito de Sísifo*, 1942), novelas (*El extranjero*, 1942; *La peste*, 1947) y teatro (*Calígula*, 1945; *Los justos*, 1949) traducen el sentimiento de lo absurdo del destino humano surgido del impacto de la segunda guerra mundial. (Premio Nobel 1957.)

■ ALBERT **CAMUS**, en el festival de Angers, en 1953.

CAMUY, mun. de la costa N de Puerto Rico; 28 917 hab. Plantaciones de azúcar y cocos. Destilerías.

CAN (Comunidad andina) → **Andina** (Comunidad).

CANÁ, c. de Galilea en la que Jesús realizó su primer milagro, al convertir el agua en vino (Evangelio de san Juan).

CANAÁN, personaje bíblico. Hijo de Cam y nieto de Noé, es el antepasado epónimo de los cananeos.

CANAÁN (tierra o país de), nombre bíblico de la tierra prometida por Dios a los hebreos. Originariamente ocupada por los cananeos, designa al conjunto de Siria-Palestina, o únicamente a su franja litoral mediterránea.

CANADÁ, en fr. e ingl. **Canada**, estado federal de América del Norte; 9 975 000 km²; 27 300 000 hab. (*canadienses*). CAP. *Ottawa*. C. PRALES. *Montreal, Toronto y Vancouver*. LENGUAS: *inglés y francés*. MONEDA: *dólar canadiense*.

INSTITUCIONES

Estado federal regido por el Acta de la América del Norte de 1867, modificada por la Ley constitucional de 1982. El jefe del estado es el monarca británico, representado por el gobernador general. El primer ministro, jefe de la mayoría parlamentaria, es responsable ante el parlamento federal, que consta de cámara de los comunes, elegida cada 5 años, y senado. Cada provincia tiene parlamento y gobierno propios.

GEOGRAFÍA

El país se divide en diez provincias y tres territorios. Canadá, el país más vasto del mundo después de Rusia, posee una población escasa. El clima, cada vez más duro hacia el N más allá del paralelo 50° (en el escudo canadiense al E, en las Rocosas al O), explica la baja densidad media (menos de 3 hab. por km²) y la concentración de la población en la región del San Lorenzo y de los Grandes Lagos (provincias de Ontario y Quebec), dentro de nú-

■ ESTANISLAO DEL **CAMPO**

■ EL CONDE DE **CAMPOMANES**, por José M. Galván. (Palacio del senado, Madrid.)

CANADÁ

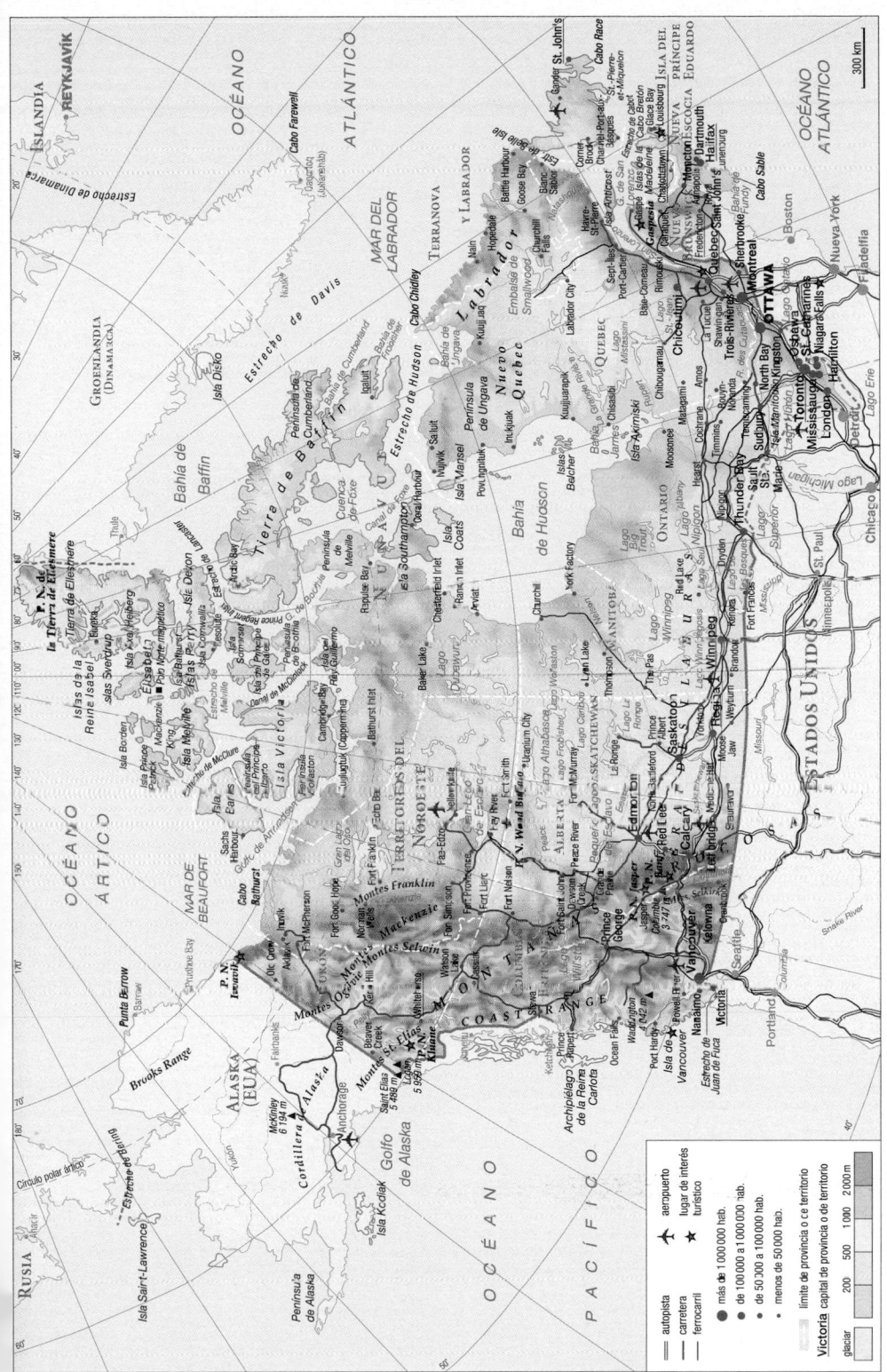

cleos urbanos (más del 80 % de la población está urbanizada); entre ellos destacan las metrópolis de Toronto y Montreal. La población, con un índice de crecimiento que se reduce por el retroceso del índice de natalidad, se caracteriza por el dualismo entre anglófonos (muy mayoritarios) y francófonos (cerca del 30 % de la población total, pero aproximadamente un 80 % en Quebec).

Canadá es desde hace mucho tiempo un gran productor agrícola y minero. Se sitúa entre los diez primeros productores mundiales de trigo, madera (el bosque cubre aproximadamente un tercio del territorio), gas natural, hierro, plomo, cinc, cobre, níquel, uranio, oro y diamantes. A los hidrocarburos (también abunda el petróleo) se añade la electricidad nuclear y sobre todo hidráulica. La industria aprovecha la producción (sector agroalimentario, vinculado a la ganadería vacuna; industrias madereras; metalurgia, principalmente a partir de minerales importados, sobre todo aluminio). Diversos sectores de transformación, como la industria del automóvil o la química, dependen de capitales estadounidenses y alrededor de los dos tercios del comercio exterior canadiense se efectúan con Estados Unidos. Esta situación es susceptible de pesar en la economía canadiense en un contexto de recesión vinculado a la crisis de 2007-2008. Lo mismo ocurre con las materias primas agrícolas y mineras (sobre todo energéticas), cuyos precios están sujetos a notables variaciones.

HISTORIA

Nueva Francia. Los primeros pobladores eran tribus amerindias. **1534:** J. Cartier tomó posesión en nombre del rey de Francia. **1535-1536:** remontó el San Lorenzo. **1604-1605:** S. de Champlain emprendió la colonización de la Acadia (fundación de Port-Royal). **1608:** fundó Quebec. **1627:** para asegurar el poblamiento, Richelieu constituyó la Compañía de Nueva Francia. Sin embargo, la inmigración era escasa, y los franceses y sus aliados indios tuvieron que hacer frente a las incursiones de los iroqueses. **1663-1664:** Luis XIV reintegró Canadá al dominio real y lo dotó de una nueva administración. **1665-1672:** con el intendente J. Talon, Nueva Francia experimentó un auge y la colonización se desarrolló a lo largo del San Lorenzo. **1672:** la exploración se extendió hasta la desembocadura del Mississippi. Los ingleses, asentados en la costa atlántica, se sintieron amenazados y combatieron contra los franceses. **1713:** por el tratado de Utrecht, los franceses perdieron la bahía de Hudson, Acadia y la mayor parte de Terranova. **1756-1763** (guerra de los Siete años): los ingleses se apoderaron de Quebec (1759) y tomaron Montreal (1760). **1763:** Francia, por el tratado de París (1763), cedió todo Canadá a Gran Bretaña.

El Canadá británico. 1774: los canadienses franceses recuperaron ciertos derechos por el Acta de Quebec. **1783:** la firma del tratado de Versalles, que reconocía la independencia de EUA, provocó la llegada masiva de los norteamericanos fieles a Gran Bretaña a las provincias de Quebec y de Nueva Escocia (ant. Acadia), lo cual llevó a la creación de la provincia de Nuevo Brunswick (1784) y a la división de la provincia de Quebec en dos colonias: Alto Canadá (act. Ontario), anglófona, y Bajo Canadá (act. Quebec), francófona (1791). **1812-1814:** durante la guerra entre EUA y Gran Bretaña, el Alto y Bajo Canadá apoyaron a la corona. En los años siguientes se produjo el desarrollo de una oposición dirigida por Louis Joseph Papineau en el Bajo Canadá, y por William Lyon Mackenzie en el Alto Canadá, que exigieron un verdadero régimen parlamentario. **1837:** la negativa de Londres a establecer un régimen parlamentario provocó la rebelión de las dos colonias. **1840:** una vez aplastada la revuelta, el gobierno británico unió las dos provincias bajo un mismo parlamento e impuso el inglés como lengua única. **1848:** el francés fue restablecido como lengua.

La Confederación canadiense. 1867: el Acta de la América del Norte británica creó el Dominio de Canadá, que agrupaba Ontario (ant. Alto Canadá), Quebec (ant. Bajo Canadá), Nueva Escocia y Nuevo Brunswick. **1870-1905:** la Confederación extendió su territorio. **1870:** se creó la provincia de Manitoba tras la revuelta de los mestizos dirigida por Louis Riel, mientras que Columbia Británica (1871) y la isla del Príncipe Eduardo (1873) se unieron a la Confederación. **1882-1885:** la construcción del Canadian Pacific Railway, que unía Vancouver y Montreal, contribuyó a un nuevo auge de la colonización. **1905:** se instituyeron las provincias de Saskatchewan y Alberta. **1896-1911:** el primer ministro Wilfrid Laurier estrechó los vínculos comerciales con Gran Bretaña a la vez que reforzó la autonomía del dominio. **1914-1918:** Canadá accedió al rango de potencia internacional mediante su participación en la primera guerra mundial junto a los Aliados. **1921-1948:** William Lyon Mackenzie King, líder del Partido liberal, presidió casi sin interrupción los destinos del país. **1926:** la conferencia imperial reconoció la independencia de Canadá dentro de la Commonwealth, sancionada por el estatuto de Westminster (1931). **1940-1945:** Canadá declaró la guerra a Alemania y desarrolló una potente industria de guerra. **1949:** la isla de Terranova se convirtió en una provincia canadiense. **1948-1984:** bajo la dirección de los liberales, que dominaron la vida política con los primeros ministros Louis Saint-Laurent (1948-1957), Lester Pearson (1963-1968) y Pierre Elliott Trudeau (1968-1979 y 1980-1984), Canadá practicó una política de acercamiento cada vez más estrecho con EUA. Al mismo tiempo, la Confederación tuvo que afrontar las reivindicaciones autonomistas de la provincia francófona de Quebec, que desembocaron en un referéndum sobre su independencia (1980). **1982:** en la estela del fracaso de los independentistas, Trudeau obtuvo la repatriación de la constitución canadiense, que desde entonces puede ser modificada sin la autorización del parlamento británico. **1984:** el conservador Brian Mulroney accedió al poder (reelegido en 1988). **1989:** Canadá se adhirió a la OEA. **1990:** el fracaso de un acuerdo constitucional, destinado a satisfacer las demandas mínimas de Quebec, abrió una crisis política sin precedentes, agravada por las reivindicaciones territoriales amerindias. **1992:** se elaboró en Charlottetown un proyecto de reforma constitucional que incluía un nuevo estatuto para los autóctonos. Sometido a referéndum, fue rechazado. **1993:** dimisión de B. Mulroney, sustituido por Kim Campbell, elegida líder del Partido conservador. Los liberales ganaron las elecciones: Jean Chrétien, primer ministro. **1994:** el Tratado de libre comercio (TLC), negociado en 1992 con Estados Unidos y México, entró en vigor. **1995:** referéndum sobre la soberanía de Quebec, rechazado por escaso margen. **1997:** las elecciones dieron la mayoría absoluta al Partido liberal de J. Chrétien, frente al Partido reformista (nueva oposición oficial). **1999:** se creó un nuevo territorio, desgajado de los Territorios del Noroeste, de nombre Nunavut, poblado mayoritariamente por inuits. **2000:** J. Chrétien fue reelegido con mayoría absoluta. **2003:** Paul Martin sustituyó a J. Chrétien al frente del Partido liberal, y como primer ministro (cargo para el que se le volvió a nombrar tras las elecciones de 2004). **2006:** tras la ajustada victoria de los conservadores en las elecciones (en.), su líder, Stephen Harper, fue nombrado primer ministro. **2008:** su renovación al término de nuevas elecciones (oct.) fue seguida de una grave crisis política.

CANADIAN RIVER, r. de Estados Unidos, afl. del Arkansas (or. der.); 1 544 km.

CANADIENSE (escudo), región geológica de Canadá, correspondiente a un zócalo erosionado por los glaciares, que rodea la bahía de Hudson.

CANAIMA (parque nacional), parque nacional de Venezuela (Bolívar), en la frontera con Guyana y Brasil; 3 000 000 ha. Tepuyes (Salto de Angel). [Patrimonio de la humanidad 1994.]

CANALEJAS (José), *Ferrol 1854-Madrid 1912,* político español. Diputado independiente próximo a los liberales de Sagasta, fue ministro de fomento y de gracia y justicia (1888-1890), hacienda (1894-1895) y agricultura (1902), presidente del congreso (1905-1906) y jefe del gobierno (1910-1912), con una política reformista. Fue asesinado por el anarquista Manuel Pardiñas.

CANALES (Antonio), *Sevilla 1961,* bailarín y coreógrafo español. Solista del Ballet nacional español (1981-1985), en 1992 creó su propia compañía, el Ballet flamenco Antonio Canales. Virtuoso con el taconeo, sus coreografías (*Torero,* 1993; *Gitano,* 1996) poseen la fuerza del más genuino flamenco.

CANALETTO (Giovanni Antonio **Canal,** llamado **el**), *Venecia 1697-íd. 1768,* pintor y grabador italiano. Magnificó el género de la vista urbana *(veduta)* al pintar su ciudad natal con una precisión lírica por sus juegos de luz. También trabajó en Londres (h. 1746-1754).

Canal imperial → Gran canal.

CANALS (fra Antoni), *Valencia h. 1352-h. 1419,* escritor y dominico valenciano. Autor de obras ascéticas, es uno de los primeros renacentistas en lengua catalana.

CANALS (María), *Barcelona 1915,* pianista española. En 1955 instituyó el *premio internacional María Canals* de ejecución musical.

CANANEA, c. de México (Sonora); 25 327 hab. Yacimientos de cobre y oro en la *sierra Cananea.*

CANARIAS (corriente de las), corriente marina fría del Atlántico. Recorre en dirección S las costas de Marruecos y de Mauritania.

CANARIAS (cuenca de las), cuenca oceánica del Atlántico oriental, entre el margen continental africano al E, la dorsal medioatlántica al O, los umbrales de las Azores y Madeira al N, y el de las islas de Cabo Verde al S.

CANARIAS (islas), archipiélago español situado en el Atlántico, frente a Marruecos, que constituye una comunidad autónoma; 7 351 km^2; 1 995 833 hab. *(canarios);* cap. *Las Palmas de Gran Canaria* y *Santa Cruz de Tenerife,* alternativamente. 2 prov. (*Las Palmas* [islas de Gran Canaria, Fuerteventura y Lanzarote, y seis islotes] y *Santa Cruz de Tenerife* [islas de Tenerife, Gomera, La Palma y Hierro]).

GEOGRAFÍA

Las islas tienen su origen en la actividad volcánica de la dorsal atlántica. El Teide, en la isla de Tenerife, es el pico culminante del archipiélago (3 710 m) y del territorio español. La población tiende a concentrarse en las dos capitales, también principales núcleos industriales de la comunidad (construcción naval, química, petroquímica). En la economía de las islas destaca la expansión del sector de servicios, centrado en el comercio (puerto franco) y el turismo, así como la agricultura de exportación (plátano, tomate, tabaco) y la pesca.

HISTORIA

La población autóctona se formó con grupos procedentes del N de África a partir del III milenio a.C. y no superó la fase neolítica hasta el s. XV. **1312:** la llegada del genovés L. Marocello a Lanzarote inició la relación con Europa. **S. XIV:** expediciones mallorquinas, vizcaínas, andaluzas y portuguesas. **1344:** el papa Clemente VI otorgó el archipiélago al infante castellano L. de la Cerda. Los normandos J. de Béthencourt y G. de la Salle sometieron Lanzarote (1402) y, bajo el vasallaje de Enrique III de Castilla, Hierro, Fuerteventura y la Gomera. **1478-1496:** incorporación a la corona castellana del resto de las islas, que fueron escala en las expediciones hacia América. **S. XVIII:** creación de una capitanía general. **S. XIX:** leyes de puertos francos de 1852 y 1900. **1912:** aprobación del régimen de cabildos insulares. **1927:** división del archipiélago en dos provincias. **1982:** aprobación del estatuto de autonomía de Canarias. **1990-1993:** adecuación de la especificidad fiscal de Canarias a la normativa de la Comunidad europea.

CANARIS → KANĀRIS.

CANARIS (Wilhelm), *Aplerbeck 1887-Flossenbürg 1945,* almirante alemán. Jefe de los servicios de información del ejército alemán (1935-1944), fue ejecutado por orden de Hitler.

CANARO (Francisco), *San José 1888-Buenos Aires 1964,* compositor, director de orquesta y violinista uruguayo. Residente en Buenos Aires desde su niñez, fue uno de los creadores del tango-milonga porteño y uno de sus difusores en Europa (*Tiempos viejos,* 1926; *Madreselva,* 1930; *¿Dónde hay un mango?,* 1933).

CANARREOS (archipiélago de los), conjunto

de unos 350 islotes y cayos de Cuba, en el Caribe, que constituye el mun. de *Isla de la Juventud.

CANATLÁN, mun. de México (Durango), avenado por el *río Canatlán;* 64 953 hab. Cereales, frijol.

CANBERRA, cap. federal de Australia, a 250 km al SO de Sydney; 297 300 hab. Universidad. — Museos (galería nacional de arte, museo nacional).

CÁNCER, constelación zodiacal. — **Cáncer,** cuarto signo del zodiaco, en el que el Sol entra en el solsticio de verano.

CÁNCER Y VELASCO (Jerónimo de), *Barbastro fines s. XVI-Madrid 1655,* escritor español. Es autor de comedias en colaboración con Calderón y Rojas, entremeses y dramas. En *Obras varias* (1651) incluye su poesía y en *Vejamen* (1640) satiriza a sus coetáneos.

Cancha Rayada (combates de), nombre de dos batallas de la guerra de independencia de Chile (1814 y 1818), desarrolladas en la llanura de Cancha Rayada, cerca de Talca, en las que vencieron los realistas.

CANCHO ROANO, sitio arqueológico de España (mun. de Zalamea de la Serena, Badajoz), que contiene un palacio-santuario (430-370 a.C.) único en la península Ibérica.

CANCÚN, isla de México (Quintana Roo), frente a la costa NE de Yucatán; 11,3 km de largo. Centro turístico unido por carretera a la ciudad de Cancún (167 730 hab.). — Fue sede de la conferencia Norte-Sur (oct. 1981).

CANDAMO, mun. de España (Asturias); 2 601 hab. *(candaminos);* cap. *Grullos o Gurullos.* Cueva de la Peña de San Román (arte paleolítico).

CANDAMO (Manuel), *Lima 1842-Yura 1904,* político peruano. Jefe del partido civilista, fue presidente de la junta de gobierno tras la guerra civil (1894-1895) y presidente de la república (1903-1904).

CANDANCHÚ, caserío del mun. español de Aísa (Huesca). Estación de esquí (1 450-2 400 metros).

CANDELA (Félix), *Madrid 1910 Raleigh, EUA, 1997,* arquitecto mexicano de origen español. En 1939 se exilió en México. Sus obras se caracterizan por techumbres ligeras de cemento armado, en forma de paraboloides hiperbólicos. Realizó, junto con E. Castañeda y A. Peyri, el palacio de deportes para los Juegos olímpicos de México (1968).

CANDELARIA, mun. de Colombia (Valle del Cauca); 44 400 hab. Café, caña de azúcar y tabaco.

CANDELARIA, v. de España (Santa Cruz de Tenerife), en Tenerife, 13 294 hab. *(candelarieros).* Basílica de Nuestra Señora de Candelaria, patrona de Canarias.

CANDELARIA, mun. de Venezuela (Carabobo), integrado en la aglomeración de Valencia.

CANDELARIA (Luis Canobio), *Buenos Aires 1892-Tucumán 1964,* aviador argentino. Fue el primero que atravesó los Andes (13 abril 1918), desde Zapala (Argentina) a Cunco (Chile).

CANDELARIA (cultura de **La**), cultura prehispánica de Argentina (La Candelaria, Salta) [ss. I-X d.C.]. Cerámica con decoración antropomorfa y zoomorfa, armas y utensilios de piedra tallada.

CANDÍA → IRÁKLION.

CANÉ (Luis), *Mercedes 1897-Cruz Chica, Córdoba, 1957,* poeta argentino. Su poesía, de factura clásica, se centra en lo criollo: *Mal estudiante* (1925), *Romancero del Río de la Plata* (1936), *Nuevos romances y cantares de la Colonia* (1938), *Bailes y coplerías* (1941), *Libro en espera* (1943).

CANÉ (Miguel), *Montevideo 1851-Buenos Aires 1905,* escritor argentino. Político liberal, escribió *La vida* (1884), sus reflexiones sobre su experiencia como diplomático, la novela autobiográfica *Juvenilia* (1884) y ensayos.

CANEA (La), en gr. **Khania,** c. de Grecia, en la costa N de Creta; 50 077 hab. Puerto. Museo.

CANEJA (Juan Manuel **Díaz**), *Palencia 1905-Madrid 1988,* pintor español. Tras un primer período ligado al cubismo, su pintura de madurez se centra en la representación del paisaje castellano en cuadros casi abstractos. (Premio nacional de pintura 1958; premio nacional de artes plásticas 1980.)

CANELONES (departamento de), dep. del S de Uruguay; 4 536 km²; 364 248 hab.; cap. *Canelones* (17 316 hab.)

CANENDIYÚ (departamento de), dep. de Paraguay, en la región Oriental, junto a la frontera con Brasil; 14 667 km²; 96 826 hab.; cap. *Salto del Guairá.*

CANETTI (Elias), *Ruse, Bulgaria, 1905-Zurich 1994,* escritor británico en lengua alemana. Sus novelas alegóricas (*Auto de fe,* 1935), ensayos (*Masa y poder,* 1960) y autobiografía (1977-1985) analizan los mecanismos que gobiernan los comportamientos humanos. (Premio Nobel 1981.)

CANFRANC (Valle de), comarca de España, en el Pirineo de Huesca. Vía de paso a Francia a través de *Somport.* Turismo en *Candanchú.*

CANGAS, v. de España (Pontevedra), cab. de p. j., 23 442 hab. *(cangueses).* En la ría de Vigo. Pesca (conservas). Turismo.

CANGAS DEL NARCEA, v. de España (Asturias), cab. de p. j.; 17 161 hab. *(cangueses).* Pastos. Centro minero.

CANGAS DE ONÍS, c. de España (Asturias), cab. de p. j., 6 343 hab. *(cangueses).* Puente medieval sobre el Sella. Ermita de Santa Cruz.

CANIFF (Milton), *Hillsboro, Ohio, 1907-Nueva York 1988,* dibujante y guionista estadounidense. Su estilo, basado en los contrastes entre negro y blanco, ha ejercido gran influencia (*Terry y los piratas,* 1934; *Steve Canyon,* 1947).

CANIGÓ (El), en fr. **Le Canigou,** macizo de los Pirineos orientales (Francia); 2 784 m. En él se encuentra la abadía de *Sant Martí del Canigó* (s. XI).

Cannas (batalla de) [216 a.C.], batalla de la segunda guerra púnica. Victoria de Aníbal sobre los romanos en Apulia, cerca del Aufidus (act. Ofanto). Sigue siendo un ejemplo constantemente estudiado por los teóricos militares.

CANNES, c. de Francia (Alpes-Maritimes), en la Costa Azul; 69 363 hab. Turismo. Festival internacional de cine.

CANNING (George), *Londres 1770-Chiswick 1827,* político británico. Tory, ministro de asuntos exteriores (1807-1809), dirigió con esmero la guerra contra Napoleón. A su vuelta al Foreign Office (1822-1827), y como primer ministro (1827), favoreció los movimientos nacionales y liberales en el mundo.

CANNIZZARO (Stanislao), *Palermo 1826-Roma 1910,* químico italiano. Introdujo la noción de número de Avogadro (1858) y descubrió los alcoholes aromáticos.

CANO (Alonso), *Granada 1601-íd. 1667,* pintor, escultor y arquitecto español. Se formó en el estilo barroco andaluz y recibió en Madrid (1638-1651) la influencia de la pintura veneciana. Como arquitecto diseñó en Granada la fachada de la catedral, el desaparecido convento del Ángel custodio y la parroquia de la Magdalena. Como escultor realizó el retablo mayor de Santa María de Lebrija, Sevilla (1629), y figuras en las catedrales de Granada (*Inmaculada,* 1656) y Málaga. Su labor como pintor, muy abundante, comienza en el tenebrismo y evoluciona hacia el color y el clasicismo barroco (*Vida de la Virgen,* 1652-1664, Granada; *La Virgen del Rosario,* Málaga).

CANO (Guillermo), *Medellín 1925-Bogotá 1986,* periodista colombiano. Miembro de una saga de periodistas, dirigió *El espectador* desde 1952 hasta su asesinato víctima del cartel de Medellín. La Unesco instituyó un premio a la libertad de prensa que lleva su nombre.

CANO (Melchor), *Tarancón 1509-Toledo 1560,* teólogo dominico español. Teólogo del emperador en el concilio de Trento, inspiró a Felipe II un catolicismo nacional cerrado a Europa. Renovó la teología escolástica (escuela de Salamanca), preconizando las fuentes patrísticas y bíblicas.

CANO DE LA PEÑA (Eduardo), *Madrid 1823-Sevilla 1897,* pintor español, dedicado a la pintura de historia *(Regreso de la guerra de África).*

CANOGAR (Rafael **García Gómez,** llamado Rafael), *Toledo 1935,* pintor español. Miembro fundador del grupo El Paso, inició su en el informalismo, evolucionó hacia la figuración y el realismo, para volver posteriormente a la abstracción en obras con una cuidada tensión entre gestualidad y geometría.

CANOPE, ant. c. del Bajo Egipto, en el delta del Nilo. Famosa en la antigüedad por sus templos (el de Serapis inspiró algunas partes de la villa Adriana). En Canope se veneraba a Osiris en forma de cántaro, lo cual originó la denominación de *vaso canope.*

CANOSSA, lugar de Italia (Emilia-Romaña). El futuro emperador germánico Enrique IV solicitó allí el perdón (28 en. 1077) ante Gregorio VII durante la querella de las Investiduras.

CANOVA (Antonio), *Possagno 1757-Venecia 1822,* escultor italiano. Principal representante del neoclasicismo, es autor de obras en mármol como los dos *Amor y Psiquis* (Louvre) y *Paulina Borghese* (Roma).

CANÓVANAS, ant. **Loíza,** mun. de Puerto Rico, en la cuenca del río Loíza, 36 816 hab.

CÁNOVAS DEL CASTILLO (Antonio), *Málaga 1828-Santa Águeda, Guipúzcoa, 1897,* político e historiador español. Ministro de la gobernación (1864) y de ultramar (1865-1866), después del levantamiento de Martínez Campos (1874) diseñó el sistema político de la Restauración, basado en el turno de partidos, en el caciquismo y en la constitución de 1876. Líder del partido liberal-conservador, fue jefe de gobierno en 1874-1881, 1884, 1890-1892 y 1895-1897. Murió asesinado por el anarquista italiano Michele Angiolillo, que fue ejecutado.

CANSADO, c. de Mauritania, cerca de Nouadhibou; 5 000 hab. Puerto. Exportación de mineral de hierro.

CANSINOS ASSENS (Rafael), *Sevilla 1883-Madrid 1964,* escritor español. Colaborador de revistas modernistas, se convirtió en teórico del ultraísmo y del dadaísmo. Escribió novelas (*En tierra florida,* 1921), poesía y crítica literaria.

CANTABRIA, región del N de España, que constituye una comunidad autónoma uniprovincial; 5 289 km²; 568 091 hab. *(cántabros);* cap. *Santander.*

GEOGRAFÍA

La cordillera Cantábrica y sus enlaces con las montañas Vascas compartimentan el interior, con las mayores elevaciones en el O (Peña Vieja, 2 613 m). Ríos cortos y caudalosos (Pas, Besaya, Nansa). En la costa, alta y recortada, se abren rías y puertos naturales (Santander, San-

■ FÉLIX **CANDELA.** Acceso al restaurante submarino del oceanográfico de la Ciudad de las artes y las ciencias (Valencia).

■ **CÁNOVAS DEL CASTILLO**

toña). El litoral (Marina) concentra la mayor parte de la población y de las actividades industriales y turísticas. En el interior, ganadería vacuna.

HISTORIA

La región es rica en yacimientos prehistóricos (cuevas de Altamira y Pasiega). La resistencia de los cántabros y astures a la conquista romana (29-19 a.C.) explica la débil romanización (Iulióbriga, Retortillo, Portus Victoriae, Santander). Tras la invasión musulmana fue lugar de refugio y punto de partida de la repoblación del valle del Duero (ss. XI-XII). **S. XIII:** vinculación económica con Castilla (exportación de lana). **S. XVI:** crisis económica y peste (1599-1601). **S. XVIII:** reactivación del comercio y la industria (alimentaria, metalúrgica). **1778:** libre comercio con América. **1981:** estatuto de autonomía.

CANTÁBRICA (cordillera), cordillera del N de España; 2 648 m en Torre Cerredo. Constituye el reborde septentrional de la Meseta, desde el macizo Galaico hasta las montañas Vascas. Asiento de una importante cuenca minera, en declive.

CANTÁBRICA (mar), golfo o seno del Atlántico formado por la costa occidental de Francia y la septentrional de España.

CANTACUZENO, familia de la aristocracia bizantina. Dio emperadores a Bizancio, déspotas a Mistra y hospedares a los principados rumanos.

CANTAL, dep. de Francia (Auvernia); 5 276 km²; 158 723 hab.; cap. *Aurillac* (32 654 hab.).

Cantar de los cantares (El), libro de la Biblia (h. 450 a.C.). Se trata de una recopilación de cantos de amor donde la tradición ha visto un símbolo de la unión de Dios y su pueblo.

CANTAURA, mun. de Venezuela (Anzoátegui); 25 153 hab. Refinería de petróleo. Aeropuerto.

CANTEMIR (Dimitri), *Fălciu 1673-Járkov 1723*, príncipe de Moldavia (1693 y 1710-1711) e historiador. Aliado de Pedro el Grande, derrotado por los otomanos en 1711, se refugió en Rusia. Espíritu enciclopédico, notable erudito, destacó los orígenes latinos de los pueblos rumanos.

CANTERBURY, ant. en esp. **Cantorbery,** c. de Gran Bretaña (Inglaterra, Kent); 33 000 hab. Sede del arzobispo primado del reino. — Importante catedral de los ss. XI-XV; otros monumentos y restos medievales.

CÂN THO, c. del S de Vietnam; 208 326 hab.

CÁNTICO MIT. AMER. Diosa mexica del fuego y del hogar. Se la representaba con el rostro pintado en rojo y negro.

Cántico, obra de Jorge Guillén que reúne su poesía de 1919 a 1950, gozosa exaltación ante la belleza y la armonía del mundo.

Cántico espiritual, poema místico de san Juan de la Cruz, escrito entre 1577 y 1582. Inspirado en el *Cantar de los cantares,* desarrolla una delicada historia de amor en un marco pastoril.

Cantigas de Santa María, obra poética de Alfonso X el Sabio. Escritas en gallego, son una relación de milagros de la Virgen y de loores en su honor. Se conservan en cuatro códices: uno en Madrid, dos en El Escorial y otro en Florencia. Los de El Escorial están adornados con miniaturas góticas y, al igual que el de Madrid, tienen notación musical.

CANTILLON (Richard), *h. 1680-Londres 1734,* banquero, economista y demógrafo irlandés. Autor de un *Ensayo sobre la naturaleza del comercio en general* (1755), inspiró a los fisiócratas y a Adam Smith.

CANTINFLAS (Mario **Moreno,** llamado), *México 1911-íd. 1993,* actor de cine mexicano. Encarnó con humor el personaje del pelado mexicano, un pícaro irreverente en sus inicios (*Ahí está el detalle,* 1940; *Los tres mosqueteros,* 1942) que posteriormente desarrolló con un humor más amable (*El padrecito,* 1964; *El barrendero,* 1981), que exportó con éxito al cine estadounidense: *La vuelta al mundo en 80 días* (1956), *Pepe* (1960).

CAN TINTORÉ, sitio neolítico de España (Gavà, Barcelona). Contiene un complejo minero para la extracción de la variscita (3400-2360 a.C.) correspondiente a la cultura de los Sepulcros de fosa. También se ha hallado una vasija cerámica con la representación de una diosa *(diosa de Gavà),* única en la península Ibérica.

Canto general, obra de Pablo Neruda (1950). Poema épico moderno, lírico y combativo a la vez, conforma un recorrido por la historia y la geografía de la «América insurrecta», en el que sobresale el capítulo *Alturas de Macchu Picchu.*

CANTÓN, en chino **Guangzhou,** c. de China, cap. de Guangdong, en la desembocadura del Xi Jiang; 4 millones de hab. aprox. *(cantoneses).* Centro industrial y comercial (feria internacional). — Monumentos antiguos; museos; jardines. — Centro de un activo comercio con la India y el imperio musulmán desde el s. VII, mantuvo contactos con los occidentales a partir de 1514.

cantonalista (insurrección), levantamiento de los republicanos federales de Valencia, Murcia y Andalucía en julio de 1873. Provocó la caída del presidente Pi y Margall. Su sucesor, Salmerón, sofocó la revuelta recurriendo al ejército. El último cantón, Cartagena, cayó en enero de 1874.

CANTOR (Georg), *San Petersburgo 1845-Halle 1918,* matemático alemán. Se le considera creador, con Dedekind, de la teoría de conjuntos. Extendió sus investigaciones a la topología y la teoría de los números. Agotado por su trabajo, murió en un asilo psiquiátrico.

Cantos de vida y esperanza, obra poética de Rubén Darío (1905). Melancólica y reflexiva, incluye poemas tan memorables como *Lo fatal.*

CANUTO, en danés **Knud,** en sueco **Knut,** nombre de varios soberanos escandinavos. — **Canuto el Grande,** *995-Shaftesbury 1035,* rey de Inglaterra (1016-1035), de Dinamarca (1018-1035) y de Noruega (1028-1035). Respetando las leyes anglosajonas, favoreció la fusión entre daneses y anglosajones. — **Canuto II el Santo,** *h. 1040-Odense 1086,* rey de Dinamarca (1080-1086). Mártir canonizado en 1101, es el patrón de Dinamarca.

CAÑAR, cantón de Ecuador (Cañar), avenado por el *río Cañar;* 86 628 hab. Ruinas de Ingapirca.

CAÑAR (provincia de), prov. de Ecuador, en la cordillera andina; 3 377 km²; 189 102 hab.; cap. *Azoques.*

CAÑAS, cantón de Costa Rica (Guanacaste); 20 677 hab. Pastos; ganadería. Explotación maderera.

CAÑASGORDAS, mun. de Colombia (Antioquia); 18 791 hab. Centro agrícola y minero (hierro, carbón).

Cañas y barro, novela de V. Blasco Ibáñez (1902), sobre la vida de los pescadores de la Albufera de Valencia.

CAÑAS y VILLACORTA (José Simeón), *Zacatecoluca 1767-1838,* eclesiástico y político salvadoreño. Logró que la Asamblea constituyente de 1823-1834 aboliera la esclavitud en Centroamérica.

CAÑAVERAL (cabo), de 1964 a 1973 **cabo Kennedy,** saliente arenoso del litoral atlántico de Estados Unidos, en la costa E de Florida. Principal base de lanzamiento de vehículos espaciales.

CAÑAZAS, c. de Panamá (Veraguas); 5 346 habitantes.

CAÑETE, c. de Chile (Biobío); 29 742 hab. Explotación forestal. Turismo. — Emplazamiento del antiguo fuerte Tucapel, donde murió Pedro de Valdivia.

CAÑIZARES (José de), *Madrid 1676-íd. 1750,* dramaturgo español. Epígono de Calderón, adaptó obras de otros autores (*El picadillo en España...; El dómine Lucas*).

CAÑUELAS, partido de Argentina (Buenos Aires), en la zona límitrofe al Gran Buenos Aires; 31 012 hab. Ganado vacuno; industrias lácteas.

CÃO o CAM (Diogo), navegante portugués del s. XV. Descubrió en 1483 la desembocadura del río Congo.

CAO CAO, *Pei 155-Luoyang 220,* poeta y guerrero chino. Abrió la poesía china a la inspiración personal.

CAPA (Andrei **Friedmann,** llamado **Robert**), *Budapest 1913-Thai Binh 1954,* fotógrafo estadounidense de origen húngaro. Desde la guerra de España a la de Indochina, en la que murió, dejó testimonio de las desgracias de la humanidad. Fue uno de los fundadores de la agencia Magnum.

CAPABLANCA (José Raúl), *La Habana 1888-Nueva York 1942,* ajedrecista cubano. Fue campeón del mundo desde 1921, al vencer a Lasker, hasta 1927, en que fue derrotado por Alekhine.

CÁPAC YUPANQUI, *1ª mitad del s. XIV,* soberano inca. Hijo de Mayta Cápac, extendió sus dominios más allá del Cuzco.

CAPADOCIA, región central de Anatolia (Turquía). Fue el núcleo del imperio hitita (III y II milenio a.C.). A fines del s. IV se convirtió en un importante foco de difusión del cristianismo. — Numerosas iglesias rupestres decoradas con pinturas (ss. VI-XIII) [patrimonio de la humanidad 1985].

CAPANAPARO, r. de Colombia y Venezuela, afl. del Orinoco (or. izq.); 650 km. Navegable en parte.

CAPARRAPÍ, mun. de Colombia (Cundinamarca); 17 379 hab. Centro agrícola y minero (carbón, cobre).

CAPDEVILA (Arturo), *Córdoba 1889-Buenos Aires 1967,* escritor argentino. Poeta (*Córdoba azul,* 1940), dramaturgo y novelista, cultivó también el ensayo, interesándose por la historia argentina y los problemas del lenguaje.

ČAPEK (Karel), *Malé-Svatoňovice 1890-Praga 1938,* escritor checo. Sus novelas (*La fábrica de absoluto,* 1922) y obras de teatro (*R.U.R.,* 1920) denuncian la sumisión del hombre a sus propias creaciones científicas y técnicas.

Caperucita roja, cuento de Perrault (1697), retomado por los hermanos Grimm (1812). Una niña que iba a ver a su abuela es comida por un lobo, que ha devorado a la segunda y tomado su apariencia.

CAPETOS, dinastía que reinó en Francia de 987 a 1328. Sucedía a los Carolingios, y tuvo como sucesora a la casa de Valois, una de sus ramas.

CAPE TOWN → **CABO** (Ciudad de El).

CAP-HAÏTIEN, c. de Haití, en la costa N de la isla; 64 000 hab. Fue la capital de Santo Domingo hasta 1770. En los alrededores, ruinas de la fortaleza del rey Christophe.

CAPIATÁ, c. de Paraguay (Central); 45 716 hab. Iglesia jesuítica del s. XVII.

CAPIRA, distr. de Panamá (Panamá); 21 581 hab.; cap. *Capira* (4 553 hab.). Cítricos.

capital (El), obra de Karl Marx (libro I, 1867), en la que se propone deducir las leyes de funcionamiento del capitalismo. Los libros II, III y IV aparecieron después de la muerte de Marx.

CAPITAL FEDERAL, entidad administrativa de Argentina; 2 960 976 hab. Su ámbito territorial coincide con el término municipal de la Ciudad Autónoma de Buenos Aires.

capitán Trueno (El), cómic de aventuras español. Inicialmente con dibujos de Ambrós y guion de V. Mora, se publicó ininterrumpidamente entre 1956 y 1968.

CAPITOLIO o CAPITOLINO, una de las siete colinas de Roma, donde se erigía en la anti

■ **CANTINFLAS** con Charles Boyer en *La vuelta al mundo en 80 días* (1956), de M. Anderson.

güedad el templo de Júpiter Capitolino, protector de la ciudad, rodeado por Juno y Minerva (*tríada capitolina*). La actual plaza del Capitolio fue diseñada por Miguel Ángel. Uno de sus palacios es el ayuntamiento de la ciudad, y los otros dos albergan museos.

Capitolio, edificio de Washington donde tienen su sede el senado y la cámara de representantes de Estados Unidos (primera piedra colocada en 1793).

Capitulaciones de Santa Fe (1 abril 1492), acuerdo entre los Reyes Católicos y Colón firmado en Santa Fe (Granada). Regulaba las prerrogativas sobre las futuras conquistas en las Indias.

CAPMANY (Maria Aurèlia), *Barcelona 1918-íd. 1991*, escritora española en lengua catalana, novelista (*Un lugar entre los muertos*, 1967), autora teatral y ensayista.

CAPMANY Y DE MONTPALAU (Antonio de), *Barcelona 1742-Cádiz 1812*, historiador, filólogo y político español. Secretario perpetuo de la Real academia de la historia (1790) y diputado en las cortes de Cádiz, destaca por el rigor documental de sus obras. *Memorias históricas sobre la marina, comercio y artes de la antigua ciudad de Barcelona* (1779-1792), *Cuestiones críticas sobre varios puntos de historia económica, política y militar* (1807).

CAPO D'ISTRIA o **CAPODISTRIA** (Juan, conde de), *Corfú 1776-Nauplia 1831*, político griego. Después de estar al servicio de Rusia (1809-1822), fue elegido presidente del nuevo estado griego (1827), del que sentó las bases. Fue asesinado.

CAPONE (Alfonso, llamado Al), *Nápoles 1899-Miami 1947*, gángster estadounidense. Hizo fortuna gracias al comercio clandestino de bebidas alcohólicas, que organizó en EUA durante la prohibición.

Caporetto (batalla de) [24-28 oct. 1917], batalla de la primera guerra mundial. Victoria de los austroalemanes sobre los italianos en Caporetto, en el Isonzo (act. Kobarid, Eslovenia). Provocó en Italia una sacudida patriótica.

CAPOTE (Truman), *Nueva Orleans 1924-Los Ángeles 1984*, escritor estadounidense. En su obra narrativa (*Desayuno en Tiffany's*, 1958) mezcló la fantasía con una delicada nostalgia, antes de evolucionar hacia la «novela-reportaje» (*A sangre fría*, 1965).

CAPRA (Frank), *Palermo 1897-Los Ángeles 1991*, director de cine estadounidense. Encarna la comedia estadounidense sofisticada y optimista: *Sucedió una noche* (1934), *El secreto de vivir* (1936), *Arsénico por compasión* (1944), *¡Qué bello es vivir!* (1947).

CAPRERA, Isla de Italia, en la costa N de Cerdeña. Turismo. Casa y tumba de Garibaldi.

CAPRI, isla de Italia, en el golfo de Nápoles; 7 045 hab. Costas escarpadas y horadadas por grutas. Gran centro turístico. — Residencia favorita de Tiberio (ruinas de dos villas).

caprichos (Los), serie de 84 aguafuertes de Goya, realizados en 1792-1799, que refleja los errores y vicios humanos con intención crítica.

CAPRICORNIO, constelación zodiacal. — **Capricornio,** décimo signo del zodiaco, en el que el Sol entra en el solsticio de invierno.

CAPRIVI (Leo von), *Charlottenburg 1831-Skyren 1899*, general y político prusiano. Jefe del almirantazgo (1883-1888), fue presidente del consejo de Prusia (1890-1892) y canciller (1890-1894).

CAPUA, c. de Italia (Campania), a orillas del Volturno; 17 967 hab. Restos romanos. Museo.— Fue conquistada por Aníbal (215 a.C.); su ejército, inmerso en el lujo de la ciudad (*delicias de Capua*), perdió su combatividad.

CAPULHUAC, mun. de México (México), avenado por el Lerma; 18 257 hab.; cab. *Capulhuac de Mirafuentes*. Explotaciones forestales.

CAPUZ, familia de escultores de origen genovés establecida en Valencia en la segunda mitad del s. XVII. — **Leonardo Julio C.,** *Ontinyent 1660-Valencia 1731*, de estilo barroco. — **Raimundo C.,** *Valencia 1665-íd. 1742*, hermano de Leonardo Julio, especializado en la creación de *bambochadas, obras que le valieron el título de escultor de cámara de Luis I.

CAQUETÁ, r. de Colombia y Brasil, donde recibe el nombre de *Japurá;* desemboca en el Amazonas (or. izq.), frente a Tefé; 2 280 km.

CAQUETÁ (departamento del), dep. del S de Colombia, en la selva amazónica; 88 965 km²; 214 473 hab.; cap. *Florencia*.

CÁQUEZA, mun. de Colombia (Cundinamarca); 16 486 hab. Agricultura; ganado vacuno y de cerda.

CARABAYLLO, mun. de Perú (Lima); 46 544 hab. Plantaciones de algodón.

CARABOBO (estado), est. del N de Venezuela; 4 650 km²; 1 453 232 hab.; cap. *Valencia*.

Carabobo (batalla de) [24 junio 1821], victoria de Bolívar sobre el ejército español de Miguel de la Torre, al SO de Valencia, que garantizó la independencia de Venezuela.

CARACALLA o **CARACALA** (Marco Aurelio Antonio Basiano, llamado), *Lyon 188-Carrhae, act. Ḥarrān, 217*, emperador romano (211-217). Hijo de Septimio Severo, su reinado estuvo marcado por la *Constitución antonina* o *edicto de Caracalla* (212), que extendió el derecho de ciudadanía romana a todo el Imperio. Hizo construir en Roma las termas que llevan su nombre.

CARACAS, cap. de Venezuela y del Distrito Federal, a unos 900 m de alt.; 1 822 465 hab. El área metropolitana, que invade el estado. Miranda, tiene 3 373 059 hab. Centro político, comercial y financiero; la industria tiende a desplazarse a la periferia. La ciudad, situada al pie del pico del Ávila (teleférico), está bien comunicada con el puerto de La Guaira y con el aeropuerto de Maiquetía. Tres universidades. — Monumentos coloniales (catedral e iglesia de San Francisco, s. XVIII) y del s. XIX (Panteón nacional); notables edificios del s. XX (universidad central, declarada patrimonio de la humanidad en 2000) y otros atractivos turísticos. Numerosos museos.   Fundada por D. de Losada en 1567, en 1810 una junta de gobierno proclamó en ella la independencia de Venezuela. Se convirtió en capital de la nueva república en 1830.

■ **CARACAS.** Un aspecto de la ciudad y de su emplazamiento.

CARACCIOLO, familia napolitana conocida desde el s. XI, cuyos miembros ocuparon cargos destacados en la Iglesia, las armas o la política. — **Francesco C.,** *Nápoles 1752-íd. 1799*, almirante de la República Partenopea, fue ahorcado por orden de Nelson en el palo mayor de su fragata.

CARAFFA (Emilio), *Catamarca 1862-Córdoba 1939*, pintor argentino. Fundador de la Academia (1902) y el Museo de bellas artes (1912) de Córdoba, pintó retratos, obras históricas y costumbristas. Decoró la catedral de Córdoba (*San Mateo; Gloria del cielo*).

CARAGIALE (Ion Luca), *Haimanale 1852-Berlín 1912*, escritor rumano. Sus comedias lo convierten en uno de los precursores del teatro del absurdo (*Una carta perdida*, 1884).

CARAHUE, ant. **Imperial,** c. de Chile (Araucanía); 25 184 hab. Mercado agropecuario.

CARAJÁS (serra dos), alineamiento montañoso de Brasil (Pará). Mineral de hierro.

CARAMANLIS → KARAMANLÍS.

Carambolo (tesoro de El), tesoro tartésico descubierto en 1959 en el lugar de Carambolo, cerca de Sevilla. Está formado por 21 piezas de oro (pectorales, brazaletes, placas) de estilo indígena y oriental, del s. VI a.C. (museo arqueológico de Sevilla).

CARAMUEL (Juan), *Madrid 1606-Vigevano, Italia, 1682*, matemático español. Monje cisterciense, su obra principal, *Mathesis biceps* (1670), es una enciclopedia de los conocimientos del momento sobre matemáticas y ciencias naturales en la que dio a los problemas un tratamiento innovador y optó por los planteamientos con solución numérica. Su sistema de logaritmos «perfectos» es un precedente de los cologaritmos.

CARANDE THOVAR (Ramón), *Palencia 1887-Almendral, Badajoz, 1986*, historiador español. Autor de *Carlos V y sus banqueros* (3 vols., 1943-1966), cofundó el *Anuario de historia del derecho español.*

CARAPEGUÁ, distr. de Paraguay (Paraguarí); 27 045 hab. Pastos. Refino de azúcar. Curtidurías.

CARARE, r. de Colombia (Cundinamarca y Santander), afl. del Magdalena (or. der.); 450 km.

CARATASCA (laguna de), laguna en la costa NE de Honduras (Gracias a Dios), la más extensa del país; 650 km². Contiene varios islotes. En ella se encuentra Puerto Lempira.

CARAVACA DE LA CRUZ, c. de España (Murcia), cab. de p. j.; 22 250 hab. (*caravaqueños*). Castillo del s. XV. Templo de la Santa Cruz. Iglesia renacentista del Salvador. Mansiones y ayuntamiento barrocos.

CARAVAGGIO (Michelangelo **Merisi,** llamado el), *¿Milán? h. 1571-Porto Ercole, prov. de Grosseto, 1610*, pintor italiano. Artista de vida tumultuosa, dramatizó el realismo de su visión recurriendo a fuertes contrastes de luz y sombra (tres escenas de la vida de san Mateo, San Luis de los Franceses, Roma, h. 1600; *Las siete obras de misericordia*, 1607, Nápoles; *Degollación de san Juan Bautista*, 1608, catedral de La Valletta, etc.). Numerosos pintores europeos siguieron su estética (*caravaggistas*).

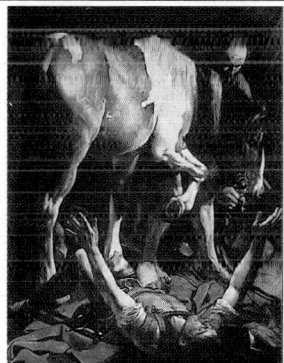

■ EL **CARAVAGGIO.** *La conversión de san Pablo* (1601). [Iglesia de Santa Maria del Popolo, Roma.]

CARAVAGGIO (Polidoro **Caldara da**), *Caravaggio, prov. de Bérgamo, h. 1490/1500-Messina ¿1546?*, pintor italiano. De tendencia expresionista, es autor de grandes pinturas decorativas (especialmente en grisalla, para fachadas de palacios romanos) y de cuadros de iglesia.

CARAZO (departamento de), dep. de Nicaragua, en la costa del Pacífico; 1 097 km²; 130 900 hab.; cap. *Jinotepe*.

CARAZO (Rodrigo), *Cartago 1926*, político costarricense. Presidente de la república por la conservadora Coalición de la unidad opositora (1978-1982), rompió las relaciones diplomáticas con la Nicaragua de Somoza.

CARBAJAL (Antonio), *León 1929*, futbolista

mexicano. Portero, ha participado en cinco fases finales de los campeonatos del mundo (1950, 1954, 1958, 1962 y 1966).

CARBALLIDO (Emilio), *Córdoba 1925-Jalapa, Veracruz, 2008*, escritor mexicano. Dramaturgo, es autor de un teatro de tipo brechtiano (*El norte*, 1958; *La caja vacía*, 1962; *Las visitaciones del diablo*, 1965; *El sol*, 1970). Escribió también novela y cuento.

CARBALLO, v. de España (La Coruña), cab. de p. j.; 28 271 hab. (*carballeses*). Agricultura. Pesca. Industrias alimentarias. Minas. Aguas medicinales.

CARBALLO (Jesús), *Madrid 1976*, gimnasta español, campeón del mundo en 1996, subcampeón en 1997 y campeón de Europa en 1998 (barra fija).

CARBALLO CALERO (Ricardo), *Ferrol 1910-Santiago 1990*, escritor español en lengua gallega. Poeta, novelista, dramaturgo y filólogo, destaca por su *Gramática gallega* (1966) y sus ensayos (*Historia de la literatura gallega contemporánea*, 1975).

CARBONELL (Alonso), *Madrid 1590-íd. 1660*, arquitecto español. Formado en el barroco castellano, colaboró en el panteón de los reyes de El Escorial (1645-1654) y realizó el palacio del Buen Retiro de Madrid (1628) y el convento de las dominicas de Loeches (1635-1638).

CARBONELL (Guillem), arquitecto catalán del s. XIV. Arquitecto real mayor con Pedro IV el Ceremonioso, realizó el salón del Tinell del palacio real de Barcelona (1359-1370).

CARCAIXENT, c. de España (Valencia); 20 609 hab. (*carcagentinos*). Centro de una región naranjera. Iglesia de Santa María (s. XVI).

CARCASONA, en fr. **Carcassonne**, c. de Francia, cap. del dep. de Aude, junto al Aude y el canal del Midi; 44 991 hab. Conjunto de fortificaciones medievales, el más completo que se conserva de la edad media (muy restauradas por Viollet-le-Duc) [patrimonio de la humanidad 1997]. Museos.

CARCHI (provincia de), prov. del N de Ecuador; 3 701 km²; 141 992 hab.; cap. *Tulcán*.

CÁRCOVA (Ernesto de la), *Buenos Aires 1867-íd. 1927*, pintor argentino. Primer director de la Academia nacional de bellas artes, introdujo el realismo social en la pintura de su país (*Pensativa; Andaluza; Sin pan y sin trabajo*).

CARDANO (Gerolamo), *Pavía 1501-Roma 1576*, científico italiano. Médico, se le conoce como autor (después de Tartaglia) de la fórmula de resolución de la ecuación de tercer grado, y por su exposición de álgebra que introdujo la teoría de las ecuaciones. Ideó un sistema de suspensión que lleva su nombre.

CARDENAL (Ernesto), *Granada 1925*, poeta y político nicaragüense. Sacerdote vinculado a la teología de la liberación, participó en diversos intentos para derrocar la dictadura de los Somoza. Dirigente del Frente sandinista de liberación nacional, fue ministro de cultura tras la revolución de 1979. Es autor de una poesía revolucionaria, de aliento épico (*Salmos*, 1964; *Oración por Marilyn Monroe y otros poemas*, 1965; *Homenaje a los indios americanos*, 1970; *Canto cósmico*, 1989).

CARDENAL (Salvador), *Valencia 1852-Barcelona 1927*, cirujano español. Introdujo en España la antisepsia y la asepsia, así como nuevas técnicas quirúrgicas.

CÁRDENAS, c. de Cuba (Matanzas); 75 032 hab. Salinas. Puerto pesquero y comercial. Refino de azúcar. Centro turístico en la playa de Varadero.

CÁRDENAS, c. de México (San Luis Potosí), en la sierra Madre Oriental; 20 235 hab.

CÁRDENAS, mun. de México (Tabasco); 61 017 hab. Economía agropecuaria.

CÁRDENAS (Agustín), *Matanzas 1927-La Habana 2001*, escultor cubano. En 1955 se trasladó a París, donde expuso con los surrealistas (1956 y 1959). Sus esculturas se relacionan con las obras de Brancusi y Arp. (Premio nacional de artes plásticas 1995.)

CÁRDENAS (Augusto, llamado Guty), *Mérida 1905-México 1932*, compositor y cantante mexicano. Descolló desde 1928 como intérprete de bambucos, rancheras y boleros propios y ajenos (*Nunca; Caminante de Mayab; Quisiera*).

CÁRDENAS (Cuauhtémoc), *Michoacán 1934*, político mexicano. Hijo de Lázaro Cárdenas, fue gobernador de Michoacán (1980-1986). En 1987 renunció al PRI y aglutinó el Frente democrático nacional (1986-1987), convertido posteriormente en Partido de la revolución democrática (PRD). Candidato a la presidencia de la república en 1987-1988 y 1994, fue el primer jefe de gobierno del Distrito Federal elegido mediante votación (1997-1999).

CÁRDENAS (Lázaro), *Jiquilpan, 1895-México 1970*, militar y político mexicano. Alcanzó el grado de general durante la revolución. Gobernador de Michoacán (1928-1929), presidente del Partido revolucionario nacional (1929), que transformó (1938) en Partido de la revolución mexicana —origen del actual PRI—, fue presidente (1934-1940). Impulsó la reforma agraria y la industrialización y nacionalizó la industria del petróleo (1938).

CÁRDENAS (Olimpo León **Cárdenas Moreira**, llamado Olimpo), *Vinces 1919-Tuluá, Colombia, 1991*, cantante ecuatoriano. Inició su carrera en Guayaquil y se trasladó en 1953 a Colombia. Obtuvo gran éxito en América Latina como intérprete solista de boleros (*Tu duda y la mía*, 1954). Entre 1956 y 1970 residió en México.

CÁRDENAS (Santiago), *Bogotá 1937*, pintor colombiano. Su obra, hiperrealista, investiga la representación del objeto (*La distancia de la mirada*, 1976).— **Juan C.**, *Bogotá 1939*, pintor y caricaturista colombiano. Hermano de Santiago, es, también, uno de los máximos representantes del hiperrealismo en Latinoamérica.

CARDIEL, lago de Argentina (Santa Cruz); 458 km².

CARDIFF, c. de Gran Bretaña, en la costa S del País de Gales; 272 600 hab. Puerto. Estadio de rugby. Museo nacional del País de Gales; Centro del milenio.

CARDIJN (Joseph), *Schaerbeek 1882-Lovaina 1967*, cardenal belga. Fue el fundador (1924) de la Juventud obrera cristiana (JOC).

CARDIN (Pierre), *Sant'Andrea di Barbarana, Italia, 1922*, modisto francés. Liberó a la moda masculina del rigor británico, y ha sido el primero en imponer en el mundo de la moda sus modelos unisex y su estilo futurista.

CARDINALE (Claudia), *Túnez 1938*, actriz de cine italiana. Mito erótico de las décadas de 1950 y 1960 (*Rufufú*, M. Monicelli, 1958; *Fellini 8 y 1/2*, F. Fellini, 1962; *El gatopardo*, L. Visconti, 1963), ha trabajado también fuera de su país (*La pantera rosa*, B. Edwards, 1964; *Fitzcarraldo*, W. Herzog, 1982).

CARDONA, v. de España (Barcelona); 5 567 hab. (*cardonenses*). Murallas. Castillo que engloba la colegiata románica de San Vicente (1040). Iglesia parroquial (s. XIV).

CARDONA (casa de), casa nobiliaria de la Cataluña medieval. Hugo Folc II (1334-1400) creó el condado de Cardona (1375), convertido en ducado por Juan Ramón Folc IV (1486-1513), en 1491. A la muerte de la duquesa Catalina (1697), el ducado pasó a su esposo, Juan de la Cerda, duque de Medinaceli.

CARDONA (Manuel), *Barcelona 1934*, físico español. Especializado en física del estado sólido, son clásicos sus estudios sobre los semiconductores en los que interpreta las propiedades de estos en términos de interacciones electrónicas.

CARDONA (Rafael), *San José 1892-íd. 1973*, ensayista y poeta costarricense. Periodista en su país y en México, como ensayista trató sobre el hombre y la cultura, así como del valor de la emoción sobre la inteligencia. Su poesía, poblada de símbolos modernistas en sus inicios (*Oro de las montañas*, 1916), aborda el tema del destino (*Macbeth; Estirpe*).

CARDOSO (Fernando Henrique), *Río de Janeiro 1931*, sociólogo y político brasileño. Es autor de numerosos análisis socioeconómicos (*Dependencia y desarrollo en América Latina*, 1969). Miembro del centroderechista Partido socialdemócrata brasileño, fue presidente de 1995 a 2003. Premio Príncipe de Asturias de cooperación internacional 2000.)

CARDOSO (Isaac), *Lisboa 1615-1680*, médico y filósofo portugués. Estudió en Salamanca y residió en España. Filósofo ecléctico, criticó el hilemorfismo en favor del atomismo.

CARDOSO (Ornelio Jorge), *Calabazar de Sagua 1914-La Habana 1988*, escritor cubano, autor de cuentos realistas de ambiente rural (*El carbonero*, 1945; *La otra muerte del gato*, 1964; *Gente de pueblo*, 1962).

CARDOZA Y ARAGÓN (Luis), *Antigua Guatemala 1904-México 1992*, escritor guatemalteco. Poeta surrealista (*Luna park*, 1923; *El sonámbulo*, 1937), también fue crítico de arte y ensayista político (*Guatemala: las líneas de su mano*, 1955).

CARDOZO (Efraím), *Villa Rica 1906-Asunción 1973*, historiador paraguayo. Autor de *Historiografía paraguaya* (1959), fue uno de los artífices del tratado de Buenos Aires (1938) que fijó las fronteras con Bolivia.

CARDUCCI (Giosuè), *Valdicastello 1835-Bolonia 1907*, escritor italiano. Poeta oficial de la Italia unificada, intentó fundir la balada romántica y la prosodia grecolatina. (Premio Nobel 1906.)

CARDUCHO (Bartolomeo **Carducci**, llamado en España Bartolomé), *Florencia h. 1560-El Pardo 1608*, pintor italiano. Pintor de cámara de Felipe III e iniciador del barroco madrileño, llegó a España con Zuccaro para trabajar en El Escorial (1585). — **Vincenzo C.**, llamado en España **Vicente C.**, *Florencia 1576-Madrid 1638*, pintor italiano. Hermano de Bartolomeo, fue la figura dominante de la escuela barroca madrileña del primer cuarto del s. XVII.

CARDÚS (Ana), *México 1943*, bailarina mexicana. Actuó con el Ballet concierto de México y con el Gran ballet del marqués de Cuevas, y fue primera bailarina del Ballet de Stuttgart.

CARELIA, región del N de Europa, entre el mar Blanco y el golfo de Finlandia, repartida entre Rusia (la mayor parte) y Finlandia.

CARELIA (República de), república del NO de Rusia; 792 000 hab.; cap. *Petrozavodsk*.

CARES o **KHARES**, *h. 400-330 a. C.*, general ateniense. Fue vencido en Queronea (338) por Filipo de Macedonia.

CAREY (Henry Charles), *Filadelfia 1793-íd. 1879*, economista estadounidense. Favorable a las posturas proteccionistas, sostuvo, contra Malthus, la tesis del rendimiento creciente de las tierras en agricultura.

CARIA, ant. región del SO de Asia Menor, en el mar Egeo; c. prales. *Mileto* y *Halicarnaso*.

CARÍAS ANDINO (Tiburcio), *Tegucigalpa 1876-íd. 1969*, político y militar hondureño. Elegido presidente en 1932, se mantuvo en el cargo dictatorialmente de 1933 a 1949. Fundó el conservador Partido nacional.

CARIBDIS MIT. Remolino del estrecho de Mesina, muy temido. Quien lograba evitarlo, a menudo chocaba contra la roca de Escila, muy próxima. De ahí la frase *Estar entre Escila y Caribdis*, es decir, pasar de un mal a otro peor.

CARIBE, región geográfica que agrupa el conjunto de las Antillas y una parte de las tierras que rodean el mar de las Antillas.

CARIBE (mar) o **MAR DE LAS ANTILLAS**, mar marginal del Atlántico tropical, limitado por el continente americano y los arcos insulares de las Grandes y las Pequeñas Antillas; 2 500 000 km².

Caribe oriental (Organización de estados del), en ingl. **Organization of Eastern Caribbean States** (OECS), agrupación internacional constituida en 1981 por países del Caribe oriental (Anguila, Antigua y Barbuda, Dominica, Granada, Montserrat, Saint Kitts-Nevis, Santa Lucía y San Vicente y las Granadinas), pertenecientes todos al Caricom.

Caricom (Caribbean Community and Common Market), organización internacional creada en 1973 para promover la integración y cooperación socioeconómica de los países del Caribe, principalmente anglófonos (Guyana, Haití y Trinidad y Tobago son también países miembros). Sustituyó a Carifta (Caribbean Free Trade Association), fundada en 1965.

CARIGÜELA (cueva de La), sitio arqueológico de España (Piñar, Granada) con restos del paleolítico medio a la edad de bronce.

CARINTIA, prov. del S de Austria; 537 000 hab.; cap. *Klagenfurt*.

CARIÑENA, c. de España (Zaragoza); 2 875 hab. (*cariñenses*). Centro comarcal del *Campo* *de Cariñena*, primera región vitivinícola aragonesa.

CARIPITO, c. de Venezuela (Monagas), cap. del mun. de Colón; 24 433 hab. Puerto petrolero y de cabotaje en el río Caripe. Refinería de petróleo.

CARISSIMI (Giacomo), *Marino, cerca de Roma, 1605-Roma 1674*, compositor italiano. Contribuyó a fijar la forma del oratorio en Italia.

CARITES, nombre griego de las Gracias.

CARLETON (Guy), barón **Dorchester**, *Strabane, Irlanda, 1724-Stubbings 1808*, general británico. Gobernador de la provincia de Quebec (1768-1778 y 1786-1796), hizo adoptar el Acta de Quebec (1774).

CARLISLE, c. de Gran Bretaña (Inglaterra), cap. de Cumbria; 73 200 hab. Catedral de los ss. XII-XIV.

CARLISTA (rama), línea de la casa de Borbón que reivindica desde 1833 la corona española. — **Carlos María Isidro de Borbón**, *Madrid 1788-Trieste 1855*, infante de España y pretendiente al trono con el nombre de Carlos V (1833-1845), hijo de Carlos IV. — **Carlos de Borbón y de Braganza**, conde de Montemolín, *Madrid 1818-Trieste 1861*, pretendiente al trono con el nombre de Carlos VI (1845-1860), hijo de Carlos María Isidro. — **Juan Carlos de Borbón y Braganza**, *Aranjuez 1822-Brighton 1887*, pretendiente al trono con el nombre de Juan III (1861-1868), hermano de Carlos. — **Carlos de Borbón y de Austria-Este**, *Liubliana 1848-Varese 1909*, pretendiente al trono con el nombre de Carlos VII (1868-1909), hijo de Juan Carlos. — **Jaime de Borbón y de Borbón**, *Vevey, Suiza, 1870-París 1931*, pretendiente al trono con el nombre de Jaime III (1909-1931), hijo de Carlos (VII). — **Alfonso Carlos de Borbón y de Austria-Este**, *Londres 1849-Viena 1936*, pretendiente al trono con el nombre de Alfonso Carlos I (1931-1936). Hermano de Carlos, a su muerte el carlismo se escindió en distintas ramas.

carlista (primera guerra) o **guerra de los Siete años** (1833-1840), contienda civil entre las ramas cristina y carlista de los Borbones españoles, Navarra fue el principal núcleo carlista, al mando de Zumalacárregui y, posteriormente, Vicente González Moreno. Espartero los derrotó en Luchana (Vizcaya, 1836) y Aranzaque (Guadalajara, 1837), y acordó la paz con Maroto, jefe supremo carlista (abrazo de Vergara, agosto de 1839). Cabrera prosiguió la guerra en el Bajo Aragón y el Maestrazgo hasta julio de 1840.

carlista (segunda guerra) o **guerra dels matiners** («de los madrugadores») [1846-1849], contienda civil desarrollada principalmente en Cataluña, que estalló a raíz de la frustrada boda entre Isabel II y Carlos VI. En 1848 Cabrera asumió el mando de las tropas carlistas, que fueron derrotadas por las tropas gubernamentales. La guerra acabó con la huida de Cabrera (abril de 1849).

carlista (tercera guerra) [1872-1876], contienda civil entre los partidarios del pretendiente Carlos VII y el gobierno español. Hasta 1874 los carlistas lograron notables victorias en Cataluña y Navarra. Después de la restauración borbónica (diciembre de 1874), el ejército tomó las plazas carlistas de Cataluña (Olot, Seo de Urgel). Martínez Campos venció a los carlistas en Montejurra y Estella (febrero de 1876) y provocó la huida de Carlos VII.

Carlitos → **Charlot**.

CARLOMAGNO o **CARLOS I el Grande**, *742 o 747-Aquisgrán 814*, rey de los francos (768-814) y de los lombardos (774-814), emperador de occidente (800-814), de la dinastía carolingia. Primogénito de Pipino el Breve, tras la muerte de su hermano Carlomán (771) reinó solo. Venció a los lombardos y dueño del N de Italia (774). Creó el reino de Aquitania, se apoderó de Baviera y sometió a los frisones (785), los ávaros de Panonia (796) y los sajones (804), a los que combatió durante más de treinta años. Tras fracasar en la conquista de la España musulmana, creó una zona de seguridad al S de los Pirineos, la Marca Hispánica; asimismo, estableció una marca de Bretaña (789-790). El día de Navidad de 800 fue coronado por el papa emperador de los romanos.

Desde Aquisgrán, su residencia habitual, controlaba la administración de los condes y los obispos por intermedio de los *missi dominici* y de la asamblea anual de los notables. Animador de un verdadero renacimiento cultural, recurrió a letrados (Alcuino) y creó una escuela palatina. Multiplicó los talleres de arte en los monasterios, veló por el desarrollo del cristianismo y recuperó los contactos comerciales con oriente. En 813 hizo coronar a su hijo Luis el Piadoso (Ludovico Pío). Pronto pasó a la leyenda e inspiró numerosos cantares de gesta.

■ **CARLOMAGNO**. Representación imaginaria (h. 1350); relicario de plata dorada. (Catedral de Aquisgrán.)

CARLOMÁN, *h. 715-Vienne, Isère, 754*, mayordomo de palacio de Austrasia, primogénito de Carlos Martel.

CARLOMÁN, *h. 751-Samoussy, cerca de Laon, 771*, rey de los francos (768-771), de la dinastía carolingia. Compartía el poder con su hermano Carlomagno, con el que entró en disputa (769-770). Después de su muerte, Carlomagno hizo enclaustrar a sus hijos.

CARLOMÁN, *h. 829-880*, rey de Baviera (876-880) y rey de Italia (877-879), primogénito de Luis el Germánico.

CARLOMÁN, rey de Francia (879-884), de la dinastía carolingia. Hijo de Luis II el Tartamudo, reinó conjuntamente con su hermano Luis III hasta 882.

SANTO

CARLOS BORROMEO (san), *Arona 1538-Milán 1584*, prelado italiano. Arzobispo de Milán y cardenal, hizo una gran contribución a la reforma católica, restaurando la disciplina eclesiástica mediante visitas pastorales, la celebración de sínodos, la organización de seminarios y la enseñanza del catecismo.

IMPERIO CAROLINGIO

CARLOS I → **CARLOMAGNO**.

CARLOS II → **CARLOS II el Calvo** [Francia].

CARLOS III el Gordo, *Neidingen 839-íd. 888*, emperador de occidente (881-887) y rey de Germania (882-887) y de Francia (884-887), de la dinastía carolingia. Hijo menor de Luis el Germánico, restauró en teoría el imperio de Carlomagno, pero, a causa de su debilidad frente a los normandos, fue depuesto en la dieta de Tribur (887).

SACRO IMPERIO

CARLOS IV de Luxemburgo, *Praga 1316-íd. 1378*, rey de Germania (1346-1378) y de Bohemia (Carlos I) [1346-1378], emperador germánico (1355-1378). Hijo de Juan I de Luxemburgo, promulgó la *Bula de oro* (1356) e hizo de Praga, a la que dotó de universidad (1348), el centro cultural del imperio.

CARLOS V o **CARLOS QUINTO** → **CARLOS I** [España].

CARLOS VI, *Viena 1685-íd. 1740*, emperador germánico (1711-1740), rey de Hungría (Carlos III) [1711-1740] y de Sicilia (Carlos VI) [1714-1734], de la dinastía de los Habsburgo. Era el segundo hijo de Leopoldo I. Pretendiente

a la corona de España, que disputó a Felipe V, tuvo que renunciar a sus aspiraciones tras la guerra de Sucesión (tratado de Rastadt, 1714). Intentó que Europa aceptara la Pragmática sanción de 1713, por la que garantizaba a su hija María Teresa la sucesión de Austria. En 1738 perdió definitivamente Nápoles y Sicilia.

CARLOS VII ALBERTO, *Bruselas 1697-Munich 1745*, elector de Baviera (1726-1745), emperador germánico (1742-1745). Disputó a María Teresa la sucesión de Austria.

AUSTRIA

CARLOS DE HABSBURGO, *Florencia 1771-Viena 1847*, archiduque de Austria. Tercer hijo de Leopoldo II, ministro de guerra desde 1805 y mariscal de campo, combatió a Napoleón en Essling (mayo 1809) y fue derrotado en Wagram (julio). Fue beatificado en 2004.

CARLOS I, *Persenbeug 1887-Funchal, Madeira, 1922*, emperador de Austria y rey de Hungría (Carlos IV) [1916-1918], de la casa de Habsburgo-Lorena. Sobrino nieto y sucesor de Francisco José I, en 1917 mantuvo negociaciones secretas con los Aliados. Tras la proclamación de la república en Austria (1918), intentó recuperar el poder en Hungría (1921).

BORGOÑA

CARLOS el Temerario, *Dijon 1433-ante Nancy 1477*, duque de Borgoña (1467-1477). Encabezó la Liga del bien público, contraria a Luis XI, para engrandecer y unificar los Estados borgoñones.

ESPAÑA

CARLOS I, *Gante 1500-Yuste 1558*, príncipe de Países Bajos (1506-1555), rey de España (1516-1556), rey de Sicilia (Carlos IV) [1516-1556], titular del Sacro Imperio romano germánico (Carlos Quinto) [1519-1556]. Hijo de Felipe el Hermoso, archiduque de Austria, y de Juana la Loca, reina de Castilla, en 1515 recibió el gobierno de los Países Bajos y, a la muerte de Fernando el Católico (1516), heredó las coronas de Aragón, Nápoles y Sicilia y la de Castilla, de la que dependían vastas colonias en América. Elegido a la cabeza del Sacro Imperio (1519), gobernó un inmenso territorio donde «no se ponía el sol», pero tuvo que luchar en distintos frentes. Empezó por imponer un dominio incontestable en Castilla, después de aplastar militarmente la revuelta de las *Comunidades* (1520-1522) y eliminar las prerrogativas políticas de las cortes castellanas. También debió someter las germanías valenciana y mallorquina (1519-1523). En el exterior, y pese a la firma de la *pax gallica* (1516), los enfrentamientos con Francia por el dominio de Italia se sucedieron hasta la sumisión de Génova (1528) y Milán (1535). En el Mediterráneo, el Imperio tenía la amenaza del poderío turco. Con la primera cruzada sobre África, Carlos I reconquistó Túnez (1535). Pero los turcos derrotaron a la flota aliada del Imperio, Venecia y el papa frente a Epiro (1538), fracasó la segunda cruzada sobre África (1541), y Trípoli (1551) y Bugía (1554) cayeron en manos de los turcos, aunque la debilidad interna de Turquía limitó el alcance de estas derrotas. En Alemania, el emperador se enfrentó a la difusión del protestantismo. Desde 1531 mantuvo una larga guerra con la liga de Smalkalda (batalla de Mühl-

■ **CARLOS I** de España, por Tiziano. (Antigua pinacoteca, Múnich.)

■ **CARLOS EL TEMERARIO**. Retrato atribuido a Van der Weyden. (Galería de pintura de Berlín-Dahlem.)

berg, 1547). En la paz de Augsburgo (1555) reconoció a los príncipes luteranos la libertad de cultos y la propiedad de los bienes secularizados. Enfermo, abdicó en 1555-1556 y se retiró al monasterio extremeño de Yuste. Su hijo Felipe heredó sus dominios hispano-flamenco-italianos, con el vasto imperio americano de Indias, mientras otro hijo suyo, Fernando, recibió el título de emperador del Sacro Imperio romano germánico.

CARLOS II, *Madrid 1661-íd. 1700*, rey de España y de Sicilia (Carlos I) [1665-1700], último Habsburgo de España. Hijo de Felipe IV y de Mariana de Austria, cedió el gobierno a sus validos (Nithard, Valenzuela, Juan de Austria). Las guerras con Francia (1690-1695) aceleraron la decadencia política y económica de España. Murió sin descendencia y cedió el trono a Felipe de Anjou, lo que dio lugar a la guerra de *Sucesión (1701-1715).

CARLOS III, *Madrid 1716-íd. 1788*, duque de Parma y Plasencia (Carlos I) [1731-1735], rey de Nápoles y Sicilia (Carlos VII) [1734-1759] y de España (1759-1788), de la dinastía de los Borbones. Hijo de Felipe V de España y de Isabel Farnesio, máximo exponente del despotismo ilustrado en España, tuvo como ministros a Esquilache, Floridablanca, Campomanes y Aranda. Tras el motín de Esquilache expulsó a los jesuitas (1767). Entre sus medidas reformistas destacan los límites impuestos a la Mesta y a los gremios, la repoblación de Sierra Morena (1767-1775) y los decretos de libertad de comercio con América (1765-1778). Apoyó las sociedades económicas de Amigos del país. En el exterior, fue aliado de Francia y luchó contra Gran Bretaña en la guerra de los Siete años y de 1779 a 1783.

CARLOS IV, *Portici, Nápoles, 1748-Roma 1819*, rey de España (1788-1808), de la dinastía de los Borbones. Hijo de Carlos III y de María Amalia de Sajonia, confió el gobierno a Godoy (1792-1808). Este rompió con la anterior política ilustrada y mantuvo guerras con Francia (1793-1796) y Gran Bretaña (1796-1802, 1804-1805), que colapsaron el comercio colonial. La invasión francesa de 1808 provocó el estallido del motín de Aranjuez, que forzó al rey a abdicar en favor de su hijo Fernando y a instalarse en Bayona.

CARLOS DE AUSTRIA, *Valladolid 1545-Madrid 1568*, heredero del trono español. Hijo de Felipe II y de María de Portugal. Permanentemente enfrentado con su padre, unos rumores sobre contactos con los rebeldes de los Países Bajos provocaron su encierro en el alcázar de Madrid (enero de 1568), donde falleció.

CARLOS V → **CARLISTA** (rama).
CARLOS VI → **CARLISTA** (rama).
CARLOS VII → **CARLISTA** (rama).

FRANCIA

CARLOS MARTEL, *h. 688-Quierzy 741*, mayordomo de palacio de Austrasia y de Neustria. Hijo de Pipino de Heristal, en 732 detuvo en Poitiers la invasión musulmana. Sometió Aquitania, Provenza y Borgoña, restaurando la unidad del reino franco, y dividió su reino entre sus hijos Carlomán y Pipino el Breve.

CARLOS II el Calvo, *Frankfurt del Main 823-Avrieux, en los Alpes, 877*, rey de Francia (843-877) y emperador de occidente (875-877), de la dinastía carolingia. Hijo de Ludovico Pío, firmó con sus hermanos Lotario y Luis el Germánico el tratado de Verdún (843), que lo convirtió en rey de la *Francia occidentalis*. A la muerte del emperador Luis II (875) recibió la corona imperial y obtuvo Provenza.

CARLOS III el Simple, *879-Péronne 929*, rey de Francia (898-923), de la dinastía carolingia. Hijo póstumo de Luis II el Tartamudo, compartió el trono con el conde de París, Eudes, de 893 a 898. Cedió Normandía a Rollon (911). Fue derrotado por Hugo el Grande en Soissons, y destronado en 923.

CARLOS IV el Hermoso, *h. 1295-Vincennes 1328*, rey de Francia y de Navarra (Carlos I) [1322-1328], último de los Capetos directos. Era el tercer hijo de Felipe IV de Francia y de Juana I de Navarra.

CARLOS V el Sabio, *Vincennes 1338-Nogent-sur-Marne 1380*, rey de Francia (1364-1380), de la dinastía de los Valois. Hijo de Juan II, asumió el gobierno del reino (1356-1360) mientras su padre estuvo prisionero. Arrebató a los ingleses casi todas sus posesiones francesas y se enfrentó a la insurrección campesina (Jacquerie). Llevó a cabo reformas militares y financieras, y reunió una importante colección de manuscritos.

CARLOS VI el Bienamado, *París 1368-íd. 1422*, rey de Francia (1380-1422), de la dinastía de los Valois. Hijo de Carlos V, inició el gobierno bajo la tutela de sus tíos, que aumentaron los impuestos y provocaron insurrecciones urbanas. El rey enloqueció y el gobierno pasó a la reina Isabel. La división entre armañacs y borgoñones se agudizó, e Inglaterra consiguió dominar casi todo el reino.

CARLOS VII, *París 1403-Mehun-sur-Yèvre*

1461, rey de Francia (1422-1461), de la dinastía de los Valois. Hijo de Carlos VI, con la ayuda de Juana de Arco venció a los ingleses y los expulsó, excepto en Calais. Reformó el gobierno, las finanzas y el ejército, que se convirtió en permanente. Sometió a los nobles y al clero (*pragmática sanción de Bourges*, 1438).

CARLOS VIII, *Amboise 1470-íd. 1498*, rey de Francia (1483-1498), de la dinastía de los Valois. Hijo de Luis XI, controló una revuelta nobiliaria (1488). Casó con Ana de Bretaña (1499), preludio de la anexión de ese ducado. Devolvió el Rosellón y la Cerdaña a Aragón y el Franco Condado y Artois a Austria, con el fin de no tener enemigos en su proyecto de conquista de Nápoles, pero fracasó.

CARLOS IX, *Saint-Germain-en-Laye 1550-Vincennes 1574*, rey de Francia (1560-1574), de la dinastía de los Valois. Hijo de Enrique II, el poder real lo ejerció su madre Catalina de Médicis y, desde 1570, el protestante Coligny.

CARLOS X, *Versalles 1757-Görz, act. Gorizia, 1836*, rey de Francia (1824-1830), de la dinastía de los Borbones. Hijo de Luis XV, fue proclamado rey al morir su hermano Luis XVIII. Impopular por el autoritarismo de sus ministros, la disolución de la cámara de representantes y la supresión de la libertad de prensa provocaron la revolución de julio de 1830.

GRAN BRETAÑA

CARLOS I, *Dunfermline 1600-Londres 1649*, rey de Inglaterra, de Escocia y de Irlanda (1625-1649), de la dinastía de los Estuardo. Hijo de Jacobo I, en política exterior continuó la guerra contra España, y fue derrotado en Cádiz (1625) y La Rochela (1628). Presionado hacia el despotismo por sus ministros Buckingham, Strafford y el obispo Laud, así como por su esposa, Enriqueta de Francia, provocó una violenta oposición parlamentaria; la petición de derechos (1628) lo llevó a disolver el parlamento (1629) y a gobernar solo. En 1640 la revuelta escocesa lo obligó a convocar el «parlamento corto», y más tarde el «parlamento largo», que envió primero a Strafford, y después a Laud, a la muerte. Dichas ejecuciones, a las que el rey no tuvo el coraje de oponerse, y sus simpatías hacia los católicos provocaron la ruptura entre el rey y el parlamento (1642). Entonces estalló la guerra civil entre los partidarios del rey y el ejército del parlamento, que se alió a los escoceses. El ejército real fue derrotado en Naseby (1645). Carlos I se rindió a los escoceses, que lo entregaron al parlamento. Su evasión (1647) provocó una segunda guerra civil y la victoria del ejército de Cromwell. Este último obtuvo del «parlamento depurado» (*Rump Parliament*) la condena a muerte del rey, quien fue decapitado en Whitehall (1649).

CARLOS II, *Londres 1630-íd. 1685*, rey de Inglaterra, de Escocia y de Irlanda (1660-1685), de la dinastía de los Estuardo. Hijo de Carlos I y de Enriqueta de Francia, exiliado tras la victoria de Cromwell, su vuelta a Inglaterra (1660) fue facilitada por la adhesión del general Monck. Hirió el sentimiento nacional inglés al aliarse con Francia contra las Provincias Unidas, para asegurarse los subsidios de Luis XIV (1664-1667), y por su tolerancia con los católicos. Por ello tuvo que soportar la oposición del parlamento, favorable al anglicanismo, y tuvo que aceptar el *Test Act* (1673) y el *habeas corpus* (1679). En 1681 disolvió el parlamento, que había intentado apartar al futuro Jacobo II de la sucesión real.

CARLOS DE INGLATERRA, *Londres 1948*, príncipe de Gales (1969). Hijo de Isabel II y Felipe de Edimburgo. En 1981 casó con Diana Spencer (1961-1997), con la que tuvo dos hijos: Guillermo (1982) y Enrique (1984) y de la que se divorció en 1996.

HUNGRÍA

CARLOS I ROBERTO o **CAROBERTO**, *Nápoles 1288-Visegrád 1342*, rey de Hungría (1301-1342), de la casa de Anjou.

CARLOS II → **CARLOS III** [Sicilia y Nápoles].

CARLOS III → **CARLOS VI** [Sacro Imperio].

CARLOS IV → **CARLOS I** [Austria].

■ **CARLOS II** de España, por Claudio Coello. (Museo del Prado, Madrid.)

■ **CARLOS III** de España, por Goya. (Museo del Prado, Madrid.)

■ **CARLOS IV** de España, por Goya. (Museo del Prado, Madrid.)

■ **CARLOS V** de Francia. (Museo del Louvre, París.)

■ **CARLOS VII** de Francia. (Museo del Louvre, París.)

■ **CARLOS X** de Francia. (Museo de bellas artes, Dunkerque.)

■ **CARLOS I** de Gran Bretaña, por Van Dyck. (Museo del Louvre, París.)

■ **CARLOS XII** de Suecia. (Museo Condé, Chantilly.)

NAVARRA

CARLOS I → CARLOS IV el Hermoso [Francia].

CARLOS II el Malo, *Évreux 1332-Pamplona 1387,* rey de Navarra (1349-1387). Nieto de Luis X, rey de Francia. Tras fracasar sus aspiraciones al trono de Francia, tomó parte en la guerra de los dos Pedros (1356-1369), apoyando sucesivamente a uno y otro bando, y en la guerra civil castellana (1366-1369), contra Enrique de Trastámara.

CARLOS III el Noble, *Mantes, Francia, 1361-Olite 1425,* rey de Navarra (1387-1425). Hijo de Carlos II el Malo, firmó tratados con Castilla (1394), Aragón (1388, 1399, 1402), Inglaterra (1393) y Francia (1402).

CARLOS IV → VIANA (príncipe de).

RUMANIA

CARLOS I → CAROL I.
CARLOS II → CAROL II.

SICILIA Y NÁPOLES

CARLOS I, *1226-Foggia 1285,* conde de Anjou, del Maine y de Provenza (1246-1285), rey de Sicilia (1266-1285). Hermano de san Luis, casó con Beatriz, hija de Ramón Berenguer IV de Provenza. La revuelta de las Vísperas sicilianas (1282) le privó de la isla de Sicilia y provocó la formación de dos reinos de Sicilia, uno insular, en manos de la casa de Barcelona, y otro peninsular, en manos de los Anjou. Con el apoyo de Felipe III de Francia y del papa, intentó apoderarse, sin éxito, de los territorios de la Corona de Aragón. Carlos I, persiguiendo sus sueños de convertir Sicilia en centro de un gran imperio mediterráneo que se extendiera hasta Oriente, fue por breve tiempo rey de Albania (1272) y rey de Jerusalén (1277).

CARLOS II el Cojo, *h. 1248-Nápoles 1309,* rey de Sicilia peninsular (Nápoles) [1285-1309], hijo de Carlos I.

CARLOS III de Durazzo, *1345-Buda 1386,* rey de Nápoles (1381-1386) y de Hungría (Carlos II) [1385-1386].

CARLOS IV → CARLOS I [España].

CARLOS V → CARLOS II [España].

CARLOS VI → CARLOS VI [Sacro Imperio].

CARLOS VII → CARLOS III [España].

SUECIA

CARLOS IX, *Estocolmo 1550-Nyköping 1611,* rey de Suecia (1599) y rey de Noruega (1604-1611). Tercer hijo de Gustavo Vasa y padre de Gustavo II, aseguró la unidad política y religiosa del reino.

CARLOS X GUSTAVO, *Nyköping 1622-Göteborg 1660,* rey de Suecia (1654-1660). Sucesor de Cristina, impuso en Dinamarca la paz de Roskilde (1658), que le reportó en particular Escania.

CARLOS XI, *Estocolmo 1655-íd. 1697,* rey de Suecia (1660-1697). Hijo y sucesor de Carlos X Gustavo, en 1675 fue aliado de Francia contra las Provincias Unidas. Instauró la monarquía absoluta.

CARLOS XII, *Estocolmo 1682-Fredrikshald, act. Halden, Noruega, 1718,* rey de Suecia (1697-1718). Hijo de Carlos XI, metió al país en la guerra del Norte (1700-1721). Vencedor de los daneses en Copenhague (1700) y de los rusos en Narva (1700), invadió Polonia y destronó a Augusto II (1704), pero fue derrotado por el zar Pedro el Grande en Poltava (1709) y se refugió entre los turcos, que lo retuvieron preso. Regresó a Suecia en 1715, atacó Noruega y fue muerto en el sitio de Fredrikshald.

CARLOS XIII, *Estocolmo 1748-íd. 1818,* rey de Suecia (1809-1818) y de Noruega (1814-1818). Cedió Finlandia a Rusia, y en 1814 obtuvo la corona de Noruega. Designó sucesor al mariscal Bernadotte.

CARLOS XIV o CARLOS-JUAN (Jean Baptiste **Bernadotte**), *Pau 1763-Estocolmo 1844,* mariscal de Francia, rey de Suecia y de Noruega (1818-1844). Destacó en las guerras de la Revolución y del Imperio, y fue nombrado mariscal del Imperio (1804) y príncipe de Pontecorvo (1806). Como príncipe heredero de Suecia (1810) combatió a Napoleón en la campaña de Rusia y en Leipzig; sucedió a Carlos XIII en 1818, fundando así la dinastía actual de Suecia.

CARLOS XV, *Estocolmo 1826-Malmö 1872,* rey de Suecia y de Noruega (1859-1872). Hijo mayor de Óscar I, aceleró la democratización de Suecia.

CARLOS XVI GUSTAVO, *castillo de Haga, Estocolmo, 1946,* rey de Suecia desde 1973. Sucedió a su abuelo Gustavo VI Adolfo.

Carlos III (orden de), la más alta condecoración española, fundada en 1771 por Carlos III.

CARLOS (padre), *h. 1620-1680,* religioso y escultor quiteño. Realizó numerosos retablos para la Compañía de Jesús, un *Calvario* y dos estatuas de san Ignacio y san Francisco Javier, el *Cristo de la columna* y *San Pedro arrodillado,* entre otras obras de imaginería barroca.

CARLOS ALBERTO, *Turín 1798-Oporto, Portugal, 1849,* rey de Cerdeña (1831-1849). Promulgó el *Estatuto fundamental* (1848), que estableía una monarquía constitucional. Intentó liberar Lombardía, pero fue derrotado por los austríacos en Custozza (1848) y en Novara (1849), y tuvo que abdicar en favor de su hijo Víctor Manuel II.

CARLOS ALBERTO (Carlos Alberto **Torres,** llamado), *Río de Janeiro 1945,* futbolista brasileño. Lateral derecho, ganó la copa del mundo con la selección de su país en 1970.

CARLOS CASARES, partido de Argentina (Buenos Aires); 20 041 hab. Destilerías de alcohol.

CARLOS FÉLIX, *Turín 1765-íd. 1831,* rey de Cerdeña (1821-1831).

CARLOS MANUEL I el Grande, *Rivoli 1562-Savigliano 1630,* duque de Saboya (1580-1630).

CARLOS MANUEL II, *Turín 1634-íd. 1675,* duque de Saboya (1638-1675).

CARLOS MANUEL III, *Turín 1701-íd. 1773,* duque de Saboya y rey de Cerdeña (1730-1773).

CARLOS MANUEL IV, *Turín 1751-Roma 1819,* rey de Cerdeña (1796-1802). Expulsado por los franceses de sus estados continentales, abdicó en favor de su hermano Víctor Manuel I.

CARLOTA, *Laeken 1840-castillo de Bouchout, cerca de Bruselas, 1927,* emperatriz de México, princesa de Bélgica y de Sajonia-Coburgo-Gotha. Hija de Leopoldo I de Bélgica, casó con el archiduque Maximiliano (1857), que en 1864 se convirtió en emperador de México, y enloqueció tras el fusilamiento de su marido.

CARLOTA DE NASSAU, *castillo de Berg 1896-castillo de Fischbach 1985,* gran duquesa de Luxemburgo (1919-1964). En 1964 abdicó en favor de su hijo Juan.

CARLSBAD, c. de Estados Unidos (Nuevo México); 21 000 hab. Inmensas grutas en los alrededores (patrimonio de la humanidad 1995). Potasa.

CARLSBAD o KARLSBAD → KARLOVY VARY.

CARLSON (Carolyn), *Oakland 1943,* bailarina y coreógrafa estadounidense. Instalada en Europa desde 1974, ha desempeñado un papel fundamental en el desarrollo de la danza moderna. Sus creaciones, principalmente en París y en Venecia, expresan una poesía visual (*Blue Lady,* 1983; *Signes,* 1997; *Full Moon,* 2006).

CARLSSON (Ingvar), *Borås 1934,* político sueco. Presidente del Partido socialdemócrata (1986-1996), fue primer ministro de 1986 a 1991, y de 1994 a 1996.

CARLYLE (Thomas), *Ecclefechan, Escocia, 1795-Londres 1881,* historiador y escritor británico. Influido por el idealismo alemán y fascinado por los héroes carismáticos, es autor de una novela autobiográfica de gran fuerza, *Sartor Resartus,* y de una importante *Historia de la Revolución francesa.*

CARMAGNOLA (Francesco Bussone, llamado), *Carmagnola h. 1380-Venecia 1432,* condotiero italiano. Estuvo al servicio de Milán, y más tarde de Venecia. Fue acusado de traición y decapitado.

CARMELO, c. de Uruguay (Colonia); 14 127 hab. Puerto fluvial. Turismo.

CARMELO (monte), montaña de Israel, por encima de Haifa; 546 m. Está considerado la cuna de la orden de los carmelitas, por haberse retirado a él un cruzado en el s. XII, Bertoldo, atrayendo a muchos discípulos. (Reserva de la biosfera 1996.)

CARMEN, mun. de México (Campeche), en la isla homónima; 144 684 hab.; cab. *Ciudad del Carmen.*

Carmen, personaje de una novela corta de P. Mérimée (1845). Gitana hermosa, sensual y apasionada, es el prototipo de la mujer fatal. — La novela inspiró una ópera cómica de G. Bizet (*Carmen,* libreto de H. Meilhac y L. Halévy), y adaptaciones coreográficas de R. Petit (Londres, 1949), A. Alonso (*Carmen-suite,* Moscú, 1967), A. Gades (París, 1983) y Mats Ek (1992). En cine, E. Lubitsch (1918), C. Saura (1983) y F. Rosi (1984), entre otros, dirigieron películas con el mismo título, así como O. Preminger (*Carmen Jones,* 1954).

CARMEN (isla del), isla de México (Campeche), que cierra parcialmente la boca de la laguna de Términos; 151 km². Vegetación selvática. Pesca.

CARMEN (El), dep. de Argentina (Jujuy), en el valle de Jujuy; 62 294 hab. Cereales; ganadería. Harineras.

CARMEN (El), mun. de Venezuela (Anzoátegui), en la zona suburbana de Barcelona; 38 531 hab.

CARMEN DE BOLÍVAR (El), mun. de Colombia (Bolívar), en las sabanas de Bolívar; 61 448 hab.

CARMEN DE VIBORAL, mun. de Colombia (Antioquia); 29 132 hab. Cerámicas; textiles.

CARMONA, c. de España (Sevilla), cab. de p. j.; 25 723 hab. (*carmonenses* o *carmoneses*). Agricultura. Industrias alimentarias. Restos eneolíticos y romanos. Murallas; alcázar (parador turístico). Iglesias de Santa María y San Pedro (ss. XV-XVI). Hacienda La plata (s. XVIII).

CARMONA (António Óscar de **Fragoso**), *Lisboa 1869-Lumiar 1951,* mariscal y político portugués. Presidente de la república desde 1928 hasta su muerte, escogió a Salazar como presidente del consejo (1932).

CARMONA (Luis **Salvador**), *Nava del Rey 1709-Madrid 1767,* escultor español. Sus obras, en su mayoría de imaginería religiosa, pertenecen a la transición del barroco al neoclasicismo (*Virgen de las Angustias,* catedral de Salamanca). — **Manuel Salvador C.,** *Nava del Rey 1734-Madrid 1820,* grabador español. Sobrino de Luis, realizó grabados en un estilo rococó con rasgos neoclásicos.

CARNAC, mun. de Francia (Morbihan); 4 322 hab. Alineaciones de megalitos (fines del neolítico).

CARNAP (Rudolf), *Ronsdorf, act. en Wuppertal, 1891-Santa Mónica 1970,* lógico y filósofo estadounidense de origen alemán. Uno de los promotores del círculo de Viena, intentó formalizar cualquier lenguaje a partir del enfoque sintáctico de los lenguajes matemáticos de Hilbert (*La sintaxis lógica del lenguaje,* 1934).

CARNATIC, ant. reino del S de la India, que se extendía por los actuales estados de Tamil Nadu y Karnātaka.

CARNÉ (Marcel), *París 1906-íd. 1996,* director de cine francés. Es uno de los maestros del realismo poético, de atmósferas sombrías y de senlaces fatales (*El muelle de las brumas,* 1938; *Los hijos del paraíso,* 1945).

CARNÉADES, *Cirene h. 215-Atenas h. 129 a.C.,* filósofo griego. Fundó una escuela, la Nueva academia, e impartió una filosofía escéptica, el probabilismo.

CARNEGIE (Andrew), *Dunfermline, Escocia, 1835-Lenox, Massachusetts, 1919,* industrial estadounidense. Fundador de un trust siderúrgico, amasó una inmensa fortuna y subvencionó fundaciones de caridad, así como instituciones científicas y culturales.

CARNER (Josep), *Barcelona 1884-Bruselas 1970,* poeta español en lengua catalana. Gran exponente del novecentismo, su obra es muy abundante (*Primer libro de sonetos,* 1905; *Los frutos sabrosos,* 1906; *La palabra en el viento,* 1914; *El corazón callado,* 1925; *Nabí,* 1941, su obra maestra). Cultivó, asimismo, el periodismo, el teatro y la narrativa.

CARNERO → ARIES.

carnero (El), libro de J. Rodríguez Freile (1636). Minucioso cuadro del Bogotá colonial, constituye un antecedente de la literatura histórica y costumbrista del s. XIX.

CARNICER (Ramón), *Tárrega 1789-Madrid 1855,* compositor español. Autor de óperas y de música religiosa, compuso el himno nacional de Chile.

CARNICERO, familia de artistas españoles de los ss. XVIII-XIX. — **Alejandro C.,** *Íscar 1693-Madrid 1756.* Escultor, es autor de la sillería del coro de la catedral de Salamanca, en un estilo barroco que enlaza con el neoclasicismo. — **Isidro C.,** *Valladolid 1736-Madrid 1804.* Escultor, hijo de Alejandro, se especializó en imaginería religiosa de estilo neoclásico. — **Antonio C.,** *Salamanca 1748-Madrid 1814.* Pintor y grabador, hermano de Isidro, es autor de obras de estilo rococó.

CARNIOLA, ant. provincia de Austria. La mayoría de su población, eslovena, entró en el reino de los serbios, croatas y eslovenos (1918).

CARNOT (Lazare), *Nolay 1753-Magdeburgo 1823,* político y científico francés. Fue miembro del Comité de salvación pública y organizó los ejércitos de la I república. Se opuso a Napoleón, pero colaboró con él. Fue uno de los iniciadores de la geometría moderna. — **Sadi C.,** *París 1796-íd. 1832,* físico francés. Hijo de Lazare, es considerado el creador de la termodinámica. — **Marie François Sadi,** llamado **Sadi C.,** *Limoges 1837-Lyon 1894,* político francés. Fue presidente (1887-1894).

CARO (sir Anthony), *Londres 1924,* escultor británico. En la década de 1960 empleó el metal en assemblages polícromos de austera geometría. Luego ha trabajado la forja industrial con mayor complejidad y barroquismo.

CARO (José Eusebio), *Ocaña 1817-Santa Marta 1853,* poeta colombiano. Representante del romanticismo, su poesía se centra en temas civiles, filosóficos, sentimentales e indianistas.

CARO (Joseph ben Efraim), *en España o Portugal 1488-Safed, Palestina, 1575,* rabino español. Último gran codificador de la ley rabínica y máxima autoridad talmúdica del s. XVI, entre sus escritos destacan *Bet Iosef (Casa de José,* publicada entre 1550-1559) y la recopilación de leyes *Shuljan Aruj (La mesa puesta,* 1565).

CARO (Manuel Antonio), *Ancud 1833-Valparaíso 1903,* pintor chileno. Fue pintor de escenas populares y costumbristas.

CARO (Miguel Antonio), *Bogotá 1843-íd. 1909,* escritor, filólogo y político colombiano. Fue presidente de 1894 a 1898, y director de la Academia colombiana de la lengua *(Tratado sobre el participio,* 1870; *Del uso en sus relaciones con el lenguaje,* 1881).

CARO (Rodrigo), *Utrera 1573-Sevilla 1647,* escritor español. Es autor del poema *Canción a las ruinas de Itálica* y de *Días geniales o lúdicros* (1626).

CARO BAROJA (Julio), *Madrid 1914-Vera de Bidasoa 1995,* etnólogo e historiador español. Es autor de estudios de antropología cultural *(Los pueblos de España,* 1946; *Los vascos,* 1949; *Las brujas y su mundo,* 1961; *De los arquetipos y leyendas,* 1989), históricos *(Los judíos en la España moderna y contemporánea,* 1962-1963; *Las falsificaciones de la historia,* 1991), literarios y ensayísticos, con una prosa erudita e irónica. (Premio nacional de las letras españolas 1985.) [Real academia 1985.]

CAROBERTO → CARLOS I ROBERTO.

CAROL I o **CARLOS I,** *Sigmaringen 1839-Sinaia 1914,* príncipe (1866-1881) y rey (1881-1914) de Rumania, de la casa de los Hohenzollern. Durante su reinado Rumania proclamó su independencia (1878).

CAROL II o **CARLOS II,** *Sinaia 1893-Estoril, Portugal, 1953,* rey de Rumania (1930-1940). Hijo de Fernando I, fue obligado a renunciar al trono en favor de su hijo Miguel (1926). Se impuso como rey en 1930 y tuvo que abdicar en 1940.

CAROLINA, mun. del NE de Puerto Rico; 177 806 hab. Azúcar. Industrias farmacéuticas y metalúrgicas.

CAROLINA DE BRUNSWICK, *Brunswick 1768-Londres 1821,* reina de Gran Bretaña e Irlanda. Casó (1795) con el futuro Jorge IV, rey de Gran Bretaña, quien la repudió.

CAROLINA DEL NORTE, estado de Estados Unidos de América, a orillas del Atlántico; 6 628 637 hab.; cap. *Raleigh.*

CAROLINA DEL SUR, estado de Estados Unidos de América; 3 486 703 hab.; cap. *Columbia.*

CAROLINA (La), c. de España (Jaén); cab. de

p.j.; 14 938 hab. *(carolinenses).* Industria. Urbanismo del s. XVIII.

CAROLINAS (islas), archipiélago de Oceanía. Descubiertas por el español Toribio Alonso de Salazar (1522), fueron anexionadas por España (1686) y vendidas a Alemania en 1899 (cuestión de las Carolinas, 1885-1888). Pertenecieron a Japón (1919) y desde 1947 fueron administradas en fideicomiso por EUA. Su parte oriental se independizó en 1979 (Estados federados de Micronesia); el O constituye desde 1994 la república de Palaos.

CAROLINGIOS, dinastía franca que sucedió a los Merovingios (751), restauró el Imperio de Occidente de 800 a 887, reinó en Germania hasta 911 y en Francia hasta 987. Fundada por Pipino el Breve, debe su nombre a Carlomagno.

CARÓN o **CARONTE** MIT. GR. Barquero de los Infiernos, que cruzaba en su barca a los muertos por los ríos infernales.

CARONÍ, r. de Venezuela (Bolívar), afl. del Orinoco (or. der.); 690 km. Aprovechamiento hidroeléctrico (centrales de Macagua y *Guri).

CARORA, c. de Venezuela (Lara); 70 715 hab. Minas de mercurio en San Jacinto. Aeropuerto.

Caro y Cuervo (Instituto), institución cultural colombiana, fundada en 1942, dedicada a la lingüística y la filología, especialmente del español de América. Entre su labor, se cuenta la publicación del *Diccionario de construcción y régimen de la lengua castellana* (1994).

CARPACCIO (Vittore), *Venecia h. 1460-¿Capo d'Istria? h. 1525,* pintor italiano. Narrador de gran inventiva, pintó en serie famosas la *Vida de santa Úrsula* (Academia de Venecia), las *Historias de san Jorge, san Jerónimo y san Trifón* y las escenas de la *Vida de santa Helena.*

■ **CARPACCIO.** *Joven caballero en un paisaje* (1510). [Col. Thyssen Bornemisza. Madrid.]

CÁRPATOS, cadena montañosa de Europa oriental, extendida en forma de arco por Eslovaquia, Polonia, Ucrania y sobre todo Rumania. Cubierta de bosques, culmina a 2 655 m.

CARPENTARIA (golfo de), golfo de la costa N de Australia.

CARPENTIER (Alejo), *La Habana 1904-París 1980,* novelista y musicólogo cubano. En su prosa, musical y barroca, confluyen las culturas indígena y europea. Postuló su teoría de lo «real maravilloso» en el prólogo a la novela *El reino de este mundo* (1949), a la que siguieron *Los pasos perdidos* (1953), *El siglo de las luces* (1962), *El recurso del método* (1974) y *Concierto barroco* (1974). Es autor de excelentes relatos y de ensayos de musicología *(La música en Cuba,* 1946). [Premio Cervantes 1977.]

CARPETANIA, ant. región de la península Ibérica, situada entre el Guadiana y el Guadarrama, habitada por los carpetanos.

■ ALEJO
CARPENTIER

■ VENUSTIANO
CARRANZA

CARPIO (Manuel), *Cosamaloapán 1791-México 1860,* poeta mexicano. Autor de narraciones versificadas sobre temas bíblicos con alusiones a hechos locales *(La cena de Baltasar),* su forma de tratar el paisaje *(México; El Popocatépetl)* lo convierte en uno de los primeros románticos latinoamericanos.

CARRÀ (Carlo), *Quargnento, prov. de Alessandria, 1881-Milán 1966,* pintor y teórico italiano. Se adscribió sucesivamente al futurismo, la tendencia «metafísica» y el regreso a la tradición de la década de 1920.

CARRACCI, pintores italianos. **Ludovico C.,** *Bolonia 1555-íd. 1619,* y sus primos, los hermanos **Agostino C.,** *Bolonia 1557-Parma 1602,* y **Annibale C.,** *Bolonia 1560-Roma 1609.* Este último decoró la galería del palacio Farnesio en Roma (bóveda de *Los amores de los dioses,* h. 1595-1600). Hacia 1585 fundaron en su ciudad natal una academia reputada, en la que se formaron G. Reni, F. Albani, el Domenichino y el Guercino. Su doctrina asociaba el estudio de la antigüedad, el de los grandes maestros del renacimiento y la observación de la naturaleza, la búsqueda de la verdad expresiva, en reacción contra los artificios del manierismo.

CARRANDI (Eustaquio), *Buenos Aires 1818-íd. 1878,* pintor argentino. Es autor de retratos y escenas costumbristas con imágenes de gauchos e indios.

CARRANQUE DE RÍOS (Andrés), *Madrid 1902-íd. 1936,* escritor español. Influido por Baroja, fue uno de los pioneros de la novela social *(Cinematógrafo,* 1936).

CARRANZA (Bartolomé), *Miranda de Arga, Navarra, 1503-Roma 1576,* prelado y teólogo español. Dominico, fue teólogo imperial en Trento, provincial de su orden y arzobispo de Toledo (1558-1576). Acompañó a Felipe II durante su reinado en Inglaterra. A pesar de ser militante antiluterano, fue condenado y encarcelado durante siete años por la Inquisición por sus *Comentarios sobre el catecismo romano* (1558).

CARRANZA (Eduardo), *Apiay 1913-Bogotá 1985,* poeta colombiano. Fundador del grupo de poetas Piedra y cielo junto a Jorge Rojas, canta a la realidad que lo rodea, la divinidad y la plenitud de lo creado *(Canciones para iniciar una fiesta,* 1936; *Azul de ti,* 1944; *Los pasos contados,* 1970).

CARRANZA (Venustiano), *Cuatro Ciénagas, Coahuila, 1859-Tlaxcalantongo, Puebla, 1920,* político y militar mexicano. Miembro del gabinete maderista de Ciudad Juárez (1911), en 1913 se levantó contra Huerta y entró en México como primer jefe del ejército constitucionalista (1914). Destituido por la convención de Aguascalientes, derrotó a Villa con la ayuda de Obregón y volvió a tomar la capital. Presidente constitucional (1917), fue asesinado mientras huía de la rebelión de Sonora.

CARRARA, c. de Italia (Toscana), cerca del Mediterráneo; 65 945 hab. Canteras de mármol. — Catedral románico-gótica.

CARRASQUILLA (Tomás), *Santo Domingo 1858-Medellín 1940,* escritor colombiano. Sus novelas superan el costumbrismo regionalista *(Frutos de mi tierra,* 1896; *Grandeza,* 1916; *La marquesa de Yolombó,* 1926).

CARREL (Alexis), *Sainte-Foy-lès-Lyon 1873-París 1944,* cirujano y biólogo francés. Autor de investigaciones sobre el cultivo de tejidos, escribió *La incógnita del hombre.* (Premio Nobel 1912.)

CARRENLEUFÚ, r. de Argentina (Chubut),

que nace en el lago General Vintter, penetra en Chile (Los Lagos), donde recibe el nombre de **Palena**, y desemboca en el golfo Corcovado, en el Pacífico, formando la *rada Palena;* 300 km.

CARREÑO (María Teresa), *Caracas 1853-Nueva York 1917*, pianista venezolana. Vivió en Nueva York. Famosa concertista y directora de orquesta, compuso valses y piezas para piano.

CARREÑO (Mario), *La Habana 1913-Santiago de Chile 1999*, pintor cubano. Vinculado a la abstracción geométrica, su obra muestra acentos surrealistas. También realizó murales.

CARREÑO (Omar), *Caracas 1927*, pintor venezolano. Del figurativismo de sus inicios pasó a la abstracción geométrica, con indagaciones en el informalismo abstracto y la figuración.

CARREÑO DE MIRANDA (Juan), *Avilés 1614-Madrid 1685*, pintor español. Perteneciente a la escuela barroca madrileña, de su primera etapa destacan los frescos de la iglesia de San Antonio de los Portugueses en Madrid y la *Fundación de la orden trinitaria* (1666, Louvre). Nombrado pintor de cámara en 1669, se especializó en el retrato (*Carlos II*, Prado).

CARRERA (Carlos), *México 1962*, director y guionista de cine mexicano. Representante del llamado «nuevo cine mexicano» de la década de 1990 (*La mujer de Benjamín*, 1991; *La vida conyugal*, 1993; *El crimen del padre Amaro*, 2002), también es un destacado realizador de animación (*El héroe*, 1994).

CARRERA (Rafael), *Guatemala 1814-íd. 1865*, militar y político guatemalteco. Derrocó a Gálvez (1838) y dio el poder a Rivera Paz. Presidente del país (1844-1848 y 1851-1865), en 1847 proclamó la república de Guatemala, y en 1854 fue nombrado jefe supremo y perpetuo. En 1863 invadió El Salvador.

CARRERA ANDRADE (Jorge), *Quito 1902-íd. 1978*, poeta ecuatoriano. Influido por el romanticismo, el simbolismo y la vanguardia, cantó la nostalgia por su tierra y el dolor ante la injusticia (*Obra poética completa*, 1976).

CARRERAS (José), *Barcelona 1946*, tenor español. Debutó en 1970. Tenor lírico, destaca en el repertorio italiano.

CARRERAS ARTAU (Tomás), *Gerona 1879-Barcelona 1954*, filósofo español. Inspirado en el empirismo cristiano de Vives y Balmes, estudió el pensamiento español (*La filosofía del derecho en el Quijote*, 1904; *Ética hispánica*, 1912).

CARRERA VERDUGO (José Miguel), *Santiago 1785-Mendoza 1821*, militar y político chileno. Dictador (1812-1813), sus derrotas ante los españoles en Chillán (1813) y Rancagua (1814) lo obligaron a exiliarse. Fue ejecutado por conspirar contra O'Higgins.

CARRERE (Emilio), *Madrid 1880-íd. 1947*, escritor español. Llevó a la poesía la bohemia modernista (*Dietario sentimental*, 1916).

CARRERO BLANCO (Luis), *Santoña 1903-Madrid 1973*, almirante y político español. Vicepresidente (1967) y presidente del gobierno (junio 1973), su muerte en un atentado de ETA truncó la continuidad del franquismo.

CARRIEGO (Evaristo), *Paraná 1883-Buenos Aires 1912*, poeta argentino. Cantor de los suburbios porteños (*La canción del barrio*, 1913), escribió además teatro (*Los que pasan*, 1912) y relatos (*Flor de arrabal*, 1927).

CARRIERA (Rosalba), llamada a menudo **Rosalba**, *Venecia 1675-íd. 1757*, pastelista italiana, fue una destacada retratista a nivel europeo.

CARRIL (Piero Bruno Hugo **Fontana**, llamado Hugo **del**), *Buenos Aires 1912-íd. 1989*, cantante, actor y director de cine argentino. Ídolo popular del tango, tras debutar como actor (*Pobre mi madre querida*, 1948), destacó como director de marcado compromiso social (*Las aguas bajan turbias*, 1952).

CARRILLO, cantón de Costa Rica (Guanacaste); 21 740 hab.; cap. Filadelfia. Centro agropecuario.

CARRILLO (Braulio), *Cartago 1800-San Miguel, El Salvador, 1845*, político costarricense. Presidente en 1835, en 1838 dio un golpe de estado y separó a Costa Rica de las Provincias Unidas de Centroamérica. Dictador vitalicio (1841), fue derrocado por Morazán en 1842.

CARRILLO (Domingo), *Quito 1810-Guayaquil 1883*, escultor ecuatoriano. Su obra se aparta

de las convenciones coloniales y prescinde de la policromía.

CARRILLO (Julián), *San Luis Potosí 1875-México 1965*, compositor y director de orquesta mexicano. Es autor de música microtonal y de obras teóricas.

CARRILLO (Santiago), *Gijón 1915*, político español. Secretario general de las Juventudes socialistas (1934), en 1936 ingresó en el PCE, del que fue secretario general (1960-1982) y diputado. Abandonó el PCE en 1985 y creó el PTE-UC, partido que en 1991 se integró en el PSOE. Fue uno de los teóricos del eurocomunismo.

CARRILLO DE ACUÑA (Alfonso), *Cuenca 1410-Alcalá de Henares, 1482*, eclesiástico y político castellano. Arzobispo de Toledo y cardenal, dirigió la oposición nobiliaria contra Enrique IV de Castilla y apoyó a Isabel en la guerra de sucesión castellana.

CARRILLO DE ALBORNOZ → **ALBORNOZ**.

CARRILLO PUERTO (Felipe), *Motul 1872-Mérida 1924*, líder campesino mexicano. Gobernador de Yucatán (1917), repartió tierras de los ejidos. Fue fusilado durante la sublevación de Adolfo de la Huerta.

CARRILLO Y SOTOMAYOR (Luis), conocido también como **Carrillo de Sotomayor**, *Baena 1582-El Puerto de Santa María 1610*, poeta español. De su obra —en la transición del clasicismo renacentista al barroco— destaca *Fábula de Acis y Galatea*, precursora del estilo gongorino.

CARRINGTON (Leonora), *Chorley, Lancashire, 1917*, pintora y escritora británica. Relacionada en París con el movimiento surrealista, se instaló en México en 1942. Su pintura, figurativa (*Autorretrato en el albergue del caballo del alba*, 1936-1937; *El mundo mágico de los mayas*, 1963) y su obra literaria (*La dama oval*, 1939; *La trompetilla acústica*, 1950, ed. 1974) recrean vivencias y atmósferas sobrenaturales con gran originalidad.

CARRIÓ DE LA VANDERA → **CONCOLORCORVO**.

CARRIÓN (Alejandro), *Loja 1915-Quito 1992*, poeta ecuatoriano. Tras recopilar su obra (*Poesía*, 1961), publicó *El tiempo que pasa* (1963).

CARRIÓN (Benjamín), *Loja 1897-Quito 1980*, escritor ecuatoriano. Socialista, en sus ensayos trató temas americanos (*Atahualpa*, 1934).

CARRIÓN (Jerónimo), *Loja 1812-1873*, político ecuatoriano. Miembro del triunvirato que asumió el poder después del derrocamiento de Robles (1859), fue presidente en 1865-1867.

CARRIÓN (Pascual), *Sax 1891-Valencia 1976*, agrarista español. Ingeniero agrónomo, inspiró la política agraria de la segunda república (*Los latifundios en España*, 1932).

CARRIÓN DE LOS CONDES, c. de España (Palencia), cab. de p. j.; 2 425 hab. Iglesias románicas de Santa María y Santiago (s. XII), monasterio benedictino de San Zoilo.

CARROLL (Charles **Dodgson**, llamado Lewis), *Daresbury 1832-Guildford 1898*, matemático y escritor británico. Autor de obras lógicas de divulgación, como *Matemática demente* (1888-1893), sus relatos aúnan su pasión por la lógica formal y su fascinación por la imaginación infantil (**Alicia en el país de las maravillas; La caza de la Snark*, 1876).

CARSON (Christopher **Carson**, llamado Kit), *Madison County, Kentucky, 1809-Fort Lyon, Colorado, 1868*, pionero estadounidense. Guía y ex-

■ HUGO DEL **CARRIL** en *La cumparsita* (1947) de A. Momplet.

■ LEWIS **CARROLL**, por H. von Herkomer. (Christ Church College, Oxford.)

plorador, participó en expediciones al Oeste desde 1831 y en las guerras con los indios.

CARTAGENA o **CARTAGENA DE INDIAS**, c. de Colombia, cap. del dep. de Bolívar; 531 426 hab. Moderno centro industrial; activo puerto; refinería. — Conjunto monumental colonial: plaza Real, audiencia, catedral, conventos de San Diego y Santa Clara, iglesia de los jesuitas, palacio de la Inquisición, puerto antiguo y fortificaciones. Museo de arte moderno (Patrimonio de la humanidad 1984.) — Fundada en 1533, fue en el s. XVII la capital económica del Nuevo Reino de Granada, objetivo de varios ataques corsarios.

CARTAGENA, c. de España (Murcia), cab. de p. j.; 179 939 hab. (*cartageneros* o *cartagineses*). Puerto comercial (con Escombreras) y militar. Astilleros; industrias químicas y mecánicas; refinería.— Museos arqueológico municipal y nacional de arqueología submarina; teatro romano.— De origen cartaginés (h. 226 a.C.), conoció gran esplendor en la época romana (*Cartago Nova*). Reconquistada en 1242, fue el centro de la insurrección cantonalista de 1873.

Cartagena (acuerdo de), acuerdo de cooperación regional, firmado en Cartagena (Colombia) en 1969, que sentó las bases de la Comunidad *andina.

Cartagena (acuerdos de) [abril 1907], pacto entre España, Gran Bretaña y Francia para mantener el *statu quo* en el Mediterráneo y las costas atlánticas de África. Se mantuvo hasta 1914.

CARTAGINENSE, circunscripción de la Hispania romana. Integrada en la Tarraconense (27 a.C.), posteriormente fue erigida en provincia (s. III). Su cap. era *Cartago Nova*.

CARTAGO, c. de África del N, cerca de la actual Túnez. Fundada por colonos fenicios procedentes de Tiro, conducidos según la leyenda por Dido (814 a.C.), Cartago se convirtió en la capital de una república marítima muy poderosa. Sustituyó a Tiro en Occidente, creó colonias en Sicilia, en España, y envió navegantes al Atlántico norte y a las costas occidentales de África. Sostuvo contra Roma, su rival, unas largas luchas conocidas con el nombre de las guerras *púnicas (264-146 a.C.). Vencida, a pesar de los esfuerzos de Aníbal, por Escipión el Africano (201 a.C.), fue destruida por Escipión Emiliano (146 a.C.). Fundada de nuevo como colonia romana (s. I a.C.), se convirtió en la capital del África romana y del África cristiana. Tomada en 439 por los vándalos, fue arrasada por los árabes (h. 698).— Ruinas antiguas (patrimonio de la humanidad 1979).

CARTAGO, c. de Colombia (Valle del Cauca); 97 791 hab. Centro agropecuario, minero e industrial.

CARTAGO, c. de Costa Rica, cap. de la prov. homónima, al pie del volcán Irazú; 52 265 hab.

CARTAGO (provincia de), prov. de Costa Rica, en el centro del país; 3 125 km²; 489 673 hab.; cap. Cartago.

CARTAGO NOVA, ant. c. fundada por Asdrúbal (228 a.C.), cap. de la España cartaginesa y después de la provincia romana Cartaginense. Es la act. Cartagena.

CARTAN (Élie), *Dolomieu 1869-París 1951*, matemático francés. Profundizó en la teoría de conjuntos. — **Henri C.**, *Nancy 1904-París 2008*, matemático francés. Hijo de Élie, estudió las funciones de variables complejas. Fue uno de los fundadores del grupo Nicolas *Bourbaki.

Cartas a Lucilio, conjunto de 124 cartas escritas por Séneca tras su caída en desgracia (62 d.C.), en las que guía a su amigo Lucilio por el camino de la sabiduría estoica.

CARTER (Elliot), *Nueva York 1908*, compositor estadounidense. Es famoso, sobre todo, por sus investigaciones rítmicas (*Sinfonía para 3 orquestas*, 1967; cuartetos de cuerda).

CARTER (James Earl, llamado Jimmy), *Plains, Georgia, 1924*, político estadounidense. Demócrata, fue presidente de EUA de 1977 a 1981 (artífice de los acuerdos de Camp David), es capaz de realizar numerosas misiones internacionales en defensa de la paz, los derechos humanos y la democracia. [Premio Nobel de la paz 2002.]

CARTERET (Philip), *m. en Southampton 1796*,

navegante británico. Dio la vuelta al mundo (1766-1769), explorando en particular las regiones ecuatoriales del Pacífico.

CARTEYA o **CARTEIA**, ant. factoría fenicia, en el mun. de San Roque (Cádiz). Posteriormente fue colonia latina (171 a.C.). Ruinas de un teatro.

CARTIER (Jacques), *Saint-Malo ¿ 1491?-íd. 1557*, navegante francés. Tomó posesión de Canadá (en Terranova) en nombre de Francisco I de Francia (1534).

CARTIER-BRESSON (Henri), *Chanteloup 1908-Montjustin, Alpes-de-Haute-Provence, 2004*, fotógrafo francés. Realizó numerosos reportajes, todos ellos reflejo de lo que él mismo denominó el «instante decisivo».– Fundación en París.

CARTUJA (isla de la), isla del río Guadalquivir, a su paso por Sevilla. En sus 215 ha se ubicó el recinto de la Exposición universal de 1992. Cartuja de Santa María de las Cuevas (s. XVI). Parques tecnológicos y de atracciones.

CARTWRIGHT (Edmund), *Marnham, Nottinghamshire, 1743-Hastings 1823*, inventor británico. Ideó el primer telar mecánico moderno (1785), pero fracasó en las aplicaciones industriales.

CARUARU, c. de Brasil (Pernambuco), al O de Recife; 213 557 hab.

CARÚPANO, c. de Venezuela (Sucre), en el istmo de la península de Paria; 92 333 hab. Centro industrial.

CARUSO (Enrico), *Nápoles 1873-íd. 1921*, tenor italiano. Famoso por la belleza de su timbre y la sensualidad de su voz, cantó en la Metropolitan Opera House de Nueva York desde 1903 a 1920 y participó en el estreno de muchas obras de la joven escuela italiana (Cilea, Franchetti, Puccini).

CARVAJAL (fray Gaspar de), *Trujillo 1500-Lima 1584*, cronista español. Dominico, participó en la expedición de Gonzalo Pizarro en Perú (1538-1541), y con Orellana recorrió el Amazonas (1541-1542). Narró esta expedición en *Relación del nuevo descubrimiento del famoso río grande de las Amazonas* (Sevilla, 1894), única crónica conocida del descubrimiento del Amazonas.

CARVAJAL (Lino), *Rosario 1869-1907*, geólogo y naturalista argentino. Estudió las regiones del S de su país (*La Patagonia; Por el Alto Neuquén*).

CARVAJAL Y LANCASTER (José de), *Cáceres 1696-Madrid 1754*, estadista español. Hombre de confianza de Fernando VI, fue ministro plenipotenciario de España (1742) y secretario de Estado (1746). Firmó con la Santa Sede el concordato de 1753. Fue director de la Real academia española (1751-1754).

CASABLANCA, en ár. **Dār al-Baydā'**, c. de Marruecos, junto al Atlántico; 2 500 000 hab. aprox. Centro comercial e industrial. Exportación de fosfatos. — Mezquita Ḥasan II. — Escenario de combates durante el desembarco norteamericano de 1942, albergó una conferencia entre Churchill y Roosevelt (en. 1943).

Casa blanca (la), nombre que recibe desde 1902 la residencia del presidente de Estados Unidos en Washington.

CASACCIA (Gabriel), *Asunción 1907-Buenos Aires 1980*, escritor paraguayo. Su obra es una implacable denuncia contra la injusticia en su país (*Mario Pareda*, 1940; *La babosa*, 1952; *La llaga*, 1963; *Los exiliados*, 1966; *Los herederos*, 1975).

casa de Bernarda Alba (La), tragedia en prosa de F. García Lorca (1936), sobre el conflicto entre una madre autoritaria y sus cinco hijas.

Casa de contratación, organismo creado en 1503 en Sevilla para estimular y fiscalizar el tráfico con América. Alcanzó su máximo apogeo en el s. XVI. En 1524 pasó a depender del Consejo de Indias, y en 1557 se creó la figura del presidente de la Casa de contratación. Trasladada a Cádiz en 1717, fue suprimida en 1790.

Casa de las Américas, institución cultural cubana, creada en 1959. Dedicada al intercambio cultural en el ámbito latinoamericano, desde 1960 concede un importante premio literario.

CASADO DEL ALISAL (José), *Villada, Palencia, 1832-Madrid 1886*, pintor español. Discípulo de Madrazo, fue un pintor académico de temas históricos, aunque también cultivó el retrato y la pintura de género.

CASAL (Julián del), *La Habana 1863-íd. 1893*, poeta cubano. Exponente del modernismo, su poesía, musical y decadente, ha influido en la producción poética de su país (*Hojas al viento*, 1890; *Nieve*, 1892; *Bustos y rimas*, 1893).

CASALS (Pau), *El Vendrell 1876-San Juan, Puerto Rico, 1973*, violonchelista, compositor y director de orquesta español. Realizó una brillante carrera internacional como concertista. Formó trío con Alfred Cortot y J. Thibaud e incorporó a su repertorio las *suites* de Bach. En 1919 fundó en Barcelona la orquesta Pau Casals. Se exilió en 1939 a Francia, donde fundó el festival de Prades (1950), y luego a Puerto Rico. Compuso música religiosa, sardanas, el oratorio *El pessebre* (1960) y el *Himno de las Naciones unidas* (1971).

CASAMANCE, región del S de Senegal, entre Gambia y el *río Casamance* (320 km).

CASANARE (departamento del), dep. de Colombia, en los llanos del *río Casanare*, afl. del Meta; 44 640 km²; 110 253 hab.; cap. *Yopal*.

CASANDRA MIT. GR. Personaje de la *Ilíada*, hija de Príamo y de Hécuba. Recibió de Apolo el don de predecir el futuro pero, al rechazar al dios, este decretó que nadie creyera sus profecías.

CASANDRO, *h. 354-297 a.C.*, rey de Macedonia. Hijo de Antípatro, sometió Grecia (319-317 a.C.) y se casó con Tesalónice, hermana de Alejandro Magno.

CASANOVA (Giovanni Giacomo Girolamo), *Venecia 1725-Dux, Bohemia, 1798*, aventurero y escritor italiano. Es famoso por sus hazañas novelescas (especialmente su evasión de la cárcel de los Plomos de Venecia) y galantes, que contó en sus *Memorias* (publicadas en 1822).

CASANOVA (Rafael), *Moià h. 1660-Sant Boi de Llobregat 1743*, abogado y político catalán. «Conseller en cap» de Barcelona desde 1713, fue herido en el ataque final de las tropas de Felipe V sobre la ciudad (11 sept. 1714).

CASANOVAS (Enric), *Barcelona 1882-íd. 1948*, escultor español. Uno de los artistas más destacados del *noucentisme*. En *Monumento a Narcís Monturiol* (Figueras, 1918) plasmó la búsqueda de un arte clásico enraizado en la tradición cultural catalana y mediterránea característica de este movimiento.

CASARES (cueva de Los), cueva de Riba de Saelices, Guadalajara) con pinturas rupestres del paleolítico superior.

CASARES (Carlos), *Xinzo da Limia 1941-Vigo 2002*, escritor español en lengua gallega. Representante de la *nova narrativa* (*Viento herido*, relatos, 1967; *Ilustrísima*, novela, 1980; *Deus sentado nun sillón azul*, 1996), también ha cultivado la literatura infantil y el ensayo (trabajos sobre Ramón Piñeiro y Curros Enríquez).

CASARES (Julio), *Granada 1877-Madrid 1964*, lexicógrafo y crítico literario español. Es autor de un *Diccionario ideológico de la lengua española* (1943) y de ensayos lingüísticos y literarios. Miembro de la Real academia, fue su secretario perpetuo desde 1939.

CASARES (María), *La Coruña 1922-La Vergne, Francia, 1996*, actriz española. Hija de S. Casa-

■ PAU **CASALS**   ■ BARTOLOMÉ DE LAS **CASAS**.
(Anónimo; biblioteca colombina, Sevilla.)

res Quiroga, en 1936 se exilió a Francia. Miembro de la Comedia francesa, triunfó como trágica en el teatro (*Fedra*, 1958) y el cine (*El testamento de Orfeo*, J. Cocteau, 1960). Regresó a España en 1978 para interpretar *El adefesio* de Alberti.

CASARES QUIROGA (Santiago), *La Coruña 1884-París 1950*, político español. Líder de la ORGA, fue ministro (1931-1933 y 1936) y presidente de gobierno (mayo 1936) de la segunda república. Dimitió al día siguiente del alzamiento militar de Franco (18 julio 1936).

Casa rosada, residencia oficial del presidente de la República Argentina, en Buenos Aires (plaza de Mayo).

CASAS (Bartolomé de Las), *Sevilla 1474-Madrid 1566*, eclesiástico español. En 1502 partió a las Indias (La Española, Cuba), donde fue titular de encomiendas, a las que renunció en 1515 para defender a los indios y denunciar los abusos de la colonización. Estuvo en Venezuela (1521-1522) y, ya dominico (1522), en Nicaragua y Guatemala. Fue nombrado obispo de Chiapas (1544-1546). Es autor de la **Brevísima relación de la destrucción de las Indias* (1552), contenida en sus *Tratados*, y de una inacabada *Historia de las Indias*.

CASAS (Ignacio Mariano de Las), *Querétaro 1719-México 1773*, arquitecto y escultor mexicano. Uno de los escultores más audaces del barroco, trabajó en Querétaro: claustro del convento de San Agustín (1745), iglesia de Santa Rosa (1752), de ostensible estilo churrigueresco.

CASAS (José Joaquín), *Chiquinquirá 1865-Bogotá 1951*, poeta colombiano, de inspiración costumbrista (*Crónicas de aldea*, 1918; *Poemas criollos*, 1932).

CASAS (Ramon), *Barcelona 1866-íd. 1932*, pintor y dibujante español, representante destacado del modernismo catalán. Tras diversas estancias en París, en 1891 colaboró en la organización de las fiestas modernistas del Cau Ferrat (act. museo) en Sitges. Miembro destacado de la tertulia de Els quatre gats, en su faceta artística sobresalen las ilustraciones para publicaciones y carteles, así como los retratos al carboncillo de personajes de su época. Su obra recoge temas contemporáneos y de crítica social.

■ RAMON **CASAS**. *La carga* (1902). [Museo comarcal de la Garrotxa, Olot.]

CASAS GRANDES, centro prehispánico de México (Chihuahua). Casas de adobe de varios pisos (cultura de los indios pueblo, s. XII) y construcciones posteriores: resto de un juego de pelota, edificios de piedra y un elaborado sistema de conducción de agua. Fina cerámica policromada. (Patrimonio de la humanidad 1998.)

CASASÚS (**Joaquín de**), *Frontera, Tabasco, 1858-Nueva York 1916,* economista y político mexicano. Especialista en cuestiones monetarias y bancarias, participó en la conferencia monetaria internacional de Bruselas (1892) y fue diputado y presidente del congreso (1902).

CASAS Y NOVOA (**Fernando de**), *m. en Santiago de Compostela 1749,* arquitecto español. De su etapa de transición al barroco son el convento capuchino de La Coruña (1715) y el dominico de Santiago (1725). Plenamente barroca es la fachada del Obradoiro de la catedral de Santiago (1738-1749).

CASCADAS (**cordillera de las**), montañas del O de Estados Unidos y de Canadá, a orillas del Pacífico; 4 391 m en el monte Rainier.

CASCALES (**Francisco**), *Fortuna, Murcia, 1564-Murcia 1642,* escritor y humanista español. Preceptista (*Tablas poéticas,* 1617), polemizó con Góngora (*Cartas filológicas,* 1634).

CASCALLS (**Jaume**), escultor catalán activo entre 1345 y 1377. Uno de los grandes creadores de retablos en piedra, colaboró en los sepulcros reales de Poblet y fue maestro mayor de la catedral de Lérida (1361). Se le atribuye el *San Carlomagno* de la catedral de Gerona.

Cascanueces, personaje del ballet *Cascanueces y el rey de los ratones* (San Petersburgo, 1892). Defensor de los juguetes frente a los ratones, el cascanueces se transforma en príncipe azul gracias a la intervención de Clara ante el rey de los ratones. El libreto (inspirado en un cuento de Hoffmann, 1819) es obra de Marius Petipa, con música de Chaikovski y coreografía de L. Ivánov.

CASEROS, dep. de Argentina (Santa Fe); 76 777 hab.; cab. *Casilda.* Conservas de carne.

Caseros o **Monte Caseros** (**batalla de**) [3 febr. 1852], derrota de las tropas de Rosas ante las de Urquiza, cerca de Buenos Aires, durante las luchas civiles argentinas.

CASERTA, c. de Italia (Campania), cap. de prov., al N de Nápoles; 68 811 hab. Inmenso palacio real obra de L. Vanvitelli (1752-1773) [patrimonio de la humanidad 1997]; parque con juegos de agua. — En ella capitularon las fuerzas alemanas de Italia y Austria (1945).

cash and carry (**cláusula**), disposición (1939) que modificaba la ley de neutralidad estadounidense y autorizaba la exportación de material de guerra de EUA a los países beligerantes mediante pago al contado *(cash)* y transporte *(carry)* por parte de los compradores.

CASIMIRO, nombre de cinco duques y reyes de Polonia. — **Casimiro III el Grande,** *Kowal 1310-Cracovia 1370,* rey de Polonia (1333-1370), de la dinastía de los Piast. Engrandeció Polonia con sus conquistas, y fundó la universidad de Cracovia. — **Casimiro IV Jagellón,** *Cracovia 1427-Grodno 1492,* gran duque de Lituania (1440-1492) y rey de Polonia (1445-1492). — **Casimiro V** → **Juan II Casimiro.**

CASIMIRO (**san**), *Cracovia 1458-Grodno 1484,* príncipe polaco. Hijo del rey de Polonia Casimiro IV. Patrón de Polonia y de Lituania.

CASIMIRO CASTILLO, mun. de México (Jalisco), en la sierra de Perote; 19 025 hab. Textiles.

CASIODORO, *Scylacium, Calabria, h. 490-Vivarium h. 580,* político y erudito latino. Fue prefecto del pretorio en tiempos de Teodorico. Su enciclopedia, *Instituciones de las letras divinas y humanas,* sirvió como base de la enseñanza en la edad media.

CASIQUIARE, r. de Venezuela (Amazonas), que nace en la orilla izquierda del Orinoco y afluye en el río Negro; 220 km.

CASIRI (**nevado de**), pico de Bolivia (La Paz), en la cordillera de La Paz; 5 910 m de alt.

CASITÉRIDES (**islas**), nombre antiguo de un archipiélago formado posiblemente por las actuales islas Scilly. Producía estaño.

CASO (**Alfonso**), *México 1896-íd. 1970,* antropólogo y arqueólogo mexicano, hermano de Antonio Caso. Dirigió excavaciones, descubrió el tesoro mixteca de Monte Albán (1932) y fundó el Instituto nacional de antropología e historia. Es autor de numerosas publicaciones sobre las culturas precolombinas mexicanas (*Los calendarios prehispánicos,* 1967).

CASO (**Antonio**), *México 1883-íd. 1946,* filósofo mexicano. Opuesto al positivismo, introdujo en su país las ideas de Bergson y la fenomenología (*La existencia como economía, como desinterés y como caridad,* 1919).

CASONA (**Alejandro Rodríguez,** llamado **Alejandro**), *Besullo 1903-Madrid 1965,* dramaturgo español. Realidad y fantasía se mezclan en su teatro, que alcanzó gran éxito: *La sirena varada* (1934), *Nuestra Natacha* (1939), *La dama del alba* (1944), *La barca sin pescador* (1945), *Los árboles mueren de pie* (1949), *El caballero de las espuelas de oro* (1964).

CASPE, c. de España (Zaragoza), cab. de p. j.; 7 727 hab. *(caspolinos).* Plaza mayor; iglesia (s. XV).

Caspe (**compromiso de**) [1412], acuerdo de los reinos de la Corona de Aragón para elegir un sucesor del rey Martín I. Los nueve compromisarios, tres por cada reino, proclamaron rey, en Caspe, a Fernando de Antequera.

CASPICARA (**Manuel Chili,** llamado **el**), escultor indígena de la escuela quiteña del último tercio del s. XVIII. Importante exponente del arte colonial, trabajó el mármol y la madera. Realizó grupos (*La Asunción de la Virgen,* iglesia de San Francisco, *Descendimiento,* catedral de Quito), el *Niño dormido,* crucifijos y ángeles.

CASPIO (**mar**), el mayor lago del mundo, situado en los confines de Europa y Asia, entre Rusia, Kazajstán, Turkmenistán, Irán y Azerbaiján; 360 000 km^2 aprox. Su principal tributario es el Volga. El nivel del Caspio se sitúa 28 m por debajo del nivel del mar. El subsuelo contiene yacimientos, explotados, de petróleo.

CASSADÓ (**Gaspar**), *Barcelona 1897-Madrid 1966,* violonchelista y compositor español. Concertista desde 1923, actualizó la técnica del violonchelo y compuso oratorios, un concierto, música de cámara, etc.

CASSATT (**Mary**), *Pittsburgh 1844-Le Mesnil-Théribus, Francia, 1926,* pintora y grabadora estadounidense. Establecida en París, recibió los consejos de Degas y destacó entre los componentes del grupo impresionista.

CASSAVETES (**John**), *Nueva York 1929-Los Ángeles 1989,* director de cine estadounidense. Actor (*La semilla del diablo,* R. Polanski, 1968), su obra como director independiente privilegió la expresión de las emociones, en particular en las interpretaciones de su esposa, Gena Rowlands: *Faces* (1968), *Una mujer bajo la influencia* (1975), *Gloria* (1980).

CASSIN (**René**), *Bayona 1887-París 1976,* jurista francés. Hizo adoptar la Declaración universal de los derechos del hombre (1948) y presidió el Tribunal europeo de los derechos humanos (1965). [Premio Nobel de la paz 1968.]

CASSINI, familia de científicos franceses de origen italiano. — **Jean Dominique C.,** llamado **Cassini I,** *Perinaldo, Imperia, 1625-París 1712,* astrónomo francés. Organizó el observatorio de París y contribuyó con sus observaciones al conocimiento del sistema solar.

Cassini-Huygens, equipo de exploración espacial integrado por la nave orbital Cassini, de la NASA, y la sonda Huygens, de la ESA, lanzado en 1997. Dirigido a Saturno y su satélite Titán, llegó a ellos en 2004 con el objetivo de enviar imágenes de ambos cuerpos celestes, cartografiar Titán y orbitar en torno a Saturno para analizar su atmósfera y sus anillos. En 2005 los dos aparatos se separaron y la sonda se posó en la superficie de Titán.

CASSIRER (**Ernst**), *Breslau 1874-Nueva York 1945,* filósofo alemán. Precursor de la hermenéutica contemporánea, analizó los mitos, religiones y símbolos desde una perspectiva kantiana (*Filosofía de las formas simbólicas,* 1923-1929), y abordó la historia de la filosofía (*Individuo y cosmos en la filosofía del renacimiento,* 1927).

CASSOLA (**Carlo**), *Roma 1917-Montecarlo, Toscana, 1987,* escritor italiano. Su obra narrativa, marcada por un sentimiento agudo de la existencia y de las relaciones amorosas, tiene por escenario el paisaje de Toscana (*Fausto y Anna,* 1952; *La tala del bosque,* 1959).

CASTAGNINO (**Juan Carlos**), *Mar del Plata 1908-Buenos Aires 1972,* pintor argentino. Su obra, realista, destaca por su marcado contenido social. Realizó litografías y murales. También fue ilustrador.

CASTAGNO (**Andrea del**), *cerca de Florencia h. 1420-Florencia 1457,* pintor italiano. Es autor de los frescos más monumentales de la escuela florentina (refectorio de Santa Apolonia, Florencia).

CASTAÑEDA (**Jorge**), *México 1921,* diplomático y jurista mexicano. Ha desempeñado diversos cargos en la ONU, y es un experto en relaciones internacionales (*Valor jurídico de las resoluciones de las Naciones unidas,* 1967). Fue ministro de relaciones exteriores de México (2000-2003).

CASTAÑEDA CHORNET (**José**), *Valencia 1900-Madrid 1987,* economista español. Destacó por sus *Lecciones de teoría económica* (1968), inspiradas en la teoría marginalista.

CASTAÑOS, mun. de México (Coahuila), 15 690 hab. Centro agrícola y minero.

CASTELAO (**Alfonso Rodríguez**), *Rianxo 1886-Buenos Aires 1950,* político, escritor en lengua gallega, pintor y dibujante español. Promotor del Partido galleguista y diputado republicano, inspirador del galleguismo, *Siempre en Galicia* (1944) recoge su ideario político. Autor teatral (*Os vellos non deben namorarse,* estrenada en Buenos Aires en 1941), ensayista y narrador (*Cosas,* 1926; *Retrincos,* 1934), es uno de los creadores de la prosa moderna gallega, con un estilo crítico y a menudo caricaturesco e incisivo, facetas presentes en sus dibujos de intencionalidad social.

CASTELAR (**Emilio**), *Cádiz 1832-San Pedro del Pinatar 1899,* político y escritor español. Jefe de los republicanos junto a Pi y Margall, Figueras y Salmerón, fue ministro de estado y jefe de gobierno de la primera república (1873), y combatió a los carlistas y a los cantonalistas. Reimplantada la monarquía, defendió un republicanismo moderado desde el Partido posibilista. Autor de estudios históricos y literarios, fue un destacado orador. (Real academia 1871.)

Castel del Monte, castillo de Italia, cerca de Andria (prov. de Bari). Octógono con patio central flanqueado por 8 torres, de estilo gótico primitivo combinado con restos antiguos. Fue erigido por Federico II de Hohenstaufen (h. 1240-1250). [Patrimonio de la humanidad 1996.]

CASTELFUERTE (**José de Armendáriz, marqués de**), militar y administrador español del s. XVIII. Virrey del Perú (1724-1736), reorganizó la hacienda y reprimió la revuelta de los Comuneros de Paraguay y la de A. Calatayud en Cochabamba.

CASTEL GANDOLFO, mun. de Italia (Lacio), a orillas del lago Albano; 6 784 hab. Palacio, residencia estival de los papas (desde el s. XVII).

CASTELLANOS, dep. de Argentina (Santa Fe); 142 075 hab. Estación de investigación botánica.

CASTELLANOS (**Juan de**), *Alanís, Sevilla, 1522-Tunja 1607,* cronista español. Aventurero, es autor de *Elegías de varones ilustres de Indias* (1589), el más extenso poema en lengua española sobre la conquista del Nuevo Mundo.

CASTELLANOS (**Julio**), *México 1905-íd. 1947,* pintor, grabador y escenógrafo mexicano. Autor de numerosos frescos, óleos, dibujos y litografías, entre su obra destaca *Tres desnudos; El día de San Juan* (1939) y *El bohío* (1946).

CASTELLANOS (**Rosario**), *Comitán de Domínguez, Chiapas, 1925-Tel-Aviv 1974,* escritora mexicana. Poetisa y narradora de la corriente indigenista (*Balún Canán,* 1955; *Oficio de tinieblas,* 1962; *Los convidados de agosto,* 1964), cultivó también el teatro.

CASTELLANOS Y VILLAGELIÚ (**Jesús**), *La Habana 1879-íd. 1912,* escritor cubano. Periodista y narrador costumbrista, escribió cuentos inspirados en temas rurales (*De tierra adentro,* 1906) y la novela *La conjura* (1908).

CASTELLAR DEL VALLÈS, mun. de España (Barcelona); 17 444 hab. Industria textil.

CASTELLDEFELS, mun. de España (Barcelona); 45 091 hab. Turismo (playas, pinares).

CASTELLI (**Juan José**), *Buenos Aires 1764-íd. 1812,* patriota argentino. Vocal de la primera junta revolucionaria, mandó ejecutar a Liniers y a los demás implicados en el complot antirrevolucionario de 1810. Fue nombrado comisionado de guerra en el Alto Perú, donde difundió las ideas separatistas.

CASTELLÓ D'EMPÚRIES, v. de España (Gerona); 3 645 hab. Turismo.

CASTELLÓN (provincia de), prov. de España, en la Comunidad Valenciana; 6 679 km²; 474 385 hab.; cap. *Castellón de la Plana.* Interior montuoso (Puertos de Morella, Alto Maestrazgo, sierra de la Espina). En las llanuras del litoral predomina la huerta (cítricos). Se extrae petróleo (Vinaroz) y mercurio (Chóvar). Industrias del calzado, cerámica, petroquímica. Turismo en la costa.

CASTELLÓN DE LA PLANA, en cat. **Castelló de la Plana,** c. de España, cap. de la prov. homónima y cab. de p. j.; 142 285 hab. *(castellonenses).* Centro agrícola y comercial. Pesca de arrastre (sardina). Refinerías de petróleo; central térmica. — Iglesia de Santa María (1409; destruida en 1936 y reconstruida); ayuntamiento e iglesias del s. XVIII; museo de bellas artes; espacio de arte contemporáneo.

CASTELLS (Manuel), *Hellín 1942,* urbanista y sociólogo español. Catedrático en la universidad de Berkeley, es un teórico de referencia de la sociedad de la información (*La era de la información,* 1997; *La galaxia Internet,* 2001).

CASTELO BRANCO (Camilo), *Lisboa 1825-São Miguel de Ceide, cerca de Braga, 1890,* escritor portugués. Fue uno de los maestros de la novela realista portuguesa (*Cuentos del Miño,* 1875-1877).

CASTIGLIONE (Baldassare), *Casatico, prov. de Mantua, 1478-Toledo 1529,* escritor y diplomático italiano. Su tratado *El cortesano* (1528) es una guía del perfecto cortesano renacentista. Fue amigo y protegido de Carlos Quinto. — Retrato por Rafael en el Louvre.

CASTIGLIONE (Giovanni Benedetto), *Génova h. 1610-Mantua h. 1665,* pintor y grabador italiano. Trabajó en Roma, Nápoles, Génova y Mantua. Influido por el naturalismo flamenco y holandés, fue un representante del barroco lleno de virtuosismo y de imaginación.

CASTILHO (de), familia de arquitectos castellanos activos en Portugal. — **João de C.,** *La Montaña 1490-h. 1551.* Trabajó en Tomar y Alcobaça y realizó el claustro de Belém. — **Diogo de C.,** *La Montaña-h. 1574.* Hermano de João, trabajó en Belém y en Coimbra (iglesia de Santa Cruz y palacio real, 1523-1524).

CASTILLA, región histórica de España, tradicionalmente dividida en *Castilla la Vieja y *Castilla la Nueva. Desde el punto de vista fisiográfico, coincide con la Meseta central.

CASTILLA, mun. de Perú (Piura); 27 865 hab. Agricultura (maíz y algodón) y ganadería. Aeropuerto.

Castilla, libro de narraciones de Azorín (1912), en el que describe el paisaje castellano con técnica impresionista.

CASTILLA (condado y reino de), condado y reino medievales de la península Ibérica. **850:** el primer conde, Rodrigo, vasallo del rey de Asturias, dominó hasta el valle del Ebro. **S. X:** Fernán González separó el condado del reino de Asturias. Sancho García consolidó el dominio en el valle del Duero. **1035:** a la muerte de García Sánchez, el condado se convirtió en reino al pasar a su sobrino Fernando I, hijo del rey de Navarra, quien también incorporó el reino de León (1037). **S. XII:** las conquistas de Alfonso VII impusieron la hegemonía de Castilla en la península, pero el reino se dividió (1157) entre sus hijos Sancho III de Castilla y Fernando II de León. **1230:** reunificación de Castilla y León con Fernando III. **1356:** la nobleza, apoyada por Pedro el Ceremonioso de Aragón, se enfrentó a Pedro I el Cruel (1334-1369). Enrique II (1369-1379) inició la dinastía Trastámara. **1479:** Isabel de Castilla y Fernando de Aragón unieron los reinos de Castilla y Aragón. **1492:** conquista de Granada.

Castilla (consejo real de), órgano central de la administración castellana, creado por las cortes de Valladolid en 1385 y reformado en 1480. Carlos I limitó su papel, que se amplió al absorber el consejo de Aragón (1707). Suprimido durante los períodos constitucionales (1812-1814 y 1820-1823), fue absorbido en 1834 por el consejo real de España e Indias. En el s. XIX sus funciones pasaron al consejo de Estado y a los ministerios.

CASTILLA DEL ORO, nombre que dio Fernando el Católico (1513) a los territorios de América Central situados entre el golfo de Urabá (Colombia) y el cabo Gracias a Dios (entre Honduras y Nicaragua).

CASTILLA DEL PINO (Carlos), *San Roque 1922,* psiquiatra español. Director del dispensario de psiquiatría de Córdoba, ha destacado la importancia de la interpretación de la realidad. Obras: *La depresión* (1967), *La culpa* (1968), *Psicoanális y marxismo* (1969), *Cuatro ensayos sobre la mujer* (1971). [Real academia 2003.]

CASTILLA-LA MANCHA, región de España, que constituye una comunidad autónoma; 79 225 km²; 1 932 261 hab.; cap. *Toledo;* 5 prov. (*Albacete, Ciudad Real, Cuenca, Guadalajara* y *Toledo*).

GEOGRAFÍA

Se extiende por la mitad S de la Meseta, entre el sistema Central, el sistema Ibérico y Sierra Morena, con extensas llanuras (La Mancha). Densidad de población baja (21 hab. por km²), con una demografía en regresión debido a la fuerte emigración. Economía agropecuaria (cereales, leguminosas, vid, olivo, ganado ovino). Se extrae cinabrio (Almadén), plomo y pizarras bituminosas. Producción de energía hidroeléctrica (Entrepeñas-Buendía) y nuclear (Almonacid de Zorita, Trillo). Incipiente desarrollo industrial: petroquímica (Puertollano), industrias de transformación (Guadalajara, Toledo, Talavera de la Reina, Ciudad Real, Manzanares, Alcázar de San Juan). Cerámica tradicional (Talavera de la Reina).

HISTORIA

Fue habitada por carpetanos, vetones y oretanos en época prerromana. **S. II a.C.:** conquista romana. **573-711:** Toledo fue capital del reino visigodo. **Ss. VIII-XI:** ocupación musulmana; Toledo fue capital de un reino de taifa (1009-1085). **Ss. XI-XIII:** conquista del territorio por los reinos de Castilla y León, consumada por Fernando III; repoblación a cargo de las órdenes militares (Calatrava, Santiago y San Juan), que consolidaron la estructura latifundista. **Ss. XVII-XIX:** crisis y despoblamiento, desde el traslado de la capital imperial de Toledo a Madrid (1563). La región fue asolada durante la guerra de Independencia (1808-1812). **1982:** estatuto de autonomía de Castilla-La Mancha.

CASTILLA LA NUEVA, región histórica del centro de España, en la Meseta S (prov. de Madrid, Toledo, Ciudad Real, Cuenca y Guadalajara). Reconquistada a los musulmanes entre los ss. XI y XIII, tras un auge en el s. XVI sufrió un declive y despoblamiento solo compensado por el crecimiento de Madrid.

CASTILLA LA VIEJA, región histórica de España, en la Meseta N (prov. de Ávila, Burgos, Palencia, Segovia, Soria, Valladolid; Cantabria y La Rioja). Asiento de pueblos celtíberos difícilmente romanizados (Numancia) y protagonista de la primera reconquista, quedó luego limitada a la economía agraria.

CASTILLA MARQUESADO (Ramón), *Tarapacá 1796-Tiviliche, Arica, 1867,* militar y político peruano. Presidente de la república en 1845-1851, en 1854 encabezó la revolución de Arequipa y se hizo con el poder, lo que provocó una guerra civil (1856-1858). Elegido presidente constitucional en 1858, ocupó el cargo hasta 1862, y de nuevo en 1863.

CASTILLA Y LEÓN, región de España, que constituye una comunidad autónoma; 94 010 km²; 2 523 020 hab.; cap. *Valladolid;* 9 prov. (*Ávila, Burgos, León, Palencia, Salamanca, Segovia, Soria, Valladolid* y *Zamora*).

GEOGRAFÍA

Ocupa la mitad N de la Meseta central, en la cuenca del Duero, delimitada por la cordillera Cantábrica al N, el sistema Ibérico al E y el sistema Central al S. Clima continental. Demografía en recesión, con un rápido crecimiento de la población urbana por el desarrollo de algunas capitales provinciales (Valladolid, Burgos, Salamanca). Actividad agropecuaria tradicional (cereales, leguminosas, vid, cabaña ovina). Extracción de carbón (León) y hierro; producción de energía hídrica, térmica y nuclear (Garoña). Reciente desarrollo de la industria (automóvil, químicas, agroalimentarias, etc.), muy localizada en las capitales, lo mismo que el sector terciario.

HISTORIA

Vacceos, vetones y arévacos fueron los principales pueblos prerromanos. La región, conquistada por Roma (Numancia, 133 a.C.), perteneció a la Hispania Citerior y más tarde fue dividida entre la Tarraconense y la Lusitania. Despoblada durante la conquista árabe, fue reconquistada por Asturias y Navarra, de la que se separaron el reino de León (910) y Castilla (s. XI). **1230:** unión de Castilla y León. **1520-1522:** triunfo de la nobleza sobre las ciudades en la guerra de las Comunidades y consolidación de la ganadería lanera. **S. XVI:** expansión imperial (en América), decadencia lanera y despoblación. **1983:** estatuto de autonomía de Castilla y León.

CASTILLEJA DE LA CUESTA, v. de España (Sevilla); 16 059 hab. *(castillejanos).* Agroindustria.

CASTILLEJO (Cristóbal de), *Ciudad Rodrigo h. 1490-Viena 1550,* poeta español. Opuesto a la poesía italianizante, es autor de *Sermón de amores* (1542) y *Diálogo de las condiciones de las mujeres* (1544), de tono misógino.

Castillejos (batalla de los) [1 en. 1860], victoria de las tropas españolas mandadas por Prim sobre los marroquíes, cerca de Ceuta, durante la guerra de África.

CASTILLO (monte), monte del N de España, que domina Puente Viesgo, cerca de Santander. Alberga numerosas cuevas (el Castillo, la Pasiega, etc.), que lo convierten en uno de los conjuntos más destacados de pinturas parietales del paleolítico superior. (Patrimonio de la humanidad 2008.)

CASTILLO (del), familia de pintores españoles activos en Andalucía en los ss. XVI-XVII. — **Juan del C.,** *Sevilla h. 1590-Cádiz h. 1657.* Manierista, trabajó en Sevilla y Cádiz y fue maestro de Murillo. — **Antonio del C.,** *Córdoba 1616-íd. 1668.* Sobrino de Juan, de estilo muy personal que combina influencias de la pintura sevillana y de la flamenca, fue el artista central de la escuela realista cordobesa.

CASTILLO (Abelardo), *San Pedro 1935,* dramaturgo y narrador argentino. Sobresale su pieza teatral *Israfel* (1966), especie de biografía de Poe, y sus *Cuentos crueles* (1966).

CASTILLO (Francisca Josefa del), conocida como **la Madre Castillo,** *Tunja 1671-íd. 1742,* religiosa y escritora colombiana. Su obra *(Sentimientos espirituales; Vida)* está influida por los místicos españoles.

CASTILLO (Francisco del), *h. 1528-1568,* arquitecto español. Colaboró como escultor y estucador con Vignola, Ammannatti y Vasari en la villa Giulia de Roma. A su regreso a España, trabajó en Martos y otras ciudades andaluzas.

CASTILLO (Hernando del), poeta español del s. XVI, al que se debe la recopilación del *Cancionero general* (1511).

CASTILLO (José del), *Madrid 1737-íd. 1793,* pintor español. Neoclásico, realizó cartones de temas costumbristas y religiosos para la fábrica de tapices de Santa Bárbara (Madrid).

CASTILLO (Ramón), *Catamarca 1873-Buenos Aires 1944,* político argentino. Presidente interino de la república por enfermedad de Ortiz, lo sucedió en 1942. Fue depuesto por un golpe de estado (1943).

CASTILLO (Teófilo), *Carhuás 1857-Tucumán 1922,* pintor peruano. Pintó temas históricos de época precolombina y virreinal.

CASTILLO ANDRACA (Francisco del), *Lima 1716-íd. 1770,* escritor peruano. Gran improvisador, compuso poemas, bailes, loas y sainetes *(El entremés del Justicia y litigantes).*

CASTILLO ARMAS (Carlos), *Santa Lucía de Cotzumalguapa 1914-Guatemala 1957,* militar y político guatemalteco. Accedió a la presidencia con un golpe de estado apoyado por EUA (1954), y promulgó una nueva constitución (1956). Fue asesinado.

CASTILLO-PUCHE (José Luis), *Yecla 1919-Madrid 2004,* escritor español. Autor de novelas existencialistas (*Con la muerte al hombro,* 1954) y de una trilogía centrada en el fanatismo religioso, de la que destaca *Conocerás el poso de la nada* (1982), también escribió ensayos (*Hemingway entre la vida y la muerte*, 1968). [Premio nacional de literatura 1954; premio nacional de narrativa 1982.]

CASTILLO SOLÓRZANO (Alonso **de**), *Tordesillas 1584-¿Zaragoza 1648?*, escritor español. Ensayó casi todos los géneros, destacando en la novela picaresca (*Las harpías de Madrid*, 1631; *La niña de los embustes*, 1632; *La garduña de Sevilla*, 1642).

CASTILLO Y TAMAYO (fray Francisco **del**), llamado **el Ciego de la Merced**, *1716-1770*, escritor peruano. Ciego desde niño, recibió una cuidada educación, a la que unió sus dotes para la versificación. Su ingreso en un convento mercedario no le impidió componer poesías ligeras y mundanas y obras de teatro muy representadas en su época (*Guerra es la vida del hombre; Todo el ingenio se allana*).

CASTLEREAGH (Robert **Stewart**, vizconde), *Mount Stewart Down 1769-North Cray, Kent, 1822*, político británico. Secretario de estado para la guerra (1805-1809) y ministro de asuntos exteriores (1812), fue el alma de las coaliciones contra Napoleón I y tuvo un papel destacado en el congreso de Viena (1814-1815).

CASTORENA Y URSÚA (Juan Ignacio María **de**), *Zacatecas 1668-Mérida 1733*, prelado mexicano. Obispo de Yucatán, fundó el primer periódico mexicano: *Gazeta de México* (1722).

CÁSTOR Y PÓLUX, llamados **los Dioscuros** MIT. GR. Héroes de Esparta, hijos gemelos de Zeus y Leda. Fueron identificados con la constelación de Géminis. Su culto tuvo gran popularidad en Roma.

CASTRES, c. de Francia (Tarn), a orillas del Agout; 46 292 hab. Museos de Goya y J. Jaurès.

CASTRILLÓN, mun. de España (Asturias); 22 593 hab.; cap. *Piedras Blancas*. Industria química y metalurgia. Turismo (playa de Salinas).

CASTRO, c. de Chile (Los Lagos), en la isla de Chiloé; 30 275 hab. Puerto comercial y pesquero.

CASTRO, familia de compositores argentinos.
— **José María C.**, *Avellaneda, Buenos Aires, 1892-Buenos Aires 1964*. Compuso música de ballet, sinfónica, concertante y de cámara.
— **Juan José C.**, *Avellaneda 1895-Buenos Aires 1968*. Hermano de José María, compuso óperas y obras sinfónicas e instrumentales. — **Washington C.**, *Buenos Aires 1909*. Hermano de José María y de Juan José, es violonchelista y compositor.

CASTRO (Alejandro), *Tegucigalpa 1914*, periodista y escritor hondureño. Destacado periodista, en sus cuentos (*El ángel de la balanza*, 1956) refleja con agudeza y poesía el ambiente y el lenguaje de la gente sencilla.

CASTRO (Américo), *Cantagallo, Brasil, 1885-Lloret de Mar 1972*, ensayista español. Cofundador de la *Revista de filología española*, es autor de estudios literarios (*El pensamiento de Cervantes*, 1925) y filológicos. Su obra magna es *España en su historia: cristianos, moros y judíos* (1948), titulada posteriormente *La realidad histórica de España* (1954).

CASTRO (Cipriano), *Capacho, Táchira, 1858-en Puerto Rico 1924*, militar y político venezolano. Presidente dictatorial tras la revolución «de los sesenta» (1899), fue derrocado por el general Juan Vicente Gómez (1908).

CASTRO (Estrellita), *Sevilla 1912-Madrid 1983*, cantante y actriz española. Alcanzó gran popularidad como tonadillera (*Mi jaca; María de la O*) y en el cine (*Suspiros de España*, 1939).

CASTRO (Felipe de), *Noya h. 1711-Madrid 1775*, escultor español. Rococó y luego neoclásico, destacó en el retrato.

CASTRO (Fidel), *Birán, distrito de Mayarí, 1926*, político cubano. Opositor al dictador Batista desde 1952, en 1953 asaltó el cuartel de Moncada. Fue encarcelado (1953-1955) y posteriormente se exilió. En 1956 desembarcó en Cuba y emprendió desde sierra Maestra una lucha de guerrillas contra el régimen. Este cayó con la huida de Batista (1 en. 1959). Convertido en primer ministro, más tarde secretario del Partido comunista cubano (1965) y presidente de la república (1976), Castro formó un gobierno revolucionario que estableció relaciones con la URSS. Líder carismático,

■ FIDEL **CASTRO**   ■ RAÚL **CASTRO**   ■ ROSALÍA DE **CASTRO**, por Sofía Gandarias.

se erigió en portavoz del Tercer mundo. Afectado, desde principios de la década de 1990, por la caída de los países socialistas aliados de Cuba, así como por el endurecimiento del embargo estadounidense a su régimen (ley Helms-Burton, 1996), también tuvo que hacer frente a un aumento de la oposición interna. Enfermo, tras delegar en 2006 el poder en su hermano Raúl, renunció en 2008.— **Raúl C.**, *Birán, distrito de Mayarí, 1931*, general y político cubano. Al lado de su hermano Fidel desde los inicios de la revolución, ministro de las fuerzas armadas (1959-2008), fue llamado a dirigir el país, a título provisional, a partir de 2006, antes de suceder a su hermano en la presidencia de la república y la jefatura del gobierno en 2008.

CASTRO (Guillén de), *Valencia 1569-Madrid 1631*, dramaturgo español. Seguidor de Lope de Vega, se inspiró en el romancero para sus comedias históricas (*Las mocedades del Cid*), y utilizó en otras los temas cervantinos (*El curioso impertinente*). Las restantes son de costumbres y de capa y espada, caballerescas (*El conde Alarcos*) y mitológicas. Su obra más famosa, *Las mocedades del Cid*, inspiró a Corneille su tragedia *El Cid*.

CASTRO (João de), *Lisboa 1500-Goa 1548*, explorador y administrador portugués. Fue virrey de las Indias portuguesas. Exploró el mar Rojo.

CASTRO (José María), *1818-1892*, político costarricense. Presidente de la república (1847-1849), durante su mandato la asamblea constituyente proclamó la independencia (1848). Reelegido en 1866 fue derrocado en 1868 por los militares.

CASTRO (Josué de), *Recife 1908-París 1973*, economista, médico, historiador y político brasileño. Presidente de la FAO (1952-1956) y embajador de Brasil ante la ONU (1962-1964), estudió el problema del hambre en el mundo (*Geopolítica del hambre*, 1948).

CASTRO (Óscar), *Rancagua 1910-Santiago 1947*, escritor chileno. Poeta romántico (*Camino del alba*, 1938; *Reconquista del hombre*, 1944; *Glosario gongorino*, 1948), escribió también cuentos (*Huellas de la tierra*, 1940; *La sombra de las cumbres*, 1944) y novelas, publicadas después de su muerte (*Llampo de sangre*, 1950; *Lina y su sombra*, 1958).

CASTRO (Rosalía de), *Santiago de Compostela 1837-Padrón 1885*, escritora española en lenguas castellana y gallega. Figura esencial en el renacimiento literario gallego (*Rexurdimento*) y de gran influjo en la lírica española moderna. Su primera gran obra fue *Cantares gallegos* (1863), libro de poemas escrito en gallego en que, inspirándose en cantares populares o reinventándolos, alterna la visión idílica de Galicia con la reivindicación patriótica y la denuncia social. También destacan *Follas novas* (1880), obra cumbre de la lírica gallega del s. XIX una que combina temas de raíz existencial con otros de denuncia de la condición del emigrado, y el libro de poemas *En las orillas del Sar* (1884). Cultivó también la narrativa (*El caballero de las botas azules*, 1867).

CASTROS (cultura de los), cultura céltica de la península Ibérica, perteneciente al bronce tardío, llamada así por la importancia de sus castros. Se desarrolló en la Meseta y en el NO de la península (donde recibe el nombre de *cultura castreña*). Sus castros, con una extensión media de 1 ha, están fortificados con murallas concéntricas y las viviendas son de planta circular. Des-

tacan la joyería (torques de oro) y el armamento. Perduró hasta avanzada la romanización.

CASTRO-URDIALES, c. de España (Cantabria); 18 719 hab. (*castreños*). Puerto. — Iglesia gótica de Santa María (ss. XIII-XIV).

CASTROVIEJO (Ramón), *Logroño 1904-Madrid 1987*, oftalmólogo español. Trabajó en EUA y destacó por sus contribuciones al perfeccionamiento del trasplante de córnea.

CASTULO, ant. población prerromana del alto Guadalquivir (cortijo de Cazlona, Linares, Jaén), que destacó por su importancia estratégica y minera.

CATA (Alfonso), *La Habana 1937-Roubaix, Francia, 1990*, bailarín estadounidense de origen cubano. Bailó con las compañías de R. Petit, R. Joffrey, del marqués de Cuevas y New York City Ballet. Dirigió el ballet del gran teatro de Ginebra (1969-1973) y, desde 1983, el Ballet du Nord (Francia), donde presentó obras de Balanchine y propias (*La mer*, 1985).

CATACAMAS, c. del centro de Honduras (Olancho); 82 087 hab.

CATACAOS, mun. de Perú (Piura); 57 556 hab. Algodón. Industrias derivadas de la agricultura.

CATALÀ (Caterina **Albert**, llamada Víctor), *La Escala, Gerona, 1869-íd. 1966*, novelista española en lengua catalana. Exponente de una narrativa realista de tema rural, sobresalen su gran novela *Soledad* (1905) y sus cuentos, reunidos en *Obras completas* (1952), junto con su obra teatral y poética.

CATALÁN SAÑUDO (Miguel Ángel), *Zaragoza 1894-Madrid 1957*, físico español. Dedicado a la espectroscopia, trabajó en Londres con Fowler en el estudio de los espectros complejos. Observó en el espectro del manganeso grupos de líneas a los que denominó multipletes, y señaló su relación con el estado energético de los electrones.

CATALÀ-ROCA (Francesc), *Valls 1922-Barcelona 1998*, fotógrafo español. Su obra, de orientación neorrealista, ha contribuido a la renovación de la fotografía en Cataluña. (Premio nacional de artes plásticas 1983.)

Cataláunicos (batalla de los campos) [451], victoria de los romanos de Aecio, aliados con los visigodos de Teodorico, sobre los hunos de Atila. El emplazamiento exacto de la batalla, en las llanuras de Champagne, es discutido.

ÇATAL HÖYÜK, sitio arqueológico de Turquía, al SE de Konya. Casas (mediados VII milenio-mediados VI milenio) decoradas con pinturas murales y relieves, conservados junto con las estatuillas en el museo de las Civilizaciones anatolias de Ankara.

■ **ÇATAL HÖYÜK.** Pintura mural que representa un toro. Neolítico.

SANTAS

CATALINA de Alejandría (santa), mártir legendaria. Adoptada por una larga tradición como patrona de los filósofos y las jóvenes, en 1970 fue retirada del calendario romano por el carácter legendario de su biografía.

CATALINA de Siena (santa), *Siena 1347-Roma 1380*, religiosa dominica italiana. Miembro de la tercera orden de santo Domingo, escritora mística *(De la doctrina divina)*, intervino públicamente en la vida de la Iglesia pidiendo a Gregorio XI que abandonara Aviñón y se instalara en Roma, y luchando para poner fin al gran cisma de occidente. Doctora de la Iglesia (1970).

CATALINA TOMÁS (santa), *Valldemosa 1531-Palma de Mallorca 1574*, agustina española. Superiora del convento de Santa Magdalena de Palma de Mallorca, se le atribuyeron dones místicos. Fue canonizada en 1930.

CASTILLA

CATALINA DE LANCASTER, *Bayona 1373-Valladolid 1418*, reina de Castilla (1390-1406). Esposa (1388) de Enrique III, tras enviudar gobernó como regente (1407) en Castilla y León.

FRANCIA

CATALINA DE MÉDICIS, *Florencia 1519-Blois 1589*, reina de Francia. Hija de Lorenzo II de Médicis, casó con Enrique II de Francia y fue regente de Carlos IX. Buscó el equilibrio entre católicos y protestantes, pero urdió la matanza de la noche de san Bartolomé (1572).

INGLATERRA

CATALINA DE ARAGÓN, *Alcalá de Henares 1485-Kimbolton 1536*, reina de Inglaterra. Hija de los Reyes Católicos, en 1509 casó con Enrique VIII, con quien tuvo seis hijos (de los que solo sobrevivió María Tudor), y que la repudió (1533). Los conflictos provocados por este divorcio fueron una de las causas del cisma de Inglaterra.

CATALINA HOWARD, *h. 1522-Londres 1542*, reina de Inglaterra. Quinta esposa de Enrique VIII, fue decapitada por su conducta ligera.

CATALINA PARR, *1512-Sudeley Castle 1548*, reina de Inglaterra. Fue la sexta y última esposa de Enrique VIII (1543).

NAVARRA

CATALINA DE NAVARRA, *Olite 1468-1518*, reina de Navarra (1483-1513) y de la Baja Navarra (1513-1518). Hija de Gastón de Foix y de Magdalena de Francia, y esposa de Juan III de Albret, en 1498 ordenó la expulsión de los judíos del reino. La conquista de Pamplona por Fernando el Católico (1512) limitó su reino al territorio situado al N de los Pirineos.

RUSIA

CATALINA I, *Malbork 1684-San Petersburgo 1727*, emperatriz de Rusia (1725-1727), de la dinastía de los Románov. Esposa de Pedro el Grande, lo sucedió.

CATALINA II la Grande, *Stettin, Prusia, 1729-Tsárskoie Seló 1796*, emperatriz de Rusia (1762-1796), de la dinastía de los Románov. Esposa de Pedro III, al que obligó a abdicar, pretendió reinar como soberana ilustrada, manteniendo correspondencia con Voltaire y recibiendo a Diderot en su corte. Reformó la administración (1775) y la economía, pero acabó con la revuelta de Pugachev (1773-

■ **CATALINA DE MÉDICIS.**
(Museo Carnavalet, París.)

■ **CATALINA II LA GRANDE**, por D. G. Levitski.
(Museo de Petrodvorets.)

1774) e introdujo la servidumbre en Ucrania. Codificó los privilegios de la nobleza y las ciudades (1785). Durante su reinado, Rusia se expandió en detrimento del Imperio otomano (tratado de Kuchuk-Kainarzhi, 1774) y de Polonia (tres repartos, 1772, 1793 y 1795).

Catalunya (museu nacional d'art de) [MNAC], museo de Barcelona, creado en 1934 (reinaugurado en 2004). Alberga una de las mejores colecciones de pintura mural románica del mundo, además de un importante fondo del gótico catalán, del barroco y de los ss. XIX y XX.

CATALUÑA, en cat. **Catalunya**, región fisiográfica e histórica del NE de España, que constituye una comunidad autónoma; 32 100 km²; 7 134 697 hab. *(catalanes); cap. Barcelona; 4 prov. (Barcelona, Gerona, Lérida y Tarragona).*

GEOGRAFÍA

Accidentada al N por los Pirineos y al E por las cordilleras costeras (Litoral y Prelitoral), posee una densidad de población elevada (191 hab. por km²), que se concentra en las comarcas próximas a Barcelona. La fuerte inmigración de las décadas de 1950 y 1960 se detuvo a mediados del siguiente decenio. Entre las actividades económicas predomina la industria, muy diversificada, que se concentra en torno a Barcelona y en menor grado en Gerona, Tarragona (petroquímica), Vic y Manresa. También Barcelona monopoliza las actividades terciarias. Turismo en el litoral. La agricultura desempeña un papel reducido, aunque con altos rendimientos debido a su especialización (vid en el Penedès y el Priorato; almendra, olivo y arroz en el delta del Ebro; flores, frutas y hortalizas en el Maresme).

HISTORIA

Los primeros pobladores corresponden al paleolítico inferior. **S. VII a.C.:** pueblos iberos y fundación de la colonia griega de Ampurias. **218-195 a.C.:** tras una corta etapa cartaginesa, fue conquistada por Roma, que instaló su capital en Tarraco. **Ss. III-IV:** invasiones (francos, alemanes, etc.). **Ss. V-VII:** dominación visigoda. **S. VIII:** invasión musulmana. **Fines s. VIII-s. IX:** conquista franca y creación de diversos condados. **1137:** unión del condado de Barcelona y el reino de Aragón en la Corona de Aragón. **1462-1472:** guerra civil. **1479:** unión dinástica de la Corona de Aragón con Castilla (Reyes Católicos). **1640-1652:** guerra *dels segadors* o de Separación de Cataluña. **1700-1714:** guerra de Sucesión, en la que Cataluña apoyó al archiduque Carlos de Austria. Tras la caída de Barcelona (11 sept. 1714), el decreto de Nueva planta (1716) eliminó las instituciones de gobierno catalanas (cortes, Generalidad, Consejo de ciento). **S. XIX:** industrialización, aparición del catalanismo político y del movimiento obrero. **1914-1925:** Mancomunidad, abolida por Primo de Rivera. **1932:** estatuto de autonomía de Cataluña, abolido en 1939. **1979:** estatuto de autonomía. **2006:** nuevo estatuto.

CATAMARCA, oficialmente **San Fernando del Valle de Catamarca**, c. de Argentina, cap. de la prov. de Catamarca; 110 489 hab. Edificios coloniales.

CATAMARCA (provincia de), prov. del NO de Argentina, lindante con Chile; 102 602 km²; 265 571 hab.; cap. *San Fernando del Valle de Catamarca.*

CATANIA, c. de Italia, en la costa E de Sicilia, cap. de prov.; 330 037 hab. Puerto. — Monumentos de la época griega y s. XVIII. (Patrimonio de la humanidad 2002.)

CATANZARO, c. de Italia, cap. de Calabria y cap. de prov.; 93 464 hab.

CATAÑO, mun. de Puerto Rico, en la bahía de San Juan; 34 587 hab. Industrias diversas.

CATAÑO (Quirio o Quirino), *principios del s. XVI-Antigua Guatemala 1622*, tallista guatemalteco. Su única obra documentada es el *Cristo de la cruz* (1595, iglesia de Santiago de Esquipulas).

CATARI (Tomás, Dámaso y Nicolás), hermanos indígenas del Alto Perú que se sublevaron contra los españoles. Tomás fue ejecutado en 1781, y posteriormente sus hermanos, después de sitiar La Plata (act. Sucre).

CATARROJA, v. de España (Valencia), cab. de p. j.; 20 616 hab. *(catarrojenses).* Pesca. Industria alimentaria.

CATATUMBO, r. de Colombia y Venezuela, que nace en la cordillera de Perijá y desagua en un delta en el lago Maracaibo; 365 km. Su principal afluente es el Zulia.

Cateau-Cambrésis (tratados de) [1559], nombre de dos pactos firmados en Cateau-Cambrésis (Francia); uno entre Francia e Inglaterra, por el que Francia conservaba Calais, y el otro entre Francia y España, que ponía fin a las guerras de Italia y por el que se concertó, asimismo, el matrimonio de Felipe II de España con Isabel de Valois.

CATEDRAL, monte de Uruguay; 513 m.

CATEDRAL, mun. de Venezuela (Lara), que forma parte de Barquisimeto; 80 337 hab.

CATEMACO, mun. de México (Veracruz), a orillas del *lago de Catemaco;* 31 250 hab. Cereales.

CATIA LA MAR, c. de Venezuela (Distrito Federal); 100 104 hab. Centro industrial.

CATILINA (Lucio Sergio), *h. 108-Pistoia 62 a.C.*, político romano. Su conjuración contra el senado fue denunciada por Cicerón en cuatro discursos, las *Catilinarias*. Catilina se unió a los rebeldes y murió en la batalla de Pistoia.

CATÓN (Marco Porcio), llamado **el Viejo** o **el Censor**, *Tusculum 234-Roma 149 a.C.*, político romano. Cónsul en 195 a.C., encarnó la política conservadora de la oligarquía senatorial, consagrándose a destruir el poder de los Escipiones y el de Cartago. Censor (184 a.C.), atacó el lujo y las costumbres griegas en Roma. Fue también uno de los primeros grandes escritores en lengua latina *(De re rustica; Orígenes).*

■ CATÓN EL VIEJO

CATÓN (Marco Porcio), llamado **de Útica**, *95-Útica 46 a.C.*, político romano. Biznieto de Catón el Viejo, tribuno de la plebe (63) y senador, se enfrentó a Pompeyo y a César. Se suicidó tras la derrota de Tapso. Fue una de las grandes figuras del estoicismo en Roma.

CATTEGAT o **KATTEGAT**, brazo de mar que separa Suecia y Dinamarca (Jutlandia).

CATTELL (James McKeen), *Easton, California, 1860-Lancaster, Pennsylvania, 1944*, psicólogo estadounidense. Realizó investigaciones en psicología de las diferencias individuales y fue el primero en proponer el término «test mental» en 1890.

CATULO, *Verona h. 87-Roma h. 54 a.C.*, poeta latino. Influido por la poesía alejandrina, preocupado por la forma, es autor de poemas mitológicos *(Las bodas de Tetis y de Peleo)*, elegías y epigramas.

CAUCA, r. de Colombia; 1 350 km. Nace en la cordillera Central y a partir de Popayán forma el extenso *valle del Cauca* (cultivos de café, caña de azúcar, coca). Cruza más adelante un angosto cañón y recibe al Nechí y al San Jorge antes de desaguar en el Magdalena (or. izq.) formando un laberinto de brazos y caños.

CAUCA (departamento del), dep. del SO de Colombia; 29 308 km²; 795 838 hab.; cap. *Popayán.*

CAUCASIA, mun. de Colombia (Antioquia); 39 190 hab. Maíz, cacao y café. Minas de hierro.

CÁUCASO, sistema montañoso, límite convencional entre Europa y Asia, que se extiende a lo largo de 1 250 km entre el mar Negro y el Caspio; 5 642 m en el Elbrús. Es una barrera elevada cuya altitud en raras ocasiones es menor de 2 000 m, y que está dominada por grandes volcanes (Elbrús, Kazbek).

De difícil acceso, el Cáucaso fue refugio de diversos pueblos y aún en la actualidad constituye un mosaico étnico. A veces se incluyen también en el nombre «Cáucaso» los macizos situados al S de Tbilisi (también llamados *Pequeño Cáucaso*). La región comprende repúblicas de Rusia que forman el Cáucaso del Norte (Daguestán, Kabardino-Balkaria, Osetia del Norte, Chechenia, Ingushia, Adiguei, Karachái-Cherkesia) y las tres repúblicas de Transcaucasia (Armenia, Azerbaiján y Georgia), a menudo llamadas *países del Cáucaso*.

CAUCETE, dep. de Argentina (San Juan), avenado por el San Juan; 28 212 hab. Vinos.

CAUCHY (Augustin, barón), *París 1789-Sceaux 1857*, matemático francés. Renovó el análisis matemático e introdujo el rigor en el estudio de las funciones elementales y de las series.

CAUDINAS (horcas), desfiladero del Samnio, en Italia central. El ejército romano, vencido por los samnitas (321 a.C.), tuvo que cruzarlo bajo el yugo; de ahí la expresión *pasar bajo las horcas Caudinas*, es decir, verse obligado a soportar condiciones humillantes.

CAUPOLICÁN, *Pilmaiquén-Cañete 1558*, jefe araucano. Elegido toqui (1553), derrotó en diversas ocasiones a los españoles Valdivia y Villagrán antes de ser torturado y ejecutado. Su vida es narrada por Ercilla en *La Araucana* y por Rubén Darío en *Caupolicán*.

CAUQUENES, c. de Chile (Maule); 40 368 hab. Vinos. → Resultó dañada por el terremoto de 1939.

CAURA, r. de Venezuela, afl. del Orinoco (or. der.); 570 km.

cautiva (La), poema de Esteban Echeverría incluido en *Rimas* (1837). Constituye el primer gran canto a la pampa y al heroísmo que se afirma en la desolación del desierto.

Cautividad de Babilonia, período (587-538 a.C.) durante el cual los hebreos deportados por Nabucodonosor II permanecieron exiliados en Babilonia hasta el edicto de liberación de Ciro II.

CAUTO, r. de Cuba, el más largo del país, tributario del Caribe; 370 km.

CAUVERY → KAVERĪ.

Cava (La), nombre árabe que significa «la prostituida», dado a la hija del conde Julián. Según la leyenda, fue forzada por el rey visigodo Rodrigo, por lo que su padre indujo a los musulmanes a invadir la península Ibérica.

CAVACO SILVA (Aníbal António) → **SILVA.**

CAVAFIS o **KAVÁFIS** (Konstandínos), *Alejandría 1863-íd. 1933*, poeta griego. La modernidad formal de su obra reposa en la evocación de la Gre [...] antig [...]

CAVALCANTI (Guido), *Florencia h. 1225 íd. 1330*, poeta italiano. La poesía de este amigo de Dante expresa su concepto aristocrático del amor (*Donna me prega*).

CAVALIERI (Bonaventura), *Milán 1598-Bolonia 1647*, religioso y matemático italiano. Precursor del cálculo integral, discípulo de Galileo, desarrolló la teoría de los indivisibles.

CAVALIERI (Emilio de'), *Roma h. 1550-íd. 1602*, compositor italiano. Uno de los creadores del recitativo acompañado y del oratorio (*Rappresentazione di anima e di corpo*, 1600).

CAVALLA o **KAVÁLLA**, c. de Grecia (Macedonia); 58 576 hab. Es la antigua *Neapolis*.

CAVALLI (Pier Francesco **Caletti-Bruni**, llamado Pier Francesco), *Crema 1602-Venecia 1676*, compositor italiano. Organista, y después maestro de capilla de Venecia, fue uno de los compositores de óperas más destacados de la escuela veneciana (*L'Egisto*, 1643; *La Calisto*, 1651).

CAVALLINI (Pietro), pintor y mosaísta italiano, figura fundamental de la escuela romana de 1270 a 1330.

CAVANILLES (Antonio José), *Valencia 1745-Madrid 1804*, naturalista y eclesiástico español. Figura destacada de la ilustración española, uno de los fundadores de los *Anales de historia natural* (1799-1804).

CAVELIER DE LA SALLE → SALLE.

CAVELL (Edith), *Swardeston 1865-Bruselas 1915*, enfermera británica. Fue fusilada por los alemanes a causa de su actividad al servicio de los Aliados en la Bélgica ocupada.

CAVELL (Stanley), *Atlanta 1926*, filósofo estadounidense. Profesor de estética en Harvard, ha fundido diversas inspiraciones, en particular la de Emerson, para elaborar una filosofía de la experiencia cotidiana.

CAVENDISH (Henry), *Niza 1731-Londres 1810*, físico y químico británico. Determinó, por medio de la balanza de torsión, la densidad media de la Tierra. Fue uno de los creadores de la electrostática, aisló el hidrógeno y realizó la síntesis del agua.

CAVERNAS o **PARACAS CAVERNAS**, sitio arqueológico de Perú. (→ **Paracas** [cultura de].)

CAVIA (Mariano de), *Zaragoza 1855-Madrid 1919*, periodista español. Redactor de *El imparcial, El liberal* y *El Sol*, es autor de notables artículos literarios, taurinos, etc. (Real academia 1916.)

Cavite (batalla de) [1 mayo 1898], derrota de la flota española de Montojo por la estadounidense de Dewey, en la *bahía de Cavite*, Filipinas, durante la guerra hispano-norteamericana.

CAVO (Andrés), *Guadalajara 1739-Roma 1803*, historiador mexicano. Jesuita, fue misionero en Nayarit. Escribió *Historia civil y política de México* (1797), que Carlos María Bustamante publicó como *Los tres siglos de México* (1836).

CAVOUR (Camilo **Benso**, conde de), *Turín 1810-íd. 1861*, estadista italiano. Fundador del periódico *Il risorgimento* (1847), defensor de las ideas liberales, diputado en el parlamento de Turín (1848), y ministro piamontés de agricultura (1850) y de hacienda (1851), en 1852 fue nombrado presidente del consejo, y se volcó en conseguir la unidad italiana. Negoció con Napoleón III y obtuvo su apoyo para eliminar a los austriacos de la península. A pesar de las victorias de los francopiamonteses, Napoleón III firmó el armisticio de Villafranca. Cavour dimitió, pero volvió al poder en 1860, y en gran medida realizó la unidad del país (Lombardía, Italia central). En 1861, poco antes de morir, se creaba el «reino de Italia».

CAVOUR (Ernesto), *La Paz 1940*, músico boliviano. Considerado el mejor intérprete del charango, inició su carrera en 1957 como solista, y fundó los grupos Los Jairas y Trío Domínguez. Ha dirigido el Museo del charango y de instrumentos musicales de Bolivia. Es autor de *Diccionario de los instrumentos musicales*.

CAWNPORE → KĀNPUR.

CAXÉS (Eugenio), *Madrid 1575-íd. 1634*, pintor español. Uno de los principales representantes de la primera generación plenamente naturalista de la pintura española, fue pintor de cámara (1612) y trabajó con Carducho en la capilla del Sagrario de la catedral de Toledo y en el retablo mayor del monasterio de Guadalupe.

CAXIAS (Luís **Alves de Lima y Silva**, duque de), *Río de Janeiro 1803-íd. 1880*, mariscal y político brasileño. Comandante en jefe de las fuerzas brasileñas, argentinas y uruguayas durante la guerra contra Paraguay (1865-1870), fue varias veces presidente del consejo.

CAXIAS DO SUL, c. del S de Brasil (Rio Grande do Sul); 290 968 hab. Metalurgia.

CAYAMBE o **CERROBLANCO**, volcán apagado de Ecuador (Napo), en la cordillera de los Andes, al NE de Quito; 5 790 m. Reserva ecológica Cayambe Coca.

CAYENA, en fr. **Cayenne**, cap. de Guayana Francesa; 41 659 hab.

CAYETANO (Giacomo **de Vio**, en relig. Tommaso, llamado), *Gaeta 1468-Roma 1533*, teólogo italiano. General de los dominicos, cardenal y legado, el papa León X le encargó reconducir a Lutero a la comunión romana (dieta de Augsburgo, oct. 1518). Fue un gran comentarista de santo Tomás de Aquino.

CAYETANO DE THIENE (san), *Vicenza 1480-Nápoles 1547*, religioso italiano. Fundó la orden de los clérigos regulares (1524), llamados «teatinos».

CAYEY, mun. de Puerto Rico, en la *sierra de Cayey*; 46 553 hab. Caña de azúcar. Destilerías.

CAYLEY (Arthur), *Richmond 1821-Cambridge 1895*, matemático británico. Creador del cálculo matricial (1858), fue un representante eminente de la escuela algebraica británica del s. XIX.

CAYLEY (sir George), *Scarborough, Yorkshire, 1773-Brompton 1857*, inventor británico. Fue el primero en exponer los principios del avión y determinó todos los componentes del avión moderno, para el que preconizó el empleo de la hélice y del motor de gas o de explosión.

CAYMAN (islas) → **CAIMÁN.**

CAYROL (Antoni), conocido bajo el seudónimo de **Jordi Pere Cerdà**, *Sallagosa 1920*, poe-

ta español en lengua catalana. Narrador y dramaturgo, su poesía, elegíaca, canta al amor y al compromiso político: *Obra poètica* (1966).

cazadores en la nieve (Los), pintura sobre madera de Bruegel el Viejo (1565, Kunsthistorisches Museum, Viena). Es uno de los cuadros de «estaciones» del artista, ejemplo de paisaje compuesto, con una escena campesina.

■ **LOS CAZADORES EN LA NIEVE.** Pintura de Bruegel el Viejo (1565). [Kunsthistorisches Museum, Viena.]

CAZALS (Felipe), *Guetaria, España, 1937*, director de cine mexicano. Tras realizar grandes producciones de corte clásico (*Emiliano Zapata*, 1970), su cine se orientó hacia la denuncia social (*Las poquianchis*, 1976; *El apando*, 1976; *El año de la peste*, 1979; *El tres de copas*, 1986; *Su alteza serenísima*, 2001; *Las vueltas del Citrillo*, 2005).

Cazola (tratado de) [marzo 1179], acuerdo por el que Alfonso VIII de Castilla y Alfonso II de Aragón se repartieron los territorios de conquista. Firmado en una indeterminada población castellana cerca de la frontera con Aragón, a veces se ha denominado erróneamente tratado de Cazorla.

CAZORLA (sierra de), sierra de España, extremidad S del sistema Ibérico; 1 300 m en el Empanquillo. Forma parte del *parque natural de Cazorla, Segura y Las Villas* (bosques de pinos). [Reserva de la biosfera 1983.]

CBS (Columbia Broadcasting System), una de las tres grandes cadenas estadounidenses de televisión (con ABC y NBC), fundada en 1927.

CCI (Cámara de comercio internacional), organización internacional no gubernamental que reúne empresas y asociaciones económicas. Fundada en 1919, representa el mundo de los negocios ante las organizaciones intergubernamentales. En 1923 creó el Tribunal internacional de arbitraje. Su sede está en París.

CC OO, sigla de *Comisiones obreras.

CDU (Christlich-Demokratische Union) → **democratacristiana** (Unión).

CE (Comunidad europea), organización internacional de vocación europea que tomó el relevo de la CEE y que actualmente forma uno de los pilares de la *Unión europea.

CEA BERMÚDEZ → ZEA BERMÚDEZ.

CEÁN BERMÚDEZ (Juan Agustín), *Gijón 1749-Madrid 1829*, pintor, crítico e historiador del arte español. Uno de los introductores de la historiografía artística en España, es autor del *Diccionario histórico de los más ilustres profesores de las bellas artes en España* (1800).

CEARÁ, estado del NE de Brasil; 148 000 km²; 6 353 346 hab.; cap. *Fortaleza*.

CEAUŞESCU (Nicolae), *Scorniceşti 1918-Tirgoviste 1989*, político rumano. Secretario general del partido comunista (1965), presidente del consejo de estado (1967) y presidente de la república (1974), estableció un régimen autoritario. Fue derrocado en 1989 por una insurrección, y ejecutado.

CÉBACO, isla de Panamá, en el Pacífico, localizada en el golfo de Montijo, al oeste de la península de Azuero; 100 km².

CEBOLLATÍ, r. del E de Uruguay, que desemboca en la laguna Merín, en la frontera con Brasil; 230 km. Arrozales.

CEBOLLERA (sierra de), sierra de España, en el área meridional del sistema Ibérico; 2 146 m en el *pico de Cebollera* y 2 159 m en la Mesa.

CEBORUCO, volcán de México (Nayarit), en la sierra Madre Occidental. Fuentes termales.

CEBREROS, mun. de España (Ávila); 3 260

hab. *(cebrereños)*. Estación astronómica y de detección de señales de satélites.

CEBRIÁN (Juan Luis), *Madrid 1944*, periodista y escritor español. Director del diario *El país* desde su fundación (1976) hasta 1988, es autor de ensayos (*Crónicas de mi país*, 1985) y novelas (*La isla del viento*, 1990; *Francomoribundia*, 2003). [Real academia 1996.]

CEBÚ, isla de Filipinas, en las Visayas; 1 634 000 hab.; c. pral. *Cebú* (490 000 hab.).

CECA (Comunidad europea del carbón y del acero), organización internacional de vocación europea. Creada por el tratado del 18 abril 1951, según la iniciativa del plan Schuman, y en vigor en 1952, estableció un mercado común del carbón y del acero. Tras la unificación de sus instituciones con las de la CEE y del Euraton en el seno de las Comunidades europeas (1967), constituyó —desde 1993 hasta su desaparición, al expirar el tratado, en 2002— uno de los componentes de la Unión europea.

CECCHETTI (Enrico), *Roma 1850-Milán 1928*, bailarín y pedagogo italiano. Virtuoso del baile, su carrera se centró en Rusia. Fue profesor de la mayoría de las estrellas del ballet clásico a principios del s. XX.

CECH (Thomas Robert), *Chicago 1947*, bioquímico estadounidense. Ha demostrado el papel catalítico que puede desempeñar el ARN en una reacción química. (Premio Nobel 1989.)

CECIL (William), barón **Burghley** o **Burleigh**, *Bourne 1520-Londres 1598*, estadista inglés. Fue secretario de Estado de Eduardo VI (1550-1553) y de la reina Isabel I (1558-1572), y tesorero mayor de 1572 a 1598.

CECILIA (santa), *m. h. 232*, virgen y mártir romana. Casada con el pagano Valentiniano, al que convirtió, es patrona de los músicos.

CÉCROPS MIT. GR. Primer rey de Ática, representado con el busto de un hombre y el cuerpo de una serpiente.

CEDA (Confederación española de derechas autónomas), partido político fundado por J.M. Gil-Robles en 1933. Su entrada en el gobierno (1934) provocó las revoluciones de Asturias y Cataluña. Derrotado en las elecciones de febrero de 1936, fue disuelto.

CEDAR RAPIDS, c. de Estados Unidos (Iowa); 108 751 hab. Electrónica.

CEDRAL, mun. de México (San Luis Potosí); 15 320 hab. Centro agrícola.

CEDRÓN, r. de Judea, que separa Jerusalén del monte de los Olivos.

CEDROS, isla de México (Baja California), en el Pacífico, en la entrada de la bahía Sebastián Vizcaíno; 347 km². Puerto comercial, uno de los de mayor tráfico del país. Industria conservera. Faros. Colonias de leones marinos.

CEE (Comunidad económica europea), organización internacional de vocación europea. En 1993, por aplicación del tratado de Maastricht (1992), se convirtió en la CE (Comunidad europea).

CEFALONIA, isla de Grecia, la mayor de las islas Jónicas; 73 km²; 32 314 hab.

CEFALÚ, c. de Italia (Sicilia); 13 791 hab. Turismo. Catedral iniciada en 1131 (mosaicos bizantinos).

CEHEGÍN, c. de España (Murcia); 14 171 hab. *(cehegineros)*. Regadíos. Canteras (yeso, mármol). Conservas. Aguas medicinales. — Palacio barroco de los Fajardo. Museo arqueológico.

CEI (Comunidad de estados independientes), organización creada en dic. 1991 por once repúblicas de la ant. URSS (Armenia, Azerbaiján, Bielorrusia, Kazajstán, Kirguizistán, Moldavia, Rusia, Tadzhikistán, Turkmenistán, Ucrania, Uzbekistán), a las que se añadió Georgia en 1993, con una perspectiva de integración económica y militar regional. Turkmenistán optó en 2005 por un estatuto de simple «estado asociado» y Georgia abandonó la organización en 2008.

CEIBA, c. del E de Puerto Rico; 17 145 hab. *Bosque estatal de Ceiba*.

CEIBA (La), c. de Honduras, cap. del dep. de Atlántida; 57 900 hab. Puerto exportador. Aeropuerto.

CEILÁN → SRĪ LANKA.

CEJA (La), mun. de Colombia (Antioquia); 28 766 hab. Bebidas carbónicas; curtidurías.

CELA (Camilo José), *Iria Flavia, Padrón, 1916-Madrid 2002*, escritor español. Su novela *La *familia de Pascual Duarte* inició la corriente «tremendista» y supuso su consagración, confirmada en *La *colmena*, vasta galería de personajes del Madrid de posguerra. Otras obras importantes son: *Historias de España: los ciegos, los tontos* (1957); *San Camilo 1936* (1969); *Oficio de tinieblas 5* (1973); *Mazurca para dos muertos* (1983); *Cristo versus Arizona* (1988); *La cruz de San Andrés* (1994); sus libros de viajes (*Viaje a la Alcarria*, 1948) y el *Diccionario secreto* (1968). [Premios: nacional de literatura 1984; Príncipe de Asturias 1987; Nobel 1989; Cervantes 1995.] (Real academia 1957.)

■ CAMILO JOSÉ **CELA** en la entrega del premio Nobel de 1989.

Celam (Consejo episcopal latinoamericano), organismo católico con sede en Bogotá, formado por miembros de las conferencias episcopales de América Latina. Coordina las tareas pastorales latinoamericanas.

CELAN (Paul **Antschel**, llamado Paul), *Chernovtsi 1920-París 1970*, poeta rumano en lengua alemana, nacionalizado francés. Marcado por la deportación, desgarrado por su relación con el idioma alemán, expresó con gran austeridad la desesperación del hombre frente a la soledad y la muerte (*La rosa de nadie*, 1963).

CELANO (Tommaso da), *Celano, prov. de L'Aquila, h. 1190-cerca de L'Aquila 1260*, franciscano italiano. Fue uno de los primeros discípulos de san Francisco de Asís y su primer biógrafo. Se le atribuyen una *Vida de santa Clara* e himnos (*Dies irae*).

CELANOVA, v. de España (Orense), cab. de p. j.; 5 960 hab. *(celanovenses)*. Monasterio benedictino, conjunto barroco que engloba la iglesia mozárabe de San Miguel (s. X).

CELAYA, mun. de México (Guanajuato); 315 577 hab. Agricultura y ganadería. Iglesias de época colonial; edificios neoclásicos del s. XIX, obra de F.E. Tresguerras.

CELAYA (Rafael **Múgica**, llamado Gabriel), *Hernani 1911-Madrid 1991*, poeta español. Antifranquista, exponente de la poesía social (*Lo demás es silencio*, 1952; *Paz y concierto*, 1953; *Cantos iberos*, 1955), apoyó la causa vasca y derivó hacia el experimentalismo (*Memorias inmemoriales*, 1980), con una dimensión cósmica. También es autor de ensayos.

CÉLEBES o **SULAWESI**, isla de Indonesia formada por cuatro penínsulas; 189 000 km²; 10 410 000 hab. Descubierta en 1512 por los portugueses, quedó bajo el control de los holandeses en 1667, y forma parte de Indonesia desde 1950.

CÉLEBES (mar de), mar de Indonesia, entre Célebes, Borneo y Mindanao.

Celestina (La), obra en 21 actos, total o parcialmente escrita por Fernando de Rojas, cuyos orígenes bibliográficos poco claros permiten distinguir tres fases: una primera redacción, en un acto y sin edición conocida, que Rojas atribuye a Juan de Mena o Rodrigo de Cota; otra en 16 actos, que ofrecen las primeras ediciones (¿1497, 1500 y 1501), bajo el título de *Comedia* y luego *Tragicomedia de Calisto y Melibea*; y una tercera en 21 actos. La obra, escrita en forma de diálogo dramático sin acotaciones escénicas, dramatiza los trágicos amores de Calisto y Melibea en los que media la alcahueta Celestina. Impresa 80 veces en el s. XVI, creó innumerables continuaciones e imitaciones y constituye una de las cimas de la literatura castellana.

CELESTINO V (san) [Pietro **Angeleri**, llamado también Pietro **del Morrone**], *Isernia 1215-Castello di Fumone 1296*, papa en 1294. Eremita en Apulia, elegido papa a su pesar, en un momento en que la Iglesia atravesaba una grave crisis, abdicó tras cinco meses en el cargo, por la presión del futuro Bonifacio VIII. Fue canonizado en 1313 con el nombre de *Pedro Celestino*.

CELESTÚN (ría), parque natural de México, en la costa NO de la península de Yucatán (Yucatán y Campeche); 81 482 ha. Principal hábitat del flamenco rosado; 15 especies animales endémicas de México y dos de Yucatán; especies vegetales protegidas. (Reserva de la biosfera 2004.)

CELIBIDACHE (Sergiu), *Roman 1912-París 1996*, director de orquesta rumano. Dirigió, entre otras, la orquesta filarmónica de Berlín (1946-1952) y, desde 1979, la orquesta filarmónica de Munich.

CELICA, cantón de Ecuador (Loja), avenado por el *río Celica*; 20 305 hab. Agricultura y ganadería.

CÉLINE (Louis Ferdinand **Destouches**, llamado Louis-Ferdinand), *Courbevoie 1894-Meudon 1961*, escritor francés. Su obra refleja la hostilidad y trivialidad del mundo (*Viaje al fin de la noche*, 1932; *Muerte a crédito*, 1936).

CELIO, una de las siete colinas de Roma.

CELLAMARE (Antonio **del Giudice**, príncipe de), *Nápoles 1657-Sevilla 1733*, diplomático español. Embajador de España en Francia, conspiró en vano con el duque y la duquesa de Maine para poner a Felipe V en el lugar del regente (*conspiración de Cellamare*, 1718).

CELLE, c. de Alemania (Baja Sajonia); 71 601 hab. Casas y monumentos de los ss. XV-XVIII.

CELLINI (Benvenuto), *Florencia 1500-íd. 1571*, orfebre, grabador de medallas y escultor italiano. Francisco I de Francia lo llamó a su corte. Sus obras maestras son la *Ninfa de Fontainebleau* (altorrelieve de bronce, h. 1543, Louvre) y sobre todo el *Perseo de la Loggia dei Lanzi* (Florencia, h. 1550). Sus *Memorias* mezclan aventuras reales y fanfarronería.

CELSIUS (Anders), *Uppsala 1701-íd. 1744*, astrónomo y físico sueco. Como astrónomo, formó parte (1737) de la expedición de Maupertuis en Laponia. Creó la escala termométrica centesimal que lleva su nombre (1742) [v. parte n. com. **grado**].

CELSO, s. *II d.C.*, filósofo griego. Es conocido gracias a Orígenes, quien refutó sus ataques contra el cristianismo.

CELSO, en lat. **Aulus Cornelius Celsus**, médico y erudito contemporáneo de Augusto. Es autor de *De re medica*, que dibuja un panorama de la medicina de su época.

CELTIBERIA, ant. región de la península Ibérica, habitada por pueblos celtíberos.

CEMAL PAŞA → ŸAMĀL BAJÁ.

CEMLA (Centro de estudios monetarios latinoamericanos), organismo de información e investigación de las políticas monetarias de los países latinoamericanos y del Caribe, creado en 1952 por los bancos centrales de estos.

CEMPOALA, centro arqueológico de la cultura totonaca en México (Veracruz), con ruinas que cubren 21 ha al norte del río Actopan, entre las que destacan los templos pirámide.

CENCI, familia romana, famosa por sus crímenes y desgracias (s. XVI). — Inspiró una tragedia a Shelley (1819) y un relato a Stendhal (1837).

CENDRARS (Frédéric **Sauser**, llamado Blaise), *La Chaux-de-Fonds 1887-París 1961*, escritor francés de origen suizo, autor de poemas y novelas de aventuras (*El oro*, 1925; *Moravagine*, 1926; *El hombre fulminado*, 1945).

CENICERO, c. de España (La Rioja); 2 055 hab. *(ceniceranos)*. Elaboración de vinos. — Iglesia de San Martín (s. XVI). Casas señoriales.

cenicienta (La), personaje de cuentos de hadas. Joven acosada por su madrastra, vence la adversidad gracias a su belleza y bondad, y se casa con el hijo del rey. — Ha inspirado a escritores (C. Perrault, 1697; hermanos Grimm, 1812), compositores (Prokofiev, 1945) y coreógrafos, como E. Cechetti, L. Ivanov y probablemente M. Petipa (1893) con partitura de B. Schell, M. Marin (1985) y Rudolf Nuréiev (1986) sobre la partitura de Prokofiev. En cine, W. Disney adaptó el cuento en 1950.

CENIZA (bocas de), desembocadura del Magdalena en el Caribe. Un canal de 21 km permite la navegación de barcos de gran calado hasta Barranquilla.

CENNINI (Cennino), *cerca de Siena h. 1370-¿Padua? principios s. xv*, pintor y tratadista de arte italiano. Su *Libro dell'arte* es un excelente tratado de técnica pictórica que recoge la moderna concepción del arte y del artista en vísperas del renacimiento.

CENTAURO, constelación austral. Sus dos estrellas principales, α (Rigel) y β (Agena), se cuentan entre las más brillantes del cielo. También contiene la estrella más cercana al sistema solar, Proxima, situada a 4,2 años luz.

CENTELLES (Agustí), *Valencia 1909-Barcelona 1985*, fotógrafo español. Realizó fotos documentales, de gran calidad, sobre la guerra civil española. (Premio nacional de fotografía 1984.)

CENTLA, mun. de México (Tabasco); 53 778 hab.; cab. *Frontera*, puerto comercial y pesquero.

Cento (Central Treaty Organization), organización de cooperación que agrupaba a Gran Bretaña, Irán, Pakistán y Turquía, creada en 1959 tras la denuncia de Iraq del pacto de Bagdad (firmado en 1955). Fue disuelta en 1979.

CENTRAL (cordillera), sistema montañoso de Costa Rica, en la cordillera Volcánica; 3 432 m en el volcán Irazú. (Reserva de la biosfera 1988.)

CENTRAL (cordillera), cadena montañosa del centro oeste de Puerto Rico; 1 338 m en Cerro Punta. Instalaciones hidroeléctricas.

CENTRAL (cordillera), sistema montañoso de la República Dominicana; 3 175 m en el pico Duarte.

CENTRAL (departamento), dep. de Paraguay, junto a la frontera argentina; 2 465 km²; 864 540 hab.; cap. *Areguá*.

CENTRAL (macizo), conjunto montañoso del centro y S de Francia; culmina en el Puy de Sancy (1 885 m).

CENTRAL (sistema), sistema montañoso de la península ibérica que se extiende a lo largo de 700 km, desde el sistema Ibérico hasta la parte central de Portugal, y parte en dos la Meseta castellana; 2 592 m en la Plaza del Moro Almanzor.

CENTRAL DE LOS ANDES (cordillera), uno de los tres ramales en que se dividen los Andes colombianos, entre el nudo de Pasto y la llanura atlántica; 5 760 m en el nevado del Huila.

Central obrera boliviana o **COB**, organización sindical de Bolivia fundada en 1952, de base minera, disuelta hasta 1987 por J. Lechín.

CENTRAL PARK, gran parque de Nueva York (Manhattan).

Central unitaria de trabajadores o **CUT**, confederación sindical colombiana, fundada en 1986. Agrupa 50 federaciones que representan a la mayoría de los asalariados sindicalizados del país.

CENTRO, en fr. *Centre*, región administrativa de Francia, al S de París; 39 151 km²; 2 371 hab.; cap. *Orleans*; 6 dep. (*Cher, Eure-et-Loir, Indre, Indre-et-Loire, Loiret-Cher* y *Loiret*).

CENTROAFRICANA (República), estado de África central; 620 000 km²; 3 100 000 hab. (*centroafricanos*). CAP. *Bangui*. LENGUA: francés y sango. MONEDA: *franco CFA*. Es un país de sabanas, en el que, junto a cultivos de subsistencia (mijo, maíz, mandioca), algunas plantaciones (algodón, café) y los diamantes (riqueza esencial del subsuelo, junto con el uranio) constituyen la mayor parte de las exportaciones.

HISTORIA

El país, poblado antiguamente por pigmeos y algunos bantúes, recibió en el s. xix la llegada masiva de otros bantúes (baya, banda) procedentes de Sudán, Congo y Chad, que huían de la trata de esclavos. **1877:** el descenso del Congo por Stanley abrió camino a la exploración europea. **1889-1910:** Francia, que intentaba abrir las rutas del Chad y del Nilo, fundó Bangui, reforzó su implantación con la misión Marchand (1896-1898), constituyó Ubangui-Chari como colonia (1905) y la integró en el África Ecuatorial Francesa. **1946:** Ubangui-Chari se convirtió en territorio de ultramar. **1950:** su primer diputado, Barthélemy Boganda, fundó el Movimiento para la evolución social del África negra (MESAN). **1960:** la República Centroafricana, proclamada en 1958, se independizó con David Dacko, presidente tras la muerte de Boganda (1959). **1965:** un golpe de estado llevó al poder a Jean Bédel Bokassa, presidente vitalicio (1972), que se proclamó emperador (1976). **1979:** con la ayuda de Francia, Dacko derrocó a Bokassa y restableció la república. **1981:** golpe de estado militar de André Kolingba. **1991-1992:** el país accedió al multipartidismo. **1993:** Ange-Félix Patassé fue elegido presidente (reelegido en 1999). **Desde 1996:** el país vive una crisis militar (motines) y política permanente. **2003:** A. F. Patassé fue derrocado por un golpe de estado dirigido por el general François Bozizé. **2005:** fue confirmado en la jefatura del estado en elecciones.

CENTROAMÉRICA → **AMÉRICA CENTRAL**.

CENTRO AMÉRICA (Provincias Unidas de), estado federal de América Central (1823-1838), inspirado por el proyecto bolivariano de la Gran Colombia. Alrededor de Guatemala, que proclamó su independencia de España en 1821, los países centroamericanos formaron una confederación que promulgó una constitución liberal (1824). A partir de 1832 se secesionó en distintas repúblicas. El Salvador (1832), Costa Rica, Nicaragua y Honduras (1838). Fracasados los intentos de reunificación, Guatemala reconoció las secesiones en 1847.

centroamericano (Mercado común) [MCCA], organismo económico supranacional creado en 1960 por el tratado de integración económica centroamericana, firmado por El Salvador, Guatemala, Honduras y Nicaragua; Costa Rica se incorporó en 1962. En 1993 estos países crearon la zona de libre comercio de Centroamérica.

Centro nacional de arte y de cultura Georges Pompidou, institución francesa inaugurada en París en 1977, que reúne una biblioteca, un museo de arte moderno, un centro de creación industrial y otro de investigación acústica.

CEOE (Confederación española de organizaciones empresariales), organización fundada en 1977 para la representación y defensa de los intereses de los empresarios españoles.

CEPAL (Comisión económica para América Latina), organismo regional de la ONU para el desarrollo económico y social, creado en 1948. En 1984 adoptó el nombre de *Comisión económica para América Latina y el Caribe*, pero mantuvo la sigla. Sede: Santiago de Chile.

CEPEDA SAMUDIO (Álvaro), *Ciénaga 1926-Nueva York 1972*, escritor colombiano. Trató con maestría la simultaneidad de planos narrativos: *Todos estábamos a la espera* (cuentos, 1954), *La casa grande* (novela, 1962).

CEPERO (José), *Jerez de la Frontera 1888-Madrid 1960*, intérprete de cante flamenco español. Destacó en los fandangos. — **Francisco López C.**, llamado **Paco C.**, *Jerez de la Frontera 1942*, guitarrista y compositor español. Sobrino de José, destaca como acompañante de sonido pulcro y ritmo preciso.

CEPYME (Confederación española de la pequeña y mediana empresa), organización española, fundada en 1977, que agrupa a empresarios autónomos y pequeñas y medianas empresas.

CERAM o **SERAM**, isla de Indonesia, una de las Molucas.

CERÁMICO (el), barrio de la antigua Atenas, que debía su nombre a la actividad de los alfareros. Necrópolis (estelas funerarias).

CERBÈRE → **CERVERA**.

CERBERO MIT. GR. Perro monstruoso de tres cabezas, guardián de los infiernos.

CERCADO (El), mun. de la República Dominicana (San Juan), en la sierra de Neiba; 32 247 hab.

CERCAS (Javier), *Ibahernando, Cáceres, 1962*, escritor español. La superposición de géneros, los elementos autobiográficos y el peso de la memoria caracterizan su narrativa (*El vientre de la ballena*, 1997; *Soldados de Salamina*, 2001; *La velocidad de la luz*, 2005). También es autor de ensayos (*Anatomía de un instante*, 2009), artículos y traducciones.

CERCEAU (Jacques Androuet du), ¿*París? h. 1510-Annecy h. 1585*, arquitecto, teórico y grabador francés, representante de un segundo renacimiento barroquizante y autor de tratados ilustrados (*Libro de arquitectura*, 1559).

CERDA (infantes de la), nombre por el que se conoce a los hermanos **Alfonso** y **Fernando**, hijos del infante primogénito Fernando de la Cerda y de Blanca de Francia. Sus derechos al trono como nietos de Alfonso X provocaron enfrentamientos entre la nobleza castellana y entre Castilla y Aragón, durante los reinados de Sancho IV, Fernando IV y la minoría de edad de Alfonso XI, a quien prestaron homenaje en Burguillos, Sevilla (1331).

CERDÀ (Ildefons), *Centellas, Barcelona, 1815-Caldas de Besaya, Cantabria, 1876*, ingeniero y urbanista español. Su innovador proyecto de ensanche de Barcelona, según un trazado ortogonal, con jardines, zonas de servicios y calles amplias (1859-1860), se aplicó parcialmente.

CERDAN (Marcel), *Sidi Bel Abbes, Argelia, 1916-en accidente de aviación sobre las Azores 1949*, boxeador francés. Fue campeón mundial de los pesos medios (1948).

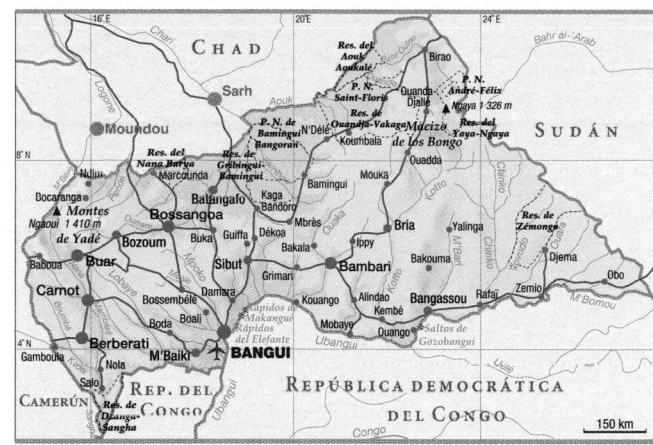

República Centroafricana

— carretera
— ferrocarril
✈ aeropuerto

● más de 100 000 hab.
● de 40 000 a 100 000 hab.
● de 20 000 a 40 000 hab.
● menos de 20 000 hab.

500   1 000 m

CERDANYOLA DEL VALLÈS, v. de España (Barcelona), cab. de p. j.; 52 778 hab. *(cerdañolenses)*. Industrias.

CERDAÑA (condado de), condado de la Cataluña medieval formado por los territorios del alto Segre. El conde Wifredo (870) recibió el condado de Barcelona (878) y fundó la casa de Barcelona. Formó parte del condado de Barcelona (1117-1162) y del reino de Mallorca (1276-1349) hasta que Pedro IV el Ceremonioso lo reincorporó a la Corona de Aragón. La parte oriental pasó a Francia en 1659 por la paz de los Pirineos.

CERDEÑA, en ital. *Sardegna*, isla y región de Italia, al S de Córcega; 24 090 km²; 1 637 705 hab. *(sardos)*; cap. *Cagliari*. 8 prov. *(Cagliari, Carbona-Iglesias, Medio-Campidano, Nuoro, Ogliastra, Olbia-Tempio, Oristano y Sassari)*. La isla está formada fundamentalmente por mesetas y montañas de altura media, donde el Campidano es la única llanura destacable. Las actividades económicas y el turismo no bastan para solucionar el retraso económico, ni para atajar la emigración.

HISTORIA

1400-900 a.C.: durante la edad del cobre, y sobre todo la del bronce, Cerdeña gozó de gran prosperidad gracias a sus minas (hierro, plomo, plata); se desarrolló la civilización de las *nuragas. **H. 700 a.C.** (edad de hierro): la metalurgia llegó a su apogeo, y los fenicios establecieron las primeras factorías en las costas. **238 a.C.:** la isla fue conquistada por Roma. **S. v:** fue ocupada por los vándalos y reconquistada por los bizantinos (534). **Ss. VI-VII:** la isla, donde la Iglesia romana tenía gran influencia, fue blanco de las incursiones sarracenas. **Ss. XI-XIII:** Génova y Pisa se disputaron Cerdeña; se impuso Pisa de 1239 a 1284, fecha en la que fue derrotada por Génova en Meloria. **1323-1324:** Jaime II, rey de Aragón, conquistó la isla. **1478:** convertida en virreinato, se fue separando cada vez más de Italia e hispanizándose. **1718:** conquistada por Gran Bretaña en 1708 y entregada a los Habsburgo de Austria (1714), fue permutada por Sicilia y pasó a la casa de Saboya con el nombre de *Estados sardos*. Desde entonces, su destino se confunde con el de Italia. **1861:** se integró en el reino de Italia. **1948:** se constituyó en región autónoma.

CEREROLS (Joan), *Martorell 1618-monasterio de Montserrat h. 1680*, compositor español. Organista y director de la escolanía de Montserrat, compuso obras de música religiosa.

CERES MIT. ROM. Diosa de la cosecha. Corresponde a la Deméter griega.

CERES, el primer asteroide en ser descubierto (1801), act. clasificado como planeta enano. Diámetro: 930 km.

CERETÉ, mun. de Colombia (Córdoba); 53 915 hab. Maíz, caña de azúcar y tabaco. Bosques.

CEREZO (Mateo), *Burgos 1637-Madrid 1666*, pintor español. Discípulo de Carreño de Miranda, su estilo se distingue por el dinamismo de las figuras y la riqueza cromática. En su catálogo se cuentan bodegones y pinturas religiosas *(Desposorios místicos de santa Catalina*, 1660; *San Agustín*, 1663, Prado).

CEREZO (Vinicio), *Guatemala 1942*, político guatemalteco. Secretario general de la Democracia cristiana de Guatemala, fue presidente de la república (1986-1991).

CERF (Vinton Gray), *New Haven, Connecticut, 1943*, informático estadounidense. Uno de los padres de internet, puso en marcha, junto con Robert E. **Kahn** (Nueva York 1938), el protocolo de comunicación en que se basa el funcionamiento de la red mundial (1974). Entre 1982 y 1986, creó el primer servicio comercial de correo electrónico (MCI Mail). [Premio Príncipe de Asturias 2002.]

CERHA (Friedrich), *Viena 1926*, compositor y director de orquesta austriaco. Fundador del grupo de música contemporánea Die Reihe, concluyó la orquestación de la ópera *Lulú* de A. Berg.

CERIÑOLA, en ital. *Cerignola*, c. de Italia (Apulia); 51 000 hab. Victoria de las tropas españolas al mando de Gonzalo de Córdoba sobre las francesas del duque de Nemours (28 abril 1503).

Cern, organización europea para la investigación nuclear o, comúnmente, Laboratorio europeo para la física de partículas. Llamado, en el momento de su creación (1952-1954), Consejo europeo para la investigación nuclear, está emplazado en Meyrin (frontera francosuiza). Ha construido y explotado un conjunto de aceleradores o anillos de colisión de partículas; tomando el relevo de un gran anillo de colisión de electrones-positrones (LEP, 1989-2000), un gran anillo de colisión de hadrones (LHC) entró en servicio en 2008. (V. ilustr. parte n. com. **acelerador.**)

CERNUDA (Luis), *Sevilla 1902-México 1963*, poeta español. Perteneciente a la generación del 27, recibió la influencia del romanticismo —Bécquer y Hölderlin— y de la lírica anglosajona. A partir de 1936 recopiló su obra en sucesivas ediciones de *La realidad y el deseo*, términos que expresan el conflicto que domina su poesía, de honda reflexión moral. Además de prosa poética (*Ocnos*, 1942), escribió importantes ensayos sobre poesía.

■ LUIS **CERNUDA**, por G. Prieto.

■ MIGUEL DE **CERVANTES SAAVEDRA**, por Juan de Jáuregui y Aguilar. (Real academia española, Madrid.)

CERRALBO (Enrique de **Aguilera y Gamboa**, marqués de), *Madrid 1845-íd. 1922*, político y arqueólogo español. Estuvo al frente del partido carlista (1890-1899 y 1912-1918). Como arqueólogo, descubrió el yacimiento paleolítico de Torralba (Soria), excavó varias necrópolis celtibéricas y creó un museo en Madrid con sus colecciones, que lleva su nombre.

Cerrejón (El), yacimiento de carbón de Colombia (La Guajira), en la or. del río Ranchería. Es la mina superficial de carbón más grande del mundo.

CERRILLOS, dep. de Argentina (Salta), en el curso alto del Lerma; 20 138 hab. Centro ganadero.

CERRILLOS, com. de Chile (Santiago), en el área metropolitana de Santiago; 72 137 hab. Aeropuerto.

CERRILLOS (nevados de los), cumbres de Argentina, en la sierra de Aconquija; 5 550 m de alt. máx.

CERRITO (El), mun. de Colombia (Valle del Cauca); 40 188 hab. Café, legumbres. Ganadería.

CERRITOS, mun. de México (San Luis Potosí); 22 325 hab. Agricultura; explotación de oro blanco.

CERRO AZUL, mun. de México (Veracruz); 33 123 hab. Centro de una importante región petrolera.

CERRO BOLÍVAR, cerro de Venezuela (Bolívar), en la serranía de Imataca. Yacimientos de hierro.

CERRO COLORADO, zona de la prov. de Córdoba (Argentina), donde se encuentran unas pinturas rupestres de los indios comechingones, que representan figuras antropomorfas de danzantes o guerreros y animales.

Cerro Corá (batalla de) [1 marzo 1870], batalla con la que finalizó la guerra de la Triple alianza, en Paraguay (Amambay).

CERRO DE LAS MESAS, centro arqueológico de México (Mixtequilla, Veracruz) con importantes restos de la cultura olmeca de diversas épocas.

CERRO DE LOS SANTOS, santuario ibérico de España (Montealegre del Castillo, Albacete), de los ss. VII a.C. Ruinas de un templo de

tipo griego en el que se encontraron numerosos exvotos (Gran dama oferente).

CERRO DE PASCO, c. de Perú, cap. del dep. de Pasco; 83 500 hab. Centro minero. Instituto de investigaciones de biología de altura.

CERRO DE SAN ANTONIO, mun. de Colombia (Magdalena); 16 426 hab. Maíz, caña de azúcar y frijol.

CERRO LARGO (departamento de), dep. de Uruguay, junto a la frontera con Brasil; 13 648 km²; 78 416 hab.; cap. *Melo*.

CERRO NAVIA, com. de Chile (Santiago), en la conurbación de Santiago; 154 973 hab.

Cerro Paranal (observatorio de), observatorio astrofísico del N de Chile (Antofagasta), en el *cerro Paranal*. Instalación de un gran telescopio europeo del ESO. Dispone de cuatro telescopios de 8,20 m de diámetro (VLT, *Very Large Telescope*) y tres de 1,8 m.

CERRO SECHÍN, sitio arqueológico de Perú, en el valle de Casma (Ancash), descubierto en 1937 por Julio C. Tello. Centro ceremonial anterior a la cultura Chavín (h. 1800 a.C.), con frisos pintados y piedras grabadas con motivos antropomórficos (guerreros, sacrificios). Nuevos descubrimientos divulgados en 2008 retrotraerían la edificación más antigua a hace unos 5 500 años.

■ CERRO SECHÍN. Relieve sobre piedra con la figura de un guerrero.

Cerro Tololo (observatorio interamericano de), observatorio astrofísico de Chile, en el N de Coquimbo, a 2 200 m de alt. Telescopio de 4 m.

CERRUTO (Óscar), *La Paz 1907-íd. 1981*, escritor boliviano. Novelista (*Aluvión de fuego*, 1935) y poeta (*Patria de sal cautiva*, 1958), destacó por su perfección formal.

CERULARIO (Miguel), en gr. **Kerularios**, *Constantinopla h. 1000-íd. 1059*, patriarca de Constantinopla (1043-1059). En 1054 consumó el cisma que aún separa a las Iglesias de oriente y occidente.

CERVANTES (Ignacio), *La Habana 1847-íd. 1905*, compositor cubano. Es autor de obras adscritas al nacionalismo musical cubano: *Sinfonía en do menor* (1879), *Scherzo capriccioso* (1886), *Danzas cubanas*, óperas y zarzuelas.

CERVANTES (Vicente), *Zafra 1755-México 1829*, botánico y farmacéutico español. Participó en la expedición científica a Nueva España de M. Sessé e investigó la flora mexicana, de la que describió por primera vez muchas especies. Fundó el Jardín botánico de México (1788) y fue boticario del hospital de San Andrés.

Cervantes (Instituto), organismo estatal español, creado en 1991, para la difusión de la lengua y la cultura españolas en el extranjero. Tiene su sede central en Alcalá de Henares. (Premio Príncipe de Asturias 2005.)

Cervantes (premio Miguel de), premio de literatura en lengua castellana, otorgado desde 1976 por el gobierno español a la labor global de un escritor.

CERVANTES DE SALAZAR (Francisco), *Toledo 1514-1575*, humanista e historiador español. Presidente del Consejo de Indias, llegó a México h. 1551, donde fue rector de la universidad y deán de la catedral. Su obra (*Diálogos*, 1554; *Túmulo imperial*, 1560) contiene documentos de valor para las letras mexicanas. Dejó inédita una *Crónica de la Nueva España* (publicada parcialmente en 1914).

CERVANTES SAAVEDRA (Miguel de), *Alcalá de Henares 1547-Madrid 1616*, escritor español. Tuvo una formación humanista y llevó una vida llena de peripecias: luchó en Lepanto, donde perdió un brazo, fue cinco años prisionero de los piratas berberiscos, comisario de los víveres de la Armada invencible, excomulgado, encarcelado y, después, familiar de la corte de Felipe III. La obra literaria de Cervantes, considerado el creador de la novela moderna, abarca todos los géneros. Poeta estimable, pese a que él se juzgó mediocre, muchas de sus composiciones están intercaladas en su obra en prosa. En *Viaje del Parnaso* (1614), en verso, expone sus juicios literarios. Como dramaturgo escribió en verso la tragedia *Numancia* (1582) y la comedia *El trato de Argel* (1582) de interés autobiográfico, desplegando todo su genio en sus ocho *Entremeses*, integrados en el volumen *Comedias y entremeses* (1615), llenos de humor y escritos casi todos en prosa, entre ellos sobresale *El retablo de las maravillas*. Pero el genio de Cervantes culmina en su obra novelesca, iniciada con la novela pastoril *La Galatea*. De carácter diferente son sus doce **Novelas ejemplares*, novelas cortas entre las que destacan *La gitanilla*; *El amante liberal*; *El celoso extremeño*, un estudio de caracteres; *El coloquio de los perros* y *Rinconete y Cortadillo*, de corte picaresco; y *El licenciado Vidriera*, cuyo protagonista es un loco perfectamente estudiado. La vacilante relación entre apariencia y realidad, también centrada en un caso de locura, da lugar al más perdurable logro cervantino: *El ingenioso hidalgo Don *Quijote de La Mancha*, cuya primera parte se publicó en 1605 y la segunda en 1615. Vasto retablo de la vida real y creación del modelo paradigmático del héroe conducido a desilusionado, tal como cundirá en la novela europea posterior, el *Quijote* entronca con un género hasta poco antes en boga, la novela caballeresca, que liquida materialmente. Póstumamente se publicó su novela bizantina *Los trabajos de Persiles y Sigismunda* (1617).

CERVERA, c. de España (Lérida), cab. de p. j.; 7 437 hab. (*cervarienses*). Iglesia redonda románica (s. XII), colegiata de Santa María (ss. XIV-XV); ayuntamiento (s. XVII); antigua universidad (s. XVIII).

CERVERA, en fr. *Cerbère*, mun. de Francia (Pyrénées-Orientales), fronterizo con España; 1 465 hab. Estación internacional.

CERVERA DEL RÍO ALHAMA, v. de España (La Rioja); 2 960 hab. (*cervaranos*). Castillo, iglesias góticas de Santa Ana y San Gil. — En sus cercanías (Inestrillas), restos de la ciudad celtibérica de *Contrebia Leucade*.

CERVERÍ DE GIRONA (Guilhem de Cervera, llamado), *h. 1250-h. 1280*, trovador provenzal, de origen catalán, autor de composiciones compendio de todos los géneros provenzales.

CERVETERI, mun. de Italia (Lacio); 18 694 hab. Necrópolis etrusca en la ant. *Caere*. Fue una de las más poderosas ciudades de la confederación etrusca y cayó bajo la dominación de Roma en 351 a.C.

CERVINO (monte), en alem. **Matterhorn**, en fr. **Cervin**, cumbre de los Alpes, en la frontera entre Suiza e Italia, que domina el valle de Zermatt; 4 478 m. Whymper lo escaló en 1865.

CÉSAIRE (Aimé), *Basse-Pointe, Martinica, 1913-Fort-de-France 2008*, escritor y político francés. Influido por el surrealismo (*Soleil cou coupé*, 1948), intentó un retorno a las fuentes de la «negritud» (*Cuaderno de un retorno al país natal*, 1947).

CESALPINO (Andrea), *Arezzo 1519-Roma 1603*, naturalista y médico italiano. Reconoció la existencia del sexo en las flores.

CESAR (departamento del), dep. del NE de Colombia; 22 905 km²; 584 631 hab.; cap. *Valledupar*.

CÉSAR (César **Baldaccini**, llamado), *Marsella 1921-París 1998*, escultor francés. Ligado al «nuevo realismo», trabajó sobre todo los metales y los materiales plásticos.

CÉSAR (Julio), en lat. **Caius Julius Caesar**, *Roma 100 o 101-íd. 44 a.C.*, estadista romano. Patricio, pero ligado a medios plebeyos (su tía Julia se casó con Mario), se enfrentó al dictador Sila y se exilió en Asia (82-78). Emprendió una carrera política, sirviéndose a la vez de socios capitalistas (Licinio Craso) y explotando el descontento popular (apoyó en secreto la conjuración de Catilina). Cuestor (68), pretor (62), propretor en Hispania, donde llevó a cabo una campaña fácil, formó un triunvirato con Pompeyo y Licinio Craso (60). Cónsul en 59 y en 56, emprendió la conquista de las Galias (58-51), que le dio la gloria militar y un ejército fiel, con el que cruzó el Rubicón (49) y marchó sobre Roma, lo que desencadenó la guerra civil contra Pompeyo y al que, victorioso en Farsalia (48), instaló a Cleopatra en el trono de Egipto. Venció en Tapso (46) y Munda (45), y se convirtió en cónsul y dictador vitalicio de Roma (febr. 44). Objeto de una conspiración (en la que tomó parte su protegido Bruto), fue asesinado en el senado en los idus de marzo (15 marzo 44). Había adoptado a su sobrino nieto Octavio, que se convertiría en Augusto. Historiador, dejó unas memorias, *Comentarios* sobre la guerra de las Galias y la guerra civil.

CESAREA ▸ **KAYSERI**.

CESAREA, ant. c. del N de Palestina, junto al Mediterráneo. Construida por Herodes el Grande, en el s. III poseía una rica biblioteca (destruida en 640).

CESENA, c. de Italia (Emilia-Romaña); 87 841 hab. Biblioteca Malatestiana (1452).

CESID → **CNI**.

ČESKÉ BUDĚJOVICE, c. de la República Checa (Bohemia), a orillas del Vltava; 97 283 hab. Centro industrial. Monumentos antiguos.

ČESKÝ KRUMLOV, c. de la República Checa; 12 000 hab. Gran castillo, monumentos varios y casas sobre todo del renacimiento. (Patrimonio de la humanidad 1992.)

CÉSPEDES (Augusto), *Cochabamba 1904-La Paz 1997*, escritor boliviano. Es autor de *Sangre de mestizos* (1936), *Metal del diablo* (1946) y de crónicas (*El dictador suicida*, 1956; *El presidente colgado*, 1966) que narran el impacto que significó la guerra del Chaco.

CÉSPEDES (Carlos Manuel de), *Bayamo 1819-hacienda de San Lorenzo 1874*, político cubano, primer presidente de la república en armas (1869-1873). Su «grito de Yara» (10 oct. 1868) dio inicio a la lucha por la independencia de Cuba. — **Carlos Manuel de C.**, *Nueva York 1871-La Habana 1939*, político cubano. Hijo de Carlos Manuel, fue elegido presidente en ag. de 1933 y derrocado por Batista un mes después.

CÉSPEDES (Pablo de), *Córdoba h. 1538-íd. 1608*, pintor y teórico español. Formado en Italia, fue uno de los principales representantes del manierismo tardío en Andalucía. En la catedral de Córdoba pintó el retablo de la *Santa Cena* (1595). Escribió *Poema de la pintura*.

CÉSPEDES Y MENESES (Gonzalo de), *Talavera de la Reina ¿1585?-Madrid 1638*, escritor español. Es autor de obras históricas y de novelas

(*Historias peregrinas y ejemplares*, 1623; *Fortuna varia del soldado Píndaro*, 1626).

CESTERO (Tulio Manuel), *San Cristóbal 1877-Santiago de Chile 1954*, escritor dominicano. Poeta modernista (*El jardín de los sueños*, 1904; *Sangre de primavera*, 1908) y autor de las novelas *Ciudad romántica* (1911) y *La sangre* (1914), escrita contra la dictadura de Ulises Heureaux.

CETINA (Gutierre de), *Sevilla 1520-México ¿1557?*, poeta español. Dentro de la corriente italianista iniciada por Garcilaso, compuso madrigales (*Ojos claros, serenos*), sonetos, canciones, epístolas, estancias y una oda, casi siempre de tema amoroso.

CEUTA, c. de España, en el N de África, cab. de p. j., que constituye un municipio especial; 75 861 hab. (*ceutíes*). Puerto franco en el Mediterráneo. Pesca; acuicultura; conservas. Turismo. Destacamento militar.— Fue sucesivamente cartaginesa, romana, visigoda y bizantina. Los portugueses la conquistaron en 1415; quedó bajo soberanía española con Felipe II (1580), y continuó estándolo al separarse los reinos en 1640. Plaza de soberanía española tras la independencia de Marruecos, el municipio tiene desde 1995 un estatuto de autonomía.

CEVALLOS o **ZEVALLOS** (Fernando de), *Espera, Cádiz, 1732-Sevilla 1802*, religioso español. Jerónimo, en *La falsa filosofía, crimen de estado* (6 vols., 1774-1776) atacó a los filósofos franceses y a los ilustrados españoles, y defendió el uso de la tortura.

CEVALLOS (Pedro Fermín), *Ambato 1812-Quito 1893*, jurista ecuatoriano, autor de *Resumen de la historia del Ecuador desde su origen hasta 1845* (1870) e *Instituciones del derecho práctico ecuatoriano* (1867).

CEVALLOS GUERRA (Pedro), *1764-1840*, estadista español. Ministro de estado (1800-1808), fue hostil a Godoy. Tomó parte en la elaboración de la constitución de Bayona y desempeñó un efímero ministerio de Negocios extranjeros con José I (1808). Con Fernando VII volvió a ser ministro de estado (1814-1826) y de gracia y justicia (desde 1816).

CÉZANNE (Paul), *Aix-en-Provence 1839-íd. 1906*, pintor francés. Al igual que sus amigos impresionistas, practicó la pintura al aire libre, pero se afanó por trasponer las sensaciones visuales en construcciones plásticas estrictas. Dio principales temas con retratos, figuras (*Los jugadores de cartas*, 1890), naturalezas muertas, paisajes (*El lago de Annecy*, 1896) y bañistas al aire libre. Tuvo una influencia capital en algunas grandes corrientes artísticas del s. XX (fauvismo, cubismo, abstracción).

CGT, sigla de **Confederación general del trabajo*.

CHABAN-DELMAS (Jacques), *París 1915-íd. 2000*, político francés. Gaullista, fue primer ministro (1969-1972) y varias veces presidente de la asamblea nacional.

CHABLIS, mun. de Francia (Yonne); 2 608 hab. Producción de vinos blancos (*chablis*).

CHABRA AL-KHAYMA, c. de Egipto, al N de El Cairo; 811 000 hab.

CHABRIER (Emmanuel), *Ambert 1841-París 1894*, compositor francés. Es autor de obras

■ JULIO **CÉSAR.**
(Museo nacional, Nápoles.)

■ PAUL **CÉZANNE.** *La montaña Sainte-Victoire* (h. 1885-1887).
(Courtauld Art Institute, Londres.)

para piano, para orquesta (*España*, 1883) y dramáticas (*Gwendoline*, 1886).

CHABROL (Claude), *París 1930*, director de cine francés. Pionero de la nouvelle vague, trata las costumbres burguesas (*El carnicero*, 1970; *Madame Bovary*, 1991; *La ceremonia*, 1995; *La comedia del poder*, 2006).

CHAC MIT. AMER. Dios de la lluvia y, por extensión, de la fertilidad y de la agricultura, entre los mayas del Yucatán (México). Identificado con el mexica Tláloc, se le representaba con una nariz colgante terminada en voluta, dos colmillos y una diadema.

CHACABUCO, c. de Argentina (Buenos Aires); 43 548 hab. Centro de un área agrícola y ganadera. Industrias alimentarias.

CHACABUCO, dep. de Argentina (San Luis), en las sierras Pampeanas; 15 017 hab.

CHACAO, c. de Venezuela (Miranda); 66 897 hab. Centro comercial y residencial en el área de Caracas.

CHACEL (Rosa), *Valladolid 1898-Madrid 1994*, escritora española. Vinculada a la *Revista de Occidente*, en su narrativa aparecen las influencias de Ortega, Proust y Joyce: *Estación, ida y vuelta*, 1930; *Memorias de Leticia Valle*, 1945; *La sinrazón*, 1960; la trilogía iniciada con *Barrio de Maravillas*, 1975. También escribió cuentos, poesía, ensayo, biografías y diarios.

CHACHANI, volcán extinguido de Perú, en la cordillera Occidental; 6 084 m de alt. Observatorio meteorológico.

CHACHAPOYAS, c. de Perú, cap. del dep. de Amazonas; 13 800 hab. Edificios coloniales. Turismo.

CHACO (El Gran), región llana de América del Sur, entre los Andes al O y el río Paraguay al E; abarca tierras del N de Argentina, Paraguay, Bolivia y S de Brasil. Predominan la ganadería vacuna y la explotación forestal. Petróleo. (Reserva de la biosfera 2005 en Paraguay.)

CHACO (departamento del), ant. dep. de Paraguay, en el Chaco, act. integrado en el dep. de Alto Paraguay.

CHACO (provincia del), prov. del N de Argentina, que forma parte de la llanura chaqueña; 99 633 km²; 838 303 hab.; cap. *Resistencia*.

Chaco (guerra del) [1932-1935], contienda entre Paraguay y Bolivia por la posesión del Chaco boreal, en cuyo subsuelo se suponía la existencia de petróleo. En 1935 se pactó una tregua y en 1938 se firmó la paz, por la que el Chaco se dividía entre los dos países.

CHACÓN (Lázaro), *Teculután 1873-en EUA. 1931*, militar y político guatemalteco, presidente de la república de 1926 a 1930.

CHACÓN Y CALVO (José María), *Santa María del Rosario 1893-La Habana 1969*, filólogo cubano, investigador de la literatura colonial (*Cedulario cubano*, 1929).

CHACOSANTIAGUEÑA (cultura), cultura prehispánica (Santiago del Estero, Argentina), caracterizada por la cerámica: grandes urnas funerarias pintadas con motivos antropomorfos, jarras y figurillas.

CHAD, en fr. **Tchad**, estado de África, al S de Libia, al E del *lago Chad*; 1 284 000 km²; 5 100 000 hab. (*chadianos*). CAP. *N'Djamena*. LENGUAS: *árabe y francés*. MONEDA: *franco CFA*.

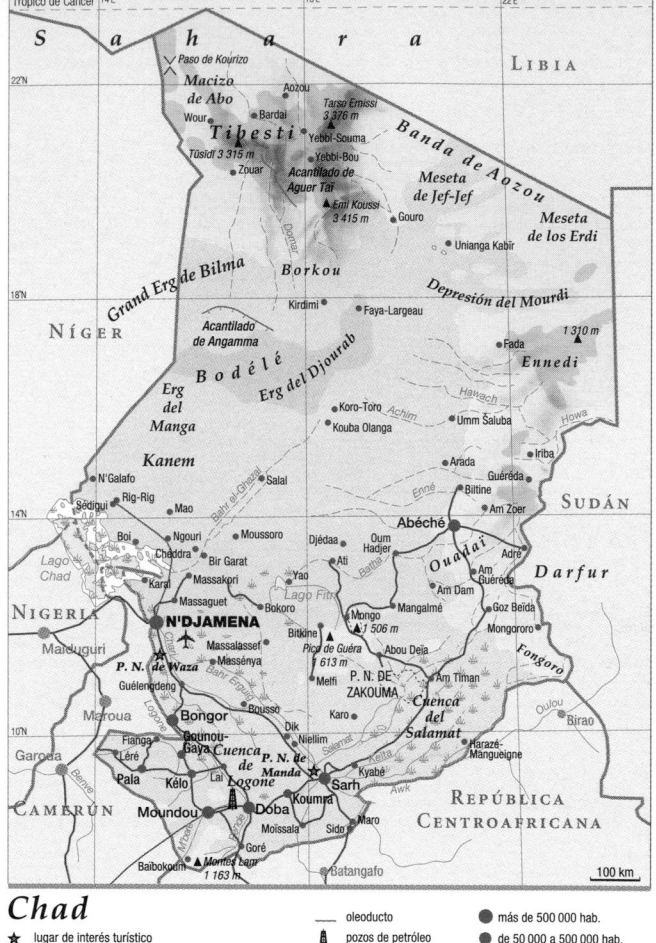

Chad

★ lugar de interés turístico

200 500 1 000 2 000 m

___ oleoducto

⚑ pozos de petróleo

___ carretera

✈ aeropuerto

● más de 500 000 hab.

● de 50 000 a 500 000 hab.

● de 10 000 a 50 000 hab.

• menos de 10 000 hab.

100 km

GEOGRAFÍA

Al N se extiende por el Sahara meridional, en parte montañoso y volcánico (Tibesti), poco poblado y con ganadería trashumante (bovina, ovina y caprina). La población, sobre todo negra y árabe, es de mayoría islámica. Más de la mitad vive en los valles del Chari y el Logone (mijo, maní, algodón). El país, sin transporte interior, recibe ayuda internacional, aunque la explotación del petróleo, en el S (Doba), debería aportar recursos considerables.

HISTORIA

Los orígenes y la época colonial. Prehistoria: la región estaba habitada por cazadores y ganaderos, que dejaron grabados rupestres. Tuvieron que abandonar la zona en 7000 a.C. a causa de la sequía. **Fines del s. IX d.C.:** creación del reino de Kanem, rápidamente islamizado. Tras un primer apogeo en el s. XIII, renació en el s. XVI con centro en Bornu. Convirtió en vasallos a los restantes reinos, fundamentalmente al de Baguirmi, esclavista, aparecido en el s. XVI. Los árabes se implantaron en el país. **S. XIX:** el lago Chad fue el punto de convergencia de los exploradores europeos. Las ambiciones de los países occidentales chocaron con las de los negreros árabes (sobre todo de Rabah), a los cuales acabaron venciendo: entre 1884 y 1899, las fronteras del Chad se fijaron de forma artificial (acuerdos francoalemán y francobritánico); entre 1895 y 1900, las misiones francesas de Lamy, Foureau y Gentil eliminaron las últimas oposiciones. **1920:** Chad se convirtió en colonia francesa. **1940:** el gobierno, dirigido por Félix Eboué, se unió a la Francia libre. **1958:** Chad proclamó la república autónoma, en el seno de la Communauté.

El estado independiente. 1960: Chad se proclamó independiente. **1962:** François Tombal-

■ EL GRAN **CHACO**

■**CHAIKOVSKI**, por M. Seroff.

baye fue elegido presidente. **1968:** secesión del N, islamizado, dirigido por el Frente nacional de liberación del Chad (Frolinat). **1969:** Francia prestó ayuda al gobierno contra la rebelión apoyada por Libia. **1975:** un golpe de estado, en el transcurso del cual fue asesinado Tombalbaye, llevó al poder a Félix Malloum, que no consiguió restablecer el orden. **1979:** Malloum tuvo que retirarse. La guerra civil afectó a todo el país y especialmente a su capital. **1980:** tras la ruptura con Hissène Habré, con quien había formado un gobierno de unión nacional, Goukouni Oueddeï, apoyado por Libia, fue nombrado presidente. **1981:** Chad y Libia firmaron un acuerdo de fusión. **1982:** las fuerzas de H. Habré ocuparon N'Djamena, evacuada por Libia. H. Habré fue elegido presidente. **1983:** Francia prestó ayuda a H. Habré, mientras Libia ocupaba los palmerales del N del país. **1987:** las tropas de H. Habré consiguieron importantes victorias sobre los libios (reconquista de Faya-Largeau). **1988:** Chad y Libia restablecieron relaciones diplomáticas, pero la paz interior siguió siendo frágil. **1990:** H. Habré fue derrocado por Idriss Déby. La franja de Aozou, ocupada por Libia desde 1973, fue evacuada y devuelta a Chad. **1996:** I. Déby salió vencedor en las elecciones presidenciales (reelegido en 2001 y 2006). Pero el poder central tuvo que hacer frente a importantes movimientos rebeldes con base en Sudán (ataques, rechazados, contra N'Djamena en abril 2006 y feb. 2008).

CHAD (lago), gran lago poco profundo y pantanoso de África central, repartido entre Níger, Nigeria, Camerún y Chad. Su superficie varía entre 13 000 y 26 000 km².

CHADLI (Chadli Ben Djedid, llamado), *Bouteldja, cerca de Annaba, 1929*, militar y político argelino, presidente de la república (1979-1992).

CHADWICK (sir James), *Manchester 1891-Cambridge 1974*, físico británico. En 1932, a partir de la desintegración nuclear, descubrió la naturaleza del neutrón. (Premio Nobel 1935.)

CHAFARINAS, archipiélago de España, frente a la costa mediterránea de Marruecos; 0,61 km². Ocupado por los españoles en 1848, forma parte del mun. de Melilla.

CHAGALL (Marc), *Vitebsk 1887-Saint-Paul-de-Vence 1985*, pintor, grabador y decorador francés de origen ruso. Se formó en París (1910-1914), donde descubrió el cubismo. De estilo espontáneo y original, se inspiró en el folclor judío. Murió en Niza dedicado a su *Mensaje bíblico*.

CHAGOS (islas), archipiélago británico del océano Índico.

CHAHINE (Yūsuf) → **SĀHIN.**

CHAIKOVSKI (Piotr Ilich), *Votkinsk 1840-San Petersburgo 1893*, compositor ruso. Combinó actividades de profesor en el conservatorio de

■ MARC **CHAGALL.** *Retrato doble con vaso de vino* (1917). [MNAM, París.]

Moscú, de director de orquesta y de compositor. Su obra, influida por el arte vocal italiano y el romanticismo alemán, se sitúa al margen del movimiento nacionalista del grupo de los Cinco. Compuso piezas para piano, seis sinfonías, entre ellas la *Patética* (1893), fantasías-oberturas (*Romeo y Julieta*, 1870), ballets (*El lago de los cisnes*, 1876; *La *bella durmiente*, 1890; *Cascanueces*, 1892), conciertos, tres de ellos para piano, y óperas (*Eugenio Oneguín*, 1879; *La dama de picas*, 1890).

CHAIN (sir Ernst Boris), *Berlín 1906-Castlebar, Irlanda, 1979*, bioquímico británico. Descubrió, con Fleming y Florey, la penicilina. (Premio Nobel de fisiología y medicina 1945.)

CHAITÉN, volcán de Chile (Los Lagos); 1 122 m. Erupción en 2008.

CHAKA, *1787-1828*, fundador del imperio zulú en 1816. Apodado «el Napoleón negro» por sus victorias sobre los pueblos vecinos, se convirtió en señor de la actual Natal. Fue asesinado por sus hermanos.

CHALATENANGO (departamento de), dep. de El Salvador, junto a la frontera de Honduras; 2 017 km²; 180 627 hab.; cap. *Chalatenango* (28 700 hab.).

CHALCATZINGO, sitio arqueológico olmeca (Morelos, México), en el que se han encontrado numerosos petroglifos con la figura del jaguar a punto de alcanzar sobre figuras humanas.

CHALCHICOMULA DE SESMA, mun. de México (Puebla), en la ladera O del pico de Orizaba; 31 146 hab.

CHALCHIUHTLICUE MIT. AMER. Diosa azteca de las aguas que vivía junto a Tláloc en el Tlalocan. Se la representaba adornada con plumas de quetzal y tocada con un gorro de papel, con un nenúfar en una mano y un estandarte en la otra.

CHALCHUAPA, mun. de El Salvador (Santa Ana); 34 865 hab. Cultivos de café. Restos de la ciudad precolombina (pirámide de Tatzumal).

CHALCO, mun. de México (México); 78 393 hab. Centro agrícola y ganadero. Fábricas de hilados y tejidos de lana y algodón.

CHALIAPINE (Féodor), *Kazán 1873-París 1938*, barítono-bajo ruso. Estrenó el papel de *Don Quijote* (Massenet, 1910) y contribuyó a popularizar la ópera rusa gracias a su interpretación de *Borís Godunov* (Mussorgsky).

CHÂLONS-EN-CHAMPAGNE, ant. **Châlons-sur-Marne**, c. de Francia, cap. de la región Champagne-Ardenne y del dep. de Marne, a orillas del Marne; 51 533 hab. Catedral gótica (vidrieras, ss. XII-XVI).

CHALON-SUR-SAÔNE, c. de Francia (Saône-et-Loire); 56 259 hab. Mercado vinícola. Catedral (ss. XII-XV).

CHÂLUKYA o **CĀLUKYA**, nombre de dos dinastías de la India: los *Chālukya occidentales* (h. 543-h. 755) y los *Chālukya orientales* (h. 973-h. 1190).

CHAMA, r. de Venezuela (Mérida y Zulia), que nace en los Andes y desemboca en la orilla S del lago Maracaibo. Cultivos de tabaco en el *valle del Chama*.

CHAMBERLAIN (Joseph), *Londres 1836-Birmingham 1914*, político británico. Ministro de comercio (1880-1886) y de las colonias (1895-1903), promovió el imperialismo y provocó la escisión del Partido liberal, al agrupar a los adversarios del Home Rule en Irlanda (Partido liberal unionista). — sir **Joseph Austen C.**, *Birmingham 1863-Londres 1937*, político británico. Hijo de Joseph, canciller del Exchequer (1903-1906 y 1919-1921), jefe del Partido unionista y ministro de asuntos exteriores (1924-1929), practicó una política de distensión en la Sociedad de naciones. (Premio Nobel de la paz 1925.) — **Arthur Neville C.**, *cerca de Birmingham 1869-Heckfield 1940*, político británico. Hermanastro de Joseph Austen, diputado conservador, fue canciller del Exchequer (1931-1937) y primer ministro (1937-1940). Intentó en vano solucionar pacíficamente los problemas planteados por la agresión italiana contra Etiopía, la guerra civil de España y las reivindicaciones alemanas (acuerdos de Munich, 1938), pero tuvo que declarar la guerra a Alemania en 1939.

CHAMBERLAIN (Owen), *San Francisco 1920-Berkeley 2006*, físico estadounidense. Realizó, con E. Segrè, la producción del antiprotón en

el Bevatrón, el acelerador de partículas de la universidad de Berkeley. (Premio Nobel 1959.)

CHAMBERS (Ephraim), *Kendal h. 1680-Islington, cerca de Londres, 1740*, enciclopedista británico. Su *Cyclopaedia* inspiró la *Enciclopedia* de Diderot.

CHAMBERS (sir William), *Estocolmo 1726-Londres 1796*, arquitecto británico. Adquirió renombre combinando influencias francesas e italianas, neoclasicismo y exotismo (viajó hasta China). Es autor de la pagoda de los jardines de Kew, al SE de Londres (h. 1760), y el palacio londinense de Somerset House (h. 1780).

CHAMBÉRY, c. de Francia, cap. del dep. de Savoie, a orillas del Leysse; 55 603 hab. Castillo medieval restaurado; catedral (ss. XV-XVI).

CHAMISSO de Boncourt (Louis Charles Adélaïde de Chamisso de Boncourt, llamado Adelbert von), *castillo de Boncourt, Champagne, 1781-Berlín 1838*, escritor y naturalista alemán de origen francés. Autor de *La historia maravillosa de Peter Schlemihl* (1814), fue director del Jardín botánico de Berlín.

CHAMIZAL (El), territorio mexicano, administrado de 1868 a 1967 por EUA, debido al conflicto suscitado por el cambio de curso del río Bravo.

CHAMONIX-MONT-BLANC, c. de Francia (Haute-Savoie), al pie del Mont Blanc; 10 062 hab. Centro de alpinismo y deportes de invierno (alt. 1 037-3 842 m).

CHAMORRO (Emiliano), *Acoyapa 1871-Managua 1966*, político y militar nicaragüense. Jefe del Partido conservador, fue presidente en 1916-1921 y 1926. Firmó con EUA el *tratado *Bryan-Chamorro* (1914).

CHAMORRO (Frutos), *Guatemala 1806-Granada 1855*, militar y político nicaragüense. Fue delegado supremo para el poder ejecutivo de la Confederación de El Salvador, Honduras y Nicaragua (1843-1844) y director supremo de Nicaragua (1853-1855).

CHAMORRO (Violeta Barrios de), *Rivas 1929*, política nicaragüense. Miembro de la primera junta revolucionaria (1979-1980), pasó luego a la oposición. Apoyada por la conservadora Unión nacional opositora (UNO), fue presidenta de la república entre 1990 y 1997. — **Pedro Joaquín C.**, *1925-1978*, periodista nicaragüense. Esposo de Violeta, fue director de *La prensa*. Crítico con la dictadura de Somoza, fue asesinado.

CHAMORRO BOLAÑOS (Pedro Joaquín), *Granada 1818-íd. 1890*, militar y político nicaragüense. Líder conservador, fue presidente de la república (1874-1878).

CHAMOUN (Camille), *Deir-el-Qamar 1900-Beirut 1987*, político libanés. Presidente de la república (1952-1958), fue uno de los principales dirigentes maronitas.

CHAMPA → **SHAMPA.**

CHAMPAGNE, ant. prov. de Francia, que corresponde en parte a la región administrativa de Champagne-Ardenne. Prosperó con las ferias medievales. Nueva expansión, gracias a los vinos espumosos, a partir del s. XVII.

CHAMPAGNE-ARDENNE, región administrativa de Francia; 25 606 km²; 1 347 848 hab.; cap. *Châlons-en-Champagne*; 4 dep. (*Ardennes, Aube, Marne* y *Haute-Marne*).

CHAMPAIGNE (Philippe de), *Bruselas 1602-París 1674*, pintor francés de origen brabanzón. Clasicista, es autor de retratos y de cuadros religiosos.

CHAMPLITTE (Guillermo de), *Champagne segunda mitad s. XII-1209*, príncipe de Acaya (1205-1209). Conquistó Acaya con Geoffroi de Villehardouin.

CHAMPOLLION (Jean-François), *Figeac 1790-París 1832*, egiptólogo francés. Fue el primero en descifrar los jeroglíficos egipcios a partir del estudio de la piedra de *Rosetta (Précis du système hiéroglyphique*, 1824).

CHAMPOTÓN, v. de México (Campeche), en la or. izq. del *río Champotón*; 41 077 hab. Maderas finas.

CHAMULA, mun. de México (Chiapas), en la cuenca del Mezcalapa; 31 364 hab. Cereales y frutales.

CHANCAY, mun. de Perú (Lima), junto al Pacífico; 10 699 hab. Puerto pesquero (conservas).

CHANCAY (cultura), cultura prehispánica de Perú (valles de Ancón, Rímac y Chancay), desarrollada entre 1300 y 1400 d.C., que se caracteriza por una cerámica pintada con dibujos geométricos. Destacan los yacimientos de Pisquillo Chico y Lumbra.

CHANCELLOR (Richard), *m. en la costa de Escocia 1556*, navegante escocés. Exploró el mar Blanco.

CHANCHAMAYO, mun. de Perú (Junín), en la cordillera Occidental de los Andes; 22 327 hab.

CHANCHÁN o **CHAN CHÁN**, centro arqueológico de la costa N de Perú (Trujillo), que fue capital del reino chimú (1000-1470 d.C.). Conserva más de 20 km² de casas, templos y muros de adobe decorado. (Patrimonio de la humanidad [en peligro] 1986.)

CHANCHÁN (Hoya del), región fisiográfica de la zona central de los Andes ecuatorianos.

CHANDERNAGOR o **CHANDANNAGAR**, c. de la India (Bengala Occidental), a orillas del Hügli; 122 351 hab. Ant. factoría francesa (1686-1951).

CHANDIGARH, c. de la India, cap. del Panjáb y de Haryana; 640 725 hab. Constituye un territorio de la Unión India (114 km²). Fue construida a partir de 1951 por Le Corbusier.

CHANDLER (Raymond Thornton), *Chicago 1888-La Jolla, California, 1959*, escritor estadounidense. Sus novelas (*El sueño eterno*, 1939; *Adiós muñeca*, 1940) están protagonizadas por el detective privado Philip Marlowe.

CHANDOS (sir John), guerrero inglés del s. XIV. Condestable de Guyena (1362) y senescal de Poitou (1369), fue herido de muerte en Lussac-les-Châteaux (1370).

CHANDRAGUPTA, rey de la India (h. 320-h. 296 a.C.), fundador de la dinastía Maurya. — **Chandragupta I**, soberano indio (h. 320-h. 330 a.C.), fundador de la dinastía Gupta. — **Chandragupta II**, soberano indio (h. 374-414), de la dinastía Gupta.

CHANDRASEKHAR (Subrahmanyan), *Lahore 1910-Chicago 1995*, astrofísico estadounidense de origen indio. Autor de estudios sobre la transferencia de energía en las estrellas y la evolución estelar, estableció que las enanas blancas no pueden tener una masa superior a 1,4 veces la del Sol. (Premio Nobel 1983.)

CHANEL (Gabrielle **Chasnel**, llamada Coco), *Saumur 1883-París 1971*, modista francesa. Desde 1916 dio un giro a la moda adoptando prendas masculinas y la sencillez.

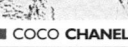

■ COCO **CHANEL**   ■ CHANG KAI-SHEK

CHANGAN, antiguo nombre de *Xi'an.

CHANGCHUN o **CH'ANG-CH'UEN**, c. del NE de China, cap. de Jilin; 1 679 300 hab. Centro industrial.

CHANG KAI-SHEK, CHIANG KAI-SHEK o **JIANG JIESHI**, en *Zhejiang 1887-Taibei 1975*, generalísimo y político chino. Participó en la revolución de 1911, dirigió a partir de 1926 el ejército del Guomindang y, tras romper con los comunistas (1927), organizó un gobierno nacionalista en Nankín. Luchó contra el PCCh, al que obligó a la Larga marcha (1934), antes de unirse a él contra Japón (1936). Combatió durante la guerra civil (1946-1949) y huyó a Taiwan, donde presidió el gobierno hasta su muerte. — **Chang Ching-kuo** o **Jiang Jingguo**, en *Zhejiang 1910-Taibei 1988*, político chino. Hijo de Chang Kai-shek, lo sucedió al frente del Guomindang (1975) y presidió Taiwan desde 1978 hasta su muerte.

CHANGSHA o **CH'ANG-SHA**, c. de China, cap. de Hunan; 1 113 200 hab. Centro industrial.

— En el museo local, ruinas de la necrópolis de la que fue capital del reino de Chu en el período de los Reinos combatientes (ss. VIII a.C.).

CHANGUINOLA, distr. de Panamá (Bocas del Toro), en los *llanos de Changuinola*; 31 933 hab.

CHANGZHOU, c. de China (Jiangsu); 531 500 hab.

CHANNEL (The), nombre inglés del canal de la Mancha.

CHAÑI, cumbre granítica del borde oriental de la Puna argentina; 5 896 m.

CHAO PHRAYA, en ocasiones **MENAM**, r. principal de Tailandia; 1 200 km. Pasa por Bangkok y desemboca en el golfo de Tailandia.

CHAPALA, mun. de México (Jalisco), junto al lago homónimo; 30 629 hab. Centro turístico.

CHAPALA (lago de), lago de México (Jalisco); 1 080 km². Su principal tributario es el Lerma.

CHAPAPRIETA (Joaquín), *Torrevieja 1871-Madrid 1951*, político y economista español. Republicano independiente, fue ministro de trabajo (1922-1923), de hacienda en el gabinete de Portela Valladares (1935-1936) y presidente del consejo (sept.-dic. 1935).

CHAPARRAL, mun. de Colombia (Tolima); 42 950 hab. Minas de oro. Yacimientos petrolíferos en Calama.

CHAPÍ (Ruperto), *Villena 1851-Madrid 1909*, compositor español. Autor de óperas (*Las naves de Cortés*, 1874; *Roger de Flor*, 1878), alcanzó sus mayores éxitos en la zarzuela: *El rey que rabió* (1891), *La revoltosa* (1897), *El puñado de rosas* (1902). Creó la Sociedad general de autores.

CHAPLIN (sir Charles Spencer **Chaplin**, llamado **Charlie**), *Londres 1889-Corsier-sur-Vevey, Suiza, 1977*, actor y director de cine británico. Afincado mucho tiempo en EUA, creador del personaje de *Charlot, conjugó en sus películas burla, sátira y emoción: *La quimera del oro* (1925), *Luces de la ciudad* (1931), *Tiempos modernos* (1936), *El gran dictador* (1940), *Monsieur Verdoux* (1947), *Candilejas* (1952), *La condesa de Hong Kong* (1967).

CHAPOPOTLA → **IXHUATLÁN DEL SURESTE.**

CHAPULHUACÁN, mun. de México (Hidalgo); 15 580 hab. Agricultura; explotaciones forestales.

CHAPULTEPEC, cerro, castillo y parque de la ciudad de México. Centro cultural en el que se encuentra el museo nacional de antropología. — El castillo fue sede de la conferencia panamericana (1945) que estableció el compromiso de ayuda mutua en caso de violación de la independencia política de los pueblos americanos (*Acta de Chapultepec*).

CHAR (René), *L'Isle-sur-la-Sorgue 1907-París 1988*, poeta francés. Su obra intenta conciliar las fuerzas naturales y las aspiraciones humanas (*Furor y misterio*, 1948).

CHARALÁ, mun. de Colombia (Santander); 16 111 hab. Yuca, maíz, plátano y algodón.

CHARALLAVE, mun. de Venezuela (Miranda); 54 939 hab. Centro industrial.

CHARATA, c. de Argentina (Chaco); 16 222 hab. Centro agropecuario (algodón), maderas.

CHARCAS, c. de México (San Luis Potosí); 21 470 hab. Minas de oro, plata, antimonio, cinc y cobre.

CHARCAS, territorio sudamericano que constituyó una audiencia del virreinato del Perú (Alto Perú) [1559] y que tras la independencia se integró en Bolivia.

CHARCO (El), mun. de Colombia (Nariño), junto a la costa del Pacífico; 19 443 hab.

CHARCOT (Jean Martin), *París 1825-cerca del lago Settons 1893*, médico francés. Fundador de una escuela de neurología, impartió clases célebres a las que asistió, entre otros, Freud.

CHARDIN (Jean Siméon), *París 1699-íd. 1779*, pintor francés. Autor de naturalezas muertas y de escenas de género, reflejó la «vida silenciosa» del tema elegido.

CHARDZHÓU → **TURKMENABAT.**

CHARENTE, r. de Francia, que nace en el Lemosín y desemboca en el Atlántico; 360 km.

CHARENTE, dep. del O de Francia (Poitou-Charentes); 5 956 km²; 341 993 hab.; cap. *Angulema*.

CHARENTE-MARITIME, dep. de Francia (Poitou-Charentes); 6 864 km²; 527 146 hab.; cap. *La Rochelle*.

CHARI, r. de África, tributario del lago Chad; 1 200 km. Recibe al Logone (or. izq.) en N'Djamena.

CHARISSE (Tulla Ellice **Finklea**, llamada Cyd), *Amarillo, Texas, 1921-Los Ángeles 2008*, bailarina y actriz estadounidense. Fue una estrella de la comedia musical norteamericana de la década de 1950, especialmente como compañera de Gene Kelly (*Cantando bajo la lluvia*, S. Donen y G. Kelly, 1952) y de Fred Astaire (*Melodías de Broadway 1955*, V. Minnelli, 1953).

CHARLEROI, c. de Bélgica (Hainaut), a orillas del Sambre; 206 214 hab. Museos (vidrio y fotografía).

■ CHARLIE **CHAPLIN** encarnando a Charlot en *El chico* (*The Kid*, 1921).

CHARLES (Ray Charles **Robinson**, llamado Ray), *Albany, Georgia, 1930-Beverly Hills 2004*, músico estadounidense. Ciego desde los seis años, compositor, director de orquesta, pianista y cantante, triunfó desde 1954 con un registro entre el jazz, el rhythm and blues y el rock and roll, y fue un artífice del nacimiento del soul (*Yes Indeed*, 1956; *What'd I Say*, 1959).

Charles-de-Gaulle (aeropuerto), aeropuerto de París, cerca de Roissy-en-France.

CHARLESTON, c. de Estados Unidos (Carolina del Sur), en el Atlántico; 80 414 hab. Puerto y centro industrial (petroquímica). Turismo.

CHARLESTON, c. de Estados Unidos, cap. de Virginia Occidental; 57 287 hab. Mansiones del casco antiguo (ss. XVIII-XIX).

CHARLEVILLE-MÉZIÈRES, c. de Francia, cap. del dep. de Ardennes, a orillas del Mosa; 59 439 hab.

Charlot, personaje creado por Charlie Chaplin en el music-hall y después en el cine (en Iberoamérica se denomina *Carlitos*). Rebelde, sentimental y obstinado, con su bastón, sus zapatones y su bombín, encarna a un personaje solitario que topa con la hostilidad social, pero que aspira a integrarse en ella. Presente desde los primeros cortometrajes del actor (1914), apareció en un centenar de películas.

CHARLOTTE, c. de Estados Unidos (Carolina del Norte); 395 934 hab. Textil; química.

CHARLOTTESVILLE, c. de Estados Unidos (Virginia); 151 267 hab. Universidad de Virginia (1819) y residencia de Monticello, proyectados en estilo neoclásico por Thomas Jefferson (patrimonio de la humanidad 1987).

CHARLOTTETOWN, c. de Canadá, cap. de la prov. de la isla del Príncipe Eduardo; 15 396 hab. Universidad. Pesca.

CHARPAK (Georges), *Dabrowica, Polonia, 1924*, físico francés. Ha diseñado numerosos detectores de partículas. (o Nobel 1992.)

CHARPENTIER (Gustave), *Dieuze 1860-París 1956*, compositor francés. Es autor de la ópera *Luisa* (1900).

CHARPENTIER (Marc Antoine), *París h. 1634-íd. 1704*, compositor francés. Es autor de motetes, misas, oratorios y cantatas profanas.

CHARRY LARA (Fernando), *Bogotá 1920-Washington 2004*, escritor colombiano. Poeta y

■ CHATEAUBRIAND,
por Girodet-Trioson.
(Palacio de Versalles.)

■ HUGO CHÁVEZ

ensayista, es autor de *Nocturnos y otros sueños* (1949), *Pensamientos del amante* (1981), *Llama de amor viva* (1986). Fue miembro de la Academia colombiana de la lengua y del Instituto Caro y Cuervo.

CHARTRES, c. de Francia, cap. del dep. de Eure-et-Loir, a orillas del Eure; 41 850 hab. Catedral (ss. XII-XIII), obra maestra del gótico, con célebres vidrieras (patrimonio de la humanidad 1979). Museo de bellas artes.

Chartres (escuela de), escuela filosófica y teológica francesa, fundada por el obispo Fulberto.

CHASCOMÚS, c. de Argentina (Buenos Aires), junto a la *laguna de Chascomús;* 34 980 hab. Turismo.

CHASE (James Hadley), *Londres 1906-Corseaux, Suiza, 1985*, escritor británico. En sus novelas policíacas priman la violencia y el sexo (*El secuestro de la señorita Blandish,* 1938).

CHATEAUBRIAND (François René, vizconde **de**), *Saint-Malo 1768-París 1848,* escritor francés. Juzgó su época (*Ensayo sobre las revoluciones,* 1797) y, al mismo tiempo que anunciaba el romanticismo, quiso restaurar el orden moral (*El genio del cristianismo,* 1802). Sus *Memorias de ultratumba* (1848-1850) expresan la nostalgia de una vida y una época.

CHÂTEAUGUAY, r. de Estados Unidos y de Canadá, afl. del San Lorenzo (or der); 81 km Victoria de los canadienses sobre los estadounidenses (1813).

CHÂTEAUROUX, c. de Francia, cap. del dep. de Indre, a orillas del Indre; 52 949 hab.

CHATELIER (Henry Le), *París 1850-Miribel-les-Échelles 1936,* químico francés. Creó el análisis térmico y la metalografía microscópica, y estudió los equilibrios físico-químicos.

CHATHAM (islas), archipiélago neozelandés de Oceanía, al E de Nueva Zelanda.

CHATHAM (condes de) → PITT.

CHATTANOOGA, c. de Estados Unidos (Tennessee), en los Apalaches; 152 466 hab. Victoria del general Grant sobre los sudistas (1863), durante la guerra de Secesión.

CHATTERJI (Bankim Chandra), *Kãntãlpãrã 1838-Calcuta 1894,* escritor indio en lengua bengalí, autor de novelas populares (*Rajani,* 1877).

CHATTERTON (Thomas), *Bristol 1752-Londres 1770,* poeta británico. Autor de poemas a imitación de los medievales, se suicidó envenenándose. Su destino de «poeta mártir» inspiró el *Chatterton* (1835) de Vigny.

CHAUCER (Geoffrey), *Londres h. 1340-íd. 1400,* poeta inglés. Tradujo el *Roman de la rose* e imitó a los poetas italianos. Sus **Cuentos de Canterbury* (1387-1400) contribuyeron a fijar la gramática y la lengua inglesas.

CHAUNU (Pierre), *Belleville 1923,* historiador francés. Se ha dedicado a la historia cuantitativa (*Sevilla y el Atlántico, 1504-1650,* 1955-1959).

CHAUVET (gruta de), gruta decorada de Francia (mun. de Vallon-Pont-d'Arc, Ardèche). Descubierta en 1994, alberga notables pinturas rupestres que se cuentan entre las más antiguas conocidas (auriñaciense, 30 000 a 25 000 años).

CHAVES (Fernando), *Otavalo 1902,* escritor ecuatoriano, precursor de la novela indigenista ecuatoriana con *Plata y bronce* (1927).

CHAVES (Manuel), *Ceuta 1949,* político español. Socialista, ministro de trabajo y seguridad social (1986-1990) y de política territorial (desde 2009), fue presidente de la Junta de Andalucía (1990-2009).

CHAVES (Nuflo **de**), *Trujillo h. 1518-Charcas 1568,* conquistador español. Fundó Santa Cruz de la Sierra (1561), avanzada de la colonización de Charcas. Fue nombrado lugarteniente de la gobernación de Moxos, de la que erigió titular a su hijo Francisco Hurtado de Mendoza.

CHÁVEZ (Carlos), *México 1899-íd. 1978,* compositor y director de orquesta mexicano. Organizó la orquesta sinfónica de México y dirigió el conservatorio nacional (1928-1935). Es autor de ballets, obras corales y para piano, sinfonías y la ópera *Pánfilo y Lauretta* (1956).

CHÁVEZ (César), *San Antonio, Texas, 1923-Yuma, Arizona, 1993,* sindicalista chicano. Organizó a los braceros de origen mexicano de California, y dirigió una larga huelga que logró el reconocimiento de sus derechos sindicales.

CHÁVEZ (Federico), *Asunción h. 1878-íd. 1978,* político paraguayo. Dirigente del Partido colorado, fue presidente (1950-1954) e impulsó la aplicación plena de la constitución.

CHÁVEZ (Gerardo), *Trujillo 1937,* pintor peruano. Establecido en París, su pintura poblada de mitos precolombinos, enlaza la tradición indígena y europea. En 1983 creó en Trujillo la primera bienal de arte contemporáneo.

CHÁVEZ (Hugo), *Sabaneta, Barinas, 1954,* militar y político venezolano. Dio un fracasado golpe de estado en 1992. Al frente del Movimiento quinta república, accedió a la presidencia en 1999 (revalidada en 2000). Superó una tentativa de golpe de estado (2002) y un referéndum revocatorio (2004). Impulsor de la constitución de 1999 y de una «revolución bolivariana», aboga por el nacionalismo, la ruptura con la clase política tradicional y el acercamiento a Cuba. En 2007 renovó su mandato.

CHÁVEZ (Julio César), *Ciudad Obregón 1962,* boxeador mexicano. Campeón del mundo de los pesos superligeros (1984-1987), ligeros (1987-1989) y superplumas (1989-1994), permaneció invicto durante 85 combates de 1980 a 1994.

CHÁVEZ ALFARO (Lisandro), *Bluefields 1929-Managua 2006,* escritor nicaragüense. De inspiración revolucionaria, sus relatos (*Los monos de San Telmo,* 1963) y novelas (*Trágame tierra,* 1969) reflejan la realidad política de su país.

CHÁVEZ SÁNCHEZ (Ignacio), *Zirándaro 1897-México 1979,* médico mexicano. Ilustre cardiólogo, fundó y fue presidente del Instituto nacional de cardiología (1944-1961) y presidió la Asociación internacional de cardiología (1954-1962). Fue rector de la universidad nacional autónoma de México (1961-1966).

CHAVÍN, cultura prehispánica de Perú (Chavín de Huantar y valles de Cupisnique, Casma, Nepeña y Lambayeque), desarrollada entre 1200 y 300 a.C., la más antigua de las culturas peruanas preincaicas. Se caracteriza por la representación estilizada de un felino en la cerámica negra, joyas, armas y relieves en piedra.

■ LA CULTURA CHAVÍN. Monolito grabado de la llamada escalera de los Jaguares, ss. VIII-VI a.C.

CHAVÍN DE HUANTAR, mun. de Perú (Ancash); 5 671 hab. Centro ceremonial de la cultura Chavín, que conserva restos de construcciones ciclópeas (El castillo, El templo viejo). [Patrimonio de la humanidad 1985.]

CHÉBISHEV (Pafnuti Lvóvich), *Okatovo 1821-San Petersburgo 1894,* matemático ruso. Fundador de una importante escuela matemática, estudió los problemas de aproximación (sobre todo en probabilidades), las funciones elípticas y la teoría de los números.

CHEBOKSARI, c. de Rusia, cap. de Chuvashia, a orillas del Volga; 420 000 hab.

Checa (abrev. de las voces rusas que significan Comisión extraordinaria), organización encargada de combatir la contrarrevolución y el sabotaje en la Rusia soviética (fines 1917-1922).

CHECA (República) o **CHEQUIA**, en checo *Ceská republika,* estado de Europa central; 79 000 km²; 10 350 000 hab. *(checos).* CAP. *Praga.* LENGUA: *checo.* MONEDA: *koruna (corona checa).*

INSTITUCIONES

República con régimen parlamentario. Constitución de 1992, en vigor desde 1993. El presidente de la república es elegido cada 5 años por el parlamento. Designa al primer ministro, responsable ante la Cámara de los diputados. El parlamento se compone de la Cámara de los diputados y el Senado, elegidos cada 4 y 6 años, respectivamente, por sufragio universal.

GEOGRAFÍA

El país está constituido por Bohemia —cuadrilátero formado por montañas medianas que rodean la fértil llanura de Polabí, avenada por el Elba (Labe) y el Vltava— y Moravia, abierta por el Morava y el Odra superior. Étnicamente homogéneo, en su territorio se combinan cultivos (cereales y remolacha de azúcar), actividades extractivas (carbón) e industrias de

República Checa

200	500	1000 m		═══ autopista	─── ferrocarril
				─── carretera	✈ aeropuerto

● más de 1 000 000 hab.
● de 100 000 a 1 000 000 hab.
● de 50 000 a 100 000 hab.
● menos de 50 000 hab.

transformación (construcciones mecánicas, química, vidrio y agroalimentaria). La industria se localiza en torno a Praga, Ostrava, Brno y Plzeň. El turismo está en pleno desarrollo. Tras su conversión a la economía de mercado, la República Checa está modernizando sus estructuras y desarrollando sus intercambios, sobre todo con sus socios europeos.

HISTORIA

Los checos, tras haber creado una serie de estados (Bohemia y Moravia), fueron dominados por los Habsburgo de Austria. En 1918 formaron con los eslovacos la República de Checoslovaquia. **1969:** tras la entrada en vigor del estatuto federal de Checoslovaquia, la República Checa fue dotada de instituciones propias. **1992:** el liberal Václav Klaus, jefe del gobierno, preparó con su homólogo eslovaco la partición de la federación. **1993:** la República Checa se independizó (1 en.). Václav Havel fue elegido presidente del nuevo estado. V. Klaus se mantuvo como jefe del gobierno. **1997:** V. Klaus dimitió. **1998:** V. Havel fue reelegido presidente. **1999:** la República Checa se integró en la OTAN. **2003:** Václav Klaus sucedió a V. Havel en la presidencia de la república. **2004:** la República Checa se adhirió a la Unión europea. Los socialdemócratas dirigieron los gobiernos sucesivos: Miloš Zeman (1998-2002), Vladímir Špidla (2002-2004), Stanislav Gross (2004-2005), Jiří Paroubek (2005-2007). **2007:** tras unas elecciones reñidas (junio 2006) y una larga crisis política, Mirek Topolánek, líder de la oposición de derechas, se convirtió en primer ministro (en.). **2008:** V. Klaus fue reelegido presidente. **2009:** tras la caída del gobierno, Topolánek fue reemplazado por el independiente Jan Fischer.

CHECHENIA, república de Rusia, al borde del Cáucaso; 573 900 hab. aprox.; cap. *Grozni.* Tras la proclamación en 1991 de una república independiente, los chechenos presentaron una fuerte resistencia al ejército ruso, que intervino desde dic. 1994 para reintegrar Chechenia en la Federación Rusa. En 1996 se firmó un acuerdo de paz y se retiraron las tropas rusas, pero estas, en 1999, desencadenaron una nueva ofensiva y una guerra devastadora. Desde 2006-2007, la región experimentó una relativa normalización bajo la férula de un poder local prorruso.

CHECOSLOVAQUIA, en checo **Československo,** ant. estado de Europa central, formado por la unión de Bohemia y Moravia (act. República Checa) y Eslovaquia. Cap. *Praga.*

HISTORIA

1918: se creó la República de Checoslovaquia, que reunía a los checos y eslovacos de la antigua Austria-Hungría. **1919-1920:** también se sumó la Ucrania subcarpática; los tratados de Saint Germain y de Trianon fijaron las fronteras del estado checoslovaco, presidido de 1918 a 1935 por T. Masaryk. **1935-1938:** E. Beneš fue presidente de la república. **1938:** el país tuvo que aceptar las decisiones de la conferencia de Munich y ceder los Sudetes a Alemania. **1939:** Alemania ocupó Bohemia-Moravia e instaló en ella un protectorado. **1940:** en Londres, Beneš constituyó un gobierno en el exilio. **1945:** Praga fue liberada por el ejército soviético. La URSS obtuvo la Ucrania subcarpática. Beneš volvió a la presidencia de la república. **1946:** el comunista K. Gottwald se convirtió en presidente del consejo. **1947:** la URSS obligó a Checoslovaquia a renunciar al plan Marshall. **Febr. 1948:** los comunistas se hicieron con el poder («golpe de Praga»). **1948-1953:** Gottwald siguió las directrices de la URSS. Procesos (1952-1954) que condenaron a Slánský y a los nacionalistas eslovacos. **1953-1957:** A. Novotný asumió la dirección del Partido comunista y A. Zápotocký la de la presidencia del estado. **1957-1968:** Novotný ocupó los dos cargos. La crítica de los intelectuales y el descontento eslovaco se desarrollaron a partir de 1962-1963. **1968:** durante la «primavera de Praga», el partido, dirigido por Dubček, intentó orientarse hacia un «socialismo de rostro humano». La intervención soviética (ag.) puso fin al intento innovador. **1969:** Checoslovaquia se convirtió en un estado federal formado por la República Checa y Eslovaquia. Husák sustituyó a Dubček a la cabeza del partido, lo que supuso el principio de la «normali-

zación». **1975:** Husák sucedió a Svoboda en la presidencia de la república. **1987:** Miloš Jakeš sucedió a Husák como presidente del partido. **1989:** importantes manifestaciones contra el régimen (nov.), que provocaron la dimisión de los principales dirigentes (M. Jakeš, G. Husák), la abolición del papel dirigente del partido y la formación de un gobierno de coalición nacional con mayoría no comunista dirigido por Marian Calfa. El disidente Václav Havel fue elegido presidente de la república. El telón de acero entre Checoslovaquia y Austria fue desmantelado. Esta transición, pacífica, se denominó «revolución de terciopelo». **1990:** el país adoptó el nombre de «República federativa checa y eslovaca». Los movimientos democráticos (entre ellos el Foro cívico) ganaron las primeras elecciones libres (junio). **1991:** las tropas soviéticas se retiraron del país. **1992:** V. Havel dimitió. Se inició el proceso de división de Checoslovaquia en dos estados independientes, negociado por el gobierno checo de V. Klaus y el eslovaco de V. Mečiar. **1993:** Checoslovaquia se dividió en dos estados independientes, Eslovaquia y la República Checa (1 en.).

CHÉJOV (Antón Pávlovich), *Taganrog 1860-Badenweiler, Alemania, 1904,* escritor ruso. Cuentista (*La sala número 6,* 1892; *El duelo,* 1892), su teatro describe las convenciones sociales de provincias o las vocaciones ilusorias (*La gaviota,* 1896; *Tío Vania,* 1897; *Las tres hermanas,* 1901; *El jardín de los cerezos,* 1904).

■ **CHÉJOV,**
por I. E. Bras.
(Galería Tretiakov, Moscú.)

CHEJU, isla de Corea del Sur, separada del continente por el *estrecho de Cheju;* 1 820 km (463 000 hab).

CHELIÁBINSK, c. de Rusia, en los Urales; 1 143 000 hab. Metalurgia.

CHELIFF o **CHÉLIF,** r. de Argelia, el más largo del país, que desemboca en el Mediterráneo; 700 km.

CHELIFF (Ech-), ant. **Orléansville** y **el-Asnam,** c. de Argelia, cap. de vilayato; 106 000 hab.

CHELMNO, en alem. **Kulmhof,** localidad de Polonia, a 80 km de Łódź. Campo de exterminio alemán (1941-1945) donde murieron 200 000 judíos.

CHELSEA, barrio del O de Londres, junto al Támesis. En el s. XVIII, manufactura de porcelana.

CHELTENHAM, c. de Gran Bretaña (Inglaterra, en Gloucestershire); 85 900 hab. Termas.

CHEMNITZ, de 1953 a 1990 **Karl-Marx-Stadt,** c. de Alemania (Sajonia); 301 918 hab. Metalurgia; textil. — Iglesia gótica; museos.

CHEMULPO → INCHON.

CHENĀB, r. de la India y Pakistán; 1 210 km. Es uno de los cinco grandes ríos del Panjāb.

CHENALHÓ, mun. de México (Chiapas); 18 400 hab. Mercado agrícola. Explotación forestal. Textiles.

CHENGDU o **CH'ENG-TU,** c. de China, cap. de Sichuan; 2 470 000 hab. Centro comercial e industrial (electrónica). — Antiguos barrios pintorescos; museos. — Fue la capital de los Tang.

CHÉNIER (André de), *Constantinopla 1762-París 1794,* poeta francés. Lírico elegíaco (*La joven cautiva,* h. 1794), sus *Yambos* (1794) son una obra maestra de la sátira política. Murió guillotinado.

CHENNAI → MADRAS.

CHEPÉN, mun. de Perú (La Libertad); 23 138 hab. Arroz y frutales. Central azucarera.

CHEPO, distr. de Panamá (Panamá), en el valle del *río Chepo;* 20 499 hab. Ganadería.

CHER, r. de Francia, que nace en el macizo Central, afl. del Loira (or. izq.); 350 km.

CHER, dep. de Francia (Centro); 7 235 km²; 321 559 hab.; cap. *Bourges.*

CHERCHELL, c. de Argelia, junto al Mediterráneo; 36 800 hab. Es la ant. *Cesarea* de Mauritania. Ruinas; museo arqueológico.

CHÉREAU (Patrice), *Lézigné, Maine-et-Loire, 1944,* director de teatro, de ópera y de cine francés. Difusor sobre todo de la obra de B.-M. Koltès, conjuga en sus puestas en escena investigación plástica y perspectiva política. En el cine ha dirigido entre otras *La carne de la orquídea* (1975), *La reina Margot* (1994), *Gabrielle* (2005).

CHEREMJOVO, c. de Rusia, al O del lago Baikal; 99 000 hab. Hulla.

CHERENKOV (Pável Alexéievich), *Chigla, región de Vorónezh, 1904-Moscú 1990,* físico soviético. En 1934 descubrió la emisión de la luz por partículas cargadas que se desplazan en un medio a una velocidad superior a la que tendría la luz dentro del mismo medio. (Premio Nobel 1958.)

CHEREPÓVETS, c. de Rusia, al E de San Petersburgo; 310 000 hab. Centro industrial.

CHERGUI (chott ech-), depresión pantanosa de Argelia.

CHERKASSI, c. de Ucrania, a orillas del Dniéper; 290 000 hab. Centro industrial.

CHERNENKO (Konstantin Ustínovich), *Bolcháia Tes, gob. del Yeniséi, 1911-Moscú 1985,* político soviético. Fue secretario general del PCUS, y presidente del Presidium del Soviet supremo en 1984-1985.

CHERNÍGOV, c. del N de Ucrania; 296 000 hab. Centro industrial. Catedrales e iglesias, sobre todo de los ss. XI-XIII.

CHERNIJOVSKI (Saul), *Mijailovka, Ucrania, 1875-Jerusalén 1943,* poeta de lengua hebrea. Unió la tradición judía y los principios estéticos occidentales (*Visiones y melodías,* 1898).

CHERNISHEVSKI (Nikolái Gavrílovich), *Sárátov 1828-íd. 1889,* escritor ruso. Su novela *¿Qué hacer?* (1863) es un ejemplo de su visión de la literatura como medio de acción social.

CHERNOBIL, c. de Ucrania. La explosión, el 26 de abril de 1986, de uno de los reactores de la central nuclear de esta ciudad provocó una contaminación radiactiva importante y extendida. La central cerró en dic. 2000.)

CHERNOVTSI, c. del SO de Ucrania; 257 000 hab. Centro industrial. Museo de historia.

CHERRAPUNJI, c. del NE de la India (Meghalaya). Es una de las estaciones meteorológicas que más lluvias registra en el planeta (más de 10 m de precipitaciones anuales).

CHERSKI (montes), macizo montañoso de Rusia, en Siberia oriental; 3 147 m.

CHERUBINI (Luigi), *Florencia 1760-París 1842,* compositor italiano, nacionalizado francés. Director del conservatorio de París, escribió misas, dos réquiems, óperas (*Medea,* 1797), sonatas y cuartetos.

CHESAPEAKE (bahía de), bahía de Estados Unidos (Maryland y Virginia), en el Atlántico. Está cruzada por un sistema de puentes y túneles. Emplazamiento de Baltimore.

CHESHIRE, condado de Gran Bretaña, al NO de Inglaterra; 933 200 hab.; cap. *Chester.*

CHESTE (Juan de la Pezuela, conde de), *Lima 1809-Segovia 1906,* militar y literato español. Fue capitán general de Cuba (1853-1854) y de Cataluña (1867-1868). Dirigió la Real academia española y tradujo a Dante, Tasso o Camões.

CHESTER, c. de Gran Bretaña (Inglaterra), cap. de *Cheshire,* al S de Liverpool; 61 000 hab. Quesos. — Murallas de origen romano; catedral románica y gótica; barrios medievales.

CHESTERFIELD (Philip Stanhope, conde de), *Londres 1694-íd. 1773,* político y escritor británico. Su obra *Cartas de Lord Chesterfield a su hijo Felipe Stanhope* (1774) marcó la edad de oro de la prosa inglesa.

CHESTERTON (Gilbert Keith), *Londres 1874-Beaconsfield, Buckinghamshire, 1936,* escritor británico. Sus ensayos, novelas y relatos policíacos (*Historias del padre Brown*) mezclan la inspiración católica y la sátira.

CHICAGO. Vista desde el lago Michigan.

CHICHÉN ITZÁ. El templo pirámide de Kukulcán, conocido también como «Castillo»; arte maya-tolteca; época posclásica (950-1500).

CHETUMAL, c. de México, cap. del est. de Quintana Roo y del mun. de Othón P. Blanco; 94 158 hab. Situada en la *bahía de Chetumal,* en la frontera con Belice. Puerto libre.

CHEVALIER (Maurice), *París 1888-Marnes-la-Coquette 1972,* cantante y actor de cine francés. Hizo famoso su personaje burlón, con sombrero de paja y esmoquin, e interpretó canciones de gran popularidad *(Valentine; Prosper).*

CHEVIOT, altas colinas de Gran Bretaña, en la frontera entre Inglaterra y Escocia; 815 m en el *monte Cheviot.* Ganadería ovina. Parque nacional.

CHEVROLET (Louis Joseph), *La Chaux-de-Fonds, cantón de Neuchâtel, 1878-Detroit 1941,* fabricante automovilístico estadounidense de origen suizo. Emigrado a Estados Unidos en 1900, trabajó para Renault y Dion Bouton, y más adelante fundó su propia compañía.

CHEYENNE, c. de Estados Unidos, cap. de Wyoming; 50 008 hab. Museos.

CHEYNEY (Peter **Southouse-Cheyney,** llamado Peter), *Londres 1896-íd. 1951,* escritor británico. En sus novelas policíacas, el detective tradicional es sustituido por un personaje de aventurero seductor y brutal *(Este hombre es peligroso,* 1936).

CHHATTISGARH o **CHATTISGARH,** estado del centro de la India; 135 100 km²; 17 615 000 hab.; cap. *Raipur.*

CHÍA, mun. de Colombia (Cundinamarca); 36 956 hab. Agricultura y ganadería. Minas de carbón.

CHIANG KAI-SHEK → CHANG KAI-SHEK.

CHIANGMAI, c. de Tailandia; 161 541 hab. Monumentos y pagodas intra y extramuros, característicos del arte de Tailandia septentrional (ss. XIII-XX); museos. — Ant. cap. en el s. XIII.

CHIANTI, región vitícola de Italia (Toscana, prov. de Siena).

CHIANTLA, mun. de Guatemala (Huehuetenango); 21 234 hab. Minas de plomo. Textiles.

CHIAPA DE CORZO, mun. de México (Chiapas); 30 309 hab. Alfarería y orfebrería. — Sitio arqueológico correspondiente a las tierras altas mayas (tumbas) en una secuencia que va de h. 1400 a. C. a 1500 d. C.

CHIAPAS, est. del S de México, junto al Pacífico; 73 887 km²; 3 203 915 hab.; cap. *Tuxtla Gutiérrez.* Hidrocarburos. — En en. 1994 se inició una rebelión encabezada por el Ejército zapatista de liberación nacional con el objetivo de mejorar la situación de los indígenas.

CHIARI (Roberto Francisco), *Panamá 1905-íd. 1981,* político panameño. Presidente de la república (1960-1964), rompió relaciones con Cuba (1961) y con EUA (1964).

CHIARI (Rodolfo), *Aguadulce 1869-Los Ángeles, EUA, 1937,* político panameño. Jefe del Partido liberal, fue presidente de 1924 a 1928.

CHIATURA, c. de Georgia; 25 000 hab. Manganeso.

CHIAUTEMPAN, mun. de México (Tlaxcala); 41 494 hab. Explotaciones forestales. Artesanía textil.

CHIAUTLA DE TAPIA, v. de México (Puebla); 21 964 hab. Minería (oro, plata y cobre).

CHIBA, c. de Japón (Honshū), en la bahía de Tōkyō; 829 455 hab. Puerto y centro industrial.

CHIBÁS (Eduardo), *Santiago de Cuba 1907-La Habana 1951,* político cubano. Fundador del Partido del pueblo cubano (partido ortodoxo), combatió la corrupción política, en especial durante el gobierno de Prío Socarrás.

CHICACAO, mun. de Guatemala (Suchitepéquez); 20 731 hab. Café y caña de azúcar.

CHICAGO, c. de Estados Unidos (Illinois), en la región de los Grandes Lagos, junto al lago Michigan; 2 896 016 hab. (8 272 768 hab. en el área metropolitana). Puerto activo y gran centro industrial (siderurgia, construcción de maquinaria e industrias alimentarias), comercial (bolsas de materias primas) y cultural. — Centro de la arquitectura moderna (h. 1880-1900 y en la época contemporánea). Grandes museos (arte, ciencia).

CHICAMOCHA, r. de Colombia, afl. del Magdalena (or. der.); 400 km. Hidroelectricidad.

CHICHAS (cordillera de), ramal de la cordillera Real de los Andes de Bolivia (Potosí); 5 603 metros en el nevado de Chorlique.

CHICHÉN ITZÁ, centro arqueológico maya (N de Yucatán, México), abandonado en el s. XV, con numerosos restos arquitectónicos de dos períodos y estilos: Puúc (ss. VII-X: Casa de las Monjas) y maya-tolteca (ss. X-XII: Castillo, templo de los Guerreros, juego de pelota, etc.). [Patrimonio de la humanidad 1988.]

CHICHERIN (Gueorgui Vasílievich), *Karaúl 1872-Moscú 1936,* político soviético. Comisario del pueblo para Asuntos exteriores (1918-1930), firmó el tratado de Rapallo (1922).

CHICHICASTENANGO, c. de Guatemala (Quiché); 36 084 hab. Iglesia colonial de Santo Tomás (1541).

CHICHIGALPA, mun. de Nicaragua (Chinandega); 31 620 hab. Cereales y caña de azúcar.

CHICLANA DE LA FRONTERA, c. de España (Cádiz), cab. de p. j.; 59 857 hab. *(chiclaneros).* Viticultura. Pesca.

CHICLAYO, c. de Perú, cap. del dep. de Lambayeque, en el valle del Chancay; 419 600 hab.

CHICLIGASTA, dep. de Argentina (Tucumán), en la sierra de Aconquija; 63 746 hab.

CHICO DE SANTA CRUZ (río), r de Argentina (Santa Cruz), en la Patagonia; 600 km. Desemboca junto a la c. de Santa Cruz, en un largo estuario.

CHICOLOAPAN DE JUÁREZ, mun. de México (México); 27 354 hab. Centro agrícola.

CHICOMECÓATL. MIT. AMER. Diosa azteca de la vegetación, especialmente del maíz, y por extensión de la fecundidad. Se la representaba con una corona de papel, un manojo de mazorcas en una mano y una flor en la otra, así como flores acuáticas en la falda.

CHICOMUSELO, mun. de México (Chiapas), en el río Grande de Chiapas; 17 210 hab.

CHICONTEPEC, mun. de México (Veracruz); 62 957 hab. Centro de una cuenca petrolífera.

CHIDAMBARAM o **CIDAMBARAM,** c. de la India (Tamil Nadu); 80 000 hab. Importante centro de peregrinación sivaíta. Numerosos templos (gran templo de Šiva, ss. X-XVII).

CHIETI, c. de Italia (Abruzos), cap. de prov.; 55 709 hab. Museo de arqueología.

CHIETLA, v. de México (Puebla), en el valle del Atoyac; 34 648 hab. Bosques. Aguas termales.

CHIÈVRES (Guillermo de Croy, señor de), *Chièvres, Flandes, 1458-Worms 1521,* estadista flamenco, íntimo consejero de Carlos V. Pese a la hostilidad de los españoles, obtuvo de las cortes castellanas los fondos que el rey necesitaba para su coronación imperial en Alemania.

CHIGASAKI, c. de Japón (Honshū), al SE de Yokohama; 201 675 hab.

CHIGI, familia de mecenas italianos (ss. XVI-XVII). — **Agostino C.,** *Siena 1465-Roma 1520,* banquero italiano. Hizo construir la villa *Farnesina.* — **Fabio C.,** papa con el nombre de *Alejandro VII.* Fue propietario del *palacio Chigi* de Roma (construido en el s. XVI).

CHIGNAHUAPAN, v. de México (Puebla); 33 172 hab. Minas de oro y cobre. Aguas termales. Aeropuerto.

CHIGORODÓ, mun. de Colombia (Antioquia), en el valle del Atrato; 23 171 hab.

CHIHUAHUA, c. de México, cap. del est. homónimo; 521 062 hab. Centro agropecuario, minero y comercial. Industria (maquiladoras). — Catedral (s. XVIII) con portada de J. A. de Naba.

CHIHUAHUA (estado de), est. del N de México, accidentado por la sierra Madre Occidental; 247 087 km²; 2 441 873 hab.; cap. *Chihuahua.*

CHIKAMATSU MONZAEMON (Sugimori Nobumori, llamado), *Kyōto 1653-Osaka 1724,* dramaturgo japonés. Escribió para el kabuki y el teatro de marionetas *(bunraku)* numerosos dramas históricos *(Las combates de Coxinga,* 1715) o realistas *(Suicidio amoroso en Sonezaki,* 1703).

Chilam Balam, nombre que reciben diversos manuscritos mayas de autores desconocidos escritos en caracteres latinos a partir del s. XVI, y que contienen textos de carácter histórico, astrológico, religioso y otros.

CHILAPA DE ÁLVAREZ, mun. de México (Guerrero); 73 335 hab. Centro comercial e industrial.

CHILCHOTA, mun. de México (Michoacán), en el valle del *Chilchota;* 17 260 hab. Agricultura.

CHILDE (Vere Gordon), *Sydney 1892-Mount Victoria, Nueva Gales del Sur, 1957,* prehistoriador australiano. Estudió la economía y las corrientes culturales del III y el II milenio *(Los orígenes de la civilización,* 1954).

CHIDAMBARAM. Gopura norte y estanque del gran templo de Šiva, ss. X-XVII.

CHILDEBERTO I, *m. en 558*, rey franco (511-558), de la dinastía merovingia, hijo de Clodoveo y de Clotilde. — **Childeberto II**, *570-595*, rey de Austrasia (575-595) y de Borgoña (592-595), de la dinastía merovingia, hijo de Sigeberto I y de Brunilda. — **Childeberto III**, *683-711*, rey de Neustria y Borgoña (695-711), de la dinastía merovingia.

CHILDERICO I, *h. 436-h. 481*, rey de los francos salios (457-h. 481), de la dinastía merovingia, hijo de Meroveo y padre de Clodoveo. — **Childerico II**, *h. 650-675*, rey de Austrasia (662-675), de la dinastía merovingia, hijo de Clodoveo II. — **Childerico III**, *m. en Sithiu, cerca de Saint-Omer, 754*, rey de los francos (743-751), último de la dinastía merovingia. Hijo de Chilperico II, fue depuesto por Pipino el Breve.

CHILDS (Lucinda), *Nueva York 1940*, bailarina y coreógrafa estadounidense. Adscrita al estilo repetitivo, ha difundido la danza posmoderna (*Dance*, 1979; *Commencement*, 1995) y colabora con directores de teatro (B. Wilson, L. Bondy).

CHILE, estado de América del Sur, en la fachada pacífica; 756 096 km^2 (más 1 250 000 km^2 de la Antártica); 15 211 308 hab. *(chilenos)*. CAP. *Santiago*. LENGUA: *español*. MONEDA: *peso chileno*. (*V. mapa al final del volumen.*)

INSTITUCIONES

Régimen presidencial. Constitución de 1980, enmendada en 1989, 1991, 1994 y 2005. Presidente de la república elegido por sufragio universal directo cada 4 años, a la vez jefe del estado y del gobierno. Congreso nacional compuesto por la cámara de los diputados, elegida cada 4 años, y el senado, elegido por un período de 8 años.

GEOGRAFÍA

Ocupa una larga (más de 4 000 km) y estrecha (de 100 a 200 km de media) faja de territorio entre el Pacífico y los Andes, que marcan una imponente frontera natural con Argentina. En el sector N, vastas mesetas separadas de la cadena montañosa por depresiones ocupadas por salares (Atacama); al S la cordillera se estrecha, pierde altitud (unos 1 000 m en Tierra del Fuego) y se fragmenta en multitud de islas. Más alejadas, en el Pacífico, se encuentran el archipiélago Juan Fernández y las islas Salas y Gómez, San Félix, San Ambrosio, y de Pascua. Entre los Andes y la cordillera de la Costa, de altitudes más modestas, corre el valle Central, de especial importancia demográfica y económica, entre Santiago y Puerto Montt. Chile mantiene un ritmo bajo de crecimiento demográfico, con un continuo descenso de la tasa de natalidad. La distribución de la población es muy irregular: el 75 % habita en el Chile central, y casi el 80 % es urbana.

La agricultura presenta una gran variedad de productos: cereales, vid, frutas, papa, remolacha azucarera. Ganadería ovina y bovina en el S. Son significativas la producción forestal y la pesca (harina de pescado, primer productor mundial). El sector minero tiene un peso trascendental: cobre (primer productor mundial), hierro, cinc, molibdeno y plomo. El petróleo y el carbón no alcanzan a cubrir la demanda interna. La industria se concentra en Santiago (metalurgia, textil, alimentaria, madera y papel, química, cemento, construcción). La economía, dominada por la exportación de materias primas (trigo, nitrato y cobre), presenta debilidades estructurales: bajos rendimientos agrícolas, vulnerabilidad de la industria dominada por las ramas ligeras, dependencia del capital y la tecnología extranjeros. Pero desde mediados de la década de 1990 Chile ha conocido un crecimiento sostenido y ha desarrollado una estrategia de acuerdos comerciales preferentes con los principales mercados de exportación de sus productos (EUA, Unión europea, México, China, etc.) que ha consolidado su posición en el comercio mundial.

HISTORIA

El poblamiento precolombino. El valle de Mapocho marcaba el alcance del dominio inca. Al norte se situaban los pescadores changos, los pueblos agrícolas de lengua aymará y los diaguitas chilenos, en el Norte Chico. La región comprendida entre el valle de Mapocho y el río Maule estaba habitada por los picunches, o mapuches del norte. A la región de los araucanos, entre el Maule y el Toltén, correspondía la mayor densidad humana. Los huilli-

■ EDUARDO **CHILLIDA**. Interior del museo Chillida leku («Espacio Chillida», Hernani).

ches, entre el Toltén y la isla de Chiloé, constituían el límite meridional de los pueblos agricultores; más allá de este y hasta Tierra del Fuego se dispersaban grupos pescadores y recolectores como los chonos o los alacaluf.

La primera conquista. 1535-1536: primera penetración de Diego de Almagro, que se retiró sin ocupar el territorio. 1540-1552: Pedro de Valdivia emprendió la conquista; fundó Santiago (1541), Valparaíso (1544) y Concepción (1550). 1553: Lautaro derrotó a Valdivia en Tucapel y los araucanos obligaron a los españoles a retroceder y fijar el límite de la conquista en el río Biobío. Los primeros gobiernos militares dieron paso al de la audiencia de Santiago, instituida en 1609 y con soberanía hasta la región de Cuyo, incorporada más tarde al virreinato del Río de La Plata (1778).

De la «Patria vieja» a la república moderada. 1810-1814: la sustitución del gobernador por una junta (1810) inició el proceso emancipador del período de la «Patria vieja», culminado por los hermanos Carrera con el reglamento constitucional de 1812. 1814-1818: recuperado el territorio por los realistas, que habían derrotado a Carrera y O'Higgins en Rancagua (1814), el ejército de San Martín y O'Higgins llevó a cabo la definitiva liberación (victorias de Chacabuco y Maipo, 1817-1818) y proclamó la independencia (febr. 1818). La dictadura ilustrada de O'Higgins (1818-1822), a favor de la oligarquía comercial de Santiago, suscitó la sublevación de Freire en Concepción (1822). Se inició un período de conflictos entre centralistas y federalistas y entre distintas facciones («pelucones» o conservadores; «pipiolos» o liberales; «estanqueros» o moderados), que acabó con la derrota de los liberales en Lircay (1830). 1830-1851: la constitución de 1833 expresó la hegemonía de la aristocracia conservadora, bajo el liderazgo de Portales. Guerra contra la confederación Perú-boliviana (1836-1839). 1851-1861: M. Montt inició la reforma liberal con la abolición del mayorazgo (1852) y las leyes desamortizadoras (1857).

La república liberal y la expansión territorial. La fusión entre liberales y conservadores consolidó la reforma del estado, sin tener que soportar un largo período de guerras civiles. 1879-1883: la guerra del Pacífico (Chile declaró la guerra a Bolivia y Perú) proporcionó a los chilenos el control de las regiones salitreras de Tarapacá, Arica y Tacna; el salitre protagonizó la expansión de la economía chilena de fines del s. XIX. Al mismo tiempo, la derrota de la insurrección indígena (1880-1882) dio lugar a la conquista definitiva de la Araucanía y el S. 1891: la revolución parlamentarista contra el presidente Balmaceda culminó, en el terreno político, el dominio de la oligarquía liberal. La nueva expansión de la minería del cobre, con una fuerte presencia de capital estadounidense, reforzó el sector exportador. Paralelamente se puso de relieve una creciente conflictividad social (matanza de huelguistas en Iquique, 1907).

Del populismo al Frente popular. 1920-1925: Arturo Alessandri, al frente de la Alianza liberal, impulsó una política de corte populista y la adopción de una nueva constitución (1925), que acabó con la hegemonía parlamentarista. 1925-1931: el coronel Ibáñez obligó a dimitir a Alessandri y estableció un régimen militar de hecho, en tanto que se agotaba el ciclo salitrero. 1932: proclamación de la «república socialista», apoyada por sectores militares radicales y el movimiento obrero. 1932-1938: Alessandri ocupó de nuevo la presidencia pero, aunque mantuvo su orientación populista en la legislación social, se enfrentó progresivamente al movimiento obrero y a la izquierda. 1938-1952: la hegemonía política pasó al Frente popular, integrado inicialmente por radicales, socialistas y comunistas, que gobernó Chile hasta que la guerra fría y la proscripción de los comunistas (1948) determinó la crisis del Frente.

El nuevo reformismo. 1952-1964: la derecha tradicional recuperó el poder, aunque las elecciones parlamentarias de 1961 modificaron el panorama político, con el súbito ascenso de la democracia cristiana y la reaparición del Partido comunista. 1964-1970: el democristiano Eduardo Frei intentó una reforma moderada, frente a los sectores conservadores y la izquierda. 1970-1973: las elecciones dieron la victoria a la Unidad popular, integrada por socialistas, comunistas y disidentes radicales y de la izquierda cristiana; Salvador Allende desarrolló una política de izquierda, que incluyó la reforma agraria y la nacionalización del cobre. La oposición de los sectores conservadores y la democracia cristiana, apoyados por EUA, desembocó en el cruento golpe militar de septiembre de 1973.

La dictadura militar y el retorno a la democracia. 1973-1990: el general Pinochet instauró una férrea dictadura y restableció la hegemonía de la burguesía exportadora mediante una política marcadamente neoliberal. 1980: una nueva constitución preveía una larga transición hacia la democracia, a culminar en 1989. 1983: la Alianza democrática y el Movimiento democrático popular iniciaron un intermitente proceso de movilizaciones contra la dictadura. 1988: Pinochet perdió el referéndum que él mismo había convocado para mantenerse en la presidencia, aunque decidió seguir siendo jefe del estado hasta 1990, término legal de su mandato. 1989: las elecciones presidenciales y legislativas dieron el triunfo a la oposición democrática y se inició el restablecimiento del régimen democrático, bajo la presidencia de Patricio Aylwin (1990-1994), aunque Pinochet retuvo el mando del ejército. 1994: el democristiano Eduardo Frei, hijo, accedió a la presidencia con una coalición de centro-izquierda. 1998: Pinochet se retiró y fue designado senador vitalicio. Su arresto en Londres (oct.) reabrió el debate interno sobre las décadas de 1970 y 1980. 2000: el socialista Ricardo Lagos fue elegido presidente de la república. El gobierno británico permitió el regreso a Chile de Pinochet (marzo), donde se inició su procesamiento, la primera de una serie de causas en su contra —por crímenes, torturas y fraude fiscal— que tuvieron muchas dificultades para prosperar y que finalmente fueron sobreseídas con la muerte de Pinochet (en 2006). 2003: el país vivió el primer paro laboral desde el retorno a la democracia. 2004: el estado chileno reconoció oficialmente sus responsabilidades en las torturas cometidas durante

■ EL **CHIMBORAZO**

la dictadura militar. **2006:** la socialista Michelle Bachelet fue elegida presidenta de la república. **2007:** entró en vigor una reorganización territorial, por la que se instituyeron las regiones de Los Ríos y Arica y Parinacota. Un sismo afectó el N y el centro del país (nov.). **2008:** la erupción del volcán Chaitén provocó la evacuación de los núcleos de población cercanos.

CHILECITO, dep. de Argentina (La Rioja); 31 268 hab. Centro maderero y minero (cobre). Turismo.

CHILLÁN, c. de Chile (Biobío); 158 731 hab. Centro comercial y agrícola; nudo de comunicaciones.

CHILLIDA (Eduardo), *San Sebastián 1924-íd. 2002.* escultor español. Evolucionó de la figuración a formas abstractas abiertas al espacio. Utilizó hierro, madera, mármol, granito, hormigón, en obras (*Peine del viento; Elogio del horizonte*) que valoran la corporeidad de los materiales y confrontan principios antagónicos (lleno/vacío, línea/masa). [Premio Príncipe de Asturias 1987.] — Museo en Hernani (Chillida Leku).

CHILOÉ (isla Grande de), la mayor de las islas de Chile (Los Lagos); 8 300 km²; c. pral. *Ancud.* Pesca. Industria de la madera.— Conjunto de iglesias de madera (ss. XVII-XVIII) [patrimonio de la humanidad 2000].

CHILÓN, mun. de México (Chiapas); 96 100 hab. Maíz, frijol, café, caña de azúcar y plátano.

CHILPANCINGO DE LOS BRAVO o **DE LOS BRAVOS,** c. de México, cap. del est. de Guerrero; 114 471 hab. Albergó (1813) el primer Congreso constituyente, convocado por Morelos.

CHILPERICO I, *539-Chelles 584,* rey de Neustria (561-584), de la dinastía merovingia, hijo de Clotario I.— **Chilperico II,** *670-721,* rey de Neustria (715-721), de la dinastía merovingia.

CHILTEPE, península de Nicaragua, en la margen S del largo de Managua, ocupada por el volcán Apoyeque (480 m).

CHIMALHUACÁN, mun. de México (México); 61 816 hab. Iglesia de los dominicos (s. XVI).

CHIMALPOPOCA, hijo de Huitzilihuitl II, tercer soberano de los aztecas y señor de Tenochtitlan (1417-1428). Luchó contra Tezozómoc para mantener la autonomía de Tenochtitlan. Murió asesinado por los tepanecas.

CHIMALTENANGO (departamento), dep. del centro de Guatemala; 1 979 km²; 374 897 hab.; cap. *Chimaltenango* (19 650 hab.). Agricultura e industria alfarera.

CHIMBARONGO, com. de Chile (Libertador General Bernardo O'Higgins); 28 568 hab. Mercado agrario.

CHIMBAS, dep. de Argentina (San Juan); 52 415 hab. La cab., *Villa Paula Albarracín de Sarmiento,* forma parte del Gran San Juan.

CHIMBO, cantón de Ecuador (Bolívar), en la *hoya del Chimbo;* 23 553 hab. Frutas, tabaco y café.

CHIMBORAZO, cumbre máxima de la cordillera Occidental de los Andes ecuatorianos; 6 272 m. Está cubierta por un casquete glaciar.

CHIMBORAZO (provincia de), prov. del centro de Ecuador; 5 556 km²; 364 682 hab.; cap. *Riobamba.*

CHIMBOTE, c. de Perú (Áncash); 216 400 hab. Puerto exportador. Centro siderúrgico. Pesca.

CHIMICHAGUA, mun. de Colombia (Cesar); 22 799 hab. Caña de azúcar, tabaco y algodón. Ganadería.

CHIMKENT, c. del S de Kazajstán; 393 000 hab. Centro industrial.

CHIMÚ, cultura preincaica peruana, que se extendió entre Piura y Paramonga (1000-1470 d.C.) y que constituyó un reino con capital en *Chanchán.* Destacó por la cerámica negra, los tejidos y la orfebrería en oro y plata.

■ CULTURA **CHIMÚ.** Recinto funerario decorado con bajorrelieves en Chanchán, Perú.

CHINA, en chino *Zhongguo,* estado de Asia, a orillas del Pacífico; 9 600 000 km²; 1 323 345 000 hab. *(chinos).* CAP. *Pekín.* C. PRALES. *Shanghai, Hong Kong, Tianjin, Shenyang, Wuhan y Cantón.* LENGUA: *chino.* MONEDA: *yuan.*

INSTITUCIONES

China, democracia popular desde 1949, está constituida por 23 provincias, 5 regiones autónomas, 4 municipalidades autónomas y 2 regiones administrativas especiales (Hong Kong y Macao). La constitución es de 1982 (modificada en 2003 para incluir el derecho a la propiedad privada). El presidente es elegido cada 5 años por la Asamblea popular nacional, que también nombra al primer ministro y es el órgano supremo. Se compone de unos 3 000 delegados, elegidos cada 5 años por los representantes de las provincias, regiones, municipalidades y el ejército popular. Los miembros del Partido comunista chino (PCCh) ocupan los principales cargos nacionales y regionales.

GEOGRAFÍA

China posee más de la quinta parte de la población mundial. La política antinatalista ha reducido el crecimiento demográfico (0,7 % anual). El O, con cadenas montañosas y altiplanicies (Tíbet o Mongolia), de clima riguroso, y áridas depresiones (Xi Jiang), está casi despoblado, ocupado sobre todo por minorías étnicas (cerca del 5 % de la población total). Esta está formada fundamentalmente por los han, los chinos propiamente dichos, concentrados en el E. En esta zona, con un clima más clemente a medida que se acerca al S, en un paisaje de colinas, llanuras y valles (entre ellos los del Huang He y el Yangzi Jiang), se acumula el 90 % de la población en el 15 % del territorio. Más del 60 % de los chinos son aún campesinos, aun-

que desde 1949 la urbanización ha progresado mucho. Un centenar de ciudades superan el millón de habitantes, y Shanghai, Pekín, Hong Kong, Tianjin y Wuhan se encuentran entre las grandes metrópolis mundiales.

La agricultura ha sido desarrollada y modernizada (instalaciones hidráulicas, fertilizantes, motorización), en un marco colectivizado (comunas populares), hoy más familiar. La autosuficiencia alimentaria se ha logrado casi por completo. China es el primer productor mundial de trigo y arroz. También encabeza la producción de algodón, tabaco, maíz, oleaginosas, té, azúcar, ganadería porcina, avicultura y pesca. La industria ha progresado espectacularmente en el sector pesado (extracción de carbón y de hidrocarburos, siderurgia) y en los más elaborados (química, metalurgia de transformación, informática, electrónica, automóviles), que se suman a la industria textil. El desarrollo de los intercambios, la demanda de capital y tecnología extranjeros, y la disminución del control estatal son a la vez causa y efecto de un crecimiento exponencial de la producción, que ha hecho act. del país la tercera potencia mundial. Pero este desarrollo tiene como reverso negativo una degradación considerable del medio ambiente (junto a problemas de seguridad industrial y alimentaria) y una gran dependencia de la coyuntura económica internacional, con consecuencias temibles para el empleo en época de crisis.

HISTORIA

La existencia de la dinastía legendaria de los Xia (ss. XXI-XVIII a.C.) ha sido confirmada por la arqueología. La civilización del bronce, nacida en época de los Shang (s. XVIII-h. 1025 a.C.), se perpetuó con los Zhou (h. 1025-256 a.C.). **5o. V III a.C.:** período de los Reinos combatientes, marcada por la desunión política y por el florecimiento de la cultura antigua con Confucio.

La China imperial hasta la conquista mongol. 221-206 a.C.: el Imperio Qin fue fundado por Qin Shi Huangdi, que unificó el conjunto de los reinos chinos de Manchuria al N del actual Vietnam. **206 a.C.-220 d.C.:** dinastía Han, que extendió su imperio a Manchuria, Corea, Mongolia, Vietnam y Asia central. Fundó el mandarinato y revalorizó el confucianismo. Controló la ruta de la seda y abrió el país a las influencias extranjeras, sobre todo al budismo. **220-581:** período de fragmentación territorial y de guerras. Aumentó la influencia del budismo. Al período de los Tres reinos (330-280) sucedió el de las dinastías del Norte y del Sur (317-589). **581-618:** la dinastía Sui reunificó el país e hizo construir el Gran canal. **618-907:** dinastía de los Tang. China desarrolló una excelente administración y prosiguió su expansión militar con los emperadores Tang Taizong (627-649) y Tang Gaozong (650-683). **907-960:** fue dividida de nuevo durante el período de las Cinco Dinastías. **960-1279:** dinastía de los Song, que gobernaron un territorio mucho menos extenso que el de los Tang desde que los «bárbaros del Norte» crearon los imperios Liao (947-1124) y Jin (1115-1234). La civilización científica y técnica china era mucho más avanzada que la de Occidente. Replegados en el S a partir de 1127, los Song fueron eliminados por los mongoles, que conquistaron el país. **1279-1368:** gobernó China la dinastía mongol de los Yuan, contra la que se sublevó el país bajo la dirección de Zhu Yuanzhang (Hongwu), fundador de la dinastía Ming.

La China de los Ming y los Qing. 1368-1644: dinastía de los Ming. Sus emperadores restablecieron la tradición nacional, pero instauraron prácticas autocráticas. Yongle (1403-1424) conquistó Manchuria. **1573-1620:** reinado de Wanli, con quien empezó el declive de los Ming. **1644:** los manchúes invadieron el país y fundaron la dinastía Qing, que reinó hasta 1911. Los Qing, con los emperadores Kangxi (1662-1722), Yongzheng (1723-1736) y Qianlong (1736-1796), establecieron su dominio sobre un territorio más extenso que nunca (protectorado en el Tíbet, 1751; progresión en Mongolia y Asia central).

El s. XIX. Debilitada por problemas económicos y sociales, China, militarmente frágil, tuvo

CHINA

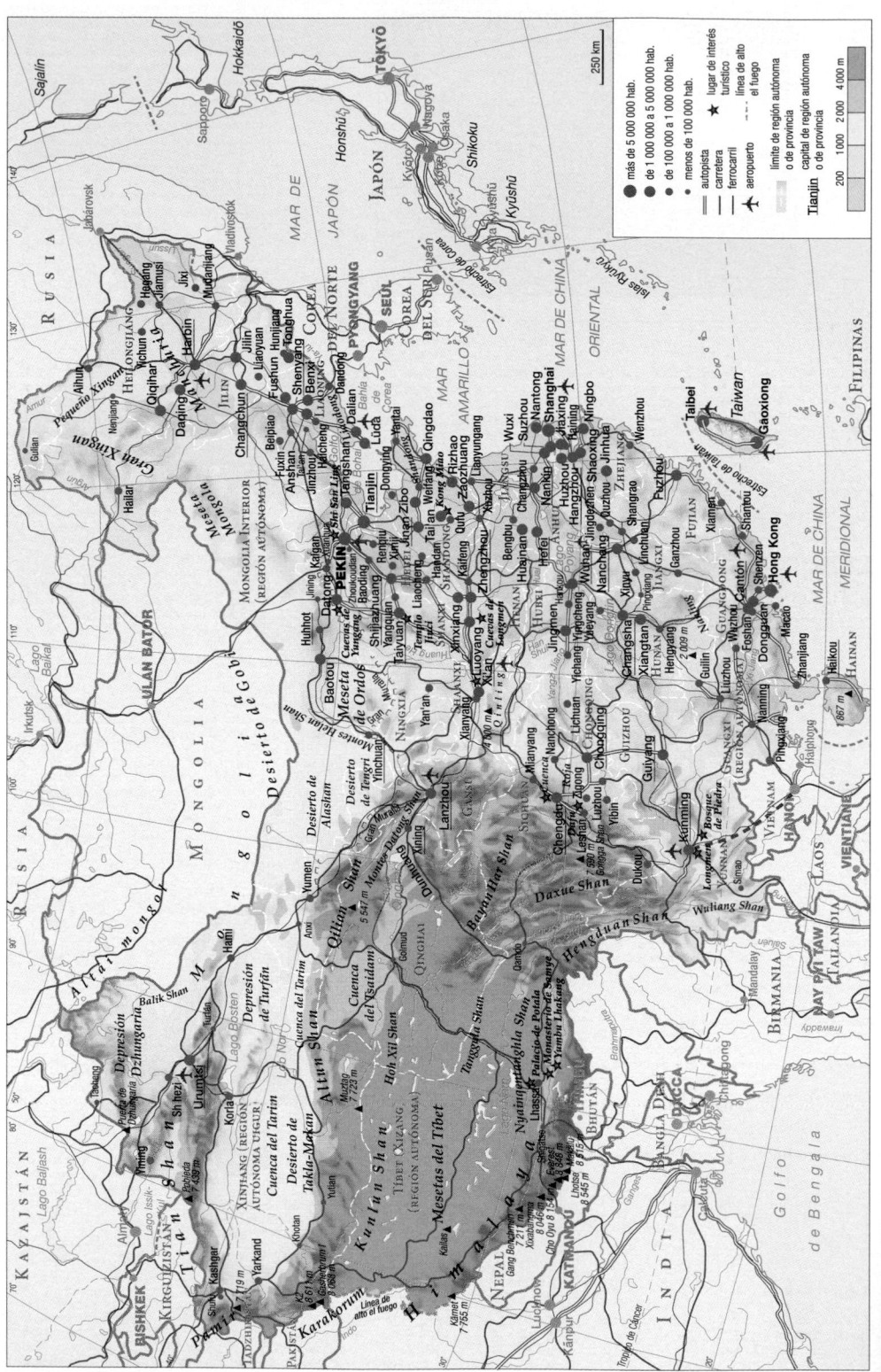

que ceder a los occidentales la soberanía sobre algunos puertos. **1839-1842:** guerra del Opio. **1851-1864:** insurrección de los Taiping. **1875-1908:** la emperatriz Ci Xi ocupó el poder. China, vencida por Japón (1894-1895), tuvo que cederle Liaodong y Taiwan (ant. Formosa). Rusia, Alemania, Gran Bretaña y Francia se repartieron el país en zonas de influencia. **1900:** se reprimió la rebelión de los bóxers. **La República de China. 1911-1937:** la república, instaurada en 1911, fue presidida por Yuan Shikai (1913-1916). Los nacionalistas del Guomindang, dirigidos por Sun Yat-sen y, a partir de 1925, por Chang Kai-shek, se separaron de los comunistas en 1927. Estos ganaron el N al término de la «Larga marcha» (1934-1935). **1937-1945:** Japón, que ocupaba el N de China desde 1937, avanzó hacia el S en 1944. **1945-1949:** tras la capitulación japonesa, la guerra civil enfrentó a nacionalistas y comunistas. **La República popular de China hasta 1976. 1949:** creación de la República popular de China, dirigida por Mao Zedong. Los nacionalistas se replegaron a Taiwan. **1956:** ante la resistencia y las dificultades económicas, Mao lanzó las «Cien flores», gran debate ideológico. **1958:** con el «Gran salto adelante», Mao impuso la colectivización de las tierras y la creación de comunas populares. Fue un fracaso económico. **1960:** la URSS reclamó a sus expertos y provocó la suspensión de los grandes proyectos industriales. **1966:** Mao lanzó la Revolución cultural. Durante diez años de agitaciones (1966-1976) los responsables del PCCh fueron eliminados por los estudiantes, organizados como guardias rojos, y por el ejército, dirigido hasta 1971 por Lin Biao. **1969:** incidentes fronterizos con la URSS. **1971-1972:** admisión de la República popular de China en la ONU, donde sustituyó a Taiwan. Acercamiento a EUA. **Las nuevas orientaciones. 1976:** arresto de la «Banda de los cuatro». **1977:** Hua Guofeng, al frente del partido y del gobierno, y Deng Xiaoping pusieron en marcha un programa de reformas económicas, apertura al extranjero y revisión del maoísmo. **1979:** un conflicto armado enfrentó a China y Vietnam. **1980-1987:** Zhao Ziyang ascendió a jefe del gobierno. Hu Yaobang, secretario general del partido, continuó las reformas, mientras que Li Xiannian fue nombrado presidente de la república en 1983. El crecimiento del sector privado, que generó corrupción y fuertes alzas en los precios, desencadenó, a partir de 1986, una grave crisis social. **1987:** Zhao Ziyang fue nombrado líder del partido. Cedió la dirección del gobierno a Li Peng. **1988:** Yang Shangkun fue nombrado presidente de la república. **1989:** la visita de Gorbachov a Pekín aseguró la normalización de las relaciones con la URSS. Los estudiantes y el pueblo reclamaron la liberalización del régimen. Deng Xiaoping hizo intervenir al ejército contra los manifestantes, que fueron víctimas de una sangrienta represión (junio, sobre todo en la plaza Tian'anmen de Pekín). Zhao Ziyang fue destituido y sustituido por Jiang Zemin. **1991:** China normalizó sus relaciones con Vietnam. **1992:** los conservadores opuestos a las medidas económicas de Deng Xiaoping fueron relegados. El Partido comunista se adhirió oficialmente a la economía de mercado socialista. China normalizó sus relaciones con Corea del Sur. **1993:** Jiang Zemin sustituyó a Yang Shangkun en la presidencia de la república. **1997:** muerte de Deng Xiaoping. Gran Bretaña devolvió Hong Kong a China (julio). **1998:** Zhu Rongji sustituyó a Li Peng como primer ministro. **1999:** Portugal devolvió Macao a China (dic.). **2001-2002:** China vio reforzada su posición en la escena internacional (asignación de los Juegos olímpicos de 2008 a Pekín y de la Exposición universal de 2010 a Shanghai; ingreso en la OMC). **2003:** una nueva generación de dirigentes accedió al poder. Hu Jintao, tras haber reemplazado a Jiang Zemin en 2002 en el cargo de secretario general del partido, lo sucedió en la presidencia de la república (reelegido en 2008). Wen Jiabao se convirtió en primer ministro. **2008:** China ofreció al mundo una imagen contrastada, entre la represión de las revueltas en Tíbet (marzo) y la organización fastuosa de los Juegos olímpicos de Pekín (ag.).

CHINA (mar de), parte del Pacífico que se extiende por las costas de China e Indochina. Abarca el *mar de China oriental* (entre Corea, las Ryūkyū y Taiwan) y el *mar de China meridional* (limitado al E por las Filipinas y Borneo).

China (galeón de) → **galeón de Manila.**
CHINANDEGA, c. de Nicaragua, cap. del dep. homónimo; 70 233 hab. En 1849 fue nombrada capital de la federación de El Salvador, Honduras y Nicaragua.
CHINANDEGA (departamento de), dep. de Nicaragua, junto al Pacífico; 4 789 km²; 288 500 hab.; cap. *Chinandega.*
CHINAUTLA, mun. de Guatemala (Guatemala), avenado por el *río Chinautla;* 20 662 hab. Alfarería.
CHINCHA (islas de), tres islas de Perú (Ica). Guano. Ocupadas por España de 1864 a 1865.
CHINCHA ALTA, c. de Perú (Ica); 28 877 hab. Industria licorera (pisco). Centro comercial.
CHINCHASUYU → **TAHUANTINSUYU.**
CHINCHINÁ, mun. de Colombia (Caldas); 43 684 hab. Ganadería. Yacimientos de carbón.
CHINDASVINTO o **KHINDASVINTO,** *Toledo h. 563-id. 653,* rey visigodo (642-653). Destronó a Tulga (642) e intentó afirmar el poder real frente a la nobleza. Promulgó leyes que igualaban a godos e hispanorromanos.
CHINDWIN o **CHINDWINN,** r. de Birmania, principal afl. del Irrawaddy (or. der.); 800 km.
CHINJU, c. de Corea del Sur, al O de Pusan; 258 365 hab.
chino-japonesas (guerras), conflictos provocados por la voluntad expansionista de Japón, que enfrentaron a este país con China en 1894-1895 y 1937-1945.
CHINTILA o **KHINTILA,** *m. en 639,* rey visigodo (636-639), sucesor de Sisenando. Reunió los concilios V y VI de Toledo.
CHINÚ, mun. de Colombia (Córdoba); 29 231 hab. Maíz, caña de azúcar, vid y arroz. Ganadería.
CHIPIONA, v. de España (Cádiz); 16 539 hab. *(chipionero).* Vid y horticultura. Floricultura.
CHIPPENDALE (Thomas), *Otley, Yorkshire, 1718-Londres 1779,* ebanista británico. En 1754 publicó una colección de modelos que combinaba los estilos rocalla, gótico, chino, etc.
CHIPRE, en gr. **Kypros,** en turco **Kibris,** estado insular de Asia, en el Mediterráneo oriental; 9 251 km²; 750 000 hab. *(chipriotas).* CAP. *Nicosia.*
LENGUAS: *griego* y *turco.* MONEDA: *euro.*

INSTITUCIONES
República. Constitución de 1960. El presidente de la república y la Cámara de representantes se eligen por sufragio universal cada 5 años. La constitución establece un reparto de escaños entre las comunidades griega y turca. Sin embargo, desde los problemas intercomunitarios de 1963, los escaños de los diputados turcochipriotas permanecen vacantes.

GEOGRAFÍA
Dos cadenas montañosas separan una depresión central, emplazamiento de Nicosia. La economía, basada en la agricultura (cítricos, vid y cereales), se ha resentido (al igual que el turismo) de la división de la isla entre las comunidades griega (aprox. un 80 % de la población total) y turca. Pero la parte meridional «griega» ha reanudado deprisa su crecimiento.

HISTORIA
La antigüedad. La isla, poblada desde el VII milenio, codiciada por su riqueza en cobre, fue colonizada por los griegos, y después por los fenicios. **Ss. III-I a.C.:** quedó bajo el dominio de los Tolomeos, a continuación de los Lágidas. **58 a.C.:** se convirtió en provincia romana. **395 d.C.:** integró el Imperio bizantino.
La edad media y la época moderna. 1191-1489: conquistada por Ricardo Corazón de León, cedida a los Lusignan (1192), que la erigieron en reino latino (1197), fue una base de penetración de los cruzados y el principal centro latino de oriente tras la caída de San Juan de Acre (1291). **1489:** pasó a Venecia. **1570-1571:** fue conquistada por los turcos.
La época contemporánea. 1878: la isla quedó bajo administración británica, pero se mantuvo la soberanía otomana. **1925:** anexionada a Gran Bretaña en cuanto Turquía entró en guerra (1914), se convirtió en colonia británica, a pesar de las protestas de Grecia. **1955-1959:** los chipriotas griegos lucharon contra la dominación británica y reclamaron la unión con Grecia *(Enosis).* **1960:** se proclamó la república, con un presidente griego (el arzobispo ortodoxo Makarios) y un vicepresidente turco. **1974:**

un golpe de estado favorable a la *Enosis* provocó un desembarco turco en el N de la isla. **1977:** Spýros Kyprianoú sustituyó a Makarios a su muerte. **1983:** fue proclamada unilateralmente la «República turca de Chipre del Norte», dirigida por Rauf Denktaş (hasta 2005) y después por Mehmet Ali Talat que no fue reconocida por la comunidad internacional. **1988:** Ghéorghios Vassiliou sucedió a Kyprianoú. **1993:** Glafcos Clerides se convirtió en presidente. **2003:** Tassos Papadopoulos fue elegido presidente de la república. Se abrió la línea de alto el fuego establecida en 1974. **2004:** tras el rechazo, por referéndum, de un plan de reunificación de la isla, la República (griega) de Chipre se adhirió a la Unión europea. **2008:** Demetris Christofias fue elegido presidente de la república.

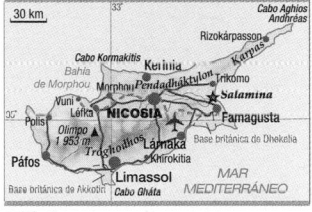

Chipre

● más de 100 000 hab.
● de 30 000 a 100 000 hab.
— carretera
● menos de 30 000 hab.
★ lugar de interés turístico
--- línea de alto el fuego (agosto 1974)

CHIQUIMULA (departamento de), dep. de Guatemala, junto a la frontera hondureña; 2 376 km²; 272 633 hab.; cap. *Chiquimula* (30 680 hab.). Lavaderos de oro.
CHIQUIMULILLA, mun. de Guatemala (Santa Rosa), 23 713 hab. Ganadería.
CHIQUINQUIRÁ, mun. de Colombia (Boyacá); 33 807 hab. Yacimientos de hierro, esmeraldas. Santuario de la Virgen del Rosario de Chiquinquirá, patrona de Colombia (iglesia del s. XIX).
CHIQUINQUIRÁ, mun. de Venezuela (Zulia), en la aglomeración de Maracaibo; 42 560 hab. Petróleo.
Chiquita (guerra) → **Cuba** (guerra de).
CHIRAC (Jacques), *París 1932,* político francés. Primer ministro (1974-1976 y de nuevo en 1986-1988), fundador y presidente del RPR (1976-1994), alcalde de París (1977-1995), fue presidente de la república de 1995 a 2007. *(V. ilustr. pág. 1227.)*
CHIRCHIK, c. de Uzbekistán; 158 000 hab.
CHIRICO (Giorgio de), *Vólos, Grecia, 1888-Roma 1978,* pintor italiano. Inventor en París (h. 1911-1914) de una pintura llamada «metafísica», precursora del surrealismo, evolucionó hacia una especie de pastiche del arte clásico.

■ GIORGIO DE **CHIRICO.** *Las musas inquietantes* (1926). [Col. Gianni Mattioli, Milán.]

■ EL ARTE EN CHINA

Los principios esenciales del urbanismo, perfectamente delimitados desde el s. X a.C., durante el mandato de los Zhou, se rigen por la cosmogonía tradicional, que prima la armonía y la simetría entre mundos cerrados e imbricados entre sí. A lo largo de varios milenios, la conjunción entre valor simbólico y ritual hace que la cerámica y la escultura de jade adquieran una gran importancia. Pero son especialmente «la caligrafía y la pintura, asociadas a la creación literaria», las que representan en China la quintaesencia de la expresión artística.

Vaso trípode de bronce. Copa destinada a calentar líquidos durante las ceremonias del culto de los antepasados. Época Shang de Zhengzhou; ss. XV-XIV a.C. (República Popular de China.)

Disco «bi» decorado con dragones. Este disco, símbolo celeste y objeto ritual, forma parte del ajuar funerario desde el neolítico. Jade del período de los reinos combatientes. (Museo de arte Nelson-Atkins, Kansas City.)

Torre funeraria de cerámica. Estas ofrendas funerarias proporcionan una valiosa información sobre la arquitectura de la antigüedad. Terracota barnizada (1,23 m), época Han. (Museo Cernuschi, París.)

Torre Guanyige del templo Dulesi. Es uno de los dos antiguos templos del convento de la Alegría solitaria. Construido en Yichang (Hebei) y dedicado a Guanyin (encarnación de Avalokiteśvara en China), constituye uno de los ejemplos más antiguos que se conservan de arquitectura de madera en que los tejados incurvados están sostenidos íntegramente por la estructura.

La gran pagoda de las Ocas salvajes, en Xi'an (Shaanxi). La forma de la pagoda china se inspira en la antigua torre de vigía de la época Han, y cumple la misma función que la stūpa en India.

Huang Gongwang, *Montes Fuchun*. La composición sólida y armoniosa, la transparencia del aire y la complejidad en las veladuras de la tinta, junto con una visión grandiosa y a la vez sensible de la naturaleza convierten a su autor en uno de los principales renovadores del paisaje en China. Tinta sobre papel, detalle de un rollo (6,36 m), s. XIV. (Museo del palacio nacional, Taibei.)

Plato de porcelana blanca. Narcisos de la felicidad, rosa de la buena suerte y setas de la longevidad, pintadas con esmaltes luminosos para ilustrar los deseos del Año Nuevo. Época Qing. (Museo Guimet, París.)

CHIRIGUANÁ, mun. de Colombia (Cesar); 16 271 hab. Café, caña de azúcar, maíz, algodón y plátano.

CHIRINO (Martín), *Las Palmas de Gran Canaria 1925,* escultor español. Formó parte del grupo El Paso. Inicialmente inscrito en el informalismo, en sus obras posteriores combina el arabesco decorativo con evocaciones naturales y telúricas (series *Aeróvoro y Afrocán*). [Premio nacional de artes plásticas 1980.]

CHIRIQUÍ (laguna de), bahía de Panamá (Bocas del Toro), en el Caribe. Excelente puerto natural.

CHIRIQUÍ (provincia de), prov. de Panamá, junto a la frontera de Costa Rica, a orillas del Pacífico; 8 758 km²; 50 600 hab.; cap. *David.*

CHIRIQUÍ (cultura), cultura precolombina del s. XIV (Chiriquí, Panamá, y SE de Costa Rica), que sobresalió en escultura en piedra y cerámica con pintura negativa.

CHIRRIPÓ GRANDE (cerro), pico culminante de Costa Rica (Limón), en la cordillera de Talamanca; 3 819 m de alt.

CHIŞINĂU, ant. **Kishiniov,** cap. de Moldavia; 677 000 hab. Museos.

CHISTIAKOVO → **TOREZ.**

CHITA, mun. de Colombia (Boyacá); 17 075 hab. Manufactura de alpargatas de fique.

CHITÁ, c. de Rusia, al E del lago Baikal; 366 000 hab. Centro industrial.

CHITRÉ, c. de Panamá, cap. de la prov. de Herrera; 26 823 hab. Destilerías. Central térmica.

CHITTAGONG, c. de Bangla Desh; 2 041 000 hab. Segunda ciudad y principal puerto del país. Exportación de yute.

CHIUSI, ant. **Clusium,** c. de Italia (Toscana); 9 113 hab. Necrópolis etrusca. Museo nacional etrusco.

CHIVACOA, c. de Venezuela (Yaracuy); 23 270 hab. Centro agropecuario (maíz; porcinos).

CHIVILCOY, c. de Argentina (Buenos Aires); 58 200 hab. Industrias cárnicas, harinas, maquinaria

CHIXOY → **USUMACINTA.**

CHOAPAS (Las), mun. de México (Veracruz); 55 468 hab. Yacimientos petrolíferos, petroquímica.

CHOCANO (José Santos), *Lima 1875-Santiago de Chile 1934,* poeta peruano. Exponente del modernismo en su vertiente retórica más parnasiana, pretendió convertirse en el poeta épico de Hispanoamérica (*Alma América*, 1906; *Fiat lux,* 1908; *El oro de América,* 1941).

CHOCÓ (departamento del), dep. del NO de Colombia, limítrofe con Panamá; 46 530 km²; 242 768 hab.; cap. *Quibdó.* Comprende la *región natural de Chocó,* en el valle del Atrato, selvática y ribereña, con minas de oro y platino.

Chocón (El), presa y central hidroeléctrica de Argentina (Neuquén y Río Negro), sobre el río Limay.

CHOCOPE, mun. de Perú (La Libertad), 23 185 hab. Caña de azúcar; vacunos. Nudo de comunicaciones.

CHOCRÓN (Isaac), *Maracay 1933,* escritor venezolano. Destacado dramaturgo (*El quinto infierno*, 1961; *Animales feroces,* 1963; *La revolución,* 1971), su teatro, posvanguardista, trata temas como la crisis moral de Venezuela. También ha escrito innovadoras novelas (*Se ruega no tocar la carne por razones de higiene,* 1970; *Pájaro de mar por tierra,* 1972) y el ensayo *Tendencias del teatro contemporáneo* (1968).

■ JACQUES **CHIRAC**

CHODERLOS DE LACLOS → **LACLOS.**

CHOIBALSÁN (Jorlogin), *Tsetsenjanski, act. Vostotchni, 1895-Moscú 1952,* político mongol. Comandante en jefe del ejército popular (1924-1928), fue primer ministro y primer secretario del partido comunista (1939-1952). Instauró en Mongolia un régimen estalinista.

CHOISEUL (Étienne François, duque de), *Nancy 1719-París 1785,* estadista francés. Protegido de la marquesa de Pompadour, fue embajador en Roma y Viena y ocupó diversos ministerios. Firmó el pacto de *Familia (1761) y consiguió integrar en Francia a Lorena y Córcega.

CHOIX, mun. de México (Sinaloa), en la sierra de Tarahumara; 32 522 hab. Minas de oro.

CHOLA, dinastía de la India del S (ss. VII-XIII). Llegó a su apogeo en los ss. X-XI, cuando dominó Ceilán.

CHOLOMA, c. del NO de Honduras (Cortés); 94 516 hab.

CHO LON, zona suburbana de Ciudad Hô Chi Minh (Vietnam), actualmente integrada en la ciudad.

CHOLTITZ (Dietrich von), *Schloss Wiese, Silesia, 1894-Baden-Baden 1966,* general aleman. En 1944, cuando mandaba la guarnición alemana de París, eludió la orden de Hitler de destruir la ciudad y se rindió a Leclerc.

CHOLULA DE RIVADABIA, c. de México (Puebla); 57 498 hab. Conserva una pirámide correspondiente a la cultura teotihuacana y fue un renombrado centro alfarero. Convento franciscano de San Gabriel (ss. XVII-XVIII) y numerosos templos. Iglesia de San Francisco Acatepec (s. XVIII), con fachada cubierta de azulejos.

CHOLUTECA, c. de Honduras, cap. del dep. homónimo; 46 600 hab. Principal centro comercial del S del país.

CHOLUTECA (departamento de), departamento de Honduras; 4 211 km²; 293 260 hab.

CHOMÓN (Segundo de), *Teruel 1871-París 1929,* pionero cinematográfico español. Creador de innovadores efectos con maquetas, trasparencias o animaciones fotograma a fotograma (*El hotel eléctrico,* 1905), desarrolló la mayor parte de su carrera en Francia, donde colaboró con G. Méliès o A. Gance, e Italia, donde participó en la monumental *Cabiria* (1914).

CHOMSKY (Noam), *Filadelfia 1928,* lingüista estadounidense. Propuso un nuevo modelo de descripción del lenguaje: la gramática generativa (*Estructuras sintácticas,* 1957; *Aspectos de la teoría sintáctica,* 1965). También ha destacado por su crítica del sistema capitalista.

CHONE, cantón de Ecuador (Manabí); 122 808 hab. Cacao, caña de azúcar; harineras. Aeropuerto.

CHONGJIN, CHUNGJIN, SHONG JIN o **SHUN JIN,** c. de Corea del Norte, junto al mar de Japón; 754 000 hab. Puerto.

CHONGJU o **SHONG JU,** c. de Corea del Sur; 497 000 hab.

CHONGQING o **CHONG-K'ING,** c. de China, a orillas del Yangzi Jiang; 3 122 704 hab. (5 312 000 hab. en la aglomeración). Municipalidad dependiente del poder central. Centro industrial. — Barrio antiguo. Museo. — Sede del gobierno nacionalista (1938-1946).

CHONJU, CHUNJU o **JEONJU,** c. de Corea del Sur; 517 000 hab.

CHONOS (archipiélago de los), archipiélago de Chile (Aisén del General Carlos Ibáñez del Campo), formado por unas 1 000 islas, separadas del continente por el canal de Moraleda.

CHONTALES (departamento de), dep. de Nicaragua; 6 324 km²; 129 600 hab.; cap. *Juigalpa.*

CHONTLA, mun. de México (Veracruz); 15 317 hab. Petróleo.

CHO OYU o **SHO OYU,** cumbre del Himalaya, en la frontera entre China (Tíbet) y el Nepal; 8 154 m.

CHOPIN (Frédéric), *Żelazowa Wola 1810-París 1849,* pianista y compositor polaco. Sus composiciones (mazurcas, valses, nocturnos, polonesas, preludios, etc.), de carácter romántico, tierno o apasionado, a menudo melancólico, renovaron el estilo del piano en lo que respecta a la armonía y el ornamento. Mantuvo una larga relación con George Sand (1837-1848).

CHORÉ, distr. de Paraguay (San Pedro); 22 802 hab. Cultivos tropicales y explotación forestal.

CHORRERA (cultura de), cultura precolombina de la costa de Ecuador (1300-550 a.C.), de base agrícola-recolectora. Destaca por su cuidada cerámica con motivos vegetales.

CHORRERA (La), distr. de Panamá (Panamá); 66 974 hab. Café y agrios. Ganadería.

CHORRILLOS, mun. de Perú (Lima), en el litoral del Pacífico; 32 529 hab. Turismo. Escuela militar.

CHORZÓW, c. de Polonia, en Alta Silesia; 128 000 hab. Hulla; siderurgia.

CHOTA, mun. de México (Sinaloa), en la cordillera Occidental; 29 200 hab. Maíz y cebada; vacunos.

CHOTA (Hoya del), región fisiográfica de Ecuador (Imbabura y Carchi), cuyo eje hidrográfico es el *río Chota.* Agricultura subtropical y ganadería.

CHOUF, región del Líbano, al S de Beirut. (Reserva de la biosfera 2005.)

CHOYA, dep. de Argentina (Santiago del Estero); 29 836 hab. Ganadería. Industria del papel.

CHRÉTIEN (Jean), *Shawinigan 1934,* político canadiense. Jefe del Partido liberal (1990-2003), fue primer ministro desde 1993 hasta 2003.

CHRISTALLER (Walter), *Berneck 1893-Königstein 1969,* geógrafo alemán. Fue el iniciador de las investigaciones sobre la teoría de los lugares centrales (ciudades, mercados).

CHRISTCHURCH, c. de Nueva Zelanda; 308 000 hab. Mayor ciudad de la isla del Sur. Lana. Monumentos neogóticos.

CHRISTIE (Dame Agatha). *Torquay 1890-Wallingford 1976,* escritora británica. Sus novelas policíacas con enigma (*El asesinato de Rogelio Ackroyd,* 1926; *Asesinato en el Orient-Express,* 1934; *Diez negritos,* 1939) están protagonizadas por Miss Marple y Hércules *Poirot.

Christie's, la sala de subastas más antigua y una de las más importantes del mundo, fundada en Londres en 1766. Esta bajo control francés.

Christlich-Demokratische Union → **democratacristiana** (Unión).

CHRISTMAS (isla), isla del océano Índico, perteneciente a Australia; 135 km²; 2 500 hab. Fosfatos.

CHRISTMAS (isla) → **KIRITIMATI.**

CHRISTO Y JEANNE-CLAUDE, artistas estadounidenses (**Christo Javacheff,** *Gabrovo 1935,* de origen búlgaro, y **Jeanne-Claude de Guillebon,** *Casablanca 1935,* de origen francés). Crean instalaciones efímeras utilizando tela para intervenir en entornos urbanos («embalaje» de monumentos [Pont-Neuf, París, 1985; Reichstag, Berlín, 1995]; Central Park, Nueva York, 2005) o paisajes (*Surrounded Islands,* Biscayne Bay, Miami, 1983).

CHRISTOPHE (Henri), *isla de Granada 1767 Puerto Príncipe 1820,* rey de Haití (1811-1820). Esclavo liberto, lugarteniente de Toussaint Louverture, sirvió bajo el mando de Dessalines. Presidente de la república de Haití (1807), fue proclamado rey en el norte de la isla en 1811.

CHRISTUS o **CRISTUS** (Petrus), *m. en 1472 o 1473,* pintor flamenco. Maestro en Brujas en 1444, se inspiró en J. Van Eyck y posteriormente en R. Van der Weyden.

CHU (Steven), *Saint Louis 1948,* físico estadounidense. Especialista en espectroscopia láser, en 1985 logró inmovilizar átomos de sodio en una melaza óptica, a una temperatura muy próxima al cero absoluto, lo que permite estudiar con detalle sus características físicas. (Premio Nobel 1997.) Se convirtió en secretario (ministro) de energía en 2009.

CHUBUT, r. de Argentina (Chubut), tributario del Atlántico; 810 km. Embalse Florentino Ameghino.

CHUBUT (provincia del), prov. de Argentina, en la Patagonia; 224 686 km²; 356 857 hab.; cap. *Rawson.*

CHUDSKOIE (lago) → **PEIPUS.**

CHUECA (Federico), *Madrid 1846-íd. 1908,* compositor español, autor de zarzuelas: *La Gran Vía* (1886), *Agua, azucarillos y aguardiente* (1897), *La alegría de la huerta* (1900).

CHUECA GOITIA (Fernando), *Madrid 1911-íd. 2004,* arquitecto e historiador del arte español. Escribió de arquitectura española (*Historia de la arquitectura española. Edades Antigua*

■ FRÉDÉRIC **CHOPIN,**
por Delacroix.
(Museo del Louvre, París.)

1227

■ ALBERTO **CHURRIGUERA.** Plaza mayor de Salamanca, concluida por A. García de Quiñones (1755).

y Media, 1965; *Juan Herrera, arquitecto real,* 1997). [Premio nacional de historia 2002.]

CHU EN-LAI o **CHEU NGEN-LAI** → **ZHOU ENLAI.**

CHULUCANAS, mun. de Perú (Piura); 38 950 hab.Arroz;vacunos.Nudo de comunicaciones.

CHUMACERO (Alí), *México 1918,* poeta mexicano. Fundador e impulsor de publicaciones como *Tierra nueva, Letras de México y México en la cultura,* su desolada poesía es de un logrado rigor formal: *Páramo de sueños* (1944), *Imágenes desterradas* (1948),*Palabras en reposo* (1956). [Premio LópezVelarde 1999; medalla de oro del Instituto nacional de bellas artes 2003.]

CHUNCHI, cantón de Ecuador (Chimborazo); 35 000 hab. Ganadería.

CHUQUICAMATA, c. de Chile (Antofagasta), en la com. de Calama; 22 100 hab.Yacimientos de cobre a cielo abierto, los más importantes del mundo.

CHUQUISACA, uno de los nombres de la c. de Sucre durante la época colonial.

CHUQUISACA (departamento de), dep. de Bolivia, en los Andes; 51 524 km²; 451 722 hab.; cap.*Sucre.*

CHURCH (Alonzo), *Washington 1903-Hudson, Ohio, 1995,* matemático y lógico estadounidense. Demostró la indecidibilidad del cálculo de los predicados de primer orden y estudió los criterios de calculabilidad.

CHURCHILL, alt. **Hamilton,** r. del E de Canadá, en el Labrador, tributario del Atlántico; 856 km. Aprovechamiento hidroeléctrico *(Churchill Falls).*

CHURCHILL (sir Winston Leonard **Spencer**), *Blenheim Palace 1874-Londres 1965,* político británico. Diputado conservador (1900) y varias veces ministro liberal de 1906 a 1911, fue primer lord del Almirantazgo (1911-1915). Inquieto por la emergencia del comunismo, se adhirió a los conservadores (1924) y fue canciller del Exchequer en el gabinete Baldwin (1924-1929). Sucesor de Chamberlain en el cargo de primer ministro (1940-1945), supo galvanizar en poco tiempo el esfuerzo de guerra británica (batalla de Inglaterra, 1940) y fue uno de los artífices de la victoria aliada sobre el Eje. Desempeñó un papel preponderante en la resolución del conflicto (conferencia de Yalta,1945).Vencido en las elecciones de 1945, volvió a ser primer ministro de 1951 a 1955. Es autor de unas *Memorias* (6 vols., 1948-1954). [Premio Nobel de literatura 1953.]

CHURRIGUERA, familia de arquitectos y escultores españoles activos en los ss. XVII-XVIII. — **José Benito C.,** *Madrid 1665-íd. 1725,* el ar-

■ SIR WINSTON **CHURCHILL** en 1951.

■ **CICERÓN.** (Palacio de los Uffizi, Florencia.)

quitecto más destacado de la familia. Creador del *churriguerismo,* realizó el retablo mayor de la iglesia de San Esteban de Salamanca. Su obra más importante es el conjunto urbanístico barroco de Nuevo Baztán (1709-1722), cerca de Madrid.— **Joaquín C.,** *Madrid 1674-1725.* Hermano de José Benito, es autor del colegio de Calatrava, en Salamanca (1717).— **Alberto C.,** *Madrid 1676-íd. 1750.* Hermano de José Benito y Joaquín, su principal obra es la plaza mayor de Salamanca, edificada a partir de 1729.

CHURRUCA Y BRUNET (Evaristo **de**), *Yzu, Navarra, 1841-Bilbao 1917,* ingeniero español, autor de trabajos hidrográficos y portuarios en el País Vasco y Puerto Rico.

CHURRUCA Y ELORZA (Cosme Damián), *Motrico 1761-en la batalla deTrafalgar 1805,* cartógrafo y marino español. Es autor de trabajos cartográficos y memorias de sus expediciones al estrecho de Magallanes,América del Norte y las Antillas. Mandó un navío en Trafalgar, donde murió.

CHUVASHIA, república de Rusia,al E de Moscú; 1 359 000 hab.; cap. *Cheboksari.* La población se compone de aprox.dos tercios de chuvashi y más de 25 % de rusos.

CIA (Central Intelligence Agency), servicio de espionaje y contraespionaje de Estados Unidos.Creado en 1947 por Truman,está bajo la autoridad del presidente de EUA. Dispone de unidades militares especiales, los *boinas verdes.*

CIAMPI (Carlo Azeglio), *Livorno 1920,* político italiano. Gobernador del Banco de Italia (1979-1993), presidente del Consejo (1993-1994) y ministro de hacienda y del presupuesto (1996-1999), fue presidente (1999-2006).

CIANO (Galeazzo), conde de **Cortellazzo,** *Livorno 1903-Verona 1944,* político italiano. Yerno de Mussolini, ministro de asuntos exteriores (1936) y embajador ante la Santa Sede (1943), se opuso a la continuación de la guerra y fue ejecutado por el Partido fascista.

CIAXARES o **UVAJŜATRA,** *h. 625-585 a.C.,* primer rey conocido de los medos. Puso fin al imperio asirio al destruir Nínive (612 a.C.).

CIBAO (El), región agrícola del N de la República Dominicana,entre la cordillera Central y la cuenca septentrional,densamente poblada.

CIBELES, diosa frigia de la fertilidad. Su culto, vinculado al de Atis, y que comportaba ceremonias iniciáticas, se extendió (s. III a.C.) por el mundo grecorromano.

CIBOLA, fabulosa ciudad que los exploradores buscaban en el S de EUA. Fray Marcos de Niza afirmó haberla encontrado (1539) en las aldeas de los indios cliffdwellers.

CICERÓN, en lat. **Marcus Tullius Cicero,** *Arpino 106-Formies 43 a.C.,* político y orador romano. Perteneciente a una familia plebeya que había entrado en el orden ecuestre,fue abogado. Comenzó su carrera política atacando a Sila a través de uno de sus libertos *(Pro Roscio Amerino),* y después defendió a los sicilianos contra las exacciones de su gobernador Verres *(Verrinas).* Cónsul (63), hizo fracasar la conjuración de Catilina *(Catilinarias)* y mandó ejecutar a sus cómplices. Se unió al partido de Pompeyo,pero después de Farsalia (48 a.C.) se alió con César. Muerto este,atacó duramente a Marco Antonio, enfrentándolo a Octaviano. Proscrito por el segundo triunvirato, fue asesinado. Aunque fue un político mediocre, llevó la elocuencia latina a su apogeo: sus alegatos

y sus discursos sirvieron de modelo a toda la retórica latina *(De oratore,* 55). Escribió tratados *(De officiis,* 44; *De finibus,* 45) que integraron la filosofía griega a la literatura latina. Se conserva una gran parte de su correspondencia *(Cartas a Ático).*

CÍCICO o **CÍZICO,** ant. c. de Frigia (Asia Menor),en la Propóntide.

CÍCLADAS, en gr. **Kykládhes,** archipiélago griego del mar Egeo que forma un círculo (gr. *kuklos*) alrededor de la isla de Delos.Las otras islas principales son: *Andros, Naxos,Paros,Santorín, Siros, Milo* y *Mícono* (95 083 hab.). En el III milenio fue foco de una brillante civilización (ídolos de mármol de esquematismo geométrico).

CID (Rodrigo **Díaz de Vivar,** llamado **Sid** o), *Vivar,Burgos, h. 1043-Valencia 1099,* caballero castellano. Apodado *Campeador* («vencedor de batallas»), luchó a las órdenes de Sancho II de Castilla y se enfrentó a su sucesor, Alfonso VI, acusado de la muerte de Sancho. Sirvió también a Al-Mu'tamid de Sevilla,lo que le costó el destierro,y al rey musulmán de Zaragoza. Reconciliado temporalmente con Alfonso VI (1086-1089), venció en Tévar a Berenguer Ramón II (1090) y conquistó Valencia (1094),que gobernaría hasta su muerte.Casó a sus hijas con Ramón Berenguer III de Barcelona y Ramiro de Navarra.— Su vida ha inspirado numerosas obras literarias *(Cantar de Mío *Cid; Las mocedades del Cid,* de Guillén de Castro; *El Cid,* de Corneille).

Cid (Cantar de Mío), cantar de gesta anónimo, el más antiguo de la poesía épica castellana, conservado en un códice firmado por Per Abbat en 1307 e inédito hasta la edición que en 1779 realizó el erudito Tomás Antonio Sánchez. El poema consta de tres partes *(Cantar del destierro, Cantar de las bodas y Cantar de Corpes)* y narra las hazañas del Cid, los preparativos de las bodas de sus hijas con los infantes de Carrión, el ultraje a que estos las someten y la venganza del héroe. Según Menéndez Pidal, en su elaboración intervinieron dos juglares: uno de San Esteban de Gormaz, próximo a los hechos históricos, y otro de Medinaceli, que habría refundido el texto hacia 1140.

CIDAMBARAM → **CHIDAMBARAM.**

CIDRA, mun.del E de Puerto Rico; 35 601 hab. Cultivo y preparación de tabaco. Fruticultura.

CIEGO DE ÁVILA, c. de Cuba, cap. de la prov. homónima; 90 118 hab. Centro agrícola e industrial.

CIEGO DE ÁVILA (provincia de), prov. del centro de Cuba; 6 910 km²; 347 086 hab.; cap.*Ciego de Ávila.*

CIEMPOZUELOS, v. de España (Madrid); 13 564 hab. *(ciempozueleños).* Necrópolis de la cultura del vaso campaniforme.

CIÉNAGA o **SAN JUAN DE CIÉNAGA,** c.de Colombia (Magdalena), a orillas del Caribe; 120 253 hab. Puerto.

CIÉNAGA DE ORO, mun. de Colombia (Córdoba); 38 265 hab. Caña de azúcar. Minas de carbón.

Cien años (guerra de los), nombre dado a la serie de conflictos que,de 1337 a 1453,enfrentaron a Francia e Inglaterra. Fueron determinados principalmente por dos causas: la reivindicación del trono de Francia por Eduardo III de Inglaterra, nieto, por vía materna, de Felipe IV el Hermoso,y la voluntad del rey de Inglaterra de anexionarse las ricas ciudades flamencas relacionadas con el comercio inglés de la lana. En 1337, Eduardo III rompió con Felipe VI.Durante el reinado de este los franceses fueron vencidos en Crécy (1346) y perdieron Calais (1347). En el reinado de Juan II el Bueno, el Príncipe Negro triunfó cerca de Poitiers (1356); Francia, debilitada por las discordias parisinas (Étienne Marcel) y devastada por la Jacquerie,se vio obligada a firmar el desastroso tratado de Brétigny (1360), que concedía a Eduardo III el cuarto SO de Francia.Carlos V y Du Guesclin rectificaron la situación, y, en 1380, los ingleses solo ocupaban Calais y Guyena. Con Carlos VI, la guerra civil en Francia (lucha entre armañacs,partidarios de la familia de Orleans,y borgoñones,partidarios de los duques de Borgoña) y la locura del rey favorecieron de nuevo el avance de los ingleses, que

■ EL ARTE DE LAS **CÍCLADAS.** Estatua de un ídolo de mármol procedente de la isla de Siros; III milenio. (Museo nacional de arqueología, Atenas.)

ganaron la batalla de Azincourt (1415) e impusieron, con la complicidad de Isabel de Baviera, el tratado de Troyes, que confirmaba la deposición del rey de Francia y la regencia del rey de Inglaterra (1420). Durante el reinado de Carlos VII Juana de Arco despertó el patriotismo francés; liberó Orleans e hizo consagrar al rey en Reims, pero fue detenida en Compiègne y quemada en la hoguera en Ruán (1431). Sin embargo, el impulso estaba dado: los ingleses fueron derrotados en Formigny (1450) y en Castillon (1453), y expulsados del reino, salvo en Calais, que conservaron hasta 1558.

Cien años de soledad, novela de G. García Márquez (1967). La historia de un pueblo (Macondo) y una familia (Buendía) se ofrecen como paradigmas de la realidad latinoamericana. Obra cumbre de la narrativa contemporánea, en una prosa musical y poética en la que lo mítico se mezcla con lo real.

Ciencia cristiana, en ingl. **Christian Science,** Iglesia fundada en 1879, en Boston, por Mary Baker-Eddy (1821-1910), que pretende curar a los enfermos por medios espirituales. Se extendió rápidamente por todo el mundo.

Ciencia de la lógica, obra de Hegel (1812-1816). Expone una teoría del Ser, una teoría de la Esencia (*lógica objetiva*) y una teoría del Concepto y de la Idea (*lógica subjetiva*).

Cien días (los) [20 marzo-22 junio 1815], último período del reinado de Napoleón I, entre su regreso de París y su segunda abdicación.

CIENFUEGOS, c. de Cuba, cap. de la prov. homónima, en la *bahía de Cienfuegos*; 120 598 hab. Puerto. ☐ Fortaleza de Nuestra Señora de los Ángeles de Jagua (s. XVIII). [Patrimonio de la humanidad 2005.]

CIENFUEGOS (provincia de), prov. de Cuba, a orillas del Caribe; 4 185 km²; 348 676 hab.; cap. *Cienfuegos.*

CIENFUEGOS (Nicasio **Álvarez de**) → **ÁLVAREZ DE CIENFUEGOS.**

Cien mil hijos de san Luis, ejército francés, al mando de Louis Antoine de Borbón, que por decisión de la Santa alianza, entró en España para derrocar al régimen constitucional y restablecer la monarquía de Fernando VII (abril 1823).

CIERVA Y CODORNÍU (Juan de la), *Murcia 1895-Croydon, Gran Bretaña, 1936,* ingeniero y aviador español. Desde 1920 trabajó en el diseño de su máximo invento, el autogiro. En 1928 cruzó el canal de la Mancha, en vuelo Londres-París, y en 1934 logró el despegue vertical. Murió en un accidente aéreo.

CÍES (islas), islas de España, en el Atlántico, frente a la ría de Vigo. Forman parte del parque nacional *Islas atlánticas de Galicia. ☐ En 2002 su ecosistema se vio afectado por el vertido de un petrolero (Prestige).

CIESCAL (Centro internacional de estudios superiores de comunicación para América Latina), organismo dependiente de la Unesco creado en 1959. Tiene su sede en Quito.

CIEZA, c. de España (Murcia), cab. de p. j.; 32 126 hab. *(ciezanos).* Es la ant. *Medina Sisuya* musulmana (yacimiento con más de 500 viviendas, ss. XII-XIII).

CIEZA DE LEÓN (Pedro de), *Llerena 1518-Sevilla 1554,* cronista de Indias. Fundador de Ancerma, Cartago y Antioquía (Colombia), viajó a Cuzco y Callao. Escribió *Crónica del Perú* (1553).

CIFUENTES, mun. de Cuba (Villa Clara); 40 903 hab. Caña de azúcar; ganado vacuno.

Cigarralejo (El), santuario ibérico de España (Mula, Murcia) de los ss. v a. C.-I d. C., con restos arquitectónicos, cerámicos y escultóricos.

CIGÜELA → **GIGÜELA.**

CIHUACÓATL MIT. AMER. Divinidad femenina azteca de la Tierra, venerada como Coatlicue.

CIHUATLÁN, mun. de México (Jalisco), a orillas del Pacífico; 20 452 hab. Puerto pesquero.

Cíjara, embalse y central eléctrica de España (Badajoz), en el Guadiana.

CILICIA, región del S de la Turquía asiática; c. prales. *Adana* y *Tarso.*

CIMA (Giovanni Battista), *Conegliano, Treviso, h. 1459-íd. 1517/1518,* pintor italiano. Influido por G. Bellini, pintó escenas religiosas armoniosas sobre fondos de paisajes.

CIMABUE (Cenni di Pepo, llamado), pintor italiano mencionado en Roma en 1272 y en Pisa en 1301. Presunto maestro de Giotto y liberador del arte de las convenciones bizantinas, se le atribuyen en Florencia, el *Crucifijo* de Santa Croce y la *Maestà* de Santa Trinità, y, en Asís, importantes frescos.

CIMAROSA (Domenico), *Aversa 1749-Venecia 1801,* compositor italiano. Es autor de óperas (*El matrimonio secreto,* 1792), sonatas y sinfonías.

CIMITARRA, mun. de Colombia (Santander); 16 793 hab. Café, algodón, frutales; vacunos.

CIMÓN, *h. 510-450 a. C.,* estratega ateniense. Hijo de Milcíades, consolidó la liga de Delos y combatió contra los persas (victoria de Eurimedonte, 468 a. C.).

CINCA, r. de España, afl. del Ebro (or. izq.); 181 km. Aprovechamiento hidroeléctrico.

CINCINATO (Lucio Quincio), *h. 519 a. C.,* político romano. Cónsul en 460 a. C. y dictador (458 y 439), se retiró a trabajar sus tierras. Era famoso por su austeridad.

CINCINNATI, c. de Estados Unidos (Ohio), a orillas del Ohio; 364 040 hab. (1 452 645 en la aglomeración). Centro industrial. Museos.

CINCINNATO (Rómulo), ¿*Florencia?- en España h. 1593,* pintor italiano. Manierista, llegó a España en 1567 para trabajar en El Escorial.

Cinco (grupo de los), cenáculo de músicos rusos. Creado en 1857 por Balakirev, hasta 1872 aprox. agrupó a Cui y Mussorgsky, a quienes se sumaron más tarde Rimski-Kórsakov y, por último, Borodin. Unidos por el ideal de una música basada en el folclore de su país, fueron la base de la renovación de la escuela rusa.

Cinecittà, complejo cinematográfico situado al SE de Roma. Edificado en 1936-1937, comprende estudios y laboratorios.

CINNA (Cneo Cornelio), *s. I a. C.-s. I d. C.,* político romano. Biznieto de Pompeyo, contra quien había conspirado, y que lo nombró cónsul en 5 d. C.

CINNA (Lucio Cornelio), *m. en Ancona 84 a. C.,* general romano. Líder del partido popular tras la muerte de Mario, tiranizó Italia (86-84 a. C.).

Cinoscéfalos (batalla de) [197 a. C.], victoria del ejército romano del cónsul Flaminino sobre Filipo V de Macedonia, en Tesalia. Señaló la superioridad de la legión romana sobre la falange macedonia.

CINTALAPA, mun. de México (Chiapas); 35 089 hab. Fruticultura; explotación forestal.

CINTEOTL MIT. AMER. Divinidad nahua del maíz tierno que puede adoptar tanto forma masculina como femenina.

CINTO (monte), punto culminante de Córcega; 2 710 m.

CINTOLESI (Ottavio), *Santiago 1924,* bailarín, coreógrafo y director de compañía chileno. Primer bailarín del Ballet nacional de Chile, en 1959 fundó el Ballet municipal de Santiago, del que fue director en 1966 y 1979-1982. También dirigió el Ballet estatal de Bonn (1973-1979).

CINTRA → **SINTRA.**

CIO → **AFL-CIO.**

Ciompi (sublevación de los) [1378-1382], revuelta de los artesanos pobres de Florencia privados de todo derecho (*ciompi*).

CIORAN (Émile Michel), *Raşinari 1911-París 1995,* ensayista y moralista francés de origen rumano. Desarrolló una filosofía pesimista en forma de aforismos (*Breviario de podredum-*

bre, 1949; *La tentación de existir,* 1973; *Desgarradura,* 1979).

CIPRIANI (Amilcare), *Anzio 1844-París 1918,* político italiano. Lugarteniente de Garibaldi, cofundó la I Internacional (1864) y participó en la Comuna de París (1871).

CIPRIANO (san), *Cartago, principios s. III-íd. 258,* Padre de la Iglesia latina. Obispo de Cartago (249-258), se mostró moderado frente al fenómeno de los *lapsi,* pero denunció como no válidos los bautismos conferidos por herejes. Murió mártir durante la persecución de Valeriano.

CIPSELO, tirano de Corinto (657-627 a. C.), padre de Periandro.

CIRCASIA, ant. nombre de la región situada en la vertiente N del Cáucaso.

CIRCASIA, mun. de Colombia (Quindío); 18 024 hab. Cacao, café; sericicultura; ganadería.

CIRCE MIT. GR. Personaje de la *Odisea.* Maga, convirtió en cerdos a los compañeros de Ulises.

CIREBON, c. de Indonesia, en la costa N de Java; 254 000 hab. Puerto.

CIRENAICA, parte NO de Libia; c. pral. *Bengazi.* Petróleo.

CIRENE, c. pral. de la antigua Cirenaica (Libia). Importantes ruinas (ágora, templo de Apolo, termas). Fue centro de la escuela filosófica de los cirenaicos. (Patrimonio de la humanidad 1982.)

CIRILO (san), *Jerusalén h. 315-íd. 386,* obispo de Jerusalén y doctor de la Iglesia. Fue uno de los grandes adversarios del arrianismo.

CIRILO (san), *Alejandría h. 380-íd. 444,* patriarca de Alejandría y Padre de la Iglesia griega. Combatió el nestorianismo, al que hizo condenar en el concilio de Éfeso (431).

CIRILO y METODIO (santos), evangelizadores de los eslavos. **Cirilo,** *Tesalónica h. 827-Roma 869,* y su hermano **Metodio,** *Tesalónica h. 825-885.* Tradujeron al eslavo la Biblia y los libros litúrgicos. Cirilo creó, según la tradición, un alfabeto apropiado llamado «glagolítico», que, simplificado, se convirtió en el alfabeto cirílico.

CIRLOT (Juan Eduardo), *Barcelona 1916-íd. 1973,* crítico de arte, compositor y poeta español. Miembro de Dau al Set, es autor de *Palacio de plata* (1955), poemas y de la obra de crítica *Diccionario de símbolos* (1958).

CIRO II el Grande, *m. h. 530 a. C.,* rey de Persia, de la dinastía de los Aqueménidas (h. 556-530 a. C.). Hijo de Cambises I, derrocó al rey de los medos Astiages (550 a. C.), venció a Creso (546), tomó Babilonia (539) y llegó a ser dueño de toda Asia occidental. Practicó una política religiosa de tolerancia y permitió a los judíos entrar en Jerusalén. Murió luchando contra los masagetas.

CIRO el Joven, *h. 424-Cunaxa 401 a. C.,* príncipe persa, de la dinastía de los Aqueménidas. Murió en Cunaxa al mando de los mercenarios griegos y asiáticos que había reunido contra su hermano Artajerjes II.

Cirque du soleil, circo canadiense fundado en 1984, con sede en Montreal. Renueva el espectáculo circense (sin animales) mediante una puesta en escena teatral y llena de fantasía.

CIRTA, ant. cap. de Numidia. Es la act. *Constantina.*

CIRUELO (Pedro Sánchez Ciruelo, llamado Pedro), *Daroca h. 1470-Salamanca 1548,* matemático y teólogo español. Profesor en las universidades de París y Alcalá, alternó sus estudios teológicos con la enseñanza y publicación de obras de matemáticas.

CISALPINA (República), estado formado en Italia del N por Napoleón I (1797), que se constituyó en reino en 1805.

CÍSCAR (Gabriel), *Oliva 1759-Gibraltar 1829,* matemático, marino y político español. Autor de obras didácticas sobre matemáticas y náutica, fue representante español, junto con A. de Pedrayes, en la reunión convocada por el Instituto de Francia para fijar los principios del sistema métrico decimal (1798-1800). Formó parte del Consejo de regencia durante la ausencia de Fernando VII.

CISJORDANIA, región de Palestina, al O del Jordán. (V. mapa de **Jordania.**)

HISTORIA

1949: Cisjordania fue anexionada por el reino hachemí de Jordania. **Desde 1967** (guerra de los Seis días): fue ocupada y administrada militarmente con el nombre de *Judea-Samaria* por Israel, que favoreció la implantación de colonias judías. **Desde 1987:** la ocupación chocó con un levantamiento popular palestino *(intifada).* **1988:** el rey Ḥussein rompió los vínculos jurídicos y administrativos entre su país y Cisjordania. **1994:** se instauró un estatuto de autonomía en la zona de Jericó, en conformidad con el acuerdo israelopalestino de Washington. **1995:** un nuevo acuerdo consagró la extensión de la autonomía a las grandes ciudades árabes de Cisjordania (Ŷanin, Nābulus, Tūl Karm, Qalqīliyya, Rām Allāh, Belén y parcialmente Hebrón). **Desde 2000:** la región vivió un nuevo estallido de violencia, con enfrentamientos mortales entre israelíes y palestinos. **2002:** Israel inició la construcción de un «muro de seguridad» siguiendo su frontera con Cisjordania.

CISKEI, ant. bantustán de Sudáfrica.

CISL → **Confederación internacional de sindicatos libres.**

CISLEITHANIA, parte austriaca de Austria-Hungría (1867-1918), que estaba separada de la Transleithania húngara por el Leitha.

cisma de occidente (gran), conflicto que dividió a la Iglesia de 1378 a 1417 y durante el cual hubo varios papas a la vez. En 1378, a la elección de Urbano VI se opusieron la mayoría de los cardenales no italianos, que eligieron al francés Clemente VII. Este se estableció en Aviñón. La cristiandad se dividió. Tras fracasar diversas soluciones, el cisma se agravó en 1409, cuando se eligió en Pisa un tercer papa, Alejandro V; Juan XXIII le sucedió en 1410. El concilio de Constanza (1414-1418) depuso a los tres papas y convocó un cónclave que condujo a la elección de un papa único, Martín V (1417).

cisma de oriente, conflicto que llevó a la separación de la Iglesia oriental y la Iglesia romana. Una primera ruptura se produjo de 863 a 867 con el patriarca Focio, tras una serie de divergencias en cuestión de ritos y sobre todo de doctrina. El cisma adquirió carácter definitivo en 1054, cuando el patriarca Cerulario se comulgó al papa León IX tras haber sido excomulgado a su vez por este. La excomunión mutua fue anulada por ambas Iglesias en 1965, pero la unión no se ha vuelto a restablecer.

CISNEROS (Antonio), *Lima 1942,* poeta peruano. Es autor de una poesía narrativa y urbana, ligada a experiencias personales: *Comentarios reales* (1964, premio nacional de poesía), *Canto ceremonial contra un oso hormiguero* (1968, premio Casa de las Américas), *Como higuera en un campo de golf* (1972), *Crónicas del Niño Jesús de Chilca* (1981), *Las inmensas preguntas celestes* (1992). También ha abordado la crónica y la traducción.

CISNEROS (venerable García **Jiménez de**), *Cisneros, Palencia, 1456-Montserrat 1510,* religioso español. Reformador de los benedictinos españoles, fue prior y abad (desde 1497) de Montserrat.

CISNEROS (Gonzalo, después Francisco, **Jiménez de**), *Torrelaguna, Madrid, 1436-Roa, 1517,* eclesiástico y estadista español. Franciscano, fue confesor de Isabel I (1492) y arzobispo de Toledo (1495). Su campaña de evangelización (1499) provocó los levantamientos moriscos de Granada y las Alpujarras. Presidente de la junta de regencia (1505), negoció el retorno a

■ EL CARDENAL **CISNEROS,** por P. Bigarny.
(Rectorado de la universidad complutense, Madrid.)

Castilla de Fernando el Católico, quien le consiguió el capelo cardenalicio y lo nombró gran inquisidor de Castilla (1507-1516). Dirigió la conquista de Orán (1509) y fue regente a la muerte de Fernando (1516). Fundó la universidad complutense (1498), promovió la edición de la *Biblia políglota complutense* (1514-1517) y favoreció el humanismo.

Cisneros (estilo), estilo arquitectónico y decorativo desarrollado en el reino de Castilla durante la regencia del cardenal Cisneros. Combina elementos mudéjares y góticos flamígeros con motivos decorativos platerescos.

CISNEROS BETANCOURT (Salvador), *Camagüey 1828-La Habana 1914,* político cubano. Propietario, liberó a sus esclavos y cedió sus bienes a la lucha por la independencia. Fue presidente de la república en armas (1873-1875 y 1895-1897).

CISPADANA (República), república organizada por Napoleón I en 1796 al S del Po, unida a partir de 1797 a la República Cisalpina.

Cister o **Císter,** orden religiosa de los cistercienses (v. parte n. com. **cisterciense**).

CISTERNA (La), com. de Chile (Santiago), en el área metropolitana de Santiago; 94 732 hab.

CIT, sigla de *Confederación interamericana de trabajadores.

CITERA o **CERIGO,** isla de Grecia, en el mar Egeo. Santuario de Afrodita.

CITROËN (André), *París 1878-íd. 1935,* ingeniero e industrial francés. Fundador de una importante empresa automotriz (act. grupo PSA Peugeot Citroën), organizó la primera travesía de África en automóvil («crucero negro», 1924-1925) y una travesía del Asia central («crucero amarillo», 1931-1932).

CITY (la), barrio financiero de Londres.

CIUDAD ACUÑA, c. de México (Coahuila), cab. del mun. de Acuña, junto al río Bravo, en la frontera con EUA; 79 221 hab. Industria agrícola, ganadería.

Ciudadano Kane, película de O. Welles (1941). Su retrato de un magnate de la prensa revolucionó las reglas del lenguaje cinematográfico (encuadre, profundidad de campo, montaje).

CIUDAD BOLÍVAR, hasta 1846 **Angostura,** c. de Venezuela, cap. del est. Bolívar; 225 340 hab. Centro industrial. Aeropuerto. Puente sobre el Orinoco. — Fundada en 1595, se situó en 1762 en la angostura del Orinoco.

CIUDAD BOLIVIA, mun. de Venezuela (Barinas); 23 452 hab. Pastos (ganadería). Aeródromo.

CIUDAD DARÍO, ant. **Metapa,** mun. de Nicaragua (Matagalpa); 29 002 hab. Cuna de R. Darío.

ciudad de Dios (La), obra de san Agustín (413-426). Es una defensa del cristianismo, al que los paganos atribuían la caída de Roma (410). El autor opone la ciudad mística de las almas predestinadas a la ciudad temporal.

CIUDAD DE LA HABANA (provincia de), prov. de Cuba, cuyo territorio coincide con el de la c. de La Habana; 724 km²; 2 059 223 hab.; cap. *La Habana.*

Ciudad de las artes y las ciencias de Valencia, complejo cultural y educativo de Valencia, situado en el antiguo cauce del río Turia. Consta del palacio de las artes Reina Sofía (2005), del museo de las ciencias Príncipe Felipe (2000), de un cine hemisférico-planetario (1998) y de un parque oceanográfico (2002).

Ciudad de las estrellas, nombre dado al centro ruso de preparación de cosmonautas, a 35 km al NE de Moscú.

CIUDAD DEL CARMEN, c. de México (Campeche), cab. del mun. de Carmen; 83 806 hab. Industrias.

CIUDAD DEL ESTE, ant. **Puerto Presidente Stroessner,** c. de Paraguay, cap. del dep. de Alto Paraná; 124 000 hab. Puerto fluvial. Un puente internacional sobre el Paraná la une con la ciudad brasileña de Foz do Iguaçu.

CIUDAD DELGADO → **DELGADO.**

CIUDAD DELICIAS, c. de México (Chihuahua), cab. del mun. de Delicias; 87 412 hab. Centro comercial de una zona agrícola (vinos, algodón).

CIUDAD DEL MAÍZ, mun. de México (San Luis Potosí); 43 841 hab. Maíz y hortalizas.

CIUDAD DE MÉXICO → **MÉXICO.**

CIUDADELA, en cat. **Ciutadella de Menorca,**

c. de España (Baleares), en Menorca, cab. de p. j.; 22 925 hab. *(ciudadelanos).* Monumentos talayóticos (Naveta des Tudons). Calles con soportales y viejos palacios barrocos; catedral gótica (s. XIV) con fachada barroca (s. XIX). — Fiestas de San Juan.

CIUDAD FERNÁNDEZ, mun. de México (San Luis Potosí); 25 679 hab. Explotación forestal.

CIUDAD GUAYANA, c. de Venezuela (Bolívar), en la confluencia del Caroní con el Orinoco; 453 047 hab. Centro industrial (siderurgia, metalurgia del aluminio, cemento). — Fundada en 1961 como Santo Tomé de Guayana, engloba el sector portuario de *Puerto Ordaz.*

CIUDAD GUERRERO → **GUERRERO.**

CIUDAD GUZMÁN, c. de México (Jalisco); 62 353 hab. Mercado agrícola. Industrias agropecuarias.

CIUDAD HÔ CHI MINH, hasta 1975 **Saigón,** c. de Vietnam; 3 940 000 hab. Centro administrativo, comercial e industrial. — Fue la residencia de Gia-long (1788-1802). Desde 1859 fue la sede del gobierno de la Cochinchina francesa y, de 1954 a 1975, capital de Vietnam del Sur.

■ CIUDAD HÔ CHI MINH. Casas a orillas del río Saigón.

CIUDAD IXTEPEC, c. de México (Oaxaca); 15 537 hab. Mercado agrícola. Aeropuerto.

CIUDAD JUÁREZ → **JUÁREZ.**

CIUDAD LÓPEZ MATEOS → **ATIZAPÁN DE ZARAGOZA.**

CIUDAD MADERO, c. de México (Tamaulipas), en el golfo de México; 132 444 hab. Yacimientos de petróleo y refinerías. Centro turístico.

CIUDAD MANTE, c. de México (Tamaulipas), cab. del mun. de El Mante; 81 128 hab. Centro comercial y manufacturero. Acoge uno de los ingenios azucareros más grandes del país.

CIUDAD MANUEL DOBLADO, mun. de México (Guanajuato); 32 188 hab. Hilados y tejidos; curtidos.

CIUDAD OBREGÓN, c. de México (Sonora), cab. del mun. de Cajeme; 311 078 hab. Algodón.

CIUDAD OJEDA, c. de Venezuela (Zulia), en el mun. de Lagunillas, unida a Maracaibo por el puente General Urdaneta, sobre el lago Maracaibo; 73 473 hab. Centro industrial.

CIUDAD PEMEX, c. de México (Tabasco), en el mun. de Macuspana. Centro petrolero.

Ciudad prohibida, palacio imperial de Pekín (o Gugong). Dominio reservado del emperador y su corte, fue construido en 1406 y restaurado en los ss. XVII-XIX. Museo.

CIUDAD REAL, c. de España, cap. de la prov. homónima y cab. de p. j.; 60 243 hab. *(ciudadrealeños).* Industrias agroalimentarias. — Puerta de Toledo, mudéjar; iglesia gótica de San Pedro (s. XIV), catedral (s. XVI). Museo.

CIUDAD REAL (provincia de), prov. de España, en Castilla-La Mancha; 19 479 km²; 476 633 hab.; cap. *Ciudad Real.* En la llanura manchega, avenada por el Guadiana. Agricultura cerealista, vid; ganadería ovina. Hulla y lignito, y complejo petroquímico (Puertollano).

CIUDAD RODRIGO, c. de España (Salamanca), cab. de p. j.; 14 556 hab. *(mirobrigenses).* Muralla medieval, alcázar, catedral (ss. XII-XIII), ayuntamiento y casas señoriales (ss. XV y XVI). — Es la ant. *Mirobriga* de los vetones.

CIUDAD SAHAGÚN, c.de México (Hidalgo); 17 055 hab.Siderurgia,industria del automóvil.

CIUDAD SANTOS, mun.de México (San Luis Potosí); 17 759 hab.Centro minero; petróleo.

CIUDAD VALLES, c.de México (San Luis Potosí); 91 402 hab. Industrias alimentarias. Madera.

CIUDAD VICTORIA, c. de México, cap. del est. de Tamaulipas y cab. del mun. de Victoria; 207 830 hab.Centro agrícola.Universidad.

CIUDAD VIEJA, c. de Guatemala (Sacatepéquez); 7 190 hab.Fundada en 1524 por P. de Alvarado,fue capital del estado hasta su destrucción por la erupción del volcán Agua (1541).

ciudad y los perros (La), novela de M.Vargas Llosa (1962), que presenta el mundo violento de una escuela premilitar limeña como parábola de una sociedad insolidaria.

CIVILIS (Claudio Julio), *s. I d.C.,* jefe bátavo. Se rebeló en 69 contra los romanos; vencido, tuvo que aceptar el estatuto de aliado de Roma (70).

CIVITAVECCHIA, c. de Italia (Lacio), al N de Roma; 50 856 hab.Puerto.

CI XI o **TS'É-HI,** *Pekín 1835-íd. 1908,* emperatriz de China.Dominó la vida política de China entre 1875 y 1908,enfrentando a los modernizadores y los conservadores.

CLAIR (René **Chomette,** llamado René),*París 1898-íd. 1981,* director de cine francés. Sus obras están llenas de fantasía poética e ironía: *Bajo los techos de París* (1930), *Las maniobras del amor* (1955), *La puerta de las lilas* (1957).

CLAPPERTON (Hugh), *Annan, condado de Dumfries, Escocia, 1788-cerca de Sokoto, Nigeria, 1827,* viajero británico. Fue el primer europeo que llegó al lago Chad (1823), y visitó el N de la actual Nigeria.

CLAPTON (Eric **Patrick Clapp,** llamado Eric), *Ripley, Surrey, 1945,* guitarrista y cantante de rock británico.También compositor, está muy influido por el blues negro estadounidense. Contribuyó a la emergencia del blues rock inglés con los grupos The Yardbirds y Cream.

CLARÀ (Josep), *Olot 1878-Barcelona 1958,* escultor español, uno de los máximos representantes del clasicismo mediterráneo propugnado por el *noucentisme* catalán.

CLARA de Asís (santa), *Asís h. 1193-íd. 1253,* fundadora de las clarisas, religiosas de la orden de san Francisco de Asís.

CLARASÓ (Enric), *Sant Feliu del Racó, Barcelona, 1857-Barcelona 1941,* escultor español. Es autor de obras y monumentos de estilo modernista (*Eva,* 1904; *Monumento a Jaime I,* 1927).

CLARENCE (George, duque de), *Dublín 1449-Londres 1478,* príncipe inglés. Conspiró contra su hermano Eduardo IV y fue ejecutado.

CLARENDON (Edward **Hyde,** conde de), *Dinton 1609-Ruán 1674,* estadista inglés. Partidario de Carlos I durante la primera revolución inglesa (1642-1649), fue primer ministro de Carlos II (1660-1667).

Clarendon (constituciones de) [1164], estatuto de las relaciones entre la Iglesia y el estado presentados por Enrique II de Inglaterra en Clarendon Park (Wiltshire). Su objetivo, el control de la Iglesia inglesa por el rey, suscitó la oposición radical de *Tomás Beckett.

Clarín, diario argentino, fundado en 1945 por R. J. Noble, con sede en Buenos Aires.

CLARÍN (Leopoldo **Alas y Ureña,** llamado),*Zamora 1852-Oviedo 1901,* escritor español. En sus artículos literarios y satíricos, que él llamó «paliques» y que fue reuniendo en volúmenes,se reveló como gran crítico de la época.Su obra maestra es *La *regenta* (1884-1885), considerada la mejor novela española del s.XIX.Autor de obras dramáticas (*Teresa,* 1895), mordaz a la par que explorador profundo del alma humana,escribió magníficas *Narraciones breves* (1881-1901),entre las que destacan *¡Adiós, cordera!,Doña Berta* y *Pipá.*

CLARIS (Pau), *Barcelona h. 1585-íd. 1641,* eclesiástico y político español. Diputado eclesiástico y presidente de la Generalidad de Cataluña (1638),durante la guerra de Separación de Cataluña (1640) pidió ayuda a Francia y ofreció el condado de Barcelona a Luis XIII.

CLARK (Helen), *Hamilton 1950,* política neozelandesa. Líder del Partido laborista (1993-2008),es primera ministra (y ministra de artes, cultura y patrimonio) de 1999 a 2008.

■ **CLARÍN,** por P. Vicente. (Col. part.)

■ LA **CIUDAD PROHIBIDA** (1406, restaurada en los ss. XVIII-XIX), en Pekín.

CLARK (lord Kenneth), *Londres 1903-íd. 1983,* historiador del arte británico. Es autor de *Leonardo da Vinci* (1939), *Piero della Francesca* (1951),*El desnudo* (1955) y de la serie televisiva *Civilización* (1969-1970).

CLARK (Lygia), *Belo Horizonte 1920-Río de Janeiro 1988,* pintora y escultora brasileña.Vinculada al Arte concreto-invención, sus primeras obras se inscriben en el constructivismo. Autora de happenings, también experimentó con las posibilidades terapéuticas del arte.

CLARK (Mark Wayne), *Madison Barracks 1896-Charleston 1984,* general estadounidense. Se distinguió en Túnez e Italia (1943-1945),y después en Corea (1952), como comandante en jefe de las fuerzas de las Naciones unidas y de las fuerzas estadounidenses de Extremo oriente.

CLARKE (Kenneth **Spearman,** llamado Kenny), *Pittsburgh 1914 Montreuil-sous-Bois, Francia, 1985,* batería de jazz estadounidense. Fue uno de los inventores del bop y participó en la creación del Modern Jazz Quartet (1952).

CLARKE (Samuel), *Norwich 1675-en Leicester-shire 1729,* filósofo y teólogo británico. Refutó el ateísmo, y fue discípulo de Newton, cuyas tesis sobre el espacio y tiempo defendió en su correspondencia con Leibniz (1715-1716).

CLARO, ant.c. de Lidia. Albergaba uno de los más antiguos santuarios y oráculos de Apolo; importantes ruinas.

CLAUDEL (Paul), *Villeneuve-sur-Fère 1868-París 1955,* escritor y diplomático francés. En sus dramas los conflictos entre carne y espíritu se resuelven en el reconocimiento del amor de Dios (*La anunciación a María,* 1912; *El zapato de raso,* 1943). — **Camille C.,** *Fère-en-Tardenois 1864-Montfavet, Aviñón, 1943,* escultora francesa. Hermana de Paul, colaboró con Rodin.

CLAUDIANO (Claudio), *Alejandría, Egipto, h. 370-Roma h. 404,* poeta latino. Fue uno de los últimos representantes de la poesía latina.

CLAUDIO I, en lat. **Tiberius Claudius Caesar Augustus Germánicus,** *Lyon 10 a.C.-Roma 54 d.C.,* emperador romano (41-54).Tuvo como esposas a Mesalina y después a Agripina.Desarrolló la administración central y destacó en la conquista de Britania (act. Gran Bretaña) [43].Culto,pero débil,se dejó dominar por Agripina, que lo envenenó. — **Claudio II el Gótico,** *h.214-Sirmio 270,* emperador romano (268-270). Luchó contra los alamanes y los godos.

CLAUDIO (Apio), llamado **Caecus** («el ciego»), *ss. IV-III a.C.,* político romano. Cónsul en dos ocasiones (307 y 296 a.C.),dictador y censor, mandó construir la vía Apia y el primer acueducto en Roma.

CLAUDIO MARCELO (Marco), *h. 268-208 a.C.,* general romano. Durante la segunda guerra púnica invadió Siracusa (212 a.C.), defendida por Arquímedes.

CLAUSEWITZ (Carl **von**), *Burg 1780-Breslau 1831,* general y teórico militar prusiano.Tras luchar contra Napoleón, en 1818 fue nombrado director de la Escuela general de guerra de Berlín. Su tratado *De la *guerra* tuvo una gran influencia en la doctrina del estado mayor alemán y en la concepción marxista de la guerra (Engels, Lenin). En él, subraya el carácter intrínsecamente violento de la guerra y la total subordinación de esta a la política.

CLAUSIUS (Rudolf), *Köslin, Pomerania, 1822-Bonn 1888,* físico alemán. Introdujo la entropía

en termodinámica (1850) y desarrolló la teoría cinética de los gases.

CLAVÉ (Antoni), *Barcelona 1913-Saint-Tropez 2005,* pintor, grabador y dibujante español. Realizó notables trabajos litográficos (*Barrios de París*), pinturas (sobre todo collages), escenografías y tapices.

CLAVÉ (Pelegrín), *Barcelona 1811-íd. 1880,* pintor español. Dirigió la escuela de pintura de la Academia de bellas artes de San Carlos de México (1846-1867), donde realizó cuadros de historia (*La locura de Isabel de Portugal,* 1856), alegorías y retratos, y decoró la cúpula de la Profesa.

Clave bien temperado, obra de J. S. Bach en dos partes (1722 y 1742), cada una de 24 preludios y fugas,clasificados en el orden cromático de las notas de la gama, que ilustra la teoría del temperamento igual.

CLAVIJERO [o **CLAVIGERO**] **ECHEGARAY** (Francisco Javier), *Veracruz 1731-Bolonia 1787,* filólogo e historiador mexicano. Jesuita, investigó las lenguas y costumbres indígenas. En 1767 fue desterrado a Italia tras la expulsión de su orden de América. Es autor de una *Historia antigua de México* (1780-1781), importante visión sobre el México prehispano, y de una póstuma *Historia de la Baja California* (1789).

CLAVIJO (Ruy González de), *Madrid, mediados del s. XIV-1412,* escritor castellano. Embajador de Enrique III ante Tamerlán,escribió *Embajada a Tamerlán* (publicada en 1585), libro de viajes de gran interés documental.

Clavijo (batalla de), combate legendario entre Ramiro I de Asturias y 'Abd al-Rahmān III, que habría tenido lugar en 844 (Clavijo, La Rioja) y en el que el apóstol Santiago habría ayudado a vencer al rey cristiano.

CLAY (Henry), *Hanover County, Virginia, 1777-Washington 1852,* político estadounidense. Fue presidente del congreso (1810-1820) y uno de los partidarios del proteccionismo.

CLEMENCEAU (Georges), *Mouilleron-en-Pareds 1841-París 1929,* político francés. Líder de la izquierda radical, fue anticolonialista y favorable a Dreyfus. Primer ministro y ministro del interior (1906-1909), reprimió las huelgas y rompió con los socialistas. De nuevo primer ministro (1917-1920), dirigió la guerra contra Alemania y negoció el tratado de Versalles (1919).

CLEMENTE I (san), *m. en 97,* papa de 88 a 97. Es autor de una importante carta a la Iglesia de Corinto. — **Clemente IV** (Gui **Foulques**), *Saint-Gilles, Gard, fines s. XII-Viterbo 1268,* papa de 1265 a 1268.Apoyó a Carlos de Anjou en Sicilia, contra Manfredo y Conradino. — **Clemente V** (Bertrand de **Got**), *¿Villandraut?-Roquemaure 1314,* papa de Aviñón (1305-1314). Antiguo arzobispo de Burdeos, fue quien trasladó la Santa Sede a Aviñón (1309). Abolió la orden de los templarios en el concilio de Viene (1311-1312). — **Clemente VI** (Pierre **Roger**), *Maumont 1291-Aviñón 1352,* papa de Aviñón (1342-1352). Convirtió su residencia en Aviñón en un magnífico palacio y protegió las artes. — **Clemente VII** (Roberto de **Ginebra**), *Ginebra 1342-Aviñón 1394,* papa de Aviñón (1378-1394). Su elección por parte de los cardenales que no reconocieron a Urbano VI provocó el gran cisma. — **Clemente VII** (Julián de **Médicis**), *Florencia 1478-Roma 1534,* papa de 1523 a 1534. Conocido por sus disputas con Carlos Quinto, fue hecho prisionero en Roma por las tropas imperiales (saco de Roma, 1527) y se negó a autorizar el divorcio de Enrique VIII, lo que provocó el cisma anglicano. **— Clemente VIII** [antipapa] → **Muñoz** (Gil Sánchez). **— Clemente XI** (Giovanni Francesco Albani), *Urbino 1649-Roma 1721*, papa de 1700 a 1721. Publicó la bula *Unigenitus* contra los jansenistas (1713). **— Clemente XIV** (Giovanni Vincenzo Ganganelli), *Sant'Arcangelo di Romagna 1705-Roma 1774*, papa de 1769 a 1774. Suprimió la Compañía de Jesús.

CLEMENTE (Roberto), *Carolina 1934-San Juan 1972*, beisbolista puertorriqueño. Bateador, jugó con los Piratas de Pittsburgh. Obtuvo el trofeo MVP (Most Valuable Player) en 1966 y 1971, y el Guante de oro en 12 oportunidades.

CLEMENTE de Alejandría, *Atenas h. 150-entre 211 y 216*, Padre de la Iglesia griega. Fue el primer filósofo cristiano que concibió el pensamiento antiguo como preludio al Evangelio.

CLEMENTI (Muzio), *Roma 1752-Evesham, Inglaterra, 1832*, compositor italiano. Fue una de las grandes figuras de la escuela moderna de piano y escribió sonatas y sinfonías.

CLEOMENES III, *m. en Alejandría 219 a.C.*, rey de Esparta (235-222 a.C.). Intentó restaurar el poder espartano, pero fue derrotado por la coalición de la liga Aquea y de Macedonia.

CLEOPATRA, nombre de siete reinas de Egipto. **— Cleopatra VII**, *Alejandría 69-íd. 30 a.C.*, reina de Egipto (51-30 a.C.). Amada por César y luego por Marco Antonio, reinó en el E del Mediterráneo. Vencidos en Actium (31 a.C.) por Octavio, Antonio y Cleopatra huyeron a Egipto, donde se suicidaron. Con Cleopatra acabó la independencia del Egipto helenístico.

CLERMONT-FERRAND, c. de Francia, cap. de la región de Auvernia y del dep. de Puy-de-Dôme; 141 004 hab. Catedral gótica e iglesia románica. **—** En 1095 se celebró en la ciudad el concilio que decidió la primera cruzada.

CLEVELAND, c. de Estados Unidos (Ohio), a orillas del lago Erie; 505 616 hab. (1 831 122 en la aglomeración). Centro industrial. Museo de arte; museo del rock and roll.

CLEVELAND (Stephen Grover), *Caldwell, Nueva Jersey, 1837-Princeton 1908*, político estadounidense. Presidente demócrata de EUA (1885-1889 y 1893-1897), se opuso al proteccionismo y al poder de los partidos políticos.

CLÉVERIS, en alem. **Kleve**, en fr. **Clèves**, c. de Alemania (Rin del Norte-Westfalia); 47 869 hab. Capital de un antiguo ducado.

CLINTON (William Jefferson, llamado Bill), *Hope, Arkansas, 1946*, político estadounidense. Demócrata, gobernador de Arkansas (1979-1981 y 1983-1992), fue presidente de EUA (1993-2001). Desarrolló una activa diplomacia (Oriente medio, Bosnia), se benefició de una coyuntura económica favorable y fue reelegido en 1996. Sin embargo, su segundo mandato quedó empañado por el asunto Monica Lewinsky (sometido a *impeachment* en 1998, en 1999 fue absuelto por el senado). **— Hillary C.**, nacida **Rodham**, *Chicago 1947*, política estadounidense. Abogada, esposa (desde 1975) de Bill Clinton, tras la presidencia de su marido fue senadora por Nueva York (2001-2009). Candidata a la investidura demócrata para las elecciones presidenciales de 2008 (derrotada por B. Obama), en 2009 pasó a ocupar la secretaría de estado.

CLÍO MIT. GR. Musa de la poesía épica y de la historia.

■ **CLEOPATRA VII.**
(Museo de Cherchell, Argelia.)

■ **BILL CLINTON**

CLÍSTENES, *segunda mitad del s. VI a.C.*, estadista ateniense. Democratizó las instituciones de Atenas, después de haber establecido nuevas divisiones territoriales cuyo objetivo era reforzar la unidad de la ciudad.

CLITEMNESTRA MIT. GR. Hija de Leda y Tíndaro, rey mítico de Esparta, o, según otras versiones de la leyenda, de Zeus. Esposa de Agamenón y madre de Orestes, Electra e Ifigenia, no pudo perdonar el sacrificio de esta y mató a su marido a su regreso de Troya con la complicidad de Egisto, su amante. Ambos fueron asesinados por su hijo Orestes.

CLIVE (Robert), barón **Clive de Plassey**, *Styche 1725-Londres 1774*, general y administrador británico. Gobernador de Bengala (1765), instauró el poder británico en la India. Acusado de concusión, se suicidó.

CLODIO (Publio Apio), *h. 93-52 a.C.*, agitador romano. Tribuno de la plebe (58 a.C.), famoso por su violencia, hizo desterrar a Cicerón y fue muerto por Milón.

CLODOMIRO, *h. 495-Vézeronce, 524*, rey de Orleans (511-524), de la dinastía merovingia. Hijo de Clodoveo y de Clotilde, murió luchando contra los burgundios.

CLODOVEO I o **CLOVIS**, *h. 465-París 511*, rey de los francos (481/482-511), de la dinastía merovingia. Hijo de Childerico I, venció a Siagrio en Soissons (486) y luego a los alamanes, los burgundios y los visigodos (Vouillé, 507). Fundador de la monarquía franca y rey único de la Galia, defendió el catolicismo y reunió un concilio en Orleans en 511. Tras su muerte, su reino fue dividido entre sus cuatro hijos. **— Clodoveo II**, *635-657*, rey de Neustria y de Borgoña (639-657), de la dinastía merovingia, hijo de Dagoberto I. **— Clodoveo III**, *m. h. 676*, rey de los francos (h.675), de la dinastía merovingia. **— Clodoveo IV**, *h. 681-695*, rey de los francos (h.691-695), de la dinastía merovingia.

CLOTARIO I, *h. 497-561*, rey franco (511-561), de la dinastía merovingia, hijo de Clodoveo I. **— Clotario II**, *584-629*, rey de Neustria (584-629), de la dinastía merovingia. Hijo de Chilperico I y de Fredegunda, hizo matar a Brunhilda, reina de Austrasia. **— Clotario III**, *m. en 673*, rey de Neustria (657-673), de la dinastía merovingia, hijo de Clodoveo II. **— Clotario IV**, *m. en 719*, rey de Austrasia (718-719), de la dinastía merovingia. Fue impuesto por Carlos Martel, quien lo enfrentó a Chilperico II.

CLOTILDE (santa), *h. 475-Tours 545*, reina de los francos. Hija de Chilperico, rey de los burgundios, y esposa de Clodoveo I, contribuyó a la conversión de su marido al catolicismo.

CLOUET (Jean), *¿h. 1485?-París 1540 o 1541*, pintor y dibujante francés. Trabajó para Francisco I. **— François O.**, *Tours h. 1510/1515-París 1572*, pintor francés. Hijo de Jean, afín a la escuela de Fontainebleau, fue pintor de Francisco I y de sus sucesores.

CLOVIS, sitio de Estados Unidos (Nuevo México). Es el epónimo de una cultura prehistórica caracterizada por puntas de jabalina con acanaladuras, finamente retocadas (h. 10000 a.C.).

Club de París, grupo informal de países que reúne a los acreedores públicos de los países en desarrollo. Fue constituido en 1956 para reprogramar el pago de estas deudas.

Club de Roma, grupo informal fundado en 1968, que reúne a economistas, hombres de negocios, investigadores, etc., preocupados por los problemas del futuro de la humanidad.

CLUJ-NAPOCA, ant. **Cluj**, en húngaro **Kolozsvár**, c. de Rumania, en Transilvania; 328 008 hab. Centro industrial y universitario. Monumentos góticos y barrocos; museos.

CLUNIA, ant. ciudad romana de la península Ibérica (mun. de Peñalba de Castro, Burgos). Fundada en tiempos de Tiberio junto a la ciudad arévaca homónima, se convirtió en 68 en la colonia *Clunia Sulpicia*. Restos del templo de Júpiter, foro, mosaicos y esculturas.

Cluny (abadía de), abadía de Francia, en el mun. de Cluny (Saône-et-Loire). Fundada por monjes benedictinos en 910, fue el centro de un movimiento monástico, de espiritualidad, cultura y arte muy influyente en toda la cristiandad. En su apogeo, a principios del s. XII, la orden cluniacense contaba con más de 1 000 monasterios en toda Europa.

CLYDE, r. de Gran Bretaña, en Escocia, que desemboca en el mar de Irlanda; 170 km. Pasa por Glasgow.

CNI (Centro nacional de inteligencia), organismo de los servicios de información de España, creado en 2002 en sustitución del CESID (fundado en 1977).

CNIDO, ant. c. de Caria. Es célebre por su templo de Afrodita, que albergaba la estatua de la diosa, obra maestra de Praxíteles.

CNN (Cable News Network), cadena estadounidense de televisión por cable, creada en 1980. Emite las 24 horas del día un programa de noticias para todo el mundo.

CNOSOS o **KNÓSOS**, principal ciudad de la Creta antigua (residencia del legendario rey Minos), ocupada por los micénicos en el s. XV a.C. Las excavaciones, iniciadas por Evans, hallaron un vasto complejo palaciego, reconstruido varias veces entre el II milenio y 1600 a.C.

CNS (Central nacional sindicalista), organización de los sindicatos verticales españoles del franquismo, que agrupó (1938-1977) a obreros y empresarios bajo el Movimiento.

CNT (Confederación nacional del trabajo), organización sindical española, fundada en Barcelona en 1910 a partir de Solidaridad obrera. Anarcosindicalista, llegó a tener más de un millón de afiliados y tuvo gran incidencia hasta el final de la guerra civil. Escindida en el exilio, perdió su influencia. Fue legalizada en 1977, pero tras nuevas divisiones, la fracción mayoritaria adoptó el nombre de *Confederación general del trabajo (CGT)* en 1989.

CÔA (valle del), valle recorrido por el *Côa*, afl. del Duero, en el NE de Portugal. En él se descubrió, en la década de 1990, el mayor complejo de arte rupestre paleolítico al aire libre conocido hasta la fecha (*Foz Côa*, 22000-10000 a.C.). [Patrimonio de la humanidad 1998.]

COACALCO, c. de México (México), en la zona suburbana de la ciudad de México; 97 353 hab. Industrias.

COAHUILA (estado de), est. del N de México; 151 571 km²; 1 972 340 hab.; cap. *Saltillo*.

COALCOMÁN, mun. de México (Michoacán); 17 191 hab. Centro agropecuario y minero (carbón, hierro).

COAMO, mun. de Puerto Rico, junto al *río Coamo*; 33 837 hab. Turismo (*Baños de Coamo*).

COAÑA, v. de España (Asturias); 3 692 hab. (*coañeses*). Restos de un poblado de la cultura de los castros.

COASE (Ronald), *Willesden 1910*, economista británico. Fue uno de los primeros, en 1937, en subrayar la importancia de los costos en el proceso de producción y en la búsqueda del precio pertinente. (Premio Nobel 1991.)

COAST RANGES («Cordilleras costeras»), montañas de Canadá y Estados Unidos, que bordean el Pacífico. Se extienden desde Columbia Británica hasta California.

COATEPEC, mun. de México (Veracruz); 50 631 hab. Agricultura. Industrias alimentaria y textil.

COATEPEC HARINAS, mun. de México (México), junto al nevado de Toluca; 22 461 hab.

COATEPEQUE, lago de El Salvador (Santa Ana), en la falda E del volcán Santa Ana; 39 km². Turismo.

COATEPEQUE, mun. de El Salvador (Santa Ana), junto al *lago Coatepeque*; 21 388 hab. Pesca.

■ **CNOSOS**. Detalle del patio de luces de la escalinata que conduce a los aposentos reales, en el interior del palacio.

COATEPEQUE, mun. de Guatemala (Quezaltenango); 40 193 hab. Centro agrícola (plátanos, café).

COATLICUE MIT. AMER. Diosa azteca de la Tierra, madre de Huitzilopochtli, Coyolxauqui y los 400 huitznahua. Era representada con falda de serpientes (a las que alude su otro nombre, *Cihuacóatl*) y la cabeza descamada. Su imagen más interesante es la estatua monolítica del museo arqueológico nacional de México.

COATZACOALCOS, ant. **Puerto México,** c. de México (Veracruz), en la desembocadura del *río Coatzacoalcos* (322 km); 254 233 hab. Puerto de altura y cabotaje. Refinerías en Minatitlán de Pemex.

COATZINTLA, mun. de México (Veracruz); 32 054 hab. Chile, café, caña de azúcar. Ebanistería.

COB, sigla de *Central obrera boliviana.

COBÁ, centro arqueológico maya en el Yucatán (Quintana Roo, México), de los ss. VII-XII, con grupos de construcciones enlazados por calzadas (Castillo).

COBÁN, c. de Guatemala, cap. del dep. de Alta Verapaz, en el valle del *río Cobán*; 46 705 hab. Fundada en 1538 por Bartolomé de Las Casas.

COBBETT (William), *Farnham 1762-Guildford 1835,* político y periodista británico. Fue uno de los líderes del radicalismo inglés.

COBDEN (Richard), *Dunford Farm 1804-Londres 1865,* economista y político británico. Librecambista, consiguió, en 1846, la supresión de las Corn Laws, y negoció el tratado de comercio francobritánico de 1860.

COBIJA, c. de Bolivia, cap. del dep. de Pando, en la frontera con Brasil; 6 200 hab. Caucho.

COBLENZA, en alem. **Koblenz,** c. de Alemania (Renania-Palatinado), en la confluencia del Rin y el Mosela; 109 807 hab. Iglesia de san Castor (ss. XII y XV); museo del Rin medio.

CODO (Bernabé), *Lopera, Jaén, 1580-Lima 1657,* cronista y naturalista español. Jesuita, fue misionero en México, Perú y Bolivia, donde fundó varios colegios. Su *Historia del Nuevo Mundo* (1653) contiene el primer estudio detallado de la flora de Perú, así como sistemáticas descripciones de fauna y flora americanas.

COBOS (Francisco de los), *Úbeda h. 1477-1547,* funcionario español. Secretario de Carlos Quinto, gobernó de hecho Castilla, sobre todo la economía, y se enriqueció con el *derecho de Cobos* (cobro de un maravedí por cada marco de oro extraído en Castilla y Perú).

Cobra (de *COpenhague, BRuselas, Amsterdam*), movimiento artístico europeo, organizado entre 1948 y 1951. Ejerció una gran influencia, exaltando todas las formas de creación espontánea (artes primitivas y populares, art brut, dibujos infantiles). Sus principales representantes fueron el poeta belga Christian *Dotremont y los pintores Asger *Jorn (danés), Pierre *Alechinsky (belga) y Karel Appel (neerlandés, Amsterdam 1921-Zúrich 2006).

COBRE (El), localidad de Cuba (Santiago de Cuba), en la *sierra del Cobre;* 4 700 hab. Minas de cobre. Santuario de Nuestra Señora de la Caridad del Cobre (s. XVII), patrona de Cuba.

COCA, r. de Ecuador, afl. del Napo; 274 km.

COCA, v. de España (Segovia); 1 968 hab. *(caucenses).* Murallas y castillo (s. XV). Iglesia de Santa María (gótico-renacentista, s. XVI). En las afueras, torre mudéjar de San Nicolás.

Coca-Cola Company, empresa alimentaria estadounidense, fundada en 1892, para la fabricación y distribución de la bebida gaseosa Coca-Cola (inventada en 1886 por John Pemberton).

COCANÁDA → **KĀKINĀDĀ.**

COCENTAINA, v. de España (Alicante); 10 406 hab. *(contestanos).* Palacio de los duques de Medinaceli. Muralla. Restos arábigos.

COCHABAMBA, c. de Bolivia, cap. del dep. homónimo; 404 102 hab. Centro agrícola e industrial.— Casco colonial. Iglesias de San Francisco (s. XVI) y la Merced (s. XVII); catedral y convento de Santo Domingo (s XVIII)

COCHABAMBA (departamento m.), dep. de Bolivia, en la Prepuna; 55 631 km²; 1 093 625 hab.; cap. *Cochabamba.*

COCHIN o **KOCHI,** c. de la India (Kerala), en la costa de Malabar; 1 139 543 hab. Puerto. Centro turístico y polo industrial diversificado. —

Ant. factoría portuguesa (1502-1663) y neerlandesa (1663-1795).

COCHINCHINA o **NAM PHÂN,** parte meridional de Vietnam, que se extiende sobre todo por el curso inferior y el delta del Mekong. Conquistada por Francia (1859-1867), fue integrada en la Unión de Indochina en 1887 como colonia y anexionada a Vietnam en 1949.

COCHINOS (bahía [de]), bahía de Cuba (Matanzas), en la costa del Caribe. Escenario del fallido desembarco (en playa Girón y playa Larga) de opositores al régimen de Castro (17 abril 1961), con apoyo de la CIA.

COCHISE, *m. en Arizona 1874,* jefe apache de la tribu de los chiricahua. Resistió las incursiones de los blancos en Arizona hasta la creación de una reserva para su pueblo.

COCHRANE (Thomas Alexander), **conde de Dundonald,** *Annsfield, Lanarkshire, 1775-Kensington 1860,* almirante británico. Apartado de la armada británica hasta 1830, luchó contra los españoles en Perú (1820), junto a los chilenos contra Portugal (1823-1825) y con los griegos contra Turquía (1827-1828).

COCITO MIT. GR. Uno de los ríos infernales.

COCKCROFT (sir John Douglas), *Todmorden 1897-Cambridge 1967,* físico británico. Junto a E. T. S. **Walton** (Waterford, Irlanda, 1903-Belfast 1995), realizó la primera transmutación de átomos mediante partículas aceleradas artificialmente. (Premio Nobel 1951.)

COCKER (Joe), *Sheffield 1944,* cantante británico. Dotado de una genuina voz ronca, es un destacado intérprete de *rhythm and blues (You're so Beautiful; Unchain my Heart).*

COCKERILL (John), *Haslington, Lancashire, 1790-Varsovia 1840,* ingeniero e industrial belga de origen británico. Su empresa instaló el primer alto horno de coque del continente (1830).

COCLÉ (provincia de), prov. de Panamá, a orillas del Pacífico; 5 035 km²; 164 500 hab.; cap. *Penonomé.*

COCLÉ (cultura), cultura precolombina de Panamá (Coclé, Herrera y Los Santos), de los ss. XIII-XV, que produjo momias, cerámica decorada y joyería muy refinada.

COCO, r. de Nicaragua y Honduras, el más largo de Centroamérica, que desagua en el Caribe (749 km).

COCO (isla del) o **ISLA DEL TESORO,** isla de Costa Rica, en el Pacífico, alejada unos 500 km de la costa; 27 km². Parque nacional (Patrimonio de la humanidad 1997 [ampliado en 2002]).

COCONUCOS, sierra de Colombia (Huila y Cauca), en la cordillera Central; 4 756 m en el Puracé.

COCORNÁ, mun. de Colombia (Antioquia), avenado por el *río Cocorná,* 27 840 hab. Petróleo.

COCOS o **KEELING** (islas), archipiélago australiano del océano Pacífico, al SO de Java.

COCTEAU (Jean), *Maisons-Laffitte 1889-Milly-la-Forêt 1963,* escritor y director de cine francés. Su amplismo y viveza se expresan en poemas, novelas, obras de teatro, guiones, películas *(La bella y la bestia,* 1946; *Orfeo,* 1950) y dibujos.

COCULA, mun. de México (Guerrero), en la cuenca del río Balsas; 17 421 hab. Fábricas de azúcar y alcohol.

COCULA, mun. de México (Jalisco); 23 267 hab. Cultivos diversos; ganado vacuno. Cerámica.

COD (península del cabo), península de Estados Unidos (Massachusetts). Turismo. Parque nacional.

CODAX (Martín), trovador gallego, activo a mediados del s. XIII, autor de siete cantigas de amigo transmitidas por apógrafos italianos y por un infolio (el *Pergamino Vindel*), de finales del s. XIII o principios del s. XIV, con notación musical de seis de las siete cantigas.

CODAZZI (Agustín), *Lugo, Italia, 1793-Espíritu Santo, act. Agustín Codazzi, Colombia, 1859,* militar y geógrafo italiano. Soldado de Napoleón, involucrado en las guerras bolivarianas, levantó un *Atlas físico y político de Venezuela* (1840), fundó la Academia militar de Caracas (1845) y fue jefe de la Comisión corográfica de Colombia desde 1850, labor continuada por el Instituto geográfico Agustín Codazzi, fundado en 1935.

Codelco (Corporación nacional del cobre de Chile), holding chileno que desde 1976 agrupa a las empresas estatales de la minería del cobre tras la nacionalización del sector de 1971.

CODERCH (José Antonio), *Barcelona 1913-Espolla, Gerona, 1984,* arquitecto español. Sintetizó la arquitectura popular mediterránea y las propuestas del movimiento moderno.

CODONA (Alfredo), *Hermosillo 1893-Long Beach 1937,* trapecista mexicano. Formó, con su hermano **Lalo** (México 1896-1951) y su primera esposa, **Lillian Leitzel** (1893-1931), un trío especializado en el triple salto mortal.

Codorniz (La), revista satírica española (1941-1978), fundada por un grupo de intelectuales y dirigida por Miguel Mihura (1941-1944) y Álvaro de Laiglesia (1944-1977).

COECKE (Pieter), llamado **Van Aelst,** *Aalst 1502-Bruselas 1550,* pintor y decorador flamenco. Sus pinturas, dibujos y cartones de tapices evolucionaron del manierismo gótico al italianismo (contactos con Van Orley, estancia en Italia). También tradujo a Vitrubio (1539).

coéforas (Las) → Orestíada.

COELHO (Paulo), *Río de Janeiro 1947,* escritor brasileño. Sus populares novelas (*El peregrino de Compostela,* 1987; *El alquimista,* 1988; *Manual del guerrero de la luz,* 1999; *El Zahir,* 2005) tienen por tema la evolución espiritual.

COELLO (Augusto), *Tegucigalpa 1884-San Salvador 1941,* escritor y político hondureño, autor del himno nacional (1915) y del *Canto a la bandera* (1934).

COELLO (Claudio), *Madrid 1642-íd. 1693,* pintor español de origen portugués, una de las máximas figuras del barroco madrileño. Pintor del rey (1683) y de cámara (1686), de influencias flamenca y veneciana (*Jesús niño en la puerta del templo,* Prado, 1660; *La sagrada forma,* El Escorial, 1685-1688; *La lapidación de san Esteban,* iglesia de los dominicos de Salamanca, 1693), colaboró en la catedral de Toledo.

COELLO (Francisco), *Jaén 1822-Madrid 1898,* militar y geógrafo español. Autor de *Reseña geográfica de España* (1859) y de los mapas provinciales del *Atlas de España y sus posesiones de Ultramar* (1847-1868), elaboró la cartografía del *Diccionario geográfico* de Madoz.

COEN (hermanos), cineastas estadounidenses. **Joel C.,** *Minneapolis 1954,* y **Ethan C.,** *Minneapolis 1957.* Su cine de autor a la vez innovador y comercial *(Sangre fácil,* 1984; *Barton Fink,* 1991; *Fargo,* 1996; *No Country for Old Men,* 2007, Óscar al mejor director y a la mejor película).

COENEO, mun. de México (Michoacán); 24 005 hab. Cereales, caña de azúcar y ajonjolí. Quesos.

COETZEE (John Michael [después Maxwell], llamado J.M.), *Ciudad de El Cabo 1940,* escritor sudafricano en lengua inglesa. Novelista visionario más que simple testimonio de su tiempo, innova también por sus continuas búsquedas formales (*Esperando a los bárbaros,* 1980; *Vida*

■ CLAUDIO **COELLO.** *El triunfo de san Agustín* (1664). [Museo del Prado, Madrid.]

y época de Michael K., 1983; Desgracia, 1999; Hombre lento, 2005). [Premio Nobel 2003.]

CŒUR (Jacques), Bourges h. 1395-Quíos 1456, comerciante francés. Enriquecido con la especulación de metales preciosos, promovió el comercio con el Mediterráneo oriental. Fue ennoblecido, pero despertó la hostilidad de sus enemigos y fue detenido en 1451. Huyó a Roma.

COGNAC, c. de Francia (Charente); 20 126 hab. Centro del comercio del coñac.

COGOLLUDO, v. de España (Guadalajara); 610 hab. (cogolludenses). Palacio renacentista (1492-1495). La iglesia parroquial alberga El expolio, de José de Ribera (h. 1630).

COGOTAS (Las), sitio arqueológico español (Cardeñosa, Ávila), que ha permitido definir un horizonte cultural de la edad del bronce (Cogotas I, ss. XVI-X a.C.) y otro de la edad del hierro (Cogotas II, ss. VI-III a.C.).

COGULL o **COGUL** (abrigo prehistórico de), abrigo situado en la Roca de los Moros (mun. de Cogull, Lérida). Contiene pinturas rupestres del arte levantino (animales, hombres).

COHEN (Leonard), Montreal 1934, escritor y cantante canadiense en lengua inglesa. Poeta (Flores para Hitler, 1964), novelista (Los hermosos vencidos) y compositor, sus canciones de folk urbano son intimistas y a veces contestatarias (Suzanne; So Long Marianne).

COHEN (Paul), Long Branch, Nueva Jersey, 1934, matemático estadounidense. Ha demostrado que la hipótesis del continuo, conjeturada por G. Cantor, es inviable. (Medalla Fields 1966.)

COHEN-TANNOUDJI (Claude), Constantina, Argelia, 1933, físico francés. Especialista en física atómica, ha desarrollado, con Steven Chu y William Phillips, el método de refrigeración y captura de átomos con láser, contribuyendo al conocimiento de la interfase entre radiación y materia. (Premio Nobel 1997.)

COI → **Comité olímpico internacional.**

COIBA o **QUIBO,** isla de Panamá, la más grande del Pacífico americano; 493 km². Colonia penal desde 1910, en vías de desalojo para el desarrollo del turismo. Parque nacional. (Patrimonio de la humanidad 2005.)

COIHAIQUE, c. de Chile, cap. de la región de Aisén del General Carlos Ibáñez del Campo; 43 139 hab. Productos lácteos. Aeropuerto.

COIHUECO, com. de Chile (Biobío); 22 951 hab. Cultivos mediterráneos. Productos lácteos.

COIMBATORE, c. de la India (Tamil Nadu); 1 135 549 hab.

COIMBRA, c. de Portugal, a orillas del Mondego; 96 142 hab. Universidad fundada en 1308 (edificio manuelino y barroco; biblioteca, s. XVII). Catedral románica (s. XII; transformada en el s. XVI); monasterio de Santa Cruz, manuelino (s. XVI). Museos. Al S, ruinas de la romana Conimbriga.

COÍN, c. de España (Málaga), cab. de p. j.; 17 868 hab. (coinenses o coineños). Centro agropecuario.

Cointrín, aeropuerto de Ginebra.

COIPASA (salar de), laguna salada del SO de Bolivia (Oruro), en el Altiplano, cerca de la frontera con Chile, a 3 680 m de alt.; 2 218 km². Es el segundo salar más extenso del país.

COJEDES, r. de Venezuela (Portuguesa, Cojedes), afl. del Portuguesa; 340 km.

COJEDES (estado), est. del N de Venezuela, en Los Llanos centrales; 14 800 km²; 193 774 hab.; cap. San Carlos.

COJUTEPEQUE, c. de El Salvador, cap. del dep. de Cuscatlán; 31 100 hab. Fue capital del estado de 1854 a 1858.

COJUTEPEQUE o **DE LAS PAVAS** (volcán), volcán de El Salvador; 1 021 m.

Colada, una de las espadas del Cid Campeador.

COLA DI RIENZO → **RIENZO.**

COLBERT (Jean-Baptiste), Reims 1619-París 1683, estadista francés. Hombre de confianza de Mazzarino, fue secretario de Estado de la casa del rey (1668). Proteccionista, mercantilista, racionalista y centralista, ayudó a la industria y al comercio, multiplicando las manufacturas estatales. Reorganizó las finanzas, la justicia, la marina (fundó compañías de comercio) y favoreció la emigración a Canadá. Apoyó las ciencias (fundó la Academia de ciencias y el observatorio de París).

COLBRÁN (Isabela Ángela), Madrid 1785-Castenaso, Italia, 1845, cantante y compositora española. Soprano de grandes cualidades vocales y talento dramático, se casó con Rossini, quien escribió para ella numerosos papeles (Desdémona, Armida, Semíramis).

COLCHESTER, c. de Gran Bretaña (Inglaterra, en Essex); 82 000 hab. Universidad. Ruinas romanas. Museos.

COLE (Jack), New Brunswick 1913-Los Ángeles 1974, bailarín y coreógrafo estadounidense. Maestro de la danza jazz, incorporó las figuras acrobáticas y las salidas a escena con deslizamientos sobre las rodillas. Trabajó en Broadway y Hollywood (Los caballeros las prefieren rubias, H. Hawks, 1953; Kismet, V. Minnelli, 1955).

Colegio de México, institución cultural fundada en 1940, patrocinada por la Casa de España en México, el gobierno mexicano y otras entidades locales. Consagrado a los estudios sociales y humanísticos, edita obras culturales. (Premio Príncipe de Asturias de ciencias sociales 2001.)

COLEMAN (James Samuel), Bedford, Indiana, 1926-Chicago 1995, sociólogo estadounidense. Desarrolló la aplicación de las matemáticas a la sociología y se interesó por las relaciones entre política y educación (Equality of Educational Opportunity, 1966).

COLEMAN (Ornette), Fort Worth 1930, compositor y saxofonista estadounidense de jazz. A principios de la década de 1960 representó el free jazz y transformó la improvisación tradicional (Free Jazz, 1960).

COLERIDGE (Samuel Taylor), Ottery Saint Mary, Devon, 1772-Londres 1834, poeta británico. Sus poemas, luminosos, visionarios y llenos de fantasía, concuerdan con una concepción filosófica de la imaginación creadora. Sus Baladas líricas (1798), escritas junto a Wordsworth, marcan el inicio del romanticismo.

COLETTE (Sidonie Gabrielle), Saint-Sauveur-en-Puisaye 1873-París 1954, escritora francesa. Sus novelas tratan del amor y la naturaleza (Claudina, 1900-1903; El trigo verde, 1923).

COLHUACAN → **CULHUACÁN.**

COLHUÉ HUAPI, lago de Argentina (Chubut), el tercero en extensión del país; 803 km².

COLIGNY (Gaspard de), Châtillon-sur-Loing, act. Châtillon-Coligny, 1519-París 1572, gentilhombre francés. Luchó en San Quintín contra los españoles (1557). Jefe de los protestantes franceses, fue asesinado en la matanza de la noche de san Bartolomé.

COLIMA, c. de México, cap. del est. homónimo; 142 844 hab. Situada al borde de la sierra Madre Occidental, en el valle del río Colima. Centro agrícola y comercial. — Fue fundada en 1523 con el nombre de Santiago de los Caballeros.

COLIMA (estado de), est. de México, en la planicie costera del Pacífico; 5 455 km²; 428 510 hab.; cap. Colima. — En él se desarrolló una cultura perteneciente a las culturas occidentales, que se inicia con el Complejo de los Ortices (s. V a.C.) y finaliza con el Complejo Chanal (ss. VI-XV d.C.). En sus tumbas se han hallado figuras de cerámica que representan actividades o escenas cotidianas y rituales.

COLIMA (volcán de), pico volcánico del O de México, en la cordillera Neovolcánica (Jalisco-Colima), el más activo del país; 4 330 m.

COLINA, com. de Chile (Santiago), en el valle Central; 52 522 hab. Balneario.

COLINAS (Antonio), León 1946, poeta español. Sus poemas se distinguen por su perfección formal y su hondo lirismo, y han sido reunidos en Poesía 1967-1981. Es también ensayista y novelista. (Premio nacional de poesía 1982.)

Coliseo o **anfiteatro Flavio,** anfiteatro de Roma. Fue construido a fines del s. I d.C., bajo los Flavios. Sus grandiosas proporciones (50 000 espectadores) y la fachada, con los tres órdenes clásicos, influyeron profundamente en los arquitectos del renacimiento.

■ EL **COLISEO** de Roma; s. I d.C.

COLLADO DE LOS JARDINES, santuario y poblado amurallado ibérico (mun. de Santa Elena, Jaén), cerca del desfiladero de Despeñaperros.

COLLADO VILLALBA, v. de España (Madrid), cab. de p. j.; 42 238 hab. En la sierra de Guadarrama.

COLLANTES (Francisco), Madrid h. 1599-íd. 1656, pintor español. Discípulo de Carducho, acusa la influencia de la pintura veneciana y flamenca (San Jerónimo, museo de Copenhague). Fue un gran paisajista.

collar de la paloma (El), tratado sobre el amor del filósofo Abenhazan (s. XI), cuadro sugestivo de la vida sentimental y sensual de la España musulmana.

COLLAZOS (Óscar), Bahía Solano, Chocó, 1942, escritor colombiano. Lo más representativo de su obra, en la que prima el enfoque social y la denuncia, son los cuentos (El verano también moja las espaldas, 1966; Son de máquina, 1968; Esta mañana del mundo, 1969). También ha escrito novela y teatro.

COLLEONI (Bartolomeo), Solza 1400-Malpaga 1475, condotiero italiano. Sirvió tanto a Venecia como a Milán en la guerra que las enfrentaba. — Su estatua ecuestre, en Venecia, es una obra maestra de Verrocchio.

COLLET (Henri), París 1885-íd. 1951, compositor y musicólogo francés. Autor de unas 300 composiciones influidas por la música española, investigó el folclore español e impartió la materia en la Sorbona.

COLLINS (Michael), Clonakilty 1890-Bandon 1922, político y jefe militar irlandés. Fue uno de los dirigentes del movimiento nacionalista Sinn Féin y presidente del gobierno provisional del Estado libre de Irlanda (1921), pero no pudo evitar la guerra civil, en el transcurso de la cual perdió la vida.

COLLINS (Wilkie), Londres 1824-íd. 1889, novelista británico. Sus novelas de suspense (La piedra lunar, 1868) hacen de él un precursor de la novela policíaca.

COLLINS (William), Chichester 1721-íd. 1759, poeta británico. En sus Odas (1747) se revela como precursor del romanticismo.

COLLIPULLI, com. de Chile (Araucanía); 22 661 hab. Centro agrícola y minero (cobre, oro).

COLLIURE, en fr. Collioure, mun. de Francia (Pyrénées-Orientales); 2 929 hab. Tumba de A. Machado.

COLLIVADINO (Pío), Buenos Aires 1869-íd. 1945, pintor argentino. Realizó frescos en la catedral de Montevideo y en el teatro Solís de Buenos Aires.

COLLOR DE MELLO (Fernando), Río de Janeiro 1949, político brasileño. Conservador, elegido presidente en 1990, acusado de corrupción, fue obligado a dimitir (1992).

COLMAR, c. de Francia, cap. del dep. de Haut-Rhin, a orillas del Lauch; 67 163 hab. Cap. histó-

■ JOHN MAXWELL **COETZEE**

■ **COLBERT,** por R. Nanteuil. (Palacio de Versalles.)

rica de la Alta Alsacia. Iglesias y casas medievales.

COLMEIRO (Manuel), *Santiago de Compostela 1818-Madrid 1894,* jurisconsulto, historiador y economista español, uno de los fundadores del derecho administrativo.

colmena (La), novela de C. J. Cela (1951). Realista, describe el Madrid de posguerra, lleno de personajes miserables y frustrados.

COLMENAR DE OREJA, c. de España (Madrid); 5 412 hab. *(colmenaretes).* Centro de interés artístico (plaza mayor, iglesias).

COLMENAR VIEJO, v. de España (Madrid), cab. de p. j.; 32 459 hab. *(colmenareños).* Iglesia gótico-renacentista (s. XVI).

COLOCOLO, *h. 1515-en la batalla de Quipeo 1560,* caudillo araucano. Se opuso a la conquista española y, junto con Caupolicán, logró la victoria de Tucapel. Derrotado a su vez en 1559, firmó un tratado de paz con los españoles. Volvió a levantarse, y murió en combate.

COLOCOTRONIS o **KOLOKOTRÓNIS** (Theodhoros), *Ramavuni 1770-Atenas 1843,* político griego. Fue uno de los jefes militares de la guerra de independencia (1821-1831).

COLOM (Álvaro), *Guatemala 1951,* político guatemalteco. Líder de la Unidad nacional de la esperanza (UNE), en 2008 fue investido presidente de la república.

COLOM (Joanot), *Felanitx-Palma de Mallorca 1523,* artesano mallorquín. Líder de la germanía de Mallorca (1521), fue ejecutado.

COLOMA (padre Luis), *Jerez de la Frontera 1851-Madrid 1914,* escritor español. Jesuita, en su novela *Pequeñeces* (1891) criticó a la aristocracia madrileña. (Real academia 1908.)

COLOMBA, mun. de Guatemala (Quezaltenango); 29 723 hab. Café y caña de azúcar; ganadería.

COLOMBIA, estado de América del Sur; 1 140 000 km^2; 42 888 592 hab. *(colombianos).* CAP. *Bogotá.* LENGUA: *español.* MONEDA: *peso colombiano* y *unidad de valor real. (V. mapa al final del volumen.)*

INSTITUCIONES

Régimen presidencial. Constitución de 1991. Presidente de la república elegido por sufragio universal cada cuatro años (reelegible desde la reforma constitucional de 2004). El congreso se compone de cámara de los diputados (elegidos cada 4 años) y senado. La reforma de 1991 introdujo las figuras del vicepresidente, el fiscal general y el defensor del pueblo.

GEOGRAFÍA

Situada en el N de la región andina, con fachadas al Pacífico y al Caribe, la compleja morfología de su territorio da lugar a una gran diversidad regional. Los Andes forman tres grandes ramales paralelos, orientados en dirección N-S: cordillera Occidental, hacia el Pacífico; cordillera Central (nevado del Huila, 5 650 m), flanqueada por los valles de los ríos Cauca y Magdalena; y cordillera Oriental, entre el valle del Magdalena y Los Llanos, donde se encuentra el altiplano o sabana de Bogotá. En la región del Caribe se encuentra la sierra Nevada de Santa Marta (5 775 m en el pico de Cristóbal Colón), aislada del sistema andino. Los Llanos orientales comprenden amplias sabanas que forman parte de la cuenca del Orinoco (con sus afluentes Arauca y Meta) y del Amazonas (recorrida por el Guainía, el Vaupés, el Caquetá y el Putumayo).

La población, concentrada en la región andina y de mayoría mestiza, se caracteriza por su alto ritmo de crecimiento y su juventud (el 67 % tiene menos de 30 años). Destaca asimismo el rápido aumento de la población urbana: Bogotá, Medellín, Cali y Barranquilla albergan casi la tercera parte de la población del país, mientras que algunas zonas de la Orinoquia y la Amazonia presentan densidades menores a 1 hab./km^2.

El sector agropecuario (donde los cultivos se escalonan en función de la altitud) constituye aún la base de la economía: café (principal rubro de exportación), arroz, caña de azúcar, papa, yuca, plátano; también es importante la floricultura. La ganadería vacuna se asienta en Los Llanos y el valle del Magdalena, y se practica en zonas cuya altitud puede superar los 3 000 m (como también sucede con los cereales). La pesca se ha potenciado a partir de la década de 1960, pero sus recursos, tanto fluviales como marítimos, están subexplotados. Entre los productos mineros revisten especial importancia los energéticos: carbón (con reservas estimadas en un 40 % de las de América Latina), petróleo (30 % del valor de las exportaciones) y gas natural. Asimismo cabe destacar la producción de esmeraldas (primer productor mundial), metales preciosos (oro, plata y platino), hierro, níquel y uranio. La industria genera en la actualidad una quinta parte del PIB y abarca ramas tradicionales (textil, alimentaria), junto a otras como la metalmecánica, química (abonos), etc. El abandono en la década de 1980 de los sistemas de protección y estímulo a la producción industrial, y la orientación de los recursos hacia los sectores de exportación y de estructura financiera, provocó un rápido crecimiento del sector terciario y una disminución relativa de la aportación industrial al PIB. El sector financiero pasó a controlar directamente el funcionamiento de las empresas, se abandonaron sectores productivos de menor rentabilidad y (desde el punto de vista de la creación de infraestructuras) áreas geográficas económicamente marginales. También el flujo de dinero negro procedente del narcotráfico impactó en la economía colombiana, muy endeudada. Colombia, integrada en el grupo Andino, firmó con Venezuela y México (1994) un acuerdo de creación de un mercado común de libre comercio (Grupo de los Tres, G-3) y en 2004 se asoció a Mercosur. En la década de 1990 se abrió el mercado nacional con facilidades a las inversiones extranjeras. El comercio exterior muestra una fuerte dependencia de la exportación de recursos naturales (en especial del café, pero también de los hidrocarburos) y de la importación de materias primas destinadas a la industria y de bienes manufacturados para el consumo. EUA es el receptor del 40 % de las exportaciones (efectuadas por los puertos de Buenaventura, Cartagena y Barranquilla) y el suministrador del 36 % de las importaciones.

HISTORIA

El poblamiento precolombino. Hacia 1500 el territorio albergaba una numerosa población indígena diversificada con sus niveles mayores de desarrollo en los chibchas o muiscas en las tierras altas de la cordillera Oriental andina, los quechua, los tairona en la costa del NE caribeño, los cenúes en las sabanas del N, los araucos, los guajiros y los quimbayá en el curso medio del Cauca.

Conquista y colonización. 1501: se inició el descubrimiento con las exploraciones de Rodrigo de Bastidas. **1525-1538:** las fundaciones de Santa Marta y Cartagena de Indias iniciaron la conquista de la faja caribeña; las fundaciones de Popayán y Cali (1536) y de Santa Fe de Bogotá (1538) completaron la del interior. El territorio conquistado se organizó como Nueva Granada o Nuevo Reino de Granada, con centro en Santa Fe, donde se instituyó la real audiencia (1549); la explotación del oro en las sierras, la ganadería en los valles bajos y el tabaco, el algodón y la caña de azúcar en las tierras medias caracterizó la economía de la colonia, que incluyó también la fabricación manufacturera en la región oriental. **1717:** constitución del virreinato de Nueva Granada, que incluía el territorio colombiano, Panamá, Venezuela y el reino de Quito; suprimido en 1723, fue definitivamente reinstaurado en 1739, con capital en Santa Fe. La colonia experimentó cierta prosperidad, gracias a la exportación de productos mineros a la metrópoli. **1780-1781:** insurrección de los Comuneros de Nueva Granada, antecedente del movimiento de emancipación.

La independencia. 1808-1810: la ocupación francesa de España promovió intentos de autogobierno. Estos culminaron en la rebelión de Quito y el pronunciamiento de Camilo Torres en Santa Fe (1809), que propagó la insurrección. **1810:** destitución del virrey por la junta suprema de Nueva Granada. **1811-1815:** la constitución de la república de Cundinamarca originó el primer estado independiente, inmediatamente en crisis por el enfrentamiento entre aquella y el resto de las provincias colombianas, agrupadas en la Federación. **1814:** Bolívar, nombrado capitán general de la Federación, sometió Cundinamarca, pero se enfrentó a la disidencia de Cartagena de Indias. **1815-1818:** reconquista del territorio colombiano por el realista Pablo Morillo. **1818:** la victoria de Santander en Casanare abrió la nueva ofensiva emancipadora, que culminó con la victoria de Bolívar en Boyacá (7 ag. 1819).

La República de la Gran Colombia. 1819: Bolívar proclamó la conversión del antiguo virreinato en República de la Gran Colombia. **1821:** el congreso de Cúcuta promulgó una constitución unitaria, que dividió la república en tres departamentos, Colombia, Ecuador y Venezuela. **1821-1826:** Santander asumió el gobierno efectivo tras la marcha de Bolívar hacia Ecuador, e impulsó una política liberal rechazada por Bolívar, que proclamó la dictadura (1828). **1829-1830:** las secesiones de Venezuela y Ecuador determinaron el fin de la República de la Gran Colombia y la configuración fundamental de los límites de la actual Colombia.

Del liberalismo a la rebelión democrática. 1831-1837: la convención de Bogotá proclamó la República de Nueva Granada y abrió una primera fase de hegemonía liberal con las presidencias de José María Obando (1831-1832) y Santander (1832-1837). **1837-1849:** primera reacción antiliberal durante las presidencias de José Ignacio de Márquez, Pedro Herrán y Joaquín Mosquera, con la promulgación de la constitución centralista de 1843 y la organización del Partido conservador por Mariano Ospina Rodríguez. **1848:** la ley de libre cambio aproximó las «sociedades democráticas», promovidas por los artesanos, partidarios del proteccionismo, a la oposición liberal. **1849-1854:** el liberalismo regresó al poder con José Hilario López, apoyado por los artesanos. La presión del movimiento democrático dividió al liberalismo entre «gólgotas», moderados, y «draconianos», radicales. **1853:** Obando regresó a la presidencia con el apoyo draconiano. Ante la reacción unida de conservadores y gólgotas, el general Melo y las sociedades democráticas iniciaron una rebelión, vencida por los ejércitos de Mosquera y López (1854).

La reforma liberal. 1855-1860: la derrota del Partido democrático abrió paso a un nuevo periodo conservador, marcado por la fragmentación del poder, que se expresó en la constitución de la Confederación Granadina (1858). **1860-1861:** Mosquera se sublevó, derrotó a los conservadores y asumió la jefatura del Partido liberal. **1861-1867:** Mosquera impulsó la reforma liberal, definitivamente limitada al ámbito económico, a la desamortización y al tradicional anticlericalismo; la convención de Rionegro (1861) refrendó el sistema confederal del estado, que pasó a denominarse Estados Unidos de Colombia. **1872-1882:** la hegemonía liberal, apoyada en la expansión de la economía exportadora, se resintió por la fragilidad de esta y del estado. El presidente Núñez (1880-1882, 1884-1886, 1886-1888 y 1892-1894), apoyado por los conservadores y un sector disidente del liberalismo, propugnó una «regeneración».

La república aristocrática. 1884-1888: Núñez, reelegido, impulsó la reforma constitucional, que estableció un estado unitario, con un poder ejecutivo fuerte, y restableció las relaciones con la Iglesia (concordato de 1887), que fue indemnizada por la desamortización. **1893-1900:** la alianza «nacional-conservadora» propiciada por Núñez derivó hacia una dictadura de hecho, que desembocó en una cruenta guerra civil entre liberales y conservadores, la guerra de los Mil días (1899-1903). Estados Unidos aprovechó las disidencias internas colombianas para promover la secesión de Panamá (1903). **1904-1909:** la dictadura del general Reyes significó el fin del régimen de la «regeneración». **1909-1930:** una coalición de elementos liberales y conservadores integrados en la Unión republicana depuso a Reyes y abrió una nueva etapa, caracterizada por la reducción de los poderes presidenciales en beneficio del parlamento y la expansión de la economía cafetalera, que proporcionó una base más sólida al modelo exportador colombiano.

Del populismo a la reacción conservadora.
1934-1945: la primera presidencia del liberal
López Pumarejo (1934-1938) impulsó el populismo y el mercado interno apoyado por los
sindicatos; en su segundo mandato (1942-
1945) la política populista entró en crisis y
emergió una izquierda liderada por J. E. Gaitán. **1946:** la división liberal propició el retorno
de los conservadores al poder con Ospina Pérez (1946-1950). **1948:** el asesinato de Gaitán
motivó una revuelta popular, el *bogotazo*, reprimida. **1949:** el Partido comunista inició la
insurrección guerrillera. **1953:** el general Rojas Pinilla derrocó al conservador Laureano
Gómez e instauró una dictadura populista.
De la república oligárquica a la constitu-
ción reformada. 1958-1970: liberales y conservadores constituyeron un Frente nacional y
se alternaron en el poder, a la vez que surgieron movimientos guerrilleros (entre ellos, las
Fuerzas armadas revolucionarias de Colombia [FARC] y el Ejército de liberación nacional [ELN], ambos de inspiración castrista).
1978: el agravamiento de la situación —tras la
aparición de otras guerrillas, maoístas o nacionalistas, como el M-19— llevó a que se decre-
tase el estado de excepción. **1982:** el conservador Belisario Betancur, elegido presidente de
la república, promulgó una ley de amnistía.
1985: el asalto del M-19 al palacio de Justicia
interrumpió el proceso de paz. **1986:** Virgilio
Barco fue elegido presidente. Durante su mandato se reanudaron las negociaciones con la
guerrilla pero se intensificó un nuevo frente
de violencia vinculado al narcotráfico. **1990-**
1994: el liberal César Gaviria cerró un acuerdo
con una parte de la guerrilla (desmovilización
del M-19 y de una parte del ELN), mantuvo la
lucha contra el narcotráfico y convocó una
Asamblea constituyente que redactó una nueva constitución, aprobada por referéndum
(1991). **1994:** lo sucedió el liberal Ernesto Samper. **1998:** el conservador Andrés Pastrana accedió a la presidencia. Ordenó la desmilitarización de una zona alrededor de San Vicente
del Caguán (Caquetá) como principio para
entablar conversaciones con las FARC (con-
cluidas sin acuerdo en 2002), al tiempo que
cobraban fuerza las actividades de grupos paramilitares. **2000:** Estados Unidos impulsó un
programa de ayuda militar destinado a combatir el narcotráfico. **Desde 2002:** Álvaro Uribe
fue elegido presidente (reelegido en 2006 tras
la aprobación de una reforma constitucional
que permite la reelección del cargo). Logró el
desarme progresivo de los paramilitares, pero
endureció la lucha contra la guerrilla (estatuto antiterrorista; incursiones transfronterizas),
lo que avivó la tensión con Venezuela y Ecuador, al tiempo que la situación de los rehenes
de la guerrilla alcanzó una dimensión internacional (liberación de la política Ingrid Betancourt, en 2008).

Colombina, personaje de la commedia dell'arte, graciosa y de carácter vivo.

colombina (biblioteca), biblioteca de Sevilla
que Hernando Colón legó al cabildo de la catedral en 1539. Está especializada en Colón y
la conquista de América.

COLOMBO, en cingalés **Kolamba,** cap. comercial de Sri Lanka, en la costa O de la isla;
623 000 hab. Puerto. Desde 1982 comparte la
capitalidad con Sri Jayawardenepura Kotte.

COLÓN, partido de Argentina (Buenos Aires);
21 229 hab.

COLÓN, dep. de Argentina (Córdoba), en la
aglomeración urbana de Córdoba; 125 420
hab.; cab. *Jesús María.*

COLÓN, dep. de Argentina (Entre Ríos), a orillas del Uruguay; 55 250 hab. Unido por un
puente a Paysandú (Uruguay).

COLÓN, c. de Cuba (Matanzas); 66 900 hab.
Caña de azúcar, cereales y ganadería. Industria
del tabaco, textil y alimentaria.

COLÓN, mun. de México (Querétaro); 28 036
hab. Minas de oro, plata y antimonio.

COLÓN, c. de Panamá, cap. de la prov. homónima, en la costa del Caribe, junto a la entrada
del canal de Panamá; 140 908 hab. Puerto. Importante zona de libre comercio.

COLÓN (archipiélago de) → **GALÁPAGOS.**
COLÓN (pico) → **CRISTÓBAL COLÓN.**

COLOMBIA: ANTES DEL DESCUBRIMIENTO

GUANÉ áreas culturales   ——— límite de las áreas culturales   ▢ expansión del imperio inca

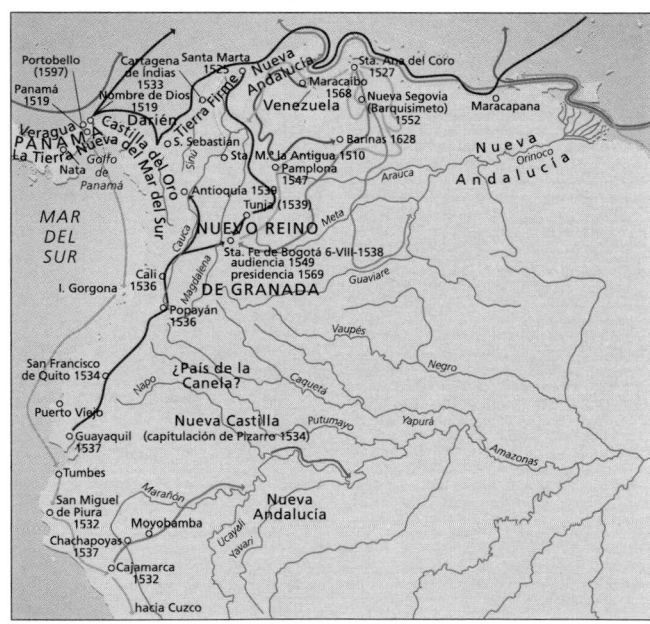

COLOMBIA: EXPLORACIÓN Y LA CONQUISTA (S. XVI)

→ Colón, 3.er viaje 1498, 4.º viaje 1502
→ Alonso de Ojeda 1499-1500
→ Rodrigo de Bastidas 1500-1502
→ Vasco Núñez de Balboa 1513
→ Pedro de Heredia 1533
→ Gonzalo Jiménez de Quesada 1536-38
→ Sebastián de Belalcázar 1535-38
→ Orellana 1539-1541 (al Amazonas)
→ Pizarro, Almagro, Luque

→ Lope de Aguirre

Capitulación de los Welser

→ Nicolás Federman: 1º 1530-1531
                    2º 1536
                    3º 1537-1539
→ Enrique Ehinger, Alfinger 1531
→ Jorge Hohermuth, J. Spira 1534-38
→ Felipe von Hutten 1541-45

COLOMBIA: EL VIRREINATO DE NUEVA GRANADA (S. XVIII)

Map labels: Mar Caribe, Río de la Hacha, Santa Marta, Coro, I. Margarita, Caracas, Cumaná, Trinidad, Cartagena, Maracaibo, Caracas, Barcelona, Cumaná, Portobelo, capitanía general de Venezuela, Portobello, Panamá, Cúcuta, Dárien, Arauca, Los Llanos, Orinoco, Antioquia, Antioquia, Socorro, misiones jesuitas, Medellín, Tunja, Meta, Sta. Fe de Bogotá, Guayana, OCÉANO PACÍFICO, Choco, Cali, Dorado, Orinoco, Popayán, Popayán, Vaupés, Branco, Pasto, Reino, Urabá, Quito, de Quito, Caquetá, misiones jesuitas, Guayaquil 1537, Mainas, Putumayo, Yapurá, Amazonas, Barcellos, misiones jesuitas, Tabatinga, VIRREINATO ESPAÑOL DEL PERÚ, TERRITORIO PORTUGUÉS DEL BRASIL, TERRITORIO NEERLANDÉS DE LA GUAYANA (1790)

COLÓN (departamento de), dep. del N de Honduras, a orillas del Caribe; 8 875 km²; 149 677 hab.; cap. *Trujillo.* Agricultura. Pesca.

COLÓN (provincia de), prov. de Panamá, a orillas del Caribe; 4 961 km²; 103 100 hab.; cap. *Colón.*

COLÓN (Cristóbal), *Génova 1450 o 1451-Valladolid 1506,* navegante genovés, descubridor de América. Hijo de un tejedor, en 1476, después de una serie de viajes que siguen siendo mal conocidos, se instaló en Lisboa, donde por la familia de su esposa, Felipa Moniz, entró en contacto con las grandes empresas descubridoras de Portugal. Recogiendo las ideas de Toscanelli sobre la esfericidad de la tierra, elaboró un proyecto de alcanzar el oriente navegando hacia occidente por el Atlántico. Rechazado por Juan II de Portugal, lo ofreció a los Reyes Católicos (1487), que no lo aceptaron hasta 1492. En las Capitulaciones de Santa Fe (1492) Colón obtuvo los títulos de virrey y almirante y la décima parte de las riquezas que obtuviera. La expedición, organizada con la ayuda de los hermanos Pinzón, partió de Palos de Moguer el 3 de agosto de 1492, con tres naves, la Pinta, la Niña y la Santa María, y el 6 de septiembre hizo escala en Canarias. El 12 de octubre Colón avistó tierra (probablemente una isla de las Bahamas): el mismo día desembarcó en Guanahaní, que bautizó como San Salvador, y más tarde en La Española. A su regreso fue recibido por los Reyes Católicos en Barcelona. En su segundo viaje (1493-1496) llegó a las Pequeñas Antillas, Puerto Rico y Jamaica y fundó La Isabela, en La Española. En el tercero (1498-1500) descubrió la costa continental en la desembocadura del Orinoco y las islas de Trinidad y Cubagua, antes de ser repatriado a España por los enfrentamientos originados por su actuación como virrey. En un cuarto viaje (1502) descubrió la costa entre Honduras y Panamá. Murió con la convicción de que esas tierras correspondían a Asia.

COLÓN (familia), familia de origen genovés entre cuyos miembros destaca Cristóbal *Colón.* — **Bartolomé C.,** *Génova h. 1461-Santo Domingo 1514,* cartógrafo y navegante. Hermano de Cristóbal, fue primer adelantado de las Indias (1497), fundó Santo Domingo (1496) y participó en el cuarto viaje de su hermano. — **Diego C.,** *Génova h. 1468-Sevilla 1515.* Hermano de Cristóbal y de Bartolomé, fue gobernador de La Española (1498) y de la Isabela. Enviado a España en 1500 con sus hermanos, ingresó en la carrera eclesiástica. — **Diego C.,** *Lisboa o Porto Santo, Madeira, h. 1478-Puebla de Montalbán 1526.* Hijo de Cristóbal y de Felipa Moniz, fue gobernador de Indias (1509). El consejo real limitó sus funciones a las islas descubiertas por su padre. Enfrentado con la corona, fue reclamado a España en 1515 y 1520. — **Hernando C.,** *Córdoba 1488-Sevilla 1539.* Hijo natural de Cristóbal, cosmógrafo y bibliófilo, escribió *Historia del almirante don Cristóbal Colón.* — **Luis C.,** *1520-Orán 1572.* Hijo de Diego, fue capitán general de Santo Domingo (1540-1551).

COLÓN (William Anthony **Colón,** llamado Willie), *Nueva York 1950,* músico estadounidense de origen puertorriqueño. Compositor, director de orquesta, trombonista y cantante, destacan la potencia musical y el compromiso social de sus trabajos (*Lo mato,* 1973; *Metiendo mano,* 1977, con R. Blades).

Colón (teatro), teatro lírico y sala de conciertos de Buenos Aires, inaugurado en 1908 (edificio de V. Meano y J. Dormal). Es sede estable de dos orquestas y de un cuerpo de baile.

COLONIA, en alem. **Köln,** c. de Alemania (Rin del Norte-Westfalia), a orillas del Rin; 962 517 hab. Centro administrativo, intelectual, financiero, comercial e industrial (química, construcciones mecánicas). — Importantes iglesias, muy restauradas, de las épocas otónica y románica; catedral gótica grandiosa (ss. XIII-XIX) [patrimonio de la humanidad 1996]; ricos museos (Romano-germánico, Schnütgen, Wallraf-Richartz-Ludwig). Carnaval. — Campamento romano (s. I d.C.), capital de los francos del Rin (s. V), arzobispado (785), Colonia se convirtió en el s. XIII en una ciudad libre imperial cuyo arzobispo era elector del Sacro Imperio. La ciudad quedó muy destruida por los bombardeos de los Aliados durante la segunda guerra mundial.

COLONIA o **LA COLONIA** (departamento de), dep. del SO de Uruguay; 6 106 km²; 112 348 hab.; cap. *Colonia del Sacramento.*

COLONIA (de), familia de arquitectos y escultores de origen alemán, activos en Castilla en los ss. XV-XVI. — **Juan de C.,** arquitecto, documentado en Burgos entre 1440 y 1481, fue maestro mayor de la catedral (flechas de las torres, capillas). Es una de las principales figuras del gótico flamígero en Castilla. — **Simón de C.,** arquitecto y escultor, documentado entre 1482 y 1511, sucedió a su padre como maestro mayor de la catedral de Burgos y lo fue también en la de Sevilla.

COLONIA DEL SACRAMENTO, c. de Uruguay, cap. del dep. de Colonia, en el Río de la Plata; 19 077 hab. Activo puerto y aeropuerto. — Monumentos y casco antiguo coloniales. — Fue fundada en 1680 como factoría (Colonia del *Sacramento).

COLONIA INDEPENDENCIA, distr. de Paraguay (Guairá); 31 145 hab. Mercado agrícola. Madera.

COLONIAS (Las), dep. de Argentina (Santa Fe); 86 025 hab. Industria del papel y maderera.

COLONNA, familia romana entre cuyos miembros se cuentan un papa (Martín V), cardenales y condotieros, del s. XIII al s. XVII.

COLORADO, r. de Argentina, que nace en los Andes y desemboca en el Atlántico, al S de Bahía Blanca; 1 300 km.

COLORADO, estado de Estados Unidos, en las Rocosas; 270 000 km²; 3 294 394 hab.; cap. *Denver.*

COLORADO (río), r. de América del Norte, que nace en las Rocosas (EUA), atraviesa las áridas *mesetas del Colorado* y desemboca en el golfo de California (México); 2 250 km. Una parte de su curso está encajado entre profundos cañones (*Gran Cañón del Colorado*).

COLORADO (río), r. de Estados Unidos (Texas), que desemboca en el golfo de México; 1 560 km.

colorado (Partido), nombre por el que se conoce la **Asociación nacional republicana,** partido político paraguayo, fundado en 1887. Estuvo en el poder desde 1954 —cuando accedió a la presidencia el general Stroessner, al que sucedieron el general A. Rodríguez, J. C. Wasmosy, R. Cubas, L. González Macchi y N. Duarte— hasta 2008.

colorado (Partido), partido político uruguayo, liberal, oponente del Partido blanco. Principal partido tras las guerras civiles (1838-1851), ocupó la presidencia en 1865-1958 y desde 1966. Fue ilegalizado de 1976 a 1982. Volvió a la presidencia de la república con J. M. Sanguinetti (1985-1990, 1995-2000) y J. Batlle (2000-2005).

COLORADOS (archipiélago de los), archipiélago cubano, formado por unos 60 cayos, ubicado al NO de la isla principal.

COLORADOS (cerro), pico andino, en la frontera entre Argentina y Chile; 6 053 m.

COLORADO SPRINGS, c. de Estados Unidos (Colorado), 281 140 hab. Centro turístico. Academia y base del ejército del aire.

CÓLQUIDA, ant. región del Asia Menor, en la costa oriental del Ponto Euxino. Los argonautas fueron a ella a buscar el vellocino de oro.

■ CRISTÓBAL **COLÓN.**
(Museo de Cluny, París.)

■ **COLONIA.** La torre de la iglesia de San Martín, a orillas del Rin, y la catedral al fondo.

COLTA, cantón de Ecuador (Chimborazo), en la Hoya del Chanchán; 55 031 hab.; cab. *Cajabamba.*

COLTRANE (William John), *Hamlet, Carolina del Norte, 1926-Huntington, Nueva York, 1967,* compositor y saxofonista estadounidense de jazz. Improvisador audaz, fundó un cuarteto en 1960 y, con su estilo vehemente, influyó en los mejores representantes del free jazz (*Giant Steps,* 1959; *A Love Supreme,* álbum, 1964).

COLUCCINI (Juan Bautista), *Lucca ¿1574?-Bogotá 1641,* humanista jesuita y arquitecto italiano, activo en Colombia (iglesias de San Ignacio y Fontibón, colegio mayor de San Bartolomé, en Bogotá).

COLUMBA o **COLOMBA** (san), *condado de Donegal h. 521-isla de Iona, Hébridas, 597,* monje irlandés. Abad de Iona, evangelizó Escocia.

COLUMBANO o **COLOMBANO** (san), *provincia de Leinster h. 540-Bobbio 615,* monje irlandés. Fundó numerosos monasterios en el continente (Luxeuil, h. 590; Bobbio, Italia, 614).

COLUMBIA, r. de América del Norte, que nace en las Rocosas canadienses y desemboca en el Pacífico, pasado Portland; 1 930 km. Cruza la *meseta de Columbia.* Hidroelectricidad.

COLUMBIA, c. de Estados Unidos, cap. de Carolina del Sur; 98 052 hab. Universidad. Museo.

COLUMBIA (distrito de), distrito federal de Estados Unidos; 175 km²; 606 900 hab.; cap. *Washington.* Corresponde a Washington ciudad, cuya aglomeración excede el distrito.

Columbia (universidad de), universidad situada en Nueva York. Sucesora del King's College creado en 1754, fundada en 1912.

COLUMBIA BRITÁNICA, prov. del O de Canadá, junto al Pacífico; 950 000 km²; 3 282 061 hab.; cap. *Victoria;* c. pral. *Vancouver.* Explotación maderera y minería. Instalaciones hidroeléctricas para el desarrollo industrial.

Columbia Broadcasting Systems → **CBS.**

COLUMBRETES, archipiélago de España, frente a la costa de Castellón; 0,15 km².

COLUMBUS, c. de Estados Unidos (Georgia); 178 681 hab.

COLUMBUS, c. de Estados Unidos, cap. de Ohio; 632 910 hab. (1 377 419 en la aglomeración). Museos.

COLUMELA, *Cádiz s. I d.C.,* escritor latino. Es autor de un tratado de agronomía.

COLUMNAS DE HÉRCULES, nombre dado en la antigüedad al monte Calpe (Gibraltar, Europa) y al promontorio de Abyla (África), situados a ambos lados del estrecho de Gibraltar, y al estrecho propiamente dicho.

COLVIN (Marta), *Chillán 1917-Santiago 1995,* escultora chilena. Su obra, abstracta, refleja su interés por los mitos y monumentos de las civilizaciones andinas precolombinas.

COMAGENE, ant. país del NE de Siria. Reino helenístico independiente en el s. II a.C., se convirtió en protectorado romano en 64 a.C.

COMALA, mun. de México (Colima); 15 823 hab. Mercado cafetero. Central eléctrica.

COMALAPA, mun. de Guatemala (Chimaltenango); 11 362 hab. Centro comercial. Tejidos de algodón.

COMALCALCO, mun. de México (Tabasco); 101 448 hab. Campos petrolíferos. Restos mayas (templos).

COMANDANTE FERNÁNDEZ, dep. de Argentina (Chaco); 77 592 hab.; cap. *Presidencia Roque Sáenz Peña.*

COMANECI (Nadia), *Gheorghe Gheorghiu-Dej, act. Oneşti, 1961,* gimnasta rumana. Fue campeona olímpica en 1976.

COMAS SOLÁ (José), *Barcelona 1868-íd. 1937,* astrónomo español. Descubrió once asteroides y el cometa periódico que lleva su nombre. Fundó el Observatorio Fabra (1904) y la Sociedad astronómica de España y América.

COMAYAGUA (departamento de), dep. de Honduras, en el centro-oeste del país; 5 196 km²; 238 790 hab.; cap. *Comayagua* (37 226 hab.).

Comecon (Council for Mutual Economic Assistance), en esp. **CAME** (Consejo de ayuda mutua económica), organismo de cooperación económica creado en 1949 y disuelto en 1991, que agrupaba a la URSS, Albania (1949-1961), la RDA (1950-1990), Bulgaria, Hungría,

Polonia, Rumania y Checoslovaquia, además de Mongolia, Cuba (desde 1972) y Vietnam (desde 1978).

Comedia francesa, en fr. **Comédie-Française,** sociedad de actores fundada en París en 1680, centrada en el repertorio clásico.

comedia humana (La), título general del conjunto de las novelas de Balzac desde la edición de 1842.

COMENCINI (Luigi), *Salò 1916-Roma 2007,* director de cine italiano. En un registro a la vez grave y cómico, dirigió *Pan, amor y fantasía* (1953), *Todos a casa* (1960), *El incomprendido* (1967), *Infancia, vocación y primeras experiencias de Giacomo Casanova, veneciano* (1969), *Sembrando ilusiones* (1972), *La historia* (1986).

COMENDADOR, ant. **Elías Piña,** c. de la República Dominicana, cap. de la prov. de Elías Piña; 23 000 hab.

COMENDADOR (islas del), archipiélago ruso del Pacífico, al E de Kamchatka. (Reserva de la biosfera 2002.)

COMENIUS, nombre latino de Jan Amos Komensky, *Nivnice, Moravia, 1592-Amsterdam 1670,* humanista checo. Obispo de los Hermanos moravos, tuvo que exiliarse a Polonia. Fue uno de los precursores de la pedagogía moderna.

Comentarios, memorias históricas de Julio César sobre la guerra de las Galias y sobre la guerra civil (s. I a.C.).

Comentarios reales, obra histórica de Garcilaso de la Vega, el Inca, en dos partes: la primera (1609) trata de la época inca; la segunda (1616) comprende desde la época incaica hasta el virreinato de Francisco de Toledo.

comercio (El), diario de Ecuador, fundado en Quito en 1906, el segundo más antiguo del país tras *El telégrafo* de Guayaquil (1884).

comercio (El), diario de Perú, el más antiguo del país (fundado en 1839). Con sede en Lima, es de tendencia conservadora.

COMERÍO, mun. de Puerto Rico, en la cordillera Central; 20 265 hab. Elaboración de tabaco. Fábricas de calzado.

COMES (Juan Bautista), *Valencia 1568-íd. 1643,* compositor español. Tras dirigir el Collegium corporis christi de Valencia, fue segundo maestro de capilla de la corte en Madrid. Es autor de obras vocales de asunto religioso.

Comibol (Corporación minera de Bolivia), empresa estatal boliviana, creada en 1952 para la gestión de las minas nacionalizadas.

COMILLAS, v. de España (Cantabria); 2 359 hab. (comillanos). Turismo. Edificios modernistas y novecentistas (el Capricho, obra de Gaudí), antigua sede de la universidad pontificia, etc.

Comisiones obreras (CCOO), confederación sindical española formada durante las huelgas de la minería asturiana de 1962-1963. Desarrollada bajo el impulso del PCE, fue declarada ilegal en 1966 y legalizada en 1977.

Comisión europea, institución de la Unión europea. Salvaguarda de los tratados, dispone de un derecho de iniciativa casi exclusivo en el orden legislativo y ejecuta las políticas comunitarias. Está compuesta por 27 comisarios, nombrados por 5 años.

COMITÁN DE DOMÍNGUEZ, mun. de México (Chiapas); 54 733 hab. Café y cacao. Textiles.

Comité olímpico internacional o **COI,** organismo fundado en 1894 por iniciativa de Pierre de Coubertin y que asegura la organización de los Juegos olímpicos. Su sede está en Lausana.

Commonwealth, asociación de antiguas posesiones del Imperio británico (excepto Mozambique) convertidas en estados independientes y que han establecido entre sí cierta solidaridad, más moral que jurídica. Están unidas por su vinculación, común y libre, a la Corona británica, o por el reconocimiento del soberano de Gran Bretaña como jefe simbólico. La Commonwealth sustituye a la *British Commonwealth of Nations* (1931-1946). Además del Reino Unido, pertenecen a la Commonwealth los siguientes estados: Antigua y Barbuda, Australia, Bahamas, Bangla Desh, Barbados, Belice, Botswana, Brunei, Camerún, Canadá, Chipre, Dominica, Fidji (suspendido en 2006), Gambia, Ghana, Granada, Guyana, India, Jamaica, Kenya, Kiribati, Lesotho, Malawi, Malaysia, Maldivas, Malta, Mauricio, Mozambique, Namibia, Nauru, Nigeria, Nueva Zelanda,

Pakistán (suspendido en 2007), Papúa y Nueva Guinea, Saint Kitts-Nevis, Salomón, Samoa, Santa Lucía, San Vicente y las Granadinas, Seychelles, Sierra Leona, Singapur, Sri Lanka, Sudáfrica, Swazilandia, Tanzania, Tonga, Trinidad y Tobago, Tuvalu, Uganda, Vanuatu y Zambia.

Communauté, asociación que sustituyó a la Unión francesa y agrupó (1958-1960) a Francia, los departamentos y territorios de ultramar y varios estados del África francófona.

COMNENO, familia bizantina que dio numerosos dignatarios y seis emperadores: Isaac I, Alejo I, Juan II, Manuel I, Alejo II y Andrónico I.

COMO, c. de Italia (Lombardía), cap. de prov., junto al *lago de Como* (146 km²); 85 955 hab. Iglesias románicas, catedral de los ss. XIV-XVIII; museos.

CÓMODO, en lat. **Marcus Aurelius Commodus,** *Lanuvium 161-Roma 192,* emperador romano (180-192). Hijo de Marco Aurelio, abandonó la política militar de su padre. Extravagante y cruel, fue asesinado.

COMODORO RIVADAVIA, c. de Argentina (Chubut); 96 656 hab. Centro industrial. Refinería de petróleo; gasoducto. Puerto. Aeropuerto. Universidad.

COMOÉ, r. de Burkina Faso y de Costa de Marfil, que desemboca en el golfo de Guinea; 1 000 km. Parque nacional Comoé (reserva de la biosfera 1983; patrimonio de la humanidad [en peligro] 1983.)

COMONDÚ, mun. de México (Baja California Sur); 57 729 hab. Frutales y algodón. Atún. Turismo en *Loreto.

COMONFORT, mun. de México (Guanajuato); 45 204 hab. Cereales y caña de azúcar.

COMONFORT (Ignacio), *Puebla 1812-Chamacuero, Guanajuato, 1863,* militar y político mexicano. Presidente interino (1855) y constitucional (1857), puso en venta los bienes eclesiásticos. Se exilió tras intentar un golpe de estado (en. 1858).

COMONTES, familia de pintores españoles activos en Toledo en el s. XVI, seguidores del estilo de Juan de Borgoña.— **Antonio C.** Realizó los tres retablos de la iglesia de San Andrés de Toledo (1513).— **Francisco C.,** documentado entre 1526 y 1565, hermano de Antonio. Realizó el retablo mayor de San Juan de los Reyes de Toledo (1541-1552).

COMORERA (Joan), *Cervera 1895-Burgos 1958,* político español. Socialista, estuvo exiliado en Argentina (1919-1930). Consejero de la Generalidad desde 1934, fundador y secretario general del PSUC, se exilió en 1939. De 1940 a 1945 vivió en México. Detenido en Barcelona en 1954, murió en prisión.

COMORES, en ár. Qumr, estado insular de África, en el océano Índico, al NO de Madagascar; 1 900 km²; 680 000 hab. (*comorenses*). CAP. *Moroni.* LENGUAS: *árabe, francés y comorano.* MONEDA: *franco de Comores.* (V. mapa de **Madagascar.**) El país comprende las islas de Ngazidja (ant. *Gran Comore*), Moili (ant. Mohéli) y Ndzouani (ant. Anjouan). En 1974 y 1976, la cuarta isla del archipiélago, Mayotte, prefirió mantenerse bajo jurisdicción francesa. La población, de etnias variadas, es musulmana. Producción de vainilla, copra y aceites esenciales.— Las islas estuvieron bajo protectorado francés desde 1886 y constituyeron un territorio francés de ultramar desde 1958 hasta 1975. En 1978 se proclamó una república federal islámica, pero en 2001, en respuesta a los movimientos separatistas, una nueva constitución instauró la Unión de las Comores, federación en la que cada isla goza de amplia autonomía.

COMORÍN, (cabo), cabo del sur de la India.

COMPANYS (Lluís), *Tarrós, Lérida, 1883-Barcelona 1940,* político español. Presidente de la Generalidad de Cataluña (1934-1940), en octubre de 1934 fue encarcelado por rebelarse contra el gobierno central. Volvió al cargo en 1936, tras la victoria del Frente popular. Se exilió en 1939. Apresado por la Gestapo en Francia y entregado al gobierno español, fue fusilado.

Compañía de Jesús, orden fundada en Roma, en 1540, por san Ignacio de Loyola. (V. parte n. com. **jesuita.**)

Compañías blancas, unidades de mercenarios organizadas por B. Du Guesclin que asolaron Francia durante la guerra de los Cien años.

Intervinieron en la guerra civil castellana a favor de Enrique de Trastámara (1364).

COMPOSTELA → **SANTIAGO DE COMPOSTELA.**

COMPOSTELA, mun. de México (Nayarit); 86 189 hab. Bosques. Minas de oro y plata.

COMPTE o **COMTE** (Pere), *Gerona-Valencia 1506,* arquitecto catalán. Establecido en Valencia (h. 1440), trabajó en la catedral (1480) y en la Generalidad (1482), y realizó la lonja (1482-1498), su principal obra, y el Consulado de mar (1498).

COMPTON (Arthur Holly), *Wooster, Ohio, 1892-Berkeley 1962,* físico estadounidense. En 1923 descubrió el aumento de longitud de onda de los rayos X difundidos por átomos ligeros *(efecto Compton).* [Premio Nobel 1927.]

COMPTON-BURNETT (Ivy), *Pinner 1884-Londres 1969,* novelista británica. Su obra, basada en el dominio del diálogo, ofrece una visión negra de la alta sociedad a finales de la era victoriana (*Hermanos y hermanas,* 1929).

COMTE (Auguste), *Montpellier 1798-París 1857,* filósofo francés. Sentó las bases del positivismo (*Curso de filosofía positiva,* 1830-1842). Se le considera uno de los fundadores de la sociología.

■ COMENIUS   ■ AUGUSTE COMTE,
por Etex. (Casa
de Auguste Comte, París.)

Comuna de París (18 marzo-27 mayo 1871), gobierno insurreccional francés. Con el apoyo de obreros y soldados, se instauró en París al dejar la ciudad el ejército prusiano. Fue derrotada por las tropas de Thiers, jefe del gobierno francés instalado en Versalles.

Comuneros de Nueva Granada (insurrección de los) [1780-1781], levantamiento popular contra las autoridades coloniales en el virreinato de Nueva Granada, centrado en Socorro y dirigido por José Antonio Galán. Después de firmar unas capitulaciones que abolían el sistema fiscal, el virrey mandó detener a los dirigentes (Galán, Molina, Alcantuz y Ortiz) y anular las capitulaciones. Galán fue ahorcado.

Comuneros de Paraguay (revolución de los) [1721-1735], primer levantamiento popular de las colonias españolas en América, motivado por una concesión de indios a los jesuitas. El ejército popular de José de Antequera derrotó inicialmente al de las misiones. Ejecutado Antequera (1731), Fernando de Mompox dirigió un nuevo impulso revolucionario, sofocado en 1735 con una dura represión.

comunes (Cámara de los) o **Comunes,** cámara baja del parlamento británico. Elegida por sufragio universal cada 5 años, la asamblea, que cuenta con un presidente electo *(speaker),* controla la actuación del gobierno, así como la gestión financiera, y ejerce la parte esencial del poder legislativo.

Comunidad andina → comunidad (Comunidad).

Comunidad de estados independientes → **CEI.**

Comunidades (guerra de las) [1520-1522], insurrección de las ciudades castellanas contra Carlos Quinto. Los comuneros, dirigidos por Juan de Padilla y Juan Bravo, se establecieron en Tordesillas, que fue conquistada por los realistas (dic. 1520). Tras una reacción comunera (Torrelobatón, 1521), los realistas se impusieron en Villalar (23 abril 1521) y definitivamente en Toledo (febr. 1522). La dura represión ratificó el poder del rey y la aristocracia frente a la burguesía castellana.

Comunidades europeas, conjunto de las tres instituciones (CECA [hasta 2002], CEE, Euratom) creadas entre varios países de Europa, y que tienden a la integración progresiva de las economías de dichos países. Su unificación institucional, decidida en 1965, fue realizada en 1967. El tratado de Maastricht (1992, entrado en vigor en 1993) hace de la CEE, convertida en CE, o Comunidad europea, el único marco institucional de la *Unión europea, que ha abierto sus puertas a la Europa central y oriental.

Comunidad suramericana de naciones → **suramericana de naciones** (Comunidad).

COMUNISMO (pico del) → **SAMANI** (pico Ismaïl).

comunista chino (Partido) o **PCCh,** partido único de la República popular de China, fundado en 1921. Sus dirigentes ejercen el poder de hecho en el país.

comunista de España (Partido) o **PCE,** partido político español, fundado en 1921. En 1936 se integró en el Frente popular. Dirigido por S. Carrillo (1956-1982), fue el principal partido de la clandestinidad durante el franquismo. Legalizado en 1977, desde 1986 forma parte de la coalición Izquierda unida.

comunista de la Unión Soviética (Partido) o **PCUS,** partido político de la URSS. Heredero del POSDR, fue fundado en Rusia en 1918. Extendido a la URSS en 1925, fue partido único hasta 1990. Suspendido en 1991, de él surgieron diversos partidos en la antigua URSS.

comunista francés (Partido) o **PCF,** partido político francés, nacido de la escisión del partido socialista (SFIO) en el congreso de Tours (1920).

comunista italiano (Partido) o **PCI,** partido político italiano, fundado en 1921. Transformado en 1991 en el Partido democrático de la izquierda (PDS), renombrado en 1998 Demócratas de Izquierda (DS), se fusionó en 2007 con La Margarita-Democracia y Libertad (formación surgida del ala izquierda de la ant. Democracia cristiana) para formar el Partido democrático.

CONAKRY, cap. de Guinea, a orillas del Atlántico; 1 272 000 hab. en la aglomeración.

CONCEPCIÓN, volcán del SO de Nicaragua, en la isla Ometepe del lago Nicaragua; 1 610 metros.

CONCEPCIÓN, c. de Argentina (Tucumán); 38 102 hab. Refino de azúcar, curtidurías.

CONCEPCIÓN, c. de Chile, cap. de la región de Biobío; 329 304 hab. (800 000 en la aglomeración). Centro industrial y comercial. Universidad.

CONCEPCIÓN o **CONCEPCIÓN DEL PARAGUAY,** c. de Paraguay, cap. del dep. homónimo; 50 312 hab. Puerto fluvial en el Paraguay. Aeropuerto.

CONCEPCIÓN, mun. de Venezuela (Lara), integrado en Barquisimeto; 183 700 hab.

CONCEPCIÓN (departamento de), dep. del centro-este de Paraguay; 18 051 km²; 166 946 hab.; cap. *Concepción.*

CONCEPCIÓN (La), c. de Panamá (Chiriquí); 19 330 hab.

Concepción (religiosas de la), nombre de varias congregaciones religiosas: la de la *Inmaculada Concepción,* fundada (1484) por santa Beatriz de Silva, la fundada en Matará (1850) por Alfonsa Cavín, dedicada a la enseñanza, y la fundada en Burgos *(concepcionistas de la enseñanza).*

CONCEPCIÓN DE LA VEGA o **LA VEGA,** c. de la República Dominicana, cap. de la prov. de La Vega; 141 470 hab. Fue fundada en 1495 por Cristóbal Colón.

CONCEPCIÓN DEL ORO, mun. de México (Zacatecas); 15 347 hab. Centro minero.

CONCEPCIÓN DEL URUGUAY, c. de Argentina (Entre Ríos); 55 942 hab. Puerto en el río Uruguay. Universidad. — Catedral colonial. — Durante la revolución (1813-1821) y la guerra civil (1860-1883) fue capital de la Confederación argentina.

CONCHA (Andrés de la), pintor español activo en México entre 1575 y 1612. Maestro de pintores, de su obra solo se conserva el antiguo retablo de Yanhuitlán (catedral de México).

CONCHA (José Vicente), *Bogotá 1867-Roma 1929,* político y jurisconsulto colombiano. Penalista, es autor de un proyecto de código pe-

nal. Miembro del Partido conservador, fue presidente de la república de 1914 a 1918.

Concha (paseo de la), paseo de San Sebastián (España), que bordea la *playa de la Concha.*

CONCHALÍ, com. de Chile (Santiago), en el área metropolitana de Santiago; 153 089 hab.

CONCHOS, r. de México (Chihuahua), afl. del río Bravo; 700 km. Aprovechamiento hidroeléctrico.

Conciertos brandeburgueses o **Conciertos de Brandeburgo,** serie de 6 *Conciertos para varios instrumentos* de J. S. Bach. Fueron dedicados en 1721 a Christian Ludwig de Brandeburgo.

CONCOLORCORVO, seudónimo bajo el que el autor de *El *Lazarillo de ciegos caminantes* (1773), que suscribe Calixto Bustamante Carlos, quien afirma que el libro procede de las memorias de Alonso Carrió de la Vandera, jefe de la expedición de los jesuitas expulsados de Perú en 1767.

Concorde, avión de línea supersónico franco-británico. Su primer vuelo de prueba, pilotado por André Turcat, tuvo lugar en 1969, y estuvo en servicio de 1976 a 2003.

CONCORDIA, c. de Argentina (Entre Ríos); 138 905 hab. Puerto en el río Uruguay. Centro comercial.

CONCORDIA, mun. de Colombia (Antioquia); 20 367 hab. Industrias textiles y del tabaco.

CONCORDIA, mun. de México (Sinaloa); 23 742 hab. Minas de oro. Industria metalúrgica.

CONCORDIA (La), mun. de México (Chiapas); 22 315 hab. Cultivos de plantación. Maderas.

CONCORDIA (La), mun. de Venezuela (Táchira), en la aglomeración de San Cristóbal; 77 720 hab.

CONDADO DE TREVIÑO, comarca y mun. de España (Burgos), enclave de 203 km² en el País Vasco (Álava); 907 hab.; cap. *Treviño.* Ant. condado fundado en el s. XII.

CONDAMINE (Charles Marie de la), *París 1701-íd. 1774,* científico francés. Dirigió, junto a Bouguer, la expedición a Perú (1735) que determinó la longitud de un arco de meridiano, junto a Quito, en la línea del ecuador.

CÔN DAO, ant. **Poulo Condore,** archipiélago del S de Vietnam.

CONBUS (Alfredo), *Allariz 1945,* escritor español en lenguas gallega y castellana, destacado novelista (*El griffón,* 1984; *Los otros días,* 1991). [Premio nacional de literatura 1986.]

CONDE (Carmen), *Cartagena 1907-Madrid 1996,* escritora española. Poetisa (*Pasión del verbo,* 1944; *Mujer sin Edén,* 1947; *Cita con la vida,* 1976; *Desde nunca,* 1982), también cultivó la novela, el teatro y el ensayo. (Real academia 1978.)

CONDÉ (casa principesca de), rama colateral de la casa de Borbón. — **Luis I de Borbón,** Ier príncipe de **C.,** *Vendome 1530-Jarnac 1569,* príncipe francés. Fue asesinado. — **Luis II de Borbón,** 4° príncipe de **C.,** llamado **el Gran Condé,** *París 1621-Fontainebleau 1686,* príncipe francés. Duque d'Enghien, venció a España y participó en la Fronda. Pasó al servicio de España en los Países Bajos, pero más tarde recuperó sus honores y bienes (tratado de los Pirineos, 1659) y se distinguió al servicio de Francia en las guerras de Devolución y de Holanda. — **Luis Antonio Enrique de C.,** duque d'Enghien, *Chantilly 1772-Vincennes 1804,* último heredero de los Condé. Fue fusilado por Napoleón para diluir toda esperanza de restauración borbónica.

conde Lucanor (El), obra del infante don Juan Manuel (1335), conocida también como *Libro de Patronio.* Colección de cuentos o apólogos narrados al conde Lucanor por su ayo Patronio para ejemplificar los problemas que aquel le plantea.

CONDES (Las), com. de Chile (Santiago), en el área metropolitana de Santiago; 197 417 habitantes.

CONDILLAC (Étienne Bonnot de), *Grenoble 1714-Flux, 1780,* filósofo francés. Principal representante de la escuela sensualista, es autor del *Tratado de las sensaciones* (1754).

CÓNDOR (cordillera del), cadena de montañas del S de Ecuador, que bordea el valle del río Zamora. (Reserva de la biosfera 2007.)

Cóndor (legión), nombre de las fuerzas aéreas alemanas que lucharon con los nacionalistas en la guerra civil española (1936-1939).

Cóndor (operación), plan represivo aplicado de modo coordinado por los regímenes de Argentina, Bolivia, Brasil, Chile, Ecuador, Paraguay, Perú y Uruguay, en las décadas de 1970 y 1980, para eliminar a los opositores políticos.

CONDORCANQUI → **Túpac Amaru** (rebelión de).

CONDORCET (Marie Jean Antoine **Caritat,** marqués **de**), *Ribemont 1743-Bourg-la-Reine 1794*, científico y político francés. Diputado (1791 y 1792), presentó un plan de instrucción pública. Arrestado por girondino, se envenenó. Redactó obras científicas y filosóficas.

CONDORIRI (nevado de), pico de Bolivia (La Paz), en la cordillera Real; 6 105 m.

Confecámaras (acrónimo de *Confederación de cámaras*), confederación de las 56 cámaras de comercio colombianas, fundada en 1969, con sede en Bogotá.

CONFEDERACIÓN ARGENTINA, nombre que adoptó Argentina tras la aprobación de la constitución federal de 1853 (1854-1862).

Confederación ateniense (primera) [477-404 a.C.] → **Delos** (liga de).

Confederación ateniense (segunda) [378-338 a.C.], organización que agrupaba a varias ciudades griegas bajo la dirección de Atenas. Fundada inicialmente contra Esparta, fue disuelta tras la victoria de Filipo II en Queronea.

Confederación del Norte de Alemania, unión política creada por Bismarck que agrupó, de 1866 a 1870, a 22 estados alemanes situados al N del Main.

Confederación del Rin, unión política de algunos estados alemanes (1806-1813). Beneficiaria de la protección de Napoleón I, en 1808 agrupaba toda Alemania, excepto Prusia. Se disolvió tras la batalla de Leipzig (oct. 1813).

Confederación de trabajadores de América Latina o **CTAL,** confederación sindical latinoamericana, activa de 1938 a 1965.

Confederación de trabajadores de México o **CTM,** organización sindical mexicana, fundada en 1936. Integrada en la FSM hasta 1948 y luego en la ORIT (1953), colabora con el PRI.

Confederación española de derechas autónomas → **CEDA.**

Confederación europea de sindicatos (CES), organización sindical europea creada en 1973. Agrupa confederaciones sindicales nacionales y federaciones profesionales europeas.

Confederación general del trabajo o **CGT,** organización sindical argentina, fundada en 1930 y convertida en oficial al establecer Perón la afiliación sindical obligatoria (1945). Fue una organización de masas clave del peronismo. Estuvo suspendida en 1976-1982.

Confederación germánica, unión política de los estados alemanes (1815-1866). Creada por el congreso de Viena (1815), agrupaba 34 estados soberanos y 4 ciudades libres, bajo la presidencia del emperador de Austria. La confederación fue el centro de una creciente oposición entre Austria y Prusia. La victoria prusiana en Sadowa (1866) provocó su disolución.

CONFEDERACIÓN GRANADINA, nombre que adoptó Colombia desde la aprobación de la constitución federalista de 1858 hasta 1862.

Confederación interamericana de trabajadores o **CIT,** confederación sindical latinoamericana, fundada en Lima en 1948. Desde 1951 constituye una rama de la CISL, con el nombre de *Organización regional interamericana de trabajadores (ORIT)*.

Confederación nacional del trabajo → **CNT.**

Confederación sindical internacional (CSI), organización sindical internacional creada en 2006. Nacida de la fusión entre la Confederación internacional de sindicatos libres (CISL, formada en 1949 por sindicatos que habían abandonado la Federación sindical mundial) y la Confederación mundial del trabajo (CMT, fundada en 1920), tiene como objetivo unificar el sindicalismo ante la mundialización.

Confederación suiza, nombre oficial de Suiza (que, no obstante, constituye desde 1874 un verdadero estado federal).

Confesión de Augsburgo → **Augsburgo.**

Confesiones, obra de san Agustín (397-401), en la que el autor describe su evolución religiosa hasta su conversión (387).

CONFLUENCIA, dep. de Argentina (Neuquén); 265 050 hab.; cab. *Neuquén.* Comprende una gran zona agraria.

CONFUCIO, en chino **Kongzi** o **Kongfuzi,** *h. 551-479 a.C.*, letrado y filósofo chino. Su filosofía, moral y política, busca hacer prevalecer el orden en el estado y formar hombres que vivieran conformes a la virtud. Su obra fue el origen del *confucianismo.*

CONGO, r. de África central, que nace en la meseta de Katanga y desemboca en el Atlántico; 4 700 km; cuenca de 3 800 000 km². Llamado *Lualaba* hasta Kisangani, recibe el Ubangui y el Kasai antes de desembocar en el Malebo Pool, emplazamiento de Kinshasa y Brazzaville. Aguas abajo, Matadi es accesible a los navíos de alta mar. El Congo, navegable por tramos, posee un régimen regular. La pesca es activa.

CONGO (República del), estado de África central, a orillas del Atlántico; 342 000 km²; 2 700 000 hab. (*congoleños*). CAP. *Brazzaville.* LENGUA: *francés.* MONEDA: *franco CFA.*

GEOGRAFÍA

A caballo del ecuador, el país está cubierto en gran medida por una selva densa, localmente explotada. La mandioca es la base de la alimentación. El petróleo es la principal fuente de las exportaciones, que pasan, fundamentalmente, por el puerto de Pointe-Noire (única ciudad grande aparte de la capital).

HISTORIA

Antes de la independencia. Ss. xv-xviii: existían dos reinos, el de los teke en el N y el de los loango en el S. La selva estaba ocupada por los pigmeos (binga). **1875:** el francés Savorgnan de Brazza exploró la región. **1910:** la colonia del Congo Medio, creada en el marco del Congo francés (1891), se integró en el África Ecuatorial Francesa (cap. Brazzaville). **1926-1942:** un movimiento sincretista, el matswanismo, provocó revueltas. **1946:** el Congo se convirtió en territorio de ultramar francés. **1956:** el abate Fulbert Youlou creó la Unión democrática de defensa de los intereses africanos (UDDIA). **La República del Congo. 1958:** el Congo se convirtió en república autónoma. **1959:** F. Youlou fue elegido presidente. **1960:** la República del Congo, llamada «Congo-Brazzaville», obtuvo la independencia. **1963:** F. Youlou fue apartado del poder por Alphonse Massemba-Debat, que introdujo al país en la vía del socialismo. **1969-1977:** dirigido por Marien Ngouabi, el país se convirtió en República popular del Congo y estrechó sus lazos con China y los países del pacto de Varsovia. **1977:** M. Ngouabi fue asesinado. **1979:** Denis Sassou-Nguesso se convirtió en presidente. **A partir de 1990:** se inició un proceso de democratización (retorno al multipartidismo, abandono de las referencias al marxismo). **1992:** se aprobó en referéndum una nueva constitución y Pascal Lissouba, uno de los líderes de la oposición democrática, fue elegido jefe del estado. **1997:** se sucedieron violentos combates entre los partidarios de P. Lissouba y los de su predecesor, D. Sassou-Nguesso. Venció este último, que se hizo proclamar presidente. **2002:** Sassou-Nguesso fue confirmado en el cargo mediante elecciones (boicoteadas por la oposición).

República del Congo

— carretera	● más de 1 000 000 hab.
— ferrocarril	● de 500 000 a 1 000 000 hab.
✈ aeropuerto	● de 50 000 a 100 000 hab.
	● menos de 50 000 hab.

200 400 600 800 m

CONGO (Estado libre del), ant. estado de África ecuatorial, bajo la autoridad del rey de Bélgica, del cual era propiedad particular, y que en 1908 se transformó en el Congo Belga.

CONGO (reino del) → **KONGO.**

CONGO (República democrática del), ant. **Congo Belga,** y de 1971 a 1997 **Zaire,** estado de África central; 2 345 000 km²; 45 280 000 hab. *(congoleños).* CAP. *Kinshasa.* LENGUAS: *francés* (oficial), *kikongo, lingala, swahili* y *chiluba* (nacionales). MONEDA: *franco congoleño.*

GEOGRAFÍA

El país, atravesado por el ecuador, se extiende por la cubeta forestal húmeda y cálida que corresponde a la mayor parte de la cuenca del río Congo, y sobre las mesetas o alturas del E. La población (más de 500 etnias), muy desigualmente distribuida, presenta un intenso crecimiento demográfico; el éxodo rural ha hecho crecer las ciudades (sobre todo Kinshasa). El sector agrícola, aún dominante, es sobre todo de subsistencia (mandioca, maíz y banano), pero el país no cubre sus necesidades alimenticias. Las plantaciones proporcionan aceite de palma, palmitos, café y cacao. Los recursos mineros son abundantes y variados (sobre todo cobre, cobalto y diamantes industriales). El potencial hidroeléctrico, uno de los mayores del mundo, está infrautilizado. La red de transportes se ha degradado considerablemente. Kinshasa, Lubumbashi y Kisangani concentran las escasas actividades industriales. La presión demográfica incrementa el subempleo y el país se encuentra fuertemente endeudado. La desintegración del poder político ha dañado la economía.

HISTORIA

Los orígenes y la época colonial. La región estuvo ocupada por los pigmeos y los bantúes. **Ss.** XVII-XVIII: se fundó el reino kuba a orillas del río Kasai, mientras que en Katanga el reino luba estaba en su apogeo, el reino lunda se separó de él (h. 1750). **1876:** el rey belga Leopoldo II creó la Asociación Internacional africana (AIA), convertida poco después en Asociación Internacional del Congo. El Estado libre del Congo recibió en Berlín su aprobación internacional. Su unión con Bélgica fue personal, puesto que el Congo era propiedad del soberano Leopoldo II. **1908:** Bélgica asumió la herencia de Leopoldo II (Congo Belga). 1918-1939: el desarrollo económico de la colonia fue activamente impulsado.

La independencia. 1960: tras cuatro años de efervescencia nacionalista, el Congo Belga accedió a la independencia con el nombre de República del Congo, llamada «Congo-Kinshasa». P. Lumumba se convirtió en primer ministro, y Joseph Kasavubu en presidente. **1961-1965:** continuaron los disturbios, marcados en especial por el asesinato de Lumumba (1961), la intervención de los cascos azules de la ONU (1961-1963), que pusieron fin a la secesión de Katanga, y la de los paracaidistas belgas (1964) para sofocar una rebelión de partidarios de Lumumba. **Nov. 1965:** el acceso a la presidencia de la república de Mobutu Sese Seko, tras un golpe de estado, inauguró una era de relativa estabilidad. **1970:** el autoritarismo se reforzó con la institución de un régimen de partido único (Movimiento popular de la revolución). **1971:** el país tomó el nombre de Zaire. **1977-1978:** Mobutu recurrió a Francia para contener nuevas rebeliones. **A partir de 1990:** enfrentado a una oposición creciente, Mobutu accedió a algunas concesiones (apertura al pluripartidismo, convocatoria de un poder de transición), si bien rechazó la democratización completa de las instituciones. **1994:** la crisis política se agravó con la afluencia masiva de refugiados ruandeses. **1997:** tropas rebeldes en avance de E a O tomaron el control del país y obligaron a Mobutu a abandonar el poder. Su líder, Laurent-Désiré Kabila, se hizo proclamar jefe del estado, rebautizado como República democrática del Congo. **1998:** la rebelión de antiguos aliados de L.-D. Kabila, apoyados por Ruanda y Uganda, sumió el poder central arrastró al país a una nueva guerra. **2001:** asesinato de L.-D. Kabila; su hijo Joseph lo sustituyó como

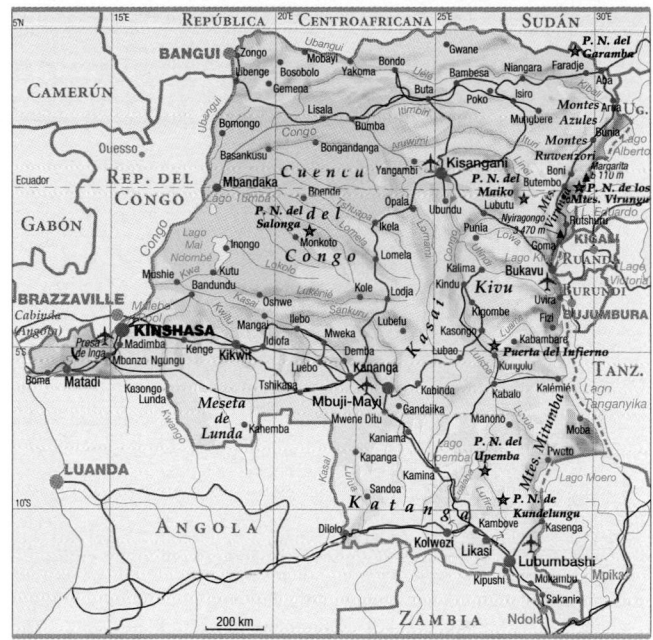

República democrática del Congo

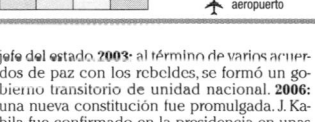

★ lugar de interés turístico —— carretera
500 1000 2000 m —— ferrocarril ● más de 1 000 000 hab. ● de 100 000 a 500 000 hab.
✈ aeropuerto ● de 500 000 a 1 000 000 hab. ● menos de 100 000 hab.

jefe del estado. **2003:** al término de varios acuerdos de paz con los rebeldes, se formó un gobierno transitorio de unidad nacional. **2006:** una nueva constitución fue promulgada. J. Kabila fue confirmado en la presidencia en unas elecciones por sufragio universal. Pero la situación sobre el terreno se mantuvo muy precaria, incluso dramática en el nordeste (Ituri, Kivu Norte).

CONGO BELGA, nombre de la ant. colonia belga de África central entre 1908 y 1960 (→ Congo [República democrática del]).

Congo-Océano, ferrocarril (más de 500 km) que une Brazzaville y Pointe-Noire.

Congreso (biblioteca del), biblioteca del parlamento estadounidense, fundada en 1800 en Washington. Biblioteca nacional de EUA, censa la producción impresa mundial.

Congreso del trabajo o **CT,** organización mexicana que agrupa diversos sindicatos, entre ellos la CTM.

Congreso nacional africano (CNA), en ingl. **African National Congress** (ANC), organización política de Sudáfrica, creada en 1912. Punta de lanza en la lucha contra el apartheid, fue prohibida de 1960 a 1990. Principal interlocutor del gobierno en las negociaciones que llevaron a la instauración de una democracia multirracial en Sudáfrica, accedió al poder en 1994.

Congreso nacional indio o **Partido del Congreso,** movimiento y más tarde partido político indio. Fundado en 1885, a partir de 1929 luchó por la independencia de la India. Ha estado en el poder de 1947 a 1977, de 1980 a 1989, de 1991 a 1996 y desde 2004.

CONGREVE (William), *Bardsey, cerca de Leeds, 1670-Londres 1729,* dramaturgo británico. Sus comedias *(The way of the world,* 1700) reaccionan contra la austeridad puritana.

CONGREVE (sir William), *Londres 1772-Toulouse 1828,* oficial británico. En 1804 inventó un cohete de guerra que lleva su nombre.

CONIL DE LA FRONTERA, v. de España (Cádiz); 17 773 hab. *(conileños).* Pesca. Materiales de construcción.

CONNACHT o **CONNAUGHT,** prov. de Irlanda; 422 909 hab.

CONNECTICUT, r. del E de Estados Unidos, que desemboca en la bahía de Long Island; 650 km.

CONNECTICUT, estado de Estados Unidos, en el NW de Inglaterra, 13 000 km²; 3 287 116 hab.; cap. *Hartford.*

CONNEMARA, región del O de Irlanda.

CONNERY (Thomas, llamado Sean), *Edimburgo 1930,* actor británico. Saltó a la fama gracias a *Agente 007 contra el Doctor No* (1962); entre sus películas destacan: *Marnie la ladrona* (1964), *El hombre que pudo reinar* (1975), *El nombre de la rosa* (1986), *Los intocables* (1987) y *Descubriendo a Forrester* (2000).

CONÓN, *h. 444-390 a.C.,* general ateniense. Derrotado en Egospótamos (405), venció a la flota lacedemonia cerca de Cnido (394 a.C.).

CONQUES, mun. de Francia (Aveyron); 314 hab. Abadía románica de Santa Fe, reconstruida a mediados del s. XI (tesoro con piezas de orfebrería).

CONRAD (Józef Konrad Korzeniowski, llamado Joseph), *Berdichev 1857-Bishopsbourne 1924,* novelista británico de origen polaco. Sus novelas de aventuras e historias de marinos, que destacan por el dominio estético de un idioma adoptado, exploran la soledad humana *(Lord Jim,* 1900; *El corazón de las tinieblas,* 1902).

CONRADO I, *m. en 1192,* marqués de Monferrato (1188-1192), señor de Tiro y rey de Jerusalén (1192). Defendió con éxito Tiro, asediada por Saladino, y fue muerto por los ismailíes.

CONRADO II el Sálico, *h. 990-Utrecht 1039,* emperador germánico (1027-1039). Fue elegido rey de Germania en 1024, y rey de Italia en 1026. Fundador de la dinastía de Franconia, anexionó Borgoña al imperio (1032). — **Conrado III de Hohenstaufen,** *h. 1093-Bamberg 1152,* rey de romanos (1138-1152). — **Conrado IV de Hohenstaufen,** *Andria 1228-Lavello 1254,* rey de romanos (1250-1254). También fue rey de Sicilia (1250-1254) y rey titular de Jerusalén (1228-1254). — **Conrado V** o **Conradi-**

no, *Wolfstein 1252-Nápoles 1268,* rey titular de Jerusalén (1254-1268). Hijo de Conrado IV y último de los Hohenstaufen, en 1268 fue derrotado por Carlos I de Anjou, quien lo hizo ejecutar.

CONRAD VON HÖTZENDORF → **HÖTZENDORF.**

Consagración de la primavera (La), ballet en dos partes, con música de I. Stravinski y coreografía de Nijinski, creado por los Ballets rusos en 1913. M. Béjart realizó una versión en 1959.

Consejo de Estado, organismo de gobierno creado por Carlos Quinto en 1522 para asesorar al monarca en los asuntos de política exterior. Sus atribuciones fueron paulatinamente suprimidas hasta ser abolido por la constitución de 1812 y definitivamente por el Estatuto real en 1834.

Consejo de Estado, institución estatal en Colombia y en España, supremo órgano consultivo del gobierno.

Consejo de Europa, organización de cooperación europea. Creado en 1949, hoy está compuesto por 47 estados. La *Convención europea de los derechos del hombre y de las libertades fundamentales* (1950), establecida por el Consejo de Europa, está garantizado por la *Comisión europea de los derechos del hombre* y el *Tribunal europeo de derechos humanos.* Sede: Estrasburgo.

Consejo de seguridad, organismo de la Organización de las Naciones unidas, encargado de mantener la paz. Consta de 15 miembros, cinco de ellos permanentes (China, Francia, Gran Bretaña, Rusia y EUA), con derecho a veto; el resto es elegido por dos años.

Consejo ecuménico de las Iglesias o **Consejo mundial de las Iglesias,** organismo creado en 1948 en Amsterdam con el fin de coordinar la acción de la mayoría de las confesiones protestantes y de los ortodoxos orientales; su sede está en Ginebra. En sus reuniones participan observadores católicos.

Consejo europeo, institución de la Unión europea que se encarga de definir las orientaciones políticas generales. Creado en 1974 en forma de reunión periódica de los jefes de estado y de gobierno de la CEE y del presidente de la Comisión europea, fue institucionalizado en 1986.

Consejo general del poder judicial, organismo de gobierno de la judicatura española, creado en 1980. Se ocupa de nombrar a jueces y magistrados y de inspeccionar el funcionamiento de las instancias judiciales.

Consejo mundial de los pueblos indígenas (CMPI), organización internacional no gubernamental, fundada en 1975 para promover los derechos y preservar las culturas de los pueblos indígenas de América, Pacífico sur y Escandinavia. Tiene su sede en Ottawa, y es un organismo consultivo de la ONU.

Consejo superior de investigaciones científicas (CSIC), institución creada en Madrid en 1939 para coordinar la investigación científica y cultural española.

conservador (Partido) o **Partido social conservador** (PSC), partido político colombiano, fundado en 1849. Se ha alternado en la presidencia de la república con el Partido liberal.

conservador (Partido), nombre que se da al Partido liberal-conservador español y a los partidos que le sucedieron (1869/1874-1931). Liderado por Cánovas del Castillo, el recurso a las prácticas caciquistas lo mantuvo en el poder en la primera etapa de la Restauración, en alternancia con el Partido liberal de Sagasta. Muerto Cánovas (1897), la dirección pasó a Silvela y luego a Maura. Después, Dato lideró una facción del partido, que desapareció al proclamarse la segunda república (1931).

conservador (Partido), partido político británico. El término «conservador» sustituyó de forma oficial al de «tory» tras la reforma electoral de 1832. De tradición aristocrática, el partido ha logrado progresivamente la adhesión de la clase media. Sus principales líderes han sido R. Peel, B. Disraeli, lord Salisbury, W. Churchill, A. Eden, H. Macmillan, E. Heath, M. Thatcher, J. Major, W. Hague. Está dirigido desde 2005 por David Cameron.

CONSOLACIÓN DEL SUR, mun. de Cuba (Pinar del Río); 77 027 hab. Curtientes. Industria química.

Conspiración de la pólvora (1605), complot organizado por católicos ingleses. Estos habían proyectado eliminar el gobierno mediante la voladura del edificio del parlamento el día en que sus miembros debían recibir al rey Jacobo I. El gobierno, advertido, hizo ejecutar a la mayor parte de los conspiradores.

CONSTABLE (John), *East Bergholt, Suffolk, 1776-Londres 1837,* pintor británico. Romántico y realista, fue uno de los grandes precursores del paisaje moderno (*El carro de heno,* 1821, National Gallery, Londres).

CONSTANCIO I CLORO, en lat. Marcus Flavius Valerius Constantius, *h. 225-Eboracum, act. York, 306,* emperador romano de la Tetrarquía (305-306). Padre de Constantino I, reconquistó Britania (la actual Inglaterra).

CONSTANCIO II, *317-361,* emperador romano (337-361). Hijo de Constantino I, reinó solo a partir de 351. Favoreció el cristianismo, pero protegió a los arrianos y reforzó el despotismo imperial. Murió cuando se dirigía a combatir contra Juliano el Apóstata, al que el ejército de la Galia había nombrado emperador.

CONSTANT (Benjamin Henri Constant de Rebecque, llamado Benjamin), *Lausana 1767-París 1830,* político y escritor francés. Liberal, es autor de la novela psicológica *Adolfo* (1816).

CONSTANȚA, c. de Rumania, a orillas del mar Negro; 350 476 hab. Puerto. Centro industrial. Ruinas griegas y romanas; museo arqueológico.

CONSTANTE I, *320-350,* emperador romano (337-350).

CONSTANTINA o **QACENTINA,** c. de Argelia, cap. de vilayato, situada en las gargantas del Rummel; 441 000 hab. Centro comercial. Universidad. – Es la ant. *Cirta.* Museo arqueológico.

CONSTANTINA, c. de España (Sevilla); 7 145 hab. *(constantinenses).* Restos romanos y ruinas del castillo. Iglesia de la Encarnación, mudéjar. Ermita de Nuestra Señora de la Hiedra. Barrio de la Morería.

CONSTANTINO I, *Atenas 1868-Palermo 1923,* rey de Grecia (1913-1917; 1920-1922). Hijo y sucesor de Jorge I, fue obligado a abdicar en 1917 por los Aliados y Venizelos. En 1920 recuperó el poder, pero tuvo que abdicar por segunda vez tras la derrota frente a los turcos.

CONSTANTINO I el Grande, *Naissus, act. Niš, entre 270 y 288-Nicomedia 337,* emperador romano (306-337). Hijo de Constancio Cloro, fue proclamado emperador a la muerte de su padre. Su victoria frente a Majencio a las puertas de Roma (312) significó el triunfo del cristianismo; en 313, el edicto de Milán estableció la libertad de religión. En 324 Constantino derrotó a Licinio, que reinaba en oriente, y restableció así la unidad imperial. Un año después convocó un concilio ecuménico en Nicea; consideraba a la Iglesia como uno de los principales pilares del estado, por lo que intervino directamente en las cuestiones religiosas. En 324-330 fundó una nueva Roma, Constantinopla, con el fin de vigilar mejor la frontera del Danubio y a los persas. Durante su reinado el imperio tomó la forma de una monarquía de derecho divino, centralizada, basada en una sociedad muy jerarquizada. – **Constantino II el Joven,** *317-Aquilea 340,* emperador romano (337-340), hijo de Constantino I. – **Constantino III Heraclio,** *612-Calcedonia 641,* emperador bizantino (641), padre de Teodosio. – **Constantino IV,** *654-685,* emperador bizantino (668-685). Atajó el avance árabe en oriente. – **Constantino V,** *718-775,* emperador bizantino (741-775). Combatió el culto a las imágenes. – **Constantino VI,** *771-h. 800,* emperador bizantino (780-797). Hijo de León IV y de Irene, fue derrotado por los búlgaros (792) y por los árabes (797), y apartado del poder por su madre. – **Constantino VII Porfirogéneta,** *905-959,* emperador bizantino (913-959). Después de haber reinado bajo la tutela de su madre, Zoé, estuvo bajo la autoridad de su suegro, Romano I Lecapeno, y de los hijos de este, y reinó solo desde 945. – **Constantino VIII,** *h. 960-1028,* emperador bizantino (961-1028). De 961 a 1025 reinó junto a Basilio II, y de 1025 a 1028 gobernó en solitario. – **Constantino IX Monomaco,** *m. en 1055,* emperador bizantino (1042-1055). Su reinado estuvo marcado por el cisma entre Roma y Bizancio (1054). – **Constantino X Ducas,** *m. en 1067,* emperador bizantino (1059-1067). Durante su reinado los selyúcidas penetraron en Capadocia. – **Constantino XII Paleólogo,** *1043-Constantinopla 1453,* emperador bizantino (1449-1453). Murió cuando defendía Constantinopla de Mehmet II.

CONSTANTINO II, *Psíxico 1940,* rey de Grecia (1964-1973). Hijo y sucesor de Pablo I, se exilió en 1967 tras el «golpe de estado de los coroneles».

CONSTANTINO Pávlovich, *Tsárskoie Seló 1779-Vitebsk 1831,* gran duque de Rusia. Hijo de Pablo I, fue comandante en jefe del ejército del reino de Polonia (1815-1830). Cedió sus derechos al trono de Rusia a su hermano Nicolás I.

CONSTANTINOPLA, nombre dado por Constantino I el Grande a la antigua Bizancio, llamada posteriormente por los turcos *İstanbul.* Construida por Constantino en 324-336 e inaugurada en 330, residencia del emperador y sede del patriarcado de Oriente desde 451, Constantinopla se convirtió rápidamente en la capital política, religiosa e intelectual del imperio bizantino. Fue un puerto muy activo, y atrajo numerosas colonias extranjeras, sobre todo italianas. Fue capital del imperio latino (1204-1261) y resistió a los bárbaros, a los árabes, a los rusos y a los búlgaros, pero cayó en manos de los turcos otomanos (29 mayo 1453), que la convirtieron en su capital. – En esta tuvieron lugar cuatro concilios ecuménicos (381, 553, 680-681 y 869-870).

CONSTANZA, en alem. **Konstanz,** c. de Alemania (Baden-Württemberg), junto al lago de Constanza; 73 853 hab. Catedral de los ss. XI-XVI. – concilio de **Constanza** (1414-1418), concilio ecuménico que puso fin al gran cisma de occidente y en el que se condenó a Jan Hus.

CONSTANZA, mun. de la República Dominicana (La Vega); 30 748 hab. Industria alimentaria y textil.

CONSTANZA (lago de), en alem. **Bodensee,** lago formado por el Rin, entre Suiza, Austria y Alemania; 540 km².

■ JOHN **CONSTABLE.** *El carro de heno* (1821). [National Gallery, Londres.]

■ **CONSTANTINO I EL GRANDE.** (Museo de los conservadores, Roma.)

constelaciones (Las), serie de 23 guaches de pequeño formato de Joan Miró (1940-1941). Pintados sobre papeles rugosos y repletos de signos entrelazados, testimonian la necesidad de evadirse a través de la música, las estrellas y las figuras femeninas flotantes.

CONSTITUCIÓN, dep. de Argentina (Santa Fe); 79 506 hab.; cab. *Villa Constitución.*

CONSTITUCIÓN, com. de Chile (Maule), a orillas del Pacífico; 40 389 hab. Astilleros. Turismo.

constitucional (trienio) → **liberal** (trienio).

Consulado de Buenos Aires, organismo creado por real cédula de 1794, y cuya función era primordialmente judicial en el ámbito mercantil. Fue abolido en 1862.

CONTADOR (Alberto), *Madrid 1982*, ciclista español. Ha ganado las tres principales rondas ciclistas por etapas: tour de Francia (2007), giro de Italia (2008) y vuelta a España (2008).

CONTADORA, isla de Panamá, en el archipiélago de las Perlas; 121 km². Turismo.

Contadora (grupo de), plataforma política para la paz en América Central, creada en 1983 por Venezuela, México, Colombia y Panamá, en la isla de Contadora. En 1987 consiguió un acuerdo de pacificación entre los países en litigio (Costa Rica, El Salvador, Guatemala, Honduras y Nicaragua). Su labor fue continuada en las reuniones de Esquipulas.

CONTARINI, familia de Venecia, que dio ocho dux a la república (ss. XI-XVII).

CONTE (Rafael), *Zaragoza 1935*, periodista y crítico español. Crítico literario en los diarios *El país* y *ABC*, es autor de ensayos (*Narraciones de la España desterrada*, 1970; *Lenguaje y violencia*, 1972; *Palabra y dos*, 1986) y de la novela *Robinson o la imitación del libro* (1985).

CONTEPEC, mun. de México (Michoacán); 19 818 hab.

CONTI (Haroldo), *Chacabuco 1925-¿1976?*, escritor argentino. Narrador comprometido y de gran fuerza imaginativa tanto en la novela (*Sudeste*, 1962; *En vida*, 1971; *Mascaró, el cazador americano*, 1976) como en el cuento (*Con otra gente*, 1967; *La balada del álamo de Carolina*, 1975), fue uno de los desaparecidos durante la dictadura militar.

CONTISUYU → **TAHUANTINSUYU.**

CONTRAMAESTRE, mun. de Cuba (Santiago de Cuba), junto al *río Contramaestre*; 91 538 hab.

Contrarreforma, movimiento de reforma que se produjo en el s. XVI en el seno de la Iglesia católica, como reacción a la Reforma protestante. Su objetivo era corregir los abusos que empañaban la imagen de la Iglesia y su etapa doctrinal esencial fue el concilio de Trento (1545-1563). Se esforzó en organizar la reconquista religiosa de las regiones ganadas por el protestantismo, especialmente en Europa central, apoyándose en una nueva orden religiosa, los jesuitas, y favoreció el desarrollo de un nuevo estilo artístico que mezclaba sensibilidad, misticismo y majestuosidad.

contrato social (El), tratado de J.-J. Rousseau (1762). El autor explica que el abandono recíproco de sus derechos naturales por los individuos es el único fundamento concebible de la libertad civil, y centra su concepto de democracia en la noción de voluntad general.

CONTREBIA BELAISCA, ant. c. celtibérica de España, en el valle del Jiloca (act. *Botorrita*, Zaragoza). Numerosos restos arqueológicos (bronces con inscripciones celtas, ibéricas y latinas).

CONTRERAS (Jesús), *Aguascalientes 1866-México 1902*, escultor mexicano, autor de numerosos monumentos (*a Cuauhtémoc*, 1885; *a La Paz*, Guanajuato; *a Benito Juárez*, Chihuahua; etc.).

CONVENCIÓN, mun. de Colombia (Norte de Santander), junto a la frontera venezolana; 17 651 hab.

Convergència democràtica de Catalunya (CDC), partido político catalán, centrista y nacionalista, fundado en 1974. Mantiene desde 1978 una coalición con Unió democràtica de Catalunya (Convergència i Unió). Su líder Jordi Pujol fue presidente de la Generalidad de Cataluña de 1980 a 2003, año en que cedió la jefatura del partido a Artur Mas.

COOK → **AORAKI.**

■ **COPENHAGUE.** El ayuntamiento, obra de M. Nyrop (fines del s. XIX).

COOK (estrecho de), brazo de mar que separa las dos islas principales de Nueva Zelanda.

COOK (Islas), archipiélago de Oceanía, entre las islas Tonga y Tahití, a 1 600 km al NE de Nueva Zelanda, de la que es un territorio asociado; 241 km²; 18 500 hab.; cap. *Avarua*, en la isla de Rarotonga.

COOK (James), *Marton-in-Cleveland 1728-bahía de Kelakekua, Hawai, 1779*, navegante británico. Tras descubrir las islas de la Sociedad y explorar Nueva Zelanda (1768-1771), un segundo viaje lo llevó hasta el océano Antártico (1772-1775). Volvió a zarpar en 1776, y descubrió las islas Sandwich (Hawai) [1778], donde murió en un combate con los nativos.

COOK (Thomas), *Melbourne, Derbyshire, 1808-Leicester 1892*, hombre de negocios británico. Iniciador del primer «viaje organizado» entre Leicester y Loughborough, fundó las agencias de viaje que llevan su nombre.

COOLIDGE (Calvin), *Plymouth, Vermont, 1872-Northampton, Massachusetts, 1933*, político estadounidense. Republicano, fue presidente de EUA de 1923 a 1929.

COOLIDGE (William David), *Hudson 1873-Schenectady 1975*, físico estadounidense. Inventó el tubo de rayos X de cátodo incandescente (1913).

COOPER (David), *Ciudad de El Cabo 1931-París 1986*, psiquiatra británico. Fundó la antipsiquiatría con R. Laing (*Muerte de la familia*, 1971).

COOPER (Gary), *Helena, Montana, 1901-Los Ángeles 1961*, actor estadounidense. Encarnó al estadounidense viril, inquietante y apacible (*El secreto de vivir*, F. Capra, 1936; *Solo ante el peligro*, F. Zinneman, 1952).

■ **GARY COOPER** en *El sargento York* (1941), de Howard Hawks.

COOPER (James Fenimore), *Burlington 1789-Cooperstown 1851*, novelista estadounidense. Sus relatos de aventuras escenifican, mediante personajes de indios poco realistas, el conflicto entre la civilización y la cultura primitiva (*El último mohicano*, 1826).

COOPER (Martin), *Chicago 1928*, ingeniero estadounidense. Desarrolló para la compañía Motorola el primer modelo de teléfono móvil (1973).

COPACABANA, mun. de Colombia (Antioquia); 40 309 hab. Industria metalúrgica y textil.

COPACABANA, barrio de Río de Janeiro. Estación balnearia.

Copacabana (santuario de), santuario boliviano de Nuestra Señora de la Candelaria o de la Virgen de Copacabana, situado en la *península de Copacabana*, en el lago Titicaca, junto a la *ciudad de Copacabana*. Iglesia de estilo colonial, lugar de peregrinación.

COPAHUÉ, volcán andino en la frontera entre Chile (Biobío) y Argentina (Neuquén); 2 953 metros.

COPÁN (departamento de), dep. del NO de Honduras, junto a la frontera con Guatemala; 3 203 km²; 219 455 hab.; cap. *Santa Rosa de Copán*. Café, maíz y tabaco. Artesanía.

COPÁN RUINAS, mun. de Honduras (Copán); 11 466 hab. Centro arqueológico de la cultura maya clásica (ss. IV-X); en torno a la acrópolis se alzan templos-pirámide y terrazas escalonadas, con espléndidas estelas, esculturas y altorrelieves. (Patrimonio de la humanidad 1980.)

Coparmex (Confederación patronal de la República Mexicana), federación de organizaciones empresariales de México, fundada en 1929.

COPEI (Comité de organización política electoral independiente) o **Partido social-cristiano**, partido político venezolano, democratacristiano, fundado por Rafael Caldera en 1946. Sus líderes ocuparon la presidencia en 1969-1974 (R. Caldera) y 1979-1984 (Herrera Campíns).

COPENHAGUE, en danés *København*, cap. de Dinamarca, en la costa E de la isla de Sjaelland, en el Sund; 620 970 hab. (1 366 000 en la aglomeración). Principal puerto y aeropuerto (Kastrup) y centro político, cultural e industrial del país. Desde 2000, un puente sobre el Báltico la comunica con Suecia. — Monumentos notables, en especial de los ss. XVII-XIX; importantes museos. — Se convirtió en la capital de Dinamarca en 1443. En los ss. XVII-XVIII conoció una gran prosperidad como dueña absoluta del comercio báltico. Fue bombardeada en 1801 y 1807 por los ingleses, a causa de la adhesión de Dinamarca a la liga de los Neutrales y por su alianza con Napoleón I.

COPÉRNICO (Nicolás), en polaco **Mikoaj Kopernik**, *Toruń 1473-Frauenburg, act. Frombork, 1543*, astrónomo polaco. Tras largos años de estudio y de reflexión, formuló la hipótesis del movimiento de la Tierra y de los demás planetas alrededor del Sol, publicada en 1543 en un tratado titulado *De revolutionibus orbium coelestium libri VI*, que describía los principales fenómenos astronómicos conocidos hasta aquel momento de manera más simple que el sistema que se admitía hasta entonces, el de Tolomeo. Sin embargo, como negaba a la Tierra su papel privilegiado en el universo, fue objeto de numerosas críticas, especialmente por parte de la Iglesia. Su validez no fue reconocida definitivamente hasta el s. XVII, con la invención del anteojo. Al romper con la concepción geocéntrica del mundo, la obra de Copérnico marcó un hito en la historia del pensamiento y del progreso científico.

COPEY (El), mun. de Colombia (Cesar); 24 163 hab.

COPI (Raúl Damonte, llamado), *Buenos Aires 1939-París 1987,* dramaturgo y humorista argentino. En sus sketches *(La mujer sentada)* y en su teatro *(Eva Perón; Una visita inoportuna)* aborda la dificultad de vivir en la sociedad contemporánea a través del humor, la provocación y lo insólito.

COPIAPÓ, r. de Chile (Atacama); 180 km. Fértil cuenca.

COPIAPÓ, c. de Chile, cap. de la región de Atacama; 100 946 hab. Centro minero y metalúrgico.— Fundada por José Antonio Manso de Velasco (1744), fue arrasada por sismos en 1899, 1922 y 1939.

COPILCO, sitio arqueológico de México (Coyoacán, D. F.) del período preclásico (1000-600 a.C.). Numerosas figurillas de terracota.

COPLAND (Aaron), *Brooklyn 1900-North Tarrytown, estado de Nueva York, 1990,* compositor estadounidense. Se expresó con un lenguaje neoclásico *(El salón México,* para orquesta, 1936; *Appalachian Spring,* ballet, 1944).

Coplas a la muerte del maestre don Rodrigo o **Coplas a la muerte de su padre,** poema de Jorge Manrique (1476), en el que la meditación sobre la fugacidad de la vida enmarca el elogio y la elegía fúnebre.

COPO, dep. de Argentina (Santiago del Estero); 19 268 hab. Centro ganadero.

COPPI (Angelo Fausto), *Castellania, prov. de Alessandria, 1919-Tortona, íd., 1960,* ciclista italiano. Plusmarquista mundial de la hora, campeón del mundo de fondo en carretera (1953), venció en dos tours de Francia (1949 y 1952), y en cinco giros de Italia (entre 1940 y 1953).

COPPOLA (Francis Ford), *Detroit 1939,* director de cine estadounidense. Sus espectaculares obras y sus experimentos técnicos lo convirtieron en el paradigma de la nueva generación hollywoodiense de la década de 1970: la trilogía de *El padrino* (1972, 1974 y 1990), *La conversación* (1974), *Apocalypse Now* (1979), *La ley de la calle* (1983), *Cotton Club* (1984), *Drácula* (1992), *Legítima defensa* (1997), *Juventud sin juventud* (2007).

COPPOLA (Horacio), *Buenos Aires 1906,* fotógrafo argentino. Formado en el taller de fotografía de la Bauhaus, en 1935 regresó a Argentina y junto con Grete Stern realizó la primera exposición de fotografía moderna en Buenos Aires, situándose a la vanguardia de las corrientes estéticas *(Huacos precolombinos,* 1937; *Sarmiento de Rodin,* 1944).

COQUIBACOA, mun. de Venezuela (Zulia), integrado en Maracaibo; 199 388 hab.

COQUIMBO, c. de Chile (Coquimbo), junto a la *bahía de Coquimbo;* 122 476 hab. Pesca. Industrias.

COQUIMBO (región de), región de Chile central; 40 656 km²; 502 460 hab.; cap. *La Serena.*

CORA (José Antonio Villegas, llamado **Cora el Viejo,** *Puebla 1713-íd. 1785,* escultor mexicano. Trabajó en Puebla, donde se conservan *Santa Ana* y *San Joaquín* (iglesia de San Cristóbal), *San José* (iglesia de San Pablo), etc.

CORAI o **KORAÍS** (Adamándios), *Esmirna 1748-París 1833,* escritor griego. Preconizó el uso de una lengua enire popular y culta.

CORAL (mar de), parte del océano Pacífico, entre Australia y Melanesia.

Coral (batalla del mar de) [4-8 mayo 1942], batalla aeronaval de la segunda guerra mundial, durante la guerra del Pacífico. Victoria estadounidense sobre los japoneses, que renunciaron a desembarcar en Nueva Guinea.

Corán (del ár. *al-Qur'ān,* recitación), libro sagrado de los musulmanes. Contiene la revelación que el único dios, Alá, transmitió a Mahoma por el arcángel Gabriel (612-632), primero en La Meca y después en Medina. Está escrito en árabe y se compone de 114 capítulos o azoras *(sūra).* Trata, principalmente, de la unicidad de Dios, la purificación y la vida de la comunidad musulmana. Constituye el fundamento de ésta, fuente del dogma y (con los hadiz) de la ley del islam *(sariá).*

Corbeil (tratado de) [11 mayo 1258], acuerdo firmado en la c. homónima, cercana a París,

por el que Jaime I el Conquistador renunciaba al S de Francia, y Luis IX de Francia a sus derechos feudales sobre Cataluña.

CORBIÈRE (Édouard Joachim, llamado Tristan), *cerca de Morlaix 1845-Morlaix 1875,* poeta francés. Autor de *Los amores amarillos* (1873), fue uno de los «poetas malditos» que reveló Verlaine.

CORBUSIER (Charles Édouard **Jeanneret,** llamado **Le),** *La Chaux-de-Fonds 1887-Roquebrune-Cap-Martin 1965,* arquitecto, urbanista y teórico francés de origen suizo. Pretendió renovar la arquitectura en función de la vida social y de la utilización de volúmenes simples, articulados con gran libertad. Entre sus publicaciones destaca *Hacia una arquitectura* (1923). Pasó del ángulo recto («unidad de habitación» de Marsella, 1947) a una expresión lírica (iglesia de Ronchamp, ministerios de Chandigarh, a partir de 1950). También fue pintor.

■ LE **CORBUSIER.** Detalle interior de la villa Savoye (1929-1931), en Poissy (Yvelines, Francia).

CÓRCEGA, en fr. **Corse,** isla de Francia, en el Mediterráneo; 8 680 km²; 260 196 hab.; cap. *Ajaccio.* 2 dep. *(Corse-du-Sud* y *Haute-Corse).* Forma una región económica y administrativa. Isla montañosa, de clima mediterráneo (vid, cítricos, ganadería). Turismo.

HISTORIA
Poblada ya en el III milenio a.C. (cultura megalítica), fue invadida por focenses, etruscos, cartagineses, romanos y bizantinos. **1077:** la Santa Sede cedió la isla a Pisa. **S. XII:** pasó a ser genovesa. **1297:** el papa la concedió a Jaime II de Aragón. **S. XIV:** el dominio pasó nuevamente a Génova hasta el s. XVIII. **1768:** Génova la transfirió a Francia, a pesar de los independentistas, dirigidos por Paoli. **1942-1943:** ocupación italiana. **1982:** estatuto regional. **1991:** la isla pasó a ser «colectividad territorial» con un estatuto de autonomía. **1999:** los grupos independentistas armados declararon una tregua indefinida. **2003:** una propuesta para dotar de mayor autonomía a la isla fue rechazada en referéndum.

CORCIRA → **CORFÚ.**

CORCOVADO, cerro que domina la bahía de Río de Janeiro, rematado por una colosal estatua de Cristo; 704 m.

CORCOVADO, golfo de Chile (Los Lagos); 48 km de anch. En su parte NO se halla la isla de Chiloé.

CORDAY (Charlotte de Corday d'Armont, llamada **Charlotte),** *Saint-Saturnin-des-Lingeries 1768-París 1793,* revolucionaria francesa. Para vengar a los girondinos, apuñaló a Marat en el baño. Fue guillotinada.

cordeliers (club de los), club revolucionario francés de París (1790-1794). Sus líderes fueron Danton, Hébert y Marat.

CORDERO (Juan), *Puebla 1824-México 1884,* pintor mexicano. Una de las figuras más representativas del romanticismo en su país, decoró la capilla de Cristo en la iglesia de Santa Teresa y la cúpula de la iglesia de San Fernando. También pintó retratos y temas históricos.

CORDERO (Luis), *Déleg, Cañar, 1833-Cuenca 1912,* escritor y político ecuatoriano. Presidente de la república (1892), fue derrocado por la sublevación liberal de 1895. Es autor de poesías.

cordero místico (El), políptico de Hubert y Jan Van Eyck, en la iglesia de San Bavón de Gante. Concluido en 1432, es la obra maestra inicial de la escuela flamenca de pintura.

CORDILLERA (departamento de la), dep. del SO de Paraguay; 4 948 km²; 206 097 hab.; cap. *Caacupé.*

CÓRDOBA, c. de Argentina, cap. de la prov. homónima, a orillas del río Primero; 1 179 067 hab. Centro agrícola, cultural (universidad, 1613) e industrial. Oleoducto; gasoducto. Complejo nuclear.— Iglesia de los jesuitas (1645), la más antigua de Argentina; catedral y conventos (ss. XVII-XIX); mansiones virreinales. Estancias jesuíticas (ss. XVII-XVIII) [patrimonio de la humanidad 2000].— Fundada por Lorenzo Suárez de Figueroa siguiendo órdenes de Jerónimo Luís de Cabrera (1573), fue intendencia del virreinato de La Plata (1776). Movimiento insurreccional popular contra el régimen de Onganía *(cordobazo,* 1969).

CÓRDOBA, c. de España, cab. de la prov. homónima y cab. de p. j., en la or. der. del Guadalquivir; 313 463 hab. *(cordobeses).* Centro agrícola, industrial (electrometalurgia, mecánica de transformación), administrativo y cultural (universidad).— Restos romanos y de la época musulmana: mezquita, alcázar de los califas (actualmente palacio episcopal), baños árabes. Barrio de la Judería. Alcázar de los reyes cristianos, gótico-mudéjar, y fortaleza de La Calahorra (museo histórico), ambos del s. XIV. Numerosos conventos e iglesias. Museos. Rica arquitectura popular (patios). En las afueras, ruinas de la ciudad califal de Medina Azara. (Patrimonio de la humanidad 1994.)— Fue colonia romana *(Corduba)* y, desde 716, capital de al-Andalus.

CÓRDOBA, c. de México (Veracruz); 182 140 hab. Centro comercial e industrial. Turismo.

CÓRDOBA (departamento de), dep. del N de Colombia; 25 020 km²; 913 636 hab.; cap. *Montería.*

CÓRDOBA (emirato y califato de), períodos sucesivos de la historia de al-Andalus, que comprenden desde la invasión musulmana de la península Ibérica (711) hasta 1031. Tras la conquista (711-718), los soberanos musulmanes, con el título de emir o valí, instalaron en Córdoba su capital bajo la autoridad del califa de oriente. Cuando los Abasíes sustituyeron a los califas Omeyas (750), 'Abd al-Raḥmān I se proclamó emir (756) y se independizó de Damasco (773). En 929 'Abd al-Raḥmān III rompió los últimos vínculos con los Fatimíes y se proclamó califa. Durante el período califal tuvieron un gran desarrollo la agricultura, la ganadería, la artesanía, las ciencias y la cultura, y se edificaron las ciudades residenciales de *Medina Azara y Medina Azahira. Córdoba se convirtió en una gran metrópoli, y el califato mantuvo relaciones con los reinos cristianos. A la muerte de Almanzor, el califato entró en un período de guerras civiles (1009-1031) y se dividió en reinos de taifas (→ **taifas** [reinos de]).

CÓRDOBA (provincia de), prov. de Argentina, en la Pampa. Comprende 26 departamentos; 165 321 km²; 2 764 176 hab.; cap. *Córdoba.*

CÓRDOBA (provincia de), prov. de España, en Andalucía; 13 718 km²; 769 237 hab.; cap. Córdoba. La Campiña, en la margen izquierda del Guadalquivir, es el eje del territorio, con sierra Morena al N y el sistema Subbético al S. Cultivos en regadío, dehesas ganaderas. Hulla y plomo en Peñarroya, base de la industria provincial.

CÓRDOBA (Jorge), *La Paz 1822-íd. 1861,* político y militar boliviano. Yerno del presidente Belzú, derrocó a este y le sustituyó (1855). Derrocado a su vez por Linares (1857), huyó a Perú. Regresó en 1861 y, tras conseguir derrocar a Linares, fue asesinado en la matanza organizada por el coronel Plácido Yánez.

CÓRDOBA (José María), *La Concepción, Rionegro, 1799-santuario de Antioquia 1829,* político y militar colombiano. Luchó en las guerras de independencia a las órdenes de Páez, Bolívar y Sucre (Ayacucho, 1824). Liberal, se levantó contra la dictadura de Bolívar (1830), y fue derrotado y asesinado.

CÓRDOBA (Juan de), *Córdoba 1503-Oaxaca 1595,* religioso y filólogo español. Dominico, en México estudió las lenguas indígenas *(Arte de la lengua zapoteca; Diccionario de la lengua zapoteca,* 1578).

Córdoba (mezquita de), mezquita omeya de la c. española de Córdoba, act. catedral, el edificio más importante del período califal. Iniciada en 785, fue ampliada en 883, 961 y 987. Destacan el patio de los Naranjos, el lucernario (arcos lobulados, cúpula) y la cabecera (mosaicos, cúpulas decoradas, arcos cruzados, miḥrāb). Tras la reconquista, convertida en catedral, fue muy reformada (ss. XVI-XVII). Alberga numerosas obras de pintura, escultura, rejería y orfebrería. (Patrimonio de la humanidad 1984.)

CORDOBÉS (Manuel **Benítez,** llamado **el**), *Palma del Río 1937,* matador de toros español. Tomó la alternativa en 1963. Torero hetero doxo, fue el más popular y discutido de su época.

CORDÓN (Faustino), *Madrid 1909-íd.1999,* biólogo y farmacéutico español. Realizó importantes investigaciones en enzimología, aunque su interés principal se centró en la biología evolucionista. Entre sus obras destacan *Introducción al origen y evolución de la vida* (1958) y *La naturaleza del hombre a la luz de su origen biológico* (1981).

CÓRDOVA (Arturo **García Rodríguez,** llamado Arturo **de**), *Mérida 1908-México 1973,* actor de cine mexicano. Tras ejercer de periodista y locutor radiofónico, en 1936 inició su carrera cinematográfica con *Celos.* Entre 1943 y 1948 trabajó en Hollywood (*¿Por quién doblan las campanas?,* 1943) y, de vuelta a México, en filmes como *Él* (L. Buñuel, 1952), *Miércoles de Ceniza* (R. Gavaldón, 1958) o *El esqueleto de la señora Morales* (R. A. González, 1959).

CÓRDOVA (fray **Matías de**), *Tapachula 1768-en Chiapas 1828,* dominico mexicano. Promovió la separación de los conventos de Chiapas de la dirección provincial de Guatemala, Catedrático de filosofía y teología, creó la primera escuela primaria de Chiapas y colaboró en la fundación y fue rector de su universidad. Fundó el periódico *El para rayo,* en el que escribió bajo el seudónimo de **El especiero,** y llevó la primera imprenta a Chiapas.

CÓRDOVA (fray **Pedro de**), *Córdoba 1482-1521,* dominico y escritor español. Vicario de La Española, sus sermones contra el trato infligido a los indios provocaron la promulgación de las leyes de Burgos (1512). Fundador de la orden de los dominicos en América, es autor de *Doctrina cristiana para la instrucción de los indios* (1544).

CORÉ → **PERSÉFONE.**

COREA, península comprendida entre el mar de Japón (en Corea llamado mar del Este) y el mar Amarillo, dividida en dos unidades políticas: *Corea del Norte (República democrática popular de Corea)* y *Corea del Sur (República de Corea).*

HISTORIA

Los chinos establecieron comandancias en Corea en el s.I a.C. **57 a.C-935 d.C:** el país, dividido inicialmente entre los reinos de Silla (57 a.C.-935), Koguryo (37 a.C.-668) y Paikche (18 a.C.-660), fue unificado por Silla en 735. **935-1392:** durante la dinastía Koryo, Corea fue invadida por los mongoles (1231). **1392-1910:** la dinastía Choson (también llamada Li o Yi) adoptó el confucianismo y prohibió el budismo. Rechazó a los japoneses (1592, 1597), pero en 1637 tuvo que reconocer la soberanía de los manchúes (dinastía de los Qing de China). **1910:** Japón, que había eliminado a los Qing de Corea en 1895, se anexionó el país. **1945:** ocupación del país por tropas soviéticas y estadounidenses. **1948:** el gobierno de la República de Corea se estableció en Seúl; la República democrática popular de Corea se proclamó en Pyongyang. **1953:** al final de la guerra de Corea (1950-1953) se mantuvo la división del país.

COREA (estrecho de), estrecho que une el mar de Japón con el mar de China oriental, entre Corea y Japón.

COREA (República de) o **COREA DEL SUR,** estado de Asia oriental, que ocupa la parte S de la península coreana; 99 000 km²; 45 400 000 hab. *(surcoreanos).* CAP. *Seúl.* C. PRAL. *Pusan.* LENGUA: *coreano.* MONEDA: *won.*

GEOGRAFÍA

Es un estado menos extenso que Corea del Norte, pero mucho más poblado. La extensión de sus llanuras y colinas y su clima suave explican el predominio del cultivo del arroz. También hay gran actividad pesquera. La abundancia de la mano de obra y los capitales extranjeros han estimulado la industria (textil, química, siderurgia y, sobre todo, construcción naval y automovilística, construcciones eléctricas y electrónicas) y han paliado la pobreza del subsuelo. La industria, ubicada sobre todo en las grandes ciudades de Pusan (salida marítima) y Seúl, es fundamentalmente exportadora. Tras una fase de crecimiento espectacular, la economía de Corea del Sur se ve hoy debilitada, sobre todo en el contexto de crisis mundial (con Estados Unidos como segundo socio comercial).

HISTORIA

La República de Corea, presidida por Syngman Rhee (1948-1960), al que sucedieron Park Chung Hee (1963-1979) y Chun Doo Hwan (1980-1988), estuvo sometida a un régimen autoritario, aunque en 1987 comenzó un proceso de democratización, con la adopción de una nueva constitución. **1988:** Roh Tae Woo pasó a ser presidente de la república (elegido por sufragio universal, dic. 1987). **1991:** las dos Coreas entraron en la ONU y firmaron un acuerdo de reconciliación. **1993:** Kim Young Sam accedió a la jefatura del estado. **1998:** Kim Dae Jung, líder histórico de la oposición, fue elegido presidente. **2000:** se puso en marcha un diálogo entre las dos Coreas (encuentro histórico de los dos jefes de estado, en junio, en Pyongyang, reemprendido en oct. 2007). **2003:**

Roh Moo Hyun se convirtió en presidente de la república. **2008:** Lee Myung Bak lo sucedió.

COREA (República popular democrática de) o **COREA DEL NORTE,** estado de Asia oriental, que ocupa la parte N de la península coreana; 120 500 km²; 24 300 000 hab. *(norcoreanos).* CAP. *Pyongyang.* LENGUA: *coreano.* MONEDA: *won norcoreano.*

GEOGRAFÍA

País montañoso, de clima riguroso, el arroz, el maíz y el trigo son, con la pesca, la base de la alimentación. El carbón y el hierro, y las instalaciones hidroeléctricas (en el Yalu), favorecieron el desarrollo de la industria de base (siderurgia y química) en el marco de una economía colectivista y poco abierta al exterior. Enfrentado a partir de las décadas de 1980 y 1990 al desmoronamiento de su producción agrícola (hambrunas) y a la quiebra de su economía, act. el país necesita la ayuda internacional para subsistir.

HISTORIA

Desde su creación (1948), la república fue dirigida por Kim Il Sung, que instauró un régimen socialista de partido único (Partido del trabajo), inspirado en el modelo soviético. **1991:** las dos Coreas entraron en la ONU y firmaron un acuerdo de reconciliación. **1994:** muerte de Kim Il Sung. **1998:** su hijo y sucesor, Kim Jong Il, accedió oficialmente a la jefatura del estado. **2000:** inicio de una etapa de distensión con Corea del Sur (cumbres interco-

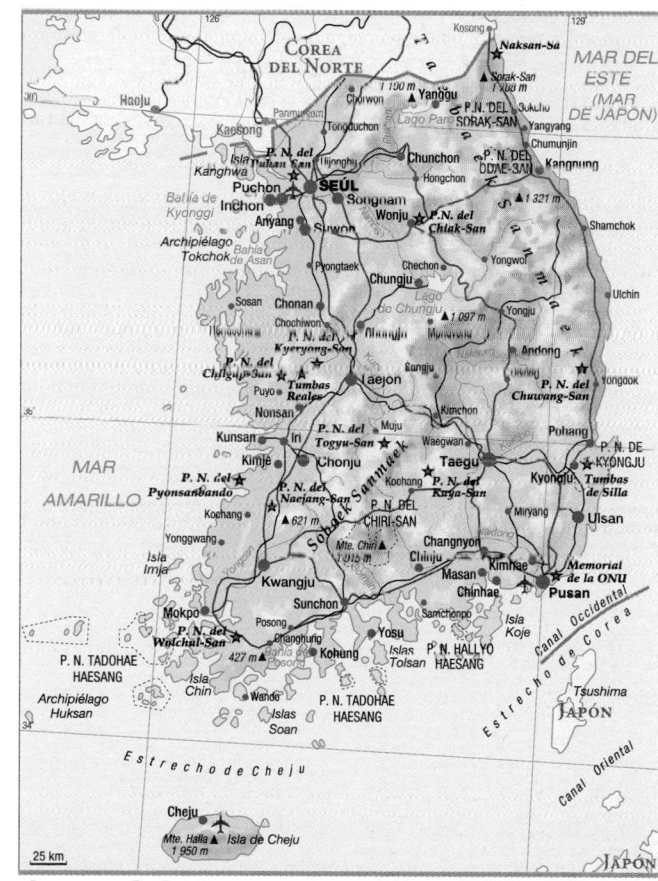

Corea del Sur

★ lugar de interés turístico
— carretera
— ferrocarril
✈ aeropuerto

● más de 2 000 000 hab.
● de 500 000 a 2 000 000 hab.
● de 100 000 a 500 000 hab.
● menos de 100 000 hab.

Corea del Norte

500 1 000 2 000 m

—— ferrocarril
—— carretera
✈ aeropuerto

● más de 2 000 000 hab.
● de 500 000 a 2 000 000 hab.
● de 100 000 a 500 000 hab.
● menos de 100 000 hab.

■ PIERRE
CORNEILLE,
por F. Sicre.
(Museo Carnavalet, París.)

■ JOSÉ CORONEL
URTECHO

reanas de junio 2000 y de oct. 2007). **Desde 2002:** las relaciones entre Corea del Norte y la comunidad internacional conocieron un nuevo período de tensión, en particular sobre la cuestión nuclear (crisis agudas —sobre todo tras el ensayo nuclear norcoreano de oct. 2006— alternadas con fases de negociaciones y de compromisos).

Corea (guerra de) [junio 1950-julio 1953], conflicto que enfrentó a Corea del Sur, apoyada por fuerzas de la ONU (integradas sobre todo por tropas de EUA y, más tarde, de Francia, Gran Bretaña, Benelux y Turquía), y Corea del Norte, apoyada desde 1951 por tropas de la China popular. Marcó el punto álgido de la guerra fría. Terminó con el reconocimiento de los dos estados coreanos por EUA y la URSS.

CORELLA (Ángel), *Madrid 1975*, bailarín español. Bailarín principal del American Ballet Theatre desde 1996, aborda con delicadeza expresiva y virtuosismo técnico los repertorios clásico y neoclásico. En 2008 creó su propia compañía, el Corella Ballet Castilla y León. (Premio nacional 2002.)

CORELLI (Arcangelo), *Fusignano 1653-Roma 1713*, compositor y violinista italiano. Autor de sonatas sacras y de cámara, y de concertos grossos, fundó la escuela clásica del violín.

COREY (Elias James), *Methuen, Massachusetts, 1928*, químico estadounidense. Ha desarrollado un método de síntesis lógica de moléculas orgánicas llamado «retrosíntesis», que le ha permitido diseñar la síntesis orgánica asistida por computadora. (Premio Nobel 1990.)

CORFÚ, en gr. **Kerkyra**, ant. **Corcira**, una de las islas Jónicas (Grecia); 113 479 hab.; cap. *Corfú* (36 901 hab.). Puerto. Turismo.— Museo (frontón del templo de Artemisa, h. 600 a.C.). [Patrimonio de la humanidad 2007.] — La isla fue colonizada por los corintios desde finales del s. VIII a.C.

CORI (Carl Ferdinand), *Praga 1896-Cambridge, Massachusetts, 1984*, biólogo estadounidense. En 1947 obtuvo, junto con su mujer, **Gerty Theresa** (Praga 1896-Saint Louis, Missouri, 1957), el premio Nobel de medicina por sus trabajos sobre el metabolismo de los glúcidos.

CORIA, c. de España (Cáceres), cab. de p. j.; 12 540 hab. (*corianos o caurienses*). Murallas romanas. Castillo (s. XV). Catedral del s. XVI, torre del s. XVIII.

CORIA DEL RÍO, v. de España (Sevilla), cab. de p. j.; 23 935 hab. (*corianos*). Agricultura.

Coricancha, templo inca del Sol, centro ceremonial de la ciudad de Cuzco (Perú). Realizado en piedra tallada; sobre sus muros se erigió la iglesia barroca de Santo Domingo.

CORIHUAYRACHINA, sitio arqueológico de Perú, en el distrito de Santa Rosa (Cuzco), descubierto en 1999 y considerado uno de los últimos focos de resistencia inca ante el avance de los conquistadores.

CORINTH (Lovis), *Tapiau, Prusia Oriental, 1858-Zandwoort, Países Bajos, 1925*, pintor y grabador alemán, autor de paisajes, retratos y temas sacros próximos al expresionismo.

CORINTO, mun. de Colombia (Cauca); 17 078 hab. Cultivos tropicales. Ganadería.

CORINTO, en gr. **Korinthos,** c. de Grecia, en el *golfo de Corinto*; 28 903 hab. (*corintios*). Puerto cerca del *canal de Corinto* (6,3 km), abierto en el istmo homónimo, que une el Peloponeso con el resto de Grecia (desde 2004, el puente Rion-Antirion enlaza las dos orillas). Museo; conjunto de ruinas griegas y romanas.— Rival de Atenas y de Esparta, Corinto fue una ciudad comercial e industrial muy próspera en los ss. VII-VI a.C. Fundó numerosas colonias en Grecia occidental. Fue destruida por los romanos (146 a.C.) antes de ser cap. de Acaya.

CORINTO, c. de Nicaragua (Chinandega); 24 250 hab. Puerto exportador, en el Pacífico, el primero del país.

CORIOLANO, en lat. **Gnaeus Marcius Coriolanus,** general romano semilegendario del s. V a.C. Vencedor de los volscos (493 a.C.), fue desterrado por atentar contra los derechos de la plebe, y sitió Roma. Abandonó la venganza a petición de su madre y de su esposa.

CORIOLIS (Gaspard), *París 1792-íd. 1843*, físico francés. Descubrió la fuerza de desviación, de-

bida a la rotación de una referencia (como la Tierra), que se ejerce sobre los cuerpos en movimiento en la superficie de esta.

CORK, en gaélico **Corcaigh,** c. de Irlanda, en la costa S de la isla; 127 024 hab. Puerto.

CORMACK (Allan MacLeod), *Johannesburgo 1924-Winchester, Massachussetts, 1998*, físico estadounidense de origen sudafricano. Contribuyó, junto a G. N. Hounsfield, al desarrollo del scanner. (Premio Nobel de medicina 1979.)

CORNARO (Catalina), *Venecia 1454-íd. 1510*, reina de Chipre. Esposa de Jacobo II de Lusignan, rey de Chipre, gobernó la isla a la muerte de su marido (1473), pero tuvo que abdicar en favor de Venecia (1489).

CORNEILLE (Pierre), *Ruán 1606-París 1684*, dramaturgo francés. Debutó en el teatro con comedias y se hizo célebre con la tragicomedia *El Cid* (1636-1637). Se consagró luego a la tragedia (*Horacio*, 1640; *Cinna*, 1642) sin abandonar la comedia a la moda española (*El mentiroso*, 1643; *Don Sancho de Aragón*, 1650) y los divertimentos. Evolucionó más tarde hacia la complejidad y el patetismo (*Nicomedes*, 1651; *Edipo*, 1659). Sus héroes lo sacrifican todo por el honor y la gloria.

CORNELIA, *h. 189-h. 110 a.C.* hija de Escipión el Africano y madre de los Gracos. Encarnó el ideal de la mujer romana.

CORNELIO (san), *m. en 253*, papa de 251 a 253. Luchó contra el cisma de Novaciano. Murió en el exilio, y la Iglesia lo honra como mártir.

CORNELIO NEPOTE, *en la Galia Cisalpina h. 99-h. 24 a.C.*, historiador latino. Es autor de *De excellentibus ducibus*, serie de biografías.

CORNELLÀ DE LLOBREGAT, c. de España (Barcelona), cab. de p. j.; 80 998 hab. (*cornellenses*). Centro industrial.

CORNFORTH (sir John Warcup), *Sydney 1917*, químico australiano. Sus investigaciones se centran en la estereoquímica de los procesos enzimáticos y, concretamente, en la biosíntesis de los esteroles y los terpenos. (Premio Nobel 1975.)

Corn Laws («leyes sobre el grano»), legislación británica sobre la producción cerealista. Estuvo en vigor desde 1815, pero a partir de 1838 topó con un movimiento de protesta en torno a la *Anti Corn Law League*, fundada por R. Cobden, que obtuvo su abolición en 1846.

CORNUALLES, en ingl. **Cornwall,** extremo SO de Inglaterra. Larga península de costas recortadas.

CORNWALLIS (Charles), *Londres 1738-Ghazipur, India, 1805*, general y administrador británico. Tuvo que capitular ante los norteamericanos en Yorktown (1781). Comandante en jefe de la India, sometió a Tipū Ṣāhib (1792). Fue virrey de Irlanda, donde reprimió la rebelión (1798).

CORO, c. de Venezuela, cap. del est. Falcón; 95 000 hab. Centro industrial y comercial. Aeropuerto.— Edificios coloniales del s. XVIII. (Patrimonio de la humanidad 1993.) — Fundada en 1527, fue ocupada por alemanes en 1529-1547. En 1531 se fundó en ella el primer obispado de Venezuela.

COROMANDEL (costa de), costa E de la India, en el golfo de Bengala. Centro de exportación a Europa de lacas chinas en los ss. XVII-XVIII.

COROMINES (Joan), *Barcelona 1905-Pineda de Mar 1997*, filólogo español. De su obra destacan *Diccionario crítico y etimológico de la lengua castellana* (4 vols., 1954-1957), *Diccionari etimològic i complementari de la llengua catalana* (6 vols., 1980-1986) y *Diccionario crítico y etimológico castellano e hispánico* (6 vols., 1980-1991), este último realizado en colaboración con J.A. Pascual. (Premio nacional de las letras españolas 1989.)

Coromoto (basílica de la Virgen de) → **GUANARE.**

CORONA, macizo de Venezuela, en la sierra Nevada de Mérida; 4 942 m de alt. en el Humboldt.

CORONADO (bahía de), bahía de Costa Rica (Puntarenas), en el Pacífico 40 km de anch. En ella desembocan los ríos Grande de Térraba y Naranjito.

CORONADO (Carolina), *Almendralejo 1823-La Mitra, Portugal, 1911*, escritora española. Escribió *Poesías* (1843) sutiles y musicales, novela y teatro (*El cuadro de la esperanza, 1846*).

CORONADO (Martín), *Buenos Aires 1850-íd. 1919*, dramaturgo y poeta argentino. Considerado uno de los fundadores del teatro moderno argentino, alcanzó éxito con dramas en verso de tema popular (*La piedra del escándalo,* 1902; *El sargento Palma,* 1905; *La chacra de don Lorenzo,* 1918).

CORONANGO, mun. de México (Puebla); 15 627 hab. Centro agrícola. Maderas finas.

CORONEL, c. de Chile (Biobío), junto al golfo de Arauco; 83 398 hab. Yacimientos submarinos de carbón. Puerto comercial.

CORONEL (Pedro), *Zacatecas 1922-México 1985*, pintor y escultor mexicano. Residió en París, donde trabajó en el estudio Brancusi. Sus cuadros abstractos, a menudo de grandes proporciones, lucen el rigor de colores puros y directos, con ricas armonías y texturas. (Premio nacional de pintura 1959.)

CORONEL (Rafael), *Zacatecas 1932*, pintor mexicano. Exponente de la corriente llamada de «ruptura» en el arte mexicano del siglo XX, su pintura se desarrolla en diferentes series temáticas. Sobre todo aborda el tratamiento de personajes populares y marginados.

CORONEL BRANDSEN → **BRANDSEN.**

CORONEL DE MARINA L. ROSALES, partido de Argentina (Buenos Aires); 59 715 hab.

CORONEL DORREGO, partido de Argentina (Buenos Aires); 17 737 hab. Ganadería vacuna y ovina.

CORONEL OVIEDO, c. de Paraguay, cap. del dep. de Caaguazú; 61 164 hab. Refino de azúcar; aceite.

CORONEL PRINGLES, partido de Argentina (Buenos Aires); 22 983 hab. Cereales; ganadería.

CORONEL SUÁREZ, partido de Argentina (Buenos Aires); 35 071 hab. Central eléctrica.

CORONEL URTECHO (José), *Granada 1906-Managua 1994*, escritor nicaragüense. Su poesía, reunida en *Pollá d'ananta, hantata, paran ta. Imitaciones y traducciones* (1970), introdujo la vanguardia en su país. También escribió novela, ensayo y teatro (*Chinfonía burguesa,* 1957).

COROPUNA, cumbre de la cordillera Occidental de los Andes peruanos (Apurímac); 6 615 m.

COROT (Jean-Baptiste Camille), *París 1796-íd. 1875*, pintor y grabador francés. Continuador de la tradición clásica, sus paisajes del natural o históricos y sus figuras demuestran sutileza, dominio de la atmósfera y sensibilidad.

COROZAL, mun. de Colombia (Sucre); 46 096 hab. Mercado agrícola. Ganadería vacuna y lanar.

COROZAL, mun. del centro de Puerto Rico, 33 095 hab. Centro minero (oro, magnesio, cobre).

CORPUS BARGA → **BARGA.**

CORPUS CHRISTI, c. de Estados Unidos (Texas); 257 453 hab. Puerto. Refinerías de petróleo.

Corpus de sangre, revuelta del pueblo de Barcelona el día de Corpus (7 junio) de 1640, que dio inicio a la guerra de Separación de Cataluña. En el alzamiento, iniciado por los segadores, fue muerto el virrey, conde de Santa Coloma.

CORRAL DE VILLALPANDO, familia de escultores y arquitectos españoles, activos a mediados del s. XVI, formada por los hermanos **Jerónimo, Juan** —trabajaron juntos (capilla de San Pedro en la catedral de Palencia, 1551; Casa blanca, Medina del Campo, 1563)— y **Francisco** uno de los máximos representantes de la arquitectura manierista (portada del colegio de Infantes, Toledo 1555).

CORRALES DEL ROSARIO (parque nacional), parque nacional de Colombia (Bolívar), al SO de Cartagena; 17 700 ha.

CORRALILLO, mun. de Cuba (Villa Clara); 27 612 hab. Petróleo en Motembo. Industria química.

CORREA (Juan), pintor mexicano, activo entre 1674 y 1739, uno de los maestros del barroco mexicano. En algunas obras colaboró con Villalpando (pinturas de la sacristía de la catedral de México, 1689-1691).

JUAN CORREA *La anunciación.*
(Centro nacional de las artes, México.)

CORREA (Rafael), *Guayaquil 1963*, político ecuatoriano. Economista, ministro de economía y finanzas (2005), al frente del movimiento nacionalista de izquierdas Alianza PAIS accedió a la presidencia de la república en 2007. Fue reelegido en 2009.

RAFAEL CORREA

CORREA DE ARAUXO (Francisco), *Sevilla h. 1575-íd. h. 1663*, organista y compositor español. Es autor de *Libro de tientos y discursos de música práctica y teórica de órgano* (1626, publicado en 1952).

CORREA MORALES (Lucio), *Navarro 1852-Buenos Aires 1923*, escultor argentino. Su obra retrata tipos indígenas y criollos (*Indio pampa, El río de la Plata,* 1882).

CORREAS (Gonzalo), *Jaraíz, Cáceres, h. 1570-Salamanca 1631*, gramático y erudito español. Es autor del *Arte de la lengua española* (inédita hasta 1903), del *Vocabulario de refranes y fra-*

ses proverbiales y otras fórmulas comunes de la lengua castellana (1625) y de una *Ortografía castellana, nueva y perfecta* (1630).

CORREDORES, cantón de Costa Rica (Puntarenas); 34 681 hab.

CORREGGIO (Antonio **Allegri,** llamado **il**), *Correggio, cerca de Parma, h. 1489-íd. 1534*, pintor italiano. Dejó en Parma decoraciones de efectos ilusionistas e innovador virtuosismo (iglesia de San Juan Evangelista y catedral: cúpulas). La luminosidad, la fluidez, la gracia sensual de sus cuadros de altar (*Madonna de san Jerónimo,* Parma) y de sus composiciones mitológicas (*Júpiter e Io y El rapto de Ganímedes,* Viena) influyeron en el arte europeo.

Il CORREGGIO *Júpiter e Io* (1530)
(Kunsthistorisches Museum, Viena.)

CORREGIDORA, mun. de México (Querétaro), en la meseta Central; 29 689 hab. Centro agropecuario.

CORREGIDORA (la) → **ORTIZ DE DOMÍNGUEZ.**

CORRÈZE, dep. de Francia (Lemosín); 5 857 km²; 232 576 hab.; cap. *Tulle* (16 906 hab.).

CORRIENTES, c. de Argentina, cap. de la prov. homónima, a orillas del río Paraná; 267 742 hab. Puerto. Centro industrial. Universidad. Aeropuerto.— Monumentos de estilo colonial; museos.— Fue fundada en 1588 por Juan de Torres de Vera y Hernandarias de Saavedra.

CORRIENTES (provincia de), prov. del NE de Argentina. 88 199 km²; 795 021 hab.; cap. *Corrientes.*

CORRIENTES (Diego), *Utrera 1757-Sevilla 1781*, bandolero español. Ladrón de caballos en la zona de Sevilla, no cometió delitos de sangre y se ganó la simpatía popular. Fue capturado y ahorcado.

Corriere della Sera, diario milanés de tendencia liberal progresista, fundado en 1876.

CORSE-DU-SUD, dep. de Francia (Córcega); 4 014 km²; 118 593 hab.; cap. *Ajaccio.*

CORTÁZAR, mun. de México (Guanajuato); 61 308 hab. Frutales, caña de azúcar. Conservas.

CORTÁZAR (Julio), *Bruselas 1914-París 1984*, escritor argentino, nacionalizado francés. En 1951 se exilió voluntariamente a París, aunque sin abandonar su compromiso con la izquierda latinoamericana (*El libro de Manuel,* 1973, novela-alegato contra la tortura). Su concepción libre del relato, en el que la imaginación se combina con un humor tierno y cordial, hace de él uno de los grandes maestros del cuento: *Bestiario*, 1951; *Final del juego*, 1956; *Las armas secretas*, 1959; *Todos los fuegos el fuego*, 1966; *Alguien que anda por ahí*, 1977; *Queremos tanto a Glenda*, 1981. El género roza a veces lo fantástico (*Historias de cronopios y de famas*, 1962) y otras el esbozo misceláneo (*La vuelta al día en ochenta mundos*, 1970). Con gran destreza, amplía el territorio narrativo en sus novelas *Los premios* (1960), **Rayuela* (1963) y *62, modelo para armar* (1968).

Corte constitucional, órgano judicial de Colombia, Ecuador y Guatemala (donde es llamada *Corte de constitucionalidad*) que determina el ajuste de las normas legales a la propia constitución.

Corte penal internacional → Tribunal penal internacional.

Corte suprema de justicia, máximo órgano judicial en Argentina (llamada *Corte suprema de justicia de la nación*), Bolivia, Chile, Colombia, Costa Rica, Ecuador, El Salvador, Guatemala, Honduras, Nicaragua, Panamá, Paraguay y Perú. Posee competencia en los diversos ámbitos del derecho, incluida la justicia constitucional (salvo en Bolivia, Colombia, Ecuador, Guatemala y Perú).

CORTES, v. de España (Navarra); 3 290 hab. (*cortesanos*). Poblado indoeuropeo, en el Alto de la Cruz, en el que se han excavado tres poblados superpuestos (h. 850-h. 340 a.C.); metalurgia del bronce y del hierro.

CORTÉS (mar de) → **CALIFORNIA** (golfo de).

CORTÉS (departamento de), dep. del NO de Honduras, a orillas del Caribe; 3 954 km²; 683 000 hab.; cap. *San Pedro Sula*. Industrias alimentaria, cementera y textil. Refinería.

CORTÉS (Hernán), *Medellín 1485-Castilleja de la Cuesta 1547,* conquistador español. En 1518 se le ordenó solo la exploración del imperio azteca pero, tras desembarcar en Yucatán, desobedeció, se desligó de la autoridad del gobernador de Cuba, fundó Veracruz y emprendió la conquista del imperio aprovechando las rivalidades entre los indígenas. Ocupó Tenochtitlan (nov. 1519) y obligó a Moctezuma a reconocer la soberanía de Carlos Quinto. Tuvo que huir tras el levantamiento de la **noche triste* (30 junio-1 julio 1520). Tras la batalla de Otumba, en 1521 reconquistó la capital azteca. Carlos Quinto lo nombró gobernador y capitán general de Nueva España (1522). Acusado de mal gobierno, regresó a España (1527). En 1530 se le nombró marqués del Valle de Oaxaca y se le devolvió el título de capitán general, pero no el poder de Nueva España, donde vivió de 1530 a 1540. En 1541 participó en la campaña de Argel.

CORTÉS (Joaquín), *Córdoba 1969,* bailarín y coreógrafo español. Solista del Ballet nacional español desde 1986, en 1990 prosiguió su carrera en solitario. Sus coreografías (*Cibayi*, 1992; *Pasión gitana*, 1994) se caracterizan por la elegancia en el baile flamenco.

CORTÉS (Martín), *Bujaraloz, Zaragoza-Cádiz 1582,* cosmógrafo español, autor de *Breve compendio de la esfera y del arte de navegar* (1551).

CORTÉS (Martín), 2° marqués **del Valle de Oaxaca,** *Cuernavaca, 1530/1535-Madrid 1589,* hijo de Hernán Cortés y de Juana de Zúñiga. Dirigió en México la llamada *conjuración del marqués del Valle* (1565-1568), que le costó un destierro en Orán hasta 1574.

CORTEZ (Alberto), *Rancul 1940,* cantautor argentino. Autor e intérprete de canciones líricas y testimoniales, entre sus discos destacan: *El compositor, el cantante* (1969), *Ni poco... ni demasiado* (1973) y *A partir de mañana* (1979).

CORTINA D'AMPEZZO, c. de Italia (Véneto); 7 095 hab. Estación de deportes de invierno en los Dolomitas (alt. 1 224-3 243 m).

CORTONA (Pietro **Berrettini,** llamado Pietro **da**), *Cortona, prov. de Arezzo, 1596-Roma 1669,* pintor y arquitecto italiano. Heredero del manierismo, establecido en Roma en 1612, se convirtió en el gran maestro barroco de las decoraciones pontificias y nobiliarias (techo del palacio Barberini [1636], cúpula y bóveda de Santa Maria in Vallicella). La dinámica fachada de Santa Maria della Pace (1656) ejemplifica su obra arquitectónica.

CORUÑA (La), en gall. **A Coruña,** de España, cap. de la prov. homónima y cab. de p. j.; 241 769 hab. (*coruñeses* o *brigantinos*). Centro administrativo e industrial. Universidad. Puerto comercial y pesquero.— Torre romana de Hércules (faro en activo); iglesias románicas y barrocas; museo de bellas artes.

CORUÑA (provincia de La), prov. de España, en Galicia; 7 954 km²; 1 108 419 hab.; cap. *La Coruña*. El litoral, muy recortado (rías), es el sector más poblado. Cultivos de patata, maíz y leguminosas; ganadería vacuna; pesca; explotación forestal. Lignito en Pontes de García Rodríguez. Industrias en Ferrol, Puentedeume, Santiago y la capital.

CORVERA DE ASTURIAS, mun. de España (Asturias); 16 118 hab.; cap. *Nubledo*. Industria siderometalúrgica.

CORVINO (Matías) → **MATÍAS I CORVINO.**

COS, en gr. **Kos,** isla griega del Dodecaneso; cap. *Cos*. Ruinas antiguas.

COSA (Juan **de la**), *Santa María del Puerto, act. Santoña, ¿1449?-en Tierra Firme 1510,* cosmógrafo y piloto español. Participó en los viajes de Colón y realizó la carta náutica con la representación de la costa oriental de América más antigua que se conoce (museo naval de Madrid). Murió en un ataque de los indígenas cuando acompañaba a A. de Ojeda en la conquista de Tierra Firme.

COSALÁ, mun. de México (Sinaloa); 18 184 hab. Mercado agrícola.

COSAMALOAPÁN, mun. de México (Veracruz); 103 239 hab. Arroz, maíz, caña de azúcar y café. Maderas.

COSCOMATEPEC, mun. de México (Veracruz), al pie del Orizaba; 28 215 hab. Maderas preciosas.

COSENZA, c. de Italia (Calabria), cap. de prov.; 87 140 hab. Monumentos y casas del casco antiguo; museo (arqueológico).

COSERIU (Eugenio), *Mihailini, Moldavia, 1921-Tubinga 2002,* lingüista alemán de origen rumano. Publicó estudios en el campo de la lingüística general y sobre aspectos concretos del lenguaje. Fue presidente de la Sociedad de lingüística románica (1980-1983).

COSGRAVE (William Thomas), *Dublín 1880-íd. 1965,* político irlandés. Jefe de la fracción moderada del Sinn Féin, presidente del Consejo ejecutivo del Estado libre (1922-1932), conservó hasta 1944 la dirección de su partido, convertido en el Fine Gael.

COSIGÜINA (punta), península de Nicaragua, en el extremo SE del golfo de Fonseca.

COSIMO (Piero di **Lorenzo,** llamado **Piero di**), *Florencia 1461 o 1462-íd. 1521,* pintor italiano. Creó retratos y escenas mitológicas, tratados con una sensibilidad atormentada.

COSÍO VILLEGAS (Daniel), *México 1898-íd. 1976,* economista, abogado e historiador mexicano. Fundador (1940) y presidente (1957-1963) del Colegio de México, dirigió hasta 1948 el Fondo de cultura económica. Es autor de *Historia moderna de México* (10 vols., 1955-1972).

COSLADA, v. de España (Madrid), cab. de p. j.; 77 057 hab. Centro industrial.

COSME y DAMIÁN (santos), *m. en Tiro de Éufrates, Siria, ¿h. 295?,* hermanos martirizados en tiempos de Diocleciano. Son patronos de los médicos y los cirujanos.

COSROES I, rey de Persia, de la dinastía de los Sasánidas (531-579). Sus guerras contra Justi-

niano acabaron con una paz sin vencedores ni vencidos (562). Reorganizó la administración del imperio.— **Cosroes II,** rey de Persia, de la dinastía de los Sasánidas (590-628). Luchó contra los bizantinos (saqueo de Jerusalén en 614, sitio de Constantinopla en 626), pero fue vencido por Heraclio I (628).

COSSA (Francesco **del**), *Ferrara h. 1436-Bolonia 1478,* pintor italiano. Influido por C. Tura, trabajó en Ferrara (frescos de los *Meses* en el palacio Schifanoia) y en Bolonia.

COSSIGA (Francesco), *Sassari 1918,* político italiano. Democratacristiano, fue presidente de la república (1985-1992).

COSSÍO (Francisco **Gutiérrez,** llamado Pancho), *Pinar del Río 1898-Alicante 1970,* pintor español de origen cubano. Se vincula con el cubismo analítico. Se interesó sobre todo por la materia en bodegones y marinas.

COSSÍO (José María **de**), *Valladolid 1893-íd. 1977,* erudito y crítico literario español. Se especializó en poesía del siglo de oro, literatura del s. XIX (*Cincuenta años de poesía española: 1850-1900,* 1960) y tauromaquia (enciclopedia *Los toros,* 1943-1961). [Real academia 1947.]

COSSÍO (Manuel **Bartolomé**), *Haro 1857-Madrid 1935,* pedagogo e historiador del arte español. Tras la muerte de F. Giner de los Ríos, fue la figura principal de la Institución libre de enseñanza y animador de las Misiones pedagógicas. Publicó un estudio maestro sobre *El Greco* (1908).

COSTA (La), dep. de Argentina (Buenos Aires); 37 949 hab.

COSTA (Joaquín), *Monzón 1846-Graus, Huesca, 1911,* jurisconsulto, político e historiador español. Republicano y reformista, miembro de la Unión nacional, es autor de *Colectivismo agrario en España* (1898). Se convirtió en el paradigma de político regeneracionista.

COSTA (Lúcio), *Toulon, Francia, 1902-Río de Janeiro 1998,* arquitecto y urbanista brasileño. Formado en Francia, admirador de Le Corbusier, fue el principal introductor de la arquitectura moderna en Brasil (*Razones de la nueva arquitectura,* 1930). Diseñó la planificación urbanística de Brasília.

COSTA AZUL, en fr. **Côte d'Azur,** parte de la costa francesa del Mediterráneo, desde Cassis a Menton. Turismo estival e invernal (clima muy templado en invierno, cálido y soleado en verano).

COSTA BLANCA, sector del litoral español, entre Valencia y el Mar Menor (Murcia). Centros turísticos de Benidorm, Calpe, la Manga del Mar Menor.

COSTA BRAVA, sector del litoral español (Cataluña), desde la frontera francesa hasta Blanes. Centros turísticos: Cadaqués, Rosas, La Escala, Palamós, Sant Feliu de Guíxols, Tossa, Lloret.

COSTA DEL AZAHAR, sector del litoral español, en Castellón. Centros turísticos de Benicarló, Peñíscola y Benicasim.

COSTA DEL SOL, sector del litoral meridional de España, desde Almería a Tarifa (Cádiz). Turismo (Marbella, Torremolinos, Estepona, Fuengirola).

COSTA DE MARFIL, estado de África occidental, en el golfo de Guinea; 322 000 km²; 14 700 000 hab. CAP. *Yamoussoukro.* C. PRAL. *Abidján.* LENGUA: *francés.* MONEDA: *franco CFA.*

INSTITUCIONES

República de régimen presidencial. Constitución de 2000. Presidente de la república elegido cada 5 años por sufragio universal, que nombra al primer ministro. Asamblea nacional elegida cada 5 años.

GEOGRAFÍA

En el N, más allá de la región litoral, bordeada de lagunas y ocupada parcialmente por una densa selva, aparecen mesetas recubiertas por la sabana. Costa de Marfil combina los cultivos comerciales desarrollados en detrimento de la selva (café, algodón, frutas y sobre todo cacao [principal productor mundial]) y de subsistencia (mandioca, arroz) con la explotación forestal (caoba). La economía, que ha experimentado un notable crecimiento, sigue dependiendo de la evolución del precio de las materias primas y sobre todo de que el país recupere cierta estabilidad política. Abidján es la única gran ciudad del país, y su salida marítima.

■ JULIO **CORTÁZAR**

■ HERNÁN **CORTÉS,** por Saldana. (Museo nacional de historia, México.)

HISTORIA

Antes de la independencia. Los pobladores más antiguos eran los kru (en el SE), seguidos por los senufo. Hacia el s. XV, los kru se replegaron debido al avance de los mandé, que fundaron el reino de Kong. Los akan (agni, baulé), implantados a principios del s. XVIII, fundaron jefaturas o reinos en el SE. **1842:** los franceses se apoderaron de la zona de las lagunas. **1895-1896:** la colonia de Costa de Marfil, creada en 1893, se unió al África Occidental Francesa. **1908-1915:** conquista militar del país. **1934:** Abidján se convirtió en la capital. El país vivía de las plantaciones de cacao y café y de la explotación de la selva, facilitada por la construcción de la vía férrea Abidján-Níger, que llevaba hasta la frontera de Alto Volta (unido en parte a Costa de Marfil de 1932 a 1947). **La república. 1958:** el país, territorio de ultramar desde 1946, se convirtió en república autónoma. **1960:** accedió a la independencia y tuvo como presidente a Félix Houphouët-Boigny, reelegido desde entonces y fiel a la cooperación con Francia. **1990:** una grave crisis política y social obligó al poder a abrir el país al multipartidismo. **1993:** Houphouët-Boigny murió y lo sustituyó en la presidencia Henri Konan Bédié (confirmado por las elecciones presidenciales de 1995). **1999:** Bédié fue destituido por un grupo de militares dirigidos por el general Robert Gueï. **2000:** Laurent Gbagbo, líder histórico de la oposición, fue elegido presidente de la república, frente a R. Gueï. Pero el escrutinio, del que fueron descartados la mayoría de los candidatos, reavivó las tensiones étnicas y religiosas. **2002:** se desarrollaron importantes focos rebeldes, que tomaron el control del N y el O del país. **2003:** se concluyó un alto el fuego y se creó un gobierno de unidad nacional, pero los enfrentamientos continuaron, mientras un gobierno de transición se encargó de preparar las elecciones. **2007:** se concluyó un acuerdo entre el poder y los rebeldes por el cual Guillaume Soro, fue nombrado primer ministro. Pero la puesta en marcha del proceso de paz y la normalización de la situación política progresan con lentitud.

COSTA DE ORO, en ingl. **Gold Coast,** ant. nombre de *Ghana.

COSTA DORADA, en cat. **Costa Daurada,** sector del litoral español, entre Garraf (Barcelona) y el delta del Ebro. Centros turísticos de Sitges, Tarragona, Salou, Cambrils.

COSTA DU RELS (Adolfo), *Sucre 1891-La Paz 1980,* escritor boliviano, autor de narrativa (*El embrujo del oro,* 1929) teatro, ensayo y poesía.

COSTA-GAVRAS (Konstandínos **Gavrás,** llamado), *Atenas 1933,* director de cine francés de origen griego. Sus películas tratan hechos políticos contemporáneos y reflexionan sobre el poder (*Z,* 1968; *La confesión,* 1970; *Missing,* 1982; *La caja de música,* 1990; *Arcadia,* 2005).

COSTA I LLOBERA (Miquel), *Pollensa 1854-Palma de Mallorca 1922,* poeta español en lenguas castellana y catalana. Gran figura de la escuela poética mallorquina, su mejor obra, en metro clásico, es *Horacianas* (1906).

COSTANTINI (Humberto), *Buenos Aires 1924-íd. 1987,* escritor argentino, poeta de lo cotidiano (*Cuestiones de la vida,* 1966), cuentista (*Háblenos de Funes,* 1970) y autor teatral.

COSTA RICA, est. de América Central; 51 100 km²; 4 355 308 hab. (*costarricenses* o *costarriqueños*). CAP. *San José.* LENGUA: *español.* MONEDA: *colón costarricense.* (*V. mapa al final del volumen.*)

INSTITUCIONES

Constitución de 1949: estado unitario con sistema parlamentario unicameral. Presidente y diputados elegidos cada cuatro años por sufragio universal directo. La mayor peculiaridad es la inexistencia de ejército, abolido en 1948; las fuerzas armadas se reducen a la policía.

GEOGRAFÍA

Limita al N con Nicaragua, al E con el mar Caribe, al SE con Panamá y al S y O con el Pacífico. Relieve montañoso, especialmente en el centro y S, con las cordilleras Central y de Talamanca (cerro Chirripó Grande, 3 819 m). Llanuras en el litoral caribeño. Los ríos son cortos y poco navegables.

La población mantiene un ritmo de crecimiento muy alto (2,5 % anual) y se distribuye irregularmente, con las mayores densidades en la aglomeración de la capital, mientras las áreas rurales sufren un continuo éxodo.

La economía, básicamente agropecuaria, reposa en algunos cultivos de exportación (café, banano, piña y cacao), con predominio de la pequeña propiedad y cierta prosperidad del campesinado. Estados Unidos es el principal socio comercial (un tratado de libre comercio con EUA, otros países de América Central y la República Dominicana entró en vigor en 2007). Los recursos mineros (oro, plata, hierro, bauxita, mercurio) se explotan parcialmente. Predomina la industria manufacturera de bienes de consumo (textil, alimentaria, tabaco), con unidades productivas de pequeño tamaño y bajo nivel tecnológico. La necesidad de importar maquinaria y de aumentar el financiamiento externo de las empresas, sumada al descenso de los ingresos de las exportaciones, conforma una economía vulnerable.

HISTORIA

El poblamiento precolombino. El territorio costarricense era un área de contactos entre las culturas mesoamericanas y las del N de Sudamérica. Los chorotega, de origen mesoamericano, se situaban en el NO, dentro del ámbito de la península de Nicoya, que incluía también el O de Nicaragua. La vertiente atlántica y la región central estaban muy escasamente ocupadas por un poblamiento disperso, en tanto que en el Pacífico sur se situaba la región Diquís, con un poblamiento concentrado en aldeas, pero sin una autoridad común. **Conquista y colonización española. 1502:** C. Colón descubrió Costa Rica. **1523:** G. González Dávila abrió la conquista. **1524:** F. Fernández de Córdoba inició la conquista del NO. **1561-1564:** J. de Cavallón y Vázquez de Coronado impulsaron la conquista del Valle central, donde se estableció la capital, Nueva Cartago (1562). Costa Rica fue una región colonial pobre, donde la gran propiedad, ganadera, dominaba en el NO; en el resto se difundió la mediana y pequeña propiedad; administrativamente se constituyó en provincia de la audiencia de Guatemala (1569).

La independencia. 1821: se proclamó (15 sept.) en la ciudad de Guatemala la independencia de las provincias de la capitanía general de Guatemala; la secesión de la audiencia de Guatemala dividió la región entre partidarios de la unión con México (Cartago) y de la independencia o la unión con la Gran Colombia (San José). **1823:** la victoria de estos últimos significó el traslado de la capital a San José, pero Costa Rica fue incorporada a la federación de las Provincias Unidas de Centroamérica (1823-1838). Se inició una nueva etapa económica, con la difusión del cultivo del café, que permitió una democracia duradera. **1835:** la guerra de la Liga enfrentó de nuevo a Cartago y San José; el golpe liberal de 1838 resolvió el conflicto en favor de San José y separó Costa Rica de las Provincias Unidas.

La república exportadora. 1848: fundación de la república; presidencia de José María Castro Madriz. **1857:** se rechazó el ejército del aventurero estadounidense William Walker. **1870:** golpe de estado de Tomás Guardia; en su mandato (1870-1882) se promulgó la constitución de 1871 y se consolidó el estado liberal. **1871:** instalación de la United Fruit Company, que desarrolló el cultivo del banano. Inicio de la dependencia económica de Estados Unidos. **1882-1929:** liberales y conservadores se turnaron en el poder, salvo en la crisis de 1889, cuando la oposición tardó unos meses en ver reconocida su victoria electoral frente a los liberales en el poder, y en la dictadura de Federico Tinoco (1917-1919). La economía exportadora progresó merced a la expansión de la producción del café y el banano.

De la crisis de 1929 a la guerra civil. 1929: caída de las exportaciones de café y banano y fundación del Partido comunista, con influencia en la zona bananera de Limón. **1940-1948:** las presidencias de Calderón Guardia y Teodoro Picado, apoyados por el Partido comunista,

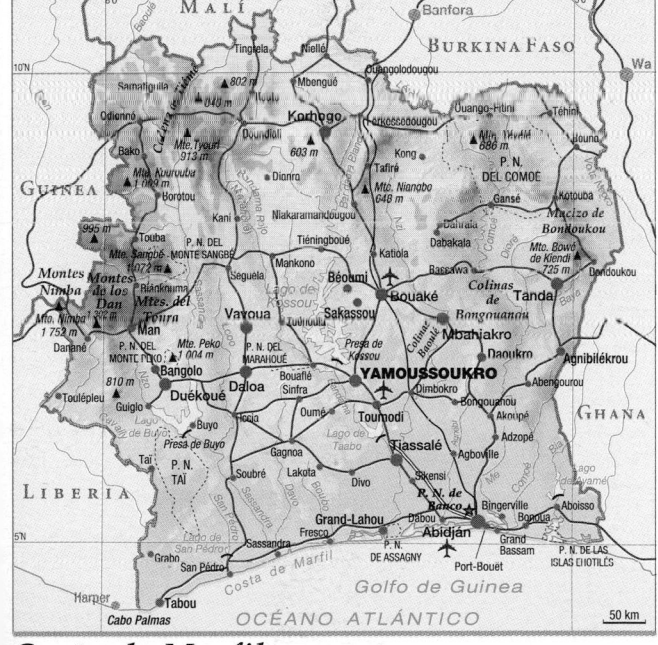

Costa de Marfil

★ lugar de interés turístico

| 200 | 300 | 400 | 500 m |

— autopista
— carretera
— ferrocarril
✈ aeropuerto

● más de 2 000 000 hab.
● de 100 000 a 2 000 000 hab.
● de 50 000 a 100 000 hab.
● menos de 50 000 hab.

1249

impulsaron una política de reformas sociales (implantación de la seguridad social, 1943). **1948:** la anulación de las elecciones que habían dado el triunfo a la oposición dio paso a la guerra civil, resuelta con la victoria de las tropas opositoras dirigidas por José Figueres. **La segunda república. 1953-1978:** José Figueres, artífice de la segunda república y fundador del Partido de liberación nacional, fue presidente en dos ocasiones (1953-1958 y 1970-1974) y dominó la política costarricense con su reformismo social moderado y un cierto neutralismo. Lo sucedió D. Oduber Quirós, también del PLN. **1978-1982:** presidencia del conservador R. Carazo. Las dificultades del sector exportador y la guerra en Nicaragua decantaron al país hacia una política más conservadora y a un mayor alineamiento con EUA. **1982-1990:** el PLN ocupó de nuevo la presidencia con L. A. Monge (hasta 1986) y Óscar Arias. Durante el mandato de este último, Costa Rica firmó una serie de acuerdos (1987, 1989) con Guatemala, Honduras, Nicaragua y El Salvador, con el objetivo de restablecer la paz en la región. **1990:** el socialcristiano R. A. Calderón fue elegido presidente. **1994:** el PLN volvió al poder con J. M. Figueres Olsen. **1998:** elección del liberal M. Á. Rodríguez. **2002:** Abel Pacheco, socialcristiano, fue elegido presidente. **2004:** los ex presidentes R. Á. Calderón y M. Á. Rodríguez fueron encarcelados por corrupción. **2006:** Ó. Arias fue elegido para un segundo mandato presidencial.

COSTERAS CATALANAS (cordilleras), sierras del NE de España, alineadas paralelamente a la costa catalana. Se distinguen la cordillera Litoral (Tibidabo, 512 m; Garraf, 643 m) y la Prelitoral, más elevada y con estructuras más complejas (Montnegre, 1 712 m, alt. máx.; Montserrat, 1 236 m; Ports de Beceite, 1 500 m).

COTA (Rodrigo de), escritor español de fines del s. XV, de origen judío. Su *Diálogo entre el Amor y un viejo* figura en el *Cancionero general* de Hernando del Castillo.

COTACACHI, cantón de Ecuador (Imbabura), al pie del *volcán Cotacachi* (4 966 m); 33 061 hab.

COTARELO Y MORI (Emilio), *Ribadeo 1857-Madrid 1935*, erudito español. Discípulo de Menéndez Pelayo, se especializó en el estudio del teatro español, la ópera y la zarzuela.

COTAXTLA, mun. de México (Veracruz); 16 420 hab. Centro agrícola. Maderas.

CÔTE-D'OR, dep. del E de Francia (Borgoña); 8 765 km²; 506 755 hab.; cap. *Dijon*.

CÔTES-D'ARMOR, ant. **Côtes-du-Nord**, dep. de Francia (Bretaña); 6 878 km²; 542 373 hab.; cap. *Saint-Brieuc* (48 895 hab.).

COTIJA, mun. de México (Michoacán); 17 905 hab. Agricultura. Industrias lácteas.

COTO BRUS, cantón de Costa Rica (Puntarenas), en el valle del *río Coto Brus;* 39 768 hab.

COTONOU, c. de Benín; 487 000 hab. Principal ciudad y salida marítima del país.

COTOPAXI, pico volcánico de Ecuador (Cotopaxi), el más activo del mundo, ubicado en la parte central de la cordillera de los Andes; 5 897 m.

COTOPAXI (provincia de), prov. del centro de Ecuador; 5 028 km²; 276 324 hab.; cap. *Latacunga*.

COTTA (Blanca), *en la Pampa 1926*, gastrónoma argentina. Popular por sus programas de televisión y sus más de veinte libros sobre cocina, sus recetas incluyen citas literarias.

COTTBUS, c. de Alemania (Brandeburgo), a orillas del Spree; 128 121 hab. Textil. Monumentos antiguos.

COTUÍ, c. de la República Dominicana, cap. de la prov. de Sánchez Ramírez; 81 792 hab.

COUBERTIN (Pierre de), *París 1863-Ginebra 1937*, pedagogo francés. Renovó los Juegos olímpicos.

COUDENHOVE-KALERGI (conde Richard), *Tōkyō 1894-Schruns 1972*, diplomático austriaco. Promotor de la unión europea desde la década de 1920, preparó la creación del Consejo de Europa (1949).

COULOMB (Charles de), *Angulema 1736-París 1806*, físico francés. Estableció las leyes experimentales y teóricas del magnetismo y la

electrostática e introdujo las nociones de momento magnético y de polarización.

COUPER (Archibald Scott), *Kirkintilloch, cerca de Glasgow, 1831-íd. 1892*, químico británico. Descubrió, al mismo tiempo que Kekulé, la tetravalencia del carbono y fue uno de los fundadores de la química orgánica moderna.

COUPERIN (François), llamado **el Grande**, *París 1668-íd. 1733*, compositor francés. Fue el gran maestro francés del clave.

COUPERUS (Louis), *La Haya 1863-De Steeg 1923*, escritor neerlandés. Sus novelas históricas y relatos simbólicos mezclan el naturalismo y la estética decadente.

COURBET (Gustave), *Ornans 1819-La Tour-de-Peilz, Suiza, 1877*, pintor francés. Artista de gran fuerza plástica, su obra señala la cima del realismo del s. XIX y ejerció un influjo decisivo en el arte de su tiempo: *Entierro en Ornans* (1850), *¡Buenos días, señor Courbet!* (1854), *El taller del pintor* (1855), *La siesta* (1866).

■ GUSTAVE **COURBET**. Detalle de *El taller del pintor* (1855). [Museo de Orsay, París.]

COURMAYEUR, mun. de Italia (Valle de Aosta), a orillas del Dora Baltea, al pie del Mont Blanc; 2 471 hab. Estación de deportes de invierno (alt. 1 224-3 456 m) y centro de alpinismo.

COURNAND (André), *París 1895-Great Barrington, Massachusetts, 1988*, médico estadounidense de origen francés. Es autor de investigaciones sobre la insuficiencia cardíaca. (Premio Nobel 1956.)

COURTRAI, en neerl. **Kortrijk**, c. de Bélgica (Flandes Occidental), a orillas del Lys; 76 141 hab. Textil. Monumentos de los s. XIII-XVII; museos.— En la *batalla de Courtrai* (1302) las milicias de las ciudades de Flandes vencieron a las tropas francesas.

COUSIN (Victor), *París 1792-Cannes 1867*, filósofo francés. Defendió un eclecticismo espiritualista (*Historia general de la filosofía*, 1863).

COUSTEAU (Jacques-Yves), *Saint-André-de-Cubzac 1910-París 1997*, oceanógrafo francés. Realizó campañas oceanográficas a bordo del *Calypso*. Rodó *El mundo del silencio* (1955, con L. Malle).

COVADONGA (sierra de), sierra de España (Asturias), rama occidental de los Picos de Europa; 2 596 m en Peña Santa de Castilla.— El *parque nacional de la Montaña de Covadonga* (16 925 ha), creado en 1918, se integró en 1995 en el *parque nacional de los Picos de Europa*.

Covadonga (basílica de Santa María la Real de), santuario mariano de España (mun. de Cangas de Onís). Construido en 1887-1897 en estilo neomedieval, conserva las tumbas de don Pelayo y Alfonso I (s. VIII).

Covadonga (batalla de) [722], victoria de Pelayo y los astures sobre los musulmanes de Alqama (722). Escaramuza de poca importancia, la leyenda la mitificó como el inicio de la reconquista.

COVARRUBIAS, v. de España (Burgos); 629 hab. (*covarrubianos*). Colegiata gótica (ss. XIV-XV); torre de doña Urraca (s. X); restos de murallas, con puerta renacentista; ayuntamiento (s. XVI).

COVARRUBIAS (Alonso de), *Torrijos 1488-Toledo 1570*, arquitecto español. Se inició en el estilo plateresco (capilla de los Reyes Nuevos, catedral de Toledo, 1534) y evolucionó hacia el clasicismo (palacio arzobispal de Toledo,

1541-1545). Nombrado maestro de los reales alcázares (1538-1551), es una de las principales figuras del renacimiento en España.

COVARRUBIAS Y HOROZCO (Sebastián de), *Toledo 1539-Cuenca 1613*, gramático español. Es autor del *Tesoro de la lengua castellana o española* (1611), gran diccionario del español del siglo de oro.

COVARRUBIAS Y LEYVA (Diego), *Toledo 1512-Madrid 1577*, teólogo y jurisconsulto español. Escribió diversas obras jurídicas y fue una autoridad en su época. Asimismo por su dominio del idioma la Academia española lo incluyó en el diccionario de Autoridades.

Covenanters (del ingl. *covenant*, pacto), presbiterianos escoceses que se opusieron en el s. XVII a la introducción del anglicanismo en Escocia, tras haber proclamado el National Covenant de 1638.

COVENTRY, c. de Gran Bretaña (Inglaterra), en los Midlands; 292 600 hab. Universidad. Construcciones mecánicas.— Catedral reconstruida tras la segunda guerra mundial.— La ciudad sufrió violentos bombardeos durante la batalla de Inglaterra.

COVILHÃ (Pêro da), *Covilhã-en Etiopía h. 1545*, viajero portugués. Encargado por Juan II de Portugal de encontrar la ruta de las Indias, llegó a las costas del Decán y, después, hasta Etiopía (1490).

COWARD (sir Noel), *Teddington 1899-en Jamaica 1973*, dramaturgo británico. Actor, compositor y director, elaboró un precursor del musical que abarca desde la farsa al drama (*The Vortex; Los amantes terribles; Vidas privadas*).

COWES, c. de Gran Bretaña (Inglaterra), en la isla de Wight; 19 000 hab. Puerto. Regatas internacionales.

COWLEY (Abraham), *Londres 1618-Chertsey 1667*, escritor inglés. Es autor de ensayos (*Ensayo sobre mí mismo*) y de poemas (*Él amante*) al estilo de Anacreonte y Píndaro.

COWPER (William), *Great Berkhamsted 1731-East Dereham 1800*, poeta británico. Cantó al campo y al hogar (*La tarea*, 1785).

COXCATLÁN, mun. de México (San Luis Potosí); 15 820 hab. Cultivos de plantación.

COYAIMA, mun. de Colombia (Tolima); 25 378 hab. Café, cacao y bananas. Minas de oro.

COYOACÁN, delegación de México (Distrito Federal); 597 129 hab. Ciudad universitaria. Ruinas arqueológicas de Cuicuilco y de Copilco. Edificaciones de la arquitectura colonial. Importantes museos (Anahuacalli, nacional de culturas populares, museo Frida Kahlo).

COYOLXAUQUI MIT. AMER. Diosa lunar de los aztecas, hermana de Huitzilipochtli, hija de Coatlicue, llamada Ixchel entre los mayas.

COYPEL (Noël), *París 1628-íd. 1707*, pintor francés. Hizo decoraciones en Versalles.— **Antoine C.**, *París 1661-íd. 1722*, pintor francés. Hijo de Noël, influido por los Carracci, también decoró Versalles.— **Noël Nicolas C.**, *París 1690-íd. 1734*, pintor francés. Hermano de Antoine, está considerado como un precursor de F. Boucher.— **Charles Antoine C.**, *París 1694-íd. 1752*, pintor francés. Hijo de Antoine, realizó cartones de tapices para los Gobelinos.

COYUCA DE BENÍTEZ, mun. de México (Guerrero); 47 483 hab. Arroz, café y tabaco. Pesca.

COYUCA DE CATALÁN, mun. de México (Guerrero); 39 799 hab. Placeres de oro, plata y cobre.

COYUTLA, mun. de México (Veracruz); 16 922 hab. Cultivos tropicales. Apicultura. Aeropuerto.

COYZEVOX o **COISEVOX** (Antoine), *Lyon 1640-París 1720*, escultor francés. Fue retratista de Luis XIV y autor de sepulcros y bustos.

COZUMEL, mun. de México (Quintana Roo); 23 270 hab. Puerto pesquero en el Caribe (mariscos).

COZUMEL (isla de), isla de México, en el Caribe; 47 km². Turismo. Restos de la cultura maya.— Fue descubierta en 1517 por Fernández de Córdoba.

CPI (Corte penal internacional) → **Tribunal penal internacional.**

CRABBE (George), *Aldeburgh 1754-Trowbridge*

1832, poeta británico. Reflejó la vida de los campesinos y de los pescadores (*La aldea*, 1783).

CRACOVIA, en polaco **Kraków**, c. del S de Polonia, cap. de voivodato, junto al Vístula; 751 300 hab. Química; textil. Universidad. — Importantes monumentos: iglesia de Nuestra Señora (ss. XIII-XV); mercado y torre (ss. XIV-XVII); ciudadela del Wawel (s. XV); catedral (ss. XII-XIV) y castillo real del Wawel. Museos. (Patrimonio de la humanidad 1978.) — Sede de un obispado desde el s. XI y de una universidad fundada en 1364, fue capital de Polonia de 1320 a 1596.

Crafoord (premio) [de Anna-Greta y Holger *Crafoord*], premio científico concedido por la Academia real de las ciencias de Suecia. Se adjudica todos los años desde 1982 en una de las siguientes disciplinas: matemáticas, biología, astronomía, geología.

CRAIG (Edward Gordon), *Stevenage 1872-Vence, Francia, 1966*, director de teatro británico. Ilustró su teoría del teatro «total» con sus puestas en escena, sus escritos teóricos y sus enseñanzas en la escuela de actores que fundó en Florencia.

CRAIOVA, c. del S de Rumanía; 303 520 hab.

CRAM (Donald James), *Chester, Vermont, 1919-Palm Desert, California, 2001*, químico estadounidense. Sus investigaciones se centran en los complejos estables de iones alcalinos ligados a moléculas orgánicas. (Premio Nobel 1987.)

CRAMPTON (Thomas Russell), *Broadstairs 1816-Londres 1888*, ingeniero británico. Inventó un tipo de locomotora de gran velocidad muy utilizada en Europa, y en 1855 construyó la red hidráulica de Berlín.

CRANACH (Lucas), llamado **el Viejo**, *Kronach, Franconia, 1472-Weimar 1553*, pintor y grabador alemán. Establecido en la corte de Sajonia, en Wittenberg, desde 1505, practicó todos los géneros: composiciones religiosas o mitológicas, retratos (Lutero) y desnudos femeninos de un sutil encanto. — **Lucas C.**, llamado **el Joven**, *Wittenberg 1515-Weimar 1586*, pintor alemán. Hijo de Lucas el Viejo, le sucedió como director del taller familiar.

CRANE (Hart), *Garrettsville, Ohio, 1899-golfo de México 1932*, poeta estadounidense. Intentó reconciliar la poesía y la civilización industrial norteamericana (*El puente*, 1930).

CRANE (Stephen), *Newark, New Jersey, 1871-Badenweiler, Alemania, 1900*, escritor estadounidense. Es uno de los creadores del relato norteamericano contemporáneo (*La roja insignia del valor*, 1895).

CRANKO (John), *Rustenburg, Transvaal, 1927-en vuelo sobre Dublín 1973*, bailarín y coreógrafo británico. Director artístico del Ballet de Stuttgart (1961-1973), destacó en las grandes composiciones dramáticas (*Romeo y Julieta*, 1962; *Eugenio Oneguin*, 1965).

CRANMER (Thomas), *Aslacton, Nottinghamshire, 1489-Oxford 1556*, teólogo anglicano y arzobispo de Canterbury. Desempeñó un importante papel en la implantación de la Reforma en Inglaterra. Fue ejecutado durante el reinado de María I Tudor.

CRASHAW (Richard), *Londres h. 1613-Loreto, Italia, 1649*, poeta inglés, de inspiración metafísica.

■ **LA CREACIÓN DE ADÁN.** Fresco de Miguel Ángel en la bóveda de la capilla Sixtina, en el Vaticano (h. 1511).

CRASO, en lat. **Marcus Licinius Crassus Dives** («el Rico»), *Roma 115-Carres 53 a.C.*, político romano. Cónsul en 70, formó parte, junto con César y Pompeyo, del primer triunvirato (60). De nuevo cónsul en 55, gobernó Siria y murió en la guerra contra los partos.

CRAWFORD (Lucille Fay Le Sueur, llamada Joan), *San Antonio 1905-Nueva York 1977*, actriz de cine estadounidense. Estrella desde la época del cine mudo, en su larga carrera abordó el drama con glamour *(Gran hotel*, E. Goulding, 1932), personajes femeninos de fuerte carácter (*Johnny Guitar*, N. Ray, 1954) e incluso el género de terror (*¿Qué fue de Baby Jane?*, R. Aldrich, 1962).

CRAWLEY, c. de Gran Bretaña (Inglaterra), al S de Londres; 87 100 hab. Ciudad nueva.

CRAXI (Bettino), *Milán 1934-Hammamet, Túnez, 2000*, político italiano. Secretario general del Partido socialista italiano (1976-1993), fue presidente del gobierno de 1983 a 1987.

CRAYER (Gaspar de), *Amberes 1582-Gante 1669*, pintor flamenco. Discípulo de Rubens, creó numerosos retablos.

creación (La), fresco de Diego Rivera (1922), anfiteatro de la Escuela nacional preparatoria, (México).

creación de Adán (La), fresco de Miguel Ángel en la capilla *Sixtina del Vaticano, h. 1511. Es una de las 9 composiciones sobre temas del Génesis dispuestas perpendicularmente al eje de la bóveda, que relatan la zona superior de un complejo sistema arquitectónico e iconográfico.

CREEFT (José de), *Guadalajara 1884-Nueva York 1982*, escultor español nacionalizado estadounidense. Integrado dentro de la vanguardia histórica, la característica de su obra fue cierto naturalismo intemporal.

CRÉMER (Victoriano), *Burgos 1910*, poeta español. Fundó la revista *Espadaña*. Exponente de la poesía social, en 1984 reunió su obra (*Poesía, 1944-1972, Poesía, 1972-1984*). Es también narrador (*Libro de Caín*, 1958) y autor teatral.

CREMONA, c. de Italia (Lombardía), cap. de prov.; 73 404 hab. Conocida por la fabricación de violines, fue cuna de famosos fabricantes de instrumentos de cuerda (Amati, Guarneri,

Stradivari). — Catedral medieval, con un campanario de 115 m de altura. Museo municipal; museo Stradivarius.

CREONTE MIT. GR. Rey de Tebas, según el mito de Edipo.

crepúsculo de los dioses (El) → **Tetralogía.**

CRESO, *h. 560-546 a.C.*, último rey de Lidia. Su legendaria riqueza provenía del tráfico comercial y de las minas de oro de su reino. Fue vencido y ejecutado por Ciro.

CRESPI (Giuseppe Maria), *Bolonia 1665-íd. 1747*, pintor y grabador italiano. Fue un maestro del naturalismo (*La feria de Poggio a Caiano*, 1709, Uffizi).

CRESPÍ (Joan), *m. en Palma de Mallorca 1521*, dirigente de la germanía mallorquina, dirigente de la germanía. Acusado de traidor y de ser débil con la nobleza por los propios agermanados, fue condenado a muerte.

CRESPO, mun. de Venezuela (Aragua), en la aglomeración de Maracay; 151 367 hab.

CRESPO (Ángel), *Ciudad Real 1926-Barcelona 1995*, escritor español. Poeta (*En medio del camino*, 1971; *El bosque transparente*, 1983), ensayista y traductor, se le deben notables ediciones de Dante, Petrarca y Pessoa.

CRESPO (Joaquín), *Parapara, Guárico, 1841-Mata Carmelera 1898*, militar y político venezolano. Participó en la revolución federal en Los Llanos (1858-1863). Presidente de la república en 1884-1886 y de nuevo, tras el triunfo de la revolución legalista, en 1893-1898, fue depuesto por el general Hernández.

CRESPO TORAL (Remigio), *Cuenca 1860-íd. 1939*, poeta, periodista y político ecuatoriano. Autor de poemas románticos de tono trágico (*La leyenda de Hernán; Los voluntarios de la patria, Últimos pensamientos de Bolívar*), también cultivó el cuento. Fundó publicaciones (*El correo del Azuay; El progreso*) y fue rector de la universidad de Cuenca y parlamentario.

CRESQUES o **CRESCAS** (Hasday), *Barcelona h. 1340-Zaragoza 1412*, rabino y filósofo hebraicoespañol. Su obra *La luz del señor* en que critica el aristotelismo, influyó en Spinoza.

CRESQUES (Jafudá), bautizado **Jaume Ribes**, *Palma de Mallorca h. 1350-¿Barcelona? 1410*, cartógrafo mallorquín de origen judío. Fue consejero de Pedro IV de Aragón. Junto con su padre, Cresques Abraham (m. h. 1387), es autor del *Atlas catalán de 1375*, conservado en París.

CRETA, en gr. **Kriti**, ant. **Candía**, isla de Grecia, en el Mediterráneo; 8 336 km²; 536 980 hab. *(cretenses);* c. prales. Iráklion y La Canea. Es una isla que se alarga de O a E, formada por macizos calizos bordeados de llanuras (trigo, viña, cítricos y olivos). Turismo.

HISTORIA

La isla conoció en los milenios III y II una brillante civilización llamada «minoica», de la que son muestra los palacios de Cnosos, Malia y Faistos. **Ss. XV-XII a.C.:** dominada parcialmente por los micénicos, decayó irremediablemente con la invasión doria (s. XII). **Ss. VI-I a.C.:** pasó a convertirse en un mercado de mercenarios, alimentado por las guerras que enfrentaban entre sí a las ciudades cretenses. **67 a.C.:** los romanos la conquistaron. **395-1204:** posesión bizantina, fue ocupada por los musul-

■ **CRANACH EL VIEJO.** *La Melancolía* (1532). [Statens Museum for Kunst, Copenhague.]

manes de 827-828 a 960-961. **1204-1669:** Creta perteneció a los venecianos, que no pudieron resistir la conquista turca, iniciada en 1645. **1669-1913:** bajo dominio otomano, después de varios levantamientos, obtuvo la autonomía (1898), proclamó su unión con Grecia (1908) y se liberó de la soberanía otomana (1913).

CRÉTEIL, c. de Francia, cap. del dep. de Val-de-Marne; 82 630 hab.

CREUS (cabo de), cabo de España (Gerona), el punto más oriental de la península Ibérica.

CREUSE, dep. de Francia (Lemosín); 5 565 km²; 124 470 hab.; cap. *Guéret* (15 286 hab.).

CREUS Y MARTÍ (Jaime), *Mataró 1760-Tarragona 1825,* prelado español. Canónigo de la Seo de Urgel, tras la invasión napoleónica fue nombrado presidente de la Junta provincial de Cataluña (1808). Diputado en las cortes de Cádiz de 1812 donde apoyó las tesis absolutistas, fue miembro de la regencia de Urgel (1822) y obispo de Menorca (1815-1820) y de Tarragona (1820-1825).

CREVILLENT, v. de España (Alicante); 24 690 hab. *(crevillentinos).* Cáñamo, esparto. Hilados y confección. Calzado.

CRICK (Francis Harry Compton), *Northampton 1916-La Jolla, EUA, 2004,* biólogo británico. Descubrió, con James D. Watson y M. H. F. Wilkins, la estructura en doble hélice del ADN, y contribuyó a la comprensión de la auténtica naturaleza del código genético. (Premio Nobel 1962.)

CRILLON (**Louis des Balbes de Berton de Quiers,** duque de Mahón y de), *Aviñón 1717-Madrid 1796,* noble francés al servicio de España. Dirigió la expedición que tomó Menorca a los británicos (1781-1782) e intentó, sin éxito, recuperar Gibraltar (1782).

CRIMEA, península de Ucrania, que separa el mar Negro del mar de Azov. Las montañas de su parte meridional (1 545 m) dominan una costa pintoresca con abundantes estaciones balnearias, entre ellas Yalta.

HISTORIA

Poblada por los cimerios, y después por los escitas, los griegos la colonizaron a partir del s. VII a.C. **S. v a.C.:** creación del reino del Bósforo. **63 a.C.:** el reino pasó a ser protectorado romano. **Ss. III-IV d.C.:** fue invadido por los godos y los hunos. **Ss. VIII-XIII:** pueblos de origen turco (jazares, cumanos) y posteriormente los mongoles (s. XIII) ocuparon la península. Los venecianos y los genoveses fundaron las factorías de Kaffa (1266-1475) y de Tana. **S. XVI:** los príncipes mongoles (kanes) reconocieron la soberanía de los otomanos. **1783:** Crimea fue anexionada por Rusia. **1945:** los tártaros de Crimea fueron deportados, y su república autónoma (creada en 1921) suprimida. **1954:** Crimea, poblada en su mayoría por rusos, fue incorporada a Ucrania. **1992:** la independencia de Ucrania reactivó las reivindicaciones separatistas de los rusófonos de Crimea, partidarios de la soberanía o de la unión con Rusia. **1996:** Crimea se convirtió en república autónoma dentro de Ucrania.

Crimea (guerra de) [1854-1855], conflicto que enfrentó a Rusia con Francia, Gran Bretaña, el Imperio otomano y el Piamonte. Conocida por las batallas de Alma y de Sebastopol, acabó con la derrota de Rusia, ratificada por el tratado de París (1856).

Crimen y castigo, novela de Dostoievski (1866). Raskólnikov, el protagonista encuentra

en la confesión el único medio de liberar su conciencia de un crimen que cometió creyéndolo justificado.

CRIPPS (sir Stafford), *Londres 1889-Zurich 1952,* político británico. Laborista, ministro de economía y canciller del Exchequer (1947-1950), puso en práctica un eficaz programa de austeridad.

CRIŞ, en húng. **Körös,** nombre de tres ríos de Europa oriental, que nacen en Rumania (Transilvania) y confluyen en Hungría, antes de desaguar en el Tisza (or. izq.).

CRISIPO, *Soli, Cilicia, 281-Atenas 205 a.C.,* filósofo y lógico griego. Dio toda su coherencia al sistema estoico (sobre todo en filosofía y lógica).

CRISPI (Francesco), *Ribera, Sicilia, 1818-Nápoles 1901,* político italiano. Compañero de Garibaldi, presidente del gobierno (1887-1891; 1893-1896), renovó la Triple alianza con Alemania y Austria (1887) e impulsó la expansión colonial de Italia. Dimitió tras el desastre de Adua (1896).

CRISPÍN y **CRISPINIANO** (santos), hermanos de origen romano que fueron martirizados en época de Maximiano. Son patronos de los zapateros.

CRISTAL (montes de), macizo montañoso de África ecuatorial (Gabón), al N del Ogooué.

CRISTIÁN I, *1426-Copenhague 1481,* rey de Dinamarca (1448), de Noruega (1450-1481) y de Suecia (1457-1464). En 1460 se convirtió en duque de Schleswig y conde de Holstein. Fundó la universidad de Copenhague (1479). — **Cristián II,** *Nyborg 1481-Kalundborg 1559,* rey de Dinamarca y Noruega (1513-1523) y de Suecia (1520-1523). La revuelta de Gustavo Vasa le arrebató la corona de Suecia. — **Cristián III,** *Gottorp 1503-Kolding 1559,* rey de Dinamarca y de Noruega (1534-1559). Impuso el luteranismo en sus estados. — **Cristián IV,** *Frederiksborg 1577-Copenhague 1648,* rey de Dinamarca y de Noruega (1588-1648). Tomó parte en la guerra de los Treinta años y fue derrotado por Tilly (1629). — **Cristián V,** *Flensborg 1646-Copenhague 1699,* rey de Dinamarca y de Noruega (1670-1699). Primer rey hereditario de Dinamarca, se alió con las Provincias Unidas contra Suecia y Luis XIV, pero tuvo que restituir sus conquistas en 1679. — **Cristián VI,** *Copenhague 1699-Hørsholm 1746,* rey de Dinamarca y de Noruega (1730-1746), promovió el comercio y la industria. — **Cristián VII,** *Copenhague 1749-Rendsborg 1808,* rey de Dinamarca y de Noruega (1766-1808). Dejó gobernar a sus favoritos, fundamentalmente a Struensee. — **Cristián VIII,** *Copenhague 1786-Amalienborg 1848,* rey de Dinamarca (1839-1848). Elegido rey de Noruega en 1814, las grandes potencias lo obligaron a renunciar a dicha corona. — **Cristián IX,** *Gottorp 1818-Copenhague 1906,* rey de Dinamarca (1863-1906), a su acceso al trono aprobó contra su voluntad la nueva constitución, que incorporaba Schleswig a Dinamarca, lo que provocó la intervención de Prusia y de Austria (1864), que le arrebataron Schleswig y Holstein. — **Cristián X,** *Charlottenlund 1870-Copenhague 1947,* rey de Dinamarca (1912-1947) y de Islandia (1918-1944). En 1919 recuperó el Schleswig septentrional. Durante la ocupación alemana (1940-1944) se opuso con todo su empeño al invasor.

CRISTIANI (Alfredo), *San Salvador 1947,* político salvadoreño. Líder de la derechista ARENA, fue presidente de la república de 1989 a

1994. Firmó un acuerdo de paz con el FMLN en 1992.

CRISTIANÍA, nombre de Oslo de 1624 a 1924.

CRISTINA, *Estocolmo 1626-Roma 1689,* reina de Suecia (1632-1654). Hija de Gustavo II Adolfo, aceleró las negociaciones de los tratados de Westfalia (1648). Hizo de su corte uno de los centros del humanismo, donde recibió a Descartes. En 1654 abdicó en favor de su primo Carlos X Gustavo y se convirtió al catolicismo. Visitó parte de Europa, y se instaló en Roma.

■ **CRISTINA** de Suecia, por S. Bourdon. (Museo de bellas artes, Béziers, Francia.)

■ **OLIVER CROMWELL,** por S. Cooper. (Col. part.)

Cristo (orden de), orden de caballería fundada en 1319 por el rey de Portugal Dionís I para acoger a los templarios, cuya orden había sido disuelta. Trasladada a Brasil, pasó a ser honorífica.

CRISTO → **JESÚS** o **JESUCRISTO.**

CRISTÓBAL, c. de Panamá (Colón), a orillas del Caribe; 37 426 hab. Puerto. — Hasta 1979 estuvo bajo la jurisdicción de EUA.

CRISTÓBAL (san), mártir legendario. Según la leyenda, cruzó un río con el niño Jesús a sus espaldas. Patrono de los viajeros y los automovilistas, fue suprimido del santoral en 1970.

CRISTÓBAL COLÓN, pico de Colombia, en la sierra Nevada de Santa Marta; 5 775 m de alt., máxima altura del país.

CRISTO DE ARANZA, mun. de Venezuela (Zulia), en la aglomeración de Maracaibo; 104 029 hab.

CRISTÒFOL (Leandre), *Os de Balaguer, Lérida, 1908-Lérida 1998,* escultor español. Participó en 1936 en la exposición logicofobista promovida por la ADLAN. Su obra combina un depurado lenguaje geométrico con la estética surrealista, a veces en esculturas móviles.

CRISTOFORI (Bartolomeo), *Padua 1655-Florencia 1731,* constructor de claves italiano. Fue uno de los inventores del pianoforte.

criterio (El), primera obra filosófica de J. Balmes (1843), moralista y pedagógica.

CRITIAS, *450-404 a.C.,* político ateniense. Alumno de Sócrates y tío de Platón, uno de los Treinta, murió cuando intentaba tomar el Pireo, ocupado por Trasíbulo.

Crítica de la razón práctica, obra de Kant (1788). El autor se pregunta cómo la moralidad como imperativo categórico, es decir, como ley a priori, puede constituir el principio determinante de la acción humana.

Crítica de la razón pura, obra de Kant (1781, 2ª ed. 1787). El autor analiza el poder de la razón en general determinando su extensión y sus límites, a partir de principios a priori, con el fin de responder a la pregunta «¿Qué puedo saber?».

Crítica del juicio, obra de Kant (1790), en la que trata del juicio estético y del juicio teleológico.

criticón (El), obra de Baltasar Gracián (1651-1657), que ofrece una visión alegórica de la vida humana, a través de las cuatro edades correspondientes a las estaciones del año. Sus protagonistas, Andrenio y Critilo, simbolizan la inocencia y la sabiduría.

CRIVELLI (Carlo), *Venecia h. 1430/1435-Ascoli Piceno a. 1501,* pintor italiano. Realizó, en las Marcas, retablos de grafismo vigoroso y rico colorido.

■ **CRETA.** El patio central del palacio de Malia (h. 1650 a.C.).

CRIVILLÉ (Àlex), *Seva, Barcelona, 1970,* motociclista español. Tras proclamarse campeón del mundo en la categoría de 125 centímetros cúbicos (1989), desde 1992 compitió en la modalidad de 500 centímetros cúbicos, en la que fue el primer piloto español en ganar el campeonato (1999). Se retiró en 2002.

CRNA GORA → MONTENEGRO.

CROACIA, en croata **Hrvatska,** estado de Europa balcánica, a orillas del Adriático; 56 500 km²; 4 500 000 hab. *(croatas).* CAP. *Zagreb.* LENGUA: *croata.* MONEDA: *kuna.*

INSTITUCIONES

República de régimen semipresidencial. Constitución de 1990. El presidente de la república es elegido cada 5 años por sufragio universal directo. Nombra al primer ministro. El parlamento se compone de la cámara de representantes y de la cámara de municipios, elegidas cada 4 años por sufragio universal.

GEOGRAFÍA

Croacia, que se extiende del Danubio al Adriático, está formada por colinas y llanuras al N y el E, y al O y S por relieves (Alpes Dináricos) que dominan la costa dálmata. En 1991, el territorio estaba habitado por un 75 % de croatas de nacimiento, católicos, y más de un 10 % de serbios, ortodoxos. La agricultura predomina en el E, en Eslavonia; la industria se concentra alrededor de Zagreb, y el litoral es una gran región turística (hacia Split y Dubrovnik).

HISTORIA

Poblada por ilirios, formó parte desde 6-9 d.C. del Imperio romano, y fue invadida por los eslavos en el s. VI. **925:** Tomislao (910-928) reunió bajo su mando la Croacia panónica y la dálmata, y se proclamó rey. **1102:** el rey de Hungría fue reconocido rey de Croacia, donde era representado por un ban. **1526-1527:** parte del país cayó bajo dominio otomano; el resto fue añadido a la casa de Austria. **1867-1868:** el compromiso austrohúngaro anexionó Croacia a Hungría, con la que se firmó el compromiso húngaro-croata. **1918-1941:** Croacia se adhirió al Reino de los serbios, croatas y eslovenos. Los croatas se opusieron al centralismo serbio. Los opositores crearon la sociedad secreta Ustaša (1929) y recurrieron al terrorismo. **1941-1945:** el estado independiente croata, controlado por alemanes e italianos, fue gobernado por A. Pavelić. **1945:** Croacia se convirtió en una de las seis repúblicas federadas de Yugoslavia, para continuar el movimiento nacional croata. **1990:** las primeras elecciones libres dieron el triunfo a la Unión democrática croata (HDZ), dirigida por F. Tudjman, que se convirtió en presidente. **1991:** Croacia declaró su independencia (junio). Violentos combates enfrentaron a los croatas con los serbios de Croacia y con el ejército federal. **1992:** la independencia fue reconocida por la comunidad internacional (en.). Croacia aceptó el plan de paz propuesto por la ONU y el despliegue de una fuerza de protección (FORPRONU) y afirmó su voluntad de restablecer su autoridad en la totalidad del territorio (incluida Krajina, donde los serbios habían proclamado una república en 1991). **1995:** el ejército croata ocupó Krajina (ag.) y apoyó la contraofensiva de las fuerzas croatomusulmanas en Bosnia. El presidente Tudjman firmó el acuerdo de paz sobre Bosnia-Herzegovina. **1999:** muerte de F. Tudjman, que había sido reelegido jefe de estado en 1997. **2000:** la oposición venció en las legislativas (grave derrota del HDZ). Uno de sus líderes, el centrista Stipe Mesić, fue elegido presidente de la república (reelegido en 2005). **2003:** Croacia presentó una solicitud de adhesión a la Unión europea. Las elecciones marcaron el regreso al poder del HDZ y de sus aliados (confirmados al término de las elecciones de 2007).

CROCE (Benedetto), *Pescasseroli 1866-Nápoles 1952,* filósofo, historiador y político italiano. Su pensamiento histórico y espiritualista, inspirado por Vico y Hegel, supone la identidad de la historia y la filosofía, y concede un lugar privilegiado al arte *(Breviario de estética,* 1913; *La historia como pensamiento y acción,* 1938). Antifascista, presidió el Partido liberal (1947).

CROCKETT (David, llamado *Davy), Rogersville, Tennessee, 1786-fuerte de El Álamo, Texas, 1836,*

pionero estadounidense. Diputado por Tennessee, participó en la resistencia de El Álamo frente a los mexicanos (1836), en la que murió.

CROLLIUS (Oswaldus) o **CROLL** (Oswald), *Wetter, Hesse, 1580-¿Praga? 1609,* alquimista y químico alemán. Su *Basilica chymica* (1608) postula la analogía perfecta entre el microcosmos (el hombre) y el macrocosmos (el mundo).

CRO-MAGNON, yacimiento de la Dordogne (Francia). En 1868 se descubrieron los primeros restos fósiles de una población de *Homo sapiens sapiens* que poblaba Europa occidental y central en el paleolítico superior.

CROMWELL (Oliver), *Huntingdon 1599-Londres 1658,* estadista inglés. Gentilhombre puritano, fue elegido diputado en la Cámara de los comunes (1640), y se convirtió en jefe de la oposición contra la arbitrariedad real y contra el episcopado anglicano. Durante la primera guerra civil (1642-1646) derrotó, con su regimiento de los Ironside, a las tropas reales en Marston Moor (1644) y en Naseby (1645). Moderado y contrario a los niveladores, no fue un claro adversario de Carlos I hasta que este desencadenó la segunda guerra civil (1648). Tras depurar el parlamento (llamado entonces «Rump Parliament»), eliminó la Cámara de los lores e hizo condenar a muerte al rey (1649). El estado inglés adoptó el nombre de Commonwealth. Cromwell instauró una auténtica dictadura, que impuso por la fuerza en Irlanda y en Escocia (1650-1651). Al haber hecho votar el Acta de navegación (1651), se vio arrastrado a una guerra contra las Provincias Unidas (1652-1654), que contribuyó a hacer de Inglaterra una gran potencia naval. Lord protector (1653), al principio compartió los poderes con un consejo de estado, pero desde 1655 actuó como un auténtico soberano. **— Richard C.,** *Huntingdon 1626-Cheshunt 1712,* estadista inglés. Hijo de Oliver, lo sucedió como lord protector, aunque dimitió en 1659.

CROMWELL (Thomas), conde **de Essex,** *Putney h. 1485-Londres 1540,* estadista inglés. Canciller del Exchequer (1533) y secretario del rey Enrique VIII, fue el artífice de la Reforma en Inglaterra. Murió decapitado.

Crónica, diario argentino, fundado en 1963, con sede en Buenos Aires. Con dos ediciones

diarias, de mañana y tarde, es el segundo del país por su tirada.

Crónicas (libro de las), libro de la Biblia, dividido en dos partes. Escrito entre 350 y 300 a.C., describe, dentro del espíritu del judaísmo posterior al Exilio, la historia del pueblo judío hasta la toma de Jerusalén (587 a.C.).

CRONO o **CRONOS** MIT. GR. Dios que personifica el Tiempo. Es el Titán que mutiló a su padre Urano y devoró a sus hijos, con la excepción de Zeus, que lo destronó. Fue identificado por los romanos con el dios Saturno.

Cronstadt → Kronshtadt.

CROOKES (sir William), *Londres 1832-íd. 1919,* químico y físico británico. Descubrió el talio (1861), inventó un tubo electrónico (1872) y demostró que los rayos catódicos son partículas eléctricas (1878).

CROTONA, en ital. **Crotone,** c. de Italia (Calabria); 55 633 hab. Está cerca de la ant. Crotona, que fue residencia de Pitágoras y patria del atleta Milón.

CROZET (islas o archipiélago), archipiélago francés del océano Índico meridional, al S de Madagascar; 500 km² aprox. Base científica.

CRUCES, mun. de Cuba (Cienfuegos); 34 103 hab. Refino de azúcar. Industria del cuero.

CRUCHAGA (Miguel), *Santiago 1842-1887,* economista y político chileno. Autor de tratados sobre economía política, fue elegido diputado varias veces.

CRUCHAGA SANTA MARÍA (Ángel), *Santiago 1893-íd. 1964,* poeta chileno. Modernista en sus inicios, derivó hacia el realismo y el criollismo *(Las manos juntas,* 1915; *Job,* 1922; *Los cirios,* 1948).

CRUIKSHANK (George), *Londres 1792-íd. 1878,* caricaturista e ilustrador británico. Cultivó lo grotesco y la violencia o la sátira política, y después triunfó con sus crónicas de la vida popular.

CRUMB (Robert), *Filadelfia 1943,* dibujante y guionista estadounidense de cómic. Se impuso con *Fritz the Cat* (1965) como líder del movimiento underground.

CRUZ (La), c. de Costa Rica (Guanacaste), cerca de la frontera con Nicaragua y del parque nacional Santa Rosa; 13 021 hab.

Croacia

★ lugar de interés turístico

════ autopista
──── carretera
──── ferrocarril
✈ aeropuerto

● más de 500 000 hab.
● de 100 000 a 500 000 hab.
● de 50 000 a 100 000 hab.
● menos de 50 000 hab.

50 km

CRUZ (Celia), *La Habana 1924-Fort Lee, Nueva Jersey, 2003,* cantante cubana, nacionalizada estadounidense. Intérprete notable de ritmos caribeños (*Azúcar negra; Guantanamera; Bemba colorá*), colaboró con la Sonora matancera, Tito Puente y la Fania All Stars. Tras abandonar Cuba en 1960, se instaló en EUA.

CRUZ (Diego de la), pintor español activo entre 1482 y 1500. Sus obras pertenecen al círculo hispanoflamenco de Gil de Siloé (*Estigmatización de san Francisco*, iglesia de San Esteban de Burgos).

CRUZ (Juana Inés de Asbaje, llamada sor Juana Inés de la), *San Miguel de Nepantla 1651-México 1695,* poetisa y religiosa mexicana. Gran figura barroca de las letras hispanoamericanas, su espíritu reflexivo, analítico y científico es un preludio del s. XVIII. De su prosa destaca la carta *Respuesta a sor Filotea de la Cruz* (1691), donde defiende la sabiduría profana y exalta la labor cultural de la mujer; de su obra teatral, los autos sacramentales *El divino Narciso, El cetro de José* y *El mártir del Sacramento,* y dos comedias profanas, *Los empeños de una casa* y *Amor es más laberinto;* de sus poesías líricas sobresalen las inspiradas en el amor humano. En su mayor obra, el poema *Primero sueño,* más allá de la influencia gongorina hay una nueva actitud cartesiana y didáctica que madurará en el s. XVIII, y que hace del poema un caso singularísimo en el barroco español.

■ SOR JUANA INÉS DE LA **CRUZ**.
(Anónimo; museo de América, Madrid.)

CRUZ (Penélope), *Alcobendas 1974,* actriz española. Ha alternado una brillante carrera en el cine español (*Jamón, jamón,* Bigas Luna, 1992; *La niña de tus ojos,* F. Trueba, 1998; *Volver,* P. Almodóvar, 2006) con papeles en producciones internacionales (*No te muevas,* S. Castellitto, 2004; *Vicky Cristina Barcelona,* W. Allen, 2008, Oscar a la mejor actriz de reparto).

CRUZ (Ramón de la), *Madrid 1731-íd. 1794,* comediógrafo español. De formación neoclásica, cultivó con talento el sainete. Compuso unos cuatrocientos, retratos realistas del pueblo de Madrid, entre los que figuran: *La petimetra en el tocador, La casa de Tócame Roque, La pradera de san Isidro, Las castañeras picadas, El sarao* y *Los pavos en la corte.*

CRUZ (Sebastián de la), arquitecto peruano del s. XVIII. Representante del llamado estilo «mestizo», realizó la fachada y la torre de la iglesia de la Compañía de Jesús en Potosí.

cruzadas, expediciones militares emprendidas desde el s. XI al s. XIII por la Europa cristiana, impulsadas por el papado. Su objetivo era socorrer a los cristianos de oriente, arrebatar los Santos Lugares (en particular el Santo Sepulcro) a los musulmanes y, más tarde, defender los Estados latinos de Levante fundados por los cruzados en Siria y Palestina.

CRUZ ALTA, dep. de Argentina (Tucumán), en el Gran Tucumán; 131 943 hab.

CRUZ-COKE LASSABE (Eduardo), *Valparaíso 1899-Santiago 1998,* médico y político chileno.

LAS CRUZADAS

PRIMERA CRUZADA (1095-1099)
fue ordenada por el papa Urbano II, y consistió en dos expediciones; la primera, popular, dirigida por Pedro el Ermitaño y Gualterio sin Haber, fue derrotada por los turcos; la segunda, formada por ejércitos regulares y dirigida por Godofredo de Bouillon, Raimundo de Tolosa y Bohemundo de Tarento, conquistó Antioquía, Edesa y Jerusalén (1099); los cruzados fundaron el principado de Antioquía, el condado de Edesa y el reino de Jerusalén, confiado a Godofredo de Bouillon; el condado de Trípoli fue creado entre 1102 y 1109.

SEGUNDA CRUZADA (1147-1149)
predicada por Bernardo de Claraval y el papa Eugenio III, fue dirigida por el emperador Conrado III de Hohenstaufen y Luis VII de Francia; asedió en vano Damasco y no consiguió liberar Edesa, que había caído en manos de los turcos.

TERCERA CRUZADA (1189-1192)
dirigida por Federico Barbarroja de Alemania, Felipe Augusto de Francia y Ricardo Corazón de León de Inglaterra, no consiguió liberar Jerusalén, tomada por Saladino en 1187; Ricardo Corazón de León, que acababa de apoderarse de Chipre, y Felipe Augusto, recuperaron Acre.

CUARTA CRUZADA (1202-1204)
ordenada por el papa Inocencio III y dirigida por Bonifacio de Monferrato, se dirigía a Egipto pero fue desviada por los venecianos hacia Zara y

Constantinopla, saqueada en 1204; Balduino de Flandes fundó el Imperio latino de Constantinopla, que se mantuvo hasta 1261.

QUINTA CRUZADA (1217-1221)
ordenada por el papa Inocencio III, la cruzada fue proclamada en 1215 por el IV concilio de Letrán, dirigida por Andrés II, rey de Hungría, y posteriormente por Juan de Brienne, rey de Jerusalén, no consiguió arrebatar el monte Tabor a los musulmanes, pero tomó Damieta (1219), evacuada en 1221.

SEXTA CRUZADA (1228-1229)
ordenada por el papa Honorio III, fue dirigida por Federico II de Hohenstaufen, que negoció con el sultán la restitución de Jerusalén, Belén y Nazaret.

SÉPTIMA CRUZADA (1248-1254)
ordenada por el papa Inocencio IV, y bajo el mando de Luis IX de Francia, intentó conquistar Egipto, que controlaba los Santos Lugares; se apoderó de Damieta (1249), pero fue derrotada en Mansura y abandonó Egipto.

OCTAVA CRUZADA (1270)
organizada por Luis IX de Francia tras la caída de Antioquía (1268), se dirigió a Túnez, según el plan de su hermano, Carlos I de Anjou, rey de Sicilia; Luis IX murió de peste durante el sitio de Túnez.

Fundador de la Sociedad de Biología de Santiago (1928), dio un decisivo impulso al desarrollo de la endocrinología. Fue ministro de salubridad y trabajo (1937-1938) y presidente de la Comisión nacional de energía atómica (1964).

CRUZ DEL EJE, dep. de Argentina (Córdoba), avenado por el *río Cruz del Eje;* 48 481 hab.

CRUZ DEL SUR, constelación del hemisferio austral. Sus cuatro estrellas más brillantes forman una cruz en la que el brazo largo está orientado hacia el polo sur, y que antiguamente servía de punto de orientación a los navegantes.

CRUZ-DÍEZ (Carlos), *Caracas 1923,* artista venezolano. Viajó a París, donde estudió la obra de Georges Seurat. En su primera serie (*Psychromies*) ya exploraba la interacción física del observador con sus pinturas. En su obra más reciente (serie *Transchromies*) intenta integrar la arquitectura con su filosofía acerca del arte cinético.

■ CARLOS **CRUZ-DÍEZ.** *Fisiocromía n.º 24.*
(Col. part.)

CRUZ GOYENECHE (Luis de la), *Concepción 1768-Santiago h. 1828,* político chileno. Director supremo delegado de Chile (1817-1818), proclamó la independencia del país (12 febr. 1818).

CRUZ NOVILLO (José María), *Cuenca 1936,* pintor y escultor español, adscrito al minimalismo. Es también diseñador y grafista.

Cruz roja, organización internacional humanitaria. Fundada por Henry Dunant en Ginebra (1863) para ayudar a los heridos y víctimas de la guerra, fue reconocida por la con-

vención de Ginebra (22 de agosto de 1864), que adoptó el emblema de la cruz roja sobre fondo blanco (el de la media luna roja fue reconocido en 1949 y el del cristal rojo en 2005). En tiempos de paz participa en acciones humanitarias. Desde 1986 la Cruz roja internacional se denomina *Movimiento internacional de la Cruz roja y de la Media luna roja.*

CRUZ VARELA (Juan) → **VARELA** (familia).

CSCE (Conferencia sobre la seguridad y cooperación en Europa) → **OSCE.**

CSIC → **Consejo superior de investigaciones científicas.**

CSOKONAI VITÉZ (Mihály), *Debrecen 1773-íd. 1805,* poeta húngaro. Es autor de poemas líricos y filosóficos.

CSU → **democratacristiana** (Unión).

CT, sigla de Congreso del trabajo.

CTAL, sigla de *Confederación de trabajadores de América Latina.

CTESIAS, *Cnido s. v a.C.,* historiador griego. Es autor de obras sobre Persia y la India.

CTESIFONTE, ant. c. parta, al SE de Bagdad, residencia de los Arsácidas y los Sasánidas. Ruinas del palacio de Sapor I.

CTM, sigla de *Confederación de trabajadores de México.

CÚA, c. de Venezuela (Miranda); 62 836 hab. Centro comercial e industrial (metalmecánica).

CUADRA (José de la), *Guayaquil 1903-íd. 1941,* escritor ecuatoriano. Narrador y ensayista perteneciente al grupo de Guayaquil. Sobresale su novela *Los sangurimas* (1934).

CUADRA (Pablo Antonio), *Managua 1912-íd. 2002,* poeta nicaragüense. Contribuyó a difundir el vanguardismo en Centroamérica y cultivó el tema indigenista: *Poemas nicaragüenses,* 1934; *Canto temporal,* 1943; *El jaguar y la luna,* 1959; *Cantos de Cifar,* 1971. Presidió la Academia nicaragüense de la lengua.

CUANZA → **KWANZA.**

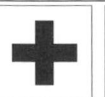 

cruz roja   media luna roja   cristal rojo

■ **CRUZ ROJA.** Los emblemas del Movimiento internacional de la Cruz roja y de la Media luna roja.

CUAREIM, r. de Uruguay (Artigas), que delimita parte de la frontera con Brasil; 281 km.

CUARÓN (Alfonso), *México 1961,* director de cine mexicano. Tras el éxito de su primer largometraje, la comedia *Sólo con tu pareja* (1991), pasó a realizar producciones internacionales (*La princesita,* 1995; *Grandes esperanzas,* 1998; *Harry Potter y el prisionero de Azkabán,* 2004; *Los niños del hombre,* 2006).

Cuart (batalla de) → **QUART DE POBLET.**

CUARTO, r. de Argentina (Córdoba), afl. del Caracana y subafl. del Paraná.

CUATRO CANTONES (lago de los) o **LAGO DE LUCERNA,** en alem. **Vierwaldstätter See,** lago de Suiza, atravesado por el Reuss; 114 km^2. Turismo.

Cuatrovientos, avión que realizó un vuelo transoceánico entre Sevilla y Camagüey (Cuba) en junio de 1933, pilotado por M. Barberán y J. Collar; se perdió frente a las costas de México.

CUAUHTÉMOC, mun. de México (Chihuahua); 85 589 hab. Cereales, frutales. Maderas.

CUAUHTÉMOC, mun. de México (Colima); 22 697 hab. Fabricación de azúcar.

CUAUHTÉMOC, llamado por los españoles **Guatimozín,** *h. 1495 o 1502-Izancanac 1525,* último soberano azteca (1520-1525). Hijo de Ahuitzotl, fue apresado por los españoles tras la batalla de Tenochtitlan (1521). Cortés lo llevó en una expedición a Honduras, en la cual lo acusó de conspirar y lo ahorcó. Es el héroe nacional mexicano.

CUAUTEPEC, mun. de México (Hidalgo); 30 535 hab. Café y papas. Bosques.

CUAUTITLÁN, mun. de México (México); 39 527 hab. Centro industrial. Turismo.

CUAUTLA, mun. de México (Morelos), avenado por el *Cuautla,* 94 101 hab. Arroz, caña de azúcar. — Sitio de las tropas de Morelos por los realistas de Calleja (17 febr.-3 mayo 1812).

CUAUTLANCINGO, mun. de México (Puebla); 18 768 hab. Centro agrícola. Cerámica.

CUBA, estado insular de América Central, en las Grandes Antillas; 114 524 km^2; 11 200 684 hab. *(cubanos).* CAP. *La Habana.* LENGUA: *español.* MONEDA: *peso cubano.* (V. *mapa al final del volumen*).

INSTITUCIONES

Constitución de 1976, que define a Cuba como «un estado socialista de obreros, campesinos y demás trabajadores manuales e intelectuales», reformada en 1992 —elección de la Asamblea del poder popular por sufragio directo y secreto— y en 2002 —proclamación del sistema socialista como inalterable—. El Partido comunista es el único partido autorizado. El presidente del Consejo de estado es la máxima autoridad del país.

GEOGRAFÍA

El territorio, de clima tropical, abarca la *isla de Cuba* (105 007 km^2), la isla de la Juventud y numerosos islotes y arrecifes (cayos). Relieve de llanos y mesetas calcáreas, interrumpido en la isla mayor por grupos montañosos al SE (cordillera de Guaniguanico, sierra de Trinidad, sierra Maestra). El Cauto es el río principal (370 km). El litoral, bajo y pantanoso, presenta bahías naturales (Santiago de Cuba, La Habana). La población presenta una baja tasa de crecimiento (1,1 % en 1990) y un paulatino descenso en las áreas rurales, en beneficio de las ciudades (el 20 % de la población se concentra en La Habana, principal salida marítima). Destaca el cultivo de la caña de azúcar y el tabaco (principales exportaciones, con los minerales), arroz, café, cítricos y hortalizas. La ganadería abastece el consumo interior. Minas de níquel, hierro, cobalto, cromo y cobre. Predomina la industria manufacturera (alimentaria, textil, tabaco); desde la década de 1970 se produjo un notable desarrollo y diversificación de otras ramas industriales, pero la desaparición de la URSS —suministradora de materias primas, cereales y sobre todo petróleo— obligó al cierre de numerosas factorías y, junto al endurecimiento del bloqueo económico de EUA, sumió en una crisis profunda a la economía cubana, que act. se beneficia de un rebrote del turismo y del apoyo de Venezuela (petróleo), aunque las condiciones de vida de la población no dejan de degradarse.

HISTORIA

El poblamiento precolombino. En el s. XVI la isla estaba habitada por tres grupos principales: en la parte occidental los guanajatabeys, nómadas cazadores y recolectores; en el centro los ciboneys, agricultores y pescadores; y en oriente los taínos, el grupo más desarrollado, llegados después de 1200.

La conquista y la colonización española. 1492: descubrimiento de la isla por Cristóbal Colón. **1511:** Diego Velázquez inició su conquista; hasta 1520 se fundaron siete poblaciones, entre ellas La Habana (trasladada en 1519 a su lugar definitivo) y Santiago. **1513:** se inició la importación de esclavos negros, que sustituyeron a los indios, exterminados. El papel de La Habana como centro neurálgico del sistema de flotas que enlazaban América con España, a partir de la segunda mitad del s. XVI, y la explotación del tabaco y la caña de azúcar, que se expandieron ya en el s. XVII, constituyeron las bases de la economía colonial. **S. XVIII:** la prosperidad colonial llegó a su cenit con la apertura definitiva del comercio con los principales puertos de España (1763), la temporal con EUA (1775-1783) y la ruina de la economía azucarera de Haití a raíz de su revolución.

El siglo XIX. 1812: fracaso de la rebelión de J. A. Aponte. Cuba, con Puerto Rico, se mantuvo como última colonia española en América pese a diversas conspiraciones, fallidas (la de la sociedad secreta «Soles y rayos», 1823; la de Velasco y Sánchez, 1826; la de la «Legión del águila negra», 1829). La alianza entre los propietarios esclavistas y España fue crucial para mantener la colonia, que en la primera mitad de siglo tuvo en los esclavos negros su principal enemigo; el azúcar, el café y el tabaco siguieron protagonizando la economía, exportadora. **1848-1857:** frente a la eventual abolición de la esclavitud surgió entre la oligarquía una corriente partidaria de la anexión a EUA, con el apoyo de los estados sudistas.

Las guerras de independencia. 1868-1879: la guerra de los Diez años, iniciada por la sublevación de Céspedes (grito de Yara, oct. 1868), dio comienzo al ciclo final del movimiento independentista. La paz de Zanjón (1878) restableció la autoridad colonial y convirtió a Cuba en provincia española; la paz solo se vio amenazada por rebeliones esporádicas, como la guerra Chiquita de 1879. **1880:** abolición de la esclavitud. **1895:** con el grito de Baire comenzo el levantamiento definitivo, liderado por José Martí, Antonio Maceo y Máximo Gómez, que no detuvo la muerte de los dos primeros ni la concesión española de autonomía a la isla (1897). La intervención de EUA (→ **hispano-norteamericana** [guerra]) determinó la derrota de España, que abandonó Cuba (paz de París, 1898).

La hegemonía estadounidense. 1899-1902: EUA ocupó Cuba, controló los sectores del tabaco y del azúcar y propició una constitución de la república (1901) con soberanía limitada por la enmienda Platt, que dio a EUA el derecho de intervención militar y de tutela sobre su política exterior. **1906-1909:** segunda intervención militar, tras la rebelión contra Estrada Palma. **1925-1933:** dictadura de G. Machado, derrocado por un movimiento popular en el que destacó el Partido comunista. **1933-1944:** el general Batista, protegido por EUA, dominó la política como poder militar fáctico y desde 1940 como presidente. **1952:** Batista, vuelto al poder tras un golpe de estado, suspendió la constitución. Un nuevo tratado con EUA derogó la enmienda Platt (1934), pero mantuvo la hegemonía estadounidense.

La revolución castrista. 1953: asalto al cuartel de Moncada dirigido por Fidel Castro, que fue encarcelado y posteriormente se exilió. **1956:** desembarco del Granma y establecimiento en sierra Maestra de la guerrilla que derrocó a Batista. **1959:** tras la caída de este, Fidel Castro asumió el poder como primer ministro (bajo la presidencia de Manuel Urrutia); impulsó la ley de reforma agraria y nacionalizó la economía, provocando el embargo de EUA sobre el comercio cubano, en contraste con el apoyo de la URSS al nuevo régimen. La economía cubana fue plenamente estatalizada y se estableció un régimen de partido único, constituido en 1962, que en 1965 adoptó la denominación de Partido comunista cubano. **1961:** fracaso de la invasión de la bahía Cochinos por un grupo de cubanos anticastristas, propiciada por la CIA. **1962:** la instalación de misiles soviéticos en la isla provocó una crisis internacional. **1965-1972:** el endurecimiento del régimen (nacionalización del comercio privado, formación militar en las escuelas) fue acompañado por una emigración masiva. Cuba se adhirió al Comecon y siguió las pautas de la política de la URSS. **1966:** la conferencia tricontinental de La Habana marcó el momento cumbre de la agitación internacional revolucionaria del castrismo, que se diluyó tras la muerte del Che Guevara (1967) y el incremento de los problemas económicos internos. No obstante, Cuba conservó un importante papel en el movimiento de países no alineados. **1976:** F. Castro se convirtió en presidente de la república cubana y concentró en sus manos todos los poderes. Cuba intervino militarmente en África (Angola, 1975; Etiopía, 1977). **1979:** Cuba accedió a la presidencia del movimiento de países no alineados, cuya conferencia se celebró en La Habana. **1980:** distensión entre el país y EUA, y nueva emigración de cubanos a Florida. **1989:** la disolución de la URSS no modificó la orientación comunista del régimen castrista, que mantuvo el sistema estatalizado y de partido único (1992), así como la fidelidad a la ortodoxia marxista. Retirada de Etiopía y Angola. **1994:** el gobierno, debilitado por la caída del bloque del Este, adoptó una serie de reformas para liberalizar la economía, cuyo deterioro provocó la salida masiva de emigrantes ilegales hacia Florida (balseros), motivo de tensiones con EUA. **1996:** aprobación de la ley Helms-Burton estadounidense, que endureció el embargo comercial a Cuba tras el derribo por Cuba de unas avionetas que sobrevolaban su espacio aéreo. **1997:** traslado a Cuba de los restos del Che Guevara, hallados en Bolivia. **1998:** la visita del papa Juan Pablo II a la isla marcó el regreso de Cuba a la escena internacional. **Desde 1999:** el régimen se endureció de nuevo (oleada de arrestos de disidentes en 2003; abandono a partir de 2004 de la relativa liberalización económica puesta en marcha en la década de 1990). Cuba desarrolló una colaboración muy estrecha con Venezuela. **2006:** enfermo, Fidel Castro delegó provisionalmente el poder en su hermano Raúl. **2008:** el traspaso de poder se confirmó con el nombramiento de Raúl Castro como presidente del Consejo de estado y del gobierno.

Cuba (Ballet nacional de), compañía de ballet clásico surgida del grupo creado y dirigido por Alicia Alonso en 1948. Desde 1955 se llamó *Ballet de Cuba,* y en 1962 tomó su nombre actual. Tiene su propia escuela de danza.

Cuba (crisis de) [oct.-nov. 1962], crisis que enfrentó a Estados Unidos y la URSS a propósito de la instalación de misiles soviéticos en Cuba. Kennedy decidió el bloqueo de las armas entregadas a Cuba por los cargueros soviéticos, y la crisis acabó tras las proposiciones de Jruschov, según las cuales la URSS retiraba sus misiles, Cuba se comprometía a no aceptar armas ofensivas y EUA a no invadir Cuba.

Cuba (guerras de), guerras por la independencia de Cuba. — guerra de los **Diez años** (1868-1878). Iniciada por Céspedes con el grito de Yara, que proclamó la república cubana, terminó con la paz de Zanjón. — guerra **Chiquita** (1879), insurrección de la provincia de Oriente. — guerra de la **Independencia** (1895-1898). Dirigida por José Martí, estalló con el grito de Baire. En 1897 se concedió la autonomía a Cuba. En 1898 EUA intervino en el conflicto (→ **hispano-norteamericana** [guerra]) y, tras derrotar a España, impuso su dominio.

CUBAGUA, isla de Venezuela (Nueva Esparta), en el Caribe, al S de la isla Margarita, actualmente despoblada; 12 km^2. Famosa en el s. XVI por su riqueza perlera.

CUBAS (Francisco de Cubas y González-Montes, marqués de), *Madrid 1826-íd. 1899,* arquitecto español. Romántico, utilizó elementos clásicos y neogóticos (palacio de López Dóriga y catedral de la Almudena, Madrid).

CUBAS (Raúl), *Asunción 1943,* político paraguayo. Miembro del Partido Colorado, fue elegido presidente con el apoyo del general Lino Oviedo en 1998. Dimitió después del asesinato de su vicepresidente y adversario Luis María Argaña (marzo 1999). Exiliado en Brasil, en 2002 se entregó a la justicia paraguaya acusado de fraude contra el estado.

Cubatabaco, empresa estatal cubana creada en La Habana, en 1962, para el control de la producción y exportación de tabaco.

CUBÍ (Mariano), *Malgrat de Mar 1801-Barcelona 1875*, científico español. Fue uno de los fundadores de la antropología criminal e introdujo la frenología en España *(Sistema completo de frenología,* 1842).

CUBILLO DE ARAGÓN (Álvaro), *Granada 1596-Madrid 1661,* dramaturgo español. Miembro del círculo de Calderón, destacó en el drama histórico y la comedia de costumbres *(Las muñecas de Marcela).* Reunió sus poesías y comedias en *El enano de las Musas* (1654).

CÚCHARES (Francisco **Arjona Guillén,** llamado **Curro),** *Madrid 1818-La Habana 1868,* matador de toros español. Creó un estilo propio en el que destacaba el toreo de muleta con la mano derecha.

CUCHUMATANES (sierra de los), nudo orográfico de Guatemala, del que arranca la sierra Madre central; 3 800 m de alt. en el pico de Chemal.

CÚCUTA o **SAN JOSÉ DE CÚCUTA,** c. de Colombia, cap. del dep. de Norte de Santander; 379 478 hab. Petróleo. Café; tabaco. Activo comercio con Venezuela. Universidad.

CUDDAPAH, c. de la India, al NO de Madrás; 215 545 hab.

CUÉLLAR, v. de España (Segovia), cab. de p. j.; 9 044 hab. *(cuellaranos).* Conjunto arquitectónico mudéjar (castillo, murallas, iglesias). Hospital de la Magdalena, gótico.

CUÉLLAR (José Tomás de), *México 1830-íd. 1894,* escritor, periodista y diplomático mexicano. Colaborador en distintas publicaciones bajo el seudónimo **Facundo,** en 1869 fundó con M. Flores *La ilustración potosina.* Es autor de novelas cortas que retratan la sociedad mexicana de su época. Fue embajador en EUA.

CUELLO, sitio arqueológico maya del norte de Belice. Está fechado en el preclásico (h. 1000 a.C.), aunque se han hallado pruebas de ocupación sedentaria (arquitectura civil, agricultura) desde 1500 a.C., las manifestaciones culturales más antiguas de la cultura maya.

CUELLO CALÓN (Eugenio), *Salamanca 1879-Santander 1965,* jurista español, especialista en derecho penal *(La nueva penología,* 1958).

CUENCA, c. de Ecuador, cap. de la prov. de Azuay, a más de 2 500 m de alt.; 272 397 hab. Industrias agroalimentarias. Universidad.— Edificios barrocos (convento del Carmen, monasterio de las Monjas); catedral del s. xx; museo. (Patrimonio de la humanidad 1999.) — Fue fundada en 1557.

CUENCA, c. de España, cap. de la prov. homónima y cab. de p. j.; 45 707 hab. (*conquenses* o *cuencanos*). Centro administrativo y comercial. — Catedral gótica (s. xiii) con decoración renacentista. Ayuntamiento e iglesias barrocas. Rica arquitectura popular («casas colgadas», una de las cuales alberga el museo de arte abstracto). [Patrimonio de la humanidad 1996.]

CUENCA (provincia de), prov. de España, en Castilla-La Mancha; 17 061 km²; 201 053 hab.; cap. *Cuenca.* Comprende dos regiones diferenciadas: la serranía, que forma parte del sistema Ibérico, y las llanuras manchegas. Economía agropecuaria: cereales, vid, azafrán; ganado lanar. Industrias modestas (química, textil). Embalses de Alarcón y Contreras. Formación geológica de la «Ciudad encantada».

CUENCA (serranía de), sierra de España, en el sistema Ibérico. Curiosos paisajes erosivos (Ciudad encantada, Torcal de Palancares).

CUENCAMÉ, mun. de México (Durango); 34 432 hab. Agricultura y minería (cobre, cinc, plata).

CUENCA ROJA, región agrícola de China (Sichuan y Chongqing), surcada por el Yangzi Jiang.

Cuentos, colección de cuentos de Andersen (1835-1872). El autor se inspira en temas folclóricos, leyendas escandinavas, fuentes literarias y recuerdos personales *(El patito feo; La sirenita; El ruiseñor; El soldadito de plomo).*

Cuentos de Canterbury, conjunto de relatos en verso y prosa de Chaucer (escrito h. 1390 y editado h. 1478). De camino a la tumba de santo Tomás Becket, 31 peregrinos cuentan cada uno una historia. El conjunto constituye un brillante panorama de la sociedad y los géneros literarios medievales.

Cuentos de los hermanos Serapio, colección de cuentos de E. T. A. Hoffmann (1819-1821). El autor mezcla la imaginación fantástica con un realismo minucioso *(Cascanueces y el rey de las ratas; Las minas de Falun).*

Cuentos de Navidad, colección de cuentos de C. Dickens (1843-1848), relatos populares que combinan el humor con la emoción *(Canción de Navidad; El grillo del hogar).*

CUERÁMARO, mun. de México (Guanajuato), avenado por el Turbio; 17 524 hab. Centro agrícola.

CUERNAVACA, c. de México, cap. del est. de Morelos; 381 386 hab. Centro turístico y residencial por la bondad del clima. Universidad. Estudios cinematográficos. — Palacio-fortaleza de Cortés, act. museo (frescos de D. Rivera). Iglesia de San Francisco (1529), act. catedral.

CUERNO DE ÁFRICA, extremo oriental de África, en el océano Índico, alrededor del cabo Guardafuí (Somalia). También se aplica al conjunto regional formado por Somalia, Etiopía, Djibouti y Eritrea.

CUERNO DE ORO, bahía del Bósforo, en İstanbul.

CUERO Y CAICEDO (José), *Popayán-Lima 1815,* prelado y político ecuatoriano. Obispo de Quito, alentó la lucha por la independencia y fue presidente de la Junta suprema de gobierno del Ecuador. Derrotado por los españoles, murió en prisión.

CUERVO (Rufino José), *Bogotá 1844-París 1911,* filólogo colombiano. Es autor de numerosos y documentados estudios sobre temas filológicos y lingüísticos: *Apuntaciones críticas sobre el lenguaje bogotano* (1867-1872); *Notas a la Gramática de Bello* (1874), incorporadas a las ediciones de la *Gramática de la lengua castellana; Disquisiciones sobre filología castellana* (1950; recopilación de artículos). Emprendió la publicación del *Diccionario de construcción y régimen de la lengua castellana.* Fundó o dirigió diversos periódicos.

■ RUFINO JOSÉ
CUERVO

CUESTA (Jorge), *Córdoba, Veracruz, 1903-México 1942,* escritor mexicano. Poeta intelectual y hermético *(Canto a un Dios mineral)* y ensayista lúcido y polémico.

CUESTA (Juan de la), impresor español nacido en la segunda mitad del s. xvi. En 1605 imprimió la primera edición del *Quijote.*

CUESTAS (Juan Lindolfo), *Paysandú 1837-París 1905,* político uruguayo. Miembro del Partido colorado, como jefe del ejecutivo (1897) puso fin a la guerra civil (pacto de la Cruz, 1897). Fue presidente constitucional (1899-1903).

CUETO-RUA (Julio C.), *La Plata 1920,* jurisconsulto y político argentino. Especialista en derecho internacional, fue ministro de comercio e industria (1957-1958) y de economía (1981). Es autor de estudios sobre las fuentes del derecho y su interpretación.

CUETZALÁN DEL PROGRESO, mun. de México (Puebla); 28 877 hab. Maíz y café. Bosques.

CUEVA (Amado de la), *Guadalajara 1891-íd. 1926,* pintor mexicano. Realizó algunas pintu-

ras murales con D. Rivera y D. A. Siqueiros en México y Guadalajara.

CUEVA (Beltrán de la), *Úbeda ¿1440?-¿Cuéllar? 1492,* hidalgo andaluz. Valido de Enrique IV de Castilla (1460), se le atribuyeron relaciones con la reina y la paternidad de la princesa Juana, llamada la Beltraneja, lo que provocó conspiraciones de la nobleza, que forzó su destitución. Apoyó a los Reyes Católicos en la guerra civil castellana.

CUEVA (Juan de la), *Sevilla h. 1550-íd. 1610,* escritor español. Como dramaturgo al llevar a sus obras asuntos del romancero y temas históricos *(La tragedia de los siete infantes de Lara; La muerte del rey Sancho).* Otras se inspiran en temas clásicos *(Tragedia de Áyax Telamón)* o contemporáneos, como el de la honra *(El infamador).*

CUEVAS (George de Piedrablanca de Guana, marqués de), *Santiago 1885-Cannes 1961,* director de ballet y mecenas estadounidense de origen chileno. Establecido en Montecarlo en 1944, en 1947 compró los derechos de la compañía de ballet monegasca, a la que rebautizó con su nombre. Con ella, marcó una de las épocas más exquisitas de la danza en Francia. Fue disuelta en 1962.

CUEVAS (José Luis), *México 1934,* pintor mexicano. Su obra, de carácter expresionista e intención satírica, centrada en el dibujo, ha renovado la figuración en la pintura mexicana.

CUEVAS (José María), *Madrid 1935-íd. 2008,* abogado español. Fue presidente de la CEOE desde 1984 hasta 2007.

CUEVAS DEL ALMANZORA, c. de España (Almería); 9 645 hab. *(cuevanos).* Canteras. Industria química. — Yacimiento de *Almizaraque; poblado ibérico de *Villaricos.

CUI (César), *Vilna, act. Vilnius, 1836-Petrogrado 1918,* compositor ruso. Cofundador del grupo de los Cinco, es autor de óperas *(El prisionero del Cáucaso,* 1883) y de numerosas melodías.

CUIABÁ, ant. **Cuyabá,** c. de Brasil, cap. del estado de Mato Grosso, junto al *río Cuiabá;* 401 112 hab. Turismo.

CUICUILCO, centro arqueológico de México (Coyoacán, D. F.), de la cultura preclásica (450-100 a.C.), en el que se encontraron los restos del templo más antiguo de México, circular y escalonado.

CUILAPA, c. de Guatemala, cap. del dep. de Santa Rosa; 17 216 hab.

CUITLAHUAC, *m. en 1520,* emperador azteca. Hermano y sucesor de Moctezuma II, murió de viruela a los dos meses de subir al trono.

CUITLÁHUAC, ant. **San Juan de la Punta,** mun. de México (Veracruz); 19 265 hab. Mercado agrícola.

CUITZEO, mun. de México (Michoacán), a orillas del *lago de Cuitzeo* (48 km de long.); 21 783 hab. Pesca.

CUIXART (Modest), *Barcelona 1925-Palamós 2007,* pintor español. Fue uno de los fundadores de Dau al set. Evolucionó de una temática mágica influida por el surrealismo a un estilo abstracto y matérico, para culminar en una síntesis personal de expresionismo cromático y simbolismo.

CUKOR (George), *Nueva York 1899-Los Ángeles 1983,* director de cine estadounidense. Su talento brilló en comedias a la vez cáusticas y sentimentales: *David Copperfield* (1935), *Historias de Filadelfia* (1940), *Ha nacido una estrella* (1954), *El multimillonario* (1960), *My Fair Lady* (1964).

■ EL TEMPLO DE **CUICUILCO**

CULEBRA, isla de Puerto Rico, cerca de la costa E del país; 28 km². Pesca y turismo. Base estadounidense.

CULEBRA (sierra de la), sierra de España (Zamora), en los montes de León; 1 238 m en Peña Mira.

CULHUACÁN o **COLHUACAN**, ciudad-estado precolombina de México, al S del lago Texcoco. Fundada por los toltecas huidos de Tula (1064), se organizó como una confederación de pueblos. En el s. XIII sometió a los aztecas. En 1336 fue derrocado el último rey tolteca y fue entronizada una dinastía azteca. En 1390 fue sometida por Tenochtitlan.

CULIACÁN, c. de México, cap. del est. de Sinaloa, al pie de la sierra Madre Occidental; 415 046 hab. Centro comercial. Universidad.

CULLBERG (Birgit Ragnhild), *Nyköping 1908-Estocolmo 1999*, bailarina y coreógrafa sueca. En 1967 fundó el Ballet Cullberg. Compuso coreografías basadas en dramas de Strindberg (*La señorita Julia*) y de Ibsen (*Lady from The Sea*).

CULLERA, c. de España (Valencia); 20 663 hab. (*cullerenses*). Agricultura; pesca. Turismo.

CULLEREDO, mun. de España (La Coruña); 20 890 hab. Fabricación de abonos químicos. Embutidos.

Culloden (batalla de) [16 abril 1746], batalla en la que el pretendiente Estuardo, Carlos Eduardo, fue vencido por el duque de Cumberland, cerca de Inverness (Escocia). Acabó definitivamente con las ambiciones de los Estuardo sobre la corona británica.

CUMANÁ, c. de Venezuela, cap. del est. Sucre; 212 432 hab. Pesca. Turismo. Universidad de Oriente e Instituto oceanográfico. — Tiene su origen en una misión fundada en 1515, pero la ciudad fue fundada en 1562 con el nombre de *Nueva Córdoba*. Sufrió varias destrucciones y refundaciones. En ella nació el mariscal Sucre.

CUMANAYAGUA, mun. de Cuba (Cienfuegos); 43 013 hab. Industrias del tabaco, cuero y calzado.

CUMAS, en lat. **Cumae**, c. de Campania, ant. colonia griega. Era célebre por su sibila, cuyo impresionante antro se conserva.

CUMBAL, mun. de Colombia (Nariño), al pie del *nevado de Cumbal*; 19 486 hab. Centro agrícola.

CUMBERLAND (William Augustus, duque de), *Londres 1721-íd. 1765*, príncipe y general británico. Hijo de Jorge II, venció en Fontenoy (1745) y en Laufeldt (1747) por los franceses, venció al pretendiente Carlos Eduardo en Culloden (1746).

CUMBRE (paso de la) o **PASO BERMEJO** o **PASO SISTEMA CRISTO REDENTOR**, paso de los Andes, en la frontera argentinochilena; 3 151 m. Carretera.

CUMBRIA, condado del NO de Inglaterra, que se extiende por el macizo del Cumberland (1 070 m); 487 000 hab.; cap. *Carlisle*. Turismo (Lake District).

CUMELLA (Antoni), *Granollers 1913-íd. 1985*, ceramista español. Realizó murales cerámicos (pabellón español de la feria mundial de Nueva York, 1964).

CUMMINGS (Edward Estlin, llamado E. E.), *Cambridge, Massachusetts, 1894-North Conway, New Hampshire, 1962*, escritor estadounidense. Novelista de la *generación perdida (*La habitación enorme*, 1922), dramaturgo y pintor, es autor de una poesía fresca e intensa, marcada por la innovación formal (*Tulipanes y chimeneas*, 1923).

Cunaxa (batalla de) [401 a.C.], victoria del ejército persa de Artajerjes II, cerca de Babilonia, sobre el de su hermano Ciro el Joven, que murió en esta. Los mercenarios griegos al servicio de éste iniciaron la retirada de los *Diez mil.

CUNDINAMARCA (departamento de), dep. del centro de Colombia; 22 623 km²; 1 382 360 hab.; cap. *Bogotá D.C.*, c. que no se incluye en el departamento.

CUNDUACÁN, mun. de México (Tabasco), en la cuenca del Grijalva; 62 796 hab. Campos petrolíferos.

CUNEO, c. de Italia (Piamonte), cap. de prov.; 55 568 hab. Textil. Ciudad de plano regular con monumentos del s. XVII.

CÚNEO (José), *Montevideo 1887-Bonn 1977*,

pintor uruguayo. El tema característico de sus acuarelas y óleos es el paisaje de su país.

CUNHA (Juan), *1910-Montevideo 1985*, poeta uruguayo. *En pie de arpa* (1950), antología de sus primeras obras, fue seguida de *Cancionero de pena y luna* (1954), *Gestión terrestre* (1959) y *De cosa en cosa* (1968).

CUNHA (Tristão o Tristán da), *Lisboa 1460-en alta mar 1540*, navegante portugués. Descubrió varias islas del Atlántico sur, entre ellas *Tristán da Cunha*. Exploró Madagascar.

CUNNINGHAM (Merce), *Centralia, estado de Washington, 1919*, bailarín y coreógrafo estadounidense. Intérprete de Martha Graham, colaboró con John Cage y fundó su propia compañía en 1953. Concibe la danza con independencia de apoyos narrativos o psicológicos y de fuentes de inspiración musical (*Walkaround Time*, 1968; *Changing Steps*, 1975; *Roaratorio*, 1983; *Windows*, 1995; *Biped*, 1999; *Interscape*, 2000; *eyeSpace*, 2006).

■ MERCE **CUNNINGHAM** en *Fine Stone Wind* (1988).

CUNQUEIRO (Álvaro), *Mondoñedo 1911-Vigo 1981*, escritor español en lenguas gallega y castellana. Poeta representante del neotrovadorismo gallego (*Xente de aquí e de acolá* 1980). Su narrativa, recreación de mundos míticos y fantásticos, se inspira en la tradición celta (ciclo de Bretaña) y medieval: *Las crónicas del sochantre* (1956), *Un hombre que se parecía a Orestes* (1969), *Merlín e familia* (1955).

CUPICA, golfo de Colombia, en el litoral N del Pacífico.

CUPIDO MIT. ROM. Dios del amor. Corresponde al Eros griego.

CUPISNIQUE, cultura prehispánica de Perú, en el valle de Cupisnique. Entre sus restos destacan las vasijas de cerámica y esculturas (800-300 a.C.).

Cúpula de la Roca, en ár. Qubbat al-Sajra, mezquita de Jerusalén. Erigida en 691 en el emplazamiento de la roca sagrada vinculada al sacrificio de Abraham y al viaje celeste de Mahoma, el edificio, por su planta octogonal rematada por una cúpula sobre tambor y su decoración de mosaicos, está impregnado de la tradición bizantina.

CUQUÍO, mun. de México (Jalisco), en la cuenca del río Verde; 18 467 hab. Centro agrícola.

CURAÇAO, isla de las Antillas Neerlandesas, cerca de la costa de Venezuela; 147 000 hab.; cap. *Willemstad*. Naranjas (licor). Refinerías de petróleo.

CURANILAHUE, com. de Chile (Biobío), en la cordillera de Nahuelbuta; 33 627 hab. Carbón.

CURARAY, r. de Ecuador y Perú, afl. del Napo (or. der.); 600 km.

CURATELLA MANES (Pablo), *La Plata 1891-Buenos Aires 1962*, escultor argentino. Discípu-

lo de Antoine Bourdelle, se adhirió posteriormente al cubismo (*El bandoneísta*, museo nacional de bellas artes).

CURCIO (Quinto), en lat. **Quintus Curcius Rufus**, s. I d.C., historiador latino. Es autor de una *Vida de Alejandro*, pintoresca pero poco exacta.

CURIACIOS → HORACIOS.

Curial y Güelfa, novela de caballerías catalana, anónima, escrita a mediados del s. XV.

CURICÓ, c. de Chile (Maule) cab. de la com. del mismo nombre; 77 733 hab. Destilería, molinos.

CURICÓ, com. de Chile (Maule); 103 919 hab. Centro agrícola (cereales y vid) y comercial.

CURIE (Marie), nacida Skodowska, *Varsovia 1867-Passy, 1934*, física francesa de origen polaco. Llegó a París en 1892, y en 1895 se casó con Pierre Curie. Descubrió la radiactividad del torio y aisló el radio. (Premio Nobel de física 1903 y de química 1911.)

CURIE (Pierre), *París 1859-íd. 1906*, físico francés. Descubrió la piezoelectricidad (1880) y estudió el magnetismo y la radiactividad con su mujer Marie. (Premio Nobel 1903.)

■ MARIE Y PIERRE **CURIE**.

CURITIBA, c. de Brasil, cap. del est. de Paraná; 1 290 142 hab. (2 000 000 aprox. en el área metropolitana). Museos, entre ellos el museo nuevo (arquitecto: O. Niemeyer).

CURLANDIA, en letón **Kurzeme**, ant. región de Letonia, en el O del golfo de Riga.

CURRIDABAT, cantón de Costa Rica (San José); 37 629 hab. Centro de cultivo de café.

CURROS ENRÍQUEZ (Manuel), *Celanova 1851-La Habana 1908, escritor español en lenguas castellana y gallega. Liberal y republicano, fue perseguido y censurado. Fundamental en el renacimiento literario gallego, en 1880 publicó *Aires de mi tierra*, colección en que se incluía el poema *Cantiga* (1869). El poema *El divino sainete* (1888) es una parodia de la *Divina Comedia*. De su prosa en castellano, destacan *Cartas del norte* y *Paniagua y compañía*.

Curso de lingüística general, libro póstumo de F de Saussure (1916), redactado con los apuntes de sus discípulos. Fundamento la lingüística estructural e influyó en el conjunto de las ciencias humanas.

CURTIUS (Ernst Robert), *Thann, Alsacia, 1886-Roma 1956*, crítico literario alemán. Definió los temas permanentes de la literatura europea (*Literatura europea y edad media latina*, 1948).

CURTIZ (Mihály Kertész, llamado Michael), *Budapest 1888-Hollywood 1962*, director de cine estadounidense de origen húngaro. Autor prolífico y popular, abordó todos los géneros: *Las aventuras del capitán Blood* (1935), *La carga de la brigada ligera* (1936), *Casablanca* (1943).

CURUMANÍ, mun. de Colombia (Cesar), en la serranía de los Motilones; 24 740 hab.

CURUZÚ CUATIÁ, dep. de Argentina (Corrientes); 39 987 hab. Algodón y lino; canteras. Aeropuerto.

Curzon (línea), línea propuesta en 1919 por los Aliados, a sugerencia de lord Curzon, como frontera oriental de Polonia. Corresponde más o menos a la frontera soviético-polaca de 1945.

CURZON OF KEDLESTON (George Nathaniel Curzon, marqués), *Kedleston Hall 1859-Londres 1925*, político británico. Secretario de estado para asuntos exteriores (1919-1924), tuvo un destacado papel en las negociaciones de paz y fue el principal artífice del tratado de Lausana (1923).

CUSA (Nicolaus Krebs, llamado Nicolás de), *Kues, diócesis de Tréveris, 1401-Todi 1464*, teólogo católico alemán. Apoyó la acción de los papas, defendió el principio de la infalibilidad pontificia frente a los concilios, y dejó una importante obra teológica y filosófica (*La docta ignorancia*, 1440), que, por la perspectiva que abría al saber humano, prefiguraba el renacimiento.

Cuscatlán, aeropuerto internacional de San Salvador, que complementa al de Ilopango.

CUSCATLÁN (departamento de), dep. del centro de El Salvador, 756 km²; 167 290 hab.; cap. *Cojutepeque.*

CUSCO → CUZCO.

CUSHING (Harvey), *Cleveland 1869-New Haven 1939*, cirujano estadounidense. Se le considera el creador de la neurocirugía.

CUSSAC (gruta de), gruta decorada de Francia, en el mun. de Buisson-de-Cadouin (Dordoña). En 2000 se descubrió un importante conjunto de grabados parietales —animales y siluetas femeninas— del paleolítico superior (graveciense, 25 000 a 20 000 años; incluso auriñaciense).

Custozza o **Custoza** (batalla de) [24 junio 1866], batalla de la guerra austro-prusiana. Victoria austriaca sobre el ejército italiano, cerca de Custozza (Véneto).

CUT, sigla de *Central unitaria de trabajadores.

CUTERVO, mun. de Perú (Cajamarca); 33 258 hab. Centro minero (hierro, cobre, plomo, plata).

CUTTACK, c. de la India (Orissä), junto al delta del Mahänadi; 439 273 hab.

CUTZAMALA DE PINZÓN, mun. de México (Guerrero); 24 841 hab. Maíz y caña de azúcar. Ganadería.

CUVIER (Georges, barón), *Montbéliard 1773-París 1832*, zoólogo y paleontólogo francés. Fundador de la anatomía comparada y de la paleontología de los vertebrados, enunció las leyes para reconstruir esqueletos de mamíferos fósiles a partir de algunos huesos y combatió el evolucionismo (*El reino animal*, 1817).

CUVILLIÉS (François de), *Soignies, Hainaut,*

1695-Munich 1768, arquitecto y decorador alemán. Fue el maestro del arte rococó en la corte de Munich (pabellón de Amalienburg, teatro de la Residencia).

CUYO, región occidental de Argentina, dominada por las cumbres de los Andes (Aconcagua). Cultivos (vid, frutales). Destaca la c. de Mendoza.

CUYP (Albert), *Dordrecht 1620-íd. 1691*, pintor holandés. Sus escenas agrestes de las orillas del Mosa están bañadas por una luz poética.

CUYUNÍ, r. de Venezuela y Guyana, afl. del Esequibo (or. izq.); 900 km aproximadamente.

CUZA (Alejandro Juan I), *Galaţi 1820-Heidelberg 1873*, príncipe de los principados de Moldavia y Valaquia (1859-1866). Su programa de reformas provocó la creación de una coalición que lo obligó a abdicar en 1866.

CUZCO o **CUSCO**, c. de Perú, cap. del dep. homónimo; 255 300 hab. Centro turístico. — Ant. capital de los incas y de la primera conquista, conserva la planta ciclópea de muchos monumentos incaicos (Coricancha). Ciudad monumental. De la época colonial destacan la catedral (s. XVII), la iglesia de la Compañía, el convento de la Merced y otras iglesias barrocas; la casa del Almirante y el palacio arzobispal (museo), junto a otras mansiones civiles. En un altozano cercano, fortaleza incaica de *Sacsahuamán. (Patrimonio de la humanidad 1983.) — La ciudad fue el foco, en los ss. XVII y XVIII, de la *escuela cuzqueña* del barroco en pintura y escultura.

CUZCO o **CUSCO** (departamento de), departamento de Perú; 71 892 km²; 1 171 403 hab.; cap. *Cuzco.*

CUZCURRITA DE RÍO TIRÓN, v. de España (La Rioja); 470 hab. Castillo almenado; iglesia barroca (s. XVIII); casonas hidalgas.

CUZZANI (Agustín), *Buenos Aires 1924-íd. 1987*, dramaturgo argentino. Autor de obras de protesta que llamó «farsátiras», empleó en ellas elementos típicos de la farsa, como el absurdo o la hipérbole, con un propósito satírico de crítica social (*Una libra de carne*, 1954; *Los indios estaban cabreros*, 1958; *Sempronio*, 1962).

CYNEWULF, poeta anglosajón de la segunda mitad del s. VIII, autor de poemas religiosos.

CYRANO DE BERGERAC (Savinien de), *París 1619-íd. 1655*, escritor francés. Dramaturgo, expuso su filosofía materialista en narraciones de viajes imaginarios (*Historia cómica de los estados e imperios de la Luna*, 1657; *Historia cómica de los estados e imperios del Sol*, 1662). — E. Rostand, en su comedia *Cyrano de Bérgerac* (1897), hizo de él un personaje picaresco y generoso.

CZARTORYSKI, familia principesca polaca que desempeñó un papel destacado en Polonia en los ss. XVIII y XIX. — **Adán Jerzy C.,** *Varsovia 1770-Montfermeil 1861*, político polaco. Amigo de Alejandro I, obtuvo en 1815 la reconstitución del reino de Polonia, y en 1831 fue presidente del gobierno nacional, surgido de la revolución de 1830.

CZERNY (Karl), *Viena 1791-íd. 1857*, pianista y compositor austriaco. Es autor de obras fundamentales para la enseñanza del piano.

CZĘSTOCHOWA, c. del S de Polonia, en Silesia; 259 500 hab. Centro de peregrinación mariana (Virgen negra).

■ **CUZCO.** Iglesia de la Compañía de Jesús, obra de Juan Bautista Egidiano (1651-1668).

DABEIBA, mun. de Colombia (Antioquia); 20 939 hab. Oro. Centro de Investigaciones agrarias.

DĄBROWSKA o **DOMBROWSKA** (Maria), *Rusów 1889-Varsovia 1965,* novelista polaca. Sus novelas describen con realismo la vida campesina y la sociedad polaca tradicional (*Gentes de allá abajo,* 1925).

DACCA o **DHĀKĀ,** cap. de Bangla Desh, en el delta del Ganges; 13 181 000 hab. en la aglomeración. Centro administrativo, comercial e industrial del país.— Edificios de L. I. Kahn.

DACHAU, c. de Alemania (Baviera); 34 489 hab. Primer campo de concentración alemán (1933-1945).

DACIA, ant. país de Europa, correspondiente a la actual Rumania. Sus habitantes, los *dacios,* fueron sometidos por Trajano (101-107 d.C.) y el territorio, poblado por colonos romanos, fue explotado por sus minas de oro. Fue abandonado a los godos por Aureliano (271).

DADDAH' (Moktar Mohamedoun **Ould**), *Boutilimit 1924-París 2003,* político mauritano. Fue primer ministro (1958-1961) y después presidente de la república de 1961 a 1978.

DAFNE MIT. GR. Ninfa amada por Apolo y metamorfoseada en laurel.

Dafnis y Cloe, personajes principales de la novela pastoril homónima, también llamada *Los pastorales,* de Longo (s. II, III d.C.), pareja ideal de enamorados jóvenes, bellos y puros.— La novela inspiró a M. Fokine una sinfonía coreográfica estrenada en 1912 por los Ballets rusos con música de Ravel.

DAGERMAN (Stig), *Älvkarleby 1923-Eneryberg 1954,* escritor sueco. Sus novelas están marcadas por la influencia de Kafka y por la segunda guerra mundial (*La serpiente,* 1945; *El niño abrasado,* 1948).

DAGO → **HIIUMAA.**

DAGOBERTO I, *inicios del s. VII-Saint-Denis h. 639,* rey de los francos (629-639), de la dinastía merovingia. Hijo de Clotario II, con san Eloy reorganizó y reunificó el reino.— **Dagoberto II,** *m. en 679,* rey de Austrasia (676-679), de la dinastía merovingia. Nieto de Dagoberto I, murió asesinado.— **Dagoberto III,** *m. en 715,* rey de los francos (711-715), de la dinastía merovingia. Hijo de Childeberto III, reinó bajo la tutela de Pipino de Heristal.

DAGUA, mun. de Colombia (Valle del Cauca); 30 646 hab. Frutales. Material ferroviario.

DAGUERRE (Louis Jacques), *Cormeilles-en-Parisis 1787-Bry-sur-Marne 1851,* inventor francés. Perfeccionó la fotografía y realizó, en 1837, los primeros *daguerrotipos.*

DAGUESTÁN, república de Rusia, a orillas del Caspio; 1 890 000 hab.; cap. *Majachkalá*

DAHL (Roald), *Llandaff, Gales, 1916-Oxford 1990,* escritor británico. Es autor de narraciones cortas, en las que predomina el humor negro, y de novelas para niños (*Los Gremlins,* 1943; *Charlie y la fábrica de chocolate,* 1964; *El tío Oswald,* 1979; *Las brujas,* 1989).

DAHOMEY → **BENÍN.**

DAHRĀN, c. del E de Arabia Saudí. Base aérea. Petroquímica.

Daily Express, diario británico. Fundado en 1900 por Arthur Pearson, fue el primero del Reino Unido que imitó los diarios estadounidenses, sobre todo al poner los titulares de las principales noticias en primera página.

Daily Mail, diario británico. Fundado en 1896 por los hermanos Alfred (lord Northcliffe) y Harold Harmsworth, tuvo la mayor tirada mundial entre 1920 y 1930.

Daily Mirror, diario británico. Fundado en 1903 por Alfred Harmsworth (lord Northcliffe) como diario femenino, se convirtió en el primer diario de información ilustrado.

Daily Telegraph (The), diario británico. Fundado en 1855 por Arthur B. Sleigh con el nombre *Daily Telegraph and Courrier,* en 1937 absorbió el *Morning Post.*

DAIMIEL, c. de España (Ciudad Real), cab. de p.j.; 17 276 hab. (*daimieleños*). Centro agrícola. Parque nacional de las *Tablas de Daimiel.*

DAIMLER (Gottlieb), *Schondorf, Württemberg, 1834-Cannstatt, act. Stuttgart-Bad Cannstatt, 1900,* ingeniero alemán. Junto con su compatriota W. Maybach realizó, a partir de 1883, los primeros motores de gasolina ligeros de gran velocidad de rotación, abriendo así el camino a su uso por los vehículos automóviles. Los dos socios fundaron en 1890 una empresa de fabricación de automóviles, que se fusionó en 1926 con la creada por C. Benz en 1883 para fundar la firma Daimler-Benz, convertida actualmente en el grupo Daimler (con, sobre todo, las marcas Mercedes-Benz, Maybach, Smart).

DAIREN → **DALIAN.**

Daishimizu, túnel ferroviario de Japón, en el oeste de Honshū (22 km de long., abierto en 1982).

DAJABÓN (provincia de), prov. de la República Dominicana, junto a la frontera con Haití; 890 km²; 63 200 hab.; cap. *Dajabón* (24 683 hab.)

DAJLA, ant. **Villa Cisneros,** localidad del Sahara Occidental, junto al Atlántico; 2 500 hab. Fue capital de la colonia española de Río de Oro. Pasó en 1976 a Mauritania, y en 1979 a Marruecos.

DAKAR, cap. de Senegal, junto al Atlántico; 1 490 000 hab. Universidad. Puerto y escala aérea. Centro industrial.— Fue capital del África Occidental Francesa de 1902 a 1958.

■ **DAKAR.** Alminar de la gran mezquita.

DAKOTA DEL NORTE, estado de Estados Unidos, en las Grandes Llanuras; 653 800 hab.; cap. *Bismarck.* Toma su nombre de un grupo de indios.

DAKOTA DEL SUR, estado de Estados Unidos, en las Grandes Llanuras; 696 004 hab.; cap. *Pierre.* Toma su nombre de un grupo de indios.

DALADIER (Édouard), *Carpentras 1884-París 1970,* político francés. Presidente del Partido radical-socialista (1927), fue primer ministro (1933 y 1934) y formó parte del Frente popular. De nuevo primer ministro (1938), firmó los acuerdos de Munich y declaró la guerra a Alemania (1939). Dimitió (1940) y fue deportado a Alemania (1943-1945).

DALAT, c. de Vietnam, en la región de las mesetas de los moi; 105 000 hab. Estación climática.

DALBERG (Karl Theodor, barón **von**), *Herrnsheim 1744-Ratisbona 1817,* prelado y político alemán. Último arzobispo elector de Maguncia (1802), fue nombrado por Napoleón I archicanciller de la Confederación del Rin (1806-1813).

DALE (sir Henry Hallett), *Londres 1875-Cambridge 1968,* médico británico. Recibió el premio Nobel (1936) por sus trabajos de farmacología sobre el mecanismo de los intercambios químicos en el sistema nervioso.

DALECARLIA, región de Suecia central.

DALHOUSIE (James **Ramsay,** marqués **de**), *castillo Dalhousie, Escocia, 1812-íd. 1860,* político británico. Gobernador de la India (1848-1856), anexionó el Panjāb y reformó la administración, pero su política, contraria a las tradiciones del país, fue una de las causas de la rebelión de los cipayos (1857).

DALÍ (Salvador), *Figueras 1904-íd. 1989,* pintor y grabador español. Es considerado como el paradigma del artista surrealista por el tesón con que se entregó a la expresión onírica, y por la forma provocativa de exhibir sus vivencias íntimas. En sus primeras obras, expuestas en 1925 en Barcelona, interpretó de manera particular el cubismo, el futurismo y la pintura metafísica, sin abandonar la pintura realista. En 1929, junto con Luis Buñuel, realizó la película *Un perro andaluz,* de estética surrealista. Ese mismo año se incorporó al grupo de París, y desde entonces hasta 1937-1938 fue un pintor ligado al surrealismo, al que aportó fundamentalmente su «método paranoico-crítico», libre interpretación de las asociaciones delirantes, y diversos objetos de funcionamiento simbólico. Posteriormente su obra pasó por muy distintas etapas estilísticas, entre las que cabe mencionar la que él mismo bautizó como «atómica». De entre sus obras destacan: *La cesta de pan* (1926), *El gran masturbador* (1929), *La persistencia de la memoria* (1931), *Metamorfosis de Narciso* (1937), *Madona de Port Lligat* (1950), *La última cena* (1955), *El sueño de Cristóbal Colón* (1959). En 1974 se inauguró el teatro-museo Dalí de Figueras, que junto con The Salvador Dalí Foundation de Saint Petersburg, Florida (inaugurada en 1971), y el MNCARS, reúnen lo más destacado de su obra.

DALIAN, ant. **Dairen,** c. de China (Liaoning); 1 723 000 hab. Puerto y centro industrial.

DALILA, personaje bíblico. Filistea, entregó a su esposo Sansón a sus compatriotas después de cortarle la cabellera, en la que residía su fuerza.

DALLAPICCOLA (Luigi), *Pisino d'Istria 1904-Florencia 1975,* compositor italiano. Su estilo, lírico, empezó marcado por la tradición italiana y se impregnó de dodecafonismo. Su obra, en su mayoría vocal, expresa su compromiso contra el totalitarismo, sobre todo las óperas (*Il prigioniero,* 1950; *Ulisse,* 1968).

DALLAS, c. de Estados Unidos (Texas); 1 006 877 hab. (2 553 362 hab. en la aglomeración). Nudo de comunicaciones. Aeropuerto (Dallas-Fort Worth, común para las dos ciudades). Centro industrial. — Museos. — El presidente Kennedy fue asesinado en esta ciudad en 1963.

DALMACIA, región de Croacia, junto al Adriático, bordeada por numerosas islas (*archipiélago Dálmata*). Turismo. — Fue incorporada a Croacia (ss. X-XI) y más tarde su litoral fue ocupado por Venecia (1420-1797). Anexionada por Austria (1797), fue atribuida en 1920 al reino de los Serbios, Croatas y Eslovenos, convertido en Yugoslavia en 1929.

DALMAU (Lluís), pintor español, probablemente valenciano, activo en Cataluña y Valencia de 1428 a 1460. Conocedor de la pintura gótica flamenca, fue el introductor de la técnica al óleo y del estilo hispanoflamenco. Su obra más importante es el retablo de la *Virgen de los consellers* (1445, museu nacional d'art de Catalunya, Barcelona).

DALMAU Y OLLER (Sebastián de), *Teià, Barcelona, 1682-Viena 1762,* militar español. Partidario del archiduque Carlos, defendió Barcelona en 1706 y 1713 del ataque de los ejércitos de Felipe V.

DALOA, c. de Costa de Marfil, cap. de prov., al O de Yamoussoukro; 121 842 hab.

DALTON (John), *Eaglesfield, Cumberland, 1766-Manchester 1844,* físico y químico británico. Dio sus primeras bases científicas a la teoría atómica. Enunció la ley de las proporciones múltiples y la de la mezcla de los gases. Estudió en sí mismo la anomalía de la percepción de los colores, denominada desde entonces *daltonismo.*

DALTON (Roque), *San Salvador 1935-íd. 1975,* escritor salvadoreño. Autor de una poesía de

■ **DANTON,** por C. Charpentier. (Museo Carnavalet, París.)

■ SALVADOR **DALÍ.** *Metamorfosis de Narciso* (1937). [Tate Gallery, Londres.]

denuncia social (*Taberna y otros lugares,* 1969), cultivó asimismo la novela (*Pobrecito poeta que era yo,* 1976) y el ensayo.

DAM (Henrik), *Copenhague 1895-íd. 1976,* bioquímico danés. Compartió el premio Nobel de fisiología y medicina (1943) con Edward Doisy (1893-1986) por el descubrimiento y la síntesis de la vitamina K.

DAMĀN, c. de la India, al N de Bombay; 61 951 hab. Puerto. — Antigua factoría portuguesa (1558-1961).

DAMANHUR, c. de Egipto, cerca de Alejandría; 226 000 hab.

DAMĀN Y DIU, territorio de la India; 112 km²; 101 439 hab.; cap. *Damān.*

DAMAS (paso de las), paso de los Andes, en la frontera entre Argentina (Mendoza) y Chile (Libertador General Bernardo O'Higgins); 3 050 m.

Damas (paz de las) → CAMBRAI.

DAMASCO, cap. de Siria, en un oasis regado por el Barada; 1 497 000 hab. (*damascenos*). Gran mezquita de los Omeyas (empezada en 705), primera realización arquitectónica importante del islam. Museos. Edificios medievales. (Patrimonio de la humanidad 1979.) — Capital de un importante reino arameo (ss. XI-VIII a.C.) conquistada por los romanos en 64 a.C., fue un importante centro cristiano. Tomada por los árabes (635), fue la capital de los califas Omeyas (661-750) y más tarde el centro de principados o de provincias más o menos autónomas. Tras la dominación otomana (1516-1918), se convirtió en el núcleo del nacionalismo árabe.

■ **DAMASCO.** Patio de la gran mezquita de los Omeyas (fundada en 705).

DAMASKINOS o **DHAMASKINÓS** (Dhimítrios Papandreu), *Dorvitsa 1890-cerca de Atenas 1949,* prelado y político griego. Arzobispo de Atenas, se opuso a la ocupación alemana y fue regente de 1944 a 1946.

DÁMASO I (san), *m. en 384,* papa de 366 a 384. De posible origen español, encargó a san Jerónimo la revisión de las traducciones latinas de la Biblia, que desembocó en la Vulgata.

DAMIÁN, r. de Uruguay, en la frontera entre Salto y Paysandú, tributario del río Uruguay. Termas, turismo.

DAMIÁN (san) → COSME y DAMIÁN.

DAMIÁN (Jozef **De Veuster,** llamado **el padre**), *Tremelo 1840-Molokai, Hawai, 1889,* misionero católico belga. Defensor de los leprosos en las islas Hawai, murió de esa enfermedad. Beatificado en 1995.

DAMIETA, c. de Egipto, cerca del Mediterráneo; 113 000 hab. Puerto. — San Luis tomó la ciudad en 1249, durante la séptima cruzada, pero al caer prisionero la devolvió a los musulmanes para su rescate.

DAMMĀM, c. de Arabia Saudí, cap. de Ḥasā, junto al golfo Pérsico; 128 000 hab. Puerto.

DAMOCLES, *s. IV a.C.,* cortesano allegado de Dionisio el Viejo, tirano de Siracusa. A fin de mostrarle la fragilidad del poder de los reyes, durante un banquete Dionisio hizo suspender sobre la cabeza de Damocles una pesada espada sostenida por una crin de caballo.

DĀMODAR, r. de la India, que desemboca en el estuario del Hooghly; 545 km. Su valle medio constituye la principal región india de industria pesada.

DAMPIER (William), *East Coker 1652-Londres 1715,* navegante inglés. Corsario, saqueó los territorios españoles de América (1678-1691). Exploró el Pacífico y descubrió el archipiélago y el estrecho que llevan su nombre.

DANA (James Dwight), *Utica 1813-New Haven, Connecticut, 1895,* naturalista estadounidense. Hizo la primera descripción de numerosos minerales.

DÁNAE MIT. GR. Hija del rey de Argos, quien la encerró en una torre donde Zeus, bajo la forma de lluvia de oro, se unió a ella. De esa relación nació Perseo.

DANAIDES MIT. GR. Nombre de las cincuenta hijas del rey de Argos, Danao, quienes, la noche de sus bodas, mataron a sus esposos, con excepción de una de ellas, Hipermnestra. Fueron condenadas en los infiernos a llenar de agua un vaso sin fondo.

DA NANG, ant. **Tourane,** c. de Vietnam; 371 000 hab. Puerto.

DANBY (Thomas **Osborne,** lord), *Kiveton, Yorkshire, 1632-Easton, Northamptonshire, 1712,* estadista inglés. Partidario del futuro Guillermo III, y uno de los principales artífices de la revolución de 1688, fue primer ministro de facto de 1690 a 1696.

DANDARĀ o **DENDERAH,** aldea del Alto Egipto. Templo tolemaico dedicado a Hator, bien conservado.

DANDOLO, familia de Venecia que dio varios dux a la república. — **Enrico D.,** *Venecia h. 1107-Constantinopla 1205,* dux de Venecia (1192-1205). Contribuyó al cambio de ruta hacia Constantinopla de la IV cruzada y en el desmembramiento del Imperio bizantino obtuvo para Venecia Candía, algunas islas Jónicas y los puertos de Morea. — **Andrea C.,** *Venecia h. 1307-íd. 1354,* dux de Venecia (1343-1354). Tras luchar contra los turcos, libró una guerra implacable contra Génova.

DANDONG, c. de China, en la frontera norcoreana; 545 000 hab.

DANERI (Santiago Eugenio), *Buenos Aires 1881-íd. 1970,* pintor argentino. Estudió con Sivori, Della Valle y De la Cárcova. Su dibujo es cerrado y utiliza colores sobrios: grises, pardos y neutros. Sus temas son el paisaje, sobre todo el del puerto de Buenos Aires, la figura humana y el bodegón, vistos en su pobreza cotidiana e impregnados de melancolía.

DANIEL, héroe del libro bíblico que lleva su nombre, escrito h. 165 a. C., en la época de la rebelión de los macabeos. Judío deportado a Babilonia, adquirió influencia en esta corte. A causa de las calumnias de los sacerdotes babilonios, fue arrojado a una fosa con leones de la que salió milagrosamente vivo.

DANIELL (John Frederic), *Londres 1790-íd. 1845*, físico británico. Inventó la pila eléctrica de dos líquidos que lleva su nombre.

DANLI, mun. de Honduras (El Paraíso); 28 223 hab. Tabaco, café, frutales. Lácteos. Aeródromo.

DANTE ALIGHIERI, *Florencia 1265-Ravena 1321*, escritor italiano. Desempeñó un papel político en su ciudad natal, que le encomendó varias misiones diplomáticas y de la que fue uno de los seis priores (altos magistrados). Sin embargo, perteneciente al partido de los güelfos «blancos» (moderados), fue exiliado por los «negros» en 1302 y vivió sus últimos años en Ravena. Desde su juventud había compuesto sonetos amorosos y *canzoni* en los que celebraba su pasión ideal por *Beatriz Portinari. Transformó esta aventura amorosa en experiencia literaria y filosófica en la *Vita nuova* (escrita probablemente entre 1292 y 1294). Durante su exilio compuso un tratado filosófico (*El banquete*, 1304-1307), así como ensayos sobre temas científicos, lingüísticos (*De vulgari eloquentia*, 1304-1307) y políticos (*De monarchia*, 1310-1314). Pero es autor, sobre todo, de la *Divina Comedia* (escrita a partir de 1306), expresión perfecta del humanismo cristiano medieval, que lo convirtió en el padre de la poesía italiana.

■ **DANTE ALIGHIERI**. Detalle del *Paraíso* (h. 1336), fresco del taller de Giotto que representa a Dante. (Museo nacional del Bargello, Florencia.)

DANTON (Georges Jacques), *Arcis-sur-Aube 1759-París 1794*, político francés. Fundó el club de los Cordeliers y fue uno de los jefes de la Revolución. Orador eminente, organizó el ejército y fue miembro del Comité de salvación pública. Reclamó el fin del Terror y, acusado por Robespierre, fue guillotinado.

DANTZIG o **DANZIG** → GDAŃSK.

DANUBIO, en alem. *Donau*, r. de Europa que nace en Alemania, en la Selva Negra, y desemboca formando un vasto delta (extremo oriental de Rumania) en el mar Negro (patrimonio de la humanidad 1991); 2 850 km; cuenca de más de 800 000 km². Es el segundo de Europa (después del Volga) por su longitud y la superficie de su cuenca. Atraviesa o bordea a lo largo de su recorrido Alemania, Austria, Eslovaquia, Hungría, Croacia, Serbia, Bulgaria, Ucrania y Rumania, pasa por Viena, Budapest y Belgrado, entre otras poblaciones, y cruza el desfiladero de las Puertas de Hierro (entre los Cárpatos y los montes Balcanes). Tiene un régimen complejo y se utiliza para la navegación, la producción de hidroelectricidad y el riego.

danza (La), gran tela de Matisse (1910, Ermitage, San Petersburgo). Hizo época (con su pareja: *La música*) por su depuración, densidad cromática y unidad rítmica. Otros cuadros de Matisse, posteriores, sobre el mismo tema.

DAOÍZ (Luis), *Sevilla 1767-Madrid 1808*, militar español. Con Velarde, lideró el levantamiento de Madrid contra los franceses (2 mayo 1808).

DAQING, c. del NE de China (Heilongjiang); 657 000 hab. Centro petrolero.

DĀR AL-BAYḌĀ', ant. **Maison Blanche**, c. de Argelia. Aeropuerto de Argel.

DĀR AL-BAYḌĀ' → CASABLANCA.

DARBHANGA, c. de la India (Bihār); 218 274 hab.

DARBOUX (Gaston), *Nîmes 1842-París 1917*, matemático francés. Su obra está consagrada a la geometría infinitesimal.

DARDANELOS (estrecho de los), estrecho de Turquía, entre Europa (península de los Balcanes) y Asia (Anatolia). Comunica el mar Egeo y el mar de Mármara. — **expedición de los Dardanelos** (1915), expedición francobritánica emprendida para conquistar los Estrechos y obligar a Turquía a salir de la guerra. Fracasó ante la resistencia del ejército turco.

DÁRDANO MIT. GR. Fundador mítico de Troya.

DAR ES SALAM, c. de Tanzania, junto al Índico; 1 362 000 hab. Centro administrativo y comercial. — Cap. del país hasta 1983.

DARFUR o **DĀR FŪR**, región montañosa del O de Sudán. Desde 2003, milicias locales (los yanyauid), respaldadas por el ejército sudanés, someten a las poblaciones en rebeldía contra el poder central a una represión mortífera.

DARGOMIZHSKI (Alexandr Serguéievich), *Troitskoie 1813-San Petersburgo 1869*, compositor ruso, cofundador de la escuela rusa moderna (*El convidado de piedra*, 1860).

DARIÉN (golfo del), golfo del mar Caribe, entre la costa E de Panamá y la del N de Colombia. El extremo S se llama golfo de Urabá.

DARIÉN (provincia de), prov. del S de Panamá, junto al Caribe; 16 803 km², 38 400 hab.; cap. *La Palma*.

DARIÉN (serranía del), macizo del NE de Panamá (Darién), en la frontera con Colombia; 2 280 m en el cerro Tacarcuna.

DARIÉN (El), región fisiográfica e histórica de Colombia y Panamá, en torno al golfo de Urabá y del Darién, en el Caribe. *Parque nacional del Darién*, en Panamá, limítrofe con Colombia (575 000 ha) [reserva de la biosfera 1980, patrimonio de la humanidad 1994]. — En la costa del Darién, explorada por Diego de Lepe y Bastidas se fundó uno de los primeros establecimientos españoles en Tierra Firme (gobernación del Darien, 1508). Martín Fernández de Enciso y Vasco Núñez de Balboa fundaron en Darién la primera ciudad española en el continente americano, Santa María la Antigua del Darién (1510). Formó parte de la gobernación de Castilla del Oro y fue uno de los núcleos de expansión española.

DARIENSE (cordillera), alineación montañosa de Nicaragua; 1 668 m en el cerro Chimborazo.

DARÍN (Ricardo), *Buenos Aires 1957*, actor argentino. Tipificado como galán en la década de 1980, ha evolucionado hacia roles más complejos en teatro (*Algo en común; Arte*) y cine (*Nueve reinas*, F. Bielinsky, 2000; *El hijo de la novia*, J. J. Campanella, 2001; *El aura*, F. Bielinsky, 2005).

DARÍO I, *m. en 486 a. C.*, rey aqueménida de Persia (522-486 a. C.). Reconstituyó el imperio

de Ciro II, conquistó el Panjāb al E y, al O, Tracia y Macedonia, pero fue vencido por los griegos en Maratón (490 a. C.). Dividió el imperio en satrapías e hizo construir Persépolis. — **Darío III Codomano**, *m. en 330 a. C.*, aqueménida de Persia (336-330 a. C.). Alejandro lo derrotó en Issos y cerca de Arbelas. Fue asesinado por uno de sus sátrapas.

DARÍO (Félix Rubén García Sarmiento, llamado Rubén), *Metapa, act. Ciudad Darío, 1867-León 1916*, poeta nicaragüense. Es una de las grandes voces de América y una gran influencia en la poesía española contemporánea. Su obra se caracteriza por la renovación del lenguaje poético y de la métrica, por las innovaciones temáticas, el esteticismo y el exotismo. Tras sus primeros libros, publicó *Azul* (1888), obra que inaugura el modernismo hispanoamericano. En 1896 publicó los poemas de *Prosas profanas*, piedra de toque de la escuela modernista, y *Los raros*, en prosa, donde traza semblanzas de escritores del fin de siglo *Cantos de vida y esperanza* (1905) es su obra de plena madurez. Posteriores son *El canto errante* (1907) y *Canto a la Argentina y otros poemas* (1914).

■ RUBÉN **DARÍO**　　■ CHARLES **DARWIN**, por J. Collier.

DARJAN, c. de Mongolia; 88 600 hab.

DARJEELING, c. de la India (Bengala Occidental), en las laderas del Himalaya, a 2 185 m de alt. Famosos jardines de té.

DARLING, r. de Australia, principal afl. del Murray (or. der.); 2 700 km.

DARLINGTON, c. de Gran Bretaña (Inglaterra); 85 000 hab. Iglesia de los ss. XII-XIII.

DARMSTADT, c. de Alemania (Hesse); 139 751 hab. Monumental art nouveau de la Mathildenhöhe; museos. Centro de operaciones espaciales europeo.

DARNLEY (Henry Stuart o Stewart, barón), conde de Ross, duque de Albany, *Temple Newsam 1545-Edimburgo 1567*, príncipe escocés. Sobrino segundo de Enrique VIII, fue el segundo esposo de María Estuardo, con la que tuvo un hijo, el futuro Jacobo I de Inglaterra. Fue asesinado con la complicidad de Bothwell, amante de la reina.

DAROCA, c. de España (Zaragoza), cab. de p. j.; 2 286 hab (*darocanos*). Murallas. Iglesias románicas; colegiata del s. XVI (capilla gótica del relicario de los Corporales). Museo.

DARRO, r. de España, afl. del Genil (or. der.), 19 km. Riega la vega de Granada y los jardines de la Alhambra y el Generalife.

DARTMOUTH, c. de Canadá (Nueva Escocia), en la bahía de Halifax; 67 798 hab. Puerto.

DARWIN, c. de Australia, cap. del Territorio del Norte; 78 000 hab.

DARWIN (cordillera), sistema montañoso de Chile (Tierra del Fuego), en el extremo sur de la cordillera Patagónica occidental. Glaciares y grandes lagos.

DARWIN (Charles), *Shrewsbury 1809-Down, Kent, 1882*, naturalista británico. Tras recoger en un viaje alrededor del mundo a bordo del Beagle (1831-1836) numerosas observaciones sobre la variabilidad de las especies, creó la doctrina evolucionista denominada en adelante *darvinismo* (*El origen de las especies por medio de la selección natural*, 1859).

DASSAULT (Marcel), *París 1892-Neuilly-sur-Seine 1986*, constructor de aviones francés, fundador de una importante empresa de construcciones aeronáuticas.

■ EL **DANUBIO** en las Puertas de Hierro.

DATO (Eduardo), *La Coruña 1856-Madrid 1921*, político español. Dirigente del Partido conservador, presidió el gobierno en 1913-1915, 1917 y 1920-1921. Aprobó la creación de la Mancomunidad de Cataluña, afrontó la formación de juntas militares y reprimió el movimiento obrero catalán. Murió en un atentado anarquista.

DATONG, c. de China (Shanxi); 798 000 hab. Ciudad antigua, parcialmente de época Ming, y restos de monasterios fundados en los ss. VIII y XI; estatuas y gran templo búdico del s. XI.

Dau al set (1948-1956), grupo de artistas españoles, de tendencia surrealista y defensores de la vanguardia artística, fundado en Barcelona por los pintores M. Cuixart, J. Ponç, A. Tàpies y J. J. Tharrats, el poeta J. Brossa y el filósofo A. Puig, al que luego se sumó J. E. Cirlot.

DĀ'ŪD (Abraham ibn), *Córdoba 1110-Toledo 1180*, escritor hebraicoespañol. En una filosófica *La fe sublime* trató la problemática del libre albedrío. Su *Libro de la tradición* es una fuente importante para la historia del judaísmo.

DAUDET (Alphonse), *Nimes 1840-París 1897*, escritor francés. Es autor de novelas (*Tartarín de Tarascón*, 1872) y cuentos (*Cartas desde mi molino*, 1869) donde se mezclan la fantasía y el realismo.

■ ALPHONSE
DAUDET, por Carjat.

DAUFRESNE (Julio), dibujante y litógrafo francés, radicado en Buenos Aires hacia 1835. Introdujo la litografía en Suramérica. Es autor de un cuaderno de litografías sobre los *Usos y costumbres de Buenos Aires* (1844) y de una *Galería de ilustres contemporáneos*.

DAUGAVPILS, c. de Letonia; 129 000 hab.

DAULE, cantón de Ecuador (Guayas); 141130 hab. Centro agropecuario. Minas de mercurio.

DAUMIER (Honoré), *Marsella 1808-Valmondois 1879*, pintor y litógrafo francés. Célebre por sus caricaturas políticas, es autor de pinturas (serie de *Don Quijote*) y esculturas.

DAUSSET (Jean), *Toulouse 1916*, médico francés. Descubrió en 1958 el sistema de antígenos HLA (grupos hísticos y leucocitarios). [Premio Nobel 1980.]

DÁVALOS o **DE ÁVALOS**, familia aristocrática castellana, en la que destacó Ruy López Dávalos (Úbeda 1357-Valencia 1428), privado de Enrique III de Castilla. Sus hijos, que acompañaron a Alfonso V el Magnánimo de Aragón a Nápoles, dieron origen a la rama italiana de los De Ávalos (marqueses del Vasto y de Pescara).

DÁVALOS (Juan Carlos), *Villa de San Lorenzo 1887-Salta 1959*, escritor argentino. Sus cuentos (*Salta*, 1921; *Relatos lugareños*, 1930), poesías (*Cantos agrestes*, 1918) y ensayos se centran en su provincia natal.

DAVANGERE, c. de la India (Karnātaka); 287 114 hab.

DAVAO, c. de Filipinas (Mindanao), junto al *golfo de Davao*; 849 947 hab. Puerto.

DAVES (Delmer Lawrence), *San Francisco 1904-La Jolla 1977*, cineasta estadounidense. Guionista y realizador, fue autor de westerns innovadores (*Flecha rota*, 1950; *El árbol del ahorcado*, 1959).

DAVID, c. de Panamá, cap. de la prov. de Chiriquí, en el valle del *río David;* 80 053 hab.

DAVID, segundo rey hebreo (h. 1010-h. 970 a.C.). Sucedió a Saúl, cuya melancolía calmaba tocando el arpa. Vencedor de los filisteos, tomó Jerusalén, que convirtió en su capital. Se

le atribuye la composición de cantos religiosos y de salmos. — Su combate con el gigante filisteo Goliat ha dado origen a una abundante iconografía.

David, estatua colosal (más de 4 m) de Miguel Ángel (mármol, 1501-1504, act. en la Academia de Florencia; copia en la plaza de la Signoria). Por sus cualidades técnicas y estéticas y su contenido simbólico (el ideal del ciudadano-guerrero), hizo del joven escultor el artista más reconocido de Florencia.

■ **DAVID.** Escultura de mármol de Miguel Ángel (1501-1504). [Academia de Florencia.]

DAVID I, *1084-Carlisle 1153*, rey de Escocia (1124-1153). Consolidó la unidad de su reino. — **David II** o **David Bruce,** *Dunfermline 1324-Edimburgo 1371*, rey de Escocia (1329-1371). No pudo impedir que Inglaterra estableciese su tutela sobre Escocia.

DAVID (Gerard), *Oudewater, Holanda, h. 1460-Brujas 1523*, pintor flamenco de origen holandés. Instalado en Brujas, fue el último de los grandes «primitivos» de esta ciudad.

DAVID (Jacques Louis), *París 1748-Bruselas 1825*, pintor francés. Máximo representante de la escuela neoclásica, fue pintor de Napoleón: *El juramento de los Horacios* (1784), *Las sabinas* (1795-1799), *La coronación de Napoleón* (1805-1807) y *Amor y Psiquis*.

David Copperfield, novela autobiográfica de C. Dickens (1849), sobre un joven huérfano.

DAVIDSON (Donald), *Springfield, Massachusetts, 1917-Berkeley 2003*, filósofo estadounidense. Su reflexión, en la línea de la filosofía analítica, se centra en las relaciones entre lenguaje y realidad y en los fundamentos de la acción moral (*Ensayos sobre acciones y sucesos*, 1980).

DAVIES (Robertson), *Thamesville, Ontario, 1913-Orangeville, Ontario, 1995*, escritor canadiense en lengua inglesa. Periodista y dramaturgo, sus novelas son un retrato irónico de los pueblos canadienses (*Asesinato y ánimas en pena*, 1991; *Un hombre astuto*, 1994).

DÁVILA (Antonio Sancho), **marqués de Velada y de San Román,** *Madrid 1590-1666*, administrador español. Gobernador general de los Países Bajos y gobernador del Milanesado, presidió los consejos de Flandes e de Italia.

DÁVILA (Miguel R.), *Tegucigalpa 1856-íd. 1927*, general y político hondureño. Creador de la Corte centroamericana de justicia, fue presidente de su país entre 1909 y 1911.

DÁVILA (Pedrarias) → **PEDRARIAS DÁVILA.**

DÁVILA (Sancho), *Ávila 1523-Lisboa 1583*, militar español. Participó en las campañas imperiales en Alemania (batalla de Mühlberg), Italia, Flandes (toma de Amberes) y Portugal (batalla de Alcántara).

DÁVILA ANDRADE (César), *Cuenca 1918-Guayaquil 1967*, escritor ecuatoriano, autor de una poesía madura y comprometida (*Espacio, me has vencido*, 1947; *En un lugar no identificado*, 1963) y de cuentos.

DÁVILA ESPINOZA (Carlos), *Los Ángeles 1887-Washington 1955*, político chileno. Miembro del Partido radical, fue presidente provisional de la república (1932).

DAVIS (estrecho de), brazo de mar del Atlántico, entre Groenlandia y Canadá (isla de Baffin).

DAVIS (Ruth Elizabeth, llamada Bette), *Lowell,*

Massachusetts, 1908-Neuilly-sur-Seine 1989, actriz estadounidense, una de las grandes divas de Hollywood (*Jezabel*, W. Wyler, 1938; *La loba*, íd., 1941; *Eva al desnudo*, J. L. Mankiewicz, 1950; *Sembrando ilusiones*, L. Comencini, 1972).

DAVIS (sir Colin), *Weybridge, Surrey, 1927*, director de orquesta británico. Dirigió la orquesta sinfónica de la BBC (1967-1971), fue director musical de la ópera del Covent Garden (1971-1986) y ha dirigido la orquesta sinfónica de la radiodifusión bávara (1983-1992) y la orquesta sinfónica de Londres (1995-2006), en la cual sigue como presidente. Destaca en el repertorio lírico.

DAVIS (Jefferson), *Fairview, Kentucky, 1808-Nueva Orleans 1889*, militar y político estadounidense. Presidió la Confederación sudista durante la guerra de Secesión (1861-1865).

DAVIS (John), *Sandridge h. 1550-en el estrecho de Malaca 1605*, navegante inglés. Descubrió en 1585 el estrecho que lleva su nombre.

DAVIS (Miles), *Alton, Illinois, 1926-Santa Mónica 1991*, compositor y trompetista de jazz estadounidense. Fue uno de los mejores solistas e improvisadores de la trompeta, y uno de los pioneros del cool y el jazz-rock (*Walkin'*, 1954; *Bye Bye Blackbird*, 1956).

DAVIS (William Morris), *Filadelfia 1850-Pasadena 1934*, geógrafo estadounidense. Fue uno de los fundadores de la geografía física, en particular de la geomorfología.

Davis (copa), competición internacional anual de tenis. Creada en 1900, se disputa por equipos nacionales (de cuatro jugadores como máximo), en cinco partidos (cuatro individuales y un doble).

DAVISSON (Clinton Joseph), *Bloomington, Illinois, 1881-Charlottesville 1958*, físico estadounidense. Su descubrimiento de la difracción de los electrones por los cristales (1927) confirmó la mecánica ondulatoria de L. de Broglie. (Premio Nobel 1937.)

DAVOS, mun. de Suiza (Grisones); 10 957 hab. Deportes de invierno (alt. 1 560-2 844 m). *Foro económico mundial anual.

DAVY (sir Humphry), *Penzance 1778-Ginebra 1829*, químico y físico británico. Descubrió el arco eléctrico, las propiedades catalíticas del platino y, gracias a la electrólisis, aisló los metales alcalinos.

DAWEI → TAVOY.

DAWES (Charles Gates), *Marietta, Ohio, 1865-Evanston, Illinois, 1951*, financiero y político estadounidense. Presidió la comisión de reparaciones (1923) que elaboró el *plan Dawes*, y fue vicepresidente de EUA (1925-1929). [Premio Nobel de la paz 1925.]

Dawes (plan) [1923], plan destinado a resolver el problema de las reparaciones debidas por Alemania a sus adversarios de la primera guerra mundial, preservando su equilibrio económico. Se sustituyó en 1930 por el plan Young.

DAWKINS (Richard), *Nairobi 1941*, etólogo y biólogo británico. Introdujo en los estudios de la evolución el concepto «meme» (unidad mínima de transmisión de herencia cultural) [*El gen egoísta*, 1976] y propuso que los efectos fenotípicos pueden ir más allá del cuerpo de un organismo (*El fenotipo extendido*, 1982).

DAWSON, ant. **Dawson City**, localidad de Canadá; 700 hab. Ant. cap. del Yukón y ant. centro aurífero.

DAWSON (isla), isla de Chile (Magallanes y Antártica Chilena), en la costa S del estrecho de Magallanes; 1 700 km². Centro penitenciario.

DAYÁN (Moshé), *Degania 1915-Ramat Gan 1981*, militar y político israelí. Jefe del estado mayor del ejército (1953-1958), fue ministro de defensa (1967, 1969-1974) y de asuntos exteriores (1977-1979).

DAYR AL-BAHARĪ, sitio arqueológico de Egipto, cerca de Tebas. Notables conjuntos funerarios de Mentuhotep I, de Tutmosis III y sobre todo de la reina Hatšepsut.

DAYR AL-ZAWR, c. de Siria, a orillas del Éufrates; 174 000 hab. Yacimiento de petróleo en los alrededores.

DAYTON, c. de Estados Unidos (Ohio); 182 044 hab. En una base militar cercana se firmó en 1995 el acuerdo de paz sobre la ex Yugoslavia. (→ **Bosnia-Herzegovina.**)

DAYTONA BEACH, c. de Estados Unidos (Florida); 61 621 hab. Estación balnearia. Circuito automovilístico.

DAZA (Hilarión), *Sucre 1840-Llyuni 1894,* general y político boliviano. Se sublevó en 1876. Presidente (1877-1880), fue derrotado por Chile en la guerra del Pacífico (1879).

DAZA CHACÓN (Dionisio), *Valladolid 1503-Madrid 1596,* médico español. En *Práctica y teórica de cirugía* (1582 1595) expuso y valoró los conocimientos y las técnicas quirúrgicas, destacando sus estudios sobre tumores malignos y heridas.

DEÁK (Ferenc), *Söjtör 1803-Pest 1876,* político húngaro. Fue uno de los principales artífices del compromiso austrohúngaro de 1867.

DEAN (James), *Marion, Indiana, 1931-Paso Robles, California, 1955,* actor estadounidense. Tres películas (*Al este del Edén,* E. Kazan, 1955; *Rebelde sin causa,* N. Ray, 1955, y *Gigante,* G. Stevens, 1956) y su trágica muerte hicieron de él la encarnación de una juventud rebelde.

■ JAMES **DEAN,** en
Al este del Edén (1955),
de Elia Kazan.

DEAN (Mark), *Jefferson City, Tennessee, 1957,* ingeniero estadounidense. Poseedor de varias de las patentes que dieron origen a la computadora personal de IBM, creó con Dennis **Moeller** (Saint Louis 1950) el sistema que permite conectar dispositivos periféricos a un PC.

DEÁN FUNES, c. de Argentina (Córdoba), cab. del dep. de Ischilín; 18 855 hab. Centro comercial.

DEARBORN, c. de Estados Unidos (Michigan); 89 286 hab. Automóviles.

DEATH VALLEY, nombre inglés del Valle de la *Muerte.

DEBIERNE (André Louis), *París 1874-íd. 1949,* químico francés. Aisló el radio, con M. Curie, y descubrió el actinio.

DÉBORA, profetisa y juez de Israel. Celebró la victoria sobre los cananeos en un cántico conservado en el libro bíblico de los *Jueces.*

DEBORD (Guy), *París 1931-Bellevue-la-Montagne, Haute-Loire, 1994,* escritor, teórico y cineasta francés. Miembro del letrismo y posteriormente alma de la Internacional situacionista (1957), elaboró en sus ensayos (*La sociedad del espectáculo,* 1967) y en sus filmes de vanguardia una crítica radical y premonitoria de la sociedad contemporánea. Se suicidó.

DEBRECEN, c. del E de Hungría; 212 235 hab. Universidad.— Monumentos del s. XVIII.

DEBREU (Gerard), *Calais 1921-París 2004,* economista estadounidense de origen francés. Es pecialista en economía matemática y en econometría, estudió, sobre todo, la teoría del equilibrio general. (Premio Nobel 1983.)

DEBUSSY (Claude), *Saint-Germain-en-Laye 1862-París 1918,* compositor francés. Creó un estilo de recitativo (*Peleas y Melisande,* 1902) y propuso un nuevo refinamiento sonoro (*Preludio a la siesta de un fauno,* 1895; *El mar,* 1905).

DEBYE (Peter), *Maastricht 1884-Ithaca, estado de Nueva York, 1966,* físico y químico estadounidense de origen neerlandés. Estudió el estado sólido en bajas temperaturas y determinó las dimensiones de las moléculas gaseosas por interferencia de los rayos X. (Premio Nobel de química 1936).

década moderada (1843-1854), período de la historia de España comprendido entre la caída de Espartero y la revolución de 1854, durante el cual el gobierno fue dirigido por el partido moderado (Narváez, sobre todo).

década ominosa (1823-1833), período de la historia de España que corresponde a la segunda etapa absolutista de Fernando VII, caracterizada por la represión del liberalismo.

Decamerón, conjunto de cuentos de Boccaccio (1349-1353). Es un retrato de la vida en el s. XIV, cuyo estilo contribuyó a fijar la prosa italiana.

DECÁN o **DEKKAN,** parte peninsular de la India. Es una meseta cuyos bordes, escarpados, forman los Ghâtes.

DECÁPOLIS, confederación de diez ciudades palestinas situadas al E del Jordán (s. I a.C.-s. II d.C.).

Decena trágica (9-19 febr. 1913), denominación de la serie de conflictos sucedidos en la ciudad de México que llevaron a la destitución y el asesinato de F. I. Madero.

DECHEPARE o **ETXEPARE** (Bernard o Beñat), escritor vasco del s. XVI. Su *Linguae vasconum primitiae* (1545), primer libro impreso en lengua vasca, es una colección de poemas religiosos y profanos.

DE CHIRICO → CHIRICO.

DECIO (Cayo Mesio Quinto Decio Valeriano Trajano), *Bubalia, Panonia, 201-Abryttos, Mesia, 251,* emperador romano (249-251). Persiguió a los cristianos (250).

Declaración de los derechos del hombre y del ciudadano → derechos del hombre y del ciudadano.

Declaración universal de los derechos humanos → derechos humanos.

DECROLY (Ovide), *Renaix 1871-Uccle 1932,* médico y pedagogo belga. Fue promotor de una pedagogía fundada en la noción de centro de interés.

DECUMANOS o **DECUMATES** (campos), ant. territorios situados entre el Rin y el alto Danubio. Fueron protegidos por un *limes,* que los alemanes invadieron en 260.

DÉDALO, MIT GR. Personaje legendario arquitecto y escultor, constructor del Laberinto de Creta, en el que fue encerrado el Minotauro. El mismo fue encarcelado en el laberinto por orden de Minos, pero escapó con su hijo Ícaro fabricando unas alas de plumas y cera.

DEDEKIND (Richard), *Brunswick 1831-íd. 1916,* matemático alemán. Estudió los números ideales y la divisibilidad en el cuerpo de los números algebraicos; le permitieron contar, junto con G. Cantor, las primeras bases de la teoría de los conjuntos.

DEE (John), *Londres 1527-Mortlake 1608,* matemático, alquimista y ocultista inglés. Erudito y astrólogo consultado por Isabel I, hacia 1581 intervino, con Edward Kelley (1555-1597), en el primer caso de telepatía documentado.

DEFERR (Gervasio), *Barcelona 1980,* gimnasta español. Subcampeón del mundo (1999 y 2007) y olímpico (2008) en suelo, también ha obtenido el campeonato olímpico en salto (2000 y 2004).

DEFOE o **DE FOE** (Daniel), *Londres h. 1660-íd. 1731,* escritor británico. Aventurero, comerciante y agente político, se hizo famoso con una novela de aventuras (*Robinson Crusoe,* 1719) y una serie de obras realistas (*Moll Flanders,* 1722).

DE FOREST (Lee), *Council Bluffs, Iowa, 1873-Hollywood 1961,* ingeniero estadounidense. Es el inventor del triodo (1906).

■ CLAUDE **DEBUSSY,**
por P. Robier. (Museo de la música, París).

■ DANIEL **DEFOE.**
(London Library.)

DEGAS (Edgar), *París 1834-íd. 1917,* pintor, grabador y escultor francés. Impresionista influido por Ingres, Delacroix y el naturalismo, sintetizó espacio, luz, formas y movimiento de una manera nueva.

■ EDGAR **DEGAS.** *Las planchadoras* (h. 1884). [Museo de Orsay, París.]

DE GASPERI → GASPERI.

DEGOLLADO, mun. de México (Jalisco); 18 262 hab. Centro ganadero (lácteos).

DEGOLLADO (Santos), *Guanajuato 1811-Monte de las Cruces, México D. F., 1861,* militar y político mexicano. Participó en la revolución de Ayutla y fue ministro de guerra y marina con Juárez.

DE GRAAF → GRAAF.

DEGRELLE (Léon), *Bouillon 1906-Málaga 1994,* político belga. Fundador del rexismo y defensor de la colaboración con los nazis, se exilió a España en 1944.

DE HAVILLAND (sir Geoffrey), *Haslemere, Surrey, 1882-Londres 1965,* constructor de aviones británico. De 1909 a 1954 realizó 112 tipos de aviones civiles y militares, de los que destaca el primer avión comercial a reacción, el *Comet* (que entró en servicio en 1952).

DEHMELT (Hans Georg), *Görlitz 1922,* físico estadounidense de origen alemán. Gracias a sus trabajos sobre la espectroscopia atómica de precisión, ha conseguido observar un electrón aislado. (Premio Nobel 1989.)

DE HOOCH → HOOGHE, HOOGH o HOOCH.

DEHRA DÜN, c. de la India cap. de Uttarakhand; 367 411 hab.

DEIRA (Ernesto), *Buenos Aires 1928-París 1986,* pintor argentino. Formó el grupo *Otra figuración.* Reivindicó una pintura figurativa con una metodología abstracta, así como el uso de materiales diversos y happenings.

DEKKAN → DECÁN.

DEKKER (Thomas), *Londres h. 1572-íd. h. 1632,* escritor inglés. Sus obras de teatro y sus crónicas (*Los siete pecados capitales de Londres,* 1606) describen al pueblo londinense.

DE KLERK (Frederik Willem), *Johannesburgo 1936,* político sudafricano. Líder del Partido nacional (1989-1997), fue presidente de la república de 1989 a 1994. Junto con Nelson Mandela, promovió la abolición del apartheid y las reformas democráticas en la República de Sudáfrica. Nombrado segundo vicepresidente tras la victoria del ANC en las elecciones multirraciales de 1994, dimitió en 1996. (Premio Nobel de la paz 1993.)

DE KOONING (Willem), *Rotterdam 1904-East Hampton, estado de Nueva York, 1997,* pintor estadounidense de origen neerlandés. Instalado en Nueva York (1926), se afirmó a fines de la década de 1940 como un maestro del expresionismo, abstracto o figurativo (tema de la *Mujer,* caracterizado por la violencia gestual).

DELACROIX (Eugène), *Charenton-Saint-Maurice, act. Saint-Maurice 1798-París 1863,* pintor francés. Principal representante de la escuela romántica, es autor de grandes murales y famosos cuadros (*Las matanzas de Quíos,* 1824; *La libertad guiando al pueblo,* 1830). [V. ilustr. pág. siguiente.]

DELAGOA (bahía), bahía del océano Índico, en Mozambique.

DELALANDE (Michel Richard), *París 1657-Versalles 1726,* compositor francés, autor de 71 grandes motetes y de las *Sinfonías para las cenas del rey.*

DE LA MARE (Walter), *Charlton, Kent, 1873-Twickenham, Middlesex, 1956,* escritor británico. Su obra narrativa y poética mezcla alucinaciones y sueños con recuerdos de infancia (*El retorno,* 1910; *Memorias de una enana,* 1921; *Señor pez,* 1933).

DÉLANO (Luis Enrique), *Santiago 1907-íd. 1985,* escritor chileno. Narrador de carácter dramático y psicológico (*La niña de la prisión,* 1928; *Luces en la isla,* 1930), cultivó además el ensayo y la poesía.

DELAUNAY (Robert), *París 1885-Montpellier 1941,* pintor francés. Aportó al cubismo contrastes cromáticos y luminosos, y llegó a la abstracción. — **Sonia D.,** *Odessa 1885-París 1979,* pintora francesa de origen ruso, esposa de Robert. Investigó el color puro y los ritmos en las artes gráficas, decorativas y textiles.

DELAWARE, r. de Estados Unidos, que desemboca en la *bahía del Delaware,* en el Atlántico; 400 km. Pasa por Filadelfia.

DELAWARE, estado de Estados Unidos, a orillas del Atlántico; 666 168 hab.; cap. *Dover.*

DELBRÜCK (Max), *Berlín 1906-Pasadena 1981,* biofísico estadounidense de origen alemán. Recibió en 1969 el premio Nobel de fisiología o medicina por sus trabajos de biología molecular sobre el ADN y su papel genético.

DELEDDA (Grazia), *Nuoro 1871-Roma 1936,* novelista italiana. Retrató la vida en Cerdeña. (Premio Nobel 1926.)

DELEUZE (Gilles), *París 1925-íd. 1995,* filósofo francés. Defendió los derechos del deseo y el inconsciente contra las instituciones (*El Antiedipo,* 1972, con F. Guattari).

DELFINADO, en fr. **Dauphiné,** región de Francia (Drôme, Hautes-Alpes e Isère); c. pral. *Grenoble.* Pasó a Francia en 1349.

DELFOS, c. de la ant. Grecia, en la Fócida, sobre la ladera SO del Parnaso. Albergaba un templo de Apolo, que emitía sus oráculos por mediación de la pitia. Importante centro religioso y sede de los juegos píticos, tuvo su esplendor del s. VII a.C. a la época romana. — Las excavaciones emprendidas por la escuela francesa de Atenas a partir de 1860 en el emplazamiento del ant. pueblo de Kastri han permitido recuperar los templos de Apolo y de Atenea, los tesoros (entre ellos el de la ciudad de Atenas, s. V a.C.), el teatro y el estadio. Museo. (Patrimonio de la humanidad 1987.)

DELFT, c. de Países Bajos (Holanda Meridional); 89 365 hab. Centro cerámico, cuyo apogeo se sitúa entre los ss. XVII y XVIII. — Monumentos de los ss. XIII-XVII; museos.

DELGADO, mun. de El Salvador (San Salvador); 100 115 hab.; cab. *Ciudad Delgado.* Centro agropecuario. Artesanía.

DELGADO (cabo), cabo de Mozambique, en el océano Índico.

DELGADO (José Matías), *San Salvador 1767-1832,* prócer de la independencia centroamericana. Fue presidente de la asamblea nacional constitucional de las Provincias Unidas de Centroamérica (1823).

DELGADO (Pedro), *Segovia 1960,* ciclista español, vencedor del tour de Francia (1988) y de la vuelta a España (1985 y 1989).

DELGADO (Rafael), *Córdoba, Veracruz, 1853-Orizaba 1914,* escritor mexicano. Novelista

■ **DENG XIAOPING**

■ EUGÈNE **DELACROIX.** *La barca de Dante* (1822). [Museo de Orsay, París.]

costumbrista y sentimental (*La calandria,* 1891; *Angelina,* 1895; *Los parientes ricos,* 1903; *Historia vulgar,* 1904), escribió también poesía, crítica literaria y teatro.

DELGADO (Sinesio), *Támara, Palencia, 1859-Madrid 1928,* escritor español. Autor de numerosos sainetes, prosa satírica y libros de zarzuelas (*La baraja francesa; La zarzuela nueva*), cofundó la Sociedad de autores.

DELGADO CHALBAUD (Carlos), *Caracas 1909-íd. 1950,* militar y político venezolano. Ministro de defensa con R. Gallegos, presidió la junta militar que sucedió a este tras su caída (1948). Murió asesinado.

DELHI, c. de la India, cap. del *territorio de Delhi,* a orillas del Yamunā; 9 817 439 hab. (15 048 000 hab. en el área metropolitana, 13 782 976 hab. en el territorio). Engloba *Nueva Delhi,* capital federal de la India, y es la tercera ciudad del país. Notables monumentos: columna de hierro (s. IV); notables edificios de estilo «indomusulmán» de los ss. XIII-XVI, entre ellos el Quṭb Mīnār (h. 1229) [patrimonio de la humanidad 1993]; conjunto de arquitectura mogol (mausoleo de Humāyūn, h. 1564 [patrimonio de la humanidad 1993]; fuerte Rojo, 1639-1647 [patrimonio de la humanidad 2007]; Gran mezquita, 1644-1658; mezquita de Perla, h. 1660). — Ant. ciudad hindú, fue del s. VIII al XIX la capital de los estados musulmanes de la India del Norte.

DELIBES (Léo), *Saint-Germain-du-Val, act. en La Flèche, 1836-París 1891,* compositor francés. Es autor de óperas (*Lakmé,* 1883) y ballets (*Copelia,* 1870).

DELIBES (Miguel), *Valladolid 1920,* escritor español. La muerte, la pobreza y la infancia son temas recurrentes en su narrativa, que describe las gentes humildes, especialmente las rurales y provincianas: *La sombra del ciprés es alargada* (1948), *El camino* (1950), *Mi idolatrado hijo Sisí* (1953), *Las ratas* (1962), *Cinco horas con Mario* (1966), *La mortaja* (1970), *Los santos inocentes* (1982), *El hereje* (1998). También ha ejercido el periodismo. (Premio nacional de las letras españolas 1991; premio Cervantes 1993; premio nacional de narrativa 1999.) [Real academia 1974.]

DELICADO (Francisco), escritor español de la primera mitad del s. XVI, autor de la novela dialogada *La lozana andaluza* (1528).

DELICIAS, mun. de México (Chihuahua), junto al río Conchos. Cab. *Ciudad Delicias.*

DELIGNE (Gastón Fernando), *Santo Domingo 1861-San Pedro de Macorís 1913,* poeta dominicano. Su obra (*Galaripsos,* 1908) lo revela como uno de los grandes poetas de su país.

DELILLO (Don), *Nueva York 1936,* escritor estadounidense. Sus novelas sondean la marginación, la violencia, la ambición y otros aspectos negativos de la sociedad contemporánea (*Americana,* 1971; *Libra,* 1988; *Mao II,* 1991; *Submundo,* 1996; *El hombre del salto,* 2007).

Dell, empresa estadounidense de informática, fundada en 1984 por Michael Dell. Pionera en la venta directa de hardware, es uno de los líderes mundiales del sector.

DELLA SCALA → **SCALA** (Della).

DELLER (Alfred), *Margate 1912-Bolonia 1979,* contratenor británico. Fundador del Deller Consort, contribuyó al redescubrimiento de la interpretación vocal de los repertorios ingleses del renacimiento y el barroco.

DELON (Alain), *Sceaux 1935,* actor de cine francés. Muy popular, ha trabajado en películas de R. Clément, L. Visconti, J. P. Melville, J. Losey o J.-L. Godard.

DELORME o **DE L'ORME** (Philibert), *Lyon 1514-París 1570,* arquitecto francés. Renacentista, fue constructor (palacio de las Tullerías) y teórico.

DELORS (Jacques), *París 1925,* economista y político francés. Fue presidente de la Comisión europea (1985-1995).

DELOS, isla de Grecia, la menor de las Cícladas. En ella se hallaba el gran santuario de Apolo, y fue sede de la liga de Delos (s. V a.C.). Fue saqueada por Mitrídates I Eupator (88 a.C.). — Atesora un completo conjunto arqueológico (santuarios, teatro, barrios de viviendas con mosaicos, puertos). [Patrimonio de la humanidad 1990.]

Delos (liga de) o **primera Confederación ateniense** (477-404 a.C.), alianza que unía numerosas ciudades griegas bajo la autoridad de Atenas. Formada para hacer frente a los persas tras las guerras médicas, fue un instrumento del dominio ateniense en el mar Egeo.

Delta (plan), nombre que reciben los trabajos (1958-1986) que unieron mediante diques las

■ **DELFOS.** Ruinas del tolos, templo del s. IV a.C.

■ **DELHI.** El mausoleo de Humāyūn (h. 1564).

islas de Holanda Meridional y de Zelanda a los Países Bajos, destinados principalmente a combatir las inundaciones.

DELTA AMACURO (estado), est. del NE de Venezuela; 40 200 km²; 89 719 hab.; cap. *Tucupita*.

DELVAUX (Paul), *Antheit, Lieja, 1897-Furnes 1994,* pintor belga. Sus obras, de factura clásica, se adscriben al surrealismo onírico *(Esqueletos).*

Demajagua (insurrección de **La**) [1868], alzamiento independentista cubano, dirigido por C. M. Céspedes, que precedió al llamado grito de Yara.

DEMANDA (sierra de la), sierra de España, en el extremo septentrional del sistema Ibérico; 2 262 m en el pico de San Lorenzo.

DEMARCO (Hugo Rodolfo), *Buenos Aires 1932,* artista argentino. Miembro destacado del MGRAV, en su obra estudia las relaciones entre colores, formas, luz y movimiento, mediante esculturas y relieves móviles.

■ HUGO RODOLFO **DEMARCO.** *Sin título.*
(Museo de arte moderno, Buenos Aires.)

DEMARE (Lucas), *Buenos Aires 1910-íd. 1981,* director de cine argentino. Su filmografía recrea las raíces culturales de su país en forma de epopeya: *La guerra gaucha* (1942), *Los isleros* (1951), *Zafra* (1958).

DEMARE (Lucio), *Buenos Aires 1902 íd. 1974,* compositor director de orquesta y pianista argentino. Autor de populares tangos *(Dandy,* 1928; *Malena,* 1942), formó un trío con R. Fugazot y A. Irusta (1927-1938).

DEMÁVEND o **DEMÁWAND,** volcán, punto culminante del Elburz y de Irán, al NE de Teherán; 5 671 m.

DEMÉTER MIT. GR. Diosa de la fertilidad, divinización de la tierra fecunda. Identificada con la Ceres romana, es la madre de Perséfone. Sus misterios se celebraban en Eleusis.

DEMETRIO o **DIMITRI DONSKOI,** *Moscú 1350-íd. 1389,* gran príncipe de Moscú (1362-1389). Venció a los mongoles en la batalla de Kulikovo (1380).

DEMETRIO I Poliorcetes («Conquistador de ciudades»), *336-282 a.C.,* rey antigónida de Macedonia (294-287 a.C.). Hijo de Antígono Monoftalmo, fue, con su padre, dueño del mundo egeo hasta su derrota en Ipso (301 a.C.). Seleuco I lo hizo prisionero en 285.

DEMETRIO I Sôtêr («Salvador»), *m. en 150 a.C.,* rey seléucida de Siria (162-150 a.C.), nieto de Antíoco III Megas.

DEMETRIO de Falero, *Falero h. 350-Alto Egipto h. 283 a.C.,* político y orador ateniense. Gobernó Atenas en nombre del macedonio Casandro.

DEMÍDOV, familia de industriales rusos, ennoblecida en 1720, varios de cuyos miembros formaron parte durante el s. XIX de los círculos cercanos a la corte. — **Nikita D.,** *Tula 1656-íd. 1725,* industrial ruso. Herrero en Tula, desarrolló sus actividades en los Urales, bajo Pedro el Grande. — **Anatoli Nikoláievich D.,** príncipe de **San Donato,** *Florencia 1812-París 1870,* esposo de la princesa Matilde Bonaparte.

DE MILLE (Agnes), *Nueva York 1905-íd. 1993,* bailarina y coreógrafa estadounidense. Sobrina de Cecil B. De Mille, contribuyó a dar un es-

tilo propio al ballet estadounidense y a recuperar la tradición folclórica de su país.

DE MILLE (Cecil Blount), *Ashfield, Massachusetts, 1881-Hollywood 1959,* director de cine estadounidense. Especialista en reconstrucciones históricas de gran espectacularidad, realizó *La marca del fuego* (1915), *Los diez mandamientos* (1923 y 1956), *Cleopatra* (1934) y *El mayor espectáculo del mundo* (1952).

DEMIREL (Süleymán), *Islâmköy, cerca de Ísparta, 1924,* político turco. Varias veces primer ministro (1965-1971; 1975-1978; 1979-1980), fue encarcelado en dos ocasiones tras el golpe de estado de 1980. De nuevo jefe del gobierno (1991), fue presidente de 1993 a 2000.

Democracia cristiana o **DC,** partido político italiano fundado en 1942, en la línea del Partido popular italiano (PPI) creado en 1919. Dominó la vida política italiana de 1944 hasta principios de la década de 1990, antes de estallar en 1994 en diversas formaciones.

demócrata (Partido), el más antiguo de los dos grandes partidos que dominan la vida política de Estados Unidos. Defensor, en su origen, de una política en favor de los agricultores y de un gobierno descentralizado, adoptó el nombre de «demócrata» durante la presidencia de A. Jackson (1829-1837). Durante la crisis de 1929 propugnó la intervención de los poderes públicos en la vida económica y social. Desde entonces ha dado varios presidentes al país: F.D. Roosevelt, H.S. Truman, J.F. Kennedy, L.B. Johnson, J.E. Carter, B. Clinton, B. Obama (desde 2009).

demócrata constitucional (Partido), llamado **KD** o **Cadetes,** partido liberal ruso (1905-1917).

democratacristiana (Unión) [Christlich-Demokratische Union, CDU], partido político alemán fundado en 1945 y en el que la CSU (Christlich-Soziale Union) constituye el ala bávara. En el poder en la RFA de 1949 a 1969 y de 1982 a 1998, desempeñó un papel esencial en la consecución de la unificación de Alemania. Dirige de nuevo el gobierno desde 2005.

democrático (Partido), partido político español, republicano, fundado en 1849. Dirigido por Pi y Margall y Castelar, en 1868 se escindió en el Partido republicano democrático-federal (Pi y Margall) y el grupo de los «cimbrios», democrático-monárquico.

democrático (Partido), partido político italiano, fundado en 2007. Nutrido por los antiguos Partido comunista y Democracia cristiana, aglutina el espacio político de centro-izquierda.

DEMÓCRITO, *Abdera h. 460-h. 370 a.C.,* filósofo griego. Presocrático, su filosofía, continuadora de la de Leucipo, reduce la naturaleza a un juego de átomos que se mueven en un vacío infinito, y propone una moral teñida de moderación y de quietud. Influyó en el epicureísmo.

demoiselles d'Avignon (Les) o **Las señoritas de Aviñón,** gran lienzo de Picasso (1907, MOMA, Nueva York) que sintetiza las influencias de la escultura ibérica, negra y de Cezanne, y constituye el inicio del cubismo.

DE MORGAN (Augustus), *Madura, act. Madurai, 1806-Londres 1871,* matemático y lógico británico. Estableció, al mismo tiempo que Boole, la lógica de las clases y de las relaciones.

DEMÓSTENES, *Atenas 384-Calauria 322 a.C.,* político y orador ateniense. Tras superar sus dificultades de elocución, empleó su talento oratorio primero como abogado y más tarde en política contra Filipo de Macedonia *(Olínticas; Filípicas).* De 340 a 338 dominó la vida política de la ciudad y logró una alianza con Tebas, aunque fue derrotada por Filipo en Queronea (338 a.C.). Exiliado, alentó la rebelión de los griegos tras la muerte de Alejandro. Murió envenenado después de la derrota de aquellos.

DEMPSEY (William Harrison Dempsey, llamado **Jack**), *Manassa, Colorado, 1895-Nueva York 1983,* boxeador estadounidense. Fue campeón del mundo de los pesos pesados (1919-1926).

DENDERMONDE, en fr. **Termonde,** c. de Bélgica, cap. de Flandes Oriental; 42 499 hab. Industria textil. Mecánica. — Iglesia gótica; museo.

DENEUVE (Catherine Dorléac, llamada Catherine), *París 1943,* actriz de cine francesa. Descubierta en *Los paraguas de Cherburgo* (J. Demy, 1964), ha trabajado con directores como Buñuel *(Bella de día,* 1967), Ferreri *(Liza,* 1972) o Truffaut *(El último metro,* 1980).

DENG XIAOPING, *Guang'an, Sichuan, 1904-Pekín 1997,* político chino. Secretario general del PCCh desde 1956, fue destituido durante la Revolución cultural (1966). Principal responsable de las nuevas orientaciones de la política china a partir de 1977, se retiró oficialmente de la vida pública en 1987, aunque siguió conservando su influencia.

DENIA, en cat. **Dènia,** c. de España (Alicante), cab. de p.j.; 30 693 hab. *(dianenses).* Importante puerto. Rica huerta. Turismo. — Murallas medievales. — Posible ubicación de la colonia focense de Hemeroscopeion. Fue capital de un reino de taifas (1010-1092).

DENIKIN (Antón Ivánovich), *cerca de Varsovia 1872-Ann Arbor 1947,* general ruso. Uno de los jefes de los rusos blancos, luchó contra los bolcheviques, especialmente en Ucrania (1919).

DE NIRO (Robert), *Nueva York 1943,* actor y director de cine estadounidense. Intenso e inventivo, lleva al extremo la identificación entre actor y personaje. Estrechamente vinculado a M. Scorsese *(Taxi Driver,* 1976; *Toro salvaje,* 1980; *Godfellas,* 1990; *Casino,* 1995), ha trabajado también con otros grandes realizadores *(El padrino II,* F.F. Coppola, 1974; *El último magnate,* E. Kazan, 1976; *Jackie Brown,* Q. Tarantino, 1997). También ha ejercido la dirección *(Una historia del Bronx,* 1993; *El buen pastor,* 2006).

DENIS (Amelia), *Panamá 1836-en Nicaragua 1911,* poetisa panameña. Se dio a conocer con sus colaboraciones en *La floresta itmeña.* Su obra *(Al cerro Ancón)* posee un estilo espontáneo y fluido, y un marcado compromiso social.

DENİZLİ, c. del SO de Turquía; 204 119 hab.

DENPASAR, c. de Indonesia, en la isla de Bali; 209 500 hab.

DENVER, c. de Estados Unidos, cap. de Colorado, al pie de las Rocosas; 467 610 hab. (1 622 980 en la aglomeración). Construcción aeronáutica. — Museo de arte.

DEPARDIEU (Gérard), *Châteauroux 1948,* actor francés. Su fuerte personalidad se ha impuesto en numerosas películas: *El último metro* (F. Truffaut, 1980), *Danton* (A. Wajda, 1983), *Cyrano de Bergerac* (J.-P. Rappeneau, 1990), *Los tiempos cambian* (A. Téchiné, 2004).

DEPESTRE (René), *Jacmel 1926,* escritor haitiano. Exiliado en Cuba y posteriormente en Francia, ha dado a la raza negra una dimensión universal en sus poemas *(Étincelles,* 1945; *Poeta en Cuba,* 1976) y novelas *(Hadriana en todos mis sueños,* 1988).

DEPP (Johnny), *Owensboro, Kentucky, 1963,* actor estadounidense. Seductor, frágil o violento, es un referente de su generación *(El sueño de Arizona,* E. Kusturica, 1993; *Dead Man,* J. Jarmusch, 1995) y el actor fetiche de T. Burton *(Eduardo Manostijeras,* 1990; *Ed Wood,* 1994; *Sweeney Todd,* 2007). Fue héroe de aventuras en la saga iniciada con *Piratas del Caribe* (2003).

DEPRETIS (Agostino), *Mezzana Corti, cerca de Pavía, 1813-Stradella 1887,* político italiano. Presidente del gobierno en 1876-1878, 1878-1879 y 1881-1887, concertó la Triple alianza (1882).

DE QUINCEY (Thomas), *Manchester 1785-Edimburgo 1859,* escritor británico. Es famoso sobre todo por sus *Confesiones de un inglés comedor de opio* (1821) y por su ensayo *Del asesinato considerado como una de las bellas artes* (1827).

DERAIN (André), *Chatou 1880-Garches 1954,* pintor francés. Uno de los creadores del fauvismo, pasó a un estilo cercano a Cézanne, a otro arcaizante (período «gótico») y finalmente a un clasicismo muy personal.

DERBY, c. de Gran Bretaña (Inglaterra), en el Derbyshire; 214 000 hab. Construcciones aeronáuticas. Material ferroviario. — Museos.

DERBY (Edward Stanley, 14° conde de), *Knowsley 1799-íd. 1869,* político británico. Uno de los líderes del Partido conservador y primer ministro (1852, 1858 y 1866-1868), fue partidario enconado del proteccionismo. — **Edward Stanley**, 15° conde de **D.**, *Knowsley 1826-íd. 1893*, político británico. Hijo del 14° conde de Derby, fue ministro de asuntos exteriores (1866-1868 y 1874-1878) y se opuso a la política imperialista de Disraeli.

derechos (Declaración de) *[Bill of Rights]*, texto constitucional inglés, elaborado en 1689 por el parlamento. Hace constar la abdicación de Jacobo II y recuerda las libertades y derechos fundamentales del reino.

derechos del hombre y del ciudadano (Declaración de los), texto votado por la Asamblea constituyente francesa el 26 de ag. de 1789. Preámbulo de la constitución de 1791, sus principios son la libertad, la igualdad y el respeto a la propiedad.

derechos humanos (Declaración universal de los), texto que proclama los derechos civiles, políticos, económicos, sociales y culturales de «todos los miembros de la familia humana». Aprobado el 10 de dic. de 1948 por la Asamblea general de las Naciones unidas, el texto fue completado en 1966 por dos pactos internacionales de naturaleza obligatoria (uno de ellos relativo a los derechos económicos, sociales y culturales, y el otro a los derechos civiles y políticos).

derechos humanos y de las libertades fundamentales (Convención europea de salvaguarda de los), convención establecida por el Consejo de Europa (Roma, 4 nov. 1950), cuyo fin es organizar una garantía jurisdiccional de las libertades individuales. Entró en vigor en 1953.

DERQUI (Santiago), *Córdoba 1810-Corrientes 1867*, abogado y político argentino. Célebre por su defensa del general Paz, con el que colaboró en la formación de un ejército contra Rosas, fue presidente de la Confederación (1860-1861) y fracasó en su intento de integrar en ella a Buenos Aires.

DERRIDA (Jacques), *El Biar, Argelia, 1930-París 2004*, filósofo francés. Interesado por los problemas de la escritura y el lenguaje, intentó definir una nueva relación entre literatura y filosofía (*La escritura y la diferencia*, 1967).

DERTOSA, ant. c. romana de Hispania (act. *Tortosa*).

DÉRY (Tibor), *Budapest 1894-íd. 1977*, escritor húngaro. Sus novelas van de un retrato realista de la sociedad a una evocación irónica de las ilusiones humanas (*Querido suegro*, 1974).

DERZHAVIN (Gavrila Románovich), *gobierno de Kazán 1743-Zvanka, gobierno de Veliki Nóvgorod, 1816*, poeta ruso. Sus odas (*Felitsa*, 1783) ilustran el clasicismo.

DESAGUADERO, r. de Argentina central; 1 500 km. aprox. Su cuenca cubre 200 000 km² y avena la región de Cuyo. Recibe diversos nombres desde su nacimiento (entre otros, el de *Salado*) y ocasionalmente confluye en el Colorado, pues apenas lleva agua en su curso inferior.

DESAGUADERO, r. de Bolivia, que nace en el lago Titicaca y desemboca en el lago Poopó; 325 km.

DESAMPARADOS, cantón de Costa Rica (San José); 130 111 hab. Yacimientos de carbón.

DESCARTES (René), *La Haye, act. Descartes, Turena, 1596-Estocolmo 1650*, filósofo, matemático y físico francés. Tras recorrer Europa como militar, se estableció en Holanda. Se propuso definir un método deductivo que permitiese

■ **DESCARTES**, por Frans Hals. (Louvre, París.)

■ **EAMON DE VALERA**

la reconstrucción de todo el edificio del saber, en una trayectoria que —anunciada en el *Discurso del método* (1637) y expuesta en los *Principios de la filosofía* (1644)— empieza por la duda hiperbólica y pasa por el «cogito», primera certeza absoluta, la distinción entre pensamiento y extensión, la demostración de la existencia de Dios y la deducción de la existencia del mundo. Como científico, fue un importante pionero de la ciencia moderna al enunciar las leyes de la refracción de la luz y fundar la geometría analítica.

DESCLOT (Bernat), cronista catalán de la segunda mitad del s. XIII, probable seudónimo de Bernat **Escrivà**, tesorero real de Pedro III el Grande. Es autor del *Libro del rey Pedro de Aragón y de sus antepasados* (1283-1288), la más antigua de las grandes crónicas catalanas.

DESCOLA (Jean), *París 1909-íd. 1981*, hispanista francés, autor de obras de divulgación histórica y de ensayos sobre el misticismo y las letras hispanas.

DESEADO, dep. de Argentina (Santa Cruz); 56 933 hab.; cab. *Puerto Deseado*. Petróleo.

DESEADO (río), r. de Argentina, en la Patagonia; 610 km.

DESIDERIO, *m. d. 774*, último rey de los lombardos (756-774). Coronado por el papa Esteban II, fue capturado en Pavía y destronado por Carlomagno.

DES MOINES, c. de Estados Unidos, cap. de Iowa, a orillas del río *Des Moines*, afl. del Mississippi (or. der.); 193 187 hab. Museos.

DESMOULINS (Camille), *Guise 1760-París 1794*, político francés. Fue uno de los impulsores de la Revolución francesa, en la que participó activamente como miembro del club de los Cordeliers y con numerosas publicaciones. Contrario a los hebertistas, fue guillotinado junto con Danton.

DESNOES (Edmundo), *La Habana 1930*, escritor cubano. Exponente de la narrativa de la revolución (*El cataclismo*, 1965; *Memorias del subdesarrollo*, 1965), es también ensayista (*Para verte mejor América Latina*, 1972).

DESOLACIÓN (isla), islote de Chile, en el extremo occidental del estrecho de Magallanes.

Desolación, primer libro de poemas de Gabriela Mistral (1922), que incluye sus *Sonetos de la muerte*, ganadores de los Juegos florales de Santiago (1914). Es un canto de dolor y de amor desesperado por el amado suicida.

DESPEÑAPERROS (desfiladero de), paso de sierra Morena, en España (Jaén), utilizado por la carretera de Madrid a Sevilla.

DES PRÉS → PRÉS.

DESPUIG (Ramon), arquitecto catalán del s. XIV. Coautor de la iglesia gótica de Santa María del Mar de Barcelona (1318-1333), dirigió la construcción del claustro de la catedral de Vic (1324-1339).

DESPUIG Y DAMETO (Antonio), *Palma de Mallorca 1745-Lucca, Italia, 1813*, prelado y escritor español. Arzobispo de Sevilla, conspiró contra Godoy, lo que le valió el destierro. Es autor de un mapa de Mallorca (1785).

DESSALINES (Jean-Jacques), *¿Cormiers?, al S de Cap-Haïtien, h. 1758-Pont-Rouge, al N de Puerto Príncipe, 1806*, emperador de Haití. Esclavo negro y lugarteniente de Toussaint Louverture, proclamó la independencia de Haití y se arrogó el título de emperador (1804) con el nombre de *Jacobo I*. Murió asesinado.

DESSAU, c. de Alemania (Sajonia-Anhalt), al SO de Berlín; 93 855 hab. Material ferroviario. (Patrimonio de la humanidad 1996 y 2000.)

DESTORRENTS (Ramon), pintor catalán, activo entre 1347 y 1391. De estilo italogótico, es autor de diversos retablos, entre ellos el de la capilla del palacio de la Almudaina de Palma de Mallorca (1347-1353).

Destur (del ár. *dustūr*, Constitución), partido político tunecino, fundado en 1920. En 1934 se escindió en *Viejo Destur* y *Neo Destur*, que, dirigido por Burguiba, reclamó la independencia. Partido presidencial desde 1957, tomó el nombre de *Partido socialista desturiano* (1964-1988), después Reagrupamiento constitucional democrático.

DESVALLS (Antonio), marqués **del Poal**, *El Poal, Lérida, 1666-Viena 1724*, militar español.

Sirvió al archiduque Carlos en la guerra de Sucesión española. Exiliado en Viena, ejerció diversos cargos militares.

DETROIT, c. de Estados Unidos (Michigan), a orillas del *río Detroit*, que une los lagos Erie y Saint Clair; 1 027 974 hab. (4 553 000 en la aglomeración). Centro de la industria automovilística. — Museo de arte.

DEUCALIÓN MIT. GR. Hijo de Prometeo y esposo de Pirra. Únicos supervivientes de un diluvio provocado por Zeus, Deucalión y Pirra repoblaron el mundo arrojando piedras que se transformaron en hombres y mujeres.

DEUSTO, barrio de Bilbao, en la orilla derecha del Nervión. Universidad pontificia.

Deuteronomio, quinto libro del Pentateuco, código de leyes civiles y religiosas (622 a.C.).

Deutsche Bank, primer banco comercial alemán, fundado en Berlín en 1870.

Deutschlandlied, himno nacional de la República federal de Alemania, basado en una estrofa del canto popular nacionalista alemán *Deutschland über alles*, compuesto en 1841.

DEUX-SÈVRES, dep. de Francia (Poitou-Charentes); 5 999 km²; 344 392 hab.; cap. *Niort*.

DEVA, en vasc. **Deba**, r. de España, en la vertiente cantábrica (Guipúzcoa); 56 km. En su curso medio y bajo, núcleos industriales (Eibar, Vergara, Elgoibar).

DE VALERA (Eamon), *Nueva York 1882-Dublín 1975*, político irlandés. Líder del movimiento nacionalista Sinn Féin y jefe del gobierno revolucionario irlandés (1918), fundó el Fianna Fáil y fue presidente del Consejo ejecutivo del Estado libre (1932-1937). En 1937 rompió todo vínculo con Gran Bretaña e hizo votar la nueva constitución de Irlanda, país del que fue primer ministro (1937-1948; 1951-1954; 1957-1959) antes de convertirse en presidente de la república (1959-1973).

DE VALOIS o **DEVALOIS** (Edris **Stannus**, llamada **dame Ninette**), *Blessington, Irlanda, 1898-Londres 2001*, bailarina y coreógrafa británica. Es la creadora del Sadler's Wells Ballet (1931), el futuro Royal Ballet (1956).

DEVENTER, c. de Países Bajos (Overijssel), a orillas del Ijssel; 65 000 hab. Monumentos de la edad media al s. XVII.

DEVEREUX (Georges), *Lugos, act. Lugoj, 1908-París 1985*, antropólogo y psicoanalista estadounidense de origen húngaro, fundador de la etnopsiquiatría.

Devolución (guerra de) [1667-1668], conflicto que enfrentó a España y Francia. Tras la muerte de Felipe IV de España (1665), Luis XIV, en nombre de su mujer María Teresa, primogénita del rey difunto, reclamó la «devolución» a Francia de los Países Bajos españoles. Tras la mediación de las Provincias Unidas y sus aliados Inglaterra y Suecia, Luis XIV aceptó la paz de Aquisgrán (1668) y devolvió el Franco Condado, pero conservó las plazas flamencas conquistadas durante el conflicto.

DEVON o **DEVONSHIRE**, condado del SO de Gran Bretaña; 1 008 300 hab.; cap. *Exeter*; c. pral. *Plymouth*.

DEVON (isla), isla del archipiélago Ártico canadiense.

Devotio moderna o **Devoción moderna**, movimiento ascético y místico nacido a fines del s. XIV en los Países Bajos. Trató de promover una espiritualidad accesible a todos, basada en la meditación de la Pasión de Cristo. Se expresó en numerosas obras, particularmente en la *Imitación de Cristo*.

DEVOTO (Daniel), *Buenos Aires 1916*, escritor y musicólogo argentino. Poeta y cofundador de la Agrupación nueva música, es autor de *Bibliografía razonada de historia de la música* (1947).

DEWAR (sir James), *Kincardine-on-Forth, Escocia, 1842-Londres 1923*, químico y físico británico. Logró la licuefacción del hidrógeno y del flúor, e inventó el recipiente aislante para la conservación de los gases líquidos (*vaso de D'Arsonval-Dewar*).

DEWEY (John), *Burlington, Vermont, 1859-Nueva York 1952*, filósofo y pedagogo estadounidense. Su pedagogía está basada en su doctrina, el *instrumentalismo*, derivación del pragmatismo.

DEWEY (Melvil), *Adams Center, estado de Nueva York, 1851-Lake Placid 1931,* bibliógrafo estadounidense. Inventó el sistema de clasificación decimal utilizado en las bibliotecas.

DEYANIRA. MIT. GR. Esposa de Heracles, al que causó la muerte al obsequiarle la túnica de *Neso.

DEZA (Diego de), *Toro 1443-1523,* teólogo y prelado español. Dominico, sucedió a Torquemada como inquisidor general (1498-1507). Protector de Colón, fue obispo de Zamora, Salamanca, Jaén y Palencia, y arzobispo de Sevilla (1505) y de Toledo (1523).

DEZA (Lope de), *Segovia 1546-Madrid 1625,* economista español. Su prefisiocrática *Gobierno político de agricultura* (1618) considera la agricultura el sector económico fundamental.

DHĀKĀ → DACCA.

D'HALMAR (Augusto Goeminne Thomson, llamado Augusto), *Santiago 1882-íd. 1950,* escritor chileno. Exponente de la prosa modernista (*La lámpara y el molino* [1914], cuentos; *Pasión y muerte del cura Deusto* [1924], novela), cultivó también el ensayo.

DHAMASKINÓS → DAMASKINOS.

DHANBAD, c. de la India (Jharkhand); 817 549 hab. Extracción de carbón.

D'HASTREL (Adolphe), *Neywiller 1805-Alsacia 1875,* pintor y litógrafo francés. Realizó una serie de litografías sobre el Río de la Plata (1839).

DHAULĀGIRI, cumbre del Himalaya, en Nepal; 8 172 m.

DHŪLIA, c. de la India (Mahārāshtra); 277 957 hab.

DIAGO (Francisco), *Viver, Castellón, 1562-Valencia 1615,* dominico e historiador español. Cronista de Felipe III, es autor de unos *Anales del reino de Valencia* (1613).

DIÁGUILEV (Serguéi), *Nizhni Nóvgorod 1872-Venecia 1929,* director de compañía teatral ruso. Creó e impulsó la compañía de los Ballets rusos (1909-1929).

Diálogo de la lengua, obra de Juan de Valdés, escrita h. 1535 y publicada en 1737. Se trata de una defensa de la lengua vulgar e incluye interesantes juicios literarios.

DIAMANTE, c. de Argentina (Entre Ríos); 39 711 hab. Molinos de yerba mate, destilerías.

DIAMANTINA, c. de Brasil (Minas Gerais); 44 259 hab. Es la ant. *Arraial de Tijuco,* fundada en 1725 en ocasión del descubrimiento de diamantes. (Patrimonio de la humanidad 1999.)

DIANA. MIT. ROM. Diosa de la naturaleza salvaje y de la caza. Corresponde a la Artemisa griega.

DIAS (Bartolomeu), *en Algarve h. 1450-frente al cabo de Buena Esperanza 1500,* navegante portugués. Fue el primer europeo en doblar el cabo de Buena Esperanza (1488).

DÍAZ (Adolfo), *Alajuela, Costa Rica, 1875-San José 1964,* político nicaragüense. Presidió la república con apoyo de EUA (1912-1916 y 1926-1928).

DÍAZ (Eugenio), *Soacha 1804-Bogotá 1865,* escritor colombiano, autor de la novela costumbrista *Manuela* (1866), donde trata la discrepancia entre la realidad y las leyes.

DÍAZ (Héctor), *Azua de Compostela 1910-Nueva York 1952,* poeta dominicano. Su poesía, romántica y modernista, reflexiona sobre el fin del amor, la pasión y la angustia existencial: *Lirios negros* (1940), *Flores y lágrimas* (1949).

DÍAZ (Jorge), *Valparaíso 1930,* dramaturgo chileno. Innovador y original, su teatro, lleno de humor, se orienta hacia la crítica social: *El velero en la botella,* 1962; *La pancarta,* 1970; *Mata a tu prójimo como a ti mismo,* 1977.

DÍAZ (José), *Sevilla 1896-Tbilisi 1942,* político español. Secretario general del Partido comunista (1932-1939), en 1939 se exilió a la URSS.

DÍAZ (Leopoldo), *Chivilcoy 1862-Buenos Aires 1947,* poeta argentino. Su poesía está influida por el parnasianismo: *Fuegos fatuos,* 1885; *Las sombras de Hellas,* 1902; *La Atlántida conquistada,* 1906; *Las ánforas y las urnas,* 1923.

DÍAZ (Porfirio), *Oaxaca 1830-París 1915,* militar y político mexicano. Destacó en la guerra contra los franceses y ocupó la presidencia de su país en 1877-1880 y 1884-1911. Dictatorial, despojó de las tierras a los campesinos en beneficio de los latifundistas y favoreció la penetración de capital extranjero. En 1910 estalló la revolución que acabaría un año después con su mandato. (V. parte n. com. **porfiriato.**)

DÍAZ AROSEMENA (Domingo), *Panamá 1875-íd. 1949,* político panameño. Dirigente del Partido liberal, fue presidente (1948-1949).

DÍAZ ARRIETA (Hernán), *Santiago 1891-íd. 1984,* escritor chileno. Conocido bajo el seudónimo de **Alone,** sobresalió como crítico literario (*Panorama de la literatura chilena durante el s. XX,* 1931; *Historia personal de la literatura chilena,* 1954).

DÍAZ CANEJA → CANEJA.

DÍAZ CASANUEVA (Humberto), *Santiago 1905-íd. 1992,* poeta chileno. Su poesía oscila entre el lenguaje blasfematorio y la explosión onírica: *El blasfemo coronado* (1940), *Réquiem* (1945), *La estatua de sal* (1947), *La hija vertiginosa* (1954), *El hierro y el hilo* (1980).

DÍAZ COVARRUBIAS (Francisco), *Jalapa 1833-París 1889,* ingeniero y cartógrafo mexicano. Intervino en numerosos levantamientos topográficos y predijo la visibilidad del eclipse de 1857. En 1874 dirigió la expedición para observar en Japón el tránsito de Venus por el disco solar. Es autor de la *Carta hidrográfica del Valle de México* (1862).

DÍAZ COVARRUBIAS (Juan), *Jalapa 1837-Tacubaya 1859,* escritor mexicano. Romántico y liberal, sus novelas se mueven entre el realismo (*Gil Gómez el insurgente,* 1858) y el costumbrismo (*La clase media,* 1858; *La sensitiva,* 1859; *El diablo en México,* 1860).

DÍAZ DE GAMARRA (Benito), *Zamora, México 1745-San Miguel de Allende 1783,* oratoriano y filósofo mexicano. Como procurador de oratorio en Nueva España viajó por Europa. A su vuelta reformó la enseñanza de las ciencias, introduciendo la electricidad y la filosofía experimental. Es autor en 1774 de *Elementa recentioris philosophiae* y de *Academias filosóficas.*

DÍAZ DE GUZMÁN (Ruy), *Asunción 1558-íd. 1629,* conquistador y cronista de Indias. Fundador de San Pedro de Guzmán, es autor de unos *Anales del descubrimiento y conquista del Río de la Plata* (1612), editado en 1836 con el título de *Historia argentina.*

DÍAZ DE HARO → HARO.

DÍAZ DEL CASTILLO (Bernal), *Medina del Campo 1495 o 1496-Guatemala 1584,* conquistador y cronista español. En 1514 marchó a las Indias, donde participó en diversas expediciones por México. Es autor de una *Historia verdadera de la conquista de la *Nueva España.*

DÍAZ DEL MORAL (Juan), *Bujalance 1870-Madrid 1948,* notario y sociólogo español. Es autor de *Historia de las agitaciones campesinas andaluzas* (1929), sobre la conflictividad social en las zonas de latifundio.

DÍAZ DE MONTALVO (Alonso), *Arévalo h. 1405-Huete 1499,* jurista español, autor de la recopilación de las *Ordenanzas reales de Castilla* (1484) y de glosas al *Fuero real de España* y a las *Siete partidas.*

DÍAZ DE SOLÍS (Juan), *Lebrija-Río de la Plata 1516,* explorador español. Acompañó a V. Yáñez Pinzón en su viaje por las Antillas y América Central (1506). En 1515 inició la expedición al Río de la Plata, donde remontó el Paraná (llamado *río de Solís* o *Mar Dulce*).

DÍAZ DE VIVAR (Rodrigo) → **CID.**

DÍAZ MIRÓN (Salvador), *Veracruz 1853-íd. 1928,* poeta mexicano. Tras una primera etapa influida por el romanticismo (*Poesías,* 1886), se convirtió en una de las máximas figuras del modernismo mexicano (*Lascas,* 1901).

DÍAZ ORDAZ (Gustavo), *Puebla 1911-México 1979,* político mexicano. Presidente de la república (1964-1970), durante su mandato, conservador y autoritario, se produjeron graves agitaciones sociales, que culminaron en la matanza de la plaza de las *Tres culturas.

DÍAZ RODRÍGUEZ (Manuel), *Chacan 1871-Nueva York 1927,* escritor venezolano, autor de ensayos, relatos y de tres importantes novelas modernistas (*Ídolos rotos,* 1901; *Sangre patricia,* 1902; *Peregrina,* 1922).

DÍAZ SÁNCHEZ (Ramón), *Puerto Cabello 1903-Caracas 1968,* escritor venezolano, autor de cuentos, novelas (*Mene,* 1936; *Cumboto,* 1950; *Borburata,* 1960) y ensayos (*Diez rostros de Venezuela,* 1964).

DIB (Mohammed), *Tremecén 1920-La Celle-Saint-Cloud, Francia, 2003,* escritor argelino en lengua francesa. Sus novelas y sus poemas combinan la descripción de la realidad argelina con una interrogación sobre los poderes del lenguaje.

DIBANGO (Emmanuel, llamado Manu), *Duala 1933,* saxofonista, cantante y compositor camerunés. Con *Soul Makossa* (1972) contribuyó a la expansión de la world music. También encarna la modernidad de la música africana, mediante su fusión con el jazz, el reggae o el rap.

DIBAY o **DUBAY,** uno de los Emiratos Árabes Unidos, junto al golfo Pérsico; 419 000 hab.; cap. *Dibay* (o *Dubay*) [266 000 hab.]. Puerto y zona franca. Turismo

DI BENEDETTO (Antonio), *Mendoza 1922-Buenos Aires 1986,* escritor argentino. Su novela *Zama* (1956) y el volumen de cuentos *El cariño de los tontos* (1961) son una muestra de su talento narrativo.

Diccionario de construcción y régimen de la lengua castellana, monumental obra del filólogo colombiano R. J. Cuervo, de la que solo pudo publicar dos volúmenes (1886-1893), de la A a la D. Fue terminado (1959-1005) por el Instituto Caro y Cuervo de Bogotá, a partir del ingente material que dejó el autor.

DICENTA (Joaquín), *Calatayud 1863-Alicante 1917,* dramaturgo español. Alcanzó el éxito con su drama social *Juan José* (1895), sobre el conflicto entre patronos y obreros.

DICKENS (Charles), *Landport, act. en Portsmouth, 1812-Gadshill, cerca de Rochester, 1870,* escritor británico. Extrajo de una juventud desgraciada el material para la creación de novelas cómicas y humorísticas. La gran rosidad del pensamiento, que denuncia los males de la sociedad y los valores victorianos, está en armonía con un realismo poético (*Los documentos póstumos del club *Pickwick; *Oliver Twist; Nicholas Nickleby,* 1839; *Cuentos de Navidad; *David Copperfield; *Grandes esperanzas,* 1861).

DICKINSON (Emily), *Amherst, Massachusetts, 1830-íd. 1886,* poetisa estadounidense. Sus breves poemas introspectivos, publicados después de su muerte, ejercieron una gran influencia en la poesía norteamericana.

DIDEROT (Denis), *Langres 1713-París 1784,* escritor y filósofo francés. Considerado por su época como «el filósofo» por excelencia, su polifacetismo le permitió crear la crítica de arte, una nueva forma de novela (*Jacobo el fatalista* y el «drama burgués», además de reflexionar sobre la ciencia y la metafísica. No obstante, su mayor aporte es haber dirigido la *Enciclopedia.

■ SERGUÉI DIÁGUILEV

■ PORFIRIO **DÍAZ**

■ CHARLES **DICKENS** en 1839, por D. Maclise. (Tate Britain, Londres.)

■ DENIS **DIDEROT,** por L. M. Vann Loo. (Museo del Louvre, París.)

DÍDIMO, en gr. *Diduma*, c. de Asia Menor (act. en Turquía), cerca de Mileto, en Jonia. Restos del inmenso santuario de Apolo, fundado en la época arcaica y reconstruido en 313 a.C. y a comienzos del s.I d.C.

DIDO o **ELISA**, princesa de Tiro, fundadora legendaria de Cartago (h. 814 a.C.). Según la *Eneida* de Virgilio, Eneas, fugitivo, fue amado por Dido, pero tuvo que abandonarla por orden de Júpiter, lo que llevó a la princesa al suicidio.— El episodio inspiró una ópera a H. Purcell (*Dido y Eneas*, 1689).

DIEGO (Eliseo), *La Habana 1920-México 1994*, escritor cubano. Su lírica, recopilada en *Poesía* (1983), evoca el pasado, donde realidad y sueño se funden. Cultivó también el cuento y el ensayo (Premio Juan Rulfo 1993.)

DIEGO (Gerardo), *Santander 1896-Madrid 1987*, poeta español, miembro de la generación del 27. Tradición (*El Romancero de la novia*, 1920) e innovación (*Imagen*, 1922), en este caso en la línea del creacionismo, son las dos constantes de su poesía. Además de su obra más original, *Fábula de Equis y Zeda* (1932), destacan: *Manual de espumas* (1924), *Versos humanos* (1925), *Alondra de verdad* (1941), *Soria* (1948) y la antología *Poesía de creación* (1974). [Premio Cervantes 1979.] (Real academia 1947.)

DIEGO de Alcalá (san), *San Nicolás del Puerto, Sevilla, c. 1400-Alcalá de Henares 1463*, hermano lego franciscano español. Predicó la fe en Canarias (1449) y se distinguió por su caridad con los enfermos y por el don de milagros. Fue canonizado en 1588.

DIEGO DE ALMAGRO, ant. **Pueblo Hundido**, com. de Chile (Atacama); 27 588 hab. Minas de cobre y hierro. Metalurgia en Potrerillos.

DIEGO GARCÍA, isla del archipiélago británico de las Chagos (océano Índico). Bases militares británica y estadounidense.

DIEGO IBARRA → MARIARA.

DIEGO JOSÉ de Cádiz (beato), *Cádiz 1743-Ronda 1801*, capuchino español. Fue el orador sagrado más popular (sobre todo en Andalucía) del s. XVIII. Fue beatificado en 1894.

DIEGO RODRÍGUEZ, *m. en 890*, conde de Castilla (h. 873-890). Extendió la frontera hasta el Arlanza y rechazó a los musulmanes en Pancorvo (883).

DIEGO SUÁREZ → ANTSIRANANA.

DIELS (Otto), *Hamburgo 1876-Kiel 1954*, químico alemán. Con su alumno K. Alder, concibió en 1928 la *síntesis diénica*, un método de condensación de los compuestos orgánicos

que constan de un cierto número de enlaces dobles. Este método ha permitido la síntesis de vitamina D y cortisona, entre otros compuestos. (Premio Nobel 1950.)

DIÊM (Ngô Dinh) → NGÔ DINH DIÊM.

Diên Biên Phu (batalla de) [13 marzo-7 mayo 1954], batalla decisiva de la guerra de Indochina. Derrota de las fuerzas francesas por el Vietminh en el alto Tonkín, marcó el fin de la guerra de Indochina.

DIENTZENHOFER (Kilian Ignaz), *Praga 1689-íd. 1751*, arquitecto germano-checo. El más famoso de una numerosa familia de arquitectos de origen bávaro, construyó en Praga y en Bohemia iglesias barrocas de plantas muy variadas, con efectos a menudo teatrales.

■ GERARDO
DIEGO, por C. Toral.

DIESEL (Rudolf), *París 1858-en alta mar 1913*, ingeniero alemán. Concibió (1893) y realizó (1897) el motor de combustión interna que lleva su nombre.

DIESTE (Eladio), *Artigas 1917-Montevideo 2000*, arquitecto uruguayo. Alcanzó fama internacional por su creatividad y audacia tecnológica. Utilizó el ladrillo como material fundamental (iglesias de Atlántida [1957] y de Durazno [1971], terminal de autobuses de Salto).

DIESTE (Rafael), *Rianxo 1899-Santiago 1981*, escritor español en lenguas castellana y gallega. Autor de relatos (*Historias e invenciones de Félix Muriel*, 1943), cultivó también el teatro (*Viaje, duelo y perdición*, 1948), la poesía (*Antre a terra e o ceo*, 1981) y el ensayo.

DIETRICH (Marie Magdalene, llamada Marlene), *Berlín 1901-París 1992*, actriz y cantante estadounidense de origen alemán. Encarnación de la mujer fatal, misteriosa y sofisticada, triun-

fó con las películas de J. Von Sternberg (*El *ángel azul*; *Marruecos*, 1930; *El expreso de Shanghai*, 1932; *Capricho imperial*, 1934). También hizo carrera en el music-hall (*Lili Marleen*).

DIEUDONNÉ (Jean), *Lille 1906-París 1992*, matemático francés. Autor de trabajos de análisis, de álgebra y de topología, fue uno de los fundadores del grupo Nicolas *Bourbaki, en el que supervisó la redacción del tratado *Elementos de matemática*.

DIEZ (Friedrich), *Giessen 1794-Bonn 1876*, lingüista e hispanista alemán. Especialista en las lenguas románicas, a las que aplicó los principios de la gramática comparada, estudió los romances castellanos.

DÍEZ (Luis Mateo), *Villablino 1942*, escritor español. Con un estilo realista en el que sobresale la maestría de los diálogos y de la descripción, su narrativa, organizada en ocasiones en ciclos, se compone de novelas, novelas cortas, fábulas y relatos: *Las estaciones provinciales* (1981), *La fuente de la edad* (1986, premio nacional), *El reino de Celama* (1996-2002, que incluye *La ruina del cielo*, premio nacional), *Fantasmas de invierno* (2004), *Las fábulas del sentimiento* (2001-2008). [Real academia 2000.]

DÍEZ (Mariano), *Caracas 1796-íd. 1867*, patriota venezolano. Participó en las luchas de emancipación, en Santo Domingo (1821) y Venezuela.

DÍEZ CANEDO (Enrique), *Badajoz 1879-México 1945*, escritor español. Poeta modernista, destacó como crítico literario: *Conversaciones literarias*, 1921. (Real academia 1935.)

DÍEZ CANSECO (José), *Lima 1904-íd. 1949*, escritor peruano. Su obra, costumbrista y satírica, incluye los cuentos de *Estampas mulatas* (1931) y la novela *Duque* (1934), junto a otras que dejó inéditas (*Obras completas*, 1949).

DÍEZ DE GAMES (Gutierre), *1378-¿1450?*, cronista probablemente de origen gallego. Fue alférez y cronista de Pero Niño, cuyas hazañas reflejó en *El victorial o Crónica de don Pero Niño, conde de Buelna* (1448).

DÍEZ DE MEDINA (Eduardo), *La Paz 1881-íd. 1955*, escritor y político boliviano. Formuló la doctrina que lleva su nombre sobre límites marítimos nacionales. Ensayista político, cultivó también la poesía: *Paisajes criollos* y *Mallcu-Kaphaj*, de 1919.

Diez mil (retirada de los) [401 a.C.], retirada efectuada a través de Armenia por los mercenarios griegos de Ciro el Joven tras la muerte de su jefe en Cunaxa. Jenofonte, que condujo dicha retirada, la describió en la *Anábasis*.

DIJON, c. de Francia, cap. de la región de Borgoña y del dep. de Côte-d'Or, a orillas del Ouche; 153 813 hab. Universidad. — Catedral de San Benigno (ss. XIII-XIV); iglesia de Nuestra Señora (s. XIII); restos del antiguo palacio ducal y de la cartuja de Champmol.

DIKTONIUS (Elmer), *Helsinki 1896-íd. 1961*, poeta finlandés en lenguas finesa y sueca. Su poesía, dinámica y explosiva, está marcada por las ideas socialistas (*Canciones duras*, 1922; *Hierba y granito*, 1936).

DILI, cap. de Timor Oriental; 85 000 hab.

DI-L-NÛN (Banú), dinastía bereber que gobernó en la taifa de Toledo (s. XI).

DILTHEY (Wilhelm), *Biebrich 1833-Seis, Tirol, 1911*, filósofo alemán. Es el primer autor que asignó un estatuto autónomo a las ciencias humanas.

DIMITROV (Georgi), *Kovacenci, cerca de Pernik, 1882-Moscú 1949*, político búlgaro. Secretario general del Komintern (1935-1943), fue presidente del consejo (1946-1949).

DIMITROVO → PERNIK.

DINAMARCA, en danés **Danmark**, estado de Europa septentrional; 43 000 km²; 5 200 000 hab. (*daneses*). CAP. *Copenhague*. LENGUA: *danés*. MONEDA: *krone (corona danesa)*.

INSTITUCIONES

Monarquía constitucional. La constitución es de 1953. El rey nombra al primer ministro. El parlamento (*Folketing*), monocameral, es elegido cada 4 años por escrutinio directo.

GEOGRAFÍA

Dinamarca, país llano cuyo punto más alto tiene 173 m, es un estado continental (península de Jutlandia) e insular (Sjaelland, Fionia, Lolland, etc.) de clima suave y bastante húmedo

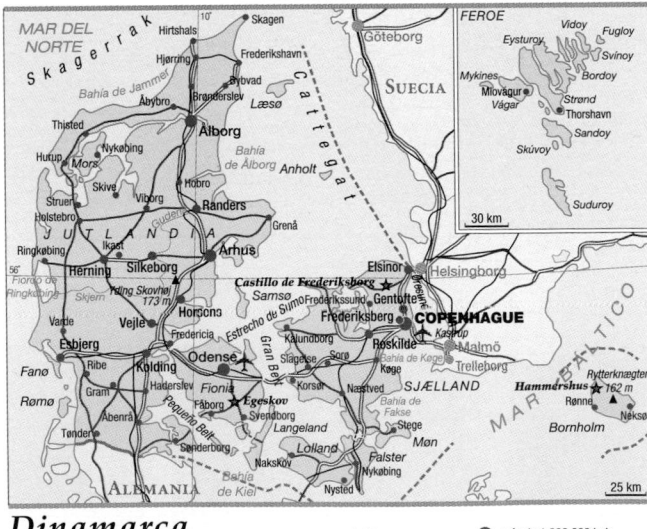

Dinamarca

— autopista
— carretera
↟ ferrocarril
✈ aeropuerto

★ lugar de interés turístico

● más de 1 000 000 hab.
● de 100 000 a 1 000 000 hab.
● de 50 000 a 100 000 hab.
● menos de 50 000 hab.

0 m

30 km

25 km

La extensión de las llanuras ha favorecido el auge de los cultivos de cereales (cebada y trigo) y plantas forrajeras. Estas alimentan, parcialmente, una importante ganadería bovina y porcina, cuyos productos (leche, mantequilla, carne) constituyen una de las bases de las exportaciones. La pesca también está desarrollada. Además de la agroalimentaria, las ramas industriales mejor representadas son las construcciones mecánicas y navales, el material eléctrico y la química; están localizadas en las ciudades principales. El petróleo y el gas natural extraídos del mar del Norte cubren aprox. el 40 % de las necesidades de energía del país. El nivel de vida es elevado.

HISTORIA

Los orígenes y la formación del reino. El país, habitado desde el neolítico, conoció en la edad del bronce una cultura muy elaborada. **S. IX:** los daneses participaron en las expediciones vikingas que saquearon las costas de Europa occidental. **S. x:** la dinastía de Jutlandia unificó el país, que se cristianizó paulatinamente. **S. XI:** Svend I (h. 986-1014) se apoderó de Inglaterra. Su hijo, Canuto I el Grande, reinó en Inglaterra, Dinamarca y parte de Escandinavia. **1042:** Inglaterra se independizó. **La edad media cristiana. S. XII:** se implantó el régimen feudal, mientras se reforzaba la influencia de la Iglesia romana multiplicando iglesias y monasterios. **1167:** el obispo Absalón (1128-1201) fundó Copenhague. **1157-1241:** la «era de los Valdemar» marcó el apogeo de la civilización medieval de Dinamarca. **S. XIII:** este período fue seguido de un debilitamiento político y económico al competir las ciudades hanseáticas con el comercio danés. **S. XIV:** la recuperación tuvo lugar con Valdemar IV (1340-1375) y sobre todo con su hija, Margarita Valdemarsdotter, que llevó a cabo la unión de los tres reinos escandinavos bajo la dominación danesa (Unión de Kalmar, 1397). **La época de la Reforma.** El s. XVI se caracterizó por la hegemonía cultural alemana y el afianzamiento de una próspera burguesía comerciante en los puertos. **1523:** la unión de Kalmar se rompió definitivamente con la elección de Gustavo Vasa como rey de Suecia. **1536:** el luteranismo fue declarado religión de estado. **1563-1570:** la guerra entre daneses y suecos por la posesión de los estrechos (Sund) consagró la supremacía de Dinamarca en el Báltico. **La lucha contra Suecia.** 1625-1629: participó en la guerra de los Treinta años, que le supuso un fracaso. **1645:** atacada y vencida por los suecos, hubo de renunciar a percibir los peajes del Sund y de los Belt (paz de Brömsebro). **1658:** la paz de Roskilde atribuyó Escania a Suecia. **1720:** por el tratado de Frederiksborg, obtuvo el S del Schleswig. **S. XVIII:** conoció un periodo de expansión económica y comercial. **1770-1772:** Cristián VII cedió el poder a Struensee, quien gobernó como déspota ilustrado y realizó importantes reformas. **El s. XIX.** 1801: se adhirió a la liga de los Neutrales contra Gran Bretaña, pero la presión inglesa (bombardeos de Copenhague en 1801 y 1807) hizo que se decantara hacia el campo francés. **1814:** por la paz de Kiel, perdió Noruega, pero recibió Lauenburg. **1849:** Federico VII promulgó una constitución democrática. **1864:** como consecuencia de la guerra de los Ducados, cedió Schleswig, Holstein y Lauenburg a Prusia y Austria. **El s. XX. 1901:** la formación de una clase obrera muy sindicalizada contribuyó a la llegada al poder de una mayoría radical y socialista. **1918:** Islandia se independizó, pero se mantuvo unida al estado a través del rey. **1920:** un plebiscito restituyó el N de Schleswig al país, neutral durante la primera guerra mundial. **1924-1940:** el poder estuvo casi constantemente en manos de los socialdemócratas, quienes introdujeron reformas sociales. **1940-1945:** fue ocupada por los alemanes. El rey Cristián X permaneció en el poder alentando la resistencia. **1944:** Islandia se independizó totalmente. **La posguerra. 1945-1970:** el Partido socialdemócrata, dirigido por J. O. Krag, dominó la escena política y devolvió al país su prosperidad. **1972:** la reina Margarita II sucedió a su padre, Federico IX. **1973:** Dinamarca entró en el

Mercado común. **1982:** los conservadores llegaron al poder con Poul Schlüter. **1993:** tras la dimisión de P. Schlüter, el líder del Partido socialdemócrata, Poul Nyrup Rasmussen, formó gobierno. Los daneses aprobaron la ratificación del tratado de Maastricht, tras haberla rechazado en un primer referéndum en 1992. **1994:** elecciones y nuevo gobierno de P. N. Rasmussen. El tratado de Amsterdam fue ratificado en referéndum. **2000:** la adopción del euro fue rechazada en referéndum. **2001:** tras la victoria de una coalición de centroderecha en las elecciones, el liberal Anders Fogh Rasmussen se convirtió en primer ministro (renovó su mandato al término de las elecciones de 2005 y de 2007). **2009:** el liberal Lars Løkke Rasmussen lo sucedió en el cargo.

DINÁRICOS (Alpes), conjunto montañoso de los Balcanes, entre los Alpes eslovenos y el macizo del Ródope (Bulgaria).

DIOCLECIANO, en lat. **Caius Aurelius Valerius Diocles Diocletianus,** *cerca de Salona, Dalmacia, 245-íd. 313,* emperador romano (284-305). Proclamado emperador en 284, se asoció con Maximiano (286) y le confió Occidente, reservándose Oriente para sí. En 293, para defender mejor el Imperio, estableció la tetrarquía: dos «césares» (Constancio Cloro y Galerio) se añadieron a los emperadores (los dos «augustos»), con derecho de sucesión. Diocleciano realizó una amplia reforma administrativa (agrupación de las provincias en diócesis), militar, judicial y monetaria. Persiguió a los cristianos a partir de 303 y se retiró cerca de Salona.

■ MARLENE DIETRICH

■ DIOCLECIANO. (Museo arqueológico de Izmir.)

DIODORO Sículo o **de Sicilia,** *Agyrion, Sicilia, h. 90 finca a. J. a. C.,* historiador griego. Es autor de *Biblioteca histórica,* una historia universal desde los orígenes hasta 8 a.C.

DIOFANTE, *entre el s. II a. C. y el s. IV d. C.,* matemático griego. Miembro de la escuela de Alejandría, escribió las *Aritméticas,* punto culminante del álgebra griega, que influyó considerablemente en los matemáticos árabes e inspiró a los algebristas del renacimiento.

DIÓGENES el Cínico, *Sínope h. 410-h. 323 a. C.,* filósofo griego, el representante más ilustre de la escuela cínica. Alumno de Antístenes, llevó al extremo el desprecio de las riquezas y las convenciones sociales (vivía en un tonel).

DIÓGENES Laercio o **de Laertes,** *Laertes, Cilicia, s. III d. C.,* escritor griego. Su panorama biográfico de las escuelas filosóficas contiene citas de numerosas obras antiguas perdidas.

DIOMEDES MIT. GR. Rey mítico de Tracia. Heracles hizo que lo devoraran sus propias yeguas, a las que alimentaba con carne humana.

DIOMEDES MIT. GR. Personaje de la *Ilíada,* uno de los héroes argivos de la guerra de Troya, famoso por su valor.

DIÓN CASIO, *Nicea h. 155-íd. h. 235,* historiador griego, autor de una *Historia romana* que llega hasta 229 d. C.

DIÓN CRISÓSTOMO, *Prusa, Bitinia, h. 30-Roma 117,* retórico griego. Divulgó las enseñanzas de los filósofos estoicos.

DIÓN de Siracusa, *Siracusa 409-íd. 354 a. C.,* político siracusano. Apoyado por Cartago, fue tirano de Siracusa de 357 a 354 a.C.

DIONISIO el Areopagita (san), *s. I d. C.,* prelado y teólogo de Atenas. Primer obispo de Atenas, según la tradición, y un miembro del Areópago convertido por san Pablo. Se le atribuyeron varias obras teológicas del s. V que

ejercieron una gran influencia en la escolástica.

DIONISIO I el Viejo, *Siracusa h. 430-íd. 367 a. C.,* tirano de Siracusa (405-367 a.C.). Expulsó a los cartagineses de Sicilia y fundó factorías en Italia. Protegió las letras (Platón) e hizo de Siracusa un importante centro económico.

DIONISIO II el Joven, *h. 397-344 a. C.,* tirano de Siracusa. Hijo y sucesor, en 367 a.C., de Dionisio el Viejo, fue expulsado de Siracusa en 356, y en 344, expulsado por segunda vez, se exilió en Corinto.

DIONISIO de Halicarnaso, *m. d. 7 a. C.,* historiador griego. Sus *Antigüedades romanas* relatan la historia de Roma desde su fundación hasta la segunda guerra púnica.

DIONISIO el Exiguo, *en Escitia o en Armenia fines del s. V-h. 540,* escritor eclesiástico. Sus investigaciones para establecer la fecha del nacimiento de Jesús son la base del calendario actual.

DIONISIO el Liberal o **DON DINIZ,** *Lisboa 1261-Odivelas 1325,* rey de Portugal (1279-1325), de la dinastía de Borgoña. Favoreció el desarrollo del país y fundó la universidad de Coimbra (1308).

DIONISO MIT. GR. Dios de la vegetación, y en particular de la vid y del vino, hijo de Zeus y de Sémele, su culto contribuyó al desarrollo de la tragedia y del arte lírico. También llamado *Bakkhos,* los romanos lo convirtieron en *Baco.*

DIOP (Birago), *Ouakam, cerca de Dakar, 1906-Dakar 1989,* escritor senegalés. Insertó la tradición oral en sus cuentos e insufló en sus poemas un animismo ancestral.

DIOR (Christian), *Granville 1905-Montecatini, Italia, 1957,* modisto francés. Creó su primera colección en 1947. Introdujo el estilo *new look.*

DIORI (Hamani), *Soudouré 1916-Rabat 1989,* político nigerino. Fue presidente de la república de 1960 a 1974.

DIOSCUROS («Hijos de Zeus») MIT. GR. Sobrenombre de los gemelos Cástor y Pólux.

DIOUF (Abdou), *Louga 1935,* político senegalés. Primer ministro (1970-1980), sucedió a Senghor en la presidencia de la república (1981-2000).

DIQUÍS, zona arqueológica de Costa Rica, en la costa del Pacífico, en la que se asentó una cultura precolombina de la que se han encontrado objetos de oro y cerámica finamente decorada.

■ DIQUÍS. Esfera de granito (Costa Rica).

DIRAC (Paul), *Bristol 1902-Tallahassee 1984,* físico británico. Uno de los creadores de la teoría cuántica relativista, introdujo un formalismo matemático que le permitió prever la existencia del electrón positivo, o positrón. También contribuyó a la elaboración de una estadística, llamada *de Fermi-Dirac,* del comportamiento de las partículas (Premio Nobel 1933.)

DIRCEU (José Guimarães), *Curitiba 1952-Río de Janeiro 1995,* futbolista brasileño. Centrocampista, jugó con los equipos Botafogo, Fluminense, Vasco da Gama, Atlético de Madrid y Nápoles.

Directorio supremo de las Provincias Unidas del Río de la Plata, institución que gobernó el Río de la Plata de 1814 a 1824, en que proclamó la independencia y se disolvió, dando paso a la república.

DIREDAUA, c. de Etiopía, al NO de Harar; 98 104 hab.

DIRIAMBA, mun. de Nicaragua (Carazo); 39 594 hab. Importante centro cafetalero.

DIRICHLET (Peter Gustav **Lejeune-**), *Düren 1805-Gotinga 1859*, matemático alemán. Autor de investigaciones sobre las series trigonométricas y la teoría de los números, definió el concepto de función en su sentido moderno de correspondencia.

DISCÉPOLO (Armando César), *Buenos Aires 1887-íd. 1971*, dramaturgo argentino. Renovador de la creación escénica en Latinoamérica, se le considera el creador del género «grotesco criollo». Autor prolífico, en sus comedias retrató con agudeza el Buenos Aires de la inmigración (*Entre el hierro*, 1910; *El rincón de los besos*, 1911; *Babilonia*, 1920; *Stéfano*, 1928).

DISCÉPOLO (Enrique Santos), *Buenos Aires 1901-íd. 1951*, compositor y cineasta argentino. Obtuvo gran popularidad con sus tangos (*Esta noche me emborracho*, 1928; *Yira... yira...*, 1929; *Cambalache*, 1935; *Uno*, 1943). También fue director, guionista y actor de cine (*Melodías porteñas*, 1937; *El hincha*, 1951).

Discóbolo, estatua en bronce de Mirón (h. 450 a.C.), que representa a un lanzador de disco. La obra, conocida por réplicas antiguas (museo nacional, Roma), anuncia la perfección clásica griega en la evocación del movimiento.

Discurso del método para guiar bien la razón y buscar la verdad en las ciencias, obra de R. Descartes (1637). El autor enuncia su método y se somete a la prueba de una duda radical, a la que solo sobrevive la existencia del sujeto como puro pensamiento (el «cogito», base de los pasos posteriores).

DISNEY (Walter Elias, llamado Walt), *Chicago 1901-Burbank, Los Ángeles, 1966*, dibujante, director y productor de cine estadounidense. Pionero del dibujo animado, logró fama con la serie de *Mickey Mouse* (1928) y largometrajes como *Blancanieves y los siete enanitos* (1937), *Fantasía* (1940), *Bambi* (1942) y *Alicia en el país de las maravillas* (1951). Fundó un imperio comercial (creación de Disneyland).

■ WALT **DISNEY**

Disneyland, parque de atracciones. Situado cerca de Anaheim (California) e inaugurado en 1955, es el primer parque temático de la sociedad Walt Disney. Le siguieron Walt Disney World Resort (Orlando, Florida, 1971), Tôkyô Disney Resort (1983), Disneyland Resort París (Marné-la-Vallée, 1992 y 2002), Hong Kong Disneyland Resort (China, 2005).

DISRAELI (Benjamin), conde de **Beaconsfield**, *Londres 1804-íd. 1881*, político y escritor británico. Diputado conservador en 1837 y defensor del proteccionismo, se impuso como líder de su partido. Canciller del Exchequer (1852, 1858 y 1866-1868), fue primer ministro en 1868 y de 1874 a 1880. Realizó importantes reformas sociales y en el exterior llevó a cabo una política de prestigio y expansión: en 1876 hizo proclamar a la reina Victoria emperatriz de las Indias. En 1878, en el congreso de Berlín, logró frenar la expansión rusa en los Balcanes.

DI STEFANO (Alfredo), *Buenos Aires 1926*, futbolista español de origen argentino. Delantero excepcional, jugó en el River Plate de Buenos Aires, en el Millonarios de Bogotá y en el Real Madrid, con el que ganó cinco copas de Europa (1956-1960). Fue elegido mejor jugador europeo en 1957 y 1959.

Distinguished Service Order (abrev. DSO [en esp. «Orden de servicios distinguidos»]), orden militar británica creada en 1886.

DISTRITO FEDERAL, entidad administrativa de México, en la cordillera Neovolcánica; 1 499 km²; 8 235 744 hab.; cap. *Ciudad de México*. Está dividido en 16 delegaciones.

DISTRITO FEDERAL, entidad administrativa del centro-norte de Venezuela; 1 930 km²; 2 265 768 hab.; cap. *Caracas*.

DISTRITO NACIONAL, entidad administrativa de la República Dominicana, en torno a la capital del país; 1 477 km²; 2 390 500 hab.; cap. *Santo Domingo*.

DIU, isla de la India, al NO de Bombay, parte del *territorio de Damän y Diu*; 40 km² (39 485 hab.); c. pral. *Diu* (20 643 hab.). Ant. factoría portuguesa (1535-1670; 1717-1961).

DIUPPANEO, nombre dado al rey de los dacios (*decébalo*). El más conocido aniquiló un ejército romano (87) y, vencido por Trajano, se suicidó (106).

Divina Comedia, poema de Dante Alighieri (escrito h. 1307-1321). Se compone de un prólogo y tres partes (el *Infierno*, el *Purgatorio* y el *Paraíso*), de 33 cantos cada una. Dante cuenta en él una visión que tuvo en 1300, durante la semana santa. Guiado por Virgilio, atraviesa los nueve círculos del Infierno y, en la cima de la montaña del Purgatorio, encuentra a *Beatriz, quien lo conduce al Paraíso.

Divinas palabras, obra dramática de R. M. del Valle-Inclán (1920). Describe la explotación del ser humano de un modo grotesco y cruel que anuncia ya la deformación y la caricatura de personajes del esperpento.

División azul, unidad militar de voluntarios españoles que lucharon en la URSS, integrados en el ejército alemán, durante la segunda guerra mundial.

División del Norte, ejército formado por Pancho Villa en Chihuahua (1913). Venció al ejército de Huerta en las batallas más famosas de la revolución mexicana.

DIX (Otto), *cerca de Gera 1891-Singen, cerca de Constanza, 1969*, pintor y grabador alemán. Influido por el expresionismo, y posteriormente vinculado al dadaísmo, fue en la década de 1920 uno de los maestros de la «nueva objetividad».

DIYARBAKIR, c. de Turquía, a orillas del Tigris; 381 144 hab. Murallas (ss. XI-XIII) y Gran mezquita (en parte del s. XI).

DIZFŪL, c. de Irán, en el Jūzistán; 181 309 hab.

DJAKARTA → YAKARTA.

DJELFA, c. de Argelia, cap. de vilayato; 84 207 hab.

DJEM (el-), localidad de Túnez, entre Sūsa y Sfax. Restos de Thysdrus (anfiteatro), una de las principales ciudades romanas de los ss. II-III. (Patrimonio de la humanidad 1979.)

DJEMILA, c. de Argelia, al NE de Sétif; 25 765 hab. Ruinas de la ciudad antigua de Cuicul, en su apogeo en el s. III. Es un bello ejemplo del urbanismo romano. Museo (mosaicos). [Patrimonio de la humanidad 1982.]

DJENNÉ o **DIENNÉ**, c. de Malí; 9 500 hab. Mezquita de fundación muy antigua, varias veces restaurada. (Patrimonio de la humanidad 1988.) — Importante encrucijada comercial y centro musulmán de los ss. XVI a XVIII.

DJERASSI (Carl), *Viena 1923*, químico esta-

■ BENJAMIN **DISRAELI**, por J. E. Millais. (Galería nacional de retratos, Londres.)

■ ALFREDO **DI STEFANO**

dounidense de origen austriaco. Se ha centrado en la química de las sustancias naturales (esteroides: cortisona, progesterona), su síntesis y producción industrial, especialmente la del contraceptivo oral (píldora).

DJERBA, en esp. **Gelves**, isla de Túnez (unida al continente por una carretera), a la entrada del golfo de Gabes. Pesca. Turismo.

DJIBOUTI o **ŶIBŪTI**, cap. de la República de Djibouti; 329 000 hab. Puerto y cabeza de línea de una vía férrea a Addis Abeba.

DJIBOUTI o **ŶIBŪTI** (República de), estado de África oriental, junto al océano Índico; 23 000 km²; 590 000 hab. CAP. *Djibouti* o *Ŷibūti*. LENGUAS: *árabe y francés*. MONEDA: *franco de Djibouti*. (V. mapa de **Etiopía**.)

La región, árida, ofrece sobre todo un interés estratégico por su situación a la entrada del mar Rojo. La población, que yuxtapone dos etnias dominantes (afar e issa), islamizadas, vive sobre todo de la ganadería ovina en el interior. Más de la mitad de los habitantes, sin embargo, se concentran en la capital. — La «Costa francesa de los Somalíes», creada en 1896 y territorio francés de ultramar en 1946, adoptó en 1967 el nombre de Territorio francés de los afar y de los issa. Se independizó en 1977 con el nombre de República de Djibouti, presidida por Hassan Gouled Aptidon (1916-2000, jefe de estado de 1977 a 1999), y después por Isma'il Omar Guelleh.

DJIDJELLI → JIJEL.

DJOFRA (al-), oasis de Libia.

DJURDJURA o **ŶURŶURA**, macizo montañoso de Argelia, en el extremo meridional de la Gran Cabilia; 2 308 m. Parque nacional. (Reserva de la biosfera 1997.)

D'LEÓN (Óscar Emilio **León**, llamado **Óscar**), *Caracas 1943*, músico venezolano. Compositor, director de orquesta, cantante y bajista, su música sintetiza sones tradicionales y modernos.

DMANISI, sitio paleontológico de Georgia. El hallazgo, desde 1999, de un conjunto de restos de *Homo habilis*, fechados en 1 800 000 años aprox., ha replanteado la datación de la salida de los homínidos de África.

DMOWSKI (Roman), *Kanionek, cerca de Varsovia, 1864-Drozdowo 1939*, político polaco. Fundador del independentista Partido nacionaldemócrata (1897), encabezó con I. Paderewski la delegación polaca en la conferencia de la Paz de París (1919).

DNIÉPER, en ruso **Dniepr**, en ucraniano **Dnipro**, r. de Rusia, Bielorrusia y Ucrania que nace en el Valdái y desemboca en el mar Negro; 2 200 km. Pasa por Kiev. Hidroelectricidad.

DNIÉSTER, en ruso **Dniestr**, r. de Moldavia y Ucrania, que nace en los Cárpatos y desemboca en el mar Negro; 1 352 km.

DNIPRODZERZHINSK, c. de Ucrania, a orillas del Dniéper; 284 000 hab. Central hidroeléctrica. Metalurgia.

DNIPROPETROVSK, c. de Ucrania, en el meandro del Dniéper; 1 189 000 hab. Puerto fluvial y centro industrial.

DOBLES (Fabián), *San Antonio de Belén 1918*, escritor costarricense. La protesta social es la nota dominante en sus relatos (*Historias de Tata Mundo*, 1955) y novelas (*Ese que llaman pueblo*, 1942; *El sitio de las abras*, 1950).

DÖBLIN (Alfred), *Stettin 1878-Emmendingen 1957*, escritor alemán nacionalizado francés. Sus novelas sintetizan expresionismo y futurismo (*Berlín Alexanderplatz*, 1929).

DOBRO POLJE, cumbre de Macedonia, al E de Bitola.

DOBRUDJA, en rumano **Dobrogea**, en búlgaro **Dobrudža**, región de Rumania (que posee la mayor parte de ella) y de Bulgaria, entre el mar Negro y el Danubio. En 1878, el N de Dobrudja fue unido a Rumania; el S, atribuido entonces a Bulgaria, fue anexionado en 1913 por Rumania, que tuvo que devolverlo en 1940.

DOBZHANSKY (Theodosius), *Nemirov, Ucrania, 1900-Davis, California, 1975*, genetista estadounidense de origen ruso. Especialista en genética de las poblaciones, contribuyó esencialmente al desarrollo del neodarvinismo.

Doce años (tregua de los) [1609], tregua firmada en Amberes entre los gobernadores de los Países Bajos españoles y los representantes de las Provincias Unidas, por la que se reconocía a estas como estados libres, con libertad de comercio con España y América.

DOCE DE OCTUBRE, dep. de Argentina (Chaco); 21 773 hab.; cab. *General Pinedo.* Industria lechera y maderera.

Doce Tablas (ley de las), primera legislación escrita de los romanos (h. 451 a.C.), acuñada sobre doce tablas de bronce.

DOCTOR ARROYO, c. de México (Nuevo León); 41 439 hab. Maíz y frijol; ganado lanar, avicultura.

DOCTOR MANUEL BELGRANO, dep. de Argentina (Jujuy); 185 898 hab.

doctor Zhivago (El), novela de B. Pasternak (1957). Es la odisea de un médico durante la primera guerra mundial y los primeros años de la revolución rusa. — Inspiró a David Lean la película *El doctor Zhivago* (1965).

DODECANESO, archipiélago griego del mar Egeo, frente a las costas de Turquía, cuya isla principal es Rodas; 162 439 hab. Estas islas, bajo dominación otomana, fueron anexionadas a Grecia en 1947-1948.

DODERER (Heimito von), *Weidlingau, cerca de Viena, 1896-Viena 1966,* escritor austriaco. Sus novelas evocan el final de la sociedad austrohúngara (*El secreto del Imperio,* 1930; *Los demonios,* 1956).

DODOMA, cap. de Tanzania; 204 000 hab. En 1983 sustituyó a Dar es Salam como capital.

DODONA, ant. c. del Epiro, donde se encontraba un santuario de Zeus muy antiguo. El oráculo recurría a la voz de Zeus, percibida en el rumor de las hojas de las encinas sagradas.

DOHA → **DUHÁ.**

DOISNEAU (Robert), *Gentilly 1912-París 1994,* fotógrafo francés. Su obra es un reportaje gráfico de la vida de París y sus suburbios.

DOKUSHAIEV (Vasili Vasílievich), *Miliukovo, región de Smolensk, 1846-San Petersburgo 1903,* geógrafo y naturalista ruso. Descubridor de la distribución zonal de los suelos, creó la edafología moderna.

DOLGORÚKOV o **DOLGÓRUKI,** familia de la nobleza rusa que desempeñó un importante papel con Pedro el Grande, Catalina I y Pedro II (1727-1730).

DOLIN (Patrick Healey-Kay, llamado Anton), *Slinfold, Sussex, 1904-Neuilly-sur-Seine, Francia, 1983,* bailarín y coreógrafo británico. El mejor bailarín británico de la primera mitad del s. xx, fundó con A. Markova la compañía Markova-Dolin (1935) y el Festival Ballet (1950), que se convirtió en el English National Ballet.

DOLLFUSS (Engelbert), *Texing 1892-Viena 1934,* político austriaco. Canciller (1932-1934), reorganizó el estado sobre la base de los principios autoritarios y corporativos. Contrario al Anschluss, fue asesinado por los nazis.

DÖLLINGER (Johann Ignaz von), *Bamberg 1799-Munich 1890,* sacerdote e historiador alemán. Excomulgado por haberse opuesto al dogma de la infalibilidad del papa (1871), se convirtió en el jefe de los «viejos católicos».

DOLNÍ VĚSTONICE, yacimiento prehistórico de la República Checa, cerca de Břeclav (Moravia). Campamentos de cazadores del paleolítico superior que legaron principalmente estatuillas femeninas (h. 25 000 a.C.).

DOLOMITAS o **ALPES DOLOMÍTICOS,** macizo de los Alpes, en Italia, entre el Adigio y el Piave; 3 342 m en la Marmolada.

DOLORES, c. de Argentina (Buenos Aires); 24 228 hab. Productos lácteos, carne congelada.

DOLORES, c. de Uruguay (Soriano); 12 914 hab. Puerto fluvial sobre el San Salvador.

Dolores (grito de) [1810], proclama patriótica del cura Hidalgo en Dolores (act. Dolores Hidalgo), que inició la sublevación mexicana contra los españoles.

DOLORES HIDALGO, c. de México (Guanajuato); 67 358 hab. Centro minero. — Bella iglesia barroca del s. xviii. Hotel Hidalgo (s. xviii).

DOLTO (Françoise), *París 1908-íd. 1988,* psiquiatra y psicoanalista francesa. Se interesó principalmente por el psicoanálisis de niños (*Psicoanálisis y pediatría,* 1939).

DOMAGK (Gerhard), *Lagow, Brandeburgo, 1895-Burgberg 1964,* médico alemán. Descu-

■ PLÁCIDO **DOMINGO** en la ópera *Otelo* en 1991.

■ EL GRITO DE **DOLORES.** Mural *Retablo de la independencia* (1960-1961), de J. O'Gorman. (Museo nacional de historia, México.)

brió la primera sulfamida utilizada en terapéutica, abriendo así el camino a la quimioterapia antiinfecciosa. (Premio Nobel 1939.)

DOMBROWSKA → **DABROWSKA.**

DOMECQ (Álvaro), *Jerez de la Frontera 1917-íd. 2005,* rejoneador español. Elegante y sobrio, se presentó en Madrid en 1942 y se retiró en 1949 en Linares. — **Álvaro D.,** *Jerez de la Frontera 1940,* rejoneador español. Hijo de Álvaro Domecq, tomó la alternativa en 1960. Se retiró en 1985.

DOMENCHINA (Juan José), *Madrid 1898-México 1959,* escritor español. Poeta vinculado a la generación del 27 (*El tacto fervoroso,* 1930; *Dédalo,* 1932), cultivó la crítica literaria —bajo el seudónimo de Gerardo Rivera— y la novela. Fue secretario del presidente Manuel Azaña.

DOMÈNECH I MONTANER (Lluís), *Barcelona 1850-íd. 1923,* arquitecto y político español. Dos de sus obras en Barcelona, el Palau de la música catalana (1905-1908) y el hospital de San Pablo (1902-1912), son emblemáticas del modernismo catalán.

DOMENICHINO o **DOMENIQUINO** (Domenico **Zampieri,** llamado **el**), *Bolonia 1581-Nápoles 1641,* pintor italiano. Discípulo de los Carracci, realizó en Roma frescos en las iglesias San Luis de los Franceses (*Vida de santa Cecilia*) y San Andrea della Valle; su obra *La caza de Diana* está en la galería Borghese.

DOMENICO VENEZIANO → **VENEZIANO.**

Domesday Book (*Libro del Juicio final*), recopilación catastral que muestra la situación de las tierras inglesas a fines del s. xi. Fue realizada por orden de Guillermo el Conquistador.

DOMEYKO (cordillera), ramal andino del N de Chile (Antofagasta); 5 280 m de alt. máx.

DOMICIANO en lat. **Titus Flavius Domitianus,** *Roma 51-íd. 96 d.C.,* emperador romano (81-96). Hermano y sucesor de Tito, reconstruyó Roma, devastada por los incendios de 64 y 80, y protegió la frontera danubiana con un limes fortificado. Instauró un régimen absolutista y persiguió al senado. Murió asesinado.

DOMINGO (Marcelino), *Tortosa 1884-Toulouse 1939,* político español. Republicano federal, fundó el Bloc republicà autonomista (1915) y luego el Partido radical-socialista (1929), que en 1933 se fusionó con la Acción republicana de Azaña en Izquierda republicana. Fue ministro de instrucción pública (1936).

DOMINGO (Plácido), *Madrid 1941,* tenor español. Educado musicalmente en México, debutó en España en 1966 y desde entonces ha desarrollado una brillante carrera de tenor lírico. Canta el repertorio completo, de Händel a Wagner, y ha participado en películas (*La traviata,* F. Zeffirelli, 1983; *Carmen,* F. Rosi, 1984).

DOMINGO DE GUZMÁN (santo), *Caleruega, Burgos, h. 1170-Bolonia 1221,* religioso castellano. Fundó la orden de los dominicos o predicadores. En 1215 reunió en Toulouse a varios compañeros e iniciaron una vida en común de predicación, después de actuar contra la herejía albigense; en 1216 obtuvieron la confirmación de su fundación. Desde entonces se dedicó a la organización de la orden y a la predicación. Fue canonizado en 1234. (*V. ilustr. pág. siguiente.*)

DOMINGO de La Calzada (santo), *Viloria, La Rioja, h. 1020-La Calzada, act. Santo Domingo de la Calzada, 1109,* eremita. Ordenado presbítero por el cardenal san Gregorio de Ostia, se retiró al desierto de La Bureba, donde construyó un hospital de peregrinos y una calzada.

DOMINGO de Silos (santo), *Cañas, La Rioja, 1000-Silos, act. Santo Domingo de Silos, 1073,* benedictino español. Ermitaño y después prior de San Millán de la Cogolla, fue abad del monasterio de Silos (1041), que restauró.

■ SANTO **DOMINGO DE SILOS,** entronizado como abad, por Bartolomé Bermejo.

DOMINGO MARQUÉS (Francisco), *Valencia 1842-Madrid 1920,* pintor español. Fue un pintor de historia (*La expulsión de los moriscos,* 1867; *El último día de Sagunto,* 1871) y retratista de talento.

DOMINGO M. DE IRALA, distr. de Paraguay (Alto Paraná); 26 032 hab. Explotación forestal.

DOMÍNGUEZ (José Antonio), *Juticalpa 1869-íd. 1903,* poeta hondureño. Romántico, dio la misma importancia a la musicalidad y el ritmo que al fondo filosófico-ético de su obra. Su poema más grande y ambicioso es *El himno a la materia.* También destacan sus poemas *Encaje* y *La musa heroica,* y los libros *Flores de un día* (1889) y *Últimos versos* (1902).

DOMÍNGUEZ (Óscar), *La Laguna 1906-París 1957,* pintor español. Se inició con temas paisajistas. En 1934 se sumó al surrealismo, del que fue uno de sus introductores en España. Participó en el grupo Gaceta de arte (Tenerife, 1933-1935). Utilizó la calcomanía en tinta y pintura.

DOMÍNGUEZ CAMARGO (Hernando), *Santa*

■ SANTO **DOMINGO DE GUZMÁN,**
por Fra Angélico. (Convento de San Marcos, Florencia.)

Fe de Bogotá 1606-íd. 1659, poeta colombiano.
Influido por Góngora, compuso *Poema heroi-
co de San Ignacio de Loyola* (1666), clave en la
épica barroca hispanoamericana.
DOMÍNGUEZ ORTIZ (Antonio), *Sevilla 1909-
Granada 2003,* historiador español, estudioso
de la historia social del Antiguo régimen (*La
sociedad española del siglo XVIII,* 1956; *Sociedad y Estado en el siglo XVIII español,* 1976;
*Instituciones y sociedad en la España de los
Austrias,* 1985).
DOMINGUÍN (Luis Miguel), *Madrid 1926-San
Roque, 1996,* matador de toros español. Tomó
la alternativa en 1944. Fue uno de los mejores
toreros de su época. Se retiró en 1960 y regresó a los ruedos de 1971 a 1973.
DOMINICA, estado de las Pequeñas Antillas;
751 km²; 71 000 hab. CAP. *Roseau.* LENGUA: *inglés.* MONEDA: *dólar del Caribe oriental.* (V.
mapa de **Antillas [Pequeñas].**) Estado independiente, en el marco de la Commonwealth, desde 1978.
DOMINICANA (República), estado de las Antillas, en la mitad oriental de la isla de La Española; 48 400 km²; 8 495 338 hab. (*dominicanos*). CAP. *Santo Domingo.* LENGUA: *español.*
MONEDA: *peso dominicano.* (V. mapa al final
del volumen.)

INSTITUCIONES

La constitución de 1966 establece la elección
por sufragio universal del presidente de la república, que asume el poder ejecutivo para un
período de cuatro años. El poder legislativo,
elegido asimismo por sufragio universal, se divide en cámara de diputados y senado.

GEOGRAFÍA

Se distingue la parte occidental, que es montañosa, y la oriental, con dominio de llanos y
valles. Cuatro sistemas montañosos, alineados
en paralelo de NO a SE, compartimentan el
país; entre la cordillera Septentrional y la Central se sitúa la depresión del Cibao, regada por
el Yaque del Norte y el Yuna; la cordillera Central y la sierra de Neiba están separadas por la
meseta Central, que se abre al E a la llanura
Oriental; finalmente, entre la sierra de Neiba y
la de Baoruco se sitúa una profunda fosa tectónica cuyo fondo ocupa el lago Enriquillo.
La población, muy joven y de mayoría mestiza,
crece a un alto ritmo (2,5 % anual). La costa
del Caribe y la depresión del Cibao son los
sectores más poblados, y Santo Domingo el
mayor centro de atracción (aprox. 25 % de la
población).
Históricamente el principal recurso económico han sido las plantaciones azucareras, pero
en la década de 1980 la drástica caída de los
precios internacionales llevó a una política de
diversificación de la producción agrícola: café, cacao, tabaco, bananas. La ganadería bovina mantiene su importancia. Recursos mineros son el níquel, el oro, la plata y la sal gema.
La industria (alimentaria, cemento) tiene una
contribución modesta al PIB. El turismo (más
de 1 millón de visitantes anuales) es una industria en auge. Un tratado de libre comercio con

Estados Unidos y países de América Central
(CAFTA) entró en vigor en 2007.

HISTORIA

El poblamiento precolombino. La isla de La
Española o Quisqueya, como la denominaban
los indios, estaba ocupada antes de la conquista por diversos pueblos indígenas: los taínos, que practicaban una agricultura de roza y
montículo, constituían el grupo principal; en el
NE se encontraban otros grupos menos desarrollados, como los ciguayos y los macorixes.
Conquista y colonización. 1492: Cristóbal
Colón desembarcó en la isla en su primer viaje. **1493-1499:** gobierno, controvertido, de Colón. **1501-1509:** Nicolás de Ovando organizó
definitivamente la colonia, implantó la institución de la encomienda y reconstruyó Santo
Domingo en su emplazamiento definitivo
(1502). **1511:** institución de la audiencia de
Santo Domingo. La Española, nombre que se
dio a la isla, se constituyó en la principal plataforma de expansión para las exploraciones
de conquista de las Antillas y Tierra Firme.
1630: primeros establecimientos franceses en
la parte occidental. **1697:** el tratado de Ryswick impuso la cesión de dicha parte a Francia. **1795:** el tratado de Basilea estableció la cesión del resto de La Española a Francia.
La etapa haitiana. 1803-1808: integrada en el
estado de Haití, los españoles recuperaron, en
1808, el control de la parte oriental de la isla.
1821-1822: se proclamó el «estado independiente del Haití español» bajo protectorado
colombiano, pero pocos meses después Jean
Paul Boyer conquistó la parte oriental y la reintegró a Haití. **1843-1844:** levantamiento de la
sociedad Trinitaria y declaración de independencia de la República Dominicana.
De Santana al anexionismo. 1844-1861: el
gran propietario Pedro Santana dominó el país
apoyándose en un ejército imprescindible
ante la permanente amenaza de reconquista
por parte de Haití. Santana ofreció la anexión
del territorio dominicano a EUA, Francia y España, que finalmente la aceptó. **1861-1865:** la
reintegración a la corona española neutralizó
la amenaza haitiana, pero abrió un nuevo proceso emancipador frente a la metrópoli histórica, que culminó en la definitiva proclamación de independencia, en 1865.
**La expansión económica y la intervención
de Estados Unidos. 1865-1883:** el conflicto entre reformistas y conservadores determinó la
inestabilidad política de la república, que se
vio beneficiada por la inmigración de propietarios cubanos que difundieron la explotación
del azúcar y una nueva ganadería en cercados
(potreros). **1883-1899:** la dictadura del general
Lilís (Ulises Heureaux) consumó la privatización de la tierra y favoreció la especulación financiera, que originó una enorme deuda exterior. **1904:** las aduanas del país fueron puestas
bajo control de EUA, que entre 1916 y 1924
ocupó militarmente la república.
**La era de Trujillo y la nueva intervención.
1930-1961:** el general R. L. Trujillo estableció
una nueva dictadura, en el curso de la cual él
mismo se convirtió en el principal propietario
del país y en una de las primeras fortunas internacionales; apoyado por EUA por su anticomunismo, mantuvo empero una relación contradictoria con Washington. **1957-1962:** Balaguer inició una transición política, marcada
por el asesinato de Trujillo (1961). **1962-1963:**
presidencia del opositor J. Bosch, derribado
por un golpe militar. **1965:** el levantamiento
constitucionalista de F. Caamaño fue sofocado
por una segunda intervención militar de EUA,
que temía la influencia castrista.
El balaguerismo y su sucesión. 1966-1978: el
ex trujillista Balaguer gobernó el país durante
tres mandatos, con apoyo de EUA y de la oligarquía dominicana. El Partido revolucionario
dominicano, fundado por Juan Bosch, del que
luego se separó, sucedió en el poder al balaguerismo (1978-1986) con Antonio Guzmán
Fernández y Jorge Blanco, aunque la república mantuvo sus alineamientos económicos y
políticos tradicionales. **1986:** Balaguer de nuevo fue elegido presidente, y sucesivamente reelegido. **1996:** Leonel Fernández lo sucedió.

2000: Hipólito Mejía fue elegido jefe del estado. **2004:** L. Fernández de nuevo fue elegido
presidente (reelegido en 2008).
DOMÍNICI (Pedro César), *Caracas 1872-íd.
1954,* escritor venezolano. Autor de la novela
decadentista *Dyonysos* (1904), fue también
ensayista y dramaturgo.
Domodiédovo, uno de los aeropuertos de
Moscú.
DOMODOSSOLA, c. de Italia (Piamonte), a la
salida del túnel del Simplón; 18 853 hab. Estación fronteriza.
DON, r. de Rusia, que nace al S de Moscú y
desemboca en el mar de Azov aguas abajo de
Rostov; 1 870 km. Está unido al Volga por un canal.
Donación de Constantino, documento utilizado durante la edad media para justificar la
autoridad espiritual y temporal del papado,
autoridad por la que Constantino habría reconocido
al papa Silvestre I. Escrito en la segunda mitad
del s. VIII, se demostró su falsedad en 1440.
Don Álvaro o la fuerza del sino, drama romántico en prosa y verso del duque de Rivas,
estrenado en 1835. — Inspiró la ópera de Verdi
La forza del destino (1862).
DONATELLO (Donato di Betto Bardi, llamado), *Florencia 1386-íd. 1466,* escultor italiano.
Formado en el estudio del arte antiguo, armonizó su monumentalidad con el realismo y el
espíritu religioso de la edad media. Además
de vigorosos bajorrelieves, destacan, en Florencia, el *San Jorge* de mármol de Orsanmichele (h. 1417, act. en el museo del Bargello) y
los profetas del campanile (*Jeremías, Habacuc,* act. en el Bargello) y, en Padua, la estatua
ecuestre del *Gattamelata* (h. 1450).

■ **DONATELLO.** *David.* Bronce realizado
en la madurez del artista.
(Museo nacional del Bargello, Florencia.)

DONATO, en lat. **Aelius Donatus,** gramático
latino del s. IV, preceptor de san Jerónimo.
DONATO, *h. 270-en Galia o en Hispania h. 355,*
obispo de Casae Nigrae, en Numidia. Al rehusar conceder la indulgencia a los cristianos
que habían renegado de su fe con Diocleciano (lapsi), creó un cisma, el *donatismo,* combatido por san Agustín.
DONAU → **DANUBIO.**
Donaueschingen (Festival de), festival de música contemporánea instituido en Alemania
(Baden-Württemberg) en 1921.
DONBASS, cuenca hullera y región industrial, en los confines de Rusia y Ucrania, a ambas orillas del Donets; c. pral. *Donetsk.*
DON BENITO, c. de España (Badajoz), cab.
de p. j.; 31 454 hab. (*dombenitenses*). Centro
agropecuario.
DONCASTER, c. de Gran Bretaña (Inglaterra),
cerca de Sheffield; 86 000 hab.
Don Catrín de la Fachenda, personaje de la
novela del escritor mexicano J. J. Fernández
de Lizardi *Vida y hechos del famoso caballero
don Catrín de la Fachenda,* publicada póstumamente (1832). Es un típico petimetre de la
época colonial, que camina hacia el fracaso
por su holgazanería y pretensiones.

DONCELLO (El), mun. de Colombia (Caquetá), al pie de los Andes; 17 308 hab.

DONEN (Stanley), *Columbia 1924*, director de cine estadounidense. Empezó como bailarín y coreógrafo y realizó brillantes películas musicales, a menudo en colaboración con G. Kelly (*Cantando bajo la lluvia*, 1952; *Siete novias para siete hermanos*, 1954), además de comedias (*Charada*, 1963; *Arabesco*, 1966).

DONETS, r. de Ucrania y de Rusia, afl. del Don (or. der.); 1 016 km. Bordea la cuenca hullera del Donbass.

DONETSK, de 1924 a 1961 **Stalino**, c. de Ucrania, en el Donbass; 1 121 000 hab. Metalurgia. Química. — Museo de bellas artes.

DONG QICHANG, *cerca de Shanghai 1555-1636*, calígrafo y pintor chino. Definió los dogmas de la «pintura de letrado» y fue el fundador de la teoría que opone los paisajistas de la escuela del Norte y los de la escuela del Sur.

DÔNG SON, localidad de Vietnam, al NE de Thanh Hoa. Sitio arqueológico que ha dado su nombre a la fase final (500-250 a.C.) y más brillante de una cultura de la edad del bronce del SE asiático, famosa, sobre todo, por sus tambores de bronce.

DONGTIN, gran lago de China central (Hunan); 5 000 km² aprox.

DONGYING, c. de China, cerca de la desembocadura del Huang He; 640 000 hab.

DONG YUAN, *n. en Zhongling, act. Nankín*, pintor chino, activo entre 932 y 976. Padre del gran paisaje chino, sus obras fueron los modelos de los pintores letrados.

DÖNITZ (Karl), *Berlín 1891-Aumühle 1980*, almirante alemán. Al mando de la flota submarina (1935-1942) que amenazó durante un tiempo a las flotas aliadas y comandante en jefe de la marina alemana (1943-1945), sucedió a Hitler en mayo de 1945 y firmó la capitulación del Reich.

DONIZETTI (Gaetano), *Bérgamo 1797-íd 1848*, compositor italiano. Operista (*Lucia de Lammermoor*, 1835; *La favorita*, 1840; *Don Pasquale*, 1843), es uno de los máximos exponentes del *bel canto*.

Don Juan, personaje legendario de origen español. Seductor impío y cruel, apareció en el drama *El burlador de Sevilla* (h. 1625), de Tirso de Molina. El tema, que iba a inspirar numerosas obras literarias y artísticas, pasó muy pronto a Italia y Francia, donde surgió la versión de Molière (*Don Juan o El festín de piedra*, 1665). En el s. XVIII se inspiraron en él A. de Zamora, Goldoni y Mozart (ópera *Don Giovanni*, 1787, con libreto de L. Da Ponte), y en el s. XIX algunos románticos insistieron en el satanismo del personaje (Pushkin, Mérimée, Dumas, Byron). Richard Strauss le dedicó su poema sinfónico *Don Juan* (1887). Pero fue en España, con el *Don Juan Tenorio* (1844) de Zorrilla, donde el tema recobró su dimensión romántica más popular. Entre las versiones del s. XX sobresalen las de J. Grau, Max Frisch y Ramón J. Sender.

DONN (Jorge), *Buenos Aires 1947-Lausana 1992*, bailarín argentino. Formado en la escuela de danza del teatro Colón de Buenos Aires, en 1963 ingresó en el Ballet du XXᵉ siècle de Bruselas, del que fue primer bailarín y uno de los mejores intérpretes de las obras de M. Béjart. (*Romeo y Julieta*, 1966; *Nijinsky clown de Dieu*, 1971; *Bolero II*, 1979; *Léda*, 1979).

DONNE (John), *Londres 1572-íd. 1631*, poeta y sacerdote inglés. Su poesía «metafísica» está marcada por la presencia de la muerte.

DONOSO (José), *Santiago 1924-íd. 1996*, escritor chileno. Figura señera de la narrativa latinoamericana contemporánea, es autor de cuentos, ensayista y consagrado novelista: *Coronación* (1958); *El lugar sin límites* (1966); *El obsceno pájaro de la noche* (1970), su obra más lograda; *Casa de campo* (1978); *El jardín de al lado* (1981), sobre el tema del escritor en el exilio, o *La desesperanza* (1986). A la atmósfera asfixiante y ambigua de sus obras se añade una visión negativa de la situación de su país.

DONOSO CORTÉS (Juan), marqués de **Valdegamas**, *Valle de la Serena, Badajoz, 1809-París 1853*, escritor y político español. Hombre de confianza de la regente María Cristina, desde la revolución de 1848 fue el máximo exponente del ideario ultraconservador. Su *Ensayo sobre el catolicismo, el liberalismo y el socialismo* (1851), defensa de la subordinación de la política a la religión, influyó en toda la derecha española posterior.

DONOSTIA → **SAN SEBASTIÁN.**

DONOSTIA (José Gonzalo **Zulaica**, en religión José Antonio **de**), *San Sebastián 1886-Lecaroz, Navarra, 1956*, compositor y musicólogo español. Capuchino, recopiló canciones del folclore vasco. Compuso obras para orquesta y coros, para piano (*Preludios vascos*), para canto y piano (*Canciones sefardíes*), etc.

DONSKÓI (Mark Semiónovich), *Odessa 1901-Moscú 1981*, director de cine soviético. Famoso por sus adaptaciones de Gorki, cuyas preocupaciones humanistas compartió (*La infancia de Gorki*, 1938; *Ganando mi pan*, 1939; *Mis universidades*, 1940), también realizó *El arco iris* (1944) y *El caballo que llora* (1958).

Don Quijote → **Quijote (El).**

Don Segundo Sombra, novela gauchesca de Ricardo Güiraldes (1926). En tono poético, narra la vida de un muchacho huérfano criado bajo la tutela de un gaucho taciturno y sabio, don Segundo Sombra. Constituye una nostálgica exaltación de la pampa y de la vida libre del gaucho.

■ **DON SEGUNDO SOMBRA.** Retrato del personaje de R. Güiraldes en una edición de 1967.

Doña Bárbara, novela de Rómulo Gallegos (1929). Obra maestra de la narrativa regionalista hispanoamericana, aborda el conflicto entre civilización y barbarie a través del enfrentamiento entre Doña Bárbara, símbolo de lo salvaje, y Santos Luzardo, que representa la ley y el progreso.

DOÑANA (parque nacional de), parque nacional del S de España, en el mun. de Almonte (Huelva), en zona de marismas; 54 252 ha. Importante reserva botánica (monte bajo, pinares, alcornoques) y zoológica (aves acuáticas, mamíferos). En 1998 se vio afectado por la rotura de una presa en Aznalcóllar (Sevilla) que contenía agua y lodos tóxicos. (Reserva de la biosfera 1980 y patrimonio de la humanidad 1994.)

DOORS (The), grupo de rock estadounidense

■ JOSÉ **DONOSO**

(1965-1973). Liderado por el cantante Jim Morrison, se distinguió por su música psicodélica, sus letras contestatarias, desesperadas (*The End*) y de alto contenido erótico (*Light my Fire*), y sus actuaciones provocadoras.

DOPPLER (Christian), *Salzburgo 1803-Venecia 1853*, físico austriaco. Descubrió la variación de frecuencia del sonido percibido cuando una fuente sonora se desplaza con respecto a un observador (*efecto Doppler-Fizeau*).

DORA, nombre de dos r. piamontesas, que nacen en los Alpes, afl. del Po (or. izq.). El *Dora Baltea* (160 km) pasa por Aosta; el *Dora Riparia* (125 km) se une al Po en Turín.

DORADA (La), mun. de Colombia (Caldas); 54 195 hab. Puerto fluvial en el Magdalena. Curtidos.

DORADO, mun. de Puerto Rico, en la costa N de la isla; 30 759 hab. Caña de azúcar y tabaco. Aeropuerto.

DORADO (El), territorio imaginario de América del Sur, situado supuestamente entre el Orinoco y el Amazonas, que según los españoles poseía gran riqueza en metales preciosos. En su busca partieron Pérez de Quesada, Lope de Aguirre y Jiménez de Quesada, entre otros.

Dorado (El), aeropuerto internacional de Colombia, al NO de Bogotá.

DORADO MONTERO (Pedro), *Navacarros, Salamanca, 1861-Salamanca 1919*, jurista español. Su doctrina como penalista se basa en el positivismo y el krausismo (*Problemas del derecho penal*, 1895, *De criminología y penología*, 1906).

Dora-Mittelbau, campo de concentración alemán, instalado en 1943 cerca de Nordhausen, en el macizo del Harz (Turingia).

D'ORBAY → **ORBAY.**

DORCHESTER (Guy **Carleton**, barón) → **CARLETON.**

DORDOGNE, dep. de Francia (Aquitania); 9 060 km²; 388 293 hab.; cap. *Périgueux* (32 294 hab.).

DORDOÑA, en fr. **Dordogne**, r. del SO de Francia, que nace en el macizo Central, afl. del Garona; 472 km. Instalaciones hidroeléctricas.

DORDRECHT, c. de Países Bajos (Holanda Meridional), en la desembocadura del Mosa; 110 473 hab. Puerto. — Ciudad antigua y pintoresca (iglesia de los ss. XIV-XV); museos. — Importante plaza comercial en el s. XIV, en 1618-1619 se celebró en ella un gran sínodo cuyas decisiones aun rigen en la Iglesia reformada holandesa.

DORÉ (Gustave), *Estrasburgo 1832-París 1883*, dibujante, grabador y pintor francés. Ilustró, con una fértil imaginación, continuadora del romanticismo, textos de Rabelais, Perrault, Balzac, Dante, Cervantes o la Biblia.

DORESTE (José Luis), *Las Palmas de Gran Canaria 1956*, regatista de vela español. Ganó el título olímpico de Finn en 1988 y tres campeonatos del mundo, en Star (1982 y 1983) y en Finn (1987). — **Luis D.**, *Las Palmas de Gran Canaria 1961*, regatista de vela español. Hermano de José Luis, ganó los títulos olímpicos de 470 (1984) y de Flying Dutchman (1992) y los campeonatos del mundo de Flying Dutchman (1987) y de Soling (1995).

DORIA, familia noble genovesa que en la edad media encabezó la facción gibelina de la ciudad. — **Andrea D.**, *Oneglia 1466-Génova 1560*, condotiero genovés. Estuvo al servicio de la Santa Sede, de Nápoles y más tarde de Génova. Tras la toma de esta plaza por los españoles (1527), sirvió a Carlos Quinto, quien lo nombró general y príncipe de Melfi. Desde entonces dirigió la vida política de Génova (1528), convertida en república mercantil. Mandó las expediciones contra Argel (1530) y Túnez (1535) y reprimió la conspiración de los Fieschi (1547).

DÓRIDA, ant. región de Grecia central.

DÓRIDA, ant. región de la costa SO de Asia Menor.

DORIS MIT. GR. Hija de Océano y de Tetis, se casó con Nereo, de quien tuvo 50 hijas, las Nereidas.

DORNIER (Claude, llamado **Claudius**), *Kempten, Baviera, 1884-Zug, Suiza, 1969*, constructor de aviones alemán. Fundador, en 1922, de la empresa de construcción aeronáutica que lleva su nombre, realizó 150 tipos de aviones de todas las categorías.

DOROTEA (santa), virgen y mártir del s. IV. Según la tradición, murió decapitada. Es la patrona de los jardineros. Su nombre fue suprimido del calendario romano.

Dorotea (La), novela dialogada de Lope de Vega (1632), inspirada en su amor por la actriz Elena Osorio. La novela es también un homenaje a Fernando de Rojas.

DORPAT → **TARTU.**

DORREGARAY (Antonio), *Ceuta 1823-Zaragoza 1882*, militar español. Combatió en África y en Cuba, y en 1868 se unió a los carlistas, de los que fue nombrado capitán general en 1872. Actuó en el sitio de Bilbao (1874), y tras ser derrotado se exilió.

DORREGO (Manuel), *Buenos Aires 1787-1829*, militar y político argentino. Luchador por la independencia y defensor del federalismo (congreso constituyente, 1826), fue gobernador de la provincia autónoma de Buenos Aires (1827) y finalizó la guerra con Brasil (1828), pero fue vencido y fusilado por Lavalle.

DORSAL GUINEANA, estribaciones del SE de Guinea. Yacimientos de hierro.

DORSAL TUNECINA, cordillera del N de Túnez.

DORSET, condado de Gran Bretaña, a orillas del canal de la Mancha; 645 200 hab.; cap. *Dorchester.*

DORSET (cultura de), cultura prehistórica del Ártico central y oriental. Se desarrolló hace 3 500 años y su decadencia se inició hacia el s. X d.C. Se caracteriza por grandes pueblos semienterrados, una industria lítica de microcuchillas y diversas manifestaciones artísticas.

DORTICÓS (Oswaldo), *Cienfuegos 1919-La Habana 1983*, abogado y político cubano. Especialista en derecho laboral, fue uno de los líderes de la revolución comunista. Presidió la república de 1959 a 1976.

DORTMUND, c. de Alemania (Rin del Norte-Westfalia), en el Ruhr; 601 966 hab. Puerto fluvial. Centro industrial. – museos. – canal **Dortmund-Ems**, canal que une el Ruhr y el mar del Norte (269 km).

Dos Aguas (palacio del marqués de), palacio de Valencia (1740-1744), remodelado según el gusto rococó por Hipólito Rovira y en cuya portada se hallan esculturas de Ignacio Vergara y Luis Domingo. Alberga el museo nacional de cerámica.

dos de mayo (jornada del) → **mayo de 1808.**

DOS HERMANAS, v. de España (Sevilla), cab. de p. j.; 97 324 hab. *(doshermanenses).* Centro comercial de un área agrícola e industrial, próximo a Sevilla.

DOS PASSOS (John Roderigo), *Chicago 1896-Baltimore 1970*, escritor estadounidense. Novelista de la *generación perdida (Manhattan Transfer*, 1925; *El gran proyecto*, 1949), aspiró a un retrato total y crítico de la sociedad estadounidense mediante la yuxtaposición de diversos géneros literarios (reportaje, poesía, canciones, etc.).

DOS QUEBRADAS, mun. de Colombia (Risaralda); 101 480 hab. Café. Minas de oro y plata.

Dos Rosas (guerra de las) [1455-1458], conflicto que enfrentó a dos ramas de los Plantagenet, las casas de York (rosa blanca) y Lancaster (rosa roja), por la posesión de la corona de Inglaterra. Acabó con el triunfo de Enrique Tudor, último representante de los Lancaster, que, convertido en rey con el nombre de *Enrique VII*, casó con Isabel de York.

DOS SICILIAS (Reino de las), ant. reino de Italia meridional. Formado por los reinos de Sicilia (insular) y Nápoles (Sicilia peninsular), que duró de 1442 a 1458 y de 1816 a 1861.

DOSSO DOSSI (Giovanni **Luteri**, llamado), *h. 1480-Ferrara h. 1542*, pintor italiano de la escuela de Ferrara. Es autor de composiciones religiosas y mitológicas de un manierismo lleno de fantasía.

DOSTOIEVSKI (Fiódor Mijáilovich), *Moscú 1821-San Petersburgo 1881*, escritor ruso. Hijo de un padre tiránico que fue asesinado por sus campesinos, fue inducido a la literatura (*Pobres gentes*, 1846) por Nekrásov y Belinski,

pero sus primeros fracasos críticos (*El doble*, 1846; *Corazón débil*, 1848; *Noches blancas*, 1848) lo inclinaron hacia los círculos políticos liberales. Condenado a muerte e indultado en el lugar de la ejecución, fue deportado a Siberia. Esta experiencia (*Recuerdos de la casa de los muertos*, 1862), unida a la inestabilidad de su vida a su regreso (matrimonios, ataques de epilepsia, la muerte de su hija, su pasión por el juego), le hizo ver en el sufrimiento y la humillación la razón misma de la existencia (*Humillados y ofendidos*, 1861; *Memorias del subsuelo*, 1864; *Crimen y castigo, 1866; *El jugador*, 1867; *El* *idiota, 1868; *Los endemoniados*, 1872; *El adolescente*, 1875), que solo puede hallar su equilibrio, en el plano individual, en la caridad (*Los* **hermanos Karamázov*, 1879-1880) y, en el plano colectivo, en la síntesis de las culturas oriental y occidental del pueblo ruso (*Diario de un escritor*, 1876).

DOTREMONT (Christian), *Tervuren 1922-Bruselas 1979*, diseñador y poeta belga en lengua francesa. Fundador del movimiento *Cobra, es autor de *logogramas*, manuscritos espontáneos que mezclan palabras y trazos pictóricos.

DOU (Gerard), *Leiden 1613-íd. 1675*, pintor neerlandés. Discípulo de Rembrandt, pintó escenas de género de la vida burguesa con técnica pulida y fría, sumamente minuciosa.

DOUBS, r. de Francia y Suiza, afl. del Saona (or. izq.); 430 km.

DOUBS, dep. de Francia (Franco Condado); 5 234 km²; 499 062 hab.; cap. *Besançon.*

DOUGLAS, c. de Gran Bretaña, cap. de la isla de Man; 20 000 hab.

DOUGLAS, familia escocesa que desempeñó un papel importante en los ss. XIV-XVI por su resistencia a los ingleses y su rivalidad con los Estuardo.

DOUGLAS (Donalds Wills), *Nueva York 1892-Palm Springs, California, 1981*, constructor aeronáutico estadounidense. La empresa que fundó (1920) ha producido numerosos aviones de transporte, entre otros el DC-3 (primer vuelo en 1935).

DOUGLAS (James), conde de Norton, *h. 1516-Edimburgo 1581*, estadista escocés. Obligó a abdicar a M. Estuardo y fue regente del joven Jacobo VI de Escocia (1572-1578). Acusado de complicidad en el asesinato de Darnley, fue decapitado.

DOUGLAS (Kirk), *Amsterdam, estado de Nueva York, 1916*, actor, productor y director de cine estadounidense. Ha combinado principalmente los papeles dramáticos (*Carta a tres esposas*, J. Mankiewicz, 1949; *Dos semanas en otra ciudad*, V. Minnelli, 1962) con los héroes vulnerables, obstinados y trágicos (*Lust for Life*, V. Minnelli, 1956; *Espartaco*, S. Kubrick, 1960).

DOUGLAS-HOME (sir Alexander Frederick), *Londres 1903-Coldstream, Berwickshire, 1995*, político británico. Sucesor de MacMillan en los cargos de primer ministro (1963-1964) y de líder del Partido conservador (1964-1965), también fue ministro de asuntos exteriores (1960-1963 y 1970-1974).

DOUGLASS (Frederick), *Tuckahoe, Maryland, h. 1817-Washington 1895*, político estadounidense. Abolicionista, fue consejero de A. Lincoln durante la guerra de Secesión y el primer ciudadano negro que ocupó altos cargos.

DOUHET (Giulio), *Caserta 1869-Roma 1930*, militar y tratadista italiano. General, mandó en 1912 el primer batallón de aviación italiano. Su

obra *Il Dominio dell'aria* (1921) se tomó como referencia para las estrategias aéreas de la segunda guerra mundial.

DOUMERGUE (Gaston), *Aigues-Vives, Gard, 1863-íd. 1937*, político francés. Radicalsocialista, fue presidente de la república (1924-1931). En 1934 presidió un gobierno de unión nacional.

DOUWES DEKKER (Eduard) → **MULTATULI.**

DOVER, c. de Gran Bretaña (Inglaterra, en Kent) junto al paso de Calais; 34 000 hab. Puerto de pasajeros. – Gran fortaleza del s. XII.

DOVZHENKO (Alexandr Pietróvich), *Sosnitsa, Ucrania, 1894-Moscú 1956*, director de cine soviético. Su tierra natal le inspiró vastos frescos líricos que exaltan la unión del hombre y la naturaleza dentro de un socialismo cósmico: *Zvenígora* (1928); *Arsenal* (1929); *La tierra* (1930); *Aerograd* (1935).

DOWDING (sir Hugh), *Moffat, Escocia, 1882-Tunbridge Wells 1970*, mariscal del aire británico. Estuvo al mando de la caza aérea británica y desempeñó un papel decisivo en la derrota alemana durante la batalla de Inglaterra (ag.-oct. 1940).

Dow Jones (índice), índice de bolsa creado en 1897 por The **Wall Street Journal* que corresponde a la media ponderada de la cotización en bolsa de treinta acciones estadounidenses.

DOWLAND (John), *Londres 1563-íd. 1626*, compositor y laudista inglés. Sus arias a una o varias voces, sus fantasías para laúd y sus obras para conjunto de violas figuran entre las cumbres de la música isabelina.

DOWNEY (Juan), *Santiago 1940-Nueva York 1993*, artista visual chileno. Pionero del videoart, vinculado al grupo Perception, en la década de 1970 realizó numerosas «expediciones culturales» por América del Sur, recogidas en *Video Trans America.*

Downing Street, calle de Londres. En el n° 10 se encuentra la residencia del primer ministro británico.

DOWNS, colinas calizas del S de la cuenca de Londres, que enmarcan la depresión húmeda de Weald.

DOYLE (sir Arthur **Conan**), *Edimburgo 1859-Crowborough, Sussex, 1930*, novelista británico. Sus novelas policíacas tienen como protagonista a Sherlock *Holmes.

DOZY (Reinhart), *Leiden 1820-íd. 1883*, arabista neerlandés, estudioso de la extensión del islam por Occidente (*Historia de los musulmanes de España*, 1861).

DRAA o **DRA** (uadi), r. del NO de África (Argelia y sobre todo Marruecos), que nace en el Alto Atlas y desemboca en el Atlántico; 1 000 km aprox. Está jalonado por numerosos oasis.

DRAC (cuevas del), cuevas naturales de España, en la sierra de Levante (Mallorca). Turismo.

DRACHMANN (Holger), *Copenhague 1846-Hornbaek, Sjaelland, 1908*, escritor danés. Sus poemas y novelas dan fe de una inspiración a la vez social y romántica.

DRACÓN, s. VII a.C., legislador ateniense. Redactó un código (h. 621 a.C.) célebre por su rigor.

Drácula, personaje de la novela homónima de Bram Stoker (1897), inspirado en un príncipe de Valaquia del s. XV. Arquetipo del vampiro, ha inspirado numerosas películas: (*Nosferatu, el vampiro*, F. Murnau, 1922; *Drácula*, T. Browning, 1931; *Drácula*, 1958, y *Drácula, príncipe de las tinieblas*, 1966, T. Fisher; *Drácula, de Bram Stoker*, F. F. Coppola, 1992).

DRAGO (Luis María), *Buenos Aires 1859-íd. 1921*, político y jurisconsulto argentino. Ministro de relaciones exteriores (1902) y representante de su país en la conferencia de La Haya (1907), formuló la llamada *doctrina Drago*, clásica en derecho internacional, según la cual la deuda pública de un estado no podía justificar una intervención armada ni la ocupación del territorio por otras naciones. Es autor, entre otras obras, de *La idea del derecho* (1883) y *Colección de fallos en materia civil y comercial* (1886).

DRAGONERA (isla), pequeña isla de España (Baleares), frente a la costa O de Mallorca; 2,88 km².

DRAGÚN (Osvaldo), *San Salvador, Entre Ríos*

■ JOHN **DOS PASSOS**

■ **DOSTOIEVSKI**, por V. G. Perov. (Galería Tretiakov, Moscú.)

1929-Buenos Aires 1999, dramaturgo argentino. En su teatro están presentes los problemas sociales (*La peste viene de Melos*, 1956), lo cotidiano (*Historias para ser contadas*, 1957) y los conflictos psicológicos (*Milagro en el mercado viejo*, 1962).

DRAIS (Karl Friedrich), barón **von Sauerbronn,** *Karlsruhe 1785-íd. 1851*, ingeniero alemán. Inventó la *draisiana* (1816), precursora de la bicicleta.

DRAKE (pasaje de), ancho brazo de mar que separa Tierra del Fuego de la Antártida, y une el Atlántico al Pacífico.

DRAKE (Edwin Laurentine, llamado el Coronel), *Greenville, estado de Nueva York, 1819-Bethlehem 1880*, industrial estadounidense. Realizó la primera explotación industrial de petróleo (Titusville, Pennsylvania, 1859).

DRAKE (sir Francis), *cerca de Tavistock h. 1540-frente a las costas de Portobelo 1596*, marino y corsario inglés. Después de llevar a cabo diversas operaciones de saqueo contra las posesiones españolas en el mar del Sur, destruyó la flota española en Cádiz (1587) y desempeñó un papel importante en la derrota de la Armada invencible (1588). Realizó el primer viaje inglés de circunnavegación.

DRAKENSBERG, macizo montañoso del África austral, entre Sudáfrica y Lesotho; 3 482 m. *Parque nacional Ukhahlamba Drakensberg* (243 000 ha) [patrimonio de la humanidad 2000].

DRAPER (Henry), *Prince Edward County, Virginia, 1837-Nueva York 1882*, astrofísico estadounidense. Fue un pionero de la espectrografía estelar.

DRAVA o **DRAVE,** r. de Europa, que nace en los Alpes italianos, afl. del Danubio (or. der.); 700 km. Avena Austria y Eslovenia, y más adelante separa Hungría y Croacia después de recibir al Mur.

DRAYTON (Michael), *Hartshill, Warwickshire 1563-Londres 1631*, poeta inglés. Es autor de poemas líricos e históricos y de una geografía poética de Inglaterra (*Poly-Olbion*, 1612-1622).

DREES (Willem), *Amsterdam 1886-La Haya 1988*, político neerlandés. Líder del Partido socialista, dirigió el gobierno de 1948 a 1958.

DREISER (Theodore), *Terre Haute, Indiana, 1871-Hollywood 1945*, escritor estadounidense. Sus novelas lo convierten en el iniciador del naturalismo en EUA (*Nuestra Carrie*, 1900; *Jennie Gerhardt*, 1911; *Una tragedia americana*, 1925).

DRENTHE, prov. del NE de Países Bajos; 448 000 hab.; cap.*Assen*.

DRESDE, en alem. **Dresden,** c. de Alemania, cap. de Sajonia, a orillas del Elba; 479 273 hab. Centro industrial. — Palacio barroco del Zwinger (h. 1720, muy restaurado), obra de M.D. Pöppelmann, que alberga una rica galería de pintura; otros monumentos (Frauenkirche, ópera Semper) y museos. — La ciudad fue escenario de una batalla ganada por Napoleón sobre los austriacos (26-27 ag. 1813). Durante la segunda guerra mundial, fue destruida en febr. 1945 por los bombardeos aéreos aliados (al menos 35 000 muertos).

DREYER (Carl Theodor), *Copenhague 1889-íd. 1968*, cineasta danés. Exploró la interioridad con un estilo desnudo, fundado en la belleza plástica del blanco y negro, el ritmo y la expresividad de los rostros:*El amo de la casa* (1925), *La pasión de Juana de Arco* (1928), *Dies irae* (1943), *La palabra* (1955), *Gertrud* (1964).

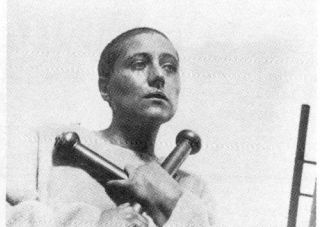

■ CARL **DREYER.** Una escena de *La pasión de Juana de Arco,* protagonizada por Falconetti.

DREYER (Johan Ludvig Emil), *Copenhague 1852-Oxford 1926*, astrónomo danés. Su catálogo, conocido con las iniciales NGC (1888), da la posición de varios miles de nebulosas y galaxias observadas visualmente.

Dreyfus (caso), escándalo judicial y político que dividió a la opinión pública francesa de 1894 a 1906 y preludió la formación del Bloque de izquierdas y de la Acción francesa. Alfred **Dreyfus** (Mulhouse 1859-París 1935), oficial francés judío, fue condenado, equivocadamente, por espionaje al servicio de Alemania. A los favorables a la revisión del caso, agrupados en la Liga de los derechos del hombre, se les opuso la Liga de la patria francesa (antisemita y ultranacionalista).

■ ALFRED **DREYFUS.** (Biblioteca nacional, París.)   ■ EVA **DUARTE**

DRIESCH (Hans), *Bad Kreuznach 1867-Leipzig 1941*, filósofo y biólogo alemán. Desarrolló una teoría científica vitalista de gran alcance, que originó la corriente filosófica del neovitalismo.

DROGHEDA, en gaélico **Droichead Átha,** c. de Irlanda, junto al mar de Irlanda; 23 845 hab. Puerto. — Vestigios medievales. En los alrededores, túmulo de Newgrange (¿2500 a.C.?). — Centro de la resistencia realista, fue tomada por Cromwell (1649), quien asesinó a sus habitantes.

DROGUETT (Carlos), *Santiago 1912-Lausana 1996*, novelista chileno. Su narrativa se sumerge en un mundo caótico y violento: *Sesenta muertos en la escalera* (1953), *Eloy* (1960), *Patas de perro* (1965), *Todas esas muertes* (1971).

DRÔME, dep. de Francia (Ródano-Alpes); 6 530 km²; 437 778 hab.; cap. *Valence.*

DROSTE-HÜLSHOFF (Annette, baronesa von), *Hülshoff, cerca de Münster, 1797-castillo de Meersburg 1848*, poetisa alemana, autora de poesías épicas y de temática religiosa.

DRUCKER COLÍN (René), *México 1937*, fisiólogo mexicano. Autor de diversos estudios en torno a la regulación del sueño, fue pionero en los trasplantes de tejidos nerviosos fetales para la recuperación de funciones perdidas y de los trasplantes autólogos de médula suprarrenal para pacientes de Parkinson.

DRUMEV (Vasil), *Šumen h. 1838-Tarnovo 1901*, escritor y prelado búlgaro. Metropolita de Tárnovo con el nombre de Clemente, escribió relatos y un drama histórico (*Ivanko*, 1872). Jugó un papel importante en el partido rusófilo.

DRUMMOND DE ANDRADE (Carlos), *Itabira do Mato 1902-Río de Janeiro 1987*, poeta brasileño. Con *Alguna poesía* (1930), dio inicio a la segunda etapa del modernismo en Brasil. Socialmente comprometido en sus obras posteriores (*Una rosa del pueblo*, 1945; *Una vida pasada a limpio*, 1959), se fue decantando por la sátira y la poesía experimental (*Lección de las cosas*, 1969). En 1985 publicó sus memorias.

DRUSO (yébel), macizo volcánico del S de Siria; 1 801 m.

DRYDEN (John), *Aldwinkle, Northamptonshire, 1631-Londres 1700*, escritor inglés. Principal representante del espíritu clásico, es autor de tragedias, sátiras políticas (*Absalón y Ajitofel*, 1681-1682), fábulas y poemas.

DUALA o **DOUALA,** c. de Camerún, en el estuario del Wuri; 1 030 000 hab. Puerto. Centro industrial (aluminio, papel, textil). Aeropuerto.

DUARTE (pico), cumbre culminante de la República Dominicana, en la cordillera Central; 3 175 m.

DUARTE (provincia de), prov. del N de la República Dominicana; 1 292 km²; 257 000 hab.; cap.*San Francisco de Macorís.*

DUARTE (José Napoleón), *San Salvador 1925-íd. 1990*, político salvadoreño. Democratacristiano, fue aupado al poder por el ejército en 1980-1982. Fiel aliado de EUA, fue de nuevo presidente en 1984-1989.

DUARTE (Juan Pablo), *Santo Domingo 1813-Caracas 1876*, patriota dominicano. Fundó la sociedad Trinitaria y promovió la revuelta de 1843. Está considerado el fundador de la República Dominicana.

DUARTE (María Eva), *Los Toldos, Buenos Aires, 1919-Buenos Aires 1952*, política argentina. Actriz, se casó (1945) con J. D. Perón, quien en 1946 ocupó la presidencia de la república. Colaboró en tareas de gobierno, en especial en los programas sociales. Llamada afectuosamente *Evita*, a su muerte se inició la crisis del régimen peronista.

DUARTE (Nicanor), *Coronel Oviedo 1956*, político paraguayo. Miembro del Partido colorado, ministro de educación y cultura (1993-1997 y 1999-2001), fue presidente de la república desde 2003 hasta 2008.

DUATO (Juan Ignacio **Duato Barcia,** llamado Nacho), *Valencia 1957*, bailarín y coreógrafo español. Tras trabajar, desde 1982, en el Nederlands Dans Theater dirigido por J. Kylian, en España es director artístico de la Compañía nacional de danza desde 1990. Su estilo combina folclore con investigaciones contemporáneas (*Duende*, 1991; *Multiplicidad. Formas de silencio y vacío*, 1999; *Alas*, 2006). [Premio nacional de danza 2003.]

DUBAY → **DIBAY.**

DUBČEK (Alexander), *Uhrovec, Eslovaquia, 1921-Praga 1992*, político checoslovaco. Primer secretario del Partido comunista checoslovaco (en. 1968), encabezó el movimiento de liberalización del régimen («la primavera de Praga») que fue abortado por la intervención militar soviética (ag.). Sustituido por Husák (abril 1969), tras la revolución de 1989 fue presidente del parlamento federal (dic. 1989-junio 1992).

■ ALEXANDER **DUBČEK** en 1968.

DUBLÍN, en gaélico **Baile Átha Cliath,** cap. de Irlanda, junto al mar de Irlanda; 477 675 hab. (*dublineses*) [861 000 hab. en la aglomeración]. Puerto. Universidades. Textil. Química. — Monumentos neoclásicos. Museos (arqueología céltica; manuscritos iluminados de los ss. VII-VIII; pintura).

DUBOIS (Guillaume), *Brive-la-Gaillarde 1656-Versalles 1723*, prelado y político francés. Ministro de asuntos exteriores (1718), cardenal (1721) y primer ministro (1722), fue el artífice de la Cuádruple alianza. Contrario a la política de Alberoni en Italia, luchó contra España (1719-1720).

DU BOIS (William Edward Burghardt), *Great Barrington, Massachusetts, 1869-Accra, 1963*, escritor estadounidense nacionalizado ghanés. Descendiente de esclavos, abandonó la defensa de los negros en EUA y fue uno de los fundadores del panafricanismo.

DUBROVNIK, ant. **Ragusa,** c. de Croacia; 49 729 hab. Puerto. Centro turístico en la costa dálmata. — Numerosos monumentos, de la época prerromana al barroco. Museos. (Patrimonio de la humanidad 1979 [ampliado en 1994].) — Fundada en el s. VII, la ciudad estuvo bajo la soberanía de Venecia (1205-1358), de Hungría (1358-1526), de los otomanos (1526-1806), más tarde de los Habsburgo (1815-1918). Convertida en los ss. XV-XVI en una ver-

■ JEAN **DUBUFFET.** *El tren de relojes* (1965), una de las pinturas del ciclo llamado «L'hourloupe». (MNAM, París.)

dadera «república», desarrolló una intensa actividad comercial y cultural.

DUBUFFET (Jean), *El Havre 1901-París 1985,* pintor y escultor francés. Su *art brut* se inspiró en el graffiti y los dibujos infantiles. Trabajó la expresividad de las texturas y los materiales. Es autor de las series «Metro» (1943); «Retratos» (1947); «L'hourloupe» (pinturas y esculturas, 1962-1974).

DUBY (Georges), *París 1919-Aix-en-Provence 1996,* historiador francés. Es autor de obras fundamentales sobre el período feudal (*El domingo de Bouvines,* 1973; *Tiempo de catedrales,* 1976; *Mujeres del s. xII,* 3 vols., 1995-1996).

Ducados (guerra de los) [1864], conflicto que enfrentó a Dinamarca con Prusia y Austria por la posesión de los ducados de Schleswig, Holstein y Lauenburg. Dinamarca, vencida por Prusia y Austria, tuvo que ceder a dichas potencias la administración de los ducados.

DUCAS, familia bizantina que dio varios emperadores, entre ellos Constantino X y Miguel VII.

DUCASSE (Alain), *Orthez 1956,* cocinero francés nacionalizado monegasco. Destaca por su creatividad y tino en la elección de los productos. Ha enriquecido la cocina de su país con aportaciones asiáticas y americanas.

DUCCIO di Buoninsegna, *Siena h. 1260-íd. 1318 o 1319,* pintor italiano. Su obra maestra es el gran retablo de la Virgen (*Maestà*) de la catedral de Siena, donde se liberó de la tradición bizantina (1308-1311).

DUCHAMP (Marcel), *Blainville 1887-Neuilly-sur-Seine 1968,* artista francés nacionalizado estadounidense. Cercano al futurismo, pasó a hacer *ready-mades* (objetos usuales promovidos a obras de arte). Precursor del dadaísmo (*La mariée mise à nu par ses célibataires, même,* 1915-1923), influyó en el pop art y el arte conceptual.

DUCHAMP-VILLON (Raymond **Duchamp,** llamado), *Damville 1876-Cannes 1918,* escultor francés. Hermano de M. Duchamp y de J. Villon, aunó los principios del cubismo y el futurismo (*Caballo,* 1914).

DUDLEY, c. de Gran Bretaña (Inglaterra), cerca de Birmingham; 187 000 hab. Museos.

DUDLEY (John), conde de **Warwick,** duque de **Northumberland,** *¿1502?-Londres 1553,* estadista inglés. Gran mariscal de Inglaterra, ejerció una fuerte influencia en Eduardo VI y orientó la Iglesia inglesa hacia el protestantismo. Padrastro de Jane Grey (1553), fue ejecutado tras la ascensión de M. Tudor al trono. — **Robert D.,** conde de **Leicester,** *h. 1532-Cornbury 1588,* cortesano inglés. Hijo de John Dudley, fue favorito de la reina Isabel I.

DUENDE DE PALACIO (El) → VALENZUELA (Fernando **de**).

DUEÑAS, c. de España (Palencia); 2 949 hab. *(aldanenses).* Ganado lanar. — Iglesia de Santa María y monasterio trapense de San Isidro.

DUEÑAS (Francisco), político salvadoreño (1811-1884). Máximo dirigente de su país entre 1851 y 1871, fue presidente constitucional en 1852-1854 y 1863-1871.

DUERO, en port. *Douro,* r. de la península Ibérica, que nace en los Picos de Urbión (España) y desemboca en Oporto (Portugal); 850 km. Su cuenca es la mayor de la Península (98 160 km²). Sus afl. principales son el Esla (or. der.) y el Tormes (or. izq.). Aprovechado para regadío e hidroelectricidad (diversos embalses, el mayor el de Aldeadávila, en España; Miranda, en Portugal). Navegable en su curso bajo. La región vinícola del alto Duero fue declarada patrimonio de la humanidad en 2001.

DUFAY (Guillaume), *h. 1400-Cambrai 1474,* compositor de la escuela francoflamenca. Es autor de misas, motetes y canciones polifónicas.

DUFOUR (pico), cumbre del macizo del Monte Rosa y de Suiza, en la frontera italiana; 4 634 metros.

DU FU, *Duling, Shanxi, 712-Leiyang, Hunan, 770,* poeta chino. Amigo de Li Bo, llamado «el Sabio de la poesía», extrajo de su experiencia en la guerra civil y de sus desgracias personales el material de sus poemas.

DUFY (Raoul), *El Havre 1877-Forcalquier 1953,* pintor y decorador francés. Cercano al fauvismo, su obra destaca por un grafismo elíptico y un colorido claro y alegre.

DUGGA, localidad de Túnez septentrional, cerca de Téboursouk. Numerosos restos de la ant. c. de *Thugga,* residencia de los príncipes númidas, próspera en los ss. II y III bajo los romanos. (Patrimonio de la humanidad 1997.)

DUGUESCLIN → GUESCLIN.

DUHÃ o **DOHA** en ár. **al-Dawha,** cap. de Qatar, en el golfo Pérsico; 285 000 hab. en la aglomeración. Museo de arte islámico.

DUHALDE (Eduardo), *Lomas de Zamora 1941,* político y abogado argentino. Profesor de derecho público, fue vicepresidente de la república (1989) y gobernador de la provincia de Buenos Aires (1991-1999). Presidió el país, elegido por la asamblea legislativa, en 2002-2003.

DUHAMEL (Georges), *París 1884-Valmondois, Val-d'Oise, 1966,* escritor francés. Es autor de ciclos novelescos que reflejan las transformaciones de la sociedad moderna (*Vida y aventuras de Salavin,* 1920-1932; *Crónica de los Pasquier,* 1933-1945).

DUIDA, cerro del S de Venezuela, en el parque nacional Duida-Marahuaca; 2 400 m.

DUISBURG, c. de Alemania (Rin del Norte-Westfalia), a orillas del Rin; 536 797 hab. Puerto fluvial, salida de la cuenca del Ruhr y centro industrial. — Museo W. Lehmbruck (arte moderno).

DUITAMA, mun. de Colombia (Boyacá); 67 831 hab. Minas de cobre y plata. Harineras.

DUJARDIN (Karel), *Amsterdam h. 1622-Venecia 1678,* pintor y grabador neerlandés. Influido por el arte y el paisaje italianos, es autor de paisajes luminosos con personajes y animales, así como de composiciones religiosas y mitológicas.

DUKAS (Paul), *París 1865-íd. 1935,* compositor francés. Autor de *El aprendiz de brujo* (1897), fue un maestro de la orquestación.

DUKOU, c. de China (Sichuan); 380 000 hab. Siderurgia.

DULCE, r. del N de Argentina, que desagua en la laguna de Mar Chiquita; 670 km.

DULCE (golfo) → IZABAL.

DULCE (Domingo), *Sotés, Logroño, 1808-Amélie-les-Bains, Francia, 1869,* militar español. Participó en la represión del movimiento de los agraviados y en las dos primeras guerras carlistas, apoyó a O'Donnell en la Vicalvarada y fue capitán general de Cataluña (1858-1862) y de Cuba (1862-1866).

DULCE DE PROVENZA, *h. 1095-h. 1127,* condesa de Barcelona y Provenza (1112-h. 1127). Esposa de Ramón Berenguer III de Barcelona, al morir este (1131), el condado de Provenza pasó a su segundo hijo, Berenguer Ramón I.

Dulcinea del Toboso, personaje del *Quijote.* Inventada por el protagonista a partir de una labradora llamada Aldonza Lorenzo, es la musa imaginaria que guía sus aventuras.

DULLES (John Foster), *Washington 1888-íd. 1959,* político estadounidense. Secretario de estado para asuntos exteriores (1953-1959) en la época de la guerra fría, intentó contener la expansión del comunismo en el mundo.

DULUTH, c. de Estados Unidos (Minnesota), a orillas del lago Superior; 85 493 hab. Puerto activo (hierro). Metalurgia. — Museos.

DUMAS (Alexandre), *Villers-Cotterêts 1802-Puys, cerca de Dieppe, 1870,* escritor francés. Fue el escritor más popular de la época romántica (*Antony,* 1831; *Los *tres mosqueteros,* 1844; *El conde de Montecristo,* 1845). Ayudado por colaboradores, firmó cerca de 300 obras. — **Alexandre D.,** llamado **Dumas hijo,** *París 1824-Marly-le-Roi 1895,* escritor francés, hijo natural de Alexandre Dumas. Es autor de un teatro de inspiración social. *La dama de las camelias,* novela (1848) y drama en 5 actos (1852), fue su gran éxito.

DUMAS (Carlos Alberto), *Buenos Aires 1938,* restaurador argentino. Tras estudiar cocina en Londres, ha estado al frente de varios restaurantes que destacaron por lo creativo de su cocina. Dirige una escuela de gastronomía.

DUMAS (Jean-Baptiste), *Alès 1800-Cannes 1884,* químico francés. Determinó la masa atómica de muchos elementos, utilizó sistemáticamente las ecuaciones químicas y descubrió la noción de función química.

DU MAURIER (Daphné), *Londres 1907-Par, Cornualles, 1989,* escritora británica, autora de novelas populares (*La posada de Jamaica,* 1936; *Rebeca,* 1938).

Dumbarton Oaks (plan de) [1944], proyecto que sirvió de base a la Carta de las Naciones unidas. Fue elaborado en Dumbarton Oaks, cerca de Washington, por delegados norteamericanos, británicos, chinos y soviéticos.

DUMÉZIL (Georges), *París 1898-íd. 1986,* historiador francés. Hizo estudios comparados de la mitología y la organización social de los pueblos indoeuropeos (*Mito y epopeya,* 1968-1973).

DUNA, nombre húngaro del **Danubio.*

DUNANT (Henry o Henri), *Ginebra 1828-Heiden 1910,* filántropo suizo nacionalizado francés. Pionero de la acción humanitaria, promovió la convención de Ginebra (1864) y fue el principal fundador de la Cruz Roja. (Premio Nobel de la paz 1901.)

Dunas (batalla de las) [1600], derrota de las tropas españolas ante los neerlandeses de Mauricio de Nassau, cerca de Nieuwport (Flandes). — batalla naval de las **Dunas** (14 junio 1639), derrota de la flota española del almirante A. de Oquendo ante la neerlandesa del almirante Tromp, frente a la costa de Kent (Inglaterra). Marcó el inicio de la decadencia militar española en Europa. — batalla de las **Dunas** (14 junio 1658), derrota de las tropas españolas ante un ejército anglofrancés dirigido por Reynolds y Turena, cerca de Nieuwport. Forzó la firma de la paz de los Pirineos (1659).

DUNAÚJVÁROS, c. de Hungría, al S de Budapest; 59 028 hab. Siderurgia.

DUNCAN I, *m. cerca de Elgin 1040,* rey de Escocia (1034-1040). Fue asesinado por Macbeth.

DUNCAN (Isadora), *San Francisco 1878-Niza 1927,* bailarina y coreógrafa estadounidense. Su rechazo de las limitaciones de la técnica clásica y su defensa de una «danza libre» abrieron el camino a la modern dance.

■ ALEXANDRE **DUMAS** padre, por A. Bellay. (Palacio de Versalles.)

■ ISADORA **DUNCAN**

DUNDEE, c. de Gran Bretaña (Escocia), en el estuario del Tay; 175 000 hab. Puerto.

DUNEDIN, c. de Nueva Zelanda, en la isla del Sur; 113 000 hab. Puerto. Universidad. Iglesia de Santa María, con una torre del s. XV.

DUNGENESS (cabo), punta del SE de Inglaterra (Kent), en el paso de Calais. Central nuclear.

DUNHAM (Katherine), *Chicago 1912-Nueva York 2006,* bailarina y coreógrafa estadounidense. Especialista en danzas afroamericanas y una de las primeras figuras de la danza negra, influyó en la danza jazz con sus clases y creaciones (*Tropical Revue,* 1943; *Música en la noche,* película con Carmen Amaya, 1957).

DUNHUANG, c. de China (Gansu), en los confines del desierto de Gobi. Gran centro de caravanas, era etapa importante de la ruta de la *seda. En los alrededores de Mogao, monasterio budista recuperte que prosperó entre los ss. IV y X (patrimonio de la humanidad 1987). Sus 492 grutas constituyen un conjunto único de pinturas murales. En una de las grutas, tapiada desde el s. XI, se descubrieron la biblioteca y un tesoro de pendones votivos pintados sobre seda (museo Guimet de París y British Museum de Londres).

DUNKERQUE, c. de Francia (Nord); 72 333 hab. Activo puerto. — Museos. — Escenario de una violenta batalla en 1940, que permitió el reembarque hacia Inglaterra de cerca de 340 000 soldados aliados.

DÚN LAOGHAIRE, ant. **Kingstown,** c. de Irlanda; 54 000 hab. Estación balnearia y antepuerto de Dublín.

DUNLOP (John Boyd), *Dreghorn, condado de Ayr, 1840 Dublín 1921,* inventor británico. Realizó el primer neumático (1887) y fundó la empresa que lleva su nombre (1889).

DUNS SCOT → ESCOTO.

DUNSTABLE (John), *h. 1305 Londres 1453,* compositor inglés. Es autor de obras polifónicas, sobre todo religiosas.

DUNSTANO (san), *cerca de Glastonbury 924-Canterbury 988,* prelado inglés. Arzobispo de Canterbury, impulsó el desarrollo del monacato inglés y trabajó en la reforma de la Iglesia.

DUPERIER VALLESA (Arturo), *Pedro Bernardo 1896-Madrid 1959,* físico español. Especializado en la radiación cósmica, es autor de importantes trabajos sobre las variaciones en la intensidad de los rayos cósmicos y su medida.

Dúplice (7 oct. 1879), alianza concluida en Viena por Austria-Hungría y Alemania.

DuPont, empresa estadounidense de productos químicos y biotecnológicos. Fundada en 1802 cerca de Wilmington por el químico francés É. I. Du Pont de Nemours (1771-1834), se desarrolló considerablemente durante el s. XX al fabricar los primeros tejidos artificiales y crear el caucho sintético, el nailon y el DDT. Se ha diversificado hacia las ciencias de la vida (farmacia, agricultura, salud y nutrición).

DUPONT de l'Étang (Pierre Antoine, conde), *Chabanais 1765-París 1840,* general francés. Luchó en España, donde saqueó Córdoba y otras ciudades, y capituló en Bailén (1808).

DUQUE (Pedro), *Madrid 1963,* ingeniero y astronauta español. Ha realizado misiones en el espacio a bordo del transbordador estadounidense Discovery (1998) y de la nave rusa Soyuz TMA3 (2003). [Premio Príncipe de Asturias de cooperación internacional 1999.]

DUQUE CORNEJO (Pedro), *Sevilla 1677-Córdoba 1757,* escultor español. Fiel exponente de la escuela barroca andaluza, fue un destacado retablista (retablo mayor de la cartuja de El Paular, 1723-1728; retablo de la Virgen de la Antigua de la catedral de Sevilla, 1733-1738).

DUQUE DE CAXIAS, c. de Brasil, en la aglomeración de Río de Janeiro; 664 643 hab. Industria química.

DUQUE DE ESTRADA (Diego), *Toledo 1589-Cagliari, Cerdeña, 1647,* militar y escritor español. Narró su vida aventurera en una autobiografía que se publicó en 1860.

DUQUESNOY (François), llamado **Francesco Fiammingo,** *Bruselas 1597-Livorno 1643,* escultor flamenco. Vivió principalmente en Roma, donde su estatua de *Santa Susana* (1633, Santa María de Loreto), de estilo clasicista, lo hizo cé-

lebre. Era hijo de **Jérôme Duquesnoy el Viejo,** autor del *Manneken-Pis* de Bruselas (1619).

DURA EUROPOS, ant. c. de Siria, fundada a orillas del Éufrates en el s. III a.C. por los seléucidas. Fue destruida por Sapor I (256 d.C.). — Vestigios antiguos. Sinagoga y vivienda cristiana con baptisterio, decoradas con frescos del s. III.

DURÁN (Agustín), *Madrid 1793-íd. 1862,* escritor español, uno de los introductores del romanticismo en España. Centró sus estudios en la comedia y el romancero (*Colección de Romances antiguos,* 1856).

DURÁN (Carlos), *San José 1852-íd. 1924,* político y médico costarricense. Era vicepresidente cuando, en 1889, los liberales perdieron las elecciones y se resistieron a entregar el poder, y se hizo cargo del gobierno durante unos meses, como hombre de consenso.

DURÁN (Diego), *Sevilla 1537-México 1588,* historiador español. Dominico, escribió sobre la historia precolombina (*Libro de los dioses y ritos,* 1506; *El calendario,* 1579; *Historia de las Indias de Nueva España e Islas de Tierra Firme,* publicada en México en 1867-1880).

■ DIEGO DURÁN. Miniatura de un manuscrito de la *Historia de las Indias de Nueva España e Islas de Tierra Firme.* (Biblioteca nacional, Madrid.)

DURÁN (Profeit), nombre romance de **Işḥaq ben Mošé ha-Leví,** conocido bajo el seudónimo de **Efodí,** *en Cataluña ss. XIV-XV,* escritor hebraicoespañol. Es autor de una gramática hebrea y de dos obras polémicas en torno al judaísmo y al cristianismo.

DURÁN (Roberto), *Guararé 1951,* boxeador panameño. Apodado «Mano de piedra» por su dura pegada, fue sucesivamente campeón mundial de los pesos ligeros, welter, superwelter y medios (1972-1989).

DURÁN (Šim'ón ben Şémah) más conocido por la sigla **Rasbas,** *Palma de Mallorca 1361-Argel 1444,* escritor hebraicoespañol, exégeta bíblico y talmudista (*El escudo de los antepasados*).

DURÁN BALLÉN (Sixto), *Boston 1920,* político ecuatoriano, presidente de la república por el conservador Partido de unión republicana (1992-1996).

DURANCE, r. de Francia, afl. del Ródano, que nace en los Alpes; 305 km. Instalaciones hidroeléctricas.

DURANGO, v. de España (Vizcaya), cab. de p. j.; 24 742 hab. *(durangueses).* Mercado agrícola. Fundiciones; fábrica de bicicletas; industrias papeleras. — Cruz de Crutziaga (s. XV). Casas solariegas e iglesias.

DURANGO, c. de México, cap. del est. homónimo; 348 036 hab. Centro industrial, comercial y cultural (universidad). — Catedral (ss. XVII-XVIII); palacio del gobierno y edificios civiles del s. XVIII. — Fue fundada en 1563

DURANGO (estado de), est. del O de México, accidentado por la sierra Madre Occidental; 119 648 km²; 1 349 378 hab.; cap. *Durango.*

DURÁN REYNALS (Francisco), *Barcelona 1899-New Haven, EUA, 1958,* médico español. Descubrió el «factor de difusión» *(Reynals factor),* conocido hoy como *hialuronidasa.* Fue autor de trabajos básicos sobre la etiología vírica del cáncer.

DURÁN Y BAS (Manuel), *Barcelona 1823-íd. 1907,* jurisconsulto y político español. Dipu-

do liberal y ministro del gobierno Silvela (1899), es autor de una *Memoria acerca de las instituciones del derecho civil de Cataluña* (1883).

DURÁN Y VENTOSA (Luis), *Barcelona 1870-íd. 1954,* político español, hijo de Manuel Durán y Bas. Catalanista, militante de la Lliga, fue vicepresidente de la Mancomunidad (1914) y consejero de la Generalidad (1935-1936). Es autor de *Regionalismo y federalismo* (1905).

DURÃO (José de Santa Rita), *Cata Preta, Minas Gerais, 1722-Lisboa 1784,* poeta brasileño, autor de la primera epopeya nacional (*Caramuru,* 1781).

DURÃO BARROSO (José Manuel) → BARROSO.

DURAS (Marguerite **Donnadieu,** llamada Marguerite), *Gia Dinh, Cochinchina, 1914-París 1996,* escritora y directora de cine francesa. Sus novelas (*Moderato cantabile,* 1958; *El amante,* 1984), teatro y films (*India Song,* 1975) llevan los recuerdos obsesivos de la infancia y la violencia del amor al límite del desapego.

■ PEDRO **DUQUE**   ■ MARGUERITE **DURAS**

DURATÓN, r. de España, afl. del Duero (or. izq.); 106 km. Discurre encajado en su curso superior, y por un ancho valle en la Meseta.

DURAZNO (departamento de), dep. del centro de Uruguay; 11 643 km²; 55 077 hab.; cap. *Durazno* (25 800 hab.).

DURAZZO → DURRËS.

DURBAN, c. de Sudáfrica (Kwazulu-Natal), junto al océano Índico; 982 000 hab. Puerto. Centro industrial.

DÜREN, c. de Alemania (Rin del Norte-Westfalia); 89 852 hab. Metalurgia.

DURERO (Alberto), en alemán **Albrecht Dürer,** *Nuremberg 1471-íd. 1528,* pintor, grabador y teórico de arte alemán. Realizó un viaje de aprendizaje por Colmar, Basilea y Estrasburgo y estuvo dos veces en Venecia, pero desarrolló lo básico de su carrera en Nuremberg. Manifestó su genio en la pintura al óleo (*Fiesta del Rosario,* 1506, Praga; retratos), en el dibujo y la acuarela (colección Albertina, Viena) y en sus grabados, célebres en Europa desde el primer momento (xilografías de un grafismo fogoso, aún medieval: el *Apocalipsis* [15 planchas,

■ **DURERO.** *Gran hierba* (1503). Acuarela y guache. (Graphische Sammlung Albertina, Viena.)

1498], la *Pasión grande*; grabados con buril, más italianizantes y que reflejan la influencia de los humanistas: *Némesis*, h. 1500; *El caballero, la muerte y el diablo*; *San Jerónimo*; *La Melancolía*, 1514). Se apasionó por los principios matemáticos y ópticos de la perspectiva y publicó varias obras teóricas y técnicas al final de su vida (*Tratado de las proporciones del cuerpo humano*, 1528).

DURGA, una de las formas principales de la diosa hindú Shakti, esposa de Šiva. Se la representa como guerrera feroz.

DURGAPUR, c. de la India (Bengala Occidental); 415 986 hab. Centro industrial.

DURG-BHILAINAGAR, c. de la India (Chhattisgarh); 668 670 hab. Siderurgia.

DURHAM, c. de Estados Unidos (Carolina del Norte); 136 611 hab.

DURHAM, c. de Gran Bretaña (Inglaterra), cap. del *condado de Durham*; 26 000 hab. Notable conjunto medieval: catedral románica del primer tercio del s. XII; castillo de los ss. XI-XVII. Mansiones antiguas. (Patrimonio de la humanidad 1986.)

DURHAM (John George Lambton, conde de), *Londres 1792-Cowes 1840*, político británico. Gobernador de Canadá (1838), publicó un informe que preconizaba la unión del Alto y el Bajo Canadá.

DURKHEIM (Émile), *Épinal 1858-París 1917*, sociólogo francés. Uno de los fundadores de la sociología, vinculó los hechos morales a los hechos sociales, que consideraba independientes de la conciencia individual (*La división del trabajo social*, 1893; *El suicidio*, 1897).

■ ÉMILE **DURKHEIM**   ■ BUENAVENTURA **DURRUTI**

DURRELL (Lawrence), *Jullundur, India, 1912-Sommières, Francia, 1990*, escritor británico. Sus novelas mezclan la experimentación literaria y la celebración de la belleza de los paisajes mediterráneos (*El cuarteto de Alejandría*, 1957-1960).

DÜRRENMATT (Friedrich), *Konolfingen, cerca de Berna, 1921-Neuchâtel 1990*, escritor suizo en lengua alemana. Su conciencia de protestante y su humor barroco se aúnan en su tea-

tro (*La visita de la vieja dama*, 1956), en una crítica a las ilusiones y opresiones humanas.

DURRËS, en ital. **Durazzo,** c. de Albania, en el Adriático; 82 700 hab. Puerto. Ruinas de la antigüedad (ant. *Epidamnos*, más tarde *Dyrrachium*).

DURRUTI (Buenaventura), *León 1896-Madrid 1936*, dirigente anarquista español. Durante la segunda república fue la figura más representativa de la CNT y FAI. Al estallar la guerra civil, dirigió las fuerzas anarquistas de Barcelona, organizó la *Columna Durruti*, que no tuvo éxito en sus intentos de tomar Zaragoza a los franquistas, y participó en la defensa de Madrid, donde murió.

DUR ŠARRUKÍN → JURSABÃD.

DUSE (Eleonora), *Vigevano 1858-Pittsburgh 1924*, actriz italiana, destacada intérprete de las obras de Dumas hijo, de Ibsen y de D'Annunzio.

DUSHANBE, de 1929 a 1961 **Stalinabad,** cap. de Tadzhikistán; 595 000 hab.

DÜSSELDORF, c. de Alemania, cap. de Rin del Norte-Westfalia, a orillas del Rin; 574 936 hab. Centro comercial y financiero de Renania. Metalurgia. Química.— Iglesias del casco antiguo; importantes museos.

DÜST MUHAMMAD, *1793-1863*, soberano de Afganistán. Reconocido emir en Kabul (1834), fue derrocado por los británicos (1839). Recuperó el poder en 1843.

DUTILLEUX (Henri), *Angers 1916*, compositor francés. Heredero de Debussy y Ravel, desarrolló un lenguaje musical rico y florido, con una orquestación refinada (*Metábolas*, 1964; *Todo un mundo lejano*, 1970; *Timbres, espacio, movimiento*, 1977; *Misterio del instante*, 1989; *le Temps l'horloge*, 2007).

DUTRA (Eurico Gaspar), *Cuiabá 1885-Río de Janeiro 1974*, político y general brasileño. Organizador del cuerpo brasileño que luchó junto a los Aliados en Italia (1944), fue presidente de Brasil (1946-1951) y un estrecho colaborador de Getúlio Vargas.

DUTROCHET (René), *castillo de Néons, Poitou, 1776-París 1847*, biólogo francés. Uno de los fundadores de la biología celular, es autor de trabajos fundamentales sobre la ósmosis, la diapédesis, la estructura celular de los vegetales y la embriología de las aves, entre otros.

DUTTON (Clarence Edward), *Wallingford, Connecticut, 1841-Englewood, Nueva Jersey, 1912*, geólogo estadounidense. Fue el promotor de la teoría de la isostasia (1892), que aplicó a la formación de las montañas.

DUUN (Olav), *en Nord-Trøndelag 1876-Tønsberg 1939*, novelista noruego. Sus novelas evocan la naturaleza de los fiordos y sus habitantes (*Las gentes de Juvik*, 1918-1923).

DUVALIER (François), llamado **Papa Doc,** *Puerto Príncipe 1907-íd. 1971*, político haitiano. Presidente de la república (1957), desde 1964

convirtió su cargo en vitalicio y ejerció un poder dictatorial.— **Jean-Claude D.,** *Puerto Príncipe 1951*, político haitiano. Hijo de François, lo sucedió en 1971. Tuvo que exiliarse en 1986.

DUVERGÉ, c. del O de la República Dominicana (Independencia), en la hoya del lago Enriquillo; 8 272 hab.

DVINA OCCIDENTAL, en letón **Daugava,** r. de Europa oriental que atraviesa Rusia, Bielorrusia y Letonia y desemboca en el golfo de Riga; 1 020 km.

DVINA SEPTENTRIONAL, r. de Rusia, que desemboca en el mar Blanco en Arjánguelsk; 744 km.

DVOŘÁK (Antonín), *Nelahozeves, Bohemia, 1841-Praga 1904*, compositor checo. Dirigió los conservatorios de Nueva York y de Praga y compuso, entre otras obras, 9 sinfonías (*Sinfonía del Nuevo mundo*, 1893), conciertos, poemas sinfónicos y cuartetos.

DYLAN (Robert Zimmerman, llamado Bob), *Duluth 1941*, compositor y cantante estadounidense de folk y rock. Letrista y guitarrista, fue el portavoz de la generación contestataria de la década de 1960 (*The Times they are a Changin'; Like a Rolling Stone*). Pasó de la canción folk y comprometida a un rock y una poesía más libres. (Premio Príncipe de Asturias de las artes 2007.)

■ BOB **DYLAN**

DZERZHINSK, c. de Rusia, al O de Nizhni Nóvgorod; 285 000 hab.

DZERZHINSKI (Félix Edmúndovich), *Dzerzhinovo 1877-Moscú 1926*, político soviético. Revolucionario activo en Lituania y en Polonia desde 1895, fue uno de los organizadores de la insurrección armada de oct.-nov. de 1917. Dirigió la Checa (1917-1922) y la GPU (1922-1926).

DZHUNGARIA, región de China occidental (Xinjiang), entre el Altái mongol y el Tian Shan. Es una vasta depresión que llega, a través de la *puerta de Dzhungaria*, al Kazajstán.— La región fue en los ss. XVII-XVIII el centro de un imperio mongol destruido por los chinos (1754-1756).

E

EACO MIT. GR. Uno de los tres jueces de los infiernos, junto con Minos y Radamanto.

EADS (European Aeronautic Defence and Space Company), grupo europeo de la industria aeroespacial y de la defensa, creado en 2000. Agrupa las actividades de Aerospatiale Matra (Francia), DaimlerChrysler Aerospace (DASA, Alemania) y Construcciones Aeronáuticas (CASA, España). La sociedad Airbus, principalmente, forma parte del grupo.

EAMES (Charles), *Saint Louis 1907-íd. 1978*, arquitecto y diseñador estadounidense, pionero del diseño moderno.

EANES (António dos Santos Ramalho), *Alcains 1935*, militar y político portugués. Uno de los generales instigadores del golpe de estado de 1974, fue presidente de la república (1976-1986).

EARHART (Amelia), *Atchison, Kansas, 1897-en el océano Pacífico 1937*, aviadora estadounidense. Primera mujer que cruzó el norte del Atlántico como pasajera (1928) y piloto en solitario (1932), desapareció cuando intentaba dar la vuelta al mundo de oeste a este.

EAST ANGLIA, reino fundado por los anglos en el s. VI y anexionado en el s. VIII por Offa, rey de Mercia.

EASTBOURNE, c. de Gran Bretaña (Inglaterra), junto al canal de la Mancha; 83 200 hab. Estación balnearia de Sussex.

EAST KILBRIDE, c. de Gran Bretaña (Escocia), cerca de Glasgow; 70 000 hab.

EAST LONDON, c. de Sudáfrica (El Cabo Oriental), junto al Índico; 194 000 hab. Puerto.

EASTMAN (George), *Waterville 1854-Rochester 1932*, industrial estadounidense. Inventó la película fotográfica transparente de nitrocelulosa (1889) y organizó la Eastman Kodak Company (1892).

EASTWOOD (Clinton, llamado Clint), *San Francisco 1930*, actor y cineasta estadounidense. Destacó en los westerns (*Por un puñado de dólares*, S. Leone, 1964) y más adelante, como realizador y productor, se expresa en los géneros más diversos (*Play Misty for Me*, 1971; *Bird*, 1988; *Sin perdón*, 1992, Oscar al mejor director; *Mystic River*, 2003; *Million Dollar Baby*, 2004, Oscar al mejor director y a la mejor película; *Gran Torino*, 2008).

EBBINGHAUS (Hermann), *Barmen, act. en Wuppertal, 1850-Halle 1909*, psicólogo alemán. Sus trabajos acerca de la memoria (*Sobre la memoria*, 1885) lo convierten en uno de los fundadores de la psicología experimental.

EBERT (Friedrich), *Heidelberg 1871-Berlín 1925*, político alemán. Presidente del Partido socialdemócrata alemán (1913), contribuyó a la caída de Guillermo II (1918). Canciller, redujo al espartaquismo y fue el primer presidente de la República alemana (1919-1925).

EBERTH (Karl Joseph), *Würzburg 1835-Berlín 1926*, bacteriólogo alemán. Descubrió el bacilo de la fiebre tifoidea.

EBLA, ant. c. de Siria, a 70 km al SO de Alepo. En el III milenio a.C., *el reino de Ebla* fue uno de los centros más importantes del Asia anterior. Restos arqueológicos e importantes archivos de tablillas. Es la act. *Tell Mardij*.

ÉBOLI (Ruy Gómez de Silva, príncipe de), *¿Lisboa? 1516-Madrid 1573*, aristócrata portugués al servicio de España. Muy influyente en la corte de Felipe II, se opuso al duque de Alba y defendió las negociaciones de paz en los Países Bajos y una estructura federal de la monarquía. – **Ana Mendoza de la Cerda, princesa de É.,** *Cifuentes 1540-Pastrana 1592*, esposa de Ruy. Fue detenida por conspiración, junto con Antonio Pérez, en 1579.

EBÓRICO, rey suevo (583-584), Hijo de Miro, tuvo que prestar homenaje al rey visigodo Leovigildo. Depuesto por una conspiración liderada por Andeca, se refugió en un monasterio.

EBRO, en cat. **Ebre**, r. de España, que nace en la sierra de Peña Labra (Cantabria) y desemboca en el Mediterráneo; 928 km. Desde su nacimiento sigue en dirección OE y, por los montes Obarenes, penetra en la *depresión del Ebro*, donde fertiliza las huertas de La Rioja, Navarra, Aragón y Cataluña mediante una serie de canales de riego (canal Imperial de Aragón y otros) y embalses. Desde Mequinenza se encaja y es aprovechado por varias centrales hidroeléctricas. Desemboca formando un amplio delta.

Ebro (batalla del) [julio-nov. 1938], combate de la guerra civil española. Iniciada con una ofensiva republicana, se saldó con una victoria franquista que preludió la caída de Cataluña. Murieron entre 15 000 y 20 000 soldados.

EÇA DE QUEIROZ (José María), *Póvoa de Varzim 1845-Neuilly-sur-Seine, Francia, 1900*, escritor portugués. Autor naturalista, sus novelas critican la sociedad portuguesa (*El crimen del padre Amaro*, 1875-1876; *El primo Basilio*, 1878).

ECATEPEC, v. de México (México); 784 507 hab. Industria (metalurgia, química y papel).

ECBATANA, cap. de los medos (h. 612-550 a.C.) [act. *Hamadán*] y posterior residencia real de varias dinastías iraníes. Restos antiguos.

ECHANDI (Mario), *San José 1915-íd. 1996*, político costarricense. Fue presidente (1958-1962) por la conservadora Unión nacional.

ECHANDÍA (Darío), *Chaparral 1897-Bogotá 1981*, político colombiano. Fue presidente interino (1944) y dirigente liberal.

ECHAUZ (Francisco), *Madrid 1927*, pintor y grabador español. Iniciado en el surrealismo, evolucionó hacia tendencias expresionistas.

ECHAVE IBÍA (Baltasar de), *¿México? h. 1580-íd.? h. 1660*, pintor mexicano. Formado con su padre, B. de Echave Orio se dedicó a la pintura religiosa (*La Virgen imponiendo la casulla a san Ildefonso; Sagrada Familia*) y al paisaje.

ECHAVE ORIO (Baltasar de), llamado **Echave el Viejo**, *Zumaya h. 1540-¿México? h. 1620*, pintor español. Trasladado a México en 1573, su obra está influida por el manierismo (retablos de Xochimilco). *[V. ilustr. pág. siguiente.]*

ECHAVE RIOJA (Baltasar de), conocido como **el Joven**, *México 1632-íd. 1682*, pintor mexicano. Hijo de B. de Echave Ibía, su obra se inscribe en el barroco, en un principio zurbanesco (*Entierro de Cristo*) y luego dramático con influencia de Rubens (*Martirio de san Pedro Arbués*).

ECHEGARAY (José), *Madrid 1832-íd. 1916*, dramaturgo español. Profesor de matemáticas y divulgador científico y político, triunfó con patéticos melodramas moralistas, a menudo sobre el tema del honor ultrajado: *O locura o*

■ BALTASAR DE **ECHAVE IBÍA**. *Tota pulchra* (1620). [Museo nacional de arte, México.]

1279

■ BALTASAR DE **ECHAVE ORIO.** *Santa Ana*
(detalle). [Museo nacional de arte, México.]

santidad (1877), *El gran Galeoto* (1881), su mayor éxito, *Mancha que limpia* (1895). Con *El hijo de Don Juan* (1892) intentó en vano una renovación de su teatro en la línea de Ibsen, pero en conjunto su obra revela una regresión al romanticismo. (Premio Nobel 1904.) [Real academia 1882.]

ECHENIQUE (José Rufino), *Puno 1808-1887*, militar y político peruano. Elegido presidente en 1851, fue depuesto por los liberales en 1855.

ECHEVARRÍA (Juan de), *Bilbao 1875-Madrid 1931*, pintor español. Realizó retratos (figuras de la generación del 98) y naturalezas muertas de estilo fauvista.

ECHEVARRÍA (Victorino), *Palencia 1898-Madrid 1965*, compositor y pedagogo español. Discípulo de Conrado del Campo en Madrid y de P. Hindemith en Berlín, compuso música sinfónica, de cámara y escénica.

ECHEVERRÍA (Aquileo J.), *San José 1866-Barcelona 1909*, poeta costarricense. Reunió su poesía, rural y costumbrista, en *Romances* (1903) y *Concherías* (1905).

ECHEVERRÍA (Esteban), *Buenos Aires 1805-Montevideo 1851*, escritor argentino. Precursor del romanticismo rioplatense, es autor del poema *La* *cautiva*. Fundó la Asociación de mayo (1838), que congregó a los intelectuales liberales proscritos por el régimen de Rosas, contra el cual escribió la novela corta *El* *matadero*, alegoría realista de la tiranía.

ECHEVERRÍA (Luis), *México 1922*, político mexicano. Ministro de la gobernación durante la matanza de la plaza de las *Tres culturas, fue presidente de la república de 1970 a 1976. Durante su mandato imprimió un giro izquierdista y populista a la política mexicana al impulsar la democratización de las organizaciones políticas y sindicales.

ECHMIADZÍN, c. de Armenia; 53 000 hab. Sede del primado de la Iglesia armenia, lugar de peregrinación. — Catedral, varias veces res-

■ JOSÉ **ECHEGARAY.**
(M. Rouce; Ateneo de Madrid.)

■ ESTEBAN **ECHEVERRÍA**

taurada (elementos conservados del s. IV). [Patrimonio de la humanidad 2000.]

ECHO o **HECHO** (Valle de), comarca de España, en el Pirineo aragonés (Huesca); cab. *Echo* (632 hab.), típico caserío altoaragonés. Dialecto local o fabla, el cheso. Turismo.

ÉCIJA, c. de España (Sevilla), cab. de p. j.; 37 652 hab. *(ecijanos)*. Centro industrial y comercial. — Conjunto monumental civil (palacios de Valhermoso y Peñaflor) y religioso. — De origen ibérico *(Astigi)*, fue colonia libre romana. — batalla de **Écija** (1275), batalla en la que los benimerines derrotaron a las tropas castellanas mandadas por Nuño de Lara.

ECK (Johann Maier, llamado Johann), *Egg an der Günz, Suabia, 1486-Ingolstadt 1543*, teólogo católico alemán. Adversario de Lutero, fue un ardiente defensor de la Iglesia romana.

ECKERSBERG (Christoffer Wilhelm), *Blåkrog 1783-Copenhague 1853*, pintor danés. Su estilo nítido, claro y elegante fue característico de la «edad de oro» de la pintura danesa.

ECKERT (John), *Filadelfia 1919-Bryn Mawr 1995*, ingeniero estadounidense. Con John William **Mauchly** (Cincinnati 1907-Ambles 1980), construyó la primera computadora totalmente electrónica, el ENIAC (Electronic Numerical Integrator And Calculator) [1946]. En 1948 fundó una empresa que desarrolló el primer ordenador de gestión, el Univac.

ECKHART o **ECKART** (Johannes, llamado Maestro), *Hochheim 1260-Aviñón o Colonia h. 1328*, teólogo y filósofo alemán. Dominico, fue profesor en París y Colonia. Su obra, compuesta por tratados y sermones, inspiró la corriente mística renana y se proponía elevar el saber teológico al rango de auténtica sabiduría. Muchas de sus tesis fueron condenadas por Juan XXII.

Eclesiastés (libro del), libro bíblico (s. III a.C.) que subraya el carácter precario de la vida: «Todo es vanidad».

Eclesiástico, llamado también **Ben Sirac** o **Sirá**, libro bíblico (h. 200 a.C.), recopilación de máximas y sentencias.

ECO MIT. GR. Ninfa de las fuentes y de los bosques, personificación del *eco*.

ECO (Umberto), *Alessandria, Piamonte, 1932*, escritor italiano. Es autor de estudios semióticos sobre las relaciones entre la creación artística y los medios de comunicación (*Obra abierta*, 1962) y de novelas (*El nombre de la rosa*, 1980, en la que se entremezclan, con gran riqueza verbal, cuestiones teológicas e intriga policíaca; *La misteriosa llama de la reina Loana*, 2004).

Ecopetrol → **petróleos** (Empresa colombiana de).

ECUADOR, estado de América del Sur, en la fachada del Pacífico; 256 370 km²; 12 500 000 hab. *(ecuatorianos)*. CAP. *Quito.* C. PRAL. *Guayaquil.* LENGUA: *español.* MONEDA: *dólar EUA.* (*V. mapa al final del volumen.*)

INSTITUCIONES

La constitución de 2008 establece un régimen parlamentario unicameral (Asamblea nacional), cuyos diputados son elegidos para un período de 4 años, reelegibles una sola vez. El presidente de la república también es elegido por 4 años y puede ser reelegido para un mandato consecutivo.

GEOGRAFÍA

Los Andes atraviesan de N a S el país, al que dividen en tres regiones diferenciadas: al O la *Costa*, llanura aluvial de unos 300 m de alt. media, surcada por los ríos que bajan de los Andes (Esmeraldas, Mira); en el centro la *Sierra*, formada por los dos ramales de las cordilleras Occidental (Chimborazo, 6 272 m) y Oriental, que enmarcan una serie de cuencas interiores (hoyas); al E el *Oriente*, zona de selva húmeda recorrida por ríos caudalosos que van a desaguar al Marañón (Morona, Pastaza) o al Amazonas (Napo).

La población, urbanizada en aprox. dos tercios y compuesta por un 80 % de mestizos e indios, crece a un alto ritmo (2,9 % anual) y es estructuralmente joven. La Sierra, el núcleo tradicional de asentamiento, pierde población en favor de los centros económicos de la Costa y en especial de Guayaquil, el mayor núcleo urbano del país. Desde la década de 1990, fuerte emigración al exterior.

En la economía destaca sobre todo el petróleo, que se extrae en Ancón y en el Oriente (lago Agrio, Shushufindi, Sacha) y supone más de la mitad del valor de las exportaciones; también se explota gas natural en el golfo de Guayaquil. La agricultura de plantación emplea a una tercera parte del total de la fuerza de trabajo: destaca el banano (primer productor mundial), seguido por el café, el cacao y la caña de azúcar. En la Sierra predominan los cultivos de subsistencia (maíz, papa) y la ganadería (porcinos y bovinos). La industria, que creció rápidamente a partir de la década de 1960, genera aproximadamente la quinta parte del PIB y está dominada por las ramas ligeras (alimentarias, textiles), a las que se han añadido la petroquímica y otras de tecnología avanzada, como los productos farmacéuticos. En 2004 Ecuador se asoció a Mercosur.

HISTORIA

El poblamiento precolombino. El territorio ecuatoriano estaba poblado por diversas tribus indígenas que no llegaron a constituir un estado unificado, entre las que destacaban los puruhá, que habitaban en la actual provincia de Chimborazo, y los quitu, en la región de la capital. Estos últimos habían sido dominados por los cara, que constituyeron un reino de Quito, conquistada a fines del s. XV por los incas. **1526:** el reino incaico de Quito constituyó el centro de la herencia de Atahualpa.

Conquista y colonización española. 1526: primeras exploraciones españolas de la costa. **1533:** Sebastián de Belalcázar conquistó la ciudad indígena de Quito, sobre la cual fundó la capital colonial, San Francisco de Quito (1534). **1535:** fundación de Guayaquil. **1563:** se constituyó la audiencia de Quito, que en el s. XVIII fue incorporada al virreinato de Nueva Granada. Ya en la época colonial se estableció la dualidad entre Quito, sede de la aristocracia terrateniente de la sierra, y Guayaquil, principal puerto de la colonia y centro de una región productora y exportadora.

Independencia y formación de la república. 1809-1812: se constituyó en Quito una junta de gobierno que sustituyó al presidente de la audiencia. **1812-1820:** las tropas realistas de Toribio Montes disolvieron la junta y reprimieron el primer movimiento emancipador. **1820:** Guayaquil proclamó su independencia. **1822:** tras la victoria de Sucre en Pichincha, se consumó también la liberación de Quito (mayo). El territorio fue objeto de litigio entre Bolívar y San Martín, que pretendían su incorporación al Perú; la entrevista de ambos en Guayaquil (julio) determinó su integración en la república de la Gran Colombia, y adoptó la denominación de Ecuador. **1830:** secesión de la Gran Colombia e independencia definitiva de Ecuador.

Conservadurismo y liberalismo. 1830-1834: el general venezolano Juan José Flores estableció una dictadura conservadora en beneficio de la aristocracia quiteña. **1835:** el liberal Vicente Rocafuerte, apoyado por Guayaquil, accedió a la presidencia, pero en 1839 fue derrocado por Flores, que se hizo de nuevo con el poder. **1845-1859:** la rebelión de Guayaquil, que acabó con la tiranía de Flores, abrió un interludio moderado que dio paso a la dictadura conservadora de García Moreno (1859-1875), quien gobernó en estrecha alianza con la Iglesia católica. **1875:** tras el asesinato de García Moreno, los conservadores dominaron la vida pública. **1895:** la revolución acaudillada por Eloy Alfaro, que partió de Guayaquil, proporcionó el triunfo definitivo al liberalismo. **Bajo el dominio de la «plutocracia» liberal. 1895-1911:** el liberalismo (que, con las constituciones de 1897 y 1906, laicizó el estado) se dividió entre los seguidores de Alfaro, partidario de una política radical y anticlerical, que gobernó en 1895-1901 y 1906-1911, y los de Leónidas Plaza, presidente en 1901-1906, quien propugnaba un liberalismo moderado, en plena sintonía con la burguesía exportadora costeña. **1911:** Alfaro fue detenido cuando intentaba volver al poder y murió asesinado (1912); tras ello Plaza accedió a un segundo mandato (1912-1916), que consolidó la hegemonía de la llamada «plutocracia». Entre tanto la economía exportadora se había expandido, con la ampliación de sus producciones y la construcción final del ferrocarril Quito-Guayaquil.

El populismo; la era de Velasco Ibarra. 1925: la revolución de julio acabó con la hegemonía de la «plutocracia» liberal y situó en el poder al progresista Isidoro Ayora durante la crisis de la economía del cacao. 1931: un golpe militar derrocó a Ayora e inauguró una etapa de inestabilidad. 1942: protocolo de Río de Janeiro, que fijó los límites con Perú. 1944: acceso a la presidencia de J. M. Velasco Ibarra, que ya había sido presidente en 1934-1935, y lo volvió a ser en 1952-1956, 1960-1961 y 1968-1972, apoyado por las clases populares de Quito y Guayaquil. Dominó la política con su propuesta populista y conservadora. 1972-1976: tras un golpe militar, el general Rodríguez Lara intentó radicalizar el populismo, pero fue derrocado por el sector conservador del ejército, apoyado por la oligarquía y las compañías petroleras. **Las últimas décadas. 1976-1978:** el gobierno militar, acosado por las movilizaciones populares, promovió una reforma constitucional y devolvió el poder a los civiles. **1978-1994:** los socialdemócratas (J. Roldós, 1979-1981; R. Borja, 1988-1992) se turnaron en la presidencia con los conservadores (L. Febres Cordero, 1984-1988; S. Durán, 1992-1996). **1994:** reforma constitucional. **1995:** conflicto fronterizo armado con Perú en la cordillera del Cóndor, concluido con la Declaración de paz de Itamaraty. **1996:** el populista A. Bucaram fue elegido presidente. **1997:** el parlamento destituyó a Bucaram y nombró a F. Alarcón presidente interino. **1998:** el democristiano J. Mahuad venció en las presidenciales (julio). Ecuador y Perú firmaron en Brasilia un acuerdo de paz que fijó su frontera común (oct.). **2000:** las reformas económicas generaron descontento popular y un golpe de estado depuso a J. Mahuad. Le sucedió el vicepresidente G. Noboa. **2001:** las protestas indígenas contra la política económica concluyeron con un acuerdo con el presidente Noboa. **2002:** el ex militar L. Gutiérrez, al frente de una coalición de fuerzas indigenistas y de izquierda, accedió a la presidencia. **2005:** tras romper con sus aliados y ante la creciente violencia, su mandato fue revocado; lo sustituyó Alfredo Palacio. Tras asilarse en Colombia, Gutiérrez regresó a Ecuador y fue apresado. **2006:** su proceso fue sobreseído (marzo). La erupción del Tungurahua causó daños en poblaciones del centro del país. **2007:** Rafael Correa accedió a la presidencia de la república. **2009:** tras promover una nueva constitución de carácter unitario y presidencialista (aprobada mediante referéndum en 2008), fue reelegido.

ECUANDUREO, mun. de México (Michoacán); 15 023 hab. Centro agropecuario.

edad media, período histórico entre la antigüedad y la época moderna. (V. parte II. com. **edad *media.**)

Edda, nombre que reciben dos recopilaciones islandesas de las tradiciones mitológicas y legendarias de los antiguos pueblos escandinavos. El *Edda poético* es una colección de poemas anónimos, redactados probablemente en el s. XII. El *Edda prosaico* es obra de Snorri Sturluson (h. 1220).

EDDINGTON (sir Arthur Stanley), *Kendal 1882-Cambridge 1944,* astrofísico británico. Desarrolló la teoría del equilibrio de las radiaciones de las estrellas (1916-1924), que le permitió elaborar un modelo pionero de su estructura interna; en 1924 estableció la relación entre la masa y la luminosidad de las estrellas.

EDDY (Mary Baker), *Bow 1821-Chestnut Hill 1910,* reformadora religiosa estadounidense. Fundó el movimiento Ciencia cristiana (1883).

EDE, c. del SO de Nigeria; 278 000 hab.

EDE, c. de Países Bajos (Güeldres); 94 754 hab.

EDÉA, c. de Camerún, a orillas del Sanaga; 31 000 hab. Fábrica de aluminio.

EDEN (Anthony), conde de Avon, *Windlestone Hall 1897-Alvediston 1977,* político británico. Conservador, a partir de 1935 fue ministro de asuntos exteriores en varias ocasiones y primer ministro de 1955 a 1957.

EDESA, ant. c. y centro de caravanas de Mesopotamia (act. *Urfa,* Turquía), que fue, del s. II al X, un importante centro intelectual de lengua siríaca. Después fue la capital de un estado latino de oriente, el *condado de Edesa* (1098-1144), fundado por Balduino I de Boulogne.

EDFÚ o **IDFÚ,** c. de Egipto, a orillas del Nilo; 28 000 hab. Templo tolemaico de Horus, uno de los mejor conservados de Egipto.

EDGAR el Pacífico, *944-975,* rey de los anglosajones (959-975). Fortaleció la monarquía gracias a sus reformas administrativas.

EDGAR ATHELING o **AETHELING,** *h. 1050-h. 1125,* príncipe anglosajón. Se opuso en vano a Harold II en 1066 y, luego, a Guillermo el Conquistador por el trono de Inglaterra.

edicto perpetuo (12 febr. 1577), pacto entre Juan de Austria y los rebeldes de los Países Bajos, que contemplaba la retirada de los tercios españoles de Flandes. Fue roto al año.

EDIMBURGO, en ingl. **Edinburgh,** en escocés **Duneideann,** c. de Gran Bretaña, cap. de Escocia, junto al estuario del Forth; 420 000 hab. Centro administrativo (Parlamento escocés), financiero, comercial y universitario. Turismo. — En la ciudad antigua, castillo, con algunas partes medievales, catedral gótica y palacio de Holyrood, del s. XVII. Conjunto clásico (ss. XVIII-XIX) de la «ciudad nueva». Museos, entre ellos la National Gallery of Scotland y el Museum of Scotland. [Patrimonio de la humanidad 1995.] Festival anual (música, ballet, teatro).

EDIPO MIT. GR. Hijo de Layo, rey de Tebas, y de Yocasta. Layo, advertido por un oráculo de que su hijo lo mataría y se casaría con su madre, abandonó al niño en una montaña. Recogido por unos pastores, Edipo fue criado por el rey de Corinto. Ya adulto, acudió a Delfos para consultar al oráculo sobre el misterio de su nacimiento; en el camino discutió con un viajero y lo mató: era Layo. Al llegar a las puertas de Tebas, descubrió la solución del enigma de la esfinge y libró de ella al país. Los tebanos lo nombraron su rey, su casó con Yocasta, viuda de Layo, su propia madre, con quien tuvo dos hijos, Eteocles y Polinices, y dos hijas, Antígona e Ismene. Pero Edipo descubrió su parricidio y su incesto. Yocasta se ahorcó y Edipo se cegó. Expulsado de Tebas, llevó una vida errante, guiado por su hija Antígona, y murió cerca de Atenas, en Colona. — El mito de Edipo ha inspirado, entre otras obras, tragedias de Sófocles (*Edipo rey,* h. 425 a.C.; *Edipo en Colona,* 401 a.C.) y de Séneca (s. I a.C.).

EDIRNE, ant. **Adrianópolis** o **Andrinópolis,** c. de la Turquía europea; 102 345 hab. Residencia de los sultanes otomanos. Mezquita de Selim (1569-1574), obra maestra de *Sinán.

EDISON (Thomas Alva), *Milan, Ohio, 1847-West Orange, Nueva Jersey, 1931,* inventor estadounidense. Entre sus inventos destacan el telégrafo doble (1864), el fonógrafo y el microtelefono (1877) y la lámpara incandescente (1878). También descubrió la emisión de electrones por un filamento conductor calentado a altas temperaturas, en el vacío (1883), base del funcionamiento de los tubos electrónicos.

■ THOMAS ALVA **EDISON** junto a su fonógrafo.
(Col. G. Sirot.)

EDMONTON, c. de Canadá, cap. de Alberta; 616 741 hab. Centro comercial e industrial (refino de petróleo y química). Universidad.

EDMUNDO I, *921-Pucklechurch, Gloucestershire, 946,* rey de los anglosajones (939-946). Sometió a Malcolm I, rey de Escocia (945).

EDMUNDO RICH (san), *Abingdon h. 1170-Soisy 1240,* prelado inglés. Arzobispo de Canterbury, se enfrentó al rey de Inglaterra Enrique III a propósito de la colación de los beneficios eclesiásticos, y se exilió en Francia.

EDO o **YEDO,** cap. de la dinastía shogunal de los Tokugawa. En 1868 adoptó el nombre de *Tōkyō.*

EDOM → **IDUMEA.**

EDRISÍES → **IDRISÍES.**

EDUARDO (lago), lago de África ecuatorial, entre Uganda y la Rep. dem. del Congo; 2 150 km².

GRAN BRETAÑA

EDUARDO el Viejo, *m. en Farndon 924,* rey de los anglosajones (899-924). Rechazó a los daneses hasta el Humber y le rindieron tributo.

EDUARDO el Confesor (san), *Islip, Oxfordshire, h. 1003-Londres 1066,* rey de Inglaterra (1042-1066). Restauró la monarquía anglosajona.

EDUARDO I, *Westminster 1239-Burgh by Sands 1307,* rey de Inglaterra (1272-1307), de la dinastía de los Plantagenet. Hijo y sucesor de Enrique III, sometió a los galeses (1282-1284) e hizo reconocer su soberanía en Escocia (1292) antes de emprender la conquista del país (1296). Desarrolló una importante legislación y restableció la autoridad real. — **Eduardo II,** *Caernarvon 1284-Berkeley 1327,* rey de Inglaterra (1307-1327), de la dinastía de los Plantagenet. Hijo de Eduardo I, no logró someter Escocia (Bannockburn, 1314); tras largas luchas contra la alta aristocracia británica, traicionado por su esposa Isabel de Francia, fue depuesto y asesinado. — **Eduardo III,** *Windsor 1312-Sheen 1377,* rey de Inglaterra (1327-1377), de la dinastía de los Plantagenet. Hijo de Eduardo II e Isabel de Francia, reivindicó, como nieto de Felipe IV el Hermoso de Francia, el trono capeto y emprendió la guerra de los Cien años contra Francia; vencedor en Crécy (1346), tomó Calais (1347) e impuso a Juan el Bueno la paz de Brétigny (1360). Instituyó la orden de la Jarretera. — **Eduardo IV,** *Ruán 1442-Westminster 1483,* rey de Inglaterra (1461-1483), de la casa de York. Hijo de Ricardo, duque de York, firmó con Francia el tratado de Picquigny (1475), que puso fin a la guerra de los Cien años. — **Eduardo V,** *Westminster 1470-torre de Londres 1483,* rey de Inglaterra (1483), de la casa de York. Hijo y sucesor de Eduardo IV, fue secuestrado y asesinado al mismo tiempo que su hermano Ricardo por su tío, el futuro Ricardo III. — **Eduardo VI,** *Hampton Court 1537-Greenwich 1553,* rey de Inglaterra e Irlanda (1547-1553), de la dinastía de los Tudor. Hijo de Enrique VIII y de Juana Seymour, dejó gobernar a su tío, Edward Seymour, duque de Somerset, y posteriormente a John Dudley. Favoreció la propagación del protestantismo en su reino. — **Eduardo VII,** *Londres 1841-íd. 1910,* rey de Gran Bretaña e Irlanda (1901-1910), de la casa de Hannover. Hijo de la reina Victoria, impulsó la política exterior y fue el iniciador de la Entente cordial con Francia (1904). — **Eduardo VIII,** *Richmond, act. Richmond upon Thames, 1894-París 1972,* rey de Gran Bretaña e Irlanda del Norte (1936), de la dinastía de Windsor. Primogénito de Jorge V, abdicó en 1936 para casarse con Wallis Simpson, estadounidense divorciada, y recibió el título de duque de Windsor.

EDUARDO el Príncipe negro, *Woodstock 1330-Westminster 1376,* príncipe de Gales. Primogénito de Eduardo III, venció en la batalla de Poitiers, donde hizo prisionero a Juan el Bueno (1356). Duque de Aquitania (1362-1372), luchó contra Enrique de Trastámara (batalla de Nájera, 1367).

PORTUGAL

EDUARDO, en port. **Duarte,** *Lisboa 1391-Tomar 1438,* rey de Portugal (1433-1438), de la dinastía de Avís. Hijo de Juan I el Grande, codificó las leyes portuguesas.

EDWARDS (William Blake McEdwards, llamado Blake), *Tulsa 1922,* director de cine estadounidense. Conocido por la serie iniciada con *La pantera rosa* (1964), destacan sus comedias (*Operación Pacífico,* 1959; *Desayuno con diamantes,* 1961; *Víctor o Victoria,* 1982).

EDWARDS (Jorge), *Santiago 1931,* escritor y diplomático chileno. Autor de cuentos, ensayos y novelas, su obra oscila entre la crítica social y la revisión histórica (*El peso de la noche,* 1964; *Persona non grata,* 1973; *Los convidados de piedra,* 1978; *El museo de cera,* 1980; *Adiós poeta,* 1990; *El sueño de la historia,* 2000; *El inútil de la familia,* 2004). [Premio nacional de literatura 1994; premio Cervantes 1999.]

EDWARDS (Robert Geoffrey), *Leeds 1925*, fisiólogo británico. Tras lograr la fecundación extrauterina de un óvulo humano (1968), en colaboración con el ginecólogo Patrick **Steptoe** (Witney, Oxfordshire, 1913-Canterbury 1988) perfeccionó la técnica de fertilización *in vitro* que condujo, en 1978, al nacimiento del primer «bebé probeta».

Edwards (base), base de la fuerza aérea estadounidense, en el desierto de Mohave, al N de Los Ángeles. Centro de pruebas de vuelo de la NASA y pista de aterrizaje del transbordador espacial estadounidense.

EDWARDS BELLO (Joaquín), *Valparaíso 1888-Santiago 1968*, escritor chileno. Periodista y director de *La nación*, entre sus obras destacan: *El roto* (1920), *El chileno en Madrid* (1928), *Valparaíso, la ciudad del viento* (1931). [Premio nacional de periodismo 1959.]

EDZNÁ, centro arqueológico maya (Yucatán, México). Restos de templos; juego de pelota y relieves de los ss. VIII y IX.

EEE → **Espacio económico europeo.**

Efe, agencia informativa española, fundada en 1939 como empresa oficial. En 1965 abrió la primera corresponsalía en América (Buenos Aires) y en la década de 1990 se convirtió en la principal agencia en América Latina.

ÉFESO, ant. c. de Jonia, a orillas del mar Egeo. Gran centro comercial en el s. VIII a.C., fue célebre por su templo de Artemisa, considerado una de las siete *Maravillas del mundo antiguo. Fue evangelizada por san Pablo y la tradición afirma que allí murió la Virgen. — El *concilio de Éfeso* (431) condenó el nestorianismo. — Restos helenísticos, romanos y bizantinos.

EFIALTES, *Atenas h. 495-íd. h. 461 a.C.*, político ateniense. Fue el jefe del partido democrático antes de Pericles.

EFRAÍM, personaje bíblico. Segundo hijo de José, es el antepasado epónimo de una de las doce tribus de Israel.

EFRÉN (san), *Nisibis h. 306-Edesa 373*, diácono y doctor de la Iglesia. Gran teólogo de la Iglesia siria, sentó las bases de la escuela de Edesa.

EFTA (European Free Trade Association, en esp. Asociación europea de libre comercio), organización internacional de vocación regional, constituida en 1960 por un grupo de países para favorecer entre ellos la libre circulación de mercancías. Tras la adhesión de Dinamarca, Reino Unido, Portugal, Austria, Finlandia y Suecia a la Unión europea, la EFTA solo cuenta con 4 miembros: Islandia, Liechtenstein, Noruega y Suiza.

EGA, r. de España, afl. del Ebro (or. izq.). Pasa por Estella, cuya comarca riega; 80 km.

EGAS, artistas de origen flamenco, activos en Castilla en los ss. XV-XVI. — **Egas Cueman**, escultor activo entre h. 1452 y 1495. Junto con su hermano Hanequin, con el que llegó a España, es uno de los exponentes característicos del estilo gótico hispanoflamenco (sepulcros en el monasterio de Guadalupe). — **Enrique E.**, arquitecto activo en Castilla entre 1495 y h. 1534. Hijo de E. Cueman, es uno de los máximos representantes del gótico flamígero en España, en el que introdujo algunos elementos platerescos (capilla real y catedral de Granada, hospital real de Santiago de Compostela, 1501-1512; obras en Toledo y Plasencia).

EGAS (Camilo), *Quito 1899-Nueva York 1962*, pintor, escultor y grabador ecuatoriano. Su obra, de temática costumbrista, está centrada en la figura del indio ecuatoriano.

Égates o **Aegates** (batalla de las islas) [241 a.C.], victoria naval romana sobre los cartagineses que puso fin a la primera guerra púnica.

EGBERTO el Grande, *h. 775-839*, rey de Wessex (802-839). Reunió bajo su mando la Heptarquía anglosajona y combatió las invasiones escandinavas.

EGEDE (Hans), *Hinnoy 1686-Stubbekjobing, Falster, 1758*, pastor luterano noruego. Evangelizó Groenlandia.

EGEO MIT. GR. Rey de Atenas. Creyendo que su hijo Teseo había sido devorado por el Minotauro, se ahogó en el mar que tomó su nombre.

EGEO (mar), parte del Mediterráneo entre Grecia y Turquía.

EGER, c. de Hungría, al pie de los montes Mátra; 61 892 hab. Monumentos, sobre todo góticos y barrocos.

EGER → **OHŘE.**

EGERIA MIT. ROM. Ninfa que se supone aconsejaba en secreto al rey Numa.

ÉGICA, *654-Toledo 702*, rey visigodo (687-702). Yerno de Ervigio y sobrino de Wamba, en 694 sometió a servidumbre a los judíos del reino y limitó su actividad económica. Asoció al trono a su hijo Vitiza (700).

EGINA, isla de Grecia, en el *golfo de Egina*, entre el Peloponeso y el Ática; 10 000 hab., 5 440 en la ciudad homónima. Templo de Atenea Afaya (500-490 a.C.) [en la gliptoteca de Munich, decoración escultórica, restaurada]. — Desde el s. VIII al V a.C., fue una rica y poderosa ciudad que impuso su sistema monetario al mundo griego. Cayó bajo el dominio ateniense en el s. V a.C.

EGINARDO o **EINHARD**, *Maingau, Franconia, h. 770-Seligenstadt 840*, cronista franco. Uno de los principales representantes del renacimiento carolingio, escribió una *Vida de Carlomagno* (h. 830).

EGIPTO, en ár. *Mişr*, estado del NE de África, a orillas del Mediterráneo; 1 000 000 km²; 64 200 000 hab. *(egipcios)*. CAP. *El Cairo*. C. PRAL. *Alejandría*. LENGUA: *árabe*. MONEDA: *libra egipcia.*

INSTITUCIONES

República desde 1953. La constitución de 1971 fue revisada en 1980, 2005 y 2007. Estado democrático socialista, cuya principal fuente legislativa es la saría. El presidente de la república es elegido por sufragio universal cada 6 años. Nombra al primer ministro. La Asamblea del pueblo se elige por sufragio universal directo cada 5 años; el Consejo consultivo cada 6 años (dos tercios de sus miembros, ya que el tercio restante lo designa el presidente).

GEOGRAFÍA

La casi totalidad de la población se concentra en el valle del Nilo, que representa menos del 5 % de la superficie del país, el resto del cual está formado por desiertos salpicados de oasis. La construcción de un sistema de presas (entre ellas la de Asuán) permite una irrigación —independiente hoy en día de la crecida estacional del Nilo— que ha hecho posible el desarrollo de cultivos comerciales (caña de azúcar y sobre todo algodón), junto a los tradicionales cultivos de cereales (trigo, maíz y arroz). La industria (fundamentalmente textil) está poco desarrollada a pesar de la existencia de petróleo.

El nivel de vida de la población es bajo y desciende en función del aumento demográfico, que sigue siendo rápido. El problema de la superpoblación es grave, en particular en El Cairo, la ciudad más grande de África. Las remesas de emigrantes y los rendimientos del canal de Suez y de un turismo amenazado por el terrorismo islamista no bastan para paliar el gran déficit comercial.

HISTORIA

VII-V milenios a.C. Neolitización y, hacia 5500, civilización fundada en una economía de aldeas, asociada a las primeras necrópolis. Hacia 4500 apareció el período predinástico antiguo: prefiguración de las características de la civilización faraónica (ritual y mobiliario funerario).
El Egipto de los faraones. 3150-2700 a.C. (época tinita, I y II dinastías): Menes (o Nārmer) unificó Egipto. Aparición del relieve (paleta de Nārmer) y de la escritura jeroglífica. **2700-2190** (Imperio antiguo, III a VI dinastías): Menfis se convirtió en capital de Egipto. Época de las pirámides: pirámide escalonada de Zoser en Saqqāra (III dinastía); pirámides de Keops, Kefren y Mikerinos, en Gizeh (IV dinastía). Necrópolis de los dignatarios, con mastabas adornadas mediante relieves policromos. **H. 2160-2060** (primer período intermedio, ¿VII? a XI dinastías): período de disturbios políticos y sociales. **H. 2060-1785** (Imperio medio o primer imperio tebano, XI [finales] a XII dinastías): Egipto conquistó Siria y Nubia. La XII dinastía favoreció el culto de Amón. Construcción del complejo funerario de Dayr al-Bahari. Aprovechamiento de Fayum. **H. 1780-1550** (segundo período intermedio, XIII a XVII dinastías): invasión de los hicsos llegados de Asia. Utilización del caballo de enganche. **H. 1580-1085** (Imperio nuevo o segundo imperio tebano, XVIII a XX dinastías): Egipto, con capital en Tebas, era una de las grandes potencias del Próximo

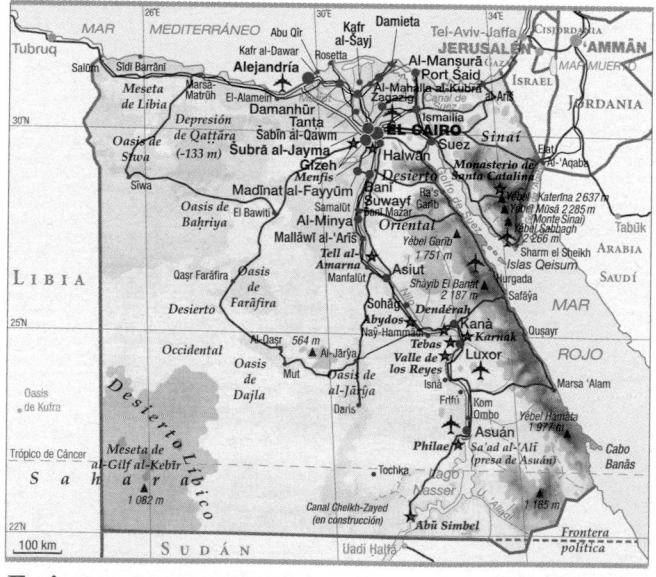

Egipto

★ lugar de interés turístico

━━━ autopista
──── carretera
──── ferrocarril
✈ aeropuerto

● más de 9 000 000 hab.
● de 1 000 000 a 9 000 000 hab.
● de 100 000 a 1 000 000 hab.
● de 50 000 a 100 000 hab.
• menos de 50 000 hab.

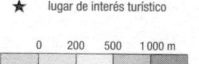
0   200   500   1 000 m

■ EL ARTE DEL ANTIGUO EGIPTO

A pesar de que, en principio, parece aludir esencialmente a lo real y lo pintoresco de la vida cotidiana, el arte del Egipto de los faraones es esencialmente funerario. Así, más allá de las apariencias, constituye una de las simbologías religiosas más elaboradas destinadas a guiar al difunto, a través de los distintos ritos de tránsito, hacia la eternidad.

La necrópolis de Gizeh. Las pirámides fueron construidas durante la IV dinastía para los faraones. Al fondo la de Keops, en el centro la de Kefrén y en primer plano la de Mikerinos —la menos alta de las tres— precedida por las más pequeñas, de las reinas.

La paleta del rey Nārmer. Esta pieza, conmemorativa de una victoria del rey frente a los pueblos del delta, constituye el documento más antiguo que existe sobre la unificación de Egipto. Esquisto de la época tinita, h. 3200 a.C. (Museo egipcio, El Cairo.)

Kefrén protegido por el halcón del dios Horus. El rey se halla sentado en un trono decorado con las plantas emblemáticas del Alto y Bajo Egipto. Diorita; IV dinastía. (Museo egipcio, El Cairo.)

Mastaba de Ti. Bajorrelieves de la capilla que ilustran el paso del río. En esta tumba, todos los elementos —arquitectura, decoración, ofrendas— están concebidos para la supervivencia del difunto. Saqqāra; IV dinastía.

Hipogeo de Nakht. Más de mil años después de Ti, los placeres terrestres siguen reconfortando la supervivencia. En la imagen, las asistentes al banquete van aderezadas con joyas y tocadas con conos perfumados. Valle de los Nobles, Tebas; XVIII dinastía.

El escriba Nebmerutef. Protegido por el babuino del dios Tot, este escriba (que vivió h. 1400 a. C.) constituye todavía la imagen emblemática de Egipto. Esquisto; XVIII dinastía. (Museo del Louvre, París.)

Cuchara de afeite. La simbología de este objeto ritual resulta extremadamente elaborada pues, al tiempo que su forma es signo de vida, su decoración simboliza las plantas acuáticas de la renovación. Madera; XVIII dinastía. (Museo del Louvre, París.)

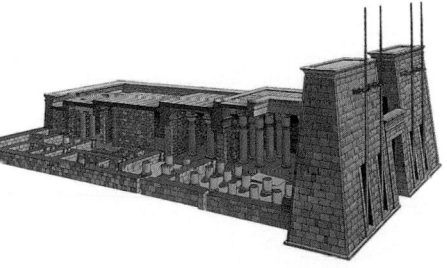

El templo de Khonsu en Karnak. Detrás del imponente relleno de ladrillo de sus pilonos, se adivinan las estructuras esenciales e inmutables de un templo divino. Long., 75 m; iniciado en 1190 a.C.; XIX-XX dinastía.

oriente; durante los reinados de Tutmés III, Amenofis IV, iniciador del culto de Atón (con el nombre de Ajnatón), y Ramsés II, experimentó un florecimiento artístico sin igual con la construcción de grandes conjuntos arquitectónicos: Karnak, templos funerarios de Hatšepsut, de Ramsés II y de Ramsés III en Dayr al-Bahari, hipogeos reales del Valle de los Reyes. Llegó a su culminación arquitectónica con el templo divino (Luxor). La pintura mural estaba en su apogeo. La escultura del reinado de Ajnatón (busto de Nefertiti, colosos de Ajnatón) se caracterizaba por el realismo y la sensualidad. **1085-s. VI a.C.** (XX-XXVI dinastías): 1085 marca el fin de la unidad egipcia. Dinastías extranjeras o nacionales se alternaron en el poder (XXI a XXV dinastías, dinastía saíta); gran actividad arquitectónica (templos de File, Dandarã, Edfú). El país sufrió la invasión asiria. En 525, el rey persa Cambises conquistó Egipto. **Ss. VI-IV a.C.** (XXVII-XXX dinastías): se sucedieron reyes persas e indígenas. **El Egipto helenístico, romano y bizantino. 332:** Alejandro Magno conquistó Egipto. **305-30:** los Lágidas, dinastía griega, reinaron en el país. **30 a.C.-395 d.C.:** Egipto dependía de Roma. Se desarrolló el cristianismo. **395-639:** Egipto cayó bajo dominio bizantino; los cristianos formaron la Iglesia copta. **El Egipto musulmán hasta Mehmet Ali. 640-642:** las tropas árabes de 'Amr conquistaron el país. **642-868:** Egipto, integrado en el imperio musulmán de los Omeyas y, posteriormente, de los Abasíes, se islamizó. En 750, los coptos ya solo representaban un cuarto de la población. **868-905:** los Tûlûníes, liberados de la tutela abasí, gobernaron el país. **969-1171:** los Fatimíes, dinastía chiita ismailí, fundaron El Cairo y la universidad al-Azhar (973). **1171:** Saladino tomó el poder. **1171-1250:** la dinastía Ayubí fundada por Saladino se apoderó de la casi totalidad de los Estados latinos de Levante y restableció el sunnismo. **1250-1517:** la casta militar de los mamelucos dominó el país, en el que instauró una administración eficaz. **1517-1805:** Egipto era una provincia otomana. Fue ocupada por las tropas francesas al mando de Napoleón Bonaparte (1798-1801). **El Egipto moderno. 1805-1848:** Mehmet Ali, que se había declarado bajá virtualista, masacró a los mamelucos (1811) y modernizó el país. Conquistó Sudán (1820). **1867:** Ismâ'il Bajá obtuvo el título de jedive (virrey). **1869:** se inauguró el canal de Suez. Egipto, que no podía garantizar el pago de las deudas contraídas, tuvo que aceptar que los puestos clave del gobierno fueran confiados a franceses y británicos, y después solo a estos últimos, que desde 1882 establecieron un dominio de hecho sobre el país. **1914-1922:** se estableció el protectorado británico, que puso fin a la soberanía otomana. **1922:** se suprimió el protectorado, y Egipto se convirtió en reino. **1922-1936:** durante el reinado de Fu'ad I, el partido nacionalista Wafd luchó por la obtención de la independencia efectiva. **1936:** el tratado angloegipcio confirmó la independencia de Egipto, que aceptó el despliegue de tropas británicas en su territorio. **1936-1952:** con Faruk I, los Hermanos musulmanes radicalizaron el movimiento nacionalista, reforzado por la derrota infligida a los ejércitos árabes por Israel (1948-1949). **El Egipto republicano. 1952:** los «oficiales libres» dirigidos por Naguib y Nasser tomaron el poder. **1953:** se proclamó la república. **1954:** Nasser logró el poder absoluto. **1956:** Nasser obtuvo la financiación soviética para la gran presa de Asuán y nacionalizó el canal de Suez, lo que provocó un conflicto con Israel y la intervención militar francobritánica. **1958-1961:** Egipto y Siria formaron la República árabe unida, presidida por Nasser. **1967:** la guerra de los Seis días llevó al cierre del canal de Suez y la ocupación del Sinaí por Israel. **1970:** Sâdât sucedió a Nasser. **1973:** guerra del Yom Kippur: Egipto recuperó el control del canal de Suez. **1976:** Egipto rompió sus relaciones con la URSS y expulsó a los últimos consejeros soviéticos. **1979:** el tratado de paz con Israel se firmó en Washington en conformidad con los acuerdos de Camp David. **1981:** Sâdât fue asesinado por extremistas islámicos. H. Mubarak se convirtió en presidente de la república. **1982:** Egipto recuperó el Sinaí y quedó al mar-

gen del mundo árabe tras la firma de la paz con Israel. Por la presión de los fundamentalistas musulmanes, se procedió a cierta islamización de las leyes, la constitución y la enseñanza. **1989:** Egipto volvió a integrarse en el seno de la Liga árabe. **1991:** durante la guerra del Golfo, Egipto participó en la fuerza multinacional contra Iraq. **Desde 1993:** el gobierno ejerció una severa represión de los fundamentalistas islámicos, que multiplicaron sus atentados. **2005:** tras una revisión constitucional, el presidente Mubarak fue elegido por primera vez mediante sufragio universal. Los Hermanos musulmanes obtuvieron resultados espectaculares en las elecciones legislativas.

Egipto (campaña de) [1798-1801], acción iniciada por Napoleón Bonaparte con el objetivo de asegurarse una base de operaciones contra la dominación británica en la India. Marcada por la destrucción de los mamelucos en la batalla de las Pirámides y el aniquilamiento de la flota francesa en Abukir (1798), también permitió un mejor conocimiento del antiguo Egipto (fundación del Instituto de Egipto). Napoleón fue sustituido por Kléber (1799) y por Menou, quien capituló y firmó una convención de evacuación con los ingleses (1801).

EGISTO MIT. GR. Rey de Micenas, de la familia de los Atridas. Amante de Clitemnestra y asesino de Agamenón, fue muerto por Orestes.

EGMONT (Lamoral, conde de), príncipe de **Gavre,** La Hamaide 1522-Bruselas 1568, militar flamenco. Capitán general de Flandes y consejero de Estado, después de distinguirse en las batallas de San Quintín (1557) y Gravelines (1558) fue decapitado junto con el conde de Horn tras una revuelta de los Países Bajos contra Felipe II. — Su historia inspiró una tragedia de Goethe (1788) para la que Beethoven compuso música escénica (1810).

Egospótamos (batalla de) [405 a.C.], batalla de la guerra del Peloponeso. Fue una victoria del espartano Lisandro sobre la flota ateniense en la desembocadura del Egospótamos (península de Galípoli).

EGUÍA (Francisco Ramón de), conde del Real **Aprecio,** Durango 1750-Madrid 1827, militar español. Absolutista, fue ministro de guerra de Fernando VII (1814-1815 y 1817-1819).

EGUÍA (Miguel de), impresor español de la primera mitad del s. XVI. Erasmista, imprimió numerosas obras en latín y castellano que contribuyeron a la expansión del humanismo.

EGUILAZ (Luis de), Sanlúcar de Barrameda 1830-Madrid 1874, escritor español. Es autor de novelas históricas, dramas (Verdades amargas, 1863) y libretos de zarzuela.

EGUREN (José María), Lima 1874-íd. 1942, poeta peruano. Iniciador de la moderna poesía peruana, su obra presenta rasgos simbolistas y creacionistas (Simbólicas, 1911; La canción de las figuras, 1916; Rondinelas, 1929).

EGUSQUIZA (Juan Bautista), 1845-1910, político paraguayo. Presidente (1894-1898), impulsó la revitalización del parlamento.

EHINGER, EINGER o **ALFINGER,** familia de Ulm (Alemania) que tuvo un papel importante en la conquista y colonización de las Antillas y Venezuela (s. XVI). Estuvo asociada a la familia Welser.

EHRENBURG (Iliá Grigórievich), Kíev 1891-Moscú 1967, escritor soviético. Autor de relatos sociales y patrióticos, criticó el clima moral del estalinismo (El deshielo, 1954).

EHRENFELS (Christian, barón von), Rodaun 1859-Lichtenau 1932, psicólogo austriaco. Por sus trabajos sobre la percepción, se le considera un fundador de la teoría de la forma.

EHRLICH (Paul), Strehlen, Silesia, 1854-Bad Homburg 1915, médico alemán. Descubrió la acción de determinadas moléculas en la sífilis. (Premio Nobel 1908.)

EIBAR, v. de España (Guipúzcoa), cab. de p.j.; 28 942 hab. (eibarreses). En el valle del Deva. Industrias metalúrgicas diversificadas. — Iglesia plateresca de San Andrés.

EICHELBAUM (Samuel), Gobernador Domínguez 1894-Buenos Aires 1967, dramaturgo argentino. Abordó problemas éticos a través de los cuales reflejó el alma criolla: La mala sed (1920), Un guapo del 900 (1940), Un tal Servando Gomes (1942).

EICHENDORFF (Joseph, barón **von**), castillo de Lubowitz, Alta Silesia, 1788-Neisse, act. Nysa, 1857, escritor alemán. Su obra poética y narrativa (Episodios de la vida de un pequeño aventurero) expresa un romanticismo marcado por una tendencia al misticismo.

EICHMANN (Adolf), Solingen 1906-Reamleh, Israel, 1962, militar alemán. Miembro del partido nazi y más tarde de las SS, a partir de 1938 desempeñó un papel fundamental en la deportación y el exterminio de los judíos. Después de la guerra se refugió en Argentina, donde fue capturado por los servicios especiales israelíes (1960). Fue condenado a muerte y ejecutado.

EIFEL, macizo boscoso de Alemania (Renania-Palatinado); 747 m

EIFFEL (Gustave **Bonickhausen,** más adelante Gustave), Dijon 1832-París 1923, ingeniero francés. Especialista en construcción metálica, realizó puentes y viaductos y la torre *Eiffel.

Eiffel (torre), monumento metálico erigido por G. Eiffel en el Campo de Marte de París para la Exposición universal de 1889; su altura es de 324 m (300 m originalmente).

■ LA TORRE **EIFFEL** vista desde Trocadero.

EIGER, cumbre de los Alpes berneses (Suiza); 3 970 m.

EIJKMAN (Christiaan), Nijkerk 1858-Utrecht 1930, fisiólogo neerlandés. Sus trabajos sobre el beriberi (1896) permitieron descubrir las vitaminas. (Premio Nobel 1929.)

EILAT → ELAT.

EIMERICH (Nicolás), Gerona 1322-íd. 1399, teólogo e historiador dominico catalán. Inquisidor general de Aragón (1357-1360), persiguió a los valdenses y a los lulianos. Es autor de Directorium inquisitorum.

EINAUDI (Luigi), Carru 1874-Roma 1961, economista y político italiano. Fue presidente de la república de 1948 a 1955.

EINDHOVEN, c. del S de Países Bajos; 192 895 hab. Construcciones eléctricas y electrónicas. — Museo de arte moderno. Museo de las ciencias y de la técnica.

EINSTEIN (Albert), Ulm 1879-Princeton 1955, físico de origen alemán nacionalizado suizo y más tarde estadounidense. Estableció la teoría del movimiento browniano y, aplicando la teoría cuántica a la energía radiante, llegó al concepto de fotón. Es el autor de las teorías de la relatividad (relatividad restringida, 1905; relatividad general, 1916), que han marcado la ciencia moderna, en las que revisó en profundidad las nociones físicas de espacio y tiempo, y estableció la equivalencia entre la masa y la energía ($E = mc^2$). Comprometido con la justicia y la paz, cofirmó la carta al presidente F. D. Roosevelt que, ante la amenaza nazi, lanzó las investigaciones sobre el arma nuclear. Sin embargo, después de la segunda guerra mundial, luchó de forma activa contra la proliferación de dichas armas. (Premio Nobel 1921.)

EINTHOVEN (Willem), Semarang, Java, 1860-Leiden 1927, fisiólogo neerlandés. Inventó la electrocardiografía. (Premio Nobel 1924.)

EIRE, nombre gaélico de Irlanda, adoptado por el Estado libre en 1937.

EIRIZ (Antonia), *La Habana 1929-Miami 1995*, pintora cubana. Sus figuras y formas distorsionadas y sus instalaciones con desechos manifiestan una inclinación por la angustia y lo grotesco (*El vaso de agua*, 1963).

EISENACH, c. de Alemania (Turingia); 44 499 hab. Castillo de *Warthurg y otros monumentos. Museo de Turingia; casas museo de Lutero y de J.S. Bach.

EISENHOWER (Dwight David), *Denison 1890-Washington 1969*, militar y político estadounidense. Dirigió el desembarco aliado en el N de África (1942), Italia (1943) y Normandía (1944). Comandante en jefe de las fuerzas aliadas, recibió la capitulación alemana en Reims el 7 de mayo de 1945. En 1950 fue puesto al mando de las fuerzas del Pacto atlántico en Europa. Fue presidente de EUA (1953-1961) por el Partido republicano.

■ ALBERT EINSTEIN   ■ DWIGHT DAVID EISENHOWER

EISENHUTTENSTADT, c. de Alemania (Brandeburgo), a orillas del Oder; 47 545 hab. Siderurgia.

EISENMAN (Peter), *Newark 1932*, arquitecto y teórico estadounidense. En sus construcciones aplica nuevos materiales y geometrías complejas (Casa Frank, Washington Connecticut, 1975; centro Wexner, Columbus, 1989; centro Aronoff de diseño y arte, Cincinnati, 1996; monumento al Holocausto, Berlín, 2005).

EISENSTADT, c. de Austria, cap. del Burgenland; 10 506 hab. Castillo de Esterházy (s. XVII).

EISENSTEIN (Serguei Mijailovich), *Riga 1898-Moscú 1948*, cineasta soviético. Tuvo una importancia fundamental en la historia del cine, tanto por sus escritos teóricos como por sus frescos épicos, en los que combina la inspiración revolucionaria con la investigación estética: *La huelga* (1925), *El acorazado Potemkin* (1925), *Octubre* (1927), *¡Que viva México!* (1931, inacabada), *Alejandro Nevski* (1938), *Iván el terrible* (en dos partes, 1942-1946)

■ EISENSTEIN. *El acorazado Potemkin* (1925).

EITOKU → KANŌ.

EIVISSA → IBIZA.

EIXIMENIS (Francesc), *Gerona h. 1327-Perpiñán 1409*, escritor catalán. Franciscano, es autor de *El cristiano* (del que se conservan cuatro libros escritos entre 1377 y 1386), el *Libro de los ángeles* (1392) y el *Libro de las mujeres* (1396). Consejero de Pedro IV, Juan I y Martín I de Aragón, fue patriarca de Jerusalén (1408).

Eje (el), alianza formada en 1936 por Alemania e Italia (Eje Roma-Berlín). Se dio la deno-

minación de «potencias del Eje» a la agrupación constituida por Alemania, Italia y sus aliados durante la segunda guerra mundial.

EJEA DE LOS CABALLEROS, v. de España (Zaragoza), cab. de p.j.; 15 532 hab. Centro comarcal de las Cinco Villas. — Iglesias de Santa María (s. XII) y San Salvador (románico-gótica).

Ejecutivo colegiado, forma de gobierno vigente en Uruguay de 1951 a 1967, opuesta al presidencialismo. Favoreció a los dos grandes partidos del país (blanco y colorado).

ejercicios espirituales (Libro de los), prontuario compuesto por san Ignacio de Loyola tras su peregrinación a Montserrat y su retiro a una cueva en Manresa (1522).

Ejército rojo, nombre habitual del **Ejército rojo de obreros y campesinos**, denominación de las fuerzas armadas soviéticas desde 1918 a 1946.

EJE VOLCÁNICO GUATEMALTECO-SALVADOREÑO, alineación montañosa de América Central, desde la frontera mexicano-guatemalteca hasta Nicaragua, paralela a la costa del Pacífico; 4 220 m en el Tajumulco (Guatemala). Volcanes activos (Fuego, Izalco).

EJIDO (El), mun. de España (Almería), cab. de p.j.; 53 008 hab. *(ejinenses)*. Frutas y hortalizas de invernadero.

EJUTLA DE CRESPO, c. de México (Oaxaca); 16 381 hab. Cultivos tropicales. Minas de cobre.

EK (Mats), *Malmö 1945*, bailarín y coreógrafo sueco. Codirector (1980-1985) y director (1985-1993) del ballet fundado por su madre, Birgit Cullberg, siguió después una carrera independiente. Creador de piezas intensas (*Soweto*, 1977), es célebre por sus relecturas de ballets clásicos.

EKATERINBURG → YEKATERINBURG.

EKELÖF (Gunnar), *Estocolmo 1907-Sigtuna 1968*, poeta sueco. Conjugó las tendencias surrealistas con los temas líricos tradicionales.

EKELUND (Vilhelm), *Stehag 1880-Saltsjöbaden 1949*, poeta sueco. Influido por los simbolistas franceses, es uno de los precursores de la poesía moderna sueca.

Ekofisk, yacimiento de hidrocarburos del mar del Norte, en la zona explotada por Noruega.

ELAGÁBAL → HELIOGÁBALO.

ELAM, ant. estado situado en el SO del actual Irán (la *Susiana* de los griegos). Sede de una gran civilización desde el V milenio, Elam (cap. Susa) llegó a ser un poderoso imperio en los ss. XIII-XII a.C. Susa fue destruida por Asurbanipal (h. 646 a.C.): los elamitas fueron incorporados al imperio medo (612) y más tarde al imperio persa.

ELAT, ELATH o **EILAT**, c. de Israel, junto al mar Rojo, en el golfo de 'Aqaba; 24 700 hab. Puerto y estación balnearia.

ELÂZIĞ, c. de la Turquía oriental; 204 603 hab.

ELBA, en alem. **Elbe**, en checo **Labe**, r. de la República Checa y de Alemania, que nace en Bohemia y desemboca en el mar del Norte; 1 165 km. Pasa por Dresde, Magdeburgo y Hamburgo (situada en la cabeza del estuario). [Reserva de la biosfera 1979.]

ELBA (isla de), isla de Italia, en el Mediterráneo, al E de Córcega. En ella reinó Napoleón tras su primera abdicación (3 mayo 1814-26 febr. 1815).

ELBASAN o **ELBASANI**, c. del centro de Albania; 80 700 hab. Siderurgia.

ELBLAG, c. de Polonia, cerca del Báltico; 117 000 hab.

ELBO (José), *Úbeda 1804-Madrid 1844*, pintor español, retratista y pintor de temas taurinos y campestres de estilo romántico.

ELBRÚS, la cumbre más alta del Cáucaso, en Rusia; 5 642 m. Está formada por un volcán extinguido.

ELBURZ, macizo de Irán, al S del Caspio; 5 671 m en el Demâvend.

ELCANO o **EL CANO** (Juan Sebastián), *Guetaria h. 1476-en el Pacífico 1526*, navegante español. Enrolado en la expedición de Magallanes, a la muerte de este (1520) asumió la capitanía. Al mando de la nao Victoria arribó a Timor, dobló el cabo de Buena Esperanza (6 mayo 1522) y llegó a Sanlúcar de Barrameda (6 sept. 1522), completando la primera circunvalación de la Tierra.

ELCHE, en cat. **Elx**, c. de España (Alicante), cab. de p.j.; 195 791 hab. *(elchenses* o *ilicitanos)*. Industrias de la piel y del calzado, metalmecánicas y químicas. Palmeral (patrimonio de la humanidad 2000). — Iglesia de la Asunción (s. XVIII), donde se representa el misterio de *Elche. Museo arqueológico. — Ant. c. ibérica de *Ilici* (sitio de La Alcudia), fue luego romana, visigoda y musulmana.

Elche (dama de), escultura ibérica (h.s. III a.C.), descubierta (1897) en el sitio de La Alcudia, Elche. Es un busto, de tamaño natural, de piedra caliza. Su filiación artística y datación son controvertidas.

■ LA DAMA DE ELCHE. (Museo arqueológico, Madrid.)

Elche (misterio de) *[misteri d'Elx]*, drama musical medieval, sobre la Asunción de la Virgen, el único escenificado hasta la actualidad en una Iglesia. Se celebra en la iglesia de la Asunción de Elche, los días 14 y 15 de agosto. (Patrimonio [oral e intangible] de la humanidad 2001.)

ELDA, c. de España (Alicante), cab. de p.j.; 51 501 hab. *(eldenses)*. Industria.

ELDORADO → DORADO (El).

ELDORADO, dep. de Argentina (Misiones), a orillas del Paraná; 56 057 hab. Centro agropecuario.

ELEA, ant. c. de Italia (Lucania), en la Magna Grecia. Colonia de los focenses y sede de la *escuela eleática* (v. parte n. com. **eleático**).

ELECTRA MIT. GR. Hija de Agamenón y de Clitemnestra. Vengó a su padre incitando a su hermano Orestes a matar a Egisto y Clitemnestra. Inspiró tragedias a Esquilo (458 a.C.), Sófocles (h.415 a.C.) y Eurípides (h.413 a.C.).

Elefante (orden del), orden danesa, creada en 1462 por Cristián I y reorganizada en 1808.

ELEFANTINA (isla), isla del Nilo, frente a Asuán. Fortaleza de donde partían los viajes faraónicos a Sudán. Ruinas; museo.

ELEKTROSTAL, c. de Rusia, al E de Moscú; 153 000 hab.

Elementos, tratado de Euclides (s. III a.C.), influyente síntesis de las matemáticas antiguas.

ELENA (santa), *Drepanum, Bitinia, mediados del s. III-¿Nicomedia h. 335?*, madre del emperador Constantino. Influyó considerablemente en su hijo, en defensa de la causa cristiana.

■ JUAN SEBASTIÁN ELCANO. (Museo marítimo, Sevilla.)

ELEPHANTA, isla de la India, en el centro del golfo de Bombay. Centro destacado del sivaísmo, famoso por su conjunto de grutas decoradas del s. VII (relieve del *Descenso del Ganges sobre la tierra*; colosal busto tricéfalo de Siva).

ELEUSIS, c. de Grecia (Ática), al NO de Atenas; 23 041 hab. Siderurgia. — Ruinas (desde el s. VII a.C. hasta la época romana), entre las que destaca la *Misión de Triptolemo,* relieve del taller de Fidias (Atenas, museo nacional). — En la antigüedad se celebraban en Eleusis misterios vinculados al culto de Deméter.

ELGAR (sir Edward), *Broadheath 1857-Worcester 1934,* compositor británico. También director, compuso oratorios (*La visión de Geroncio,* 1900), sinfonías, conciertos y marchas (*Pompa y circunstancia*).

ELGIN (Thomas Bruce, **7° conde de**), *1766-París 1841,* diplomático británico. Embajador en Turquía (1799-1802), envió al British Museum una parte de las esculturas del Partenón. — **James B., 8° conde de E.,** *Londres 1811-Dharmsala 1863,* político británico. Hijo del 7° conde de Elgin, fue gobernador de Canadá (1846-1854) y el primer virrey de la India (1862).

EL-HADJ OMAR, *cerca de Podor h. 1797-cerca de Bandiagara, Malí, 1864,* jefe musulmán tucoror. Intentó constituir, por medio de una guerra santa (1854), un imperio en la región de los actuales Senegal y Malí y conquistó el imperio fulbé de Macina (1862). A su muerte, sus hijos reinaron sobre estos territorios, que fueron conquistados por los franceses.

ELHÚYAR Y LUBICE (Fausto de o d'), *Logroño 1755-Madrid 1833,* químico y geólogo español. Director de minería de México, fundó el Real seminario de minería (1792), primera escuela politécnica de América. Es autor de *Memoria sobre el influjo de la minería en la agricultura, industria, población y civilización de la Nueva España* (1825).

ELHÚYAR Y LUBICE (Juan José de o d'), *Logroño 1754-Santa Fe de Bogotá 1796,* mineralogista, metalúrgico y químico español. Con su hermano Fausto, consiguió aislar el volframio. Estudió el tratamiento de la plata, el platino y el mercurio, y reformó las técnicas de fabricación de cañones.

ELIADE (Mircea), *Bucarest 1907-Chicago 1986,* historiador de las religiones y escritor rumano. Su obra versa esencialmente sobre la historia comparada de las religiones y los mitos (*Metodología de la historia de las religiones,* 1949).

ELIAS (Norbert), *Breslau 1897-Amsterdam 1990,* sociólogo alemán. Se propuso esclarecer a largo plazo el proceso de formación de la civilización europea (*La civilización de las costumbres,* 1939; *La sociedad cortesana,* 1969), y más adelante amplió su estudio al conjunto de la humanidad a la vez que desarrolló una reflexión epistemológica.

ELÍAS, *s. IX a.C.,* profeta bíblico. Ejerció su ministerio en el reino de Israel y combatió los cultos idólatras cananeos.

ELÍAS (José), *m. en Madrid h. 1749,* compositor y organista español. Último exponente de la escuela clásica española de música para órgano, compuso pasacalles, fugas, tientos, etc.

ELÍAS de Asís o **HERMANO ELÍAS,** *Castel Britti 1171-Cortona 1253,* religioso italiano. Franciscano, fue el vicario general de los frailes menores después de san Francisco (1232).

ELÍAS PIÑA (provincia de), ant. **La Estrelleta,** prov. de la República Dominicana, junto a la frontera de Haití; 1 788 km²; 71 600 hab.; cap. *Comendador.*

ÉLIDE o **ELIS,** región de la ant. Grecia, en la costa O del Peloponeso. En su ciudad principal, Olimpia, se celebraban los Juegos olímpicos.

ELÍO (Francisco Javier), *Pamplona 1767-Valencia 1822,* militar español. Absolutista, reprimió con gran dureza los movimientos liberales en Valencia, donde era capitán general. Detenido tras la revolución de 1820, fue ejecutado. — **Joaquín E. y Ezpeleta,** *Pamplona 1805-Pau 1876,* militar español. Sobrino de Francisco Javier, fue capitán general de Carlos VII durante la tercera guerra carlista.

ELIOT (John), *Widford 1604-Roxbury, Massachusetts, 1690,* misionero protestante inglés. Ferviente puritano, evangelizó Nueva Inglaterra.

ELIOT (Mary Ann Evans, llamada George), *Chilvers Coton 1819-Londres 1880,* escritora británica. Sus novelas realistas describen la vida rural y provinciana inglesa (*Adam Bede,* 1859; *El molino junto al Floss,* 1860; *Silas Marner,* 1861).

ELIOT (Thomas Stearns, llamado **T. S.**), *Saint Louis 1888-Londres 1965,* escritor estadounidense nacionalizado británico. Poeta, ensayista y dramaturgo, evolucionó desde una crítica de la sociedad moderna a través de los mitos antiguos (*La tierra yerma,* 1922) a un catolicismo místico (*Asesinato en la catedral,* 1935). [Premio Nobel 1948.]

ELIPANDO, *h. 717-h. 808,* arzobispo de Toledo (754-800) y escritor español, promotor de las ideas adopcionistas de Migencio, seguidas por el teólogo y obispo Félix de Urgel en el concilio de Ratisbona (792).

ELISABETHVILLE → LUBUMBASHI.

ELISENDA DE MONTCADA, *h. 1292-Barcelona 1364,* reina de Aragón (1322-1327), por su matrimonio con Jaime II. Fundó el monasterio de Pedralbes (1326), donde se retiró al enviudar.

ELISEO, *s. IX a.C.,* profeta hebreo, discípulo y sucesor del profeta Elías.

ELÍSEO → CAMPOS ELÍSEOS.

ELISSAMBURU (Jean-Baptiste), *Sare 1828-íd. 1891,* poeta francés en lengua vasca. Autor de populares poemas (*El ciego de Solferino*), escribió en prosa los dichos y aventuras de un campesino: *Piarres Adame.*

ELIZABETH, c. de Estados Unidos (Nueva Jersey); 110 002 hab. Puerto.

ELIZONDO (Salvador), *México 1932-íd. 2006,* escritor y director de cine mexicano. Vanguardista, es autor de poesía y de una obra narrativa influida por el *nouveau roman* (*Farabeuf o la crónica de un instante,* 1965; *Narda o el verano,* 1966; *El grafógrafo,* 1972; *Elsinore,* 1988). Dirigió *Apocalipsis 1900* (1965).

ELLAURI (José Eugenio), *Montevideo 1834-1897,* político uruguayo. Presidente (1873), fue depuesto por un golpe de estado (1875).

ELLESMERE (isla de) o **TIERRA DE ELLESMERE,** isla del archipiélago ártico canadiense (Nunavut), en parte cubierta de hielo.

ELLICE → TUVALU.

ELLINGTON (Edward Kennedy, llamado Duke), *Washington 1899-Nueva York 1974,* compositor y director de orquesta de jazz estadounidense. Dirigió la orquesta de los Washingtonians, convertida en Duke Ellington Orchestra, y fue la estrella del Cotton Club de Harlem (1927-1932), donde desarrolló el estilo llamado jungle. También pianista, fue uno de los grandes creadores del jazz, en el que procuró conciliar la composición y la improvisación (*Mood Indigo,* 1930; *Satin Doll,* 1958).

ELLIOTT (John Huxtable), *Reading, Berkshire, 1930,* historiador británico, especialista en temas hispánicos de la edad moderna (*La rebelión de los catalanes,* 1963; *La España imperial [1469-1716],* 1965; *El conde-duque de Olivares,* 1986).

ELLORĀ, sitio arqueológico de la India, al NO de Aurangābād. Existen unos 30 templos rupestres de los ss. VI a IX, como el de Kailāsa (s. VIII), muestras del budismo, del brahmanismo y del jainismo; decoración esculpida en altorrelieve. (Patrimonio de la humanidad 1983.)

ELLORE → ELŪRU.

ELLROY (Lee Earle, llamado James), *Los Ángeles 1948,* escritor estadounidense. Autor de novela negra, utiliza los bajos fondos de su ciudad como escenario para unos personajes ajenos a las normas, que buscan su redención (*La dalia negra,* 1987; *L.A. Confidential,* 1990; *Destino: la morgue,* 2004).

ELOBEY (islas), grupo de dos islotes (*Elobey Grande* y *Elobey Chico*), de Guinea Ecuatorial (Mbini). Anexionadas por España en el s. XIX, en 1968 pasaron a formar parte de Guinea Ecuatorial.

Elogio de la locura, obra en latín de Erasmo de Rotterdam (1511). Se trata de una sátira social cuyo principal blanco es el clero.

ELOÍSA → ABELARDO.

ELOTA, mun. de México (Sinaloa), junto al golfo de California; 24 766 hab. Salinas.

ELOY ALFARO, cantón de Ecuador (Esmeraldas); 23 779 hab. Agricultura (arroz).

EL PASO, c. de Estados Unidos (Texas), a orillas del río Bravo, en la frontera mexicana; 515 342 hab. Museos.

ELQUI, r. de Chile central, que desemboca en el Pacífico por la bahía de Coquimbo; 210 km.

EL SALVADOR, estado de América Central, en la vertiente del Pacífico; 21 000 km²; 6 276 023 hab. (*salvadoreños*). CAP. *San Salvador.* LENGUA: *español.* MONEDA: *colón* y *dólar EUA.* (*V. mapa al final de volumen.*)

INSTITUCIONES

La constitución de 1983 establece un régimen presidencialista. El presidente es elegido por sufragio universal, y para ser proclamado ha de obtener más del 50 % de los votos; de lo contrario, se realiza una segunda vuelta entre los dos candidatos más votados.

GEOGRAFÍA

Accidentan el país, de clima tropical, la sierra Madre salvadoreña, al N (unos 2 000 m de alt.), y, en paralelo a la costa pacífica, el Eje volcánico guatemalteco-salvadoreño, de gran actividad sísmica. La depresión o meseta Central concentra las grandes áreas de cultivos industriales y la mayoría de la población. Ríos de curso corto y torrenciales. Numerosos lagos de origen volcánico (Ilopango).

La población, mestiza en su mayoría, crece a un ritmo del 2,5 % anual, en un territorio ya densamente poblado (248,1 hab. por km²). Cerca del 50 % del total es urbana.

A pesar de su descenso relativo, el sector agrario sigue siendo la clave de la economía (70 % de las exportaciones). Los principales cultivos son el café, el algodón y el azúcar. La producción cerealista y la ganadería se destinan al consumo interior. Pesca (camarón). En la industria, nuevos sectores (química, cemento, electrodomésticos) han venido a añadirse a las ramas tradicionales (alimentaria y textil). La guerra civil y la recesión mundial causaron un grave colapso económico en la década de 1980; la deuda exterior creció bruscamente y solo la ayuda estadounidense permitió subsistir al país, que recibe préstamos del FMI. El país se halla expuesto periódicamente a los efectos de diversos fenómenos naturales (huracanes de 1998 y 2005; terremotos de 2001). Un tratado de libre comercio con Estados Unidos, otros países de América Central y la República Dominicana entró en vigor en 2006.

■ T. S. **ELIOT**   ■ DUKE **ELLINGTON**

■ **ELLORĀ.** Detalle del templo de Kailāsa (s. VIII), consagrado a Śiva.

HISTORIA

El poblamiento precolombino. La región fue escenario de frecuentes migraciones indígenas. Tras las primeras, de origen maya, se sucedieron diversas oleadas nahuas, la última de las cuales, la de los pipiles, ocupó el centro y O del país, en el que se encontraba el cacicazgo de Cuscatlán. En oriente se situaban los lencas, de origen chibcha, y los chortíes, misticomatagalpas y pocomames.
Conquista y colonización. 1524: P.de Alvarado inició la conquista y fundó San Salvador (trasladada en 1528 a su emplazamiento actual), aunque los cuscatlecas se resistieron por más de 20 años. El actual territorio se dividió en diversas provincias, integradas en la capitanía general de Guatemala (Izalco, San Salvador, San Miguel, Sonsonate). **1786:** se constituyó la intendencia de San Salvador. El cacao, la ganadería y el añil fueron los principales recursos de la sociedad colonial, una de las más densas de Hispanoamérica.
La independencia. 1811: primer levantamiento mestizo Independentista, que no prosperó. **1814:** nueva rebelión, que culminó en la independencia de la república de El Salvador en 1821. **1822-1823:** intervención de las tropas del general mexicano V. Filisola, que integraron la república temporalmente en México. **1823-1824:** la disolución del imperio mexicano dio lugar a la recuperación de la independencia, pero inmediatamente se incorporó el país a las Provincias Unidas de Centro América, de la que San Salvador fue capital entre 1834 y 1838 y último reducto de la federación. **1832-1833:** rebelión pipil de A. Aquino, que se proclamó rey de los nonoalcos. **1840:** Morazán abandonó El Salvador, que proclamó su constitución definitiva como república independiente en febr. 1841.
La república cafetalera. 1841-1885: Guatemala siguió ejerciendo un peso fundamental en El Salvador, cuyos presidentes dependieron frecuentemente de los guatemaltecos y el conservador R. Carrera y el liberal J. R. Barrios. Paralelamente el café se convirtió en el recurso base de la economía exportadora salvadoreña. El poder local fue progresivamente asumido por la oligarquía cafetalera, como se puso de relieve en el período de gobierno de las familias Meléndez y Quiñones (1913-1927). **1931-1944:** la dictadura del general Hernández Martínez reprimió la incipiente movilización popular, en particular la revuelta de Izalco (1932), que se saldó con más de 24 000 muertos.
Las presidencias militares. 1945-1960: mediante la ocupación de la presidencia por altos mandos del ejército (S. Castañeda, O. Osorio y J. M. Lemus), las «14 familias» de la oligarquía cafetalera siguieron dominando el país. Durante la presidencia del coronel Osorio (1950-1956) se pusieron en marcha reformas sociales. **1960-1961:** el gobierno del Partido revolucionario de abril-mayo, de orientación castrista, acabó con una nueva intervención militar, que restauró la hegemonía oligárquica. **1969:** «guerra del fútbol» con Honduras. **1972:** José Napoleón Duarte, candidato de la Unión nacional opositora, denunció el fraude electoral, favorable al candidato de los militares, e intentó un éxito un golpe de fuerza.
La guerra civil. 1977-1979: en la presidencia del general C. H. Romero cobró auge la guerrilla. **1979:** un golpe militar liderado por el coronel A. A. Majano constituyó una junta cívico-militar reformista. **1980:** asesinato del arzobispo Ó. A. Romero por paramilitares de extrema derecha. **1981:** J. N. Duarte, a instancias de EUA, asumió la presidencia de la Junta. **1981-1982:** se generalizó la guerra civil entre el gobierno, apoyado por la derecha y la oligarquía, y el Frente Farabundo Martí para la liberación nacional (FMLN), fundado en 1980, que aglutinó a la guerrilla y la izquierdas. **La pacificación del país. 1982-1984:** gobierno del conservador Á. Magaña y promulgación de una nueva constitución. **1984-1989:** presidencia del democratacristiano Duarte, que trató de entablar un proceso de paz. El Salvador firmó acuerdos con Costa Rica, Guatemala, Honduras y Nicaragua (1987 y 1989) para restablecer la paz en América Central. **1989-1994:** durante la presidencia de A. Cristiani (1989-1994), de la Alianza republicana nacionalista (ARENA), de extrema derecha, se llegó a un acuerdo de paz con la guerrilla (1992) después de once años de guerra civil. **1994:** se celebraron elecciones libres bajo supervisión internacional, en las que participó el Frente Farabundo Martí (FMLN) y que dieron el triunfo al candidato de ARENA, Armando Calderón. **1999:** Francisco Flores (ARENA) fue elegido presidente. **2000:** el FMLN ganó las legislativas. El parlamento ratificó un tratado de libre comercio rubricado por El Salvador, Honduras, Guatemala y México. **2004:** Elías Antonio Saca (ARENA) fue elegido presidente. **2009:** Mauricio Funes fue el primer candidato del FMLN en acceder a la presidencia de la república.

ELSHEIMER (Adam), *Frankfurt del Main 1578-Roma 1610*, pintor y grabador alemán. Fue un pionero del paisaje histórico en pequeño formato (*La huida a Egipto*).

ELSINOR, en danés **Helsingør**, c. de Dinamarca, en el Sund; 56 000 hab. Puerto.— Castillo de Kronborg (s. XVI) [patrimonio de la humanidad 2000], donde Shakespeare sitúa *Hamlet*. Conjunto de casas de los ss. XVII-XVIII.

ELSSLER (Franziska, llamada Fanny), *Gumpendorf, act. en Viena, 1810-Viena 1884*, bailarina austriaca. Gran rival de Maria Taglioni, fue una de las mejores intérpretes románticas.

ELSTER BLANCO, r. de Alemania (Sajonia), afl. del Saale (or. der.); 257 km. Cruza Leipzig.

ELSTER NEGRO, r. de Alemania (Sajonia), afl. del Elba (or. der.); 188 km.

ELTSIN → YELTSIN.

ÉLUARD (Eugène **Grindel**, llamado Paul), *Saint-Denis 1895-Charenton-le-Pont 1952*, poeta francés. Evolucionó del surrealismo (*Capital del dolor*, 1926) al compromiso con el Partido comunista y la Resistencia (*Poesía y verdad*, 1942), sin abandonar el lirismo (*Los ojos fértiles*, 1936).

■ PAUL ÉLUARD

ELÛRU o **ELLORE**, c. de la India (Andhra Pradesh); 212 918 hab.

ELVAS, c. de Portugal (Estremadura), en la frontera con España; 14 500 hab. Turismo. Monumentos de los ss. XIV-XVII.

Elvas o **Yelvas** (acuerdos de) [2 abril 1383], pacto firmado en Salvatierra de Magos, cerca de Elvas, por Juan I de Castilla y Fernando I de Portugal para formalizar el matrimonio del primero con la infanta Beatriz de Portugal.

ELVIRA → ILÍBERIS.

ELVIRA, *h. 937-d. 982*, princesa leonesa. Hija de Ramiro II y de Urraca Teresa de Navarra, fue regente de su hermano Ramiro III (965-974).

ELVIRA GARCÍA, *m. h. 1027*, reina de León (992-999). Hija del conde castellano García I Fernández y esposa de Vermudo II de León, fue regente (999-1028) de su hijo Alfonso V.

ELX → ELCHE.

ELY, c. de Gran Bretaña (Inglaterra), al NE de Cambridge; 10 000 hab. Majestuosa catedral cuyos estilos abarcan desde el románico normando hasta el gótico perpendicular.

ELYTIS (Odysseus **Alepoudelis**, llamado Odysseus), *Iráklion, Creta, 1911-Atenas 1996*, poeta griego. Su poesía mezcla surrealismo e inspiración social (*El sol soberano*, 1943; *Seis y un remordimiento para el cielo*, 1960). [Premio Nobel 1979.]

ELZEVIR, ELZEVIER o **ELSEVIER**, impresores y libreros neerlandeses de los ss. XVI y XVII. Establecidos en Leiden, La Haya, Utrecht y Amsterdam, sus ediciones son consideradas como un modelo de elegancia tipográfica.

EMAÚS, localidad de Palestina, cerca de Jerusalén. Allí, según el Evangelio de Lucas, se apareció Jesús a dos de sus discípulos tras su resurrección.

EMBA, r. de Kazajstán, que desemboca en el Caspio; 712 km. Da su nombre a una región petrolífera entre los Urales y el Caspio.

EMDEN, c. de Alemania (Baja Sajonia), en la desembocadura del Ems; 52 216 hab. Puerto.

EMERITA o **EMERITA AUGUSTA**, ant. ciudad hispanorromana, capital de Lusitania. Es la act. *Mérida*.

EMERSON (Ralph Waldo), *Boston 1803-Concord 1882*, filósofo estadounidense. Es el fundador de un sistema idealista, místico y panteísta, el trascendentalismo.

EMILIANO ZAPATA, mun. de México (Morelos); 20 977 hab. Ganadería.

EMILIANO ZAPATA, mun. de México (Tabasco); 17 147 hab. Centro comercial. Explotación forestal.

EMILIANO ZAPATA, mun. de México (Veracruz), en las estribaciones de la sierra Madre Oriental; 31 565 hab.

EMILIA-ROMAÑA, región de Italia, al S del Po, junto al Adriático; 3 899 170 hab.; cap. *Bolonia*; 8 prov. (*Bolonia, Ferrara, Forlì, Módena, Parma, Piacenza, Ravena* y *Reggio nell'Emilia*).

Emilio o **De la educación**, novela pedagógica de J.-J. Rousseau (1762). Desarrolla en 5 libros el programa de una educación impartida lejos de la corrupción social, para formar al hombre sin traicionar su bondad natural. El niño recibe una educación sensorial, después manual, y por último, en la pubertad, intelectual, moral y religiosa (célebre «Profesión de fe del vicario saboyano»). La obra ha tenido una gran influencia en la pedagogía moderna.

EMINESCU (Mihail), *Ipoteşti 1850-Bucarest 1889*, escritor rumano. Su poesía lírica, de inspiración filosófica, social o erótica, lo convirtió en el poeta nacional de Rumania.

EMIRATOS ÁRABES (Unión de) o **EMIRATOS ÁRABES UNIDOS**, estado federal de Asia, en el NE de la península de Arabia, junto al golfo Pérsico; 80 000 km²; 1 950 000 hab. CAP. *Abū Zabī*. LENGUA: *árabe*. MONEDA: *dirham de los Emiratos Árabes Unidos*. (V. mapa de **Arabia Saudí**.) El país agrupa a 7 emiratos (Abū Zabī, Dibay, Sārya, Fuyaira, Ajman, Umm al-Qawayn y Ra's al-Jayma). Esta región desértica, poblada en su mayoría por inmigrantes, es un importante productor de petróleo; desarrolla también sus actividades terciarias (sobre todo servicios financieros y turismo).— Los «Estados de la tregua» (*Trucial States*), cuyo nombre procede del tratado de paz perpetua firmado en 1853 con el Reino Unido, estuvieron bajo protectorado británico de 1892 a 1971. En 1971-1972 formaron la federación independiente de los Emiratos Árabes Unidos, presidida desde entonces por el emir Zaid ibn-Sultan al-Nhyān. A su muerte (2004), lo sucedió su hijo Jalifa ibn-Zaid.

EMMEN, c. de Países Bajos (Drenthe); 92 895 hab. Textiles.

EMMENTAL o **EMMENTHAL**, valle de Suiza (cantón de Berna). Quesos.

EMPALME, mun. de México (Sonora), en la llanura costera del golfo de California; 41 063 hab.

EMPALME (El), cantón de Ecuador (Guayas); 52 420 hab.; cab. *Velasco Ibarra*.

EMPARÁN (Vicente), *Azpeitia h. 1750-h. 1815*, marino y administrador español. Fue el último capitán general de Venezuela (1809-1810).

EMPECINADO (Juan Martín Díaz, llamado el), *Castrillo de Duero, Valladolid, 1775-Roa 1825*, guerrillero español. Dirigió una guerrilla contra los franceses en Guadalajara y Cuenca (1808-1812). Fue ejecutado por los absolutistas.

EMPÉDOCLES, *Agrigento h. 490-h. 435 a.C.*, filósofo griego. Presocrático, sus enseñanzas descansan en una cosmogonía basada en los cuatro elementos (agua, aire, fuego y tierra), cuyas relaciones están regidas por el Amor, que une, y el Odio, que divide. Según la leyenda, se arrojó al cráter del Etna.

EMPORDÀ → AMPURDÁN.
EMPORION → AMPURIAS.
EMPÚRIES → AMPURIAS.

EMS, r. de Alemania, que desemboca en el mar del Norte; 371 km.

EMS, act. **Bad Ems,** c. de Alemania (Renania-Palatinado), cerca de Coblenza; 9 731 hab. Estación termal. — Se llama *telegrama de Ems* a la versión publicada por Bismarck el 13 de julio de 1870 de informaciones telegrafiadas desde Ems por Guillermo I, donde este se negaba a recibir al embajador de Francia para confirmarle la retirada de la candidatura de un Hohenzollern al trono de España. Este telegrama desencadenó la guerra franco-alemana.

ENA DE BATTENBERG → VICTORIA EUGENIA DE BATTENBERG.

En busca del tiempo perdido, ciclo novelístico de M. Proust, formado por 7 obras (1913-1927).

ENCARNACIÓN, c. de Paraguay, cap. del dep. de Itapúa; 35 600 hab. Puerto fluvial en el Paraná.

ENCARNACIÓN DE DÍAZ, c. de México (Jalisco); 35 585 hab. Centro agrícola y ganadero. Loza.

Enciclopedia o **Diccionario razonado de las ciencias, las artes y los oficios,** publicación que, inspirada en una obra similar de E. Chambers (1728), fue dirigida por Diderot (1751-1772) con el objetivo de reunir por orden alfabético todos los conocimientos humanos. Entre los colaboradores destacan D'Alembert, Voltaire, Montesquieu, Rousseau, Condillac y Jaucourt.

ENCINA (Juan de Fermoselle, llamado Juan **del**), *Encinas, Salamanca, 1469-León h. 1530,* escritor y músico español. Discípulo de Nebrija y cantor de la capilla del papa León X, su obra poética juvenil, con las melodías que compuso, fue recopilada en su *Cancionero* (1496). Su obra teatral, unas 70 composiciones que inician el poema dramático en castellano, representa el tránsito de la época medieval a la renacentista. De las dos etapas que comprende, la primera es más popular y rústica e incluye obras religiosas (églogas de Navidad, piezas sobre la Pasión y la Resurrección) y profanas (*Égloga de Antruejo*). El segundo período, con sus textos escritos en Roma, presenta una ambientación más refinada y referencias paganas (*Égloga de Fileno, Zambardo y Cardonio; Égloga de Cristino y Febea,* elogio de la vida pastoril y del triunfo del amor; *Égloga de Plácida y Victoriano*). Para *Églogas* y *Autos* compuso villancicos polifónicos.

ENCRUCIJADA, mun. de Cuba (Villa Clara); 34 918 hab. Caña de azúcar, tabaco; ganado vacuno.

ENCUBIERTO (el), *m. en Burjassot 1522,* agermanado valenciano. Tras hacerse pasar por el príncipe Juan, hijo de los Reyes Católicos, los agermanados de Játiva le reconocieron rey. Derrotado por el virrey en Valencia, fue asesinado.

ENDARA (Guillermo), *Panamá 1937,* político panameño. Miembro de la Alianza democrática oposicionista y civilista, fue proclamado presidente, con el apoyo de EUA, tras la invasión estadounidense de su país (1989). Ocupó el cargo hasta las elecciones de 1994.

ENDIMIÓN MIT. GR. Pastor amado por Selene, que consiguió de Zeus el don de conservar su belleza sumido en un sueño eterno.

ENDOVÉLICO, dios de la mitología ibera, personificación de la naturaleza y la medicina.

Enéadas (Las), recopilación de las obras de Plotino, editada por Porfirio (s. III a.C.), en la que se desarrolla la temática del neoplatonismo.

ENEAS MIT. GR. Príncipe troyano, héroe de la *Eneida* de Virgilio.

Eneida, poema épico de Virgilio, en 12 cantos (29-19 a.C.). Inspirada en la *Ilíada* y la *Odisea,* esta epopeya nacional narra las peregrinaciones de Eneas tras el incendio de Troya, refiere el establecimiento en Italia de los troyanos y anuncia la fundación de Roma.

ENESCO o **ENESCU** (George), *Liveni 1881-París 1955,* compositor y violinista rumano. Es autor de *Rapsodias rumanas* (1901), de tres sonatas para violín y piano y de la ópera *Edipo* (1936).

enfermo imaginario (El), comedia de Molière (1673).

ENGADINA, parte suiza (Grisones) del valle del Inn. Turismo.

ENGAÑO (cabo), cabo de la República Dominicana (La Altagracia), en el extremo E del país.

ENGELS → POKROVSK.

ENGELS (Friedrich), *Barmen, act. en Wuppertal, 1820-Londres 1895,* teórico y político alemán. Escribió, en colaboración con Marx (de quien fue amigo y protector), varios textos fundadores del socialismo, entre ellos *La ideología alemana* (1845-1846) y el *Manifiesto comunista* (1848). Garantizó la publicación del segundo y tercer tomo de *El capital.* También fue considerable su aportación personal a la elaboración del materialismo histórico y dialéctico (*La situación de la clase obrera en Inglaterra,* 1845; *Anti-Dühring,* 1878; *El origen de la familia, la propiedad privada y el estado,* 1884), así como su actividad militante. Tuvo un papel esencial en la creación de la II Internacional.

■ FRIEDRICH
ENGELS

ENGHIEN (duque d') → CONDÉ.

ENGLAND, nombre inglés de Inglaterra.

ENGÓMI o **ENKOMI,** sitio arqueológico de Chipre. Situado en el probable emplazamiento de la capital del reino de Alasia, fue uno de los principales centros urbanos de la isla en la edad del bronce final (ss. XIV-XIII a.C.).

ENGRACIA (santa) → ZARAGOZA (innumerables mártires de).

ENKI, dios mesopotámico de las aguas profundas sobre las que descansa la Tierra. Es también señor de la magia.

ENLIL, dios mesopotámico del viento, las lluvias y las tempestades era el señor de la tierra firme para los babilonios.

ENNA, c. de Italia (Sicilia), cap. de prov.; 28 296 hab. Restos del castillo medieval con un magnífico panorama.

ENNIO (Quinto), *Rudia, Calabria, 239-Roma 169 a.C.,* poeta latino. Es autor de poemas filosóficos y morales (*Saturae*) y de una epopeya a la gloria de Roma, los *Annales.*

ENNS, r. de Austria, en los Alpes, afl. del Danubio (or. der.); 254 km.

ENOC, personaje bíblico, padre de Matusalén y patriarca. El judaísmo de los ss. IH-I a.C. reunió bajo su nombre un conjunto de escritos apocalípticos.

SACRO IMPERIO

ENRIQUE I el Pajarero, *h. 875-Memleben 936,* rey de Germania (919-936). Adquirió Lorena (925) y luchó con éxito contra los eslavos y los húngaros. — **Enrique II el Cojo** o **el Santo,** *Abbach, Baviera, 973-Grona, act. en Gotinga, 1024,* emperador germánico (1014-1024). Duque de Baviera (995) elegido rey de Germania en 1002, fue canonizado en 1146. — **Enrique III,** *1017-Bodfeld, Harz, 1056,* emperador germánico (1046-1056). Rey de Germania desde 1039, se impuso en Italia tras haber depuesto a los papas Gregorio VI, Silvestre III y Benedicto IX y favoreció la elección de Clemente II. — **Enrique IV,** *¿Goslar? 1050-Lieja 1106,* emperador germánico (1084-1105/1106). Hijo de Enrique III y rey de Germania desde 1056, se enfrentó a Gregorio VII en la querella de las Investiduras, fue excomulgado tras destituir al papa, y los príncipes alemanes lo obligaron a obtener la absolución por parte de este (1077).

Tras un nuevo conflicto, se apoderó de Roma (1084), donde se hizo coronar, pero su hijo lo obligó a abdicar. — **Enrique V,** *1081* o *1086-Utrecht 1125,* emperador germánico (1111-1125). Hijo de Enrique IV, fue obligado a firmar con Calixto II el concordato de Worms. — **Enrique VI el Severo** o **el Cruel,** *Nimega 1165-Messina 1197,* emperador germánico (1191-1197), de la dinastía de los Hohenstaufen. Hijo de Federico I Barbarroja, se hizo reconocer rey de Sicilia (1194). — **Enrique VII de Luxemburgo,** *¿Valenciennes? h. 1274-Buonconvento, cerca de Siena, 1313,* emperador germánico (1312-1313).

ARAGÓN

ENRIQUE, *h. 1398-Calatayud 1445,* infante de Aragón. Hijo de Fernando I, disputó el trono de Castilla, que llegó a ocupar (1420), a Juan II, pero acabó derrotado por Álvaro de Luna.

CASTILLA

ENRIQUE I, *1203-Palencia 1217,* rey de Castilla (1214-1217). Hijo de Alfonso VIII y de Leonor de Inglaterra, a su muerte el trono pasó a su hermana Berenguela.

ENRIQUE II DE TRASTÁMARA, *Sevilla 1333* o *1334-Santo Domingo de la Calzada 1379,* rey de Castilla y León (1369-1379). Hijo bastardo de Alfonso XI y de Leonor de Guzmán e iniciador de la dinastía de Trastámara, encabezó una revuelta nobiliaria contra su hermanastro Pedro I y convirtió la guerra entre Aragón y Castilla en guerra civil castellana, en la que venció. Se ganó a la nobleza con las «mercedes enriqueñas» y consolidó la estabilidad dinástica. Se mantuvo en el trono gracias a Carlos V de Francia y Bertrand du Guesclin.

ENRIQUE III el Doliente, *Burgos 1379-Toledo 1406,* rey de Castilla y León (1390-1406). Hijo de Juan I y de Leonor de Aragón, anuló el poder de las cortes y mantuvo buenas relaciones con Francia, Inglaterra y el papa de Aviñón. Llevó a cabo una política de expansión.

ENRIQUE IV el Impotente, *Valladolid 1425-Madrid 1474,* rey de Castilla (1454-1474). Hijo de Juan II y de María de Aragón y esposo de Juana de Portugal, su reinado está marcado por las intrigas nobiliarias. En 1465 fue destituido en efigie (farsa de Ávila) por su hermanastro Alfonso, hermano de la futura reina Isabel, con quien Enrique pactó el reconocimiento de esta como heredera (concordia de los Toros de Guisando, 1468), en detrimento de Juana la Beltraneja.

ENRIQUE el Senador, *1225-Roa 1303,* infante de Castilla. Tercer hijo de Fernando III y de Beatriz de Suabia, fue regente de Fernando IV (1295-1301).

FRANCIA

ENRIQUE I, *h. 1008-Vitry-aux-Loges 1060,* rey de Francia (1031-1060), de la dinastía de los Capetos. Hijo de Roberto II, cedió el ducado de Borgoña a su hermano Roberto. Fue derrotado por Guillermo el Conquistador.

ENRIQUE II, *Saint-Germain-en-Laye 1519-París 1559,* rey de Francia (1547-1559), de la dinastía de los Valois. Hijo de Francisco I, se casó con Catalina de Médicis (1533). Se alió con los protestantes alemanes contra Carlos V y

■ **ENRIQUE IV,** emperador germánico, arrodillado ante Matilde de Toscana en Canossa en 1077. Miniatura del s. XII. (Biblioteca vaticana.)

■ ENRIQUE II,
rey de Francia.
(Palacio de Versalles.)

■ ENRIQUE IV,
rey de Francia.
(Palacio de Versalles.)

■ ENRIQUE V,
rey de Inglaterra.
(Galería nacional de retratos,
Londres.)

■ ENRIQUE VIII,
rey de Inglaterra,
por Holbein el Joven.
(Galería nacional
de arte antiguo, Roma.)

ocupó Metz, Toul y Verdún. Fue vencido por Felipe II (San Quintín, 1557), pero derrotó a los ingleses en Calais (1558). Firmó la paz de Cateau-Cambrésis (1559), que puso fin a las guerras de Italia.

ENRIQUE III, *Fontainebleau 1551-Saint-Cloud 1589,* rey de Francia (1574-1589), de la casa de los Valois. Hijo de Enrique II y último monarca de su dinastía, recién elegido rey de Polonia volvió a Francia al morir su hermano Carlos IX. Vaciló entre los católicos de Enrique de Guisa y los protestantes de Enrique III de Navarra. Humillado por la Liga católica, hizo asesinar al primero y se alió con el segundo. Murió apuñalado.

ENRIQUE IV, *Pau 1553-París 1610,* rey de Navarra (Enrique III) (1572-1610) y de Francia (1589-1610), de la dinastía de los Borbones. Jefe calvinista, escapó de la matanza de san Bartolomé. Luchó contra la Liga católica y Felipe II de España, pero se convirtió al catolicismo (1593) y los estados generales lo reconocieron como rey. Tras el edicto de Nantes (1598) restableció la paz religiosa en el interior, restauró la autoridad real y reorganizó el país. Fue asesinado por un fanático católico.

IMPERIO LATINO DE CONSTANTINOPLA

ENRIQUE DE FLANDES Y HAINAUT, *Valenciennes 1174-Tesalónica 1216,* emperador latino de Constantinopla (1206-1216). Participó en la cuarta cruzada y sucedió a su hermano Balduino I.

INGLATERRA

ENRIQUE I BEAUCLERC, *Selby, Yorkshire, 1069-Lyons la-Forêt 1135,* rey de Inglaterra (1100-1135) y duque de Normandía (1106-1135). Cuarto hijo de Guillermo el Conquistador, logró mantener la unidad de los estados anglonormandos. — **Enrique II Plantagenet,** *Le Mans 1133-Chinon 1189,* rey de Inglaterra (1154-1189), duque de Normandía (1150-1189), conde de Anjou (1151-1189) y duque de Aquitania (1152-1189) por su matrimonio con Leonor (1259). Restauró la autoridad monárquica y reorganizó la administración anglonormanda, topando con la oposición de los barones y de la Iglesia (Tomás Becket, asesinado por orden del rey en 1170). — **Enrique III,** *Winchester 1207-Westminster 1272,* rey de Inglaterra (1216-1272), de la dinastía de los Plantagenet. Su negativa a firmar las provisiones de Oxford provocó una larga guerra civil (1258-1265). Perdió, en favor de Francia, Poitou, Saintonge y Auvernia (1259). — **Enrique IV,** *Bolingbroke 1366-Westminster 1413,* rey de Inglaterra (1399-1413), de la casa de Lancaster. Obligó a abdicar a Ricardo II y le sucedió. Tuvo que afrontar el levantamiento de los galeses (1400-1408). — **Enrique V,** *Monmouth 1387-Vincennes 1422,* rey de Inglaterra (1413-1422), de la casa de Lancaster. Venció a los franceses en Azincourt (1415) y obtuvo por el tratado de Troyes (1420) la regencia del reino y la promesa de sucesión para el hijo nacido de su matrimonio con Catalina de Francia, hija de Carlos VI. — **Enrique VI,** *Windsor 1421-Londres 1471,* rey de Inglaterra (1422-1461 y 1470-1471), de la casa de Lancaster. Hijo de Enrique V y de Catalina de Francia, fue proclamado rey de Francia a la muerte de Carlos VI (1422). Al perder todas sus posesiones inglesas en Francia, resultó

desacreditado y se cuestionaron sus derechos a la corona de Inglaterra; ello llevaría al inicio de la guerra de las Dos Rosas. — **Enrique VII,** *castillo de Pembroke 1457-Richmond, Londres, 1509,* rey de Inglaterra (1485-1509), de la dinastía de los Tudor. Primer monarca de su linaje, venció al último de los York, Ricardo III, en Bosworth (1485). Descendiente de los Lancaster, casó con la heredera de los York, poniendo fin a la guerra de las Dos Rosas, y restauró la autoridad real. — **Enrique VIII,** *Greenwich 1491-Westminster 1547,* rey de Inglaterra (1509-1547) y de Irlanda (1541-1547), de la dinastía de los Tudor. Hijo de Enrique VII, practicó una política de equilibrio entre Francisco I de Francia y Carlos V. Al principio estuvo muy vinculado al catolicismo, pero provocó un cisma cuando el papa le negó la anulación de su matrimonio con Catalina de Aragón (madre de María Tudor). Tras repudiarla (1533), se casó con Ana Bolena, se proclamó jefe supremo de la Iglesia de Inglaterra (Acta de supremacía, 1534) y persiguió tanto a los católicos como a los protestantes. Después de Catalina de Aragón y Ana Bolena (madre de Isabel I), decapitada en 1536, se casó con Juana Seymour (madre del futuro Eduardo VI), Ana de Cléves, Catalina Howard (ejecutada en 1542) y Catalina Parr. Su reinado centralizador contribuyó al fortalecimiento del poder monárquico.

LUXEMBURGO

ENRIQUE, *castillo de Betzdorf 1955,* gran duque de Luxemburgo. Primogénito del gran duque Juan, le sucedió en 2000.

NAVARRA

ENRIQUE I el Gordo, *Olite 1238-Pamplona 1274,* rey de Navarra (1270-1274). Hijo de Teobaldo I y hermano de Teobaldo II, le sucedió su hija Juana.

ENRIQUE II, *Sangüesa 1503-Pau 1555,* rey de Navarra (1518-1555). Hijo de Catalina y de Juan de Albret, gobernó sobre la Baja Navarra. El resto del reino fue ocupado por Castilla desde 1512.

ENRIQUE III → **ENRIQUE IV** [Francia].

PORTUGAL

ENRIQUE DE BORGOÑA, *Dijon h. 1057-Astorga h. 1112,* conde de Portugal (1097-h. 1112). Nieto de Roberto I, duque de Borgoña, fue el fundador de la monarquía portuguesa al proclamar la independencia del país a la muerte de su suegro Alfonso VI de Castilla (1109), de quien había recibido el condado de Portugal.

ENRIQUE I el Cardenal, *Almeirim, Santarem, 1512-íd. 1580,* rey de Portugal (1578-1580), hijo de Manuel I el Afortunado. Arzobispo (1540) y cardenal (1565) antes que rey, a su muerte el reino pasó a Felipe II de España.

ENRIQUE el Navegante, *Oporto 1394-Sagres 1460,* príncipe portugués. Hijo de Juan I de Portugal, fue el promotor de diversos viajes de exploración de las costas africanas durante los cuales se descubrieron y conquistaron Madeira (1418) y las Azores (1432-1457).

ENRIQUE (maestro), arquitecto y escultor activo en Castilla en el s. XIII, posiblemente de origen francés. Fue maestro de obras de las catedrales de Burgos y León.

ENRIQUE Y TARANCÓN → **TARANCÓN.**

ENRÍQUEZ, familia de la aristocracia castellana. — **Alfonso E.,** *Guadalcanal, Sevilla, 1354-Guadalupe 1429.* Vinculó a la familia el título de almirante de Castilla. — **Juana E.** Nieta de Alfonso, casó con Juan II de Aragón. — **Luis E.,** *m. en 1572.* Enlazó por matrimonio con el linaje de los Cabreros. — **Juan E. de Cabrera,** *m. en 1647.* Fue virrey de Nápoles (1644-1646). — **Juan Tomás E. de Cabrera,** *Génova 1646-Estremoz, Portugal, 1705.* Último almirante de Castilla, tuvo gran influencia en la corte de Carlos II.

ENRÍQUEZ (Carlos), *Zulueta 1900-La Habana 1957,* pintor y escritor cubano. Con sensualidad y en la línea que denominó «romance criollo,» representó el campo cubano y sus habitantes mediante líneas fluidas que superponen formas, colores transparentes y figuras dinámicas. Autor de ensayos sobre arte, también escribió novelas (*Tilín García,* 1939; *La vuelta del Chencho,* 1942).

ENRÍQUEZ DE ACEVEDO (Pedro) → **FUENTES** (conde de).

ENRÍQUEZ DE ALMANSA (Martín), *h. 1508-1583,* administrador español. Fue virrey de Nueva España (1568-1580), donde introdujo la Inquisición (1571), y del Perú (1581-1583).

ENRÍQUEZ DE GUZMÁN (Luis), conde de **Alba de Liste y Villaflor,** administrador español del s. XVII, virrey de Nueva España (1650-1653) y del Perú (1655-1661).

ENRÍQUEZ DEL CASTILLO (Diego), *Segovia 1443-íd. 1504,* cronista castellano. Capellán y miembro del consejo real de Enrique IV, opuesto a Isabel I, escribió la *Crónica del rey don Enrique IV.*

ENRÍQUEZ DE RIVERA (Payo), *Sevilla 1622-Alcalá de Henares 1684,* agustino y administrador español. Fue obispo de Guatemala (1657-1667), arzobispo de México (1668-1680) y virrey de Nueva España (1673-1680), donde destacó por sus obras públicas.

ENRÍQUEZ GÓMEZ (Antonio), *Cuenca h. 1600-Amsterdam 1660,* escritor español. Autor del poema satírico *El siglo pitagórico,* también fue dramaturgo y escribió una novela picaresca, *Vida de don Gregorio Guadaña* (1644).

ENRIQUILLO, río de la República Dominicana (Barahona), en la parte central del litoral S del país; 6 331 hab.

ENRIQUILLO, cacique dominicano del s. XVI. Se levantó contra los españoles en 1520-1533, hasta que Carlos Quinto le concedió las tierras ocupadas.

Enriquillo, novela histórica de M. de J. Galván (1878), sobre un cacique indígena que se enfrenta a los españoles en defensa de su pueblo, documentada históricamente.

ENRIQUILLO (lago), lago salado del SO de la República Dominicana (Independencia), entre los sierras de Neiba y Baoruco; 550 km².

Ensayos, obra de Montaigne (1580, 1588, 1595). Meditación sobre la condición humana, propone una manera de vivir más acorde con la naturaleza.

Ensayos filosóficos sobre el entendimiento humano, obra de O. Hume (1748), posteriormente reeditada bajo el título de *Investigación sobre el conocimiento humano.* El autor expone en ella sus concepciones empiristas y desarrolla su teoría de la causalidad, de gran influencia.

ENSCHEDE, c. de Países Bajos (Overijssel); 146 509 hab.

ENSENADA, partido de Argentina (Buenos Aires); 48 524 hab. Pesca. Puerto de la c. de La Plata.

ENSENADA, c. de México (Baja California), junto al Pacífico; 169 426 hab. Puerto pesquero. Conservas; vinos.

ENSENADA (Zenón de Somodevilla y Bengoechea, marqués de la), *Alesanco, La Rioja, 1702-Medina del Campo 1781,* estadista español. De 1743 a 1754 dirigió la política del país. Realizó un ensayo de contribución única mediante un catastro previo (*Catastro de Ensenada*) y protegió el comercio y la industria. Fue desterrado a Medina del Campo a raíz del motín de Esquilache (1766).

ENSOR (James), *Ostende 1860-íd. 1949,* pintor y grabador belga. Impresionista, realista y visionario, se le considera uno de los precursores del arte moderno (*La entrada de Cristo en Bruselas*, 1888).

ENTEBBE, c. de Uganda, a orillas del lago Victoria; 41 638 hab. Ant. capital. Aeropuerto.

ENTENÇA (Berenguer d'), *m. en 1307*, noble catalán. Jefe de los almogávares, dirigió la Venganza catalana tras el asesinato de Roger de Flor (1305).

entente (Pequeña), alianza acordada en 1920-1921 entre el reino de los Serbios, Croatas y Eslovenos, y Checoslovaquia y Rumania, con el fin de mantener las fronteras fijadas en 1919-1920. Patrocinada por Francia, quedó sin efecto en 1938.

entente (Triple), sistema de alianzas basado en los acuerdos bilaterales concluidos a partir de 1907 entre Francia, Reino Unido y Rusia para contrarrestar la Triple alianza.

Entente cordial, nombre dado a las buenas relaciones que existieron entre Luis Felipe de Francia y la reina Victoria de Gran Bretaña. La expresión fue recuperada en 1904 para designar el nuevo acercamiento entre ambos países.

entierro del conde de Orgaz (El), cuadro del Greco (1586-1588), de grandes dimensiones, que se conserva en la iglesia de Santo Tomé de Toledo. Representa una leyenda toledana del s. XVI con una composición novedosa en el tratamiento realista del plano terrestre y una estilización de icono bizantino en el celeste.

■ EL **ENTIERRO DEL CONDE DE ORGAZ,** por El Greco. (Iglesia de Santo Tomé, Toledo.)

Entrepeñas, embalse de España (Guadalajara), sobre el Tajo, unido al de Buendía mediante un túnel de trasvase.

ENTRE RÍOS (provincia de), prov. del E de Argentina, en la región mesopotámica; 78 781 km²; 1 022 865 hab.; cap. *Paraná*. — En 1813 el territorio se declaró «pueblo libre» bajo Francisco Ramírez, que venció a las tropas de Buenos Aires en Cepeda (1 febr. 1820) y proclamó la *República de Entre Ríos* (sept. 1820), que se disolvió a su muerte (julio 1821).

ENUGU, c. del E de Nigeria, cap. del est. de Anambra; 286 000 hab.

ENVALIRA (puerto de), puerto de Andorra, en los Pirineos, aprovechado por la carretera a Francia; 2 407 m.

ENVER BAJÁ, *İstanbul 1881-cerca de Dushanbe 1922*, militar y político otomano. Ministro de guerra, hizo entrar al Imperio otomano en la primera guerra mundial del lado de Alemania. En 1921 se unió a los insurrectos musulmanes de Asia central y murió en combate.

ENVIGADO, mun. de Colombia (Antioquia); 91 391 hab. Industrias textiles, calzado. Aeropuerto.

ENZENSBERGER (Hans Magnus), *Kaufbeuren 1929*, escritor alemán. Sus ensayos (*Política y delito*), poemas (*Defensa de los lobos*) y narrativa (*El corto verano de la anarquía*) y teatro (*Interrogatorio de La Habana*) componen una crítica virulenta de la sociedad burguesa alemana y del imperialismo estadounidense. (Premio Príncipe de Asturias de comunicación y humanidades 2002.)

ENZO, ENZIO o **HEINZ,** *Palermo h. 1220-Bolonia 1272*, rey de Cerdeña. Hijo natural del emperador Federico II de Hohenstaufen, fue el mejor lugarteniente de su padre en Italia.

EO, r. de España, en la vertiente cantábrica; 96,5 km. Su curso inferior marca el límite entre Galicia y Asturias. Desemboca en una amplia ría. (Reserva de la biosfera 2007.)

EOLIA, EÓLIDE o **EÓLIDA,** ant. región del NO de Asia Menor.

EOLIAS (islas), archipiélago italiano del mar Tirreno, al N de Sicilia, cuyas islas principales son Lípari, Vulcano y Stromboli. (Patrimonio de la humanidad 2000.)

EOLO MIT. GR. Dios de los vientos.

EÖTVÖS (Loránd, barón), *Pest 1848-Budapest 1919*, físico húngaro. Demostró la identidad de los dos conceptos de masa (inerte y gravitatoria), de una importancia fundamental en la teoría de la relatividad de Einstein.

EPALTZA (Aingeru), *Pamplona 1960*, escritor español en lengua vasca. Su prosa posee una gran fuerza narrativa y una extraordinaria riqueza léxica: *Agua turbia* (1993), *Cazadores de tigres* (1997), *Rock'n'roll* (2000).

EPAMINONDAS, *Tebas h. 418-Mantinea 362 a.C.*, general y político beocio. Uno de los jefes del partido democrático en Tebas, derrotó a los espartanos en Leuctra (371). Su muerte puso fin a la hegemonía de Tebas.

EPI (Juan Antonio **San Epifanio,** llamado), *Zaragoza 1959*, jugador de baloncesto español. Subcampeón de Europa (1983) y olímpico (1984), ostenta los récords de partidos jugados (en la categoría masculina) y de anotaciones con la selección española.

EPICTETO, *Hierápolis, Frigia, h. 50-Nicópolis, Epiro, h. 130*, filósofo griego. Esclavo en Roma, fue emancipado y después desterrado. Uno de los principales representantes del estoicismo latino, tiende a reducirlo a una predicación moral fundada en la diferencia entre lo que depende del individuo y lo que no; sus *Coloquios* y su *Manual*, que en gran medida condicionaron la comprensión ulterior del estoicismo, fueron redactados por su discípulo Arriano.

EPICURO, *Samos o Atenas 341-Atenas 270 a.C.*, filósofo griego. Fundó en Atenas una escuela, el Jardín. Buscando la tranquilidad del alma, fue el iniciador de una de las grandes corrientes del pensamiento de la antigüedad. De su abundante obra solo quedan tres cartas (*Carta a Pitocles; Carta a Heródoto; Carta a Menoceo*).

EPIDAURO, ant. c. de la Argólida, célebre por su santuario de Asclepio y las curaciones que

allí tenían lugar. — Importantes ruinas, entre ellas el teatro griego mejor conservado (fines s. IV a.C.). [Patrimonio de la humanidad 1988.]

EPIFANIO (san), *cerca de Eleuterópolis, Palestina, h. 315-en el mar 403*, escritor griego cristiano. Fue un feroz defensor de la ortodoxia, sobre todo contra Arrio y Orígenes.

ÉPILA, v. de España (Zaragoza); 3 971 hab. (*epilanos* o *epilenses*). Restos del recinto amurallado. Palacio de los duques de Híjar (s. XVIII). — Pedro IV de Aragón venció en sus proximidades a los nobles de la *Unión aragonesa (1348).

EPIMETEO MIT. GR. Uno de los titanes, hermano de Prometeo, cometió la imprudencia de acoger a Pandora.

ÉPINAL, c. de Francia, a orillas del Mosela; 38 207 hab. Centro de imaginería popular a partir de finales del s. XVIII.

Epinicios, nombre genérico que reciben 4 libros de odas de Píndaro (s. V a.C.), poemas líricos dedicados a los atletas vencedores.

EPIRO, región de Grecia, en la frontera con Albania; 339 210 hab.; c. pral. *Ioanina*. El *reino de Epiro*, constituido a fines del s. V a.C., conoció su apogeo con Pirro II (295-272). Sometida por los romanos en 168 a.C., durante el Imperio bizantino la región constituyó un *despotado de Epiro* (1204-1318) en favor de los Comnenos.

Episodios nacionales, ciclo histórico de 46 novelas de B. Pérez Galdós, publicado entre 1873 y 1912. Abarca la época comprendida entre la batalla de Trafalgar y la Restauración, y ofrece una visión viva de la España decimonónica, en la que el documento histórico y la ficción novelesca se funden armoniosamente.

Epístolas del Nuevo testamento o **Epístolas de los apóstoles,** cartas de los apóstoles incluidas en el canon del Nuevo testamento. Constan de 14 epístolas de san Pablo y 7 epístolas llamadas «católicas» (las de Santiago, Pedro [2], Juan [3] y Judas). Se discute la autenticidad de algunas.

EPSOM, c. de Gran Bretaña (Inglaterra), al S de Londres; 71 000 hab. Célebre carrera de caballos (el *Derby*) desde 1780.

EPSTEIN (sir Jacob), *Nueva York 1880-Londres 1959*, escultor estadounidense de origen ruso-polaco. Influido por Rodin, el arte primitivo y la vanguardia parisina, su obra contribuyó inicialmente al retroceso del academicismo en la escultura británica (relaciones, h. 1913-1915, con el «vorticismo», movimiento fundado por el pintor Percy Wyndham Lewis).

EPSTEIN (Jean), *Varsovia 1897-París 1953*, cineasta francés. Fue uno de los principales teóricos de la vanguardia y director de *El león de Mongolia* (1924) o *El hundimiento de la casa Usher* (1928).

Equipo 57, grupo de artistas españoles, activo entre 1957 y 1962, formado por A. Ibarrola, J. Duarte, J. Serrano, A. Duarte y J. Cuenca. Con el objetivo de reaccionar contra el informalismo, sus experimentaciones plásticas se centraron en la interrelación entre espacio y materia.

Equipo Crónica, grupo de artistas españoles, fundado en Valencia en 1964 y formado, de 1965 a 1981, por M. Valdés y R. Solbes. Sus obras, en la línea del realismo crítico, utilizan elementos iconográficos pop y procedimientos propios de los medios de comunicación de masas.

ERANDIO, mun. de España (Vizcaya); 22 853 hab.; cap. *Asua-Landa*. En el área suburbana de Bilbao, en la or. der. del Nervión. Centro industrial.

ERASMO de Rotterdam, en lat. **Desiderius Erasmus Roterodamus,** *Rotterdam h. 1469-Basilea 1536*, humanista neerlandés en lengua latina. De espíritu independiente y satírico (*Elogio de la locura*, 1511; *Coloquios familiares*, 1518), intentó definir un humanismo cristiano (*Institución del príncipe cristiano*, 1515) a la luz de sus trabajos críticos sobre el Nuevo testamento, y preconizó la entente entre católicos y reformados.

ERASO (Francisco Benito), *Garinoain, Navarra, 1793-1835*, militar español. Absolutista, derrotó el levantamiento liberal de Chapalangarra (1830), y desde 1833 apoyó la causa carlista.

■ EPIDAURO. El teatro (s. IV a.C.).

ERASO (Francisco de), *m. en 1570,* político español. Secretario y notario mayor de Carlos Quinto, en 1555 autorizó la renuncia de este a los estados de Flandes en favor de Felipe II.

ÉRATO MIT. GR. Musa de la poesía lírica.

ERATÓSTENES, *Cirene h. 284-Alejandría h. 192 a C.,* científico y filósofo griego. Perteneciente a la escuela de Alejandría, gracias a la medición ingeniosa de un arco de meridiano fue el primero en medir correctamente la circunferencia de la Tierra. También se le debe un método que permite encontrar los números primos *(criba de Eratóstenes).*

ERAUSO (Catalina), llamada **la Monja alférez,** *San Sebastián 1592-Veracruz 1635,* aventurera española. Autora de una autobiografía tachada de apócrifa, huyó de un convento, disfrazada de hombre, a América, donde se alistó en el ejército.

ERCILLA (Alonso de), *Madrid 1533-íd. 1594,* poeta español. Soldado, humanista y viajero, participó en la conquista de América. Una expedición contra los indios araucanos le inspiró el poema épico *La *Araucana.*

ERDOĞAN (Recep Tayyip), *Istanbul 1954,* político turco. Líder del Partido de la Justicia y el desarrollo, partido islamista moderado, es primer ministro desde 2003.

EREBUS, volcán activo de la Antártida, en la isla de Ross; 3 794 m.

Erecteion o **Erekhtheion,** templo griego de Atenas. Dedicado a Atenea y Poseidón y asociado a los héroes míticos Erecteo y Cécrops, fue erigido en la Acrópolis (421-406 a.C.). Obra maestra del estilo jónico, comprende tres pórticos, entre ellos el de las cariátides (al S).

ERESMA, r. de España, afl. del Duero (or izq.); 167 km. Pasa por Segovia.

EREVÁN o **ERIVÁN,** cap. de Armenia, a 1 040 m de alt.; 1 283 000 hab. (1 420 000 hab. en la aglomeración). Centro de una región de ricos cultivos (algodón, viñedos y huertos). Centro industrial. — Museos y biblioteca (miniaturas del s. vi).

EREZCANO (Francisco), *Buenos Aires 1796-1856,* marino argentino. Participó en la expedición de San Martín en Paracas, Perú (1820), y tomó por asalto Valdivia, en Chile.

ERFURT, c. de Alemania, cap. de Turingia, a orillas del Gera. 216 207 hab. Centro industrial. — Catedral gótica y otros restos medievales. — Napoléon y Alejandro I mantuvieron allí una entrevista (27 sept.-14 oct. 1808) que renovó la alianza concluida en Tilsit.

ERHARD (Ludwig), *Fürth 1897-Bonn 1977,* político alemán. Cristianodemócrata, ministro de economía (1949-1963) y canciller de la República federal de Alemania (1963-1966), dirigió la recuperación económica de su país.

ERIBERRI → **OLITE.**

ERICE, c. de Italia (Sicilia); 27 538 hab. Es la ant. *Erix,* famosa en la antigüedad por su templo a la diosa mediterránea de la fertilidad (sucesivamente Astarté, Afrodita y Venus).

ERICE (Víctor), *Carranza, Vizcaya, 1940,* director de cine español. Pese a su corta filmografía, es uno de los directores más innovadores y rigurosos del cine español, capaz de aunar lirismo y reflexión histórica *(El espíritu de la colmena,* 1973; *El sur,* 1983) con un avanzado experimentalismo *(El sol del membrillo,* 1992).

■ **ERASMO DE ROTTERDAM.**
(Quentin Metsys; galería Barberini, Roma.)

■ **ALONSO DE ERCILLA.**
(El Greco; museo del Ermitage, San Petersburgo.)

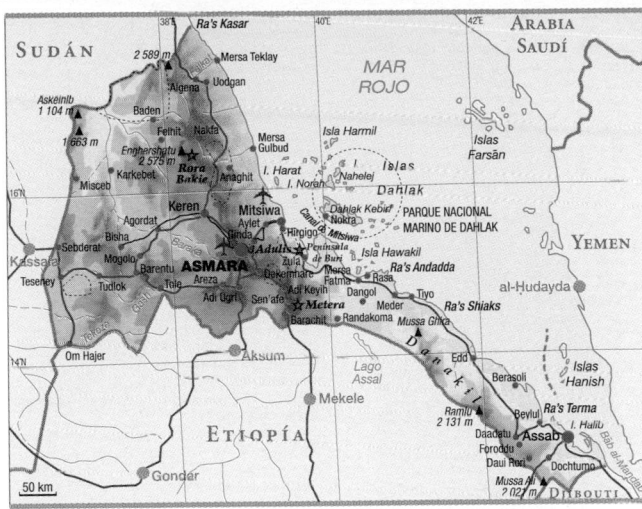

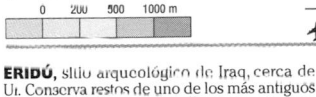

Eritrea

★ lugar de interés turístico

0   200   500   1000 m

— carretera
— ferrocarril
✈ aeropuerto

● más de 300 000 hab.
● de 50 000 a 300 000 hab.
● de 20 000 a 50 000 hab.
• menos de 20 000 hab.

ERIDÚ, sitio arqueológico de Iraq, cerca de Ur. Conserva restos de uno de los más antiguos enclaves de la región (IV milenio). Importante centro religioso desde el VI milenio.

ERIE, c. de Estados Unidos (Pennsylvania), en la orilla del *lago Erie;* 108 718 hab. Puerto.

ERIE (lago), uno de los cinco Grandes Lagos norteamericanos, entre los lagos Hurón y Ontario; 25 900 km². — canal de **Erie,** canal que une el *lago Erie* (Buffalo) con el Hudson (Albany); 590 km.

ERIK, nombre de 14 reyes de Suecia y de 7 reyes de Dinamarca. — **Erik Jedvardsson,** llamado **el Santo,** *m. en Uppsala 1160,* rey de Suecia (1156-1160), fundador de la dinastía de los Erik. — **Erik de Pomerania,** *1382-Rügenwalde act. Darłowo, Polonia, 1459,* rey de Noruega (1389-1442), de Dinamarca y de Suecia (Erik XIII) [1396-1439]. Sobrino nieto de Margarita de Dinamarca, fue coronado rey de los tres países durante la dieta de Kalmar (1397). — **Erik XIV,** *Estocolmo 1533-Örbyhus 1577,* rey de Suecia (1560-1568). Hijo de Gustavo Vasa, tuvo que luchar contra Dinamarca, Polonia y Lübeck (1563-1570).

Erik el Rojo, *Jaeren h. 940-h. 1010,* explorador noruego. Descubrió Groenlandia (h. 985), y en 988 instaló en ella colonos.

ERIKSON (Erik), *Frankfurt del Main 1902-Harwic 1994,* psicoanalista estadounidense. Culturalista, estudió la problemática adolescente.

ERIMANTO MIT. GR. Montaña de Arcadia que servía de guarida a un temible jabalí capturado por Heracles.

ERÍN, nombre poético de Irlanda.

ERINIAS MIT. GR. Las tres diosas de la venganza (Alecto, Tisífone y Megera). También llamadas *Euménides,* fueron asimiladas a las *Furias* por los romanos.

ERIS, planeta enano del sistema solar, situado más allá de Neptuno, descubierto en 2005. Diámetro: aprox. 2 400 km.

ERITREA, en tigriña **Értra,** en ár. **Iritriya,** estado de África oriental, junto al mar Rojo; 120 000 km²; 3 600 000 hab. *(eritreos).* CAP. *Asmara.* LENGUAS: *tigriña* y *árabe.* MONEDA: *nakfa.*

GEOGRAFÍA

La estrecha llanura costera está dominada por una meseta más lluviosa, donde se asocian cultivos poco fértiles y una ganadería extensiva que a veces todavía es nómada. En la población se yuxtaponen musulmanes (sunnitas) y cristianos (monofisitas).

HISTORIA

Durante mucho tiempo, Eritrea constituyó la única provincia marítima de Etiopía. **1890:** se convirtió en colonia italiana. **1941-1952:** los británicos ocuparon la región, que administraron después de la guerra. **1952:** se integró en una federación con Etiopía. **1962:** convertida en provincia etíope, se opuso a la política autoritaria del gobierno de Addis Abeba, combatido por el Frente popular de liberación de Eritrea (FPLE), fundado en 1970. **1991:** tras la caída de Mengistu, el nuevo régimen etíope aceptó el principio de un referéndum de autodeterminación. **1993:** el país accedió a la independencia; el jefe del FPLE, Issayas Afeworki, fue elegido presidente. **1998-2000:** un conflicto fronterizo opuso a Eritrea y Etiopía.

ERITREO (mar), nombre dado por los antiguos al mar Rojo, al golfo Pérsico y a la parte NO del océano Índico.

ERÍUGENA (Juan Escoto) → **ESCOTO ERÍUGENA.**

ERIVÁN → **EREVÁN.**

ERLANGEN, c. de Alemania (Baviera), 102 383 hab. Universidad. Construcciones eléctricas. — Monumentos de los ss. XVII y XVIII.

ERLANGER (Joseph), *San Francisco 1874-Saint Louis 1965,* fisiólogo estadounidense. Realizó estudios sobre la diferenciación funcional de las fibras nerviosas. (Premio Nobel 1944.)

ERMESSENDA o **ERMESSENDIS,** *Carcasona 972-castillo de Besora 1058,* condesa de Barcelona. Esposa del conde Ramón Borrell (h. 993), fue regente de su hijo Berenguer Ramón I (hasta 1041) y de su nieto Ramón Berenguer I, al que vendió sus derechos en 1057.

Ermitage (museo del), museo de San Petersburgo. Se adjuntó al palacio de Invierno a un conjunto de palacios construidos para albergar las colecciones de Catalina II, en un todo que constituye uno de los museos más importantes del mundo (arqueología, artes decorativas, rica galería de pintura occidental).

ERMUA, v. de España (Vizcaya), en el valle del Deva; 17 140 hab. *(ermuatarras).* Industrias metalmecánicas.

ERNE, r. de Irlanda, que desemboca en el Atlántico; 115 km. Atraviesa los dos *lagos de Erne.*

ERNESTO AUGUSTO de Brunswick-Luneburgo, *Herzberg 1629-Herrenhausen 1698,* primer elector de Hannover. Participó en las guerras contra Luis XIV de Francia. Su hijo Jorge se convirtió en rey de Inglaterra (Jorge I).

ERNI (Hans), *Lucerna 1909*, pintor suizo. También escultor, ceramista y litógrafo, su obra busca la armonía entre lo sensible y lo racional.

ERNST (Max), *Brühl 1891-París 1976*, pintor alemán nacionalizado francés. Los collages de su época dadaísta (1919) llamaron la atención de los surrealistas, a quienes se unió en París en 1922. También grabador, escultor y escritor, aportó al surrealismo importantes contribuciones poéticas y técnicas (*frottages, grattages,* etc.). — Museo en Brühl.

■ MAX **ERNST**. *Pareja zoomorfa*, 1933.
(Museo Guggenheim, Venecia.)

ERNST (Richard), *Winterthur 1933*, químico suizo. Perfeccionó la espectroscopia de resonancia magnética nuclear, convirtiéndola en una potente técnica de análisis de la estructura de las moléculas. (Premio Nobel 1991.)

ERODE, c. de la India (Tamil Nadu); 357 427 hab.

EROLES (Joaquín **Ibáñez, barón de**), *Talarn, Lérida, 1784-Madrid 1825*, militar y político español. Absolutista, preparó desde Francia la expedición de los Cien mil hijos de san Luis (1823).

EROS MIT. GR. Dios del amor. Considerado como el más joven de los dioses, más tarde fue representado con el aspecto de un niño que con sus flechas hiere los corazones.

ERÓSTRATO, *s. IV a.C.*, pirómano efesio. Para inmortalizar su nombre, incendió el templo de Artemisa en Éfeso (356 a.C.).

ERRÁZURIZ (Fernando), *Santiago 1777-íd. 1841*, político chileno. Vicepresidente interino (1831) y jefe del gobierno (1831-1841), reprimió el intento revolucionario de Ramón Freire (1836).

ERRÁZURIZ ECHAURREN (Federico), *Santiago 1850-Valparaíso 1901*, político chileno. Hijo de Errázuriz Zañartu, participó en la revolución que derrocó al presidente Balmaceda (1891). Fue presidente de 1896 a 1901.

ERRÁZURIZ ZAÑARTU (Federico), *Santiago 1825-íd. 1877*, político chileno. Presidente de la república (1871-1876), realizó reformas liberales en la constitución y el código penal.

ERRENTERIA → **RENTERÍA**.

ERRÓ (Gudmundur **Gudmunsson**, llamado), *Ólafsvík 1932*, pintor islandés. Sus «pinturas-collages» critican la sociedad contemporánea mediante un juego de acumulaciones, fragmentaciones y collages pictóricos (cómics, ilustraciones de prensa, fotografías, elementos de obras de los grandes pintores, etc.).

ERSHAD (Hossain Mohammad), *Rangpur 1930*, general y político de Bangla Desh. Llevado al poder por el ejército en 1982, fue presidente de la república de 1983 a 1990.

ERTÉ (Romain de **Tirtoff**, llamado), *San Petersburg 1892-París 1990*, pintor, decorador y dibujante ruso nacionalizado francés. Forjó un estilo personal, cercano al art déco, tanto en el diseño de moda como en los decorados y el vestuario de teatro y cine (en Hollywood).

ERVIGIO, *m. en Toledo 687*, rey visigodo (680-687). Hijo del bizantino Ardabasto, accedió al trono tras derrocar a Wamba. Hizo revisar el código de Recesvinto y consolidó el poder de la nobleza. Eligió como heredero a su yerno Égica, sobrino de Wamba.

ERZBERGER (Matthias), *Buttenhausen 1875-cerca de Griesbach 1921*, político alemán. Principal negociador del armisticio del 11 nov.

1918, fue ministro de hacienda (1919). Murió asesinado por los nacionalistas.

ERZGEBIRGE, en esp. **Montes Metálicos** o **Metalíferos**, en checo **Krušné Hory**, macizo montañoso en la frontera entre Alemania y la República Checa; 1 244 m. Fue lugar de explotaciones mineras (plomo, cinc, cobre, plata).

ESA → **YESA**.

ESA (European Space Agency), agencia espacial europea, creada en 1975 y con sede en París.

ESAKI LEO, *Ósaka 1925*, físico japonés. Fue el primero en obtener, en 1957, el efecto túnel de los electrones en un semiconductor. (Premio Nobel 1973.)

ESAÚ, personaje bíblico. Hijo de Isaac y Rebeca y hermano mayor de Jacob, vendió a este su primogenitura por un plato de lentejas.

ESBJERG, c. de Dinamarca (Jutlandia); 82 593 hab. Pesca. Conservas de pescado. Museos.

ESBO → **ESPOO**.

ESCALA (La), en cat. **L'Escala**, v. de España (Gerona); 6 285 hab. (*escalenses*). Conservas de pescado. Centro turístico. — En su término, ruinas de *Ampurias.

ESCALADA (Antonio José de), *Buenos Aires 1753-íd. 1821*, patriota argentino. Suegro de San Martín, participó en el cabildo abierto del 22 de mayo de 1810.

ESCALANTE, dep. de Argentina (Chubut); 128 837 hab.; cab. *Comodoro Rivadavia*.

ESCALANTE (Amós de), *Santander 1831-íd. 1902*, escritor español. Autor de libros de viaje (*Del Ebro al Tíber*, 1864), fue también poeta (*Poesías*, 1890) y novelista.

ESCALANTE (Juan Antonio de **Frías y**), *Córdoba 1633-Madrid 1669*, pintor español. Discípulo de Ricci y representante de la escuela barroca madrileña, su tratamiento del paisaje posee influencias veneciana y flamenca (*Inmaculada*, 1660; *Cristo muerto*, 1663).

ESCALDA, en fr. **Escaut**, en neerl. **Schelde**, r. de Francia, Bélgica y Países Bajos, que nace en Francia y desemboca en el mar del Norte; 430 km. Pasa por Tournai, Gante y Amberes (en el inicio de un largo estuario que es una importante vía navegable).

ESCALERA (José Nicolás de la), *La Habana 1734-íd. 1804*, pintor cubano. Realizó los frescos de la iglesia de Santa María del Rosario y numerosas pinturas religiosas.

ESCALÍGERO (Julio César), en ital. Giulio Cesare **Scaligero**, *Riva del Garda 1484-Agen 1558*, humanista y médico italiano. Esbozó en una *Poética* los principios del clasicismo. — **José Justo E.**, en ital. Giuseppe Giusto **Scaligero**, *Agen 1540-Leiden 1609*, humanista francés de origen italiano. Hijo de Julio César Escalígero, se convirtió al protestantismo.

ESCALÓN (Pedro José), *1847-1923*, político salvadoreño. Presidente de la república (1903-1907), liquidó la deuda Burrell con EUA.

ESCALONA (Juan), *Caracas 1768-íd. 1833*, general venezolano. Militar del ejército español, se unió a los republicanos en 1810. Fue gobernador de Valencia (1813) y Coro (1821).

ESCAMANDRO o **JANTO**, r. de la Tróade.

ESCAMBRAY (sierra de) ∩ **GRUPO DE GUAMUHAYA** o **ALTURAS DE TRINIDAD-SANCTI SPÍRITUS**, sistema montañoso de Cuba (Villa Clara, Sancti Spíritus y Cienfuegos); 1 156 m en el pico San Juan o La Cuca. *Parque nacional de Escambray*, con el salto de la Siguanea, en el río Habanilla.

ESCANDINAVIA, región del N de Europa que en sentido lato comprende Dinamarca, Noruega, Suecia, Finlandia y a veces Islandia. Las duras condiciones naturales, la influencia marítima, la presencia de bosques, la escasa densidad de población (sobre todo en el N) y los regímenes políticos liberales son los principales rasgos comunes de estos estados.

ESCANIA, extremo meridional y parte más fértil de Suecia; c. pral. *Malmö*.

ESCATRÓN, v. de España (Zaragoza); 1 282 hab. (*escatroneros*). Central térmica (172 500 kW). — En el término, monasterio de *Rueda.

ESCAZÚ, cantón de Costa Rica (San José); 38 817 hab. Arroz, maíz, caña de azúcar y café.

ESCHENBACH (Wolfram **von**), *Eschenbach, Baviera, h. 1170-h. 1220*, poeta alemán. Es autor de poemas épicos (*Parzival*) y líricos (*Titurel*).

ESCILA, escollo del estrecho de Mesina, frente al de *Caribdis.

ESCIPIÓN el Africano, en lat. **Publius Cornelius Scipio Africanus**, *235-Liternum 183 a.C.*, general romano. Procónsul en 211, acabó con la dominación cartaginesa en la península Ibérica (toma de Cartago Nova, 209) y, tras la batalla de Ilipa (207-206), conquistó la Hispania meridional. Cónsul en 205, desembarcó en África y, con su victoria de Zama (202) sobre Aníbal, puso fin a la segunda guerra púnica. — **Escipión Emiliano**, en lat. **Publius Cornelius Scipio Aemilianus**, *185 o 184-Roma 129 a.C.*, general y político romano. Hijo de Paulo Emilio y nieto adoptivo de Escipión el Africano, cónsul en 147, puso fin a la tercera guerra púnica con la destrucción de Cartago (146). Nuevamente cónsul en 134, fue enviado como gobernador a Hispania Citerior y en 133 arrasó Numancia. Aristócrata, se opuso a las leyes agrarias de los Gracos. Hombre de letras, seguidor del estoicismo y admirador de la cultura griega, formó un brillante círculo en el que figuraban Polibio y Terencio.

ESCIROS, isla de Grecia, en el mar Egeo.

ESCITIA, para los antiguos griegos, región de Rusia meridional, habitada por los escitas.

ESCLARAMUNDA DE FOIX, *m.d. 1315*, reina de Mallorca (1276-1311). Hija de Roger Ramón IV de Foix, esposa de Jaime II y madre de Sancho I, se encargó de la tutela de su nieto Jaime III.

ESCLAVO (Gran Lago del), lago de Canadá (Territorios del Noroeste), alimentado por el *río del Esclavo*, tramo del río Mackenzie; 28 930 km².

ESCLAVOS (costa de los), ant. denominación del litoral de Benín y de Nigeria occidental.

ESCOBAR, partido de Argentina (Buenos Aires), en la zona limítrofe del Gran Buenos Aires; 128 651 hab. Horticultura y fruticultura.

ESCOBAR (Luis Antonio), *Villapinzón 1925-Miami 1993*, compositor colombiano. Es autor de sinfonías, conciertos para piano, la ópera *Los hampones* (1961), obras corales, ballets, piezas para piano y música de cámara.

ESCOBAR (Manuel de), *Lima 1639-íd. 1693*, arquitecto peruano. Realizó obras en las iglesias de San Francisco, La Merced (1667) y los Desamparados (1669) de Lima.

ESCOBAR (Patricio), *m. en 1912*, militar y político paraguayo. Presidente de la república (1886-1890), estableció la enseñanza obligatoria y fundó la Universidad nacional (1889). Durante su mandato, fueron creados el Partido liberal y el Partido republicano o colorado.

ESCOBAR (Vicente), *La Habana 1757-íd. 1834*, pintor cubano, autor de una galería de retratos de personajes públicos.

ESCOBEDO (Bartolomé de), *Zamora principios s. XVI-Segovia 1563*, compositor español. Cantor de la catedral de Salamanca y en la capilla pontificia de Roma, tiene obras en la capilla Sixtina (*Missa a seis voces*), en el Cancionero de Uppsala, en la Real capilla de Madrid y en catedrales españolas.

ESCOBEDO (Juan de), *Colindres, Cantabria, 1530-Madrid 1578*, político español. Secretario del gobernador de los Países Bajos Juan de Austria (1575), su asesinato originó el proceso contra Antonio Pérez.

ESCOCIA, en ingl. **Scotland**, parte N de la isla de Gran Bretaña; 78 800 km²; 5 130 000 hab. (*escoceses*); cap. *Edimburgo*; c. pral. *Glasgow*. Es un país de tierras altas, sobre todo en el N (Grampians y Highlands), pero la población se concentra en las Lowlands.

HISTORIA

El nacimiento de Escocia. S. I d.C.: los romanos emprendieron la conquista de Escocia, ocupada entonces por los pictos, que resistieron victoriosamente. **Ss.** V-VI: escotos, bretones y anglos se establecieron en el país, y desplazaron a los pictos hacia el N. **Ss.** VII-IX: la evangelización de Escocia (h. 563, por san Columbano), y más tarde las incursiones escandinavas (ss. VIII-IX), aceleraron la fusión de todos los pueblos citados. **843:**

el rey escoto Kenneth MacAlpin reinó sobre los escotos y los pictos. **1005-1034:** Malcolm II logró la unidad escocesa.

El auge de la monarquía escocesa. 1124-1153: durante el reinado de David I, Escocia comenzó a recibir el influjo inglés y se desarrolló el feudalismo. **1286:** la muerte sin sucesión de Alejandro III permitió a Eduardo I de Inglaterra intervenir en Escocia e imponer un protectorado en el país (1292) antes de anexionarlo (1296). Wallace y, posteriormente, Roberto I Bruce se opusieron a esta conquista. **1314:** la victoria de Bannockburn consolidó la causa escocesa. **1328:** el tratado de Northampton reconoció la independencia del país.

La Escocia de los Estuardo. Ss. XIV-XV: en la guerra de los Cien años Escocia se unió a los Estuardo en la alianza francesa. El país entró en un largo período de convulsiones internas. **S. XVI:** la reforma religiosa de John Knox consiguió adeptos entre la aristocracia y la enfrentó a la monarquía, católica. **1567:** la reina María Estuardo abdicó en su hijo Jacobo VI. **1603:** a la muerte de Isabel I, Jacobo VI se convirtió en rey de Inglaterra (Jacobo I). **1707:** el Acta de *unión (Union Act) fusionó los reinos de Escocia e Inglaterra.

La Escocia contemporánea. 1997: el gobierno británico concedió a Escocia un estatuto de autonomía (elección, en 1999, de un parlamento regional con poderes fiscales).

ESCOIQUIZ (Juan de), *Ocaña 1747-Ronda 1820,* eclesiástico español. Preceptor de Fernando VII, fue desterrado en 1814.

ESCOLANO (Gaspar Juan), *Valencia 1560 íd. 1619,* eclesiástico e historiador español. Teólogo y cronista del reino de Valencia (1604), es autor de *Décadas de la insigne y coronada ciudad y reino de Valencia* (1610-1611).

ESCOLÁSTICA (santa), *Nursia h. 480-Piumaro la, cerca de Montecassino, h. 543 o 547,* religiosa italiana. Hermana de san Benito de Nursia, fundó un convento cerca de Montecassino.

ESCOPAS, *Paros s. IV a.C.,* escultor griego. El ritmo y la expresividad de sus obras (*Ménade,* Dresde) influyeron en el arte helenístico.

ESCORIAL (El), v. de España (Madrid); 10 549 hab. (*escurialenses*). Iglesia herreriana (F. de la Mora, 1595); casita de Abajo, o del Príncipe (s. XVIII), de J. de Villanueva.

Escorial (conspiración y proceso de El) [1806-1808], conjura de nobles españoles, acaudillados por el príncipe Fernando, para neutralizar a Godoy. El desarrollo del proceso, en el que se absolvió a todos los conjurados, reforzó la figura del futuro Fernando VII.

Escorial (monasterio de El) o **de San Lorenzo el Real de El Escorial,** conjunto monumental situado en el mun. español de San Lorenzo de El Escorial (Madrid), máximo exponente español del clasicismo renacentista, consta de un monasterio e iglesia, palacio (con patios y jardines) y panteón real. Concebido como necrópolis real y centro de estudios al servicio de la contrarreforma, fue mandado construir por Felipe II en cumplimiento de un voto tras la toma de San Quintín. En 1563, Juan Bautista de Toledo inició las obras, continuadas (1567) y terminadas (1584) en un estilo más austero por su sucesor, Juan de Herrera. También colaboró en su construcción el italiano Giambattista Castello. Fue ampliado en el s. XVII (panteón real) y por los Borbones (s. XVIII). Posee una valiosa pinacoteca y destaca también la biblioteca (1584), decorada por P. Tibaldi y B. Carducho y que cuenta con una

■ LA **ESCUELA DE ATENAS,** fresco de Rafael en el Vaticano (1509-1510).

importante colección de textos medievales e incunables. Numerosas obras de arte: bronces de L. y P. Leoni, pinturas de primitivos flamencos, Tiziano, Greco, J. Ribera, Velázquez, frescos de L. Giordano, tapices de Goya. (Patrimonio de la humanidad 1984.)

ESCORPIÓN, constelación zodiacal.— **Escorpión,** octavo signo del zodiaco, que el Sol atraviesa del 23 de octubre al 22 de noviembre.

ESCOSURA (Patricio de la), *Oviedo 1807-Madrid 1878,* escritor y político español. Liberal, fue ministro de gobernación varias veces. Destacó en el romanticismo por sus textos históricos. (Real academia 1847.)

ESCOTO (Juan Duns), en ingl. John **Duns Scot,** *Maxton h. 1266-Colonia 1308,* filósofo y teólogo escocés. Franciscano, fue apodado «el doctor sutil». Se propuso pensar la univocidad del ser y defendió en nombre de la fe el realismo del conocimiento que parte del mundo sensible para alcanzar a Dios. Fue beatificado en 1993.

ESCOTO ERIÚGENA (Juan), en *Irlanda h. 810-h. 877,* filósofo y teólogo irlandés. Su obra, neoplatónica y condenada en dos concilios, abrió la vía a un pensamiento racional autónomo (*De praedestinatione,* 851).

ESCRICHE (Joaquín), *Caminreal, Teruel, 1784-Barcelona 1847,* jurisconsulto español, autor de un *Diccionario razonado de legislación y jurisprudencia* (1847, con varias reediciones).

ESCRIVÁ (comendador Juan), poeta español de la época de los Reyes Católicos. De su obra, que figura en el *Cancionero general* (1511 y 1514) de Hernando del Castillo, destaca la canción *Ven, muerte, tan escondida.*

ESCRIVÁ DE BALAGUER (José María Escrivá Albás,** en religión [san] Josemaría), *Barbastro 1902-Roma 1975,* sacerdote español. Doctor en derecho y teología y sacerdote (1925), fundó en Madrid el *Opus Dei (1928), que presidió hasta su muerte. Autor de *Camino* y otros escritos de espiritualidad, fue prelado doméstico del papa. Fue canonizado en 2002.

ESCUDERO (Vicente), *Valladolid 1888-Barcelona 1980,* bailarín y coreógrafo español. En compañía de la Argentina, con quien creó la coreografía de *El amor brujo* (1925), recorrió Europa y América.

escuela de Atenas (La), gran fresco de Rafael, realizado en 1509-1510 en la «estancia de la Signatura», en el Vaticano. Esta obra, que exalta la búsqueda racional de los filósofos, está situada frente a *La disputa del Sacramento,* dedicada a la «verdad revelada».

Escuela moderna, institución pedagógica española, fundada por F. Ferrer Guardia en Barcelona (1901). Practicó la coeducación y los principios racionalistas y laicos.

Escuelas pías (clérigos regulares pobres de la Madre de Dios de las), orden religiosa fundada en 1597 por san José de Calasanz para la educación infantil, popular y cristiana. Sus miembros se llaman *escolapios.* La primera escuela de la orden fue creada en 1600.

ESCUINAPA, mun. de México (Sinaloa); 49 474 hab. Turismo.

ESCUINTLA, c. de Guatemala, cap. del dep. homónimo; 63 171 hab. Refino de petróleo. Turismo.

ESCUINTLA, mun. de México (Chiapas); 18 041 hab. Industrias alimentarias y madereras.

ESCUINTLA (departamento de), dep. de Guatemala; 4 384 km²; 592 567 hab.; cap. *Escuintla.* Productos para la exportación (algodón, carne y azúcar).

ESCULAPIO, mit. rom. Dios de la medicina. Corresponde al Asclepio griego.

ESCURRA (Juan Antonio), *1859-1905,* militar y político paraguayo. Presidente constitucional desde 1902, fue derrocado en 1904.

ESDRAS, *s. V a.C.,* sacerdote judío. Restauró la religión judía y el Templo tras el exilio de Babilonia.

ESENIN (Serguéi Alexándrovich), *Konstantinovo 1895-Leningrado 1925,* poeta soviético. Exponente de la escuela imaginista y poeta de inspiración ora campesina y nostálgica (*Radunitsa*), ora urbana y desesperada (*Moscú de los tugurios*), celebró la revolución de octubre en nombre de un ambiguo mesianismo (*Inonia*). Cayó en el alcoholismo y se suicidó.

ESEQUIBO → ESSEQUIBO.

ESHKOL (Levi), *Oratov, Ucrania, 1895-Jerusalén 1969,* político israelí, primer ministro (1963-1969).

ESKILSTUNA, c. de Suecia, cerca del lago Mälaren; 89 765 hab. Metalurgia. — Museos.

ESKIŞEHIR, c. de Turquía, al O de Ankara; 413 082 hab.

ESLA, r. de España, afl. del Duero (or. der.); 285 km. Aprovechamiento para regadío e hidroelectricidad (presa de Ricobayo).

ESLAVA (Miguel Hilarión), *Burlada 1807-Madrid 1878,* compositor y musicólogo español. Director del conservatorio de Madrid (1866), escribió óperas italianizantes, numerosas composiciones religiosas (*Miserere*), obras didácticas (*Método de solfeo,* 1846) y una antología: *Lira sacra hispánica* (10 vols., 1869).

ESLAVA Y LAZAGA (Sebastián de), *Enériz, Navarra, 1685-Madrid 1759,* administrador es-

■ MONASTERIO DE EL **ESCORIAL**

pañol. Virrey de Nueva Granada (1740-1748), rechazó el ataque del almirante británico Vernon a Cartagena de Indias (1741).

ESLAVONIA, región del E de Croacia, entre el Sava y el Drava.

ESLOVAQUIA, en eslovaco **Slovensko,** estado de Europa oriental, al S de Polonia; 49 000 km²; 5 300 000 hab. *(eslovacos).* CAP. *Bratislava.* LENGUA: *eslovaco.* MONEDA: *euro.*

INSTITUCIONES

República con régimen semipresidencial. Constitución de 1992, en vigor desde 1993. El presidente de la república es elegido por sufragio universal directo cada 5 años. Designa al primer ministro, responsable ante el parlamento. Este último, el Consejo nacional, es elegido por sufragio universal cada 4 años.

GEOGRAFÍA

Ocupa el extremo NO de los Cárpatos. El país combina bosques y pastos. La agricultura (cereales) destaca en las llanuras del SO, cerca del Danubio. La industria, aparte de la extractiva (mecánica [automóviles] y química sobre todo), está implantada en Bratislava y Košice, las ciudades más importantes. La población cuenta con una minoría de origen húngaro (más del 10 % del total), localizada a lo largo de la frontera meridional.

HISTORIA

S. x: los húngaros destruyeron la Gran Moravia y se anexionaron Eslovaquia, que constituyó la Alta Hungría. **1526:** esta, con el resto de Hungría, entró en el dominio de los Habsburgo. **1540:** la llanura húngara fue ocupada por los otomanos y el gobierno húngaro se estableció en Presburgo (act. Bratislava) hasta 1848. **S. xix:** se desarrolló el movimiento nacional eslovaco. **1918:** Eslovaquia fue integrada en el estado checoslovaco. **1939:** creación de un estado autónomo, bajo protección alemana, gobernado por monseñor Tiso. **1945-1948:** fue reintegrada en Checoslovaquia y se restableció la centralización. **1969:** Eslovaquia fue dotada de un estatuto de república federada. **1990:** los diputados eslovacos consiguieron que Checoslovaquia adoptara el nombre de República federativa checa y eslovaca. **1992:** Vladimír Mečiar, jefe del gobierno, preparó, con su homólogo checo, la división de la federación. **1 en. 1993:** Eslovaquia se convirtió en un estado independiente, dirigido por Michal Kováč (presidente) y V. Mečiar (primer ministro). **1998:** la presidencia quedó vacante tras el mandato de M. Kováč. Dada la victoria de la oposición en las legislativas, Mikuláš Dzurinda accedió a la jefatura del gobierno (reelegido en 2002). **1999:** el demócrata Rudolf Schuster fue elegido presidente. **2004:** Eslovaquia ingresó en la OTAN y en la Unión europea. El nacionalista Ivan Gašparovič fue elegido presidente (reelegido en 2009). **2006:** las elecciones legislativas llevaron al poder a los socialdemócratas (Robert Fico fue nombrado primer ministro), aliados a los populistas de V. Mečiar y a los nacionalistas.

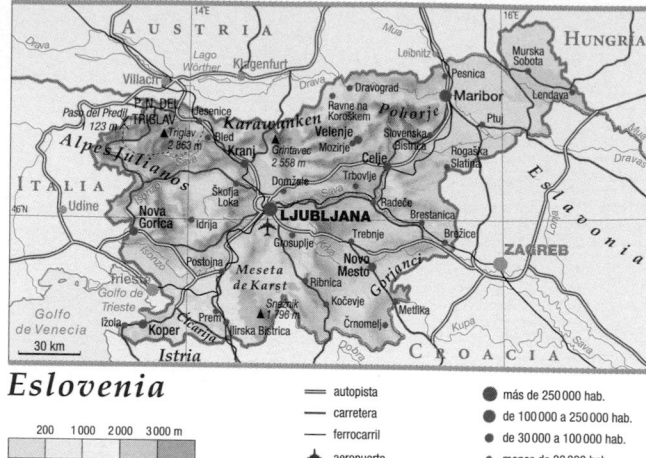

Eslovenia

200   1000 2000 3000 m

— autopista
— carretera
— ferrocarril
✈ aeropuerto

● más de 250 000 hab.
● de 100 000 a 250 000 hab.
● de 30 000 a 100 000 hab.
● menos de 30 000 hab.

ESLOVENIA, en esloveno **Slovenija,** estado de Europa central, al S de Austria; 20 200 km²; 1 914 000 hab. *(eslovenos).* CAP. *Ljubljana.* LENGUA: *esloveno.* MONEDA: *euro.*

INSTITUCIONES

República con régimen semipresidencial. Constitución de 1990, en vigor desde 1991. El presidente de la república es elegido cada 5 años por sufragio universal directo. El parlamento se compone de la Asamblea nacional, elegida cada 4 años por sufragio universal directo, y el Consejo nacional, elegido cada 5 años.

GEOGRAFÍA

El país limita con Italia, Austria y Hungría, se halla al pie de los Alpes y se abre en los valles del Drave y Sava. Un 95 % aprox. de su población es de origen esloveno. Es relativamente próspero, con una industria (construcciones mecánicas, textil) y un turismo activos.

HISTORIA

S. vi: tribus eslavas (eslovenas) se establecieron en la región. **788:** fue anexionada por Carlomagno. **1278:** pasó a los Habsburgo. **S. xix:** se desarrolló un movimiento cultural y nacional. **1918:** entró a formar parte del reino de los Serbios, Croatas y Eslovenos, llamado, desde 1929, Yugoslavia. **1941-1945:** fue dividida entre Alemania, Italia y Hungría. **1945:** se convirtió en una de las repúblicas federadas de Yugoslavia. **1990:** la oposición democrática ganó las primeras elecciones libres. **1991:** proclamó su independencia (reconocida en 1992). Milan Kučan, que dirigía el país desde 1990, fue ele-

gido presidente. **2002:** Janez Drnovšek (primer ministro de 1992 a 2000 y de 2000 a 2002) lo sucedió. **2004:** ingresó en la OTAN (marzo) y en la Unión europea (mayo). **2007:** Danilo Türk fue elegido jefe del estado.

Esmalcalda → Smalkalda.

ESMERALDA, mun. de Cuba (Camagüey); 30 220 hab. Caña de azúcar; ganadería.

ESMERALDAS, c. de Ecuador, cap. de la prov. homónima; 141 030 hab. Bananas. Puerto fluvial en el *río Esmeraldas.* Refino de petróleo; oleoducto transandino.

ESMERALDAS (provincia de), prov. del NO de Ecuador; 14 978 km²; 306 600 hab.; cap. *Esmeraldas.*

ESMIRNA → İZMİR.

ESNAOLA (Juan Pedro), *Buenos Aires 1808-íd. 1878,* músico argentino. Fundador del primer conservatorio de música de Buenos Aires, es autor de música sacra y piezas para piano.

ESO (European Southern Observatory, en esp. Observatorio europeo austral), organización europea para la investigación astronómica en el hemisferio austral, creada en 1962. Sede: Garching (Alemania). Dispone de los observatorios chilenos de La *Silla y *Cerro Paranal.

ESOPO, *ss. vii-vi a.C.,* fabulista griego. Es un personaje semilegendario al que se atribuye una colección de fábulas conocidas desde finales del s. v a.C. y que ejercieron gran influencia.

Espacio económico europeo (EEE), zona de libre comercio europea. Instituida por el tratado de Oporto (1992) y en vigor desde el 1 de enero de 1994, comprende 30 estados: los 27 de la Unión europea y 3 países de la EFTA.

ESPAILLAT (provincia de), prov. del N de la República Dominicana; 974 km²; 179 500 hab.; cap. *Moca.*

ESPAILLAT (Ulises), *1823-1878,* político dominicano. Presidente (1876), abandonó el poder por el acoso de las facciones rebeldes de B. Báez e Ignacio González.

ESPALTER (Joaquín), *Sitges 1809-Madrid 1880,* pintor español. Pintor de cámara, destacó como retratista, muralista y en cuadros de historia (*El suspiro del moro,* 1855).

ESPAÑA, estado del SO de Europa, en la península Ibérica; 504 750 km², incluidas las islas Canarias y las Baleares; 44 708 964 hab. *(españoles).* CAP. *Madrid.* LENGUA: *español.* MONEDA: *euro.*

INSTITUCIONES

La constitución de 1978 establece un régimen de monarquía parlamentaria. El rey es el jefe del estado y ostenta su máxima representación internacional y el mando de las fuerzas armadas; los poderes de la corona necesitan del refrendo del gobierno o de las cortes. La corona recae en Juan Carlos I y sus sucesores. El parlamento (cortes generales) es bicameral y se compone de congreso de los diputados y

Eslovaquia

▪ límite de distrito

200   500 1000 2000 m

— autopista
— carretera
— ferrocarril
✈ aeropuerto

● más de 100 000 hab.
● de 50 000 a 100 000 hab.
● de 10 000 a 50 000 hab.
● menos de 10 000 hab.

ESPAÑA

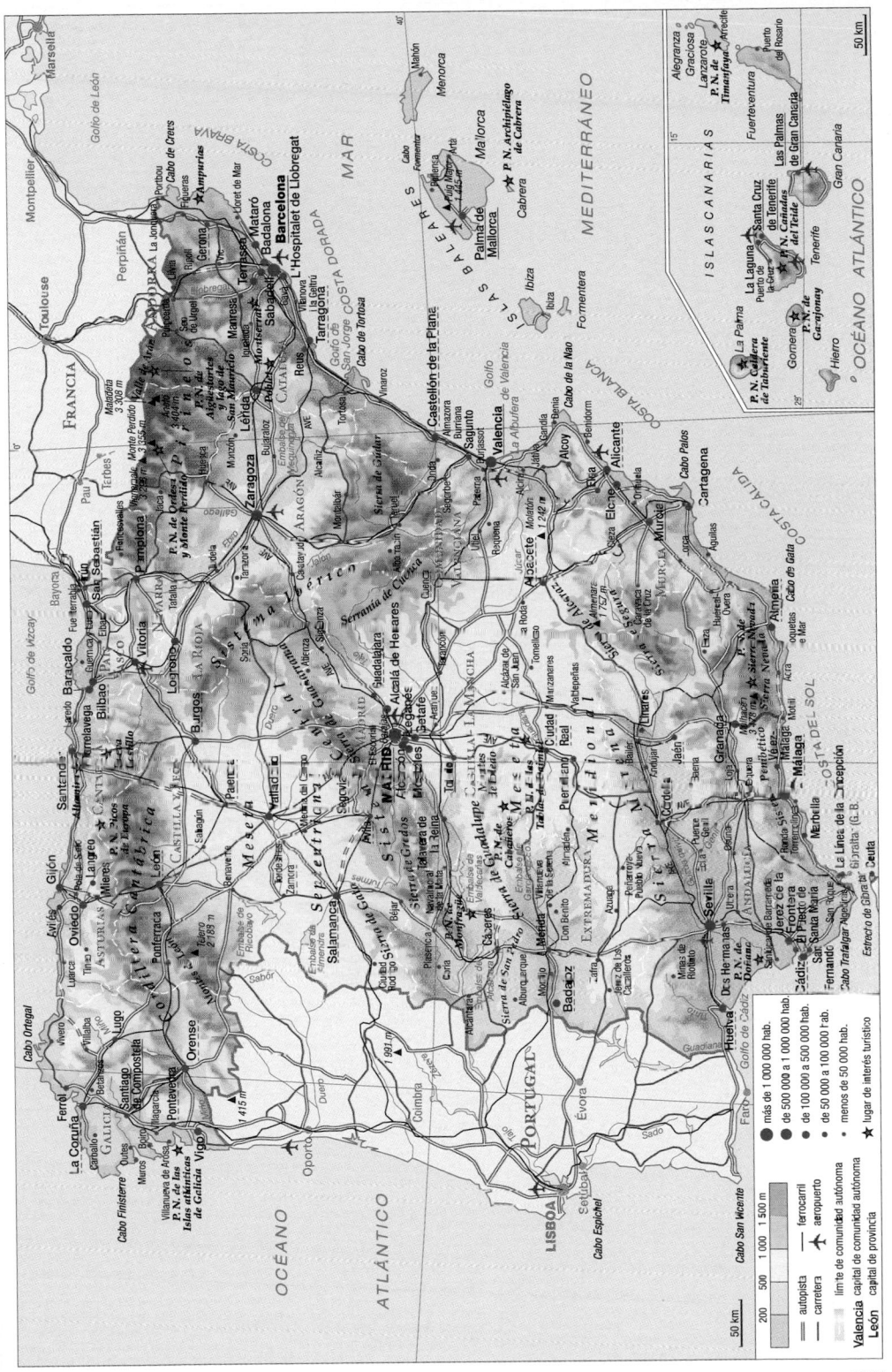

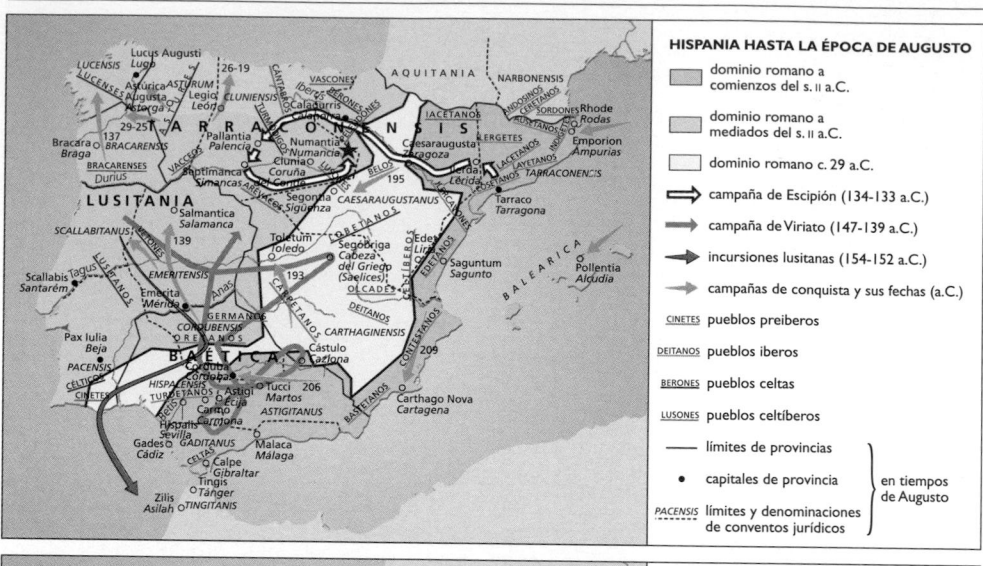

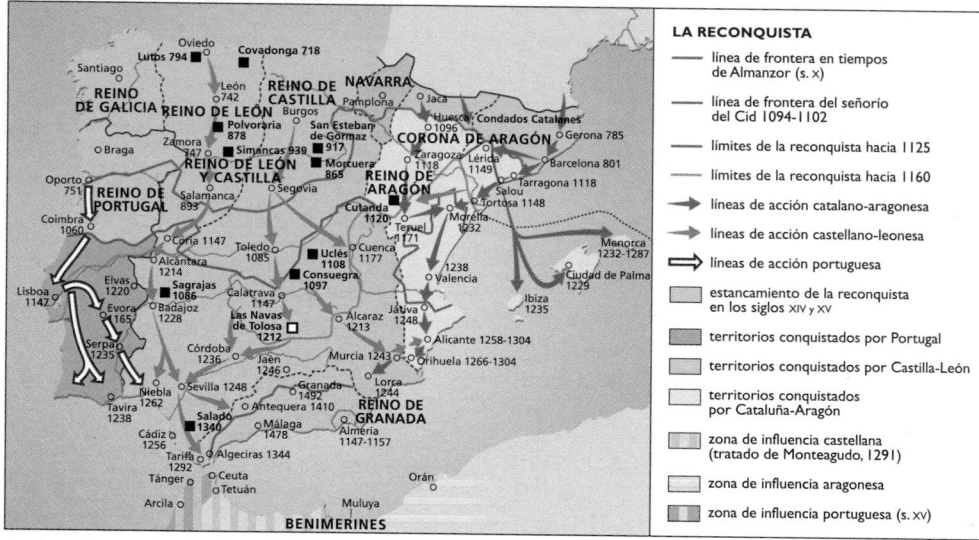

senado, elegidos por sufragio universal cada 4 años. El poder ejecutivo corresponde al gobierno de la nación (responsable ante el congreso de los diputados), cuyo presidente es nombrado por el rey, tras consultar a los grupos parlamentarios y obtener la aprobación mayoritaria del congreso. El poder judicial es independiente; su máximo órgano de gobierno es el Consejo general del poder judicial. La organización territorial, semifederal, se basa en comunidades autónomas, con parlamento y gobierno propios y diversos grados de competencias; en su caso, la lengua propia es cooficial, en la comunidad, con la castellana.

GEOGRAFÍA

El territorio se ordena en torno a una gran unidad central de clima seco, caluroso en verano y frío en invierno: la Meseta, que el sistema Central divide en dos sectores, N y S, regados respectivamente por el Duero y por el Tajo y Guadiana. Al NE de la Meseta transcurre el valle del Ebro y al S el del Guadalquivir. Las mayores altitudes peninsulares se dan en sistemas montañosos marginales a la Meseta: Pirineos (Aneto, 3 404 m) y sistema Penibético (Mulhacén, 3 478 m). La costa es en general poco articulada, excepto en el NO (rías). Las Baleares, excepto Menorca, constituyen desde el punto de vista geológico una prolongación del sistema Subbético, y el archipiélago canario es de formación volcánica; en él se encuentra la máxima altitud del territorio español (Teide, 3 718 m). La población, muy urbanizada (80 % aprox., con 6 ciudades de más de 500 000 hab.), se ha doblado desde el inicio del s. XX, pero su crecimiento se ha ralentizado (0,5 % anual). Tanto el crecimiento demográfico como la distribución espacial han seguido ritmos diferentes en cada área, en función sobre todo de un desarrollo industrial polarizado en Madrid, Cataluña, País Vasco y Levante. Estas zonas, y en general las provincias litorales, registran las mayores densidades, mientras las zonas rurales de la Meseta se despueblan. En lo que respecta a las actividades económicas, España es un país terciarizado (aprox. un 67 % del PIB, por un 30 % la industria y un 3 % el sector primario). Estos porcentajes equivalen a los de los países más industrializados, pero algunas debilidades infraestructurales, la superior tasa de desempleo y el elevado déficit público sitúan a España algo por debajo que sus socios más destacados de la Unión europea.

Los bosques cubren un 30 % del territorio. Los cultivos más extendidos son los cereales, la vid y el olivo (importante producción de vino y aceite), a los que se añaden en el litoral mediterráneo y los valles fluviales los cítricos y otros frutales, la patata, el tomate y la cebolla, y entre los cultivos industriales el algodón, el girasol, la remolacha azucarera y el tabaco. La ganadería (ovina en la Meseta, bovina en el NO, más húmedo) y la pesca mantienen su importancia tradicional (en auge la acuicultura), aunque con dificultades derivadas de los cupos de producción fijados por la Unión europea en el primer caso, y de la extensión de las aguas jurisdiccionales y la restricción de los caladeros y cupos de captura en el segundo. Entre los recursos mineros destacan el hierro, carbón, plomo, cinc, estaño, volframio, cobre. Se extrae escaso petróleo en la plataforma continental mediterránea. Casi la mitad de la energía producida es de origen nuclear, aprox. el 7 % de origen hidráulico; el resto proviene del carbón, las centrales térmicas y las energías renovables. Los grandes centros industriales son el País Vasco, Asturias y la región de Barcelona. Act. las industrias más competitivas son la agroalimentaria, farmacéutica, del automóvil y transporte, maquinaria, electrodomésticos e informática y del calzado.

En la balanza de pagos española se ha compensado el déficit comercial y de algunos servicios (pago de asistencia técnica y de royalties) por los ingresos de turismo, muy notables (unos 60 millones de visitantes anuales, con predominio del turismo de playa, sobre todo en Baleares y el litoral mediterráneo) y la inversión de capital exterior.

La entrada en la Unión europea supuso al principio problemas de adaptación (cuotas pesqueras, excedentes agrícolas), en un país que sufría un elevado desempleo, pero posteriormente aceleró considerablemente la modernización de la economía. España conoció un crecimiento sostenido y una mejora espectacular en la situación del empleo, convirtiéndose en un polo dinámico del espacio europeo. Este balance se ha visto parado por la crisis financiera y económica mundial de 2007-2008, que ha provocado una subida brusca y sustancial del paro. Por otro lado, el país se halla enfrentado a las desigualdades sociales y regionales, a la inflación y a los déficits comerciales. España intercambia con sus socios europeos aprox. el 60 % de sus importaciones (con tendencia al alza) y el 70 % de las exportaciones.

HISTORIA

Prehistoria y protohistoria. Los restos de homínidos hallados en Atapuerca (Burgos), con una antigüedad de 1,2 millones de años, muestran que España comenzó a poblarse durante el pleistoceno inferior. En el VI milenio a.C. la agricultura y la ganadería llegaron al Levante. Las culturas de Los Millares (2700-2500) y El Argar (1800-1350) marcaron la evolución del neolítico a la edad de los metales. A partir del 1100 se inició la inmigración de pueblos centroeuropeos, las gentes de los campos de *urnas, que a través de los Pirineos orientales y el valle del Ebro, se instalaron en la Meseta y el N. En la primera mitad del I milenio a.C. se reforzó la influencia mediterránea, con las colonizaciones fenicia y griega. El auge de estas colonias tuvo lugar en los ss. VII-VI. La batalla de Alalia (533), en la que etruscos y cartagineses vencieron a los focenses, significó un retroceso de la colonización griega en el SO, en favor de la púnica. Los griegos mantuvieron su influencia en el Levante y el SE, donde se desarrolló la cultura ibérica, frente a los pueblos celtas y celtibéricos del NO y de la Meseta.

De Cartago a la Hispania romana. 237 a.C.: Amílcar Barca emprendió en Gadir la conquista cartaginesa. **219 a.C.:** la destrucción de Sagunto, aliada de Roma, desencadenó la segunda guerra púnica, y Roma entró en la Península, expulsó a los cartagineses (218-207) e inició su propia conquista, completada tras la segunda guerra celtibérica (143-134); poco después sometió los núcleos celtas de Galicia y, tras la guerra contra cántabros y astures (27-14 a.C.), incorporó a su dominio parte de la franja cantábrica. La Hispania romana fue dividida (s. I a.C.) en tres provincias, Bética, Lusitania y Tarraconense (cinco, con la Cartaginense y la Galecia en el s. III). La romanización impulsó el crecimiento demográfico, la urbanización, la agricultura y la ganadería, pero decayó la minería; impuso el latín sobre las lenguas previas y canalizó la difusión del cristianismo. **s. III:** crisis de la Hispania romana y ruralización, estimulada por las invasiones de alamanes y francos (258). **409-429:** invasiones de los vándalos, alanos y suevos; estos últimos fundaron un reino en Galicia (430); la rebelión de los bagaudas (441) remató el poder romano.

La España visigoda. 415: entrada de los visigodos, que aniquilaron a los alanos, expulsaron a los vándalos (429) y derrotaron a los bagaudas (454). **507:** victoria franca en Vouillé sobre Alarico II, y desplazamiento del reino visigodo hacia la península. **562:** los bizantinos ocuparon la franja litoral entre Alicante y el Algarve, así como las Baleares. **568-586:** Leovigildo limitó las incursiones bizantinas, conquistó el reino suevo e inició la fusión entre los visigodos y los hispanorromanos. **586-711:** la conversión de Recaredo al catolicismo (587) consolidó el reino hispanovisigodo. Los bizantinos abandonaron la península (629). Las disensiones entre Rodrigo y los hijos de Vitiza favorecieron la invasión musulmana (711).

La España musulmana y la Reconquista. 711-732: musulmanes del N de África conquistaron el reino visigodo y atravesaron los Pirineos hasta ser detenidos por los francos en Poitiers. **755-929:** 'Abd al-Rahmān I proclamó el emirato independiente de Córdoba; la independencia del reino astur fundado en 718 quedó asegurada con la victoria de Alfonso II en Lutos (794). Carlomagno conquistó Barcelona (801) y estableció una Marca Hispánica en el NE, origen de los condados catalanes. **929-1031:** 'Abd al-Rahmān III proclamó el califato de Córdoba; tras su derrota en Alhandega (939) se resignó a la existencia de los reinos cristianos: el astur, que había establecido su capital en León (912), el de Navarra, constituido en el s. IX, y el condado de Castilla (reino desde 1035). **1031-1248:** la fragmentación del califato cordobés en los reinos taifas favoreció la expansión de los reinos cristianos, que rechazaron las incursiones almorávides (1086) y almohades (1147); el reino de Castilla, al que Fernando III había unido el de León (1230), avanzó hacia el S (conquistas de Toledo por Alfonso VI

1 reconocida la independencia de las Provincias Unidas, tratado de Münster, 1648

POSESIONES EN EUROPA DEL S. XVI A 1714

Portugal unida a España de 1580 a 1640

posesiones españolas

posesiones de los Habsburgo austríacos

rutas militares y comerciales españolas hacia los Países Bajos

"ruta de los Españoles"

vía de Dunkerque

territorios perdidos por España

en provecho de Francia de 1659 a 1678

en provecho de Saboya, 1713

en provecho de Gran Bretaña, 1713

en provecho del emperador Carlos VI, 1714

límites del Sacro Imperio en 1714

[1085] y de Sevilla por Fernando III [1248]), mientras que el de Aragón y los condados catalanes, unificados en el s. XII, lo hizo sobre el Levante hasta Valencia (1238) y la cuenca del Júcar (1245) y conquistó Mallorca (1229).
La baja edad media. 1248-1369: en Castilla la creciente complejidad económica derivada del comercio sevillano y la exportación de lana a Flandes abrió un conflicto entre la nobleza, beneficiaria a través de la Mesta (1273) de las exportaciones, y la corona y las ciudades, reflejado en la guerra civil del reinado de Pedro I (1350-1369). Aragón prosiguió su expansión mediterránea, de acuerdo con los intereses comerciales catalanes (Grecia, Cerdeña). **1369-1412:** la casa de Trastámara ocupó ambos tronos, tras el triunfo de Enrique de Trastámara en la guerra civil castellana (1369) y la elección de Fernando de Antequera como monarca de Aragón (compromiso de Caspe, 1412). **1412-1479:** los conflictos internos llevaron a Isabel, heredera del trono de Castilla, y al hijo de Juan II de Aragón, Fernando, a su matrimonio (1469); su victoria en la guerra de sucesión castellana (1474-1479) culminó la unión dinástica de los dos reinos.
La España imperial. 1480-1515: la unión de los Reyes Católicos mantuvo las instituciones propias de ambos reinos, afirmó la autoridad de la corona ante la nobleza y atendió a los intereses de expansión de ambos con la toma de Granada y el fin de la Reconquista (1492) y la recuperación de Nápoles (1504); en 1512 Fernando anexionó Navarra. El descubrimiento de América (1492) inició la proyección imperial transoceánica; la diversidad religiosa y cultural medieval empezó a diluirse con la expulsión de los judíos y la conversión forzosa de los mudéjares. **1516-1556:** Carlos I de Habsburgo consolidó la unión dinástica, tras sofocar las rebeliones de las Comunidades de Castilla (1520-1521) y las Germanías de Valencia (1519-1523) y de Baleares; la política europea, dada su condición de emperador (Carlos V) desde 1519, se convirtió en la prioridad del monarca. **1556-1598:** Felipe II heredó las coronas de Castilla, con América, y Aragón, con el reino de Nápoles, y los Países Bajos, y se anexionó, por matrimonio, Portugal (1580); los crecientes beneficios generados por el imperio americano contrastaron con la erosión de la posición de los Austrias en Europa (sublevación de Flandes, 1566; enfrentamiento con Inglaterra; instauración de los Borbones en Francia). **1598-1699:** el Imperio español se situó a la defensiva ante la rivalidad con Inglaterra y Francia, la persistencia de la rebelión de los Países Bajos y la crisis general de 1640 (rebeliones de Portugal y Cataluña); Felipe IV tuvo que reconocer la independencia neerlandesa (tratado de Westfalia, 1648) y de Portugal (1668), aunque recuperó Cataluña (1652); la muerte de Carlos II (1699) inició un conflicto sucesorio europeo por el trono de España.
El s. XVIII. 1701-1714: la guerra de Sucesión española desembocó en los tratados de Utrecht (1713) y Rastadt (1714), por los que Felipe de Anjou fue reconocido rey de España (Felipe V) a cambio de concesiones territoriales. **1715-1759:** la dinastía borbónica acabó con la coexistencia de reinos soberanos (decretos de Nueva planta) y centralizó la administración; los pactos de Familia (1733, 1743, 1761) mantuvieron una alianza subordinada con Francia, se perdió peso en Europa y se priorizó la defensa del imperio americano. **1759-1788:** Carlos III impulsó un reformismo administrativo destinado a fomentar el comercio y los ingresos de la corona, sobre todo los procedentes de América, pero mantuvo el régimen señorial y el poder de la aristocracia. **1789-1808:** la Revolución francesa ratificó el fin de la etapa reformista, aunque tras una confrontación inicial con la república (1793-1795) Godoy renovó la alianza con Francia y colocó a la monarquía española en manos de Napoleón.
La revolución liberal. 1808-1814: el levantamiento contra la ocupación napoleónica desembocó en la convocatoria de las cortes de Cádiz y la promulgación de la primera constitución española (1812). **1814-1833:** tras la derrota napoleónica, Fernando VII restableció el absolutismo (salvo en el breve período del trienio liberal [1820-1823], que acabó con la intervención francesa); por otra parte, fue incapaz de detener la emancipación de las colonias americanas (1810-1824). **1833-1840:** a la muerte de Fernando VII, la regente María Cristina se apoyó en los liberales para hacer frente al levantamiento carlista (1833); el triunfo del liberalismo significó la abolición del régimen señorial, la desamortización y el establecimiento de un régimen de tipo censitario. **1840-1868:** el liberalismo se dividió entre moderados y progresistas y emergió el movimiento obrero, apoyado en la expansión del capitalismo; la presión democrática culminó en la revolución que derrocó a Isabel II (1868).
El sexenio democrático y la Restauración. 1868-1874: tras fracasar la monarquía parlamentaria de Amadeo de Saboya (1870-1873), la primera república (1873-1874) no pudo tampoco consolidar un nuevo estado democrático, debilitado por la división entre federales y unitarios. **1875-1898:** el golpe militar que disolvió la república dio paso a la restauración de la dinastía borbónica con Alfonso XII; el poder quedó controlado por los dos partidos dinásticos, conservador y liberal, mediante el caciquismo político; la expansión económica recibió un duro golpe a raíz de la guerra con EUA y la pérdida de Cuba, Puerto Rico y Filipinas (1898). **1898-1931:** la crisis de la Restauración, agravada por la eclosión del regionalismo vasco y catalán y el incremento de los conflictos sociales, propició la dictadura de Primo de Rivera (1923-1930), cuyo fracaso arrastró la caída de la monarquía.
La segunda república y la guerra civil. 1931: tras la victoria republicana en las elecciones municipales, Alfonso XIII abandonó el país y se proclamó la república. **1931-1933:** la alianza entre republicanos y socialistas emprendió la reforma del estado mediante su laicización, la reforma militar, la reforma agraria y la concesión de la autonomía catalana. **1933-1936:** el ascenso de la derecha republicana al poder, apoyada por la CEDA, dio paso al enconamiento de la confrontación política (insurrecciones de 1934). **1936-1939:** la victoria del Frente popular (febr. 1936) fue rechazada por la derecha, que apoyó el alzamiento militar (julio) que inició la guerra civil (→ **España** [guerra de]).
De la dictadura franquista a la restauración de la democracia. 1939-1975: Franco desencadenó una amplia represión y estableció una dictadura personal que mantuvo tras el fin de la guerra mundial (1945) con el apoyo de EUA y favorecida por la guerra fría. El poder legislativo fue devuelto a las Cortes, asambleas no electas (1942). Durante la segunda guerra mundial, España, favorable al Eje, se mantuvo no beligerante. La expansión económica de la década de 1960 consolidó una sociedad urbana e industrializada que favoreció el desarrollo de la oposición a la dictadura. **1947:** la ley de sucesión reafirmó el principio de la monarquía. **1955:** España entró en la ONU. **1969:** Franco eligió a Juan Carlos como su sucesor. **1975-1977:** tras la muerte de Franco, en el contexto de la reinstauración de la monarquía con Juan Carlos I, el acuerdo entre la oposición democrática y el sector aperturista del régimen liderado por Adolfo Suárez (1976) hizo posible la transición a la democracia. **1977-1982:** período de gobierno de la UCD (A. Suárez hasta 1981; Leopoldo Calvo Sotelo, 1981-1982), la cual integraba a la mayoría de los aperturistas. En él se aprobó la nueva constitución (1978), se superó un intento de golpe militar (1981) y España ingresó en la OTAN. **1982-1996:** prolongada etapa de gobierno del PSOE presidido por Felipe González, durante la cual España se integró plenamente en la Comunidad europea (1986). **1996:** triunfo del Partido popular en las elecciones legislativas; José María Aznar fue nombrado presidente del gobierno. **1997:** plena integración en la OTAN. **2000:** el poder de J. M. Aznar se reafirmó por una nueva y amplia victoria (mayoría absoluta) del Partido popular en las elecciones. Pero el país tuvo que hacer frente a una ola de atentados de ETA. **2002:** incidente con Marruecos por la soberanía de la isla Perejil (julio). El accidente de un petrolero frente a las rías gallegas causó un desastre ecológico de gran magnitud (nov.). **2003:** España, miembro no permanente del Consejo de seguridad de la ONU (en. 2003-dic. 2004), respaldó la intervención militar anglo-estadounidense en Iraq (marzo-abril). **2004:** en medio de un enconado debate político, se produjeron unos cruentos atentados en Madrid, atribuidos al movimiento islamista (→ **marzo de 2004** [atentados del 11 de]). Días después (14 marzo), el PSOE ganó las elecciones legislativas. Su líder, José Luis Rodríguez Zapatero, investido presidente (abril), ordenó la retirada de las tropas españolas de Iraq. **2005:** España fue el primer estado de la UE en ratificar mediante referéndum la constitución europea. **2006:** ETA anunció un alto el fuego (marzo), que rompió meses después (dic.). **2008:** tras abordar delicados asuntos políticos en la anterior legislatura (nuevo estatuto de autonomía ampliado para diversas comunidades, fracaso de un diálogo con ETA), J. L. Rodríguez Zapatero fue reelegido presidente del gobierno tras la victoria por estrecho margen de los socialistas en las elecciones. Pero tuvo que hacer frente a un grave vuelco de la coyuntura económica.

ESPAÑA (José María), *La Guaira 1761-Caracas 1799,* patriota venezolano. Organizó diversas conspiraciones independentistas desde 1796.

España (guerra de) o **guerra civil española,** contienda civil que se desarrolló en España entre 1936 y 1939. Enfrentó a los militares sublevados en julio de 1936, apoyados por los sectores más conservadores y dirigidos por el general Franco, con el gobierno republicano (republicanos, socialistas, comunistas y nacionalistas catalanes y vascos) y sus aliados extraparlamentarios anarquistas, que contaban con el apoyo de la URSS. El bando insurrecto, sostenido militarmente por las potencias fascistas de Alemania e Italia y favorecido por el aislamiento internacional al que se vio sometida la república por la política de *no intervención, venció en la contienda (abril 1939).

España (vuelta ciclista a), carrera ciclista anual, por etapas, creada en 1935. No se disputó en los años 1937-1940, 1943-1944 y 1952-1954.

España, aparta de mí este cáliz, libro de poemas de César Vallejo (1940), inspirados en la guerra civil española.

España del Cid (La), obra de Menéndez Pidal (1929; 4ª ed., ampliada y revisada, 1947, 2 vols.), estudio de la personalidad y vida de Rodrigo Díaz de Vivar y de su ambiente.

España sagrada, historia eclesiástica de España, iniciada por el agustino E. Flórez (1747-1772) como *Theatro geographico histórico de la Iglesia en España.* Desde el tomo 47 la realiza la Real academia de la historia.

ESPAÑOL (Francisco), *Valls 1907-1999,* entomólogo español, especialista en sistemática, ecología y biogeografía de los coleópteros.

ESPAÑOLA (La), isla de las Grandes Antillas, entre Cuba y Puerto Rico, dividida entre la República Dominicana al E y Haití al O; 76 192 km^2. Descubierta por Colón en 1492, que la denominó *Hispaniola,* España cedió a Francia su parte O por el tratado de Riswick (1697).

ESPAÑOLETO (el) → **RIBERA** (José).

ESPARREGUERA, v. de España (Barcelona); 17 060 hab. *(esparraguerenses).* Hilados y tejidos. Industria electrónica.

ESPARTA o **LACEDEMONIA,** c. de la ant. Grecia en el Peloponeso, a orillas del Eurotas. Organizada en el s. IX a.C. en un estado oligárquico y militar basado en la distinción entre los ciudadanos «iguales» *(homoioi),* los *ilotas* y los *periecos,* practicó hasta el s. VI a.C. una política de expansión que hizo de ella una poderosa ciudad. En el s. V a.C., mantuvo una gran rivalidad con Atenas (guerra del Peloponeso, 431-404 a.C.) de la que salió victoriosa. Tebas le arrebató el poder (batalla de Leuctras, 371 a.C.). La expansión de Macedonia puso fin a su papel político. Integrada en 146 a.C. en el Imperio romano, fue destruida por los visigodos en el s. IV d.C.

ESPARTACO, *m. en Lucania 71 a.C.,* jefe de los esclavos sublevados contra Roma. Dirigió la mayor sublevación de esclavos de la antigüedad y tuvo en jaque dos años (73-71) al ejército romano. Fue vencido y muerto por Craso.

ESPARTERO (Baldomero **Fernández**), **conde de Luchana, duque de la Victoria,** *Granátula,*

Ciudad Real, 1793-Logroño 1879, general y político español. Partidario de Isabel II, logró un gran prestigio durante la primera guerra carlista (victoria de Luchana, Vizcaya, 1836). Presidente provisional del gobierno y regente (1840), fue derrocado en 1843 por Narváez. Fue presidente nominal del gobierno en el bienio progresista (1854-1856).

espectador (El), periódico colombiano, fundado en 1887 por Fidel Cano.

ESPEJO (Lo), com. de Chile (Santiago), en el área metropolitana de Santiago; 119 899 hab.

ESPEJO (Antonio de), ¿Torre Milano?, Córdoba, 1506-d. 1583, explorador y naturalista español. Estudió la flora, la fauna y la mineralogía de Nuevo México y Arizona (1582-1583). Sus hallazgos, publicados en la obra de B. de Obregón Historia de los descubrimientos antiguos y modernos de la Nueva España (1584), despertaron el interés para posteriores expediciones.

ESPEJO (Francisco Eugenio de Santa Cruz y), Quito 1747-íd. 1795, patriota, médico, abogado, escritor y periodista ecuatoriano. Figura de la Ilustración en América, está considerado el principal impulsor de la independencia de su país. Fundó el primer periódico de Ecuador, Primicias de la cultura de Quito (1792), y criticó el colonialismo español en ensayos (Marco Porcio Catón, 1779; El nuevo Luciano, 1781). También escribió obras pedagógicas y de medicina (Reflexiones acerca de las viruelas, 1783). De origen indio, sufrió destierro y prisión, donde murió, por su colaboración con Túpac Amaru.

ESPEJO CAAMAÑO (Francisco Silvestre), en Santa Lucía 1758-1814, patriota venezolano. Se unió a los republicanos en 1810. Presidente de la corte suprema, elaboró un proyecto de constitución. Fue fusilado por Boves.

ESPERANZA, mun. de la República Dominicana (Valverde), c. Tabaco, café y tabaco.

ESPERANZA (La), c. de Honduras, cap. del dep. de Intibucá; 4 017 hab.

ESPERT (Núria), L'Hospitalet de Llobregat 1933, actriz y directora teatral española. Gran intérprete del repertorio clásico y contemporáneo (Las criadas; Yerma), ha dirigido obras teatrales y óperas (Carmen; Turandot).

ESPINA (Antonio), Madrid 1894-íd. 1972, escritor español, poeta ultraísta (Umbrales, 1918; Signario, 1923), novelista (Pájaro pinto, 1927), ensayista (Lo cómico contemporáneo, 1928) y biógrafo (Luis Candelas, 1929).

ESPINA (Concha), Santander 1877-Madrid 1955, escritora española. Cultivó la poesía y el teatro, pero su gran novelista: La niña de Luzmela (1909), La esfinge maragata (1914), El metal de los muertos (1920).

ESPINAL, mun. de Colombia (Tolima); 54 805 hab. Tabaco, caña de azúcar y ajonjolí; ganadería.

ESPINAL, mun. de México (Veracruz); 21 024 hab. Centro agrícola y ganadero. Apicultura.

ESPINEL (Vicente), Ronda 1550 Madrid 1624, escritor español. Poeta clasicista y músico, difundió la décima llamada espinela. Destaca su novela picaresca Marcos de Obregón (1618).

ESPINHAÇO (serra do), macizo montañoso de Brasil (est. de Minas Gerais); 2 033 m en el Itambé. Ecosistema de pradera característico (cerrado) [Reserva de la biosfera 2005.]

ESPÍNOLA → SPÍNOLA.

ESPÍNOLA (Francisco), Montevideo 1901-íd. 1973, escritor uruguayo. Sus Cuentos (1961) reúnen parte de su narrativa, centrada en la vida gauchesca y sus ambientes del hampa.

ESPINOSA, familia castellana de comerciantes y banqueros de los ss. XV-XVI, originaria de Medina de Rioseco. Instalados en Sevilla, financiaron la conquista de Perú.

ESPINOSA (Gabriel), llamado **el Pastelero de Madrigal**, m. en Madrigal de las Altas Torres 1595, impostor español. Se hizo pasar por el fallecido rey Sebastián de Portugal. Descubierto, Felipe II lo mandó decapitar y descuartizar.

ESPINOSA (Germán), Cartagena de Indias 1938-Bogotá 2007, escritor colombiano. Desplegó una vasta erudición en sus novelas históricas y experimentales (Los cortejos del diablo, 1970; La tejedora de coronas, 1982; Sinfonía desde el Nuevo Mundo, 1990). También cultivó el relato, la poesía, la crónica y el ensayo.

ESPINOSA (Guillermo), Cartagena de Indias 1905-1990, compositor y director de orquesta colombiano. Fundador de la orquesta sinfónica nacional de Bogotá (1936), es autor de piezas sinfónicas de sabor indígena.

ESPINOSA (Javier), Quito 1815-íd. 1870, político ecuatoriano. Presidente (1867), fue derrocado por un golpe de estado (1869).

ESPINOSA (Jerónimo Jacinto), Cocentaina 1600-Valencia 1667, pintor español. Formado en el ámbito manierista valenciano de los Ribalta, a partir de 1646 inició una segunda etapa en su obra en la que se refleja la influencia de Zurbarán (San Juan Bautista, Prado).

ESPINOSA (Nicolás), político salvadoreño de la primera mitad del s. XIX. Jefe del estado en 1835, fue destituido en 1836 por F. Morazán.

ESPINOSA (Pedro de), Antequera 1578-Sanlúcar de Barrameda 1650, poeta español. Autor del poema La fábula del Genil y, en prosa, de El perro y la calentura (1625), influida por Quevedo, recopiló Las flores de poetas ilustres (1605).

ESPINOSA MEDRANO (Juan de), apodado **el Lunarejo**, Cálcauso 1629-Cuzco 1682, escritor peruano. Exponente del barroco colonial, escribió el poema Apologético en favor de don Luis de Góngora (1662), teatro y sermones (La novena maravilla, 1695). Se le atribuyen obras en quechua (El hijo pródigo, h. 1791).

ESPINOSA PRIETO (José María), Santa Fe de Bogotá 1796-íd. 1883, pintor colombiano. Ilustró las luchas independentistas, en las que participó (Acción de Pasto, 1814), y a sus próceres (Bolívar, 1828; Francisco de Paula Santander, 1853).

Espíritu de las leyes, obra de Montesquieu (1748). El autor expone las relaciones entre las leyes y las costumbres, la religión, la historia y la geografía de los distintos países, y preconiza la separación de poderes.

ESPÍRITU SANTO, estado de Brasil, a orillas del Atlántico; 45 597 km²; 2 598 231 hab.; cap. Vitória.

ESPLÁ (Óscar), Alicante 1889-Madrid 1976, compositor español. Compuso, inspirado en el folclore valenciano, Suite levantina (1911), Don Quijote velando las armas, para orquesta (1924), la cantata La nochebuena del diablo (1926) y el ballet El contrabandista (1928).

ESPLUGA DE FRANCOLÍ (L'), v. de España (Tarragona); 3 654 hab. (espluguenses). Iglesia gótica. En las proximidades, monasterio de *Poblet.

ESPLUGUES DE LLOBREGAT, mun. de España (Barcelona); cab. de p. j., en la aglomeración de Barcelona; 45 468 hab. (espluguenses).

ESPOILE (Raúl Hugo), Mercedes, Buenos Aires, 1889-1958, compositor argentino. Discípulo de D'Indy, es autor de poemas sinfónicos (La centinela de los Andes, 1940), óperas (Frenos, 1918) y música de cámara.

ESPOO o **ESBO**, c. de Finlandia, en la zona suburbana de Helsinki; 175 670 hab.

ESPÓRADAS, islas griegas del mar Egeo. Se distinguen las Espóradas del Norte, vecinas de la isla de Eubea, y las Espóradas del Sur o Dodecaneso, cercanas a Turquía y que incluyen las islas de Samos y Rodas.

ESPÓRADAS ECUATORIALES → LINE ISLANDS.

ESPÓSITO (Arnaldo d'), Buenos Aires 1908-íd. 1945, compositor argentino. Es autor de piezas para piano, ballets (Rapsodia del tango, 1934; Ajedrez, 1950) y una ópera: Lin Calel (1941).

ESPOT, mun. de España (Lérida); 187 hab. Turismo y deportes de invierno. Parque nacional de *Aigüestortes y lago de San Mauricio.

ESPOZ Y MINA (Francisco Espoz e Ilundain, llamado **Francisco**), Idocín, Navarra, 1781-Barcelona 1836, militar español. Dirigió las partidas antifrancesas en Navarra (1809-1813) y luchó contra el absolutismo de Fernando VII. Capitán general de Cataluña (1835), combatió el carlismo.

ESPRIU (Salvador), Santa Coloma de Farners, Gerona, 1913-Barcelona 1985, escritor español en lengua catalana. Narrador (Laia, 1932; Ariadna en el laberinto grotesco, 1935) y dramaturgo (Primera historia de Ester, 1948; Antígona, 1955), es uno de los grandes poetas catalanes contemporáneos (Cementerio de Sinera (1946), Las horas (1952), Mrs. Death (1952),

La *piel de toro (La pell de brau, 1960), Libro de Sinera (1963), Semana Santa (1971).

ESPRONCEDA (José de), Almendralejo 1808-Madrid 1842, poeta español. Fue el gran exponente del romanticismo en España. Miembro de la sociedad secreta de los Numantinos, fue recluido en Guadalajara, donde inició su poema épico El Pelayo, incluido en sus Poesías (1840), entre las que destacan las que cantan a la patria y a la libertad (Al dos de Mayo) y las cinco Canciones. Dos poemas sobresalen en su producción: El estudiante de Salamanca, inspirado en la leyenda del donjuanesco Miguel de Mañara, y El diablo mundo (1840), poema inacabado que incluye su Canto a Teresa.

■ JOSÉ DE
ESPRONCEDA,
por M. Arroyo.
(Ateneo de Madrid.)

ESQUERDO Y ZARAGOZA (José María), Villajoyosa 1842-Madrid 1912, político y médico español. Introductor de la neuropsiquiatría en España, fundó un innovador manicomio en Carabanchel (Madrid). Dirigió el Partido republicano progresista (1895).

Esquerra republicana de Catalunya (ERC), partido político, catalanista y de izquierda, fundado en 1931. Dirigido por Macià y, a su muerte, por Companys, gobernó Cataluña en 1932-1934 y 1936-1939. Ilegal entre 1939 y 1976, desde 1991 se proclama independentista.

ESQUILACHE (Leopoldo de Gregorio, marqués de Vallesantoro y de Squillace o), ¿Messina? h. 1700-Venecia 1785, político siciliano en servicio de España. Primer ministro de Carlos III, dictó una política reformista y liberalizadora. Fue desterrado tras el motín de 1766.

ESQUILACHE (príncipe de) **→ BORJA Y ARAGÓN.**

Esquilache (motín de) [23-26 marzo 1766], insurrección en Madrid contra la prohibición de las capas largas y los sombreros de ala ancha, aunque su motivación real fue una crisis de subsistencias. El rey cedió a las peticiones de los amotinados y cesó a Esquilache.

ESQUILINO (monte), una de las siete colinas de Roma, situada al E de la ciudad.

ESQUILO, Eleusis h. 525-Gela, Sicilia, 456 a.C., poeta trágico griego. En sus obras, inspiradas en leyendas tebanas y antiguas (Siete contra Tebas, 467; la *Orestíada, 458; Las suplicantes, h. 463), en mitos tradicionales (Prometeo encadenado, entre 467 y 468) o en las hazañas de las guerras médicas (Los persas, 472), está considerado el creador de la tragedia clásica.

ESQUINA, dep. de Argentina (Corrientes); 26 275 hab. Industria tabacalera. Puerto fluvial en el río Corrientes.

ESQUINES, h. 390-314 a.C., orador ateniense. Primer adversario de Filipo II de Macedonia, defensor de la paz, se exilió tras el llamado proceso de la corona, que intentó contra Demóstenes pero que perdió (330 a.C.). Sus discursos (Sobre la embajada; Contra Ctesifonte) son ejemplos de elegancia ática.

ESQUIPULAS, mun. de Guatemala (Chiquimula); 19 164 hab. Santuario del Señor de Esquipulas (s. XVIII), centro de peregrinación.
— Albergó dos reuniones (1986 y 1987 de presidentes centroamericanos, que suscribieron acuerdos para la pacificación de la región.

ESQUIÚ (Mamerto de la Asunción), Catamarca 1826-íd. 1883, eclesiástico argentino. Su sermón Laetamur de gloria vestra (1853) sentó las relaciones entre la Iglesia y el nuevo estado constitucional. Fue obispo de Córdoba en 1880.

ESQUIVEL (Antonio María), *Sevilla 1806-Madrid 1857,* pintor español. Su obra, fundamentalmente retratos y escenas sacras murillescas, pertenece a la escuela romántica andaluza (*Una lectura de Zorrilla en el estudio del pintor,* 1846, Prado). — **Carlos María E.,** *Sevilla 1830-Madrid 1867,* pintor español, hijo de Antonio María, de estilo romántico.

ESQUIVEL (Ascensión), *1848-1927,* político costarricense. Jefe interino del poder ejecutivo (1889) y presidente (1902-1906), prohibió la reelección presidencial.

ESQUIVEL (Juan **de**), *m. en ¿1513?,* conquistador español. Puso fin a la resistencia indígena en La Española (1504) y fundó Sevilla la Nueva (1505). Primer gobernador de Jamaica (1509-1512), fue cesado por maltratar a los indios.

ESQUIVEL (Laura), *México 1950,* escritora mexicana. Consagrada con la novela *Como agua para chocolate* (1989), inscrita en el realismo mágico y adaptada al cine por A. Arau (1992), también escribió las novelas *La ley del amor* (1997) y *Malinche* (2006), y el tratado *Íntimas suculencias* (1998).

ESSAOUIRA, ant. **Mogador,** c. de Marruecos, a orillas del Atlántico; 56 074 hab. Pesca. Estación balnearia. — Fortificaciones, sobre todo del s. XVIII. (Patrimonio de la humanidad 2001.)

ESSEN, c. de Alemania (Rin del Norte-Westfalia), a orillas del Ruhr; 622 380 hab. Centro industrial y terciario. — Catedral, ant. iglesia abacial que se remonta al s. XI. Museo Folkwang (arte de los ss. XIX y XX; fotografía).

ESSEQUIBO o **ESEQUIBO,** r. de Guyana; 1 000 km aprox. Bauxita en su cuenca. En las reivindicaciones territoriales venezolanas constituye la frontera oriental de la zona en litigio (Guayana Essequiba).

ESSEX, condado de Inglaterra, en el estuario del Támesis; 1 495 600 hab.; cap. *Chelmsford.* Ant. reino sajón, fundado en el s. VI, que se incorporó a Wessex en 825 y tenía por cap. *Lunden* (Londres).

ESSEX (Robert **Devereux, 2° conde de**), *Netherwood 1566 o 1567-Londres 1601,* militar y cortesano inglés. Favorito de Isabel I, cayó en desgracia (1600), conspiró contra la reina y fue ejecutado. — **Robert Devereux, 3**er **conde de E.,** *Londres 1591-íd. 1646,* gentilhombre inglés. Hijo del 2° conde de Essex, encabezó el ejército parlamentario durante la guerra civil.

Essling (batalla de) [21-22 mayo 1809], victoria del ejército francés sobre el austriaco del archiduque Carlos de Habsburgo, cerca de Viena.

ESSLINGEN, c. de Alemania (Baden-Württemberg), a orillas del Neckar; 91 388 hab. Centro industrial (construcciones mecánicas sobre todo). — Monumentos medievales.

ESSONNE, dep. del N de Francia (Île-de-France); 1 804 km^2; 1 134 238 hab.; cap. *Évry* (50 013 hab.). Es avenado por el *Essonne,* afl. del Sena.

ESTABLE (Clemente), *San Juan Bautista, Canelones, 1894-Montevideo 1976,* médico uruguayo. Maestro, en 1922 viajó a Madrid para formarse con Ramón y Cajal. Fundó el Laboratorio de ciencias biológicas (1927) y la Sociedad de biología de Montevideo (1928). Además de sus trabajos en histología del sistema nervioso, es autor de *El reino de las vocaciones* (1921) y de *Psicología de la educación* (1942).

establecimiento (Acta de) [en ingl. Act of Settlement], ley aprobada por el parlamento inglés (1701) que aseguraba la sucesión protestante al trono de Inglaterra.

ESTACA DE BARES, saliente de la costa cantábrica española (La Coruña), punto más septentrional de la península Ibérica.

ESTACIO (Publio Papinio), *Nápoles h. 40-íd. 96,* poeta latino. Autor de epopeyas *(La tebaida; La aquileida)* y otros poemas *(Silvas).*

ESTACIÓN CENTRAL, com. de Chile (Santiago), en la aglomeración de Santiago; 142 099 hab.

Estación espacial internacional, estación espacial permanente, puesta en marcha por Estados Unidos en cooperación con diez estados de Europa, Canadá, Japón y Rusia. Está formada por módulos satelizados por separado y más tarde ensamblados en órbita y cuyas tripulaciones se relevan sin interrupción. Su ensamblaje empezó en 1998; su conclusión está prevista en 2010. (V. il. parte n. com. **estación.**)

Estado (Consejo de) → **Consejo de Estado.**

Estado (ministerio de), departamento ministerial creado en España en 1705, que en 1938 recibió el nombre de *ministerio de Asuntos exteriores.*

ESTADO LIBRE → **ORANGE** (Estado libre de).

ESTADOS (isla de los), isla del S de Argentina, separada de la isla Grande de Tierra del Fuego por el estrecho de Le Maire; 520 km^2; 1 120 m en el monte Buckland.

ESTADOS PONTIFICIOS o **DE LA IGLESIA,** nombre dado a la parte central de Italia mientras estuvo bajo el dominio de los papas (756-1870). El núcleo de estos estados, que comprendían el llamado «patrimonio de san Pedro» constituido por Gregorio I Magno, fue concedido por los lombardos al papado presionados por Pipino el Breve. Fueron anexionados al reino de Italia en 1870. Los acuerdos de Letrán (1929) crearon el pequeño estado del Vaticano.

ESTADOS UNIDOS DE AMÉRICA (EUA), en ingl. **United States of America,** abreviado **USA,** estado federal de América del Norte; 9 364 000 km^2 (sin los territorios exteriores); 265 800 000 hab. *(estadounidenses* o *norteamericanos).* CAP. *Washington.* C. PRALES. *Nueva York, Los Ángeles* y *Chicago.* LENGUA: *inglés.* MONEDA: *dólar de Estados Unidos.* El país agrupa 50 estados con Alaska y las islas Hawai, a los que cabe añadir el distrito federal de Columbia y los territorios exteriores: Puerto Rico y varias islas o archipiélagos del Pacífico. *(V. mapa págs. 1302-1303.)*

INSTITUCIONES

La constitución de 1787, con sucesivas enmiendas, crea un estado federal e instituye un régimen presidencial. El parlamento bicameral (congreso) está formado por la cámara de representantes (435 miembros elegidos por 2 años) y el senado (100 miembros, 2 por estado, elegidos cada 6 años). El presidente de la república, jefe del estado y jefe del gobierno, es elegido cada 4 años por un cuerpo electoral resultante de elecciones por sufragio universal; es reelegible una vez. Un vicepresidente sustituye al presidente en caso de muerte, dimisión o causa mayor. Cada estado miembro establece libremente su constitución. A nivel local, un gobernador electo desempeña el mismo papel que el presidente a nivel federal. En casi todos los estados, el poder legislativo incumbe a dos asambleas, un senado y una cámara de representantes. Los estados se dividen en condados.

GEOGRAFÍA

Estados Unidos es el tercer país del mundo por población y el cuarto por superficie, y constituye, con diferencia, la primera potencia económica mundial.

Esta preponderancia se basa, en primer lugar, en su gran extensión territorial, propia de un continente. De E a O se suceden una estrecha llanura a lo largo del Atlántico, las montañas de los Apalaches, el Medio Oeste (región de las Grandes Llanuras, atravesada, en su mayor parte, por el Mississippi) y el sistema montañoso de las Rocosas. Los climas y paisajes varían considerablemente: las lluvias son más débiles al O del Mississippi, a excepción de la zona del Pacífico; el N (desde los Grandes Lagos hasta Canadá) es más frío que el S, cálido y húmedo alrededor del golfo de México.

La población se caracteriza por una distribución desigual, una fuerte urbanización y una heterogeneidad étnica marcada. El E y la región de los Grandes Lagos siguen siendo las zonas más densamente pobladas a pesar del rápido crecimiento de California y del SO. Esta se concentra, aprox. en un 80 %, en zonas urbanas: más de 200 ciudades de más de 100 000 hab., unas 30 aglomeraciones (las áreas metropolitanas) por encima del millón de personas, entre las que destacan Nueva York, Los Ángeles y Chicago. Los negros representan más del 12 % del total, a distancia de otras minorías (indios, asiáticos); act. los hispanos son igual o más numerosos, pero su censo es impreciso debido a una notable inmigración clandestina, sobre todo desde México.

Los servicios ocupan más de dos tercios de la actividad económica, la industria un 25 % y la agricultura menos de un 3 %. EUA, sin embargo, está situado entre los tres primeros productores mundiales en numerosos campos: petróleo, gas, carbón y electricidad (aunque el sector energético es deficitario en hidrocarburos); cereales (trigo, maíz) y soja, frutas tropicales, ganadería; cultivos industriales (algodón, tabaco); siderurgia y metalurgia no férrea (aluminio); construcción automovilística y aeronáutica; química y electrónica. Sin embargo, la competencia mundial cada vez es más dura y el saldo de la balanza comercial es muy negativo y el déficit presupuestario se ha agravado. La economía estadounidense se ve act. afectada por una grave crisis (que, nacida en 2007 de la crisis financiera de las «subprimes» [créditos inmobiliarios de riesgo], se agravó en 2008, extendiéndose a toda la economía mundial), con sectores amenazados en su totalidad (automóvil) y destrucción de empleos.

HISTORIA

La época colonial y la independencia. A partir del s. XVI: el territorio, ocupado por amerindios seminómadas, fue explorado por navegantes españoles y franceses, y posteriormente ingleses. Florida fue anexionada al Imperio español. **S. XVII:** la colonización inglesa se llevó a cabo en la costa mientras los franceses se expansionaban a lo largo del Mississippi, fundando Luisiana. El número de inmigrantes ingleses aumentó a causa de los problemas políticos y religiosos en Inglaterra. Mediante fundaciones sucesivas o anexiones de territorios holandeses se crearon trece colonias inglesas. El Sur (Virginia, Maryland), dominado por una sociedad de propietarios de grandes plantaciones, explotadas con ayuda de esclavos negros, se oponía al Norte (Nueva Inglaterra), burgués y mercantil y de un puritanismo riguroso. **S. XVIII:** colonias y metrópoli se unieron en la lucha contra los indios y sobre todo contra Francia. **1763:** el tratado de París eliminó definitivamente la amenaza francesa y abrió el O a los colonos británicos. **1763-1773:** las colonias no aceptaron la autoridad de Gran Bretaña y se rebelaron contra los monopolios comerciales de la metrópoli. **1774:** tuvo lugar en Filadelfia un primer congreso continental. **1775:** el bloqueo de Boston marcó el inicio de la guerra de la Independencia, jalonada por la alianza con Francia. **4 julio 1776:** el congreso proclamó la independencia de EUA. **1783:** la paz de París reconoció la existencia de la república federada de Estados Unidos.

Democratización y expansionismo. 1787: elaboración, por parte de la convención de Filadelfia, de una constitución federal que sigue en vigor. **1789-1797:** George Washington fue elegido primer presidente de EUA. La aplicación de la constitución suscitó la creación de dos tendencias políticas: los federalistas, partidarios de un poder central fuerte, y los republicanos, preocupados por preservar las libertades locales. **1803:** EUA compró Luisiana a Francia. **1812-1815:** los norteamericanos salieron victoriosos de la segunda guerra de Independencia, iniciada por Gran Bretaña. **1819:** Florida fue comprada a los españoles. **1823:** el republicano James Monroe (1817-1825) reafirmó la voluntad de neutralidad de EUA y su oposición a toda ingerencia europea en el continente americano. **1829-1837:** la presidencia de Andrew Jackson marcó una nueva etapa de la evolución democrática de las instituciones. **1846-1848:** al final de la guerra contra México, EUA se anexionó Texas, Nuevo México y California. **1853-1861:** el antagonismo entre el Sur, agrícola y librecambista, y el Norte, en vías de industrialización y proteccionista, se agravó con el problema de la esclavitud, condenada por el Norte. **1854:** creación de un partido republicano antiesclavista.

La secesión del Sur y la reconstrucción. 1860: el republicano Abraham Lincoln fue elegido presidente. Los sudistas, en secesión, constituyeron los Estados confederados de América. **1861-1865:** los nordistas vencieron en la guerra de Secesión y abolieron la esclavitud. Lincoln fue asesinado. **1867-1874:** los estados sudistas fueron privados de sus instituciones políticas. Se impuso la igualdad de derechos civiles entre negros y blancos.

El auge de los Estados Unidos. 1867: Alaska fue comprada a Rusia. **1869-1877:** Ulysses Grant fue nombrado presidente de la Unión. **1870-1900:** el país entró en la llamada «época dorada». La población pasó de aprox. 40 millones de hab. a más de 75 millones, mientras el producto nacional bruto se cuadruplicaba. El desarrollo de la red ferroviaria desempeñó un papel capital en la progresión hacia el O. El auge del capitalismo provocó una grave crisis populista que contribuyó a formar y fortalecer el sindicalismo. **1890:** masacre de los siux por el ejército en Wounded Knee. Final de las «guerras indias», en el transcurso de las cuales los indios, durante la segunda mitad del s. XIX, se opusieron a la conquista sistemática de su territorio por los blancos. **1898:** EUA ayudó a Cuba a acceder a la independencia, pero le impuso su tutela y se anexionó Guam, Puerto Rico y las Filipinas (guerra *hispano-norteamericana). **1901-1909:** el republicano Theodore Roosevelt radicalizó la acción gubernamental contra los monopolios. Panamá, segregado de Colombia, nació bajo la tutela de EUA, que lo obligó a cederle la Zona del canal de Panamá (acabado en 1914). **1913-1921:** durante la presidencia del demócrata T. W. Wilson, EUA intervino en México (1914) y en Haití (1915).
De guerra en guerra. 1917: declaración de guerra a Alemania. **1919:** Wilson no pudo hacer ratificar al senado los tratados de paz y la entrada de EUA en la Sociedad de naciones. **1921-1933:** los presidentes republicanos W. Harding, C. Coolidge y H. C. Hoover reforzaron el proteccionismo. La ausencia de regulación económica condujo a la superpoblación y a la especulación, mientras que la prohibición de bebidas alcohólicas (1919) favoreció el gangsterismo. **1929:** el crac de la bolsa de Wall Street *(jueves negro)* inauguró una crisis económica y social sin precedentes. **1933-1945:** el demócrata Franklin D. Roosevelt accedió a la presidencia. Su política del *New Deal* («nuevo reparto») intentaba paliar los males de la economía mediante medidas dirigistas. **1941-1945:** EUA entró en la segunda guerra mundial y llevó a cabo un formidable esfuerzo económico y militar. **1945:** ratificó la carta de la ONU.
EUA desde 1945. 1945-1953: con la presidencia del demócrata Harry S. Truman, EUA afirmó su voluntad de oponerse a la expansión soviética. Era el principio de la guerra fría. **1948:** se aprobó un plan de ayuda económica a Europa *(plan Marshall)*. **1949:** firma del tratado del Atlántico norte (OTAN), que reforzaba la alianza de las potencias occidentales. **1950-1953:** guerra de Corea. **1953-1961:** presidencia del republicano Dwight David Eisenhower. **1961-1969:** los demócratas John F. Kennedy (asesinado en 1963) y Lyndon B. Johnson se esforzaron en luchar contra la pobreza y la segregación racial. **1962:** crisis de Cuba. **1964:** EUA intervino directamente en Vietnam. **1969-1974:** el republicano Richard Nixon realizó un acercamiento a China (viaje a Pekín) y mejoró sus relaciones con la URSS (acuerdos SALT). **1973:** R. Nixon retiró las tropas de Vietnam, pero el escándalo de Watergate lo obligó a dimitir. **1974-1977:** el vicepresidente Gerald Ford lo sucedió. **1977-1981:** los demócratas recuperaron el poder con Jimmy Carter. **1979:** la toma de rehenes en la embajada estadounidense en Teherán puso de manifiesto la debilidad de la política presidencial. **1981-1984:** el republicano Ronald Reagan dio un carácter agresivo a la política exterior (intervención militar en Granada, 1983) y comercial; relanzó la economía estadounidense, lo que le supuso una reelección triunfal (1984). **1985-1986:** Reagan reanudó el diálogo con la URSS (encuentros Reagan-Gorbachov). **1986-1987:** el escándalo del «Irangate» (venta secreta de armas a Irán) provocó un gran impacto en la opinión pública. Reagan y Gorbachov firmaron en Washington un acuerdo sobre el desmantelamiento de misiles de medio alcance en Europa (dic.). **1989-1993:** en continuidad con la línea política de Reagan, el republicano George Bush llevó a cabo en el exterior una política de apertura (diálogo con la URSS) y de firmeza (intervención militar en Panamá, 1989). En el interior, en cambio, no consiguió solucionar los problemas económicos y sociales. **1991:** EUA inició la guerra del Golfo. **1993:** el demócrata Bill Clinton accedió a la presidencia. **1994:** entró en vigor el tratado de libre comercio (TLC) con Canadá y México (en.). Intervención estadounidense en Haití (sept.) para reponer a J.-B. Aristide, y apoyo al plan de paz en Oriente medio. Las elecciones a medio mandato (nov.) dieron la victoria a los republicanos, que obtuvieron la mayoría en la cámara de representantes y el senado. **1995:** mediación estadounidense para la firma del acuerdo de paz en Bosnia-Herzegovina. EUA tuvo una destacada participación en la fuerza multinacional que debía aplicarlo. En el interior, el país vivió un buen momento económico que en gran medida contribuyó a la reelección de Clinton (1996). Sin embargo, el segundo mandato del presidente se vio perturbado por una serie de escándalos (sobre todo el caso Monica Lewinsky, 1998-1999). **1999:** EUA desempeñó un papel protagonista en la intervención militar de la OTAN en Yugoslavia (conflicto de Kosovo). **2001:** el republicano George W. Bush se convirtió en presidente. El 11 de septiembre, Estados Unidos fue atacado en el centro neurálgico de su territorio por unos atentados espectaculares y mortíferos, que tuvieron como objetivos las torres gemelas del World Trade Center (que fueron destruidas), en Nueva York, y el Pentágono, en Washington (→ **septiembre de 2001** [atentados del 11 de]). Estos ataques, imputados al hombre de negocios saudí Osama Bin Laden, refugiado en Afganistán, y a su red terrorista islamista al-Qaeda, provocaron un grave trauma en el país. Estados Unidos respondió sobre todo mediante una intervención militar en Afganistán. **2003:** Estados Unidos, apoyado principalmente por Gran Bretaña, lanzó en *Iraq, sin haber obtenido el aval de la ONU, una ofensiva militar que condujo a la caída del régimen de Ṣaddām Ḥusayn. **2004:** G. W. Bush fue reelegido. **2005:** las víctimas y los estragos causados por el paso de unos huracanes (sobre todo, en Nueva Orleans) constituyeron una nueva conmoción para el país. **2006:** celebración de «un día sin inmigrantes» (1 mayo), protesta encabezada por grupos hispanos contra la política de inmigración (construcción de un muro en la frontera con México). La victoria demócrata en las legislativas constituyó un grave revés para G. W. Bush y mantuvo candente el debate sobre la permanencia de tropas en Iraq. **A partir de 2007:** EUA se enfrentó a una grave crisis financiera, económica y social. **2009:** en este difícil contexto, la llegada a la presidencia del demócrata Barack Obama (elegido en nov. 2008, primer afroamericano que desempeña el máximo cargo en la historia del país) despertó muchas esperanzas.

ESTAMBUL → **İSTANBUL.**

ESTAMPÍO (Juan **Sánchez Valencia,** llamado **el**), *Jerez de la Frontera 1879-Madrid 1957,* bailaor español. Creador del baile llamado *el picaor,* destacó en el zapateado y las alegrías.

ESTANISLAO (san), *Szczepanów, cerca de Tarnów, 1030-Cracovia 1079,* mártir polaco. Obispo de Cracovia (1072), excomulgó a Boleslao II, quien le hizo dar muerte. Es patrón de Polonia.

ESTANISLAO I LESZCZYŃSKI, *Lwów 1677-Lunéville, Lorena 1766,* rey de Polonia (titular 1704-1766; de hecho 1704-1709 y 1733-1736). Suegro de Luis XV, tuvo que abdicar como resultado de la guerra de Sucesión de Polonia (1733-1738) y obtuvo la soberanía sobre los ducados de Bar y Lorena (1738).

ESTANISLAO II AUGUSTO PONIATOWSKI, *Wołczyn 1732-San Petersburgo 1798,* último rey de Polonia (1764-1795). Favorito de Catalina II de Rusia (1764), tuvo que aceptar el primer reparto de Polonia (1772). Modernizó el país, pero abdicó tras el tercer reparto (1795).

Estat català, organización nacionalista catalana creada por F. Macià en 1922. En 1931 se incorporó a *Esquerra republicana de Catalunya.

Estatuto real, carta otorgada española, aprobada por la regente María Cristina en abril de 1834, vigente hasta agosto de 1836.

ESTE, c. de Italia (Véneto); 17 714 hab. Castillo, en parte del s. XIV; museo arqueológico. — Fue un importante centro de los vénetos.

ESTE, familia principesca italiana que gobernó los ducados de Ferrara, Módena y Reggio.

ESTE (mar del), nombre que recibe en Corea el mar de *Japón.

ESTE (punta del), península de Uruguay (Maldonado), límite entre el Plata y la costa atlántica. Centro balneario y turístico en **Punta del Este.*

Este (villa de), villa construida en Tívoli desde 1550 por el arquitecto y decorador Pirro Ligorio, famosa por sus jardines y juegos de agua. (Patrimonio de la humanidad 2001.)

SANTOS Y PAPAS

ESTEBAN (san), *m. en Jerusalén h. 37,* diácono de la primera comunidad cristiana de Jerusalén. Murió lapidado.

ESTEBAN II, *¿Roma?-íd. 757,* papa de 752 a 757. Recibió de Pipino el Breve el exarcado de Ravena, origen del poder temporal papal.

HUNGRÍA

ESTEBAN I (san), *h. 970-Esztergom 1038,* duque (997-1000) y rey de Hungría (1000-1038). Hizo evangelizar su país y fue coronado por el papa Silvestre II en el año 1000. Se alió con Bizancio contra los búlgaros.

INGLATERRA

ESTEBAN de Blois, *h. 1097-Dover 1154,* rey de Inglaterra (1135-1154). Nieto de Guillermo el Conquistador, usurpó el trono en detrimento de Matilde, con quien se enfrentó.

MOLDAVIA

ESTEBAN III el Grande, *Borzeşti 1433-Suceava 1504,* príncipe de Moldavia (1457-1504). Vencedor de los húngaros y de los turcos, llevó a Moldavia a su apogeo.

POLONIA

ESTEBAN I BÁTHORY, *Szilágysomlyó 1533-Grodno 1586,* príncipe de Transilvania (1571-1576) y rey de Polonia (1576-1586). Venció a Iván el Terrible (1581) y favoreció el humanismo.

SERBIA

ESTEBAN NEMANJA, *Ribnica 1114-Monte Athos 1200,* príncipe serbio (h. 1170-h. 1196). Fue el fundador de la dinastía de los Nemanjić. — **Esteban I Nemanjić,** *m. en 1228,* príncipe (1196-1217) y rey de Serbia (1217-1227). Segundo hijo de Esteban Nemanja, creó la iglesia serbia independiente. — **Esteban IX Uroš IV Dušan,** *1308-1355,* rey (1331-1346) y zar (1346-1355) de Serbia. Se apoderó de Tesalia y de Epiro y creó el patriarcado de Peć (1346). Promulgó un código (1349).

ESTEBAN ECHEVERRÍA, partido de Argentina (Buenos Aires), en el Gran Buenos Aires; 276 017 hab. Aeropuerto de Ezeiza.

ESTÉBANEZ CALDERÓN (Serafín), *Málaga 1799-Madrid 1867,* escritor español. Sus *Escenas andaluzas* (1847), publicadas bajo el seudónimo de **El Solitario** en la revista *Cartas españolas* (1831), destacan por su virtuosismo.

ESTELÍ (departamento de), dep. del NO de Nicaragua; 2 173 km²; 147 800 hab.; cap. *Estelí* (48 499 hab.).

ESTELLA, en vasc. **Lizarra,** c. de España (Navarra), cab. de p. j.; 12 683 hab. *(estelleses).* En el camino de Santiago. — Iglesias de San Pedro de la Rúa (románica) y del Santo Sepulcro (gótica); palacio de los reyes de Navarra (s. XII); mansiones renacentistas y barrocas.

ESTELLA (fray Diego de), *Estella 1524-íd. 1578,* franciscano y escritor español, autor del *Libro de la vanidad del mundo* (1562) y las *Meditaciones devotísimas del amor de Dios* (1576).

ESTÉNTOR MIT. GR. Héroe de la guerra de Troya, célebre por la potencia de su voz.

ESTEPA, c. de España (Sevilla), cab. de p. j.; 11 721 hab. *(estepeños).* Industrias alimentarias. — Iglesias de Santa María la Mayor (mudéjar) y San Sebastián (plateresca).

ESTEPONA, v. de España (Málaga), cab. de p. j.; 42 157 hab. *(esteponeros).* Pesca. Turismo.

ESTER o **ESTHER,** personaje bíblico. Joven judía deportada a Babilonia (s. V a.C.), según el libro bíblico homónimo (s. II a.C.) fue reina de los persas y salvó a los judíos de la masacre.

ESTERERO DE CALATRAVA (**Jalaf,** llamado **el**), impostor del s. XI que, a instancias del cadí de Sevilla, se hizo pasar por Hisām II tras conquistar Córdoba Sulaymān.

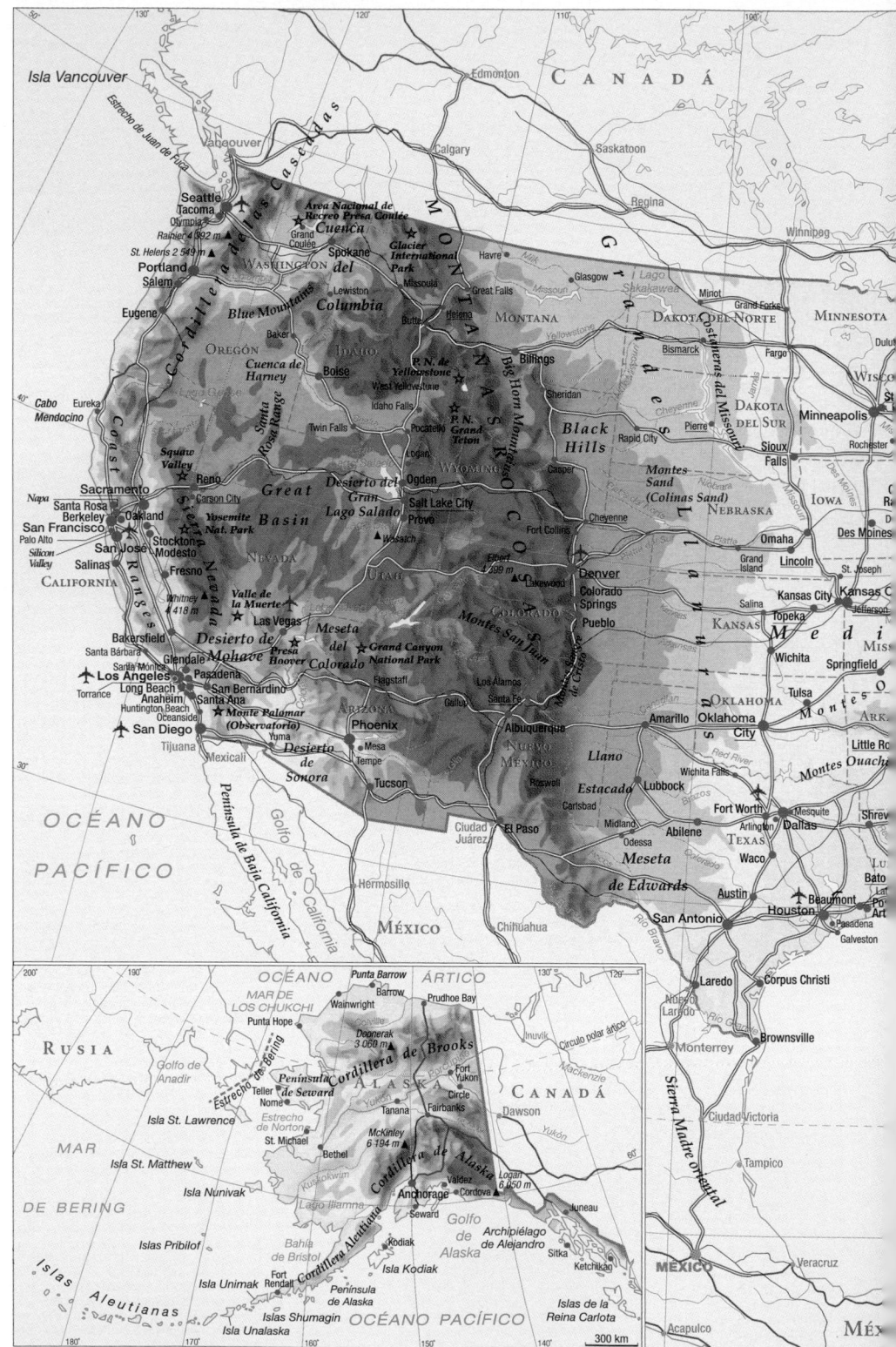

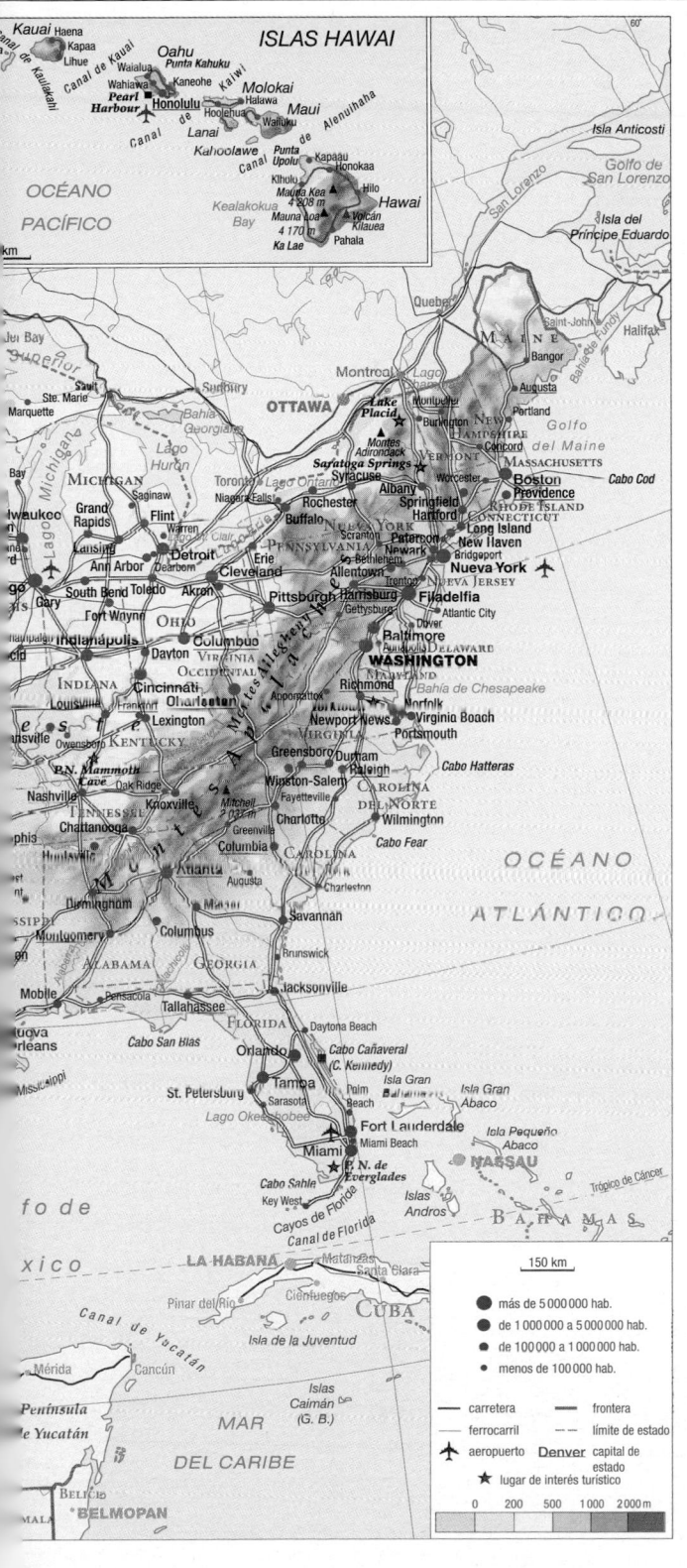

ISLAS HAWAI

OCÉANO PACÍFICO

150 km

● más de 5 000 000 hab.
● de 1 000 000 a 5 000 000 hab.
● de 100 000 a 1 000 000 hab.
● menos de 100 000 hab.

— carretera   — frontera
— ferrocarril   --- límite de estado
✈ aeropuerto   **Denver** capital de estado
★ lugar de interés turístico

0   200   500   1000   2000 m

ESTERHÁZY o **ESZTERHÁZY**, familia aristócrata húngara (ss. XVII-XIX) que obró la consolidación del poder de los Habsburgo. — **Miklós E.**, *1714-Viena 1790*. Construyó el castillo de Eszterháza (act. Fertöd), considerado «el Versalles húngaro».

ESTESÍCORO, *h. 640-h. 550 a.C.*, poeta griego. Contribuyó al desarrollo de la lírica coral al crear la tríada (estrofa, antistrofa, epodo).

ESTEVE (Agustín), *Valencia 1753-Madrid 1820*, pintor español. Influido por Mengs y Goya, destacó en el retrato, en el que prima el dibujo.

ESTÉVEZ (Abilio), *La Habana 1954*, escritor cubano. Sus novelas *Tuyo es el reino* (1997) y *Los palacios distantes* (2002) son parábolas de gran riqueza narrativa sobre su país. También ha escrito teatro (*La noche*, 1995) y poesía (*Manual de tentaciones*, 1999).

ESTIARTE (Manuel), *Manresa 1961*, jugador de waterpolo español. Máximo goleador en los juegos olímpicos de 1980, 1984, 1988 y 1992, fue campeón olímpico en 1996 y campeón del mundo en 1998 con la selección española.

Estíbaliz, monasterio benedictino español en la aldea de Villafranca (Vitoria, Alava). Iglesia de estilo románico vasco (portada decorada).

ESTIGARRIBIA (José Félix), *Caraguatay 1888-cerca de Altos 1940*, mariscal y político paraguayo. Presidente (1939), en 1940 promulgó una moderada reforma agraria y una constitución.

ESTIGIA, ESTIGE o **ESTIX** MIT. GR. El mayor río de los infiernos. Sus aguas, que formaban la *laguna estigia*, volvían invulnerable a quien se bañaba en ellas (Aquiles).

ESTILICÓN, en lat. **Flavius Stilicho**, *h. 360-Ravena 408*, general romano de origen vándalo. *Magister militum* y suegro y regente de Honorio, defendió con éxito a Italia frente a los bárbaros. Las tropas romanas, sublevadas contra él, obtuvieron su cabeza del emperador.

ESTÍNFALO (lago) MIT. GR. Lago de la ant. Grecia (Arcadia). En sus orillas, Heracles mató con sus flechas a unos pájaros antropófagos.

ESTIRIA, en alem. **Steiermark**, prov. de Austria; 1 184 600 hab.; cap. *Graz*. Ducado en 1180, pasó a los Habsburgo en 1278. En 1919, su parte meridional, compuesta por distritos eslovenos, fue atribuida a la futura Yugoslavia.

ESTOCOLMO, cap. de Suecia; 674 452 hab. (1 410 000 hab. en la aglomeración). Se extiende por las islas y penínsulas del lago Mälaren y del Báltico. Centro administrativo, comercial, cultural e industrial. — Iglesia de los Caballeros (s. XIII); edificios civiles construidos a partir del s. XVII, como el palacio real (por N. Tessin el Joven) y en los alrededores, el de Drottningholm. Museos de antigüedades nacionales, folclore (museo al aire libre de Skansen), arte sueco y europeo (museo nacional), arte moderno, del escultor Carl Milles. — Fundada hacia 1250, consolidó su papel político a partir de 1523, con la liberación del reino por Gustavo I Vasa. (*V. ilustr. pág. siguiente.*)

ESTONIA, en estonio **Eesti**, estado de Europa oriental, a orillas del Báltico; 45 000 km²; 1 520 000 hab. (*estonios*). CAP. *Tallinn*. LENGUA: *estonio*. MONEDA: *kroon (corona estonia)*.

INSTITUCIONES

República con régimen parlamentario. Constitución de 1992. El presidente de la república es elegido por el parlamento cada 5 años. Nombra al primer ministro con el acuerdo del parlamento. El parlamento unicameral (Riigikogu) se elige por sufragio universal directo para 4 años.

GEOGRAFÍA

Es un país llano, de clima frío, más favorable a la ganadería que a los cultivos. La población, urbanizada, es en un 60 % de origen estonio, con un tercio de rusos (30 %), cuya integración es problemática. Destacan las industrias agroalimentaria, textil y química, mientras que los esquistos bituminosos suponen el recurso esencial del subsuelo.

HISTORIA

Los estonios, de origen ugrofinés, se unieron contra los invasores vikingos (s. IX) y rusos (ss. XI-XII), pero en 1217 fueron derrotados por daneses y alemanes (caballeros Portaespadas). **1346-1561:** la región fue gobernada por los caballeros Portaespadas. **1629:** pasó a manos suecas. **1721:** fue integrada en el Imperio ruso.

1303

■ **ESTOCOLMO.** Un barrio a orillas del lago Mälaren.

1920: la Rusia soviética reconoció su independencia. **1940:** por el pacto germanosoviético Estonia fue anexionada a la URSS. **1941-1944:** fue ocupada por los alemanes. **1944:** volvió a ser una república soviética. **1991:** la restauración de la independencia fue reconocida por la comunidad internacional (sept.). **1992:** Lennart Meri accedió a la presidencia de la república. **1994:** las tropas rusas concluyeron su retirada del país. **2001:** Arnold Rüütel (presidente del Soviet supremo entre 1990 y 1992) se convirtió en presidente de la república. **2004:** Estonia ingresó en la OTAN y se adhirió a la Unión europea. **2006:** Toomas Hendrik Ilves accedió a la jefatura del estado.

ESTOPIÑÁN o **ESTOPAÑÁN** (maestro de), nombre con que se conoce a un pintor toscano activo en Cataluña en la segunda mitad del s. XIV (retablo de San Vicente de Estopiñán, MNAC).

ESTOR (El), c. de Guatemala (Izabal), a orillas del lago Izabal.

ESTORIL, c. de Portugal, al O de Lisboa, junto al Atlántico; 25 300 hab. Estación balnearia. Circuito automovilístico.

ESTRABÓN, *Amasya h. 58 a.C.-entre 21 y 25 d.C.,* geógrafo griego. Su *Geografía* describe el mundo antiguo al inicio del Imperio romano.

ESTRADA (A), v. de España (Pontevedra), cab. de p. j.; 22 317 hab. *(estradenses).* Industrias lácteas. — Pazo de Oca.

ESTRADA (Alonso de), administrador español del s. XVI, tesorero y gobernador de Nueva España (1527-1528) antes de crearse la audiencia.

ESTRADA (José Manuel), *Buenos Aires 1842-Asunción 1894,* escritor y político argentino. Uno de los fundadores del Partido radical, se opuso al laicismo en la enseñanza y escribió *El catolicismo y la democracia* (1862).

ESTRADA (Juan José), *1871-1947,* general y político nicaragüense, presidente de la república (1910-1911) tras derrocar a Santos Zelaya.

ESTRADA CABRERA (Manuel), *Quezaltenango 1857-1924,* abogado y político guatemalteco. Presidente dictatorial (1898), fue derribado por una revolución (1920). Murió en prisión.

ESTRADA FÉLIX (Genaro), *Mazatlán 1887-México 1937,* escritor y político mexicano. Formuló la *doctrina Estrada* (1930), opuesta a la política de EUA de reconocer o negar los gobiernos de base revolucionaria por considerarla lesiva de la soberanía. Es autor de poesía (*La linterna sorda,* 1919), novela y ensayos históricos (*Visionario de la Nueva España,* 1921; *Cuadernos mexicanos,* 1936).

ESTRADA MARTÍNEZ (Luis), *México 1932,* físico mexicano. Gran comunicador de la ciencia en lengua española, para la que logró categoría académica, fundó y dirigió la revista *Naturaleza* (1968-1985) y es miembro titular del Seminario de cultura mexicana desde 1988. (Premio Kalinga de la Unesco 1974.)

■ **LUIS ESTRADA MARTÍNEZ**

ESTRADA PALMA (Tomás), *Bayamo 1835-Santiago de Cuba 1908,* político cubano. Elegido presidente de la república en armas (1876), fue encarcelado hasta 1878. Fue el primer presidente de Cuba (1902-1906).

estraperlo (escándalo de) [oct. 1935], escándalo que estalló en España por la implicación de altos cargos en el uso de una especie de ruleta (llamada *straperlo*) fraudulenta. Provocó la dimisión del gobierno Lerroux.

ESTRASBURGO, en fr. **Strasbourg,** en alem. **Strassburg,** c. de Francia, cap. de Alsacia y del dep. de Bas-Rhin, a orillas del Ill, cerca del Rin; 267 051 hab. Sede del Consejo de Europa y del Parlamento europeo. Universidad. Puerto fluvial. — Catedral gótica (ss. XII-XV). Otros monumentos y edificaciones antiguas. Palacio Rohan (s. XVIII). Museos. (Patrimonio de la humanidad 1988.) — Ciudad libre imperial (1201), fue un centro humanista y calvinista. Anexionada a Francia por Luis XIV en 1681, pasó a Alemania en 1870-1918 y 1940-1944.

Estrasburgo (juramento de) [842], juramento intercambiado por Luis el Germánico y Carlos el Calvo para confirmar su alianza ante Lotario. Las fórmulas de este juramento son los textos más antiguos en lengua francesa y alemana.

ESTRATÓN, *m. h. 268 a.C.,* filósofo griego. Discípulo y continuador de Aristóteles, dirigió el Liceo, orientándolo hacia las investigaciones físicas (razón por la que se lo llamó *el Físico*).

ESTRATÓNICE, *m. en 254 a.C.,* reina de Siria. Hija de Demetrio Poliorcetes y esposa de Seleuco I Nicátor, éste consintió que se casara con su hijo Antíoco I Sóter.

ESTRECHOS (establecimientos de los), en ingl. **Straits Settlements,** ant. colonia británica de la península de Malaca (1867-1946), que abarcaba, sobre todo, Penang, Singapur y Malaca.

ESTRECHOS (los), conjunto formado por el *Bósforo y los *Dardanelos, que comunica el Mediterráneo con el mar Negro.

ESTRELA (serra da), cordillera del centro de Portugal; 1 991 m en Malhão da Estrela (punto más alto del país).

ESTRELLA (La), mun. de Colombia (Antioquia); 29 918 hab. Café y caña de azúcar; ganadería.

ESTRELLA GUTIÉRREZ (Fermín), *Almería 1900-Buenos Aires 1990,* escritor argentino de origen español. Es autor de poesías (*Antología poética,* 1963), cuentos y ensayos (*Historia de la literatura española,* 1945; *Recuerdos de la vida literaria,* 1966).

ESTREMADURA, región de Portugal. Comprende una parte de los 3 distritos de Lisboa, Santarém y Leiria, entre el litoral atlántico y la llanura del Tajo inferior (Ribatejo). — Los musulmanes la conquistaron en 711 y la reconquistaron los reyes portugueses de la dinastía de Borgoña (1147).

Estremoz (batalla de) [1663], victoria de los portugueses sobre las tropas españolas de Juan José de Austria que habían invadido Portugal, junto a Estremoz, cerca de Évora.

ESTUARDO o **STUART,** dinastía que reinó en Escocia desde 1371 y cuyos soberanos fueron asimismo reyes de Inglaterra (1603-1714). Los Estuardo provienen de la antigua familia escocesa de los *Stewart,* cuyo nombre adoptó la ortografía *Stuart* en 1542.

ESZTERGOM, c. de Hungría, a orillas del Danubio; 29 841 hab. Arzobispado, sede del primado de Hungría. Monumentos del s. XVIII y catedral neoclásica del s. XIX; museos.

ETA (Euskadi ta askatasuna, Euskadi y libertad), organización terrorista de carácter revolucionario que persigue la creación de un País Vasco independiente y socialista, creada en 1959. En 1961 inició la lucha armada, cuyo punto culminante fue el asesinato del presidente del gobierno Carrero Blanco en 1973. En 1976 se escindió entre ETA político-militar, que dejó las armas en 1982, y ETA militar, que continuó la actividad terrorista (salvo durante dos períodos de tregua, en 1998-1999 y en 2006).

ETCHEBERRI (Joannes de), *n. en Ciboure h. 1580,* poeta francés en lengua vasca. Es autor de un *Manual de devoción* (1627), *Villancicos* (1631) y el *Libro para usar en la iglesia* (1636).

ETCHEPARE (Jean), *Mar Chiquita, Argentina, 1877-Cambo 1935,* escritor francés en lengua vasca. Es autor de ensayos (*Espigas,* 1910) y relatos de viajes (*En automóvil,* 1931).

ETCHOJOA, mun. de México (Sonora); 66 156 hab. Agricultura y ganadería (porcinos).

ETEOCLES MIT. GR. Héroe del ciclo tebano. Hijo de Edipo y de Yocasta, luchó contra su hermano Polinices por Tebas; ambos murieron.

ETERIA, presunta autora del libro en latín *Peregrinación a Tierra Santa* (fines s. IV o princi-

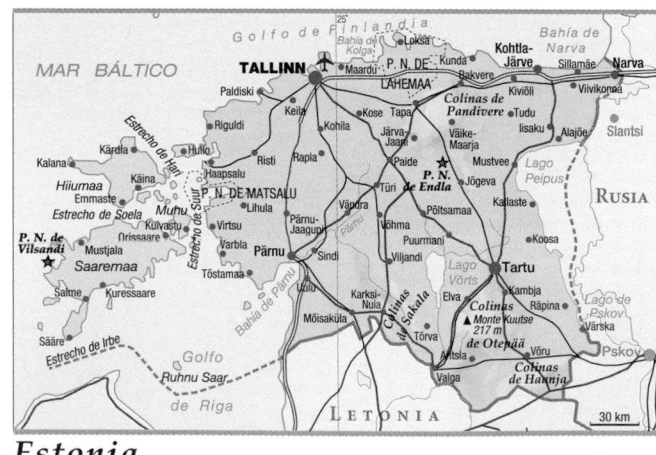

Estonia

★ lugar de interés turístico

autopista
carretera
ferrocarril
aeropuerto

● más de 400 000 hab.
● de 100 000 a 400 000 hab.
● de 50 000 a 100 000 hab.
● menos de 50 000 hab.

pios s. v). La crítica la identifica como abadesa del monasterio del Bierzo. La obra fue escrita en Constantinopla en el latín hablado en Hispania.

Ética, nombre de tres obras contenidas en el *Corpus* de Aristóteles: *Ética a Eudemo, Ética a Nicómaco* y *Gran ética,* en las que expone sus ideas morales y una doctrina de la felicidad.

Ética demostrada según método geométrico, obra mayor de Spinoza, publicada en 1677, poco después de su muerte. El filósofo expone su sistema en la forma de un conjunto de definiciones, axiomas y demostraciones, siguiendo un recorrido en 5 partes que lleva de la caracterización de Dios, inmanente al mundo, al examen de las condiciones de la libertad humana: al acceso al verdadero conocimiento debe conducir al sabio a la beatitud.

ETIOPÍA, en amárico **Ìtyop'iya,** estado de África oriental; 1 100 000 km²; 56 700 000 hab. *(etíopes).* CAP. *Addis Abeba.* LENGUA: *amárico.* MONEDA: *birr etíope.*

GEOGRAFÍA

Salvo las mesetas del E (Ogaden) y la depresión de Danakil, más al N, zonas de ganadería nómada, Etiopía es un país montañoso (lo que evita, en su latitud, que sea desértico) en el que la economía rural se establece en función de la altitud. Por debajo de 1 800 m algunos cultivos de algodón, de maíz y de tabaco invaden la selva tropical; por encima de 2 500 m, las condiciones climáticas solo permiten el cultivo de cebada y la cría de ganado. La zona más rica se encuentra entre 1 800 y 2 500 m: cereales, hortalizas, fruta, café (principal artículo de exportación), por delante de los productos de ganadería). Esta región concentra la mayor parte de una población cuyos principales componentes son abisinios y galla y que se reparte entre cristianos monofisitas y musulmanes. Arrasada por las guerras locales (Tigré y Ogaden) y las sequías, causa de hambrunas e importantes movimientos de población, Etiopía, sin salida directa al mar desde la secesión de Eritrea, es muy pobre y recibe ayuda internacional.

HISTORIA

El reino de Aksum. Ss. HX d.C.: el reino de Aksum, cuyo jefe poseía el título de «rey de reyes» (negus), extendió su dominio hasta el Nilo Azul, fue cristianizado por la Iglesia egipcia (copta) [s. IV] y vivió el período más brillante en el s. VI.

El apogeo medieval y la lucha contra el Islam. S. X: el reino se hundió bajo el poder del islam. **H. 1140-1270:** una dinastía Zagwe se estableció al E del lago Tana, con capital en Roha (act. Lalibela). **1270-1285:** Yekuno Amlak intentó restaurar el reino de Aksum y derrocó a los Zagwe. **S. XVI:** los portugueses descubrieron el país, lo identificaron con el reino fabuloso del «Preste Juan» y lo liberaron (1543) de la ocupación musulmana impuesta en 1527. **Ss. XVII-XVIII:** el país fue invadido por pueblos paganos, los galla, y se hundió por las luchas de los señores feudales, los «ras».

La Etiopía contemporánea. 1855-1868: Teodoro II acabó con el poder de los señores y se hizo proclamar «rey de reyes». **1885:** los italianos se instalaron en Maşawwā. **1889-1909:** Menelik II, «ras» de Šoa, se convirtió en «rey de reyes», derrotó a los italianos en Adua (1896) e hizo de Addis Abeba su capital. **1917:** los europeos, dueños del litoral, impusieron a Tafari como regente. **1930:** Tafari, negus desde 1928, fue coronado emperador (Hailé Selassie I). **1931:** promulgó una constitución de tipo occidental. **1935-1936:** guerra contra Italia. Etiopía, vencida, constituyó junto con Eritrea y Somalia el África oriental italiana. **1941:** las tropas francoinglesas liberaron Etiopía y restablecieron al negus en el trono. **1962:** Eritrea, reunida a Etiopía en 1952 con estatuto de estado federado, formó una provincia y se rebeló. **1963:** Addis Abeba, sede de la OUA (act. Unión africana). **1974:** oficiales reformistas derrocaron al negus. Etiopía inició la vía hacia un socialismo autoritario. **1977:** Mengistu Hailé Mariam se convirtió en jefe del estado. Reforzó sus lazos con la URSS y Cuba, que lo apoyaron en el conflicto eritreo y en la lucha contra Somalia por la soberanía de Ogaden. **1987:** una nueva

constitución convirtió a Etiopía en una república popular y democrática, de partido único (creado en 1984). **1988:** se firmó un acuerdo de paz entre Etiopía y Somalia. **1989-1990:** la desvinculación de la URSS debilitó al régimen, enfrentado a la escalada de la guerra civil. **1991:** Mengistu fue obligado a abandonar el poder. Meles Zenawi, líder del Frente democrático revolucionario del pueblo etíope (FDRPE), fue elegido presidente. **1993:** Eritrea obtuvo la independencia. **1994:** una nueva constitución hizo de Etiopía un estado federal (9 regiones, formadas sobre bases étnicas). **1995:** el FDRPE obtuvo la victoria en las primeras elecciones pluralistas. M. Zenawi abandonó la presidencia para convertirse en primer ministro. **1998-2000:** un conflicto fronterizo opuso a Etiopía y Eritrea. **Dic. 2006-en. 2009:** Etiopía intervino militarmente en Somalia.

ETNA, volcán activo de Italia, el mayor de Europa, en el NE de Sicilia; 3 345 m.

ETOBICOKE, c. de Canadá (Ontario), zona suburbana de Toronto; 309 993 hab.

ETOLIA, región de Grecia, al N del golfo de Corinto. A partir del s. IV a.C. sus ciudades se unieron en una *liga etolia* que derrotó a Macedonia. Roma la venció en 189 a.C.

ETON, c. de Gran Bretaña (Inglaterra), a orillas del Támesis; 4 000 hab. *College* fundado en 1440.

ETRURIA, ant. región de Italia, que corresponde aprox. a la act. Toscana. Fue la cuna de la civilización etrusca (v. parte n. com. **etrusco**). – El *reino de Etruria,* creado por N. Bonaparte y entregado al duque de Parma (1801-1808), fue anexionado al imperio francés, erigido en gran ducado de Toscana y cedido a Elisa Bonaparte (1809-1814).

ETXENIKE (Pedro Miguel), *Isaba, Navarra, 1950,* físico español. Catedrático de física de la materia condensada, sus aportaciones más importantes son la predicción teórica de estados electrónicos y las interacciones ión-materia.

ETXEPARE → DECHEPARE.

ETZIONI (Amitai Werner), *Colonia, Alemania, 1929,* sociólogo estadounidense. Autor de trabajos sobre sociología de las organizaciones, es también uno de los principales representantes del comunitarismo estadounidense.

EUBEA, isla griega del mar Egeo; 208 408 hab. En la antigüedad, las ciudades de Eubea (sobre todo Calcis y Eretria) fundaron numerosas colonias. En la edad media, la isla, conocida como *Negroponto,* fue ocupada por los cruzados.

EUCLIDES, *¿Alejandría? s. III a.C.,* matemático griego. En los **Elementos,* coronación de su obra, deduce proposiciones cada vez más complejas a partir de algunas definiciones, postulados y axiomas. En particular, incluye el postulado (llamado *axioma de Euclides*) según el cual, desde un punto del plano, solo se puede llevar una paralela a una recta determinada.

EUDES, *h. 860-La Fère 898,* conde de París y rey de Francia (888-898), de la dinastía de los Robertianos. Hijo de Roberto el Fuerte, defendió París de los normandos (885-886) y fue elegido rey. Venció a los normandos en Montfaucon (Mosa) y, a partir de 893, luchó contra Carlos el Simple.

EUDOXIA, *m. en Constantinopla 404,* emperatriz de Oriente. Esposa de Arcadio, ambiciosa y enérgica, mandó condenar al exilio a san Juan Crisóstomo.

EUDOXIA, *Atenas-Jerusalén 460,* emperatriz de Oriente. Esposa de Teodosio II, contribuyó al progreso del helenismo en el Imperio romano de Oriente.

EUDOXO de Cnido, *Cnido h. 406-355 a.C.,* científico griego. Ideó un ingenioso sistema cosmológico geocentrista (esferas homocéntricas) para representar los movimientos aparentes del cielo por medio de una combinación de movimientos circulares uniformes, de acuerdo con las ideas de Platón.

ÉUFRATES o **EUFRATES,** r. de Asia occidental, que nace en la Armenia turca, atraviesa Siria y confluye con el Tigris en Iraq para formar el Satt al-Arab; 2 780 km.

EUFRONIO, pintor de vasos y ceramista ateniense, activo a fines del s. VI principios del s. V a.C. Es el mejor representante del estilo de figuras rojas.

EUGENE, c. de Estados Unidos (Oregón); 112 669 hab.

EUGENIA DE MONTIJO (Eugenia María de Montijo y de Guzmán, condesa de Teba, llama-

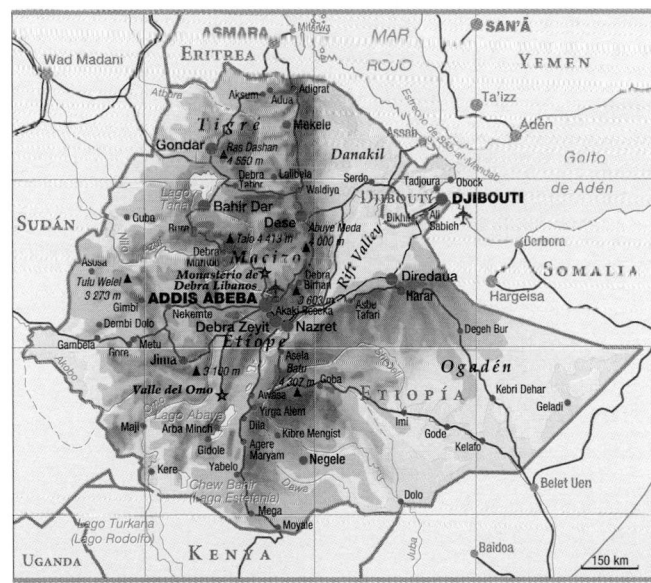

Etiopía-Djibouti

★ lugar de interés turístico

—— carretera
—— ferrocarril
✈ aeropuerto

● más de 2 000 000 hab.
● de 100 000 a 2 000 000 hab.
● de 50 000 a 100 000 hab.
● menos de 50 000 hab.

0   500   1 000   2 000   3 000 m

■ **EUGENIA DE MONTIJO,** por Winterhalter. (Palacio de Compiègne, Francia.)

da), *Granada 1826-Madrid 1920,* emperatriz de los franceses. Se casó con Napoleón III (1853), sobre el que ejerció una gran influencia.

EUGENIO II, *¿Roma?-íd. 827,* papa de 824 a 827. Concluyó la alianza con el emperador Ludovico Pío y reorganizó los Estados Pontificios. — **Eugenio III** (beato) [Bernardo **Paganelli di Montemagno**], *Pisa-Tívoli 1153,* papa de 1145 a 1153. Monje cisterciense, aconsejado por san Bernardo prosiguió la obra reformadora de Gregorio VII. — **Eugenio IV** (Gabriele **Condulmer**), *Venecia 1383-Roma 1447,* papa de 1431 a 1447. En el concilio de Florencia (1439) realizó la unión, meramente formal, entre Roma y las Iglesias de Oriente.

EUGENIO DE SABOYA (Eugenio de Saboya-**Carignan,** llamado príncipe), *París 1663-Viena 1736,* militar al servicio de Austria. Durante la guerra de Sucesión de España (1700-1714), obtuvo las victorias de Oudenaarde (1708) y Malplaquet (1709) contra Luis XIV. En 1717 conquistó Belgrado a los turcos.

EUGENIO de Toledo (san), *Toledo fines s.* VI-*íd. 657,* obispo de Toledo. Nombrado por Chindasvinto para la sede primada en 646, presidió los concilios toledanos VIII, IX y X. Autor de libros teológicos, enriqueció la liturgia con himnos y melodías.

EULALIA de Barcelona (santa), *m. en Barcelona h. 304,* virgen y mártir. Padeció martirio durante las persecuciones de Diocleciano y Maximiano. Es copatrona de Barcelona.

EULALIA de Mérida (santa), *m. en el s. III,* virgen y mártir. Martirizada en Mérida durante la persecución de Diocleciano, su fama llegó a las iglesias de África. Prudencio le dedicó un himno, y fue exaltada por san Agustín.

EULER (Leonhard), *Basilea 1707-San Petersburgo 1783,* matemático suizo. Fue el principal promotor del auge del análisis matemático en el s. XVIII, en torno al concepto fundamental de función.

EULOGIO (san), *Córdoba h. 780-859,* sacerdote mozárabe. Encabezó la resistencia cristiana contra los musulmanes. Elegido arzobispo de Toledo (858), fue martirizado antes de su consagración.

EUME, r. de España (Galicia), en la vertiente atlántica; 88 km. En su desembocadura forma la ría de Ares. Hidroelectricidad.

EUMENES II, rey de Pérgamo (197-159 a.C.). Aliado de los romanos, obtuvo por la paz de Apamea (188 a.C.) una parte de Asia Menor.

Euménides (Las), tercera obra de la **Orestíada.*

EURÁFRICA, nombre que se da a veces al conjunto de Europa y África.

EURASIA, nombre que se da a veces al conjunto de Europa y Asia.

Euratom, nombre alternativo de la Comunidad europea de energía atómica, organización internacional de vocación nuclear. El Euratom, cuyos órganos se fusionaron con los de la CEE y la CECA en 1967, es uno de los componentes de la Unión europea.

EURE, dep. de Francia (Alta Normandía); 6 040 km²; 541 054 hab.; cap. *Évreux.*

EURE-ET-LOIR, dep. de Francia (Centro); 5 880 km²; 407 665 hab.; cap. *Chartres.*

Eureka, programa europeo de investigación y desarrollo en los sectores de tecnología punta, elaborado en 1985.

EURICO, *h. 420-Arlés 484,* rey visigodo (446-484). Ocupó Lusitania (468) y las Galias (476) e instaló en Burdeos la corte de su reino, el más poderoso de occidente (la península Ibérica excepto el reino suevo y las Galias del Ródano al Loira). Promulgó el *código de Eurico* (h. 475), primer corpus legal visigodo de la península Ibérica, compilación de derecho visigodo romanizado que solo regía para la población goda.

EURÍDICE MIT. GR. Esposa de Orfeo.

EURIMEDONTE, r. de Panfilia (act. *Köprü,* Turquía). — Cimón venció en su desembocadura a los persas en 468 a.C.

EURÍPIDES, *Salamina 480-Pella 406 a.C.,* poeta trágico griego. Su teatro, marcado por las revueltas de la guerra del Peloponeso, desconcertó a sus contemporáneos: *Alcestes* (438), *Medea* (431), *Hipólito* (428), *Andrómaca* (h. 425), *Hécuba* (h. 424), *Las suplicantes* (h. 423), *Electra* (h. 416), *Ifigenia en Táuride* (h. 413), *Helena* (412), *Las fenicias* (h. 410), *Las bacantes* (d. 405). Introdujo numerosas innovaciones dramáticas (importancia del análisis psicológico, actualización de mitos, independencia de los coros en relación con la acción). También escribió el drama satírico *El cíclope.*

EURIPO (canal del), estrecho canal de corrientes rápidas entre la isla de Eubea y Grecia continental (Beocia).

EURISTEO MIT. GR. Rey de Micenas. Impuso a Heracles los «doce trabajos» para deshacerse de él.

Eurocorps, ejército europeo creado en 1992 por iniciativa de Francia y Alemania, operativo desde 1995. España se incorporó en 1993.

EUROPA, una de las cinco partes del mundo, comprendida entre el océano Ártico al N, el océano Atlántico al O, el Mediterráneo y sus anexos, así como, tradicionalmente, la cordillera del Cáucaso al S, y el mar Caspio y los Urales al E; aprox. 10 500 000 km²; 729 000 000 hab. *(europeos).*

La geología y el relieve distinguen una Europa septentrional, formada por vastas llanuras y por antiguos zócalos (macizos caledonianos y hercinianos), a menudo rejuvenecidos (Escandinavia), de una Europa meridional, ocupada por cadenas terciarias (Pirineos, Alpes, Cárpatos), que enmarcan regiones bajas, a menudo poco extensas.

Europa pertenece a la zona de clima suave, pero el mayor o menor alejamiento del océano sobre todo, la latitud y la disposición de los relieves introducen cambios térmicos y pluviométricos que permiten distinguir una Europa oceánica en el O, una Europa continental en el E y una Europa mediterránea en el S. A cada una le corresponde una formación vegetal (frondosa en el O, coníferas en el E y en el extremo N; maquis y garrigas, que provienen de la degradación del bosque mediterráneo, en el S).

La posición de Europa en la zona templada, en el centro de las tierras emergidas del hemisferio boreal, y su profunda penetración por los mares han facilitado su poblamiento y explican su antigüedad (paleolítico), su densidad y su variedad. Agrupa, en menos del 10 % de las tierras emergidas, más del 12 % de la población mundial (porcentaje que, sin embargo, disminuye rápidamente a causa del descenso de la natalidad), pero no posee unidad religiosa o lingüística (aunque el cristianismo y las lenguas indoeuropeas dominen claramente).

El desarrollo de la Unión europea ha posibilitado una unificación económica y monetaria, concretada en la adopción mayoritaria de una moneda única, el euro, a partir de 1999. Agrupa los estados más ricos del continente (excepto Suiza y Noruega) y se ha abierto a nuevas perspectivas con su ampliación, en 2004 y 2007, a doce nuevos países de Europa central y oriental (que habían pertenecido al bloque socialista, o formado parte, incluso, de la URSS) y de Europa meridional. Sin embargo, en lo referente, como mínimo, al nivel de desarrollo, la distinción entre Europa occidental y Europa oriental no ha desaparecido.

EUROPA MIT. GR. Mortal amada por Zeus, quien, convertido en un toro blanco, la raptó y condujo a Creta, donde alumbró a Minos.

EUROPOORT, antepuerto de Rotterdam (Países Bajos). Refinerías de petróleo y petroquímica.

Eurostar, servicio de trenes de alta velocidad que enlazan París y Bruselas con Londres, a través del túnel del canal de La Mancha.

EUROTAS, r. de Grecia, en Laconia; 80 km. Esparta se encontraba en sus orillas.

Eurotúnel, doble túnel submarino para ferrocarril que atraviesa el canal de la Mancha desde Coquelle, cerca de Calais (Francia), hasta Folkestone (Gran Bretaña), inaugurado en 1994; 50,5 km.

Eurovisión, organismo internacional encargado, dentro de la UER (Unión europea de radiotelevisión), de coordinar los intercambios de programas de televisión entre los países de Europa. Tiene su sede en Ginebra.

EUSEBIO de Cesarea, *Palestina h. 265-íd. 340,* escritor y prelado griego. Obispo de Cesarea mezclado en las controversias sobre el arrianismo, es autor de una *Historia eclesiástica* (desde los orígenes a Constantino).

EUSKADI o **EUZKADI,** nombre en euskera del País **Vasco.

EUSKAL HERRIA, nombre popular e histórico del País Vasco, documentado desde el s. XVI. Se divide en siete regiones: *Araba* (Álava), *Bizkaia* (Vizcaya), *Gipuzkoa* (Guipúzcoa), *Nafarroa Garaia* (Alta Navarra), *Nafarroa Beherea* (Baja Navarra), *Lapurdi* (Labourd) y *Zuberoa* (Soule).

EUSTAQUIO (san), *m. en Roma 118,* mártir. Según la leyenda, se convirtió al ver que el ciervo que perseguía llevaba una cruz luminosa entre las astas. Patrón de los cazadores (junto con san Humberto). Su nombre fue suprimido del calendario romano.

EUTERPE MIT. GR. Musa de la música.

EUTIQUES, *a. 378-h. 454,* monje bizantino. Defensor del monofisismo, fue condenado en el concilio de Calcedonia (451).

EVA, personaje bíblico. Nombre dado por la Biblia a la primera mujer, esposa de Adán y madre del género humano.

Evangelios, escritos del Nuevo testamento en los que se consignan la vida y la doctrina de Jesús. Son cuatro y se atribuyen a san Mateo, san Marcos, san Lucas y san Juan. Su redacción se sitúa entre los años 70 y 80 aprox. en el caso de los tres primeros y h. 100 en el caso del cuarto.

EVANS (sir Arthur John), *Nash Mills 1851-Youlbury 1941,* arqueólogo británico. Sus descubrimientos en Cnossos, a partir de 1900, revelaron la civilización minoica.

EVANS (Oliver), *cerca de Newport, Delaware, 1755-Nueva York 1819,* ingeniero estadounidense. Desarrolló máquinas de vapor de alta presión.

EVANS (Walker), *Saint Louis 1903-New Haven 1975,* fotógrafo estadounidense. Su visión estática y sin concesiones de la realidad (reportajes [1935-1940] sobre la miseria rural norteamericana) y su estilo documental influyeron profundamente en el lenguaje fotográfico.

EVANS (William John, llamado Bill), *Plainfield 1929-Nueva York 1980,* pianista y compositor de jazz estadounidense. A principios de la década de 1960, creó un trío en el que el piano abandonó su tradicional papel solista para establecer un continuo diálogo con el bajo y la batería (*Waltz for Debby,* 1961).

EVANS-PRITCHARD (sir Edward), *Crowborough 1902-Oxford 1973,* antropólogo británico. Mostró la complementariedad de los vínculos entre la organización de las sociedades africanas en cuanto a linaje y política y su entorno ecológico (*Los nuer,* 1940).

EVANSVILLE, c. de Estados Unidos (Indiana), a orillas del Ohio; 126 272 hab. Maquinaria agrícola.

EVARISTO (san), *en Palestina-105,* papa de 97 a 105 y, según algunas fuentes, mártir. Organizó las 25 parroquias de Roma.

EVÉMERO, *h. 340-h. 260 a.C.,* escritor griego. Consideraba que los dioses de la mitología eran los reyes de una época anterior, divinizados después de su muerte. Esta interpretación fue retomada, sobre todo en los ss. XVIII y XIX, por algunos historiadores de las religiones con el nombre de *evemerismo.*

EUROPA

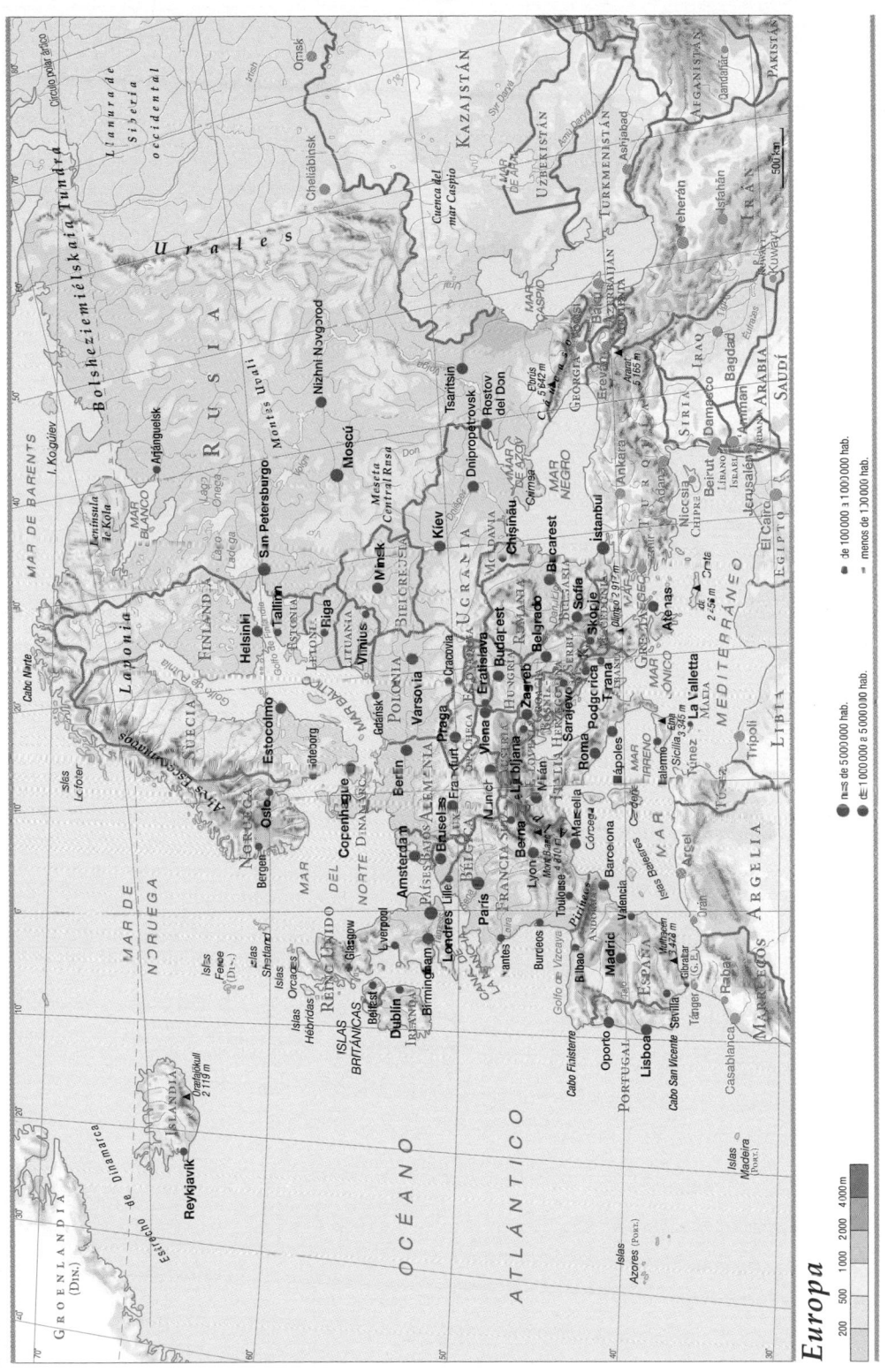

Europa

LA EUROPA MEDIEVAL
FINES DEL SIGLO XII-
INICIOS DEL SIGLO XIII

Capetos y Plantagenets

Posesiones de
Enrique II Plantagenet
entre 1154 y 1189

Posesiones inglesas
en Francia al final
del reinado de
Felipe Augusto

**Lucha entre el Papado
y el Sacro imperio**

Sacro imperio
romano germánico

Ciudades de la Liga
lombarda en 1167

Cristianos y musulmanes

Reconquista cristiana
en España

Conquista musulmana
en Oriente medio

Límites del Imperio
bizantino en 1180

Cruzadas

Venecia y sus
posesiones

500 km

REINO DE NORUEGA
REINO DE SUECIA
Estocolmo
1219
Nóvgorod
KANATO DE
Bolgar
LOS BÚLGAROS
PRINCIPADOS RUSOS
REINO DE ESCOCIA
IRLANDA MAN
Dublín
REINO DE INGLATERRA
REINO DE DINAMARCA
DANESES
Hamburgo
Bremen
Londres
Worms
REINO DE
ALEMANIA
BOHEMIA
REINO DE POLONIA
Cracovia
Kíev
CUMANOS
Gengis Khan
1223
Paris
3.ª cruzada
Constanza
Viena
REINO DE FRANCIA
BORGOÑA
REINO DE LEÓN
REINO DE NAVARRA
Toulouse
REINO DE ITALIA
REINO DE HUNGRÍA
TRANSILVANIA
Danubio
Trebisonda
REINO DE PORTUGAL
REINO DE CASTILLA
CORONA DE ARAGÓN
PROVENZA
Génova Venecia
Pisa
ESTADOS PONTIFICIOS
Zara
SERBIA
BULGARIA
Constantinopla
Nicea
Edesa
SELYÚCIDAS
Konya
Lisboa
Toledo
Is. Baleares
Córcega
Roma
Cerdeña
REINO DE
SICILIA
Palermo
IMPERIO LATINO
1204-1261
4.ª cruzada
CHIPRE
ESTADOS LATINOS DE LEVANTE
Granada
ALMOHADES
CRETA
1206 a Venecia
Acre
Jerusalén
El Cairo
AYUBÍES

**LA EUROPA DEL
CONGRESO DE VIENA
1814-1815**

Adquisiciones

O de Gran Bretaña

de Austria

de Prusia

de Rusia

de Suecia

del Piamonte

Confederación
germánica

Tratados de París
(1814 y 1815)

Congreso de Viena
(junio 1814-junio 1815)

Fronteras de 1815

1 REINO LOMBARDO-VÉNETO
2 REINO DE PIAMONTE-CERDEÑA

500 km

REINO DE NORUEGA
REINO DE SUECIA
Cristianía
Estocolmo
Volga
Moscú
IMPERIO DE RUSIA
Irlanda
REINO UNIDO DE GRAN BRETAÑA E IRLANDA
Helgoland
REINO DE DINAMARCA
REINO DE PRUSIA
Berlín
Londres
REINO DE LOS PAÍSES BAJOS
HANNOVER
SAJONIA
REINO DE POLONIA
Varsovia
Kíev
Dniéper
Rostov
Don
París
LUX.
Frankfurt
BOHEMIA
República de Cracovia
REINO DE FRANCIA
BAVIERA
Viena
IMPERIO DE AUSTRIA
REINO DE HUNGRÍA
TRANSILVANIA
MOLDAVIA
VALAQUIA
BESARABIA
SABOYA
Parma
1
ESTADOS PONTIFICIOS
SERBIA
Danubio
BULGARIA
Niza
2
TOSCANA
Córcega
Roma
MONTENEGRO
Istambul
Constantinopla
ARMENIA
REINO DE PORTUGAL
REINO DE ESPAÑA
Madrid
Lisboa
Is. Baleares
2
REINO DE LAS DOS SICILIAS
Nápoles
IMPERIO OTOMANO
SIRIA
Gibraltar (G.-B.)
Ceuta (Esp.)
Melilla (Esp.)
Argel
Palermo
GRECIA
Is. Jónicas
Atenas
Túnez
Malta
Creta
Chipre
Jerusalén
EGIPTO

Mapa 1

**NUEVAS FRONTERAS
EN EUROPA
1918-1923**

Oslo · Petrogrado
NORUEGA · Estocolmo · Tallinn
ESTONIA
RUSIA
SUECIA · Riga, 1921
LETONIA · Moscú
DINAMARCA
Copenhague · Kláipeda (Memel) 1923 · LITUANIA · U R S S
SCHLESWIG DEL NORTE · Königsberg · Kaunas · Wilno
Dantzig · PRUSIA ORIENTAL · Minsk
Amsterdam · Berlín · Varsovia · BIELORRUSIA
Londres · PAÍSES BAJOS · Brest-Litovsk 1918
Bruselas · RUHR · ALEMANIA · Weimar · POLONIA · Kíev
BÉLGICA · Eupen · Malmédy
París · LUX. · SARRE · Praga · UCRANIA
Versalles 1919 · ALSACIA-LORENA · Estrasburgo · CHECOSLOVAQUIA · RUTENIA SUBCARPATICA
FRANCIA · Viena · Bratislava
Lausana 1923 · Berna · Budapest · BESARABIA
Ginebra · SUIZA · AUSTRIA · HUNGRÍA · Cluj · Odessa
Trento · RUMANIA · CRIMEA
Trieste · Fiume · REINO DE LOS · Belgrado · Bucarest
Génova · SERBIOS, CROATAS · Zara Ital. · Y ESLOVENOS
Rapallo 1920, 1922 · Lagosta Ital.
Roma · ITALIA · BULGARIA · Sofía · Istanbul (Constantinopla)
ALBANIA · Tirana · MACEDONIA · TRACIA · Bósforo · Ankara
Dardanelos · TURQUÍA
GRECIA · Izmir (Esmirna)
Atenas · Antalya
500 km · DODECÁNESO Ital.

Leyenda (mapa 1):
- Fronteras de los imperios alemán, austrohúngaro y ruso en 1914
- Tratados de paz
- Fronteras de los estados en 1923
- Capital de estado
- Nuevos estados
- Extensión de Rumania
- Territorio conquistado a Grecia por la nueva Turquía (1920-1922)
- Ciudad libre

Mapa 2

**NUEVAS FRONTERAS
EN EUROPA
1945-1949**

Oslo · Leningrado
NORUEGA · Estocolmo · Tallinn
ESTONIA
RUSIA
SUECIA · LETONIA · Riga · Moscú
DINAMARCA
Copenhague · LITUANIA · U R S S
Kaliningrad · Vilnius · Minsk
Gdańsk
Amsterdam · Szczecin · POLONIA · BIELORRUSIA
Londres · PAÍSES BAJOS · Berlín · Varsovia · Brest
Conferencia de Potsdam 1945
Bruselas · RUHR · RDA · Kíev
BÉLGICA · Bonn
París · SARRE 1957 · Praga · UCRANIA
Tratados de París, 1947 · RFA · CHECOSLOVAQUIA · RUTENIA SUBCARPATICA
FRANCIA · Bratislava · BUCOVINA
Berna · Viena · Budapest · MOLDAVIA · BESARABIA
SUIZA · AUSTRIA · HUNGRÍA · Cluj
Trieste · 1 · Zagreb · RUMANIA · CRIMEA
Tende · CROACIA · Belgrado · Bucarest · Conferencia de Yalta, 1945
Rijeka · YUGOSLAVIA · SERBIA · DOBRUDJA MERIDIONAL 1940
Zadar · 2 · BULGARIA
Lastovo · 3 · Sofía
Roma · ITALIA · Tirana · 4 · Istanbul
ALBANIA · Ankara
GRECIA · TURQUÍA
Atenas

1 Eslovenia
2 Bosnia-Herzegovina
3 Montenegro
4 Macedonia

500 km

Leyenda (mapa 2):
- Fronteras de los estados en 1947
- Límites de las repúblicas federadas
- Capital de estado
- Anexiones territoriales de la URSS
- División de Alemania
- República federal de Alemania (1949)
- República democrática alemana (1949)
- División de Berlín en Berlín-Este y Berlín-Oeste
- Territorios bajo administración:
- soviética
- polaca
- desde 1945 hasta la firma de los tratados germano-soviético y germano-polaco
- Línea Oder-Neisse
- Territorio libre de Trieste (1947-1954)

EVEREST (monte), punto culminante del mundo, en el Himalaya, en la frontera entre Nepal y China (Tíbet); 8 848 m (alt. admitida tradicionalmente; se han realizado otras mediciones: 8 846 m en 1993, 8 850 m en 1999 y 8 844 m en 2005). Su nombre tibetano es *Chomo Lungma* («Diosa madre del mundo»). Su cima fue alcanzada en 1953 por el neozelandés E. Hillary y el sherpa Tensing Norgay.

EVERGLADES, región pantanosa de Estados Unidos, en el S de Florida. Parque nacional. (Reserva de la biosfera 1976; patrimonio de la humanidad 1979.)

EVERT (Chris), *Fort Lauderdale, Florida, 1954,* tenista estadounidense. Se alzó con 7 títulos en Roland Garros (1974, 1975, 1979, 1980, 1983, 1985 y 1986), 3 en Wimbledon (1974, 1976 y 1981), 6 en Forest Hills y Flushing Meadow (1975-1978, 1980 y 1982) y 2 en Australia (1982 y 1984).

ÉVORA, c. de Portugal (Alentejo); 38 938 hab. Templo romano del s. II, catedral de los ss. XII-XIV (tesoro; claustro gótico del s. XIV) y numerosos edificios e iglesias de los ss. XV-XVI. Museo. (Patrimonio de la humanidad 1986.)

EVORA (Cesaria), *Mindelo, São Vicente, 1941,* cantante caboverdiana. Ha dado a conocer por todo el mundo la *morna,* canción intimista, marcada por los acentos nostálgicos del fado.

EVREUX, dinastía de origen francés que reinó en Navarra desde 1328, con Felipe III el Noble, casado (1317) con Juana II de Navarra, hasta la muerte de Blanca I (1441), esposa de Juan II de Trastámara.

ÉVREUX, c. de Francia, cap. del dep. de Eure; 54 076 hab. Catedral (ss. XII-XVII).

EVTUSHENKO → **YEVTUSHENKO.**

EWING (sir James Alfred), *Dundee. Escocia, 1855-Cambridge 1935,* físico británico. Descubrió, al mismo tiempo que el alemán Emil Warburg, la histéresis magnética (1882).

EXALTACIÓN DE LA CRUZ, partido de Argentina (Buenos Aires); 17 041 hab.; cab. *Capilla del Señor.*

Excélsior, diario mexicano, fundado en 1917 en la ciudad de México por Rafael Alducín.

excursión a los indios ranqueles (Una), relato autobiográfico de Lucio V. Mansilla (1870), descripción realista de la Pampa y sus habitantes, en la que destaca con ironía el contraste entre la moral de los indios y mestizos y la de los «civilizados».

EXEKIAS, pintor de vasos y ceramista ateniense, activo a finales del s. VI a.C. Es uno de los creadores más brillantes del estilo ático de figuras negras.

EXETER, c. de Gran Bretaña (Inglaterra), cap. de Devon; 101 100 hab. Puerto. — Catedral de los ss. XII-XIV.

Éxodo, salida de Egipto de los hebreos, guiados por Moisés. Estos hechos, que los historiadores sitúan h. 1250 a.C., se relacionan en la Biblia en el *libro del Éxodo.*

Exodus, embarcación en que viajaban 4 500 emigrantes judíos a los que, en julio de 1947, la marina británica impidió desembarcar en la costa de Palestina. El buque tuvo que regresar a Europa y sus pasajeros fueron desembarcados en Hamburgo.

Expedición real (mayo-oct. 1837), expedición militar carlista por Cataluña, Valencia y Madrid. Fue derrotada por Espartero en Aranzueque (Guadalajara).

extraño caso del doctor Jekyll y Mr. Hyde (El), novela fantástica de R. L. Stevenson (1886). Un médico (el *doctor Jekyll*) descubre una mezcla que libera sus pulsiones negativas y hace que se transforme en un monstruo horrendo y cruel (*Mr. Hyde*).

EXTREMADURA, región del SO de España, que constituye una comunidad autónoma. 41 602 km²; 1 086 373 hab. *(extremeños);* cap. *Mérida;* 2 prov. *(Badajoz y Cáceres).*

GEOGRAFÍA

El territorio abarca los valles de los ríos Tajo y Guadiana, separados por las estribaciones occidentales de los montes de Toledo (sierras de Guadalupe, Montánchez y San Mamed) y flanqueados al N por la vertiente S del sistema Central, y al S por las formaciones de sierra Morena. Región poco poblada, de gran emigración, con una densidad tres veces menor que la media nacional. Economía fundamentalmente agropecuaria (cereales, vid, olivo, cultivos de regadío en las Vegas del Guadiana; ganado ovino y porcino). Recursos mineros modestos: hierro, plomo y uranio. Producción hidroeléctrica en el sistema del Tajo. Escaso desarrollo industrial (alimentarias, corcho, química en Mérida, metalúrgica en Badajoz).

HISTORIA

La región estaba habitada por los lusitanos y vetones y tras la conquista romana Emerita Augusta (Mérida) fue la capital de Lusitania. Badajoz fue capital de un reino aftasí (1022), conquistado por los almorávides en 1094. **1227-1230:** conquista de Alfonso IX de León. La participación de las órdenes militares dio lugar a la formación de grandes señoríos feudales. **S. XIII:** dominio de la ganadería de la Mesta sobre la agricultura. **Ss. XIV-XV:** intentos de conquista por portugueses (toma de Badajoz, 1389). **Ss. XVI-XIX:** se produjeron diversas guerras con Portugal (1640, guerra devastadora; 1704-1709; 1801, guerra de las naranjas) e importantes enfrentamientos durante la guerra de la Independencia (batalla de Albuera, 1811). **1983:** estatuto de autonomía.

EXTREMO ORIENTE, conjunto de los países de Asia oriental (China, Japón, Corea, estados de Indochina e Insulindia, extremo oriental de Rusia).

Exxon Mobil Corporation o **ExxonMobil,** grupo petrolero estadounidense. Nació de la fusión, en 1999, de Exxon Corporation (principalmente conocida, fuera de Estados Unidos, bajo la marca Esso) y Mobil Corporation, sociedades cuyos orígenes, comunes, se remontan a la creación, en 1882, de la Standard Oil Company of New Jersey. El grupo figura en el primer rango mundial en los sectores del petróleo y la petroquímica.

EYADEMA (Étienne Eyadema **Gnassingbé,** llamado **Gnassingbé**), *Pya 1935-sobre Túnez, en el curso de un traslado sanitario aéreo hacia el extranjero, 2005,* general y político togolés. Llegado al poder al término de un golpe de estado en 1967, se mantuvo como presidente de la república hasta su muerte. — **Faure Gnassingbé,** *Afagnan 1966,* político togolés. Hijo del general Eyadema, le sucedió en 2005.

Eylau (batalla de) [8 febr. 1807], victoria de napoleón sobre el ejército ruso en Eylau (act. Bagrationovsk, cerca de Kaliningrad, Rusia).

EYRE (lago), gran lago salado de Australia (Australia Meridional), al N de la *península de Eyre;* 10 000 km² aprox.

EYRING (Henry), *Colonia Juárez, Chihuahua, 1901-Salt Lake City 1981,* físico-químico estadounidense de origen mexicano. Elaboró una teoría de los estados de transición que permite, prever las velocidades de reacción.

EYSENCK (Hans Jürgen), *Berlín 1916-Londres 1997,* psicólogo británico de origen alemán. Estudió la patología de la personalidad, así como las neurosis.

EYZAGUIRRE (Agustín), *Santiago 1768-íd. 1837,* político chileno. Miembro de la junta provisional de gobierno (1823), fue vicepresidente (1826) y presidente interino (1826-1827).

EZCARAY, v. de España (La Rioja); 1 861 hab. Iglesia gótica (s. XVI); casas solariegas (ss. XVII-XVIII). Estación de esquí en Valdezcaray.

EZEQUIEL, profeta bíblico del s. VI a.C. Deportado a Babilonia con sus compatriotas, mantuvo la esperanza de estos en la restauración del pueblo elegido. Visionario, tuvo una gran influencia sobre la orientación del judaísmo tras el exilio.

EZEQUIEL MONTES, mun. de México (Querétaro); 16 617 hab. Centro agropecuario.

EZETA (Carlos), *San Salvador 1855-Monterrey, México, 1903,* militar y político salvadoreño, presidente constitucional en 1891-1894.

EZPELETA (José de Ezpeleta y Veire de Galdeano, conde de), *Pamplona 1740-Madrid 1823,* militar y administrador español. Gobernador de Cuba (1785-1789) y virrey de Nueva Granada (1789-1796), de regreso a España fue capitán general de Cataluña y de Navarra.

EZPELETA (Pedro Aingo de), teólogo y arbitrista español nacido a fines del s. XVI. En *Resoluciones prácticas, morales y doctrinales de las dudas ocasionadas por la baja moneda de vellón en los reinos de Castilla y de León...* (1643), formuló reglas para resolver la depreciación de la moneda.

'EZRA (Abraham ibn), llamado **Abenezra,** *Tudela h. 1092-Calahorra 1167,* polígrafo hebraicoespañol. Destacó como poeta, exégeta bíblico *(Comentario al Pentateuco),* lingüista *(Fundamentos de la gramática)* y divulgador de las matemáticas y la astronomía.

'EZRA (Mošé ibn), *Granada h. 1060-d. 1135,* poeta hebraicoespañol. Aunque compuso poesía religiosa, fue el mejor poeta profano hebraicoespañol *(Libro del collar,* con jarcha en árabe y en romance).

■ EL **EVEREST,** el «techo del mundo».

FABERGÉ (Carl), *San Petersburgo 1846-Lausana 1920,* orfebre y joyero ruso de origen francés. Sobresalió en la producción de joyas y bibelots (huevos de Pascua para la corte de los zares), en los que utilizó piedras duras y preciosas y esmalte sobre oro o plata.

FABIÁN (san), *m. en Roma 250,* papa de 236 a 250. Dividió la Roma cristiana en 7 zonas. Murió víctima de la persecución de Decio.

Fabian Society, asociación socialista británica fundada en Londres en 1884. Tuvo un papel importante en el nacimiento del Partido laborista.

FABINI (Eduardo), *Solís de Mataojo 1883-Montevideo 1950,* violinista y compositor uruguayo. Instrumentista de carrera internacional, escribió obras orquestales (*Campo,* 1922; *Fantasía para violín,* 1929), vocales y de cámara.

FABIOLA DE MORA Y DE ARAGÓN *Madrid 1928,* reina de los belgas. Se casó en 1960 con Balduino I de Bélgica.

FABIO MÁXIMO RULIANO (Quinto), *ss. IV-III a.C.,* político romano. Cinco veces cónsul, fue dictador (315 a.C.) y venció en 295 a.C., en Sentinum, a los samnitas, etruscos y galos coligados.

FABIO MÁXIMO VERRUCOSO (Quinto), llamado **Cunctator** («el Contemporizador»), *h. 275-203 a.C.,* político romano. Cinco veces cónsul, fue nombrado dictador tras la derrota de Trasimeno (217 a.C.). Con su táctica prudente detuvo durante algún tiempo el avance de Aníbal.

FABIO PICTOR (Quinto), *h. 260 a.C.,* historiador romano. Fue uno de los más antiguos historiadores latinos.

FABIUS (Laurent), *París 1946,* político francés. Socialista, fue primer ministro (1984-1986), primer secretario del PSF (1992-1993), presidente de la asamblea nacional (1988-1992 y 1997-2000) y ministro de economía (2000-2002).

FABRA (Pompeu), *Barcelona 1868-Prades, Francia, 1948,* filólogo y lingüista español. Impulsor de la codificación ortográfica (1913) de la lengua catalana, es autor de una *Gramàtica catalana* (1918) y del *Diccionari general de la llengua catalana* (1932), que fue considerado normativo.

FABRE (Jaume), arquitecto de probable origen francés activo en Cataluña y Mallorca entre 1309 y 1356. Considerado el introductor de las formas arquitectónicas góticas en Cataluña, entre sus obras destacan el convento de los dominicos de Palma de Mallorca y, en Barcelona, sus intervenciones en la catedral y muy probablemente en las iglesias de Santa María del Mar y del Pi.

FÁBREGA, montaña de Panamá; 3 334 m.

FABRIANO (Gentile da), *Fabriano, Ancona, h. 1370-Roma 1427,* pintor italiano. Cultivador del gótico internacional y heredero de los miniaturistas, trabajó en Venecia, Brescia, Florencia (*Adoración de los magos,* 1423, Uffizi) y Roma.

FABRY (Charles), *Marsella 1867-París 1945,* físico francés. Especialista en óptica, inventó un interferómetro que le permitió descubrir el ozono de la alta atmósfera.

Fábulas morales, colección de apólogos de F. M. Samaniego (2 vols., 1781-1784), inspirada en los autores tradicionales del género.

FACATATIVÁ, mun. de Colombia (Cundinamarca); 51 639 hab. Minas de carbón. Industria alimentaria.

Fachoda (incidente de) [1898], enfrentamiento en Fachoda (act. *Kodok,* Sudán) de la columna francesa del capitán Marchand con la expedición británica del general Kitchener. Tras la evacuación de la ciudad por los franceses, la totalidad de la cuenca del Nilo pasó a dominio británico (1899).

Facundo. Civilización y barbarie, novela de D. F. Sarmiento (1845), en tres partes: la primera describe el aislamiento del gaucho; la segunda se centra en las acciones y hazañas del caudillo Juan Facundo Quiroga, hasta su asesinato; y la última traza un lúcido panorama del presente y el porvenir de Argentina.

FAD (Fomento de las artes decorativas), organismo creado en Barcelona en 1903, con objeto de promover exposiciones y certámenes de artes decorativas. En él se integran la Agrupación de diseño industrial (ADI-FAD), la de diseñadores gráficos (DG-FAD) y la de interioristas (IN-FAD), entre otras. Otorga los premios *FAD* de arquitectura e interiorismo.

FADÉIEV (Alexandr Alexándrovich), *Kimri, Tver, 1901-Moscú 1956,* escritor soviético. Sus novelas ensalzan la revolución soviética (*La derrota*).

FADER (Fernando), *Mendoza 1882-Córdoba 1935,* pintor argentino. Sus obras, inspiradas en el paisaje serrano, se alejan del academicismo predominante en su época, al introducir elementos impresionistas.

FADRIQUE, *Guadalajara 1224-¿1277?,* infante de Castilla. Segundo hijo de Fernando III, participó en las campañas africanas de su hermano Alfonso X el Sabio (1260) y en el intento de recuperar Sicilia para Conrado V (1268). Acusado de traición, fue ejecutado por orden real.

FADRIQUE, *1334-Sevilla 1358,* príncipe de Castilla. Hijo natural de Alfonso XI, participó en la revuelta nobiliaria contra su hermanastro Pedro el Cruel, quien lo hizo ejecutar dos años después de la rendición de los conjurados en Toro (1356).

FADRIQUE, conde de Luna, *Barbastro 1369-Brazuelas 1438,* pretendiente a la corona de Aragón. Hijo natural de Martín I el Joven y nieto de Martín I el Humano, fue candidato en el compromiso de Caspe y vasallo de Fernando de Antequera. Su oposición a los Trastámara le obligó a expatriarse a Castilla (1430).

FAENZA, c. de Italia (Emilia Romaña), 53 577 hab. Desde el s. XIV ha sido un importante centro de mayólica. — Catedral del s. XV; museo internacional de la cerámica; pinacoteca.

FAETÓN MIT. GR. Hijo del Sol. Quiso llevar el carro de su padre y, por su inexperiencia, casi abrasó el universo. Zeus, irritado, lo fulminó.

FAFILA o **FAVILA,** rey astur (737-739). Hijo y heredero de Pelayo, su muerte —despedazado por un oso— permitió la unión de los cántabros y astures bajo su cuñado Alfonso I, hijo de Pedro, duque de Cantabria.

FAGNANO o **CAMI,** lago glaciar ubicado en los Andes patagónicos (isla Grande de Tierra del Fuego), compartido entre Chile y Argentina; 593 km².

FAHD, *Riyād 1923-íd. 2005,* rey de Arabia Saudí desde 1982 hasta su muerte.

FAHRENHEIT (Daniel Gabriel), *Danzig 1686-La Haya 1736,* físico alemán. Construyó aerómetros y termómetros para los que concibió la graduación que lleva su nombre (v. parte n. com. **grado**).

FAI (Federación anarquista ibérica), organización anarquista española fundada en 1927, que propugnaba la implantación del comunismo libertario. Unificada con la CNT (1936), llevó a cabo las colectivizaciones de Cataluña y Aragón y luchó en los frentes de Aragón y Madrid durante la guerra civil.

FAIRBANKS (Douglas Elton Ullman, llamado Douglas), *Denver 1883-Santa Mónica 1939,* actor estadounidense. Encarnación del joven deportista y optimista, en su filmografía destacan las películas de acción (*El signo del Zorro,* F. Niblo, 1920; *Robín de los bosques,* A. Dwan, 1922; *El ladrón de Bagdad,* R. Walsh, 1924).

FAIRFAX (Thomas, barón), *Denton 1612-Nunappleton 1671,* general inglés. Jefe de las tropas parlamentarias durante la guerra civil, derrotó a Carlos I en Naseby (1645) y favoreció la restauración de Carlos II.

FAISALABAD, ant. **Lyallpur,** c. de Pakistán (Panjāb); 1 092 000 hab. Textiles.

FAJARDO, mun. del NE de Puerto Rico; 36 882 hab. Puerto. Ingenios azucareros. Manufactura de cigarros.

FAJARDO (Francisco), *Palguarime, isla Margarita, h. 1530-Cumaná 1564,* conquistador español. Recorrió la costa venezolana y fundó un poblado, origen de Caracas (1559).

FAJARDO (Julio), *Tolima 1910,* escultor, pintor y ceramista colombiano. Es autor de pinturas costumbristas y monumentos urbanos.

FAJARDO ZÚÑIGA Y REQUESENS (Pedro), marqués de los Vélez, *Mula 1602-Madrid 1647,* administrador español. Virrey de Valencia (1631-1635), de Aragón (1635-1638) y tras la revuelta de 1640, de Cataluña, donde había sido derrotado (batalla de Montjuïc, 1641), fue también virrey de Sicilia (1644-1647).

FAJR AL-DĪN o **FACARDIN,** *h. 1572-Istanbul 1635,* emir druso del Líbano (1585-1633). Su alianza con los maronitas lo convirtió en dueño de gran parte del Líbano y en el primero en unificar el país. Refugiado en la corte de los Médicis de 1614 a 1618, fue vencido por los otomanos (1633), que lo ejecutaron.

FALÁN, mun. de Colombia (Tolima); 15 192 hab. Agricultura; ganadería. Minas de oro y plata.

Falange española tradicionalista y de las Juntas de ofensiva nacional-sindicalista (FET y de las JONS), partido político español creado en 1937 de la fusión de los grupos fascistas JONS y Falange española (fundados respectivamente en 1931 y 1933, y unidos desde 1934) con la Comunión tradicionalista (carlistas). Nacionalista, centralista, antimarxista, corporativista y antiliberal, apoyó el alzamiento de 1936 y se convirtió en la fuerza hegemónica de los sublevados. Con influencia sobre el franquismo hasta 1945, tras la muerte de Franco (1975) se fraccionó en varias líneas.

Falanges libanesas, en ár. **Kata'ib,** movimiento político y militar maronita fundado en 1936 por Pierre Gemayel.

FÁLARIS, *h. 570-554 a.C.,* tirano de Agrigento. Se cuenta que quemaba a sus víctimas dentro de un toro de bronce.

FALCÓN (estado), est. del NO de Venezuela; 24 800 km²; 629 947 hab.; cap. *Coro.*

Falcón (presa de), presa de México (Tamaulipas), sobre el río Bravo del Norte. Central hidroeléctrica (50 000 kW).

FALCÓN (Juan Crisóstomo), *caserío Tabes, Falcón, 1820-Fort-de-France 1870,* militar y político venezolano. Participó en las revoluciones de 1846, 1857, 1859 y 1862. Presidente (1863-1868), firmó la constitución federal de 1864.

FAL CONDE (Manuel José), *Higuera de la Sierra, Huelva, 1894-Sevilla 1975,* abogado y político español. Jefe del tradicionalismo andaluz, participó en la sublevación de Sanjurjo (1932) y en el alzamiento de 1936.

FALÉMÉ, r. de África occidental, afl. del Senegal (or. izq.); 650 km aprox. Separa Senegal y Malí.

FALERIA, ant. c. de Etruria, a orillas del Tíber, 40 km aguas arriba de Roma. Necrópolis y ruinas antiguas. Es la act. *Civita Castellana.*

FALIERO (Marino), *Venecia 1274-íd. 1355,* dux de Venecia (1354-1355). Fue decapitado por haber conspirado contra el gobierno patricio.

FALKENHAYN (Erich von), *Burg Belchau 1861-cerca de Potsdam 1922,* militar alemán. Jefe de la dirección suprema del ejército (1914-1916), estuvo al mando en Rumania (1916) y en Palestina (1917-1918).

FALKLAND (islas) → **MALVINAS.**

FALLA (Manuel de), *Cádiz 1876-Alta Gracia, Argentina, 1946,* compositor español. Su obra refleja la influencia de Wagner, Debussy, Ravel y Stravinski y la asimilación de las fuentes musicales nacionales. Destacan *La vida breve* (1905), *El *amor brujo* (1915), *Noches en los jardines de España* (1916), *Fantasía bética,* para piano (1919), *El sombrero de tres picos* (1919), *El retablo de maese Pedro* (1922), el *Concierto* para clave y cinco instrumentos (1926) y la cantata *La Atlántida,* completada por E. Halffter (estrenada en 1961).

FALLADA (Rudolf Ditzen, llamado Hans), *Greifswald 1893-Berlín 1947,* escritor alemán. Sus novelas describen la vida de la gente humilde (*Campesinos, caciques y bombas,* 1931).

FALLAS (Carlos Luis), *San José 1909-íd. 1966,* novelista costarricense. Representante de la literatura proletaria, sus novelas denuncian las condiciones de trabajo en las plantaciones: *Mamita Yunai* (1941), *Gente y gentecilla* (1947), *Marcos Ramírez* (1952), considerada su obra

maestra. Durante la revolución de 1948 encabezó las fuerzas gubernamentales.

FALLIÈRES (Armand), *Mézin 1841-íd. 1931,* político francés, presidente de 1906 a 1913.

FALLÓN (Diego), *Santa Ana 1834-Bogotá 1905,* poeta colombiano. Influido por los poetas románticos ingleses, su formación musical y su sentido armónico se manifiestan en sus rimas: *Canto a la luna; A la palma del desierto.*

FALOPIO, FALLOPIO o **FALLOPIA** (Gabriele), *Módena 1523-Padua 1562,* cirujano y anatómico italiano. Dio su nombre a importantes elementos anatómicos: el *acueducto de Falopio,* en el oído interno, y especialmente la *trompa de Falopio* (trompa uterina).

Falstaff, personaje de Shakespeare. Jactancioso, jovial y falto de escrúpulos, aparece en *Enrique IV* (1597-1598) y *Las alegres comadres de Windsor* (h. 1600). Inspiró a Verdi una comedia lírica, *Falstaff* (1893, con libreto de A. Boito), y a O. Welles una película (*Campanadas a medianoche,* 1966).

FALSTER, isla danesa del Báltico, al S de Sjaelland; cap. *Nykøbing Falster.*

FALUCHO (Antonio Ruiz, llamado el Negro), *m. en 1824,* soldado argentino de la tropa de San Martín. Prefirió ser fusilado por los amotinados de El Callao (Perú) antes que acatar el pabellón realista.

FALUYĀ, c. de Iraq, a orillas del Éufrates, al O de Bagdad; 300 000 hab. aprox. Foco de resistencia sunní tras la caída de Ş. Husayn, en 2004 fue tomada por tropas de EUA e Iraq.

FAMAGUSTA, c. de la costa E de Chipre; 39 000 hab. Puerto. Monumentos góticos.

FAMAILLÁ, dep. de Argentina (Tucumán); 26 562 hab. Industrias alimentarias (harinas y azúcar).

FAMATINA (sierra de), alineación montañosa de Argentina (La Rioja), en las sierras Pampeanas; 6 097 m. Yacimientos de oro, cobre y carbón.

Familia (pactos de), alianzas ofensivo-defensivas firmadas entre las dinastías borbónicas reinantes en Europa durante las guerras de Sucesión de Polonia (1733) y Austria (1743) y de los Siete años (1761). Significaron el decisivo enfrentamiento de Francia y España contra Gran Bretaña.

familia de Carlos IV (La), retrato de conjunto pintado por Goya en 1800 (Prado). Es una de sus obras más famosas, por la maestría de la factura y por su espíritu crítico.

familia de Pascual Duarte (La), novela de C. J. Cela (1942). Memorias de un aldeano extremeño que, por una serie de fatalidades, comete varios crímenes y acaba ajusticiado.

FANELLI (Giuseppe), *Martinafranca, Salerno, 1826-1877,* anarquista italiano. Luchó por la unidad e independencia de Italia, y fue diputado desde 1865. Colaborador de Bakunin en la AIT, difundió su ideario en España.

FANFANI (Amintore), *Pieve Santo Stefano 1908-Roma 1999,* político italiano. Secretario general (1954-1959 y 1973-1975) y presidente de la Democracia cristiana (1976), fue varias veces presidente del consejo de ministros (1954, 1958-1959, 1960-1963, 1982-1983 y 1987).

FANGIO (Juan Manuel), *Balcarce 1911-Buenos Aires 1995,* piloto automovilístico argentino.

Fue campeón del mundo de fórmula 1 cinco veces: 1951, 1954, 1955, 1956 y 1957.

FAN KUAN o **FAN K'UAN,** *mediados del s. x-comienzos del s. xi,* pintor chino. Asceta taoísta, es uno de los grandes paisajistas del estilo severo de la escuela de los Song de la China del N.

■ **FAN KUAN.** *Viajeros en la garganta de un torrente.* Tinta sobre seda. (Museo de Taibei, Taiwan.)

FANTE (John), *Boulder, Colorado, 1909-Malibú 1983,* escritor estadounidense. Precursor de la Beat Generation, describió la comunidad ítaloamericana, a la que pertenecía (*Espera a la primavera, Bandini,* 1938). Cantor de Los Ángeles (*Pregúntale al polvo,* 1939), narró también sus experiencias como guionista en Hollywood (*Sueños de Bunker Hill,* 1982).

FANTIN-LATOUR (Henri), *Grenoble 1836-Buré 1904,* pintor y litógrafo francés. Es autor de retratos individuales y colectivos, bodegones y cuadros de flores o inspirados por la música.

FAO (Food and Agriculture Organization, en esp. Organización para la alimentación y la agricultura), organismo de la ONU. Constituido en 1945, su fin es realizar una acción internacional contra el hambre y mejorar las condiciones de vida. Tiene su sede en Roma.

FĀRĀBĪ (Abū al-), *Wasiy, Turkestán, h. 870-Damasco 950,* filósofo musulmán. Comentador de Aristóteles y de Platón, cuyo profundo acuerdo se esforzó por demostrar, construyó un sistema que une metafísica y política y concuerda con el Corán (*Opiniones de los miembros de la ciudad ideal).* Maestro de Avicena, ejerció gran influencia en Avempace y Averroes y en la filosofía judía.

FARADAY (Michael), *Newington, Surrey, 1791-Hampton Court 1867,* químico y físico británi-

■ MANUEL DE **FALLA**

■ LA **FAMILIA DE CARLOS IV,** por Goya, 1800. (Museo del Prado, Madrid.)

co. Tras descubrir el benceno y licuar casi todos los gases conocidos en su época, enunció el principio del motor eléctrico. Descubrió la inducción electromagnética (que le condujo a la invención de la dinamo), estableció las teorías de la electrólisis y de la electrización por influencia y demostró que un conductor hueco *(jaula de Faraday)* forma pantalla por las acciones electrostáticas.

FARADÎ (Abū-l-Walīd 'Abd Allāh ibn al-), *Córdoba 962-íd. 1013*, biógrafo andalusí, cadi de Valencia y autor de *Historia de los sabios de al-Andalus*. Fue asesinado en el saqueo bereber de Córdoba.

FÁRAX ABENFÁRAX, cabecilla morisco del s. XVI. Acaudilló la rebelión de Granada (1568), pero fue destituido por el jefe Abén Humeya a causa de su crueldad.

FARAZDAQ (Al-), *Yamāma h. 641-Basora 728 o 730*, poeta árabe. Representante de la poesía de los nómadas de Arabia oriental, rivalizó con Ŷarīr.

FARC (Fuerzas armadas revolucionarias de Colombia), movimiento guerrillero colombiano. Constituido en 1964 por militantes de organizaciones izquierdistas y campesinas, ha llegado a controlar amplias zonas del país (Caquetá). Entre 1984 y 1987 mantuvo una tregua. En 1998 reanudó con el gobierno las conversaciones de paz.

FAREWELL, cabo del S de Groenlandia.

FARIDABAD, c. de la India, al SE de Delhi; 613 828 hab.

FARINA (Giovanni Maria), *Santa Maria Maggiore 1685-Colonia 1766*, químico italiano. Fabricó en Colonia la célebre *agua de Colonia.*

FARINELLI (Carlo Broschi, llamado), *Andria 1705-Bolonia 1782*, cantante castrado italiano. Debutó en Nápoles en 1720. Instalado en la corte española (1736-1760), influyó en Felipe V y Fernando VI, a quien convenció de fundar un teatro de ópera italiana en Madrid.

FARNACES II, *h. 97-47 a. C.*, rey del Bósforo cimerio (63-47 a.C.). Con el apoyo de los romanos, reconquistó el reino del Ponto, pero fue vencido por César en 47.

FARNBOROUGH, c. de Gran Bretaña (Inglaterra), al SO de Londres; 41 000 hab. Exposición aeronáutica bianual.

Farnesina (villa), villa del s. XVI, en Roma. Construida por B. Peruzzi (h. 1510) y decorada por Rafael y sus discípulos, hoy en día alberga el Gabinete nacional italiano de estampas.

FARNESIO, en ital. *Farnese,* familia romana originaria de Orvieto que reinó en el ducado de Parma y Piacenza (1545-1731). — *Alejandro F.,* papa de 1534 a 1549. Encargó a Miguel Ángel el fresco del *Juicio final* de la capilla Sixtina e inauguró la Contrarreforma convocando el concilio de Trento (1545). — *Alejandro F.,* duque de Parma (→ **Farnesio** [Alejandro]). — *Elisabetta F.,* sobrina del último duque de Parma (→ **Isabel Farnesio**).

FARNESIO (Alejandro), *Roma 1545-Arras 1592*, aristócrata y militar parmesano al servicio de la corona de España. Hijo de Margarita de Parma, a las órdenes de Juan de Austria, recuperó las provincias del S de los Países Bajos, de donde fue nombrado gobernador (1578). Ocupó Amberes y logró la unión de Flandes y Brabante. Duque de Parma y Piacenza (1586), en 1590 pasó a Francia, por orden de Felipe II, en ayuda de la Liga católica.

Farnesio (palacio), palacio del s. XVI, en Roma. Es un gran edificio construido en diversas etapas por Sangallo el Joven, Miguel Ángel y G. Della Porta y decorado por los Carracci.

FARO, c. de Portugal (Algarve); 31 966 hab. Puerto. Aeropuerto. Turismo.

FAROS, isla del ant. Egipto, cerca de Alejandría. Durante el reinado de Tolomeo I Sóter, se erigió en ella una torre de 135 m (inaugurada por su hijo y sucesor, Tolomeo II Filadelfo) en cuya cúspide ardía un fuego que, reflejado por unos espejos, era visible desde alta mar; se derrumbó en 1303. Este *faro* era una de las siete *Maravillas del mundo. En 1994 se descubrieron sus restos, subacuáticos.

FARQUHAR (George), *Londonderry, Irlanda, 1678-Londres 1707*, dramaturgo británico, autor de comedias (*The Beaux' Stratagem*, 1707).

FARRAGUT (David), *cerca de Knoxville 1801-*

Portsmouth, New Hampshire, 1870, almirante estadounidense. Se distinguió con las fuerzas nordistas y encabezó la escuadra del Atlántico (1867).

FARRÉ (Luis), *Montblanc 1902*, filósofo argentino de origen español. Es autor de *Las categorías estéticas* (1967) y *Cincuenta años de filosofía en Argentina*, entre otras obras.

FARRELL (Edelmiro Julián), *Santa Fe 1887-Buenos Aires 1980*, militar y político argentino. Tras derrocar al general Pedro Ramírez, fue vicepresidente (1943) y presidente (1944) de la república. Perón lo sucedió en 1946.

FÂRS o **FĀRSISTĀN,** región del S de Irán; c. pral. *Šīrāz.*

FARSALIA, c. de Grecia (Tesalia); 6 000 hab. César venció en ella a Pompeyo (48 a.C.).

FARUK, *El Cairo 1920-Roma 1965*, rey de Egipto (1936-1952). Hijo y sucesor de Fu'ad I, abdicó en 1952 tras el golpe de estado de Naguib y Nasser.

FAR WEST (voces ingl. que significan «lejano oeste»), nombre dado en EUA, durante el s. XIX, a las regiones al O del Mississippi.

FASSBINDER (Rainer Werner), *Bad Wörishofen 1945-Munich 1982*, director de cine y teatro alemán. Fue uno de los principales innovadores del cine alemán: *Las amargas lágrimas de Petra von Kant* (1972), *El matrimonio de María Braun* (1979), *Querelle* (1982).

FASTNET, islote de la costa SO de Irlanda. Ha dado su nombre a una carrera-crucero.

FATEHPUR SIKRI o **FATHPŪR SIKRĪ,** c. de la India (Uttar Pradesh), cerca de Āgra. Cap. (1569-1586) de Akbar, es uno de los más perfectos logros del arte de los Grandes Mogoles y de su sincretismo arquitectónico. (Patrimonio de la humanidad 1986.)

■ **FATEHPUR SIKRI.** La tumba de Salim Chisti (1580-1581).

FÁTIMA, c. de Portugal (Leiria), al NE de Lisboa, 7 693 hab. Lugar de peregrinación desde que en 1917 tres jóvenes pastores declararon haber presenciado seis apariciones de la Virgen.

FÁTIMA, *La Meca h. 616-Medina 633*, hija de Mahoma y de Jadīŷa. Esposa de 'Alī y madre de Hasan y de Husayn, es venerada por los musulmanes.

FATIMÍES, dinastía chiita ismailí que reinó en el NE de África durante los ss. X-XI y en Egipto de 969 a 1171. Fundada por 'Ubayd Allāh en Kairuán (909-910), conquistó Egipto (969) y fundó El Cairo, donde se estableció (973). El último califa fatimí fue derrocado por Saladino (1171).

FAULKNER (William Harrison Falkner, llamado William), *New Albany 1897-Oxford, Mississippi, 1962*, escritor estadounidense. Sus novelas psicológicas y simbólicas (*El ruido y la furia,* 1929; *Santuario,* 1931; *Luz de agosto,* 1932; *¡Absalón! ¡Absalón!,* 1936), están situadas en el S de EUA y pasan de lo humorístico a lo sórdido y al salvajismo trágico. (Premio Nobel 1949.)

FAURE (Félix), *París 1841-íd. 1899*, político francés. Fue presidente de la república (1895-1899).

FAURÉ (Gabriel), *Pamiers 1845-París 1924*, compositor francés. Maestro de la armonía, es autor de piezas para piano, de un *Réquiem* (1900) y de la ópera *Penélope* (1913), entre otras obras.

FAUSTINO I → **SOULOUQUE.**

■ **MICHAEL FARADAY,** por S. W. Stancase. (Museo de la ciencia, Londres.)

■ **WILLIAM FAULKNER**

Fausto, obra en verso de Estanislao del Campo (1866), cuyo título completo es *Fausto: impresiones del gaucho Anastasio el Pollo en la representación de esta ópera.* Parodia del mundo europeizante y burgués, narra como Anastasio cuenta a su amigo Laguna la versión italiana del *Fausto* de Gounod que vió en el teatro Colón de Buenos Aires.

Fausto, héroe de numerosas obras literarias, musicales, plásticas y cinematográficas. Al parecer la leyenda se basa en cierto J. Faust, médico y astrólogo alemán (Knittlingen, Württemberg, h. 1480-Staufen h. 1540). La primera versión del tema apareció en 1587 en Frankfurt del Main: el mago Fausto vende su alma a Mefistófeles a cambio del saber y de los bienes terrenales. C. Marlowe (*La trágica historia del doctor Fausto,* h. 1590) y Goethe (*Fausto,* 1808-1832) lo tomaron como héroe en sus obras, inspirando posteriormente al cineasta F. W. Murnau (*Fausto,* 1926).

FAVILA → **FAFILA.**

FAWCETT (dame Millicent), *Aldeburgh, Suffolk, 1847-Londres 1929*, reformadora británica. Luchó por el derecho al voto de las mujeres británicas (leyes de 1918 y 1928).

FAYDHERBE o **FAYD'HERBE** (Luc o Lucas), *Malinas 1617-íd. 1697*, escultor y arquitecto flamenco. Discípulo de Rubens, sus esculturas decoran las iglesias de Malinas (construcción y decoración de Nuestra Señora de Hanswÿck, 1663-1681).

FAYETTE (Marie Joseph Gilbert **Motier,** marqués de La), *Chavaniac 1757-íd. 1834*, militar y político francés. Participó en la guerra de la independencia norteamericana al lado de los insurgentes. Durante la Revolución francesa fue el jefe de la nobleza liberal. Exiliado en 1792-1800, posteriormente fue diputado liberal con la Restauración.

FAYETTE o **LAFAYETTE** (Marie-Madeleine Pioche de La Vergne, condesa de La), *París 1634-íd. 1693*, escritora francesa. Es una pionera de la novela psicológica moderna (*La princesa de Clèves,* 1678).

FAYSAL I, *Ta'if, Arabia Saudí, 1883-Berna 1933*, rey de Iraq (1921-1933), de la dinastía hachemí. Dirigió la rebelión árabe contra los otomanos (1916). Rey de Siria (1920), fue expulsado por los franceses y se convirtió en rey de Iraq (1921) con el apoyo de Gran Bretaña. — *Faysal II,* *Bagdad 1935-íd. 1958*, rey de Iraq (1939-1958), de la dinastía hachemí. Nieto de Faysal I, fue asesinado durante la insurrección de 1958.

FAYSAL I IBN 'ABD AL-'AZIZ, *Riyād 1906-íd. 1975*, rey de Arabia Saudí (1964-1975). Primer ministro (1958-1960 y 1962-1964) durante el reinado de su hermano Sa'ūd, a quien hizo destituir en 1964, emprendió una política de saneamiento financiero y de alianza islámica. Murió asesinado.

FAYUM, prov. de Egipto, al SO de El Cairo. Es célebre por sus sitios paleontológicos (eoceno y oligoceno) y sus restos arqueológicos: sistema de riego, templos, etc., de la XII dinastía; ciudades tolemaicas, y sobre todo necrópolis en las que se han hallado numerosos retratos funerarios (ss. I-IV) que sustituían la antigua máscara de las momias. (*V. ilustr. pág. siguiente.*)

FBI (Federal Bureau of Investigation), servicio encargado, en Estados Unidos, de la policía federal.

■ FAYUM. Detalle del sarcófago de Artemidoro (s. II d.C.) procedente de Hawara; el rostro del difunto está pintado sobre una tabla de madera. (British Museum, Londres.)

F'DERICK, ant. **Fort-Gouraud,** c. de Mauritania, en la región de Kedia d'Idjil; 4 700 hab. Mineral de hierro. Vía férrea hacia Nouadhibou.

FEBO MIT. GR. Y ROM. Otro nombre de Apolo.

FEBRER (Andreu), *Vic h. 1375-h. 1440,* poeta catalán. Traductor al catalán de la *Divina Comedia,* de sus poesías líricas destacan los elogios cortesanos y las de carácter amoroso.

febrerista (revolución) [1936], sublevación de oficiales paraguayos, apoyada por comunistas y filofascistas, tras la guerra del Chaco. Los febreristas ocuparon el poder hasta el golpe militar conservador de 1937.

FEBRES CORDERO (León de), *Puertos de Altagracia 1797-Mérida 1875,* militar y político venezolano. Luchó por la independencia y en la guerra federal (1859-1863) fue lugarteniente de Páez, jefe de los constitucionales.

FEBRES CORDERO (León), *Guayaquil 1931-íd. 2008,* político ecuatoriano. Líder del conservador Partido social cristiano, fue presidente de la república (1982-1988) y alcalde de Guayaquil (1992-2000).

FECHNER (Gustav Theodor), *Gross-Särchen, Lusacia, 1801-Leipzig 1887,* fisiólogo y filósofo alemán. Un fundador de la psicofísica, formuló la *ley de Weber-Fechner,* según la cual «la sensación corresponde al logaritmo del estímulo».

FEDERACIÓN, dep. de Argentina (Entre Ríos); 48 797 hab. Puerto fluvial sobre el Uruguay.

Federación anarquista ibérica → FAI.

Federación de trabajadores de la región española, organización obrera fundada en 1881, al disolverse la Federación regional española, creada en 1870 como sección de la I Internacional. Se dividió en dos tendencias, la anarcocolectivista, dominante en Cataluña, y la anarcocomunista, en Andalucía.

Federación iberoamericana de bolsas de valores (FIABV), institución fundada en 1973 por 17 bolsas iberoamericanas y las bolsas de Madrid y Barcelona.

Federación nacional de cafeteros de Colombia, organismo fundado en 1927 que regula la producción y promueve la exportación del café de Colombia.

Federación obrera regional argentina o **FORA,** organización obrera anarcosindicalista, fundada en 1904, que llegó a tener cerca de 100 000 militantes. Decayó hacia 1930 y, perseguida por el peronismo, desapareció.

Federación sindical mundial (FSM), organización sindical constituida en 1945. Varios sindicatos se retiraron de ella en 1948 y 1949 para constituir la Confederación internacional de sindicatos libres.

FEDERAL, dep. de Argentina (Entre Ríos); 22 095 hab. Ganado vacuno y lanar. Nudo de comunicaciones.

federal (Partido), nombre de diversos grupos políticos españoles basados en el federalismo. F. Pi y Margall orientó el primero (1868). Sus fuerzas se disgregaron progresivamente hacia el marxismo, el unitarismo, el cantonalismo, el republicanismo o el catalanismo.

Federal Reserve Bank o **Fed,** banco central de Estados Unidos. Subdividido en 12 bancos locales, su misión es dirigir la política monetaria elaborada por el *Federal Reserve Board.* Este gobierna el sistema monetario y bancario *(Federal Reserve System),* instituido por la *Federal Reserve Act* de 1913.

FEDERER (Roger), *Basilea 1981,* tenista suizo. Ha ganado sobre todo cinco títulos en Wimbledon (2003 a 2007), cinco en Flushing Meadow (2004 a 2008) y tres en los internacionales de Australia (2004, 2006 y 2007).

SACRO IMPERIO

FEDERICO I Barbarroja, *Waiblingen 1122-en el Kydnos 1190,* emperador germánico (1155-1190), de la dinastía de los Hohenstaufen. Quiso restaurar la autoridad imperial, pero chocó en Italia con la Liga lombarda, que lo derrotó en Legnano (1176) y lo obligó a aceptar la paz. Murió ahogado en Cilicia durante la tercera cruzada. A partir del s. XVI se convirtió en el símbolo de las esperanzas populares y nacionales del pueblo alemán.

FEDERICO II, *Iesi 1194-castillo de Fiorentino, Foggia, 1250,* rey de Sicilia (Federico I) [1197-1250] y emperador germánico (1220-1250), de la dinastía de los Hohenstaufen. Dueño de Alemania tras la batalla de Bouvines (1214), luchó contra el papado. Excomulgado (1227), participó en una cruzada como diplomático y obtuvo la cesión de Jerusalén (1229). Reconciliado con el papa (1230), reanudó la lucha contra la Liga lombarda y volvió a ser excomulgado (1239) y más tarde depuesto (1245). Convirtió Palermo en una capital suntuosa que atrajo a artistas y letrados.

FEDERICO III de Estiria, *Innsbruck 1415-Linz 1493,* rey de romanos (1440) y emperador germánico (1452-1493), de la dinastía de los Habsburgo.

DINAMARCA Y NORUEGA

FEDERICO I, *Copenhague 1471-Gottorp 1533,* rey de Dinamarca y de Noruega (1523-1533). Favoreció la Reforma. — **Federico II,** *Haderslev 1534-Antvorskov 1588,* rey de Dinamarca y de Noruega (1559-1588). Luchó contra Suecia (1563-1570). — **Federico III,** *Haderslev 1609-Copenhague 1670,* rey de Dinamarca y de Noruega (1648-1670). Restableció el carácter absoluto del poder real. — **Federico IV,** *Copenhague 1671-Odense 1730,* rey de Dinamarca y de Noruega (1699-1730). Enemigo de Carlos XII de Suecia, acabó por obtener el S de Schleswig (1720). — **Federico V,** *Copenhague 1723-íd. 1766,* rey de Dinamarca y de Noruega (1746-1766). Realizó profundas reformas. — **Federico VI,** *Copenhague 1768-íd. 1839,* rey de Dinamarca (1808-1839) y de Noruega (1808-1814). Aliado con Francia (1807), tuvo que ceder Noruega a Suecia (1814). — **Federico VII,** *Copenhague 1808-Glücksborg 1863,* rey de Dinamarca (1848-1863). Durante su reinado estalló la guerra de los *Ducados.* — **Federico VIII,** *Copenhague 1843-Hamburgo 1912,* rey de Dinamarca (1906-1912). — **Federico IX,** *castillo de Sorgenfri 1899-Copenhague 1972,* rey de Dinamarca (1947-1972). Le sucedió su hija Margarita II.

ELECTOR PALATINO

FEDERICO V, *Amberg 1596-Maguncia 1632,* elector palatino (1610-1623) y rey de Bohemia (1619-1620). Jefe de la facción protestante (la *Unión evangélica*) durante la guerra de los Treinta años, fue vencido en la Montaña Blanca por Fernando II de Habsburgo (1620).

PRUSIA

FEDERICO I, *Königsberg 1657-Berlín 1713,* elector de Brandeburgo (1688) y rey de Prusia (1701-1713), de la dinastía de los Hohenzollern. Primer rey de Prusia, era hijo de Federico Guillermo, el Gran elector.

FEDERICO II el Grande, *Berlín 1712-Potsdam 1786,* rey de Prusia (1740-1786), de la dinastía de los Hohenzollern. Tras las dos guerras de Silesia (1740-1742; 1744-1745), conservó esta región a pesar de los graves reveses sufridos en la guerra de los Siete años (1756-1763). En el primer reparto de Polonia (1772) recibió Prusia occidental. Reorganizó sus estados, dotán-

dolos de una administración moderna, colonizando tierras y forjando un ejército que se convertiría en el mejor de Europa. Experimentó con el orden oblicuo, que permitía a la infantería efectuar maniobras sobre sus alas, reservadas hasta entonces a la caballería. Amante de las letras, gran coleccionista de arte francés, autor de *El antimaquiavelo* (1739) y compositor de obras para flauta, atrajo a Prusia, en torno a su residencia de Sans-Souci, a Voltaire y a numerosos eruditos franceses, convirtiéndose así en el modelo del déspota ilustrado.

■ FEDERICO II EL GRANDE, por J. G. Ziesenis. (Kurpfälzisches Museum, Heidelberg.)

FEDERICO III, *Postdam 1831-íd. 1888,* rey de Prusia y emperador de Alemania (1888). Hijo y sucesor de Guillermo I, sólo reinó unos pocos meses.

SAJONIA

FEDERICO III el Prudente, *Torgau 1463-Lochau 1525,* duque elector de Sajonia (1486-1525). Apoyó a Lutero contra el papa y Carlos Quinto.

SICILIA

FEDERICO I → FEDERICO II [Sacro Imperio].

FEDERICO II, *1272-Palermo 1337,* rey de Sicilia insular (1296-1337). Hijo de Pedro III el Grande de Aragón y de Constanza de Suabia, reina de Sicilia, sucedió en Sicilia a su hermano mayor, Jaime II, al subir este al trono de Aragón. Luchó enérgicamente por conservar su trono frente a los angevinos, apoyados por su propio hermano, y consiguió que su hijo fuera reconocido como sucesor, lo que significó la instalación de la casa de Barcelona en Sicilia.

FEDERICO III el Simple, *Catania 1342-Messina 1377,* rey de Sicilia insular (1355-1377) y duque de Atenas (Federico II) [1355-1377]. Hijo del rey Pedro II, tuvo que luchar contra la casa de Anjou y estuvo a punto de perder Sicilia, conquistada por Luis de Tarento. La muerte de este último (1362) le permitió recobrar su reino.

SICILIA PENINSULAR

FEDERICO I, *Nápoles 1452-Tours 1504,* rey de Sicilia peninsular (Nápoles) [1496-1501]. Luis XII de Francia y Fernando el Católico pactaron el reparto de sus estados (1500). Tras la toma de Nápoles por los franceses, Luis XII le concedió el ducado de Anjou. Finalmente, los españoles se apoderaron del reino (1503-1504).

SUECIA

FEDERICO I, *Kassel 1676-Estocolmo 1751,* rey de Suecia (1720-1751). Cuñado de Carlos XII, sucedió a su esposa Ulrica Leonor, reina de Suecia de 1718 a 1720.

FEDERICO AUGUSTO I el Justo, *Dresde 1750-íd. 1827,* rey de Sajonia (1806-1827). Fue aliado fiel de Napoleón, que, en el tratado de Tilsit, le dio el gran ducado de Varsovia (1807).

FEDERICO CARLOS, *Berlín 1828-Potsdam 1885,* militar y príncipe prusiano. Sobrino de Guillermo I, combatió en Sadowa (1866) y estuvo al mando del II ejército durante la guerra franco-alemana (1870-1871).

FEDERICO ENRIQUE, *Delft 1584-La Haya 1647,* príncipe de Orange-Nassau. Estatúder de las Provincias Unidas (1625-1647), luchó contra los españoles durante la guerra de los Treinta años.

FEDERICO GUILLERMO, llamado **el Gran elector,** *Berlín 1620-Potsdam 1688,* elector de Brandeburgo y duque de Prusia, de la dinastía de los Hohenzollern. Subió al trono en 1640 y, tras la firma de los tratados de Westfalia (1648), se esforzó en recuperar Brandeburgo. Jefe de la oposición calvinista a los partidarios del emperador, acogió a los refugiados hugonotes tras la revocación del edicto de Nantes (1685).

FEDERICO GUILLERMO I, llamado **el Rey sargento,** *Berlín 1688-Potsdam 1740,* rey de Prusia (1713-1740), de la dinastía de los Hohenzollern. Hijo de Federico I, prosiguió la obra de centralización y desarrollo económico de sus predecesores y legó a su hijo, Federico II, un reino poderoso.

FEDERICO GUILLERMO II, *Berlín 1744-íd. 1797,* rey de Prusia (1786-1797), de la dinastía de los Hohenzollern. Sobrino y sucesor de Federico II, participó en las coaliciones contra la Francia revolucionaria, pero en la paz de Basilea (1795) tuvo que cederle la margen izquierda del Rin. Participó en el segundo y el tercer reparto de Polonia (1793-1795). — **Federico Guillermo III,** *Potsdam 1770-Berlín 1840,* rey de Prusia (1797-1840), de la dinastía de los Hohenzollern. Tras el hundimiento de Prusia ante Napoleón (1806-1807), logró con la ayuda de Stein, Hardenberg, Scharnhorst, Gneisenau y Clausewitz levantar el país y devolverle su rango de gran potencia en el congreso de Viena (1815). — **Federico Guillermo IV,** *Berlín 1795-castillo de Sans-Souci 1861,* rey de Prusia (1840-1861), de la dinastía de los Hohenzollern. Tuvo que conceder a su pueblo una constitución en 1848. Afectado por trastornos mentales, cedió la regencia a su hermano Guillermo I (1858).

FEDERMANN (Nicolás), *Ulm h. 1510-Valladolid 1542,* explorador alemán. Al servicio de los Welser, entre 1529 y 1540 exploró Venezuela, donde fue capitán general. En su tercera y principal expedición (1537) cruzó los Andes hasta el valle del Fosca. Asistió a la fundación de Bogotá.

FEDIN (Konstantín Alexándrovich), *Sarátov 1892-Moscú 1977,* escritor soviético. Es autor de novelas sociales y psicológicas (*Las ciudades y los años,* 1924; *La hoguera,* 1961-1965).

Fedón, diálogo de Platón que escenifica los últimos momentos de Sócrates y trata de la inmortalidad del alma.

FEDOR → FIÓDOR.

FEDRA MIT. GR. Esposa de Teseo e hija de Minos y de Pasífae. Enamorada de su hijastro Hipólito, quien rechazó sus avances, lo acusó de haber querido forzarla. Hipólito fue ejecutado y Fedra se ahorcó. — La pasión devoradora de Fedra, desgarrada entre la conciencia de sus faltas y la incapacidad de responsabilizarse de ellas, ha inspirado, entre otras obras, tragedias de Eurípides (*Hipólito coronado,* 428 a.C.), Séneca (s I d C), Racine (1677) y Unamuno.

FEDRO, en lat. **Caius Julius Phaedrus,** *en Macedonia h. 10 a.C.-h. 54 d.C.,* fabulista latino. Es autor de fábulas imitadas de Esopo.

FEIJOO (Benito Jerónimo), *Casdemiro, Orense, 1676-Oviedo 1764,* ensayista español. Teólogo benedictino, se le considera un precursor del pensamiento ilustrado. Sus dos grandes obras enciclopédicas, *Teatro crítico universal* (9 vols., 1726-1741) y *Cartas eruditas y curiosas* (5 vols., 1742-1760), muy difundidas en España y Europa, encendieron vivas polémicas. Crítica de las supersticiones, constituyen una suma de conocimientos (ciencia, filosofía, estética, lingüística, literatura).

FEIJOO (Samuel), *San Juan de los Yaras 1914-La Habana 1992,* poeta cubano. Poeta intimista y neopopularista (*El girasol sediento,* 1963), cultivó el ensayo y la narración.

FEININGER (Lyonel), *Nueva York 1871-íd. 1956,* pintor estadounidense de origen alemán. Director del taller de grabado de la Bauhaus (1919-1933), su pintura asocia un esquematismo agudo de las formas y una sutil transparencia de los colores.

FEIRA DE SANTANA, c. de Brasil (Bahía);

405 691 hab. Centro de comunicaciones (aeropuerto).

FEITO (Luis), *Madrid 1929,* pintor español. Cofundador del grupo El Paso (1957), tras una primera etapa informalista, pasó por una fase de pinturas con planos monocromos, y a finales de la década de 1960 su pintura se vuelve más gestual. (Real academia de bellas artes de San Fernando 1998.)

FELANITX, c. de España (Baleares), en Mallorca; 15 238 hab. (*felanigenses* o *felanitxers*). Industrias alimentarias. Cerámica. Turismo.

FELGUERA (La), v. de España, mun. de Langreo (Asturias); 19 000 hab. (*felguereños*). Centro industrial (siderurgia, química, construcción naval).

FELGUÉREZ (Manuel), *Zacatecas 1928,* pintor y escultor mexicano. Su obra une la arquitectura y la escultura o la escultura y la pintura en grandes piezas para ser colocadas al aire libre.

FELÍCITAS o **FELICIDAD** (santa), *m. en Cartago 203,* mártir africana. Fue arrojada a las fieras con varios compañeros, entre ellos la matrona Perpetua.

SANTOS

FELIPE (san), *s. I,* uno de los doce apóstoles de Jesús. Según una leyenda evangelizó Frigia, donde habría muerto crucificado.

FELIPE (san), *m. en el s. I,* uno de los siete primeros diáconos de la comunidad cristiana de Jerusalén. Evangelizó Samaria y bautizó al eunuco de Candace, reina de Etiopía.

FELIPE DE JESÚS (san), *México 1575-Nagasaki 1597,* franciscano mexicano, protomártir, crucificado en Japón. Fue canonizado en 1862.

FELIPE NERI (san), *Florencia 1515-Roma 1595,* sacerdote italiano, fundador del Oratorio italiano.

EMPERADOR GERMÁNICO

FELIPE DE SUABIA, *h. 1177-Bamberg 1208,* emperador germánico (1198-1208). Último hijo de Federico I Barbarroja, murió asesinado.

BORGOÑA

FELIPE II el Atrevido, *Pontoise 1342 Hal 1404,* duque de Borgoña (1363-1404). Hijo de Juan II de Francia, se casó con Margarita de Flandes y heredó Flandes, Artois y otros territorios. Fue regente de Carlos VI de Francia y fortaleció su poder.

FELIPE III el Bueno, *Dijon 1396-Brujas 1467,* duque de Borgoña (1419-1467). Hijo de Juan sin Miedo, tras el asesinato de su padre reconoció a Enrique V de Inglaterra como heredero legítimo del trono de Francia. Acumuló territorios que dotó de poderosas instituciones. Por el tratado de Arras (1435) se reconcilió con Carlos VII. Instituyó la orden del Toisón de oro (1429).

ESPAÑA

FELIPE I el Hermoso, *Brujas 1478-Burgos 1506,* soberano de los Países Bajos (1482-1506) y rey de Castilla (1504-1506). Hijo de Maximiliano de Austria y de María de Borgoña, se casó con Juana la Loca (1496), hija de los Reyes Católicos, de quienes heredaron el trono de Castilla. El matrimonio tuvo por hijos a Carlos Quinto y Fernando I.

FELIPE II, *Valladolid 1527-El Escorial 1598,* rey

de España (1556-1598) y rey de Nápoles, Sicilia y Portugal (1589-1598), de la casa de Austria. Primogénito de Carlos Quinto y de Isabel de Portugal, el emperador le hizo participar desde 1543 en las tareas del gobierno y concertó su matrimonio (1543) con María de Portugal (de la que tuvo un hijo, Carlos, 1545) y posteriormente (1554) con María I de Inglaterra (de la que no tuvo descendencia). En 1555 le cedió los Países Bajos y en 1556 los reinos hispánicos. Felipe II hizo de Madrid, capital desde 1561, el centro de la política mundial. Liquidó la guerra con Francia, heredada de su padre, con la batalla de San Quintín (1557) y el tratado de Câteau-Cambrésis, que le garantizaba el control de Italia, y afrontó la amenaza turca con ayuda de los Estados pontificios (batalla naval de Lepanto, 1571). De temperamento meticuloso, desarrolló una minuciosa burocracia. Religioso hasta el fanatismo, ejerció una severa política de represión, cerrando sus dominios para protegerlos del islam (revuelta morisca de La Alpujarra, 1568-1570) y del protestantismo (sublevación de los Países Bajos, 1567-1573, reprimida por el duque de Alba, y emancipación de las Provincias unidas, 1581) y otorgando plenos poderes a la Inquisición. El comercio con América (cuyos metales preciosos explotó en abundancia) fue insuficiente para sostener sus campañas europeas y soportó la piratería inglesa. Intentó sin éxito invadir Inglaterra (Armada invencible, 1588). Soberano de Portugal al extinguirse la casa de Aviz (1580), respetó su autonomía. Se casó en cuatro ocasiones. De Ana de Austria nació su sucesor, el futuro Felipe III.

FELIPE III, *Madrid 1578-íd. 1621,* rey de España, Portugal, Nápoles, Sicilia y Cerdeña (1598-1621), de la casa de Austria. Hijo de Felipe II, delegó su poder en el duque de Lerma. Instauró una política de paz para proteger la maltrecha hacienda (tregua de los Doce años, 1618), que se truncó al estallar la guerra de los Treinta años (1618). La expulsión de los moriscos (1609) resultó nefasta para la economía, que evidenciaba ya una grave crisis. Se casó con Margarita de Austria (1599).

FELIPE IV, *Valladolid 1605 Madrid 1665,* rey de España, Nápoles, Sicilia, Cerdeña (1621-1665) y Portugal (1621-1640), de la casa de Austria. Hijo de Felipe III, concedió un poder excesivo al conde-duque de Olivares, aunque no se desentendió del todo de la política. Protector de las artes y de las letras, entró en costosas guerras (Países Bajos, Inglaterra, guerra de los Treinta años, a cuyo fin España reconoció a las Provincias Unidas) hasta la sublevación de portugueses y catalanes (1640), que no compartían sus ideales. Hizo frente a una fuerte recesión económica, acentuada por la mala política fiscal, y perdió definitivamente Portugal. Se casó con Isabel de Francia (1615) y, al enviudar, con María Ana de Austria (1649). En 1659 firmó la paz de los *Pirineos, muy desfavorable a su país.

FELIPE V, *Versalles 1683-Madrid 1746,* rey de España (1700-en. 1724 y sept. 1724-1746), de la dinastía de los Borbones. Nieto de Luis XIV de Francia y biznieto de Felipe IV, heredó el trono español de Carlos II, pero las aspiraciones del archiduque Carlos, apoyado por Austria, Gran Bretaña, Países Bajos y la Corona de Aragón, desencadenaron la guerra de Sucesión de Es-

■ **FELIPE III** de España, por Van der Weyden. (Museo de bellas artes, Dijon.)

■ **FELIPE II** de España, por Tiziano. (Palacio Barberini, Roma.)

■ **FELIPE IV** de España, por Velázquez. (Museo del Prado, Madrid.)

■ **FELIPE V** de España. (Col. part.)

paña (1704). La batalla de Almansa (1707) marcó el inicio del triunfo borbónico. Barcelona capituló en 1714 y Mallorca e Ibiza en 1715. Los tratados de Utrecht (1713) y Rastadt (1714) consumaron el desmembramiento del Imperio español europeo heredado por Felipe V (Países Bajos, Milanesado, Nápoles, Sicilia, Menorca, Gibraltar), quien abolió el régimen autónomo de la Corona de Aragón, que fue asimilada a Castilla, e implantó la ley sálica. Influido por su segunda esposa, Isabel Farnesio, y por su ministro Alberoni, trató en vano de reconquistar los antiguos territorios españoles de Italia (1717-1720). En el interior favoreció una centralización a la francesa. El 10 de enero de 1724 abdicó en su hijo Luis I, quien murió meses después, el 31 de agosto, obligándolo a retomar el poder. Su alianza con Francia lo implicó en las guerras de Sucesión de Polonia (1733-1738) y Austria (1740-1748).

FELIPE DE BORBÓN Y DE GRECIA, *Madrid 1968,* príncipe de Asturias (1977). Hijo de Juan Carlos I y de Sofía de Grecia, en 1986, al cumplir la mayoría de edad, juró acatamiento a la constitución. En 2004 casó con la periodista Letizia Ortiz.

FRANCIA

FELIPE I, *h. 1053-Melun 1108,* rey de Francia (1060-1108), de la dinastía de los Capetos. Hijo y sucesor de Enrique I, al principio reinó bajo la tutela de su tío Balduino V, conde de Flandes. Venció a Guillermo I de Inglaterra (1068 y 1077) y obtuvo diversos territorios, pero no pudo dominar Flandes, donde fue derrotado en 1071.

FELIPE II Augusto, *París 1165-Nantes 1223,* rey de Francia (1180-1223), de la dinastía de los Capetos. Hijo de Luis VII, emprendió la tercera cruzada junto a Ricardo Corazón de León, su rival. Al morir este, Felipe solo reconoció a Juan sin Tierra a cambio de algunos territorios. La lucha con Juan se reanudó entre 1199 y 1216: Felipe se apoderó de Normandía y derrotó en Bouvines a una coalición favorable al rey inglés. Auspició la lucha contra los albigenses, favoreció el comercio y el desarrollo urbano y reformó la administración.

■ **FELIPE II AUGUSTO.** (Archivos nacionales, París.)

FELIPE III el Atrevido, *Poissy 1245-Perpiñán 1285,* rey de Francia (1270-1285). Hijo de Luis IX, se casó con Isabel, hija de Jaime I de Aragón (1262). Heredó el condado de Tolosa (1271). Declaró la guerra a Pedro III de Aragón, estimulado por el papa a raíz de las Vísperas sicilianas y en apoyo de su tío Carlos de Anjou, pero fue derrotado (1285).

FELIPE IV el Hermoso, *Fontainebleau 1268-íd. 1314,* rey de Francia (1285-1314) y de Navarra (Felipe I) [1284-1314], de la dinastía de los Capetos. Hijo de Felipe III el Atrevido y de Isabel de Aragón, se rodeó de consejeros favorables a la autoridad y preponderancia de la monarquía. Luchó contra el conde de Flandes y se enfrentó al papa Bonifacio VIII. La elección de un papa francés, Clemente V, con residencia en Aviñón, marcó la sumisión del papado a la monarquía francesa.

FELIPE V el Largo, *h. 1293-Longchamp 1322,* rey de Francia y de Navarra (Felipe II) [1316-1322], de la dinastía de los Capetos. Hijo de Felipe IV el Hermoso, fue coronado al morir su hermano Luis X y su sobrino Juan I y tras la renuncia de Juana, hija de Luis X, lo que sentó un precedente de la ley sálica.

FELIPE VI DE VALOIS, *1293-Nogent-le-Roi 1350,* rey de Francia (1328-1350). Sobrino de Felipe IV el Hermoso, fue coronado en detrimento de Enrique III de Inglaterra. La oposición entre ambos monarcas marcó el inicio de la guerra de los Cien años, durante la cual

■ **FELIPE DE BORBÓN Y DE GRECIA**

■ **FELIPE IV** de Francia. (Basílica de Saint-Denis, París.)

Felipe VI perdió Calais a manos de los ingleses (1347).

GRAN BRETAÑA

FELIPE DE GRECIA Y DE DINAMARCA, *Corfú 1921,* príncipe consorte de Gran Bretaña y duque de Edimburgo. Hijo del príncipe Andrés de Grecia, renunció a todos sus derechos a la sucesión helénica y en 1947 se casó con la futura reina Isabel II de Inglaterra.

HESSE

FELIPE el Magnánimo, *Marburgo 1504-Kassel 1567,* landgrave de Hesse. Jefe de la liga de Smalkalda (1530-1531), fue vencido por Carlos Quinto en Mühlberg (1547).

NAVARRA

FELIPE I → FELIPE IV el Hermoso [Francia].

FELIPE II → FELIPE V el Largo [Francia].

FELIPE III DE EVREUX el Noble, *Olite 1305-Jerez de la Frontera 1343,* rey de Navarra (1328-1343) por su matrimonio (1317) con Juana, hija de Luis X de Francia. Renunció a la corona francesa y guerreó con Castilla (1334-1335). Murió en el cerco de Algeciras.

FELIPE I DE BORBÓN, *Madrid 1720-Alessandria 1765,* duque de Parma, Piacenza y Guastalla (1748-1765). Segundo hijo de Felipe V de España, convirtió Parma en un centro intelectual. Se adhirió (1762) al tercer pacto de *Familia.

FELIPE (Carlos Felipe **Fernández y Santana,** llamado **Carlos**), *La Habana 1912,* dramaturgo cubano, influido por Pirandello y las teorías psicoanalíticas (*El chino,* 1947; *Ladrillos de plata,* 1957; *Réquiem por Yarini,* 1960).

FELIPE (León Felipe **Camino,** llamado **León**), *Tábara, Zamora, 1884-México 1968,* poeta español. Los dos volúmenes de *Versos y oraciones del caminante* (1920-1929) y *Drop a star* (1933) anuncian el tono de rebeldía de toda su poesía, acentuado por la experiencia de la guerra civil y del exilio en México: *El payaso de las bofetadas* (1938), *Español del éxodo y del llanto* (1939), *Ganarás la luz* (1943), *Antología rota* (1947), *El ciervo* (1958).

FELIPE CARRILLO PUERTO, mun. de México (Quintana Roo); 32 506 hab. Explotación forestal (chicle).

FELIPILLO, indígena peruano del s. XVI. Intérprete de los conquistadores, intentó levantar a

los araucanos contra los españoles, pero fue capturado y ejecutado.

FELIU Y CODINA (José), *Barcelona 1847-Madrid 1897,* escritor español. Obtuvo éxito con sus dramas costumbristas y zarzuelas: *La Dolores* (1892), *María del Carmen* (1895).

FÉLIX (María), *Álamos 1914-México 2002,* actriz de cine mexicana. Arquetipo de la diva, mujer apasionada y maldita, trabajó en su país (*La mujer sin alma,* 1944; *Enamorada,* 1946; *Río escondido,* 1948; *Los ambiciosos,* L. Buñuel, 1959) y en Europa (*Mesalina,* C. Gallone, 1951; *French can-can,* J. Renoir, 1955).

Félix el Gato, personaje de dibujos animados creado en 1919 por Pat Sullivan (1887-1933) y Otto Messmer (1892-1983). Recuperado en cómic en 1923, es un gato de espíritu lógico y temperamento irritable.

FELL, cueva próxima al estrecho de Magallanes, en Chile. Industria lítica y osamentas de hasta 8500 a.C.

FELLINI (Federico), *Rímini 1920-Roma 1993,* director de cine italiano. Visionario e irónico, creador de frescos barrocos donde se expresa todo un universo de fantasmas y de reminiscencias, evoca la soledad del hombre frente a una sociedad en decadencia: *Los inútiles* (1953), *La strada* (1954), *La dolce vita* (1960), *Ocho y medio* (1963), *Satyricon* (1969), *Roma* (1972), *Amarcord* (1973), *La ciudad de las mujeres* (1979), *E la nave va* (1983), *Ginger y Fred* (1986), *La voz de la luna* (1990).

■ LEÓN **FELIPE**

■ FEDERICO **FELLINI**

FENE, mun. de España (La Coruña); 14 848 hab. (*feneses*); cap. *Foxas.* Centro industrial. Astilleros.

FÉNELON (François **de Salignac de la Mothe**), *castillo de Fénelon, Périgord, 1651-Cambrai 1715,* prelado y escritor francés. Fue preceptor del duque de Borgoña. Su *Explicación de las máximas de los santos* (1697), favorable a la doctrina del quietismo, fue condenada por la Iglesia. En *Las aventuras de Telémaco* (1699) criticó la política de Luis XIV.

FENICIA, región del litoral sirio-palestino, limitada al S por el monte Carmelo y al N por la región de Ugarit (act. Ra's-Samra, al N de Lataquia). Desde el III milenio al s. XIII a.C., el área costera del corredor sirio estuvo habitada por poblaciones semitas designadas por el nombre de cananeos. En el s. XII a.C., la llegada de nuevos pueblos (arameos, hebreos y filisteos) redujo a una franja costera el dominio cana-

■ MARÍA **FÉLIX** en una escena de *Mesalina* (1951), de C. Gallone.

■ MACEDONIO **FERNÁNDEZ**

neo al que los griegos dieron el nombre de Fenicia. Los fenicios formaban entonces un conjunto de ciudades-estado en el que destacaban Biblos, Tiro y Sidón; arrinconados junto al mar, se hicieron navegantes por necesidad vital y fundaron en el litoral mediterráneo, hasta las costas meridionales de la península Ibérica, numerosas factorías y colonias, entre ellas Malaca (Málaga), Ibiza y Gades (Cádiz) en España, y Cartago (s. IX a.C.) en el N de África, que se impuso en el occidente mediterráneo. Las ciudades fenicias cayeron bajo la tutela de los imperios asirio (743 a.C.) y babilonio (a partir de 605 a.C.) y luego bajo la de los persas y griegos, pero continuaron desempeñando un papel esencial en los intercambios económicos del Mediterráneo oriental. Como herederas de la cultura cananea, conservaron los cultos de Baal y de Astarté. Legaron al mundo antiguo la escritura alfabética.

FENOGLIO (Beppe), *Alba 1922-íd. 1963*, novelista italiano. Entre el realismo y la experimentación literaria, su obra es una vasta crónica de la Resistencia italiana y de la vida campesina (*La ruina*, 1954).

Fenomenología del espíritu, obra de Hegel (1807), en la que se sigue el itinerario dialéctico de la conciencia, que parte de la «certeza sensible» para llegar al «saber absoluto».

FENOSA (Apel·les), *Barcelona 1899-París 1988*, escultor español. Tras una estancia en París, inició en Barcelona una etapa en que destacan sus figuras alargadas, ingrávidas y abocetadas. Nuevamente en París (1940), su producción se enmarca dentro de la vanguardia, pero sin abandonar la figuración (*La libertad*, 1950; monumento a Pau Casals en Barcelona, 1981).

FERENCZI (Sándor), *Miskolc 1873-Budapest 1933*, médico y psicoanalista húngaro. Tras separarse de Freud (1923), propuso una nueva terapéutica y extendió la teoría psicoanalítica a la biología.

FERGANÁ, c. de Uzbekistán, en la *cuenca del Ferganá*; 226 500 hab.

FERGANÁ o **FERGHANÁ,** región repartida entre Uzbekistán, Kirguizistán y Tadzhikistán, en la cuenca del Syr Daryá; c. pral. *Ferganá*. Petróleo, algodón y huertos.

FERGUSON (Guillermo), *en Irlanda fines s. XVIII-Bogotá 1828*, prócer de la independencia hispanoamericana. Participó en las campañas de Sucre. Edecán de Bolívar murió en el atentado contra este.

FERIA (duques de), casa nobiliaria española descendiente del señorío gallego de los Figueroa (s. XV). I duque de Feria, nombrado en 1567, fue Gómez Suárez de Figueroa (m. en 1571). En el s. XVIII el título pasó a la casa de Medinaceli.

FERMAT (Pierre de), *Beaumont-de-Lomagne 1601-Castres 1665*, matemático francés. Fue un precursor del cálculo diferencial, la geometría analítica, la teoría de los números y el cálculo de probabilidades.

FERMI (Enrico), *Roma 1901-Chicago 1954*, físico italiano. En 1927, junto con P. A. M. Dirac, creó una teoría que permitía explicar el comportamiento de los electrones y los nucleones (*estadística de Fermi-Dirac*). Construyó la primera pila de uranio, en Chicago (1942), y desempeñó un papel muy importante en la confección de las armas nucleares. Fue uno de los iniciadores de la física de las partículas. (Premio Nobel 1938.)

FERMÍN (san), *¿Pamplona?-Amiens 330*, evangelizador de la Tarraconense y primer obispo de Amiens, donde fue martirizado. Patrón de Pamplona (España), donde se trasladaron sus reliquias el 7 de julio de 1717.

FERNANDES DE QUEIRÓS → **FERNÁNDEZ DE QUIRÓS.**

FERNÁNDEZ (Alejo), *¿Córdoba? h. 1475-Sevilla 1545*, pintor español. Sus obras de estilo renacentista denotan influencia nórdica e italiana. Trabajó en Córdoba y desde 1508 en Sevilla, donde realizó la mayor parte de sus obras: *Virgen de la Rosa*, iglesia de Santa Ana; retablo de maese Rodrigo, en la universidad; *Virgen de los navegantes*, en los Reales Alcázares.

FERNÁNDEZ (Carmelo), *Guama 1811-Caracas 1877*, pintor y dibujante venezolano. Realizó retratos (*Simón Bolívar*), paisajes y escenas costumbristas.

FERNÁNDEZ (Emilio), llamado **Indio Fernández,** *Hondo, Coahuila, 1903-México 1986*, director y actor de cine mexicano. De su larga producción (40 películas entre 1937 y 1978), destacan sus filmes indigenistas, plenos de lirismo melodramático, aciertos estéticos y un primitivismo tan manierista como romántico: *Flor silvestre* (1943), *María Candelaria* (1944), *Enamorada* (1946), *La perla* (1947).

■ EMILIO **FERNÁNDEZ** en una escena de *La bandida* (1962), de R. Rodríguez.

FERNÁNDEZ (Gregorio) → **HERNÁNDEZ** (Gregorio).

FERNÁNDEZ (Juan), *¿Cartagena? 1530-Santiago de Chile 1599*, marino español. Explorador de la costa occidental de Suramérica, descubrió las tres islas del archipiélago que lleva su nombre (1574) y halló una nueva ruta entre El Callao y Valparaíso (1583).

FERNÁNDEZ (Leonel), *Santo Domingo 1953*, político dominicano. Miembro del Partido de liberación dominicana (PLD) desde su fundación en 1973, fue presidente de la república entre 1996 y 2000, y elegido de nuevo en 2004 y en 2008.

FERNÁNDEZ (Lucas), *Salamanca 1474-íd. 1542*, dramaturgo español. Iniciador de la dramaturgia castellana junto a Juan del Encina, es autor de teatro religioso (*Auto de pasión*) y profano, fiel a la tradición medieval (*Farsas y églogas al modo pastoril*, 1514).

FERNÁNDEZ (Luis), *Oviedo 1900-París 1973*, pintor español. Su obra, centrada en la representación de calaveras, palomas, pequeños paisajes y naturalezas muertas, está influida por Picasso.

FERNÁNDEZ (Macedonio), *Buenos Aires 1874-íd. 1952*, escritor argentino. Poeta (*Poemas*, 1953) y narrador vanguardista, su obra, en parte póstuma, se caracteriza por su humor inteligente y una cierta tendencia a la metafísica: *No todo es vigilia la de los ojos abiertos* (1928), *Papeles de recienvenido* (1930), *Museo de la novela de la Eterna* (1967), *Adriana Buenos Aires* (1974).

FERNÁNDEZ (Próspero), *San José 1834-San Mateo 1885*, militar y político costarricense. Elegido presidente (1882), falleció mientras defendía el país de la invasión guatemalteca.

FERNÁNDEZ (Sergio), *México 1926*, escritor mexicano. Es autor de novelas de clima mágico (*Los signos perdidos*, 1958; *Retratos del fuego y la ceniza*, 1986; *Segundo sueño*, 1976), de un anecdotario de memorias (*Los desfiguros de mi corazón*, 1983) y ensayos.

FERNÁNDEZ ALBA (Antonio), *Salamanca 1927*, arquitecto español. Entre sus obras destacan el convento del Rollo (1962) y el colegio universitario (1971) en Salamanca; la Casa de cultura en Vitoria (1970) y el Spanish Trade Center en Londres (1971), en colaboración con F. Candela. (Premio nacional de arquitectura 2003.) [Real academia 2004.]

FERNÁNDEZ ALMAGRO (Melchor), *Granada 1893-Madrid 1966*, historiador español. Es autor de obras sobre Alfonso XIII y de *Historia política de la España contemporánea* (2 vols., 1955 y 1959). [Real academia 1950.]

FERNÁNDEZ ALONSO (Severo), *Sucre 1859-¿Lima? 1925*, político boliviano. Representante de la oligarquía conservadora, fue presidente de la república (1896). Defendió la capitalidad de Sucre, pero fue derrocado (1899).

FERNÁNDEZ ARBÓS (Enrique), *Madrid 1863-San Sebastián 1939*, compositor, director de orquesta y violinista español. Director de la orquesta sinfónica de Madrid (1903-1936), como violinista formó cuarteto con Albéniz, Rubio y Gálvez.

FERNÁNDEZ CABALLERO (Manuel), *Murcia 1835-Madrid 1906*, compositor español. Fue uno de los músicos que resucitaron el género de la zarzuela: *El dúo de La africana* (1893), *Gigantes y cabezudos* (1898).

FERNÁNDEZ CRESPO (Daniel), *San José 1901-Montevideo 1964*, político uruguayo. Cofundó el Movimiento popular nacionalista, facción del Partido blanco. Presidió el consejo nacional de gobierno (1963).

FERNÁNDEZ CRUZADO (Joaquín Manuel), *Jerez de la Frontera 1781-Cádiz 1856*, pintor español. Se interesó por el retrato y la pintura de historia (*Hernán Cortés y Guatimocín*).

FERNÁNDEZ DE ANDRADA (Andrés), *¿Sevilla? h. 1575-¿Huehetoca?, México, h. 1648*, poeta español, autor de una silva, de la que se conserva un fragmento, y de *Epístola moral a Fabio*.

FERNÁNDEZ DE AVELLANEDA → **AVELLANEDA.**

FERNÁNDEZ DE CÓRDOBA (Diego), marqués de Guadalcázar, *Sevilla 1578-Guadalcázar, Córdoba, 1630*, administrador español. Virrey de Nueva España (1612-1621) y de Perú (1622-1629), pacificó Potosí y defendió Lima del corsario francés J. L'Hermite.

FERNÁNDEZ [o **HERNÁNDEZ**] **DE CÓRDOBA** (Francisco), *h. 1475-León, Nicaragua, 1526*, conquistador español. Dirigió una expedición a Nicaragua, donde fundó León y Granada (1523) y descubrió el río San Juan (1524). Murió ejecutado por Pedrarias Dávila.

FERNÁNDEZ [o **HERNÁNDEZ**] **DE CÓRDOBA** (Francisco), *m. en Sancti Spíritus, Cuba, 1517*, navegante español. Encomendero en Cuba, recorrió por vez primera las costas de Yucatán (1517), donde entró en contacto con la cultura maya, y tocó Florida, descubierta cinco años antes por Ponce de León.

FERNÁNDEZ DE CÓRDOBA (Gonzalo), llamado **el Gran Capitán**, *Montilla 1453-Granada 1515*, militar español. Al servicio de los Reyes Católicos, tomó parte en la conquista de Granada y combatió a los franceses en Italia, hasta lograr el dominio para España del reino de Nápoles. Fue el creador del ejército profesional español.

FERNÁNDEZ DE CÓRDOVA (Luis), *San Fernando 1798-Lisboa 1840*, militar español. Contrario al liberalismo, apoyó a los Cien mil hijos de san Luis (1823). Combatió a los carlistas en el N (1834-1836) y en 1838 dirigió, con Narváez, un pronunciamiento que fracasó. — **Fernando F. de C.**, marqués de Mendigorría, *Buenos Aires 1809-Madrid 1883*, militar español. Hermano de Luis, fue varias veces ministro de la guerra, con Isabel II, con Amadeo I y durante la primera república (1873).

FERNÁNDEZ DE ENCISO (Martín), administrador y geógrafo español (primera mitad del s. XVI). Fundador de Santa María la Antigua del Darién junto con Núñez de Balboa, publicó una *Summa de geografía* (1519).

FERNÁNDEZ DE HEREDIA (Juan), *Munébrega, Zaragoza, 1310-Aviñón 1396*, historiador y bibliófilo aragonés. Gran maestre de la orden de San Juan de Jerusalén (1377), fue embajador en Navarra (1351) y Francia (1356), y luchó contra los florentinos en Patrás, Atenas y Neopatria. Es autor de trabajos de erudición histórica: *Gran crónica de España*, 1385-1386; *Crónica de Morea*, 1393.

FERNÁNDEZ DE KIRCHNER (Cristina) → **KIRCHNER.**

FERNÁNDEZ DE LA CERDA (Alfonso y Fernando) → **CERDA** (infantes de la).

FERNÁNDEZ DE LA CUEVA (Francisco), 8° duque de Alburquerque, *Barcelona 1617-Madrid 1676*, administrador español. Virrey de Nueva España (1653-1660), fundó Alburquerque y perdió Jamaica frente a los ingleses.

FERNÁNDEZ DE LA VEGA (Juan), *m. en Gijón 1675*, escultor español. Se formó en el taller de Gregorio Hernández, en la escuela barroca. Trabajó en Gijón y Oviedo (catedral).

FERNÁNDEZ DE LIZARDI (José Joaquín), *México 1776-íd. 1827*, escritor y periodista mexicano. Independentista, fundó *El pensador mexicano* (1812) y otros periódicos liberales que le causaron varios arrestos, lo que le movió a consagrarse a la novela: *El *Periquillo Sarniento*, considerada la primera novela latinoamericana, *La Quijotita y su prima* (1818) y **Don Catrín de la Fachenda*, de género picaresco y entreveradas de disquisiciones morales, según el ideal neoclásico. *Noches tristes y día alegre* (1818) anuncia ya la sensibilidad romántica.

FERNÁNDEZ DE LOS RÍOS (Ángel), *Madrid 1821-París 1880*, periodista y político español. Fundó en Madrid el diario *Las novedades* (1850), el de mayor difusión del país, y dirigió *La ilustración*. Progresista, participó en la revolución de 1854 y se adhirió a la primera república. Fue expulsado de España en 1876.

FERNÁNDEZ DEL PULGAR (Pedro), *Medina de Rioseco 1621-Madrid 1697*, historiador español. Eclesiástico, fue cronista de Indias y defendió la obra de España en América *(Historia verdadera de la conquista de la Nueva España)*.

FERNÁNDEZ DE LUGO (Alonso Luis), *Sanlúcar de Barrameda-La Laguna 1525*, conquistador español. Conquistador de las islas de La Palma y Tenerife (1492-1495), las gobernó hasta su muerte.

FERNÁNDEZ DE MORATÍN → MORATÍN.

FERNÁNDEZ DE NAVARRETE (Martín de), *Ávalos, Logroño, 1765-Madrid 1844*, escritor e historiador español. Miembro de las academias de la lengua, de la historia, donde impulsó la *Colección de documentos inéditos*, y de bellas artes, publicó una *Ortografía* y una edición del *Quijote*.

FERNÁNDEZ DE OVIEDO (Gonzalo), *Madrid 1478-Santo Domingo 1557*, historiador y administrador español. Cronista oficial de Indias (1532), apologista de los españoles y acérrimo enemigo de los indios *(Historia general y natural de las Indias*, 1535).

FERNÁNDEZ DE PALENCIA (Diego), *Palencia 1520-Sevilla 1581*, capitán e historiador español. Es autor de crónicas sobre las guerras civiles de Perú *(Historia del Perú*, 1571).

FERNÁNDEZ DE PIEDRAHÍTA (Lucas), *Bogotá 1624-Panamá 1688*, historiador colombiano. Obispo de Santa Marta y Panamá, es autor de una *Historia general de las conquistas del Nuevo Reino de Granada* (1688).

FERNÁNDEZ DE QUIRÓS (Pedro), *¿Évora? 1560-en Nueva España 1615*, navegante portugués al servicio de España. Llegó desde Perú a la isla del Espíritu Santo (Nuevas Hébridas) en busca de la «Terra australis».

FERNÁNDEZ DE SAN PEDRO → SAN PEDRO.

FERNÁNDEZ DE VALENZUELA (Fernando), *Santa Fe de Bogotá 1616-Jerez de la Frontera 1677*, escritor colombiano. Su *Thesaurus linguae latinae* (1629) incluye la primera obra dramática de Colombia, *Laurea crítica*. Su producción, escasa, enlaza la agonizante estética renacentista con el naciente gongorismo.

FERNÁNDEZ DE VELASCO → VELASCO.

FERNÁNDEZ DURO (Cesáreo), *Zamora 1830-Madrid 1908*, marino e historiador español. Ne-

goció con Francia la posesión de Río Muni (1891) y escribió obras sobre temas de marina.

FERNÁNDEZ FÉLIX (Miguel) → VICTORIA (Guadalupe).

FERNÁNDEZ FLÓREZ (Wenceslao), *La Coruña 1879-Madrid 1964*, escritor español. Sus novelas muestran un humor crítico y pesimista *(Las siete columnas*, 1926; *Fantasmas*, 1930; *El malvado Carabel*, 1931; *El bosque animado*, 1943). [Real academia 1934.]

FERNÁNDEZ MADRID (José), *Cartagena 1789-Londres 1830*, político, médico y escritor colombiano. Independentista, fue deportado a Cuba en 1816, donde fundó el periódico *El Argos americano* (1820). Regresó a Colombia tras el triunfo de Bolívar (1824). Realizó investigaciones sobre la disentería y otras enfermedades tropicales, y publicó la *Memoria sobre el influjo de los climas cálidos* (1822) y *Sobre el comercio, cultivo y elaboración del tabaco* (1821). También es autor de tragedias de exaltación nacionalista *(Elegías nacionales peruanas*, 1827) y del volumen de *Poesías* (1827).

FERNÁNDEZ MIRANDA (Torcuato, duque de), *Gijón 1915-Londres 1980*, político español. Presidente interino del gobierno unos días a raíz del asesinato de Carrero Blanco (1973), tras la coronación de Juan Carlos I, presidió las cortes (1975-1977)

FERNÁNDEZ-MORÁN (Humberto), *Maracaibo 1914-Estocolmo 1999*, fisiólogo venezolano. Entre otras contribuciones a la microscopía electrónica, concibió la crioultramicrotomía y la cuchilla de diamante para el corte ultrafino de materiales biológicos y de metales. Fundador en 1954 del Instituto venezolano de neurología e investigaciones cerebrales (IVNIC), posteriormente trabajó en el proyecto Apolo de la NASA y en diversas universidades estadounidenses.

FERNÁNDEZ MORENO (Baldomero), *Buenos Aires 1886-íd. 1950*, poeta argentino. Su poesía evoca lo cotidiano con sencillez *(Las iniciales del misal*, 1915; *Sonetos*, 1929; *Seguidillas*, 1936; *Parva*, 1949). Escribió también aforismos, artículos y unas memorias *(Vida*, 1957).

FERNÁNDEZ MORENO (César), *Buenos Aires 1919-París 1985*, poeta y crítico literario argentino. Su obra poética *(Gallo ciego*, 1940; *Argentino hasta la muerte*, 1963) se caracteriza por su humor e ironía.

FERNÁNDEZ MURO (José Antonio), *Madrid 1920*, pintor argentino de origen español. Unido en 1952 al grupo Artistas modernos de la Argentina, tomó el constructivismo como punto de partida sin excluir cierto lirismo de la abstracción geométrica.

FERNÁNDEZ NAVARRETE (Juan) → NAVARRETE el Mudo.

FERNÁNDEZ NAVARRETE (Pedro), *Logroño, h. 1580-d. 1632*, eclesiástico, político y economista español. Secretario del cardenal infante Fernando, en sus *Discursos políticos* (1621) analizó las causas de la decadencia española y propuso una política de repoblación basada en la agricultura y la industria.

FERNÁNDEZ OCHOA (Francisco, llamado Paquito), *Madrid 1950-Cercedilla, Madrid, 2006*, esquiador español. Consiguió la medalla de oro de slalom especial en los Juegos olímpicos de Sapporo (1972) y la medalla de bronce en el Mundial de slalom (1974).

FERNÁNDEZ PORTOCARRERO → PORTOCARRERO.

FERNÁNDEZ RAMÍREZ (Salvador), *Madrid 1896-íd. 1983*, filólogo español. Secretario del Centro de estudios históricos, dirigido por R. Menéndez Pidal, es autor de una *Gramática española* (1951). [Real academia 1959.]

FERNÁNDEZ RETAMAR (Roberto), *La Habana 1930*, escritor cubano. Poeta comprometido con la revolución *(Vuelta a la antigua esperanza*, 1959; *Circunstancia y Juana*, 1980), destaca también como ensayista *(Calibán*, 1971).

FERNÁNDEZ SANTOS (Jesús), *Madrid 1926-íd. 1988*, escritor español. Representante del realismo crítico *(Los bravos*, 1954, novela), alternó la actividad cinematográfica con una obra narrativa de gran rigor *(Laberintos*, 1964; *Extramuros*, 1978; *Cabrera*, 1981; *Jaque a la dama*, 1982; *Los jinetes del alba*, 1984). [Premio nacional de narrativa 1979.]

FERNÁNDEZ SARELA (Clemente), arquitecto español documentado entre 1716 y 1765. Especializado en la práctica del «estilo de placas» propio del barroco gallego, realizó las casas del cabildo, de Bendaña y del deán (Santiago de Compostela).

FERNÁNDEZ SHAW (Carlos), *Cádiz 1865-Madrid 1911*, escritor español. Elaboró libretos de zarzuela en solitario y con J. López Silva *(La revoltosa)*. — **Guillermo F. S.**, *Madrid 1893-íd. 1965*, periodista y dramaturgo español. Hijo de Carlos, también escribió libretos de zarzuela *(La canción del olvido; Doña Francisquita; La tabernera del puerto; Luisa Fernanda)*.

FERNÁNDEZ SILVESTRE → SILVESTRE.

FERNÁNDEZ VILLAVERDE (Raimundo), *Madrid 1848-íd. 1905*, político español. Ministro de diversas carteras en los gobiernos de Cánovas, fue presidente del gobierno (1903 y 1905).

FERNÁNDEZ Y GONZÁLEZ (Manuel), *Sevilla 1821-Madrid 1888*, novelista español. Es autor de novelas históricas *(El cocinero de su Majestad*, 1857) y costumbristas *(Los desheredados*, 1865).

SACRO IMPERIO

FERNANDO I DE HABSBURGO, *Alcalá de Henares 1503-Viena 1564*, rey de Bohemia y de Hungría (1526), rey de romanos (1531) y emperador germánico (1556-1564). Hermano menor de Carlos Quinto, quien le reconoció la posesión de la herencia austriaca de los Habsburgo (1521), luchó contra los otomanos y se esforzó por mantener la paz religiosa (paz de Augsburgo, 1555). Sucedió a Carlos Quinto al frente del imperio tras su abdicación (1556). — **Fernando II de Habsburgo**, *Graz 1578-Viena 1637*, rey de Bohemia (1617) y de Hungría (1618) y emperador germánico (1619-1637). Primo y sucesor de Matías, paladín de la Contrarreforma y partidario del absolutismo, dirigió contra los ejércitos protestantes la guerra de los Treinta años (1618-1648). — **Fernando III de Habsburgo**, *Graz 1608-Viena 1657*, rey de Hungría (1625) y de Bohemia (1627) y emperador germánico (1637-1657). Hijo de Fernando II, prosiguió su política de Contrarreforma y opuesta a los Borbones. Tuvo que firmar los tratados de Westfalia (1648).

ARAGÓN Y CATALUÑA

FERNANDO I de Antequera, *Medina del Campo 1380-Igualada 1416*, rey de Aragón y de Sicilia (1412-1416). Segundo hijo de Juan I de Castilla y de Leonor, hija de Pedro IV de Aragón, fue regente de Castilla durante la minoría de su sobrino Juan II, desde 1406. En el compromiso de Caspe (1412) fue elegido rey de Aragón representando a la pequeña nobleza y el patriciado urbano catalán frente a la gran nobleza feudal representada por Jaime II de Urgel.

FERNANDO II el Católico, *Sos, act. Sos del Rey Católico, 1452-Madrigalejo, Cáceres, 1516*, rey de Castilla (Fernando V) [1474-1504] junto con su esposa Isabel I, de la Corona de Aragón (1479-1516), de Sicilia (1468-1516), de Nápoles (Fernando II) [1504-1516] y de Navarra (1512-1516). Su matrimonio (1469) reunió los reinos peninsulares, base de la España del s. XVIII. Gestionó el fin del feudalismo agrario catalán (sentencia arbitral de Guadalupe, 1486) y de la reconquista peninsular (Granada, 1492), la conquista de Canarias (1484-1496), el descubrimiento de América (1492), la recuperación del Rosellón (1493), la unidad religiosa (establecimiento de la Inquisición, 1481; expulsión de los judíos, 1492), la anexión de Navarra (1512), la reducción de la alta nobleza —apoyado por las clases medias— y la ascensión de España a potencia mundial. En segundas nupcias se casó con Germana de Foix.

FERNANDO DE ARAGÓN, *Valencia 1329-Burriana 1363*, primogénito de Alfonso IV el Benigno. Se sublevó contra su hermano Pedro el Ceremonioso en 1348, y apoyó a Castilla en la guerra de 1356 con Aragón. Más tarde fue procurador de Aragón (1357) y luchó contra Castilla (1359, 1363). El rey lo hizo matar por traidor.

FERNANDO DE MALLORCA, *Perpiñán 1278-Manolada, Acaya, 1316*, príncipe catalán. Padre de Jaime III de Mallorca, su muerte, por el conde de Cefalonia, truncó el dominio catalán en el principado de Acaya.

■ JOSÉ JOAQUÍN FERNÁNDEZ DE LIZARDI

■ ROBERTO FERNÁNDEZ RETAMAR

AUSTRIA

FERNANDO I, *Viena 1793-Praga 1875,* emperador de Austria (1835-1848) rey de Bohemia y de Hungría (1830-1848), de la casa de Habsburgo-Lorena. Tuvo que abdicar durante la revolución de 1848.

BULGARIA

FERNANDO, príncipe de **Sajonia-Coburgo-Gotha,** *Viena 1861-Coburgo 1948,* príncipe (1887-1908) y zar (1908-1918) de Bulgaria. Proclamó la independencia de Bulgaria (1908). Tras la primera guerra balcánica (1912), atacó a los serbios y a los griegos (1913) y fue derrotado. Se alió con los imperios centrales (1915) y abdicó en 1918.

CASTILLA

FERNANDO V → **FERNANDO II el Católico** [Aragón].

CASTILLA Y LEÓN

FERNANDO I el Magno, *1016-León 1065,* rey de Castilla (1035-1065) y de León (1037-1065). Hijo de Sancho III de Navarra, aprovechó la debilidad de las taifas musulmanas para su empresa conquistadora. Anexionó también a sus reinos plazas portuguesas y territorios navarros (batalla de Atapuerca, 1054).

FERNANDO II, *h. 1137 Benavente 1188,* rey de León (1157-1188). Hijo de Alfonso VII de Castilla, ocupó Segovia y Toledo (1162), resolvió litigios territoriales con Castilla (1183) y realizó una gran labor de repoblación.

FERNANDO III el Santo, *h. 1201 Sevilla 1252,* rey de Castilla (1217-1252) y de León (1230-1252). Hijo de Alfonso IX de León y de Berenguela de Castilla, con sus campañas, mezcla de diplomacia y armas, conquistó Úbeda (1233), Chiclana (1235), Córdoba (1236), Jaén (1246) y Sevilla (1248). Unió definitivamente León y Castilla y negoció en Almizra con Jaime I de Aragón el límite de sus reinos.

FERNANDO IV el Emplazado, *Sevilla 1285-Jaén 1312,* rey de Castilla (1295-1312). Hijo de Sancho IV, ocupó el trono a los 9 años. Quiso unir los reinos de Aragón, Portugal y Castilla (1309) para conquistar el de Granada, pero sólo obtuvo Gibraltar.

FERNANDO de la Cerda, *1253-Ciudad Real 1275,* infante de Castilla, hijo de Alfonso X y heredero de la corona.

DOS SICILIAS

FERNANDO I DE BORBÓN, *Nápoles 1751-íd. 1825,* rey de las Dos Sicilias (1816-1825). Era hijo de Carlos III de España, que le cedió el reino insular (Fernando III) [1759-1816] y el peninsular o reino de Nápoles (Fernando IV) [1759-1799, 1799-1806, 1815-1816]. Su reinado estuvo marcado por las guerras con Francia. Fue desposeído en varias ocasiones del reino de Nápoles. Restaurado en 1815, reunió sus dos estados en el reino de las Dos Sicilias y tomó el nombre de Fernando I.

ESPAÑA

FERNANDO VI, *Madrid 1713-Villaviciosa de Odón 1759,* rey de España (1746-1759), de la dinastía de los Borbones. Hijo de Felipe V, aceptó la paz de Aquisgrán (1748) —que puso fin a la guerra de Sucesión de Austria—, saneó la hacienda y mantuvo la neutralidad ante Inglaterra y Francia. El marqués de la Ensenada y

el jesuita Rávago tuvieron un importante papel en su política. De su matrimonio con Bárbara de Braganza no tuvo descendencia.

FERNANDO VII, *El Escorial 1784-Madrid 1833,* rey de España (1808 y 1814-1833), de la dinastía de los Borbones. Hijo de Carlos IV, su padre cedió la corona a Napoleón, que la destinó a su hermano José. Cautivos Fernando y su familia en Francia (castillo de Valençay), en España se libró la guerra de la Independencia. Liberado (1813), regresó a España, derogó la constitución de Cádiz (1814) y persiguió a los liberales, restaurando el absolutismo. El alzamiento de Riego (1820) le obligó a jurar la constitución de 1812 (trienio liberal). Tras recuperar el poder absoluto, ayudado por los Cien mil hijos de san Luis (1823), emprendió una represión brutal contra los liberales (década ominosa), al tiempo que se alejaba de los sectores más reaccionarios (Partido apostólico). Se casó con María Cristina de Borbón y restableció el derecho de las mujeres a heredar el trono, lo que avivó la pretensión carlista.

FLANDES

FERNANDO DE PORTUGAL, llamado **Ferrando,** *1186-1233,* conde de Flandes y de Hainaut (1211-1233). Hijo de Sancho I de Portugal, se alió con Otón IV y Juan sin Tierra, a quien rindió homenaje.

RUMANIA

FERNANDO I, *Sigmaringen 1865-Sinaia 1927,* rey de Rumania (1914-1927). Se alió en 1916 con las potencias de la Entente.

SICILIA PENINSULAR

FERNANDO I o **FERRANTE,** *1423-1494,* rey de Sicilia peninsular (1458-1494). Hijo natural de Alfonso V de Aragón y legitimado heredero en 1443, protegió las artes y las letras y luchó, con el apoyo de Fernando el Católico, contra los turcos y la nobleza napolitana.

FERNANDO II, llamado **Ferrandino,** *Nápoles 1467-íd. 1496,* rey de Sicilia peninsular (1495-1496). Carlos VIII de Francia lo expulsó de Nápoles (1495), que recuperó con ayuda del ejército de G. Fernández de Córdoba.

FERNANDO III → **FERNANDO II el Católico** [Aragón].

FERNANDO IV → **FERNANDO I** [Dos Sicilias].

TOSCANA

FERNANDO I → **MÉDICIS. — Fernando II** → **Médicis. — Fernando III,** *Florencia 1769-íd. 1824,* gran duque de Toscana en 1790. Fue expulsado por los franceses en 1799 y en 1801 y restaurado en 1814.

FERNANDO DE AUSTRIA, llamado el **Cardenal-Infante,** *El Escorial 1609-Bruselas 1641,* príncipe español. Hijo de Felipe III, fue creado cardenal a los 7 años. Gobernador de los Países Bajos (1634-1641), mandó el ejército imperial en la guerra de los Treinta años.

FERNANDO DE LA MORA, c. de Paraguay (Central); 95 287 hab. Comercio.

FERNANDO POO (isla de), ant. nombre de la isla de *Bioco (Guinea Ecuatorial). Descubierta por el portugués Fernando Poo (s. XV), fue incorporada a España en 1778, hasta la independencia de Guinea Ecuatorial (1968).

FERNÁN-GÓMEZ (Fernando **Fernández Gómez,** llamado Fernando), *Lima 1921-Madrid 2007,* actor, director de cine y de teatro, y escritor español. En los escenarios desde los 13 años, debutó en el cine en 1943 e intervino en más de cien películas (*Balarrasa,* J. A. Nieves Conde, 1950; *El espíritu de la colmena,* V. Erice, 1973; *El anacoreta,* J. Estelrich, 1976; *Belle époque,* F. Trueba, 1992). Dirigió, entre otras, *El extraño viaje* (1964), *Mambrú se fue a la guerra* (1985) y *El viaje a ninguna parte* (1986). Escribió poesía, novelas, obras de teatro (*Las bicicletas son para el verano,* 1978) y memorias (*El tiempo amarillo,* 1990). [Premio nacional de teatro 1984; premio Príncipe de Asturias de las artes 1995.] (Real academia 1998.)

■ FERNANDO
FERNÁN-GÓMEZ

FERNÁN GONZÁLEZ, *m. en Burgos 970,* primer conde independiente de Castilla (h. 930-970). Unificó los condados de Burgos, Álava, etc., y formó el gran condado castellano. Encarcelado en 944 por Ramiro II de León, la muerte de este (951) marcó el inicio de la independencia castellana. Sus hazañas propiciaron el poema homónimo.

FERNÁN NÚÑEZ (casa de), familia noble española. Su primer miembro, Fernán Núñez de Témez, fue alcaide de Córdoba (s. XIII) y fundó el pueblo de ese nombre. El 16º señor de Fernán Núñez, Alonso de los Ríos obtuvo el título de conde en 1639. Actualmente, la casa ostenta otros dieciséis títulos.

FEROE, FAEROE o **FAROE,** archipiélago danés, al N de Escocia; 45 000 hab.; cap. *Thorshavn.* Pesca. Goza de un régimen de autonomía desde 1948.

FERRÁN (Augusto), *Madrid 1836-íd. 1880,* poeta español. Su poesía intimista se ajusta al modelo de los cantos populares andaluces (*La soledad,* 1861; *La pereza,* 1871).

FERRÁN (Jaime), *Corbera de Ebro, Tarragona, 1852-Barcelona 1929,* médico y bacteriólogo español. Su vacuna anticolérica, ensayada durante la epidemia de cólera de Valencia (1885), fue la primera bacteriana aplicada al hombre. También preparó vacunas contra el tifus y la tuberculosis.

FERRANT, familia de artistas españoles de los ss. XIX y XX. — **Luis F.,** *Barcelona 1806-Madrid 1868.* Romántico con influencias nazarenas, fue pintor de cámara de Isabel II y retratista. — **Fernando F.,** *Palma de Mallorca 1810-El Escorial 1856.* Hermano de Luis, fue también pintor de cámara y paisajista. — **Alejandro F. y Fischermans,** *Madrid 1843-íd. 1917.* Hijo de Fernando, se especializó en pinturas murales históricas y destacó por sus acuarelas y apuntes del natural de paisajes y escenas de género. — **Ángel F.,** *Madrid 1890-íd. 1961.* Hijo de Alejandro, escultor, fue una de las figuras más importantes de la vanguardia histórica española. Evolucionó desde la abstracción y el surrealismo a una obra que integra la experimentación con maniquíes, esculturas megalíticas, móviles y «tableros cambiantes».

FERRANTE → **FERNANDO I** [Sicilia peninsular].

FERRARA, c. de Italia (Emilia-Romaña), cap. de prov., a orillas del Po; 137 336 hab. *(ferrareses).* Catedral de los ss. XII-XVI, museo catedralicio (pinturas de C. Tura, esculturas, etc.); castillo de los Este de los ss. XIV-XVI; palacios Schifanoia (frescos de F. Del Cossa y E. De'Roberti; museo); de Ludovico el Moro (museo grecoe-

■ FERNANDO I
DE HABSBURGO
en 1524, por H. Maler.
(Uffizi, Florencia.)

■ FERNANDO II
EL CATÓLICO,
por Felipe de Bigarny.
(Catedral de Granada.)

■ FERNANDO VII,
por Francisco de Goya.
(Museo de bellas artes
de Zaragoza.)

trusco) y de los Diamantes (pinacoteca). [Patrimonio de la humanidad 1995.] — Concilio en 1438, trasladado a Florencia en 1439. Floreciente en los ss. XV y XVI durante el gobierno de los príncipes de Este y erigida en ducado en 1471, estuvo unida a los Estados Pontificios de 1598 a 1796.

FERRARI (Enzo), *Módena 1898-íd. 1988,* piloto y constructor de automóviles italiano. Es famoso por sus automóviles de carreras y sus prestigiosos modelos de turismo.

FERRARI (Gaudenzio), *Valduggia, Piamonte, h. 1475-Milán 1546,* pintor y escultor italiano. Manierista ecléctico, es autor de frescos llenos de inventiva y frescura en Varallo, Vercelli y Saronno.

FERRARI (Juan Manuel), *Montevideo 1874-Buenos Aires 1916,* escultor uruguayo, autor de grandes conjuntos escultóricos (*Monumento al ejército de los Andes* [1914], Mendoza).

FERRATER (Gabriel), *Reus 1922-Sant Cugat del Vallès, Barcelona, 1972,* poeta español en lengua catalana. Lingüista y crítico de literatura y arte, su poesía está recogida en *Mujeres y días* (1968).

FERRATER MORA (José), *Barcelona 1912-íd. 1991,* filósofo español. Se propuso un estudio de la realidad que integrara todos los aspectos de la existencia humana (integracionismo), y complementó el análisis con la especulación y la ciencia con la filosofía. Autor de un *Diccionario de filosofía* ordenado por autores y por conceptos y escuelas, en su obra destacan además *El ser y la muerte: bosquejo de una filosofía integracionista* (1963), *Ética aplicada* (1981, con P. Cohn) y *Modos de hacer filosofía* (1985). Escribió también narrativa.

FERRÉ (Rosario), *Ponce 1938,* escritora puertorriqueña. Es autora de novelas (*Maldito amor,* 1987; *La casa de la laguna,* 1995; *Vecindarios excéntricos,* 1998), relatos (*Medio pollito,* 1976), poemarios (*Sonatinas,* 1989; *Las dos Venecias,* 1992), ensayos y crítica literaria.

FERREIRA (Benigno), *Asunción 1846-Buenos Aires 1920,* militar y político paraguayo. Presidente liberal (1906), fue derrocado por los radicales (1908).

FERREIRA (Vergílio), *Melo 1916-cerca de Sintra 1996,* escritor portugués. En sus novelas reflexionó sobre el destino del hombre en la sociedad contemporánea (*Alegría breve,* 1965).

FERREIRA ALDUNATE (Wilson), *Salto 1920-Montevideo 1988,* político uruguayo. Fue senador (1968) y candidato a la presidencia por el Partido blanco (1971). Exiliado a causa de la dictadura (1973), fue uno de los líderes de la oposición y regresó en 1984.

FERREIRO (Celso Emilio), *Celanova 1914-Vigo 1979,* poeta español en lengua gallega. Su libro *Larga noche de piedra* (1962), de inspiración satírica, le sitúa como máximo exponente de la poesía social gallega contemporánea. Otras obras: *Viaje al país de los enanos* (1968), *Donde el mundo se llama Celanova* (1975).

FERREIRO (José), *Noya 1738-Hermisende, Zamora, 1830,* escultor español. Realizó imaginería religiosa siguiendo los modelos barrocos italianos, sobre todo de Bernini.

FERRER (Bartolomé), navegante español del s. XVI. Inició la exploración de la costa O de los actuales EUA (1542-1543), del N de California al cabo Blanco (entre California y Oregón).

FERRER (Bonifacio), *Valencia 1350-Val de Cristo, Segorbe, 1417,* jurisconsulto y religioso valenciano, hermano de san Vicente Ferrer. General de los cartujos, fue uno de los tres compromisarios valencianos en Caspe (1412).

FERRER (Jaume), llamado **Ferrer I,** pintor catalán, activo en la segunda mitad del s. XIV. Influido por el estilo italogótico de los Serra (retablos de Granadella, Benabarre, Castelló de Farfanya, en el museo episcopal de Vic), adoptó luego el estilo internacional con influencia de Borrassà. — **Jaume F.,** llamado **Ferrer II,** activo a mediados del s. XV. Hijo de Ferrer I, fue retablista (retablo de los paheros, museo diocesano y comarcal de Lérida).

FERRER (José), *Alcora 1745-Valencia 1815,* pintor y ceramista español. Dedicado a la pintura religiosa, sobre todo, a la de flores, en 1781 estableció una fábrica de cerámica en Ribesalbes.

FERRERA (Francisco), *Cantar, act. San Juan Flores, 1794-Chalatenango 1851,* militar y político

hondureño. Presidente (1840, 1843-1845, 1847), reprimió los movimientos opositores.

FERRER DEL RÍO (Antonio), *Madrid 1814-El Molar, Madrid, 1872,* historiador español, estudioso de los reinados de Carlos V y Carlos III.

FERRERES (Miquel), *Barcelona 1949,* dibujante de humor español. Desde sus comienzos a mediados de la década de 1970, ha colaborado en numerosas publicaciones (*El correo catalán, El periódico de Catalunya*).

FERRER GUARDIA (Francesc), *Alella 1859-Barcelona 1909,* anarquista y pedagogo español. Republicano federal, estudió en Francia la pedagogía racionalista y fundó en Barcelona la Escuela moderna (1901). Relacionado con grupos anarquistas y acusado de inspirar la Semana trágica (1909), fue fusilado. La reacción internacional hizo caer al gobierno de Maura. Es autor de *La Escuela moderna: póstuma explicación y alcance de la escuela racionalista* (1912).

FERRERI (Marco), *Milán 1928-París 1997,* director de cine italiano. Sus películas, irónicas y provocadoras, son alegorías sobre la alienación del hombre moderno: *El pisito* (1958) y *El cochecito* (1960) [rodadas en España con guión de R. Azcona], *Dillinger ha muerto* (1969), *La comilona* (1973), *La carne* (1991).

FERRES (Antonio), *Madrid 1924,* escritor español, representante del realismo crítico con sus novelas *La piqueta* (1959), *Tierra de olivos* (1964), *Con las manos vacías* (1964).

FERRI (Enrico), *San Benedetto Po 1856-Roma 1929,* criminalista italiano. Se lo considera uno de los fundadores de la criminología moderna (*Sociología criminal,* 1929).

FERRIER (Kathleen), *Higher Walton 1912-Londres 1953,* contralto británica. Destacó, por la calidez del timbre de su voz, en un amplio repertorio, sobre todo en Gluck, Mahler y Britten (creación de la *Violación de Lucrecia,* en 1946).

FERRO CAAVEIRO (Lucas Antonio), *Pontedeume h. 1699-Santiago de Compostela 1770,* arquitecto español. Fue discípulo y sucesor de Casas Novoa en las obras de la catedral de Santiago desde 1749.

FERROL, c. de España (La Coruña), cab. de p. j.; 81 255 hab. *(ferrolanos).* En la margen derecha de la *ría de Ferrol,* formada por la desembocadura del río Grande. Centro comercial y portuario (puerto militar). Construcción naval tradicional, en crisis. Industria textil.

FERRY (Jules), *Saint-Dié 1832-París 1893,* político francés. Republicano, fue ministro de instrucción pública (1879-1883) y primer ministro (1880-1881 y 1883-1885). Promovió la enseñanza primaria obligatoria, gratuita y laica. Su política colonial (conquista de Tonkín) provocó su caída.

FERSEN (Hans Axel, conde de), *Estocolmo 1755-íd. 1810,* mariscal sueco. Permaneció durante mucho tiempo en la corte de Francia. Muy unido a María Antonieta, condujo a la familia real en la fuga de *Varennes (1791).

FERT (Albert), *Carcasona 1938,* físico francés. Descubrió la magnetorresistencia gigante (1988), con independencia de P. Grünberg, y contribuyó al desarrollo de la electrónica de spin. (Premio Nobel 2007.)

■ **FEZ.** Vista parcial del patio de la mezquita de Qarawiyyin (ss. IX-XII).

FERTÖ (lago) → **NEUSIEDL** (lago de).

FESTINGER (Leon), *Nueva York 1919-íd. 1989,* psicosociólogo estadounidense. Es autor de la teoría de la disonancia cognoscitiva.

FESTO, en gr. Phaistos, sitio arqueológico del SO de Creta. Presenta ruinas de un complejo palacial (destruido en el s. XV a.C.) de organización más clara que el de Cnosos.

FET y de las JONS, siglas de Falange española tradicionalista y de las Juntas de ofensiva nacional-sindicalista.

FEUERBACH (Ludwig), *Landshut 1804-Rechenberg, cerca de Nuremberg, 1872,* filósofo alemán. Hijo de P. J. A. Feuerbach, se apartó del idealismo hegeliano y desarrolló el materialismo a partir de una crítica de la idea de Dios y de la religión (*La esencia del cristianismo,* 1841).

FEUERBACH (Paul Johann Anselm von), *Hainichen, cerca de Jena, 1775-Frankfurt del Main 1833,* jurista alemán. Es autor del código penal bávaro (1813) y de la teoría de la coacción psicológica.

FEUILLET (Tomás Martín), *Chorrera 1832-Piendamó, Perú, 1862,* poeta panameño. Integrante de la primera promoción poética de su país tras la independencia, se adhirió a los cánones románticos. Su breve obra, de tono melancólico, se reunió póstumamente en *Poesías* (1918).

FEYERABEND (Paul), *Viena 1924-Genolier, Suiza, 1994,* filósofo austriaco. Promotor de una epistemología «anarquista», se opuso al positivismo, incriminó el compromiso de la investigación con el poder (*Contra el método,* 1975) y en general cuestionó el racionalismo occidental en su conjunto (*Adiós a la razón,* 1987).

FEYNMAN (Richard Paul), *Nueva York 1918-Los Ángeles 1988,* físico estadounidense. Sus investigaciones versaron sobre la teoría de las interacciones entre electrones y fotones (*electrodinámica cuántica*) y la física de la materia condensada. (Premio Nobel 1965.)

FEZ, en ár. **Fās,** c. de Marruecos, junto al *uadi Fez,* afl. del Sebu; 448 823 hab. Centro religio-

■ JAUME **FERRER I.** *Santa cena* (detalle). [Museo diocesano de Solsona.]

so, turístico y universitario. Artesanía en la pintoresca medina. – Numerosos monumentos, entre los que destacan la mezquita Qarawiyyin (ss. IX-XII) y en el recinto, que presenta algunas puertas monumentales, algunos de los más bellos ejemplos del arte musulmán del Magreb (madrasa Bu 'Inaniyya, 1350-1357). [Patrimonio de la humanidad 1981.] – La ciudad fue fundada por los Idrisíes entre los ss. VIII y IX.

FEZZÁN, en ár. **Fazzān**, región desértica del SO de Libia, salpicada de oasis (palmerales); c. pral. *Sebha*. Conquistada por los italianos en 1913-1914 y en 1929-1930, fue administrada por Francia de 1941-1942 a 1955.

FIACRIO (san), *h. 610-h. 670*, eremita escoto que vivió en la Galia. Patrón de los jardineros, también se le invoca para las hemorroides (mal de san Fiacrio).

FIALLO (Fabio), *Santo Domingo 1866-La Habana 1942*, poeta dominicano. *La canción de una vida* (1926) recoge parte de su obra poética, de orientación romántica. Fue también narrador (*Cuentos frágiles*, 1908; *Las manzanas de Mefisto*, 1934).

FIANARANTSOA, c. del SE de Madagascar; 124 000 hab.

Fianna Fáil («Soldados del destino»), partido político irlandés fundado en 1926 por De Valera. Domina la vida política desde 1932, en alternancia con el Fine Gael.

Fiat, empresa de fabricación de automóviles italiana fundada en Turín en 1899. Es la primera empresa privada italiana, y produce además maquinaria para obras públicas, material agrícola y maquina-herramienta. También está diversificada en el sector de los servicios.

FIBONACCI (Leonardo), *Pisa h. 1175-íd. d. 1240*, matemático italiano. En su *Liber abbaci* (1202), que difundió en Occidente la ciencia matemática de los árabes y los griegos, utiliza la numeración arábiga con el cero e introduce la serie en la que cada término es igual a la suma de los dos términos anteriores.

Ficciones, libro de relatos de J. L. Borges (1944), que reúne *El jardín de senderos que se bifurcan* (1941) y *Artificios* (1944), en torno a los temas del laberinto y el tiempo circular.

FICHER (Jacobo), *Odessa 1896-Buenos Aires 1978*, compositor argentino de origen ruso. Fundador del grupo Renovación (1929), es autor de sinfonías, poemas sinfónicos, ballets.

FICHTE (Johann Gottlieb), *Rammenau, Sajonia, 1762-Berlín 1814*, filósofo alemán. Discípulo de Kant, concibió un idealismo absoluto cuyo principio fundamental es el yo, que justifica la existencia del mundo y su sentido (*Teoría de la ciencia*, 1801-1804). Su influencia en Schelling y Hegel fue importante. También conminó a los alemanes al despertar nacional (*Discursos a la nación alemana*, 1807).

FICINO (Marsilio), *Figline Valdarno, Toscana, 1433-Careggi, cerca de Florencia, 1499*, humanista italiano. Sacerdote, tradujo y comentó a Platón y los neoplatónicos, desarrollando una temática espiritualista cuyo ímpetu, comunicado a la Academia platónica de Florencia, que encabezó, se propagó por toda Europa.

FIDIAS, *s. v a.C.*, escultor griego. Encargado por Pericles de dirigir las obras del Partenón, se ocupó de su decoración esculpida, apogeo del estilo clásico griego (friso de las Panateneas: parcialmente *in situ*, en el Louvre y sobre todo en el British Museum de Londres).

FIDJI o **FIJI**, en fidjiano **Viti**, estado de Oceanía; 18 300 km²; 800 000 hab. (*fidjianos* o *fidji*). CAP. *Suva*. LENGUAS: *inglés, fidjiano e indostaní*. MONEDA: *dólar de las Fidji*. (V. mapa de **Melanesia**.) El país está formado por un archipiélago (más de 300 islas) cuyas islas principales son Viti Levu y Vanua Levu. Caña de azúcar. Turismo. Oro. – Anexionadas por los británicos (1874), desde 1970 son independientes, en el marco de la Commonwealth (excluidas de 1987 a 1997 y suspendidas en 2000-2001).

FIELD (Cyrus West), *Stockbridge 1819-Nueva York 1892*, industrial estadounidense. Estableció el primer cable submarino entre América del Norte y Europa (1858-1866).

FIELD (John), *Dublín 1782-Moscú 1837*, compositor y pianista irlandés. Virtuoso del piano, compuso abundantes nocturnos para piano, publicados a partir de 1812.

FIELDING (Henry), *Sharpham Park, Somerset, 1707-Lisboa 1754*, escritor británico. Sus comedias (*Love in Several Masques*, 1728; *The Tragedy of Tragedies or Tom Thumb the Great*, 1730) y novelas realistas (*Tom Jones, o La historia de un expósito*, 1749) describen con truculencia el contraste entre la inocencia del hombre honrado y los vicios de la sociedad.

FIELDS (William Claude Dukinfield, llamado W. C.), *Filadelfia 1879-Pasadena 1946*, actor estadounidense. Estrella de music-hall, fue uno de los creadores con mayor inventiva del cine cómico (*A todo gas*, 1932; *David Copperfield*, 1935).

Fields (medalla), recompensa internacional en el campo de las matemáticas, creada por el matemático canadiense John Charles **Fields** (1863-1932). Tan prestigiosa como el premio Nobel, se concede cada cuatro años, desde 1936, a matemáticos menores de 40 años. *(V. lista de laureados al final del volumen.)*

■ MEDALLA FIELDS

FIERRO (Humberto), *Quito 1890-íd. 1929*, poeta ecuatoriano. Su obra, modernista, refleja gran perfección formal: *El laúd del valle* (1919), *Velada palatina* (1949, póstuma).

FIERRO (Pancho), *Lima 1803-íd. 1879*, pintor peruano. Su obra, en su mayor parte dibujos acuarelados de trazo rápido, se centra en la ilustración de costumbres y tipos limeños.

FIERROS (Dionisio), *Ballota, Asturias, 1827-Madrid 1894*, pintor español. Discípulo de Madrazo, representó temas costumbristas gallegos.

FIESCO, en ital. **Fieschi**, familia de Génova que, en los ss. XIII-XIV, perteneció al partido güelfo y dio dos papas, Inocencio IV y Adriano V. – **Gian Luigi F.**, *Génova h. 1522-íd 1547*, noble genovés. Conspiró contra Andrea Doria (1547). Esta conjuración, relatada por el cardenal de Retz, inspiró un drama a Schiller (1783).

FIESOLE, c. de Italia (Toscana); 15 056 hab. Restos etruscos y romanos; catedral románica y otros monumentos; pequeño museo.

FIESOLE (Mino da), *Poppi 1429-Florencia 1484*, escultor italiano. Practicó un estilo depurado y delicado (*sepulcro del conde Hugo*, en la Badía de Florencia; bustos).

FIFA (Federación internacional de fútbol asociación), organismo en el que se integran todas las federaciones nacionales de fútbol, y cuya finalidad es difundir y reglamentar este deporte. Tiene su sede en Zurich.

FIGARI (Pedro), *Montevideo 1861-íd. 1938*, pintor uruguayo. Con un estilo de rasgos *naïves*, se centró en temas del campo argentino y uruguayo, en un intento de lograr un arte nativo.

Figaro (Le), diario francés de información general. Empezó como semanario satírico (1854) y en 1866 tomó su forma actual.

FÍGARO → LARRA.

Fígaro, personaje de la trilogía dramática de Beaumarchais, compuesta por *El barbero de Sevilla* (1775), *Las bodas de Fígaro* (1784) y *La madre culpable* (1792). Barbero al servicio del conde Almaviva, ingenioso e intrigante, aparece como un hombre del pueblo que se rebela contra los abusos del Antiguo régimen. – *El barbero de Sevilla* inspiró a Rossini una ópera, compuesta en 1816, y *Las bodas de Fígaro*, a Mozart, una ópera bufa en 4 actos, compuesta en 1786, sobre un libreto de Lorenzo Da Ponte.

FIGL (Leopold), *Rust 1902-Viena 1965*, político austriaco. Fue canciller de la república de 1945 a 1953.

FIGUEIRA DA FOZ, c. de Portugal (Coimbra), en el estuario del Mondego; 54 000 hab. Centro pesquero e industrial. Estación balnearia. Festival internacional de cine.

FIGUERAS, en cat. **Figueres**, c. de España (Gerona), cab. de p. j.; 34 023 hab. (*figuerenses*). Centro industrial, comercial y turístico. Castillo de San Fernando (s. XVIII). Museo Dalí.

FIGUERAS (Estanislao), *Barcelona 1819-Madrid 1882*, político español. Diputado y miembro de la dirección del Partido republicano federal, fue elegido presidente de la I república (febr. 1873), pero dimitió cuatro meses después ante las críticas de Pi y Margall y la desunión de su partido, del que se distanció a partir de 1880.

FIGUEREDO (Pedro), llamado **Perucho**, *Bayamo 1819-Santiago de Cuba 1870*, revolucionario cubano. Autor del himno nacional cubano, fue fusilado por los españoles.

FIGUERES (José), *San Ramón 1906-San José 1990*, político costarricense. Tras su exilio en México (1942-1944), y apoyado por EUA, encabezó la revolución de 1948. Fundador del Partido de liberación nacional, socialdemócrata, presidió la II república tres veces (1948-1949, 1953-1958 y 1970-1974). – **José María F.**, *San José 1954*, político costarricense. Hijo de José, socialdemócrata, fue presidente de 1994 a 1998. Desde 2000 hasta 2004, fue director ejecutivo del Foro económico mundial de Davos.

FIGUEROA, dep. de Argentina (Santiago del Estero); 16 060 hab. Industrias harineras y madereras.

FIGUEROA, familia de arquitectos españoles, activos en Andalucía en los ss. XVII-XVIII. – **Leonardo F.**, *Utiel h. 1650-Sevilla 1730*. Combinó el estuco con el ladrillo visto, en obras de estilo barroco (colegio seminario de San Telmo, templo del Salvador, Sevilla). – **Matías José F.**, *Sevilla 1698-íd. 1765*. Hijo de Leonardo, colaboró en San Telmo y realizó la iglesia de San Jacinto en Sevilla. – **Ambrosio F.**, *Sevilla h. 1700-íd. 1775*. Hermano de Matías José, es autor, entre otras obras, de la reconstrucción del convento de Santa Rosalía de Sevilla. – **Antonio Matías F.**, *Sevilla 1734-íd. 1796*. Hijo de Ambrosio, realizó la iglesia de Santa María de Écija en estilo neoclásico.

FIGUEROA (de), familia de pintores colombianos, activos en el s. XVII. – **Baltasar de F.**, *n. en Sevilla h. 1600*. Fue el fundador de la escuela santafereña, por la que pasaron los más destacados exponentes de la pintura neogranadina. – **Gaspar de F.**, *Marriquita h. 1630-Santa Fe de Bogotá 1658*. Hijo de Baltasar, pintó retratos y temas religiosos. – **Baltasar de F.**, *m. en Santa Fe de Bogotá 1667*. Hijo de Gaspar, es autor del *Martirio de Santa Bárbara* (convento de Santa Bárbara, Bogotá). – **Pedro José de F.**, *Bogotá 1770-íd. 1838*. Representa el cambio pictórico del período colonial al republicano.

FIGUEROA (Fernando), *Ilobasco 1845-San Salvador 1919*, militar y político salvadoreño. Ministro de guerra (1898-1903), fue presidente de la república (1907-1911).

FIGUEROA (Francisco de), *Alcalá de Henares 1536-íd. ¿1617?*, poeta español. Su obra, influida por el petrarquismo y Garcilaso, ofrece gran perfección formal.

FIGUEROA (Gabriel), *México 1907-íd. 1997*, operador de cine mexicano. Destacan sus trabajos, de un realismo pictórico, para E. Fernández (*María Candelaria*, 1944; *La perla*, 1947; *La malquerida*, 1949), L. Buñuel (*Los olvidados*, 1950; *Él*, 1952; *El ángel exterminador*, 1962), J. Ford (*El fugitivo*, 1947) y J. Huston (*La noche de la iguana*, 1964; *Bajo el volcán*, 1984).

FIGUEROA (Manuel Ventura), *Santiago de Compostela 1708-Madrid 1783*, eclesiástico y político español. Negoció el concordato de 1753 y presidió el consejo de Castilla tras la caída de Aranda (1773-1783).

FIGUEROA ALCORTA (José), *Córdoba 1860-1931*, político argentino. Elegido vicepresidente (1904), al morir Quintana asumió la presidencia (1906-1910). Decretó el estado de sitio ante los conflictos sociales.

FIGUEROA LARRAÍN (Emiliano), *Santiago 1866-íd. 1931*, político chileno. Presidente de la república (1925-1927), estuvo sometido a la presión militar de C. Ibáñez.

FIGUEROLA (Laureano), *Calaf, Barcelona, 1816-*

Madrid 1903, economista y político español. Diputado progresista, participó en la revolución de 1868 y fue ministro de hacienda durante la regencia de Serrano (1869-1870). Librecambista, impuso la peseta como unidad monetaria y estableció el arancel de 1869. Presidió el senado (1872) y votó la república (1873).

FIGUIG, oasis del Sahara marroquí.

FIJI → FIDJI.

FILABRES (sierra de los), sierra de España, en el sistema Penibético; 2 137 m.

FILADELFIA, c. de Estados Unidos (Pennsylvania), a orillas del Delaware; 1 685 577 hab. (4 856 881 hab. en la aglomeración). Universidad. Puerto. Centro industrial.— Museo de arte, fundación Barnes (en Merion) y otros museos. — La ciudad, fundada por William Penn en 1682, fue sede del congreso que proclamó la independencia de EUA (1776). Fue sede del gobierno federal entre 1790 y 1800.

FILARETE (Antonio **Averulino,** llamado), *Florencia h. 1400-¿Roma? h. 1469,* arquitecto y escultor italiano. Autor de una puerta de bronce de San Pedro de Roma y de los planos del Hospital mayor de Milán (1456), escribió un original *Tratado de arquitectura* con proyectos de una ciudad ideal *(Sforzinda).*

FILE, isla de Egipto, en el Nilo, aguas arriba de Asuán. Fue un importante centro del culto a Isis del s. IV a.C. al s. V d.C. A causa de la construcción de la presa de Asuán, sus monumentos tolemaicos (templos de Isis, de Hator, *mammisi* [«templo del nacimiento»] de Nectanibis I, pabellón de Trajano) fueron trasladados al islote vecino de Ágilkia.

FILEMÓN Y BAUCIS MIT. GR. Pareja de pobres campesinos frigios a la que Zeus y Hermes recompensaron por su hospitalidad: en su vejez, fueron transformados en dos árboles cuyas ramas se entrelazaban.

Filípicas, nombre que reciben los discursos políticos (351-¿340? a.C.) de Demóstenes contra Filipo II de Macedonia. Se mantienen como modelo de literatura polémica.

FILIPINAS, estado del Sureste asiático; 300 000 km²; 68 980 000 hab. *(filipinos).* CAP. *Manila.* LENGUA: *tagalo.* MONEDA: *peso filipino.*

GEOGRAFÍA

El archipiélago, de clima tropical, comprende más de 7 000 islas e islotes, a menudo montañosos y volcánicos. Las dos islas mayores, Luzón y Mindanao, agrupan los dos tercios de la superficie y de la población totales. La población, en rápido crecimiento y actualmente con predominio urbano, es en su gran mayoría católica, pero con una minoría musulmana. El país sigue siendo esencialmente agrícola. El arroz y el maíz están destinados a la alimentación. La caña de azúcar, la copra, el tabaco y el caucho son, en parte, exportados. Se explotan algunos recursos mineros (oro, cromo, cobre). El endeudamiento es considerable y el subempleo importante.

HISTORIA

Desde los orígenes a la independencia. VIII milenio a.C.-s. XIII d.C.: el archipiélago fue poblado en oleadas sucesivas por negritos, protoindonesios y malayos. **Fines del s. XIV:** se implantó el islam, principalmente en el S. **1521:** Magallanes descubrió el archipiélago. **1565:** las Filipinas pasaron a la soberanía española. **1571:** Manila se convirtió en su capital. Se cristianizó el país y se cedieron grandes propiedades al clero. **1896:** estalló una insurrección nacionalista. El escritor José Rizal fue fusilado.

1898: E. Aguinaldo pidió ayuda a EUA, que declaró la guerra a España y obtuvo la cesión de las Filipinas, a lo que se opuso la guerrilla antiestadounidense. **1901:** Aguinaldo, que había asumido la dirección guerrillera, se sometió. **1916:** la Philippine Autonomy Act instituyó un sistema bicameral a la estadounidense. **1935:** Manuel Quezón se convirtió en presidente de la «Commonwealth of the Philippines». **1941-1942:** los japoneses invadieron el archipiélago. **1944-1945:** EUA reconquistó el país. **La independencia. 1946:** se proclamó la independencia y la república; la guerrilla de los huks (resistencia campesina de dirección comunista) se extendió por varias provincias. **1947:** EUA obtuvo 23 bases militares. **1948-1957:** Ramon Magsaysay, ministro del interior, venció a la guerrilla de los huks. Convertido en presidente (1953), promovió la conferencia de Manila, origen de la OTASE. **1965:** el nacionalista Ferdinand Marcos fue elegido presidente de la república. Al principio muy popular, reelegido en 1969 hubo de hacer frente al descontento del campesinado y al desarrollo de un partido comunista de obediencia china. **1972:** se implantó la ley marcial. **1986:** Cory Aquino, jefa de la oposición tras el asesinato de su marido, ganó las elecciones. Marcos tuvo que exiliarse. **1987:** se aprobó por referéndum una nueva constitución. C. Aquino tuvo que hacer frente a varias tentativas de golpe de estado militar. **1992:** el general Fidel Ramos fue elegido presidente. EUA evacuó su última base en Filipinas. **1998:** Joseph Estrada fue elegido presidente. **2001:** acusado de corrupción, Estrada dimitió. La vicepresidenta, Gloria Macapagal Arroyo, lo sucedió en el cargo. El poder central tuvo que afrontar el recrudecimiento del independentismo musulmán en el S del país (isla de Mindanao, etc.). **2004:** G. Macapagal retuvo el cargo al ganar las elecciones presidenciales.

FILIPINAS (mar de las), parte del océano Pacífico limitada por el *archipiélago de las Filipinas* y las islas Marianas.

Filipinas (Real compañía de), sociedad mercantil española, fundada en Cádiz en 1733 y disuelta en 1834. Comerció con África, las Indias y Filipinas.

FILIPO II, *h. 382-Aigai 336 a.C.,* regente (359) y rey de Macedonia (356-336). Restableció la autoridad real y reorganizó las finanzas y el ejército, basado en un cuerpo de infantería, la falange. Tras consolidar sus posiciones en Iliria y Tracia, se orientó hacia Grecia. A pesar de las advertencias de Demóstenes, los atenienses reaccionaron tardíamente a la conquista de las ciudades de Tracia y de Calcídica. Filipo, dueño de Delfos, tuvo que luchar contra la coalición de Atenas y Tebas. Vencedor en Queronea (338), estableció durante dos siglos la tutela macedonia sobre Grecia. Se disponía a marchar contra los persas cuando fue asesinado por instigación de su esposa Olimpia; le sucedió su hijo Alejandro (Magno).

FILIPO V, *h. 237-179 a.C.,* rey de Macedonia (221-179 a.C.). Fue derrotado por el cónsul romano Flaminino en Cinoscéfalos (197), lo que inició el declive de Macedonia.

FILIPO el Árabe, en lat. **Marcus Julius Philippus,** *en Traconítide, Arabia, h. 204-Verona 249,* emperador romano (244-249). Celebró el milenario de Roma (248) un año antes de ser derrotado y muerto por Decio.

FILIPOS, c. macedonia de Tracia. Marco Antonio y Octavio vencieron cerca de ella a Bruto y Casio en 42 a.C. San Pablo estuvo allí en 50 d.C.

FILIPPO (Eduardo de), *Nápoles 1900-Roma 1984,* dramaturgo, cineasta y actor italiano. Sus obras, a menudo escritas en dialecto napolitano *(La gran magia),* y sus filmes *(Nápoles millonaria)* presentan el conflicto entre el individuo y la sociedad.

FILLO (Francisco o Diego **Ortega Vargas,** llamado **el),** *principios del s. XIX-Sevilla 1878,* intérprete de cante flamenco español. Cantaor legendario, destacó en siguiriyas y se le atribuye una de sus variantes, los cabales.

FILOCTETES MIT. GR. Célebre arquero de la guerra de Troya a quien Heracles había legado su arco y sus flechas; abandonado por los griegos a causa de una herida purulenta, fue cura-

Filipinas

200 1000 2 000 m

— autopista
— carretera
— ferrocarril
✈ aeropuerto

● más de 1 000 000 hab.
● de 250 000 a 1 000 000 hab.
● de 100 000 a 250 000 hab.
• menos de 100 000 hab.

do y participó en la conquista de Troya (mató a París).

FILOMELA MIT. GR. Hija de Pandion, rey de Atenas, y hermana de Procne. Su cuñado Tereo la violó y le cortó la lengua para impedirle hablar, pero Filomela reveló su secreto bordando un tapiz. Perseguidas por Tereo, las dos hermanas fueron salvadas por los dioses, que transformaron a Procne en ruiseñor y a Filomela en golondrina (o viceversa).

FILÓN de Alejandría, *Alejandría entre 13 y 20 a.C.-íd. h. 50 d.C.,* filósofo judío en lengua griega. Intentó demostrar la complementariedad entre la ley mosaica y el pensamiento filosófico griego, sobre todo el platónico.

FILOPEMÉN, *Megalópolis 253-Mesene 183 a.C.,* estratega de la Liga aquea. Líder de Grecia contra la hegemonía de Esparta y luego de Roma, fue llamado «el último de los griegos».

Fine Gael («Familia gaélica»), partido político irlandés fundado en 1923 (con el nombre de *Comunidad de los Gaels*) por W. T. Cosgrave. Desde 1948, gobierna en alternancia con el Fianna Fáil.

FINESTRES Y MONSALVO (José), *Barcelona 1688-Montfalcó, Lérida, 1777,* jurisconsulto y erudito español, autor de numerosas obras sobre derecho civil público y derecho catalán, y de un *Epistolario.*

FINI (Leonor), *Buenos Aires 1908-París 1996,* pintora argentina. Residió en Italia, y en París desde 1933. Su obra, afín al surrealismo, recrea un mundo onírico y fantástico poblado por figuras ambiguas y delicadas. También fue autora de ilustraciones de libros y de vestuarios, máscaras y decorados teatrales.

FINIGUERRA (Maso), *Florencia h. 1426-íd. 1464,* orfebre nielador italiano. Al obtener a partir de sus nieles una especie de grabados, Vasari le atribuyó erróneamente la invención del grabado en hueco sobre metal.

FINISTÈRE, dep. de Francia (Bretaña); 6 733 km²; 852 418 hab.; cap. *Quimper.*

FINISTERRE (cabo), en gall. **Fisterra,** cabo de España (La Coruña), extremo meridional de la península ib. Finisterre y extremidad noroccidental de España. Faro.

FINLANDIA, en finés **Suomi,** en sueco **Finland,** estado de Europa del N, en el Báltico; 338 000 km²; 5 130 000 hab. *(finlandeses).* CAP. *Helsinki.* LENGUAS: *finés y sueco.* MONEDA. *euro.*

INSTITUCIONES

República. Constitución de 1999, que entró en vigor en 2000. El poder ejecutivo corresponde a un presidente elegido para 6 años por sufragio universal directo. Primer ministro designado por el parlamento. Parlamento monocameral *(Eduskunta),* elegido cada 4 años por escrutinio directo.

GEOGRAFÍA

Finlandia es una vasta meseta de rocas antiguas, sembrada de depósitos morrénicos y miles de lagos. A excepción del N, dominio de la tundra, el país está cubierto por bosques de coníferas, cuya explotación (aserraderos, pasta de papel, papel) constituye uno de sus principales recursos. Los cultivos (cebada, patata) y la ganadería (ganado vacuno para la producción de leche y mantequilla) están desarrollados en el S, de clima más benigno. La electricidad, en su mayor parte de origen hidráulico y nuclear, proporciona energía a las industrias metalúrgicas, textiles y químicas, actividades a las que se han añadido recientemente industrias de fuerte valor añadido (material de telecomunicación, etc.).

HISTORIA

El período sueco. S. I a.C.-s. I d.C.: los fineses ocuparon progresivamente el territorio. **1157:** el rey de Suecia Erik IX organizó una cruzada contra Finlandia. **1323:** Rusia reconoció a Finlandia como posesión de Suecia, que la convirtió en ducado (1353). **S. XVI:** la reforma luterana arraigó en Finlandia. **1550:** Gustavo Vasa fundó Helsinki. Se reanudaron la guerras entre Suecia y Rusia. **1595:** la paz de Täyssinä fijó las fronteras orientales de Finlandia. **1710-1721:** los ejércitos de Pedro el Grande asolaron el país, que perdió la región de Carelia por la paz de Nystad (1721).

El período ruso. 1809: Finlandia pasó a ser un gran ducado del Imperio ruso, dotado de cierta autonomía. Durante los reinados de los zares Alejandro III y Nicolás II se intensificó la rusificación mientras crecía la resistencia nacional (asesinato del gobernador Bóbrikov en 1904).

La independencia. 1917: tras la revolución rusa, Finlandia proclamó su independencia. **1918:** una guerra civil enfrentó a los partidarios del régimen soviético y a la guardia cívica de Carl Gustav Mannerheim, que resultó victoriosa. **1920:** la Rusia soviética reconoció la nueva república. **1939-1940:** tras una lucha heroica contra el Ejército rojo, Finlandia hubo de aceptar las condiciones de Stalin, que anexionó Carelia a la URSS. **1941-1944:** Finlandia, del lado del Reich, combatió contra la URSS. **1944-1946:** C. G. Mannerheim fue presidente de la república. **1946-1956:** durante la presidencia de J. K. Paasikivi se firmó la paz con los Aliados en París (1947). **1948:** Finlandia firmó un tratado de ayuda mutua con la URSS (renovado en 1970 y en 1983). **1956-1982:** el presidente Urho Kekkonen llevó a cabo una política de buena vecindad. **1982:** el socialdemócrata Mauno Koivisto fue elegido presidente de la república. **1994:** le sucedió el socialdemócrata Martti Ahtisaari (tras la primera elección presidencial con sufragio universal directo). **1995:** Finlandia ingresó en la Unión europea. **2000:** la socialdemócrata Tarja Halonen accedió a la presidencia de la república (reelegida en 2006).

FINLANDIA (golfo de), golfo formado por el Báltico entre Finlandia, Rusia y Estonia, en el que se hallan las ciudades de Helsinki, Tallin y San Petersburgo.

FINLAY Y DE BARRÉ (Carlos Juan), *Puerto Príncipe, act. Camagüey, 1833-La Habana 1915,* médico cubano. Concluyó en 1881 que la fiebre amarilla se transmite por la picadura de un mosquito y propuso un método (1898) que erradicó la enfermedad en Cuba, Panamá y otros países tropicales. Nombrado jefe nacional de sanidad de Cuba (1902), el 3 de diciembre, fecha de su nacimiento, ha quedado instituido como «Día de la medicina americana» en todo el continente.

FINNBOGADÓTTIR (Vigdís), *Reykjavík 1930,* política islandesa. Presidenta de la república de 1980 a 1996, fue la primera mujer del mundo elegida jefe de estado por sufragio universal.

FINNMARK, región de Noruega septentrional.

FINOT (Enrique), *Santa Cruz 1891-íd. 1952,* escritor y diplomático boliviano. Es autor de una *Historia de la literatura boliviana* (1943) y de novelas *(El cholo Portales,* 1926)

FINSEN (Niels), *Thorshavn, islas Feroe, 1860-Copenhague 1904,* médico y biólogo danés. Investigó las aplicaciones terapéuticas de la luz y de las radiaciones ultravioletas. (Premio Nobel 1903.)

FIÓDOR, nombre de tres zares de Rusia. — **Fiódor I,** *Moscú 1557-íd. 1598,* zar de Rusia (1584-1598), de la dinastía de los Riúrikovichi. Hijo de Iván IV el Terrible, le asistió un consejo de regencia dominado por Borís Godunov (1587).

FIONIA, en danés **Fyn,** isla de Dinamarca, separada de Jutlandia por el Pequeño Belt y de Sjaelland por el Gran Belt; c. pral. *Odense.*

FIORAVANTI (José), *Buenos Aires 1896-íd. 1977,* escultor argentino. Realizó monumentales obras de corte naturalista: en Buenos Aires, monumentos a Avellaneda (1935), a Sáenz Peña (1936), etc. Su mayor obra es el monumento a la Bandera (Rosario, 1956), realizado en colaboración. — **Octavio F.,** *Civitanova, Italia, 1894-Buenos Aires 1970,* escultor y pintor argentino. Hermano de José, su obra es de tendencia postimpresionista.

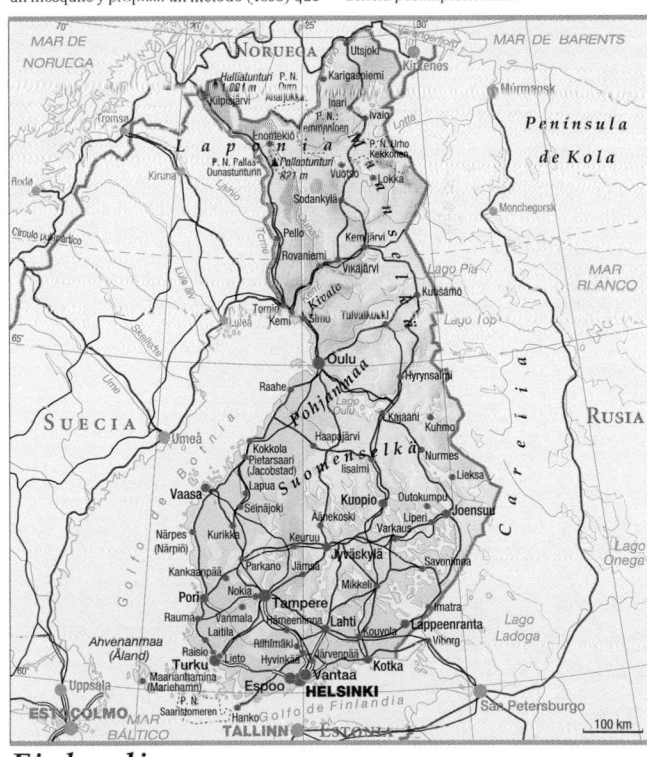

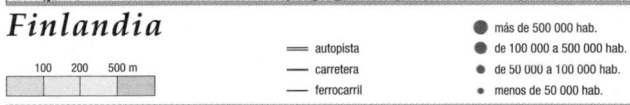

Finlandia

autopista
carretera
ferrocarril

● más de 500 000 hab.
● de 100 000 a 500 000 hab.
● de 50 000 a 100 000 hab.
● menos de 50 000 hab.

FIORE (Gioacchino **da**), *Celico, Calabria, h. 1130-San Martino di Giove, Piamonte, 1202*, místico italiano. Abad cisterciense, rompió con su orden para fundar una nueva congregación. Rebelándose contra los abusos eclesiásticos, elaboró una doctrina que anunciaba el reino del Espíritu y que, concediendo un papel privilegiado a los humildes, influiría en la doctrina de los espirituales.

FIRDÛSI o **FIRDAWSÎ**, *cerca de Țus, Jurăsăn, h. 932-íd. 1020*, poeta épico persa. Es autor del *Šăh-nămă*.

FIRMAT, c. de Argentina (Santa Fe); 17 063 hab. Industrias alimentarias.

FIROZÂBÂD, c. de la India (Uttar Pradesh); 270 534 hab.

FIRTH (sir Raymond William), *Auckland, Nueva Zelanda, 1901-Londres 2002*, antropólogo británico. Sus estudios versan sobre la organización social y económica de las sociedades no industriales, sobre todo los maoríes de Polinesia.

FIS → **Frente islámico de salvación.**

FISCHER (Emil), *Euskirchen 1852-Berlín 1919*, químico alemán. Estableció un vínculo entre la química orgánica, la estereoquímica y la biología. Realizó la síntesis de varios azúcares. (Premio Nobel 1902.)

FISCHER (Ernst Otto), *Munich 1918*, químico alemán. Se centró en la química de los complejos organometálicos de los metales de transición, concretamente los llamados «de estructura sándwich». (Premio Nobel 1973.)

FISCHER (Hans), *Höchst del Main 1881-Munich 1945*, químico alemán. Especificó la composición de la hemoglobina, realizó la síntesis de la hematina (1929) y estudió la composición de la clorofila. (Premio Nobel 1930.)

FISCHER (Johann Michael), *Burglengenfeld, Alto Palatinado, 1692-Munich 1766*, arquitecto alemán. Difundió en Baviera y Suabia un estilo rococó rico y luminoso (abadías de Zwiefalten, h. 1740-1750, y de Ottobeuren).

FISCHER-DIESKAU (Dietrich), *Berlín 1925*, barítono alemán. Ha cantado a Bach y ha sido un gran especialista del lied y la ópera románticos, al igual que del repertorio vocal del s. xx.

FISCHER VON ERLACH (Johann Bernhard), *Graz 1656-Viena 1723*, arquitecto austriaco. En un estilo que aporta al barroco una tendencia clásica majestuosa, construyó en Salzburgo (iglesias), en Praga (palacios) y sobre todo en Viena (iglesia de San Carlos Borromeo, desde 1716; biblioteca imperial, desde 1723).

FISHER (Irving), *Saugerties, estado de Nueva York, 1867-Nueva York 1947*, matemático y economista estadounidense. Relacionó la cantidad de moneda en circulación, la velocidad a la que circula y el nivel de los precios.

FISHER OF KILVERSTONE (John Arbuthnot Fisher, barón), *Ramboda, Sri Lanka, 1841-Londres 1920*, almirante británico. Creador del *dreadnought*, estuvo al mando de la marina británica de 1904 a 1909 y en 1914-1915.

FITERO, v. de España (Navarra); 1 960 hab. (*fiteranos*). Estación balnearia.— Monasterio cisterciense de Santa María la Real (ss. xii-xvi).

FITZGERALD (Ella), *Newport News, Virginia, 1918-Beverly Hills 1996*, cantante de jazz estadounidense. Interpretó baladas y romanzas, piezas de swing y diálogos en scat con los mejores solistas instrumentales y vocales.

FITZGERALD (Francis Scott), *Saint Paul, Minnesota, 1896-Hollywood 1940*, escritor estadounidense. Sus novelas expresan el desencanto

de la *generación perdida (El gran Gatsby*, 1925; *Suave es la noche*, 1934; *El último magnate*, 1941).

FITZ-JAMES, familia francesa de origen inglés. Su primer miembro, hijo natural de Jacobo II, obtuvo en 1687 el título de duque de *Berwick. Emparentados con la casa de Alba española, en 1802 el ducado pasó a Carlos Fitz-James, 7º duque de Berwick, y ambos títulos permanecieron unidos hasta 1953.

FIUME → **RIJEKA.**

Fiumicino, aeropuerto de Roma.

FIZEAU (Hippolyte), *París 1819-cerca de La Ferté-sous-Jouarre 1896*, físico francés. Realizó mediciones de la velocidad de la luz (1849) y descubrió, independientemente de Doppler, el *efecto Doppler-Fizeau.*

FLAGSTAD (Kirsten), *Hamar 1895-Oslo 1962*, soprano noruega, gran intérprete de Wagner.

FLAHERTY (Robert), *Iron Mountain, Michigan, 1884-Dummerston, Vermont, 1951*, director de cine estadounidense. Considerado el creador del documental, es autor de *Nanuk, el esquimal* (1922), *Moana* (1926), *Hombres de Aran* (1934), *Louisiana Story* (1948) y, en colaboración con F. W. Murnau, *Tabú* (1931).

FLAMININO (Tito Quincio), *228-174 a.C.*, general romano. Cónsul en 198 a.C., derrotó en Cinoscéfalos a Filipo V de Macedonia (197) y liberó Grecia de la dominación macedonia.

FLAMSTEED (John), *Denby 1646-Greenwich 1719*, astrónomo inglés. Primer astrónomo real (1675), organizó el observatorio de Greenwich, perfeccionó los instrumentos y los métodos de observación de las posiciones estelares y elaboró un catálogo de estrellas.

FLANAGAN (Barry), *Prestatyn, País de Gales, 1941*, escultor británico. Trabajó con materiales diversos (arena, cuerdas, fieltro, piedra, chapa) antes de pasar al bronce. Destacan sus esculturas de animales domésticos, tratadas a menudo con espíritu paródico (serie *Liebres*, iniciada en 1979).

FLANDES, en neerl. **Vlaanderen**, en fr. **Flandre** o **Flandres**, región histórica de Europa occidental (Francia, Bélgica y Países Bajos), junto al mar del Norte, entre los altos del Artois y la desembocadura del Escalda. (*Flamencos.*)

GEOGRAFÍA

Constituye una llanura que se eleva suavemente hacia el interior, con colinas arenosas (*montes de Flandes*). Produce cereales y cultivos forrajeros, de huerta e industriales (remolacha, lino, lúpulo), y es una importante región industrial (textiles, metalurgia), muy poblada y urbanizada (Amberes, Brujas, Gante, aglomeración de Lille). El litoral, bordeado de dunas, está jalonado por algunos puertos y estaciones balnearias (Dunkerque, Ostende).

HISTORIA

Los orígenes. S. i a.C.: la región, habitada desde el neolítico, fue conquistada por César e integrada a la provincia romana de Bélgica. **S. v:** los francos salios la ocuparon y germanizaron. **Ss. vi-vii:** fue evangelizada (fundación de la abadía de Saint Omer). **Ss. vii-x:** auge económico y comercial vinculado a la industria textil. **Constitución y evolución del condado. 879-918:** Balduino II creó el condado de Flandes al ocupar el Boulonnais, el Artois y el Ternois. **S. xi:** sus sucesores dotaron al condado de numerosas instituciones. Se desarrolló la industria textil. Se reforzó el movimiento municipal. **S. xii:** las grandes ciudades (Arras, Brujas, Douai) obtuvieron cartas de franquicia. **1297:** Felipe IV el Hermoso ocupó Flandes. **1302:** las tropas reales francesas fueron vencidas por las milicias municipales en Courtrai. **Decadencia y renovación. 1384:** el duque de Borgoña Felipe el Atrevido heredó el condado. **1477:** tras la muerte de Carlos el Temerario, Flandes entró a formar parte de los dominios de los Habsburgo. **1516:** tras el advenimiento al trono de Carlos Quinto, el territorio pasó a la corona española. **1555:** Felipe II accedió al trono; la expansión del calvinismo y la fricciones del N provocó la guerra; los nobles flamencos llegaron a un acuerdo en Breda para luchar contra los españoles. **1567-1573:** gobierno del duque de Alba. **1573-1576:** gobierno de Luis de Requesens; a su muerte, todas las pro-

vincias, excepto Luxemburgo, se hallaban sublevadas. **1576:** el gobernador Juan de Austria firmó el *edicto perpetuo. **1713-1714:** tratados de Utrecht y Rastadt; fin de la presencia española en Flandes, que pasó a Austria. **1794:** Flandes fue anexionada por Francia. **S. xix:** provincia del reino de los Países Bajos (1815) y después de Bélgica (1830), experimentó un importante despertar cultural y económico. **1898:** reconocimiento del neerlandés como lengua oficial de Bélgica en igualdad con el francés. **1970:** Flandes fue definida como región parcialmente autónoma. **1993:** quedó constituida como una de las tres regiones del estado federal de Bélgica.

FLANDES, mun. de Colombia (Tolima); 21 879 hab. Manufactura de cigarros y chocolate.

FLANDES (Juan **de**), *h. 1465-Palencia 1519*, pintor flamenco activo en España, documentado en Palencia a partir de 1490, influido por la pintura flamenca y el clasicismo renacentista italiano (*Políptico de Isabel la Católica*, actualmente disperso; retablo mayor de la catedral de Palencia, 1509).

Flandes (consejo de), organismo de gobierno de la España de los Austrias para los Países Bajos españoles. Creado por Carlos Quinto en 1555 con el objeto de proporcionar a Felipe II un instrumento para gobernar el territorio, fue suprimido en el 1720 cuando la totalidad de los Países Bajos dejó de formar parte de la monarquía hispánica.

FLANDES OCCIDENTAL, prov. del O de Bélgica; 3 134 km²; 1 106 829 hab.; cap. *Brujas.*

FLANDES ORIENTAL, prov. del NO de Bélgica; 2 982 km²; 1 335 793 hab.; cap. *Gante.*

FLAUBERT (Gustave), *Ruán 1821-Croisset, cerca de Ruán, 1880*, escritor francés. Su gran éxito y escándalo a la vez fue *Madame Bovary* (1857), novela realista y de gran rigor estilístico a la que siguieron *Salambó* (1862), *La educación sentimental* (1869) y *Bouvard y Pécuchet* (1881), entre otras obras.

■ GUSTAVE **FLAUBERT,** por E. Giraud. (Palacio de Versalles.)

■ SIR ALEXANDER **FLEMING.** (Museo imperial de la guerra, Londres.)

FLAVIANO (san), *h. 390-h. 449*, patriarca de Constantinopla (446-449). Era adversario de Eutiques, que logró su deposición y exilio.

FLAVIO JOSEFO, *Jerusalén h. 37 d.C.-d. 100*, historiador judío. Comandante de Galilea durante la guerra contra los romanos, acabó instalándose en Roma, donde escribió *La guerra de los judíos* y *Antigüedades judaicas.*

FLAVIOS, dinastía romana que gobernó el imperio de 69 a 96, con Vespasiano, Tito y Domiciano.

FLAXMAN (John), *York 1755-Londres 1826*, escultor y dibujante británico. Neoclásico, aportó modelos de decoración para la manufactura de porcelana de Wedgwood, ilustró la *Ilíada* y la *Odisea* con dibujos lineales (h. 1790, en Roma) y realizó numerosos monumentos, como el de Nelson (San Pablo de Londres).

FLECHA (Mateo), llamado **el Viejo**, *Prades 1485-monasterio de Poblet 1553*, compositor y monje cisterciense español. Maestro de capilla de los infantes de Castilla, destacan sus «ensaladas», sus madrigales a varias voces y sus villancicos. — **Mateo F. el Joven**, *Prades 1530-Solsona 1604*, compositor y monje carmelita español. Sobrino de Mateo el Viejo, trabajó en la corte imperial austriaca y publicó en Praga (1581) tres libros de música polifónica.

FLÉMALLE (Maestro de), pintor flamenco al

■ ELLA **FITZGERALD**

■ FRANCIS SCOTT **FITZGERALD**

que se suele identificar con Robert Campin (m. en 1444), maestro en Tournai en 1406. Se le atribuyen un conjunto de tablas religiosas conservadas en Frankfurt, Nueva York, Londres, Dijon, Madrid *(Desposorios de la Virgen)*, caracterizadas por la amplitud innovadora del estilo y el vigor de la expresión realista.

FLEMING (sir Alexander), *Darvel, Ayrshire, 1881-Londres 1955*, médico británico. Descubrió la penicilina en 1928. (Premio Nobel 1945.)

FLEMING (sir John Ambrose), *Lancaster 1849-Sidmouth 1945*, ingeniero británico. Inventó el diodo (1904).

FLEMING (Victor), *Pasadena 1883-Phoenix 1949*, director de cine estadounidense. Realizador de *Lo que el viento se llevó* (1939), es también autor de *La isla del tesoro* (1934) y de *El mago de Oz* (1939).

FLENSBURG, c. de Alemania (Schleswig-Holstein), en el Báltico; 87 994 hab. Puerto. Conjunto monumental antiguo; museos.

FLESSINGA, en neerl. **Vlissingen**, c. de Países Bajos (Zelanda); 43 900 hab. Puerto. Aluminio.

FLETA (Miguel), *Albalate de Cinca 1893-La Coruña 1938*, tenor español, uno de los más destacados de su tiempo a lo largo de su corta (1925-1935) pero brillante carrera.

FLETCHER (John), *Rye, Sussex, 1579-Londres 1625*, dramaturgo inglés. Solo o con F. Beaumont, y sobre todo con P. Massinger, escribió numerosas obras que lo convirtieron en rival de Shakespeare *(The Faithful Shepherdess)*.

FLEURY (André Hercule, cardenal de), *Lodève 1653-Issy-les-Moulineaux 1743*, prelado y estadista francés. Preceptor de Luis XV, desde 1726 fue ministro de Estado. Favoreció el desarrollo económico, apaciguó la querella jansenista e intervino en las guerras de Sucesión de Austria y de Polonia.

FLEVOLAND, prov. de Países Bajos; 233 000 hab.; cap. *Lelystad.*

FLINT, c. de Estados Unidos (Michigan), cerca de Detroit; 140 761 hab. Industria del automóvil.

FLN → Frente de liberación nacional.

FLOR (Roger Blum, llamado Roger de), *Brindisi h. 1268-Adrianópolis, act. Edirne, 1305*, aventurero catalán de origen germánico. Jefe de los almogávares al servicio de la Corona de Aragón, obtuvo victorias sobre los turcos y los búlgaros. Su asesinato provocó la venganza catalana, dirigida por Berenguer d'Entença.

FLORA MIT. ROM. Diosa itálica de las flores y los jardines, celebrada en las fiestas florales.

FLORENCIA, c. de Colombia, cap. del dep. de Caquetá; 79 515 hab. Explotación forestal.

FLORENCIA, en ital. **Firenze**, c. de Italia, cap. de la Toscana y cap. de prov., a orillas del Arno; 403 316 hab. *(florentinos).* Gran centro turístico. — La ciudad es célebre por su escuela de arquitectura, pintura y escultura, especialmente innovadora del s. XIV al s. XVI (de Giotto a Miguel Ángel) como muestran sus palacios (Vecchio, *Médicis, Strozzi, Pitti), iglesias (catedral

■ **FLORENCIA.** La torre del Palazzo Vecchio, a la derecha, y la catedral de Santa María del Fiore, en el centro (ss. XIV-XV, domo de Brunelleschi).

de Santa María del Fiore, Santa Croce, Santa Maria Novella, Orsanmichele, San Lorenzo), conventos (San Marco), bibliotecas y riquísimos museos (*Uffizi, *Bargello, *Pitti, galería de la Academia, museo arqueológico). [Patrimonio de la humanidad 1982.] — Desde el s. XIII fue una de las ciudades más activas de Italia; en 1406 conquistó Pisa y se convirtió en una potencia marítima; luego dominó la ciudad del s. XIV al s. XVII. En 1569, Florencia se convirtió en la capital del gran ducado de Toscana. De 1865 a 1870 fue la capital del reino de Italia. — El *concilio de Florencia* (1439-1443) prosiguió los trabajos de los concilios de Basilea y de Ferrara sobre la unión con los griegos.

FLORENCIO VARELA, partido de Argentina (Buenos Aires), en el Gran Buenos Aires; 253 554 hab.

FLORENTINO o **FLORENTÍN el Indaco** (Jacopo di Pietro **Torni**, llamado en España Jacobo), *Florencia 1476-Villena 1526*, escultor y pintor italiano. Uno de los introductores del renacimiento en Andalucía, realizó el grupo del *Santo Entierro* (Granada). Junto con su hermano Francisco (Florencia 1492-Roma 1562), trabajó en la capilla real de Granada y en la torre de la catedral de Murcia.

FLORENTINO (Nicolás), en ital. Niccolò **Delli**, *m. en Valencia 1470*, pintor italiano activo en España a mediados del s. XV. En un estilo próximo a Masaccio, es autor del fresco del Juicio final de la catedral vieja de Salamanca.

FLORES, isla de Indonesia, separada de Célebes por el *mar de Flores.*

FLORES, isla portuguesa del archipiélago de las Azores; 143 km²; 10 000 hab.; cap. *Santa Cruz das Flores.*

FLORES, c. de Guatemala, cap. del dep. del Petén; 1 324 hab. Situada en la isla del lago Petén. Aeropuerto.

FLORES (departamento de), dep. de Uruguay, en el centro-sur del país; 5 144 km²; 24 739 hab.; cap. *Trinidad.*

FLORES (Las), partido de Argentina (Buenos Aires); 22 035 hab. Cereales y girasol; ganadería.

FLORES (Cirilo), *1779-Quezaltenango 1826*, político guatemalteco. Presidente de la república en 1824, opuesto a los conservadores, fue asesinado por la multitud en una iglesia.

FLORES (Dolores Flores Ruiz, llamada Lola), *Jerez de la Frontera 1921-Madrid 1995*, bailarina, actriz y cantante española, famosa representante del arte folclórico español.

FLORES (Francisco), *n. en Trujillo 1614*, escultor peruano, activo en Lima entre 1644 y 1679. Realizó la estatua de Felipe IV y decoró la iglesia de la Concepción.

FLORES (Francisco), *Santa Ana 1959*, político salvadoreño. Miembro de la derechista ARENA, fue presidente de la asamblea legislativa (1997-1998), y presidente de la república (1999-2004).

FLORES (Juan de), escritor español del s. XV. Cultivó la novela sentimental: *Breve tratado de Grimalte y Gradissa* (1495), *Historia de Grisel y Mirabella con la disputa de Torrellas y Bracayda.*

FLORES (Juan José), *Puerto Cabello 1800-Puná, Ecuador 1864*, general venezolano. Luchó junto a Bolívar y fue el primer presidente de la audiencia de Quito, convertida en estado del Ecuador (1830-1834 y 1839-1845), al segregarse de la Gran Colombia. La burguesía derribó su dictadura militar.

FLORES (Manuel Antonio), *Sevilla 1723-Madrid 1799*, marino y administrador español, virrey de Nueva Granada (1776-1782) y de Nueva España (1787-1789).

FLORES (Manuel María), *San Andrés Chalchicomula, Puebla, 1840-México 1885*, poeta mexicano. Poeta romántico por excelencia, dedicó su obra a la mujer y al erotismo *(Pasionarias*, 1874; *Páginas locas*, 1878). Colaboró con diversos periódicos y fue director de *El imparcial.* Póstumamente se editaron *Poesías inéditas* (1910) y su diario *(Rosas caídas*, 1953).

FLORES (Pedro Víctor), *Murcia 1897-París 1967*, pintor, grabador y escenógrafo español. Instalado en París (1926), pintó desde la década de 1950 obras de tema castizo y paisajes.

FLORES (Venancio), *Porongos 1809-Montevideo 1868*, político y militar uruguayo. Líder radical del Partido colorado, fue presidente con el apoyo de los campesinos (1853-1855), y de nuevo tras vencer en la guerra civil (1865-1868). Fue asesinado por los conservadores.

FLORES DE LEMUS (Antonio), *Jaén 1876-Madrid 1941*, economista español. Seguidor e introductor en España de la escuela histórica alemana, fue catedrático en Barcelona (1904) y Madrid (1920), y asesor económico y fiscal del gobierno. Sentó las bases del estudio de la estructura económica española.

flores del mal (Las), recopilación poética de Baudelaire (1857), precursora del simbolismo.

FLORES JIJÓN (Antonio), *Quito 1833-Ginebra 1915*, político y escritor ecuatoriano. Hijo de Juan José Flores, fue presidente de 1888 a 1892. Es autor de obras históricas *(Para la historia de Ecuador*, 1891).

FLORES MAGÓN (Ricardo), *San Antonio Eloxochitlán, Oaxaca, 1873-Leavenworth, EUA, 1922*, político y escritor mexicano. Periodista y autor de obras de tema social *(Tierra y libertad);* combatió a Porfirio Díaz. Exiliado en EUA, fundó el Partido liberal mexicano (1906), socialista radical. Murió en prisión.

FLOREY (barón Howard), *Adelaida, Australia, 1898-Oxford 1968*, médico británico. Compartió el premio Nobel de fisiología y medicina en 1945 con Chain y Fleming, por sus trabajos sobre la fabricación de la penicilina.

FLÓREZ (Enrique, llamado el Padre), *Villadiego, Burgos, 1702-Madrid 1773*, historiador y teólogo español. Agustino, fue el iniciador en 1742 de la *España sagrada, historia eclesiástica de España*, proseguida hasta la actualidad por la Real academia de la historia.

FLÓREZ (Juan Diego), *Lima 1973*, tenor peruano. Tenor lírico ligero, especializado desde su debut (1996) en el repertorio belcantista, destaca por su bella voz y cuidado fraseo.

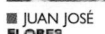

■ JUAN JOSÉ FLORES   ■ JUAN DIEGO FLÓREZ

FLÓREZ (Julio), *Chiquinquirá 1867-Usiacurí 1923*, poeta y grabador colombiano. Realizó poemas breves de tono melancólico *(Horas*, 1883; *Fronda lírica*, 1922), y xilografías de paisajes y temas costumbristas.

FLÓREZ ESTRADA (Álvaro), *Pola de Somiedo, Asturias, 1766-Noreña, Asturias, 1853*, economista y político español. Liberal, sufrió el exilio en 1814 y 1823. Escribió la principal obra económica del s. XIX español, el *Curso de economía política* (1828).

FLORIANÓPOLIS, c. de Brasil, cap. del estado de Santa Catarina; 254 944 hab. Monumentos antiguos.

FLORIDA, estado del SE de Estados Unidos; 12 937 926 hab.; cap. *Tallahassee;* c. pral. *Miami.* Está formada por una península separada de los cayos que flanquean Cuba por el *canal o estrecho de Florida.* Cítricos. Fosfatos. Turismo (Miami, Palm Beach, parque nacional de los Everglades).

HISTORIA

España inició el reconocimiento y conquista de Florida en 1498 (V. Yáñez Pinzón; 1512-1513, Juan Ponce de León, y expediciones en 1526 [Vázquez de Ayllon], 1528 [Narváez], 1539 [Hernando de Soto] y 1559-1560), pero no la dominó hasta 1565 (con la fundación de San Agustín por P. Menéndez de Avilés). Pasó a ser dominio británico en 1763, como resultado de la guerra de los Siete años. Española de nuevo desde 1783 (paz de Versalles), fue conquistada por EUA (1812-1814) y legalizada esta soberanía por un tratado de venta en 1819. Fue admitida como estado de la Unión en 1845, después de haber exterminado a los seminola. Confederada en la guerra de Secesión (1861-1865), se reintegró a EUA en 1868.

FLORIDA, mun. de Colombia (Valle del Cauca); 42 843 hab. Cultivos tropicales. Ganado vacuno.

FLORIDA, mun. de Cuba (Camagüey); 67 162 hab. Ingenios azucareros. Ganadería vacuna.

FLORIDA (corriente de), corriente cálida del Atlántico Norte, que constituye una de las ramas madres de la corriente del Golfo.

FLORIDA (departamento de), dep. de Uruguay, en el centro-sur del país; 10 417 km²; 66 474 hab.; cap. *Florida* (28 560 hab.).

FLORIDA (La), com. de Chile, en el área metropolitana de Santiago; 334 366 hab.

FLORIDABLANCA, mun. de Colombia (Santander); 143 824 hab. Destilerías de alcohol. Curtidurías.

FLORIDABLANCA (José Moñino, conde de), *Murcia 1728-Sevilla 1808,* estadista español. Apoyó la expulsión de los jesuitas (1767) y abogó en Roma por su desaparición (1772). Secretario de Estado de Carlos III y de Carlos IV (1777-1792), impuso una política reformista. En 1792 cayó en desgracia por su poder omnímodo y su política de reacción, motivada por la Revolución francesa. Desterrado y encarcelado al subir Aranda (1792-1795), presidió la Junta central tras la invasión francesa (1808).

FLORIS DE VRIENDT (Cornelis), *Amberes 1514-íd. 1575,* arquitecto y escultor flamenco. Influido por el arte italiano, entre sus obras cabe destacar el ayuntamiento de Amberes (1561) y la galería de la catedral de Tournai.— **Frans F. de V.,** *Amberes h. 1516/1520-íd. 1570,* pintor flamenco, hermano de Cornelis. Admirador de Miguel Ángel, fue el principal representante del romanismo flamenco.

FLORIT (Eugenio), *Madrid 1903-Miami 1999,* poeta cubano de origen español. Su poesía, de acentos clásicos y juanramonianos (*32 poemas breves,* 1927; *Trópico,* 1930; *Doble acento,* 1937), evolucionó hacia una temática religiosa: *Conversación a mi padre* (1949), *Asonante final* (1950), *Hábito de esperanza* (1965) y *Antología penúltima* (1970, selección de su obra poética).

FLORY (Paul John), *Sterling, Illinois, 1910-Big Sur, California, 1985,* químico estadounidense. Sus trabajos se centraron en las macromoléculas que intervienen en la fabricación de plásticos. (Premio Nobel 1974.)

Flossenbürg (campo de), campo de concentración alemán (1938-1945), situado en Flossenbürg, cerca de la frontera checa.

Flota de Indias, sistema de protección del tráfico marítimo, implantado por España en sus comunicaciones con América y vigente del s. XVI al XVIII, para protegerse de la piratería.

FLOTATS (Josep Maria), *Barcelona 1939,* actor y director de teatro español. Formado en Francia, donde trabajó en la Comedia Francesa (1980-1983). Instalado en 1984 en Barcelona, promovió la creación del Teatro nacional de Cataluña.

Flushing Meadow Park, sede de los campeonatos internacionales de tenis de EUA, en Nueva York (Queens).

Fluxus, movimiento artístico que se desarrolló en Estados Unidos y Europa durante la década de 1960. Relacionado con la corriente del happening, oponiendo a la sacralización del arte un espíritu de rebeldía lúdica, se manifestó mediante conciertos (con J. Cage, T. Riley, etc.), environments y diversos tipos de intervenciones. Entre sus miembros figuraban los estadounidenses George Maciunas, George Brecht y Dick Higgins, el coreano Nam June Paik, los alemanes Joseph Beuys y Wolf Vostell, el suizo Benjamin Vautier (Ben) y el francés Robert Filiou.

FLYNN (Errol), *Hobart, Australia, 1909-Los Ángeles 1959,* actor estadounidense. Fue especialista en papeles de aventurero, sobre todo en películas de M. Curtiz (*El capitán Blood,* 1935) y R. Walsh (*Gentleman Jim,* 1942).

FMI (Fondo monetario internacional), orga-

nismo internacional de cooperación monetaria y financiera. Creado en 1945 en aplicación de los acuerdos de Bretton Woods, e inicialmente encargado de velar por el buen funcionamiento del sistema monetario internacional, se encarga de vigilar las políticas de cambio, gestiona la concesión de créditos a los países que tienen dificultades en su balanza de pagos y supervisa el proceso de liberalización de los movimientos de capitales en el mundo. Tiene su sede en Washington y agrupa a la casi totalidad de los países.

FO (Dario), *Sangiano, Varese, 1926,* dramaturgo, actor y director teatral italiano. Escribe e interpreta un teatro cómico y comprometido que se inspira en la cultura mediterránea y las formas de espectáculo popular (*Misterio bufo,* 1969; *Muerte accidental de un anarquista,* 1970; *Historia del tigre*). [Premio Nobel 1997.]

FOCEA, ant. c. de Asia Menor (Jonia). Desde el s. VII a.C. tuvo una gran importancia comercial y fundó factorías en Occidente.

FOCH (Ferdinand), *Tarbes 1851-París 1929,* mariscal de Francia. Se distinguió durante la primera guerra mundial, en la que condujo las tropas aliadas a la victoria.

FÓCIDA, región de Grecia central, al N del golfo de Corinto, en la que estaba el santuario de Apolo de Delfos.

FOCIO, *Constantinopla h. 820-h. 895,* teólogo y erudito bizantino, y patriarca de Constantinopla (858-867 y 877-886). Tras ser depuesto por el papa Nicolás I, Focio depuso a su vez a este. Dicho conflicto entre Roma y Constantinopla fue el origen del cisma de Oriente.

FOCIÓN, *h. 402-Atenas 318 a.C.,* general y político ateniense. Partidario de una política prudente con respecto a Macedonia, fue adversario de Demóstenes. Al morir Alejandro (323 a.C.), fue condenado a muerte por su actitud pacifista.

FOGAZZARO (Antonio), *Vicenza 1842-íd. 1911,* escritor italiano. Sus novelas (*Pequeño mundo antiguo*; *El santo*) y sus poemas de inspiración católica oscilan entre el misticismo y la atracción de la sensualidad.

FOGGIA, c. de Italia (Apulia), cap. de prov.; 155 042 hab. Catedral de los s. XII-XVIII.

FOIX (condado de), jurisdicción feudal del Languedoc (Ariège) creada por el linaje del mismo nombre. Roger I de Foix (s. XI) fue el primer conde independiente. Con Roger Bernardo II (m. en 1241), los condes de Foix fueron también barones de Cataluña. A fines del s. XV, gracias a las alianzas matrimoniales, el condado se extendía del golfo de Vizcaya a la Cerdaña. Fernando el Católico lo desposeyó de Navarra, y Francia incorporó a su soberanía el resto del condado (1607).

FOIX (Josep Vicenç), *Barcelona 1893-íd. 1987,* escritor español en lengua catalana. Su obra poética aúna influencias del pasado literario catalán y de las vanguardias europeas, a las que se anticipó en muchos aspectos. Sobresalen los volúmenes de prosa poética *Gertrudis* (1927) y *KRTU* (1932), el libro de poemas *Solo y doliente* (1947) y su diario íntimo, que va de la prosa poemática (*Del «Diario 1918»,* 1956) a los retratos literarios (*Catalanes de 1918,* 1965). [Premio nacional de las letras españolas 1984.]

FOKINE (Mijaíl Mijáilovich **Fokin,** llamado Michel), *San Petersburgo 1880-Nueva York 1942,* bailarín y coreógrafo ruso. Colaborador de Diáguilev, para quien creó obras maestras (*Petrushka,* 1911; *El espectro de la rosa,* 1911), hizo evolucionar el ballet clásico hacia el neoclasicismo fomentando la expresividad.

FOKKER (Anthony), *Kediri, Java, 1890-Nueva York 1939,* aviador y constructor de aviones neerlandés. Creó una de las empresas más importantes de la industria aeronáutica alemana y construyó famosos aviones de caza. Tras la primera guerra mundial implantó sus fábricas en Países Bajos y más tarde en EUA, donde construyó numerosos modelos comerciales.

FOLC DE CARDONA → **CARDONA** (casa de).

FOLCH I CAMARASA (Ramon), *Barcelona 1926,* escritor español en lengua catalana, narrador de corte realista: *La visita* (1965); *Estrictamente confidencial* (1983).

FOLCH I TORRES (Josep Maria), *Barcelona 1880-íd. 1950,* comediógrafo y novelista español en lengua catalana. Destacó en la literatura juvenil: *Els pastorets* (1916), teatro; *Páginas vividas,* narraciones publicadas entre 1915 y 1938 en la revista *En Patufet.*

FOLE (Ánxel), *Lugo 1903-íd. 1986,* escritor español en lengua gallega. En sus narraciones recrea con depurada técnica motivos de la tradición oral popular: *A la luz del candil* (1953). Cultivó también el teatro (*Pauto do demo,* 1958).

FOLENGO (Teófilo), llamado **Merlín Cocayo,** *Mantua 1491-Bassano 1544,* poeta italiano. Es autor de poesías macarrónicas (*Baldus*).

FOLKESTONE, c. de Gran Bretaña (Inglaterra); 46 000 hab. Puerto de viajeros en el paso de Calais. Estación balnearia. En los alrededores, terminal del túnel de la Mancha.

FOMBONA PACHANO (Jacinto), *Caracas 1901-íd. 1951,* poeta venezolano. Su poesía, inspirada en temas locales, muestra preocupación por los problemas sociales: *Virajes* (1932), *Las torres desprevenidas* (1940).

FOMENTO, mun. de Cuba (Sancti Spíritus); 33 816 hab. Industrias tabacalera y del cuero.

Fomento del trabajo nacional, institución fundada en Barcelona en 1889 para la defensa de los intereses de la industria catalana. Contribuyó a la creación, en 1977, de la Confederación española de organizaciones empresariales (CEOE).

FONDA (Henry), *Grand Island, Nebraska, 1905-Los Ángeles 1982,* actor estadounidense. Personificación del hombre fuerte e íntegro, destacó en películas de F. Lang (*Solo se vive una vez,* 1937) y J. Ford (*Las uvas de la ira,* 1940).

Fondo de cultura económica, organismo mexicano fundado en 1934 en la Escuela nacional de economía para difundir la cultura del país y latinoamericana. Publica obras de economía, humanidades, ciencias sociales y políticas y otras materias, así como las ediciones del Colegio de México. Con un gran prestigio editorial, en la actualidad difunde autores de todo el mundo.

Fondo latinoamericano de reservas, organismo creado en 1977 como Fondo Andino de Reserva e integrado inicialmente por Bolivia, Ecuador, Colombia, Perú y Venezuela, destinado a prevenir los desequilibrios de sus balanzas de pagos de los países miembros mediante la concesión de créditos o garantías. En 1988 cambió sus estatutos y su nombre para poder admitir a otros países de América Latina.

Fondo monetario internacional → **FMI.**

FONSECA, mun. de Colombia (La Guajira); 26 894 hab. Ganadería vacuna. Yacimientos de cobre.

FONSECA (golfo de), golfo de la costa centroamericana del Pacífico. Puertos de La Unión (El Salvador), San Lorenzo (Honduras) y Puerto Morazán (Nicaragua).

FONSECA, familia noble de origen portugués, llegada a Castilla con Pedro **Rodríguez de Fonseca.** Ocupó altos cargos eclesiásticos en los ss. XV-XVI. — **Alonso I de F.,** *Toro 1418-Coca 1473.* Fue obispo de Sevilla (1453) y de Ávila.— **Alonso II de F.,** *m. en 1512.* Fue arzobispo de Santiago. — **Alonso III de F.,** *Santiago de Compostela 1476-Toledo 1534.* Hijo de Alonso II, fue arzobispo de Santiago (1508) y de Toledo (1524), y primado de España. Fundó en Toledo el colegio Fonseca.

FONSECA (Cristóbal de), *Santa Olalla, Toledo, ¿1550?-Madrid 1621,* teólogo y escritor español, conocido por su obra teológica *Tratado del amor de Dios* (1592), que alcanzó gran difusión.

FONSECA (Pedro da), *Cortiçada, cerca de Crato, 1528-Lisboa 1599,* filósofo portugués. Jesuita, autor de *Comentarios* a la obra de Aristóteles, concibió la doctrina de la «ciencia media». Luis de Molina tomó de él lo esencial de su doctrina de la concordia entre la predestinación divina y el libre albedrío (molinismo).

FONSECA (Rubem), *Juiz de Fora 1925,* escritor brasileño. Sus libros de relatos (*Los prisioneros,* 1963; *El cobrador,* 1970; *Secreciones, excreciones y desatinos,* 2001) y novelas (*El caso*

Morel, 1973; *El gran arte*, 1983; *Agosto*, 1990) describen con un realismo vigoroso la sociedad urbana brasileña. (Premio Juan Rulfo 2003.)

FONTAINE (**Jean de La**), *Château-Thierry 1621-París 1695*, poeta francés. Autor de *Cuentos* (1664-1682), alcanzó la celebridad con las *Fábulas* (1668-1694).

FONTAINEBLEAU, mun. de Francia (Seine-et-Marne); 17 811 hab. Bosque de 17 000 ha.— Palacio real de origen medieval reconstruido por Francisco I desde 1528, escenario de diversos hechos históricos, entre ellos dos tratados entre España y Francia.— El primer *tratado de Fontainebleau* (1743) constituyó el segundo pacto de *Familia. El segundo tratado (1807) estipuló la división de Portugal y facilitó la intervención francesa en España que desencadenó la guerra de la Independencia (1808).

Fontainebleau (escuela de), escuela artística formada en torno a Rosso Fiorentino, Primaticcio, N. dell'Abate, etc., llamados por Francisco I para decorar el palacio de Fontainebleau.

FONTANA, lago de Argentina (Chubut); 79 km².

FONTANA (**Carlo**), *Brusata 1634-Roma 1714*, arquitecto italiano. Discípulo durante 10 años de Bernini en Roma, continuó el arte de este pero en un sentido más clasicista y académico. Fue seguido por numerosos discípulos.

FONTANA (**Domenico**), *Melide 1543-Nápoles 1607*, arquitecto italiano. Llamado a Roma, construyó el palacio de Letrán (1587) y otras obras. Suscitó una renovación urbanística.

FONTANA (**Lucio**), *Rosario 1899-Comabbio, Italia, 1968*, pintor, escultor y teórico del arte argentino de origen italiano. Futurista tardío, se integró en el movimiento *Abstraction-Création y esculpió figuras expresionistas. Inició el espacialismo con el *Manifiesto blanco* (1946), al que siguieron cuatro más (1947, 1949, 1950 y 1951), donde defiende la integración de color, sonido, movimiento y espacio en una unidad ideal y material. Después creó el informalismo matérico, un intento de equilibrio formal entre el espacio y el lleno, y en su última etapa realizó pinturas monocromas y con incisiones. Su obra (sobre todo los «conceptos espaciales» de las décadas de 1950 y 1960) influyó en las vanguardias europeas.

FONTANE (**Theodor**), *Neuruppin, Brandeburgo, 1819-Berlín 1898*, escritor alemán. Sus novelas evocan con humor los problemas sociales (*La señora Jenny Treibel*, 1892).

FONTENAY-SOUS-BOIS, c. de Francia (Val-de-Marne), al E de París; 51 264 hab.

FONTENELLE (**Bernard Le Bovier de**), *Ruán 1657-París 1757*, escritor francés, célebre divulgador científico (*Conversaciones sobre la pluralidad de los mundos*, 1686).

Fontenoy (batalla de) [11 mayo 1745], batalla de la guerra de Sucesión de Austria. Victoria de los franceses, encabezados por el mariscal de Sajonia y en presencia de Luis XV de Francia, contra las tropas angloholandesas.

FONTEYN (**Margaret Hookham,** llamada Margot), *Reigate, Surrey, 1919-Panamá 1991*, bailarina británica. Estrenó la mayoría de las obras que escribió para ella F. Ashton (*Symphonic Variations*, 1946; *Ondina*, 1958) y descolló en el repertorio clásico (*Giselle; La bella durmiente; El lago de los cisnes*).

FONTSERÉ (**José**), *h. 1829-Barcelona 1897*, arquitecto español. Autor, en Barcelona, del mercado del Born (1874) y del proyecto del parque de la Ciudadela, en el que realizó la gran cascada (1881) y el umbráculo (1883).

FONTSERÉ Y RIBA (**Eduardo**), *Barcelona 1870-íd. 1970*, físico español. Autor de numerosos estudios de astronomía, meteorología y sismología, ideó y proyectó el observatorio Fabra de Barcelona.

FONT Y QUER (**Pío**), *Lérida 1888-Barcelona 1964*, botánico español. Director del museo de ciencias naturales de Barcelona, organizó el Instituto botánico y fundó el Jardín botánico de esta ciudad. Taxonomista y fitogeógrafo, es autor de *Diccionario de botánica* (1953).

FONVIZIN (**Denís Ivánovich**), *Moscú 1745-San Petersburgo 1792*, dramaturgo ruso. Creó la comedia moderna rusa (*El menor de edad*, 1782).

FOOTIT (**Tudor Hall,** llamado George), *Manchester 1864-París 1921*, artista de circo y cómico de origen británico. «Clown blanco», impuso, con su compañero cubano Rafael Padilla, llamado **Chocolate** (La Habana 1868-Burdeos 1917), la dualidad entre clown y augusto.

FOPPA (**Vincenzo**), *Brescia h. 1427-íd. h. 1515*, pintor italiano, iniciador del renacimiento lombardo, en una línea naturalista (frescos de San Eustorgio, Milán, h. 1467).

FORA, sigla de Federación obrera regional argentina.

FORD (**Gerald**), *Omaha 1913-Rancho Mirage, California, 2006*, político estadounidense. Miembro del Partido republicano, tras la dimisión de Nixon accedió a la presidencia de EUA (1974-1977).

FORD (**Harrison**), *Chicago 1942*, actor estadounidense. Protagonista de películas de aventuras, entre las que destacan las dirigidas por S. Spielberg (*En busca del arca perdida*, 1981, y serie de Indiana Jones, 1984, 1989 y 2008), dejó patente su amplio registro en *American Graffiti* (1973) o *Blade Runner* (1982).

FORD (**Henry**), *Wayne County, cerca de Dearborn, 1863-Dearborn 1947*, industrial estadounidense. Pionero de la industria del automóvil, lanzó la fabricación en serie e ideó la estandarización de las piezas componentes de un conjunto. Elaboró una teoría de los salarios altos y otra de acción industrial (*fordismo*).

FORD (**John**), *Ilsington, Devon 1586-Devon d. 1639*, dramaturgo inglés. Sus tragedias lo erigen en uno de los más originales continuadores del teatro isabelino (*Lástima que sea una ramera*, 1626; *El corazón lacerado*, 1633).

FORD (**Sean Aloysius O'Feeney** u **O'Fearna**, llamado **John**), *Cape Elizabeth, Maine, 1895-Palm Desert, California, 1973*, director de cine estadounidense. Dirigió más de 100 películas, sobre todo westerns, exaltando el heroísmo y la nobleza de los humildes: *La diligencia* (1939), *Las uvas de la ira* (1940), *El hombre tranquilo* (1952), *Centauros del desierto* (1956).

■ JOHN **FORD**. *Las uvas de la ira* (1940).

Ford Motor Company, empresa estadounidense de construcción de automóviles. Fundada en 1903 por Henry Ford, en 1908 fabricó 15 millones del famoso modelo T.

Foreign Office, ministerio británico de Asuntos Exteriores.

FOREY (**Elie**), *París 1804-íd. 1872*, mariscal de Francia, comandante del ejército francés en México (1863).

FORGES (**Antonio Fraguas**, llamado), *Madrid 1942*, dibujante de humor español. Su estilo gráfico se complementa con textos llenos de agudeza en los que el lenguaje, oficialista y popular, adquiere protagonismo. Desde 1995 publica una viñeta diaria en *El país*.

FORLÌ (c. de Italia (Emilia-Romaña), cap. de prov.; 109 228 hab. Monumentos antiguos y museos.

FORLÌ (**Melozzo da**), *Forlì 1438-íd. 1494*, pintor italiano. Introdujo en Roma las arquitecturas pintadas y los escorzos en el techo.

FORMAN (**Miloš**), *Časlav 1932*, director de cine estadounidense de origen checo. Mezclando humor y melancolía, realizó sus primeras películas en su país natal (*Pedro el negro*, 1963; *Los amores de una rubia*, 1965) antes de proseguir su carrera en EUA (*Juventud sin esperanza*, 1971; *Amadeus*, 1984; *El escándalo de Larry Flynt*, 1996) y en Francia (*Valmont*, 1989).

FORMENT (**Damià**), *Valencia h. 1475-Santo Domingo de la Calzada 1540*, escultor español. En 1509 realizó el retablo mayor del Pilar, en Zaragoza, en estilo renacentista con reminiscencias góticas. Realizó también los retablos mayores de la catedral de Huesca (1520-1534) y del monasterio de Poblet (1529).

FORMENTERA, isla y mun. de España (Baleares); 82,08 km²; 6 289 hab. (*formenterenses* o *formenteranos*); cap. *Sant Francesc de Formentera*. Es la más meridional de las Baleares, próxima a Ibiza. Salinas. Turismo.

FORMOSA → TAIWAN.

FORMOSA, c. de Argentina, cap. de la prov. homónima; 165 700 hab. Puerto en el río Paraguay. Aeropuerto. Explotación forestal.

FORMOSA (**provincia de**), prov. del N de Argentina; 72 066 km²; 404 367 hab.; cap. *Formosa*.

FORNARIS Y LUQUE (**José**), *Bayamo 1827-La Habana 1890*, poeta cubano. Con *Cantos del siboney* (1855) intentó crear una poesía cubana de temática indígena.

FORNER (**Juan Pablo**), *Mérida 1756-Madrid 1797*, escritor español, gran polemista, autor de la sátira *Exequias de la lengua castellana* (1782).

FORNER (**Raquel**), *Buenos Aires 1902-íd. 1988*, pintora argentina. Autora de cuadros sobre temas contemporáneos (*Mujeres del mundo*, 1939; *El drama*, 1940-1946; *La luna*, 1960), su obra tiende a una figuración expresionista y simbólica que llega a la abstracción.

Foro económico mundial, reunión internacional de economistas, políticos, empresarios, científicos e intelectuales, convocada anualmente en Davos (Suiza) desde 1970. Impulsor de la globalización, debate y reflexiona sobre la situación económica, política y social internacional.

FORONDA (**Valentín de**), *Vitoria 1751-Pamplona 1821*, ilustrado español. Individualista y antifisiocrático en la línea librecambista de Adam Smith, al que critica en algunos aspectos, escribió numerosas obras de economía política, culturales y científicas.

FORSYTHE (**William**), *Nueva York 1949*, coreógrafo estadounidense. Director del Ballet de Frankfurt (1984-2004), más tarde de su propia compañía (The Forsythe Company), se basa en el lenguaje de la danza clásica para explorar los límites del movimiento corporal (*Artifact*, 1984; *Impressing the Czar*, 1988; *Pas/Parts*, 1999; *Three Atmospheric Studies*, 2005).

FORTALEZA, c. de Brasil, cap. del est. de Ceará; 1 758 334 hab. Puerto.

FORT-ARCHAMBAULT → SARH.

FORT-DE-FRANCE, cap. de la Martinica; 94 778 hab.

FORT-GOURAUD → F'DERICK.

FORTH, r. de Gran Bretaña, en Escocia, que desemboca en el *Firth of Forth* (mar del Norte); 186 km.

FORTÍN, mun. de México (Veracruz); 29 897 hab. Cultivos tropicales; maderas.

FORT-LAMY → N'DJAMENA.

FORT LAUDERDALE, c. de Estados Unidos (Florida), al N de Miami, a orillas del Atlántico; 149 377 hab.

FORTUNA MIT. ROM. Divinidad del destino.

Fortunata y Jacinta, novela de B. Pérez Galdós (1886-1887). Ambientada en el Madrid de la Restauración, muestra los conflictos entre los instintos y las convenciones sociales.

FORTÚN GARCÉS I, *m. h. 906*, rey de Pamplona (h. 870-905). Prisionero del emirato de Córdoba durante dos décadas, fue el último rey de su dinastía.

FORTUNY (**Mariano**), *Reus 1838-Roma 1874*, pintor y grabador español. Tras estudiar en Roma, en 1862 se le encargó una obra sobre la guerra de Marruecos: *La batalla de Tetuán* (1863). Instalado de nuevo en Roma, realizó allí sus cuadros más famosos, de estilo preciosista (*El coleccionista de estampas*, 1866; *La vicaría*, 1870). En su última etapa, su estilo se orienta hacia el impresionismo. (*V. ilustr. pág. siguiente.*)

FORT WAYNE, c. de Estados Unidos (Indiana); 173 072 hab.

FORT WORTH, c. de Estados Unidos (Texas), cerca de Dallas; 447 619 hab. Aeronáutica.— Museos.

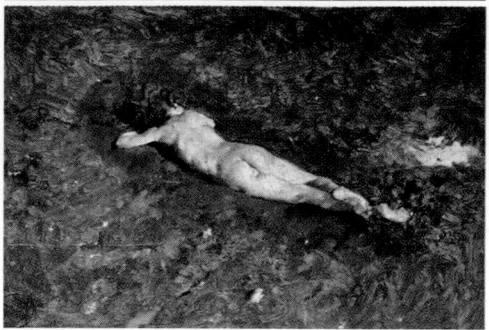

■ VICENTE **FOX**

■ MARIANO **FORTUNY**. *Desnudo en la playa de Portici* (1874). [Prado, Madrid.]

FOSCARI (Francesco), *Venecia 1373-íd. 1457*, dux de Venecia. Dux en 1423, conquistó Bérgamo a los milaneses (1427-1428). Durante su reinado, su hijo Jacobo, acusado de traición, fue desterrado.

FOSCOLO (Ugo), *Zante 1778-Turnham Green, cerca de Londres, 1827*, escritor italiano. Su obra poética (*De los sepulcros*, 1807) y novelesca (*Últimas cartas de Jacopo Ortis*, 1802) mezcla sensibilidad romántica y patriotismo.

FOSHAN o **FO-CHAN**, c. de China (Guangdong); 303 160 hab. Templo fundado en el s. X.

foso (jornada del) [797], matanza de los jefes muladíes de Toledo rebelados contra el emir de Córdoba al-Ḥakam I, ejecutada por el gobernador de la ciudad, Amrus ibn Yūsuf.

FOSSEY (Dian), *San Francisco 1932-Karisoke, Ruanda, 1985*, etóloga y primatóloga estadounidense. Estudió el comportamiento social de los gorilas de montaña en Ruanda, y luchó por su protección.

FOSTER (Harold), *Halifax, Canadá, 1892-Spring Hill, Florida, 1982*, dibujante y guionista estadounidense de cómics. Es autor de una versión en cómic de *Tarzán* (1929) y de la serie *El príncipe valiente* (1937).

FOSTER (Norman), lord **Foster of Thames Bank**, *Manchester 1935*, arquitecto británico. Se ha especializado en una arquitectura metálica del movimiento high tech (Centro Sainsbury para las artes visuales, en Norwich, 1974-1978; torre de comunicaciones de Collserola, en Barcelona, 1990-1991; aeropuerto Chek Lap Kok, en Hong Kong, 1992-1998; renovación del Reichstag, en Berlín, 1995-1999; viaducto de Millau, 2001-2004; estadio de Wembley, 2002-2007). [Premio Pritzker 1999.]

FOUCAULD (Charles, vizconde **de**, posteriormente **padre**), *Estrasburgo 1858-Tamanrasset 1916*, explorador y misionero francés. Sacerdote (1901), se instaló en el S de Argelia y después (1905) en Tamanrasset, donde estudió la lengua de los tuareg. Fue asesinado por saqueadores sanüsíes.

FOUCAULT (Léon), *París 1819-íd. 1868*, físico francés. Inventó el giroscopio; demostró, en el péndulo, la rotación de la Tierra, y determinó la velocidad de la luz en diversos medios.

FOUCAULT (Michel), *Poitiers 1926-París 1984*, filósofo francés. Analizó las instituciones represivas y criticó las ciencias humanas (*Las palabras y las cosas*, 1966).

FOUCHÉ (Joseph), duque de **Otranto**, *Le Pellerin, cerca de Nantes, 1759-Trieste 1820*, político francés. Anticlerical, reprimió la insurrección realista en Lyon (1793). Fue ministro de policía (1799-1810 y 1815-1816).

FOUQUET (Jean), *Tours h. 1415 o 1420-íd. entre 1478 y 1481*, pintor francés. En Roma entró en contacto con el renacimiento (h. 1445). Su estilo, monumental y sensible, brilla en el díptico, act. desmembrado, que se compone de *La virgen* y *Étienne Chevalier con san Esteban*, además de en miniaturas como las *Horas de Étienne Chevalier* (a. de 1460).

FOUQUET o **FOUCQUET** (Nicolas), vizconde **de Vaux**, *París 1615-Pinerolo 1680*, estadista y mecenas francés. Dedicó su inmensa fortuna al mecenazgo de artistas y escritores (Molière, La Fontaine). Fue encarcelado por Luis XIV y Colbert, celosos de su prestigio.

FOURIER (Charles), *Besançon 1772-París 1837*, teórico socialista francés. Preconizó una organización social basada en el *falansterio (*Nuevo mundo industrial y societario*, 1829).

FOURIER (Joseph, barón), *Auxerre 1768-París 1830*, matemático francés. Estudió la propagación del calor y descubrió las series trigonométricas que llevan su nombre.

FOUTA DJALON → **FUTA YALLON.**

FOVEAUX (estrecho de), estrecho de Nueva Zelanda, entre la isla del Sur y la isla Stewart.

FOWLER (William Alfred), *Pittsburgh 1911-Pasadena 1995*, astrofísico estadounidense. Estudió la formación, en el interior de las estrellas, de los elementos químicos más pesados que el hidrógeno (nucleosíntesis estelar). [Premio Nobel de física 1983.]

FOWLES (John), *Leigh-on-Sea 1923-Lyme Regis 2005*, escritor británico. Destacó como original novelista con obras como *El coleccionista* (1963), *El mago* (1965), *La amante del teniente francés* (1969) —todas ellas adaptadas al cine—, *Daniel Martin* (1977), *Capricho* (1985).

FOX (Charles), *Londres 1749-Chiswick 1806*, político británico. Jefe del partido whig y adversario de Pitt, trató en vano de concluir la paz con Napoleón y preparó la abolición de la trata de negros.

FOX (George), *Drayton 1624-Londres 1691*, místico inglés, fundador de los cuáqueros.

FOX (Vicente), *México 1942*, político mexicano. Miembro del Partido acción nacional, fue gobernador de Guanajuato (1990-1999). Al acceder a la presidencia de la república para el período 2000-2006, puso fin a setenta años de hegemonía del PRI.

FOXÁ (Agustín, conde de), *Madrid 1903-íd. 1959*, escritor y diplomático español. Es autor de poesía, teatro (*Cui-Pin-Sing*, 1939; *Baile en capitanía*, 1944), crónicas de viajes y de la novela *Madrid, de corte a checa* (1938). [Real academia 1956.]

FOX MORCILLO (Sebastián), *Sevilla h. 1526-en un naufragio 1560*, filósofo español. En *De naturae philosophia seu de Platonis et Aristotelis concessione libri V* (1554), intentó armonizar la doctrina aristotelicotomista con el platonismo.

FOY (Maximilien), *Ham 1775-París 1825*, militar francés. Luchó en Portugal y España, donde se distinguió en las batallas de Arapiles y Vitoria.

FOZ, v. de España (Lugo); 9 558 hab. (*focenses*). En la ría de Foz, formada por el río Masma. Puerto pesquero. Conservas.

FOZ (Braulio), *Fórnoles, Teruel, 1791-Borja 1861*, escritor español. Su obra principal, *Vida de Pedro Saputo* (1844), enlaza con la tradición de la picaresca española y anuncia los logros de la novela realista decimonónica.

FOZ CÔA → **CÔA** (valle de).

FOZ DO IGUAÇU, c. de Brasil (Paraná), junto al río Iguazú, en la frontera con Argentina y Paraguay; 93 600 hab. Importante centro turístico por las proximidades de las cataratas del Iguazú y el parque nacional. Puentes internacionales la unen con Ciudad del Este (Paraguay) y Puerto Iguazú (Argentina). Aeropuerto.

Foz Pisana (batalla de) [oct. 1421], acción naval en la desembocadura del Arno por la que la escuadra aragonesa de Alfonso V derrotó a la armada genovesa. Supuso la ocupación de Génova por Felipe María de Visconti, duque de Milán.

FRA ANGÉLICO → **ANGÉLICO.**

FRAATES, nombre de varios reyes partos.

FRAENKEL (Adolf Abraham), *Munich 1891-Jerusalén 1965*, matemático israelí de origen alemán. Revisó, en 1922, la axiomatización de la teoría de conjuntos propuesta por Zermelo.

FRAGA, c. de España (Huesca), cab. de p. j.; 12 000 hab. (*fragenses*). Mercado agrícola. Restos romanos (*villa Fortunati*, s. II).

FRAGA IRIBARNE (Manuel), *Villalba 1922*, político español. Ministro de información y turismo (1962-1969) y de gobernación (1975-1976), fue el fundador de Alianza popular (1977) y presidente de su sucesor, Partido popular (1989-1990). Presidió la Xunta de Galicia (1990-2005). En 2006 fue designado senador.

FRAGONARD (Jean Honoré), *Grasse 1732-París 1806*, pintor y grabador francés. Es autor de escenas galantes (serie *Los progresos del amor*), de escenas de género y de retratos donde se combinan el ímpetu y la gracia.

FRANCE (Anatole François **Thibault**, llamado Anatole), *París 1844-La Béchellerie 1924*, escritor francés. Sus novelas históricas y de costumbres (*El crimen de Silvestre Bonnard*, 1881) están llenas de ironía y escepticismo. (Premio Nobel 1921.)

France-Presse (Agence) [AFP], agencia de noticias francesa, creada en 1944.

FRANCÉS (José), *Madrid 1883-íd. 1964*, escritor español. Fue periodista, crítico de arte, novelista y autor de populares relatos (*La estatua de carne*, 1915; *El café donde se ama*, 1925).

FRANCÉS (Juan), maestro de rejería español, activo en Castilla en los ss. XV-XVI. Su obra se sitúa en la transición entre el gótico y el renacimiento.

FRANCÉS (Juana Concepción), *Alicante 1929-Madrid 1990*, pintora española. Cofundadora del grupo El Paso, su obra evoluciona desde una primera etapa figurativa hacia el informalismo, con pinturas matéricas como *El hombre y la ciudad* (1963, museo de Zaragoza).

FRANCÉS (Nicolás), *m. en 1468*, pintor probablemente de origen francés. Su estilo, de influencia italianizante, se sitúa en el gótico internacional (retablo de la catedral de León).

FRANCESCA (Piero della) → **PIERO DELLA FRANCESCA.**

FRANCESCO DI GIORGIO MARTINI → **MARTINI.**

FRANCESCOLI (Enzo), *Montevideo 1961*, futbolista uruguayo. Delantero y goleador, ganó la copa América con la selección de su país (1983). Jugó con los equipos Wanderers, River Plate, Matra Racing, Olympique de Marsella, Cagliari y Torino.

FRANCÉS VIEJO, cabo en el NE de la República Dominicana (María Trinidad Sánchez).

FRANCFORT → **FRANKFURT.**

FRANCIA, en fr. *France*, estado de Europa occidental, bañado al oeste por el Atlántico y al sur por el Mediterráneo; 549 000 km²; 64 100 000 hab. (61 538 000 hab. en la metrópoli) [*franceses*]. CAP. *París*. LENGUA: *francés*. MONEDA: *euro*.

INSTITUCIONES

República. Constitución de 1958, modificada posteriormente. El presidente, elegido por sufragio universal cada 5 años (desde 2000), nombra a un primer ministro. El parlamento está formado por la Asamblea nacional (elegida por sufragio directo cada 5 años) y el senado (elegido por sufragio indirecto cada 6 años [desde 2004]). Francia se compone de 21 regiones y una colectividad territorial (Córcega).

GEOGRAFÍA

El medio natural se caracteriza por llanuras y mesetas de poca altura. El clima es templado, con precipitaciones relativamente abundantes. El invierno es más riguroso hacia el interior y el clima es mediterráneo en el S. El crecimiento de la población es muy reducido (aprox. 0,4 % anual), a causa de la baja natalidad (aprox. 13 ‰) y el envejecimiento de la población. Los inmigrantes representan el 8 % de ella. El 75 % de los franceses vive en ciuda-

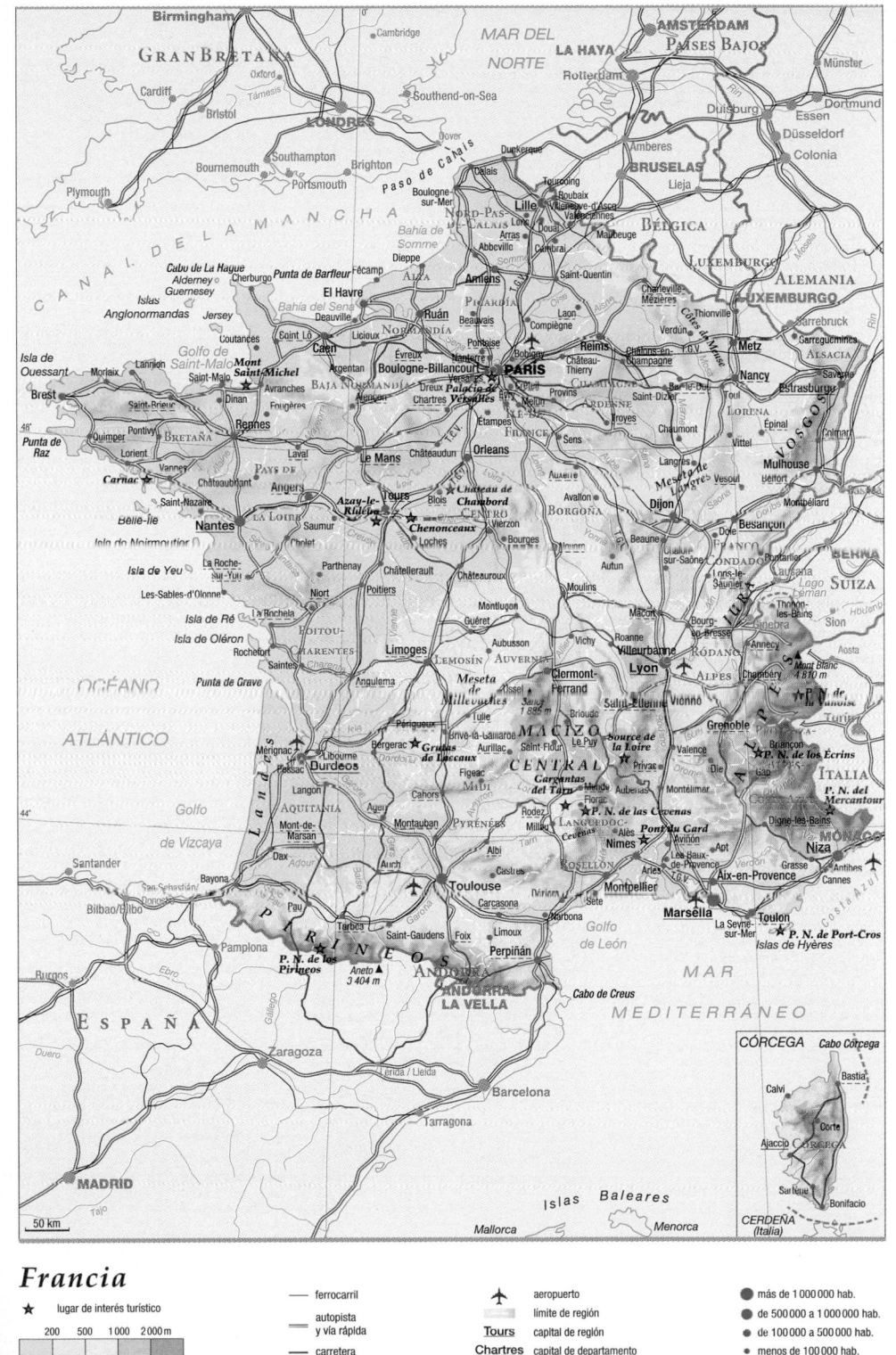

Francia

★ lugar de interés turístico

200	500	1000	2000 m

— ferrocarril

═ autopista y vía rápida

— carretera

✈ aeropuerto

▨ límite de región

Tours capital de región

Chartres capital de departamento

● más de 1 000 000 hab.

● de 500 000 a 1 000 000 hab.

● de 100 000 a 500 000 hab.

• menos de 100 000 hab.

des (40 superan los 100 000 hab.). París y su aglomeración concentran la sexta parte de la población. La agricultura ocupa act. solo al 4 % de la población activa; la industria, aprox. al 23 %; el terciario emplea a cerca de tres cuartos de los franceses.
Las ramas de la industria que se desarrollaron antes (textil, siderurgia) han sufrido los efectos de la mundialización de los intercambios. Otras ramas más elaboradas (construcción mecánica y eléctrica, química) han resistido mejor, así como la agroalimentaria. La energía nuclear es importante. La modernización de la red ferroviaria (TGV) y de autopistas es permanente. Francia se mantiene, de lejos, como primera potencia agrícola de la Unión europea.
Exporta act. cerca de un 20 % de su producción total (productos industriales, excedentes agrícolas) e importa materias primas minerales y energía, con una balanza muy deficitaria, compensada en parte con el turismo. Act. se asiste a un repunte de la inflación, y a una pérdida de competitividad industrial que se traduce en deslocalizaciones.

HISTORIA

Prehistoria. Primeras industrias líticas y asentamientos humanos (h. 1 millón de años). Al *Homo erectus* le sucedió el hombre de Neanderthal (yacimiento de Le Moustier). **40000-8000:** aparición del *Homo sapiens* (industria lítica, pinturas rupestres de Lascaux y Cussac). **8000-V milenio:** clima más suave (agricultura). **Milenios V-principios del III** (neolítico): restos megalíticos. **I milenio** (edad de hierro): se instalaron las civilizaciones de Hallstatt y La Tène. Llegada de los celtas.
La Galia romana. 58-51 a.C.: conquista de Julio César. Cultura galorromana. (→ **Galia.**)
Francos y merovingios. S. v: las invasiones vándalas y visigodas dieron fin al dominio romano. Los hunos fueron vencidos en los campos Cataláunicos. **511:** formación de los reinos merovingios (Austrasia, Neustria y Borgoña), unificados por Pipino de Heristal (687). **732:** Carlos Martel venció a los árabes en Poitiers.
Los Carolingios. 751: Pipino el Breve fundó la dinastía carolingia. **768-814:** Carlomagno fue coronado emperador en Roma (800) y formó un imperio que iba del Ebro al Elba. **843-987:** por el tratado de Verdún (843) el imperio se dividió en 3 reinos. Carlos el Calvo, primer rey de Francia. Invasiones normandas.
Los Capetos. 987-1328: Hugo Capeto fundó esta dinastía en un pequeño territorio en torno a París, ampliado en el s. XII. Se inició un potente desarrollo religioso (Cluny), económico y urbano. Creció la burguesía y floreció el arte gótico. La monarquía conquistó nuevas tierras y se reforzó ante la amenaza de los Plantagenet ingleses, su coalición con Flandes y el Sacro Imperio, y la Iglesia. **1328:** Carlos IV el Hermoso murió sin sucesor. La corona pasó a un Valois, Felipe VI.
Los tiempos de crisis de los Valois. 1328-1453: guerra de los Cien años. Inglaterra se implantó en el SO del país. Las hambrunas y la peste negra diezmaron a la población. En 1420 Inglaterra pasó a dominar el territorio francés. Carlos VII, con la ayuda de Juana de Arco, venció a los ingleses. Se reorganizaron las finanzas y el ejército y la autoridad real se fortaleció, sobre todo con Luis XI. **S. XVI:** el territorio se amplió hasta las guerras de Italia y el desastre de Pavía (1525), que obligaron a Francisco I a abandonar Italia. La monarquía favoreció las artes, el humanismo y el comercio. Se desarrolló el calvinismo y se iniciaron las guerras de religión que culminaron con la matanza de san Bartolomé (1572).
La monarquía borbónica. 1589-1610: Enrique de Navarra (Enrique IV) pacificó y reconstruyó Francia y aseguró la libertad de cultos (edicto de Nantes, 1598). **1610-1715:** Luis XIII, apoyado por Richelieu, eliminó el protestantismo, desarrolló el centralismo y el absolutismo y rivalizó con los Habsburgo (guerra de los Treinta años). Su política fue seguida por Mazarino, contra quien se alzó la insurrección de la Fronda (1648). Por el tratado de los Pirineos, Francia consiguió de España el Artois, el Rosellón y parte de la Cerdaña (1659). Desde 1661 Luis XIV encarnó el absolutismo real y lo impuso también a la Iglesia y a los protestantes (revocación del edicto de Nantes, 1685). **1715-1788:** los problemas financieros de la corona, derivados de las guerras, se agudizaron, a pesar del despegue económico y demográfico. Un nuevo espíritu filosófico criticaba duramente el poder real, pero las clases privilegiadas imposibilitaban cualquier reforma. En 1763 Francia perdió la mayor parte de su imperio colonial en provecho de Inglaterra. La década de 1780 estuvo marcada por una crisis económica y social.
La Revolución. 1789: los estados generales se proclamaron Asamblea nacional constituyente. **1791:** se instauró una monarquía constitucional. Las cortes extranjeras intervinieron en contra de la Revolución. **1792:** se proclamó la república. **1793:** el rey fue ejecutado. **1793-1799:** al gobierno de Robespierre (el Terror) le sucedió la reacción termidoriana (1794), con una nueva constitución, y el Directorio (1795-1799). La debilidad del nuevo régimen dejó las manos libres a un militar victorioso, el general Bonaparte, para hacerse con el poder. (→ **Revolución francesa.**)
El consulado y el Imperio. 1799-1815: primer cónsul, Bonaparte puso las bases de un estado fuerte y centralizado. Se proclamó emperador en 1804 (Napoleón I) e instauró un régimen autoritario. Consiguió dominar gran parte de Europa, pero abdicó en 1814. Tras la restauración borbónica (Luis XVIII), en 1815 Napoleón intentó volver a controlar la situación (los Cien días) hasta la derrota de Waterloo.
La Restauración y la II República. 1815-1830: la segunda restauración (Luis XVIII y, a partir de 1824, Carlos X) finalizó con la revolución de julio de 1830. **1830-1851:** el reinado de Luis Felipe I fue una época de prosperidad para la burguesía. En 1848 se proclamó la II República, que después de la insurrección obrera de 1848 evolucionó hacia el conservadurismo; ello favoreció la ambición de Luis Napoleón Bonaparte, elegido presidente.
El II Imperio. 1852-1870: Luis Napoleón Bonaparte se convirtió en el emperador Napoleón III. Desde 1860, su régimen se liberalizó, pero la derrota del Imperio en la guerra francoprusiana provocó su caída.
La III República. 1870-1875: la nueva república, presidida por Thiers, firmó un armisticio con Alemania (1871), que recuperó Alsacia y parte de Lorena. Ese mismo año tuvo lugar la insurrección de la Comuna. Mac-Mahon fue elegido presidente de la república con el apoyo de los monárquicos (1873), pero los intentos de restaurar la monarquía fracasaron. **1879-1885:** la república se fortaleció a través de sus leyes fundamentales. **1885-1905:** una serie de escándalos y el caso Dreyfus llevaron al poder al Bloque de izquierdas, que proclamó la separación de la Iglesia y el estado (1905). **1906-1914:** el Bloque de izquierdas se rompió. Se inició una época de dificultades económicas y agitación social. Se reforzó el nacionalismo ante la amenaza alemana. R. Poincaré fue elegido presidente de la república. **1914-1918:** Francia salió victoriosa de la primera guerra mundial, aunque muy debilitada. **1919:** recuperó Alsacia y Lorena. **1919-1929:** avance de las izquierdas, que ganaron las elecciones de 1924. En 1926, sin embargo, Poincaré volvió al poder. **1929-1939:** la crisis económica afectó profundamente a Francia. En 1936 ganó las elecciones una coalición de izquierdas, el Frente popular, liderado por L. Blum. Daladier no pudo frenar la inminencia de una guerra contra Alemania con los acuerdos de Munich (1938). **1939-1940:** ocupación alemana. El general De Gaulle llamó a los franceses a resistir. Se firmó un armisticio y, en la zona no ocupada por Alemania, el mariscal Pétain estableció el gobierno de Vichy. **1944:** Francia fue liberada. Gobierno provisional de De Gaulle.
La IV y V Repúblicas. 1946-1958: reactivación económica, favorecida por la ayuda estadounidense (plan Marshall), e importante legislación social. Francia se integró en la CECA. Dificultades en las colonias (Indochina, Argelia). **1958:** De Gaulle volvió al poder e instauró la V República. **1959-1968:** el país inició un gran cambio social y económico. Se reconoció la independencia de Argelia (1962). **1968:** estudiantes y obreros protagonizaron una insurrección contra el régimen y los fundamentos de la sociedad (mayo). De Gaulle dominó la situación. **1969:** De Gaulle dimitió al fracasar un referéndum sobre la regionalización y el senado. **1969-1974:** G. Pompidou tuvo como gran objetivo la expansión industrial y comercial. **1974-1981:** V. Giscard d'Estaing llevó a cabo una política europeísta. **1981:** el socialista F. Mitterrand fue elegido presidente de la república y se formó un gobierno de izquierda (socialistas y comunistas) reformista (regionalización, nacionalizaciones, etc.). **1986-1988:** victoria de la derecha en las legislativas, que obligó a la «cohabitación» del presidente Mitterrand y el primer ministro Chirac, cuyo gobierno inició una política de privatizaciones. **1988:** Mitterrand fue reelegido. **1992:** se aprobó en referéndum la ratificación del tratado de Maastricht. **1993:** gran victoria de la derecha en las elecciones legislativas. É. Balladur, primer ministro, inició una segunda «cohabitación». **1995:** J. Chirac fue elegido presidente. El gobierno emprendió una política de rigor. **1997:** victoria socialista en legislativas anticipadas y nueva «cohabitación», con Lionel Jospin como primer ministro. Innovaciones en la lucha contra el desempleo y las desigualdades sociales (ley de las 35 horas). **2002:** las elecciones presidenciales supusieron la reelección de J. Chirac y la dimisión de L. Jospin como primer ministro, ante el fracaso de su candidatura. Fue sustituido por J.-P. Raffarin, quien fue confirmado tras ganar su partido, la Unión por la mayoría presidencial, las elecciones legislativas. **2005:** el rechazo en referéndum a ratificar la constitución europea provocó incertidumbre sobre el desarrollo de la UE y una crisis de gobierno en Francia (dimisión de J.-P. Raffarin, sustituido por Dominique de Villepin). El país conoció un estallido de violencia urbana («crisis de los suburbios», oct.-nov.). **2007:** Nicolas Sarkozy fue elegido presidente de la república. La derecha renovó la mayoría en las elecciones legislativas. Bajo el impulso de una presidencia omnipresente, fueron lanzadas numerosas reformas.

FRANCIA (José Gaspar **Rodríguez de**), *Asunción 1766-íd. 1840,* político paraguayo. Dirigió con Cavallero y Yegros la revolución independentista de Paraguay (1811). Dictador vitalicio (1814-1840) con el apoyo popular y la oposición del clero, la aristocracia y algunos militares, nacionalizó la Iglesia e instituyó la enseñanza laica, obligatoria y gratuita.

Francia (campaña de) [en.-marzo 1814], conjunto de operaciones en las que las tropas de Napoleón fueron vencidas por las aliadas.

Francia (campaña de) [10 mayo-25 junio 1940], conjunto de operaciones en las que lucharon las tropas francesas y aliadas con las alemanas. Francia fue ocupada y pidió el armisticio.

Francia (vuelta a) *[tour de France]*, carrera ciclista anual por etapas, creada en 1903.

FRANCIS (James Bicheno), *Southleigh, Devon, 1815-Lowell, Massachusetts, 1892,* ingeniero estadounidense de origen británico. Realizó la turbina hidráulica de reacción que lleva su nombre (1849).

FRANCIS (Sam), *San Mateo, California, 1923-Santa Mónica 1994,* pintor estadounidense. Tachista, maestro del color y de la composición, trabajó en París en la década de 1950.

FRANCISCA ROMANA (santa), *Roma 1384-íd. 1440,* religiosa italiana. Fundó la congregación de las oblatas benedictinas (1433).

SANTOS

FRANCISCO DE ASÍS (san), *Asís h. 1182-íd. 1226,* fundador de la orden de los franciscanos. Hijo de un rico comerciante, tras una juventud dorada rompió con el mundo (1206) y se rodeó de discípulos que se consagraron como él a la pobreza evangélica: los hermanos menores (1209), orden religiosa a la que se añadió, en 1212, una orden de mujeres, las damas pobres o clarisas, cuya cofundadora fue Clara de Asís. Después de viajar a Marruecos y Egipto para intentar convertir a los musulmanes, recibió los estigmas de la Pasión (1224). Su ideal de pureza y de alegría evangélica se expresó en el *Cántico al sol* o *Cántico*

■ SAN **FRANCISCO DE ASÍS** al recibir los estigmas. Parte central de un retablo de Giotto. (Museo del Louvre. París.)

de las criaturas, uno de los primeros textos de la literatura italiana. Su leyenda revivió en los *Fioretti* y en los frescos atribuidos a Giotto y su taller, en Asís.

FRANCISCO DE PAULA (san), *Paola 1416-Plessis-lez-Tours 1507,* religioso italiano. Fundó la orden de los mínimos. Luis XI de Francia lo llamó a su corte por su fama de taumaturgo.

FRANCISCO JAVIER (Francisco de Jaso, llamado [san]), *castillo de Javier, Navarra, 1506-isla de Sanción [Shang-chuan], China, 1552,* jesuita y misionero español. Tras conocer a san Ignacio de Loyola en París, se ordenó sacerdote (1537) y, tras aprobar Paulo III la Compañía de Jesús, marchó a Goa (1542), donde organizó las comunidades cristianas de la costa de Malabar. Más tarde pasó a Ceilán y las Molucas (1545-1547), Japón, Molucas (1549) y China, donde enfermó y murió. Fue canonizado en 1622.

FRANCISCO DE BORJA (san), marqués de Lombay, duque de Gandía, *Gandía 1510-Roma 1573,* jesuita español. Biznieto del papa Alejandro VI y de Fernando el Católico, abandonó la corte de Carlos Quinto tras escoltar de Toledo a Granada el cadáver de la emperatriz Isabel (1539). Virrey de Cataluña (1539-1542). Ingresó en la Compañía de Jesús al morir su esposa, Leonor de Castro (1546). Elegido en 1565 tercer general de la orden, fundó numerosos colegios en toda Europa. Fue canonizado en 1671.

FRANCISCO DE SALES (san), *Sales, Saboya, 1567-Lyon 1622,* prelado y teólogo saboyano. Obispo de Ginebra-Annecy, es autor de *Introducción a la vida devota* (1609) y de *Tratado del amor de Dios* (1616). En 1610, con Juana de Chantal, fundó la orden de la visitación.

FRANCISCO SOLANO (san), *Montilla 1549-Lima 1610,* franciscano español. En 1589 viajó a Tucumán, donde predicó a los indios lule y toconote, cuya lengua aprendió. Residió en Lima desde 1601. Predicador popular, gozó en vida de fama de santo. Fue canonizado en 1726.

■ SAN **FRANCISCO DE BORJA**. (Goya; catedral de Valencia.)

FRANCISCO I de Habsburgo-Lorena, *Nancy 1708-Innsbruck 1765,* duque de Lorena (Francisco III) [1729-1736], gran duque de Toscana (1737-1765) y emperador germánico (1745-1765), fundador de la casa de Habsburgo-Lorena. En 1736 se casó con María Teresa de Austria.— **Francisco II,** *Florencia 1768-Viena 1835,* emperador germánico (1792-1806) y emperador hereditario de Austria (Francisco I) [1804-1835], de la casa de Habsburgo-Lorena. Luchó sin éxito contra la Revolución francesa y contra Napoleón I, quien, al suprimir el Sacro Imperio (1806), lo redujo al rango de emperador de Austria e hizo que le concediera la mano de su hija María Luisa (1810). Aconsejado por Metternich, se unió en 1813 a la coalición antifrancesa. Presidente de la Confederación germánica (1815), reprimió los movimientos liberales en Alemania e Italia.

DOS SICILIAS

FRANCISCO I, *Nápoles 1777-íd. 1830,* rey de las Dos Sicilias (1825-1830). Reprimió duramente las rebeliones liberales.— **Francisco II,** *Nápoles 1836-Arco 1894,* rey de las Dos Sicilias (1859-1860). No pudo impedir que los Mil de Garibaldi ocuparan Sicilia y Nápoles (1860).

FRANCIA

FRANCISCO I, *Cognac 1494-Rambouillet 1547,* rey de Francia (1515-1547), de la dinastía de los Valois. Hijo de Carlos de Orleans, conde de Angulema y sucesor de su primo Luis XII, desde su acceso al trono reemprendió la política italiana de sus predecesores. Venció a los suizos en Marignano (1515) y se adueñó del Milanesado. Intentó convertirse en emperador, pero en su lugar fue elegido Carlos I de España (Carlos Quinto), con quien rivalizó durante todo su reinado al ver sus territorios rodeados por los de la casa de Habsburgo. Vencido y hecho prisionero en Pavía (1525), renunció al Milanesado. En 1527 reanudó las hostilidades contra Carlos Quinto aliándose con protestantes y turcos. Promovió el renacimiento en Francia, para lo cual invitó a su corte a poetas y pintores italianos.

■ SAN **FRANCISCO JAVIER.** (Museo de Kôbe, Japón.)

■ **FRANCISCO I** de Francia, por J. Clouet (?). [Museo del Louvre, París.]

FRANCISCO II, *Fontainebleau 1544-Orleans 1560,* rey de Francia (1559-1560), de la dinastía de los Valois. Hijo de Enrique II y de Catalina de Médicis, se casó con María Estuardo. Dejó el gobierno en manos de los Guisa, que combatieron la Reforma.

NAVARRA

FRANCISCO FEBO, *Olite 1467-Pau 1483,* conde de Foix (1472) y rey de Navarra (1479-1483). Reinó bajo la regencia de su madre. Le sucedió su hermana Catalina.

FRANCISCO DE ASÍS DE BORBÓN, *Aranjuez 1822-Épinay-sur-Seine, Francia, 1902,* rey consorte de España (1846-1868), esposo de Isabel II. Enemigo de los liberales, hizo caer a Narváez (1868). Tras la revolución de 1868 emigró a Francia y se separó de su esposa.

FRANCISCO FERNANDO de Habsburgo, *Graz 1863-Sarajevo 1914,* archiduque de Austria. Sobrino del emperador Francisco José, en 1889 fue proclamado heredero del trono. Su asesinato en Sarajevo, el 28 de junio de 1914, fue el desencadenante de la primera guerra mundial.

FRANCISCO I. MADERO, mun. de México (Coahuila); 47 511 hab. Centro agrícola. — Mun. de México (Hidalgo); 21 741 hab. Cereales, maguey.

FRANCISCO JOSÉ I, *Schönbrunn 1830-Viena 1916,* emperador de Austria (1848-1916) y rey de Hungría (1867-1916), de la dinastía de Habsburgo. Sobrino y sucesor de Fernando I, al principio, con el apoyo del ejército, estableció un régimen autoritario. No obstante, la pérdida de Lombardía (1859) lo inclinó hacia una política más liberal. En guerra contra Prusia (1866) y derrotado en Sadowa, aceptó el compromiso austro-húngaro (1867) que colocaba en pie de igualdad al reino de Hungría frente al imperio de Austria. Sin embargo, no consiguió frenar la exacerbación nacionalista. Después de aliarse con los emperadores de Rusia y Alemania (1873), firmó con Alemania la Dúplice (1879) y se anexionó Bosnia-Herzegovina (1908). Declaró la guerra a Serbia (1914), desencadenando así la primera guerra mundial.

■ **FRANCISCO JOSÉ I,** por H. Wassmuth. (Hofburg, Viena.)

FRANCISCO JOSÉ (Tierra de) → **NANSEN** (archipiélago de).

FRANCISCO MORAZÁN (departamento de), dep. de Honduras, en el centro-sur del país, 7 946 km²; 797 611 hab.; cap. *Tegucigalpa.*

FRANCISCO Z. MENA, mun. de México (Puebla); 15 676 hab. Agricultura.

FRANCK (César), *Lieja 1822-París 1890,* compositor y organista francés de origen belga. Renovador de la música francesa dentro de una estética germánica, es autor de *Preludio, coral y fuga* (1884), *Sonata para piano y violín* (1887) y *Tres corales* para órgano (1890), entre otras obras.

FRANCK (James), *Hamburgo 1882-Gotinga 1964,* físico estadounidense de origen alemán. Estudió la excitación de los átomos y propuso una teoría de la luminiscencia introduciendo la noción de niveles de energía. (Premio Nobel 1925.)

FRANCO (Manuel), *1875-Asunción 1919,* político paraguayo. Presidente (1916-1919), aplicó una política progresista (amnistía, voto secreto, reforma educativa).

FRANCO (Rafael), militar y político paraguayo (1900-1975). Presidente tras derrocar a Ayala (1936), propugnó un reformismo radical hasta que un golpe militar antiliberal le obligó a exiliarse (1937). Su partido, el actual Partido revolucionario febrerista, permaneció en la oposición a Stroessner.

FRANCO BAHAMONDE (Francisco), *Ferrol 1892-Madrid 1975,* militar y estadista español. Destacó a edad temprana por sus campañas en Marruecos (1912-1916, 1920, 1923-1926). Con los generales Sanjurjo y Mola, protagonizó el alzamiento del 18 de julio de 1936 que desencadenó la guerra civil (1936-1939). Muerto Sanjurjo, asumió el mando supremo y fue proclamado generalísimo de los ejércitos y jefe del estado. Al término de la guerra estableció un régimen dictatorial apoyado en la Iglesia y el ejército y se abstuvo de participar en la segunda guerra mundial. Su dictadura conoció una relativa apertura a partir de la década de 1950 (entrada en la ONU, concordato con el Vaticano, acuerdos con EUA), aunque mantuvo la represión contra los movimientos de oposición. Designó como su sucesor a Juan Carlos de Borbón (1969). [V. parte n. com. **franquismo.**]

FRANCO BAHAMONDE (Ramón), *Ferrol 1896-en aguas de Mallorca 1938*, aviador y político español. Hermano de Francisco Franco, en 1926 realizó la primera travesía aérea del Atlántico sur, al mando del hidroavión *Plus Ultra*. Activo republicano, se unió sin embargo al alzamiento de 1936. Desapareció pilotando un avión.

FRANCO CONDADO, en fr. **Franche-Comté**, región histórica y administrativa del E de Francia 16 202 km²; 1 117 059 hab.; cap. *Besançon;* 3 dep. (*Doubs, Jura* y *Haute-Sâone*) y territorio de Belfort. El Franco Condado o condado de Borgoña formó parte del Imperio y de los Estados Borgoñones. Pasó en 1556 a los reyes de España, herederos de Carlos Quinto. Francia lo anexionó en 1678.

FRANCONETTI (Silverio), *Sevilla 1831-íd. 1889*, intérprete de cante flamenco español. Inició la difusión mayoritaria del flamenco.

FRANCONIA, en alem. **Franken**, región de Alemania, cuya mayor parte pertenece act. a Baviera. Fue uno de los primeros ducados del Sacro Imperio romano germánico.

franco-prusiana (guerra) [1870-1871], conflicto que enfrentó a Prusia y los estados alemanes contra Francia. Promovida por Bismarck para conseguir la unidad alemana tras la guerra de los Ducados (1864) y el conflicto austro-prusiano (1866), la causó la candidatura de un Hohenzollern al trono de España, donde Isabel II había sido depuesta por la revolución de 1868. Provocada por el telegrama de Ems, fue desfavorable al ejército francés, mal preparado y dirigido, frente a un ejército prusiano bien organizado. La caída del II Imperio francés sobrevino tras las derrotas de Alsacia (Wissemburg), Lorena (batallas de Metz) y Sedán (2 sept. 1870). Los esfuerzos franceses del gobierno de la Defensa nacional (Gambetta) no impidieron las capitulaciones de Estrasburgo, Metz y París (28 en. 1871). El tratado de Frankfurt (10 mayo 1871) consagró la victoria del Imperio alemán, proclamado en Versalles (18 en. 1871), y la derrota de Francia, que perdió Alsacia (excepto Belfort) y una parte de Lorena.

FRANK (Ana), *Frankfurt del Main 1929-Bergen-Belsen 1945*, autora de un célebre *Diario.* Niña judía alemana emigrada con su familia a Países Bajos en 1933, su libro, escrito entre 1942 y 1944, es un testimonio conmovedor de la clandestinidad durante la ocupación nazi.

FRANK (Robert), *Zurich 1924*, fotógrafo y director de cine estadounidense de origen suizo. Es un iniciador de la fotografía contemporánea por su visión subjetiva de la banalidad cotidiana y un estilo que privilegia el espacio y lo borroso (*Los americanos*, 1958).

Frankenstein o el moderno Prometeo, novela de Mary Shelley (1818). Uno de los clásicos de la novela fantástica y de terror, fue llevado al cine en claves diversas.

Frankfurt (escuela de), escuela filosófica alemana. Intentó, desde 1923 con Horkheimer y Marcuse y de 1950 con Adorno y Habermas, estudiar el marxismo a partir de la crítica y del psicoanálisis.

FRANKFURT DEL MAIN o **FRANCFORT DEL MAIN**, en alem. **Frankfurt am Main**, c. de Alemania (Hesse), a orillas del Main; 659 803 hab. Centro financiero (bolsa y Bundesbank, Banco central europeo) e industrial (mecánica de precisión, óptica, química, maquinaria agrícola). Universidad. Importante aeropuerto. Feria anual internacional del libro. — Catedral de los ss. XIII-XV y edificios góticos muy restaurados. Museos, como el de bellas artes (Instituto Städel) y el de artes decorativas. Casa de Goethe. — Ocupada por los romanos, desde el s. XII fue con frecuencia sede de la elección imperial y de la coronación del emperador (1562-1792). Capital de la Confederación del Rin (1806-1813) y de la Confederación germánica (1815-1866), fue anexionada por Prusia en 1866. El 10 de mayo de 1871, se firmó en ella el tratado que ponía fin a la guerra franco-prusiana.

FRANKFURT DEL ODER o **FRANCFORT DEL ODER**, en alem. **Frankfurt an der Oder,**

c. de Alemania (Brandeburgo), en la or. izq. del Oder, junto a la frontera polaca; 83 850 hab. Museos. Ant. c. hanseática.

Frankfurter Allgemeine Zeitung, diario conservador alemán fundado en 1949.

FRANKLAND (sir Edward), *Churchtown, cerca de Lancaster, 1825-Golaa, Noruega, 1899*, químico británico. Descubrió, al mismo tiempo que H. Kolbe, los compuestos organometálicos (1849); fue uno de los creadores del concepto de valencia química, y predijo, paralelamente a J. N. Lockyer, la existencia de helio en la atmósfera solar.

FRANKLIN (Aretha), *Memphis 1942*, cantante estadounidense de rhythm and blues. Su voz expresiva representa la tradición del gospel así como la innovación de la música soul en la década de 1960 (*Respect; Chain of Fools*).

FRANKLIN (Benjamin), *Boston 1706-Filadelfia 1790*, político, físico y publicista estadounidense. Liberal, diputado en el primer congreso norteamericano (1774), redactó, junto con Jefferson y Adams, la declaración de independencia (1776) y negoció en Versalles la alianza francesa. También descubrió la naturaleza eléctrica del relámpago, lo cual lo condujo a la invención del pararrayos (1752).

■ FRANCISCO FRANCO BAHAMONDE

■ BENJAMIN FRANKLIN.
(Galería nacional de retratos, Londres.)

FRANKLIN (sir John), *Spilsby 1786-isla del Rey Guillermo 1847*, navegante británico. Exploró las costas árticas de Canadá, fue gobernador de Tasmania (1836-1843) y murió intentando buscar el paso del Noroeste.

FRANK PAÍS, mun. de Cuba (Holguín), en la costa atlántica; 28 322 hab. Caña de azúcar.

FRANQUIN (André), *Bruselas 1924-Saint-Laurent-du-Var 1997*, dibujante y guionista de cómic belga. Desde 1946 dibujó las aventuras de *Spirou* en el semanario del mismo nombre.

FRASCATI, c. de Italia (Lacio), cerca de Roma; 20 043 hab. Vinos. Centro de investigaciones nucleares. — Villas del s. XVI. — Es la ant. *Tusculum.*

FRASCUELO (Salvador Sánchez Povedano, llamado), *Churriana, Granada, 1842-Madrid 1898*, matador de toros español. Legendario rival de Lagartijo, tomó la alternativa en 1867 de manos de Cúchares, y se retiró en 1889.

FRASER, r. de Canadá, que nace en las Rocosas y desemboca en el Pacífico; 1 200 km. Gargantas. (Reserva de la biosfera 1976.)

FRASER (Dawn), *Sydney 1937*, nadadora australiana. Triple campeona olímpica de 100 m estilo libre (1956, 1960 y 1964), fue la primera mujer que nadó esta distancia en menos de un minuto (1962).

FRATELLINI, familia de artistas circenses de origen italiano, tres de cuyos miembros formaron, de 1920 a 1940, un célebre trío de payasos: **Paul F.**, *Catania 1877-Le Perreux-sur-Marne, Francia, 1940;* **François F.**, *París 1879-íd. 1951*, y **Albert F.**, *Moscú 1885-Épinay-sur-Seine, Francia, 1961.*

Fraternidad republicana irlandesa, movimiento revolucionario irlandés fundado en 1858 en Estados Unidos. Sus miembros, los fenianos, luchaban por la independencia.

FRAUNHOFER (Joseph von), *Straubing, Baviera, 1787-Munich 1826*, óptico y físico alemán. Inventó el espectroscopio y, gracias a él, estudió las rayas del espectro solar (1814).

FRAY BENTOS, c. de Uruguay, cap. del dep. de Río Negro; 20 431 hab. Puerto franco en el río

Uruguay, unido por un puente a Puerto Unzúe (Argentina).

Fray Gerundio de Campazas, novela del padre Isla (1758 y 1770), cuyo título completo es *Historia del famoso predicador fray Gerundio de Campazas, alias Zotes*, sátira de la oratoria sagrada barroca.

FRAZER (sir James George), *Glasgow 1854-Cambridge 1941*, antropólogo británico. Estudió las sociedades de la antigüedad griega y latina, las creencias totémicas y el Antiguo testamento (*La rama dorada*, 1890-1915).

FREARS (Stephen), *Leicester 1941*, director de cine británico. Contribuyó a la aparición de un nuevo cine inglés, al tono próximo a la crítica social o el cine negro (*Mi hermosa lavandería*, 1985; *Las amistades peligrosas*, 1988; *Los timadores*, 1990; *Café irlandés*, 1993; *The Queen*, 2006).

FREDERICTON, c. de Canadá, cap. de Nuevo Brunswick; 44 814 hab. Universidad.

FREDERIKSBERG, c. de Dinamarca, en la aglomeración de Copenhague; 88 000 hab.

Frederiksborg, castillo real de Dinamarca (ss. XVII y XIX), en Hillerod, al NO de Copenhague. Museo nacional de historia.

FREDONIA, mun. de Colombia (Antioquia); 22 777 hab. Café, bananas. Minas de carbón.

FREETOWN, cap. de Sierra Leona; 469 775 hab. Puerto. Refinerías de petróleo.

FREGE (Gottlob), *Wismar 1848-Bad Kleinen, Mecklemburgo, 1925*, lógico y matemático alemán. Dio origen a la formalización de las matemáticas y a la doctrina logicista del fundamento de las matemáticas.

FREI (Eduardo), *Santiago 1911-íd. 1982*, político chileno. Líder del Partido democratacristiano, fue presidente de la república (1964-1970). Se opuso al gobierno de Unidad popular de S. Allende y apoyó tácitamente el golpe militar de Pinochet (1973), del que fue posteriormente detractor. — **Eduardo F. Ruiz-Tagle**, *Santiago 1942*, político chileno. Hijo de Eduardo Frei, democratacristiano, fue presidente de la república de 1994 a 2000. Es presidente del senado desde 2006.

FREIBERG, c. de Alemania (Sajonia), al SO de Dresde; 48 597 hab. Metalurgia. — Catedral de los ss. XII-XVI (obras de arte); otros monumentos y museos.

FREILIGRATH (Ferdinand), *Detmold 1810-Stuttgart 1876*, poeta alemán. Es autor de baladas románticas y de poemas políticos.

FREINET (Célestin), *Gars, Alpes-Maritimes, 1896-Vence 1966*, pedagogo francés. Desarrolló una pedagogía al servicio de la libre expresión de los niños y de la formación personal (*La educación del trabajo*, 1947).

FREIRE, c. de Chile (Araucanía); 22 991 hab. Centro agropecuario. Industrias lácteas.

FREIRE (Paulo), *Recife 1921-São Paulo 1997*, pedagogo brasileño. Es autor de un método de alfabetización que se basa en la concienciación, por parte de quien aprende, de su condición social (*Pedagogía del oprimido*, 1969; *La educación como práctica de la libertad*, 1969).

FREIRE (Ramón), *Santiago 1787-íd. 1851*, militar y político chileno. Independentista, se sublevó contra O'Higgins (1822) y se hizo elegir director supremo provisional (1823). Promulgó leyes reformistas, confiscó los bienes del clero y rompió con la Santa Sede. En 1826 renunció, aunque posteriormente asumió el poder (en.-mayo 1827). En 1829 asumió la jefatura de todos los ejércitos, pero fue derrotado en Lircay (1830).

FREIXAS (Emilio), *Barcelona 1899-íd. 1976*, dibujante español. Pionero del cómic español, fue colaborador habitual de la revista juvenil *Chicos* y creador de *Capitán Misterio* (1944).

FRENCH (John), *Ripple, Kent, 1852-Deal Castle, Kent, 1925*, militar británico. Mariscal, estuvo al mando de las tropas británicas en Francia en 1914 y 1915.

Frente amplio, coalición política uruguaya de centro izquierda, creada en 1971. Ilegalizado entre 1973 y 1984, en 2005 su candidato Tabaré Vázquez accedió a la presidencia de la república.

Frente de liberación nacional o **FLN**, movimiento nacionalista y, más tarde, partido político argelino. Formado en 1954, encabezó la insurrección durante la guerra de Argelia (1954-1962) antes de constituir un factor dominante en la vida política argelina (partido único de 1963 a 1989).

Frente Farabundo Martí de liberación nacional o **FMLN,** principal organización armada de la izquierda de El Salvador durante la guerra civil que sacudió al país en la década de 1980. En 1992 firmó la paz con el gobierno y se transformó en partido.

Frente islámico de salvación o **FIS,** partido político argelino fundado en 1989. Principal partido islamista, fue ilegalizado en 1992, tras la anulación de las elecciones legislativas, en cuya primera vuelta había salido vencedor.

Frente popular, coalición política chilena, formada por radicales, comunistas, socialistas y la Confederación de trabajadores. Estuvo en el poder desde 1938 hasta 1947-1948.

Frente popular, coalición política española, constituida en 1935 con el nombre de *Frente popular de lucha contra el fascismo* y formada por republicanos de izquierda, socialistas y comunistas. Alcanzó el poder tras las elecciones de febrero de 1936, y se mantuvo en él hasta el fin de la guerra civil (1939), con Azaña como presidente de la república.

Frente popular, coalición política francesa, formada por socialistas, comunistas y radicales. Constituyó un gobierno (1936-1938), presidido por Léon Blum.

Frente popular de liberación de Saguía El Hamra y Río de Oro → **polisario** (Frente).

FRESCOBALDI (Girolamo), *Ferrara 1583-Roma 1643,* compositor italiano. Organista de San Pedro de Roma a partir de 1608, fue un innovador en la música de órgano y clavecín (*Fiori musicali,* 1635).

FRESNAYE (Roger de La), *Le Mans 1885-Grasse 1925,* pintor francés. Tras un acercamiento al cubismo (*Hombre sentado,* 1913-1914), volvió a una especie de realismo estilizado.

FRESNEL (Augustin), *Chambrais, act. Broglie, 1788-Ville-d'Avray 1827,* físico francés. Desarrolló la óptica ondulatoria, creó la óptica cristalina y explicó la polarización de la luz.

FRESNILLO DE GONZALEZ ECHEVERRIA, c. de México (Zacatecas), cab. del mun. de *Fresnillo,* 75 100 hab. Planta minerómetalúrgica.

FRESNO, mun. de Colombia (Tolima); 26 433 hab. Minería (oro, plata, cobre). Industria maderera.

FRESNO, c. de Estados Unidos (California); 354 202 hab.

FREUD (Anna), *Viena 1895-Londres 1982,* psicoanalista británica de origen austriaco. Hija de Sigmund Freud, se dedicó al psicoanálisis infantil.

FREUD (Lucian), *Berlín 1922,* pintor británico. Nieto de Sigmund Freud, su arte, figurativo, pone la suntuosidad matérica al servicio de una visión implacable (desnudos, retratos).

FREUD (Sigmund), *Freiberg, act. Příbor, Moravia, 1856-Londres 1939,* médico y psiquiatra austriaco. Es el fundador del psicoanálisis. Especialista en neurología, se centró en el estudio de la histeria y a partir de 1896 se apartó claramente de los conceptos y métodos de la psicología y la psiquiatría tradicionales. Estableció el origen de los trastornos neuróticos en deseos olvidados, en relación con el complejo de Edipo. Estos deseos inhibidos siguen existiendo en el inconsciente, pero únicamente pueden irrumpir en la conciencia a condición de ser desfigurados. De este modo se forman, además de los síntomas neuróticos, los sueños y los actos fallidos (*La interpretación de los sueños,* 1900; *Tres ensayos para una teoría sexual,* 1905; *Tótem y tabú,* 1912). A partir de 1920, con la publicación de *Más allá del principio del placer,* introdujo la oposición entre las pulsiones de vida y de muerte, y sustituyó su primer modelo (inconsciente, preconsciente y consciente) por otro: el yo, el ello y el superyó. Extendió el enfoque psicoanalítico al estudio de los grandes problemas de la civilización (*El porvenir de una ilusión,* 1927; *El malestar en la cultura,* 1930; *Moisés y el monoteísmo,* 1939). En 1910 fundó la International Psychoanalytical Association (IPA), presidiendo con ello la institucionalización del psicoanálisis.

FREYR, dios escandinavo-germánico de la fertilidad, de la familia de los Vanes.

FRIA, c. de Guinea, cerca del río Konkouré; 12 000 hab. Fábrica de aluminio.

FRIAS, c. de Argentina (Santiago del Estero); 22 062 hab. Cemento.

FRIAS (Heriberto), *Querétaro 1870-Tizapán 1925,* escritor y periodista mexicano. Es autor de *Tomochic* (1893-1895), denuncia contra la dictadura de Porfirio Díaz y antecedente de la novela de la revolución. Dirigió *El constitucional,* entre otros periódicos.

FRIAS (Tomás), *Sucre 1805-Florencia 1884,* político boliviano. Ministro de Ballivián, asumió la presidencia a la muerte de este (1871). Tras hacer frente a sublevaciones y motines contra su política económica, fue derrocado por Daza y se exilió a Europa (1876).

FRIBURGO, c. de Suiza, cap. del cantón de Friburgo; 36 355 hab. Universidad. — Catedral (ss. XIII-XV). Museos.

FRIBURGO (cantón de), cantón de Suiza, el cantón de Friburgo tiene 1 671 km²; y 218 700 hab.

FRIBURGO DE BRISGOVIA, en alem. Freiburg im Breisgau, c. de Alemania (Baden-Württemberg); 197 384 hab. Universidad. — Catedral de los ss. XIII-XVI (retablo de H. Baldung). Murió en un antiguo convento agustino.

FRIDMAN o **FRIEDMANN** (Aleksandr Aleksándrovich), *San Petersburgo 1888-íd. 1925,* astrónomo y matemático ruso. Desarrolló, en 1922, un modelo de universo isotropo —en el que todos los parámetros fundamentales son conocidos excepto el factor de expansión o radio de curvatura— que se encuentra en la base de la cosmología moderna.

FRIEDENREICH (Arthur), *São Paulo 1892-íd. 1969,* futbolista brasileño. Delantero y goleador, destacó con la selección de su país en la copa del mundo (1938). Jugó con los equipos Germânia, Paulistano, São Paulo y Flamengo.

Friedland (batalla de) [14 junio 1807], victoria de Napoleón I sobre los rusos en Prusia oriental (en la act. localidad de Právdinsk, Rusia).

FRIEDMAN (Jerome Isaac), *Chicago 1930,* físico estadounidense. Participó en las investigaciones, realizadas entre 1967 y 1973, que desembocaron en la demostración experimental de los quarks. (Premio Nobel 1990.)

FRIEDMAN (Milton), *Nueva York 1912-San Francisco 2006,* economista estadounidense. Principal representante de la escuela monetarista llamada «de Chicago», defendió una política estricta de control del crecimiento de la masa monetaria. (Premio Nobel 1976.)

FRIEDRICH (Caspar David), *Greifswald, cerca de Stralsund, 1774-Dresde 1840,* pintor alemán. Trató principalmente el tema romántico del hombre solitario frente a los grandes espacios y las fuerzas naturales.

FRIEDRICHSHAFEN, c. de Alemania (Baden-Württemberg), junto al lago Constanza; 56 047 hab. Iglesia del Castillo, barroca.

FRIGG o **FRIGGA,** diosa escandinava-germánica del erotismo y del matrimonio, así como de la tierra matéada, esposa de Odín y madre de Baldr.

FRIGIA, ant. región occidental de Asia Menor, separada del mar Egeo por Lidia. En el s. XII a.C., pueblos invasores procedentes de los Balcanes constituyeron en esta región un reino cuyos soberanos, con Gordion como capital, llevaban alternativamente los nombres de Gordias y de Midas. La invasión de los cimerios (s. VII a.C.) destruyó el reino, que fue anexionado a Lidia en el s. VI por Creso.

FRINÉ, *Tespias s. IV a.C.,* cortesana griega. Fue amante de Praxíteles, al que sirvió de modelo. Acusada de impiedad, Hipérides obtuvo su absolución al descubrir su belleza a los jueces.

FRISCH (Karl von), *Viena 1886-Munich 1982,* zoólogo y etnólogo austriaco. Descubrió el «lenguaje» de las abejas, que se expresa mediante la orientación de su «danza». Estudió también los órganos y el universo sensoriales de los invertebrados. (Premio Nobel 1973.)

FRISCH (Max), *Zurich 1911-íd. 1991,* escritor suizo en lengua alemana. Sus novelas (*No soy Stiller,* 1954) y obras de teatro (*Biedermann y los incendiarios,* 1958 *Andorra,* 1961) están marcadas por la influencia de Brecht y por el existencialismo.

FRISCH (Ragnar), *Oslo 1895-íd. 1973,* economista noruego. Uno de los fundadores de la econometría (1931), compartió con J. Tinbergen el primer premio Nobel de ciencias económicas (1969).

FRISIA, en neerl. **Friesland,** región de Países Bajos (donde constituye una provincia; 598 000 hab.; cap. *Leeuwarden*) y Alemania (ant. *Frisia Oriental*), a orillas del mar del Norte. Está precedida por islas.

FRIULI-VENECIA JULIA, región autónoma del NO de Italia; 1 193 520 hab.; cap. *Trieste;* 4 prov. (*Gorizia, Pordenone, Trieste* y *Udine*).

FRÖBEL (Friedrich), *Oberweissbach, Turingia, 1782-Marienthal 1852,* pedagogo alemán. Fundó, en 1837, el primer jardín de infancia y creó uno de los primeros sistemas de juegos educativos.

FROBENIUS (Leo), *Berlín 1873-Biganzolo, lago Mayor, 1938,* antropólogo alemán. Atribuyó un origen común a las culturas de Oceanía y de África y propugnó una explicación de las culturas por el difusionismo.

FROBERGER (Johann Jakob), *Stuttgart 1616-Héricourt, Francia, 1667,* compositor y organista alemán. Es autor de obras para tecla de laúd.

FROBISHER (bahía de), golfo de Canadá, en la costa E de la isla de Baffin. Entre otras poblaciones, Iqaluit, cap. de Nunavut.

FROBISHER (sir Martin), *Altofts h. 1535-Plymouth 1594,* navegante inglés. Exploró Groenlandia y la isla de Baffin. En 1588, contribuyó a la destrucción de la Armada invencible, y ayudó a Enrique III de Francia contra la Liga católica y los españoles.

FROILAZ (Pedro) → **TRABA** (conde de).

FRÓMISTA, v de España (Palencia); 980 hab. Iglesia de San Martín (ss. XI-XII), notable ejemplar románico del Camino de Santiago.

FROMM (Erich), *Frankfurt del Main 1900-Muralto, Suiza, 1980,* psicoanalista estadounidense de origen alemán. Propugnó la adaptación del psicoanálisis a la dinámica social a partir de una lectura renovada de Marx (*El miedo a la libertad,* 1941; *El arte de amar,* 1956).

Fronda (la) [1648-1653], sublevación provocada por las exigencias financieras y la impopularidad de Mazarino, durante la minoría de Luis XIV de Francia. Tuvo dos fases: la *Fronda parlamentaria* (1648-1649) y la *Fronda de los príncipes.* La revuelta fracasó y el poder real y Mazarino salieron reforzados.

FRONDIZI (Arturo), *Paso de los Libres, Corrientes, 1908-Buenos Aires 1995,* político argentino. Abogado y profesor en la universidad de Buenos Aires, dirigió la Unión cívica radical y fue elegido presidente de la república en 1958. Aunque moderado, su postura de diálogo con los peronistas, proscritos, y hacia la Cuba de Castro provocó su derrocamiento por un golpe militar en 1962. Posteriormente evolucionó hacia posiciones derechistas.

FRONDIZI (Risieri), *Posadas 1910-1982,* filósofo argentino. Fue partidario de sustituir la ontología clásica por una teoría general de la experiencia (*El punto de partida del filosofar,* 1945; *¿Qué son los valores?,* 1958).

FRONTERA, mun. de México (Coahuila); 35 179 hab. Centro comercial. Industria metalúrgica.

■ SIGMUND **FREUD**

■ ARTURO **FRONDIZI**

FRONTERA COMALAPA, mun. de México (Chiapas); 26 914 hab. Centro agrícola. Maderas.

FRONTINO, mun. de Colombia (Antioquia); 25 997 hab. Minería (oro, cobre, plata).

FRONTINO (páramo de), páramo de la cordillera Occidental de Colombia (Antioquia); 4 080 m.

FROSINONE, c. de Italia (Lacio), cap. de prov.; 45 525 hab.

FROST (Robert Lee), *San Francisco 1874-Boston 1963,* poeta estadounidense. Su obra se inspira en la naturaleza y el espíritu de Nueva Inglaterra y es una mezcla de realismo sobrio y rigor formal (*Al norte de Boston,* 1914).

FROUDE (William), *Dartington, Devon, 1810-Simonstown, Sudáfrica, 1879,* ingeniero británico. Fue autor de trabajos sobre la mecánica de los fluidos y creó el primer canal de ensayos de modelos.

FRUELA I, *¿722?-Cangas de Onís 768,* rey astur (757-768). Hijo y sucesor de Alfonso I el Católico, sometió a vascones y gallegos y venció a las tropas de 'Abd al-Raḥmān I. Repobló Galicia hasta el Miño. Fue asesinado.

FRUELA II, *Oviedo 852-León 925,* rey de León (924-925). Hijo de Alfonso III y de Jimena, gobernó Asturias desde 910. Sucedió a su hermano Ordoño II en el trono leonés. Su muerte abrió una crisis sucesoria.

FRÜHBECK [o **FRÜBECK**] **DE BURGOS** (Rafael Frühbeck Frühbeck, llamado Rafael), *Burgos 1933,* director de orquesta español. Director, entre otras, de la orquesta sinfónica de Bilbao, la nacional de España (de la que es director emérito desde 1998), la sinfónica de Viena y la ópera de Berlín, desde 2003 dirige la orquesta filarmónica de Dresde.

FRUMARIO, *m. en ¿466?,* rey suevo (460-464). Usurpó el trono a la muerte de Maldra. Luchó contra los partidarios de Remismundo (rey desde 464), que no reconocían su soberanía.

FRUNZE → BISHKEK.

FRUNZE (Mijaíl Vasílievich), *Bishkek 1885-Moscú 1925,* militar soviético. Fue uno de los organizadores de las fuerzas bolcheviques en Bielorrusia. Jefe del estado mayor general (1924), fue nombrado ese año comandante de la academia militar de Moscú, que lleva su nombre.

FRY (Harris, llamado Christopher), *Bristol 1907-Chichester 2005,* dramaturgo británico. Sus dramas poéticos se inspiran en una visión cósmica de la naturaleza (*La dama no es para la hoguera,* 1948).

FU'AD I, *El Cairo 1868-íd. 1936,* sultán (1917-1922) y rey (1922-1936) de Egipto.

FÚCAR → FUGGER.

FUEGO (Tierra del) → **TIERRA DEL FUEGO.**

FUEGO (volcán de), volcán de Guatemala, en el Eje volcánico guatemalteco-salvadoreño; 3 763 m.

FUENDETODOS, mun. de España (Zaragoza); 199 hab. Casa natal-museo de Goya.

FUENGIROLA, v. de España (Málaga), cab. de p. j.; 47 914 hab. *(fuengireños).* Turismo.

FUENLABRADA, v. de España (Madrid), cab. de p. j.; 173 788 hab. *(fuenlabradenos o fuenlabreños).* Industrias alimentarias, electrónicas y metalmecánicas.

FUENMAYOR (José Félix), *Barranquilla 1885-íd. 1966,* escritor colombiano. Poeta, novelista (*Cosme,* 1928) y cuentista (*La muerte en la calle,* 1967), describe las costumbres caribeñas.

FUENTE (Vicente de la), *Calatayud 1817-Madrid 1889,* profesor e historiador español. Autor de *Historia eclesiástica de España* (1851) e *Historia de las sociedades secretas antiguas y modernas en España y especialmente de la francmasonería* (1870-1871), fue el continuador de la **España sagrada* del padre Flórez.

Fuente Ovejuna o **Fuenteovejuna,** comedia de Lope de Vega (1612-1614), en la que el tema del honor cobra una dimensión colectiva en el alzamiento de todo un pueblo contra un tirano comendador.

FUENTERRABÍA, en vasc. **Hondarribia,** c. de España (Guipúzcoa); 14 863 hab. *(ondarribiarras).* Puerto pesquero en la desembocadura del Bidasoa. Aeropuerto de San Sebastián. — Iglesia gótico-renacentista.

FUENTES (Carlos), *Panamá 1928,* escritor mexicano. La búsqueda de la realidad mexicana a través de los mitos del pasado es una constante de su narrativa desde sus primeras novelas (*La región más transparente,* 1958; *Las buenas conciencias,* 1959). Tras el relato fantástico *Aura* (1962), publicó *La *muerte de Artemio Cruz* (1962), novela de marcado experimentalismo influida por Joyce o Dos Passos. Posteriores son *Cambio de piel* (1967), *Cumpleaños* (1969), *Terra nostra* (1975) —su novela más compleja—, *Gringo viejo* (1985), *Cristóbal Nonato* (1987), *La frontera de cristal* (1996) y *La Silla del Águila* (2003). Ha cultivado también el relato (*Inquieta compañía,* 2004; *Todas las familias felices,* 2006), el teatro y el ensayo. [Premios: Rómulo Gallegos 1977; Cervantes 1987; Príncipe de Asturias 1994; de la Latinidad 1999; gran cruz de la Legión de honor 2003.]

■ CARLOS
FUENTES

FUENTES (Pedro Enríquez de Acevedo, conde de), *Zamora 1525-Milán 1620,* general español. Sobrino del duque de Alba, desarrolló brillantes campañas en Portugal y Flandes, y cerró el acceso francés a Italia.

FUENTES QUINTANA (Enrique), *Carrión de los Condes 1924-Madrid 2007,* economista español. Vicepresidente para asuntos económicos (1977-1978), promovió los pactos de la *Moncloa y la reforma fiscal *Fuentes-Ordóñez.* (Premio Príncipe de Asturias de ciencias sociales 1989.)

Fuero de los españoles, ley fundamental española del franquismo, promulgada en 1945, que definía los derechos y deberes de los españoles. Fue derogado en 1978.

FUERTE, r. de México, de la vertiente pacífica; 2 815 km. Atraviesa los estados de Chihuahua y Sinaloa, y desemboca en el golfo de California. La presa Hidalgo regula sus aguas.

FUERTE (El), mun. de México (Sinaloa); 81 330 hab. Centro agrícola. Conservas.

FUERTE OLIMPO, c. de Paraguay, cap. del dep. de Alto Paraguay; 1 867 hab. Puerto fluvial en el río Paraguay.

FUERTEVENTURA, isla de España, en las Canarias (Las Palmas); 1 731 km²; 60 124 hab.; cap. *Puerto del Rosario.* La capital es el único centro urbano importante. Clima árido. Agricultura de regadío en valles y barrancos. Ganadería (cabras y dromedarios). Pesca. Turismo. — Fue conquistada en 1404 por Bethencourt.

Fuerzas armadas revolucionarias de Colombia → FARC.

FUGAZOT (Roberto), *Montevideo 1902-Buenos Aires 1971,* compositor y cantante uruguayo. Afincado en Buenos Aires desde 1922, formó con A. Irusta y L. Demare un trío de tangos (1927-1938) de gran popularidad (*Barrio reo,* 1927; *Dandy,* 1928; *Los isleros,* 1950).

FUGGER, conocidos en España como **Fúcar,** familia de banqueros de Augsburgo, que prestó su apoyo a los Habsburgo (ss. XV y XVI). Carlos Quinto les concedió el arrendamiento de los maestrazgos de las órdenes militares en España, que incluía las minas de Almadén.

FUJI, c. de Japón (Honshū); 222 500 hab. Centro industrial.

FUJIAN, prov. del SE de China; 30 610 000 hab.; cap. *Fuzhou.*

FUJIMORI (Alberto), *Lima 1938,* político peruano. Hijo de inmigrantes japoneses, creó Cambio 90, agrupación populista con la que ganó las elecciones presidenciales en 1990. En 1992 dio un autogolpe de estado con el que desmanteló el antiguo sistema político y judicial y reforzó sus poderes. En 1993 promulgó una nueva constitución. Gracias a sus éxitos en el campo económico y en la lucha antiterrorista obtuvo un segundo mandato tras las elecciones de 1995. Reelegido en 2000 (mayo) tras un irregular proceso electoral, fue destituido (nov.) y se refugió en Japón. Trasladado a Chile en 2005, donde fue retenido, en 2007 fue extraditado a Perú para afrontar diversos procesos.

FUJISAWA, c. de Japón (Honshū); 350 330 habitantes.

FUJITA (Fujita Tsuguharu, bautizado Léonard), *Tōkyō 1886-Zurich 1968,* pintor y grabador japonés nacionalizado francés. Instalado en París, alcanzó gran éxito a partir de 1915 con una pintura que aúna realismo y poesía, técnica occidental y tradición oriental.

FUJIWARA, familia noble japonesa, que usurpó prácticamente el poder a los emperadores del imperio del Medio del s. IX al s. XII.

FUJI-YAMA o **FUJI-SAN,** la montaña más alta de Japón (Honshū); 3 776 m. Es un volcán extinguido.

■ EL **FUJI-YAMA**

FUKUI, c. de Japón (Honshū); 252 743 hab.

FUKUI KENICHI, *cerca de Nara 1918-Kyōto 1998,* químico japonés. Contribuyó a introducir en química los resultados de la física cuántica. (Premio Nobel 1981.)

FUKUOKA, c. de Japón (Kyūshū), junto al estrecho de Corea; 1 237 062 hab. Puerto. — Templo (s. XII); museos.

FUKUSHIMA, c. de Japón, en el N de Honshū; 277 528 hab.

FUKUYAMA, c. de Japón (Honshū); 365 612 hab. Siderurgia. — Monasterio Myoo-in (s. IX).

FULDA, c. de Alemania (Hesse), a orillas del *río Fulda* (brazo madre del Weser); 58 711 hab. Iglesia de San Miguel, con rotonda del s. IX; catedral barroca (pr. s. XVIII); museos. — Ant. abadía benedictina, fundada en 744, fue un núcleo religioso y cultural de cierta relevancia en la edad media.

FULGENCIO (san), *Telepte, cerca de Gafsa, 467-Ruspe, cerca de Sfax, 533,* prelado y teólogo africano. Obispo de Ruspe, en teología fue un discípulo de san Agustín.

FULLER (Marie-Louise Fuller, llamada Loïe), *Fullersburg, cerca de Chicago, 1862-París 1928,* bailarina estadounidense. Se hizo famosa en el music-hall, empleando efectos luminosos y velos ondeantes.

FULLER (Richard Buckminster), *Milton, Massachusetts, 1895-Los Ángeles 1983,* ingeniero estadounidense. Ideó «cúpulas geodésicas», construcciones semiesféricas formadas por redes tridimensionales de varillas de acero, con aplicaciones en cartografía (*proyección de Fuller*).

FULLER (Samuel), *Worcester, Massachusetts, 1911-Hollywood 1997,* director de cine estadounidense. Anticonformista y ecléctico y escritor además de director, es autor de películas violentas (*Forty guns*, 1957; *Corredor sin retorno*, 1963; *División de choque*, 1979).

FULTON (Robert), *Little Britain, act. Fulton, Pennsylvania, 1765-Nueva York 1815*, mecánico estadounidense. Construyó el primer submarino de hélice, el *Nautulus* (más tarde *Nautilus*) [1800], y realizó industrialmente la propulsión a vapor para las embarcaciones (1807).

FUNABASHI, c. de Japón (Honshū); 533 270 hab.

FUNCHAL, cap. de Madeira; 48 600 hab. Puerto. — Catedral manuelina y barroca; otros monumentos; jardines; museos.

FUNDACIÓN, mun. de Colombia (Magdalena); 42 086 hab. Centro comercial.

Fundamentos de Jerusalén, compilación de leyes de los reinos latinos de Jerusalén y Chipre (ss. XII-XIII).

FUNDY (bahía de), bahía de Canadá y Estados Unidos, en el Atlántico. Mareas de gran amplitud. (Reserva de la biosfera 2007.)

FUNES (Gregorio, llamado el **Deán**), *Córdoba 1749-Buenos Aires 1829*, eclesiástico y patriota argentino. En 1810 se sumó a los patriotas bonaerenses y fue miembro de la Junta superior de Buenos Aires, pero perdió sus cargos al establecerse el triunvirato (dic. 1811). Redactó el preámbulo de la constitución unitaria de 1819.

FUNES (Mauricio), *San Salvador 1959*, periodista y político salvadoreño. Reportero de cadenas de televisión (CNN), en 2007 se afilió al FMLN, partido con el que accedió a la presidencia de la república en 2009.

FUNÈS (Louis de), *Courbevoie 1914-Nantes 1983*, actor de cine francés. Intérprete de cine cómico, alcanzó gran popularidad en las décadas de 1960 y 1970 (*La gran juerga*, 1966).

FUNZA, mun. de Colombia (Cundinamarca); 27 229 hab. Centro agropecuario.

FURET (François), *París 1927-Toulouse 1997*, historiador francés. Es autor de obras sobre la Revolución francesa (*Pensar la Revolución francesa*, 1978; *Diccionario de la Revolución francesa* [en colaboración con Mona Ozouf], 1988).

FURIAS → **ERINIAS.**

FURIO CAMILO (Marco), *fines s. V-¿365? a.C.*, político y general romano. Se apoderó de Veyos (396 a.C.) y se dice que liberó Roma de los galos (390 a.C.).

FURIÓ CERIOL (Fadrique), *Valencia 1532-Valladolid 1592*, humanista español. Propuso el federalismo en el Imperio español (*Sobre las instituciones del príncipe*, 1559) y defendió la traducción de la Biblia a las lenguas nacionales, por lo que fue acusado de luterano (1560).

FÜRSTENBERG, familia alemana originaria de Suabia. — **Wilhelm Egon von F.,** *Heiligenberg 1629-París 1704*, prelado alemán. Obispo de Estrasburgo (1682) y cardenal (1686), favoreció la política de Luis XIV de Francia en Alsacia.

FURTADO (Celso), *Pombal, estado de Paraíba, 1920-Río de Janeiro 2004*, economista brasileño. Especialista en problemas de desarrollo y ministro de planeación (1962-1963), desempeñó un papel importante en el desarrollo del Nordeste (1959-1964).

FÜRTH, c. de Alemania (Baviera); 108 097 hab. Construcciones eléctricas.

FURTWÄNGLER (Wilhelm), *Berlín 1886-Ebersteinburg, act. en Baden-Baden, 1954*, director de orquesta alemán. Dirigió las orquestas filarmónicas de Viena y de Berlín y supo dar una intensidad emocional excepcional a las obras de Beethoven, Brahms y Bruckner, entre otros. También fue compositor.

PUSAGASUGÁ, mun. de Colombia (Cundinamarca); 56 816 hab. Minas de carbón. Fábricas de calzado.

FUSHUN o **FU-SHUEN,** c. de China (Liaoning); 1 202 000 hab. Centro minero (carbón y

■ **MAURICIO**
FUNES

■ **VALENTÍN**
FUSTER

esquistos bituminosos). Metalurgia. Refinería de petróleo.

FÜSSLI (Johann Heinrich), en ingl. **Henry Fuseli,** *Zurich 1741-Londres 1825*, pintor suizo establecido en Inglaterra desde 1779. Fue uno de los primeros románticos por su gusto por lo fantástico, sus temas y efectos teatrales.

FUST (Johann), *Maguncia h. 1400-París 1466*, impresor alemán. Asociado con Gutenberg hasta 1455, publicó en colaboración con Peter Schöffer el *Salterio* de Maguncia (1457), primer libro impreso en el que figura una fecha.

FÜST (Milán), *Budapest 1888-íd. 1967*, escritor húngaro. Miembro fundador de la revista *Nyugat* (Occidente), dejó una obra poética, novelística y dramática marcada por sus preocupaciones filosóficas (*Calle de los fantasmas*, 1948).

FUSTER (Joan), *Sueca 1922-íd. 1992*, escritor español en lengua catalana. Escribió ensayos sociopolíticos (*Nosotros los valencianos*, 1962) y de crítica literaria (*Contra el novecentismo*, 1978), así como obras misceláneas (*Diccionario para ociosos*, 1964) y poesía (*Siete libros de versos*, 1987).

FUSTER (Valentín), *Barcelona 1943*, médico español. Director desde 1994 del Instituto de cardiología del hospital Mount Sinaí de Nueva York, es autor de trabajos básicos sobre cardiología y hematología. Desde 2005 asesora al Centro nacional de investigaciones cardiovasculares de España. (Premio Príncipe de Asturias de investigación científica y técnica 1996.)

FUTALEUFÚ, dep. de Argentina (Chubut); 30 769 hab. Central hidroeléctrica. Aeropuerto.

FUTA YALLON o **FOUTA DJALON,** macizo de Guinea; 1 515 m.

FUTUNA → **WALLIS Y FUTUNA.**

FUXIN, c. de China (Liaoning); 635 500 hab. Hulla. Siderurgia.

FUZHOU, c. de China, cap. de Fujian; 1 290 000 hab. Centro industrial y comercial. — Museo.

FUZULI (Mehmed bin Süleyman), *¿Karbalá'? 1480-íd. 1556*, poeta turco de origen kurdo. Es autor de tres *Divanes*, primero en turco, más tarde en árabe y persa.

FYN → **FIONIA.**

FYT (Jan), *Amberes 1611-íd. 1661*, pintor flamenco. Sus naturalezas muertas, animales y flores destacan por su calidad plástica, lirismo e intimidad.

G

G77 (Grupo de los 77), grupo constituido en 1964 durante la primera reunión de la Conferencia de las Naciones unidas sobre comercio y desarrollo (UNCTAD), en Ginebra. Formado al principio por 77 estados para la defensa de los intereses del Sur, desde entonces se han integrado muchos otros.

G7 (Grupo de los 7), grupo que reúne a los siete países más industrializados del mundo (Alemania, Canadá, EUA, Francia, Gran Bretaña, Italia y Japón). Desde 1975 organiza cumbres anuales, centradas en temas económicos. Desde 1997, Rusia se ha asociado con mucha regularidad a sus trabajos; se habla entonces de G8 (Grupo de los 8).

G3 (Grupo de los Tres), tratado de libre comercio firmado por Colombia, México y Venezuela, acordado en Cartagena de Indias (1994) y que entró en vigor en enero de 1995.

GĀB o **RĀB**, depresión de Siria, avenada por el Orontes.

GABČÍKOVO, c. de Eslovaquia, cercana al Danubio. Central hidroeléctrica en construcción.

GABES, c. de Túnez, en el *golfo de Gabes;* 92 300 hab. Puerto. Palmerales. Fertilizantes.

GABILONDO (Iñaki), *San Sebastián 1942,* periodista español. Director de emisoras radiofónicas de las cadenas COPE y SER, en la última dirigió los servicios informativos y presentó el programa *Hoy por hoy* (1986-2005), avalado por su credibilidad profesional. Desde 2005 presenta el noticiario del canal de TV Cuatro.

GABILONDO SOLER (Francisco), llamado **Cri-Crí,** *Orizaba 1907-estado de México 1990,* compositor mexicano. Autor de más de 500 canciones infantiles *(El chorrito, Los tres cochinitos, La muñeca fea,* en 1934 creó el personaje «Cri Crí, el grillito cantor», e interpretó sus composiciones en la radio durante 27 años.

GABIN (Jean Alexis Moncorgé, llamado Jean), *París 1904-Neuilly-sur-Seine 1976,* actor de cine francés. Intervino en cerca de 100 películas: *La bandera* (J. Duvivier, 1935), *La gran ilusión* (J. Renoir, 1935), *El muelle de las brumas* (M. Carné, 1938), *Amanece* (M. Carné, 1939).

GABINO (Amadeo), *Valencia 1922-Madrid 2004,* escultor español. Sus complejas figuras en hierro, acero y aluminio, a menudo monumentales, simbolizan la tecnología espacial.

GABIROL → **AVICEBRÓN.**

GABLE (Clark), *Cadiz, Ohio, 1901-Hollywood 1960,* actor estadounidense. Estrella de Hollywood, encarnó al aventurero seductor: *Sucedió una noche* (F. Capra, 1934), *Lo que el viento se llevó* (V. Fleming, 1939), *Vidas rebeldes* (J. Huston, 1961).

GABO (Naoum **Pevsner,** llamado Naum) → **PEVSNER.**

GABÓN, estado de África central; 268 000 km²; 1 360 000 hab. *(gaboneses).* CAP. *Libreville.* LENGUA: *francés.* MONEDA: *franco CFA.* (V. mapa de **Guinea Ecuatorial.**)

GEOGRAFÍA

El territorio se corresponde con la cuenca del Ogooué, y constituye un país poco poblado, de clima ecuatorial, cálido y húmedo. Está cubierto de selva densa, cuya explotación constituye un importante recurso, junto a las industrias de extracción (uranio, manganeso y sobre todo petróleo, base de las exportaciones, aunque act. en declive).

HISTORIA

La colonia. Los primeros habitantes fueron probablemente los pigmeos, que vivían en el interior. El grupo bantú más numeroso era el de los fang, al N. Al S los grupos bantúes (nzabi, punu, myene) eran más reducidos. **1471 o 1473:** los portugueses llegaron a sus costas. **S. XVII-inicios del s. XIX:** los europeos comerciaron con esclavos, marfil y ébano. **1843:** Francia se estableció definitivamente en Gabón, donde el avance de los fang del NE empujó a las poblaciones autóctonas hacia la costa. **1849:** unos liberados fundaron Libreville. **1875:** Savorgnan de Brazza exploró el Ogooué. **1886:** Gabón se convirtió en colonia francesa. Se fusionó con el Congo francés (1888-1904) y después se integró en el África Ecuatorial Francesa (1910).

La independencia. 1956: la colonia consiguió la autonomía. **1958:** se proclamó la república. **1960:** accedió a la independencia. **1961-1967:** Léon M'Ba se convirtió en presidente. **Desde 1967:** O. Bongo gobernó el país. **1990:** Bongo, presionado por las manifestaciones, instauró el multipartidismo. Sin embargo, los resultados de las elecciones pluralistas que en 1993, 1998 y 2005, le permitieron mantenerse en la jefatura del estado fueron muy cuestionadas por la oposición.

GABÓN (bahía de), estuario de la costa africana del Atlántico. Ha dado su nombre a la república de Gabón.

GABOR (Dennis), *Budapest 1900-Londres 1979,* físico británico de origen húngaro. Inventó la holografía en 1948. (Premio Nobel 1971.)

GABORONE, cap. de Botswana; 138 000 hab.

GABRIEL, ángel de las tradiciones judía, cristiana e islámica. En el Evangelio, anuncia el nacimiento de Juan el Bautista y de Jesús. En el islam, transmite el mensaje de Dios a Mahoma.

GABRIEL (Jacques Ange), *París 1698-íd. 1782,* arquitecto francés. Realizó la ópera y el pequeño Trianón, en Versalles, y la plaza Luis XV (act. plaza de la Concordia), en París.

GABRIEL Y GALÁN (José María), *Frades de la Sierra, Salamanca, 1870-Guijo de Granadilla 1905,* poeta español. Su obra exalta los valores tradicionales y la vida rural (*Castellanas,* 1902; *Extremeñas,* 1902, en dialecto).

GABRIEL ZAMORA, mun. de México (Michoacán); 16 503 hab. Centro agropecuario.

GABRIELI (Andrea), *Venecia h. 1510-íd. 1586,* compositor y organista italiano. Compuso sobre todo música religiosa y fue un pionero del estilo concertante. — **Giovanni G.,** *Venecia h. 1557-íd. 1612,* compositor y organista italiano. Sobrino de Andrea, precursor de la orquestación, evolucionó hacia obras cada vez más concertantes (*Sacrae Symphoniae,* 1597; *Canzoni e sonate,* 1615).

GABROVO, c. de Bulgaria, al pie de los Balcanes; 90 000 hab. Museo al aire libre.

GADAFI o **QADDAFI** (Mu'ammar al-), *Syrte 1942,* político libio. Instigador del golpe de estado que derrocó al rey Idris I (1969), presidió el Consejo de la revolución (1969-1977) y el Secretariado general del Congreso general del pueblo (1977). En 1979 renunció a sus funciones oficiales, pero siguió siendo el jefe de estado. Promotor de la «revolución cultural islámica», fracasó en su política de unificación (con Egipto, Siria y Túnez sucesivamente) y de expansión (en el Chad). Durante mucho tiempo acusado por la comunidad internacional de apoyar acciones terroristas, tendió más tarde a presentar un perfil más moderado.

GADAMER (Hans Georg), *Marburgo 1900-Heidelberg 2002,* filósofo alemán. Impulsó la hermenéutica moderna, a través del lenguaje y del arte (*Verdad y método,* 1960).

GADAMÉS, oasis del O de Libia.

GADDA (Carlo Emilio), *Milán 1893-Roma 1973,* escritor italiano, novelista de vanguardia (*El zafarrancho aquel de Vía Merulana,* 1957; *El aprendizaje del dolor,* 1938-1963).

GADDI, pintores florentinos, entre los que

■ MU'AMMAR AL-**GADAFI**   ■ EDUARDO **GALEANO**

1336

destacan: **Taddeo G.,** *documentado de 1327 a 1366,* discípulo de Giotto, y **Agnolo G.,** *documentado de 1369 a 1396,* hijo de Taddeo. Son autores, con cincuenta años de diferencia, de frescos en la iglesia de la Santa Croce de Florencia, los de Ágnolo más pintorescos.

GADES, nombre romano de la ciudad fenicia de Gadir (act. *Cádiz*).

GADES (Antonio **Esteve Ródenas,** llamado Antonio), *Elda 1936-Madrid 2004,* bailarín y coreógrafo español. Seguidor de los patrones de V. Escudero, destacó al frente de su propia compañía desde 1964 y del Ballet nacional español (1978-1980) con un baile flamenco riguroso y expresivo (*Bodas de sangre,* 1974; *Fuenteovejuna,* 1994). Intervino en diversas películas: *Los tarantos* (1962), *El amor brujo* (1986).

GADIR, colonia fundada por los fenicios de Tiro en el emplazamiento de la act. *Cádiz,* entre el 1100 a.C. (tradición escrita) y el s. VIII a.C. (restos arqueológicos).

GÁDOR (sierra de), sierra de España (Almería), en el sistema Penibético; 2 242 m en el pico Morrón.

GAETA, c. de Italia (Lacio), en el mar Tirreno; 22 393 hab. Puerto. — Mausoleo romano del monte Orlando y otros monumentos.

GAFSA, c. del S de Túnez; 42 000 hab.

GAGARIN (Yuri Alexeievich), *Kluchino, act. Gagarin, región de Smoliensk, 1934-región de Vladímir 1968,* piloto militar y cosmonauta soviético. Fue el primer hombre que realizó un vuelo espacial (12 abril 1961, a bordo de la nave Vostok I)

■ YURI **GAGARIN** en 1961.

GAGNOA, c. de Costa de Marfil; 42 300 hab.

GAINSBOROUGH (Thomas), *Sudbury, Suffolk, 1727-Londres 1788,* pintor inglés. Es autor de delicados retratos de la aristocracia y de familia, así como de majestuosos paisajes que fueron admirados por los impresionistas.

GAÍNZA (Martín), *h. 1490-1556,* arquitecto español, difusor del plateresco castellano en Andalucía (capilla real, catedral de Sevilla).

GAITÁN (Jorge Eliecer), *Bogotá 1903-íd. 1948,* jurista y político colombiano. Penalista, fue ministro por el Partido liberal (1938-1946) y lideró un movimiento antioligárquico y anticacical. Su asesinato provocó un levantamiento popular (*bogotazo*).

GAITÁN DURÁN (Jorge), *Pamplona 1924-isla de Guadalupe 1962,* escritor colombiano. Destacado poeta de resonancias metafísicas (*El libertino,* 1954; *Si mañana despierto,* 1961), cultivó también el microrrelato y el cuento.

GALA (Antonio), *Brazatortas, Ciudad Real, 1937,* escritor español. Notable dramaturgo, sus obras teatrales se caracterizan por su lirismo, humor y la observación del deseo en las relaciones humanas (*Los verdes campos del Edén,* 1963; *Los buenos días perdidos,* 1972; *Anillos para una dama,* 1973; *Las cítaras colgadas de los árboles,* 1974; *Petra Regalado,* 1980). También es autor de novelas (*El manuscrito carmesí,* 1990; *La pasión turca,* 1993), relatos (*Los invitados al jardín,* 2002; *El dueño de la herida,* 2003), poesía (*Poemas de amor,* 1997), libretos de ópera y artículos.

GALACIA, ant. región del centro de Asia Menor. Habitada por pueblos célticos (en gr. *galatai:* galos) llegados de Europa en el s. III a.C., provincia romana en 25 a.C., fue evangelizada por san Pablo (*Epístola a los gálatas*).

GALAICO (macizo), conjunto montañoso del NO de la península Ibérica. Incluido en su ma-

yor parte en Galicia, penetra al S en tierras leonesas y portuguesas; 2 188 m en los montes Aquilianos.

GALÁN, cerro de Argentina (Catamarca), en la parte S de la Puna; 5 912 m.

GALAPAGAR, v. de España (Madrid); 21 807 hab. Manufacturas de la madera. Centro de veraneo.

GALÁPAGOS o **COLÓN,** archipiélago de Ecuador, en el Pacífico, que constituye la *provincia de Galápagos;* 8 010 km²; 14 713 hab.; cap. *Puerto Baquerizo Moreno.* De origen volcánico, está formado por 13 islas mayores, entre las que destacan Isabela, Santa Cruz, Fernandina y San Cristóbal, y varios islotes. Parque nacional (notable fauna: galápagos, iguanas). Patrimonio de la humanidad (en peligro) 1978 (ampliado en 2001); reserva de la biosfera 1984.)

GALA PLACIDIA, *¿389?-Roma 450,* princesa romana. Hija de Teodosio I, esposa del rey visigodo Ataúlfo (414) y, en el 417, del emperador Constancio III, fue madre de Valentiniano III. — Su mausoleo, en Ravena, es famoso por sus mosaicos.

GALATA, barrio de Estambul.

GALATEA MIT. GR. Divinidad marina. Transformó en río a su amante, el pastor Acis, víctima de los celos del cíclope Polifemo.

Galatea (La), novela pastoril de M. de Cervantes (1585). Primera obra importante del autor, sigue las convenciones del género bucólico creadas por Jorge de Montemayor en *Los siete libros de la Diana,* aunque rompe la atmósfera idílica con la presencia del asesinato.

GALAŢI, c. de Rumania, a orillas del Danubio; 325 788 hab. Puerto. Siderurgia. Nudo ferroviario internacional.

GALBA (Servio Sulpicio), *h. 190 a.C.-135 a.C.,* general y político romano. Gobernador de la Hispania Ulterior (151), derrotó a los lusitanos y los vendió como esclavos, lo que provocó el levantamiento de Viriato.

GALBA (Servio Sulpicio), *Terracina h. 3 a.C.-Roma 69 d.C.,* emperador romano (68-69). Sucesor de Nerón, fue asesinado por los partidarios de Otón.

GALBRAITH (John Kenneth), *Iona Station, Canadá, 1908-Cambridge, Massachusetts, 2006,* economista estadounidense. Colaborador de F.D. Roosevelt, analizó la sociedad de consumo (*La sociedad opulenta,* 1958) y teorizó sobre el fenómeno del management (*El gran estado industrial,* 1967).

GALDÁCANO, en vasc. **Galdakao,** mun. de España (Vizcaya); 29 387 hab. (*galdacaneses*); cap. *Krutzea.* Centro industrial. Iglesia gótica.

GÁLDAR, c. de España (Las Palmas), en Gran Canaria; 22 291 hab. Plátanos, tomates y cebollas. — Restos de la cultura guanche.

GALDÓS (Benito **Pérez**) → **PÉREZ GALDÓS.**

GALEANA, mun. de México (Nuevo León); 42 326 hab. Centro comercial. Industria maderera.

GALEANO (Eduardo), *Montevideo 1940,* escritor uruguayo. Narrador (*Los días siguientes,* 1962; *Vagamundo,* 1973; *La canción de nosotros,* 1975; *Bocas del tiempo,* 2004) y ensayista (*Las venas abiertas de América Latina,* 1971), su rigurosa obra es una denuncia de la opresión y las dictaduras de Latinoamérica.

Galeão → **Jobim** (Galeão-António Carlos).

GALECIA, división administrativa de la Hispania romana creada en tiempos de Diocleciano (s. III). Dependió de la Lusitania y luego de la Tarraconense. Comprendía la act. Galicia, el N de Portugal y parte de Asturias, León y Zamora.

GALENO (Claudio), *Pérgamo h. 131-Roma o Pérgamo h. 201,* médico griego. Realizó importantes descubrimientos en anatomía. Su obra, basada en la hipotética existencia de los «humores», gozó de un gran prestigio hasta el renacimiento.

galeón de Manila o **nao de Acapulco,** nombre por el que se conocían los barcos que unían comercialmente Nueva España (Acapulco) y Filipinas (Manila) en los ss. XVI-XVIII.

GALERA, v. de España (Granada); 1 309 hab. (*galerinos*). Restos de la ciudad ibérica de Tutugi (necrópolis, ss. IV-III a.C.).

GALERIO, en lat. **Caius Galerius Valerius Maximus,** *Iliria h. 250-Nicomedia 311,* emperador romano de la Tetrarquía (293-311). Yerno de Diocleciano, fue césar en 293 y se convirtió en augusto tras la abdicación de Diocleciano (305). Poco antes de morir promulgó un edicto de tolerancia hacia los cristianos.

GALES (País de), en ingl. **Wales,** en galés **Cymru,** región del O de Gran Bretaña; 20 800 km²; 2 798 200 hab. (*galeses*); cap. *Cardiff.* En esta región de mesetas de clima oceánico, la agricultura (sobre todo para ganadería) ocupa un lugar secundario en favor de la industria (metalurgia), basada en la hulla e implantada en las ciudades que jalonan el canal de Bristol (Swansea, Port Talbot, Cardiff, Newport), actualmente en declive.

HISTORIA

El País de Gales hasta la conquista normanda. S. I a.C.-s. V d.C.: la población galesa adoptó la lengua céltica y la religión druídica. **Ss. I-V:** la ocupación romana influyó poco en el país. **S. VII:** los galeses rechazaron a los anglosajones que invadieron Inglaterra. **Ss. IX-XI:** a pesar de su división en varios reinos, el país logró contener las incursiones escandinavas.
La conquista inglesa. 1066-1139: todo el S del País de Gales cayó en manos de los anglonormandos, pero la resistencia siguió siendo fuerte. **S. XIII:** los reyes Llewelyn ap Iorwerth (1194-1240) y Llewelyn ap Gruffydd (1246-1282) obstaculizaron la voluntad de conquista de los monarcas ingleses. **1282-1284:** Eduardo I sometió el país. **1536-1542:** Gales quedó incorporado a Inglaterra durante el reinado de Enrique VIII.
El País de Gales contemporáneo. 1997: el gobierno británico concedió al País de Gales un régimen de autonomía (elección, en 1999, de una asamblea regional).

Gales (príncipe de), título británico creado en 1301, que lleva el primogénito del soberano.

GALÍ (Alexandre), *Camprodon 1886-Barcelona 1969,* pedagogo español. Pionero de la escuela activa (*La medida objetiva del trabajo escolar,* 1928), contribuyó a la renovación de la didáctica de la lengua.

GALIA, nombre dado en la antigüedad a las regiones comprendidas entre el Rin, los Alpes, el Mediterráneo, los Pirineos y el Atlántico. Llamada por los romanos *Galia Trasalpina* (o *Lionense* o *Ulterior*) por oposición a la *Galia Cisalpina* (Italia continental), h. 60 a.C. comprendía, por una parte, la *Galia independiente* o *Tres Galias* (*Galia Bélgica, Galia Céltica* y *Aquitania*), y, por otra, la *Provincia,* o *Narbonense,* sometida a Roma.

HISTORIA

C. 1100-150 a.C.: los celtas se instalaron en suelo galo. 125-121 a.C.: los romanos fundaron una provincia (*Provincia*) en el S de la Galia, con cap. en Narbona. 58-51 a.C.: conquista de la Galia por César. 52 a.C.: capitulación de Vercingetórix. 27 a.C.: la Galia se dividió en cuatro provincias: Narbonense (ant. Provincia), Aquitania, Céltica (o Lionense) y Bélgica. **Ss. I-III:** la creación de una red de carreteras, las roturaciones y el desarrollo del artesanado favorecieron la expansión económica. El latín desplazó a los dialectos galos, mientras que desaparecía el druidismo. La Galia adoptó la civilización de los romanos (arenas y casa cuadrada de Nimes, teatro de Orange, puente del Gard, ciudades de Glanum, Vienne, Lyon, etc.). Grandes villas. Abundante producción de cerámica sigillata. Coexistencia de religiones. El cristianismo penetró en la Galia rural. **S. III:** primeras invasiones germánicas. **481-511:** Clodoveo, rey de los francos, conquistó la Galia y restauró la unidad territorial.

GALICIA, región histórica del NO de España, que constituye una comunidad autónoma; 29 434 km²; 2 767 524 hab. (*gallegos*); cap. *Santiago de Compostela;* 4 prov. (*La Coruña, Lugo, Orense* y *Pontevedra*).

GEOGRAFÍA

El relieve está dominado por el macizo Galaico, que asciende desde las tierras bajas del litoral, pasando por el escalón de Santiago y el valle del Miño, hasta superar los 2 000 m en las sierras del S que separan la región de la Meseta septentrional. El Miño, en la meseta de Lugo, y el Sil son los principales ríos. La población se concentra en las provincias del litoral (La Coruña y Pontevedra), cuyos núcleos urbanos son asiento de las actividades industriales y terciarias. La pesca (con Vigo como puerto principal) aporta el 59 % de las capturas del país; es notable la acuicultura. Explotación forestal. En el interior, sigue siendo predominante el sector agropecuario: cereales, viñedos (Valdeorras, Ribeiro); ganado vacuno y porcino. El medio ambiente y la economía de las rías gallegas se vieron gravemente afectados por el vertido de un petrolero (Prestige) accidentado en 2002.

HISTORIA
III milenio: megalitismo. **1800-600 a.C.:** metalurgia del bronce. **600 a.C.:** llegada de pueblos centroeuropeos (celtas); edad del hierro y cultura de los castros. **29-19 a.C.:** ocupada por Augusto, Galecia (*Gallaecia*) fue provincia romana (s. III). **S. v:** conquista de los suevos, que establecieron un reino (411), incorporado en 485 al reino visigodo. **S. VIII:** la conquista musulmana fue limitada. **Fines s. IX:** inicio de las peregrinaciones a la tumba del apóstol Santiago, en Compostela (Camino de *Santiago*). **Ss. X-XII:** reino de *Galicia. **Ss. XV-XVI:** levantamientos de los irmandiños (1431 y 1467); sometimiento de la nobleza gallega a los Reyes Católicos. **S. XVIII:** decadencia agrícola (foros) y emigración. **S. XIX:** emigración a América, dominio del caciquismo rural, focos liberales urbanos y aparición del regionalismo literario y político (A. Faraldo, M. Murguía, A. Brañas). **S. XX:** desarrollo del galleguismo (Irmandades da fala, Castelao). **1926:** decreto de redención de los foros. **1936:** primer estatuto de autonomía (junio), que no llegó a entrar en vigor. **1981:** estatuto de autonomía.

GALICIA (reino de), reino medieval que comprendía Galicia y el N de Portugal, creado por Alfonso III de León para su hijo Ordoño II (910-914). Integrado de nuevo a León, aunque recuperó la independencia en 926-929 y 1065-1071, Alfonso VI lo otorgó como condado a Raimundo de Borgoña (1092). El hijo de este, Alfonso VI Raimúndez, le sucedió a título de rey (1111), antes de acceder al trono de Castilla-León. No recuperó su independencia, pero conservó el nombre de reino.
GALIENO, en lat. **Publius Licinius Egnatius Gallienus,** *h. 218-Milán 268,* emperador romano (253-268). En un principio compartió el poder con su padre Valeriano (253-260). Defendió Italia contra los alamanes y los godos, dejando algunas provincias (Galia, Palmira) en manos de otros soberanos.
GALILEA, prov. del N de Palestina. Los Evangelios mencionan ciudades de esta región (Nazaret, Tiberíades, Caná y Cafarnaum) en las que pasó Jesús su infancia y adolescencia y ejerció gran parte de su ministerio.
GALILEO (Galileo **Galilei,** llamado), *Pisa 1564-Arcetri 1642,* científico y escritor italiano. Al introducir el empleo del anteojo en astronomía (1609) revolucionó la observación del universo. Descubrió el relieve de la Luna, los principales satélites de Júpiter, las fases de Venus y la presencia de estrellas en la Vía Láctea. Corroboró el sistema heliocéntrico de Copérnico, cuya obra acababa de incluirse en el *Índice* (1616), por lo que fue citado ante el tribunal de la Inquisición, que lo condenó y lo obligó a retractarse (1633) [la Iglesia lo rehabilitó en 1992]. Es también uno de los fundadores de la mecánica moderna (*Consideraciones y demostraciones matemáticas sobre dos ciencias nuevas*) y desempeñó un papel fundamental en la introducción de las matemáticas para la explicación de las leyes físicas; descubrió la ley de la caída de los cuerpos en el vacío y emitió una primera formulación del principio de relatividad.
Galileo, sistema civil europeo de navegación y localización por satélite. Su ejecución empezó en 2003. Cuando sea completamente operativo (hacia 2013), se compondrá de 30 satélites en órbita a 23 000 km aprox. de altitud.
GALINDO (Beatriz), llamada **la Latina,** *Salamanca 1475-íd. 1534,* humanista española. Profesora de latín de Isabel la Católica, se le atribuyen comentarios a Aristóteles y poemas latinos.

GALINDO (Blas), *San Gabriel, Jalisco, 1910-México 1993,* compositor mexicano. Director del conservatorio de México, sus obras se vinculan al folclore indígena (*Entre sombras anda el fuego,* ballet, 1940; *Concierto para piano y orquesta,* 1942; ocho sinfonías).
GALINDO I AZNÁREZ, *¿823?-867,* conde de Aragón (h. 844-867). Hijo de Aznar Galindo I, recuperó el condado de Aragón.
GALINDO II AZNÁREZ, conde de Aragón (893-922). Hijo de Aznar Galindo II, el matrimonio de su hija Andregoto y García II Sánchez unió Aragón y Navarra.
GALITZIA, región de Europa central, al N de los Cárpatos, dividida entre Polonia (c. pral. Cracovia) y Ucrania (c. pral. *Lviv*). Principado de la Rusia de Kíev, independiente del s. XII al s. XIV, perteneció más tarde a Polonia y después a Austria (1772-1918). La Galitzia oriental, atribuida a Polonia (1923), fue anexionada por la URSS (1939).
GALITZIN → GOLITSIN.
GALL (Franz Josef), *Tiefenbronn, Baden-Württemberg, 1758-Montrouge 1828,* médico alemán. Fue el creador de la frenología.
GALLE, c. de Sri Lanka; 109 000 hab. Puerto. (Patrimonio de la humanidad 1988.)
GALLE (Johann), *Pabsthaus 1812-Potsdam 1910,* astrónomo alemán. En 1846 descubrió el planeta Neptuno, cuya existencia ya había previsto Le Verrier por medio de cálculos.
GALLÉ (Émile), *Nancy 1846-íd. 1904,* vidriero, ceramista y ebanista francés. Representante del art nouveau, orientó las artes decorativas hacia el simbolismo poético.
GALLEGO (Fernando), pintor español, probablemente nacido en Salamanca y documentado en Castilla entre 1466 y 1507. Es uno de los exponentes de la escuela hispanoflamenca (decoración de la bóveda de la biblioteca de la universidad de Salamanca, h. 1473-1494).
GALLEGO (Juan Nicasio), *Zamora 1777-Madrid 1853,* poeta español. Entre el neoclasicismo y el romanticismo, compuso odas, elegías, anacreónticas, sonetos y romances. (Real academia 1833.)
GÁLLEGO, r. de España (Huesca y Zaragoza), afl. del Ebro (or. izq.); 215 km. Aprovechamiento hidroeléctrico y para el regadío.
GALLEGOS, r. de Argentina (Santa Cruz), en la Patagonia; 300 km. Desemboca en el Atlántico formando un estuario junto a *Río Gallegos.*

■ **GALILEO.** El proceso de Galileo (sentado a la derecha). Detalle de una pintura anónima italiana del s. XVII. (Col. part.)

GALLEGOS (Rómulo), *Caracas 1884-íd. 1969,* escritor y político venezolano. Dirigente de Acción democrática, fue elegido presidente de la república en 1947. Derrocado en 1948 por Pérez Jiménez, se exilió en México. Destacado novelista, tras *El último Solar* (1920) y *La trepadora* (1925), publicó su obra maestra, *Doña Bárbara* (1929). Su fama se consolidó con *Cantaclaro* (1934), ambientada en Los Llanos de Venezuela, y con *Canaima* (1935), que aborda el tema del «hombre macho», semidiós de las bárbaras tierras del Amazonas. Posteriores son *Pobre negro* (1937), *El forastero* (1952) y *El último patriota* (1957). Su obra, intento de describir la colectividad venezolana en su lucha con el medio, postula un equilibrio entre el vitalismo rural y la civilización urbana.

■ RÓMULO
GALLEGOS

■ ANTONIO
GAMONEDA

GALLEGOS LARA (Joaquín), *Guayaquil 1911-íd. 1947,* escritor ecuatoriano. Miembro del grupo de *Guayaquil, debutó en el relato con D. Aguilera Malta y E. Gil-Gilbert (*Los que se van,* 1930). Su obra se inspira en las luchas obreras de la década de 1930, en las que participó (*Las cruces sobre el agua,* novela, 1946).
galleguista (Partido) [PG], partido nacionalista gallego fundado en 1931. Dirigido por Castelao, Otero Pedrayo, V. Risco y Alejandro Bóveda, promovió un estatuto de autonomía para Galicia, que fue aprobado en 1936.
GALLINAS, punta de Colombia, en la costa del Caribe (La Guajira). Es el extremo N de América del Sur.
GALLÍPOLI, en turco Gelibolu, c. de la Turquía europea, en la orilla E de la *península de Gallípoli,* que domina el estrecho de los Dardanelos; 18 670 hab. Objetivo de la expedición aliada de los Dardanelos, en 1915.
GALLOCANTA (laguna española), laguna española (Zaragoza y Teruel); 7 km de long. máxima.
GALLUP (George Horace), *Jefferson, Iowa, 1901-Tschingel, Suiza, 1984,* estadístico estadounidense. Fue el creador de un importante instituto de sondeos de opinión (1935).
GALSWORTHY (John), *Coombe, act. en Londres, 1867-Londres 1933,* escritor británico. En su obra novelesca (*La saga de los Forsyte,* 1906-1921) y teatral (*Justicia*) criticó la alta burguesía y las convenciones sociales. (Premio Nobel 1932.)
GALTIERI (Leopoldo Fortunato), *Caseros, Buenos Aires, 1926-Buenos Aires 2003,* militar argentino. Presidente de facto en la guerra de las Malvinas (1981-1982), fue condenado a prisión por su impericia en la (1986-1989) y fue detenido en 2002 por la desaparición de montoneros en la dictadura militar.
GALTON (sir Francis), *Sparkbrook, cerca de Birmingham, 1822-Halsmere, Surrey, 1911,* fisiólogo británico. Primo de C. Darwin, fue uno de los fundadores de la eugenesia, del método estadístico y de la psicología diferencial. Estableció la unicidad e inalterabilidad de las huellas digitales, cuyo uso preconizó como medio de identificación de las personas (1892). También se interesó por la meteorología, e inventó el concepto de anticiclón (1862).
GALVÁN (Manuel de Jesús), *Santo Domingo 1834-San Juan de Puerto Rico 1910,* escritor y político dominicano. Ministro, diplomático y periodista de tendencia liberal y europeísta, debe su fama a la novela *Enriquillo* (1878).
GALVANI (Luigi), *Bolonia 1737-íd. 1798,* médico italiano. Profesor de anatomía, en 1786 constató por azar que los músculos de una rana despellejada se contraían al tocarlos un escalpelo, y atribuyó el fenómeno a una forma de electricidad animal. Esta interpretación fue desmentida, con razón, por A. Volta y estuvo en el origen del descubrimiento, por este último, de la pila eléctrica.
GÁLVEZ, c. de Argentina (Santa Fe); 16 583 hab. Industrias alimentarias; metalurgia.
GÁLVEZ (Bernardo, conde de), *Málaga 1746-México 1786,* militar y administrador español. Destinado a Luisiana en 1776, apoyó a la independencia de las colonias y reconquistó las plazas de Mobile y Pensacola. Fue virrey de Nueva España (1785-1786).
GÁLVEZ (José de), marqués de la Sonora, *Macharavaya, Málaga, 1720-Madrid 1787,* político español. Visitador general de Nueva España (1765-1771) y secretario de Indias (1775-

1787), reformó la administración y el fisco, inspiró el decreto de libre comercio (1778) y creó la Compañía real de Filipinas (1785).

GÁLVEZ (Manuel), *Paraná 1882-Buenos Aires 1962*, escritor argentino, novelista exponente del realismo y en especial de la llamada «novela de ciudad» (*La maestra normal*, 1914; *Nacha Regules*, 1918; la trilogía *Escenas de la guerra del Paraguay*, 1928-1929).

GALWAY, en gaélico **Gaillimh**, c. de Irlanda, cap. de condado, en la *bahía de Galway*; 57 241 hab. Puerto. — Bellas mansiones del s. XVII.

GALWEY (Enrique), *Barcelona 1864-íd. 1943*, pintor español, paisajista de la escuela de Olot.

GAMA (Vasco da), *Sines h. 1469-Cochin 1524*, navegante portugués. En nov. 1497 descubrió la ruta de las Indias por el cabo de Buena Esperanza y llegó a Calcuta (1498), cuyo soberano le concedió un tratado de comercio. A su regreso fundó los establecimientos de Mozambique (1502) y de Cochin (India), el primero portugués en Asia. Fue nombrado virrey de las Indias portuguesas en 1524.

■ VASCO DA **GAMA**, miniatura del s. XVII.
(Biblioteca nacional, París.)

GAMARRA (Agustín), *Cuzco 1785-Ingavi 1841*, mariscal y político peruano. Jefe de estado mayor en Ayacucho (1824), por su éxito en la invasión de Bolivia (1828) fue ascendido a mariscal, y dirigió la guerra contra Colombia hasta la firma de la paz (1829). Mantuvo una guerra latente con Bolivia, a la que trató de incorporar a Perú.

GAMARRA (Gregorio), pintor peruano de principios del s. XVII. Discípulo de Bernardo Bitti, es un destacado pintor de la escuela cuzqueña (*La Epifanía*, museo nacional de arte de La Paz, 1609; *Inmaculada* y *Virgen de Guadalupe*, Cuzco, 1609).

GAMARRA (José), *Tacuarembó 1934*, pintor, dibujante y grabador uruguayo. Bajo un aparente primitivismo, ha pintado paisajes (*Abayuba*, 1980) y obras de contenido político.

GAMBARTES (Leónidas), *Rosario 1909-íd. 1963*, pintor argentino. Fundador del grupo Litoral, su obra, simbolista, se basa en los signos y mitos del arte precolombino.

GAMBETTA (Léon), *Cahors 1838-Ville-d'Avray 1882*, político francés. Diputado, proclamó la república en 1870. Ministro de guerra, organizó la defensa nacional en la guerra franco-prusiana y fue presidente (1881-1882).

GAMBIA, r. de Guinea, Senegal y Gambia, que desemboca en el Atlántico; 1 100 km.

GAMBIA, estado de África occidental, a orillas del Atlántico, que se extiende a ambos lados del curso inferior del *río Gambia*; 11 300 km²; 1 150 000 hab. CAP. *Banjul*. LENGUA: *inglés*. MONEDA: *dalasi*. (V. mapa de **Senegal**.) Gambia, el país más pequeño de África continental, está islamizado casi por completo. El maní es el principal recurso, al que en algunas zonas se suma el turismo.

HISTORIA

Ss. XIII-XVI: vasalla de Malí, la actual Gambia fue descubierta por los portugueses en 1455-1456. **S. XVII:** los mercaderes europeos de esclavos se instalaron en ella. **S. XIX:** Gran Bretaña obtuvo el control exclusivo del país, en el que fundó el puesto de Bathurst (1815). **1888:** Gran Bretaña

convirtió en colonia la zona costera, y el interior en protectorado. **1965:** Gambia pasó de la autonomía a la independencia, en el marco de la Commonwealth. **1970:** se proclamó la república, con Daouda Jawara como presidente. **1981:** se unió a Senegal en una confederación (*Senegambia*). **1989:** disolución de Senegambia. **1994:** golpe de estado militar, encabezado por Yahya Jammeh, que derrocó a Jawara. **1996:** victoria de Jammeh en las elecciones presidenciales (reelegido en 2001 y 2006).

GAMBOA (Federico), *México 1864-íd. 1939*, escritor mexicano. Novelista naturalista (*Suprema ley*, 1896; *Santa*, 1903, su mayor logro; *La llaga*, 1910), cultivó también el teatro (*La venganza de la gleba*, 1905) y las memorias.

GAMBOA (José Joaquín), *México 1878-íd. 1931*, dramaturgo mexicano. Costumbrista (*Los Revillagigedos*, 1925), evolucionó al simbolismo (*El caballero, la muerte y el diablo*, 1931).

GÁMEZ (Celia), *Buenos Aires 1914-íd. 1992*, cantante española. En Madrid desde 1925, fue la más popular vedette de revista en España en la década de 1940 (*Las Leandras*).

GAMONEDA (Antonio), *Oviedo 1931*, poeta español. Su poesía es una indagación existencial, emocional y estética que emana misterio y profundidad (*Sublevación inmóvil*, 1960; *Descripción de la mentira*, 1977; *Libro del frío*, 1992 [ampliado en 2003]; *Arden las pérdidas*, 2003). También ha escrito prosa (*Libro de los venenos*, 1995; *El cuerpo de los símbolos*, 1997). [Premio nacional de poesía 1988; premio Reina Sofía de poesía iberoamericana 2006; premio Cervantes 2006.]

GAMOW (George Anthony), *Odessa 1904-Boulder, Colorado, 1968*, físico y astrofísico estadounidense de origen ruso. Dio su nombre a la barrera de potencial que impide el acceso al núcleo de un átomo. En cosmología recuperó y desarrolló la hipótesis según la cual el universo, actualmente en expansión, derivaría de una explosión primigenia (1948).

GANCE (Abel), *París 1889-íd. 1981*, director de cine francés. Inventor de procedimientos técnicos (triple pantalla), fue un pionero del lenguaje cinematográfico (*Yo acuso*, 1919, *la rueda*, 1980; *Napoleón*, 1926, su obra maestra).

GANDER, c. de Canadá, en la isla de Terranova; 10 139 hab. Base aérea.

GANDESA, c. de España (Tarragona), cab. de p. j.; 2 564 hab. (*gundesanos*). Vinos. — Fue escenario de combates en las guerras carlistas y la guerra civil (batalla del *Ebro*).

GĀNDHĀRA, ant. prov. de la India (act. distr. de Peshāwar). Fue el centro de una escuela artística (llamada antiguamente grecobúdica), que floreció entre los ss. IV-V y es famosa por sus representaciones escultóricas de Buda.

GANDHI (Indira), *Allāhābād 1917-Delhi 1984*, estadista india. Hija de Nehru, fue primera ministra (1967-1977; 1980-1984). Fue asesinada por extremistas sikhs. — **Rajiv G.**, *Bombay 1944-Sriperumbudur, al SO de Madras, 1991*, político indio. Hijo de Indira, la sucedió en la jefatura del partido del Congreso y, de 1984 a 1989, como primer ministro. Fue asesinado.

■ INDIRA **GANDHI**   ■ EL MAHĀTMĀ
GANDHI en 1947.

GANDHI (Mohandas Karamchand), llamado **el Mahātmā** («Alma grande», *Porbandar 1869-Delhi 1948*, apóstol nacional y religioso de la India. Abogado, en Sudáfrica (entre 1893 y 1914) defendió a los indios contra las discriminaciones raciales y elaboró su doctrina de acción no violenta. De vuelta en la India, luchó

contra los británicos, que lo encarcelaron varias veces. Líder del movimiento nacionalista desde 1920, dejó la dirección a J. Nehru a partir de 1928. Se consagró entonces a la educación del pueblo y a los problemas de los intocables e intervino como garantía moral para las acciones de masa (desobediencia civil de 1930; *Quit India* [«Márchense de la India»], 1942) y para aplacar la violencia entre hindúes y musulmanes (1946-1947). Fue asesinado en 1948 por un extremista hindú.

GANDÍA, en cat. Gandia, c. de España (Valencia), cab. de p. j.; 59 123 hab. (*gandienses*). Agrios (naranjas) y hortalizas. Industrias del mueble. — Colegiata (ss. XIV-XVI), palacio ducal.

GANDÍA (duques de), título nobiliario de la Corona de Aragón. Señorío desde 1323, el primer duque fue **Alfonso el Viejo** (h. 1332-1412), nieto de Jaime II de Aragón. Su hijo **Alfonso el Joven** (h. 1356-Valencia h. 1424) fue uno de los cinco candidatos a la Corona de Aragón en el compromiso de Caspe (1412). En 1483 el ducado pasó a la familia Borja, y en 1834 a la casa de Osuna.

GANDZHA, ant. **Elisavetpol** o **Yelisavetpol** (de 1804 a 1918) y **Kirovabad** (de 1935 a 1990), c. de Azerbaiján; 282 200 hab.

GANEŚA o **GANAPATI**, dios hindú de la sabiduría y de la inteligencia. Se lo representa con cabeza de elefante y cuatro brazos.

GANGES, r. de la India, que nace en el Himalaya y desemboca en el golfo de Bengala formando un amplio delta cubierto de arrozales; 3 090 km. Pasa por Kānpur, Benarés y Paṭnā. Es un río sagrado para el hinduismo.

GANGOTENA (Alfredo), *Quito 1904-íd. 1944*, poeta ecuatoriano. Vanguardista, en especial surrealista, escribió su obra en francés (*Orogenia*, 1928; *Noche*, 1938), salvo los poemas de *Tempestad secreta* (1940).

GANIMEDES MIT. GR. Príncipe de Troya. Zeus, metamorfoseado en águila, lo raptó y lo convirtió en copero de los dioses.

GANIVET (Ángel), *Granada 1865-Riga, Letonia, 1898*, escritor español. Precursor de la generación del 98, destacan su ensayo *Idearium español* (1897), sobre la filosofía de España y de su administración, las novelas *La conquista del reino de Maya por el último conquistador español Pío Cid* (1897) y *Los trabajos del infatigable creador Pío Cid* (1898), y su correspondencia con Unamuno (*El porvenir de España*, 1905).

GĀNIYA (Banū), familia almorávid del clan lamtūna. Expulsados de al-Andalus por los almohades, reinaron en Baleares entre 1146 y 1203. En Berbería oriental, Yahyā (m. en 1237) mantuvo su soberanía en 1195-1203.

GANSU, prov. del N de China; 22 930 000 hab.; cap. *Lanzhou*.

GANTE, en neerl. **Gent**, en fr **Gand**, c. de Bélgica, cap. de Flandes Oriental, en la confluencia del Escalda y el Lys; 230 246 hab. (*ganteses*). Puerto unido al mar del Norte por el canal de Terneuzen. Universidad. — Castillo (ss. XI-XIII). Catedral de San Bavón (ss. XIV-XVI, retablo de *El cordero místico*, de Van Eyck). — Gran centro pañero (s. XIII), gobernada por el patriciado y, en el s. XIV, por la burguesía y el artesanado, en 1540 Carlos Quinto castigó su sublevación con la pérdida de sus privilegios. La ciudad participó en el levantamiento de los Países Bajos contra los españoles (1566), pero fue sometida (1584). Anexionada a Francia (1794), fue incorporada a Bélgica en 1830. Fue de nuevo un gran centro textil en el s. XIX.

GANTE (Juan de) → **LANCASTER** (familia).

GANTT (Henry Laurence), *Calvert Country, Maryland, 1861-Pine Island, estado de Nueva York, 1919*, ingeniero estadounidense. Amplió la obra de F.W. Taylor al desarrollar el aspecto social de la organización del trabajo.

GANZ (Bruno), *Zurich 1941*, actor suizo. Su enigmático magnetismo y sus interpretaciones exigentes, cerebrales y melancólicas, le han llevado a triunfar tanto en el teatro como en el cine (*La marquesa de O.*, É. Rohmer, 1976; *En la ciudad blanca*, A. Tanner, 1983; *El cielo sobre Berlín*, W.Wenders, 1987; *La eternidad y un día*, T. Angelopoulos, 1998; *El hundimiento*, O. Hirschbiegel, 2004).

GANZHOU, c. de China (Jiangxi); 346 000 hab.

1339

GAO, c. de Malí, a orillas del Níger; 55 300 hab. Fundada h. el s. VIII, fue la cap. del imperio songay (1464-1591). — Mezquita (s. XIV) y necrópolis principesca (patrimonio de la humanidad 2004).

GAONA Y JIMÉNEZ (Rodolfo), *León de los Aldamas 1888-México 1975,* matador de toros mexicano. Torero completo, fue un virtuoso en las suertes de capa y banderillas. Tomó la alternativa en 1908 y se retiró en 1925.

GAOS (José), *Gijón 1900-México 1969,* filósofo español nacionalizado mexicano. Su obra parte de postulados existencialistas (*Dos ideas de la filosofía,*1940; *Filosofía contemporánea,* 1962).

GAOS (Vicente), *Valencia 1919-íd. 1980,* escritor español. Poeta de tono reflexivo y grave (*Arcángel de mi noche,* 1944; *Profecía del recuerdo,* 1956; *Un montón de sombra,* 1971; *Última Thule,* 1980), fue también crítico literario. (Premio nacional de poesía 1981.)

GAO XINGJIAN, *Ganzhou 1940,* escritor y pintor chino nacionalizado francés. Defensor del modernismo, perseguido por las autoridades de Pekín, se refugió en Francia en 1988. Ensayista, dramaturgo y novelista (*La montaña del alma,* 1995), se dedica también a la pintura —tinta y aguada— en la tradición de los letrados. (Premio Nobel de literatura 2000.)

GAOXIONG, c. del SO de Taiwan; 1 406 000 hab. Puerto y centro industrial.

GARAJONAY (parque nacional de), parque nacional de España, en la isla de Gomera (Canarias); 3 986 ha. Bosques de lauráceas y notable avifauna. (Patrimonio de la humanidad 1986.)

GARAY, dep. de Argentina (Santa Fe), en la or. der. del Paraná; 16 136 hab.; cap. *Helvecia.*

GARAY (Blasco de), *m. h. 1552,* marino español de origen vasco. Fue el primer europeo que aplicó la rueda de palas como sustituto de los remos en la navegación, sistema ya difundido en China.

GARAY (Juan de), *¿Orduña?, Vizcaya, 1527-1583,* explorador español. Desde 1543 tomó parte en diversas expediciones en Perú. Fundador de Santa Fe (1573) y Buenos Aires (1580), en 1581-1582 exploró la región de Mar del Plata. Murió a manos de los indios.

GARB o **RARB,** llanura de Marruecos, a orillas del Atlántico, regada por el uadi Sebú.

GARBO (Greta Lovisa Gustafsson, llamada Greta), *Estocolmo 1905-Nueva York, 1990,* actriz de cine sueca nacionalizada estadounidense. Su belleza legendaria y su personalidad inaccesible la convirtieron en el arquetipo de estrella cinematográfica: *La reina Cristina de Suecia* (R. Mamoulian, 1933), *Ana Karenina* (C. Brown, 1935), *Ninotchka* (E. Lubitsch, 1939).

■ GRETA **GARBO** en *La reina Cristina de Suecia* (1933), de R. Mamoulian.
■ ALAN **GARCÍA**

GARBORG (Arne), *Time 1851-Asker 1924,* escritor noruego. Propagandista de la lengua popular (*landsmaal*), en sus novelas defendió la libertad de pensamiento.

GARCÉS (Tomàs), *Barcelona 1901-íd. 1993,* poeta español en lengua catalana. El gusto por la canción popular y un lirismo simbólico distinguen su poesía (*Veinte canciones,* 1922; *El sueño,* 1927; *El cazador,* 1947; *Viaje de octubre,* 1955; *Escrito en el suelo,* 1985).

GARCI (José Luis **García,** llamado José Luis), *Madrid 1944,* director de cine español. Tras encabezar el cine de la transición española al retratar las heridas emocionales dejadas por el franquismo (*Asignatura pendiente,* 1977; *Solos*

en la madrugada, 1978), se ha acercado a los esquemas del cine clásico americano (*El crack,* 1981; *You're the One,* 2000; *Ninette,* 2005). Obtuvo el primer Oscar del cine español a la mejor película de habla no inglesa por *Volver a empezar* (1981).

GARCIA (Francesc Vicent), conocido como **el Rector de Vallfogona,** *Tortosa 1582-Vallfogona 1623,* poeta español en lengua catalana. Su obra, festiva y barroca, es de tono burlesco.

CASTILLA

GARCÍA I FERNÁNDEZ el de las Manos blancas, *Burgos 938-Córdoba 995,* conde de Castilla (970-995). En su mandato, Almanzor devastó Castilla (981,989-990 y 994).

GARCÍA II SÁNCHEZ, *h. 1010-León 1029,* conde de Castilla (1017-1029), hijo y sucesor de Sancho García.

GALICIA

GARCÍA, *1042-castillo de Luna, León, 1090,* rey de Galicia (1066-1071 y 1072-1073). Sus hermanos Alfonso VI de León y Sancho II de Castilla se repartieron su reino en 1071-1072, y en 1073 Alfonso lo encarceló hasta la muerte.

LEÓN

GARCÍA I, *m. en Zamora 914,* rey de León (910-914). Se levantó contra su padre, Alfonso III de Asturias. Señor de la meseta castellano-leonesa, amplió el reino al alto Duero.

NAVARRA

GARCÍA I ÍÑIGUEZ, *h. 800-870,* rey de Navarra (851 u 852-870), hijo de Íñigo Arista. En 858 u 859 fue apresado por los normandos, que tomaron Pamplona.

GARCÍA II SÁNCHEZ I, *¿919?-970,* rey de Navarra (926-970) y conde de Aragón. Hijo de Sancho I Garcés, comenzó a reinar bajo la tutela de Jimeno Garcés (hasta 933). Formó una alianza de los reinos peninsulares contra el califato de Córdoba (962).

GARCÍA III SÁNCHEZ II el Temblón, *m. en 1000,* rey de Navarra (994-1000) y conde de Aragón (García II) [995-1000], hijo de Sancho II Garcés.

GARCÍA IV SÁNCHEZ III el de Nájera, *1016-Atapuerca 1054,* rey de Navarra (1035-1054), hijo de Sancho III. Murió en una batalla contra su hermano, Fernando I de Castilla y León.

GARCÍA V RAMÍREZ el Restaurador, *m. en Lorca 1150,* rey de Navarra (1134-1150), biznieto de García IV y sucesor de Alfonso I de Aragón.

GARCÍA (Alan), *Lima 1949,* abogado y político peruano. Dirigente del APRA, como presidente (1985-1990) combatió el terrorismo, sin éxito, y emprendió reformas económicas radicales (nacionalización de la banca, 1987) antes de la recesión de 1988. Fue procesado por corrupción. En 2001 regresó a la política como candidato del APRA y en 2006 de nuevo fue elegido presidente.

GARCÍA (Atilio), *Junín 1915-Montevideo 1973,* futbolista argentino. Delantero, jugó con los equipos Platense, Nacional de Montevideo y Liverpool.

GARCÍA (Carlos), escritor español, que vivió entre 1575 y 1630. Desterrado en París, publicó *Antipatía de los franceses y españoles* (1617) y la novela picaresca *La desordenada codicia de los bienes ajenos* (1619).

GARCÍA (Gregorio), *Baeza 1554-íd. 1627,* dominico español. Fue misionero en Perú y México, donde estudió las antiguas civilizaciones (*Origen de las Indias del Nuevo Mundo e Indias Occidentales,* 1607).

GARCÍA (Héctor), *México 1923,* fotógrafo mexicano. Estudió con Manuel Álvarez Bravo y Gabriel Figueroa. Desde 1945 ha trabajado como reportero gráfico y ha registrado tanto la vida cotidiana como sucesos de la historia de su país (huelgas de maestros y ferrocarrileros, movimiento estudiantil).

GARCÍA (hermanos [Jerónimo, Francisco y Miguel Jerónimo]), escultores españoles del s. XVII, activos en Granada. Se especializaron en ecce-homos de terracota policromada.

GARCÍA (Lisardo), *Guayaquil 1842-1937,* político ecuatoriano. Presidente de la república (1905), fue derrocado por los militares (1906).

GARCÍA (Manuel), conocido como **Manuel del Popolo Vicente,** *Sevilla 1775-París 1832,* cantante y compositor español. Triunfó en Italia, París, Londres, Nueva York y México. Profesor de canto, entre sus discípulos destacan sus tres hijos: **Manuel** (1805-1906), inventor del laringoscopio, y las cantantes y compositoras **María Felicia** (la *Malibrán) y **Paulina** (1821-1910), conocida como *Paulina Viardot.*

GARCÍA (Víctor), *Tucumán 1934-París 1982,* director teatral argentino. Sus montajes aportaron soluciones originales al movimiento escénico y renovaron el sentido del espectáculo.

GARCÍA (Victor Manuel), *La Habana 1897-íd. 1969,* pintor cubano. Impulsor del modernismo, influido por Gauguin, recreó el paisaje tropical y la figura femenina con una visión primitivista y nostálgica (*Gitana tropical,* 1929).

GARCÍA ABRIL (Antón), *Teruel 1933,* compositor español. En su obra destacan el *Concierto aguediano* (1978) y *Celibidachiana* (1982), para orquesta, comedias musicales (*Un millón de rosas,* 1971), música vocal (*Dos canciones sobre el alba del alhelí, Ciclo de canciones gallegas*), la ópera *Divinas palabras* (1992) y música para cine y televisión.

GARCÍA-ALIX (Alberto), *León 1956,* fotógrafo español. Autodidacta, sus fotos en blanco y negro constituyen una crónica del mundo urbano underground de su generación. (Premio nacional de fotografía 1999.)

GARCÍA ASENSIO (Enrique), *Valencia 1937,* director de orquesta español. Ha sido titular de las orquestas filarmónica de Las Palmas, municipal de Valencia y sinfónica de RTVE.

GARCÍA BACCA (Juan David), *Pamplona 1901-Quito 1992,* filósofo español nacionalizado venezolano. En su obra combina la reflexión filosófica sobre la ciencia con la preocupación por temas humanistas: *Introducción a la lógica moderna* (1936), *Filosofía y teoría de la relatividad* (1978), *Antropología filosófica* (1982).

GARCÍA BAENA (Pablo), *Córdoba 1923,* poeta español. Fundador de la revista *Cántico* (1947), su poesía constituye una intensa elegía: *Antiguo muchacho* (1950), *Óleo* (1958), *Antes que el tiempo acabe* (1978), *Lectivo* (1983), *Los campos Elíseos* (2006). [Premio Príncipe de Asturias 1984; premio Reina Sofía de poesía iberoamericana 2008.]

GARCÍA BELLIDO (Antonio), *Villanueva de los Infantes, Ciudad Real, 1903-Madrid 1972,* arqueólogo español. Se consagró al estudio del arte y la arqueología griega y romana en España (*Hispania Graeca,* 1948; *Fenicios y cartagineses en Occidente,* 1942; *Arte romano,* 1955).

GARCÍA CALDERÓN (Ventura), *París 1886-Lima 1959,* diplomático y escritor peruano. Poeta (*Cantilenas,* 1920) y narrador modernista, destacan sus cuentos indigenistas: *La venganza del cóndor* (1924), *Peligro de muerte* (1926). Con sus ensayos contribuyó a la difusión de la literatura hispanoamericana.

GARCÍA CALVO (Agustín), *Zamora 1926,* escritor español. Lingüista, ha escrito agudos artículos y relatos llenos de provocación e inconformismo, además de poesía y ensayos. (Premio nacional de ensayo 1990.)

GARCÍA CATURLA (Alejandro), *Remedios, Las Villas, 1906-íd. 1940,* compositor cubano. Es autor de obras sinfónicas (*Obertura cubana,* 1928) y de cámara, piezas para piano y canciones en las que utiliza elementos musicales afrocubanos (*Mulata; Yambambó*).

GARCÍA CUBAS (Antonio), *México 1832-íd. 1912,* geógrafo mexicano. Es autor de diversas publicaciones y estudios sobre geografía y etnografía mexicanas.

GARCÍA DE BENABARRE (Pere), pintor español, nacido en Benabarre, activo en la Corona de Aragón entre 1445 y 1483. De estilo próximo a Jaume Huguet, su obra presenta un realismo narrativo mezclado con arcaísmos del estilo internacional (retablo de Benavent).

GARCÍA DE DIEGO (Vicente), *Vinuesa, Soria, 1878-Madrid 1978,* filólogo español. Son notables sus aportaciones a la dialectología castellana (*Manual de dialectología española,* 1946), al aragonés (*Caracteres fundamentales del dialecto aragonés,* 1919) y al gallego (*Elementos de gramática histórica gallega,* 1909). [Real academia 1926.]

GARCÍA DE ENTERRÍA (Eduardo), *Vega de Liébana, Cantabria, 1923*, jurista español. Teórico de derecho público de reconocido prestigio, fue juez del Tribunal europeo de derechos humanos (1978 1986). Ha asesorado al gobierno español en cuestiones constitucionales y autonómicas. (Premio Príncipe de Asturias de ciencias sociales 1984.) [Real academia 1993.]

GARCÍA DE LA CONCHA (Víctor), *Villaviciosa 1934*, filólogo y escritor español. Autor de numerosos estudios sobre la literatura del renacimiento y la poesía del s. XX, es miembro (1992) y director (1999) de la Real academia española.

GARCÍA DE LA HUERTA (Vicente), *Zafra 1734-Madrid 1787*, dramaturgo español. Inspirándose en los amores de Alfonso VIII y la judía de Toledo, compuso en verso la tragedia más representativa del neoclasicismo español: *Raquel* (1775). [Real academia 1760.]

GARCÍA DEL MOLINO (Fernando), *Santiago de Chile 1813-Buenos Aires 1899*, pintor y dibujante argentino, retratista oficial en la época de Juan M. de Rosas.

GARCÍA DE PAREDES (José María), *Sevilla 1924-Madrid 1990*, arquitecto español. Sus obras se caracterizan por un carácter sereno y equilibrado y por una voluntad de integración en el entorno. Realizó diversos auditorios (Granada, Madrid, Valencia).

GARCÍA DE PRADAS (Juan), arquitecto español activo en Granada entre 1492 y 1527. De formación gótica, en 1522 finalizó el Hospital real según planos de E. Egas.

GARCÍA DE QUEVEDO (José Heriberto), *Coro 1810 París 1871*, escritor venezolano. Fue dramaturgo (*Nobleza contra nobleza; Isabela de Médicis*) y poeta romántico de tono filosófico (*Delirium*).

GARCÍA DE QUIÑONES (hermanos [Andrés y Jerónimo], arquitectos españoles del s. XVIII, activos en Salamanca. Sus obras se sitúan en la transición del barroco al neoclasicismo.

GARCÍA ESPINOSA (Julio), *La Habana 1926*, director de cine cubano. Su ópera prima, *El mégano*, fue prohibida por el régimen de Batista. Su militancia comunista le costó el exilio en Cuba hasta (1960), *El joven rebelde* (1961) o *Tercer Mundo, tercera guerra* (1970), ejemplo de «cine imperfecto», concepto con el que define su idea de un arte didáctico y antielitista.

GARCÍA GÓMEZ (Emilio), *Madrid 1905-íd. 1995*, arabista español. Discípulo de Asín Palacios, es autor de notables traducciones y estudios: *Poetas arabigoandaluces* (1930), *El collar de la paloma* de ibn Hazm (1952), *Las jarchas romances de la serie árabe en su marco* (1964). [Real academia 1945.]

GARCÍA GOYENA (Rafael), *Guayaquil 1766-Guatemala 1823*, escritor guatemalteco de origen ecuatoriano. Destacado fabulista, ambientó sus trabajos en la naturaleza de Guatemala. Su obra, reunida póstumamente en *Fábulas y poesías varias* (1825), es modelo en su género.

GARCÍA GRANADOS (Miguel), *1809-1878*, militar y político guatemalteco, presidente tras la revolución reformista y liberal (1871-1873).

GARCÍA GUTIÉRREZ (Antonio), *Chiclana de la Frontera 1813-Madrid 1884*, dramaturgo español. Autor de los dramas románticos *El trovador* (1836) y *Simón Bocanegra* (1843), que inspiraron sendas óperas a Verdi, destacó en el tema histórico (*El paje*, 1837; *Venganza catalana*, 1864; *Juan Lorenzo*, 1865), dentro de un romanticismo sombrío. (Real academia 1861.)

GARCÍA HORTELANO (Juan), *Madrid 1928-íd. 1992*, escritor español. Tras el realismo objetivo de los inicios (*Nuevas amistades*, 1959), sus novelas posteriores resultan más complejas y elaboradas: *El gran momento de Mary Tribune* (1972), *Los vaqueros en el pozo* (1979), *Gramática parda* (1982).

GARCÍA ÍÑIGUEZ (Calixto), *Holguín 1839-Washington 1898*, patriota y general cubano. Cabecilla en la guerra de los Diez años (1868-1878) y, junto con Martí y Maceo, en la guerra Chiquita (1879), colaboró en el desembarco estadounidense de Shafter (1898).

GARCÍA LEOZ (Jesús), *Olite 1906-Madrid 1953*, compositor español. Es autor de zarzuelas (*La duquesa del candil*, 1947; *La alegre alcaldesa;*

Retablo de Navidad, 1952), ballets y música de cámara.

GARCÍA LORCA (Federico), *Fuente Vaqueros, Granada, 1898-Víznar, Granada, 1936*, escritor español. Representante de la generación del 27, *Canciones* (1927) y el *Romancero gitano* (1928), su mayor éxito, muestran los rasgos más sobresalientes de su poesía: la inspiración andaluzista, el dramatismo de las situaciones y un lenguaje que sorprende por su audacia. En 1929 viajó a EUA y escribió su obra lírica más innovadora, *Poeta en Nueva York* (publicado en 1940), fruto de una crisis vital y estética. Al *Llanto por Ignacio Sánchez Mejías* (1934), una de las más bellas elegías de la poesía contemporánea, siguió *El diván de Tamarit* (publicado en 1940). Como dramaturgo, revolucionó el panorama teatral con obras como *El público* (1930), *Así que pasen cinco años* (1931) y la trilogía trágica formada por *Bodas de sangre* (1933), *Yerma* (1934) y *La casa de Bernarda Alba* (1936). Destacan también: *Mariana Pineda* (1927), *La zapatera prodigiosa* (1930) y *Doña Rosita la soltera* (1935). Detenido al estallar la guerra civil, fue fusilado por el bando franquista.

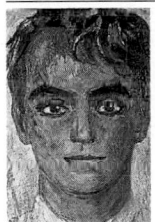

■ FEDERICO GARCÍA LORCA, por G. Prieto.   ■ GABRIEL GARCÍA MÁRQUEZ

GARCÍA MÁRQUEZ (Gabriel), *Aracataca 1927*, escritor colombiano. Tras su primera novela (*La hojarasca*, 1955), publicó *El coronel no tiene quien le escriba* (1961), *La mala hora* (1962) y *Los funerales de la Mamá Grande* (1962, relatos). En estas obras aparece ya un tratamiento fantástico de la realidad colombiana, donde las modernas técnicas narrativas le sirven para establecer inesperadas relaciones entre el mundo social y político y los aspectos más pintorescos de la vida cotidiana. La novela *Cien años de soledad* (1967), una de las mejores muestras del realismo mágico, supuso su consagración internacional. Son posteriores: *El otoño del patriarca* (1975), *Crónica de una muerte anunciada* (1981), *El amor en los tiempos del cólera* (1985), *El general en su laberinto* (1989), sobre los últimos días de Bolívar; *Del amor y otros demonios* (1994), *Memoria de mis putas tristes* (2004). También ha escrito crónicas periodísticas (*Relato de un náufrago*, 1968; *Noticia de un secuestro*, 1996), teatro (*Diatriba de amor contra un hombre sentado*, 1988) y memorias (*Vivir para contarla*, 2002). [Premio Rómulo Gallegos 1972; premio Nobel 1982.]

GARCÍA MATOS (Manuel), *Plasencia 1912-Madrid 1974*, músico folclorista español. Recopiló canciones, músicas y danzas del folclore español (*Antología del folklore musical de España*, 1960-1971), y colaboró con organismos internacionales como la Unesco.

GARCÍA MÁYNEZ (Eduardo), *México 1908-1993*, filósofo mexicano. Propugnó una axiología sobre la que fundamentar el derecho positivo, y posteriormente investigó sobre una lógica del deber jurídico (*Lógica del concepto jurídico*, 1959).

GARCÍA MENOCAL (Mario), *Jagüey Grande 1866-La Habana 1941*, general y político cubano. Líder conservador, fue presidente de la república en 1913-1917 y 1917-1921. Su reelección originó una grave crisis política.

GARCÍA MERCADAL (Fernando), *Zaragoza 1896-Madrid 1985*, arquitecto español. Miembro activo del GATEPAC, evolucionó del racionalismo de sus primeras obras hacia un monumentalismo ecléctico.

GARCÍA MEZA (Luis), *La Paz 1929*, general y político boliviano. Líder del golpe de estado de 1980, fue presidente de la república 1980-1981. Condenado (1993) por violación de los derechos humanos durante su mandato, huyó a Brasil, donde fue detenido en 1994.

GARCÍA MOLINER (Federico), *Burriana 1930*, físico español. Autor de estudios sobre transporte de electrones en sólidos y electrodinámica, es conocido por su método de acoplamiento de las «funciones de Green». Ha contribuido de modo decisivo a la creación de la Escuela española de física del estado sólido.

GARCÍA MONGE (Joaquín), *Desamparados 1881-San José 1958*, pedagogo y escritor costarricense. Director de la Escuela normal y secretario de Instrucción pública de su país, fundó y dirigió la revista cultural *El repertorio americano* (1919 1958). Es autor de novelas breves y cuentos costumbristas.

GARCÍA MONTERO (Luis), *Granada 1958*, poeta español. Representante de la llamada «poesía de la experiencia» (*Y ahora eres dueño del puente de Brooklyn*, 1980; *El jardín extranjero*, 1983; *Habitaciones separadas*, 1994; *La intimidad de la serpiente*, 2003), también es autor de ensayos y de crítica literaria. (Premio nacional de literatura 1995; premio nacional de la crítica 2004.)

GARCÍA MORENO (Gabriel), *Guayaquil 1821-Quito 1875*, político ecuatoriano. Presidente del triunvirato (1859-1861) y de la república (1861-1865 y 1869-1875), implantó una dictadura teocrática y promulgó una constitución centralista y conservadora (1860). Reelegido en 1875, se desató una campaña de agitación que culminó con su asesinato.

GARCÍA MORENTE (Manuel), *Jaén 1888-Madrid 1942*, filósofo español. Formado en el neokantismo (*La filosofía de Kant*, 1917), experimentó más tarde la influencia de Ortega y Gasset (*Lecciones preliminares de filosofía*, 1931).

GARCÍA MORILLO (Roberto), *Buenos Aires 1911-1996*, compositor argentino. En sus composiciones (ballets, sinfonías, piezas corales y de cámara) utiliza procedimientos seriales.

GARCÍA NAVARRO (Luis Antonio), *Chiva, Valencia, 1941-Madrid 2001*, director de orquesta español. Director de ópera prestigioso, estuvo al frente de diversas formaciones orquestales de Europa y EUA, como la orquesta del teatro Real de Madrid.

GARCÍA NIETO (José), *Oviedo 1914-Madrid 2001*, poeta español. Fundador de la revista *Garcilaso*, en su poesía destacan: *Tregua* (1951), *La red* (1955), *Memorias y compromisos* (1966), *Los cristales fingidos* (1978). [Premio Cervantes 1996.] (Real academia 1982.)

GARCÍA OCHOA (Luis), *San Sebastián 1920*, pintor y grabador español. Su obra evolucionó del postimpresionismo al fauvismo y al expresionismo más esperpéntico.

GARCÍA OLIVER (Juan), *Reus 1901-Guadalajara, México, 1980*, dirigente anarcosindicalista español. Vinculado a la FAI, en la guerra civil dirigió el Comité central de milicias antifascistas, y fue ministro de justicia de Largo Caballero (1936-1937). Se exilió en 1939. Escribió las memorias *El eco de los pasos* (1978).

GARCÍA PAVÓN (Francisco), *Tomelloso 1919-Madrid 1989*, escritor español. Narrador de ambientes y personajes populares (*Historias de Plinio*, 1968; *El rapto de las Sabinas*, 1969; *Cuentos de amor... vagamente*, 1985), cultivó también el ensayo y la crítica literaria.

GARCÍA PELAYO (Manuel), *Corrales 1909-Caracas 1991*, jurista español. Especialista en derecho constitucional y en filosofía del derecho, tras exiliarse en 1952, fue director del Instituto de estudios políticos de Caracas. Vuelto a España, presidió el Tribunal constitucional (1980-1986).

GARCÍA PONCE (Juan), *Mérida 1932-México 2003*, dramaturgo mexicano. Autor de un teatro cercano a la vanguardia (*El canto de los grillos*, 1957), también ha cultivado la narrativa (*Imagen primera*, 1963; *El libro*, 1970; *Unión*, 1974) y el ensayo. (Premio Juan Rulfo 2001.)

GARCÍA ROBLES (Alfonso), *Zamora, Michoacán, 1911-México 1991*, diplomático y jurista mexicano. Presidente del Comité para la desnuclearización de América latina (1964-1967), desde 1977 representó a su país en la conferencia de desarme de Ginebra. (Premio Nobel de la paz 1982.)

GARCÍA ROVIRA (Custodio), *Cartagena de Indias 1780-Bogotá 1816*, patriota colombiano. Miembro del triunvirato (1814) y presidente electo (1816), fue fusilado por Morillo.

GARCÍA SÁNCHIZ (Federico), *Valencia 1886-Madrid 1964*, escritor español. Popular por sus «charlas», escribió novelas cortas, *El viaje a España* (1929) y sus *Memorias* (1957-1963). [Real academia 1941.]

GARCÍA SANTESMASES (José), *Barcelona 1907-Madrid 1989*, físico español. Fue pionero de la investigación sobre informática y automática en España.

GARCIASOL (Miguel Alonso Calvo, llamado Ramón de), *Guadalajara 1913-Madrid 1994*, poeta español. Ha cultivado la poesía social, religiosa y amorosa (*Defensa del hombre*, 1950; *Tierras de España*, 1955; *Mariuca*, 1970; *Libro de Tobías*, 1976) y el ensayo.

GARCÍA TERRÉS (Jaime), *México 1924-íd. 1996*, escritor mexicano. En 1988 recopiló su poesía en *Las manchas del Sol (1956-1987)*. Como ensayista publicó *Panorama de la crítica literaria en México* (1941), *Grecia 60* (1962), *Reloj de Atenas* (1977).

GARCÍA Y BELLIDO (Antonio), *Madrid 1936*, biólogo español. Sus estudios sobre la genética del desarrollo y la diferenciación celular han abierto el camino para la comprensión de los mecanismos moleculares reguladores de la forma y el tamaño de los seres vivos.

GARCILASO DE LA VEGA, *Toledo 1501-Niza 1536*, poeta español. Con su obra se abre una nueva dimensión en la poesía castellana. Introdujo plenamente el petrarquismo: uso de la naturaleza como fuente de las imágenes poéticas, autoanálisis sentimental, sensibilidad ante la belleza sensual, referencias a los grandes poetas latinos, innovación lingüística y métrica (con base en el endecasílabo). Publicada póstumamente (1543), su obra comprende églogas, canciones, elegías, sonetos y una epístola a Boscán. Junto a los temas centrales, la fusión sentimental de amor y naturaleza, aparecen los motivos mitológicos clásicos. Su lírica, guiada por un ideal arcádico expresado con melancólica serenidad, constituye una de las cimas de la poesía castellana.

■ GARCILASO DE LA VEGA

■ GIUSEPPE GARIBALDI. (Museo del Risorgimento, Roma.)

GARCILASO DE LA VEGA (Gómez Suárez de Figueroa, llamado el Inca), *Cuzco 1539-Córdoba 1616*, escritor e historiador hispanoamericano. Hijo del conquistador español Sebastián Garcilaso de la Vega y de una princesa india, en 1560 se trasladó a España, donde siguió la carrera militar, adoptó el nombre de Garcilaso de la Vega (1563) y desde 1590 se dedicó a una labor humanística. Primer gran prosista de Hispanoamérica, es autor de obras históricas (*La Florida del Inca*, 1605; *Comentarios reales*, 1609, obra de larga influencia en la imagen del imperio inca; *Historia general del Perú*, 1617).

GARD, dep. del S de Francia (Languedoc-Rosellón); 5 853 km²; 623 125 hab.; cap. *Nîmes*.

GARDA (lago de), el más oriental de los grandes lagos del N de Italia, atravesado por el Mincio; 370 km². Turismo.

GARDAFUI (cabo) → GUARDAFUI.

GARDEL (Charles Romuald Gardés, llamado Carlos), *Toulouse 1895-Medellín 1935*, cantante, compositor y actor argentino. Es el cantante de tangos por antonomasia. Famoso tras sus

■ CARLOS **GARDEL** (en el centro).

actuaciones en el teatro Esmeralda de Buenos Aires en 1917, cantó en Europa y América. Compuso e interpretó tangos muy celebrados (*Mano a mano*, 1929; *Volver*, 1934; *Mi Buenos Aires querido*, 1934; *El día que me quieras*, 1935) y protagonizó varias películas (*Luces de Buenos Aires*, 1931; *Cuesta abajo*, 1934). Murió en accidente de aviación.

GARDINER (sir John Eliot), *Fontmell Magna, Dorset, 1943*, director de orquesta británico. Contribuyó al renacimiento de la música barroca, con la fundación del Monteverdi Choir (1964) y los English Baroque Soloists (1978), antes de ampliar su repertorio con la creación, en 1990, de la Orquesta revolucionaria y romántica.

GARDINER (Stephen), *Bury Saint Edmunds h. 1482-Londres 1555*, prelado y estadista inglés. Apoyó a Enrique VIII contra el papa en 1533. Se convirtió en lord canciller con María Tudor (1553) y persiguió a los protestantes.

GARDNER (Ava), *Smithfield, Carolina del Norte, 1922-Londres 1990*, actriz estadounidense, estrella de Hollywood (*Pandora*, A. Lewin, 1951; *La condesa descalza*, J. Mankiewicz, 1954; *La noche de la iguana*, J. Huston, 1964).

Garellano (batalla de) [dic. 1503], victoria de las tropas españolas de Fernando el Católico, al mando del Gran Capitán, frente a las francesas de Luis XII, junto al río Garigliano o Garellano (Italia).

GARES → PUENTE LA REINA.

GARFIAS (Pedro), *Salamanca 1901-México 1967*, poeta español, de la generación del 27 (*Ala del sur*, 1927; *Poesías de la guerra*, 1938; *Primavera en Eaton Hastings*, 1939).

GARGALLO (Pablo), *Maella, Zaragoza, 1881-Reus 1934*, escultor español. Frecuentó en Barcelona la tertulia modernista de Els quatre gats. En 1903 inició los viajes a París que lo relacionaron con la vanguardia europea. Su obra evolucionó hacia un lenguaje muy personal a base de planchas metálicas recortadas

y yuxtapuestas (*Pequeña máscara con mechón*, 1907), de influencia cubista, basada en el juego de macizos y huecos (*Maternidad*, 1922; *Gran arlequín*, 1931; *El profeta*, 1933). Museo monográfico en Zaragoza.

GARGANO, promontorio calizo de Italia peninsular, en la costa adriática; 1 056 m.

GÁRGORIS, rey mitológico de Tartessos al que se atribuía la invención de la apicultura.

GARIBALDI (Giuseppe), *Niza 1807-Caprera 1882*, patriota italiano. Participó en la insurrección brasileña de Rio Grande do Sul (1836). En 1841, comandó tropas uruguayas contra el argentino Rosas. Luchó por la unificación de Italia. Tras intentar defender la república en Roma (1849), se exilió. De regreso en Italia, combatió contra Austria, contra el reino de las Dos Sicilias (expedición de los Mil, 1860) y contra el papado; combatió por Francia en 1870-1871.

GARIBAY (Ángel María), *Toluca 1892-México 1967*, escritor mexicano. Fue poeta, ensayista y gran estudioso de la cultura náhuatl y precolombina: *La poesía lírica azteca* (1937), *Historia de la literatura náhuatl* (1953-1954).

GARIGLIANO → Garellano (batalla de).

GARIZIM, monte de Palestina, al S de Siquem. Lugar sagrado de los samaritanos.

GARLAND (Frances Gumm, llamada Judy), *Grand Rapids, Minnesota, 1922-Londres 1969*, actriz estadounidense. Revelada en *El mago de Oz* (V. Fleming, 1939), cantó en comedias musicales y fue la heroína en numerosas películas: *Cita en St. Louis* (V. Minnelli, 1944), *El pirata* (íd., 1948), *Ha nacido una estrella* (G. Cukor, 1954).

GARMA (Ángel), *Bilbao 1904-Buenos Aires 1993*, médico y psicoanalista español. Exiliado en Argentina en 1938, fundó la Asociación psicoanalítica argentina (1942). Introductor del recurso del dibujo de los sueños, es autor de *Psicoanálisis de los sueños* (1940).

GARMENDIA (Salvador), *Barquisimeto 1928-Caracas 2001*, escritor venezolano. Sus novelas (*Los pequeños seres*, 1959; *La mala vida*, 1968; *Memorias de Altagracia*, 1974; *El capitán Kid*, 1989) y cuentos (*Doble fondo*, 1966) indagan en la realidad venezolana y en la alienación del hombre moderno.

GARMISCH-PARTENKIRCHEN, c. de Alemania (Baviera); 26 996 hab. Estación de deportes de invierno (708-2 963 m de alt.).—Iglesias antiguas.

■ PABLO **GARGALLO**. *El profeta.*

■ EL INCA **GARCILASO DE LA VEGA.**
Portada de la primera parte de los *Comentarios reales* (Lisboa, 1609). [Biblioteca nacional, Madrid.]

GARNER (Erroll), *Pittsburgh 1921-Los Ángeles 1977*, pianista estadounidense de jazz. Representante del bop, fue, al frente de su trío o como solista, uno de los grandes improvisadores del jazz y desarrolló un estilo muy melódico, basado en un trato original del swing.

GARNIER (José Fabio), *Esparta 1884-1956*, escritor costarricense. Crítico teatral, sus dramas abordan las pasiones humanas en relación con la moral burguesa (*A la sombra del amor*, 1915; *Con toda el alma*, 1916; *El talismán de Afrodita*, 1916). También cultivó la novela (*La primera sonrisa*, 1904; *La esclava*, 1905) y el ensayo (*Literatura patria*, 1913).

GARONA, en fr. **Garonne**, r. del SO de Francia, que nace en España (valle de Arán) y desemboca en el Atlántico (estuario de la Gironda); 650 km. Nacido de la unión de dos pequeños ríos que provienen de los macizos de la Maladeta y Saboredo, pasa por Toulouse y Burdeos.

GAROUA, c. del N de Camerún, a orillas del Benué; 177 000 hab.

GARRETA (Julio), *Sant Feliu de Guíxols 1875-íd. 1925*, compositor español. Compuso música orquestal (*Impresiones sinfónicas*, 1907; *Suite ampurdanesa*, 1921), piezas para piano, sardanas y una *Sonata* para violonchelo y piano.

GARRICK (David), *Hereford 1717-Londres 1779*, actor y dramaturgo británico. Intérprete de Shakespeare y autor de comedias, reformó la tradición escénica inglesa.

GARRINCHA (Manoel Francisco **Dos Santos**, llamado), *Pau Grande 1933-Río de Janeiro 1983* futbolista brasileño. Considerado como uno de los mejores delanteros de todos los tiempos, fue campeón del mundo con la selección de su país en 1958 y 1962.

GARRO (Elena), *México 1920-íd. 1998*, escritora mexicana. Próxima al realismo mágico, es autora de narrativa (*Los recuerdos del porvenir*, 1965) y teatro (*La mudanza*, 1959; *Felipe Ángeles*, 1969).

GARROVILLAS, v. de España (Cáceres); 2 509 hab. (*garrovillanos*) Dólmenes. Restos del puente romano de Alconétar.

GARY, c. de Estados Unidos (Indiana), a orillas del lago Michigan; 116 646 hab. Siderurgia.

GARY (Romain **Kacew**, llamado **Romain**), *Vilna, act Vilnius, 1914-París 1980*, escritor francés. Narrador de las quimeras del mundo moderno y de la angustia ante el envejecimiento y la muerte (*Las raíces del cielo*, 1956; *Lady L.*, 1963), se inventó un doble literario, **Émile Ajar** (*La vida ante sí*, 1975). Se suicidó.

GARZA GARCÍA, mun. de México (Nuevo León), en la periferia de Monterrey; 81 974 hab.

GARZÓN, mun. de Colombia (Huila); 40 310 hab. Yuca, frijol y cereales. Minas de carbón.

GARZÓN (Baltasar), *Torres, Jaén, 1955*, magistrado español. Juez de la Audiencia nacional desde 1988, ha abierto causas (contra el general Pinochet, el entorno de ETA, entre otras) de gran repercusión política y social. Fue diputado por el PSOE (1993-1994).

GASCA (Pedro de la), *Navarregadilla, Ávila, 1493-Sigüenza 1565*, eclesiástico y político español. Presidente de la audiencia de Lima (1545), puso fin a la guerra civil de Perú (1548). Distribuyó las rentas de los conquistadores, protegió a los indios e inició la explotación minera de Potosí. De regreso a España, fue obispo de Palencia y Sigüenza.

GASCOIGNE (George), *Cardington h. 1525-Bernack 1577*, escritor inglés. Fue el primero en redactar en su país un arte poética.

GASCUÑA, en fr. **Gascogne**, ant. ducado francés, situado entre los Pirineos, el Atlántico y el r. Garona; cap. *Auch*.

GASCUÑA (golfo de) → **VIZCAYA** (golfo de).

GASHERBRUM, macizo del Karakorum, en la frontera entre China y Pakistán; 8 068 m en el Hidden Peak o *Gasherbrum 1*.

GASOL (Pau), *Barcelona 1980*, jugador de baloncesto español. Campeón del mundo júnior (1999) y absoluto (2006) y subcampeón olímpico (2008), con la selección de su país, ha jugado con el Barcelona y, en Estados Unidos, con los Grizzlies de Memphis y los Los Angeles Lakers. Fue el primer europeo elegido «debutante de la temporada» (2001-2002) de la NBA.

GASPAR, nombre, según una tradición tardía, de uno de los tres Reyes magos.

GASPAR (Enrique), *Madrid 1842-Oloron, Francia, 1902*, dramaturgo español. Orientado hacia el realismo, satirizó a la clase media (*Las personas decentes*, 1890), en un estilo antirretórico y conversacional.

GASPAR HERNÁNDEZ, mun. de la República Dominicana; 28 824 hab. Cacao, arroz, café.

GASPERI (Alcide de), *Pieve Tesino, Trentino, 1881-Sella di Valsugana 1954*, político italiano. Líder de la democracia cristiana y presidente del consejo (1945-1953), devolvió a su país su lugar en Europa e inició su recuperación económica tras la segunda guerra mundial.

GASSENDI (Pierre **Gassend**, llamado), *Champtercier, cerca de Digne, 1592-París 1655*, filósofo francés. Autor de trabajos sobre matemáticas, acústica y astronomía y crítico de Descartes, intentó conciliar el atomismo antiguo y la moral epicúrea con el cristianismo.

GASSER (Herbert), *Platteville, Wisconsin, 1888-Nueva York 1963*, fisiólogo estadounidense. Realizó investigaciones sobre las fibras nerviosas. (Premio Nobel 1944.)

GASSET Y ARTIME (Eduardo), *Pontevedra 1832-Madrid 1884*, periodista y político español, fundador del diario *El imparcial* (1867). — **Rafael G. y Chinchilla**, *Madrid 1866-íd. 1927*, periodista y político español. Hijo de Eduardo, lo sucedió en la dirección del periódico, desde el que promovió campañas regeneracionistas, y destacó como polemista. Liberal, ocupó varios ministerios entre 1900 y 1923.

GASSMAN (Vittorio), *Génova 1922-Roma 2000*, actor italiano. Destacó en el teatro y sobre todo en el cine: *Arroz amargo* (G. de Santis, 1949), *La escapada* (D. Risi, 1962), *Perfume de mujer* (D. Risi, 1974).

GASTÓN III DE FOIX, llamado **Febo**, *1331-Orthez 1391*, conde de Foix (1343-1391). Legó sus estados a la corona francesa. Es autor de *Oraciones* y *Tratado de caza*. — **Gastón IV**, *1425-1472*, conde de Foix y vizconde de Castellbó (1436-1472). Gobernó Navarra (1455).

GATA (cabo de), saliente de la costa mediterránea española (Almería), extremo S de la sierra de Gata o Gádor. (Reserva de la biosfera 1997.)

GATA (sierra de), sistema montañoso de España, en el sistema Central; 1 519 m de alt. Divisoria entre las provincias de Salamanca y Cáceres.

GATEPAC (Grupo de artistas y técnicos españoles para el progreso de la arquitectura contemporánea), asociación de artes plásticas española, fundada en Zaragoza (1930), que reunió a los arquitectos interesados en la integración social y racionalizada de su labor.

GATES (William, llamado **Bill**), *Seattle 1955*, empresario estadounidense. En 1975 fundó la empresa de informática *Microsoft. (Premio Príncipe de Asturias de cooperación internacional 2006.)

gato con botas (El), cuento de Perrault (1697).

GATT (General Agreement on Tariffs and Trade, en esp. Acuerdo general sobre aranceles de aduanas y comercio), acuerdo firmado en 1947 en Ginebra y que sirvió de marco para las grandes negociaciones comerciales internacionales, realizadas desde 1995 por la Organización mundial del comercio (OMC).

GATTAMELATA (el), *Narni h. 1370-Padua 1443*, condotiero italiano. — Estatua ecuestre en Padua, obra maestra de Donatello (h. 1446-1453).

Gatún, embalse del canal de Panamá, formado por el río Chagres. En el paso hacia el Caribe se encuentran las esclusas de Gatún.

Gatwick, uno de los aeropuertos de Londres, a 40 km al S de la ciudad.

GAUDÍ (Antoni o Antonio), *Reus 1852-Barcelona 1926*, arquitecto español. Iniciado en un estilo vinculado al historicismo, a partir de 1883 evolucionó hacia un lenguaje propio, cargado de expresividad, que le hizo descollar en la arquitectura modernista. Inició en Barcelona la *Sagrada Familia y realizó la casa Vicens (1883-1885), el palacio *Güell, la villa «El Capricho» en Comillas (1883-1885) y el palacio episcopal de Astorga (1887-1893), entre otras obras. En los años siguientes logró profundizó la originalidad de su lenguaje con sus mayores obras: el parque *Güell y la casa Milà o *Pedrera. Desde 1918 se dedicó por completo a la Sagrada Familia.

■ ANTONI **GAUDÍ**. La Sagrada Familia, en Barcelona.

GAUGUIN (Paul), *París 1848-Atuona, islas Marquesas, 1903*, pintor francés. Fue impresionista antes de crear su propio estilo, en el que simplificó las formas e intensificó el color. Ansioso por llegar a las fuentes de la creación, realizó numerosos viajes; vivió en Bretaña y, desde 1891, en la Polinesia francesa: *La visión después del sermón* (1888).

■ PAU **GASOL**. en un partido con los Grizzlies de Memphis en 2001.

■ PAUL **GAUGUIN**. *Tahitianas en la playa* (1891). [Museo de Orsay, París.]

GAUHĀTI, c. de la India (Assam), a orillas del Brahmaputra; 577 591 hab.

GAULLE (Charles de), *Lille 1890-Colombey-les-Deux-Églises 1970*, militar y estadista francés. Oficial en la primera guerra mundial, fue general de brigada durante la campaña de Francia (1940). Rechazó el armisticio e hizo un llamamiento a la resistencia desde Londres. En 1943 creó en Argel el Comité francés de liberación nacional, futuro gobierno provisional de la República francesa. Presidente de la república (1944), hostil a la política de partidos y defensor de una presidencia fuerte, dimitió (1946) y fundó el RPF (1947-1953). Retirado de la política en 1953, volvió a ella a causa de la crisis argelina (1958); consiguió la aprobación de una nueva constitución, de tipo presidencialista, y fue el primer presidente de la V República (1959). Concedió la independencia a Argelia (1962) y reforzó la autoridad del presidente con su elección por sufragio universal (1962, reelegido en 1965). Controló la crisis de mayo de 1968 pero, tras ser rechazado su proyecto de regionalización y de reforma del senado, dimitió (1969).

■ CHARLES DE **GAULLE** en l965.   ■ JUAN **GELMAN**

GAULTIER (Jean-Paul), *Arcueil, cerca de París, 1952*, modisto francés. El estilo de sus prendas, transgresor y a menudo humorístico, se inspira en la variedad de corrientes socio-étnicas y en la plástica del cuerpo humano.

GAUMONT (Léon), *París 1863-Sainte-Maxime 1946*, inventor e industrial francés. Fue uno de los promotores de la industria cinematográfica, pionero del cine sonoro (1902) y del cine en color (1912).

GAUSS (Carl Friedrich), *Brunswick 1777-Gotinga 1855*, astrónomo, físico y matemático alemán. Es autor de importantes trabajos de mecánica celeste, geodesia, magnetismo, electromagnetismo y óptica. Su concepción moderna de la naturaleza abstracta de las matemáticas le permitió ampliar el campo de la teoría de los números. Intuyó las geometrías no euclidianas.

GAUTENG, ant. **Pretoria-Witwatersrand-Vereeniging** (parte del ant. Transvaal), prov. de Sudáfrica; 7 348 423 hab.; cap. *Johannesburgo*.

GAUTIER (Théophile), *Tarbes 1811-Neuilly 1872*, escritor francés. Romántico, autor de relatos fantásticos y novelas (*El capitán Fracasse*, 1863), en poesía defendió «el arte por el arte» (*Esmaltes y camafeos*, 1852). En 1840 realizó un viaje por España, que reflejó en *Voyage en Espagne* (1843) y en los versos de *España* (1845).

GAVÀ, mun. de España (Barcelona), cab. de p.j.; 39 220 hab. (*gavaneses*). Industrias.

GAVIDIA (Francisco), *San Miguel 1865-San Salvador 1955*, escritor salvadoreño. Romántico, fue poeta (*El libro de los azahares, 1913*), dramaturgo (*Ursino*, 1886; *Júpiter*, 1895), narrador (*El encomendero*, 1901) y ensayista.

GAVILÁN (Baltasar), *n. en Lima h. 1708*, escultor peruano. Fue el escultor más importante de su época, autor de imágenes de madera policromada y retratos (*Felipe V; La muerte*).

GAVIOLA (Enrique), *Mendoza 1900-íd. 1989*, físico y astrónomo argentino. Alumno de Einstein en Alemania, regresó a Argentina en 1930 y fue director del Observatorio astronómico de Mendoza (1940-1947, 1956-1957) y fundador de la Asociación de física argentina.

Gaviota (La), novela costumbrista de Fernán Caballero —escrita en francés (1845) y tradu-

cida al castellano por J. J. Mora (1849)—, en torno a la vida de una cantante andaluza.

GAVIRIA (César), *Pereira 1947*, político y economista colombiano. Liberal, fue ministro con V. Barco. Presidente (1990-1994), en su mandato se aprobó una nueva constitución (1991). Fue secretario general de la OEA (1994-2004).

GÄVLE, c. de Suecia, en el golfo de Botnia; 88 568 hab. Puerto.

GAY (John), *Barnstaple 1685-Londres 1735*, escritor británico. Su *Ópera del mendigo* (1728) inspiró *La *ópera de cuatro cuartos*.

GAYĀ, c. de la India (Bihār); 293 971 hab. En los alrededores, se sitúa **Bodh Gayā*, gran centro de peregrinación.

GAYA (Ramón), *Murcia 1910-Valencia 2005*, pintor español. Teórico (*El sentimiento de la pintura*, 1960; *Velázquez, pájaro solitario*, 1969) y poeta, su producción pictórica, figurativa, es de un colorido vibrante y mediterráneo. (Premio Velázquez 2002.) — Museo en Murcia.

GAYA NUÑO (Juan Antonio), *Tardelcuende, Soria, 1913-Madrid 1976*, historiador del arte y escritor español, importante investigador (*Historia de la crítica de arte en España*, 1975).

GAYARRE (Julián), *Roncal 1844-Madrid 1890*, tenor español. Se consagró en la Scala de Milán (1876) con *La favorita*. Se distinguió sobre todo en el repertorio italiano.

GAYE (Marvin Pentz Gay Jr., llamado Marvin) *Washington 1939-Los Ángeles 1984*, cantante estadounidense. Batería afamado, fue sobre todo un maestro del soul (*How Sweet It Is To Be Loved By You*, 1965; *What's Going On*, 1971).

GAY-LUSSAC (Louis-Joseph), *Saint-Léonard-de-Noblat 1778-París 1850*, físico y químico francés. Estableció la ley de la dilatación de los gases (1802), estudió el magnetismo terrestre y demostró la constancia de la composición del aire (1804). Enunció las leyes volumétricas de los gases *(leyes de Gay-Lussac)* [1805]. Con L. J. Thenard, demostró que el cloro es un cuerpo simple y descubrió el boro.

GAY MOURET (Claudio), *Draguignan, 1800-íd. 1873*, naturalista e historiador francés. En 1828 viajó a Chile, donde fundó el museo de historia natural (1835). Publicó una *Historia física y política de Chile* (30 vols., 1844-1871).

GAYO, *s. II d.C.*, jurisconsulto romano. Sus cuatro libros de *Instituta* sirvieron de base a los *Instituta* de Justiniano.

GAZA, c. y territorio de Palestina (también llamado *franja de Gaza*); 363 km²; 676 000 hab. Aeropuerto. — Disputada entre Israel y Egipto, Gaza estuvo bajo administración egipcia (1948-1962) y más tarde bajo control israelí (1967-1994), el cual favoreció la implantación de colonias judías. Escenario, especialmente desde 1987, de un levantamiento popular palestino, Gaza fue dotada, en 1994, de un estatuto de autonomía según el plan previsto por el acuerdo palestino-israelí de 1993. Desde 2000, el territorio vivió una nueva fase de enfrentamientos violentos con Israel. Pero, en 2004, el gobierno israelí adoptó unilateralmente un plan de retirada de la franja de Gaza (evacuación concluida en ag. 2005). Desde 2006 Gaza se halla en el centro del conflicto interpalestino que opone a Hamas con Fatah, el partido de Mahmūd 'Abbās; en junio 2007 Hamas tomó por las armas el control del territorio, que se encuentra desde entonces totalmente aislado. Desde el 27 dic. 2008 hasta mediados de en. 2009, Israel —con el objetivo declarado de conseguir parar los lanzamientos de misiles que comprometen la seguridad del sur de su territorio— llevó a cabo una gran operación militar, devastadora, en la franja de Gaza.

GAZİANTEP, c. de Turquía, al N de Alepo; 603 434 hab.

GAZLI, c. de Uzbekistán; 12 000 hab. Gas.

GAZNAWÍES o **RAZNAWÍES**, dinastía turca que reinó en Afganistán, parte de Irán y el Panjāb en los ss. X-XIII.

Gazprom, consorcio gasístico ruso. Formado en 1989 a partir del ministerio de la industria de gas de la URSS, tiene el monopolio de la exportación de gas extraído en Rusia.

GAZTAMBIDE (Joaquín Romualdo), *Tudela 1822-Madrid 1870*, compositor español. Contri-

buyó a resucitar la zarzuela: *Catalina* (1854), *El juramento* (1858).

GDAŃSK, en alem. **Danzig**, c. de Polonia, cap. de voivodato, en la *bahía de Gdańsk*, cerca de la desembocadura del Vístula; 466 500 hab. Puerto. Construcciones navales. — Numerosos monumentos restaurados; museo pomerano. — Miembro de la Hansa (1361), la ciudad gozó, bajo la protección de los reyes de Polonia, de una autonomía casi total (ss. XV-XVIII) hasta ser anexionada por Prusia en 1793. Bajo control francés (1807-1815), se convirtió en la capital de la Prusia Occidental (1815-1919) y, más tarde, en ciudad libre. Su incorporación al Reich (1 sept. 1939) sirvió de pretexto para el desencadenamiento de la segunda guerra mundial. Se reincorporó a Polonia en 1945. Escenario, en 1980, de huelgas masivas, fue la cuna del sindicato Solidarność.

GDYNIA, c. de Polonia, junto al Báltico, al NO de Gdańsk; 251 800 hab. Puerto.

GEA MIT. GR. Divinidad que personifica la tierra madre. Unida a Urano, engendró a los Titanes, a los Cíclopes y los monstruos marinos.

GEBER → YABIR.

GEBRESELASSIE (Haile), *Asella, prov. de Arsi, 1973*, atleta etíope. Sobresaliente en las distancias comprendidas entre los 1 500 m y el maratón, cuyo récord mundial posee act., domina especialmente los 10 000 m, con dos títulos olímpicos (1996 y 2000) y cuatro títulos mundiales (1993, 1995, 1997 y 1999).

GEDEÓN, *s. XII o XI a.C.*, personaje bíblico. Juez de Israel, venció a la tribu palestina de los madianitas.

GEELONG, c. de Australia (Victoria); 153 000 hab. Refinería de petróleo. Aluminio.

GEER (Ludvig, barón de), *Finspång 1818-Truedstorp 1896*, político sueco. Primer ministro (1858-1870 y 1876-1880), hizo votar la institución de dos cámaras elegidas por sufragio censitario (1866).

GEHRY (Frank), *Toronto 1929*, arquitecto y diseñador estadounidense. En su obra conjuga el barroco formal con la policromía y la disposición heteróclita de los materiales (museo del aire y del espacio, Los Ángeles, 1984; museo Guggenheim, Bilbao, 1997; Walt Disney Concert Hall, Los Ángeles, 2003).

■ FRANK **GEHRY**. El museo Guggenheim (1997), en Bilbao.

GEIGER (Hans), *Neustadt an der Weinstrasse 1882-Potsdam 1945*, físico alemán. Después de una serie de investigaciones en física nuclear, en 1913 inventó con Rutherford el contador de partículas que lleva su nombre.

GEISERICO → GENSERICO.

GELA, c. de Italia (Sicilia); 72 079 hab. Puerto. Petroquímica. — Museo arqueológico. — Fundada en el s. VII a.C. por los griegos, fue destruida en el s. III a.C. Una ciudad nueva, Terranova, fundada en 1230, tomó su nombre en 1927.

GELASIO I (san), *m. en Roma 496*, papa de 492 a 496, originario de África, combatió a los maniqueos, a los pelagianos y a los arrianos.

GELIMER, último rey vándalo de África (530-534). Fue vencido por Belisario en 534.

GELLÉE (Claude) → LORENA (Claude de).

GELL-MANN (Murray), *Nueva York 1929*, físico estadounidense. Contribuyó a las clasificaciones de las partículas con interacciones fuertes (*hadrones*) e introdujo la noción de «extrañeza» (carga conservada durante las interacciones fuertes). Postuló la existencia de los constituyentes elementales de los hadrones, los quarks. (Premio Nobel 1969.)

GELMAN (Juan), *Buenos Aires 1930*, poeta argentino. Es autor de una poesía comprometida, de tono coloquial y rica en metáforas (*El juego en que andamos*, 1959; *Gotán*, 1962; *Cólera buey*, 1965; *Hechos y relaciones*, 1979; *Anunciaciones*, 1988; *País que fue será*, 2004). También es autor de ensayos. (Premios: nacional de poesía 1997; Juan Rulfo 2000; Reina Sofía de poesía hispanoamericana 2005; Cervantes 2007.)

GELMÍREZ (Diego), *h. 1068-Santiago de Compostela 1139*, prelado gallego. Primer arzobispo de Compostela (1100), fue tutor de Alfonso VII de Castilla, a quien proclamó rey de Galicia. Sufrió dos revoluciones populares en Santiago y se enfrentó a la reina Urraca. Promotor del culto del apóstol Santiago, introdujo la reforma de Cluny.

GELÓN, *Gela 540-Siracusa 478 a.C.*, tirano de Gela (491-485 a.C.) y de Siracusa (485-478 a.C.). Venció a los cartagineses en Himera (480).

GELSENKIRCHEN, c. de Alemania (Rin del Norte-Westfalia), en el Ruhr; 295 037 hab. Refinería de petróleo. Química.

GELVES, nombre que dieron los españoles a la isla tunecina de Djerba, conquistada por el duque de Medinaceli en 1559 y recuperada por los turcos en 1560.

GEMAYEL (Pierre), *Mansūra 1905-Bikfaya 1984*, político libanés. Maronita y fundador de las Falanges libanesas (1936), luchó contra los nacionalistas árabes en 1958 y contra los palestinos a partir de 1975. — **Amin G.**, *Bikfaya 1942*, político libanés. Hijo de Pierre, fue presidente de la república (1982-1988). Intentó defender las posiciones políticas de los cristianos.

GÉMINIS, constelación zodiacal. Sus dos estrellas más brillantes son Cástor y Pólux. — **Géminis**, tercer signo del zodiaco, que el Sol abandona en el solsticio de junio.

GEMISTO PLETÓN (Jorge), *Constantinopla h. 1355-en el Peloponeso h. 1450*, filósofo y humanista bizantino. Dio un paso en la difusión del pensamiento de Platón en Italia, ejerció una notable influencia en el renacimiento.

GENER (Pompeyo), *Barcelona 1848-íd. 1920*, escritor español. Es autor de ensayos filosóficos y literarios (*La muerte y el diablo*, 1880, en francés; *Herejías*, 1887; *Literaturas malsanas*, 1894) y de la colección humorística en verso *Los cien consejos del Consejo de ciento* (*Els cent consells del Consell de Cent*, 1890).

generación del 98, grupo de escritores españoles, surgido hacia 1898, frente a una situación de desánimo ante la decadencia nacional. Entre sus miembros destacan M de Unamuno, Azorín (que en 1913 acuñó el término), P. Baroja y R. de Maeztu. Asociados a sus preocupaciones ideológicas se hallan precursores como Silverio Lanza y Á. Ganivet, y esporádicamente otros escritores como Valle-Inclán, A. Machado, J. Benavente. Entre los autos que dieron cohesión al grupo destacan el homenaje a Larra (con su implacable visión crítica de España) y la visita al Toledo del Greco (espiritualidad y fijación castellanista son aspectos de su visión mítica de España). Los ensayos *En torno al casticismo* (1896) de Unamuno y *Hacia otra España* (1899) de Maeztu, y las novelas de Baroja (*Camino de perfección*; *El árbol de la ciencia*) o Azorín (*La voluntad*) son sus obras emblemáticas.

generación del 27, promoción de poetas españoles, surgida entre 1920 y 1930, en la que destacan J. Guillén, P. Salinas, G. Diego, Dámaso Alonso, F. García Lorca, R. Alberti, L. Cernuda, V. Aleixandre, E. Prados y M. Altolaguirre. Debe su nombre a la fecha del tricentenario de la muerte de Góngora, figura reivindicada por estos poetas, que llevaron a cabo una profunda renovación de la poesía castellana. En la poética del grupo hay que situar el proyecto ideal de una poesía pura y el valor otorgado a la imagen y a la metáfora. El matiz «deshumanizado» del comienzo dio paso, hacia 1930, a una etapa neorromántica.

generación perdida, nombre dado a los escritores estadounidenses (Dos Passos, Fitzge-

rald, Hemingway, Cummings) que, tras la primera guerra mundial, buscaron escapatoria a su desesperanza intelectual en la Europa de la década de 1920, los viajes o el socialismo.

GENERAL, r. de Costa Rica, que nace cerca de la frontera con Panamá y discurre paralelo a la costa del Pacífico. Sus principales afluentes son el Ceibo, el Concepción, el Volcán, el Pejiboyo y el San Pedro.

GENERAL ALVARADO, partido de Argentina (Buenos Aires); 30 043 hab. Turismo en la cab., *Miramar*.

GENERAL ALVEAR, dep. de Argentina (Mendoza); 42 393 hab. Vid y frutales; conservas.

GENERAL ARENALES, partido de Argentina (Buenos Aires); 15 124 hab. Cereales; ganado vacuno.

GENERAL CARRERA (lago) → **BUENOS AIRES** (lago).

GENERAL ESCOBEDO, mun. de México (Nuevo León); 37 756 hab. Cereales, ganadería.

GENERAL EUGENIO A. GARAY, c. de Paraguay (Nueva Asunción); 7 982 hab.

GENERAL GÜEMES, dep. de Argentina (Chaco); 43 772 hab. Algodón. Industria maderera.

GENERAL GÜEMES, dep. de Argentina (Salta); 35 660 hab. Refino de azúcar.

GENERAL HELIODORO CASTILLO, mun. de México (Guerrero); 24 606 hab.; cab. *Tlalcotepec*. Centro agropecuario.

Generalife, residencia de verano de los reyes nazaríes en Granada, cerca de la Alhambra. Bello ejemplo del arte hispanomusulmán del s. XIV, es un edificio de pequeñas dimensiones, con dos pórticos, un mirador y un cuerpo de guardia, además de los patios de la Acequia y la Sultana y los jardines. (Patrimonio de la humanidad 1984.)

GENERAL JOSÉ DE SAN MARTÍN, dep. de Argentina (Salta); 106 580 hab. Centro petrolífero.

GENERAL JUAN MADARIAGA, partido de Argentina (Buenos Aires); 16 969 hab. Comprende la laguna La Salada Grande. Turismo.

GENERAL LEÓNIDAS PLAZA GUTIÉRREZ, c. de Ecuador (Morona Santiago).

GENERAL LÓPEZ, dep. de Argentina (Santa Fe); 172 008 hab. A orillas de la laguna Melincue. Centro turístico.

GENERAL MANUEL BELGRANO, dep. de Argentina (Misiones); 24 571 hab.; cab. *Bernardo de Irigoyen*.

General Motors, empresa estadounidense de fabricación de automóviles, fundada en 1908. Es uno de los líderes mundiales del sector (act. en crisis).

GENERAL OBLIGADO, dep. de Argentina (Santa Fe); 145 023 hab.; cab. *Reconquista*. Industria alimentaria; ganadera; curtiduría.

GENERAL PEDERNERA → **VILLA MERCEDES**.

GENERAL PUEYRREDÓN, partido de Argentina (Buenos Aires); 533 756 hab.; cab. *Mar del Plata*.

GENERAL ROCA, dep. de Argentina (Córdoba); 32 865 hab.; cap. *Villa Huidobro*. Centro agropecuario.

GENERAL ROCA, dep. de Argentina (Río Negro); 264 298 hab. Industria maderera, vinícola y conservera. Destilerías.

GENERAL RODRÍGUEZ, partido de Argentina (Buenos Aires), en la zona limítrofe del Gran Buenos Aires; 48 358 hab. Cereales y lino; ganado.

GENERAL SAN MARTÍN, partido de Argentina (Buenos Aires), en el Gran Buenos Aires; 407 506 hab.

GENERAL SAN MARTÍN, dep. de Argentina (Córdoba); 105 302 hab. Trigo; vacunos. Industria frigorífica y automotriz.

GENERAL SARMIENTO, antiguo partido de Argentina (Buenos Aires), hoy dividido en los partidos Malvinas Argentinas, San Miguel y José C. Paz.

GENERAL TABOADA, dep. de Argentina (Santiago del Estero); 29 407 hab. Minas de manganeso.

GENERAL TERÁN, mun. de México (Nuevo León); 18 720 hab. Maíz, algodón, cítricos. Ganadería.

GENERAL VIAMONTE, partido de Argentina (Buenos Aires); 17 758 hab. Cuna de Eva Perón.

GENERAL VILLEGAS, partido de Argentina (Buenos Aires); 27 585 hab. Industrias lácteas.

GENERAL VINTTER (lago) o **LAGO VINTTER**, lago glaciar andino de Argentina (Chubut), que en la parte chilena recibe el nombre de **Palena**.

GENESARET (lago de), nombre dado por los Evangelios al lago Tiberíades.

Génesis, primer libro de la Biblia y, por lo tanto, primero de los cinco escritos del Pentateuco. Está consagrado a los orígenes de la humanidad y a la historia de Abraham, Isaac y Jacob.

GENET (Jean), *París 1910-íd. 1986*, escritor francés. Sus novelas, poemas y teatro (*Las criadas*, 1947; *El balcón*, 1956) evocan su juventud de abandono y delincuencia y fustigan la hipocresía del mundo moderno.

GENGIS KAN (Timuyin), llamado por el título de) *Delün Boldaq h. 1167-Qings-hui, Gansu, 1227*, fundador del Imperio mongol. Reconocido kan supremo por los mongoles (1206), conquistó China del norte (1211-1216), Transoxiana (1219-1221), Afganistán e Irán oriental (1221-1222).

■ **GENGIS KAN** (Timuyin). Detalle de una pintura sobre seda; China, época Yuan. (Col. part.)

GENIL, r. de España, afl. del Guadalquivir (or. izq.); 358 km. Riega la Vega de Granada y la Campiña cordobesa y sevillana. Embalses (Iznajar).

Genji monogatari, novela de Murasaki Shikibu (principios del s. XI). Describe la vida de la corte de Kyōto hacia el año mil.

GENNES (Pierre-Gilles de), *París 1932-Orsay, Essonne, 2007*, físico francés. Especialista en física de la materia condensada, proporcionó contribuciones teóricas notables en dominios muy variados: semiconductores, superconductividad, cristales líquidos, polímeros, etc. (Premio Nobel 1991.)

Genoma humano (proyecto) [PGH], proyecto de investigación desarrollado para descifrar la secuencia genética del ser humano. Iniciado en Estados Unidos con fondos públicos (1990), posteriormente se sumaron a él Alemania, Francia, China, Gran Bretaña y Japón, además de compañías privadas. Tras determinar la secuencia del primer cromosoma (1999), el PGH y Celera Genomics presentaron un borrador del mapa genético humano (2001), descifrado casi por completo en 2003.

GÉNOVA, en ital. **Genova**, c. de Italia, cap. de Liguria y cap. de prov., junto al *golfo de Génova*, formado por el Mediterráneo; 675 639 hab. (*genoveses*). Principal puerto italiano. Centro industrial (refinería de petróleo) y comercial. Catedral y numerosas iglesias construidas y decoradas desde la edad media hasta la época barroca; ricos palacios Rosso, Bianco y Spinola (en el conjunto urbano llamado *strade nuove* [patrimonio de la humanidad 2006]), act. galerías de arte (pinturas, sobre todo de la escuela genovesa de los ss. XVII-XVIII). — Dotada a partir del s. XI de una potente flota, participó en la primera cruzada (1097), en la cual sentó las bases de su imperio marítimo a pesar de la competencia de Pisa y de Venecia (s. XIII). En 1339 se dotó de un dux; en los ss. XIV y XV, su imperio fue destruido por Venecia y por los turcos, aunque en el s. XVI su papel de banca de los Austrias españoles le dio grandes beneficios. En 1768, cedió Córcega a Francia. En 1797 se convirtió en la capital de la República Ligur. Fue anexionada por el imperio francés (1805) y por el reino de Cerdeña (1815) antes de integrarse en Italia.

GENOVÉS (Juan), *Valencia 1930*, pintor español. Integrado a partir de 1956 en el grupo Parpalló, evolucionó desde el informalismo al realismo crítico (*Expectativa; Alrededores*, 1990). [Premio nacional de artes plásticas 1984.]

GENSCHER (Hans-Dietrich), *Reideburg, cerca de Halle, 1927*, político alemán. Presidente del Partido liberal de la RFA (1974-1985), fue ministro de asuntos exteriores de 1974 a 1992.

GENSERICO o **GEISERICO**, *h. 390-477*, primer rey vándalo de África (428-477). Sucesor de su hermano Gunderico como jefe de los vándalos del S de Hispania, en 429 pasó a África, donde formó un poderoso estado y desde él que se adueñó de Sicilia, Cerdeña y las islas Baleares. Saqueó Roma en 455.

GENTILE (Giovanni), *Castelvetrano, Sicilia, 1875-Florencia 1944*, filósofo y político italiano. Desarrolló una filosofía de inspiración hegeliana, el *actualismo*, que reduce toda realidad a puros actos del espíritu. Ministro de instrucción pública con Mussolini, fue ejecutado por los partisanos.

GENTILESCHI (Orazio **Lomi**, llamado), *Pisa 1563-Londres 1639*, pintor italiano. Establecido en Roma, logró, a partir del ejemplo de Caravaggio, un estilo personal, elegante y matizado. Trabajó en las Marcas (h. 1615), Génova, París (1624) y Londres. — **Artemisia G.**, *Roma 1597-Nápoles d. 1651*. Hija de Orazio, trabajó principalmente en Florencia y Nápoles adoptando un estilo caravaggista violento.

GENTO (Francisco), *Guarnizo, Cantabria, 1933*, futbolista español. Ganó 10 ligas con el Real Madrid y conquistó 6 copas de Europa.

GENTZEN (Gerhard), *Greifswald 1909-Praga 1945*, lógico alemán. Propuso un sistema de lógica no axiomático.

GEORGE (Lloyd) → **LLOYD GEORGE.**

GEORGE (Stefan), *Büdesheim, Renania, 1868-Minusio, cerca de Locarno, 1933*, poeta alemán. Simbolista, es autor de poesías proféticas (*La estrella de la alianza; El nuevo imperio*).

George Cross, condecoración británica, creada en 1940 por el rey Jorge VI.

GEORGETOWN, cap. de Guyana; 200 000 hab. Puerto sobre el Atlántico. Explotación de bauxita.

GEORGE TOWN, c. de Malasia, cap. del estado de Penang; 495 000 hab. Puerto. Electrónica. Textil. (Patrimonio de la humanidad 2008.)

GEORGIA, en georgiano **Sakartvelo**, estado de Asia, en el Cáucaso; 70 000 km²; 5 500 000 hab. (*georgianos*). CAP. *Tbilisi*. LENGUA: *georgiano*. MONEDA: *lari*.

GEOGRAFÍA

Un 70 % de la población es autóctona (minorías de armenios, rusos, abjasios, osetos, adzharies, etc.). En el S del Gran Cáucaso se da un clima subtropical, en la llanura del Rioni y en el litoral (turismo). Produce cítricos, té y vinos. El subsuelo alberga sobre todo manganeso.

HISTORIA

Colonia griega y romana (Cólquida) y dominio de los Sasánidas (Iberia), la región fue conquistada por los árabes (h. 650). **Ss. IX-XIII:** conoció un notable renacimiento, llegó a su apogeo con la reina Thamar (1184-1213) y después fue arrasada por los mongoles. **Ss. XVI-XVIII:** perdió sus territorios en favor de Irán y del Imperio otomano y quedó bajo protección de Rusia (1783). **1801:** fue anexionada por Rusia. **1918:** se proclamó república independiente. **1921:** el Ejército rojo intervino y se instauró un régimen soviético. **1922:** Georgia, a la que estaban unidas las repúblicas autónomas de Abjasia y Adzharia, así como la región autónoma de Osetia del Sur, se integró en la URSS. **1936:** se convirtió en una república federada. **1990:** los independentistas ganaron las primeras elecciones libres. **1991:** accedió a la independencia. **1992:** E. Shevardnadze asumió la presidencia del nuevo estado, que tuvo que hacer frente a los movimientos separatistas de

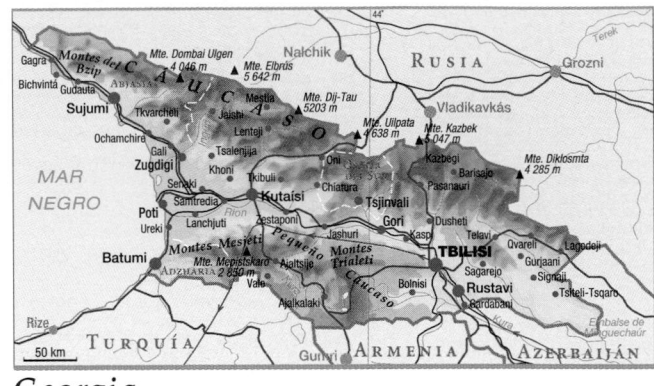

Georgia

límite provincial
carretera
ferrocarril
oleoducto

● más de 1 000 000 hab.
● de 100 000 a 1 000 000 hab.
● de 30 000 a 100 000 hab.
● menos de 30 000 hab.

Abjasia y Osetia del Sur. **1993:** enfrentado a graves problemas internos, Shevarnadze escurrió a las fuerzas armadas rusas, y a cambió aceptó el ingreso en la CEI. **1995:** tras la adopción de una nueva constitución, Shevardnadze fue elegido presidente por sufragio universal (reelegido en 2000). **2003:** Shevardnadze, presionado por importantes manifestaciones, tuvo que dimitir (nov.). **2004:** Mijaíl Saakashvili, líder de la oposición reformista, fue elegido triunfalmente jefe del estado. **2008:** tras una crisis política (nov. 2007), regresó a la jefatura del estado de resultas de unas elecciones presidenciales anticipadas (en.). Al día siguiente de una ofensiva desencadenada por Tbilisi en Osetia del Sur para recuperar el control de la región, Rusia protagonizó una guerra relámpago en territorio georgiano (8-12 ag.), y reconoció la independencia de las repúblicas separatistas de Osetia del Sur y Abjasia (la mediación europea logró un alto el fuego).

GEORGIA, estado de Estados Unidos, junto al Atlántico; 6 478 216 hab.; cap. *Atlanta*.

GEORGIA (estrecho de), brazo de mar del Pacífico que separa la isla de Vancouver del litoral continental canadiense.

GEORGIANA (bahía), bahía de Canadá formada por el lago Hurón.

GEORGIAS DEL SUR, islas argentinas que forman parte de la provincia de Tierra del Fuego, Antártida e Islas del Atlántico Sur. Fueron descubiertas por el español Antonio de la Roca (1675).

geórgicas (Las), poema didáctico de Virgilio en cuatro cantos (39-29 a.C.). Epopeya de las relaciones entre el hombre y la naturaleza, mezcla partes técnicas y digresiones poéticas.

GERA, c. de Alemania (Turingia), junto al Elster Blanco; 128 230 hab. Monumentos antiguos.

GERASA, ant. c. de Palestina (act. *Ýarāš*, en Jordania). Numerosos restos romanos y sobre todo cristianos de los ss. V-VI.

GERBASI (Vicente), *Canoabo 1913-Caracas 1992*, poeta venezolano. Miembro del grupo de la revista *Viernes*, su obra es contemplativa (*Bosque doliente*, 1940; *Mi padre, el inmigrante*, 1945; *Olivos de eternidad*, 1961; *Retumbando como el sótano del cielo*, 1977).

GERBERTO de Aurillac → **SILVESTRE I.**

GERDT (Pavel Andréievich), *cerca de San Petersburgo 1844-Vommola, Finlandia, 1917*, bailarín y pedagogo ruso. Interpretó numerosos papeles en los ballets de M. Petipa y fue profesor de A. Pavlova, V. Nijinski y M. Fokine.

GERHARD (Robert), *Valls 1895-Cambridge, Gran Bretaña, 1970*, compositor y musicólogo español. Introductor del atonalismo en España, en su obra destacan los ballets *Ariel* (1936) y *Don Quijote* (1941), las composiciones sinfónicas *Pedrelliana I* y *II* (1941), y *Siete haiku* (1930), para voz y orquesta.

GÉRICAULT (Théodore), *Ruán 1791-París 1824*, pintor y litógrafo francés. Romántico, también fue un precursor del realismo (*Coracero herido*, 1814; *La balsa de La Medusa*, 1819).

GERIÓN MIT. GR. Gigante de tres cabezas y tres troncos. Vivía en el litoral gaditano y poseía un rebaño de bueyes del que se apoderó Heracles, quien lo mató.

GERLACH (Walther), *Biebrich, act. en Wiesbaden, 1889-Munich 1979*, físico alemán. Investigador de la estructura del átomo, en 1921 determinó, junto a O. Stern, el magnetón.

GERLACHOVSKÝ o **GERLACHOVKA**, punto culminante de los Cárpatos, en Eslovaquia; 2 655 m.

GERMAIN (José), *Málaga 1897-íd. 1986*, psicólogo español. Iniciador de la psicología científica en España, impulsó las pruebas mentales. Fundador en 1952 de la Sociedad española de psicología, es autor de *Pruebas de inteligencia* (1933) y *Autobiografía* (1980).

GERMÁN (san), *Auxerre h. 378-Rávena 448*, obispo galorromano. Obispo de Auxerre, en Gran Bretaña combatió a los pelagianos.

GERMANA DE FOIX, *h. 1488-Liria 1537*, reina de Aragón (1505-1516) por su matrimonio con Fernando el Católico (tratado de Blois, 1505). Lugarteniente de Valencia (1523), reprimió la Germanía. Virreina de Valencia en 1526, ese año casó en terceras nupcias con Fernando de Aragón, duque de Calabria.

GERMANIA, ant. región de Europa central, entre el Rin y el Vístula, poblada por los germanos durante el I milenio a.C.

GERMANIA (reino de), estado surgido en 843 de una parte del Imperio carolingio y concedido a Luis el Germánico. El título de *rey de Germania* era llevado (hasta el s. XV) por los emperadores del Sacro Imperio elegidos pero todavía no coronados por el papa.

Germanía, movimiento revolucionario antiseñorial del reino de Valencia (1519-1523). La burguesía de las ciudades del litoral, dirigida por la Junta de los trece (J. Llorenç, V. Peris), se alzó contra la nobleza, que contaba con el apoyo del rey, los moriscos y los campesinos. Derrotado el ejército de los agermanados (1521), algunos resistieron hasta 1523.

GERMÁNICO (Julio César), *Roma 15 a.C.-Antioquía 19 d.C.*, general romano. Sobrino nieto de Augusto y adoptado por Tiberio, venció a Arminio en Germania (16 d.C.). Murió en Oriente, quizá envenenado.

germanosoviético (pacto) [23 ag. 1939], tratado de no agresión entre Alemania y la URSS. Firmado en Moscú por Ribbentrop y Molotov, incluía un protocolo secreto que preveía el establecimiento de zonas de influencia soviética y alemana y la división de Polonia.

GERMER (Lester Halbert), *Chicago 1896-Gardiner, estado de Nueva York, 1971*, físico estadounidense. Demostró, junto a C. J. Davisson, la difracción de los electrones a través de un cristal, hecho que verificó la teoría de la mecánica ondulatoria (1927).

GERMISTON, c. de Sudáfrica, cerca de Johannesburgo; 155 000 hab. Refinería de oro.

GERNIKA-LUMO → GUERNICA Y LUNO.

GERNSBACK (Hugo), *Luxemburgo 1884-Nueva York 1967,* ingeniero y escritor estadounidense. Pionero en radio y televisión, enunció el principio del radar (1911). Se le debe también el término «ciencia ficción».

GERONA, en cat. **Girona,** c. de España, cap. de la prov. homónima y cab. de p. j.; 73 637 hab. *(gerundenses).* En la confluencia del Ter y el Oñar. Centro administrativo e industrial. Universidad. — Conjunto medieval: barrio del Call; iglesias románicas (San Pedro de Galligans) y góticas. Catedral románico-gótica de majestuosa nave única, con fachada barroca (museo: beato del s. x; tapiz de la Creación). — Es la *Gerunda* romana.

GERONA (condado de), circunscripción de la Marca Hispánica. Conquistada por los francos en 785, en 878 pasó a Wifredo el Velloso de Barcelona.

GERONA (provincia de), prov. del NE de España, en Cataluña; 5 886 km²; 565 599 hab.; cap. *Gerona.* Los Pirineos al N, los relieves de las Guilleries al O y el Montseny al S enmarcan las llanuras del Ampurdán, El Gironés y La Selva. Agricultura e industria muy diversificadas. Turismo en el litoral (Costa Brava) y en la montaña (La Molina, Nuria).

GERÓNIMO → JERÓNIMO.

GERS, dep. de Francia (Midi-Pyrénées); 6 257 km²; 174 587 hab.; cap. *Auch* (24 728 hab.).

GERSCHMAN (Rebeca), *Carlos Casares 1903-Buenos Aires 1986,* bióloga argentina. Discípula de B. Houssay, en 1954 publicó sus trabajos sobre la toxicidad de los radicales libres del oxígeno, base de su teoría sobre la oxidación de los tejidos como causa del envejecimiento.

GERSHWIN (George), *Nueva York 1898-Hollywood 1937,* compositor y pianista estadounidense. Es autor de *Rapsodia en azul* (1924), *Concierto en -la-, para piano* (1925), *Un americano en París* (1928) o *Porgy and Bess,* donde combina el jazz con la música posromántica.

■ GEORGE **GERSHWIN**

GERSON o **JERSON** (Juan), *n. en Tecamachalco,* pintor mexicano, activo a mediados del s. xvi. Su obra, la más antigua que se conoce del México colonial, está reunida en la iglesia de San Francisco de Tecamachalco.

GERSÓNIDAS (Levi ben Gerson, llamado), *Bagnols-sur-Cèze, cerca de Orange, 1288-Perpiñán h. 1344,* filósofo y erudito judío. Formuló una síntesis entre el aristotelismo, la filosofía de Maimónides y el judaísmo. Es también autor, entre otras obras, de un tratado de trigonometría.

GERSZO (Gunther), *México 1915-íd. 2000,* pintor y escenógrafo mexicano. Cercano al surrealismo, llegó a la abstracción con un indiscutible sello personal. Fue uno de los impulsores del cambio en la plástica mexicana de la segunda mitad del s. xx.

GERTRUDIS la Grande (santa), *Eisleben 1256-Helfta, Sajonia, h. 1302,* monja y mística alemana.

GERVASIO Y PROTASIO (santos), hermanos mártires, cuya vida se desconoce. Sus reliquias fueron objeto de un importante culto en Occidente durante la edad media.

GESELL (Arnold), *Alma, Wisconsin, 1880-New Haven, Connecticut, 1961,* psicólogo estadounidense. Sus trabajos se centraron en la psicología del niño, especialmente en la maduración neuropsicológica.

Gestapo (abrev. de G*eheime* Staa*tspolizei,* policía secreta del estado), policía política de la Alemania nazi. Sección de la policía de seguridad del III Reich, de 1936 a 1945 fue el instrumento más temido del régimen policíaco hitleriano.

GESUALDO (Carlo), príncipe **de Venosa,** *Nápoles h. 1560-íd. 1614,* compositor italiano. Es autor de madrigales de estilo rebuscado.

GETA (Publio Septimio), *189-212,* emperador romano (211-212). Segundo hijo de Septimio Severo, compartió el poder con su hermano Caracalla, que lo mandó asesinar.

GETAFE, v. de España (Madrid), cab. de p. j.; 146 310 hab. *(getafenses* o *getafeños).* Centro industrial. Aeródromo y base militar.

Getsemaní, huerto cerca de Jerusalén, al pie del monte de los Olivos, donde, según los Evangelios, Jesús oró la noche antes de su prisión.

GETTY (Jean Paul), *Minneapolis 1892-Sutton Place, Gran Bretaña, 1976,* industrial y coleccionista estadounidense. Petrolero, reunió importantes colecciones de antigüedades grecorromanas y obras de arte en general. — La *fundación Getty* ha enriquecido este legado y lo expone en museos establecidos en California

(Malibú, 1974; Los Ángeles, 1997), además de promover estudios y publicaciones de historia del arte.

GETTYSBURG, c. de Estados Unidos (Pennsylvania); 7 025 hab. Victoria de los nordistas durante la guerra de Secesión (1-3 julio 1863).

GETXO → GUECHO.

GEZIRA (El) → ȲAZĪRA.

GHĀLIB (Mirza Asadullah Khān, llamado), *Ágra 1797-Delhi 1869,* escritor indio en lenguas persa y urdu. Es el último poeta clásico persa y el primer prosista moderno en urdu.

GHANA, estado de África occidental, a orillas del Atlántico; 240 000 km²; 18 000 000 hab. *(ghaneses).* CAP. *Accra.* LENGUA: *inglés* MONEDA: *cedi ghanés.*

GEOGRAFÍA

En la zona S se alternan el bosque denso y las plantaciones de cacao (principal recurso de Ghana), en contraposición al N, país de sabana. El subsuelo alberga cantidades poco importantes de oro, diamantes, manganeso y bauxita (la producción de aluminio también está ligada a la presa hidroeléctrica de Akosombo).

HISTORIA

La época colonial. 1471: los portugueses llegaron a la costa de la futura Ghana, que recibiría el nombre de Costa de Oro o Gold Coast. Construyeron el fuerte de Elmina y lograron conservar durante un siglo y medio el monopolio del comercio del oro. **Ss. XVII-XVIII:** fueron

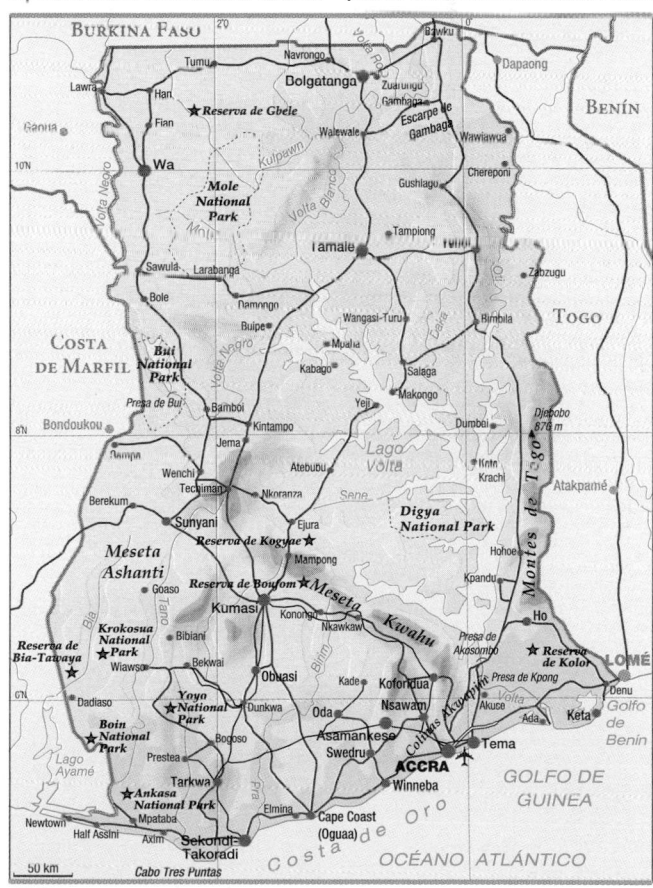

Ghana

★ lugar de interés turístico

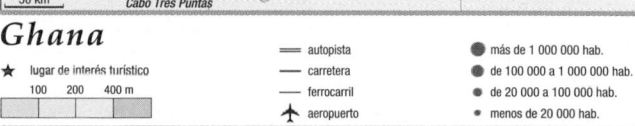

━━ autopista	● más de 1 000 000 hab.
── carretera	● de 100 000 a 1 000 000 hab.
── ferrocarril	● de 20 000 a 100 000 hab.
✈ aeropuerto	∙ menos de 20 000 hab.

expulsados por los holandeses, que se repartieron el litoral con los británicos y otros mercaderes europeos. **Mediados del s. XVII:** el comercio de esclavos sustituyó al del oro. **1701:** la hegemonía de los ashanti sucedió a la de los denkyera. **S. XIX:** numerosas guerras entre los ashanti y los británicos, a quienes se habían aliado los fanti (conquista de Kumasi, capital de los ashanti, por los británicos en 1896). Gran Bretaña dominó en solitario el país, que poco a poco se convirtió en un protectorado. Tras la abolición de la trata (1807), se produjo una notable expansión económica basada en la explotación de los recursos mineros y el cultivo del cacao.
La Ghana independiente. 1949: K. Nkrumah creó el Convention People's Party (CPP), que reclamó la autonomía inmediata. **1952:** se convirtió en primer ministro de un gobierno al que se otorgó una autonomía cada vez mayor. **1957:** Costa de Oro accedió a la independencia con el nombre de Ghana, en el marco de la Commonwealth. **1960:** el nuevo estado aprobó una constitución republicana. Su presidente orientó el régimen hacia el socialismo. **1966:** un golpe de estado derrocó a Nkrumah y restableció las relaciones con Occidente. Se sucedieron gobiernos civiles. **1972:** un nuevo golpe de estado instauró el régimen autoritario del general I. Acheampong, derrocado en 1978. **1981:** tras numerosos golpes de estado, el capitán Jerry Rawlings tomó el poder. **1992:** se aprobó una nueva constitución por referéndum y se reinstauró el multipartidismo. J. Rawlings fue confirmado jefe del estado en unas presidenciales de sufragio universal (reelegido en 1996). **2001:** John Kufuor, líder de la oposición, accedió a la presidencia (reelegido en 2004). **2009:** John Atta Mills lo sucedió.

GHĀNA, ant. reino del Sudán occidental (ss. V-XI), en zona soninké, entre los act. países de Mauritania y Malí. Situado en pleno Sahel, conseguía su riqueza del comercio transahariano (sal y oro). Alcanzó su apogeo en el s. XI y fue destruido en 1076 por los almorávides.

GHARDAÏA, oasis del Sahara argelino; 62 500 hab.

GHĀTES o **GHĀTS,** cadena montañosa de la India (Decán), que domina la costa de Malabár y de Coromandel.

GHEORGHIU-DEJ (Gheorghe), *Birlad 1901-Bucarest 1965,* político rumano. Secretario general del Partido comunista desde 1945, fue presidente del Consejo (1952-1955) y jefe de estado (1961-1965).

GHERARDESCA (Ugolino della), *m. en 1288 o 1289,* podestá de Pisa. Se alió con los güelfos para apoderarse del gobierno de Pisa, pero los gibelinos lo acusaron de traición y lo encerraron en una torre con sus hijos para que murieran de hambre. — Dante recogió su suplicio en un episodio de la *Divina Comedia.*

GHIANO (Juan Carlos), *Nogoyá 1920-Buenos Aires 1990,* escritor argentino. Destacado dramaturgo (*Narcisa Garay, mujer para llorar,* 1959; *Corazón de tango,* 1963; *Ceremonias de la soledad,* 1968; *Actos de miedo,* 1970), también escribió novela y crítica (*Constantes de la literatura argentina,* 1953).

GHIBERTI (Lorenzo), *Florencia 1378-íd. 1455,* escultor, orfebre y arquitecto italiano. Conocedor de la antigüedad, pero fiel a la cultura medieval, sus obras maestras son la segunda y tercera puertas de bronce del baptisterio de Florencia, adornadas con relieves narrativos (la tercera, acabada en 1452, fue llamada por Miguel Ángel la «puerta del Paraíso»). También escribió tres libros de *Comentarios,* uno de los cuales constituye una historia del arte italiano desde Giotto.

GHILIZANE, ant. *Relizane,* c. del O de Argelia; 83 800 hab. Petróleo.

GHIRALDO (Alberto), *Mercedes 1874-Santiago de Chile 1946,* escritor argentino. Poeta modernista (*Fibras,* 1895), cultivó también el cuento, el teatro y el ensayo político.

GHIRLANDAIO (Domenico Bigordi, llamado Domenico), *Florencia 1449-íd. 1494,* pintor italiano. Participó en la decoración de la capilla Sixtina y sus composiciones religiosas para las iglesias de Florencia (*Historias de la Virgen* en Santa Maria Novella) dio a los personajes

de la historia sagrada la apariencia de los burgueses de la ciudad, sus clientes. Sus hermanos **David** (1452-1523) y **Benedetto** (1458-1497) lo secundaron. Su hijo **Ridolfo** (1483-1561) fue un buen retratista.

GIACOMETTI (Alberto), *Stampa, Grisones, 1901-Coira 1966,* escultor y pintor suizo. Instalado en París, tras una etapa surrealista (1930-1935) en la que demostró sus dotes de visionario, sus esculturas de bronce, expresionistas, se caracterizan por un alargamiento extremo.

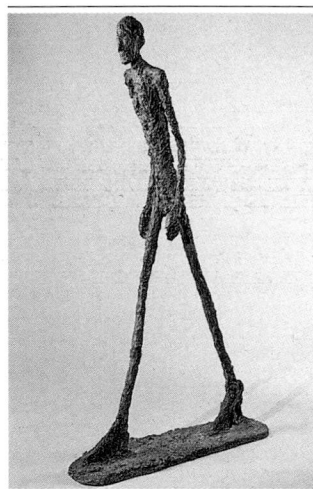

■ ALBERTO **GIACOMETTI.** *Hombre caminando* (bronce), una de las dos versiones de 1960.

GIA LONG, *Hué 1762-íd. 1820,* emperador de Vietnam (1802-1820). Antes de proclamarse emperador (1802), el príncipe Nguyên Anh reconquistó sus estados en poder de los rebeldes Tây Son con la ayuda de Francia y los denominó Vietnam.

GIAMBOLOGNA → BOLONIA (Juan de).

GIANNEO (Luis), *Buenos Aires 1897-íd. 1968,* compositor y director de orquesta argentino. Autor de una obra que ahonda en las raíces nacionales (*Turay-Turay,* 1928; *Variaciones sobre un tema de tango,* 1953), contribuyó a la formación del grupo Renovación (1929) y de la Liga de compositores argentinos (1948).

GIAP (Vô Nguyên) → **VÔ NGUYÊN GIAP.**

GIAQUINTO (Corrado), *Molfetta 1703-Nápoles 1765,* pintor italiano. Representante del barroco tardío italiano, en 1753 fue llamado a Madrid por Fernando VI como pintor de cámara y director de la Academia de San Fernando. Realizó frescos para el palacio real de Madrid, cuadros de altar y retratos.

■ LORENZO **GHIBERTI.** *José vendido por sus hermanos,* relieve de la «puerta del Paraíso» (bronce dorado, 1425-1452) del baptisterio de Florencia.

GIBARA, mun. de Cuba (Holguín), en la *bahía de Gibara;* 67 825 hab. Tabacalera. Pesca deportiva.

GIBBON (Edward), *Putney, Londres, 1737-Londres 1794,* historiador británico. Su *Historia de la decadencia y ruina del Imperio romano* (1776-1788) es uno de los textos esenciales sobre la decadencia de la civilización romana.

GIBBONS (Orlando), *Oxford 1583-Canterbury 1625,* compositor inglés. Autor de madrigales, motetes y piezas instrumentales, es uno de los grandes representantes de la música isabelina.

GIBBS (James), *cerca de Aberdeen 1682-Londres 1754,* arquitecto británico. Discípulo de C. Fontana y de Wren, construyó iglesias en Londres y la biblioteca Radcliffe en Oxford.

GIBBS (Willard), *New Haven 1839-íd. 1903,* físico estadounidense. Fundó la físico-química extendiendo la termodinámica a la química. Perfeccionó la mecánica estadística de Boltzmann y enunció la ley de las fases, base de estudio de los equilibrios físico-químicos.

GIBRALTAR, territorio británico, en el extremo S de la península Ibérica, junto al estrecho de Gibraltar; 6 km²; 28 000 hab. (*gibraltareños* o *llanitos*); cap. *Gibraltar.* El territorio está integrado por el *peñón de Gibraltar* (promontorio calizo de 423 m de alt.) y configura un tómbolo de bordes escarpados. Base naval y centro logístico de la OTAN. Actividad bancaria, comercio y turismo.

HISTORIA

Conocido desde la antigüedad como *Calpe,* una de las *Columnas de Hércules, fue el primer punto de la conquista musulmana en España (711) [*Ŷabal al-Ṭāriq,* del nombre del jefe bereber Ṭāriq, dio lugar a *Gibraltar*]. Tomado en 1704 por los ingleses, en 1713 les fue reconocida la posesión con el tratado de Utrecht. En 1956, España pidió su devolución ante la ONU. El fracaso de las conversaciones hispano-británicas ocasionó el cierre español de la frontera en 1969, hasta 1985. En 1987 se acordó el uso conjunto del aeropuerto, pero quedan pendientes los temas de soberanía y autonomía (en 2002 los gribaltareños se pronunciaron en contra de una eventual cosoberanía).

■ GIBRALTAR. El peñón visto desde España.

GIBRALTAR (estrecho de), brazo de mar entre España y Marruecos, que une el Atlántico con el Mediterráneo; 14 km de anch. mín.

GIBRAN → ŶABRĀN.

GIBSON (Ralph), *Los Ángeles 1939,* fotógrafo estadounidense. Su técnica rigurosa y unas copias que positiva él mismo se unen a una visión fría y subjetiva de fragmentos de la realidad (*The Somnambulist,* 1970).

GIDE (André), *París 1869-íd. 1951,* escritor francés. Dominado por el ansia de libertad (*Los alimentos terrestres,* 1897) y la sinceridad, intentó definir un humanismo moderno (*Los monederos falsos,* 1925). [Premio Nobel 1947.]

GIELGUD (sir Artur John), *Londres 1904-Wotton Underwood, cerca de Aylesbury, Buckinghamshire, 2000,* actor de teatro británico. Notable intérprete de Shakespeare (Hamlet, Romeo, Lear), también actuó en teatro contemporáneo (de T. Williams, E. Bond, H. Pinter) y cine (*Providence,* A. Resnais, 1977).

GIEREK (Edward), *Porąbka 1913-Cieszyn 2001,* político polaco. Sucedió a Gomułka en la dirección del Partido obrero polaco unificado (1970-1980).

GIERS (Nikolái Kárlovich **de**), *Radzibílov 1820-San Petersburgo 1895*, diplomático y político ruso. Ministro de asuntos exteriores (1882-1895), renovó la alianza con Alemania (1884, 1887) y en 1891 se alió con Francia.

GIESEKING (Walter), *Lyon 1895-Londres 1956*, pianista alemán. Fue un intérprete virtuoso de Mozart, Debussy y Ravel.

GIFU, c. de Japón (Honshū); 410 324 hab.

GIGANTE, mun. de Colombia (Huila); 20 405 hab. Cultivos tropicales. Minas de carbón.

GIGANTES MIT. GR. Seres divinos, aunque también mortales, nacidos de la tierra (Gaia) y de la sangre de Urano mutilado.

GIGANTES (montes de los) → **KARKONOS-ZE**.

GIGES, *m. h. 644 a.C.*, rey de Lidia. La leyenda le atribuye la posesión de un anillo que lo hacía invisible.

GIGÜELA, r. de España; 180 km. Nace en los Altos de Cabrejas (Cuenca), recibe al Riánsares, al Záncara y al Alto Guadiana, y tras los Ojos del Guadiana continúa su curso con el nombre de *Guadiana*.

GIJÓN, v. de España (Asturias), cab. de p. j.; 267 426 hab. (*gijoneses* o *gijonenses*). Puerto pesquero y comercial (El Musel). Centro industrial (vidrio; química; metalurgia y construcción naval, en reconversión). — Ciudad vieja (Cimadevilla) declarada conjunto histórico-artístico.

GIL (Gilberto **Passos Gil Moreira**, llamado Gilberto), *Salvador 1942*, músico brasileño. Compositor, cantante y guitarrista, representante del tropicalismo musical, sus canciones (*Aquele abraço, Oriente*) fusionan bossa-nova con folclore brasileño y estilos anglosajones. Fue ministro de cultura de 2003 a 2008.

GIL (Ildefonso Manuel), *Paniza 1912-Zaragoza 2003*, poeta español. *Poemaciones* y *Las colinas* (1989) recogen parte de su obra, de tono neorromántico. Profesor en universidades de EUA, también escribió novela y ensayo.

GIL (Jerónimo Antonio), *Zamora 1731-México 1798*, dibujante, medallista y grabador español. Carlos III lo nombró tallador mayor de la real casa de la Moneda de México (1778) y le encargó establecer una escuela de grabado.

GIL-ALBERT (Juan), *Alcoy 1906-Valencia 1994*, escritor español. Su obra, entre la evocación elegíaca y la densidad reflexiva, comprende poesía (*Las ilusiones*, 1944), ensayo (*Memorabilia*, 1975) y novela (*Valentín*, 1974).

GILARDI (Gilardo), *San Fernando, Buenos Aires, 1889-Buenos Aires 1963*, compositor argentino. Es autor de obras escénicas (*Ilse*, 1923), sinfónicas, de cámara, religiosas, la cantata *El libertador* (1948) y ciclos de canciones.

GILBERT (islas) → **KIRIBATI**.

GILBERT (Walter), *Boston 1932*, bioquímico estadounidense. Aisló la proteína que juega el papel de represor en el control genético (1966) y estudió el triplete de las bases del ADN. (Premio Nobel de química 1980.)

GILBERT (William), *Colchester 1544-íd. o Londres 1603*, físico inglés. Médico en la corte de Inglaterra, llevó a cabo las primeras experiencias sobre electrostática y magnetismo y emitió la hipótesis del geomagnetismo.

GILBERTO (João), *Juazeiro 1931*, compositor, cantante y guitarrista brasileño. Creador de la bossa-nova en 1956 con A.C. Jobim, desarrolló un estilo de canto sin vibrato, elegante e íntimo (*Chega de saudade; Bim bom; Corcovado*).

GILBRETH (Frank Bunker), *Fairfield, Maine, 1868-Montclair, Nueva Jersey, 1924*, ingeniero estadounidense. Colaborador de F.W. Taylor, fue pionero en la organización del trabajo al establecer los principios de simplificación de los movimientos.

GIL DE BIEDMA (Jaime), *Barcelona 1929-íd. 1990*, poeta español. Es autor de una poesía narrativa y confesional, marcada por la crítica social y un audaz erotismo: *Las personas del verbo* (1975). Cultivó asimismo las memorias (*Retrato del artista en 1956*, 1991) y el ensayo.

GIL DE CASTRO (José), *Lima 1790-íd. 1850*, pintor peruano. Retratista de la aristocracia criolla y de los próceres de la independencia, realizó también pintura religiosa.

GIL DE HONTAÑÓN (Rodrigo), *Rascafría 1500-Segovia 1577*, arquitecto español. Autor de obras de estilo renacentista (fachada del colegio de San Ildefonso de Alcalá de Henares, 1541-1553), es el más ilustre de una familia de arquitectos del s. XVI.

GILDOSIO el Sabio (san), *Dumbarton h. 510-isla de Houat 570*, misionero britano. Reorganizó la Iglesia celta y fundó el monasterio de Rhuys.

GIL FORTOUL (José), *Barquisimeto 1861-Caracas 1942*, historiador y político venezolano. Es autor de *Historia constitucional de Venezuela* (3 vols., 1907-1909) y *Páginas perdidas. Retratos históricos* (1927). Colaboró con la dictadura de Gómez.

Gilgameš o **Gilgamesh**, rey legendario de Uruk, es el héroe de poemas épicos mesopotámicos reunidos en un relato único hacia el s. XVIII a.C.

GIL-GILBERT (Enrique), *Guayaquil 1912-íd. 1973*, escritor ecuatoriano. Autor de corte realista, participó en el volumen de cuentos *Los que se van*. Los *Cuentos del cholo y del montuvio* (1930), se convirtieron en manifiesto fundacional del grupo de *Guayaquil. Entre sus novelas destaca *Nuestro pan* (1941).

GILI GAYA (Samuel), *Lérida 1892-Madrid 1976*, lingüista español. Es autor de estudios filológicos y literarios, además de su difundido *Curso superior de sintaxis española* (1943) y del manual *Elementos de fonética general* (1953). [Real Academia 1961.]

GILL (Juan Bautista), *1840-Asunción 1877*, político paraguayo. Presidente (1874-1877), fue asesinado tras un proceso revolucionario.

GILLESPIE (John Birks, llamado **Dizzy**), *Cheraw, Carolina del Sur 1917-Englewood, Nueva Jersey, 1993*, músico de jazz estadounidense. Compositor, trompetista y cantante, junto con Charlie Parker fue uno de los principales creadores del estilo be-bop, dirigió varias orquestas e introdujo los ritmos afrocubanos en el jazz (*A Night in Tunisia*, 1946; *Manteca*, 1947).

GILLINGHAM, c. de Gran Bretaña (Inglaterra), junto al mar del Norte; 93 700 hab. Puerto.

GILOLO → **HALMAHERA**.

GIL POLO (Gaspar), *Valencia h. 1530-Barcelona 1584*, escritor español. Como poeta inventó lo que llamó rima provenzal. Debe su fama a la novela pastoril *Diana enamorada* (1564), continuación de la *Diana* de Montemayor.

GIL-ROBLES (José María), *Salamanca 1898-Madrid 1980*, político español. Fundador de la CEDA (1933) y ministro de guerra (1935), en 1936 participó en los preparativos del levantamiento militar. Miembro del consejo de don Juan de Borbón, fue expulsado por negociar con los socialistas (1962).

GIL VERNET (Salvador), *Vandellòs i l'Hospitalet de l'Infant 1893-Barcelona 1987*, médico español. Es autor de trabajos básicos de patología urológica, en particular sobre la próstata (*Patología urogenital*, 1944). — **José María G.-V. Vila**, *Barcelona 1922*, médico español. Hijo de Salvador, ha sido uno de los pioneros del trasplante renal en España.

GIL Y CARRASCO (Enrique), *Villafranca del Bierzo 1815-Berlín 1846*, escritor español. Poeta romántico y crítico, es autor de *El señor de Bembibre* (1844), la novela histórica más importante del romanticismo español.

GIL Y ZÁRATE (Antonio), *El Escorial 1793-Madrid 1861*, dramaturgo español. Es autor de dramas románticos (*Carlos II el Hechizado*, 1837; *Don Álvaro de Luna*, 1840) y de comedias costumbristas y sentimentales. (Real academia 1841.)

GIMÉNEZ CABALLERO (Ernesto), *Madrid 1899-íd. 1988*, escritor y periodista español. Vanguardista en sus inicios, fue seducido más tarde por el populismo fascista. Animador de la revista *La gaceta literaria*, escribió ensayos polémicos (*Genio de España*, 1932).

GIMENO (Francesc), *Tortosa 1858-Barcelona 1927*, pintor español. Su obra, centrada en temas costumbristas y paisajes, presenta un acentuado cromatismo.

GIMFERRER (Pere), *Barcelona 1945*, escritor español en lenguas catalana y castellana. Poeta (*Arde el mar*, 1966; *La muerte en Beverly Hills*, 1968; *Los espejos* [*Els miralls*], 1970]; *El espacio desierto* [*L'espai desert*, 1977]; *El vendaval*, 1988), ha escrito también ensayos (*Los raros*, 1985) y novelas (*La calle de la guardia prusiana*, 2001). Junto a sus dos dietarios (1981 y 1982), su gran aportación a la prosa catalana es la novela *Fortuny* (1983). [Premio nacional de poesía 1989; premio nacional de las letras 1998; premio Octavio Paz 2006.] (Real Academia 1985.)

GINASTERA (Alberto), *Buenos Aires 1916-Ginebra 1983*, compositor argentino. Es autor de las óperas *Don Rodrigo* (1964), con texto de A. Casona, *Bomarzo* (1967), con libreto de Mujica Láinez, y *Beatrice Cenci* (1971), además de *Concierto argentino* para piano y orquesta (1936), *Sinfonía porteña* (1942), la suite *Estancia* (1941), música de cámara y composiciones para guitarra.

GINEBRA, en fr. **Genève**, en alem. **Genf**, c. de Suiza, cap. del cantón homónimo, en el extremo SO del lago Léman; 171 012 hab. (*ginebrinos* o *ginebreses*). Universidad fundada por Calvino. Centro bancario y comercial. Relojería y mecánica de precisión. — Catedral de San Pedro (ss. XII-XIII). Museos (de arte y de historia). — La ciudad, integrada en el reino de Borgoña y más tarde en el Sacro Imperio (1032), topó desde 1290 con el poder de los condes (luego duques) de Saboya. Capital del calvinismo y del protestantismo, en 1814 entró a formar parte de la Confederación Helvética, de 1920 a 1947 fue la sede de la Sociedad de Naciones y hoy alberga la sede de la ONU y de diferentes organizaciones internacionales. — Las convenciones de Ginebra sobre los heridos y prisioneros de guerra se firmaron en esta ciudad (1864, 1907, 1929 y 1949).

■ **GINEBRA.** A orillas del lago Léman, la isla de Rousseau, el puente del Mont Blanc y el muelle de Eaux-Vives.

Ginebra (cantón de) cantón de Suiza; 282 km²; 387 600 hab.

Ginebra (conferencia de) [abril-julio 1954], conferencia internacional que reunió a representantes de los dos bloques (occidental y comunista) y a algunos países no alineados. Consiguió el alto el fuego en Indochina y la firma de un acuerdo por el que se dividía Vietnam en dos zonas a uno y otro lado del paralelo 17.

GINER DE LOS RÍOS (Francisco), *Ronda 1839-Madrid 1915*, pedagogo español. Relacionado con los círculos krausistas, fue uno de los fundadores de la Institución libre de enseñanza

■ ANDRÉ **GIDE**

■ ALBERTO **GINASTERA**

(1876). Es autor de *Estudios sobre educación* (1886), *Educación y enseñanza* (1889), *Pedagogía universalista* (1910), y de ensayos políticos y jurídicos.

GINÉS (san), mártir romano. Su leyenda se asimiló a la de Ginés de Arles, mártir de principios del s. IV.

GINSBERG (Allen), *Newark 1926-Nueva York 1997*, poeta estadounidense. Su poesía, libertaria e invocatoria, está marcada por la influencia de W. Whitman, la cultura de la *Beat Generation y la afirmación homosexual (*Aullido*, 1956; *Kaddish*, 1961).

GIOBERTI (Vincenzo), *Turín 1801-París 1852*, político italiano. Sacerdote, fue uno de los jefes del Risorgimento, partidario antes de 1848 de una federación italiana presidida por el papa. Fue presidente del gobierno piamontés en 1848-1849.

Gioconda (La), sobrenombre de un cuadro de Leonardo da Vinci, adquirido al artista por Francisco I (Louvre). Se trata del retrato, pintado sobre madera hacia 1503-1506, de Lisa Gherardini (llamada Monna Lisa), esposa del mercader de paños florentino Francesco del Giocondo.

GIOLITTI (Giovanni), *Mondovì 1842-Cavour 1928*, político italiano. Presidente del consejo de ministros en varias ocasiones de 1892 a 1921, mejoró las finanzas del país y la política social e instauró el sufragio universal (1912). Anexionó Tripolitania (1912).

GIONO (Jean), *Manosque 1895-íd. 1970*, escritor francés. Cantó a su Provenza natal y la vida natural y rústica (*Le chant du monde*, 1934).

GIORDANO (Luca) → **JORDÁN** (Lucas).

GIORGIONE (Giorgio da Castelfranco, llamado), *Castelfranco Veneto h. 1477-Venecia 1510*, pintor italiano. Formado posiblemente en el taller de Giovanni Bellini, es autor de composiciones en las que la luz difusa y el suave colorido crean una atmósfera de lirismo discreto y de recogimiento (*La tempestad*, Venecia; *Los tres filósofos*, Viena). Tuvo una gran influencia, sobre todo en Tiziano, que probablemente acabó su *Venus dormida* (Dresde).

GIOTTO di Bondone, *Colle di Vespignano, Mugello, 1266-Florencia 1337*, pintor y arquitecto italiano. Probablemente fue discípulo de Cimabue. Se le atribuye el ciclo de la vida de san Francisco en Asís (basílica superior). Realizó los frescos de la *Vida de la Virgen y de Cristo* en la capilla Scrovegni de Padua (h. 1303-1305) y frescos en la Santa Croce de Florencia y otros espacios. Por su amplitud de miras y por sus investigaciones sobre el volumen y el espacio, se le considera uno de los principales creadores de la pintura moderna occidental. También comenzó la construcción del campanile de la catedral de Florencia.

■ **GIOTTO.** *Presentación de la Virgen en el templo*, fresco de la *Vida de la Virgen y de Cristo*, en Padua.

GIOVANNETTI (Matteo), pintor italiano nacido en Viterbo, mencionado en Aviñón entre 1343 y 1367 (frescos del palacio de los papas: capilla de San Marcial [1344-1345]; fragmento de la Gran audiencia) y posteriormente en Roma.

GIPUZKOA → **GUIPÚZCOA**.

GIRAL (José), *Santiago de Cuba 1879-México 1962*, político español. Ministro de marina

(1931-1933 y 1936), presidente de gobierno (1936) y ministro de estado (1937-1938), se exilió en 1939. De 1945 a 1947 fue presidente del gobierno republicano en el exilio.

Giralda, torre campanario de la catedral de Sevilla, alminar de la antigua mezquita, obra en ladrillo del s. XII, con cuerpo de campanas añadido en el s. XVI de estilo renacentista, obra de Hernán Ruiz el Joven. Muestra del arte almohade. (Patrimonio de la humanidad 1987.)

GIRALTE (Francisco), *Valladolid h. 1500-Madrid 1576*, escultor español. Colaboró con Berruguete (1532-1539) en Palencia y es autor del retablo y el sepulcro de la capilla del Obispo (Madrid).

GIRARDON (François), *Troyes 1628-París 1715*, escultor francés. Es el representante por excelencia del clasicismo fastuoso de Versalles.

GIRARDOT, mun. de Colombia (Cundinamarca); 70 078 hab. Puerto fluvial en el Magdalena. Centro industrial y de comunicaciones.

GIRARDOT (Atanasio), *Medellín 1791-1813*, patriota colombiano. Tras luchar junto a Bolívar en Trujillo y Barinas, murió en campaña.

GIRARDOTA, mun. de Colombia (Antioquia); 23 684 hab. Cultivos tropicales. Yacimientos de oro.

GIRAUD (Jean) → **MOEBIUS**.

GIRAUDOUX (Jean), *Bellac 1882-París 1944*, escritor francés. Sus novelas (*Bella*, 1926) y su teatro (*No habrá guerra en Troya*, 1935; *Electra*, 1937) amalgaman temas clásicos y modernos.

GIRAUD-SOULAVIE (Louis), *Largentière 1752-París 1813*, naturalista francés. Precursor del transformismo y fundador de la paleontología estratigráfica, fue el primero en proponer que la duración de las eras geológicas puede ascender a centenares de millones de años.

Giro, vuelta ciclista a Italia.

GIRÓN, mun. de Colombia (Santander); 50 570 hab. Agricultura (plátanos, maíz, arroz, tabaco).

GIRÓN, cantón de Ecuador (Azuay); 34 825 hab. Centro agropecuario. Industrias lácteas.

GIRÓN (playa) → **COCHINOS** (bahía de).

GIRÓN (Francisco Javier) → **AHUMADA** (duque de).

GIRONA → **GERONA**.

GIRONDA, en fr. **Gironde**, estuario del Garona a partir de su confluencia con el Dordoña; 75 km.

GIRONDE, dep. del SO de Francia (Aquitania); 10 000 km²; 1 287 334 hab.; cap. *Burdeos*.

Girondinos, grupo político nacido durante la Revolución francesa (1791) y formado sobre todo por diputados de la Gironde. Representó a la burguesía ilustrada.

GIRONDO (Oliverio), *Buenos Aires 1891-íd. 1967*, poeta argentino. Autor del manifiesto vanguardista de la revista *Martín Fierro* (1924), su poesía innovadora (*Veinte poemas para ser leídos en el tranvía*, 1922; *Calcomanías*, 1925) culminó con *En la masmédula* (1956).

GIRONELLA (Alberto), *México 1929-íd. 1999*, pintor mexicano. Figurativo, su temática incide en la metamorfosis de una obra clásica (*La reina Mariana* de Velázquez).

GIRONELLA (José María), *Darnius, Gerona, 1917-Arenys de Mar, Barcelona, 2003*, escritor español. Entre sus numerosas novelas destaca *Los cipreses creen en Dios* (1953), de su trilogía sobre la guerra civil.

GIRRI (Alberto), *Buenos Aires 1918-íd. 1991*, poeta argentino. Tradujo poesía anglosajona,

que lo influyó (*Playa sola*, 1946; *Elegías italianas*, 1962; *Lírica de percepción*, 1983).

GIRSU, act. **Tello**, sitio arqueológico de Iraq, cerca del bajo Tigris. Restos de la ciudad de un reino sumerio del III milenio, cuya capital era Lagaš, y donde se han encontrado numerosas obras de arte (estatuas de Gudea, Louvre).

GISBERT (Antonio), *Alcoy 1834-París 1901*, pintor español. Pintor de historia (*Los comuneros de Castilla; El fusilamiento de Torrijos*) y de género, privilegió el detalle y el dibujo.

GISCARD D'ESTAING (Valéry), *Coblenza 1926*, político francés. Ministro de finanzas y asuntos económicos (1962-1966; 1969-1974) y presidente de la república (1974-1981), fundó la UDF en 1978, que presidió de 1988 a 1996. Presidió la Convención europea (2002-2003).

GISH (Lillian), *Springfield, Ohio, 1896-Nueva York 1993*, actriz estadounidense. Con su hermana Dorothy y en solitario, fue la joven heroína de obras maestras de Griffith: *Pimpollos rotos* (1919), *A través de la tempestad* (1920). También actuó en *Duelo al sol* (K. Vidor, 1947), *La noche del cazador* (C. Laughton, 1955).

GITLIS (Ivry), *Haifa 1922*, violinista israelí. Muy precoz, se erigió con rapidez como uno de los más virtuosos intérpretes de su generación. También ha destacado por su compromiso humanista.

GIULIANO DA MAIANO → **MAIANO**.

GIULINI (Carlo Maria), *Barletta 1914-Brescia 2005*, director de orquesta italiano. Uno de los grandes directores de ópera, destacó por sus colaboraciones con María Callas (*La Traviata*) y L. Visconti como escenógrafo (*Don Carlos*), antes de consagrarse, desde 1967, al repertorio sinfónico.

GIZEH, c. de Egipto, cap. de prov., en la orilla izquierda del Nilo; 2 156 000 hab. Turismo. Producción de películas. — Inmensa necrópolis y complejos funerarios, entre los que se encuentran la Esfinge y las pirámides de los faraones Keops, Kefrén y Mikerinos (una de las *Maravillas del mundo antiguo). [Patrimonio de la humanidad 1979.]

GJELLERUP (Karl), *Roholte 1857-Klotzsche, cerca de Dresde, 1919*, escritor danés. En su teatro y novelas (*El molino*) evolucionó del naturalismo al espiritualismo. (Premio Nobel 1917.)

GLACIARES (Los), parque nacional de Argentina (Santa Cruz), en la región andina; 6 000 km². (Patrimonio de la humanidad 1981.)

GLADSTONE (William Ewart, conde), *Liverpool 1809-Hawarden 1898*, político británico. Líder del Partido liberal (1865), primer ministro (1868-1874, 1880-1885 y 1892-1894), llevó a cabo numerosas reformas. A favor del Home Rule (1886) en Irlanda, provocó la secesión de los unionistas del Partido liberal.

■ OLIVERIO GIRONDO (caricatura por Valdivia).

■ GLADSTONE, por J. E. Millais. (Galería nacional de retratos, Londres).

GLÅMA o **GLOMMA**, el río más largo de Noruega, tributario del Skagerrak; 570 km.

GLAMORGAN, ant. condado de Gran Bretaña (Gales), junto al canal de Bristol.

GLARIS, en alem. **Glarus**, c. de Suiza, cap. del cantón homónimo, en los *Alpes de Glaris*, a orillas del Linth; 5 728 hab.

GLARIS (cantón de), cantón de Suiza; 685 km²; 39 100 hab.; cap. *Glaris*. Entró en la Confederación en 1352.

GLASER (Donald Arthur), *Cleveland 1926*, físico estadounidense. Inventó la cámara de burbujas, que permite detectar las partículas de energía elevada. (Premio Nobel 1960.)

■ ALBERTO **GIRONELLA**. *Trampantojos de picador* (1986).

GLASGOW, c. de Gran Bretaña (Escocia), junto al Clyde; 642 000 hab. Universidad. Aeropuerto. Metrópolis comercial e industrial de Escocia. — Catedral de los ss. XIII-XV. Museos, entre ellos una importante galería de pintura. — Centro artístico en la época de C. R. Mackintosh.

GLASHOW (Sheldon Lee), *Nueva York 1932*, físico estadounidense. En 1960 propuso la primera teoría unificada de la interacción electromagnética y de la interacción débil. (Premio Nobel 1979.)

GLASS (Philip), *Baltimore 1937*, compositor estadounidense. Inspirado por la música de la India, es un destacado exponente de la música llamada repetitiva. Es autor a una ingente obra instrumental, ha contribuido a la renovación de la ópera (*Einstein on the Beach*, 1976; *Waiting for the Barbarians*, 2005).

GLAZUNOV (Alexandr Konstantínovich), *San Petersburgo 1865-París 1936*, compositor ruso. Director del conservatorio de San Petersburgo (1905-1928), es autor de sinfonías y música de cámara.

GLENDALE, c. de Estados Unidos (California), en la periferia de Los Ángeles; 180 038 hab. Industria aeronáutica.

GLEN MORE, depresión del N de Escocia, ocupada en parte por el Loch Ness y seguida por el canal Caledonio.

GLENN (John Herschel), *Cambridge, Ohio, 1921*, astronauta estadounidense. Primer estadounidense que efectuó un vuelo orbital (20 febr. 1962, a bordo de una cabina *Mercury*), fue el más veterano de los astronautas que viajaron a bordo del transbordador Discovery en 1998.

GLIER (Reingold Moritsevich), *Kiev 1875-Moscú 1956*, compositor y pedagogo ruso. Compuso óperas, ballets (*Amapola roja*, 1927), música sinfónica y conciertos.

GLINKA (Mijaíl Ivánovich), *Novo-Spásskoie 1804-Berlín 1857*, compositor ruso. Fundador de la escuela musical rusa moderna, entre sus composiciones destacan dos óperas: *La vida por el zar* (1836) y *Ruslan y Ludmilla* (1842).

GLISSANT (Édouard), *Sainte-Marie, Martinica, 1928*, escritor francés. Poeta, además de novelista y ensayista, ha integrado, con un lenguaje rico e inventivo, la reflexión sobre la creatividad criolla en una visión cósmica del mestizaje cultural.

GLIWICE, c. de Polonia (Silesia); 215 700 hab. Hulla.

Globo, grupo de comunicación brasileño que comprende el diario *O Globo*, fundado en 1925 en Río de Janeiro, de orientación populista y el de mayor tirada del país, y la cadena de medios audiovisuales *Rede Globo*, célebre por sus telenovelas.

GLOMMA → **GLÅMA.**

Gloria (pórtico de la), nombre del pórtico románico del nártex de la catedral de Santiago de Compostela, con profusa obra escultórica del maestro Mateo (1168-1188).

GLOUCESTER, c. de Gran Bretaña (Inglaterra), cap. del *condado de Gloucestershire*, a orillas del Severn; 91 800 hab. Construcciones aeronáuticas. — Catedral románica y gótica (gran vidriera del coro, s. XIV; bóvedas en abanico del claustro).

GLUBB (sir John Bagot), llamado **Glubb Pachá**, *Preston 1897-Mayfield, Sussex, 1986*, militar británico. Comandó la Legión árabe (ejército beduino de Transjordania 1939-1946) y luego el ejército de Jordania (hasta 1956).

GLUCK (Christoph Willibald, caballero **von**), *Erasbach, act. en Berching, Alto Palatinado, 1714-Viena 1787*, compositor alemán. Junto con el libretista R. Calzabigi reformó la ópera, buscando, lejos de las influencias italianas, la naturalidad y la sencillez: *Orfeo y Eurídice* (1762), *Alceste* (1767), *Ifigenia en Áulide* (1774), *Ifigenia en Táuride* (1779).

Glyndebourne (festival de), festival anual de ópera, creado en 1934 en Glyndebourne (Gran Bretaña) por John Christie.

GNASSINGBÉ (Faure) → **EYADEMA.**

GNEISENAU (August, conde Neidhart **von**), *Schildau 1760-Posen, act. Poznań, 1831*, mariscal prusiano. Ayudado por Scharnhorst, reorganizó el ejército prusiano (1808) y fue jefe de estado mayor de Blücher (1813-1814 y 1815).

GNIEZNO, c. de Polonia, al NE de Poznań; 70 600 hab. Sede de los primados de Polonia. — Catedral gótica construida sobre estructuras de los ss. X-XI y muy restaurada.

GOA, est. de la costa occidental de la India; 3 700 km²; 1 168 622 hab.; cap. *Panaji*. Fue ocupado por los portugueses de 1510 a 1961-1962.

Gobelinos (los), manufactura real de tapices instalada en 1601 en los talleres de los tintoreros Gobelin, en París. Creada por flamencos, alcanzó su apogeo durante el reinado de Luis XIV. El pintor Le Brun estuvo al frente de ella e incorporó orfebres, ebanistas y escultores. Actualmente se mantiene como manufactura nacional de tapices.

GOBI, desierto de Asia (Mongolia y China). [Reserva de la biosfera 1990.]

God save the King [the Queen] (*Dios salve al rey [a la reina]*), himno nacional británico.

GODARD (Jean-Luc), *París 1930*, director de cine francés y suizo. Es uno de los principales representantes de la nouvelle vague (*Al final de la escapada*, 1960; *Pierrot, le fou*, 1965; *Yo te saludo, María*, 1985; *Nuestra música*, 2004).

GODĀVARI, r. de la India, que desemboca en el golfo de Bengala; 1 500 km. Es uno de los ríos sagrados de la India.

GODDARD (Robert Hutchings), *Worcester, Massachusetts, 1882-Baltimore 1945*, ingeniero estadounidense. Precursor de la astronáutica, en 1926 lanzó el primer cohete de ergoles líquidos.

GÖDEL (Kurt), *Brünn, act. Brno, 1906-Princeton 1978*, lógico y matemático estadounidense de origen austriaco. Es autor de dos teoremas (1931) según los cuales una aritmética no contradictoria no podría formar un sistema completo, ya que la no contradicción constituye en este sistema un enunciado no decidible.

GODESCALCO o **GOTTSCHALK**, *cerca de Maguncia h. 805-Hautvillers, Marne, h. 868*, teólogo alemán. Fue condenado por el concilio de Maguncia por sus ideas sobre la predestinación (848), y encarcelado.

GODÓ (Ramón), *Bilbao 1864-Barcelona 1931*, político y empresario de prensa español. Impulsó el periódico del diario *La Vanguardia*, fundado en Barcelona (1881) por su padre, **Bartolomé Godó** (1837-1894).

GODOFREDO DE BOUILLON, *Baisy h. 1061-Jerusalén 1100*, duque de Baja Lorena. Uno de los principales jefes de la primera cruzada, fundó el Reino latino de Jerusalén (1099) y lo gobernó con el título de protector del Santo sepulcro.

GODOY (Manuel), duque de Alcudia, príncipe de la Paz, *Badajoz 1767-París 1851*, estadista español. Valido de Carlos IV y primer ministro (1792), dirigió la política española hasta 1808 (excepto en 1798-1800) Declaró la guerra a la República Francesa (1793), pero a partir del tratado de Basilea (1795) realizó una política de acercamiento a Francia, lo que acarreó al país guerras con Gran Bretaña y la derrota de Trafalgar. Encarcelado tras el motín de Aranjuez (1808), se le permitió unirse a los reyes en Francia. Escribió unas *Memorias* (1836-1842).

GODOY CRUZ, dep. de Argentina (Mendoza); 179 502 hab. Industrias alimentaria, madera y textil.

GODTHÅB o **GODTHAAB** → **NUUK.**

GODWIN (William), *Wisbech 1756-Londres 1836*, escritor británico. Es autor de ensayos y novelas de temática social (*Las aventuras de Caleb Williams*, 1794).

GOEBBELS (Joseph Paul), *Rheydt 1897-Berlín 1945*, político alemán. Periodista nacionalsocialista, fue ministro de propaganda e información (1933-1945) y Hitler le encargó la dirección de la guerra total (1944). Se suicidó con toda su familia.

GOERING → **GÖRING.**

GOERITZ (Matías), *Danzig 1915-México 1990*, arquitecto, pintor y escultor alemán nacionalizado mexicano. Fue uno de los introductores de las corrientes contemporáneas en México (torres de la Ciudad satélite de México)

■ MATÍAS **GOERITZ.** Las torres de la Ciudad satélite de México (1957-1958).

GOETHE (Johann Wolfgang **von**), *Frankfurt del Main 1749-Weimar 1832*, escritor alemán. Fue uno de los más importantes representantes del *Sturm und Drang con su novela *Los sufrimientos del joven *Werther y su drama *Götz de Berlichingen* (1774). Posteriormente, su experiencia de Italia (*Torquato Tasso*, 1789), de la Revolución francesa y de la política (fue ministro del gran duque de Weimar), su amistad con Schiller (*Xenias*, 1796), y sus investigaciones científicas (*La metamorfosis de las plantas*, 1790; *La teoría de los colores*, 1810), lo hicieron evolucionar hacia un arte más clásico (*Wilhelm Meister; Hermann y Dorotea*, 1797; *Las afinidades electivas*, 1809), que tomó forma autobiográfica (*Poesía y verdad*, 1811-1833) y simbólica (*Diván occidental-oriental*, 1819; *Fausto*).

■ **GOETHE,** por J. von Egloffstein. (Museo Goethe, Frankfurt del Main.)

■ MANUEL **GODOY,** por Goya. (Real academia de bellas artes de San Fernando, Madrid.)

GOFFMAN (Erving), *Manvine, Alberta, 1922-Filadelfia 1982,* psicosociólogo canadiense. Se interesó por las interacciones sociales y los elementos no codificados de las conductas (*Internados,* 1961; *Los ritos de interacción,* 1967).

GÓGOL (Nikolái Vasílievich), *Soróchintsi 1809-Moscú 1852,* escritor ruso. Autor de relatos (*Tarás Bulba; El diario de un loco,* 1835) y de obras de teatro (*El inspector,* 1836), es el creador de la novela rusa moderna con *Las almas muertas,* obra inacabada (primera parte publicada en 1842), densa y jocosa, donde los detalles realistas se mezclan con lo absurdo y lo fantástico.

GOG Y MAGOG, en las literaturas judía, cristiana y musulmana, personificación de las potencias del mal.

GOIÂNIA, c. del centro de Brasil, cap. del est. de Goiás; 920 838 hab.

GOIÁS, est. de Brasil; 355 294 km²; 4 024 507 hab.; cap. *Goiânia.*

GOICOECHEA, cantón de Costa Rica (San José); 94 142 hab.; cab. *Guadalupe.* Café, cereales, hortalizas. Industrias lácteas.

GOICOECHEA OMAR (Alejandro), *Elorrio, Vizcaya, 1895-Madrid 1984,* ingeniero español. Su concepción de un tren articulado ligero cristalizó en la fundación (1942) de la firma Talgo.

GOITIA (Francisco), *Patillos 1882-Xochimilco 1960,* pintor mexicano, de estilo expresionista (*Tata Jesucristo,* 1927).

GOLÁN (altos del), meseta del SO de Siria, que se eleva sobre el Jordán. Fue ocupada por Israel en 1967 y escenario de combates en 1973. Fue anexionada por Israel por decisión del Knésset en 1981.

GOLCONDA, fortaleza y c. en ruinas de la India (Ândhra Pradesh). Restos del s. XVI-principios del s. XVII, entre ellos los mausoleos de cúpulas bulbosas de la necrópolis. — Capital desde 1518 de uno de los sultanatos musulmanes del Decán, con tesoros legendarios, fue destruida por Aurangzeb en 1687.

GOLDBACH (Christian), *Königsberg 1690-Moscú 1764,* matemático ruso de origen prusiano. Conocido por sus estudios de aritmética, es autor de una conjetura que lleva su nombre («todo número entero par es la suma de dos números primos»).

GOLD COAST → **GHANA.**

GOLDIN (Nan), *Washington 1953,* fotógrafa estadounidense. Con una visión artística libre de tabúes, ha renovado el género del retrato documental (*La balada de la dependencia sexual,* 1986; *Hermanas, santas y sibilas,* 2004).

GOLDING (sir William), *Saint Columb Minor, Cornualles, 1911-Perranarwortahl, cerca de Falmouth, Cornualles, 1993,* escritor británico. Su obra novelística muestra al hombre dispuesto en cualquier circunstancia a volver a su barbarie primitiva (*El señor de las moscas,* 1954). [Premio Nobel 1983.]

GOLDMANN (Nahum), *Wisznewo, Lituania, 1895-Bad Reichenhall 1982,* dirigente sionista. Fundador (1936) y presidente del Congreso mundial judío, fue presidente de la Organización mundial sionista (1956-1968). Adoptó sucesivamente las nacionalidades alemana, estadounidense (1940), israelí (1962) y suiza (1968). Pidió la restitución por Israel de los territorios conquistados en 1967 y la concesión a Israel del estatuto de estado neutral.

GOLDONI (Carlo), *Venecia 1707-París 1793,* autor teatral italiano. Sustituyó las bufonerías de la commedia dell'arte por la crítica de las costumbres y la representación de personajes populares en sus comedias, escritas en italiano (*La posadera,* 1753; *Las vacaciones,* 1761) y más tarde en francés (*El gruñón bienhechor,* 1771). Dejó unas *Memorias* en francés.

GOLDSCHMIDT (Victor Moritz), *Zurich 1888-Oslo 1947,* geólogo noruego de origen suizo. Pionero de la geoquímica moderna, creó una clasificación de los elementos químicos según sus afinidades.

GOLDSMITH (Oliver), *condado de Westmeath, Irlanda, h. 1730-Londres 1774,* escritor británico. Es autor de novelas (*El vicario de Wakefield,* 1766), poemas sentimentales (*La aldea abandonada,* 1770) y obras de teatro (*Ella se humilla para vencer,* 1773).

GOLDSTEIN (Kurt), *Kattowitz, act. Katowice, 1878-Nueva York 1965,* neurólogo estadounidense de origen alemán. Fue el propulsor de una concepción unitaria y globalizadora de la neurología, surgida de la teoría de la forma. Estudió particularmente la afasia.

GOLÉA (El-) → **MENIAA (El-).**

GOLETA (La), en fr. **La Goulette,** act. **Halq el-Oued,** c. de Túnez; 42 000 hab. Antepuerto de Túnez y estación balnearia. — En el s. XVI fue plaza fuerte de España.

GOLFITO, cantón de Costa Rica (Puntarenas); 35 207 hab. Puerto (en el Pacífico) exportador de bananas.

GOLFO, término con el que suele designarse el *golfo Pérsico* y también el *golfo de México.*

GOLFO (corriente del), en ingl. **Gulf Stream,** corriente marítima cálida del Atlántico. Formada por la unión de la corriente de las Antillas y la de Florida, atraviesa el estrecho de Florida y llega hasta el estrecho de Terranova. Desde allí se extiende y se desvía hacia el E. Convertida en *corriente noratlántica,* se divide en varias ramas y se transforma en deriva difusa. Suaviza los climas de la fachada NO de Europa.

Golfo (guerra del) [ag. 1990-febr. 1991], conflicto desencadenado por la invasión de Kuwayt por Iraq (1-2 ag. 1990) y que enfrentó a este país con una coalición internacional de unos 30 estados dirigida por EUA. La ONU, que había condenado la anexión de Kuwayt, autorizó el empleo de todos los medios necesarios para liberar dicho estado. Una fuerza multinacional, principalmente estadounidense y con participación árabe (sobre todo Egipto y Siria), se desplegó en el golfo Pérsico y en Arabia Saudí, intervino contra Iraq (17 en. 1991) y liberó Kuwayt (28 febr.).

GOLGI (Camillo), *Corteno, cerca de Brescia, 1843-Pavía 1926,* médico e histólogo italiano. Estudió el sistema nervioso y descubrió un órgano fundamental de la célula (*aparato de Golgi*). [Premio Nobel 1906.]

GÓLGOTA, nombre arameo del *Calvario.*

GOLIAT, personaje bíblico. Gigante filisteo, fue vencido en combate singular por David.

GOLITSIN, GALITZIN o **GALLITZIN,** familia principesca que dio a Rusia, a fines del s. XVII y en el s. XVIII, estadistas y jefes militares.

GOLTZIUS (Hendrick), *Mühlbracht, Limburgo, 1558-Haarlem 1617,* grabador y pintor neerlandés. Manierista brillante, cofundó la academia de arte de Haarlem.

GOMÁ (Isidro), *La Riba, Tarragona, 1869-Toledo 1940,* prelado español. Arzobispo de Toledo (1933) y cardenal (1935), redactó la *Carta colectiva del episcopado español* (1937) que calificó al alzamiento militar de cruzada.

GOMAR o **GOMARUS** (Franz), *Brujas 1563-Groninga 1641,* teólogo protestante neerlandés. Adversario de Arminius, fue el intérprete más intransigente de la doctrina de Calvino sobre la predestinación. Sus partidarios (*gomaristas*) provocaron graves disturbios en los Países Bajos.

GOMBRICH (sir Ernst Hans), *Viena 1909-Londres 2001,* historiador del arte británico de origen austriaco. Es autor de *Historia del arte,* una suma publicada en 1950, y de *Arte e ilusión* (1960), donde analiza los aspectos técnicos de la creación, así como el papel de la psicología de la percepción en el espectador.

GOMBROWICZ (Witold), *Małoszyce 1904-Vence, Francia, 1969,* escritor polaco. Sus novelas (*Ferdydurke,* 1938; *La seducción,* 1960), sus obras de teatro (*Ivonne, princesa de Borgoña,* 1938) y su *Diario* (1953-1969) intentan captar la realidad íntima del hombre a través de estereotipos sociales y culturales.

GÓMEL, c. del SE de Bielorrusia; 503 000 hab. Construcciones mecánicas.

GOMERA, isla de España, en las Canarias (Santa Cruz de Tenerife); 353,20 km²; 18 300 hab.; cap. *San Sebastián de la Gomera.* Culmina en el Alto del Garajonay (1 375 m), parque nacional (patrimonio de la humanidad 1986). Plátanos y tomates. Pesca. Ganadería lanar. Turismo. — Ocupada por Bethencourt (s. XV), fue la última tierra castellana que tocó la expedición de Colón a América (6 sept. 1492).

GOMERA (La), mun. de Guatemala (Escuintla), en la costa del Pacífico; 28 868 hab. Ganadería.

GÓMEZ, familia española de matadores de toros. — **Rafael G. Ortega,** llamado **el Gallo,** *Madrid 1882-Sevilla 1960.* Tomó la alternativa en 1902 y se mantuvo en activo hasta 1936. — **José G. Ortega,** llamado **Gallito** y **Joselito,** *Gelves 1895-Talavera 1920.* Hermano de Rafael, tomó la alternativa en 1912 y formó con Belmonte la pareja más famosa de la historia del toreo. Destacó por su facilidad, su intuición y su extraordinario repertorio. Murió de una cornada en la plaza de Talavera.

GÓMEZ (José Luis), *Huelva 1940,* actor y director teatral español. Director del Centro dramático nacional (1979-1980) y del teatro Español de Madrid (1980-1984), fundó el teatro La abadía de Madrid. Ha trabajado también en el cine (*Pascual Duarte,* Ricardo Franco, 1975).

GÓMEZ (José Miguel), pintor hondureño activo desde finales del s. XVIII hasta principios del XIX. Su obra, centrada en temas religiosos, tiene una fuerte influencia de Zurbarán (*El nazareno*).

GÓMEZ (Juan Vicente), *San Antonio de Táchira 1859-Maracay 1935,* político y militar venezolano. Vicepresidente (1904), se hizo con el poder (1908), que conservó hasta su muerte. Implantó un régimen despótico basado en el ejército y cedió las explotaciones petroleras a compañías extranjeras.

GÓMEZ (Julio), *Madrid 1886-íd. 1973,* compositor y musicógrafo español. Profesor de composición en el conservatorio de Madrid, colaboró como articulista en numerosas publicaciones. Escribió obras para la escena, sinfónicas, corales y camerísticas.

GÓMEZ (Laureano), *Bogotá 1889-íd. 1965,* político colombiano. Líder conservador, fue ministro (1925-1926 y 1947-1948) y presidente de la república en 1950-1951 y brevemente en 1953. Partidario de un estado corporativo, reprimió con dureza los movimientos opositores. Exiliado en España (1953), acordó con los liberales el pacto de *Sitges* (1957) para restaurar el régimen constitucional tras la caída del general Rojas Pinilla.

GÓMEZ (Máximo), *Baní, República Dominicana, 1836-La Habana 1905,* general cubano. Jefe de los ejércitos insurrectos (1875), se exilió tras la paz del Zanjón (1878). Elaboró con Martí el manifiesto de Montecristi (1895) y dirigió de nuevo las operaciones militares en Cuba. En 1898 no aceptó la presidencia de la república.

GÓMEZ ARBOLEYA (Enrique), *Cebreros 1910-Madrid 1959,* sociólogo español. Autor de *Historia de la estructura y del pensamiento social* (1957), contribuyó a la normalización de la sociología en España.

GÓMEZ CARRILLO (Enrique), *Guatemala 1873-París 1927,* escritor guatemalteco. Cultivó la prosa modernista, recogiendo las impresiones de sus viajes: *Bohemia sentimental* (1895), *La Grecia eterna* (1907). En su novela *El evangelio del amor* (1922) exhibe una prosa sensual y refinada.

GÓMEZ CORNET (Ramón), *Santiago del Estero 1898-Buenos Aires 1964,* pintor argentino. Realizó una síntesis entre las corrientes pictóricas europeas y la visión de su tierra natal.

GÓMEZ DE AVELLANEDA (Gertrudis), *Puerto Príncipe 1814-Madrid 1873,* escritora cubana. Representante del romanticismo, vivió en España y, bajo el seudónimo de **La peregrina,** escribió dramas (*Saúl,* 1849; *Baltasar,* 1858), en general históricos, comedias (*La Hija de las flores,* 1852), novelas (*Sab,* 1841) y poesía (*Al partir,* 1836; *Devocionario poético,* 1867).

GÓMEZ DE LA SERNA (Ramón), *Madrid 1888-Buenos Aires 1963,* escritor español. Vanguardista, en 1915 fundó la tertulia del café Pombo en Madrid. Creador del género de la greguería, en su ingeniosa y prolífica obra cultivó todos los géneros: artículos, teatro, cuentos, novelas (*El doctor inverosímil,* 1919; *La quinta de Palmyra,* 1923; *El novelista,* 1924), ensayos (*El Rastro,* 1914; *El circo,* 1916; *Pombo,* 1919-1926), biografías y memorias: *Automoribundia* (1948) y *Nuevas páginas de mi vida* (1957).

GÓMEZ DE MORA (Juan), *Cuenca 1586-Madrid 1648*, arquitecto español. Representa la transición del manierismo al barroco (El Pardo, Clerecía de Salamanca, ayuntamiento y plaza mayor de Madrid).

GÓMEZ FARÍAS (Valentín), *Guadalajara 1781-México 1858*, político mexicano. Vicepresidente y presidente interino con Santa Anna (1833-1834 y 1846-1847), fue presidente de la Junta de representantes durante la revolución de Ayutla (1855).

GÓMEZ HERMOSILLA (José Mamerto), *Madrid 1771-íd. 1837*, preceptista y escritor español. Defensor de la estética neoclásica (*Arte de hablar en prosa y en verso*, 1826), es autor de obras lingüísticas e históricas.

GÓMEZ MANRIQUE → MANRIQUE.

GÓMEZ-MORENO (Manuel), *Granada 1870-Madrid 1970*, arqueólogo e historiador del arte español. Estudió la escritura ibérica (*Sobre los íberos y su lengua*, 1925) y el arte medieval, mozárabe y renacentista en España (*Diego de Siloé*, 1963). Fundó la revista *Archivo español de arte y arqueología* (1925). [Real academia 1941.]

GÓMEZ PALACIO, c. de México (Durango); 180 011 hab. Centro industrial y comercial.

GÓMEZ PEDRAZA (Manuel), *Querétaro 1789-México 1851*, militar y político mexicano. Ministro de guerra y marina (1825), fue elegido presidente en 1829. Ocupó el cargo en 1832-1833, después de un período de exilio.

GÓMEZ RESTREPO (Antonio), *Bogotá 1869-íd. 1947*, político (*Ecos perdidos*, 1893) y crítico literario (*Historia de la literatura colombiana*, 1945-1946).

GOMIS (José Melchor), *Onteniyent 1791-París 1836*, compositor español. Célebre compositor de óperas y zarzuelas, se le atribuye la música del *himno de Riego*.

GOMORRA → SODOMA.

GOMPERS (Samuel), *Londres 1850-San Antonio, Texas, 1924*, sindicalista estadounidense. Hizo triunfar el sindicalismo reformista en el seno de la American Federation of Labor, de la que fue fundador (1886).

GOMUŁKA (Władysław), *Krosno, Galitzia, 1905-Varsovia 1982*, político polaco. Secretario general del Partido obrero (1943-1948) y defensor de una «vía polaca hacia el socialismo», fue separado de sus funciones por los estalinistas en 1948-1949. Volvió a ocupar la cabeza del partido y del estado (oct. 1956) tras las revueltas de Poznań y fue destituido en 1970.

GONÇALVES (Nuno), pintor portugués al servicio de Alfonso V desde 1450. Se le atribuye el monumental políptico de San Vicente, del museo de Lisboa (h. 1465), retrato vigoroso cuyo humanismo penetra en diversas tipologías humanas de la sociedad de la época.

GONÇALVES DIAS (António), *Caxias 1823-en un naufragio 1864*, poeta brasileño. Fundador del movimiento indianista, es autor de *Primeiros cantos* (1846) y *Os tymbiras* (1857).

GONCHAROV (Iván Alexándrovich), *Simbirsk 1812-San Petersburgo 1891*, novelista ruso. Su obra narra la decadencia de la nobleza (*Oblómov*, 1859).

GONCHAROVA (Natalia Serguéievna), *cerca de Tula 1881-París 1962*, pintora rusa nacionalizada francesa. Esposa de Lariónov, destacan sus atrevidos decorados y trajes para los Ballets rusos de Diáguilev.

GERTRUDIS **GÓMEZ DE AVELLANEDA**, por A. Esquivel.

RAMÓN **GÓMEZ DE LA SERNA**, por E. Segura. (Ateneo de Madrid.)

GONCOURT (hermanos), escritores franceses. **Edmond Huot de G.**, *Nancy 1822-Champrosay, Essonne, 1896*, y **Jules Huot de G.**, *París 1830-íd. 1870*. Evolucionaron del naturalismo hacia un impresionismo refinado. El círculo de amigos de Edmond fue el origen de la Academia Goncourt.

LOS HERMANOS **GONCOURT** (Edmond, a la izquierda, y Jules). [Biblioteca nacional, París.]

Goncourt (Academia), sociedad literaria francesa instituida por el testamento de E. de Goncourt. Desde 1903 concede un premio anual.

GONDAR, c. de Etiopía al N del lago Tana; 88 000 hab. Restos de palacios y de iglesias de los ss. XVII-XVIII.

GONDRA (Manuel), *Buenos Aires 1872-Asunción 1927*, político, ensayista y filólogo paraguayo. Presidente (1910-1911), fue depuesto por Albino Jara. Dirigió en 1912 la insurrección de los monteros (liberales radicales) y fue de nuevo presidente en 1920-1921. Firmó la *convención Gondra* (1923), que fijó las fronteras con Argentina. Escribió *En torno a Rubén Darío* (1899) y ensayos sobre la lengua guaraní.

GONDWANA, región de la India, en el Decán, poblada por los gond. Ha dado su nombre a dos continentes sucesivos unidos a la primaria, cuya reunión con otros formó Pangea; otro surgido de la fragmentación de Pangea a principios de la era secundaria, que posteriormente se dividió, formando África, Sudamérica, la Antártida, Australia e India.

GÓNGORA Y ARGOTE (Luis de), *Córdoba 1561-íd. 1627*, poeta español. Gran representante del culteranismo o *gongorismo*, su obra, que incluye también dos piezas teatrales y un epistolario, se publicó en 1628 (*manuscrito Chacón*). Sus inicios poéticos datan de 1580, con letrillas, romances y sonetos. Entre 1612 y 1613 compuso sus obras más importantes: *Las *Soledades* y la *Fábula de *Polifemo y Galatea*, poemas de intencionada oscuridad que suscitaron las burlas de Quevedo y de Lope de Vega. Dentro de un género «sencillo» (*Romance de Angélica y Medoro*, 1602), podía escribir en la línea culta que intensificaría en sus dos poemas mayores o en la *Fábula de Píramo y Tisbe* (1617). La dificultad de su lengua estriba en el uso de una sintaxis de base latina, complicada por el hipérbaton; la acumulación de cultismos y alusiones mitológicas, y la tendencia a usar metáforas, perífrasis e hipérboles. Su obra fue relegada hasta su revalorización por los poetas de la generación del 27.

GÖNNERSDORF, sitio prehistórico de Alemania (Renania-Palatinado) ubicado al aire libre, cerca de Neuwied. Cazadores magdalenienses dejaron, entre varias estructuras de hábitat, estatuillas femeninas estilizadas y grabados zoomorfos sobre pizarra.

GONTRÁN (san), *h. 545-Chalon-sur-Saone 592*, rey de Borgoña (561-592), de la dinastía merovingia. Hijo de Clotario I, favoreció la difusión del cristianismo en sus estados.

GONZAGA, familia de príncipes italianos que reinó en Mantua del s. XIV al XVIII y en el ducado de Nevers.

GONZÁLEZ, mun. de México (Tamaulipas); 39 861 hab. Cereales, henequén y frutales; ganadería.

GONZÁLEZ (Ángel), *Oviedo 1925-Madrid 2008*, poeta español. Es autor de ensayos y de una poesía coloquial, marcada por la ironía y la crítica social (*Áspero mundo*, 1956). Con el título de *Palabra sobre palabra* realizó periódicas recopilaciones de su obra (Real academia 1996.)

GONZÁLEZ (Antonio), *Realejo Alto, Tenerife, 1917-Icod de los Vinos 2000*, químico español. Especialista en química orgánica, investigó la determinación estructural y sintética de productos naturales bioactivos. Fundó el Instituto universitario de biología orgánica de la universidad de La Laguna.

GONZÁLEZ (Armando), *Montevideo 1912*, escultor y diseñador uruguayo. De su numerosa obra escultórica destaca *Monumento a Basilicio Saravia*, grupo ecuestre en Santa Clara de Olimar. Diseñó afiches y pintó guaches.

GONZÁLEZ (Bartolomé), *Valladolid 1564-Madrid 1627*, pintor español. En la transición del manierismo al barroco, se especializó en el retrato y la pintura religiosa. Fue nombrado pintor del rey por Felipe III.

GONZÁLEZ (Daniel), conocido también como **Daniel**, *Cervera del Río Alhama 1894-Logroño 1968*, escultor y dibujante español. Su obra se caracteriza por un realismo muy personal influido por la escultura egipcia y primitiva.

GONZÁLEZ (Felipe), político español. Secretario general del PSOE de 1974 a 1997 (al que alineó con planteamientos socialdemócratas tras relegar el marxismo en 1979) y diputado (1977-2004), fue elegido presidente del gobierno de 1982 a 1996 (sucesivamente reelegido). Adoptó una política moderada y pragmática e impulsó la integración española en Europa.

LUIS DE **GÓNGORA Y ARGOTE**. (Velázquez, museo del Prado, Madrid.)

FELIPE **GONZÁLEZ**

GONZÁLEZ (José Luis), *Santo Domingo 1926-México 1997*, escritor puertorriqueño nacionalizado mexicano, representante del realismo crítico (*Paisa*, 1950; *En Nueva York y otras desgracias*, 1973) y ensayista (*Literatura y sociedad en Puerto Rico*, 1976).

GONZÁLEZ (Juan Vicente), *Caracas 1811-íd. 1866*, escritor venezolano. Pedagogo y periodista político, escribió una *Biografía de José Félix Rivas* (1864) y cultivó la prosa poética.

GONZÁLEZ (Julio), *Barcelona 1876-Arcueil, Francia, 1942*, escultor español. De familia de orfebres, se instaló en París en 1890. En contacto con la vanguardia comenzó sus *máscaras*, y a partir de 1927 evolucionó hacia la escultura en plancha metálica, que recorta y dobla bajo la influencia del cubismo. Entre sus obras de madurez destaca *La Montserrat*, símbolo del pueblo español desgarrado por la guerra civil (pabellón español de la exposición internacional de París, 1937).

GONZÁLEZ (Manuel), *Matamoros 1833-Chapingo, Guanajuato, 1893*, militar y político mexicano. Presidente (1880-1884), organizó la banca e impulsó el ferrocarril.

GONZÁLEZ (Otto-Raúl), *Guatemala 1921*, poeta guatemalteco. Entre sus obras destacan *Voz y voto de geranio* (1943), *Para quienes gusten oír caer la lluvia en el tejado* (1962), *Danzas para Coatlicue* (1983), además del libro de cuentos *Gente educada* (1997). Reside en México desde 1954.

GONZÁLEZ (Pablo), *Lampazos 1879-Monterrey 1950*, militar revolucionario mexicano. Luchó al lado de Carranza contra Villa y Zapata. Candidato presidencial (1919), estuvo desterrado en EUA en 1920-1940.

GONZÁLEZ (Simón), *Santiago 1856-íd. 1919*, escultor chileno, de estilo naturalista y temática costumbrista.

GONZÁLEZ ÁLVAREZ (Aníbal), *Sevilla 1876-íd. 1929*, arquitecto español. Proyectó el conjunto de edificios de la plaza de España de Sevilla para la Exposición iberoamericana de 1929, en estilos neomudéjar y neoplateresco.

GONZÁLEZ BALCARCE → BALCARCE.

GONZÁLEZ BOCANEGRA (Francisco), *San Luis Potosí 1824-México 1861*, poeta mexicano. Miembro de la Academia de Letrán, en 1853 puso letra al himno nacional de México.

GONZÁLEZ BOGEN (Carlos), *Upata 1920-Caracas 1992*, pintor y escultor venezolano. Residió en París (1948-1951), donde se integró en el grupo de Los disidentes. Es autor de esculturas constructivistas y de pinturas murales (edificio de los Tribunales de justicia, Caracas). [Premio nacional de artes plásticas 1948.]

GONZÁLEZ BRAVO [o **BRABO**] (Luis), *Cádiz 1811-Biarritz 1871*, político español. Jefe de gobierno (1843-1844) y ministro de gobernación (1864-1865 y 1866) con Narváez, adoptó una política reaccionaria. De nuevo al frente del gobierno en 1868, se exilió tras la revolución de septiembre.

GONZÁLEZ CAMARENA (Guillermo), *Guadalajara 1917-Cerro de las Lajas, Veracruz, 1965*, ingeniero mexicano. Contribuyó al desarrollo de la radiodifusión y televisión mexicanas.

GONZÁLEZ CASANOVA (Pablo), *Toluca 1922*, sociólogo mexicano. Introductor de la sociología moderna en su país, es autor de *La democracia en México* (1965) y *Medio siglo de historia de América latina* (2 vols., 1978). [Premio internacional José Martí 2003.]

GONZÁLEZ DÁVILA (Gil), *Ávila h. 1490-íd. 1526*, conquistador español. En 1519 realizó una expedición por Andrés Niño en busca de un paso por el S entre el Pacífico y el Atlántico. Exploró las costas de Honduras y Nicaragua.

GONZÁLEZ DE CELLORIGO (Martín), *Cellorigo, La Rioja, 1570-Toledo 1620*, economista español. Es autor de un *Memorial de la política necesaria y útil restauración de la república de España y estados de ella y del desempeño universal de estos reinos* (1600), por encargo de Felipe II, en el que basa la riqueza nacional en la industria y critica el abandono de la agricultura y la despoblación.

GONZÁLEZ DE ESLAVA (Fernán), *Sevilla 1534-México 1601*, escritor mexicano. Sus coloquios alegóricos, loas y entremeses son muestras tempranas del teatro colonial.

GONZÁLEZ DE LEÓN (Teodoro), *México 1926*, arquitecto mexicano. Próximo al brutalismo, ha experimentado con el concreto cincelado para crear construcciones simples pero potentes: edificio INFONAVIT (1974), Colegio de México (1975) y museos Rufino Tamayo (1981) y de arte contemporáneo (MUAC) [2007-2008], en México; embajada de México en Berlín (2001).

GONZÁLEZ GARZA (Roque), *Saltillo 1885-México 1962*, político revolucionario mexicano. Luchó junto a Madero y Villa y fue presidente de la república (en.-julio 1915).

GONZÁLEZ GOYRI (Roberto), *Guatemala 1924-íd. 2007*, escultor y pintor guatemalteco. Su obra va de la expresionismo dinámico a la abstracción. En sus esculturas, trabajó con bronce, terracota y piedra.

GONZÁLEZ IÑÁRRITU (Alejandro), *México 1963*, director de cine mexicano. Tras el éxito de *Amores perros* (2000), realizó films estadounidenses (*21 gramos*, 2003; *Babel*, 2006) en que se entrecruzan intensos dramas.

GONZÁLEZ LANUZA (Eduardo), *Santander, España, 1900-Buenos Aires 1984*, poeta argentino. Desde el ultraísmo de *Prismas* (1924) evolucionó hacia una lírica intensa y transparente: *Oda a la alegría y otros poemas* (1949).

GONZÁLEZ MACCHI (Luis), *Asunción 1947*, político paraguayo. Colorado, elegido presidente por el congreso en 1999, encabezó un gabinete de unidad nacional. Dejó el cargo en 2003 para evitar su destitución. En 2006 fue condenado por corrupción durante su mandato.

GONZÁLEZ MARTÍNEZ (Enrique), *Guadalajara 1871-México 1952*, poeta mexicano. Su poesía, reflexiva, se inscribe en el modernismo: *Silenter* (1909), *El romero alucinado* (1923).

GONZÁLEZ NAVERO (Emiliano), *1861-1938*, político paraguayo. Presidente (1908-1910), fue presidente provisional en 1912 y 1931-1932.

GONZÁLEZ PALMA (Luis), *Guatemala 1957*, fotógrafo guatemalteco. Sus imágenes (collages, fotomontajes, composiciones escenificadas) retratan en blanco y negro o en sepia a indios y mestizos caracterizados como personajes bíblicos y de la mitología maya.

GONZÁLEZ PRADA (Manuel), *Lima 1848-íd. 1918*, escritor peruano. Autor de ensayos políticos (*Páginas libres*, 1894; *Horas de lucha*, 1908), defendió a los indios. Escribió una poesía modernista: *Minúsculas* (1901), *Presbiterianas* (1909), *Exóticas* (1911).

GONZÁLEZ RUANO (César), *Madrid 1902-íd. 1965*, escritor español. Destacado periodista, escribió novelas (*Ni César ni nada*, 1951), teatro, poesía y un *Diario íntimo* (1951).

GONZÁLEZ TUÑÓN (Raúl), *Buenos Aires 1905-íd. 1974*, poeta argentino. Cultivó el tema cívico y social (*La muerte en Madrid*, 1939).

GONZÁLEZ VELÁZQUEZ, familia de artistas españoles de los ss. XVII-XIX, formada por **Pablo**, escultor barroco (Andújar 1664-Madrid 1727); sus hijos **Luis**, pintor (Madrid 1715-íd. 1764), **Alejandro** (Madrid 1719-íd. 1772), pintor, escultor y arquitecto, y **Antonio** (Madrid 1723-íd. 1793), pintor; **Zacarías**, hijo de Antonio (Madrid 1763-íd. 1834), y sus hermanos **Isidro** (Madrid 1765-íd. 1840), arquitecto que proyectó la Casita del Labrador en Aranjuez, y **Cástor** (Madrid 1768-1822), pintor.

GONZÁLEZ VERA (José Santos), *San Francisco del Monte 1897-Santiago 1970*, escritor chileno. Con prosa impresionista retrató la vida popular (*Vidas mínimas*, 1923) y la suya propia (*Cuando era muchacho*, 1951).

GONZÁLEZ VIDELA (Gabriel), *La Serena 1898-Santiago 1980*, político chileno. Presidente (1946-1952), durante su mandato se prohibió el Partido comunista (1948) y se concedió el voto a la mujer (1949). Fue miembro del consejo de estado de Pinochet.

GONZÁLEZ VÍQUEZ (Cleto), *Barba 1858-1937*, político costarricense, presidente de la república en 1906-1910 y 1928-1932.

GONZÁLEZ ZELEDÓN (Manuel), *San José 1864-íd. 1936*, escritor costarricense. Bajo el seudónimo de **Magón**, escribió novelas cortas y relatos costumbristas (*Nochebuena*, 1895; *Hojas de árbol viejo*, 1908).

GONZANAMÁ, cantón de Ecuador (Loja); 25 342 hab. Centro agropecuario. Industria textil.

GOODALL (Jane), *Londres 1934*, etóloga y primatóloga británica. Ha estudiado el comportamiento de los chimpancés en su entorno natural, en Tanzania, y ha revelado la complejidad de su vida social. Lucha activamente por su protección. (Premio Príncipe de Asturias 2003.)

GOODMAN (Benjamin David, llamado Benny), apodado **el rey del swing**, *Chicago 1909-Nueva York 1986*, clarinetista y director de orquesta de jazz estadounidense. Fue uno de los primeros músicos blancos que integró jazzmen negros en su orquesta, fundada en 1934.

GOODYEAR (Charles), *New Haven 1800-Nueva York 1860*, inventor estadounidense. Descubrió la vulcanización del caucho (1839).

Goodyear, empresa estadounidense fundada en 1898 en Akron. Es una de las principales productoras mundiales de neumáticos.

Google, buscador de Internet estadounidense, creado en 1998 por Larry Page y Sergey Brin. Es la herramienta de búsqueda de información en Internet más utilizada del mundo. (Premio Príncipe de Asturias de comunicación y humanidades 2008.)

GOR → GUR.

GORAKHPUR, c. de la India (Uttar Pradesh), al N de Benarés; 489 850 hab.

GORBACHOV (Mijaíl Serguéievich), *Privólnoie, región de Stávropol, 1931*, político soviético. Secretario general del Partido comunista de la URSS (1985-1991) y presidente del Presidium del Soviet supremo (1988-1990), puso en marcha un programa de profundas reformas económicas y políticas (perestroika, «reorganización») y, en política internacional, adoptó posturas de gran novedad (tratado de desarme de Washington, 1987). En marzo 1990 fue elegido presidente de la URSS. Tras el golpe de estado de ag. de 1991 que intentó derrocarlo, no pudo impedir la desintegración de la URSS y dimitió (dic.). [Premio Nobel de la paz 1990.]

GORBEA (sierra de), sierra de España, en los montes Vascos, entre Álava y Vizcaya; 1 475 m en *Peña Gorbea.*

GORCHAKOV (Alexandr Mijáilovich, príncipe), *Haspal 1798-Baden-Baden 1883*, estadista ruso. Ministro de asuntos exteriores (1856-1882), regularizó la situación diplomática de su país tras la guerra de Crimea.

GORCHKOV (Serguéi Gueórguievich), *Kamenets-Podolski 1910-Moscú 1988*, almirante soviético. Desarrolló las fuerzas navales soviéticas, que dirigió (1956-1985).

GORDIANO III el Piadoso, *Roma ¿225?-cerca de Dura Europos 244*, emperador romano (238-244). Reconquistó Antioquía (242).

GORDILLO (Luis), *Sevilla 1934*, pintor español. Renovador de la figuración en España, evolucionó desde el racionalismo de sus series de *Cabezas* (1963-1966) hacia la libertad de formas y personajes. (Premio nacional de artes plásticas 1981; premio Velázquez 2008.)

GORDIMER (Nadine), *Springs 1923*, novelista sudafricana en lengua inglesa. Sus novelas (*Mundo de extraños*, 1958; *La gente de July*, 1981) y relatos (*Saqueo*, 2003) tratan los problemas del apartheid. (Premio Nobel 1991.)

GORDION, ant. c. de Asia Menor, cap. de Frigia (act. *Yassihöyük*). En su templo de Zeus, Alejandro Magno cortó con la espada el *nudo gordiano.* Según un oráculo, quien desatara ese nudo se convertiría en el amo de Asia.

GORDON (Charles), llamado **Gordon bajá**, *Woolwich 1833-Jartum 1885*, militar británico. Gobernador de Sudán (1877-1880), murió en la toma de Jartum por el Mahdi.

GORE (Albert Arnold, llamado Al), *Washington 1948*, político estadounidense. Demócrata, vicepresidente de EUA (1993-2001), luego ha difundido el conocimiento sobre el cambio climático provocado por el hombre. (Premio Príncipe de Asturias de cooperación internacional 2007; premio Nobel de la paz 2007.)

GORÉE, isla de las costas de Senegal, frente a Dakar. Fue descubierta en el s. XV por los portugueses y se convirtió en uno de los principales centros de la trata de esclavos. Museo histórico. (Patrimonio de la humanidad 1978.)

GORGONAS MIT. GR. Monstruos alados con cuerpo de mujer y cabello de serpientes, cuya vista convertía en piedra al que las mirara. Eran tres hermanas: Medusa, Euríala y Esteno.

GORGONZOLA, c. de Italia (Lombardía); 16 260 hab. Quesos.

GORÍBAR (Nicolás Javier de), *Quito h. 1665-íd. 1740*, pintor ecuatoriano. Discípulo de Miguel de Santiago, su estilo, de temática bíblica, es plenamente barroco (*Asunción de la Virgen*, 1688, santuario de Guápulo).

GÖRING o **GOERING** (Hermann), *Rosenheim 1893-Nuremberg 1946*, militar y político alemán. Aviador, comandante de la escuadrilla Richthofen (1918), miembro del partido nazi desde 1922, fue presidente del Reichstag (1932). Sucesor designado por Hitler (1939), quien lo rechazó en 1945, fue condenado a muerte en Nuremberg (1946) y se suicidó.

GORIZIA, c. de Italia (Friuli-Venecia Julia), cap. de prov., a orillas del Isonzo, en la frontera eslovena; 37 999 hab. Castillo (ss. XII-XVII); museos.

GORKI → NIZHNI NÓVGOROD.

GORKI (Alexéi Maxímovich Pechkov, llamado Maksim, en esp. Máximo), *Nizhni Nóvgorod*

■ MIJAÍL **GORBACHOV**

■ MÁXIMO **GORKI.**
(Col. G. Sirot.)

1868-Moscú 1936, escritor ruso. Novelista y dramaturgo, pintor realista de su difícil infancia (*Mi infancia*, 1913-1914; *Entre los hombres*, 1915-1916; *Mis universidades*, 1923) y de vagabundos y marginados (*Los bajos fondos*, 1902), fue el artífice de la literatura social soviética (*La madre*, 1906; *Los Artamónov*, 1925).

GORKY (Vosdanig **Adoian**, llamado **Arshile**), *Hayotz Dzore 1904-Sherman, Connecticut, 1948*, pintor estadounidense de origen armenio, creador de brillantes abstracciones biomórficas (*El hígado es la cresta del gallo*, 1944, Buffalo).

GÖRLITZ, c. de Alemania (Sajonia), a orillas del Neisse; 69 493 hab. Iglesias y casas antiguas.

GORLOVKA → **HORLIVKA**.

GOROSTIZA (Carlos), *Buenos Aires 1920*, dramaturgo argentino. Tras su polémico drama *El puente* (1949), ha escrito un teatro de la realidad cotidiana con personajes típicos: *El pan de la locura* (1958), *Los prójimos* (1967).

GOROSTIZA (Celestino), *Villahermosa 1904-México 1967*, dramaturgo mexicano. En sus obras trató problemas como el del mestizo frente a la civilización criolla (*El color de nuestra piel*, 1952) o el de la nueva burguesía enriquecida (*Columna social*, 1955).

GOROSTIZA (José), *Villahermosa 1901-México 1973*, poeta mexicano. Miembro de la generación Contemporáneos y exponente de la poesía pura, es autor de *Canciones para cantar en las barcas* (1925) y de **Muerte sin fin* (1939), obra esencial en la poesía mexicana del s. xx.

■ CARLOS **GOROSTIZA**   ■ JOSÉ **GOROSTIZA**

GÖRRES (Joseph von), *Coblenza 1776-Munich 1848*, escritor y publicista alemán. Exponente del movimiento romántico y nacionalista, es autor de *Misticismo cristiano* (1836-1842).

Gorros (facción de los) → **Sombreros y Gorros**.

GORT (John **Vereker**, vizconde), *Londres 1886-íd. 1946*, militar británico. Jefe del cuerpo expedicionario británico en Francia (1939-1940), fue gobernador de Malta (1942-1943) y alto comisario en Palestina (1944-1945).

GORTINA, ant. c. de Creta central. Ruinas griegas y romanas. — Las *leyes de Gortina* son una larga inscripción jurídica grabada en piedra, fechada en el s. v a.C., esencial para el conocimiento de la sociedad griega arcaica.

GORZÓW WIELKOPOLSKI, c. de Polonia, cap. de voivodato, junto al bajo Warta; 125 200 hab.

GOSAINTHAN → **XIXABANGMA**.

GOSLAR, c. de Alemania (Baja Sajonia), al pie del Hartz; 46 191 hab. Notable conjunto medieval. (Patrimonio de la humanidad 1992.)

GOSPORT, c. de Gran Bretaña (Inglaterra), en la bahía de Portsmouth; 72 800 hab. Puerto.

GOSSAERT (Jan) → **MABUSE**.

GOSSEAL (fray Pedro), pintor y escultor religioso franciscano, de origen flamenco, activo en Quito durante la primera mitad del s. xvi. Inició el movimiento artístico en Quito.

GÖTALAND o **GOTIA**, parte S de Suecia.

GÖTEBORG, c. de Suecia, a orillas del Göta älv; 433 042 hab. Puerto. Centro industrial. Universidad. — Importantes museos.

GOTHA, c. de Alemania (Turingia), al pie del Thüringerwald; 53 298 hab. Industrias gráficas. — Museo en el castillo. — El *programa de Gotha*, elaborado durante el *congreso de Gotha* (mayo 1875), señaló la creación del Partido socialdemócrata alemán.

Gotha (Almanaque de), anuario genealógico y diplomático publicado, de 1763 a 1944, en Gotha en francés y alemán.

GOTIA, región histórica europea de la época carolingia, que comprendía el Bajo Languedoc y el Rosellón (Septimania) y la Marca Hispánica.

GOTINGA, en alem. **Göttingen**, c. de Alemania (Baja Sajonia), al SO del Harz; 128 419 hab. Universidad. Construcciones mecánicas. — Iglesias y casas medievales.

GOTLAND, en esp. **Gocia**, isla de Suecia, en el Báltico; 57 108 hab.; cap. *Visby*. Numerosos restos medievales.

GOTTSCHALK → **GODESCALCO**.

GOTTSCHED (Johann Christoph), *Juditten, act. en Kaliningrado, 1700-Leipzig 1766*, escritor alemán. Fue partidario de la imitación del clasicismo francés.

GOTTWALD (Klement), *Dědice 1896-Praga 1953*, político checoslovaco. Secretario general del Partido comunista a partir de 1929, fue presidente del consejo (1946-1948). Eliminó del gobierno a los ministros no comunistas («golpe de Praga», febr. 1948) y se convirtió en presidente de la república (1948-1953).

GOTTWALDOV → **ZLÍN**.

GOUDA, c. de Países Bajos, a orillas del IJssel, 65 926 hab. Cerámica. Quesos. — Ayuntamiento del s. xv e iglesia del s. xvi (vidrieras).

GOUGES (Marie **Gouze**, llamada **Olympe de**), *Montauban 1748 o 1755-París 1793*, escritora y revolucionaria francesa. Reclamó la emancipación de la mujer en la *Declaración de los derechos de la mujer y de la ciudadana*. Murió guillotinada.

GOUJON (Jean), *¿en Normandía? h. 1510-Bolonia h. 1566*, escultor francés. Manierista, tendió a la pureza clásica (fuente de los Inocentes, París; cariátides del Louvre).

GOULART (João), *São Borja, Rio Grande do Sul, 1918-Corrientes 1976*, político brasileño. Hermano del Partido laborista brasileño de G. Vargas, fue vicepresidente con J. Kubitschek (1956) y con Jânio Quadros (1960). Dimitido este (1961), incendió a la presidencia. Impulsor de una política reformista, fue derrocado en 1964.

GOULD (Stephen Jay), *Nueva York 1941-íd. 2002*, paleontólogo estadounidense. Es el autor, con el estadounidense Niles Eldredge, de la teoría de los equilibrios puntuados, alternativa al modelo clásico de evolución gradual de las especies definida por el neodarvinismo. Ha popularizado las tesis evolucionistas.

GOUNOD (Charles), *París 1818-Saint-Cloud 1893*, compositor francés. Es autor de óperas (*Fausto*, 1859; *Mireya*, 1864; *Romeo y Julieta*, 1867) y obras religiosas (*Mors et vita*, 1885)

GOYA, dep. de Argentina (Corrientes); 78 784 hab. Industria cárnica. Puerto fluvial en el Paraná. Aeropuerto.

Goya (premios), galardones anuales de cine instituidos por la Academia de las artes y ciencias cinematográficas de España en 1987.

GOYA Y LUCIENTES (Francisco de), *Fuendetodos 1746-Burdeos 1828*, pintor y grabador español. Entre sus primeras obras figuran los cartones que le encargó Mengs para la Real fábrica de tapices de Santa Bárbara (Madrid), realizados entre 1775 y 1792 en estilo rococó. En 1786 fue nombrado pintor del rey y en 1789, de cámara. Brillante retratista, en 1793 padeció una enfermedad que le volvió sordo. En 1798 pintó los frescos de **San Antonio de la Florida* y en 1799 publicó la serie de grabados *Los *caprichos*. En 1800 realizó *La familia de Carlos IV* y en 1803-1805 *Las *majas*. La guerra de la Independencia le inspiró los aguafuertes *Los desastres de la guerra* (1810) y pintó el conflicto (*El dos de mayo* y *Los fusilamientos en la montaña del Príncipe Pío* (ambos 1814, Prado). Entre 1820 y 1823 acentuó la expresividad de su estilo (**Pinturas negras*). Desde 1824 hasta su muerte, vivió exiliado en Burdeos (*La lechera de Burdeos*, 1827). Goya anticipó la pintura moderna al evolucionar desde el barroco y el rococó, pasando por el neoclasicismo, hacia una expresividad en la composición y el tratamiento de la luz y el color que tuvo gran influencia en el arte de los ss. xix y xx, especialmente en el romanticismo y el impresionismo.

GOYENECHE (Roberto), llamado **el Polaco Goyeneche**, *Buenos Aires 1926-íd. 1994*, cantante argentino. Descolló como cantante de tangos desde 1952 por su expresividad visceral (*Naranjo en flor*; *Afiches*; *Maquillaje*; *La última curda*; *Balada para un loco*).

GOYTISOLO, familia de escritores españoles. — **José Agustín G.**, *Barcelona 1928-íd. 1999*. Poeta y ensayista de acusada intención satírica, integró la generación del 50, que promovió una poesía conversacional y antirretórica, de cierto acento social y marcado erotismo (*El retorno*, 1955; *Algo sucede*, 1968; *Palabras para Julia*, 1979; *Final de un adiós*, 1985). — **Juan G.**, *Barcelona 1931*. Hermano de José Agustín, se ha distinguido en la novela (*Señas de identidad*, 1966; *Paisajes después de la batalla*, 1982; *El sitio de los sitios*, 1995; *Telón de boca*, 2003) y el ensayo (*Furgón de cola*, 1968; *Crónicas saracinas*, 1982). También es autor de textos autobiográficos (*Coto vedado*, 1985). En su obra narrativa ha pasado de una estética realista a técnicas cercanas al *nouveau roman* francés. (Premios: Octavio Paz 2003; Juan Rulfo 2004; nacional de las letras 2008.) — **Luis G.**, *Barcelona 1935*. Hermano de José Agustín y de Juan, es autor de novelas (*Las afueras*, 1958; la tetralogía *Antagonía*, 1973-1981; *Liberación*, 2003). [Premio nacional de narrativa 1993.] (Real academia 1994.)

GOZZI (Carlo), *Venecia 1720-íd. 1806*, escritor italiano. Defensor de la tradición teatral italiana contra Goldoni, escribió fabulas dramáticas (*El amor de las tres naranjas*, 1761; *Turandot*, 1762).

GOZZO o **GOZO**, en maltés **Ghawdex**, isla del Mediterráneo, cerca de Malta, de la cual depende. — Importante santuario megalítico de Ggantija (III milenio a.C.).

GOZZOLI (Benozzo di **Lese**, llamado Benozzo), *Florencia 1420-Pistoia 1497*, pintor italiano. Su estilo es de un vivo colorido, brillante y pintoresco: *El cortejo de los Reyes magos* (h. 1460, palacio de los Médicis, Florencia).

GPU, administración política a cargo de la seguridad del estado soviético (1922-1934). Remplazó a la **Checa* y fue predecesora del **NKVD*. Desempeñó un papel importante en el régimen estalinista a partir de 1929.

GRAAF (Reinier **de**), *Schoonhoven, cerca de Utrecht, 1641-Delft 1673*, médico y fisiólogo neerlandés. Realizó los primeros trabajos científicos sobre el páncreas y descubrió los folículos ováricos.

Graal o **Grial**, recipiente que, según la leyenda, utilizó Jesucristo en la Última cena y en el que José de Arimatea habría recogido la sangre que brotó del costado de Cristo durante la Crucifixión. En los ss. xii y xiii, numerosas novelas de caballerías (**Perceval*) narraron su búsqueda por los caballeros del rey Arturo.

GRACIÁN (Baltasar), *Belmonte de Calatayud, act. Belmonte de Gracián, Zaragoza, 1601-Tarazona 1658*, escritor y jesuita español. Con una

■ **GOYA.** *Las jóvenes* o *La carta* (h. 1814).
[Museo de bellas artes de Lille, Francia.]

prosa exponente del *conceptismo, en 1637 publicó El héroe, retrato ideal del dirigente, según una visión aristocrática impregnada del pensamiento clásico. A una línea semejante responden El político (1640) y El discreto (1646) que completó con la colección de máximas El oráculo manual y arte de prudencia (1647). Su desengañada visión del mundo se intensifica en su libro más importante: la novela alegórica y filosófica El *criticón (1651-1657). Otra obra básica de carácter muy distinto, Agudeza y arte de ingenio (1648), documenta y esquematiza su preceptiva.

■ BALTASAR
GRACIÁN. (Anónimo;
Biblioteca nacional, Madrid.)

■ ANTONIO
GRAMSCI

GRACIANO, en lat. **Flavius Gratianus,** Sirmium, Panonia, 359-Lyon 383, emperador romano de Occidente (375-383). Su era marcó el fin del paganismo como religión de estado.

GRACIANO, Chiusi fines del s. xi-Bolonia h. 1160, canonista y monje camaldulense italiano. En Decreto de Graciano (h. 1140), fijó la ciencia del derecho canónico.

GRACIAS, c. de Honduras, cap. del dep. de Lempira; 3 854 hab. Centro agrícola y comercial.

GRACIAS, en gr. **Charites** MIT. GR. Y ROM. Deidades de la belleza: Aglae, Talía y Eufrosina.

GRACIAS A DIOS, cabo de la costa del Caribe, extremo E del delta del río Coco, entre Nicaragua y Honduras. Fue descubierto por Colón en 1502.

GRACIAS A DIOS (departamento de), dep. del E de Honduras, en la costa del Caribe; 16 630 km²; 34 159 hab.; cap. Puerto Lempira.

GRACIOSA, isla de España, en el archipiélago de Canarias (Las Palmas), al N de Lanzarote; 27 km². Pesca. Turismo. Declarada Parque natural marítimo-terrestre, junto con otros islotes.

GRACOS (los), nombre de dos hermanos romanos, tribunos de la plebe: **Tiberio Sempronio G.,** Roma 162-íd. 133 a.C. y **Cayo Sempronio G.,** Roma 154-íd. 121 a.C. Intentaron llevar a cabo una reforma agraria en Roma con el objetivo de redistribuir a los ciudadanos las tierras acaparadas por la aristocracia. Ambos fueron asesinados por ella.

GRACQ (Louis Poirier, llamado Julien), Saint-Florent-le-Vieil, Maine-et-Loire, 1910-Angers 2007, escritor francés. Marcado por el surrealismo, es autor de novelas de atmósfera misteriosa y onírica (En el castillo de Argol, 1938; El mar de las Sirtes, 1951; Los ojos del bosque, 1958).

GRAF (Steffi), Brühl 1969, tenista alemana. Vencedora de Roland Garros (1987, 1988, 1993, 1995, 1996 y 1999), del Open internacional de Australia (1988, 1989, 1990 y 1994), en Wimbledon (1988, 1989, 1991, 1992, 1993, 1995 y 1996) y en Flushing Meadow (1988, 1989, 1993, 1995 y 1996), fue campeona olímpica en 1988 (año en que logró el Grand Slam).

GRAGERA (José), Laredo 1818-Oviedo 1897, escultor español. Notable escultor romántico, se especializó en la realización de bustos.

GRAHAM (Martha), Allegheny, cerca de Pittsburgh, Pennsylvania, 1894-Nueva York 1991, bailarina y coreógrafa estadounidense. Fundadora de una escuela (Martha Graham School of Contemporary Dance, 1927) y de un grupo (Dance Group, creado en 1930 y desde 1938 llamado Martha Graham Dance Company), fue una gran figura del *modern dance: se debe una técnica coreográfica (basada en la respiración y la relajación del cuerpo) y una

obra considerable (Lamentation, 1930; Cave of the Heart, 1946; The Rite of the Spring, 1984).

GRAHAM (Thomas), Glasgow 1805-Londres 1869, químico británico. Estudió la difusión de los gases y los coloides e introdujo la noción de poliácido (1833).

Gramática de la lengua castellana, obra de Antonio de Nebrija (1492), primera gramática de una lengua vulgar, compuesta según los principios del humanismo renacentista.

Gramática de la lengua castellana destinada al uso de los americanos, obra de A. Bello (1847). Por su atención a las modalidades americanas de la lengua y la originalidad de su doctrina, es considerada la mejor gramática castellana del s. xIX. En 1874 se reeditó con valiosas notas de R. J. Cuervo.

GRAMCKO (Ida), Puerto Cabello 1924-Caracas 1994, escritora venezolana. Poetisa existencialista (Umbral, 1942; Cámara de cristal, 1944) y refinada prosista (Juan sin miedo, 1966), también ha escrito teatro (Teatro, 1961).

GRAMME (Zénobe), Jehay-Bodegnée 1826-Bois-Colombes 1901, inventor belga. Ideó el colector, que permitió la construcción de máquinas eléctricas de corriente continua, y construyó la primera dinamo industrial (1871).

GRAMPIANOS (montes), macizo montañoso de Gran Bretaña (Escocia), entre la depresión del Glen More y el mar del Norte; 1 344 m en el Ben Nevis.

GRAMSCI (Antonio), Ales, Cerdeña, 1891-Roma 1937, filósofo y político italiano. Creó, con Togliatti, el periódico Ordine nuovo (1919). Secretario del Partido comunista italiano (1924), estuvo en prisión de 1926 a 1937. En sus Cuadernos de prisión (1929-1935) sustituyó el concepto de «dictadura del proletariado», por el de «hegemonía del proletariado».

GRANADA, en ingl. **Grenada,** estado de las Pequeñas Antillas, que comprende la isla de Granada y las Granadinas meridionales, entre ellas Carriacou; 344 km²; 92 000 hab. CAP. Saint George's. LENGUA: inglés. MONEDA: dólar del Caribe Oriental. (V. mapa de **Antillas** [Pequeñas].) Turismo.

HISTORIA

Descubierta en 1498 por Colón, estuvo bajo control francés desde 1650. Concedida a los británicos (1763), fue recuperada por los franceses en 1779 y volvió a ser colonia británica en 1783. Independiente desde 1974 en el marco de la Commonwealth, en 1983 la intervención militar de EUA puso fin a un régimen situado en la órbita de Cuba.

GRANADA, mun. de Colombia (Antioquia); 18 692 hab. Ganadería. Yacimientos de oro.

GRANADA, mun. de Colombia (Meta); 30 586 hab. Ganado vacuno.

GRANADA, c. de España, cap. de la prov. homónima y cab. de p. j.; 244 486 hab. (granadinos). Centro administrativo y comercial. Universidad. Festival de música anual. — Barrios de trazado árabe (*Albaicín; *Sacromonte). Conjunto monumental de la *Alhambra y el *Generalife (s. xIV). Monumentos renacentis-

■ MARTHA GRAHAM en 1930.

tas: capilla real (s. xVI; sepulcros por D. Fancelli y B. Ordóñez) y barrocos: cartuja (ss. xVII-xVIII, notable sacristía) e iglesia de San Juan de Dios por D. de Siloe (1528), con fachada de A. Cano (1667). Centro José Guerrero. — Fue capital de los ziríes (s. xI) y de los nazaríes (ss. xIII-xV).

GRANADA, c. de Nicaragua, cap. del dep. homónimo; 73 770 hab. Edificios del s. xVI; iglesia barroca de la Merced (restaurada en 1862).

GRANADA (departamento de), dep. del O de Nicaragua, entre los lagos Managua y Nicaragua; 992 km²; 141 900 hab.; cap. Granada.

GRANADA (provincia de), prov. de España, en Andalucía; 12 531 km²; 809 004 hab.; cap. Granada. Entre el sistema Subbético al N y el Penibético, dominada por sierra Nevada (Mulhacén, 3 478 m), al S los valles del Genil y del Guadiana Menor concentran la población y la vida económica: agricultura diversificada; ganado ovino y de cerda. Hierro, plomo y cobre. Turismo de verano (Costa del Sol) e invierno (sierra Nevada).

GRANADA (reino de), nombre del reino nazarí (1232-1492), que designó posteriormente a una provincia del reino de Castilla, formada por las actuales Granada, Málaga y Almería.

Granada (guerra de) [1481-1492], contienda final de la reconquista castellana que terminó con la conquista del reino nazarí por los Reyes Católicos. Aislada Granada tras la caída de Málaga (1487) y Almería (1489), Boabdil negoció una rendición honorable (2 en.1492).

GRANADA (Daniel), Vigo 1847-1929, filólogo español. Radicado en Uruguay, es autor de un Vocabulario rioplatense razonado (1889).

GRANADA (fray Luis de), Granada 1504-Lisboa 1588, escritor español. Elocuente prosista, escribió en castellano (Guía de pecadores, 1556; Introducción al símbolo de la fe, 1582-1585, su obra maestra), en latín (Retórica eclesiástica, 1576) y en portugués.

■ FRAY LUIS DE
GRANADA, por
F. Pacheco. (Museo Lázaro
Galdiano, Madrid.)

■ ENRIQUE
GRANADOS

GRANADILLA DE ABONA, v. de España (Santa Cruz de Tenerife), cab. de p. j., en Tenerife; 20 323 hab. (granadilleros o granadilleros). Aeropuerto.

GRANADINAS o GRANADILLAS, en ingl. **Granadines,** islas e islotes de las Pequeñas Antillas, dependientes de Granada y de San Vicente y las Granadinas.

GRANADOS (Daisy), Cienfuegos 1942, actriz cubana. Debutó con Memorias del subdesarrollo (T. Gutiérrez Alea, 1968). Actriz «fetiche» de Pastor Vega (Retrato de Teresa, 1979; Habanera, 1987; Las profecías de Amanda, 1999), su variedad de registros le permite abordar tanto el drama como la comedia costumbrista.

GRANADOS (Enrique), Lérida 1867-en un naufragio en el canal de la Mancha 1916, compositor y pianista español. De su maestro F. Pedrell aprendió el virtuosismo técnico y el nacionalismo musical, reconocibles ya en sus Danzas españolas (1892-1900). Destacan en su obra posterior las Tonadillas para voz y piano, las óperas María del Carmen (1898) y Goyescas (1916), la zarzuela Picarol (1910) y diversas piezas orquestales y de cámara.

GRAN BRETAÑA E IRLANDA DEL NORTE (Reino Unido de), estado de Europa occidental; 253 500 km² (230 000 en Gran Bretaña propiamente dicha: Inglaterra, Escocia y Gales); 58 400 000 hab. (británicos). CAP. Londres. LEN-

GUA: *inglés.* MONEDA: *libra esterlina.* El Reino Unido comprende cuatro partes principales: Inglaterra, el País de Gales, Escocia e Irlanda del Norte, que junto con Irlanda del Sur, o República de Irlanda, forman las islas Británicas. *(V. mapa pág. siguiente.)*

INSTITUCIONES

Es una monarquía parlamentaria. No hay constitución, pero sí textos considerados de valor constitucional, como la Carta de 1215 *(Carta magna)* y varias leyes fundamentales. El soberano detenta el poder ejecutivo, pero su autoridad solo es simbólica; el primer ministro es responsable ante la cámara de los comunes. El parlamento, bicameral, se compone de la cámara de los comunes, elegida cada 5 años, y la cámara de los lores (pares nombrados de por vida [el privilegio de los pares hereditarios fue suprimido en 1999]).

GEOGRAFÍA

Orientadas hacia las depresiones procedentes del oeste, las tierras altas, en el norte y el oeste, están más irrigadas que las llanuras, que ocupan el sudeste del país (cuenca de Londres). Las temperaturas medias son frescas todo el año. Los bosques ocupan el 12 % de las tierras y la ganadería supera los cultivos en las rentas agrícolas.

El crecimiento de la población se produce sobre todo gracias a la inmigración. Esta, que procedía de las antiguas colonias (Asia meridional, Antillas, África), se ha visto act. nutrida con el aporte de los nuevos países de la Unión europea. La emigración, tradicional (base del imperio), no ha desaparecido completamente. La urbanización es antigua y pronunciada: el 90 % de la población vive en las ciudades. Londres domina ampliamente la red urbana, lo que conlleva el crecimiento de las ciudades medianas de todo el sur de Inglaterra.

Económicamente, el país ha pagado el tributo de la precocidad de su desarrollo industrial. Algunas ramas (siderurgia, construcción naval, textil, extracción de hulla, automóviles) y algunas regiones (estuario del Clyde, Lancashire, Midlands, País de Gales) han sufrido una recesión considerable. Otros (química, electrónica, SE de Londres) han resistido mejor o incluso han prosperado. Pero, globalmente, la industria ha retrocedido notablemente, a pesar de la baza que representan los yacimientos de hidrocarburos en el mar del Norte, cuya producción empieza a disminuir. Londres concentra gran parte de los servicios (corretaje, seguros, transporte marítimo y aéreo, turismo), que representan act. más del 70 % de los activos. La crisis mundial ha afectado rápidamente a los sectores financiero y bancario, y ha provocado una degradación de la situación del empleo (que ya adolecía de una precariedad considerable). Ante el riesgo de recesión, las autoridades han puesto en práctica una política muy intervencionista.

HISTORIA

Antes del s. XVII → Inglaterra, Escocia, Gales (País de) e **Irlanda.**

De los primeros Estuardo al Reino Unido. 1603: Jacobo VI, rey de Escocia, sucedió a Isabel I, muerta sin sucesión, y se convirtió en Jacobo I de Inglaterra, reuniendo a título personal las coronas de los dos reinos. Su autoritarismo en cuestiones religiosas y en política lo hicieron muy impopular. **1625:** lo sucedió su hijo Carlos I. Muy pronto el rey se enfrentó al parlamento, donde se organizó la oposición puritana. **1629-1639:** Carlos I gobernó sin parlamento con dos ministros, Strafford y Laud. **1639:** la política religiosa de este último, favorable al anglicanismo, provocó el levantamiento de la Escocia presbiteriana. **1640:** para obtener subsidios el rey se vio obligado a convocar el *parlamento largo.* **1642-1649:** la revuelta del parlamento acabó en una auténtica guerra civil, en la que salió victorioso el ejército puritano, dirigido por Oliver Cromwell. **1649:** Carlos I fue ejecutado. **1649-1658:** Cromwell instauró el régimen personal del protectorado o Commonwealth (1653) y derrotó a las Provincias Unidas y a España. **1658-1659:** su hijo Richard Cromwell lo sucedió, pero dimitió poco después. **1660-1688:** la dinastía Estuardo fue restaurada. Los reinados de Carlos II (1660-1685) y de Jacobo II (1685-1688) entraron de nuevo en un período de conflictos con el parlamento, que provocó la intervención de Guillermo de Orange. **1688:** Jacobo II huyó a Francia. **1689-1701:** el parlamento ofreció la corona a María II Estuardo y a su marido Guillermo de Orange (Guillermo III). **1689:** Declaración de derechos. Se consolidaron las libertades tradicionales, mientras que las tendencias protestantes se acentuaron. **1701:** el Acta de establecimiento excluyó a los Estuardo de la sucesión, en beneficio de los Hannover. **1702-1714:** durante el reinado de Ana Estuardo, la guerra de Sucesión de España reforzó el poder marítimo inglés. **1707:** el Acta de unión (Union Act) unió definitivamente los reinos de Escocia y de Inglaterra.

El ascenso del poder británico. 1714: el país quedó bajo soberanía de los Hannover. **1714-1760:** los reinados de Jorge I (1714-1727) y Jorge II (1727-1760), reyes más alemanes que ingleses, reforzaron el papel del primer ministro, como Robert Walpole, y el del parlamento. Los whigs dominaron la vida política. **1756-1763:** como consecuencia de la guerra de los Siete años, Gran Bretaña obtuvo un incremento considerable de territorios (Canadá, India) en el tratado de París (1763). **1760-1820:** Jorge III intentó restaurar la prerrogativa real. La primera revolución industrial convirtió a Gran Bretaña en la primera potencia económica mundial. **1775-1783:** el levantamiento de las colonias norteamericanas concluyó con el reconocimiento de los Estados Unidos de América. **1793-1815:** Gran Bretaña luchó victoriosamente contra la Francia revolucionaria y napoleónica. **1800:** formación del Reino Unido por la unión de Gran Bretaña y de Irlanda.

La hegemonía británica. 1820-1830: durante el reinado de Jorge IV se aprobó la emancipación de los católicos (1829). **1830-1837:** tras el advenimiento de Guillermo IV, el regreso de los whigs permitió una reforma electoral (1832) y la adopción de medidas sociales (abolición de la esclavitud, 1833; ley sobre los pobres, 1834). **1837:** advenimiento al trono de la reina Victoria; Gran Bretaña reafirmó su hegemonía mediante una diplomacia intimidatoria y operaciones militares (guerra de Crimea, 1854-1856) frente a las potencias rivales. En el interior, el movimiento reformista amplió cada vez más la presencia de la clase media, mientras que el cartismo permitió el desarrollo del sindicalismo (Trade Union Act, 1871). **1874-1880:** el gobierno del conservador Benjamin Disraeli dio un nuevo impulso a las ambiciones coloniales. **1876:** Victoria fue proclamada emperatriz de las Indias. **1880-1894:** William Gladstone, líder de los liberales, dirigió una política favorable a las trade-unions y al librecambismo. **1885:** la reforma electoral concedió prácticamente el sufragio universal. **1886:** Gladstone, partidario del Home Rule en Irlanda, se enfrentó a los liberales unionistas, dirigidos por J. Chamberlain. **1895:** estos últimos gobernaron junto a los conservadores hasta 1905, pero su política imperialista provocó múltiples litigios internacionales (incidente de Fachoda, 1898; guerra de los bóers, 1899-1902). **1901-1910:** Eduardo VII, sucesor de Victoria, promovió la Entente cordial franco-británica (1904). **1905-1914:** los liberales volvieron al poder, mientras que con las elecciones de 1906 el Partido laborista entró en el parlamento. **1910:** advenimiento de Jorge V.

De una guerra a otra. 1914-1918: Gran Bretaña participó activamente en la primera guerra mundial, de la que salió económicamente debilitada. **1921:** el problema irlandés se resolvió con el reconocimiento del Estado libre de Irlanda (Eire). El país adoptó el nombre de Reino Unido de Gran Bretaña e Irlanda del Norte. **1924-1925:** por primera vez los laboristas, apoyados por los liberales, accedieron al poder (J. R. MacDonald). **1931:** creación de la Commonwealth of Nations. **1936:** Eduardo VIII sucedió a Jorge V, pero abdicó poco después en favor de su hermano Jorge VI. **1935-1940:** los conservadores intentaron en vano salvaguardar la paz (acuerdos de Munich, 1938). **1939-1945:** durante la segunda guerra mundial, Gran Bretaña realizó un excepcional esfuerzo bajo la dirección del conservador Winston Churchill (primer ministro desde 1940), que condujo al país a la victoria.

Gran Bretaña desde 1945. 1945-1951: el laborista Clement Attlee llevó a cabo importantes avances sociales e hizo que Gran Bretaña se incorporase a la OTAN. **1951-1964:** los conservadores se enfrentaron a las estructuras anticuadas de la economía británica. **1952:** Isabel II sucedió a su padre, Jorge VI. **1964-1970:** los laboristas, de vuelta al poder, no pudieron resolver la crisis económica. **1970-1974:** los conservadores restablecieron la balanza de pagos. **1973:** entrada de Gran Bretaña en el Mercado común. **1974-1979:** los laboristas, con Harold Wilson y, más tarde (1976), con James Callaghan, no consiguieron acabar con el desempleo y la inflación. **1979:** el gobierno conservador de Margaret Thatcher llevó a cabo una política de estricto liberalismo, de privatización y de ajuste monetario. **1982:** evitó el intento de recuperación de las islas Malvinas por parte de Argentina. **1985:** acuerdo entre Gran Bretaña y la república de Irlanda sobre la gestión de la política del Ulster. **1987:** los conservadores ganaron las elecciones; M. Thatcher fue elegida por tercera vez primera ministra. **1990:** tras la dimisión de M. Thatcher, le sucedió John Major, nuevo líder de los conservadores. **1991:** Gran Bretaña participó militarmente en la guerra del Golfo. **1992:** los conservadores vencieron en las elecciones. John Major fue confirmado en el cargo. **1993:** se ratificó el tratado de Maastricht, a pesar de la fuerte oposición a la integración europea. El proceso de paz en Irlanda del Norte fue reactivado. **1997:** los laboristas ganaron las elecciones. Su líder, Tony Blair, fue nombrado primer ministro. Escocia y Gales aprobaron en sendos referéndums un régimen de mayor autonomía. Hong Kong fue devuelto a China. **1999:** Gran Bretaña participó en la intervención militar de la OTAN, y más tarde en la fuerza multinacional de mantenimiento de la paz en Kosovo. Conforme al acuerdo de *Stormont, fue instaurado un gobierno semiautónomo en Irlanda del Norte. **2001:** tras una amplia victoria de los laboristas, T. Blair accedió a un segundo mandato. **2003:** Gran Bretaña apoyó a Estados Unidos en Iraq, en la ofensiva militar (marzo-abril) que derribó el régimen de Ş. Ḥusayn. **2005:** los laboristas ganaron las elecciones (mayo); T. Blair fue elevado por tercera vez al cargo de primer ministro. El 7 julio, Londres fue sacudida por unos atentados terroristas perpetrados en varias líneas de metro y en un autobús, atribuidos a al-Qaeda (más de 50 muertos). **2007:** Gordon Brown sucedió a T. Blair al frente del Partido laborista y del gobierno.

Gran canal o **Canal imperial,** vía navegable de China, iniciada en el s. V y concluida en el s. XIII, que une Pekín con Hangzhou (Zhejiang).

GRAN CANARIA, isla de España, en el archipiélago de Canarias (Las Palmas); 1 530,77 km²; 741 161 hab.; cap. *Las Palmas de Gran Canaria.* Isla volcánica, culmina en el Pozo de las Nieves (1 949 m). Cultivos de regadío al S y plátanos al N. Tabaco. Turismo. (Reserva de la biosfera 2005.) — Fue incorporada a Castilla en 1483.

GRAN CAÑÓN, en ingl. **Grand Canyon,** gargantas del río Colorado, en Estados Unidos (Arizona). Parque nacional (patrimonio de la humanidad 1979).

GRAN CAPITÁN → FERNÁNDEZ DE CÓRDOBA (Gonzalo).

GRAN COLOMBIA (República de la), confederación formada por Nueva Granada y Venezuela en el congreso de Angostura (dic. 1819). Tras una guerra civil (1830-1832), se dividió en las repúblicas de Nueva Granada (Colombia), Venezuela y Ecuador.

GRAN CUENCA → GREAT BASIN.

GRANDA (María Isabel, llamada **Chabuca**), *Cotabamba 1920-Miami 1983,* compositora y cantante peruana. Es autora e intérprete de canciones muy populares, sobre todo valses y marineras *(La flor de la canela; Fina estampa; José Antonio).*

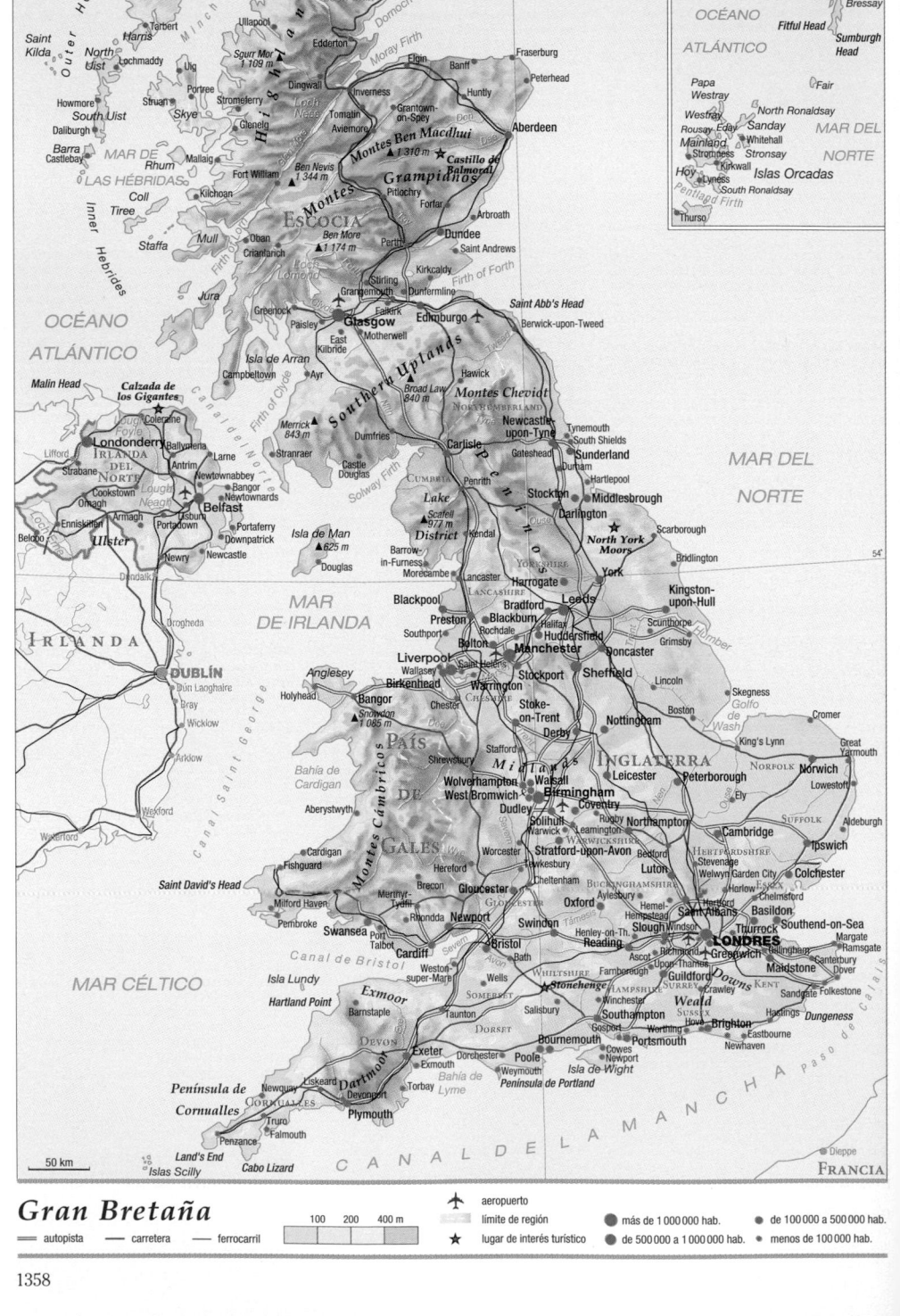

Gran Bretaña

=== autopista   — carretera   — ferrocarril

100   200   400 m

✈ aeropuerto

▨ límite de región

★ lugar de interés turístico

● más de 1 000 000 hab.

● de 500 000 a 1 000 000 hab.

● de 100 000 a 500 000 hab.

● menos de 100 000 hab.

50 km

GRAND COULEE, c. de Estados Unidos (Washington); 3 000 hab. Instalación hidroeléctrica en el Columbia.

GRANDE o **FUTALEUFÚ,** r. de Argentina y Chile, en la vertiente del Pacífico; 300 km.

GRANDE (cuchilla), sistema montañoso de Uruguay; 513 m de alt. en cerro Catedral, punto culminante del país.

GRANDE (río), r. de Brasil, una de las ramas madres del Paraná; 1 450 km. Complejo hidroeléctrico.

GRANDE (Félix), *Mérida 1937*, poeta español. Su obra, recopilada en 1986 en *Biografía. Poesía completa (1958-1984)*, denuncia una realidad mezquina y dolorosa. (Premio nacional de poesía 1978; premio nacional de las letras 2004.)

GRANDE COVIÁN (Francisco), *Colunga, Asturias, 1909-Madrid 1995*, bioquímico español. En 1953 marchó a EUA, donde fue profesor de la universidad de Minnesota y dirigió el hospital Mount Sinaí de Minneapolis. Especialista en nutrición y defensor de la dieta mediterránea, también es autor de importantes trabajos sobre el metabolismo del corazón y la diabetes experimental.

GRANDE DEL NORTE → BRAVO.

GRANDE DE MATAGALPA (río), r. de Nicaragua, que nace en la cordillera Dariense y desemboca en el Caribe; 4 296 km.

GRANDE DE SANTIAGO → LERMA-SANTIAGO.

GRANDES LAGOS, conjunto de grandes lagos de África oriental (Tanganyika, Victoria, Eduardo y Alberto). Dan nombre a la *región de los Grandes Lagos*, que se reparte entre Burundi, la República democrática del Congo, Uganda y Ruanda.

GRANDES LAGOS, en ingl. *Great Lakes,* nombre que designa el conjunto de los cinco grandes lagos de América del Norte: Superior, Michigan, Hurón, Erie y Ontario.

GRANDES LLANURAS, región de Estados Unidos que constituye la parte occidental del Medio Oeste, entre el Mississippi y las montañas Rocosas.

GRAND RAPIDS, c. de Estados Unidos (Michigan); 189 126 hab.

GRANERO (José), *Buenos Aires 1936-Madrid 2006*, bailarín y coreógrafo argentino. Miembro de las compañías de Roberto Ximénez y Pilar López, entre sus coreografías destacan *Medea*, para Manuela Vargas; *Bolero; Las furias* (1986), etc.

GRANEROS, com. de Chile (Libertador General Bernardo O'Higgins); 22 428 hab. Centro comercial.

GRANGEMOUTH, c. de Gran Bretaña (Escocia), en el estuario del Forth; 25 000 hab. Puerto; terminal petrolera, refinería.

Gránico (batalla del) [334 a.C.], victoria de Alejandro Magno sobre Darío III, a orillas del Gránico, río costero de Asia Menor.

GRANJA (La), com. de Chile, en el área metropolitana de Santiago; 126 038 hab.

GRANJA (La) → SAN ILDEFONSO.

Granja (motín de La) [ag. 1836], insurrección de los soldados de la guarnición real de La Granja, que supuso la abolición del Estatuto real y la reimplantación de la constitución de 1812.

Granja (palacio de La), palacio real español (mun. de San Ildefonso, Segovia), mandado construir por Felipe V como residencia de verano de la monarquía, según proyecto de T. Ardemans (1719-1723), e inspirado en el reinado de Carlos III (patios, colegiata y jardines). Museo de tapices (ss. XVI-XIX). Centro nacional del vidrio en la antigua Real fábrica de cristales de La Granja (s. XVIII).

GRAN LAGO SALADO → SALADO (Gran Lago).

GRANMA (provincia de), prov. del SE de Cuba, en la costa del Caribe; 8 401 km²; 773 000 hab.; cap. *Bayamo.*

Granma, diario cubano, fundado en 1965 en La Habana, órgano oficial del Partido comunista de Cuba.

GRANOLLERS, c. de España (Barcelona), cab. de p. j.; 52 423 hab. *(granollerenses).* Centro industrial y comercial.

GRAN SABANA, región del E de Venezuela (Bolívar), fronteriza con Guyana y Brasil, con tepuis de más de 2 000 m de alt. Turismo.

GRAN SASSO D'ITALIA, macizo de los Abruzos (Italia), punto culminante de los Apeninos; 2 914 m en el Corno Grande. Doble túnel de carretera (10,2 km de long., abierto en 1984 y 1995). Laboratorio subterráneo de física de las partículas.

GRANT (Archibald Alexander **Leach,** llamado Cary), *Bristol 1904-Davenport, Iowa, 1986,* actor de cine estadounidense de origen británico. Su encanto y su talento lo convirtieron en el intérprete ideal de la comedia estadounidense (*La fiera de mi niña,* H. Hawks, 1938; *Historias de Filadelfia,* G. Cukor, 1940, *Arsénico por compasión,* F. Capra, 1944). También fue uno de los actores preferidos de Hitchcock (*Con la muerte en los talones,* 1959).

GRANT (Ulysses), *Point Pleasant, Ohio, 1822-Mount McGregor, estado de Nueva York, 1885,* militar y político estadounidense. Estuvo al mando de las fuerzas federales al final de la guerra de Secesión (1864-1865) y fue presidente de EUA de 1869 a 1877.

■ ULYSSES **GRANT,** por Thulstrup.   ■ GÜNTER **GRASS**

gran teatro del mundo (El), auto sacramental de Calderón de la Barca (1655). El autor (Dios), dispuesto a realizar una representación teatral (creación), ordena al Mundo que reparta los papeles. El simbolismo teológico se adecua a la doctrina tomista y expresa una firme defensa del libre albedrío.

Gran telescopio de Canarias → GTC.

GRANVELA (Nicolás **Perrenot,** señor de), *Ornans 1486-Augsburgo 1550,* estadista del Franco Condado. Consejero de Carlos Quinto desde 1530, gestionó relevantes asuntos políticos y religiosos del imperio. — **Antonio Perrenot, señor de G.,** *Besançon 1517-Madrid 1586,* prelado y estadista al servicio de España. Hijo de Nicolás, negoció la paz de Augsburgo (1555). Cardenal (1561), representó la intransigencia religiosa en tiempos de Felipe II. Gobernador en Flandes (1559-1564) y virrey de Nápoles (1571-1575), su política excesivamente centralista tras la anexión de Portugal (1580) le costó el ostracismo (1583).

GRAO (El, en cat. **El Grau,** barrio industrial y puerto de Valencia (España).

GRAPO (Grupo de resistencia antifascista primero de octubre), organización terrorista española de ideología marxista-leninista, fundada en 1975.

GRAPPELLI (Stéphane), *París 1908-íd. 1997,* violinista de jazz francés. Tras crear el quinteto de cuerda del Hot club de Francia (1934) con el guitarrista Django Reinhardt, se impuso como improvisador virtuoso y de gran lirismo.

GRAS (Amadeo), *Amiens 1805-Gualeguaychú 1871,* pintor y músico francés activo en Argentina. Retratista de las personalidades argentinas más notables de su época, dejó más de dos mil cuadros que representan un valioso aporte a la iconografía americana. Montó uno de los primeros talleres de daguerrotipo de América.

GRASS (Günter), *Danzig 1927,* escritor alemán. Ensayista comprometido, pintor satírico del mundo contemporáneo, en sus novelas (*El tambor de hojalata,* 1959; *El rodaballo,* 1977; *La ratesa,* 1986; *Es cuento largo,* 1995; *A paso de cangrejo,* 2002) y obras de teatro mezcla realismo y fantasía. También es autor de la autobiografía *Pelando la cebolla* (2006). [Premios Nobel y Príncipe de Asturias 1999.]

GRASSMANN (Hermann), *Stettin 1809-íd. 1877,* matemático y lingüista alemán. Fue uno de los fundadores de las álgebras multilineales y de las geometrías de varias dimensiones. Sus estudios de lingüística versaron, en particular, sobre el sánscrito.

GRAU (Enrique), *Panamá 1920-Bogotá 2004,* pintor colombiano. Tras una etapa en que distorsiona la figura humana y el paisaje, pasó por una fase de naturalismo poético hasta decidirse por el estilo figurativo. También creó terracotas, ensamblajes (*La virtud y el vicio,* 1972), esculturas en bronce y escenografías.

GRAU (Jacinto), *Barcelona 1877-Buenos Aires 1958,* dramaturgo español. Su teatro, simbólico, va de la tragedia (*El conde Alarcos,* 1917) a la farsa tragicómica (*El señor de Pigmalión,* 1921), con influencias de Pirandello o la comedia lírica (*Las bodas de Camacho,* 1903). Escribió una novela y ensayos sobre Unamuno y el tema de don Juan.

GRAUBÜNDEN → GRISONES.

GRAU GARRIGA (Josep), *San Cugat del Vallès 1929,* artista español. Autor de pinturas murales y vidrieras, es famoso por sus tapices con nuevos materiales y texturas (*Estandartes*).

GRAUNT (John), *Londres 1620-íd. 1674,* estadístico inglés. Autor de trabajos estadísticos sobre la población londinense, se le considera el fundador de la demografía.

GRAU SALA (Emili), *Barcelona 1911-Sitges 1975,* pintor español, caracterizado por la luminosidad y el cromatismo, con tendencia al decorativismo.

GRAU SAN MARTÍN (Ramón), *La Palma 1889-La Habana 1969,* político cubano. Ideólogo del movimiento opositor a Machado, fue jefe del ejecutivo (1933-1934), derrocado por los militares, y presidente de la república (1944-1948).

GRAV (Grupo de recherche d'art visuel, en esp. Grupo de investigación del arte visual), asociación de artistas plásticos fundada en París en 1960 por los argentinos Horacio García-Rossi y Julio Le Parc, y los franceses François Morellet, F. Sobrino, Joel Stein y Jean-Pierre Yvaral, con el objeto de profundizar en los efectos ópticos, cinéticos y táctiles en el arte.

Gravelinas (batalla de) [13 julio 1558], victoria de las tropas hispanobritánicas sobre las francesas en Gravelines, Francia, que dio paso al tratado de *Cateau-Cambrésis* (1559).

Gravelines (tratado de) [julio 1520], pacto de cooperación marítima en el Cantábrico entre Carlos Quinto y Enrique VIII de Inglaterra.

GRAVENHAGUE ('s-) → HAYA (La).

GRAVES (Robert), *Wimbledon 1895-Deià, Mallorca, 1985,* escritor británico. Es autor de poesía (*Fairies and fusiliers,* 1917), ensayos (*Los mitos griegos,* 1955) y novelas históricas (*Yo, Claudio,* 1934).

GRAVINA (Federico Carlos), *Palermo 1756-Cádiz 1806,* marino español de origen italiano. Mandó, junto con Villeneuve, una escuadra francoespañola, derrotada por los británicos en Finisterre y en Trafalgar (1805).

GRAY (Stephen), *h. 1670-Londres 1736,* físico británico. Demostró la posibilidad de electrizar los cuerpos conductores aislados y descubrió la electrización por inducción.

GRAY (Thomas), *Londres 1716-Cambridge 1771,* poeta británico. Su poesía anuncia la melancolía romántica (*Elegía escrita en el cementerio de una aldea inglesa,* 1751).

GRAZ, c. de Austria, cap. de Estiria, a orillas del Mur; 237 810 hab. Monumentos antiguos; museos. (Patrimonio de la humanidad 1999.)

GRAZALEMA (sierras de), sierras españolas del sistema Subbético; 1 654 m Parque natural (*Pinsapar de Grazalema*); 47 120 ha. (Reserva de la biosfera 1977.)

GRAZIANI (Rodolfo), *Filettino 1882-Roma 1955,* mariscal italiano. Virrey de Etiopía (1936-1937), fue ministro de guerra en el gobierno republicano de Mussolini (1943-1945).

GREAT BASIN «Gran Cuenca», altiplanicies desérticas del O de Estados Unidos, entre sierra Nevada y los montes Wasatch.

GREAT YARMOUTH o **YARMOUTH,** c. de Gran Bretaña (Inglaterra), junto al mar del Norte; 53 000 hab. Puerto y estación balnearia.

GRECHKO (Andréi Antónovich), *Golodaievsk 1910-Moscú 1976*, mariscal soviético. Estuvo al frente de las fuerzas del pacto de Varsovia (1960) y fue ministro de defensa desde 1967 hasta su muerte.

GRECIA, cantón de Costa Rica (Alajuela); 45 305 hab. Industrias azucareras.

GRECIA, en gr. **Ellás** o **Hellas,** estado del SE de Europa; 132 000 km²; 10 500 000 hab. *(griegos).* CAP. *Atenas.* LENGUA: *griego.* MONEDA: *euro.*

INSTITUCIONES

Régimen parlamentario. Constitución de 1975. Presidente de la república: elegido cada 5 años por la cámara de diputados, nombra al primer ministro. Cámara de diputados elegida, cada 4 años.

GEOGRAFÍA

Grecia, país continental, peninsular (Peloponeso) e insular (islas Jónicas, Cícladas, Espóradas, Creta), es montañosa (2 917 m en el Olimpo) y de relieve irregular. El clima es mediterráneo en el S, las islas y el conjunto del litoral, cambiando hacia el N, donde los inviernos pueden llegar a ser muy rigurosos.

A pesar de la escasez de superficie cultivable, en consonancia con la escasa extensión de cuencas y llanuras (Tracia, Macedonia, Tesalia, Ática), la agricultura sigue siendo un recurso esencial. Basada en la tríada mediterránea (trigo, vid, olivo), también proporciona tabaco y fruta (cítricos). El ganado ovino predomina en la montaña.

Atenas y su puerto, El Pireo, concentran cerca de un tercio de la población total. Estas ciudades, junto con Tesalónica, albergan la parte fundamental de la industria de transformación, basada parcialmente en la extracción de diversas materias primas (lignito y bauxita). El considerable déficit de la balanza comercial se equilibra parcialmente con los beneficios del turismo y de la flota mercante. Pero el endeudamiento es gravoso y el subempleo aún importante, pese a cierto repunte del crecimiento en los últimos tiempos.

HISTORIA

El período aqueo y micénico. VII milenio: aparecen los primeros establecimientos humanos. **H. 3000-2000 a.C.:** florecimiento del arte cicládico. A principios del II milenio los aqueos se instalaron en la región. **2000-1500:** la Creta minoica dominó el mundo egeo. Arquitectura palacial (Cnossos, Festo, Malia). **H. 1600:** se desarrolló la civilización micénica y se crearon pequeños reinos: Micenas, Tirinto, Polos.

La «edad media» griega (ss. XII-VIII a.C.). Las invasiones dorias (s. XII) marcaron el principio de la «edad media» helénica, período oscuro que se conoce sobre todo por los poemas homéricos, redactados en los ss. XI-VIII. Se produjo la extensión del uso del hierro. Los dorios forzaron la retirada de los antiguos habitantes de Grecia continental hacia las costas de Asia Menor.

Los tiempos arcaicos. Ss. VIII-VI a.C.: en las ciudades, el régimen oligárquico sustituyó al monárquico. **776:** se crearon los Juegos olímpicos. La expansión colonial avanzó hacia occidente, el N del Egeo y el mar Negro. **H. 657:** el tirano Cipselo tomó el poder en Corinto. **H. 594:** Solón se convirtió en arconte de Atenas e inició una serie de reformas institucionales. **560-510:** Pisístrato y su hijo establecieron su tiranía en Atenas. La sociedad ya estaba bastante organizada para construir grandes edificios religiosos. A partir del s. VII se elaboraron los órdenes dórico (Delfos) y jónico (Dídimo, Éfeso); se crearon dos tipos distintos de estatuaria: el kuros y la kore. En cerámica, la pintura de vasos, inicialmente de figuras negras (Amasis), vio aparecer en el s. VI la técnica de las figuras rojas (Eufronio).

La Grecia clásica. 507 a.C.: Clístenes dotó a Atenas de instituciones democráticas. **490-479:** las guerras médicas enfrentaron a griegos y persas; estos, derrotados, tuvieron que retirarse a Asia Menor. **476:** se creó la liga de Delos, dirigida por Atenas, para expulsar a los persas del mar Egeo. **448:** la paz de Calias puso fin a las hostilidades con los persas. **443-429:** expansión de la civilización clásica griega en la Atenas de Pericles. Ictino y Calícrates edificaron el Partenón de Atenas, en cuya ornamentación destacaban las esculturas de Fidias. La estatuaria clásica (*Doríforo* de Policleto, *Discóbolo* de Mirón) se expresó sobre todo en bronce (*Auriga* de Delfos). **431-404:** la guerra del Peloponeso enfrentó a Esparta y a Atenas, que capituló en 404. **404-371:** la hegemonía de Esparta sustituyó a la de Atenas. **371:** Esparta fue derrotada en Leuctra por Tebas. **371-362:** esta estableció su hegemonía sobre la Grecia continental. **Principios del s. IV:** nacimiento de la arquitectura civil y del urbanismo (Priene, Epidauro, Pela). Templos de Apolo, tolos de Delfos. La escultura evolucionó con Praxíteles y Lisipo; terracotas de Tanagra.

LA MAGNA GRECIA

Zonas de influencia

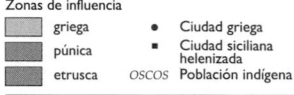

griega	● Ciudad griega
púnica	■ Ciudad siciliana helenizada
etrusca	OSCOS Población indígena

La época helenística. 359-336 a.C.: Filipo II de Macedonia, victorioso en la batalla de Queronea (338), extendió su poder progresivamente por las ciudades griegas. **336-323:** Alejandro Magno, señor de Grecia, conquistó el imperio persa. **323-168:** tras el reparto del imperio de Alejandro, Grecia quedó en poder de los reyes Antigónidas de Macedonia. **216-168:** Macedonia luchó contra Roma; Filipo V fue derrotado en Cinoscéfalos (197). **196-146:** Grecia recuperó cierta independencia bajo control romano. La liberación de las ciudades griegas de Asia Menor por Alejandro provocó la creación de un nuevo urbanismo (Pérgamo, Priene, Mileto) dominado por el orden corintio, la construcción de grandes templos (Pérgamo, Éfeso) y de numerosos edificios civiles (biblioteca de Alejandría [Egipto], teatro de Pérgamo). Este arte helenístico ejerció gran influencia en el arte romano.

El dominio romano. 146 a. C.: Roma derrotó a una coalición de ciudades griegas; Corinto fue destruida. Grecia pasó a ser una provincia romana. **88-84:** fracaso de Mitrídates en su intento de liberar Asia Menor (bajo dominación romana) y Grecia. **S. I a.C.-s. IV d.C.:** el auge cultural griego influyó en el mundo romano. **330:** fundación de Constantinopla. **395:** a la muerte de Teodosio el Imperio romano se dividió definitivamente. Grecia quedó integrada en el Imperio romano de Oriente.

La Grecia bizantina. H. 630: Heraclio adoptó el griego como lengua del Imperio bizantino. **Ss. VI-VII:** se instalaron eslavos en Grecia, mientras que los antiguos habitantes se retiraban hacia las costas y las islas. **Ss. X-XI:** los búlgaros realizaron diversas incursiones. **1204:** la cuarta cruzada dio lugar a la creación del Imperio latino de Constantinopla, el reino de Tesalónica, el principado de Acaya (o Morea) y varios ducados. **Ss. XIV-XV:** venecianos, genoveses y catalanes se disputaron la posesión de Grecia mientras los otomanos ocuparon Tracia, Tesalia y Macedonia en la segunda mitad del s. XIV. **1456:** los otomanos conquistaron Atenas y el Peloponeso.

La Grecia moderna. Fines del s. XVI-s. XIX: los comerciantes griegos formaron una burguesía influyente en el seno del Imperio otomano tras la firma de las capitulaciones. El sentimiento nacional se desarrolló en el s. XVIII como reacción contra la decadencia turca y la voluntad hegemónica de Rusia, que quería acoger bajo su protección a todos los ortodoxos. **Fines del s. XVIII:** los griegos emigrados a Occidente (Korais, Fereo Rigas, que militó en Viena) alentaron el filohelenismo. **1814:** A. Ypsilanti fundó la Hetería en Odessa. **1821-1822:** insurrección independentista. Por la toma de Tripolitsá, el congreso de Epidauro proclamó la independencia de Grecia (1822). Los turcos reaccionaron realizando matanzas como la de Quíos. **1826-1827:** los turcos recuperaron Missolonghi y Atenas. **1827:** Gran Bre-

GRECIA EN EL S. V A.C.

ESPARTA
- ■ Esparta
- ■ Liga del Peloponeso
- ● Ciudades de la liga

ATENAS
- ■ El «imperio» ateniense en el s. v a.C. antes de la guerra del Peloponeso

taña, Francia y Rusia intervinieron y derrotaron a los otomanos y la flota de Ibrāhīm Bajá en Navarino. **1828-1829:** Rusia entró en guerra contra los otomanos y obtuvo la autonomía de Grecia (tratado de Adrianópolis). **1830:** el tratado de Londres estipuló la creación de un estado griego independiente bajo la protección de Gran Bretaña, Francia y Rusia. **1832-1862:** el reino de Grecia fue confiado a Otón I. **1862:** Otón I fue destituido. **1863-1913:** Jorge I, impuesto por Gran Bretaña, que cedió a Grecia las islas Jónicas (1864), intentó recuperar las regiones pobladas por griegos, pero fue derrotado por los otomanos (1897) y topó con las aspiraciones de las otras naciones balcánicas. **1912-1913:** tras las guerras balcánicas, Grecia obtuvo la mayor parte de Macedonia, el S de Epiro, Creta, las islas de Samos, Quíos, Mitilene y Lemnos. **1913:** Constantino I sucedió a su padre Jorge I, asesinado. **1914-1918:** el gobierno griego se dividió entre germanófilos, agrupados en torno a Constantino I, y partidarios de los Aliados, dirigidos por Venizelos, que organizó un gobierno republicano en Tesalónica (1916). **1917:** Constantino I abdicó en fa-

vor de Alejandro I (1917-1920). Grecia entró en la guerra junto a los Aliados. **1919-1920:** obtuvo Tracia y la región de Esmirna (tratados de Neuilly y de Sèvres). **1921-1922:** la guerra greco-turca se saldó con la victoria aplastante de los turcos. Constantino I, que volvió al poder, tuvo que entregar la corona a su hijo Jorge II. **1923:** por el tratado de Lausana, Grecia tuvo que renunciar a las regiones de Esmirna y Tracia oriental en favor de Turquía. **1924:** proclamación de la república. **1924-1935:** intento de aplastar la anarquía mediante varios golpes de estado, el último de los cuales tuvo éxito. **1935:** Jorge II regresó a Grecia y Venizelos se exilió. **1936-1941:** el país fue sometido a la dictadura de Metaxás. **1940-1944:** Grecia fue invadida por Italia (1940) y después por Alemania (1941). Se desarrolló una poderosa Resistencia. **1947:** Pablo I accedió al trono. **1946-1949:** el país fue víctima de una guerra civil que acabó con la derrota de los insurrectos comunistas. **1952:** Grecia fue admitida en la OTAN. **1964:** Constantino II (1964-1973) fue elegido rey. **1965:** la crisis de Chipre provocó la dimisión del primer ministro G. Papandreu y una

profunda crisis interna. **1967:** una junta de oficiales instauró el «régimen de los coroneles», dirigido por Papadopoulos; el rey se exilió. **1973:** proclamación de la república. **1974:** fin del régimen dictatorial de los coroneles; Karamanlís restauró las libertades. **1980:** sucedió a Konstandínos Tsátsos (1975-1980) como presidente de la república. **1981:** su partido, la Nueva democracia, perdió las elecciones en beneficio del Movimiento panhelénico socialista (PASOK), presidido por Andreas Papandreu, que fue nombrado primer ministro. Grecia fue admitida en la CEE. **1985:** el socialista Khristos Sartzetakis fue elegido presidente de la república. **1989:** tras la victoria de la Nueva democracia en las elecciones legislativas, Papandreu dimitió. Los gobiernos de coalición sucedieron al no haber conseguido mayoría absoluta ninguno de los partidos. **1990:** nuevas elecciones otorgaron la mayoría absoluta a la Nueva democracia. K. Mitsotakis formó un nuevo gobierno. K. Karamanlís volvió a la presidencia de la república. **A partir de 1992:** la vida política cristalizó en torno a la afirmación del helenismo y la oposición a que se

Grecia

| 200 | 400 | 1000 m |

autopista — carretera — ferrocarril

★ lugar de interés turístico
✈ aeropuerto
Patrás capital regional

límite regional

● más de 1 000 000 hab.
● de 100 000 a 1 000 000 hab.
● de 30 000 a 100 000 hab.
● menos de 30 000 hab.

■ EL ARTE GRIEGO

Desde la antigüedad, colonos, mercaderes y, más tarde, legiones armadas difundieron por doquier el arte griego, que marcó tanto la decoración de los palacios aqueménidas como la estatuaria budista de Gāndhāra. Los etruscos y, especialmente, los romanos, también contribuyeron a transmitir el patrimonio cultural griego. Tanto en el ámbito de la arquitectura como en el lenguaje variado de sus escultores, la huella de Grecia, pasando por el Renacimiento y el neoclasicismo, se ha perpetuado hasta nuestros días.

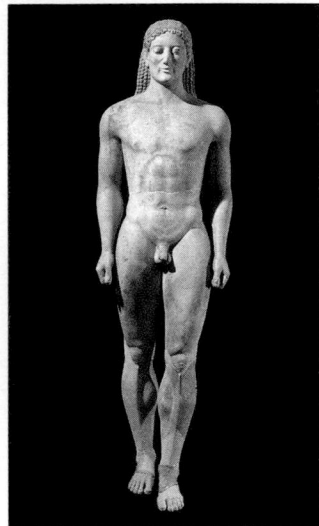

Heracles y Anteo, h. 515 a.C. Decoración de una crátera pintada por Eufronio. La línea ya no se efectúa por incisión sino pintada, con lo que resulta fluida. Así, el artista se aplica en dar volumen y se adueña del espacio pictórico. (Museo del Louvre, París.)

La puerta de los Leones, en Micenas. Aunque el tema decorativo —basado en animales enfrentados— sea originario de Mesopotamia, este altorrelieve del s. XIV a.C. constituye la primera escultura monumental realizada por los griegos, muy innovadores en la construcción de palacios-fortaleza.

Kuros de Kroiros. Mármol procedente de Anavissos, h. 525 a.C. Ya sea en forma de estatuas votivas colocadas al aire libre cerca de los santuarios o de ofrendas funerarias que señalan la ubicación de una tumba (como en el caso de Kroiros, que era soldado), los kuros constituyeron uno de los temas preferidos de la escultura en mármol de grandes dimensiones. (Museo arqueológico, Atenas.)

El templo de Atenea Afaya, en Egina. Reconstrucción (500-490 a.C.). El templo griego, que suele ser de planta rectangular y períptero, tiene como función albergar la estatua de culto en la naos. El de la imagen, de orden jónico, ha conservado en su sala central la columnata interior a dos niveles.

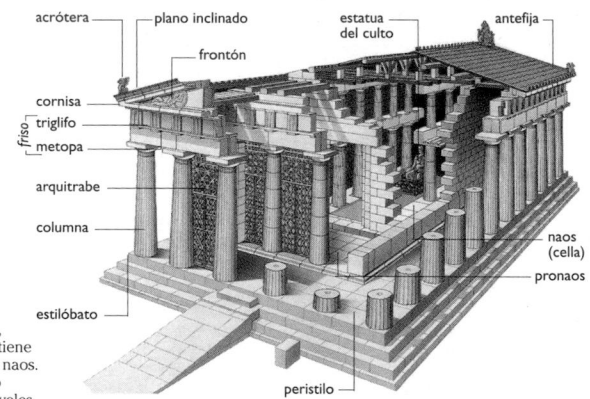

acrótera — plano inclinado — estatua del culto — antefija
frontón
cornisa
friso — triglifo
metopa
arquitrabe
columna
naos (cella)
pronaos
estilóbato
peristilo

El gran altar de Zeus, en Pérgamo. Detalle del friso oriental (180-160 a.C.). Inspirado por la *Teogonía* de Hesíodo, este encarnizado combate (gigantomaquia) da testimonio del arrebato épico y de los últimos envites de la escultura griega, así como de la voluntad de la Grecia asiática de convertirse en la heredera de Atenas.

Praxíteles. *Hermes con Dioniso niño.* Copia antigua en mármol (350-330 a.C.). A pesar de sus líneas sinuosas y voluptuosas, lo único remarcable en esta escultura es la sensibilidad y la espiritualidad. Este dios adolescente es, sin duda, sustancialmente distinto a otros —mucho más viriles y heroicos o serenos y graves— de siglos anteriores. (Museo arqueológico, Olimpia.)

constituyera un estado independiente con el nombre de Macedonia. **1993:** victoria del PASOK en las legislativas, anticipadas. A. Papandreu, de nuevo primer ministro. **1995:** K. Stefanópoulos, presidente (reelegido en 2000). **1996:** dimisión de Papandreu, sustituido por Kóstas Simitis, quien accedió a la jefatura del PASOK (victorioso en las elecciones, sept., victoria confirmada en 2000). **2004:** victoria de Nueva democracia en las legislativas; su líder, Kóstas Karamanlís, formó gobierno. **2005:** Károlos Papoúlias (PASOK) accedió a la presidencia. **2007:** a pesar de las críticas dirigidas contra el gobierno a raíz de los incendios devastadores del verano, Nueva democracia ganó las elecciones (sept.). **2008:** grave revuelta de los jóvenes (dic.).

GRECIA ASIÁTICA, islas y tierras de la costa oriental del mar Egeo, pobladas por los griegos en el I milenio a.C.

GRECO (Doménikos **Theotokópoulos,** llamado **el**), *Candía 1541-Toledo 1614,* pintor español de origen cretense. Su actividad como pintor de iconos data de 1566. Luego pasó a Venecia, donde asimiló los principios renacentistas y la influencia de Tintoretto y Bassano. Trabajó en el taller de Tiziano y viajó por Italia. En Roma conoció el manierismo miguelangelesco. En 1577 aparece documentado en Toledo, llegado quizá en busca del mecenazgo de Felipe II, que nunca consiguió. En esta ciudad realizó para la catedral *El expolio* (1577-1579) y a partir de 1582 estableció un taller, realizando su obra más famosa, (*El *entierro del conde de Orgaz* (iglesia de Santo Tomé, 1586-1588). Además de magníficos retratos (*El caballero de la mano en el pecho,* h. 1577-1579, Prado), pintó temas religiosos (*Bautismo de Cristo,* Prado) y paisajes (serie de vistas de Toledo) en un estilo manierista y expresionista definido por el alargamiento de las figuras, lo extraño de la iluminación y lo irreal de la composición, caracterizada de una exaltación mística.

■ EL **GRECO.** *Jesús en el huerto de los Olivos.*
(Versión del museo de bellas artes de Lille, Francia.)

GRÉCO (Juliette), *Montpellier 1927,* cantante y actriz francesa, musa del existencialismo, interpretó canciones de Queneau y Sartre.

GREDOS (sierra de), sierra de España, la más elevada del sistema Central; 2 592 m en la Plaza del Moro Almanzor. *Coto nacional de Gredos,* en la prov. de Ávila.

GREEN (Julien), *París 1900-íd. 1998,* escritor estadounidense en lengua francesa. En sus novelas (*Les pays lointains*) y su teatro (*Sud*) expresa una constante angustia metafísica.

GREENE (Graham), *Berkhamsted 1904-Vevey 1991,* escritor británico. Sus novelas evocan con ironía la impotencia de la fe frente a la decadencia física (*El poder y la gloria,* 1940; *Viajes con mi tía,* 1969; *El factor humano,* 1978).

GREENOCK, c. de Gran Bretaña (Escocia), junto al estuario del Clyde; 70 000 hab. Puerto.

Greenpeace, movimiento ecologista y pacifista fundado en Vancouver en 1971.

GREENSBORO, c. de Estados Unidos (Carolina del Norte); 183 521 hab.

Greenwich, aglomeración del área suburbana de Londres, junto al Támesis. — Ant. observatorio real, cuya posición fijó el meridiano inicial. Museo nacional de la marina en Queen's House, obra de I. Jones (patrimonio de la humanidad 1997).

GREGORIO de Nisa (san), *Cesarea de Capadocia h.335-Nisa h.394,* padre de la Iglesia griega. Hermano menor de san Basilio y obispo de Nisa, atacó el arrianismo y fue un gran teólogo místico.

GREGORIO DE TOURS (san), *Clermont-Ferrand h.538-Tours h. 594,* prelado e historiador francés. Obispo de Tours (573-594), es autor de una *Historia de los francos.*

GREGORIO I Magno (san), *Roma h. 540-íd. 604,* papa de 590 a 604. Procedente de una familia patricia, fue prefecto de Roma (572-574). Se hizo monje. Nuncio del papa en Constantinopla (579-595), fue elegido por aclamación del clero y el pueblo de Roma. Reformó la liturgia y organizó la evangelización de Inglaterra. Sus comentarios del *Libro de Job* fueron uno de los libros básicos de la moral y la cultura cristianas en la edad media. — san **Gregorio VII** (Hildebrando), *Soana, Toscana, h. 1020-Salerno 1085,* papa de 1073 a 1085. Fue famoso por sus luchas contra el emperador Enrique IV, al que humilló en Canossa (1077), pero quien lo obligó finalmente a exiliarse. Mediante numerosas medidas de disciplina eclesiástica, llevó a cabo una reforma llamada gregoriana. — **Gregorio IX** (Ugolino di Segni), *Anagni h. 1170-Roma 1241,* papa de 1227 a 1241. Sus *Decretales* constituyen una parte esencial del derecho canónico. — **Gregorio XII** (Angelo Correr), *Venecia h. 1325-Recanati 1417,* papa de 1406 a 1415. Su abdicación en el concilio de Constanza contribuyó al final del cisma de occidente. — **Gregorio XIII** (Ugo Buoncompagni) *Bolonia 1502-Roma 1585,* papa de 1572 a 1585. Su nombre está unido a la reforma del calendario llamado gregoriano. — **Gregorio XV** (Alessandro Ludovisi), *Bolonia 1554-Roma 1623,* papa de 1621 a 1623. Fundó la congregación de Propaganda fide, protegió a los jesuitas y favoreció el catolicismo en Europa central — **Gregorio XVI** (Bartolomeo Alberto Cappellari), llamado **Fra Mauro**), *Belluno 1765-Roma 1846,* papa de 1831 a 1846. Contrario al liberalismo, condenó las ideas de La Mennais (encíclica *Mirari vos,* 1832).

GREGORIO Nacianceno (san), *Arianzo, cerca de Nacianzo, h. 330-íd. h. 390,* padre de la Iglesia griega. Obispo de Constantinopla (379-381) y amigo de san Basilio y de san Gregorio de Nisa, con los que luchó contra el arrianismo.

GREGORY (James), *Drumoak, cerca de Aberdeen, 1638-Edimburgo 1675,* matemático y astrónomo escocés. Concibió un telescopio de espejo secundario cóncavo (1663), participó en la elaboración de los métodos infinitesimales de cálculo de áreas y de volúmenes y fue uno de los precursores de Newton en los estudios de los desarrollos en serie.

GREIFF (León de), *Medellín 1895-íd. 1977,* poeta colombiano. Autor de vanguardia, se distingue por la ironía y la búsqueda de efectos musicales y nuevos ritmos: *Tergiversaciones*

■ JULIEN **GREEN**

■ GRAHAM **GREENE**

(1925), *Libro de signos* (1930), *Variaciones alrededor de nada* (1936), *Fárrago* (1955).

GRENOBLE, c. de Francia, cap. del dep. de Isère, a orillas del r. Isère; 156 203 hab. (más de 420 000 hab. con la aglomeración). Universidad. Centro industrial y de investigación. — Oratorio de los ss. V-VIII bajo la iglesia de San Lorenzo; antiguo parlamento gótico y renacentista. Museos.

GRENVILLE (George), *1712-Londres 1770,* político británico. Primer ministro de 1763 a 1765, provocó el descontento de las colonias americanas por su política de tasación (ley del timbre, 1765). — **William G.,** *1759-Dropmore 1834,* político británico. Hijo de George, fue diputado tory y ministro de asuntos exteriores (1791-1801). Como primer ministro (1806-1807), hizo abolir la trata de esclavos (1807).

GRESHAM (sir Thomas), *Londres h. 1519-íd. 1579,* financiero inglés. Creador de la Bolsa de Londres (Royal Exchange, terminado en 1571), es autor de la ley económica «la mala moneda acaba con la buena»: una moneda segura tiende a desaparecer de la circulación cuando compite con una menos buena.

GRÉTRY (André Ernest Modeste), *Lieja 1741-Ermitage de Montmorency 1813,* compositor francés. Destacó en la ópera cómica.

GREUZE (Jean-Baptiste), *Tournus 1725-París 1805,* pintor francés. Es autor de hábiles composiciones melodramáticas (*La maldición paterna,* 1777; *El cántaro roto*) y de retratos.

GREVER (María Joaquina de la Portilla, llama da María), *León 1885-Nueva York 1951,* compositora mexicana. Es autora de boleros muy populares (*Júrame; Te quiero, dijiste; Así*).

GRÉVY (Jules), *Mont-sous-Vaudrey, Jura, 1807-íd. 1891,* político francés. Fue presidente de la república de 1879 a 1887.

GREY (Charles, conde), *Fallodon 1764-Howick House 1845,* político británico. Jefe del Partido whig en la cámara de los lores y primer ministro (1830-1834), en 1832 hizo aprobar la primera gran reforma electoral.

GREY (Edward, vizconde), *Londres 1862-Fallodon 1933,* político británico. Ministro de asuntos exteriores (1905-1916), fue el artífice del acuerdo con Rusia (1907).

Grial → Graal.

GRIBOIÉDOV (Alexandr Serguéievich), *Moscú 1795-Teherán 1829,* dramaturgo ruso. Escribió la comedia satírica *¡Qué desgracia el ingenio!* (1822-1824).

GRIEG (Edvard), *Bergen 1843-íd. 1907,* compositor noruego. Famoso por la música escénica (1876) para la obra de Ibsen *Peer Gynt,* y por su *Concierto para piano y orquesta* en la menor (1868), también es autor de obras para piano y de lieder.

GRIERSON (John), *Kilmadock, condado de Stirling, 1898 Bath 1972,* director y productor de cine británico. Fue el creador de la escuela documentalista británica (*Drifters*), 1929).

GRIFFITH (Arthur), *Dublín 1872-íd. 1922,* político irlandés. Fundador del movimiento Sinn Féin (1902) y vicepresidente de la República de Irlanda (1918), firmó el tratado de Londres (1921) que reconoció el Estado libre de Irlanda.

GRIFFITH (David Wark), *Floydsfork, Kentucky, 1875-Hollywood 1948,* director de cine estadounidense. Elaboró la mayoría de los principios fundamentales del lenguaje cinematográfico: primer plano, travelling, flash-back, montaje paralelo. Sus principales películas son *El *nacimiento de una nación* (1915), *Intolerancia* (1916) y *La culpa ajena* (1919). [*V. ilustr. pág. siguiente.*]

GRIGORESCU (Nicolae), *Pitaru 1838-Câmpina 1907,* pintor rumano. Trabajó con los maestros de la escuela de Barbizon (1861) y fue el fundador de la escuela rumana moderna. Ilustró con una gran vivacidad la vida campesina de Muntenia.

GRIGÓROVICH (Yuri Nikolaiévich), *Leningrado 1927,* bailarín y coreógrafo ruso. Primer coreógrafo y director artístico del ballet del teatro Bolshói de Moscú (1964-1995), es autor de obras con gran despliegue escénico (*Espartaco,* 1968 [nueva versión en colaboración con M. Liepa]; *Iván el Terrible,* 1975).

■ DAVID WARK **GRIFFITH.** *La caída de Babilonia*, episodio de *Intolerancia* (1916).

GRIJALVA → **MEZCALAPA.**

GRIJALVA (Juan de), *Cuéllar 1489-Olancho, Honduras, 1527*, navegante español. Partícipe en la conquista de Cuba, dirigió una expedición por la costa de México (1518) desde Yucatán y tomó posesión del territorio que denominó San Juan de Ulúa, cerca de la actual Veracruz. Fue muerto por los indios en el curso de otra expedición.

GRILLPARZER (Franz), *Viena 1791-íd. 1872*, escritor austriaco. Es autor de dramas históricos y mitológicos.

GRIMALDI (casa), familia noble de origen genovés que estableció su dominio sobre Mónaco en el s. xv. La *tercera casa de Grimaldi* fue fundada por Raniero III, nieto de Luis II.

GRIMALDI (Jerónimo, marqués y luego duque de), *Génova 1720-íd. 1786*, político español de origen genovés. Embajador en Versalles, elaboró junto con Choiseul el tercer pacto de Familia (1761). Secretario de Estado (1763-1776), chocó con Aranda y fue destituido, tras el desastre de Argel.

Grimaldi (orden de los), orden monegasca creada en 1954.

GRIMM, nombre de dos hermanos, lingüistas y escritores alemanes: **Jacob G.**, *Hanau 1785-Berlín 1863*, considerado el fundador de la filología alemana, y **Wilhelm G.**, *Hanau 1786-Berlín 1859*. Reunieron numerosos cuentos populares germánicos (*Cuentos infantiles y del hogar*, 1812).

GRIMMELSHAUSEN (Hans Jakob Christoffel von), *Gelnhausen h. 1622-Renchen, Baden, 1676*, novelista alemán. Es autor de *El aventurero Simplex *Simplicissimus*.

GRIMSBY, c. de Gran Bretaña (Inglaterra), junto al mar del Norte; 88 900 hab. Puerto, pesca, industria conservera.

GRIS (José Victoriano González, llamado Juan), *Madrid 1887-Boulogne-sur-Seine, Francia, 1927*, pintor español. Tras una primera etapa de dibujante para revistas madrileñas, en 1906 marchó a París, donde contactó con los artistas de vanguardia, especialmente Picasso, en 1911 Sus obras, inscritas en el cubismo sintético, son de gran austeridad cromática y se centran en naturalezas muertas, retratos (*Homenaje a Picasso*, 1912), composiciones y paisajes.

GRISI (Carlotta), *Visinada 1819-Saint-Jean, cerca de Ginebra, 1899*, bailarina italiana. Gran intérprete romántica, estrenó el papel protagonista del ballet *Giselle* (1841).

■ JUAN **GRIS** *Frutero, vaso y periódico* (1916). [Colegio Smith, Northampton, EUA.]

GRISOLÍA (Santiago), *Valencia 1923*, bioquímico español. Especialista en enzimología, realizó descubrimientos clásicos en el metabolismo del nitrógeno relacionado con el ciclo de la urea y la degradación de las pirimidinas. También son notables sus trabajos sobre el recambio proteico intracelular, el metabolismo de fosfogliceratos y el control de la síntesis de tubulina en el cerebro. (Premio Príncipe de Asturias 1990.)

GRISONES, en alem. Graubünden, en it. **Grigioni**, en rético Grishun, cantón de Suiza; 7 106 km²; 182 000 hab. *(grisones)*. Centros turísticos (Saint-Moritz, Davos). — Perteneció al Sacro Imperio (916-1648) y entró en la Confederación Helvética en 1803.

GRITA (La), mun. de Venezuela (Táchira); 23 371 hab. Agricultura tropical; ganadería vacuna.

GROCIO o **GROTIUS** (Huigh Van Groot o Hugo de Groot, llamado), *Delft 1583-Rostock 1645*, jurisconsulto y diplomático holandés. En *De iure belli ac pacis* (1625), se opone al esclavismo y se esfuerza por evitar y reglamentar las guerras. Esta obra, auténtico código de derecho internacional, le valió a su autor el título de «Padre del derecho de gentes».

GRODDECK (Georg Walther), *Bad Kösen 1866-Zurich 1934*, médico alemán. Demostró la importancia de los factores psíquicos en las enfermedades orgánicas (*El libro de ello*, 1923).

GRODNO, c. del O de Bielorrusia; 285 000 habitantes.

GROENLANDIA, isla que depende de Dinamarca, al NE de América; 2 186 000 km²; 55 117 hab. *(groenlandeses);* cap. *Nuuk.* Está recubierta en gran parte de hielo. Bases aéreas. — Fue descubierta h. 985 por Erik el Rojo y redescubierta en el s. XVI por J. Davis. Los daneses la colonizaron a partir de 1721. Departamento danés desde 1953, dotado desde 1979 de un estatuto de autonomía interno (notablemente ampliado en 2008), Groenlandia se retiró de la CEE en 1985.

GROENLANDIA (corriente de), corriente marina fría del acéano Atlántico, que bordea de N a S la costa E de Groenlandia.

GROMIKO (Andréi Andréievich), *Starye Gromyki, Bielorrusia, 1909-Moscú 1989*, político soviético. Ministro de asuntos exteriores (1957-1985), presidió el Presidium del Soviet supremo de 1985 a 1988.

GRONINGA, en neerl. Groningen, c. de Países Bajos, cap. de la provincia homónima (560 000 hab.); 168 702 hab. Importantes explotaciones de gas natural en la región. — Iglesia de San Martín, de los ss. XIII-XV; museos.

GROOTE (Geert), llamado Gerardo el Grande, *Deventer 1340-íd. 1384*, místico neerlandés. Fue el iniciador de la renovación espiritual de la Devotio moderna.

GROPIUS (Walter), *Berlín 1883-Boston 1969*, arquitecto y teórico alemán. Fundador de la Bauhaus en Weimar (1919), participó en la génesis de la arquitectura moderna (locales de la Bauhaus en Dessau, 1925). En 1937 se instaló en EUA, donde enseñó en Harvard y fundó el estudio de arquitectura TAC.

GROS (Antoine, barón), *París 1771-Meudon 1835*, pintor francés. Es autor de grandes composiciones que preludian el romanticismo (*Los apestados de Jaffa*, 1804, Louvre; *Murat en la batalla de Abukir*, 1807, Versalles).

GROSS (Hans), *Graz 1847-íd. 1915*, magistrado austriaco. Fue el precursor de la cooperación internacional de los cuerpos policiales que más tarde daría lugar a la Interpol.

GROSSETO, c. de Italia (Toscana), cap. de prov.; 70 096 hab. Catedral de fines del s. XIII.

GROSSGLOCKNER, punto culminante de Austria, en los Hohe Tauern; 3 796 m. Ruta turística hasta 2 571 m.

GROSSMANN (Rudolf), *Rosario, Argentina, 1893-Hamburgo 1980*, hispanista alemán. Fue director del Instituto iberoamericano de la universidad de Hamburgo, y autor de *El lenguaje extranjero en el español rioplatense* (1923) y *Poemas españoles de ocho siglos* (3 vols., 1947-1960).

GROSSO (Alfonso), *Sevilla 1928-Valencina de la Concepción, Sevilla, 1995*, novelista español. Desde el realismo crítico evolucionó hacia el barroquismo: *Un cielo difícilmente azul*, 1961; *Florido mayo*, 1973; *Giralda*, 1983-1985.

GROSZ (Georg), *Berlín 1893-íd. 1959*, dibujante y pintor alemán nacionalizado estadounidense. Vinculado a la corriente de la «nueva objetividad», hizo una crítica social incisiva tanto por su estilo como por su contenido.

GROTEWOHL (Otto), *Brunswick 1894-Berlín 1964*, político alemán. Fundó (1946) el Partido socialista unificado (SED) y fue jefe de gobierno de la RDA (1949-1964).

GROTOWSKI (Jerzy), *Rzeszow 1933-Pontedera, prov. de Pisa, 1999*, director de teatro polaco nacionalizado francés. Alma del teatro-laboratorio de Wrocław (1965-1985), preconizó un «teatro pobre», centrado en el actor y su relación con el espectador.

GROUSSAC (Paul), *Toulouse 1848-Buenos Aires 1929*, escritor argentino. Destacado ensayista (*Estudios de historia argentina*, 1918; *Los que pasaban*, 1919), cultivó también el teatro (*La divisa punzó*, 1923), el relato, la novela y la biografía, y dirigió la revista *La biblioteca*.

GROZNI, c. de Rusia, cap. de Chechenia, en el Cáucaso; 401 000 hab. (en 1989). Bombardeada por las fuerzas rusas desde 1994, gran parte de la ciudad fue devastada, y más tarde reconstruida a partir de 2006-2007.

GRUDZIĄDZ, en alem. Graudenz, c. de Polonia, junto al Vístula; 102 900 hab. Metalurgia.

GRULLO (El), mun. de México (Jalisco); 18 869 hab. Industrias lácteas. Curtidurías.

GRÜNBERG (Peter), *Pilsen 1939*, físico alemán. Descubrió la magnetorresistencia gigante (1988), con independencia de A. Fert, y contribuyó al desarrollo de la electrónica de spin. (Premio Nobel 2007.)

GRUNDTVIG (Nikolai), *Udby 1783-Copenhague 1872*, escritor danés. Obispo luterano, poeta (*El lirio de Pascua*, 1817) y ensayista, renovó el espíritu nacional y religioso en su país.

GRÜNEWALD (Mathis Nithart o Gothart, llamado Matthias), *¿Würzburg? h. 1475/1480-¿Halle? 1528*, pintor alemán. Su obra maestra es la parte pintada del gran políptico de los Antonitas de Issenheim (1512-1516, museo de Colmar), de un estilo expresionista y visionario.

■ MATTHIAS **GRÜNEWALD.** «Visita de san Antonio a san Pablo el Ermitaño en el desierto», detalle del retablo de Issenheim. (Museo de Unterlinden, Colmar, Francia.)

Grunwald o **Tannenberg** (batalla de) [15 julio 1410], victoria del rey de Polonia Ladislao II Jagellón y de Vytautas, gran duque de Lituania, sobre los caballeros teutónicos.

Grupo 47, círculo literario (1947-1977) creado por iniciativa de H. W. Richter con el objetivo de agrupar a los escritores de lengua alemana de Alemania, Suiza y Austria para la defensa de las libertades.

Grupo de los 8 (G8) → **G7.**

Grupo de los 77 → **G77.**

Grupo de los 7 → **G7.**

Grupo de los Tres → **G3.**

Grupo de los 24, organismo creado en 1972 que representa los intereses de los países en vías de desarrollo en la negociación sobre cuestiones monetarias internacionales. Está formado por ocho miembros africanos, ocho de Asia y ocho de América Latina.

Grupo de países latinoamericanos y del Caribe exportadores de azúcar (GEPLA-CEA), organismo intergubernamental creado en 1974 e integrado por 23 países de América Latina y del Caribe. Coordina información sobre el azúcar y su comercialización. Tiene su sede en la ciudad de México.

GRÜTLI → RÜTLI.

GRUYÈRE, región de Suiza (Friburgo). Quesos.

GSTAAD, centro de veraneo y de deportes de invierno (alt. 1 100-3 000 m) de Suiza (cantón de Berna), en el valle alto del Sarine.

GTC (Gran telescopio de Canarias), telescopio internacional instalado en el Roque de los Muchachos (La Palma, España) e impulsado por el Instituto de astrofísica de Canarias. Tiene un espejo múltiple de 10,4 m de diámetro. Entró en servicio en 2009.

GUACANAYBO, bahía del SE de Cuba. Bancos de coral.

GUACARA, mun. de Venezuela (Carabobo); 105 000 hab. Metalurgia, industria electrónica.

GUACARÍ, mun. de Colombia (Valle del Cauca); 24 285 hab. Minas de plata, oro y platino.

GUACHOCHI, mun. de México (Chihuahua); 29 067 hab. Explotación forestal.

GUADALAJARA, c. de España, cap. de la prov. homónima y cab. de p. j.; 66 103 hab. (*guadalajareños* o *caracenses*). Polo industrial de descongestión de Madrid. — Iglesias mudéjares y góticas, Palacios de los duques del Infantado (h. 1480), obra de J. Guas, y de los Mendoza (1507), familias ligadas al señorío de la ciudad.

GUADALAJARA, c. de México, cap. del est. de Jalisco; 1 626 152 hab. (2 846 720 en la aglomeración). Centro industrial, comercial y financiero, en una rica región agrícola y minera. Universidad. Aeropuerto. Feria del libro. — Urbanismo de época colonial. Catedral gótico-renacentista (ss. XVI-XVII). Iglesias barrocas (San Francisco, San Sebastián Analco, Santa Mónica) y neoclásicas. Edificios civiles del s. XVIII (palacio de la Audiencia, hospital del obispo Alcalde). Museos. Hospicio Cabañas (s. XIX), con pinturas de J. C. Orozco (patrimonio de la humanidad 1997). — Fundada por los españoles en 1542, fue capital de la audiencia de Nueva Galicia y un foco independentista.

GUADALAJARA (provincia de), prov. de España, en Castilla-La Mancha; 12 190 km²; 165 347 hab.; cap. *Guadalajara.* Forma el borde NE de la Meseta meridional, en la confluencia de los sistemas Central e Ibérico. La mitad S está ocupada por el valle del Tajo; en la cuenca del Henares, al O, se localizan los principales núcleos de población. Economía agropecuaria (cereales, patatas, apicultura, ganadería ovina). Minería del hierro en sierra Menera. Producción energética nuclear e hidroeléctrica.

Guadalajara (batalla de) [marzo 1937], combate de la guerra civil española, en la prov. de Guadalajara, en el que los republicanos derrotaron a los italianos aliados de Franco.

GUADALAVIAR, nombre que recibe el río Turia desde su nacimiento hasta Teruel.

GUADALCANAL, isla volcánica de las islas Salomón. Ocupada por los japoneses (julio 1942), fue reconquistada por los estadounidenses (feb. 1943), tras duros combates.

GUADALCÁZAR, mun. de México (San Luis Potosí); 28 357 hab. Minas de plata, oro y cinabrio.

GUADALÉN, r. de España, afl. del Guadalimar; 121 km. Embalse y central térmica.

GUADALENTÍN o **SANGONERA,** r. de España (Almería y Murcia), afl. del Segura (or. der.); 121 km.

GUADALETE, r. de España, en la vertiente atlántica andaluza; 157 km.

Guadalete (batalla de) [19-26 julio 711], combate librado cerca del río homónimo, probablemente a la altura de Arcos de la Frontera (Cádiz). La victoria de Tariq sobre Rodrigo supuso la muerte de este y el fin del reino visigodo.

■ **GUADALUPE.** La nueva basílica de Guadalupe y, a la derecha, la antigua.

GUADALHORCE, r. de España, en la vertiente mediterránea (Granada y Málaga); 116 km.

GUADALIMAR, r. de España, afl. del Guadalquivir (or. der.); 144 km.

GUADALOPE, r. de España, afl. del Ebro (or. der.); 194 km. Embalses (regadío).

GUADALQUIVIR, ant. *Betis.* r. de España, en la vertiente atlántica andaluza, que nace en la Cañada de Aguafría (Jaén) y desemboca junto a Sanlúcar de Barrameda; 560 km. Avena las provincias de Córdoba, Sevilla y Cádiz. Principales afluentes: Guadiana Menor, Guadajoz, Genil (or. izq.); Guadalimar, Jándula, Guadiato, Rembézar (or. der.). Aprovechamiento hidroeléctrico (embalse de Tranco de Beas) y para el riego. Navegable hasta Sevilla.

GUADALUPE, en fr. **Guadeloupe,** dep. y región franceses de ultramar, que agrupa una de las Pequeñas Antillas y dependencias; 1 703 km²; 386 566 hab. [tras la desagregación de Saint-Barthélemy y de la parte francesa de Saint-Martin en 2007]; cap. *Basse-Terre* (12 667 hab.). Formada por dos islas separadas por un brazo de mar. (Reserva de la biosfera 1992.) — Descubierta por Colón en 1493, fue colonizada por Francia desde 1635 y anexionada en 1674.

GUADALUPE, c. de Costa Rica (San José), cap. del cantón de Goicoechea; 31 456 hab. Centro agropecuario. Industrias lácteas.

GUADALUPE, v. de España (Cáceres); 2 365 hab. (*guadalupenses* o *guadalupeños*). Centro histórico-artístico: colegio de Infantes (s. XVI), mansiones, *Monasterio de Guadalupe,* edificado en los ss. XIII-XV y reformado en los siguientes, en el que predomina el gótico flamígero y el mudéjar; claustros mudéjar (s. XV) y gótico; sacristía barroca del s. XVII (lienzos de Zurbarán) [patrimonio de la humanidad 1993].

GUADALUPE, c. de México (Nuevo León); 370 908 hab. Es un suburbio de Monterrey.

GUADALUPE, mun. de México (Zacatecas); 51 350 hab. Minas de antimonio. Fábricas de ladrillos refractarios.

GUADALUPE (isla de), isla de México (Baja California), en el Pacífico, a 280 km al O de la península de Baja California; 264 km². Es atravesada de norte a sur por una cadena de montañas, 1 500 m de alt. máxima.

Guadalupe (Santuario de Nuestra Señora de), conjunto de iglesias mexicanas situadas en la Villa de Guadalupe Hidalgo (Distrito Federal), donde se venera la imagen de la Virgen de Guadalupe, patrona de México y de Latinoamérica. La primera basílica fue erigida por P. de Arrieta en 1695, en el lugar donde Juan Diego Cuauhtlatoatzin (canonizado en 2002) afirmó haber presenciado varias apariciones de la Virgen. La basílica actual, obra de P. Ramírez Vázquez, fue inaugurada en 1976. También son notables las iglesias del Pocito (F. Guerrero y Torres, 1777-1791) y del Cerrito (1740) en la cumbre del Tepeyac.

GUADALUPE HIDALGO o **VILLA DE GUADALUPE HIDALGO,** pobl. de México, cab. de la delegación de *Gustavo A. Madero* (Distrito Federal). Santuario de Nuestra Señora de *Guadalupe.* — En esta ciudad se firmó en el tratado que puso fin a la guerra entre México y EUA (2 febr. 1848) por el que México cedió los territorios de Texas, Nuevo México, Alta California y parte de Tamaulipas.

GUADALUPE VICTORIA, mun. de México (Durango); 32 156 hab. Cereales, hortalizas y frutas. Quesos.

GUADALUPE Y CALVO, mun. de México (Chihuahua); 30 231 hab. Explotación forestal.

GUADARRAMA, r. de España (Madrid y Toledo), afl. del Tajo (or. der.); 144 km.

GUADARRAMA (sierra de), sierra de España, en el sistema Central; 2 430 m en Peñalara. Divisoria entre las cuencas del Tajo y el Duero, a las dos Castillas. Ganadería. Deportes de invierno (Navacerrada). En la vertiente sur, centros de residencia estival.

GUADIANA, r. de España y de Portugal, en la vertiente atlántica, que nace en los Ojos del Guadiana —aunque en realidad es continuación del Gigüela— y desemboca en Ayamonte (Huelva); 744 km. Riega las Vegas extremeñas (embalses de Cíjara, García de Sola, Orellana y Zújar; presa de Montijo), sirve de frontera entre España y Portugal, se adentra en el Alentejo (presa de Alqueva [la de mayor capacidad de Europa] y cruza las sierras del Algarve.

GUADIANA (Alto), r. de España, que nace en las lagunas de Ruidera (Ciudad Real); sólo en épocas muy lluviosas sus aguas llegan hasta su colector, el Gigüela.

GUADIANA MENOR, r. de España, afl. del Guadalquivir (or. izq.); 182 km. Avena la Hoya de Guadix. Embalse de Doña Aldonza.

GUADIATO, r. de España, afl. del Guadalquivir (or. der.); 123 km. Embalses de La Breña y Puente Nuevo, este con central térmica.

GUADIELA, r. de España, afl. del Tajo (or. izq.); 119 km. Embalse de Buendía.

GUADIX, c. de España (Granada), cab. de p. j.; 19 542 hab. (*accitanos* o *guadixeños*). Mercado agrícola. Cerámica. — Catedral (ss. XVI-XVIII). Barrio popular de las cuevas. — La colonia romana (*Acci*). Centro de una taifa musulmana, fue reconquistada por los Reyes Católicos en 1489.

GUADUAS, mun. de Colombia (Cundinamarca); 20 430 hab. Minas de carbón, yacimientos de petróleo.

GUAICAIPURO, m. en Los Teques 1568, cacique teque. Defendió el valle de Caracas de las expediciones españolas, hasta la derrota de Maracapana (1568).

GUAIMACA, c. del centro de Honduras (Francisco Morazán); 18 309 hab.

GUÁIMARO, mun. de Cuba (Camagüey); 49 480 hab. En él se proclamó (1869) la república de Cuba y se promulgó la primera constitución.

GUAINÍA, mun. que recibe la parte colombiana del río *Negro.*

GUAINÍA (departamento de), dep. del SE de Colombia; 72 238 km²; 9 214 hab.; cap. *Puerto Inírida.*

GUAIRÁ (departamento de), dep. de Paraguay, en el Campo; 3 846 km²; 162 244 hab.; cap. *Villarrica.*

GUAIRA (La), c. de Venezuela, cap. del est. Vargas; 26 154 hab. Puerto (en el Caribe) exportador de café y maderas. — Fundada en 1588 (San Pedro de la Guaira) y fortificada, sufrió los ataques de corsarios y piratas y de la flota británica (s. XVIII).

GUÁJARA, pico de España, en Tenerife (Canarias), el más elevado de las Cañadas del Teide; 2 717 m.

GUAJATACA, r. del N de Puerto Rico, que nace en la cordillera Central y es embalsada en el *lago de Guajataca* (central hidroeléctrica). Desemboca en el Atlántico como estuario.

GUAJIRA (península de **La**), península del litoral caribeño de América del Sur, en Colombia (La Guajira) y Venezuela (Zulia).

GUAJIRA (departamento de La), dep. del N de Colombia, en la península homónima; 20 848 km²; 255 310 hab.; cap. *Riohacha*.

GUALACEO, cantón de Ecuador (Azuay); 40 172 hab. Sombreros de paja y textiles. Minas de oro, plata y mercurio.

GUALÁN, mun. de Guatemala (Zacapa); 22 914 hab. Industrias lácteas, del calzado y maderera.

GUALAQUIZA, c. de Ecuador (Morona-Santiago).

GUALEGUAY, dep. de Argentina (Entre Ríos); 42 916 hab. Puerto fluvial en el *río Gualeguay*.

GUALEGUAYCHÚ, dep. de Argentina (Entre Ríos); 89 311 hab. Centro de exportación a Uruguay. Puerto fluvial en el *río Gualeguaychú*.

GUALLATIRI, volcán de Chile (Arica), cerca de la frontera de Bolivia; 6 060 m de alt.

GUAM, isla principal del archipiélago de las Marianas (Micronesia); 133 152 hab.; cap. *Agaña*. Descubierta por Magallanes en 1521 y colonizada por los españoles, fue cedida a EUA en 1898. Ocupada por los japoneses de 1941 a 1944, es una importante base militar de EUA.

GUAMÁ, mun. de Cuba (Santiago de Cuba), en la costa del Caribe; 31 371 hab. *Parque nacional de Guamá* (turismo).

GUAMAL, mun. de Colombia (Magdalena); 22 486 hab. Situado en una región pantanosa. Maíz y plátanos.

GUAMO, mun. de Colombia (Tolima); 33 364 hab. Minas de carbón; refino de petróleo, oleoducto.

GUAMOTE, cantón de Ecuador (Chimborazo); 25 526 hab. Manufacturas de la lana.

GUANABACOA, c. de Cuba (Ciudad de La Habana), en la Gran Habana; 93 088 hab.

GUANACASTE (cordillera de), cadena montañosa de origen volcánico al NO de Costa Rica; 2 021 m en el volcán Miravalles.

GUANACASTE (provincia de), prov. del NO de Costa Rica, junto al Pacífico; 10 141 km²; 303 618 hab.; cap. *Liberia*. En su extremo NE, *zona de conservación Guanacaste* (patrimonio de la humanidad 1999 [ampliado en 2004]).

GUANAHACABIBES (península de), península de Cuba (Pinar del Río), extremo O de la isla. (Reserva de la biosfera 1987.)

GUANAHANÍ, primera isla descubierta por Colón en América (12 oct. 1492), a la que llamó San Salvador. Se identifica con Watling, en las Bahamas.

GUANAJAY, mun. de Cuba (La Habana); 25 949 hab. Caña de azúcar, tabaco, frutales. Ganadería.

GUANAJUATO, c. de México, cap. del est. homónimo; 73 108 hab. Centro minero (oro y plata), agrícola, industrial y turístico. Universidad. Aeropuerto. — Iglesias barrocas: la de la Compañía (1767) posee tres ricas portadas en la fachada principal. (Patrimonio de la humanidad 1988.)

GUANAJUATO (estado de), est. de México central; 30 589 km²; 3 982 593 hab.; cap. *Guanajuato*.

GUANARE, r. de Venezuela, subafl. del Orinoco (or. der.); 400 km.

GUANARE, c. de Venezuela, cap. del est. Portuguesa; 84 904 hab. Basílica de la Virgen de Coromoto, patrona de Venezuela.

GUANE, mun. de Cuba (Pinar del Río); 32 013 hab. Comprende la península de Guanahacabibes.

GUANGDONG, prov. del S de China; 63 210 000 hab.; cap. *Cantón*.

GUANGXI, región autónoma del S de China; 42 530 000 hab.; cap. *Nanning*.

GUANGZHOU → CANTÓN.

GUAN HANQING o **KUAN HAN-K'ING,** *Pekín h. 1210-h. 1298,* dramaturgo chino. Es el principal dramaturgo de la época de los Yuan.

GUÁNICA, mun. de Puerto Rico, en la costa del Caribe; 19 984 hab. Caña de azúcar (refino). Centro pesquero. Turismo.

GUANIGUANICO (cordillera de), arco orográfico del extremo O de Cuba; la forman la sierra de los Órganos al O, y la del Rosario, al E.

GUANIPA, r. de Venezuela, que nace en la

mesa de Guanipa (Anzoátegui), confluye con el Amana y desemboca en el golfo de Paria; 330 km.

GUANIPA, mun. de Venezuela (Anzoátegui); 45 718 hab.; cap. *San José de Guanipa*. Petróleo.

GUANO, cantón de Ecuador (Chimborazo); 42 249 hab. Manufacturas textiles. Aguas termales.

GUANOCO (lago de), lago de Venezuela (Sucre); depósito de asfalto de 445 ha.

GUANTÁNAMO, bahía de Cuba (Guantánamo), una de las más amplias y mejor protegidas del mundo. En ella se encuentra desde 1902 una base militar estadounidense.

GUANTÁNAMO, c. de Cuba, cap. de la prov. homónima; 198 470 hab.

GUANTÁNAMO (provincia de), prov. de Cuba, en el extremo E de la isla; 6 221 km²; 485 000 hab.; cap. *Guantánamo*.

GUAÑAPE, período arqueológico y cultural precolombino de Perú (1250-850 a.C.). Se caracteriza por cerámica tosca, figurillas votivas, aparición de tejidos, pintaderas y cultivo del maíz.

GUAPI o **GUAPÍ,** mun. de Colombia (Cauca), junto al Pacífico; 20 479 hab. Puerto. Ostras perlíferas.

GUAPORÉ o **ITÉNEZ,** r. de América del Sur, en la cuenca amazónica, que nace en Brasil y afluye en el Mamoré (or. der.); 1 750 km. Forma frontera entre Brasil y Bolivia.

Guápulo (santuario de), santuario situado en *Guápulo*, cerca de Quito (Ecuador), dedicado a la Virgen de Guadalupe (s. XVII). Obra de fray Antonio Rodríguez, su fachada es renacentista y alberga notables pinturas barrocas en el interior.

GUARANDA, c. de Ecuador, cap. de la prov. de Bolívar; 77 646 hab. Centro agrícola. Minas de mercurio; salinas.

GUARANÍ, dep. de Argentina (Misiones); 42 851 hab.; cab. *El Soberbio*. Tabaco. Explotación forestal.

GUARARÉ, c. de Panamá (Los Santos), en la península Azuero; 3 883 hab. Puerto.

GUARCO (El), cantón de Costa Rica (Cartago); 24 929 hab. Centro agropecuario e industrial.

GUARDAFUI o **GARDAFUI,** cabo del extremo E de África, a la entrada del golfo de Adén.

GUARDI (Francesco), *Venecia 1712-íd. 1793,* pintor italiano. Se inició en el taller de su hermano mayor Giovanni Antonio (1699-1760). De estilo expresivo y brillante, pintó Venecia, sus monumentos y sus fiestas y los efectos cambiantes de su cielo y sus aguas.

Guardia (La), uno de los aeropuertos de Nueva York, en la zona E de la ciudad (Queens).

GUARDIA (Ricardo Adolfo de la), *Panamá 1889-íd. 1969,* político panameño. Presidente interino del país (1941-1945), se mantuvo en el poder mediante un golpe. Fue derrocado.

Guardia civil, instituto armado español creado en 1844 por el duque de Ahumada para luchar contra el bandolerismo. Combatió posteriormente las agitaciones campesinas y el movimiento anarquista, aunque durante la segunda república se mantuvo en general al margen de la lucha política. Actúa en los núcleos pequeños y medianos y en las áreas rurales, y asume también la vigilancia de las costas y fronteras, del medio natural y el tráfico en carretera.

Guardian (The), periódico británico liberal. Fundado como semanario en 1821, se convirtió en diario en 1855 y tomó su título actual en 1960. Tiene gran difusión internacional.

GUARDIA NAVARRO (Ernesto de la), *Panamá 1904-íd. 1983,* político panameño, presidente de la república por la Coalición patriótica nacional (1956-1960).

GUARDIOLA (Santos), *San Antonio de Oriente 1816-Comayagua 1862,* militar y político hondureño. Presidente del país (1856-1862), fue asesinado por su propia guardia.

GUARENAS, mun. de Venezuela (Miranda); 134 158 hab. Refinería de azúcar. Centro industrial.

GUÁRICO, r. de Venezuela, en Los Llanos, afl. del Apure (or. izq.); 362 km. El *embalse del*

Guárico permite el regadío en un amplio sector de la región.

GUÁRICO (estado), est. de Venezuela, en Los Llanos del Apure; 64 986 km²; 521 854 hab.; cap. *San Juan de los Morros*.

GUARINI (Giovan Battista), *Ferrara 1538-Venecia 1612,* poeta italiano. Es autor de *Il pastor Fido* (1590), tragicomedia pastoril.

GUARINI (Guarino), *Módena 1624-Milán 1683,* arquitecto italiano. Monje teatino, filósofo y matemático, influido por Borromini, sus obras más conocidas están en Turín (iglesia de planta central de San Lorenzo).

GUARNE, mun. de Colombia (Antioquia); 23 629 hab. Centro agropecuario.

GUARNERI (Giuseppe Antonio) llamado **Guarnerius,** *Cremona 1698-íd. 1744,* violero italiano. Rival de Stradivarius, con el sobrenombre de «Guarnerius del Gesù», fue el miembro más famoso de una prestigiosa familia de violeros (ss. XVII-XVIII).

Guarrazar (tesoro de), tesoro de orfebrería visigoda, descubierto en Guarrazar, cerca de Guadamur (Toledo), y compuesto de coronas votivas y cruces de la época de Suintila y Recesvinto (s. VII). [Museo arqueológico nacional, Madrid.]

GUARULHOS, c. de Brasil, cerca de São Paulo; 781 499 hab.

GUAS, familia de arquitectos y escultores de origen francés activos en Castilla en el s. XV. — **Pedro G.,** arquitecto, trabajó en la portada de los Leones de la catedral de Toledo (1453-1459). — **Juan G.,** arquitecto y escultor, hijo de Pedro. Considerado el creador del estilo *Isabel, realizó la portada principal de la catedral de Ávila (1461-1463), el trascoro de la catedral de Toledo (1483), dirigió las obras de San Juan de los Reyes en Toledo y realizó el claustro y la portada de la iglesia del monasterio del *Paular.

GUASAVE, mun. de México (Sinaloa); 221 139 hab. Cereales, algodón y legumbres. Pesca (camarón).

GUASDUALITO, c. de Venezuela (Apure), en la frontera con Colombia; 29 000 hab. Ganadería bovina y porcina.

GUASTAVINO (Carlos), *Santa Fe 1914-íd. 2000,* compositor argentino. Es autor de piezas para piano (*El bailecito; Tierra linda*) y de música sinfónica que se combina elementos folclóricos de su país con una cierta influencia de la escuela impresionista francesa y de Albéniz.

GUATEMALA, estado de América Central; 109 000 km²; 11 385 295 hab. (*guatemaltecos*). CAP. *Guatemala*. LENGUA: *español*. MONEDA: *quetzal*. (*V. mapa al final del volumen*.)

INSTITUCIONES

Según la constitución de 1986, reformada en 1993-1994, el poder ejecutivo lo asume el presidente de la república, elegido por sufragio popular, que requiere de una segunda vuelta en caso de no obtener quórum. El parlamento es unicameral.

GEOGRAFÍA

El relieve está dominado por las altitudes del Eje volcánico guatemalteco-salvadoreño, que cruza el país de O a E (4 220 m en el volcán Tajumulco, punto culminante de América Central). Al N de la cordillera se extienden las tierras altas, serie de colinas y mesas separadas por cuencas lacustres (lago Izabal), y más allá las llanuras selváticas del Petén; al S las tierras bajas, un estrecho cordón litoral junto al Pacífico.

Guatemala es el país más poblado de América Central. La población, de mayoría india, crece a un fuerte ritmo del 3 % anual. La distribución es muy desigual: en el centro del país, área de los cultivos de plantación, se alcanzan densidades por encima de los 200 habitantes por km².

La economía depende en gran medida de la agricultura, que emplea al 50 % de la población activa; el café, la caña de azúcar, el algodón y la banana son los principales cultivos de exportación, sobre todo el primero. Tiene importancia la pesca (marisco). Se extrae petróleo y en menor escala cobre, cinc, plomo y volframio. La industria manufacturera (alimentaria, textil, materiales de construcción) está relativamente desarrollada, así como la metalurgia de base y la petroquímica. EUA es su principal cliente (cerca de la mitad del valor total de las exportaciones) y proveedor (un tratado de libre comercio con EUA, otros países de América Central y la República Dominicana entró en vigor en 2006). Es importante el turismo. En 2005 el país sufrió estragos causados por el paso de un huracán.

HISTORIA

El poblamiento precolombino. El actual territorio de Guatemala corresponde al área de la familia lingüística maya-quiché, en la que destacaban los quichés, los cakchiqueles y los tzutuhiles del Petén. A ellos se sumaron, desde el s. XI, los pipiles de origen nahua.

Conquista y colonización española. 1523-1524: Pedro de Alvarado inició la conquista, con la ayuda de indios pipiles, aunque el Petén no llegó a ser controlado en la etapa colonial. **1543:** el gobierno de Guatemala se consolidó como una entidad propia tras la constitución de la audiencia, sobre la que se formó más tarde la capitanía general, con jurisdicción sobre toda Centroamérica hasta Costa Rica, más Chiapas, Tabasco y Yucatán. **1783-1786:** entrega de Belice a Gran Bretaña. El cacao, el añil y los obrajes fueron los principales recursos económicos de la colonia.

La independencia. 1821: el capitán general Gabino Gainza proclamó la independencia. **1822-1823:** incorporación temporal a México, finalizada tras la caída del imperio de Agustín de Iturbide. **1823-1838:** se integró en las Provincias Unidas de Centroamérica y aspiró a mantener la hegemonía política de la época colonial, dando lugar a la guerra civil de 1826-1829 y su ocupación por las tropas federales; el liberalismo de Mariano Gálvez (1831-1838) fue combatido por la aristocracia criolla y la Iglesia, que apoyaron el levantamiento de Rafael Carrera, cuyo triunfo (1838) inició la disolución de la federación.

De Carrera al liberalismo. 1838-1865: el ultraconservador Carrera dominó la política guatemalteca junto con la aristocracia criolla, apoyado en una población campesina arrendataria dedicada a la explotación del nopal y la cochinilla; en 1847 fue proclamada la República de Guatemala, con su configuración territorial actual. **1871:** la revolución liberal dio paso al gobierno de Justo Rufino Barrios (1873-1885), que impulsó el proceso de privatización de la tierra, en perjuicio de la Iglesia y los arrendatarios enfiteutas, demandado por la oligarquía del café, cuya expansión se había iniciado a fines de la década de 1850. La reforma liberal no comportó un cambio real en el sistema político, que siguió caracterizándose por las autocracias, como el gobierno del liberal Manuel Estrada Cabrera (1898-1920), que benefició de manera particular a la compañía bananera estadounidense United Fruit, instalada en 1901 en el país.

La experiencia populista. 1931-1944: el general Jorge Ubico gobernó dictatorialmente, apoyado por la compañía bananera, que en 1936 había firmado un ventajoso contrato.

1944: un movimiento popular derrocó a Ubico y abrió un período de reforma social de signo populista, iniciado de manera moderada por Arévalo (1944-1950) y acelerado con la presidencia de Jacobo Arbenz (1950) y la promulgación de la reforma agraria (1952). **1954:** el coronel Castillo Armas, con el concurso de la CIA y la United Fruit, derrocó a Arbenz y acabó con la experiencia reformista.

Del régimen militar al civilismo «vigilado». 1954-1966: tras la caída de Arbenz se instauró un régimen de dictadura militar que en 1963 evitó, con un autogolpe, el previsible triunfo electoral de Arévalo. A partir de la década de 1960 la guerrilla, primero de orientación castrista y más tarde con un fuerte contenido indigenista y nacionalista (Unidad revolucionaria nacional guatemalteca, URNG), se constituyó en la oposición más firme a la dictadura del ejército, la oligarquía cafetalera y las compañías fruteras. **1966-1970:** gobierno centrista de Méndez Montenegro. **1976:** el país fue devastado por una serie de terremotos. **1982-1983:** golpe de estado del general Efraín Ríos Montt. **1983:** golpe de estado del general Óscar Mejía Víctores. **1986:** el democristiano Vinicio Cerezo Arévalo accedió a la presidencia de la república. A partir de 1987, Guatemala participó en el esfuerzo de paz de América Central (firma de acuerdos en 1987 y 1989 con Costa Rica, Honduras, Nicaragua y El Salvador). **1990:** se entablaron negociaciones de paz con la guerrilla. **1991:** el evangelista Jorge Serrano Elías, dirigente del Movimiento de acción solidaria (centroderecha), fue elegido presidente de la república. **1993:** tras el intento frustrado de autogolpe de Serrano Elías (mayo), que fue destituido (junio), el parlamento eligió nuevo presidente a Ramiro de León Carpio; se reformó la constitución. **1994:** referéndum que aprobó la nueva constitución; elecciones legislativas. **1996:** Álvaro Arzú, líder del Partido de avanzada nacional (derecha progresista), fue elegido presidente. La guerrilla de la URNG y el gobierno concluyeron un acuerdo que puso fin a la guerra civil. **1990:** el conservador Alfonso Portillo (Frente republicano guatemalteco, derecha populista) fue elegido presidente. **2001:** ley de libre negociación de divisas, por la que el dólar y otras monedas extranjeras pasaron a tener libre curso en el país. **2004:** Óscar Berger, líder de la derechista Gran alianza nacional (GANA), accedió a la presidencia de la república. **2008:** el socialdemócrata Álvaro Colom accedió a la jefatura del estado.

GUATEMALA, cap. de Guatemala y del dep. homónimo; 1 300 000 hab. Principal centro industrial y comercial del país. Universidad — Catedral (ss. XVIII-XIX), con obras procedentes de Antigua. Universidad. Museos. Su actual localización data de 1776. Arrasada por los terremotos de 1874 y 1917, es hoy una ciudad moderna.

GUATEMALA (departamento de), dep. del centro de Guatemala; 2 126 km²; 2 521 345 hab.; cap. *Guatemala*.

GUATIMOZÍN, nombre con que los españoles denominaban a *Cuauhtémoc*.

GUATIRE, mun. de Venezuela (Miranda); 78 010 hab. Industrias madereras, textiles y químicas.

GUAVIARE, r. de Colombia, afl. del Orinoco (or. izq.); 1 350 km. Navegable. Con su principal afluente, el Inírida, forma una zona de tránsito entre las llanuras y la selva amazónica.

GUAVIARE (departamento de), dep. del SE de Colombia, en la Amazonia; 42 327 km²; 35 305 hab.; cap. *San José del Guaviare.*

GUAYABO (parque nacional), parque nacional de Costa Rica (Cartago), en las faldas del volcán Turrialba. Área de gran interés arqueológico.

GUAYAMA, c. del S de Puerto Rico; 41 588 hab. Fábricas de muebles. Petroquímica.

GUAYAMERÍN, c. de Bolivia (Beni), en la frontera con Brasil; 27 706 hab.

GUAYANA (La) o LAS GUAYANAS, región del N de América del Sur, limitada por el Orinoco, por el Amazonas y al N por las llanuras litorales que bordean el Atlántico. Comprende la *Guayana Francesa,* Surinam (ant. *Guayana Neerlandesa*), Guyana (ant. *Guayana Británica*), el sector suroriental de Venezuela (*Guayana venezolana*) y parte de Brasil *(Guayana brasileña).* La Guayana es un macizo (*macizo o escudo de La Guayana o de Los Guayanos*) que culmina en el monte Roraima (2 810 m). — Descubierta la región por Colón en su tercer viaje (1499), la búsqueda de El Dorado atrajo a diversos exploradores; en 1576 los jesuitas españoles fundaron Santo Tomás. A fines del s. XVI y principios del XVII comenzaron los asentamientos ingleses, neerlandeses y franceses.

GUAYANA ESEQUIBA, zona de las Guayanas, al O del río Esequibo, reclamada por Venezuela y que forma parte de Guyana.

GUAYANA FRANCESA, en fr. Guyane, dep. y región franceses de ultramar, entre Surinam y Brasil; 91 000 km²; 157 213 hab. *(guayaneses);* cap. *Cayena.* Base aeroespacial. — Colonizada por los franceses en el s. XVII y disputada por ingleses, holandeses y portugueses, pasó a Francia en 1814. Fue centro de deportación de la metrópoli.

GUAYANILLA, mun. de Puerto Rico, en la llanura costera meridional; 21 581 hab. Complejo petroquímico.

GUAYAQUIL, c. de Ecuador, cap. de la prov. de Guayas; 1 508 844 hab. Núcleo urbano más poblado del país, es un gran centro comercial e industrial. Construcción naval. Puerto exportador en el Pacífico. — La ciudad fue fundada por Belalcázar (1535) y reconstruida por Orellana (1537). En ella tuvo lugar el encuentro entre Bolívar y San Martín (1822). Durante las luchas políticas del s. XIX entre liberales y conservadores, fue considerada la capital del liberalismo ecuatoriano.

GUAYAQUIL (golfo de), abertura de la costa del Pacífico de Ecuador y Perú. En él se localizan la isla de Puná y otros islotes. Yacimientos de gas natural.

Guayaquil (grupo de), grupo de narradores ecuatorianos radicados en Guayaquil, que a partir de 1930 representan la corriente indigenista y de denuncia social en el país: E. Gil-Gilbert, D. Aguilera, J. Gallegos Lara, J. de la Cuadra, A. Pareja y A. F. Rojas.

■ JUAN **GUAS.** Claustro de San Juan de los Reyes (Toledo).

■ **GUATEMALA.** Área financiera.

GUAYAS, r. de Ecuador, formado por la unión del Babahoyo y el Daule; 160 km. Desemboca en un amplio delta en el golfo de Guayaquil.

GUAYAS (provincia de), prov. del O de Ecuador; 21 078 km²; 2 515 146 hab.; cap. *Guayaquil*.

GUAYASAMÍN (Oswaldo), *Quito 1919-Baltimore, EUA, 1999*, pintor ecuatoriano. Influido por el muralismo mexicano, se orientó hacia la temática indigenista, plasmada con una técnica expresionista. Su monumentalidad propició cierta tendencia hacia la abstracción (*La época de la cólera*, 1968-1971). Realizó importantes murales en mosaico (universidad central de Quito, aeropuerto de Barajas, en Madrid).

■ OSWALDO **GUAYASAMÍN**. *Madre y niño en amarillo* (1986).

GUAYCURÚ, r. de Argentina (Chaco); 510 km.

GUAYLLABAMBA, r. de Ecuador que, con el Blanco, forma el Esmeraldas; 200 km. Su cuenca es un importante eje de poblamiento.

GUAYMALLÉN, dep. de Argentina (Mendoza), en el Gran Mendoza; 222 081 hab.

GUAYMAS, c. de México (Sonora); 123 438 hab. Puerto pesquero, industrias derivadas.

GUAYNABO, mun. del N de Puerto Rico; 92 886 hab. Aparatos de precisión, vidrio.

GUAYUBÍN, mun. de la República Dominicana (Monte Cristi); 25 570 hab. Tabaco, café, cacao.

GUBBIO, c. de Italia (Umbría); 30 539 hab. Centro de producción de mayólica (desde el s. XVI). — Es la ant. *Iguvium*, ciudad etrusca y romana. Monumentos, sobre todo medievales.

GUDEA, príncipe sumerio de Lagash (s. XXII a.C.). El Louvre conserva doce estatuas suyas en diorita, halladas en Girsu.

GUDERIAN (Heinz), *Kulm, act. Chelmno, 1888-Schwangau, Baviera, 1954*, militar alemán. Creador del ejército blindado alemán (1935-1939), fue jefe de estado mayor del ejército de tierra (1944-1945).

GUDIOL RICART (Josep), *Vic 1904-Barcelona 1985*, historiador del arte español, especialista en arte medieval catalán y pintura castellana de los ss. XVI-XIX.

GUECHO, en vasc. **Getxo**, mun. de España (Vizcaya), cab. de p. j.; 83 789 hab. *(guechotarras)*; cap. Algorta. Zona industrial y residencial en la margen derecha de la ría de Bilbao. — Festival internacional de jazz.

GUEILER (Lidia), *Cochabamba 1921*, política boliviana. Presidenta (1979-1980), fue derrocada por el golpe militar de García Meza.

GUELBENZU (José María), *Madrid 1944*, escritor español. Experimentalismo y tradición se turnan en su narrativa (*El mercurio*, 1968; *El pasajero de ultramar*, 1976; *El río de la luna*, 1981; *El sentimiento*, 1995; *Esta pared de hielo*, 2005).

GÜELDRES, en neerl. **Gelderland**, prov. de Países Bajos; 1 829 000 hab.; cap. *Arnhem*. Condado (1079) y ducado (1339), pasó a manos españolas (Carlos Quinto) en 1543. En 1578, el N del país fue anexionado a las Provincias Unidas, el S siguió integrado en el Imperio español hasta que en 1713, por el tratado de Utrecht, fue repartido entre Austria y Prusia, y en 1814 se incorporó a Países Bajos.

GÜELL (familia), familia de industriales españoles. — **Juan G.**, *Torredembarra 1808-Barcelona 1872*. Economista e industrial, fundó el Instituto industrial de Cataluña y el Fomento del trabajo nacional. — **Eusebio G.**, *Barcelona 1846-íd. 1918*. Mecenas de la cultura catalana (encargó a Gaudí la construcción de la colonia Güell y del palacio y el parque Güell), en 1908 recibió el título de conde de Güell, que vinculó por matrimonio al de marqués de Comillas.

Güell (parque y palacio), obras de estilo modernista realizadas en Barcelona por A. Gaudí según encargo de E. Güell. El conjunto urbanístico del parque (1900-1914) integra naturaleza y arquitectura; el palacio (1885-1889) presenta unas soluciones estructurales audaces y una gran fantasía decorativa en el interior. (Patrimonio de la humanidad 1984.)

GUELMA, c. del E de Argelia, cap. de vilayato; 78 000 hab. Restos romanos.

GUELPH, c. de Canadá (Ontario), al SO de Toronto; 87 976 hab. Universidad.

GÜEMES (Martín Miguel de), *Salta 1785-Higuerillas 1821*, militar y patriota argentino. Gobernador de Salta (1815), luchó contra los españoles en el Alto Perú.

GÜEMES DE HORCASITAS (Juan Francisco), 1er conde **de Revillagigedo**, *Reinosa 1682-Madrid 1768*, militar y administrador español. Fue capitán general de Cuba (1734-1746) y virrey de Nueva España (1746-1755). — **Juan Vicente de Güemes-Pacheco de Padilla y Horcasitas**, 2° conde **de Revillagigedo**, *La Habana 1740-Madrid 1799*, administrador español. Fue virrey de Nueva España (1789-1794).

GÜER-AIKE → RÍO GALLEGOS.

GUERCINO (Giovanni Francesco **Barbieri**, llamado **il**), *Cento, cerca de Ferrara, 1591-Bolonia 1666*, pintor italiano. Estuvo influido por los venecianos, los boloñeses y Caravaggio (frescos de *La aurora* del casino de la villa Ludovisi en Roma, 1621; *La boda mística de santa Catalina*, 1650, pinacoteca de Módena).

GUERGUIEV (Valeri), *Moscú 1953*, director de orquesta ruso. Admirador de los compositores rusos (Mussorgsky, Chaikovski, Shostakóvich), a los que interpreta con gran fuerza, también aborda un repertorio muy variado. Director del teatro Mariinski de San Petersburgo desde 1996, dirige la Orquesta sinfónica de Londres desde 2007.

GUERICKE (Otto von), *Magdeburgo 1602-Hamburgo 1686*, físico alemán. Entre sus experimentos sobre los efectos del vacío destaca, en 1654, el de los «hemisferios de Magdeburgo», destinado a demostrar la presión atmosférica. Inventó la primera máquina electrostática y la máquina neumática.

GUÉRIN (Camille), *Poitiers 1872-París 1961*, veterinario y microbiólogo francés. Inventó, junto con Calmette, la vacuna antituberculosa (BCG).

GUERNESEY, en ingl. **Guernsey**, isla británica del archipiélago anglonormando; 63 km²; 59 000 hab.; cap. *Saint Peter*. Cultivos de hortalizas, fruta y flores. Turismo.

Guernica, lienzo monumental de Pablo Picasso, pintado en blanco, negro y grises. Inspirado en el bombardeo de la ciudad vasca de Guernica, fue realizado en 1937 por encargo del gobierno republicano para el pabellón español de la exposición internacional de París. La obra, que sigue la desintegración formal y la facetación cubista, refleja con máximo dramatismo el horror de la guerra, y en ella aparecen símbolos recurrentes de su autor como el caballo y el toro. (Museo nacional centro de arte Reina Sofía, Madrid.)

GUERNICA Y LUNO, en vasc. **Gernika-Lumo**, v. de España (Vizcaya), cab. de p. j.; 15 427 hab. *(guerniqueses)*. Industrias de armas y platería. — Casa de Juntas del señorío de Vizcaya, junto a un roble histórico que simboliza las libertades de la tierra. Iglesia de Santa María (ss. XV-XVIII). — Fue arrasada por bombardeos de la legión Cóndor en abril de 1937.

GUERRA (Juan Luis), *Santo Domingo 1957*, compositor y cantante dominicano. Fundador en 1984 del grupo 4.40, con el que ha creado exitosas canciones afrocaribeñas, destacan sus discos *Ojalá que llueva café* (1989) y *Bachata rosa* (1990).

guerra (cruz de), nombre que recibe en diversos países una condecoración creada para recompensar, individual o colectivamente, actos y servicios realizados en guerra.

guerra (De la), obra de C. von Clausewitz, escrita entre 1816 y 1830 y publicada en 1832-1834. Presenta la guerra como un factor clave de la relación política entre las naciones.

GUERRA BEJARANO (Rafael), llamado **Guerrita**, *Córdoba 1862-íd. 1941*, matador de toros español. Tomó la alternativa en 1887, y hasta su retirada en 1898 fue el diestro más completo de su época.

guerra fría, estado de tensión que enfrentó, de 1945 a 1990, a EUA y la URSS con sus aliados respectivos formando dos bloques dotados de medios militares considerables que defendían sistemas ideológicos y económicos opuestos. Al período 1948-1962, años especialmente conflictivos, sucederon una fase de distensión (1963-1978) y una nueva intensificación de las tensiones (1979-1985) tras la intervención militar soviética en Afganistán. La guerra fría finalizó con el derrumbe del sistema comunista en Europa.

guerra mundial (primera), conflicto que, de 1914 a 1918, enfrentó a Alemania y Austria-Hungría, a las que se unieron el Imperio otomano (1914) y Bulgaria (1915), con Serbia, Francia, Rusia, Bélgica y Gran Bretaña, aliadas con Japón (1914), Italia (1915), Rumania y Portugal (1916), EUA, Grecia, China y varios estados sudamericanos (1917).
Causas. La política mundial de Alemania, su expansión económica y naval —sobre todo en el Próximo oriente—, el antagonismo germano-eslavo en los Balcanes y la carrera armamentista entre la Triple alianza (Alemania, Austria-Hungría, Italia) y la Triple entente (Francia, Gran Bretaña, Rusia) crearon en Europa tras las guerras balcánicas (1912-1913) un estado de tensión a partir del cual el menor incidente podía provocar un conflicto armado. El detonante fue el asesinato del archiduque heredero Francisco Fernando de Austria-Hungría, cometido el 28 de junio de 1914 en Sarajevo por un estudiante bosnio. El 28 de julio, Austria-Hungría, empujada por Guillermo II, de Alemania, declaró la guerra a Serbia. El sistema de alianzas entró en juego, y en cuestión de semanas se encontraron en guerra los países de los dos campos antagonistas, a excepción de Italia, que proclamó su neutralidad.
Consecuencias. El alcance y la importancia de las destrucciones, las dificultades de abastecimiento, el alza de precios y la incertidumbre de la moneda afectaron de grado variable tanto a vencedores como a vencidos. El hundimiento de los imperios ruso, austrohúngaro, otomano y el del II Reich permitió el desarrollo de minorías nacionales hasta entonces acalladas. Alemania perdió 70 000 km², es decir, 7 millones de habitantes y la octava parte de su territorio, perteneciente a Alsacia-Lore-

■ **GUERNICA** (1937), por Picasso. (Museo nacional centro de arte Reina Sofía, Madrid.)

◼ La primera guerra mundial

En 1914 Europa estaba dividida en dos grandes bloques antagónicos. Los estados mayores confiaban en una rápida resolución pero los frentes se estabilizaron y a partir de ese momento comenzó una guerra de desgaste (1915-1916). La entrada en la guerra de Estados Unidos en 1917, que rápidamente proporcionó a las potencias aliadas la superioridad material sobre los imperios centrales, permitió la victoria de Francia y sus aliados en 1918.

EUROPA EN 1914

Triple entente	Triple alianza

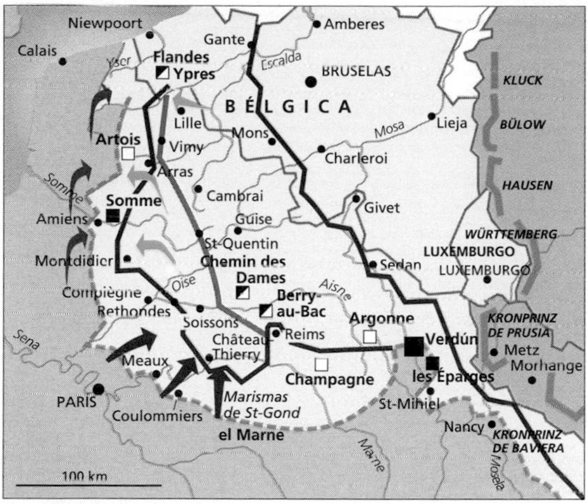

FRENTES OCCIDENTALES

— Fronteras de 1914
······· Dispositivo alemán (agosto 1914)
--- Máximo avance alemán (5 set. 1914)
➔ Ofensiva aliada en set. de 1914 (batalla del Marne)
Carrera hacia el mar (sep.-nov. 1914)
Aliados ➙ ⬅ Alemanes

Batallas
☐ 1915   ◼ 1916   ◪ 1917
— Frentes tras las ofensivas de Ludendorff (1918)
— Frentes tras las contraofensivas de Foch (1918)
▬▬ 20 set.   — 11 nov.

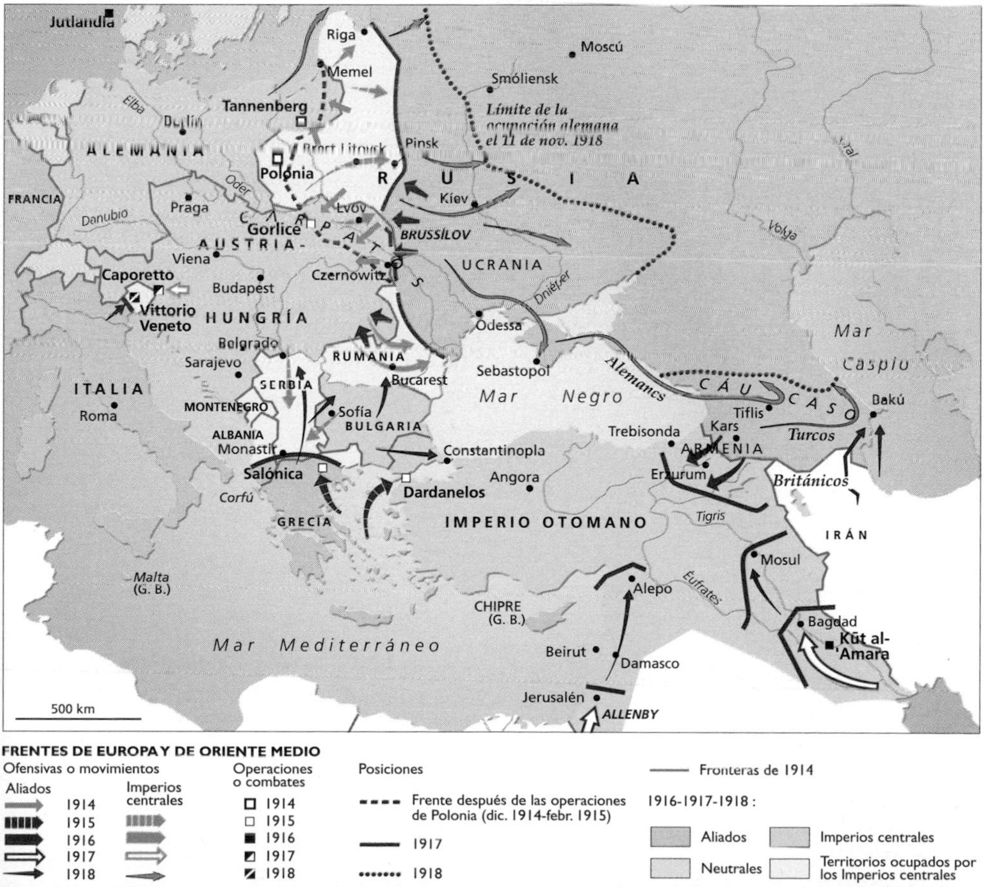

FRENTES DE EUROPA Y DE ORIENTE MEDIO

Ofensivas o movimientos		Operaciones o combates	Posiciones	
Aliados	Imperios centrales			— Fronteras de 1914
➡ 1914	⇒ 1914	☐ 1914	---- Frente después de las operaciones de Polonia (dic. 1914-febr. 1915)	**1916-1917-1918 :**
▥ 1915	▥▥ 1915	☐ 1915		Aliados / Imperios centrales
➡ 1916	⇒ 1916	◼ 1916	— 1917	
⇨ 1917	⇨ 1917	◪ 1917		Neutrales / Territorios ocupados por los Imperios centrales
→ 1918	→ 1918	◪ 1918	······ 1918	

na, Prusia Occidental y Posnania. Prusia Oriental fue separada del conjunto del Reich por el «corredor» que proporcionaba a Polonia un acceso al mar, mientras que Danzig se convirtió en ciudad libre bajo control de la SDN. El imperio británico se transformó en una confederación de pueblos. EUA y Japón fueron los principales beneficiarios de las dificultades económicas y políticas de Europa después de la guerra.

guerra mundial (segunda), conflicto que, de 1939 a 1945, enfrentó a las potencias aliadas (Polonia, Gran Bretaña y Commonwealth, Francia, Dinamarca, Noruega, Países Bajos, Bélgica, Yugoslavia, Grecia, y posteriormente URSS, EUA, China y la mayoría de los países de la América Latina) con las potencias del Eje (Alemania, Italia, Japón y sus satélites, Hungría y Eslovaquia, entre otras).

Causas. El origen del conflicto residió fundamentalmente en la voluntad de Hitler de liberar al III Reich del tratado de Versalles (1919) y de dominar Europa. Tras haber restablecido el servicio militar obligatorio (1935) con el fin de disponer de un poderoso ejército (Wehrmacht), Hitler remilitarizó la orilla izquierda del Rin (1936) y anexionó Austria y parte de Checoslovaquia (1938). El reconocimiento del hecho consumado en los acuerdos de Múnich (1938) por Francia y Gran Bretaña lo alentó a proseguir la política de fuerza. Se apoderó entonces del resto de Checoslovaquia (marzo 1939), se aseguró el apoyo de Italia (mayo) y la neutralidad benévola de la URSS mediante un acuerdo para repartirse Polonia (acuerdo germanosoviético, 23 ag.). El problema de Danzig sirvió entonces como pretexto para desencadenar un conflicto que, aunque se originó en Europa, abarcaría el mundo entero con la entrada en guerra de Japón y EUA desde 1941.

Consecuencias. A excepción de EUA, los adversarios salieron destrozados y arruinados. En el plano político, la segunda guerra mundial significó el desmembramiento de los imperios coloniales británico, francés y holandés. La URSS fue la única gran nación que obtuvo un incremento territorial importante gracias a la recuperación de las antiguas dependencias del imperio zarista. Si la primera guerra mundial tuvo un rápido final —en los dos años siguientes al derrumbamiento de los imperios centrales los tratados reestructuraron el mapa de Europa—, no ocurrió lo mismo después de 1945. La suerte de Alemania y Japón, los dos principales derrotados, quedó en suspenso. Casi inmediatamente surgió un antagonismo entre las democracias occidentales y la URSS. Esta acogió bajo su protección a los países de la Europa oriental y los dotó (golpe de Praga, 1948) de un régimen político y social idéntico al suyo. El fin de la segunda guerra mundial fue, en suma, el principio de la guerra fría.

GUERRERO, mun. de México (Chihuahua); 40 880 hab.; cab. *Ciudad Guerrero.* Centro minero.

GUERRERO (estado de), est. del SO de México, en la costa del Pacífico; 63 794 km²; 2 620 637 hab.; cap. *Chilpancingo de los Bravo.*

GUERRERO (Francisco), *Sevilla 1528-íd. 1599*, compositor español. Uno de los grandes maestros de la escuela andaluza del siglo de oro, sus obras (motetes, salmos, misas) se difundieron por Europa. De su producción destacan *Sacrae cantiones vulgo moteta* (1556) y *Canciones y villanescas espirituales.*

GUERRERO (Jacinto), *Ajofrín, Toledo, 1895-Madrid 1951*, compositor español. Autor de zarzuelas de éxito (*Los gavilanes*, 1924; *El huésped del sevillano*, 1926; *La rosa del azafrán*, 1930), abordó también el género de la revista (*La blanca doble*, 1944).

GUERRERO (José), *Granada 1914-Barcelona 1991*, pintor español, nacionalizado estadounidense. Estuvo adscrito al expresionismo abs-

PRIMERA GUERRA MUNDIAL 1914-1918	
1914. Atentado de Sarajevo (28 junio). Austria-Hungría declara la guerra a Serbia (28 julio) y a Rusia (5 ag.); Alemania declara la guerra a Rusia (1 ag.) y a Francia (3 ag.); Gran Bretaña (4 ag.) y Japón (23 ag.) declaran la guerra a Alemania. – Alemania viola la neutralidad de Bélgica. – Neutralidad italiana. – 3 nov. Turquía entra en la guerra contra los Aliados.	**Frente occidental.** Ag. Invasión de Bélgica y del N de Francia (retirada francesa). – 6-13 sept. Maniobra y victoria de Joffre en el Marne. – Sept.-nov. Carrera hacia el mar y refriega de Flandes: estabilización de un frente continuo de 750 km desde Ypres hasta la frontera suiza. **Frente oriental.** Ag.-oct. Ofensivas rusas en Prusia oriental (detenida en Tannenberg, 26 ag.) y en Galitzia (toma de Lvov, sept.; retirada austroalemana de los Cárpatos y el Warta). Frente estabilizado del Nieman a los Cárpatos (Memel [act. Kláipeda], oeste de Varsovia, Görlitz). **Otros frentes.** Sept.-dic. Derrota de Austria en Serbia – Oct.-dic. Desembarco británico en el golfo Pérsico.
1915. 18 febr. Los alemanes inician la guerra submarina. Italia firma el tratado de Londres con los Aliados (26 abril), denuncia la Triple alianza y entra en guerra contra Austria-Hungría (23 mayo). Bulgaria entra en la guerra en el bando de los imperios centrales (5 oct.). – Grecia mantiene su neutralidad. – Los Aliados llevan a cabo el bloqueo naval de los imperios centrales.	**Frente occidental.** Abril. Empleo de gas por parte de los alemanes. – Mayo-sept. Vanos intentos franceses de penetrar en Champagne y Artois. **Frente oriental y Balcanes.** Febr.-sept. Ofensivas alemanas en Prusia oriental y Polonia: repliegue ruso en Polonia hasta la línea Riga-Dvinsk-Pimsk-Czernowitz (Chernovtsi). – Febr.-abril. Derrotas de los Aliados en los Dardanelos. – 5 oct. Desembarco aliado en Salónica – Oct.-nov. Los alemanes y los búlgaros conquistan Serbia. **Otros frentes.** Ofensivas italianas en el Trentino y Karst (julio). – Ocupación del África del Sudoeste alemana (julio).
1916. Levantamiento de Arabia contra el sultán Ḥusayn, rey del Ḥiŷāz. – Acuerdos francobritánicos sobre Oriente medio. – 27 ag. Rumania declara la guerra a Austria, e Italia declara la guerra a Alemania.	**Frente occidental.** 21 febr.-dic. Batalla de Verdún. – 1 julio-oct. Ofensiva aliada del Somme (empleo de carros de combate por parte de los británicos). 29 ag. – Hindenburg y Ludendorff al mando de los ejércitos alemanes. **Frente oriental y otros frentes.** Ofensivas rusas en Armenia (febr.), Galitzia y Bucovina (Brusilov, junio-sept.). – 14 sept. Ofensiva aliada en Macedonia (Monastir [Bitola], 19 nov.). – Los alemanes conquistan Rumania (oct.-dic.). – En. Los Aliados ocupan Camerún. – 28 abril. Derrota británica en Küt al-'Amāra. – 31 mayo. Batalla naval de Jutlandia.
1917. 1 febr. Guillermo II da un fuerte protagonismo a la guerra submarina (abril: 875 000 t de navíos aliados hundidas). – Marzo-nov. Revolución rusa. – 2 abril. Estados Unidos entra en la guerra en el bando de los Aliados. – Ag. China declara la guerra a Alemania.	**Frente occidental.** Fracaso de la ofensiva de Nivelle en el Chemin des Dames (16 abril). Crisis del ejército francés: Pétain, generalísimo (15 mayo). – Ataques franceses en Verdún (ag.) y en el Ailette (oct.), británicos en Flandes (jun-nov.) y, con carros de combate, en Cambrai (20 nov.). **Frente ruso.** Los alemanes ocupan Riga (3 sept.) y Bucovina (julio-sept.) – 15 dic. Armisticio ruso-alemán de Brest-Litovsk. **Otros frentes.** Derrota italiana de Caporetto (24 oct.). – Los británicos conquistan Bagdad (11 marzo) y Jerusalén (9 dic.).
1918. 9 febr. y 3 mayo. Tratados de Brest-Litovsk entre Alemania, Ucrania y Rusia. – Foch, comandante en jefe de los ejércitos aliados en el frente occidental (Doullens, 26 marzo; Beauvais, 3 abril). 7 mayo. Tratado de Bucarest. – Oct. Independencia de los húngaros, los checos y los yugoslavos. – 9 nov. Abdicación de Guillermo II. – 11 nov. Austria proclama una república vinculada a Alemania.	**Frente occidental.** Ofensivas alemanas en Picardía (21 de marzo), en el Marne (27 mayo) y en Champagne (15 julio). – Julio-nov. Contraofensivas de Foch en Champagne (18 julio), en Picardía (ag.) y del Mosa al mar (sept.); retirada alemana de Gante, Mons y Gales. – 11 nov. Armisticio de Rethondes. **Balcanes y otros frentes.** 15 sept. Ofensiva general de Franchet d'Esperey en Macedonia. – 29 sept. Armisticio con Bulgaria. – Sept.-oct. Los británicos conquistan Beirut, Damasco y Alepo. – 24 oct. Victoria italiana de Vittorio Veneto. – Armisticios de Mudros con Turquía (30 oct.) y de Padua con Austria (3 nov.) – 14 nov. Rendición de los alemanes en África oriental.
Tratados de paz. – 28 junio 1919. Tratado de Versalles con Alemania.– 10 sept. 1919. Tratado de Saint-Germain con Austria. – 27 nov. 1919. Tratado de Neuilly con Bulgaria. – 4 junio 1920. Tratado de Trianon con Hungría. – 10 ag. 1920. Tratado de Sèvres con Turquía. – 12 nov. 1920. Tratado italo-yugoslavo de Rapallo. – 18 marzo 1921. Tratado de Riga entre Polonia y la Rusia soviética. – 24 julio 1923. Tratado de Lausana con Turquía.	**Pérdidas humanas civiles y militares.** Total general: 8 millones aprox. – En Alemania: 1 800 000. – Austria-Hungría: 950 000 aprox. – Bélgica: 45 000. – Canadá: 62 000. – Estados Unidos: 114 000. – Francia: 1 400 000. – Gran Bretaña: 780 000. – Italia: 530 000. – Rumania: 700 000 aprox. – Rusia: 1 700 000 aprox. – Serbia: 400 000. – Turquía: 400 000.

1939. 1 sept. Alemania desencadena la guerra al invadir Polonia. – 3 sept. Gran Bretaña y Francia declaran la guerra a Alemania. (No beligerancia italiana. Neutralidad de Estados Unidos.) – 28 sept. Tratado germanosoviético de reparto de Polonia. 1-27 sept. Campaña de Polonia. – 17 sept. Entrada de las tropas soviéticas en Polonia oriental. – Sept.-oct. Operación francesa en el Sarre. – 30 nov. Ataque soviético a Finlandia. Japón, en guerra con China desde 1937, controla en 1939 la fachada marítima de dicho país.

1940. 10 junio. Italia declara la guerra a Francia y Gran Bretaña. – 17 junio. Pétain solicita el armisticio. – 18 junio. Llamamiento de De Gaulle en Londres. – 22-24 junio. Armisticio francoalemán y francoitaliano. – 10 julio. Pétain es investido de plenos poderes. – 27 sept. Pacto tripartito (Alemania, Italia y Japón) – Ag-sept. Desmembramiento de Rumania en provecho de Hungría (Transilvania) y Bulgaria (Dobrudja). – 24 oct. Entrevista Hitler-Pétain en Montoire. – Junio-ag. Ultimátum japonés a la Indochina francesa. – 4 nov. Roosevelt, reelegido presidente de Estados Unidos – 13 dic. Pétain destituye a Laval.

Europa occidental. 9 abril-10 junio. Campaña de Noruega. – 10 mayo-25 junio. Campaña de Francia. – 25-28 de mayo. Capitulaciones neerlandesa y belga. – 28 mayo-4 junio. Batalla de Dunkerque. – 14 de junio. Los alemanes ocupan París. – Ag.-oct. Batalla aérea de Inglaterra.

Europa oriental. 15 junio-2 julio. La URSS ocupa los países Bálticos, Besarabia y Bucovina. – 7 oct. La Wehrmacht entra en Rumania. – 28 oct. Grecia rechaza el ultimátum de Mussolini; ofensiva italiana.

África. 3 julio. Destrucción de la escuadra francesa en Mers el-Kébir. – Ag.-dic. Ataque italiano contra la Somalia Británica.

1941. Febr. Darlan, jefe del gobierno de Vichy – 11 marzo. Ley de préstamo y arriendo norteamericana. – 13 abril. Pacto de no agresión entre Japón y la URSS – 28 mayo. Acuerdos Darlan-Warlimont sobre África. – 29 julio. Acuerdo francojaponés sobre Indochina. – 14 ag. Carta del Atlántico. – 7 sept. La ley de préstamo y arriendo se extiende a la URSS. – 24 sept. Creación del comité nacional francés en Londres. – 7 dic. Estados Unidos, y más tarde China, en guerra contra Alemania, Italia y Japón.

Europa oriental. Abril. Intervención alemana en Grecia. – 6-18 abril. Campaña de Yugoslavia. – Mayo. Batalla de Creta. – 22 junio. Ofensiva alemana contra la URSS; batalla de Moscú (dic.). Fin de la guerra relámpago.

Otros frentes. 8 junio-14 julio. Campaña de Siria. – 28 junio. Los japoneses entran en Cochinchina. – Ag. Irán rompe con el Eje. – 7 dic. Ataque japonés a Pearl Harbor. Ofensivas alemana (marzo) y británica (nov.) en Libia.

1942. 1 en. Declaración de las Naciones Unidas. – 18 abril. Laval, jefe del gobierno de Vichy. – 26 mayo. Tratado de asistencia anglosoviético. – Mayo-julio. Inicio de las deportaciones y de la resistencia organizada en Francia. – 8 nov. Pétain ordena la resistencia a los Aliados en el N de África. 10 nov. Armisticio francoaliado en África – 11 nov. Alemania invade la zona libre de Francia. – 13 nov. El África Occidental Francesa, con Darlan al frente, se suma a los Aliados. – 26 dic. Giraud sustituye a Darlan, asesinado el 24 dic. Guerra submarina: 6,5 Mt de navíos aliados hundidas.

África. En.-julio. Rommel ataca en Libia. – Mayo-oct. Los británicos ocupan Madagascar. – 23 oct. Batalla de El-Alamein. – 8-11 nov. Desembarco aliado en Marruecos y Argelia, y alemán en Túnez.

Frente ruso. Ofensivas alemanas en Crimea, el Don, el Cáucaso y Stalingrado (mayo-oct.).

Extremo oriente. Japón ocupa las Filipinas (en.), Singapur (15 febr.), Rangún (7 marzo) e Indonesia, y ataca las Aleutianas (junio), Nueva Guinea y Guadalcanal (julio), pero es derrotado en las Midway (junio).

Francia. 27 nov. Hundimiento voluntario de la flota francesa en Toulon. Disolución del ejército francés del armisticio.

1943. 14 en. Conferencia de Casablanca. – 12 mayo. Giraud va a Túnez. – Mayo. Constitución del Consejo nacional de la Resistencia francesa. – 3 junio. Formación del Comité francés de liberación nacional de Argel (CFLN). 24 julio Dimisión de Mussolini: gobierno de Badoglio. – 17 sept. Extensión de la ley de préstamo y arriendo al CFLN. – 8 nov. Líbano declara abolido el mandato francés; revueltas en Beirut. – 13 oct. Badoglio declara la guerra a Alemania. – 2 dic. Conferencia Roosevelt-Churchill-Stalin en Teherán.

África. Los británicos ocupan Trípoli (23 en.) y se unen a las tropas franconorteamericanas en Túnez (abril). Liberación de Túnez (7 mayo): la Wehrmacht es expulsada de África.

Italia. Los Aliados desembarcan en Sicilia (10 julio) y en Calabria (3 sept.). Capitulación de Italia (3 y 8 sept.).

Frente ruso. 2 febr. Victoria de Stalingrado. Los soviéticos atacan Rostov (febr.), Orel (julio), Járkov (ag.) y el Dniéper (sept.-oct.), y liberan Kursk y Kiev (6 nov.).

Extremo oriente. Contraofensiva aliada en las islas Salomón y Gilbert, y en Nueva Guinea (junio dic.).

1944. 3 en. Francia reconoce la soberanía de Siria y Líbano. – 30 en. Conferencia de Brazzaville. – 19 marzo. Los alemanes ocupan Hungría. – 3 junio. El CFLN se proclama gobierno provisional de la República Francesa. – 10 junio. Matanza de la población de Oradour-sur-Glane (Haute-Vienne), por las SS. – 20 julio. Fracaso de un golpe de estado contra Hitler; exterminio masivo de deportados en Alemania. Independencia de Islandia (17 junio) y de las Filipinas (20 julio). – 5 6 sept. Guerra de un día entre Bulgaria y la URSS. Armisticios con Bulgaria (11 sept.), Rumania (12 sept.) y Finlandia (19 sept.), que se unen al bando aliado. – 31 ag. Traslado del gobierno francés de Argel a París. – Ag.-dic. Conflicto entre los gobiernos polacos de Londres y de Lublin. – 5 sept. Constitución del Benelux. 7 oct. Creación de la Liga árabe. – 10 dic. Tratado de alianza francosoviético.

Frente occidental. Italia. Febr.-mayo. Batalla de Montecassino. Victoria francesa de Garigliano (mayo). Ocupación de Roma (4 junio). **Francia.** Febr.-abril. Batallas de Glières y Vercors. – 6 junio. Desembarco de Normandía: creación de una cabeza de puente (9-18 julio); los norteamericanos abren una brecha al S de Avranches (1 ag.). – 15 ag. Desembarco en Provenza. Liberación de París (25 ag.). – 1 oct. Los Aliados alcanzan la frontera alemana de Bélgica y Países Bajos. Fracaso del ataque de Rundstedt en las Ardenas y en Alsacia (16 dic.-16 en. 1945).

Frente oriental. Ofensiva soviética en el Dniéper y el Dniéster (febr.-abril); en Bielorrusia y en los países Bálticos (julio-oct.); en Polonia (julio); en Rumania, Bulgaria y Hungría (sept.-dic.). – Desembarco británico en Grecia (oct.). Liberación de Belgrado (20 oct.).

Extremo oriente. Batallas de Nueva Guinea (en.-julio), las Carolinas, las Marianas y las Filipinas (mayo-dic.). – Ofensiva británica en Birmania (sept.-dic.).

1945. 4-11 febr. Conferencia de Yalta. Turquía y los países árabes declaran la guerra a Alemania y Japón. – 25 abril. Conferencia de las Naciones Unidas en San Francisco. – 30 abril. Suicidio de Hitler. – Mayo-junio. Intervención militar británica en Siria; evacuación de las fuerzas francesas. – 9 mayo. Acuerdos entre Yugoslavia y los Aliados en Trieste. – 9 julio. Tratados de alianza entre la URSS, Bulgaria, Hungría, Rumania, Checoslovaquia y Yugoslavia. – 17 julio-2 ag. Conferencia de Potsdam. – 26 julio. Churchill, sustituido en el gobierno por Attlee. – 8 ag. La URSS declara la guerra a Japón y ocupa Port-Arthur (23 ag.). – 14 ag. Tratado de alianza chinosoviético. – 2 sept. Firma solemne del acta de capitulación de Japón.

Frente occidental. Los Aliados atraviesan el Rin (marzo), ocupan Hannover, Sajonia y Baviera, y penetran en Austria y Bohemia (abril).

Frente oriental. Los soviéticos toman Varsovia (17 en.), Budapest (febr.), Viena (12 abril) y Berlín (2 mayo). Las fuerzas aliadas y soviéticas se encuentran en Torgau (25 abril) y en Wismar (3 mayo). Capitulación de la Wehrmacht en Reims (7 mayo) y Berlín (9 mayo)

Extremo oriente. Batalla de las Filipinas (febr.-marzo). – 9 marzo. Los japoneses atacan Indochina. Los Aliados toman Rangún (3 mayo); batalla de Okinawa (abril-junio). Bombardeos atómicos de Hiroshima (6 ag.) y Nagasaki (9 ag.). Capitulación japonesa (14 ag.).

Tratados de paz. 10 febr. 1947. Tratados de París, entre las Naciones Unidas, Italia, Rumania, Bulgaria, Hungría y Finlandia. – 8 sept. 1951. Tratado de San Francisco, entre las Naciones Unidas (salvo la URSS) y Japón. – 15 mayo 1955. Tratado de estado por el que se restableció la independencia de Austria.

Pérdidas humanas civiles y militares. Total general: entre 40 y 52 millones de muertos, de los cuales aprox. 7 millones de deportados a Alemania – Alemania: 4,5 millones aprox. – Bélgica: 89 000. – Canadá: 41 000. – Estados Unidos: 300 000. – Francia: 535 000 aprox. – Gran Bretaña: 390 000. – Grecia: 500 000 aprox. – Hungría: 450 000 aprox. – Italia: 310 000. – Japón: 2 millones aprox. – Países Bajos: 200 000 aprox. – Polonia: 5 millones aprox. – Rumania: 460 000 aprox. – URSS: 20 millones aprox. – Yugoslavia: 1,5 millones aprox. Alrededor de 5 100 000 judíos murieron, víctimas de las deportaciones y de las matanzas durante la guerra.

■ LA SEGUNDA GUERRA MUNDIAL

La segunda guerra mundial empezó en Europa tras una serie de operaciones militares que permitieron a Alemania conquistar varios países. Fue una guerra relámpago. A partir de 1941, el conflicto alcanzó dimensiones mundiales, con la entrada en la guerra de la URSS, Japón y, más tarde, Estados Unidos. A partir de 1943, los Aliados pasaron a la ofensiva hasta su victoria final en 1945.

EUROPA, 1 DE SETIEMBRE DE 1939

| Aliados | El Eje | Neutrales |

LA GUERRA EN EUROPA HASTA 1942

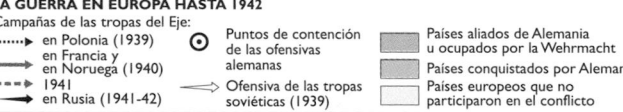

Campañas de las tropas del Eje:
- en Polonia (1939)
- en Francia y en Noruega (1940)
- 1941
- en Rusia (1941-42)

⊙ Puntos de contención de las ofensivas alemanas

⟹ Ofensiva de las tropas soviéticas (1939)

Países aliados de Alemania u ocupados por la Wehrmacht

Países conquistados por Alemania

Países europeos que no participaron en el conflicto

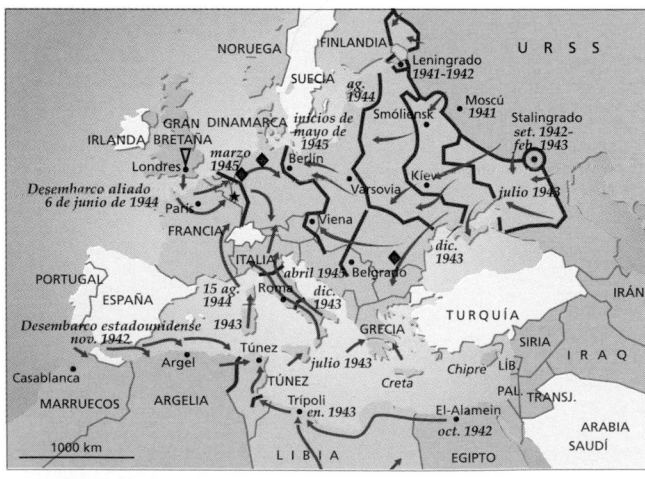

LA GUERRA EN EUROPA ENTRE 1942 Y 1945

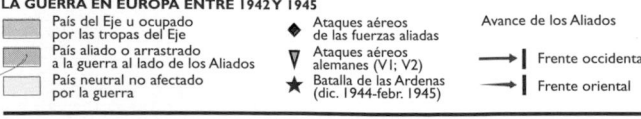

País del Eje u ocupado por las tropas del Eje

País aliado o arrastrado a la guerra al lado de los Aliados

País neutral no afectado por la guerra

◆ Ataques aéreos de las fuerzas aliadas

▽ Ataques aéreos alemanes (V1; V2)

★ Batalla de las Ardenas (dic. 1944-febr. 1945)

Avance de los Aliados

→ Frente occidental

→ Frente oriental

---

tracto y a la nueva abstracción de la década de 1960.

GUERRERO (María), *Madrid 1867-íd. 1928*, actriz española. Eximia intérprete, formó compañía con su esposo, F. Díaz de Mendoza.

GUERRERO (Pedro), *San Pedro de Macorís 1956*, beisbolista dominicano. Bateador, jugó con los equipos Indians de Cleveland, Dodgers de Los Ángeles y Cardinals de Saint Louis. Obtuvo el premio al jugador más valioso de la liga norteamericana (1981).

GUERRERO (Vicente), *Tixtla 1782-Cuilapán 1831*, general y político mexicano. Participó en la guerra de la Independencia con Morelos (1810) y con Iturbide tras la reunión de Acatempan (1821), pero posteriormente se opuso a este. Líder del Partido yorkino tras el motín liberal de la Acordada, fue presidente en 1829 y abolió la esclavitud. Fue derrocado por Bustamante (1830), juzgado y fusilado.

GUERRERO Y TORRES (Francisco Antonio), *Guadalupe, act. Guadalupe Hidalgo, h. 1720-1792*, arquitecto mexicano. Figura central del barroco mexicano, construyó la iglesia de la Enseñanza, en México, la capilla del Pocito de Guadalupe (1777-1791), con azulejos de un cromatismo acentuado, y residencias señoriales.

■ FRANCISCO ANTONIO **GUERRERO Y TORRES.** Detalle de las cúpulas de la capilla del Pocito, en el santuario de la Virgen de Guadalupe, México.

GUERROUJ (Hicham el-), *Berkane 1974*, atleta marroquí. Mediofondista, poseedor de varios récords mundiales y de 4 títulos sucesivos de campeón del mundo de los 1 500 m (1997, 1999, 2001, 2003), en los Juegos olímpicos de Atenas (2004) obtuvo dos medallas de oro (1 500 y 5 000 m). [Premio Príncipe de Asturias 2004.]

GUESCLIN (Bertrand du), *La Motte-Broons, Bretaña, h. 1320-Chateauneuf-de-Randon, Bretaña, 1380*, condestable de Francia. Luchó en la guerra de los Cien años y venció a Carlos II de Navarra. Con las *Compañías blancas combatió en Castilla, junto a Pedro IV de Aragón, a favor de Enrique de Trastámara. Tras acceder al trono Enrique (1369), combatió contra Portugal, y en 1370 volvió a Francia para luchar contra los ingleses.

GUEVARA (fray Antonio de), *¿Treceño?, Cantabria, 1481-Mondoñedo 1545*, franciscano y escritor español. Cronista de Carlos Quinto, su estilo presagia el barroco (*Reloj de príncipes*, 1529; *Menosprecio de corte y alabanza de aldea*, 1539; *Epístolas familiares*, 1539-1541).

GUEVARA (Ana Gabriela), *Nogales, Sonora, 1977*, atleta mexicana. Destacada en pruebas de velocidad (carreras de 300, 400, 800 y 4 × 400 m), obtuvo en 2003 el récord mundial en 300 m. En los Juegos olímpicos de Atenas (2004) logró una medalla de plata (400 m).

GUEVARA (Ernesto **Guevara de la Serna**, llamado **Che**), *Rosario 1928-región de Valle Grande, Bolivia, 1967*, revolucionario cubano de origen argentino. Médico, comandante de la guerrilla en sierra Maestra contra Batista (1956-1959), al triunfar la revolución fue responsable de finanzas (1959-1961) y ministro de industria (1961-1965). Tras renunciar a sus cargos, organizó y dirigió la guerrilla boliviana (1966-1967), pero fue capturado y ejecutado. Escri-

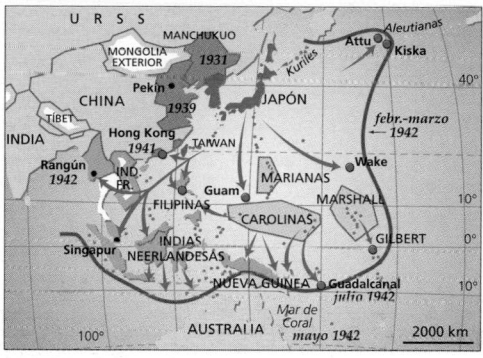

LA GUERRA EN EL PACÍFICO, 1941-1942
Las conquistas de Japón

- Territorio nacional
- Territorios ocupados antes de 1940
- Operaciones y conquistas
- Posesiones del Pacífico
- Máximo avance

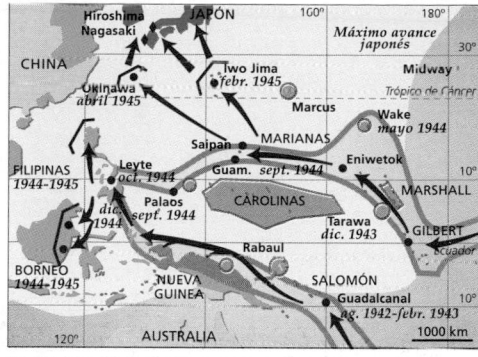

LA GUERRA EN EL PACÍFICO, 1942-1945
La reconquista norteamericana

- Ejes de penetración de las fuerzas estadounidenses
- Posiciones japonesas rodeadas por las fuerzas estadounidenses
- Territorios bajo dominio japonés
- Desembarcos sucesivos y fechas de ocupación definitiva
- Bombardeos nucleares estadounidenses

bió obras sobre la lucha revolucionaria. Sus restos, hallados en Bolivia, fueron trasladados a Cuba (Santa Clara) en 1997.

GUEVARA ARCE (Walter), *Cochabamba 1911-La Paz 1996*, político boliviano. Presidente interino en 1979, fue derrocado.

GUEVARA Y LIRA, mun. de Venezuela (Anzoátegui); 30 513 hab. Cereales; ganado vacuno.

GUGGENHEIM (Salomon R.), *Filadelfia 1861-Nueva York 1949*, industrial y coleccionista estadounidense. — El museo con sus colecciones de arte del s. xx se ubica en un edificio helicoidal de F. L. Wright. La fundación con su nombre también administra el museo Peggy Guggenheim, en Venecia (colección de arte del s. xx creada por su sobrina [1898-1979]), así como la nueva Guggenheim de Bilbao (edificio de F. Gehry) y de Berlín.

GUGGIARI (José Patricio), *Asunción 1884-Buenos Aires 1957*, político paraguayo. Dirigente liberal, fue presidente (1928-1932).

Gugong o **Ku-kong**, nombre chino de la Ciudad prohibida de Pekín.

GUIA (Domingos Antônio da), *Río de Janeiro 1912-íd. 2000*, futbolista brasileño. Jugó con los equipos Bangu, Vasco da Gama, Flamengo y Nacional de Montevideo.

GUICCIARDINI (Francesco), *Florencia 1483-Arcetri 1540*, historiador italiano. Sirvió a los papas León X y Clemente VII y a los Médicis. Escribió una *Historia de Italia* (1537-1540).

GUI DE LUSIGNAN, *Lusignan h. 1129-Nicosia 1194*, rey de Jerusalén (1186-1192) y señor de Chipre (1192-1194). Fue vencido por Saladino en 1187, en Hattin, y Conrado I de Montferrato le arrebató el reino de Jerusalén (1192).

GUIDO (san) → VITO.

GUIDO (Beatriz), *Rosario 1925-Madrid 1988*, escritora argentina. En sus novelas (*Fin de fiesta*, 1958; *El incendio y las vísperas*, 1964; *La invitación*, 1979) aborda la sociedad contemporánea.

GUIDO (José María), *Buenos Aires 1910-íd. 1975*, político argentino. Líder radical, fue elegido presidente (1962-1963) tras el derrocamiento de Frondizi por las fuerzas armadas.

GUIDO Y SPANO (Carlos), *Buenos Aires 1827-*

■ CHE **GUEVARA**

íd. 1918, escritor argentino. Es autor de los libros de poesía *Hojas al viento* (1871) y *Ecos lejanos* (1895), y de la obra en prosa *Ráfagas* (1879).

GÜIGUE, mun. de Venezuela (Carabobo); 21 859 hab. Centro agrícola.

GUILÁ NAQUITZ, sitio prehistórico mexicano en Oaxaca (8900-6700 a.C.) que documenta el paleolítico superior en Mesoamérica.

GUILDFORD, c. de Gran Bretaña (Inglaterra), al SO de Londres; 57 000 hab. Casas y monumentos antiguos.

GUILFORD (Joy Paul), *Marquette, Nebraska, 1897-Los Ángeles 1987*, psicólogo estadounidense. Su teoría de la inteligencia ha servido de base para numerosos tests.

GUILIN, c. de China (Guangxi); 250 000 hab. Bellos paisajes con colinas que bordean el río Xi Jiang. Relieves rupestres de la época Tang.

GUILLAUME de Lorris → **LORRIS**.

GUILLEM (Sylvie), *París 1965*, bailarina francesa. Bailarina clásica de técnica excepcional (*El lago de los cisnes*), también interpreta obras concebidas para ella (*In the Middle, Somewhat Elevated*, W. Forsythe, 1987; *Épisodes*, M. Béjart, 1992; *Push*, R. Maliphant, 2005). En 1998, abordó la coreografía con *Giselle*.

GUILLEMIN (Roger), *Dijon 1924*, médico estadounidense de origen francés. Determinó la estructura de las hormonas del hipotálamo y aisló las endorfinas. (Premio Nobel 1977.)

GUILLÉN (Claudio), *París 1924-Madrid 2007*, ensayista español. Hijo de Jorge Guillén, exiliado (1939-1983), fue especialista en teoría literaria y literatura comparada (*Entre lo uno y lo diverso*, 1985; *Múltiples moradas*, 1998; *Entre el saber y el conocer*, 2001). [Premio nacional de ensayo 1999.] (Real academia española 2002.)

GUILLÉN (Jorge), *Valladolid 1893-Málaga 1984*, poeta español. Integrante de la *generación del 27, su obra está influida por la poesía pura. El núcleo de su labor se halla en *Cántico* (1928; ed. definitiva 1950), primera parte de *Aire nuestro* (1968), que incluye la trilogía *Clamor: tiempo de historia* (1957, 1960 y 1963) y la sección *Homenajes, Reunión de vidas* (1967). Completan *Aire nuestro* los volúmenes *Y otros poemas* (1973) y *Final* (1981). La producción posterior a *Cántico* amplía su temática (la historia, el caos, la persecución política, las voces literarias): apunta a una poesía narrativa y ofrece acentos satíricos. También publicó obras de crítica: *Lenguaje y poesía* (1962). [Premio Cervantes 1976.]

GUILLÉN (Nicolás), *Camagüey 1902-La Habana 1989*, poeta cubano. Inspirándose en el folclore afrocubano incorporó el son, con lo que creó una poesía llena de ritmo y musicalidad, en la que se manifiesta su compromiso revolucionario: *Sóngoro Cosongo* (1931), *Cantos para soldados y sones para turistas* (1937), *El son entero* (1947), *La paloma de vuelo popular* (1958), *Tengo* (1964), *El gran Zoo* (1968).

GUILLERMINA, *La Haya 1880-castillo de Het Loo 1962*, reina de Países Bajos (1890-1948). Hija de Guillermo III, su madre, Emma, ejerció la regencia de 1890 a 1898. Refugiada en Londres (1940-1945), abdicó en 1948 en favor de su hija, Juliana.

ALEMANIA

GUILLERMO I, *Berlín 1797-íd. 1888*, rey de Prusia (1861 1888) y emperador de Alemania (1871-1888), de la dinastía de los Hohenzollern. Hijo de Federico Guillermo III, gobernó como regente de su hermano Federico Guillermo IV (1858) y después lo sucedió en el trono (1861). Al no poder obtener los créditos militares para la reforma de Moltke, nombró presidente del consejo a Bismarck (1862). Desde entonces este detentó el poder real. Tras la guerra franco-prusiana (1870-1871), Guillermo fue proclamado emperador de Alemania en el palacio de Versalles (18 en. 1871).

GUILLERMO II, *castillo de Potsdam 1859-Doorn, Países Bajos, 1941*, rey de Prusia y emperador de Alemania (1888-1918), de la dinastía de los Hohenzollern. Nieto de Guillermo I e hijo de Federico III, se desembarazó de Bismarck (1890) y dirigió el país apoyándose en los conservadores. A partir de 1898 inició un programa de construcción naval para rivalizar con Gran Bretaña. Intentó una política intimidatoria contra Francia (Tánger, 1905; Agadir, 1911) y amplió la influencia alemana en el Imperio otomano. Tras la conclusión de la Triple entente (1907), estrechó sus lazos con Austria y en ag. 1914 participó en la primera guerra mundial. Derrotado (1918), abdicó y se exilió. (*V. ilustr. pág. siguiente.*)

AQUITANIA

GUILLERMO de Aquitania o **de Tolosa** (san), *h. 755-Gellone 812*, conde de Tolosa y duque de Aquitania. Venció a los árabes y se retiró a la abadía de Gellone. — Es el héroe de un ciclo de cantares de gesta.

GUILLERMO IX, *1071-1126*, conde de Poitiers y duque de Aquitania (1086-1126). Combatió a

■ JORGE **GUILLÉN**, por A. Delgado.   ■ NICOLÁS **GUILLÉN**

los almorávides en España y fue uno de los más antiguos poetas en lengua romance, así como el primer poeta provenzal de obra conocida. Escribió canciones y sirventes, tanto de tipo juglaresco, e incluso obsceno, como dedicadas a reflejar el refinado ideal del amor cortés.

ESCOCIA

GUILLERMO el León, *1143-Stirling 1214*, rey de Escocia (1165-1214). Proporcionó a su país una sólida organización administrativa y judicial.

HOLANDA Y PAÍSES BAJOS

GUILLERMO I DE NASSAU, llamado **el Taciturno**, *castillo de Dillenburg 1533-Delft 1584*, estatúder de Holanda (1559-1567, 1572-1584). Contrario a la política absolutista de Felipe II, se puso al frente de la sublevación de Holanda y Zelanda contra España (compromiso de Breda, 1563). Con la llegada del duque de Alba (1567), se retiró a Alemania, desde donde organizó la lucha y se negó a comparecer ante el tribunal de los *tumultos. Tras el saqueo de Amberes por las tropas españolas (1576), logró la insurrección de las 17 provincias de los Países Bajos, de las que fue nombrado estatúder en el mismo año, pero no pudo evitar que las provincias meridionales católicas se situasen de nuevo bajo la autoridad de los españoles (1579), quienes lo mandaron asesinar. — **Guillermo II de Nassau**, *La Haya 1626-íd. 1650*, estatúder de Holanda (1647-1650). Hijo y sucesor de Federico Enrique, por la paz de Westfalia (1648) obtuvo el reconocimiento de la independencia de las Provincias Unidas. Su prematura muerte permitió recuperar el poder al partido republicano. — **Guillermo III de Nassau → Guillermo III** [Inglaterra y Gran Bretaña].

GUILLERMO I, *La Haya 1772-Berlín 1843*, rey de Países Bajos y gran duque de Luxemburgo (1815-1840). Designado rey por el congreso de Viena, perdió Bélgica en 1830 y abdicó en 1840. — **Guillermo II**, *La Haya 1792-Tilburg 1849*, rey de Países Bajos y gran duque de Luxemburgo (1840-1849). Hijo de Guillermo I, se vio obligado a conceder una constitución parlamentaria (1848). — **Guillermo III**, *Bruselas 1817-castillo de Loo 1890*, rey de Países Bajos y gran duque de Luxemburgo (1849-1890), hijo de Guillermo II.

INGLATERRA Y GRAN BRETAÑA

GUILLERMO I el Conquistador, *¿Falaise? h. 1028-Ruán 1087*, duque de Normandía (1035-1087) y rey de Inglaterra (1066-1087). En 1066, reivindicando la corona inglesa que le había prometido Eduardo el Confesor, conquistó Inglaterra al que mató en la batalla de Hastings (1066), y organizó su nuevo reino constituyendo una nobleza militar muy jerarquizada. En 1085 mandó redactar el *Domesday Book*. — **Guillermo II el Rojo**, *h. 1056-cerca de Lyndhurst 1100*, rey de Inglaterra (1087-1100). Hijo de Guillermo I el Conquistador, luchó con éxito contra galeses y escoceses (1093).

GUILLERMO III, *La Haya 1650-Kensington 1702*, estatúder de las Provincias Unidas (1689-1702) y rey de Inglaterra, de Escocia y de Irlanda (1689-1702), de la dinastía de los Estuardo. Hijo póstumo de Guillermo II de Nassau y de María, hija de Carlos I Estuardo, como estatúder (1672) salvó su patria de la invasión francesa mediante la inundación intencionada de los pólders, formó una coalición europea contra Luis XIV y preservó la integridad del territorio neerlandés con el tratado de Nimega (1678). Defensor del protestantismo, arrebató el trono de Inglaterra a su suegro Jacobo II y fue proclamado rey en 1689, junto con su esposa María II Estuardo. Luis XIV reconoció su autoridad por el tratado de Ryswick (1697).

GUILLERMO IV, *Londres 1765-Windsor 1837*, rey de Gran Bretaña, Irlanda y Hannover (1830-1837), hijo de Jorge III.

GUILLERMO TELL, *s. XIV*, héroe legendario suizo. Célebre ballestero, no quiso someterse al representante de los Habsburgo, Gessler. Arrestado por este, fue condenado a atravesar con una flecha una manzana colocada sobre la

■ **GUILLERMO II**   ■ **GUILLERMO I EL CONQUISTADOR**

cabeza de su hijo, y salió victorioso de la prueba. — Su historia inspiró un drama a Schiller (1804), que usó Rossini como base de una ópera (1829).

GUIMARÃES, c. de Portugal (Braga); 48 164 hab. Fortaleza (ss. X-XIV); cuna del primer rey de Portugal; palacio de los duques de Braganza (s. XV); colegiata románica y otros monumentos. Museo arqueológico (cultura de los castros).

GUIMARÃES ROSA (João), *Cordisburgo 1908-Río de Janeiro 1967*, escritor brasileño. En sus novelas describió las tierras altas del NE de Brasil (*Gran Sertón: veredas*, 1956).

GUIMERÀ (Àngel), *Santa Cruz de Tenerife 1845-Barcelona 1924*, dramaturgo y poeta español en lengua catalana. Gran impulsor de la Renaixença, fue nombrado «mestre en gai saber» (*Poesies*, 1887). Autor de tragedias históricas en verso (*Gala Placidia*, 1879; *Mar y cielo*, 1888) y dramas naturalistas, su gran obra es *Tierra baja* (1897), drama rural en el que expresa sus inquietudes políticas.

GUINEA (República de) o **GUINEA-CONAKRY**, ant. **Guinea Francesa**, estado de África occidental, a orillas del golfo de Guinea; 250 000 km²; 6 500 000 hab. (*guineanos*). CAP. *Conakry*. LENGUA: *francés*. MONEDA: *franco guineano*.

GEOGRAFÍA

El macizo de Futa Yallon, zona ganadera (vacunos), separa una llanura costera húmeda y densamente poblada, donde predomina el cultivo de arroz y plantaciones de palma de aceite y bananos, de la parte occidental, que es llana (excepto el extremo SE) y más seca, donde se cultiva sobre todo mijo y mandioca. Una parte de la bauxita, de la que el país es uno de los grandes productores mundiales, se transforma en alúmina in situ. Constituye la parte esencial de las exportaciones, que pasan por Conakry, única ciudad importante.

HISTORIA

Antes de la colonización. S. XII: la Alta Guinea, poblada por los malinké, pertenecía en

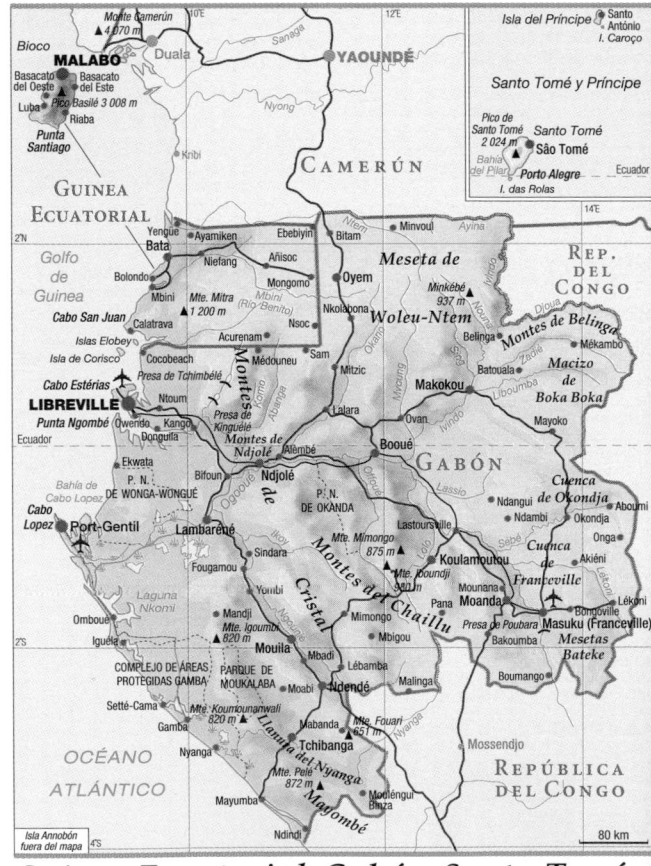

Guinea Ecuatorial-Gabón-Santo Tomé y Príncipe

— carretera
— ferrocarril
✈ aeropuerto

▬ oleoducto
⁂ terreno pantanoso

● más de 400 000 hab.
● de 50 000 a 400 000 hab.
● de 20 000 a 50 000 hab.
● menos de 20 000 hab.

200   500   1000 m

parte al imperio de Malí. El comercio era monopolio de los mercaderes musulmanes, los diula. **1461-1462**: la llegada de los portugueses supuso el inicio de la trata de esclavos, que duró hasta mediados del s. XIX. **S. XVIII**: los fulbé, que llegaron en el s. XVI de las regiones periféricas, instituyeron en el centro del país un estado teocrático, el Futa Yallon. Los susu, rechazados hacia la costa, sometieron a las poblaciones locales. **Segunda mitad del s. XIX**: los conquistadores musulmanes, como Samory Touré, se convirtieron en los señores del país, donde se impuso el islam frente a la religión tradicional de los malinké.
La colonización. 1889-1893: Francia inició la conquista y convirtió a Guinea en colonia. **1895**: entró a formar parte del África Occidental Francesa. **1898**: fue anexionada al Sudán francés. **1904**: Gran Bretaña cedió a Francia las islas de Los, situadas frente a Conakry.
La independencia. 1952: el sindicalista Sékou Touré se puso al frente del movimiento nacionalista. **1958**: Guinea optó por la independencia inmediata, rompiendo todo vínculo con Francia. **1961**: a fin de romper con su aislamiento, Guinea formó con Ghana y Malí la Unión de estados africanos **1958-1974**: gobierno dictatorial de S. Touré. Numerosos complots y procesos. **1984**: muerte de Sékou Touré. El coronel Lansana Conté, nuevo jefe de estado, topó con graves dificultades económicas. **1990**: una nueva constitución puso fin al régimen militar e introdujo el multipartidismo. **1993**: primeras elecciones presidenciales pluripartidistas, por las que L. Conté fue reelegido (de nuevo en 1998 y en 2003). Pero el país quedó desestabilizado por el impacto de los conflictos regionales (flujo de refugiados de Liberia y de Sierra Leona) y sufre crisis sociales y políticas recurrentes. **2008**: la muerte del presidente L. Conté (dic.) fue inmediatamente seguida por un golpe de estado militar.
GUINEA (golfo de), golfo del Atlántico, en la costa occidental de África.
GUINEA-BISSAU, ant. Guinea Portuguesa, estado de África occidental, a orillas del Atlántico; 36 125 km²; 1 100 000 hab. (*guineanos*). CAP. *Bissau*. LENGUA: *portugués*. MONEDA: *franco CFA*. Maní y arroz.

HISTORIA

1446: los portugueses descubrieron el país, poblado por los mandingo, musulmanes, y por pueblos animistas. **Fines del s. XVI**: instalaron factorías. **1879**: Guinea Portuguesa se convirtió en una colonia, con autonomía relativa respecto a Cabo Verde. **1941**: Bissau pasó a ser la capital de la colonia. **1956**: Amílcar Cabral tomó la dirección del movimiento nacionalista. **1962**: guerrilla antiportuguesa. **1973**: Luís de Almeida Cabral, hermanastro de Amílcar Cabral, que fue asesinado, proclamó la república de Guinea-Bissau. **1974**: Portugal reconoció su independencia. **1980**: L. Cabral fue derrocado por un golpe de estado. Joāo Bernardo Vieira lo sucedió. **1991**: instauración del multipartidismo. **1994**: primeras elecciones presidenciales pluralistas: J. B. Vieira fue reelegido. **1998**: un golpe militar fallido dio paso a una guerra civil. **1999**: un nuevo golpe derrocó a J. B. Vieira. **2000**: el líder de la oposición, Kumba Ialá, fue elegido presidente de la república. **2003**: fue derrocado por un golpe de estado. Henrique Rosa aseguró el ínterin. **2005**: J. B. Vieira, vencedor de las elecciones presidenciales, regresó a la jefatura del estado. **2009**: fue asesinado.
GUINEA ECUATORIAL, ant. Guinea Española, estado de África central, a orillas del *golfo de Guinea;* 28 100 km²; 410 000 hab. (*ecuatoguineanos*). CAP. *Malabo*. C. PRAL. *Bata*. LENGUA: *español y francés*. MONEDA: *franco CFA*. Comprende dos partes: una insular, que agrupa varias islas, como Bioco (ant. Fernando Poo) y Annobón; otra continental, Mbini (ant. Río Muni), entre Camerún y Gabón. Exportación de madera, café y cacao. El país depende de la ayuda internacional, principalmente española. La población está compuesta mayoritariamente por fang; los bubi viven en Bioco.

HISTORIA

1777-1778: Portugal cedió a España las islas de Annobón y Fernando Poo, que ocupaba desde

el s. XV, núcleo de Guinea Ecuatorial. **S. XIX**: a partir de 1840, España y Francia aspiraron a la posesión de la provincia continental, Río Muni. España no tomó posesión real de la colonia, en parte ocupada por Gran Bretaña, hasta 1858. Francia le disputó la posesión de la costa. **1900**: las fronteras del país se fijaron definitivamente, pero el interior de Río Muni no fue ocupado hasta 1926. **1959**: la colonia pasó a ser una provincia española. **1964**: concesión de la autonomía. **1968**: proclamación de independencia. F. Macías Nguema estableció un régimen despótico y rompió sus lazos con España; la tercera parte de la población huyó del país. **1979**: el coronel Teodoro Obiang Nguema tomó el poder y restableció relaciones con España y Occidente. **1985**: Guinea Ecuatorial abandonó la peseta y se integró en el área del franco. **1989**: Obiang fue reelegido presidente. **1991**: constitución presidencialista, aprobada por referéndum con ausencia de la oposición (en el exilio). **1992**: el país entró en el multipartidismo. **1993**: el partido gobernante venció en las primeras elecciones legislativas pluralistas, boicoteadas por los principales partidos de la oposición. **1996, 2002 y 2008**: las elecciones presidenciales fueron ganadas por Obiang, pero no fueron reconocidas por la comunidad internacional, por fraudulentas.
GÜINES, mun. de Cuba (La Habana); 66 560 hab. Ingenios azucareros. Construcciones mecánicas.
GUINIZELLI (Guido), *Bolonia h. 1235-Monselice 1276*, poeta italiano. Se le considera un precursor de Dante.
GUINJOAN (Joan), *Riudoms, Tarragona, 1931*, compositor español. Autor de una obra de vanguardia marcada por la investigación, en 1965 fundó el conjunto Diabolus in musica, dedicado a la difusión de la música contemporánea.
GUINNESS (sir Alec), *Londres 1914-Midhurst, Sussex Occidental, 2000*, actor británico. De notables dotes interpretativas, representó el repertorio de Shakespeare en el Old Vic Theatre y numerosos papeles en el cine (*El quinteto de la muerte*, A. Mackendrick, 1955; *El puente sobre el río Kwai*, D. Lean, 1957).
GUINOVART (Josep), *Barcelona 1927-íd. 2007*, pintor español. Tras una etapa figurativa de temática popular, evolucionó hacia la informalismo y el gestualismo. Colaboró con Dau al Set. (Premio nacional de artes plásticas 1982.)
GUIPÚZCOA (provincia de), en vasc. **Gipuzkoa**, prov. de España, en el País Vasco; 1 997 km²; 679 370 hab. (*guipuzcoanos*); cap. *San Sebastián*. De las sierras de Urquilla y Aralar descienden ríos cortos y caudalosos (Urumea, Oria, Urola, Deva), en cuyos valles se concentra la población. La pesca conserva su impor-

tancia tradicional. Minas de plomo y cinc. Industria diversificada y dispersa por el territorio.
guipuzcoana de Caracas (Real compañía), sociedad monopolista española para el comercio colonial con Venezuela (1728). En decadencia desde 1752, perdió el monopolio en 1781 y se incorporó a la Real compañía de Filipinas (1785).
GÜIRA DE MELENA, mun. de Cuba (La Habana); 32 527 hab. Escuela de agricultura.
GÜIRALDES (Ricardo), *Buenos Aires 1886-París 1927*, escritor argentino. Sus primeras obras (poesías, cuentos y novelas) expresan la transición del modernismo al vanguardismo. Colaborador de las revistas *Martín Fierro* y *Proa*, publicó en 1926 la novela gauchesca **Don Segundo Sombra*, donde sobresalen sus dotes de estilista.

■ RICARDO GÜIRALDES

GUIRIOR (Manuel, marqués de), *Aoiz 1708-Madrid 1788*, militar y administrador español, virrey de Nueva Granada (1772-1776) y de Perú (1776-1780).
GUISA, mun. de Cuba (Granma), en el valle de Bayamo; 53 575 hab. Tabaco; ganadería.
GUISA (familia de), familia de la nobleza francesa, surgida de la casa de Lorena. — **Claudio I de G.**, *Condé-Northen, Moselle, 1496-Joinville 1550*, primer duque y par de Guisa. Sirvió a Francisco I contra Carlos Quinto. — **Francisco I de G.**, *Bar-le-Duc 1519-Saint-Mesmin 1563*, príncipe francés. Hijo de Claudio I de Guisa, resistió el asedio de Carlos Quinto en Metz (1552-1553), arrebató Calais a los ingleses (1558) y dirigió las tropas católicas durante las guerras de Religión. — **Enrique I de G.**, *1549-Blois 1588*, príncipe francés. Hijo de Francisco I de Guisa, fue uno de los instigadores de la noche de san Bartolomé y jefe de la Liga católica.

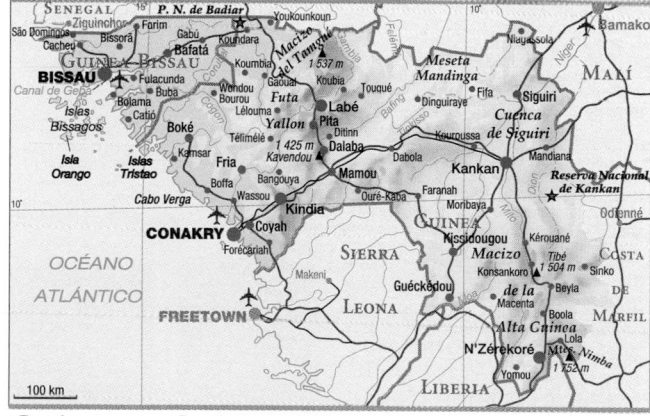

Guinea y Guinea-Bissau

★ lugar de interés turístico

| 200 | 500 | 1 000 m |

— carretera
⊢ ferrocarril
✈ aeropuerto

● más de 500 000 hab.
● de 50 000 a 500 000 hab.
● de 10 000 a 50 000 hab.
• menos de 10 000 hab.

Guisando (concordia de los **Toros de**) [1468], acuerdo entre Enrique IV de Castilla y su hermana Isabel, que puso fin a la guerra civil castellana. Fue anulado tras la boda de Isabel con Fernando de Aragón.

Guisando (toros de), grupo de grandes esculturas al aire libre cerca de Guisando (El Tiemblo, Ávila), que representan toros o verracos, pertenecientes a la cultura céltica de la Meseta (s. II a.C.).

GUISCARDO → ROBERTO GUISCARDO.

GUITRY (Sacha), *San Petersburgo 1885-París 1957*, actor, dramaturgo y director de cine francés. Sus comedias (*Mi padre tenía razón*, 1919) y películas (*La novela de un tramposo*, 1936) encarnan cierto espíritu parisino, brillante y cáustico.

GUIYANG, c. de China, cap. de Guizhou; 1 560 000 hab.

GUIZHOU, prov. del S de China; 32 730 000 hab.; cap. *Guiyang*.

GUIZOT (François), *Nimes 1787-Val-Richer, Calvados, 1874*, político e historiador francés. Ministro de instrucción pública (1832-1837), organizó la enseñanza primaria. De 1840 a 1848 gobernó Francia, pero cayó, y con él la monarquía, a consecuencia de su conservadurismo. Es autor de numerosos trabajos históricos.

GUJARĀT o **GUȲARĀT**, estado del NO de la India; 196 000 km²; 41 174 060 hab.; cap. *Gāndhinagar*.

GUJRĀNWĀLA, c. de Pakistán; 658 753 hab.

GU KAIZHI, *Wuxi h. 345-h. 406*, pintor chino. Es el primer pintor chino cuyo nombre está vinculado a una obra conocida por una copia fiel y muy antigua, el rollo *Consejos de la monitora a las damas de la corte* (British Museum).

GULBARGA, c. de la India (Karnātaka); 309 962 hab. Mezquita (s. XIV).

GULBENKIAN (Calouste Sarkis), *Ístanbul 1869-Lisboa 1955*, empresario y coleccionista británico de origen armenio. Contribuyó a la explotación del petróleo del N de Iraq. Reunió una importante colección de cuadros y objetos artísticos transferida a Lisboa en 1960 (museo de la Fundación Gulbenkian).

GULDBERG (Cato), *Cristianía 1836-íd. 1902*, químico noruego. Junto a P. Waage, enunció en forma cuantitativa la ley de acción de masas (1864).

GULF STREAM → GOLFO (corriente del).

Gulistān («La rosaleda»), colección de relatos en prosa y verso de Sa'di (h. 1258). Según su autor, contiene todos los preceptos necesarios para la vida.

Gulliver (Los viajes de), novela satírica y fantástica de Jonathan Swift (1726). Gulliver visita países imaginarios: *Lilliput; Brobdingnag, poblado por gigantes; Laputa, isla volante habitada por sabios maníacos; el país de los houyhnhnms, caballos inteligentes y buenos que han domesticado a los yahoos, humanos degenerados.

GUMIEL (Pedro), arquitecto español activo entre 1488 y 1518. Es el representante más destacado del estilo *Cisneros (iglesia magistral y capilla de la universidad de Alcalá de Henares, 1508).

GUMILLA (José), *Cárcer, Valencia 1686-en Los Llanos, Venezuela, 1750*, etnólogo español. Misionero jesuita, recorrió durante 35 años la cuenca del Orinoco, que describió como ejemplo de fertilidad y civilización en *El Orinoco ilustrado y defendido. Historia natural, civil y geográfica de este gran río y sus caudalosas vertientes* (1741). Se le atribuye la introducción del café en Colombia.

GUMRI, de 1837 a 1924 **Alexandrópol** y de 1924 a 1991 **Leninakán**, c. de Armenia; 120 000 habitantes.

GUNDEBALDO o **GUNDOBADO**, *m. en Ginebra en 516*, rey de los burgundios (h. 480-516). Promulgó la ley Gombeta.

GUNDEMARO, *m. en Toledo 612*, rey visigodo (610-612). Proclamó el catolicismo religión oficial.

GUNDERICO, *m. en 428*, rey vándalo. Atravesó el Rin y se asentó en Hispania (409), como federado del Imperio romano (411). Venció a

los suevos (419), derrotó al ejército imperial y conquistó la Bética y la Cartaginense.

GUNDULIĆ (Iván), en ital. **Giovanni Gondola**, *Ragusa h. 1589-íd. 1638*, poeta croata. Su obra poética *(Osmán)* y teatral *(Dubravka*, 1628) marcó el apogeo de la literatura dálmata.

GÜNTHER (Ignaz), *Altmannstein, Alto Palatinado, 1725-Munich 1775*, escultor alemán. Fue uno de los grandes maestros de la plástica rococó en las iglesias del S de Alemania.

GUNTŪR, c. de la India (Āndhra Pradesh); 471 020 hab.

GUO MORUO, *en Sichuan 1892-Pekín 1978*, escritor y político chino. Autor de poemas, relatos autobiográficos y trabajos históricos, ocupó altos cargos políticos de 1949 a 1966.

Guomindang o **Kuomintang** («Partido nacionalista»), partido político chino fundado en 1912 por Sun Yat-sen y dirigido por Chang Kai-shek a partir de 1925. Tras la victoria del Partido comunista (1949), su influencia se redujo a Taiwan.

GUO XI o **KUO-HI**, *Wenxian, Henan, activo entre 1020 y 1090*, pintor chino. Uno de los grandes paisajistas de la dinastía de los Song del norte, es autor de *Primavera precoz* (1072, museo de Taibei).

GUPTA, dinastía india (h. 270-550) que afirmó su poder sobre el N de la India durante el reinado de Chandragupta I y alcanzó su apogeo entre los ss. IV y V.

GUR, GOR o **GHOR**, depresión longitudinal de Palestina, ocupada por el valle del Jordán, el lago Tiberíades y el mar Muerto.

GURABO, mun. de Puerto Rico, en el valle del río *Gurabo*; 28 737 hab. Centro agrícola. Industria textil.

Guri, presa y central eléctrica de Venezuela (Bolívar), en el Caroní.

GURIDI (Jesús), *Vitoria 1886-Madrid 1961*, compositor español. Estudió el folclore vasco, cuyos elementos incorporó a sus obras: zarzuelas (*El caserío*, 1926), óperas (*Mirentxu*, 1910; *Amaya*, 1920), canciones y piezas de cámara.

GURÍES o **RURÍES**, dinastía de origen iraní que dominó Afganistán y el N de la India (s. XII-principios del s. XIII).

GÚRIEV → ATIRAU.

GUSMÃO (José Alexandre, llamado **Xanana**), *Laleia, distrito de Manatuto, 1946*, político timorense. Líder del Fretilin (Frente revolucionario para la independencia de Timor Oriental) y figura principal de la resistencia a la ocupación indonesia, fue, de 2002 a 2007, el primer presidente del Timor Oriental independiente. Al frente del nuevo partido, ha sido después primer ministro (desde 2007).

GUSTAVO I VASA, *Lindholm 1496-Estocolmo 1560*, rey de Suecia (1523-1560), fundador de la dinastía de los Vasa. Proclamado rey tras haber roto la Unión de Kalmar, favoreció el luteranismo, secularizó los dominios del clero e impulsó la economía nacional. A su muerte, Suecia se había convertido en una potencia.

GUSTAVO II ADOLFO, *Estocolmo 1594-Lützen 1632*, rey de Suecia (1611-1632). Nieto de Gustavo I Vasa, con la ayuda del canciller Oxenstierna reformó el país y modernizó su economía, favoreció el desarrollo de la educación y reorganizó el ejército sueco, con el que acabó la guerra contra Dinamarca (1613). Más tarde arrebató Estonia, Ingria y Carelia oriental a Ru-

sia (1617). Como señor del Báltico intervino en Alemania, con la ayuda de Richelieu, en apoyo de los protestantes durante la guerra de los Treinta años y venció a los imperiales en Breitenfeld (1631) y en Lech (1632), pero murió durante la batalla de Lützen, en la que sus tropas alcanzaron la victoria.

GUSTAVO III, *Estocolmo 1746-íd. 1792*, rey de Suecia (1771-1792). Déspota ilustrado, al principio promovió medidas liberales, pero las grandes sublevaciones agrarias y la guerra contra los daneses y rusos provocaron su vuelta al autoritarismo desde 1788. Fue asesinado por un fanático.

GUSTAVO IV ADOLFO, *Estocolmo 1778-Sankt Gallen, Suiza, 1837*, rey de Suecia (1792-1809). Luchó contra Francia y tuvo que ceder Finlandia a los rusos (1808); los estados generales franceses decretaron su destitución en favor de Carlos XIII.

GUSTAVO V, *castillo de Drottningholm 1858-íd. 1950*, rey de Suecia (1907-1950). Hijo de Óscar II, observó una estricta neutralidad durante las dos guerras mundiales. — **Gustavo VI Adolfo**, *Estocolmo 1882-Helsingborg 1973*, rey de Suecia (1950-1973), hijo de Gustavo V.

GUSTAVO A. MADERO, delegación de México (Distrito Federal); cab. *Guadalupe Hidalgo*. Industrias siderúrgicas y químicas.

GUTENBERG (Johannes Gensfleisch, llamado), *Maguncia entre 1397 y 1400-íd. 1468*, impresor alemán. Hacia 1440 perfeccionó en Estrasburgo el proceso de impresión con caracteres móviles *(tipografía)*. Establecido en Maguncia, en 1450 se asoció con J. Fust e imprimió la Biblia llamada «de cuarenta y dos líneas», publicada en 1455.

■ GUTENBERG

GUTERRES (António Manuel de Oliveira), *Lisboa 1949*, político portugués. Secretario general del Partido socialista (1992-2002), fue primer ministro desde 1995 hasta 2002. Desde 2005 es alto comisario de ACNUR.

GÜTERSLOH, c. de Alemania (Rin del Norte-Westfalia), cerca de Bielefeld; 91 634 hab. Artes gráficas.

GUTIÉRREZ (Eduardo), *Buenos Aires 1853-íd. 1890*, escritor argentino. Publicó novelas melodramáticas, entre las que destaca la gauchesca *Juan Moreira* (1880).

GUTIÉRREZ (Eulalio), *Ramos Arizpe, Coahuila-íd. 1940*, militar y político mexicano. Fue designado presidente provisional de la república por la convención de Aguascalientes (nov. 1914), pero enfrentado a Villa y a los otros caudillos, dimitió en junio de 1915.

GUTIÉRREZ (Gustavo), *Lima 1928*, teólogo peruano. Es uno de los más destacados defensores en Latinoamérica de la teología de la liberación (*La teología de la liberación*, 1971; *La fuerza histórica de los pobres*, 1982; *La densidad del presente*, 2003). [Premio Príncipe de Asturias de la comunicación y humanidades 2003.]

GUTIÉRREZ (Juan María), *Buenos Aires 1809-íd. 1878*, escritor argentino. Cofundador de la Asociación de mayo (1838), por lo que tuvo que exiliarse, destacó como poeta, narrador y estudioso de la literatura hispanoamericana.

GUTIÉRREZ (Lucio), *Quito 1957*, militar y político ecuatoriano. Dirigió una intentona golpista en 2002. Fundador de la Sociedad patrió-

■ **GUSTAVO I VASA**, por W. Boy. (Castillo de Grisholm, Suecia.)

■ **GUSTAVO II ADOLFO**. (Galería palatina, Florencia.)

■ JOSÉ **GUTIÉRREZ SOLANA.** *La tertulia del Pombo.* (Museo nacional Reina Sofía, Madrid.)

tica 21 de enero, fue presidente de la república desde 2003 hasta su destitución por el parlamento en 2005.

GUTIÉRREZ (Santos), *Cocuy 1820-Bogotá 1872,* militar y político colombiano. Liberal, combatió los regímenes de J. M. Melo y de Ospina Rodríguez. Fue presidente de la república (1868-1870) tras la destitución de Mosquera.

GUTIÉRREZ ABASCAL (Ricardo), conocido bajo el seudónimo de **Juan de la Encina,** Bilbao 1888-México 1963, crítico de arte español. Posee una numerosa obra de crítica e historia del arte.

GUTIÉRREZ ALEA (Tomás), *La Habana 1928-íd. 1996,* director de cine cubano. Es el más destacado exponente del cine cubano nacido de la revolución de 1959, cuyas consecuencias analizó a través de la sátira (*Muerte de un burócrata,* 1966), la reflexión social (*Memorias del subdesarrollo,* 1968; *La última cena,* 1976) e incluso la crítica (*Fresa y chocolate,* 1993) o el humor negro (*Guantanamera,* 1995).

GUTIÉRREZ CABA → ALBA.

GUTIÉRREZ DE LA VEGA (José), *Sevilla 1791-Madrid 1865,* pintor español. Formado en Sevilla e influido por Murillo, se dedicó al retrato, con predilección por los colores vivos.

GUTIÉRREZ GONZÁLEZ (Gregorio), conocido bajo el seudónimo de **Antíoco,** *Ceja del Tambo 1826-Medellín 1872,* poeta colombiano. Destaca su *Memoria sobre el cultivo del maíz en Antioquia* (1862), bella evocación de la vida rural.

GUTIÉRREZ GUERRA (José), *Sucre 1869-Antofagasta 1929,* economista y político boliviano. Ministro de hacienda (1913-1917) y presidente de la república (1917-1920), fue derrocado por una insurrección del Partido republicano.

GUTIÉRREZ NÁJERA (Manuel), *México 1859-íd. 1895,* escritor mexicano. Fundador de la *Revista azul* (1894), fue uno de los introductores de la boga francesa en la literatura modernista. Su obra poética, recopilada en *Poesías* (1896), se caracteriza por su mórbida religiosidad y el gusto por lo elegíaco. Su refinada prosa incluye *Cuentos frágiles* (1883), *Cuentos color de humo* (1898) y crónicas de sus viajes. También cultivó el periodismo.

GUTIÉRREZ SOLANA (José), *Madrid 1886-íd. 1945,* pintor español. Su obra, de una cierta tendencia expresionista, tiene un fuerte enraizamiento en la tradición española, ahondando en la temática de la «España negra». Fue un gran pintor de series costumbristas (series de grabados *Madrid, escenas y costumbres,* 1913-

1918). Museo monográfico en Queveda, Cantabria.

GUTIÉRREZ SOTO (Luis), *Madrid 1890-íd. 1977,* arquitecto español. Orientado en sus inicios hacia una arquitectura racionalista, durante el franquismo realizó distintas sedes oficiales (ministerio del Aire, 1941-1945) y residencias, en las que sobresalen sus jardines.

GUTIÉRREZ ZAMORA, mun. de México (Veracruz); 31 103 hab. Pesca. Industrias madereras.

GUTTMAN (Louis), *Nueva York 1916-Minneapolis 1987,* psicólogo estadounidense. Contribuyó en la construcción de escalas de actitudes

GUTZKOW (Karl), *Berlín 1811-Sachsenhausen 1878,* escritor alemán. Promotor del movimiento intelectual liberal Joven Alemania, es autor de novelas y de obras de teatro (*Uriel Acosta*).

GUYANA, ant. **Guayana Británica,** estado de América del Sur, a orillas del Atlántico; 215 000 km²; 850 000 hab. CAP. *Georgetown.* LENGUA: *inglés.* MONEDA: *dólar de Guyana.*

GEOGRAFÍA

Poblado principalmente por descendientes de inmigrantes hindúes y de negros africanos (traídos para trabajar en las plantaciones), el país, de clima caluroso y húmedo, está cubierto en gran medida de bosques. Vive de algunos cultivos (sobre todo arroz y caña de azúcar) y de la extracción de bauxita.

HISTORIA

1621-1791: la Compañía neerlandesa de las Indias occidentales garantizó el desarrollo del país (caña de azúcar, algodón). **1814:** Gran Bretaña, que ocupaba la región desde 1796, recibió la parte occidental de las Guayanas, bautizada British Guiana en 1831. Fue extendiendo su territorio hacia el O, por lo que Venezuela reclamó el sector denominado *Guayana Essequiba.* Zona de cultivos tropicales, la región fue poblada por africanos, hindúes y europeos. **1953:** se le concedió un estatuto de autonomía. **1961-1964:** el primer ministro Cheddi

■ TOMÁS **GUTIÉRREZ ALEA.** Una escena de *Memorias del subdesarrollo* (1968).

Guyana-Surinam

100   200   500   1000 m

—— carretera

✈ aeropuerto

● más de 200 000 hab.

● de 10 000 a 200 000 hab.

● menos de 10 000 hab.

Jagan gobernó con el apoyo de la población originaria de la India (50 %). Tuvo que enfrentarse a los blancos de la United Force y a la oposición de los negros (35 %), dirigida por Forbes Burnham. **1966:** el país obtuvo su independencia. **1970:** constituyó, en el marco de la Commonwealth, una «república cooperativa». **1980-1985:** F. Burnham fue nombrado presidente de Guyana. **1985:** a su muerte, lo sucedió el primer ministro Hugh Desmond Hoyte. **1992:** Cheddi Jagan fue elegido presidente de la república. **1997:** C. Jagan murió. Su viuda, Janet Jagan, accedió a la jefatura del estado. **1999:** tras la dimisión de J. Jagan, Bharrat Jagdeo accedió a la presidencia de la república (confirmado en el cargo en 2001 y 2006).

GUYENA, en fr. **Guyenne,** antiguo nombre de la región francesa de Aquitania.

GUYON DU CHESNOY (Jeanne-Marie **Bouvier de La Motte,** conocida por Mme.), *Montargis 1648-Blois 1717,* mística francesa. Apoyada por Fénelon, fue la figura central de la querella del quietismo.

GUYTON DE MORVEAU (Louis Bernard, barón), *Dijon 1737-París 1816,* químico francés. Realizó la licuefacción del gas amoníaco por la acción de una mezcla refrigerante y contribuyó a la creación de una nomenclatura química.

GUZMÁN (laguna de), laguna de México (Chihuahua), que recoge los aportes del río Casas Grandes; 16 600 km².

GUZMÁN, familia aristocrática española de origen leonés, que a lo largo de la reconquista obtuvo grandes dominios en Andalucía. Entre sus miembros destacan Juan Alfonso Guzmán, duque de Medinasidonia (m. en 1468); Enrique Guzmán, 2° conde de Olivares (1540-

1607), y su hijo Gaspar de Guzmán y Pimentel, conde-duque de *Olivares.

GUZMÁN (Alberto), *Talara 1927,* escultor peruano. Su obra se agrupa en dos series principales: las *tensiones* y las *particiones,* esculturas que combinan esferas, semiesferas y redes de varillas.

GUZMÁN (Antonio Leocadio), *Caracas 1801-íd. 1884,* político venezolano. Intelectual de prestigio, fundó el Partido liberal, ocupó diversos ministerios y fue vicepresidente con Monagas. — **Antonio G. Blanco,** *Caracas 1829-París 1898,* militar y político venezolano. Hijo de Antonio Leocadio, fue presidente en 1870-1877, 1879-1884 y 1886-1888, e impulsó con autoritarismo el desarrollo económico del país.

GUZMÁN (Martín Luis), *Chihuahua 1887-México 1976,* escritor mexicano. Su obra está ligada al tema de la revolución mexicana, en la que participó activamente, y en ella destacan las novelas *El *águila y la serpiente* (1928) y *La sombra del caudillo* (1929). Autor de *Memorias de Pancho Villa* (1936-1951), fundó el diario *El mundo* y editó la revista *Romance.*

GUZMÁN (Nuño Beltrán **de**), *h. 1485-1558,* conquistador español. Gobernador de Pánuco (1525) y primer presidente de la audiencia de Nueva España (1528), su autoritarismo y abusos sobre los indígenas le enemistaron con el prelado Zumárraga y con Cortés. Conquistador y gobernador (1531) de Nueva Galicia, fundó Culiacán, Espíritu Santo y Guadalajara.

GUZMÁN (Silvestre Antonio), *Santiago de los Caballeros 1911-Santo Domingo 1982,* político dominicano. Socialdemócrata, fue presidente en 1978-1982. Se suicidó poco antes de la toma de posesión de su sucesor, S. J. Blanco.

Guzmán de Alfarache, novela picaresca de Mateo Alemán en dos partes (1599 y 1604). Es la autobiografía de un aventurero que vive del robo y el engaño, y que contempla la sociedad, la religiosidad y la educación con ojos críticos. Escrita en un castellano barroco, en ella abundan las digresiones moralizadoras y se intercalan relatos moriscos, cuentecillos y anécdotas.

GUZMÁN DE ROJAS (Cecilio), *Potosí 1900-La Paz 1950,* pintor boliviano. Director de Artes plásticas, revalorizó la pintura virreinal. Con una obra de temática social e indigenista, durante la guerra del Chaco pintó una serie de lienzos expresionistas que son una protesta contra el belicismo.

GUZMÁN el Bueno (Alonso **Pérez de Guzmán,** llamado), 1er señor **de Sanlúcar de Barrameda,** *León 1256-Sierra de Gaucín, Málaga, 1309,* aristócrata y guerrero castellano. Miembro de la familia Guzmán, defendió Tarifa de los benimerines y dirigió la conquista de Gibraltar a los musulmanes (1309).

GWĀLIOR, c. de la India (Madhya Pradesh); 720 068 hab. Templos de los ss. xV; relieves rupestres jainíes del s. xV; palacios y mausoleos de la época mogol.

GWERU, ant. **Gwelo,** c. de Zimbabwe; 124 735 hab. Refinería de cromo.

GYLLENSTEN (Lars), *Estocolmo 1921-Solna, cerca de Estocolmo, 2006,* escritor sueco. Sus novelas (*Infantilia,* 1952; *Senilia,* 1956; *Juvenilia,* 1965) son una pintura pesimista e irónica de la naturaleza humana.

GYŐR, en alem. **Raab,** c. del NO de Hungría, a orillas del Danubio; 129 338 hab. Metalurgia. — Monumentos del s. xII hasta la época barroca; museo de arqueología romana.

HAAG (Den) → **HAYA** (La).

HAAKON, nombre de varios reyes de Noruega. — **Haakon IV**, *cerca de Skarpsborg 1204-Kirkwall, Órcadas, 1263*, rey de Noruega (1217/1223-1263). Implantó su soberanía en Islandia y Groenlandia. — **Haakon VII**, *Charlottenlund 1872-Oslo 1957*, rey de Noruega (1905-1957). Hijo menor de Federico VIII de Dinamarca, fue elegido rey de Noruega tras la separación de Suecia y Noruega.

HAARLEM, c. de Países Bajos, cap. de Holanda Septentrional; 149 474 hab. Monumentos antiguos del Grote Markt. entre ellos la Gran Iglesia o la de El. xv-xvi, museo Frans Hals en el hospicio de ancianos s. XVII.— Resistió un largo asedio por parte del duque de Alba, que se apoderó de la ciudad en 1573.

HAAVELMO (Trygve), *Skedsmo 1911-Eiksmarka, cerca de Oslo, 1999*, economista y estadista noruego. Uno de los fundadores de la econometría, su teorema sobre los efectos multiplicadores de un presupuesto en equilibrio busca favorecer las políticas de reactivación a través del gasto público. (Premio Nobel 1989.)

HABACUC, *h. 600 a.C.*, profeta bíblico. Su libro plantea el problema del mal a través de la historia del pueblo de Israel.

HABANA (La), cap. de Cuba y de las prov. de La Habana y Ciudad de La Habana; 2 059 223 hab. *(habaneros)*. Principal puerto y centro económico de Cuba, y mayor ciudad de las Antillas. Centro industrial y terciario. Puerto comercial en la *bahía de La Habana*. Turismo. Aeropuerto José Martí. Universidad.— Templos y edificios civiles del s. XVIII, muy ornamentados (catedral, palacio del gobierno, casa de correos, biblioteca nacional). Castillos de San Salvador de La Punta y de El Morro, y fortaleza de San Carlos de la Cabaña, en el puerto. La Habana Vieja y sus fortificaciones fueron declaradas patrimonio de la humanidad (1982). Museos. — Fue fundada en 1519 por Diego Velázquez.

HABANA (provincia de **La**), prov. de Cuba; 5 745 km²; 630 000 hab.; cap. *La Habana*.

HABANILLA, r. de Cuba, afl. del Arimao. Forma las *cascadas del Habanilla*, en el parque nacional de Escambray.

HABER (Fritz), *Breslau 1868-Basilea 1934*, físico y químico alemán. Realizó la síntesis industrial del amoníaco y la termodinámica de las reacciones químicas entre gases. (Premio Nobel de química 1918.)

HABERMAS (Jürgen), *Düsseldorf 1929*, filósofo alemán. Vinculado a la escuela de Frankfurt, analiza las relaciones entre la técnica, el poder y la comunicación (*Ciencia y técnica como ideología*, 1968; *Teoría de la acción comunicativa*, 1981). [Premio Príncipe de Asturias de ciencias sociales 2003.]

HABRÉ (Hissène), *Faya-Largeau 1936*, político chadiano. Participó desde 1972 en la rebelión del N de Chad. Primer ministro (1978) y presidente (1982) tras vencer a G. Oueddei, fue derrocado por I. Déby (1990).

HABSBURGO, casa que reinó en el Sacro Imperio romano germánico (1273-1291; 1438-1740; 1765-1806), en Austria (1278-1918), en España (1516-1700) y en Bohemia y Hungría (1526-1918). Los Habsburgo, que habían adquirido considerables territorios en Suiza y Alsacia en el s. XII, se encumbraron gracias a la elección de Rodolfo I como rey de romanos (1273). Se adueñaron de la Baja Austria y de Estiria (1278), del Tirol (1363) y, en el s. XV, adoptaron el nombre de *casa de Austria*. Mediante matrimonios y herencias, esta obtuvo, entre 1477 y 1526, los Países Bajos, Castilla, Aragón, Bohemia y Hungría. Con la abdicación de Carlos Quinto (1556), el Imperio se dividió entre su hijo Felipe II (1556-1598), fundador de la rama española (→ **Austria** [casa de]), que se extinguió en 1700, y su hermano Fernando I (1556-1564), fundador de la rama alemana. Con Carlos VI (1711-1740) se extinguió la casa de Habsburgo, cuya heredera, María Teresa (1740 1780), se casó en 1736 con Francisco de Lorena, fundador de la casa de Habsburgo-Lorena, que reinó en Austria, Bohemia y Hungría hasta 1918.

HACHEMÍES o **HACHEMITAS**, dinastía descendiente de Hāšim, bisabuelo de Mahoma. Destacó por varios linajes de jerifes, soberanos de La Meca desde el s. X hasta 1924, y por los emires y reyes que dio en el s. XX al Hiŷāz (1908-1924), Iraq (1921-1958), Transjordania (1921-1949) y Jordania (desde 1949).

HACHETTE (Louis), *Rethel 1800-Le Plessis-Piquet, act. Le Plessis-Robinson, 1864*, editor francés. A partir del fondo de la Librairie Brédif, adquirida en 1826, creó su propia editorial, la Librairie Hachette (después Hachette), cuyas actividades (edición y distribución de libros y de prensa, audiovisual, etc.) se ejercen act. en el seno del grupo Lagardère.

■ LA **HABANA**. En primer plano, el Instituto de deportes.

HACHINOHE, c. de Japón, en el N de Honshū; 241 057 hab. Puerto pesquero.

HACHIŌJI, c. de Japón, en el área industrial al O de Tōkyō, (Honshū); 466 347 hab.

HADES MIT. GR. Dios de los infiernos. Se le identificó con el Plutón romano.

HADID (Zaha), *Bagdad 1950*, arquitecta británica de origen iraquí. Discípula de Rem Koolhas, destaca por el vanguardismo geométrico y la cuidada estética de sus proyectos (parque de bomberos, Weil am Rhein; centro de arte, Cincinnati; intercambiador de transportes, Estrasburgo; reordenación de Zorrozaurre, Bilbao). [Premio Pritzker 2004.]

HADJAR (EL), c. de Argelia, cerca de Annaba; 40 000 hab. Siderurgia.

HADRAMAWT, región de Arabia (Yemen), junto al golfo de Adén y el mar de Omán.

HAECKEL (Ernst), *Potsdam 1834-Jena 1919*, zoólogo y embriólogo alemán. Defensor de Darwin, propuso una *ley biogenética fundamental* (1866): «La ontogénesis es una breve recapitulación de la filogénesis.»

HAEDO (cuchilla de), sistema montañoso de Uruguay, que se extiende por el N del país.

HAEJU, c. de Corea del Norte; 213 000 hab.

HAENDEL → **HÄNDEL**.

HAENKE (Tadeo Peregrino Xavier), *Kreibitz-Chabamba, Bolivia, 1817*, botánico y geólogo checo. Botánico de la expedición de Malaspina desde 1790, herborizó en las islas Filipinas y Marianas. Es autor de la *Introducción a la historia natural de la provincia de Cochabamba y circunvecinas* (1799).

HAES (Carlos de), *Bruselas 1826-Madrid 1898*, pintor español de origen belga. Introdujo en España el paisajismo realista.

HAFIZ (Mūlāy), *Fez h. 1875-Enghien-les-Bains, Francia, 1937*, sultán de Marruecos (1908-1912), de la dinastía de los 'Alawíes.

HAFIZ (Šams al-Dīn Muḥammad), *Šīrāz h. 1325-íd. 1390*, poeta persa. Es autor de poesías líricas de inspiración amorosa y mística.

HAFSÍES, dinastía musulmana que reinó en el N de África de 1229 a 1574. Su capital fue Túnez.

HAFṢŪN ('Umar ibn), *La Torrecilla, Málaga-fortaleza de Bobastro, Málaga, 917*, insurgente hispanomusulmán. Sublevado contra el emir de Córdoba, fundó un reino que se extendía desde el S de Córdoba hasta cerca del mar, y que entró en declive a raíz de su derrota en la batalla de Poley (Aguilar de la Frontera), en 891.

Haganá (voz hebrea que significa *defensa*), organización paramilitar judía. Sus unidades lucharon junto a Gran Bretaña durante la segunda guerra mundial, y en 1948 constituye-

1379

ron el núcleo del ejército del nuevo estado de Israel.

HAGEDORN (Friedrich von), *Hamburgo 1708-íd. 1754*, poeta alemán. Es autor de *Fábulas y cuentos* (1738) influidos por La Fontaine.

HAGEN, c. de Alemania (Rin del Norte-Westfalia), en el Ruhr; 214 877 hab. Centro industrial.— Museo K. E. Osthaus (pintura del s. XX) y museo al aire libre de las Técnicas.

HAGUE (La), cabo de Francia, en la península de Cotentin (Manche).

HAHN (Otto), *Frankfurt del Main 1879-Gotinga 1968*, químico y físico alemán. Con L. Meitner descubrió el protactinio (1917) y el fenómeno de isomería nuclear. En 1938, con Fritz Strassmann, puso en evidencia la fisión del uranio. (Premio Nobel de química 1944.)

HAHN (Reynaldo), *Caracas 1875-París 1947*, compositor venezolano, nacionalizado francés. Es autor de numerosas melodías y obras líricas (*Ciboulette*, 1923).

HAHNEMANN (Christian Friedrich Samuel), *Meissen 1755-París 1843*, médico alemán. Fundador de la doctrina homeopática, que tuvo una acogida hostil en Alemania, en 1835 se instaló en París, donde tuvo un gran éxito.

HAICHENG, c. de China, al SO de Shenyang; 992 000 hab.

HAIFA, c. de Israel, junto al Mediterráneo; 250 000 hab. Puerto. Refinería de petróleo.

HAIG (Alexander), *Filadelfia 1924*, militar estadounidense. Colaborador de Nixon y Kissinger durante el alto el fuego en Vietnam (1972-1973) y comandante de las fuerzas de la OTAN en Europa (1974-1979), fue secretario de Estado del presidente Reagan (1981-1982).

HAIG (Douglas, conde), *Edimburgo 1861-Londres 1928*, mariscal británico. De 1915 a 1918 estuvo al frente de las tropas británicas en Francia.

HAI HE o **HAI-HO**, r. de China, que desemboca en el golfo de Bohai; 450 km. Pasa cerca de Pekín y atraviesa Tianjin.

HAIKOU o **HAI-K'EU**, c. de China, cap. de la prov. de Hainan; 280 000 hab.

HAILÉ SELASSIÉ, *Harar 1892-Addis Abeba 1975*, emperador de Etiopía (1930-1974). Regente y heredero del imperio (1916), el *ras* Tafari Makonnen fue proclamado rey (negus) en 1928 y se convirtió en emperador en 1930 con el nombre de Hailé Selassié I. Exiliado (1936) durante la invasión italiana y refugiado en Gran Bretaña, volvió a Etiopía con las tropas aliadas (1941). El ejército lo derrocó en 1974.

■ HAILÉ SELASSIÉ

■ EDMOND HALLEY, por R. Phillips. (Galería nacional de retratos, Londres.)

HAINAN o **HAI-NAN**, isla y prov. de China meridional; 34 000 km²; 6 420 000 hab.; cap. *Haikou.*

HAINAUT, región histórica compartida por Francia y Bélgica. Condado del Imperio germánico (s. IX), en 1055 se unió al condado de Flandes, en 1256 a la casa de Avesnes y en 1428 a los Estados Borgoñones. La parte S del Hainaut (Valenciennes) pasó a Francia en 1678 (tratado de Nimega).

HAINAUT, prov. del S de Bélgica; 3 787 km²; 1 278 791 hab.; cap. *Mons.* El E es industrial y el O agrícola.

HAINING, c. de China (Zhejiang); 600 000 habitantes.

HAIPHONG, c. del N de Vietnam; 1 279 000 hab. Puerto y centro industrial.

HAITÍ, en fr. **Haïti**, estado de las Antillas, que ocupa el O de la isla de La Española; 27 750 km²; 7 300 000 hab. *(haitianos).* CAP. *Puerto Príncipe.* LENGUAS: *criollo haitiano y francés.* MONEDAS: *gourde y dólar EUA.*

GEOGRAFÍA

El país, poblado en su mayoría por negros, presenta un clima tropical y está formado por cadenas montañosas separadas por tierras más bajas. Produce café, plátanos y caña de azúcar, que son sus principales recursos comerciales. El subsuelo contiene bauxita. El nivel de vida es muy bajo, y persisten las tensiones sociales. Superpoblado y poco industrializado, el país está muy endeudado. La deforestación masiva para la agricultura agrava el riesgo del país ante las inundaciones.

HISTORIA

La época colonial. 1492: la isla, poblada por arawak, fue descubierta por Cristóbal Colón, que la bautizó Hispaniola. **1697:** el tratado de Ryswick reconoció la ocupación francesa del O de la isla. **S. XVIII:** se convirtió en la colonia francesa más próspera por la producción de azúcar y de café. Estaba poblada en un 90 % por esclavos negros, libertos y mulatos. **1791:** Toussaint Louverture dirigió la sublevación de los esclavos. **1795:** Francia recibió la parte española de la isla por el tratado de Basilea. **El s. XIX. 1804:** tras expulsar a los franceses, J.-J. Dessalines se proclamó emperador. **1806-1818:** mientras España volvía a ocupar el E de la isla, una secesión enfrentó al reino del N (Henri Christophe) con la república del S (Alexandre Pétion). **1822:** reunificación de la isla. **1844:** la parte E recuperó su libertad para formar la República Dominicana. **1849-1859:** Faustin I se proclamó emperador. **1859-1910:** la población mulata dominaba la vida política. **El período contemporáneo. 1915-1934:** la deuda exterior y la crisis política provocaron la intervención de EUA, que ocupó el país. **1934-1957:** se retirada reabrió la inestabilidad. **1957-1971:** F. Duvalier, presidente vitalicio (1964), ejerció un poder dictatorial. **1971-1986:** le sucedió su hijo J.-C. Duvalier. Una grave crisis política lo obligó a exiliarse. **1986-1990:** los militares (Henri Namphy, Prosper Avril) detentaron el poder de manera casi ininterrumpida. **1990:** J.-B. Aristide, apóstol de la teología de la liberación, fue elegido presidente de la república. **1991:** J.-B. Aristide fue derrocado por un nuevo golpe militar y debió exiliarse. **1994:** intervención militar de EUA y regreso de Aristide, que volvió a ocupar la presidencia. **1996:** René Préval (elegido en dic. 1995) tomó posesión de la presidencia de la república. Sin embargo, el país se sumió en una crisis política permanente en un contexto económico catastrófico. **2001:** J.-B. Aristide volvió a la jefatura del estado. Pero la deriva autoritaria del régimen sumió al país en una crisis política permanente, que degeneró en enfrentamientos de guerra civil. **2004:** bajo la presión de la oposición democrática, de una rebelión armada y de la comunidad internacional, el presidente Aristide dimitió y se exilió (febr.). Fuerzas internacionales, más tarde de la ONU, fueron desplegadas para garantizar la seguridad en el país. **2006:** R. Préval volvió a la jefatura del estado. Pero el país sigue sumido en el caos.

HAITINK (Bernard), *Amsterdam 1929*, director de orquesta neerlandés. Director musical del Concertgebouw de Amsterdam (1964-1988) y del Covent Garden (1987-2002), ha grabado las integrales de las sinfonías de Bruckner y Mahler, y ha contribuido al redescubrimiento de las obras de Liszt y de Shostakóvich.

HAKAM I (al-), *Córdoba 770-íd. 822*, emir de Córdoba (796-822). Hijo y sucesor de Hišām I, tuvo que hacer frente a diversas rebeliones internas: de los Banū Qasi en el norte; insurrección de Toledo (807); alfaquíes en la rebelión cordobesa del *Arrabal (818).

HAKAM II (al-), *Córdoba 915-íd. 976*, califa de Córdoba (961-976), hijo y sucesor de 'Abd al-Raḥmān III. Bajo su reinado al-Andalus vivió una etapa de relativa paz interior, de auge cultural y científico y de expansión por Marruecos.

HAKAM (al-), *985-1021*, sexto califa fatimí (996-1021). Consintió en la proclamación de su propia divinidad (1017) y es venerado por los drusos.

HAKĪM (Tawfīq al-), *¿Alejandría? 1898-El Cairo 1987*, escritor egipcio. Autor de novelas (*Diario de un fiscal rural*, 1937), es uno de los principales dramaturgos en lengua árabe.

HAKODATE, c. de Japón (Hokkaidō); 307 249 hab. Puerto.

HAL → **HALLE.**

HALCÓN (Manuel), *Sevilla 1902-Madrid 1989*, escritor español. Su narrativa refleja el mundo de la aristocracia latifundista andaluza (*Aventuras de Juan Lucas*, 1944; *Monólogo de una mujer fría*, 1960). [Real academia 1962.]

HALDANE (John), *Oxford 1892-Bhubaneswar 1964*, biólogo y matemático indio de origen británico. Es uno de los creadores de la teoría sintética de la evolución (neodarvinismo).

HALE (George), *Chicago 1868-Pasadena 1938*, astrofísico estadounidense. Precursor de la astronomía solar moderna, inventó la espectroheliografía (1891) aparte de H. Deslandres. Construyó el telescopio de 5,08 m del observatorio del monte Palomar.

HALES (Stephen), *Bekesbourne, Kent, 1677-Teddington, cerca de Londres, 1761*, químico y naturalista británico. Estudió numerosos gases y midió la presión sanguínea.

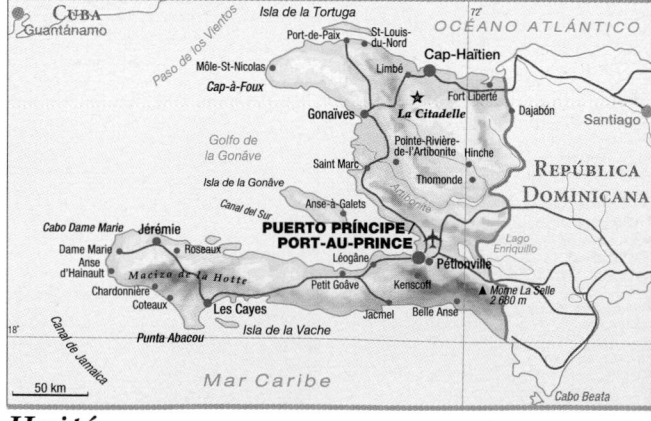

Haití

★ lugar de interés turístico
— carretera
✈ aeropuerto

● más de 1 000 000 hab.
● de 100 000 a 1 000 000 hab.
● de 30 000 a 100 000 hab.
● menos de 30 000 hab.

200   500   1 000   2 000 m

HALEY (Bill), *Highland Park, Michigan, 1925-Harlingen, Texas, 1981*, guitarrista estadounidense de rock. Pionero del rock and roll, grabó con su grupo, The Comets, el primer gran éxito de este género, *Rock around the clock* (1954).

HALFFTER, familia de compositores y directores de orquesta españoles. — **Rodolfo H.,** *Madrid 1900-México 1987*, nacionalizado mexicano. Escribió diversas obras influido por M. de Falla (*Suite,* 1928; *Dos sonatas de El Escorial,* para piano, 1930; *Don Lindo de Almería,* ballet, 1936). — **Ernesto H.,** *Madrid 1905-íd. 1989.* Hermano de Rodolfo, compuso *Sinfonietta* (1925), *Rapsodia portuguesa* (1939), música de cámara y piezas para piano, y completó la cantata escénica *La Atlántida,* de Falla (1961). — **Cristóbal H.,** *Madrid 1930.* Sobrino de Rodolfo y Cristóbal, maestro de la música postserial española, entre sus obras, que abarcan todos los géneros, destacan *Anillos* (1967-1968), *Fibonacciana* (1969) y *Réquiem por la libertad imaginada* (1971).

HALICARNASO, colonia griega de Caria, en Asia Menor (act. *Bodrum*). Fue embellecida por Mausolo y Artemisa II (s. IV a.C.). — Fragmentos esculpidos del Mausoleo (en el que participaron Escopas y Leocares), en el British Museum.

HALIFAX, c. de Canadá, cap. de Nueva Escocia, junto al Atlántico; 114 455 hab. (253 704 en la aglomeración). Puerto. Universidad. Arzobispado.

HALIFAX, c. de Gran Bretaña (Inglaterra); 87 000 hab. Ant. mercado de paños del s. XVIII.

HALIFAX (Edward Frederick **Lindley Wood, conde de**), *Powderham Castle 1881-Garrowby Hall 1959*, político británico. Fue virrey de la India (1925-1931), secretario de asuntos exteriores (1938-1940) y embajador en EUA (1941-1946).

HALL (Edwin Herbert), *Gorham, Maine, 1855-Cambridge, Massachusetts, 1938*, físico estadounidense. Autor de obras sobre la conductividad térmica y eléctrica del acero, en 1880 descubrió el efecto que lleva su nombre.

HALL (Granville Stanley), *Ashfield, Massachusetts, 1844-Worcester 1924*, psicólogo estadounidense. Fue uno de los fundadores de la psicología experimental en EUA, y consagró sus investigaciones al desarrollo del niño y del adolescente (*Adolescence,* 1904).

HALLĀŸ (Husayn ibn Mansūr, llamado **al-**), *Tūr, Fārs, h. 858-Bagdad 922*, teólogo, místico y mártir musulmán. Su obra marcó el inicio de una gran corriente sufí. Fue ejecutado por los Abasíes.

HALLE o **HALLE AN DER SAALE,** c. de Alemania (Sajonia-Anhalt), a orillas del Saale; 295 372 hab. Universidad. Metalurgia. — Iglesias de los ss. XIV-XVI; mercado; catedral; natal de Händel.

HALLE, en fr. **Hal,** c. de Bélgica (Brabante); 32 768 hab. Basílica (s. XIV).

HALLE (Adam de la), llamado **Adam le Bossu** («el jorobado»), *Arras h. 1240-h. 1287*, trovero picardo, autor de rondós polifónicos y de obras dramáticas (*Juego de Robin y Marion*).

HALLES (Les), barrio de París donde se encontraba el mercado central, demolido en 1969. Centro comercial (*Forum des Halles,* 1979) y diversos edificios públicos.

HALLEY (Edmond), *Haggerston, cerca de Londres, 1656-Greenwich 1742*, astrónomo británico. Autor de estudios sobre geofísica, meteorología y astronomía, destaca el movimiento de los cometas (1705). Fue el primero en predecir mediante cálculo la reaparición de uno de ellos cerca del Sol.

Halley (cometa), cometa periódico (76 años, aprox.) identificado por Edmond Halley. Su último paso por el perihelio tuvo lugar en 1986.

HALLSTATT, localidad de Austria, en Salzkammergut. Minas de sal ya explotadas durante la prehistoria. El descubrimiento (1846) de una vasta necrópolis configuró el yacimiento epónimo de la primera edad del hierro (900-450 a.C.); museos. (Patrimonio de la humanidad 1997.)

HALLYDAY (Jean-Philippe Smet, llamado Johnny), *París 1943*, cantante francés. Introductor del rock en Francia, fue muy popular en la década de 1960 (*L'idole des jeunes,* 1962).

HALMAHERA, GILOLO o **JILOLO,** isla del archipiélago de las Molucas (Indonesia).

HALMSTAD, c. de Suecia, a orillas del Cattegat; 80 061 hab. Puerto. Centro industrial. — Iglesia gótica de San Nicolás.

HALONEN (Tarja), *Helsinki 1943,* política finlandesa. Socialdemócrata, ministra (de asuntos sociales, 1987-1990, y de asuntos exteriores, 1995-2000), es presidenta desde 2000.

HALPERIN (Tulio), *La Plata 1926,* historiador argentino, especialista en historia latinoamericana (*Historia contemporánea de América latina,* 1969; *Reforma y disolución de los imperios ibéricos. 1750-1850,* 1985).

HALS (Frans), *Amberes h. 1580/1585-Haarlem 1666,* pintor neerlandés. Autor de retratos y de cuadros de género, vivió en Haarlem, donde se conservan sus obras maestras (museo Frans Hals), desde el jovial *Banquete de los arqueros de San Jorge* (1616) a *Los regentes del hospicio de ancianos* y *Las regentes del hospicio de ancianas,* de una causticidad implacable (1664). Su técnica audaz, de una libertad de estilo inédita, influyó en Manet y otros artistas del s. XIX.

FRANS HALS. *La gitana* (h. 1628-1630).
[Museo del Louvre, París.]

HALWĀN o **HILWĀN,** c. de Egipto, en la aglomeración de El Cairo; 328 000 hab. Estación termal. Siderurgia.

HAMĀ, c. del N de Siria, a orillas del Orontes; 253 000 hab.

HAMADĀN, c. de Irán, al SO de Teherán; 349 653 hab. Mausoleo selyúcida. — Es la ant. *Ecbatana.*

HAMAMATSU, c. de Japón (Honshū); 534 620 hab.

HAMANN (Johann Georg), *Königsberg 1730-Münster 1788,* escritor y filósofo alemán. Su misticismo influyó en el *Sturm und Drang.

Hamas, acrónimo del ár. **Harakat al-Muqāwama al-Islāmiyya** (Movimiento de la resistencia islámica), organización islámica palestina surgida de los Hermanos musulmanes, fundada en 1987. Para reivindicar la liberación de Palestina, Hamas, actor principal de la Intifada, lleva a cabo una lucha violenta (atentados) contra Israel. Tras alcanzar un papel de primer orden en la vida política palestina (victoria en las elecciones legislativas de en. 2006), se opuso rápidamente a Fatah, el partido de Mahmud 'Abbās, tomando por la fuerza el control de la franja de Gaza en junio 2007.

HAMBURGO, en alem. **Hamburg,** c. de Alemania, a orillas del Elba, que constituye un Land; 1 702 887 hab. Es la principal salida marítima de Alemania y uno de los mayores puertos europeos. Industrias (metalurgia, química, agroalimentaria). — Museos (Kunsthalle). — Dotada de una carta de franquicia y privilegios de navegación (1189), se impuso en los mercados extranjeros con la Hansa y aventajó a Lübeck en el s. XVI. En 1806 fue ocupada y anexionada (1810) por Napoleón I. En 1815 entró en la Confederación germánica como ciudad libre y soberana, se incorporó al imperio alemán (1871) y obtuvo el estatuto de puerto franco (1881). En 1943 fue bombardeada por los Aliados.

HAMBURGO, en alem. **Hamburg,** Land de Alemania; 753 km²; 1 702 887 hab.; cap. *Hamburgo.*

HAMERLING (Rupert **Hammerling,** llamado Robert), *Kirchberg am Walde 1830-Graz 1889,* escritor austriaco, poeta épico (*Ahasverus in Rom,* 1866) y novelista (*Aspasia,* 1876).

HAMHUNG o **HAMHEUNG,** c. de Corea del Norte; 775 000 hab.

HAMÍLCAR → AMÍLCAR BARCA.

HAMILTON → CHURCHILL.

HAMILTON, c. de Canadá (Ontario), en el extremo O del lago Ontario; 318 499 hab. Universidad. Puerto. Siderurgia; construcciones mecánicas y eléctricas.

HAMILTON, c. de Nueva Zelanda, en la isla del Norte; 150 000 hab.

HAMILTON (Alexander), *isla de Nevis, Antillas, 1757-Nueva York 1804,* político estadounidense. Ayudante de campo de Washington (1777), corredactó la constitución de EUA y fundó el Partido federalista. Como secretario del Tesoro (1789-1795) organizó la banca nacional.

HAMILTON (Anthony, en fr. Antoine), *Roscrea 1646-Saint-Germain-en-Laye, Francia, 1720,* escritor irlandés en lengua francesa. Siguió a los Estuardo en el exilio y es autor de *Memorias de la vida del conde de Gramont* (1713).

HAMILTON (sir William Rowan), *Dublín 1805-íd. 1865,* matemático y físico irlandés. Inventó en 1843 los «cuaternios», primer ejemplo de conjunto donde la multiplicación no es conmutativa. Su teoría de la óptica impulsó en la dinámica el cálculo de las variaciones y la resolución de las ecuaciones diferenciales.

Hamlet, protagonista de la tragedia homónima de Shakespeare (h. 1601), inspirada en un príncipe medieval danés. Melancólico, se siente abrumado por la fatalidad: para vengar a su padre, cuyo espectro le revela que ha sido asesinado, debe matar a su tío. Simula demencia y abandona a su prometida, Ofelia, que enloquece y se ahoga. Hamlet cumple su venganza pero pierde la vida. Es famoso su monólogo (*To be or not to be,* «Ser o no ser...»).

HAMM, c. de Alemania (Rin del Norte-Westfalia), en el Ruhr; 182 390 hab. Metalurgia.

HAMMĀDÍES o **BANŪ HAMMĀD,** dinastía bereber, fundada por Hammād ibn Buluggin, que reinó en el Magreb central de 1015 a 1152.

HAMMARSKJÖLD (Dag), *Jönköping 1905-Ndola, Zambia, 1961,* político sueco. Fue secretario general de la ONU de 1953 a 1961. (Premio Nobel de la paz 1961.)

HAMMERFEST, c. de Noruega, la más septentrional de Europa; 9 166 hab. Puerto. Gas y petróleo (off-shore). Central mareomotriz submarina.

HAMMETT (Dashiell), *condado de Saint-Mary, Maryland, 1894-Nueva York 1961,* novelista estadounidense. Es el creador de la novela policiaca negra (*El halcón maltés,* 1930).

HAMMURABI o **HAMMU-RAPI,** rey de Babilonia (1793-1750 a.C.). Fundó el primer imperio babilonio e hizo redactar un código (*Código de Hammurabi*), grabado en una estela de basalto, que fue hallada en Susa en 1901-1902 (Louvre).

HAMPDEN (John), *Londres 1594-Thame 1643,* político inglés. Contrario a la arbitrariedad monárquica, fue lugarteniente de Pym y dirigente republicano en la guerra civil.

HAMPI → VIJAYANAGAR.

HAMPSHIRE, condado del S de Inglaterra, a orillas del canal de la Mancha; 1 511 900 hab.; cap. *Winchester;* c. pral. *Southampton.*

HAMPTON (Lionel), *Louisville 1909-Nueva York 2002,* músico de jazz estadounidense. Fue pionero en utilizar en jazz el vibráfono. Figura del middle jazz, fundó su big band en 1940.

Hampton Court, residencia real de Inglaterra, al SO de Londres (ss. XVI-XVII; galería de pinturas).

HAMPTON ROADS, rada de Estados Unidos (Virginia), en la entrada de la bahía de Chesapeake. Acoge los puertos de Newport News, Norfolk, Portsmouth y *Hampton.*

HAMSUN (Knut Pedersen, llamado Knut), *Garmostraeet, cerca de Lom, 1859-Nörholm 1952,* escritor noruego. Sus novelas exaltan la naturaleza y la liberación de las trabas sociales (*Hambre,* 1890; *Pan,* 1894; *Bajo las estrellas de otoño,* 1908). [Premio Nobel 1920.]

HAN, dinastía imperial china (206 a.C.-220 d.C.). Fundada por Gaozu (206-195 a.C.), consolidó el poder central y presidió un gran desarrollo económico y la expansión por Manchuria, Corea, Mongolia, Vietnam y Asia central. En apogeo durante el reinado de Wudi (140-87 a.C.), el usurpador Wang Mang (9-23) no logró paliar la crisis agraria y, tras el año 23, los emperadores limitaron el poder de los grandes propietarios.

HANAU, c. de Alemania (Hesse), a orillas del Main; 89 156 hab.

HANDAN, c. de China (Hebei); 1 110 000 hab.

HÄNDEL o **HAENDEL** (Georg Friedrich), *Halle 1685-Londres 1759,* compositor alemán, nacionalizado británico. Su lenguaje musical, grandioso y lírico, es una síntesis magistral de los estilos italiano, francés, germánico e inglés. Compuso sonatas, conciertos, suites (*Water Music*), óperas (*Rinaldo,* 1711) y sobre todo oratorios (*Israel en Egipto,* 1739; *El Mesías,* 1742; *Judas Macabeo,* 1747).

HANDKE (Peter), *Griffen, Carintia 1942,* escritor austriaco. Su obra novelística (*El miedo del portero al penalty,* 1970; *Desgracia impeorable,* 1972; *La mujer zurda,* 1977; *El año que pasé en la bahía de nadie,* 1994; *En una noche oscura salí de mi casa sosegada,* 1997; *Don Juan [contado por él mismo],* 2006) y dramática (*La cabalgata sobre el lago Constanza,* 1971; *Por los pueblos,* 1981) traduce la angustia de la soledad y de la incomunicación.

Haneda, aeropuerto de Tōkyō, al S de la ciudad, en la bahía de Tōkyō.

HANGZHOU, c. de China, cap. de Zhejiang; 1 340 000 hab. Ant. capital de China, en época de los Song del Sur (1127-1276). — Pagoda de las Seis armonías, fundada en 970; jardines. — En la *bahía de Hangzhou,* puente que enlaza desde 2008 Shanghai con Ningbo; 35,6 km (el segundo más largo del mundo).

HANKE (Lewis Ulysses), *Oregon City 1905-1993,* historiador e hispanista estadounidense. Especialista en historia latinoamericana y en la figura del padre Las Casas, es autor, junto con C. Rodríguez, de *Los virreyes españoles en América durante el gobierno de la casa de Austria* (12 vols., 1976-1980).

HANKOU, parte de la aglomeración de Wuhan (China).

HANKS (Thomas J., llamado Tom), *Concord, California, 1956,* actor estadounidense. Encarna un nuevo tipo de actor hollywoodiense, que expresa la verdad de sus personajes mediante una interpretación de gran sobriedad (*Filadelfia,* J. Demme, 1993; *Forrest Gump,* R. Zemeckis, 1994; *Salvar al soldado Ryan,* S. Spielberg, 1998; *Camino a la perdición,* S. Mendes, 2002).

HANNÓN, navegante cartaginés. Parece ser que h. 450 a.C. bordeó las costas atlánticas del continente africano hasta Guinea.

HANNOVER, ant. estado alemán. Ducado, electorado desde 1692, se constituyó en reino (1814) y fue anexionado por Prusia (1866).

HANNOVER, c. de Alemania, cap. de Baja Sajonia, a orillas del Leine; 524 823 hab. Centro comercial (feria internacional) e industrial. — Museo de Baja Sajonia, entre otros. — La ciudad se adhirió a la Hansa en 1386 y, a partir de 1636, fue la residencia de los duques, posteriormente reyes, de Hannover.

HANNOVER (dinastía de), dinastía que reinó en el electorado de Hannover desde 1692 y en Gran Bretaña a partir de 1714. En ese año el elector de Hannover, biznieto por línea materna de Jacobo I Estuardo, se convirtió en rey de Gran Bretaña con el nombre de *Jorge I.*

HANOI, cap. de Vietnam, a orillas del río Rojo, en la cabecera del delta del Tonkín; 2 591 000 hab. Centro industrial, comercial y cultural. — Numerosos monumentos; ricos museos. — Hanoi, principal ciudad del Tonkín durante la dominación china en el s. VI, fue la capital de la República democrática de Vietnam (1954) antes de serlo del país reunificado (1975).

HANOK (Mošé ibn), talmudista judío del s. X, iniciador de los estudios talmúdicos en España, en la aljama de Córdoba.

Hansa o **Hansa teutónica** (la), asociación de las ciudades comerciales del Báltico y del

mar del Norte (ss. XII-XVII). Constituida en un principio por los comerciantes de Lübeck, Hamburgo y Colonia, agrupaba en el s. XIV de 70 a 80 ciudades como su núcleo activo. Poseía además agencias en Nóvgorod, Bergen, Londres y Brujas. Su declive se aceleró tras la derrota infligida a Lübeck por los daneses (1534-1535).

HANSEN (Gerhard Armauer), *Bergen 1841-íd. 1912,* médico noruego. Descubrió el bacilo de la lepra en 1874.

HAN SHUI, r. de China, afl. del Yangzi Jiang (or. izq.), en Wuhan; 1 700 km.

HANSON (Duane), *Alexandria, Minnesota, 1925-Boca Raton, Florida, 1996,* escultor estadounidense. Hiperrealista, es autor de figuras de tamaño natural, vestidas y con accesorios (*Carrito de la compra,* 1970; *Turistas,* 1970 y 1988).

HAN YU, *Nanyang 768-Changan 824,* filósofo y poeta chino. Autor de libelos antibudistas, preconizó el retorno a una prosa depurada.

HARALD, nombre de varios reyes de Dinamarca, Suecia y Noruega, del s. IX al s. XII. — **Harald I,** *m. h. 863,* rey de Dinamarca. Introdujo el cristianismo en su reino. — **Harald I Harfager** («el de la hermosa cabellera»), *h. 850-h. 933,* rey de Noruega (872-933). Según la tradición, fue el primer soberano que unificó Noruega. — **Harald Blåtand** («Diente azul»), *h. 910-h. 986,* rey de Dinamarca (h. 940-h. 986). Implantó definitivamente el cristianismo en su país. — **Harald III Hårdråde** («el Severo»), *h. 1015-Stamford Bridge 1066,* rey de Noruega (1047-1066). Intentó en vano conquistar Inglaterra, pero fue vencido y muerto por Harold II.

■ **HÄNDEL,** por T. Hudson. (Galería nacional de retratos, Londres.)   ■ **PETER HANDKE**

HARALD V, *Asker, en la aglomeración de Oslo, 1937,* rey de Noruega, sucesor de Olav V.

HARAR, c. de Etiopía, cap. de prov.; 122 932 hab. Muralla de los ss. XIII-XVI. (Patrimonio de la humanidad 2006.) — Desempeñó un papel de avanzada del islam.

HARARE, ant. **Salisbury,** cap. de Zimbabwe, a 1 470 m de alt.; 656 000 hab.

HARÅT o **HERÅT,** c. de Afganistán, a orillas del Hari Rūd; 150 000 hab. Monumentos construidos durante el renacimiento timūrī del s. XV.

HARBIN o **JARBIN,** c. del NE de China, cap. de Heilongjiang; 2 840 000 hab. Centro industrial.

HARDENBERG (Karl August, príncipe **von**), *Essenrode 1750-Génova 1822,* estadista prusiano. Ministro de asuntos exteriores (1804-1806) y canciller (1810-1822), fue uno de los artífices de la recuperación de Prusia tras las derrotas que sufrió ante Napoleón en 1806.

HARDING (Warren), *cerca de Blooming Grove, Ohio, 1865-San Francisco 1923,* político estadounidense. Republicano, presidente de EUA (1921-1923), llevó a cabo una política de aislamiento y proteccionismo.

HARDOY (Jorge Enrique), *Buenos Aires 1926-íd. 1993,* arquitecto e historiador argentino. Especialista en estructuras urbanas, es autor de *Ciudades precolombinas* (1964) y *La urbanización en América Latina* (1968).

HARDY → LAUREL.

HARDY (Thomas), *Upper Bockhampton 1840-Dorchester, Dorset, 1928,* escritor británico. Sus poemas y novelas evocan las costumbres provincianas a través de seres sometidos a un implacable destino (*Tess, la de los d'Urbervilles,* 1891; *Jude el oscuro,* 1895).

HARGEISA, c. del N de Somalia; 400 000 hab.

HARÍA, mun. de España (Las Palmas), en Lanzarote; 4 201 hab. *(harianos).* Viña asociada con nopales. Camellos. Turismo (cueva de Los Verdes y Jameos del Agua).

HARĪRĪ (al-), *cerca de Basora 1054-íd. 1122,* escritor árabe, célebre por sus retratos de la vida árabe (*Maqamat*).

HARĪRĪ (Rafic), *Saydā 1944-Beirut 2005,* hombre de negocios y político libanés. Fue primer ministro de 1992 a 1998 y de nuevo de 2000 a 2004. Murió en un atentado.

HARI RŪD, r. de Afganistán, Irán y Turkmenistán, que desaparece por agotamiento al S del Karakum; 1 100 km aprox.

HARLEM → HAARLEM.

HARLEM, barrio de Nueva York, habitado por una importante comunidad negra.

HARLEY (Robert), conde de **Oxford,** *Londres 1661-íd. 1724,* político inglés. Secretario de estado (1704-1708) y jefe de gobierno (1710-1714), negoció el tratado de Utrecht (1713).

HARLOW, c. de Gran Bretaña (Inglaterra), al N de Londres; 73 500 hab.

HARLOW (Harry Frederick), *Fairfield, Iowa, 1905-Tucson 1981,* psicólogo estadounidense. Puso de manifiesto la importancia del vínculo precoz del niño con su madre (*Comportamiento materno en los mamíferos,* 1963).

HARNACK (Adolf von), *Dorpat 1851-Heidelberg 1930,* teólogo luterano alemán. Adoptó una actitud crítica hacia los dogmas y postuló la primacía de la fe y la piedad.

HARNONCOURT (Nikolaus), *Berlín 1929,* director de orquesta y violonchelista austriaco. Fundador del Concentus Musicus de Viena (1953), dirige tanto orquestas tradicionales como conjuntos con instrumentos de época.

HARO, c. de España (La Rioja), cab. de p. j.; 9 245 hab. *(harenses).* Centro vinícola (Rioja Alta). Central de San José, en el río Tirón. — Iglesia (s. XVI); ayuntamiento neoclásico; restos de las murallas. Palacios barrocos.

HARO, familia aristocrática que ostentó el señorío de Vizcaya. Entre sus miembros destaca **Lope Díaz de Haro** (m. en Alfaro 1289), quien apoyó a Sancho IV contra los infantes de la Cerda. Los Haro participaron en la guerra civil castellana, en la que apoyaron a Enrique de Trastámara, tras la cual el señorío pasó a Juan Manuel y luego a Juan II de Castilla, con lo que quedó vinculado a la corona castellana.

HARO (Guillermo), *México 1913-íd. 1988,* astrónomo mexicano. Descubrió un tipo de galaxias (*galaxias de Haro*) que se caracterizan por un exceso de emisión en azul.

HAROLD II, *h. 1020-Hastings 1066,* rey de los anglosajones (1066). Vencedor del rey de Noruega Harald III Hårdråde, fue derrotado y muerto por Guillermo de Normandía (1066).

HARO Y GUZMÁN (Luis Méndez de), marqués del Carpio, *Valladolid 1598-Madrid 1661,* político español. Valido de Felipe IV tras el conde-duque de Olivares, firmó las paces de Westfalia (1648) y de los Pirineos (1659) y acabó con la guerra de Separación de Cataluña.

HARPER (Stephen), *Toronto 1959,* político canadiense. Líder del Partido conservador (desde 2004), es primer ministro de Canadá desde 2006.

HARRACH (El-), ant. **Maison-Carrée,** c. de Argelia, en la aglomeración de Argel; 182 000 habitantes.

HARRIMAN (William Averell), *Nueva York 1891-Yorktown Heights, estado de Nueva York, 1986,* financiero y político estadounidense. Secretario de comercio (1946) y encargado de varias misiones en Europa (1948-1950), fue embajador itinerante del plan Marshall.

HARRIS (Zellig), *Balta, Ucrania, 1909-Filadelfia 1992,* lingüista estadounidense. Teórico de la lingüística distribucional, propuso también un método de análisis del discurso.

HARRISBURG, c. de Estados Unidos, cap. de Pennsylvania; 52 376 hab.

HARRISON (Benjamin), *North Bend, Ohio, 1833-Indianápolis 1901,* político estadounidense. Fue presidente de EUA de 1889 a 1893.

HARRISON (John), *Foulby, Yorkshire, 1693-Londres 1776,* relojero británico. Fue el primero en construir un cronómetro de marina para determinar longitudes (1735).

HARROGATE, c. de Gran Bretaña, en el N de Inglaterra; 65 000 hab. Estación termal.

Harry Potter, personaje de novelas juveniles creado por la británica Joanne Kathleen Rowling (nacida en 1965). Las aventuras del joven aprendiz de mago (7 vols.) fueron publicadas de 1997 (*Harry Potter y la piedra filosofal*) a 2007 (*Harry Potter y las reliquias de la muerte*).

HARSA (Harsavardhana **Siládditya,** llamado), *h. 590-647,* rey de la India (606-647). Dominó todo el N de la India, e inspiró una biografía del poeta Bāna (*La gesta de Harsa*).

HARTFORD, c. de Estados Unidos, cap. de Conneticut, a orillas del río Connecticut; 139 739 hab. Centro financiero. Museo de bellas artes.

HARTLEPOOL, c. de Gran Bretaña (Inglaterra), junto al mar del Norte; 94 000 hab. Puerto. Iglesia de Santa Hilda, de finales del s. XII.

HÄRTLING (Peter), *Chemnitz 1933,* escritor alemán. Su obra novelística y poética se caracteriza por un sentimiento del tiempo que confunde pasado y presente en la incertidumbre de los recuerdos (*Félix Gutmann,* 1989).

HARTMANN (Nicolai), *Riga 1882-Goting̃a 1950,* filósofo alemán. Su metafísica procede del neokantismo y de la fenomenología de Husserl.

HARTUNG (Hans), *Leipzig 1904-Antibes 1989,* pintor francés de origen alemán. Pionero de la abstracción, su obra conjuga espontaneidad lírica y estricto control intelectual.

HARTZENBUSCH (Juan Eugenio), *Madrid 1806-íd. 1880,* escritor español. Cultivó el drama histórico en verso, en boga durante el romanticismo (*Los *amantes de Teruel,* 1007; *La jura de Santa Gadea,* 1845), la comedia de magia (*Los polvos de la madre Celestina,* 1840), el sainete en prosa (*La visionaria,* 1840) y la poesía (*Fábulas,* 1843). Escribió también relatos y artículos de costumbres. (Real academia 1847.)

HĀRŪN AL-RAŠĪD, *Rai, Irán, 766-Tus, Jurāsān, 809,* califa abasí (786-809). Hasta 803 confió el poder a sus visires, de la dinastía de los Barmecidas. Se hizo famoso por sus guerras contra los bizantinos y sus peregrinaciones. Personaje legendario de *Las mil y una noches,* mantuvo una corte fastuosa en Bagdad.

HARUNOBU SUZUKI, *Edo 1725-íd. 1770,* grabador japonés. Retratista de mujeres, realizó estampas de refinado colorido.

■ **HARUNOBU SUZUKI.** *Visita al santuario en una tarde de lluvia* (s. XVIII). [Museo nacional, Tōkyō.]

Harvard (universidad de), la más antigua universidad privada estadounidense, fundada en 1636 en Cambridge (Massachusetts) y que lleva el nombre de su primer mecenas, John Harvard.

HARVEY (William), *Folkestone 1578-Londres 1657,* médico inglés. Cirujano de los reyes Jacobo I y Carlos I, descubrió la circulación sanguínea, y se le debe el principio *Omne vivum ex ovo* («todo ser vivo procede de un huevo»).

HARYANA, estado del N de la India; 44 200 km²; 16 317 715 hab.; cap. *Chandigarh.*

HARZ, macizo del centro de Alemania; 1142 metros en el Brocken.

HASĀ, prov. de Arabia Saudí, en el golfo Pérsico.

HASAN, *h. 624-Medina 669,* segundo imán de los chiítas. Hijo de 'Alī y de Fātima, renunció al califato en favor de Mu'āwiya (661).

HASAN II, *Rabat 1929-íd. 1999,* rey de Marruecos (1961-1999), de la dinastía de los 'Alawíes. Hijo y sucesor de Muhammad V, tras un inicio tenso de reinado (tumultos, complots) reforzó el consenso en torno al trono con la «Marcha verde», que permitió la anexión del Sahara Occidental en 1975. Dentro de una práctica autoritaria del poder, tendió a conciliar la tradición islámica (era «jefe de creyentes») y la transición hacia cierta modernidad. Aliado de Occidente, y con apoyos entre los dirigentes árabes moderados, respaldó los esfuerzos de paz en el Próximo oriente y preconizó la cooperación entre los países del Magreb.

■ **WILLIAM HARVEY,** por Robert Hannah. (Real colegio de físicos, Londres.)

■ **HASAN II**

HASDAY (Abraham ben), *Barcelona-1240,* escritor hebraicoespañol, autor de *El príncipe y el derviche,* refundición hebrea del *Barlaam y Josafat.*

HAŠEK (Jaroslav), *Praga 1883-Lipnice nad Sazavu 1923,* escritor checo, autor de la novela *Las aventuras del intrépido soldado Švejk* (1921-1923).

HASKIL (Clara), *Bucarest 1895-Bruselas 1960,* pianista rumana. Destacó en la interpretación de obras de Mozart, Schubert y Schumann.

HASKOVO, c. de Bulgaria, en el valle del Marica; 81 000 hab.

HASSE (Johann Adolf), *Bergedorf 1699-Venecia 1783,* compositor alemán. Fue uno de los maestros de la *opera seria* (*Arminio,* 1745; *El rey pastor,* 1755).

HASSELT, c. de Bélgica, cap. de Limburgo; 66 611 hab. Monumentos antiguos; museos.

Hassi Messaoud, yacimiento petrolífero del Sahara argelino, al SE de Wargla.

Hassi R'Mel, yacimiento de gas natural del Sahara argelino, al S de Laghouat.

HASTINGS, c. de Gran Bretaña (Inglaterra), junto al canal de la Mancha; 78 100 hab. Puerto y estación balnearia — batalla de **Hastings** (14 oct. 1066), victoria de Guillermo de Normandía sobre Harold II.

HASTINGS (Warren), *Churchill, cerca de Daylesford, Oxfordshire, 1732-Daylesford 1818,* administrador británico. Gobernador general de la India (1774-1785), emprendió una gran obra de organización apoyándose en la nativa.

HATILLO, mun. del N de Puerto Rico; 32 703 hab. Caña de azúcar y cocoteros. Confección.

HATO MAYOR (provincia de), prov. de la República Dominicana, en la cordillera Central; 1 330 km²; 77 300 hab.; cap. *Hato Mayor* (40 473 hab.).

HATOR, diosa egipcia de la alegría y el amor, representada con aspecto de vaca. Fue identificada por los griegos con Afrodita.

HATŠEPSUT, reina de Egipto, de la XVIII dinastía (1520-1484 a.C.). Esposa de Tutmés II, usurpó el poder durante la minoría de edad de su yerno Tutmés III. Templo funerario en Deir el-Bahari.

HATTERAS (cabo), cabo de Estados Unidos (Carolina del Norte).

HATTI, ant. nombre (III-II milenio) de una región de Anatolia central y del pueblo que la habitaba.

HATTUSA o **HATTUŠ** → BOĞAZKÖY.

HATUEY, *m. en Yara 1511,* cacique indígena de La Española. Expulsado por los españoles, se retiró a Cuba, donde resistió al frente de los ciboneys a las tropas de Diego Velázquez de Cuéllar. Fue apresado y quemado vivo.

HATZFELD (Helmut), *Bad Dürkheim 1892-Washington 1979,* lingüista y romanista estadounidense de origen alemán. Se especializó en literaturas hispánica y francesa (*El Quijote como obra de arte del lenguaje,* 1927; *Bibliografía crítica de la estilística románica,* 1953).

HAUPTMANN (Gerhart), *Bad Salzbrunn 1862-Agnetendorf 1946,* escritor alemán. Es autor de dramas realistas (*Los tejedores,* 1892; *El cochero Henschel,* 1898), novelas y poemas épicos. (Premio Nobel 1912.)

HAUSDORFF (Felix), *Breslau 1868-Bonn 1942,* matemático alemán. Autor de estudios sobre los espacios abstractos, fundamentó la teoría de los espacios topológicos y métricos sobre la noción de cercanía.

HAUSEN (Harald zur), *Gelsenkirchen 1936,* médico alemán. Descubrió los papilomavirus humanos responsables del cáncer del cuello del útero. (Premio Nobel 2008.)

HAUSER (Kaspar), *h. 1812-Ansbach 1833,* personaje enigmático alemán. Aparecido en 1828 con ropa de campesino, se identificó generalmente con el hijo abandonado del gran duque Carlos de Baden.

HAUSSMANN (Georges, barón), *París 1809-íd. 1891,* administrador francés. Dirigió la reforma urbanística de París.

HAUTE-CORSE, dep. de Francia (Córcega); 4 666 km²; 141 603 hab.; cap. *Bastia.*

HAUTE-GARONNE, dep. del S de Francia (Midi-Pyrénées); 6 309 km²; 1 046 338 hab.; cap. *Toulouse.*

HAUTE-LOIRE, dep. de Francia (Auvernia); 4 977 km²; 209 113 hab.; cap. *Le Puy-en-Velay* (22 010 hab.).

HAUTE-MARNE, dep. de Francia (Champagne-Ardenne); 6 211 km²; 194 873 hab.; cap. *Chaumont* (28 365 hab.).

HAUTES-ALPES, dep. de Francia (Provenza-Alpes-Costa Azul); 5 549 km²; 121 419 hab.; cap. *Gap* (38 612 hab.).

HAUTE-SAÔNE, dep. de Francia (Franco Condado); 5 360 km²; 229 732 hab.; cap. *Vesoul* (18 882 hab.).

HAUTE-SAVOIE, dep. de Francia (Ródano Alpes); 4 388 km²; 631 679 hab.; cap. *Annecy.*

HAUTES-PYRÉNÉES, dep. de Francia (Midi-Pyrénées); 4 464 km²; 222 368 hab.; cap. *Tarbes.*

HAUTE-VIENNE, dep. de Francia (Lemosín); 5 520 km²; 353 893 hab.; cap. *Limoges.*

HAUT-RHIN, dep. de Francia (Alsacia); 3 525 km²; 708 025 hab.; cap. *Colmar.*

HAUTS-DE-SEINE, dep. de Francia (Île-de-France); 176 km²; 1 428 881 hab.; cap. *Nanterre.*

HAUZ, región del Marruecos meridional; c. pral. *Marrakech.*

HAVEL, r. de Alemania, afl. del Elba (or. der.); 341 km.

HAVEL (Václav), *Praga 1936,* dramaturgo y político checo. Opuesto al régimen comunista, sobre todo en su teatro (*Audiencia,* 1975; *La tentación,* 1985), fue condenado en varias ocasiones por delitos de opinión. En 1989 encabezó el movimiento de protesta y fue elegido presidente de Checoslovaquia; dimitió en 1992. Tras la división de Checoslovaquia, fue presidente de la República Checa (1993 2003).

■ VÁCLAV **HAVEL**

HAVRE (El), en fr. **Le Havre**, c. de Francia (Seine-Maritime), en la desembocadura del Sena; 193 259 hab. Universidad. Puerto comercial (hidrocarburos). — Museo de bellas artes. — Fundada en 1517, fue reconstruida tras la segunda guerra mundial. (Patrimonio de la humanidad 2005.)

HAWAI o **HAWAII**, archipiélago volcánico de Polinesia (Oceanía), que constituye el 50º estado de Estados Unidos; 16 600 km²; 1 108 229 hab. *(hawaianos);* cap. *Honolulu,* en la isla de Oahu. Producción de caña de azúcar y de piña. Turismo. La *isla de Hawai* (92 000 hab.) es la mayor (10 400 km²) del archipiélago; c. pral. *Hilo.* (Reserva de la biosfera 1980.)

HISTORIA

Originarios de Tahití, los hawaianos llegaron al archipiélago hacia el año 1000. **1778:** Cook desembarcó en las islas, a las que dio el nombre de *islas Sandwich.* **1820:** los misioneros protestantes comenzaron la evangelización del país. **1849:** EUA obtuvo el libre acceso a los puertos hawaianos y, posteriormente (1875), un tratado de reciprocidad comercial. **1887:** le fue concedida la ensenada de Pearl Harbor. **1893:** un grupo de propietarios de plantaciones estadounidenses derrocó a la monarquía indígena. **1898:** el archipiélago fue anexionado por EUA. **1959:** Hawai se convirtió en el 50º estado de la Unión.

HAWKES (John), *Stamford, Connecticut, 1925-Providence 1998,* escritor estadounidense. Sus novelas denuncian la crueldad y el absurdo del mundo moderno *(Segunda piel,* 1964; *Naranjas de sangre,* 1971).

HAWKING (Stephen), *Oxford 1942,* físico británico, autor de trabajos teóricos sobre el universo y los agujeros negros en particular *(Historia del tiempo: del big bang a los agujeros negros,* 1988).

HAWKINS (Coleman), *San José, Missouri, 1904-Nueva York 1969,* saxofonista de jazz estadounidense. Fue el saxofonista tenor de middle jazz más influyente por sus inspiradas improvisaciones *(Body and Soul,* 1939).

HAWKINS o **HAWKYNS** (sir John), *Plymouth 1532-frente a Puerto Rico 1595,* almirante inglés. Fue el primer inglés en practicar la trata de esclavos entre África y las colonias de América (1562), y atacó y saqueó las naves y los enclaves costeros españoles de América. En 1588 luchó contra la Armada invencible.

HAWKS (Howard), *Goshen, Indiana, 1896-Palm Springs 1977,* director de cine estadounidense. Sus películas versan sobre la inteligencia o las dificultades del ser humano frente a la naturaleza: *Scarface* (1932), *La fiera de mi niña* (1938), *El sueño eterno* (1946), *Río Bravo* (1959).

HAWORTH (sir Walter Norman), *Chorley 1883-Birmingham 1950,* químico británico. Estableció la constitución de la vitamina C y realizó su síntesis en 1933. (Premio Nobel 1937.)

HAWTHORNE (Nathaniel), *Salem 1804-Plymouth 1864,* escritor estadounidense. Sus relatos *(Cuentos narrados dos veces,* 1837-1842) y novelas *(La letra escarlata,* 1850; *La casa de las siete torres,* 1851) evocan una naturaleza humana culpabilizada por la sociedad puritana.

HAWTREY (sir Ralph George), *Slough, Buckinghamshire, 1879-Londres 1975,* economista británico. Aclaró la noción de velocidad de circulación de la moneda y explicó las fluctuaciones económicas por el funcionamiento del sistema bancario.

HAYA (La), en neerl. **Den Haag** o **'s-Gravenhage,** c. de Países Bajos, cerca del mar del Norte; 444 242 hab. Residencia de la corte, del cuerpo diplomático y de los poderes públicos. Ciudad fundamentalmente residencial. Palacio de la Paz y Tribunal internacional de justicia. Tribunal penal internacional (TPI). Tribunal penal internacional para la ex Yugoslavia (TPIY). — Monumentos del s. XIII al s. XVIII; museos, como el museo real de pintura en el Mauritshuis (palacio del s. XVII).

HAYA DE LA TORRE (Víctor Raúl), *Trujillo 1895-Lima 1979,* político peruano. Fundador de la Alianza popular revolucionaria americana (APRA) en 1924, fue elegido presidente en 1962, pero un golpe militar le impidió gobernar, y en 1963 fue vencido por Belaúnde Terry.

Fue presidente de la asamblea constituyente (1978).

HAYDAR 'ALÍ, *Dodballâpur 1721-cerca de Chitor 1782,* fundador (1761) de la dinastía musulmana de Mysore. Apoyado por los franceses, luchó contra los mahrāttas, el Carnatic y los británicos.

HAYDN (Joseph), *Rohrau, Baja Austria, 1732-Viena 1809,* compositor austriaco. Su larga carrera abarca desde el final del barroco al inicio del romanticismo. Contribuyó a fijar la estructura clásica de la sinfonía (seis sinfonías «parisinas» y doce sinfonías «londinenses») y del cuarteto. Es conocido sobre todo por sus oratorios *(La creación,* 1798; *Las estaciones,* 1801), pero su obra cubre todos los géneros clásicos, en la música de cámara, la ópera y la música religiosa.

■ JOSEPH **HAYDN**   ■ FRIEDRICH **HEGEL**

HAYEK (Friedrich August von), *Viena 1899-Friburgo de Brisgovia 1992,* economista británico de origen austriaco. Antikeynesiano, estudió las crisis y defendió el monetarismo. En 1974 compartió el premio Nobel con K. G. Myrdal.

HAYEK (Salma), *Coatzacoalcos 1968,* actriz de cine mexicana. Ha desarrollado, en México y en Hollywood, una trayectoria que alterna películas comerciales *(Desperado,* R. Rodríguez, 1995; *Wild Wild West,* 1999; *Timecode,* 2000) con otras de sesgo artístico *(El callejón de los milagros,* 1995; *El coronel no tiene quien le escriba,* 1999; *Frida,* 2002).

HAYES (Rutherford Birchard), *Delaware, Ohio, 1822-Fremont, Ohio, 1893,* político estadounidense. Republicano, fue presidente de EUA (1877-1881).

HAYKAL (Husayn Muḥammad), *Ṭanṭā 1888-El Cairo 1956,* escritor egipcio. Es autor de la primera novela árabe moderna *(Zaynab,* 1914).

HAYWORTH (Margarita Carmen Cansino), llamada **Rita**), *Nueva York 1918-íd. 1987,* actriz de cine estadounidense. Se hizo famosa por las películas *Gilda* (Charles Vidor, 1946) y *La dama de Shanghai* (O. Welles, 1948).

HAYYĀN (Abū Marwān Ibn), *Córdoba 988-1076,* historiador hispanomusulmán. Reunió textos históricos sobre la política omeya y los reinos cristianos en *El que quiere conocer de la historia de los hombres de al-Andalus.*

HAYYŪŶ (Yěhudá ben David), *Fez-Córdoba, fines s. x o principios s. xi,* gramático judío. Fundador de la ciencia gramatical hebrea, escribió tres obras en las que estableció la triliteralidad de las raíces hebreas.

HAZÍN (al-) → **ALHAZEN.**

HAZM (ibn) → **ABENHAZAN.**

HEAD (sir Henry), *Londres 1861-Reading 1940,* neurofisiólogo británico. Estudió el mecanismo de las sensaciones cutáneas y los trastornos del lenguaje.

HEANEY (Seamus), *Mossbawn, cerca de Castle Dawson, condado de Derry, 1939,* poeta irlandés. Sus poemas evocan el paisaje rural de su infancia con un lenguaje denso y conmovedor *(Muerte de un naturalista,* 1966; *Norte,* 1979; *Luz eléctrica,* 2001). [Premio Nobel 1995.]

HEARST (William Randolph), *San Francisco 1863-Beverly Hills 1951,* hombre de negocios estadounidense, propietario de una cadena de periódicos sensacionalista.

HEATH (Edward), *Broadstairs 1916-Salisbury 2005,* político británico. Líder del Partido conservador (1965-1975) y primer ministro (1970-1974), hizo entrar a Gran Bretaña en el Mercado común (1973).

Heathrow, principal aeropuerto de Londres, al O de la ciudad.

HEAVISIDE (Oliver), *Londres 1850-Torquay 1925,* matemático y físico británico. Tradujo en términos vectoriales la teoría del electromagnetismo de Maxwell y descubrió la capa atmosférica ionizada, que lleva su nombre.

HEBBEL (Friedrich), *Wesselburen 1813-Viena 1863,* dramaturgo alemán. Es autor de dramas románticos *(Judith,* 1839) y de una trilogía de los *Nibelungos* (1861-1862).

HEBEI, prov. del N de China, junto al golfo de Bohai; 61 100 000 hab.; cap. *Shijiazhuang.*

HÉBERT (Jacques), *Alençon 1757-París 1794,* periodista y político francés. Enemigo de los girondinos, inspirador del Terror, fue eliminado por Robespierre.

HEBREO (Yěhudá **Abrabanel,** llamado León), *Lisboa h. 1465-en Italia d. 1521,* filósofo y médico judío. Emigró a Toledo en 1483, y se refugió en Nápoles al ser expulsados los judíos de España. Compuso poemas en lengua hebrea, y en italiano los *Diálogos de amor,* publicados en 1535.

HÉBRIDAS (islas), archipiélago de Gran Bretaña, al O de Escocia. Sus principales islas son Lewis y Skye.

HEBRÓN, act. **al-Jalil,** c. de Cisjordania, al S de Jerusalén; 43 000 hab. La tradición sitúa en ella la tumba de Abraham, lugar santo judío, cristiano y musulmán.

HÉCATE MIT. GR. Divinidad lunar e infernal de la generación de los Titanes, diosa de la magia.

HECATEO de Mileto, *s. v a C.,* historiador y geógrafo jonio. Recorrió el imperio persa y fue el primero en escribir en prosa informaciones históricas y geográficas.

HECHO (Valle de) → **ECHO.**

Hechos de los apóstoles, quinto libro del Nuevo testamento, escrito entre el año 80 y el 90, atribuido a san Lucas. Relata los inicios de la Iglesia, desde la Ascensión de Cristo hasta la llegada de san Pablo a Roma.

HÉCTOR MIT. GR. Personaje de la *Ilíada,* hijo de Príamo, esposo de Andrómaca y padre de Astianacte. Jefe del ejército troyano, mató a Patroclo y fue muerto por Aquiles.

HÉCUBA MIT. GR. Personaje de la *Ilíada,* esposa de Príamo.

HEDA (Willem Claesz), *Haarlem 1594-íd. h. 1680,* pintor neerlandés. Es, junto con Pieter Claesz, uno de los maestros de la escuela de naturalezas muertas de Haarlem.

HEDĀYAT (Ṣādeq), *Teherán 1903-París 1951,* escritor iraní. Nutrió sus relatos *(La lechuza ciega,* 1936) tanto de la tradición persa como de su angustia personal.

HEDWIG (Johannes), *Kronstadt, act. Brașov, Rumania, 1730-Leipzig 1799,* botánico alemán. Se le considera el fundador de la criptogamia.

HEERLEN, c. de Países Bajos (Limburgo); 94 344 hab. Museo de las termas romanas.

HEFEI, c. de China, cap. de la prov. de Anhui; 800 000 hab. Importante museo.

HEFESTO o **HEFAISTOS** MIT. GR. Dios del fuego y de las forjas. Es el Vulcano de los romanos.

HEGEL (Friedrich), *Stuttgart 1770-Berlín 1831,* filósofo alemán. Profesor en Jena, Heidelberg y Berlín, desarrolló un proyecto que explica todos los devenires y, a través de la resolución de la oposición entre lo real y el pensamiento, tiene su meta en la realización del ser humano. Lógica, filosofía de la naturaleza y filosofía del espíritu son los tres momentos del desarrollo dialéctico (que procede por contradicciones superadas) de un principio único, la Idea, que culmina en el Absoluto *(Fenomenología del espíritu,* 1807; *Ciencia de la lógica,* 1812-1816; *Principios de la filosofía del derecho,* 1821).

HEIBERG (Peter Andreas), *Vordingborg 1758-París 1841,* escritor danés, autor de novelas y comedias satíricas. — **Johan Ludvig H.,** *Copenhague 1791-Bonderup 1860,* escritor danés. Hijo de Peter Andreas, autor de dramas y comedias románticos *(El día de los siete durmientes,* 1840; *La colina de los elfos),* fue un personaje influyente en las letras danesas.

HEIDEGGER (Martin), *Messkirch, Baden, 1889-íd. 1976,* filósofo alemán. Discípulo de Husserl, fue profesor en Friburgo de Brisgovia. Quiso retomar la cuestión del Ser, que según él había sido abordada por los presocráticos y abandonada por la metafísica occidental, en relación con un enfoque fenomenológico de la condición humana («ser-en-el-mundo» o *Dasein*) en su finitud esencial (*El ser y el tiempo*, 1927; *Introducción a la metafísica*, 1952). Su actitud ante el poder nazi fue muy polémica.

■ **MARTIN HEIDEGGER**

■ **HEINRICH HEINE**, por M. Oppenheim.
(Museo de Hamburgo.)

HEIDELBERG, c. de Alemania (Baden-Württemberg), a orillas del Neckar; 134 429 hab. Universidad. Turismo. — Castillo de los ss. XIV-XVII y otros monumentos; museos.

HEIFETZ (Jascha), *Vilna 1899-Los Ángeles 1987*, violinista estadounidense de origen lituano. Empezó su carrera en 1911 y pasó de Rusia a Estados Unidos en 1917. Su excepcional virtuosismo y vivaces interpretaciones brillaron sobre todo en el repertorio romántico.

HEILBRONN, c. de Alemania (Baden-Württemberg), junto al Neckar; 122 396 hab. Puerto fluvial. — Iglesia de San Kilian, de los ss. XIII-XVI.

HEILIGENBLUT, localidad de Austria, cerca del Grossglockner; 1 000 hab. Centro turístico. — Iglesia del s. XV (obras de arte).

HEILONGJIANG o **HEI LONG-KIANG**, prov. del NE de China, separada de Rusia por los ríos Amur y Usuri; 35 200 000 hab.; cap. *Harbin*.

HEINE (Heinrich), *Düsseldorf 1797-París 1856*, escritor alemán. Autor de poemas en los que la inspiración romántica adopta un tono político o irónico (*Intermezzo lírico*, 1823; *Libro de canciones*, 1827-1844; *Romancero*, 1851) y de relatos de viajes (*Cuadros de viaje*, 1826-1831), fue un intermediario cultural entre Francia y Alemania.

HEINEMANN (Gustav), *Schwelm, Westfalia, 1899-Essen 1976*, político alemán. Desempeñó un papel importante en el seno del ala antinazi de la Iglesia evangélica alemana. Socialdemócrata, fue presidente de la RFA (1969-1974).

HEINKEL (Ernst Heinrich), *Grünbach, Württemberg, 1888-Stuttgart 1958*, ingeniero e industrial alemán. Fundador de una empresa de construcción aeronáutica en Warnemünde (1922), desde 1945 construyó engranajes de transmisión y motores para automóviles.

HEINSIUS (Anthonie), *Delft 1641-La Haya 1720*, político neerlandés. Gran pensionario de Holanda (1689-1720), fue adversario implacable de Luis XIV y uno de los artífices de la gran alianza de La Haya (1701), preludio de la guerra de Sucesión de España.

HEISENBERG (Werner), *Wurzburgo 1901-Munich 1976*, físico alemán. Uno de los fundadores de la teoría cuántica, a la que ofreció un formalismo matricial, en 1927 formuló las desigualdades que estipulan que es imposible medir simultáneamente la posición y la velocidad de una partícula cuántica. (Premio Nobel 1932.)

HEKLA, volcán activo de Islandia; 1 491 m.

HÉLADE, en gr. **Hellas**, centro de la antigua Grecia, por oposición al Peloponeso. Posteriormente, Grecia en su totalidad.

HELDER (Den), c. de Países Bajos (Holanda Septentrional); 61 468 hab. Puerto.

HELENA MIT. GR. Heroína de la *Ilíada*, hija de Leda y hermana de los Dioscuros. Esposa de Menelao, fue raptada por Paris, lo que provocó la guerra de Troya.

HELESPONTO, antiguo nombre de los *Dardanelos.

HELGOLAND o **HELIGOLAND**, isla de Alemania, en el mar del Norte, frente a los estuarios del Elba y el Weser. En 1714 pasó a Dinamarca, y en 1814 a Gran Bretaña, que la cedió a Alemania en 1890, a cambio de Zanzíbar. Albergó una base naval, desmantelada en 1947.

HELÍ, s. XI a.C., juez y sumo sacerdote de los hebreos.

HELICÓN, monte de Grecia (Beocia); 1748 metros. Era considerado morada de las musas.

Heliea, tribunal popular de Atenas, cuyos miembros (*heliastas*) eran elegidos al azar cada año.

HELIODORO, *Emesa s. III d.C.*, novelista griego. Su obra *Las Etiópicas* o *Teágenes y Cariclea* influyó en la literatura europea de los ss. XVI-XVII.

HELIOGÁBALO o **ELAGÁBALO** (Marco Aurelio Antonino, llamado), *204-Roma 222*, emperador romano (218-222). Sumo sacerdote del Baal solar de Emesa (Siria), que proclamó dios supremo del imperio, fue asesinado por los pretorianos.

HELIÓPOLIS → BAALBEK.

HELIÓPOLIS, c. del ant. Egipto, en el extremo S del delta del Nilo. Desempeñó un importante papel religioso y político, gracias al poder del clero del templo del dios Ra. – Obelisco de Sesostris I.

HELIOS MIT. GR. Dios del Sol y de la luz.

HELLÍN, c. de España (Albacete), cab. de p. j.; 26 581 hab. (*hellinenses*). Explotación de azufre. Manufacturas del esparto. — Iglesias del s. XVI. En el mun., abrigos de *Minateda.

HELMAND o **HILMAND**, r. de Afganistán, que se pierde en la cuenca del Sistán; 1 200 km.

HELMHOLTZ (Hermann von), *Potsdam 1821-Charlottenburg 1894*, físico y fisiólogo alemán. Introdujo la noción de energía potencial (1847) y enunció el principio de conservación de la energía. También descubrió el papel de los armónicos en el timbre de los sonidos. Sus investigaciones sobre la vista y el oído lo condujeron a medir la velocidad del impulso nervioso (1850).

HELMOND, c. de Países Bajos (Brabante Septentrional); 69 967 hab.

HELSINGBORG, c. de Suecia; 100 267 hab. Puerto.

HELSINGØR → ELSINOR.

HELSINKI, en sueco **Helsingfors**, cap. de Finlandia, junto al golfo de Finlandia; 498 000 hab. (932 000 en la aglomeración). Principal puerto y centro industrial del país. — Urbanismo moderno, sobre todo en los alrededores (Tapiola, Otaniemi). Museos. — Fundada en 1550 por los suecos, se convirtió en 1812 en la capital del gran ducado de Finlandia, y en 1918 en la de la república de Finlandia. En 1975, la CSCE firmó en ella el acta final de su primera cumbre.

HELVECIA, parte oriental de la Galia, que comprendía aproximadamente el territorio ocupado actualmente por Suiza.

HEMEL HEMPSTEAD, c. de Gran Bretaña (Inglaterra), cerca de Londres; 80 000 hab.

HEMEROSCOPIÓN, nombre de una de las supuestas colonias focenses en España, posiblemente ubicada junto al peñón de Ifac (Alicante).

HEMINGWAY (Ernest Miller), *Oak Park, Illinois, 1899-Ketchum, Idaho, 1961*, escritor estadounidense. Novelista, autor de relatos, poeta y periodista, en sus narraciones mezcla el desencanto de la *generación perdida con una glorificación de la fuerza moral del hombre, que se mide con el mundo y con los seres (*Fiesta*, 1926; *Adiós a las armas*, 1929; *Las verdes colinas de África*, 1935; *Por quién doblan las campanas*, 1940; *El viejo y el mar*, 1952). Se suicidó. (Premio Nobel 1954.)

HENAN, prov. de China; 86 140 000 hab.; cap. *Zhengzhou*.

HENARES, r. de España, afl. del Jarama (or. izq.); 113 km. Pasa por Guadalajara y Alcalá de Henares.

HENCH (Philip Showalter), *Pittsburgh 1896-Ocho Ríos, Jamaica, 1965*, médico estadounidense. Investigó el uso terapéutico de la cortisona. (Premio Nobel 1950.)

HENDAYA, en fr. **Hendaye**, mun. de Francia (Pyrénées-Atlantiques), a orillas del Bidasoa, en la frontera con España; 12 966 hab. Estación ferroviaria internacional. Estación balnearia.

HENDRICKS (Barbara), *Stephens, Arkansas, 1948*, soprano estadounidense nacionalizada sueca. Tras debutar en 1974, ha actuado en los principales teatros de ópera. Es también una eminente concertista, con un repertorio que abarca desde el lied hasta la música contemporánea. (V. ilustr. pág. siguiente.)

HENDRIX (James Marshal, llamado Jimi), *Seatle 1942-Londres 1970*, guitarrista estadounidense de rock. Virtuoso de la guitarra, y cantante, en sus composiciones experimentó con sonoridades que revolucionaron el blues y el rock (*Electric Ladyland*, álbum, 1968).

HENESTROSA (Andrés), *Ixhuatán, Oaxaca, 1906-México 2008*, escritor y lingüista mexicano. Miembro del movimiento vasconcelista, es autor de ensayos (*De Ixhuatán, mi tierra, a Jerusalén, tierra del Señor*, 1975) y de relatos (*Los hombres que dispersó la danza*, 1929; *Los cuatro abuelos*, 1961).

HENGELO, c. de Países Bajos (Overijssel); 76 371 hab.

HENGYANG o **HENG-YANG**, c. de China (Hunan); 487 000 hab.

HENIE (Sonja), *Oslo 1912-en avión, entre París y Oslo, 1969*, patinadora noruega. Fue diez veces campeona del mundo y tres veces campeona olímpica (1928, 1932 y 1936).

HENLEIN (Konrad), *Maffersdorf 1898-Pilsen 1945*, político alemán. Preparó la anexión de los Sudetes al Reich (1938).

HENLEY-ON-THAMES, c. de Gran Bretaña (Inglaterra), a orillas del Támesis; 12 000 hab. Regatas.

HENNIG (Willi), *Dürrhennersdorf, cerca de Lobau, alta Lusacia, 1913-Ludwigsburg 1976*, biólogo y entomólogo alemán. Desarrolló el cladismo o sistemática filogenética, un revolucionario método de investigación y presentación de las relaciones que existen entre las especies.

HENRÍQUEZ (fray Camilo), *Valdivia 1769-Santiago 1825*, patriota chileno. Luchador por la emancipación, bajo el seudónimo de **Quirino Lemáchez**, redactó la proclama revolucionaria e independentista de 1811. Fundó el diario *La aurora de Chile*.

HENRÍQUEZ UREÑA (Pedro), *Santo Domingo 1884-La Plata, Argentina, 1946*, lingüista y escritor dominicano. Entre sus ensayos destacan: *Ensayos críticos* (1905), *Horas de estudio* (1910), *La versificación irregular en la poesía castellana* (1933), y *Las corrientes literarias en la América hispánica* (1945-1949). — **Max H. U.**, *Santo Domingo 1885-íd. 1968*. Hermano de Pedro, poeta y crítico, es autor de *Breve historia del Modernismo* (1954) y de la colección de ensayos *El retorno de los galeones* (1963).

HENRÍQUEZ Y CARVAJAL (Federico), *Santo Domingo 1848-1951*, polígrafo dominicano. Propagandista de la emancipación cubana y colaborador de Hostos en empresas pedagógicas, no aceptó la presidencia de la república en 1916, tras la invasión de EUA.

HENRY (Joseph), *Albany 1797-Washington 1878*, físico estadounidense. Descubrió la autoinducción (1832), fenómeno fundamental en electromagnetismo.

■ **WERNER HEISENBERG**

■ **ERNEST HEMINGWAY**

HENRY (Pierre), *París 1927*, compositor francés. Autor de música concreta y electroacústica, colaboró con P.Schaeffer y M. Béjart (*Variaciones para una puerta y un suspiro*, 1963).

HENZADA, c. de Birmania, a orillas del Irrawaddy; 284 000 hab.

HENZE (Hans **Werner**), *Gütersloh, Westfalia, 1926*, compositor alemán. Tras una etapa serial, compuso óperas (*El cimarrón*, 1970; *El rey de Harlem*, 1980; *La abubilla y el triunfo del amor filial*, 2003), ballets y sinfonías de un lirismo más personal, así como música de películas (*Muriel*, A.Resnais, 1963; *El honor perdido de Katharina Blum*, V.Schlöndorff, 1975).

HEPBURN (Edda **Van Heemstra Hepburn-Ruston**, llamada **Audrey**), *Bruselas 1929-Tolochenaz, Suiza, 1993*, actriz estadounidense. Conquistó Hollywood con su estilo elegante, frágil y refinado: *Vacaciones en Roma* (W. Wyler, 1953), *My Fair Lady* (G. Cukor, 1964), *Para siempre* (S.Spielberg, 1989).

HEPBURN (**Katharine**), *Hartford, Connecticut, 1907-Old Saybrook, Connecticut, 2003*, actriz estadounidense. Tanto en cine como en teatro, supo combinar distinción, carácter y modernidad. Destacó a las órdenes de H. Hawks (*La fiera de mi niña*, 1938), G. Cukor (*Historias de Filadelfia*, 1940), J. Huston (*La Reina de África*, 1952).

■ KATHARINE **HEPBURN** y Cary Grant en *Historias de Filadelfia* (1940), de George Cukor.

HEPPLEWHITE (George), *m. en Londres 1786*, ebanista británico. Su fama se debe a la aparición póstuma (1788) de una colección de modelos de muebles cuyo estilo se sitúa entre el rococó de Chippendale y el neoclasicismo de los Adam.

HEPTARQUÍA, agrupación de los siete reinos anglosajones de Kent, Sussex, Wessex, Essex, Northumbria, East Anglia y Mercia (ss. VI-IX).

HEQUET (Diógenes), *Montevideo 1866-íd. 1902*, pintor uruguayo. Realizó retratos, paisajes y cuadros históricos (*Episodios nacionales*).

HERA MIT. GR. Diosa del matrimonio, esposa de Zeus, identificada por los romanos con Juno.

HERACLES MIT. GR. Héroe griego, semidiós que personifica la fuerza, asimilado por los romanos a Hércules. Era hijo de Zeus y Alcmena. Para expiar el asesinato de su esposa Mégara y de sus hijos tuvo que realizar los doce trabajos (trabajos de Hércules) impuestos por el rey de Tirinto, Euristeo: 1º asfixiar al león de Nemea; 2º matar a la hidra de Lerna; 3º capturar al jabalí de Erimanto; 4º alcanzar en una carrera a la cierva con pezuñas de bronce de Cerinea; 5º abatir los pájaros del lago Estínfalo; 6º domar al toro de Creta, enviado por Poseidón contra Minos; 7º matar a Diomedes, rey de Tracia, que alimentaba sus caballos con carne humana; 8º vencer a las amazonas; 9º limpiar los establos de Augias; 10º luchar contra Gerión, matarlo y arrebatarle sus bueyes; 11º tomar las manzanas de oro del jardín de las Hespérides, y 12º encadenar a Cerbero. Devorado por el sufrimiento provocado por la túnica envenenada de *Neso, Heracles se lanzó a una hoguera en el monte Eta.

HERÁCLIDAS MIT. GR. Descendientes de Heracles.

HERÁCLIDAS, familia de origen armenio que dio seis emperadores a Bizancio (ss. VII y VIII), entre ellos Heraclio I.

HERACLIO I, *en Capadocia h. 575-641*, emperador bizantino (610-641). Reorganizó la administración y convirtió el griego en idioma oficial del imperio. Derrotó a los persas, pero no pudo vencer a los árabes, que conquistaron Siria y Egipto.

HERÁCLITO, *Éfeso h. 550-h. 480 a.C.*, filósofo griego. Presocrático de la escuela jonia, sostuvo que el fuego, también designado por él como *Uno* o *Logos*, es el principio de un universo en devenir perpetuo, concepto clave mediante el cual reflexionó sobre la lucha y la unidad de los contrarios. Solo se han conservado algunos fragmentos de su obra lapidaria y enigmática.

HĒRAKLIŌN → **IRÁKLION**.

HERAS (Las), dep. de Argentina (Mendoza), que forma parte del Gran Mendoza; 156 543 hab.

HERAS (Juan Gregorio de **Las**), *Buenos Aires 1780-en Chile 1866*, militar y político argentino, uno de los más destacados generales del ejército de los Andes. Fue gobernador de Buenos Aires (1824-1826).

HERĀT → **HARĀT**.

HÉRAULT, dep. de Francia (Languedoc-Rosellón); 6 101 km²; 896 441 hab.; cap. *Montpellier*.

HERBART (Johann **Friedrich**), *Oldenburg 1776-Gotinga 1841*, filósofo y pedagogo alemán. Trató de elevar la psicología al rango de ciencia exacta. Su reflexión sobre la educación, influida por Pestalozzi, otorga un papel central a la transmisión de los valores.

HERBERT (Frank), *Tacoma 1920-Madison 1986*, escritor estadounidense, autor de novelas (*Dune*, 1965-1985) y relatos de ciencia ficción.

HERBERT (George), *Montgomery, País de Gales, 1593-Bemerton, Wiltshire, 1633*, poeta inglés, autor de poemas religiosos (*The Temple*, 1633).

HERCULANO, ant. c. de Italia (Campania). Fue sepultada bajo las cenizas del Vesubio en 79. El yacimiento, descubierto en 1709, ha sido estudiado de forma científica a partir de 1927. En las casas que se conservan se han recogido abundantes obras de arte y pinturas murales (museo de Nápoles). [Patrimonio de la humanidad 1997.]

■ HERCULANO. Ninfeo de la casa de Neptuno y de Anfítrite.

HERCULANO (Alexandre), *Lisboa 1810-Valle de Lobos, cerca de Santarém, 1877*, escritor e historiador portugués. Es autor de una importante *Historia de Portugal* (1846-1853), de poemas románticos y de novelas históricas (*El padre Enrico*, 1843; *El monje del Císter*, 1848).

HÉRCULES, héroe romano identificado con el *Heracles griego, divinidad tutelar de la agricultura, el comercio y los ejércitos.

HÉRCULES (Columnas de) → **COLUMNAS DE HÉRCULES**.

HERDER (Johann **Gottfried von**), *Mohrungen 1744-Weimar 1803*, escritor y filósofo alemán. Uno de los iniciadores del *Sturm und Drang, autor de *Ideas sobre la filosofía de la historia de la humanidad* (1784-1791) y de un *Tratado sobre el origen del lenguaje*, exaltó la literatura nacional mediante recopilaciones de canciones populares.

HEREDIA, c. de Costa Rica, cap. de la prov. homónima; 25 812 hab. Universidad. Aeropuerto.
□ Iglesia del s. XVI. El Fortín.

HEREDIA (provincia de), prov. del NE de Costa Rica; 2 656 km²; 403 907 hab.; cap. *Heredia*.

HEREDIA (José **María**), *Santiago 1803-México 1839*, poeta cubano. Su obra busca la fusión entre neoclasicismo y romanticismo: *En el Teo-*

calli de Cholula (1820); *Oda al Niágara* (1824); *Himno del desterrado* (1825), fruto de su exilio por luchar contra el gobierno español. También escribió relatos y obras teatrales (*Sila*, 1825; *Tiberio*, 1827).

■ BARBARA HENDRICKS   ■ JOSÉ Mª **HEREDIA**

HEREDIA (José **María de**), *La Fortuna 1842-castillo de Bourdonné 1905*, poeta francés de origen cubano. Su poesía, en su mayor parte escrita en francés, fue recopilada en *Los trofeos* (1893), ejemplo acabado de la estética parnasiana. En castellano publicó el cuento *La monja alférez* (1894).

HEREDIA (Pedro de), *Madrid-frente a las costas de Cádiz 1554*, conquistador español. Hacia 1527 llegó a La Española, y en otro viaje fundó Cartagena de Indias (1533). Acusado de fraude y malos tratos a los indios, volvió a España. Murió en un naufragio.

HEREDIA Y MOTA (Nicolás), *Baní, República Dominicana, 1855-de viaje a Saratoga, EUA, 1901*, escritor cubano. Fue ensayista, novelista y autor de las *Crónicas de la guerra de Cuba* (1895), que escribió sin firmar para el diario *El Fígaro*.

HERGÉ (Georges **Rémi**, llamado), *Etterbeek 1907-Bruselas 1983*, dibujante y guionista de cómics belga, creador de *Tintín*.

HERMAFRODITA MIT. GR. Hijo de Hermes y Afrodita, de naturaleza masculina y femenina a la vez.

HERMANN → **ARMINIO**.

hermanos Karamázov (Los), novela de Dostoievski (1879-1880). Tres hermanos (Iván, frío, racional y en rebeldía contra Dios; Mitia, sensual y violento; Smerdiakov, el hijo natural), sospechosos de haber matado a su padre, descubren su verdad profunda a través de pruebas y conversaciones con su hermano menor, el inocente y puro Aliocha.

Hermanos musulmanes, movimiento político-religioso sunní que preconiza la instauración de regímenes conformes a la ley canónica (*saría*). Fundado en Egipto en 1927-1928, se implantó también en la década de 1940 en Siria y Palestina.

HERMENEGILDO (san), *m. en Tarragona 585*, príncipe visigodo, primogénito de Leovigildo. En 573 obtuvo de su padre el gobierno de la Bética. Abjuró del arrianismo y se bautizó según el rito católico por influencia de su esposa Ingunda, y comenzó a titularse rey (h. 582). Su padre respondió tomando Mérida, Cáceres (582) y Sevilla (584) y lo encarceló. Murió asesinado en prisión.

HERMERICO, *m. en 441*, rey suevo (409-441). Dirigió la penetración de su pueblo en la península Ibérica y su asentamiento en Galicia. En 438 asoció al trono a su hijo Requila.

HERMES MIT. GR. Dios de los viajeros, de los comerciantes y de los ladrones, mensajero de los dioses y guía de almas, identificado con el Mercurio romano. En época helenística los griegos lo asimilaron al dios egipcio Tot, que a partir del s. III d.C. fue convertido, con el nombre de *Hermes Trimegisto* («tres veces grande»), en autor de varios libros secretos referentes a la magia y a la alquimia.

HERMIONE MIT. GR. Hija única de Menelao y de Helena, mujer de Neoptólemo (hijo de Aquiles) y posteriormente de Orestes.

HERMITE (Charles), *Dieuze 1822-París 1901*, matemático francés. Autor de una teoría general de las funciones elípticas y abelianas, también estableció la trascendencia del número *e*.

HERMLIN (Stephan), *Chemnitz 1915-Berlín 1997*, escritor alemán. Poeta, novelista y ensayista, fue en la RDA un vínculo entre el mundo de las letras y el poder comunista.

HERMÓN, macizo montañoso situado en la frontera entre Líbano y Siria; 2 814 m.

HERMÓPOLIS, nombre griego de las ciudades del antiguo Egipto en que se veneraba al dios Tot, identificado con Hermes.

HERMOSILLO, c. de México, cap. del estado de Sonora; 406 417 hab. Centro de una zona minera. Industrias. Universidad. Aeropuerto.

HERMOSILLO (Jaime Humberto), *Aguascalientes 1942*, director de cine mexicano. Sus películas cuestionan las convenciones sociales sobre la familia o el sexo (*Amor libre*, 1978; *Doña Herlinda y su hijo*, 1985; *De noche vienes, Esmeralda*, 1997; *Escrito en el cuerpo de la noche*, 2000; *eXXXorcismos*, 2002). Unido creativamente a la actriz María Rojo, es reconocido internacionalmente gracias a *La tarea* (1990).

HERNANDARIAS, c. de Paraguay (Alto Paraná); 25 909 hab. Centro agropecuario y maderero.

HERNANDARIAS SAAVEDRA (Hernando Arias de Saavedra, llamado), *Asunción, Paraguay, 1564-Santa Fe 1634*, conquistador español. Fundador de Corrientes (1588), fue nombrado gobernador del Río de la Plata (1598-1600, 1617-1618). Destacó por su labor de defensa de los indios (ordenanzas de 1603) y de fomento de la cultura, y favoreció el establecimiento de los jesuitas y las reducciones.

HERNÁNDEZ (Amalia), *México h. 1915-íd. 2000*, bailarina, coreógrafa y pedagoga mexicana. Después de formar con la Argentinita un grupo que obtuvo grandes éxitos, fundó en 1961 el Ballet folclórico de México. De entre sus creaciones destacan *Feria en Jalisco* (1958) y *Danza del venado* (1960).

HERNÁNDEZ (Efrén), *León 1904-Tacubaya 1958*, escritor mexicano. Su narrativa combina misterio y humorismo (*La paloma, el sótano y la torre*, 1949). Cultivó asimismo una poesía de *Tangamandapio*, el teatro y el ensayo.

HERNÁNDEZ (Felisberto), *Montevideo 1902-íd. 1964*, escritor uruguayo. Mezcla de realidad y de sueño, de observación irónica y de fantasía poética, destacan sus novelas *El caballo perdido* (1943) y *Las hortensias* (1949) y los relatos reunidos en *Nadie encendía las lámparas* (1947) y *La casa inundada* (1960).

HERNÁNDEZ (Francisco), *Puebla de Montalbán, Toledo, 1517-Madrid 1587*, médico, botánico y arqueólogo español. Introductor de la práctica de la disección, fue médico de cámara de Felipe II. En 1570-1577 dirigió la expedición científica que herborizó la flora de Nueva España y revalorizó los conocimientos botánicos y terapéuticos indígenas. Su obra fue parcialmente reunida bajo el título *Rerum medicarum Novae Hispaniae thesaurus* (1628).

HERNÁNDEZ o **FERNÁNDEZ** (Gregorio), *en Galicia h. 1576-Valladolid 1636*, escultor español. Formó un fecundo taller en Valladolid. Su obra, de clara influencia italiana, figura en la corriente realista, con acentuación de las expresiones de patetismo y dolor que reprodujeron imagineros posteriores. Realizó pasos procesionales, de los que forma parte *La Piedad con los dos ladrones* (1616, museo nacional de escultura de Valladolid).

HERNÁNDEZ (José), *Perdriel, San Martín, 1834-Buenos Aires 1886*, poeta argentino. Es el máximo exponente de la literatura gauchesca. Partidario de Urquiza, luchó en las batallas de Cepeda y Pavón. En 1863 publicó *La vida del Chacho*, biografía del general Ángel Vicente Peñaloza, en la que atacaba a Sarmiento, quien suspendió su periódico *Río de la Plata* (1869). En sus artículos defendió el gaucho y se opuso a su reclutamiento en la policía que luchaba contra los indios. De esta reivindicación surgió su gran poema **Martín Fierro*, en sus dos partes, *El gaucho Martín Fierro* (1872) y *La vuelta de Martín Fierro* (1879), obra maestra del género gauchesco que convirtió a su autor en el gran poeta nacional.

HERNÁNDEZ (José Manuel), llamado **el Mocho**, militar venezolano (1844-1921). Sublevado contra el gobierno en 1898 y 1899, fue vencido y encarcelado.

HERNÁNDEZ (Julio López), *Madrid 1930*, escultor español. Sus obras han evolucionado desde el realismo a la neofiguración. (Premio nacional de artes plásticas 1982.)

HERNÁNDEZ (Manuel), *Bogotá 1928*, pintor colombiano. Decano de la Escuela de bellas artes de la Universidad nacional (1963), su obra se integra en la abstracción geométrica.

HERNÁNDEZ (Mateo), *Béjar 1888-Meudon, Francia, 1949*, escultor español. Establecido en Francia, esculpió animales y retratos de un estilo realista muy depurado.

HERNÁNDEZ (Miguel), *Orihuela 1910-Alicante 1942*, poeta español. Vinculado a la generación del 27, publicó *Perito en lunas* (1933), obra gongorina. *El rayo que no cesa* (1936) contiene espléndidos sonetos amorosos y la famosa elegía a Ramón Sijé. Al comenzar la guerra se alistó en el ejército republicano y desde entonces la poesía se convirtió en un arma de combate: *Viento de pueblo* (1937) y *El hombre acecha* (1939). En la cárcel donde moriría escribió *Cancionero y romancero de ausencias* (1938-1941), publicado póstumamente, y sus últimos poemas (*Nanas de la cebolla*), en los que se advierte el uso de la canción popular. Escribió también la obra teatral *Los hijos de la piedra*, publicada póstumamente en 1959.

HERNÁNDEZ (Rafael), *Aguadilla 1892-San Juan 1965*, músico puertorriqueño. Uno de los compositores de música popular más conocidos de Latinoamérica, dominó varios instrumentos y residió en Nueva York, Cuba y México. Entre sus canciones destacan *Preciosa, La mento boricano* y *Perfume de gardenias*.

HERNÁNDEZ CATÁ (Alfonso), *Aldeadávila de la Ribera, España, 1885-Río de Janeiro 1940*, escritor cubano. Atraído por los temas sensuales (*Novela erótica*, 1909) o psiquiátricos (*Manicomio*, 1931), destacó en la novela corta (*Los frutos ácidos*, 1915).

HERNÁNDEZ COLÓN (Rafael), *Ponce 1936*, político puertorriqueño. Gobernador de la isla (1972-1976 y de 1984-1992), instituyó el español como única lengua oficial (1991).

HERNÁNDEZ DE ALBA (Gregorio), *Bogotá 1904*, arqueólogo y antropólogo colombiano. Investigador de las culturas de San Agustín y Tierradentro, es autor de obras arqueológicas y etnológicas (*La cultura arqueológica de San Agustín*, 1978).

HERNÁNDEZ DE CÓRDOBA → **FERNÁNDEZ DE CÓRDOBA**.

HERNÁNDEZ FRANCO (Tomás), *Santiago de los Caballeros 1904-1952*, poeta dominicano. Miembro del grupo Los independientes de los cuarenta, en su poesía traza precisas evocaciones del trópico (*Canción del litoral alegre*, 1936) y de las costumbres de negros y mulatos (*Yelidá*, 1942).

HERNÁNDEZ GIL (Antonio), *Puebla de Alcocer 1915-Madrid 1994*, jurista español. Presidente de la Academia de jurisprudencia y legislación (1975-1994), de las cortes constituyentes (1977-1979) y del Consejo general del poder judicial y del Tribunal supremo (1985-1990), es autor de *Problemas epistemológicos de la ciencia jurídica* (1981).

HERNÁNDEZ MARTÍNEZ (Maximiliano), *San Salvador 1882-Jamastran, Honduras, 1966*, militar y político salvadoreño. Presidente tras un golpe de estado (1931), fue depuesto por una sublevación (1944).

HERNÁNDEZ MOMPÓ → **MOMPÓ**.

HERNÁNDEZ ORTEGA (Gilberto), *Baní 1924-íd. 1975*, pintor dominicano. En su obra, inscrita en la figuración expresionista, mostró predilección por la figura humana y recreo la naturaleza desde la magia y el mito.

HERNÁNDEZ PALACIOS (Antonio), *Madrid 1921-íd. 2000*, dibujante y guionista de cómic español. Creador de personajes como *Manos Kelly* (1970) y *Mac Coy* (1974), se especializó en la recreación de figuras y acontecimientos históricos: *El Cid* (1970), *Eloy ¡Uno entre muchos!* (1979).

HERNÁNDEZ PIJUAN (Juan), *Barcelona 1931-íd. 2005*, pintor español. Cofundador del grupo Sílex, su obra se inscribe en una abstracción de gran síntesis. (Premio nacional de artes plásticas 1981; premio nacional de arte gráfico 2005.) [Real academia de bellas artes de San Fernando 2000.]

HERNANI, v. de España (Guipúzcoa); 18 698 hab. *(hernanienses)*. Industrias papeleras, siderurgia. — Parroquia de San Juan (retablos, ss. XVI-XVII).

Hernani, drama de Victor Hugo, cuya primera representación (1830) dio lugar a una auténtica batalla entre clásicos y románticos.

HERNE, c. de Alemania (Rin del Norte-Westfalia), en el Ruhr; 180 539 hab. Metalurgia. — Castillo de los ss. XVI-XVII.

HERODES I el Grande, *Ascalón 73 a.C.-Jericó 4 a.C.*, rey de los judíos (37-4 a C). Impuso su poder, otorgado por los romanos, con una energía brutal. Mandó reconstruir el templo de Jerusalén. Los Evangelios le atribuyen la degollación de los Inocentes. — **Herodes Antipas**, *h. 22 a.C.-d 39 d.C.*, tetrarca de Galilea y de Perea (4 a.C.-39 d.C.). Fundó Tiberiades y mandó decapitar a Juan Bautista. Jesús comparecería ante él durante su proceso. — **Herodes Agripa I**, *10 a.C.-44 d.C.*, rey de los judíos (41-44), nieto de Herodes el Grande y padre de Berenice. — **Herodes Agripa II**, *h. 27-Roma h. 93 o 100*, rey de los judíos (50-h. 93 o 100). Hijo de Herodes Agripa I, debió hacer frente a la rebelión judía (66-70).

HERODÍAS o **HERODÍADES**, *7 a.C.-39 d.C.*, princesa judía. Nieta de Herodes el Grande, se casó con dos de sus tíos: con Herodes Filipo (con el que tuvo a Salomé) y después con Herodes Antipas. Según los Evangelios, instigó la muerte de san Juan Bautista.

HERÓDOTO o **HERODOTO**, *Halicarnaso h. 484-Turios h. 420 a.C.*, historiador griego. Amigo de Pericles y Sófocles en Atenas, sus *Historias*, fuente principal para el estudio de las guerras médicas, ponen de manifiesto la oposición entre el mundo bárbaro (egipcios, medos, persas) y la civilización griega.

HERÓN el Viejo o **de Alejandría**, *Alejandría s. I d.C.*, científico griego. Se le atribuye la invención de numerosas máquinas y de varios instrumentos de medida. En óptica, estableció la ley de la reflexión de la luz.

HÉROULT (Paul), *Thury-Harcourt, Calvados, 1863-bahía de Antibes 1914*, metalúrgico francés. Se le debe la electrometalurgia del aluminio (1886) y el horno eléctrico para el acero que lleva su nombre (1907).

HERRADA de Landsberg, *h. 1125-Santa Odilia 1195*, abadesa y erudita alemana. Escribió *El jardín de las delicias*, tratado para instruir a las novicias.

HERRÁN (Pedro Alcántara), *Bogotá 1800-íd. 1872*, militar y político colombiano. Actuó en la guerra de emancipación y colaboró con Sucre. Fue presidente de la república de Nueva Granada (1841-1845).

HERRÁN (Saturnino), *Aguascalientes 1887-México 1918*, pintor mexicano. Precursor del nacionalismo pictórico mexicano, buscó su inspiración en temas del México precolombino y en la vida y costumbres populares.

HERRERA (provincia de), prov. de Panamá, en la costa O del golfo de Panamá; 2 427 km²; 105 840 hab.; cap. Chitré.

HERRERA (Alfonso Luis), *México 1868-íd. 1942*, farmacéutico y biólogo mexicano. Introductor del darvinismo y primer catedrático de biología en México, creó la teoría de la plasmogenia, intento de explicar el origen de la vida. Entre sus obras destacan *Nociones generales de biología y plasmogenia* (1906), *Ornitología Mexicana* (1898-1914) y *Farmacopea Latino-Americana* (1921). Fundó el zoológico de Chapultepec (1924).

HERRERA (Carlos María), *Montevideo 1875-íd. 1914*, pintor uruguayo. Destacó especialmente en el retrato, preferentemente al pastel.

HERRERA (Carolina), *Caracas 1939*, modista venezolana, nacionalizada estadounidense. Establecida en Nueva York desde 1981, sus diseños se caracterizan por el uso del color y la sobriedad de la línea. Sus colecciones han aportado un toque de distinción a la alta costura norteamericana.

HERRERA (Darío), *Panamá 1870-Valparaíso*,

Chile, 1914, escritor panameño, prosista y poeta parnasiano (*Horas lejanas,* 1903).

HERRERA (Dionisio), *Choluteca 1781-San Salvador 1850,* político centroamericano. Liberal, al formarse las Provincias Unidas de Centro América fue elegido sucesivamente jefe de estado de Honduras (1824-1827), Nicaragua (1829-1833) y El Salvador (1835, aunque no tomó posesión del cargo).

HERRERA (Ernesto), *Durazno 1886-Montevideo 1917,* dramaturgo uruguayo. Cultivó el drama naturalista de asunto rural (*El estanque,* 1910), de descripción de la burguesía (*La moral de Misia Paca,* 1911) y de crítica del caciquismo (*El león ciego,* 1911).

HERRERA (Fernando de), llamado **el Divino,** *Sevilla 1534-íd. 1597,* poeta español. Autor de *Anotaciones* (1580) a Garcilaso de la Vega, como poeta representa el preciosismo retórico de la escuela sevillana. Su obra desempeña un papel primordial en la evolución de la lírica castellana. Cultivó la poesía heroica (*Canción a la batalla de Lepanto,* 1571) y religiosa, pero sobre todo la poesía amorosa, inspirada por Leonor de Millán, esposa del conde de Gelves. Escribió también obras históricas.

HERRERA (Flavio), *Guatemala 1895-íd. 1968,* escritor guatemalteco. Autor de novelas que abordan la lucha entre civilización y naturaleza (*El tigre,* 1934; *La tempestad,* 1935; *Poniente de sirenas,* 1937) y de cuentos de tramas amorosas (*La lente opaca,* 1921; *Siete mujeres y un niño,* 1927), en su poesía usó la estructura del haikai japonés (*El ala de la montaña,* 1921; *Cosmos indio,* 1938; *Patio y nube,* 1964).

HERRERA (Francisco de), llamado **el Viejo,** *Sevilla h. 1585-1590-Madrid 1656,* pintor y grabador español. Discípulo de Pacheco, formó parte de la escuela manierista andaluza, de la que se alejó para abrazar el naturalismo. Colaboró con Zurbarán, quien influyó en su obra, en la serie de la *Vida de san Buenaventura* (1627-1629). *San Basilio* (1639, Louvre) se considera su mejor pintura por el vigor de su técnica, realista y expresiva. — **Francisco de H.,** llamado **el Mozo** o **el Joven,** *Sevilla 1622-Madrid 1685,* pintor y arquitecto español. Hijo de Francisco el Viejo, ejerció un papel principal en la transición de la pintura manierista andaluza al barroco (*El triunfo de san Hermenegildo,* Prado), con un estilo dinámico aprendido en Italia. Pintor del rey y maestro mayor de obras reales, también intervino en el proyecto original de la basílica del Pilar, en Zaragoza.

HERRERA (José Joaquín de), *Jalapa 1792-México 1854,* militar y estadista mexicano. Tras el plan de Iguala, encabezó tropas partidarias de Iturbide y fue ministro de guerra. Fue presidente (interino, 1845, y en 1848-1851).

HERRERA (Juan de), *Mobellán, Cantabria, 1532-Madrid 1597,* arquitecto español. En 1563 colaboró con Juan Bautista de Toledo en El Escorial, a quien sustituyó en 1567, modificando el proyecto original. Creador del estilo oficial impuesto durante el reinado de Felipe II (*estilo herreriano*) caracterizado por su énfasis en lo geométrico y su gusto por las superficies sin ornamentación y sus volúmenes puros, realizó numerosas obras para la monarquía (palacio de Aranjuez, 1564; fachada S y escalera imperial del alcázar de Toledo, 1570 y 1574, respectivamente) y trabajó en Sevilla, Granada, Plasencia y Valladolid.

HERRERA (fray Luis), *Celaya 1775-Aguayo, Nuevo Santander, 1811,* patriota mexicano. Luchó junto a Hidalgo y lideró la sublevación de San Luis Potosí (1810), pero fue derrotado y fusilado por los realistas.

HERRERA (Luis Alberto de), *Montevideo 1873-íd. 1959,* político uruguayo. Miembro del Partido nacionalista (blanco), impulsó la facción *herrerista* (antiimperialista y proguerrillera). Participó en el órgano colegiado de gobierno (1927-1929 y 1952-1959).

HERRERA (Nicolás), *Montevideo 1775-íd. 1833,* patriota uruguayo. Promovió la fundación de la nacionalidad oriental y fue uno de los padres de la constitución de la República Oriental del Uruguay (1828).

HERRERA (Tomás de), *Panamá 1804-Bogotá 1854,* militar y político colombiano. Activo en la guerra de la independencia y contra la dictadura de Bolívar, fue ministro de guerra y marina, presidente del senado (1853) y de la república (1854), en guerra contra Melo.

HERRERA BARNUEVO (Sebastián), *Madrid 1619-íd. 1671,* pintor, escultor y arquitecto español. Discípulo y ayudante de Alonso Cano, siguió la orientación barroca de este (retablo de *Nuestra Señora de Guadalupe,* 1653, convento de las descalzas reales, Madrid).

HERRERA CAMPINS (Luis), *Acarigua 1925-Caracas 2007,* político venezolano. Líder del partido socialcristiano COPEI, fue presidente de la república (1979-1984).

HERRERA DE LA MANCHA, localidad de España, en el mun. de Manzanares (Ciudad Real). Prisión de alta seguridad.

HERRERA DEL DUQUE, v. de España (Badajoz), cab. de p. j.; 3 913 hab. (*herrereños*). Embalse de García de Sola o Puerto Peña sobre el Guadiana. Central eléctrica de Cíjara.

HERRERA ESTRELLA (Luis Rafael), *México 1956,* bioquímico mexicano. Miembro desde 1986 del Centro de investigación y estudios avanzados de Irapuato, especialista en biología molecular de plantas, es pionero en la creación de plantas transgénicas.

HERRERA LANE (Felipe), *Valparaíso 1922-Santiago 1996,* economista chileno. Ocupó cargos directivos en organismos financieros de su país (presidente del Banco de Chile, 1953-1958) e internacionales (BIRF, 1953-1960; BID, 1960-1971), así como en la Unesco. Es autor de *América latina integrada* (1964) y *América latina: desarrollo e integración* (1986).

HERRERA ORIA (Ángel), *Santander 1886-Madrid 1968,* eclesiástico, periodista y político español. Creador y organizador de la Asociación católica nacional de propagandistas (1909) y Acción católica (1931), fundó la Editorial católica y los diarios *El debate* y *Ya.* También fue obispo de Santander y Málaga (1947) y cardenal (1965), e inició la Biblioteca de autores cristianos en 1943. Influyó profundamente en la derecha católica española durante la segunda república y el franquismo.

HERRERA PETERE (José), *Guadalajara 1909-Ginebra 1977,* escritor español. Republicano exiliado, fue poeta, novelista (*Acero de Madrid,* 1938) y dramaturgo. Evolucionó del realismo social de sus primeros tiempos (*Cumbres de Extremadura,* 1938) a un universo más imaginativo, próximo al surrealismo (*El incendio,* 1973; *Cenizas,* 1975). [Premio nacional de literatura 1938.]

HERRERA TORO (Antonio), *Valencia 1857-Caracas 1914,* pintor venezolano. Autor de pintura histórica y retratos, realizó la decoración de la catedral de Caracas en colaboración con C. Rojas (1883).

HERRERA Y OBES (Manuel), *Montevideo 1806-1890,* político uruguayo, dirigente del Partido colorado. — **Julio H.,** *Montevideo 1846-íd. 1912,* político y jurista uruguayo. Hijo de Manuel, fue presidente (1890-1894).

HERRERA Y REISSIG (Julio), *Montevideo 1875-íd. 1910,* poeta uruguayo, uno de los máximos exponentes del modernismo en Hispanoamérica. En su poesía, lo cotidiano se mezcla con lo fantástico y la ironía se abre paso mediante personales metáforas (*Pascuas del tiempo,* 1900; *Los maitines de la noche,* 1902; *Los éxtasis de la montaña,* 1904-1907; *Los sonetos vascos,* 1906; *Los parques abandonados,* 1908).

HERRERA Y TORDESILLAS (Antonio de), *Cuéllar 1549-Madrid 1625,* historiador español. Cronista mayor de las Indias y de Castilla, es autor de *Historia general de los hechos de los castellanos en las islas y Tierra Firme del mar Océano* (1601-1615), conocida como *Décadas.*

HERRERÍA (Andrés Campos Cervera, conocido como Julián **de la**), *Villa Aurelia 1888-Valencia, España, 1937,* pintor y ceramista paraguayo. Se dedicó al paisaje y luego a la cerámica, en la que utilizó motivos guaraníes.

Herri Batasuna → **Batasuna.**

HERRICK (Robert), *Londres 1591-Dean Prior 1674,* poeta inglés. Su obra *Las Hespérides* (1648) canta al amor, la naturaleza y la fe cristiana.

HERRIOT (Édouard), *Troyes 1872-Saint-Genis-Laval 1957,* político francés. Presidente del Partido radical y uno de los principales políticos de la III república, fue primer ministro (1924-1925).

HERSCHBACH (Dudley Robert), *San José, California, 1932,* químico estadounidense. Ha concebido una técnica que permite estudiar las moléculas de una reacción química llevándolas a velocidades supersónicas. (Premio Nobel 1986.)

HERSCHEL (sir William), *Hannover 1738-Slough 1822,* astrónomo británico de origen alemán. Construyó, como aficionado, numerosos telescopios y descubrió el planeta Urano (1781), dos de sus satélites (1787) y dos satélites de Saturno (1789). Creador de la astronomía estelar, fue el primero en estudiar sistemáticamente las estrellas dobles. Hacia 1800 descubrió los efectos térmicos de la radiación infrarroja.

HERSTAL, mun. de Bélgica (prov. de Lieja), a orillas del Mosa; 36 451 hab. Fábricas de armas. — Museo de arqueología industrial. — Dominio de Pipino, bisabuelo de Carlomagno, fue residencia favorita de los Carolingios.

HERTFORDSHIRE, condado de Gran Bretaña, al N de Londres; 951 500 hab.; cap. *Hertford.*

HERTO, sitio prehistórico de Etiopía, cerca del poblado de Herto, a 230 km al NE de Addis Abeba. En 2003 se anunció el hallazgo de tres cráneos de homínidos de hace 160 000 años, que podrían corresponder al ancestro inmediato del *Homo sapiens sapiens.*

HERTOGENBOSCH ('s-) o **DEN BOSCH,** c. de Países Bajos, cap. de Brabante Septentrional; 92 057 hab. Catedral gótica de los ss. XIV-XV; museo provincial.

HERTWIG (Oskar), *Friedberg, Hesse, 1849-Berlín 1922,* biólogo alemán. Precisó la naturaleza de la fecundación en los animales (*anfimixia*). — **Richard H.,** *Friedberg 1850-Schlederloh, al S de Munich, 1937,* biólogo alemán. Hermano de Oskar, es autor de importantes descubrimientos en biología celular.

HERTZ (Heinrich), *Hamburgo 1857-Bonn 1894,* físico alemán. Mediante un oscilador construido por él, produjo ondas electromagnéticas (1887) y demostró que eran de la misma naturaleza que la luz, abriendo así el camino a la telegrafía sin hilos por ondas llamadas *hertzianas.* También observó el efecto fotoeléctrico y el paso de los electrones a través de la materia. — **Gustav H.,** *Hamburgo 1887-Berlín Este 1975,* físico alemán. Sobrino de Heinrich, dilucidó el fenómeno de fluorescencia y propuso

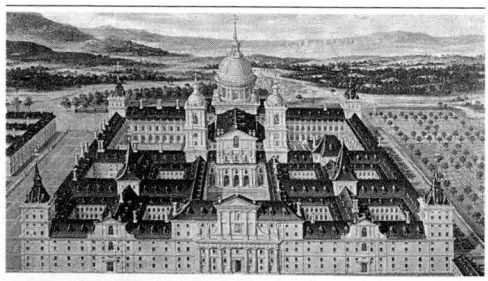

■ JUAN DE **HERRERA.** Vista de El Escorial.

■ SIR WILLIAM **HERSCHEL.** (Galería nacional de retratos, Londres.)

una teoría de la emisión de la luz. (Premio Nobel 1925.)

HERTZOG (Enrique), *La Paz 1897-Buenos Aires 1980*, político boliviano. Miembro de la Unión republicana socialista, fue presidente de la república (1947-1949).

HERTZSPRUNG (Ejnar), *Frederiksberg 1873-Tølløse 1967*, astrofísico danés. Distinguió las estrellas gigantes de las enanas, e, independientemente de H. N. Russell, descubrió que existe una relación entre la luminosidad y la temperatura de las estrellas.

HERVÁS (José Gerardo de), *m. en Madrid 1742*, sacerdote y poeta español. Bajo el seudónimo de **Jorge Pitillas** publicó *Sátira contra los malos escritores de este siglo* (1742), en tercetos encadenados.

HERVÁS Y PANDURO (Lorenzo), *Horcajo de Santiago, Cuenca, 1735-Roma 1809*, jesuita y filólogo español, notable por su aportación a la filología comparada (*Catálogo de las lenguas de las naciones conocidas*, 1800-1805).

HERZBERG (Gerhard), *Hamburgo 1904-Ottawa 1999*, físico y químico canadiense de origen alemán. Determinó la estructura electrónica y la geometría de los átomos, las moléculas y los radicales libres, demostrando además su existencia en varias atmósferas planetarias, en cometas y en el espacio interestelar. (Premio Nobel de química 1971.)

HERZEGOVINA, región de los Balcanes, que forma parte de Bosnia-Herzegovina.

HERZEN o **GUERTSEN** (Alexandr Ivánovich), *Moscú 1812-París 1870*, escritor y teórico político ruso. Opuesto al régimen zarista, publicó en el exilio la revista política y literaria *Kólokol (La campana)*.

HERZL (Theodor), *Budapest 1860-Edlach, Austria, 1904*, escritor húngaro. Es el fundador del *sionismo político (El estado judío*, 1896).

HERZOG Y DE MEURON, arquitectos suizos asociados en una agencia desde 1978 (**Jacques Herzog**, *Basilea 1950*, y **Pierre de Meuron**, *Basilea 1950*). Promueven una arquitectura volátil, tendente al minimalismo, preocupada por su integración en el entorno (centro de señalización de la estación de Basilea, 1995; Tate Modern, en Londres, 2000; espacio de arte contemporáneo Schaulager, en Münchenstein [cerca de Basilea], 2003; estadio nacional de Pekín, 2008). [Premio Pritzker 2001.]

HESÍODO o **HESIODO**, *Ascra, Beocia, media dos del s. VIII a.C.*, poeta griego. Autor de poemas mitológicos (*Teogonía*), es el creador de la poesía didáctica (*Los trabajos y los días*).

HESPERIA, nombre dado por los antiguos griegos a Occidente, aplicado primero a Italia y luego al extremo O del mundo conocido: la península Ibérica y el Marruecos atlántico.

HESPÉRIDES o **HESPÉRIDAS** MIT. GR. Ninfas guardianas del jardín de los dioses, cuyos árboles producían manzanas de oro que daban la inmortalidad.

HESPÉRIDES (jardín de las) MIT. GR. Lugar fabuloso del Atlántico, identificado con las Canarias o la región de Larache (Marruecos), donde vivían las *ninfas Hespérides*.

HESS (Harry Hammond), *Nueva York 1906-Woods Hole, Massachusetts, 1969*, geólogo estadounidense. Su teoría de la expansión de los fondos oceánicos prefigura la de la tectónica de placas.

HESS (Rudolf), *Alejandría, Egipto, 1894-Berlín 1987*, político alemán. Estrecho colaborador de Hitler, en 1941 huyó a Escocia. Declarado irresponsable por el tribunal de Nuremberg, fue encarcelado desde 1946. Se suicidó.

HESS (Victor), *Waldstein, Estiria, 1883-Mount Vernon 1964*, físico estadounidense de origen austriaco. Descubrió los rayos cósmicos en 1912. (Premio Nobel 1936.)

HESSE, en alem. *Hessen*, Land de Alemania; 21 114 km²; 5 660 619 hab.; cap. *Wiesbaden*; c. pral. *Frankfurt del Main*. Lugar de paso entre Renania y el N de Alemania, está formado por mesetas boscosas, macizos volcánicos (Vogelsberg, Rhön) y pequeñas llanuras fértiles. — A partir de 1292 constituyó un landgraviato con rango de principado del imperio. En 1567 fue dividido en dos principados: *Hesse-Kassel*,

anexionado por Prusia (1866), que lo incorporó a Hesse-Nassau (1868), y *Hesse-Darmstadt*, que en 1806 se convirtió en gran ducado y fue anexionado por Prusia (1866). El Land de Hesse se formó en 1945.

HESSE (Hermann), *Calw, Württemberg, 1877-Montagnola, Ticino, 1962*, novelista suizo de origen alemán. Construyó una nueva filosofía derivada de su rebelión personal (*Peter Camenzind*, 1904) y su encuentro con el pensamiento oriental (*El lobo estepario*, 1927; *El juego de abalorios*, 1943). [Premio Nobel 1946.]

HESTIA MIT. GR. Divinidad del hogar. Los romanos la identificaron con Vesta.

HESTON (Charlton), *Evanston 1924-Beverly Hills 2008*, actor de cine estadounidense. Intervino principalmente en grandes producciones como héroe: *Los diez mandamientos* (C. B. De Mille, 1956), *Ben-Hur* (B. Wyler, 1959).

Hetería, sociedad griega fundada en Odessa en 1814. Dirigida por A. Ypsilanti, en 1821 desencadenó una revolución en Moldavia, Valaquia y Grecia.

HEUREAUX (Ulises), llamado **el Negro Lilís**, *Cap-Haitien 1844-Moca 1899*, político dominicano. Presidente (1882-1884) y más tarde dictador (1887-1899), murió asesinado.

HEUSS (Theodor), *Brackenheim 1884-Stuttgart 1963*, político alemán. Cofundador del Partido liberal, presidió la RFA (1949-1959).

HEVELIUS (Johannes Havelke o **Hevel**, llamado), *Dantzig 1611-íd. 1687*, astrónomo polaco. Estudió las manchas solares y publicó el primer mapa detallado de la Luna (1647), así como un catálogo de más de 1 500 estrellas y un tratado sobre los cometas (1668).

■ HEINRICH **HERTZ**. ■ THEODOR **HERZL**.
(Col. Mansell, Londres.)

HEVESY (George Charles de), *Budapest 1885-Friburgo de Brisgovia, Alemania, 1966*, químico sueco de origen húngaro. Preconizó la utilización de indicadores isotópicos y descubrió el hafnio. (Premio Nobel 1943.)

HEVIA BOLAÑO (Juan de), *Oviedo h. 1570-Lima h. 1623*, jurista español. Pasó a América h. 1588, y en Lima publicó *Curia filípica* (1603) y *Laberinto de comercio terrestre y naval* (1617), primer tratado de derecho mercantil español.

HEWISH (Antony), *Fowey, Cornualles, 1924*, radioastrónomo británico. Con su alumna Jocelyn Bell, descubrió los púlsares (1967). [Premio Nobel de física 1974.]

Hewlett-Packard, empresa de electrónica e informática estadounidense, creada en 1939 por Bill Hewlett y Dave Packard. Productora de calculadoras, computadoras y periféricos, es una de las primeras compañías en su sector.

HEYDRICH (Reinhard), *Halle 1904-Praga 1942*, político alemán. Miembro del partido nazi (1932), «protector del Reich» en Bohemia y Moravia (1941), fue muerto por patriotas checos.

HEYERDAHL (Thor), *Larvik 1914-Colla Michari, Italia, 2002*, explorador noruego. Llevó a cabo a bordo de frágiles embarcaciones expediciones de gran resonancia (entre ellas la de la Kon-Tiki, a través del Pacífico [de Perú a Polinesia], en 1947) para intentar demostrar la posibilidad de tales migraciones por pueblos antiguos. Pero sus teorías fueron, en general, refutadas por los científicos.

HEYTING (Arend), *Ámsterdam 1898-Lugano, Suiza, 1980*, lógico neerlandés. Es autor de una axiomatización de la lógica intuicionista.

Hezbollah, en ár. ḥizb Allāh («partido de

Dios»), organización islámica libanesa, fundada en 1982 con el apoyo de militantes chiítas iraníes agrupados en el movimiento iraní llamado también *Hezbollah*. Tras combatir la ocupación israelí de una parte del S de Líbano, y a la vez ha proseguido las operaciones armadas contra Israel, también constituye un partido político, con representación en el parlamento.

HICACOS (península de), barra coralina de la costa N de Cuba (Matanzas). Playas (Varadero).

HICKS (sir John Richard), *Leamington Spa, Warwickshire, 1904-Blockley, Gloucestershire, 1989*, economista británico. Con A. H. Hansen (1887-1975), confeccionó un esquema de las relaciones entre las políticas monetaria y presupuestaria. (Premio Nobel 1972 con K. Arrow.)

HIDACIO o **IDACIO**, *Limia, Orense, h. 395-470*, eclesiástico e historiador hispanorromano. Obispo de Chaves (427-460), luchó contra los arrianos y priscilianos. Es autor de un *Cronicón*, derivado de la obra de san Jerónimo.

HIDALGO, mun. de México (Michoacán); 72 787 hab. Curtidurías. Turismo.

HIDALGO (estado de), est. de México central; 20 987 km²; 1 888 366 hab.; cap. *Pachuca de Soto*.

HIDALGO (Alberto), *Arequipa 1894-Buenos Aires 1967*, escritor peruano. Destacado poeta vanguardista (*Panoplia lírica*, 1917), también escribió prosa (*Dimensión del hombre*, 1938).

HIDALGO (Bartolomé), *Montevideo 1788-Buenos Aires 1822*, poeta uruguayo, precursor del género gauchesco. Luchó por la independencia y cargó de sátira política sus cielitos y vidalitas y *Diálogos patrióticos* (1820), a través de los cuales se expresa el gaucho.

HIDALGO (José Luis), *Torres, Santander, 1919-Madrid 1947*, poeta español. En *Los muertos* (1947) se revela como un gran poeta metafísico y existencial.

HIDALGO (Juan), *Las Palmas de Gran Canaria 1927*, artista y compositor español. Ha realizado performances e instalaciones en las que lo musical trasciende el hecho exclusivamente sonoro. Como compositor, su obra se inscribe en las corrientes de vanguardia.

HIDALGO DE AGÜERO → AGÜERO.

HIDALGO DE CISNEROS (Baltasar), *Cartagena 1755-íd. 1829*, último virrey del Río de la Plata. Miembro de la Junta central durante la guerra de la Independencia española, fue nombrado virrey (1809) pero en 1810 fue derrotado por el movimiento revolucionario.

HIDALGO DEL PARRAL, c. de México (Chihuahua); 88 197 hab. Centro minero. Maquinaria, fundiciones. — Declarada zona de monumentos históricos.

HIDALGOTITLÁN, mun. de México (Veracruz); 18 695 hab. Yacimientos de azufre y petróleo.

HIDALGO Y COSTILLA (Miguel), llamado **el padre de la patria, el iniciador de la independencia** y **el cura Hidalgo**, *hacienda de Corralejo, Pénjamo, 1753-Chihuahua 1811*, sacerdote y patriota mexicano. Fue el instigador de la sublevación patriótica de Dolores (sept. 1810, *grito de Dolores*) y dirigió la rebelión, conquistando Celaya y Guanajuato. Proclamó la independencia del país y la abolición de la esclavitud, y formó un gobierno nacional en Guadalajara, pero fue allí mismo derrotado por los realistas (en. 1811) y fusilado.

HIDDEN PEAK, pico del Karakorum (Pakistán), punto culminante del Gasherbrum; 8 068 m.

HIDEYOSHI → TOYOTOMI HIDEYOSHI.

HIDRA, isla griega del mar Egeo, frente a la Argólida; cap. *Hidra*.

HIDRA DE LERNA MIT. GR. Serpiente monstruosa, cada una de cuyas siete cabezas crecía tan pronto era cortada. Hércules acabó con ella al cortarlas todas de un solo tajo.

HIERÁPOLIS → PAMUKKALE.

HIERÓN I, tirano de Siracusa (478-466 a.C.). Luchó contra la dominación cartaginesa en Sicilia. — **Hierón II**, *Siracusa h. 306-215 a.C.*, rey de Siracusa (265-215 a.C.). Se alió con los romanos en la primera guerra púnica.

HIERRO, isla de España (Santa Cruz de Tenerife), la más occidental del archipiélago canario; 287 km², 8 533 hab. Culmina en el Malpaso (1 501 m) y en el pico Tenerife (1 417 m). Turismo. (Reserva de la biosfera 2000.) — Fue conquistada por Juan de Bethencourt en 1402.

HIERRO (José), *Madrid 1922-íd. 2002*, poeta español. En su obra se combinan la tendencia narrativa y social con un lirismo intimista: *Tierra sin nosotros* (1947), *Alegría* (1947), *Quinta del 42* (1953), *Cuanto sé de mí* (1957), *Libro de las alucinaciones* (1964), *Agenda* (1991), *Cuaderno de Nueva York* (1998). [Premios: Príncipe de Asturias 1981; nacional de las letras 1990; Cervantes 1998; nacional de poesía 1999.] (Real academia 1999.)

hierro (cruz de), orden militar prusiana, fundada por Federico Guillermo III en 1813 y reconocida en 1956 por el gobierno federal alemán.

HIGASHIŌSAKA, c. de Japón (Honshū); 518 319 hab.

HIGGINS CLARK (Mary), *Nueva York 1931*, escritora estadounidense. Sus *thrillers* han conocido el éxito en todo el mundo (*Acuérdate de mí; Misterio en la clínica; Un grito en la noche*).

HIGHLANDS («Tierras altas»), región montañosa de Gran Bretaña, en el N de Escocia.

HIGHSMITH (Patricia), *Fort Worth 1921-Locarno, Suiza, 1995*, escritora estadounidense. Maestra del suspense y de la angustia, sus novelas policíacas están centradas en la psicología del culpable (*Extraños en un tren*, 1950; *A pleno sol*, 1955).

HIGUITA (José René), *Medellín 1966*, futbolista colombiano. Portero destacado, ganó la copa Libertadores con el Atlético Nacional (1989).

HIIUMAA, en ruso **Dago**, isla estonia del Báltico.

HÍJAR (Rodrigo **Sarmiento de Silva**, duque de), *Madrid 1600-León 1664*, aristócrata español. Presuntamente implicado en la conjura de Carlos de Padilla para derrocar a Felipe IV, fue detenido (1648) y torturado. Murió en prisión.

hijo pródigo (parábola del), parábola del Evangelio, ejemplo de la misericordia divina. Un hijo que había abandonado a su padre para correr aventuras es recibido por este con generosidad cuando, arruinado, vuelve a casa.

HIKMET (Nazim), *Salónica 1902-Moscú 1963*, escritor turco. Su vida, su poesía (*Paysages humains*, 1957) y sus novelas están marcados por su compromiso comunista.

HILÂL (Banŭ) o **HILÂLÍES**, tribu de Arabia central que emigró a Egipto en el s. VIII e invadió el Magreb en el s. XI.

hilanderas (Las), óleo de Velázquez, pintado h. 1656 (Prado), que representa la fábula mitológica de Palas y Aracné en un tapiz al fondo del cuadro, mientras en primer término se presenta un aspecto marginal (las trabajadoras del taller de Aracné). Es una obra típicamente barroca por su complejidad formal y conceptual.

HILARIÓN (san), *Tabatha, cerca de Gaza, h. 291-Chipre h. 371*, fundador de la vida monástica en Palestina.

HILBERT (David), *Königsberg 1862-Gotinga 1943*, matemático alemán. Representante de la corriente formalista, fue uno de los fundadores del método axiomático. Reorientó los estudios sobre los fundamentos de las matemáticas al presentar, en 1900, una lista de 23 problemas para resolver.

HILDEBRAND (Adolf von), *Marburgo 1847-Munich 1921*, escultor alemán. Es autor de la fuente de los Wittelsbach (1894) de Múnich, de estilo clásico y alegórico.

HILDEBRANDO → GREGORIO VII (san).

HILDEBRANDT (Lukas von), *Génova 1668-Viena 1745*, arquitecto austriaco. Es autor de los dos palacios del Belvedere (1714-1723) de Viena, de estilo barroco.

HILDEGARDA (santa), *Bermersheim 1098-Rupertsberg 1179*, mística alemana. Abadesa y fundadora de monasterios benedictinos, entre ellos el de Rupertsberg, cerca de Bingen, es famosa por sus visiones y escritos místicos.

HILDERICO, *¿463?-533*, rey vándalo (523-530). Otorgó la libertad de culto a los católicos. Fue depuesto por el ejército y ejecutado por Gelimer.

HILDESHEIM, c. de Alemania (Baja Sajonia); 106 303 hab. Iglesias románicas, entre ellas la de San Miguel (ss. XI y XII) [patrimonio de la humanidad 1985]; museo Pelizeus (antigüedades egipcias) y otros museos.

HILFERDING (Rudolf), *Viena 1877-París 1941*, político alemán de origen austriaco. Teórico del marxismo (*El capital financiero*, 1910), fue diputado socialdemócrata (1924-1933).

HILLA, c. de Iraq; 215 300 hab.

HILLARY (sir Edmund), *Auckland 1919-íd. 2008*, alpinista neozelandés. En 1953 conquistó la cima del Everest, junto con el sherpa Tensing Norgay.

HIL·LEL, *Babilonia h. 70 a.C.-Jerusalén h. 10 d.C.*, doctor judío, jefe de una escuela de rabinos que interpretó la Ley de forma liberal.

HILMAND → HELMAND.

HILVERSUM, c. de Países Bajos, al SE de Amsterdam; 84 606 hab. Estación de radiodifusión. — Ayuntamiento (1928) y otros edificios del arquitecto Willem Marinus Dudok.

HIMÁCHAL PRADESH, estado del N de la India; 55 700 km²; 5 111 079 hab.; cap. *Simla*.

HIMALAYA, cadena montañosa de Asia, la más alta del mundo; 8 848 m en el Everest. Se extiende a lo largo de 2 800 km, desde el Indo hasta el Brahmaputra, con una anchura media de 300 km entre el Tíbet y la llanura indogangética. De S a N se distingue: una zona cubierta por una espesa jungla (el *terai*); una zona de colinas y montañas poco elevadas (los Siwälik); por encima de 5 000 m, la zona de glaciares y de nieves perpetuas que forma el Himalaya propiamente dicho, limitada por los distintos valles del Indo y del Brahmaputra y domi-

nada al N por el Transhimalaya. El Himalaya, cadena plisada de era alpina, es una importante barrera climática y humana. También es uno de los centros del alpinismo mundial.

HIMEJI, c. de Japón, en el S de Honshū; 454 360 hab. Siderurgia; industria textil. — Casco antiguo; fortaleza feudal llamada castillo «de la Garza blanca» (ss. XIV-XV). [Patrimonio de la humanidad 1993.]

HIMERA, ant. c. de Sicilia. En 480 a.C. Gelón de Siracusa venció a los cartagineses, que la asediaban. En 409 a.C. estos destruyeron la ciudad.

HIMES (Chester), *Jefferson City 1909-Benisa, España, 1984*, escritor estadounidense, autor de novelas policíacas (*Corre, hombre*, 1959; *Un ciego con una pistola*, 1969).

HIMETO (monte), montaña de Grecia, en el Ática, al S de Atenas. Era famosa por su miel y su mármol.

HIMILCÓN, *h. 450 a.C.*, navegante cartaginés. Exploró la costa de Europa occidental, y es posible que llegara a Cornualles y a Irlanda.

HIMMLER (Heinrich), *Munich 1900-Lüneburg 1945*, político alemán. Jefe de la Gestapo (1934) y de la policía del Reich (1938), fue ministro del interior (1943), dirigió la represión contra los adversarios del régimen nazi y organizó los campos de concentración. Arrestado, se suicidó.

HINAULT (Bernard), *Yffiniac, Côtes-d'Armor, 1954*, ciclista francés. Cinco veces ganador del tour de Francia (1978, 1979, 1981, 1982 y 1985), fue campeón del mundo en 1980.

HINDEMITH (Paul), *Hanau 1895-Frankfurt del Main 1963*, compositor alemán. Fue uno de los representantes principales de la escuela alemana entre las dos guerras mundiales, pero estuvo siempre ligado a cierto espíritu clásico. Entre sus obras figuran un ciclo de lieder (*Das Marienleben*), las óperas *Cardillac* (1926) y *Matías el pintor* (1938), *Kammermusiken* para diversas formaciones, conciertos y sonatas.

HINDENBURG (Paul von), *Posen, act. Poznań, 1847-Neudeck, cerca de Gdańsk, 1934*, mariscal alemán. Vencedor de los rusos en Tannenberg (1914) y jefe de estado mayor (1916), dirigió junto con Ludendorff la estrategia alemana hasta el final de la guerra. Presidente de la república de Weimar en 1925, reelegido en 1932, nombró canciller a Hitler (1933).

HINDÚ KŬŠ, macizo de Asia central (Pakistán y sobre todo Afganistán).

HINOJOSA (Eduardo de), *Alhama de Granada 1852-Madrid 1919*, jurisconsulto e historiador español. Miembro del Partido conservador, es autor de *Historia general del derecho español* (1887) y *Estudios sobre la historia del derecho español* (1905), entre otras obras.

HINTIKKA (Jaakko), *Vantaa, cerca de Helsinki, 1929*, filósofo finlandés. Se ha interesado por el estudio semántico de las proposiciones lógicas, así como por la filosofía del lenguaje (*Saber y creer*, 1962).

HIPARCO, *m. en 514 a.C.*, tirano de Atenas

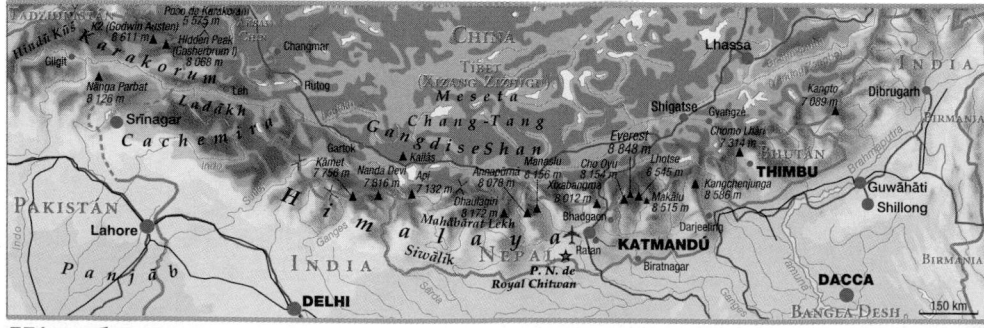

Himalaya

200 1000 3000 4000 5000 m

—— carretera   ✈ aeropuerto   ● más de 1 000 000 hab.   ● de 50 000 a 100 000 hab.
······ ferrocarril   ★ lugar de interés turístico   ● de 100 000 a 1 000 000 hab.   ● menos de 50 000 hab.

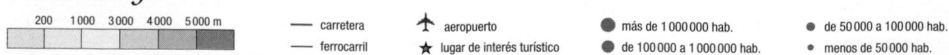

(527-514 a.C.). Hijo de Pisístrato, gobernó Atenas junto con su hermano Hipias; fue asesinado.

HIPARCO, *s. II a C.,* astrónomo griego. Se le puede considerar el fundador de la astronomía de posición. Descubrió la precesión de los equinoccios y realizó el primer catálogo de estrellas, clasificándolas por «tamaños» según el brillo aparente. También sentó las bases de la trigonometría, inventó la proyección estereográfica y propuso el primer método científico de determinación de longitudes.

HIPATIA, *Alejandría h. 370-íd. 415,* matemática y filósofa griega. Hija del astrónomo Teón de Alejandría, representante de la escuela neoplatónica, fue asesinada durante un tumulto cristiano.

HIPÉRIDES, *Atenas h. 390-¿Cleonas?, Peloponeso, 322 a.C.,* orador y político ateniense. Contemporáneo y émulo de Demóstenes, fue ejecutado por orden de Antípatro tras la derrota de la guerra lamíaca.

HIPIAS, *m. en 490 a.C.,* tirano de Atenas (527-510 a.C.). Hijo de Pisístrato, compartió el poder con su hermano Hiparco, al que posteriormente sucedió. Expulsado de Atenas (510) por su despotismo, se refugió en Persia.

HIPÓCRATES, *isla de Cos h. 460-Larisa, Tesalia, h. 377 a.C.,* médico griego. Fue el médico más importante de la antigüedad. El juramento que realizan los médicos se basa en su ética *(juramento hipocrático).*

HIPÓLITO MIT. GR. Hijo del héroe ateniense Teseo. Amado por Fedra, esposa de su padre, rechazó sus requerimientos. Para vengarse de él, Fedra lo acusó de haber intentado atentar contra su honor y Teseo invocó a Poseidón, quien provocó la muerte de Hipólito.

HIPÓLITO (san), *h. 170-en Cerdeña 235,* sacerdote y mártir romano. Es autor de una *Refutación de todas las herejías.*

HIPONA, ant. c. de Numidia, cerca de Annaba. Obispado, del que fue titular san Agustín. — Ruinas romanas.

HIRAKATA, c. de Japón (Honshū); 390 788 habitantes.

HIRAM I, *h. 969-h. 935 a.C.,* rey de Tiro. Proporcionó a Salomón materiales y artesanos para construir el templo de Jerusalén, así como marinos para las expediciones por el mar Rojo.

HIRATSUKA, c. de Japón (Honshū); 245 950 habitantes.

HIRCÁN I, HIRCANO I o **JUAN HIRCÁN,** *m. en 104 a.C.,* sumo sacerdote y etnarca de los judíos (134-104 a.C.). Consiguió la independencia de su país, Judea, y amplió sus fronteras. — Hircán II o Hircano II, *110-30 a.C.,* sumo sacerdote (76-67, 63-40 a.C.) y etnarca de los judíos (47-41 a C.). Desposeído de autoridad real, fue condenado a muerte por Herodes.

HIRCANIA, región de la ant. Persia, al SE del mar Caspio.

HIRO-HITO, nombre común **Shōwa Tennō,** *Tōkyō 1901-íd. 1989,* emperador de Japón (1926-1989). Monarca absoluto, tras la capitulación de Japón (1945) tuvo que renunciar a sus prerrogativas «divinas» y aceptar el establecimiento de una monarquía constitucional.

HIROSHIGE, *Edo, act. Tōkyō, 1797-íd. 1858,* dibujante, grabador y pintor japonés. Las variaciones de la atmósfera de sus paisajes *(Cincuenta y tres estaciones en el camino de *Tōkaidō)* maravillaron a los impresionistas, a través de los cuales ha influido en el arte occidental.

HIROSHIMA, c. de Japón (Honshū), a orillas del mar Interior; 1 085 705 hab. Puerto. Centro industrial. — Museos. — El 6 de agosto de 1945 los estadounidenses lanzaron sobre la ciudad la primera bomba atómica, que causó aprox. 140 000 víctimas (cifra de fallecidos solo en 1945).

HIŠĀM I (Abū-l-Walid), *Córdoba 757-íd. 796,* emir de Córdoba, de la dinastía de los Omeyas (788-796). Hijo de 'Abd al-Raḥmān I, dirigió las expediciones contra Oviedo, Astorga, Gerona y Narbona (794).

HIŠĀM II (Abū-l-Walid), *Córdoba 965,* califa de Córdoba, de la dinastía de los Omeyas (976-1013). Hijo y sucesor de al-Ḥakam II, durante su minoría de edad Almanzor dirigió la

regencia. Fue derrocado por Muḥammad II (1009) y repuesto por Wādih (1010). Vencido por los bereberes (1013), fue obligado a abdicar. Según al-Jaṭib fue estrangulado y suplantado por El Estorero; según otros sobrevivió.

HIŠĀM III al-Mu'tadd, *Córdoba 975-Lérida 1036,* último califa omeya de Córdoba (1027-1031).

HISPALIS, nombre romano de la ciudad de Sevilla, fundada por César en el s.I a.C.

HISPANIA, nombre romano de la península Ibérica. En 197 a.C. se crearon dos provincias, Citerior y Ulterior, que en 19 a.C. pasaron a ser tres: Tarraconense (Tarraconensis), Bética (Baetica) y Lusitania. En el s. III se creó la Galecia (Gallaecia), y de la Tarraconense se escindió la Cartaginense (Carthaginensis); posteriormente se añadió a Hispania la Mauritania Tingitana, ubicada en el N de África, y se creó la provincia Baleárica.

Hispanic Society of America, institución estadounidense fundada por A. M. Huntington en 1904 para fomentar y difundir la cultura hispánica en EUA. Con una colección excepcional de obras de arte y libros hispánicos, patrocina la publicación de la *Hispanic Review.*

HISPANIOLA, nombre dado por Cristóbal Colón a la isla de La *Española.

HISPANOAMÉRICA, denominación que se aplica al conjunto de naciones latinoamericanas de habla hispana. El término *Iberoamérica* incluye también a Brasil y el de *Latinoamérica* o *América Latina* se refiere a una realidad geopolítica más amplia.

hispano-chilena (guerra) → Pacífico (guerra del).

hispano-norteamericana (guerra) [abril ag. 1898], conflicto bélico que enfrentó a España y Estados Unidos. El hundimiento del acorazado Maine fue esgrimido por los norteamericanos para iniciar la guerra (→ Cuba [guerras de]). La flota española fue derrotada en Cavite (Filipinas) y en Santiago de Cuba, y por el tratado de París (dic. 1898) España perdió Cuba, Puerto Rico, las Filipinas y la isla de Guam.

hispanovisigodo (reino) [531-711], reino de los visigodos en Hispania (y al comienzo en el S de las Galias), que se inició con el ostrogodo Teudis, continuó con Leovigildo (reino visigodo de *Toledo) y terminó con la muerte de Rodrigo y la invasión musulmana. (V parte n. com. visigodo.)

Hispasat, serie de satélites españoles de comunicaciones, construidos por la sociedad del mismo nombre y lanzados en los años 1992, 1993, 2000 y 2002.

Historia de los heterodoxos españoles, obra de Marcelino Menéndez Pelayo (3 vols., 1880-1882); trata de las herejías y desvíos ideológicos en España, y establece una polémica identificación entre ortodoxia católica e identidad nacional.

Historia general de las cosas de Nueva España, obra de B. de Sahagún (d. 1557; publicada en 1829). Consta de un estudio etnográfico, un diccionario de la lengua náhuatl y su escritura jeroglífica, y una historia de la conquista de México desde el punto de vista azteca.

Historia general y natural de las Indias,

■ HIROSHIMA después de la explosión de la bomba atómica, en agosto de 1945.

obra de Gonzalo Fernández de Oviedo, primer cronista de las Indias. (Sevilla 1535). Con notable exactitud, relata la conquista y la colonización y describe los minerales, la fauna y la flora del nuevo continente.

Historia natural, obra de Buffon y sus colaboradores (1749-1789; 36 vols.). Recensión magistral del mundo de los seres vivos, marcó el inicio del evolucionismo.

Historia natural y moral de las Indias, obra de J. de Acosta (1590). Escrita en siete libros y deudora del aristotelismo, constituye uno de los intentos más serios de explicar de manera unitaria la diversidad natural y etnográfica del Nuevo Mundo, así como el origen de su poblamiento. Incluye una historia natural, una historia de los indios de Perú y México y el tratado *De natura orbis.* Traducida a seis idiomas, tuvo una enorme repercusión en la Europa del barroco.

Historias, obra de Heródoto (s. v a.C.). Son «investigaciones» (primer sentido de la palabra *historiaï*) sobre las guerras médicas y los pueblos que participaron en ellas.

Historias, obra de Tácito (¿106-109 d.C.?). Historia de los emperadores romanos desde los últimos días de Galba (69) hasta el advenimiento de Nerva (96), constituye una continuidad cronológica de los *Anales.*

Historias extraordinarias, relatos de Edgar A. Poe (1840-1845), algunos de los cuales han alcanzado gran popularidad *(La caída de la casa Usher, El escarabajo de oro, El doble asesinato de la calle Morgue).*

Historia verdadera de la conquista de la Nueva España → Nueva España.

HITA (Juan Ruiz, llamado **el Arcipreste de**), *¿Alcalá de Henares? h. 1285-h. 1350,* escritor castellano, autor del *Libro de *buen amor.*

HITACHI, c. de Japón (Honshū), a orillas del Pacífico; 202 141 hab.

HITCHCOCK (Alfred), *Londres 1899-Hollywood 1980,* director de cine británico, nacionalizado estadounidense. Dirigió sobre todo películas de misterio y de aventuras policíacas, imponiéndose como maestro del suspense y la angustia *(Extraños en un tren,* 1951; *Con la muerte en los talones,* 1959; *Psicosis,* 1960).

■ ALFRED **HITCHCOCK** durante el rodaje de *Los pájaros* (1963).

HITLER (Adolf), *Branau, Alta Austria, 1889-Berlín 1945,* político alemán. Procedente de una familia de la pequeña burguesía austriaca, luchó en la primera guerra mundial en el ejército bávaro. En 1921 se convirtió en presidente del Partido obrero alemán nacionalsocialista (NSDAP) y formó las Secciones de asalto (SA). En 1923 intentó en Munich un golpe de estado que fracasó. Fue detenido y redactó en la cárcel *Mein Kampf,* en que expuso la doctrina ultranacionalista y antisemita del nazismo. A partir de 1925 se consagró al fortalecimiento de su partido (creación de las SS y de numerosos grupos organizativos) y al desarrollo de una propaganda eficaz en una Alemania humillada por su derrota de 1918 y por el tratado de Versalles, y muy afectada por la crisis de 1929. En 1933 accedió al cargo de canciller. Después de la ilegalización de los comunistas, a consecuencia del incendio del Reichstag (febr.), Hitler se hizo atribuir plenos poderes por la cámara (marzo). Inquieto por el poder de las SA, mandó eliminar a sus jefes durante la «Noche de los cuchillos largos» (30 junio 1934). Presidente a la muerte de Hindenburg (ag.), y más tarde «Führer», se puso al frente de un estado dictatorial sostenido por una temible policía (Gestapo) y basado en el partido único, la eliminación de la oposición y el racismo. Su política expansionista en Renania (1936), Austria (1938), Checoslovaquia (1938) y Polonia (1939) provocó la segunda guerra mundial (1939), durante la que se emprendió el exterminio de los judíos. Derrotado, se suicidó el 30 de abril de 1945.

■ ADOLF **HITLER**
(h. 1938-1939).

■ THOMAS **HOBBES,**
por J. M. Wright. (Galería
nacional de retratos, Londres).

HITTORF (Wilhelm), *Bonn 1824-Münster 1914,* físico alemán. Descubrió los rayos catódicos (1869) y observó su desviación por los campos magnéticos.

HIYÁZ, región de Arabia, a orillas del mar Rojo; cap. *La Meca;* c. prales. *Yidda* y *Medina.* Lugar de nacimiento de Mahoma y tierra santa de los musulmanes, se convirtió en reino independiente en 1916, y se incorporó en 1932 a Arabia Saudí como provincia.

HIYYA (Abraham **bar**), científico hebraicoespañol, activo en Barcelona entre 1133 y 1145. Autor de compendios científicos en lengua hebrea, basados en fuentes árabes *(Fundamentos de la inteligencia y torre de la creencia; Tablas astronómicas).*

HJELMSLEV (Louis Trolle), *Copenhague 1899-íd. 1965,* lingüista danés. En la línea de Saussure, su teoría, la glosemática, es un intento de formalización rigurosa de las estructuras lingüísticas *(Prolegómenos a una teoría del lenguaje,* 1943).

HLITO (Alfredo), *Buenos Aires 1923-íd. 1993,* pintor y diseñador gráfico argentino. Miembro del movimiento Arte concreto-invención (1949) y del Grupo de artistas modernos de la Argentina (1952), evolucionó desde una geometría ascética hacia la creación de formas libres y esquemáticas basadas en la línea y su articulación sobre el plano a través del color.

HOBART, c. de Australia, cap. de Tasmania; 183 500 hab. Universidad. Metalurgia.

HOBBEMA (Meindert), *Amsterdam 1638-íd. 1709,* pintor neerlandés. Es autor de paisajes bañados por una fina y matizada luz que hace resaltar cada detalle.

HOBBES (Thomas), *Wesport, Wiltshire, 1588-Hardwick Hall 1679,* filósofo inglés. Partidario de un materialismo mecanicista, describió al hombre como un ser movido, en estado natural, por el deseo y el temor («El hombre es un lobo para el hombre»), por lo que para vivir en sociedad el ser humano tiene que renunciar a sus derechos en provecho de un soberano absoluto que hace reinar el orden: el estado (**Leviatán,* 1651).

HOBSBAWM (Eric), *Alejandría, Egipto, 1917,* historiador británico. Especialista en historia económica y social, es autor de numerosas obras de referencia, de inspiración marxista *(Las revoluciones burguesas,* 1962; *La era del capitalismo,* 1975; *La era del imperio,* 1987; *Naciones y nacionalismo desde 1780,* 1990; *Historia del siglo XX,* 1994).

HOBSON (John Atkinson), *Derby 1858-Hampstead 1940,* economista británico. Vio en el imperialismo el resultado del capitalismo y fue precursor de Keynes al aclarar el papel de los poderes públicos en la economía.

HÔ CHI MINH (**Nguyên That Thanh,** llamado Nguyên Ali Quôc, o), *Kiêm Liên 1890-Hanoi 1969,* político vietnamita. Fundador del Partido comunista indochino (1930) y del Vietminh (1941), presidente de la República de-

mocrática de Vietnam (proclamada en 1945), encabezó la guerra contra Francia (hasta 1954). Convertido en jefe de un estado reducido a la mitad N del país, a partir de 1960 desempeñó un papel esencial en la guerra contra Vietnam del Sur y EUA.

HOCHOB, centro arqueológico maya de México (Campeche). Edificio profusamente decorado.

Höchstädt (batalla de) [20 sept. 1703], batalla de la guerra de Sucesión de España. Victoria del mariscal francés Villars sobre los austriacos en Höchstädt (al NO de Augsburgo). — **batalla de Höchstädt** o **batalla de Blenheim** (13 ag. 1704), batalla de la guerra de Sucesión de España. Victoria del príncipe Eugenio y del duque de Marlborough sobre los franceses.

HOCKNEY (David), *Bradford 1937,* pintor británico. Uno de los creadores del pop art a principios de la década de 1970, desde entonces ha demostrado un talento original y multiforme en la figuración.

HODEIDA → HUDAYDA.

HODJA → HOXHA.

HODLER (Ferdinand), *Berna 1853-Ginebra 1918,* pintor suizo. Es autor de composiciones históricas o simbólicas y de paisajes alpinos de sólida construcción *(La retirada de Marignano,* 1900).

■ FERDINAND **HODLER.** *El lago de Silvaplana*
(1907). [Kunsthaus, Zurich.]

HODNA (chott **el-**), depresión pantanosa de las altiplanicies de Argelia oriental, dominada al N por los *montes del Hodna* (1 890 m).

HOFFMAN (Dustin), *Los Ángeles 1937,* actor estadounidense. Encarna con éxito un amplio registro de personajes marcados por su complejidad psicológica, con extrema meticulosidad: *El graduado* (M. Nichols, 1967), *Cowboy de medianoche* (J. Schlesinger, 1969), *Pequeño gran hombre* (A. Penn, 1970), *Kramer contra Kramer* (R. Benton, 1979), *Tootsie* (S. Pollack, 1982), *Rain Man* (B. Levinson, 1988).

HOFFMANN (Ernst Theodor Wilhelm, llamado Ernst Theodor Amadeus), *Königsberg 1776-Berlín 1822,* escritor y compositor alemán. Autor de óperas, se le conoce sobre todo por sus relatos, que mezclan lo fantástico y la ironía *(Fragmentos fantásticos a la manera de Callot; *Cuentos de los hermanos Serapio; El gato Murr,* 1820-1822; *La princesa Brambilla,* 1851).

■ HÔ CHI MINH
en 1969.

■ E. T. A.
HOFFMANN

HOFFMANN (Josef), *Pirnitz, Moravia, 1870-Viena 1956,* arquitecto austriaco. Discípulo de O. Wagner, en 1903 fundó los «Talleres vieneses» de artes decorativas. Destacó por la sobria elegancia de su estilo (palacio Stoclet, Bruselas, 1905).

HOFFMANN (Roald), *Zloczów, act. Zoloshev,*

1937, químico estadounidense de origen polaco. Formuló, con R. B. Woodward, unas reglas basadas en la simetría de los orbitales, que permiten comprender importantes mecanismos de las reacciones. (Premio Nobel 1981.)

HOFMANN (August Wilhelm **von**), *Giessen 1818-Berlín 1892,* químico alemán. Aisló el benceno, realizó la síntesis de la anilina y creó un método general de preparación de las aminas.

HOFMANNSTHAL (Hugo von), *Viena 1874-Rodaun 1929,* escritor austriaco. Sus dramas barrocos y simbolistas analizan los problemas del mundo moderno a la luz de los mitos antiguos y medievales *(Jedermann,* 1911). Escribió libretos para las óperas de Richard Strauss *(El caballero de la rosa; Ariadna en Naxos).*

HOFSTADTER (Robert), *Nueva York 1915-Stanford 1990,* físico estadounidense. Estudió la distribución de las cargas en los núcleos atómicos. (Premio Nobel 1961.)

HOGARTH (Burne), *Chicago 1911-París 1996,* dibujante de cómics estadounidense. Dibujante de **Tarzán* desde 1937, le imprimió su estilo expresionista y atormentado.

HOGARTH (William), *Londres 1697-íd. 1764,* pintor y grabador británico. Su obra inaugura la edad de oro de la pintura inglesa: retratos espontáneos y vigorosos, series de estudios de costumbres donde aúna la gracia caricaturesca con el afán moralizador *(La carrera del libertino,* 1735).

■ WILLIAM **HOGARTH.** *La vendedora de camarones* (1759). [National Gallery, Londres.]

HOGGAR → AHAGGAR.

HOHENLOHE (Chlodwig, príncipe **de**), *Rotenburg 1819-Ragaz, Suiza, 1901,* político alemán. Gobernador (*statthalter*) de Alsacia-Lorena (1885-1894), fue canciller del Imperio alemán (1894-1900).

HOHENSTAUFEN, dinastía germánica procedente de los duques de Suabia, que reinó en el Sacro Imperio de 1138 a 1254. Estuvo representada por Conrado III, Federico I, Enrique VI, Federico II, Conrado IV y su hijo Conradino.

HOHENZOLLERN, familia que reinó en Prusia (1701-1918), en el imperio alemán (1871-1918) y en Rumania (1866-1947). Descendiente de Federico, conde de Zollern (m. h. 1201), se dividió en dos ramas. La rama de Suabia se subdividió, a su vez, en varias, entre ellas la de Sigmaringen, que dio a Rumania su casa principesca, posteriormente real. La rama de Franconia debe su fortuna a Federico VI (m. h. 1440), que adquirió el electorado de Brandeburgo (1417). Después de heredar Prusia (1618), los Hohenzollern reinaron en ese territorio (1701) y accedieron a la dignidad imperial en 1871 con Guillermo I. Su último representante, Guillermo II, abdicó en 1918.

HOHOKAM (cultura), cultura prehistórica de un grupo de indios del SO de Estados Unidos (Arizona). La fase más antigua se sitúa h. 300 a.C. y el apogeo, entre 800 y 1000. Los pueblos son numerosos, así como las instalaciones hidráulicas. Se patentizan influencias de las civilizaciones de Mesoamérica.

HOJEDA (fray Diego de), *Sevilla 1570-Lima 1615*, poeta español. Es autor de la epopeya mística *La Cristíada* (1611), sobre la Pasión de Cristo, influida poéticamente por Tasso.

HOKKAIDŌ, isla del N de Japón; 78 500 km²; 5 643 647 hab.; c. pral. *Sapporo*.

HOKUSAI, *Edo, act. Tōkyō, 1760-íd. 1849*, dibujante y grabador japonés. Gran maestro de la estampa japonesa, apodado «el loco del dibujo», introdujo en esta disciplina el paisaje como género (vistas del monte Fuji) y es autor de una obra de diversidad sorprendente (la *Manga*), donde se unen humor y seguridad en el trazo.

■ **HOKUSAI**. *El monte Fuji en una tormenta de verano*, estampa de la serie Treinta y seis vistas del monte Fuji (h. 1831). [Museo Guimet, París.]

HOLAKTÚN, sitio arqueológico maya de México (Campeche), ss. VIII-IX. Restos de pinturas murales.

HOLAN (Vladimir), *Praga 1905-íd. 1980*, poeta checo. Combinó la influencia de Rilke y Mallarmé con la apertura al mundo contemporáneo (*El abanico quiménco*, 1926).

HOLANDA, en neerl. **Holland**, región del O de Países Bajos, la más rica y poblada del reino. El *condado de Holanda*, erigido h. 1015, pasó sucesivamente a la casa de Avesnes (1299), a la de Baviera (1345), al ducado de Borgoña (1248) y por último a la casa de Austria (1477). El estatúder de Holanda, Guillermo de Orange, consiguió (Unión de Utrecht, 1579) la secesión y la independencia de la República de las Provincias Unidas, en cuyo seno Holanda desempeñó un papel fundamental.

HOLANDA (reino de), reino creado por Napoleón I en 1806 para su hermano Luis. Fue suprimido en 1810 y anexionado al Imperio francés.

Holanda (guerra de) [1672-1679], conflicto que enfrentó a Francia contra una alianza formada, en torno a las Provincias Unidas, por el Sacro Imperio y España. Fue emprendida por Luis XIV por instigación de Colbert, molesto por el poderío económico holandés, y concluyó con los tratados de Nimega (ag.-sept. 1678, febr. 1679).

HOLANDA MERIDIONAL, prov. de Países Bajos; 3 271 500 hab.; cap. *La Haya*; c. pral. *Rotterdam*.

HOLANDA SEPTENTRIONAL, prov. de Países Bajos; 2 421 700 hab.; cap. *Haarlem*; c. pral. *Amsterdam*.

HOLBACH (Paul Henri Thiry, barón de), *Edesheim, Palatinado, 1723-París 1789*, filósofo francés de origen alemán. Colaborador de la *Enciclopedia*, materialista, ateo, atacó a la Iglesia y a la monarquía de derecho divino.

HOLBEIN el Joven (Hans), *Augsburgo 1497 o 1498-Londres 1543*, pintor, dibujante y grabador alemán. Hijo de Holbein el Viejo, atraído por el humanismo, se instaló en Basilea (h. 1515), donde dio muestras, sobre todo en sus obras religiosas, de un clasicismo de influencia italiana (*Retablo Gerster*, Solothurn). Sus retratos pintados en Basilea (*Erasmo*, diversas versiones) y en Inglaterra, donde se instaló definitivamente en 1532 y donde fue pintor de la corte (*Los embajadores*, National Gallery), destacan por un realismo sobrio y agudo.

HOLBEIN el Viejo (Hans), *Augsburgo h. 1465-Issenheim, Alsacia, h. 1524*, pintor y dibujante alemán. Influido por el arte flamenco, es autor de retablos y retratos.

HOLBERG (Ludvig, barón), *Bergen 1684-Copenhague 1754*, escritor danés de origen noruego. Autor de poemas heroico-cómicos y de relatos de viajes imaginarios (*El viaje subterráneo de Niels Klim*, 1741), en sus comedias mezcló la influencia de Molière y la descripción de la realidad danesa.

HÖLDERLIN (Friedrich), *Lauffen 1770-Tubinga 1843*, poeta alemán. Su novela *Hiperión* (1797-1799), sus odas y sus himnos elevan el lirismo romántico y la misión del poeta hacia lo sagrado.

■ **HÖLDERLIN**, por F. K. Hiemer. (Museo Schiller, Marbach, Alemania.)

HOLGUÍN, c. de Cuba, cap. de la prov. homónima; 224 008 hab. Industrias. Turismo. Aeropuerto.

HOLGUÍN (provincia de), prov. del E de Cuba, junto al Atlántico; 9 296 km²; 972 000 hab.; cap. *Holguín*.

HOLGUÍN (Carlos), *Nóvita 1832-1894*, político colombiano. Miembro del Partido conservador y ministro de relaciones exteriores (1887-1888) en el gobierno de Rafael Núñez, fue designado por el congreso para ejercer la presidencia de la república (1888-1892). Cultivó el periodismo y las humanidades.

HOLGUÍN (Jorge), *Cali 1848-1928*, político colombiano. De orientación conservadora, ocupó provisionalmente la presidencia de la república tras la caída de Reyes (1909), y volvió a desempeñar el cargo en 1921-1922.

HOLIDAY (Billie), llamada **Lady Day**, *Baltimore 1915-Nueva York 1959*, cantante de jazz estadounidense. Debutó en la década de 1930 y fue una de las mayores intérpretes de jazz, sobre todo en sus grabaciones con Lester Young (*Strange Fruit*, 1939; *Lover Man*, 1944).

HOLLERITH (Hermann), *Buffalo 1860-Washington 1929*, ingeniero estadounidense. Inventó las máquinas estadísticas de tarjetas perforadas (1880) y fundó la Tabulating Machine Corporation (1896), la futura IBM.

HOLLYWOOD, barrio de Los Ángeles, principal centro de la industria cinematográfica y de la televisión de EUA.

HOLM (Johanna Eckert, llamada Hanya), *Worms 1898-Nueva York 1992*, bailarina y coreógrafa estadounidense de origen alemán. Discípula de M. Wigman, contribuyó al progreso de la danza moderna, sobre todo gracias a la escuela que dirigió en Nueva York. Creó coreografías para su propia compañía (*Trend*, 1937; *Metropolitan Daily*, 1938) y para musicales de Broadway (*Kiss me Kate*, 1948; *Camelot*, 1960).

Holmes (Sherlock), protagonista de una serie de novelas (1887-1927) de Conan Doyle, modelo del detective aficionado y perspicaz.

Holocausto, genocidio de los judíos de Europa perpetrado por los nazis y sus ayudantes entre 1939 y 1945 en los territorios ocupados por el Tercer Reich de Hitler. También recibe el nombre de *Shoah*.

HOLOFERNES, personaje bíblico, general asirio decapitado por Judit.

HOLON, c. de Israel, en la zona suburbana de Tel-Aviv-Jaffa; 163 000 hab.

HOLSTEIN, ant. principado alemán. Convertido en condado en 1110, fue anexionado a título personal, junto con Schleswig, por el rey de Dinamarca (1460). En 1864 fue atribuido a Austria tras la guerra de los Ducados, y, después de la batalla de Sadowa (1866), a Prusia. Actualmente, forma, junto con el S de Schleswig, el *Land de Schleswig-Holstein*.

Home Fleet (voces ingl. que significan *flota de la casa*), flota encargada de la protección inmediata del Reino Unido.

Home Guard (voces ingl. que significan *guardia de la casa*), guardia territorial, creada en 1940, encargada de la protección inmediata del Reino Unido.

HOMERO, ¿s. VIII a C.?, poeta épico griego. Supuesto autor de la *Ilíada* y la *Odisea*, su existencia estuvo rodeada de leyendas desde el s. VI a.C. Según Heródoto, vivió en Asia Menor. La tradición lo representa como un viejo ciego, que vagaba de ciudad en ciudad recitando sus versos. Los poemas homéricos, declamados en fiestas solemnes y enseñados a los niños, ejercieron una gran influencia en los filósofos, los escritores y la educación de la antigüedad, y ocupan un lugar importante en la cultura clásica europea.

Home Rule (del ingl. *home*, en casa, y *rule*, gobierno), régimen de autonomía reivindicado por los irlandeses a partir de 1870. Fue aprobado por los Comunes en 1912 y tomó valor de ley desde 1914, pero no llegó a ser aplicado.

HOMS, c. de Siria, cerca del Orontes; 644 200 hab. Centro comercial e industrial.

HOMS (Joaquim), *Barcelona 1906-íd. 2003*, compositor español. Vinculado al serialismo, de su extensa obra destacan la suite sinfónica *Presencias* (1967), *Soliloquios* (1972), *Derivaciones* (1991) para orquesta, canciones y música de cámara.

HONDA, mun. de Colombia (Tolima); 25 977 hab. Puerto exportador en el Magdalena.

HONDARRIBIA → FUENTERRABÍA.

HONDŌ → HONSHŪ.

Hondt (ley d'), procedimiento electoral, que en el sistema de representación proporcional prima a las medias proporcionales más altas obtenidas en las votaciones (promedio fuerte).

HONDURAS, estado de América Central, situado entre Guatemala, El Salvador y Nicaragua; 112 000 km²; 6 485 445 hab. (*hondureños*). CAP. *Tegucigalpa*. LENGUA: *español*. MONEDA: *lempira*. (V. mapa al final del volumen.)

INSTITUCIONES
La constitución de 1982 establece un régimen presidencialista. El presidente de la república asume el poder ejecutivo para un período de cuatro años, no renovable, y es elegido por sufragio universal. El congreso es unicameral.

GEOGRAFÍA
País en gran parte forestal y de clima tropical, está accidentado por numerosas sierras, que enmarcan una estrecha depresión central que recorre el territorio de N a S. Las llanuras ocupan solo las franjas costeras del S (golfo de Fonseca, en el Pacífico) y el N (golfo de Honduras, en el Caribe), más la Mosquitia, en el ángulo NE.
La población, con predominio mestizo, crece con rapidez. Las mayores densidades corresponden a la depresión central y las áreas cafetaleras del O. La capital y San Pedro Sula albergan el 60 % de la población urbana.

■ **HOLBEIN EL JOVEN**. *Retrato del comerciante Georg Gisze* (1532). [Galería de arte de Berlín.]

La agricultura, que emplea al 48 % de la población activa, tiene un peso fundamental en la economía: la banana y el café son los principales productos de exportación, mientras el maíz, la papa y el frijol se orientan al consumo interno. Son importantes asimismo la pesca y la minería (cinc, plomo, plata, oro). Pese a la penuria de capitales y de mano de obra especializada, las industrias manufactureras (agroalimentaria, tabaco, textil) han alcanzado un modesto desarrollo. EUA es el principal socio comercial (un tratado de libre comercio con EUA, otros países de América Central y la República Dominicana entró en vigor en 2006). La economía quedó devastada por el paso de un huracán en 1998, que arrasó dos tercios del país y ocasionó unos 6 000 muertos y 1,4 millones de damnificados. Un nuevo huracán en 2005 causó estragos en el país.

HISTORIA

El poblamiento precolombino. Honduras fue en el I milenio escenario del centro maya clásico de Copán. En el s. XVI el territorio estaba ocupado por: pipiles, de origen nahua, misquitos, de origen amazónico, sumos y pamacas, emparentados con los chibchas, payas, matagalpas, caribes, lencas o jicaque.

Conquista y colonización española. 1497: descubrimiento de la costa, a la que se dio el nombre de Honduras por Yáñez Pinzón y Díaz de Solís, que la exploraron en 1508-1509. **1502:** reconocimiento de la costa por Colón. **1522-1524:** las expediciones de González Dávila y Cristóbal de Olid iniciaron la conquista. **1542-1549:** funcionamiento temporal de una audiencia de los Confines en Comayagua, a cuya disolución Honduras quedó bajo la jurisdicción de Guatemala, dentro del virreinato de Nueva España. **1786:** la intendencia de Comayagua unificó el territorio, dividido entre las alcaldías mayores de Comayagua y Tegucigalpa. Pese a una modesta producción de plata, el territorio hondureño fue objeto de una muy débil explotación colonial; en cambio su costa se convirtió en refugio de negros cimarrones, que se mestizaron con los indios y constituyeron de hecho un «reino» independiente, bajo protectorado británico (1740-1859).

La independencia. 1821: la proclamación de la independencia dividió a Comayagua, que se pronunció por la integración a México, y Tegucigalpa, fiel a Guatemala. **1822-1823:** anexión al imperio mexicano de Iturbide. **1824-1838:** se integró en las Provincias Unidas de Centro América, que tuvo en Morazán a su principal impulsor. **1839:** se separó de la federación y se constituyó de manera definitiva en república independiente, aunque todavía participó como tal en una efímera unión con El Salvador y Nicaragua (1842-1844). El país vio amenazada su integridad por la presencia británica.

La república intervenida. 1840-1873: el guatemalteco Carrera apoyó el acceso al poder del conservador Ferrera (1841), derribó a Trinidad Cabañas, antiguo partidario de Morazán (1855), al que sustituyó por el también conservador Santos Guardiola, y promovió a Porcino Leiva a la presidencia (1873). **1876-1891:** la intervención guatemalteca prosiguió bajo signo liberal, de la mano de Justo Rufino Barrios, que obligó a Leiva a renunciar y promovió a Luis Bográn (1883). La influencia guatemalteca fue sustituida a partir de 1896 por la del nicaragüense Zelaya. La fragmentación de la sociedad y de la economía hondureña, sin un grupo ni un producto dominante, facilitó esa permanente interferencia.

El período contemporáneo. La penetración estadounidense configuró la nueva base de la economía exportadora hondureña (banano y frutas tropicales explotadas por la Standard Fruit y la United Fruit Co.). Se constituyeron los dos partidos, el nacional, conservador, y el liberal, que han vertebrado la vida política en el s. XX. **1933-1957:** el nacionalista Tiburcio Carías Andino dominó el país como presidente (1933-1949) y como poder en la sombra. **1957-1978:** la experiencia reformista del liberal Ramón Villeda Morales, que inició una reforma agraria, fue abortada por un golpe militar (1963) que situó en el poder al coronel (más tarde general) Osvaldo López Arellano (1963-1971 y 1972-1975), durante cuyo gobierno tuvo

lugar la «guerra del fútbol» con El Salvador (1969), que favoreció la agitación política interior (1969-1979). **1975-1994:** tras un breve período de reformismo militar (1975-1978), en el que se anunció de nuevo la reforma agraria, el poder fue devuelto (1980-1981) a los partidos tradicionales, que se han turnado en él bajo la tutela conservadora del ejército; por otra parte, tras el triunfo sandinista en Nicaragua, Honduras se convirtió en la principal base de acción de la contra nicaragüense. **1981:** el liberal Roberto Suazo Córdova fue elegido presidente. **1986:** le sucedió el liberal José Simón Azcona. En 1987 y 1989, Honduras firmó con Costa Rica, Guatemala, Nicaragua y El Salvador acuerdos con el objeto de restablecer la paz en la región. **Desde 1990:** los conservadores del Partido nacional (Rafael Callejas, 1990-1994; Ricardo Maduro, 2002-2006) y los liberales (Carlos Roberto Reina, 1994-1998; Carlos Roberto Flores, 1998-2002; Manuel Zelaya, desde 2006) se han alternado en la presidencia de la república.

HONDURAS (cabo), cabo de la costa caribeña de Honduras (Puerto Castilla, Colón), que constituye el extremo N del país.

HONDURAS (golfo de), entrante de la costa centroamericana del Caribe, al S de la península de Yucatán, compartido por Belice, Guatemala y Honduras.

HONDURAS BRITÁNICA → BELICE.

HONECKER (Erich), *Neunkirchen, Sarre, 1912-Santiago de Chile 1994*, político alemán. A partir de 1971 fue secretario general del Partido socialista unificado (SED) y, desde 1976, presidente del consejo de estado de la RDA. Dimitió de estas dos funciones en 1989, poco antes de la caída del muro de Berlín (nov.).

HONEGGER (Arthur), *El Havre 1892-París 1955*, compositor suizo. Integrante del grupo de los Seis, expresó su lirismo en obras para orquesta (*Pacific 231*, 1923) y oratorios (*El rey David*, 2ª versión, 1921; *Juana en la hoguera*, 1938).

HONG KONG, región administrativa especial de China, al SE de Cantón, que engloba la pequeña *isla de Hong Kong*; 1 077 km²; 5 920 000 hab. Importante puerto de tránsito y centro financiero e industrial. En la isla de Lantau, aeropuerto Chek Lap Kok (N. Foster, 1992-1998). — La isla fue cedida a Gran Bretaña en 1842. Según lo estipulado entre China y Gran Bretaña en 1984, el territorio fue devuelto a China en 1997. — Museo de arte.

HONGWU, emperador de China (1368-1398). Fundador de la dinastía Ming, expulsó a los mongoles a las estepas del N.

HONOLULU u **HONOLULÚ**, cap. de las islas Hawai, en la isla de Oahu; 365 272 hab. Puerto. Centro turístico. Museos (etnología y arte).

HONORIO II (Lamberto Scannabecchi), *Fagnano-Roma 1130*, papa de 1124 a 1130. Negoció el concordato de Worms (1122) antes de suceder a Calixto II. — **Honorio III** (Cencio Savelli), *Roma-1227*, papa de 1216 a 1227. Promovió la quinta cruzada y la lucha contra los cátaros, y coronó emperador a Federico II.

HONORIO (Flavio), *Constantinopla 384-Ravena 423*, primer emperador de occidente (395-423). Dominado por Estilicón, a quien hizo asesinar en 408, no pudo defender el imperio de las invasiones bárbaras.

HONSHŪ, ant. **Hondō**, isla de Japón, la mayor y más poblada del país; 230 000 km²;

99 254 194 hab.; c. prales. *Tōkyō, Ōsaka, Yokohama, Kyōto* y *Kōbe*.

HOOCH, HOOGHE u **HOOGH** (Pieter de), *Rotterdam 1629-Amsterdam h. 1684*, pintor neerlandés. Es autor de interiores de un realismo poético, en particular en Delft (1654-1662).

HOOFT (Pieter Cornelisz), *Amsterdam 1581-La Haya 1647*, escritor neerlandés. Poeta elegíaco, dramaturgo y prosista, contribuyó a crear la lengua clásica neerlandesa (*La historia de Holanda*, 27 vols.).

HOOGHLY → HŪGLĪ.

HOOKE (Robert), *Freshwater, isla de Wight, 1635-Londres 1703*, científico inglés. Astrónomo, matemático y físico, enunció la ley de la proporcionalidad entre las deformaciones elásticas de un cuerpo y los esfuerzos a los que está sometido.

HOOKER (John Lee), *Clarksdale 1917-Los Altos, California, 2001*, cantante y guitarrista estadounidense de blues. Fue uno de los primeros en utilizar la guitarra eléctrica en el blues y precursor del rock. Destacó por su forma sobria de tocar la guitarra y su voz grave y expresiva (*Boogie Chillen*, 1948; *Shake it Baby*, 1968).

HOOKER (sir Joseph), *Halesworth 1817-Sunningdale 1911*, botánico y explorador británico. Participó en la expedición de Ross a la Antártida, exploró la India, el Tíbet y el Himalaya, y estableció una clasificación de las plantas.

HOOVER (Herbert Clark), *West Branch, Iowa, 1874-Nueva York 1964*, político estadounidense. Republicano, fue presidente de 1929 a 1933.

HOOVER (John Edgar), *Washington 1895-íd. 1972*, administrador estadounidense. Fue director del FBI desde 1924 hasta su muerte.

Hoover Dam, ant. **Boulder Dam,** presa y central hidroeléctrica de Estados Unidos, sobre el Colorado.

HOPELCHÉN, mun. de México (Campeche). 23 165 hab. Restos mayas de Balamkú.

HOPEWELL, yacimiento epónimo de una cultura prehistórica del E de Estados Unidos. Esta cultura, más elaborada que la de Adena, se desarrolló entre 500 a.C. y 750 d.C. (vastos túmulos).

HÔPITAL u **HOSPITAL** (Guillaume de L'), marqués de **Sainte-Mesme**, *París 1661-íd. 1704*, matemático francés, autor del primer manual de cálculo infinitesimal.

HOPKINS (Anthony), *Port Talbot, País de Gales, 1937*, actor británico y estadounidense. Después de una primera etapa como actor teatral, ha encarnado en el cine personajes muy diversos pero de gran impacto: *El león en invierno* (A. Harvey, 1968), *El hombre elefante* (D. Lynch, 1980), *El silencio de los corderos* (J. Demme, 1991), *Regreso a Howards End* (J. Ivory, 1991), *Nixon* (O. Stone, 1995), *Hannibal* (R. Scott, 2001).

HOPKINS (sir Frederick Gowland), *Eastbourne 1861-Cambridge 1947*, bioquímico británico. Fue el primero en comprender la importancia de las vitaminas. (Premio Nobel de medicina 1929.)

HOPKINS (Gerard Manley), *Stratford 1844-Dublín 1889*, poeta británico. Jesuita, su violenta prosodia y su visión de la esencia de cualquier realidad lo convierten en uno de los iniciadores del lirismo moderno.

HOPPER (Edward), *Nyack, estado de Nueva York, 1882-Nueva York 1967*, pintor y grabador estadounidense. Su realismo depurado otorga una dimensión angustiosa al universo urbano,

■ HONG KONG

gracias a la intensidad de los recursos plásticos.

HORACIO, en lat. **Quintus Horatius Flaccus,** *Venosa 65-8 a.C.,* poeta latino. Amigo de Virgilio y de Mecenas, y protegido de Augusto, dio a las letras latinas una poesía a la vez familiar, nacional y religiosa, de moral epicúrea *(Sátiras; Odas).* Para los humanistas del renacimiento fue el modelo de las virtudes clásicas de equilibrio y mesura, expuestas sobre todo en la *Epístola a los Pisones (Epístolas).*

HORACIO Cocles («el Tuerto»), héroe romano legendario. Defendió en solitario el puente Sublicio en Roma contra el ejército del rey etrusco Porsenna. Perdió un ojo en la batalla.

HORACIOS (los tres), *s. VII a.C.,* hermanos y héroes romanos legendarios. Durante el reinado de Tulo Hostilio, combatieron por Roma contra los tres Curiacios, campeones de la ciudad de Alba, con el fin de decidir cuál de los dos pueblos dominaría al otro. El último de los Horacios, único superviviente, mató a los tres Curiacios heridos, asegurando así el triunfo de su patria.

HORCAS CAUDINAS → CAUDINAS.

HORDA DE ORO, estado mongol fundado en el s. XIII por Batu Kan, nieto de Gengis Kan. Se extendía por Siberia meridional, el S de Rusia y Crimea. Fue destruido en 1502 por los tártaros de Crimea.

HOREB, otro nombre bíblico del Sinaí.

HORKHEIMER (MAX), *Stuttgart 1895-Nuremberg 1973,* filósofo y sociólogo alemán. Iniciador de la escuela de Frankfurt, formuló su programa (la «teoría crítica») en 1937. Después, su reflexión tomó la vía de una crítica de la razón moderna *(Dialéctica de la Ilustración,* con T.W. Adorno; *El eclipse de la razon).*

HORLIVKA, ant. **Gorlovka,** c. de Ucrania, en el Donbass; 337 000 hab. Metalurgia.

HORMUZ → ORMUZ.

HORN, HORNE u **HOORN** (Felipe de Montmorency-Nivelle, conde de), *Nevele 1518 o 1524-Bruselas 1568,* señor de los Países Bajos. Gobernador de Güeldres con Carlos Quinto, jefe militar con Felipe II, a partir de 1566 se alzó contra la dominación española en Flandes, y, junto con el conde de Egmont, fue condenado a muerte por el Tribunal de la sangre, por orden del duque de Alba.

HORNEY (Karen), *Hamburgo 1885-Nueva York 1952,* psicoanalista estadounidense de origen alemán. Demostró la importancia de los factores culturales en la génesis de las neurosis *(El hombre neurótico de nuestro tiempo,* 1937).

HORNOS (cabo de), extremidad S de la *isla de Hornos* (Chile), saliente meridional de América del Sur. Acoge el ecosistema forestal más austral del mundo. (Reserva de la biosfera 2005.)

HORNOS (falso cabo de), extremidad S de la isla de Hoste (Chile).

HOROWITZ (Vladimir), *Kíev 1903-Nueva York 1989,* pianista ruso nacionalizado estadounidense. También compositor, destacó por sus interpretaciones precisas de las obras de Chopin y Liszt.

■ VLADIMIR **HOROWITZ**

HOROZCO (Sebastián de), *Toledo ¿1510?-1580,* escritor toledano. Poeta, cronista de Toledo y autor de una colección de *Refranes glosados* o *Libro de proverbios,* destacó como dramaturgo *(Danza de la muerte con todas las edades y estados).*

HORQUETA, cerro de Panamá (Chiriquí), uno de los más elevados de la cordillera Central panameña; 2 140 m.

HORQUETA, distr. de Paraguay (Concepción); 51 738 hab. Café; vacunos. Industria maderera.

HORTA (Victor, barón), *Gante 1861-Bruselas 1947,* arquitecto belga. Pionero del modernismo, gran adepto de la línea en «latigazo» y el plano libre, fue un virtuoso de la utilización de la piedra, el hierro y el cemento (casas Tassel [1893] y Horta [1898, act. museo]).

HORTHY DE NAGYBÁNYA (Miklós), *Kenderes 1868-Estoril, Portugal, 1957,* almirante y político húngaro. Ministro de guerra en el gobierno contrarrevolucionario de Szeged, en 1919 luchó contra Béla Kun. Nombrado regente en 1920, instauró un régimen autoritario y conservador. Aliado de Italia y Alemania, anexionó a Hungría el S de Eslovaquia, Ucrania subcarpática y una parte de Transilvania (1938-1940). Intentó negociar un armisticio separado con la URSS, pero fue derrocado por el partido fascista de las Cruces flechadas (oct. 1944).

HORTON (Lester), *Indianápolis 1906-Los Ángeles 1953,* coreógrafo estadounidense. Creador de una técnica y un estilo propios, influyó en bailarines como Alvin Ailey y Bella Lewitsky.

HORUS, dios solar del antiguo Egipto, simbolizado por un halcón o por un Sol alado. En la genealogía de Osiris es el hijo de este e Isis.

Hōryū-ji, santuario budista construido cerca de Nara (Japón), a principios del s. VII. Algunos de sus edificios son los ejemplos más antiguos de la arquitectura en madera de Extremo oriente. (Patrimonio de la humanidad 1993.)

HOSPITAL (Michel de L'), *Aignerpese h. 1505-Belesbat 1573,* estadista francés. Canciller de Francia (1560), se esforzó por mitigar las luchas religiosas entre católicos y protestantes e impulsó reformas judiciales.

HOSPITALET DE LLOBREGAT (L'), c. de España (Barcelona), cab. de p.j.; 241 782 hab. *(hospitalenses).* En el área metropolitana de Barcelona. Centro industrial y comercial.

HOSTALETS DE PIEROLA, mun. de España (Barcelona) 1 611 hab. En el término, rico yacimiento del mioceno, en el que se halló en 2002 una especie de primate *(Pierolapithecus catalaunicus),* de hace aprox. 14 millones de años, posible último antecesor común de la familia de los homínidos.

HOSTE, isla de Chile (Magallanes y Antártica Chilena), al S del canal Beagle. Su extremo meridional es el falso cabo de Hornos.

HOSTOS (Eugenio María de), *Mayagüez 1839-Santo Domingo 1903,* escritor y pedagogo puertorriqueño. Defendió la independencia *(La peregrinación de Bayoán,* 1863, novela) y la unidad antillana, y se vinculó al krausismo. Escribió obras políticas *(Moral social,* 1888), sociológicas, jurídicas y pedagógicas.

HOTAN → KHOTAN.

HÖTZENDORF (Conrad, conde von), *Penzing 1852-Bad Mergentheim 1925,* mariscal austriaco. Fue jefe del estado mayor austrohúngaro de 1906 a 1911 y de 1912 a 1917.

HOUDON (Jean Antoine), *Versalles 1741-París 1828,* escultor francés, autor de esculturas funerarias, mitológicas y bustos *(Voltaire).*

HOUNSFIELD (sir Godfrey Newbold), *Newark 1919-Kingston-upon-Thames 2004,* ingeniero británico. Contribuyó, junto con A.M. Cormack, al desarrollo del scanner. (Premio Nobel de medicina 1979.)

HOUPHOUËT-BOIGNY (Félix), *Yamoussoukro 1905-íd. 1993,* político de Costa de Marfil. Elegido presidente tras la independencia (1960), fue reelegido hasta su muerte.

HOUSSAY (Bernardo Alberto), *Buenos Aires 1887-íd. 1971,* médico argentino. Fundador del Instituto de fisiología de la universidad de Buenos Aires (1917), del Instituto de biología y medicina experimental (1944) y del Consejo nacional de investigaciones científicas y técnicas (1958), en 1947 obtuvo el premio Nobel por sus descubrimientos sobre el papel del lóbulo anterior de la hipófisis en el metabolismo de los hidratos de carbono. Es autor de *Fisiología médica* (1946).

HOUSTON, c. de Estados Unidos (Texas), en la bahía de Galveston; 1 630 553 hab. (3 301 937 hab. en el área metropolitana).

Puerto. Refino de petróleo y petroquímica; metalurgia. Centro espacial. — Museos.

HOVE, c. de Gran Bretaña (Inglaterra), cerca de Brighton; 82 500 hab. Estación balnearia.

HOWARD, familia inglesa que obtuvo poder con los Tudor. A ella pertenecía la quinta esposa de Enrique VIII, *Catalina Howard.

HOWARD (John), *Earlwood, Sidney, 1939,* político australiano. Líder del Partido liberal, fue primer ministro de 1996 a 2007.

HOWRAH, c. de la India, junto al delta del Ganges, en la aglomeración de Calcuta; 1707 512 hab.

HOXHA u **HODJA** (Enver), *Gjirokastër 1908-Tirana 1985,* político albanés. Fundador del Partido comunista de Albania (1941) y presidente del consejo (1945-1954), fue secretario general del partido (convertido en Partido del trabajo de Albania) de 1948 a 1985.

HOYLE (sir Fred), *Bingley 1915-Bournemouth 2001,* astrofísico británico. Pionero de la astrofísica nuclear, desarrolló teorías cosmológicas alternativas a la del big-bang (que le debe a él su nombre). Fue también conocido como divulgador científico y como autor de ciencia ficción. (Premio Crafoord 1997.)

HOYOS (Cristina), *Sevilla 1946,* bailarina y coreógrafa española. Artista de gran dramatismo, durante veinte años actuó en la compañía de Antonio Gades. Integrante del Ballet nacional español (1978-1980), en 1989 formó su propia compañía *(Caminos andaluces,* 1999). Desde 2004 dirige el Ballet flamenco de Andalucía (Premio nacional de danza 1999.)

HOYOS Y VINENT (Antonio de), *Madrid 1885-íd. 1940,* escritor español. Popular novelista erótico *(La vejez de Heliogabalo,* 1912), cultivó también la crítica social *(El pasado,* 1916). Anarquista, murió en prisión.

HRABAL (Bohumil), *Brno 1914-Praga 1997,* escritor checo. Sus relatos evocan con una libertad subversiva (que lo llevó a ser censurado bajo el comunismo) y un estilo colorista el universo popular de Praga *(Trenes rigurosamente vigilados,* 1965; *Bodas en casa,* 1984).

HRADEC KRÁLOVÉ, c. de la República Checa (Bohemia); 99 889 hab. Catedral (s. XIV), monumentos barrocos y arquitectura modernista de principios del s. XX.

HUACANA (La), mun. de México (Michoacán); 30 830 hab. Arroz y caña de azúcar. Minería.

HUACA PRIETA, sitio arqueológico de Perú, en el valle de Chicama (2600-1000 a.C.). Destacan las telas de algodón con figuras de animales, con las primeras imágenes del binomio ave/serpiente de la zona de los Andes.

HUACHIPATO, localidad de Chile (Biobío), en la bahía de Concepción. Centro siderúrgico.

HUACHO, c. de Perú (Lima); 72 800 hab. Industria alimentaria; desmotado de algodón. Puerto.

HUA GUOFENG o **HUA KUO-FENG,** *Jiaocheng, Shanxi, 1921* o *1922-Pekín 2008,* político chino. Primer ministro (1976-1980) y presidente del Partido comunista chino (1976-1981), fue apartado por la corriente renovadora dirigida por Deng Xiaoping.

HUAI, r. de China central, tributario del mar Amarillo; 1080 km.

HUAINAN o **HUAI-NAN,** c. de China, a orillas del Huai; 704 000 hab.

HUAJUAPAN DE LEÓN, mun. de México (Oaxaca); 24 865 hab. Elaboración de mezcal. Centro comercial.

HUALCÁN (nevado de), cumbre de Perú (Ancash), en la cordillera Blanca; 6 150 m.

HUALLAGA, r. de Perú, afl. del Marañón (or. der.); 920 km. Nace en los Andes y es navegable en su curso inferior.

HUAMACHUCO, mun. de Perú (La Libertad); 28 326 hab. Minería (plata). — Derrota de las tropas peruanas por las chilenas (1883) en la guerra del Pacífico.

HUAMANTLA, mun. de México (Tlaxcala); 36 654 hab. Agricultura.

HUAMBO, ant. **Nova Lisboa,** c. de Angola central; 203 000 hab.

HUANCABAMBA, c. de Perú (Piura), en la *cordillera de Huancabamba;* 25 850 hab. Centro comercial.

HUANCANÉ, c. de Perú (Puno), junto al lago Titicaca; 29 836 hab. Papas, cereales.

HUANCAVELICA, c. de Perú, cap. del dep. homónimo; 26 800 hab. Centro minero (plata y mercurio), junto al *río Huancavelica*. — Iglesias Matriz y de Santo Domingo (s. XVII) y de San Francisco (s. XVIII); cabildo (1673).

HUANCAVELICA (departamento de), dep. de Perú, en la región Central andina; 18 567 km²; 454 797 hab.; cap. *Huancavelica*.

HUANCAYO, c. de Perú, cap. del dep. de Junín, a 3 350 m de alt.; 203 200 hab. Mercado de artesanía. Turismo.— Capilla de la Merced, donde en 1839 se votó la *constitución de Huancayo*. — Fue fundada en 1572.

HUANDOY, grupo montañoso de Perú, en la cordillera Blanca; 6 356 m en la *cumbre de Huandoy*.

HUANG GONGWANG o **HUANG KONG-WANG,** *Changshou 1269-1354,* pintor chino. Funcionario, el mayor de los cuatro grandes maestros yuan, ejerció una influencia duradera por su extrema sencillez de medios.

HUANG HE, en esp. río Amarillo, r. del N de China, que nace en el Qinghai y desemboca en el golfo de Bohai; 4 845 km; cuenca de 745 000 km². Importante aprovechamiento hidroeléctrico.

HUANÍMARO, mun. de México (Guanajuato), en el valle del Lerma; 15 877 hab. Centro agrícola.

HUANTA, mun. de Perú (Ayacucho); 28 165 hab. Caña de azúcar, coca. Plata, plomo, oro y cobre.

HUÁNUCO, c. de Perú, cap. del dep. homónimo; 85 900 hab. Iglesias de San Francisco (s. XVI, retablos churriguerescos) y de San Cristóbal. — Fue fundada en 1539 por Gómez de Alvarado y Contreras.

HUÁNUCO (departamento de), dep. de Perú, entre la Sierra y la Selva; 32 137 km²; 762 223 hab.; cap. *Huánuco.*

HUANUNI, c. de Bolivia (Oruro); 20 931 hab. Importante centro minero (estaño).

HUAPALCALCO → TULANCINGO.

HUAQUECHULA, mun. de México (Puebla); 24 139 hab. Iglesia (s. XVI) con portada renacentista.

HUARAL, mun. de Perú (Lima), en la costa; 29 000 hab. Algodón y vid. Textiles.

HUARÁS (cordillera de), ramal de la cordillera Blanca de Perú; 6 395 m de alt. en el Huantsán.

HUARAZ o **HUARÁS,** c. de Perú, cap. del dep. de Ancash, en el Callejón de Huaylas; 63 500 hab. Arrasada por un terremoto en mayo de 1970. Aguas termales. Centro minero. Turismo.

HUARI o **WARI,** zona arqueológica de Perú (cerca de Huanta, Ayacucho) cuyos restos (600-1000 d.C.) guardan estrecha relación con la cultura de Tiahuanaco. Abundan los restos de casas, y los tejidos y tapices se cuentan entre los mejores del Perú precolombino. Da nombre a la cultura homónima, de carácter militarista.

HUARMACA, mun. de Perú (Piura); 21 982 hab. Agricultura y ganadería ovina.

HUARTE DE SAN JUAN (Juan), *Saint-Jean-Pied-de-Port, Baja Navarra, 1529-Baeza 1588,* médico y escritor español. Es autor de *Examen de ingenios para las ciencias* (1575), primer hito de la moderna psicología diferencial.

HUÁSCAR (**Túpac Cusi Hualpa,** llamado oficialmente), *m. en 1532,* soberano inca (1525-1532). Hijo de Huayna Cápac, a la muerte de éste luchó por el trono con su hermano Atahualpa, quien le venció en la batalla de Cotabamba y le dio muerte junto a sus hijos.

HUASCARÁN, macizo de la cordillera Blanca de Perú (Ancash), que culmina en el *Huascarán,* cumbre de Andes de dos picos; el S es el más elevado de los Andes peruanos (6 768 m). Parque nacional. [Reserva de la biosfera 1977; patrimonio de la humanidad 1985.]

HUASCO, r. de Chile (Atacama), que desemboca en el Pacífico cerca de la c. de *Huasco;* 230 km.

Huasipungo, novela indigenista de Jorge Icaza (1934), sobre la explotación de los indios ecuatorianos por los latifundistas y su rebelión, ahogada en sangre por el ejército.

HUASTECA, región de México, que abarca parte de los estados de Tamaulipas, Veracruz, San Luis Potosí, Puebla e Hidalgo, entre la sierra Madre Oriental y el golfo de México. Toma su nombre de un pueblo amerindio.

HUATABAMPO, mun. de México (Sonora); 60 399 hab. Presa de Mocúzari, sobre el río Mayo. Algodón.

HUATULCO, conjunto de bahías de México (mun. de Santa María Huatulco, Oaxaca), en el Pacífico. Lugar turístico.

HUATUSCO, mun. de México (Veracruz); 28 883 hab. Cereales, hortalizas y agrios. Ganadería vacuna.

HUAUCHINANGO, mun. de México (Puebla); 49 614 hab. Centrales hidroeléctricas sobre el Necaxa.

HUAUTLA, mun. de México (Hidalgo), en la Huasteca; 23 595 hab. Maíz y frutales. Ganadería.

HUAYACOCOTLA, mun. de México (Veracruz); 19 259 hab. Agricultura; explotación forestal.

HUAYHUASH (cordillera de), alineación montañosa de los Andes de Perú; 6 634 m en el nevado de Yerupajá. Lagunas glaciares de las que nacen los principales ríos del país (Marañón, Huallaga, Mantaro).

HUAYLAS (Callejón de), valle de Perú (Ancash), avenado por el Santa, entre las cordilleras Blanca y Negra. Es una de las principales áreas arqueológicas de Perú (cultura Recuay).

HUAYLAS (pico de), cumbre de los nevados de Santa Cruz, en Perú (Ancash); 6 259 m de altitud.

HUAYNA CÁPAC, llamado **el Grande** o **el Conquistador,** *m. en Quito 1525,* soberano inca (1493-1525). Uno de los dos hijos reales de Túpac Inca Yupanqui, extendió el imperio por el NE del Perú y reprimió las revueltas ecuatorianas, en las que participó su hijo Atahualpa. A su muerte, el imperio quedó escindido entre Atahualpa y Huáscar, hijo legítimo de Huayna Cápac.

HUBBLE (Edwin Powell), *Marshfield, Missouri, 1889-San Marino, California, 1953,* astrofísico estadounidense. Tras establecer la existencia de galaxias exteriores a la del sistema solar (1923-1924), basándose en el sistemático enrojecimiento del espectro de las galaxias, interpretado como un efecto Doppler-Fizeau, formuló una ley empírica según la cual las galaxias se alejan unas de otras a una velocidad proporcional a su distancia (1929), lo que reforzó la teoría de la expansión del universo.

Hubble (telescopio espacial), telescopio estadounidense-europeo de 2,40 m de diámetro, puesto en órbita alrededor de la Tierra en 1990.

HUBEI, prov. del centro-este de China; 54 760 000 hab.; cap. *Wuhan.*

HUBER (Robert), *Munich 1937,* bioquímico alemán. Con el análisis molecular por difracción de rayos X, determinó de manera exhaustiva la estructura de una proteína fotosintética. (Premio Nobel de química 1988.)

Hubertusburg (tratado de) [15 febr. 1763], tratado que puso fin a la guerra de los Siete años para Austria y Prusia.

HUBLI, c. de la India (Karnataka); 647 640 habitantes.

HŪD (Banū) o **HUDÍES,** dinastía árabe de la tribu ŷuḏām, que gobernó en Zaragoza en la época de los reinos de taifas. Entre sus miembros destaca **Aḥmad al-Muqtadir** (1046-1081), quien ocupó Tortosa (1059) y Denia (1076) y mandó construir la *Aljafería.*

HUDAYDA u **HODEIDA,** c. de Yemen, a orillas del mar Rojo; 155 100 hab. Puerto.

HUDDERSFIELD, c. de Gran Bretaña (Inglaterra), cerca de Leeds; 149 000 hab.

HUDSON, r. de Estados Unidos, que desemboca en el Atlántico, en la ciudad de Nueva York; 500 km.

HUDSON (bahía de), vasto mar interior de Canadá (aprox. 1 000 000 km²), que comunica con el Atlántico por el *estrecho de Hudson.* Está cubierto de hielo siete meses al año.

HUDSON (Henry), *mediados del s. XVI-¿cerca de la bahía de Hudson? 1611,* navegante inglés. En 1610 descubrió el río, el estrecho y la bahía que llevan su nombre.

Hudson (Compañía de la bahía de), compañía comercial inglesa creada en 1670 por Carlos II, que desempeñó un importante papel en la colonización de las regiones septentrionales de Canadá.

HUÊ, c. de Vietnam; 211 718 hab. Fue la capital del Vietnam unificado por Gia Long en 1802 (tumbas de los emperadores, entre ellas el mausoleo de Tu Duc [s. XIX], con jardín, palacios y templos). [Patrimonio de la humanidad 1993.]

HUECHULAFQUEN, lago de origen glaciar de Argentina (Neuquén), el de mayor superficie, en el parque nacional Lanín; 84 km².

HUECHURABA, com. de Chile, en el área metropolitana de Santiago; 61 341 hab.

HUEHUETÁN, mun. de México (Chiapas); 19 817 hab. Centro agrícola y ganadero. Industria láctea.

HUEHUETENANGO, c. de Guatemala, cap. del dep. homónimo; 30 000 hab. Aeropuerto. — Centro maya de *Zaculeu.*

HUEHUETENANGO (departamento de), dep. de Guatemala, junto a la frontera mexicana; 7 400 km²; 716 771 hab.; cap. *Huehuetenango.*

HUEHUETLA, mun. de México (Hidalgo); 18 508 hab. Yacimientos de cobre, plata y hierro.

HUEJOTZINGO, mun. de México (Puebla); 31 997 hab. Centro frutícola. Sarapes. — Convento franciscano del s. XVI. Famoso carnaval.

HUEJUTLA DE REYES, mun. de México (Hidalgo); 58 806 hab. Cultivos tropicales; avicultura.

Huelgas (monasterio de las), monasterio de bernardas, situado en las afueras de Burgos (España), fundado en 1180 por Alfonso VIII, de estilo románico y gótico. Panteón de numerosos reyes e infantes castellanos de los ss. XIII-XV. Guarda importantes obras de arte. Museo de Ricas telas. Fue un importante centro musical en los ss. XIII-XIV (*Códice de las Huelgas,* de polifonía hispana).

 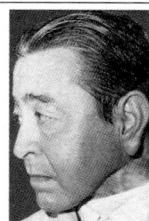

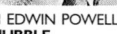
■ EDWIN POWELL HUBBLE   ■ EFRAÍN HUERTA

HUELVA, c. de España, cap. de la prov. homónima y cab. de p. j.; 140 985 hab. (*onubenses* o *huelveños*). Situada en una península entre los ríos Tinto y Odiel. Centro industrial (petroquímica). Puerto exportador y pesquero. — Santuario de Nuestra Señora de la Cinta. Iglesias (ss. XVII y XVIII). — Con un primer asentamiento del bronce final (ss. X-XI a.C.) y de origen tartesio, fue la Onuba prerromana y romana y más tarde taifa musulmana.

HUELVA (provincia de), prov. de España, en Andalucía; 10 085 km²; 458 998 hab.; cap. *Huelva.* Accidentada al N por las sierras de Aracena y Aroche (ganadería, industria chacinera), ocupan la mitad S las tierras llanas de la depresión bética, asiento de una rica agricultura (viñedos). Extracción de piritas de hierro y cobre (Riotinto, Calañas). Pesca y turismo en el litoral.

HUERQUEHUÉ, parque nacional de Chile (Araucanía), en torno a las lagunas Toro, Verde y Tinquilco.

HUERTA (La), mun. de México (Jalisco); 19 283 hab. Centro comercial. Explotaciones forestales.

HUERTA (Adolfo de la), *Guaymas 1881-México 1954*, político mexicano. Gobernador de Sonora, proclamó el plan de Agua Prieta contra Carranza (1920). A la muerte de este (1920), fue presidente provisional de la república y luego ministro de hacienda con Obregón (1920-1923). Tras fracasar su intento de insurrección militar contra Obregón y Calles (1923-1924), se exilió.

HUERTA (Efraín), *Silao 1914-México 1982*, poeta mexicano. Miembro de la revista *Taller*, cultivó la poesía amorosa, social y política (*Absoluto amor*, 1935; *Poemas de guerra y esperanza*, 1943; *Poemas de viaje*, 1956; *Poemas prohibidos y de amor*, 1973; *Círculo interior*, 1977; *Poemínimos*, 1979).

HUERTA (Victoriano), *Colotlan, Jalisco, 1845-El Paso, EUA, 1916*, político y militar mexicano. Durante la Decena trágica se autoproclamó presidente traicionando a Madero, a quien mandó ejecutar días después (1913). El movimiento constitucionalista de Carranza derrotó a sus tropas en varias ocasiones, y en 1914 le obligó a renunciar al poder y huir del país. Intrigó en EUA para recuperar el poder y fue encarcelado.

HUERVA, r. de España, afl. del Ebro (or. der.); 143 km. Desemboca junto a la c. de Zaragoza.

HUESCA, c. de España, cap. de la prov. homónima y cab. de p. j.; 45 653 hab. (*oscenses*). Centro administrativo y comercial. — Iglesias de San Pedro el Viejo (s. XII) y San Miguel (ss. XII-XIV); catedral gótica (ss. XIII-XV); ayuntamiento (1578); museos. — Ant. c. ilergete (*Osca*) conquistada por los romanos en 72 a. C.

HUESCA (provincia de), prov. de España, en Aragón; 15 612,8 km²; 205 430 hab.; cap. *Huesca*. Al N, dominado por el Pirineo axial (donde se hallan las principales cumbres [Aneto, Monte Perdido], predomina la ganadería vacuna; en las hoyas del Somontano se cultivan vid, frutales y hortalizas; y las tierras de la depresión del Ebro, al S, son cerealistas. Producción hidroeléctrica en los ríos pirenaicos. Gas natural (El Serrablo). La industria se concentra en Monzón, Sabiñánigo y Huesca. Turismo invernal en los Pirineos.

HUETAMO, mun. de México (Michoacán); 35 910 hab.; cap. *Huetamo de Nuñez*. Centro agrícola y minero.

HUETE, c. de España (Cuenca); 2 369 hab. (*hoptenses* u *hueteños*). Iglesia de Santa María de Castejón; mansiones de los ss. XVII-XVIII.

HUEYAPÁN DE OCAMPO, mun. de México (Veracruz); 36 119 hab. Recursos petrolíferos. — Restos de la cultura olmeca de más de 2 600 años de antigüedad.

HUEYPOXTLA, mun. de México (México); 19 288 hab. Agricultura y ganadería. Centro comercial.

HUEYTAMALCO, mun. de México (Puebla); 18 625 hab. Centro agrícola; explotación forestal.

HUFÜF, c. de Arabia Saudí; 101 000 hab.

HUGHES (David), *Londres 1831-íd. 1900*, ingeniero estadounidense de origen británico. Es el inventor de un aparato telegráfico impresor (1854) y del micrófono (1878).

HÜGLI u **HOOGHLY**, brazo occidental del delta del Ganges, en la India; 250 km.

HUGO, nombre de varios condes de Ampurias. — **Hugo IV**, *h. 1170-Palma de Mallorca 1230*, conde de Ampurias (1200-1230). Participó en la tercera cruzada, en la batalla de Las Navas de Tolosa (1212) y en la conquista de Mallorca junto a Jaime I (1129).

HUGO el Grande o **el Blanco**, *h. 897-Dourdan 956*, conde de París y duque de los francos. Era hijo de Roberto I. Su poder, en época de los últimos reyes carolingios, facilitó el advenimiento al trono de Francia de su hijo Hugo Capeto.

HUGO I Capeto, *h. 941-996*, rey de Francia (987-996), el primero de la dinastía de los Capetos. Consolidó la dinastía consagrando como heredero a su hijo Roberto (Roberto II).

HUGO (Victor), *Besançon 1802-París 1885*, escritor francés. Iniciado como poeta clásico (*Odas*, 1822), pero ya en el prefacio de su drama histórico *Cromwell* (1827) expuso una serie de principios románticos, consolidados en

Hernani. En los años siguientes escribió poesía (*Las hojas de otoño*, 1831; *Los cantos del crepúsculo*, 1835), teatro (*Marion Delorme*, 1831; *Ruy Blas*, 1838) y novelas históricas (*Nuestra Señora de París*, 1831). Tras el fracaso de *Los burgraves* (1843) y la muerte de su hija, se consagró a la política. Exiliado entre 1851 y 1870, escribió poemas (*Los castigos*, 1853; *Las contemplaciones*, 1856), la epopeya *La leyenda de los siglos* (ed. definitiva: 1883) y novelas (*Los miserables*, 1862).

■ VICTOR **HUGO**, por L. Bonnat.
(Palacio de Versalles.)

HUGUÉ (Manuel **Martínez Hugué**, llamado Manolo), también conocido como **Manolo**, *Barcelona 1872-Caldes de Montbui 1945*, escultor y pintor español. Es conocido sobre todo por sus trabajos escultóricos a medio camino entre el modernismo y las vanguardias. Tras vivir en el ambiente artístico de París, en 1910 se instaló en Céret, época de la que datan sus series de figuras femeninas y tipos españoles. Museo en Caldes de Montbui.

HUGUET (Jaume), *Valls h. 1415-Barcelona 1492*, pintor catalán. Activo en Zaragoza (tríptico de San Jorge, muy disperso) y Barcelona, su estilo se inscribe en el gótico internacional, aunque incorpora elementos flamencos. Destacan los retablos del condestable Pedro de Portugal (capilla de Santa Águeda, Barcelona) y de los santos Abdón y Senén (Terrassa).

■ JAUME **HUGUET**. *Retablo de los santos Abdón y Senén (1459-1460).*
[Iglesia de Santa María de Terrassa, Barcelona.]

HUHHOT o **HUHEHOT**, c. de China, cap. de Mongolia Interior; 830 000 hab.

HUICHAPAN, mun. de México (Hidalgo); 28 655 hab. Maguey y maíz. Ganadería.

HUIDOBRO (Vicente), *Santiago 1893-Cartagena, Valparaíso, 1948*, poeta chileno. Colaboró en París en la revista *Nord Sud* y en Madrid en *Ultra*, de la que surgiría el ultraísmo. Impulsor del creacionismo, que postula la negación de toda tradición poética y considera que la poesía debe ser creación absoluta (*Manifiestos*, 1925, escrita en francés), renovó la moderna lírica hispánica por sus insólitas imágenes (*El espejo de agua*, 1916; *Poemas árticos*, 1918; *Altazor o el viaje en paracaídas*, 1931). Publicó teatro y novelas en francés.

HUILA (nevado del), cumbre volcánica de la cordillera Central de Colombia; 5 365 m de alt.

HUILA (departamento de), dep. del SO de Colombia; 19 890 km²; 647 756 hab.; cap. *Neiva*.

HUIMANGUILLO, mun. de México (Tabasco); 94 240 hab. Cultivos tropicales. Ganadería.

HUIMILPAN, mun. de México (Querétaro), en la sierra Queretana; 17 113 hab.

HUITZILIHUITL, nombre de dos jefes del pueblo azteca. — **Huitzilihuitl I el Viejo**, soberano azteca. Se instaló en Chapultepec (h. 1256) y fue asesinado por las gentes de Culhuacán, que esclavizaron a su pueblo. — **Huitzilihuitl II**, soberano azteca (1396-1417). Hijo de Acamapichtli, al casarse con la hija de Tezozómoc, señor de Azcapotzalco, liberó a su pueblo de tributos y sentó las bases del futuro estado azteca.

HUITZILOPOCHTLI MIT. AMER. Divinidad principal de los aztecas, que los guió en forma de colibrí en su migración hasta el Valle de México; de ahí su nombre, que significa «colibrí de la izquierda». Hijo de Coatlicue, diosa de la Tierra, representaba el Sol en el mediodía y era el dios de la guerra, al que se ofrecían los corazones de los enemigos capturados.

HUITZNAHUA, miembros de una tribu que llegó junto a los aztecas al Valle de México. Fueron divinizados como hijos de Coatlicue y forman parte del mito de Huitzilopochtli. Son también conocidos como los «400 surianos».

HUITZUCO, mun. de México (Guerrero); 33 403 hab. Minas de mercurio (El Real de Guadalupe).

HUIXQUILUCAN, mun. de México (México), próximo al Distrito Federal; 78 149 hab.

HUIXTLA, mun. de México (Chiapas); 33 981 hab. Industria alimentaria y del calzado.

HUIZAR (Candelario), *Jerez 1888-México 1970*, compositor mexicano. Su obra, adscrita a la corriente nacionalista, cuenta con cuatro sinfonías (entre 1930 y 1942) y abundante música de cámara.

HUIZINGA (Johan), *Groninga 1872-De Steeg 1945*, historiador neerlandés, autor de un estudio sobre la edad media tardía (*El otoño de la edad media*, 1919).

HU JINTAO, *Jixi, mun. de Anhui 1942*, político chino. Nombrado en 2002 secretario general del Partido comunista chino, es presidente de la república (desde 2003) y de la Comisión militar central (desde 2005).

■ VICENTE ■ HU
HUIDOBRO JINTAO

HÜLÄGÜ, *h. 1217-Maraga 1265*, primer soberano mongol de Irán (1256-1265). Nieto de Gengis Kan, tomó Bagdad y puso fin al califato abasí (1258).

HULL → KINGSTON-UPON-HULL.

HULL (Clark Leonard), *Akron, estado de Nueva York, 1884-New Haven, 1952*, psicólogo estadounidense. Estudió los procesos del aprendizaje (*Principles of Behavior*, 1943).

HULL (Cordell), *Olympus, Tennessee, 1871-Bethesda, Maryland, 1955*, político estadounidense. Demócrata y secretario de estado de asuntos exteriores (1933-1944), fue uno de los creadores de la ONU. (Premio Nobel de la paz 1945.)

HULSE (Russell), *Nueva York 1950*, astrofísico estadounidense. Con J. Taylor, descubrió el primer púlsar binario (1974), cuyo estudio proporcionó la primera evidencia experimental de la existencia de ondas. (Premio Nobel de física 1993.)

HUMACAO, mun. del SE de Puerto Rico; 55 203 hab. Centro agrícola (azúcar y tabaco) y ganadero. Pesca.

HUMAHUACA, dep. de Argentina (Jujuy); 18 208 hab. Cereales y alfalfa; ganado lanar.

HUMBER, estuario de la costa E de Gran Bretaña (Inglaterra), formado por el Ouse y el Trent.

HUMBERTO I, *Turín 1844-Monza 1900,* rey de Italia (1878-1900). Hijo de Víctor Manuel II, apoyó la política germanófila de Crispi. Fue asesinado por un anarquista. — **Humberto II,** *Racconigi 1904-Ginebra 1983,* rey de Italia (9 mayo-2 junio 1946). Hijo de Víctor Manuel III, abdicó tras un referéndum favorable a la república.

HUMBOLDT (corriente de) o **CORRIENTE DEL PERÚ,** corriente fría del Pacífico. Circula hacia el N, a lo largo de las costas de Chile y de Perú, hasta el frente que la pone en contacto con la corriente del Niño.

HUMBOLDT (Wilhelm, barón **von**), *Potsdam 1767-Tegel 1835,* lingüista y político alemán. A partir del estudio de diversas lenguas, intentó superar los límites de la gramática comparada para constituir una antropología general que examinara la relación entre el lenguaje y el pensamiento, las lenguas y las culturas. — **Alexander, barón von H.,** *Berlín 1769-Potsdam 1859,* naturalista y geógrafo alemán. Hermano de Wilhelm, visitó España (1797-1798), donde midió la altitud de la Meseta central y estudió la vegetación de Tenerife. Tras recorrer la América hispana, donde exploró México y las bocas del Orinoco y el Chimborazo, escribió los 30 volúmenes de su *Viaje a las regiones equinocciales del Nuevo Continente, realizado de 1799 a 1804* (1805-1832). Posteriormente viajó por Asia central. Sus trabajos contribuyeron al desarrollo de la climatología, la oceanografía, la biogeografía, la geología (sobre todo la vulcanología) y el geomagnetismo.

■ ALEXANDER VON **HUMBOLDT.**
(F. Weitsch; museo nacional, Berlín.)

HUME (David), *Edimburgo 1711-íd. 1776,* filósofo británico. Empirista, estudió la naturaleza humana (*Tratado de la naturaleza humana,* 1739-1740; *Investigación sobre los principios de la moral,* 1751). Extrayendo los principios de la asociación de ideas, y emprendiendo una crítica radical a la idea de causalidad, desembocó en un escepticismo moderado que también impregnó su concepción de la vida social (*Ensayos morales y políticos,* 1741-1742).

HUME (John), *Londonderry 1937,* político norirlandés. Católico moderado, dirigió el Partido socialdemócrata y laborista (SDLP) [1979-2001]. Defensor de una pacificación negociada de Irlanda del Norte, su papel fue esencial para alcanzar en 1998 el acuerdo de *Stormont. (Premio Nobel de la paz 1998.)

HUMMEL (Johann Nepomuk), *Presburgo 1778-Weimar 1837,* compositor y pianista austriaco. Alumno de Mozart y Salieri, es autor de sonatas y conciertos.

HUMPHREY (Doris), *Oak Park, Illinois, 1895-Nueva York 1958,* bailarina y coreógrafa estadounidense. Mediante su técnica y sus enseñanzas, desempeñó un papel esencial en el desa-

rrollo de la modern dance (trilogía [1935-1936] *New dance, Theatre Piece, With my Red Fires*).

HUNAB KU o **HUNAHPÚ** MIT. AMER. Remota divinidad maya, creadora del mundo terrestre y de los cuatro *Bacab que lo sostienen.

HUNAN, prov. del S de China; 60 660 000 hab.; cap. *Changsha.*

HUNDERTWASSER (Friedrich **Stowasser,** llamado Friedensreich), *Viena 1928-en el océano Pacífico, a bordo del Queen Elizabeth II, 2000,* pintor y grabador austriaco. Sus laberintos poblados de figuras, brillantemente iluminados, se basan en una ingenuidad idealista, en su sentido de lo maravilloso y en el automatismo.

HUNEDOARA, c. de Rumania, en Transilvania; 86 000 hab. Siderurgia. Fortaleza medieval.

HUNGNAM, c. de Corea del Norte; 260 000 hab. Puerto.

HUNGRÍA, en húng. **Magyarország,** estado de Europa oriental; 93 000 km²; 10 070 000 hab. (*húngaros*). CAP. Budapest. LENGUA: *húngaro.* MONEDA: *forint.*

INSTITUCIONES

República con régimen parlamentario. Constitución de 1949. El presidente de la república es elegido cada 5 años por el parlamento. El primer ministro es elegido por sufragio universal directo cada 4 años.

GEOGRAFÍA

Hungría es un país de llanuras al E del Danubio (la ant. *Puszta), y de colinas y montañas medias en el extremo NE y sobre todo al O del Danubio (el Transdanubio). Los inviernos son rigurosos; los veranos, a menudo cálidos y húmedos. Budapest concentra aprox. la quinta parte de una población étnicamente homogénea.
La agricultura conserva su importancia (trigo y maíz, remolacha azucarera, vid, ganadería bovina y porcina). El subsuelo contiene algo de lignito, gas natural y bauxita. A los sectores industriales tradicionales (agroalimentario, química, metalurgia) se añaden act. la informática, la electrónica, la farmacia.

HISTORIA

Los orígenes. H. 500 a.C.: la región estaba poblada por ilirios y tracios. **35 a.C.-9 d.C.:** fue conquistada por Roma (provincia de Panonia). **Ss. IV-VI:** fue invadida por los hunos, los ostrogodos, los lombardos y, más tarde, por los ávaros (568). **896:** los húngaros llegaron a la llanura danubiana con su jefe Árpád. **H. 904-1301:** la dinastía de los Árpád gobernó Hungría, Eslovaquia y Rutenia subcarpática, anexionada a principios del s. XI. **955:** la victoria de Otón I en el Lechfeld puso fin a las incursiones húngaras en occidente.
El reino de Hungría. 1000: Esteban I (997-1038) se convirtió en rey. Impuso el cristianis-

mo a sus súbditos. Se declaró vasallo de la Santa Sede y mantuvo su reino fuera del Sacro Imperio. **1095-1116:** Kálmán obtuvo la anexión de Croacia y de Eslavonia al reino. **1172-1196:** durante el reinado de Béla III la Hungría medieval llegó a su apogeo. **1235-1270:** Béla IV reconstruyó el país, destruido por la invasión mongol (1241-1242). **1308-1342:** Carlos I Roberto, de la casa de Anjou, organizó la explotación de las minas de plata, cobre y oro de Eslovaquia y Transilvania. **1342-1382:** Luis I el Grande le sucedió y continuó su obra. **1387-1437:** su yerno Segismundo de Luxemburgo fue puesto al frente del Sacro Imperio. **1456:** Juan Hunyadi detuvo a los turcos ante Belgrado. **1458-1490:** su hijo, Matías Corvino, conquistó Moravia y Silesia, y se instaló en Viena (1485). Favoreció la difusión del renacimiento italiano. **1490-1516:** Ladislao VI Jagellón reinó en el país. **1526:** los otomanos consiguieron la victoria de Mohács, en la que murió Luis II Jagellón. Fernando I de Habsburgo (1526-1564), hermano de Carlos Quinto, fue elegido rey de Hungría por la dieta. Su rival era Juan Zápolya, que dominaba el centro y el este, apoyado por los otomanos. **1540:** los turcos ocuparon Buda y la llanura danubiana. **1540-1699:** Hungría fue dividida en tres partes: Hungría real (capital: Presburgo), gobernada por la casa de Austria, Hungría turca, y Transilvania, vasalla de Austria, desde 1568. La dieta de Hungría tuvo que reconocer la monarquía hereditaria de los Habsburgo (1687) y Transilvania fue anexionada por la casa de Austria (1691). La nobleza húngara obtuvo el mantenimiento del pluralismo religioso. **1699:** los Habsburgo reconquistaron a los turcos la llanura húngara (paz de Karlowitz). **1703-1711:** Ferenc (Francisco II) Rákóczi dirigió la insurrección contra los Habsburgo. **1711:** la paz de Szatmár reconoció la autonomía del estado húngaro en el seno de la monarquía austriaca. **1740-1780:** María Teresa, apoyada por los magnates, continuó la repoblación. **1780-1790:** José II intentó imponer un régimen centralizado. **1848:** tras la insurrección de marzo, la asamblea nacional húngara rompió con Austria. **1849:** Kossuth proclamó la destitución de los Habsburgo. Los insurrectos fueron derrotados en Világos (ag.) por los rusos, llamados por Francisco José I. **1849-1867:** el gobierno austriaco practicó una política centralista y germanizadora. **1867:** tras la derrota de Austria ante Prusia (Sadowa, 1866), el compromiso austrohúngaro instauró el dualismo. En el seno de Austria-Hungría, Hungría volvió a ser un estado autónomo, a la vez que recuperaba Croacia, Eslavonia y Transilvania. **1875-1905:** el Partido liberal ocupó la dirección del país; Kálmán Tisza fue elegido presidente del consejo de 1875 a 1890. **1914:** Hungría declaró la guerra a Serbia.

Hungría

★	lugar de interés turístico
—	autopista
—	carretera
—	ferrocarril

●	más de 1 000 000 hab.
●	de 100 000 a 1 000 000 hab.
●	de 50 000 a 100 000 hab.
●	menos de 50 000 hab.

100   200   500 m

Hungría desde 1918. La derrota de los imperios centrales provocó la disolución de Austria-Hungría. **1918:** Mihály Károlyi proclamó la independencia de Hungría. Los rumanos ocuparon Transilvania y los checos Eslovaquia. **1919:** los comunistas, dirigidos por Béla Kun, instauraron la «república de los Consejos», derrocada por el almirante Miklós Horthy. **1920:** Horthy fue nombrado regente. Firmó el tratado de Trianón por el que Hungría perdía Eslovaquia, Rutenia, Transilvania, el Banato y Croacia. **1938:** Hungría se anexionó una parte de Eslovaquia. **1939:** se adhirió al pacto Antikomintern. **1940:** ocupó el N de Transilvania y firmó el pacto tripartito. **1941:** entró en guerra con la URSS. **1943:** intentó firmar una paz separada con los Aliados. **1944:** Hitler ocupó el país y el partido fascista de las Cruces flechadas tomó el poder, eliminando a Horthy. **1944-1945:** el ejército soviético ocupó el país. **1946-1947:** el tratado de París restableció las fronteras del tratado de Trianón. **1949:** el Partido comunista desmanteló el Partido agrario, que era mayoritario; Mátyás Rákosi proclamó la república popular húngara e impuso un régimen estalinista. **1953-1955:** Imre Nagy, jefe de gobierno, inició la desestalinización. **Oct.-nov. 1956:** insurrección para la liberación del régimen y la revisión de las relaciones con la URSS *(insurrección de Budapest)*. I. Nagy proclamó la neutralidad de Hungría. Las tropas soviéticas apoyaron un nuevo gobierno dirigido por János Kádár y acabaron con la resistencia de la población. **1961-1988:** aunque permaneció fiel a la URSS, el gobierno, dirigido por J. Kádár (1961-1965), Jenő Fock (1967-1975), György Lázár (1975-1987) y Károly Grósz (1987-1988), mejoró el funcionamiento del sistema económico y desarrolló el sector privado. **1989:** Hungría abrió su frontera con Austria (mayo). El partido comunista abandonó toda referencia al marxismo-leninismo y renunció a su papel dirigente. La república popular húngara se convirtió oficialmente en la república de Hungría (oct.). **1990:** las primeras elecciones parlamentarias libres (marzo-abril) fueron ganadas por el Foro democrático húngaro, partido de centroderecha cuyo líder, József Antall, se convirtió en presidente del gobierno. El parlamento eligió a Árpád Göncz como presidente de la república. **1991:** las tropas soviéticas completaron su retirada del país. **1993:** tras la muerte de J. Antall, Péter Boross lo sucedió. **1994:** los socialistas (ex comunistas reformistas) ganaron las elecciones legislativas; Gyula Horn se convirtió en primer ministro. **1998:** tras la victoria de la oposición democrática en las elecciones legislativas, Viktor Orbán fue nombrado primer ministro. **1999:** Hungría se integró en la OTAN. **2000:** Ferenc Mádl fue elegido presidente de la república. **2002:** tras la celebración de elecciones legislativas, los socialistas volvieron al poder; Péter Medgyessy se convirtió en primer ministro. **2004:** Hungría se adhirió a la Unión europea. P. Medgyessy fue reemplazado en la jefatura del gobierno por Ferenc Gyurcsány. **2005:** László Sólyom fue elegido presidente de la república. **2009:** F. Gyurcsány dimitió; lo sucedió Gordon Bajnai.

HUNJIANG, c. de China, en Manchuria, cerca de la frontera norcoreana; 694 000 hab.

HUN SEN, *Stung Trang, 1951,* político camboyano. Ministro de asuntos exteriores de 1979 a 1990, es primer ministro desde 1995 (codirigió el gobierno, con el título de primer ministro segundo, de 1993 a 1998).

HUNSRÜCK, parte del macizo esquistoso renano (Alemania), sobre la or. izq. del Rin.

HUNT (William Holman), *Londres 1827-íd. 1910,* pintor británico, cofundador de los prerrafaelistas (*La luz del mundo,* h. 1853, Oxford).

HUNTINGTON (Archer M.), *Nueva York 1870-íd. 1955,* hispanista estadounidense. Reunió una valiosa biblioteca y una colección de arte que legó a la *Hispanic Society of America,* fundada por él.

HUNTINGTON BEACH, c. de Estados Unidos (California). Hispanista. Petróleo.

HUNTSVILLE, c. de Estados Unidos (Alabama); 159 450 hab. Centro de investigación espacial.

HUNUCMÁ, mun. de México (Yucatán), en la plataforma yucateca; 15 988 hab. Centro agropecuario.

HUNYADI, familia que dio a Hungría jefes militares y un rey, *Matías I Corvino. — János [Juan] H.,* en *Transilvania h. 1407-Zimony 1456,* voivoda de Transilvania y regente de Hungría (1446-1453). Derrotó a los otomanos que asediaban Belgrado (1456).

HUNZA, región de la Cachemira paquistaní; cap. *Baltit* (o *Hunza*).

HUPPERT (Isabelle), *París 1953,* actriz francesa. Destaca por la interpretación de personajes de gran complejidad en el cine (*La encajera,* C. Goretta, 1977; *La puerta del cielo,* M. Cimino, 1980; *La ceremonia,* C. Chabrol, 1995; *La pianista,* M. Haneke, 2001; *Gabrielle,* P. Chéreau, 2005) y en el teatro (*Orlando, Medea, Hedda Gabler*).

HURDES (las) o **LAS JURDES,** comarca de España (Cáceres), al pie de la sierra de Gata. Su aislamiento tradicional se ha superado por la mejora de las comunicaciones.

HURÓN (lago), lago de América del Norte, entre Canadá y Estados Unidos; 59 800 km².

HURRI → MITANNI.

HURR IBN 'ABD AL-RAHMÁN AL-TAQA-FÍ (al-), valí de al-Andalus (716 719). Trasladó la capital de Sevilla a Córdoba.

HURTADO ABADÍA (Alberto), *Lima 1901-1983,* endocrinólogo y político peruano. Discípulo de C. Monge y continuador de su obra en el Instituto de investigaciones de la altura (IIA), fue varias veces ministro de salud. Es autor de *Apuntes fisiológicos y patológicos de la vida en la altura* (1947).

HURTADO DE MENDOZA (Andrés), marqués de Cañete, *m. en Lima 1561,* administrador español. Virrey del Perú (1555-1561), encomendó a Pedro de Ursúa la expedición hacia El Dorado (1560). **— García H. de M.,** *Cuenca 1535-Madrid 1609,* administrador español. Fue gobernador de Chile (1554-1558) y virrey del Perú (1589-1597).

HURTADO DE MENDOZA (Antonio), *Castro Urdiales h. 1586-Zaragoza 1644,* poeta y comediógrafo español. Autor de piezas culteranas (*Vida de Nuestra Señora*), escribió entremeses y comedias en la línea de Lope de Vega.

HURTADO DE MENDOZA (Diego), *Granada 1503-Madrid 1575,* político y escritor español. Fue embajador de Carlos Quinto y luchó en la guerra contra los moriscos, descrita en su gran obra histórica *De la guerra de Granada* (publicada en 1627). Su lírica alterna los metros tradicionales con los italianizantes.

HURTADO DE TOLEDO (Luis), *¿1523?-1590,* escritor español. Es autor de *Égloga silvana del galardón de amor* (1553), la *Comedia de Preteo y Tibulda, llamada disputa y remedio de amor* (1553) y el relato alegórico *Cortes de casto amor* (1557). Participó en los círculos literarios de Toledo y en numerosas obras como refundidor, corrector o prologuista.

HURTADO IZQUIERDO (Francisco), *Lucena 1669-Priego de Córdoba 1725,* arquitecto español. Miembro de la arquitectura barroca andaluza (capilla del cardenal Salazar, catedral de Córdoba, 1697; sagrario de la catedral de Granada, 1704), influyó en el barroco mexicano.

HURTADO LARREA (Osvaldo), *Chambo 1940,* político ecuatoriano. Fundador del Parti-

■ JAN **HUS** condenado a la hoguera (1415). Detalle de un manuscrito del s. XV. (Universidad de Praga.)

do demócrata cristiano ecuatoriano (1964), fue presidente de la república (1981-1984).

HUS (Jan), *Husinec, Bohemia, h. 1371-Constanza 1415,* reformador checo. Rector de la universidad de Praga e influido por las ideas de Wyclif, luchó contra la simonía y los abusos de la jerarquía, y tomó partido contra el antipapa Juan XXIII. Fue excomulgado en 1411 y 1412, condenado por el concilio de Constanza (1414), arrestado y quemado por hereje. Posteriormente se le veneró en Bohemia como a un mártir.

HUSÁK (Gustav), *Bratislava 1913-íd. 1991,* político checoslovaco. Presidente del gobierno autónomo de Eslovaquia (1946-1950), fue arrestado en 1951, liberado en 1960 y rehabilitado en 1963. Fue primer secretario del Partido comunista de 1969 a 1987 y presidente de Checoslovaquia de 1975 a 1989.

HUSAYN o **HUSSEIN,** *Medina 626-Karbala' 680,* tercer imán de los chiitas. Hijo de 'Alí y Fátima, hizo valer sus derechos al califato y las tropas omeyas lo mataron. Los chiitas le rinden especial veneración como mártir.

HUSAYN o **HUSSEIN,** *Ammán 1935-íd. 1999,* rey de Jordania (1952-1999), de la dinastía hachemí. Hizo entrar a Jordania en la tercera guerra árabe-israelí (1967), que significó la ocupación de Cisjordania por parte de Israel, y, en 1970-1971, eliminó las bases de la resistencia palestina instaladas en su país. Sin embargo, convencido de la necesidad de llegar a una solución negociada de la cuestión palestina y de los antagonismos regionales, en 1988 renunció a cualquier reivindicación sobre Cisjordania y en 1994 firmó un tratado de paz con Israel.

■ HUSAYN de Jordania.   ■ SADDÁM HUSAYN

HUSAYN o **HUSSEIN** (Saddám), *Al-Awja, cerca de Tikrit 1937-Bagdad 2006,* político iraquí. Presidente de la república y del Consejo de la revolución, secretario general del partido Ba'ạt y jefe del ejército desde 1979, llevó a cabo una política de hegemonía (ataque a Irán, 1980; invasión de Kuwayt, 1990). Derrocado por una intervención militar angloestadounidense en abril 2003, fue detenido (dic.). Condenado a muerte por el Tribunal supremo iraquí, fue ejecutado en la horca el 30 de dic. 2006.

HUSAYN o **HUSSEIN** (Tâhâ), *Magâga 1889-El Cairo 1973,* escritor egipcio. Ciego, publicó novelas (*Los días,* 1929) y ensayos, y fue sobre todo ministro de educación (1950-1952).

HUSAYN IBN AL-HUSAYN, *Esmirna h. 1765-Alejandría 1838,* último dey de Argelia (1818-1830). Tras el desembarco francés (1830), firmó la capitulación y se exilió.

HUSAYN IBN 'ALÍ, *İstanbul h. 1856-'Amman 1931,* rey de Hiŷaz (1916-1924). Jerife de La Meca, en 1916 proclamó la «rebelión árabe» contra los otomanos. En 1924 fue derrocado por 'Abd al 'Aziz ibn Sa'úd.

HU SHI o **HU SHE,** *Shanghai 1891-Taibei 1962,* escritor chino. Impuso el uso de la lengua coloquial en la literatura china.

HUSSEIN → HUSAYN.

HUSSEIN DEY, mun. de Argelia, en la aglomeración de Argel; 211 000 hab.

HUSSERL (Edmund), *Prossnitz, act. Prostějov, Moravia, 1859-Friburgo de Brisgovia 1938,* filósofo alemán. Impulsor de la fenomenología, de la que quiso hacer una ciencia rigurosa y una teoría del conocimiento al servicio de otras ciencias (*Investigaciones lógicas,* 1900-

1901; *Ideas relativas a una fenomenología pura y una filosofía fenomenológica*, 1913; *Meditaciones cartesianas*, 1931), propuso una fecunda crítica de la lógica contemporánea (*Lógica formal y lógica transcendental*, 1929).

HUSTON (John), *Nevada, Missouri, 1906-Middletown, Rhode Island, 1987,* director de cine estadounidense. Sus películas, que ensalzan el esfuerzo y la iniciativa humana, revelan un gran dominio del relato y un humor agudo (*El halcón maltés*, 1941; *El tesoro de Sierra Madre*, 1948; *La jungla de asfalto*, 1950; *La Reina de África*, 1952; *Vidas rebeldes*, 1961; *El hombre que pudo reinar*, 1975; *Dublineses*, 1987).

HUTTEN (Felipe von), *m. en Coro 1546,* gobernador alemán de Venezuela, al servicio de los Welser. Acompañó al gobernador Spira en la búsqueda de El Dorado.

HUTTEN (Ulrich von), *castillo de Steckelberg 1488-isla de Ufenau, lago de Zurich, 1523,* caballero y humanista alemán. Se hizo famoso por sus virulentos ataques contra los príncipes alemanes y la Iglesia romana en los inicios de la Reforma.

HUTTON (James), *Edimburgo 1726-íd. 1797,* geólogo británico. En su *Teoría de la Tierra*, sostuvo, contra A. G. Werner la tesis plutonista de que las rocas son resultado de la actividad volcánica. Es uno de los fundadores de la geología moderna.

HUXLEY (Thomas), *Ealing 1825-Londres 1895,* naturalista y zoólogo británico. Amigo de Darwin y ferviente defensor del transformismo, estudió los invertebrados marinos y quiso demostrar las afinidades del hombre con los grandes simios. — sir **Julian H.,** *Londres 1887-íd. 1975,* biólogo británico. Nieto de Thomas, fue uno de los fundadores de la teoría sintética de la evolución y también realizó investigaciones sobre genética. Fue el primer director de la Unesco (1946). — **Aldous H.,** *Godalming 1894-Hollywood 1963,* escritor británico. Hermano de Julian, sus novelas describen de forma satírica el mundo moderno, sobre todo desde la ciencia ficción (*Un mundo feliz*, 1932).

HU YAOBANG o **HU YAO-PANG,** *en Hunan h. 1915-Pekín 1989,* político chino, secretario general del Partido comunista chino (1980-1987).

HUYGENS (Christiaan), *La Haya 1629-íd. 1695,* científico neerlandés. Uno de los primeros representantes del espíritu científico moderno, a

■ ALDOUS HUXLEY

■ CHRISTIAAN HUYGENS, grabado a partir de un retrato de C. Netscher.

la vez experimentador y teórico, dio un gran desarrollo al uso de las matemáticas y fue el primero en escribir un tratado completo sobre el cálculo de probabilidades. Con ayuda de instrumentos construidos por él mismo, descubrió el anillo de Saturno y el satélite Titán. En mecánica estableció la teoría del péndulo, que utilizó como regulador del movimiento de los relojes, y dio una solución correcta al problema del choque por la conservación de la cantidad de movimiento. En óptica explicó la reflexión y la refracción por medio de una teoría ondulatoria.

Huygens, sonda espacial de la ESA (→ **Cassini-Huygens**).

HUYSMANS (Georges Charles, llamado Joris-Karl), *París 1848-íd. 1907,* escritor francés. Evolucionó del naturalismo (*Las hermanas Vatard*, 1879) al esteticismo decadente (*Al revés*, 1884) y, más tarde, al misticismo cristiano (*La catedral*, 1898; *El oblato*, 1903).

HUZHOU, c. de China, al N de Hangzhou; 553 000 hab.

HVAR, isla de Croacia, en el Adriático.

Hyde Park, gran parque del O de Londres.

HYDERĀBĀD, c. de la India, cap. de Āndhra Pradesh, en el Decán; 4 280 261 hab. Monumentos de los ss. XVI-XVII. Museos. A 8 km al N, restos de Golconda.

HYDERĀBĀD, c. de Pakistán, en el Sind; 800 000 hab.

HYÈRES, c. de Francia (Var), a orillas del Mediterráneo; 53 258 hab. Monumentos medievales. — Frente a ella se encuentran las *islas de Hyères*, centro turístico.

IAŞI, c. de Rumania, en Moldavia; 342 994 hab. Centro industrial. Universidad. — Dos iglesias de un original estilo bizantino (s. XVII); museos.

IBADÁN, c. del SO de Nigeria; 1 295 000 hab. Universidad. Centro comercial.

IBAGUÉ, c. de Colombia, cap. del dep. de Tolima; 292 965 hab. Centro cafetero e industrial. Conservatorio de música. Universidad. — Fue fundada en 1530.

IBAÑETA → RONCESVALLES.

IBÁÑEZ (Marcos), n. h. 1741, arquitecto español activo en Guatemala. Trazó los planos de la construcción de Nueva Guatemala (1778) y realizó obras en la catedral de esa ciudad.

IBÁÑEZ (Sara de), Montevideo 1910-íd. 1971, poetisa uruguaya. Su poesía oscila entre el creacionismo y un neoculteranismo surrealista: Canto (1940), Pastoral (1948), Artigas (1951), La batalla (1968), Apocalipsis 20 (1970).

IBÁÑEZ DE IBERO (Carlos), marqués de Mulhacén, Barcelona 1825-Niza 1891, militar y geodesta español. Fundador de la moderna geodesia española, promovió y presidió la Asociación geodésica internacional.

IBÁÑEZ DEL CAMPO (Carlos), Linares 1877-Santiago 1960, político y militar chileno. Participó en los golpes militares de 1924 y 1925, y fue ministro del interior y de guerra (1925-1927). Presidente (1927), impuso la dictadura, pero, acosado por la oposición popular, tuvo que exiliarse (1931). De nuevo presidente (1952-1958), gobernó de acuerdo con la constitución, en una línea populista.

IBARBOUROU (Juana Fernández Morales, llamada Juana de), Melo 1895-Montevideo 1979, escritora uruguaya. En su poesía, el panteísmo modernista (Las lenguas de diamante, 1918; Cántaro fresco, 1920, poema en prosa; Raíz salvaje, 1922) dio paso, a partir de La rosa de los vientos (1930), al influjo del surrealismo, con una nota melancólica frente a la vejez y la muerte: Perdida (1950), Romances del destino (1955). Escribió también cuentos (Chico Carlo, 1944), lecturas para niños y teatro.

IBARGÜENGOITIA (Jorge), Guanajuato 1928-en España 1983, escritor mexicano. Su obra, satírica recreación de la historia hispanoamericana, comprende cuentos, novelas (Los relámpagos de agosto, 1964; Estas ruinas que ves, 1974), teatro (El atentado, 1963), crítica y crónica de viajes.

IBARGUREN (Carlos), Salta 1879-Buenos Aires 1955, jurisconsulto e historiador argentino. Fue ministro de justicia e instrucción pública (1912-1914), y presidió la Academia argentina de las letras. Es autor de Juan Manuel Rosas (1930).

IBARRA, c. de Ecuador, cap. de la prov. de Imbabura; 111 238 hab. Industria textil, orfebrería.

IBARRA (Francisco de), en Guipúzcoa ¿1539?-en México 1575, conquistador español. Inició la conquista y explotación minera del NO de México (1554) y del N de Sinaloa (1564). En 1562 Felipe II le nombró adelantado y capitán general de Nueva Vizcaya, donde fundó Nombre de Dios y Durango (1563).

IBARRA (Gregorio), Buenos Aires 1814-Montevideo 1883, litógrafo argentino, autor de series litográficas de temas costumbristas y vistas de Buenos Aires.

IBARRA (José de) llamado **el Murillo mexicano,** Guadalajara 1688-México 1756, pintor mexicano. Realizó una abundante obra religiosa (Mujeres del Evangelio, San Carlos, México).

IBARRA (Juan Pedro de), arquitecto español activo en el s. XVI en Salamanca y Cáceres. Maestro mayor de la catedral de Coria (1536), realizó el monasterio de San Benito en Alcántara (1576).

IBARRETXE (Juan José), Llodio 1957, político español. Miembro del Partido nacionalista vasco, fue presidente de las juntas generales de Álava (1987), consejero de hacienda y vicelehendakari vasco (1995-1998). Fue lehendakari de 1998 a 2009. Propuso que el País Vasco pasara a constituir un territorio libre asociado a España (plan Ibarretxe).

IBARROLA (Agustín), Bilbao 1930, pintor español. Miembro de los grupos Estampa popular de Bilbao y Equipo 57, su obra pertenece al realismo social de línea expresionista.

IBÁRRURI (Dolores), llamada **la Pasionaria,** Gallarta, Vizcaya, 1895-Madrid 1989, política española. Miembro del comité ejecutivo del PCE, destacó durante la guerra civil en el bando republicano gracias a su fogosidad oratoria. En 1939 se exilió a la URSS, donde fue ele-

gida secretaria general (1942-1960) y luego presidenta del partido (1960-1989). Regresó a España en 1977 y fue elegida diputada.

IBARZÁBAL (Federico de), La Habana 1894-íd. 1953, escritor cubano. Poeta (Nombre del tiempo, 1946) y autor de cuentos (Derrelictos, 1937), dirigió la revista de poesía Apolo (1915) y publicó Los contemporáneos (Ensayos sobre la literatura cubana del siglo, 1926).

IBERÁ (esteros del), lagunas y esteros de Argentina (Corrientes); 5 000 a 7 000 km² de extensión.

IBERIA, nombre griego de la península Ibérica. Utilizado por primera vez por Piteas de Massalia (h. 330 a C.) por referencia a la Iberia del Cáucaso, fue sustituido por el de Hispania tras la conquista romana.

Iberia, compañía aérea española, fundada en 1927. Es la principal compañía en las rutas que unen Europa con América Latina. En 2001 volvió al ámbito privado. Participa (con British Airways, American Airlines, entre otras compañías) en el grupo de transporte aéreo Oneworld.

IBÉRICA (península), la mayor y más occidental de las penínsulas de Europa meridional, repartida entre España, Portugal, Andorra y la colonia de Gibraltar; 581 600 km² Rasgo típico del relieve es la Meseta central (600-700 m de alt.), aislada de influencias exteriores por accidentes orográficos. Su clima es: continental en la Meseta, húmedo en la franja atlántica y la orla septentrional, mediterráneo en la costa oriental y árido hacia el SE.

IBÉRICO (Mariano), Cajamarca 1893-1974, filósofo peruano. Abordó temas éticos y metafísicos (La aparición, 1950).

IBÉRICO (sistema), cordillera de España, que se extiende entre la depresión del Ebro y la Meseta, a lo largo de 500 km de NO a SE: sierras de la Demanda, Cebollera, Moncayo (2 313 m), Albarracín, Montes Universales, Palomera, Javalambre y serranía de Cuenca. Importante nudo hidrográfico.

IBEROAMÉRICA, denominación dada al conjunto de países americanos de habla hispana y portuguesa. (→ **América Latina.**)

Iberoamericana (cumbre), reunión anual de los máximos representantes de los 21 estados de lengua española y portuguesa de Europa y América, establecida en 1991 en Guadalajara (México), para la cooperación y el desarrollo.

iberoamericana (Instituto de cooperación) [ICI], organismo autónomo creado en Madrid en 1977. Asumió funciones del antiguo Instituto de cultura hispánica. Edita la revista Cuadernos hispanoamericanos.

Ibex 35, índice bursátil creado en 1992 en España, establecido a partir de la cotización de

■ JUANA DE
IBARBOUROU

■ DOLORES
IBÁRRURI

1401

las 35 sociedades españolas con mayor volumen de contratación.

IBI, v. de España (Alicante), cab. de p. j.; 21 293 hab. *(ibienses).* Fabricación de juguetes. Industrias alimentarias. Ebanistería.

IBIZA, en cat. **Eivissa,** isla de España (Baleares), en el Mediterráneo; 541 km²; 89 611 hab.; cap. *Ibiza.* Es la más occidental del archipiélago. Relieve abrupto; cultivos de secano en los valles. Salinas. Turismo en la ciudad de *Ibiza,* Sant Antoni de Portmany y Santa Eulalia del Río. — Fue sucesivamente púnica, romana, bizantina y musulmana. Guillem de Montgrí la conquistó (1235) y la repobló con catalanes. (Patrimonio de la humanidad 1999.)

IBIZA, en cat. **Eivissa,** c. de España (Baleares), cap. de Ibiza y cab. de p. j.; 33 223 hab. *(ibicencos).* Centro turístico. — De origen púnico (necrópolis de Puig d'es Molins, según Diodoro Sículo fue fundada en 654-653 a. C. *(Ebusus).* Murallas del s. XVI; catedral; museo arqueológico con importantes piezas de la época púnica.

IBM (International Business Machines), empresa estadounidense de informática. Fundada en 1911 para explotar las patentes de H. *Hollerith, adoptó en 1924 su nombre actual. Es uno de los líderes mundiales de la informática, presente asimismo en el ámbito de la ofimática.

IBN AL-MUQAFFA' ('Abd Allāh), *Yur, act. Fīrozābād, h. 720-h. 757,* escritor árabe de origen iranio. Su *Calila y Dimna,* traducción revisada y aumentada de un libro persa de origen indio, es una de las obras maestras de la literatura árabe clásica.

IBN BAṬṬŪṬA, *Tánger 1304-en Marruecos entre 1368 y 1377,* viajero y geógrafo árabe. Visitó Oriente medio y Extremo oriente, así como el Sahara, Sudán y Níger. Escribió un *Diario de ruta.*

IBN SA'ŪD → **'ABD AL-'AZĪZ III IBN SA'ŪD.**

IBN SĪNĀ → **AVICENA.**

IBRĀHĪM I, *m. en Qayrawān 812,* fundador de la dinastía de los Aglabíes.

IBRĀHĪM BAJÁ, *Cavalla 1789-El Cairo 1848,* virrey de Egipto (1848). Hijo de Mehmet Alí, reconquistó el Peloponeso para los otomanos (1824-1827). Tras vencer al sultán Mahmud II, se adueñó de Siria (1832-1840).

IBSEN (Henrik), *Skien 1828-Cristianía 1906,* dramaturgo noruego. Sus dramas de inspiración filosófica y social denuncian la mediocridad y el conformismo *(Brand,* 1866; **Peer Gynt; Casa de muñecas,* 1879; *Los espectros,* 1881; *El pato salvaje,* 1884; *Hedda Gabler,* 1890).

■ HENRIK **IBSEN,** por E. Werenskiold.
(Galería nacional, Oslo.)

ICA, c. de Perú, cap. del dep. homónimo, a orillas del *río Ica;* 149 100 hab. Centro vitivinícola desde la época colonial (pisco). — Museo arqueológico (momias precolombinas). — Fundada en 1563 por Jerónimo Luis de Cabrera con el nombre de *Villa de Valverde,* más adelante se denominó *San Jerónimo de Ica.* Sismo en 2007.

ICA (cultura), cultura precolombina peruana (h. 1440), en los valles de Ica, Chincha, Nazca y Pisco, de la que se conservan edificios de adobe (Tambo colorado, La centinela), tejidos de algodón y lana, y cerámica pintada con diseño geométrico.

ICA (departamento de), dep. de Perú, en la costa central; 21 328 km²; 711 932 hab.; cap. *Ica.*

ICARIA, isla griega del mar Egeo, al O de Samos.

ÍCARO MIT. GR. Hijo de Dédalo. Huyó del Laberinto con su padre gracias a unas alas de plumas sujetas con cera; el calor del Sol fundió la cera e Ícaro cayó al mar.

ICAZA (Francisco A. **de**), *México 1863-Madrid 1925,* escritor mexicano. Poeta afín al modernismo, destacó como crítico literario.

ICAZA (Jorge), *Quito 1906-íd. 1978,* escritor ecuatoriano. Tras iniciarse como dramaturgo *(El intruso,* 1929), con su novela **Huasipungo* (1934) se convirtió en el máximo exponente de la narrativa indigenista propiciada por el grupo de **Guayaquil (Cholos,* 1938; *Huairapamushcas,* 1948; *El chulla Romero y Flores,* 1958). También escribió una trilogía autobiográfica *(Atrapados,* 1972) y relatos.

ICAZA (Miguel **de**), *México 1972,* informático mexicano. Ha impulsado el desarrollo del software libre mediante innovadores proyectos: GNOME, a partir de 1997, para crear un entorno gráfico de escritorio libre; Mono, desde 2001, para implementar la plataforma de desarrollo .Net de Microsoft en Linux y otros sistemas tipo Unix.

ICHIHARA, c. de Japón (Honshū), cerca de Tōkyō; 257 716 hab. Siderurgia; química.

ICHIKAWA, c. de Japón (Honshū); 436 596 hab. Metalurgia.

ICHINOMIYA, c. de Japón (Honshū); 262 434 hab.

ICOD DE LOS VINOS, c. de España (Santa Cruz de Tenerife), cab. de p. j., en Tenerife; 19 977 hab. *(icoderos).* Plátanos. Pesca. Drago centenario.

ICTINO, *mediados del s. v a. C.,* arquitecto griego. Colaboró con Fidias en el Partenón y trabajó en Eleusis (gran sala de los misterios).

IDA, nombre griego de dos montañas, una en Asia Menor, al SE de Troya, y otra en Creta.

IDAHO, estado de Estados Unidos, en las Rocosas; 1 006 749 hab.; cap. *Boise.*

ideología alemana (La), obra de K. Marx y de F. Engels (1845-1846) en la que se sientan las bases del materialismo histórico.

IDIÁQUEZ (Juan **de**), *Madrid 1540-Segovia 1614,* político español. Secretario real (1579) y encargado de relaciones exteriores en la junta de gobierno (1586) de Felipe II, fue también una figura muy influyente con Felipe III.

IDIARTE BORDA (Juan Bautista), *Mercedes 1844-Montevideo 1897,* político uruguayo. Diputado (1879-1890) y senador (1890-1894), fue presidente de la república desde 1894. Murió asesinado en la revolución de marzo de 1897.

idiota (El), novela de Dostoievski (1868). Su protagonista es el joven príncipe Michkin, ser puro y bondadoso, a imagen de Cristo, al que su epilepsia y candor hacen pasar por idiota.

İDJIL (Kedia de), macizo de Mauritania. Mineral de hierro.

IDLEWILD, barrio de Nueva York, en Queens. Aeropuerto internacional J. F. Kennedy.

IDOMENEO MIT. GR. Rey de Creta, nieto de Minos y héroe de la guerra de Troya. Un voto lo obligó a sacrificar a su propio hijo a Poseidón.

IDRĪS I, *Ýarabūb 1890-El Cairo 1983,* rey de Libia (1951-1969). Jefe de la cofradía de los sanūsíes (1917), fue rey de la Federación libia (1951), derrocado por Gadafi en 1969.

IDRĪSĪ (Abū Abd Allāh Muhammad al-), *Ceuta h. 1100-Sicilia entre 1165 y 1186,* geógrafo árabe. Sus cartas sirvieron de base para estudios posteriores.

IDRISÍES o **EDRISÍES,** dinastía alida de Marruecos (789-985). Fundada por Idris I (m. en 791), entró en decadencia a partir de la muerte de Idris II (828).

IDUMEA o **EDOM,** región del S de Palestina, habitada antiguamente por los idumeos o edomitas.

IEPER, en fr. **Ypres,** c. de Bélgica (Flandes Occidental); 35 235 hab. Monumentos góticos (lonja de mercaderes, catedral). — Gran centro pañero (ss. XII-XV), participó en las revueltas contra el poder condal (s. XIV). Intensos combates durante la primera guerra mundial, en los que los alemanes utilizaron por primera vez los gases asfixiantes (abril 1915).

IEYASU → **TOKUGAWA IEYASU.**

IFAC (peñón de), promontorio de la costa mediterránea española, en el término de Calpe (Alicante); 383 m.

IFE, c. del SO de Nigeria; 269 000 hab. Ant. capital espiritual de los yoruba y centro de una civilización floreciente en el s. XIII. Museo.

■ **IFE.** Cabeza de Oni (rey), bronce de mediados del s. XIII. (Museo nigeriano, Lagos.)

IFIGENIA MIT. GR. Hija de Agamenón y de Clitemnestra. Su padre la sacrificó a Artemisa para conmover a los dioses, que retenían mediante vientos contrarios la flota griega en Áulide. Según otra versión, Artemisa sustituyó a Ifigenia por una cierva e hizo de la joven su sacerdotisa en Táuride. — El mito inspiró tragedias a Eurípides *(Ifigenia en Táuride,* h. 413 a. C.; *Ifigenia en Áulide,* d. 406 a. C.), a Racine *(Ifigenia en Áulide,* 1674) y a Goethe *(Ifigenia en Táuride,* 1779-1787). Gluck escribió la música de *Ifigenia en Áulide* (1774) y de *Ifigenia en Táuride* (1779).

IFNI, ant. territorio español del S de Marruecos, en el litoral atlántico; cap. *Sidi Ifni.* La presencia española en el territorio se remonta a 1476. Marruecos y Francia reconocieron la soberanía española (acuerdos de 1902, 1904 y 1912). En la práctica fue ocupado en 1934. En 1957 las guarniciones fronterizas rechazaron ataques del ejército marroquí; en 1958 Ifni recibió el rango de provincia española, y en 1969 el gobierno español lo devolvió a Marruecos.

IFRĪQIYYA, ant. nombre árabe de Túnez y de Argelia oriental.

IGARKA, c. de Rusia, a orillas del Yeniséi, en el Ártico; 40 000 hab. Puerto.

IGLESIA (Álex de la), *Bilbao 1965,* director y guionista de cine español. Formado en el cómic, une el estilo narrativo del cine estadounidense más espectacular con un humor picaresco y castizo *(El día de la Bestia,* 1995; *La comunidad,* 2000; *Crimen ferpecto,* 2004).

IGLESIA ALVARIÑO (Aquilino), *Abadín, Lugo, 1909-Santiago 1961,* poeta español en lengua gallega. Su inspiración clásica se vio enriquecida por los logros imaginistas de las vanguardias *(Lanza de soledad,* 1961).

IGLESIAS (Cristina), *San Sebastián 1956,* escultora española. A partir de materiales diversos (barro, hierro, cemento, tejidos) y de un cuidado tratamiento de la luz, crea piezas y espacios orgánicos llenos de poesía y misterio. (Premio nacional de artes plásticas 1999.)

IGLESIAS (Enrique Vicente), *Arancedo, Asturias, 1930,* economista uruguayo de origen español. Especialista en temas de desarrollo, ha ocupado cargos directivos en diversas instituciones internacionales. Ministro de asuntos exteriores de su país (1985-1988) y presidente del Banco interamericano de desarrollo (1988-2005), es secretario general permanente de la Cumbre iberoamericana desde 2005.

IGLESIAS (José María), *México 1823-Tacubaya 1891,* político mexicano. Ocupó, con Juárez, los ministerios de Justicia, Hacienda y Gobernación (1867-1871). Aspirante a la presidencia (1877), fue vencido por Porfirio Díaz.

IGLESIAS (Julio), *Madrid 1943,* cantante español. Se dio a conocer al ganar el festival de Benidorm en 1968, y representó a España en el festival de Eurovisión de 1970. Sus canciones melódicas gozaron de fama mundial.

IGLESIAS (Miguel), *Cajamarca 1830-íd. 1909,* militar y político peruano. Impulsó la paz con Chile (1883) en la guerra del Pacífico. Presidente provisional (1884), fue derrocado por el general Cáceres (1886).

IGLESIAS (Pablo), *Ferrol 1850-Madrid 1925*, político y dirigente obrero español. Trabajó como impresor en Madrid. Intervino en la fundación clandestina del Partido socialista obrero español ('1879) y de la Unión general de trabajadores (1888), que presidió hasta su muerte. Difundió el socialismo democrático desde *El socialista*, periódico que dirigió desde su fundación (1886), y como diputado (1910).

IGLÉSIAS (Ignasi), *Sant Andreu del Palomar, act. en Barcelona, 1871-Barcelona 1928*, dramaturgo español en lengua catalana. Su teatro aborda problemas sociales (*Los viejos*, 1903).

IGLESIAS BRAGE (Francisco), *Ferrol 1900-Madrid 1973*, aviador español. En 1929 realizó, en el avión *Jesús del Gran Poder*, junto con Ignacio Jiménez, los vuelos Sevilla-Nâṣiriyya (Iraq) y Sevilla-Bahía (Brasil).

IGLESIAS Y CASTRO (Rafael), *San José 1861-íd. 1924*, político costarricense. Durante su presidencia (1894-1902) EUA reforzó su dominio económico en el país.

IGLS, localidad de Austria (Tirol), cerca de Innsbruck; 1 400 hab. Estación de deportes de invierno (alt. 870-1 951 m). — Iglesia gótica y barroca.

IGNACIO (san), *m. en Roma h. 107*, mártir Obispo de Antioquía, escribió siete *Epístolas*, testimonio sobre la Iglesia primitiva.

IGNACIO de Loyola (san), *Loyola 1491-Roma 1556*, religioso español, fundador de la Compañía de Jesús. Herido en la defensa de Pamplona (1521), la lectura de libros religiosos le indujo a cambiar de vida. Después de peregrinar a Montserrat (1522) y retirarse un año a una cueva de Manresa (experiencia de la que surgió el *Libro de los *ejercicios espirituales*), marchó a París a estudiar filosofía y teología. Allí, tras ser ordenado en 1537, formó con siete compañeros el primer núcleo de la Compañía de Jesús, reconocida en 1540 por el papa Pablo III y de la que fue primer prepósito general. Fue canonizado en 1622.

■ PABLO **IGLESIAS**   ■ SAN **IGNACIO DE LOYOLA**. (Lól. part.)

IGNACIO DE LA LLAVE, mun. de México (Veracruz); 18 911 hab. Industria azucarera y alcoholera.

Iguala o **las Tres garantías** (plan de) [24 febr. 1821], manifiesto del general Agustín de Iturbide, en el que se declaró la independencia mexicana y la igualdad entre los habitantes de la Nueva España, que se proclamaba imperio católico.

IGUALADA, c. de España (Barcelona), cab. de p. j.; 32 516 hab. (*igualadinos*). Industrias (textil, de la piel, papel). — Iglesia de Santa María (retablo barroco) y conventos del s. XVII. Museos.

IGUALA DE LA INDEPENDENCIA, c. de México (Guerrero); 83 412 hab. Yacimientos de manganeso. Centro comercial. — En ella se publicó el *plan de Iguala*.

IGUAZÚ, en port. Iguaçu, r. de América del Sur, afl. del Paraná (or. izq.); 1 320 km. Nace en Brasil, forma frontera con Argentina (Misiones) y desemboca en el punto de unión de Brasil, Argentina y Paraguay. En el curso bajo forma las *cataratas del Iguazú* (70 m de alt. en Salto Grande de Santa María), englobadas en el *parque nacional Iguazú*, argentino, y en el correspondiente parque nacional brasileño, declarados patrimonio de la humanidad en 1984 y 1986 respectivamente.

IGUAZÚ, dep. de Argentina (Misiones); 57 702 hab. En el término, *cataratas del Iguazú*. Centro

turístico de *Puerto Iguazú*, unido por un puente a la ciudad brasileña de Foz do Iguaçu.

IJMUIDEN, c. de Países Bajos, junto al mar del Norte; 61 500 hab. Puerto. Metalurgia.

IJSSEL, brazo N del delta del Rin (Países Bajos), que desemboca en el Ijsselmeer; 116 km.

IJSSELMEER o **LAGO DE IJSSEL**, lago de Países Bajos, formado por la parte del Zuiderzee no desecada.

IKE NO TAIGA, *Kyōto 1723-íd. 1776*, pintor japonés. Intérprete original de la «pintura de letrado» china, sus paisajes reflejan un lirismo profundamente impregnado japonés. Colaboró con su amigo Yosa Buson en la ilustración de álbumes de haikais.

IKERE, c. del SO de Nigeria; 221 400 hab.

ILA, c. del SO de Nigeria; 239 000 hab.

ILÂHĀBĀD → ALLĀHĀBĀD.

ILAMATLÁN, mun. de México (Veracruz); 15 918 hab. Centro agropecuario. Explotación forestal.

ILAVE, distr. de Perú (Puno), en la altiplanicie del Titicaca; 41 563 hab. Cereales, quina.

ILDEFONSO (san), *Toledo h. 607-íd. 667*, teólogo y prelado español. Sucesor de san Eugenio, su tío, en la sede episcopal de Toledo, tomó parte en los concilios VIII y IX de esa ciudad (653 y 655). Escribió un libro en defensa de la virginidad de María, otro de personas célebres y varios tratados de teología.

ÎLE-DE-FRANCE, región histórica y administrativa de Francia; 12 012 km²; 10 952 011 hab.; cap. *Paris*; 8 dep. (*Essonne, Hauts-de-Seine, París, Seine-et-Marne, Seine-Saint-Denis, Val-de-Marne, Val-d'Oise* y *Yvelines*).

ILERDA, nombre latino de la *Iltirda* ibérica (act. *Lérida*), capital de los ilergetes y posición estratégica en la ruta entre la Galia y el Ebro.

ILESHA, c. del SO de Nigeria; 342 000 hab.

ILI, en chino **Yili**, r. de Asia (China y Kazajstán), tributario del lago Baljash; 1 439 km.

Ilíada, poema épico en veinticuatro cantos (s. VIII a.C.), atribuido a Homero. Es el relato de un episodio de la guerra de Troya: Aquiles, que se había retirado a su tienda tras una disputa con Agamenón, regresa al combate para vengar a su amigo Patroclo, muerto por Héctor. Tras vencer a este, arrastra su cadáver en torno a la tumba de Patroclo y lo entrega a Príamo, llegado para reclamar el cuerpo de su hijo. Poema guerrero, la *Ilíada* contiene también escenas grandiosas (funerales de Patroclo) y conmovedoras (despedida de Héctor y Andrómaca).

ILÍBERIS, ILIBERRI o **ILLIBERRI**, ant. c. prerromana y romana de Hispania, en el mun. de Atarfe (Granada). Fue sede de un concilio (h. 300-h. 306). Con el nombre de *Elvira*, fue cuna de una obra de al-Andalus. Restos arqueológicos.

ILICI o **ILICE**, nombre latino de la act. *Elche* (España).

ILIESCU (Ion), *Oltenita 1930*, político rumano. Excluido del comité central del Partido comunista en 1984, tras la caída de N. Ceauşescu (dic. 1989) dirigió el Frente de salvación nacional. Fue presidente de la república (1990-1996 y 2000-2004).

ILIGAN, c. de Filipinas, en la isla de Mindanao, en la *bahía de Iligan*; 228 586 hab.

ILIÓN → TROYA.

ILIRIA, región montañosa de la costa septentrional del Adriático, desde Istria a las bocas de Kotor. Colonizada por los griegos (s. VII a.C.), estuvo sometida a Roma a partir de fines del s. III a.C. — Las *Provincias Ilirias* constituyeron un gobierno del primer Imperio francés (1809-1813).

ILIUSHIN (Serguéi Vladímirovich), *Dilialevo, cerca de Vologda, 1894-Moscú 1977*, ingeniero y constructor de aviones soviético. Fundador de la empresa que lleva su nombre, fabricó más de 50 modelos de aviones militares y civiles.

ILLAMPU (nevado de), pico de los Andes bolivianos (La Paz), en el macizo de Sorata; 6 368 m de alt.

ILLAPA MIT. AMER. Dios inca de los fenómenos atmosféricos. Se le representaba con una honda y una maza.

ILLAPEL, com. de Chile (Coquimbo), en el valle del *río Illapel*; 28 968 hab. Minas de oro.

ILLE-ET-VILAINE, dep. del O de Francia (Bretaña); 6 775 km²; 867 533 hab.; cap. *Rennes*.

ILLESCAS, v. de España (Toledo), cab. de p. j.; 10 347 hab. (*illescanos*). Puerta mudéjar de Ugena; iglesia mudéjar de Santa María, de portada plateresca. Hospital de la Caridad (s. XVI), con cuadros del Greco.

ILLESCAS (Juan de), *Córdoba-Lima 1593*, pintor español. Realizó obras en los virreinatos españoles: en México, un *Cristo* para la catedral de Lima y, hacia 1580, importantes lienzos para el convento de San Francisco en Quito.

ILLIA (Arturo Umberto), *Pergamino 1900-Córdoba 1983*, político argentino. Presidente de la república (1963-1966) por la Unión cívica radical, fue depuesto por el golpe militar de Onganía (junio 1966). Se hizo célebre por su austeridad y su talante liberal.

ILLICH (Ivan), *Viena 1926-Bremen 2002*, ensayista y pedagogo estadounidense de origen austríaco. Sacerdote (secularizado en 1969), fundó en 1960 una universidad libre en Cuernavaca (México). Desarrolló una crítica radical de la sociedad industrial (*Herramientas para la convivencia*, 1973; *Némesis médica: la expropiación de la salud*, 1975; *En el viñedo del texto*, 1993).

ILLIMANI (nevado de), macizo del Altiplano boliviano (La Paz); 6 882 m de alt.

ILLINOIS, estado de Estados Unidos, entre el Mississippi y el lago Michigan; 11 430 602 hab.; cap. *Springfield*; c. pral. *Chicago*.

ILLYÉS (Gyula), *Rácegres 1902-Budapest 1983*, escritor húngaro. Poeta, ensayista (*Los de las pusztas*, 1936) y dramaturgo, unió la influencia surrealista con las tradiciones de su tierra.

ILMEN (lago), lago de Rusia, cerca de Veliki Nóvgorod; 982 km².

ILO, mun. de Perú (Moquegua); 10 631 hab. Refinería de cobre. Principal puerto del S de Perú (pesca de anchoveta) y zona franca boliviana según un acuerdo de 1992.

ILOBASCO, mun. de El Salvador (Cabañas); 26 703 hab. Agricultura y ganadería. Alfarería.

ILOILO, c. de Filipinas (Panay); 309 505 hab. Puerto.

ILOPANGO, lago de El Salvador (San Salvador), en el centro-sur del país; 65 km². Ocupa el cráter de un volcán apagado. Centro turístico.

ILORIN, c. del SO de Nigeria; 431 000 hab.

IMABARI, c. de Japón (Shikoku); 123 114 hab. Puerto.

IMAMURA SHOHEI, *Tōkyō 1926-íd. 2006*, cineasta japonés. Esteta y provocador, buscó la belleza preciamente en el horror y la repulsión (*La mujer insecto*, 1963; *La balada de Narayama*, 1983; *Lluvia negra*, 1989; *La anguila*, 1997; *Agua tibia bajo un puente rojo*, 2001).

IMATACA, sierra del E de Venezuela (Delta Amacuro y Bolívar).

IMBABURA (provincia de), prov. del N de Ecuador; 4 817 km²; 265 499 hab.; cap. *Ibarra*.

ÍMBROS → IMROZ.

IMERINA, parte de la meseta central de Madagascar. Está habitada por los merina.

IMHOTEP, letrado y arquitecto egipcio, activo h. 2778 a.C. Fue consejero del faraón Zoser, para quien edificó el complejo funerario de Saqqâra. Inició la arquitectura egipcia de cantería y las primeras pirámides.

Imitación de Cristo, obra anónima del s. XV, atribuida a Tomás de Kempis. Guía espiritual inspirada en la *Devotio moderna*, tuvo una enorme influencia en la Iglesia latina.

IMOLA, c. de Italia (Emilia-Romaña); 61 700 hab. Circuito automovilístico. — Monumentos antiguos, museos.

IMPERATRIZ, c. del NE de Brasil; 276 450 habitantes.

IMPERIA, c. de Italia (Liguria), en el golfo de Génova; 40 171 hab. Centro turístico.

IMPERIAL (Francisco), *h. 1372-h. 1409*, poeta español. Con el *Decir de las siete virtudes* (h. 1407), poema de intención didáctica publicado en el *Cancionero de Baena*, introdujo el endecasílabo italiano y el gusto por la alegoría dantesca. Es también autor de *Visión de los sie-te planetas*.

Imperial de Aragón (canal), canal derivado del río Ebro (España), entre Tudela y Zarago-za; 90 km. Su construcción, iniciada en 1530, se mantuvo en suspenso durante dos siglos y no se concluyó hasta el s. XVIII.

IMPERIO (Pastora **Rojas Monje**, llamada Pas-tora), *Sevilla 1885-Madrid 1979*, bailarina espa-ñola. Gran intérprete de la danza española, ac-tuó en numerosos escenarios europeos. Su estilo elegante, basado en el braceo, creó es-cuela, y generalizó el baile flamenco con bata de cola. Se retiró en 1959.

Imperio español, denominación que se sue-le dar a los dominios de los Austrias españo-les. Comprendía, además de los reinos penin-sulares, el imperio mediterráneo, heredado de la Corona de Aragón; las tierras del N de Euro-pa, herencia flamenca y borgoñona; América y las posesiones del Pacífico, recibidas de Casti-lla, y algunas plazas en África. El imperio me-diterráneo (Cerdeña y Sicilia, reino de Nápo-les, posesiones en el N de Italia) quedó liqui-dado tras la guerra de Sucesión española. Los dominios del N de Europa, herencia de Carlos Quinto, se perdieron definitivamente en 1714. El imperio de las *Indias se desgajó en el s. XIX con las guerras de *independencia de la Amé-rica española. También se inició cierta im-plantación en el Pacífico (Filipinas). La ex-pansión africana se inició en el s. XV con la conquista de Canarias y la ocupación de pla-zas en el N de África; a fines del s. XIX se produ-jo una nueva expansión, que terminó con la cesión del Sahara Occidental (1975).

IMPHĀL, c. de la India, cap. del estado de Ma-nipur; 200 615 hab.

ĪMROZ, en gr. **Īmbros**, isla turca del mar Egeo, cerca de los Dardanelos.

INARI, lago de Finlandia, en Laponia; 1 085 km².

INCA, c. de España (Baleares), cab. de p. j., en Mallorca; 20 415 hab. (*inqueros* o *inquenses*). Industrias del calzado y alimentarias.

INCAHUASI, cima volcánica los Andes, entre Argentina (Catamarca) y Chile (Ataca-ma); 6 638 m de alt.

INCARIO, nombre del imperio inca o *Ta-*

huantinsuyu. Fundado entre los ss. XII y XIII, se extendió, desde 1438, de Ecuador a Chile, ocupando más de millón y medio de km².

INCA ROCA, *segunda mitad s. XIV,* primer so-berano en tomar el título de inca. Monarca del Alto Cuzco, desposeyó a la dinastía de Manco Cápac, y se impuso como jefe único sobre las tribus confederadas. Se centró en el engrande-cimiento del Cuzco y del imperio inca.

INCE (Thomas Harper), *Newport 1882-en el mar, cerca de Los Ángeles, 1924,* director y pro-ductor de cine estadounidense. Autor prolífi-co (*La cruz de la humanidad,* 1916), se le con-sidera junto con Griffith uno de los fundado-res de la dramaturgia cinematográfica.

INCHÁUSTEGUI CABRAL (Héctor), *Bani 1912-Santo Domingo 1979,* poeta dominicano. Su poesía, de profundo acento nacional, se eleva de lo social a lo metafísico (*Muerte en el Edén,* 1951). Cultivó también el teatro y el en-sayo.

INCHON o **IN-Č'ŎN,** ant. **Chemulpo,** c. de Corea del Sur, junto al mar Amarillo; 1 818 000 hab. Puerto. Centro industrial.

INCLÁN (Luis Gonzaga), *Tlalpan 1816-México 1875,* escritor mexicano, autor de *Astucia, el jefe de los Hermanos de la Hoja* (2 vols.; 1865-1866), extensa novela folletinesca.

INDEPENDENCIA, dep. de Argentina (Cha-co); 18 416 hab.; cab. *Campo Largo.* Conservas de carne.

INDEPENDENCIA, com. de Chile, en el área metropolitana de Santiago; 77 539 hab.

INDEPENDENCIA (La), mun. de México (Chiapas); 17 613 hab. Centro agrícola. Explo-tación forestal.

INDEPENDENCIA (provincia de), prov. de la República Dominicana, junto a la frontera de Haití; 1 861 km²; 42 800 hab.; cap. *Jimaní.*

Independencia (plaza de la), plaza de Quito, donde se encuentran la catedral, los palacios arzobispal, del gobierno y del municipio en torno al monumento a los próceres de 1809.

independencia de la América española (guerras de) [1810-1824], conjunto de campa-ñas militares que culminaron el proceso de emancipación de las naciones hispanoameri-canas. La constitución estadounidense y la Re-volución francesa influyeron ideológicamente

en el proceso, favorecido por el debilitamien-to del poder colonial y el descontento local ante la situación socioeconómica. Desde 1816, el conflicto fue adquiriendo un carácter de guerra de liberación a escala continental. Llevaron la acción San Martín desde el S, con O'Higgins en la campaña de Chile, y Bolívar con Sucre desde el N. Tras la proclamación de independencia de Argentina (julio 1816), San Martín liberó Chile (1818) y entró en Lima en 1821. Bolívar ocupó Bogotá en 1819. Con la victoria de *Carabobo (junio 1821), llevó a Ve-nezuela a la independencia y, auxiliado por Sucre, liberó lo que constituiría la república de Ecuador (1822). La emancipación de Amé-rica Central, iniciada en 1821 con la indepen-dencia de México por A. de Iturbide, se com-pletó en 1823, al separarse de México las Pro-vincias Unidas de *Centro América. Cuba consiguió su independencia en 1898 (mien-tras Puerto Rico permaneció en la órbita de EUA) y la República Dominicana, independiente de España en 1821, volvió a ser anexio-nada por España (1861-1865).

Independencia española (guerra de la) [1808-1814], resistencia armada del pueblo español contra la imposición de Napoleón I de nom-brar a su hermano José rey de España. Tras los levantamientos del 2 de mayo de 1808, moti-vados por la renuncia de Carlos IV a coronar al príncipe Fernando en favor de Francia, el al-zamiento se extendió por todo el país. España contó con el apoyo militar británico (victoria de Bailén, 1808) y con la acción decisiva de guerrilleros como el Empecinado, Espoz y Mina y el cura Merino. Una Junta central de gobierno inició la transformación de la mo-narquía absoluta en constitucional (Cádiz, 1812). La derrota napoleónica en Rusia (1812) y las victorias angloespañolas de Arapiles (1812) y Vitoria (1813) liquidaron la guerra.

independencia norteamericana (Declara-ción de) [4 julio 1776], declaración adoptada por el congreso continental reunido en Fila-delfia. Redactada por Thomas Jefferson, pro-clamaba la independencia de las trece colo-nias respecto a Inglaterra, en nombre de los «derechos naturales».

Independencia norteamericana (guerra de la) [1775-1782], conflicto que enfrentó a las co-

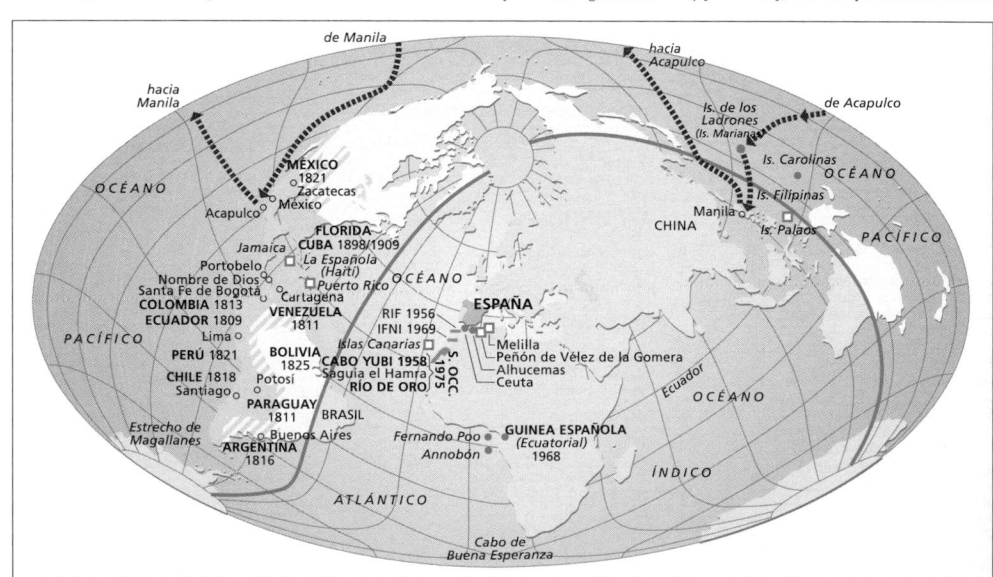

EL **IMPERIO ESPAÑOL**

□ hemisferio español
Tratado de Tordesillas, 1494

□ el imperio español en el s. XVI

● adquisiciones en los
ss. XVII y XVIII

▬ adquisiciones en los ss. XIX y XX

▪▪▪➡ viaje anual del galeón de Manila
(1565-1815)

1810 fechas de emancipación

lonias inglesas de América del Norte con Gran Bretaña. Llevó a la fundación de EUA.

INDIA, en hindī **Bhārat,** estado federal de Asia meridional; 3 268 000 km²; 1 103 371 000 hab. *(indios).* CAP. *Nueva Delhi.* LENGUAS: *hindi* e *inglés.* MONEDA: *rupia india. (V. mapa pág. siguiente.)*

INSTITUCIONES

República federal, miembro de la Commonwealth, constituida por 28 estados (Āndhra Pradesh, Arunachal Pradesh, Assam, Bengala Occidental, Bihār, Chhattisgarh, Goa, Gujarāt, Haryana, Himāchal Pradesh, Jammu y Cachemira, Jharkhand, Karnātaka, Kerala, Madhya Pradesh, Mahārāshtra, Manipur, Meghalaya, Mizoram, Nagaland, Orissā, Panjāb, Rājasthān, Sikkim, Tamil Nadu, Tripura, Uttarakhand y Uttar Pradesh) y 7 territorios federales. La constitución es de 1950. El presidente de la república es elegido por el parlamento cada 5 años. El primer ministro es responsable ante el parlamento. Este es bicameral y se compone de una *Cámara del pueblo,* elegida para 5 años, y un *Consejo de los estados,* elegido cada 6 años por las asambleas de los estados.

GEOGRAFÍA

Es el segundo país más poblado del mundo (su población se incrementa aprox. 1,5 millones al mes). La agricultura emplea a más de la mitad de la población activa y sigue basándose en el cultivo de cereales (trigo y sobre todo arroz), a pesar de la importancia regional de los cultivos comerciales (té, maní, caña de azúcar, algodón, tabaco, yute), muchos heredados de la colonización. Su ritmo está determinado parcialmente por el monzón, que aporta lluvias de mayo a septiembre, sobre todo en la fachada occidental del Decán y en el NE. Los contrastes de temperaturas son menos importantes que la oposición estación seca-estación húmeda, rasgo climático fundamental. La numerosa ganadería bovina es poco productiva. La industria se beneficia de notables recursos energéticos (hidroelectricidad, petróleo y sobre todo carbón) y minerales (hierro y bauxita en particular). Pero sufre en sus sectores tradicionales (metalurgia, textil) una productividad a menudo mediocre.

El éxodo rural y la elevada natalidad han hecho crecer las ciudades, que engloban a más de un tercio de la población total, a menudo en aglomeraciones superpobladas: entre las cuarenta que superan el millón de habitantes destacan Calcuta (Kolkata), Bombay (Mumbai), Delhi, Madrás (Chennai), Bangalore e Hyderabad. Las principales ciudades son puertos en el litoral de la península del Decán (región de tierras altas relativamente árida) o se han desarrollado al pie del Himalaya, en la vasta llanura avenada por el Ganges.

La presión demográfica sobre la tierra es enorme (pocos campos o ninguno para unos campesinos a menudo endeudados) y las desigualdades regionales y sociales, las tensiones religiosas (sobre todo entre los hinduistas, más numerosos, y los musulmanes) y los problemas étnicos se mantienen. El desempleo es importante. El déficit comercial persiste y no llega a equilibrarse con los ingresos procedentes del turismo. No obstante, el desarrollo de los servicios (especialmente informáticos) y de algunas industrias (automóvil, siderurgia), así como la puesta en práctica de reformas estructurales en la década de 1990, han comportado el despertar económico de la India, que se ha convertido act. en una potencia a escala mundial.

HISTORIA

Los orígenes. 2500-1800 a.C.: la civilización del Indo (Mohenjo-Daro) alcanzó su apogeo. **II milenio a.C.:** los arios colonizaron el N de la India, que adoptó su lengua, el sánscrito, su religión védica (base del hinduismo) y su jerarquía social (castas). **Entre 1000 y 900:** aparición del hierro.

La India antigua. H. 560-480 a.C.: vida de Buda, contemporáneo de Mahāvīra, fundador del jainismo. **H. 327-325:** Alejandro Magno alcanzó el Indo y estableció colonias griegas. **H. 320-176:** el imperio de los Maurya llegó a su apogeo con Aśoka (h. 269-232 a.C.), que extendió su dominación de Afganistán al Decán y envió misiones búdicas al S de la India y a Ceilán. **S. I d.C.:** la India, fragmentada, sufrió las invasiones de los Kuṣāna. **320-550:** los Gupta favorecieron el resurgimiento del hinduismo. **606-647:** el rey Harṣa reunificó el país. **S. VII-XII:** la India volvió a fragmentarse. Establecidos en el S del país, los Pallava (ss. VIII-IX) y los Chola (ss. X-XII) llevaron la civilización india al SE de Asia. El Sind fue dominado por los árabes (s. VIII), y el valle del Indo, por los Gaznawíes (s. XI).

La India musulmana. 1206-1414: se creó el sultanato de Delhi, que se extendía desde el valle del Ganges hasta el Decán; la India estuvo cinco siglos y medio bajo hegemonía musulmana. **S. XIV-XVI:** se crearon sultanatos autónomos en Bengala, Decán y Gujarāt; el imperio de Vijayanagar, al S, pugnó por la defensa política del hinduismo. **1497-1498:** el portugués Vasco de Gama descubrió la ruta de las Indias. **1526:** Bāber fundó la dinastía de los Grandes Mogoles. **1526-1857:** los mogoles dominaron la India gracias a su ejército, a su eficaz administración y a su actitud conciliatoria frente a la mayoría hindú. Tras los reinados de Ākbar (1556-1605) y Sha Ŷahān (1628-1658), el de Aurangzeb (1658-1707) fue el preludio de la decadencia. **1600:** se creó la Compañía inglesa de las Indias orientales. **1664:** se fundó la Compañía francesa de las Indias orientales. **1674:** aprovechando el declive mogol, los Mahratta fundaron un imperio hindú y, en la segunda mitad del s. XVIII, se enseñorearon de la India. **1742-1754:** Dupleix sometió a la influencia francesa Carnatic y seis provincias del Decán. **1757:** Clive logró la victoria de Plassey sobre el nabab de Bengala. **1763:** el tratado de París solo dejó a Francia cinco factorías; los británicos conservaron Bombay, Madrás y Bengala.

La dominación británica. 1772-1785: W. Hastings colonizó Bengala. **1799-1819:** Gran Bretaña conquistó el S de la India, el valle del Ganges y Delhi, y derrotó a los Mahratta. **1849:** anexionó el reino sikh del Panjāb. **1857-1858:** rebelión de los cipayos. **1858:** la Compañía inglesa de las Indias orientales fue suprimida y la India anexionada a la corona británica. **1876:** Victoria fue coronada emperatriz de las Indias. **1885:** fundación del partido del Congreso. **1906:** se creó la Liga musulmana. **1920-1922:** Gandhi lanzó una campaña de desobediencia civil. **1929:** J. Nehru, se convirtió en presidente del partido del Congreso. **1935:** el *Government of India Act* concedió la autonomía.

La India independiente. 1947: se proclamó la independencia y el territorio fue dividido en dos estados: la Unión india, de mayoría hindú, y Pakistán, de mayoría musulmana. Este reparto estuvo acompañado de matanzas (300 000 a 500 000 víctimas) y del desplazamiento de diez a quince millones de personas. **1947-1964:** Nehru, primer ministro, aplicó un programa de desarrollo y propugnó el no alineamiento. **1947-1948:** una guerra enfrentó a India y Pakistán por el control de Cachemira. **1948:** Gandhi fue asesinado. **1950:** la constitución hizo de la India un estado federal, laico y parlamentario, compuesto de estados organizados sobre bases étnicas y lingüísticas. **1962:** un conflicto enfrentó a China e India en Ladākh. **1965:** estalló una segunda guerra indo-paquistaní a propósito de Cachemira. La India se aproximó a la URSS. **1966:** Indira Gandhi llegó al poder. **1971:** la secesión de Bangla Desh provocó una tercera guerra indo-paquistaní. **1977-1980:** el Congreso hubo de ceder el poder al Janata, coalición de varios partidos. **1980:** I. Gandhi volvió al poder. **1984:** fue asesinada por unos extremistas sikhs. Su hijo R. Gandhi le sucedió. **1989:** tras el fracaso del partido del Congreso en las elecciones, R. Gandhi dimitió, y accedió al poder una coalición de partidos de la oposición. Tras el asesinato de R. Gandhi, P.V. Narasimha Rao, elegido al frente del partido del Congreso, formó el nuevo gobierno. **1992:** la destrucción de la mezquita de Ayudhyā (Uttar Pradesh) por militantes nacionalistas hindúes provocó graves enfrentamientos intercomunitarios. **1996:** el partido del Pueblo indio (BJP, derecha hinduista nacionalista) ganó las elecciones pero no consiguió formar gobierno. Se sucedieron coaliciones frágiles de centro izquierda que no sobrevivieron a la retirada del apoyo del partido del Congreso. **1998:** el BJP volvió a ganar las elecciones. Su líder, Atal Bihari Vajpayee, fue nombrado primer ministro. La India realizó pruebas nucleares que provocaron tensiones en la región (sobre todo con Pakistán) y con la comunidad internacional. **1999:** cayó el gobierno, pero, tras otra victoria electoral del BJP y sus aliados, A. B. Vajpayee volvió a ocupar el cargo de primer ministro. **2004:** las elecciones llevaron al poder al partido del Congreso, dirigido por Sonia Gandhi; Manmohan Singh fue nombrado primer ministro. Tuvo que afrontar diversas dificultades: tsunami mortífero en el sur del país (26 dic. 2004), acciones terroristas (atentados en Bombay, dic. 2008), efectos de la crisis económica mundial.

INDIANA, estado de Estados Unidos, entre el río Ohio y el lago Michigan; 5 544 159 hab.; cap. *Indianápolis.*

INDIANÁPOLIS, c. de Estados Unidos, cap. de Indiana; 731 327 hab. Universidad. — Circuito automovilístico. — Museo de arte.

INDIAS, título oficial dado a las posesiones españolas en América y Asia, basado en la errónea teoría cosmográfica de Colón. Jurídicamente constituidas como reinos, provincias o dominios españoles (no como colonias), estaban vinculadas a la corona por instituciones centrales (consejo de Indias, etc.). Fueron organizadas como gobernaciones (cedidas a los conquistadores) y después como virreinatos. La justicia se estructuró en audiencias, y en el s. XVIII en intendencias. Su régimen municipal correspondía a alcaldes mayores o corregidores, mientras la «república de indios» era regida por caciques indígenas, corregidores y protectores de indios; estos solían estar sujetos a encomiendas o prestaciones como la mita.

Indias (Compañía francesa de las), compañía creada en 1719 por la fusión de la Compañía de occidente, creada por J. Law, y la antigua Compañía de las Indias orientales, organizada por Colbert. Desapareció en 1794.

Indias (consejo de), supremo organismo asesor del monarca para el gobierno y administración de las Indias españolas. Autónomo del consejo de Castilla desde 1524, era un órgano ejecutivo (proponía los cargos de la administración indiana y se ocupaba de la defensa militar) y legislativo, además de actuar como tribunal supremo. Fue suprimido en 1834.

INDIAS (imperio de las), conjunto de las posesiones británicas en la India vinculadas a la corona (1858-1947).

Indias (leyes de), disposiciones legales dadas por los reyes de España o sus autoridades delegadas (consejo de Indias, etc.) para ser aplicadas en el Nuevo Mundo. Vigentes desde 1512, las primeras leyes trataron de las concesiones territoriales, de encomiendas y de la protección de los indios (*Leyes nuevas,* 1542). Fueron recopiladas en 1573, 1680 y 1792.

Indias (secretaría de), organismo creado en 1714 para tratar con el rey los asuntos de las Indias españolas. En 1747 recibió atribuciones del consejo de Indias. Suprimida en 1790, reapareció en 1812-1815 y 1820-1823.

INDIAS OCCIDENTALES, nombre que dio a América Cristóbal Colón, que creía haber llegado a Asia.

INDIAS OCCIDENTALES (Federación de las), en ingl. **West Indies,** federación constituida, de 1958 a 1962, por las Antillas británicas.

INDIAS ORIENTALES, INDIAS NEERLANDESAS o **INDIAS HOLANDESAS,** ant. colonias neerlandesas que act. constituyen Indonesia.

Indias orientales (Compañía inglesa de las), compañía fundada en 1600 por Isabel I para el comercio con los países del océano Índico, y luego solo con la India. Sus poderes fueron transferidos a la corona en 1858.

Indias orientales (Compañía neerlandesa de las), compañía fundada en las Provincias Unidas en 1602 para arrancar a Portugal el monopolio de los mares de las Indias. Muy próspera en el s. XVII, desapareció en 1799.

INDÍBIL, *m. en 205 a.C.,* caudillo ilergete. Aliado a Cartago contra los romanos, perdió sus territorios tras la victoria romana de Cissa (218 a.C.), y los recuperó (212 a.C.) tras derrotar a P. C. Escipión en Castulo. Rota su alianza con Asdrúbal (208), se alió a Escipión, pero dirigió nuevas sublevaciones contra Roma (206-205) y fue derrotado y muerto en combate.

INDIA

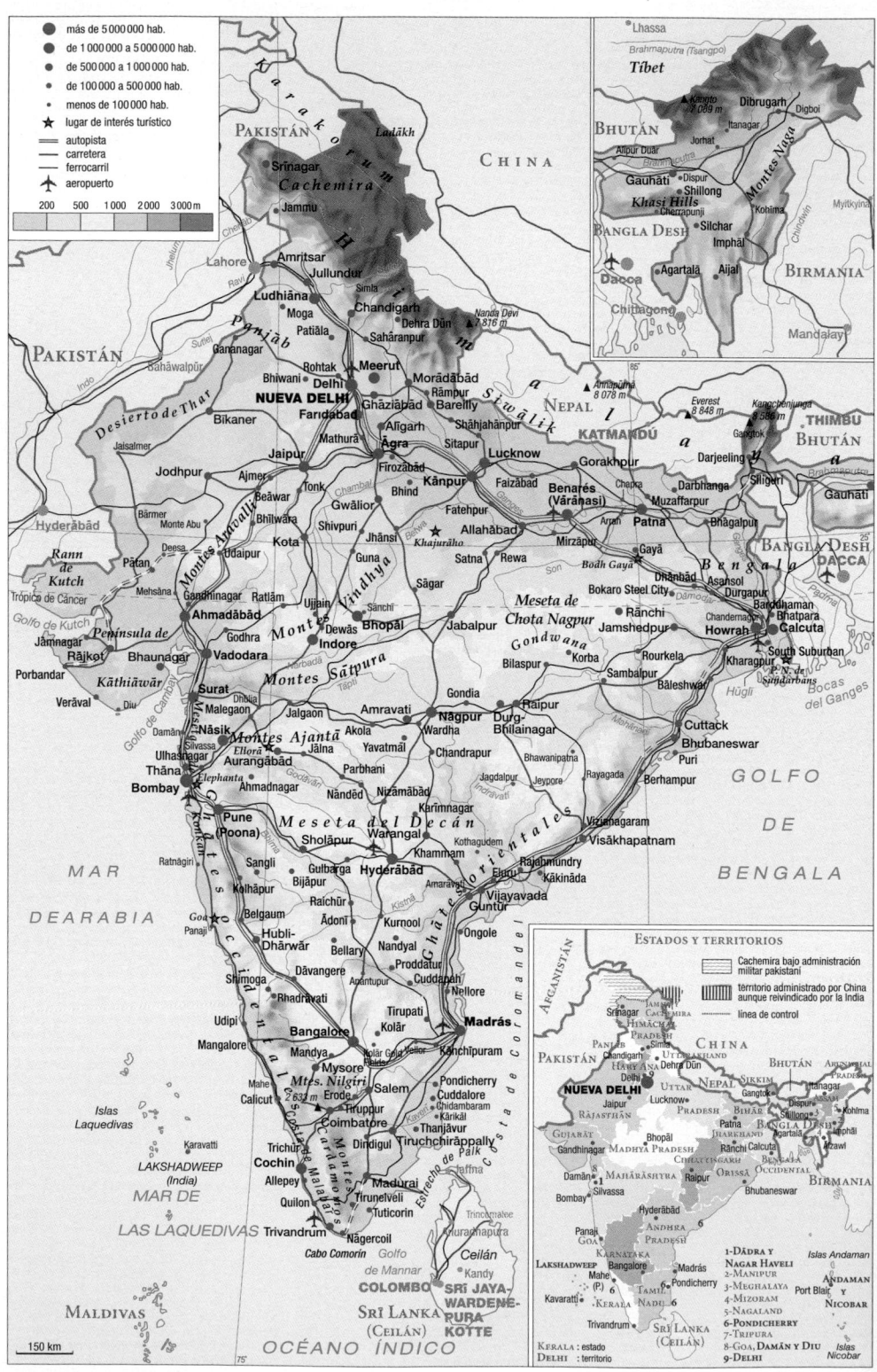

▨ EL ARTE DE LA INDIA ANTIGUA

A lo largo de miles de años, y desde el norte hasta el sur, las creencias religiosas fueron la principal fuente de inspiración de la expresión artística de la India. En este país, que tiene las dimensiones de un continente y que en la antigüedad nunca estuvo unificado, la creación artística se expresó con una extremada originalidad, al tiempo que se enriquecía con las aportaciones culturales tanto de las innumerables dinastías locales como de los invasores externos.

Amarāvatī. *Veneración de Buda,* altorrelieve del s. II d.C.
En las primeras manifestaciones del arte búdico se suele representar a Buda con símbolos que le evocan: en este caso, a través de las huellas de sus pasos. (Museo de Madrás.)

Sānchī. Stūpa principal (o n.º 1) erigido en el s. II a.C.
La circunvalación ritual búdica se realiza entre la base de la cúpula y la balaustrada. En este caso, la disposición de la balaustrada (vedika) denota aún la influencia de la arquitectura primigenia en madera, al igual que los pórticos (torana) orientados en dirección a los cuatro puntos cardinales.

Gāndhāra. Bodhisattva procedente del monasterio de Shahbaz-Garhi, en Pakistán. Esquisto gris; s. II. (Museo Guimet, París.)

Mahābalipuram. Los «ratha», cuya estructura se inspira, en ciertos casos, en la choza de caña (en la imagen, en segundo término), evocan la montaña cósmica, la morada de Siva, y en el s. XII dan lugar al vimāna de enormes proporciones, como en Tanjāvūr.

Bhubaneswar. El templo de Muktesvara (s. X). Esta ciudad, santuario del sivaísmo, contiene los más bellos ejemplos de la arquitectura del norte de la India, y su monumento más elevado es la torre-santuario de aristas curvilíneas (sikhara).

Las nupcias entre Siva y Pārvatī. Bronce Chola de principios del s. XI. El arte del bronce a la cera perdida alcanzó su perfección durante el apogeo de la dinastía de los Chola, entre los ss. XI y XIII. (Col. part.)

Madura. El templo de Mīṇākshī (s. XVII). Sucesión de recintos amurallados enmarcados por los típicos gopuras (torres-porche piramidales), los más altos de los cuales se hallan en el recinto exterior. A su vez, el santuario central está rodeado de salas hipóstilas y estanques sagrados. El conjunto constituye una muestra típica de la ciudad religiosa del sur de la India.

Sikandra. El mausoleo del emperador Ākbar, situado cerca de Āgra. Iniciado durante el reinado de este soberano y terminado en 1613 durante el de Ŷahāngir, este monumento obedece a concepciones tanto hinduistas como búdicas (elevación piramidal, distribución interior y utilización del gres rojo; sólo los remates son de mármol blanco), y constituye una perfecta ilustración del sincretismo religioso de la época.

Índice de libros prohibidos, catálogo de libros prohibidos por la autoridad religiosa católica. Su publicación, iniciada en el s. XVI, fue abolida por Paulo VI en 1965. En España, la Inquisición reivindicó para sí la redacción de *Índices* ajenos a la autoridad papal.

ÍNDICO (océano), océano situado entre África, Asia y Australia; 75 000 000 km² aprox.

INDIGUIRKA, r. de Rusia, en Siberia, que desemboca en el océano Ártico; 1 726 km.

Inditex (acrónimo de *Industrias de diseño textil S.A.*), grupo empresarial español. Originado en una empresa fundada en 1963, en La Coruña, por Amancio Ortega, es uno de los primeros grupos mundiales en el sector textil.

INDO o **INDOS,** en sánscr. **Sindhu,** r. de Asia, que nace en el Tíbet y desemboca en el mar de Arabia formando un amplio delta; 3 040 km. Atraviesa Cachemira y Pakistán. Sus aguas se utilizan para el regadío.— Su valle conoció una civilización no indoeuropea probablemente nacida en Mehrgarh, floreciente en el III milenio a.C., que se extinguió a mediados del II milenio a.C. Esta civilización se caracterizó sobre todo por una arquitectura urbana (Mohenjo-Dāro [Sind], Harappa [Panjāb], etc.) y por una escritura pictográfica aún sin descifrar.

■ CIVILIZACIÓN DEL VALLE DEL **INDO.**
Cabeza esculpida de Mohenjo Dāro, Sind (Pakistán); III milenio. (Museo de Nueva Delhi, India.)

INDOCHINA, península de Asia, entre la India y China, limitada al S por el golfo de Bengala, el estrecho de Malaca y el mar de China meridional. Comprende Birmania, Tailandia, Malaysia occidental, Camboya, Laos y Vietnam.
Indochina (guerra de) [1946-1954], conflicto entre el Vietminh y Francia, que puso fin al dominio colonial francés en Indochina. Tras la derrota francesa de Diên Biên Phu (1954), Vietnam quedó dividido en dos estados (Vietnam del Norte y Vietnam del Sur).

INDOCHINA FRANCESA, ant. conjunto de las colonias y protectorados franceses en Indochina: Cochinchina, Annam, Tonkín, Camboya y Laos (1887/1893-1949/1950).

INDOGANGÉTICA (llanura), región de Asia (India y Pakistán) formada por las llanuras del Indo y del Ganges.

INDONESIA, estado del Sureste asiático; 1 885 000 km²; 214 811 000 hab. *(indonesios).* CAP. *Yakarta.* LENGUA: *indonesio.* MONEDA: *rupiah (rupia indonesia).*

GEOGRAFÍA

Indonesia, cuarto país más poblado del mundo, comprende la mayor parte de Insulindia y es un estado insular (más de 13 000 islas, de ellas menos de la mitad habitadas) que se extiende sobre 5 000 km de E a O y sobre 2 000 km de N a S. Es un país a menudo montañoso y volcánico, próximo al ecuador, de clima cálido y húmedo, y cubierto en gran parte por densos bosques. La población, islamizada (Indonesia es el primer país musulmán), se concentra en casi dos tercios en la isla de Java. Esta, menos vasta que Sumatra, Célebes o la parte indonesia de Borneo (Kalimantan) y de Nueva Guinea (Papuasia [Occidental]), posee las tres ciudades principales (Yakarta, Surabaya y Bandung).
El arroz constituye la base de la alimentación. Del período colonial deriva la importancia de las plantaciones: caucho, café, oleaginosas, tabaco. También están desarrolladas la pesca y la explotación maderera. La extracción del petróleo y del gas natural es el recurso industrial básico y sus fluctuaciones influyen en el estado de la economía. Esta también está condicionada por el endeudamiento, la escasez de la infraestructura (transportes) y el crecimiento de la población, que plantea localmente (Java) el problema de la superpoblación. Arrasado periódicamente por gigantescos incendios, tocado en 1997-1998, como el conjunto de la región, por una grave crisis financiera, actualmente el país conoce las violencias del terrorismo islamista que afectan sobre todo al turismo, y las secuelas del tsunami de 2004.

HISTORIA

De los orígenes a las Indias neerlandesas. Indonesia, al principio fragmentada en pequeños reinos de cultura de influencia india, estuvo dominada del s. VII al XIV por el reino budista de Śrivijaya. **Ss. XIII-XVI:** la islamización ganó todo el archipiélago salvo Bali, que permaneció fiel al hinduismo; el imperio de Majapahit reinó en el archipiélago en los ss. XIV-XV. **1511:** los portugueses tomaron Malaca. **1521:** llegaron a las Molucas. **1603:** se fundó la Compañía holandesa de las Indias orientales. Intervino en los asuntos internos de los sultanados javaneses (Banten, Mataram). **1641:** los holandeses tomaron Malaca. **1799:** la Compañía perdió su privilegio y los neerlandeses practicaron la colonización directa. **1830-1860:** el «sistema de cultivos», introducido por J. Van den Bosch, y basado en el trabajo obligatorio de los indígenas, enriqueció a la metrópoli. **Inicios del s. XX:** se produjo

la pacificación total de las Indias neerlandesas. **1911-1927:** se organizaron partidos políticos: Sarek Islam (1911), Partido comunista (1920), Partido nacional (1927), fundado por Sukarno. **1942-1943:** Japón ocupó el archipiélago.
La Indonesia independiente. 1945: Sukarno proclamó la independencia de Indonesia. **1949:** fue reconocida por Países Bajos. **1950-1967:** Sukarno intentó instituir un socialismo «a la indonesia» y se enfrentó a varios movimientos separatistas. **1955:** la conferencia de Bandung consagró el papel de Indonesia en el Tercer mundo. **1963-1966:** Indonesia se opuso a la formación de Malaysia. **1963-1969:** Nueva Guinea occidental fue cedida por Países Bajos y anexionada por Indonesia. **1966-1967:** Sukarno fue eliminado en beneficio de Suharto. Regularmente reelegido a partir de 1968, Suharto aplicó una política anticomunista y abierta a Occidente. **1975-1976:** la anexión de Timor Oriental desencadenó una guerra de guerrillas. **Desde la década de 1980:** el islam fundamentalista se propagó. **1998:** bajo la presión de una oposición reforzada por la crisis económica, Suharto dimitió. El vicepresidente, B. J. Habibie, lo sucedió en la jefatura del estado. **1999:** la oposición democrática, dirigida por Megawati Sukarnoputri (hija de Sukarno), ganó las elecciones legislativas. Tras el desencadenamiento de violencia que siguió, en Timor Oriental, al referéndum a favor de la independencia, el líder musulmán moderado Abdurrahman Wahid fue elegido presidente de la república indonesia. Pero el país fue presa de una coyuntura económica delicada y de la multiplicación de los problemas separatistas e interconfesionales (Aceh, Irian Jaya [Papuasia (Occidental)], Molucas). **2001:** A. Wahid fue destituido por el parlamento. La vicepresidenta, Megawati Sukarnoputri, lo sucedió en la jefatura del estado. **2002:** proclamación de la independencia de Timor Oriental. **2004:** Susilo Bambang Yudhoyono fue elegido presidente. El país se vio afectado (26 dic.) por un sismo seguido de un tsunami mortífero (cerca de 170 000 muertos o desaparecidos, principalmente en el norte de Sumatra, y más concretamente en la región de Aceh). **2005:** se alcanzó un acuerdo de paz entre el gobierno y la guerrilla separatista de Aceh.

INDORE, c. de la India (Madhya Pradesh); 1 104 065 hab. Química.

INDORTES, *m. h. 232 a.C.,* caudillo lusitano. Según Diodoro, comandó a vetones y lusitanos frente al avance cartaginés, y se refugió en sierra Morena. Derrotado por Amílcar Barca, fue crucificado.

INDOSTÁN, región de la India, que corresponde a la llanura indogangética.

INDRA, el mayor de los dioses de la India en la época védica. Posee el poder, simbolizado por el rayo. Montado en el elefante Airavata, es venerado por los guerreros.

Indonesia-Timor Oriental

● más de 7 000 000 hab.
● de 1 000 000 a 7 000 000 hab.
● de 100 000 a 1 000 000 hab.
● menos de 100 000 hab.

200   500   1 000 m

— carretera
✈ aeropuerto
▲ volcán
★ lugar de interés turístico

■ **INDRA.** Dintel con la representación del dios Indra montado encima del elefante Airavata.
(Museo Guimet, París.)

INDRE, dep. de Francia (Centro); 6 791 km²; 231 139 hab.; cap. *Châteauroux.*

INDRE-ET-LOIRE, dep. de Francia (Centro); 6 127 km²; 554 003 hab.; cap. *Tours.*

Indulgencias (querella de las), conflicto religioso que fue el preludio de la Reforma luterana. El papa León X promulgó en 1515 una indulgencia a quienes diesen limosnas para la terminación de la basílica de San Pedro de Roma. La campaña fue confiada en Alemania al dominicano Tetzel, en nombre del arzobispo Alberto de Brandeburgo, apoyado por los banqueros Fugger. Esto indignó a Lutero, quien atacó las indulgencias en las 95 tesis expuestas en 1517 en las puertas de la iglesia de Wittenberg y condenadas por Roma en 1519.

INDURAIN (Miguel), *Villava 1964,* ciclista español. Ganador cinco veces consecutivas del tour de Francia (1991 a 1995) y dos veces del giro de Italia (1992 y 1993), también fue campeón del mundo (1995) y olímpico (1996) en pruebas contrarreloj. (Premio Príncipe de Asturias 1992.)

Industria (Instituto nacional de) → **INI.**

INDY (Vincent d'), *París 1851-íd. 1931,* compositor francés. Es autor de óperas (*Fervaal,* 1897) y de la *Sinfonía sobre un canto montañés francés* (1886).

INÉS (santa), *m. en 303,* virgen romana, martirizada en tiempos de Diocleciano.

INÉS DE CASTRO, *h. 1320-Coimbra 1355,* heroína española. Dama de origen gallego, fue la segunda esposa del futuro rey Pedro I de Portugal, con quien casó en secreto (1354) y tuvo cuatro hijos. El rey Alfonso IV la mandó asesinar, temiendo por los derechos al trono de su nieto legítimo, Fernando. Pedro se sublevó contra su padre y declaró legítimo su matrimonio en 1357. La trágica muerte de Inés fue relatada por autores como Camões, Vélez de Guevara o H. de Montherlant, entre otros.

INÉS DE FRANCIA, *1171-Constantinopla 1220,* emperatriz bizantina con el nombre de Ana. Hija de Luis VII de Francia, casó con Alejo II Comneno (1180) y con Andrónico I Comneno (1183).

INFANTADO (duques del), familia noble castellana, rama principal de la casa de Mendoza. El título fue concedido por los Reyes Católicos a Diego Hurtado de Mendoza en 1475. Su hijo, Íñigo López de Mendoza (1438-1500), edificó el palacio del Infantado en Guadalajara, que convirtió en una verdadera corte. El título pasó en el s. XVII a las familias de los Sandoval, los Silva, los Toledo, los Girón y los Arteaga.

INFANTADO (Pedro Alcántara **de Toledo,** duque **del),** *Madrid 1773-íd. 1841,* militar y político español. Luchó contra Francia (1793-1799) y Portugal (1801) y, enemistado con Godoy, fue desterrado. Apoyó en la conspiración de El Escorial a Fernando VII, quien le nombró presidente del consejo de Castilla (1808 y 1814-1820).

INFANTE (Blas), *Casares, Málaga, 1885-cerca de Sevilla 1936,* político español. Andalucista (*El ideal andaluz,* 1915), participó en el anteproyecto de estatuto de autonomía de Andalucía (1933). Fue fusilado por los franquistas.

INFANTE (Pedro), *Guamúchil 1917-Mérida 1957,* cantante y actor mexicano. Tras alcanzar el éxito como cantante mariachi, se consagró en el cine con *Los tres García* (1947), que lo unió creativamente al director Ismael Rodríguez en una carrera que incluiría el drama y la comedia. Murió en un accidente de aviación.

INFANTE ROJAS (José Miguel), *Santiago 1778-íd. 1844,* político chileno. Autor de la ley de abolición de la esclavitud en Chile (1823), participó en la junta gubernativa (1813-1814) y en la organización federal del país (1826).

Infantes de Lara o **de Salas** (leyenda de los), leyenda medieval castellana que se conserva en las crónicas y el romancero, e inspiró a J. de la Cueva y Lope de Vega. Una venganza familiar provoca la trágica muerte de los siete infantes, lo que desencadena nuevas venganzas.

INFERIOR (laguna), gran albufera de la costa del Pacífico de México (Oaxaca), en el golfo de Tehuantepec.

Infiernillo, presa y central eléctrica de México, sobre el río Balsas, en la sierra Madre del Sur.

INFIERNOS MIT. Morada de los muertos.

Inga, presa y central hidroeléctrica de la Rep. dem. del Congo, junto a las gargantas del río Congo.

INGAPIRCA, sitio arqueológico incaico situado en Cañar (Ecuador). Corresponde a la antigua Hatun Cañar. Destaca *El Castillo,* edificio elipsoidal de 38 x 12 m.

INGEN-HOUSZ (Johannes), *Breda 1730-Bowood, Gran Bretaña, 1799,* físico neerlandés. Estudió la conductividad térmica de los metales, así como la nutrición de los vegetales, y descubrió la fotosíntesis.

INGENIEROS (José), *Palermo, Italia, 1877-Buenos Aires 1925,* sociólogo y ensayista argentino. Cofundador de la *Revista de filosofía,* entre sus obras destacan: *Psicología genética,* 1911; *Sociología argentina,* 1918; *Proposiciones relativas al porvenir de la filosofía,* 1918; *La evolución de las ideas argentinas,* 1918; *Los tiempos nuevos,* 1921.

INGENIO, mun. de España (Las Palmas), en Gran Canaria; 24 615 hab. Regadíos (tomate, papas). Pesca.

INGENIOS (valle de los), valle recorrido por el Agabama, en el S de Cuba (Sancti Spíritus). Restos de establecimientos azucareros coloniales (patrimonio de la humanidad 1997).

INGLATERRA, en ingl. **England,** parte S de Gran Bretaña, limitada por Escocia al N y el País de Gales al O; 130 400 km²; 46 170 300 hab. (*ingleses*); cap. *Londres.*

HISTORIA

Romanos y anglosajones. Habitada desde el III milenio a.C., fue ocupada por los celtas. **43-85 d.C.:** conquistada por Roma, formó la provincia de Britania. **S. V:** invasión de los pueblos germánicos (sajones, anglos, jutos), que empujaron a los celtas al E. **Ss. VII-VIII:** se constituyeron siete reinos (Heptarquía). Los benedictinos procedentes de Roma, enfrentados algún tiempo con los monjes irlandeses, hicieron del país un centro profundamente cristiano (san Beda). **825:** Egbert unificó la heptarquía en beneficio de Wessex.

La Inglaterra normanda. S. IX: invasión de los daneses, que chocaron con la resistencia de Alfredo el Grande. **1016-1035:** el danés Canuto el Grande fue rey de toda Inglaterra. **1042-1066:** Eduardo el Confesor restableció una dinastía sajona. **1066:** Guillermo de Normandía (el Conquistador) derrotó al sucesor de Eduardo, Harold II, en Hastings. **1154:** Enrique II fundó la dinastía de los Plantagenet. Además de su imperio continental (Normandía, Aquitania, Bretaña, etc.), emprendió la conquista del País de Gales y de Irlanda. Para dominar al clero, hizo asesinar a Tomás Becket. **El duelo franco-inglés. 1189-1199:** Francia suscitó revueltas contra Ricardo Corazón de León. **1199-1216:** Felipe Augusto privó a Juan sin Tierra de sus posesiones francesas; los barones, que impusieron la Carta magna (1215), reconocimiento por escrito de las libertades tradicionales, aumentaron aún más su poder durante el reinado de Enrique III (1216-1272) y más tarde, tras el reinado más fuerte de Eduardo I (fin de la conquista del País de Gales), durante el reinado de Eduardo II (1307-1327).

1327-1377: las pretensiones de Eduardo III al trono de Francia y la rivalidad de los dos países en Aquitania desencadenaron (1337) la guerra de los Cien años. **1377-1399:** la situación se deterioró durante el reinado del débil Ricardo II. dificultades económicas a consecuencia de la peste negra, revuelta campesina (Wat Tyler), herejía de Wyclif, agitación irlandesa. **1399:** el rey fue depuesto en beneficio de Enrique IV, primer Lancaster. **1413-1422:** Enrique V, después de la victoria de Azincourt (1415), conquistó la mitad de Francia y fue reconocido como heredero del trono (tratado de Troyes). **1422-1461:** Enrique VI perdió todas estas posesiones; los York pusieron en tela de juicio los derechos de los Lancaster a la corona (guerra de las Dos Rosas, 1450-1485). **1475:** al final de la guerra de los Cien años (acuerdo de Picquigny), Inglaterra sólo conservaba Calais (hasta 1558).
La dinastía Tudor. 1485: Enrique VII, heredero de los Lancaster, inauguró la dinastía Tudor. **1509-1547:** Enrique VIII rompió con Roma y se proclamó jefe de la Iglesia anglicana (1534). El protestantismo se afirmó durante el reinado de Eduardo VI (1547-1553) y, tras el paréntesis católico de María I (1553-1558), triunfó durante el reinado de Isabel I (1558-1603). La victoria de esta contra España (Armada invencible, 1588) prefiguró el advenimiento de la potencia marítima inglesa. **1603:** Jacobo Estuardo, rey de Escocia, heredó la corona inglesa (→ **Gran Bretaña**).

Inglaterra (batalla de) [ag.-oct. 1940], campaña aérea de la segunda guerra mundial. Llevada a cabo por la Luftwaffe contra Gran Bretaña, para preparar una invasión de este país, fracasó ante la resistencia de la RAF.

INGLÉS (Jorge), pintor y miniaturista procedente del N de Europa y activo en Castilla a mediados del s. XV. Introdujo el estilo flamenco en la pintura castellana (retablo de la Virgen, hospital de Buitrago de Lozoya, 1455).

INGOLSTADT, c. de Alemania (Baviera), a orillas del Danubio; 109 666 hab. Refino de petróleo. Química. — Castillo (ss. XV-XVI) e iglesias (del gótico al rococó).

INGRES (Jean Auguste), *Montauban 1780-París 1867,* pintor francés. Discípulo de David, fue el máximo exponente de la escuela clásica, en oposición al romanticismo (*La gran odalisca,* 1814; *El voto de Luis XIII,* 1824; *El baño turco,* 1859-1863; numerosos retratos).

■ **INGRES.** *La gran odalisca* (1814).
[Museo del Louvre, París.]

INGUSHIA o **INGUSHETIA,** república de Rusia, en el N del Cáucaso; 310 000 hab.; cap. *Magas.*

INI (Instituto nacional de industria), organismo estatal español creado en 1941, que gestiona industrias de capital público. Tras pasar en 1992 sus empresas más rentables a un holding público, Téneo, su patrimonio se dividió en 1995 en dos sociedades: Agencia industrial del estado y Sociedad estatal de participaciones industriales (SEPI).

INÍRIDA, r. de Colombia, que desemboca, tras recibir varios afluentes, en el Guaviare, junto a la c. de Puerto Inírida; 724 km.

Inkatha («Libertad de la nación»), movimiento y más tarde partido político zulú, fundado en 1975 por Mangosuthu Gatsha Buthelezi, sobre la base de una organización cultural creada en la década de 1920. Está fuertemente implantado en Kwazulu-Natal.

INN, r. de Europa central (Suiza, Austria y Alemania), afl. del Danubio (or. der.), con el cual confluye en Passau; 510 km. Nace en los Grisones, donde su alto valle constituye la Engadina, y atraviesa el Tirol, pasando por Innsbruck.

INNSBRUCK, c. de Austria, cap. del Tirol, a orillas del Inn; 114 996 hab. Estación de turismo y de deportes de invierno. Universidad. — Hofburg, castillo de Maximiliano I y de la emperatriz María Teresa; Hochkirche, o iglesia de los franciscanos (cenotafio de Maximiliano); monumentos (ss. XVI-XVIII). Museos del Tirol.

INO MIT. GR. Diosa marina, hija de Cadmos y de Armonía y esposa de Atamante. Fue la nodriza del joven Dioniso.

INOCENCIO III (Giovanni **Lotario, conde de Segni**), *Anagni 1160-Roma 1216,* papa de 1198 a 1216. Luchó contra Felipe Augusto y contra Juan sin Tierra, tomó la iniciativa de la cuarta cruzada y la de la expedición contra los albigenses tras el fracaso de la predicación de santo Domingo. Impuso su tutela a Federico II. El IV concilio de Letrán marcó la cumbre de su pontificado y de la teocracia papal. — **Inocencio IV** (Sinibaldo **Fieschi**), *Génova h. 1195-Nápoles 1254,* papa de 1243 a 1254. Luchó contra Federico II, al que hizo deponer en el I concilio de Lyon (1245). — **Inocencio X** (Giovanni Battista **Pamphili**), *Roma 1574-íd. 1655,* papa de 1644 a 1655. Adversario de Mazarino, condenó cinco proposiciones del *Augustinus* de Jansenio y perfeccionó la organización administrativa pontificia. — **Inocencio XI** (Benedetto **Odescalchi**), *Como 1611-Roma 1689,* papa de 1676 a 1689. Luchó contra el nepotismo y se enfrentó a Luis XIV en parte a causa de las regalías. — **Inocencio XII** (Antonio **Pignatelli**), *Spinazzola 1615-Roma 1700,* papa de 1691 a 1700. Acabó con la querella de las regalías, obteniendo la restitución de Aviñón, confiscada durante el pontificado de Inocencio XI.

Inocentes (matanza de los), degollación de los niños menores de dos años, ordenada por Herodes I el Grande por temor a un futuro Mesías (evangelio de Mateo), en el momento del nacimiento de Jesús de Nazareth.

INÖNÜ (Mustafá Ismet, llamado Ismet), *İzmir 1884-Ankara 1973,* general y político turco. Colaborador de Mustafá Kemal, venció a los griegos en Inönü (1921). Fue primer ministro (1923-1937), y presidente de la república (1938-1950) y del Partido republicano del pueblo (1938-1972).

Inquisición, tribunal especial que recibió del papado la misión de luchar contra la herejía mediante el procedimiento de la *inquisitio*. El papa Inocencio III introdujo el procedimiento inquisitorial en 1199. Los tribunales, que actuaron sobre todo en España, S de Francia, N de Italia y Alemania, estaban formados principalmente por dominicos. Utilizaban la tortura en los interrogatorios y leían sus sentencias (confiscación de bienes, prisión, muerte en la hoguera) en un acto público (auto de fe). Eficaz contra los cátaros y los valdenses, no actuó contra la Reforma, excepto en España (→ **Inquisición española**). Desapareció oficialmente a principios del s. XVIII.

Inquisición española o **Santo Oficio,** tribunal religioso creado a instancias de los Reyes Católicos para investigar y castigar públicamente, incluso con pena de muerte, los delitos contra la fe (con competencia en los casos de herejía, limpieza de sangre, brujería, bigamia, blasfemia, posesión de libros prohibidos, etc.). Su principal motivación fue el problema de los falsos judíos conversos, y sus procedimientos, los mismos que los de la Inquisición que actuó en Europa desde el s. XIII. En 1483 se creó el Consejo de la suprema y general Inquisición, con autoridad sobre los tribunales provinciales, con fray Tomás de Torquemada como inquisidor general. Cada tribunal constaba de varios inquisidores, un fiscal y subalternos; existían también teólogos (calificadores) y los agentes seculares que probaban la limpieza de sangre. Tuvo su etapa más dura de actuación durante el reinado de los Reyes Católicos, y fue implantada también en América (1570). A partir de Carlos Quinto, castigó el erasmismo y las infiltraciones protestantes, y en los ss. XVII y XVIII, las doctrinas jansenistas y enciclopedistas. Fue suprimida en 1808, 1813-1814 y 1820-1823, y definitivamente en 1834.

Inravisión (acrónimo de *Instituto nacional de radio y televisión*), organismo colombiano fundado en 1954 para el control de la televisión.

IN SALAH, oasis del Sahara argelino; 19 000 hab. Yacimiento de gas natural.

Institución libre de enseñanza, institución pedagógica española fundada en 1876 en Madrid por F. Giner de los Ríos, G. Azcárate y otros intelectuales krausistas. Propugnó una innovadora educación integral, de signo liberal y europeísta, basada en el laicismo y la coeducación, que ejerció una gran influencia. En torno a ella se crearon la Junta para la ampliación de estudios (1907), para la concesión de becas a jóvenes investigadores españoles en universidades europeas; el Instituto-escuela (1918), para la formación de docentes, y la Residencia de estudiantes (1910), vivero de intelectuales y artistas. Desapareció en 1939.

Instituta, exposición sistemática del derecho romano redactada por orden de Justiniano (533), inspirada en los *Instituta* de Gayo (¿s. II d.C.?).

Institut d'estudis catalans (IEC), corporación académica catalana creada en 1907 en Barcelona para fomentar la cultura catalana y el trabajo científico. En 1976 recibió reconocimiento oficial. Desde 1991 su sección filológica vela por la pureza de la lengua catalana.

Instituto de España, organismo creado en Madrid en 1938, que agrupa a todos los miembros de las academias españolas de la lengua, historia, bellas artes, ciencias exactas, físicas y naturales, ciencias morales y políticas, medicina, farmacia y jurisprudencia y legislación.

Instituto interamericano de cooperación para la agricultura (IICA), organismo especializado en agricultura del sistema interamericano de la OEA, creado en 1942. Tiene por objeto proveer servicios de cooperación para la agricultura y facilitar el diálogo interamericano. Cuenta con 34 países miembros.

Instituto latinoamericano de integración y desarrollo (ILAIDE), sociedad civil no gubernamental y sin fines de lucro de alcance científico, cultural, empresarial y de investigación del desarrollo de América Latina. Con sede en Santa María (Brasil), está integrado por Brasil, Argentina, Paraguay y Uruguay.

Instituto latinoamericano y del Caribe de planificación económica y social (ILPES), institución creada en 1962 y dependiente de la *CEPAL. Con sede en Santiago de Chile, investiga cuestiones de planeamiento.

INSÚA (Alberto **Galt y Escobar,** llamado Alberto), *La Habana 1885-Madrid 1963,* escritor español. Cultivó el periodismo, la novela erótica (*La mujer fácil,* 1909) y el folletín rosa (*El negro que tenía el alma blanca,* 1922).

INSULINDIA, parte insular del Sureste asiático (esencialmente Indonesia y Filipinas).

INSULZA (José Miguel), *Santiago 1943,* político chileno. Socialista, canciller (1994-2000) y ministro del interior (2000-2005), desde 2005 es secretario general de la OEA.

INTAL (Instituto para la integración de América Latina) → **Banco interamericano de desarrollo.**

Intelligence Service (IS), conjunto de organismos británicos cuya misión es conseguir informaciones útiles para el gobierno, así como el contraespionaje.

Intelsat, sociedad internacional de telecomunicaciones por satélite, creada en 1964 por 11 países bajo el impulso de Estados Unidos, con el objetivo principal de crear una red mundial de telecomunicaciones mediante satélites geoestacionarios (el primero, Intelsat 1 o Early Bird, en 1965; act. unos cincuenta). Fue una organización intergubernamental hasta convertirse en 2001 en una sociedad privada con sede en Washington.

interamericanas (conferencias) → **panamericanas.**

Inter caetera, nombre de dos bulas otorgadas por Alejandro VI a los Reyes Católicos (3 y 4 mayo 1493). La segunda, que fijaba los límites entre los dominios de Portugal y España, fue superada por el tratado de Tordesillas.

intereses creados (Los), comedia de J. Benavente (1907). Constituye una farsa de una sociedad movida por ambiciones materiales.

INTERIOR (mar), parte del Pacífico, entre las islas japonesas de Honshū, Shikoku y Kyūshū.

Internacional, asociación internacional que agrupa a los trabajadores con miras a una acción que transforme la sociedad. La *I Internacional,* o Asociación internacional de trabajadores (AIT), fundada en Londres en 1864, desapareció a partir de 1876 debido a la oposición entre marxistas y anarquistas; la *II Internacional,* fundada en París en 1889, adoptó el 1 de mayo como fecha de la celebración socialista internacional, se mantuvo fiel a la socialdemocracia y desapareció en 1923. De ella surgieron: la *Internacional obrera socialista* (1923-1940), que agrupaba a los partidos no adheridos a la III Internacional, y la *Internacional socialista,* organizada en 1951. La *III Internacional, Internacional comunista* o *Komintern,* fundada en Moscú en 1919, reunió en torno a la Rusia soviética —y luego a la URSS— a la mayoría de partidos comunistas. Fue suprimida por Stalin en 1943. La *IV Internacional,* de obediencia trotskista, nació en 1938.

Internacional (la), canto revolucionario con texto de E. Pottier (1871) y música de P. Degeyter.

International Herald Tribune, diario internacional en lengua inglesa, publicado en París. Surgido en 1887 del *New York Herald,* desde 1967 es coeditado por el *New York Times* y el *Washington Post.*

Internet, red telemática internacional. (V. parte n. com.)

Interpol, denominación de la Organización internacional de policía criminal, fundada en 1923. Su sede está en Lyon desde 1989.

interpretación de los sueños (La), obra de S. Freud (1900). En ella, Freud hace del sueño, producción psíquica a cuyo cargo corre la realización enmascarada de un deseo inhibido, la principal vía de acceso al inconsciente.

Interregno (Gran) [1250-1273], período en que el trono del Sacro Imperio estuvo vacante.

INTI MIT. AMER. Dios del Sol en el Perú prehispánico. Considerado el progenitor de la dinastía real, presidía el panteón incaico.

INTIBUCÁ (departamento de), dep. de Honduras, en la frontera con El Salvador; 3 072 km^2; 123 512 hab.; cap. *La Esperanza.*

Intifada (en ár. *intifāḍa,* levantamiento), levantamiento popular palestino, iniciado en 1987 en los territorios ocupados por Israel. Tras conocer un largo período de apaciguamiento a consecuencia de la conclusión del acuerdo israelo-palestino de 1993, se reanudó, con una violencia acrecentada, en 2000.

Intranet, red telemática interna de una empresa. (V. parte n. com.)

INURRIA (Mateo), *Córdoba 1857-Madrid 1924,* escultor español. De formación académica, su estilo incorpora elementos modernistas (retratos, monumentos y desnudos).

invasiones británicas del Río de la Plata (1806-1807), intentos de conquista británicos del virreinato del Río de la Plata. Buenos Aires fue tomada por los británicos (junio 1806) y reconquistada por las tropas del virrey Sobremonte (ag.), comandadas por Liniers. Tras conquistar Maldonado y Montevideo (en. y febr. 1807), las tropas británicas fracasaron en un nuevo intento de conquistar Buenos Aires (julio).

invención de Morel (La), novela de A. Bioy Casares (1940), novela fantástica dominada por una preocupación metafísica, donde la realidad se articula con precisión mecánica.

INVERNESS, c. de Gran Bretaña (Escocia), en el mar del Norte; 35 000 hab. Puerto.

Investiduras (querella de las) [1075-1122], conflicto entre el papado y el Sacro Imperio con motivo de la atribución de los cargos eclesiásticos. Muy intenso durante el pontificado de Gregorio VII y el reinado del emperador Enrique IV, concluyó, tras la humillación de este en Canossa (1077), con el concordato de Worms (1122), que estableció el principio de la separación de los poderes espiritual y temporal.

INZÁ, mun. de Colombia (Cauca); 16 729 hab. Centro agrícola (caña de azúcar, cereales, yuca) y ganadero. — Parque arqueológico nacional de Tierradentro (patrimonio de la humanidad 1995.)

ÍÑIGA (dinastía), dinastía navarra de origen vasco, fundada por Íñigo Arista (h. 770-852), primer rey de Pamplona (h.824-852),aliado de los Banu Qasi de Tudela en defensa de su independencia común contra los condes Eblo y Aznar (824) y contra Córdoba (842-843).A la muerte de Fortún Garcés I (905) fue sustituida por la dinastía Jimena.

ÍÑIGO de Loyola (san) → **IGNACIO de Loyola.**

ÍO MIT. GR. Sacerdotisa de Hera. Fue amada por Zeus, quien la transformó en novilla para protegerla de los celos de Hera.

IOANINA o **YANINA**, en gr. **Iōannina**, c. de Grecia, en Epiro, junto al *lago de Ioanina;* 56 496 hab. Ant. mezquita del s. XVII en la ciudadela. Museos.

IOLE MIT. GR. Heroína legendaria, raptada y despojada por Heracles Despertó los celos de Deyanira y causó la muerte de Heracles.

IOMMI (Enio), *Rosario 1926,* escultor argentino.Vinculado en la década de 1940 al movimiento Arte concreto-invención, sus esculturas exploran la relación volumen-espacio.

IONESCO (Eugène), *Slatina 1912-París 1994,* dramaturgo francés de origen rumano.Su teatro denuncia lo absurdo de la existencia y de las relaciones sociales a través de un universo paródico y simbólico (*La cantante calva,* 1950; *Las sillas,* 1952; *El rinoceronte,* 1060; *El rey se muere,* 1962).

■ EUGÈNE
IONESCO

IORDAN (Iorgu), *Bucarest 1888-1986,* filólogo e hispanista rumano, autor de estudios sobre Unamuno (1935) y el Quijote (1939) y de un léxico de las lenguas iberorrománicas (1947).

IORGA (Nicolae), *Botosani 1871-Strejnicu 1940,* político e historiador rumano. Presidente del gobierno (1931-1932),fue asesinado por miembros de la Guardia de Hierro. Publicó una *Historia de los rumanos* (1936-1939).

ÍOS o **NÍOS**, isla de Grecia,en el mar Egeo (Cicladas); 105 km²; 1 200 hab.Turismo.— Según la tradición, Homero murió en ella.

IOWA, estado de Estados Unidos, entre el Misissippi y el Missouri; 2 776 755 hab.; cap. *Des Moines.*

IPARRAGUIRRE (José María), *Villarreal de Urrechu, Guipúzcoa, 1820-Ichaso, Navarra, 1881,* poeta y cantor español en lengua vasca. Entre sus canciones incorporadas a la tradición oral vasca, figura *El árbol de Guernica,* que se convirtió en un himno para los vascos.

IPATINGA, c. de Brasil (Minas Gerais); 179 696 hab. Siderurgia.

IPCC (Intergovernmental Panel on Climate Change, en esp. Grupo intergubernamental de expertos sobre el cambio climático), organismo creado en 1988 en el seno de la ONU y encargado de estudiar los cambios climáticos (vinculados sobre todo a las actividades humanas), de evaluar los impactos potenciales de los mismos y de proponer medidas para adaptarse a ellos o para atenuarlos. (Premio Nobel de la paz 2007.)

IPIALES, mun. de Colombia (Nariño), en la frontera con Ecuador; 69 894 hab. Centro comercial y agropecuario; tostadores de café. Aeropuerto.

IPÍS, c. del centro de Costa Rica (San José); 26 200 hab.

IPOH, c. del N de Malaysia; 301 000 hab. Yacimientos de estaño en los alrededores.

Ipso (batalla de) [301 a.C.], batalla en la que fue vencido el general macedonio Antígono Monoftalmo por los sucesores de Alejandro Magno (diadocos), en Ipso (Frigia).

IPSWICH, c. de Gran Bretaña (Inglaterra), cap. de Suffolk; 115 500 hab. Puerto.— Monumentos antiguos; museos.

IQALUIT, ant. **Frobisher Bay,** c. de Canadá, cap. de Nunavut, en un entrante de la isla de Baffin (bahía de Frobisher); 3 600 hab.

IQBĀL (sir Muhammad), *Sialkot h. 1876-Lahore 1938,* escritor indio en lenguas urdu y persa. Poeta y renovador del pensamiento islámico, influyó en los creadores del estado paquistaní.

IQUIQUE, c. de Chile, cap. de la región de Tarapacá; 152 529 hab. Puerto. Al N del término, antiguas oficinas salitreras de Humberstone y Santa Laura (fines s. XIX-inicios s. XX) [patrimonio de la humanidad 2005]. — Perteneció a Perú hasta que Chile lo ocupó en 1879. Fue sede del gobierno revolucionario opuesto a Balmaceda (1891).

IQUITOS, c. de Perú, cap. del dep. de Loreto; 173 700 hab. Principal puerto peruano en el Amazonas. Extracción y refino de petróleo. Aeropuerto. Universidad.

IRA (Irish Republican Army, en esp. Ejército republicano irlandés), fuerza paramilitar irlandesa. Formada en 1919 para librar la guerra de independencia contra los ingleses, después del tratado angloirlandés de 1921 quedó reducida a un puñado de irreductibles. Reactivada en 1969, llevó a cabo una lucha armada para defender a la minoría católica de Irlanda del Norte y obtener la reunificación de la isla. A partir de 1994 (alto el fuego), entró, a través del *Sinn Féin, en una lógica de negociaciones. Sin embargo, tras la firma del acuerdo de 1998, la cuestión de la puesta en práctica de su desarme voluntario tuvo un peso político en el funcionamiento de las instituciones semiautónomas creadas en 1999 en Irlanda del Norte. Dicho desarme se produjo finalmente en 2005.

IRACHE, caserío del mun. de Ayegui (Navarra). Monasterio cisterciense, con iglesia de los ss. XII-XIII y claustro gótico-renacentista.

IRADIER (Manuel), *Vitoria 1854-Balsaín, Segovia, 1911,* explorador español. Fundador de la Sociedad viajera (1869) para recorrer el golfo de Guinea, en 1875 exploró el Corisco y Fernando Poo. En 1884 viajó por África ecuatorial.

IRADIER (Sebastián de), *Lanciego, Álava, 1809-Vitoria 1865,* compositor español. Vivió en Cuba y utilizó el folclore isleño en sus composiciones. Destaca su habanera *La paloma.*

IRAK → **IRAQ.**

IRÁKLION o **HERĀKLIŌN** ant. **Candía,** c. de Grecia; 117 167 hab. Principal ciudad de Creta. Puerto.— Museo.

IRÁN, estado de Asia, entre el mar Caspio y el océano Índico; 1 650 000 km²; 68 700 000 hab. *(iraníes).* CAP. *Teherán.* LENGUA: *persa.* MONEDA: *rial iraní.*

GEOGRAFÍA

Irán es un país de altas llanuras áridas y desérticas, con un clima de contrastes (calor en verano, frío en invierno), rodeadas de montañas (Elburz, Zagros) cuyo pie está jalonado de ciudades (Teherán, Işfahān, Šīrāz), a menudo centros de oasis donde se cultiva trigo, cebada, algodón y árboles frutales. La ganadería (ovina y caprina), junto con el cultivo extensivo de cereales, es la única forma de explotación del centro-este. Irán sigue siendo uno de los proveedores importantes de petróleo (así como de gas natural, con importantes reservas), y la evolución de su producción y cotización condiciona la de la economía. La población islamizada prácticamente en su integridad (principalmente chiitas), está formada por una mitad de persas, pero cuenta con importantes minorías, sobre todo en el NE (azeríes y kurdos).

HISTORIA

El Irán antiguo. II milenio: los arios avanzaron del NE al O de Irán. **S. IX a.C.:** sus descendientes, los persas y los medos, llegaron al Zagros. **H. 612-550:** tras el hundimiento de Asiria, los medos pusieron las bases del poder iranio. **550:** el aqueménida Ciro II destruyó el imperio medo y fundó el imperio persa, que dominó el conjunto de Irán y una parte de Asia central. **490-479:** las guerras médicas emprendidas por Darío I (522-486) y continuadas por Jerjes I (486-465) se saldaron con la derrota de los Aqueménidas. **330:** tras la muerte de Darío III, Alejandro Magno fue el amo del imperio persa. **312 a.C:** Seleuco, lugarteniente de Alejan-

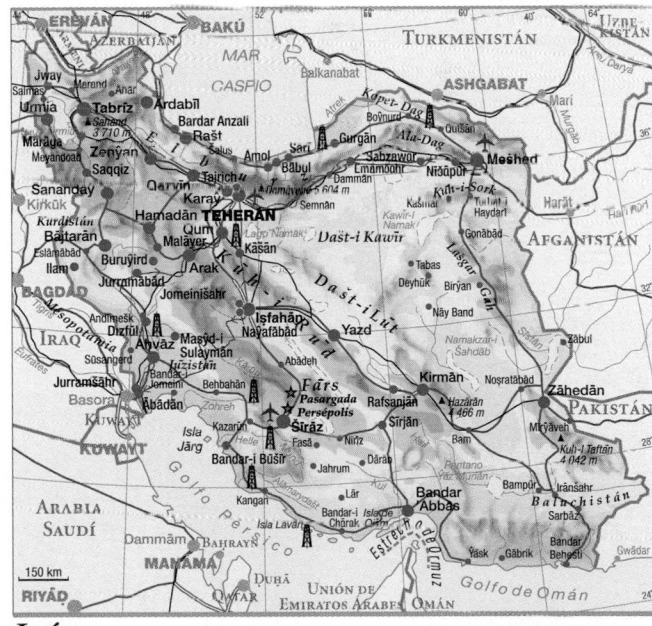

Irán

— autopista   ⌐ oleoducto   ● más de 1 000 000 hab.
— carretera   ♦ pozo de petróleo   ● de 250 000 a 1 000 000 hab.
— ferrocarril   ★ lugar de interés turístico   ● de 50 000 a 250 000 hab.
✈ aeropuerto   ● menos de 50 000 hab.

400   1000   2000   2 000 m

■ EL ARTE DEL IRÁN ANTIGUO

En el antiguo Irán el arte floreció en todas
sus manifestaciones, ya fuera con refinadas ofrendas
funerarias como las halladas en la Susa calcolítica
del IV milenio, con la fuerza expresiva de los bronces
surgidos del Luristán, con la suntuosidad del arte
áulico de los aqueménidas y los sasánidas,
o con las manifestaciones de destreza
arquitectónica y decorativa que florecieron
durante las dinastías islámicas.

El palacio de Darío I, en Persépolis. En primer término, la escalera de acceso
a la terraza; detrás, las columnas de la apadana (s. VI a.C.).

**Placa izquierda
de un freno
de caballo,
en Luristán.** En este
bronce del s. VIII a.C.
se puede apreciar
un trabajo
metalúrgico
extremadamente
refinado.
(Museo del Louvre, París.)

**Celemín de terracota
pintada, en Susa**
(h. el IV milenio).
La extremada
estilización
y delicadeza de líneas
se aúnan en una
decoración a base
de zancudas, lebreles
árabes y un enorme
íbice de formas
geométricas.
(Museo del Louvre, París.)

Naqš-i Rustam. El triunfo del rey sasánida Sapor I sobre el emperador de Roma
Valeriano durante la batalla de Edesa; bajorrelieve rupestre del siglo III d.C.
Las tradiciones orientales y aqueménidas constituyen el fundamento
del renacimiento sasánida.

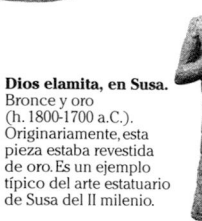

Dios elamita, en Susa.
Bronce y oro
(h. 1800-1700 a.C.).
Originariamente, esta
pieza estaba revestida
de oro. Es un ejemplo
típico del arte estatuario
de Susa del II milenio.

La gran mezquita del Viernes, en Isfahān. El patio central
y el iwān occidental (s. XI, restaurado en el s. XV). Tanto su iwān
como la planta canónica de la mezquita iraní de cuatro iwānes
deben su origen a las salas abovedadas cubiertas de los sasánidas.

**El rey Dara y el guardián
del rebaño real.** Miniatura realizada
por Behzad (h. 1488) extraída
de un ejemplar del *Bustán*, obra del poeta
persa Sa'dī. (Biblioteca nacional, París.)

El puente Jwayū, Isfahān. Construido por 'Abbās II en el s. XVII, este puente-dique ilustra
perfectamente las últimas proezas arquitectónicas del arte iraní que pereció junto
con la dinastía safawí.

dro, fundó la dinastía seléucida. **S. III:** los Seléucidas perdieron el control de Irán. **250 a.C.-224 d.C.:** la dinastía parta de los Arsácidas reinó en las regiones iranies. **224:** los Sasánidas derrocaron a los Arsácidas **224-661:** el imperio sasánida, muy centralizado, se extendió desde la India hasta Arabia. **H. 226-272:** Ardašir (h. 226-241) y Šāhpūr I (241-272) convirtieron el mazdeísmo en religión de estado. **310-628:** los Sasánidas se opusieron a Roma con Šāhpūr II (310-379), y luego a Bizancio con Cosroes I (531-579) y Cosroes II (590-628).

El Irán musulmán. 642: conquista árabe. **661:** Irán fue integrado en el imperio musulmán de los Omeyas, y más tarde (750) en el de los Abasíes. **874-999:** los Sāmāníes desarrollaron una brillante civilización en Jurāsān y Asia central. **999-1055:** los turcos se adueñaron de Jurāsān (gaznawíes) y a través de Irán llegaron hasta Bagdad (selyúcidas). Asimilando la cultura irania, se convirtieron en sus difusores en Asia Menor y en la India (ss. XII-XIII). **1073-1092:** el Irán selyúcida tuvo su apogeo con Malik Sha. **1220-1221:** Gengis Kan devastó el país. **1256-1335:** conquistado por Hūlāgū, Irán estuvo bajo dominación de los mongoles (il-janes). **1381-1404:** Timūr Lang (Tamerlán) realizó campañas devastadoras. **1501:** el šafawí Ismā'il I (1501-1524) se hizo proclamar sha. Hizo del chiísmo duodecimano la religión oficial. **1587-1629:** los šafawíes estuvieron en su apogeo con Abbas I. **1722:** los afganos se apoderaron de Isfahán y los dignatarios chiitas se establecieron en las ciudades santas de Iraq (Nayaf, Karbala). **1736-1747:** Nadir Sha expulsó a los afganos y emprendió numerosas conquistas.

El Irán contemporáneo. 1796: la dinastía de los Qāyāríes (1796-1925) accedió al poder. **1813-1828:** las provincias del Caspio fueron anexionadas por el Imperio ruso. **1856:** Gran Bretaña obligó a Irán a reconocer la independencia de Afganistán. **1906:** la oposición nacionalista, liberal y religiosa obtuvo una constitución. **1907:** un acuerdo anglorruso dividió Irán en dos zonas de influencia. **1921:** Riḍā Kan tomó el poder. Se proclamó sha y fundó la dinastía Pahlawi. Impuso la modernización, la occidentalización y la secularización del país. **1941:** soviéticos y británicos ocuparon una parte del país. Riḍā Sha abdicó en favor de su hijo Muḥammad Riḍā. **1951:** Musaddaq, primer ministro, nacionalizó el petróleo. **1953:** fue destituido por el sha. **1955:** Irán se adhirió al pacto de Bagdad. **1963:** el sha lanzó un programa de modernización («revolución blanca»). **1979:** la oposición lo obligó a abandonar el país. Se instauró una república islámica, dirigida por el ayatollah Jomeini, apoyada por la milicia de los guardianes de la revolución *(pasdaran);* crisis con EUA (toma de rehenes en la embajada estadounidense de Teherán). **1980:** Bani Sadr fue elegido presidente laico; principio de la guerra con Iraq. **1981:** Bani Sadr fue destituido. El país sufrió oleadas de terrorismo. Se erigió en guía de la «revolución islámica» en el mundo, en particular en el Líbano. **1988:** se produjo un alto el fuego entre Irán e Iraq. **1989:** a la muerte de Jomeini, 'Ali Jamenei lo sucedió como «guía de la república islámica». Hāshemi Rafsanyani fue elegido presidente e intentó mejorar la economía, arruinada por la guerra con Iraq, pero chocó con los países que lo acusaban de apoyo al terrorismo internacional. **1997:** el reformista Mohamed Jatamí fue elegido presidente. **2000:** los reformistas obtuvieron una holgada victoria en las elecciones legislativas. **2001:** reelección triunfal de M. Jatamí. No obstante, los conservadores siguieron controlando la vida política. **2005:** el acceso del ultraconservador Mahmūd Ahmadineÿad a la presidencia de la república fue seguido de una radicalización del régimen en el interior y en la escena internacional (graves tensiones, principalmente, sobre el programa nuclear).

irano-iraquí (guerra), guerra que enfrentó, de 1980 a 1988, a Irán e Iraq. Iraq atacó para recuperar el Šaṭṭ al-Arab y anexionarse el Jūzistān, pero ante la resistencia iraní propuso un alto el fuego, rechazado por Irán (1982). Los combates se intensificaron y el conflicto se internacionalizó. Un alto el fuego entró en vigor el 20 de agosto de 1988. En 1990, Iraq aceptó las fronteras acordadas en Argel en 1975.

IRANZO (Miguel Lucas de), *m. en Jaén 1473,* noble castellano. Condestable de Castilla en 1458, su enemistad con el marqués de Villena lo condujo a la cárcel. Fue rehabilitado por Enrique IV, quien lo nombró alcaide de Jaén. — Su nombre está ligado a una obra anónima *(Relación de fechas del condestable Miguel Lucas de Iranzo),* importante para el conocimiento de su época.

IRAPUATO, c. de México (Guanajuato): 265 042 hab. Iglesias con decoración de tradición prehispánica. Monumentos (s. XVIII).

IRAQ o **IRAK,** estado de Asia, con salida al golfo Pérsico; 434 000 km²; 21 000 000 hab. *(iraquíes).* CAP. *Bagdad.* LENGUA: *árabe,* MONEDA: *dinar iraquí.*

GEOGRAFÍA

El país se extiende sobre la mayor parte de Mesopotamia, entre el Tigris y el Éufrates; es de relieve monótono y semidesértico, con veranos tórridos. La agricultura es tributaria de un regadío muy parcial (trigo, arroz, dátiles, algodón). La ganadería (ovina) es el único recurso de las estepas periféricas. La economía, que se basaba en el petróleo, sufrió las consecuencias de un embargo entre 1990 y 2003, y ha quedado arrasada por la guerra de 2003 y sus secuelas.

HISTORIA

El Iraq actual está constituido por la antigua Mesopotamia, cuna de las civilizaciones de Sumer, Acad, Babilonia y Asiria. **224-633:** los Sasánidas dominaron la región alrededor de su capital, Ctesifonte. **633-642:** los árabes la conquistaron. **661-750:** con los Omeyas, Iraq, islamizado, fue el escenario de sus luchas contra los Alídas (muerte de Ḥusayn en Karbala, en 680). **750-1258:** los Abasíes reinaron en el imperio musulmán. **762:** fundaron Bagdad. **1055:** los turcos selyúcidas tomaron Bagdad. **1258:** los mongoles de Hūlāgū destruyeron Bagdad. **1258-1515:** el país, arruinado, fue dominado por dinastías de origen mongol o turcomano. **1401:** Bagdad fue saqueada por Timūr Lang (Tamerlán). **1515-1546:** los otomanos conquistaron Iraq. **1914-1918:** Gran Bretaña ocupó el país. **1920:** obtuvo un mandato de la Sociedad de naciones. **1921:** el emir hachemí Fayṣal se convirtió en rey (1921-1933). **1925:** la provincia de Mosul fue atribuida a Iraq. **1927:** la explotación del petróleo fue confiada a la Iraq Petroleum Company (IPC). **1930:** el tratado angloiraquí concedió una independencia nominal a Iraq. **1941:** Gran Bretaña ocupó el país, que entró en guerra en el bando aliado. **1958:** el general Kassem dirigió un golpe de estado y proclamó la república. **1961:** estalló la rebelión kurda. **1963:** Kassem fue depuesto. **1968:** golpe militar; el Ba'aṯ se hizo con el poder y Aḥmad Ḥasan al-Bakr se convirtió en presidente. **1972:** la Iraq Petroleum Company fue nacionalizada. **1975:** un acuerdo con Irán comportó la interrupción de la rebelión kurda. **1979:** Ṣaddām Ḥusayn se convirtió en presidente. **1980:** Iraq atacó a Irán (guerra *irano-iraquí).* **1988:** se produjo un alto el fuego. **1990:** Iraq invadió y luego se anexionó Kuwayt (ag.) y se negó a retirarse a pesar de la condena de la ONU. **1991:** al expirar un ultimátum fijado por la ONU, una fuerza multinacional, con EUA a la cabeza, atacó Iraq (guerra del *Golfo).* Las revueltas de los chiitas y de los kurdos fueron reprimidas violentamente. Se creó una zona de exclusión aérea, en el N del país, para proteger a los kurdos. **1992:** se instauró otra zona, al S, para proteger a los chiitas de la región de las marismas. El poder central se encontró así privado, de hecho, de su autoridad sobre la mitad del territorio. **1995:** tras una grave crisis política interna, Ṣ. Ḥusayn hizo aprobar mediante referéndum su permanencia en la jefatura del estado. **1998:** con el argumento de que Iraq no respetaba los compromisos adquiridos ante la misión encargada de controlar su desarme, Estados Unidos, con la ayuda de Gran Bretaña, sometió al país a nuevos bombardeos (dic.), prolongados por intervenciones puntuales. **2003:** una ofensiva militar estadounidense-británica (desencadenada la noche del 19 al 20 de marzo) —contestada por una gran parte de la comunidad internacio-

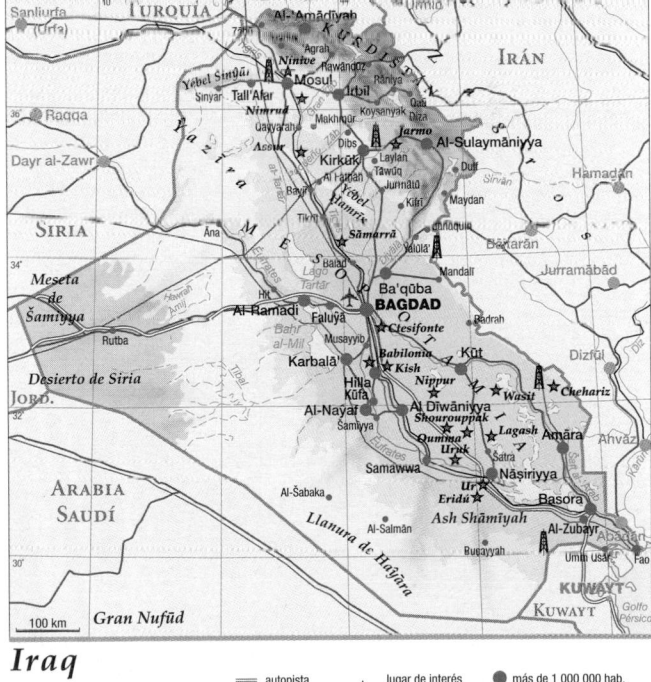

Iraq

100 200 500 1000 m

━━━ autopista
─── carretera
─── ferrocarril
✈ aeropuerto

★ lugar de interés turístico
⛏ pozo de petróleo
⟶ oleoducto

● más de 1 000 000 hab.
● de 100 000 a 1 000 000 hab.
● de 50 000 a 100 000 hab.
· menos de 50 000 hab.

nal— condujo a la caída del régimen de Şad-dām Ḥusayn (9 abril). Estados Unidos aseguró la administración provisional del país. Por otro lado, se estableció un gobierno provisional iraquí. **2005:** aunque Iraq se mantuvo presa de una inseguridad permanente (atentados), de fuertes tensiones —étnicas, religiosas, políticas— internas y de las dificultades de la reconstrucción, se celebraron varios comicios, que suscitaron una fuerte movilización de la población. Tanto las elecciones legislativas (en. y de nuevo en dic.) como el referéndum que aprobó la nueva constitución (oct.) señalaron la preeminencia de los partidos chiitas, por delante de los partidos kurdos (los partidos sunníes se mantuvieron en la mayoría de ocasiones al margen). Yalal Talabani se convirtió en presidente de la república y se formó un gobierno (encabezado a partir de 2006 por Nuri al-Maliki). **2006:** los antagonismos entre comunidades no dejaron de agravarse (en particular, la lucha que opone a sunníes y chiitas, que exacerbó aún más la ejecución, en dic., de Ş. Ḥusayn). El país se sumió en un clima de guerra civil. **Desde finales 2007:** la situación de la seguridad en el país mejoró.

IRATI, r. de España (Navarra), afl. del Aragón (or. der.); 91 km. Avena el *valle del Irati.*

IRAZÚ, volcán de Costa Rica (Cartago), en la cordillera Central; 3 432 m. Parque nacional.

IRBID, c. de Jordania, al E del Jordán, cerca de la frontera siria; 385 000 hab.

IRBIL o **ARBIL,** c. de Iraq, al pie del Zagros; 334 000 hab. Es la ant. *Arbelas.*

IRENE, *Atenas h. 752-Lesbos 803,* emperatriz bizantina (797-802). Regente de su hijo Constantino VI (780-790), se deshizo de él (797). Reunió el concilio de Nicea (787).

IRENEO (san), *¿Esmirna? h. 130-Lyon h. 202,* padre de la Iglesia griega. De origen griego, se convirtió en obispo de Lyon en 178. Destaca su *Tratado contra las herejías.*

Irgún, organización militar clandestina judía, fundada en Palestina en 1937. Luchó contra los árabes palestinos y los británicos hasta la proclamación del estado de Israel (1948).

IRIA FLAVIA, ant. c. romana de la península Ibérica, situada en la act. *Padrón* (La Coruña).

IRIAN, nombre dado a Nueva Guinea por Indonesia, que posee su mitad occidental (ant. *Irian Jaya,* desde 2001 *Papuasia*).

IRIARTE (Ignacio de), *Azpeitia 1621-Sevilla 1685,* pintor español. Principal paisajista de la escuela barroca sevillana, fundó la Academia de Sevilla (1660).

IRIARTE (Tomás de), *Puerto de la Cruz 1750-Madrid 1791,* escritor español. Neoclásico, escribió comedias y obras didácticas (*Fábulas literarias,* 1782). [Real academia 1763.]

IRIGOIEN (Juan Mari), *San Sebastián 1948,* escritor español en lengua vasca. Introdujo los influjos sudamericanos en la novela vasca (*Babilonia,* 1989; *Una tierra más allá,* 2000).

IRIGOYEN → YRIGOYEN.

IRIONDO, dep. de Argentina (Santa Fe); 62 467 hab.; cab. *Cañada de Gómez.* Industria maderera.

IRIS MIT. GR. Mensajera alada de los dioses, personificación del arco iris.

IRIS (Esperanza **Bonfiel,** llamada Esperanza), *Villahermosa 1888-México 1962,* actriz y cantante mexicana. Cultivó con éxito la zarzuela y la opereta (*Noches de gloria,* R. Aguilar, 1937).

IRISARRI (Antonio José de), *Guatemala 1786-Brooklyn 1868,* político y escritor chileno de origen guatemalteco. Autor de *El cristiano errante* (1847), *Cartas filológicas* (1861) y *Poesías satíricas y burlescas* (1867), ministro de relaciones exteriores con O'Higgins, firmó el tratado de Paucarpata (1837).

IRKUTSK, c. de Rusia, en Siberia, a orillas del Angará, cerca del lago Baikal; 626 000 hab. Central hidroeléctrica. Aluminio, química.— Museos.

IRLANDA, la más occidental de las islas Británicas (84 000 km²), dividida entre *Irlanda del Norte,* parte del Reino Unido, y la *república de Irlanda,* o *Eire.*

HISTORIA

Los orígenes. S. IV a.C.: una población céltica, los gaëls, se instaló en la isla. Los reinos que se fundaron se reunieron en cinco unidades políticas: Ulster, Connacht, Leinster del Norte (o Meath), Leinster del Sur y Munster. **S. II:** los reyes de Connacht afirmaron su primacía. **432-461:** san Patricio evangelizó Irlanda. **Ss. VI-VII:** el país conoció un gran florecimiento cultural y religioso. Los monjes irlandeses, como san Columbano, fundaron importantes monasterios en el continente. **Fines del s. VII-comienzos del s. XI:** Irlanda fue invadida por los escandinavos. **1014:** su expansión fue frenada por Brian Boru (victoria de Clontarf).

La dominación inglesa. 1171: la división política favoreció la incursión de los anglonormandos. **1175:** Enrique II de Inglaterra impuso su soberanía. **S. XIII:** el sistema feudal inglés fue asimilado paulatinamente. **1541:** Enrique VIII tomó el título de rey de Irlanda. Su reforma religiosa provocó la rebelión de los irlandeses católicos. El rey reaccionó redistribuyendo las tierras irlandesas a ingleses. Las confiscaciones prosiguieron bajo Eduardo VI e Isabel I. **1649:** Oliver Cromwell llevó a cabo una sangrienta represión contra los irlandeses, quienes tomaron partido por los Estuardo (matanza de Drogheda). Fue seguida por una expoliación de las tierras. **1690:** Jacobo II fue derrotado en Boyne por Guillermo III. El país quedó dominado por la aristocracia inglesa. **1702-1782:** Londres aplicó terribles leyes penales y limitó las importaciones irlandesas. **1782-1783:** Irlanda adquirió autonomía legislativa. **1796-1798:** los irlandeses se rebelaron bajo la influencia de las revoluciones norteamericana y francesa.

La unión entre Irlanda e Inglaterra. 1800: el gobierno británico optó por la integración. Pitt hizo proclamar la unión de Irlanda e Inglaterra. **1829:** Daniel O'Connell obtuvo la emancipación de los católicos. **1846-1848:** una espantosa crisis de alimentos (Gran Hambruna) hundió la isla en la miseria; una enorme emigración (sobre todo hacia EUA) la despobló. **1858:** nacimiento de la Fraternidad republicana irlandesa, cuyos miembros adoptaron el nombre de *fenianos.* **1870:** Isaac Butt fundó la asociación para el Home Rule (autonomía), cuyo jefe popular fue Charles Parnell. **1902:** Arthur Griffith fundó el Sinn Féin, independentista. **1916:** una insurrección nacionalista fue duramente reprimida. **1921:** el tratado de Londres dio origen al Estado libre de Irlanda y mantuvo el NE del país en el seno del Reino Unido (Irlanda del Norte).

IRLANDA, en ingl. **Ireland,** en gaélico **Eire,** estado de Europa occidental; 70 000 km²; 3 600 000 hab. *(irlandeses).* CAP. *Dublín.* LENGUAS: *inglés y gaélico.* MONEDA: *euro.*

INSTITUCIONES

Régimen parlamentario. La constitución de 1937 fue modificada en 1939 y 1941. El presidente es elegido cada 7 años. El primer ministro, jefe del gobierno, es responsable ante la cámara. El parlamento se compone de una cámara de representantes (166 miembros, elegidos cada 5 años) y de un senado (60).

GEOGRAFÍA

País de clima suave y húmedo, está formado en la periferia por altas colinas y montañas de altura media, y en el centro por una vasta llanura turbosa, sembrada de lagos, difícilmente avenada por el Shannon. La ganadería (vacuna, ovina y porcina) es un recurso esencial. Se produce también trigo, avena, cebada (para cerveza) y patatas. Beneficiada por subvenciones de la Unión Europea e importantes inversiones extranjeras, la industria (construcciones mecánicas y eléctricas, imprenta, farmacia, electrónica, informática) se ha desarrollado, al igual que el sector de los servicios (seguros, turismo). El país ha conocido desde la década de 1990 un fuerte crecimiento, desbaratado por la crisis financiera y económica mundial de 2007-2008..

HISTORIA

1921: el tratado de Londres dio origen al Estado libre de Irlanda, miembro de la Commonwealth. **1922:** una verdadera guerra civil enfrentó al gobierno provisional contra quienes rechazaban la partición de Irlanda. **1922-1932:** el gobierno de W.T. Cosgrave restableció la cal-

Irlanda

★ lugar de interés turístico

100   200 m

— carretera
— ferrocarril
✈ aeropuerto
▦ límite de provincia

● más de 500 000 hab.
● de 100 000 a 500 000 hab.
● de 50 000 a 100 000 hab.
• menos de 50 000 hab.

ma y favoreció cierta mejora agrícola. **1932:** el Fianna Fáil ganó las elecciones y llevó a E. De Valera al poder. Este rompió con Gran Bretaña y dirigió contra ella una guerra económica. **1937:** se adoptó una nueva constitución e Irlanda tomó el nombre de Eire. **1948:** Eire se convirtió en la república de Irlanda y rompió con la Commonwealth. **Desde 1948:** la vida política estuvo dominada por la alternancia en el poder del Fine Gael (primeros ministros más destacados: John Costello, 1948-1951 y 1954-1957; Liam Cosgrave, 1973-1977; Garret Fitzgerald, 1981-1982 y 1982-1987; John Bruton, 1994-1997) y del Fianna Fáil (E. De Valera, 1951-1954 y 1957-1959; Sean Lemass, 1959-1966; J. Lynch, 1966-1973 y 1977-1979; Charles Haughey, 1979-1981, 1982 y 1987-1992; Albert Reynolds, 1992-1994; Bertie Ahern, 1997-2008; Brian Cowen, desde 2008), que dirigen act. gobiernos de coalición con otros partidos. **1959-1973:** De Valera fue presidente. **1973:** Irlanda entró en la CEE. **1976:** Patrick Hillery se convirtió en presidente. **1985:** se firmó un acuerdo entre Dublín y Londres sobre la gestión de los asuntos de Irlanda del Norte. **1990:** Mary Robinson fue elegida presidenta. **1993-1994:** se reactivó el proceso de paz en Irlanda del Norte. **1995:** los irlandeses se pronunciaron por referéndum a favor de la legalización del divorcio. **1997:** Mary McAleese accedió a la presidencia (nuevo mandato en 2004). **1999:** se instauraron instituciones semiautónomas en Irlanda del Norte. **2008:** los irlandeses, consultados en referéndum, rechazaron la ratificación del tratado (europeo) de Lisboa.

IRLANDA (mar de), parte del Atlántico, entre Gran Bretaña e Irlanda.

IRLANDA DEL NORTE, parte del Reino Unido, en el NE de la isla de Irlanda; 14 000 km²; 1 570 000 hab.; cap. *Belfast.* La población es en su mayoría protestante, pero cuenta con cerca de un 45 % de católicos.

HISTORIA

1921: los seis condados del NE del Ulster se mantuvieron dentro del Reino Unido y se beneficiaron de un régimen de autonomía interna. La minoría católica, mal representada, quedó en situación de inferioridad frente a los protestantes. **1888:** el descontento de los católicos mantuvo una agitación permanente, reprimida por el ejército británico. **1972:** el gobierno de Londres asumió la administración de la provincia. El IRA multiplicó los atentados. **1985:** el Sinn Féin obtuvo representación en las instituciones locales. **1994:** prosiguió el proceso de paz, iniciado en 1993: proclamación del alto el fuego del IRA (ag.) y de los lealistas protestantes (oct.). Sin embargo, la situación siguió siendo precaria (nuevos atentados en 1996-1997). **1998:** se concluyó en Belfast un acuerdo sobre el porvenir institucional de Irlanda del Norte *(acuerdo de Stormont)* entre todas las partes implicadas en el conflicto irlandés (abril) que fue ratificado mediante referéndum en Irlanda del Norte y en la república de Irlanda. Los partidos protestantes y católicos moderados salieron victoriosos de las elecciones a la primera asamblea, semiautónoma, de Irlanda del Norte. **1999:** se instauró (dic.) un gobierno semiautónomo e interconfesional, dirigido por el protestante David Trimble (reelegido en 2001). No obstante, las tensiones entre las comunidades protestante y católica siguen vivas, tanto en la vida diaria como en el funcionamiento de las instituciones políticas, que fueron periódicamente suspendidas (nuevos desde oct. 2002). **2005:** el IRA renunció oficialmente a la lucha armada. **2006:** al término de unas difíciles negociaciones, protestantes y católicos alcanzaron, en Saint Andrews, un nuevo compromiso (oct.). **2007:** vencedores, como en 2003, de las elecciones a la asamblea de Irlanda del Norte, los elementos radicales de los dos campos (protestantes del Partido democrático unionista [DUP] y católicos del Sinn Féin) aceptaron gobernar juntos. Ian Paisley (líder del DUP) se convirtió en primer ministro. Se estableció un término en la misión de mantenimiento del orden del ejército británico en Irlanda del Norte. **2008:** I. Paisley se retiró; Peter Robinson, moderado, lo sucedió en la jefatura del DUP y del gobierno.

Irmandades da fala, asambleas gallegas surgidas en 1916 para fomentar la difusión local

de la lengua gallega a nivel culto y el estudio de cuestiones socioeconómicas. Conformaron el galleguismo como movimiento nacionalista, reunidas, a partir de 1922, en torno a la revista *Nós.* Se integraron o transformaron paulatinamente en organizaciones políticas.

irmandiños o **hermandinos** (revueltas de los), revueltas antiseñoriales de las hermandades gallegas. La más importante (1467-1469) fue alentada por Enrique IV, en pugna con la liga nobiliaria. Un ejército de 80 000 hombres, comandados por los nobles Alonso de Lanzós, Pedro Osorio y Diego de Lemos, venció y desterró a muchos magnates gallegos que, tras reconciliarse con el rey en Guisando, organizaron la reconquista de sus señoríos. Los irmandiños fueron derrotados en 1469.

IRRAWADDY o **AYEYARWADY,** r. de Birmania, el principal del país, que desemboca en el océano Índico; 2 100 km. Cruza de norte a sur el país, del que es el eje vital, y acaba en un delta (importante región arrocera).

IRTISH, r. de Rusia, afl. del Ob (or. izq.); 4 248 km; cuenca de 1 643 000 km².

IRÚN, en vasc. **Irun,** c. de España (Guipúzcoa), a orillas del Bidasoa, cab. de p j.; 56 515 hab. (*iruneses* o *iruñeses*). Centro industrial y comercial en la frontera con Francia.

IRUÑA → PAMPLONA.

IRUSTA (Agustín), *Rosario 1902-Caracas 1987,* cantante, compositor y actor argentino. Con R. Fugazot y L. Demare formó un trío (1927-1938) que difundió el tango por América y Europa. Autor de tangos famosos (*Dandy; Mañanitas de Montmartre*), también actuó en el teatro y el cine (*Nobleza gaucha,* 1937).

IRVING (John), *Exeter, New Hampshire, 1942,* novelista estadounidense. Conjugando lo burlesco y lo trágico, sus novelas proponen la idea de un mundo caótico y tierno (*El mundo según Garp,* 1978; *Las normas de la casa de la sidra,* 1985; *Hasta que te encuentre,* 2005).

IRVING (Washington), *Nueva York 1783-Sunnyside 1859,* escritor estadounidense. Su *Historia de Nueva York por Knickerbocker* (1809) y sus cuentos fantásticos (*El libro de los bocetos,* 1819; *Cuentos de la Alhambra,* 1829) lo convierten en uno de los primeros escritores estadounidenses.

ISAAC, patriarca bíblico. Hijo de Abraham, padre de Jacob y de Esaú, fue conducido al sacrificio por su padre, cuya fe quiso Dios poner a prueba.

ISAAC I COMNENO, *h. 1005-Studion 1061,* emperador bizantino (1057-1059). Abdicó en favor de Constantino X.

ISAAC II ÁNGELO, *h. 1155-1204,* emperador bizantino (1185-1195 y 1203-1204). Destronado por su hermano Alejo III en 1195, restablecido en 1203 por los venecianos y derrotado de nuevo, fue asesinado junto con su hijo Alejo IV (1204).

ISAACS (Jorge), *Cali 1837-Ibagué 1895,* novelista colombiano. Representante de la narrativa romántica latinoamericana con su novela **María,* publicó también *Poesías* (1864) y ensayos.

ISAAK (Heinrich), *h. 1450-Florencia 1517,* compositor flamenco. Fue también organista, y escribió obras polifónicas.

SANTAS

ISABEL (santa), madre de san Juan Bautista, esposa del sacerdote Zacarías y pariente de María.

ISABEL (santa), **ISABEL DE ARAGÓN** o **DE PORTUGAL,** *Barcelona o Zaragoza 1271-Estremoz 1336,* reina de Portugal (1282-1325). Hija de Pedro III el Grande de Aragón y de Constanza de Sicilia, casó con Dionisio de Portugal, con quien fomentó medidas de mejora social. Desterrada injustamente, al enviudar entró en la orden terciaria franciscana.

AUSTRIA

ISABEL DE WITTELSBACH, llamada **Sisí,** *Múnich 1837-Ginebra 1898,* emperatriz de Austria. Esposa de Francisco José I, fue asesinada por un anarquista italiano.

BÉLGICA

ISABEL, *Possenhofen, Baviera, 1876-Bruselas 1965,* reina de los belgas. Hija del duque de Baviera Carlos Teodoro, casó con Alberto I.

CASTILLA Y ESPAÑA

ISABEL DE PORTUGAL, *m. en Arévalo 1496,* reina de Castilla (1447-1454). Hija del infante Juan de Portugal, casó con Juan II de Castilla (1447). Madre del infante Alfonso y de Isabel la Católica.

ISABEL DE PORTUGAL, *Lisboa 1503-Toledo 1539,* reina de España y emperatriz de Alemania (1526-1539). Hija de Manuel I el Afortunado de Portugal y nieta de los Reyes Católicos, su matrimonio con Carlos Quinto (1526), del que nacería Felipe II, reforzó la unión entre España y Portugal.

ISABEL I la Católica, *Madrigal de las Altas Torres 1451-Medina del Campo 1504,* reina de Castilla (1474-1504). Hija de Juan II de Castilla y de Isabel de Portugal, en 1468 fue proclamada heredera frente a Juana la Beltraneja (hija de Enrique IV), y en su difícil ascenso al trono se vio implicada en las dos guerras civiles castellanas (1464-1468 y 1474-1479). Su matrimonio (1469) con Fernando II, heredero de Aragón, permitió la unión bajo un mismo cetro de las coronas de Aragón y de Castilla (1479) y facilitó la unidad de España. De su reinado destacan: la reordenación legal en las cortes de Toledo (1480) y las *Ordenanzas reales de Castilla* (1480), el integrismo religioso, con la creación de la nueva Inquisición (1478) y la expulsión de judíos (1492) y mudéjares (1502); el apoyo a la empresa americana de Colón, a su ministro Jiménez de Cisneros y la conquista del reino de Granada (1481-1492), que puso fin a la Reconquista.

ISABEL DE VALOIS, *Fontainebleau 1546-Madrid 1568,* reina de España (1559-1568). Hija de Enrique II de Francia y de Catalina de Médicis. Tercera esposa de Felipe II, su boda (1559) se tomó como garantía del tratado de Cateau-Cambrésis.

ISABEL DE BORBÓN, *Fontainebleau 1602-Madrid 1644,* reina de España (1621-1644). Hija de Enrique IV de Francia y de María de Médicis y esposa (1615) del futuro Felipe IV, provocó la caída del conde-duque de Olivares (1643).

ISABEL FARNESIO, *Parma 1692-Madrid 1766,* princesa de Parma y reina de España (1714-1724 y 1724-1746). Segunda esposa de Felipe V (1714), se impuso al monarca y luchó, con la ayuda de Giudice y Alberoni, por conseguir para sus hijos tronos en Italia. Por el tratado de Viena (1731) consiguió Parma y Piacenza, y luego Nápoles (1734), para su hijo Carlos (futuro Carlos III de España). Tras la muerte de su hijastro Fernando VI, que la había desterrado a La Granja, fue regente (1759).

ISABEL DE BRAGANZA, *Lisboa 1797-Aranjuez 1818,* reina de España (1816-1818), hija de Juan VI de Portugal y de Carlota Joaquina. Segunda esposa de Fernando VII, tuvo la iniciativa de la creación del actual museo del Prado.

ISABEL II, *Madrid 1830-París 1904,* reina de España (1833-1868), de la dinastía de los Borbones. Era hija de Fernando VII, y heredera del trono por la Pragmática sanción de 1789. Su madre, María Cristina de Borbón, actuó como regente hasta 1840, una vez acabada la guerra carlista (1833-1840), y después la hizo Espartero, hasta 1843. De ideas políticas reaccionarias, Isabel vio sucederse en su reinado los go-

■ JORGE **ISAACS**

■ **ISABEL I LA CATÓLICA,** por Juan de Flandes. (Academia de historia, Madrid.)

biernos moderados (Narváez, 1844-1854) y progresistas (1854-1856), tras los que gobernó la Unión liberal (1856-1863) de O'Donnell. Exiliada tras la revolución de 1868, abdicó (1870) en su hijo, el futuro Alfonso XII.

FRANCIA

ISABEL DE ARAGÓN, *1247-Cosenza, Calabria, 1271*, reina de Francia (1270-1271), esposa de Felipe III el Atrevido. Era hija de Jaime I el Conquistador.

ISABEL DE BAVIERA, *Munich 1371-París 1435*, reina de Francia. Casó con Carlos VI (1385), y fue regente al enloquecer el rey. Reconoció al rey de Inglaterra, Enrique V, como heredero del trono de Francia (tratado de Troyes, 1420).

ISABEL DE AUSTRIA, *Viena 1554-íd. 1592*, reina de Francia. Hija del emperador Maximiliano II, casó con Carlos IX (1570).

HUNGRÍA

ISABEL DE HUNGRÍA (santa), *Sáxospatak 1207-Marburgo 1231*, princesa húngara, hija del rey Andrés II.

INGLATERRA Y GRAN BRETAÑA

ISABEL DE ANGULEMA, *1186-Fontevraud 1246*, reina de Inglaterra. Casó (1200) con Juan sin Tierra, rey de Inglaterra, y más tarde (1217) con Hugo X de Lusignan.

ISABEL DE FRANCIA, *París 1292-Hertford 1358*, reina de Inglaterra. Hija de Felipe IV de Francia, casó en 1308 con Eduardo II y fue regente (1327-1330) en nombre de su hijo Eduardo III, quien la hizo detener y encarcelar.

ISABEL I, *Greenwich 1533-Richmond 1603*, reina de Inglaterra y de Irlanda (1558-1603), última de los Tudor. Hija de Enrique VIII y de Ana Bolena, soberana enérgica y autoritaria, fue la verdadera «instauradora» de la Iglesia anglicana, considerada como «vía intermedia» entre el catolicismo y el protestantismo (Acta de supremacía y Acta de uniformidad [1559], Treinta y nueve artículos [1563]). Hubo de enfrentarse a la oposición de los puritanos, a los que persiguió, y de los católicos, a quienes atacó en la persona de su protectora, su prima María Estuardo, a la que hizo decapitar (1587). La ejecución desencadenó las hostilidades con España, pero la Armada invencible española fue derrotada (1588). Este combate consagró la supremacía marítima de Inglaterra y potenció su expansionismo (fundación de la Compañía de las Indias orientales, 1600). El período isabelino también estuvo marcado por un gran auge cultural y artístico, sobre todo en teatro (Marlowe y Shakespeare) y música.

■ **ISABEL I** de Inglaterra, por M. Gheeraerts.
(Museo nacional marítimo, Greenwich.)

ISABEL II, *Londres 1926*, reina de Gran Bretaña y jefe de la Commonwealth desde 1952, de la dinastía de Windsor. Hija de Jorge VI, en 1947 casó con Felipe, duque de Edimburgo, y tiene cuatro hijos: Carlos (príncipe de Gales), Ana, Andrés y Eduardo.

MALLORCA

ISABEL, *m. h. 1400*, reina titular de Mallorca (1375), hija de Jaime III de Mallorca. Reina a la muerte de su hermano Jaime IV (1375), hubo de ceder sus derechos a Francia.

NAVARRA

ISABEL DE EVREUX, *d. 1234-islas Hyères, Francia, 1270*, reina de Navarra (1258-1270).

Hija de Luis IX de Francia y esposa de Teobaldo II de Navarra, murió sin hijos al regreso de la cruzada de su padre contra Túnez.

RUSIA

ISABEL, *Kolómenskoie 1709-San Petersburgo 1762*, emperatriz de Rusia (1741-1762), de la dinastía de los Románov. Hija de Pedro el Grande y de Catalina I, alió a Rusia con Francia y Austria en la guerra de los Siete años (1756-1763).

Isabel (estilo) o **estilo Reyes Católicos**, nombre que recibe el estilo gótico flamígero en Castilla desarrollado durante la segunda mitad del s. XV y principios del XVI, en el reinado de los Reyes Católicos. Se caracteriza por la ornamentación profusa aplicada a la arquitectura, con elementos mudéjares y de tradición islámica.

ISABELA o **ALBEMARLE**, isla volcánica de Ecuador, la mayor del archipiélago de las Galápagos; 4 650 km². Turismo. Parque nacional.

ISABELA, mun. de la costa NO de Puerto Rico; 39 147 hab. Centro agrícola.

ISABELA (La), primera ciudad fundada en América por Colón (1493), en la costa NO de La Española.

ISABEL CLARA EUGENIA, *Balsaín, Segovia, 1566-Bruselas 1633*, princesa española. Hija de Felipe II y de Isabel de Valois, ostentó junto a su esposo, el archiduque Alberto, la soberanía de los Países Bajos (1598-1621). Muerto Alberto (1621), quedó como gobernadora del territorio, que se reintegró a la corona española, y en el que no pudo evitar el estallido de la guerra.

ISABELIA, cordillera del centro-norte de Nicaragua; 1 804 m en cerro Chachagón.

isabelino (estilo), estilo decorativo desarrollado en España durante el reinado de Isabel II (1833-1868), que se concreta especialmente en el mobiliario, con influencia del estilo Imperio, aunque de formas más sinuosas) y en la orfebrería.

Isabel la Católica (orden de), orden real española, creada en 1815 por Fernando VII para premiar los servicios al estado. Fue reorganizada en 1847.

ISÁBENA, mun. de España (Huesca); 253 hab.; cap. *La Puebla de Roda*. Antigua catedral románica (ss. XI-XII), con pinturas murales, en la villa de *Roda de Isábena*.

ISAÍAS, *ss. VIII-VII a.C.*, profeta bíblico. Ejerció su ministerio en el reino de Judá entre 740 y 687 a.C. Es el profeta de la esperanza mesiánica.

ISAMITT (Carlos), *Rengo 1887-Santiago 1974*, compositor chileno. Autor de *Cinco estudios sobre el folklore chileno* (1932-1933), incorporó elementos araucanos a su obra (*Friso araucano*, para voces y orquesta, 1931; *El pozo de oro*, 1942, ballet).

ISAR, r. de Austria y Alemania, afl. del Danubio (or. der.); 263 km. Pasa por Munich.

ISASI (Andrés), *Bilbao 1890-Algorta, Vizcaya, 1940*, compositor español. Es autor de una extensa obra (sinfonías, oratorios, música de cámara, canciones) en la que utilizó elementos del folclore vasco.

ISAURIOS, dinastía bizantina, fundada por León III, que reinó en Constantinopla de 717 a 802.

ÍSCAR, v. de España (Valladolid); 6 145 hab. (*iscarienses*). Iglesias románicas de San Miguel (s. XII) y mudéjar de Santa María (s. XIII). Castillo.

ISCARIOTE, sobrenombre dado al apóstol Judas.

ISCHIA, isla volcánica de Italia, en el mar Tirreno, en la entrada del golfo de Nápoles; 16 433 hab. Turismo.

ISCHIGUALASTO-TALAMPAYA (parques nacionales de), parques nacionales de Argentina (San Juan, La Rioja); 275 300 ha. Restos fósiles del Triásico. (Patrimonio de la humanidad 2000.)

ISCHILÍN, dep. de Argentina (Córdoba); 28 273 hab.; cab. *Deán Funes*. Canteras (granito, mármol).

ISE (bahía de), bahía de las costas de Honshū (Japón), donde está situada Nagoya, y cerca de ella la ciudad de *Ise* (106 000 hab.). Santuarios sintoístas, entre los más antiguos, cuya reconstrucción ritual cada veinte años perpetúa la arquitectura prebúdica.

Iseo, nombre de uno de los personajes de la leyenda de *Tristán e Iseo*. Tristán se casa con Iseo, la de las blancas manos, sin amarla, en un intento de olvidar su pasión por Iseo la Rubia.

ISEO (lago de), lago de Italia (Lombardía), atravesado por el Oglio.

ISÈRE, r. de Francia, que nace en los Alpes, afl. del Ródano; 290 km. Pasa por Grenoble.

ISÈRE, dep. del SE de Francia (Ródano-Alpes); 7 431 km²; 1 094 006 hab.; cap. *Grenoble*.

IŞFAHĀN, IŞPAHĀN o **ISBAHAN**, c. de Irán, al S de Teherán; 1 127 030 hab. Monumentos del s. XI al XVIII, entre ellos la Gran Mezquita (ss. XI-XVIII) [patrimonio de la humanidad 1979]; notables ejemplos de arquitectura safawí (pabellón de Alí Qapu, mezquita del jeque Lotfollah, mezquita del Rey [convertida en mezquita del Imán], etc.).

■ **IŞFAHĀN.** La mezquita Real o del Imam (1612-1637).

IŞFAHĀNĪ (Abū-l- Faradj 'Alī al-), *Işfahān 897-Bagdad 967*, escritor árabe. Es autor del *Libro de las canciones*, antología crítica de los antiguos poemas árabes cantados.

ISHIM, r. de Rusia, en Siberia, afl. del Irtish (or. izq.); 2 450 km.

ISIDORO DE SEVILLA (san), *Cartagena o Sevilla h. 560-Sevilla 636*, escritor y doctor de la Iglesia. Hermano y sucesor de san Leandro, fue obispo de Sevilla (600-636) y el último Padre de la Iglesia latina. Escribió en latín numerosas obras históricas, teológicas (*Sentencias*) y de ciencia profana. Destacan sus dos grandes diccionarios enciclopédicos, síntesis del saber de su tiempo: las *Diferencias* y las *Etimologías*, de amplia difusión en la Edad Media.

ISIDRO LABRADOR (san), *Madrid h. 1070-íd. 1130*. Era jornalero agrícola y casó con María Toribia, venerada con santa María de la Cabeza. Es patrono de algunas ciudades españolas, entre ellas Madrid. Canonizado en 1622 por Gregorio XV.

ISIS, diosa egipcia. Hermana y esposa de Osiris, madre de Horus, es el modelo del amor conyugal y de la devoción materna.

ISKĀR, r. de Bulgaria, afl. del Danubio (or. der.); 370 km. Pasa por Sofía.

ISKENDERUN, en esp. **Alejandreta**, ant. **Alejandría de Isos**, c. del SE de Turquía; 154 807 hab. Puerto.

ISLA (padre José Francisco de), *Vidanes, León, 1703-Bolonia, Italia, 1781*, escritor español. Jesuita, escribió *Fray Gerundio de Campazas*.

ISLA CRISTINA, c. de España (Huelva); 18 236 hab. (*isleños*). Pesca e industrias derivadas.

ISLA DE LA JUVENTUD, ant. **Isla de Pinos**, mun. especial de Cuba, constituido por la *isla*

■ **ISABEL II** con el duque de Edimburgo.

de la Juventud (ant. *isla de Pinos;* 2 398 km²) y los restantes islotes del archipiélago de los Canarreos; 73 319 hab.; cap. *Nueva Gerona.* Bosques y yacimientos minerales. Turismo (parque nacional de la Ciénaga de Lanier).

ISLA DE LEÓN, islote que cierra la bahía de Cádiz, en cuyo extremo se asienta la c. de Cádiz (España). – Fue sede de las cortes de Cádiz, que en 1813 le dieron el título de ciudad y el nombre actual de *San Fernando.*

isla del tesoro (La), novela de R. L. Stevenson (1883), clásico del género de aventuras.

ISLĀMĀBĀD, cap. de Pakistán, en el N del país; 204 400 hab.

ISLANDIA, en islandés **Ísland,** estado insular de Europa, en el Atlántico Norte, 103 000 km², 270 000 hab. *(islandeses).* CAP. *Reykjavík.* LENGUA: *islandés.* MONEDA: *krona (corona islandesa).*

GEOGRAFÍA

País de glaciares y volcanes, circundado por el círculo polar, pero con un clima más húmedo que frío, vive de la ganadería ovina y sobre todo de la pesca. Los recursos geotérmicos e hidroeléctricos alimentan cultivos de invernadero e industrias (aluminio). Act., afectada de lleno por la crisis financiera mundial, la economía islandesa pasa graves dificultades. Reykjavík agrupa casi la mitad de la población total.

HISTORIA

Hacia los escandinavos colonizaron Islandia. 930: se constituyó el Althing, asamblea de hombres libres. 1056: se creó el primer obispado autónomo. 1262: Haakon IV de Noruega sometió la isla. 1380: Islandia y Noruega quedaron bajo la autoridad de Dinamarca. 1550: Cristián III impuso la reforma luterana. 1602: se confirió el monopolio comercial a los daneses. S. XVIII: la viruela, las erupciones volcánicas y una terrible hambruna diezmaron la población. 1903: la isla logró la autonomía. 1918: se convirtió en reino independiente bajo la corona danesa. 1944: se proclamó la república; Sveinn Bjørnsson fue su primer presidente. Con las presidencias de Ásgeir Ásgeirsson (1952-1968) y de Kristian Eldjárn (1968-1980), la economía islandesa se benefició de los acuerdos firmados con los estados escandinavos. Un conflicto sobre la pesca («guerra del bacalao») enfrentó al país con Gran Bretaña. 1980: Vigdís Finnbogadóttir se convirtió en presidenta. 1996: Ólafur Ragnar Grímsson fue elegido presidente (reelegido en 2000 y 2004).

ISLAS ATLÁNTICAS DE GALICIA (parque nacional de las), parque nacional de España, en las Rías Bajas (Pontevedra), formado por las islas de Sálvora, Cortegada, Ons y el grupo de las Cíes, y su espacio marítimo adyacente; 8 480 ha. Bosque de laurel; colonias de aves marinas.

ISLAS DE LA BAHÍA (departamento de), dep. de Honduras, en el golfo de Honduras; 261 km²; 21 553 hab.; cap. *Roatán.*

ISLETA (península de **La**), saliente del NE de la isla de Gran Canaria (España). En su istmo se

■ SAN **ISIDORO DE SEVILLA,** por B. Murillo.

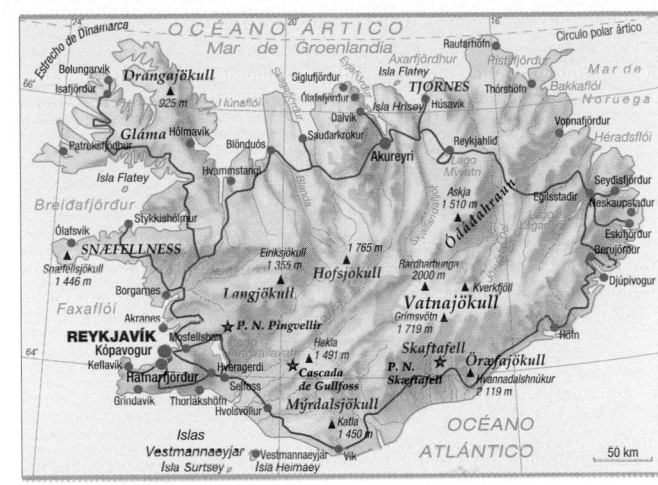

Islandia

| glaciar | 200 | 600 | 1000 m |

— carretera

▲ lugar de interés turístico

● mas de 100 000 hab.
● de 10 000 a 100 000 hab.
● menos de 10 000 hab.

encuentran Puerto de la Luz de Las Palmas y la playa de las Canteras. Faro.

ISMAEL, personaje bíblico. Hijo de Abraham y de su sirvienta egipcia Agar, es considerado el antepasado de los árabes.

ISMĀ'ĪL, *m.* on *Medina h. 760,* séptimo y último imán para los ismailíes.

ISMĀ'ĪL I, *Granada 1279-íd. 1325,* fundador de la rama malagueña de la dinastía nazarí (1315-1325). Conquistó el trono de Granada al vencer a su tío, el rey Nasr, y tomó Huéscar, Orce, etc.

ISMĀ'ĪL I, *Ardabil 1487-íd. 1524,* sha de Irán (1501-1524), fundador de la dinastía de los Safawíes, impuso el chiismo duodecimano.

ISMĀ'ĪL BAJÁ, *El Cairo 1830-Istanbul 1895,* virrey (1863-1867) y jedive de Egipto (1867-1879). Inauguró el canal de Suez (1869) y aceptó el control francobritánico (1878).

ISMAILÍA, en ár. **al-Ismā'īliyya,** c. de Egipto, a or. del lago Timsah, junto al canal de Suez; 175 000 hab.

ISMENE MIT. GR. Hija de Edipo.

ISNA, c. de Egipto (Alto Egipto), a orillas del Nilo; 34 000 hab. Restos de la sala hipóstila del templo tolemaico (columnas con importantes textos sobre el mito de la creación).

ISNARDI (Francisco), *Turín 1750-Cádiz 1814,* patriota venezolano de origen italiano. Secretario del primer congreso (1811-1812), en Caracas, fue uno de los redactores de la declaración de independencia y la constitución.

ISNOS, mun. de Colombia (Huila), en el valle alto del Magdalena; 15 143 hab. Plátano, frijol, yuca.

ISO (International Organization for Standardization, en esp. Organización internacional de normalización), organización internacional, creada en 1947, que elabora las normas a escala mundial. Tiene su sede en Ginebra.

ISÓCRATES, *Atenas 436-íd. 338 a.C.,* orador griego. Propugnó la unión de los griegos y de los macedonios contra los persas.

Isolda → Iseo.

ISONZO, en esloveno **Soča,** r. de Eslovenia y de Italia, que desemboca en el golfo de Trieste; 138 km. Escenario de numerosos combates entre italianos y austriacos, de 1915 a 1917.

Isos, Issos o **Issus** (batalla de) [333 a.C.], victoria de Alejandro Magno sobre el rey persa Darío III en Isos (Cilicia, Asia Menor).

ISOZAKI ARATA, *Oita 1931,* arquitecto japonés. Discípulo de Tange, ha forjado un estilo propio de formas audaces y detalles innovadores a partir de la síntesis del movimiento

high-tech y la concepción arquitectónica oriental (museo de arte contemporáneo, Los Angeles, 1986; palacio Sant Jordi, Barcelona, 1990; Domus, La Coruña, 1995).

ISPAHĀN → IŞFAHĀN.

ISRAEL, otro nombre de Jacob en la Biblia. Por extensión, nombre dado al pueblo judío, descendiente de Israel.

ISRAEL, estado de Asia, a orillas del Mediterráneo; 21 000 km²; 6 300 000 hab. *(israelíes).* CAP. *Jerusalén* (proclamada por la Kénesset). PRINCIPALES IDIOMAS Y MONEDA. EN NUEVO SÍQUEL.

INSTITUCIONES

República. Las leyes fundamentales son de 1949. El presidente es elegido cada 5 años por la asamblea nacional *(Kénesset).* El primer ministro es elegido por sufragio universal (por primera vez en 1996); es responsable ante la Kénesset, elegida cada 4 años.

GEOGRAFÍA

Israel, resultado del reparto de la antigua Palestina, se extiende por unas regiones de clima mediterráneo al N y desértico al S (Néguev). La irrigación proporciona trigo, algodón, olivas (aceite) y sobre todo frutos (cítricos, aguacates). La pobreza del subsuelo, pese a sus fosfatos, explica la ausencia de industria pesada. Sin embargo, hay sectores especializados en Tel-Aviv-Jaffa y en Haifa, favorecidos por capitales y la calidad de la mano de obra (electrónica, informática, productos farmacéuticos, talla de diamantes, etc.). La balanza comercial es muy deficitaria. La economía sufre un considerable endeudamiento —relacionado con el presupuesto de defensa y el costo de la integración de los inmigrantes, llegados en gran número de la ex URSS desde 1990—. Los judíos representan un poco más del 75 % de la población, que incluye una minoría árabe notable, islamizada (aprox. 20 %).

HISTORIA

29 nov. 1947: la Asamblea general de la ONU adoptó una resolución sobre un «plan de partición» de Palestina, que fue rechazado por las naciones árabes limítrofes. **14 mayo 1948:** se creó el estado de Israel. Ben Gurión dirigió el gobierno provisional. **1948-1949:** Israel amplió su territorio tras la primera guerra árabe-israelí. **1949-1969:** el partido socialista (Mapay) estuvo en el poder con Ben Gurión (1948-1953, 1955-1961, 1961-1963) y Leví Eshkol (1963-1969). **1950-1960:** el auge económico se basó en la explotación colectiva de las tierras (kibbutz), el desarrollo de un fuerte sector estatal, los capitales extranjeros y la ayuda estadounidense. **1956:** la segunda guerra

Israel

— autopista
— carretera
✈ aeropuerto
★ lugar de interés turístico
⟶ oleoducto
—— límite de distrito

Haifa capital de distrito

● más de 250 000 hab.
● de 100 000 a 250 000 hab.
● de 50 000 a 100 000 hab.
● menos de 50 000 hab.

0   200   500 m

árabe-israelí fue provocada por la nacionalización del canal de Suez por Egipto y el bloqueo del golfo de Eilat. **1967:** durante la tercera guerra árabe-israelí (guerra de los Seis días), Israel ocupó el Sinaí, Gaza, Cisjordania y el Golán. **1969-1974:** Golda Meir fue primera ministra. **A partir de 1970:** Israel fomentó la implantación de colonias judías en los territorios ocupados. **1973:** cuarta guerra árabe-israelí (guerra del Yom Kippur). **1974-1977:** Y. Rabin sucedió a G. Meir. **1977:** M. Begin, primer ministro, entabló conversaciones de paz con Egipto. **1979:** según el tratado de Washington, Egipto reconoció una frontera definitiva con Israel, que le restituyó (1982) el Sinaí. **1980:** Jerusalén reunificada fue proclamada capital por el Kénesset. **1981:** anexión del Golán. **1982-1983:** Israel ocupó Líbano hasta Beirut y luego se retiró al S del país. **1984:** se formó un gobierno de unión nacional. S. Peres detentó por dos años el cargo de primer ministro. **1986:** conforme a la alternancia prevista, Y. Shamir lo sucedió. **Desde 1987:** los territorios ocupados (Cisjordania y Gaza) fueron el escenario de un levantamiento popular palestino (Intifada). **1988:** se formó un nuevo gobierno de unión nacional. Y. Shamir se mantuvo como primer ministro. **1990:** tras la crisis de este gobierno, Y. Shamir formó un gabinete de coalición con los partidos religiosos y la extrema derecha. **1991:** durante la guerra del Golfo, el país, no beligerante, fue blan-

co de los misiles iraquíes. Israel participó, con los países árabes y los palestinos, en la conferencia de paz sobre Próximo oriente de Madrid (oct.). **1992:** los laboristas regresaron al poder e Y. Rabin volvió a ser primer ministro. **1993:** el reconocimiento mutuo de Israel y de la OLP fue seguido por la firma (sept.) del acuerdo israelo-palestino de Washington. **1994:** conforme a este acuerdo, se instituyó un régimen de autonomía en Gaza y en Jericó. En paralelo, Israel firmó un tratado de paz con Jordania (oct.) e inició conversaciones con Siria. La continuación del proceso de paz se vio obstaculizada por el problema de las colonias de pobladores israelíes y por los atentados de los extremistas palestinos. **1995:** la autonomía se extendió a las grandes ciudades árabes de Cisjordania. Y. Rabin fue asesinado por un extremista israelí. S. Peres lo sucedió en el cargo de primer ministro. **1996:** Benyamin Netanyahu, líder del Likud, fue elegido primer ministro. El endurecimiento de la política israelí supuso un bloqueo del proceso de paz con los palestinos, que el acuerdo firmado entre las dos partes en Wye River (EUA) no pudo superar. **1999:** Ehud Barak, líder del Partido laborista, fue elegido primer ministro. Se reactivaron las negociaciones con los palestinos y con Siria. **2000:** el ejército israelí se retiró del S del Líbano. Las relaciones israelo-palestinas sufrieron un brusco y grave período de tensión (reanudación de la Intifada, sept.). **2001:** Ariel Sharon, líder del Likud, fue elegido primer ministro; formó un gobierno de unidad nacional. El enfrentamiento entre israelíes y palestinos no dejó de radicalizarse y evolucionó hacia una verdadera situación de guerra. **2002:** Israel, invocando la necesidad de protegerse de las incursiones de terroristas palestinos en su territorio, comenzó la construcción de un «muro de seguridad» en su frontera con Cisjordania. **2003:** tras la salida de los laboristas del gobierno (oct. 2002), se organizaron elecciones anticipadas (en.), ganadas ampliamente por el Likud; A. Sharon fue confirmado en el cargo de primer ministro. El conflicto israelo-palestino persistió agudo y mortífero, a pesar de la multiplicación de las iniciativas de paz. **2005:** A. Sharon formó un nuevo gobierno de unidad nacional (en.), el cual, pasando por alto la oposición interior, emprendió la evacuación de la franja de Gaza decidida unilateralmente en 2004 (que concluyó en ag.). Tras esta retirada y pese al inicio de un diálogo con el nuevo presidente de la Autoridad palestina, M. 'Abbas, el proceso de paz quedó estancado. En nov., los laboristas se retiraron del gobierno y A. Sharon abandonó el Likud para fundar un partido centrista, Kadima («Adelante»). **2006:** un grave accidente de salud apartó a A. Sharon de la actividad política (en.). El viceprimer ministro, Ehud Olmert, le sustituyó en la jefatura del gobierno y del partido Kadima y, tras la victoria de este partido en las elecciones (marzo), formó un gobierno de coalición con los laboristas. Durante el verano, Israel respondió a un ataque de Hezbollah contra sus soldados en la frontera israelo-libanesa con una intervención militar en Líbano (12 julio-14 ag.), pero el fracaso de esta

operación comprometió gravemente la credibilidad del gobierno y del ejército. **2007:** S. Peres fue elegido presidente de Israel. Se intentó relanzar el proceso de paz con los palestinos, bajo el auspicio de Estados Unidos (conferencia de Annapolis, Maryland, nov.). **2008:** debilitado por acusaciones de corrupción, E. Olmert renunció a dirigir el partido Kadima (sustituido por Tzipi Livni) y el gobierno (aunque siguió despachando los asuntos). Del 27 dic. 2008 a mediados de en. 2009, Israel —con el deseo declarado de acabar con el lanzamiento de misiles contra el sur del país— lanzó una gran ofensiva militar en la franja de Gaza. **2009:** las elecciones, ganadas por estrecho margen por el partido Kadima frente al Likud de B. Netanyahu, mostraron una inflexión hacia la derecha de la vida política (febr.). Netanyahu fue encargado de formar gobierno.

ISRAEL (reino de) [931-721 a.C.], reino que agrupó las tribus del N de Palestina a la muerte de Salomón (cap. *Samaria*). Minado por su inestabilidad política y sus rivalidades con el reino de Judá, sucumbió ante los asirios, quienes deportaron a su población.

ISSIK-KUL (lago), lago de Kirguizistán a 1 608 m de alt.; 6 236 km². (Reserva de la biosfera 2001.)

ISTAMBUL o **ESTAMBUL,** ant. **Bizancio,** después **Constantinopla,** c. de Turquía, junto al Bósforo y el mar de Mármara; 8 260 438 hab. Principal ciudad y puerto del país. Universidad. — Museos. La ciudad está situada a ambos lados del Cuerno de Oro, pequeña bahía profunda de la orilla europea. Al sur se sitúan los principales monumentos (Santa Sofía, mezquita del Sultán Ahmed, y diversas obras maestras de Sinán, entre ellas la mezquita de Solimán). Al norte se extiende la ciudad comercial y cosmopolita (Beyoğlu). Barrios asiáticos (Üsküdar) se extienden a lo largo del Bósforo, franqueado por dos puentes. (Patrimonio de la humanidad 1985.) — Sucesora de *Constantinopla, İstanbul fue la capital del Imperio otomano de 1453 a 1923 y conservó una población cosmopolita (griegos, armenios, judíos).

IŠTAR → ASTARTÉ.

Istiqlāl, partido nacionalista marroquí fundado en 1944. Militó por la independencia de Marruecos, entró en la oposición en 1963 y se alió con el régimen en la década de 1980.

ISTMINA, mun. de Colombia (Chocó); 21 932 hab. Industria y ganadería. Oro y plata.

ISTOLACIO, *m. en 237 a.C.,* jefe turdetano. Luchó al mando de turdetanos y mercenarios celtas e íberos contra el avance cartaginés en el valle del Guadalquivir. Derrotado por Amílcar Barca, fue crucificado.

ISTRIA, región de Eslovenia y sobre todo de Croacia, frente a Venecia, a orillas del Adriático. Veneciana desde el s. XI hasta 1797 (tratado de Campoformio), austriaca de 1797 a 1805 y a partir de 1815, fue reivindicada como «provincia irredenta» por Italia, que la anexionó en 1920. En 1947, Istria pasó a ser yugoslava, manteniendo Trieste un estatuto especial.

■ **ÍSTANBUL.** La mezquita de Solimán (obra de Mimar Sinán), sobre el Cuerno de Oro.

ISTÚRIZ (Francisco Javier **de**), *Cádiz 1790-Madrid 1871,* político español. Liberal radical exiliado (1823-1834), desarrolló una política moderada como presidente del congreso (1834-1836) y del gobierno (1836), del que fue expulsado por el motín de La *Granja. Fue de nuevo presidente del congreso (1838-1840) y del gobierno (1846-1847).

ITÁ, mun. de Paraguay (Central), en la cordillera de los Altos; 28 457 hab. Destilerías de alcohol.

ÍTACA, isla de Grecia, una de las islas Jónicas; 5 000 hab. Patria del Ulises homérico.

ITAGÜÍ, c. de Colombia (Antioquia); 137 623 hab. Textiles, curtidos y cerveza.

Itaipú, presa de Brasil y Paraguay, sobre el Paraná. Forma un lago artificial de 1 330 km^2 y alimenta una de las mayores centrales hidroeléctricas del mundo (12 600 MW).

ITAKYRY, distr. de Paraguay (Alto Paraná); 23 313 hab. Elaboración de yerba mate.

ITALIA, estado de Europa, a orillas del Mediterráneo; 301 000 km^2; 57 200 000 hab. *(italianos).* CAP. *Roma.* LENGUA: *italiano.* MONEDA: *euro.*

INSTITUCIONES

República de régimen parlamentario. Constitución de 1947, en vigor desde 1948. El presidente de la república es elegido cada 7 años por un colegio compuesto por los miembros del parlamento y representantes regionales. El presidente del consejo es responsable ante el parlamento, formado por la cámara de los diputados y el senado, elegidos para 5 años. Italia está constituida por 20 regiones: Abruzos, Aosta (valle de), Apulia, Basilicata, Calabria, Campania, Cerdeña, Emilia-Romaña, Friuli-Venecia Julia, Lacio, Liguria, Lombardía, Marcas, Molise, Piamonte, Sicilia, Toscana, Trentino-Alto Adigio, Umbría y Véneto.

GEOGRAFÍA

Italia, miembro del G7, es el más desarrollado de los estados mediterráneos, gracias a una rápida recuperación (el «milagro italiano») tras la segunda guerra mundial. Actualmente más de dos tercios de los italianos viven en ciudades, tres de las cuales (Roma, Milán y Nápoles) superan el millón de habitantes. Pero esta población ya apenas crece, debido a la caída de la natalidad.

La agricultura ya solo ocupa al 7 % de la población activa. Pero la producción sigue siendo importante, en particular por lo que se refiere a los cereales (trigo y maíz), los cultivos frutales (cítricos), olivos (aceitunas para el aceite) y vid. La naturaleza de la producción depende estrechamente del clima: caluroso en verano en todo el país, pero frío en invierno en el N (llanura del Po y arco alpino del Mediterráneo al Friuli) y particularmente seco en verano en la parte peninsular (cuyo eje lo constituyen los Apeninos) e insular (Sicilia y Cerdeña). Este clima y el rico patrimonio cultural del país explican la importancia del turismo. La industria emplea a menos de un tercio de la población activa. Comporta un importante sector estatal (actualmente en fase de reducción drástica, debido a las privatizaciones), algunas compañías muy grandes y muchas pequeñas empresas. Está implantada sobre todo en el N, puesto que la parte meridional (el Mezzogiorno) no ha recuperado su retraso. La producción está diversificada, aunque predominan las construcciones mecánicas (automóvil) y la química. En algunos sectores (textil, marroquinería), una aportación notable proviene de la economía sumergida (producción y mano de obra no declaradas). Ello atenúa la amplitud del índice de desempleo oficial y contribuye a explicar la gran flexibilidad de la economía.

HISTORIA

La antigüedad. III milenio: Italia estuvo habitada por poblaciones mediterráneas que sobrevivieron con el nombre de ligures (en la península) o de sículos (en Sicilia). **II milenio:** las migraciones indoeuropeas llevaron al desarrollo de una civilización específica, llamada «de las terramaras», en la llanura del Po; los recién llegados, los vilanovianos, practicaban la incineración y utilizaban el hierro. **H. 1000:** dos grupos itálicos (o italiotas) formaban la parte esencial de la población de Italia. **S. VIII a.C.:** los etruscos se instalaron entre el Po y la Campania; los griegos establecieron factorías en las costas meridionales. **S. IV:** los celtas ocuparon la llanura del Po. **Ss. IV-II:** Roma (fundada en 753, según la leyenda) aprovechó las disensiones de estos pueblos para conquistar progresivamente el conjunto de la península, al mismo tiempo que, tras su victoria sobre Cartago, dominaba el conjunto del Mediterráneo occidental. El latín, lengua del vencedor, se impuso en toda Italia. **91-89 a.C.:** la «guerra social» obligó a Roma a conferir a las ciudades italianas el derecho de ciudadanía. **58-51 a.C.:** con César, Italia se adueñó de la Galia. **42 a.C.:** Octavio incorporó la Galia Cisalpina a Italia, cuya frontera se trasladó hacia el N. **27 a.C.-s. V d.C.:** a partir de Augusto, Italia pasó a ser el centro de un vasto imperio, que dirigía y que la sustentaba. El cristianismo, introducido en el s. I y perseguido durante mucho tiempo, triunfó en el s. IV en Roma, que se convirtió en sede del papado.

La edad media. S. V: las invasiones bárbaras redujeron el Imperio de Occidente a Italia, que también las sufrió (saqueos de Roma, 410 y 476). **S. VI:** tras las tentativas de restablecimiento de Teodorico y de Justiniano, Italia se desarrolló en torno a tres polos: Milán, centro del reino lombardo; Ravena, bajo dominación bizantina; y el territorio pontificio, en torno a Roma. **S. VIII:** ante el avance de los lombardos, el papa pidió ayuda a los francos; Carlomagno se convirtió en rey de los lombardos (774), antes de ser coronado emperador (800). **S. IX:** las incursiones sarracenas y normandas en el 3 y la fragmentación feudal crearon una situación de anarquía. **S. X:** el rey de Germania Otón I fue coronado emperador en Roma (962), e Italia se integró en el Sacro Imperio romano germánico. **1075-1122:** la querella de las Investiduras acabó con la victoria del papado sobre el Imperio. Apoyados por Roma, los normandos de Roberto Guiscardo crearon un reino en el S de Italia. **1122-1250:** se constituyó una nueva fuerza, la de las ciudades, erigidas en municipios y enriquecidas por el crecimiento económico (Pisa, Génova, Florencia, Milán, Venecia). Cuando se reanudó el conflicto entre la Iglesia y el Imperio (1154-1250) —que permitió al emperador Federico Barbarroja conquistar el reino normando—, las ciudades se vieron forzadas a tomar partido, y se dividieron entre güelfos (partidarios del papa) y gibelinos (que apoyaban al emperador). **1266-1417:** el S de Italia correspondió a Carlos de Anjou, y Sicilia pasó a la Corona de Aragón, lo que puso fin a las pretensiones imperiales sobre Italia. El papado hubo de abandonar Roma por Aviñón (1309-1376) y fue debilitado por el Gran Cisma de Occidente (1378-1417). **S. XV:** se formó una nueva potencia en el N, el ducado de Saboya; en las ciudades, donde familias principescas se impusieron contra el régimen republicano, llegó a su apogeo el renacimiento (Florencia).

De la decadencia del s. XVI al Risorgimento. 1494-1559: las guerras de Italia acabaron, en detrimento de las ambiciones francesas, con el establecimiento del predominio español en gran parte de la península. **1559-1718:** Italia, centro de la Contrarreforma, sufrió una decadencia en el plano cultural y económico. **S. XVIII:** el tratado de Utrecht (1713) situó al país bajo la dominación de los Habsburgo de Austria. En Toscana y en el reino de Nápoles, que, junto con Parma, volvió a manos de los Borbones de España a partir de 1734, se aplicó una política reformista e ilustrada. **1792-1799:** Italia se situó bajo la influencia de Francia, que anexionó Saboya y Niza y ocupó la república de Génova. Se instituyeron efímeras «repúblicas hermanas». **1802-1804:** Bonaparte conquistó el conjunto de la península, y constituyó en el N una «República italiana». **1805-1814:** esta, convertida en reino de Italia, tuvo como soberano a Napoleón Bonaparte; el reino de Nápoles, ocupado en 1806, fue confiado a José Bonaparte y luego (1808) a Murat. **1814:** Italia recuperó su división anterior (doce estados). La dominación austriaca fue restablecida en el N y en el centro. **1820-1821:** algunas sociedades secretas (carbonarios) fomentaron conjuraciones contra el retorno del absolutismo, pero fueron duramente reprimidas. **1831-1833:** estallaron nuevas revueltas, inspiradas por el republicano Mazzini, fundador del movimiento «Joven Italia». **1846-1849:** la empresa de liberación nacional, el *Risorgimento,* fracasó ante la resistencia austriaca; pero el Piamonte, con Carlos Alberto y luego Víctor Manuel II y su ministro Cavour, se impuso al frente de él, y obtuvo en su favor el apoyo de Francia. **1859:** las tropas francopiamontesas vencieron a Austria (campaña de Italia), que hubo de abandonar Lombardía. **1860:** Francia recuperó Saboya y Niza. Movimientos revolucionarios, en Italia central y en el reino de Nápoles conquistado por Garibaldi, llevaron a la unión de estas regiones con el Piamonte. **1861:** se proclamó el reino de Italia, con Víctor Manuel como soberano y Turín como capital (a partir de 1865, Florencia). **1866:** el reino conquistó el Véneto gracias a la ayuda prusiana. **1870:** Roma se convirtió en capital.

El reino de Italia y la época de Mussolini. 1870-1876: se sucedieron los gobiernos de derecha, mientras el Mezzogiorno se hundía en la pobreza y se desarrollaba la emigración. **1876-1900:** los sustituyeron gobiernos de izquierda con Crispi, anticlerical y hostil a Francia, que intentó en vano colonizar Etiopía. Víctor Manuel II tuvo como sucesores en 1878 a Humberto I, asesinado en 1900, y posteriormente a Víctor Manuel III. **1903-1914:** G. Giolitti, presidente del consejo, restableció el orden y el equilibrio económico. La política exterior, dominada por las reivindicaciones irredentistas, condujo al conflicto italo-turco (1911-1912) y a la anexión de Tripolitania y el Dodecaneso. **1915-1918:** Italia participó en la primera guerra mundial junto a los Aliados. **1919:** solamente una parte de sus ambiciones se vio satisfecha (anexión de Trentino, Alto Adigio y Fiume). **1922:** Mussolini fue llamado al poder por el rey tras la «marcha sobre Roma» de sus Camisas negras. **1922-1943:** Mussolini, el *duce,* instauró un régimen fascista. **1929:** acuerdos de Letrán. **1935-1936:** conquista de Etiopía. **1940:** Italia, que había firmado el pacto de Acero con el III Reich el año anterior, entró en guerra junto a Alemania. **1943:** el desembarco angloamericano en Sicilia provocó la caída de Mussolini, que se refugió en el N, donde constituyó la República de Salò, el mariscal Badoglio firmó un armisticio con los Aliados. **1944:** Víctor Manuel III abdicó y su hijo Humberto II se convirtió en lugarteniente general del reino. **1945:** Mussolini fue detenido y fusilado.

La Italia contemporánea. 1946: se proclamó la república tras un referéndum; el democristiano A. De Gasperi, presidente del consejo (1945-1953), emprendió la reconstrucción del país, apoyándose en la alianza con EUA. **1958:** Italia ingresó en la CEE. **1958-1968:** los democristianos, con A. Fanfani y luego A. Moro, fueron los autores de un «milagro económico» que no impidió el avance electoral de la izquierda. **1968-1972:** la inestabilidad política hizo que los gobiernos se sucedieran con rapidez. La clase política, considerada corrupta, se vio cada vez más aislada del resto de la sociedad. **1972-1981:** para restablecer el orden, los partidos políticos trataron de realizar la mayor alianza posible; lo lograron con el «compromiso histórico», entre 1976 y 1979, cuando se unieron en el poder comunistas y democristianos. Mientras tanto, la sociedad italiana se vio trastornada por el desarrollo del terrorismo de derecha o de izquierda, en particular de las Brigadas rojas (asesinato de A. Moro, 1978). **1981-1982:** Giovanni Spadolini (Partido republicano) fue el primer jefe de gobierno no perteneciente a la Democracia cristiana. **1983-1987:** el socialista B. Craxi fue presidente del gobierno. **1987-1992:** tras su dimisión, los democristianos (Giovanni Goria [julio 1987]; Ciriaco de Mita [abril 1988]; G. Andreotti [julio 1989]) recuperaron la presidencia del consejo. **1992:** dimisión del presidente F. Cossiga, sustituido por Oscar Luigi Scalfaro. Las elecciones legislativas (abril) estuvieron marcadas por el fracaso de los grandes partidos tradicionales y por la emergencia de las Ligas (movimientos regionalistas y populistas) en Italia del Norte. El socialista G. Amato formó un gobierno de coalición (junio) que inició una política de austeridad, de revisión de las instituciones y

Italia

200 400 1000 2000 m

autopista	✈ aeropuerto
carretera	★ lugar de interés turístico
ferrocarril	▲ volcán

	límite de provincia
Milán	capital de región
Urbino	capital de provincia

● más de 1 000 000 hab.
● de 500 000 a 1 000 000 hab.
● de 100 000 a 500 000 hab.
● menos de 100 000 hab.

50 km

de lucha contra la mafia y la corrupción. **1993:** insistió en esta política Carlo Azeglio Ciampi, gobernador del Banco central, que dirigió el nuevo gobierno. Se emprendió una reforma del sistema político, relativa, sobre todo, al funcionamiento de los partidos y las leyes electorales. **1994:** en las elecciones legislativas venció una coalición de derecha y extrema derecha; Silvio Berlusconi fue nombrado presidente del consejo (abril), pero tuvo que dimitir meses más tarde (dic.; despachó los asuntos ordinarios hasta en 1995). **1995-1996:** Lamberto Dini encabezó un gobierno de técnicos. **1996:** triunfo de la coalición de centro-izquierda en las elecciones legislativas. R. Prodi formó un nuevo gobierno. **1998:** M. D'Alema, líder de los Demócratas de izquierda (DS, partido heredero del antiguo Partido comunista italiano), lo sucedió como primer ministro. **1999:** C. A. Ciampi fue elegido presidente de la república. **2000:** tras la derrota del centro-izquierda en las elecciones regionales, M. D'Alema dimitió; G. Amato volvió a la presidencia del consejo. **2001:** las elecciones legislativas fueron ganadas por una coalición de derecha dirigida por S. Berlusconi; éste volvió a la presidencia del gobierno. **2006:** tras un ajustado triunfo de la coalición de centro-izquierda en las elecciones legislativas, R. Prodi volvió a presidir el gobierno (abril). Giorgio Napolitano accedió a la presidencia de la república (mayo). **2008:** al cabo de veinte meses de un mandato salpicado de crisis políticas, R. Prodi dimitió (en.). La derecha ganó las elecciones legislativas (abril) y S. Berlusconi volvió al poder. **2009:** un sismo afectó la región de los Abruzzos.

Italia (campaña de) [julio 1943-mayo 1945], campaña de la segunda guerra mundial. Conjunto de las operaciones llevadas a cabo por los Aliados contra las fuerzas germanoitalianas, desde Sicilia hasta la llanura del Po.

Italia (campañas de), operaciones militares en suelo italiano dirigidas por Napoleón Bonaparte contra Austria en 1796-1797 y en 1800.

Italia (consejo de), organismo español de gobierno creado en 1555 para tratar los asuntos de los dominios españoles en Italia. A principios del s. XIX fue disuelto.

Italia (guerras de) [1494-1559], conflictos desencadenados por las expediciones militares de los reyes de Francia en Italia, en los que España tuvo un papel destacado. En un primer período (1494-1516), los reyes de Francia combatieron por la sucesión del reino de Nápoles y del Milanesado. Tuvieron como adversarios a Fernando el Católico y el papado, mientras las ciudades italianas cambiaron de bando según sus intereses. Las victorias en Ceriñola (1503) y Garellano (1504) del ejército mandado por Gonzalo de Córdoba, el Gran Capitán, significaron la expulsión de los franceses de Nápoles. El tratado de Noyon (1516) concedió el reino de Nápoles a España y el Milanesado a Francia. En un segundo período, Italia fue una pieza dentro de una lucha más general (oposición entre los Valois y los Habsburgo), en la que participó Inglaterra. En 1521 Carlos Quinto se adueñó del Milanesado y en la batalla de Pavía (1525) hizo prisionero a Francisco I. Este volvió a ocupar la Saboya y el Piamonte en 1536 y en 1542, pero la invasión de territorio francés por tropas imperiales lo forzaron a firmar el tratado de Crépy (1544). En 1556, Enrique II envió una expedición a Nápoles, pero su derrota en San Quintín lo obligó a abandonarla. Los tratados de Cateau-Cambrésis (1559) y de Vervins (1598) pusieron fin a las pretensiones francesas en Italia, donde España dominaría en adelante.

ITALIA (reino de), reino creado por Napoleón I para sustituir la República italiana, y del que fue soberano (1805-1814).

ITÁLICA, mun. hispanorromano de la Bética, próximo a Hispalis (Sevilla), en la act. *Santiponce.* Fundado por Escipión el Africano (205 a.C.), vivió su mayor esplendor en la época de Augusto y fue cuna de Trajano y Adriano. Restos del anfiteatro, teatro y termas.

ITAMI, c. de Japón (Honshū); 186 134 hab. Aeropuerto.

ITAPÚA (departamento de), dep. del SE de Paraguay; 16 525 km²; 377 536 hab.; cap. *Encarnación.*

ITAR-Tass (Information Telegraph Agency of Russia-Tass), agencia de prensa rusa. Se constituyó con la fusión, en 1992, de la agencia Tass (Telegráfnoie Aguentstvo Soviétskovo Soyuza), agencia de prensa oficial de la URSS (1925-1991) con RIA-Novosti (Russian Information Agency-Novosti), sucesora de la agencia Novosti, creada en 1961.

ITATA, r. de Chile central (Biobío), que recibe al Ñuble (or. der.), de mayor caudal, y desemboca en el Pacífico; 180 km aprox.

ITAUGUÁ o **ITAGUÁ,** mun. de Paraguay (Central); 25 957 hab. Curtidurías, almazaras y aserraderos.

ITÉNEZ → GUAPORÉ.

ITER (International Thermonuclear Experimental Reactor), proyecto de reactor experimental destinado a la producción de energía por fusión termonuclear, en el que participan la Unión europea, Estados Unidos, Rusia, Japón, China, Corea del Sur y la India. Se emplazará en Cadarache (Francia).

ITT (International Telephone and Telegraph Corporation), empresa estadounidense fundada en 1910. Especializada en sus orígenes en las telecomunicaciones, a continuación se diversificó, para convertirse en una poderosa multinacional en las décadas de 1960 y 1970. Act. está escindida en varias compañías.

ITUANGO, mun. de Colombia (Antioquia); 22 501 hab. Frijol, plátanos y caña de azúcar; ganadería. Oro.

ITURBI (José), *Valencia 1895-Los Ángeles 1980,* pianista y compositor español. Establecido en América, actuó en teatros de todo el mundo, a veces con su hermana Amparo (1899-1969), y en películas (*Levando anclas,* 1945).

ITURBIDE (Agustín de), *Valladolid, act. Morelia, 1783-Padilla 1824,* militar y estadista mexicano. Conservador, se opuso a la constitución liberal de 1812. Ex oficial realista, tras combatir contra Hidalgo y Morelos (1810-1815) luchó en el movimiento independentista mexicano (1820), y con un ejército de 4 000 hombres lanzó el plan de *Iguala (febr. 1821), que proclamó la independencia; esta fue efectiva en septiembre, previo acuerdo con el virrey español O'Donojú (tratado de Córdoba). Iturbide se hizo proclamar presidente de la junta de gobierno y en 1822, tras consagrarse emperador (Agustín I), abolió la cámara y gobernó dictatorialmente. En 1823, ante el levantamiento republicano de Santa Anna, tuvo que abdicar y exiliarse. A su regreso fue fusilado.

■ AGUSTÍN DE ITURBIDE. Detalle de la obra *Iturbide sale para el destierro desde el puerto de la Antigua.* (Anónimo; museo nacional de historia, México.)

ITURRIGARAY Y ARÓSTEGUI (José Joaquín de), *Cádiz 1742-Madrid 1815,* administrador español. Su amistad con Godoy le proporcionó el virreinato de Nueva España (1803-1808). Tras conocerse la abdicación de Bayona (1808), presidió una junta y se alineó con los sectores criollos partidarios de la independencia. Murió en España, antes de finalizar el juicio al que fue sometido.

ITURRINO (Francisco), *Santander 1864-Cagnes-sur-Mer, Francia 1924,* pintor español. Su obra, influida por el postimpresionismo y posteriormente por el fauvismo, del que toma la luminosidad y el colorido, trata temas generalmente populares, paisajes, bodegones y desnudos femeninos.

ITUZAINGÓ, dep. de Argentina (Corrientes); 28 737 hab. Naranjos. Puerto fluvial en el Paraná.— En sus inmediaciones tuvo lugar una batalla (20 febr. 1827) durante la rebelión de la Banda Oriental del Uruguay, en la que las tropas argentino-uruguayas vencieron al imperio brasileño que resultó decisiva para la independencia uruguaya.

ITZAMNÁ MIT. AMER. Divinidad benefactora y principal del panteón maya. Señor del cielo, de la noche y del día, a la vez que héroe cultural (se le atribuía la invención de la escritura y el calendario). Cuando se refería a cosas terrenas podía tomar el nombre de *Itzam Cab Ain.*

ITZCÓATL, cuarto soberano azteca (1427-1440). Hijo ilegítimo de Acamapichtli, impulsó la alianza con los soberanos de Texcoco y Tlacopan, acabó con el imperio tepaneca (h. 1430) e inició la expansión azteca por el O del Valle de México.

IU, sigla de *Izquierda unida.

IVAJLO, *m. en 1280,* zar usurpador de Bulgaria (1278-1280). Porquerizo, organizó la defensa del país contra los mongoles y se hizo proclamar zar.

IVAM (Instituto valenciano de arte moderno), museo de arte contemporáneo inaugurado en Valencia en 1989 como centro de investigación y difusión del arte moderno (pintura, escultura, dibujo, obra gráfica y fotografía).

IVÁN I Kalitá, *m. en 1340,* príncipe de Moscú (1325-1340) y gran príncipe de Vladímir (1328-1340). Obtuvo de los mongoles el privilegio de reunir el tributo debido a la Horda de Oro.— **Iván III el Grande,** *1440-Moscú 1505,* gran príncipe de Vladímir y de Moscú (1462-1505). Se liberó de la soberanía mongol (1480), adoptó el título de autócrata y se consideró heredero de Bizancio.— **Iván IV el Terrible,** *Kolomenskoie 1530-Moscú 1584,* gran príncipe (1533-1547) y luego zar (1547-1584) de Rusia. Primero en adoptar el título de zar, se anexionó los kanatos de Kazán (1552) y Astraján (1556), y se lanzó a la guerra contra Livonia (1558-1583). Instauró al final de su reinado un régimen de terror, creando un territorio reservado para sus fieles (*Opríchnina,* 1565-1572).

Ivanhoe, novela histórica de Walter Scott (1819). Ivanhoe, guerrero valiente y bondadoso, secunda a Ricardo I Corazón de León durante la tercera cruzada, y posteriormente en su lucha contra Juan sin Tierra.

IVANO-FRANKIVSK, ant. Ivano-Frankovsk, c. de Ucrania, al SE de Lviv; 226 000 hab.

IVÁNOV (Liev Ivánovich), *Moscú 1834-San Petersburgo 1901,* bailarín y coreógrafo ruso. Colaborador de M. Petipa, es autor de la coreografía de *Cascanueces* (1892) y de las de los actos II y III de *El lago de los cisnes* (1895).

IVÁNOVO, c. de Rusia, al NE de Moscú; 481 000 hab. Centro textil.

■ IVÁN IV EL TERRIBLE.
(Museo histórico del Estado, Moscú.)

1421

IVES (Charles), *Danbury, Connecticut, 1874-Nueva York 1954*, compositor estadounidense. Organista, fue un pionero del nuevo lenguaje musical (*The Unanswered Question*, 1906; *Concord sonata*, para piano, 1915).

IVO (Ismael), *São Paulo 1955*, bailarín y coreógrafo brasileño. Formado con Alvin Ailey, dirigió la compañía del Teatro nacional alemán de Weimar (1995-1997). En sus coreografías, parte de elementos afrobrasileños, de la danza expresiva alemana y del teatro-danza para crear dramas de alcance universal (*Francis Bacon*, 1993; *The Maids*, 2001).

IVORY (James), *Berkeley 1928*, cineasta estadounidense. Cautivado por las civilizaciones en vías de desaparición, este discípulo de Henry James destaca por sus adaptaciones cinematográficas de novelas (*Los europeos*, 1979; *Una habitación con vistas*, 1985; *Lo que queda del día*, 1993; *La copa dorada*, 2000).

IVREA, c. de Italia (Piamonte), a orillas del Dora Baltea; 24 546 hab. Ofimática. — Monumentos antiguos y modernos.

IVRY-SUR-SEINE, c. de Francia (Val-de-Marne), a orillas del Sena; 51 425 hab.

IWAKI, c. de Japón (Honshū); 355 800 hab.

IWASZKIEWICZ (Jaroslaw), *Kalnik, Ucrania, 1894-Varsovia 1980*, escritor polaco. Poeta y ensayista, unió en su obra narrativa (*Los escudos rojos*, 1934; *Madre María de los Ángeles*, 1943) lo fantástico y el realismo psicológico.

IWO, c. del SE de Nigeria; 296 200 hab.

IWO TO, de 1945 a 2007 **Iwo Jima**, isla japonesa del Pacífico, al N de las Marianas. Fue conquistada por los estadounidenses en febrero de 1945.

IXCAN, r. de Guatemala, afl. del Grijalva. Se extiende hasta México.

IXCHEL o **IX CHEL** MIT. AMER. Diosa maya de la luna, de las corrientes de agua y de la fecundidad femenina. Señora de las aguas, y también causante de las inundaciones, se la representaba con una serpiente retorciéndose en su cabeza y la falda adornada con huesos formando cruces que la relacionan con el inframundo, la destrucción y la muerte.

IXHUATLÁN DEL CAFÉ, mun. de México (Veracruz); 53 883 hab. Explotación forestal.

IXHUATLÁN DEL SURESTE, mun. de México (Veracruz); 21 617 hab. Yacimientos de azufre y petróleo.

IXIMCHÉ, localidad de Guatemala (Chimaltenango). Ruinas de Tecpan Cuauhtemallan, la ant. cap. cakchiquel.

IXIÓN MIT. GR. Rey de los lapitas, antepasado de los centauros. Para castigarlo por su actitud sacrílega hacia Hera, Zeus lo arrojó a los Infiernos atado a una rueda de fuego, que debía dar vueltas eternamente.

IXMIQUILPAN, mun. de México (Hidalgo); 52 124 hab. Convento de San Miguel, con claustro plateresco y capilla de indios.

IXTACALCO, delegación de México (Distrito Federal), junto al lago Texcoco; 570 377 hab.

IXTACAMAXTITLÁN, mun. de México (Puebla); 32 279 hab. Minas de plata y plomo. Hulla.

IXTACUIXTLA, mun. de México (Tlaxcala); 20 592 hab. Plantas medicinales. Aguas termales.

IXTACZOQUITLÁN, mun. de México (Veracruz); 32 279 hab. Explotación forestal. Fábrica de cemento.

IXTAPALAPA, delegación de México (Distrito Federal); 1 262 354 hab. Centro industrial.

IXTAPALUCA, mun. de México (México), al SE del lago Texcoco; 77 862.

IXTAPAN DE LA SAL, mun. de México (México); 18 899 hab. Agricultura (frutales). Aguas termales.

IXTLAHUACA, mun. de México (México); 68 719 hab. Minas de plata. Centro comercial e industrial.

IXTLAHUACÁN DEL RÍO, mun. de México (Jalisco), avenado por el Santiago; 18 833 hab.

IXTLÁN, mun. de México (Michoacán); 15 000 hab. Géiseres y manantiales radiactivos.

IXTLÁN, mun. de México (Nayarit), en la cordillera Neovolcánica, avenado por el *río Ixtlán*, en el *valle de Ixtlán*; 20 875 hab.; cab. *Ixtlán del Río*. Minería. Zona arqueológica.

IXTLILXÓCHITL I, *m. en 1418*, sexto soberano chichimeca (1409-1418). Accedió al trono de Texcoco en guerra con el señor tepaneca Tezozomoc, quien lo hizo asesinar, aunque antes pudo poner a salvo a su hijo Netzahualcóyotl.

IXTLILXÓCHITL II, *1500-1550*, príncipe de Texcoco. Hijo de Netzahualpilli y hermano de Cacamatzin, se enfrentó a este tras la muerte de su padre en 1516. Colaboró activamente con los españoles en la conquista del imperio azteca, concluida la cual no pudo recuperar los territorios del reino de Texcoco.

IZABAL o **GOLFO DULCE**, lago de Guatemala (Izabal); 589 km². Desagua en la costa del Caribe a través de El Golfete y del río Dulce.

IZABAL (departamento de), dep. del E de Guatemala; 9 038 km²; 341 924 hab.; cap. *Puerto Barrios*. Ganadería.

IZALCO, volcán del O de El Salvador (Sonsonate); 1 893 m. Forma parte del Eje volcánico guatemalteco-salvadoreño y es el volcán más activo de Centroamérica.

IZALCO, c. de El Salvador (Sonsonate); 29 080 hab. Plantas textiles. Aguas termales. Está situada en la ladera del *volcán Izalco*.

IZAMAL, mun. de México (Yucatán); 19 094 hab. Antigua corte de los itzaes, sobre una pirámide precolombina se erigió un templo (1549), dedicado a Nuestra Señora de Izamal.

IZANAGI E IZANAMI, pareja creadora de las montañas, los campos y los elementos en el sintoísmo.

IZAPA, sitio arqueológico de México (Chiapas). Centro ceremonial de 300 a.C. a 250 d.C. Destaca su original estilo escultórico.

IZETBEGOVIĆ (Alija), *Bosanski Šamac 1925-Sarajevo 2003*, político bosnio. Elegido presidente de Bosnia-Herzegovina en 1990, se opuso a la división étnica del país y trabajó por el respeto de los derechos humanos de los

musulmanes (o bosníacos). Cofirmante del acuerdo de paz de 1995, fue desde 1996 a 2000 miembro de la presidencia colegial de la nueva federación de Bosnia-Herzegovina (que presidió de 1996 a 1998 y en 2000).

ÍZHEVSK, c. de Rusia, cap. de Udmurtia; 647 000 hab. Metalurgia.

İZMIR, ant. **Esmirna**, c. de Turquía, en la costa del mar Egeo; 1 757 414 hab. Puerto. Feria internacional. — Museo arqueológico. — Anexionada al Imperio otomano en 1424, fue ocupada por los griegos en 1919 y retomada por los turcos en 1922.

İZMIT, ant. **Nicomedia**, c. de Turquía, a orillas del mar de Mármara; 256 882 hab. Puerto militar. Petroquímica. Sismo en 1999.

İZNIK, nombre actual de *Nicea (Turquía)*.

IZOZOG o **PARAPETÍ** (bañados del), área pantanosa del E de Bolivia (Santa Cruz) situada en Los Llanos orientales.

IZPISÚA (Juan Carlos), *Hellín 1960*, bioquímico español. Investigador del Salk Institute de San Diego y director del Centro de investigación en medicina regenerativa de Barcelona, ha contribuido al descubrimiento de la cascada genética durante la formación y disposición de los principales órganos corporales, y ha sido pionero en la curación de enfermedades con células madre.

Izquierda republicana, partido político español, fundado en 1934 por la unión de la Acción republicana de Azaña, los radicales socialistas de Marcelino Domingo y la ORGA de Casares Quiroga. Eje del Frente popular, participó con éxito en las elecciones de febrero de 1936.

Izquierda unida o **IU**, coalición electoral española, fundada en 1986 y constituida en torno al Partido comunista de España.

IZQUIERDO (María), *San Juan de los Lagos 1902-México 1955*, pintora mexicana. Su obra conjuga elementos relacionados con el onirismo surrealista, la tradición mexicana y la pintura naíf.

IZQUIERDO Y RIVERA DE LEZAMA (Eugenio), *en Navarra h.1745-París 1813*, naturalista y diplomático español. Director del gabinete de historia natural de Madrid (1792-1798), fue diplomático en la Francia de la Revolución, embajador ante Napoleón (1806-1808) y secretario de Carlos IV tras su abdicación (1808).

IZTACCÍHUATL, macizo volcánico de México (México y Puebla) en la cordillera Neovolcánica; 5 286 m de alt.

IZÚCAR DE MATAMOROS, mun. de México (Puebla); 57 941 hab. Minería. Refino de azúcar, conservas.

Izumo, santuario sintoísta fundado h. el s. VI a orillas del mar del Japón (prefectura de Shimane). Fielmente reconstruido (1874), es uno de los ejemplos de la arquitectura prebúdica en Japón. Célebre lugar de peregrinación.

Izvestia («Las noticias»), diario ruso fundado en 1917 en Petrogrado. Fue el órgano de los soviets de los diputados del pueblo de la URSS.

JABALÓN, r. de España, afl. del Guadiana (or. Izq.); 171 km. Nace en el Campo de Montiel y pasa cerca de Montiel y Valdepeñas.

JABALPUR o **JUBBULPORE**, c. de la India central (Madhya Pradesh); 887 188 hab.

JABÁROVSK, c. de Rusia, en Siberia, a orillas del Amur; 601 000 hab. Centro administrativo e industrial.

JACA, c. de España (Huesca), cab. de p. j.; 14 414 hab. (*jacetanos* o *jaqueses*). En el Camino de Santiago. Centro industrial, turístico y de comunicaciones. — Catedral románica (s. xi); puentes góticos; ciudadela (ss. xvi-xvii); ayuntamiento plateresco. Museos. De origen ibérico *(Iacca)*, fue cap. del reino de Aragón en el s. xi. En ella se sublevaron contra la monarquía los capitanes Fermín Galán y Ángel García Hernández (12-13 dic. 1930).

JÁCHAL, r. del NO de Argentina (San Juan), afl. del Desaguadero.

JÁCHAL, dep. de Argentina (San Juan); 19 989 hab. Alfalfa, cereales, vid. Ganadería.

JACHATURIÁN (Aram), *Tiflis 1903-Moscú 1978*, compositor soviético. Escribió la música de los ballets *Gayané* (1942) y *Spartacus* (1956), de inspiración patriótica y folclórica.

JACINTO (san) [Jacko d'Opole], *Kamien, Silesia, 1183-Cracovia 1257*, religioso polaco. Dominico, introdujo su orden en Polonia (1221).

JACKSON, c. de Estados Unidos, cap. de Mississippi; 196 637 hab.

JACKSON (Andrew), *Waxhaw, Carolina del Sur, 1767-Hermitage, Tennessee, 1845*, político estadounidense. Demócrata, presidente de EUA (1829-1837), marcó su época («era Jackson») por acrecentar la autoridad presidencial y reforzar la democracia estadounidense.

JACKSON (Gabriel), *Mount Vernon, Nueva York, 1921*, historiador estadounidense. Especialista

■ ANDREW **JACKSON**, por T. Sully. (Galería nacional de artes, Washington.)

en historia contemporánea de España, entre sus obras destaca *La república española y la guerra civil (1931-1939)* [1965].

JACKSON (John Hughlings), *Green Hammerton, Yorkshire, 1835-Londres 1911*, neurólogo británico. Uno de los fundadores de la neurología moderna, estudió sobre todo la epilepsia.

JACKSON (Mahalia), *Nueva Orleans 1911-Chicago 1972*, cantante estadounidense. Una de las mejores intérpretes de espirituales negros y gospel, conoció el éxito a partir de 1946.

JACKSON (Michael), *Gary 1958-Los Ángeles 2009*, cantante de pop estadounidense. Último de los cinco hermanos que formaron el grupo de rhythm and blues Jackson Five, prosiguió en solitario a partir de finales de la década de 1970 una de las carreras más destacadas de la escena pop internacional (*Thriller*, álbum, 1982).

■ MICHAEL **JACKSON** (oct. 1996).

JACKSONVILLE, c. de Estados Unidos (Florida); 635 230 hab. Turismo.

JACOB, último de los patriarcas bíblicos. Hijo de Isaac y padre de doce hijos, un sueño le reveló que de ellos descenderían las doce tribus de Israel.

JACOB (François), *Nancy 1920*, médico, biólogo y bioquímico francés. En 1965 obtuvo el premio Nobel de fisiología y medicina, junto con Lwoff y Monod, por sus trabajos sobre bioquímica y genética.

JACOB (Max), *Quimper 1876-campo de concentración de Drancy 1944*, escritor francés. Sus poemas (*El cubilete de los dados*, 1917) y relatos oscilan entre lo burlesco y lo místico, entre

la parodia y las meditaciones religiosas. También fue pintor

JACOBI (Carl), *Potsdam 1804-Berlín 1851*, matemático alemán. Autor de estudios fundamentales sobre las funciones elípticas, abrió el camino a la teoría de las funciones de doble periodicidad.

jacobinos (club de los), asociación política de la Revolución francesa (1789-1799). Creado en Versalles por diputados bretones de orientación inicialmente moderada, con Robespierre tomó un cariz revolucionario. Clausurado en 1794, fue reconstituido hasta su desaparición definitiva en 1799.

JACOBO → SANTIAGO.

JACOBO de Vorágine (beato), *Varazze, Liguria, h. 1228-Génova 1298*, hagiógrafo italiano, autor de vidas de santos (**Leyenda áurea*).

ESCOCIA

JACOBO I ESTUARDO, *Dunfermline 1394-Perth 1437*, rey de Escocia (1406/1424-1437). Tras 19 años de cautiverio en Inglaterra, sofocó la oposición feudal y se aproximó a Francia contra los ingleses. — **Jacobo II**, *Edimburgo 1430-Roxburgh Castle 1460*, rey de Escocia (1437-1460), de la dinastía de los Estuardo. Aprovechó la guerra de las Dos Rosas para intentar recuperar las últimas posesiones inglesas en Escocia. — **Jacobo III**, *1452-cerca de Stirling 1488*, rey de Escocia (1460-1488), de la dinastía de los Estuardo. Su matrimonio con Margarita (1469), hija de Cristián I de Dinamarca, le aportó las islas Orcadas y las Shetland. — **Jacobo IV**, *1473-Flodden 1513*, rey de Escocia (1488-1513), de la dinastía de los Estuardo. Reanudada la guerra contra Inglaterra (1513), halló la muerte en el desastre de Flodden. — **Jacobo V**, *Linlithgow 1512-Falkland 1542*, rey de Escocia (1513-1542), de la dinastía de los Estuardo. Padre de María I Estuardo, destacó por la fidelidad de su alianza con Francia. — **Jacobo VI** → **Jacobo I** [Inglaterra]. — **Jacobo VII** → **Jacobo II** [Inglaterra].

INGLATERRA E IRLANDA

JACOBO I, *Edimburgo 1566-Theobalds Park, Hertfordshire, 1625*, rey de Inglaterra y de Irlanda (1603-1625) y, con el nombre de Jacobo VI, rey de Escocia (1567-1625), de la dinastía de los Estuardo. Hijo de María Estuardo, en 1603 sucedió a Isabel I en el trono de Inglaterra. Adversario con los católicos, escapó de la Conspiración de la pólvora (1605); perseguidor de los puritanos, aceleró la emigración de estos hacia Norteamérica. Despreciando al parlamento, dio su confianza al duque de Buckingham y se granjeó la hostilidad de los ingleses. — **Jacobo II**, *Londres 1633-Saint-Germain-en-*

Laye, Francia, 1701, rey de Inglaterra, de Irlanda y, con el nombre de Jacobo VII, de Escocia (1685-1688), de la dinastía de los Estuardo. Hermano de Carlos II, se convirtió al catolicismo; pese a la *Test Act*, sucedió a su hermano (1685). Pero su desprecio al parlamento y el nacimiento de un hijo, heredero católico, Jacobo Eduardo (1688), provocaron la oposición whig, que apeló al yerno del rey, Guillermo de Nassau. Al desembarcar este en Inglaterra, obligó a Jacobo II a huir a Francia. Un intento de restauración fracasó tras la derrota de Jacobo II en la batalla de Boyne (1690).

JACOBO EDUARDO ESTUARDO, conocido con el nombre de **el Pretendiente** o **el Caballero de San Jorge,** *Londres 1688-Roma 1766*, pretendiente al trono de Inglaterra. Hijo de Jacobo II, tras la muerte de este (1701) fue reconocido rey por Luis XIV, pero, a pesar del apoyo de sus partidarios, los *jacobitas*, fracasó en sus intentos de recuperar el trono.

JACOBSEN (Arne), *Copenhague 1902-íd. 1971*, arquitecto y diseñador danés. Destacan sus fábricas, de gran calidad plástica.

JACOBSEN (Jens Peter), *Thisted 1847-íd. 1885*, escritor danés. Sus novelas intimistas y trágicas enfrentan el inconsciente y el ensueño con la realidad (*Maria Grubbe. Interiores del siglo XVII*, 1876; *Niels Lyhne*, 1880).

JACOMART (Jaume Baço, llamado), *Valencia 1411-íd. 1461*, pintor valenciano. Su estilo sintetiza aspectos del gótico internacional y elementos renacentistas, asimilados durante su estancia en la corte napolitana de Alfonso el Magnánimo. Se le atribuye el retablo de *San Orencio y san Pedro* (Catí, Castellón).

JACONA, mun. de México (Michoacán); 35 247 hab.; cab. *Jacona de Plancarte*. Cereales y hortalizas.

JACOPO DELLA QUERCIA → QUERCIA.

JACQUARD (Joseph Marie), *Lyon 1752-Oullins, Rhône, 1834*, inventor francés. Concibió el telar que lleva su nombre, que permite la selección de los hilos mediante un programa inscrito en tarjetas perforadas.

Jacquerie (1358), revuelta antinobiliaria del campesinado francés durante la cautividad de Juan II el Bueno.

JACUÍ, r. del S de Brasil (Rio Grande do Sul), que desemboca en el lago de los Patos; 720 kilómetros.

JADE (golfo del), golfo de la costa de Alemania, en el mar del Norte.

JADIDA (El-), ant. **Mazagán,** c. de Marruecos, en el Atlántico; 81 455 hab. Puerto. — Monumentos antiguos.

JADIYA, *m. en La Meca 619*, primera esposa de Mahoma.

JAÉN, c. de España, cap. de la prov. homónima y cab. de p. j.; 110 781 hab. (*jiennenses o jaeneses*). Cabecera de una rica comarca agrícola. Industrias. — Baños árabes (s. XI); castillo de Santa Catalina; catedral (reconstruida a partir de 1548 en majestuoso estilo clásico por Andrés de Vandelvira); diversas iglesias y edificios civiles (ss. XVI-XVIII); museo. — Fue la *Aurgi* cartaginesa y *lucgo* romana. Cap. de una taifa musulmana en el s. XI.

JAÉN (provincia de), prov. de España, en Andalucía; 13 498 km²; 645 711 hab.; cap. *Jaén*. La sierra Morena al N y el sistema Subbético al S encuadran la amplia depresión del Guadalquivir. Olivo, cereales, hortalizas en los regadíos de La Campiña. Minería en la sierra (plomo, uranio). La industria se concentra en la capital y en Linares.

JAFET, personaje bíblico. Tercer hijo de Noé, es uno de los antepasados de la humanidad posterior al diluvio.

JAFFA o **YAFO,** parte de Tel-Aviv-Jaffa (Israel).

JAFFNA, c. del N de Sri Lanka; 129 000 hab. Puerto.

JAGELLÓN, dinastía de origen lituano que reinó en Polonia (1386-1572), en el gran ducado de Lituania (1377-1401 y 1440-1572), en Hungría (1440-1444, 1490-1526) y en Bohemia (1471-1526).

JAGUA DE IBIRICO (La), mun. de Colombia (Cesar); 15 887 hab.

JAGÜEY GRANDE

JAGÜEY GRANDE, mun. de Cuba (Matanzas); 40 824 hab. Caña de azúcar. Explotación forestal.

ARAGÓN Y CATALUÑA

JAIME I el Conquistador, *Montpellier h. 1207-Valencia 1276*, rey de Aragón (1213-1276). Hijo y sucesor de Pedro el Católico, de 1213 a 1227 fue regente de su tío Sancho, conde de Rosellón. Conquistó y repobló Mallorca (1228-1232) y Valencia (1233-1238), y realizó grandes progresos en el orden institucional (nacimiento de las cortes y de la organización municipal de Barcelona, 1249; organización de los reinos de Valencia y Mallorca). Repartió el reino entre sus hijos Pedro el Grande de Cataluña-Aragón y Jaime II de Mallorca.

■ JAIME I EL CONQUISTADOR preside las Cortes de la Corona de Aragón.

JAIME II el Justo, *Valencia 1267-Barcelona 1327*, rey de Aragón (1291-1327), de Sicilia (1286-1296) y de Cerdeña (1324-1327). Hijo de Pedro el Grande y de Constanza de Sicilia, se esforzó en mantener sus dominios en el Mediterráneo.

MALLORCA

JAIME I → JAIME I [Aragón y Cataluña].

JAIME II, *Montpellier 1243-Palma de Mallorca 1311*, rey de Mallorca y conde de Rosellón, Cerdaña, Conflent y Vallespir (1276-1311), hijo de Jaime I el Conquistador.

JAIME III, *Catania 1315-Llucmajor 1349*, rey de Mallorca (1324-1343). Sobrino y sucesor de Sancho I, su reinado se caracterizó por los enfrentamientos con Pedro el Ceremonioso. Su derrota en 1343 significó la unión definitiva del reino de Mallorca a la Corona de Aragón.

JAIME IV, *Perpiñán 1336-Soria 1375*, rey titular de Mallorca (1349-1375). Hijo de Jaime III, intentó recuperar su reino buscando apoyo en Francia y Castilla.

SICILIA

JAIME I → JAIME II [Aragón y Cataluña].

URGEL

JAIME I, *1320-Barcelona 1347*, conde de Urgel (1327-1347). Hijo de Alfonso IV de Aragón, fue procurador general del reino de Aragón de 1336 a 1345.

JAIME II, *Balaguer 1378-Játiva 1433*, conde de Urgel y aspirante a la Corona de Aragón, nieto de Jaime I de Urgel. Pese a sus muchos partidarios, Fernando de Antequera le venció en el compromiso de Caspe (1412). Se rebeló contra el nuevo monarca, pero fue derrotado.

Jaime I (Crónica de) o **Libro de los hechos del rey Jaime,** autobiografía de Jaime I el Conquistador, dictada o inspirada por él mismo y escrita en primera persona del plural, entre 1244 y 1274, de gran valor historiográfico y literario.

JAIMES FREYRE (Ricardo), *Tacna, Chile, 1868-Buenos Aires 1933*, poeta boliviano, exponente del modernismo con *Castalia bárbara* (1897), *Los sueños son vida* (1917) y el tratado *Leyes de la versificación castellana* (1912).

JAINA, islote de México (Campeche), a unos 100 m de tierra firme; 1 km de largo y 750 m de anchura. Utilizado como necrópolis por los mayas en la época clásica (ss. IV-X), se ha encontrado en él una multitud de figurillas votivas de cerámica. Destacan los complejos Zayosal y Zacpool.

JAIPUR, c. de la India, cap. de Rājasthān; 1 514 425 hab. Universidad. — Ant. capital de los rajput en el s. XVIII. Numerosos palacios y observatorio.

JAIRZINHO (Jair Ventura Filho, llamado), *Caxias 1944*, futbolista brasileño. Delantero, ganó la copa del mundo con la selección de su país (1970).

JAKARTA → YAKARTA.

JAKASIA, república de Rusia, en el S de Siberia; 584 000 hab.; cap. *Abakán*.

JAKOBSON (Roman), *Moscú 1896-Boston 1982*, lingüista estadounidense de origen ruso. Después de participar en la actividad investigadora del Círculo lingüístico de Praga, se estableció en 1941 en EUA. Sus investigaciones versaron sobre la fonología, la psicolingüística, la teoría de la comunicación y el estudio del lenguaje poético (*Ensayos de lingüística general*, 1969-1973).

JALACINGO, mun. de México (Veracruz); 19 849 hab. Cereales, caña de azúcar, café, tabaco.

JALÁN, r. del SE de Honduras, afl. del Patuca.

JALAPA, mun. de México (Tabasco); 23 114 hab. Maíz, frijol, café, frutales. Ganadería.

JALAPA o **JALAPA ENRÍQUEZ,** c. de México, cap. del estado de Veracruz; 306 121 hab. Centro comercial, industrial y cultural (universidad). Aeropuerto. — Moderno museo arqueológico (cultura olmeca) con invernaderos y jardines.

JALAPA, mun. de Nicaragua (Nueva Segovia); 23 385 hab. Tabaco, caña de azúcar, café, arroz.

JALAPA (departamento de), dep. del centro-oeste de Guatemala; 2 063 km²; 650 127 hab.; cap. *Jalapa* (46 837 hab.). Zona agrícola (cereales, caña de azucar, chile).

JALDÚN (Banū), familia sevillana de estirpe yemení que intervino en la vida política de su ciudad durante el emirato de Córdoba (ss. IX-X).

JALDÚN ('Abd al-Raḥmān ibn) → ABEN-JALDÚN.

JALGAON, c. de la India (Mahārāshtra); 241 603 hab.

JALISCO, mun. de México (Nayarit); 19 705 hab. Ganado vacuno.

JALISCO (estado de), est. del O de México; 80 137 km², 5 302 689 hab.; cap. *Guadalajara*.

JALÓN, r. de España, afl. del Ebro (or. der.); 235 km. Riega una rica vega. Vía natural de comunicación entre la Meseta y el valle del Ebro.

■ JACOBO II, por G. Kneller. (Galería nacional de retratos, Londres.)

■ JANSENIO, por L. Dutielt. (Palacio de Versalles.)

JALOSTOTITLÁN, mun. de México (Jalisco); 19 694 hab. Cereales, linaza, maguey. Industria textil.

JALPA, mun. de México (Tabasco); 39 389 hab.; cab. *Jalpa de Méndez.* Café, cacao y caña de azúcar.

JALPA, mun. de México (Zacatecas); 23 708 hab. Café y cereales; ganadería. Explotación forestal.

JALPAN DE SERRA, mun. de México (Querétaro); 15 092 hab. Minas de plata, antimonio y estaño.

JÁLTIPAN DE MORELOS, mun. de México (Veracruz); 27 986 hab. Yacimientos de azufre y petróleo.

JAMAICA, estado de las Antillas, al S de Cuba; 11 425 km²; 2 500 000 hab. (*jamaicanos* o *jamaiquinos*). CAP. *Kingston.* LENGUA: *inglés.* MONEDA: *dólar jamaicano.*

GEOGRAFÍA

Habitada en su mayoría por negros, es una isla de clima tropical, en parte montañosa, con importantes cultivos de plantación (caña de azúcar, plátanos, cítricos, especias, flores). También es una gran productora de bauxita (y de aluminio) y recibe numerosos turistas.

HISTORIA

1494: Cristóbal Colón descubrió la isla. **1655:** escasamente colonizada por los españoles, fue conquistada por los ingleses, quienes desarrollaron el cultivo de la caña de azúcar. **S. XVIII:** Jamaica se convirtió en el centro del tráfico de esclavos negros hacia América del Sur. **1833:** la abolición de la esclavitud y de los privilegios aduaneros (1846) arruinó las grandes plantaciones. **1866-1884:** la isla se situó bajo la administración directa de la corona británica. **1870:** se introdujo el cultivo del plátano, mientras se instalaban grandes compañías extranjeras (United Fruit Company). **1938-1940:** se desarrolló el movimiento autonomista. **1962:** Jamaica se independizó en el marco de la Commonwealth. **1972:** tras diez años de gobierno laborista, Michael Norman Manley (Partido nacional del pueblo [PNP]) fue nombrado primer ministro. **1980:** los laboristas volvieron al poder bajo la dirección de Edward Seaga, hasta que M. N. Manley volvió a ser primer ministro. Le sucedieron, siempre de las filas del PNP, en 1992 Percival Patterson, y en 2006 Portia Simpson-Miller. **2007:** los laboristas recuperaron el gobierno con Bruce Golding.

JAMAY, mun. de México (Jalisco), en la orilla NE del lago de Chapala; 16 848 hab. Pesca.

JAMBI, c. de Indonesia, cap. de prov., en el E de Sumatra; 339 786 hab.

JÁMBLICO, *Calcis, Celesiria, h. 250-330,* filósofo griego. Trató de convertir el neoplatonismo, enriquecido por el recurso al fondo esotérico, sobre todo pitagórico, en una religión racional capaz de oponerse al cristianismo.

JAMBOL, c. de Bulgaria, junto al Tundža; 82 924 hab.

JAMBUL → TARAZ.

JAMENEI ('Alí), *Mechhed 1939,* jefe religioso (ayatolá) y político iraní. Presidente (1981-1989), recibió, tras la muerte de Jomeini, el título de «guía de la revolución islámica».

JAMES (bahía), bahía de Canadá en la prolongación de la bahía de Hudson. Complejo hidroeléctrico en sus tributarios de Quebec.

JAMES (Phyllis Dorothy, llamada **P.D.**), baronesa **James of Holland Park,** *Oxford 1920,* novelista británica. Sus novelas policiacas aúnan complejas investigaciones, descripciones refinadas y sutiles retratos psicológicos (*Cubridle el rostro,* 1962; *Sabor a muerte,* 1986; *El faro,* 2005).

JAMES (William), *Nueva York 1842-Chocorua, New Hampshire, 1910,* filósofo estadounidense. Se interesó por la psicología (*Principios de la psicología*) y fundó en Harvard el primer laboratorio estadounidense de psicología experimental (1876), antes de promover el pragmatismo (*La voluntad de creer*). — **Henry J.,** *Nueva York 1843-Londres 1916,* escritor estadounidense nacionalizado británico, hermano de William. Sus novelas psicológicas describen con frecuencia la oposición entre las culturas norteamericana y europea (*Otra vuelta de tuerca,* 1898; *Las alas de la paloma,* 1902; *Los embajadores,* 1903; *La copa dorada,* 1904).

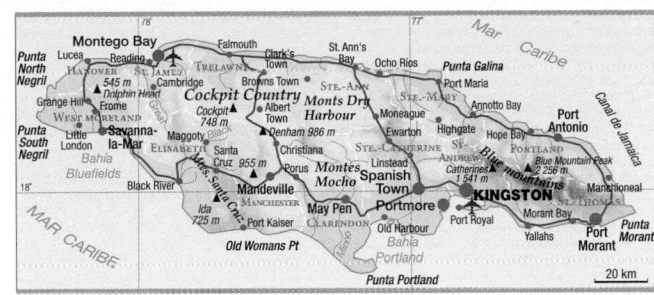

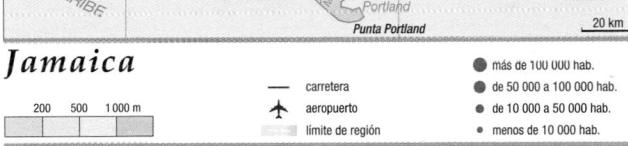

Jamaica

— carretera
✈ aeropuerto
— límite de región

● más de 100 000 hab.
● de 50 000 a 100 000 hab.
● de 10 000 a 50 000 hab.
· menos de 10 000 hab.

JAMISON (Judith), *Filadelfia 1944,* bailarina estadounidense. Principal intérprete de las obras de A. Ailey (*Cry,* 1971), se ha orientado hacia la coreografía (*Divining,* 1988) y dirige desde 1989 su propia compañía.

JAMMU, c. de la India, cap. (con Srīnagar) del estado de Jammu y Cachemira; 206 135 hab.

JAMMU Y CACHEMIRA, estado de la India, el más septentrional del país; 101 000 km², 7 718 700 hab.; cap. *Jammu y Srīnagar.*

JAMNĀ → YAMUNĀ.

JAMNAGAR, c. de la India (Gujarāt); 365 464 hab. Química.

JAMSHEDPUR, c. de la India (Jharkhand), al O de Calcuta; 834 535 hab. Siderurgia.

JAMUNDÍ, mun. de Colombia (Valle del Cauca); 42 158 hab. Algodón, frijol y yuca; ganadería.

JANÁČEK (Leoš), *Hukvaldy 1854-Moravská Ostrava 1928,* compositor checo. Inspirándose en el folclore, escribió óperas (*Jenufa,* 1916; *La zorrita astuta,* 1924), una *Misa glagolítica* (1927), obras orquestales y música de cámara.

JANCSÓ (Miklós), *Vác 1921,* director de cine húngaro. Sus películas, sobrias y alegóricas, están basadas en la historia húngara (*Los desesperados,* 1965; *Siroco de invierno,* 1969; *Vicios privados, públicas virtudes,* 1976).

JANDA (laguna de **La**), laguna de España (mun. de Vejer de la Frontera, Cádiz), actualmente desecada. Posible escenario de la batalla de *Guadalete.*

JÁNDULA, r. de España, afl. del Guadalquivir (or der.); 145 km. *Embalse de Jándula* (Jaén); central eléctrica.

JANEQUIN (Clément), *¿Châtellerault? h. 1485-París 1558,* compositor francés, maestro de la canción polifónica (*La guerra, El canto de los pájaros*).

JANET (Pierre), *París 1859-íd. 1947,* psicólogo y psiquiatra francés. Fundador de la psicología clínica, intentó explicar los trastornos psíquicos a través de mecanismos psicológicos (*L'automatisme psychologique,* 1889).

JÁNICO, mun. de la República Dominicana (Santiago); 26 933 hab.; cab. *Santo Tomás de Jánico,* fundada por Colón en su segundo viaje.

JANÍCULO (monte), colina de Roma, en la or. der. del Tíber. Estaba consagrada a Jano.

JANKO UMA, pico de los Andes bolivianos, en la cordillera Real; 6 440 m.

JAN MAYEN (isla), isla noruega del Ártico, al NE de Islandia.

JANO MIT. ROM. Uno de los dioses más antiguos de Roma, guardián de las puertas, cuyas entradas y salidas vigilaba. Se le representaba con dos rostros opuestos (*Jano bifronte*), que evocan las dos caras de una puerta.

JANSENIO (Cornelius Jansen, llamado), *Acquoy, cerca de Leerdam, 1585-Ypres 1638,* teólogo neerlandés. Tras estudiar en la universidad de Lovaina, fue nombrado obispo de Ypres (1635) y trabajó en el *Augustinus,* obra que dio origen a la querella jansenista.

JANSKY (Karl Guthe), *Norman, Oklahoma, 1905-Red Bank, Nueva Jersey, 1950,* ingeniero estadounidense. Descubrió la emisión radioeléctrica de origen extraterrestre y en particular la proveniente del centro de la Galaxia (1931), inaugurando así la era de la radioastronomía.

JANSSEN (Jules), *París 1824-Meudon 1907,* astrónomo e inventor francés. Mediante el análisis espectral y la fotografía, fue un pionero de la astrofísica solar.

JANTO o **XANTO,** ant. c. de Licia (act. en el SO de Turquía). Restos que datan del s. V a.C. a la época bizantina. (Patrimonio de la humanidad 1988.)

JAPÓN, en japonés **Nippon** («país del Sol naciente»), estado de Asia oriental, 373 000 km²; 125 400 000 hab. (*japoneses*). CAP. *Tōkyō.* LENGUA: *japonés.* MONEDA: *yen.*

INSTITUCIONES

Monarquía constitucional hereditaria. La constitución es de 1946. El emperador solo posee una autoridad simbólica. El primer ministro es designado por el parlamento (o dieta), que está formado por la cámara de representantes, elegida para 4 años, y por la cámara de los consejeros, elegida cada 6 años.

GEOGRAFÍA

Está formado esencialmente por cuatro islas (Honshū, Hokkaidō, Shikoku y Kyushu). País densamente poblado, Japón es la segunda potencia económica mundial, a pesar de no verse favorecido por su medio natural, en el que predomina la montaña; el bosque cubre más de la mitad del territorio y el vulcanismo es en ocasiones activo, mientras que los sismos suelen ir acompañados de maremotos. El invierno es riguroso en el N; la mayor parte del archipiélago, bajo la influencia de los monzones, posee un verano suave y húmedo.

El desarrollo económico se explica sobre todo por condiciones históricas, como la apertura de Japón a occidente con la era Meiji (1868). La urbanización creciente ha dado lugar a la formación de algunas grandes megalópolis cuyos centros son Tōkyō, Ōsaka, Yokohama y Nagoya. Actualmente, la población ha empezado a decrecer debido a la caída de la tasa de natalidad y al alza de la mortalidad (ligada a un envejecimiento de la población). La industria se ha convertido en una de las más poderosas del mundo, sobre todo gracias a la concentración estructural y financiera, así como a la agresividad comercial. Japón se sitúa en los primeros puestos mundiales por lo que se refiere a numerosas producciones (acero, barcos, automóviles y motocicletas, plásticos, televisores, vídeos, cámaras fotográficas, etc.), que en buena parte se exportan. Por ello, la balanza comercial es regularmente excedentaria, a pesar de las grandes importaciones de energía (Japón extrae algo de hulla, y solamente un tercio de la producción de electricidad es de origen local, hidráulico o nuclear) y de las compras en el campo alimentario (a pesar de la importancia de la flota pesquera y el difícil mantenimiento de la producción de arroz).

Japón, arruinado tras la segunda guerra mundial, experimentó un crecimiento excepcionalmente rápido. Sin embargo, existen algunas contrapartidas: una dependencia de los mercados exteriores (con una competencia cada vez mayor de países recientemente industrializados y la amenaza periódica de proteccionismo por parte de otros países desarrollados), cierta negligencia respecto al medio ambiente (contaminación urbana e industrial) y un malestar social (el tradicional sacrificio del individuo por la empresa o el país se soporta peor). Además, la economía japonesa sufre act. los efectos de varias crisis (crisis financiera asiática de 1997-1998, crisis económica mundial de 2007-2008), generadoras de estancamiento o de recesión.

HISTORIA

Los orígenes. IX milenio: poblamiento por pueblos paleolíticos procedentes del N del continente asiático. **VII milenio** (período prejomon): cultura precerámica en vías de neolitización. **VI milenio-s. III a.C.** (período jomon): vasijas decoradas, herramientas líticas pulidas, morteros de piedra. **S. III a.C.-s. III d.C.** (período yayoi): cultivo del arroz, metalurgia del bronce y del hierro, tejido y torno de alfarero. Al mismo tiempo llegaron al N de las islas los ainus, siberianos. **Ss. III-VI** (período de los kofun): grandes túmulos con cámara funeraria y decoración mural que evocaba la vida cotidiana; en torno al túmulo, *haniwa* de terracota con forma de animales y de guerreros. Arquitectura religiosa sintoísta: Ise e Izumo.
El estado antiguo. Ss. V-VI: el estado de Yamato se benefició de la influencia china, que le llegó a través de los coreanos. **H. 538:** introducción del budismo, llegado de Corea. **600-622:** el regente Shōtoku Taishi creó el santuario de Horyu-ji. **645:** el clan de los Nakatomi eliminó al de los Soga y estableció un gobierno que imitaba al de la China de los Tang. **710-794** (período de Nara): seis sectas budistas impusieron sus concepciones en la corte, establecida en Nara. **794:** se fundó la nueva capital, Heian-kyo (Kyōto). **794-1185** (período de Heian): colonos guerreros se establecieron en el N de Honshū. **858-mediados del s. XII:** los Fujiwara ostentaron el poder. **1185:** los Taira fueron vencidos por los Minamoto.
El shōgunado. 1192: el jefe del clan Minamoto, Yoritomo, fue nombrado general *(shōgun).* En adelante hubo un doble poder central: el del emperador *(tennō)* y la corte, y el del shōgun y su gobierno *(bakufu).* **1185/1192-1333** (período de Kamakura): el bakufu, establecido en Kamakura, estuvo dominado por Yoritomo y sus hijos, y luego por los Hōjō. **1274-1281:** las tentativas de invasión de los mongoles fueron rechazadas. **1333-1582** (período de Muromachi): los shōgun Ashikaga se establecieron en Kyōto. El país se vio ensangrentado por guerras civiles (guerra de las Dos Cortes, 1336-1392) y por incesantes conflictos entre señores *(daimyō).* Entretanto, penetraron comerciantes portugueses (1542), y san Francisco Javier, llegado en 1549, comenzó a evangelizar el país. **1582:** tras nueve años de luchas, Oda Nobunaga depuso a los Ashikaga. **1585-1598:** Toyotomi Hideyoshi, primer ministro del emperador, unificó Japón sometiendo a los daimyō independientes. **1603-1616:** Tokugawa Ieyasu se instaló en Edo (Tōkyō), se declaró shōgun hereditario y dotó a Japón de instituciones estables. **1616-1867** (período de Edo o de los Tokugawa): se cerró el país a los extranjeros (salvo a los chinos y neerlandeses), tras la rebelión de 1637. La clase comerciante y las ciudades vivieron un gran desarrollo. **1854-1864:** los occidentales intervinieron militarmente para obligar a Japón a abrirse al comercio internacional.
El Japón contemporáneo. 1867: el último shōgun, Yoshinobu, dimitió y el emperador Mutsuhito (era Meiji) se instaló en Tōkyō. Se adoptaron las técnicas y las instituciones occidentales (constitución de 1889) a fin de hacer de Japón una gran potencia económica y política. Fue un período de expansión exterior: al término de la guerra chino-japonesa (1894-1895), Japón adquirió Formosa; tras vencer en la guerra ruso-japonesa (1905), se impuso en Manchuria y Corea, país que anexionó en

1910. **1912-1926:** durante el reinado de Yoshihito (era Taishō), Japón entró en la primera guerra mundial junto a los Aliados y obtuvo las posesiones alemanas del Pacífico. **1926:** Hiro-Hito sucedió a su padre, abriendo la era Shōwa. **1931:** la extrema derecha nacionalista en el poder hizo ocupar Manchuria. **1937-1938:** Japón ocupó el NE de China. **1940:** firmó un tratado tripartito con Alemania e Italia. **Dic. 1941:** la aviación japonesa atacó a la flota estadounidense en Pearl Harbor. **1942:** Japón ocupó la mayor parte del SE asiático y el Pacífico. **Ag. 1945:** capituló tras los bombardeos atómicos de Hiroshima y Nagasaki. **1946:** una nueva constitución instauró una monarquía constitucional. **1951:** el tratado de paz de San Francisco restableció la soberanía de Japón. Desde entonces, la vida política pasó a estar dominada por el Partido liberal-demócrata (PLD). **1960:** se firmó un tratado de alianza militar con EUA. **1960-1970:** Japón se convirtió en una de las primeras potencias económicas del mundo. **1978:** firmó con China un tratado de paz y de amistad. **1982:** Nakasone Yasuhiro fue nombrado primer ministro. **1987:** Takeshita Noboru lo sucedió. **1989:** tras la muerte de Hiro-Hito, su hijo Aki-Hito lo sucedió (era Heisei). Varios escándalos político-financieros provocaron la dimisión de Takeshita Noboru. **1993:** en las elecciones generales el PLD perdió la mayoría absoluta; fue nombrado primer ministro Hosokawa Morihiro, con una coalición de partidos. **1994:** el socialista Murayama Tomiichi dirigió un nuevo gobierno de coalición dominado por el PLD. **1996:** reforma de la coalición, con Hashimoto Ryutaro, presidente del PLD, como primer ministro (en.). Tras las elecciones (oct.), el PLD recuperó su posición dominante. **1998:** Hashimoro Ryutaro dimitió. Obuchi Keizo lo sucedió a la cabeza del PLD y del gobierno. **2000:** víctima de un accidente cerebral, Obuchi Keizo fue reemplazado por Mori Yoshiro. **2001:** Koizumi Junichiro se convirtió en presidente del PLD y primer ministro (fue confirmado en sus funciones al término de las elecciones de 2003 y 2005). **2006:** dejó el poder. Se sucedieron entonces al frente del PLD y del gobierno: Abe Shinzo (2006-2007), Fukuda Yasuo (2007-2008) y Aso Taro (desde 2008).

JAPÓN (mar de) o **MAR DEL ESTE,** mar del océano Pacífico, entre Rusia, Corea y Japón.

JAPURÁ → CAQUETÁ.

JAQUES-DALCROZE (Émile), *Viena 1865-Ginebra 1950,* compositor y pedagogo suizo. Autor de melodías populares, es el inventor de la gimnasia rítmica.

JARA (Víctor), *Chillán 1932-Santiago 1973,* cantautor chileno. Compositor e intérprete de temas sociales, fue asesinado durante el golpe militar de Pinochet. Destacan sus discos *Pongo en tus manos abiertas...* (1969), *Canto libre* (1970) y *El derecho de vivir en paz* (1971). *[V. ilustr. pág. 1429.]*

JARABACOA, mun. de la República Dominicana (La Vega), en la cordillera Central; 35 661 hab.

JARAL DEL PROGRESO, mun. de México (Guanajuato); 24 445 hab. Agricultura.

JARAMA, r. de España, afl. del Tajo (or. der.); 168 km. Aprovechado para el abastecimiento de Madrid y para el regadío. En el valle, yacimientos del paleolítico inferior.

Jarama (batalla del) [5-25 febr. 1937], acciones bélicas en el curso medio de este río durante la guerra civil española. Los nacionales intentaron cortar, sin éxito, la carretera de Valencia, única vía de comunicación de Madrid con el resto de la zona republicana.

Jarama (El), novela de R. Sánchez Ferlosio (1956). Dentro del más puro realismo objetivo, es la crónica de la jornada dominguera de un grupo de trabajadores madrileños. Lo anodino de la situación confiere a la obra un matizado patetismo.

JARAMILLO, familia colombiana originaria de Antioquia, ligada a la oligarquía ganadera. — **Lorenzo J.,** *1818-1905.* Financiero, consolidó el patrimonio familiar y fundó el Banco industrial de Manizales. — **Aureliano J.,** *1840-1922.* Coronel, fue prefecto bajo la dictadura de Reyes. — **Ramón J.,** *1868-1954.* General,

participó con los liberales en la Unión republicana contra la dictadura de Reyes. — **Esteban J.,** *1874-1947.* Varias veces ministro, publicó un *Tratado de ciencia de la hacienda pública* (1925).

JARAMILLO (Julio), *Guayaquil 1935-íd. 1978,* cantante ecuatoriano. Grabó más de 4 000 canciones entre pasillos, valses, boleros y rancheras *(Nuestro juramento; Fatalidad; Guayaquil de mis amores).*

JARAUTA (Celedonio **Domeco de**), *Zaragoza 1814-Valencia, México, 1848,* sacerdote y guerrillero español. Franciscano, participó en la primera guerra carlista, y en México dirigió una guerrilla contra los estadounidenses (1848). Fue fusilado.

JARBIN → HARBIN.

JARDIEL (José **Paredes,** llamado José), *Madrid 1928,* pintor español. Sus obras evolucionan desde el informalismo hacia la nueva figuración.

JARDIEL PONCELA (Enrique), *Madrid 1901-íd. 1952,* escritor español. Es autor de obras teatrales que aúnan misterio y humor absurdo *(Eloísa está debajo de un almendro,* 1940; *Angelina o el honor de un brigadier,* 1940).

jardín de las delicias (El), gran retablo de El Bosco (¿h. 1500-1505?, Prado). La obra, que perteneció a Felipe II, es una de las más célebres y enigmáticas del pintor.

■ EL **JARDÍN DE LAS DELICIAS,** de El Bosco, detalle de la tabla central. (Museo del Prado, Madrid.)

JARDINES DE LA REINA, archipiélago del S de Cuba (400 cayos en unos 300 km).

JAREÑO (Francisco), *Albacete 1818-Madrid 1892,* arquitecto español. Realizó la Casa de la Moneda (1859), el tribunal de cuentas (1863) y la biblioteca nacional (1866) de Madrid.

JÄRG, isla de Irán, en el golfo Pérsico. Terminal petrolera.

JÁRKOV, c. del E de Ucrania; 1 623 000 hab. Centro metalúrgico.— Catedral (s. XVII); museos.

JARMUSCH (Jim), *Akron 1953,* director de cine estadounidense. Icono del cine independiente, sus películas, de agridulce encanto, traslucen una gozosa libertad *(Extraños en el paraíso,* 1984; *Bajo el peso de la ley,* 1985; *Mystery Train,* 1989; *Dead Man,* 1995; *Flores rotas,* 2005).

JARNÉS (Benjamín), *Codo, Zaragoza, 1888-Madrid 1950,* escritor español. Narrador virtuoso *(El convidado de papel,* 1928), cultivó asimismo la biografía y la crítica.

JARRET (Keith), *Allentown 1945,* pianista y compositor de jazz estadounidense. Intérprete de piano acústico, descolla por su virtuosismo en solitario *(Solo Concerts, The Köln Concert),* y en cuartetos o tríos.

Jarretera (muy noble orden de la), orden inglesa de caballería, instituida por Eduardo III en 1348.

JARRY (Alfred), *Laval 1873-París 1907,* escritor francés. Creador de Ubú *(Ubú rey,* 1896), caricatura grotesca de la codicia burguesa, y de la patafísica *(Hechos y dichos del doctor Faustroll,* 1911), fue un precursor del surrealismo.

JARTÛM, cap. de Sudán, en la confluencia del Nilo Blanco y el Nilo Azul; 600 000 hab. Importante museo arqueológico. — La ciudad, tomada por los mahdistas en 1884-1885, fue reconquistada por los británicos en 1898.

JARUCO, mun. de Cuba (La Habana); 25 676

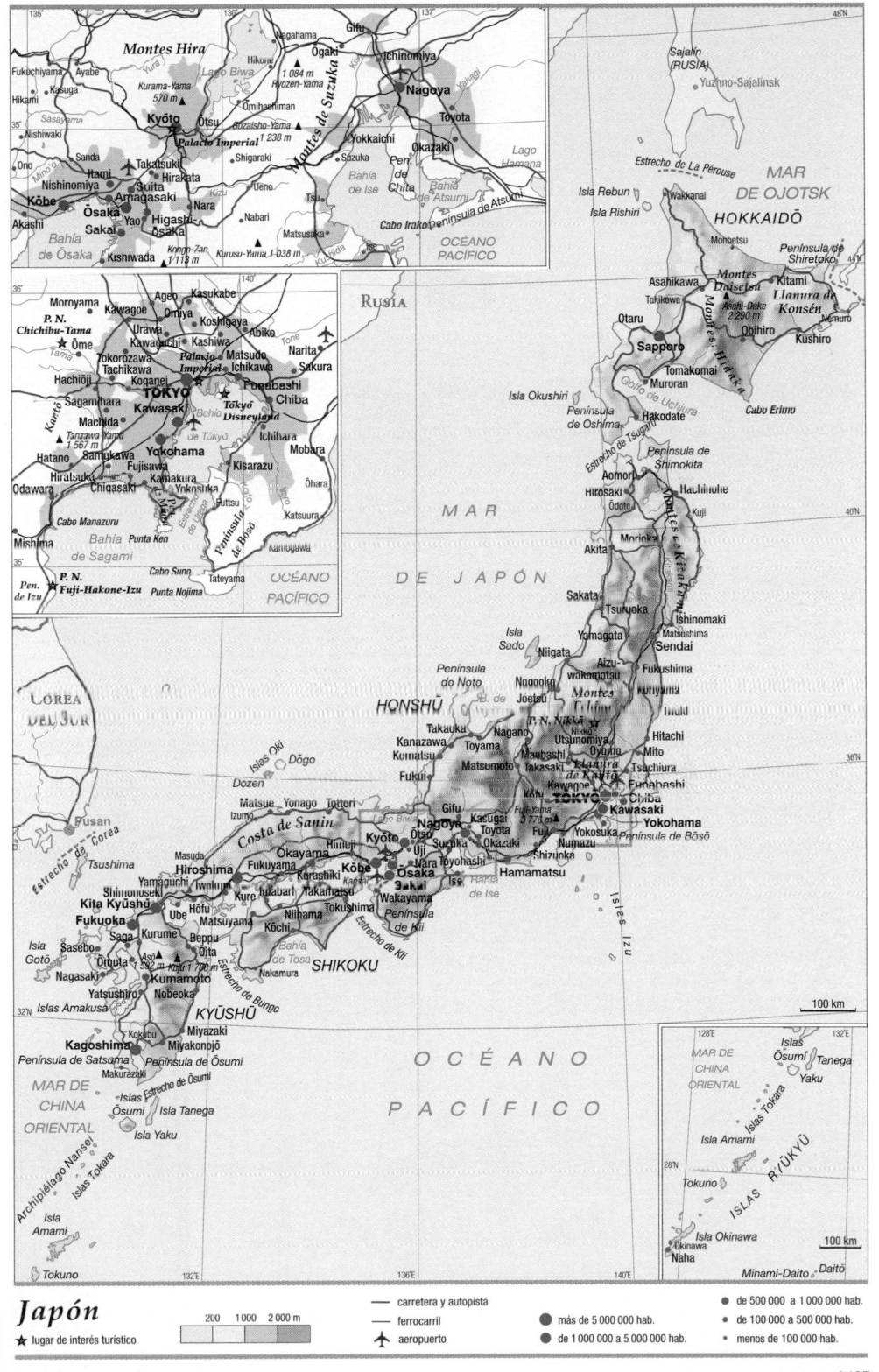

Japón

★ lugar de interés turístico

200 · 1 000 · 2 000 m

— carretera y autopista
— ferrocarril
✈ aeropuerto

● más de 5 000 000 hab.
● de 1 000 000 a 5 000 000 hab.

● de 500 000 a 1 000 000 hab.
● de 100 000 a 500 000 hab.
· menos de 100 000 hab.

■ El arte del Japón antiguo

La expresión artística en Japón estuvo
marcada, según la fuerza
de las distintas corrientes de influencia
y en épocas sucesivas, por Corea o China.
Pero la enorme capacidad de asimilación
de las aportaciones culturales foráneas,
junto al sincretismo entre el confucianismo,
el budismo y el sintoísmo —la religión
oficial— contribuyeron al florecimiento
de un arte original típicamente japonés.

**Figura funeraria
(haniwa).** Guerrero
de terracota; s. V.
Estas estatuillas,
dispuestas alrededor
de las tumbas
de los jefes locales,
simbolizaban
el cortejo fúnebre
que sigue al difunto
en la inhumación,
que antiguamente
se practicaba según
el rito chamánico.

Buda Amida (Amida Nyorai).
Madera lacada y dorada (1053).
Esta obra maestra, encargada al
escultor Jōchō por el regente
Fujiwara Yorimichi para el templo
de Byōdō-in en Uji, fue el prototipo
de representación del Buda Amida
durante varias generaciones
de artistas japoneses.

El pabellón del Fénix en Uji. Erigido en 1053 dentro del recinto del templo
de Byōdō-in, su forma evoca la inmortal ave fénix con las alas desplegadas;
sin embargo, tanto la decoración interior como el paisaje evocan el paraíso budista,
morada de la eterna beatitud. Aunque con una clara influencia china, su cuidada
integración en el entorno es propia del arte japonés.

**Pagoda de Yakushiji
en Nara.** Construida
en el año 698, fue
posteriormente
reconstruida en Nara
con motivo
del cambio de capital.
Tanto la ligereza
de la estructura como
sus sucesivos techos,
espaciados
y prolongados por
amplios voladizos,
son una muestra típica
de la arquitectura
del país.

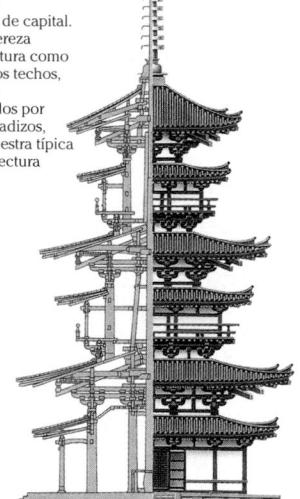

El príncipe Genji en el santuario de Sumiyoshi. Biombo pintado por Sotatsu (1630).
Durante el período Heian (794-1185) la ilustración de las novelas escritas en japonés se convirtió
en una práctica pictórica profana y nacional, conocida como *yamato-e*. Tanto en los temas como
en el rechazo de la perspectiva y de los colores lisos, Sotatsu se inspiró en los enormes rollos
antiguos, y logró el movimiento primando la diagonal. La maestría de su estilización y la audacia
de sus trazos lo convirtieron en el precursor directo del arte de Kōrin Ogata y de su escuela.
(Fundación Seikado, Tōkyō.)

**Bandeja en forma
de abanico.**
Cerámica policroma
de Kenzan; principios
del s. XVIII.
Su asociación
a la ceremonia
del té hace
de la cerámica un arte
mayor, marcado en este
caso por la espontaneidad
del trazo que requiere
el espíritu zen.
(Seattle Art Museum, EUA.)

Actor de kabuki.
Estampa policroma
sobre fondo
micáceo; fines del
s. XVIII. Con un trazo
ágil y mordaz,
Tōshūsai Sharaku
logró inmortalizar
la extraordinaria
expresividad
de los actores
de kabuki.
(Museo Guimet, París.)

hab. Caña de azúcar. Materiales para la construcción.

JARUZELSKI (Wojciech), *Kurów 1923*, general y político polaco. Primer ministro (1981-1985) y primer secretario del Partido obrero unificado polaco (1981-1989), instauró el estado de guerra (dic. 1981-dic. 1982) y proscribió el sindicato Solidarność (1982). Presidente del consejo de estado desde 1985, fue presidente de la república de julio 1989 a dic. 1990.

JASÓN MIT. GR. Héroe tesalio. Organizó la expedición de los Argonautas a la Cólquida, en busca del vellocino de oro, que conquistó gracias a los sortilegios de Medea.

JASPER (parque nacional de), centro turístico de las montanas Rocosas canadienses (Alberta). [Patrimonio de la humanidad 1984.]

JASPERS (Karl), *Oldenburg 1883-Basilea 1969*, filósofo y psiquiatra alemán, representante del existencialismo cristiano.

JASTRZĘBIE-ZDRÓJ, c. de Polonia, en Silesia; 104 200 hab.

JATAMÍ (Mohamed), *Ardakan 1943*, político y religioso iraní. Ayatolislam, ministro de cultura y de orientación islámica (1982-1992), fue presidente de la república (1997 2005).

JATIB → ABENALJATIB.

JATIBONICO, mun. de Cuba (Sancti Spíritus), avenado por el *río Jatibonico del Sur*; 33 639 habitantes.

JÁTIVA, en cat. **Xàtiva**, c. de España (Valencia), cab. de p. j., 25 478 hab. *(jativeses o setabenses)*. Centro comercial, administrativo e industrial (papel, textil, química) — Fortificaciones y murallas medievales. Iglesias de San Félix (s. XIII) y San Pedro; colegiata (ss. XVI-XVIII); antiguo hospital, gótico y plateresco; mansiones del s. XV. Museo. — Es la *Saetabis* ibérica y romana.

JAUMEANDREU (Eudaldo), *Igualada 1774-Barcelona 1840*, economista español. Exponente de la economía política clásica y liberal, defendió el proteccionismo *Rudimentos de economía política*, 1816; *Curso elemental de economía política con aplicación a la legislación económica de España*, 1836).

JÁUREGUI (Juan de), *Sevilla 1583-Madrid 1641*, escritor español. Autor de *Rimas* (1618) de tipo italianizante y del poema culterano *Orfeo* (1624), escribió contra Góngora *Antídoto contra las «Soledades»* y *Discurso poético*.

JÁUREGUI Y ALDECOA (Agustín de), *1712 Lima 1784*, administrador español. Capitán general de Chile (1773-1780) y virrey del Perú (1780-1784), dirigió la respuesta militar a la rebelión de Túpac Amaru II.

JAURÈS (Jean), *Castres 1859-París 1914*, político francés. Dirigente del Partido socialista y fundador del periódico *L'humanité* (1904), defendió posiciones pacifistas y suscitó la hostilidad de los nacionalistas. Fue asesinado en vísperas de la primera guerra mundial.

JAVA, isla de Indonesia; 130 000 km²; 120 000 000 hab. *(javaneses)*. De forma alargada y de clima ecuatorial, formada por llanuras y mesetas dominadas por una larga cadena montañosa volcánica, concentra a más de la mitad de la población indonesia (y las principales ciudades: Yakarta, Bandung y Surabaya). Agricultura intensiva (arroz, caña de azúcar, tabaco) — Templos hinduistas, entre ellos el Prambanan (s. X) [patrimonio de la humanidad 1991].

JAVA (mar de), mar del Pacífico, entre Java, Sumatra y Borneo.

JAVALAMBRE (sierra de), macizo de España, al SE del sistema Ibérico; 2 020 m de alt. Deportes de invierno.

JAVAN (Ali), *Teherán 1926*, físico iraní. Instalado en Estados Unidos desde 1948, concibió el principio del láser de gas, lo que le llevó a inventar un láser compuesto por helio y neón (1960).

JAVARÍ → YAVARÍ.

JÁVEA, en cat. **Xàbia**, v. de España (Alicante); 23 133 hab. *(javienses o javieros)*. Cultivos mediterráneos. Pesca. Turismo. — Iglesia del s. XVI.

JAY (John), *Nueva York 1745-Bedford, estado de Nueva York, 1829*, político estadounidense. Tras desempeñar un papel fundamental en la

independencia de EUA, fue embajador en España (1779) y presidió el tribunal supremo (1789-1795). En 1794 negoció un tratado de delimitación con Gran Bretaña *(tratado Jay)*.

JAYĀDEVA, poeta indio del s. XII, autor del poema religioso y erótico *Gita-Govinda*.

JAYAPURA → YAYAPURA.

JAYAWARDENE (Junius Richard), *Colombo 1906-íd. 1996*, político de Sri Lanka. Fue presidente de la república de 1978 a 1989.

JAYBAR (paso de), desfiladero entre Pakistán y Afganistán.

JAYYĀM ('Umar), *Nišāpūr h. 1047-íd. 1122*, poeta y matemático persa. Su angustia ante la muerte no llevó a celebrar en sus *Cuartetas* el gozo inmediato de la vida. Escribió un tratado sobre las ecuaciones de 3er grado.

Jazira (al-) → **Yazira** (al-).

JEAN DE MEUNG → MEUNG (Jean de).

JEAN-PAUL → RICHTER (Johann Paul Friedrich).

JEANS (sir James Hopwood), *Londres 1877-Dorking, Surrey, 1946*, astrónomo, matemático y físico británico. Es autor de estudios de dinámica estelar y de una teoría, hoy en día en desuso, sobre la formación de los planetas.

JEFFERSON (Thomas), *Shadwell, Virginia, 1743-Monticello, Virginia, 1826*, político estadounidense. Principal redactor de la Declaración de independencia (1776) y fundador del Partido antifederalista (1797), propugnó una política fisiocrática que hiciera de EUA una república descentralizada. Vicepresidente (1797) y presidente (1801-1809) de EUA, compró Luisiana a Francia. Arquitecto aficionado (edificios en Charlottesville), propagó el neoclasicismo.

■ VÍCTOR **JARA**　　■ THOMAS **JEFFERSON**.
(Palacio de Blérancourt.)

JEFTÉ, s. XII a.C., juez de Israel. Vencedor de los ammonitas, hubo de sacrificar a su hija a resultas de una promesa imprudente

JEHOL o **REHE**, ant. provincia del N de China, dividida entre Hebei y Liaoning.

JEHOVÁ, pronunciación deformada del nombre de Yahvé, por introducción de las vocales de la palabra «Adonai».

Jehová (Testigos de), grupo religioso fundado en Estados Unidos, hacia 1874, por C. Taze Russell. Caracterizados por una interpretación muy literal de la Biblia y por su proselitismo, profesan creencias milenaristas.

JEHÚ, rey de Israel (841-814 a.C.).

JELAČIĆ, JELACHICH o **IELLACHICH** (Josip), *Peterwardein, act. Petrovaradin, 1801-Zagreb 1859*, ban de Croacia. Participó en la represión de la revolución en Hungría (1848).

JELENIA GÓRA, c. de Polonia, en la Baja Silesia; 93 000 hab. Monumentos antiguos.

JELGAVA, ant. Mitau, c. de Letonia; 75 000 hab. Fue la capital del ducado de Curlandia (1561 1725).

JELINEK (Elfriede), *Mürzzuschlag, Estiria, 1946*, escritora austriaca. Con un lenguaje virtuoso, su poesía (*Las sombras de Lisa*, 1967), narrativa (*Las amantes*, 1975; *La pianista*, 1983; *Los hijos de los muertos*, 1995) y teatro (*Clara S.*, 1982; *Totenauberg*, 1991) denuncian el pasado reciente y los valores imperantes en su país. (Premio Nobel 2004.)

JELLICOE (John, conde), *Southampton 1859-Londres 1935*, almirante británico. Al mando de la flota británica de alta mar *(Grand Fleet)* [1914-1916], libró la batalla de Jutlandia. Jefe

del almirantazgo (1916-1917), dirigió la lucha contra los submarinos alemanes.

Jemeres [o **Khmer**] **rojos**, nombre dado a los resistentes comunistas jemeres en la década de 1960, y posteriormente a los guerrilleros de Pol Pot y Khieu Samphan, quienes, entre 1975 y 1979, sumieron Camboya en un régimen de terror.

JENA, c. de Alemania (Turingia), a orillas del Saale; 103 456 hab. Instrumentos de precisión y de óptica. Universidad fundada en 1557.

Jena (batalla de) [14 oct. 1806], victoria de Napoleón sobre los prusianos del príncipe Hohenlohe. Le abrió el camino hacia Berlín.

JENARO (san), *Nápoles o Benevento h. 250-Pozzuoli 305*, obispo de Benevento. El «milagro de san Jenaro» (licuefacción de su sangre coagulada) es célebre en Nápoles.

JENNER (Edward), *Berkeley 1749-íd. 1823*, médico británico. Realizó la primera vacunación al descubrir que la inoculación del exudado de las lesiones de la vacuna (enfermedad benigna) inmuniza contra la viruela.

JENÓCRATES, *Calcedonia h. 400-314 a.C.*, filósofo griego. Intentó conciliar la doctrina de su maestro Platón con el pitagorismo.

JENÓFANES, *Colofón fines del s. VI a.C.*, filósofo griego. Es el supuesto fundador de la escuela de Elea.

JENOFONTE, *Erkhia, Ática, h. 430-h. 355 a.C.*, escritor, filósofo y político griego. Dirigió la retirada de los Diez mil, que relató en su **Anábasis*. Discípulo de Sócrates, es autor de tratados sobre él (*Memorables de Sócrates*), de relatos históricos (*Las Helénicas*), de obras de economía doméstica y de política (*Económica, La constitución de Esparta*) y de una biografía novelada de Ciro el Grande (*Ciropedia*).

JENSEN (Alfredo Julio), *1904-Glen Ridge, EUA, 1981*, pintor guatemalteco. Su obra se inscribe en el expresionismo abstracto.

JENSEN (Hans Daniel), *Hamburgo 1907-Heidelberg 1973*, físico alemán. Formuló, independientemente de M. Goeppert-Mayer, una teoría relativa a la estructura del núcleo atómico, que permite explicar la existencia de «números mágicos». (Premio Nobel 1963.)

JENSEN (Johannes Vilhelm), *Farsø 1873-Copenhague 1950*, escritor danés. Novelista, poeta y ensayista, elaboró una especie de mística pagana de la evolución humana (*El largo viaje*, 1908-1922), marcada por la glorificación de las razas «góticas». (Premio Nobel 1944.)

JERÉCUARO, mun. de México (Guanajuato); 44 731 hab. Cereales, caña de azúcar y chile.

JEREMÍAS, *Anatot h. 650/645-en Egipto h. 580 a.C.*, profeta bíblico. Fue testigo del final del reino de Judá y de la caída de Jerusalén (587). Su predicación preparó al pueblo judío para pasar por la prueba del exilio conservando su cohesión y su espíritu. — Las *Lamentaciones de Jeremías* son una serie de lamentos sobre la destrucción de Jerusalén; su tradicional atribución al profeta parece de base histórica.

JEREZ, mun. de México (Zacatecas), 55 164 hab.; cab. *Jerez de García Salinas*. Minas de mercurio.

JEREZ (Campiña de), comarca de España (Cádiz), al S de las Marismas. Famosa región vinícola (Jerez, Sanlúcar, Puerto de Santa María). Cría de caballos y toros de lidia. Alcornoques. El centro comarcal es Jerez de la Frontera.

JEREZ o **XEREZ** (Francisco de), *Sevilla 1497-íd. h. 1539*, conquistador y cronista español. Soldado de Pizarro, escribió *Verdadera relación de la conquista del Perú y provincia de Cuzco*, llamada *Nueva Castilla* (1534).

JEREZ DE LA FRONTERA, c. de España (Cádiz), cab. de p. j.; 183 677 hab. *(jerezanos)*. Vinos y licores de renombre y otras industrias. Cría de caballos (escuela andaluza de arte ecuestre). — Catedral (s. XVIII), cartuja (ss. XV-XVI), iglesias barrocas. Cabildo antiguo, actual museo municipal; palacio Domecq. — *El circuito de Jerez*, inaugurado en 1985, fue escenario de grandes premios de fórmula 1 de automovilismo y actualmente acoge el gran premio de España de motociclismo.

JEREZ DE LOS CABALLEROS, c. de España (Badajoz), cab. de p. j.; 9 594 hab. *(jerezanos)*.

1429

Cereales, olivo. Industria del corcho. — Centro monumental (iglesias barrocas y mansiones nobles).

JERICÓ, mun. de Colombia (Antioquia); 15 083 hab. Ganado vacuno, porcino y equino. Tejidos.

JERICÓ, en ár. **Arīhā** o **al-Rīhā,** c. de Palestina. Habitada desde el VIII milenio, fue uno de los primeros lugares que se apoderaron los hebreos en el s. XIII a. C.: según la Biblia, sus trompetas derribaron las murallas de la ciudad. — En los alrededores, restos de la ciudad bíblica. — Ocupada por Israel desde 1967, como el resto de Cisjordania, Jericó obtuvo un estatuto de autonomía (1994), según el plan fijado por el acuerdo entre la OLP e Israel de 1993.

JERJES I, rey persa aqueménida (484-465 a. C.). Hijo de Darío I, reprimió las revueltas de Babilonia y de Egipto, pero no logró dominar a los griegos, que lo derrotaron en Salamina (480 a. C.). Murió asesinado.

JEROBOAM I, *m. en 910 a. C.,* fundador y primer soberano del reino de Israel (931-910 a. C.). — **Jeroboam II,** *m. h. 743 a. C.,* rey de Israel (788-743 a. C.). Reinó con prosperidad.

JEROMÍN, nombre que dieron a *Juan de Austria sus padres adoptivos y educadores, Magdalena de Ulloa y Luis Méndez de Quijada.

JERÓNIMO o **GERÓNIMO,** *No-Doyohn Canyon, act. Clifton, Arizona, 1829-Fort-Sill, Oklahoma, 1909,* jefe apache. Dirigió operaciones de guerrilla en el SO de EUA (1882-1885) y obtuvo para su tribu un territorio en Oklahoma.

JERÓNIMO (san), *Estridón, Dalmacia, h. 347-Belén 419 o 420,* padre de la Iglesia latina. Estudió la Biblia, que tradujo al latín (Vulgata) y comentó. Asimismo propagó el ideal monástico. Se le representa como penitente en el desierto o quitando una espina a un león.

JERSEY, la mayor y más poblada de las islas Anglonormandas; 116 km²; 84 000 hab.; cap. *Saint Heliers.* Turismo. Centro financiero. Cultivos hortícolas y florales.

JERSEY CITY, c. de Estados Unidos (Nueva Jersey), a orillas del Hudson, frente a Nueva York; 228 537 hab.

JERSÓN, c. de Ucrania, junto al Dniéper inferior; 355 000 hab. Puerto. — Monumentos de los ss. XVII-XIX.

JERUSALÉN, c. de Palestina; 544 200 hab. (*jerosolimitanos*). Ciudad santa de Palestina y centro de peregrinación para judíos, cristianos y musulmanes, fue proclamada capital de Israel por el Kënésset en 1980. — Numerosos e importantes monumentos: Muro de las lamentaciones; Cúpula de la Roca, el más antiguo monumento del islam (s. VII); mezquita al-Aqsa (s. XI); edificios de la época de las cruzadas. Museo nacional de Israel. (Patrimonio de la humanidad 1981.) — La ciudad consta históricamente desde h. 2000 a. C. Conquistada por David (s. X a. C.), que la convirtió en su capital y en el centro religioso de los hebreos, célebre por la suntuosidad del templo edificado por Salomón (h. 969-h. 962 a. C.), fue destruida por Nabucodonosor (587 a. C.) y por los romanos (70 y 135 d. C.). Tras pasar a manos de los árabes (638), fue reconquistada por los cruzados y se convirtió en la capital de un reino cristiano (1099-1187 y 1229-1244), antes de volver a estar bajo dominación musulmana (mamelucos, de 1260 a 1517, y otomanos, de 1517 a 1917). La ciudad, sede de la administración de Palestina bajo mandato británico (1922), fue dividida en 1948 entre el nuevo estado de Israel y Transjordania. Durante la guerra de los Seis días, en 1967, el ejército israelí se apoderó de los barrios árabes que constituían la ciudad vieja.

JERUSALÉN (Reino latino de), estado latino de Oriente, fundado en 1099 por los cruzados y destruido en 1291 por los mamelucos.

Jerusalén libertada, poema épico de Tasso (1581). Engarza episodios novelescos y amorosos en el relato de la toma de Jerusalén por Godofredo de Bouillon.

JESPERSEN (Otto), *Randers 1860-Copenhague 1943,* lingüista danés. Sus estudios versaron sobre la gramática inglesa, la fonética, la pedagogía de las lenguas y la teoría lingüística (*Naturaleza, origen y desarrollo del lenguaje,* 1922; *La filosofía de la gramática,* 1924).

JESSORE, c. del SO de Bangla Desh, cerca de la frontera india; 160 198 hab.

JESÚS o **JESUCRISTO,** judío de Palestina, fundador del cristianismo, cuyo nacimiento corresponde teóricamente al inicio de la era cristiana. Para los cristianos, fue el Mesías, hijo de Dios nacido de la Virgen María y redentor de la humanidad. Según los Evangelios y los documentos no cristianos que lo mencionan en el s. I, puede establecerse el esquema cronológico siguiente: nacimiento de Jesús durante el reinado de Herodes, antes del año 8 o 7 anterior a nuestra era; comienzo de la actividad apostólica h. 28; pasión y muerte, en abril 30. La predicación de Jesús tuvo al principio como marco Galilea, de donde procedía. Al final de este período, Jesús chocó definitivamente con la incomprensión de sus contemporáneos; los dos principales partidos judíos, fariseos y saduceos, veían en su mensaje de instauración del Reino de Dios un fermento sacrílego de peligrosa agitación. Tras la llegada de Jesús a Jerusalén para la Pascua aumentó la tensión; por instigación de los elementos dirigentes judíos, Jesús fue detenido, condenado a muerte y crucificado por orden del procurador romano Poncio Pilato. El testimonio de los apóstoles proclama que resucitó tres días después. La resurrección de Jesús, considerada por los cristianos un hecho histórico y un dogma, trasciende en realidad el ámbito de la historia para alcanzar el de la fe.

JESÚS (beata sor Ana de), *Medina del Campo 1545-1621,* religiosa española. Fundó diversos conventos de carmelitas descalzas en España, Francia y Flandes. Sus cartas y escritos proporcionan información sobre la vida de Teresa de Jesús, de quien fue discípula predilecta.

Jesús (Compañía de) → **Compañía de Jesús.**

JESÚS CARRANZA, mun. de México (Veracruz), en la planicie costera; 26 472 hab. Petróleo.

Jesús del Gran Poder, avión que realizó un vuelo transatlántico de Sevilla a Río de Janeiro, cubierto en 44 horas, pilotado por Ignacio Jiménez y Francisco Iglesias (marzo 1929).

JESÚS MARÍA → **COLÓN** [Argentina].

JESÚS MARÍA, mun. de México (Aguascalientes); 25 147 hab. Hortalizas, frutales, tabaco.

JESÚS MARÍA, mun. de México (Jalisco); 18 473 hab. Cereales, ganado.

Jeu de paume (juramento del) → **Juego de pelota.**

JEUNE (Claude Le), *Valenciennes h. 1530-París 1600,* compositor francés, autor de motetes, salmos y canciones polifónicas (*La primavera,* 1603).

JEVONS (William Stanley), *Liverpool 1835-Bexhill, cerca de Hastings, 1882,* economista británico. Cofundador del marginalismo, realizó asimismo trabajos de lógica.

JEZABEL, *s. IX a. C.,* esposa de Ajab, rey de Israel, y madre de Atalía. Su acción religiosa fue estigmatizada por el profeta Elías.

JHANSI, c. de la India (Uttar Pradesh); 368 580 hab. Metalurgia.

■ **JERUSALÉN.** El Muro de las lamentaciones y la Cúpula de la Roca; s. VII.

JHARKHAND, estado del NE de la India, 79 700 km²; 21 844 000 hab.; cap. *Rānchi.*

JHELAM o **JHELUM,** r. de la India y de Pakistán, afl. del Chenāb (or. der.); 725 km. Cruza Cachemira y el Panjāb.

JIAMUSI, c. de China (Heilongjiang); 557 700 habitantes.

JIANG JIESHI → **CHANG KAI-SHEK.**

JIANG QING, *Zhucheng, prov. de Shandong, 1914-Pekín 1991,* política china. Mujer de Mao Zedong, jugó un papel activo durante la Revolución cultural y formó parte del comité central del Partido comunista chino (1969). Miembro de la Banda de los cuatro, arrestada (1976) y condenada a muerte (1980), se le conmutó la pena por la de la cadena perpetua.

JIANGSU, prov. de China central; 100 000 km²; 68 170 000 hab.; cap. *Nankín.*

JIANGXI, prov. de China meridional; 160 000 km²; 38 280 000 hab.; cap. *Nanchang.*

JIANG ZEMIN o **CHIANG TSE-MIN,** *Yangzhou 1926,* político chino. Secretario general del Partido comunista chino (1989-2002), presidente de la Comisión militar central (1990-2005) y presidente de la república (1993-2003), dominó la vida política de su país desde 1997 hasta 2003.

JIAXI o **KIA-YI,** c. de Taiwan; 258 000 hab.

JIAXING, c. de China, entre Shanghai y Hangzhou; 655 000 hab.

JICARÓN, isla de Panamá, en la costa del Pacífico, una de las más grandes del país. Forma parte del parque nacional Coiba.

JIGUANÍ, c. de Cuba (Granma); 50 679 hab. Industria minerometalúrgica. Tabacalera. — Fue la primera población que ocuparon los insurgentes cubanos (1868); en 1895 se dio, en el barrio de Baire, el grito que señaló la reanudación de la lucha.

JIGÜERO, punta de Puerto Rico, que constituye el extremo más occidental de la isla.

JIJEL, ant. Djidjelli, c. de Argelia, cap. de vilayato; 69 300 hab.

JIJONA, en cat. Xixona, c. de España (Alicante); 7 337 hab. (*jijonencos* o *jijonenses*). Olivos, cultivos de huerta, frutales. Turrones.

JILIN, prov. del NE de China; 25 150 000 hab.; cap. *Changchun.*

JILOCA, r. de España (Aragón), el mayor afl. del Jalón (or. der.); 127 km.

JILOLO → **HALMAHERA.**

JILONG, c. del N de Taiwan; 360 000 hab. Puerto.

JILOTEPEC, mun. de México (México); 45 505 hab.; cab. *Jilotepec de Abasolo.* Presa en Xomohay.

JIMANÍ, c. de la República Dominicana, cap. de la prov. de Independencia; 5 520 hab. Café.

JIMENA, dinastía navarra, de origen vasco, sucesora en el trono de la dinastía Íñiga (905) y que perduró hasta 1234 (Sancho VII). Destacan Sancho I Garcés (905-925) y Sancho III el Mayor (1000-1035).

JIMENA, *m. en 912,* reina de Asturias y León (869-910), hija de Sancho I Garcés de Navarra, esposa de Alfonso III de León (869) y madre de García I, Ordoño II y Fruela II.

JIMENA DÍAZ DE VIVAR, *Oviedo 1045-Cardeña, Burgos, 1104 o 1113,* noble asturiana. Hija del conde de Oviedo, casó con el Cid (1074) y defendió Valencia desde la muerte de su esposo (1099) hasta 1102.

JIMÉNEZ, mun. de México (Chihuahua); 33 230 hab. Minería diversificada.

JIMÉNEZ (Jerónimo), *Sevilla 1854-Madrid 1923,* compositor español, autor de populares zarzuelas: *Los voluntarios* (1893), *El baile de Luis Alonso* (1896), *La boda de Luis Alonso* (1897).

JIMÉNEZ (José Mariano), *San Luis Potosí 1781-Chihuahua 1811,* patriota mexicano, dominó las Provincias Internas de Oriente.

JIMÉNEZ (Juan Isidro), *Santo Domingo 1846-1919,* político dominicano. Presidente tras el asesinato de U. Heureaux (1899), fue derrocado por el general H. Vázquez (1902). Con el apoyo de EUA volvió a la presidencia (1914).

JIMÉNEZ (Juan Ramón), *Moguer 1881-San Juan de Puerto Rico 1958,* poeta español. Tras sus primeras obras (*Arias tristes,* 1903; *La soledad sonora,* 1909; *Laberinto,* 1913; *Platero y yo,* 1914), inició un proceso de depuración que culminaría en *Diario de un poeta recién casado* (1916), *Eternidades* (1918) y *Piedra y cielo* (1922). Paralelamente llevó a cabo una escrupulosa reelaboración de su obra, *Segunda antología poética* (1922), que influyó decisivamente en la *generación del 27. Su poesía evolucionó desde el simbolismo hacia una religiosidad panteísta, de una desnudez casi hermética: *La estación total*, 1946; *Animal de fondo*, 1949. De su prosa destacan *Españoles de tres mundos*, 1942; *La corriente infinita*, 1961; *El trabajo gustoso*, 1961; *El modernismo*, 1962. [Premio Nobel 1956.]

JIMÉNEZ (Max), *San José 1900-Buenos Aires 1947*, escritor, pintor y escultor costarricense. Vanguardista y cosmopolita, se volcó al indigenismo tras adscribirse tardíamente al modernismo. Escribió poesía y prosa (*Unos fantoches*, 1928; *Sonaja*, 1930; *Quijongo*, 1933; *El domador de pulgas*, 1936; *El jaul*, 1937). Su obra plástica, incomprendida en su época, se compone de unas 50 pinturas, una decena de esculturas y otros tantos dibujos.

JIMÉNEZ o XIMÉNEZ (Miguel), pintor aragonés, activo entre 1466 y 1505. Seguidor de la escuela de Bermejo, su obra se inscribe en el estilo gótico hispanoflamenco (*Calvario*, iglesia del Salvador, Ejea de los Caballeros; *Piedad*, 1470).

JIMÉNEZ ARANDA, pintores españoles. — **José J.A.**, *Sevilla 1837-íd. 1903*. Pintó obras de un costumbrismo romántico. — **Luis J.A.**, *Sevilla 1845-París 1928*. Hermano de José, se especializó en la pintura de historia y en el retrato.

JIMÉNEZ CERDÁN (Juan), *Zaragoza 1355-íd. 1435*, político aragonés. Justicia mayor de Aragón (1390-1420), se opuso a Jaime de Urgel y apoyó la candidatura al trono de Fernando de Antequera.

JIMÉNEZ DE ASÚA (Luis), *Madrid 1889-Buenos Aires 1970*, jurista y político español. Socialista, fue desterrado a las Chafarinas durante la dictadura del Primo de Rivera. Presidió la comisión que redactó la constitución de 1931, y desde 1962 fue presidente de la república en el exilio. Es autor de un *Tratado de derecho penal* (7 vols., 1949 1960).

JIMÉNEZ DE ENCISO (Diego), *Sevilla 1585-íd. 1634*, dramaturgo español. Su teatro, en género histórico (*La mayor hazaña de Carlos V; El príncipe Carlos*), se sitúa en la escuela de Lope de Vega.

JIMÉNEZ DE LA ESPADA (Marcos), *Cartagena 1831-Madrid 1898*, naturalista español. Miembro de la Comisión científica del Pacífico (1862-1865), describió diversas especies nuevas de mamíferos y batracios. Participó en la fundación de las sociedades españolas de historia natural, geográfica y africanista, y en la comisión española que arbitró en el pleito fronterizo entre Colombia y Venezuela (1891). Como historiador, rescató las *Relaciones geográficas de Indias* y la obra de Bernabé Cobo.

JIMÉNEZ DE QUESADA (Gonzalo), *Córdoba 1499-Mariquita, Colombia, 1579*, conquistador y cronista español. Fundador de Santa Fe de Bogotá (1538), dirigió una expedición al río Magdalena. Se arruinó al intentar comprar encomiendas en Nueva Granada, y su expedición a El Dorado fue un sangriento fracaso.

JIMÉNEZ DE URREA (Jerónimo), *h. 1486-h. 1535*, escritor español de origen aragonés, autor de la original novela de caballerías *Don Clarisel de las Flores y de Austrasia*.

JIMÉNEZ DE URREA (Pedro Manuel), escritor español de inicios del s. XVI, oriundo de Aragón. Escribió dos *Cancioneros* (1513, 1516) con poemas de estilo tradicional, influidos por Petrarca y Juan del Encina, e imitó *La Celestina* en su novela *Penitencia de amor* (1514).

JIMÉNEZ DÍAZ (Carlos), *Madrid 1898-íd. 1967*, médico español. Impulsor de la alergología y la inmunología en España, dirigió el Instituto de investigaciones clínicas y médicas. Fundó la clínica Nuestra Señora de la Concepción (act. fundación Jiménez Díaz), en torno a la cual creó una prestigiosa escuela de medicina interna.

JIMÉNEZ DONOSO (José), *Consuegra 1628-Madrid 1690*, pintor y arquitecto español. Pintor de estilo barroco (*Visión de san Francisco de Paula*, Prado), de sus obras arquitectónicas

destaca la fachada de la Panadería, en la plaza Mayor de Madrid.

JIMÉNEZ FRAUD (Alberto), *Málaga 1883-Ginebra 1964*, pedagogo español. Seguidor de la Institución libre de enseñanza, fundó en Madrid (1910) la Residencia de estudiantes. Es autor de *La ciudad del estudio* (1944).

JIMÉNEZ LOZANO (José), *Langa, Ávila, 1930*, escritor español. Autor de narrativa, destaca sobre todo en el ensayo, con una profunda inspiración cristiana (*Meditación española sobre la libertad religiosa*, 1966; *Un cristiano en rebeldía*, 1968; *La ronquera de Fray Luis y otras inquisiciones*, 1973) o con un escepticismo irónico (*Segundo abecedario*, 1992). [Premio nacional de las letras españolas 1992; premio Cervantes 2002.]

JIMÉNEZ MARTÍN (Ignacio), *Ávila 1898-Madrid 1959*, aviador militar español. Junto con F. Iglesias, realizó la travesía del Atlántico en el *Jesús del Gran Poder* (1929).

JIMÉNEZ OREAMUNO (Ricardo), *Cartago 1859-1945*, político costarricense. Colaborador del presidente Carlos Durán, fue a su vez presidente de la república (1910-1914, 1924-1928 y 1932-1936).

JIMÉNEZ RUEDA (Julio), *México 1896-íd. 1960*, escritor mexicano, dramaturgo (*La silueta del humo*, 1927), narrador (*Moisés*, 1924) y ensayista (*Herejías y supersticiones en la Nueva España*, 1946).

JIMÉNEZ ZAMORA (Jesús), *Cartago 1823-1897*, político costarricense. Presidente de la república (1863-1866 y 1868-1870), gobernó dictatorialmente.

JIMENO (Rafael), *Valencia 1759-México 1825*, pintor y grabador español activo en México. Director de la Academia de San Carlos de México, fue el introductor del estilo neoclásico con tema mexicano. Entre sus obras más importantes figura la decoración de la cúpula de la catedral de México (*Asunción de la Virgen*).

■ JUAN RAMÓN JIMÉNEZ. (D. Vázquez Díaz: col. part.)

■ GONZALO JIMÉNEZ DE QUESADA

JINAN, c. de China, cap. de Shandong, a orillas del Huang He; 2 350 000 hab. Centro industrial. — Importante museo; jardines.

JINGDEZHEN, c. de China, al E del lago Poyang; 611 000 hab. Museo (porcelanas).

JINGMEN, c. de China, al NO de Wuhan; 957 000 hab.

JINHUA, c. de China, al S de Hangzhou; 865 000 hab.

JINJA, c. de Uganda; 61 000 hab. Centro industrial.

JINNAH o YINNAH (Muhammad 'Alí), *Karachi 1876-íd. 1948*, político paquistaní. Militó en la Liga musulmana para la creación de Pakistán, y fue su primer jefe de estado (1947-1948).

JINOTEGA (departamento de), dep. del N de Nicaragua; 9 576 km²; 122 900 hab.; cap. *Jinotega* (94 833 hab.).

JINOTEPE, c. de Nicaragua, cap. del dep. de Carazo; 30 554 hab. Centro comercial y agropecuario.

JINZHOU, c. del NE de China (Liaoning); 810 000 hab.

JIPIJAPA, cantón de Ecuador (Manabí); 73 272 hab. Fabricación de sombreros de palma y cestas.

JIQUILISCO, mun. de El Salvador (Usulután), junto a la *bahía de Jiquilisco*; 24 509 hab. Manglares.

JIQUILPAN, mun. de México (Michoacán); 32 680 hab.; cab. *Jiquilpan de Juárez*. Cuna de Lázaro Cárdenas.

JIQUIPILAS, mun. de México (Chiapas); 26 599 hab. Cereales, café. Explotación forestal.

JIQUIPILCO, mun. de México (México); 29 744 hab. Maíz, trigo y duraznos; ganadería.

JITOMIR → ZHITOMIR.

JITRIK (Noé), *Rivera, Buenos Aires, 1928*, escritor argentino. Poeta y narrador (*Llamar antes de entrar*, 1972; *Citas de un día*, 1972), es autor de sólidos ensayos sobre literatura, historia y crítica literaria: *Producción literaria y producción social* (1975), *La vibración del presente* (1987), *Evaluador* (2002).

Jiuquan, centro de lanzamiento de artefactos espaciales chinos, situado en Mongolia Interior, al borde del desierto de Gobi.

JIUTEPEC, mun. de México (Morelos); 69 687 hab. Caña de azúcar, arroz. Fábricas de cemento.

JIVKOV → ZHIVKOV.

JIXI, c. del NE de China (Heilongjiang); 820 000 hab.

JMELNITSKI (Bogdán), *h. 1595-Chiguirín 1657*, atamán (1648-1657) de los cosacos de Ucrania. Sublevó a su pueblo contra Polonia y apeló al zar de Rusia, cuya soberanía sobre Ucrania oriental reconoció (1654).

JOAD, *fines s. IXs. VIII a.C.*, sumo sacerdote de Jerusalén. Organizó un golpe de estado contra Atalía y proclamó rey al joven Joás.

JOAN o JOHAN (Jordi), conocido también como **Jordi de Déu**, escultor de origen griego activo en Cataluña entre 1362 y 1418. Su estilo, derivado del de su maestro J. Cascalls, sintetiza el clasicismo italiano, el movimiento de la escultura francesa y el dramatismo germánico. Entre sus obras destacan los sepulcros reales de Poblet (1390-1391), la fachada del ayuntamiento de Barcelona (1400) y varios retablos. — **Pere J.**, escultor documentado en Cataluña entre 1416 y 1458. Hijo de Jordi, su obra muestra el influjo de la corriente francoflamenca y la personaliza con gran expresividad (fachada gótica del palacio de la Generalidad, Barcelona).

JOÃO PESSOA, c. de Brasil, cap. del estado de Paraíba, a orillas del Paraíba; 497 214 hab. Monumentos del s. XVI.

JOAQUÍN (san), según la tradición cristiana, esposo de santa Ana y padre de la Virgen María.

JOB, personaje del libro bíblico escrito en el s. V a.C. que lleva su nombre. Rico y poderoso, cae en la miseria. Su historia plantea el problema del mal, que, atacando al justo, lo invita a inclinarse ante la voluntad de Dios.

JOBABO, c. de Cuba (Las Tunas); 14 900 hab. Complejo azucarero.

Jobim (Galeão-António Carlos), aeropuerto internacional de Río de Janeiro (con el nombre del compositor brasileño [1927-1994] inventor de la bossa-nova).

JOBO (El), sitio prehistórico del NO de Venezuela (Falcón), con restos de más de cincuenta campamentos paleolíticos, a partir del XIII milenio a.C.

JOC (Juventud obrera cristiana), movimiento de acción católica orientado hacia el mundo obrero, fundado en 1925 por el prelado belga J. Cardijn y difundido por todo el mundo. En España se implantó en 1947.

JŌCHŌ, *m. en 1057*, escultor japonés. Creó un estilo nacional libre de la influencia china (buda Amida, madera lacada y dorada, en el pabellón del Fénix del Byodo in de Uji).

JOCOTÁN, mun. de Guatemala (Chiquimula), avenado por el *río Jocotán*; 20 999 hab. Minas de hierro.

JOCOTEPEC, mun. de México (Jalisco), a orillas del lago de Chapala; 24 746 hab. Pesca. Textiles (lana).

JOCOTITLÁN, mun. de México (México); 32 967 hab. Cereales; ganado. Explotación forestal.

JODHPUR, c. de la India (Rājasthān); 648 621 hab. Fortaleza y muralla del s. XVI. (*V. ilustr. pág. siguiente.*)

1431

JODL (Alfred), *Wurzburgo 1890-Nuremberg 1946*, general alemán. Jefe de la oficina de operaciones de la Wehrmacht (1938-1945), firmó en Reims el acta de rendición de los ejércitos alemanes (7 mayo 1945). Condenado a muerte en Nuremberg, fue ejecutado.

JODZHENT, de 1936 a 1991 **Leninabad**, c. de Tadzhikistán; 165 000 hab.

JOEL, *s. IV a.C.*, último de los profetas bíblicos.

JOERGENSEN o **JØRGENSEN** (Anker), *Copenhague 1922*, político danés. Socialdemócrata, fue jefe del gobierno (1972-1973 y 1975-1982).

JOFFRE (Joseph), *Rivesaltes 1852-París 1931*, militar francés. En la primera guerra mundial, tras lograr la victoria del Marne (1914), fue nombrado comandante en jefe de los ejércitos franceses (1915) y mariscal (1916).

JOHANNESBURGO, en ingl. **Johannesburg**, c. de Sudáfrica, cap. de la prov. de Gauteng; 1 916 000 hab. Mayor ciudad y principal centro industrial y comercial del país. Zoo.

JOHANSSON (Scarlett), *Nueva York 1984*, actriz estadounidense. Dada a conocer en *El hombre que susurraba a los caballos* (R. Redford, 1999), dota a sus personajes de un enigmático magnetismo (*Lost in Translation*, S. Coppola, 2003; *La joven de la perla*, P. Webber, 2003; *Match Point*, W. Allen, 2005; *Vicky Cristina Barcelona*, íd., 2008).

■ SCARLETT
JOHANSSON

■ EL IMÁN **JOMEINI**

JOHN (sir Elton), *Pinner, Middlesex, 1947*, compositor y cantante británico. Pianista de talento, asociado al letrista Bernie Taupin, es una de las principales figuras del pop británico (*Your Song*, 1970; *Candle in the Wind*, 1973).

John Bull, nombre que se da al pueblo inglés, franco y obstinado. Proviene de un libelo de John Arbuthnot (1712).

JOHNS (Jasper), *Augusta, Georgia, 1930*, pintor estadounidense. Desde 1955 (serie de *Banderas americanas*), se convirtió en un representante principal del «neodadaísmo».

JOHNSON (Andrew), *Raleigh 1808-Carter's Station, Tennessee, 1875*, político estadounidense. Republicano, fue presidente de EUA (1865-1869) tras el asesinato de Lincoln. Por haberse opuesto a la igualdad racial, compareció ante el senado acusado de traición y fue absuelto.

JOHNSON (Earvin, llamado «Magic»), *Lansing, Michigan, 1959*, baloncestista estadounidense. Campeón olímpico en 1992, fue 5 veces campeón de la NBA con Los Angeles Lakers.

JOHNSON (Lyndon Baines), *Stonewall, Texas, 1908-Johnson City, cerca de Austin, Texas, 1973*, político estadounidense. Demócrata, vicepresidente (1961), accedió a la presidencia tras el asesinato de J. F Kennedy (1963) y luego fue elegido presidente (1964-1969). Tuvo que hacer frente a la guerra de Vietnam.

JOHNSON (Michael), *Oak Cliff, Texas, 1967*, atleta estadounidense. Poseedor de nueve títulos de campeón del mundo (dos en 200 m [1991,1995], cuatro en 400 m [1993,1995,1997, 1999] y tres en relevos 4 x 400 m [1993, 1995, 1999]), fue campeón olímpico en relevos 4 x 400 m en 1992, de 200 m y 400 m en 1996 (distancia en la que detenta todavía el récord del mundo) y de relevos 4 x 400 m en 2000.

JOHNSON (Philip), *Cleveland 1906-New Canaan, Connecticut, 2005*, arquitecto estadounidense. Pasó del estilo internacional a una especie de neoclasicismo (teatro del Lincoln Center, Nueva York, 1962) y al posmodernismo. (Premio Pritzker 1979.)

■ **JODHPUR.** La fortaleza que domina el muro del recinto (s. XVI).

JOHNSON (Samuel), *Lichfield 1709-Londres 1784*, escritor británico. Autor de un *Diccionario de la lengua inglesa* (1755), defendió e ilustró la estética clásica en sus obras.

JOHNSON (Uwe), *Cammin, Pomerania, 1934-Sheerness, Gran Bretaña, 1984*, escritor alemán. Su obra narrativa es un testimonio de la división de Alemania en dos estados (*Un año en la vida de Gesine Cresspahl*, 1984).

JOHNSON-SIRLEAF (Ellen), *Monrovia 1939*, economista y política liberiana. Ministra de finanzas (1980), directora para África del PNUD (1992-1997), en 2006 accedió a la presidencia de la república y se convirtió en la primera mujer en ocupar ese cargo en África.

JOHORE BAHARU, c. de Malasia, cerca de Singapur; 250 000 hab.

JOINVILE o **JOINVILLE**, c. de Brasil (Paraíba), al SE de Curitiba; 429 004 hab.

JOJUTLA, mun. de México (Morelos); 44 902 hab. Yacimientos de carbón de piedra. Talabartería.

JÓKAI (Mór), *Komárom 1825-Budapest 1904*, escritor húngaro. Es autor de novelas de inspiración romántica (*Un nabab húngaro*, 1854).

JOLIOT-CURIE, matrimonio de físicos franceses, formado por **Irène J.-C.**, *París 1897-íd. 1956*, hija de Pierre y Marie Curie, y **Jean-Frédéric Joliot**, llamado **Jean-Frédéric J.-C.**, *París 1900-íd. 1958*. Realizaron investigaciones en el campo de la física nuclear y en la estructura del átomo, y descubrieron la radiactividad artificial (1934). [Premio Nobel de química 1935.]

JOLIVET (André), *París 1905-íd. 1974*, compositor francés. Es autor de piezas para piano (*Mana*, 1935; *Cinco danzas rituales*, 1939), conciertos y sinfonías.

JOLÓ o **SULÚ**, c. de Filipinas, cap. de la prov. de Sulú; 52 429 hab. Puerto. — Fue capital de un

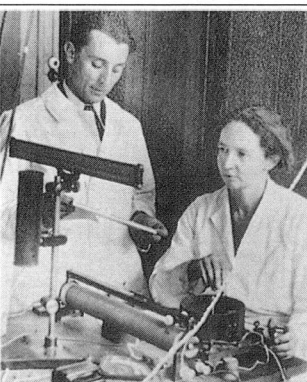

■ IRÈNE Y JEAN-FRÉDÉRIC **JOLIOT-CURIE**

sultanato, sometido a vasallaje (1645) e incorporado a la corona española (1851).

JOMEINI (Ruhollāh), *Jomein 1902-Teherán 1989*, jefe religioso (ayatolá) y político iraní. Exiliado en Naŷaf desde 1964, y luego en Francia, canalizó la oposición a las reformas del sha, que triunfó con la revolución de febrero de 1979. Instauró una república islámica de la que fue guía supremo hasta la muerte.

JONAS (Hans), *Mönchengladbach 1903-New Rochelle, estado de Nueva York, 1993*, filósofo alemán instalado en Estados Unidos. Analizó las consecuencias del progreso científico y propuso una ética de la responsabilidad hacia las generaciones futuras y hacia la naturaleza.

JONÁS, personaje del libro bíblico que lleva su nombre. Esta obra, que tradicionalmente se admite entre los libros proféticos, es una ficción literaria del s. IV a.C. El profeta Jonás histórico vivió en el s. VIII a.C.; el del libro pasó tres días en el vientre de una ballena.

JONES (Ernest), *Gowerton, Glamorgan, 1879-Londres 1958*, médico y psicoanalista británico. Introductor del psicoanálisis en los países anglosajones, fue biógrafo de S. Freud.

JONES (Everett LeRoi), *Newark 1934*, escritor estadounidense. Dramaturgo, novelista y poeta, reivindica la autonomía cultural y política para los negros (*Black Art*, 1966).

JONES (Inigo), *Londres 1573-íd. 1652*, arquitecto inglés. Intendente de los edificios reales, viajó a Italia (1613) e introdujo el estilo de Palladio en Inglaterra (Banqueting House, Londres, h. 1620).

JONGKIND (Johan Barthold), *Lattrop 1819-Grenoble 1891*, pintor y grabador neerlandés. Paisajista, preludió en Francia el impresionismo.

JONIA, ant. nombre de la región costera de Asia Menor. C. prales. *Éfeso, Mileto* y *Focea*. Los *jonios* fueron uno de los primeros pueblos indoeuropeos que ocuparon Grecia a comienzos del II milenio. Expulsados por los dorios, se instalaron en Asia Menor. Su civilización alcanzó su apogeo en los ss. VII-VI a.C.

JÓNICAS (islas), archipiélago griego del mar Jónico; 191 003 hab. Las principales islas son Corfú, Leucade, Ítaca, Cefalonia, Zante y Citera. Conquistadas sucesivamente desde el s. XI por los normandos de Sicilia, por los reyes de Nápoles y por Venecia, fueron ocupadas por Francia (1797-1799) y por Gran Bretaña (1809). Tras su protectorado británico (1815), fueron devueltas a Grecia (1864).

JÓNICO (mar), sector del Mediterráneo entre el S de Italia y Grecia.

JÖNKÖPING, c. de Suecia, en la orilla del lago Vätter; 111 486 hab. Fósforos. — Monumentos del s. XVII; museo provincial.

JONS (Juntas de ofensiva nacional-sindicalista), agrupación política fascista española formada por la unión de los grupos de O. Redondo y R. Ledesma (nov. 1931), que se fusionó con *Falange española* (marzo 1934).

JONSON (Ben), *Westminster ¿1572?-Londres 1637*, dramaturgo inglés. Amigo y rival de Shakespeare, es autor de tragedias y de comedias (*Volpone o el Zorro*, 1606).

JONUTA, mun. de México (Tabasco), avenado por el Usumacinta; 18 639 hab. Arroz, tabaco.

JOOSS (Kurt), *Wasseralfingen, Württemberg, 1901-Heilbronn 1979,* bailarín y coreógrafo alemán nacionalizado británico. Discípulo de R. von Laban, desempeñó un papel esencial en el desarrollo de la danza expresionista (*La mesa verde,* 1932, *Grosstadt,* 1ª versión 1932; 2ª versión 1935; *Pandora,* 1944).

JOPLIN (Janis), *Port Arthur 1943-Hollywood 1970,* cantante estadounidense. Su voz portentosa interpretó la violencia del rock y la desesperación del blues (*Try; Summertime*).

JOPLIN (Scott), *Texarkana 1868-Nueva York 1917,* compositor y pianista estadounidense. Consolidó el ragtime como estilo y alcanzó el éxito con *Maple Leaf Rag* (1899).

JORÁSÁN → JURÁSÁN.

JORDÁ (Enrique), *San Sebastián 1911-Bruselas 1996,* director de orquesta español. Creó la orquesta nacional de Euskadi (1982), de la que fue primer director.

JORDAENS (Jacob), *Amberes 1593-íd. 1678,* pintor flamenco. Influido por Rubens y Caravaggio, fue un popular exponente del naturalismo flamenco (*El sátiro y el campesino; El rey bebe*).

JORDAN (Camille), *Lyon 1838-París 1922,* matemático francés, uno de los fundadores de la teoría de los grupos.

JORDAN (Michael), *Nueva York 1963,* jugador de baloncesto estadounidense. Fue doble campeón olímpico (1984 y 1992) y seis veces campeón de la NBA (1991-1993 y 1996-1998) con los Chicago Bulls. Retirado en 1999, volvió a jugar, con los Washington Wizzards, de 2001 a 2003.

JORDÁN, r. del Próximo oriente, que nace en Líbano y desemboca en el mar Muerto; 360 km. Separa Israel de Siria y de Jordania, y posteriormente Cisjordania y Jordania.

JORDÁN (Esteban), *León 1529-Valladolid 1598,* escultor español. Establecido en Valladolid, fue un destacado representante de la escuela realista (retablos de Santa María de Alaejos, 1590, y de la Magdalena de Valladolid, 1571).

JORDÁN (Lucas), en ital. Luca Giordano, *Nápoles 1634-íd. 1705,* pintor italiano. Discípulo de José Ribera, es autor de techos decorados al fresco (palacio Medicis, Florencia). En España trabajó en El Escorial (escalera, iglesia, 1692-1694), en el Casón del Buen Retiro y en Toledo. Su virtuosismo barroco y su rapidez le valieron el sobrenombre de *Luca Fapresto.*

JORDANA (Francisco **Gómez Jordana,** conde **de**), *en Castilla 1878-San Sebastián 1944,* militar y político español. Miembro del Directorio militar de Primo de Rivera, fue alto comisario en Marruecos (1928-1931) y ministro de asuntos exteriores en 1938-1939 y 1942-1944.

JORDANIA, estado de Asia, en Oriente medio; 92 000 km²; 4 200 000 hab. (*jordanos*). CAP. *'Amman.* LENGUA: *árabe.* MONEDA: *dinar jordano.*

INSTITUCIONES

Monarquía constitucional. Constitución de 1952. El rey está asistido por un primer ministro, jefe del gobierno. El parlamento (asamblea nacional) se compone de un senado (40 senadores nombrados por el rey para 4 años) y de una cámara de representantes (110 diputados elegidos por 4 años).

GEOGRAFÍA

La depresión del Gur (avenada por el Jordán) y las alturas periféricas constituyen las partes vitales del país, al proporcionar trigo, cebada, vinos y aceite de oliva. La ganadería nómada (ovina y caprina) es la única forma de explotación de Jordania oriental, meseta calcárea y árida. El subsuelo encierra sobre todo fosfatos. El turismo es activo, pero la industrialización es inexistente y la balanza comercial deficitaria; además, el país (donde viven numerosos palestinos) está muy endeudado.

HISTORIA

1949: se formó el reino de Jordania, fruto de la unión del emirato hachemí de Transjordania (creado en 1921) y de Cisjordania (que formaba parte del estado árabe previsto por el plan de reparto de Palestina de 1947). **1951:** asesinato del rey Abdullah por un palestino. **1952:**

Husayn accedió al poder. **1967:** Jordania se implicó en la tercera guerra árabe-israelí, durante la cual Israel ocupó Jerusalén Este y Cisjordania; un poder palestino armado compitió con la autoridad real. **1970:** las tropas reales intervinieron contra los palestinos, que fueron expulsados Líbano y Siria. **1978:** tras los acuerdos de Camp David entre Israel y Egipto, Jordania se aproximó a los palestinos. **1984:** Jordania restableció relaciones con Egipto. **1988:** el rey Husayn rompió los vínculos legales y administrativos entre su país y Cisjordania. **1994:** firma del acuerdo de paz con Israel. **1999:** tras la muerte del rey Husayn lo sucedió su hijo mayor con el nombre de 'Abd Allāh II. **2001:** ante la agitación social que alcanzó al país con el recrudecimiento de la Infitada palestina, 'Abd Allāh suspendió el parlamento y asumió el poder legislativo. **2003:** la celebración de elecciones restableció el sistema parlamentario.

JORDI DE DÉU → JOAN (Jordi).

JORGE (san), mártir del s. IV. La leyenda hizo de él un santo guerrero, que venció a un dragón para liberar a una princesa. Es el patrón de Inglaterra, Rusia, Cataluña, Aragón, etc.

JORGE DE PODĚBRADY, *Poděbrady 1420-Praga 1471,* rey de Bohemia (1458-1471). Excomulgado por Paulo II, permaneció en Praga a pesar de que los nobles católicos habían elegido a Matías Corvino rey de Bohemia (1469).

JORGE I, *Osnabrück 1660-íd. 1727,* elector de Hannover (1698-1727), rey de Gran Bretaña y de Irlanda (1714-1727). Tras suceder a Ana Estuardo por el Acta de establecimiento (1701), se apoyó en los whigs y dejó el poder real a sus ministros Stanhope (1717-1721) y Walpole (1715-1717 y desde 1721). — **Jorge II,** *Herrenhausen 1683-Kensington 1760,* rey de Gran Bretaña e Irlanda, y elector de Hannover (1727-1760). Hijo de Jorge I, mantuvo la confianza en Walpole, quien sentó las bases del Imperio británico. — **Jorge III,** *Londres 1738-Windsor 1820,* rey de Gran Bretaña e Irlanda (1760-1820), elector (1760-1815) y luego rey (1815-1820) de Hannover. Nieto de Jorge II, perdió las colonias de América y luchó contra la Revolución francesa. Fue el primer Hannover interesado por Inglaterra. — **Jorge IV,** *Londres 1762-Wind-*

sor 1830, rey de Gran Bretaña e Irlanda, y rey de Hannover (1820-1830). Primogénito de Jorge III, emancipó a los católicos de Irlanda. — **Jorge V,** *Londres 1865-Sandringham 1936,* rey de Gran Bretaña e Irlanda y emperador de las Indias (1910-1936), de la dinastía de Hannover. Hijo de Eduardo VII, intervino en la primera guerra mundial. Cambió el nombre de la dinastía de Hannover-Sajonia-Coburgo por el de Windsor. — **Jorge VI,** *Sandringham 1895-íd. 1952,* rey de Gran Bretaña e Irlanda del Norte (1936-1952) y emperador de las Indias (1936-1947), de la dinastía de los Windsor. Segundo hijo de Jorge V, sucedió a Eduardo VIII. Durante su reinado, Gran Bretaña participó en la segunda guerra mundial.

JORGE I, *Copenhague 1845-Tesalónica 1913,* rey de Grecia (1863-1913). Elegido por las potencias protectoras de Grecia (Gran Bretaña, Francia y Rusia) para suceder a Otón, fue asesinado. — **Jorge II,** *Tatoi 1890-Atenas 1947,* rey de Grecia (1922-1924 y 1935-1947). Hijo de Constantino I, durante la invasión alemana (1941) se refugió en Creta, en El Cairo y en Londres, y recuperó el trono en 1946.

JØRGENSEN → JOERGENSEN.

JORN (Asger Jørgensen, llamado Asger), *Vejrum 1914-Arhus 1973,* pintor y teórico danés. Cofundador de Cobra y de una de las ramas de la «Internacional situacionista», espíritu agudo, experimentador de múltiples iniciativas, dejó una obra plástica de gran libertad (*Atomización imprevista,* 1958). — Museo en Silkeborg (Jutlandia).

JOS, c. de Nigeria, en la *meseta de Jos;* 186 000 hab. Museo.

JOSAFAT, 4° rey de Judá (870-849 a.C.). Su reinado fue próspero.

JOSAFAT (valle de), nombre simbólico del lugar donde Dios, según el libro de Joel, juzgará a los pueblos el último día. Se identificó más tarde con el valle del Cedrón, al E de Jerusalén.

JOSÉ, patriarca bíblico. Hijo de Jacob y de Raquel, fue vendido por sus hermanos y llevado a Egipto, donde llegó a ser ministro del faraón. Gracias a su protección, los hebreos pudieron establecerse en Egipto.

JOSÉ (san), esposo de la Virgen María, carpintero y padre putativo de Jesucristo.

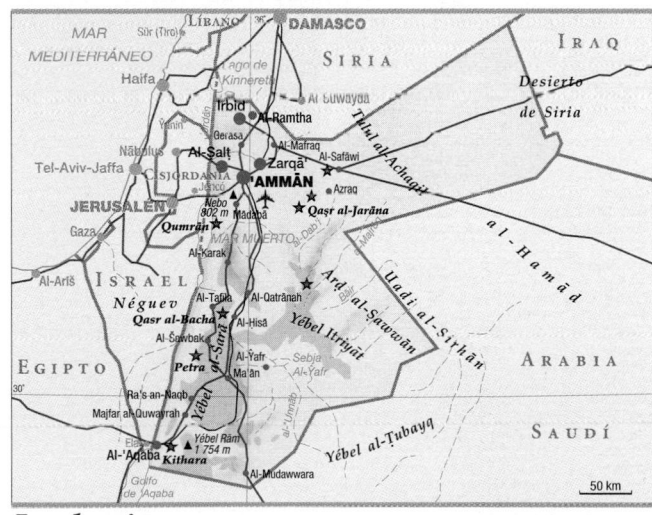

Jordania

★ lugar de interés turístico — carretera
— ferrocarril
✈ aeropuerto

● más de 1 000 000 hab.
● de 100 000 a 1 000 000 hab.
● de 50 000 a 100 000 hab.
• menos de 50 000 hab.

JOSÉ de Arimatea (san), *s. i*, judío de Jerusalén, miembro del sanedrín. Prestó su propia tumba para enterrar a Jesús.

JOSÉ de Calasanz (san), *Peralta de la Sal, Huesca, 1556-Roma 1648*, religioso español. Fundó en Roma la congregación de clérigos regulares de las Escuelas pías (1597), consagrados a la educación, llamados en España *escolapios*. Fue canonizado en 1767.

IMPERIO GERMÁNICO Y AUSTRIA

JOSÉ I, *Viena 1678-íd. 1711*, rey de Hungría (1687), rey de romanos (1690), archiduque de Austria y emperador germánico (1705-1711), de la dinastía de los Habsburgo. Hijo de Leopoldo I, reconoció en Hungría el calvinismo y el derecho de los estados (1711). — **José II**, *Viena 1741-íd. 1790*, emperador germánico y corregente de los estados de los Habsburgo (1765-1790). Primogénito de Francisco I y de María Teresa, convertido en dueño absoluto del poder a la muerte de su madre (1780), quiso, como déspota ilustrado, racionalizar y modernizar el gobierno de sus estados y abolió la servidumbre (1781). Practicó respecto a la Iglesia una política de vigilancia y control (josefinismo).

ESPAÑA

JOSÉ I BONAPARTE, *Corte, Córcega, 1768-Florencia 1844*, rey de Nápoles (1806-1808) y de España (1808-1813). Hermano mayor de Napoleón I, proclamado rey en Bayona, llegó a España en plena lucha por la independencia, y gobernó bajo la influencia de Napoleón. Tras la batalla de los Arapiles huyó a Valencia (1812), y en 1813 volvió a Francia.

PORTUGAL

JOSÉ I el Reformador, *Lisboa 1714-íd. 1777*, rey de Portugal (1750-1777), de la casa de Braganza. Déspota ilustrado, se esforzó por regenerar el país con la ayuda de su ministro, el marqués de Pombal.

JOSÉ AGUSTÍN (José Agustín **Ramírez**, llamado), *Guadalajara 1944*, escritor mexicano. Centra su narrativa en el lenguaje y el argot de la ciudad (*La tumba*, 1964; *De perfil*, 1966; *Se está haciendo tarde*, 1973; *Ciudades desiertas*, 1982; *Cerca del fuego*, 1986; *Vida con mi viuda*, 2003; *Armablanca*, 2006).

JOSÉ AZUETA, mun. de México (Guerrero), junto al Pacífico; 25 751 hab.; cab. *Zihuatanejo*. Centro turístico y puerto de cabotaje. Aeropuerto.

JOSÉ FERNANDO DE BAVIERA, *Viena 1692-Bruselas 1699*, pretendiente del trono de España. Hijo del elector de Baviera Maximiliano Manuel, fue el candidato elegido por Carlos II para sucederle en el trono español.

JOSEFINA (Marie-Joséphe Tascher de la Pagerie, llamada), *Trois-Îlets, Martinica, 1763-Malmaison 1814*, emperatriz de los franceses. Viuda del vizconde de Beauharnais, casó con Napoleón Bonaparte (1796), quien la repudió al no tener de ella un heredero (1809).

JOSEFO (Flavio) → FLAVIO JOSEFO.

JOSÉ IGNACIO (laguna de), albufera de Uruguay (Maldonado). Comunica con el Río de la Plata.

José Martí, aeropuerto internacional de Cuba, en Rancho Boyeros (La Habana).

JOSEPHSON (Brian David), *Cardiff 1940*, físico británico. En 1962 descubrió que la corriente eléctrica puede atravesar una delgada barrera aislante o normalmente conductora situada entre dos metales superconductores; tales efectos tienen aplicaciones en metrología de precisión. (Premio Nobel 1973.)

JOSÍAS, *m. en 609 a.C.*, 16º rey de Judá (640-609 a.C.). Durante su reinado se produjo una importante renovación religiosa.

JOSPIN (Lionel), *Meudon 1937*, político francés. Socialista, ministro de educación (1988-1992), fue primer ministro desde 1997 a 2002.

JOSUÉ, *fines s. XIII a.C.*, sucesor de Moisés. Condujo a los hebreos en la conquista de la Tierra prometida. El libro bíblico llamado «de Josué» relata de modo épico el establecimiento de los hebreos en Canaán.

JOTABECHE → VALLEJO (José Joaquín).

JOTAMARIO (J. Mario **Arbeláez**, llamado),

Cali 1939, poeta colombiano. Miembro del grupo nadaísta, con su poesía cuestionó el conservadurismo academicista (*El profeta en casa*, 1965).

Jotín (batalla de) [11 nov. 1673], victoria del futuro Juan III Sobieski sobre los turcos en Jotín (en pol. Choczin), Ucrania, a orillas del Dniéster. Facilitó la subida al trono de Polonia de Juan III Sobieski (1674).

JOTUNHEIM, macizo montañoso de Noruega meridional, en el que se halla el punto culminante de Escandinavia; 2 470 m.

JOUBERT (Petrus Jacobus), colonia de El Cabo ¿1831?-Pretoria, act. Tshwane, 1900, general bóer. Fue comandante en jefe contra los británicos en 1881 y en 1899.

JOULE (James Prescott), *Salford, cerca de Manchester, 1818-Sale, Cheshire, 1889*, físico británico. Estudió el calor desprendido por las corrientes eléctricas en los conductores y formuló su ley (1841). Determinó el equivalente mecánico de la caloría (1842), enunció el principio de conservación de la energía mecánica y, utilizando la teoría cinética de los gases, calculó la velocidad media de las moléculas gaseosas.

JOURDAN (Jean-Baptiste, conde de), *Limoges 1762-París 1833*, mariscal de Francia. Venció a las tropas angloholandesas en Fleurus (1794), hizo aprobar la ley de reclutamiento (1798) y mandó el ejército de José I en España (1808-1814).

JOVELLANOS, mun. de Cuba (Matanzas), a orillas del canal del Roque; 48 855 hab. Industria química.

JOVELLANOS (Gaspar Melchor de), *Gijón 1744-Vega, Asturias, 1811*, escritor y político español. Ilustrado, fue director de la Sociedad económica de amigos del país de Madrid (1784), miembro de distintas academias y fundador del Real instituto asturiano de náutica y mineralogía de Gijón (1794). Consejero de estado (1799), estuvo confinado en Mallorca (1801-1808) y organizó la Junta central contra Napoleón. Poeta y dramaturgo adscrito al neoclasicismo, destaca como prosista en sus obras *De las bellas artes* (1782), *Informe en el expediente de la ley agraria* (1795), *Diarios 1790-1810* (1915), *Bases para la formación de un plan general de instrucción pública* (1809). [Real academia 1781.]

■ GASPAR MELCHOR DE JOVELLANOS, por Goya. (Museo del Prado, Madrid.)

Jóvenes turcos, grupo de intelectuales y oficiales otomanos, inicialmente liberales y reformistas. Tras alzarse con el poder en 1908, hicieron restaurar la constitución y obligaron a abdicar a Abdülhamid II (1909). Evolucionaron hacia un régimen autoritario y ultranacionalista. En 1913 establecieron una dictadura que fue derrocada en 1918.

JOVES (Manuel), *Manresa 1886-Buenos Aires 1944*, compositor español. Radicado en Buenos Aires desde 1931, compuso tangos con letra de Manuel Romero (*Buenos Aires; Fume, compadre*).

JOVIANO, en lat. **Flavius Claudianus Iovianus**, *Singidunum, Mesia, h. 331-Dadastana, Bitinia, 364*, emperador romano (363-364). Sucesor de Juliano, restauró los privilegios de la Iglesia.

JOVIO (Paulo), en ital. **Paolo Giovio**, *Como 1483-Florencia 1552*, historiador y humanista italiano. Es autor, entre otras obras, de las *Vidas* (1549) de personajes de su época (entre ellos, Gonzalo Fernández de Córdoba) y de *Historias de su tiempo* (1550-1552).

JOYA DE CERÉN, sitio arqueológico de El Salvador (Azuay). Comunidad agrícola sepultada por una erupción volcánica (h. 600 d.C.). [Patrimonio de la humanidad 1993.]

JOYABAJ, mun. de Guatemala (Quiché); 27 975 hab. Materiales para la construcción.

JOYCE (James), *Rathgar, Dublín, 1882-Zurich 1941*, escritor irlandés. Poeta (*Música de cámara*, 1907), autor de relatos (*Dublineses*, 1914), se le deben dos novelas de simbolismo múltiple, protagonizadas por el lenguaje: **Ulises* (1922) y *Finnegans Wake* (1939). Joyce ha sido punto de partida de diversas orientaciones renovadoras en la literatura moderna.

■ JAMES **JOYCE**   **■** NIKITA **JRUSCHOV**

JÓZSEF (Attila), *Budapest 1905-Balatonszárszó 1937*, poeta húngaro. De inspiración social, es uno de los grandes líricos de la Hungría moderna (*El mendigo de la belleza*, 1922).

JRUSCHOV (Nikita Serguéievich), *Kalínovka, prov. de Kursk, 1894-Moscú 1971*, político soviético. Primer secretario del comité central del Partido comunista (1953-1964) tras la muerte de Stalin, y presidente del consejo de ministros de la URSS (1958-1964), desde el XX congreso del PCUS (1956) se convirtió en el artífice de la desestalinización y de la coexistencia pacífica, y emprendió reformas económicas.

SANTOS

JUAN o **JUAN Evangelista** (san), *m. en Éfeso h. 100*, apóstol de Jesús. Hermano de Santiago el Mayor, fue uno de los primeros discípulos de Jesús y evangelizó Asia Menor. La tradición le atribuye la autoría del *Apocalipsis*, de tres epístolas y del cuarto Evangelio. Se le suele representar acompañado de un águila.

JUAN Bautista (san), *s. I d.C.*, jefe de una secta judía, considerado por la tradición cristiana el precursor del Mesías. Contemporáneo de Jesús, hijo de santa Isabel, desde su infancia se retiró al desierto. Predicó a orillas del Jordán un mensaje de penitencia y practicó un bautismo de purificación para la llegada del Reino de Dios. Fue decapitado por orden de Herodes Antipas (h. 28).

JUAN BERCHMANS (san), *Diest, Brabante, 1599-Roma 1621*, escolástico jesuita. Es uno de los patronos de la juventud.

JUAN BOSCO (san), *Becchi, prov. de Asti, 1815-Turín 1888*, sacerdote italiano. Fundó las congregaciones de los salesianos (1859) y de las salesianas (1872).

JUAN Crisóstomo (san), *Antioquía h. 344-cerca de Cumanos, Capadocia, 407*, padre de la Iglesia de oriente. Obispo de Constantinopla, su elocuencia le valió el sobrenombre de Crisóstomo («boca de oro»). Su rigor y su celo reformador lo condujeron al exilio, donde murió.

JUAN Damasceno (san), *Damasco h. 650-San Sabas, cerca de Jerusalén, h. 749*, padre de la Iglesia de oriente. Defensor del culto a las imágenes, su obra marcó la teología y la himnología bizantinas.

JUAN DE ÁVILA (san), *Almodóvar del Campo 1500-Montilla 1569*, eclesiástico español. Predicador afamado, escribió obras de carácter ascético y un *Epistolario espiritual para todos los estados* (1578). Influyó en san Francisco de Borja y san Juan de Dios. Fue canonizado en 1970.

JUAN de Capistrano (san), *Capistrano 1386-Villacum, Croacia, 1456*, franciscano italiano. Reorganizó su orden y evangelizó Europa central.

JUAN de Dios (san), *Montemor-o-Novo 1495-Granada 1550*, religioso portugués. Fundó en Granada la orden de los Hermanos hospitalarios de San Juan de Dios (1537), consagrada a los enfermos y menesterosos.

JUAN de la Cruz (Juan de Yepes, llamado [san]), *Fontiveros, Ávila, 1542-Úbeda 1591*, religioso y místico español, doctor de la Iglesia. Después de estudiar en Salamanca, ingresó en la orden del Carmelo en 1563 y, tras conocer a santa Teresa, se dedicó con ella a la reforma carmelitana. Su obra representa, junto con la de santa Teresa, la cumbre de la literatura mística española. Está formada por tres poemas, publicados póstumamente *Noche oscura del alma* (1618) —con sus comentarios en prosa *Subida al monte Carmelo y Noche oscura*—, **Cántico espiritual* (1627) y *Llama de amor viva* (1616), con sus respectivos comentarios. Los poemas, escritos en liras, cantan la huida del alma de la prisión de los sentidos hasta alcanzar la unión con Dios. Además de esta obra poética en forma renacentista, cultivó el romance y la cancioncilla al uso tradicional. Fue canonizado en 1726.

JUAN DE MATA (san), *Faucon, Provenza, 1160-Roma 1213*, fundador de la orden de los trinitarios.

JUAN DE RIBERA (san), *Sevilla 1532-Valencia 1611, antinación español, teólogo en Salamanca, fue obispo de Badajoz (1562) y desde 1568 arzobispo de Valencia (donde fue virrey en 1602-1604) y patriarca de Antioquía. Aconsejó a Felipe III la expulsión de los moriscos. Fue canonizado en 1960.

JUAN EUDES (san), *Ri, Normandía, 1601-Caen 1680*, sacerdote francés. Fundó la Congregación de Jesús y María (*eudistas*).

JUAN FISHER (san), *Beverley h. 1469-Londres 1535*, prelado inglés. Brillante humanista, amigo de Erasmo, fue decapitado por haberse opuesto al divorcio de Enrique VIII.

JUAN GUALBERTO (san), *Petroio, cerca de Florencia, h. 995-Passignano 1073*, monje italiano. Fundó en Vallombrosa (Toscana) una congregación inspirada en los benedictinos, pero con una regla más severa.

PAPAS

JUAN I (san), *en Toscana ¿470?-Ravena 526*, papa de 523 a 526. Enviado por Teodorico a la corte del emperador bizantino Justino I en una misión, coronó a este y fue encarcelado a su regreso. — **Juan XII** (Ottaviano), *Roma 937-íd. 964*, papa de 955 a 964. Elegido papa a los 18 años, fue sobre todo un político; coronó emperador a Otón I (962), que no obstante trató de sustituirlo. — **Juan XXII** (Jacques Duèse o d'Euze), *Cahors 1245-Aviñón 1334*, papa de Aviñón de 1316 a 1334. Trabajó por la centralización de la administración pontificia, lo que le ganó la hostilidad de los franciscanos espirituales y la del emperador, quien le opuso un antipapa. — **Juan XXIII** (Baldassare Cossa), *Nápoles h. 1370-Florencia 1419*, antipapa en Pisa en la época del gran cisma de occidente. — **Juan XXIII** (Angelo Giuseppe Roncalli), *Sotto il Monte, cerca de Bérgamo, 1881-Roma 1963*, papa de 1958 a 1963. Nuncio en París, patriarca de Venecia y cardenal, marcó su breve pontificado con el *aggiornamento* (actualización) de la Iglesia romana y con la convocatoria del concilio Vaticano II (1962). Promulgó varias

encíclicas importantes (*Pacem in terris*, 1963). Fue beatificado en 2000.

ARAGÓN

JUAN I el Cazador o **el Amador de la gentileza**, *Perpiñán 1350-Foixà, Gerona, 1396*, rey de Aragón (1387-1396). Hijo y sucesor de Pedro el Ceremonioso, se mantuvo fiel al papa de Aviñón y favoreció el acercamiento a Francia y Castilla. Protegió las artes y las letras.

JUAN II, *Medina del Campo 1398-Barcelona 1479*, rey de Aragón (1458-1479) y rey consorte (1425-1441) y efectivo (1441-1479) de Navarra. Hijo menor de Fernando de Antequera, casó con Blanca de Navarra (1420), y a la muerte de esta subió al trono navarro, por lo que su hijo Carlos de Viana se rebeló contra él. Sucedió en 1458 a su hermano Alfonso V en el trono de Aragón, donde estalló una guerra civil (1462-1472). Su heredero Fernando, hijo de su segunda esposa, Juana Enríquez, casó (1469) con Isabel de Castilla.

■ **JUAN II**, rey de Navarra y Aragón, y su esposa Juana Enríquez, en una miniatura de 1515.
(Archivo histórico nacional, Madrid.)

BIZANCIO

JUAN I TZIMISCES, *Hierápolis, Armenia, 925-Constantinopla 976*, emperador bizantino (969-976). Se anexionó Bulgaria oriental. — **Juan II Comneno**, *1088-Tauro 1143*, emperador bizantino (1118-1143). Pacificó los Balcanes y restableció la soberanía bizantina sobre los francos de Siria. — **Juan III Ducas Vatatzes**, *Didimótica, Tracia, 1193-Ninfeo, act. Kemalpaşa, 1254*, emperador bizantino de Nicea (1222-1254). No logró reconquistar Constantinopla. — **Juan V Paleólogo**, *1332-1391*, emperador bizantino (1341-1354; 1355-1376; 1379-1391). Su minoría de edad se vio agitada por la acción de Juan VI Cantacuceno. — **Juan VI Cantacuceno**, *Constantinopla h. 1293-Mistra 1383*, emperador bizantino (1341-1355). Tutor de Juan V Paleólogo, fue asociado al joven emperador; obligado a abdicar, se retiró a un monasterio, donde redactó su *Historia*, que cubre los años 1320-1356. — **Juan VIII Paleólogo**, *1390-Constantinopla 1448*, emperador bizantino (1425-1448). Buscó ayuda en occidente, y en el concilio de Florencia (1439) concluyó con el papa la unión de las Iglesias, pero el desastre

de Varna (1444) dejó el imperio en manos de los turcos.

BOHEMIA

JUAN I DE LUXEMBURGO el Ciego, *1296-Crécy 1346*, rey de Bohemia. Hijo del emperador Enrique VII, fue muerto en la batalla de Crécy.

BORGOÑA

JUAN sin Miedo, *Dijon 1371-Montereau 1419*, duque de Borgoña (1404-1419). Hijo y sucesor de Felipe el Atrevido, jefe de los borgoñones, se adueñó de París (1418). Inquieto por el éxito inglés, intentó acercarse a Carlos VI, pero fue asesinado.

CASTILLA

JUAN, *h. 1264-Granada 1319*, infante de Castilla. Hijo de Alfonso X el Sabio, en 1295 pretendió el trono de Castilla frente a Fernando IV.

JUAN I, *Épila 1358-Alcalá de Henares 1390*, rey de Castilla (1379-1390), hijo de Enrique II. Muerto el rey de Portugal, reivindicó dicho país, pero fue derrotado. Fortaleció la monarquía y limitó el poder de la nobleza.

JUAN II, *Toro 1405-Valladolid 1454*, rey de Castilla (1406-1454). Hijo de Enrique III, reorganizó la hacienda y tuvo como favorito a Álvaro de Luna, pero, a causa de las presiones de la alta nobleza, de su esposa y del príncipe heredero, se vio obligado a ejecutarlo (1453). Legó una crisis social y política.

JUAN DE ARAGÓN, *Sevilla 1478-Salamanca 1497*, príncipe de Asturias y de Gerona. Heredero reconocido de los Reyes Católicos, murió prematuramente.

CATALUÑA

JUAN I DE ANJOU, *Toul, Francia, 1427-Barcelona 1470*, duque de Lorena (1453-1470), duque titular de Calabria (1434-1470) y príncipe de Gerona (1466-1470). Los nobles catalanes que se sublevaron contra Juan II designaron a su padre Renato de Anjou como rey de Cataluña y a él mismo como lugarteniente del reino y príncipe de Gerona, pero fueron vencidos por Juan II.

FRANCIA

JUAN II el Bueno, *castillo del Gué de Maulny, cerca de Le Mans, 1319-Londres 1364*, rey de Francia (1354-1364), de la dinastía de los Valois. Hijo de Felipe VI de Valois, sometió a Carlos el Malo de Navarra. Vencido por el Príncipe Negro en Poitiers (1356) y llevado preso a Londres, regresó tras ceder Aquitania a Inglaterra (1362). Al huir su hijo Luis, rehén de los ingleses, tuvo que volver prisionero a Londres, donde murió.

IMPERIO LATINO DE CONSTANTINOPLA

JUAN DE BRIENNE, *h. 1148-Constantinopla 1237*, rey de Jerusalén (1210-1225), emperador latino de Constantinopla (1231-1237).

INGLATERRA

JUAN sin Tierra, *Oxford 1167-Newark, Nottinghamshire, 1216*, rey de Inglaterra (1199-1216), de la dinastía de los Plantagenet. Quinto hijo de Enrique II, hermano y sucesor de Ricardo Corazón de León, fue citado por Felipe Augusto ante el tribunal de los pares por haber secuestrado a Isabel de Angulema, y se le retiraron los derechos sobre sus feudos franceses (1202). Sus aliados, entre ellos el emperador germánico Otón IV, fueron derrotados en Bouvines (1214), y él mismo fue derrotado en La Roche-aux-Moines. El año anterior, había sido obligado a enfeudar su reino al papa. Estos fracasos provocaron una viva oposición en Inglaterra, y la sublevación de los barones lo obligó a aceptar la Carta magna (1215).

LUXEMBURGO

JUAN I, *Berg 1921*, gran duque de Luxemburgo (1964-2000). Sucesor de su madre, la gran duquesa Carlota, abdicó en favor de su hijo mayor, Enrique, en 2000.

NAVARRA

JUAN II → **JUAN II** [Aragón].
JUAN III DE ALBRET, *m. en Moneins, Béarn, 1517*, rey de Navarra (1481-1517), esposo de

■ **SAN JUAN DE LA CRUZ.** (F. Pacheco; museo Lázaro Galdiano, Madrid.)

■ **JUAN XXIII**

Catalina de Navarra. Fernando el Católico invadió sus estados, y los reyes huyeron a Francia.

POLONIA

JUAN II CASIMIRO o **CASIMIRO V,** *Cracovia 1609-Nevers, Francia, 1672,* rey de Polonia (1648-1668). No pudo evitar la pérdida de Ucrania oriental ni la invasión sueca (1655), y abdicó.

JUAN III SOBIESKI, *Olesko 1629-Wilanów 1696,* rey de Polonia (1674-1696). Venció a los otomanos en Choczin (act. Jotín), en 1673, y los obligó a levantar el asedio de Viena (1683).

PORTUGAL

JUAN I el Grande, *Lisboa 1357-íd. 1433,* rey de Portugal (1385-1433), de la dinastía de Avís. Hijo natural de Pedro I el Justiciero, su victoria en Aljubarrota (1385) sobre los castellanos consolidó la independencia de Portugal. — **Juan II el Perfecto,** *Lisboa 1455-Alvor 1495,* rey de Portugal (1481-1495), de la dinastía de Avís. Concluyó el tratado de Tordesillas (1494). — **Juan III el Piadoso,** *Lisboa 1502-íd. 1557,* rey de Portugal (1521-1557), de la dinastía de Avís. Introdujo la Inquisición en Portugal (1536). — **Juan IV el Afortunado,** *Villaviciosa 1604-Lisboa 1656,* rey de Portugal (1640-1656), de la casa de Braganza. Duque de Braganza, encarnó las aspiraciones de independencia de Portugal al ser proclamado rey. Fue ratificado como tal por las cortes de Lisboa, tras el triunfo de la sublevación que puso fin al dominio español del país. — **Juan VI el Clemente,** *Lisboa 1767-íd. 1826,* rey de Portugal (1816-1826), de la casa de Braganza. Regente de 1792 a 1816, huyó a Brasil durante la invasión francesa (1807). De regreso en Portugal (1821), inauguró el régimen constitucional (1822).

JUAN (el Preste), personaje fantástico de la edad media, jefe de un estado cristiano. Fue identificado con el kan de los mongoles o con el negus.

SANTA

JUANA DE ARCO (santa), llamada **la Doncella de Orleans,** *Domrémy 1412-Ruán 1431,* heroína francesa. Hija de campesinos, a los trece años oyó voces que le ordenaban liberar Francia del dominio inglés. Logró capitanear un pequeño ejército que consiguió que los ingleses levantaran el sitio de Orleans, e hizo coronar rey a Carlos VII en Reims (1429). Prisionera de los borgoñones en el sitio de Compiègne, fue entregada a los ingleses, sometida a proceso, acusada de herejía, y condenada a morir en la hoguera. Rehabilitada en 1456, fue canonizada en 1920.

■ SANTA **JUANA DE ARCO,** por Ingres.
(Museo del Louvre, París.)

ARAGÓN

JUANA ENRÍQUEZ, *Torrelobatón 1425-Tarragona 1468,* reina de Navarra (1447-1468) y de Aragón (1458-1468). Esposa de Juan II, fue lugarteniente de Navarra (1451), de Cataluña (1461), donde tomó parte en la guerra civil, y de Aragón (1465).

CASTILLA Y ESPAÑA

JUANA, *Almada, Portugal, 1439-Madrid 1475,*

reina de Castilla y de León (1455-1475). Esposa de Enrique IV y hermana de Alfonso V de Portugal, apoyó a su hija Juana la Beltraneja en la guerra contra un sector nobiliario.

JUANA DE CASTILLA, llamada **la Beltraneja,** *Madrid 1462-Lisboa 1530,* princesa castellana. Hija de Enrique IV y de Juana de Portugal, defendió frente a Isabel la Católica sus derechos al trono de Castilla, pero fue derrotada. Es conocida por el apodo que le dieron los nobles isabelinos, al suponerla hija de la reina y de Beltrán de la Cueva.

JUANA I la Loca, *Toledo 1479-Tordesillas 1555,* reina de Castilla (1504-1555). Hija de los Reyes Católicos, esposa de Felipe el Hermoso y madre de Carlos Quinto, heredó el trono en 1504, y a la muerte de su esposo (1506) perdió la razón. Se retiró a Tordesillas y dejó como regente a Cisneros. En 1516 recibió de su padre la herencia de los estados aragoneses, cuyo gobierno encomendó a su hijo Carlos.

FRANCIA

JUANA I DE NAVARRA, *Bar-sur-Seine, Champaña, h. 1272-Vincennes 1305,* reina de Navarra y de Francia, esposa de Felipe IV el Hermoso de Francia.

INGLATERRA

JUANA GREY, lady **Dudley,** *Bradgate, Leicestershire, h. 1537-Londres 1554,* reina de Inglaterra (1553). Sobrina nieta de Enrique VIII, sucedió a Eduardo VI gracias a las intrigas de John Dudley, pero fue destronada rápidamente por María I Tudor, quien la hizo decapitar.

JUANA SEYMOUR, *1509-Hampton Court 1537,* reina de Inglaterra, tercera esposa de Enrique VIII de Inglaterra y madre del futuro Eduardo VI.

NÁPOLES

JUANA I DE ANJOU, *Nápoles 1326-Aversa, Campania, 1382,* reina de Nápoles (1343-1382). Se casó cuatro veces y fue asesinada por orden de su primo y heredero Carlos de Durazzo. — **Juana II,** *Nápoles h. 1371-íd. 1435,* reina de Nápoles (1414-1435). Designó como sucesor suyo a Renato de Anjou (el futuro Renato I el Bueno), a quien había adoptado.

NAVARRA

JUANA I → JUANA I [Francia].

JUANA II, *1311-Conflans 1349,* reina de Navarra (1328-1349). Hija de Luis X el Obstinado, fue despojada del trono de Francia por Felipe V el Largo (1316) y reconocida reina de Navarra (1328). Por su matrimonio con Felipe de Evreux introdujo la dinastía Evreux en Navarra. Fue madre de Carlos II el Malo.

JUANA III DE ALBRET, *Saint-Germain-en-Laye 1528-París 1572,* reina de Navarra (1555-1572). Hija de Enrique II de Albret, esposa de Antonio de Borbón y madre de Enrique IV de Francia, convirtió el calvinismo en religión oficial de su reino.

JUANA (la Papisa), mujer que, según una leyenda divulgada en el s. XIII, habría ejercido el pontificado con el nombre de *Juan el Inglés,* durante los dos años que siguieron a la muerte de León IV (855).

JUANA DÍAZ, mun. del S de Puerto Rico; 45 198 hab. Mármol, yeso y manganeso. Aeropuerto.

JUANA FRANCISCA FRÉMYOT DE CHANTAL (santa), *Dijon 1572-Moulins 1641,* religiosa francesa. Fundó con san Francisco de Sales la orden de la Visitación.

JUAN ALDAMA, mun. de México (Zacatecas); 18 080 hab. Centro agropecuario. Minas de plata.

JUANA MANUEL, *1339-Salamanca 1381,* reina de Castilla (1369-1379). Esposa (1350) de Enrique de Trastámara, dirigió el cerco de Zamora (1371).

JUAN B. ALBERDI, dep. de Argentina (Tucumán); 24 368 hab.

JUAN BAUTISTA DE LA SALLE (san), *Reims 1651-Ruán 1719,* sacerdote francés. Fundó el instituto de los hermanos de las Escuelas cristianas (1682), dedicado a la educación de los niños pobres.

JUAN BAUTISTA RODRÍGUEZ, mun. de Ve-

nezuela (Lara), en el valle del Tocuyo; 24 065 hab.; cab. *Quíbor.*

JUAN CARLOS I, *Roma 1938,* rey de España (desde 1975). Nieto de Alfonso XIII, casado con Sofía de Grecia (1962), en 1969 fue proclamado príncipe de España y sucesor de Franco en la jefatura del estado, a título de rey. Muerto Franco, fue proclamado rey por las cortes. Jefe de la casa real española tras la renuncia de su padre, Juan de Borbón y Battenberg (1978), ratificó y acató la constitución de 1978.

■ JUAN CARLOS I
de Borbón

■ DON JUAN DE
AUSTRIA. (Velázquez;
museo del Prado, Madrid.)

JUAN CUAMATZI, mun. de México (Tlaxcala); 17 065 hab.; cab. *San Bernardino Contla.*

JUAN DE AUSTRIA, *Ratisbona 1545-Bouges, Flandes, 1578,* príncipe español. Hijo natural de Carlos Quinto y de Bárbara de Blomberg, reconocido por su hermanastro Felipe II (1559) y trasladado a la corte, se le confió el mando de las galeras del Mediterráneo (1568). Siendo capitán general de Granada, sofocó el levantamiento morisco (1571). Dirigió la flota de la Santa liga en la batalla de Lepanto (1571), y tomó Túnez (1573). Fue gobernador de Flandes (1576-1578) en plena insurrección.

JUAN DE FUCA (estrecho de), estrecho que separa la isla de Vancouver (Canadá) de Estados Unidos.

JUAN DE LOS ÁNGELES (fray) → ÁNGELES.

Juan de Mairena, personaje apócrifo de A. Machado. El autor publicó en periódicos las supuestas lecciones de retórica de su heterónimo, a través del cual expuso sus ideas sobre temas filosóficos, políticos y literarios, que reunió en *Juan de Mairena, sentencias, donaires, apuntes y recuerdos de un profesor apócrifo* (1936).

JUAN DIEGO CUAUHTLATOATZIN (san), *Cuautitlán 1474-ermita de Guadalupe, act. en Villa de Guadalupe Hidalgo, 1548,* religioso chichimeca. Tras una visión mariana en el cerro Tepeyac (9 dic. 1531), levantó allí un templo a la Virgen de Guadalupe e inició su culto. Fue canonizado en 2002.

JUANELO, *n. en Jerez de la Frontera, principios del s. XIX,* cantaor español. Creador de una *toná,* realizó la primera clasificación razonada del cante flamenco de que se tiene noticia.

JUANES (Juan de) → MASIP.

JUAN FERNÁNDEZ, archipiélago chileno del Pacífico, a 700 km de la costa de Valparaíso; 203 km²; 516 hab.; cap. *Robinsón Crusoe.* Formado por las islas Alejandro Selkirk (ant. Más Afuera), Robinsón Crusoe (ant. Más a Tierra) y Santa Clara. (Reserva de la biosfera 1977.) — Fue descubierto por el navegante español Juan Fernández (1574). A. Selkirk, el modelo de *Robinsón Crusoe,* vivió en él (1704-1709).

Juan Gálvez, autódromo de Buenos Aires para competiciones de automovilismo y motociclismo.

JUAN HIRCÁN → HIRCÁN I.

JUAN IGNACIO MONTILLA, mun. de Venezuela (Trujillo); 33 086 hab. Café y caña de azúcar. Vacunos.

JUAN JOSÉ DE AUSTRIA, *Madrid 1629-íd. 1679,* príncipe español. Hijo natural de Felipe IV y la actriz María Calderón, legitimado en 1641, se le confiaron misiones en Flandes y Portugal, en las que fracasó. Primer ministro de

Carlos II (1677), negoció la paz de Nimega (1678).

JUAN JOSÉ MORA, mun. de Venezuela (Carabobo); 50 422 hab.

JUAN LACAZE, c. de Uruguay (Colonia); 12 454 hab. Puerto. Centro textil y papel. Astilleros.

JUAN MANUEL (don), *Escalona 1282-Córdoba 1348,* escritor castellano. Intervino activamente en la política de su tiempo. Las obras del mal llamado «infante don Juan Manuel» (pues ese título solo se da en España a los hijos de los reyes, y él era sobrino de Alfonso X el Sabio), en una excelente prosa, revelan sus ideas caballerescas, aristocráticas y religiosas; entre ellas cabe destacar *El *conde Lucanor,* el *Libro del caballero y del escudero* (1326), influido por R. Llull, y el *Libro de los estados* (1327), cuadro didáctico y documental sobre la sociedad del s. XIV.

JUAN MARÍA VIANNEY (san), *Dardilly, cerca de Lyon, 1786-Ars-sur-Formans 1859,* sacerdote francés. Párroco de Ars durante 40 años, atraía a las gentes por su santidad.

Juan Moreira, novela gauchesca de Eduardo Gutiérrez, en forma de folletín (1880). Escenificada en una pantomima por J. Podestá en 1884, originó un ciclo de teatro gauchesco.

JUAN PABLO I (Albino Luciani), *Canale d'Agordo 1912-Roma 1978,* papa en 1978. Patriarca de Venecia desde 1969, su pontificado solo duró 33 días.

JUAN PABLO II (Karol Wojtyla), *Wadowice, Polonia, 1920-Roma 2005,* papa de 1978 a 2005. Arzobispo de Cracovia (1964), fue el primer papa no italiano desde Adriano VI (1522-1523). Por sus lazos con el pueblo polaco, contribuyó a la caída del comunismo en Europa del Este. Su acción pastoral y doctrinal se impuso por la publicación de varias encíclicas y, en 1992, de un nuevo catecismo; por viajes pastorales muy numerosos por el mundo. Su pontificado fue uno de los más largos de la historia del papado. También es autor de poemas (*Tríptico romano,* 2003).

JUAN R. ESCUDERO, mun. de México (Guerrero); 18 623 hab. Cultivos tropicales. Maderas.

JUANTORENA (Alberto), *Santiago de Cuba 1950,* atleta cubano. Ganó las pruebas de 400 y 800 m de los Juegos olímpicos de Montreal (1976).

JUAN Y SANTACILIA (Jorge), *Novelda 1713-Madrid 1773,* marino y científico español. Miembro de la expedición de La Condamine al virreinato del Perú (1735-1744), escribió con A. Ulloa *Relación histórica del viaje a la América meridional* (4 vols., 1748) y *Observaciones astronómicas y physicas* (1748). Fundador del observatorio astronómico de Cádiz (1753), transformó la construcción naval y reformó el Real seminario de nobles de Madrid (1773).

JUÁREZ, sierra de México, en la cordillera surcaliforniana; 900-2 000 m de alt. Yacimientos de oro.

JUÁREZ o **CIUDAD JUÁREZ,** ant. **Paso del Norte,** c. de México (Chihuahua), a orillas del río Bravo o Grande del Norte, junto a la frontera con EUA; 789 522 hab. Unida por un puente a El Paso (Texas), es un activo centro comercial, industrial y turístico. Rica agricultura. — Durante la guerra con Francia albergó a Juárez, que la convirtió en capital (1865-1866); en recuerdo de esto recibió su nombre actual. Por el *tratado de Ciudad Juárez* entre Madero y Porfirio Díaz (1911), este abandonó la presidencia.

JUÁREZ (Benito), *San Pablo Guelatao, Oaxaca, 1806-México 1872,* político mexicano. Ministro de justicia, elaboró la constitución liberal moderada de 1857. Su encarcelamiento por Comonfort, autor de un golpe de estado, provocó una guerra civil, tras la cual Juárez asumió la presidencia (1858), reconocida por EUA en 1859. Estableció un gobierno constitucional en Guanajuato (después en Guadalajara) y emitió las leyes de Reforma (1859), que redujeron el poder de la Iglesia reconociendo el matrimonio civil y la libertad de prensa. Tras la victoria liberal de 1860, Francia, de acuerdo con los conservadores, invadió el país (1863)

y ofreció el trono mexicano al archiduque Maximiliano. Juárez se retiró a Paso del Norte (1864), pero, presionada por EUA y sus compromisos en Europa, Francia se retiró, y Juárez ocupó la capital (1867), haciendo fusilar al emperador Maximiliano. Reelegido presidente de la república (1871), se enfrentó a varios pronunciamientos.

■ JUAN PABLO II   ■ BENITO JUÁREZ.
(D. Rivera; castillo de Chapultepec, México.)

JUÁREZ (Luis), pintor mexicano documentado entre 1610 y 1630. De un estilo emanado del manierismo sevillano de fines del s. XVI, evolucionó hacia el realismo barroco (*San Miguel; La oración en el huerto: San Ildefonso, Anunciación,* todas en la Academia de bellas artes de México). — **José J.,** principios del s. XVII-h. 1670, pintor mexicano. Hijo de Luis, fue uno de los mejores imitadores de Zurbarán (*Adoración de los Reyes,* 1665).

JUÁREZ CELMAN, dep. de Argentina (Córdoba); 51 526 hab.; cab. *La Carlota.* Cereales. Ganadería.

JUÁREZ CELMAN (Miguel), *Córdoba 1844-Arrecife 1909,* político argentino. Liberal, fue presidente de la república (1886-1890). Impulsó las obras públicas y el comercio, pero el gasto público excesivo provocó una crisis económica y política.

JUARISTI (Jon), *Bilbao 1951,* escritor español en lenguas castellana y vasca. Con un tono coloquial, en su poesía establece un diálogo irónico con la tradición literaria (*Diario de un poeta recién cansado,* 1985). Autor de ensayos (*El bucle melancólico,* 1997), fue director de la Biblioteca nacional (2000-2001) y del Instituto Cervantes (2001-2004). [Premio nacional de ensayo 1998.]

JUARROZ (Roberto), *Dorrego, Buenos Aires, 1925-Buenos Aires 1995,* poeta argentino. Sus poemas, de carácter metafísico y con lenguaje preciso, están reunidos en volúmenes que presentan el mismo título, desde *Poesía vertical* (1958) hasta *Undécima poesía vertical* (1988).

JUBA, r. de Etiopía y Somalia, tributario del océano Índico; 880 km.

JUBA I, m. en *Zama 46 a.C.,* rey de Numidia. Fue derrotado por César en Tapso (46). — **Juba II,** h. 52 a.C.-h. 23 o 24 d.C., rey de Mauritania (25 a.C.-h. 23 o 24 d.C.). Dotó a su capital, *Caesarea* (act. *Cherchell*), de numerosos monumentos.

JUBANY (Narciso), *Santa Coloma de Farners 1913-Barcelona 1996,* prelado español. Arzobispo de Barcelona (1971-1990), en 1973 fue creado cardenal. Fue un miembro destacado de la comisión para la reforma del código de derecho canónico.

JUBBULPORE → JABALPUR.

JUBONES, r. del S de Ecuador, que desemboca en el golfo de Guayaquil.

JUBY (cabo) **→ YUBY.**

JÚCAR, en cat. **Xúquer,** r. de España, en la vertiente mediterránea, que nace en el sistema Ibérico y desemboca en Cullera; 535 km. Pasa por Cuenca. Extensa red de canales de riego. El equipamiento hidroeléctrico de su cuenca asciende a 335 000 kW.

JUCHIQUE DE FERRER, mun. de México (Veracruz); 17 856 hab. Cereales, café, plátanos. Avicultura.

JUCHITÁN DE ZARAGOZA, c. de México (Oaxaca), en el golfo de Tehuantepec; 45 011 hab. Turismo.

JUDÁ, personaje bíblico. Hijo de Jacob, es el antepasado epónimo de la *tribu de Judá,* que tuvo un papel fundamental en la historia de los hebreos.

JUDÁ (reino de) [931-587 a.C.], reino constituido por las tribus del S de Palestina a la muerte de Salomón. (Cap. *Jerusalén.*) Rival del reino de Israel, contra el que se agotó en luchas fratricidas, se alió con Egipto para hacer frente al peligro asirio y luego al babilonio, pero no pudo resistir al segundo, y, tras la toma de Jerusalén por Nabucodonosor (587), su población fue deportada a Babilonia.

JUDAS o **TADEO** (san), apóstol de Jesús. La Epístola de Judas, que se le atribuye, es una advertencia contra las innovaciones que ponen la fe en peligro.

JUDAS Iscariote, s. I, apóstol de Jesús. Lo entregó a sus enemigos por treinta monedas de plata y, presa de remordimientos, se ahorcó.

JUDD (Donald, llamado Don), *Excelsior Springs, Missouri, 1928-Nueva York 1994,* escultor y teórico estadounidense. Fue uno de los maestros del arte *minimal.

JUDEA, prov. del S de Palestina en la época grecorromana.

judío errante (El) o **Ahasverus,** personaje legendario. Fue condenado a errar eternamente hasta el día del Juicio final por haber maltratado a Jesús camino del Calvario. Encarnación del destino del pueblo judío, su leyenda inspiró numerosas obras literarias.

JUDIT o **JUDITH,** heroína del libro bíblico de Judit (mediados del s. II a.C.). Este refleja el enfrentamiento entre el judaísmo y el helenismo en la época de la revuelta de los Macabeos.

JUDIT DE BAVIERA, h. 800-Tours 843, segunda esposa de Ludovico Pío, emperador de occidente. Ejerció una gran influencia en su esposo, en provecho de su hijo, Carlos el Calvo.

Jueces, entre los hebreos, jefes temporales que ejercieron su autoridad sobre un grupo de tribus unidas frente a la presión de un peligro exterior. El período llamado «de los Jueces» (de 1200 a 1030 a.C.) va de la muerte de Josué a la institución de la monarquía. El libro bíblico de los Jueces recoge estos acontecimientos, en un conjunto en el que se mezclan historia, leyenda y folclore.

Juego de pelota (juramento del) [20 junio 1789], juramento que prestaron los diputados franceses del tercer estado de no separarse antes de haber redactado una constitución.

Juegos florales, concurso poético anual instituido en Toulouse en 1323 por un grupo de poetas deseosos de mantener las tradiciones del lirismo cortés y de la cultura provenzal. Tuvo una inmediata repercusión en el área cultural catalana, en 1393 se celebraron los primeros Juegos florales de Barcelona, donde, tras interrumpirse en el s. XVI, se reanudaron en 1859. Más tarde se extendieron a otros lugares de Cataluña y del resto de España, así como a Hispanoamérica (México, Chile, etc.).

Juegos olímpicos, juegos panhelénicos que, desde 776 a.C., se celebraban cada cuatro años en Olimpia, en honor de Zeus, y que constaban de pruebas deportivas y de concursos musicales y literarios; fueron suprimidos por Teodosio en 393. — Los *Juegos olímpicos modernos,* instaurados por el barón Pierre de Coubertin en 1893, constan de diversas competiciones deportivas de carácter internacional y se celebran cada cuatro años (a partir de 1896) en una ciudad designada de antemano. También cada cuatro años tienen lugar, desde 1924, unos *Juegos olímpicos de invierno,* reservados para deportes de hielo y de la nieve, cuya celebración se adelantó dos años en Lillehammer (1994) para evitar su coincidencia con los anteriores. (*V. tablas pág. siguiente.*)

Juegos panamericanos, competición plurideportiva que se celebra en América cada cuatro años, desde 1951, con intervención de todos los países del continente.

JUFRÉ (Juan), *Medina de Rioseco 1516-Santiago, Chile, 1578,* conquistador español. Fue con la expedición de Valdivia a Chile. Primer alcalde de Santiago (1541), fue gobernador de la provincia de Cuyo y fundó San Juan de la Frontera y Mendoza.

JUEGOS OLÍMPICOS DE VERANO

fecha	lugar	país	número de países	número de participantes
1896	Atenas	Grecia	14	241
1900	París	Francia	24	997
1904	San Luis	EUA	12	651
1908	Londres	G.B.	22	2 008
1912	Estocolmo	Suecia	28	2 407
1920	Amberes	Bélgica	29	2 626
1924	París	Francia	44	3 089
1928	Amsterdam	Países Bajos	46	2 883
1932	Los Ángeles	EUA	37	1 332
1936	Berlín	Alemania	49	3 963
1948	Londres	G.B.	59	4 104
1952	Helsinki	Finlandia	69	4 955
1956	Melbourne	Australia	67	3 155
1960	Roma	Italia	83	5 338
1964	Tōkyō	Japón	93	5 151
1968	México	México	112	5 516
1972	Munich	RFA	121	7 134
1976	Montreal	Canadá	92	6 084
1980	Moscú	URSS	80	5 179
1984	Los Ángeles	EUA	140	6 829
1988	Seúl	Corea del Sur	159	8 391
1992	Barcelona	España	169	9 356
1996	Atlanta	EUA	197	10 318
2000	Sydney	Australia	200	10 651
2004	Atenas	Grecia	201	10 625
2008	Pekín	China	205	11 000 (aprox.)
2012	Londres (design.)	G.B.		

JUEGOS OLÍMPICOS DE INVIERNO

fecha	lugar	país	número de países	número de participantes
1924	Chamonix	Francia	16	258
1928	Saint-Moritz	Suiza	25	464
1932	Lake Placid	EUA	17	252
1936	Garmisch-Partenkirchen	Alemania	28	646
1948	Saint-Moritz	Suiza	28	669
1952	Oslo	Noruega	30	694
1956	Cortina d'Ampezzo	Italia	32	821
1960	Squaw Valley	EUA	30	665
1964	Innsbruck	Austria	36	1 091
1968	Grenoble	Francia	37	1 158
1972	Sapporo	Japón	35	1 006
1976	Innsbruck	Austria	37	1 123
1980	Lake Placid	EUA	37	1 072
1984	Sarajevo	Yugoslavia	49	1 272
1988	Calgary	Canadá	57	1 423
1992	Albertville	Francia	64	1 801
1994	Lillehammer	Noruega	67	1 737
1998	Nagano	Japón	72	2 302
2002	Salt Lake City	EUA	77	2 399
2006	Turín	Italia	80	2 508
2010	Vancouver (design.)	Canadá		

JUGLAR (Joseph Clément), *París 1819-íd. 1905,* economista francés. Estableció la periodicidad de las crisis económicas y el papel de la moneda en la génesis de estas, y descubrió el ciclo de 7 a 8 años que lleva su nombre.

JUIGALPA, c. de Nicaragua, cap. del dep. de Chontales; 28 840 hab. Aguas termales. Destilerías.

JUIZ DE FORA, c. de Brasil (Minas Gerais); 385 756 hab. Universidad. Aeropuerto.

JUJOL (Josep Maria), *Tarragona 1879-Barcelona 1949,* diseñador y arquitecto español. Colaborador de Gaudí, su modernismo es de un expresionismo más contenido. Realizó numerosos edificios privados.

JUJUY (provincia de), prov. del NO de Argentina, junto a la frontera de Bolivia y Chile; 53 219 km²; 513 992 hab.; cap. *San Salvador de Jujuy.*

JULI, c. de Perú (Puno), a orillas del Titicaca; 22164 hab. Iglesias y edificios civiles platerescos y barrocos (ss. XVII-XVIII).

JULIA, nombre de varias princesas romanas de origen sirio, entre las que destacan **Julia Domna,** *Emesa h. 158-Antioquía 217,* esposa de Septimio Severo, y su hermana **Julia Maesa** o **Moesa,** *m. en Emesa h. 226,* abuela de Heliogábalo. Ambas favorecieron la difusión de los cultos procedentes de Siria.

JULIA, *Ottaviano 39 a.C.-Reggio di Calabria 14 d.C.,* hija de Augusto. Casada sucesivamente con su primo Marcelo, Agripa y Tiberio, fue desterrada a la isla de Pandataria por su vida disipada (2 a.C.).

JULIA o **IULIA** (gens), ilustre familia de Roma,

a la que pertenecía Julio César y que pretendía descender de Julio, hijo de Eneas.

JULIÁ (Ascensio), llamado **el Pescadonet,** *Valencia 1767-Madrid 1830,* pintor español. Discípulo y colaborador de Goya en los frescos de San Antonio de la Florida, destacan sus dibujos y aguafuertes.

JULIACA, c. de Perú (Puno); 134 700 hab. Centro comercial (mercado). — Iglesia de Santa Catalina (s. XVIII), exponente del barroco del Altiplano peruano.

JULIA-CLAUDIA, primera dinastía imperial romana, procedente de Julio César (Augusto, Tiberio, Calígula, Claudio I y Nerón).

JULIÁN, *h. 682-h. 715,* gobernador de Ceuta. Legendariamente se le considera conde. Pactó con Mūsā y auxilió a Ṭāriq en la conquista de España.

JULIANA (Luisa Emma María Guillermina), *La Haya 1909-Soestdijk 2004,* reina de Países Bajos (1948-1980). Casó en 1937 con el príncipe Bernardo de Lippe-Biesterfeld (1911-2004). En 1980 abdicó en su hija Beatriz.

JULIANA (tío Luis **el de la**), *n. en Jerez de la Frontera, mediados del s. XVIII,* intérprete de cante flamenco español. Gitano, primer cantaor de nombre conocido, creó uno de los más antiguos estilos de *tonás.*

JULIÁN de Toledo (san), *Toledo h. 642-690,* obispo español. De origen judío, fue nombrado arzobispo de Toledo en 680 y participó en cuatro concilios celebrados en esta ciudad. Es autor de un libro ascético, *Prognosticon futuri saeculi,* y de un *Elogio* de san Ildefonso.

JULIANO (Flavio Claudio), llamado **el Apóstata,** en lat. *Flavius Claudius Julianus, Constantinopla 331-en Mesopotamia 363,* emperador romano (361-363). Sobrino de Constantino I y sucesor de Constancio II, abandonó la religión cristiana y favoreció un paganismo marcado por el neoplatonismo. Murió durante una campaña contra los persas.

JÜLICH, c. de Alemania (Rin del Norte-Westfalia); 31 780 hab. Ant. cap. de un condado y posteriormente de un ducado (1356), que pasó al ducado de Cléveris de 1511 a 1614 y a Prusia en 1815.

JULIO → **ASCANIO.**

JULIO II (Giuliano **Della Rovere**), *Albissola 1443-Roma 1513,* papa de 1503 a 1513. Restableció el poder político de los papas en Italia y fue el alma de la liga de Cambrai contra Venecia (1508) y de la Santa liga contra Francia (1511-1512). Trabajaron para él Bramante, Miguel Ángel y Rafael. En 1512 reunió el V concilio de Letrán, si bien no logró su deseada reforma de la Iglesia.

Julio (monarquía de) [1830-1848], régimen de Francia durante el reinado de Luis Felipe.

JULIO ANTONIO (Julio Antonio **Rodríguez Hernández,** llamado), *Mora de Ebro, Tarragona, 1889-Villa Luz, Madrid, 1919,* escultor español. Realizó monumentos y esculturas de tema costumbrista (bustos de tipos castellanos).

JULLUNDUR, c. de la India (Panjāb); 519 530 habitantes.

JUMBLATT (Kamal), *Mujtara 1917-cerca de Baaklin 1977,* político libanés. Jefe de la comunidad drusa y fundador en 1949 del Partido socialista progresista, fue asesinado. — **Walid J.,** *Beirut 1947,* político libanés. Hijo de Kamal, lo sucedió al frente de la comunidad drusa y del Partido progresista socialista.

JUMILLA, c. de España (Murcia), cab. de p. j.; 20 854 hab. *(jumillanos).* Centro vinícola; fábricas de aceite. — Castillo (s. XV). Iglesia de Santiago (s. XVI).

JUNCAL, cerro andino, en la frontera entre Argentina (Mendoza) y Chile (Santiago); 5 965 metros.

JUNCKER (Jean-Claude), *Redange-sur-Attert 1954,* político luxemburgués. Presidente del Partido cristiano-social (1990-1995), es primer ministro de Luxemburgo desde 1995 y presidente del Eurogrupo desde 2005.

JUNCOS, mun. de Puerto Rico, en el valle de Caguas; 30 612 hab. Ingenio azucarero, destilerías, cigarros.

JUNEAU, c. de Estados Unidos, cap. de Alaska; 26 751 hab. Museo histórico.

JUNG (Carl Gustav), *Kesswil, Turgovia, 1875-Küssnacht, cerca de Zurich, 1961,* psiquiatra suizo. Discípulo allegado de Freud, fue el primero en apartarse de las tesis de su maestro creando la «psicología analítica»: desexualizó la libido, considerándola como una forma de energía vital, e introdujo los conceptos de inconsciente colectivo y de *arquetipo* (*Transformaciones y símbolos de la libido,* 1912; *Los tipos psicológicos,* 1920; *Psicología y religión,* 1939; *Consciente e inconsciente,* 1957).

JÜNGER (Ernst), *Heidelberg 1895-Wilflingen, Baden Württemberg, 1998,* escritor alemán. Novelista y ensayista, pasó de una concepción nietzscheana de la vida (*Tempestades de acero,* 1920) a un esteticismo ecléctico (*Sobre los acantilados de mármol,* 1939; *Aproximación a las drogas y el alcohol,* 1970; *Eumeswil,* 1977).

■ CARL GUSTAV JUNG   ■ ERNST **JÜNGER**

■ **JULIO II,** por Rafael.
(Uffizi, Florencia.)

JUNGFRAU («la doncella»), cumbre de los Alpes berneses (Suiza); 4 158 m. Estación de deportes de invierno en el *Jungfraujoch* (3 457 m). Laboratorios de investigaciones científicas.

JUNÍ o **JUNI** (Juan de), *¿Joigny? h. 1507-Valladolid 1577*, escultor de origen francés, activo en Castilla. Llegó a Castilla hacia 1533 y se estableció en Valladolid hacia 1540. Junto con Berruguete, es el creador de la escuela renacentista castellana. El conjunto del *Santo entierro* (1541-1544), museo nacional de escultura, Valladolid) es la más patética y monumental de sus creaciones. También destaca el retablo de la capilla de los Benavente, en Santa María de Medina de Rioseco (h. 1557).

■ JUAN DE JUNÍ. Detalle del conjunto del *Santo entierro* (1541-1544); madera policroma. (Museo nacional de escultura, Valladolid.)

JUNÍN, c. de Argentina (Buenos Aires), a orillas del Salado; 84 324 hab. Maquinaria agrícola y productos químicos.

JUNÍN, dep. de Argentina (Mendoza); 28 465 hab. Industrias vinícola y conservera.

JUNÍN (departamento de), dep. de Perú, en la Sierra; 47 975 km²; 1 225 474 hab.; cap. *Huancayo*.

JUNÍN, CHINCHAYCOCHA, BOMBÓN o **DE LOS REYES** (lago), lago de Perú (Junín); 1 248 km². Lugar sagrado prehispánico.

Junín (batalla de) [ag 1824], victoria de Bolívar sobre el general español Canterac en el lago de los Reyes (Perú). Fue decisiva para el éxito de la campaña, que culminó en Ayacucho.

JUNÍPERO SERRA → SERRA.

JUNKERS (Hugo), *Rheydt 1859-Gauting 1935,* ingeniero e industrial alemán. Fue uno de los promotores del monoplano y realizó el primer avión totalmente metálico (1915).

JUNO MIT. ROM. Divinidad itálica y posteriormente romana, esposa de Júpiter, diosa de la feminidad y del matrimonio. Era asimilada a la Hera griega.

JUNOT (Jean Andoche), duque de Abrantes, *Bussy-le-Grand, Borgoña, 1771-Montbard 1813,* militar francés. Ayuda de campo de Napoleón en Italia (1796) y general en Egipto (1799), dirigió la invasión de Portugal (1807), pero tuvo que capitular en Sintra (1808). En España dirigió el sitio de Zaragoza (1808). Se suicidó en un ataque de locura.

Junta central, organismo supremo de gobierno español, creado en Aranjuez tras la invasión francesa (1808), que asumió la soberanía en nombre del rey Fernando VII, cautivo.

Junta de comercio, entidad creada en 1679, durante el reinado de Carlos II, para promover la industria y el comercio en Castilla.

Junta de gobierno (1666-1675), organismo asesor de la regente Mariana de Austria, duran-

te la minoridad de Carlos II de España. Estuvo controlada por Nithard y luego por Valenzuela.

Juntas de ofensiva nacional-sindicalista → JONS.

Juntas militares de defensa, organizaciones de oficiales de infantería constituidas en España para defender sus intereses profesionales (1916-1922).

Junta suprema de estado, organismo de gobierno español (1787-1792), primer esbozo del moderno consejo de ministros. Fue sustituido por un consejo de estado.

JÚPITER MIT. ROM. Padre y señor de los dioses, asimilado al Zeus griego. Era el dios del cielo, de la luz, del rayo y del trueno, dispensador de los bienes terrenales, protector de la ciudad y del estado romanos. En Roma tenía consagrado el Capitolio.

JÚPITER, el mayor planeta del sistema solar. Semieje mayor de su órbita: 778 300 000 km (5,2 veces el de la órbita terrestre). Diámetro ecuatorial: 142 796 km (11,2 veces superior al terrestre). Se conocen 60 satélites, 4 de ellos de dimensiones planetarias. Está formado esencialmente por hidrógeno y helio.

JURA, cadena montañosa de Francia y Suiza, que se prolonga en Alemania; 1 718 m en el Crêt de la Neige. El *Jura francosuizo* comprende un sector oriental plegado, más elevado al S que el N, y un sector occidental menos accidentado, por encima de las llanuras del Saona. El *Jura alemán* está formado por una meseta calcárea de clima riguroso, en gran parte cubierta por landas y cuya altitud desciende desde el S (*Jura suabo*) hacia el N (*Jura de Franconia*).

JURA, dep. de Francia (Franco Condado); 4 999 km²; 250 857 hab.; cap. *Lons-le-Saunier* (19 966 hab.).

JURA, cantón de Suiza; 837 km²; 68 600 hab.; cap. *Delémont.* Se formó a partir de la segregación de una parte francófona del cantón de Berna (1979).

JURAMENTO → SALADO.

JURÁSÁN o **JORÁSÁN,** región del NE de Irán, c. pral. *Mashhad.*

JURIN (James), *Londres 1684-íd. 1750,* científico británico. Médico, autor de obras de matemáticas y física, enunció la ley relativa a la ascensión de los líquidos en los tubos capilares.

jurisdicciones (ley de), ley española de 1906 que atribuía al ejército la facultad de juzgar los delitos contra la patria y las fuerzas armadas.

JURRAMÁBÁD o **JORRAMABÁD,** c. del O de Irán; 249 258 hab.

JURRAMSÁHR o **JORRAMSÁHR,** c. de Irán, cerca de Šaṭṭ al-'Arab; 34 750 hab. Puerto.

JURSABÁD o **JORSABAD,** localidad de Iraq. En ella ha sido encontrada la ciudad de Dur Šarrukin, construida por Sargón II hacia 713 a.C. y abandonada a su muerte.

JURUÁ, r. de la Amazonia, que nace en Perú con el nombre de Yuruá y desemboca en Brasil en el Amazonas (or. der.); 3 000 km aprox.

JUSSIEU, familia de botánicos franceses. — **Antoine de J.,** *Lyon 1686-París 1758.* Es autor de varios tratados de zoología y de botánica. — **Bernard de J.,** *Lyon 1699-París 1777.* Hermano de Antoine, elaboró un método de clasificación de las plantas. — **Joseph de J.,** *Lyon 1704-París 1779.* Hermano de Bernard, participó en la expedición de La Condamine a Perú e introdujo en Europa varias especies ornamentales. — **Antoine Laurent de J.,** *Lyon 1748-París 1836.* Sobrino de Bernard, promovió la clasificación «natural» de las plantas, base de todas las clasificaciones actuales. — **Adrien de J.,** *París 1797-íd. 1853.* Hijo de Antoine Laurent, sucedió a su padre en la cátedra de botánica del museo de historia natural de París.

justicialista (Partido), partido político argentino, fundado (oficialmente en 1945) por Juan Domingo Perón. Con un desarrollo paralelo al del peronismo, ha tenido una amplia base sindical en la Confederación general del trabajo (CGT). A Perón, presidente vitalicio del partido, lo sucedió su viuda, María Estela Martínez, y C. S. Menem. En 1984 el partido se escindió entre oficialistas y renovadores. Los justicialistas han ocupado la presidencia de la república-

■ **JÚPITER.** Fotografía tomada por el *Voyager I,* el 24 de enero de 1979, desde una distancia de 40 millones de kilómetros.

ca de 1946 a 1955, de 1973 a 1976, de 1989 a 1999, y desde 2001 (A. Rodríguez Sáa, E. Duhalde, N. Kirchner).

justicia mayor de Aragón, cargo supremo de la administración judicial del reino de Aragón, intérprete de los fueros (s. XIII-1707). — El estatuto de autonomía de 1982 recuperó la institución como equivalente del defensor del pueblo.

justinianeo (Código), obra jurídica redactada (sobre todo por Triboniano) por orden del emperador Justiniano (528-529 y 534), que reagrupa las leyes promulgadas desde Adriano.

JUSTINIANO I, en lat. *Flavius Petrus Sabbatius Justinianus, ¿Tauresium? 482-Constantinopla 565,* emperador bizantino (527-565). Reforzó la autoridad imperial y llevó a cabo una obra legislativa importante: el *Código justinianeo,* el *Digesto* o *Pandectas* (compilación de jurisprudencia), las *Instituta* y las *Novelas* (leyes posteriores a 533). En el exterior proyectó restablecer el territorio del antiguo Imperio romano. Mil años las campañas de sus generales, Belisario y Narsés, permitían expulsar a los vándalos de África (533-534) y reconquistar Italia a los ostrogodos y el SE de España a los visigodos (h. 550-554), en oriente Justiniano se esforzó por contener a los persas. Durante su reinado, Bizancio experimentó un gran dinamismo intelectual y artístico, de lo cual dan fe la erección de San Vital de Ravena y Santa Sofía de Constantinopla. — **Justiniano II,** *669-Sínope 711,* emperador bizantino (685-695 y 705-711).

■ **JUSTINIANO I** y su corte. Mosaico bizantino del s. VI en la iglesia de San Vital de Ravena.

JUSTINO (san), *Flavia Neápolis, Samaria, h. 100-Roma h. 165,* filósofo, mártir y apologeta cristiano. Es autor de dos *Apologías* y de una controversia con el judaísmo, el *Diálogo con Trifón.*

JUSTINO, historiador romano del s. II. Sus *Historias filípicas* son el resumen de una obra perdida.

JUSTINO I, *Bederiana, Iliria, h. 450-Constantinopla 527,* emperador bizantino (518-527). Tío del futuro Justiniano I, al que hizo su consejero, persiguió a los monofisitas. — **Justino II,** *m. en 578,* emperador bizantino (565-578). Sobrino y sucesor de Justiniano I, no pudo impedir la invasión de Italia por parte de los lombardos.

JUSTO (Agustín Pedro), *Concepción del Uruguay 1876-1943,* militar y político argentino. Presidente (1932-1938), gobernó dictatorialmente con el apoyo conservador y del ejército.

JUSTO (Juan Bautista), *Buenos Aires 1865-1928,* político, sociólogo e historiador argentino. Secretario del partido socialista desde 1895, fundó (1896) y dirigió el diario *La vanguardia.* Aplicó las tesis marxistas al estudio de la historia de Argentina.

JUSTO Y PASTOR (santos), *m. en Complutum, act. Alcalá de Henares, 304,* niños mártires, cuyo culto está documentado ya en el s. IV. Las actas de su martirio son legendarias.

JUTIAPA (departamento de), dep. del S de Guatemala, fronterizo con El Salvador; 3 219 km²; 378 671 hab.; cap. *Jutiapa* (54 685 hab.).

JUTICALPA, c. de Honduras, cap. del dep. de Olancho; 25 965 hab. Centro agropecuario, minero (oro) y comercial. Productos lácteos. Aeropuerto.

JUTLANDIA, en danés **Jylland,** en alem. **Jütland,** región continental de Dinamarca. Es llana y baja, cubierta de cultivos y praderas al S y al E, con landas y bosques al N y al O.

Jutlandia (batalla naval de) [31 mayo-1 junio 1916], batalla naval de la primera guerra mundial. Único gran combate naval de dicha guerra, en él la flota británica, con el almirante Jellicoe al mando, quedó dueña del campo de batalla frente a la flota alemana del almirante Scheer.

JUVARA o **IUVARA** (Filippo), *Messina 1678-Madrid 1736,* arquitecto y decorador italiano. Formado en Roma, en 1714 fue llamado a Turín y en veinte años erigió, sobre todo en el Piamonte, una obra considerable, de un barroco contenido (basílica de Superga y palacio de Stupinigi). Realizó para Felipe V de España algunos proyectos (fachada del palacio de La Granja; palacio real de Madrid), concluidos por su ayudante G. B. Sacchetti.

JUVENAL, en lat. **Decimus Junius Juvenalis,** *Aquino h. 60-h. 130,* poeta latino. Sus *Sátiras* son una crítica violenta de las costumbres corruptas de Roma.

JUVENTUD (Isla de la) → **ISLA DE LA JUVENTUD.**

Juventud obrera cristiana → **JOC.**

JUYO (cueva de El), santuario prehistórico español (mun. de Camargo, Cantabria), con restos magdalenienses (rostro humano reproducido en una roca exenta vertical, llamado *máscara de Juyo*).

JŪZISTĀN o **JŪZESTĀN,** región de Irán, junto al golfo Pérsico. Petróleo.

JWĀRIZM, ant. estado de Asia central, situado en el curso inferior del Amú Daryá (Oxus). Heredero de la antigua Corasmia, fue conquistado por los árabes (712). A menudo recibe el nombre de kanato de Jiva (1512 a 1920).

JWĀRIZMĪ o **JUWĀRIZMĪ** (Muḥammad ibn Mūsā **al-**), *finales del s. VIII-principios del s. IX,* matemático árabe. Geógrafo matemático, es autor de *Libro de la reducción y de la ecuación (Kitāb al-ŷabr wa al-muqābala),* donde se resuelven las ecuaciones de primer y segundo grado («al-ŷabr» dio origen a «álgebra»).

JYLLAND → **JUTLANDIA.**

JYVÄSKYLÄ, c. de Finlandia central; 67 000 hab. Edificios públicos realizados por A. Aalto; museos.

K

K2, segundo pico más alto del mundo, en el Karakorum, en la frontera de China y Pakistán; 8 611 m.

Ka'ba o **Kaaba,** edificio cúbico situado en el centro de la gran mezquita de La Meca, punto hacia el que los musulmanes se orientan para rezar. En una de sus paredes está empotrada la Piedra negra, que, según el Corán, fue entregada a Abraham por el ángel Gabriel.

KABAH, centro arqueológico maya (ss. IX-X), situado en la península de Yucatán (México) y unido a Uxmal por una calzada. La estructura principal es el templo de los Mascarones, de estilo Puuc, con fachada decorada y muy antiguo.

KABALIEVSKI (Dmitri Borísovich), *San Petersburgo 1904-Moscú 1987,* compositor soviético. Influido por la música popular rusa, destaca su ópera *Colas Breugnon* (1938).

KABARDINO-BALKARIA, república de Rusia, limítrofe con Georgia; 786 000 hab.; cap. *Nalchik.* Está poblada por un 60 % de kabardinos y balkares de origen, y por un tercio de rusos.

KABILA, (Laurent-Désiré), *¿Manono?, prov. de Katanga, 1939* o *1941-Kinshasa 2001,* político congoleño. Jefe de las tropas que derrocaron a Mobutu, presidió la República democrática del Congo (1997) hasta su asesinato. — **Joseph K.,** *¿en Hewa Bora?, prov. de Kivu del Sur, ¿1971?,* político congoleño. Hijo de Laurent-Désiré, en 2001 le sucedió en la presidencia (confirmado mediante elecciones en 2006).

KABILIA → CABILIA.

KABIR, *Benarés 1440-h. 1518,* místico indio. Predicó la unión entre el islam y el hinduismo, y la abolición de las castas.

KABUL, cap. de Afganistán, a orillas del *río Kabul;* 1 424 000 hab. Quedó prácticamente destruida a causa de los sucesivos conflictos que afectaron al país a partir de 1979.

Kabuto Cho, bolsa de Tōkyō (toma su nombre del barrio de los Guerreros, donde está).

KABWE, ant. **Broken Hill,** c. de Zambia; 167 000 hab. Centro metalúrgico.

KACHAN, c. de Irán, al S de Teherán; 115 188 habitantes.

KACZYŃSKI (Jarosław), *Varsovia 1949,* político polaco. Fundador (2001) y presidente (desde 2003) del partido Ley y justicia (PiS, católico y conservador), fue primer ministro en 2006-2007. — **Lech K.,** *Varsovia 1949,* político polaco, hermano gemelo de Jarosław. Es presidente de la república desde 2005.

KÁDÁR (János), *Fiume, act. Rijeka, 1912-Budapest 1989,* político húngaro. Ministro del interior (1948-1951) y jefe del gobierno, aplastó la insurrección húngara (1956-1958 y 1961-1965) y dirigió el Partido comunista (1956-1988).

KADARÉ (Ismail), *Gjirokastër 1936,* escritor albanés. Poeta y ensayista, sus novelas (*El general del ejército muerto,* 1963; *El concierto,* 1990) parten de la realidad de su país para llegar a una reflexión sobre la misión del escritor.

KADISH → QADEŠ.

KÁDIEVKA → STAJÁNOV.

KADUNA, c. de Nigeria; 310 000 hab.

KAESONG, c. de Corea del Norte; 346 000 hab.

KAFKA (Franz), *Praga 1883-sanatorio de Kierling, cerca de Viena, 1924,* escritor checo en lengua alemana. Sus obras alegóricas (*La metamorfosis,* 1915; *El proceso,* 1925; *El castillo,* 1926) y su *Diario íntimo* expresan la angustia humana ante lo absurdo de la existencia.

KAFR AL-DAWAR, c. de Egipto, cerca de Alejandría; 223 000 hab.

KAGEL (Mauricio), *Buenos Aires 1931-Colonia 2008,* compositor argentino afincado en Alemania desde 1957. Director del Instituto de nueva música de Colonia, su «teatro instrumental» diversifica las fuentes sonoras (*Staatstheater,* 1971; *Mare nostrum,* 1975; *La traición oral,* 1983). [*V. ilustr. pág. siguiente.*]

KAGERA, r. de África oriental, que desemboca en el lago Victoria, 400 km. Supuesta rama madre del Nilo.

KAGOSHIMA, c. de Japón (Kyūshū); 536 752 hab. Puerto. En sus proximidades, junto al Pacífico, centro espacial de la universidad de Tokyō.

KAHLO (Frida), *Coyoacán 1910-México 1954,* pintora mexicana. Casada con Diego Rivera, su obra se caracteriza por una síntesis de elementos expresionistas y surrealistas, con indagaciones en la cultura popular y la temática autobiográfica (*Las dos Fridas,* 1939; *Autorretrato,* 1945). En 2005 se publicó *Ahí les dejo mi retrato* (cartas y apuntes). — Museo en Coyoacán.

KAHN (Louis Isadore), *isla de Saaremaa 1901-Nueva York 1974,* arquitecto estadounidense de origen estonio. Su obra se caracteriza por la

■ FRANZ **KAFKA**

■ **KABAH.** Fachada decorada con máscaras del dios serpiente. Estilo Puúc, clásico reciente.

■ FRIDA **KAHLO.** *Perro Itzcuintli conmigo* (1938).
[Museo Frida Kahlo, México.]

1441

audacia y el rigor formal, sus combinaciones espaciales y las referencias históricas.

KAHNWEILER (Daniel Henry), *Mannheim 1884-París 1979,* marchante de cuadros y autor de libros sobre arte de origen alemán. En 1907 abrió en París su galería, desde donde promocionó a Derain, Picasso, Braque, Gris, Léger, Masson y otros artistas de vanguardia.

KAHRAMANMARAŞ, ant. **Maras,** c. de Turquía, al E del Taurus; 228 129 hab.

KAIFENG o **K'AI-FONG,** c. de China (Henan); 508 000 hab. Monumentos antiguos (pagoda de hierro, s. XI). Museo.— Capital imperial durante las Cinco dinastías y los Song antes de su retirada al S.

Kainji, instalación hidroeléctrica de Nigeria, en el río Níger.

KAIRUÁN, c. de Túnez central; 72 300 hab. Gran mezquita de Sidi 'Uqba fundada en 670 y cuya forma definitiva (ss. VIII-IX) es una obra maestra del arte islámico. Monumentos antiguos. Centro artesanal (alfombras). [Patrimonio de la humanidad 1988.] — Fundada en 670, capital de la Ifriqiyya, fue destruida en el s. XI y reconstruida en los ss. XVII-XVIII.

■ **KAIRUÁN.** Patio y fachada de la sala de oración de la Gran mezquita de Sidi 'Uqba.

KAISER (Georg), *Magdeburgo 1878-Ascona, Suiza, 1945,* dramaturgo alemán. Sus dramas históricos y sociales son una de las mejores muestras del expresionismo (*Los burgueses de Calais,* 1914; *Gas,* 1918).

KAISER (Henry John), *Sprout Brook 1882-Honolulu 1967,* industrial estadounidense. Productor de cemento, en la segunda guerra mundial aplicó los procedimientos del prefabricado a la construcción naval. También creó el vehículo llamado *jeep.*

KAISERSLAUTERN, c. de Alemania (Renania-Palatinado); 102 370 hab. Museos.

KAKIEMON o **SAKAIDA KAKIEMON,** *1596-1660* o *1666,* ceramista japonés. Establecido en Arita, es famoso por sus suaves ornamentaciones naturalistas que realzan un bello revestimiento lechoso.

KĀKINĀDĀ o **COCANADA,** c. de la India (Āndhra Pradesh), junto al golfo de Bengala; 327 407 hab. Puerto.

KAKOGAWA, c. de Japón, en el S de Honshū; 239 803 hab.

KALAHARI, desierto del África austral, entre las cuencas del Zambeze y del Orange, que ocupa gran parte del SO de Botswana.

KALAMATA → CALAMATA.

KAL CACABIL, *682-730,* soberano maya de Tikal. Restauró la dinastía autóctona de los Caac, extendió los dominios de su ciudad e hizo construir el Templo I, donde fue enterrado.

KALDOR (Nicholas), *Budapest 1908-Papworth Everard, Cambridgeshire, 1986,* economista británico de origen húngaro. Inspirándose en la teoría keynesiana, propuso un modelo de crecimiento que valora el papel de la distribución de la renta, y en el que integró una explicación del ciclo económico.

Kalevala, epopeya finlandesa (1849) compuesta por cantos y poemas recogidos por Elias Lönnrot de los bardos populares.

KALGAN, en chino **Zhangjiakou,** c. de China (Hebei); 750 000 hab.

KĀLI, divinidad temible de la mitología hindú, esposa de Śiva y diosa de la muerte.

KĀLIDĀSA, *ss. IV-V,* poeta indio, autor del drama **Sakuntalá.*

KALIMANTAN, nombre indonesio de Borneo, que también designa solo la parte administrativamente indonesia de la isla.

KALININ → TVER.

KALININ (Mijaíl Ivánovich), *Viérjnaia Troika, cerca de Tver, 1875-Moscú 1946,* político soviético. Fue presidente del Tsik (Comité ejecutivo central de los soviets) de 1919 a 1936, y del presidium del Soviet supremo de 1938 a 1946.

KALININGRAD, ant. **Königsberg,** c. de Rusia, a orillas del Báltico; 408 000 hab. Catedral del s. XIV.

KALININGRAD, c. de Rusia, en la zona suburbana de Moscú; 169 000 hab.

KALISZ, c. de Polonia; 106 500 hab. Iglesias antiguas.

KALMAR o **CALMAR,** c. de Suecia, frente a la isla de Öland; 56 206 hab. Puerto. — Castillo de los ss. XIII-XVI; catedral barroca del s. XVII, obra de Tessin el Viejo.

Kalmar (Unión de) [1397-1523], unión bajo un mismo cetro de Dinamarca, Suecia y Noruega. Realizada por iniciativa de Margarita Valdemarsdotter, fue rota en 1521-1523 por la insurrección sueca del futuro Gustavo I Vasa.

KALMUKIA, república de Rusia, a orillas del Caspio; 321 000 hab.; cap. *Elista.* Su población está formada por casi un 50 % de calmucos y un tercio de rusos.

KALUGA, c. de Rusia, a orillas del Oká; 312 000 hab. Monumentos del s. XVII.

KAMA, r. de Rusia, afl. del Volga (or. izq.); 2 032 km.

KĀMA, dios hindú del amor, esposo de Rati, diosa de la voluptuosidad.

KAMAKURA, c. de Japón (Honshū); 174 307 hab. Estatua colosal de bronce del buda Amida (s. XIII). Templos (ss. XII-XIV). Museo. — La ciudad dio nombre a un período (1185 o 1192-1333) caracterizado por el shōgunado de Minamoto no Yoritomo o de sus hijos, del que fue capital, y más tarde por la regencia de los Hōjō.

KĀMĀRHĀTI, c. de la India (Bengala Occidental); 266 889 hab.

Kāma-sūtra, tratado indio del arte amatorio, escrito en sánscrito hacia el s. V y atribuido a Vatsyayana. Forma parte de la literatura religiosa india.

KAMCHATKA, península volcánica en el extremo oriental de Rusia, entre el mar de Bering y el de Ojotsk. Pesca.

KAMEN (Henry), *Rangún 1936,* hispanista británico, estudioso de las mentalidades y las crisis sociales de los ss. XVI y XVII (*España 1469-1714: una sociedad en conflicto,* 1963; *La Inquisición española,* 1965; *La España de Carlos II,* 1980; *Felipe de España,* 1997).

KÁMENEV (Liev Borísovich **Rosenfeld,** llamado), *Moscú 1883-íd. 1936,* político soviético. Colaborador de Lenin desde 1902-1903 y miembro del politburó (1919-1925), se alió con Trotski contra Stalin (1925-1927). Fue juzgado en los procesos de Moscú (1936) y ejecutado. En 1988 fue rehabilitado.

KAMENSK-URALSKI, c. de Rusia, al pie de los Urales; 211 000 hab. Metalurgia.

KAMERLINGH ONNES (Heike), *Groninga 1853-Leiden 1926,* físico neerlandés. Realizó la licuefacción del helio, estudió los fenómenos físicos en las proximidades del cero absoluto y descubrió la superconductividad (1911). [Premio Nobel 1913.]

KAMINALJUYÚ, centro arqueológico maya (300 a.C.-150 d.C.), situado en las afueras de la ciudad de Guatemala. Restos arquitectónicos, estelas esculpidas, cerámica y figurillas.

KAMLOOPS, c. de Canadá (Columbia Británica); 57 466 hab. Nudo ferroviario.

KAMPALA, cap. de Uganda; 773 000 hab.

KAMPUCHEA, nombre que adoptó *Camboya de 1979 a 1989.

KÁMUK o **BLANCO,** monte del S de Costa Rica (Limón), en la cordillera de Talamanca; 3 659 m. Se encuentra en el parque internacional La Amistad.

KANAMI, padre de *Zeami Motokiyo.

KANANGA, ant. **Luluabourg,** c. de la Rep. dem. del Congo, a orillas del Lulua, afl. del Kasai; 298 693 hab.

KANĀRIS o **CANARIS** (Konstandínos), *Psará h. 1790-Atenas 1877,* almirante y político griego. Desempeñó un papel relevante en la guerra de la Independencia (1822-1825) y en diversas ocasiones fue ministro de marina (1848-1855) y jefe de gobierno (1848-1849, 1864-1865 y 1877).

KANAZAWA, c. de Japón (Honshū); 442 868 hab. Puerto.

KĀNCHĪPURAM, c. de la India (Tamil Nadu); 169 813 hab. Templos brahmánicos (ss. VIII-XVI). — Cap. de los Pallava hasta el s. IX.

KANDAHAR → QANDAHĀR.

KANDINSKY (Vasili), *Moscú 1866-Neuilly-sur-Seine 1944,* pintor ruso nacionalizado alemán y después francés. Fue uno de los fundadores de Der Blaue Reiter en Munich y uno de los grandes iniciadores del arte *abstracto (a partir de 1910). Profesor en la Bauhaus en 1922, se instaló en París en 1933 huyendo del nazismo. Destaca su escrito *Lo espiritual en el arte* (1911), donde fundamenta la libertad creadora y el lirismo en la «necesidad interior».

KANDY, c. de Sri Lanka; 103 000 hab. Jardín botánico. Centro religioso (peregrinación budista). Monumentos antiguos. (Patrimonio de la humanidad 1988.)

KANE (Richard), *Dunam, Irlanda, 1660-Mahón 1736,* militar y administrador británico. Gobernador de Menorca durante la dominación británica (1713-1725; 1733-1736), hizo de la isla una gran base naval e introdujo nuevos cultivos.

KANEM (reino de), ant. reino africano situado al E del lago Chad. Poblado por los kanuri, conoció un primer desarrollo entre los ss. XI-XIV, antes de integrarse en el reino de Bornu en el s. XVI.

KANGCHENJUNGA, el tercer pico más alto del mundo, en el Himalaya, entre el Nepal y la India (Sikkim); 8 586 m.

KANGGYE, c. de Corea del Norte; 130 000 habitantes.

KANGXI o **K'ANG-HI,** *Pekín 1654-íd. 1722,* emperador chino de la dinastía Qing (1662-1722). Hombre de letras tolerante, aceptó a los jesuitas en su corte.

■ MAURICIO **KAGEL**

■ VASILI **KANDINSKY.** *Amarillo-Rojo-Azul* (1925). [MNAM, París.]

KANKAN, c. de Guinea; 89 000 hab. Arrozales.

KANKAN MOUSSA, *1307 o 1312-¿h. 1335?,* rey de Malí, de la dinastía de los Keita. Condujo el reino a su auge. Su peregrinaje a La Meca (1324) evidenció su gran fortuna.

KANO, c. del N de Nigeria; 699 900 hab. Aeropuerto. Universidad. — Ant. cap. de un reino hausa (h. s. X -pr. s. XIX).

KANŌ, dinastía de pintores japoneses que trabajaron entre los ss. XV y XIX. — **Kanō Massanobu,** *1434-1530,* fundador de la escuela. — **Kanō Motonobu,** *Kyōto 1476-íd. 1559,* pintor japonés. Realizó grandes murales de vigorosas líneas y brillante colorido (Kyōto, templos Daitoku-ji y Myoshin-ji). — **Kanō Eitoku,** *Yamashiro 1543-Kyoto 1590,* pintor japonés. Nieto de Kanō Motonobu, su estilo grandioso y decorativo influyó en su hijo adoptivo Sanraku. — **Kanō Sanraku,** *Omi 1559-Kyōto 1635,* pintor japonés. Último representante de la escuela, decoró interiores en el estilo brillante y colorista de la época Momoyama.

KĀNPUR, ant. **Cawnpore,** c. de la India (Uttar Pradesh), a orillas del Ganges; 2 111 284 hab.

KANSAI o **KINKI,** región de Japón (Honshū); c. prales. Ōsaka, Kōbe y Kyōto.

KANSAS, r. de Estados Unidos, afl. del Missouri (or. der.); 274 km.

KANSAS, estado de Estados Unidos; 2 477 574 hab.; cap. *Topeka.*

KANSAS CITY, c. de Estados Unidos (Kansas); 149 767 hab.

KANSAS CITY, c. de Estados Unidos (Missouri), a orillas del Missouri, frente a Kansas City (Kansas); 435 146 hab. El área metropolitana que incluye las dos Kansas City tiene 1 566 280 hab. Aeropuerto. Gran mercado agrícola. Museo de arte.

KANT (Immanuel), *Königsberg 1724-íd. 1804,* filósofo alemán. Dio clases en la universidad de su ciudad natal y llevó una vida austera. Su filosofía («criticismo») evidencia las pretensiones a la verdad de la metafísica tradicional, pero conserva la vía del saber racional y del conocimiento científico, evitando el escepticismo y poniendo el valor absoluto en la ley moral. La *Crítica de la razón pura* (1781) describe los límites físicos y a priori del conocimiento y circunscribe los límites en los que la razón puede conocer: los de la experiencia posible, que incluye los fenómenos naturales estudiados por las ciencias. Los *Fundamentos de la metafísica de las costumbres* (1785) y la *Crítica de la razón práctica* (1788) presentan una moral del deber («el imperativo categórico») basada en la autonomía de la voluntad humana y el respeto de la ley universal. La *Crítica del juicio* (1790) trata, a través del problema de lo bello, el tema de la intersubjetividad. Otras obras: *Prolegomenos a toda metafísica futura* (1783), *La paz perpetua* (1795) y *Metafísica de las costumbres* (1797).

KANTARA (El-), gargantas montañosas de Argelia, al O del Aurès, ante el oasis de Beskra.

KANTŌ, región de Japón (Honshū), en la que se encuentra Tōkyō.

KANTOR (Tadeusz), *Wielopole, cerca de Cracovia, 1915-Cracovia 1990,* artista y director de teatro polaco. Destacan sus happenings y espectáculos de «teatro de la muerte» que realizó con su grupo teatral Cricot 2 (*La clase muerta,* de Witkiewicz; *Wielopole-Wielopole*).

KANTORÓVICH (Leonid Vitaliévich), *San Petersburgo 1912-Moscú 1986,* matemático y economista soviético. Introdujo en la economía soviética métodos de investigación operativa, con lo que restauró en ella cierta idea del beneficio. (Premio Nobel 1975.)

KAOLACK, c. de Senegal, a orillas del Saloum; 152 000 hab. Maní. Aceite.

KAPILAVASTU, act. **Lumbini,** c. de Nepal, a 250 km al O de Katmandú. Museo. — Ciudad natal del buda Śākyamuni. (Patrimonio de la humanidad 1997.)

KAPITSA (Piotr Leonídovich), *Kronshtadt 1894-Moscú 1984,* físico soviético. Pionero de la fusión termonuclear controlada, estudió las bajas temperaturas y descubrió la superfluidez del helio líquido. (Premio Nobel 1978.)

KAPLAN (Viktor), *Mürzzuschlag 1876-Unterach 1934,* ingeniero austriaco. Inventó la turbina hidráulica, que permite un mayor rendimiento en saltos de agua de poca altura.

KAPOSVÁR, c. de Hungría; 71 788 hab.

KAPTEYN (Jacobus Cornelius), *Barneveld 1851-Amsterdam 1922,* astrónomo neerlandés. Desarrolló los estudios de estadística estelar.

KAPUAS, r. de Indonesia (Borneo); 1 150 km.

KAPUŚCIŃSKI (Ryszard), *Pinsk, act. en Bielorrusia, 1932-Varsovia 2007,* periodista polaco. Corresponsal, destacó por su rigor y capacidad de análisis, que aplicó también al ensayo (*El emperador,* 1974; *El sha,* 1987; *El imperio,* 1994; *Ébano,* 1998). [Premio Príncipe de Asturias 2003.]

Kapustin Iar, base de lanzamiento de misiles e ingenios espaciales, en Rusia, al NO del mar Caspio y a orillas del Volga.

KARA (mar de), mar del océano Ártico, entre Nóvaia Zemliá y el continente, unido al mar de Barents por el *estrecho de Kara.*

KARABAJ (Alto), región autónoma de Azerbaiján; 4 400 km²; 193 000 hab.; cap. *Stepanakert.* Está poblada en su mayoría por armenios, que reivindican su integración en Armenia. Graves enfrentamientos se produjeron en sep. de 1998. Tras la independencia de Armenia y de Azerbaiján, los combates se intensificaron y los armenios del Alto Karabaj proclamaron unilateralmente una república (1991). En 1993 sus fuerzas armadas tomaron el control del SO de Azerbaiján. Los enfrentamientos cesaron en 1994, pero el conflicto sigue en suspenso.

KARÁ-DOGAZ, golfo en vías de desecación, en la costa E del Caspio, en Turkmenistán. Salinas.

KARABÜK, c. del N de Turquía; 105 373 hab. Siderurgia.

KARACHAI-CHERKESIA (República de), república de Rusia, limítrofe con Georgia; 434 000 hab.; cap. *Cherkessk.*

KARĀCHI, c. de Pakistán, junto al mar de Omán; 5 103 000 hab. Puerto y ciudad más grande del país. Centro industrial. — Cap. del país hasta 1959.

KARADŽIĆ (Vuk), *Trsic 1787-Viena 1864,* escritor y folclorista serbio. Reformador de la lengua serbia, recopiló y publicó textos orales.

KARAGANDY, ant. **Karagandá,** c. de Kazajstán, en la *cuenca hullera de Karagandy;* 614 000 hab. Siderurgia.

KARAGJORGJE (Gjorgje Petrović), *Visevac h. 1768-Radunaje 1817,* estadista serbio. De origen campesino, fue el jefe de la insurrección contra los otomanos (1804). Proclamado príncipe heredero de los serbios (1808) y fundador de la dinastía Karagjorgjević, tuvo que exiliarse (1813) y fue asesinado.

KARAGJORGJEVIĆ, dinastía serbia fundada por *Karagjorgje.* Dio a Serbia el príncipe Alejandro Karagjorgjević (1842-1858) y el rey *Pedro I,* y a Yugoslavia los reyes *Alejandro I y *Pedro II,* de quien Pablo Karagjorgjević asumió la regencia (1934-1941).

KARAJAN (Herbert von), *Salzburgo 1908-íd. 1989,* director de orquesta austriaco. Fundador del Festival de Pascua de Salzburgo (1967), fue director vitalicio de la orquesta filarmónica de Berlín (1954-1989). Sus grabaciones destacan por la fidelidad a la tradición.

KARAKALPAKIA, territorio al O de Uzbekistán, en torno al mar de Aral; 1 245 000 hab.; cap. *Nukūs.* Su población está formada por un tercio escaso de karakalpak, un número equivalente de uzbekos y casi un 25 % de kazajos.

KARAKORUM o **KARAKORAM,** macizo montañoso de Asia (India, Pakistán y China). Comprende picos muy elevados (K2, Gasherbrum) y grandes glaciares.

KARAKUM, sector más árido de la depresión aralocaspiana (Turkmenistán).

KARAMANLÍS o **CARAMANLIS** (Konstandínos), *Proti, Serrai, 1907-Atenas 1998,* político griego. Primer ministro en tres ocasiones de 1955 a 1963, tras la restauración de la democracia (1974) fue de nuevo primer ministro, y presidente de la república (1980-1985 y 1990-1995). — **Kóstas K.,** *Atenas 1956,* político griego. Sobrino de Konstadínos, presidente del conservador Nueva democracia desde 1997, es primer ministro desde 2004.

KARAMZÍN (Nikolái Mijáilovich), *Mijailovkail, Simbirsk, 1766-San Petersburgo 1826,* escritor e historiador ruso. Es autor de la primera gran obra histórica publicada en Rusia, *Historia del Imperio ruso* (1816-1829).

KARAVELOV (Ljuben), *Koprivstica 1834-Ruse 1879,* escritor y patriota búlgaro. Periodista y cuentista, destacó en la liberación de su país.

KARAWANKEN, macizo montañoso del E de los Alpes (Austria y Eslovenia).

KARBALÁ' o **KERBELA,** c. de Iraq, al SO de Bagdad; 185 000 hab. Ciudad santa chiita (tumba de Ḥusayn).

KARDINER (Abram), *Nueva York 1891-Easton, Connecticut, 1981,* antropólogo y psicólogo estadounidense. Culturalista, introdujo el concepto de «personalidad básica».

Kariba, lugar del valle del Zambeze, entre Zambia y Zimbabwe. Central hidroeléctrica.

KARKEMISH, c. de la antigua Siria, a orillas del Éufrates. En ella Nabucodonosor II, rey de Babilonia, venció al faraón de Egipto Necao II (605 a.C.). — Ruinas de la ciudadela neohitita.

KARKONOSZE, en checo **Krkonoše,** en alem. **Riesengebirge,** nombre polaco de los montes de los Gigantes (Polonia y República Checa), que bordean Bohemia por el NE; 1 602 m. (Reserva de la biosfera 1992.)

KARLE (Jerome), *Nueva York 1918,* físico-químico y cristalógrafo estadounidense. Elaboró modelos matemáticos que permiten definir rápidamente, por medio de tratamientos informáticos, la estructura de los compuestos químicos. (Premio Nobel de química 1985.)

KARLFELDT (Erik Axel), *Folkarna 1864-Estocolmo 1931,* poeta sueco. Describió la vida campesina (*Canciones de Fridolin,* 1898) [Premio Nobel 1931.]

KARL-MARX-STADT, ant. nombre de *Chemnitz.

KARLOVY VARY, en alem. **Karlsbad,** c. de la República Checa, en Bohemia; 56 291 hab. Estación termal. Importante catedral barroca

Karlowitz (tratado de) [26 en. 1699], tratado firmado entre el Imperio otomano y Austria, Polonia, Rusia y Venecia, por el que los otomanos abandonaban Hungría, Transilvania, Podolia, Dalmacia y Morea.

KARLSKRONA, c. de Suecia, junto al Báltico; 59 054 hab. Puerto naval (patrimonio de la humanidad 1998). — Iglesia de la Trinidad, obra de Tessin el Joven; museo de la Marina.

KARLSRUHE, c. de Alemania (Baden-Württemberg); 277 998 hab. Sede del Tribunal supremo. — Museos: Kunsthalle (pintura), ZKM (arte interactivo). — Ant. cap. de Baden, fundada en 1715.

KARLSTAD, c. de Suecia, a orillas del lago Vänern; 76 467 hab. Catedral reconstruida en el s. XVIII.

KÁRMÁN (Theodore von), *Budapest 1881-Aquisgrán 1963,* ingeniero estadounidense de origen húngaro. Resolvió problemas de hidrodinámica y aerodinámica y promovió la construcción del primer túnel supersónico de EUA (1938). Desempeñó un papel fundamental en la astronáutica estadounidense.

KARNAK, lugar que se alza sobre las ruinas de Tebas, en Egipto. Templo de Amón en el centro del mayor conjunto de edificios religiosos del país (ss. XX-IV a.C.). [*V. ilustr. pág. siguiente.*]

KARNĀTAKA, ant. **Mysore,** estado del S de la India; 192 000 km²; 44 817 398 hab.; cap. *Bangalore.*

■ IMMANUEL **KANT** ■ HERBERT VON **KARAJAN**

■ **KARNAK.** Un aspecto del templo de Amón y del lago sagrado; Imperio nuevo, XVIII dinastía.

KÁROLYI (Mihály), *Budapest 1875-Vence 1955*, político húngaro. Presidente de la república (en. 1919), no aceptó las fronteras fijadas por los Aliados y dimitió (marzo 1919).

KÁRPOV (Anatoli Ievguenievich), *Zlatoúst, Urales, 1951*, ajedrecista ruso. Campeón del mundo en 1975, 1978 y 1981, a partir de 1985 Kaspárov le disputó la supremacía.

KARRER (Paul), *Moscú 1889-Zurich 1971*, bioquímico suizo. Determinó la estructura de las vitaminas A y E, y sintetizó la vitamina B_2. (Premio Nobel de química 1937.)

KARROO, conjunto de mesetas escalonadas de la República de Sudáfrica.

KARSAVINA (Tamara), *San Petersburgo 1885-Beaconsfield, cerca de Londres, 1978*, bailarina británica de origen ruso. Estrella de los Ballets rusos, interpretó coreografías de Fokine y fue una gran intérprete del repertorio clásico.

KARŠÍ, c. del S de Uzbekistán; 168 000 hab.

KARST, en esloveno **Kras,** región de mesetas calizas de Eslovenia. (Reserva de la biosfera 2004.)

KARVINÁ, c. de la República Checa, en Moravia, cerca de Ostrava; 68 368 hab.

KASAI, r. de África (Angola y Rep. dem. del Congo), afl. del Congo (or. izq.); 2 200 km.

KARZAI (Hamid), *Karz, prov. de Qandahār, 1957*, político afgano. Jefe pashto moderado, es presidente del gobierno de Afganistán desde 2001.

KASHGAR o **KASHI,** c. de China (Xinjiang); 146 300 hab. Oasis a lo largo del Kaxgar He.

KASHIWA, c. de Japón, al NE de Tōkiō; 305 058 hab.

KASPÁROV (Garry **Weinstein,** llamado Garry), *Bakú 1963*, ajedrecista y político ruso. Convertido en campeón del mundo de ajedrez, al batir a Kárpov, en 1985, defendió victoriosamente su título frente al mismo adversario en 1986, 1987 y 1990, y ejerció un largo período de supremacía (batido en 2000 por Vladímir Krámnik). Comprometido políticamente en su país desde la década de 1980, se convirtió en uno de los líderes de la oposición a V. Putin.

KASSEL, c. de Alemania (Hesse), a orillas del Fulda; 196 211 hab. Museos; exposición quinquenal de arte contemporáneo («Documenta»), creada en 1955.

KASSEM o **QÁSIM** (ʻAbd al-Karīm), *Bagdad 1914-íd. 1963*, político iraquí. Líder de la revolución de 1958, que derrocó a los Hachemíes de Iraq, tuvo que enfrentarse a múltiples levantamientos. Fue fusilado.

Kasserine (batalla de) [14-21 febr. 1943], batalla de la campaña de Túnez, por la posesión de la colina de Kasserine (O de Túnez), que permite el acceso a la llanura de Argelia, entre las tropas de Rommel y los Aliados.

KASTLER (Alfred), *Guebwiller 1902-Bandol 1984*, físico francés. Especialista en óptica física y electrónica cuántica, determinó el procedimiento de «bombeo óptico» (1950), que ha tenido importantes aplicaciones en los láseres y máseres. (Premio Nobel 1966.)

KÄSTNER (Erich), *Dresde 1899-Munich 1974*, escritor alemán. En *Emilio y los detectives* (1929) evocó la inocencia de la infancia, mientras que en su obra poética y novelística criticó con humor la sociedad alemana.

Kastrup, aeropuerto de Copenhague.

KASUGAI, c. de Japón (Honshū); 266 599 hab.

KATÁIEV (Valentín Petróvich), *Odessa 1897-Moscú 1986*, escritor soviético. Sus novelas aú-

nan realismo satírico y onirismo (*A lo lejos una vela*, 1936).

KATANGA, de 1972 a 1997 **Shaba,** región del S de la Rep. dem. del Congo; 3 874 000 hab.; cap. *Lubumbashi.* Yacimientos de cobre, manganeso, plomo y uranio.

KATEB (Yacine), *Constantina 1929-La Tronche 1989*, escritor argelino en lenguas francesa y árabe. Su obra poética, novelística (*Nadjma*, 1990) y dramática analiza el destino de su país.

KĀTHIĀWĀR, península de la India, a orillas del mar de Omán.

KATÍN, localidad de Rusia, al O de Smoliensk. En 1943 los alemanes descubrieron en ella los cadáveres de 4 500 oficiales polacos abatidos por los soviéticos en 1940-1941. En esta matanza, ordenada por Stalin (marzo 1940), fueron asesinados cerca de 26 000 civiles y militares polacos.

KATIOS (parque nacional **Los**), parque nacional del NE de Colombia; 72 000 ha. Especies animales amenazadas y plantas endémicas. (Patrimonio de la humanidad 1994.)

Katipunan («Altísima sociedad de los hijos del pueblo»), sociedad secreta filipina creada en 1896 para luchar contra los españoles y confiscar los latifundios. Destacaron en ella E. Aguinaldo, M. Hilario del Pilar y A. Bonifacio.

KATMANDÚ o **KĀTMĀNDŪ,** cap. de Nepal, a 1 300 m de alt. aprox.; 419 000 hab. Monumentos (ss. XVI-XVIII), entre ellos el palacio real. Museo. En los alrededores, importante peregrinación budista en el stūpa de Bodhnath. (Patrimonio de la humanidad 1979 [ampliado en 2006].)

KATONA (József), *Kecskemét 1791-íd. 1830*, dramaturgo húngaro, creador de la tragedia nacional húngara (*Bánk bán*, 1821).

KATOWICE, c. de Polonia, cap. de voivodato, en Silesia; 366 900 hab. Centro industrial.

KATSINA, c. del N de Nigeria; 186 900 hab.

Katsura, villa imperial japonesa, cerca de Kyōto. Construida a fines del s. XVI, es el paradigma de la integración de la arquitectura japonesa en el paisaje. Famoso jardín.

KATTEGAT → CATTEGAT.

KAUNAS, c. de Lituania, a orillas del Nieman; 423 000 hab. Centro industrial. — Museos.

KAUNDA (Kenneth David), *Lubwa 1924*, político zambiano. Primer presidente de Zambia, ejerció el poder de 1964 a 1991.

KAUNITZ-RIETBERG (Wenzel Anton, príncipe **von**), *Viena 1711-íd. 1794*, estadista austriaco. Canciller de Estado (1753-1792), fue partidario de la alianza francesa contra Prusia y de la política centralista de María Teresa y José II.

KAURISMÄKI (Aki), *Orimattila 1957*, cineasta finlandés. Retrata el desamparo material y psicológico con un humor tierno y corrosivo (*Crimen y castigo*, 1983; *La chica de la fábrica de cerillas*, 1990; *Nubes pasajeras*, 1996; *Un hombre sin pasado*, 2002; *Luces al atardecer*, 2006).

KAUTSKY (Karl), *Praga 1854-Amsterdam 1938*, político austriaco. Secretario de Engels (1881) y marxista riguroso (publicó el tercer tomo de *El capital*), se enfrentó al revisionismo de E. Bernstein. Dirigió hasta 1917 *Die Neue Zeit*, órgano teórico de la socialdemocracia alemana, y después se opuso a los bolcheviques (*Terrorismo y comunismo*, 1919).

KAVÁLLA → CAVALLA.

KAVERÍ o **CAUVERY,** r. de la India, que desemboca en el golfo de Bengala; 764 km.

KAWABATA YASUNARI, *Ōsaka 1899-Zushi 1972*, escritor japonés. Su obra novelística, mezcla de realismo y fantasía, es una reflexión sobre el sufrimiento y la muerte (*País de nieve*, 1935-1948; *Nube de pájaros blancos*, 1949-1951). [Premio Nobel 1968.]

KAWAGOE, c. de Japón (Honshū); 304 854 hab.

KAWAGUCHI, c. de Japón (Honshū); 438 680 hab. Siderurgia. Textil.

KAWASAKI, c. de Japón (Honshū); 1 173 603 hab. Puerto. Centro industrial.

KAYES, c. de Malí, junto al r. Senegal; 51 000 habitantes.

KAYSERI, c. de Turquía, al SE de Ankara; 421 362 hab. Ciudadela y monumentos (s. XIII); museo. — Es la ant. *Cesarea de Capadocia.*

KAZAJSTÁN, estado de Asia central (y, en una pequeña parte, de Europa), entre el mar Caspio y China; 2 717 000 km²; 17 200 000 hab. *(kazacos).* CAP. *Astana.* LENGUAS: *kazaj y ruso.* MONEDA: *tenge.*

GEOGRAFÍA

Es la más extensa de las antiguas repúblicas soviéticas de Asia central. País de llanuras y mesetas, su límite oriental es montañoso. En su conjunto, posee un clima árido, de rudos inviernos.

La producción agrícola (en parte gracias a la irrigación) es notable: trigo y cebada, algodón, importante cría ovina. El subsuelo contiene carbón, uranio, pero también petróleo y gas natural, cuya explotación se desarrolla pese a la ubicación geográfica del país. La metalurgia sigue siendo la industria principal. Kazajstán está poblado por menos del 50 % de kazacos de origen y cuenta, sobre todo en las ciudades, con una importante minoría rusa.

HISTORIA

La región fue integrada progresivamente en el Imperio ruso a partir del s. XVIII. **1920:** se convirtió en la República autónoma de Kirguizistán, en el seno de la República socialista soviética de Rusia. **1925:** adoptó el nombre de Kazajstán. **1936:** se convirtió en república federada. **1990:** los comunistas ganaron las primeras elecciones libres. **1991:** el Soviet supremo proclamó la independencia del país (dic.), que se adhirió a la CEI. Nursultan Nazarbaev fue elegido presidente de la república.

KAZAN (Elia **Kazanjoglus,** llamado Elia),

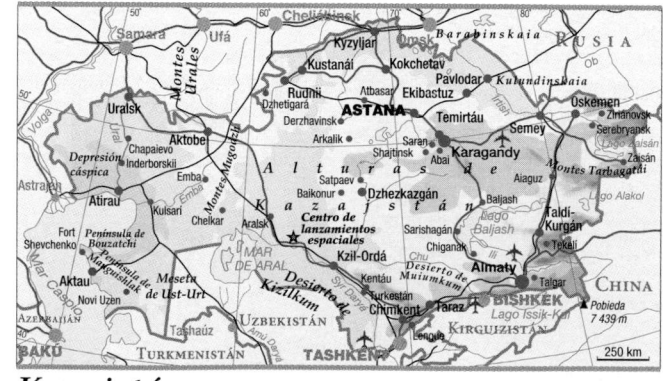

Kazajstán

★ lugar de interés turístico

| 0 | 200 | 500 | 1 000 m |

— carretera
— ferrocarril
✈ aeropuerto

● más de 1 000 000 hab.
● de 500 000 a 1 000 000 hab.
● de 100 000 a 500 000 hab.
• menos de 100 000 hab.

Ístanbul 1909-Nueva York 2003, director de cine estadounidense de origen griego. Procedente del teatro, es autor de películas líricas y atormentadas en las que explora conflictos interiores y retrata la sociedad americana: *Un tranvía llamado deseo* (pieza filmada, 1951), *¡Viva Zapata!* (1952), *La ley del silencio* (1954), *Al este del Edén* (1955), *América, América* (1963), *El compromiso* (1969).

KAZÁN, c. de Rusia, cap. de Tatarstán, a orillas del Volga; 1 107 300 hab. Centro industrial. — Kremlin de 1555; museo central de Tatarstán.

KAZANLĂK, c. de Bulgaria; 65 000 hab. Centro del «valle de las rosas». — Tumba tracia de época helenística (pinturas); museo.

KAZANTZAKIS (Níkos), *Heráklion 1883-cerca de Friburgo de Brisgovia, Alemania, 1957*, escritor griego. Los temas populares y la recreación de Creta de sus novelas revelan su busca de una sabiduría universal (*Alexis Zorba*, 1946, *Cristo de nuevo crucificado*, 1954).

KAZBEK, uno de los puntos culminantes del Cáucaso, en la frontera de Rusia y Georgia; 5 047 m.

KAZVIN → **QAZVÍN**.

KD → **demócrata-constitucional** (Partido).

KEATON (Joseph Francis, llamado **Buster**), *Piqua, Kansas, 1895-Woodland Hills, cerca de Los Ángeles 1966*, actor y director de cine estadounidense. Creó un personaje cómico imperturbable y poético (*El navegante*, 1924; *El maquinista de la General*, 1926; *El cameraman*, 1928).

■ BUSTER **KEATON** en *El navegante* (1924).

KEATS (John), *Londres 1795-Roma 1821*, poeta británico. Uno de los grandes románticos ingleses, se distinguió por su sensualismo estético (*Endimión; Oda a un ruiseñor*).

Keban, presa e instalación hidroeléctrica de Turquía, en el Eufrates.

KEBNEKAISE → **KJÖLEN**.

Keck (telescopios), nombre de dos telescopios ópticos e infrarrojos estadounidenses instalados en el Mauna Kea, en Hawai, los más grandes del mundo (10 m de diámetro), que entraron en servicio en 1993 y 1996.

KECSKEMÉT, c. de Hungría, al SE de Budapest; 102 516 hab. Monumentos de los ss. XVIII-XIX.

KEDIRI, c. de Indonesia (Java); 250 000 hab.

KEELING (islas) → **COCOS**.

KEESOM (Willem Hendrik), *isla de Texel 1876-Leiden 1956*, físico neerlandés. Distinguió las dos variedades de helio líquido y logró solidificarlo manteniéndolo bajo presión.

KEFLAVÍK, c. de Islandia; 8 000 hab.

KEFRÉN, *h. 2500 a.C.*, rey de Egipto, de la IV dinastía. Hijo de Keops, mandó construir la segunda pirámide de Gizeh.

KEHL, c. de Alemania (Baden-Württemberg), a orillas del Rin, frente a Estrasburgo; 31 864 habitantes.

KEIHIN, conurbación de Japón (Honshū), que agrupa Tōkyō, Yokohama y sus áreas suburbanas.

KEITA (Modibo), *Bamako 1915-íd. 1977*, político malí. Fue presidente de la república y jefe de gobierno (1960-1968).

KEITEL (Wilhelm), *Helmscherode 1882-Nuremberg 1946*, militar alemán. Comandante en jefe alemán de 1938 a 1945, firmó la capitulación de su país en Berlín (8 mayo 1945). El tribunal de Nuremberg lo reconoció culpable de crímenes de guerra y fue ejecutado.

KEKKONEN (Urho Kaleva), *Pielavesi 1900-Helsinki 1986*, político finlandés. Primer ministro (1950-1953 y 1954-1956), más tarde presidente de la república (1956-1981), realizó una importante labor diplomática.

KEKULÉ VON STRADONITZ (August), *Darmstadt 1829-Bonn 1896*, químico alemán. Fue el primero que empleó fórmulas desarrolladas en química orgánica, disciplina de la que es considerado uno de los principales fundadores. Creó la teoría de la cuadrivalencia del carbono (1857) y estableció la fórmula hexagonal del benceno.

KELDERMANS (Rombout), *Malinas h. 1460-Amberes 1531*, arquitecto flamenco. Miembro más conocido de una familia de arquitectos, trabajó en diferentes monumentos de Malinas, Bruselas, Amberes, Gante y Hoogstraten.

KELLOGG (Frank Billings), *Potsdam, estado de Nueva York, 1856-Saint Paul, Minnesota, 1937*, político estadounidense. Secretario de Estado del presidente Coolidge (1927-1929), negoció con el ministro francés A. Briand un pacto de renuncia a la guerra firmado por 60 naciones (*pacto Briand Kellogg*, 1928). [Premio Nobel de la paz 1929.]

KELLY (Eugene Curran, llamado **Gene**), *Pittsburgh 1912-Los Ángeles 1996*, coreógrafo, actor y director de cine estadounidense. Bailarín completo, en colaboración con S. Donen (*Cantando bajo la lluvia*, 1952) o V. Minnelli (*Un americano en París*, 1951), renovó la comedia musical cinematográfica.

KELOWNA, c. de Canadá (Columbia Británica); 57 945 hab. Industria conservera.

KELSEN (Hans), *Praga 1881-Orinda, California 1973*, jurista estadounidense de origen austriaco. Fundador de la escuela normativista (que propone que el derecho se fundamenta sobre un conjunto de normas jurídicas jerarquizadas), colaboró en la redacción de la constitución austriaca de 1920.

KELVIN (William Thomson, lord), *Belfast 1824-Netherhall, Strathclyde, 1907*, físico británico. En 1852 descubrió el enfriamiento de los gases por expansión y contribuyó a establecer una escala teórica de las temperaturas (temperatura absoluta). Estudió las mareas terrestres, ideó el galvanómetro de imán móvil y fabricó un dispositivo mecánico de integración de las ecuaciones diferenciales.

KEMAL (Yachar) → **YAŞAR KEMAL**.

KEMAL PAŞA (Mustafá), llamado **Kemal Atatürk**, *Salónica 1881-Ístanbul 1938*, político turco. Ascendido a general en 1917, encabezó el movimiento nacionalista opuesto a las exigencias de la Entente (1919) y fue elegido presidente del comité ejecutivo de la Gran asamblea nacional de Ankara (abril 1920). Como consecuencia de las victorias que logró sobre los armenios, los kurdos y los griegos (1920-1922), obtuvo de los Aliados el reconocimiento de las fronteras de Turquía en el tratado de Lausana (1923). Depuso al sultán (1922), presidió la república turca (1923-1938) e intentó crear un estado occidentalizado laicizando las instituciones (abolición del califato, 1924) e imponiendo el alfabeto latino (1928).

KÉMEROVO, c. de Rusia, en Siberia occidental; 520 000 hab. Hulla.

KEMPES (Mario Alberto), *Bell Ville, Córdoba, 1954*, futbolista argentino, principal artífice del triunfo de la selección argentina en el campeonato del mundo de 1978, al ser máximo goleador con seis anotaciones.

KEMPFF (Wilhelm), *Jüterborg 1895-Positano, Italia, 1991*, pianista alemán. Intérprete de Bach y Beethoven, redescubrió las sonatas de Schubert.

KEMPIS (Thomas Hemerken, llamado Tomás de), *Kempen, Renania, 1379 o 1380-monasterio de Sint Agnietenberg, cerca de Zwolle, 1471*, escritor alemán. Principal representante de la *Devotio moderna*, se le atribuye la *Imitación de Cristo*.

KENDALL (Edward Calvin), *South Norwalk, Connecticut, 1886-Princeton 1972*, bioquímico estadounidense. Es autor de investigaciones sobre las hormonas corticosuprarrenales. (Premio Nobel de medicina 1950.)

KENDALL (Harry Way), *Boston 1926 Wakulla Springs, Florida, 1999*, físico estadounidense. Participó en las investigaciones que han desembocado en la demostración experimental de los quarks. (Premio Nobel 1990.)

Kénésset, parlamento del estado de Israel.

KÉNITRA, ant. **Port-Lyautey**, c. de Marruecos, al N de Rabat; 139 000 hab. Puerto.

KENKŌ HŌSHI (Urabe Kaneyoshi, llamado), *h. 1283-1352*, escritor japonés. Es autor de *Tsurezuregusa (Ocurrencias de un ocioso)*, obra en la que recopiló reflexiones y anécdotas de la sociedad de su tiempo y en la que expresó su nostalgia del Japón antiguo.

KENNEDY (John Fitzgerald), *Brookline, cerca de Boston, 1917-Dallas 1963*, político estadounidense. Diputado y senador demócrata, fue presidente de EUA de 1961 a 1963. Practicó una política de reactivación económica, favoreció una legislación contra la discriminación racial y propuso a los estadounidenses el proyecto de una «Nueva frontera», que tenía como objetivos lograr una mayor justicia social y ganar la carrera a la Luna. En el exterior, osciló entre un acercamiento a la URSS y una política firme ante los regímenes comunistas (en Berlín en 1961; durante la crisis de Cuba en 1962; en Vietnam, donde preparó la intervención militar estadounidense) Fue asesinado el 22 nov. 1963. — **Robert Francis K.**, *Brookline 1925-Los Ángeles 1968*, político estadounidense. Hermano de John F., fue ministro de justicia (1961-1964) y senador demócrata a partir de 1965. Murió asesinado después de vencer en las elecciones primarias de California como candidato a la presidencia.

■ MUSTAFÁ **KEMAL PAŞA**　■ JOHN FITZGERALD **KENNEDY**

Kennedy (centro espacial J.F.), base de lanzamiento de ingenios espaciales estadounidense. Situada en cabo Cañaveral (Estados Unidos), llevó el nombre de *cabo Kennedy* de 1964 a 1973.

Kennedy (J.F.), aeropuerto internacional de Nueva York, en Idlewild.

KENT, condado de Gran Bretaña (Inglaterra), junto al estrecho de Calais; 1 485 600 hab.; cap. *Maidstone*. Fundado por los jutos (s. V), el reino de Kent fue el primer foco de la civilización anglosajona hasta el s. VII (cap. Canterbury).

KENT (Victoria), *Málaga 1898-Nueva York 1987*, política y jurista española. Miembro de Acción republicana, durante la II república fue diputada y directora general de prisiones.

KENT (William), *Bridlington, Yorkshire, 1685-Londres 1748*, arquitecto, diseñador de jardines y pintor británico. Colaborador de Richard Boyle, conde de Burlington, fue uno de los mayores representantes del palladianismo y uno de los creadores del jardín a la inglesa.

KENTUCKY, estado de Estados Unidos; 3 685 296 hab.; cap. *Frankfort*.

KENYA, estado de África oriental, a orillas del océano Índico; 583 000 km²; 29 150 000 hab. *(keniatas)*. CAP. *Nairobi*. LENGUAS: *inglés* (oficial) y *swahili*. MONEDA: *chelín de Kenya*.

GEOGRAFÍA

En el O, montañoso y volcánico, se cultivan café, té y hortalizas (principales productos de exportación, a través de Mombasa). En el E, formado por llanuras, se localizan las plantaciones de caña de azúcar, plátanos y sisal. La ganadería (bovina, ovina y caprina) está desarrollada, pero a menudo reviste un mayor valor social que económico. El turismo compensa solo en parte el déficit de la balanza comercial. La población, en rápido crecimiento, está formada por una cuarentena de grupos étnicos (los kikuyu son los más numerosos).

HISTORIA

Kenya, país donde se descubrieron los restos más antiguos de prehomínidos, estaba ocupada en su origen por pueblos cercanos a los bosquimanos. **500 a.C.-s. xvi d.C.:** pueblos bantúes procedentes del N sustituyeron a este poblamiento primitivo; los árabes y más tarde los portugueses (después de 1497) instalaron factorías en el litoral. **1888:** Gran Bretaña obtuvo del sultán de Zanzíbar una concesión sobre la mayor parte del país. **1895:** Kenya se convirtió en protectorado británico. **1920:** se constituyó en colonia británica. **1925:** Jomo Kenyatta se puso al frente del movimiento nacionalista, que exigía la restitución de las tierras a los kikuyu. **1952-1956:** la «revuelta de los Mau-Mau» (rebelión de los kikuyu) fue duramente reprimida; Kenyatta fue arrestado. **1961:** liberación de Kenyatta. **1963:** Kenya accedió a la independencia en el marco de la Commonwealth. **1964-1978:** Kenyatta se convirtió en presidente de la república. **1978:** a la muerte de Kenyatta, Daniel Arap Moi lo sucedió. Instauró a partir de 1982 un sistema de partido único. **1991:** el multipartidismo fue restablecido. **1992 y 1997:** D.A. Moi mantuvo la jefatura del estado al término de elecciones pluralistas. **2002:** Mwai Kibaki, líder de la oposición, fue elegido presidente de la república. **2007-2008:** su reelección (dic. 2007), cuestionada (escrutinio tachado de fraudulento), se vio seguida por un estallido de violencia, en el que a la crisis política se sumaron enfrentamientos interétnicos. Un acuerdo de reparto del poder fue alcanzado (febr. 2008) con la oposición, cuyo líder, Raila Odinga, se convirtió en primer ministro (mayo).

KENYA (monte), pico del centro de Kenya; 5 199 m. Parque nacional. (Reserva de la biosfera 1978; patrimonio de la humanidad 1997.)

KENYATTA (Jomo), *Ichwerri h. 1893-Mombasa 1978*, político keniata. Luchó desde 1925 por la restitución de las tierras a los kikuyu. Fue el jefe del primer gobierno de Kenya (1963). Presidente de la república en 1964, fue reelegido sucesivamente hasta su muerte.

KENZAN (**Ogata Shinsei**, llamado), *región de Kyōto 1663-1743*, ceramista, pintor y calígrafo japonés. Inició un arte cerámico en el que también participó su hermano Kōrin.

KEOPS, *h. 2600 a.C.*, rey de Egipto, de la IV dinastía. Edificó la mayor pirámide de Gizeh.

KEPLER (Johannes), *Weil der Stadt, Württemberg, 1571-Ratisbona 1630*, astrónomo alemán. Partidario del sistema de Copérnico, descubrió, gracias a las observaciones de Tycho Brahe, de quien fue ayudante y sucesor, las leyes del movimiento de los planetas *(leyes de Kepler)*: 1ª las órbitas de los planetas son elipses, en uno de cuyos focos se encuentra el Sol (1609); 2ª las áreas barridas por el rayo vector que une el centro del Sol con el centro de un planeta son proporcionales a los tiempos empleados en barrerlas (1609); 3ª los cuadrados de los períodos de revolución sideral de los planetas son proporcionales a los cubos de los semiejes mayores de sus órbitas (1619).

KERALA, estado de la India, en la costa SO del Decán; 38 800 km²; 29 011 237 hab.; cap. *Trivandrum*. Se constituyó al unificarse los estados de Travancore y Cochin (1956).

KERBELA → KARBALĀ'.

KERCH, c. de Ucrania, en Crimea, a orillas del

■ JOHANNES KEPLER   ■ LORD KEYNES

estrecho de Kerch (que comunica el mar Negro con el mar de Azov); 178 000 hab. Puerto.

KERENSKI (Alexandr Fiódorovich), *Simbirsk 1881-Nueva York 1970*, político ruso. Miembro del Partido social revolucionario, fue ministro de justicia, de guerra (1917) y jefe del gobierno provisional (oct.-nov. 1917), cargo del que fue derrocado por los bolcheviques.

KERGUELEN (islas), archipiélago francés del S del océano Índico; 7 000 km² aprox. Estación de investigaciones científicas.

KERKENNAH (islas), pequeño archipiélago de Túnez, situado frente a Sfax.

KERMADEC (islas), archipiélago neozelandés del Pacífico, al N de Nueva Zelanda.

KEROUAC (Jack), *Lowell, Massachusetts, 1922-Saint Petersburg, Florida, 1969*, escritor estadounidense. Poeta y novelista (*En el camino*, 1957), fue uno de los máximos exponentes de la *Beat Generation*.

KERR (John), *Ardrossan Escocia, 1824-Glasgow 1907*, físico británico. En 1875 descubrió la birrefringencia de los aislantes sometidos a un campo eléctrico, fenómeno utilizado en televisión *(célula de Kerr)*.

KERSCHENSTEINER (Georg), *Munich 1854-íd. 1932*, pedagogo alemán. Promovió el trabajo en grupo, la autodisciplina y el trabajo manual como fundamentos de la educación.

KERTÉSZ (André), *Budapest 1894-Nueva York 1985*, fotógrafo estadounidense de origen húngaro. Su obra reúne sensibilidad poética, humor e invención formal.

KERTÉSZ (Imre), *Budapest 1929*, escritor húngaro. Periodista, más tarde traductor de autores de lengua alemana, llegó a la novela para dar testimonio de su experiencia de la deportación y denunciar el horror de la Shoah y de los sistemas totalitarios (*Sin destino*, 1975; *El fracaso*, 1988; *Kaddish por el hijo no nacido*, 1990; *Liquidación*, 2003; *Dossier K.*, 2007). [Premio Nobel 2002.]

KERULARIOS (Mikhail) **→ CERULARIO.**

KESANANI (cerro), cerro de Bolivia, cerca de Copacabana. Observatorio astronómico preincaico (Horca del Inca) que se supone estuvo dedicado a la observación del sol en los equinoccios de primavera y otoño y a la predicción de eclipses y movimientos planetarios.

KESSEL (Joseph), *Clara, Argentina, 1898-Avernes, Val d'Oise, 1979*, escritor y periodista francés. Uno de los primeros grandes reporteros, en sus novelas exalta la fraternidad viril en la guerra y en la aventura (*El ejército fantasma*).

KESSELRING (Albert), *Marktstedt 1885-Bad Nauheim 1960*, militar alemán. Jefe de estado mayor del ejército del aire (1936), dirigió las fuerzas alemanas del Mediterráneo y de Italia (1941-1944) y del frente del Oeste (1945).

KETTELER (Wilhelm Emmanuel, barón von), *Münster 1811-Burghausen, Baviera, 1877*, prelado y político alemán. Luchó contra la Kulturkampf e impulsó el catolicismo social alemán.

KEYNES (lord John Maynard), *Cambridge 1883-Firley, Sussex, 1946*, economista británico. Autor de la *Teoría general de la ocupación, el interés y el dinero* (1936), preconizó un aumento del consumo, un descenso de los tipos de interés y una mayor inversión pública para garantizar el pleno empleo. Su doctrina tuvo una considerable influencia en el pensamiento y en las políticas económicas del s. xx.

KEY WEST, c. de Estados Unidos (Florida); 24 000 hab. Estación balnearia.

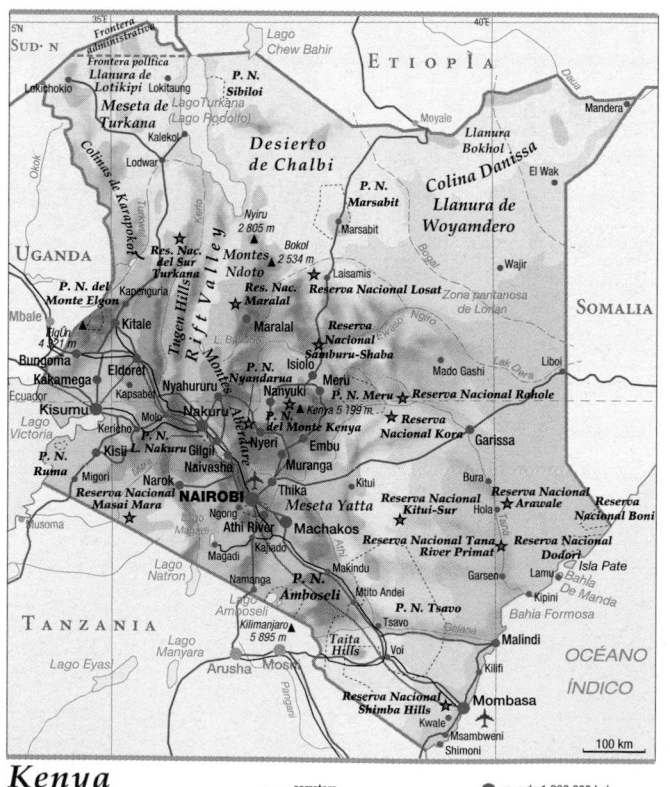

Kenya

— carretera
— ferrocarril
✈ aeropuerto
★ lugar de interés turístico

● m· s de 1 000 000 hab.
● de 100 000 a 1 000 000 hab.
● de 10 000 a 100 000 hab.
• menos de 10 000 hab.

200 500 1 000 2 000 m

100 km

KGB (Komitet Gosurdarstvénnoe Bezopasnosti, en esp. Comité de seguridad del estado), nombre dado de 1954 a 1991 a los servicios de información y contraespionaje en el interior y en el exterior de la URSS. La parte esencial de sus poderes fue retomada, en Rusia, por el Servicio federal de seguridad, o FSB.

KHAJURÃHO, sitio de la India central (Madhya Pradesh). Ant. cap. de la dinastía Chandella (ss. IX-XIII). Importante conjunto de templos brahmánicos y jainíes, con abundante decoración esculpida. (Patrimonio de la humanidad 1986.)

KHÃN (Nusrat Fateh 'Alï), *Faisalabad 1948-Londres 1997,* cantante paquistaní. Difundió la música sufí en Europa y Norteamérica.

KHARAGPUR, c. de la India (Bengala Occidental); 279 736 hab.

KHIEU SÁMPHAN, *Svay Riêng 1931,* político camboyano. Dirigente jemer rojo, fue jefe del estado de Kampuchea democrática de 1976 a 1979. Tras representar a los Jemeres rojos en el Consejo nacional supremo (1991-1993), se opuso al gobierno (1994) antes de acabar aliándose con él (1998). En 2007, fue detenido y acusado de crímenes contra la humanidad por su responsabilidad en el genocidio de 1975-1979.

KHLEBNIKOV (Viktor Vladimirovich, llamado Velimir), *cerca de Astraján 1885 Santalovo 1922,* escritor ruso. Poeta y teórico del futurismo, quiso inventar una lengua universal basada en los juegos fonéticos y numéricos.

Khmer rojos ➤ Jemeres rojos.

KHNOPFF (Fernand), *cerca de Dendermonde 1858-Bruselas 1921,* pintor belga, uno de los maestros del *simbolismo.

KHOTAN, en chino **Hotan,** c. de China (Xinjiang); 134 000 hab. Oasis.

KHOURIBGA o **JURIBGA,** c. de Marruecos, en la llanura de Tadla; 127 000 hab. Fosfatos.

KHULNÃ, c. de Bangla Desh, al SO de Dacca; 877 000 hab.

KHYBER → **JAYBAR.**

KIAROSTAMI (Abbas), *Teherán 1940,* cineasta iraní. Sus poéticas películas reflexionan sobre la realidad y su representación (*A través de los olivos* (1994), *El sabor de las cerezas* (1997).

KIDMAN (Nicole), *Honolulu 1967,* actriz de cine australiana y estadounidense. Es una de las actrices más valoradas de Hollywood por su versatilidad, contención expresiva y elegante belleza (*Retrato de una dama,* J. Campion, 1996; *Eyes Wide Shut,* S. Kubrick, 1999; *Los otros,* A. Amenábar, 2001; *Las horas,* S. Daldry, 2002, Oscar a la mejor actriz, *Dogville,* L. von Trier, 2002; *Australia,* B. Luhrmann, 2008).

KIEFER (Anselm), *Donaueschingen 1945,* pintor alemán. Sus grandes telas sombrías, cargadas de materia, de collages y de inscripciones, interrogan la historia, cultura y mitos de Alemania según una dramaturgia angustiada.

KIEL, c. de Alemania, cap. de Schleswig-Holstein, en el Báltico; 248 931 hab. Puerto. Metalurgia. — canal de **Kiel,** canal que comunica el Báltico con el mar del Norte, desde Kiel a la desembocadura del Elba.

KIELCE, c. de Polonia, cap. de voivodato; 215 000 hab. Catedral y palacio del s. XVII.

KIENHOLZ (Edward), *Fairfield, estado de Washington, 1927-Hope, Idaho, 1994,* artista estadounidense. A partir de la década de 1960 realizó conjuntos-environments, figuras de diferentes materiales junto con muebles y accesorios, verdadera sátira de la vida estadounidense.

KIERKEGAARD (Søren), *Copenhague 1813-íd. 1855,* pensador y teólogo danés. Se opuso tanto a la desnaturalización del cristianismo practicada por la institución eclesiástica como a las pretensiones filosóficas (idealismo hegeliano) y convirtió la angustia en la experiencia fundamental del hombre. Su pensamiento sirvió de base al existencialismo (*O lo Uno o lo Otro,* 1843; *El diario de un seductor,* 1843).

KIESINGER (Kurt Georg), *Ebingen 1904-Tubinga 1988,* político alemán. Democratacristiano, fue canciller de la RFA (1966-1969).

KIEŚLOWSKI (Krzysztof), *Varsovia 1941-íd. 1996,* director de cine polaco. Su obra se caracteriza por la fuerza de sus historias, la autenticidad de sus personajes y el lirismo de la puesta en escena (*El Decálogo,* 1988; *La doble vida de Verónica,* 1991; la trilogía *Tres colores* [*Azul, Blanco* y *Rojo*], 1993-1994).

KÍEV, en ucraniano **Kyiv,** cap. de Ucrania, a orillas del Dniéper; 2 488 000 hab. Universidad. Centro industrial. — Catedral de Santa Sofía (ss. XI-XVIII), que conserva mosaicos y pinturas bizantinas; monasterio de las Grutas, que se remonta también al s. XI, act. museo nacional. (Patrimonio de la humanidad 1990 [ampliado en 2005].) — Capital del estado de Kíev (ss. IX-XII), centro comercial próspero y metrópolis religiosa, fue conquistada por los mongoles en 1240. Anexionada a Lituania (1362) y luego a Polonia (1569), volvió a pertenecer a Rusia en 1654. Foco del nacionalismo ucraniano, se convirtió en 1918 en la capital de la República independiente de Ucrania. Integrada en la República soviética de Ucrania en 1920, se convirtió en su capital en 1934.

■ KÍEV. Vista parcial del monasterio de las Grutas.

KIGALI, cap. de Ruanda; 234 000 hab.

KIKWIT, c. de la Rep. dem. del Congo; 346 000 habitantes.

KILIMANJARO o **PICO UHURU,** macizo volcánico de África (Tanzania), donde se halla el punto más alto del continente; 5 895 m. (Patrimonio de la humanidad 1987.)

KIMBERLEY, c. de la República de Sudáfrica, cap. de la prov. de Norte del Cabo; 167 000 hab. Diamantes.

KIMCHAEK, c. de Corea del Norte, en el mar del Japón; 281 000 hab. Puerto.

KIM DAE JUNG, *Hugwang-ri, prov. de Cholla del Sur, 1925,* político surcoreano. Líder histórico de la oposición, fue presidente de la república (1998-2003). Su combate por la democracia y su actividad a favor de la reconciliación con Corea del Norte lo hicieron merecedor del premio Nobel de la paz en 2000.

KIM IL SUNG, *cerca de Pyongyang 1912-Pyongyang 1994,* militar y político norcoreano. Organizador del ejército popular de liberación contra la ocupación japonesa (1931-1945) y fundador del Partido del trabajo (1946), fue primer ministro de Corea del Norte en 1948 y jefe de estado desde 1972 hasta su muerte. En 1998 la constitución lo distinguió como «presidente eterno» de Corea de Norte.

KIM JONG IL, *campo secreto del monte Paektu 1942,* político norcoreano. Hijo y sucesor de Kim Il Sung, presidió la comisión de Defensa nacional a partir de 1993, fue secretario general del Partido del trabajo desde 1997 y se convirtió oficialmente en jefe de estado en 1998.

KIMURA MOTOO, *Okazaki 1924-Mishima, prefectura de Shizuoka, 1994,* genetista japonés. Especialista en genética de poblaciones, es autor del modelo neutralista de la evolución.

KINABALU, punto culminante de InsulIndia, en Malasia, al N de Borneo; 4 175 m. (Patrimonio de la humanidad 2000.)

KINDÏ (al-), *h. 800-Bagdad h. 870,* filósofo árabe. Tradujo al árabe numerosos textos filosóficos griegos, continuó la reflexión cosmológica de Aristóteles e intentó armonizar filosofía y religión.

KINDIA, c. de la Rep. de Guinea; 85 000 hab.

KÍNESHMA, c. de Rusia, a orillas del Volga; 101 000 hab. Automóviles.

KING (Ernest), *Lorain, Ohio, 1878-Portsmouth, New Hampshire, 1956,* almirante estadounidense, comandante en jefe de las fuerzas navales estadounidenses durante la segunda guerra mundial (1942-1945).

KING (Martin Luther), *Atlanta 1929-Memphis 1968,* dirigente negro estadounidense. Desde 1955 luchó por la integración de los negros organizando grandes manifestaciones pacíficas. Fue asesinado. (Premio Nobel de la paz 1964.)

■ MARTIN LUTHER
KING

KING (Riley Ben King, llamado Blues Boy o B.B.), *Itta Bena 1925,* cantante y guitarrista de blues estadounidense. Figura principal del blues urbano, de voz profunda y bien timbrada, es uno de los precursores del rock.

KING (Stephen), *Portland 1947,* escritor estadounidense. Autor de best-sellers que a menudo se han llevado al cine, es un especialista en sumergir la realidad cotidiana en el horror y lo fantástico (*Carrie,* 1974; *El resplandor,* 1977; *Un saco de huesos,* 1998; *La historia de Lisey,* 2006). También publica bajo el seudónimo de Richard Bachman.

KINGMAN RIOFRÍO (Eduardo), *Loja 1911-Quito 1998,* pintor, muralista y grabador ecua-

■ EL KILIMANJARO

toriano. Su obra se inscribe en la figuración expresionista latinoamericana de inspiración social (murales del pabellón de Ecuador en la feria mundial de Nueva York, 1939).

KINGSLEY (Charles), *Holne, Devon, 1819-Eversley 1875*, escritor británico, uno de los promotores del movimiento socialista cristiano.

KINGSTON, c. de Canadá (Ontario), a orillas del San Lorenzo; 56 597 hab. Escuela militar. Arzobispado. Universidad. — Museos.

KINGSTON, cap. de Jamaica, en la costa S de la isla; 662 000 hab. Centro comercial, industrial y turístico.

KINGSTON-UPON-HULL o **HULL**, c. de Gran Bretaña, al N de Inglaterra, en el estuario del Humber; 252 200 hab. Puerto comercial y pesquero. — Iglesia gótica; museo.

KINKI → **KANSAI**.

KINO (Eusebio Francisco **Chini** o **Kühn**, llamado), *Segno, Trento, 1645-Magdalena 1711*, misionero mexicano de origen tirolés. Jesuita, recorrió más de 20 000 millas y fundó las misiones de Pimería Alta (Sonora y Arizona).

KINOSHITA JUNJI, *Tōkyō 1914*, dramaturgo japonés, renovador del teatro japonés contemporáneo (*Una grulla, una tarde*, 1949).

KINSHASA, ant. **Léopoldville**, cap. de la Rep. dem. del Congo, en la orilla S del río Congo; 3 740 000 hab. Centro administrativo y comercial.

■ **KINSHASA.** El edificio del Centro de comercio internacional, con el río Congo al fondo.

KINTANA (Xabier), *Bilbao 1946*, lingüista y escritor español en lengua vasca. Poeta, ensayista y narrador (*El otro ser*, 1969), intervino en el *Diccionario vasco moderno* (1977) y llevó a cabo, con G. Aresti, el primer diccionario en vasco unificado (*euskara batua*).

KIPLING (Rudyard), *Bombay 1865-Londres 1936*, escritor británico. Sus poemas y novelas (*El *libro de las tierras vírgenes; Kim*, 1901) aúnan las experiencias de infancia y el ensalzamiento del imperio colonial. (Premio Nobel 1907.)

Kippur o **Yom Kippur** (guerra del) → **árabe-israelíes** (guerras).

KIRBY (Jacob **Kurtzberg**, llamado Jack), *Nueva York 1917-Thousand Oaks, California, 1994*, dibujante y guionista estadounidense de cómics, especialista en cómics de «superhéroes» (*Los cuatro fantásticos*, 1961; *Thor*, 1962).

KIRCHER (Athanasius), *Geisa, cerca de Fulda, 1602-Roma 1680*, erudito y religioso alemán. Jesuita, creó en el Colegio romano el «Museum Kircherianum», primer ejemplo de museo público. Su *Mundus subterraneus* es el primer gran tratado de geología.

KIRCHHOFF (Gustav Robert), *Königsberg 1824-Berlín 1887*, físico alemán. Inventó el espectroscopio, con el que, junto con Bunsen, demostró que cada elemento químico posee un espectro característico, creando así el análisis espectral. En electricidad, enunció las fórmulas generales aplicables a las corrientes derivadas. Ideó el concepto de cuerpo *negro.

KIRCHNER (Ernst Ludwig), *Aschaffenburg 1880-Frauenkirch, cerca de Davos, 1938*, pintor y grabador alemán. Expresionista, cofundador del grupo Die Brücke, se expresó mediante el color puro y un trazo agitado.

KIRCHNER (Néstor), *Río Gallegos 1950*, político argentino. Miembro del Partido justicialista, gobernador de Santa Cruz (1991-2003), fue presidente de la república de 2003 a 2007. — **Cristina Fernández de K.,** *La Plata 1953*, política argentina. Esposa de Néstor Kirchner,

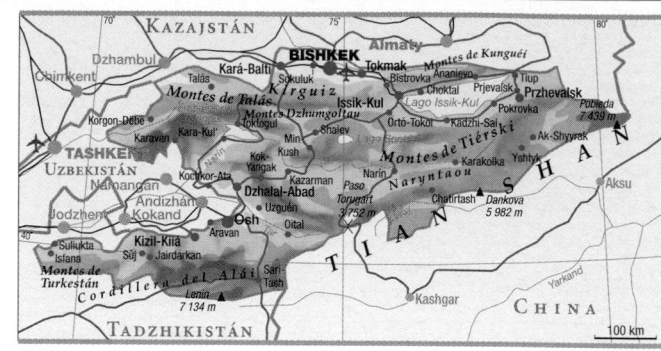
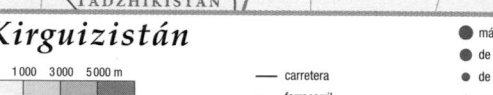

Kirguizistán

1 000   3 000   5 000 m

— carretera
— ferrocarril

● más de 500 000 hab.
● de 100 000 a 500 000 hab.
● de 50 000 a 100 000 hab.
● menos de 50 000 hab.

100 km

también peronista, lo sucedió en la jefatura del estado en 2007.

KIRGUIZISTÁN, en kirguiz **Kyrgyzstan**, estado de Asia central; 199 000 km²; 4 820 000 hab. (*kirguiz*). CAP. *Bishkek*. LENGUAS: *kirguiz* y *ruso*. MONEDA: *som*.

GEOGRAFÍA

Una parte del país, montañoso, está enclavada en la cordillera de Tian Shan. Sus principales recursos son la ganadería ovina y algunos cultivos (cereales, algodón y tabaco) desarrollados en cuencas y llanuras irrigadas. El subsuelo contiene poco carbón. El país está poblado por una mayoría islámica, a la que se añaden los kirguiz (poco más de la mitad de la población total) y diversas minorías (uzbekos, rusos).

HISTORIA

Conquistada por los rusos, la región fue integrada en la gobernación general de Turkestán en 1865-1867. **1924:** se constituyó en región autónoma de los Kara-Kirguiz, en el seno de la República socialista soviética de Rusia. **1926:** se convirtió en república autónoma de Kirguizistán. **1936:** recibió el estatuto de república federada. **1990:** los comunistas ganaron las primeras elecciones republicanas libres. **1991:** el Soviet supremo proclamó la independencia del país (ag.), que se adhirió a la CEI. Askar Akáyev fue elegido presidente de la república. Pero, desde 1999, la deriva autoritaria del régimen nutrió una oposición creciente. **2005:** A. Akáyev fue depuesto. Kurmanbek Bakíyev fue elegido jefe del estado. Pero el país siguió sumido en la inestabilidad.

KIRIBATI, ant. **islas Gilbert**, estado de Oceanía; 900 km²; 80 000 hab. CAP. *Tarawa* (28 802 hab.). LENGUA: *inglés*. MONEDA: *dólar australiano*. (V. mapa de **Samoa.**) El país está constituido por las islas Gilbert, las islas Phoenix y parte de las Line Islands. Atravesado por el ecuador y la franja de cambio horario, Kiribati está «disperso» a lo largo de casi 5 millones de km², ocupando de O a E unos 4 000 km. — Ant. colonia británica, en 1979 accedió a la independencia en el marco de la Commonwealth. Fue admitido en la ONU en 1999.

KIRIKKALE, c. de Turquía, al E de Ankara; 185 431 hab.

KIRITIMATI, ant. **Christmas**, atolón del Pacífico, dependiente de Kiribati.

KIRKÛK, c. del N de Iraq; 207 000 hab. Centro petrolero.

KIRMÂN, c. del SE de Irán; 311 643 hab. Mausoleos y mezquitas (ss. XII-XIV).

KÍROV → **VIATKA**.

KIROVABAD → **GANDZHA**.

KIROVAKÁN → **VANADZOR**.

KIROVOHRAD, c. de Ucrania, al SE de Kíev; 278 000 hab.

KIRUNA, c. de Suecia, en Laponia; 26 149 hab. Hierro. — Base de lanzamiento de sondas.

KIŠ, ant. c. sumeria (cerca de Babilonia, act. Iraq), floreciente durante el III milenio a.C.

KIŠ (Danilo), *Subotica 1935-París 1989*, escritor yugoslavo en lengua serbia. Sus novelas, lúcidas y desengañadas, toman la forma de parábolas (*Reloj de arena*, 1972; *Una tumba para Boris Davidovich*, 1976).

KISANGANI, ant. **Stanleyville**, c. de la Rep. dem. del Congo, a orillas del Congo; 577 000 hab.

KISARAZÛ, c. de Japón (Honshū), cerca de Tōkyō; 123 433 hab. Acerías.

KISFALUDI (Sándor), *Sümeg 1772-íd. 1844*, poeta húngaro, autor de poemas amorosos. — **Károly K.,** *Tét 1788-Pest 1830*, dramaturgo húngaro, hermano de Sándor, precursor del teatro y del romanticismo en Hungría.

KISHINIOV → **CHIŞINĂU**.

KISHIWADA, c. de Japón (Honshū); 188 563 hab. Puerto.

KISMAAYO, c. de Somalia, cerca de la desembocadura del Juba; 70 000 hab. Puerto.

KISSINGER (Henry), *Fürth, Alemania, 1923*, político estadounidense. Consejero, desde 1968, de R. Nixon y secretario de Estado de 1973 a 1977, fue uno de los principales artífices de la política exterior de Estados Unidos. Negoció la paz con Vietnam. (Premio Nobel de la paz 1973.)

KISTNÂ → **KRISHNÂ**.

KITA KYŪSHŪ, c. de Japón, en el N de Kyūshū; 1 026 455 hab. Puerto. Centro industrial.

■ **RUDYARD KIPLING,** por P. Burne-Jones. (Galería nacional de retratos, Londres.)

■ **NÉSTOR KIRCHNER**

■ **CRISTINA FERNÁNDEZ DE KIRCHNER**

■ **HEINRICH VON KLEIST,** por W. Zenge.

KITANO TAKESHI, *Tōkyō 1947*, cineasta y actor japonés. Pintor del universo sin esperanza de los *yakuzas* (*Sonatine*, 1993; *Brother*, 2000), narra también su visión poética de la infancia (*El verano de Kikujiro*, 1999), de la pasión (*Dolls*, 2002) o de los samurais (*Zatoichi*, 2003). A menudo intérprete de sus propios filmes, actúa también para otros realizadores (*¡Feliz navidad, Mister Lawrence!* y *Tabú*, de Oshima).

KITCHENER, c. de Canadá (Ontario); 168 282 hab. Universidades.

KITCHENER (Herbert, lord), *Bally Longford 1850-en el mar 1916*, militar británico. Reconquistó Sudán al ocupar Jartum y Fachoda (1898), y puso fin a la guerra de los bóers (1902). Ministro de guerra en 1914, organizó las divisiones británicas del frente francés.

KITWE-NKANA, c. de Zambia, 495 000 hab. Centro minero (cobre).

KITZBÜHEL, c. de Austria (Tirol); 8 000 hab. Estación de deportes de invierno (762-2 000 m de alt.). — Iglesias y casas antiguas.

KIVI (Aleksis Stenvall, llamado Aleksis), *Nurmijärvi 1834-Tuusula 1872*, escritor finlandés. Creador del teatro finlandés (*Kullervo*, 1859) y de una novela rural (*Los siete hermanos*, 1870), es el gran clásico nacional.

KIVU (lago), lago de África, entre la Rep. dem. del Congo y Ruanda; 2 700 km².

KIZIL IRMAK, r. de Turquía, que desemboca en el mar Negro; 1 355 km.

KIZILKUM o **KIZIL KUM**, desierto de Uzbekistán y Kazajstán.

KJØLEN, macizo del N de Escandinavia (Noruega y Suecia); 2 117 m en el Kebnekaise.

KLADNO, c. de la República Checa, en Bohemia; 71 786 hab. Metalurgia.

KLAGENFURT, c. de Austria, cap. de Carintia; 89 502 hab. Monumentos antiguos; museos.

KLAIPÉDA, en alem. **Memel**, c. de Lituania, a orillas del Báltico; 208 000 hab. Puerto.

KLAPROTH (Martin Heinrich), *Wernigerode 1743-Berlín 1817*, químico alemán. Descubrió el uranio (1789), el titanio (1795) y el cerio (1803).

KLAUS (Václav), *Praga 1941*, economista y político checo. Ministro de finanzas (1989) y primer ministro (1991) de Checoslovaquia, fue primer ministro checo en 1992. Negoció la partición de la federación. Primer ministro de la República Checa independiente (1993-1997), más tarde presidente de la cámara de diputados (1998-2002), es presidente de la república desde 2003.

KLEE (Paul), *Münchenbuchsee, cerca de Berna, 1879-Muralto, cerca de Locarno, 1940*, pintor alemán. Expuso en 1912 con el grupo Der Blaue Reiter y fue miembro de la Bauhaus de 1921 a 1930. Creó un mundo de fantasía con rasgos abstractos y surrealistas. Dejó un *Diario* y varios escritos teóricos. Centro Paul Klee en Berna.

KLEENE (Stephen Cole), *Hartford, Connecticut, 1909-Madison 1994*, lógico estadounidense. Contribuyó a desarrollar la teoría de las funciones recursivas y la teoría de los autómatas.

■ PAUL **KLEE**. *Sin título* (1939). [Centro Paul Klee, Berna.]

KLEIBER (Erich), *Viena 1890-Zurich 1956*, director de orquesta austriaco nacionalizado argentino. Dirigió en la ópera de Berlín numerosas obras contemporáneas (*Woyzeck*, A. Berg, 1925). Se opuso al régimen nazi y abandonó Alemania en 1934 para instalarse en Argentina. — **Carlos K.**, *Berlín 1930-Konjsica, Eslovenia, 2004*, director de orquesta argentino y austriaco de origen alemán. Hijo de Erich, destacó en el repertorio lírico romántico.

KLEIN (Felix), *Düsseldorf 1849-Gotinga 1925*, matemático alemán. Terminó con la división entre geometría pura y geometría analítica cuando presentó, en 1872, el «programa de Erlangen», clasificación de la geometría fundada en la noción de grupo de transformaciones.

KLEIN (Lawrence Robert), *Omaha 1920*, economista estadounidense. Ha contribuido a la construcción de modelos econométricos y los ha aplicado al análisis de las fluctuaciones y de las políticas económicas. (Premio Nobel 1980.)

KLEIN (Melanie), *Viena 1882-Londres 1960*, psicoanalista británica de origen austriaco. Pionera del psicoanálisis infantil, supuso un «yo» innato mucho más elaborado que el concebido por Freud y afirmó que el complejo de Edipo se establece antes de lo que aquel propuso (*El psicoanálisis de niños*, 1932).

KLEIN (William), *Nueva York 1928*, fotógrafo y director de cine estadounidense. Por la rapidez de creación, la lectura múltiple de la imagen y la utilización del flou, es un renovador del lenguaje fotográfico.

■ WILLIAM **KLEIN**. *La pandilla del columpio del Bronx*. (Col. part.)

KLEIN (Yves), *Niza 1928-París 1962*, pintor francés. Fue pionero de un arte experimental con sus «monocromos» (azules, rosas o dorados), «pinturas de fuego», «antropometrías» (huellas de cuerpos desnudos embadurnados de pintura) y «relieves planetarios».

KLEIST (Heinrich von), *Frankfurt del Oder 1777-Wannsee 1811*, escritor alemán. Autor de comedias (*El jarrón roto*, 1808), tragedias (*Pentesilea*, 1808), dramas históricos (*El príncipe de Homburg*, 1810) y novelas (*La marquesa de O*, 1810), no logró el reconocimiento. Se suicidó con su amante, Henriette Vogel.

KLEMPERER (Otto), *Breslau 1885-Zurich 1973*, director de orquesta de origen alemán nacionalizado israelí, especialista del repertorio austroalemán, de J. Haydn a G. Mahler.

KLENZE (Leo von), *cerca de Hildesheim 1784-Munich 1864*, arquitecto alemán. Trabajó fundamentalmente en Munich, donde construyó, en estilo neogriego, la Gliptoteca (h. 1816-1830) y los Propileos.

KLERK (Krederik Willem De) → DE KLERK.

KLESTIL (Thomas), *Viena 1932-íd. 2004*, diplomático y político austriaco. Fue presidente de la república entre 1992 y 2004.

KLIMT (Gustav), *Baumgarten, act. en Viena, 1862-Viena 1918*, pintor austriaco. Creador de un arte personal que asocia realismo y preciosismo ornamental al servicio de temas eróticosimbolistas (*Friso de Beethoven*, 1902; *Adele Bloch-Bauer*, 1907), constituye una figura clave del modernismo vienés (*Sezession Stil*).

KLINGER (Friedrich Maximilian **von**), *Frankfurt del Main 1752-Dorpat 1831*, escritor alemán. El movimiento literario *Sturm und Drang* debe su nombre a una de sus dramas.

KLITZING (Klaus **von**), *Schroda, act. Sroda Wielkopolska, 1943*, físico alemán. Es el descubridor del bacilo de la cuántica del efecto Hall, que proporciona una unidad de referencia de resistencia eléctrica que permite definir una nueva constante (constante de estructura fina), utilizada en metrología de precisión. (Premio Nobel 1985.)

KLONDIKE, r. de Canadá, afl. del Yukón (or. der.); 150 km. Yacimientos de oro descubiertos en 1896, actualmente agotados.

KLOPSTOCK (Friedrich Gottlieb), *Quedlinburg 1724-Hamburgo 1803*, escritor alemán. Autor de poemas épicos (*La Mesíada*, 1748-1773) y de piezas teatrales (*La batalla de Hermann*, 1769), fue artífice de la vuelta a las fuentes nacionales.

KLOSTERNEUBURG, c. de Austria, en el área suburbana de Viena; 24 591 hab. Viñedos. — Famoso monasterio de construcción gótica y renacentista (decoraciones barrocas; obras de arte, entre las que destaca un retablo esmaltado del orfebre Nicolás de Verdún [1181]). Colección Essl (arte contemporáneo, sobre todo austriaco).

KLOTEN, c. de Suiza, en el cantón de Zurich; 16 148 hab. Aeropuerto de Zurich.

KLUCK (Alexander von), *Münster 1846-Berlín 1934*, militar alemán. Al mando del I ejército alemán, fue derrotado frente a París y a orillas del Marne en 1914.

KLUGE (Hans Günther von), *Posen, act. Poznan, 1882-cerca de Metz 1944*, militar alemán. Estuvo al mando de un ejército en Francia (1940) y de un grupo de ejércitos en Rusia, y sucedió a Rundstedt en Normandia (1944). Tras su fracaso en Mortain, se suicidó.

KNIASEFF (Boris), *San Petersburgo 1900-París 1975*, bailarín y coreógrafo de origen ruso. Su método de la barra en el suelo y sus cursos fueron fundamentales para el perfeccionamiento artístico de muchas estrellas de la danza.

KNOROZOV (Yuri), *Jarkov 1922-Moscú 1999*, epigrafista ruso. Contribuyó al desciframiento de la escritura maya, al apoyarse en la hipótesis de un doble valor (ideográfico, pero también silábico) de los glifos (*La escritura de los antiguos mayas*, 1955).

KNOX (John), *¿cerca de Haddington?, Escocia, h. 1514-Edimburgo 1572*, reformador protestante. Participó en el establecimiento de la Reforma en Inglaterra antes del advenimiento de María Tudor y fue uno de los fundadores de la iglesia presbiteriana en Escocia.

Knox (Fort), campo militar de Estados Unidos (Kentucky), al SO de Louisville. En él se encuentran las reservas de oro del país.

KNOXVILLE, c. de Estados Unidos (Tennessee); 165 121 hab.

KNUD, nombre danés de Canuto.

KNUT, nombre sueco de Canuto.

KŌBE, c. de Japón (Honshū); 1 477 410 hab. Puerto. Centro industrial. Sismo en 1995.

KOCH (Robert), *Clausthal, Hannover, 1843-Baden-Baden 1910*, médico y microbiólogo alemán. En 1882 descubrió el bacilo de la tuberculosis, que lleva su nombre, y más tarde el del cólera. Preparó la primera tuberculina. (Premio Nobel 1905.) *[V. ilustr. pág. siguiente.]*

KOCHANOWSKI (Jan), *Sycyna 1530-Lublin 1584*, poeta polaco. Inspiradas en Petrarca, sus elegías por la muerte de su hija (*Trenos*, 1580) inauguran la poesía lírica en Polonia.

■ GUSTAV **KLIMT**. *El beso* (1907-1908). [Galería austriaca, Viena.]

KOCHER (Emil Theodor), *Berna 1841-íd. 1917*, cirujano suizo. Estudió la fisiología de la glándula tiroides e impulsó el tratamiento quirúrgico del bocio. (Premio Nobel 1909.)

KŌCHI, c. de Japón (Shikoku); 321 999 hab.

KODÁLY (Zoltán), *Kecskemét 1882-Budapest 1967*, compositor y folclorista húngaro. Es autor de obras sinfónicas y corales (*Psalmus hungaricus*, 1923) y de música de cámara, así como de un método de enseñanza musical basado en la práctica del canto popular.

KOESTLER (Arthur), *Budapest 1905-Londres 1983*, escritor húngaro en lengua inglesa nacionalizado británico. Sus novelas describen al individuo enfrentado a los sistemas políticos o científicos modernos (*El cero y el infinito*, 1940).

KOETSU (Honami Koetsu, llamado), *región de Kyōto 1558-1637*, pintor, calígrafo y decorador japonés. Excelente calígrafo, se inspiró en el período Heian y realizó con Sōtatsu obras de una perfecta armonía.

KOFFKA (Kurt), *Berlín 1886-Northampton, Gran Bretaña, 1941*, psicólogo estadounidense de origen alemán. Es uno de los fundadores de la teoría de la forma (*Gestalttheorie*).

KŌFU, c. de Japón (Honshū), al O de Tōkyō; 200 626 hab.

KOHL (Helmut), *Ludwigshafen 1930*, político alemán. Presidente de la CDU (1973-1998), fue canciller de la RFA de 1982 a 1998. Desempeñó un papel fundamental en la reunificación de los dos estados alemanes (1990).

■ ROBERT **KOCH**   ■ HELMUT **KOHL**

KÖHLER (Wolfgang), *Reval, act. Tallinn, 1887-Enfield, New Hampshire, 1967*, psicólogo estadounidense de origen alemán. Fundó la teoría de la forma (*Gestalt*) con Koffka y Wertheimer.

KOHLRAUSCH (Rudolf), *Gotinga 1809-Erlangen 1858*, físico alemán. Definió la resistividad de los conductores eléctricos (1848).

KOHOUT (Pável), *Praga 1928*, escritor checo. Sus poemas, novelas y dramas (*Las noches de setiembre*, 1955) evocan los avatares de su país.

KOIVISTO (Mauno), *Turku 1923*, político finlandés. Socialdemócrata, primer ministro (1968-1970; 1979-1982), fue presidente de la república de 1982 a 1994.

KOIZUMI JUNICHIRO, *Yokosuka 1942*, político japonés. Lideró el Partido liberal-demócrata (PLD) y fue primer ministro de 2001 a 2006.

KOK (Wim), *Bergambacht, Holanda Meridional, 1938*, político neerlandés. Líder del Partido del trabajo (1986-2001), fue primer ministro de 1994 a 2002.

KOKAND, c. de Uzbekistán; 175 000 hab.

KOKOSCHKA (Oskar), *Pöchlarn, Baja Austria, 1886-Montreal 1980*, pintor y escritor austriaco. Artista de un expresionismo atormentado en sus figuras (*La novia del viento*, 1914, museo de Basilea), enfatizó el lirismo del color en sus panoramas urbanos y paisajes.

KOLA (península de), península de Rusia, en el N de Carelia; c. pral. *Múrmansk*. Hierro, níquel; fosfatos.— Bases aérea y submarina.

KOLAIOS de Samos, navegante de Samos que, según Heródoto, llegó a Tartessos arrastrado por un temporal. Lo recibió Argantonio, quien inició relaciones comerciales con Samos.

KOLĀR GOLD FIELDS, c. de la India (Karnātaka); 156 398 hab. Minas de oro.

KOLCHAK (Alexandr Vasílievich), *San Petersburgo 1874-Irkustk 1920*, almirante ruso. Antibolchevique, organizó un gobierno ruso en Omsk (fines 1918). Fue derrotado por el Ejército rojo y fusilado.

KOLHĀPUR, c. de la India (Mahārāshtra); 417 286 hab.

KOLIMÁ, r. de Rusia, en Siberia, que desemboca en el océano Ártico; 2 129 km.

KOLKATA → **CALCUTA**.

KOLLÁR (Ján), *Mosovce 1793-Viena 1852*, poeta eslovaco en lengua checa, defensor del paneslavismo (*La muchacha de Slava*, 1824).

KOLMOGÓROV (Andréi Nikoláievich), *Tambov 1903-Moscú 1987*, matemático soviético. Estableció las bases axiomáticas del cálculo de probabilidades (1933).

KOLOMNA, c. de Rusia, en la confluencia del Oká y el Moskvá; 163 500 hab.

KOLWEZI, c. de la Rep. dem. del Congo, en Katanga; 201 000 hab. act. centro minero.

KOMI (República de), república de Rusia, que se extiende por los Urales septentrionales; 1 228 000 hab.; cap. *Siktivkar*. Comprende menos de un 25 % de komis de origen.

Kominform (acrónimo ruso de *Oficina de información de los partidos comunistas y obreros*), organización que, de 1947 a 1956, agrupó a los partidos comunistas de los países de Europa del Este, Francia e Italia.

Komintern (acrónimo ruso de *Internacional comunista*), nombre ruso de la III *Internacional (1919-1943).

KOMMUNARSK → **PEREVALSK**.

KOMSOMOLSK DEL AMUR, c. de Rusia, en Siberia, a orillas del Amur; 319 000 hab.

KONDRÁTIEV (Nikolái Dmitrievitch), *1892-¿1931?*, economista ruso. Demostró la importancia de los ciclos de duración prolongada (*ciclos Kondrátiev*).

KONGO o **CONGO** (reino del), ant. reino africano, en los confines del Bajo Congo y de Angola. Fundado en el s. XIV, ya era próspero a la llegada de los portugueses (1484). Sus reyes se convirtieron al cristianismo y se aliaron a los portugueses. Tras un período de decadencia hacia 1568 (invasión de los jaga), se recuperó efímeramente a mediados del s. XVII.

KÓNIEV (Iván Stepánovich), *Lodeino 1897-Moscú 1973*, militar soviético. Se distinguió en la defensa de Moscú (1941) y liberó Praga (1945). Fue comandante de las fuerzas del pacto de Varsovia (1955-1960).

KÖNIGSBERG, nombre alem. de Kaliningrad.

KÖNIGSMARCK o **KÖNIGSMARK** (Aurora, condesa von), *Stade, Baja Sajonia, 1662-Quedlimburg 1728*, favorita de Augusto II de Polonia. Tuvo con él a Mauricio de Sajonia.

KONITZ (Lee), *Chicago 1927*, saxofonista de jazz estadounidense. Es el creador de un estilo basado en las improvisaciones y en la original sonoridad que extrae de su saxo alto.

KONSTANTÍNOVKA → **KOSTIANTYNIV-KA**.

KONYA, c. de Turquía, al N del Taurus; 513 346 hab. Monumentos del s. XIII y tumba del fundador de los derviches giróvagos. Museos. — Ant. cap. del sultanato selyúcida de Rūm.

KOOLHAAS (Rem), *Rotterdam 1944*, arquitecto neerlandés. En el seno del colectivo OMA (Office for Metropolitan Architecture), ha concebido soluciones novedosas para la vivienda (Países Bajos, Francia, Japón) y ha estado asociado a proyectos urbanísticos de envergadura (centro Euralille, en Lille, 1991-1995). [Premio Pritzker 2000.]

KOONING (Willem De) → **DE KOONING**.

KOOPMANS (Tjalling), *'s-Graveland, Holanda Septentrional, 1910-New Haven 1985*, economista estadounidense de origen neerlandés. Con L. Kantorovich, contribuyó a la teoría de la asignación óptima de los recursos y fue uno de los impulsores de la programación lineal aplicada a la economía. (Premio Nobel 1975.)

KÖPPEN (Wladimir), *San Petersburgo 1846-Graz 1940*, climatólogo alemán de origen ruso. Elaboró varias clasificaciones de los climas y publicó, con su yerno A. Wegener, un tratado de paleoclimatología.

KÖPRÜLÜ, familia de origen albanés, cinco de cuyos miembros fueron, de 1656 a 1710, grandes visires del Imperio otomano.

KORÇË o **KORÇA**, c. de Albania; 63 600 hab.

KORČULA, en ital. **Curzola**, isla croata del Adriático. Monumentos medievales y renacentistas.

KORCZAK (Henryk Goldszmit, llamado Janusz), *Varsovia 1878 o 1879-Treblinka 1942*, pedagogo polaco. Médico fundador de un orfanato en el barrio judío de Varsovia, desarrolló una pedagogía de la responsabilidad (*Cómo hay que amar a un niño*, 1918). Murió en el campo de concentración de Treblinka.

KORDA (Sándor, después *sir* Alexander), *Pusztaturpaszto, cerca de Túrkeve, 1893-Londres 1956*, director y productor de cine británico de origen húngaro. Dirigió films históricos (*La vida privada de Enrique VIII*, 1933).

KORDOFÁN, región de Sudán, al O del Nilo Blanco; c. pral. *El Obeid*.

KORHOGO, c. de Costa de Marfil; 109 000 hab.

KŌRIN, *Kyōto 1658-íd. 1716*, pintor, calígrafo y laqueador japonés. Creó grandes composiciones y decoraciones para su hermano Kenzan. Sus lacas representan el apogeo del estilo decorativo de la época de los Tokugawa.

KŌRIYAMA, c. de Japón (Honshū); 314 642 habitantes.

KORN (Alejandro), *San Vicente 1860-1936*, filósofo argentino, interesado en el problema de la libertad (*La libertad creadora*, 1922).

KORNAI (János), *Budapest 1928*, economista húngaro. Investigó los sistemas socialistas, los métodos de planificación matemática y la noción de desequilibrio económico.

KORNÍLOV (Lavr Guéorguievich), *Ust-Kamenogorsk 1870-Ekaterinodar 1918*, militar ruso. Nombrado generalísimo por Kerenski (1917), rompió con él y murió en la lucha contra los bolcheviques.

KOROLENKO (Vladímir Galaktiónovich), *Zhitomir 1853-Poltava 1921*, escritor ruso. Es autor de relatos y de una autobiografía, *Historia de un contemporáneo mío* (1906-1922).

KOROLEV (Serguéi Páulovich), *Zhitomir 1906-Moscú 1966*, ingeniero soviético, constructor de lanzaderas espaciales soviéticas.

KORSI (Demetrio), *Panamá 1899-íd. 1957*, poeta panameño. Inició la poesía «negra» en su país: *El viento de la montaña* (1926), *Cumbia* (1936). Fue cónsul en EUA y Jamaica.

KORTRIJK → **COURTRAI**.

KOŚCIUSZKO (monte), punto culminante de Australia; 2 228 m. (Patrimonio de la humanidad 1977.)

KOŚCIUSZKO (Tadeusz), *Mereczowszczyzna, Lituania, 1746-Solothurn, Suiza, 1817*, patriota polaco. Participó en la guerra de la Independencia norteamericana y en 1794 dirigió la insurrección polaca contra los rusos, quienes lo hicieron prisionero (1794-1796).

KOŠICE, c. del E de Eslovaquia; 234 840 hab. Siderurgia. — Catedral (ss. XIV-XV); museos.

KOSICE (Gyula), *Košice 1924*, artista y teórico checo nacionalizado argentino. Es uno de los precursores del arte cinético y lumínico.

KOSIGUIN (Alexéi Nikoláievich), *San Petersburgo 1904-Moscú 1980*, político soviético. Presidente del consejo de ministros (1964-1980), intentó reformar la economía.

KOSOVO, en albanés **Kosovë**, estado de la Europa balcánica; 10 908 km²; 2 126 708 hab. (*kosovares*). CAP. *Priština*. LENGUAS: *albanés* y *serbio*. MONEDA: euro. (V. mapa de **Serbia**.)

GEOGRAFÍA

Su territorio comprende los valles de Kosovo en sentido estricto y de Metohija, así como sus bordes montañosos, que sobrepasan en algún caso los 2 500 m. La población, de origen albanés en un 85 %, es mayoritariamente musulmana. Kosovo dispone de recursos limitados y, con dificultades económicas acrecentadas por los sucesos de 1999, depende en gran medida de la ayuda internacional.

HISTORIA

Fines del s. XII: la región pasó a formar parte de Serbia. **1389-1912**: permaneció bajo dominio otomano. Fue poblada mayoritariamente por turcos y albaneses convertidos al islam. **1912-1913**: fue reconquistada por Serbia, en la que se integró. **1945-1946**: Kosovo fue dotado de un estatuto de provincia autónoma. **1990**: enfrentado al auge del nacionalismo serbio y a la reducción, en 1989, de su autonomía, se proclamó República de Kosovo y militó a favor de su independencia. Este separatismo (defendido, sobre todo, por el Ejército de liberación de Kosovo, el UCK) fue combatido por el poder central serbio. **1998:** este acentuó su presión, al poner en práctica una política de limpieza étnica contra la población albanesa de la provincia. **1999:** tras el fracaso de las negociaciones dirigidas a solucionar por la vía política el conflicto, la OTAN intervino militarmente (ataques aéreos) en Yugoslavia (marzo-junio). Los kosovares, bajo la amenaza serbia, huyeron en masa a Albania, Macedonia y Montenegro. Al término de un acuerdo ratificado por la ONU, el ejército serbio tuvo que retirarse de Kosovo y una fuerza internacional para el mantenimiento de la paz (KFOR) se desplegó en la provincia, situada provisionalmente bajo administración civil internacional. **2001 y 2004:** las elecciones legislativas consagraron la victoria de la Liga democrática de Kosovo (LDK) del dirigente albanés moderado Ibrahim Rugova (elegido presidente de Kosovo en 2002 y reelegido en 2004). **2006:** este líder carismático murió en el momento en que se iniciaron las conversaciones con Serbia sobre el estatuto final de la provincia. **2008:** tras el fracaso de las mismas, la independencia de Kosovo, bajo supervisión internacional —preparada por los nuevos dirigentes del país, Fatmir Sejdiu (LDK, presidente de Kosovo desde 2006) y Hashim Thaçi (antiguo jefe del UCK y líder del Partido democrático de Kosovo |PDK| vencedor de las elecciones legislativas de nov. 2007, primer ministro desde 2008)— fue proclamada unilateralmente el 17 febr. Rechazada por Serbia, esta independencia fue reconocida por numerosos estados de la Unión europea y por otros países, entre ellos Estados Unidos.

Kosovo (batalla de) [15 junio 1389], victoria obtenida por los otomanos al mando de Mural I sobre los serbios en la llanura de Kosovo. Puso fin a la independencia de Serbia.

KOSSEL (Albrecht), *Rostock 1853-Heidelberg 1927*, bioquímico alemán. Investigó los derivados de los ácidos nucleicos y la formación de la urea. (Premio Nobel de medicina 1910.)

Walther K., *Berlín 1888-Kassel 1956*, químico alemán. Hijo de Albrecht, creó la teoría de la electrovalencia y estudió con rayos X y γ la estructura de los cristales.

Kossou, complejo hidroeléctrico de Costa de Marfil, sobre el río Bandama.

KOSSUTH (Lajos), *Monok 1802-Turín 1894*, político húngaro. Presidente del Comité de defensa nacional en la revolución de 1848, proclamó la deposición de los Habsburgo (1849) y la independencia de Hungría. Derrotado por los rusos, se exilió (1849).

KOSTENKI, sitio arqueológico de Rusia, cerca de Voronej, que alberga un grupo de yacimientos del paleolítico superior (hogares, utensilios de hueso, estatuillas) datados entre 24000 y 21000 a.C. aprox.

KOSTIANTYNIVKA, ant. **Konstantínovka,** c. de Ucrania, en el Donbass; 108 000 hab. Metalurgia.

KOSTROMÁ, c. de Rusia, a orillas del Volga; 282 000 hab. Monasterio de San Hipacio y catedral de la Trinidad (s. XVII); museo.

KOŠTUNICA (Vojislav), *Belgrado 1944*, político serbio. Líder de la Oposición democrática de Serbia, fue elegido en 2000 presidente de la República federal de Yugoslavia. Su mandato aca-

LAJOS KOSSUTH, por J. Tyroler.

SOFÍA KOVALIÉVSKAIA

bó en 2003, poco después de convertirse en la federación en el estado de Serbia y Montenegro. Después fue primer ministro de Serbia (2004-2008).

KOSZALIN, c. de Polonia, cap. de voivodato; 109 800 hab.

KOTA, c. de la India (Rājasthān); 536 444 hab. Centro comercial e industrial.

KOTA BAHARU, c. del N de Malaysia; 171 000 hab.

KOTA KINABALU, ant. **Jesselton,** c. de Malaysia, cap. de Sabah; 56 000 hab.

KOTKA, c. de Finlandia, junto al golfo de Finlandia; 56 515 hab. Puerto.

KOTOR, en ital. **Cattaro,** c. de Montenegro, a orillas del Adriático, junto al golfo llamado *bocas de Kotor;* 6 000 hab. Puerto. — Fortificaciones de las épocas bizantina y veneciana; catedral en parte románica (tesoro). [Patrimonio de la humanidad 1979.]

KOTZEBUE (August von), *Weimar 1761-Mannheim 1819*, escritor alemán, autor de dramas y de comedias de intriga. — **Otto von K.,** *Tallinn 1788-íd. 1846*, navegante ruso de origen alemán. Hijo de August, exploró el mar de Bering y el O de Alaska (1815-1818).

KOUROU, c. de la Guayana Francesa; 19 191 hab. Base de lanzamiento de cohetes.

KOUROUMA (Ahmadou), *Togobala, cerca de Boundiali, 1927-Lyon, Francia, 2003,* escritor marfileño. Sus novelas (*Los soles de las independencias,* 1968: *Esperando el voto de las bestias salvajes,* 1998; *Alá no está obligado* 2000) evocan la etapa abierta con la descolonización.

KOVALIÉVSKAIA (Sofia o Sonia Vasilievna), *Moscú 1850-Estocolmo 1891,* matemática rusa. Analista alumna de Weierstrass, estudió por vez primera la rotación de un cuerpo asimétrico sobre un punto fijo. Fue la primera mujer que obtuvo un doctorado en matemáticas (1874).

KOVROV, c. de Rusia, al NE de Moscú; 162 000 habitantes.

KOWLOON, c. de China, en la *península de Kowloon,* frente a la isla de Hong Kong.

KOZHIKODE → CALICUT.

KRA, istmo de Tailandia, que une la península de Malaca con el continente.

KRAEPELIN (Emil), *Neustrelitz 1856-Munich 1926,* psiquiatra alemán, autor de trabajos sobre la esquizofrenia y la psicosis maníaco-depresiva.

KRAFFT-EBING (Richard von), *Mannheim 1840-Graz 1902,* psiquiatra alemán. Publicó importantes trabajos sobre las perversiones sexuales y la criminología.

KRAGUJEVAC, c. de Serbia; 147 305 hab. Automóviles.

KRAHN (Fernando), *Santiago 1935,* dibujante de humor chileno. También ilustrador y autor de libros infantiles, instalado en 1973 en España, desde 1980 dibuja en *La vanguardia.*

KRAJINA, nombre de dos regiones, una de Croacia y otra de Bosnia-Herzegovina. Pobladas mayoritariamente por serbios, establecidas por Austria para protegerse de los turcos. En Croacia, los serbios se rebelaron y proclamaron una *República serbia de Krajina* en 1991, recuperada por el ejército croata en 1995.

KRAKATOA o KRAKATAU, isla de Indonesia, parcialmente destruida en 1883 a causa de la explosión de su volcán, el Perbuatan.

KRAMATORSK, c. de Ucrania, en el Donbass; 201 000 hab.

KRAS → KARST.

KRASICKI (Ignacy), *Dubiecko 1735-Berlín 1801,* prelado y escritor polaco. Destacado ilustrado, es autor de poemas cómico-heroicos, de novelas (*Aventuras de Doswiadczynsó,* 1776) y de *Sátiras* (1778-1784).

KRASIŃSKI (Zygmunt, conde), *París 1812-íd. 1859,* poeta polaco, autor de dramas de inspiración patriótica.

KRASNODAR, ant. **Ekaterinodar** o **Yekaterinodar,** c. de Rusia, al N del Cáucaso; 640 646 hab. Centro industrial. Ciudad científica.

KRASNOIARSK, c. de Rusia, a orillas del Yeniséi; 924 000 hab. Central hidroeléctrica. Metalurgia. Aluminio. Refinería de petróleo.

KRAUS (Alfredo), *Las Palmas de Gran Canaria 1927-Madrid 1999,* tenor español. Debutó en El Cairo (1956) con *Rigoletto.* Seleccionó su

repertorio (ópera romántica italiana, francesa y Mozart) en función de la adecuación de su voz.

KRAUS (Karl), *Gitschin 1874-Viena 1936,* escritor austriaco. Sus aforismos y su tragedia *Los últimos días de la humanidad* (1919) conforman una sátira implacable de la sociedad austriaca.

KREBS (sir Hans Adolf), *Hildesheim 1900-Oxford 1981,* bioquímico británico de origen alemán. Autor de trabajos fundamentales sobre el metabolismo de los glúcidos en el organismo, describió un conjunto de fenómenos de oxidación y de reducción *(ciclo de Krebs).* [Premio Nobel de medicina 1953.]

KREFELD, c. de Alemania (Rin del Norte-Westfalia), junto al Rin; 249 565 hab. Centro textil. Metalurgia.

KREISKY (Bruno), *Viena 1911-íd. 1990,* político austriaco. Presidente del Partido socialista (1967-1983), fue canciller de la república (1970-1983).

KREISLER (Fritz), *Viena 1875-Nueva York 1962,* violinista austriaco nacionalizado estadounidense. Destacado intérprete, especialmente de repertorio romántico, compuso famosos pastiches de compositores de los ss. XVII y XVIII.

KREMENCHUK, ant. **Kremenchug,** c. de Ucrania, a orillas del Dniéper; 241 000 hab. Puerto fluvial. Central hidroeléctrica.

Kremlin, ant. fortaleza y barrio central de Moscú, sobre la orilla izquierda del Moskvá. Ant. residencia de los zares, el Kremlin ha sido la sede del gobierno soviético (1918-1991), y después del gobierno ruso (desde 1991). Numerosos monumentos, sobre todo de los fines del s. XV e inicios del s. XVI, obra de arquitectos italianos. (Patrimonio de la humanidad 1990.)

■ EL **KREMLIM** de Moscú.

KRETSCHMER (Ernst), *Wustenrot, Baden-Wurttemberg, 1888-Tubinga 1964,* psiquiatra alemán. Basándose en analogías entre tipos morfológicos y trastornos psíquicos, elaboró un sistema completo de caracterología.

KREUTZBERG (Harald), *Reichenberg, act. Liberec, República Checa, 1902-Gumlingen, cerca de Berna, 1968,* bailarín, coreógrafo y mimo alemán, eximio representante de la escuela expresionista y de la danza moderna alemanas.

KRILOV (Iván Andréievich), *Moscú 1769-San Petersburgo 1844,* escritor ruso, autor de fábulas.

KRISHNÁ o KISTNÁ, r. de la India, en el Decán, que desemboca en el golfo de Bengala; 1 280 km.

KRISNA, divinidad del panteón hindú, una de las manifestaciones de Visnú.

KRISTIANSAND, c. del S de Noruega; 66 398 hab. Puerto. — Urbanismo del s. XVII; museo.

KRISTIANSTAD, c. de Suecia; 71 750 hab. Iglesia del s. XVII; museo.

KRIVÓI ROG → KRYVVI RIH.

KRK, isla croata del Adriático. Catedral románica y gótica.

KRLEŽA (Miroslav), *Zagreb 1893-íd. 1981,* escritor yugoslavo en lengua croata, poeta, novelista (*El regreso de Filip Latinovicz,* 1932) y dramaturgo (*Los Glembajen,* 1929).

KROEBER (Alfred Louis), *Hoboken, Nueva Jersey, 1876-París 1960,* antropólogo estadounidense. Especialista en los amerindios del N del continente, principalmente en los de California, interpretó las sociedades a través del estudio de las relaciones individuales.

KROGH (August), *Grenå 1874-Copenhague 1949,* fisiólogo danés. Estudió los intercambios respiratorios y el papel de los vasos capilares en la circulación. (Premio Nobel 1920.)

KRONECKER (Leopold), *Liegnitz, act. Legnica, 1823-Berlín 1891,* matemático alemán. Uno de los principales algebristas del s. XIX, su aportación fue fundamental en la elaboración de la teoría de los cuerpos.

KRONPRINZ (Federico Guillermo, llamado **el**), *Potsdam 1882-Hechingen 1951*, príncipe de Prusia. Primogénito del emperador Guillermo II, abdicó junto con su padre a fines de 1918.

Kronshtadt o **Kronstadt**, base naval de Rusia, en la isla de Kotlin, en el golfo de Finlandia, al O de San Petersburgo. Fue escenario de motines en 1905 y 1917, y de una insurrección contra el gobierno soviético (febr.-marzo 1921).

KROPOTKIN (Piotr Alexéievich, príncipe), *Moscú 1842-Dimitrov 1921*, revolucionario ruso, teórico del anarquismo (*Palabras de un rebelde*, 1885; *La conquista del pan*, 1888; *Campos, fábricas y talleres*, 1898).

KROTO (sir Harold Walter), *Wisbech, Cambridgeshire, 1939*, químico británico. Ha descubierto, en colaboración con R. Smalley y Robert F. Curl Jr. (n. en 1933) una nueva estructura del carbono: los fulerenos. (Premio Nobel 1996.)

KRUGER (parque nacional), el mayor parque nacional de Sudáfrica (unos 20 000 km², prov. de Limpopo y de Mpumalanga).

KRÜGER (Fritz), *Spremberg 1889-Mendoza, Argentina 1974*, hispanista alemán. Director del Instituto de lingüística de Mendoza, estudió la frontera lingüística entre el catalán y el languedociano (1913) y el vocabulario pirenaico (1935-1938).

KRUGER (Paul), *prov. de El Cabo 1825-Clarens, Suiza, 1904*, político sudafricano. Fundador del Transvaal (1852), organizó la resistencia tras la anexión británica del país (1877). Proclamada la República del Transvaal (1881), fue elegido presidente en 1883, 1888, 1893 y 1898. Tras dirigir la guerra de los bóers contra Gran Bretaña (1899-1902), se retiró a Suiza.

KRUGERSDORP, c. de la República de Sudáfrica, en la zona suburbana de Johannesburgo; 103 000 hab. Centro minero.

KRUGMAN (Paul), *Long Island 1953*, economista estadounidense. Introdujo el gusto del consumidor por la innovación en los modelos del comercio y ha analizado las relaciones entre centro y periferia en la localización de la actividad económica. (Premio Príncipe de Asturias de ciencias sociales 2004; premio Nobel 2008.)

KRUMIRIA, región montañosa que ocupa el E de Argelia y NO de Túnez.

KRUPP (Alfred), *Essen 1812-íd.1887*, industrial alemán. Implantó un sistema industrial de producción de acero (1847), fabricó los primeros cañones pesados de acero e introdujo el procedimiento Bessemer en el continente (1862). — **Bertha K.**, *Essen 1886-íd. 1957*, nieta de Alfred. Su nombre designó los cañones pesados alemanes (*Grosse Bertha*) que en 1918, desde más de 100 km, dispararon sobre París. — **Gustav von Bohlen und Halbach**, después **Krupp von Bohlen und Halbach**, *La Haya 1870-Blühnbach, cerca de Salzburgo, 1950*, industrial alemán. Casado con B. Krupp, dirigió la empresa que aprovisionó al ejército alemán en las dos guerras mundiales.

KRUŠNÉ HORY → ERZGEBIRGE.

KRUTZEA → GALDÁCANO.

KRYVVI RIH, ant. **Krivói Rog**, c. de Ucrania, a orillas del Ingulets; 724 000 hab. Hierro. Siderurgia y metalurgia.

KSOUR (montes), macizo del Atlas sahariano (Argelia).

KUALA LUMPUR, cap. constitucional de Malaysia; 1410 000 hab.

KUALA TERENGGANU, c. de la costa E de Malaysia; 186 600 hab. Puerto.

KUBALA (Ladislao), *Budapest 1927-Barcelona 2002*, futbolista español de origen húngaro. Dotado de una técnica excepcional, fue internacional por Hungría, Checoslovaquia y España. Con el Barcelona ganó cuatro ligas, cinco copas, dos copas de ferias y una copa Latina.

KUBÁN, r. de Rusia, que desemboca en el mar de Azov; 906 km.

KUBELÍK (Rafael), *Býchory, cerca de Kolín, 1914-Lucerna 1996*, compositor y director de orquesta checo nacionalizado suizo. Empezó en 1934 una carrera internacional como director, en la que destacó con las obras de Dvořák, Mahler y Janáček.

KÜBİLÄY KAN, KUBLAI KAN o **QÜBİLÄY KAN**, *1214-1294*, emperador mongol (1260-1294), fundador de la dinastía de los Yuan de China. Nieto de Gengis Kan, estableció su capital en Pekín (1264) y concluyó la conquista de China (1279). Se mostró tolerante frente al budismo y el cristianismo, y favoreció la presencia de extranjeros, como Marco Polo.

KUBRICK (Stanley), *Nueva York 1928-Childwickbury, Gran Bretaña, 1999*, director de cine estadounidense. Su obra, mezcla de sátira, fantasía y horror, constituye una creación visionaria y pesimista, de un gran dominio formal: *Senderos de gloria* (1957), *Lolita* (1962); *Teléfono rojo, ¿volamos hacia Moscú?* (1963), *2001: una odisea del espacio* (1968), *La naranja mecánica* (1971), *Barry Lyndon* (1975), *La chaqueta metálica* (1987), *Eyes Wide Shut* (2000).

KUCHING, c. de Malaysia, cap. de Sarawak, en la isla de Borneo; 152 310 hab.

KUCHMA (Leonid), *Chaikin, región de Chernihiv, 1938*, político ucraniano. Antiguo miembro del Partido comunista de la URSS (1960-1991), fue primer ministro de Ucrania de 1992 a 1993 y presidente desde 1994 hasta 2005.

Kuchuk-Kainarzhi (tratado de) [julio 1774], tratado firmado en Kuchuk-Kainarzhi (act. en Bulgaria) entre los imperios ruso y otomano, que puso término a la guerra ruso-turca (1768-1774). Concedía a Rusia la llanura entre el Bug y el Dniéper, el paso de navegación en el mar Negro y los Estrechos y la protección de los cristianos ortodoxos del Imperio otomano.

KUFSTEIN, c. de Austria (Tirol); 13 000 hab. Turismo.— Monumentos antiguos.

KUHN (Rodolfo), *Buenos Aires 1934-México 1987*, director de cine argentino. Influido por la nouvelle vague francesa, fue uno de los renovadores del cine argentino de la década de 1960: *Los jóvenes viejos* (1962), *Pajarito Gómez* (1964), *La hora de María y el pájaro de fuego* (1975), *El señor Galíndez* (1983).

KUHN (Thomas), *Cincinnati 1922-Cambridge, Massachusetts, 1996*, filósofo estadounidense. Opuso a la «ciencia normal» la «ciencia extraordinaria», instrumento de revolución científica (*La estructura de las revoluciones científicas*, 1962).

KUÍBISHEV → SAMARA.

KUIPER (Gerard Pieter), *Harenkarspel 1905-México 1973*, astrónomo estadounidense de origen neerlandés, autor de numerosos descubrimientos acerca de los planetas.

Ku Klux Klan, sociedad secreta estadounidense, creada tras la guerra de Secesión (1867). De una xenofobia violenta, combate la integración de los negros en EUA.

KUKULCÁN → QUETZALCÓATL.

KULECHOV (Lev Vladimirovich), *Tambov 1899-Moscú 1970*, director de cine soviético. Fundó un colectivo pedagógico (*Laboratorio experimental*, 1920). Sus teorías sobre el papel creador del montaje influyeron en los directores de cine soviéticos. Realizó varias películas (*El rayo de la muerte*, 1925; *Por ley*, 1926).

KULIKOV (Víktor), *prov. de Orel 1921*, mariscal soviético. Fue comandante en jefe de las fuerzas del pacto de Varsovia (1977-1989).

Kulturkampf (voz alem. que significa *combate por la civilización*), lucha sostenida por Bismarck, de 1871 a 1878, contra los católicos alemanes, con el fin de debilitar al Partido del cen-

tro, acusado de favorecer el particularismo de los estados. Esta lucha tuvo su expresión fundamentalmente en algunas leyes (1873-1875) de inspiración anticlerical y josefinis-ta. Tras el advenimiento del papa León XIII (1878), Bismarck hizo derogar la mayoría de esas medidas tomadas contra la Iglesia católica (1880-1887).

KUMAMOTO, c. de Japón (Kyūshū); 579 306 habitantes.

KUMANOVO, c. de Macedonia, al NE de Skopje; 69 000 hab.

KUMARATUNGA (Chandrika) → **BANDARANAIKE.**

KUMASI, c. de Ghana; 489 000 hab. Ant. cap. de los ashanti.

KUMAUN o **KUMAON**, región del Himalaya indio.

KUMMER (Ernst Eduard), *Sorau, act. Zary, 1810-Berlín 1893*, matemático alemán. Extendió los conceptos de la aritmética al estudio de los números algebraicos. Verificó el teorema de Fermat para numerosos casos.

KUN (Béla), *Szilágycsen, Transilvania, 1886-en la URSS. 1938*, revolucionario húngaro. Socialdemócrata, instauró en Hungría la República de los consejos (1919), que no pudo hacer frente a la invasión rumana. Refugiado en la URSS y miembro activo del Komintern, fue ejecutado a consecuencia de las purgas estalinistas. En 1956 fue rehabilitado.

■ BÉLA **KUN**   ■ MILAN **KUNDERA**

KUNDERA (Milan), *Brno 1929*, escritor checo nacionalizado francés. Su obra narrativa (*La broma*, 1967; *La vida está en otra parte*, 1973; *La insoportable levedad del ser*, 1978; *La inmortalidad*, 1990; *La identidad*, 1998; *La ignorancia*, 2000) y teatral revela el mecanismo de alienaciones y exilios de la sociedad contemporánea. También es autor de ensayos críticos (*El arte de la novela*).

KUNDT (August), *Schwerin 1839-Israelsdorf, act. en Lübeck, 1894*, físico alemán. Inventó un dispositivo para el estudio de las ondas estacionarias debidas a las vibraciones de un fluido. Determinó la velocidad del sonido.

KÜNG (Hans), *Sursee, canton de Lucerna, 1928*, teólogo católico suizo. Profesor en la universidad de Tubinga, publicó numerosas obras, algunas de las cuales fueron censuradas por el episcopado alemán y por la Congregación romana para la doctrina de la fe.

KUNLUN, cordillera de China, entre el Tíbet y Xinjiang; 7 724 m.

KUNMING, c. de China, cap. de Yunnan; 1 580 000 hab. Numerosos monumentos antiguos. Museo.— Fue capital de diversos reinos, floreciente en el s. XIII.

KUNSAN, c. de Corea del Sur; 218 216 hab. Puerto.

Kunsthistorisches Museum, uno de los museos de arte más importantes de Europa, en Viena, constituido a partir de las colecciones de los Habsburgo (arqueología; objetos artísticos; pintura: los Bruegel, Durero, Giorgione, Tiziano, Velázquez, Rubens, etc.).

Kuomintang → Guomindang.

KUOPIO, c. de Finlandia; 81 593 hab. Museos, entre los que destaca el de la Iglesia ortodoxa.

KUPANG, c. de Indonesia, en la isla de Timor; 111 300 hab.

KUPKA (František, llamado Frank), *Opocno, Bohemia, 1871-Puteaux, Francia, 1957*, pintor y dibujante checo. Establecido en París desde 1896, hacia 1911 se convirtió en uno de los iniciadores del arte abstracto, simbólico, lírico y geométrico a un tiempo.

■ FRANK **KUPKA**. *Líneas animadas* (1921). [MNAM, París.]

KURA, r. del Cáucaso (Georgia y Azerbaiján), que desemboca en el mar Caspio; 1 510 km.

KURASHIKI, c. de Japón (Honshū); 414 693 hab. Siderurgia. — Museos.

KURDISTÁN, región de Asia repartida entre Turquía, Irán, Iraq y Siria, poblada en su mayoría por kurdos.

KURE, c. de Japón (Honshū); 216 723 hab. Puerto.

KURGÁN, c. de Rusia, en Siberia occidental; 356 000 hab.

KURILES (islas), archipiélago ruso, que se extiende desde Kamchatka hasta la isla de Hokkaidō. Pesca e industria conservera. — Desde su anexión a la URSS, en 1945, Japón reclama las islas meridionales.

KURNOOL, c. de la India (Āndhra Pradesh); 274 795 hab. En los alrededores, en Alampur, templos de los ss. VII-VIII.

KUROSAWA AKIRA, *Tōkyō 1910-íd. 1998,* director de cine japonés. Sus películas, de gran belleza plástica, expresan una visión humanista del mundo, tanto si abordan temas históricos como contemporáneos (*Rashōmon,* 1950; *Los siete samuráis,* 1954; *Dersu Uzala,* 1975; *Ran,* 1985; *Los sueños,* 1990; *Madadayo,* 1993)

■ **KUROSAWA AKIRA.**
Una escena de *Los siete samuráis* (1954).

KURO SHIO o **KURO-SIVO,** corriente marina cálida del océano Pacífico, que bordea la costa oriental de Japón.

KURSK, c. de Rusia, al S de Moscú; 424 000 hab. Importantes yacimientos de hierro. Central nuclear. — Catedral de San Sergio, s. XVII. — batalla (jul. julio 1943), derrota decisiva de la Wehrmacht frente a las tropas soviéticas.

KURTÁG (György), *Lugoj, Rumania, 1926,* compositor húngaro nacionalizado francés. Siguiendo principalmente la línea de Bartók y Webern, elabora un lenguaje personal, en particular en sus obras vocales (*Mensajes ardientes de la señorita R.V. Trussova,* suite de lieder, 1980).

KURTZ (Carmen de Rafael, llamada Carmen), *Barcelona 1911-íd. 1999,* novelista española, cultivadora de la literatura infantil (*Óscar en las islas,* 1977; *Veva,* 1980).

KURTZMAN (Harvey), *Nueva York 1924-Mount Vernon 1993,* dibujante y guionista estadounidense de cómics. Redactor jefe de la primera época de *Mad Magazine* (1952), fue uno de los impulsores del cómic satírico estadounidense.

KURUME, c. de Japón (Kyūshū); 228 347 hab.

KURYLOWICZ (Jerzy), *Stanislawow, act. Ivanofrankovsk, Ucrania, 1895-Cracovia 1978,* lingüista polaco, autor de numerosos trabajos sobre el indoeuropeo.

KUṢĀNA o **KUSHĀNA (Imperio),** imperio creado por el clan nómada de los Kuṣāna, originario de Asia central, en la región de Kabul y en la India (ss. HI d.C.).

KUSCH (Polykarp), *Blankenburgo, 1911-Dallas 1993,* físico estadounidense de origen alemán. Efectuó la fijación precisa del momento magnético del electrón, logro que ha abierto nuevos caminos en electrodinámica cuántica. (Premio Nobel 1955.)

KUSHIRO, c. de Japón (Hokkaidō); 205 639 hab. Puerto.

KUSTANÁI, c. del N de Kazajstán; 234 000 hab.

KUSTURICA (Emir), *Sarajevo 1954,* cineasta montenegrino y francés. Sorprende por la aguda ironía y los personajes extravagantes de sus frescos: *Papá está en viaje de negocios* (1985), *El tiempo de los gitanos* (1988, versión operística en 2007), *Underground* (1995), *Gato negro, gato blanco* (1998), *La vida es un milagro* (2004).

KUTAÍSI, c. de Georgia, a orillas del Rioni; 238 000 hab.

KUTNÁ HORA, c. de la República Checa, al E de Praga; 18 000 hab. Bellos barrios antiguos y monumentos (catedral gótica y restos de la antigua casa de la moneda).

Kutūbiyya (del ár. *Kutūbiyyun,* librero), principal mezquita de Marrakech, construida en el s. XII, con el minarete sobriamente decorado con ladrillos. Es una espléndida muestra del arte del islam en el N de África.

■ LA **KUTŪBIYYA** (s. XII) en Marrakech.

KUTÚZOV (Mijaíl Illariónovich Golenischev), príncipe de Smolensk, *San Petersburgo 1745-Bunzlau, Silesia, 1813,* militar ruso. Luchó con los turcos (1788-1791 y 1809-1811) y en Austerlitz (1805) y se enfrentó victoriosamente a Napoleón en Rusia (1812).

KUWAYT, estado de Asia, en el golfo Pérsico, 17 800 km²; 1 530 000 hab. (*kuwaytíes* o *kuwaitíes*). CAP. *Kuwayt* (1 375 000 hab. en la aglomeración). LENGUA: árabe. MONEDA: *dinar kuwaytí.* Importante producción de petróleo (parte del cual se refina en el lugar), del que el país posee grandes reservas. — Protectorado británico en 1914, Kuwayt accedió a la independencia en 1961. Dirigido desde 1977 por el emir Jābir al-

Kuwayt

● más de 100 000 hab.
● de 50 000 a 100 000 hab.
● menos de 50 000 hab.

━━ autopista
━━ carretera
✈ aeropuerto
🛢 pozo de petróleo
⚓ puerto petrolero
━━ oleoducto

100 200 m

Aḥmad al-Jābir al-Ṣabbāh, fue invadido por Iraq en ag. 1990 y liberado en febr. 1991 al término de la guerra del *Golfo. En 2006, a la muerte del emir, el parlamento recusó al príncipe heredero (por motivos de salud) y colocó en la jefatura del emirato a Ṣabbāh al-Aḥmad al-Jabir al-Ṣabbāh (que era primer ministro desde 2003).

KUZBASS, ant. **Kuznetsk,** cuenca hullera y metalúrgica de Rusia, en Siberia occidental.

KUZNETS (Simon), *Járkov 1901-Cambridge, Massachusetts, 1985,* economista estadounidense. Sus trabajos estadísticos permitieron profundizar en la teoría de los ciclos de duración prolongada y elaborar un mecanismo estadístico a partir de los datos obtenidos en el ámbito nacional. (Premio Nobel 1971.)

KVARNER, en ital. **Quarnaro,** golfo del Adriático (Croacia), al fondo del cual está Rijeka.

KWANGJU, c. de Corea del Sur; 1 145 000 hab.

KWANZA o **CUANZA,** r. de Angola; 1000 km. aprox.

KWAŚNIEWSKI (Aleksander), *Bialogard, región de Koszalin, 1954,* político polaco. Presidente del Partido socialdemócrata, fue presidente de la república 1995 a 2005.

KWAZULU-NATAL, prov. de la República de Sudáfrica; 8 549 000; cap. *Pietermaritzburg,* c. pral. *Durban.*

KYLIÁN (Jiří), *Praga 1947,* bailarín y coreógrafo checo. Solista del Stuttgart Ballet y director artístico del Nederlands Dans Theater (1975-1999), destaca por su neoclasicismo lírico y su aguda sensibilidad musical (*Sinfonietta,* 1978; *Arcimboldo 2000,* 2000).

KYŌKUTEI BAKIN → BAKIN.

KYONGJU, c. de Corea del Sur, al E de Taegu. Numerosos monumentos, como el observatorio (632) y el santuario budista de Syokkulam (751). — Ant. cap. del reino de Shilla (668-935). [Patrimonio de la humanidad 2000.]

KYOTO, c. de Japón (Honshu); 1 461 103 hab. Industrias aeronáuticas, eléctricas y químicas. Gran centro histórico (ant. capital) y turístico. — Muy numerosos monumentos y jardines de los ss. VIII al XIX; rico museo nacional. (Patrimonio de la humanidad 1994.)

■ **KYŌTO.** El Ginkaku-ji, o templo del pabellón de plata (1482).

Kyōto (protocolo de) [10 dic. 1997], protocolo adicional a la Convención sobre el cambio climático de la conferencia de *Río. Adoptado en el transcurso de una conferencia internacional celebrada en Kyoto, entró en vigor en 2005 tras ser ratificado por 141 estados, entre ellos 30 países industrializados (aunque fue rechazado por Estados Unidos). Fija, para los países industrializados, objetivos de reducción de sus emisiones de gases de efecto invernadero entre 2008 y 2012, en relación a las de 1990.

KYPRIANOÚ (Spýros), *Limassol 1932-Nicosia 2002,* político chipriota. Fue ministro de Asuntos exteriores (1960-1972), presidente de la Asamblea nacional (1976-1977) y presidente de la república de 1977 a 1988.

KYŪSHŪ, la más meridional de las cuatro grandes islas de Japón; 42 000 km²; 13 295 859 hab.; c. prales. *Kita Kyūshū* y *Fukuoka.*

KYZYLJAR ant. **Petropávlosk,** c. del N de Kazajstán; 248 300 hab.

KZIL-ORDÁ, c. de Kazajstán, a orillas del Sir Daria; 158 000 hab.

L

LABAN (Rudolf **von**), *Pozsony, act. Bratislava 1879-Weybridge, Gran Bretaña, 1958,* coreógrafo austriaco de origen húngaro. Precursor de la danza expresionista, inventó un sistema de notación, la *cinetografía* o *labanotación.*

LABÉ, c. de la República de Guinea, en el Futa Yallon; 65 000 hab.

LABÉ (Louise), apodada **la Belle Cordière,** *Lyon 1524-Parcieux-en-Dombes 1566,* poetisa francesa. Sus ardientes sonetos la convierten en una voz pura de la poesía femenina.

Laberinto, morada legendaria del Minotauro, en Creta, atribuida a Dédalo e identificada con el palacio de los reyes minoicos de Cnosos. Heródoto describió con este nombre el complejo funerario de Amenemes III, en Fayum.

laberinto de la soledad (El), ensayo de Octavio Paz (1950), indagación en las raíces de México y lo mexicano, a través de la mitología, la historia y el análisis de las expresiones, actitudes y tradiciones. Una *Posdata* (1970) completa y matiza las tesis del ensayo.

LABICHE (Eugène), *París 1815-íd. 1888,* dramaturgo francés. Sus comedias costumbristas y vodeviles (*Un sombrero de paja de Italia,* 1851) aúnan la observación socarrona con una ternura bondadosa.

LABIENO (Tito), *100-Munda 45 a.C.,* militar romano. Principal lugarteniente de César en la Galia, después se alió con los pompeyanos.

LABNÁ, sitio arqueológico maya del centro de Yucatán (México), del s. VIII. Destacan un gran falso arco y el «Palacio», en estilo Puúc.

LABORDE (Alexandre Louis Joseph, conde de), *París 1773-íd. 1842,* político y escritor francés, autor de *Itinerario descriptivo de España* (1808) y *Viaje histórico y pintoresco por España* (1806-1826).

laborista (Partido) *[Labour Party],* partido socialista británico. Fundado en 1893, adoptó su nombre actual en 1906. Estuvo por primera vez en el poder en 1924. Sus principales líderes han sido: J. Ramsay MacDonald, C. Attlee, H. Gaitskell, H. Wilson, J. Callaghan, M. Foot, N. Kinnock, J. Smith, T. Blair y G. Brown.

LABOULAYE → PRESIDENTE ROQUE SÁENZ PEÑA.

LABOURD → LAPURDI.

LABRA (Rafael María de), *La Habana 1841-Madrid 1918,* político español. Fue presidente de la sociedad abolicionista española (1869) y contribuyó a la creación de la Institución libre de enseñanza.

LABRADOR, península de Canadá (prov. de Quebec y de Terranova y Labrador), entre el Atlántico, la bahía de Hudson y el golfo de San Lorenzo. Hierro. Instalaciones hidroeléctricas.

LABRADOR RUIZ (Enrique), *Sagua la Grande 1902-Miami 1991,* escritor cubano. Inspirado en lo irreal, publicó novelas (*El laberinto de sí mismo,* 1933) y cuentos (*Carne de quimera,* 1947) que él denominó «gaseiformes». En *La sangre hambrienta* (1950) se inclinó hacia el realismo.

LACALLE (Luis Alberto), *Montevideo 1941,* político uruguayo. Miembro del Partido blanco, fue presidente de la república (1990-1995).

LACAN (Jacques), *París 1901-íd. 1981,* médico y psicoanalista francés. Se pronunció en favor de un retorno a Freud y de abrir el psicoanálisis a la lingüística y la antropología estructu-

ral; para él, el inconsciente se interpreta como un lenguaje (*Escritos,* 1966; *El seminario,* escalonado entre 1951 y 1980).

LACANDÓN, volcán de Guatemala (Quezaltenango); 2 748 m.

LACANTÚN, r. de América Central (México y Guatemala), afl. del Usumacinta.

LÁCAR, dep. de Argentina (Neuquén), en los Andes patagónicos; 17 023 hab. Comprende el *lago Lácar.*

LACASA (Luis), *Ribadesella 1899-Moscú 1966,* arquitecto y urbanista español. Introductor del racionalismo en el urbanismo madrileño, realizó, con J. L. Sert, el pabellón español para la exposición internacional de París (1937).

LACEDEMONIA → ESPARTA.

LACIO, región de Italia central, junto al mar Tirreno; 17 203 km²; 5 031 230 hab.; cap. *Roma;* 5 prov. (*Frosinone, Latina, Rieti, Roma* y *Viterbo*).

LACLOS (Pierre **Choderlos de**), *Amiens 1741-Tarento 1803,* escritor francés. Es autor de *Las amistades peligrosas* (1782), obra maestra de la novela epistolar y la estrategia libertina.

LACONIA, ant. región de Grecia, en el SE del Peloponeso, cuyo centro era Esparta.

LACORDAIRE (Henri), *Recey-sur-Ource 1802-Sorèze 1861,* religioso y orador francés. Discípulo de Lamennais, no lo siguió en su ruptura con Roma (1832). Restableció (1839) y dirigió la orden dominica en Francia.

LACOSTE (René), *París 1904-San Juan de Luz 1996,* tenista francés. Vencedor en Wimbledon (1925, 1928), París (1925, 1927, 1929) y Forest Hills (1926, 1927), ganó la copa Davis en 1927 y 1928. — Es el inspirador de la marca de ropa que lleva su apellido.

LACTANCIO, *cerca de Cirta h. 260-Tréveris h. 325,* apologista cristiano en lengua latina. En sus *Instituciones divinas* hizo la primera exposición general de la religión cristiana.

LACY (Luis de), *Campo de Gibraltar 1775-Palma de Mallorca 1817,* militar español. Comandante del ejército francés, se ofreció a las autoridades españolas al entrar en el país, y fue capitán general de Cataluña (1811). Fue fusilado por los absolutistas.

LADĀKH, región de Cachemira; c. pral. *Leh.*

LADISLAO, nombre de varios reyes de Hungría, Bohemia y Polonia. — **Ladislao I Árpád,** *h. 1040-Nitra 1095,* rey de Hungría (1077-1095). Concluyó la cristianización de su reino, al que anexionó Croacia (1091). — **Ladislao I** (o **IV**) **Łokietek,** *1260-Cracovia 1333,* rey de Polonia (1320-1333). Recuperó la corona de Polonia confiscada en 1300 por Venceslao II, rey de Bohemia. — **Ladislao II** (o **V**) **Jagellón I,** *h. 1351-Gródek 1434,* gran duque de Lituania (1377-1401) y rey de Polonia (1386-

■ EL ARCO DE **LABNÁ**

■ PIERRE CHODERLOS DE **LACLOS.** (Museo de Picardía, Amiens.)

1434).Venció a los caballeros teutónicos en Grunwald (1410).

LADISLAO el Magnánimo, Nápoles 1377-íd. 1414, rey de Nápoles (1386-1414) y rey titular de Hungría (1403-1414). Hijo de Carlos III, defendió sus estados de Luis II, duque de Anjou

LADOGA (lago), lago del NO de Rusia; 17 700 km². El río Neva lo comunica con San Petersburgo y el golfo de Finlandia.

ladrón de bicicletas (El), película italiana de V. De Sica (1948). Por la sencillez del tema (un desempleado romano busca con su hijo la bicicleta que le han robado) y la precisión de la descripción de la sociedad, es una de las obras maestras del neorrealismo.

LADRÓN DE GUEVARA (María Fernanda), Madrid 1894-íd. 1974, actriz española. Formó compañía con su esposo, R. Rivelles. En su repertorio destacaron las obras de J. Benavente.

LADRONES (islas de los), ant. nombre de las islas *Marianas.

LAENNEC (René), *Quimper 1781-Kerlouanec, Finistère, 1826,* médico francés. Inventó el estetoscopio y divulgó el método de auscultación. Fue el fundador de la medicina anatomoclínica.

Lærdal, túnel de carretera de Noruega, entre Lærdal y Aurland (en Sognefjord), el más largo del mundo (24,5 km, abierto en 2000).

LAETHEM-SAINT-MARTIN → SINT-MARTENS-LATEM.

LAETOLI o **LAETOLIL,** sitio paleontológico del N de Tanzania, al S de Olduvai. En él se descubrieron en 1978 huellas de pisadas, dejadas por una familia de australopitecos en la toba volcánica, que hace 3,8 millones de años.

LAFARGUE (Paul), *Santiago de Cuba 1842-Draveil 1911,* político francés. Discípulo y yerno de Karl Marx, fundó, con Guesde, el Partido obrero francés (1882). En España (1871-1872) intervino en la pugna entre bakuninistas y marxistas de la AIT.

LAFAYETTE, c. de Estados Unidos, en el S de Luisiana; 94 440 hab. Principal centro francófono del país.

LAFERRÈRE (Gregorio de), *Buenos Aires 1867-íd. 1913,* comediógrafo argentino. Tras la comedia satírica o *femenina* (1904), adoptó una estética cercana a la crítica de costumbres y el naturalismo dramático (*Las de Barranco*, 1907).

LAFFAILLE (Héctor), *Montevideo 1883-Buenos Aires 1956,* jurisconsulto argentino. Catedrático de derecho civil, fue uno de los redactores del código civil de 1936 y autor de *Curso de derecho civil. Tratado de obligaciones* (1947).

LAFFÓN (Carmen), *Sevilla 1934,* pintora española, exponente del moderno realismo español. (Premio nacional de artes plásticas 1982.)

LAFORET (Carmen), *Barcelona 1921-Madrid 2004,* escritora española. Su novela *Nada* (1944), de crudo realismo y base autobiográfica, introdujo el realismo existencial en la novelística española. Póstumamente se publicó su novela *Al volver la esquina* (2004).

LAFORGUE (Jules), *Montevideo 1860-París 1887,* poeta francés. Poeta (*Las lamentaciones,* 1885) y autor de relatos, es uno de los creadores del verso libre. Su visión pesimista del mundo aúna humor y melancolía.

LAFOURCADE (Enrique), *Santiago 1927,* escritor chileno, autor de controvertidas novelas (*La fiesta del rey Acab,* 1959, sátira a la dictadura de Trujillo; *Invención a dos voces,* 1963; *En el fondo,* 1973; *El gran taimado,* 1984).

■ ENRIQUE LAFOURCADE   ■ RICARDO LAGOS

LAFUENTE (Modesto), *Rabanal de los Caballeros, Palencia, 1806-Madrid 1866,* historiador español, autor de *Historia general de España desde los tiempos primitivos hasta la muerte de Fernando VII* (30 vols., 1850-1859).

LAFUENTE FERRARI (Enrique), *Madrid 1898 Cercedilla 1985,* historiador del arte español, director del Tesoro artístico del Patrimonio nacional y del Museo nacional de arte moderno (*La pintura española del s. XVII,* 1935; *Velázquez, 1943; Los caprichos de Goya, 1978*).

LAGAR (Celso), *Ciudad Rodrigo 1891-Sevilla 1966,* pintor y escultor español, recreador de temas circenses influido por el período rosa de Picasso y el expresionismo de G. Rouault.

Lagardère (grupo), grupo empresarial mediático y de alta tecnología francés, constituido (1992) por la unión de los grupos *Hachette y Matra (compañía de investigación y construcción aeronáutica fundada en 1945). Un líder mundial en ambos sectores, tiene presencia en numerosos países y está muy diversificado.

LAGARTIJO (Rafael Molina, llamado), *Córdoba 1841-íd. 1900,* matador de toros español, activo de 1860 a 1893. Elegante con el estoque, mantuvo una famosa rivalidad con Frascuelo.

LAGARTOS (ria), parque natural de México, en la costa N de Yucatán; 58 824 ha. Manglares. (Reserva de la biosfera 2004.)

LAGASH, ant. ciudad estado de Mesopotamia, cerca de la confluencia del Tigris y el Éufrates (act. *Tell al-Hibā,* Iraq). Las excavaciones realizadas a partir de 1877 descubrieron la civilización sumeria del III milenio a.C.

LAGERKVIST (Pär), *Växjö 1891-Estocolmo 1974,* escritor sueco. Su poesía, teatro y novelas (*El enano,* 1944; *Barrabás,* 1950) se caracterizan por el pesimismo. (Premio Nobel 1951.)

LAGERLÖF (Selma), *Marbacka 1858-íd. 1940,* novelista sueca. Es autora de novelas de estilo romántico (*La saga de Gösta Berling,* 1891; *El carretero de la muerte,* 1912) e infantiles (*El maravilloso viaje de Nils Holgersson a través de Suecia,* 1906-1907). (Premio Nobel 1909.)

LAGHOUAT, oasis del Sahara argelino, cap. de vilayato; 72 000 hab.

LÁGIDAS, dinastía que reinó en el Egipto helenístico de 305 a 30 a.C. Todos sus soberanos llevaron el nombre de Tolomeo.

LAGO AGRIO, cantón de Ecuador (Sucumbíos). Cab. *Nueva Loja.* Petróleo.

LAGOS, c. de Nigeria, junto al golfo de Benín; 4 500 000 hab. Ant. cap. del país, y principal puerto.

LAGOS (región de Los), región de Chile, en el centro-sur del país; 48 584 km²; 716 739 hab.; cap. *Puerto Montt*

LAGOS (Ricardo), *Santiago 1938,* político chileno. Cofundador del Partido por la democracia y militante socialista, ministro de educación (1990-1994) y de urbanismo (1994-1998), fue presidente de la república desde 2000 hasta 2006

LAGOS DE MORENO, mun. de México (Jalisco); 84 305 hab. Industrias agropecuarias.

LAGRANGE (Louis, conde de), *Turín 1736-París 1813,* matemático francés. Trabajó en el cálculo de variaciones y en la teoría de las funciones analíticas. En su *Mecánica analítica* (1788), sin referencia alguna a la geometría, unificó los fundamentos de esta disciplina.

LAGUARDIA, en vasc. **Biasteri,** v. de España (Álava); 1 412 hab. (*guardienses*). Restos de murallas. Iglesia de Santa María de los Reyes (ss. XIV-XVI); ayuntamiento (s. XVI) y casas solariegas (ss. XVI-XVIII)

LAGUNA (La), mun. de España (Santa Cruz de Tenerife), cab. de p. j., en Tenerife; 126 543 hab. (*laguneros o lagunenses*); cap. *San Cristóbal de la Laguna.* Centro cultural (universidad, Instituto astrofísico de Canarias) y turístico. Aeropuerto.— Catedral (ss. XVI-XIX), iglesia de la Concepción (s. XVIII); edificios civiles (s. XVII). [Patrimonio de la humanidad 1999.]

LAGUNA (Andrés), *Segovia h. 1510-íd. 1559,* humanista y médico español. Tradujo y comentó obras de Aristóteles, Galeno y Dioscórides, y publicó *Método anatómico* (1535), donde subraya la necesidad de la disección para el estudio de la anatomía.

LAGUNA (Tomás de la Cerda y Aragón, marqués de la), *m. en 1692,* aristócrata español. Vi-

rrey de Nueva España (1680-1686) y consejero de Indias, desde 1689 fue mayordomo mayor de la reina Mariana.

LAGUNA BLANCA, lago de Argentina (Neuquén); 17 km². Forma parte del parque nacional homónimo. (Reserva de la biosfera 1982.)

LAGUNA BLANCA (sierra de la), sierra de Argentina (Catamarca), que culmina a 5 579 m.

LAGUNA DE DUERO, v. de España (Valladolid); 16 977 hab. (*laguneros*). Avenada por el Duero. Regadíos.

LAGUNA MADRE, laguna de México (Tamaulipas), al S de Matamoros; 220 km² aprox.

LAGUNILLAS → CIUDAD OJEDA.

Lagunillas (batalla de) [8 nov. 1557], combate librado cerca de las lagunas de San Pedro, en el río Biobío (Chile), en el que las tropas españolas de García Hurtado de Mendoza resistieron a los araucanos.

LAHORE, c. de Pakistán, cap. del Panjāb; 5 063 000 hab. (6 040 000 en la aglomeración). Monumentos de los Grandes Mogoles (fuerte, 1565; gran mezquita, 1627; tumba de Ŷahāngīr, 1627; célebre jardín). [Patrimonio de la humanidad 1981.]

■ **LAHORE.** El jardín del Amor (Šālimar Bāgh) que rodea el fuerte mogol; arte islámico, s. XVII

LAHOUD (Émile), *Beirut 1936,* general y político libanés. Comandante en jefe del ejército (1989-1998), fue presidente de la república de 1998 a 2007.

LAHTI, c. de Finlandia; 93 414 hab. Industrias de la madera. Centro turístico.

LAÍN ENTRALGO (Pedro), *Urrea de Gaén, Teruel, 1908-Madrid 2001,* médico y escritor español. Es uno de los médicos (*La relación médico-enfermo, historia y teoría,* 1964) y de ensayos históricos, filosóficos y literarios (*La espera y la esperanza,* 1956; *A qué llamamos España,* 1971). Fue director de la Real academia española (1982-1987).

LAÍNEZ (Diego), *Almazán 1512-Roma 1565,* teólogo y jesuita español. Segundo general de la Compañía de Jesús, asistió al concilio de Trento y escribió *Disputationes tridentinae.*

LAING (Ronald), *Glasgow 1927-Saint-Tropez 1989,* psiquiatra británico. Es uno de los fundadores, junto con D. Cooper, de la antipsiquiatría (*Cordura, locura y familia,* 1964).

LAIS, nombre de algunas cortesanas griegas; la más conocida fue la amante de Alcibíades.

LAJA, r. de Chile, afl. del Biobío; 140 km. Numerosos rápidos y saltos, entre ellos el *salto del Laja.* Aprovechamiento hidroeléctrico.

LAJA (La), c. de Chile (Biobío), cerca de la confluencia del Laja con el Biobío; 24 251 hab.

LAJAS, mun. de Cuba (Cienfuegos), a orillas del Damují; 23 258 hab. Industria del cuero.

LAJAS, mun. del SE de Puerto Rico; 23 271 hab. Café y tabaco. Manufactura de cigarros.

LAJAS (Las), c. del O de Panamá (Chiriquí); 1 191 hab.

Lajas (santuario de Nuestra Señora de Las), santuario mariano de Colombia, cerca de Ipiales (Nariño). Centro de peregrinación.

LAKAS (Demetrio), *Colón 1925-Panamá 1999,* político panameño, presidente del consejo de gobierno con Torrijos (1969-1972) y presidente de la república (1972-1978).

LAKE DISTRICT, región turística del NO de Inglaterra, salpicada de lagos.

LAKE PLACID, estación de deportes de invierno de Estados Unidos (Nueva York).

LAKSHADWEEP, territorio de la India; 51 681 hab.; cap. *Kavaratti.* Está formado por los archipiélagos de Laquedivas, Minicoy y Amin Divi.

LALANDA DEL PINO (Marcial), *Vaciamadrid, Madrid, 1903-Madrid 1990,* matador de toros español. Tomó la alternativa en Sevilla en 1921. Torero lidiador y poderoso, se retiró en 1942.

LALANDE (Joseph Jérôme **Lefrançois de**), *Bourg-en-Bresse 1732-París 1807,* astrónomo francés. Realizó una de las primeras medidas precisas del paralaje de la Luna (1751), trabajos de mecánica celeste y un catálogo de estrellas (1801).

LALIBELA o **LALIBALA,** ciudad monástica del N de Etiopía (prov. de Wollo). Debe su nombre al rey de Etiopía **Lalibela** (1172-1212), que ordenó la construcción de iglesias rupestres, entre las que sobresale la de San Jorge. (Patrimonio de la humanidad 1978.)

LALÍN, v. de España (Pontevedra), cab. de p. j.; 20 169 hab. *(lalinenses).* Ganadería e industrias derivadas. Minas de volframio.

LALINDE ABADÍA (Jesús), *Madrid 1920,* historiador español, autor de importantes obras sobre la historia del derecho y las instituciones españolas del Antiguo régimen: *Los fueros de Aragón* (1976), *El Estado español en su dimensión histórica* (1985).

LALO (Édouard), *Lille 1823-París 1892,* compositor francés. Su obra, esencialmente de inspiración romántica (*Concierto para violoncelo,* 1877; *Sinfonía española,* 1875), destaca por su vigorosidad y la riqueza de orquestación.

LAM (Wifredo), *Sagua la Grande 1902-París 1982,* artista plástico cubano. Influenciado por el surrealismo, creó pinturas donde criaturas de reminiscencias afrocubanas y visos oníricos transportan a un mundo telúrico exuberante, misterioso y violento. Para plasmar esta mitología personal, utilizó desde colores vibrantes a paletas monocromas. También cultivó la escultura, el grabado y la cerámica.

■ WIFREDO **LAM.** *Ogún, dios de la chatarra* (h. 1945). [Col. part.]

LAMARCK (Jean-Baptiste de **Monet, caballero de**), *Bazentin 1744-París 1829,* naturalista francés. Dedicado a la botánica, ideó el sistema de claves dicotómicas para la clasificación de la flora. Posteriormente se interesó por la zoología (*Historia natural de los animales invertebrados,* 1815-1822). Enunció por primera vez una teoría de la evolución de las especies *(transformismo),* basada en el carácter hereditario de las adaptaciones morfológicas al medio ambiente.

LAMARQUE (Libertad), *Rosario 1908-México 2000,* actriz y cantante argentina. Estrella del teatro (*El conventillo de la Paloma,* 1929-1931), como cantante introdujo en el tango un acento femenino y dramático (*Mocosita; Taconeando; La cumparsita*) que trasladó a los melodramas cinematográficos que cimentaron su popularidad (*Tango,* 1933; *Ayúdame a vivir,* 1936; *Madreselva,* 1938; *La cigüeña dijo sí,* 1958). Emigrada a México en 1946, desde esa fecha trabajó esporádicamente en su país.

LAMARTINE (Alphonse de), *Mâcon 1790-París 1869,* poeta y político francés. Su primer poemario, *Meditaciones poéticas* (1820), lo convirtió en uno de los máximos exponentes del romanticismo francés. Publicó *Armonías* (1830)

y *Jocelyn* (1836). Puso su talento al servicio de las ideas liberales (*Historia de los girondinos,* 1847) y fue ministro en 1848. Escribió también novelas y relatos autobiográficos (*Raphaël,* 1849; *Graziella,* 1852).

LAMAS (José Andrés), *Montevideo 1817-Buenos Aires 1891,* político e historiador uruguayo. Varias veces ministro de hacienda, y embajador plenipotenciario en Río de Janeiro, negoció la Triple alianza y diversos tratados fronterizos. Fundador del Instituto histórico y geográfico (1843), es autor de obras sobre historia latinoamericana (*Compilación de documentos para la historia del Río de la Plata,* 1849; *Observaciones sobre la República oriental del Uruguay,* 1851). Se le considera el introductor de los postulados románticos en su país.

LAMAS (José Ángel), *Caracas 1775-íd. 1814,* compositor venezolano, autor de obras de carácter religioso (*Popule meus,* para tres voces e instrumentos, 1801; *Misa en re*).

LAMAS CARVAJAL (Valentín), *Orense 1849-íd. 1906,* poeta español en lengua gallega, último representante del Rexurdimento poético: *Espinas, hojas y flores* (1875), *Saudades gallegas* (1880), *La musa de las aldeas* (1890).

LAMB (Charles), *Londres 1775-Edmonton 1834,* escritor británico. El angustiado romanticismo de sus ensayos (*Ensayos de Elia,* 1823-1833) se contrarresta con un humor extravagante.

LAMB (Willis Eugene), *Los Ángeles 1913-Tucson 2008,* físico estadounidense. Es autor de notables descubrimientos sobre la estructura fina del espectro del hidrógeno y de un método de medición de la frecuencia de las transiciones atómicas o moleculares. (Premio Nobel 1955.)

LAMBARÉ, distr. de Paraguay (Central), en la zona suburbana de Asunción; 99 681 hab.

LAMBARÉNÉ, c. de Gabón, a orillas del Ogooué; 26 000 hab. Centro hospitalario fundado por el doctor A. Schweitzer.

LAMBAYEQUE, c. de Perú (Lambayeque); 15 313 hab. Universidad. — Iglesia de San Pedro (s. XVII), de estilo limeño. — En el *valle de Lambayeque,* yacimientos con cerámica de la cultura mochica y la chimú correspondiente al señorío de Lambayeque (300-1400), fundado por el mítico Naymlap.

LAMBAYEQUE (departamento de), dep. del N de Perú; 14 232 km²; 1 112 868 hab.; cap. *Chiclayo.*

LAMBERT (Johann Heinrich), *Mulhouse 1728-Berlín 1777,* matemático alemán de origen francés. Demostró que π es irracional (1768) y se interesó por la cartografía (*proyección de Lambert,* sistema de proyección conforme utilizada en numerosos mapas topográficos y geodésicos). Fue uno de los fundadores de la fotometría y es autor de trabajos innovadores sobre las geometrías no euclidianas.

LAMBERT (John), *Calton Yorkshire, 1619-isla de Saint Nicholas, Devon, 1684,* militar inglés. Lugarteniente de Cromwell, fue encarcelado durante la restauración de Carlos II (1660).

LAMBÈSE → TAZOULT.

Lambeth (conferencias de), asambleas de los obispos anglicanos que se celebran cada diez años, desde 1867, en el palacio arzobispal de Lambeth, en Londres.

LAMEK, patriarca bíblico, padre de Noé.

LAMÍA, c. de Grecia, cerca del *golfo de Lamía;* 43 898 hab. — guerra **lamíaca** (323-322 a.C.), in-

■ LAMARCK

■ LAMARTINE, por F. Gérard. (Palacio de Versalles.)

surrección de las ciudades griegas para liberarse del yugo macedonio a la muerte de Alejandro Magno (323 a.C.). Se terminó con la derrota de los griegos en Cranón.

LAMOTE DE GRIGNON (Juan), *Barcelona 1872-íd. 1949,* director de orquesta y compositor español. Fundador de la orquesta sinfónica de Barcelona (1910), compuso la ópera *Hesperia* (1907), el oratorio *La noche de Navidad* (1902), una *Suite hispánica* para orquesta y más de 150 canciones. — **Ricardo L. de G.,** *Barcelona 1899-íd. 1962,* compositor español. Hijo de Juan, destacó como instrumentador. Es autor de obras orquestales, vocales y sardanas.

LAMPA, com. de Chile (Santiago); 24 752 hab. Centro agropecuario. Minas de oro.

LAMPA, mun. de Perú (Puno), a orillas del Palca; 9 621 hab. Minas de plata y cobre. — Iglesia del s. XVII, ejemplo del barroco cuzqueño.

LAMPEDUSA, isla italiana del Mediterráneo, entre Malta y Túnez.

LAMPEDUSA (Giuseppe **Tomasi di**), *Palermo 1896-Roma 1957,* escritor italiano. Se dio a conocer tras la publicación de su obra póstuma *El gatopardo* (1958, llevada al cine por L. Visconti en 1963), retrato novelado de una nobleza en crisis.

LAMPRECHT (Karl), *Jessen, Sajonia, 1856-Leipzig 1915,* historiador alemán, uno de los maestros de la historia económica europea.

LANALHUE, lago de Chile (Biobío); 321 km².

LANCASHIRE, condado de Gran Bretaña (Inglaterra), junto al mar de Irlanda; 1 365 000 hab.; cap. *Preston.*

LANCASTER, casa inglesa, joven linaje de los Plantagenet y titular del condado (posteriormente ducado) de Lancaster. Gobernó en Inglaterra con los reyes Enrique IV, Enrique V y Enrique VI. Desempeñó un papel fundamental a partir de Juan de Gante (1340-1399), hijo de Eduardo III y padre de Enrique IV de Inglaterra. Fue rival de la casa de York en la guerra de las Dos Rosas (llevaba en sus armas la rosa roja). El último Lancaster, Eduardo, hijo único de Enrique VI, fue ejecutado en 1471 tras la victoria de los York en Tewkesbury.

LANCASTER (Burton Stephen, llamado Burt), *Nueva York 1913-Century City 1994,* actor de cine estadounidense. Su afición por la acrobacia fue aprovechada en el cine de aventuras (*El halcón y la flecha,* J. Tourneur, 1950; *The Crimson Pirate,* R. Siodmak, 1952). Intervino también en el cine negro (*The Killers,* R. Siodmak, 1946), el western (*Los que no perdonan,* J. Houston, 1960) y en dramas europeos (*El gatopardo,* 1963; *Gruppo di famiglia in un interno,* 1974, ambas de I. Visconti).

LANCASTER (Juan de) **duque de Bedford,** *1389-Ruán 1435,* príncipe inglés. Tercer hijo de Enrique IV, hermano de Enrique V, fue lugarteniente en Inglaterra (1415) y, más tarde, regente de Francia y tutor de su sobrino Enrique VI (1422). El tratado de Arras (1435) terminó con su política en Francia.

lancasteriana (Compañía), entidad masónica fundada en México en 1822, dedicada a la reforma de la enseñanza. La presidió M. Lerdo de Tejada.

LANDA (Alfredo), *Pamplona 1933,* actor de cine español. Protagonista de numerosas comedias de enredo en las décadas de 1960 y 1970 (*No desearás al vecino del quinto,* 1970), más adelante se afirmó como un sólido actor (*El crack,* J.L. Garci, 1981; *Los santos inocentes,* M. Camus, 1984; *La vaquilla,* L. G. Berlanga, 1984; *El bosque animado,* J. L. Cuerda, 1987).

LANDA (fray Diego de), *Cifuentes, Guadalajara, 1524-Mérida, México, 1579,* misionero y cronista español. Franciscano, en 1549 se estableció en Yucatán para evangelizar a los mayas, cuyos códices quemó en gran parte. Posteriormente se convirtió en un estudioso de esta cultura y escribió una *Relación de las cosas del Yucatán* (1566). Fue obispo de Mérida (1568-1579).

LANDA DE MATAMOROS, mun. de México (Querétaro); 15 088 hab. Minas de manganeso, plata y plomo.

LANDAETA (Juan José), *Caracas 1780-Cumaná 1814,* músico venezolano. Compuso la canción *Gloria al bravo pueblo*, adoptada en 1880 como himno nacional. Luchó por la independencia y murió fusilado.

LANDALUZE (Víctor Patricio **de**), *Bilbao 1825-Guanabacoa 1889*, pintor, dibujante y caricaturista español activo en Cuba. Establecido en La Habana, fundó el periódico satírico *Don Junípero* (1862). Ilustrador de tipos y costumbres de la isla. Su personaje *Liborio* se convirtió en símbolo del pueblo cubano.

LANDAS, en fr. **Landes**, región geográfica del SO de Francia, entre el Atlántico y los ríos Adour y Garona.

LANDAU, c. de Alemania (Renania-Palatinado); 39 258 hab. Iglesias góticas. — Fundada en 1224, en 1648 pasó a Francia y en 1815 fue atribuida al Palatinado bávaro.

LANDAU (Liev Davídovich), *Bakú 1908 Moscú 1968*, físico soviético. Especialista en la teoría cuántica de los campos, es autor de una teoría de la superfluidez. (Premio Nobel 1962.)

LANDES, dep. de Francia (Aquitania); cap. *Mont-de-Marsan*; 9 243 km²; 327 334 hab.

LANDÍVAR (Rafael), *Santiago de los Caballeros 1731-Bolonia, Italia 1793*, poeta guatemalteco. Jesuita, expulsado de México con la Compañía (1767), compuso el poema latino *Rusticatio mexicana* (1781), canto al paisaje americano.

LANDOWSKA (Wanda), *Varsovia 1879-Lakeville, EUA, 1959*, intérprete de clave polaca. Se consagró a la renovación del clave y de la música antigua.

LAND'S END, cabo del extremo SO de Gran Bretaña (Inglaterra), en Cornualles.

LANDSHUT, c. de Alemania (Baviera), a orillas del Isar; 59 637 hab. Monumentos antiguos.

LANDSTEINER (Karl), *Viena 1868-Nueva York 1943*, médico estadounidense de origen austriaco. En 1900 descubrió los grupos sanguíneos del sistema ABO y, en 1940, el factor Rh. (Premio Nobel 1930.)

■ KARL **LANDSTEINER**

LANFRANCO, *Pavía h. 1005-Canterbury 1089*, prelado inglés de origen italiano. Benedictino y maestrescuela de la abadía normanda de Bec (act. Bec-Hellouin), que convirtió en un importante centro intelectual, fue amigo de Guillermo el Conquistador, arzobispo de Canterbury (1070) y primado de Inglaterra.

LANFRANCO (Giovanni), *Terenzo, cerca de Parma, 1582-Roma 1647*, pintor italiano. Discípulo de los Carracci, fue uno de los primeros autores de grandes decoraciones con rasgos barrocos de perspectiva y trompe-l'oeil en Roma (cúpula de San Andrés del Valle, 1625) y en Nápoles.

LANG (Fritz), *Viena 1890-Hollywood 1976*, director de cine austriaco nacionalizado esta-

■ FRITZ **LANG**. Una escena de *M. el vampiro de Düsseldorf* (1931), con Peter Lorre.

dounidense. Trabajó en Alemania y posteriormente en EUA. En su obra, al principio expresionista y progresivamente austera, ofreció su visión moral (*Los nibelungos*, 1924; *Metrópolis*, 1927; *M. el vampiro de Düsseldorf*, 1931; *El testamento del doctor Mabuse*, 1932; *Furia*, 1936).

LANGDON (Harry), *Council Bluffs, Iowa, 1884-Hollywood 1944*, actor estadounidense. Encarnación de un soñador, fantasioso e insólito, es uno de los grandes cómicos del cine mudo (*Sus primeros pantalones*, de F. Capra, 1927).

LANGE (Norah), *Buenos Aires 1906-íd. 1972*, escritora argentina. Poetisa ultraísta (*Los días y las noches*, 1926), en sus relatos (*Cuadernos de infancia*, 1937) y novelas (*Los dos retratos*, 1956) mezcla fantasía y autobiografía.

LANGER (Marie), *Viena 1910-México 1987*, psiquiatra y psicoanalista argentina de origen austriaco. Figura eminente del movimiento psicoanalítico latinoamericano, conjugó el freudismo, el marxismo y el feminismo: *Maternidad y sexo. Estudio psicoanalítico y psicosomático* (1951), *Fantasías eternas a la luz del psicoanálisis* (1951).

LANGEVIN (Paul), *París 1872-íd. 1946*, físico francés. Autor de trabajos sobre los iones, el magnetismo y la termodinámica, popularizó las teorías de la relatividad y la física cuántica.

LANGLAND (William), en *Herefordshire h. 1332-h. 1400*, poeta inglés, autor del poema alegórico y satírico *La visión de Pedro el labrador* (1362).

LANGLOIS (Juan Carlos), *Buenos Aires 1926*, pintor y grabador argentino. Su pintura adoptó la estética surrealista, con inspiración en el arte precolombino.

LANGMUIR (Irving), *Brooklyn 1881-Falmouth 1957*, químico y físico estadounidense. Inventó el foco eléctrico con atmósfera gaseosa, perfeccionó la técnica de los tubos electrónicos y elaboró las teorías de la electrovalencia y de la catálisis heterogénea. Descubrió el hidrógeno atómico. (Premio Nobel de química 1932.)

LANGREO, mun. de España (Asturias); 48 886 hab. (*langreanos*); cap. *Sama*. Regado por el Nalón. Explotaciones de hulla. Complejo petroquímico. Central eléctrica de Lada (100 000 kW).

LANG SON, c. del N de Vietnam, cerca de la frontera china; 7 400 hab. Ocupada por los guerrilleros del Vietminh en octubre de 1950, fue convertida en un gran centro de avituallamiento y de comunicaciones de las tropas de Hô Chi Minh.

LANGTON (Stephen), *h. 1150-Slindon 1228*, prelado inglés. Arzobispo de Canterbury (1207) opuesto a la arbitrariedad de Juan sin Tierra, intervino en la redacción de la *Carta magna* (1215).

LANGUEDOC, región del SO de Francia, entre el macizo de Corbières y el macizo Central. Perteneció al condado de Tolosa hasta el aplastamiento de los albigenses y su integración en Francia (s. XIII).

LANGUEDOC-ROSELLÓN, en fr. **Languedoc-Roussillon**, región administrativa de Francia; 27 376 km²; 2 295 648 hab.; cap. *Montpellier*; 5 dep. (*Aude, Gard, Hérault, Lozère y Pyrénées-Orientales*).

LANÍN, volcán de América del Sur, en la frontera argentino-chilena; 3 776 m. — En Argentina, la zona constituye el *parque nacional Lanín* (lagos de Huechulafquen, Lácar, etc.).

LANNOY (Carlos de), *Valenciennes h. 1487-Gaeta 1527*, general español de origen flamenco. Dirigió la campaña del N de Italia (1524), que dio el Milanesado a España, y mandó el ejército español en Pavía (1525). En la guerra contra la Liga clementina (1526-1527), logró la rendición del papa.

LANQUÍN, mun. de Guatemala (Alta Verapaz), en la sierra de Chamá; 10 648 hab. Turismo en el *parque nacional de las Grutas de Lanquín*.

LANSING, c. de Estados Unidos, cap. de Michigan; 432 674 hab. Universidad.

LANÚS, partido de Argentina (Buenos Aires), en el Gran Buenos Aires; 466 755 hab.

LANUSSE (Alejandro Agustín), *Buenos Aires 1918-íd. 1996*, político y militar argentino. De-

signado presidente de la república (1971), convocó las elecciones de 1973, que posibilitaron el regreso de Perón.

LANUZA (familia), estirpe aristocrática aragonesa originaria de Lanuza (Huesca), cuyos miembros ocuparon de hecho, hereditariamente, el cargo de justicia mayor de Aragón (1441-1591). — **Juan de L.**, llamado **el Joven** o **el Mozo**, *¿1564?-Zaragoza 1591*. Justicia mayor de Aragón durante el motín que liberó a Antonio Pérez (1591), declaró contrafuero la entrada de las tropas castellanas enviadas por Felipe II, y encabezó un ejército fuerista. Aunque luego lo abandonó, fue decapitado.

LANZA (Juan Bautista **Amorós**, llamado Silverio), *Madrid 1856-Getafe 1912*, escritor español. Maestro de la generación del 98 y de Gómez de la Serna, sus novelas (*Artuna*, 1893) y relatos (*El año triste*, 1888) están teñidos de un humor crítico.

LANZAROTE, isla española de las Canarias (Las Palmas); 861,7 km²; 96 310 hab.; cap. *Arrecife*. Dos macizos volcánicos (Famara al NE y Timanfaya al SO, parque nacional) flanquean una depresión central. Agricultura en enarenados. Pesca. Turismo. (Reserva de la biosfera 1993.) — Debe su nombre a Lancelotto Mabocello, que la visitó en 1312. Fue conquistada por Juan de Bethencourt (1402).

Lanzarote del lago, personaje del ciclo artúrico. Sus hazañas fueron narradas por Chrétien de Troyes en *Lanzarote* o *El caballero de la carreta* (h. 1170).

LANZHOU, c. de China, cap. de Gansu, a orillas del Huang He; 1 420 000 hab. Química; metalurgia.

LAOCONTE o **LAOCOONTE** MIT. GR. Héroe troyano estrangulado junto a sus hijos por dos monstruosas serpientes. Este episodio es el tema de un famoso grupo escultórico del s. II a.C. (museo del Vaticano), descubierto en 1506, que ha inspirado a numerosos escultores.

■ **LAOCONTE Y SUS HIJOS**. Grupo helenístico de mármol de la segunda mitad del s. II a.C. (Museo Pío Clementino, Vaticano.)

LAODICE o **LAODICEA**, nombre de varias princesas de la época helenística.

LAODICEA, nombre de varias ciudades helenísticas de Siria y de Asia Menor, entre las que destaca la actual *Latakia.

LAON, c. de Francia, cap. del dep. de Aisne; 27 878 hab. Catedral, obra maestra del gótico (1160-1230).

LAOS, estado del Sureste asiático; 236 800 km²; 5 020 000 hab. (*laosianos*). CAP. *Vientiane*. LENGUA: *laosiano*. MONEDA: *kip*.

GEOGRAFÍA

Cubierto de bosque y sabana, Laos está enclavado entre Vietnam y Tailandia. Está constituido por mesetas y montañas que reciben abundantes lluvias en verano (monzón), regadas por el Mekong, que ha dado lugar a algunas llanuras aluviales en las que se cultiva arroz (base de la alimentación). La hidroelectricidad constituye un recurso importante, destinado sobre todo a la exportación (presa Nam Theun).

HISTORIA

Del reino del Lan Xang al final del protectorado francés. Hasta el s. XIII, la historia del país lao, situado a ambos lados del valle del

Mekong, es poco conocida. **1353:** el príncipe Fa Ngum fundó el reino de Lan Xang y fijó su capital en Luang Prabang. **1373-1548:** sus sucesores rechazaron a los thai y anexionaron el reino de Lan Na. **1563:** Vientiane se convirtió en la capital. **1574-1591:** soberanía birmana. **S. XVII:** período de anarquía seguido del reinado estable de Souligna Vongsa (1637-1694). **S. XVIII:** el país se dividió entre los reinos de Champassak, Luang Prabang y Vientiane. **1778:** Siam impuso su soberanía en todo el país. **1887:** el rey de Luang Prabang, Oun Kham (1869-1895), pidió la protección de Francia. **1893-1904:** Siam firmó varios tratados en los que reconoció el protectorado francés sobre Laos. **1904:** inicio del reinado de Sisavang Vong, que duró hasta 1959. **1940:** hostilidades franco-tailandesas; Japón impuso a Francia la cesión de la orilla derecha del Mekong. **1945:** golpe de estado japonés; se proclamó la independencia. **1946:** Francia expulsó a los nacionalistas, repuso al rey en el trono y concedió la autonomía.

El Laos independiente. 1949-1954: Laos accedió a la autonomía en el seno de la Unión francesa (1949). El Pathet Lao, movimiento independentista creado por el príncipe Souphanouvong y apoyado por los comunistas del Vietminh, ocupó el N del país. **1954-1957:** por los acuerdos de Ginebra, el Pathet Lao obtuvo el control de varias provincias mientras Souvanna Phouma, que dirigía un gobierno neutralista desde 1951, siguió como primer ministro. **1957-1964:** varios gobiernos de unión nacional reunieron a neutralistas (Souvanna Phouma), comunistas (Souphanouvong) y partidarios de la autoridad real (Boun Oum). **1964-1973:** Laos, implicado en la guerra de Vietnam, sufrió los bombardeos estadounidenses y las intervenciones de los norvietnamitas y de los tailandeses. **1975:** se proclamó la República popular democrática de Laos, presidida por Souphanouvong. **1977:** se firmó un tratado de amistad con Vietnam. **1980:** se

constituyó un Frente nacional de liberación lao, apoyado por China. **1986:** Souphanouvong dimitió. Kaysone Phomvihane, secretario general del partido único y primer ministro desde 1975, llevó al país a la apertura política y económica. **1991:** se convirtió en jefe de estado. **1992:** tras su muerte, Nouhak Phoumsavane lo sucedió; Khamtay Siphandone, primer ministro desde 1991, fue nombrado jefe del partido único. **1997:** Laos fue admitido en el seno del ASEAN. **1998:** K. Siphandone se convirtió en jefe del estado. **2006:** cedió la dirección del partido, y más tarde del estado, a Choummaly Sayasone.

LAO SHE (Shu Qingchun, llamado), *Pekín 1899-íd. 1966*, escritor chino. Dramaturgo *(La casa de los Liu)*, es uno de los principales novelistas chinos del s. XX *(Diario de la ciudad de los gatos*, 1930). Murió en extrañas circunstancias durante la Revolución cultural.

LAOZI o **LAO-TSÊ**, ss. VI-V a.C., filósofo chino. Conocido a través de la leyenda, es el presunto autor de *Tao Tê-king (Daodejing)*, texto que dio origen al taoísmo. Fue divinizado en el s. II.

LAPÉROUSE (Jean-François de Galaup, conde de), *castillo de Gô, cerca de Albi, 1741-isla de Vanikoro 1788*, navegante francés. A cargo de una expedición encargada por Luis XIV, en 1785, recorrió el Pacífico (isla de Pascua, Hawai, Macao, Filipinas, Corea y Kamchatka). Murió en un naufragio.

LAPESA (Rafael), *Valencia 1908-Madrid 2001*, filólogo español. En su obra destacan la *Historia de la lengua española* (1942, reeditada en múltiples ocasiones), sus ensayos sobre Garcilaso y el marqués de Santillana y *Estudios lingüísticos, literarios y estilísticos* (1987). [Real academia 1950, de la que fue director interino en 1987-1988.]

LAPLACE (Pierre Simon, marqués **de**), *Beaumont-en-Auge 1749-París 1827*, erudito francés. Autor de trabajos sobre mecánica celeste, cálculo de probabilidades y de una hipótesis

cosmogónica (1796) según la cual el sistema solar habría surgido de una nebulosa en rotación, con Lavoisier también efectuó medidas calorimétricas y formuló las leyes electromagnéticas que llevan su nombre.

LAPONIA, región septentrional de Europa, al N del círculo polar, dividida entre Noruega, Suecia, Finlandia y Rusia. (Patrimonio de la humanidad 1996.)

LAPPEENRANTA, c. de Finlandia; 55 000 hab. Dos iglesias de fines del s. XVIII; museos.

LÁPTIEV (mar de), parte del océano Ártico, que bordea Siberia.

LAPURDI, en fr. **Labourd**, región histórica del País Vasco francés (Pyrénées-Atlantiques), comprendida entre el Atlántico, los ríos Adour y Bidouze, y los Pirineos.

LAQUEDIVAS (islas), archipiélago indio del mar de Arabia.

LARA (estado), est. del N de Venezuela; 19 800 km²; 1 267 868 hab.; cap. *Barquisimeto.*

LARA (casa de), linaje de la Castilla medieval, que descolló en la política castellana en los ss. XII-XIV. El señorío de Lara en el s. IX dio origen a una rama descendiente del conde Fernán González (m. en 970). La política matrimonial incorporó el linaje al señorío de Vizcaya (s. XIV) y a la casa real de Castilla (fines s. XIV).

LARA (Agustín), *Tlacotalpan 1900-México 1970*, compositor mexicano. Autor de 445 canciones *(Granada; María bonita; Madrid; Noche de ronda)*, destacan sus boleros *(Solamente una vez; Mujer; Piensa en mí)*. También compuso música para películas *(Pecadora*, 1947; *Tropicana*, 1958).

■ **LAPLACE**,
por A. Carrière.
(Observatorio de París.)   ■ AGUSTÍN **LARA**

LARACHE, en ár. **al-Ara'iš**, c. de Marruecos (Tetuán); 45 710 hab. Puerto en el Atlántico. — Antiguo refugio de piratas, perteneció a España (1610-1689). Reocupada por España (1911) fue capital de la región occidental de la zona norte de su Protectorado y devuelta con este a Marruecos en 1955.

LARDERELLO, localidad de Italia (Toscana); 1 000 hab. Vapores naturales *(soffioni)* utilizados para producir electricidad.

LARDIZÁBAL Y URIBE (Miguel), *San Juan del Molino, México, 1744-Vergara 1824*, político español. Miembro de la Junta central y de la primera regencia (1810), atacó la legitimidad de las cortes y fue desterrado (1812). Fue ministro de Indias (1814-1815).

LAREDO, v. de España (Cantabria), cab. de p. j.; 12.634 hab. *(laredanos)*. Turismo (playas). — Iglesia de la Asunción, gótica, empezada en el s. XIII. — Importante puerto exportador durante la edad moderna.

LAREDO, c. de Estados Unidos (Texas), a orillas del río Bravo, frente a *Nuevo Laredo* (México); 122 899 hab.

LARES, mun. del N de Puerto Rico; 29 015 hab. Agricultura (café); ganadería.

Larga marcha (1934-1935), retirada de las tropas comunistas chinas bajo el mando de Mao Zedong. Para huir de los nacionalistas, atravesaron China de S a N (Shanxi) dando un largo rodeo por el SO; perdieron más de las tres cuartas partes de sus efectivos.

LARGILLIÈRE o **LARGILLIERRE** (Nicolas de), *París 1656-íd. 1746*, pintor francés. Formado en Amberes, colaboró con P. Lely en Londres y, a su regreso en París (1682), se convirtió en el retratista favorito de la alta burguesía.

Laos

200   500   1 000 m

━━━ autopista
── carretera
★ lugar de interés turístico

● más de 500 000 hab.
● de 100 000 a 500 000 hab.
● de 50 000 a 100 000 hab.
· menos de 50 000 hab.

LARGO CABALLERO (Francisco), *Madrid 1869-París 1946*, político y dirigente obrero español. Socialista, fue secretario general de la UGT (1918-1938), presidente del PSOE (1932-1935) y ministro de trabajo (1931-1933). Presidente del gobierno del Frente popular y ministro de guerra (sept. 1936), dimitió tras los hechos de mayo de 1937 en Barcelona y se exilió en 1939.

LARGUÍA (Jonás), *San Roque 1832-Santa Fe 1891*, arquitecto, ingeniero y escultor argentino. Es autor del proyecto del edificio del Congreso nacional de Buenos Aires (1866) y la residencia del gobernador de Santa Fe.

LARIÓNOV (Mijail), *Tiráspol 1881-Fontenay-aux-Roses 1964*, pintor ruso nacionalizado francés. Con su mujer, N. Goncharova, formuló en 1912 la abstracción «rayonista». De 1918 a 1922 colaboró con los Ballets rusos.

LARISA, c. de Grecia; 113 426 hab. Museo arqueológico.

LARMOR (sir Joseph), *Magheragall, condado de Antrim, 1857-Holywood, Irlanda, 1942*, físico irlandés. Demostró que los electrodos deben poseer masa y escribió una fundadora de la física electrónica (*Éter y materia*, 1900).

LÁRNACA, c. de Chipre, junto al *golfo de Lárnaca*; 61 000 hab. Aeropuerto.

LAROUSSE (Pierre), *Toucy 1817-París 1875*, lexicógrafo y editor francés. Fundador, junto con A. Boyer, de la editorial *Librairie Larousse et Boyer* (1852), en 1863 inició la publicación en fascículos de su obra más importante, el *Gran diccionario universal del s. xix*, en 15 vols. (1866-1876).

LARRA (Mariano José de), *Madrid 1809-íd. 1837*, escritor español. Sus mordaces escritos, publicados bajo el seudónimo de **Fígaro**, fueron reunidos en *Colección de artículos dramáticos, literarios, políticos y de costumbres* (1835-1837). Sus textos costumbristas (*El castellano viejo, Vuelva usted mañana, En este país*), de reflexión profunda y personal, trascienden lo pintoresco y lo convierten en uno de los mejores románticos españoles y en un referente del periodismo crítico. En 1834 estrenó el drama *Macías* y publicó *El doncel de don Enrique el Doliente*. Su dolorosa visión de la realidad nacional (*El día de difuntos de 1836*) y su fracaso sentimental lo llevaron al suicidio.

LARRAGUIBEL MORALES (Alberto), *Angol 1919-Santiago 1995*, jinete chileno. Oficial de caballería, montando el caballo Huaso en 1949 batió el récord mundial de salto de altura (2,47 m).

LARRAÑAGA (Dámaso Antonio), *Montevideo 1771-íd. 1848*, político, eclesiástico y naturalista uruguayo. Diputado del congreso (1813), fundó en Montevideo la biblioteca pública (1816), la escuela lancasteriana (1821) y el museo de historia natural (1837). Es autor de *Memoria geológica sobre la formación del Río de la Plata deducida de sus conchas* (1818, publicada en 1894).

LARRAVIDE (Manuel), *Montevideo 1871-íd. 1910*, pintor uruguayo. Su vasta producción abarca óleos y acuarelas, sobre todo marinas.

LARREA (Juan), *Bilbao 1895-Córdoba, Argentina, 1980*, escritor español. Tras la guerra civil emigró a México y Argentina. Escribió poesía, reunida en *Versión celeste* (1970), y ensayos sociopolíticos y literarios.

LARREA ALBA (Luis), *Guayaquil 1895-Córdoba, Argentina, 1980*, militar y político ecuatoriano. Presidente provisional (1931), dirigió el golpe que encumbró a Velasco Ibarra (1944).

LARREGLA (Joaquín), *Lumbier 1865-Madrid 1945*, compositor y pianista español. Autor de un *Concierto para dos pianos* y de zarzuelas (*La roncalesa*, 1897), se le recuerda por las jotas (*Viva Navarra*).

LARRETA (Antonio), *Montevideo 1922*, escritor uruguayo. Autor dramático (*Juan Palmieri*, 1971) y novelista (*Volavérunt*, 1980; *El guante*, 2002), es también actor, director teatral, y guionista de cine (*Los santos inocentes*, 1984; *Las cosas del querer*, 1989) y de televisión. Reside en España desde 1972.

LARRETA (Enrique Rodríguez), *Buenos Aires 1875-íd. 1961*, escritor argentino. En su obra, modernista, destaca su novela histórica *La gloria de don Ramiro* (1908); en *Zogoibi* (1926) evoca una época pretérita del campo argentino. También escribió ensayo, poesía y teatro.

LARREYNAGA, mun. de Nicaragua (León); 22 970 hab. Sésamo, café y cereales. Aguas termales.

LARROCHA (Alicia de), *Barcelona 1923*, pianista española. Debutó en Barcelona a los 6 años. Pianista magistral, ha abordado un amplio repertorio con singular sensibilidad.

LARRUGA Y BONETA (Eugenio), *Zaragoza 1747-Madrid 1803*, historiador y economista español. Archivero y luego secretario de la junta de comercio, moneda y minas y de dependencias de extranjeros, fundó con D. Marín Gallard el *Correo mercantil de España y de las Indias* (1792). Escribió *Memorias políticas y económicas sobre los frutos, comercio, fábricas y minas de España* (45 vols., 1787-1800).

LARS (Carmen Brannon, llamada Claudia), *Armenia, Sonsonate, 1899-San Salvador 1974*, poetisa salvadoreña. Lírica e intimista (*Estrellas en el pozo*, 1934; *Presencia en el tiempo*, 1962), meditó sobre lo negativo y la muerte.

LASARTE-ORIA, mun. de España (Guipúzcoa); 17 561 hab. (*lasarteses*) cap. *Lasarte*. Fábrica de neumáticos.

LÁSCARIS o **LÁSKARIS**, familia bizantina que reinó en el Imperio de Nicea (1204-1261).

LÁSCARIS o **LÁSKARIS** (Juan), llamado **Rhyndacenus**, *Constantinopla h. 1445-Roma 1534*, erudito griego. Bibliotecario de Lorenzo de Médicis, impartió clases de literatura griega en París, donde tuvo como alumno a G. Budé.

LAS CASAS (Bartolomé de) → **CASAS**.

LASCAUX (cueva de), cueva del mun. francés de Montignac (Dordogne). Importantes pinturas rupestres del paleolítico (h. 15 000 a.C.), descubiertas en 1940.

LASHLEY (Karl Spencer), *Davis, Virginia, 1890-Poitiers 1958*, neuropsicólogo estadounidense. Estudió la relación entre los órganos de los sentidos y su proyección cortical en los animales.

LASO (Francisco), *Tacna, Huari, 1823-San Mateo 1869*, pintor peruano, autor de *Los cuatro evangelistas* para la catedral de Arequipa (1857).

LASO DE LA VEGA (Pedro), *n. en Toledo a fines del s. xv*, aristócrata castellano. Regidor de Toledo, fue uno de los iniciadores del movimiento de las Comunidades y presidió la Santa junta de Ávila.

LASO DE LA VEGA ALVARADO (Francisco), *Secadura, Cantabria, h. 1586-Lima 1640*, militar español. Gobernador de Chile (1629-1639), luchó contra los araucanos y mejoró la administración del país.

LASSALLE (Ferdinand), *Breslau 1825-Ginebra 1864*, filósofo y economista alemán. Militó a favor de las reformas socialistas, preconizando la asociación productiva y enunciando «la ley de bronce del salario», que reducía el salario de un obrero a la cantidad estrictamente imprescindible para vivir.

LASSUS (Roland de) o **LASSO** (Orlando di), *Mons 1532-Munich 1594*, compositor flamenco. Maestro de capilla del duque de Baviera, escribió motetes, madrigales y canciones francesas en los que sintetizó las tendencias de su época. Sus 53 misas son asimismo obras maestras de la polifonía.

LASSWELL (Harold Dwight), *Donnellson, Illinois, 1902-Nueva York 1978*, sociólogo estadounidense. Pionero en los estudios sobre la relación entre los medios de comunicación y el poder, asignó a las ciencias sociales la misión de contribuir a la solución de los problemas de nuestro tiempo (*La política como reparto de influencia*; *El futuro de la ciencia política*).

LASTARRIA (José Victorino), *Rancagua 1817-Santiago 1888*, escritor chileno. Es autor de obras históricas y filosóficas de tendencia positivista (*Investigaciones sobre la influencia social de la conquista y del sistema colonial español en Chile*, 1844), relatos y ensayos costumbristas (*Antaño y hogaño*, 1855) y memorias (*Recuerdos literarios*, 1878).

LAS VEGAS, c. de Estados Unidos (Nevada); 258 295 hab. Centro turístico (casinos).

LATACUNGA, c. de Ecuador, cap. de la prov. de Cotopaxi; 55 979 hab. Centro agrícola e industrial.

LATAKIA, c. de Siria, junto al Mediterráneo; 293 000 hab. Principal puerto del país. — Es la ant. *Laodicea*.

LATCHAM ALFARO (Ricardo), *Santiago 1903-La Habana 1965*, ensayista chileno. Reflexionó sobre temas políticos (*Itinerario de la inquietud*, 1931) y literarios (*Perspectiva de la literatura hispanoamericana*, 1959).

Latibex, índice bursátil creado en 1999 en España, establecido a partir de la cotización de sociedades latinoamericanas que operan en euros (act. 24).

LATIMER (Hugh), *Thurcaston h. 1490-Oxford 1555*, teólogo inglés. Convertido a la Reforma, fue capellán de Enrique VIII y posteriormente obispo de Worcester (1535). Fue condenado a la hoguera en la época de María Tudor.

LATINA, c. de Italia (Lacio), cap. de prov., en los ant. pantanos pontinos; 105 543 hab.

LATINI (Brunetto), *Florencia h. 1220-íd. 1294*, erudito y político italiano. Maestro de Dante, es autor de un *Libro del tesoro* en lengua de oíl, compendio de los conocimientos científicos de su tiempo mezclados con leyendas.

LATINO MIT. ROM. Rey legendario del Lacio y héroe epónimo de los latinos.

LATINOAMÉRICA → **AMÉRICA LATINA**.

LATINO DE CONSTANTINOPLA (Imperio), estado fundado en 1204 por los jefes de la cuarta cruzada, tras la toma de Constantinopla. Rápidamente reducido territorialmente por rivalidades y divisiones internas, fue destruido en 1261 por Miguel VIII Paleólogo, que restauró el Imperio bizantino.

LATINOS DE LEVANTE (Estados), conjunto de los estados cristianos fundados por los cruzados en Siria y Palestina entre 1098 y 1109: el condado de Edesa, el principado de Antioquía, el reino de Jerusalén y el condado de Trípoli. Fueron reconquistados por los musulmanes entre 1144 y 1291.

LATONA MIT. ROM. Nombre latino de la diosa griega Leto.

LATORRE (Mariano), *Cobquecura 1886-Santiago 1955*, escritor chileno, autor de ensayos, cuentos (*Cuna de cóndores*, 1918) y novelas (*Zurzulita*, 1921) descriptivos y criollistas.

LATORRE YAMPEN (Lorenzo), *Montevideo 1840-Buenos Aires 1916*, militar y político uruguayo. Sustituyó a Varela como presidente (1876), fue elegido en 1879, pero dimitió en 1880.

LAUAXETA (Esteban Urkiaga, llamado), *Laukiniz, Vizcaya, 1905-Vitoria 1937*, escritor español en lengua vasca. Su poesía, algo artificiosa, no le impidió un gran aporte lírico: *Al atardecer* (1935).

■ PIERRE **LAROUSSE**

■ MARIANO JOSÉ DE **LARRA**

■ ENRIQUE **LARRETA**

■ ALICIA DE **LARROCHA**

LAUBE (Heinrich), *Sprottau 1806-Viena 1884*, escritor alemán. Fue uno de los jefes de la Joven Alemania, movimiento intelectual liberal y francófilo.

LAUD (William), *Reading 1573-Londres 1645*, prelado inglés. Obispo de Londres (1628), arzobispo de Canterbury (1633) y favorito de Carlos I junto con Strafford, atacó a los puritanos; en Escocia, se enfrentó a una oposición tan fuerte que Carlos I se vio obligado a retirarle su apoyo. Murió en el patíbulo.

LAUDA (Andreas-Nikolaus, llamado Niki), *Viena 1949*, piloto automovilístico austriaco, ganador del campeonato del mundo de automovilismo en 1975, 1977 y 1984.

LAUDIO → **LLODIO**.

LAUE (Max von), *Pfaffendorf 1879-Berlín 1960*, físico alemán. En 1912 descubrió la difracción de los rayos X por cristales, que demostró la ondulación de sus rayos y permitió conocer la estructura de los medios cristalizados. (Premio Nobel 1914.)

LAUENBURG, ant. ducado de Alemania, act. incorporado a Schleswig-Holstein. Perteneció a Dinamarca (1816-1864) y después a Prusia (1865) tras la guerra de los Ducados.

LAUGERUD GARCÍA (Kjell Eugenio), *Guatemala 1930*, político y militar guatemalteco. Presidente del país (1974-1978), recurrió al estado de sitio para combatir a la guerrilla y a la oposición.

LAUGHTON (Charles), *Scarborough 1899-Hollywood 1962*, actor británico nacionalizado estadounidense. Gran actor de teatro y cine (*La vida privada de Enrique VIII*, A. Korda, 1933), dirigió una sola película, tortuosa y onírica, *La noche del cazador* (1955).

LAURANA (Francesco), *Zadar h. 1420/1430-¿Aviñón? h. 1502*, escultor croata de la escuela italiana. Activo en Nápoles, en Sicilia y en Provenza, es autor de célebres bustos femeninos, muy depurados.

LAURANA (Luciano), *Zadar h. 1420/1425-Pesaro 1479*, arquitecto croata de la escuela italiana. Posiblemente hermano de Francesco Laurana, reconstruyó con elegancia el palacio de Urbino (h. 1470).

LAURASIA, parte septentrional resultante de la fragmentación de Pangea. Se formó hacia fines del paleozoico y se dividió después en América del Norte y Eurasia.

laureada de San Fernando (cruz), insignia de la española real y militar orden de San Fernando, que recompensa el valor heroico en acciones de guerra.

LAUREL Y HARDY, actores de cine estadounidenses. De 1926 a 1951 aparecieron en un centenar de películas, formando la pareja cómica más famosa de la historia del cine. — **Arthur Stanley Jefferson**, llamado **Stan Laurel**, *Ulverston, Gran Bretaña, 1890-Santa Mónica, 1965.* Interpretó a un personaje delgado y torpe que desencadenaba las catástrofes. — **Oliver Hardy**, *Atlanta 1892-Hollywood 1957*. En su papel de gordo irascible, aunque voluntarioso, acentuaba los desastres.

LAURIA (Roger de) → **LLÚRIA**.

LAURION o **LAURIO**, región montañosa de Ática, en Grecia. En la antigüedad se explotaban minas de plomo argentífero, que contribuyeron a la pujanza económica de Atenas.

LAURISTON (Jacques Law, marqués de), *Pondicherry 1768-París 1828*, militar y diplomático francés. Ayuda de campo de Napoleón en 1800, embajador en Rusia (1811) y prisionero en Leipzig (1813), Luis XVIII lo nombró mariscal. Participó en la expedición a España de 1823 (*Cien mil hijos de San Luis*).

LAUSANA, en fr. **Lausanne**, c. de Suiza, cap. del cantón de Vaud, a orillas del lago Léman; 128 112 hab. (250 000 hab. en la aglomeración). Universidad. Tribunal federal. Sede del Comité olímpico internacional (COI). — Catedral del s. XIII y otros monumentos. Museos, entre los que destaca el de bellas artes.

Lausana (tratado de) [24 julio 1923], tratado concertado entre los Aliados y el gobierno de Ankara, que había rechazado el tratado de Sèvres (1920). Garantizó la integridad territorial de Turquía, a quien se asignó la Tracia oriental.

LAUTARO, c. de Chile (Araucanía); 27 385 hab. Ganado ovino. Bosques. Criaderos de salmón.

LAUTARO, *en las selvas del Carampangue y el Tirúa 1534-a orillas del Mataquito 1557*, caudillo araucano. Hijo del cacique Curiñanca, fue caballerizo de Pedro de Valdivia. Venció a los españoles en varias ocasiones (Tucapel, 1553; Marigüeñu, 1554). Cayó asesinado por las tropas de Villagrán.

Lautaro (logia), sociedad masónica fundada en Buenos Aires en 1812, con filiales en Chile, Perú, Bolivia y Uruguay. Propugnaba la independencia, el gobierno unipersonal y el sistema unitario.

LAUTRÉAMONT (Isidore **Ducasse**, llamado conde de), *Montevideo 1846-París 1870*, escritor francés, considerado un precursor del surrealismo por su violencia exacerbada y su humor negro (*Cantos de Maldoror*, 1869).

LAVAL, c. y región administrativa de Canadá (Quebec), en el área suburbana NO de Montreal; 245 km²; 335 009 hab.

LAVAL, c. de Francia, cap. del dep. de Mayenne, a orillas del Mayenne; 54 379 hab. Castillo (ss. XII-XVI).

LAVAL (Gustaf de), *Orsa, Dalecarlia, 1845-Estocolmo 1913*, ingeniero sueco, inventor de la turbina de vapor que lleva su nombre (1883).

LAVAL (Pierre), *Châteldon 1883-Fresnes 1945*, político francés. Fue presidente del gobierno en 1931-1932 y 1935-1936. Miembro del gobierno de *Vichy (1940), fue nombrado presidente del gobierno por la presión de los alemanes (1942) y acentuó la política de colaboración con los nazis. Fue fusilado tras la liberación.

LAVALLE, dep. de Argentina (Corrientes); 19 455 hab. Industria maderera. Puerto fluvial.

LAVALLE, dep. de Argentina (Mendoza); 27 599 hab. Vid y frutales. Ganado ovino y vacuno. Industria vinícola.

LAVALLE (Juan), *Buenos Aires 1797-Jujuy 1841*, prócer de la independencia argentina. Tras el tratado de paz de Río de Janeiro, dirigió las tropas de la Banda Oriental contra Buenos Aires (1828). Apoyado por los unitaristas, intentó derrocar a Rosas (1841).

LAVALLEJA (departamento de), ant. **Minas**, dep. del SE de Uruguay; 10 149 km²; 61 466 hab.; cap. *Minas.*

LAVALLEJA (Juan Antonio), *Santa Lucía, Minas, h. 1780-1853*, patriota uruguayo. Luchó por la independencia de Uruguay con respecto a Brasil, conseguida en 1825, y fue presidente provisional de las Provincias Unidas (1830). Líder de los «blancos» en la guerra civil, se refugió en Brasil (1834-1836) y tras la victoria de los «colorados» (1838), marchó a Buenos Aires. En 1853 formó parte del triunvirato que gobernó brevemente Uruguay.

LAVAN, isla de Irán, en el golfo Pérsico. Puerto petrolero.

LAVARDÉN (Manuel José de), *Buenos Aires 1754-Paraná 1809*, escritor argentino. Su obra, de tema localista adecuado a la estética neoclásica, se conserva fragmentariamente: *Oda al Paraná* (1801) y la tragedia *Siripo* (1789).

LAVER (Rodney, llamado Rod), *Rockhampton 1938*, jugador de tenis australiano. En 1962 y 1969 obtuvo los cuatro grandes torneos mundiales (Internacionales de Francia, Gran Bretaña, EUA y Australia).

LAVERAN (Alphonse), *París 1845-íd. 1922*, erudito y médico militar francés. Descubrió el agente causal del paludismo. (Premio Nobel 1907.)

LAVIANA, mun. de España (Asturias), cab. de p. j.; 14 804 hab.; cap. *Pola de Laviana* o *La Pola.* Ganadería vacuna. Minas de carbón.

LAVIGERIE (Charles), *Bayona 1825-Argel 1892*, prelado francés. En 1868 fundó la congregación de los misioneros de África (padres blancos). Fue ordenado cardenal (1882).

LAVÍN (Carlos), *Santiago 1883-Barcelona 1962*, compositor y musicólogo chileno, autor de piezas sinfónicas y de obras de investigación (*Cantos indígenas de América; Danzas y cantos africanos*).

LAVINIUM, ant. c. del Lacio que, según la leyenda, fue fundada por Eneas.

LAVIRGEN (Pedro), *Bujalance 1930*, tenor español. De extraordinaria fuerza dramática, debutó en México con el papel de Radamés en *Aida* (1964). Desarrolló una brillante carrera internacional.

LAVOISIER (Antoine Laurent de), *París 1743-íd. 1794*, químico y erudito francés. Interesado por múltiples disciplinas (geología, psicología, agronomía, economía), fue uno de los creadores de la química moderna. Enunció la ley de conservación de la masa y la de conservación de los elementos, descubrió el papel del oxígeno en la combustión y en la respiración e identificó el oxígeno y el nitrógeno del aire (1777). Ideó una nomenclatura química racional (1787) y efectuó las primeras medidas calorimétricas.

■ **LAVOISIER** y su mujer, por David.
(Metropolitan Museum of Art, Nueva York.)

LAVROVSKI (Leonid Mijáilovich Ivanov, llamado **Leonid**), *San Petersburgo 1905-París 1967*, bailarín y coreógrafo soviético. Compuso la coreografía de importantes ballets: *Romeo y Julieta* (1940), *La adormidera roja* (1949), *La flor de piedra* (1954).

LAW (John), *Edimburgo 1671-Venecia 1729*, financiero escocés. Consideró que la riqueza de un país depende de la abundancia y de la rapidez de circulación de su moneda y promovió la creación de un banco estatal. Al establecerse en Francia fue autorizado a aplicar su sistema: en 1716 fundó un banco privado de depósito y descuento y, en 1717, la Compañía de Occidente (posteriormente, Compañía francesa de las Indias). En 1720 quebró. Llegó a controlar el comercio exterior francés.

Lawfeld (batalla de) [2 julio 1747], batalla de la guerra de Sucesión de Austria. Victoria obtenida en Lawfeld (al O de Maastricht) por el mariscal de Sajonia sobre el duque de Cumberland.

LAWRENCE (David Herbert, llamado D. H.), *Eastwood 1885-Vence, Francia, 1930*, escritor británico. En sus novelas exaltó los impulsos de la naturaleza y la libre expansión de las facultades humanas, empezando por la sexualidad (*Hijos y amantes*, 1913; *El amante de lady Chatterley*, 1928).

LAWRENCE (Ernest Orlando), *Canton, Dakota del Sur, 1901-Palo Alto, California, 1958*, físico estadounidense. Puso en marcha un procedimiento de separación del uranio 235 e inventó, en 1930, el ciclotrón. (Premio Nobel 1939.)

LAWRENCE (sir Thomas), *Bristol 1769-Londres 1830*, pintor británico. Discípulo de Reynolds, fue nombrado primer pintor del rey en 1792. Es famoso por su calidad como retratista, de una intensidad en ocasiones romántica.

LAWRENCE (Thomas Edward), llamado **Lawrence de Arabia**, *Tremadoc, País de Gales, 1888-Clouds Hill, Dorset, 1935*, orientalista y agente político británico. Arqueólogo apasionado por los países de Oriente medio, concibió el proyecto de un imperio árabe bajo influencia británica y apoyó la revuelta de los árabes contra los turcos (1917-1918). Decepcionado por no conseguir sus ambiciones, se enroló en la RAF como simple soldado. Es autor de *Los siete pilares de la sabiduría* (1926).

LAXNESS (Halldór Kiljan **Gudjónsson,** llamado Halldór Kiljan), *Reykjavik 1902-Mosfellboer, cerca de Reykjavik, 1998,* escritor islandés. Es autor de ensayos y de novelas sociales e históricas (*Salka Valka,* 1931-1932; *Gente independiente,* 1934-1935; *La campana de Islandia,* 1943-1946). [Premio Nobel 1955.]

lazarillo de ciegos caminantes (El), libro de viajes (1773) de Concolorcorvo. Descripción del largo viaje de Buenos Aires a Lima, ofrece una viva imagen de la sociedad criolla de América en el s. XVIII.

Lazarillo de Tormes, novela picaresca española, anónima (1554), cuyo título completo es *La vida de Lazarillo de Tormes, y de sus fortunas y adversidades.* El protagonista cuenta su vida de muchacho huérfano, al servicio de varios amos, hasta convertirse en pregonero. El tema del hambre y de la supervivencia determina un enfoque realista en una época orientada hacia una narrativa idealizada o heroica (la novela de caballerías, la pastoril), lo que supone el inicio de un género de inspiración social: la picaresca. – En 2003, la obra fue atribuida a Alfonso de Valdés y fechada en 1530.

LÁZARO (san), hermano de Marta y María de Betania, resucitado por Jesús (Evangelio de san Juan).

LÁZARO (Hipólito), *Barcelona 1889-íd. 1974,* tenor español. Celebrado intérprete de zarzuela, en 1912 debutó con ópera en Londres. Rivalizó con Caruso entre 1917 y 1920.

LÁZARO CÁRDENAS, ant. **Melchor Ocampo del Balsas,** mun. de México (Michoacán); 62 355 hab.; cap. *Ciudad Lazaro Cardenas.* Complejo siderúrgico que elabora el hierro de los yacimientos de Las Truchas, San Isidro y Plutón. Principal puerto del Pacífico mexicano.

LÁZARO CARRETER (Fernando), *Zaragoza 1923-Madrid 2004,* filólogo español. Escribió numerosos estudios lingüísticos (*Diccionario de términos filológicos,* 1953; *Estudios de lingüística,* 1980) y sobre el siglo de oro español. Miembro de la Real academia española (1972), fue su director (1991-1998).

LAZARSFELD (Paul Felix), *Viena 1901-Nueva York 1976,* sociólogo y estadígrafo estadounidense de origen austriaco. Se interesó por la metodología de las ciencias sociales aplicadas a la comunicación de masas (*Filosofía de las ciencias sociales,* 1970).

LEA o **LÍA,** personaje bíblico. Hermana de Raquel y primera esposa de Jacob.

LEACH (Edmund Ronald), *Sidmouth, Devon, 1910-Cambridge 1989,* antropólogo británico. Es autor de una teoría funcionalista y dinámica de la estructura social (*Replanteamiento de la antropología,* 1961).

LEAHY (William Daniel), *Hampton, Iowa, 1875-Bethesda, Maryland, 1959,* almirante estadounidense. Embajador en Vichy (1940-1942), fue asesor militar de F. D. Roosevelt (1942-1945).

LEAKEY (Louis Seymour Bazett), *Kabete, Kenya, 1903-Londres 1972,* paleontólogo británico. Junto con su esposa **Mary Douglas** (Londres 1913-Nairobi 1996) y su hijo **Richard** (Nairobi 1944), realizó hallazgos en excavaciones en Kenya y Tanzania que renovaron los conocimientos sobre el origen del hombre. – **Meave L.,** *Londres 1942,* paleontóloga británica, esposa de Richard. Investigadora de los museos nacionales de Kenya, en 2001 descubrió un eslabón desconocido hasta entonces en la cadena de la evolución humana (*el Kenyanthropus platyops,* «hombre de cara plana de Kenya»).

LEAL (Fernando), *México 1896-íd. 1964,* pintor y grabador mexicano. Muralista, realizó los frescos del anfiteatro Bolívar (México, 1939).

LEALES, dep. de Argentina (Tucumán); 47 282 hab. Maíz, algodón. Ganadería. Apicultura.

LEAMINGTON, c. de Gran Bretaña (Inglaterra), a orillas del *Leam;* 43 000 hab. Estación termal.

LEAN (sir David), *Croydon 1908-Londres 1991,* director de cine británico. Autor de *Breve encuentro* (1945), se consagró internacionalmente con espectaculares producciones: *El puente sobre el río Kwai* (1957), *Lawrence de Arabia* (1962), *Doctor Zhivago* (1965).

LEANDRO (san), *Cartagena, principios del s. VI-Sevilla h. 600,* prelado español. Hermano de san Isidoro y arzobispo de Sevilla, influyó en la conversión de san Hermenegildo. Con Recaredo impulsó la unidad católica de España (III concilio de Toledo).

LEANDRO N. ALEM, partido de Argentina (Buenos Aires), en la Pampa; 16 552 hab. Ganado vacuno.

LEANDRO N. ALEM, dep. de Argentina (Misiones); 35 260 hab. Yerba mate, tabaco, cítricos y tung. Ganadería.

LEAVITT (Henrietta), *Lancaster, Massachusetts, 1868-Cambridge, Massachusetts, 1921,* astrónoma estadounidense. En 1912 descubrió la relación entre la luminosidad de las cefeidas y su período de variación de resplandor, base de un sistema de evaluación de las distancias de estrellas y nebulosas.

LEBEÑA, caserío del mun. español de Cillorigo (Cantabria); 90 hab. Iglesia mozárabe de Santa María (h. 920).

LEBESGUE (Henri), *Beauvais 1875-París 1941,* matemático francés. Su teoría de la integración generalizó la de Riemann e hizo de la integral que lleva su nombre una herramienta determinante en el análisis moderno.

LEBLANC (Maurice), *Ruán 1864-Perpiñán 1941,* novelista francés. Sus novelas policíacas tienen como protagonista a Arsenio Lupin, prototipo de ladrón de guante blanco.

LEBRIJA, r. de Colombia (Santander y Magdalena), afl. del Magdalena (ór. dcr.); 226 km.

LEBRIJA, mun. de Colombia (Santander); 21 181 hab. Plátanos, yuca. Yacimientos de carbón.

LEBRIJA, c. de España (Sevilla), cab. de p. j.; 24 172 hab. (*lebrijanos* o *nebrijanos*). Cerámica popular. – Iglesia con elementos árabes y renacentistas.

LEBRIJANO (Juan Peña Fernández, llamado **el**), *Lebrija 1941,* intérprete de cante flamenco español. Ha interpretado las más diversas modalidades del flamenco y ha creado el cante de galeras, en memoria de los gitanos que han sufrido persecución.

LEBU, c. de Chile (Biobío), puerto de la desembocadura del *río Lebu;* 24 671 hab. Turismo.

LE CARRÉ (David John Moore **Cornwell,** llamado **John**), *Poole, Dorset, 1931,* escritor británico. Sus novelas de espionaje expresan la dificultad de conciliar las exigencias de la moral con las de la guerra secreta (*El espía que surgió del frío,* 1964; *La Casa Rusia,* 1988; *La canción de los misioneros,* 2006).

LECCE, c. de Italia (Apulia), cap. de prov.; 100 233 hab. Monumentos barrocos (1640-1730); museo provincial.

LECCO, c. de Italia (Lombardía), junto al *lago de Lecco* (rama del lago de Como); 45 859 hab.

LECH, r. de Alemania y Austria, afl. del Danubio (or. der.); 263 km.

LECHÍN OQUENDO (Juan), *Corocoro 1912-La Paz 2001,* sindicalista y político boliviano. Dirigente de la Central obrera boliviana (1952-1964 y 1978-1987), fue ministro de minas y petróleo (1952-1957) y vicepresidente de la República (1960-1964). En 1964 fundó el Partido revolucionario de la izquierda nacionalista (PRIN). Se retiró en 1987.

LECH-OBERLECH, estación de deportes de invierno (1 447-2 492 m de alt.) de Austria (Vorarlberg).

LECLERC (Charles), *Pontoise 1772-Cap-Français, act. Cap-Haïtien, 1802,* militar francés.

Combatió junto a Napoleón y casó con la hermana de este, Paulina (1797). Dirigió victoriosamente la expedición de Santo Domingo contra Toussaint Louverture.

LECLERC (Philippe de Hauteclocque, llamado), *Belloy-Saint-Léonard 1902-cerca de Colomb-Béchar 1947,* militar francés. Mariscal, se distinguió en Camerún, Fezzan y Túnez (1940-1943), desembarcó en Normandía y entró en París (1944). En 1945 estuvo al mando de las tropas de Indochina.

LE CLÉZIO (Jean-Marie Gustave, llamado J.-M. G.), *Niza 1940,* escritor francés. Tras plasmar el desasosiego contemporáneo (*El atestado,* 1963), más tarde ha buscado en todas las formas de alteridad —culturales, geográficas, históricas— las fuentes de un humanismo moderno (*Desierto,* 1980; *Onitsha,* 1991; *Urania,* 2006). [Premio Nobel 2008.] (V. ilustr. pág. siguiente.)

LECONTE DE LISLE (Charles Marie **Leconte,** llamado), *Saint-Paul, La Reunión, 1818-Louveciennes 1894,* poeta francés. Autor de *Poemas antiguos* (1852) y *Poemas bárbaros* (1862), agrupó a su alrededor la escuela parnasiana.

LECUNA (Juan Vicente), *Valencia 1899-Roma 1954,* compositor venezolano. Uno de los renovadores de la música venezolana, su producción comprende *Suite venezolana* para 4 guitarras, *El canto de la sangre,* música religiosa y para piano.

LECUNA (Vicente), *Caracas 1870-íd. 1954,* historiador venezolano, especializado en la biografía de Simón Bolívar (*Cartas del Libertador,* 11 vols., 1929-1948; *Obras completas del Libertador,* 1947).

LECUONA (Ernesto), *Guanabacoa 1896-Santa Cruz de Tenerife 1963,* compositor y pianista cubano. Autor de canciones (*Siboney,* 1927), piezas para piano (*Malagueña,* 1933), orquestales (*Rapsodia negra,* 1943), zarzuelas (*Maria la O,* 1930) y música de cine (*Always in my Heart,* 1941), también fue concertista de piano y fundó la orquesta sinfónica de La Habana.

LEDA MIT. GR. Esposa de Tíndaro. Fue amada por Zeus, que se metamorfoseó en cisne para poseerla. De su unión nacieron los grandes Cástor y Pólux y, según ciertas versiones de la leyenda, Helena y Clitemnestra.

LEDERMAN (Leon Max), *Nueva York 1922,* físico estadounidense. Su descubrimiento, en 1977, de una nueva partícula, el mesón «ipsilon», condujo hacia el descubrimiento de la «belleza» (número cuántico que poseen ciertos quarks). [Premio Nobel 1988.]

LEDESMA, dep. de Argentina (Jujuy); 69 215 hab.; cap. *Libertador General San Martín.* Refinería de azúcar; destilerías. Minas de plomo. Petróleo.

LEDESMA, v. de España (Salamanca); 1 954 hab. (*bletisenses* o *ledesminos*). Recinto amurallado. Puente medieval sobre el Tormes. Iglesia de Santa María (ss. XIII-XVI).

LEDESMA (Alonso de), *Segovia 1562-íd. 1623,* poeta español, precursor del conceptismo (*Conceptos espirituales,* 1600; *Juegos de Noche Buena,* 1611; *Romancero y monstruo imaginado,* 1615).

LEDOUX (Claude Nicolas), *Dormans 1736-París 1806,* arquitecto francés. Su obra, apenas conservada, combina clasicismo y una subjetividad casi romántica, de formas simplificadas que preludian el funcionalismo.

LÊ DUAN, *Hâu Kiên 1907-Hanoi 1986,* político vietnamita. Sucedió a Hô Chi Minh como secretario general del Lao Dông (Partido comunista norvietnamita) de 1960 a 1986.

LEDUC (Paul), *México 1942,* director de cine mexicano. Formalmente innovador, sus documentales (*Etnocidio, notas sobre el Mezquital*), dramatizaciones (*Reed, México insurgente,* 1973; *Frida, naturaleza viva,* 1984) y películas de ficción (*Latino bar,* 1991; *Dollar mambo,* 1993; *Cobrador,* 2006) se articulan en torno al compromiso con los desheredados.

LÊ DUC THO, *prov. de Nam Ha 1911-Hanoi 1990,* político vietnamita. Uno de los fundadores del Partido comunista indochino (1930) y del Vietminh (1941), negoció con EUA la retirada de sus tropas (1973). Rechazó el premio Nobel de la paz que le había sido concedido en 1973.

■ **LAWRENCE DE ARABIA**

■ **JUAN LECHÍN OQUENDO**

■ J.-M. G. **LE CLEZIO**   ■ GOTTFRIED WILHELM **LEIBNIZ**

LED ZEPPELIN, grupo de rock británico, activo de 1968 a 1981. Su cantante, Robert Plant, y el guitarrista Jimmy Page renovaron la tradición del blues urbano y crearon un estilo precursor del rock duro (*Stairway to Heaven*).

LEE (Robert Edward), *Stratford, Virginia, 1807-Lexington, Virginia, 1870,* militar estadounidense. Jefe de los ejércitos sudistas durante la guerra de Secesión, venció en Richmond (1862), pero tuvo que capitular en Appomattox (1865).

LEEDS, c. de Gran Bretaña (Inglaterra); 450 000 hab. Centro lanero. Confección.— Iglesia de St. John (s. XVII); museos.

LEE MYUNG BAK, *Ōsaka, Japón, 1941,* político surcoreano. Conservador, alcalde de Seúl (2002-2006), fue elegido presidente de la república en 2007.

LEEUWARDEN, c. de Países Bajos, cap. de Frisia; 85 693 hab. Monumentos de los ss. XVI-XVIII; importantes museos.

LEEWARD ISLANDS → **BARLOVENTO** (islas de).

LEFEBVRE (François Joseph), duque **de Danzig,** *Rouffach 1755-París 1820,* militar francés. Se distinguió en Fleurus (1794) y en 1807 logró la capitulación de Danzig. Mariscal, acompañó a Napoleón a España (1808), donde obtuvo victorias en Tudela, Mallén, Gallur y Alagón, y sitió Zaragoza (1809).

LEFEBVRE (Henri), *Hagetmau, Landas, 1901-Pau 1991,* filósofo y sociólogo francés. Promovió un marxismo humanista, centrado en la lucha contra la alienación (*Crítica de la vida cotidiana,* 2 vols., 1947-1962; *El marxismo,* 1965).

LEFEBVRE (Marcel), *Tourcoing 1905-Martigny 1991,* prelado francés. Fundador del seminario de Ecône (1971), en Suiza, encabezó un movimiento integrista contrario al concilio Vaticano II. Fue excomulgado en 1988.

LEFÈVRE D'ÉTAPLES (Jacques), *Étaples h. 1450-Nérac 1536,* humanista y teólogo francés. Por su traducción y sus comentarios de la Biblia fue acusado de favorecer la Reforma.

LEGANÉS, v. de España (Madrid), cab. de p. j.; 172 049 hab. (*leganenses*). Centro industrial.

LEGARDA (Bernardo **de**), *Quito principios s. XVIII-íd. 1773,* escultor y pintor quiteño. Fue uno de los más notables imagineros coloniales por su colorido brillante, creador del tipo icónico de la Inmaculada con alas (*Inmaculada Concepción,* 1734, iglesia de San Francisco; *Ecce Homo*).

LEGAZPI (Miguel **López de**), *Zumárraga h. 1510-Manila 1572,* navegante y conquistador español. Dirigió la expedición de conquista de las Filipinas (iniciada en 1565) y fue nombrado gobernador y capitán general (1569) del archipiélago. Fundó Manila (1571) y estableció el sistema de encomiendas.

LEGENDRE (Adrien Marie), *París 1752-íd. 1833,* matemático francés. Precursor de la teoría analítica de los números, enunció la ley de distribución de los números primos. Su clasificación de las integrales elípticas preparó los trabajos de Abel y de Jacobi.

LÉGER (Fernand), *Argentan 1881-Gif-sur-Yvette 1955,* pintor francés. Del cubismo pasó a un lenguaje plástico basado en la dinámica de la vida moderna y en los contrastes formales y de colorido, y evolucionó hacia un realismo caracterizado por el tratamiento de la figura humana en grupo, la composición casi siempre frontal y el dibujo bien delimitado.

Legión de honor (orden de la), orden nacional francesa instituida por Napoleón en 1802 en recompensa a méritos militares y civiles.

Legión española, cuerpo de tropas voluntarias al servicio de España. Fue creado en 1920 con el nombre de *Tercio de extranjeros,* a las órdenes del entonces coronel Millán Astray.

Legión extranjera, cuerpo militar francés constituido en 1831 por Luis Felipe y compuesto por voluntarios, casi todos extranjeros.

LEGNICA, c. de Polonia, en la Baja Silesia; 106 100 hab.

LEGORRETA (Ricardo), *México 1931,* arquitecto mexicano. Con la incorporación de elementos de la pintura y escultura, renovó la arquitectura mexicana contemporánea. Trabaja mayormente el hormigón, en series minimalistas y coloridas (hotel Camino Real, México, 1968; catedral nueva de Managua).

LEGUÍA (Augusto Bernardino), *Lambayeque 1863-Bellavista de Callao 1932,* político peruano. Presidente de la república (1908 y 1919-1930), instauró la dictadura del movimiento Patria nueva. Fue derrocado.

LEHÁR (Franz), *Komárom 1870-Bad Ischl 1948,* compositor húngaro. Renovó la opereta (*La viuda alegre,* 1905; *El país de la sonrisa,* 1929).

LEHN (Jean-Marie), *Rosheim 1939,* químico francés. Realizó la síntesis de los criptantos, moléculas huecas cuya cavidad puede fijar con gran fuerza un ion o una molécula, empleadas principalmente en farmacología. (Premio Nobel 1987.)

LEIBL (Wilhelm), *Colonia 1844-Wurzburgo 1900,* pintor alemán. Es uno de los representantes modélicos del realismo alemán.

LEIBNIZ (Gottfried Wilhelm), *Leipzig 1646-Hannover 1716,* filósofo y erudito alemán. Empleado como jurista, diplomático e historiador (especialmente en la corte de Hannover), se relacionó con los principales científicos y filósofos de su época. Cumbre del intelectualismo racionalista, su sistema respondió a la ambición de superar las divisiones religiosas y filosóficas de la cristiandad. El armazón de su pensamiento es lógico y matemático (inventó, en 1676, el cálculo infinitesimal y creó una simbología universal y eficaz [notaciones diferenciales e integrales], que se impuso posteriormente). Su física dinámica rompió con el mecanismo cartesiano. Su metafísica abarca todas las cosas con un optimismo razonado: Dios calcula y admite la existencia de la mejor combinación posible de mónadas, o átomos espirituales que constituyen la realidad (*De arte combinatoria,* 1666; *Nuevos ensayos sobre el entendimiento humano,* 1704; *Ensayos de teodicea,* 1710; *La monadología,* 1714).

LEIBOWITZ (Annie), *Westbury, Connecticut, 1949,* fotógrafa estadounidense. Desde sus trabajos sobre músicos (M. Jagger, J. Lennon) en la década de 1970 para la revista *Rolling Stone,* destaca en el retrato de artistas.

LEICESTER, c. de Gran Bretaña (Inglaterra), cap. de *Leicester;* 270 600 hab. Industrias mecánicas y químicas. — Ruinas romanas y monumentos medievales; museos.

■ MIGUEL LÓPEZ DE **LEGAZPI.** Estatua erigida en Zumárraga (Guipúzcoa).

■ FERNAND **LÉGER.** *Los discos* (1918). [Museo de arte moderno, París.]

LEICESTER (Robert **Dudley,** conde **de**) → **DUDLEY.**

LEICESTER (Simón **de Montfort,** conde **de**) → **MONTFORT.**

LEIDEN, c. de Países Bajos (Holanda Meridional). Universidad. — Iglesia gótica de San Pedro. Museo nacional de antigüedades (Egipto, Grecia); museo De Lakenhal.

LEIDEN (Jan o Johann **Beuckelszoon** o **Bockelson,** llamado Jan o Johann [en esp. Juan] de o **van**), *Leiden 1509-Münster 1536,* jefe anabaptista. Fundó en Münster un reino teocrático; tras la toma de la ciudad por los católicos, murió entre horribles tormentos.

LEIDEN (Lucas **de**), *Leiden 1489 o 1494-íd. 1533,* pintor y grabador neerlandés. Discípulo del manierista gótico Cornelis Engelbrechstz, pintó escenas de género, bíblicas y religiosas. Realizó grabados de gran virtuosismo que lo convirtieron en rival de Durero.

LEIGH (Vivian **Mary Hartley,** llamada Vivien), *Darjeeling, India, 1913-Londres 1967,* actriz británica. Gran intérprete de Shakespeare en el teatro, es famosa por sus papeles en el cine en *Lo que el viento se llevó* (V. Fleming, 1939) y *Un tranvía llamado deseo* (E. Kazan, 1951).

LEINE, r. de Alemania, afl. del Aller (or. izq.); 281 km. Pasa por Hannover.

LEINSTER, prov. oriental de la República de Irlanda; 1 860 037 hab.; c. pral. *Dublín.*

LEIOA → **LEJONA.**

LEIPZIG, c. de Alemania (Sajonia), a orillas del Elster Blanco; 491 250 hab. Centro industrial. Universidad. Feria internacional.— Iglesia de Santo Tomás, esencialmente gótica; antiguo ayuntamiento renacentista. Museos.

Leipzig (batalla de), llamada **batalla de las Naciones** (16-19 oct. 1813), derrota de Napoleón frente a los rusos, los austriacos y los prusianos, a los que se había aliado Bernadotte.

LEIRIS (Michel), *París 1901-Saint-Hilaire, Essonne, 1990,* escritor y etnólogo francés. Orientó el análisis de los sueños y la exploración etnográfica hacia la autobiografía y la interrogación acerca del lenguaje (*África fantasma,* 1934; *La edad del hombre,* 1939; *La regla del juego,* 4 vols., 1948-1966).

LEITARIEGOS (puerto de), paso de la cordillera Cantábrica (España), en el límite entre Asturias y León; 1 525 m de alt.

LEITHA, r. de Austria y Hungría, afl. del Danubio (or. der.); 180 km. Dividía a Austria-Hungría en *Cisleithania* y *Transleithania.*

LEITZ (Ernst), *1843-1920,* óptico alemán. Abrió en Wetzlar una fábrica de instrumentos de óptica que se convirtió en la más importante de fines del s. XIX y donde, entre 1913 y 1924, se concibió la máquina fotográfica Leica.

LEIVA (Antonio **de**), *en Navarra 1480-Aix-en-Provence 1536,* militar español. Tras la victoria de Pavía (1525), Carlos Quinto le otorgó el gobierno del Milanesado y el título de príncipe de Ascoli.

LEIVA (José Ramón **de**) → **LEYVA.**

LEIZAOLA (Jesús María **de**), *San Sebastián 1896-íd. 1989*, político y abogado español. Diputado del Partido nacionalista vasco, en la guerra civil fue miembro del gobierno vasco, que presidió en el exilio (1960-1979).

LEJONA, en vasc. **Leioa**, mun. de España (Vizcaya); 27 925 hab.; cap. *Elexalde*. En la or. der. de la ría de Bilbao. Universidad del País Vasco.

LEK, rama septentrional del Rin inferior, en Países Bajos.

LELOIR (Luis Federico), *París 1906-Buenos Aires 1987*, bioquímico argentino. Discípulo de B. Houssay, desarrolló su carrera en el Instituto de investigaciones bioquímicas de la Fundación Campomar. Realizó descubrimientos decisivos sobre el metabolismo de los hidratos de carbono y los gluconucleótidos. (Premio Nobel de química 1970.)

LELY (Pieter **Van der Faes**, llamado sir **Peter**), *Soest, Westfalia, 1618-Londres 1680*, pintor inglés de origen neerlandés. Establecido en Londres (1641), sucedió a Van Dyck como retratista de la corte.

LELYSTAD, c. de Países Bajos, cap. de Flevoland; 61 000 hab.

LEM (Stanisław), *Lvov, act. Lviv, Ucrania, 1939-Cracovia 2006*, escritor polaco. Destacó como un original autor de relatos de ciencia-ficción en los que la fantasía, la inteligencia, la ironía y el rigor crean una mezcla única y poderosa: *Diario de las estrellas* (1957), *Solaris* (1961), *El Invencible* (1964), *Ciberíada* (1965), *Memorias encontradas en una bañera* (1971), *La investigación* (1976), *La fiebre del heno* (1976).

LEMAÎTRE (Georges), *Charleroi 1894-Lovaina 1966*, astrofísico y matemático belga. Autor de un modelo relativista de Universo en expansión (1927), formuló luego la primera teoría cosmológica según la cual el Universo primitivamente muy denso, entraría en expansión después de una explosión (1931).

LÉMAN (lago), lago de Europa (Francia y Suiza), al N de los Alpes de Saboya, atravesado por el Ródano. Situado a 375 m de alt. y con 72 km th. long., tiene una superficie de 582 km² (348 km² en Suiza.) A veces se da el nombre do *lago de Ginebra* a partir del lago cercano a esta ciudad.

LEMBERG, nombre alem. de *Lviv.*

LEMDIYYA, ant. **Médéa**, c. de Argelia, cap. de vilayato; 84 000 hab.

LEMERCIER (Jacques), *Pontoise h. 1585-París 1654*, arquitecto francés. Representante del clasicismo, realizó en París el pabellón del Reloj del Louvre y la capilla de la Sorbona.

LEMMON (John Uhler **Lemmon III**, llamado **Jack**), *Newton, Massachusetts, 1925-Los Ángeles 2001*, actor de cine estadounidense. Logró sus mayores éxitos en la comedia y dirigido por Billy Wilder (*Some Like it Hot*, 1959; *El apartamento*, 1960). También abordó registros dramáticos (*Desaparecido*, C. Costa-Gavras, 1982).

LEMNOS o **LÍMNOS**, isla griega del mar Egeo; 476 km²; 23 000 hab.; cap. *Kastro.*

LEMOND (Greg), *Lakewood 1960*, ciclista estadounidense, bicampeón del mundo de fondo en carretera (1983 y 1989) y tres veces vencedor del tour de Francia (1986, 1989 y 1990).

LEMOS, casa de, familia nobiliaria gallega. Enrique IV concedió el título de conde de Lemos a Pedro Álvarez Osorio en 1456. Su nieto Rodrigo de Castro participó en 1485 una insurrección señorial contra Fernando II. Pedro Antonio Fernández de Castro (1632-1672) fue virrey del Perú (1667-1672). El título pasó a la casa de Alba a fines del s. XVIII.

LEMOSÍN, en fr. **Limousin**, región administrativa de Francia, 16 942 km²; 710 939 hab.; cap. *Limoges*; 3 dep. (*Corrèze, Creuse* y *Haute-Vienne*). Dominio angloangevino desde el s. XII, pasó a la corona francesa en 1607.

LEMOYNE (Jean-Baptiste II), *París 1704-íd. 1778*, escultor francés. Miembro de una familia de escultores franceses, fue artista oficial, de estilo rocalla, y autor de bustos de gran vivacidad.

LEMPA, r. de Guatemala, Honduras y El Salvador; 300 km. Desemboca en el Pacífico formando un delta. Presa Cinco de noviembre, en El Salvador.

LEMPIRA, *h. 1497-1537*, cacique lenca. Organizó la resistencia de la región de Cerquín contra los españoles, mandados por F. de Montejo y A. de Cáceres. Fue asesinado.

LEMPIRA (departamento de), dep. del O de Honduras, fronterizo con El Salvador; 4 290 km²; 175 000 hab.; cap. *Gracias.*

LEMUS (José María), *El Salvador 1911-íd. 1993*, militar y político salvadoreño. Elegido presidente (1956), fue derrocado en 1960.

LENA → **LIENA.**

LENA, mun. de España (Asturias), cab. de p. j.; 13 901 hab. *(lenenses);* cap. *Pola de Lena* o *La Pola*. Agricultura e industrias derivadas. Minas (hulla, cinc). Ermita de Santa Cristina (s. IX), interesante muestra del arte asturiano.

LENARD (Philipp), *Presburgo 1862-Messelhausen 1947*, físico alemán. En sus trabajos se ocupó de los rayos catódicos y el efecto fotoeléctrico. En la década de 1930 fue uno de los pocos investigadores que colaboró con el nazismo. (Premio Nobel 1905.)

LENAU (Nikolaus), *Csátad, cerca de Timişoara, 1802-Oberdöbling 1850*, escritor austriaco. Sus poemas dramáticos (*Fausto*), épicos y líricos (*Cantos de las cañas*) expresan la melancolía y la desesperanza.

LENCLOS (Anne, llamada **Ninon de**), *París 1616-íd. 1705*, escritora francesa. Mantuvo un salón frecuentado por los librepensadores.

LENG (Alfonso), *Santiago 1884-íd. 1974*, compositor chileno. En su obra, de denso lenguaje armónico, destacan el poema sinfónico *La muerte de Alsino* (1920), *Fantasía* para piano y orquesta (1936) y *Salmo LXXVII* para coros, contralto y orquesta (1947).

LENIN (Vladimir Ilich Uliánov, llamado), *Simbirsk 1870-Gorki 1924*, político ruso. En 1888 se adhirió al círculo marxista, pasó tres años deportado en Siberia (1897-1900) y luego se exilió en Suiza, donde fundó el periódico *Iskra*. Su concepción de un partido revolucionario centralizado, expuesta en *¿Qué hacer?* (1902), triunfó en 1903 en el II congreso del POSDR. Los seguidores de Lenin formaron a partir de entonces la facción bolchevique del partido opuesta a la facción menchevique. Residió por un tiempo en París (1908-1911), después en Cracovia y en 1914 volvió a Suiza, donde definió el objetivo para las revoluciones rusas: combatir la guerra y transformarla en revolución. En abril de 1917 atravesó Alemania y volvió a Petrogrado, donde impuso sus puntos de vista al POSDR y a los soviets, y dirigió la insurrección de octubre. Fue presidente del Consejo de los comisarios del pueblo (oct.-nov. 1917-1924), fundó la Checa (1917) y el Ejército rojo, hizo firmar con Alemania la paz de Brest-Litovsk (1918) y fundó la Internacional comunista (1919) con el objeto de organizar la expansión internacional del movimiento revolucionario. Pero la guerra civil en Rusia y el fracaso de los movimientos revolucionarios en Europa lo hicieron consagrarse a la construcción del socialismo en la URSS, que él mismo fundó en 1922. Tras el período del «comunismo de guerra» (1918-1921), adoptó, frente a las dificultades económicas y las resistencias internas, la Nueva política económica o «NEP». Además de un hombre de acción, fue un teórico (*Materialismo y empiriocriticismo*, 1909; *El imperialismo, fase superior del capitalismo*, 1916; *El estado y la revolución*, 1917; *El izquierdismo, enfermedad infantil del comunismo*, 1920).

Lenin (orden de), la más alta de las órdenes civiles y militares soviéticas, creada en 1930.

Lenin (premios), premios concedidos por el gobierno soviético (1925-1990) como recompensa para sabios, artistas y escritores de la URSS. Tomaron el nombre de premios Stalin de 1935 a 1957. — Los premios Lenin de la Paz se otorgaron a personalidades de todo el mundo.

LENINABAD → **JODZHENT.**

LENINAKÁN → **GUMRI.**

LENINGRADO → **SAN PETERSBURGO.**

LÉNINSK-KUZNIESTKI, c. de Rusia, en el Kuzbass; 133 400 hab. Centro minero y metalúrgico.

LENS, c. de Francia (Pas-de-Calais); 36 823 hab. (más de 320 000 hab. en la aglomera-

ción). Material eléctrico. — Victoria de Condé sobre las tropas austroespañolas (20 ag. 1648), que decidió la firma de la paz de Westfalia.

LENZ (Heinrich), *Dorpat 1804-Roma 1865*, físico ruso. Enunció la ley del sentido de las corrientes inducidas (1833).

LENZ (Jakob Michael Reinhold), *Sesswegen 1751-Moscú 1792*, escritor alemán. Miembro del *Sturm und Drang*, es por sus dramas (*El preceptor; Los soldados*) uno de los precursores del teatro alemán moderno.

LENZ (Rudolf), *Halle 1863-Santiago de Chile 1938*, filólogo chileno de origen alemán, autor de estudios sobre el araucano y las lenguas indígenas precolombinas: *Estudios araucanos* (1894-1897), *Diccionario etimológico de las voces chilenas derivadas de las lenguas indígenas americanas* (1905-1910).

LEÑERO (Vicente), *Guadalajara 1933*, escritor mexicano. Notable cuentista (*La polvareda y otros cuentos*, 1959) y novelista (*Los albañiles*, 1964; *Redil de ovejas*, 1973; *El evangelio de Lucas Gavilán*, 1979), destaca también por sus obras teatrales de denuncia social (*Pueblo rechazado*, 1969). [Premio Xavier Villaurrutia 2000; premio nacional de las artes 2001.]

■ LENIN en 1920.　　■ VICENTE LEÑERO

LEO, constelación zodiacal. Su estrella más brillante es Régulo. — **Leo**, quinto signo del zodiaco, que el Sol atraviesa del 22 de julio al 23 de agosto.

LFOBEN, c. de Austria (Estiria), en el alto valle del Mur; 28 604 hab. Monumentos antiguos. — En ella se firmaron los preliminares del tratado de Campoformio (1797).

LEOCARES, s. IV a. C., escultor ateniense. Esculpió, junto con Escopas, el mausoleo de Halicarnaso, obra representativa del dinamismo de la escultura griega del s. IV.

LEÓN, región del NO de España, que comprende las prov. de León, Salamanca y Zamora y que forma parte de la comunidad autónoma de Castilla y León. Se corresponde con la zona S del antiguo reino de *León*, proyección del de Asturias en el curso de la Reconquista.

LEÓN, c. de España, cap. de la prov. homónima y cab. de p. j.; 138 006 hab. *(leoneses)*. Núcleo administrativo y comercial, y principal centro industrial de la provincia. — Ciudad monumental, conserva restos romanos (termas, murallas). Colegiata de San Isidoro (ss. X-XII) e iglesia de Santa María del Mercado (s. XII). Catedral de estilo gótico francés (ss. XIII-XIV), con claustro de los ss. XIII-XVI, sepulcros del s. XIII, coro del s. XV y trascoro de 1585. Iglesias, ayuntamiento y palacio de los Guzmanes (s. XVI). Parador de turismo y museo en el antiguo convento de San Marcos (ss. XVI-XVIII). Casa de los Botines, de Gaudí. Museo de arte contemporáneo de Castilla y León (Musac).

LEÓN o **LEÓN DE LOS ALDAMAS**, c. de México (Guanajuato); 875 453 hab. Centro industrial (calzado, metalurgia). — Palacio municipal. Catedral (s. XVIII); iglesia barroca de Nuestra Señora de los Ángeles. — Fue fundada en 1576 por Martín Enríquez de Almansa.

LEÓN, c. de Nicaragua, cap. del dep. homónimo; 100 982 hab. Centro industrial, administrativo y cultural (universidad). — Catedral (s. XVIII; tumba de Rubén Darío); iglesias de los ss. XVI a XVIII. Museo Rubén Darío. — La c. fue fundada en 1525 pero, tras ser arrasada por el volcán Momotombo, fue reconstruida en su emplazamiento actual en 1610. Los restos de la ciudad antigua fueron declarados patrimonio de la humanidad en 2000.

LEÓN (departamento de), dep. del O de Nicaragua; 5 243 km²; 344 500 hab.; cap. *León.*

LEÓN (golfo de), golfo del Mediterráneo, entre el cabo de Creus (España) y el delta del Ródano (Francia).

LEÓN (montes de), sistema montañoso del NO de España, entre León y Galicia, que constituye el borde oriental del macizo Galaico; 2 181 m en los montes Aquilianos. Minas de hierro.

LEÓN (provincia de), prov. de España, en Castilla y León; 15 468 km²; 502 155 hab.; cap. *León.* Los montes de León y la vertiente S de la cordillera Cantábrica enmarcan, por el O y el N, el Páramo leonés. Clima continental. Economía agropecuaria (cereales, lúpulo, leguminosas) y minera (hierro, antracita, hulla). Centrales térmicas en Ponferrada y Peñadrada, e hidroeléctrica en Cornatel.

LEÓN (reino de), reino de la península Ibérica constituido a la muerte de Alfonso III (910), al repartirse sus hijos los dominios de la monarquía asturiana. García I (910-914) recibió la meseta castellano-leonesa, y a su muerte una asamblea de magnates proclamó rey de León a su hermano Ordoño II (914-924). Alfonso IV (925-931) incorporó la región galaica. Ramiro II (931-951) derrotó a los musulmanes en Simancas (939). Muerto Vermudo III (1037), el reino pasó a Castilla. Con Alfonso VI fue independiente de 1065 a 1072, así como con Fernando II (1157-1188) y Alfonso IX (1188-1230). La unión definitiva a Castilla tuvo lugar en 1230, con Fernando III el Santo.

LEÓN I Magno (san), *¿ Volterra?-Roma 461,* papa de 440 a 461. En 452 consiguió que Atila se retirara de Italia, pero no pudo impedir que Genserico y los vándalos saquearan Roma (455). En el concilio de Calcedonia (451) logró que se condenara la herejía monofisita. Sus cartas y sermones constituyen un importante documento sobre la vida de la Iglesia. — **san León III,** *Roma h. 750-íd. 816,* papa de 795 a 816. Coronó a Carlomagno emperador de occidente (25 dic. 800). — **san León IX** (Bruno de **Egisheim-Dagsburg),** *Egisheim, Alsacia, 1002-Roma 1054,* papa de 1049 a 1054. Luchó por la reforma de las costumbres eclesiásticas y defendió la supremacía pontificia. Excomulgó al patriarca Cerulario, lo que originó el cisma con la Iglesia de oriente. — **León X** (Juan de **Médicis),** *Florencia 1475-Roma 1521,* papa de 1513 a 1521. Mecenas fastuoso, practicó el nepotismo y desencadenó la disputa sobre las **Indulgencias* (1517), preludio de la Reforma de Lutero, a quien condenó por la bula *Exsurge Domine* (1520). Firmó con Francisco I el concordato de 1516. — **León XIII** (Vincenzo Gioacchino **Pecci),** *Carpineto Romano 1810-Roma 1903,* papa de 1878 a 1903. En Francia preconizó la colaboración de los católicos con la república (1892) y en España recomendó a los obispos que no comprometieran la fe católica por el apoyo a determinados partidos políticos. En una serie de encíclicas sobre la sociedad moderna alentó el catolicismo social y la evangelización del mundo obrero *(Rerum novarum,* 15 mayo 1891). Dio gran impulso a los estudios exegéticos, históricos y teológicos (neotomismo).

LEÓN I, *m. en 474,* emperador bizantino (457-474). Fue el primer emperador coronado por el patriarca de Constantinopla. — **León III el Isaurio,** *Germanica, Comagene, h. 675-Constantinopla 741,* emperador bizantino (717-741). Reorganizó el imperio y derrotó a los árabes (717-718). Se mostró decididamente iconoclasta. — **León IV,** *h. 750-780,* emperador bizantino (775-780). Combatió a los árabes en Siria y Anatolia. — **León V el Armenio,** *m. en 820,* emperador bizantino (813-820). Salvó Constantinopla del ataque búlgaro. — **León VI el Sabio** o **el Filósofo,** *866-912,* emperador bizantino (886-912). Publicó las *Basílicas,* obra legislativa comenzada por Basilio I el Macedonio.

LEÓN el Africano, *Granada h. 1483-Túnez h. 1552,* geógrafo árabe. Fue bautizado por el papa León X. Su obra principal es una descripción de África (1550), influyente en el renacimiento.

LEÓN (Juan Francisco de), *isla de Hierro 1692-*

Cádiz 1752, insurgente venezolano. En 1749 se levantó en armas contra los excesos de la Compañía guipuzcoana y entró en Caracas apoyado por el cabildo y la nobleza criolla. Apresado (1752), fue deportado a España.

LEÓN (fray Luis de), *Belmonte 1527-Madrigal de las Altas Torres 1591,* escritor y teólogo español. Agustino y catedrático de teología en Salamanca, fue procesado por la Inquisición, acusado de haber puesto en duda la autoridad de la Vulgata y haber traducido el *Cantar de los Cantares* (1580). En 1583 publicó sus dos obras en prosa más conocidas: *De los nombres de Cristo* y *La perfecta casada;* a ellas hay que añadir la *Exposición del Libro de Job.* Sus poesías son de tema religioso y su estilo y métrica derivan de Garcilaso. *La vida retirada* es una recreación horaciana, como la *Profecía del Tajo;* la oda *A Salinas* es claramente neoplatónica.

■ **FRAY LUIS DE LEÓN.** (F. Pacheco; biblioteca colombina, Sevilla.)

■ **LEOVIGILDO.** Miniatura de un manuscrito de *Semblanza de reyes.* (Biblioteca nacional, Madrid.)

LEÓN (Mošé o Moisés de), *León h. 1240-h. 1290,* cabalista hebraicoespañol, autor del **Zóhar,* la obra más importante de la cábala.

LEÓN (Rafael de), *Sevilla 1908-Madrid 1982,* letrista de canciones español. Puso letra a composiciones de Manuel López Quiroga *(Ojos verdes; María de la O; La zarzamora).*

LEÓN (Ricardo), *Barcelona 1877-Madrid 1943,* escritor español, autor de novelas de exaltación religiosa y patriótica: *Casta de hidalgos* (1908). [Real academia 1912.]

LEONARDO (José o Jusepe), *Calatayud 1601-Zaragoza h. 1649,* pintor español, uno de los mejores representantes de la escuela barroca madrileña por su refinamiento del color y tratamiento de la luz *(La toma de Brisach,* 1634-1635, Prado).

LEONARDO BRAVO, mun. de México (Guerrero); 16 449 hab. Maíz, frijol. Minas de oro y plata.

LEONARDO da Vinci, *Vinci, cerca de Florencia, 1452-castillo de Clos-Lucé, cerca de Amboise, 1519,* artista y humanista italiano. Vivió principalmente en Florencia y Milán, antes de partir hacia Francia (1516) invitado por Francisco I. Es celebrado como pintor por la **Gioconda; La *Virgen de las rocas; La Cena* (Milán); *La Virgen, el Niño Jesús y santa Ana* (Louvre) y otros, obras de una moderna y sutil poesía, en la que contribuye la técnica del *sfumato.* Pero este gran iniciador del segundo renacimiento mostró interés por todas las ramas del arte (arquitectura, escultura), de la ciencia y de la técnica, como lo atestiguan sus escritos y sus variopintos cuadernos de dibujos.

LEÓN CARPIO (Ramiro de), *Guatemala 1942-Miami 2002,* político guatemalteco. Elegido presidente constitucional por el parlamento en sustitución del destituido Jorge Serrano, durante su mandato (1993-1996) se reformó la constitución.

LEONCAVALLO (Ruggero), *Nápoles 1857-Montecatini 1919,* compositor y libretista italiano. Representante de la ópera verista, es autor de *I pagliacci* (1892).

LEONCIO MARTÍNEZ, mun. de Venezuela (Miranda), en el área metropolitana de Caracas; 59 211 hab.

LEONE (Sergio), *Roma 1929-íd. 1989,* director de cine italiano, maestro del «spaghetti-western» *(Hasta que llegó su hora,* 1968).

LEONHARDT (Gustav), *'s-Graveland 1928,* clavecinista, organista y director de orquesta neerlandés. Fundador del Leonhardt Consort (1955) y especialista en Bach, ha renovado la musicología y la interpretación de la música barroca y preclásica.

LEONI (Leone), *Menaggio, cerca de Como, 1509-Milán 1590,* escultor italiano. Principalmente medallista y orfebre, estuvo al servicio de Carlos Quinto a partir de 1549 *(Carlos Quinto abatiendo el furor,* 1564; *María de Austria y Felipe II,* todas en el Prado). Junto con su hijo, realizó numerosos bustos para la corte española. — **Pompeo L.,** *Milán h. 1533-Madrid 1608,* escultor italiano, hijo de Leone. Es autor del retablo mayor del monasterio de El Escorial y de las magistrales estatuas de bronce dorado de los monumentos funerarios de Carlos Quinto y Felipe II.

LEONI (Raúl), *Úpata 1905-Nueva York 1972,* político venezolano. Presidente de la república con Acción democrática (1964-1969) durante su mandato puso en marcha una campaña contra el analfabetismo y firmó el pacto antiguerrillas de Río Arauca con el presidente de Colombia G. L. Valencia (1966).

LEÓNIDAS, *m. en las Termópilas 480 a. C.,* rey de Esparta (490-480 a. C.). Fue el héroe de las Termópilas, a las que defendió de los persas de Jerjes I y donde encontró la muerte con 300 hoplitas.

León neerlandés (orden del), orden de Países Bajos, creada en 1815.

LEONOR DE ALBURQUERQUE, llamada **la Ricahembra,** *m. en Medina del Campo 1435,* reina de Aragón (1412-1416). Esposa de Fernando de Antequera (1395), al morir este vivió a Castilla (1416). Encarcelada en 1430, sus tierras pasaron a Álvaro de Luna.

LEONOR DE AQUITANIA, *1122-Fontevraud 1204,* duquesa de Aquitania y de Gascuña y condesa de Poitou (1137-1204). Esposa de Luis VII de Francia, tras ser repudiada casó con Enrique Plantagenet, vinculando sus posesiones al rey inglés. Favoreció el desarrollo de la poesía trovadoresca.

LEONOR DE ARAGÓN, *h. 1420-Tudela 1479,* reina de Navarra (1479). Hija de Juan II de Aragón y de Blanca de Navarra, gobernó Navarra desde 1464 y, a la muerte de su padre, fue proclamada reina.

LEONOR DE AUSTRIA, *Lovaina 1498-Talavera 1558,* archiduquesa de Austria, reina de Portugal y después de Francia. Hija de Felipe el Hermoso y de Juana la Loca, casó sucesivamente con Manuel I de Portugal (1518) y con Francisco I de Francia (1530).

LEONOR DE CASTILLA, *1307-Castrojeriz, Burgos, 1359,* reina de Aragón (1329-1336). Hija de Fernando IV de Castilla, casó con Alfonso IV de Aragón. Intervino en la sublevación de la Unión valenciana contra Pedro el Ceremonioso. Fue ejecutada por orden de Pedro el Cruel de Castilla.

LEONOR DE PLANTAGENET, *Domfront, Normandía, 1156-Burgos 1214,* reina de Castilla

■ **LEONARDO DA VINCI.** *Joven y anciano,* estudio a la sanguina. (Gabinete de dibujos, Florencia.)

(1170-1214). Hija de Enrique II de Inglaterra, casó con Alfonso VIII de Castilla (1170). Patrocinó la edificación del monasterio de las *Huelgas.

LEONOR DE TRASTÁMARA, *1350-Olite 1415,* reina de Navarra (1387-1415). Hija de Enrique II de Castilla, casó con Carlos III el Noble de Navarra (1375). Fue coronada en 1403.

LEÓNOV (Alexéi Arjipóvich), *Listvianka, región de Novosibirsk, 1934,* cosmonauta ruso. Fue el primer hombre que efectuó una salida al espacio con escafandra (18 marzo 1965).

LEÓNOV (Leonid Maxímovich), *Moscú 1899-íd. 1994,* escritor ruso, autor de novelas que describen la sociedad surgida de la revolución soviética (*Los tejones; El bosque ruso*).

LEÓN-PORTILLA (Miguel), *México 1926,* historiador y antropólogo mexicano, especialista en culturas mesoamericanas: *La filosofía náhuatl estudiada en sus fuentes* (1956), *Los antiguos mexicanos* (1961), *El pensamiento azteca* (1985), *Literatura indígena de México* (1991), *Códices. Los antiguos libros del Nuevo Mundo* (2003). [Premio Bartolomé de las Casas 2001; premio internacional Menéndez Pelayo 2001.]

LEONTIEF (Wassily), *San Petersburgo 1906-Nueva York 1999,* economista estadounidense de origen ruso. Sus análisis interindustriales se emplean en la planificación y la contabilidad nacionales. (Premio Nobel 1973.)

LEOPARDI (Giacomo, conde) *Recanati Marcas, 1798-Nápoles 1837,* escritor italiano. En su poesía, pasó de plasmar un patriotismo heroico (*A Italia,* 1818) a un lirismo angustiado (*Canto nocturno,* 1831) que aúna un sentimiento de infinitud ante la naturaleza con la desilusión que le provoca la sociedad humana.

EMPERADORES

LEOPOLDO I, *Viena 1640-íd. 1705,* rey de Hungría (1655-1705) y de Bohemia (1656-1705), archiduque de Austria y emperador germánico (1658-1705), de la dinastía de los Habsburgo. Participó en la guerra de Holanda (1672-1679) y en la de la liga de Augsburgo (1686-1697) para combatir las ambiciones de Luis XIV. Con siguió que los otomanos abandonaran Hungría (tratado de Karlowitz, 1699) e hizo participar al Imperio en la guerra de Sucesión española en 1701. — **Leopoldo II,** *Viena 1747 íd. 1792,* emperador germánico, archiduque de Austria y rey de Bohemia y de Hungría (1790-1792), de la casa de los Habsburgo-Lorena. Hijo de Francisco I y de María Teresa y hermano de María Antonieta, publicó con Federico Guillermo II, rey de Prusia, la declaración de Pillnitz (1791) contra la Francia revolucionaria, pero murió antes del inicio de las hostilidades.

BÉLGICA

LEOPOLDO I, *Coburgo 1790-Laeken 1865,* primer rey de los belgas (1831-1865). Hijo de Francisco de Sajonia-Coburgo, fue llamado al trono de Bélgica tras la independencia del país (1831). — **Leopoldo II,** *Bruselas 1835-Laeken 1909,* rey de los belgas (1865-1909). Hijo de Leopoldo I, hizo reconocer en 1885 como de su propiedad personal el Estado libre del Congo, que cedió en 1908 a Bélgica. — **Leopoldo III,** *Bruselas 1901-íd. 1983,* rey de los belgas (1934-1951). Hijo de Alberto I, en mayo de 1940 ordenó deponer las armas ante los alemanes, lo que abrió una gran controversia y lo

■ **LEOPOLDO I** de Bélgica, por P. Beaufaux. (Museo real de la armada, Bruselas.)

■ **LEOPOLDO II** de Bélgica, por P. Tossyn. (Museo de la dinastía, Bruselas.)

■ JULIO **LE PARC.** *Seis círculos en contorsión* (1967). [Malba, Buenos Aires.]

hizo impopular. Tras una etapa de regencia de su hermano Carlos (1944-1950), abdicó en 1951 en su hijo Balduino.

LÉOPOLDVILLE → KINSHASA.

LEOVIGILDO, *m. en Toledo 586,* rey visigodo (567 o 568-586), sucesor de su hermano Liuva. Promulgó el *Codex revisus,* que tendía a convertir el derecho personal en territorial, acuñó moneda y, tras enfrentarse con los suevos (578 y 585), se anexionó su reino. Encarnó el ideal de monarquía peninsular y hereditaria, e intentó la unión religiosa de Hispania bajo el arrianismo (sínodo de Toledo, 580). Su hijo Hermenegildo se convirtió al catolicismo y se rebeló autonombrándose rey (582), pero fue vencido y ejecutado (585).

LEPAGE (Robert), *Quebec 1957,* actor y autor dramático canadiense. Alterna la puesta en escena de Shakespeare y otros autores clásicos, y las creaciones personales (*La trilogía de los dragones,* retomada en *El dragón azul; El proyecto Andersen*). También ha dirigido cine (*Secreto de confesión,* 1995; *La cara oculta de la luna,* 2003).

LEPANTO (golfo de), nombre con el que también se conoce el golfo de Corinto.

Lepanto (batalla de) [7 oct. 1571], combate naval que tuvo lugar en el golfo homónimo, cerca de Lepanto (act. Naupacta, Grecia), entre la flota turca, al mando de Alí Bajá, y las escuadras veneciana, pontificia y española coligadas en la Santa liga, bajo el mando conjunto de Juan de Austria. La batalla, que concluyó con la victoria de la liga, detuvo momentáneamente la expansión turca.

LE PARC (Julio), *Mendoza 1928,* pintor argentino. Miembro del *GRAV,* es uno de los iniciadores del arte óptico y cinético. Sus investigaciones, tendientes a estimular la participación del espectador, lo han conducido a propuestas de gran intensidad sensorial.

LEPE, c. de España (Huelva); 16 562 hab. (*leperos*). Puerto pesquero. Playa de Nueva Umbría.

LÉPIDO, en lat. **Marcus Aemilius Lepidus,** *m. en 13 o 12 a.C.,* político romano. Colega de César en el consulado (46 a.C.), fue miembro, con Marco Antonio y Octavio, del segundo triunvirato (43), del que acabó eliminado.

LEPRINCE DE BEAUMONT (Jeanne Marie), *Ruán 1711-Chavanod 1780,* escritora francesa, autora de cuentos para jóvenes (*La Bella y la Bestia,* 1758).

LEPTIS MAGNA, colonia fenicia y después romana del N de África (act. *Lebda,* al E de Trípoli.) Ciudad natal de Septimio Severo. — Importantes ruinas romanas. (Patrimonio de la humanidad 1982.)

LERCHUNDI (fray José), *Orio, Guipúzcoa, 1836-1896,* franciscano y arabista español. Su *Crestomatía arábigo-española* (1881), en colaboración con F. J. Simonet, gozó de gran prestigio.

LERDO, mun. de México (Durango); 73 527 hab.; cab. *Ciudad Lerdo.* Centro agrícola y comercial.

LERDO DE TEJADA, mun. de México (Veracruz); 18 573 hab. Caña de azúcar (ingenios). Pesca.

LERDO DE TEJADA (Miguel), *Veracruz 1812-México 1861,* político mexicano. Federalista, miembro del Partido liberal, fue ministro de hacienda (1856-1857 y 1861). Promulgó la ley

de desamortización y promovió las leyes de Reforma. Presidió la Compañía *lancasteriana. — **Sebastián L. de T.,** *Jalapa 1827-Nueva York 1889,* político mexicano. Hermano de Miguel, apoyó a Juárez en la guerra de Intervención (1863), pero se separó de él en 1871 y fundó el Partido lerdista. Presidente de la república (1872), fue derrotado por Porfirio Díaz en Tecoac (1876) y se exilió en EUA.

LÉRIDA, en cat. **Lleida,** c. de España, cap. de la prov. homónima y cab. de p.j.; 112 194 hab. (*leridanos*). A orillas del Segre. Centro comercial de productos agrícolas e industrial — Fortaleza musulmana (Zuda). Edificios románicos: iglesias, ayuntamiento o *paeria,* castillo. Catedral del románico final (s. XIII), con claustro, portada y pinturas murales góticos. Museos (diocesano y comarcal; centro de arte La Panera) — Capital de los Ilergetes, fue la *Ilerda* romana.

LÉRIDA (provincia de), prov. de España, en Cataluña; 12 028 km²; 361 590 hab.; cap. *Lérida.* Al N se extienden el Pirineo y las sierras de Cadí, Boumort, Montsec, con una importante producción hidroeléctrica y recursos turísticos de invierno; al S se abre a la depresión del Ebro, con una rica agricultura de regadío (frutas, cereales, forrajes). En secano, cereales y olivos. Industria alimentaria, textil y química.

LERMA, v. de España (Burgos), cab. de p.j.; 2 618 hab. (*lermeños*). Recinto amurallado. Conjunto monumental de los ss. XVI-XVIII, iniciado por Francisco de Mora; palacio ducal, colegiata y conventos de San Blas, Santa Teresa y la Ascensión.

LERMA o **LERMA DE VILLADA,** mun. de México (México); 57 219 hab. Industria del automóvil.

LERMA (Francisco de Sandoval y Rojas, duque de), *1553-Tordesillas 1625,* político español. Grande de España y gentilhombre de cámara de Felipe III, en 1598 Felipe III le confió los asuntos de estado. Impopular por utilizar los privilegios de su cargo para amasar una gran fortuna, fue destituido en 1618.

LERMA-SANTIAGO, sistema fluvial de México; 900 km. El *río Lerma* nace en las *lagunas de Lerma,* a 2 600 m de alt., y tras 500 km de recorrido, y recibir numerosos afluentes, desagua en la laguna de Chapala, de la que nace el *río Grande de Santiago,* que desemboca en el Pacífico. Aprovechamiento para el riego e hidroeléctrico (presas de Tepustepec y Solís).

LÉRMONTOV (Mijaíl Yúrievich), *Moscú 1814-Piatigorsk 1841,* poeta ruso. Sus poemas unen las «bilinas» —cantos épicos de la vieja Rusia— y el romanticismo (*El boyardo Orsha; El demonio*). Su novela psicológica *Un héroe de nuestro tiempo* (1840) influyó en la prosa rusa.

LERNA MIT. GR. Zona pantanosa del Peloponeso, en la que habitaba la *Hidra de Lerna,* serpiente monstruosa de siete cabezas a la que dio muerte Heracles.

LEROI-GOURHAN (André), *París 1911-íd. 1986,* etnólogo y prehistoriador francés. Sus trabajos proporcionaron una nueva visión de las mentalidades prehistóricas (*El gesto y la palabra,* 2 vols., 1964-1965).

LE ROY LADURIE (Emmanuel), *Les Moutiers-en-Cinglais, Calvados, 1929,* historiador francés. Usando métodos cuantitativos (series estadísticas), ha ampliado «el territorio del historiador»: *Historia del clima desde el año mil* (1967).

LERROUX (Alejandro), *La Rambla, Córdoba, 1864-Madrid 1949,* político español. Fundador del Partido republicano radical (1908), su anticlericalismo y su obrerismo demagógico le dieron una rápida popularidad. Evolucionó hacia la derecha, y fue presidente del gobierno durante el Bienio negro (sept. 1933-sept. 1935) y ministro de estado (abril-dic. 1931; oct.-dic. 1935). El escándalo del estraperlo provocó su caída y la del gobierno.

LERTXUNDI (Anjel), *Orio, Guipúzcoa, 1948,* escritor español en lengua vasca. En su narrativa ha abordado el medio rural vasco (*Ocurrió a la decimosexta,* 1983) y la crisis de identidad del individuo contemporáneo (*Carla,* 1989; *Las últimas sombras,* 1993).

LESAGE (Alain René), *Sarzeau 1668-Boulogne-sur-Mer 1747,* escritor francés. Sus novelas (*El diablo cojuelo,* 1707; **Gil Blas de Santillana,* 4 vols., 1715-1735) y comedias, a menudo inspiradas en autores españoles, presentan un cuadro satírico de las costumbres de su tiempo.

LESBOS o **MITILENE,** isla griega del mar Egeo, cerca del litoral turco; 1 631 km²; 103 700 hab. *(lesbios);* cap. *Mitilene* (25 440 hab.). Olivares. – En los ss. VII-VI a.C., la isla conoció, sobre todo con los poetas Arión y Safo, una intensa vida intelectual.

LESHAN, c. de China (Sichuan), al S de Chengdu; 958 000 hab.

LESKOV (Nikolai Semionovich), *Gorokhov 1831-San Petersburgo 1895,* escritor ruso. Sus novelas cortas y narraciones (*Lady Macbeth de Mtsensk,* 1865; *El pensador solitario*) son crónicas pintorescas de la sociedad rusa de su época.

LESOTHO, ant. **Basutolandia,** estado de África austral; 30 355 km²; 2 100 000 hab. *(lesothenses).* CAP. *Maseru.* LENGUAS: *sotho* e *inglés.* MONEDAS: *rand* y *loti.* (V. mapa de **Sudáfrica.**)

GEOGRAFÍA

Lesotho es un pequeño país montañoso, enclavado en la República de Sudáfrica y habitado por los sotho. La industria textil y las remesas de los emigrantes que trabajan en las minas sudafricanas constituyen sus principales recursos.

HISTORIA

Creado en el s. XIX por el rey Moshoeshoe I, a partir de un agregado de pueblos que intentaban escapar de las guerras zulúes, el reino de Lesotho se convirtió en protectorado británico en 1868 con el nombre de Basutolandia. Adquirió la independencia en 1966 y retomó el nombre de Lesotho. Pero, desde 1970, el rey Moshoeshoe II cedió el poder de facto al primer ministro, Joseph Leabua Jonathan. En 1986, este último fue derrocado. Desde entonces, los militares, que en 1990 depusieron a Moshoeshoe II en favor de su hijo Letsie III, dirigieron el país. Tras las elecciones legislativas

de 1993, devolvieron el poder a los civiles. En 1995, Moshoeshoe II fue restablecido en el trono, pero murió accidentalmente en 1996. Lo sucedió su hijo Letsie III.

LESPUGUE, localidad de Francia (Haute-Garonne); 84 hab. Sitio arqueológico en el que se descubrió una estatuilla esculpida en marfil de mamut (*Venus de Lespugue),* del gravetiense final (27000-20000 a.C.).

LESSEPS (Ferdinand, vizconde de), *Versalles 1805-La Chênaie, Indre, 1894,* diplomático francés. Hizo construir el canal de Suez (1869) y fundó una compañía para construir el canal de Panamá, cuya quiebra provocó un escándalo político y financiero (1891-1893).

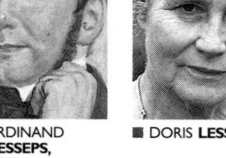

■ FERDINAND DE **LESSEPS,** por H. Fourau. (Suez.)

■ DORIS **LESSING**

LESSING (Doris), *Kirmānšāh, Irán, 1919,* escritora británica. Sus novelas analizan los conflictos humanos y sociales (*Hijos de la violencia,* 1952-1969; *La buena terrorista,* 1985) a través de la experiencia de las minorías étnicas (el apartheid) o de la condición femenina (*El cuaderno dorado,* 1962; *El sueño más dulce,* 2002). [Premio Príncipe de Asturias 2001; premio Nobel 2007.]

LESSING (Gotthold Ephraim), *Kamenz, Sajonia, 1729-Brunswick 1781,* escritor alemán. En sus ensayos críticos (*Dramaturgia hamburguesa,* 1769) condenó la imitación del neoclasicismo francés y propuso a Shakespeare como modelo a seguir. Preconizó una nueva estética dramática, que plasmó en dramas burgueses y filosóficos (*Nathan el Sabio,* 1779).

LESZCZYŃSKI, familia polaca cuyos miembros más célebres fueron **Estanislao I y su hija, la reina de Francia *María Leszczyńska.

LETAMENDI (José de), *Barcelona 1828-Madrid 1897,* médico y escritor español. Autor de numerosos escritos sobre medicina y otras materias, su obra fue objeto de polémica, al ser acusada de falta de rigor y excesiva especulación.

LETELIER (Alfonso), *Santiago 1912-íd. 1994,* compositor chileno. Fundó la Escuela moderna de música de Santiago (1940), que dirigió hasta 1953, (*Tobías y Sara,* ópera sacra 1955).

LETELIER (Orlando), *Temuco 1932-Washington 1976,* político y diplomático chileno. Socialista, fue embajador en Estados Unidos y ministro de relaciones exteriores y de defensa con S. Allende. Fue asesinado en el exilio.

LETEO MIT. GR. Uno de los ríos de los infiernos, cuyas aguas hacían olvidar el pasado a las almas de los muertos.

LETHBRIDGE, c. de Canadá (Alberta); 60 974 hab. Universidad.

LETICIA, c. de Colombia, cap. del dep. de Amazonas; 19 245 hab. Puerto fluvial en el Amazonas.

LETO MIT. GR. Madre de Artemisa y de Apolo, llamada Latona por los romanos.

LETONIA, en letón **Latvija,** estado de Europa oriental, a orillas del Báltico; 64 000 km²; 2 540 000 hab. *(letones).* CAP. *Riga.* LENGUA: *letón.* MONEDA: *lats letón.*

INSTITUCIONES

República con régimen parlamentario. Constitución de 1922, reinstaurada en 1993. El presidente, elegido cada 4 años por el parlamento, nombra al primer ministro. El parlamento es elegido cada 4 años por sufragio universal.

GEOGRAFÍA

Es un país llano, de clima fresco, en parte forestal, que combina algunos cultivos (cebada, patata) con el ganado (bovino, porcino). Además de la explotación del bosque (papel), la industria está representada por las construcciones mecánicas y eléctricas. Letonia, muy urbanizada (Riga concentra cerca de un tercio de la población total), está poblada por una escasa mayoría de letones de origen y cuenta con alrededor de un tercio de rusos. Su integración en la UE ha dinamizado la economía, afectada no obstante act. por la crisis mundial.

HISTORIA

A inicios de la era cristiana, pueblos del grupo ugrofinés y del grupo báltico se establecieron en la región. **Principios del s. XIII-1561:** los caballeros Portaespadas y los teutónicos se fusionaron (1237) para formar la orden livónica, que gobernó y cristianizó el país. **1561:** Livonia fue anexionada por Polonia, y Curlandia se erigió en ducado bajo soberanía polaca. **1721-1795:** el país quedó sometido al Imperio ruso. **1918:** Letonia proclamó su independencia. **1920:** esta fue reconocida por los soviéticos en el tratado de Riga. **1940:** de acuerdo con el pacto germanosoviético, Letonia fue anexionada por la URSS. **1941-1944:** Alemania ocupó el país. **1944:** Letonia volvió a ser república soviética. **1991:** la independencia, restaurada bajo la dirección de A. Gorbunovs, fue reconocida por la URSS y por la comunidad internacional (sept.). **1993:** G. Ulmanis accedió a la presidencia de la república. **1994:** las tropas rusas culminaron su retirada del país. **1999:** Vaira Vīķe-Freiberga accedió a la jefatura del estado. **2004:** Letonia se integró en la OTAN y se adhirió a la Unión europea. **2007:** V. Zatlers fue elegido presidente.

Letrán (acuerdos de) [11 febr. 1929], acuerdos firmados entre la Santa Sede y el jefe del gobierno italiano, Mussolini. Establecieron la plena soberanía papal sobre el Estado del Vaticano y reconocieron el catolicismo como religión de estado en Italia (este último principio fue anulado por el concordato de 1984).

Letrán (concilios de), denominación dada a cinco concilios ecuménicos que se celebraron en el palacio contiguo a la basílica de Letrán en 1123, 1139, 1179, 1215 y 1512-1517.

Letrán (palacio de), palacio de Roma. Residencia de los papas en la edad media y reconstruido en el s. XVI por Domenico Fontana, pertenece al Estado pontificio, la basílica de San Juan de Letrán (catedral de Roma), junto al palacio, fue fundada por Constantino y ha sido reconstruida en varias ocasiones.

LEUCADE, una de las islas jónicas (Grecia), actualmente unida al continente; 20 900 hab.

LEUCIPO, *h. 460-370 a.C.,* filósofo griego presocrático. Considerado el fundador del atomismo, tuvo a Demócrito como discípulo.

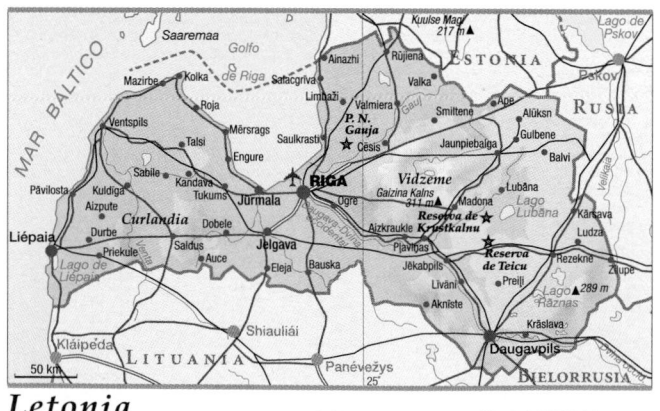

Letonia

★ lugar de interés turístico

|100 | 200 m |

— autopista
— carretera
— ferrocarril
✈ aeropuerto

● más de 500 000 hab.
● de 100 000 a 500 000 hab.
● de 50 000 a 100 000 hab.
• menos de 50 000 hab.

Leucopetra (batalla de) [146 a.C.], victoria de los romanos sobre la liga Aquea, en Leucopetra, cerca de Corinto. Seguida del saqueo de Corinto, puso fin a la independencia griega.

Leuctra (batalla de) [371 a.C.], victoria de los tebanos al mando de Epaminondas sobre los espartanos en Leuctra, Beocia. Aseguró a Tebas la hegemonía sobre Grecia.

LEUVEN, nombre neerlandés de *Lovaina.

LEVANTE, nombre con que a veces se denomina al conjunto de países del litoral oriental del Mediterráneo.

LEVANTE, nombre que designa el sector del E de España que se corresponde con las comunidades autónomas de Valencia y Murcia.

LEVENE (Ricardo), *Buenos Aires 1885-íd. 1959*, historiador y jurista argentino. Presidió la Academia nacional de la historia y dirigió la gran *Historia de la nación argentina*. Otras obras: *Lecciones de historia argentina* (1924), *Historia del derecho argentino* (1945), etc.

LEVERKUSEN, c. de Alemania (Rin del Norte-Westfalia), a orillas del Rin; 161 761 hab. Industrias químicas.

LEVERTIN (Oscar), *Gryt 1862-Estocolmo 1906*, escritor sueco. Poeta (*Leyendas y canciones*, 1891) y novelista, fue contrario al naturalismo.

LÉVESQUE (René), *Campbelton, Nuevo Brunswick, 1922-Montreal 1987*, político canadiense. Fundó el Partido quebequés (1968), favorable a la independencia de la provincia de Quebec, y fue primer ministro de esta (1976-1985).

LEVI (Carlo), *Turín 1902-Roma 1975*, novelista italiano. Antifascista, se inspiró en su exilio en el sur de Italia para la novela autobiográfica *Cristo se paró en Eboli* (1945), que aúna lirismo sobrio y análisis social.

LEVI (Primo), *Turín 1919-íd. 1987*, escritor italiano. Poeta y novelista, es autor de relatos autobiográficos (*Si esto es un hombre*, 1958) y de ensayos (*Los hundidos y los salvados*) marcados por su experiencia en Auschwitz.

LEVÍ, personaje bíblico. Tercer hijo de Jacob, antepasado epónimo de una tribu de Israel cuyos miembros *(levitas)* se consagraban al culto religioso.

LEVÍ (Aharon ha-), *Barcelona s. XIII*, talmudista hebraicoespañol, autor de comentarios sobre tratados talmúdicos y de *Las grietas de la casa*.

LEVÍ (Juan de), pintor español activo en Aragón entre 1392 y 1407, destacado representante del gótico internacional aragonés (retablo de santa Catalina, san Lorenzo y san Prudencio, 1392-1403, catedral de Tarazona).

LEVÍ (Yéhudá ha-), *Tudela h. 1075-en Egipto h. 1141*, poeta y apologista hebraicoespañol. En hebreo escribió poesía religiosa (*Himno a la Creación*) y creó el género de las *Siónidas*. En árabe escribió en prosa *El Cuzarí*, defensa y apología del judaísmo.

LEVIATÁN, monstruo acuático de la mitología fenicia mencionado en la Biblia como símbolo del paganismo.

Leviatán, obra de Hobbes (1651). El abandono mutuo y consentido de todo derecho a favor de un estado absolutista se presenta como única salida a la guerra perpetua a que los hombres se libran por naturaleza.

LEVILLIER (Roberto), *Buenos Aires 1866-íd. 1969*, diplomático e historiador argentino. Embajador en México (1935-1937) y Uruguay (1938-1941), estudió el s. XVI en Sudamérica (*América la bien llamada*, 1948).

LEVINAS (Emmanuel), *Kaunas 1905-París 1995*, filósofo francés de origen lituano. Construyó una filosofía de la existencia fundada en la reflexión sobre «el otro» y contribuyó a la renovación del pensamiento judío (*El tiempo y el otro*, 1948; *Ética e infinito*, 1982).

LEVINGSTON (Roberto Marcelo), *San Luis 1920*, militar y político argentino. Opuesto a Onganía, las fuerzas armadas lo nombraron presidente (1970). Fue destituido (1971).

LÉVI-STRAUSS (Claude), *Bruselas 1908*, antropólogo francés. Tras descubrir su vocación en un viaje a Brasil (*Tristes trópicos*, 1955), aplicó el estructuralismo al estudio de los fenómenos humanos (*Las estructuras elementales del parentesco*, 1949; *Antropología estructural*; *El pensamiento salvaje*, 1962; *Mitológicas*, 1964-1971).

Levítico, libro de la Biblia, el tercero del Pentateuco. Trata del culto israelita, confiado a los miembros de la tribu de Leví.

LÉVY-BRUHL (Lucien), *París 1857-íd. 1939*, filósofo y sociólogo francés. Definió las costumbres en función de la moral (*La moral y la ciencia de las costumbres*, 1903) y forjó la hipótesis de una evolución de la mente humana (*La mentalidad primitiva*, 1922).

LEWIN (Kurt), *Mogilno, región de Bydgoszc, 1890-Newtonville, Massachusetts, 1947*, psicosociólogo estadounidense de origen alemán. Desarrolló una psicología social basada en la topología matemática y se interesó por la dinámica de grupo.

LEWIS (Frederick Carlton, llamado Carl), *Birmingham, Alabama, 1961*, atleta estadounidense. Ganó 9 títulos olímpicos: 4 en 1984 (100 m, 200 m, salto de longitud y 4 x 100 m), 2 en 1988 (100 m y longitud), 2 en 1992 (longitud y 4 x 100 m) y 1 en 1996 (longitud). Obtuvo 8 títulos de campeón del mundo. (Premio Príncipe de Asturias 1996.)

LEWIS (Clarence Irving), *Stoneham, Massachusetts, 1883-Cambridge, Massachusetts, 1964*, lógico estadounidense. Su elaboración de la noción de implicación estricta lo llevó a desarrollar la lógica modal.

LEWIS (Gilbert Newton), *Weymouth, Massachusetts, 1875-Berkeley 1946*, físico y químico estadounidense. Autor, en 1916, de la teoría de los ácidos y propuso, en 1926, el término *fotón* para el cuanto de energía radiante.

LEWIS (Joseph Levitch, llamado Jerry), *Newark, Nueva Jersey, 1926*, actor y director de cine estadounidense, heredero de la tradición cómica norteamericana (*El terror de las chicas*, 1961; *El profesor chiflado*, 1963).

LEWIS (Matthew Gregory), *Londres 1775-en alta mar 1818*, escritor británico, autor de la novela gótica *Ambrosio o el monje* (1796).

LEWIS (Sinclair), *Sauk Centre, Minnesota, 1885-Roma 1951*, escritor estadounidense. En sus novelas satirizó a la burguesía y las preocupaciones económicas y religiosas (*Babbitt*, 1922; *Elmer Gantry*, 1927). [Premio Nobel 1930.]

LEWIS (sir William Arthur), *Castries, Santa Lucía, 1915-Bridgetown, Barbados, 1991*, economista británico. Se especializó en las teorías del crecimiento económico y del desarrollo (Premio Nobel 1979.)

LEXINGTON-FAYETTE, c. de Estados Unidos (Kentucky); 225 366 hab. Cría de caballos.

LEY (Salvador Newy, llamado Salvador), *Guatemala 1907-íd. 1985*, compositor guatemalteco, autor de canciones y piezas para piano (*El mar*, 1941; *Cuatro piezas para piano*, 1969).

Leyenda áurea o **dorada**, nombre dado en el s. XV a una compilación de vidas de santos realizada por Jacobo de Vorágine en el s. XIII.

Leyenda negra, nombre que se da a las interpretaciones de la historia de España, a menudo peyorativas, que se difundieron a partir del s. XVI y que insistían en el carácter oscurantista de la monarquía española (Inquisición; actuación explotadora de los indígenas en las colonias americanas; lucha contra la Reforma en Europa; represión en los Países Bajos).

Leyes (escuela de las), escuela de pensamiento chino, que se remonta al s. VII a.C. y que floreció en los ss. IV y III a.C. Su doctrina (*legismo*), opuesta al confucianismo, preconizaba la igualdad ante la ley y la sumisión a un gobierno autoritario e intervencionista en economía.

■ CLAUDE **LÉVI-STRAUSS**

Leyre (monasterio de **San Salvador de**), monasterio benedictino español (Yesa, Navarra), sobre todo románico, con una secuencia de los ss. IX-XVIII. Sepulcros de los reyes de Navarra.

LEYTE, isla de Filipinas; 8 003 km²; 1 362 000 hab. Ocupada por los japoneses de 1942 a 1944, fue escenario de la victoria de la flota japonesa (oct. 1944), que empleó por primera vez allí los aviones suicidas kamikazes.

LEYVA o **LEIVA** (José Ramón de), *Cartagena de Indias 1747-Santa Fe de Bogotá 1816*, militar y patriota colombiano. Vicepresidente de la Junta que proclamó la independencia (1813), fue fusilado por las tropas españolas.

LEZAMA LIMA (José), *La Habana 1910-íd. 1976*, escritor cubano. Tendió hacia una poesía esencial, a la vez cosmopolita y con raíces cubanas. Católico y revolucionario, se sumó no sin dificultades a la causa castrista. Su obra poética (*Muerte de Narciso*, 1937; *Enemigo rumor*, 1941; *La fijeza*, 1949; *Dador*, 1960) delata una visión a la vez intelectual y sensual del mundo, basada en el poder de la imagen, bajo el modelo de Góngora, que halla su desarrollo teórico en sus ensayos (*Analecta del reloj*, 1953; *Tratados de La Habana*, 1958). Fruto de una labor de años es su compleja y poética novela *Paradiso* (1966), género al que también pertenece *Oppiano Licario* (póstuma, 1977).

■ JOSÉ **LEZAMA LIMA**

LEZO (Blas de), *Pasajes 1689-Cartagena de Indias 1741*, marino español. Capitán de fragata, realizó grandes campañas en el Pacífico, y en el Mediterráneo contrarrestó a los berberiscos. Murió en la defensa de Cartagena de Indias durante la guerra hispano-británica.

LHASSA, c. de China, cap. del Tíbet, a 3 600 m de alt.; 107 000 hab. Numerosas lamaserías. — Palacio de *Potala (s. XVII), antigua residencia del dalai-lama.

LHOTSE, cuarto pico más alto del mundo, en el Himalaya, en la frontera de China y Nepal, cercano al Everest; 8 545 m.

LIÁJOV (islas), archipiélago ruso del océano Ártico.

LIANG KAI, pintor chino (originario de Dongping, Shandong) activo en Hangzhou a mediados del s. XIII. Se convirtió, como su amigo Mu Qi, en uno de los más brillantes representantes de la pintura de la secta budista chan.

LIAOCHENG, c. de China, al O de Jinan; 737 000 hab.

LIAODONG, parte de la provincia de Liaoning (China).

LIAONING, prov. del NE de China; 39 500 000 hab.; cap. *Shenyang*.

LIAOYANG, c. del NE de China (Liaoning); 493 000 hab.

LIAOYUAN, c. de China, al NE de Shenyang; 772 000 hab.

LÍBANO, estado de Asia, junto al Mediterráneo, en Oriente medio, 10 400 km²; 3 100 000 hab. *(libaneses)*. CAP. Beirut. LENGUA: árabe. MONEDA: *libra libanesa*.

GEOGRAFÍA

La cordillera del Líbano (en cuyas vertientes se cultiva trigo, vid, árboles frutales y olivos) domina una estrecha llanura costera, que, muy explotada, concentra la mayoría de la población, densa y con predominio musulmán en la actualidad. Hacia el E se halla la llanura de la Bekaa, depresión árida limitada al E por el Antilíbano. El futuro del país está vinculado a la evolución geopolítica regional.

HISTORIA

De los orígenes a la independencia. Desde el III milenio: la costa fue ocupada por los cananeos y luego por los fenicios, que fundaron las ciudades estado de Biblos, Beritos (act. Beirut), Sidón y Tiro. **Inicios del I milenio:** estos dominaron el comercio mediterráneo. **Ss. VII-I a.C.:** el país estuvo bajo dominio asirio, egipcio, persa, babilonio y griego. **64-63 a.C.-636:** integró la provincia romana, luego bizantina, de Siria. **636:** fue conquistado por los árabes. **Ss. VII-XI:** sirvió de refugio a comunidades cristianas, chiitas y después a la drusa. **1099-1289/1291:** los latinos del reino de Jerusalén y del condado de Trípoli ocuparon la costa hasta su reconquista por los mamelucos de Egipto. **1516:** Líbano fue anexionado por el Imperio otomano. **1593-1840:** los emires drusos, especialmente Fajr al-Din II (1593-1633) y Sihab Basi II (1788-1840), unificaron la montaña libanesa e intentaron obtener su autonomía. **1858-1860:** varios disturbios enfrentaron a los drusos y a los maronitas (en pleno apogeo demográfico y económico). **1861:** Francia obtuvo la creación de la provincia del Monte Líbano, con cierta autonomía. **1918:** Líbano fue liberado de los turcos y formó con la llanura de la Bekaa el «Gran Líbano». **1920-1943:** la Sociedad de naciones confirmó el mandato de Francia.

La República libanesa. 1943: proclamación de la independencia. El «pacto nacional» instituyó un sistema político confesional que repartía los poderes entre las distintas comunidades (maronitas, suníes, chiitas, griegos ortodoxos, drusos y griegos católicos). **1952-1958:** C. Chamoun practicó una política prooccidental. **1958:** los nacionalistas árabes, partidarios de Nasser, desencadenaron la guerra civil, que acabó con la intervención estadounidense. **1958-1970:** la república estuvo presidida por F. Chehab (1958-1964) y luego por C. Helou. **1967:** los palestinos, refugiados en Líbano desde 1948, se organizaron de forma autónoma. **1970-1976:** durante la presidencia de S. Frangié, se produjeron enfrentamientos con los palestinos. **1976:** esos enfrentamientos degeneraron en guerra civil; Siria intervino. Se produjo un enfrentamiento entre una coalición de «izquierda» (favorable a los palestinos, de mayoría suní, drusa y chiita, cuyas principales fuerzas armadas eran los fedayines, las milicias drusas y las del movimiento Amal) y una coalición de «derecha» (de mayoría maronita, favorable a Israel, cuyas fuerzas principales fueron las Falanges cristianas y el Ejército del Líbano sur, aliado de Israel). **1978:** creación de una Fuerza interina de las Naciones unidas en el Líbano (FINUL). **1982:** el ejército israelí asedió Beirut, de donde evacuaron a las fuerzas armadas palestinas. A. Gemayel sucedió como presidente de la república a su hermano Béshir, asesinado. **1984:** se constituyó un gobierno de unión nacional, apoyado por Siria. **1985:** el ejército israelí se retiró del Líbano excepto de la parte S del territorio, denominada «zona de seguridad» (en oposición a la resolución 425 del Consejo de seguridad que solicitaba su retirada incondicional). La guerra civil continuó, complicada con enfrentamientos en el interior de cada bando, especialmente entre diversas tendencias musulmanas: suníes, chiitas moderados del movimiento Amal y chiitas partidarios de Irán (Hezbollah). Estos últimos comenzaron a partir de 1985 a capturar rehenes occidentales (especialmente franceses y estadounidenses). Esta situación provocó la vuelta, en 1987, de las tropas sirias a Beirut Oeste. **1988:** el mandato de A. Gemayel acabó sin que el parlamento lograse elegir sucesor. Se constituyeron dos gobiernos (uno civil y musulmán en Beirut Oeste dirigido por Selim Hoss; el otro, militar y procristiano, en Beirut Este, presidido por el general Michel Aoun, contrario a la presencia siria). **1989:** Elias Hrawi fue elegido presidente de la república. **1990:** una nueva constitución ratificó los acuerdos, firmados en Tã'if en 1989, que preveían un reequilibrio del poder en favor de los musulmanes. El ejército libanés, ayudado por Siria, puso fin a la resistencia del general Aoun. **1991:** el desarme de las milicias y el despliegue del ejército libanés en el Gran Beirut y el S del país fueron el inicio de una restauración de la autoridad del estado, bajo tutela siria. **1992:** tras unas elecciones legislativas, fuertemente contestadas y marcadas por la abstención masiva de los cristianos, se formó un nuevo parlamento y Rafic Hariri fue nombrado primer ministro. **1995:** bajo la presión de Siria, el parlamento prorrogó tres años el mandato presidencial de E. Hrawi. **1996:** nuevos e intensos enfrentamientos entre Hezbollah y el ejército israelí (abril). Las elecciones legislativas propiciaron una mayoría prosiria en el parlamento. **1998:** Émile Lahoud, presidente de la república, y Selim Hoss, de nuevo primer ministro. **2000:** el ejército israelí abandonó el S del país (mayo). Las elecciones legislativas estuvieron marcadas por la derrota de los candidatos prosirios. R. Hariri fue elegido primer ministro. **2004:** tras la dimisión de R. Hariri, Omar Karamé (ya primer ministro de 1990 a 1992) fue nombrado jefe del gobierno. **2005:** la muerte de R. Hariri en un atentado (febr.) fue seguida de una fuerte movilización de la oposición libanesa y de la comunidad internacional contra la presencia siria en Líbano (al verse Siria acusada de implicación directa en este asesinato). Damasco retiró sus tropas del país. O. Karamé dimitió. Tras la victoria de la alianza antisiria en las elecciones legislativas, Fuad Siniora fue nombrado primer ministro. **2006:** en respuesta a un ataque de Hezbollah contra sus soldados en la frontera israelo-palestina, Israel intervino militarmente en Líbano (bombardeos masivos y ofensiva terrestre en Líbano S, 12 julio-14 ag.). Este conflicto fue seguido, en el plano interno, por un grave enfrentamiento político entre una alianza que agrupaba a Hezbollah, al partido Amal y a la corriente liderada por M. Aoun, y a la coalición antisiria en el poder. **2007:** É. Lahoud dejó la presidencia (nov.) sin que se alcanzara un acuerdo para designar a su sucesor. **2008:** tras una larga crisis, el general Michel Suleiman fue elegido jefe del estado (mayo). F. Siniora formó un gobierno de unidad nacional. Líbano y Siria normalizaron sus relaciones.

LÍBANO, mun. de Colombia (Tolima); 43 063 hab. Industria alimentaria. Minas de oro y plata.

LÍBANO (cordillera del), macizo montañoso del Líbano; 3 083 m. Famosa antiguamente por su enorme bosque de cedros.

LIBBY (Willard Frank), *Grand Valley, Colorado, 1908-Los Ángeles 1980,* químico estadounidense. Especialista en radiactividad, ideó el sistema de datación de los objetos mediante la dosificación del carbono 14. (Premio Nobel 1960.)

Liber iudiciorum, compilación de leyes promulgada por Recesvinto (654) y aprobada en el VIII concilio de Toledo. Fue traducida al castellano en el s. XIII *(Fuero juzgo).*

liberal (Partido), partido político colombiano fundado en 1815. Tradicionalmente se ha alternado en el poder con el Partido social conservador. En ocasiones ha ocupado un espacio populista cercano a la izquierda.

liberal (Partido), partido político español que, junto con el Partido conservador, fue la base del sistema bipartidista de la Restauración. Creado por Sagasta (1880), pretendía establecer un estado liberal de derecho sin enfrentarse a los cambios que ello exigía. La etapa 1881-1884 sentó las bases de la reforma legislativa,

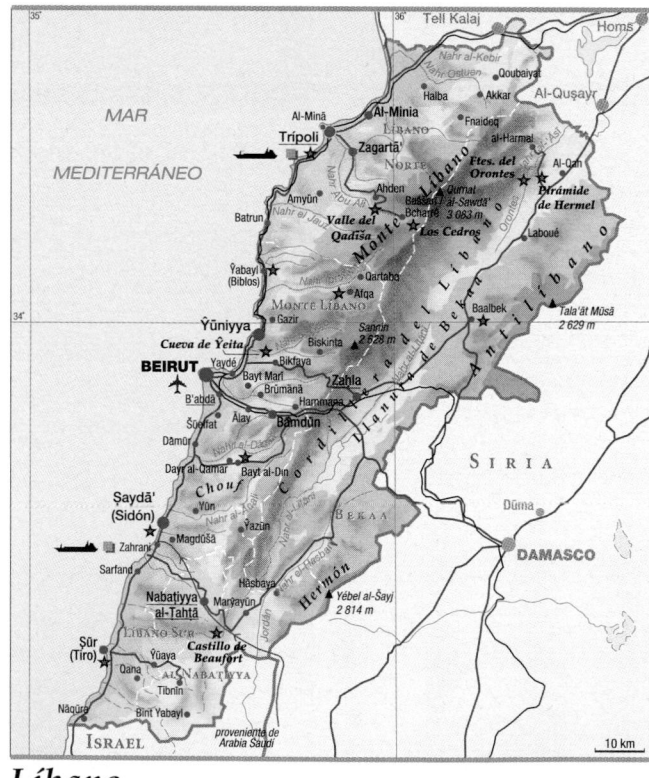

Líbano

✈ aeropuerto internacional — carretera ★ lugar turístico destacado
⚓ puerto petrolífero — ferrocarril ▨ oleoducto
200 500 1 000 2 000 2 500 m ▦ refinería de petróleo ● más de 1 000 000 hab.
límite de gobernación ● de 100 000 a 1 000 000 hab.
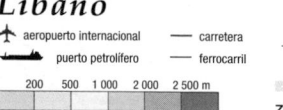 **Zabla** capital de gobernación ● de 10 000 a 100 000 hab.
● menos de 10 000 hab.

realizada en 1885-1890. En 1892 entró en crisis, agudizada tras la muerte de Sagasta (1903) y el asesinato de Canalejas (1912).

liberal o **constitucional** (trienio) [1820-1823], segunda etapa de gobierno constitucional en España, iniciada con la revolución de 1820, que obligó a Fernando VII a jurar la constitución de 1812. Concluyó con la reacción absolutista y la invasión francesa de los Cien mil hijos de San Luis.

liberal-demócrata (Partido) o **PLD**, partido político japonés. Nacido en 1955 de la fusion de dos partidos conservadores, el Partido liberal y el Partido demócrata, domina la vida política del país.

Libération, diario francés, fundado en 1973 bajo los auspicios de J.-P. Sartre y dirigido desde 1974 hasta 2006 por Serge July.

LIBEREC, c. de la República Checa, en Bohemia; 101 934 hab. Antiguo castillo; residencias del s. XVIII; museos.

LIBERIA, estado de África occidental, a orillas del Atlántico; 110 000 km²; 3 140 000 hab. (*liberianos*). CAP. *Monrovia*. LENGUA: *inglés*. MONEDA: *dólar liberiano*.

GEOGRAFÍA

Cubierta en gran parte por una densa selva, Liberia posee plantaciones de palmas de aceite, cafetales y sobre todo heveas. El subsuelo contiene diamantes y hierro, principal producto de exportación de un país cuya economía quedó arruinada tras la guerra civil (vinculada a la diversidad étnica). Liberia obtiene importantes ingresos del «préstamo» de su bandera (pabellón de conveniencia) [la flota liberiana es la segunda del mundo].

HISTORIA

Ss. XV-XVIII: la región estaba ocupada principalmente por pueblos de lengua mandé y kru. El litoral (Costa de la Pimienta, de las Semillas o de los Granos), descubierto por los portugueses, era frecuentado por los mercaderes europeos. **1822:** la Sociedad americana de colonización, fundada en 1816, estableció en esta costa a esclavos negros liberados, pese a la hostilidad de los autóctonos. **1847:** se proclamó la república de Liberia; la capital se llamó Monrovia en honor al presidente estadounidense J. Monroe. **1857:** fusión con la colonia vecina de Maryland. **1885-1910:** se fijaron las fronteras del país mediante acuerdos con Gran Bretaña y Francia. **1926:** comenzaron las grandes concesiones a empresas estadounidenses. **1944-1971:** William Tubman fue presidente. **1980:** un golpe de estado militar derrocó al presidente Tolbert (en el gobierno desde 1971) y llevó al poder a Samuel K. Doe. **1984:** se aprobó una constitución, por referéndum, que preveía la vuelta al régimen civil. Pero Doe mantuvo una política autoritaria. **1990:** el auge de la guerrilla, encabezada por Charles Taylor, desembocó en una guerra civil (Doe fue muerto en combate). **1991:** se desplegó en el país una fuerza de interposición de la Comunidad económica de estados de África del Oeste (ECOWAS). **1994-1996:** a pesar de haber firmado diversos acuerdos de paz y de la creación de instituciones de transición, prosiguieron los combates. **1996:** fin del conflicto. **1997:** Charles Taylor fue elegido presidente de la república. Pero Liberia siguió siendo un país agitado por graves problemas interiores y generador de inestabilidad a nivel regional. **2003:** bajo la presión de los rebeldes (sobre todo del LURD [Liberianos unidos por la reconciliación y la democracia]) y de la comunidad internacional, C. Taylor tuvo que dejar el poder. Un gobierno de transición se puso en marcha. **2006:** Ellen Johnson-Sirleaf se convirtió en presidenta de la república (primera mujer elegida [en nov. 2005] en la jefatura de un estado africano).

LIBERIA, c. de Costa Rica, cap. de la prov. de Guanacaste, junto al *río Liberia;* 34 333 hab.

LIBERIO (san), ¿*Roma?-íd. 366,* papa de 352 a 366. Luchó contra el arrianismo.

LIBERTAD (departamento de La), dep. de El Salvador, junto al Pacífico; 1 653 km²; 522 071 hab.; cap. *Nueva San Salvador.*

LIBERTAD (La), localidad de Ecuador (Guayas), junto a la bahía de Santa Elena. Refine-

rías de petróleo; oleoducto; industria química.

LIBERTAD (La), dep. de Perú; 25 570 km², 1 617 050 hab., cap. *Trujillo.*

LIBERTAD (Tania), *Chiclayo 1951,* cantante peruana. Intérprete de boleros, música afroperuana, de la Nueva trova y rancheras *(La contamana),* reside en México desde 1980.

Libertad bajo palabra, obra poética de Octavio Paz (1960), recopilación de escritos (1935-1957) sobre el mundo y el lenguaje.

Libertad iluminando el mundo (La), estatua gigantesca (93 m de alt., incluido el pedestal) erigida en 1886 en la rada de Nueva York. Ofrecida por Francia a EUA, es obra de Bartholdi. (Patrimonio de la humanidad 1984.)

Libertador (el), nombre dado a los grandes caudillos de la independencia hispanoamericana, Simón Bolívar y José de San Martín.

LIBERTADOR GENERAL BERNARDO O'HIGGINS (región del), región del centro de Chile; 16 365 km²; 688 385 hab.; cap. *Rancagua.*

LIBERTADOR GENERAL SAN MARTÍN, dep. de Argentina (Chaco); 48 013 hab.; cab. *General José de San Martín.*

LIBERTADOR GENERAL SAN MARTÍN, dep. de Argentina (Misiones); 37 833 hab.; cab. *Puerto Rico.* Industria del papel.

LIBERTADOR GENERAL SAN MARTÍN (cumbre de), nombre oficial del nevado de **Cachi* (Argentina).

LIBIA, estado de África, junto al Mediterráneo, 1 760 000 km²; 5 590 000 hab. *(libios).* CAP. *Trípoli.* LENGUA: *árabe.* MONEDA: *dinar libio. (V. mapa pág. siguiente.)*

GEOGRAFÍA

La economía se basaba en la ganadería nómada (ovina y camellos), debido al desierto, y en una agricultura sedentaria (trigo, cebada, palmera datilera y frutales) en los oasis y en la franja litoral, menos árida. El petróleo, principal recurso de un país vasto pero poco poblado, ha transformado la economía. La población, islamizada, es mayoritariamente urbana y se concentra en el litoral.

Liberia

carretera — ferrocarril — aeropuerto

● más de 500 000 hab.
● de 20 000 a 100 000 hab.
● menos de 20 000 hab.

200 500 1000 m

50 km

HISTORIA

De los orígenes a la dominación otomana. S. XIII a.C.: los libios, llamados así por los griegos, invadieron Egipto con los pueblos del mar. **S. VII:** los griegos fundaron en Cirenaica las cinco colonias de la Pentápolis s y Cartago dominó Tripolitania. **106-19 a.C.:** el país fue conquistado por Roma. **642-643:** conquista árabe. **Ss. VII-XVI:** el país fue sometido por los Omeyas, los Abasíes y por diversas dinastías mogrebíes y egipcias. **1517:** los otomanos conquistaron Cirenaica y Tripolitania (1551).

La Libia contemporánea. 1911-1912: Italia conquistó el país, al que renunciaron los otomanos (paz de Ouchy). **1912-1931:** la hermandad de los sanusíes resistió en Cirenaica la conquista italiana. **1934:** se creó la colonia italiana de Libia. **1940-1943:** tras la campaña de Libia, Francia administró Fezzán, y Gran Bretaña, Tripolitania y Cirenaica. **1951:** estos tres territorios se reunieron en un estado federal independiente cuyo rey fue Idris I (1951-1969). **1961:** comenzó la explotación del petróleo. **1963:** se abolió la organización federal. **1969:** el golpe de estado de los «oficiales libres» convirtió a Gadafi en dueño del país. **1971:** nacionalización de las compañías petroleras. **1973:** Gadafi puso en marcha la revolución cultural islámica. **1977:** instituyó el estado de las masas *(Yamāhiriyya).* **1980:** Libia intensificó su intervención en el Chad. **1986:** sufrió los bombardeos estadounidenses por su apoyo a las organizaciones terroristas. **1987:** derrotas militares en el Chad. **1988:** Libia restableció relaciones diplomáticas con el Chad. **1989:** integración de Libia en la Unión del Magreb árabe. **1992:** el Consejo de seguridad de la ONU, ante la negativa libia a colaborar en las investigaciones sobre atentados terroristas, decretó el embargo aéreo y militar. **1994:** Libia se retiró de la banda de Aozou, que ocupaba desde 1973. **2003-2004:** tras haber manifestado Trípoli su voluntad de cooperar con la comunidad internacional (sobre todo en materia de terrorismo y de desarme), el embargo contra Libia, suspendido desde 1999, fue levantado.

1469

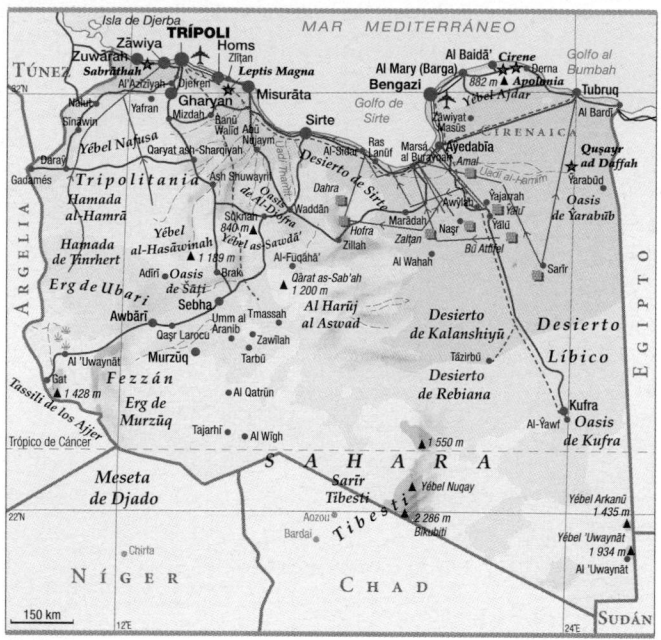

Libia

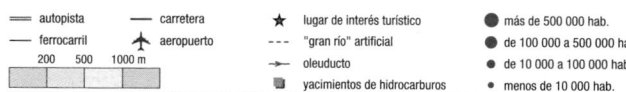

autopista	carretera	★ lugar de interés turístico	● más de 500 000 hab.
ferrocarril	✈ aeropuerto	--- «gran río» artificial	● de 100 000 a 500 000 hab.
200 500 1000 m		oleoducto	● de 10 000 a 100 000 hab.
		⬤ yacimientos de hidrocarburos	• menos de 10 000 hab.

LIBIA (desierto de), parte oriental del Sahara. En Egipto se le llama desierto Occidental (limitado al E por el Nilo).

LI BO, llamado también **Li Taibo**, *701-762*, poeta chino, uno de los grandes poetas de la dinastía de los Tang.

LIBRA o **BALANZA**, constelación zodiacal. — Libra, séptimo signo del zodiaco, en el que el Sol entra en el equinoccio de otoño.

LIBRES, ant. **San Juan de Llanos**, mun. de México (Puebla); 17 313 hab. Cereales; ganadería.

LIBREVILLE, cap. de Gabón, en el estuario del r. Gabón; 352 000 hab. Puerto. — Fue fundada en 1849.

libro de las tierras vírgenes (El) o **El libro de la selva**, título de dos colecciones de relatos de R. Kipling (1894-1895) dedicados a las aventuras de Mowgli, el «cachorro de hombre». Adoptado por los animales de la selva, se convierte en el rey de la misma, pero después debe regresar al mundo de los hombres.

Libro de los muertos, conjunto de textos que constituían el ritual funerario del Egipto faraónico, que se consignaba sobre un papiro que se solía depositar en la tumba.

LICANCÁBUR, volcán apagado en la cordillera de los Andes de Chile (Antofagasta), en la frontera con Bolivia; 5 916 m.

LICEAGA (Eduardo), *Guanajuato 1839-México 1920*, médico mexicano. Reformador de la práctica y la enseñanza de la medicina, introdujo innumerables mejoras higiénicas en México. Fundador del Hospital general de la ciudad de México, dirigió la Cruz roja y la Escuela de medicina (1899-1911).

Liceo (gran teatro del), teatro de ópera de Barcelona, inaugurado en 1847. En 1861 un incendio obligó a su restauración. En 1893 una bomba lanzada sobre la platea causó numerosas víctimas. Devastado en 1994 por un nuevo incendio, en 1999 fue reinaugurado.

LICHTENSTEIN (Roy), *Nueva York 1923-íd. 1997*, pintor estadounidense. Representante del pop art, utiliza, para trasponerlas, imágenes de cómics o de obras de arte de un pasado reciente.

LICHUAN, c. de China, al E-NE de Chongqing; 718 000 hab.

LICIA, ant. región costera del SO de Asia Menor; c. pral. *Janto*.

LICINIO ESTOLÓN (Cayo), *s. IV a.C.*, político romano. Tribuno de la plebe (376 y 367 a.C.), fue el autor de las leyes llamadas *licinias*, que atenuaron el conflicto entre patricios y plebeyos.

LICINIO LICINIANO (Flavio Valerio), *en Iliria h. 250-Tesalónica 324*, emperador romano (308-324). Proclamado augusto en 308, se quedó como único dueño de Oriente en 313, tras su victoria sobre Maximino Daya. Persiguió a los cristianos y fue asesinado por Constantino I el Grande.

LICOFRÓN de Calcis, *Calcis fines s. IV a.C.-principios s. III a.C.*, poeta griego. Su poema *Alejandra* relata las profecías de Casandra en un estilo hermético.

LICRA (Liga internacional contra el racismo y el antisemitismo), asociación fundada en 1927, con el objetivo de combatir el racismo y el antisemitismo.

LICURGO, *¿s. IX a.C.?*, legislador mítico, a quien se atribuyen las severas instituciones espartanas.

LICURGO, *h. 390-h. 324 a.C.*, orador y político ateniense, aliado de Demóstenes, se opuso a Filipo II de Macedonia.

LIDA DE MALKIEL (María Rosa), *Buenos Aires 1910-Oakland, EUA, 1962*, filóloga argentina. Destacan sus trabajos sobre Juan de Mena y *La Celestina*, y sus *Estudios de literatura española y comparada* (1966).

LIDDELL HART (sir Basil), *París 1895-Marlow 1970*, teórico militar británico. Partidario convencido de la guerra mecanizada, es autor de numerosas obras de estrategia y de historia.

LIDIA, ant. reino de Asia Menor, cuya capital era Sardes. Sus reyes más conocidos fueron Giges y Creso. Cayó en poder persa en 547 a.C.

LIDO, isla de Italia, cerca de Venecia. Acoge la *rada del Lido*. Estación balnearia.

LIE (Jonas), *Eker 1833-Stavern 1908*, escritor noruego. Su estilo impresionista ejerció una considerable influencia sobre la novela escandinava (*El piloto y su mujer*, 1874).

LIE (Sophus), *Nordfjordeid 1842-Cristianía, act. Oslo, 1899*, matemático noruego. Transformó la teoría de los grupos en un valioso instrumento de la geometría y del análisis.

LIÉBANA (La), comarca de España (Cantabria), fosa tectónica avenada por el Deva. El núcleo principal es Potes.

LIEBIG (Justus, barón von), *Darmstadt 1803-Munich 1873*, químico alemán. Promovió el desarrollo de la química orgánica en Alemania. Ideó, en 1830, el método de dosificación del carbono y del hidrógeno en los cuerpos orgánicos y descubrió el cloroformo (1831).

LIEBKNECHT (Wilhelm), *Giessen 1826-Charlottenburg 1900*, político alemán. Fundador del Partido obrero socialdemócrata alemán (1869), fue diputado en el Reichstag (1874-1887; 1890-1900). — **Karl L.**, *Leipzig 1871-Berlín 1919*, político alemán. Hijo de Wilhelm, fue uno de los líderes del grupo socialdemócrata contrario a la guerra, y posteriormente del espartaquismo. Participó en la fundación del Partido comunista alemán (dic. 1918-en. 1919) y fue asesinado durante la insurrección espartaquista.

LIECHTENSTEIN, estado de Europa central, entre Suiza y Austria; 160 km²; 31 000 hab. CAP. *Vaduz*. LENGUA: *alemán*. MONEDA: *franco suizo*. Turismo. Centro financiero y comercial. — Constituido por los señoríos de Vaduz y Schellenberg, fue erigido en principado en 1719 y formó parte de la Confederación del Rin (1806-1813) y de la Confederación germánica (1815-1866). Desde 1921, forma un principado constitucional, cuyos últimos príncipes han sido Francisco I (1939-1938), Francisco José II (1938-1989) y Hans Adams II (desde 1989). Está vinculado económicamente a Suiza (Unión aduanera y financiera de 1923). Se convirtió en miembro de la ONU en 1990 y de la EFTA en 1991.

LIEJA, en fr. **Liège**, en neerl. **Luik**, c. de Bélgica, cap. de la prov. homónima, en la confluencia del Mosa y del Ourthe; 194 596 hab. (500 000 hab. en la aglomeración). Universidad. Puerto fluvial. Industrias. — Iglesia de San Bartolomé (pila bautismal de R. de Huy). Palacio de los príncipes-obispos (ss. XVI y XVIII). — Fue cap. de un principado eclesiástico (s. X) que entró en la órbita de los Habsburgo (1477).

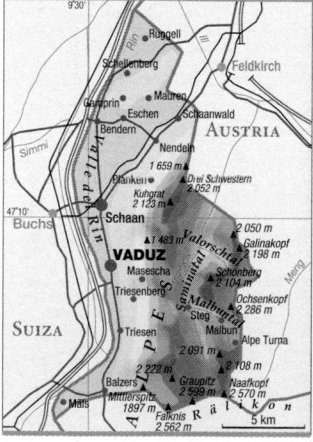

Liechtenstein

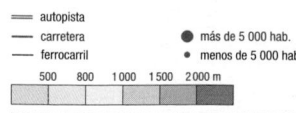

autopista	
carretera	● más de 5 000 hab.
ferrocarril	• menos de 5 000 hab.
500 800 1000 1500 2000 m	

LIEJA, en fr. **Liège,** prov. del E. de Bélgica; 3 876 km²; 999 646 hab.; cap. *Lieja.*

LIENA o **LENA,** r. de Rusia, en Siberia, tributario del océano Ártico (mar de Láptiev); 4 270 km; cuenca de 2 490 000 km².

LIENDO (Pedro de), *Valmaseda 1586-Antigua Guatemala 1657,* pintor y escultor español activo en Guatemala. Autor de vastísima obra, realizó varios retablos para los dominicos (capilla de Nuestra Señora de la Antigua, 1657; la serie *Vida de santo Domingo*).

LIENDO (Rodrigo de), arquitecto español del s. XVI activo en Santo Domingo, donde realizó las iglesias de los mercedarios (1525), de San Francisco (1547-1556) y la catedral.

LIÉPAIA o **LIEPÄJA,** c. de Letonia, en el Báltico; 114 900 hab. Puerto.

LIFAR (Serge), *Kíev 1905-Lausana 1986,* bailarín y coreógrafo francés de origen ruso. Primer bailarín y coreógrafo de la ópera de París (1929-1945 y 1947-1958), promovió el ballet neoclásico francés y publicó diversas obras sobre danza.

liga (Santa), nombre dado a varias coaliciones creadas en Europa en los ss. XV, XVI y XVII. La primera (1495-1496) fue formada por Fernando el Católico, el papa Alejandro VI, Milán, Venecia y Maximiliano I contra Carlos VIII de Francia, que fue vencido. La segunda (1508-1512) la formaron los Estados Pontificios, Venecia y España contra Luis XII de Francia, que fue derrotado. La tercera, llamada **liga de Lepanto,** estuvo integrada por los Estados Pontificios, Venecia y España contra los turcos tras la toma de Chipre (1570). La flota de estas potencias, bajo el mando de Juan de Austria, obtuvo sobre los turcos la victoria de ·Lepanto (1571). La cuarta, llamada **Santa unión,** fue un movimiento católico francés (1576) contra la Unión calvinista apoyado por España a cambio de ceder la Navarra francesa y Cambrésis. En 1593 esta liga pactó con Enrique de Navarra (Enrique IV de Francia) y los españoles tuvieron que retirarse.

Liga árabe o **Liga de los Estados árabes,** organización de estados independientes, destinada a promover su cooperación, constituida en 1945 por Egipto, Iraq, Transjordania, Siria, Líbano, Arabia Saudí y Yemen. De 1950 a 1990 se adhirieron a ella 14 estados y la OLP. Egipto, suspendido en 1979, se reintegró a ella en 1989.

Liga federal, alianza formada por la Banda Oriental (Uruguay) y las provincias argentinas de Córdoba, Corrientes, Entre Ríos y Santa Fe, para contrarrestar el poder de Buenos Aires, dirigida por Artigas (1816).

Liga internacional contra el racismo y el antisemitismo → LICRA.

Liga musulmana, partido político, creado en 1906, que defendió los intereses de la comunidad musulmana en la India británica y que luchó a partir de 1940 por la creación de Pakistán.

Liga unitaria, coalición de las provincias argentinas de Córdoba, Mendoza, San Luis, San Juan, Salta, Tucumán, Santiago del Estero, Catamarca y Jujuy, creada para oponerse al federalismo (1829-1831).

LIGETI (György), *Dicsöszentmárton, act. Tîrnăveni, Transilvania, 192-Viena 2006,* compositor húngaro nacionalizado austríaco. Su estilo es de un acusado estatismo (*Atmósferas,* 1961) o muy puntillista y «cortado» (*Nuevas aventuras,* 1966), o incluso una síntesis de ambas tendencias (*Réquiem, Lontano,* 1967; *El gran Macabro,* ópera, 1978).

LIGNE (Charles Joseph, príncipe de), *Bruselas 1735-Viena 1814,* mariscal austríaco. Amigo de José II, diplomático y escritor en lengua francesa, encarnó el cosmopolitismo del s. XVIII.

LIGUA (La), c. de Chile (Valparaíso); 27 378 hab. Ganadería ovina; manufacturas de lana.

LIGUR (república), estado que sustituyó en 1797 a la República de Génova, anexionado en 1805 al Imperio francés.

LIGURIA, región del N de Italia, a orillas del golfo de Génova; 5 420 km²; 1 668 000 hab.; 4 prov. (*Génova, Imperia, Savona* y *La Spezia*).

LIHN (Enrique), *Santiago 1929-íd. 1988,* escritor chileno. Poeta reflexivo y crítico (*La pieza os-*

cura, 1963; *Poesía de paso,* 1966), fue también narrador (*Batman en Chile,* 1973; *La orquesta de cristal,* 1976; *El arte de la palabra,* 1980).

LIKASI, c. de la Rep. dem. del Congo, en Katanga; 194 000 hab.

Likud, coalición política israelí que agrupa, desde 1973, formaciones del centro y de la derecha. Perdió al grueso de sus elementos centristas con la creación, en 2005, del partido Kadima.

LILIBEO, colonia cartaginesa de la ant. Sicilia. (Act. *Marsala.*)

LILIENTHAL (Otto), *Anklam 1848-Berlín 1896,* ingeniero alemán. Pionero del vuelo planeado, realizó 2 000 vuelos arrojándose desde lo alto de una colina y suspendido por grandes velas. Sus experiencias fueron aprovechadas por los hermanos Wright.

LILITH, demonio femenino en la tradición rabínica, de origen asirio-babilónico. Considerada la primera esposa de Adán, nacida igual que él del limo, o quien lo sedujo tras la caída, es acusada según una leyenda popular de procurar la muerte de los recién nacidos.

LILLE, c. de Francia, cap. de la región Nord-Pas-de-Calais y del dep. de Nord, en Flandes, a orillas del Deûle; 219 597 hab. (1 millón de hab. aprox. en la aglomeración). Universidad. Centro comercial. Industria del automóvil. — Monumentos (edificio de la Bolsa, 1652). Museo de bellas artes. — Ciudad pañera (s. XII), fue capital de los duques de Borgoña. Con Carlos Quinto pasó a la corona española y se incorporó a Francia en 1667.

LILLEHAMMER, c. de Noruega, al N de Oslo; 23 055 hab. Deportes de invierno. — Museo etnográfico al aire libre; museo de pintura.

Lilliput, país imaginario de los *Viajes de "Gulliver."* Sus habitantes no miden más de seis pulgadas.

LILLO (Baldomero), *Lota 1867-Santiago 1923,* escritor chileno. Destacado narrador social, publicó dos libros de cuentos: *Sub-Terra* (1904) y *Sub-Sole* (1907).

LILONGWE, cap. de Malawi; 440 000 hab. (765 000 hab. en la aglomeración).

LIMA, c. de Perú, cap. de la república y del dep. homónimo, 5 759 676 hab. en la aglomeración (limeños). Se extiende sobre ambas orillas del río Rímac. Principal centro administrativo, fabril, financiero y cultural (universidad) del país. — Fundada por Pizarro en 1535, conserva su antiguo núcleo colonial en torno a la plaza de Armas (catedral, iglesias y conventos barrocos, palacios, mansiones). En el barroco fue un gran centro artístico, no solo en arquitectura (especialmente rococó), sino también en pintura y escultura. Importantes museos de arte precolombino y virreinal. (Patrimonio de la humanidad 1988.) — Cap. del virreinato del Perú y sede de una rica aristocracia criolla, fue una de las últimas ciudades de la América española en independizarse.

■ **LIMA.** La plaza de Armas y la catedral; fines del s. XVI-XVIII.

LIMA, dep. de Perú, 34 802 km²; 8 445 211 hab.

LIMA (La), c. del NO de Honduras (Cortés); 60 352 hab.

LIMA (Luis), *Córdoba 1948,* tenor argentino. Debutó en Lisboa. Su repertorio incluye obras de Donizetti, Verdi, Massenet y Mascagni.

LIMACHE, c. de Chile (Valparaíso); 34 973 hab. Centro agropecuario y minero (cobre, plata, oro).

LIMANTOUR (José Yves), *México 1854-París 1935,* economista, abogado y político mexicano de origen francés. Ministro de hacienda de

Porfirio Díaz (1893-1911), saneó la economía del país, reorganizó el sistema bancario, estabilizó la moneda, nacionalizó los ferrocarriles y refinanció la deuda externa.

LIMARÍ, r. de Chile (Coquimbo), que pasa por Ovalle y desemboca en el Pacífico; 200 km. Instalaciones hidroeléctricas y regadíos (frutales).

LIMASSOL, c. de Chipre; 129 700 hab. Puerto.

LIMAY, r. de Argentina (Río Negro y Neuquén), que con el Neuquén forma el río Negro; 400 km. Presa de El Chocón. Regadíos.

LIMBOURG (hermanos [Pol, Herman y Jean] de), miniaturistas neerlandeses de principios del s. XV. Son autores de *Las muy ricas horas del duque de Berry,* una de las obras maestras del gótico internacional.

LIMBURGO, región histórica de la Europa del NE. Ducado adquirido en 1288 por Brabante, fue dividido por el tratado de Westfalia (1648) entre las Provincias Unidas y los Países Bajos españoles.

LIMBURGO, en neerl. **Limburg,** en fr. **Limbourg,** prov. del NE de Bélgica; 2 421 km²; 750 435 hab.; cap. *Hasselt.*

LIMBURGO, en neerl. **Limburg,** prov. meridional de Países Bajos; 1 115 500 hab.; cap. *Maastricht.*

LIMERICK, en gaélico **Luimneach,** c. de la República de Irlanda, en la cabecera del estuario del Shannon; 52 040 hab. Puerto. — Castillo y catedral en parte del s. XIII.

LIMOGES, c. de Francia, cap. de la región de Lemosín y del dep. de Haute-Vienne, a orillas del Vienne; 137 502 hab. Universidad. Porcelana. — Catedral (ss. XIII-XVI). Museo de cerámica.

LIMÓN o **PUERTO LIMÓN,** c. de Costa Rica, cap. de la prov. homónima; 64 406 hab. Principal puerto exportador del país. Centro industrial. Refino de petróleo; oleoducto. Aeropuerto.

LIMÓN (El), c. de Venezuela (Aragua); 90 030 hab.

LIMÓN (bahía del), bahía de Panamá, que constituye la terminación N del canal de Panamá.

LIMÓN (provincia de), prov. del E de Costa Rica, en el Caribe; 9 300 km², 399 241 hab., cap. *Limón.*

LIMÓN (José Arcadio), *Culiacán 1908-Flemington, Nueva Jersey, 1972,* bailarín, coreógrafo y pedagogo estadounidense de origen mexicano. Discípulo de D. Humphrey, fundó su propia compañía en 1946, con la que sobresalió en la modern dance (*La Malinche,* 1949; *Emperor Jones,* 1956; *My Son, My Enemy,* 1965; *Carlota,* 1972). Creador de coreografías que denuncian la violencia y la injusticia, dio clases en el American Dance Festival (1948-1958) y en la Juilliard School (1951).

■ JOSÉ ARCADIO **LIMÓN** con Pauline Koner.

LIMPOPO, r. de África austral, que desemboca en el Índico; 1 600 km.

LIMPOPO, ant. **Transvaal Norte,** posteriormente **Provincia del Norte,** prov. de Sudáfrica; 4 929 368 hab.; cap. *Polokwane* (ant. *Pietersburg*).

LINARES, c. de Chile (Maule); 76 154 hab. Centro agropecuario; industrias derivadas.

LINARES, c. de España (Jaén), cab. de p. j.; 58 034 hab. *(linarenses)*. Centro minero (plomo) e industrial. — Iglesias gótica y barrocas. Museo arqueológico de las minas romanas de Cástulo.

LINARES, mun. de México (Nuevo León); 53 691 hab. Centro hortofrutícola.

LINARES (Carmen **Pacheco Rodríguez**, llamada **Carmen**), *Linares 1951*, intérprete de cante flamenco española, cantaora versátil, de voz quebrada y profunda. (Premio nacional de música 2001.)

LINARES (José María), *Potosí 1810-Valparaíso 1861*, político y abogado boliviano. Participó en la firma del tratado que reconoció la independencia de Bolivia y en las comisiones que redactaron sus códigos. En 1857 derrocó al presidente Córdova e implantó una dictadura que representó los intereses de la oligarquía boliviana. Desterrado por sus ex partidarios (1861).

LINARES ALCÁNTARA (Francisco), *Turmero 1828-La Guaira 1878*, militar y político venezolano. Participó en la Revolución federal y fue ministro de estado (1873-1877) y presidente de la república (1877-1878).

LINARES RIVAS (Manuel), *Santiago 1867-La Coruña 1938*, escritor español, autor de un teatro burgués (*El caballero lobo*, 1910; *Almas brujas*, 1922; *Todo Madrid lo sabía*, 1931) y novelista. (Real academia 1919.)

LINATI (Claudio), *Carbonera de Parma 1790-Tampico 1832*, pintor y litógrafo italiano activo en México, donde fue el iniciador de la litografía (*Trajes civiles, militares y religiosos de México*, 1828).

■ CLAUDIO **LINATI**. *Negro*. Grabado del s. XIX. (Museo de América, Madrid.)

LIN BIAO, *Huanggang, Hubei, 1908-1971*, militar y político chino. Miembro del PCCh, fue uno de los jefes militares de la Larga marcha (1934-1935) y de la guerra civil (1946-1949). Ministro de defensa (1959), desempeñó un papel importante durante la Revolución cultural. Según parece, en 1971 fue derribado el avión en el que intentaba huir a la URSS tras un intento de golpe de estado.

LINCE, mun. de Perú (Lima); 82 558 hab. Constituye un barrio residencial de Lima.

LINCHUAN, c. de China, al SE de Nanchang; 619 000 hab.

LINCOLN, partido de Argentina (Buenos Aires); 18 698 hab. Conservas de carne; industrias lácteas.

LINCOLN, c. de Estados Unidos, cap. de Nebraska; 191 972 hab. Universidad.

LINCOLN, c. de Gran Bretaña (Inglaterra), cap. del Lincolnshire; 81 900 hab. Catedral del s. XIII; museos.

LINCOLN (Abraham), *cerca de Hodgenville, Kentucky, 1809-Washington 1865*, político esta-

dounidense. Diputado republicano y antiesclavista militante, su elección para la presidencia de EUA en 1860 provocó la guerra de Secesión. Fue reelegido en 1864 y, poco después de la victoria nordista, fue asesinado por un fanático (abril 1865).

LINCOVSKY (Cipe), *Buenos Aires 1933*, actriz argentina. Ha alcanzado un gran éxito con recitales teatrales muy personales, basados en collages de textos, y como actriz de cine (*La amiga*, J. Marapfel, 1988; *Caballos salvajes*, M. Piñeyro, 1995).

LINDAU, c. de Alemania (Baviera), en una isla del lago Constanza; 24 555 hab. Antigua y pintoresca ciudad; importante centro turístico.

LINDBERGH (Charles), *Detroit 1902-Hana, Hawai, 1974*, aviador estadounidense. Realizó con éxito la primera travesía sin escalas del Atlántico norte, de Nueva York (Roosevelt Fields) a París (Le Bourget), a bordo del *Spirit of Saint Louis* (20-21 mayo 1927).

LINDBLAD (Bertil), *Örebro 1895-Estocolmo 1965*, astrónomo sueco. Fue el primero en determinar la rotación diferencial de la Galaxia (1921) y explicó los brazos espirales de las galaxias por fenómenos ondulatorios vinculados a perturbaciones gravitatorias.

LINDE (Carl von), *Berndorf, Baviera, 1842-Munich 1934*, industrial alemán. Construyó el primer aparato de refrigeración por compresión (1873) y consiguió la licuefacción del aire (1895).

LINDEMANN (Ferdinand von), *Hannover 1852-Munich 1939*, matemático alemán. Demostró la trascendencia del número π (1882), dando término así a la controversia sobre la cuadratura del círculo.

LINDO (Hugo), *La Unión 1917-San Salvador 1985*, escritor salvadoreño. Poeta de acento religioso y metafísico, destaca como renovador de la narrativa salvadoreña (*¡Justicia, señor gobernador!*, 1960; *Cada día tiene su afán*, 1965; *Espejos paralelos*, 1974).

LINDO Y ZELAYA (Juan), *Tegucigalpa 1790-Gracias 1857*, político centroamericano. Partidario de la unión centroamericana, fue presidente de El Salvador (1841-1842) y de Honduras (1847-1852).

LINE ISLANDS («islas de la Línea [el ecuador]») o **ESPÓRADAS ECUATORIALES**, archipiélago del Pacífico, a ambos lados del ecuador, dividido entre Kiribati y Estados Unidos.

LÍNEA DE LA CONCEPCIÓN (La), c. de España (Cádiz), cab. de p. j.; 59 993 hab. *(linienses)*. Centro comercial en la frontera del territorio de Gibraltar.

LING (Per Henrik), *Ljunga 1776-Estocolmo 1839*, fundador de la gimnasia sueca.

LINIERS Y BREMOND (Santiago Antonio María de), *Niort 1753-Córdoba, Argentina, 1810*, marino y político español de origen francés, virrey, capitán general y gobernador de Buenos Aires (1807-1809).

LINKÖPING, c. de Suecia meridional; 122 268 hab. Construcciones aeronáuticas. Catedral y castillo (ss. XIII-XV); museos.

LINNEO (Carl von), *Rashult 1707-Uppsala 1778*, naturalista sueco. Más que su clasificación de las plantas, actualmente en desuso, su principal mérito fue describir con precisión muchas especies vegetales y animales y atribuir

a cada una de ellas doble nombre latino, genérico y específico *(nomenclatura binomial)*.

LINZ, c. de Austria, cap. de la Alta Austria, a orillas del Danubio; 202 855 hab. Siderurgia. — Iglesias medievales y barrocas; casas antiguas; museo del Castillo.

LIÑÁN (Amable), *Noceda, León, 1934*, ingeniero aeronáutico español. Sus pioneros trabajos de aplicación de las matemáticas a la combustión le han convertido en una autoridad mundial en la materia. (Premio Príncipe de Asturias 1993.)

LIÑÁN DE RIAZA (Pedro), *¿Toledo? h. 1558-Madrid 1607*, poeta español. Escribió comedias, pero solo se conserva su obra lírica incluida en el *Romancero general* (1600).

LIÑÁN Y CISNEROS (Melchor), *Torrelaguna 1629-Lima 1708*, eclesiástico y político español. Arzobispo de Charcas (1673) y de Lima (1678), fue virrey de Perú (1678-1681).

LIÑÁN Y VERDUGO (Antonio de), *n. en Vara de Rey, Cuenca, ¿fines s. XVI?*, escritor español, famoso por la obra costumbrista *Guía y avisos de forasteros que vienen a la corte* (1620), que recuerda el estilo de Boccaccio.

LIOST (Jaume Bofill i Mates, llamado Guerau de), *Olot 1878-Barcelona 1933*, poeta español en lengua catalana. Militante de la Liga regionalista y autor de ensayos políticos, fue uno de los principales representantes del noucentisme.

LIOUVILLE (Joseph), *Saint-Omer 1809-París 1882*, matemático francés. Estudió las funciones holomorfas y demostró la existencia de los números trascendentes (1851).

LÍPARI (isla), la principal de las islas Eolias (Italia), que da a veces su nombre al conjunto del archipiélago.

LIPATTI (Constantin, llamado Dinu), *Bucarest 1917-Ginebra 1950*, compositor y pianista rumano. Se distinguió por el refinamiento, la sensibilidad y la precisión de sus interpretaciones del repertorio romántico y clásico.

LIPCHITZ (Jacob, llamado Jacques), *Druskieniki 1891-Capri 1973*, escultor de origen lituano. Establecido en Francia (1909) y en EUA (1941), pasó de la síntesis cubista a un lirismo de gran expresividad.

LI PENG, *Chengdu 1928*, político chino. Primer ministro (1987-1998), fue presidente de la Asamblea popular nacional (1998-2003).

LÍPETSK, c. de Rusia, al S de Moscú; 460 100 hab. Metalurgia.

LÍPEZ (cordillera de), alineación montañosa de Bolivia (Potosí), que constituye el extremo S de la cordillera Real boliviana; 6 303 m de altura.

LIPPE, ant. principado y luego república (1918) de Alemania septentrional, anexionada en 1947 al Land de Rin del Norte-Westfalia.

LIPPI (Fra Filippo), *Florencia h. 1406-Espoleto 1469*, pintor italiano. Monje hasta 1457, es heredero de Fra Angélico y Masaccio (cuadros de altar; frescos de la catedral de Prato, 1452-1464). — **Filippino L.**, *Prato 1457-Florencia 1504*, pintor italiano, hijo de Filippo. Une un cromatismo delicado a un dinamismo decorativo que recuerda a Botticelli (frescos de la capilla Strozzi de Santa María Novella, Florencia, terminados en 1503).

LIPPMANN (Gabriel), *Hollerich, Luxemburgo, 1845-en alta mar, a bordo del «France», 1921*, físico francés. Estudió la relación entre fenómenos eléctricos y capilares y la piezoelectricidad

■ ABRAHAM **LINCOLN**

■ CHARLES **LINDBERGH** en 1927.

■ CARL VON **LINNEO**, por A. Roslin. (Museo nacional, Estocolmo.)

■ FRANZ **LISZT**. (Museo cívico, Bolonia.)

EXPRESIONES

de América Latina

▲ Fiesta de la papa, Bolivia

▲ Pintura de Fernando Botero

La expresión es la manera en que se da a entender algo, la forma en la cual se da un mensaje, en la que se comunica, es aquello que transmite lo que somos, lo que nos hace lo que somos.

Las expresiones pueden adquirir múltiples materializaciones: la palabra y sus facetas (lenguas, libros, cantos), las esencias culturales, la cocina y su abanico de ingredientes y procedimientos, los diseños y dibujos coloridos que salen de los telares, las figuras que adopta el barro y complementa con texturas y tonalidades, la música y su infinita gama de combinaciones, la conjunción de líneas y la gradación de matices, el levantamiento de edificios y la ornamentación que los rodea...

▲ Ciudad Universitaria, México

Expresarse es una necesidad que el hombre no ha dejado de satisfacer desde que empezó a poblar nuestro planeta. Expresarse es un testimonio significativo de lo que ha sido la humanidad, de lo que es y de lo que desea o no desea ser.

Dar un vistazo a las expresiones de América Latina puede ayudar a comprender un poco más la esencia, el corazón vivo de 20 pueblos que son uno y varios, que comparten rasgos y, no obstante las coincidencias, guardan su identidad.

▲ Mola de Panamá

LAS LENGUAS

La palabra es la herramienta de comunicación básica. Pero también es más que eso, pues responde a una manera particular de aprehender el mundo y conformar la vida... La lengua es, en el fondo, el rostro verdadero de un pueblo.

Existen en el mundo entre 4 500 y 6 500 lenguas que se clasifican en familias. Algunas de las principales familias son las siguientes: indoeuropea, camito-semítica o afro-asiática, caucásica, uralo-altaica, familia sino-tibetana, familia austro-asiática, malayo-polinésica, drávica, japonesa, coreana, nigero-congolesa, nilo-sahariana. En América, en cuanto a las lenguas originarias del continente, tenemos las siguientes familias: arauaca, chibcha, caribe, quechua, tupí-guaraní y jé en América del Sur; maya en América Central; algonquín, hoka, otomangue, mixezoque, yuto-azteca y nadene en América del Norte. Se calcula que en América aún se hablan (sin contar dialectos) más de un millar de lenguas aborígenes.

EL ESPAÑOL Y LAS LENGUAS INDÍGENAS EN AMÉRICA LATINA
- Sólo hablan español
- Idiomas indígenas minoritarios
- Numerosos hablantes indígenas
- Entre 40 y 78% de la población habla idiomas indígenas

NÚMERO DE LENGUAS VIVAS POR PAÍS (INCLUIDO ESPAÑOL Y PORTUGUÉS)

24	Argentina	4	El Salvador
35	Bolivia	53	Guatemala
187	Brasil	9	Honduras
8	Chile	290	México
79	Colombia	6	Nicaragua
8	Costa Rica	13	Panamá
3	República Dominicana	19	Paraguay
22	Ecuador	92	Perú
		39	Venezuela

Algunas de la principales familias lingüísticas de Latinoamérica

Existen también lenguas que no pertenecen a ninguna familia, como es el caso del tarasco o purépecha, en México.

FAMILIA	RASGOS
Yuto-azteca	Se localiza desde el sur de Estados Unidos hasta Centroamérica. Comprende unas 16 lenguas, entre las que se hallan las diferentes variantes del náhuatl, el tarahumara y el cora.
Mixe-zoque	Se ubica en el Istmo de Tehuantepec, en México. Incluye unas 16 lenguas, como el zoque, el mixe y el popoloca, entre las principales.
Otomangue	Ocupa el centro de México, parte de Oaxaca y de la costa del Golfo. Agrupa lenguas como el chinanteco, el amuzgo, el zapoteca, el popoloca y el mixteco.
Maya	Se ubica sobre todo en el sureste de México y Guatemala. Incluye alrededor de 21 lenguas, entre las que se tienen el maya quiché, el tzotzil y el cakchikel.
Arahuaca o arawak	En el pasado se extendía desde el sur de Florida, pero en la actualidad se limita a Colombia, las Guayanas, Venezuela y Brasil. Unas 80 lenguas pertenecen a esta familia.
Chibcha	Ocupaba un amplio espacio entre el imperio náhuatl y el inca, a partir de Panamá, aunque hoy se restringe a varias zonas de Colombia en torno al río Magdalena, la Sierra de Santa Marta y la sabana de Bogotá. Incluye más de 50 lenguas.
Quechua	Se extiende desde el sur de Colombia hasta el norte de Argentina, incluyendo Perú, Ecuador y Bolivia. Aglutina 20 lenguas y sus hablantes alcanzan los siete millones.
Caribe	Originalmente abarcaba desde las Antillas Menores, pero hoy se halla sólo en las Guayanas y las cuencas del Orinoco y el Amazonas. Incluye alrededor de 60 lenguas.
Tupí-guaraní	Se encuentra en Brasil, Paraguay, el noreste de Argentina y el oriente de Bolivia. De sus 60 lenguas, la más importante es el guaraní de Paraguay; donde es lengua oficial junto con el español.

ACONTECIMIENTOS CULTURALES ▶▶

790	1300	1438
Se realizan los frescos que decoran Bonampak.	Fundación de Ollantambo, en lo que hoy es Perú.	Fundación de la ciudad inca de Sacsayhuamán.

GRUPOS ÉTNICOS

La diversidad cultural del mundo se debe, sobre todo, a los pueblos indígenas. Basta con detenerse ante lo que afirma la Declaración de los Derechos de los Pueblos Indígenas: "contribuyen a la diversidad y riqueza de las civilizaciones y culturas, que constituyen el patrimonio común de la Humanidad"...

▸ **Araucano o mapuche**
La mayoría habita en Chile, en el territorio que va del río Bío-Bío al Chacao. En Argentina viven en la provincia de Mendoza y en regiones de Neuquén.

▲ **Aimara**
Se hallan asentados sobre todo en los alrededores del lago Titicaca (Bolivia y Perú).

▲ **Huichol**
Habitan en el actual estado de Jalisco, en México. Mantienen aún sus costumbres tradicionales.

▲ **Guaraní**
El pueblo guaraní se divide en tres grupos: el mbya en el norte argentino y el sur brasileño; chiripá en el afluente superior del río Paraná y terena en Brasil, al norte del río Jejui-guazú. La lengua guaraní la habla 94 % de la población de Paraguay (donde es lengua oficial junto con el español).

▲ **Garífuna**
Originarios de la isla de San Vicente, en las Antillas, a finales del siglo XVIII los británicos los mandaron al exilio. En los años siguientes se establecieron en Honduras, Nicaragua, Guatemala y Belice. El idioma, la música y la danza garífunas se declararon Obra Maestra del Patrimonio Oral e Inmaterial de la Humanidad (UNESCO, 2001).

▲ **Maya de Yucatán**
Los mayas erigieron una de las culturas prehispánicas más importantes con un imperio que se extendió por el sureste de México y Centroamérica. En la actualidad, numerosos grupos indígenas de esa zona de México, así como de Guatemala, Honduras y El Salvador, son descendientes de esta antigua cultura.

▸ **Tarahumara o rarámuri**
Habitan en las partes altas de la sierra del estado mexicano de Chihuahua. Han mantenido celosamente sus tradiciones, en las que las celebraciones religiosas adquieren especial importancia.

◂ **Quechua**
Éste es el grupo étnico más numeroso de América Latina. Se encuentra en Ecuador, Perú, parte de Bolivia, norte de Chile y norte de Argentina. El quechua, como idioma, ha sido considerado por algunos como una "macrolengua" que engloba una gran cantidad de variantes.

▲ **Tzeltal y tzotzil**
Habitan en los Altos de Chiapas, en México. Se trata de dos grupos emparentados y vecinos de origen maya. A los tzotziles también se les conoce como chamulas.

1527	1535	1536
Historia de las Indias, de fray Bartolomé de las Casas.	*Historia general y natural de las Indias*, de Gonzalo Fernández de Oviedo.	Se instala la primera imprenta de América en México.

▸▸

FESTIVIDADES

América Latina ofrece un mosaico de culturas y expresiones muy variado. A eso se debe que las festividades que se realizan en diferentes rincones de su territorio tengan un rostro multifacético, pero siempre lleno de colorido y rasgos de interés.

▲ **Carnaval de Oruro**
Festividad boliviana que se celebra desde la época colonial, muestra notable del sincretismo. Se realizan vistosos desfiles y danzas, cada una con sus rasgos particulares: diablada, morenada, caporales, tobas, tinkus, kullaguada, llamerada, pujilay, negritos. Ha sido declarado por la UNESCO Patrimonio Cultural Intangible.

▲ **Fiesta del Señor del Gran Poder**
Celebración que se lleva a cabo en La Paz, Bolivia, en honor a una imagen religiosa. A lo largo del siglo XX fue ganando importancia y se convirtió en la festividad más vistosa de la ciudad.

◀ **Fiesta de Pachamama**
Se celebra en el norte de Argentina a principios de cada año para agradecer las cosechas. Se realizan cánticos, bailes, ventas de comida y otras actividades.

▲ **Fiesta de La Tirana**
Fiesta en honor de la virgen del Carmen que se realiza durante una semana, a mediados de julio, en el pequeño pueblo de La Tirana, en Chile. Es la expresión más grande de danzas folclóricas del país. La cantidad de asistentes a veces alcanza los 200 000.

▼ **Fiesta Inti Rami**
Se celebra el día del solsticio de invierno en el Parque Arqueológico de Sacsayhuamán, en Cuzco, Perú. Esta fiesta-representación fue restaurada en 1944 (durante la colonia se sustituyó por la fiesta de Corpus). En la actualidad sólo se realiza el segmento religioso de una fiesta ancestral que duraba nueve días.

▲ **Día de muertos**
Manifestación cultural que se realiza los primeros días de noviembre en México. Engloba tanto creencias prehispánicas como elementos de la religión católica; tanto un solemne respeto como un aire de burla y jolgorio. Incluye la construcción de elaborados altares en honor de los difuntos, preparación de comida y panes para la ocasión, golosinas en forma de cráneo, entre otras. Ha sido nombrado por la UNESCO Patrimonio Cultural Intangible.

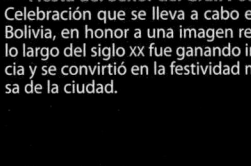

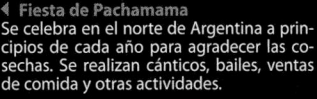

1537	1541	1560
Primer libro americano: *La Escala Espiritual*, de San Juan Clímaco.	*Historia de los indios de la Nueva España*, de fray Toribio de Benavente (Motolinia).	Sahagún: *Historia general de las cosas de la Nueva España*.

▼ Fiesta Nacional de la Vendimia
Desde 1936 se realiza en Mendoza, Argentina, durante el mes de marzo. Consta de varios eventos, como la bendición de los frutos, el desfile de carros alegóricos, el carrusel, cuya culminación es un gran acto que se lleva a cabo en el Teatro Griego.

▲ Festival Internacional Cervantino
Este festival se celebra desde hace más de 30 años en Guanajuato, México, y convierte a la ciudad sede en un gran foro donde se ofrecen muestras de todas las manifestaciones artísticas provenientes de todo el mundo.

▲ Semana Santa en Guatemala
Durante esa semana se da un despliegue enorme de manifestaciones. Desde la cuaresma se organizan procesiones cuyo número aumenta conforme se acerca la Semana Santa, y a veces se efectúan hasta ocho en un solo día.

◄ La judea
Celebraciones de los indios coras (en el estado de Nayarit, México) para la Semana Santa, en las que personifican diversos personajes (fariseos, judíos, figuras de Cristo).

◄ Diablos Danzantes de Corpus Christi
Esta manifestación es característica del centro y norte de Venezuela y corre a cargo de las cofradías religiosas. Se utilizan máscaras y disfraces, así como una música instrumental que sólo se ejecuta en esa época del año.

▲ Guelaguetza
Festejo que se lleva a cabo en la ciudad de Oaxaca, capital del estado mexicano de mismo nombre, y es una de las expresiones propias de ese lugar. En su origen se relacionaba con el culto al maíz. Se realizan espectáculos de música, danza y cantos.

▼ Día de la virgen de Guadalupe
El 12 de diciembre de cada año, el atrio del santuario de la virgen de Guadalupe, en la ciudad de México, recibe a más de cinco millones de peregrinos. Fieles de todo el país hacen especialmente este viaje y brindan danzas y cánticos en los que se hace presente el gran sincretismo que caracteriza la cultura mexicana.

▼ Fiesta de la papa
Se celebra en Betanzos, Bolivia, desde 1986. Se exhiben muestras de unas 90 variedades de papa, alimento básico no sólo en Bolivia, sino en otros países. Se reúne lo mejor de la producción en el país y se llevan a cabo numerosas manifestaciones culturales.

Resultado de una increíble conjunción de elementos, la cocina en América Latina ha adquirido gustos y presencias propias. Influencias europeas (portuguesas, españolas, italianas, entre otras), africanas y orientales se han asimilado y conviven con los productos y procedimientos propios del continente. No hay que olvidar tampoco lo que la cocina mundial le debe América.

◀ ▲ Chile: las humitas y las empanadas

En la comida chilena se mezclan elementos españoles e indígenas. Entre los platos típicos pueden mencionarse las empanadas (de queso y de pino) y las humitas (especie de tamales de choclo).

▼ Argentina: el asado

Varios de sus platos típicos se relacionan con la carne vacuna, como el asado. Un condimento tradicional es el chimichurri, elaborado con ajo, perejil, orégano, ají molido, pimienta y sal, mezclados con agua hirviendo, aceite y vinagre de vino.

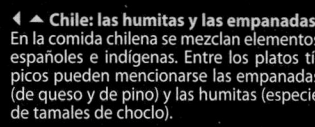

Costa Rica: olla de carne

Es una mezcla de carne de res, papa, maíz, plátano, calabaza y yuca y diversos vegetales (zanahoria, tiquizque). También son populares los "casados" (carne de res o pollo en salsa, con un acompañamiento de arroz, frijol, plátano macho frito, queso blanco, ensalada, puré de papa y una elección entre huevo y aguacate).

▲ Guatemala: hombres de maíz

El maíz es la base de la dieta guatemalteca, tanto para indígenas como para mestizos, ya sea en el campo o en la ciudad. Los tamales se preparan con masa de maíz, manteca de cerdo, salsa (de tomate, chile dulce y especias) y se envuelven con una hoja de plátano.

▶ Cuba: el ajiaco

Se prepara con verduras —tomate, cebolla, ajo, pimiento, calabaza, elote—, "viandas" —yuca, ñame, malanga blanca y amarilla, boniato, plátano macho verde— y distintas clases de carne. La mezcla se condimenta con sal, comino y limón.

1589	1609	1628	1651
Elegía de varones ilustres de Indias, de Castellanos.	El Inca Gracilazo de la Vega publica *Comentarios reales*.	*La verdad sospechosa*, de Juan Ruiz de Alarcón.	Nace Sor Juana Inés de la Cruz.

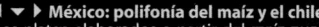

◀ ▼ ▶ México: polifonía del maíz y el chile

Los platos elaborados a partir del maíz pueden dividirse entre los preparados a partir del grano y de la masa. En el primer caso, hay que incluir el pozole, los ezquites y los cuitlacoches (granos deformados por un hongo, considerados plaga en otros países). La lista de platos preparados con masa o con tortillas es realmente extensa: tamales (tanto picantes como dulces), tlacoyos, chalupas, molotes, tostadas, flautas, sopa de tortilla, enchiladas, chilaquiles, etc.

Inclusive, se preparan bebidas con maíz (atole, etc.). También son parte importante de la comida mexicana los platos preparados con chiles —chiles en nogada, mole— o el chile en su enorme gama de variedades como condimento.

▲ ▼ Venezuela: las arepas y el pabellón criollo

Las arepas son bolas de masa (generalmente de maíz, aunque en los Andes son de trigo), fritas o asadas, que se comen solas o se rellenan de "reina pepiada" (ensalada de pollo con rodajas de aguacate, carne mechada, ensalada de atún, jamón picante, queso amarillo) o "perico" (huevos revueltos con tomate y cebolla). El plato nacional es el pabellón criollo, que incluye arroz blanco, caraotas negras, carne de res mechada con tomate, ajo, cebolla, plátano frito y especias.

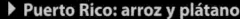

◀ ▲ ▶ Perú: el ceviche y la papa

El ceviche se hace con pescado (remojado en jugo de limón), al que se le agregan cebolla en rodajas, ají y cilantro picado. Es importante mencionar también que la papa es la contribución más importante de Perú a la alimentación mundial (hay alrededor de 80 variedades).

▶ Puerto Rico: arroz y plátano

El arroz se prepara de muy diversas maneras, desde sopas hasta platos principales. En cuanto al plátano macho, la manera más habitual de comerlo es en forma de "tostones" —rebanadas fritas de dicho fruto—, los cuales constituyen la guarnición más popular de la isla.

1661	**1689**	**1690**	**1735**
Priedrahita: *Historia general del Nuevo Reino de Granada.*	Sor Juana: *Inundación castálida.*	Sigüenza y Góngora: *Infortunios de Alonso Ramírez.*	Probable nacimiento de Antonio Francisco Lisboa.

▶▶

Algunos aspectos de la cocina internacional de nuestros días serían impensables si América no hubiera hecho una significativa aportación en los ingredientes que integran el arsenal de todo cocinero que se respete. ¿Podría imaginarse qué sucedería si no se pudiera recurrir, por ejemplo, al tomate o a la papa?

Maíz

Grano que constituye la base de la alimentación en México y América Central, el maíz actual es el resultado de un paciente proceso de cruzas y selecciones.

Cacao

El cacao se extrae de las semillas del fruto de la planta del mismo nombre. Es la base fundamental para el chocolate, que puede consumirse como bebida, pasta, polvo soluble, tabletas dulces, etcétera.

Papa

Planta cucurbitácea originaria de América del Sur, de la que se consumen el fruto, las semillas y la flor. La facilidad de su cultivo ha hecho que se extienda por todo el mundo. En América también se le conoce como *zapallo* y *auyama*.

Tubérculo originario del Perú, donde existen decenas de variedades y se consume en una gran diversidad de formas. Su uso se extendió tanto que se convirtió en un elemento fundamental en la dieta de otros países. En España se le llama *patata*.

Calabaza

Chile

Frijol

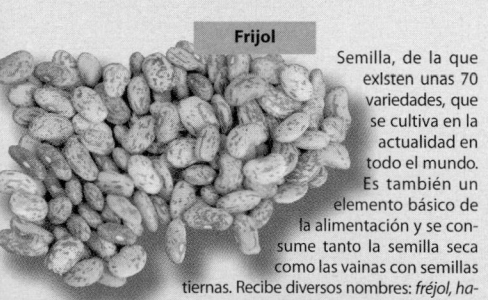

Semilla, de la que existen unas 70 variedades, que se cultiva en la actualidad en todo el mundo. Es también un elemento básico de la alimentación y se consume tanto la semilla seca como las vainas con semillas tiernas. Recibe diversos nombres: *fréjol, habichuela, poroto, caraota, alubia, judía.*

Planta cuyo fruto de sabor intenso es un condimento muy usado en la gastronomía de México y América Central. Existe una gran cantidad de variedades cuya intensidad de sabor y color es muy variable. Resulta indispensable para preparaciones como el mole. Puede consumirse fresco, en salmuera o seco, entero o en polvo. En otras zonas de América se le conoce como *ají.*

▶▶ **1773**
Lazarillo de ciegos caminantes,
de Concolorcorvo.

1781
• *Rusitcatio mexicana,* de Rafael Landívar.
• Nace Andrés Bello.

1814
Muere el escultor brasileño
Aleijadinho.

Tomate

Fruto que se ha convertido en un elemento indispensable para muchos tipos de salsa. Además puede consumirse como parte de otras preparaciones (cremas, sopas, guisados), así como en trozos o rebanadas en ensaladas. Destacan sus numerosas cualidades alimenticias y profilácticas (eliminación de toxinas, prevención de tumores).

Aguacate

Fruto que presenta una alta concentración de aceites vegetales, estupendas propiedades nutricionales y efecto antioxidante. Suele consumirse en ensaladas y salsas, pero también existen preparaciones dulces (por ejemplo en Brasil). También se le llama *palta*.

Tubérculo del que existen unas 400 variedades y hoy se produce en prácticamente todo el mundo. Llegó a Europa antes que el maíz y la papa, aunque parecido a ésta, presenta un contenido más alto de azúcares. Recibe también los nombres de *batata* y *boniato*.

Camote

Ave de corral que de México pasó a Europa y se ha convertido en un plato tradicional para ocasiones especiales. Las especies que conocemos son el resultado de un cuidadoso proceso de cría. En México se conserva el nombre *guajolote*, de origen náhuatl.

Pavo

Guayaba

Entre las frutas tenemos la guayaba, la papaya, la **guanábana** y el **mamey**. La **vainilla** es otro ingrediente que con su sabor y aroma se hace presente en una amplia gama de postres.

Papaya

Guanábana

La artesanía consiste en la habilidad de realizar objetos bellos que, además, resulten de utilidad. Por lo general se elabora a mano y con herramientas sencillas. También se ha identificado con el arte popular y suele considerársele como una expresión representativa de cada pueblo. Dada la extensión de América Latina, existen muchos materiales y expresiones, aquí se mencionan algunas.

◀ ▶ Argentina

Existen diversas manifestaciones de la artesanía en las diferentes provincias del país. Sin embargo, dado que éste ha destacado por su producción ganadera, los productos de cuero (zapatos, cinturones, carteras, billeteras) ocupan un lugar de gran importancia. Además puede señalarse la elaboración de mates tallados (vasija donde se toma el mate), bombillas decoradas (para tomar mate), cerámica y textiles (mantas y ponchos).

▶ Bolivia

La fuerte presencia indígena en este país provoca que las manifestaciones artesanales adopten una variada gama de formas y texturas. Se realizan textiles (ponchos, alfombras de vicuña), cerámica, instrumentos musicales (por ejemplo el charango, cuya caja de resonancia es un caparazón de armadillo), pilinchos (un tipo muñecos), platería.

▼ Brasil

Es el país más extenso de América Latina, lo que por sí mismo crea un amplio abanico de propuestas. Destacan las siguientes artesanías: en textiles pueden mencionarse los batiks; en cuero, los cinturones y bolsos pirograbados; en cerámica se elaboran jarrones, objetos decorativos y bisutería con piezas esmaltadas, y objetos de mimbre.

▶ ▲ Guatemala

Los productos textiles de Guatemala son notables, y entre ellos se hallan paños, huipiles, hamacas, cojines, colchas. Además sobresalen el tejido de mostacilla, la cerámica esmaltada, la talla en madera (muebles, figuras, máscaras), las cajas encastradas y las piezas de jade.

▼ Ecuador

Ecuador tiene una rica producción de artesanías que incluye cerámica, cestería, tejidos (como ponchos, fajas de Cacha, paños de Gualaceo), mimbre (en especial muebles), figuras de mazapán, orfebrería, shirgas (un tipo de bolsos hechos con fibra de cabuya) y figuras de tagua (realizadas con la corteza de una nuez que ofrece el aspecto del marfil).

◀ Costa Rica

En Costa Rica lo primero que hay que mencionar son las carretas típicas decoradas exuberantemente, las cuales han sido declaradas símbolo nacional. Además es posible encontrar trabajos en cuero pintado, figurillas y cajas de madera, la talla de madera pintada de Sarchi y las máscaras boruca.

Honduras

El tejido de fibras naturales en este país adopta muchas posibilidades: a partir de bambú, coco, calabaza, caña y otras hebras vegetales se elaboran sombreros, canastos, hamacas, abanicos e incluso muebles. Otras artesanías incluyen cajas talladas, los muebles de madera y la cerámica.

Nicaragua

Además de su fama por el tejido de hamacas, en Nicaragua se realiza una forma de cerámica negra, los pájaros y peces de Solentiname (en madera balsa), tapices de mecate (cordeles) y jícaras labradas.

◀ ▼ México

Este país ofrece un gran mosaico de formas artesanales debido a su extensión y variedades culturales. Entre otras, ofrecen un gran interés la cerámica de barro negro (propia del estado de Oaxaca), las cajas de madera tallada y pintada de Olinalá, los amates (corteza de árbol en la que se realizan pinturas naif), la orfebrería en plata y las figuras de animales imaginarios de papel maché (conocidos como alebrijes).

◀ ▶ Panamá

De las artesanías de Panamá sobresalen las molas (textiles con diseños complejos realizados por los indios kuna) y las tallas en tagua (nuez que da aspecto de marfil), además de la cestería.

Paraguay

Los tejidos de algodón tienen una expresión particular en el Paraguay: aho poí (tejido muy delgado, con bordados de motivos de la naturaleza y geométricos y con encaje o crochet), aho poyví (tejido grueso y pesado, adornado con bordados de gran relieve) y ñanduti (encaje con motivos geométricos o zoomorfos hecho sobre bastidores en círculos radiales).

◀ ▼ ▶ Perú

La cerámica de este país es rica y están bien definidos varios estilos: chulucana, shipba, cuzqueño, puneño, ayacuchano). Los textiles son otra fuente de imaginería y riqueza visual (destaca la ornamentación de Cuzco) y también hay destacadas muestras de orfebrería, instrumentos musicales (quena, zampoñas) y retablos de Ayacucho.

▲ República Dominicana

En este país se elaboran joyas de ámbar, material muy abundante en la isla y que da pie al despliegue de la imaginación. Sus pinturas naif también son muy originales.

La UNESCO y la artesanía

▪ En 1990 la UNESCO creó un premio especial dirigido a las actividades artesanales.

▪ En 2002 el premio estuvo dedicado a América Latina y el Caribe y lo recibieron Cooperativa SNA Jolobil, S.C. (México), María Elisa González Ypuana (Venezuela) y José Juárez (Argentina). En 2005, entre otros, lo obtuvo el brasileño José Levy Cardoso de Lima.

▪ A partir de 2006 el premio fue sustituido por el "Sello de Excelencia", un certificado que avala las mejores producciones artesanales del mundo.

La arquitectura ha sido siempre protagonista del desarrollo de las ciudades y las sociedades que las habitan... Tiene, como toda actividad humana, varias vertientes y, así, tenemos arquitectura específica para sitios públicos, para centros de trabajo, para vivienda, para prestar los servicios necesarios que exige toda civilización... Todos los tipos de arquitectura han florecido en América Latina.

▲ *Biblioteca Central, Ciudad Universitaria, México, D. F.*

Juan O'Gorman (1905-1982)

Mexicano, fue uno de los introductores de la escuela funcionalista en México y más tarde seguidor de la arquitectura orgánica. Entre sus obras están el Banco de México, la casa estudio de Diego Rivera y la Biblioteca Central de Ciudad Universitaria. También fue un destacado pintor.

▲ *Ciudad Universitaria, Caracas, Venezuela*

Carlos Raúl Villanueva (1900-1975)

Venezolano, diseñador de la Universidad de Caracas, que contiene 65 edificaciones. Esta obra, considerada Monumento Histórico Nacional y Patrimonio Cultural de la Humanidad, buscó conjugar las artes plásticas con edificios modernos, aprovechando elementos de la arquitectura colonial.

Teodoro González de León (1926)

Mexicano, ha experimentado con el concreto y rechaza grandes cantidades de vidrio. Entre sus obras están la sede del INFONAVIT, el Colegio de México, el Museo Rufino Tamayo.

César Pelli (1926)

Argentino, se ha declarado atraído por la verticalidad. Su obra más conocida: las Torres Petronas, en Kuala Lumpur, los edificios más altos del mundo hasta 2003. Otras de sus obras son la Torre Carnegie Hall (Nueva York) y el Centro Cultural Universitario de la Universidad de Guadalajara (México, en construcción).

▲ *Museo Rufino Tamayo, México, D. F.*

▲ *Torres Petronas, Kuala Lumpur, Malasia.*

José Villagrán García (1901-1982)

Mexicano, especializado en edificios públicos como hospitales y escuelas. Practicante de la corriente funcionalista, entre sus obras pueden mencionarse el Hospital para Tuberculosos de Huipulco, el Instituto Nacional de Cardiología, la Escuela Nacional de Arquitectura de la UNAM y el Hotel María Isabel, todas ellas en la ciudad de México.

▼ *Escuela de Arquitectura, Ciudad Universitaria, México, D. F.*

▲ ▶ *Iglesia Parroquial de Atlántida, Uruguay*

Eladio Dieste (1917-2000)

Uruguayo, a quien han nombrado "el señor de los ladrillos", creador del sistema llamado cerámica armada. Entre sus obras destacan la Iglesia Parroquial de Atlántida, la Iglesia de San Pedro, en Durazno, el Gimnasio Hebraica-Macabi y el Parador Ayuí, de 21 m de altura y cúpula cónica autocomprimida por sus volados.

◀ *Torre Le Parc, Buenos Aires, Argentina*

Mario Pani
(1911-1993)
Mexicano, participó en numerosos proyectos como el plan maestro de la Ciudad Universitaria, los multifamiliares Juárez y M. Alemán, la Normal de Maestros, el Conservatorio Nacional de Música y el conjunto habitacional Nonualco-Tlatelolco. Fue fundador de la Academia Nacional de Arquitectura de México.

▲ *Multifamiliar Miguel Alemán, México, D. F.*

Mario Roberto Álvarez (1913)
Prolífico representante de la escuela argentina de arquitectura moderna, ha realizado obras como la Torre General San Martín, la Torre Le Parc, la Bolsa de Comercio de Buenos Aires, Galería Jardín y el Sanatorio Güemes, así como diversas construcciones en Punta del Este (Uruguay).

Oscar Niemeyer (1907)
Brasileño, uno de los arquitectos más célebres de América Latina. Junto con Lucio Costa elaboró el Plan Piloto de Brasilia, y realizó el Palacio Alvorada, el Palacio Itamaraty, el Congreso Nacional, el Palacio de Planalto y el museo de Arte Moderno de Río. También colaboró con Le Corbusier en el proyecto del edificio de las Naciones Unidas. Fuera de Brasil diseñó la Sede del Partido Comunista Francés, el Centro cívico de Argel y la Casa de la Cultura de Le Havre.

▲ *Museo de Arte Contemporáneo, Río de Janeiro, Brasil*

▼ *Edificio de las Naciones Unidas, Nueva York, EUA*

▲ *Congreso Nacional, Brasilia, Brasil*

Ricardo Legorreta (1931)
Mexicano, único latinoamericano que ha recibido la medalla de oro del American Institute of Architects. Entre sus obras están las oficinas de IBM, el diseño urbano de la ciudad de Jurica en Querétaro, el plan maestro de Valle de Bravo, el Hotel Regina en Cancún, el Museo de Arte Contemporáneo en Monterrey, Papalote Museo del Niño en la Ciudad de México, la Biblioteca de la ciudad de San Antonio en Texas, el Educational City en Qatar, el Hotel Camino Real de Monterrey y el Centro Comunitario Mission Bay de la Universidad de California en San Francisco.

▼ *Museo de Antropología e Historia, México, D. F.*

▼ *Educational City, Doha, Qatar*

Pedro Ramírez Vázquez (1919)
Mexicano, ha realizado numerosas obras que se encuentran en la Ciudad de México, como el Museo de Antropología e Historia, el Estadio Azteca, la Nueva Basílica de Guadalupe, así como la Nueva Catedral de Managua y el Museo de las Culturas Negras de Dakar.

LA ÉPOCA COLONIAL

▲ Juan Ruiz de Alarcón
(1851-1639)
La verdad sospechosa *(teatro)*

▶ Alonso de Ercilla
(1533-1594)
La araucana *(poesía)*

Si bien existen algunas notables muestras de literatura prehispánica (*Popol Vuh, Rabinal Achí,* poemas aztecas, *Ollantay*), la literatura como registro escrito surge con el cruce de dos culturas que significó la conquista. Mención especial merecen los cronistas de la empresa de exploración y conquista (Bernal Díaz del Castillo, Alvar Núñez Cabeza de Vaca, entre muchos otros). Otras figuras representantes de esta época son: Alonso de Ercilla; Garcilaso de la Vega, autor de *Comentarios reales*; Juan Ruiz de Alarcón y Sor Juana Inés de la Cruz.

▲ Sor Juana Inés de la Cruz
(1651-1695)
Primero sueño *(poesía)*

EL ROMANTICISMO Y EL COSTUMBRISMO

El romanticismo empezó a penetrar en Iberoamérica desde finales del siglo XVIII y estuvo presente en los movimientos de independencia y el establecimiento de los nuevos países. El costumbrismo, asociado al romanticismo, tuvo particular importancia en la narrativa hispanoamericana del siglo XIX. Algunos representantes son: José Joaquín Fernández de Lizardi (1776-1827), con *El Periquillo Sarniento*; Domingo Faustino Sarmiento (1811-1888), autor de una obra maestra *sui generis: Facundo, civilización o barbarie*; Ignacio Manuel Altamirano; Esteban Echeverría (1805-1851), entre cuyas obras están el poema *La cautiva* y la narración *El matadero*; Cirilo Villaverde; Manuel Payno (1810-1894), con *El fistol del diablo* y *Los bandidos de Río Frío*, y Jorge Isaacs (1837-1895), autor de *María*.

▼ Jorge Isaacs
(1837-1895)
María *(novela)*

◀ Ignacio Manuel Altamirano
(1834-1896)
El zarco *(novela)*

▶ Cirilo Villaverde
(1812-1894)
Cecilia Valdés *(novela)*

EL MODERNISMO

El modernismo constituye el primer gran movimiento literario propio de Hispanoamérica, en el que por primera vez los escritores del continente tomaron las riendas del idioma. Pero no fue un movimiento con reglas absolutas y preestablecidas; fue más bien una conjunción de individualidades con puntos en común y personalidades diferentes, entre ellos: José Martí; Manuel Gutiérrez Nájera (1859-1895), poeta y prosista; Julián del Casal (1863-1893), autor de *Hojas al viento, Nieve* y *Bustos y rimas*; José Asunción Silva (1865-1896), con *El libro de versos, Gotas amargas* y *Versos varios*; Rubén Darío (1867-

1916), entre cuya vasta obra destacan *Azul, Cantos de vida y esperanza, Prosas profanas* y *El canto errante*; Leopoldo Lugones; Julio Herrera y Reissig (1875-1910), con *Los parques abandonados, Los éxtasis de la montaña* y *Los peregrinos de piedra*.

◀ José Martí
(1853-1895)
Versos sencillos *(poesía)*

▲ Leopoldo Lugones
(1874-1938)
Lunario sentimental
(poesía)

1893
Muere en San Remo, Italia,
Ignacio Manuel Altamirano.

1894
Páginas libres,
de González Prada.

1896
• Rubén Darío: *Prosas profanas.*
• Nace el muralista David Alfaro Siqueiros.

1899
Nacimiento de
Jorge Luis Borges.

EL GÉNERO GAUCHESCO

En la zona del Río de la Plata surgió en el siglo XIX, al lado de las luchas por la independencia, un género que iba a mostrar su vigencia hasta principios del XX: la literatura gauchesca. Este género nace con los diálogos en verso de Bartolomé Hidalgo (1788-1822). Algunos representantes son: Hilario Ascasubi, José Hernández y Estanislao del Campo.

▼ *Hilario Ascasubi
(1807-1875)*
Aniceto el Gallo *(poesía)*

▶ *José Hernández
(1834-1886)*
Martín Fierro
(poesía)

▶ *Estanislao
del Campo
(1834-1880)*
Fausto criollo
(poesía)

OTROS NARRADORES

En épocas en las que se gestan cambios, no siempre es posible clasificar en un lugar preciso a ciertos autores. Eso sucede con algunos de los que realizaron su labor en las primeras décadas del siglo XX, entre ellos Horacio Quiroga, Ricardo Güiraldes y Roberto Arlt (1900-1942), entre cuyos libros se encuentran *El juguete rabioso*, *Los siete locos* y *Los lanzallamas*.

▼ *Horacio Quiroga
(1878-1937)*
Cuentos de amor, locura y muerte

▲ *Ricardo Güiraldes
(1886-1927)*
Don Segundo Sombra *(novela)*

NOVELA DE LA REVOLUCIÓN MEXICANA

La Revolución Mexicana fue un acontecimiento social que acarreó una serie de cambios profundos en muchos campos de la vida, entre ellos el literario. Algunos autores son: Mariano Azuela (1873-1952), quien escribió *Los de abajo*, *Las moscas*, *Nueva burguesía*; Martín Luis Guzmán (1887-1976), autor de *La sombra del caudillo* y *El águila y la serpiente*; Agustín Yáñez (1904-1980), con *Al filo del agua*, la más celebrada de sus novelas.

NOVELA INDIGENISTA

En el siglo XIX surgen dos corrientes: el indianismo, que contempla al indio desde una perspectiva idealista (*Enriquillo*, de Manuel Galván, o *Cumandá*, de Juan León Mera), y el indigenismo, que busca denunciar la situación de los indios. Entre los indigenistas: Clorinda Matto de Turner; Jorge Icaza (1902-1978), quien escribió *Huasipungo*; José María Arguedas (1911-1969), autor de la celebre novela *Los ríos profundos*.

▲ *Clorinda Matto de Turner
(1854-1909)*
Aves sin nido *(novela)*

LA NOVELA DE LA TIERRA

La naturaleza como parte del mundo indómito que el hombre debe enfrentar es el tema de toda una corriente propia de las letras americanas, un tema que se deja ver desde las crónicas de la conquista y llega hasta el boom. Entre los autores de esta corriente están José Eustasio Rivera y Rómulo Gallegos (1884-1969).

◀ *José Eustasio
Rivera
(1898-1928)*
La vorágine
(novela)

▶ *Rómulo
Gallegos
(1884-1969)*
Doña Bárbara
(novela)

1900	1902	1905	1908
Ariel, de José Enrique Rodó.	Euclides da Cunha publica *Los sertones*.	Rubén Darío: *Cantos de vida y esperanza*.	*Letras y letrados de Hispanoamérica*, de Rufino Blanco Fombona.

▶▶

LOS RAROS

Felisberto Hernández (1902-1964), entre sus libros se hallan *Las Hortensias*, *Nadie encendía las lámparas*, *El caballo perdido* y *La casa inundada*. José Antonio Ramos Sucre centró sus esfuerzos en el género poema en prosa.

▲ *José Antonio Ramos Sucre (1890-1930)*
Las formas del fuego *(poesía)*

ENSAYO Y MEMORIAS

Si bien la historia y crítica de la cultura ya había estado presente desde el siglo XIX, en el siglo XX hubo un gran interés por definir y establecer las manifestaciones culturales del continente, sus características, sus antecedentes, su diversas formas. En esta corriente se encuentran, entre otros: Alfonso Reyes (1889-1959), con una vasta obra recopilada en 27 volúmenes, y José Vasconcelos.

▶ *José Vasconcelos (1882-1959)*
Ulises criollo *(autobiografía)*

POESÍA MODERNA

Como una reacción frente al modernismo (aunque asimilando sus hallazgos) y ante el surgimiento de las corrientes de vanguardia, la poesía hispanoamericana buscó en la primera mitad del siglo XX un nuevo rostro. Entre los autores de este género se encuentran: Ramón López Velarde (1888-1921), autor de *La sangre devota*, *Zozobra*, *El son del corazón* y *El minutero*; Gabriela Mistral (1889-1957) representa un paso adelante hacia una poesía moderna; César Vallejo; Vicente Huidobro (1893-1948), cuyo libro más célebre es *Altazor o el viaje en paracaídas*; Xavier Villaurrutia (1903-1950) escribió una obra poética pequeña en extensión, pero de gran importancia; José Gorostiza (1901-1973), con *Muerte sin fin*; Pablo Neruda (1904-

▲ *José Lezama Lima (1910-1976)*
Paradiso *(novela)*

▲ *César Vallejo (1892-1938)*
Trilce *(poesía)*

1973), con *20 poemas de amor y una canción desesperada*, *Residencia en la tierra*, *Canto general*, *Odas elementales*; José Lezama Lima; Octavio Paz (1914-1998), entre cuyos títulos están *Libertad bajo palabra*, *Salamandra*, *Ladera este*, *Vuelta*, y los ensayos *El arco y la lira* y *Cuadrivio*.

ANTES DEL BOOM

A mediados del siglo XX la narrativa hispanoamericana empezó a despertar el interés por su gran calidad. El terreno para esa atención había sido abonado por una serie de autores de gran valía, entre ellos Jorge Luis Borges, quien abordó con éxito varios géneros (poesía, ensayo y cuento); Miguel Ángel Asturias (1899-1974), entre cuyas novelas están *Hombres de maíz*, *El señor presidente*, *Mulata de tal*; Alejo Carpentier; Juan Carlos Onetti (1909-1994), autor de *La vida breve*, *El astillero*, *Juntacadáveres*; Juan Rulfo (1917-1986), quien escribió dos pequeños libros: el volumen de cuentos *El llano en llamas* y la novela *Pedro Páramo*.

▼ *Alejo Carpentier (1904-1980)*
El siglo de las luces *(novela)*

▲ *Jorge Luis Borges (1899-1986)*
Ficciones *(cuento)*

1909	**1912**	**1914**	**1917**
• Nace el novelista Juan Carlos Onetti. • Leopoldo Lugones: *Lunario sentimental*.	Muere José María Velasco.	• Nace Octavio Paz. • Nace Julio Cortázar.	Horacio Quiroga: *Cuentos de amor, de locura y de muerte*.

EL BOOM

Durante la década de 1960, la narrativa hispanoamericana extendió su fama a todo el mundo. Las obras de los autores que fueron agrupados bajo el nombre "boom" produjeron obras muy distintas, pero todas con el afán de recurrir a las técnicas literarias más modernas y presentar una visión fresca del mundo latinoamericano, entre ellos: Gabriel García Márquez (1927), con su novela *Cien años de soledad*; Carlos Fuentes; Mario Vargas Llosa; Julio Cortázar; Augusto Roa Bastos (1917-2005), con *Hijo de hombre* y *Yo, el supremo*.

▲ *Carlos Fuentes*
(1928)
La muerte de Artemio Cruz *(novela)*

▲ *Julio Cortázar*
(1914-1984)
Rayuela *(novela)*

▲ *Mario Vargas Llosa*
(1936)
La casa verde *(novela)*

OTROS POETAS

La poesía ha mostrado una gran cantidad de vertientes durante la segunda mitad del siglo XX. Lo mismo pueden hallarse textos que juegan con la experimentación y buscan colocarse a la vanguardia que textos de intenciones barrocas, desarrollos del lenguaje coloquial o productos de la reflexión concentrada. Entre los poetas tenemos a: Nicanor Parra; Gonzalo Rojas (1917), autor de *La miseria del hombre, Contra la muerte, Oscuro, Del relámpago*; Roberto Juarroz (1925-1995), quien escribió *Poesía vertical (14 series)*, y Ernesto Cardenal.

▼ *Nicanor Parra*
(1914)
Poemas y antipoemas *(poesía)*

▲ *Ernesto Cardenal*
(1925)
Salmos *(poesía)*

DESPUÉS DEL BOOM

Si bien el boom marcó gran parte de la segunda mitad del siglo XX, hubo otros autores, a veces cronológicamente coincidentes, que también realizaron trabajos notables. Entre ellos: José Donoso (1924-1996), autor de *El lugar sin límites, El obsceno pájaro de la noche, El jardín de al lado*; Fernando del Paso (1935), con *Palinuro de México, Noticias*

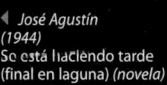

◀ *José Agustín*
(1944)
Se está haciendo tarde
(final en laguna) *(novela)*

▲ *Manuel Puig*
(1932-1990)
El beso de la mujer araña *(novela)*

del imperio; Manuel Puig; Severo Sarduy (1937-1993), entre cuyas novelas está *De dónde son los cantantes*; Luis Rafael Sánchez (1936), autor de *La guaracha del Macho Camacho*; Ricardo Piglia (1941), con *Respiración artificial, Plata quemada*; Fernando Vallejo (1942): *La virgen de los sicarios* (1994), *El río del tiempo* (1999), *El desbarrancadero* (2001); Osvaldo Soriano (1943): *No habrá más penas ni olvido* (1983), *Una sombra ya pronto serás* (1990); José Agustín; Rafael Humberto Moreno-Durán (1945-2005), con *Fémina suite*; César Aira (1949): *Una novela china* (1987), *Cómo me hice monja* (1993); Roberto Bolaño (1953-2003), quien escribió *Los detectives salvajes, Amuleto, 2666*.

▶▶

LAS ARTES PLÁSTICAS DEL SIGLO XX

Si se miran con atención las manifestaciones plásticas de América Latina, se observará que incluso en las extremas es posible detectar algún rastro de la accidentada historia del continente, ya sean rasgos que se remontan a las antiguas culturas indígenas o asimilaciones y guiños de la herencia colonial o rechazos a ciertos aspecto de las estéticas establecidas.

◀ **Diego Rivera** (1886-1957)
Pintor mexicano, destacado integrante del movimiento muralista. Asimiló la tradición popular mexicana que, mezclada con elementos de la plástica universal, desemboca en la creación de grandes murales en edificios públicos en los que expone diversos aspectos de la historia de México y del mundo.

▲ **David Alfaro Siqueiros** (1896-1974)
Pintor mexicano, miembro del movimiento muralista, para el que elaboró varias propuestas teóricas. De carácter expresionista, experimentó con materiales y nuevas formas, como lo que llamó omniplástica, que incorpora elementos arquitectónicos, escultóricos y pictóricos integrados.

◀ **José Luis Cuevas** (1934)
Pintor, grabador, escultor y dibujante mexicano cuya obra presenta rasgos neofigurativistas. Sus imágenes son sombrías y suele representar problemas existenciales con tendencia a lo grotesco.

▼ **José Clemente Orozco** (1883-1949)
Pintor mexicano que formó parte del movimiento muralista. Destacan en sus pinturas el dramatismo y el uso contrastante, a veces violento, de los colores. La expresión de la inconformidad es una de las guías de su trabajo.

▼ **Francisco Toledo** (1940)
Pintor, grabador, escultor y ceramista mexicano que ha conjugado con gran imaginación la tradición indígena de Oaxaca y el arte moderno. Los elementos naturales y el mundo animal en interacción con los humanos son elementos constantes en su trabajo.

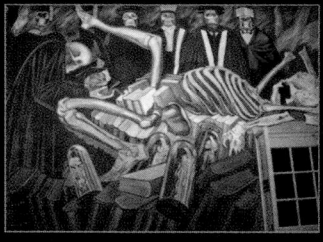

▼ **Wifredo Lam** (1902-1982)
Pintor cubano en el que se entrecruzaron varias herencias culturales, con raíces antillanas, africanas y chinas. Influido por el cubismo y el surrealismo, realizó una muy personal obra.

▼ **Rufino Tamayo** (1907-1991)
Pintor mexicano, *contemporáneo* del movimiento muralista, cuya práctica se mantuvo estéticamente a distancia de esa tendencia. Adoptó diversos elementos del arte universal del siglo XX y los combinó con un gusto por la representación y el color muy personal.

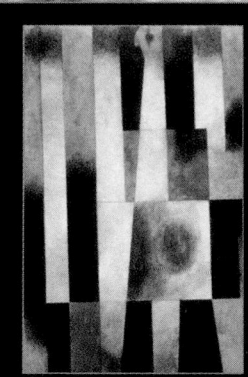

▲ **Carlos Mérida** (1891-1984)
Pintor guatemalteco, uno de los primeros en adoptar las tendencias modernas del siglo XX. Muy influido por el cubismo, Mérida incorporó a su trabajo tanto aspectos geométricos como rasgos del arte indígena de su país.

1924	1925	1928
▶▶ Aparece *La vorágine*, novela de José Eustasio Rivera.	José Vasconcelos: *La raza cósmica.*	• Martín Luis Guzmán: *El águila y la serpiente.* • Nace el novelista Carlos Fuentes.

▲ Fernando Botero (1932)
Pintor y escultor colombiano cuyo sello personal es la inclusión exclusiva de figuras humanas obesas. En su engañosa simplicidad sobresale el manejo de la perspectiva y de las figuras de maneras poco convencionales.

▶ Oswaldo Guayasamín (1919-1999)
Pintor ecuatoriano en que se conjugan influencias del muralismo mexicano y del cubismo, entre otras corrientes. Practicó la pintura mural y la de caballete, con obras en las que expresa tanto la exaltación y la protesta social como la ternura y la contemplación.

◀ Roberto Matta (1911-2002)
Pintor chileno asociado al surrealismo pero que desarrolló una obra con su propio sello, en la que los colores se intensifican y difuminan entre trazos que conforman objetos o máquinas imaginarias.

▼ Joaquín Torres García (1874-1949)
Pintor uruguayo, fundador y teórico del llamado arte constructivo universal. Buscó la simplicidad de la expresión y utilizó la estructura como base fundamental en la que aplicó colores, formas gráficas y palabras.

▶ Carlos Páez Vilaró (1923)
Pintor y ceramista uruguayo que ha tomado como temas de muchas de sus obras elementos de la cultura popular (bares, cafés, el carnaval, el candombe). Construyó un original museo taller llamado "Casapueblo".

▼ Jesús Rafael Soto (1923-2005)
Pintor y escultor venezolano que se interesó por la relación entre el espacio y los materiales, en cuyas propuestas empleó materiales superpuestos o suspendidos. Ideó obras penetrables en las que el público va más allá de la contemplación y participa en forma física.

▶ Omar Rayo (1928)
Pintor colombiano de tendencia geometrista en la que solo utiliza franjas de colores en todo tipo de combinaciones, con los que crea asombrosos juegos ópticos.

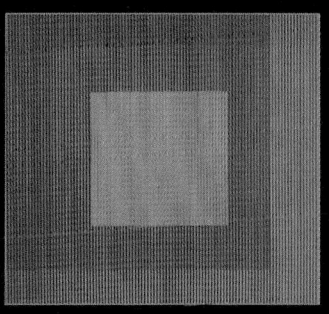

◀ Carlos Cruz-Diez (1923)
Pintor venezolano ligado al cinetismo. El cromatismo y los elementos geométricos son los ejes de sus experimentaciones plásticas. Sus propuestas suelen exigir la participación del espectador.

1929	1930	1931
• Rómulo Gallegos da a conocer *Doña Bárbara*. • *La sombra del caudillo*, novela de Martín Luis Guzmán.	Asturias: *Leyendas de Guatemala*.	• Vicente Huidobro: *Altazor*. • Uslar Pietri: *Las lanzas coloradas*.

LA MÚSICA

La música nació casi con la humanidad. Música y vida están interrelacionados: ritmo, compás, contrapunto, movimientos... América Latina ha desarrollado una riqueza musical con una variedad de facetas realmente deslumbrante. Géneros, instrumentos, reelaboraciones, nuevas tendencias, evoluciones, tanto en las vertientes de concierto como en las populares, se hallan en todos los rincones de estos países.

▲ Atahualpa Yupanqui

▲ Heitor Villa-Lobos

▲ Chico Buarque

▲ Alberto Ginastera

▲ Leo Brouwer

▲ Dámaso Pérez Prado

▶ Ástor Piazzolla

▶ Silvio Rodríguez

▼ Celia Cruz

◀ Carlos Gardel

Antonio Arcaño (Cuba, 1911-1994)
Arreglista y compositor de danzones con gusto por la experimentación.

Claudio Arrau (Chile, 1903-1991)
Uno de los mejores intérpretes del piano. Fue intérprete de Beethoven, Chopin, Liszt y Debussy.

Agustín Barrios Mangoré (Paraguay, 1885-1944)
Virtuoso de la guitarra. Compuso más de 100 obras para su instrumento.

Rubén Blades (Panamá, 1948)
Formó una innovadora mancuerna con Willie Colón. Ha realizado más de 20 discos.

Soledad Bravo (Venezuela, 1943)
Abarca géneros que van de temas folclóricos a canciones caribeñas, boleros y tangos.

Leo Brouwer (Cuba, 1939)
Compositor, guitarrista y director de orquesta, fundador del ICAIC.

Chico Buarque (Brasil, 1944)
Gran compositor de música popular, autor de "Apesar de voce" y "O que será".

Francisco Canaro (Uruguay, 1888-1948)
Compositor, coautor y arreglista del tango-milonga. Introdujo la incorporación de un contrabajista.

Julián Carrillo (México, 1875-1965)
Sus obras tienen un lenguaje propio debido a su teoría sobre los microtonos, llamada Sonido 13.

Celia Cruz (Cuba, c. 1924-2003)
Fue solista de La Sonora Matancera. Posteriormente trabajó con Tito Puente y Johnny Pacheco.

Carlos Chávez (México, 1899-1978)
Compositor y director de orquesta. Entre sus obras: *Sinfonía india*, *Resonancias* y *Discovery*.

Alirio Díaz (Venezuela, Carora 1923)
Famoso guitarrista, divulgador del repertorio venezolano para ese instrumento.

Miguel Faílde (Cuba, 1852-1922)
En 1879 creó el danzón, género nacional de Cuba.

Carlos Gardel (Argentina, 1895-1935)
El cantante de tangos por excelencia, del que se dice que "cada día canta mejor".

Gilberto Gil (Brasil, 1942)
Junto con Veloso encabezó el tropicalismo, autor de "Si eu quiser falar com Deus".

Alberto Ginastera (Argentina, 1916-1983)
Compositor que combinó técnicas modernas y música folclórica. Entre sus obras: *Pampeana núm. 1*.

Chabuca Granda (Perú, 1920-1983)
Compuso más de 300 canciones, como "La flor de la canela" y "Fina estampa".

Juan Luis Guerra (República Dominicana, 1957)
Reinterpretó el perico piriao y la bachata, además de agregarle calidad literaria al género.

Rafael Hernández (Puerto Rico, 1892-1965)
Autor de obras como "Preciosa", "Lamento borincano" y "Perfume de gardenias".

Víctor Jara (Chile, 1938-1973)
Intérprete de temas sociales, retomó las cuecas del siglo XIX.

José Alfredo Jiménez (México, 1926-1973)
Autor e Intérprete de música ranchera, entre sus canciones están "Ella", "Un mundo raro" y "El rey".

Antonio Carlos Jobim (Brasil, 1927-1994)
Responsable de la fama de la bossa nova, autor de "A garota de Ipanema" y "Águas de março".

Enrique Jorrín (Cuba, 1926-1987)
Intérprete del violín y compositor, en 1951 creó el primer chachachá.

Agustín Lara (México, 1900-1970)
Aprovechó los ritmos de moda, pero destacan boleros, como "Solamente una vez" y "Noche de ronda".

Óscar D'León (Venezuela, 1943)
Cantante, contrabajista y compositor, es conocido como "el sonero mayor" y "el diablo de la salsa".

Miguel Matamoros (Cuba, 1894-1971)
Guitarrista y compositor, fue un pilar de la música popular cubana de la primera mitad del siglo XX.

Benny Moré (Cuba, 1919-1963)
Renovador de la música afroantillana, lo mismo cantaba un bolero que una guaracha o un guaguancó.

Violeta Parra (Chile, 1917-1966)
Recopiló y transcribió canciones rurales. Compuso canciones como "Gracias a la vida".

Dámaso Pérez Prado (Cuba, 1916-1989)
Responsable de lanzar a la fama el mambo. Usó una orquesta tipo banda de jazz.

Ástor Piazzolla (Argentina, 1921-1992)
Renovador del tango. Entre sus obras: *María de Buenos Aires* y el *Concierto para bandoneón*.

Manuel M. Ponce (México, 1882-1948)
Padre del nacionalismo romántico mexicano, compuso obras inspiradas en formas folclóricas.

Elis Regina (Brasil, 1945-1982)
Considerada la mejor cantante brasileña del siglo XX, inmortalizó canciones populares brasileñas.

Silvestre Revueltas (México, 1899-1940)
Compositor de música de concierto de la primera mitad del siglo XX. Entre sus obras: *Sensemayá*.

Arsenio Rodríguez (Cuba, 1911-1970)
Introdujo la conga y el son montuno y dio énfasis a los elementos de origen africano.

Silvio Rodríguez (Cuba, 1946)
Pilar de la nueva trova cubana. Entre sus canciones: "Ojalá", "La maza" y "Unicornio".

Juventino Rosas (1868-1894).
Compuso diversas piezas para salón, pero es recordado por el ciclo de valses *Sobre las olas*.

Daniel Santos (Puerto Rico, 1916-1992)
Formó parte de agrupaciones, en especial de La Sonora Matancera.

Enrique Santos Discépolo (Argentina, 1901-1951)
Innovador letrista de tango. Entre sus obras: "Esta noche me emborracho", "Cambalache" y "Uno".

Julio Sosa (Uruguay, 1926-1964)
Revitalizó los temas clásicos del tango cuando el género parecía declinar.

Mercedes Sosa (Argentina, 1935)
Comprometida con el canto popular y social, ha interpretado a Violeta Parra y Atahualpa Yupanqui.

Wilfrido Vargas (Rep. Dominicana, 1949)
Representante del merengue, entre sus discos están *Punto y aparte*, *El funcionario* y *El jardinero*.

Caetano Veloso (Brasil, 1942)
Ha incorporado varios géneros a la música brasileña. Encabezó, con Gilberto Gil, el tropicalismo.

Heitor Villa-Lobos (Brasil, 1887-1959)
Se considera padre de la música brasileña. Entre sus composiciones: *Bachianas brasileiras*.

Atahualpa Yupanqui (Argentina, 1908-1992)
Representante de la música folclórica argentina, autor de "Los ejes de mi carreta" y "El arriero".

Alfredo Zitarrosa (Uruguay, 1936-1989)
Figura de la música popular uruguaya, compuso "Doña Soledad", "Pa'l que se va" y "En mi país".

▶ Juventino Rosas

◀ Manuel M. Ponce

▼ Silvestre Revueltas

◀ Víctor Jara

▲ Agustín Lara

▲ Rubén Blades

▲ Claudio Arrau

▼ Óscar D'León

▲ Juan Luis Guerra

EL CINE

Según el cubano Cabrera Infante, el cine es un arte del siglo xx. Es también un semillero de figuras y situaciones dramáticas, de risas e imágenes en busca de esencias... El cine de América Latina ya ha dejado su huella y no cesa de buscar formas de seguir adelante.

▲ Miguel Littin

DIRECTORES

Fernando de Fuentes (México, 1894-1958)
Obras: *El compadre Mendoza, Vámonos con Pancho Villa, Allá en el Rancho Grande y Doña Bárbara.*

Luis Buñuel (México, 1900-1983)
Obras: *Los olvidados, El bruto, Nazarín, Viridiana y El ángel exterminador.*

Emilio Fernández (México, 1904-1986)
Obras: *Flor silvestre, María Candelaria, Enamorada, Río Escondido.*

Luis Alcoriza (México, 1921-1992)
Obras: *Tlayucan, Tiburoneros, Tarahumara, Mecánica nacional, Presagio.*

Leopoldo Torre Nilsson (Argentina, 1924-1978)
Obras: *Fin de fiesta, Martín Fierro, Los siete locos y Boquitas pintadas.*

Tomás Gutiérrez Alea (Cuba, 1928-1996)
Obras: *La muerte de un burócrata, Memorias del subdesarrollo, La última cena y Los sobrevivientes.* Codirigió con J. C. Tabío *Fresa y chocolate y Guantanamera.*

Nelson Pereira dos Santos (Brasil, 1928)
Obras: *Vidas secas, Como era gostoso o meu frances, Tienda de milagros.*

Ruy Guerra (Brasil, 1931)
Obras: *Los fusiles, Los dioses y los muertos, Eréndira, A Ópera do Malandro.*

Fernando Solanas (Argentina, 1936)
Obras: *La hora de los hornos, El exilio de Gardel, Sur, El viaje, Memoria del despojo.*

Jorge Sanjinés (Bolivia, 1936)
Obras: *Yawar Mallku, El coraje del pueblo, El enemigo principal, Para recibir el canto de los pájaros.*

Felipe Cazals (México, 1937)
Obras: *Canoa, El apando, Las poquianchis.*

Glauber Rocha (Brasil, 1938-1981)
Obras: *Dios y el diablo en la tierra del sol, Tierra en trance, Antonio das Mortes, Cabezas cortadas.*

Carlos Diegues (Brasil, 1940)
Obras: *Xica da Silva, Bye bye, Brasil y Um tren para as estrelas.*

Miguel Littin (Chile, 1942)
Obras: *El chacal de Nahueltoro, Actas de Marusia, El recurso del método y Acta general de Chile.*

Jaime Humberto Hermosillo (México, 1942)
Obras: *La pasión según Berenice, Matiné, Naufragio, María de mi corazón, Doña Herlinda y su hijo, La tarea.*

Adolfo Aristaraín (Argentina, 1943)
Obras: *La parte del león, Tiempo de revancha, Últimos días de la víctima, Martín (Hache), Lugares comunes.*

Juan Carlos Tabío (Cuba, 1943)
Obras: *Plaff, El elefante y la bicicleta, Lista de espera.* Codirigió con Gutiérrez Alea *Fresa y chocolate y Guantanamera.*

Arturo Ripstein (México, 1943)
Obras: *Tiempo de morir, El castillo de la pureza, El lugar sin límites, Cadena perpetua, Rojo carmesí.*

Eliseo Subiela (Argentina, 1944)
Obras: *Últimas imágenes del naufragio, El lado oscuro del corazón y Las aventuras de Dios.*

Marcelo Píñeyro (Argentina, 1953)
Obras: *Caballos salvajes, Cenizas en el paraíso, Kamtchaca y El método.*

Walter Selles (Brasil, 1956)
Obras: *Estación central, Aguas oscuras, Diarios de motocicleta.*

Guillermo del Toro (México, 1964)
Obras: *Cronos, El espinazo del diablo, Hellboy, El laberinto del fauno.*

Alejandro González Iñárritu (México, 1963)
Obras: *Amores perros, 21 gramos, Babel.*

▲ Tomás Gutiérrez Alea

▲ Luis Buñuel

▼ Carlos Diegues

▲ Fernando de Fuentes

▼ Fernando Solanas

▲ Ruy Guerra

▶▶ **1942**
Por los tiempos de Clemente Colling, de Felisberto Hernández.

1944
Ficciones, de Jorge Luis Borges.

1945
Gabriela Mistral, Nobel de literatura.

1946
El señor presidente, novela de Miguel Ángel Asturias.

ACTORES

Sara García (México, 1895-1980)
Actuó en *Cuando los hijos se van*, *El baisano Jalil*, *La familia Pérez*, *Los Fernández de Peralvillo* y *Mecánica nacional*.

Los hermanos Soler: Fernando (México, 1896-1979), **Andrés** (México, 1898-1969), **Domingo** (México, 1901-1961) y **Julián** (México, 1907-1977).

Niní Marshall (Argentina, 1903-1996)
Actuó en *Cándida millonaria*, *Catita es una dama*, *Una gallega en La Habana*, *Dios los cría*.

Dolores del Río (México, 1904-1983)
Actuó en *Ave del paraíso*, *Volando a Río*, *Ramona*, *Flor silvestre*, *María Candelaria*, *El fugitivo*, *Doña Perfecta*.

Arturo de Córdoba (México, 1908-1973)
Actuó en *La zandunga*, *La noche de los mayas*, *El conde de Montecristo*, *¿Por quién doblan las campanas?*, *Él*, *El esqueleto de la señora Morales*.

Libertad Lamarque (Argentina, 1908-2000)
Actuó en *Besos Brujos*, *Madreselva*, *La cabalgata del circo*, *La mujer sin lágrimas*, *Nunca es tarde para amar*, *Sabrás que te quiero*, *El cielo y la tierra*.

Cantinflas (México, 1911-1993)
Actuó en *Águila o sol*, *Ahí está el detalle*, *El gendarme desconocido*, *El bombero atómico*.

Jorge Negrete (México, 1911-1953)
Actuó en *¡Ay, Jalisco, no te rajes!*, *Historia de un gran amor*, *El peñón de las ánimas*, *Canaima*, *Dos tipos de cuidado*.

Pedro Armendáriz (México, 1912-1963)
Actuó en *Flor silvestre*, *María Candelaria*, *Distinto amanecer*, *Enamorada*, *El bruto*.

María Félix (México, 1914-2002)
Actuó en *Doña Bárbara*, *Enamorada*, *Río Escondido*, *French can-can*, *Sonatas*, *Juana Gallo*.

Tin-Tán (México, 1915-1973)
Obras: *Culabacitas tiernas*, *El rey del barrio*, *La marca del zorrillo*, *Simbad el mareado*.

Pedro Infante (México, 1917-1957)
Actuó en *Los tres García*, *Nosotros los pobres*, *Los tres huastecos*, *La oveja negra*, *ATM*, *Dos tipos de cuidado*.

Zully Moreno (Argentina, 1920-1999)
Actuó en *Los martes orquídeas*, *Amor prohibido*, *La gata*, *Dios se lo pague*.

Ninón Sevilla (Cuba, 1921)
Actuó en *Aventurera*, *Sensualidad*, *Aventura en Río*.

Mirtha Legrand (Argentina, 1927)
Actuó en *Esposa último modelo*, *La vendedora de fantasías*, *Como tú lo soñaste*, *Tren internacional*.

Federico Luppi (Argentina, 1935)
Actuó en *La Patagonia rebelde*, *Tiempo de revancha*, *Plata dulce*, *Cronos*, *La ley de la frontera*, *Martín (Hache)*, *El último tren*.

Norma Aleandro (Argentina, 1936)
Actuó en *Operación masacre*, *Los siete locos*, *La historia oficial*, *El hijo de la novia*, *Gaby*, *Un hombre en guerra*.

Daisy Granados (Cuba, 1942)
Actuó en *Memorias del subdesarrollo*, *Cecilia*, *Un hombre de éxito*, *Plaff*, *Cosas que dejé en La Habana*.

Sonia Braga (Brasil, 1950)
Actuó en *Doña Flor y sus dos maridos*.

Cecilia Roth (Argentina, 1958)
Actuó en *Laberinto de pasiones*, *Entre tinieblas*, *Martín (Hache)*, *Todo sobre mi madre*.

▶ Sonia Braga

▲ Cantinflas

▲ Pedro Infante

▼ Dolores del Río

▼ Jorge Negrete

▲ Norma Aleandro

▼ Libertad Lamarque

▼ María Félix

Fotógrafos

Gabriel Figueroa (México, 1907-1997)
Fotógrafo mexicano que contribuyó con su singular óptica en las cintas de Emilio Fernández, aunque también trabajo con Buñuel y otros directores.

Néstor Almendros (Cuba, 1930-1992)
Nacido en España, se educó en Cuba y estudió cine en Estados Unidos y Roma. Desde 1966 trabajó con directores como Truffaut, Rohmer, Benton y Pakula, y ganó un Oscar por su trabajo con Malik.

1947	1948	1949	1950...
• Agustín Yánez publica *Al filo del agua*. • Houssay: Nobel de medicina.	Ernesto Sábato: *El túnel*.	• Jorge Luis Borges: *El Aleph*. • Asturias: *Hombres de maíz*.	*Las Hortensias*, de Felisberto Hernández.

PARA VISITAR

Además de los sitios que han sido declarados Patrimonio de la Humanidad por la UNESCO, en América hay una enorme gama de posibilidades para realizar turismo, ya sea que sólo se desee un descanso agradable o se busque algo más intenso, como la práctica de deportes rudos, el conocimiento de otras culturas e historias o la exploración de zonas enigmáticas... Éste es apenas un puñado de ellas.

▼ **Zipaquirá**, en Colombia, alberga el Parque de Sal. Allí se halla la Catedral de la Sal, complejo ecoturístico, religioso, cultural y recreativo, situado a 200 m bajo la superficie, y que ha sido declarado una de las maravillas de Colombia.

▲ **Buenos Aires,** capital de la Argentina, ofrece su centro histórico (donde se hallan la Casa Rosada y la Plaza de Mayo), el barrio de San Telmo y el barrio de La Recoleta, además de los barrios de Palermo y Retiro.

▲ **Puerto Montt,** al sur de Chile, es famoso por su cocina de pescados y mariscos y su ambiente natural de gran belleza. Es el punto de partida para llegar a las islitas del entorno y a las zonas de lagos y parques nacionales.

▲ **Guatavita** es una hermosa laguna colombiana, antiguamente centro de culto de los chibchas. El poblado es una nueva ciudad que sustituyó al asentamiento original, sumergido bajo las aguas del embalse del Tominé, donde se practican la navegación a vela y el esquí.

▲ **Mar del Plata,** uno de los principales centros turísticos de la Argentina, es un sitio de veraneo a la orilla del mar. Cuenta con uno de los mayores casinos del mundo.

▲ **Río de Janeiro,** la más conocida ciudad del Brasil, además de sus playas, tiene barrios de interés: Ipanema, Botafogo, Copacabana. Su carnaval es el más famoso del mundo.

▲ **Popayán** es una ciudad colombiana que destaca por su arquitectura colonial y su color blanco. Hay también ruinas prehispánicas.

▲ **Parque Nacional Torres del Paine,** parque situado el sur de Chile, está compuesto por tres monolitos graníticos de origen glacial y el terreno que los rodea.

▲ **San Pedro de Atacama** es una ciudad ubicada al norte de Chile, en la zona más árida del mundo. Famosa por sus artesanías textiles, sus alrededores son muy atractivos: géiseres, termas, ruinas prehispánicas y las lagunas Miscanti y Miñique.

▲ **Chacaltaya,** montaña boliviana ubicada a 5 421 msnm en la cordillera de los Andes, entre La Paz y la frontera con Ecuador, es la única pista de esquí de Bolivia y la más alta del mundo.

▲ **Bosque nuboso Monteverde y Santa Elena,** en Costa Rica, es una zona de gran variedad biológica (se han registrado 400 diferentes especies de aves, 490 especies de mariposas y 100 especies de mamíferos) que ofrece formas originales de observar el entorno natural.

▲ **Las Barrancas del Cobre,** en México, en ocasiones alcanzan una profundidad que rebasa la del Cañón del Colorado. En conjunto ofrecen una serie de atractivos naturales: lagos, cavernas, cascadas y sitios históricos (misiones, asentamientos mineros y las ruinas de Paquimé).

▲ **Cancún,** sitio turístico mexicano de fama internacional en la costa del Caribe. Ofrece prácticamente todas las actividades acuáticas en sus aguas de transparencia excepcional, con instalaciones de primer nivel.

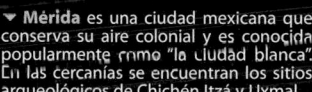

▼ **Mérida** es una ciudad mexicana que conserva su aire colonial y es conocida popularmente como "la ciudad blanca". En las cercanías se encuentran los sitios arqueológicos de Chichén Itzá y Uxmal.

▲ **San Miguel de Allende,** ciudad mexicana que conserva las características físicas de un poblado de la época colonial. Entre sus muchos atractivos se hallan el Jardín Principal y sus edificios históricos

▲ **Huatulco** es un conjunto de nueve bahías en el Pacífico mexicano que, además del encanto de sus playas, ofrece al visitante un acercamiento a la selva.

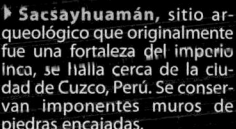

▶ **Sacsayhuamán,** sitio arqueológico que originalmente fue una fortaleza del imperio inca, se halla cerca de la ciudad de Cuzco, Perú. Se conservan imponentes muros de piedras encajadas.

▲ **Paracas,** ciudad balnearia del Perú, ofrece playas y comida regional. Desde su puerto es posible emprender excursiones a las Islas Ballestas y en sus inmediaciones se hallan los restos de la cultura de Paracas y la Reserva Nacional de Paracas.

▲ **Caracas,** capital de Venezuela, no sólo es un centro administrativo, también es una ciudad en la que los visitantes hallan parques, iglesias, plazas, construcciones modernas o coloniales, desarrollos urbanísticos, centros comerciales, y más.

▲ **Canal de Panamá,** donde se halla el Parque Nacional Soberanía en la Zona del Canal de Panamá, el más accesible del mundo y que ofrece oportunidades únicas para el ecoturismo, por ejemplo para la observación de aves.

◀ **Cabo San Lucas** es un centro vacacional mexicano. Abarca el área que se extiende entre San José del Cabo y Cabo San Lucas, en Baja California. Cuenta con todos los servicios necesarios para atender al turista internacional.

1953	1954	1955	1956
Alejo Carpentier: *Los pasos perdidos.*	*Poemas y antipoemas,* de Nicanor Parra.	Aparece *Pedro Páramo,* novela de Juan Rulfo.	Aparece la novela *Gran sertón: veredas,* del brasileño João Gimãraes Rosa.

DEPORTISTAS

La práctica de los deportes siempre ha sido una actividad que en América Latina se da en todos los niveles... Se trata de un aspecto que no puede pasarse por alto, dado el número de grandes deportistas que han salido de estas tierras... Y aquí sólo hay una muestra...

AJEDREZ

José Raúl Capablanca (1888-1942)
Ajedrecista cubano que aprendió a jugar desde los cuatro años. En 1921 inició su periodo como campeón mundial y mantuvo el título hasta 1927. Fue el primero en enfrentar a más de 100 competidores de manera simultánea.

ATLETISMO

Alberto Juantorena (1950)
Atleta cubano que ha sido el único corredor en la historia de los juegos olímpicos en triunfar en los 400 y 800 metros en una misma justa (Montreal 1976).

▼ **Ana Fidelia Quirot** (1963)
Corredora cubana, especialista en las pruebas de 400 y 800 metros. Se coronó campeona en los campeonatos mundiales de Suecia 1995 y Grecia 1997 y conquistó las medallas de bronce y plata en los Juegos olímpicos de Barcelona 1992 y Atlanta 1996, respectivamente.

▲ **Javier Sotomayor** (1967)
Considerado el más grande saltador de altura de todos los tiempos. A lo largo de su carrera sobrepasó los 2.40 m en 22 ocasiones. Obtuvo 14 medallas de oro: siete, en campeonatos mundiales, tres en Juegos panamericanos, tres en Juegos centroamericanos y del Caribe y una en los Juegos olímpicos de Barcelona. Conquistó la medalla de plata en Sydney 2000.

▲ **Ana Gabriela Guevara** (1977)
Atleta mexicana que ha destacado en pruebas de velocidad (carrera de 300, 400, 800 y 4 x 400 m). Obtuvo en 2003 récord mundial en 300 m y se clasificó en primer lugar en 400 m. En 2004 obtuvo medalla de plata en los juegos olímpicos de Atenas en 400 metros planos.

AUTOMOVILISMO

Juan Manuel Fangio (1911-1995)
Argentino que, en 1950, entró en la escudería Alfa Romeo. Ostenta el récord de haber sido cinco veces campeón mundial de la Fórmula 1 (1951, 1954, 1955, 1956 y 1957). Corrió también para otras escuderías (Ferrari, BRM, Maserati, Mercedes) hasta su retiro en 1958.

◀ **Ayrton Senna** (1960-1994)
Conductor brasileño que conquistó en tres ocasiones el título de campeón mundial de Fórmula 1, con la escudería Marlboro-McLaren-Honda. Sufrió un grave accidente en el Gran Premio de San Marino de 1994, en el cual falleció.

▶ **Emerson Fittipaldi** (1946)
Brasileño que en 1972 se convirtió en el piloto más joven en conquistar el campeonato mundial, título que revalidó en 1974. También ganó los subcampeonatos mundiales en 1973 y 1975. Triunfó en las 500 millas de Indianápolis y se coronó campeón de la Fórmula Indy (1989).

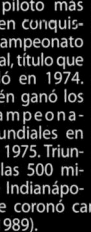

1957	1958	1959
Muere Diego Rivera.	Aparece *Libertad bajo palabra*, libro que reúne la obra poética de Octavio Paz hasta ese momento.	• *Las armas secretas*, de Julio Cortázar. • José María Arguedas: *Los ríos profundos*.

BÉISBOL

Roberto "Beto" Ávila (1924-2004)
Jugador mexicano que ocupó la segunda base de equipos de ligas mayores (1949-1959) como los Indios de Cleveland, los Orioles de Baltimore y Medias Rojas de Boston. Participó en tres juegos de las estrellas y llegó a obtener el mejor promedio de fildeo.

▼ **Roberto Clemente** (1934-1972)
Puertorriqueño, uno de los mejores beisbolistas de todos los tiempos y primer latinoamericano en ingresar al Salón de la Fama (1973). Bateador y jardinero derecho, conquistó cuatro títulos de bateo de la Liga Nacional (1961, 1964, 1965 y 1966), dos series mundiales, doce participaciones en el equipo de las estrellas.

Juan Antonio Marichal (1937)
El mejor lanzador en la historia de los Gigantes de San Francisco y el primer dominicano en ingresar al Salón de la Fama (1983). Ha participado en nueve juegos de las estrellas, lanzó el primer juego en blanco para San Francisco desde 1929 (1963) y ganó el partido a 16 entradas en contra de Milwaukee (1963).

▼ **Fernando Valenzuela** (1960)
El beisbolista mexicano más destacado en las ligas mayores. Hizo su debut profesional en 1980 con los Dodgers de Los Ángeles, equipo con el que ganó dos títulos (1981 y 1988), además de ser considerado novato del año (1981) y obtener el Guante de Oro (1986).

▼ **José Canseco** (1964)
De origen cubano, ha jugado en varios equipos de ligas mayores. En 1984 fue novato del año y en 1988 fue el primer jugador en conectar 40 cuadrangulares y robar 40 bases. Participó en los juegos de estrellas de 1980, 1988-1990, 1992, y 1999.

▼ **Vinny Castilla** (1967)
Bateador mexicano que ha jugado en diversos equipos de ligas mayores de Estados Unidos. En 1996 y 1997 produjo 40 cuadrangulares y 46 en 1998. Durante varias temporadas produjo más de 100 carreras (131 en 2004).

▼ **Sammy Sosa** (1968)
Dominicano, uno de los mejores bateadores de las grandes ligas. Con los Cachorros de Chicago ha bateado más de 60 cuadrangulares en tres temporadas y 50 en cuatro temporadas consecutivas. Ha sido elegido en seis ocasiones para el juego de las estrellas (1995 y 1998-2002). En 2003 se convirtió en el decimoctavo en anotar más de 500 homeruns y el primer latinoamericano en conseguirlo.

CICLISMO

▶ **Santiago Botero** (1972)
Colombiano, ganó la etapa de Montaña Draguignan-Briancon, en el Tour de France (2000), y, contra reloj, las etapas Lanester-Lorient y Vaison la Romaaine-Los Alpes, el mismo año. En el Tour de 2002 quedó en cuarto lugar general. Entre otros logros, ha conseguido el Campeonato del mundo CRI (2002), la Clásica de los Puertos (2002) y la Clásica de los Alpes. En la Vuelta a España ganó tres etapas (dos, en 2000; una, en 2002).

Martín "Cochise" Rodríguez (1942)
Ciclista colombiano que triunfó en la Vuelta a Colombia en 1963, 1964, 1966 y 1967. Fue tricampeón de la Vuelta a Táchira (Venezuela), medallista de oro en los Juegos Bolivianos de Ecuador (1965) y campeón de los 4 mil metros de persecución individual en los Juegos Panamericanos de Winnipeg (1967). Obtuvo el campeonato mundial amateur en los 4 mil metros de persecución individual (Italia, 1971) y se convirtió en plusmarquista mundial de la hora (México, 1970), al recorrer 47 553 kilómetros.

1960	1961	1962
• *La casa inundada*, de Felisberto Hernández. • Roa Bastos: *Hijo de hombre*.	Ernesto Sábato publica la novela *Sobre héroes y tumbas*.	Carlos Fuentes publica *La muerte de Artemio Cruz y Aura*.

▶▶

BOXEO

▼ Carlos Monzón (1942-1995)
Peleador argentino de controvertida personalidad, fue uno de los más grandes boxeadores del siglo XX. Alcanzó el campeonato mundial de peso medio, título que defendió en 14 ocasiones (1970-1977), permaneciendo invicto. Participó en 102 combates, de los cuales sólo perdió tres.

▶ Roberto "Mano de Piedra" Durán (1951)
Panameño, ganó su trigésima pelea frente al campeón mundial de peso ligero. A partir de ese año y hasta 1989, Durán fue sucesivamente campeón de peso ligero (1972-1979), welter (1980), superwelter (1983) y medio (1989-1990). Su marca: 104 victorias (69 nocauts) y 16 derrotas.

◀ Teófilo Stevenson (1952)
Boxeador cubano amateur de peso completo, comparte con el húngaro Papp y el cubano Savón el haber ganado la medalla de oro olímpica en la misma división en tres ocasiones distintas. En su caso fueron los juegos de Munich 1972, Montreal 1976 y Moscú 1980, y se especula que, si Cuba no se hubiera unido al boicot contra Los Ángeles 1984, sería el único tetracampeón olímpico de peso completo.

▼ Julio César Chávez (1962)
Ha sido el pugilista mexicano más exitoso. A lo largo de su carrera ganó más de 110 combates, 86 de ellos por nocaut, y permaneció invicto durante casi 15 años (1980-1994). Ganó cinco títulos mundiales en tres divisiones diferentes: superligeros (1984-1987), ligeros (1987-1989) y superplumas (1989-1994).

JUDO

Driulis González (1973)
Cubana, consiguió su primera medalla olímpica en Barcelona 1992. Ganó medalla de oro en Atlanta 1996 —aún más notable por una lesión de la columna— y la de plata en Sydney 2000, además de dos campeonatos mundiales, dos Juegos panamericanos y cuatro juegos mundiales universitarios. En 1999 la Federación Internacional de Judo la eligió como mejor judoca del mundo, honor que se sumó al haber sido nombrada mejor deportista cubana del año.

GOLF

Lorena Ochoa (1981)
Golfista mexicana que ha ganado campeonatos estatales y nacionales en su país natal y participa en el circuito internacional. Participa en el LPGA Tour. En 2006 ganó seis torneos y fue catalogada como la mejor golfista de la temporada. Recibió el Premio Nacional del Deporte de 2005.

BÁSQUETBOL

Oscar Schimdt (1958)
Brasileño, participó en cinco Juegos olímpicos. En Atlanta 1996 se convirtió en el primer atleta en superar la marca de los dos mil puntos en juegos olímpicos. Es el segundo en superar la barrera de los 40 mil puntos, sólo superada por Karrem Abdul Jabbar (46 725).

▼ Héctor Scarone (1898-1967)

Delantero, integrante de la selección uruguaya que maravilló al mundo en la década de 1920. Con Nacional, equipo para el que anotó 301 goles en 369 partidos, fue ocho veces campeón (1916, 1917, 1919-1920, 1922-1924 y 1934). Con la selección nacional fue tetracampeón sudamericano (1917, 1923-1924 y 1926), dos veces campeón olímpico (París 1924 y Ámsterdam 1928) y participó en las legendarias giras por Europa (1925 y 1927) y la Copa del Mundo (Uruguay 1930).

▼ Alberto Spencer Herrera (1937 2006)

El mejor jugador ecuatoriano de fútbol de todos los tiempos. Tuvo destacadas participaciones con la selección nacional en la Copa América y temporadas inolvidables tanto con el Peñarol de Uruguay como con el Barcelona de Ecuador. Su marca de goles anotados en la Copa Libertadores (54 anotaciones, 48 para Peñarol y 6 para Barcelona) no ha sido superada.

▼ Hugo Sánchez (1958)

Jugador mexicano que ganó cinco trofeos de máximo goleador en la liga española (uno con el Atlético de Madrid y cuatro con el Real Madrid). En 1990 se convirtió en el mayor goleador de Europa, por lo que recibió la Bota de Oro. Participó con la selección nacional de fútbol en tres ocasiones (Argentina 1978, México 1986, Estados Unidos 1994).

▼ Diego Armando Maradona (1960)

El futbolista argentino más importante del siglo xx. Hizo su debut profesional antes de cumplir 16 años. Participó por primera vez como seleccionado nacional en 1977 y fue campeón mundial juvenil en 1979. Durante su época de esplendor, jugó para Boca Juniors, Barcelona y Nápoles. Fue campeón mundial en México 1986.

▶ Carlos "Pibe" Valderrama (1961)

Mediocampista colombiano, en 1988 el Montpellier de Francia lo contrató y se convirtió en el segundo jugador colombiano en jugar en Europa. Jugó en el Valladolid (1991), Independiente de Medellín (1992) y Atlético Júnior (1993-1995). Destacó en la Copa América de 1993. En 1994 fue parte de la selección.

◀ Pelé (1940)

Obtuvo varias Copas de América y el primer campeonato mundial de clubes con el equipo Santos. Debutó en la selección brasileña a los 17 años. Con la selección nacional logró tres copas del mundo (1958, 1962 y 1970). Ha sido el mejor futbolista de todos los tiempos en opinión de muchos comentaristas y aficionados.

▼ Iván Zamorano (1967)

Delantero chileno, formó parte de diversos equipos europeos y del América de México. Fue campeón de goleo con el Cobreandino (1986), Cobresal (1987), Saint Gallen (1989-1990), Real Madrid (Pichichi 1995) y campeón de la UEFA con el Internazionale (1998). Con la selección nacional obtuvo la medalla de bronce en Sydney 2000.

▼ Ronaldo (1976)

Con los diferentes niveles de la selección brasileña ha sido: campeón mundial infantil (1991), medallista de bronce en los Juegos olímpicos de Atlanta (1996), campeón mundial sub-17 (1993), campeón de la Copa América (1999) y pentacampeón en Corea-Japón 2002, torneo en que se coronó campeón de goleo. Ha participado en el fútbol europeo.

1967
- Miguel Ángel Asturias gana el premio Nobel de literatura.
- Se publica la novela *Cien años de soledad*, de Gabriel García Márquez.

1969
Publicación de *Doña Flor y sus dos maridos* y *Gabriela, clavo y canela*, del brasileño Jorge Amado.

▶▶

NATACIÓN

◀ Felipe "Tibio" Muñoz (1951)
Nadador mexicano que obtuvo la primera medalla de oro olímpica para su país. Fue en los juegos de México 1968, en los que sorpresivamente obtuvo el primer lugar en la competencia de 200 metros estilo pecho.

Claudia María Poll Ahrens (1972)
Costarricense, en 1993 se convirtió en la primera latinoamericana en obtener una medalla de oro en el Campeonato Pan Pacífico (200 metros libres, en Kobe, Japón). En 1995 rompió la marca de 200 metros libres en piscina corta en el Campeonato Mundial (Río de Janeiro) y obtuvo una medalla de oro y el récord de los 400 metros libres. En los Juegos Olímpicos de Atlanta 1996 alcanzó la medalla de oro.

Joaquín Capilla (1927)
Clavadista mexicano que obtuvo medalla de bronce en los Juegos Olímpicos de Londres 1948 (plataforma), plata en Helsinki 1952 (plataforma) y bronce y oro en Melbourne 1956 (plataforma y trampolín de 10 metros, respectivamente). También fue cuatro veces campeón panamericano, seis veces monarca centroamericano y tres veces campeón de Estados Unidos.

FÚTBOL AMERICANO

Rafael Septién (1953)
Pateador mexicano del equipo de los Dallas Cowboys entre 1978 y 1986. Obtuvo el récord de mayor número de goles de campo intentados (226) y el mayor número de ellos obtenidos (162). También anotó 388 puntos extras.

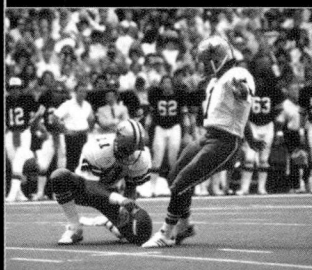

TENIS

▼ Guillermo Vilas (1952)
Argentino, su carrera abarcó dos décadas, durante las cuales conquistó 62 torneos. Obtuvo el Abierto de Australia (1978 y 1979), Roland Garros (1977), el Abierto de Estados Unidos (1977). Llegó a ocupar el segundo puesto de la clasificación mundial. Ganó 45 de 55 partidos de singles en Copa Davis.

▼ Gabriela Sabatini (1970)
Argentina, inició su carrera profesional en 1984 como campeona mundial juvenil, con 10 de 12 torneos disputados. En 1985 fue la semifinalista más joven del Roland Garros. En 1990 ganó el abierto de EUA. Conquistó en dos ocasiones el torneo Masters (1988 y 1994). Fue medallista de plata en los Juegos olímpicos de Seúl (1988). Llegó al tercer lugar del *ranking* mundial.

VOLEIBOL

Regla Torres (1975)
Fue seleccionada por la Federación Internacional de Voleibol como la jugadora más destacada del siglo XX. Medalla de oro en Barcelona 1992, en 1994 fue la jugadora más valiosa del campeonato mundial, celebrado en Cuba. Representó un elemento clave para obtener dos títulos olímpicos (Atlanta 1996 y Sydney 2000), además de dos victorias en campeonatos mundiales y cuatro en copas del universo.

▶ Marcelo Ríos (1975)
De polémica personalidad, Marcelo Ríos ha sido el mejor tenista de Chile. Hizo su debut en Copa Davis en 1993. Fue el primer chileno en ser número uno de la Asociación de Tenistas Profesionales (1998). Se adjudicó el campeonato en 17 torneos entre 1995 y 2001.

PREMIOS NOBEL

En su testamento, Alfred Nobel, el inventor de la dinamita, determinó la entrega de los premios que llevan su nombre. Fueron otorgados por primera vez en 1901 y se entregan en una ceremonia que se lleva a cabo el 10 de diciembre, aniversario de la muerte del inventor sueco. Se conceden en los siguientes rubros: química, literatura, fisiología y medicina, física, paz y economía (instaurado este último en 1968). Se entregan en Estocolmo, salvo el de la paz, cuya sede es Oslo, Noruega. Quince personas oriundas de América Latina han recibido este reconocimiento.

◀ **Rigoberta Menchú**
Guatemalteca
(1959)
Paz, 1992.

▲ **Carlos Saavedra Lamas**
Argentino
(1878-1959)
Paz, 1936.

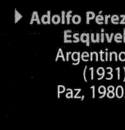

▶ **Adolfo Pérez Esquivel**
Argentino
(1931)
Paz, 1980.

▶ **Miguel Ángel Asturias**
Guatemalteco
(1899-1974)
Literatura, 1967.

▶ **Gabriela Mistral**
Chilena
(1889-1957)
Literatura, 1945.

▼ **Alfonso García Robles**
Mexicano
(1911-1991)
Paz, 1982.

▲ **Bernardo A. Houssay**
Argentino
(1887-1971)
Medicina, 1947.

◀ **Gabriel García Márquez**
Colombiano
(1928)
Literatura, 1982.

▲ **Luis Federico Leloir**
Argentino
(1906-1987)
Química, 1970.

◀ **Óscar Arias**
Costarricense
(1940)
Paz, 1987.

◀ **Mario Molina**
Mexicano
(1943)
Química, 1995.

▼ **Octavio Paz**
Mexicano
(1914-1998)
Literatura, 1990.

▶ **Baruj Benacerraf**
Venezolano
(1920)
Medicina, 1980.

◀ **Pablo Neruda**
Chileno
(1904-1973)
Literatura, 1971.

▲ **César Milstein**
Argentino
(1927-2002)
Medicina, 1984.

1982	1984	1986	1987	1991
Gabriel García Márquez. Nobel de literatura.	Muere Julio Cortázar.	• Muere Jorge Luis Borges. • Muere Carlos Mérida.	*Noticias del imperio*, de Fernando del Paso.	Muere Rufino Tamayo.

▶▶

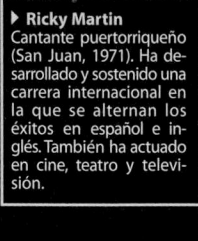

▶ Ricky Martin
Cantante puertorriqueño (San Juan, 1971). Ha desarrollado y sostenido una carrera internacional en la que se alternan los éxitos en español e inglés. También ha actuado en cine, teatro y televisión.

▶ Shakira
Cantante y compositora colombiana (Barranquilla, 1977). Parte de su trabajo es en inglés y ha logrado colocar discos y videos en español en Estados Unidos.

◀ Don Francisco
Conductor de televisión chileno (Talca, 1940). Creó programas de variedades de larga duración y mucha audiencia e introdujo los programas tipo Teletón (1978).

◀ Julio Bocca
Bailarín argentino (Buenos Aires, 1967) considerado uno de los mejores del siglo xx.

▶ Lionel Messi
Futbolista argentino (Rosario, 1987), ha impuesto el récord de ser el jugador estrella más joven del club Barcelona.

▶ Gael García Bernal
Actor mexicano (Guadalajara, 1978), ha ganado prestigio internacional.

◀ Salma Hayek
Actriz mexicana (Coatzacoalcos, 1966), inició su carrera con gran éxito y decidió conquistar Estados Unidos, ha ganado proyección internacional.

◀ Gisele Bundchen
Modelo brasileña (Horizontina, 1980), ha tenido un gran éxito internacional. Se ha calificado como la modelo más rica del mundo.

◀ Carolina Herrera
Diseñadora de modas nacida en Venezuela (Caracas, 1939), desde la década de 1980 goza de un gran prestigio internacional.

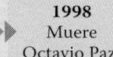

1998	2000	2001	2005	2007
Muere Octavio Paz.	Monterroso: Premio Príncipe de Asturias de Letras.	Premio Cervantes para Álvaro Mutis.	Sergio Pitol: Premio Cervantes.	IV Congreso Internacional de la Lengua Española, Colombia.

del cuarzo, e ideó la fotografía en color por un método de interferencias. (Premio Nobel 1908.)

LIPPONEN (Paavo Tapio), *Turtola, act. Pello, 1941,* político finlandés. Presidente del Partido socialdemócrata (1993-2005), ha sido primer ministro de 1995 a 2003 y presidente del parlamento desde 2003.

LIPSCOMB (William Nunn), *Cleveland, Ohio, 1919,* químico estadounidense. Ha elaborado una teoría de los enlaces químicos con bajo número de electrones. (Premio Nobel 1976.)

LIPSET (Seymour Martin), *Nueva York 1922-Arlington,Virginia, 2006,* sociólogo estadounidense. Se interesó principalmente por la sociología política y por el estudio de las estructuras sociales (*El hombre político,* 1960).

LIPSIO (Justo), en neerl. Joost Lips, *Overijse, Brabante, 1547-Lovaina 1606,* humanista flamenco. Se convirtió al luteranismo y después regresó al catolicismo; su *De constantia* (1583) expresa una filosofía de inspiración estoica.

Lircay (batalla de) [17 abril 1830], combate decisivo de la guerra civil chilena de 1829-1830, a orillas del río Lircay (Maule). Con la derrota de las tropas liberales de Freire se instauró la oligarquía conservadora de Ovalle-Prieto-Portales.

LIRIA, en cat. **Llíria,** c. de España (Valencia), cab. de p. j.; 16 856 hab. *(lirianos).* Agricultura e industria.— Sitio arqueológico (restos de la *Edeta* ibérica y romana; mosaicos de los ss. IHII).

LISANDRO, *m. en 395 a.C.,* general espartano. Derrotó a los atenienses en la desembocadura del Egospótamos (405 a.C.) y tomó Atenas (404).

LISBOA, cap. de Portugal, en la desembocadura del Tajo; 677 790 hab. *(lisboetas)* [1 200 000 hab. en la aglomeración]. Arzobispado. Bibliotecas. Puerto y centro industrial.— Catedral en parte románica; torre de Belém, a orillas del Tajo, y monasterio de los Jerónimos de Belém, típico del estilo manuelino (principios del s. XVI), ambos declarados patrimonio de la humanidad (1983); plaza del Comercio, de fines del s. XVIII. Importantes museos (fundación Calouste Gulbenkian). Teatro São Carlos.— La ciudad, fundada por los fenicios *(Ulissipo),* fue municipio romano de Lusitania *(Olisipo),* perteneció al reino suevo de Galicia hasta 585 y fue ocupada por los musulmanes de 716 a 1147. En el s. XIII se convirtió en la capital de Portugal y, en el s. XV, prosperó gracias a la actividad marítima y colonial del país. Destruida por un sismo en 1755 y reconstruida por Pombal, su centro histórico resultó muy dañado en un incendio en 1988. La ciudad fue objeto de profundas reformas con motivo de la Exposición internacional de 1998 (parque de las Naciones, con su Oceanario).

Lisboa (tratado de) [13 febr.1668], tratado entre Portugal y España por el que se reconocía la independencia portuguesa.

Lisboa (tratado de) [18 oct 2007], tratado firmado por los estados miembros de la Unión europea. Dio un nuevo impulso a las instituciones de la UE tras el fracaso, en 2005, del proyecto de constitución europea. Su entrada en vigor está prevista para 2009.

LISCANO (Juan), *Caracas 1915-íd. 2001,* escritor venezolano. Poeta de gran preciosismo formal, de tendencia onírica y pasional (*Nuevo*

Mundo Orinoco, 1959; *Cármenes,* 1966), fue crítico literario y estudioso del folclore de su país.

LI SHIMIN → **TANG TAIZONG.**

LISIAS, *h. 440-h. 380 a.C.,* orador ateniense. Adversario de los Treinta tiranos, su oratoria es modelo del aticismo.

LISICHANSK → **LYSYCHANSK.**

LISÍMACO, *Pella h. 360-Curopendio, Lidia, 281 a.C.,* rey de Tracia. General de Alejandro, se proclamó rey en 306. Murió luchando contra Seleuco I Nicátor.

LISIPO, *n. en Sicione h. 390 a.C.,* escultor griego. Motivado por la expresión del movimiento y de la musculatura, estilizó el canon de Policleto y con su *Apoxiomeno* (copia romana en el Vaticano) fue el precursor de la concepción helenística del cuerpo masculino.

■ **LISIPO.** El *Apoxiomeno,* h. 330 a.C.
(Copia romana, museo Pío Clementino, Vaticano.)

LISPECTOR (Clarice), *Chechelnik, Ucrania, 1920-Río de Janeiro 1977,* escritora brasileña. A la escucha de los sentimientos ocultos, sus narraciones deconstruyen la sintaxis, la cronología y los personajes (*La pasión según G.H.*).

LISSITSKY (Lazar, llamado El), *Potchinok, Smoliensk, 1890-Moscú 1941,* pintor, diseñador gráfico y teórico soviético. Seguidor del suprematismo de Maliévich, sus múltiples actividades tuvieron una gran repercusión (ilustración y tipografía, arquitectura, decoración).

LIST (Friedrich), *Reutlingen 1789-Kufstein 1846,* economista alemán. Uno de los primeros defensores de la idea de una unión aduanera alemana (*Zollverein*), preconizó el proteccionismo como garante del despegue económico.

LISTA (Alberto), *Sevilla 1775-íd. 1848,* escritor español. Su poesía, clasicista, renovó la escuela sevillana. Autor de poemas religiosos (*El sueño; La amistad*). Cultivó también la crítica literaria. (Real academia 1833.)

LISTER (Joseph, barón), *Upton, Essex, 1827-Walmer, Kent, 1912,* cirujano británico. Introdujo la asepsia en cirugía.

LISZT (Franz), *Doborján, act. Raiding, Austria, 1811-Bayreuth 1886,* compositor y pianista húngaro. De incomparable virtuosismo, revolucionó la técnica del piano e innovó en el campo de la armonía. Compuso poemas sinfónicos (*Preludios,* 1854), sinfonía con coro (*Fausto,* 1857), una gran sonata, 12 *Estudios de ejecución trascendente* y 19 *Rapsodias húngaras* para piano, oratorios (*Christus*), misas y piezas para órgano.

LI TAIBO → **LI BO.**

LI TANG, *Heyang, Henan, h. 1050-región de Hangzhou d. 1130,* pintor chino. Paisajista, su obra, que amalgama la visión austera de la China del norte y la más lírica del sur, influyó profundamente en sus sucesores.

LITERA, en cat. **La Llitera,** comarca de España, en Aragón (Huesca), entre los ríos Cinca y Noguera Ribagorzana.

LITTIN (Miguel), *Palmilla 1942,* director de cine chileno. Obtuvo éxito en su país con *El chacal de Nahueltoro* (1969), muestra de un cine comprometido que continuó en el exilio desde 1973: *Actas de Marusia* (1975), *Sandino* (1991), *La última luna* (2004).

■ MIGUEL **LITTIN.** *Actas de Marusia* (1975).

Little Nemo, personaje de cómic (1905) y dibujos animados (1911) creado por Winsor McCay (1867-1934). Es un niño que vive en sueños todo tipo de aventuras.

LITTLE RICHARD (Richard Penniman, llamado), *Macon, Georgia, 1935,* cantante y pianista de rock estadounidense. Es uno de los pioneros del rock (*Tutti Frutti,* 1955).

LITTLE ROCK, c. de Estados Unidos, cap. de Arkansas; 175 795 hab. Bauxita.

LITTRÉ (Émile), *París 1801-íd. 1881,* lexicógrafo francés. Positivista, discípulo independiente de A. Comte, es autor de un monumental *Diccionario de la lengua francesa* (1863-1873).

LITUANIA, en lituano **Lietuva,** estado de Europa, en el Báltico; 65 000 km²; 3 700 000 hab. *(lituanos).* CAP. *Vilnius.* LENGUA: *lituano.* MONEDA: *litas lituano.*

INSTITUCIONES

República con régimen semipresidencial. Constitución de 1992. El presidente de la república es elegido cada 5 años por sufragio universal directo. Designa al primer ministro de acuerdo con el parlamento. Este último es elegido cada 4 años por sufragio universal directo.

GEOGRAFÍA

Es la más meridional, extensa y poblada república Báltica. El 80 % de su población es lituana y un 10 % rusa. A orillas del Báltico, es un país llano, de clima frío y húmedo, en el que se desarrollan cultivos (cereales) y cría de ganado (bovino y porcino). Posee algunas industrias (construcciones mecánicas y eléctricas, pero también óptica de precisión y biotecnologías); no obstante, padece la falta de materias primas y sobre todo, un déficit energético.

HISTORIA

S. v aprox.: tribus báltico-eslavas de la región se organizaron para luchar contra las incursiones escandinavas. **H. 1240:** Mindaugas fundó el gran ducado de Lituania. **Segunda mitad del s. XIII-s. XIV:** este estado combatió contra los caballeros teutónicos y extendió su dominio sobre los principados rusos del SO, sobre todo

■ **LISBOA.** Un aspecto de la parte vieja, con la catedral (en parte del s. XII) a la derecha.

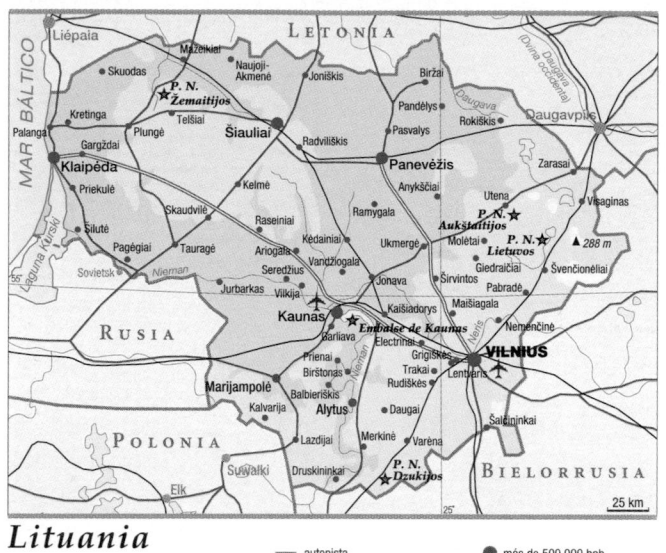

Lituania

★ lugar de interés turístico
100   200 m

— autopista
— carretera
— ferrocarril
✈ aeropuerto

● más de 500 000 hab.
● de 100 000 a 500 000 hab.
● de 50 000 a 100 000 hab.
● menos de 50 000 hab.

25 km

con Guedimín (1316-1341). **1385-1386:** Lituania se unió con Polonia, al convertirse el gran duque Jagellón en rey de Polonia con el nombre de Ladislao II (1386-1434), y Lituania adoptó el catolicismo. **1392-1430:** con Witold, que reinó en el gran ducado bajo la potestad de su primo Ladislao II, Lituania se extendió hasta el mar Negro. **1569:** la unión de Lublín creó el estado polaco-lituano. **1795:** la mayor parte del país fue anexionada al Imperio ruso. **1915-1918:** Lituania fue ocupada por los alemanes. **1918:** proclamó su independencia. **1920:** fue reconocida por la Rusia soviética. **1940:** conforme al pacto germanosoviético, Lituania fue anexionada por la URSS. **1941-1944:** fue ocupada por los alemanes. **1944:** volvió a ser república soviética. **1948-1949:** la resistencia a la sovietización fue duramente reprimida. **1990:** los lituanos proclamaron la independencia de su república bajo la dirección de Vytautas Landsbergis. **1991:** la independencia fue reconocida por la URSS y por la comunidad internacional (sept.). **1993:** el laborista —ex comunista— Algirdas Brazauskas (investido como jefe del estado en nov. 1992) fue elegido presidente de la república. Las tropas rusas culminaron su retirada del país. **1998:** Valdas Adamkus accedió a la presidencia de la república. **2003:** le sucedió Rolandas Paksas (pero fue destituido al año siguiente por una acusación de corrupción). **2004:** Lituania ingresó en la OTAN y en la Unión europea. V. Adamkus fue elegido de nuevo presidente.

LITVÍNOV (Maxim Maxímovich), *Bialystok 1876-Moscú 1951,* político soviético. Comisario del pueblo para asuntos exteriores (1930-1939), acercó posiciones con EUA y Francia (1935) para luchar contra los estados fascistas. Stalin lo sustituyó por Molótov en 1939.

LIUBERTSÍ, c. de Rusia, en el área suburbana de Moscú; 165 000 hab.

LIU SHAOQI, *Hunan 1898-¿1969?,* político chino. Miembro del PCCh desde 1921, accedió a la presidencia en 1959. Durante la Revolución cultural fue encarcelado (1969). Fue rehabilitado en 1979.

LIUTPRANDO, m. en 744, rey de los lombardos (712-744). Ocupó Ravena (732-733) y sitió Roma.

LIUVA I, m. en 573, rey visigodo (567/568-572). Sucesor de Atanagildo, gobernó en la Septimania y cedió la Hispania Citerior a su hermano Leovigildo (569).

LIUVA II, *581-603,* rey visigodo (601-603). Sucesor de Recaredo, fue derrocado por los arrianos dirigidos por Witerico.

LIVERPOOL, c. de Gran Bretaña (Inglaterra), en el estuario del Mersey; 448 300 hab. Puerto. Centro industrial (act. en declive). — Museos.

LIVIA, en lat. *Livia Drusilla, 58 a.C.-29 d.C.,* esposa del emperador Augusto. Madre de dos hijos de un matrimonio anterior: Tiberio y Druso, hizo que Augusto adoptara al primero.

LIVINGSTON (isla), isla de las Shetland del Sur. En 1988 se instaló en ella la primera base española permanente en la Antártida, base Juan Carlos I.

LIVINGSTONE (David), *Blantyre, Escocia, 1813-Chitambo, Zambia, 1873,* explorador británico. Misionero protestante, desde 1849 viajó a África central y austral. Con Stanley, buscó en vano las fuentes del Nilo. Denunció el esclavismo.

Living Theatre, grupo teatral estadounidense, fundado en 1951 por J. Beck y J. Malina. Practicó una forma de expresión corporal cercana al *happening* y basada en un trabajo colectivo (*Paradise Now,* 1968).

LIVIO ANDRÓNICO, *h. 280-207 a.C.,* poeta latino. Es el creador de la tragedia latina.

LIVONIA, región histórica comprendida entre el Báltico, el curso del Dvina occidental y el lago Peipus (act. repúblicas de Letonia y Estonia). De 1237 a 1561 estuvo gobernada por los caballeros Portaespadas (orden livonia).

LIVORNO, c. de Italia (Toscana), cap. de prov., a orillas del Mediterráneo; 167 445 hab. Puerto. Metalurgia. Refinería de petróleo y química. — Museo (los *macchioli*).

LI XIANNIAN, *Huang'an, Hubei, entre 1905 y 1909-Pekín 1992,* militar y político chino, presidente de la república de 1983 a 1988.

LIZARD (cabo), cabo que constituye el extremo meridional de Gran Bretaña.

LIZARDI (José María de Aguirre, llamado Xabier **de**), *Zarauz 1896-Tolosa 1933,* escritor español en lengua vasca. Poeta de lenguaje conceptista, renovó la lírica vasca: *Poesías del huérfano* (1934). Cultivó también la prosa y el teatro.

LIZARRA → ESTELLA.

LIZÁRRAGA (Reginaldo **de**), *Medellín 1545-1615,* dominico y etnógrafo español, autor de *Descripción breve de toda la tierra del Perú, Tucumán, Río de la Plata y Chile* (ed. en 1908).

LJUBLJANA, en alem. **Laibach,** cap. de Eslovenia; 268 000 hab. Universidad. Metalurgia.

— Castillo reconstruido en el s. XVI y otros monumentos; museos.

LLAILLAY, com. de Chile (Valparaíso); 20 250 hab. Vid, frutales, cáñamo. Industrias farmacéuticas.

LLAIMA, volcán de Chile (La Araucanía); 3 125 m. Forma parte del parque nacional Conguillío. Turismo.

LLALLAGUA → BUSTILLOS.

LLALLAGUA, c. de Bolivia (Potosí); 23 305 hab. Plata, aluminio.

LLAMAS GONZÁLEZ (Mario), *México 1934,* tenista mexicano. Campeón nacional en siete ocasiones, jugó con el equipo de México la final de la copa Davis (1962).

LLAMAZARES (Julio), *Vegamián, León, 1955,* novelista y poeta español. Autor de novelas (*Luna de lobos,* 1985; *El cielo de Madrid,* 2005) y de poesía (*La lentitud de los bueyes,* 1979; *Memorial de la nieve,* 1982), destaca por su tono intimista y melancólico.

LLAMOSAS (Lorenzo **de las**), *Lima ¿1605?-¿en España d. 1705?,* escritor peruano. Su obra loa a los virreyes y nobles que lo protegieron. Su producción teatral (*También se vengan los dioses; Amor, industria y poder; Destinos vencen finezas*) reviste interés por la profusión de cambios y efectos escénicos, y por la música y el baile que la complementan.

LLANGANATES (cordillera **de los**), alineación montañosa de Ecuador, que forma parte de la cordillera Oriental; 4 639 m de alt. en Cerro Hermoso.

LLANO, mun. de Venezuela (Mérida), en la aglomeración de Mérida; 43 675 hab.

Llano de la Consolación, santuario ibérico de España (Montealegre del Castillo, Albacete). Numerosos exvotos de bronce (ss. II-I a.C.).

LLANO ESTACADO, altiplano de Estados Unidos, en el O de Texas.

LLANOS (Hernando o Fernando), *n. en Santa María de los Llanos, Cuenca,* pintor español, activo entre 1506 y 1525. Trabajó en Valencia con Yáñez de la Almedina en el retablo mayor de la catedral, obra que supone la consagración de los modelos renacentistas leonardescos.

LLANOS (Los), extensa llanura de la Venezuela central, encuadrada por el arco montañoso andino-caribe y el macizo de las Guayanas, y avenada por el Orinoco y sus afluentes. Se distinguen los *Llanos occidentales* y los *orientales,* separados por el eje El Baúl-Paraguaná. Ganadería. Petróleo.

LLANOS (Los), mun. de la Rep. Dominicana (San Pedro de Macorís); 27 618 hab. Central azucarera.

LLANOS DE ARIDANE (Los), c. de España (Santa Cruz de Tenerife), en La Palma, cab. de p. j.; 18 190 hab. Agricultura (plátanos). Elaboración de tabaco.

LLANOS VALDÉS (Sebastián **de**), *Sevilla h. 1610-d. 1674,* pintor español. Pertenece a la escuela barroca sevillana, con influencias de Zurbarán y Murillo (*Crucifijo, Piedad,* catedral).

LLANO ZAPATA (José Eusebio), *Lima 1725-Cádiz 1778,* escritor peruano. Se estableció en España y en 1761 presentó a Carlos III sus *Memorias histórico-físicas crítico-apologéticas de la América Meridional,* sobre hidrografía, flora, fauna y subsuelo de América del Sur.

LLANQUIHUE, lago de Chile (Los Lagos); 1 600 km². Pesca. Deportes náuticos. En su orilla se encuentra la c. de *Llanquihue* (14 410 hab.).

LLEDÓ (Emilio), *Sevilla 1927,* filósofo español. Uno de los introductores en España de la corriente hermenéutica alemana (*Filosofía y lenguaje,* 1970; *Lenguaje e historia,* 1978; *El silencio de la escritura,* 1992), es autor también de estudios sobre filosofía griega. (Premio nacional de ensayo 1992.) [Real academia 1993.]

LLEIDA → LÉRIDA.

LLERA, mun. de México (Tamaulipas); 22 004 hab. Maíz, caña de azúcar. Minas de oro y plata.

LLERAS CAMARGO (Alberto), *Bogotá 1906-íd. 1990,* político y periodista colombiano. Fue el primer secretario general de la OEA (1948-1954), y presidió la dirección nacional liberal (1957). Fue presidente de la república (1945-

1946, 1958-1962). Como editor de prensa, fundó diversos periódicos (*La tarde*).

LLERAS RESTREPO (Carlos), *Bogotá 1908-íd. 1994*, político colombiano. Presidió el Partido liberal y fue presidente de la república (1966-1970).

LLERENA, c. de España (Badajoz); cab. de p. j.; 5 621 hab. (*llerenses*). Centro comarcal de los Llanos de Llerena. — Plaza mayor monumental; iglesias de Nuestra Señora de la Granada y de Santiago.

Lliga regionalista, partido político catalán, fundado en 1901. Polarizó los inicios del movimiento nacionalista (Solidaritat catalana) y, dirigido por F. Cambó, tuvo gran incidencia en la burguesía industrial y los terratenientes. Decayó a partir de 1917. En 1933 tomó el nombre de *Lliga catalana*.

LLIMONA (Joan), *Barcelona 1860-íd. 1926*, pintor español. Modernista, se especializó en pintura mural religiosa. — **Josep L.**, *Barcelona 1864-íd. 1934*, escultor español. Hermano de Joan, fue uno de los máximos representantes del modernismo escultórico. Realizó numerosos monumentos en Barcelona (*San Jorge*, 1924; *Desconsuelo*, 1907; *Juventud*, 1913).

LLÍRIA → LIRIA.

LLITERA (La) → LITERA.

LLÍVIA, v. de España (Gerona); 12 km²; 1 013 hab. (*llivienses*). Enclave español en territorio francés desde el tratado de los Pirineos (1659), unido a Puigcerdá por una carretera internacional. Núcleo medieval, declarado monumento nacional. Turismo.

LLOBET (Joan), *Barcelona-Mallorca 1460*, teólogo y arquitecto catalán. Difusor de las ideas de Ramon Llull, realizó el sepulcro monumental de la iglesia de San Francisco de Palma de Mallorca.

LLOBET (Miquel), *Barcelona 1875-íd. 1938*, guitarrista español. Discípulo de Tárrega y continuador de su escuela, escribió piezas para guitarra (*Capricho; Mazurca*) y numerosos arreglos.

LLOBREGAT, r. de España, en la vertiente mediterránea, pie fluvial de la prov. de Barcelona; 170 km. Sus aguas son aprovechadas para el abastecimiento de Barcelona y otras localidades y el riego; a la salida al s. XIX, por la industria. Su último tramo articula la comarca del Bajo Llobregat.

LLODIO, en vasc. **Laudio**, mun. de España (Álava); 20 251 hab. Centro industrial (metalurgia, química).

LLONA (Numa Pompilio), *Guayaquil 1832-íd. 1907*, poeta ecuatoriano. Poeta romántico de acento filosófico, fue el autor predilecto de la oligarquía criolla (*Cantos americanos*, 1866; *Clamores del occidente*, 1880; *La odisea del alma*, 1877).

LLOPIS LLADÓ (Noel), *Barcelona 1911-Molins de Rei 1968*, geólogo español. Autor de trabajos sobre tectónica, estratigrafía, hidrogeología y cartografía geológica, impulsó la espeleología científica.

LLOQUE YUPANQUI, 2ª mitad s. XIII, tercer soberano inca, segundo hijo y sucesor de Sinchi Roca.

LLOR (Miquel), *Barcelona 1894-íd. 1966*, escritor español en lengua catalana. Su mayor logro es la novela *Laura en la ciudad de los santos* (1931).

LLORENS (Antonio), *Montevideo 1920-íd. 1995*, pintor uruguayo. Formó parte del grupo de arte abstracto Madí.

LLORENS (José María), *Guissona, Lérida, 1923*, musicólogo español. Discípulo de H. Anglés, destacan sus trabajos sobre la música española del s. XVI.

LLORENS ARTIGAS (José), *Barcelona 1892-Gallifa, Barcelona, 1980*, ceramista y crítico de arte español. Establecido en París (1923), entró en contacto con la vanguardia artística a través de P. Gargallo. Colaboró con J. Miró, entre otros, en los murales para la sede de la Unesco en París.

LLORÉNS TORRES (Luis), *Juana Díaz 1878-San Juan 1944*, poeta puertorriqueño. Tras una primera etapa modernista (*Sonetos sinfónicos*, 1915), se orientó después hacia la vanguardia (*Voces de la campana mayor*, 1935; *Alturas de América*, 1940).

LLORENTE (Juan Antonio), *Rincón de Soto, La Rioja, 1756-Madrid 1823*, eclesiástico e historiador español. Secretario general de la Inquisición española (1789-1801) y consejero de José Bonaparte, es autor, entre otras obras, de *Historia crítica de la Inquisición de España* (1817-1818).

LLORENTE MATOS (Vicente), *Las Palmas de Gran Canaria 1857-Madrid 1917*, médico español. Uno de los introductores en España de la moderna bacteriología, estudió la peste y la rabia.

LLORET (Antonio), *Barcelona 1935*, físico español. Tras dedicarse a la física de altas energías, en especial a la experimentación en cámaras de burbujas y detectores electrónicos, sus trabajos se han orientado hacia la búsqueda de nuevos materiales para la captación de la energía solar.

LLORET DE MAR, v. de España (Gerona); 20 045 hab. (*loretenses*). Centro turístico de la Costa Brava. Casino.

LLOYD (Harold), *Burchard, Nebraska, 1893-Hollywood 1971*, actor de cine estadounidense. Creó un personaje torpe y retraído, con grandes anteojos, que se convirtió en uno de los más populares del cine cómico estadounidense (*El hombre mosca*, 1923).

LLOYD GEORGE (David), 1er conde Lloyd-George of Dwyfor, *Manchester 1863-Llanystumdwy 1945*, político británico. Líder del ala izquierda del Partido liberal, preconizó reformas sociales que realizó como canciller de Exchequer (1908-1915); promulgó una ley que reducía el poder de los lores (1911). Durante la primera guerra mundial fue ministro de municiones y de guerra y jefe de un gabinete de coalición (1916-1922). Desempeñó un papel relevante en las negociaciones del tratado de Versalles (1919). En 1921 reconoció el Estado libre de Irlanda.

■ DAVID LIVINGSTONE

■ DAVID LLOYD GEORGE

Lloyd's, la más antigua institución mundial de seguros. Creada en Londres h. 1688, fue legalizada por el parlamento en 1871.

Lloyd's Register of Shipping, la más importante sociedad de clasificación de navíos, creada en Londres en 1760.

LLOYD WEBER (sir Andrew), *Londres 1948*, compositor británico. Consagrado con la ópera rock *Jesucristo Superstar* (1970), es autor de musicales de gran éxito (*Evita*, 1976; *Cats*, 1981; *El fantasma de la ópera*, 1986; *La dama de blanco*, 2004).

LLUCH MORA (Francisco), *Yauco 1925*, poeta puertorriqueño, iniciador de la corriente neorromántica del trascendentalismo (*Tu presencia*, 1949; *Canto desesperado a la ceniza*, 1955; *Cartapacio de amor*, 1961).

LLUCMAJOR, c. de España (Baleares), en Mallorca; 23 189 hab. (*lluchmayorenses* o *llummayorenses*). Turismo. Industria (calzado, licores). — Conjunto talayótico de Capocorp Vell.

LLULL (beato Ramon), también llamado **Raimundo Lulio**, *Palma de Mallorca h. 1232-h. 1315*, escritor catalán. Fundador de monasterios y ermitas en Mallorca, la originalidad de su obra se basa en tres aspectos: la alianza entre mística, ciencia y poesía; la creación de una teoría retórica que incluye técnicas de predicación popular, sutilezas intelectuales, fábulas, ejemplos y aforismos, y el empleo de la lengua vernácula, además del latín y el árabe. En su producción filosófica sobresalen *Arte magna*, exposición de su sistema metafísico y lógico, y *Árbol de ciencia*, así como en su labor narrativa *Blanquerna* y el *Libro de maravillas o de félix*, que contiene el *Libro de los animales*. También destacan el *Libro de la orden de caballería*, *Doctrina pueril* y *El desconsuelo*.

LLULLAILLACO (cerro), volcán andino, en la frontera entre Argentina (Salta) y Chile (Antofagasta); 6 739 m. Cubierto por nieves perpetuas.

LLÚRIA o **LAURIA** (Roger de), *Lauria, Basilicata, h. 1250-Valencia 1305*, almirante catalán de origen italiano. Almirante de la flota catalano-aragonesa, luchó contra los angevinos en Malta y Nápoles. En la disputa por el trono siciliano, apoyó primero a Federico y después a Jaime II de Aragón.

LOA, r. de Chile (Antofagasta), en la vertiente pacífica, el más largo del país; 440 km. Aprovechado por el centro minero de Chuquicamata.

LOACH (Kenneth, llamado Ken), *Nuneaton, cerca de Warwick, Warwickshire, 1936*, director de cine británico. Sus películas poseen un marcado contenido social (*Riff Raff*, 1991; *Lloviendo piedras*, 1993; *Felices dieciséis*, 2002) y abordan asimismo temas históricos (*Tierra y libertad*, 1995; *El viento que agita la cebada*, 2006).

LOAISA (García de), *Talavera de la Reina 1480-Madrid 1546*, dominico español. Confesor y consejero de Carlos Quinto, presidió el Consejo de Indias y apoyó las teorías de B. de Las Casas. Fue arzobispo de Sevilla (1539) y cardenal. — **Jerónimo de L.**, *Talavera de la Reina-Lima 1575*, dominico español. Hermano de García, fue obispo de Lima. Intervino a favor de la corona en las guerras civiles peruanas.

LOANGO, ant. reino bantú de África central fundado en el s. XVI por los vili. Fue próspero en los ss. XVII y XVIII por el tráfico de esclavos y el comercio de marfil.

LOARRE, v. de España (Huesca); 407 hab. Al pie de la *sierra de Loarre*. Castillo medieval de los reyes de Aragón; en el recinto amurallado, iglesia románica de San Pedro (s. XI).

LOBACHEVSKI (Nicolái Ivánovich, *Nizhni Nóvgorod 1792-Kazán 1856*, matemático ruso. Como J. Bolyai, elaboró una nueva geometría, no euclidiana, llamada *hiperbólica*.

LOBERÍA, partido de Argentina (Buenos Aires); 17 491 hab. Cereales y lino; ganadería. Harinas.

LOBITO, c. de Angola, en el Atlántico; 150 000 hab. Puerto.

LOB NOR, lago poco profundo de China, en Xinjiang, donde desemboca el Tarim; 3 000 km². En las proximidades, base de experimentos nucleares.

LOBO (Baltasar), *Cerecinos de Campos, Zamora, 1911-París 1993*, escultor español. Representante de la vanguardia histórica, su obra evolucionó en la década de 1950 hacia una síntesis formal cercana a Brancusi y a la escultura arcaica cicládica.

LOBO ANTUNES (António) → **ANTUNES** (António Lobo).

LOBOS, partido de Argentina (Buenos Aires); 30 815 hab. Ganadería e industrias derivadas.

LOBOS (isla de), isla de Uruguay, frente a la costa de Maldonado y al S de Punta del Este. Faro.

LOCARNO, c. de Suiza (Ticino), junto al lago Mayor, al pie de los Alpes; 13 796 hab. Estación turística. Festival internacional de cine. — Castillo de los ss. XV-XVI (museo); iglesias medievales y barrocas. — **acuerdos de Locarno** (1925), acuerdos firmados por Francia, Bélgica, Gran Bretaña, Alemania e Italia, que reconocían las fronteras de estos países para establecer una paz duradera en Europa. Alemania fue entonces admitida en la SDN (1926).

LOCATELLI (Pietro Antonio), *Bérgamo 1695-Amsterdam 1764*, compositor y violinista italiano. Autor de sonatas y de conciertos (*El arte del violín*), fue un virtuoso audaz en la técnica instrumental.

LOCHNER (Stephan), *Meersburg, Alta Suabia, h. 1410-Colonia 1451*, pintor alemán. Es una figura señera de la escuela de Colonia, de un refinado y majestuoso estilo gótico.

LOCKE (John), *Wrington, Somerset, 1632-Oates, Essex, 1704*, filósofo inglés. Primer gran representante del empirismo anglosajón, se esforzó en mostrar cómo, a partir de la experiencia sensible, se forman las ideas y los conocimientos (*Ensayo sobre el entendimiento humano*, 1690). Promotor del liberalismo político, consideraba que la sociedad se basa en un contrato y que el soberano debe obedecer las leyes (*Cartas sobre la tolerancia*, 1689).

■ JOHN **LOCKE.**
(Michael Dahl;
Galería nacional
de retratos. Londres.)

■ JACK **LONDON**

LOCKYER (sir Joseph Norman), *Rugby, Warwickshire, 1836-Salcombe Regis, Devon, 1920*, astrónomo británico. Descubrió la cromosfera del Sol y, en 1868, en el espectro de protuberancias (al mismo tiempo que Janssen), la presencia de un nuevo elemento, el helio. Fundó la revista *Nature* (1869).

LOCMÁN o **LUQMÁN**, sabio de la tradición árabe preislámica.

LÓCRIDA, región de la Grecia continental antigua. (Hab. *locrios*.) Estaba dividida en *Lócrida oriental*, a orillas del mar Egeo, bordeando el golfo de Lamia, y *Lócrida occidental*, a orillas del golfo de Corinto.

LOCUSTA, *m. en 68 d.C.*, dama romana. Envenenó a Claudio por orden de Agripina y a Británico a instancias de Nerón. Galba la condenó a muerte.

LOD o **LYDDA**, c. de Israel; 45 500 hab. Aeropuerto de Tel-Aviv-Jaffa.

LODI, c. de Italia (Lombardía), junto al Adda; 42 170 hab. Iglesia de la Incoronata (fines del s. XV) y otros monumentos. — batalla de **Lodi** (10 mayo 1796), batalla de la campaña de Italia. Victoria de Napoleón Bonaparte sobre los austriacos.

ŁÓDŹ, c. de Polonia, cap. de voivodato; 844 900 hab. Textil. Electrodomésticos. Informática. — Museo de arte moderno.

LOECHES, v. de España (Madrid), en La Alcarria; 2 985 hab. Iglesia herreriana; convento de dominicas (s. XVII), con los panteones del conde-duque de Olivares y de los duques de Alba.

LOEWI (Otto), *Frankfurt del Main 1873-Nueva York 1961*, farmacólogo alemán. Identificó las sustancias activas (acetilcolina, adrenalina) en el sistema nervioso autónomo. (Premio Nobel de fisiología y medicina 1936.)

LOEWY (Raymond), *París 1893-Mónaco 1986*, diseñador industrial estadounidense de origen francés. Se estableció en 1919 en EUA, donde dio una belleza funcional a los productos más diversos (paquetes de cigarrillos, automóviles, naves espaciales).

LOFOTEN (islas), archipiélago de las costas de Noruega; 1 425 km²; 25 000 hab. Pesquerías.

LOGAN (monte), punto culminante de Canadá (Yukón), en la frontera de Alaska; 5 959 m.

lógica de la investigación científica (La), obra de K. Popper (1935) en la que hace de la «refutabilidad» el criterio distintivo entre las teorías científicas y las no científicas.

Lógica formal, obra de A. De Morgan (1847), en la que elaboró el álgebra de las relaciones.

LOGONE, r. de África, afl. del Chari (or. izq.); 900 km.

LOGROÑO, c. de España, cap. de la comunidad autónoma uniprovincial de La Rioja y cab. de p. j.; 128 493 hab. (*logroñeses*). En la or. der. del Ebro. Centro administrativo, comercial (productos agrícolas) e industrial (vinos,

conservas). — Catedral (ss. XV-XVI) con fachada barroca (s. XVIII); iglesias y edificios civiles (ss. XIV-XVIII).

Lohengrin, héroe de una leyenda germánica vinculada al ciclo de la literatura cortés sobre la búsqueda del Graal. El caballero Lohengrin se casa con la princesa de Brabante con la condición de que esta jamás le pregunte acerca de sus orígenes. Como la princesa rompe la promesa, el caballero desaparece llevado por el cisne que lo había traído. — Esta leyenda inspiró a R. Wagner la ópera *Lohengrin* (1850), de la que escribió el libreto y la música.

LOHMANN VILLENA (Guillermo), *Lima 1915*, historiador peruano, especialista en la historia colonial de su país (*Los americanos en las órdenes nobiliarias*, 1947; *Las relaciones de los virreyes del Perú*, 1961; *Los ministros de la audiencia de Lima*, 1974; *Los regidores perpetuos del cabildo de Lima*, 1983).

Loiola → **Loyola.**

LOIR, r. de Francia, afl. del Sarthe (or. der.); 311 kilómetros.

LOIRA, en fr. *Loire*, r. de Francia, el más largo del país; 1 020 km. Su cuenca cubre 115 120 km². Nace en el macizo Central (Ardèche) y desemboca en el Atlántico como estuario. El valle medio del Loira fue declarado patrimonio de la humanidad en 2000.

Loira (castillos del), residencias reales, señoriales o burguesas de la región del Loira (ss. XV y XVI). Destacan Azay-le-Rideau, Amboise, Chenonceaux, Blois, Chambord y Villeçay.

LOIRE, dep. de Francia (Ródano-Alpes); 4 781 km²; 728 524 hab.; cap. *Saint-Étienne.*

LOIRE (Pays de la) → **PAYS DE LA LOIRE.**

LOIRE-ATLANTIQUE, dep. de Francia (Pays de la Loire); 6 815 km²; 1 134 266 hab.; cap. *Nantes.*

LOIRET, dep. de Francia (Centro); 6 775 km²; 618 126 hab.; cap. *Orleans.*

LOIR-ET-CHER, dep. de Francia (Centro); 6 343 km²; 314 968 hab.; cap. *Blois.*

LOISY (Alfred), *Ambrières, Marne, 1857-Ceffonds, Haute-Marne, 1940*, exégeta francés. Fue excomulgado en 1908 como modernista (1908). Su filosofía religiosa trata de unir a los creyentes más allá de las confesiones.

LOÍZA o **GRANDE DE LOÍZA**, r. de Puerto Rico, en la vertiente atlántica; 64 km. Pasa por Caguas y Carolina y desemboca junto a *Loíza Aldea*. Regadíos.

LOÍZA, mun. de Puerto Rico, en la cuenca del *río Loíza*; 29 307 hab. Caña de azúcar.

LOJA, c. de Ecuador, cap. de la prov. homónima; 120 035 hab. Centro agrícola y minero. Universidad. Aeropuerto de La Toma.

LOJA, c. de España (Granada), cab. de p. j.; 19 701 hab. (*lojeños*). Agricultura e industrias derivadas. — Murallas árabes. — Fue uno de los focos del movimiento campesino andaluz en el s. XIX.

LOJA (provincia de), prov. de Ecuador, en la sierra Meridional; 12 033 km²; 356 512 hab.; cap. *Loja.*

Lolita, novela de V. Nabokov (1955). Es la historia de la pasión que siente un hombre maduro por una adolescente, Lolita. — La novela inspiró la película de S. Kubrick (1962).

LOLLAND, isla de Dinamarca, en el Báltico, unida a la isla de Falster por dos puentes; 1 243 km²; 82 000 hab.; cap. *Maribo* (catedral, ant. capilla conventual del s. XV).

LOLLOBRIGIDA (Luigina, llamada **Gina**), *Subiaco 1927*, actriz italiana. Su exuberante belleza, su vivacidad y su encanto le dieron la popularidad (*Fanfán, el invencible*, Christian-Jaque, 1952; *Mujeres soñadas*, R. Clair, 1952; *Pan, amor y fantasía*, L. Comencini, 1953).

LOMA BONITA, mun. de México (Oaxaca); 33 244 hab. Centro exportador de piña a EUA y Canadá.

LOMA DE CABRERA, ant. **La Loma**, mun. de la República Dominicana (Dajabón); 21 573 hab. Café y arroz.

LOMAS DE ZAMORA, partido de Argentina (Buenos Aires), en el Gran Buenos Aires; 572 769 hab.

lombarda (Liga), liga formada en 1167 por las principales ciudades lombardas, bajo el patro-

nazgo del papa Alejandro III, para resistir al emperador Federico I Barbarroja, a quien vencieron en Legnano (1176).

LOMBARDÍA, región del N de Italia, situada al pie de los Alpes; 23 850 km²; 8 882 000 hab. (*lombardos*); cap. *Milán*; 9 prov. (*Bérgamo, Brescia, Como, Cremona, Mantua, Milán, Pavía, Sondrio y Varese*). Se distinguen dos grandes zonas: los Alpes lombardos, bordeados, al S, por una serie de grandes lagos (Mayor, Como, Garda), y la llanura lombarda, que asocia ricos cultivos con una ganadería intensiva y que constituye un gran centro industrial (metalurgia, textil, química).

LOMBARDO, familia de artistas italianos del renacimiento. — **Pietro L.**, *Carona, Lugano, h. 1435-Venecia 1515*, escultor y arquitecto italiano, trabajó sobre todo en Venecia (monumentos funerarios; decoraciones de mármol de la iglesia de Santa María dei Miracoli). — **Tullio L.**, *h. 1455-Venecia 1532*, hijo y colaborador de Pietro, es autor de la estatua yacente de Guidarello Guidarelli, en Ravena.

LOMBARDO (Pedro), *Novara h. 1100-París 1160*, teólogo de origen lombardo. Es autor de los *Cuatro libros de sentencias*, texto básico para la enseñanza de la teología entre los ss. XII-XVI.

LOMBARDO TOLEDANO (Vicente), *Teziutlán, Puebla, 1894-México 1969*, político y dirigente sindical mexicano. Fundador y presidente (1938-1963) de la Confederación de trabajadores de América Latina y vicepresidente de la Federación sindical mundial (1945-1962), fundó el Partido popular.

LOMBARDOVÉNETO (Reino), nombre de las posesiones austriacas en el N de Italia (Milanesado, Venecia) de 1815 a 1859. Lombardía fue incorporada al Piamonte en 1859 y la región de Venecia al reino de Italia en 1866.

LOMBOK, isla de Indonesia, separada de Bali por el *estrecho de Lombok*; 5 435 km²; 1 300 000 hab.

LOMBOY (Reinaldo), *Coronel 1910*, escritor y periodista chileno, de temática social (*Cuando maduren las espigas*; *Ránquil*).

LOMBROSO (Cesare), *Verona 1835-Turín 1909*, médico y criminólogo italiano. Describió el tipo, actualmente en desuso, del criminal nato, sujeto destinado a convertirse en criminal por el determinismo de la herencia, y portador de estigmas morfológicos.

LOMÉ, cap. de Togo, junto al golfo de Guinea; 500 000 hab. Puerto.

Lomé (convenciones de), acuerdos de cooperación y de ayuda para el desarrollo firmados en Lomé en 1975 y renovados en 1979, 1984 y 1989 (llamados *Lomé I, II, III y IV*) entre la Comunidad europea y un cierto número de países de África, del Caribe y del Pacífico (llamados países *ACP). Otros acuerdos los sustituyeron a partir de 2000.

LOMONÓSOV (Mijaíl Vasílievich), *Denissovka, act. Lomonósovo, gobierno de Arjánguelsk, 1711-San Petersburgo 1765*, escritor y humanista ruso. Reformador de la poesía y la lengua literaria rusas (*Gramática rusa*, 1755), contribuyó a la creación de la universidad de Moscú.

LONARDI (Eduardo), *Entre Ríos 1896-Buenos Aires 1956*, militar y político argentino. Se levantó contra Perón (1955) y ocupó la presidencia de la república (sept.), pero fue derrocado por Aramburu (nov.).

LONCOCHE, c. de Chile (Araucanía); 23 638 hab. Centro agrícola, ganadero, forestal e industrial.

LONDON, c. de Canadá (Ontario); 303 165 hab. Centro financiero. Construcciones mecánicas y eléctricas.

LONDON (John Griffith, llamado **Jack**), *San Francisco 1876-Glen Ellen, California, 1916*, escritor estadounidense. Rebelde lírico, socialista e individualista, es autor de numerosas novelas de aventuras (*El lobo de mar*, 1904; *Colmillo blanco*, 1905). Después de conseguir fama y fortuna, murió en circunstancias oscuras.

LONDONDERRY o **DERRY**, c. del Reino Unido (Irlanda del Norte), en el estuario del Foyle; 88 000 hab. Puerto. Textil. Química. — Fortificaciones del s. XVII.

LONDRES, en ingl. **London,** cap. de Gran Bretaña y de Inglaterra, a orillas del Támesis; 2 765 975 hab. *(londinenses)* [7 172 036 hab. en el Gran Londres]. Londres está situada sobre un paso del río, lugar de intercambio entre el Norte y el Sur. La City, en el corazón de la ciudad, sigue siendo el centro de los negocios. El Oeste, lleno de parques, es sobre todo residencial. El Este, todavía industrializado, ha sido parcialmente renovado a orillas del Támesis. Principal puerto británico, en el que el papel de almacén ha retrocedido ante la función regional, Londres es sobre todo una importante metrópolis política, financiera, cultural y también industrial. El crecimiento de la aglomeración se frenó después de 1945 con la creación de «ciudades nuevas» en un amplio radio alrededor de Londres — Los monumentos principales son la Torre de Londres (s. XI) [patrimonio de la humanidad 1988], la abadía de *Westminster (ss. XIII-XIV), la sala de los Banquetes de *Whitehall (s. XVII), la catedral de San Pablo (de Wren, fines del s. XVII), el palacio de Westminster (parlamento, s. XIX). Importantes museos (*British Museum, *National Gallery, Tate Britain y Tate Modern [The *Tate], *Victoria and Albert Museum) y salas de espectáculos: Covent Garden (ópera, danza); Royal Albert Hall (festival de música clásica Proms). Feria internacional de arte contemporáneo. — Centro estratégico y comercial de la Bretaña romana (*Londinium*), devastada por las invasiones anglosajonas (s. V), Londres renació en el s. VII como capital del reino de Essex y sede de un obispado (604). Centro de luchas entre los reyes anglosajones y daneses (ss. X-XI), fue, a partir del s. XII, la capital de facto del reino anglonormando. Dotada de una carta comunal (1191), sede del parlamento (1258), conoció una considerable expansión, debido a la actividad de su puerto y al desarrollo de la industria pañera (s. XV). Fue asolada por la peste en 1665 y por un incendio en 1666, pero en los ss. XVIII y XIX, su desarrollo se aceleró y Londres se convirtió en la capital de las finanzas y del comercio internacionales. Durante la segunda guerra mundial, fue duramente castigada por los bombardeos alemanes. El 7 julio 2005, la ciudad fue alcanzada por unos atentados terroristas sangrientos.

LONDRINA, c. de Brasil (Paraná); 388 331 hab.

LONGAVÍ, com. de Chile (Maule), a orillas del *río Longaví,* subafl. del Maule; 27 729 hab.

LONG BEACH, c. de Estados Unidos (California), en el área suburbana de Los Ángeles; 429 433 hab. Puerto. Aeronáutica.

LONGFELLOW (Henry Wadsworth), *Portland 1807-Cambridge, Massachusetts, 1882,* poeta estadounidense. Su obra, de inspiración popular, está influida por la cultura y el romanticismo europeos (*Evangelina,* 1847).

LONGHENA (Baldassare), *Venecia 1598-íd. 1682,* arquitecto italiano. Supo combinar en Venecia el dinamismo del barroco con el clasicismo renacentista de Palladio (iglesia della

■ **LONDRES.** Piccadilly Circus, una encrucijada en el centro de la ciudad.

Salute, con planta central, iniciada en 1631; palacio Pesaro, h. 1650; palacio Rezzonico, iniciado en 1667).

LONGHI (Pietro Falca, llamado Pietro), *Venecia 1702-íd. 1785,* pintor italiano, autor de escenas familiares de la vida veneciana.

LONGINOS (san), *m. en Cesarea de Capadocia, s. I,* mártir cristiano. Centurión romano, se convirtió, según la leyenda, después de haber atravesado con su lanza el costado de Cristo tras su muerte en la cruz.

LONG ISLAND, isla de Estados Unidos, sobre la que se construyeron dos barrios de Nueva York: Brooklyn y Queens.

LONGITUDINAL o **CENTRAL** (valle), región fisiográfica de Chile que se extiende desde el río Aconcagua, al N, hasta la isla de Chiloé, al S. Es la región más densamente poblada del país.

LONGMEN, cuevas búdicas rupestres de China (Henan), excavadas a partir de 494 por los Wei del Norte, y un activo hasta el s. X. Estatuas y relieves de gran intensidad espiritual y noble elegancia. (Patrimonio de la humanidad 2000.)

LONGO, *¿Lesbos? s. II o III d.C.,* escritor griego, autor de la novela *Dafnis y Cloe*

LONGO (Luigi), *Fubine Monferrato 1900-Roma 1980,* político italiano, secretario general (1964-1972) y presidente (1972-1980) del Partido comunista italiano.

LONGUEUIL, c. de Canadá (Quebec), en el área suburbana de Montreal, a orillas del San Lorenzo; 137 134 hab. Centro industrial.

LON NOL, *Kompong-Leau 1913-Fullerton, California, 1985,* militar y político camboyano. Comandante en jefe de las fuerzas armadas (1959) y primer ministro (1966 y 1969), destituyó al príncipe Norodom Sihanuk (1970) y,

tras ser nombrado presidente de la república (1972-1975), estableció una dictadura militar.

LÖNNROT (Elias), *Sammatti 1802-íd. 1884,* escritor finlandés. Recogió los cantos populares de Carelia y los publicó (*Kalevala*).

LONQUIMAY, volcán de Chile (Araucanía), entre las cuencas del Biobío y el Cautín; 2 890 m.

LOOS (Adolf), *Brünn, act. Brno, 1870-Kalksburg, act. en Viena, 1933,* arquitecto austriaco. Su conferencia *Ornamento y delito,* pronunciada en 1908 en Viena, fue el manifiesto del funcionalismo integral en la arquitectura moderna. Son obras suyas la casa Steiner (1910), en Viena, y la casa Tristan Tzara (1926), en París.

LOPBURI, c. de Tailandia, cap. de prov.; 37 000 hab. Templos (*prang,* o altas torres que contienen reliquias) de los ss. XIII-XIV. Excavaciones arqueológicas (mesolítico, edad de bronce, arte de Dvaravati [ss. VII-VIII]).

LÓPEZ (Antonio), *Tomelloso 1936,* pintor y escultor español. Su obra se caracteriza por un ultrarrealismo lírico centrado en el paisaje madrileño o en el descubrimiento de los objetos cotidianos (*Lavabo y espejo,* 1967; *Madrid Sur,* 1965-1985). [Premio Velázquez 2006.]

LÓPEZ (Cándido), *Buenos Aires 1840-Baradero 1902,* pintor argentino. Iniciado en el retrato, durante la guerra con Paraguay se alistó en el ejército y se convirtió en pintor de batallas y paisajista en un estilo detallista y colorido.

LÓPEZ (Carlos Antonio), *Asunción 1792-íd. 1862,* político paraguayo. Presidente de la república (1844-1862), promulgó una nueva constitución e implantó un régimen autoritario.

LÓPEZ (Estanislao), *Santa Fe 1786-1838,* militar argentino. Caudillo federalista, fue gobernador de Santa Fe (1818-1836).

LÓPEZ (Francisco Solano), *Asunción 1827-Cerro Corá 1870,* militar y político paraguayo, hijo de Carlos Antonio López. Presidente de la república (1862-1870), intentó invadir Brasil (1864) y declaró la guerra a Argentina (1865), países que firmaron con Uruguay la Triple alianza (1865) contra Paraguay, que fue derrotado. López murió en combate contra los brasileños.

LÓPEZ (José Hilario), *Popayán 1798-Neiva 1869,* militar y político colombiano. En 1828 se alzó contra Bolívar. Presidente de la república (1849-1853), realizó numerosas reformas liberales.

LÓPEZ (Juan Pedro), *Caracas 1724-íd. 1787,* pintor y escultor venezolano, uno de los principales artistas de la colonia (San Pedro, catedral de Caracas; *Virgen de la Luz, San Juan Bautista*).

LÓPEZ (Lucio Vicente), *Montevideo 1848-Buenos Aires 1894,* escritor argentino. Periodista e investigador de temas históricos y jurídicos, escribió relatos y la novela *La gran aldea* (1884), sobre Buenos Aires.

LÓPEZ (Pilar), *San Sebastián 1912-Madrid 2008,* bailaora y coreógrafa española. Después de actuar en el ballet de su hermana La Argentinita, formó su propia compañía, con la que buscó nuevas formas de expresión tanto en el flamenco como en adaptaciones coreográficas de obras de Debussy, Falla, Albéniz, Granados o Rodrigo.

LÓPEZ (Tomás), *Madrid 1730-íd. 1802,* cartógrafo español. Autor de varias obras geográficas (*Principios geográficos aplicados a los mapas,* 1775-1783), produjo numerosos mapas reunidos en atlas (*Atlas geográfico de la América septentrional,* 1758; *Atlas general de España,* 1804).

LÓPEZ (Vicente), *Valencia 1772-Madrid 1850,* pintor español. De formación académica, fue nombrado pintor de cámara de Fernando VII (1815). Aunque cultivó temas de historia y religiosos, destacó en el retrato, que en su última época tiene influencias románticas.

LÓPEZ (Vicente Fidel), *Buenos Aires 1815-íd. 1903,* historiador, escritor y político argentino, autor de *Manual de historia de Chile* (1845) e *Historia de la República Argentina* (1883-1893) y de narraciones de tema histórico. Destacó como opositor a Rosas.

■ ANTONIO **LÓPEZ.** *Madrid desde Torres Blancas* (1976-1982). [Col. part.]

LÓPEZ AGUADO (Antonio), *Madrid 1764-íd. 1831,* arquitecto español, de estilo neoclásico, con tendencia a lo monumental (reforma del palacio de Villahermosa, Madrid; proyecto para el teatro Real, Madrid).

LÓPEZ ALBÚJAR (Enrique), *Piura 1872-Lima 1966,* escritor peruano. En sus *Cuentos andinos* (1920) y novelas (*Matalaché,* 1928), denuncia la realidad social de los indios.

LÓPEZ ARELLANO (Osvaldo), *Danlí 1921,* político hondureño. Fue presidente de la república (1965-1971, 1972-1975) tras encabezar dos golpes de estado. Gobernó dictatorialmente y fue depuesto por el ejército.

LÓPEZ BUCHARDO (Carlos), *Buenos Aires 1881-íd. 1948,* compositor argentino, autor de óperas (*El sueño del alma,* 1914), comedias musicales (*Madame Lynch,* 1932; *Amalia,* 1935) obras corales y piezas para piano.

LÓPEZ CHAVARRI (Eduardo), *Valencia 1881-íd. 1970,* compositor y musicógrafo español. Gran parte de su obra se basa en el folclore valenciano: *Llegenda,* para coro y orquesta; *Rapsodia valenciana.* Es autor de numerosos trabajos de historia y estética de la música.

LÓPEZ COBOS (Jesús), *Toro 1940,* director de orquesta español. Director general de música de la ópera de Berlín (1981-1991), de la orquesta nacional de España (1984-1987) y de la filarmónica de Cincinnati (1986-2001), desde 2003 es director musical del teatro Real de Madrid.

LÓPEZ CONTRERAS (Eleazar), *Queniquea, Táchira, 1883-Caracas 1973,* militar y político venezolano. Participó en la revolución liberal de 1899 y en la pacificación del país (1900-1903). Fue ministro de guerra y marina (1931-1935) y presidente de la república (1936-1941).

LÓPEZ DÁVALOS (Ruy), *Úbeda 1357-Valencia 1428,* condestable de Castilla. Sirvió a Juan I, Enrique III y Juan II, pero ante este último fue apartado de sus cargos.

LÓPEZ DE ARTEAGA (Sebastián), *Sevilla 1610-México 1656,* pintor español activo en México. Formado con Zurbarán, en 1643 pintó los retratos de los primeros inquisidores de México. En su pintura religiosa introdujo el modelado y el claroscuro.

LÓPEZ DE AYALA (Adelardo), *isla de Guadalcanal 1828-Madrid 1879,* dramaturgo y político. Es autor de la proclama que derribó a Isabel II (1868). Cultivó el teatro histórico (*Un hombre de Estado,* 1851) y el tema contemporáneo (*Consuelo,* 1878). [Real academia 1865.]

LÓPEZ DE AYALA (Pero), *Vitoria 1332-Calahorra 1407,* escritor y político castellano. Destacó como militar y político en los reinados de Pedro el Cruel y de los Trastámara y fue nombrado canciller del reino (1399). Compuso el poema didáctico *Rimado de palacio,* cuatro *Crónicas* de los reyes castellanos (Pedro I, Enrique II, Juan I y Enrique III) y un *Libro de cetrería.* Tradujo a Tito Livio, Boecio, Colonna y Boccaccio.

LÓPEZ DE GÓMARA (Francisco), *Gómara, Soria, 1511-entre 1557 y 1566,* historiador español. Capellán de la familia de Hernán Cortés, escribió una *Historia general de las Indias y conquista de México* (1552).

LÓPEZ DE HARO (Gonzalo), *m. en Puebla, México, 1823,* marino español. Exploró las posesiones rusas de Onalaska (1788) y levantó planos de las costas de California y Sonora. Realizó el trazado topográfico de México a partir de 1810.

LÓPEZ DE HERRERA (Alonso), *México 1579-h. 1654,* pintor mexicano. Dominico, su pintura, mayormente religiosa, se distingue por la utilización de los tonos cálidos y la perfección del dibujo (*El divino rostro,* 1643, catedral de México).

LÓPEZ DE MENDOZA → MENDOZA (familia).

LÓPEZ DE MENDOZA (Íñigo) → SANTILLANA (marqués de).

LÓPEZ DE MESA (Luis), *Donmatías 1884-Medellín 1967,* escritor y político colombiano. Autor de ensayos sociológicos (*El factor étnico,* 1927) y de novelas (*Iola,* 1918), fue ministro de educación (1934-1935) y del exterior (1938-1942).

LÓPEZ DE ROMAÑA (Eduardo), *Arequipa 1847-1912,* político peruano. Miembro del Partido civilista, fue presidente de la república (1899-1903).

LÓPEZ DE ÚBEDA (Francisco), *Toledo s. XVI-s. XVII,* escritor y médico español, autor de la novela *Libro de entretenimiento de la pícara Justina* (1605).

LÓPEZ DE VILLALOBOS (Francisco), *Villalobos, Zamora, 1472/1474-Valderas, León, 1549,* médico y escritor español, de origen judío. Su poema didáctico *El sumario de la medicina* (1498) incluye una descripción jocosa de los efectos de la sífilis. Autor de obras costumbristas, adaptó por primera vez al castellano el *Anfitrión* de Plauto (1517).

LÓPEZ DE VILLALOBOS (Ruy), *Málaga-Amboina, islas Molucas, 1546,* navegante español. En 1542 dirigió una expedición a las islas de Poniente, que arribó a Mindanao y Leyte (1543) y a las Molucas (1544).

LÓPEZ DE ZÚÑIGA (Francisco), marqués de **Baides,** *Pedrosa, Valladolid, 1599-en alta mar 1655,* administrador español. Gobernador de Chile (1639-1646), implantó la alcabala y firmó con los indios el tratado de Quillén (1641).

LÓPEZ GUTIÉRREZ (Rafael), militar y político hondureño (1854-1924). Presidente del país (1920), al finalizar su mandato se proclamó dictador (1924).

LÓPEZ HERNÁNDEZ (Julio) → HERNÁNDEZ (Julio López).

LÓPEZ IBOR (Juan José), *Sollana, Valencia, 1908-Madrid 1991,* psiquiatra español. Introductor en España de la psicoterapia por el narcoanálisis, también escribió ensayos sobre la personalidad humana. Consejero de la OMS y de la Asociación mundial de psiquiatría, entre sus obras destacan *Lecciones de psicología médica* (1956), *Neurosis* (1977), *De la noche oscura a la angustia* (1982).

LÓPEZ MATEOS (Adolfo), *Atizapán de Zaragoza 1910-México 1969,* político mexicano. Ministro de trabajo y de asuntos sociales (1952-1957) y presidente de la república (1958-1964), su mandato supuso un tímido retorno al discurso populista.

LÓPEZ MICHELSEN (Alfonso), *Bogotá 1913-íd. 2007,* político colombiano, hijo de A. López Pumarejo. Fundador del Movimiento revolucionario liberal (1958), lideró el ala izquierda del liberalismo y fue presidente de la república (1974-1978), en una etapa de grave crisis económica y política.

LÓPEZ-PICÓ (Josep Maria), *Barcelona 1886-íd. 1959,* poeta y editor español en lengua catalana. De su vasta obra sobresalen *La ofrenda* (1915) y *Epitalamio* (1931).

LÓPEZ PINCIANO (Alonso), *Valladolid h. 1547-h. 1627,* médico y humanista español. Autor de *Filosofía antigua poética* (1596), inspirada en la preceptiva clásica de Aristóteles y Horacio, fue enemigo de Lope de Vega.

■ JOSÉ **LÓPEZ PORTILLO**   ■ RAMÓN **LÓPEZ VELARDE**

LÓPEZ PORTILLO (José), *México 1920-íd. 2004,* político y jurista mexicano. Presidente de la república (1976-1982), tras un despegue industrial del país, la crisis lo llevó a la nacionalización de la banca en 1982. Profesor en la universidad de México, es autor de obras sobre teoría del estado (*Génesis y teoría del estado moderno*).

LÓPEZ PORTILLO Y ROJAS (José), *Guadalajara 1850-México 1923,* escritor y político mexicano. Su obra, de corte realista, incluye novelas (*La parcela,* 1898; *Los precursores,* 1909; *Fuertes y débiles,* 1919) y relatos (*Seis leyendas,* 1883). Ocupó cargos políticos con V. Huerta.

LÓPEZ PUMAREJO (Alfonso), *Honda 1886-Londres 1959,* político colombiano. Diputado liberal desde 1915 y presidente de la república en 1934-1938 y 1942-1945, fue diplomático desde 1946 y presidió el Consejo de seguridad de la ONU (1947). Editor, fundó varios periódicos, como *El diario nacional,* que también dirigió.

LÓPEZ REGA (José), *Buenos Aires 1919-íd. 1989,* político argentino. Secretario personal de Perón, fue ministro de bienestar social (1973-1974) y ejerció gran influencia sobre María Estela Martínez. Encabezó la Triple A, grupo armado de la extrema derecha peronista. Fue detenido y procesado en 1986.

LÓPEZ RODEZNO (Arturo), *Copán 1906,* pintor y ceramista hondureño. De su abundante obra de ceramista destacan sus murales del aeropuerto de Tocontín (1943) y del hotel Duncan Mayab.

LÓPEZ SALINAS (Armando), *Madrid 1925,* escritor español. Sus novelas se inscriben en el realismo social (*La mina,* 1959; *Año tras año,* 1962).

LÓPEZ SILVA (José), *Madrid 1861-Buenos Aires 1925,* escritor español, popular autor de poemas y sainetes centrados en el bajo pueblo de Madrid (*La revoltosa,* 1898, con C. Fernández Shaw).

LÓPEZ SOLER (Ramón), *Manresa 1806-Madrid 1836,* escritor español. Autor de poesía y, sobre todo, de novelas históricas, su prólogo de *Los bandos de Castilla* (1830) constituye uno de los manifiestos románticos españoles.

LÓPEZ TARSO (Ignacio), *México 1925,* actor mexicano. Intérprete de intensos papeles secundarios (*Nazarín,* L. Buñuel, 1958), el éxito de *Macario* (R. Gavaldón, 1960) lo convirtió en uno de los galanes del melodrama mexicano, en su vertiente más romántica (*La bandida,* R. Rodríguez, 1962) o aventurera (*Juana Gallo,* M. Zacarías, 1960).

LÓPEZ TORRES (Antonio), *Tomelloso 1902-íd. 1987,* pintor español, uno de los máximos exponentes del realismo contemporáneo, especialmente por sus paisajes.

LÓPEZ TRUJILLO (Alfonso), *Villahermosa 1935-Roma 2008,* prelado colombiano. Consagrado obispo en 1971, fue secretario general del Celam (1973-1979) y más tarde su presidente (1979-1983). Arzobispo de Medellín (1979), fue creado cardenal en 1983. Fue presidente del Pontificio consejo para la familia desde 1990 hasta su muerte.

LÓPEZ VÁZQUEZ (José Luis), *Madrid 1922,* actor español. Prolífico y versátil intérprete, ha trabajado en numerosas películas, con directores como L. G. Berlanga (*El verdugo,* 1963; *La escopeta nacional,* 1977), J. de Armiñán (*Mi querida señorita,* 1971) o C. Saura (*La prima Angélica,* 1973), entre otros, así como en teatro y en televisión. (Premio nacional de teatro 2002.)

■ ALONSO **LÓPEZ DE HERRERA.**
La Anunciación. (Centro nacional de las artes, México.)

LÓPEZ VELARDE (Ramón), *Jerez 1888-México 1921*, poeta mexicano. Precursor de la moderna poesía mexicana, su lírica, que arranca del modernismo, adopta tonos coloquiales e imágenes de inusitada audacia para expresar con ironía un mundo a la vez provinciano y de vehemente sensualidad: *La sangre devota* (1916) y *Zozobra* (1919). De manera póstuma se publicaron *El son del corazón* (1932), con su conocido poema *La *suave patria*, las prosas poéticas de *El minutero* (1923) y sus ensayos (*Prosas políticas*, 1953).

LÓPEZ Y FUENTES (Gregorio), *El Mamey 1887-México 1966*, escritor mexicano. Poeta modernista, destacó como novelista de la revolución mexicana: *Campamento* (1931), *Tierra* (1932), *¡Mi general!* (1934), a las que siguieron *El indio* (1935) y *Milpa, potrero y monte* (1951).

LÓPEZ Y LÓPEZ (Antonio), 1er marqués de **Comillas**, *Comillas 1817-Barcelona 1883*, naviero español, fundador de la Compañía de tabacos de Filipinas, el Banco hispano-colonial y la naviera A. López y Cía. (luego Compañía Transatlántica).

LÓPEZ Y PLANES (Vicente), *Buenos Aires 1784-1856*, político y poeta argentino. Luchó contra los británicos (1806-1807) y fue presidente de la república (1827). Es autor de la letra del himno nacional.

LÓPEZ ZUBERO (Martín), *Jacksonville, EUA, 1969*, nadador español. En la especialidad de espalda, ha sido el primer campeón olímpico (1992), mundial (1991, 1994) y europeo y el único plusmarquista mundial en la historia de la natación española.

LORA DEL RÍO, v. de España (Sevilla), cab. de p. j.; 18 848 hab. (*loreños* o *loretanos*). Olivo y regadíos, industrias alimentarias.

LORCA, c. de España (Murcia), cab. de p. j.; 72 000 hab. (*lorquinos*). Centro comarcal del *Campo de Lorca*. Industria alimentaria; curtidos; cemento. — Centro monumental: plaza Mayor (ayuntamiento, palacio de justicia y colegiata de San Patricio, con fachadas barrocas). Antiguo castillo y barrios medievales; palacios renacentistas y barrocos; iglesias barrocas.

Lorelei, personaje femenino fabuloso cuyos encantos y canciones seducían a los barqueros del Rin y provocaban naufragios.

LOREN (Sofia Scicolone, llamada Sofia), *Roma 1934*, actriz italiana. Su estilo interpretativo es una mezcla de elegancia y pasión: *Dos mujeres* (V. De Sica, 1960), *Una jornada particular* (E. Scola, 1977).

■ SOFIA **LOREN** en *Judith* (1966), de D. Mann.

LORENA, en fr. **Lorraine**, región administrativa de Francia; 23 547 km²; 2 310 376 hab.; cap. *Metz*; 4 dep. (*Meurthe-et-Moselle, Meuse, Moselle y Vosges*). Próspero territorio en época romana, Metz fue cap. del reino de Austrasia. Ducado constituido en el s. IX, formó parte de Germania, del Sacro Imperio, de Borgoña y finalmente de Francia (s. XVIII).

LORENA (Claude **Gellée**, llamado **Claude Lorrain**, en esp. **Claudio de**), también llamado el **Lorenés**, *Champagne 1600-Roma 1682*, pintor y dibujante francés. Es uno de los grandes maestros del paisaje «histórico» (*Jacob y las hijas de Labán*). Desarrolló la mayor parte de su carrera en Roma.

LORENGAR (Pilar **Lorenza y García**, llamada **Pilar**), *Zaragoza 1928-Berlín 1996*, soprano española. Debutó en Barcelona en 1949. Vinculada a la ópera de Berlín desde 1958, actuó en los principales teatros europeos con un repertorio basado en óperas de Mozart, Cherubini, Verdi y Puccini.

LORENTZ (Hendrik Antoon), *Arnhem 1853-Haarlem 1928*, físico neerlandés. Su teoría electrónica de la materia describe el comportamiento individual de los electrones y entronca con la teoría macroscópica de J. C. Maxwell. Para interpretar el resultado negativo de la experiencia de Michelson, enunció las fórmulas de transformación, que asocian dos sistemas en movimiento rectilíneo uniforme en relación mutua. (Premio Nobel 1902.)

LORENZ (Konrad), *Viena 1903-Altenberg, Baja Austria, 1989*, etólogo y zoólogo austriaco. Uno de los fundadores de la etología moderna, profundizó en la noción de impronta y desarrolló una teoría sobre los aspectos innatos y adquiridos del comportamiento. También se interesó por los fundamentos biológicos del orden social (*Hablaba con los mamíferos, las aves y los peces*, 1949; *Consideraciones sobre conductas animal y humana*, 1965). [Premio Nobel 1973.]

■ KONRAD **LORENZ**

Lorenzaccio, drama de A. de Musset (1834; representado en 1896). Trata de Lorenzo, que se convierte en el compañero inseparable del duque Alejandro de Médicis para no despertar sospechas y poder asesinarlo.

LORENZALE (Claudi), *Barcelona 1814-íd. 1889*, pintor español. Miembro del grupo de los nazarenos en Roma, a su regreso introdujo el romanticismo en Cataluña.

LORENZANA (Francisco Antonio), *León 1722-Roma 1804*, eclesiástico español. Inquisidor general (1794-1797), desarrolló una política represiva. Fue desterrado a Italia por Godoy.

LORENZETTI (hermanos), pintores italianos. **Pietro L.**, *Siena h. 1280-íd. ¿1348?*, y **Ambrogio L.**, documentado en Siena de 1319 a 1347. Apartándose de la pura elegancia gótica, renovaron el arte italiano con el estilo de Giotto y de la escultura toscana (retablos; frescos de Pietro en la basílica inferior de Asís, y de Ambrogio en el ayuntamiento de Siena).

LORENZO (san), en *Hispania h. 210-Roma 258*, mártir. Diácono de Sixto II en Roma, distribuyó entre los pobres las riquezas de la Iglesia en lugar de entregarlas al prefecto. Fue quemado vivo en una parrilla.

LORENZO (Anselmo), *Toledo 1841-Barcelona 1914*, anarcosindicalista español. Dirigió el obrerismo español desde 1874, y participó en la fundación de la CNT (1911). Autor de *El proletariado militante* (2 vols., 1901 y 1923), defendió el internacionalismo y el apoliticismo.

lores (Cámara de los), cámara alta del parlamento inglés, compuesta de pares hereditarios (número reducido tras la reforma emprendida a finales de la década de 1990, con el objetivo de suprimir esta categoría), pares vitalicios nombrados por la reina por los servicios prestados a la Corona, así como de los espirituales (arzobispos y obispos anglicanos) y lores de justicia (altos magistrados vitalicios). Tiene funciones análogas a un tribunal superior de apelación.

LORESTÁN → LURISTÁN.

LORETO, c. de Italia (Las Marcas); 10 797 hab. Basílica de peregrinación de la Santa Casa (ss. XV-XVI).

LORETO, localidad de México (mun. de Comondú, Baja California Sur), junto al golfo de California. Puerto pesquero. Importante centro turístico. — La misión de Nuestra Señora de Loreto, fundada en 1697, fue el centro de la expansión misionera en California.

LORETO, mun. de México (Zacatecas); 26 396 hab. Agricultura, ganadería y avicultura.

LORETO, dep. del N de Perú, en la región amazónica; 368 852 km²; 891 732 hab.; cap. *Iquitos*.

LORICA, mun. de Colombia (Córdoba); 75 578 hab. Agricultura, ganadería y pesca.

LORRAIN (Claude) → **LORENA** (Claudio de).

LORRIS (Guillaume de), *Lorris-en-Gatinais h. 1200/1210-d. 1240*, poeta francés, autor de la primera parte del **Roman de la rose*.

LOSADA o **LOZADA** (Diego de), *Río Negro del Puente, Zamora, h. 1511-El Tocuyo, Venezuela, 1569*, conquistador español. Estuvo en Puerto Rico y participó en diversas expediciones y fundaciones en Venezuela (Nueva Segovia, act. Barquisimeto, 1552; Santiago de León de Caracas, 1567).

LOSADA (Manuel), *Carmona 1929*, farmacéutico español. Investigador en las universidades de Münster, California, Madrid y Sevilla, ha realizado estudios pioneros sobre la asimilación fotosintética del nitrógeno, clave fundamental para el desarrollo de la vida.

LOS ÁLAMOS, localidad de Estados Unidos (Nuevo México). Centro de investigaciones nucleares. — La primera bomba atómica fue ideada en esta región (proyecto Manhattan) y posteriormente probada (16 junio 1945).

LOS ÁNGELES, c. de Estados Unidos (California); 3 485 398 hab. (8 863 164 hab. en la aglomeración). Puerto. Centro cultural y artístico (universidades, museos, entre ellos el museo de arte del condado de Los Ángeles [LACMA], el museo de arte contemporáneo [MOCA] y el Centro J. Paul Getty), financiero e industrial. Acoge importantes minorías (principalmente, negra e hispana). Hollywood es uno de sus barrios.

■ **LOS ÁNGELES**. Vista aérea de la ciudad.

Los Angeles Times, periódico estadounidense, se fundó en 1881.

LOSCHMIDT (Joseph), *Putschirn, act. en Karlovy Vary, 1821-Viena 1895*, físico austriaco. Tras hacer una primera evaluación del número de Avogadro (1865), se centró en la teoría cinética de los gases y la termodinámica.

Los de abajo, novela de Mariano Azuela (1916) sobre la revolución mexicana. Narra con crudo realismo el choque entre el ideal del insurgente y la realidad del oportunista.

LOSEY (Joseph), *La Crosse, Wisconsin, 1909-Londres 1984*, director de cine estadounidense. Moralista lúcido y sin concesiones, huyó del maccarthismo y se estableció en Inglaterra: *El sirviente* (1963), *Accidente* (1967), *El mensajero* (1971), *El otro señor Klein* (1976), *Don Juan* (1979).

LOT, r. de Francia, afl. del Garona (or. der.); 480 kilómetros.

LOT, dep. de Francia (Midi-Pyrénées); cap. *Cahors*; 5 217 km²; 160 197 hab.

LOT, personaje bíblico, sobrino de Abraham. Establecido en Sodoma, escapó de la destrucción de la ciudad. La historia de su esposa, convertida en estatua de sal por haber mirado hacia atrás, evoca los bloques salinos situados en las orillas del mar Muerto.

LOTA, c. de Chile (Biobío); 50 173 hab. Puerto. La ciudad baja es un centro de veraneo; en la alta se explotan minas de carbón. Fundiciones de cobre.

LOTARINGIA, reino creado por Lotario II (855-869), que se extendía desde los Vosgos hasta Frisia. A partir de 960 se dividió en Alta Lotaringia, futura Lorena, y en Baja Lotaringia, que quedó reducida al ducado de Brabante.

LOTARIO, *Laon 941-Compiègne 986,* rey de Francia (954-986) de la dinastía carolingia. Hijo de Luis IV de Ultramar, reinó bajo tutela germánica; después inició guerras ambiciosas contra los Otónicos y más tarde contra Hugo Capeto.

LOTARIO I, *795-Prüm 855,* emperador de Occidente (840-855) de la dinastía carolingia. Hijo de Ludovico Pío, quiso mantener la unidad del Imperio bajo su mando, pero sus hermanos le impusieron el reparto de Verdún (843). — **Lotario II,** *h. 835-Piacenza 869,* rey de Lotaringia (855-869), hijo de Lotario I.

LOTARIO II (o III) DE SUPPLINBURG, *h. 1075-Breitenwang, Tirol, 1137,* emperador germánico (1125-1137). Se apoyó en los güelfos para luchar contra Conrado III de Hohenstaufen.

LOT-ET-GARONNE, dep. de Francia (Aquitania); cap. *Agen;* 5 361 km²; 305 380 hab.

LOTI (Julien **Viaud,** llamado Pierre), *Rochefort 1850-Hendaya 1923,* escritor francés. Sus novelas de estilo impresionista, revelan la atracción del autor por los paisajes y civilizaciones exóticos (*Pescador de Islandia,* 1886; *Madama Crisantemo,* 1887; *Ramuncho,* 1897).

LOTTO (Lorenzo), *Venecia 1480-Loreto 1556,* pintor italiano. Artista atormentado de vida errante (Treviso, Marcas, Bérgamo, Venecia), es autor de retablos y de retratos que aúnan intensidad expresiva y poesía sutil.

LOUBET (Émile), *Marsanne 1838-Montélimar 1929,* político francés, presidente de la república (1899-1906).

LOUISVILLE, c. de Estados Unidos (Kentucky), a orillas del Ohio; 269 063 hab.

LOURDES, c. de Francia (Hautes-Pyrénées); 15 679 hab. Importante centro de peregrinaciones consagrado a la Virgen, desde las visiones, en 1858, de Bernadette Soubirous.

LOURENÇO MARQUES → MAPUTO.

LOUVIÈRE (La), c. de Bélgica (Hainaut); 76 432 hab. Metalurgia. (Patrimonio de la humanidad 1998.)

LOUVOIS (François Michel **Le Tellier,** señor de **Chaville,** marqués de), *París 1639-Versalles 1691,* estadista francés. Junto con su padre, el canciller Michel Le Tellier, reorganizó el ejército. Dirigió la política exterior francesa de 1672 a 1689 y promovió conquistas territoriales.

Louvre (museo del), museo de Francia, el más importante del país y uno de los mayores del mundo, creado en 1791-1793 en el antiguo palacio real, iniciado durante el reinado de Felipe Augusto y concluido durante el de Napoleón III. Constantemente renovado y ampliado, el edificio actual es obra de Lescot, Lemercier, Le Vau y C. Perrault, entre otros. El museo acoge una de las colecciones públicas más ricas del mundo. Está dividido en ocho secciones (antigüedades orientales; antigüedades egipcias; antigüedades griegas y romanas; artes del islam; pinturas; esculturas; objetos de arte; artes gráficas, y, desde 2000, una selección de obras maestras de las principales culturas de África, Asia, Oceanía y América). La pirámi-

de de cristal del patio de Napoleón, obra de Ieoh Ming Pei e inaugurada en 1989, cubre los nuevos locales subterráneos, ampliados en 1993. Una de las nuevas alas acoge el museo de artes decorativas, el museo de la publicidad y el museo textil y de la moda.

LOVAINA, en fr. **Louvain,** en neerl. **Leuven,** c. de Bélgica, en la prov. de Brabante, a orillas del Dyle; 85 018 hab. Ayuntamiento (s. XV). Museo. — Célebre por su universidad, de 1425; en 1968 la parte francófona se instaló en Ottignies-Louvain-la-Neuve.

LOVECRAFT (Howard Phillips), *Providence 1890-íd. 1937,* escritor estadounidense. Sus relatos fantásticos lo convierten en uno de los precursores de la ciencia ficción (*El color surgido del espacio; La pesadilla de Innsmouth; En las montañas de la locura*).

LOVEIRA (Carlos), *El Santo 1882-La Habana 1928,* novelista cubano. Activo sindicalista, la política y el sexo son los polos de su narrativa, de tendencia naturalista: *Los inmorales* (1919), *Generales y doctores* (1920), *Juan Criollo* (1927).

LOVERA (José Rafael), *Caracas 1939,* historiador y gastrónomo venezolano. Autor de numerosos libros sobre alimentación y gastronomía (*Historia de la alimentación en Venezuela,* 1988; *Gastronomía Caribeña,* 1991), es miembro de la Academia nacional de la historia y presidente honario de la Academia venezolana de gastronomía, de la que fue fundador.

LOWELL (Percival), *Boston 1855-Flagstaff, Arizona, 1916,* astrónomo estadounidense. Se dedicó sobre todo al estudio del planeta Marte, para lo que financió y construyó el observatorio de Flagstaff (Arizona), y predijo mediante el cálculo la existencia de un planeta situado más allá de Neptuno (1915).

LOWIE (Robert), *Viena 1883-Berkeley, California, 1957,* antropólogo estadounidense. Dio una perspectiva funcionalista a la antropología cultural (*La sociedad primitiva,* 1920).

LOWLANDS («Tierras bajas»), región que constituye una depresión estructural de Gran Bretaña, en el centro de Escocia (en contraposición a las Highlands, «Tierras altas»), entre Glasgow y Edimburgo.

LOWRY (Malcolm), *Birkenhead, Cheshire, 1909-Ripe, Sussex, 1957,* escritor británico. Sus novelas plasman la desesperación de la soledad (*Bajo el volcán,* 1947).

LOYAUTÉ (islas), archipiélago francés de Oceanía, dependencia de Nueva Caledonia; 2 095 km²; 20 877 hab. Está constituido por las islas de Ouvéa, Lifou y Maré.

LOYNAZ (Dulce María), *La Habana 1903-íd. 1997,* poetisa cubana. Su obra se sitúa en el intimismo posmodernista (*Versos,* 1938; *Juegos de agua,* 1947; *Poemas sin nombre,* 1953). También escribió una novela lírica: *Jardín* (1951). [Premio Cervantes 1992.]

Loyola (santuario de), en vasc. **Loiola,** santuario español (Azpeitia, Guipúzcoa), construido en torno a la casa solariega de san Ignacio, según planos de Carlo Fontana. La iglesia es de 1738.

LOZADA (Manuel), *Tepic, Jalisco, 1828-íd. 1873,* guerrillero mexicano. Dirigió desde 1857 una guerrilla contra los liberales. Partidario del emperador Maximiliano, tras la caída de este

fue cacique de Jalisco (1864-1873). Fue fusilado.

LOZANO (Abigail), *Valencia 1821-Nueva York 1866,* poeta venezolano. Próximo al romanticismo retórico (*Oda a Barquisimeto*), adquirió un tono intimista en sus últimos trabajos (*Horas de martirio,* 1846).

LOZANO (Cristóbal), *Hellín 1609-Toledo 1667,* escritor español. Escribió la serie de novelas cortas *Soledades de la vida y desengaños del mundo* (1658), libros ascético-históricos (*David perseguido,* 1652) y biográficos (*Los Reyes Nuevos de Toledo,* 1667).

LOZANO (Cristóbal), *Lima inicios del s. XVIII-íd. 1776,* pintor peruano, autor de retratos de los virreyes (museo nacional) y de pintura religiosa.

LOZANO Y PERALTA (Jorge Tadeo), *Bogotá 1771-íd. 1816,* zoólogo, químico y prócer colombiano. Independentista, participó en la redacción de la constitución de 1811. Primer profesor de química en Colombia y miembro de la expedición de J. C. Mutis, fue *Fauna cundinamarquesa.* Fue fusilado por su implicación en el proceso empancipador de su país.

LOZÈRE, dep. de Francia (Languedoc-Rosellón); cap. *Mende;* 5 167 km²; 73 509 hab.

LOZOYA, r. de España, afl. del Jarama (or. der.); 91 km. Abastece de agua a Madrid, mediante el *canal de Lozoya* o *de Isabel II,* inaugurado en 1858. Numerosos embalses (Puentes Viejas, El Villar, Atazar, etc.).

LOZOYA (Juan de Contreras, marqués de), *Segovia 1893-íd. 1978,* historiador del arte español. Catedrático de las universidades de Valencia y Madrid, fue director general de Bellas Artes y director del Instituto de España. Entre sus publicaciones destaca la *Historia del arte hispánico* (5 vols., 1931-1946).

LOZOYA-SOLÍS (Jesús), *Parral, Chihuahua, 1910-México 1983,* pediatra y militar mexicano. Autor de *Pediatría quirúrgica* (1959), ha presidido diversos organismos internacionales de pediatría. Fue gobernador del estado de Chihuahua (1955-1956).

LOZZA (Raúl), *Alberti, Buenos Aires, 1911-Buenos Aires 2006,* pintor argentino. Iniciado en la década de 1930 como dibujante e ilustrador, fue cofundador de la revista *Contrapunto* (1943-1945) y del movimiento *Arte concretoinvención. Hacia 1947, se separó del grupo para llevar adelante su propia teoría, el perceptismo.

LUACES (Joaquín Lorenzo), *La Habana 1826-íd. 1867,* poeta cubano. Su obra, impecable muestra del romanticismo cubano, revela un gran conocimiento de la literatura clásica. En sus *Poesías* (1857 y 1909) están presentes sus tres registros líricos: el político, el intimista y el anacreóntico.

LUALABA, curso superior del río Congo.

LUANDA, cap. de Angola, junto al Atlántico; 1 460 000 hab.

LUANG PRABANG, c. de Laos, en el alto Mekong; 44 000 hab. Templos búdicos (ss. XVI-XIX). [Patrimonio de la humanidad 1995.]

LUANSHYA, c. de Zambia; 147 800 hab. Centro minero (cobre).

LUARCA → VALDÉS.

LUBAC (Henri **Sonier de**), *Cambrai 1896-París 1991,* teólogo francés. Jesuita ordenado cardenal en 1983, fue uno de los artífices de la renovación teológica (*Catolicismo: aspectos sociales del dogma,* 1938; *El misterio de lo sobrenatural,* 1946; *Meditación sobre la Iglesia,* 1953).

LUBANGÓ, ant. **Sá da Bandeira,** c. del SO de Angola; 105 000 hab.

Lubavich, movimiento hasídico que se relaciona con las enseñanzas de antiguos rabinos de la ciudad bielorrusa de Liubavich, y que se caracteriza por la piedad mística, la observancia ritual meticulosa y demostrativa, y un fuerte proselitismo.

LUBBERS (Rudolphus o Ruud), *Rotterdam 1939,* político neerlandés. Democristiano, fue primer ministro de Países Bajos (1982-1994) y alto comisario de ACNUR (2001-2005).

LUBBOCK, c. de Estados Unidos (Texas); 186 206 hab.

LÜBECK, c. de Alemania (Schleswig-Holstein), cerca del Báltico; 217 269 hab. Puerto.

■ EL MUSEO DEL **LOUVRE,** con la pirámide de cristal de Pei.

Metalurgia. Industria agroalimentaria. — Monumentos medievales en ladrillo (patrimonio de la humanidad 1987); museos. — Fundada en 1143, ciudad imperial desde 1226, Lübeck fue el centro de la Hansa hasta 1535.

LUBITSCH (Ernst), *Berlín 1892-Hollywood 1947*, director de cine estadounidense de origen alemán. Tanto en sus desenfadadas películas mudas de inspiración histórica (*Madame du Barry*, 1919) como en sus comedias, mostró una elegancia y un refinamiento inigualables (*Un ladrón en la alcoba*, 1932; *La viuda alegre*, 1934; *Ser o no ser*, 1942).

LÜBKE (Heinrich), *Enkhausen 1894-Bonn 1972*, político alemán, presidente de la RFA de 1959 a 1969.

LUBLIN, c. de Polonia, cap. de voivodato, al SE de Varsovia; 352 500 hab. Textil. Metalurgia. — Monumentos de los ss. XIV-XVIII. — Sede del gobierno provisional de Polonia en 1918 y en 1944.

Lublin (Unión de) [1 julio 1569], unión de Polonia y del gran ducado de Lituania en una «república» gobernada por un soberano elegido de común acuerdo.

LUBUMBASHI, ant. **Elisabethville**, c. de la Rep. dem. del Congo, cap. de Katanga; 564 830 hab. Centro de la industria del cobre.

LUCA (Esteban de), *Buenos Aires 1786 La Plata 1824*, poeta argentino. Autor de la primera *Canción patriótica* (1819) de su país, cantó las acciones del movimiento emancipador (*Montevideo rendido*, 1814; *A la victoria de Chacabuco*, 1817, *Canto lírico a la libertad de Lima*, 1821).

LUCA DE TENA, familia de periodistas y escritores españoles. — **Torcuato L. de T.**, *Sevilla 1861-Madrid 1929*. Fundó la revista *Blanco y Negro* (1891) y el diario *ABC* (1905), de línea monárquica y conservadora. — **Juan Ignacio L. de T.**, marqués de Luca de Tena, *Madrid 1897-íd. 1975*. Hijo de Torcuato fue director de *ABC* y cultivó el teatro (*¿Dónde vas, Alfonso XII?*, 1959). [Real academia 1945.] — **Torcuato L. de T.**, *Madrid 1923-íd. 1999*. Hijo de Juan Ignacio, dirigió *ABC* y es autor de novelas (*La mujer de otro*, 1961) y de teatro. (Real academia 1972.)

LUCANIA, ant. región de Italia, que se extendía desde el golfo de Tarento hasta Campania.

LUCANO, en lat. **Marcus Annaeus Lucanus**, *Córdoba 39-Roma 65*, poeta latino de origen hispano, sobrino de Séneca el Filósofo. Es autor de una epopeya sobre la lucha entre César y Pompeyo (*Farsalia*). Fue obligado a suicidarse por su participación en la conjura de Pisón contra Nerón.

LUCAS (san), *s. I*, uno de los cuatro evangelistas. Compañero de san Pablo y autor del tercer Evangelio y de los *Hechos de los Apóstoles*, defendió la universalidad del mensaje evangélico. Es el patrón de pintores y médicos. Aparece representado en pinturas y esculturas acompañado por el buey de la visión de Ezequiel.

LUCAS (George), *Modesto, California, 1944*, director y productor de cine estadounidense. Director de *American Graffitti* (1973) y creador de la saga *Star Wars* (1977-2005, director de cuatro de sus seis partes), célebre por sus efectos especiales, y es el fundador de un emporio comercial basado en la producción de filmes y en el desarrollo de tecnologías punteras para la creación de imágenes y de sonidos.

LUCAS (Robert E.), *Yakima, estado de Washington, 1937*, economista estadounidense. Sus trabajos sobre las expectativas racionales transforman profundamente el análisis macroeconómico, y la visión de la política económica. (Premio Nobel 1995.)

LUCAS GARCÍA (Fernando Romeo), *Guatemala 1925-Puerto La Cruz, Venezuela, 2006*, militar y político guatemalteco. Presidente de la república (1978-1982), fue derrocado.

LUCAS PADILLA (Eugenio), *Alcalá de Henares 1817-Madrid 1870*, pintor español. Inscrito en el movimiento romántico, su obra está influida por Goya en la técnica, el color y el tratamiento de los temas costumbristas y satíricos.

LUCAYAS (islas) → **BAHAMAS**.

LUCCA, c. de Italia (Toscana), cap. de prov.; 86 188 hab. Murallas reconstruidas (ss. XV-XVI);

■ DULCE MARÍA LOYNAZ

■ FERNANDO LUGO

■ LEOPOLDO LUGONES (D. Vázquez Díaz; MNCARS, Madrid.)

iglesias románicas y góticas con arquerías de estilo pisano, ricas en obras de arte. Museos.

LUCENA, c. de España (Córdoba), cab. de p. j.; 36 445 hab. (*lucentinos*). Olivos; industria aceitera. — Iglesia de San Mateo, con fachada gótica.

LUCERNA, en alem. **Luzern**, en fr. **Lucerne**, c. de Suiza, cap. del cantón de Lucerna; 61 034 hab. (más de 150 000 hab. en la aglomeración). Estación turística. — Ciudad pintoresca; monumentos medievales y barrocos; museos.

LUCERNA (cantón de), cantón de Suiza; 1 493 km²; 335 400 hab.; cap. *Lucerna*. Entró en la confederación en 1332.

Luces de bohemia, obra teatral de R. del Valle-Inclán (1924), esperpento trágico del Madrid literario y político de comienzos de s. XX.

LUCÍA (santa), *Siracusa ¿s. III?*, virgen y mártir. Según una leyenda le arrancaron los ojos. Es la patrona de las modistas.

LUCÍA (Francisco Sánchez Gómez, llamado **Paco de**), *Algeciras 1947*, guitarrista español. En sus composiciones recurre a acordes de jazz y melodías latinoamericanas para adaptarlos al lenguaje flamenco (*Fantasía flamenca*, 1969; *Almoraima*, 1979; *Zyzyab*, 1990). [Premio Príncipe de Asturias 2004.]

LUCIANO de Antioquía (san), *Samosata h. 235-Antioquía 312*, sacerdote y mártir. Fundó una escuela cristiana en Antioquía que daba una interpretación literal de la Biblia. Arrio fue uno de sus discípulos.

LUCIANO de Samosata, *Samosata, Siria, h. 125-h. 192*, escritor griego. En sus diálogos (*Diálogos de los dioses*; *Diálogos de los muertos*) y novelas satíricas (*Historia verdadera*) se burla de las supersticiones.

LUCIFER, uno de los nombres del demonio. Es el ángel de la luz, caído tras rebelarse contra Dios.

LUCILIO (Cayo), *Suessa Aurunca h. 180-Nápoles h. 102 a.C.*, poeta latino. Fue forma definitiva a la sátira romana.

LUCIO NÁJERA (Rafael), *Jalapa 1819-México 1886*, médico mexicano. Fundador y después presidente de la Academia de medicina (1864), escribió con I. Alvarado *Opúsculo sobre el mal de San Lázaro* (1851), innovador estudio de la lepra manchada.

LUCKNOW, c. de la India, cap. de Uttar Pradesh; 1 642 134 hab. Metalurgia. Textil. — Monumentos antiguos (ss. XVIII-XIX); museo.

Lucky Luke, personaje de cómic creado en 1946 por Morris en el semanario belga *Spirou*. Este vaquero solitario, de corazón puro y muy rápido y certero con el revólver, recorre un Oeste americano legendario y paródico.

LUCRECIA, *m. h. 509 a.C.*, dama romana. Violada por un hijo de Tarquino el Soberbio, se suicidó. Este hecho habría provocado la revuelta que puso fin a la monarquía en Roma.

LUCRECIA BORGIA → **BORJA**.

LUCRECIO, en lat. **Titus Lucretius Carus**, *¿Roma? h. 98-55 a.C.*, poeta y filósofo latino. Su *De rerum natura*, poema filosófico y de enorme carga sensual, opone la física y la moral epicúreas al miedo a los dioses y a la muerte, principal obstáculo para la felicidad.

LÚCULO (Lucio Licinio), *s. II a.C.*, militar romano. Cónsul enviado a Hispania, venció a los vacceos en *Cauca* (Coca), pero fracasó en *Pallantia* (Palencia) [151 a.C.].

LÚCULO (Lucio Licinio), *entre 117 y 106-h. 57*

a.C., militar romano. Dirigió la guerra contra Mitrídates VI Eupátor (74-66) y organizó la provincia de Asia; fue famoso por sus banquetes.

Lucy, nombre dado a un esqueleto femenino de *Australopithecus afarensis*, que data de hace 3,3 millones de años, encontrado en el Rift-Valley (Etiopía) en 1974.

LÜDA, conurbación de China (Liaoning), que agrupa Dalian y Port-Arthur.

LUDENDORFF (Erich), *Kruszewnia, Posnania, 1865-Tutzing 1937*, militar alemán. Jefe del estado mayor de Hindenburg en el frente ruso (1914) y su ayudante en el mando supremo (1916-1918), dirigió la estrategia alemana en 1917-1918.

LÜDERITZ, c. de Namibia, a orillas del Atlántico; 6 000 hab. Puerto. Pesca.

LUDHIĀNA, c. de la India (Panjāb); 1 012 062 hab. Textil.

LUDOVICO PÍO o **LUIS I el Piadoso**, *Chasseneuil 778-cerca de Ingelheim 840*, emperador de Occidente (814 a 840) de la dinastía carolingia. Hijo y sucesor de Carlomagno, desde 817 reguló su sucesión entre sus hijos: Lotario, a quien asoció al Imperio, Pipino y Luis (*Ordinatio imperii*). Pero el nacimiento de Carlos el Calvo (823), de su segundo matrimonio, con Judith de Baviera (819), puso en peligro la regulación de 817 y provocó la rebelión de sus hijos.

LUDOVICO SFORZA el Moro, *Vigevano 1479-Loches 1508*, duque de Milán (1494-1500). Consiguió el Milanesado con la ayuda de Francia, pero el advenimiento de Luis XII le hizo perder su dominio. Capturado en Novara (1500), murió internado en Francia.

LUDWIGSHAFEN AM RHEIN, c. de Alemania (Renania-Palatinado), frente a Mannheim; 168 130 hab. Industrias químicas. Museos.

Luftwaffe (voz alem. que significa *arma aérea*), denominación dada a la aviación militar alemana a partir de 1935.

LUGANO, c. de Suiza (Ticino), junto al *lago de Lugano*; 25 334 hab. Turismo. — Catedral medieval con fachada renacentista; iglesia de Santa María de los Ángeles (frescos de Luini). Museo.

LUGO, c. de España, cap. de la prov. homónima y cab. de p.j.; 88 235 hab. (*lucenses* o *lugueses*). A orillas del Miño. Centro comercial agropecuario e industrias derivadas. — Murallas romanas (s. III) [patrimonio de la humanidad 2000]. Catedral de origen románico (s. XII) con naves góticas (s. XIV) y fachada neoclásica. Iglesias y conventos (ss. XV-XVI). Ayuntamiento (s. XVIII). Museo. — Es la *Lucus* prerromana y la *Lucus augusta* romana.

LUGO (provincia de), prov. de España, en Galicia; 9 803 km²; 365 619 hab.; cap. *Lugo*. Al E, las sierras de Meira, Ancares y Caurel dominan la *meseta de Lugo*, en el centro de la provincia, atravesada por el Miño, y el valle del Sil, al S. Economía agropecuaria (vid, centeno, patata). Pesca. Lignito. Industrias en las de Lugo, San Ciprián (aluminio) y Viveiro (metalmecánica).

LUGO (Fernando), *San Solano, distr. de San Pedro del Paraná, 1951*, prelado y político paraguayo. Obispo desde 1994, se erigió en defensor de los pobres. Tras renunciar a su labor eclesiástica, en 2008, apoyado por una coalición de izquierda, fue elegido presidente de la república.

LUGONES (Leopoldo), *Santa María del Río Seco, Córdoba, 1874-Buenos Aires 1938*, escritor argentino. Representante del modernismo rioplatense, tras sus primeros libros de poesía publicó su obra capital, *Lunario sentimental*, decantándose luego hacia los temas nacionales (*Odas seculares*, 1910; *El libro de los paisajes*, 1916). Posteriores son *Poemas solariegos* (1927) y *Romances del Río Seco* (1938). De su prosa destacan: *La guerra gaucha* (1905), *Las fuerzas extrañas* (1906), *El payador* (1916), *Cuentos fatales* (1924). Se suicidó.

LUGO Y ALBARRACÍN (Pedro de), *n. en Bogotá, principios del s. XVII,* escultor colombiano, activo entre 1630 y 1670. Autor de un realismo de influencia sevillana, hacia 1656 realizó el *Cristo caído,* Señor de Montserrate, en Bogotá.

LUHANSK, ant. **Lugansk,** de 1935 a 1990 **Voroshilovgrad,** c. de Ucrania, en el Donbass; 504 000 hab. Centro hullero e industrial.

LUINI (Bernardino), *¿Luino?, lago Mayor, h. 1485-¿Milán? 1532,* pintor italiano. Influido por los maestros lombardos (Foppa, A. Solario) y por Leonardo da Vinci, es autor de frescos de grandes dimensiones (Milán, Lugano, Saronno).

SANTOS

LUIS (san) → **LUIS IX.**

LUIS BELTRÁN (san), *Valencia 1526-íd. 1581,* misionero español. Dominico (1544), a partir de 1562 evangelizó en América el virreinato de Nueva Granada, pero solicitó volver a España en 1569, amargado por los abusos de los encomenderos contra los indios. Fue canonizado en 1671 por Clemente X.

LUIS GONZAGA (san), *Castiglione delle Stiviere 1568-Roma 1591,* escolástico jesuita italiano, patrón de la juventud.

SACRO IMPERIO

LUIS IV de Baviera, *Munich 1287-Fürstenfeld 1347,* rey de romanos (1314-1346) y emperador germánico (1328-1346). Fue excomulgado por Juan XXII, a quien opuso un antipapa, Nicolás V.

BAVIERA

LUIS I DE WITTELSBACH, *Estrasburgo 1786-Niza 1868,* rey de Baviera (1825-1848). Hizo construir numerosos monumentos neoclásicos en Munich. Su relación con Lola Montes lo obligó a abdicar en favor de su hijo Maximiliano II. — **Luis II de W.,** *Nymphenburg 1845-lago de Starnberg 1886,* rey de Baviera (1864-1886). Hijo mayor de Maximiliano II, hizo construir magníficos castillos (Neuschwanstein) y fue mecenas de Wagner. Internado a causa de su salud mental, murió ahogado.

ESPAÑA

LUIS I, *Madrid 1707-íd. 1724,* rey de España (en.-agosto 1724), hijo y sucesor de Felipe V.

FRANCIA

LUIS I el Piadoso → **LUDOVICO PÍO.**

LUIS II el Tartamudo, *846-Compiègne 879,* rey de los francos (877-879), de la dinastía carolingia. Hijo de Carlos el Calvo.

LUIS III, *h. 863-Saint-Denis 882,* rey de los francos (879-882), de la dinastía carolingia. Hijo de Luis II el Tartamudo, cedió la Lotaringia occidental a Luis el Joven, rey de Germania.

LUIS IV de Ultramar, *h. 921-Reims 954,* rey de Francia (936-954), de la dinastía carolingia. Hijo de Carlos el Simple, alcanzó el trono gracias al apoyo de Hugo el Grande.

LUIS V el Holgazán, *h. 967-Compiègne 987,* rey de Francia (986-987), hijo de Lotario. Fue el último rey de la rama carolingia francesa.

LUIS VI el Gordo, *h. 1080-París 1137,* rey de Francia (1108-1137), de la dinastía carolingia. Hijo y sucesor de Felipe I, consolidó los dominios reales alrededor de París.

LUIS VII el Joven, *1120-París 1180,* rey de Francia (1137-1180), de la dinastía de los Capetos. Hijo de Luis VI, participó en la segunda cruzada y apoyó al papa Alejandro III contra Federico Barbarroja. Repudió a Leonor de Aquitania y casó con Constanza de Castilla.

LUIS VIII el León, *París 1187-Montpensier, Auvernia, 1226,* rey de Francia (1223-1226), de la dinastía de los Capetos. Hijo de Felipe II Augusto, casó con Blanca de Castilla. Derrotó a los ingleses y a los albigenses.

LUIS IX o **SAN LUIS,** *Poissy 1214 o 1215-Tú-*

nez 1270, rey de Francia (1226-1270), de la dinastía de los Capetos. Hijo de Luis VIII y Blanca de Castilla, inició su reinado bajo la regencia de su madre. Acabó la guerra contra los albigenses (1229), firmó el tratado de Corbeil con Jaime I de Aragón (1258) y consiguió Normandía y otros territorios (1259). Participó en la séptima cruzada. Reforzó la autoridad real y reformó la justicia. Su integridad hizo de él el árbitro de numerosos conflictos.

LUIS X el Obstinado, *París 1289-Vincennes 1316,* rey de Francia (1314-1316) y de Navarra (Luis I) [1305-1316], de la dinastía de los Capetos. Hijo de Felipe IV el Hermoso y de Juana I de Navarra. Presionado, concedió cartas de privilegio a nobles y eclesiásticos.

LUIS XI, *Bourges 1423-Plessis-lez-Tours 1483,* rey de Francia (1461-1483), de la dinastía de los Valois. Hijo de Carlos VII, luchó contra Carlos el Temerario de Borgoña, que finalmente fue vencido y muerto (1477). Obtuvo Borgoña, Anjou y Provenza (tratado de Arras, 1482).

LUIS XII, *Blois 1462-París 1515,* rey de Francia (1498-1515), de la dinastía de los Valois. Sus conquistas en Italia desequilibraron la hacienda francesa. En 1504 fue expulsado de Nápoles por Fernando el Católico, y más tarde de Milán. Reforzó la autoridad de la monarquía.

LUIS XIII el Justo, *Fontainebleau 1601-Saint-Germain-en-Laye 1643,* rey de Francia (1610-1643), de la dinastía de los Borbones. Hijo de Enrique IV, dejó el gobierno en manos de sus favoritos Luynes (1617-1621) y Richelieu (1624-1641). Luchó contra protestantes y nobles con el fin de imponer la autoridad real. Hostil a los Austrias, inició la guerra de los Treinta años. Alentó la secesión de los catalanes, que lo eligieron conde de Barcelona (1641) contra Felipe IV.

LUIS XIV el Grande, también llamado **el Rey Sol,** *Saint-Germain-en-Laye 1638-Versalles 1715,* rey de Francia (1643-1715), de la dinastía de los Borbones. Hijo de Luis XIII y de Ana de Austria y rey a los cinco años, sus regentes fueron su madre y Mazarino, quien provocó la Fronda. Casó con María Teresa, hija de Felipe IV de España. Muerto Mazarino (1661), reinó con un poder absoluto y se consideró monarca por derecho divino. Se rodeó de expertos como Colbert, que controló las finanzas; Louvois, que reorganizó el ejército, y Vauban, que fortificó las fronteras. Quiso imponer sus criterios en Europa; se impuso en Flandes contra España (1668), adquirió el Franco Condado (1678-1679) y consiguió que su nieto Felipe V ocupase el trono de España. Centralizó la adminis-

tración y combatió las diferencias religiosas (revocación del edicto de Nantes, 1685). Su corte en Versalles alcanzó un gran esplendor.

LUIS XV el Bienamado, *Versalles 1710-íd. 1774,* rey de Francia (1715-1774), de la dinastía de los Borbones. Biznieto y sucesor de Luis XIV, inició su reinado bajo la regencia de Felipe de Orleans. Dejó el poder en manos del cardenal Fleury, quien hizo entrar a Francia en las guerras de Sucesión de Polonia y Austria. Muerto Fleury (1743), gobernó bajo la influencia política de Mme. de Pompadour. Lentamente, se formó una fuerte oposición, contraria a su absolutismo. Tras la guerra de los Siete años, y pese al pacto de Familia concluido en 1761 por el nuevo ministro Choiseul, perdió las posesiones de la India y Canadá (tratado de París, 1763).

LUIS XVI, *Versalles 1754-París 1793,* rey de Francia (1774-1791), de la dinastía de los Borbones. Nieto de Luis XV, casó con la archiduquesa María Antonieta de Austria. A pesar del acierto de apoyar la independencia de las colonias norteamericanas, la situación económica se deterioró, incapaces sus ministros (Turgot, Necker) de aplicar reformas sin chocar con los intereses de los privilegiados. La crisis desembocó en la convocatoria de estados generales (1788), el tercero de los cuales se convirtió en asamblea constituyente (1789). El rey, obligado a jurar la constitución, intentó huir de Francia (1791), quiso frenar la Revolución y se hizo impopular. Hecho prisionero (1792), fue guillotinado.

LUIS XVII, *Versalles 1785-París 1795,* delfín de Francia (1789-1795). Hijo de Luis XVI y María Antonieta, fue heredero al trono de Francia desde 1789.

LUIS XVIII, *Versalles 1755-París 1824,* rey de Francia (1814-1815 y 1815-1824), de la dinastía de los Borbones. Hermano de Luis XVI, se exilió en 1791 hasta la caída de Napoleón Bonaparte. Para preservar la dinastía, aceptó algunos principios de la Revolución francesa (Carta de 1814), aunque tuvo que transigir más tarde ante los ultrarrealistas.

GERMANIA

LUIS I (o **II**) **el Germánico,** *h. 805-Frankfurt del Main 876,* rey de los francos orientales (817-843) y rey de Germania (843-876), de la dinastía carolingia. Hijo de Luis el Piadoso, obligó a Lotario I a aceptar el reparto de Verdún (843), que le adjudicaba *Francia orientalis,* o Germania. — **Luis III** (o **IV**) **el Niño,** *Oettingen 893-Ratisbona 911,* rey de Germania y de Lotaringia (900-911). Fue el último carolingio que reinó en Germania.

■ **LUIS II DE WITTELSBACH,** por G. Schachinger.

■ **LUIS IX.** (Museo de Cluny, París.)

■ **LUIS XI.** (Museo de Brooklyn, Nueva York.)

■ **LUIS XIII,** por P. de Champaigne. (Museo del Prado, Madrid.)

■ **LUIS XIV,** por A. Benoist. (Palacio de Versalles.)

■ **LUIS XV,** por Quentin de La Tour. (Museo del Louvre, París.)

■ **LUIS XVI.** (Museo Carnavalet, París.)

■ **LUIS XVIII,** por F. Gérard. (Palacio de Versalles.)

HUNGRÍA

LUIS I el Grande, *Visegrád 1326-Nagyszombat, act. Trnava, 1382*, rey de Hungría (1342-1382) y de Polonia (1370-1382). Hijo de Carlos I Roberto, de la casa de Anjou, contribuyó al desarrollo económico y cultural de Hungría. — **Luis II**, *Buda 1506-Mohács 1526*, rey de Hungría y Bohemia (1516-1526). Fue derrotado por los otomanos y murió en la batalla de Mohács.

PORTUGAL

LUIS I, *Lisboa 1838-Cascais 1889*, rey de Portugal (1861-1889), de la casa de Braganza. Para salvaguardar la independencia de Portugal, rechazó en 1868 la corona española.

SICILIA

LUIS I, *Vincennes 1339-Bisceglia 1384*, duque de Anjou (1360-1384), rey de Sicilia y conde de Provenza (1383-1384). Hijo de Juan II de Francia, fue designado heredero por Juana I de Anjou. — **Luis II**, *Toulouse 1377-1417*, rey de Nápoles, de Sicilia y de Jerusalén, duque de Anjou, conde del Maine y de Provenza (1384-1417). Heredero de Luis I, se proclamó rey de Aragón (1410) por estar casado con Violante de Aragón. — **Luis III**, *1403-Cosenza 1434*, rey de Nápoles, Sicilia y Jerusalén, duque de Anjou y conde de Provenza (1417-1434). Primogénito de Luis II, intentó obtener la corona de Aragón a la muerte de Martín el Humano.

LUIS (Leopoldo de), *Córdoba 1918-Madrid 2005*, escritor español. Poeta preocupado por lo cotidiano y lo social (*Alba del hijo*, 1946; *Con los cinco sentidos*, 1970; *Igual que guantes grises*, 1979), es autor de ensayos y publicó una valiosa *Antología de la poesía social española* (1965).

LUISA DE MARILLAC (santa), *París 1591 íd. 1660*, religiosa francesa. Fundó, con san Vicente de Paúl, la congregación de las Hijas de la Caridad.

LUIS FELIPE I, *París 1773-Claremont, Gran Bretaña, 1850*, rey de los franceses (1830-1848), de la casa de Orleans. Hijo de Luis Felipe de Orleans (Felipe Igualdad), participó en la Revolución francesa y fue miembro del ejército revolucionario. Emigró y volvió a Francia con la restauración borbónica. Después de la revolución de julio de 1830 fue proclamado rey. Fue apoyado primero por los liberales, pero su política, dirigida por Guizot, tomó, ante la oposición republicana y obrera, un cariz más conservador. Con la revolución de 1848 abdicó y se refugió en Inglaterra.

LUISIADA, archipiélago de Papúa y Nueva Guinea.

LUISIANA, ant. territorio colonial, que se extendía de los Grandes Lagos al golfo de México, y de los Allegheny a México. En 1519, A. Álvarez de Pineda descubrió el litoral, pero, a pesar de diversas expediciones (Hernández de Soto, Vázquez de Coronado), los españoles se desentendieron del territorio. En 1682 Cavelier de la Salle tomó posesión en nombre de Luis XIV, y empezó la colonización francesa. Durante la guerra entre España y Francia, los españoles ocuparon Pensacola (1721). Tras la guerra de los Siete años, Francia cedió a Gran Bretaña la Luisiana situada al E del Mississippi (tratado de París, 1763), y a España el resto del territorio (tratado de Fontainebleau, 1763), en compensación por la pérdida de Florida. En 1800 (segundo tratado de San Ildefonso) la colonia fue devuelta a Francia, y en 1803 Napoleón la vendió a EUA.

LUISIANA, en ingl. *Louisiana*, estado de Estados Unidos, a orillas del golfo de México; 125 674 km²; 4 219 973 hab.; cap. *Baton Rouge*; c. pral. *Nueva Orleans*. Petróleo y gas natural. — Nació como estado en 1812, ocupando solo el S del antiguo territorio colonial.

LUIS MARÍA GRIGNION DE MONTFORT (san), *Montfort, Ille-et-Vilaine, 1673-Saint-Laurent-sur-Sèvre, Vendée, 1716*, misionero católico francés. Fundó una congregación hospitalaria, las Hijas de la Sabiduría, y la Compañía de María.

LUIS SALVADOR, *Florencia 1847-Praga 1915*, archiduque de Austria. Adquirió numerosas propiedades en la costa occidental de Mallorca, isla que dio a conocer en Europa con sus escritos y dibujos (*Las Baleares en palabras e imágenes*, 1869-1891).

LUJÁN, r. de Argentina (Luján), tributario del Paraná.

LUJÁN, partido de Argentina (Buenos Aires); 80 712 hab. Santuario de Nuestra Señora de Luján (s. XVIII), neoclásico, el centro mariano más importante de Argentina. Museo histórico.

LUJÁN DE CUYO, dep. de Argentina (Mendoza); 79 983 hab. Refinería de petróleo. Industria vinícola.

LUJÁN DE SAYAVEDRA (Juan José **Martí**, llamado Mateo), *Orihuela 1570-Valencia 1604*, abogado y escritor español. Publicó bajo seudónimo una *Segunda parte de la vida del pícaro Guzmán de Alfarache* (1602), llena de disertaciones morales y jurídicas.

LUJÁN PÉREZ (José), *Santa María de Guía de Gran Canaria 1756-íd. 1815*, escultor español. Primer escultor canario importante, siguió la tradición andaluza de la imaginería religiosa barroca (serie de *Dolorosas*).

LUKÁCS (György), *Budapest 1885-íd. 1971*, filósofo y político húngaro. Interpretó a Marx desde una perspectiva humanista recurriendo a la noción de alienación (*Historia y conciencia de clase*, 1923). Definió las bases de una estética marxista (*Teoría de la novela*, 1920).

LUKASHENKO (Aleksandr), *Kopys, prov. de Vítebsk, 1954*, político bielorruso. Miembro del Soviet supremo (1990), se opuso a la desmembración de la URSS. Presidente de Bielorrusia desde 1994 (reelegido en 2001 y en 2006), estableció una política de sesgo autoritario y promovió reformas constitucionales para prolongar su mandato.

LUKASIEWICZ (Jan), *Lemberg, act. Lviv, 1878-Dublín 1956*, lógico polaco. Fue el primero en enunciar una lógica trivalente que admite enunciados verdaderos, falsos y posibles.

LULA DA SILVA (Luiz Inácio), nacido Luiz Inácio da Silva, *Garanhuns, Pernambuco, 1945*, político brasileño. Dirigente sindical en la metalurgia, fundador del Partido de los trabajadores (1980) y líder histórico de la izquierda brasileña, es presidente de la república desde 2003. (Premio Príncipe de Asturias de Cooperación Internacional 2003.)

■ LUIZ INÁCIO
LULA DA SILVA

■ PATRICE
LUMUMBA

LULEÅ, c. de Suecia, junto al golfo de Botnia, en la desembocadura del *Lule älv*; 68 412 hab. Exportación de mineral de hierro. Acería. — Museo etnográfico.

LULES, dep. de Argentina (Tucumán); 44 763 hab. Caña de azúcar, arroz, maíz.

LULIO (Raimundo) → **LLULL** (Ramon).

LULLY o **LULLI** (Jean-Baptiste), *Florencia 1632-París 1687*, compositor y violinista italiano nacionalizado francés. Creador de la ópera francesa, es autor de tragedias líricas, ballets, música incidental (comedias de Molière) y motetes.

LULUABOURG → **KANANGA**.

LUMBINI → **KAPILAVATSU**.

LUMBRERAS (Luis Guillermo), *Ayacucho 1936*, arqueólogo peruano, especialista en arqueología preincaica (*Los orígenes de la civilización del Perú*, 1974; *Chavín de Huantar en el nacimiento de la civilización andina*, 1989).

LUMIÈRE (hermanos), inventores e industriales franceses. **Louis L.**, *Besançon 1864-Bandol 1948*, y **Auguste L.**, *Besançon 1862-Lyon 1954*. Inventaron el cinematógrafo (1895), rodaron numerosas películas e idearon un sistema de fotografía en color, el autocromo (1903).

LUMUMBA (Patrice), *Katako Kombé 1925-Elisabethville, act. Lubumbashi, 1961*, político congoleño. Fundador del Movimiento nacional congoleño, luchó por la independencia del Congo Belga (act. Rep. dem. del Congo). Primer ministro en 1960, hizo frente a la secesión de Katanga. Destituido en 1961, fue asesinado.

LUNA, satélite natural de la Tierra. (V. parte n. com.)

LUNA, v. de España (Zaragoza); 928 hab. (*luneros*). Palacio de los condes de Luna (s. XV). Iglesias románicas.

LUNA (isla de la) o **COATÍ**, isla de Bolivia, en el Titicaca. Restos arqueológicos incaicos.

LUNA (familia), linaje de origen navarro que se afianzó en Aragón desde fines del s. XI y que pasó a Castilla a fines del s. XIV. Don Bacalla (m. en 1094) recibió el señorío de Luna de manos del rey de Aragón Sancho I Ramírez tras conquistar esa plaza. De sus tres hijos derivan las ramas de la familia: los Ferrench de Luna (Lope Ferrench de Luna [m. en 1360], primer conde de Luna; su hija María, esposa de Martín el Humano, y Fadrique, hijo de Martín el Joven), los Martínez de Luna (Antón de Luna y Jérica [m. en 1419], principal partidario de Jaime de Urgel) y los López de Luna (Pedro de Luna [papa *Benedicto XIII] y Juan de Luna.

LUNA (Álvaro de), *Cañete, Cuenca, h. 1388-Valladolid 1453*, político castellano. Favorito de Juan II, que lo nombró condestable de sus reinos (1422), dirigió el partido monárquico contra la oligarquía nobiliaria, apoyándose en los sectores urbanos, y derrotó a los infantes de Aragón en la batalla de Olmedo (1445). Posteriormente perdió su influencia, y fue condenado a muerte y decapitado.

LUNA (Juan de), *h. 1580-h. 1630*, escritor español, autor de una *Segunda parte de la vida del Lazarillo de Tormes* (1620), de crudo realismo y muy infiel al original.

LUNA (Pablo), *Alhama de Aragón 1879-Madrid 1943*, compositor español. Contribuyó a restaurar la «zarzuela grande», con influencia de la opereta vienesa: *Molinos de viento* (1910), *El asombro de Damasco* (1916), *La pícara molinera* (1928).

LUNA PIZARRO (Javier de), *Arequipa 1780-1855*, político y eclesiástico peruano. Liberal, presidió el congreso en la etapa constituyente (1822-1823) y de nuevo en 1827. Fue arzobispo de Lima (1845).

Lunario sentimental, libro de poemas de L. Lugones (1909). Obra clave en la transición del modernismo al vanguardismo, desarrolla un temario cotidiano e irónico, en un estilo que extrema el juego verbal y metafórico.

LUND, c. de Suecia meridional; 87 681 hab. Universidad. — Catedral románica. Museos.

LUNDEGÅRDH (Henrik), *Estocolmo 1888-Penninge 1969*, botánico sueco, autor de trabajos sobre la fotosíntesis, el ciclo del gas carbónico y la respiración de las plantas, entre otros.

LÜNEBURG, c. de Alemania (Baja Sajonia), en las *landas de Luneburg*; 63 299 hab. Ayuntamiento de los ss. XIII-XVIII; casas antiguas de ladrillo. Museos.

LÜNEN, c. de Alemania (Rin del Norte-Westfalia), en el Ruhr; 89 741 hab. Metalurgia.

LUOYANG, c. de China (Henan); 952 000 hab. Museo arqueológico. Barrios antiguos y pintorescos. Necrópolis han; templo del Caballo blanco, fundado en el año 68, con una pagoda

■ AUGUSTE Y LOUIS **LUMIÈRE**

del s. XII. En los alrededores cuevas de *Longmen. — Cap. en época de los Shang, los Zhou, los Han, los Wei y los Tang, fue un importante centro cultural.

LUPERCO MIT. ROM. Dios venerado bajo el nombre de *Faunus Lupercus*, en cuyo honor se celebraban las *lupercales*.

LUPERÓN, ant. **Blanco**, mun. de la República Dominicana (Puerto Plata), en la *bahía de Luperón*, en el Atlántico; 30 421 hab. Café, cacao, tabaco.

LUPERÓN (Gregorio), *Puerto Plata 1839-isla de Saint Thomas 1897*, patriota dominicano. Durante la guerra civil (1871-1882), encabezó los Azules, de tendencia liberal, y desempeñó provisionalmente la presidencia en 1879.

LUPIANA, v. de España (Guadalajara); 262 hab. Monasterio jerónimo de San Bartolomé, con claustro renacentista de A. Covarrubias.

LUPPI (Federico), *Buenos Aires 1934*, actor de cine argentino. Capaz de dotar de profunda humanidad a sus personajes, ha desarrollado una fructífera carrera a las órdenes de A. Aristarain (*Últimos días de la víctima*, 1982; *Un lugar en el mundo*, 1992; *Lugares comunes*, 2002) y en el cine español (*Nadie hablará de nosotras cuando hayamos muerto*, A. D. Yanes, 1995; *Éxtasis*, M. Barroso, 1996). En 2005 realizó su primer filme, *Pasos*.

LUQMĀN → LOCMÁN.

LUQSOR → LUXOR.

LUQUE, distr. de Paraguay (Central); 62 761 hab. Agricultura, ganadería e industrias derivadas.

LUQUE (Hernando de), *Olvera, Cádiz-Panamá 1532*, sacerdote español. Colaborador de Pizarro, cuando se concedieron las capitulaciones de conquista del Perú (1529) fue nombrado obispo de Túmbez y «protector de indios».

LUQUILLO, sierra del NE de Puerto Rico, que culmina en El Toro (1 074 m). En ella se halla el bosque nacional del Caribe.

LURÇAT (Jean), *Bruyères, Vosgos, 1892-Saint-Paul-de-Vence 1966*, pintor y cartonero de tapicería francés. A partir de la década de 1930 contribuyó a renovar el arte del tapiz mediante simplificaciones técnicas (talleres de Aubusson).

LURIA (Aleksandr Romanovich), *Kazán 1902-Moscú 1977*, neurólogo soviético. Demostró las posibilidades de recuperación de las funciones psicológicas superiores en los enfermos aquejados de lesiones cerebrales.

LURISTÁN o **LORESTÁN**, región de Irán. Fue el centro de una civilización datada ya en el III milenio, y que alcanzó su máximo apogeo entre los ss. XIV y VII a.C., con importantes objetos de bronce en los que predomina la estilización animal.

LURUACO, mun. de Colombia (Atlántico), en el delta del Magdalena; 17 097 hab. Plátanos, algodón.

LUSACIA, en alem. **Lausitz**, región fronteriza entre Alemania y la República Checa, que culmina en los *montes de Lusacia* (1 010 m de alt.).

LUSAKA, cap. de Zambia, a 1 300 m de alt. aprox.; 982 362 hab.

LÜSHUN → PORT-ARTHUR.

LUSIGNAN, familia aristocrática francesa originaria de Poitou (s. X). Se asentó en el Oriente latino, principalmente con *Gui de Lusignan, quien recuperó Chipre en 1192.

LUSINCHI (Jaime), *Clarines 1924*, político venezolano. Miembro de Acción democrática desde 1941, fue presidente de la república (1984-1989). Impulsó el entendimiento democrático latinoamericano (grupo de Contadora).

LUSITANIA, ant. región de la Hispania romana, que comprendía la zona portuguesa del S del Duero y la actual Extremadura español. Su capital fue *Olisipo* (Lisboa) y después *Emerita Augusta* (Mérida).

Lusitania, buque británico. Fue torpedeado cerca de la costa de Irlanda (7 mayo 1915) por un submarino alemán. Perecieron 1 200 personas (cerca de 120, estadounidenses).

LUTECIA, c. de la Galia, capital de los *parisii*, que se convirtió en París.

LUTERO (Martín), en alem. **Martin Luther**, *Eisleben 1483-íd. 1546*, teólogo y reformador alemán. Monje agustino muy preocupado por la idea de la salvación, se sometió a severas mortificaciones y fue enviado por su orden con misiones de confianza a Roma (1510). Doctor en teología, obtuvo la cátedra de Sagrada Escritura en la universidad de Wittenberg (1513), donde, a partir de 1515, enseñó las epístolas de san Pablo, en especial la epístola a los romanos. Consecuente con la doctrina paulina de la justificación por la fe, atacó el tráfico de indulgencias (*querella de las indulgencias*) y el principio mismo de estas en sus «95 tesis» (1517), que fueron el punto de partida de la Reforma. En 1520 fue condenado por Roma, pero continuó su obra; en ese mismo año aparecieron los «tres escritos reformadores»: el *Manifiesto a la nobleza cristiana de Alemania* (sobre la supremacía romana), *La cautividad de Babilonia* (sobre los sacramentos) y *De la libertad del cristiano* (sobre la Iglesia). Tras la dieta de Worms, en la que se negó a retractarse (1521), se pasó al bando de los príncipes imperiales y, escondido en el castillo de Wartburgo por su protector el elector de Sajonia, pudo regresar a Wittenberg en 1522. Se casó en 1525 con Katharina von Bora y dedicó el resto de su vida a estructurar y a defender su obra. Publicó su *Catecismo* en 1529. Luchó a la vez contra el catolicismo, que apoyaba al poder político; contra las revueltas sociales (guerra de los campesinos), las desviaciones de los iluminados y de los anabaptistas y contra aquellos que, como Zuinglio en Suiza, daban a su reforma una nueva orientación. Fue también escritor: sus obras, principalmente, su traducción de la Biblia (1521-1534), lo convierten en uno de los primeros grandes prosistas del alemán moderno.

LUTHULI o **LUTULI** (Albert John), *en Rodesia 1898-Stanger, Natal, 1967*, político sudafricano. De etnia zulú, fue presidente de la ANC (1952-1960). Luchó de manera pacífica contra el apartheid. (Premio Nobel de la paz 1960.)

LUTON, c. de Gran Bretaña (Inglaterra), cerca de Londres; 167 300 hab. Aeropuerto. Industria automovilística.

LUTOSLAWSKI (Witold), *Varsovia 1913-íd. 1994*, compositor polaco. Es autor de un *Libro para orquesta*, un *Libro para violonchelo*, cuatro sinfonías y música vocal.

Lützen (batalla de) [16 nov. 1632], batalla de la guerra de los Treinta años, en Lützen (al SO de Leipzig). Victoria de los suecos sobre las tropas imperiales de Wallenstein pese a que Gustavo II Adolfo resultó mortalmente herido.

LUXEMBURGO, en fr. **Luxembourg**, estado de Europa occidental; 2 586 km²; 410 000 hab. (*luxemburgueses*). CAP. *Luxemburgo*. LENGUA: *luxemburgués, alemán y francés*. MONEDA: *euro*.

INSTITUCIONES

Monarquía constitucional hereditaria (gran ducado de Luxemburgo). Constitución de 1868. El gran duque, jefe del estado, nombra al primer ministro cada 5 años. La Cámara de los diputados es elegida cada 5 años por sufragio directo.

GEOGRAFÍA

La región septentrional (Osling) pertenece a las Ardenas, mientras que la meridional (Gutland) forma parte de la Cuenca de París. En esta última, de clima más suave y suelos fértiles, se desarrolla la mayor parte de la vida económica y urbana. En el SO se extraía, hasta hace poco, hierro, lo que favoreció la siderurgia y la metalurgia. Actualmente predomina en el sector terciario (servicios financieros; instituciones de la Unión europea).

HISTORIA

963: al dividirse Lotaringia, se constituyó el condado de Luxemburgo en el seno del Sacro Imperio romano germánico. **1354:** Carlos IV erigió el condado en ducado. **1441:** Luxemburgo pasó a Felipe el Bueno, duque de Borgoña. **1506:** se convirtió en posesión de los Habsburgo españoles. **1714:** fue cedido a Austria por el tratado de Rastadt. **1795:** fue anexionado por Francia. **1815:** el congreso de Viena lo convirtió en gran ducado, vinculado a título personal al rey de los Países Bajos y miembro de la Confederación germánica. **1831:** la mitad occidental pasó a Bélgica (provincia de Luxemburgo). **1867:** el tratado de Londres hizo de Luxemburgo un estado neutral. **1890:** entronización de la familia Nassau. **1912:** fue abolida la ley sálica y María Adelaida se convirtió en gran duquesa. **1914-1918:** ocupación alemana. **1919:** la gran duquesa Carlota de Nassau aprobó una constitución democrática. **1940-1944:** nueva ocupación alemana. **1947:** Luxemburgo pasó a ser miembro del Benelux. **1948:** el país abandonó su neutralidad. **1949:** adhesión a la OTAN. **1958:** miembro de la CEE. **1964:** la gran duquesa Carlota abdicó en favor de su hijo Juan. **2000:** el gran duque Juan abdicó en favor de su hijo Enrique. La vida política está dominada por el Partido socialcristiano (con, principalmente, como primeros ministros: Pierre Werner, 1959-1974 y 1979-1984; Jacques Santer, 1984-1995; Jean-Claude Juncker, desde 1995).

LUXEMBURGO, prov. del SE de Bélgica; 4 418 km²; 232 813 hab.; cap. *Arlon*.

LUXEMBURGO, cap. del gran ducado de Luxemburgo, a orillas del Alzette; 75 377 hab. Centro cultural, financiero (Banco europeo de inversiones), administrativo (Tribunal de cuentas y Tribunal de justicia de la Unión europea) e industrial (metalurgia de transformación). — Catedral de los ss. XVII-XX. Museos (nacional, de arte moderno [Mudam]). [Patrimonio de la humanidad 1994.]

LUXEMBURGO (casas de), casas que reinaron en Luxemburgo desde 963 hasta 1443. La tercera casa accedió al trono imperial (1308) y a los tronos de Bohemia (1310) y Hungría (1387). A la muerte de Segismundo (1437), la mayor parte de sus posesiones pasaron a los Habsburgo.

LUXEMBURGO (Rosa), *Zamość, cerca de Lublin, 1871-Berlín 1919*, revolucionaria alemana. Se opuso, desde el seno de la socialdemocracia alemana, al revisionismo de E. Bernstein y de Kautsky, marcando distancias respecto al bolchevismo (*Huelga de masas, partido y sindicatos*, 1906; *La acumulación del capital*, 1913). Fue asesinada durante la revuelta espartaquista.

LUXOR o **LUQSOR**, c. de Egipto, a orillas del Nilo; 147 900 hab. Turismo. — Importante museo. Templo de Amón, una de las obras maestras de la XVIII dinastía, construido por Amenofis III y ampliado por Ramses II, quien hizo erigir dos obeliscos (uno de los cuales se encuentra en la plaza de la Concordia de París desde 1836). — La ciudad moderna ocupa un sector de la antigua Tebas.

■ JAIME **LUSINCHI**

■ MARTÍN **LUTERO**, por Cranach el Viejo. (Uffizi, Florencia.)

■ ROSA **LUXEMBURGO**

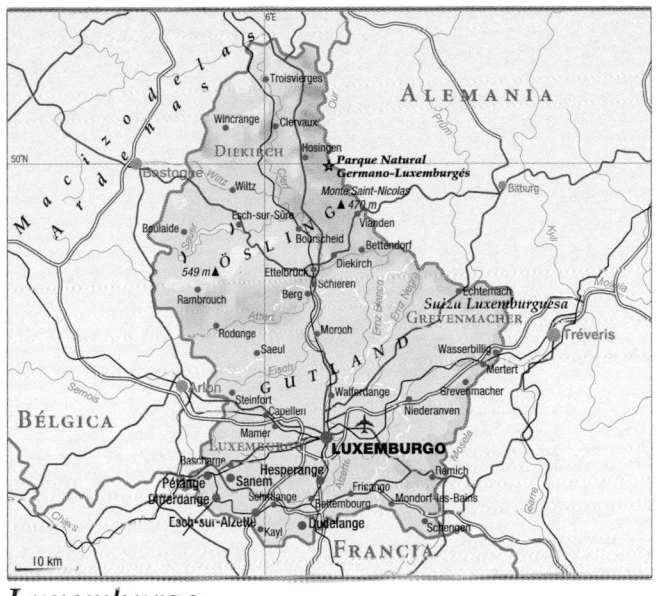

Luxemburgo

200 500 m	límite de distrito	● más de 50 000 hab.
	═══ autopista	● de 10 000 a 50 000 hab.
	── carretera	● menos de 10 000 hab.
	ferrocarril	
	✈ aeropuerto	

obra gira en torno a la pasión amorosa y ofrece un cuadro fiel del campo argentino a principios del s. XX.

LYNCH (David), *Missoula, Montana, 1946*, cineasta estadounidense. Inicialmente pintor, ha explorado todas las posibilidades del cine para revelar la profundidad y verdad de nuestros fantasmas interiores (*Eraserhead*, 1977; *El hombre elefante*, 1980; *Blue Velvet*, 1986; *Corazón salvaje*, 1990; *Twin Peaks*, 1992; *Mulholland Drive*, 2001; *Inland Empire*, 2006).

LYNCH (John, llamado Jack), *Cork 1917-Dublín 1999*, político irlandés. Líder del Fianna Fáil, fue primer ministro de 1966 a 1973 y de 1977 a 1979.

LYNCH (Marta), *Buenos Aires 1925-íd. 1985*, escritora argentina. Su narrativa combina la preocupación por la realidad política del país con temas como el paso del tiempo, la situación de la mujer y la frustración sentimental (*La alfombra roja*, 1962; *Cuentos tristes*, 1967; *La señora Ordóñez*, 1968; *No te duermas, no me dejes*, 1985).

■ BENITO **LYNCH**   ■ MARTA **LYNCH**, en 1977.

LU XUN, *Shaoxing 1881-Shanghai 1936*, escritor chino. Novelista (*Historia verídica de Ah Q*, 1921) y ensayista, se le considera el fundador de la literatura china moderna.

LUZÁN (Ignacio de), *Zaragoza 1702-Madrid 1754*, escritor español. Destacó como preceptista con su *Poética* (1737), principal de la estética neoclásica. (Real academia 1751.)

LUZHOU, c. de China (Sichuan); 360 300 hab. Industria química.

LUZI (Mario), *Castello, cerca de Florencia, 1914-Florencia 2005*, escritor italiano. Es autor de poemas (*La barca*, 1935) y de ensayos críticos.

LUZÓN, la isla más grande y más poblada de las Filipinas; 108 172 km²; 23 901 000 hab.; c. pral. *Manila*. — Centro de la conquista española del archipiélago, por su situación la isla sufrió diversos ataques (del pirata chino Li Mahong [1574], del almirante neerlandés Witter [1617] y durante la guerra de los Siete Años cayó en poder británico [1762-1763]). Tuvo un destacado papel en las luchas de la independencia filipina contra España, EUA y Japón. Fue ocupada por los japoneses de 1942 a 1944.

LUZURIAGA (Lorenzo), *Valdepeñas 1889-Tucumán 1965*, pedagogo español. Vinculado a la Institución libre de enseñanza, fundó la *Revista de pedagogía*. Desde 1938 fue profesor en universidades argentinas. Es autor de *Reforma de la educación* (1945), *La pedagogía contemporánea* (1947), *La escuela nueva pública* (1948).

■ **LUXOR.** Vista general del templo de Amón.

LUZURIAGA (Toribio), *Huaraz 1782-Pergamino 1842*, prócer de la independencia americana. A las órdenes de San Martín, fue jefe del estado mayor del ejército patriota (1812) y ministro de guerra y marina (1815). En 1820 se incorporó al ejército libertador.

LUZ Y CABALLERO (José de la), *La Habana 1800-íd. 1862*, pensador y pedagogo cubano. Director de la Sociedad patriótica (1837) y fundador del Colegio del Salvador, es autor de un *Texto de lectura graduado para ejercitar el método explicativo* (1833).

LVIV, ant. **Lvov**, en alem. **Lemberg**, c. de Ucrania, cerca de Polonia; 802 000 hab. Textil. Metalurgia. — Monumentos religiosos del s. XIII al XVIII. — Fundada en el s. XIII, la ciudad perteneció a Polonia de 1349 a 1772 y de 1920 a 1939, y a Austria de 1772 a 1920.

LWOFF (André), *Ainay-le-Château, Allier, 1902-París 1994*, médico y biólogo francés. Recibió el premio Nobel de medicina en 1965 (junto con F. Jacob y J. Monod) por sus estudios de fisiología microbiana y genética molecular.

LYALLPUR → FAISALABAD.

LYAUTEY (Louis Hubert), *Nancy 1854-Thorey, Meurthe-et-Moselle, 1934*, militar francés. Mariscal, se distinguió en Indochina, Madagascar, en la conquista de Argelia, y creó el protectorado francés de Marruecos (1912-1925).

LYELL (sir Charles), *Kinnordy, Escocia, 1797-Londres 1875*, geólogo británico. En sus *Principios de geología* (1833) expuso los inconvenientes de una interpretación literal de la Biblia, atacó el catastrofismo y fue partidario de la teoría de las causas actuales (*actualismo*).

LYLY (John), *Canterbury h. 1554-Londres 1606*, escritor inglés. El estilo preciosista de su novela *Euphues o La anatomía del ingenio* (1578) se convirtió en modelo del eufuismo.

LYNCH (Benito), *La Plata 1885-íd. 1952*, novelista argentino. Renovó el género gauchesco, con sus novelas ambientadas en la Pampa, en las que el realismo del lenguaje es uno de sus mejores hallazgos: *Los caranchos de la Florida* (1916), *El inglés de los güesos* (1924), su mayor logro, y *El romance de un gaucho* (1933). Su

Lynch (ley de), procedimiento sumario originario de Estados Unidos, que consistía en condenar y ejecutar en el acto a los criminales detenidos en flagrante delito.

LYON, c. de Francia, cap. de la región Ródano-Alpes y del dep. de Ródano, a la confluencia del Ródano y el Saona; 453 187 hab. (*lioneses*) [1 275 000 hab. aprox. en la aglomeración]. Universidad. Centro industrial. — Catedral gótica. Museos (galorromano, de bellas artes). [Patrimonio de la humanidad 1998.] — Importante colonia romana (*Lugdunum*), fue sede de concilios ecuménicos (1245, 1274). A partir del s. XVI se desarrolló la industria de la seda. Realista durante la Revolución francesa, fue duramente reprimida (1793). En 1831 y 1834 tuvieron lugar sendas insurrecciones de los obreros de la seda (*canuts*).

LYOT (Bernard), *París 1897-El Cairo 1952*, astrofísico francés. Inventor del coronógrafo (1930), que permite estudiar la corona solar con independencia de los eclipses, sus estudios contribuyeron, antes de la era espacial, al conocimiento de las superficies planetarias y de la atmósfera solar.

LYOTARD (Jean-François), *Versalles 1924-París 1998*, filósofo francés. En su análisis de la economía, procuró ir más allá de Freud y de Marx (*Economía libidinal*, 1974). Sus investigaciones se centraron también en la teoría del arte.

LYRA (Carmen), *San José 1888-México 1949*, escritora costarricense, novelista (*En una silla de ruedas*, 1918; *El Barrio Cothuejo Fisby*, 1923) y autora de populares cuentos infantiles: *Los cuentos de mi tía Panchita* (1920).

LYSSENKO (Trofim Denísovich), *Karlovka, Poltava, 1898-Moscú 1976*, biólogo y agrónomo soviético. Estudió la vernalización. Sus ideas erróneas sobre la transmisión de caracteres adquiridos fueron establecidas como teoría oficial por el estado soviético (hasta 1955).

LYSYCHANSK o LISICHANSK, c. de Ucrania; 127 000 hab. Hulla. Siderurgia.

LYTTON (Edward George Bulwer-Lytton, barón), *Londres 1803-Torquay 1873*, escritor y político británico, autor de la novela *Los últimos días de Pompeya* (1834).

M-19 (Movimiento 19 de abril), organización guerrillera colombiana, de ideología populista y bolivariana, que inició sus actividades en 1974. Tras firmar la paz en 1990, se integró como organización política en Alianza democrática y formó parte del gobierno de concentración nacional (1991-1992).

MAALOUF (Amin), *Beirut 1949*, escritor libanés en lengua francesa. Sus novelas tratan de reconciliar, en una búsqueda humanista, el Oriente musulmán y el Occidente cristiano (*La roca de Tanios*, 1993; *Las escalas de Levante*, 1996; *Orígenes*, 2004).

MA'ARRI (Abū-l-'Alā' al-), *Ma'arrat al-Nu'mān, Siria, 973-íd. 1057*, poeta árabe, célebre por la audacia de sus ideas religiosas.

MAASTRICHT, c. de Países Bajos, cap. de Limburgo, a orillas del Mosa; 117 417 hab. Iglesias de San Servais y de Nuestra Señora, que se remontan a los ss. X-XI; museo provincial. Feria europea anual de bellas artes («TEFAF Maastricht»).

Maastricht (tratado de) [7 febr. 1992], tratado firmado por los estados miembros de la CEE (que se convertiría en la CE, Comunidad europea) por el que se instituyó la Unión europea. Sus objetivos fueron el establecimiento de una Unión económica y monetaria (UEM) [creación de una moneda única], de una política exterior y de seguridad común (PESC) y de una cooperación en la justicia y los asuntos interiores. Instauró también una ciudadanía europea. Aprobado en 1991, con las cláusulas de excepción de Dinamarca y Gran Bretaña, entró en vigor el 1 nov. 1993. Fue revisado y completado por el tratado de *Amsterdam.

MAÂT, diosa egipcia de la verdad y de la justicia, que garantiza el orden del universo.

MAATHAI (Wangari), *Nyeri 1940*, política keniata. Doctora en biología, secretaria de estado de medio ambiente (2003-2005), aúna a su acción en favor del desarrollo sostenible (proyecto de reforestación en África, sobre todo) la lucha por la promoción de las mujeres. (Premio Nobel de la paz 2004.)

MAAZEL (Lorin), *Neuilly 1930*, director de orquesta estadounidense. Director de la ópera de Viena (1982-1986), de las orquestas nacional de Francia (1988-1990), de Pittsburgh (1988-1996) y de la radiodifusión bávara (1993-2002), en 2002 asumió la dirección de la orquesta filarmónica de Nueva York y en 2005 la dirección musical del palacio de las Artes de Valencia.

MABILLON (Jean), *Saint-Pierremont, 1632-París 1707*, erudito francés. Benedictino, escribió tratados sobre su orden y *De re diplomatica* (1681), que creó la ciencia de la diplomática.

MABUSE (Jan Gossaert o Gossart, llamado), *¿Maubeuge? h. 1478-Middelburg o Amberes 1532*, pintor flamenco. Introdujo en Flandes el gusto italianizante (visitó Roma en 1508) y los conceptos del renacimiento.

MACABEOS, sobrenombre (en hebr. «el martillo») dado, tras el levantamiento nacional judío de 167 a.C., a Judas, miembro de una familia de patriotas judíos, y por extensión a sus descendientes. El sacerdote Matatías desencadenó la revuelta contra la política de helenización del seléucida Antíoco IV Epífano. A su muerte (h. 166 a.C.) sus hijos tomaron el relevo: primero **Judas** (m. en 160 a.C.), que consiguió la libertad religiosa para su pueblo, y después **Jonatán** y **Simón,** ambos asesinados (en 142 y 134 a.C.), que obtuvieron el reconocimiento de la independencia nacional. Hircán I, hijo de Simon, fundó la dinastía sacerdotal de los Asmoneos. Los dos libros bíblicos llamados *libros de los Macabeos* (escritos durante el s. II y aceptados solo en el canon católico) reconstruyen el advenimiento de Antíoco IV y la rebelión de sus opositores.

MCADAM (John Loudon), *Ayr, Escocia, 1756-Moffat 1836*, ingeniero británico. Inventó el sistema de pavimentación de carreteras por medio de piedra machacada, llamado *macadam*.

MCALEESE (Mary), *Belfast 1959*, política irlandesa. Jurista, preside la república desde 1997.

MACANAZ (Melchor Rafael de), *Hellín 1670-íd. 1760*, político y escritor español. Secretario de Felipe V (1704), elaboró los decretos de Nueva planta para la Corona de Aragón (1707-1716). Regalista, huyó de la Inquisición.

MACAO, región administrativa especial de China, en la costa S; 16 km²; 452 300 hab. Puerto. Centro industrial y turístico (casinos) — Territorio portugués (1557), pasó a china en 1999. (Patrimonio de la humanidad 2005.)

MACAPÁ, c. de Brasil, cap. del estado de Amapá; 179 609 hab. Puerto.

MACARÁ, c. de Ecuador (Loja), en la frontera con Perú; 17 030 hab.

MACARÁ (Hoya del), región fisiográfica de Ecuador y Perú, avenada por el *río Macará*, fronterizo entre ambos países, que desemboca en el Pacífico.

MACARAO, parroquia foránea de Venezuela (Distrito Federal), en el área de Caracas; 47 867 hab.

MACARIO, *h. 1482-1563*, prelado ruso. Metropolitano de Moscú (1542) y consejero del zar Iván IV el Terrible, consolidó la unión de la Iglesia y el estado moscovitas.

MACARIO el Egipcio (san), *h. 301-h. 394*, ermitaño cristiano. Los escritos místicos que se le atribuyen ejercieron una gran influencia en la espiritualidad oriental.

MACARTHUR (Douglas), *Fort Little Rock 1880-Washington 1964*, militar estadounidense. Comandante en jefe en Filipinas en el momento de la invasión japonesa (1941), a continuación fue puesto a la cabeza de las tropas aliadas en el Pacífico (mando de las fuerzas del sudoeste del Pacífico en 1942 y mando general en 1945); recibió la capitulación de Japón en 1945. Más tarde dirigió las fuerzas de la ONU en Corea (1950-1951).

MACAS, c. de Ecuador, cap. de la prov. de Morona-Santiago; 15 000 hab. Cultivos tropicales.

MACAULAY (Thomas Babington), *Rothley Temple 1800-Campden Hill, Londres, 1859*, historiador y político británico. Su *Historia de Inglaterra* (1848-1861) obtuvo un enorme éxito.

MACBETH, *m. cerca de Lumphanan, Aberdeen, 1057*, rey de Escocia (1040-1057). Accedió al trono tras asesinar a Duncan I, pero fue asesinado por el hijo de este, Malcolm III. — Shakespeare (c 1605).

MCCAREY (Leo), *Los Ángeles 1898-Santa Mónica 1969*, director y productor de cine estadounidense, autor de películas cómicas y de melodramas (*Sopa de ganso*, 1933; *Nobleza obliga*, 1935; *La horrible verdad*, 1937).

MCCARTHY (Joseph), *cerca de Appleton, Wisconsin, 1908-Bethesda, Maryland, 1957*, político estadounidense. Senador republicano, dirigió una virulenta campaña anticomunista en la década de 1950 (*maccarthismo*). En 1954 fue destituido por el senado.

MCCAY (Winsor), *Spring Lake, Michigan, 1867-Sheepshead Bay, Nueva York, 1934*, dibujante y guionista de cómics estadounidense. Pionero del cómic y del cine de animación, es autor de *Little Nemo in Slumberland* (1905).

MACCIÓ (Rómulo), *Buenos Aires 1931*, pintor argentino. Adscrito al grupo Otra figuración, evolucionó hacia recursos expresionistas.

MCCLINTOCK (Barbara), *Hartford 1902-Huntington 1992*, genetista estadounidense. Sus trabajos sobre los transposones (fragmentos

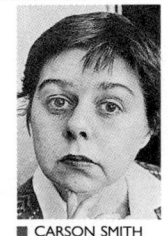

■ EL GENERAL **MACARTHUR**   ■ CARSON SMITH **MCCULLERS**

de ADN con capacidad para trasladarse de un sitio a otro de los cromosomas), cuya existencia había sugerido desde la década de 1940, le valieron el premio Nobel de fisiología y medicina en 1983.

MCCLURE (sir Robert John **Le Mesurier**), *Wexford, Irlanda, 1807-Londres 1873*, explorador británico. Descubrió el paso del Noroeste, entre el estrecho de Bering y el Atlántico (1851-1853).

MCCORMICK (Cyrus Hall), *condado de Rockebridge, Virginia, 1809-Chicago 1884*, industrial estadounidense. Creó la primera segadora fabricada en serie y fundó, en 1847, una famosa compañía de maquinaria agrícola (integrada entre 1902 y la década de 1980 en la International Harvester Company).

MCCULLERS (Carson Smith), *Columbus, Georgia, 1917-Nyack, estado de Nueva York, 1967*, novelista estadounidense. Sus novelas, marcadas por las referencias freudianas, tratan sobre la soledad del ser humano (*El corazón es un cazador solitario*, 1940; *Reflejos en un ojo dorado*, 1941; *La balada del café triste*, 1951).

MACDONALD (James Ramsay), *Lossiemouth, Escocia, 1866-en el mar 1937*, político británico. Líder del Partido laborista (1911-1914 y 1922-1937), fue partidario de un socialismo reformista. Jefe del primer gobierno laborista (1924) de Gran Bretaña, preconizó el desarme y la cooperación internacional. De nuevo en el poder en 1929, se vio obligado, debido a la crisis económica, a formar un gobierno de coalición (1931). Dimitió en 1935.

MACDONALD (sir John Alexander), *Glasgow 1815-Ottawa 1891*, político canadiense. Jefe del primer gabinete del Dominio canadiense (1867-1873), volvió al poder de 1878 a 1891. Aseguró la colonización de los Territorios del Noroeste.

MACEDONIA, en gr. **Makhedonía**, en macedonio y búlgaro **Makedonija**, región histórica de la península de los Balcanes, act. compartida entre la rep. de Macedonia, Bulgaria y Grecia (34 117 km²; 223 099 hab.; c. pral. *Tesalónica*)

HISTORIA

Ss. VII-VI a.C.: unificación de las tribus macedonias. **360-336.** Filipo II llevó el reino a su apogeo e impuso su hegemonía en Grecia. **336-323:** Alejandro Magno conquistó Egipto y Oriente. **323-276:** a su muerte, sus generales, los diadocos, se disputaron Macedonia. **276-168:** los Antigónidas reinaron en el país. **168:** la victoria romana de Pidna puso fin a la independencia macedonia. **148 a.C.:** se convirtió en provincia romana. **S. IV d.C.:** fue anexionada al Imperio romano de Oriente. **S. VII:** los eslavos ocuparon la región. **Ss. IX-XIV:** bizantinos, búlgaros y serbios lucharon por la posesión del país. **1371-1912:** Macedonia pasó a formar parte del Imperio otomano. **1912-1913:** la primera guerra balcánica la liberó de los turcos. **1913:** Serbia, Grecia y Bulgaria se enfrentaron por la división de Macedonia en el transcurso de la segunda guerra balcánica. **1915-1918:** la región fue escenario de una campaña dirigida por los Aliados contra las fuerzas austro-germano-búlgaras. **1945:** la república federada de Macedonia se integró en Yugoslavia. **1991:** se declaró independiente.

MACEDONIA, en macedonio **Makedonija**, estado de la Europa balcánica al N de Grecia; 25 700 km²; 2 180 000 hab. *(macedonios)*. CAP. *Skopje*. LENGUAS: *macedonio* y (en algunas regiones) *albanés*. MONEDA: *dinar*.

GEOGRAFÍA

El territorio es en gran parte montañoso, aunque existen algunas cuencas y valles (como el del Vardar), y alterna la ganadería, la agricultura (que en ocasiones se beneficia del regadío) y de un clima localmente mediterráneo) y la minería (plomo, cinc). En Skopje se concentra un 20 % de la población, compuesta por una notable minoría de origen albanés (cerca de un 25 % del total de la población), en la zona O. El país padece las consecuencias de su condición de enclave estratégico.

HISTORIA

La parte de la Macedonia histórica atribuida en 1913 a Serbia fue ocupada durante la pri-

Macedonia

—— autopista
—— carretera
—— ferrocarril
★ lugar de interés turístico

● más de 400 000 hab.
● de 50 000 a 400 000 hab.
● de 30 000 a 60 000 hab.
● menos de 30 000 hab.

mera y la segunda guerras mundiales por Bulgaria. **1945:** se erigió en república federada de Yugoslavia. **1991:** proclamó su independencia (presidida de 1991 a 1999 por Kiro Kligorov). Pero el reconocimiento de la nueva república por la comunidad internacional se reveló difícil por efecto de la oposición de Grecia a la constitución de un estado independiente que llevara el nombre de Macedonia. **1993:** fue admitida en la ONU bajo el nombre de antigua república yugoslava de Macedonia. Grecia le impuso un bloqueo económico (1994-1995) antes de llegar a un compromiso (fundamentalmente sobre la cuestión de la bandera nacional). **1999:** Macedonia, presidida por Boris Trajkovski, tuvo que hacer frente al flujo de refugiados albaneses de Kosovo, lo que trastocó el frágil equilibrio existente entre la mayoría eslava (ortodoxa) y la minoría albanesa (musulmana). **2001:** tras una crisis muy grave (acciones violentas de grupos armados albaneses en el norte del país), una revisión constitucional concedió los derechos de la comunidad albanesa. **2004:** Macedonia presentó una solicitud de ingreso en la Unión europea. Branko Crvenkovski accedió a la presidencia de la república. **2009:** Gjorge Ivanov lo sucedió.

MACEDONIA (dinastía), familia que, de 867 a 1057, dio a Bizancio ocho emperadores y dos emperatrices.

■ ANTONIO (sentado) Y MANUEL **MACHADO**

MACEIÓ, c. de Brasil, cap. del estado de Alagoas, junto al Atlántico; 628 209 hab. Puerto. — Museos.

MACENTYRE (Eduardo), *Buenos Aires 1929*, pintor y dibujante argentino. Su obra, inscrita en el arte óptico, destaca por su pureza lineal.

MACEO (Antonio), *Santiago de Cuba 1845-Punta Brava 1896*, patriota cubano. Luchó por la independencia desde el grito de Yara (1868), no aceptó la paz de Zanjón (1878) y participó en la guerra Chiquita (1879). En 1895 Martí le confió el mando de la guerrilla de la provincia de Santiago. Murió en combate.

MACERATA, c. de Italia (Marcas), cap. de prov.; 43 437 hab. Monumentos de los ss. XVI-XIX.

MACH (Ernst), *Chirlitz-Turas, Moravia, 1838-Haar, cerca de Munich, 1916*, físico austriaco. Puso de manifiesto la importancia de la velocidad del sonido en aerodinámica y su estudio crítico de los principios de la mecánica newtoniana influyó en los trabajos de Einstein.

MÁCHA (Karel Hynek), *Praga 1810-Litomerice 1836*, escritor checo. Su poema romántico *Mayo* (1836) inauguró la literatura checa moderna.

MACHADO (Antonio), *Sevilla 1875-Colliure, Francia, 1939*, poeta español. En las revistas del modernismo publicó sus primeros poemas, de tono melancólico y musical, que recopiló en *Soledades*. En *Campos de Castilla* asoma ya la preocupación nacional, y un tono filosófico y crítico que se acentúa en *Poesías completas* (1917) y *Nuevas canciones* (1924), donde intensificó el tono sentencioso y popular. De 1924 a 1936 publicó la serie de poemas *De un cancionero apócrifo*, con la invención de sus heterónimos Abel Martín y *Juan de Mairena, y las canciones a Guiomar. También escribió con su hermano Manuel obras de teatro: *Julianillo Valcárcel*, 1926; *Juan de Mañara*, 1927; *Las adelfas*, 1928; *La Lola se va a los puertos*, 1929; *La duquesa de Benamejí*, 1930. En 1936 publicó su gran libro en prosa: *Juan de Mairena*. (Real academia 1927.)

MACHADO (Gerardo), *Santa Clara 1871-Miami 1939*, político cubano. Luchó al lado de Máximo Gómez desde 1895. Presidente en 1925, la crisis económica y su dureza contra los movimientos de oposición provocaron su caída tras la huelga general de 1931.

MACHADO (Manuel), *Sevilla 1874-Madrid 1947*, poeta español. Representante del modernismo (*Alma*, 1900; *Caprichos*, 1905), en

1487

Alma, museo y cantares (1907) y *El mal poema* (1909) su tono coloquial expresa una peculiar abulia entre andaluza y decadentista, mientras que en *Cante hondo* (1912) recrea coplas populares andaluzas. Tras *Ars moriendi* (1921), escribió teatro con su hermano Antonio y versos de signo nacionalista y religioso. También publicó libros de crítica y una novela. (Real academia 1938.)

MACHADO DE ASSIS (Joaquim Maria), *Río de Janeiro 1839-íd. 1908*, escritor brasileño. Poeta parnasiano, es conocido sobre todo por sus novelas realistas e irónicas (*Dom Casmurro*, 1900; *Memorial de Buenos Aires*, 1908).

■ JOAQUIM MARIA **MACHADO DE ASSIS**   ■ FRANCESC **MACIÀ**

MACHALA, c. de Ecuador, cap. de prov., cerca del golfo de Guayaquil; 144 197 hab. Centro agropecuario y comercial.

MACHALÍ, c. de Chile (Libertador General Bernardo O'Higgins), a orillas del Cachapoal; 24 054 hab. Minas de cobre en El *Teniente.

MACHAQUITO (Rafael González Madrid, llamado), *Córdoba 1880-íd. 1955*, matador de toros español. Recibió la alternativa en 1900. Formó pareja con *Bombita*. Se distinguió con las banderillas y el estoque.

MACHAUT o **MACHAULT** (Guillaume de), *Machault, cerca de Reims, h. 1300-Reims 1377*, poeta y compositor francés, uno de los creadores de la escuela polifónica francesa (*Misa de Notre-Dame*).

MACHEL (Samora Moises), *Madragoa 1933-en accidente de aviación 1986*, político mozambiqueño. Fue presidente de la república de 1975 a 1986.

MACHICHACO (cabo), en vasc. **Matxitxako**, cerca de España, en la costa cantábrica (Vizcaya). Faro.

MACHIDA, c. de Japón (Honshū), al SO de Tōkyō; 349 050 hab.

MACHÍN (Antonio), *Sagua la Grande 1901-Madrid 1977*, cantante cubano. Emigró a EUA en 1930, donde puso de moda la rumba, y en 1935 a Europa. Residió en España desde 1939. Destacan sus interpretaciones de *Angelitos negros*, *El manisero* y *Lamento esclavo*.

MACHIQUES DE PERIJÁ, mun. de Venezuela (Zulia), en la cuenca del lago Maracaibo; 76 902 hab.

MACHO (Victorio), *Palencia 1887-Toledo 1966*, escultor español. Sus monumentos y retratos

se caracterizan por su maciza estructuración y su serenidad expresiva.

MACHUCA (Pedro), *Toledo h. 1485-Granada 1550*, pintor y arquitecto español. Trabajó desde 1520 en Granada, donde realizó el palacio de Carlos Quinto en la Alhambra, obra maestra de la arquitectura manierista española. Como pintor introdujo en España el manierismo rafaelesco (*El descendimiento de la cruz*, 1547, Prado).

MACHU PICCHU, ant. ciudad de los incas (valle del Urubamba, Cuzco), a 2 350 m de alt., desconocida por los españoles y descubierta en 1911 por H. Bingham. Totalmente rodeada de murallas, contiene 148 edificios construidos con grandes bloques de piedra. No se conoce su función exacta (ciudadela defensiva, albergue de las vírgenes dedicadas al Inti o ciudad). El conjunto arqueológico y su entorno fueron declarados patrimonio de la humanidad en 1983.

MACIÀ (Francesc), *Vilanova i la Geltrú 1859-Barcelona 1933*, político español. Fundador de Estat català (1922) y de Esquerra republicana de Catalunya (1931), en 1926 lideró un intento de insurrección armada contra la dictadura de Primo de Rivera. Fue el primer presidente de la Generalidad de Cataluña (1931-1933).

MACÍAS el Enamorado, poeta español del s. xv, nacido quizá en Padrón. Protagonista de una popular leyenda amorosa de trágico final, recreada por Juan de Mena, Lope de Vega y Larra, sus composiciones amorosas, en gallego y en castellano, se conservan en los cancioneros.

MACÍAS NGUEMA (Francisco), *Nsegayong 1922-Malabo 1979*, político ecuatoguineano. Presidente de la república (1968-1979), ejerció una política dictatorial antes de ser depuesto y ejecutado (1979).

MACÍAS PICAVEA (Ricardo), *Santoña 1847-Valladolid 1899*, escritor español. Portavoz del regeneracionismo, su ensayo *El problema español* (1891) influyó en la generación del 98. Abordó también el tema de la educación y cultivó la novela (*Tierra de Campos*, 1888, de interés costumbrista).

MACINA, región de Malí, atravesada por el Níger y explotada por la Comisión del río Níger (cultivos de arroz y algodón). A inicios del s. xix Cheikhou Amadou estableció un imperio peul teocrático, conquistado en 1862 por El-Hadj Omar.

MACKENSEN (August von), *Haus-Leipnitz, cerca de Wittenberg, 1849-Burghorn, Celle, 1945*, militar alemán. Conquistó Polonia (1915) y Rumania (1916), pero fue derrotado por los franceses en Macedonia (1918).

MACKENZIE, r. de Canadá, que nace en las montañas Rocosas con el nombre de *Athabasca* y desemboca en el océano Ártico; 4 600 km. Atraviesa el Gran Lago del Esclavo.

MACKENZIE (William Lyon), *cerca de Dundee, Escocia, 1795-Toronto 1861*, político canadiense. Dirigió la rebelión de 1837 en el Alto Canadá (act. Ontario).

MACKENZIE KING (William Lyon), *Berlín, act. Kitchener, Ontario, 1874-Kingsmere, cerca de Ottawa, 1950*, político canadiense. Líder del Partido liberal y primer ministro (1921-1930 y

1935-1948), reforzó la autonomía de Canadá respecto a Gran Bretaña.

MACKINDER (Halford John), *Gainsborough, Lincolnshire, 1861-Parkstone, Dorset, 1947*, geógrafo y geopolítico británico. Contrapuso las fuerzas que controlan los mares y su periferia (*rimland*) a aquellas que controlan el corazón de los continentes (*heartland*).

MCKINLEY (monte), punto culminante de América del Norte (Alaska); 6 194 m.

MCKINLEY (William), *Niles, Ohio, 1843-Buffalo, estado de Nueva York, 1901*, político estadounidense. Presidente republicano de EUA (1897-1901), llevó a cabo una política imperialista (Cuba, Hawai). Reelegido en 1900, fue asesinado por un anarquista.

MACKINTOSH (Charles Rennie), *Glasgow 1868-Londres 1928*, arquitecto y decorador británico. Encabezó, en la época del modernismo europeo, la original escuela de Glasgow.

■ CHARLES RENNIE **MACKINTOSH**. Proyecto de casa particular (1901), dibujo a plumilla (escuela de Glasgow).

MCLAREN (Norman), *Stirling 1914-Montreal 1987*, director de cine animado canadiense de origen británico. Perfeccionó una técnica de dibujos animados que consiste en dibujar directamente sobre la película.

MACLAURIN (Colin), *Kilmodan 1698-Edimburgo 1746*, matemático escocés. Su *Tratado de las fluxiones* (1742) fue la primera exposición sistemática de los métodos de Newton. Contiene la serie que lleva su nombre.

MACLEOD (John), *cerca de Dunkeld, Escocia, 1876-Aberdeen 1935*, médico británico, descubridor de la insulina. (Premio Nobel 1923.)

MCLUHAN (Herbert Marshall), *Edmonton 1911-Toronto 1980*, sociólogo canadiense. Desde su punto de vista, los medios de comunicación audiovisual modernos (televisión, radio, etc.) cuestionan la supremacía de la escritura (*La galaxia Gutemberg*, 1962; *Comprender los medios de comunicación*, 1964).

MAC-MAHON (Edme Patrice, conde de), duque de Magenta, *Sully 1808-castillo de La Forêt 1893*, mariscal y político francés. Formó el ejército de Versalles y aplastó la Comuna de París. Presidente de la república (1873-1879), intentó en vano restablecer la monarquía.

MCMILLAN (Edwin Mattison), *Redondo Beach, California, 1907-El Cerrito, California, 1991*, físico estadounidense. Tras haber obtenido el neptunio y aislar el plutonio (1941), descubrió el principio del sicrociclotrón. (Premio Nobel de química 1951.)

MACMILLAN (Harold), *Londres 1894-Birch*

■ PEDRO **MACHUCA**. Fachada meridional del palacio de Carlos Quinto (Granada).

■ **MACHU PICCHU**

Grove 1986, político británico. Diputado conservador (1924) y canciller del Exchequer (1955-1957), fue primer ministro y líder de su partido de 1957 a 1963.

MACMILLAN (sir Kenneth), *Dunfermline, Escocia, 1929-Londres 1992,* bailarín y coreógrafo británico. Durante muchos años director del Royal Ballet, se impuso con obras neoclásicas (*Romeo y Julieta,* 1965; *Manon,* 1974).

MACON, c. de Estados Unidos (Georgia); 106 612 hab.

MACORÍS, cabo de la costa N de la República Dominicana (Puerto Plata).

MAC ORLAN (Pierre **Dumarchey,** llamado Pierre), *Péronne 1882-Saint-Cyr-sur-Morin 1970,* escritor francés. Bohemio y cosmopolita, ofreció en sus narraciones (*El muelle de las brumas,* 1927; *La bandera,* 1931; *El ancla de la misericordia,* 1940) una visión insólita y casi épica de la aventura cotidiana o exótica.

MACPHERSON (James) → **OSSIÁN.**

MACRINO, en lat. **Marcus Opellius Macrinus,** *Cesarea, act. Cherchell, 164-Calcedonia 218,* emperador romano (217-218). Asesino y sucesor de Caracalla, fue a su vez asesinado por orden de Heliogábalo.

MACROBIO, en lat. **Ambrosius Theodosius Macrobius,** *h. 400,* escritor latino. Es autor de un comentario sobre el *Sueño de Escipión,* de Cicerón, y de *Las saturnales,* compilación de conocimientos de la época.

MACUIRA (parque nacional de **La**), parque de Columbia (La Guajira), en el mun. de Uribia.

MACUL, c. de Chile (Santiago), en la aglomeración de Santiago; 123 535 hab.

MACUSPANA, mun. de México (Tabasco); 84 287 hab. Café, cacao. Bosques. Yacimientos de petróleo.

MADÁCH (Imre), *Alsósztregova 1823-Balassagyarmat 1864,* escritor húngaro, autor del poema dramático *La tragedia del hombre* (1861).

MADAGASCAR, en malgache **Madagasikara,** estado insular de África, en el océano Índico; 587 000 km²; 16 400 000 hab. *(malgaches).* CAP. *Antananarivo.* LENGUAS: *malgache, francés e inglés.* MONEDAS: *ariary malgache.*

GEOGRAFÍA

La isla está formada, en el centro, por mesetas graníticas, coronadas por macizos volcánicos, con clima atemperado por la altitud, que descienden bruscamente al E sobre una estrecha llanura litoral, cálida, húmeda y boscosa. El O está ocupado por mesetas y colinas sedimentarias, de clima más seco, en las que predominan bosques claros, sabana y maleza.

La mandioca y el arroz, junto a la ganadería bovina, constituyen las bases de la alimentación. Las plantaciones de café y, sobre todo, el clavo, la vainilla y la caña de azúcar representan la base de las exportaciones, complementadas por los productos del subsuelo (grafito, mica, cromo, piedras preciosas) y de la pesca. Pero la balanza comercial permanece deficitaria y la tasa de desempleo es importante.

HISTORIA

Los orígenes. Ss. XIV-XVII: a partir del s. XIV comerciantes árabes se instalaron en la costa, poblada por una mezcla de africanos de raza negra y de polinesios; los europeos (primero portugueses, a partir de 1500, con Diogo Dias) no consiguieron establecer colonias duraderas. Fort-Dauphin, fundado por los franceses en 1643, fue abandonado en 1674. Las costas fueron frecuentadas por piratas. Paralelamente, a partir de 1400 emergieron diversos reinos (Betsileo, Sakalava). **S.** XVIII: uno de ellos, el Imerina (cap. Antananarivo), se extendió por casi la totalidad de la isla, gracias sobre todo a las conquistas de Andrianampoinimerina (1787-1810). **1817:** su soberano, Radama I (1810-1828), recibió de Gran Bretaña el título de rey de Madagascar. **1828-1861:** Ranavalona I cerró las escuelas y expulsó a los europeos. **1865-1895:** el poder real estuvo en manos de Rainilaiarivony, esposo de tres reinas sucesivas, quien modernizó el país y se convirtió al protestantismo, pero tuvo que aceptar el protectorado francés (1885). **1895-1896:** la expedición de Duchesne acabó en la deposición de la última reina, Ranavalona III, y en la anexión de la isla por Francia, que abolió la esclavitud. **1896-1905:** el gobernador Gallieni pacificó el territorio y exilió a la reina.

La independencia. 1946: Madagascar se convirtió en territorio francés de ultramar. **1947-1948:** una violenta rebelión fue duramente reprimida. **1960:** la República Malgache, proclamada en 1958, obtuvo la independencia. **1972:** a causa de importantes revueltas, el presidente Tsiranana (en el poder desde 1958) dimitió. **1975:** D. Ratsiraka fue elegido presidente de la República democrática de Madagascar (reelegido en 1982 y 1989). A fines de la década de 1980, después de haber reconocido el fracaso de una experiencia socialista de más de diez años, adoptó la vía de un liberalismo moderado. **1991:** creció la oposición y se multiplicaron las revueltas. Se proclamó el estado de excepción. Se creo un gobierno de transición, encargado de democratizar las instituciones. **1993:** tras ser aprobada, por referéndum, una nueva constitución (1992), el principal candidato opositor, Albert Zafy, fue elegido presidente de la república. **1997:** D. Ratsiraka, ganador de las elecciones presidenciales (dic. 1996), se convirtió de nuevo en jefe de estado. **2001-2002:** la polémica sobre los resultados de la primera vuelta de las elecciones presidenciales, que enfrentaron (dic. 2001) a D. Ratsiraka y Marc Ravalomanana (hombre de negocios y popular alcalde de Antananarivo), sumió en la anarquía al país. La crisis concluyó con la investidura de M. Ravalomanana —que se había autoproclamado presidente de la república en febr.— como jefe del estado (mayo 2002) y el exilio de D. Ratsiraka (julio). **2006:** M. Ravalomanana fue ampliamente reelegido. **Inicios 2009:** el país vivió graves disturbios entre los partidarios de Ravalomanana y los del líder opositor Andry Rajoleina, que desembocaron en un golpe cívico-militar y el acceso al poder de Rajoleina.

Madame Bovary, novela de G. Flaubert (1857). El romanticismo estereotipado de Emma Bovary choca con la mediocridad de su vida y la de los hombres que la rodean, lo que la lleva al suicidio — J. Renoir (1934) y C. Chabrol (1991) han llevado la novela al cine.

MADARIAGA (Salvador de), *La Coruña 1886-Locarno, Suiza, 1978,* escritor, ingeniero y político español. Ministro de instrucción pública y de justicia (1934), al estallar la guerra civil marchó a Gran Bretaña. Fue presidente de la Internacional liberal. Destacan sus ensayos (*Guía del lector del Quijote,* 1926; *España, ensayo de historia contemporánea,* 1931) y sus biografías de Colón, Cortés y Bolívar. (Real academia 1936.)

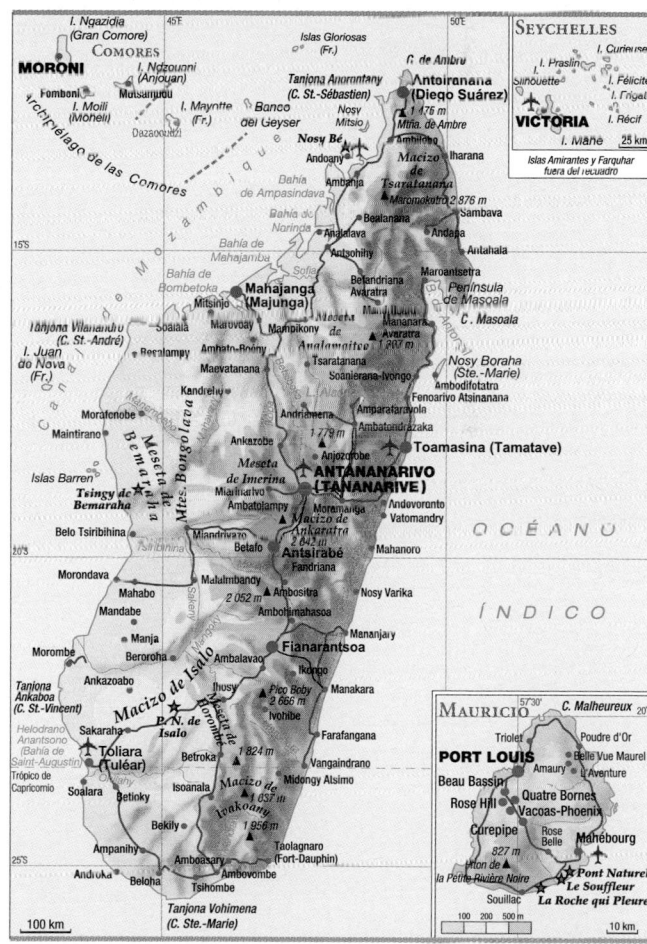

Madagascar-Comores-Mauricio-Seychelles

★ lugar de interés turístico

— carretera

— ferrocarril

✈ aeropuerto

● más de 1 000 000 hab.
● de 100 000 a 1 000 000 hab.
● de 50 000 a 100 000 hab.
● menos de 50 000 hab.

1489

MADDEN (lago de), embalse de Panamá, sobre el río Chagres, que abastece el canal de Panamá.

MADEIRA, archipiélago portugués del Atlántico, al N de las islas Canarias; 794 km²; 263 606 hab.; cap. *Funchal.* Es también el nombre de la isla principal (740 km²), montañosa pero de clima suave. Viñedos. Turismo.

MADEIRA, r. de América del Sur (Bolivia y Brasil); afl. del Amazonas (or. der.); 3 350 km.

MADERA, mun. de México (Chihuahua); 34 614 hab. Cereales, ganadería. Bosques. Aserraderos.

MADERNA (Bruno), *Venecia 1920-Darmstadt 1973,* compositor y director de orquesta italiano, representante del movimiento serial y postserial (*Hyperion,* 1964; *Satyricon,* 1973).

MADERNO (Carlo), *Capolago, Ticino, 1556-Roma 1629,* arquitecto italiano de origen suizo. Sobrino de D. Fontana y precursor del barroco romano, acabó la basílica de San Pedro (prolongación de la nave y fachada, h. 1610).

MADERO, mun. de México (Michoacán), en la depresión del Balsas; 15 758 hab. Agricultura.

MADERO (Francisco Indalecio), *Parras, Coahuila, 1873-México 1913,* político mexicano. Terrateniente contrario a Porfirio Díaz, fue candidato a presidencial en 1910, pero tuvo que exiliarse. En 1911 lideró las fuerzas que forzaron la renuncia de P. Díaz y fue elegido presidente (nov.). Fue depuesto y asesinado por orden de V. Huerta tras la *Decena trágica (febr. 1913).

MADERUELO, v. de España (Segovia); 163 hab. Capilla románica de la Vera Cruz (s. XII); sus pinturas murales se hallan en el Prado.

MADHYA PRADESH, estado de la India; 308 300 km²; 66 135 862 hab.; cap. *Bhopál.*

Madí, movimiento artístico fundado en 1946 por los pintores argentinos G. Kosice y C. Arden Quin. Pioneros en el uso de marcos irregulares, reivindicó una poética individualista abierta a la fantasía y el humor.

MADINAT AL-FAYYÜM o **AL-FAYYÜM,** c. de Egipto, en el Fayum; 212 523 hab.

MADISON, c. de Estados Unidos, cap. de Wisconsin; 191 262 hab. Universidad.

MADISON (James), *Port Conway, Virginia, 1751-íd. 1836,* político estadounidense. Uno de los creadores del Partido republicano, fue presidente de EUA (1809-1817).

MADONNA (Louise Veronica Ciccone, llamada), *Bay City, Detroit, 1958,* cantante estadounidense. Revelada con *Like a Virgin* (1984), es una estrella internacional que combina en su personaje glamour y erotismo. También ha hecho carrera en el cine (*Buscando a Susan desesperadamente, Dick Tracy, Evita*).

MADONNA DI CAMPIGLIO, estación de deportes de invierno (alt. 1 520-2 520 m) de Italia (Trentino-Alto Adigio).

MADOZ (Pascual), *Pamplona 1806-Génova 1870,* político y editor español. Diputado del Partido progresista (1836-1856), fue ministro de hacienda (en.-junio 1855) y presentó el proyecto de desamortización civil y eclesiástica. Jurista y pionero de la estadística en España, dirigió la edición del *Diccionario geográfico, estadístico e histórico de España y sus posesiones de Ultramar* (16 vols., 1845-1850).

MADRÁS, MADRAS o **CHENNAI,** c. de la India, cap. de Tamil Nadu, en la costa de Coromandel; 5 361 468 hab. Puerto. Industria textil (*madrás*) y química. — Monumentos antiguos. Importante museo.

MADRAZO, familia de pintores españoles, de los ss. XIX-XX. — **José M.,** *Santander 1781-Madrid 1859.* Pintor de historia, tuvo una formación neoclásica. — **Federico M.,** *Roma 1815-Madrid 1894,* hijo de José. Formado con Ingres y Overbeck, cultivó un romanticismo académico (*La condesa de Vilches,* 1853, Prado).

MADRE (laguna), albufera del golfo de México, entre México (Tamaulipas) y EUA (Texas), a ambos lados del delta del río Bravo; 350 km². (Reserva de la biosfera 2006.)

MADRE CENTROAMERICANA (sierra) o **ANDES CENTROAMERICANOS,** sistema montañoso de América Central, paralelo a la costa del Pacífico, que se extiende desde el istmo de Tehuantepec (México), al N, hasta la

barranca del Atrato (Colombia), al S. Comprende la sierra *Madre de Chiapas, el *Eje volcánico guatemalteco-salvadoreño y el nicaragüense-costarricense-panameño; 4 220 m en el volcán Tajumulco (Guatemala).

Madre Coraje y sus hijos, obra de teatro de B. Brecht (1939, estrenada en 1941), crónica de la guerra de los Treinta años, inspirada en Grimmelshausen. Una cantinera se obstina en vivir de la guerra que ha asesinado a sus hijos.

MADRE DE CHIAPAS (sierra), sierra del S de México, desde el río Ostuta hasta Guatemala; 4 092 m en el volcán de Tacaná.

MADRE DE DIOS, archipiélago deshabitado del S de Chile (Magallanes y Antártica Chilena). Las islas principales son *Madre de Dios* y Duque de York. Explotación forestal.

MADRE DE DIOS, r. de la cuenca amazónica; 1 100 km. Nace en la sierra de Carabaya (Perú), forma frontera entre Perú y Bolivia, y desemboca en el Beni.

MADRE DE DIOS (departamento de), dep. del E de Perú; 85 183 km²; 109 555 hab.; cap. *Puerto Maldonado.*

MADRE DE OAXACA (sierra), sierra de México, que se extiende casi toda por el estado de Oaxaca; 3 396 m en el Zempoaltepetl.

MADRE DEL SUR o **MADRE MERIDIONAL** (sierra), sistema montañoso del S de México, que bordea el Pacífico a lo largo de 1 200 km, desde la depresión del Balsas hasta el istmo de Tehuantepec; 3 703 m en el Teotepec.

MADRE OCCIDENTAL (sierra), sistema montañoso de México, prolongación de las Rocosas. Se extiende 1 250 km sobre la fachada pacífica (150 km de anchura media), entre la cuenca del Yaqui, al N, y el sistema Lerma-Santiago, al S; alt. máx., 3 150 m. Es el sistema montañoso más abrupto y escarpado del país.

MADRE ORIENTAL (sierra), sierra de México, que se extiende desde la región del Big Bend (Texas, EUA) hasta la cordillera Neovolcánica; 1 350 km de long. y 150 km de anchura media; 3 664 m en Peña Nevada.

Madres de Plaza de Mayo, organización argentina creada por madres de desaparecidos durante la dictadura militar de 1976-1983.

MADRID, mun. de Colombia (Cundinamarca); 27 047 hab. Cereales y papas. Vacunos.

MADRID, cap. de España y de la comunidad autónoma de Madrid, en Castilla, a orillas del Manzanares; cab. de p. j.; 2 882 860 hab. (*madrileños* o *matritenses*). A las funciones comerciales, administrativas y económicas de orden terciario inherentes a la capitalidad, ha añadido una notable infraestructura industrial (transformados metálicos, química, electrónica, artes gráficas). — Entre los museos destacan: el *Prado, museo *Thyssen-Bornemisza, museo nacional centro de arte *Reina Sofía; arqueológico nacional; Lázaro Galdiano; municipal (en el antiguo Hospicio, obra churrigueresca de P. Ribera); Casa encendida. Feria anual de arte contemporáneo (*Arco). — Fortaleza musulmana reconquistada por Alfonso VI (1083), la ciudad, que se sumó al movimiento de los comuneros, cobró importancia cuando Felipe II instaló en ella la corte (1561); a la época de los Austrias pertenecen las plazas de la Villa (ayuntamiento) y Mayor, más las iglesias de San Isidro y de San Jerónimo el Real. En la época borbónica, en especial con Carlos III, experimentó notables mejoras urbanísticas (palacio real o de Oriente, paseo del Prado con las fuentes de Cibeles y Neptuno, puertas de Alcalá y de Toledo, convento de las descalzas reales, iglesia de San Francisco el Grande y ermita de San Antonio de la Florida, decorada por Goya). La población desplegó un relevante protagonismo en los motines de Esquilache (1766) y Aranjuez (1809) y en los sucesos de mayo de 1808 contra los franceses. El s. XIX y el primer tercio del XX aportaron un gran desarrollo (barrio de Salamanca, parque del Retiro, proyecto de Ciudad lineal de Arturo Soria, ciudad universitaria). Durante la guerra civil (1936-1939) fue tenazmente defendida por las fuerzas republicanas. En 1964 se constituyó el área metropolitana, que se extiende a 22 municipios más. Una reorganización urbanística se acometió desde la década de 1980, con notables edificaciones modernas. El 11 *marzo

■ **MADRID.** Plaza Mayor.

2004, la ciudad sufrió unos cruentos atentados en la línea férrea de Alcalá de Henares a la estación de Atocha.

MADRID (Comunidad de), comunidad autónoma uniprovincial de España; 7 995 km²; 6 008 183 hab.; cap. *Madrid.*

GEOGRAFÍA

Se extiende desde el sistema Central (sierras de Guadarrama, Somosierra y Gredos), al N, hasta el valle del Tajo, al S. La población se concentra en la capital y núcleos vecinos, asiento de una pujante industria (transformados metálicos, mecánica de precisión, química, electrónica). Los núcleos rurales son de economía agropecuaria y zonas residenciales.

HISTORIA

Vetones y carpetanos fueron los pobladores prerromanos. Los romanos fundaron Complutum (Alcalá de Henares) y los árabes la fortaleza de Mayrit. **1083-1085:** conquista de Alfonso VI de Castilla y León. **1498:** inauguración de la universidad de Alcalá. **1520:** participación en la guerra de las Comunidades. **1561:** Felipe II instaló en Madrid la capital y la corte del reino. **S. XIX:** creación de la provincia de Madrid, cuyos límites fueron fijados en 1833. **1936-1939:** fue uno de los principales escenarios de la guerra civil. **1983:** aprobación del estatuto de autonomía.

MADRID (Miguel de la), *Colima 1934,* político mexicano. Miembro del PRI, fue presidente de 1982 a 1988. Renegoció la deuda externa y aplicó una política de austeridad. Participó en los trabajos del grupo de *Contadora.

Madrid (acuerdo tripartito de) [1975], pacto entre España, Marruecos y Mauritania por el que España cedía la administración del Sahara Occidental.

Madrid (batalla de) [nov. 1936-marzo 1937], batalla de la guerra civil española. El intento del ejército nacionalista, dirigido por el general Varela, de conquistar la capital fracasó ante la defensa republicana organizada por el general Miaja.

Madrid (conferencia de) [oct. 1991], negociaciones de paz para Oriente medio entre Israel y el mundo árabe, inducidas por la ONU.

Madrid (tratado de) [1526], acuerdo firmado tras la batalla de Pavía, por el que Francisco I de Francia se comprometía a ceder Borgoña y sus derechos sobre los ducados de Milán y Génova a Carlos Quinto. — tratado de **Madrid** (1621), acuerdo entre España y Francia, por el que Felipe IV aceptaba devolver la Valtelina a los grisones. — tratado de **Madrid** (1721), alianza entre España, Francia y Gran Bretaña, firmada tras el ingreso de España en la Cuádruple alianza (1717).

MADRIGAL (Alonso de), llamado **el Tostado,** *Madrigal de la Sierra, Ávila, 1400-Bonilla de la Sierra, Ávila, 1455,* escritor, teólogo y eclesiástico español. Obispo de Ávila (1454) y representante del primer humanismo castellano, fue un fecundo escritor en latín y en castellano, además de profesor en Salamanca (*Cuestiones sobre la filosofía moral y natural*). Fue acusado por la Inquisición y absuelto por Eugenio IV.

MADRIGAL DE LAS ALTAS TORRES, v. de España (Ávila); 1 985 hab. (*madrigaleños*). Recinto amurallado (s. XIII); ayuntamiento (s. XV). — Fue sede de las cortes castellanas en el s. XV. Cuna de Isabel la Católica.

MADRIZ (departamento de), dep. del N de Nicaragua; 2 199 km²; 75 525 hab.; cap. *Somoto.*

MADRUGA, mun. de Cuba (La Habana); 28 788 hab. Caña de azúcar. Aguas termales.

MADURA, isla de Indonesia, al N de Java; 5 290 km².

MADURAI, ant. **Madura,** c. de la India (Tamil Nadu); 1 093 702 hab. Universidad. — Vasto conjunto brahmánico (ss. X-XVII), del que destaca el templo Mīnāksī (s. XVII), con numerosas murallas y gopuras monumentales.

MADURO (Ricardo), *Panamá 1946,* político hondureño. Miembro del conservador Partido nacional, fue presidente de la república (2002-2006).

MAEBASHI, c. de Japón (Honshū); 286 261 hab. Industria textil.

MAELLA (Mariano Salvador), *Valencia 1739-Madrid 1819,* pintor español. Sus obras, de gran rigor técnico y fundamentales en el dibujo, siguen un neoclasicismo en la línea de Mengs, con quien colaboró (serie de *Las estaciones*).

MAELSTRÖM o **MALSTRØM,** canal del mar de Noruega, cerca de las islas Lofoten. Se producen rápidas corrientes que provocan torbellinos.

MAESTRA (sierra), alineamiento montañoso del extremo S de Cuba (Granma y Santiago de Cuba), junto a la costa caribe; 1 974 m en el pico Real de Turquino. — En ella se inició (1956) la guerrilla contra la dictadura de Batista.

MAESTRAZGO, en cat. **Maestrat,** región de España (Castellón) que comprende dos comarcas: el *Alto Maestrazgo,* al NO, es un territorio abrupto y quebrado; con capital en Albocàsser; el *Bajo Maestrazgo,* junto al litoral, con capital en Vinaroz, es llano, con amplios regadíos, pesca y turismo.

MAESTRO (Matías), *Vitoria 1766-Lima 1835,* arquitecto, pintor y escultor español. Como arquitecto introdujo el estilo neoclásico en Perú (altares de diversas iglesias limeñas). Pintó los retratos de arzobispos de la catedral de Lima.

MAETERLINCK (Maurice), *Gante 1862-Niza 1949,* escritor belga en lengua francesa. Unió simbolismo y misticismo en sus dramas (*Pelleas y Melisanda,* 1892; *Monna Vanna,* 1902; *El pájaro azul,* 1908) y ensayos (*La vida de las abejas,* 1901). [Premio Nobel 1911.]

MAEZTU (Ramiro de), *Vitoria 1874-Madrid 1936,* escritor español. Su libro *Hacia otra España* (1899) es representativo de la generación del 98. La crisis del humanismo (1919) marcó su giro hacia un nacionalismo católico, que le llevó a fundar Acción española y a publicar *Defensa de la hispanidad* (1934). [Real academia 1934.]

Mafalda, personaje de cómic, creado por Quino (1962). Aparecido por vez primera en el periódico bonaerense *Primera plana* (29 sept. 1964), constituye una sarcástica crítica de la sociedad actual a través de las reflexiones de una niña aparentemente adulta.

Mafia, organización criminal siciliana. Surgida durante la primera mitad del s. XIX en defensa de los intereses de los grandes terratenientes, en el s. XX se orientó hacia el control de diversas actividades ilícitas (entre ellas el narcotráfico), en relación con la rama estadounidense de la organización (*Cosa nostra*).

MAGADÁN, c. de Rusia, a orillas del mar de Ojotsk; 152 000 hab.

MAGALLANES [comuna de Chile] → PUNTA ARENAS.

MAGALLANES (estrecho de), estrecho de América del Sur, que separa el continente de la isla Grande de Tierra del Fuego y comunica los océanos Atlántico y Pacífico. Su anchura varía entre 3 y 30 km. — Fue descubierto por Fernando de Magallanes en 1520.

MAGALLANES (Fernando de), en port. Fernão de Magalhães, *Sabrosa, Trás-os-Montes, 1480-Mactán, Filipinas, 1521,* navegante portugués. Financiado por Carlos Quinto su proyecto de llegar a las Molucas (act. Indonesia) por el O, rodeando el continente americano, lo llevó a atravesar en 1520 el estrecho que lleva su nombre. Muerto en Filipinas a manos de los indígenas, Juan Sebastián Elcano tomó su relevo y llegó a las Molucas en nov. 1521. Solo una de las cinco naves de su expedición regresó a España (1522), habiendo realizado de este modo la primera vuelta al mundo.

MAGALLANES (Nubes de), pequeñas galaxias irregulares visibles a simple vista en el cielo austral, descubiertas por Magallanes en

■ FRANCISCO I. MADERO

■ FERNANDO DE MAGALLANES.
(Museo marítimo, Sevilla.)

1519. La Gran Nube de Magallanes, situada entre las constelaciones de La Dorada y La Mesa, dista 170 000 años luz aprox. de la Tierra; la Pequeña Nube de Magallanes, en la constelación de Tucán, se encuentra a 200 000 años luz.

MAGALLANES MOURE (Manuel), *Santiago 1878-La Serena 1924,* poeta chileno. Epígono del modernismo (*Facetas,* 1901; *La jornada,* 1910), escribió también teatro y relatos.

MAGALLANES Y DE LA ANTÁRTICA CHILENA (región de), región de Chile, 1 382 033 km²; 143 058 hab.; cap. *Punta Arenas.*

MAGANGUÉ, mun. de Colombia (Bolívar); 87 446 hab. Puerto fluvial en el Magdalena.

MAGAÑA ESQUIVEL (Antonio), *Mérida 1908-íd. 1987,* escritor mexicano. Novelista (*La tierra enrojecida,* 1951) y dramaturgo (*Semilla del aire,* 1956), desarrolló una gran labor como ensayista (*Imagen del teatro,* 1940; *Teatro mexicano del siglo XX,* 1969).

MAGARIÑOS CERVANTES (Alejandro), *Montevideo 1825-íd. 1893,* escritor uruguayo. Dentro del romanticismo, fue poeta (*Celiar,* 1852) y autor de la novela indianista *Caramurú* (1848).

MAGDALENA, bahía de México, junto a la costa E de la península de Baja California, limitada por las islas *Santa Magdalena* y Santa Margarita.

MAGDALENA, r. de Colombia, el más importante del país, que nace en la cordillera Central de los Andes y desemboca en el Caribe, en forma de delta; 1 550 km, sus principales afluentes son el Cauca y el San Jorge (or. izq.) y el Carare y el Sogamoso (or. der.). Es navegable hasta el puerto de Honda (a 1 000 km de la desembocadura), desde donde una vía férrea comunica con Bogotá y una carretera con Manizales.

MAGDALENA, partido de Argentina (Buenos Aires); 22 416 hab. Ganadería e industrias derivadas.

MAGDALENA, mun. de México (Sonora), 17 992 hab. Minas de manganeso, plata y cobre.

MAGDALENA (departamento del), dep. del N de Colombia; 22 901 km²; 769 141 hab.; cap. *Santa Marta.*

MAGDALENA (península de La), prominencia de la costa cantábrica española, al NE del núcleo urbano de Santander. El *palacio de La Magdalena* (1908-1912) es sede de la universidad internacional Menéndez Pelayo.

MAGDALENA (santa) → MARÍA MAGDALENA.

MAGDALENA CONTRERAS (La), delegación de México (Distrito Federal); 173 105 hab. En la aglomeración de la capital.

MAGDALENA DEL MAR o **MAGDALENA NUEVA,** c. de Perú (Lima), en la costa; 55 237 hab. Centro veraniego de Lima.

MAGDALENO (Mauricio), *Villa del Refugio 1906-México 1986,* escritor mexicano. Fundador del Teatro de Ahora, es autor de obras teatrales (*Pánuco 137, Emiliano Zapata, Trópico,* 1933), novelas sobre la revolución (*El resplandor,* 1937), guiones cinematográficos (*María Candelaria*) y ensayos.

MAGDEBURGO, en alem. **Magdeburg,** c. de Alemania, cap. de Sajonia-Anhalt, junto al Elba; 271 416 hab. Puerto fluvial. Metalurgia. — Antigua abadía románica; catedral gótica de los ss. XIII-XIV. Museo de historia de la civilización. — Sede de un arzobispado desde 968, fue una de las principales ciudades hanseáticas. En 1648 fue atribuida a Brandeburgo.

Magenta (batalla de) [4 junio 1859], batalla de la campaña de Italia. Victoria de los franceses de Mac-Mahon sobre los austriacos en Magenta (Lombardía).

Maginot (línea), sistema de fortificaciones construido de 1927 a 1936 en la frontera francesa del NE, a iniciativa del ministro de guerra André **Maginot** (París 1877-íd. 1932).

MAGNA o **MAINA,** región de Grecia, en el S del Peloponeso.

MAGNA GRECIA, nombre dado a las tierras del S de Italia y de Sicilia colonizadas por los griegos a partir del s. VIII a.C.

MAGNANI (Anna), *Alejandría, Egipto, 1908-Roma 1973,* actriz de cine italiana. Dramática e histriónica, fue una de las grandes trágicas italianas: *Roma, ciudad abierta* (R. Rossellini, 1945), *Bellissima* (L. Visconti, 1951), *La carroza de oro* (J. Renoir, 1953).

MAGNASCO (Alessandro), *Génova 1667-íd. 1749,* pintor italiano. Influido por S. Rosa y J. Callot, pintó, en ambientes sombríos y con una pincelada caprichosa y brillante, grupos de monjes, de bohemios, etc., que constituyen una visión fantástica y macabra.

MAGNELLI (Alberto), *Florencia 1888-Meudon 1971,* pintor italiano. Establecido en Francia en 1931, trabajó con un estilo muy depurado rayano en la abstracción.

MAGNESIA DEL MEANDRO, ant. c. griega de Jonia. Fue importante en la época helenística y romana. — Restos en Berlín y en París (Louvre).

MAGNESIA DEL SÍPILO, c. de Lidia, en la que los romanos derrotaron a Antíoco III en 189 a.C. Es la act. *Manisa,* en Turquía.

MAGNITOGORSK, c. de Rusia, al pie de los Urales meridionales; 444 500 hab. Yacimientos de hierro. Siderurgia.

MAGNUS, nombre de varios reyes de Suecia, Dinamarca y Noruega del s. XI al XIV. — **Magnus VII Eriksson,** *1316-1374,* rey de Noruega (1319-1355) y de Suecia (1319-1363). Fue el artífice de la unión de la península escandinava.

MAGOG → GOG.

MAGÓN › GONZÁLEZ ZELEDÓN.

MAGREB o **MÓGREB,** en ár **Marhrib** o **Maghrib** («poniente»), conjunto de países del NO de África. Marruecos, Argelia y Túnez. El *Gran Magreb* comprende además Libia y Mauritania. En 1989, los países del Magreb crearon una unión económica, la Unión del Magreb árabe (UMA).

MAGRIS (Claudio), *Trieste 1939,* escritor italiano. Germanista, traductor, autor versátil, sus ensayos y novelas se centran en la definición de la «identidad de fronteras», característica del multiculturalismo de su ciudad natal y del entorno centroeuropeo (*El Danubio,* 1986; *Conjeturas sobre un sable,* 1992; *Microcosmos,* 1997; *A ciegas,* 2006). [Premio Príncipe de Asturias 2004.]

MAGRITTE (René), *Lessines 1898-Bruselas 1967,* pintor belga. Ejecutadas con una técnica figurativa impersonal, las obras de este autor surrealista son extraños collages visuales, enigmas poéticos que inciden en las múltiples relaciones entre las imágenes, la realidad, los conceptos y el lenguaje.

MAGUNCIA, en alem. **Mainz,** c. de Alemania, cap. de Renania-Palatinado, en la or. izq. del Rin; 185 487 hab. Catedral románica (ss. XII-XIII), tumbas, obras de arte y otros monumentos. Museos románico-germánico, del Rin me-

■ RENÉ **MAGRITTE.** Los amantes (1928).
[Col. Richard S. Zeiler, Nueva York.]

dio y Gutenberg (historia mundial de la imprenta).

MAHĀBALIPURAM, sitio arqueológico de la India, junto al golfo de Bengala. Es uno de los centros arquitectónicos más importantes del arte de los Pallava con sus templos brahmánicos, la mayoría excavados, asociados a esculturas monolíticas y relieves parietales. El templo de la Orilla (s. VIII) es el primer templo indio construido. (Patrimonio de la humanidad 1984.)

Mahābhārata, epopeya sánscrita de más de 200 000 versos, agrupados en 18 cantos, que se remonta a la época védica. Narra las guerras entre los Kaurava y los Pāṇḍava, contiene el *Bhagavad-Gita,* el texto religioso indio más importante.

MAHAJANGA, ant. **Majunga,** c. del NO de Madagascar; 127 967 hab. Puerto.

MAḤALLA AL-KUBRÀ, c. de Egipto, en el delta del Nilo; 359 000 hab. Centro textil.

MAHAN (Alfred Thoyer), *West Point 1840-Quogue, estado de Nueva York, 1914,* almirante estadounidense. Sus teorías marcaron la evolución de la doctrina de la marina estadounidense, y contribuyó a convertirla en una potencia.

MAHĀRĀSHTRA, estado de la India, en el O del Decán; 308 000 km²; 78 706 719 hab.; cap. *Bombay.*

MAHATES, mun. de Colombia (Bolívar), en el delta del Magdalena; 18 931 hab. Cultivos tropicales.

MAHĀVĪRA o **JINA** o **VARDHAMANA,** *s. VI a.C.,* profeta, uno de los presuntos fundadores del jainismo.

MAHDĪ (Muhammad Ahmad **ibn 'Abd Allāh,** llamado **al-**), *cerca de Jartūm 1844-Omdurman 1885,* mahdí sudanés. Después de proclamarse mahdí (1881), declaró la guerra santa a los británicos y se apoderó de Jartūm (1885).

MAHÉ, isla de las Seychelles.

MAHÉ, c. del S de la India, en la costa de Malabār; 33 425 hab.

MAḤFŪẒ (Nadjīb), *El Cairo 1911-íd. 2006,* novelista egipcio. Sus obras evocan su ciudad natal (*El palacio del deseo,* 1957; *El ladrón y los perros,* 1961; *Hijos de nuestro barrio,* 1967). [Premio Nobel 1988.]

MAHLER (Gustav), *Kalischt, Bohemia, 1860-Viena 1911,* compositor y director de orquesta austriaco. Desarrolló una larga carrera como director de orquesta y compuso, en un estilo de una expresividad exacerbada, llevada hasta los límites del sistema tonal, diversos lieder (*Kindertotenlieder; La canción de la tierra*) y diez sinfonías de lirismo posromántico.

MAHMUD I, *Edirne 1696-Ístanbul 1754,* sultán otomano (1730-1754). — **Mahmud II,** *Ístanbul 1784-íd. 1839,* sultán otomano (1808-1839). Mandó asesinar a los jenízaros (1826), tuvo que hacer frente a la revolución griega (1821-1830) y, atacado por Mehmet Ali, fue socorrido por Nicolás I (1833).

MAḤMŪD de Gazni, *971-1030,* soberano de la dinastía Gaznawí (999-1030). Investido por el califa de Bagdad, emprendió 17 expediciones a la India y reinó en la mayor parte de Irán, Afganistán y el Panjāb.

MAHOMA, en ár. **Muḥammad,** *La Meca h. 570-571* o *580-Medina 632,* profeta del islam. Nacido en el seno de una familia dedicada al comercio de caravanas, se casó con la rica viuda Jadīya y, tras la muerte de esta, tuvo otras esposas. Al término de una evolución religiosa, se sintió llamado a ser el profeta de una renovación espiritual y social. Según la tradición musulmana, Mahoma tuvo una visión del arcángel Gabriel (h. 610), quien le encargó una misión divina. Bajo el dictado del ángel, que le transmitía la palabra divina por revelaciones, comenzó a predicar la fe en un único Dios (*Alá*) —el de Adán y de Abraham—, una fraternidad que supera las diferencias étnicas y sociales, y la inminencia del día del juicio final. Su mensaje (recogido en el Corán) captó adeptos pero desencadenó la hostilidad de los dirigentes de La Meca, lo cual obligó a Mahoma y a sus fieles a buscar refugio en Medina (622). Esta huida (*hégira*) marcó el inicio de la era musulmana. Maestro espiritual para los suyos, y, según el Corán, profeta para toda la humanidad, Mahoma también se convirtió en un jefe de estado: en diez años estableció los fundamentos políticos y jurídicos de la sociedad islámica, que sustituyeron las antiguas costumbres de Arabia y tomaron en cuenta las religiones presentes en el Próximo oriente. Antes de su muerte, Arabia estaba islamizada, bien por la guerra, bien por la diplomacia y las alianzas matrimoniales.

MAHÓN, en cat. **Maó,** c. de España (Baleares), cap. de Menorca y cab. de p. j.; 23 189 hab. (*mahoneses*). Puerto y base naval, en un excelente fondeadero natural. Industrias (quesos, calzado, bisutería). Turismo. — Edificios militares, civiles e iglesias de los ss. XVII-XVIII. Fortaleza de Isabel II (s. XIX). Museos provincial (series arqueológicas) y Hernández Mora (artes decorativas, cartografía y pintura del s. XVIII). — Fue cap. de Menorca entre 1722 y 1802 por iniciativa del gobernador británico Kane.

MAIAKOVSKI (Vladímir Vladímirovich), *Bagdadi, act. Maiakovski, Georgia, 1893-Moscú 1930,* poeta soviético. Tras haber participado en el movimiento futurista (*La nube con pantalón,* 1915), ensalzó la revolución rusa de 1917 (*150 000 000,* 1920; *Octubre,* 1927), aunque en su teatro satirizó el nuevo régimen (*La chinche,* 1929; *El baño,* 1930). Se suicidó.

MAIANO (Giuliano da), *Maiano, cerca de Fiesole, 1432-Nápoles 1490,* arquitecto y escultor italiano. Seguidor de Brunelleschi y de Michelozzo, contribuyó a la difusión de los principios de la nueva arquitectura florentina (catedral de Faenza, a partir de 1474). — **Benedetto da M.,** *Maiano 1442-Florencia 1497,* escultor y arquitecto italiano. Hermano de Giuliano, colaboró con él en la iglesia de Loreto e inició el palacio Strozzi en Florencia. Escultor en mármol, cercano a A. Rossellino, es también autor de bustos, del altar de santa Fina en la catedral de San Giminiano, del púlpito de la Santa Croce (Florencia) y otras obras.

MAICAO, mun. de Colombia (La Guajira), en el valle del Paraguachón; 53 855 hab. Cereales.

Maidanek → **Majdanek.**

MAIDSTONE, c. de Gran Bretaña (Inglaterra), cap. del condado de Kent; 72 000 hab. Iglesia de estilo gótico perpendicular.

MAIDUGURI, c. del NE de Nigeria; 289 100 hab.

MAIKOP, c. de Rusia, cap. de la república de Adiguei, en el Cáucaso; 152 500 hab. Centro de una brillante civilización desde el III milenio a.C.

MAILER (Norman Kingsley), *Long Branch, Nueva Jersey, 1932-Nueva York 2007,* escritor y periodista estadounidense. Sus novelas (*Los desnudos y los muertos,* 1948; *Un sueño americano,* 1965; *Los tipos duros no bailan,* 1984 [de la que realizó la adaptación cinematográfica, 1987]) y sus ensayos analizan con un humor feroz la «neurosis social» de América.

MAILLOL (Aristide), *Banyuls-sur-Mer 1861-íd. 1944,* pintor y escultor francés. Su obra esculpida se basa casi por entero en el estudio del cuerpo femenino, con formas amplias, rítmicas y simplificadas que evocan el arte antiguo mediterráneo.

MAIMÓNIDES (Moše **ibn Maymón,** llamado), *Córdoba 1138-al-Fustat, 1204,* filósofo, teólogo y médico hispanojudío. Fue un gran conocedor de la cultura árabe y a través de ella de la filosofía griega, en particular de Aristóteles. En su *Guía de perplejos* (1190), escrita en árabe, concilia fe y razón y propone la filosofía como base racional de la teología. Su pensamiento influyó en la escolástica cristiana, en especial en san Alberto Magno y santo Tomás de Aquino. Es autor asimismo de una extensa obra médica y de *Repetición de la ley* (1180), la mejor codificación jurídica del *Talmud.*

MAIN, r. de Alemania, afl. del Rin (or. der.), desemboca en Maguncia; 524 km. Pasa por Bayreuth y Frankfurt. Comunicado con el Danubio por un canal, tiene un importante tráfico fluvial.

MAINA → **MAGNA.**

MAINAKE, supuesta colonia griega del S de la península Ibérica. Se la identifica con la act. *Vélez-Málaga.*

MAINE, estado de Estados Unidos (Nueva Inglaterra); 1 227 928 hab.; cap. *Augusta.*

MAINE, región del O de Francia, dividida entre los departamentos de Sarthe y Mayenne.

MAINE (sir Henry James Sumnier), *Kelso 1822-Cannes 1888,* jurista y sociólogo británico. A él se debe la distinción de tres tipos de soberanía (tribal, universal y territorial) así como la distinción entre lazos de suelo y lazos de sangre (*Ancient Law,* 1871).

Maine, crucero acorazado estadounidense cuya explosión y hundimiento en La Habana (febr. 1898) dio pie a EUA para declarar la guerra a España.

MAINE-ET-LOIRE, dep. de Francia (Pays de la Loire); 7 166 km²; 732 942 hab.; cap. *Angers.*

Mainichi Shimbun, periódico japonés, fundado en 1871, el más antiguo del país.

MAINLAND, nombre de las principales islas

■ **MAIMÓNIDES.** Ilustración de una edición hebrea (1348) de su *Guía de perplejos.* (Biblioteca real, Copenhague.)

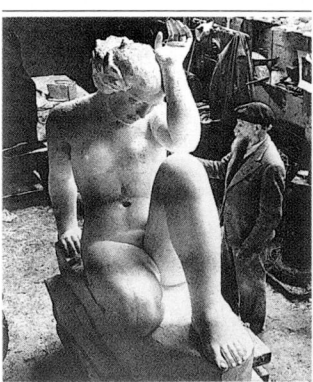

■ **MAILLOL** fotografiado por Brassaï en su taller, con el modelo de yeso de *La montaña* (h. 1937).

■ GUSTAV **MAHLER**   ■ **MAIAKOVSKI**

de las Shetland y de las Orcadas (Gran Bretaña).

MAINO (Juan Bautista), *Pastrana 1578-Madrid 1649*, pintor español. Su obra tiene claras influencias de A. Carracci, G. Reni y Caravaggio (retablo de las cuatro Pascuas de San Pedro Mártir de Toledo). Apreciado en la corte, se interesó por los valores tonales y el dibujo (*La rendición de Bahía de Todos los Santos*, 1635, Prado).

MAINTENON (Françoise d'Aubigné, marquesa de), *Niort 1635-Saint-Cyr 1719*, dama francesa. De educación calvinista, se convirtió al catolicismo. Viuda del poeta Scarron, casó con Luis XIV (1683), sobre el que influyó.

MAINZ, nombre alem. de *Maguncia.

MAIPO, r. de Chile (Santiago), que nace al pie del *volcán Maipo* (5 323 m de alt.) en el límite argentino-chileno y desemboca en el Pacífico; 250 km. Afl.: Yeso, Colorado y Mapocho (que pasa por Santiago). Aprovechamiento hidroeléctrico y para el riego.

Maipo o **Maipú** (batalla de) [5 abril 1818], victoria de las tropas de San Martín sobre las españolas de Mariano Osorio, que aseguró la independencia de Chile.

MAIPÚ, dep. de Argentina (Chaco); 24 981 hab.; cab. *Tres Isletas*. Cultivos de oleaginosas.

MAIPÚ, dep. de Argentina (Mendoza), en el Gran Mendoza; 125 406 hab. Vitivinicultura.

MAIPÚ, c. de Chile, en el área metropolitana de Santiago; 257 426 hab. Industria ligera. Cemento. Oleoducto.

MAIQUETÍA, c. de Venezuela; 62 834 hab. Aeropuerto de Caracas.

MAIRE (estrecho de Le), estrecho del extremo S de Argentina, que separa la isla Grande de Tierra del Fuego de la isla de los Estados. — Fue descubierto en 1615 por el neerlandés Jakob Le Maire (1585 1616).

MAIRENA (Antonio Cruz García, llamado Antonio), *Mairena del Alcor 1909-Sevilla 1983*, intérprete de cante flamenco español. Autor, con R. Molina, de *Mundo y formas del cante flamenco* (1963) recuperó estilos olvidados y destacó en seguiriyas, tientos y soleás.

MAIRENA DEL ALCOR, v. de España (Sevilla); 16 610 hab. Comarca agrícola.

MAIRENA DEL ALJARAFE, v. de España (Sevilla), en la aglomeración de Sevilla; 33 914 hab. (*maireneros*).

MAITENA (Maitena Burundarena, llamada), *Buenos Aires 1962*, dibujante de humor argentina. Ha colaborado con *La nación*, *El país* y en otras publicaciones de Europa y de América, con series de viñetas dedicadas a mujeres, recopiladas en álbumes (*Mujeres alteradas*; *Superadas*; *Curvas peligrosas*).

MAITÍN (José Antonio), *Caracas 1814-íd. 1874*, poeta venezolano. Representante del romanticismo en su país, publicó *Obras poéticas* (1851), que incluye el *Canto fúnebre* a la muerte de su esposa; destacan también *Las orillas del río* y sus leyendas poéticas (*El sereno*).

MAÍZ, r. de Nicaragua, que desemboca en el Caribe; 595 km.

MAÍZ (islas del), en ingl. **Corn Islands**, islas de Nicaragua, en el Caribe; 12 km²; 2 651 hab. Comprende las islas *Mangle Grande* (o *Great Corn*) y *Mangle Chico* (o *Little Corn*). Turismo. — Arrendadas a EUA en 1926 por el tratado Bryan-Chamorro, fueron devueltas en 1971.

MAJACHKALÁ, c. de Rusia, cap. de la república de Daguestán, a orillas del mar Caspio; 339 000 hab.

■ NORMAN **MAILER**

■ **MAKARIOS III**

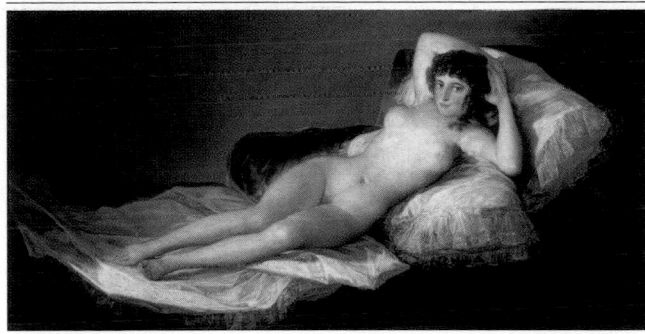
■ LA **MAJA DESNUDA**. (Goya; museo del Prado, Madrid.)

MAJADAHONDA, mun. de España (Madrid), cab. de p. j.; 45 819 hab. Centro residencial. Industrias.

MAJAGUAL, mun. de Colombia (Sucre); 22 553 hab. Plátanos, arroz; ganadería. Textiles.

Majaguas (Las), embalse de Venezuela, alimentado por dos canales que provienen de los ríos Cojedes y Sarare.

MAJANO (Adolfo Arnaldo), *n. en 1938*, militar y político salvadoreño. En 1979 dirigió el golpe que puso fin a la dictadura militar. Reformista fue apartado del poder (dic. 1980) al darse un giro a la derecha auspiciado por EUA.

majas (Las), pareja de cuadros de Goya, *La maja desnuda* (0,91 × 1,91 m) y *La maja vestida* (0,95 × 1,88 m), ambos en el Prado, realizados entre 1795 y 1805, supuestos retratos de la duquesa de Alba.

Majdanek o **Maidanek**, campo de concentración y de exterminio alemán (1941-1944), cercano a Lublin (Polonia), en el que murieron 50 000 judíos.

MAJENCIO, en lat. **Marcus Aurelius Valerius Maxentius**, *h. 280-en el puente Milvio 312*, emperador romano (306-312). Hijo de Maximiano, fue derrotado por Constantino en el puente Milvio (312), donde murió.

MAJOR (John), *Merton 1943*, político británico. Canciller del Exchequer (1989-1990), estuvo al frente del Partido conservador y fue primer ministro de 1990 a 1997.

MAKAL (Mahmut), *Demirci 1930*, escritor turco. Sus novelas evocan la vida campesina de Anatolia (*Nuestra aldea*, 1960).

MAKALU, pico del Himalaya central, en la frontera entre China y Nepal; 8 515 m.

MAKÁRENKO (Antón Semiónovich), *Bielopolie, Ucrania, 1888-Moscú 1939*, pedagogo soviético. Defendió el trabajo colectivo para formar al hombre nuevo según el ideal comunista.

MAKARIOS III, *Anó Panakiá 1913-Nicosia 1977*, prelado y político chipriota. Arzobispo y etnarca de la comunidad griega de Chipre (1950), se convirtió en defensor de la Enosis (unión con Grecia) y, posteriormente, en paladín de la independencia de la isla Fue presidente de la República de Chipre (1960-1977).

MAKÁROVA (Natalia), *Leningrado 1940*, bailarina y coreógrafa estadounidense de origen ruso. Emigró a Occidente en 1970, donde además de continuar interpretando el repertorio romántico también trabajó con coreógrafos contemporáneos (*Other Dances*, J. Robbins, 1976; *Mephisto Valse*, M. Béjart, 1979).

MAKASAR → UJUNG PANDANG.

MAKÉIEVKA, c. de Ucrania, en el Donbass; 430 000 hab. Metalurgia.

MALABAR (costa de), región litoral del SO del Decán (India).

MALABO, ant. **Santa Isabel**, cap. de Guinea Ecuatorial, en la isla de Bioco; 37 000 hab.

MALACA, colonia púnica de la península Ibérica (s. v a.C.). Es la act. *Málaga*.

MALACA, **MALAKA** o **MELAKA**, c. de Malaysia, cap. del *estado de Malaca*, a orillas del *estrecho de Malaca*; 88 000 hab. Puerto. (Patrimonio de la humanidad 2008.)

MALACA (península de) o **PENÍNSULA MALAYA**, península del S de Indochina, entre el mar de China meridional y el océano Índico, unida al continente por el istmo de Kra y separada de Sumatra por el *estrecho de Malaca*.

MALACATÁN, mun. de Guatemala (San Marcos); 27 427 hab. Café, textiles, destilerías.

MALADETA (macizo de la), macizo del Pirineo central español (Huesca y Lérida), entre los ríos Ésera y Noguera Ribagorzana; 3 404 m en el Aneto y 3 308 en el *pico de la Maladeta*. Glaciarismo (pico de Enmedio, 3 350 m)

MÁLAGA, mun. de Colombia (Santander); 16 290 hab. Minas de plomo. Destilerías.

MÁLAGA, c. de España, cap. de la prov. homónima y cab. de p. j.; 531 565 hab. (*malagueños* o *malacitanos*). Situada junto al Mediterráneo, es un activo puerto mercantil y pesquero. Industria alimentaria, siderúrgica, textil y química. Turismo. Universidad. - Alcazaba (s. XI, actual museo), con doble muralla, unida al castillo de Gibralfaro. Catedral (s. XVI), palacio episcopal. Museos (arqueología de cerámica, de bellas artes, Picasso). - Fue colonia comercial fenicia, púnica (*Málaca*) y romana. Puerto principal del reino nazarí de Granada.

MÁLAGA (hoya de), comarca de España, en la costa mediterránea andaluza, recorrida por el Guadalhorce y el Guadalmedina. Agricultura. Turismo.

MÁLAGA (provincia de), prov. de España, en Andalucía; 7 276 km²; 1 278 851 hab.; cap. *Málaga*. El sistema Penibético abarca dos tercios de la provincia. El resto corresponde a la franja litoral (Costa del Sol), baja y arenosa. Cultivos de secano en las sierras (cereales, olivo, almendro) y de regadío en la costa. Cítricos, hortalizas, cultivos tropicales. Industrias (alimentaria, textil, química). Turismo.

MALAMBO, mun. de Colombia (Atlántico), 52 584 hab. Agricultura y ganadería (vacunos).

MALAMUD (Bernard), *Nueva York 1914-íd. 1986*, escritor estadounidense. Sus novelas (*El dependiente*, 1957; *El barril mágico*, 1958; *El hombre de Kíev*, 1966) lo convierten en uno de los autores judíos estadounidenses más originales.

MALANG, c. de Indonesia (Java), al pie del volcán Semeru; 650 300 hab.

MALAPARTE (Kurt Suckert, llamado Curzio), *Prato 1898-Roma 1957*, escritor italiano. Sus novelas conforman un vigoroso y cínico retablo de la guerra y de la vida moderna (*Kaputt*, 1944; *La piel*, 1949).

MALAQUÍAS (san), *Armagh h. 1094-Claraval 1148*, religioso irlandés. Primado de Irlanda y reformador del clero, la *Profecía sobre los papas* que se le atribuye es un apócrifo del s. XVI.

Malaquías (libro de), libro profético del Antiguo testamento, de autor anónimo (460 a.C.). Denuncia las negligencias que sufría el culto de Yahvé.

MÄLAREN (lago), lago de Suecia, en cuya desembocadura se sitúa Estocolmo; 1 140 km².

MALARET (Augusto), *Sabana Grande 1878-1967*, lexicógrafo y jurista puertorriqueño, autor de obras jurídicas y sobre lexicografía hispanoamericana (*Diccionario de americanismos*, 1925).

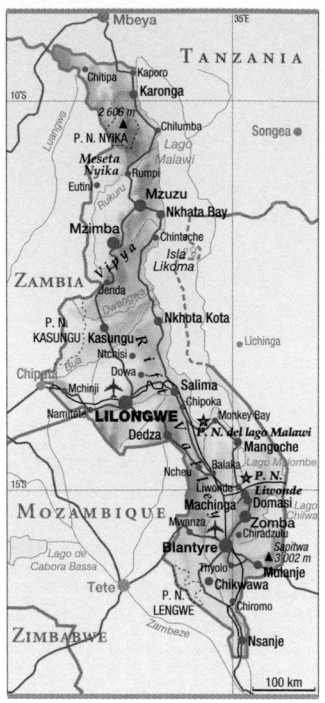

Malawi

✈ aeropuerto

★ lugar de interés turístico

— carretera

● más de 200 000 hab.

— ferrocarril

● de 40 000 a 200 000 hab.

800 1 000 1 500 m

● de 10 000 a 40 000 hab.

● menos de 10 000 hab.

MALARGÜE, dep. de Argentina (Mendoza); 21 951 hab. Minas y planta de uranio.

MALASIA → MALAYSIA.

MALASPINA (Alejandro), *Palermo 1754-Pontremoli, Toscana, 1809,* marino español de origen italiano. Dirigió la expedición de 1789-1794 por el Río de la Plata, y desde Tierra del Fuego a Alaska, Filipinas y Oceanía. La petición de reformas en América incluida en su informe le costó la cárcel (1796-1803).

MALATESTA, familia de condotieros italianos, originaria de Rímini, que controló del s. XII al s. XIV, además de esta ciudad, una gran parte de la marca de Ancona y de la Romaña.

MALATYA, c. de Turquía, cerca del Éufrates; 281 776 hab. En *Eski Malatya,* gran mezquita del s. XIII. No lejos de allí, en Arslân Tepe, restos hititas (relieves en Istanbul y en el Louvre).

Malaysia-Brunei

— carretera

● m· s de 1 000 000 hab.

— ferrocarril

● de 100 000 a 1 000 000 hab.

✈ aeropuerto

● de 50 000 a 100 000 hab.

200 500 1 000 m

● menos de 50 000 hab.

MALAWI, ant. **Nyasalandia,** estado de África oriental; 118 000 km²; 11 370 000 hab. *(malawianos).* CAP. *Lilongwe.* C. PRAL. *Blantyre.* LENGUAS: *inglés* (oficial) y *chichewa* (nacional). MONEDA: *kwacha.*

GEOGRAFÍA

Es un país de altas mesetas, casi únicamente agrícola, en donde el maíz constituye la base de la alimentación. El azúcar, el té y sobre todo el tabaco aseguran lo esencial de las exportaciones, siempre inferiores a las importaciones.

HISTORIA

El país estaba ocupado por bantúes que eran objeto, desde 1840, de los negreros de Zanzíbar. **1859:** Livingstone descubrió el lago Malawi. **1889:** los británicos constituyeron el protectorado del África central británica. **1907:** adoptó el nombre de Nyasalandia. **1953:** Gran Bretaña federó Nyasalandia y Rhodesia. El Congreso nacional africano de Nyasalandia, dirigido por H. Kamuzu Banda, reclamó la independencia. **1962:** Nyasalandia abandonó la federación. **1964:** accedió a la independencia con el nombre de Malawi. **1966:** se proclamó la república, dirigida por H. Kamuzu Banda (presidente vitalicio desde 1971), quien instauró un sistema de partido único y mantuvo estrechas relaciones con Sudáfrica. **1993:** Banda, presionado por la oposición interna, organizó un referédum sobre la introducción del multipartidismo, que fue aprobado. La presidencia vitalicia fue abolida. **1994:** E. Baliki Muluzi, cabeza de la oposición, se convirtió en presidente tras las primeras elecciones pluralistas (reelegido en 1999). **2004:** Bingu wa Mutharika fue elegido presidente.

MALAWI (lago), ant. **lago Nyasa,** lago de África oriental, fronterizo entre Malawi, Mozambique y Tanzania; 30 800 km². Parque nacional (patrimonio de la humanidad 1984).

MALAYSIA, estado federal del Sureste asiático; 330 000 km²; 20 580 000 hab. *(malayos).* CAPS. *Kuala Lumpur* (cap. constitucional) y *Putrajaya* (sede del gobierno). LENGUA: *malayo.* MONEDA: *ringgit (dólar de Malaysia).*

GEOGRAFÍA

El país está formado por una parte continental *(Malaysia Occidental o peninsular)* y por otra insular *(Malaysia Oriental,* que está formada a su vez por dos regiones de Borneo, Sabah y Sarawak). El estado, de clima tropical, es un importante productor de caucho natural. El subsuelo alberga aún bauxita, estaño y sobre todo petróleo. La industria (siderúrgica, química, construcciones eléctricas, electrónica) ha tenido un desarrollo espectacular. El arroz es la base de la alimentación de una población islamizada en su mayoría y concentrada en Malaysia Occidental, donde conviven importantes minorías indias y sobre todo chinas.

HISTORIA

La península de Malaca recibió muy temprano la influencia de la India. El islam penetró a inicios del s. XV. **1511:** los portugueses se apoderaron de Malaca. **1641:** los neerlandeses expulsaron a los portugueses. **1795:** ocupación británica. **1819:** fundación de Singapur. **1830:** Malaca, Penang y Singapur se agruparon para formar el Establecimiento de los

Estrechos, constituido en colonia de la corona británica en 1867. **1867-1914:** la administración británica se extendió a todos los sultanatos malayos. Desarrollo de la exportación del estaño y del caucho. **1942-1945:** Japón ocupó la península. **1948:** se creó una primera Federación malaya. **1957:** la Federación de Malaysia accedió a la independencia. Abdul Rahman, primer ministro. **1963:** la Federación de Malaysia agrupó la Malaysia continental, Singapur y las antiguas colonias británicas de Sarawak y Sabah (N de Borneo). El nuevo estado se convirtió en miembro de la Commonwealth. **1965:** Singapur se retiró de la Federación. **1970:** Abdul Razak sucedió a Abdul Rahman. Malaysia se encontró inmersa en los conflictos entre malayos y la comunidad china, en la insurrección comunista y en el flujo de los refugiados de Camboya y Vietnam (sobre todo desde 1979). **1981:** Mahathir bin Mohamed fue nombrado primer ministro. **2003:** traspasó el poder a Abdullah Ahmad Badawi.

MALBA (museo de arte latinoamericano de Buenos Aires), museo de Buenos Aires, inaugurado en 2001. Contiene obras latinoamericanas del s. XX reunidas por el coleccionista Eduardo F. Costantini desde 1971.

MALCOLM II, *m. en 1034,* rey de Escocia (1005-1034). Llevó a cabo la unidad de Escocia. — **Malcolm III,** *m. cerca de Alnwick 1093,* rey de Escocia (1058-1093). Su victoria sobre Macbeth le restituyó la corona. Fracasó en sus campañas contra Inglaterra.

MALCOLM X (Malcolm **Little,** llamado), *Omaha 1925-Nueva York 1965,* político estadounidense. Miembro del movimiento de los *Black Muslims, se separó de ellos en 1964 para fundar la Organización de la unidad afroamericana. Fue asesinado.

MALDIVAS (islas), estado insular de Asia, en el océano Índico; 300 km²; 263 000 hab. CAP. *Mâlé.* LENGUA: *divehi.* MONEDA: *rupia maldiva.* (V. mapa de **India.**) La pesca y el turismo son los principales recursos de este archipiélago coralino cuya población, islamizada, es extremadamente densa. — Protectorado británico a partir de 1887 e independiente desde 1965, constituye una república desde 1968.

MALDONADO (departamento de), dep. del SE de Uruguay; 4 705 km²; 94 314 hab.; cap. *Maldonado* (22 200 hab.).

MALDONADO (Francisco), *Salamanca-Villalar 1521,* aristócrata castellano, un jefe de la revuelta de las *Comunidades. Fue degollado tras la batalla de Villalar (abril 1521).

MALDONADO (Juan), *Casas de Reina, Badajoz, 1534-Roma 1583,* teólogo y exégeta español, considerado el fundador de la exégesis moderna *(Comentario a los cuatro Evangelios,* 1596-1597; *Comentario a los principales libros del Antiguo testamento,* publicado en 1643).

MALDONADO (Tomás), *Buenos Aires 1922,* pintor, grafista, diseñador industrial y teórico argentino. Editor de la revista *Arturo* (1944) y cofundador del movimiento *Arte concreto-invención (1945), en 1951 creó la revista de diseño gráfico *Nueva visión.* Desde 1968 reside en Italia, donde dirige el departamento de diseño industrial del Politécnico de Milán.

MALDRA, *m en 460,* rey suevo (457-460). Hijo de Massilia, derrotó a los visigodos (458).

MÂLÉ, cap. de las Maldivas, en la *isla de Mâlé;* 55 000 hab. Aeropuerto.

MALEBO POOL, ant. **Stanley Pool,** lago formado por un ensanchamiento del río Congo. En sus orillas se encuentran Brazzaville y Kinshasa.

MALEBRANCHE (Nicolas), *París 1638-íd. 1715,* filósofo francés. Orador, remodeló el pensamiento cartesiano en un sentido profundamente religioso. Su metafísica idealista trata de resolver el problema cartesiano de la unión entre alma y cuerpo mediante la unión del alma con Dios *(Conversaciones sobre la metafísica y la religión,* 1688). También se consagró al estudio de la geometría y de la física (concretamente de la óptica).

MALEGAON, c. de la India (Mahārāshtra); 342 431 hab.

MALENKOV (Gueorgui Maximiliánovich), *Orenburg 1902-Moscú 1988,* político soviético. Su cedió a Stalin como presidente del consejo (1953-1955).

MALFATTI (Ana, llamada Anita), *São Paulo 1896-íd. 1964*, pintora brasileña. Tras estudiar pintura en Alemania y EUA, influida por el expresionismo realizó una exposición en 1917 que llevó a Brasil las vanguardias europeas. Obras: *El japonés, El hombre amarillo, La calle.*

MALGRAT DE MAR, v. de España (Barcelona); 13 686 hab. *(malgratenses).* Textiles, químicas.

MALHARRO (Martín), *Azul 1865-Buenos Aires 1911*, pintor argentino. Colorista y con preferencia por el paisaje, introdujo el impresionismo en Argentina.

MALHERBE (François de), *Caen 1555-París 1628*, poeta francés. Inicialmente barroco (*Las lágrimas de san Pedro*, 1857), rompió con la poesía erudita de la *Pléyade e impuso, como poeta cortesano, un ideal lírico de claridad y rigor, origen de la escuela clásica.

MALÍ o **MALI,** estado de África occidental; 1 240 000 km²; 11 130 000 hab. CAP. *Bamako.* LENGUA: *francés.* MONEDA: *franco CFA.*

GEOGRAFÍA

En el N y centro del país, enclavados en el Sahara y su periferia, se desarrolla la ganadería nómada (bovina y sobre todo ovina y caprina), base de la economía de una nación muy pobre, que sufre la carencia de una salida al mar y de recursos minerales destacables. El S, más húmedo y explotado, en parte por los trabajos realizados en los valles del Senegal y el Níger (Macina), proporciona mijo, sorgo, arroz, algodón y cacahuetes. La población, islamizada casi en su totalidad, está formada, al N, por sahelianos, blancos, nómadas (maures, tuareg) y, al S, por negros (bambara sobre todo).

HISTORIA

Ss. VII-XVI: Malí fue cuna de los grandes imperios de Ghāna, Malí y Songay (cap. Gao). **Ss. XVII-XIX:** ocuparon sucesivamente el poder Marruecos, los tuareg, los bambara y los fulbé (capital Segu). **A partir de 1857:** los franceses emprendieron la ocupación del país, impidiendo con ello la constitución de un nuevo estado en el S a iniciativa de Samory Turé (encarcelado en 1898). **1904:** se integró, en el marco del África Occidental Francesa, la colonia del Alto Senegal-Níger. **1920:** Alto Senegal-Níger, separada de Alto Volta, se convirtió en el Sudán Francés. **1958:** se proclamó la República Sudanesa, que formó, con Senegal, la Federación de Malí (1959). **1960:** se disolvió la federación. La República Sudanesa se convirtió en la República de Malí, presidida por Modibo Keita. **1968:** un golpe de estado llevó al poder a Moussa Traoré. **1974:** una nueva constitución estableció un régimen presidencial y un partido único. **A partir de 1990:** el gobierno tuvo que enfrentarse a la rebelión de los tuareg. **1991:** el ejército derrocó a Moussa Traoré. Se creó un gobierno de transición compuesto por militares y civiles. **1992:** se instauró el multipartidismo. Alpha Oumar Konaré fue elegido presidente (reelegido en 1997). **2002:** Amadou Toumani Touré fue elegido presidente (reelegido en 2007).

MALÍ o **MALI** (imperio de), imperio mandingo (ss. XI-XVII), cuyo núcleo inicial fue la región de Bamako. En su apogeo (ss. XIII-XIV) se extendía por los actuales estados de Malí, Senegal, Gambia, Guinea y Mauritania.

MALIA o **MALLIA,** sitio arqueológico en la costa N de Creta, al E de Cnosos. Restos de un complejo palaciego (h. 1700-1600 a.C.) y de una necrópolis real con rico mobiliario funerario (museo de Iráklion).

MALIBRÁN (María Felicia **García,** llamada **la**), *París 1808-Manchester 1836*, mezzosoprano española. Debutó en 1825 en Londres. La variedad de su repertorio (Bellini, Donizetti), la gran extensión de su voz y su talento dramático le valieron la celebridad. Su muerte prematura inspiró a Musset sus *Stances.*

MALIÉVICH o **MALÉVICH** (Kazimir Severínovich), *cerca de Kíev 1878-Leningrado 1935*, pintor ruso. Espiritualista, creó una división del arte *abstracto denominada suprematismo, que culminó en 1918 con *Cuadrado blanco sobre fondo blanco* (Museum of Modern Art, Nueva York).

■ LA INDÍGENA **MALINCHE.** Miniatura de la *Historia de las Indias de Nueva España* (1537-1538) de Diego Durán (Biblioteca nacional, Madrid.)

MALINALCO, mun. de México (México), en la depresión del Balsas; 13 899 hab. Sitio arqueológico de época azteca: templos tallados en la roca, con pinturas murales, relieves y esculturas.

MALINALTEPEC, mun. de México (Guerrero); 22 231 hab. Minas de plomo, hierro y carbón.

MALINAS, en neerl. **Mechelen,** c. de Bélgica, cap. de la prov. de Amberes, a orillas del Dyle; 75 313 hab. Encajes célebres. Industrias mecánicas y químicas. — Catedral de los ss. XIII y XV (mobiliario barroco) y otros monumentos; casas antiguas; museos. — Arzobispado creado en 1559, comparte este título con Bruselas desde 1962.

Malinas (liga de) [1513], alianza del papado, Fernando el Católico, Maximiliano de Austria y Enrique VIII de Inglaterra contra Luis XII de Francia y Venecia. Fue cancelada en el concilio de Letrán.

MALINCHE o **MATLALCUÉYATL,** volcán apagado de México, en la cordillera Neovolcánica (Tlaxcala y Puebla); 4 461 m.

MALINCHE o **MARINA,** *primera mitad del s. XVI-en Honduras 1531*, intérprete indígena mexicana. Hija de un cacique de lengua náhuatl, fue amante de Hernán Cortés, a quien ayudó en la conquista de México sirviéndole como intérprete de las lenguas náhuatl y maya.

MALINOVSKI (Rodión Yákovlevich), *Odessa 1898-Moscú 1967*, militar soviético. Al mando del segundo frente de Ucrania (1943-1944), firmó el armisticio con Rumanía en 1944 y posteriormente entró en Budapest y Viena (1945). Fue ministro de defensa desde 1957 hasta su muerte.

MALINOWSKI (Bronisław), *Cracovia 1884-New Haven, EUA, 1942*, antropólogo británico de origen polaco. Es uno de los principales representantes del funcionalismo (*Los argonautas del Pacífico occidental*, 1922).

MALKIEL (Yakov), *Kíev 1914*, lingüista ucraniano. Es autor de artículos monográficos so-

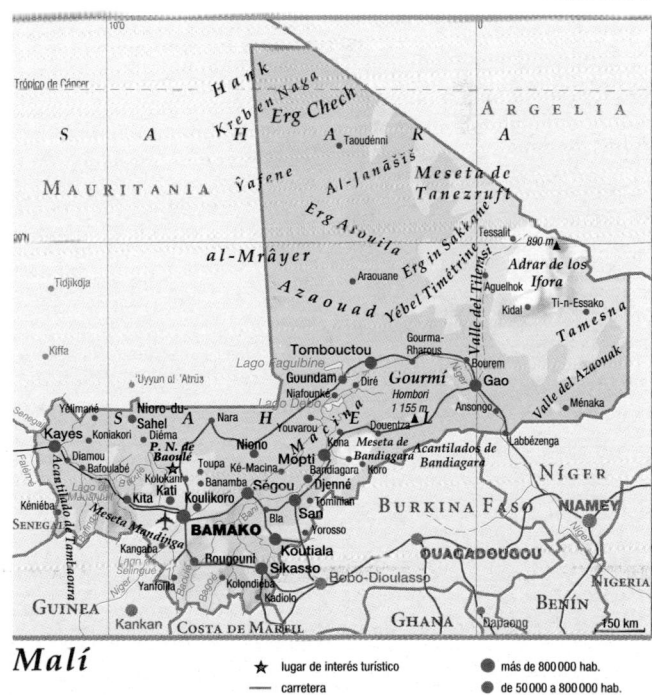

Malí

★ lugar de interés turístico
— carretera
······ ferrocarril
✈ aeropuerto

● más de 800 000 hab.
● de 50 000 a 800 000 hab.
● de 20 000 a 50 000 hab.
● menos de 20 000 hab.

350   500   750 m

150 km

■ **MALLORCA.** Vista de la ciudad de Palma, con el castillo de Bellver en primer plano.

bre lingüística románica e hispánica (*Ensayos sobre temas lingüísticos,* 1968). Se ha dedicado especialmente al estudio de la historia de la lengua (*Etimología,* 1993), fundó la revista *Romance Philology* (1947) y fue presidente de la Linguistic Society of America.

MALLADA (Lucas), *Huesca 1841-Madrid 1921,* geólogo español, considerado el fundador de la paleontología española. Su ensayo político *Los males de la patria y la futura revolución española* (1870) influyó en la generación del 98.

MAL-LARA (Juan de), *Sevilla 1521-íd. 1571,* escritor español. Autor de *Filosofía vulgar* (1568), de influencia erasmista, donde glosa un millar de proverbios castellanos, compuso también poesía (*La hermosa Psique*) y obras teatrales.

MALLARINO (Manuel María), *Cali 1808-Bogotá 1872,* político y escritor colombiano. Presidente de la república (1855-1857), participó en la fundación de la Academia colombiana de la lengua.

MALLARMÉ (Étienne, llamado **Stéphane**),*París 1842-Valvins, Seine-et-Marne, 1898,* poeta francés. Iniciador del simbolismo, su obra, difícil, a pesar de ser breve e inacabada (*La siesta de un fauno,* 1876; *Una tirada de dados nunca abolirá el azar,* 1897), fue determinante en la evolución de la literatura del s. XX.

■ STÉPHANE
MALLARMÉ,
por É. Manet.
(Museo de Orsay, París.)

■ EDUARDO
MALLEA

MALLART Y CUTÓ (José), *Espolla, Gerona, 1897-Madrid 1989,* pedagogo español. Especialista en psicopedagogía, su trabajo gira en torno a la renovación de la metodología escolar (*La educación activa,* 1925) y la orientación profesional (*Orientación profesional y selección de personal,* 1933). Trabajó en Ecuador como experto de la Unesco.

MALLE (Louis), *Thumeries 1932-Beverly Hills 1995,* director de cine francés. Ecléctico, abordó con éxito todos los géneros (*Zazie en el metro,* 1960; *Atlantic City,* 1980; *Adiós muchachos,* 1987; *Milou en mayo,* 1990; *Herida,* 1992).

MALLEA (Eduardo), *Bahía Blanca 1903-Buenos Aires 1982,* escritor argentino. Cuidadoso estilista con una sólida base filosófica, su obra refleja la búsqueda de la realidad más allá de lo aparente (*La ciudad junto al río inmóvil,* 1936; *Historia de una pasión argentina,* 1937; *La bahía del silencio,* 1940; *Todo verdor perecerá,* 1941; *Los enemigos del alma,* 1950; *La penúltima puerta,* 1969).

MALLO (Cristino), *Tuy 1905-Madrid 1989,* escultor español, figurativo, con gran intimismo

(series de niños o muchachas). — **Maruja M.,** *Viveiro 1909-Madrid 1995,* pintora española. Hermana de Cristino. Fue una de las principales figuras de la vanguardia española de la década de 1930, próxima al surrealismo (serie arquitecturas minerales y vegetales, 1936).

MALLORCA (isla de), isla de España, la mayor de las Baleares; 3 640 km²; 677 014 hab.; cap. *Palma de Mallorca.* La sierra de Tramontana (Puig Major, 1 445 m) transcurre paralela a la costa de SO a NE, formando grandes acantilados, mientras que al SE se alza la sierra de Levante; en medio, el Pla se abre al mar en la bahía de Palma, al O, y la de Alcudia, al E. Cultivos de secano (almendros y algarrobos). Ganadería. Industrias tradicionales de calzado, vidrio y bisutería. La principal actividad económica es el turismo con las industrias relacionadas (construcción, alimentaria).

HISTORIA

Edad del bronce: cultura talayótica. **123 a.C.:** conquista romana, aunque la romanización fue escasa. **Ss. X-XII:** dependencia sucesiva del califato de Córdoba (903), de la taifa de Denia (1010-1076) y de los almorávides (1120-1203), aunque con los Banū Gāniya gozó de relativa independencia. **1229:** conquista de Jaime I de Aragón, que la cedió a su hijo Jaime II como reino (1276). **1343:** incorporación a la Corona de Aragón. **1715:** decreto de Nueva planta.

MALLORCA (reino de), reino medieval (1276-1343) formado por las Baleares, los condados de Rosellón y Cerdaña y el señorío de Montpellier. Creado por Jaime I para su hijo Jaime II, que desde 1279 fue vasallo de su hermano Pedro III de Aragón. Sancho I (1311-1324) reconoció fidelidad a Francia y a Aragón. En tiempos de Jaime III (1324-1343) el reino fue conquistado por Pedro IV el Ceremonioso de Aragón, pero mantuvo su entidad hasta 1715.

MALLOS DE RIGLOS, relieve pirenaico de tipo montserratino del valle del Gállego (Huesca, España), de interés turístico.

MALMAISON → RUEIL-MALMAISON.

MALMBERG (Bertil), *Helsingbor 1913-Lund 1994,* lingüista sueco. Profesor de lingüística románica, estudió especialmente la fonética así como temas relacionados con la linguística hispánica (*Estudios de fonética hispánica,* 1965).

MALMÖ, c. de Suecia meridional, a orillas del Øresund; 233 887 hab. Puerto; astilleros. — Museo en la antigua fortaleza. Desde 2000 un puente la une con Copenhague por vía terrestre.

MALÓN DE CHAIDE (fray Pedro), *Cascante, Navarra, ¿1530?-Barcelona 1589,* escritor español. Agustino, discípulo de fray Luis de León, su *Libro de la conversión de la Magdalena* (1588), de cuidada prosa, es una de las obras fundamentales de la literatura ascética.

MALORY (sir Thomas), *Newbold Revell 1408-Newgate 1471,* escritor inglés. Su obra *La muerte de Artús* (publicada póstumamente en 1485) es la primera epopeya inglesa en prosa.

MALOUEL o **MAELWAEL** (Jean), *Nimega h. 1370-Dijon 1415,* pintor flamenco. Trabajó fundamentalmente para los duques de Borgoña (cartuja de Champmol).

MALPELO, isla de Colombia, en el Pacífico, a unos 500 km al O de Buenaventura; 2 km². (Patrimonio de la humanidad 2006.)

MALPIGHI (Marcello), *Crevalcore 1628-Roma 1694,* anatomista italiano. Pionero en la utilización del microscopio para investigar el tejido humano, descubrió los glomérulos renales que llevan su nombre.

Malplaquet (batalla de) [11 sept. 1709], batalla que tuvo lugar en la localidad francesa homónima, cerca de Bavay, durante la guerra de Sucesión de España, en la que las tropas aliadas dirigidas por Eugenio de Saboya y Marlborough vencieron a las francesas de Villars.

MALRAUX (André), *París 1901-Créteil 1976,* escritor y político francés. Sus novelas (*La condición humana,* 1933; *La esperanza,* 1937) y su obra crítica (*Las voces del silencio,* 1951) constituyen una lucha por la dignidad y contra la corrupción. Fue ministro de asuntos culturales de 1959 a 1969.

MALSTRØM → MAELSTRÖM.

MALTA, estado insular de Europa, en el Mediterráneo; 316 km²; 368 000 hab. (*malteses*). CAP. *La Valletta.* LENGUAS: *maltés* e *inglés.* MONEDA: *euro.*

INSTITUCIONES

República con régimen parlamentario. Constitución de 1964. El presidente, elegido cada 5 años por el parlamento, designa al primer ministro. La Cámara de representantes es elegida cada 5 años por sufragio universal directo.

GEOGRAFÍA

Es un pequeño archipiélago, muy densamente poblado, formado por las islas de *Malta* (246 km²), *Gozzo* y *Comino.* Su clima (veranos calurosos y secos) y su historia explican la importancia del turismo.

HISTORIA

IV-II milenio (del neolítico a la edad del bronce): Malta fue el centro de una civilización megalítica (Mnajdra, Ğgantija, Tarxien y la isla de Gozzo), con templos (patrimonio de la humanidad 1980) de planta compleja y decoraciones esculpidas que evocan a la diosa madre. **S. IX a.C.:** se convirtió en un establecimiento fenicio. Fue ocupada por los griegos (s. VIII) y por los cartagineses (s. VI). **218 a.C.:** fue anexionada por los romanos. **870:** fue ocupada por los árabes e islamizada. **1090:** Roger I se apoderó de Malta, ligada al reino de Sicilia hasta el s. XVI. **1530:** Carlos Quinto cedió la isla a los caballeros de San Juan de Jerusalén para que hicieran frente al avance otomano. **1798:** Napoleón ocupó la isla. **1800:** Gran Bretaña se instaló en ella y la convirtió en base estratégica. **1940-1943:** Malta desempeñó un papel determinante durante la segunda guerra mundial en el Mediterráneo. **1964:** accedió a la independencia, en el seno de la Commonwealth, bajo el impulso del nacionalista George Borg Olivier (primer ministro de 1950 a 1955 y de 1962 a 1971). **1974:** se convirtió en república. La situación política estuvo marcada por la alternancia en el poder de los laboristas (entre los que destaca Dom Mintoff, primer ministro de 1955 a 1958 y de 1971 a 1984, y Carmelo Mifsud Bonnici, primer ministro de 1984 a 1987) y los nacionalistas (Eddie Fenech-Adami, primer ministro de 1987 a 1996 y de 1998 a 2004 y presidente desde 2004, y Lawrence Gonzi, primer ministro desde 2004). **2004:** Malta ingresó en la Unión europea.

Malta

— carretera
✈ aeropuerto

200 500 m	● más de 10 000 hab.
	● menos de 10 000 hab.

MALTA, sitio prehistórico de Siberia. Se han descubierto varios vestigios de hábitats, así como una sepultura infantil y estatuillas femeninas fechadas en 23000 a.C. (perigordiense superior).

Malta (orden soberana de) → **San Juan de Jerusalén.**

MALTE-BRUN (Konrad), *Thisted, 1775-París 1826,* geógrafo danés. Establecido en Francia, es autor de una *Geografía universal.* Fue uno de los fundadores de la Sociedad geográfica de París en 1821.

MALTHUS (Thomas Robert), *cerca de Dorking, Surrey, 1766-Claverton, cerca de Bath, 1834,* economista británico. En su *Ensayo sobre el principio de la población* (1798) presenta el aumento de la población como un peligro para la subsistencia del mundo y recomienda la restricción voluntaria de nacimientos *(maltusianismo).*

■ ANDRÉ **MALRAUX,** por Gisèle Freund.

■ THOMAS R. **MALTHUS.**
(Hulton Deutsch Collection.)

MALUQUER DE MOTES (Juan), *Barcelona 1915-íd. 1988,* arqueólogo español. Excavador del yacimiento de Cancho Roano (Zalamea de la Serena, Badajoz), investigó la protohistoria española *(Las culturas hallstáticas en Cataluña,* 1947; *Tartessos,* 1970).

MALVINAS (corriente de las), corriente marina fría del océano Atlántico. Recorre de S a N las costas de Argentina.

MALVINAS (islas), archipiélago de Argentina que forma parte de la provincia de Tierra del Fuego, Antártida e Islas del Atlántico Sur, en el Atlántico, 11 410 km²; 2 050 hab.; c. pral. *Puerto Argentino.* Está integrado por dos islas principales, *Gran Malvina* y *Soledad,* separadas por el estrecho de San Carlos, y más de un centenar de islotes. Ganadería y pesca.

HISTORIA

S. XVI: figuran en los mapas españoles. **1600:** son visitadas por el holandés Sebald de Weert. **1764:** fracasó un intento de colonización francés. **1766:** Francia renunció y cedió las islas a España, que fundó asentamiento y consiguió el abandono británico de facto (1771). **1820:** Argentina tomó posesión de las islas como heredera de la soberanía, no reconocida por Gran Bretaña. **1833:** conquista y ocupación por Gran Bretaña. **1982:** recuesta militar de Argentina (abril), rechazado por Gran Bretaña (junio) *[guerra de las Malvinas].*

Malvinas (batalla naval de las) [8 dic. 1914], victoria naval británica de la primera guerra mundial sobre la flota alemana de von Spee.

MAMAIA, estación balnearia de Rumania, en el mar Negro, al N de Constanţa.

MAMA OCLLO MIT. AMER. Hija del Sol y la Luna, hermana y esposa de Manco Cápac, fundador de la dinastía de los soberanos incas.

MAMA QUILLA MIT. AMER. Diosa lunar de los incas, esposa del Sol. Muy venerada en la zona costera del Perú.

Mambrino, legendario rey moro inmortalizado por Cervantes en el *Quijote.*

Mambrú, nombre popular dado en España al duque de *Marlborough, recogido en una canción de 1709 o 1722.

MAMELUCOS, dinastía que reinó en Egipto y Siria (1250-1517), cuyos sultanes eran elegidos entre los soldados esclavos *(mamelucos).*

MAMET (David), *Chicago 1947,* dramaturgo y cineasta estadounidense. Sus obras de teatro *(American Buffalo,* 1977; *Glengarry Glen Ross,* 1984; *Romance,* 2005), guiones *(Malcolm X,* S.

■ **MANAGUA.** La catedral nueva.

Lee, 1992; *Vania en la calle 42,* L. Malle, 1994) y películas como director *(House of Games,* 1986; *Cinturón rojo,* 2008) constituyen una ácida crítica de la sociedad contemporánea.

MAMMÓN, voz aramea con que se personifica en la literatura judeocristiana los bienes materiales que esclavizan al hombre.

MAMORÉ, r. de la cuenca amazónica boliviana, que al confluir con el Beni forma el Madeira (or. izq.); 1 800 km aprox. Sus prales. afl. son el Yacuma, el Beni y el Iténez o Guaporé. Su curso bajo marca la frontera con Brasil.

MA'MŪN (Yahyā ibn Ismā'īl al), *m. en Córdoba 1075,* soberano de la taifa de Toledo (1043-1075). Conquistó el reino de Valencia (1065) y Córdoba (1074).

MAMUT (cueva del), en ingl. *Mammoth Cave,* conjunto de cuevas de Estados Unidos (Kentucky), uno de los más extensos del mundo (aprox. 240 km de galerías). Parque nacional (patrimonio de la humanidad 1981).

MAN, c. de Costa de Marfil; 89 600 hab.

MAN (isla de), isla del mar de Irlanda, dependencia de la corona británica; 572 km²; 69 788 hab.; c. pral. Puerto.

MANABÍ (provincia de), prov. del O de Ecuador, 18 255 km²; 1 031 927 hab.; cap. *Portoviejo.*

MANACOR, c. de España (Baleares), cab. de p. j., en Mallorca; 30 923 hab. *(manacorenses).* Cereales; almendros. Muebles. Perlas artificiales. Turismo (cala Manacor, cuevas).

MANADO o **MENADO,** c. de Indonesia (Célebes); 275 400 hab. Puerto.

MANAGUA o **XOLOTLÁN,** lago del O de Nicaragua, junto a la cap. del país; 1 042 km². Comunica con el lago Nicaragua a través del río Tipitapa.

MANAGUA, c. de Nicaragua, cap. de la república y del dep. homónimo a orillas del *lago Managua;* 1 234 km²; 682 111 hab. *(managüenses* o *managüeños).* Industrias (petroquímica, metalurgia, alimentarias). Universidad. — Catedral nueva, que sustituye a la destruida en 1972, por R. Legorreta.   Destruida por sendos sismos en 1931 y 1972, fue proclamada capital de la república en 1852.

MANAGUA (departamento de), dep. del O de Nicaragua; 3 450 km²; 1 026 100 hab.; cap. *Managua.*

MANĀMA, cap. de Baḥrayn, en la isla de Baḥrayn; 151 500 hab.

MANANTIALES, localidad de Chile (Magallanes y Antártica Chilena), en la isla Grande de Tierra del Fuego. Extracción y refino de petróleo.

MANASÉS, personaje bíblico. Hijo primogénito de José, dio nombre a una de las tribus de Israel establecida en Transjordania.

MANASLU, cima del Himalaya, en Nepal; 8 156 m.

MANATÍ, mun. de Colombia (Atlántico); 15 572 hab. Algodón y yuca; vacunos. Hornos de cal.

MANATÍ, mun. del N de Puerto Rico; 38 692 hab. Industria (azúcar, tabaco). Campamento militar.

MANAURE (Mateo), *Uracoa 1926,* pintor venezolano, inscrito en la abstracción geométrica y lírica *(Columnas policromadas,* 1978).

MANAUS, ant. *Manaos,* c. de Brasil, cap. del estado de Amazonas, a orillas del río Negro, cerca de la confluencia con el Amazonas; 1 010 558 hab. Puerto.

MANAUTA (Juan José), *Gualeguay 1919,* escritor y periodista argentino. Autor realista, alcanzó el éxito con su novela *Las tierras blancas,* llevada al cine en 1956.

MANCHA (canal de La), en fr. **la Manche,** brazo de mar formado por el Atlántico entre Francia e Inglaterra. En su extremo norte existe un túnel ferroviario (Eurotúnel) que franquea el paso de Calais.

MANCHA (La), región fisiográfica de España, en el SE de la Meseta (Albacete, Ciudad Real, Toledo y Cuenca). Constituye una llanura de una altitud de 600-700 m, limitada al S por el escalón de sierra Morena. Cultivos extensivos de cereales, vid y olivo. Ganadería lanar (quesos).

MANCHA, dep. de Francia (Baja Normandía); 5 938 km²; 481 471 hab., cap. *Saint-Lo* (21 585 hab.).

MANCHESTER, c. de Gran Bretaña (Inglaterra); 397 400 hab. (2 445 200 en la aglomeración). Universidad. Centro financiero, comercial e industrial. — Museos.

MANCHUKUO, nombre de Manchuria bajo la dominación japonesa (1932-1945).

MANCHURIA, ant. nombre de una parte de China, que ocupa en la actualidad la mayor parte del NE de China (hab. *manchúes*); c. prales. *Shenyang (Mukden)* y Harbin.

HISTORIA

S. XVII: las tribus de Manchuria, de origen tungús, invadieron China. **1644-1911:** los Qing, dinastía manchú, reinaron en China, donde los manchúes constituían la aristocracia militar, mientras que Manchuria fue invadida por la inmigración china. **1896:** Rusia construyó el transiberiano a través de Manchuria, hasta Vladivostok. **1898:** Rusia consiguió la concesión de Port Arthur y Dairen. **1904-1905:** la victoria de Japón en el conflicto con Rusia dio a los japoneses una gran influencia. **1931-1932:** Japón ocupó Manchuria y organizó un estado vasallo, Manchukuo. **1945:** China recuperó la región (menos Port Arthur y Dairen, que la URSS devolvió en 1954).

MANCISIDOR (José), *Veracruz 1895-Monterrey 1956,* escritor e historiador mexicano. Marxista, tomó parte en la revolución y escribió novelas revolucionarias y nacionalistas *(La asonada,* 1931; *La ciudad roja,* 1932; *El alba en las simas,* 1953). Como historiador destacan sus obras sobre la primera guerra de la independencia, Juárez y la revolución mexicana *(Historia de la revolución mexicana,* 1959).

MANCO CÁPAC, fines s. XII o inicios s. XIII, inca legendario, considerado el fundador del impe-

■ **MANCO CÁPAC.** Grabado de *Observaciones astronómicas y físicas en los reinos del Perú,* de Jorge Juan y Antonio Ulloa. (Biblioteca nacional, Madrid.)

■ NELSON
MANDELA en 1991.

■ MANILA. Viviendas humildes junto a la bahía.

rio inca y de Cuzco, y descendiente del Sol. Casado con su hermana Mama Ocllo, su hijo Sinchi Roca fue el auténtico fundador del imperio inca. Las leyendas sobre el personaje y el imperio fueron transmitidas por los conquistadores españoles.

MANCO INCA, *h. 1500-1544*, soberano inca (1533-1544). Hijo de Huayna Cápac y hermano de Huáscar y de Atahualpa, fue reconocido emperador por Pizarro (1533). En 1536 se levantó contra los españoles y en 1541 participó en la conspiración de Almagro.

Mancomunidad de Cataluña, organismo administrativo formado por la unión de las cuatro diputaciones provinciales catalanas, creado en 1914 y suprimido en 1925.

MANDALAY, c. de Birmania central, a orillas del Irrawaddy; 533 000 hab. Aeropuerto. Centro comercial. — Numerosos monasterios y templos budistas. — Fundada en 1857, entre 1860 y 1865 fue la capital de los últimos reyes birmanos.

MANDELA (Nelson), *Mvezo, distrito de Umtata, 1918*, político sudafricano. Dirigente histórico del Congreso nacional africano y organizador de la lucha armada tras la prohibición de su movimiento en 1960, fue arrestado en 1962 y condenado a cadena perpetua en 1964. Liberado en 1990, fue vicepresidente (1990-1991) y, posteriormente, presidente (1991-1997) del ANC. Es uno de los artífices, junto a F. De Klerk, del proceso de democratización en Sudáfrica. En 1994, con motivo de las primeras elecciones multirraciales, fue elegido presidente de la república. Se retiró al finalizar su mandato, en 1999. (Premio Nobel de la paz 1993.)

MANDELBROT (Benoît), *Varsovia 1924*, matemático francés de origen polaco. Desarrolló en 1975 la teoría de los objetos fractales. Con computadoras, creó los conjuntos que llevan su nombre y que se utilizan en el estudio del «caos determinista».

MANDELSTAM (Ósip Emílievich), *Varsovia 1891-en Siberia 1938*, escritor ruso. Simbolista, posteriormente acmeísta y cristiano opuesto a la revolución rusa de 1917, es autor de poesía (*Piedra*, 1913) y prosa (*El sello egipcio*, 1928) vibrantes.

MANDEVILLE (Bernard de), *Rotterdam 1670-Hackney, cerca de Londres, 1733*, escritor y filósofo inglés de origen neerlandés. Satírico, en *La fábula de las abejas* (1714) sostiene, en contra de Shaftesbury, que el egoísmo, innato en el hombre, puede servir al bien de la colectividad.

MANDIOLA (Francisco Javier), *Copiapó 1820-Santiago 1900*, pintor chileno. Destacado retratista (*Retrato de niña*, 1857) y pintor de temática religiosa, inauguró la pintura de género en su país.

MANDONIO, *m. en 205 a.C.*, caudillo ilergete. Dirigió junto con Indíbil una revuelta contra los romanos, quienes lo capturaron y ajusticiaron.

MANÉN (Juan), *Barcelona 1883-íd. 1971*, violinista y compositor español. Virtuoso violinista desde la infancia, es autor de un *Concierto español* para violín, de música de cámara y orquestal, y de óperas (*Acté*, 1903; *El baile de las antorchas*, 1909).

MANENT (Marià), *Barcelona 1898-íd. 1988*, poeta español en lengua catalana. Sus obras presentan rasgos simbolistas (*La sombra y otros poemas*, 1931).

MANÈS → MANI.

MANET (Édouard), *París 1832-íd. 1883*, pintor francés. Es uno de los padres del impresionismo y del arte moderno (*La merienda campestre*, 1862; *Olympia*, 1863; *La ejecución de Maximiliano*, 1867; *El balcón*, 1868).

MANETÓN, *Sebennitos s. III a.C.*, sacerdote e historiador egipcio. Escribió en griego una historia de Egipto, de la que se conservan algunos fragmentos. Los historiadores han adoptado su clasificación en dinastías.

MANFREDO, *1232-Benevento 1266*, rey de Sicilia (1258-1266). Hijo natural legitimado del emperador Federico II de Hohenstaufen, murió defendiendo su reino contra Carlos I de Anjou.

manga (La) *[Los dibujos caprichosos]*, conjunto de dibujos de Hokusai (13 vols. [1814-1848 y 2 vols. póstumos]). Constituye una suerte de enciclopedia en imágenes que muestra el verdadero alcance y la riqueza del talento de su autor.

MANGALIA, estación balnearia de Rumania, en el mar Negro, al S de Constanța.

MANGALORE o **MANGALURU,** c. de la India (Karnātaka); 425 785 hab.

MANGLARES, cabo de Colombia, en la costa del Pacífico, extremo occidental del país.

MANGUISHLAK (península de), meseta desértica de Kazajstán, al E del Caspio. Petróleo.

MANHATTAN, isla de Estados Unidos, entre el Hudson, el East River y el Harlem; 1 487 536 hab. Constituye un distrito *(borough)* en el centro de Nueva York. En 2001, dos atentados simultáneos con aviones provocaron el derrumbamiento de las «torres gemelas» del complejo World Trade Center y miles de víctimas.

MANI o **MANÈS,** *216-274 o 277*, fundador del maniqueísmo. Convertido en el misionero de una religión universal de salvación, el maniqueísmo, fue muerto por el rey persa Bahrām I.

■ ÉDOUARD **MANET.** *La rubia de los senos desnudos* (h. 1878). [Museo de Orsay, París.]

MÁNICH, r. de Rusia, al N del Cáucaso. Tiene un curso intermitente hacia el mar de Azov (por el Don) y hacia el Caspio (por el Kura).

MANICOUAGAN, r. de Canadá (Quebec), que desemboca en el estuario del San Lorenzo (or. izq.); aprox. 500 km desde el *embalse Manicouagan*. Aprovechamiento hidroeléctrico.

Manifiesto comunista, texto de Karl Marx y Friedrich Engels (1848) en que se exponen las bases principales del marxismo y que sirvió de fundamento para el programa revolucionario de los comunistas.

Manifiesto de los persas (abril 1814), alegato firmado por un grupo de diputados que pedía a Fernando VII de España el restablecimiento del absolutismo.

MANILA, cap. de Filipinas, en la isla de Luzón, a orillas de la *bahía de Manila;* 1 598 918 hab. *(manileños)* [más de 4 millones en la aglomeración]. Principal centro intelectual, comercial e industrial del país. — La ciudad fue conquistada en 1571 por Legazpi, que estableció en ella el gobierno español de las islas. Prosperó por el comercio con España, las colonias americanas, China y Japón. Durante el s. XIX fue escenario de la agitación independentista, hasta su rendición (13 ag. 1898).

MANIN (Daniele), *Venecia 1804-París 1857*, abogado y patriota italiano. Presidente de la República de Venecia en 1848, al año siguiente tuvo que capitular frente a los austriacos.

MANIPUR, estado del NE de la India; 22 300 km²; 1 826 714 hab.; cap. *Imphāl*.

■ MANGA. *Escenas de baño, de Hokusai.*

MANISA, c. de Turquía, cap. de prov., al NE de Ízmir; 158 928 hab.

MANISES, c. de España (Valencia); 25 939 hab. *(manisenses o maniseros).* Centro industrial. Aeropuerto de Valencia. Centro alfarero desde el s. XIV, produce cerámica tradicional de gran calidad.

MANITOBA, prov. de Canadá, en la Pradera; 650 000 km²; 1 091 942 hab.; cap. *Winnipeg*. Gran región agrícola (trigo). Winnipeg reúne más de la mitad del total de la población.

MANITOBA (lago), lago de Canadá, en la prov. homónima; 4 700 km².

MANIZALES, c. de Colombia, cap. del dep. de Caldas, en la vertiente occidental de la cordillera Central; 299 352 hab. Feria anual del café. Industria textil y química. Universidad. — Fue fundada en 1849.

MANJÓN (Andrés), *Sargentes, Burgos, 1846-Granada 1923*, sacerdote y pedagogo español. Fundó en Granada las Escuelas del Ave María (1889) para niños pobres, en las que introdujo métodos originales de pedagogía activa.

MANKIEWICZ (Joseph Leo), *Wilkes Barre, Pennsylvania, 1909-cerca de Bedford, Nueva York, 1993*, director de cine estadounidense. Realizó penetrantes estudios de la psicología femenina (*Eva al desnudo*, 1950; *La condesa descalza*, 1963; *Cleopatra*, 1963; *El día de los tramposos*, 1970).

MANLIO (Publio), *s. II a.C.*, administrador

romano, pretor de la Hispania Citerior (195 a.C.) y de la Ulterior (182-181 a.C.).

MANLIO CAPITOLINO (Marco), *m. en Roma 384 a.C.,* héroe romano. Alertado por el graznido de los gansos, salvó el Capitolio del ataque de los galos (390 a.C.).

MANLIO FABIO ALTAMIRANO, mun. de México (Veracruz); 19 982 hab. Cereales, café, ajonjolí.

MANLLEU, v. de España (Barcelona); 17 520 hab. *(manlleuenses).* Industria (textil, metalmecánica) y alimentaria.

MANN (Emil Anton Bundmann, llamado Anthony), *San Diego 1906-Berlín 1967,* director de cine estadounidense, gran realizador de westerns (*Colorado Jim,* 1953; *Cazador de forajidos,* 1957; *El hombre del Oeste,* 1958).

MANN (Heinrich), *Lübeck 1871-Santa Mónica 1950,* escritor alemán. Novelista influenciado por el esteticismo decadente, posteriormente abordó temas sociales y políticos. Es autor de *Profesor Unrat* (1905), llevada al cine por J. von Sternberg (*El ángel azul,* 1930).— **Thomas M.,** *Lübeck 1875-Zurich 1955,* escritor alemán. Hermano de Heinrich, es autor de novelas que oponen al culto a la acción la vida del espíritu (*Los Buddenbrook,* 1901; *Muerte en Venecia,* 1912; *La montaña mágica,* 1924; *Doctor Fausto,* 1947). [Premio Nobel 1929.]

MANNAR (golfo de), golfo del océano Índico, entre la India y Sri Lanka.

MANNERHEIM (Carl Gustaf Emil, barón), *Villnäs 1867-Lausana 1951,* mariscal y político finlandés. Tras su victoria sobre los bolcheviques, fue elegido regente (1918). Durante la segunda guerra mundial, luchó contra la URSS (1939-1940 y 1941-1944). Fue presidente de la república de 1944 a 1946.

MANNHEIM, c. de Alemania (Baden-Württemberg), a orillas del Rin; 318 000 hab. Puerto fluvial. Centro industrial. — Palacio del s. XVIII; museos.

MANNING (Henry), *Totteridge 1808-Londres 1892,* prelado británico. Pastor anglicano convertido al catolicismo, fue arzobispo de Westminster en 1865 y cardenal en 1875. Intervino en favor de los obreros.

MANOLETE (Manuel Rodríguez Sánchez, llamado), *Córdoba 1917-Linares 1947,* matador de toros español. Tomó la alternativa en 1939 y pronto se convirtió en figura indiscutible, de estilo muy personal en la lidia y magistral con el estoque. Murió de la cornada que le infirió Islero, de Miura, durante su 508ª corrida.

MANOLO ▷ **HUGUÉ.**

Mano negra (La), supuesta organización secreta anarquista española, que justificó una dura represión policial contra el anarcocomunismo agrario andaluz (1883).

MANOS (cueva de las), cueva decorada de Argentina, en la Patagonia. Alberga pinturas rupestres (impresiones de manos, animales) que se cuentan entre las más antiguas conocidas en América del Sur (10 000-1 000 años). [Patrimonio de la humanidad 1999.]

MANOSALVAS (Juan), *Quito 1840-íd. 1906,* pintor ecuatoriano. Acuarelista de peculiar tratamiento del color, sus obras más nobles son la *Virgen de la Correa, El rapto de Europa* y un *Retrato del Libertador Simón Bolívar.*

Manquiri (santuario de), iglesia monumental de Bolivia, en las cercanías de Potosí; el presbiterio está excavado en la roca y el cuerpo se asienta sobre una plataforma artificial.

MAN RAY (Emmanuel Rudnitsky, llamado), *Filadelfia 1890-París 1976,* fotógrafo y pintor estadounidense. Integrado en el movimiento dadá de Nueva York, se instaló posteriormente en París (1921). Sus *rayografías,* o *rayogramas* (siluetas de objetos, desde 1922) se cuentan entre las primeras fotografías abstractas. La influencia del surrealismo marcó sus cortometrajes, así como sus pinturas, assemblages y collages, de libre invención poética.

MANRESA, c. de España (Barcelona); cab. de p. j.; 63 742 hab. *(manresanos).* Industrias de hilados y tejidos, maquinaria, químicas. — Conjunto medieval (seo gótica, puentes sobre el Cardoner); iglesias barrocas; edificios modernistas; museo municipal.

MANRESA NAVARRO (José María), *San Ful-*

gencio *1818-Madrid 1905,* jurisconsulto español, autor de *Comentarios al código civil español* (12 vols., 1890-1907) y *Comentarios a la ley de enjuiciamiento civil* (6 vols., 1881-1895).

MANRIQUE, linaje de la nobleza castellana, surgido de la familia de los Lara y que tenía el centro de sus propiedades en Tierra de Campos. — **Pedro M.,** *1381-Valladolid 1440.* Adelantado de León, fue rival de Álvaro de Luna. — **Rodrigo M.,** I er **conde de Paredes de Nava,** *1406-Ocaña 1476.* Hijo de Pedro, se enfrentó también a Álvaro de Luna y a Juan II. Isabel la Católica lo nombró condestable de Castilla. — **Diego Gómez M.,** I er **conde de Treviño,** *Amusco, Palencia, 1412-Toledo 1490.* Hermano de Rodrigo, adelantado mayor de León y corregidor de Toledo, conquistó Toro (1476) para los Reyes Católicos. Es autor de poemas breves, de tema amatorio, burlesco o satírico, obras didácticas y moralizantes (*Regimiento de príncipes*) y dramas litúrgicos. — **Jorge M.,** *Paredes de Nava, Palencia, 1440-cerca del castillo de Garci Muñoz, Cuenca, 1479.* Poeta, hijo de Rodrigo, le cantó en las **Coplas a la muerte del maestre don Rodrigo* o *Coplas a la muerte de su padre.* Partidario de Isabel la Católica, murió en el asalto del castillo de Garci-Muñoz. Gran poeta de cancionero, alterna la temática amorosa, en «esparsas», canciones o alegorías (*Castillo de amor, Escala de amor*), con la burlesca (*Coplas a una beoda que empeñó el brial en la taberna*). Famosa es su composición *Sin Dios y sin vos y mí,* ejemplo de juego verbal, de grave y contenida emoción lírica.

MANRIQUE (César), *Arrecife 1920-Teguise, Lanzarote, 1992,* artista español. Pintor colorista, apasionado por el paisaje y la arquitectura popular lanzarotena, buscó la integración de la escultura y el diseño arquitectónico en el entorno natural.

MANRIQUE DE LARA (Manuel), *Cartagena 1863-Sankt Blasien, Alemania, 1929,* compositor y folclorista español. Único discípulo de Chapí, compuso la ópera *El Cid* (1906) y una *Sinfonía en mi menor* (1910), además de recopilar música sefardí, griega, turca y marroquí.

MANS (Le), c. de Francia, a orillas del Sarthe; 150 605 hab. Universidad — En las proximidades, circuito automovilístico (prueba de las *Veinticuatro horas de Le Mans*).

MANSART (François), *París 1598-íd. 1666,* arquitecto francés. Principal figura de la tendencia clasicista de la arquitectura francesa del s. XVII, fue arquitecto del rey desde 1625 — **Jules Hardouin,** llamado **Hardouin-M.,** *París 1646-Marly 1708,* arquitecto francés, sobrino-nieto de François. Primer arquitecto de Luis XIV, amplió el palacio de Versalles (1678), terminó el hospital de los Inválidos en París (1676-1706) y construyó el gran Trianón. Uno de sus nietos, Jacques **Mansart de Sagonne** (1709-1776), fue el arquitecto de la catedral de San Luis de Versalles.

MANSFELD (Ernst, conde von), *Luxemburgo 1580-Rakovica, cerca de Sarajevo, 1626,* militar

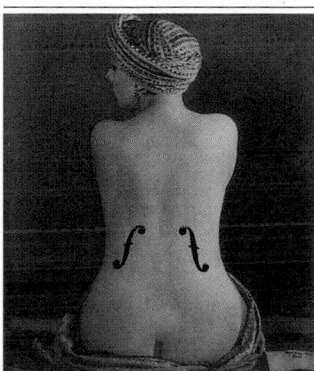

■ **MAN RAY.** *El violín de Ingres* (1924). [MNAM, París.]

alemán. Adoptó la causa protestante durante la guerra de los Treinta años y combatió contra Tilly y posteriormente contra Wallenstein.

MANSFIELD (Kathleen **Mansfield Beauchamp,** llamada **Katherine**), *Wellington 1888-Fontainebleau 1923,* escritora neozelandesa. Es autora de relatos (*Fiesta en el jardín,* 1922), de *Cartas* y de un *Diario.*

MANSHOLT (Sicco Leendert), *Ulrum 1908-Wapserveen, prov. de Drenthe, 1995,* político neerlandés. Vicepresidente (1967-1972) y presidente (1972-1973) de la Comisión ejecutiva de la CEE, preconizó la modernización de la agricultura europea.

MANSILLA (Lucio Victorio), *Buenos Aires 1831-París 1913,* escritor argentino. Sobrino de Juan Manuel de Rosas, intervino en la campaña del Paraguay y en las luchas contra los indios como comandante de frontera. Fruto de esta experiencia es su principal obra, *Una *excursión a los indios ranqueles* (1870). Es autor de otros libros autobiográficos (*Entre nos: «Causeries» de los jueves,* 1889; *Mis memorias,* 1904) y de viajes, de obras teatrales y tratados militares.

■ JORGE **MANRIQUE.** (Anónimo: Casa de cultura, Toledo.)   ■ LUCIO V. **MANSILLA,** por Demócrito.

MANSO DE VELASCO (José Antonio), conde de Superunda, *Logroño 1688-Granada 1767,* militar español. Fue gobernador de Chile (1737-1744) y virrey del Perú (1745-1761).

MANSTEIN (Erich von **Lewinski,** llamado Erich **von**), *Berlín 1887-Irschenhausen, Baviera, 1973,* militar alemán. Jefe de estado mayor del grupo de ejércitos de Rundstedt (1939), fue el autor del plan de operaciones contra Francia en 1940. Conquistó Crimea en 1942 y estuvo al mando de un grupo de ejércitos en el frente ruso hasta 1944.

MANSUR (al-) → **ALMANZOR.**

MANSUR (Abū Ya'far al-), *m. en 775,* segundo califa abasí (754-775). Fundó Bagdad en 762.

MANSURA (al-), c. de Egipto, cerca del Medi terráneo; 375 000 hab. En ella fue apresado san Luis en 1250.

MANTA, c. de Ecuador (Manabí), en la *bahía de Manta;* 125 505 hab. Centro industrial. Turismo (playas). — Sitio arqueológico de las culturas de Manabí, y en especial de los manta.

MANTARO, r. de Perú (Junín y Huancavelica), afl. del Apurímac; 600 km. Navegable en su curso bajo, es una importante arteria fluvial.

MANTE (El), mun. de México (Tamaulipas); 112 602 hab.; cab. **Ciudad Mante.* Centro agrícola. Destilerías.

MANTEGNA (Andrea), *Isola di Carturo, Padua, 1431-Mantua 1506,* pintor y grabador italiano. Se formó en Padua (cuando Donatello trabajaba en esta ciudad), pero desarrolló la mayor parte de su carrera en Mantua (frescos de la *Camera degli Sposi* en el palacio ducal, acabados en 1474). Por su vigoroso lenguaje plástico (relieve escultural, efectos de perspectiva y limpieza del dibujo) y su riqueza decorativa al estilo antiguo, gozó de gran influencia en todo el N de Italia. (*V. ilustr. pág. siguiente.*)

MANTEÑA (cultura de), cultura precolombina de los indios mantas en la costa de Manabí (Ecuador) [900-1534], llamada *Huancavilca* por los cronistas.

Mantinea (batalla de) [362 a.C.], victoria de los tebanos de Epaminondas sobre los espartanos en Mantinea (Arcadia). Epaminondas pereció en la lucha.

1499

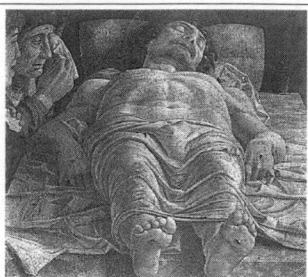

■ ANDREA **MANTEGNA**. *Cristo muerto*
(h. 1506), célebre ejemplo de escorzo anatómico.
(Pinacoteca Brera, Milán.)

MANTUA, c. de Cuba (Pinar del Río), a orillas del *Mantua;* 26 221 hab.Centro monumental.
MANTUA, en ital. **Mantova,** c. de Italia (Lombardía), cap. de prov.; 52 948 hab. Está rodeada por tres lagos formados por el r. Mincio. — Palacio ducal de los ss.XIII-XVII (museo); dos iglesias de L. B. Alberti; palacio del Té, obra maestra manierista de J.Romano. (Patrimonio de la humanidad 2008.) — Fue gobernada de 1328 a 1708 por los Gonzaga.
MANU, primer hombre, en la mitología hindú. Se lo considera autor del código jurídico hindú (*Leyes de Manu*).
MANÚ (parque nacional del), parque nacional de Perú (Cuzco, Madre de Dios); 1 532 800 ha. Comprende llanuras aluviales, colinas y montañas; rica biodiversidad. (Reserva de la biosfera 1977; patrimonio de la humanidad 1987.)

IMPERIO BIZANTINO

MANUEL I COMNENO, *h. 1118-1180*, emperador bizantino (1143-1180). Luchó contra los normandos de Sicilia y sometió Serbia (1172), pero chocó con los venecianos y fue derrotado por los turcos (1176).
MANUEL II PALEÓLOGO, *1348-1425*, emperador bizantino (1391-1425). Luchó en vano contra el sultán otomano, cuya soberanía tuvo que reconocer (1424).

PORTUGAL

MANUEL I el Grande o **el Afortunado,** *Alcochete 1469-Lisboa 1521*, rey de Portugal (1495-1521), de la dinastía de Avís. Su reinado coincidió con el inicio del auge colonial y de la arquitectura manuelina.
MANUEL ANTONIO (Manuel Antonio **Pérez Sánchez,** llamado), *Rianxo 1900-La Coruña 1930*, poeta español en lengua gallega, vanguardista en la línea ultraísta.
MANUEL DEUTSCH (Niklaus), *Berna 1484-íd. 1530*, pintor, poeta y estadista suizo. Es un artista de transición entre la herencia gótica y el italianismo (*Degollamiento de san Juan Bautista*, h. 1520, Basilea).

■ DAVID **MANZUR.** *Retrato de una amiga parecida a la Monalisa* (1989). [Museo nacional, Bogotá.]

MANUEL FILIBERTO Cabeza de Hierro, *Chambéry 1528-Turín 1580*, duque de Saboya (1553-1580). Estuvo al servicio de Carlos Quinto y, posteriormente, de Felipe II. Intentó, con la ayuda de san Francisco de Sales, restaurar el catolicismo en los estados que gobernó.
MANUEL MARÍA (Manuel María **Fernández Teixeiro,** llamado), *Outeiro de Rei, Lugo, 1930*, poeta español en lengua gallega, de temática social.
MANUZIO, familia de impresores italianos, también conocidos por el nombre de Aldo. —
Aldo M. (abrev. de *Tebaldo Manuzio*), llamado **el Viejo,** *Bassiano h. 1449-Venecia 1515*. Fundó en Venecia una imprenta que se hizo famosa por las ediciones príncipe de obras maestras grecolatinas. Se le debe el carácter itálico (1500) y el formato en octavo. — **Aldo M.,** llamado **el Joven,** *Venecia 1547-Roma 1597*. Nieto de Aldo el Viejo, dirigió la imprenta vaticana.
Manyō-shū, la más antigua antología de poesía japonesa (h. 760). Recoge principalmente poemas de los ss. VII y VIII.
MANZANARES, r. de España, afl. del Jarama (or. der.); 85 km. Embalses de Santillana (45,6 millones de m³ y 9 802 kW) y El Pardo. Pasa por Madrid, a cuyo abastecimiento contribuye. — En las terrazas del río, al S de Madrid, se han localizado más de 45 sitios paleolíticos (abundante industria lítica).
MANZANARES, mun. de Colombia (Caldas); 25 140 hab. Agricultura tropical.
MANZANARES, c. de España (Ciudad Real), cab. de p. j.; 17 216 hab. (*manzanareños*). Industria vinícola. — Iglesia parroquial del s. XVI. Centro penitenciario de Herrera de la Mancha.
MANZANARES EL REAL, v. de España (Madrid); 3 842 hab. (*manzanareños*). Junto al embalse de Santillana. — Castillo-palacio de los Santillana (s. XV), de planta rectangular.
MANZANERO (Armando), *Mérida 1935*, compositor, cantante y pianista mexicano. Es autor e intérprete de boleros de gran popularidad por su lirismo y belleza (*Somos novios; Esta tarde vi llover; Voy a apagar la luz*).
MANZANILLO, punta de la costa caribe de Panamá, la más septentrional del país.
MANZANILLO, mun. de Cuba (Granma); 121 303 hab. Alimentación; astilleros. Puerto y aeropuerto.
MANZANILLO, mun. de México (Colima), al S de la *bahía de Manzanillo*; 79 290 hab. Salinas. Pesca.Turismo. Puerto y aeropuerto.
MANZO (José), *Puebla 1785-íd. 1860*, arquitecto, pintor y grabador mexicano. Remodeló el interior de la catedral de Puebla con una serie de retablos neoclásicos.
MANZONI (Alessandro), *Milán 1785-íd. 1873*, escritor italiano. Su novela histórica *Los *novios* (1825-1827), pintura realista y moralizante de la vida humilde de los aldeanos, ejerció una influencia profunda en la novela italiana. Su teatro se convirtió en modelo del romanticismo italiano.
MANZONI (Ignazio), *Milán 1797-Clusone, Bérgamo, 1888*, pintor italiano. Artista de la escuela lombarda, dejó gran parte de su obra en diversos países americanos (*Retrato del General Mitre*, 1861).
MANZUR (David), *Neira 1929*, pintor colombiano. Ha evolucionado de un cromatismo luminoso al claroscuro.
MAÑACH (Jorge), *Sagua la Grande 1898-San Juan, Puerto Rico, 1961*, escritor cubano, ensayista de temas históricos, culturales y literarios (*Indagación del choteo,* 1928; *Martí, el apóstol,* 1933; *Examen del quijotismo,* 1950).
MAÑÉ Y FLAQUER (Juan), *Torredembarra, Tarragona, 1823-Barcelona 1901*, periodista y político español. Fue director del *Diario de Barcelona* (1865-1901), autor de *El regionalismo* (1886) y uno de los ideólogos de la burguesía catalana más conservadora.
MAO, ant. **Valverde,** c. de la República Dominicana, cap. de la prov. de Valverde; 42 801 hab.
MAÓ → **MAHÓN.**
MAO DUN o **MAO TUEN,** *Wu, Zhejiang, 1896-Pekín 1981*, escritor y político chino. Novelista, fue uno de los fundadores de la Liga de escri-

tores de izquierda (1930). Fue ministro de cultura de 1949 a 1965.
MAO ZEDONG o **MAO TSĔ-TUNG,** *Shaoshan, Hunan, 1893-Pekín 1976*, político chino. Nacido en una familia de campesinos acomodados, Mao descubrió el marxismo en la universidad de Pekín (donde trabajaba como bibliotecario) y participó en la fundación del Partido comunista chino (1921). Preconizó una táctica que utilizara el potencial revolucionario de las masas campesinas y organizó una insurrección en Hunan (1927), cuyo fracaso le costó ser expulsado del buró político del PCCh. Se refugió en Jiangxi para escapar de la represión incitada por Chang Kai-shek contra el partido y fundó la República socialista china (1931), pero tuvo que batirse en retirada ante los nacionalistas del Goumindang (la Larga marcha, 1934-1935). Se reincorporó a la secretaría política (1935) y se impuso como líder del movimiento comunista chino mediante la alianza con Chang Kai-shek contra los japoneses. En Yan'an redactó sus textos fundamentales (*La guerra revolucionaria en China,* 1936; *Sobre la contradicción,* 1937; *La guerra prolongada,* 1938; *Nueva democracia,* 1940), en los que adaptaba el marxismo a la realidad china. Después de tres años de guerra civil (1946-1949), obligó a Chang Kai-shek a abandonar el continente y proclamó en Pekín la República popular de China (1 oct. 1949). Presidente del consejo y posteriormente de la república (1954-1959) y del partido, intentó acelerar la evolución del país mediante las campañas del Gran salto adelante (1958) y de la Revolución cultural (1966-1976), cuyo programa se especificaba en el llamado *Libro rojo*. A pesar de haber sido dos fracasos muy costosos para su país, el prestigio de Mao y la influencia política de su esposa, Jiang Qing, fueron tan importantes que no se convirtieron en objeto de crítica hasta que murieron.

■ MAO ZEDONG   ■ MAQUIAVELO,
por Rosso Fiorentino.
(Col. part., Florencia.)

MAPASTEPEC, mun. de México (Chiapas); 23 340 hab. Arroz, ajonjolí. Ganadería vacuna.
MAPIMÍ, mun. de México (Durango), en el área central de la altiplanicie Septentrional (*Bolsón de Mapimí*); 28 093 hab. Algodón. Minas de oro. (Reserva de la biosfera 1977.)
MAPLES ARCE (Manuel), *Papantla 1898-México 1980*, poeta mexicano. Fundó el primer movimiento de vanguardia en México, el estridentismo (*Andamios interiores,* 1922; *Urbe,* 1924; *Poemas interdictos,* 1927), del que escribió dos manifiestos. También publicó *Memorial de la sangre* (1947), de tono intimista, y varios ensayos sobre arte mexicano.
MAPOCHO, r. de Chile (Santiago), afl. del Maipo. 110 km. Nace en los Andes y recorre la región de Santiago. A través del canal de Las Mercedes, abastece a la capital chilena.
MAPUTO, ant. **Lourenço Marques,** cap. de Mozambique, a orillas del océano Índico; 1 100 000 hab. Puerto.
MAQUEDA, v. de España (Toledo); 455 hab. Iglesia mudéjar reformada en el s. XVI; castillo del s. XV; torre de la Vela. En los alrededores, castillo de San Silvestre.
MAQUIAVELO (Nicolás), en ital. Niccolò **Machiavelli,** *Florencia 1469-íd. 1527*, político, escritor y filósofo italiano. Secretario de la República de Florencia, llevó a cabo numerosas misiones diplomáticas (en Italia, Francia y Alemania) y reorganizó el ejército. La caída de

la república por obra de los Médicis (1513) lo apartó del poder. Aprovechó esta retirada forzosa para escribir la mayor parte de su obra como historiador y escritor: *El príncipe* (1513, publicada en 1532), *Discursos sobre la primera 'Década' de Tito Livio* (1513-1519), *El arte de la guerra* (1519-1521), *Historia de Florencia* (1525) y las comedias *La mandrágora* (1520) y *Clizia* (1525). Su obra constituye un retorno a la filosofía política de los griegos. Desenmascarando las pretensiones políticas de la religión, partió de realidades contemporáneas para definir un orden nuevo (moral, libre y laico) en el que la razón de estado buscara la mejora del hombre y de la sociedad.

MAR (José de La), *Cuenca, Ecuador, 1777-en Costa Rica 1839*, militar y político peruano. Luchó en la guerra de la Independencia española y con los realistas en Perú, pero se unió a San Martín y mandó la División peruana en Ayacucho (1824). Miembro de la junta gubernativa del primer congreso constitucional (1823), fue presidente (1827). Vencido por Sucre (1829) en la guerra peruano-colombiana, fue derrocado por un golpe de estado (1829).

MAR (serra do), extremo meridional de la meseta brasileña.

MARACAIBO, c. de Venezuela, cap. del est. Zulia, en la boca del gollete que comunica el golfo de Venezuela con el *lago Maracaibo*; 1 249 670 hab. (*maracaiberos*). Puerto. Centro comercial e industrial (textil, cemento, químicas, alimentación). Aeropuerto. Universidad — Fue fundada por Ambrosius Ehinger [o Al tinger] en 1529.

MARACAIBO (lago de), lago del NO de Venezuela; 14 000 km². Comunica a través de un gollete con la bahía del Tablazo, abierta al golfo de Venezuela o *de Maracaibo*. Explotación de yacimientos petrolíferos sublacustres. El puente General Rafael Urdaneta (8 678 m) une la c. de Maracaibo, a la orilla O, a las regiones contrales. — batalla de **Maracaibo** (24 julio 1823), combate naval de la guerra de independencia en el que la flota colombiana de José Padilla venció a la realista de Laborde.

Maracaná, estadio de fútbol de Río de Janeiro, uno de los mayores del mundo (entre 150 000 y 200 000 espectadores).

MARACAY, c. de Venezuela, cap. del est. Aragua, al O de Caracas; 354 196 hab. Centro industrial. Gasoducto Guárico-Maracay-Valencia. Turismo. Coso taurino.

MARACÓ, dep. de Argentina (La Pampa); 44 239 hab.; cab. *General Pico*. Cereales; ganado vacuno.

MARADI, c. del S de Níger; 113 000 hab.

MARADONA (Diego Armando), *Buenos Aires 1960*, futbolista argentino. Jugador zurdo de una técnica extraordinaria, fue campeón del mundo con la selección de su país en 1986 y subcampeón en 1990. Jugó en los equipos Argentinos Juniors, Boca Juniors, Barcelona, Nápoles y Sevilla. En 2008 fue nombrado seleccionador del equipo de Argentina.

MARAGALL (Joan), *Barcelona 1860-íd. 1911*, poeta español en lengua catalana. Principal exponente independiente y crítico del modernismo en Cataluña, sus discursos *Elogio de la palabra* (1903) y *Elogio de la poesía* (1907) contienen sus principios estéticos. Influido por los poetas alemanes, a los que tradujo (Novalis y sobre todo Goethe), y por Nietzsche, en *Poesías* (1895) figura su popular título *La vaca ciega*, y en *Visiones y cantos* (1900), el comienzo de su extenso poema legendario de inspiración popular, *El conde Arnau*. Después publicó *Las dispersas* (1903), *Allá* (1906) y *Secuencias* (1911), que contiene el *Canto espiritual*. Póstumo es su drama *Nausica* (1913).

MARAGALL (Pasqual), *Barcelona 1941*, político español. Nieto del poeta Joan Maragall, cofundador del Partit dels socialistes de Catalunya (PSC-PSOE) en 1976 y alcalde de Barcelona (1982-1997), fue presidente de la Generalidad (2003-2006).

MARAGATERÍA (La), comarca de España, en el SO de la prov. de León. Dispersos en caseríos, sus habitantes (maragatos) conservan un rico folclore (atuendo, ritos nupciales).

MARAGHEH, c. de Irán, cerca del lago de Urmia; 117 388 hab. Huertos de regadío.

MARAJÓ, isla de Brasil, entre las desembocaduras del Tocantins y el Amazonas; 42 000 km². — Sitio arqueológico de una de las culturas más antiguas de Brasil (túmulos funerarios, cerámicas).

MARAMUREŞ, macizo montañoso de los Cárpatos, en Rumanía; 2 305 m.

MARANHÃO, estado del NE de Brasil; 328 663 km²; 4 922 339 hab.; cap. *São Luís*.

MARAÑÓN, r. de Perú; 1800 km. Nace en la cordillera de Huayhuash, de la laguna de Lauricocha, y se une al Ucayali, con el que forma el Amazonas, aguas arriba de Iquitos. Principales afl.: Santiago, Morona, Pastaza y Tigre.

MARAÑÓN (Gregorio), *Madrid 1887-íd. 1960*, médico y escritor español. Autor de trabajos científicos (*Estudios de endocrinología*, 1938) y de ensayos biográficos e históricos: *Amiel* (1932), *El conde-duque de Olivares* (1936), *Don Juan* (1940), *Antonio Pérez* (1947), *El Greco y Toledo* (1957), en 1931, fue uno de los firmantes del *Manifiesto de los intelectuales al servicio de la República*. (Real academia 1933.)

■ GREGORIO MARAÑÓN.
(Horacio, copia de Benedito; Ateneo de Madrid.)

■ MARAT, por J. Boze.
(Museo Carnavalet, París.)

MARAT (Jean-Paul), *Boudry, Suiza, 1743-París 1793*, político francés. Miembro del club de los Cordeliers, fue un virulento defensor de los intereses populares, lo que le valió gran popularidad. Diputado por París en la Convención, consiguió la condena a muerte de Luis XVI. Entró en conflicto con los Girondinos, a cuya derrota contribuyó de manera decisiva (2 junio 1793). Un mes después fue asesinado en su bañera por Charlotte Corday.

Maratón (batalla de) [490 a.C.], batalla de la primera guerra médica. Victoria del general ateniense Milcíades sobre los persas, cerca de la ciudad de Maratón, a 40 km de Atenas. Un corredor enviado a Atenas para anunciar la victoria, murió de agotamiento a su llegada.

MARAVATÍO, mun. de México (Michoacán); 40 660 hab. Minas de cobre y yeso. Textiles. Aeropuerto.

Maravillas del mundo (Las siete), las siete obras más notables de la antigüedad. (V. parte n. com. **maravilla**.)

MARBELLA, c. de España (Málaga), cab. de p. j.; 105 910 hab. (*marbellíes*). Centro turístico y residencial en la Costa del Sol. Puerto deportivo y pesquero (salazones).

MARBORÉ, macizo de los Pirineos centrales, en la frontera franco-española; 3 355 m de alt. en el monte Perdido.

MARBURGO, c. de Alemania (Hesse), junto al Lahn; 76 582 hab. Universidad. — Iglesia de Santa Isabel, del s. XIII, prototipo de iglesia gótica con tres naves. Castillo de los ss. XIII-XVI. Museos.

Marburgo (escuela de), movimiento filosófico neokantista *(h. 1875-1933)*, cuyos principales representantes fueron H. Cohen, P. Natorp y E. Cassirer.

MARC (Franz), *Munich 1880-Verdún 1916*, pintor alemán, uno de los miembros del *Blaue Reiter.

MARCA (Pierre de), *Gan, Béarn, 1594-París 1662*, político e historiador francés. Fue visitador general de Cataluña (1644-1651), y tras el tratado de los Pirineos (1659) formó parte de la comisión que fijó las fronteras entre España y Francia.

MARCA HISPÁNICA, territorios de la península Ibérica incorporados al reino franco en tiempos de Carlomagno (s. VIII), que marcaban la frontera con el territorio musulmán. Fue el origen de los condados catalanes (ss. IX-X).

MARCAS, en ital. **Marche**, región de Italia; 1 427 666 hab.; cap. *Ancona*; 4 prov. (*Pesaro y Urbino, Ancona, Macerata y Ascoli Piceno*).

MARCEAU (Marcel Mangel, llamado Marcel), *Estrasburgo 1923-Cahors 2007*, mimo francés. Creador en 1947 del personaje de Bip, bufón quimérico, renovó el arte de la pantomima al expresar la poesía de las situaciones cotidianas. En 1978, fundó en París la Escuela internacional de mimodrama (cerrada en 2005).

MARCEL (Gabriel), *París 1889-íd. 1973*, filósofo y escritor francés. Convertido al catolicismo (1929), fue uno de los principales representantes del existencialismo cristiano.

MARCELINO (san), *m. en Roma 304*, papa de 296 a 304. Fue martirizado durante la persecución de Maximiano.

MARCELLO (Benedetto), *Venecia 1686-Brescia 1739*, compositor italiano. Autor de 50 paráfrasis de los salmos de David (a partir de los textos de G. A. Giustiniani), compuso asimismo sonatas y conciertos. Escribió una obra satírica, *Teatro de la moda*.

MARCH (Ausiàs), *¿Gandía? h. 1397-Valencia 1459*, poeta valenciano en lengua catalana. Señor feudal, su obra, que recibió el influjo de los trovadores provenzales y del dolce stil novo, presenta dos ciclos; el primero (1427-1445) se centra en los poemas amatorios, el segundo incluye los seis *Cantos de muerte*, los poemas sentenciosos y didácticos, y el extenso poema confesional *Canto espiritual*.

MARCHAIS (Georges), *La Hoguette, Calvados, 1920-París 1997*, político francés. Fue secretario general del Partido comunista francés de 1972 a 1994.

Marcha sobre Roma (28 oct. 1922), marcha espectacular de los «Camisas negras» de Mussolini hacia la capital italiana. Obligó al rey Víctor Manuel III a conceder el gobierno a Mussolini.

MARCHENA, v. de España (Sevilla), cab. de p. j.; 18 086 hab. (*marcheneros*). Cereales y olivo. Iglesia de San Juan gótico-mudéjar (s. XV).

MARCHENA (Antonio de), eclesiástico y cosmógrafo español del s. XV. Superior del monasterio de la Rábida. Famoso por su apoyo al proyecto de Colón y su defensa del mismo ante la reina Isabel la Católica.

■ AUSIÀS **MARCH**. Supuesto retrato, realizado por Jacomart, en un cuadro dedicado a san Sebastián. (Colegiata de Játiva, Valencia.)

MARCHENA (José), llamado **el abate Marchena**, *Utrera 1768-Madrid 1821*, escritor y político español. Afrancesado, incitó a España a unirse a la Revolución francesa (*Aviso al pueblo español*, 1792). Publicó *Lecciones de filosofía moral y elocuencia* (1820).

MARCHENA (José Tejada, llamado Pepe), también llamado **el Niño de Marchena**, *Marchena 1903-Sevilla 1976*, intérprete de cante flamenco español. Dominó todas las variantes del cante, y cultivó también la canción seudoflamenca, al dictado de la moda.

MAR CHIQUITA, laguna de Argentina (Córdoba), que recoge los aportes del río Dulce; 1 853 km². Sus aguas son ricas en sales. Turismo. (Reserva de la biosfera 1996.)

MARCH ORDINAS (Juan), *Santa Margarita, Mallorca 1884-Madrid 1962*, financiero español. Dueño de compañías navieras, petroleras y de tabaco, financió el levantamiento militar de 1936 y creó la Fundación March (1955).

MARCIAL, *Bílbilis, cerca de la actual Calatayud, h. 40 d.C.-íd. h. 104*, poeta latino de origen hispano. Sus *Epigramas* trazan un cuadro satírico de la sociedad romana de la época.

MARCIANO (Rocco Francis Marchegiano, llamado Rocky), *Brockton Massachusetts, 1923-cerca de Des Moines 1969*, boxeador estadounidense. Campeón del mundo de los pesos pesados (1952 a 1956), resultó invicto en las categorías profesionales.

MARCIÓN, *Sínope h. 85-h. 160*, hereje cristiano. Llegó a Roma hacia 140, pero sus enseñanzas provocaron su excomunión en 144. Su doctrina de inspiración gnóstica, el *marcionismo*, combatida por Tertuliano, dejó huellas en Siria hasta el s. v.

MARCO (Tomás), *Madrid 1942*, compositor español. Trabajó como ayudante de K. Stockhausen en Colonia (1967). Su obra, que se inscribe en la experimentación de vanguardia, incluye piezas sinfónicas, instrumentales y corales, así como música para la escena (*Anna Blume*, 1967; *El caballero de la triste figura*, 2005). [Premio nacional de música 1962 y 2002.]

MARCO ANTONIO, en lat. **Marcus Antonius**, *83-30 a.C.*, general romano. Lugarteniente de César en la Galia, se enemistó con el heredero de este, Octavio (el futuro Augusto). Reconciliado con él mismo, formó con él y con Lépido el segundo triunvirato (43 a.C.), que se dividió el mundo romano (40 a.C.). Recibió Oriente y, repudiando a Octavia, se casó con la reina de Egipto, Cleopatra VII. Vencido en Accio en 31 a.C., se suicidó.

MARCO AURELIO, en lat. **Marcus Aurelius Antoninus**, *Roma 121-Vindobona 180*, emperador romano (161-180). Adoptado por Antonino, lo sucedió en el trono. Su reinado, durante el cual reforzó la centralización administrativa, estuvo dominado por guerras: campañas contra los partos (161-166) y contra los germanos, que habían atravesado el Danubio y alcanzado Italia (168-175 y 178-180). En 177 asoció al imperio a su hijo Cómodo. Dejó unos *Pensamientos*, escritos en griego, en los que expresaba su adhesión al estoicismo. — Su estatua ecuestre (act. en un museo del Capitolio), de bronce pero en otro tiempo dorada, fue erigida en Letrán en vida de Marco Aurelio. Miguel Ángel la restauró y la trasladó a la plaza del Capitolio. Fue el prototipo de todas las estatuas ecuestres del renacimiento.

MARCONI (Guglielmo), *Bolonia 1874-Roma 1937*, físico e inventor italiano. Realizó las primeras comunicaciones, primero a corta distancia (1896) y después transatlánticas (1901), mediante ondas hertzianas. (Premio Nobel 1909.)

MARCOS (san), *s. I*, uno de los cuatro evangelistas. Compañero de Pablo, de Bernabé y de Pedro, es el autor, según la tradición, del segundo Evangelio y el fundador de la Iglesia de Alejandría. Sus reliquias habrían sido transportadas a Venecia, de la que fue nombrado patrón, en el s. IX. Se lo representa acompañado de un león alado.

MARCOS (Ferdinand), *Sarrat 1917-Honolulu 1989*, político filipino. Presidente de la república (1965-1986), combatió las guerrillas comunista y musulmana.

MARCOS JUÁREZ, dep. de Argentina (Córdo-

ba); 97 818 hab. Trigo, maíz; avicultura y ganadería.

MARCOS PAZ, partido de Argentina (Buenos Aires), en la zona limítrofe del Gran Buenos Aires; 29 101 hab.

MARCUS (Rudolf Arthur), *Montreal 1923*, químico estadounidense de origen canadiense. Sus trabajos, realizados entre 1956 y 1965, permitieron dilucidar los mecanismos de transmisión de electrones entre las moléculas. (Premio Nobel 1992.)

MARCUSE (Herbert), *Berlín 1898-Starnberg, cerca de Munich, 1979*, filósofo estadounidense de origen alemán. Miembro de la escuela de Frankfurt, cruzado marxista y psicoanalista, desarrolló una crítica radical de la civilización industrial (*Eros y civilización*, 1955; *El hombre unidimensional*, 1964).

MARDĀN, c. de Pakistán; 148 000 hab.

MARDANIŠ (Muhammad ibn 'Abd Allāh ibn Sa'ad ibn), llamado **el rey Lobo** o **Lupo**, *Peñíscola 1124-Murcia 1172*, rey de las segundas taifas (1147-1172) de posible ascendencia cristiana. Rey de Murcia y Valencia, amplió sus posesiones tras combatir a los almohades.

MAR DEL PLATA, c. de Argentina (Buenos Aires), cab. del partido de General Pueyrredón, a orillas del Atlántico; 519 800 hab. Puerto. Turismo. Pesca. Industria textil y conservera. Base naval militar. Universidad. – Museos.

MARDONIO, *m. en 479 a.C.*, general persa. Fue vencido y muerto por los griegos en Platea.

MARDOQUEO, personaje bíblico del libro de Ester.

MARDUK, el dios más importante del panteón babilónico.

MARÉ (Rolf de), *Estocolmo 1888-Kiambu, Kenya, 1964*, mecenas sueco. Cofundador de los Ballets suecos (1920), también creó los Archivos internacionales de la danza (1931).

MARECHAL (Leopoldo), *Buenos Aires 1900-íd. 1970*, escritor argentino. Poeta inicialmente vanguardista vinculado a los grupos Martín Fierro y Proa, evolucionó hacia una poesía clasicista y religiosa (*Laberinto de amor*, 1936; *Cinco poemas australes*, 1937; *Sonetos a Sophia*, 1940), para reflejar en su última etapa la realidad de su mundo (*Heptamerón*, 1966). En sus novelas se mezclan el humorismo y la crítica social, con un sostén intelectual e inquietudes metafísicas (*Adán Buenosayres; El banquete de Severo Arcángelo*, 1965; *Megafón o la guerra*, 1970). También escribió teatro y ensayos.

■ **LEOPOLDO MARECHAL**

MAREMMA, región de Italia central, que se extiende a lo largo del mar Tirreno.

Marengo (batalla de) [14 junio 1800], batalla de la campaña de Italia. Victoria de Napoleón y de Desaix frente a los austriacos, cerca de Alessandria (Piamonte), que supuso la retirada del ejército austriaco de Piamonte y Lombardía.

MAREOTIS (lago) → **MARYŪṬ**.

MARÈS (Frederic), *Portbou 1893-Barcelona 1991*, escultor español. Autor de una obra ecléctica inspirada en el arte mediterráneo y el gótico, realizó monumentos, esculturas religiosas y retratos. En 1946 fundó en Barcelona el museo Marès. (Premio nacional de escultura 1983.)

MAREY (Étienne Jules), *Beaune 1830-París 1904*, fisiólogo e inventor francés. Perfeccionó la técnica de registrar gráficamente los fenómenos fisiológicos y creó, en 1882, la *cronofotografía*, de la que deriva el cine.

MARGALEF (Ramón), *Barcelona 1919-íd. 2004*, ecólogo español. Aplicó la teoría de la información y modelos matemáticos a los estudios ecológicos y poblacionales (*Perspectivas en teoría ecológica*, 1968; *Ecología*, 1974; *Limnología*, 1982).

MARGARIT (Joan), *Sanaüja, Lérida, 1938*, poeta en lenguas catalana y castellana y arquitecto español. Con un estilo sobrio, su poesía parte de elementos autobiográficos para abordar temas como el amor, la muerte o la verdad (*Mar d'hivern*, 1986; *Estació de França*, 1999; *Casa de misericordia*, 2007, premio nacional). Entre su obra arquitectónica, destaca la cúpula del mercado de ganado (act. Fernando Buesa Arena) de Vitoria (1975).

MARGARITA, isla de Venezuela (Nueva Esparta), en el E de la costa del Caribe; 1 072 km²; 118 000 hab.; c. prales. *La Asunción* y *Porlamar*. Pesca. Cultivo de perlas. Turismo. — Descubierta por Colón (1498), fue colonizada en 1528 y donada en propiedad vitalicia a Aldonza Manrique (1542-1575). Prosperó gracias a sus ostrales y su tabaco, aunque sufrió los constantes ataques de los filibusteros. Se unió a la revolución contra España (1810) y por su heroísmo fue llamada Nueva Esparta.

SANTA

MARGARITA o **MARINA** (santa), *Antioquía de Pisidia s. III*, virgen y mártir cristiana. Fue decapitada por haber admitido su fe en vez de casarse con el prefecto Olybrius. Es la patrona de las mujeres embarazadas.

DINAMARCA, NORUEGA, SUECIA

MARGARITA I Valdemarsdotter, *Søborg 1353-Flensburg 1412*, reina de Dinamarca, Noruega y Suecia. Hija de Valdemar IV de Dinamarca, se casó con el rey de Noruega Haakon VI (1363) y accedió al trono a la muerte de su hijo Olav (1387). Impuso la Unión de Kalmar a los estados de Dinamarca, Noruega y Suecia (1397) en beneficio de su sobrino Erik de Pomerania. — **Margarita II**, *Copenhague 1940*, reina de Dinamarca. Hija de Federico IX, lo sucedió en el trono en 1972.

ESPAÑA

MARGARITA DE AUSTRIA, *Gratz 1584-El Escorial 1611*, reina de España (1598-1611), hija del archiduque Carlos de Estiria y esposa de Felipe III.

FRANCIA

MARGARITA DE PROVENZA, *1221-Saint-Marcel, cerca de París, 1295*, reina de Francia. Se casó con Luis IX (1234), con quien tuvo once hijos. Intentó desempeñar funciones políticas bajo el reinado de su hijo Felipe III. Jaime I de Aragón le cedió sus derechos sobre Provenza, excepto Montpellier (tratado de Corbeil, 1258).

INGLATERRA

MARGARITA DE ANJOU, *Pont-à-Mousson 1430-castillo de Dampierre, Anjou, 1482*, reina de Inglaterra. Hija de Renato I el Bueno, rey de Sicilia, se casó con Enrique VI (1445). Defendió con energía el partido de los Lancaster durante la guerra de las Dos Rosas.

NAVARRA

MARGARITA DE ANGULEMA o **DE NAVARRA**, *Angulema 1492-Odos, Bigorra, 1549*, reina de Navarra. Hija de Carlos de Orleans, duque de Angulema, y de Luisa de Saboya, era la hermana mayor de Francisco I de Francia. En 1525 envíudó de Carlos IV, duque de Alençon, y en 1527 casó con Enrique de Albret, rey de Navarra. Protegió a los reformados e hizo

■ **ÉTIENNE JULES MAREY**. Estudio de paso de carrera (fragmento).

de su corte un brillante foco de humanismo. Es autora de relatos (*El Heptamerón*, 1559), de poesías y obras de teatro.

MARGARITA DE BORGOÑA, *1290-Château-Guillard 1315*, reina de Navarra (1305-1314), hija de Roberto II de Borgoña y esposa (1305) de Luis I de Navarra.

MARGARITA DE VALOIS, llamada **la reina Margot,** *Saint-Germain-en-Laye 1553-París 1615,* reina de Navarra y más adelante de Francia. Hija de Enrique II de Francia, casó en 1572 con Enrique III de Navarra (el futuro Enrique IV de Francia), de quien se separó muy pronto. Su matrimonio fue anulado en 1599. Dejó escritas *Memorias* y *Poesías*.

PARMA

MARGARITA DE PARMA, *Oudenaarde 1522 Ortona, Abruzzo, 1586,* duquesa de Parma. Hija natural de Carlos Quinto, casó con el duque de Parma, Octavio Farnesio, y gobernó los Países Bajos de 1559 a 1567, en que, con el triunfo de la tendencia belicista, fue relevada por el duque de Alba.

SABOYA

MARGARITA DE AUSTRIA, *Bruselas 1480-Malinas 1530,* duquesa de Saboya. Hija del emperador Maximiliano y de María de Borgoña. Casó con Juan (1497), primogénito de los Reyes Católicos, quien murió al poco tiempo, y con Filiberto II de Saboya. Gobernó los Países Bajos (1507-1515, 1519-1530) y desempeñó una importante función diplomática.

MARGARITA MARÍA ALACOQUE (santa), *Verosvres, Saône-et-Loire, 1647-Paray-le-Monial 1690,* religiosa francesa. Salesa en Paray-le-Monial, recibió la misión durante sus visiones de Cristo (1673-1675), de propagar el culto del Sagrado Corazón de Jesús.

MARGARITAS (Las), mun. de México (Chiapas); 42 443 hab. Caña de azúcar, maíz, frijol.

MARGARIT I DE BIURE (Josep de), *La Bisbal d'Empordà 1602-Perpiñán 1665,* militar y político catalán, nombrado gobernador de Cataluña por Luis XIII (1641-1659).

MARGARIT I DE PAU (Joan), *Gerona 1421-Roma 1484,* eclesiástico y político. Fue colaborador de Juan II de Aragón ante el papa (1459), obispo de Gerona (1462), canciller del rey (1472) y cardenal (1483).

MARGATE, c. de Gran Bretaña (Inglaterra); 49 000 hab. Estación balnearia.

MARGIL DE JESÚS (fray Antonio), *Valencia 1657-México 1726,* misionero franciscano español. Recorrió el virreinato de Nueva España y escribió un notable diccionario de lenguas indígenas. Fue beatificado en 1836.

MARI (República de), república de Rusia, en N de Kazán; 765 000 hab.; cap. *Yoshkar-Olá.* Apenas un 45 % de la población es de origen mari.

MARI, ant. c. de Mesopotamia, junto al Éufrates medio (act. *Tell Hariri,* Siria). Una de las grandes ciudades del antiguo Oriente desde mediados del III milenio y capital de un estado amorrita a inicios del II milenio, fue destruida por Hammurabi. — Las excavaciones, de las que emprendió en 1933 el arqueólogo francés André Parrot hasta las realizadas en 1979, confirmaron la importancia de la ciudad (palacio, urbanismo y zona portuaria).

MARÍ, ant. Merv, c. de Turkmenistán; 87 000 hab. Algodón. — Mausoleos selyúcidas (s. XII).

SANTAS

MARÍA, personaje bíblico, madre de Jesús y esposa de José, llamada también la Virgen María. La creencia en la concepción virginal de Jesús en el seno de María apareció desde los primeros tiempos de la Iglesia. En el desarrollo de la fe cristiana destacó el papel de la Virgen, y el concilio de Éfeso, en 431, proclamó a María «Madre de Dios». En la edad media se asistió a un gran auge de la piedad mariana. A pesar de la oposición de la Reforma (s. XVI), se constituyó una teología de la Virgen *(mariología).* Pío IX definió el dogma de la Concepción en 1854 y Pío XII, el de la Asunción en 1950.

MARÍA DE LA CABEZA (santa) → **ISIDRO LABRADOR** (san).

MARÍA EGIPCÍACA (santa), *en Egipto h. 345-*

■ MARÍA I ESTUARDO.
(Museo de arte, Glasgow.)

■ MARÍA DE MÉDICIS, por Rubens.
(Museo del Prado, Madrid.)

■ MARÍA I TUDOR, por A. Moro. (Museo del Prado, Madrid.)

■ MARÍA ANTONIETA, por A. U. Wertmüller.
(Palacio de Versalles.)

en Palestina h. 422, penitente cristiana. Cortesana arrepentida tras una visión, pasó el resto de su vida retirada en el desierto.

SACRO IMPERIO

MARÍA DE AUSTRIA, *Madrid 1528-íd. 1603,* emperatriz de Austria (1548-1576). Hija de Carlos Quinto y de Isabel de Portugal, casó (1548) con el emperador Maximiliano II.

ARAGÓN

MARÍA DE CASTILLA, *Segovia 1401-Valencia 1458,* reina de Aragón (1416-1458), hija de Enrique III de Castilla y de Catalina de Lancaster, y esposa de Alfonso V de Aragón (1415). Fue lugarteniente general de Aragón (1420-1436) y de Cataluña (1420-1453).

BORGOÑA

MARÍA DE BORGOÑA, *Bruselas 1457-Brujas 1482,* duquesa titular de Borgoña (1477-1482). Hija única de Carlos el Temerario, gracias a su boda con Maximiliano de Austria (1477), los Países Bajos y el Franco Condado pasaron a los Habsburgo.

CASTILLA

MARÍA DE MOLINA, *en Castilla h. 1260-Valladolid 1321,* reina de Castilla (1284-1295), esposa de Sancho IV de Castilla (1282). Fue tutora de su hijo Fernando IV (1295-1301) y de su nieto Alfonso XI (1312-1321).

ESCOCIA

MARÍA I ESTUARDO, *Linlithgow 1542-Fotheringay 1587,* reina de Escocia (1542-1567). Hija de Jacobo V y reina a los siete días de nacer, casó con el futuro rey de Francia Francisco II (1558). Enviudó en 1560 y regresó a Escocia, donde luchó contra la Reforma y contra las intrigas secretas de la reina de Inglaterra Isabel I. Su matrimonio con Bothwell, asesino de su segundo marido, lord Darnley, su autoritarismo y su catolicismo provocaron una insurrección y su posterior abdicación (1567). Buscó refugio en Inglaterra y se dejó implicar en varios complots contra Isabel, quien la mandó encarcelar y ejecutar. — **María II Estuardo,** *Londres 1662-íd. 1694,* reina de Inglaterra, de Irlanda y de Escocia (1689-1694). Hija de Jacobo II, reinó conjuntamente con su esposo Guillermo II de Nassau.

FRANCIA

MARÍA DE MÉDICIS, *Florencia 1573-Colonia 1642,* reina de Francia (1600-1610). Hija del gran duque de Toscana, casó en 1600 con Enrique IV de Francia. Al morir el rey fue regente de su hijo Luis XIII y llevó a cabo una política católica y proespañola. Apoyó a Richelieu, que pasó a ser ministro, aunque más tarde se enemistó con el cardenal y tuvo que exiliarse.

HUNGRÍA

MARÍA DE AUSTRIA, *Bruselas 1505-Cigales 1558,* reina de Hungría (1522-1526), hija de Felipe el Hermoso y de Juana la Loca. Esposa de Luis II de Hungría (1522), enviudó en 1526 y fue nombrada gobernadora de los Países Bajos (1531-1555).

INGLATERRA

MARÍA I TUDOR, *Greenwich 1516-Londres 1558,* reina de Inglaterra e Irlanda (1553-1558). Hija de Enrique VIII y de Catalina de Aragón y contraria a la Reforma, persiguió a los protestantes (sus numerosas ejecuciones le valieron el sobrenombre de María la Sanguinaria). Su matrimonio con Felipe II de España (1554) provocó una guerra desastrosa contra Francia (1557-1558) y la pérdida de Calais.

NAVARRA

MARÍA DE LUXEMBURGO, *1304-Issoudun 1324,* reina de Francia y de Navarra (1322-1324), hija de Enrique de Luxemburgo y esposa (1322) de Carlos IV de Francia y I de Navarra.

PORTUGAL

MARÍA I DE BRAGANZA, *Lisboa 1734-Río de Janeiro 1816,* reina de Portugal (1777-1816). Hija del rey José I y de María de su tío Pedro III, se vio afectada de desequilibrios mentales y tuvo que ceder el poder a su hijo, el futuro Juan VI, regente a partir de 1792. — **María II de Braganza,** *Río de Janeiro 1819-Lisboa 1853,* reina de Portugal (1826-1853), hija de Pedro I, emperador de Brasil.

María, novela de Jorge Isaacs (1867), representativa del romanticismo en Latinoamérica; en ella lo importante no es la acción, sino el estudio de las pasiones humanas y la preocupación de la naturaleza.

MARÍA AMALIA DE SAJONIA, *Dresde 1724-Madrid 1760,* reina de Nápoles (1738-1759) y de España (1759-1760), esposa (1738) de Carlos III de España.

MARÍA ANTONIETA, *Viena 1755-París 1793,* reina de Francia. Hija del emperador Francisco I y de María Teresa de Austria, casó con el futuro Luis XVI en 1770. Impopular por sus escándalos y enemiga de las reformas, fue guillotinada.

MARÍA CAROLINA, *Viena 1752-Schönbrunn 1814,* reina de Nápoles. Hija del emperador Francisco I de Austria, casó en 1768 con Fernando IV de Nápoles (Fernando I de Borbón) y fue la verdadera gobernante del país.

MARÍA CRISTINA DE BORBÓN, *Nápoles 1806-Sainte Adresse, Francia, 1878,* reina de España (1829-1833). Hija de Francisco I, rey de las Dos Sicilias, casó en 1829 con Fernando VII. Regente de su hija Isabel II en 1833, tuvo que enfrentarse a la primera guerra carlista (1833-1839). Exiliada (1840-1843), conspiró contra Espartero.

MARÍA CRISTINA DE HABSBURGO-LORENA, *Gross-Seelowitz, Moravia, 1858-Madrid 1929,* reina de España (1879-1885). Hija del archiduque Carlos Fernando de Austria, esposa de Alfonso XII (1879) y madre de Alfonso XIII, durante su regencia (1885-1902) se consolidó el régimen de la Restauración.

MARÍA DE FRANCIA, poetisa francesa (1154-1189), autora de *Fábulas* y de *Lais.*

MARÍA GALANTE, en fr. Marie-Galante, isla de las Antillas francesas, al SE de Guadalupe, de la que depende; 157 km²; 12 607 hab. Caña de azúcar. Ecomuseo en torno a las viviendas Murat.

MARÍA JOSEFA AMALIA DE SAJONIA, *Dresde 1803-Aranjuez 1829,* reina de España (1819-1829), hija de Maximiliano de Sajonia y tercera esposa de Fernando VII.

MARÍA LA BAJA, mun. de Colombia (Bolívar); 30 849 hab. Centro agropecuario.

MARÍA LUISA DE HABSBURGO-LORENA, *Viena 1791-Parma 1847,* emperatriz de los franceses. Casó con Napoleón I en 1810. Fue regente en 1813-1814.

■ **MARÍA LUISA DE HABSBURGO-LORENA,** por F. Gérard. (Palacio de Versalles.)

MARÍA LUISA DE ORLEANS, *París 1662-Madrid 1689,* reina de España (1679-1689), hija de Felipe de Orleans y esposa (1679) de Carlos II.
MARÍA LUISA DE PARMA, *Parma 1751-Roma 1819,* reina de España (1788-1808), hija de Felipe de Parma, esposa de Carlos IV (1765). Fue amante de Godoy.
MARÍA LUISA GABRIELA DE SABOYA, *Turín 1688-Madrid 1714,* reina de España (1701-1714), hija de Víctor Amadeo II de Saboya y primera esposa de Felipe V. Fue gobernadora y lugarteniente del reino (1702).
MARÍA MAGDALENA (santa) o **MARÍA DE MAGDALA** o **LA MAGDALENA,** personaje bíblico, nombre de una de las tres Marías de que hablan los Evangelios además de María, la madre de Jesús. Una tradición, considerada errónea, asocia esta María de Magdala a la pecadora anónima que, según san Lucas, lavó los pies de Jesús y los secó con su cabellera durante una cena en casa del Simón el fariseo. Asimismo, existe la leyenda de una María Magdalena arrepentida (identificada también con María de Betania) que viajó hasta Provenza y cuyos restos se conservarían en Vézelay.
MARÍA MICAELA DEL SANTÍSIMO SACRAMENTO → **MICAELA DEL SANTÍSIMO SACRAMENTO.**
MARIAMNE o **MIRIAM,** *Jerusalén h. 60-29 a.C.,* segunda esposa de Herodes el Grande. Su marido la hizo matar como a sus dos hijos.
MARIANA (Juan de), *Talavera de la Reina 1536-Toledo 1624,* eclesiástico e historiador español. Jesuita y cronista real de Felipe IV, escribió una *Historia general de España* (1592 en latín, 1601 en castellano) y *De Rege et regis institutione* (1598), donde plantea el regicidio.
MARIANA DE AUSTRIA, *Viena 1634-Madrid 1696,* reina (1649-1665) y regente (1665-1675) de España, hija del emperador Fernando III, esposa de Felipe IV (1649) y madre de Carlos II.
MARIANA DE JESÚS (santa) [Mariana de Jesús de Paredes y Flores], *Quito 1618-íd. 1645,* virgen ecuatoriana. Al no ser admitida en el convento dominicano de Santa Catalina, vivió en su casa como religiosa contemplativa. Fue canonizada en 1950.
MARIANA DE NEOBURGO, *Düsseldorf 1667-Guadalajara 1740,* reina de España (1689-1700). Hija de Felipe Guillermo de Baviera-Neoburgo y segunda esposa de Carlos II (1689), fue desterrada por Felipe V.
MARIANAO, c. de Cuba (La Habana), en el área de La Habana; 219 278 hab. Industria.
MARIANAS (fosa de las), la más profunda fosa conocida del Pacífico (11 034 m), a orillas del *archipiélago de las Marianas.*
MARIANAS (islas), archipiélago volcánico del Pacífico, al E de las Filipinas, formado por las *Marianas del Norte* y *Guam.* Fueron descubiertas por Magallanes en 1521, ocupadas por España en 1565 y evangelizadas a partir de 1668 con la protección de la reina Mariana de Austria, de donde procede su nombre actual. A excepción de Guam (cedida a EUA), las

otras islas fueron vendidas a Alemania (1899) y pasaron a Japón en 1919. Administradas por EUA en nombre de la ONU (1947-1990), desde 1978 forman un estado asociado a EUA, la Commonwealth de las Marianas del Norte. En junio de 1944 fueron escenario de una violenta batalla aeronaval.
MARIANAS DEL NORTE (Commonwealth de las), dependencia estadounidense del Pacífico occidental; 464 km²; 43 345 hab.; cap. *Garapan* (en la isla de Saipan).
MARIANO (Luis Mariano Eusebio **González García,** llamado Luis), *Irún 1914-París 1970,* cantante español. Afincado en Francia, su encanto latino y su voz cálida le valieron triunfar en los escenarios y en el cine, con las operetas de Francis Lopez (*La bella de Cádiz, El cantor de México, Violetas imperiales*).
MARIÁNSKÉ LÁZNĚ, en alem. **Marienbad,** c. de la República Checa, en Bohemia; 15 378 hab. Estación termal.
MARIARA, c. de Venezuela (Carabobo), cab. del mun. de Diego Ibarra; 69 404 hab. Industrias.
MARÍAS o **TRES MARÍAS** (islas), archipiélago de México (Nayarit), en el Pacífico, a 110 km aprox. de la costa, constituido por las islas *María Madre, María Magdalena de En Medio, María Cleofás* y *San Juanito.* Colonia penal en María Madre desde 1905.
MARÍAS (Javier), *Madrid 1951,* escritor español. Con un lenguaje preciso y numerosas referencias culturalistas, las elaboradas intrigas de sus novelas y relatos plantean dilemas morales (*Todas las almas,* 1989; *Corazón tan blanco,* 1993; *Cuando fui mortal,* 1996; trilogía *Tu rostro mañana,* 2002-2007). También es autor de ensayos, artículos y traducciones. (Premio Rómulo Gallegos 1995.) [Real academia 2006.]

■ JAVIER **MARÍAS**   ■ JOSÉ CARLOS **MARIÁTEGUI**

MARÍAS (Julián), *Valladolid 1914-Madrid 2005,* filósofo español. Discípulo de Ortega, entre sus obras destacan *Historia de la filosofía* (1941), *Antropología filosófica* (1970) y *Ser español* (1987). [Real academia 1964.]
MARIÁTEGUI (José Carlos), *Moquegua 1894-Lima 1930,* político y ensayista peruano. Redactor del periódico *La prensa* y fundador de *La razón* y la revista *Amauta* (1926), defendió las luchas universitarias y obreras, por lo que fue encarcelado. En 1928 fundó el Partido socialista de Perú. En *Siete ensayos de interpretación de la realidad peruana* (1929) desarrolla su marxismo americanista, que lo llevó a fundar la Confederación de trabajadores del Perú. También es autor de *La escena contemporánea* (1925) y *El alma matinal* (póstumo, 1950).
MARÍA TERESA, *Viena 1717-íd. 1780,* archiduquesa de Austria (1740-1780) y reina de Hungría (1741-1780) y de Bohemia (1743-1780), de la casa de los Habsburgo-Lorena. Hija de Carlos VI, debía recibir, según la Pragmática sanción (1713) todos los estados de los Habsburgo. Tuvo que afrontar la guerra de Sucesión de Austria (1740-1748) contra Prusia, Baviera y Sajonia, ayudadas por Francia y España, que le costó Silesia. En 1745 consiguió que su esposo (Francisco I) fuese elegido emperador germánico y desde estonces ostentó el título de emperatriz. Luchó contra Federico II en la guerra de los Siete años (1756-1763), pero no pudo recuperar Silesia. En el interior, realizó importantes reformas centralizadoras y fue partidaria del mercantilismo. A partir de 1765 fue dejando el poder en manos de su hijo José II. Tuvo diez hijas, entre ellas, María Antonieta.

MARÍA TERESA DE AUSTRIA, *Madrid 1638-Versalles 1683,* reina de Francia (1660-1683). Hija de Felipe IV de España, casó con Luis XIV (1660) en virtud de la paz de los Pirineos.
MARÍA TRINIDAD SÁNCHEZ (provincia de), prov. del N de la República Dominicana; 1 310 km²; 111 000 hab.; cap. *Nagua.*
MARIAZELL, c. de Austria (Estiria); 2 300 hab. Lugar de peregrinación. Estación de deportes de invierno (alt. 868-1 624 m).
MARIBOR o **MARBURGO,** c. de Eslovenia, a orillas del Drave; 105 000 hab. Construcción automovilística. Castillo del s. XV (museo) y otros monumentos.
MARICA o **MARITZA,** en gr. **Evros,** r. de la Europa balcánica, que nace en Bulgaria y desemboca en el mar Egeo; 490 km. Su curso inferior separa Grecia y Turquía.
MARICHAL (Juan), *Santa Cruz de Tenerife 1922,* historiador español. Exiliado en 1938, catedrático de Harvard, destacan sus estudios sobre el pensamiento liberal español (*La vocación de Manuel Azaña,* 1968; *El secreto de España,* 1996; *El designio de Unamuno,* 2002). [Premio nacional de historia 1996.]
MARICHALAR (Antonio), *Logroño 1893-Madrid 1973,* escritor español. Crítico de arte y literatura contemporánea, escribió ensayos (*Mentira desnuda,* 1933) y biografías históricas.
MARIEL, mun. de Cuba (La Habana), en la *bahía del Mariel;* 33 419 hab. Turismo (playa Salado).
MARIEMMA (Guillermina **Martínez,** llamada), *Íscar 1917-Madrid 2008,* bailarina española. Intérprete de folclore español, de depurada técnica y elegancia de movimiento, se consagró con la coreografía de *El amor brujo* de Falla (1947). [Premio nacional 1950.]
MARIENBAD → **MARIÁNSKÉ LÁZNĚ.**
MARIETTE (Auguste), *Boulogne-sur-Mer 1821-El Cairo 1881,* egiptólogo francés. Descubrió muchos de los grandes sitios arqueológicos de Egipto y Nubia y fundó un museo, núcleo del actual museo de El Cairo.
Marignano (batalla de) [13-14 sept. 1515], batalla de las guerras de Italia. Victoria de Francisco I de Francia sobre los suizos aliados al papa León X, en Marignano (Lombardía).
MARÍN, v. de España (Pontevedra), cab. de p. j.; 25 482 hab. *(marinenses).* Puerto militar, comercial y pesquero, en la ría de Pontevedra.
MARÍN (Joaquín), arquitecto español, activo en la segunda mitad del s. XVII en el virreinato del Río de la Plata, de estilo neoclásico (santuario de Nuestra Señora de Luján).
MARINA → **MALINCHE.**
MARINA (José Antonio), *Toledo 1940,* filósofo y ensayista español. Es autor de una teoría de la inteligencia que integra los resultados de las ciencias cognitivas y de ensayos sobre el lenguaje y los sentimientos (*Elogio y refutación del ingenio,* 1992; *Teoría de la inteligencia creadora,* 1993; *Anatomía del miedo,* 2006).
MARÍN CAÑAS (José), *San José 1904-íd. 1980,* novelista costarricense. Autor de novelas de corte indigenista con vertiente metafísica —la lucha del hombre con el medio hostil—, sondea el problema cotidiano de la existencia (*El infierno verde,* 1935; *Pedro Arnáez,* 1942; *Valses nobles y sentimentales,* 1981, memorias).
MARINELLO (Juan), *San Diego del Valle 1898-La Habana 1977,* escritor cubano. Miembro de la segunda generación republicana, escribió poesía (*Liberación,* 1927) y ensayo (*Momento español,* 1939; *Once ensayos martinianos,* 1965).
MARINEO SÍCULO (Lucio), *Bidino, Sicilia, 1460-en España 1533,* humanista italiano. Capellán y cronista de la corte de Fernando el Católico, escribió *De rebus Hispaniae memorabilitus* (1530).
Marinero en tierra, libro de poemas de Rafael Alberti (1924). En una poesía que añade lo popular a la tradición culta, el poeta, expatriado a la ciudad desde la que no ve el mar, lo evoca con nostalgia.
MARINETTI (Filippo Tommaso), *Alejandría, Egipto, 1876-Bellagio 1944,* escritor italiano. Fue el iniciador del futurismo, antes de adoptar el fascismo.
MARINGÁ, c. de Brasil (Paraná); 239 930 hab.

MARINI (Marino), *Pistoia 1901-Viareggio 1980*, escultor y pintor italiano. Moderno, pero admirador de la escultura antigua arcaica, conjuga simplificación formal, tensión y monumentalidad (tema del «Caballero y jinete»).

MARINÍES → **BENIMERINES.**

MARINILLA, mun. de Colombia (Antioquia); 31 310 hab. Centro agropecuario. Textiles.

MARINO o **MARINI** (Giambattista), *Nápoles 1569-íd. 1625*, poeta italiano. Su poesía (*Adonis*, 1623), cargada de metáforas y antítesis, ejerció profunda influencia en la literatura preciosista francesa.

MARIÑAS (Las), comarca de España (La Coruña), que comprende la ribera marina de las rías de La Coruña, Betanzos, Ares y Ferrol. Agricultura. Pesca. Industrias en La Coruña y Ferrol.

MARIÑO, mun. de Venezuela (Nueva Esparta), en la isla Margarita; 67 144 hab., cab. *Porlamar.*

MARIÑO (Santiago), *Valle del Espíritu Santo, isla Margarita, 1788-La Victoria 1854*, militar y político venezolano. Lugarteniente de Bolívar, fue jefe del estado mayor en la batalla de Carabobo (1821). Candidato a presidente (1834), fue derrotado por Vargas, a quien intentó derrocar en 1835 al frente de la revolución reformista.

MARIO (Cayo), *Cereatae, cerca de Arpino, 157 Roma 86 a.C.*, general y político romano. Perteneciente a una familia plebeya, rompió con Metelo, uno de los jefes de la aristocracia, y se erigió en líder del pueblo. En 107 obtuvo el consulado y dirigió el ejército de África; constituyó un auténtico ejército profesional, con el que venció a Yugurta (105), a los teutones en Aix-en-Provence (102) y a los cimbrios en Verceil (101). Pero el partido aristocrático recuperó su ventaja con Sila, quien, tras haber vencido en Oriente, marchó sobre Roma (88). Mario tuvo que exiliarse en África. Sila partió hacia Oriente y Mario regresó a Roma (86) con la ayuda de Cinna. Fue nombrado cónsul por séptima vez y murió poco tiempo después.

MARIOTTE (abad Edme), *Dijon h. 1620-París 1684*, físico francés. Enunció la ley de deformación elástica de los sólidos (1660), descubrió el punto ciego del ojo en 1676, estableció la ley de la compresibilidad de los gases (*ley de Boyle-Mariotte*). También realizó investigaciones de hidrodinámica.

MARIQUITA, mun. de Colombia (Tolima); 24 125 hab. Agricultura; ganadería vacuna.

MARISCAL (Javier Errando, llamado Javier), *Valencia 1950*, dibujante y diseñador español. Renovador del cómic español en publicaciones underground, se ha especializado en interiorismo y diseño gráfico e industrial (*Cobi*, mascota de los Juegos olímpicos de 1992). [Premio nacional de diseño 1999.]

MARISCAL ESTIGARRIBIA, c. de Paraguay (Boquerón), en el Gran Chaco.

MARISMAS (Las), región fisiográfica de España (Huelva, Sevilla y Cádiz), en el valle inferior del Guadalquivir hasta su desembocadura. Es una región pantanosa, aprovechada en parte por la agricultura y la ganadería.

MARISOL (Marisol Escobar, llamada), *París 1930*, escultora estadounidense de origen venezolano. Creó assemblages de materiales heterogéneos no exentos de ironía y se aproximó al pop art.

MARITAIN (Jacques), *París 1882-Toulouse 1973*, filósofo francés. Defensor del neotomismo, contribuyó a la renovación del catolicismo (*Humanismo integral*, 1936).

MARÍTIMAS (Provincias) → **PROVINCIAS MARÍTIMAS.**

MARITORNES, personaje del *Quijote*, arquetipo de lo feo y desagradable.

MARITZA → **MARICA.**

MARIÚPOL, de 1948 a 1989 **Zhdánov**, c. de Ucrania, junto al mar de Azov; 522 000 hab. Puerto. Siderurgia.

MARIVAUX (Pierre **Carlet de Chamblain de**), *París 1688-íd. 1763*, escritor francés. Renovó la comedia con una refinada psicología y un lenguaje delicado (*La sorpresa del amor* (1722), *El juego del amor y del azar* (1730), *Las falsas confidencias* (1737). Fue también autor de novelas (*La vida de Marianne*, 1731-1741).

MARKHAM, c. de Canadá (Ontario), en las afueras de Toronto; 137 591 hab.

MARKHAM (monte), uno de los puntos culminantes de la Antártida; 4 350 m.

MÁRKOV (Andréi Andréievich), *Riazán 1856-Petrogrado 1922*, matemático ruso. Introdujo las cadenas de acontecimientos en el cálculo de probabilidades (*cadenas de Márkov*), en las que el futuro, a partir de un presente conocido, es independiente del pasado.

MARKOWITZ (Harry), *Chicago 1927*, economista estadounidense. Sus trabajos se centran en la teoría de la economía financiera y la financiación de las empresas. Desarrolló la teoría llamada «de la elección de las carteras», que tiene en cuenta el riesgo. (Premio Nobel 1990.)

MARL, c. de Alemania (Rin del Norte-Westfalia), en el Ruhr; 92 590 hab. Química.

MARLBOROUGH (John **Churchill**, duque de), *Musbury 1650-Granbourn Lodge 1722*, militar inglés. En 1688 pasó del bando de Jacobo II al de Guillermo III de Nassau. Tras el advenimiento de la reina Ana (1702), fue nombrado comandante en jefe de las tropas británicas. Generalísimo de los ejércitos aliados, obtuvo importantes victorias durante la guerra de Sucesión de España: Höchstädt (1704), Oudenaarde (1708) y Malplaquet (1709). Cayó en desgracia en 1710.

MARLEY (Robert Nesta, llamado **Bob**), *Rhoden Hall, Saint Ann, 1945-Miami 1981*, cantante, guitarrista y compositor jamaicano. Adepto del movimiento rasta, popularizó el reggae por todo el mundo (*Soul Rebel; Jammin'*).

MARÍA TERESA, por M. Meytens
(Kunsthistorisches Museum, Viena)

BOB MARLEY en 1980.

MARLOWE (Christopher), *Canterbury 1564-Deptford, Londres, 1593*, dramaturgo inglés. Es autor de *La trágica historia del doctor Fausto* (h. 1590).

Marlowe (Philip), detective privado de las novelas policíacas de R. Chandler (*El sueño eterno*, 1939).

MÁRMARA (mar de), mar interior de la cuenca del Mediterráneo, entre las partes europea y asiática de Turquía; 11 500 km² aprox. Es el ant. *Propóntide.*

MAR MENOR, albufera de España, en el litoral murciano; 185 km² y 1,70 m de profundidad. Salinas. Pesca. Turismo en *La Manga del Mar Menor.*

MÁRMOL (José), *Buenos Aires 1818-íd. 1871*, escritor argentino. Encarcelado por Rosas, utilizó sus versos para atacar al dictador desde su exilio. En *Cantos del peregrino* (1844), sin duda lo mejor de su obra, es visible la influencia de Byron. En *Armonías* (1851-1854) los poemas políticos alternan con otros de tema personal. Su novela folletinesca *Amalia* interesa por la descripción del ambiente de la dictadura.

MARMOLADA, punto culminante de los Dolomitas (Italia); 3 342 m.

MARMONT (Auguste **Viesse de**), duque de **Ragusa**, *Châtillon-sur-Seine 1774-Venecia 1852*, militar francés. Mariscal de Francia, comandó el ejército en Dalmacia (1806), en Portugal (1811) y en España (1812), donde fue derrotado y herido en los Arapiles. Durante la campaña de Francia (1814) negoció la capitulación de París con los aliados.

MARMORA (Alfonso Ferrero **La**), *Turín 1804-Florencia 1878*, militar y político italiano. Dirigió las fuerzas sardas durante las campañas de

Crimea (1855) e Italia (1859), fue presidente del consejo (1864) y, en 1866, se alió con Prusia contra Austria.

MAR MUERTO, albufera de México, en el golfo de Tehuantepec; 72 km de long.; 1,5-6 km de anch.

MARNE, r. de Francia, afl. del Sena (or. der.); 525 km. Un canal lo enlaza con el Rin.

MARNE, dep. de Francia (Champagne-Ardenne); cap. *Châlons-en-Champagne;* 8 162 km²; 565 229 hab.

Marne (batalla del) [6-13 sept. 1914], campaña de la primera guerra mundial. La victoria de las tropas francobritánicas, dirigidas por Joffre, detuvieron, a orillas del Marne, el avance alemán y obligaron a Moltke a retirarse.

MAROS → **MUREŞ.**

MAROT (Clément), *Cahors 1496-Turín 1544*, poeta francés. Fiel a las formas estróficas medievales (rondel, balada), fue también un elegante poeta cortesano (*Elegías; Epigramas; Epístolas*).

MAROTO (Rafael), *Lorca 1783-Santiago de Chile 1847*, militar español. Combatió en las guerras de independencia de América (1814-1824). Incorporado al ejército carlista en 1833, llevó a cabo las negociaciones que condujeron al convenio de Vergara (1839).

MAROUA, c. del N de Camerún, cap. de dep.; 143 000 hab.

MARQUÉS (El), mun. de México (Querétaro); 40 160 hab., cab. *La Cañada.* Cereales, alfalfa. Vacunos.

MARQUÉS (Pedro Miguel), *Palma de Mallorca 1843-íd. 1918*, compositor español, autor de cinco sinfonías (1869-1880) y de numerosas zarzuelas (*El anillo de hierro*, 1878).

MARQUÉS (René), *Arecibo 1919-íd. 1979*, escritor puertorriqueño. En sus cuentos y novelas (*La víspera del hombre*, 1959), en sus obras teatrales cargadas de simbolismo (*El sol y los MacDonald*, 1950; *La carreta*, 1952; *La casa sin reloj*, 1961) y en sus ensayos refleja la constante búsqueda de la identidad nacional frente al colonialismo norteamericano.

MARQUESAS (islas), archipiélago de la Polinesia francesa; 1 274 km²; 8 064 hab.; cap. *Taio hae.* Las excavaciones arqueológicas han mostrado plataformas religiosas, asociadas a la escultura monumental.

MARQUETTE (Jacques), *Laon 1637-a orillas del lago Michigan 1675*, misionero jesuita y viajero francés. Descubrió el río Mississippi (1673).

MÁRQUEZ (José Ignacio de), *Ramiriquí, Boyacá, 1793-1880*, político y jurisconsulto colombiano. Catedrático de derecho y presidente de la Suprema corte de justicia, presidió el congreso de Cúcuta (1821), fue vicepresidente (1828) y presidente (1837-1841) de la república.

MÁRQUEZ BUSTILLOS (Victorino), *Guanare 1858-1941*, político venezolano. Fue presidente provisional de la república (1915-1922), a la sombra de la dictadura de Juan Vicente Gómez.

MÁRQUEZ MIRANDA (Fernando), *Buenos Aires 1897-íd. 1961*, arqueólogo argentino, especializado en las culturas precolombinas (*Los aborígenes del Sur*, 1940; *Pueblos y culturas de América*, 1958).

MARQUINA (Eduardo), *Barcelona 1879-Nueva York 1946*, escritor español. Poeta modernista (*Églogas*, 1902) inclinado luego hacia una temática civil, cultivó la novela y el teatro, en el que destacó por sus dramas históricos en verso (*En Flandes se ha puesto el sol*, 1910). [Real academia 1931.]

MARQUINA (Félix Berenguer de), *Alicante 1738-íd. 1826*, administrador español, capitán general de Filipinas (1787-1794) y virrey de Nueva España (1800-1803).

MARRAKECH, c. de Marruecos, al pie del Alto Atlas; 549 000 hab. Centro comercial y turístico.— Fundada en 1062, la ciudad fue, hasta 1269, la capital de los Almorávides y más tarde de los Almohades.— Monumentos, entre los que destaca la *Kutubiyya*, mezquita del s. XII, y las tumbas de la dinastía Sa'dí (s. XVI). [Patrimonio de la humanidad 1985.]

MARRATXÍ, mun. de España (Baleares), en Mallorca; 20 294 hab. (*marrachinenses*); cap. *La Cabaneta.* Almendros, cereales. Industrias agrícolas. Alfarería. Campo de aviación (Son Bonet).

MARROQUÍN (Francisco), *m. en 1563*, prelado español. Primer obispo de Guatemala, fundó la primera escuela de Centroamérica (1532).

MARROQUÍN (José Manuel), *Bogotá 1827-íd. 1908*, escritor y político colombiano. Vicepresidente (1898), lideró la rebelión de los «históricos» (1899) y presidió el ejecutivo (1900-1904). Bajo los seudónimos Gonzalo González de la Gonzalera y Pedro Pérez de Perales, publicó novelas (*Blas Gil*, 1896), poemas y obras críticas e históricas.

MARRUECOS, en ár. **al-Marhrib**, estado del NO de África, bañado por el Atlántico y el Mediterráneo; 710 000 km² (con el Sahara Occidental); 27 560 000 hab. *(marroquíes)*. CAP. *Rabat*. C. PRALES. *Casablanca, Marrakech y Fez*. LENGUA: *árabe*. MONEDA: *dirham marroquí*.

INSTITUCIONES

Monarquía constitucional hereditaria. Constitución de 1972, revisada en 1980, 1992 y 1996. El rey, jefe espiritual y temporal, elige al primer ministro. El parlamento está formado por la cámara de representantes, elegida cada 5 años por sufragio directo, y la cámara de consejeros, elegida cada 9 años por sufragio indirecto.

GEOGRAFÍA

Marruecos ofrece paisajes variados. Las cadenas del Atlas separan el Marruecos oriental, meseta que domina la depresión del Muluya, del Marruecos atlántico, formado por mesetas y llanuras (a lo largo del litoral). El N está ocupado por la cadena del Rif, que cae abruptamente sobre el Mediterráneo. El S se adentra en el Sahara. La latitud y la disposición del relieve explican la relativa humedad del Marruecos atlántico y la aridez del E y el S.

La población, islamizada y predominantemente árabe (pese a la presencia beréber), está mayoritariamente urbanizada (Casablanca es, con Argel, la ciudad más grande del Magreb). La agricultura combina cereales (trigo), pastos (sobre todo para la cría de ganado ovino) y cultivos comerciales (cítricos). Los fosfatos constituyen la parte fundamental de las exportaciones. La industria de transformación está poco desarrollada y el desempleo es notable. El desarrollo del turismo y las remesas de los emigrantes no consiguen paliar el déficit comercial, por lo que el país permanece endeudado.

HISTORIA

El antiguo Marruecos. Ss. IX-VIII **a.C.:** los fenicios fundaron factorías en el litoral. **S.** VI: di-

chas factorías pasaron a manos de Cartago. **S.** V: creación del reino de Mauritania. **40 d.C.:** Mauritania fue anexionada por Roma. **435-442:** invasión de los vándalos.

Marruecos islámico. 700-710: los árabes conquistaron el país e impusieron el islam a las tribus bereberes, cristianas, judías y animistas. **739-740:** revuelta de los bereberes järiÿíes. **789-985:** la dinastía de los Idrisíes gobernó el país. **1061-1147:** los Almorávides unificaron el Magreb y al-Andalus y formaron un vasto imperio. **1147-1269:** con los Almohades se desarrolló una brillante civilización arábigo-andalusí que se expandió en Fez, Marrakech y Sevilla. **1269-1465:** Marruecos, dominado por los Benimerines, tuvo que renunciar a España (1340). **1415:** los portugueses conquistaron Ceuta. **1472-1554:** con los Waṭṭásíes se produjo un retroceso de la vida urbana, al tiempo que crecían el nomadismo, el particularismo tribal y la devoción por los morabitos. **1554-1659:** con los Saʿdíes, los portugueses fueron derrotados en la batalla de Alcazarquivir (1578) por al-Manṣūr. **1591:** conquista de Tombouctou. **1666:** Müläy al-Rašíd fundó la dinastía de los ʿAlawíes, que reina desde entonces en Marruecos. **Ss.** XVII-XVIII: luchas por la sucesión y grave crisis económica. **S.** XIX: las potencias europeas (Gran Bretaña, España, Francia) obliga-

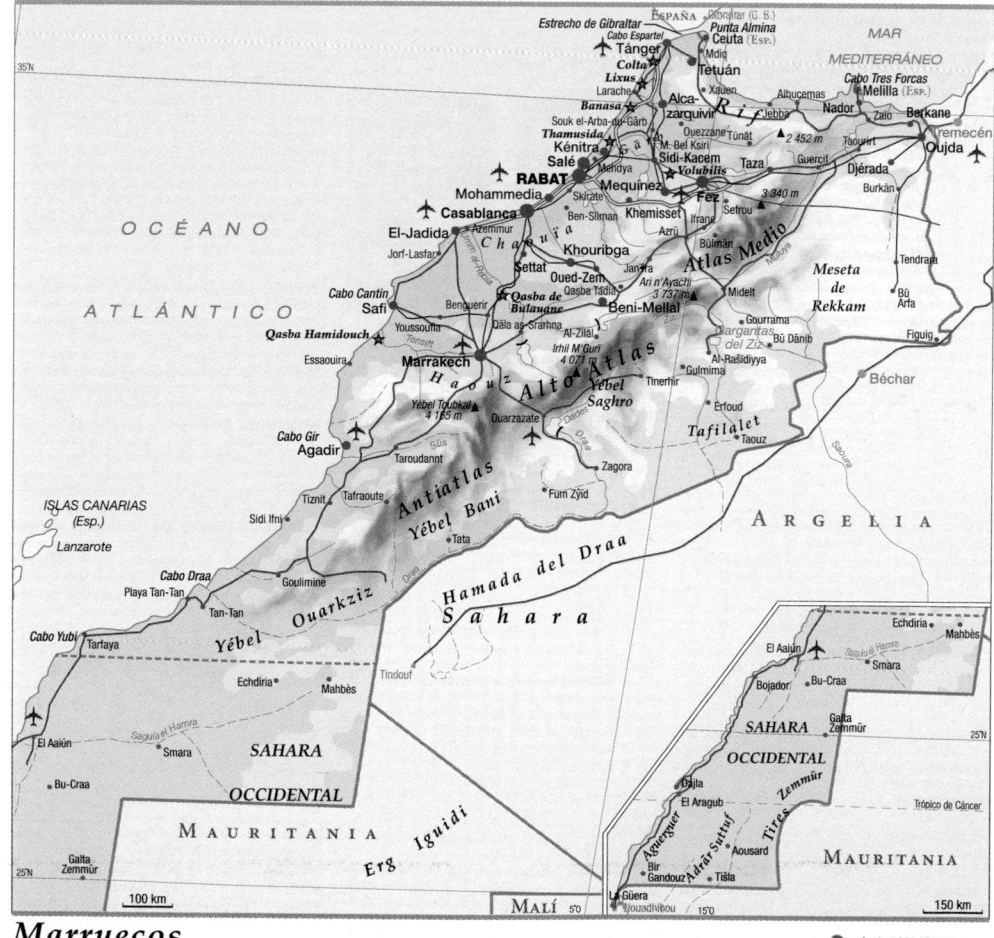

Marruecos

500 1000 2000 3000 m

━━━ autopista
─── carretera

─── ferrocarril
✈ aeropuerto

★ lugar de interés turístico
⤜ oleoducto

● más de 1 000 000 hab.
● de 500 000 a 1 000 000 hab.
● de 100 000 a 500 000 hab.
• de 50 000 a 100 000 hab.
· menos de 50 000 hab.

ron a los sultanes a abrir el país a sus productos. **1873-1912:** con Ḥasan I (1873-1894), 'Abd al-'Aziz (1900-1908) y Mūlāy Ḥafiẓ (1908-1912) Marruecos mantuvo su independencia gracias a la rivalidad entre las grandes potencias.
Los protectorados francés y español. 1906-1912: tras los acuerdos de Algeciras, Marruecos quedó bajo control internacional, aunque fueron Francia y España las potencias que se repartieron de hecho el territorio marroquí. **1912:** el tratado de Fez estableció el protectorado francés. España obtuvo la zona N (el Rif) y una zona del S (Ifni). **1912-1925:** el general Lyautey emprendió la pacificación del país. **1921-1926:** Abd el-Krim promovió la guerra del Rif y fue vencido por una coalición francoespañola (→ **Marruecos** [campañas de]). **1933-1934:** fin de la resistencia de los bereberes en el Alto Atlas; Francia controló el país. El sultán Muḥammad V obtuvo un poder meramente religioso. **1944:** el partido del Istiqlāl, apoyado por Muḥammad V, reclamó la independencia. **1953-1955:** Muḥammad V fue depuesto y exiliado por las autoridades francesas.
El Marruecos independiente. 1956: proclamación de independencia; España conservó Ceuta, Melilla, Ifni, Tarfaya (zona S del protectorado, devuelta en 1958) y el Sahara Español. **1957:** Marruecos se erigió en reino. **1961:** Ḥasan II accedió al trono. **1969:** España cedió Ifni. **1975-1979:** después de la «Marcha verde», Marruecos consiguió la cesión de la administración del N del *Sahara Occidental (antiguo Sahara Español) y la totalidad del territorio tras la retirada de Mauritania del S en 1979, que ocupó de facto, con la oposición del Frente polisario. **1988:** Marruecos restableció las relaciones diplomáticas con Argelia. **1992-1996:** reformas constitucionales tendieron a asegurar un equilibrio mejor entre los poderes ejecutivo y legislativo. **1997:** la cámara de los representantes fue elegida por primera vez en su totalidad por sufragio universal directo. **1998:** el líder de la oposición socialista, 'Abd al-Raḥmān Yussufi, fue nombrado primer ministro. **1999:** Ḥasan II murió; su primogénito accedió al trono con el nombre de Muḥammad VI. **2002:** incidente con España por la soberanía de la Isla Perejil (julio). **2003:** el país se vio afectado por el terrorismo islamista (atentados en Casablanca).

Marruecos (campañas de) [1907-1927], operaciones militares españolas en el protectorado de Marruecos. En 1909 (guerra de Melilla), las derrotas españolas (barranco del Lobo) y la movilización de reservistas provocaron manifestaciones en España (*Semana trágica de Barcelona). En 1912, Francia y España delimitaron sus zonas de influencia en Marruecos. Tras unos años de penetración pacífica, en 1919 los generales Berenguer y Silvestre recibieron la orden de intensificar las conquistas. Abd el-Krim se levantó en 1921 en el Rif y derrotó a Silvestre en Annual, lo que supuso la repulsa a España. El desastre alentó el golpe militar de Primo de Rivera de 1923. En 1925, tras un acuerdo entre Francia y España, las tropas francoespañolas desembarcaron en Alhucemas y conquistaron la cercana Axdir, capital de la república de Abd el-Krim, que se rindió en junio de 1926. En 1927 concluyó la pacificación de Marruecos.

MARSA EL-BREGA, c. de Libia (Cirenaica). Puerto petrolero y de gas. Refinerías.

MARSA EL-KEBIR (El-), ant. **Mers el-Kébir,** en esp. **Mazalquivir,** c. de Argelia, cerca de Orán; 23 600 hab. Base naval en el golfo de Orán, creada por Francia en 1935. — La c. fue ocupada por los españoles de 1505 a 1792.

MARSALA, c. de Italia (Sicilia), a orillas del Mediterráneo; 77 218 hab. Puerto. Centro agrícola (vinos). — Es la ant. *Lilibeo.* Museos.

MARSÉ (Juan), *Barcelona 1933,* escritor español. La recreación de ambientes marginados de Barcelona y la crítica de la burguesía son constantes en sus novelas (*Últimas tardes con Teresa,* 1965; *Si te dicen que caí,* 1973; *Un día volveré,* 1982; *El embrujo de Shanghai,* 1993; *Rabos de lagartija,* 2000). [Premios: Juan Rulfo 1997; nacional de narrativa 2001; Cervantes 2008.]

MARSELLA, mun. de Colombia (Risaralda); 19 614 hab. Plátanos; ganado vacuno. Tostaderos de café.

MARSELLA, en fr. **Marseille,** c. de Francia, cap. de la región de Provenza-Alpes-Costa Azul y

del dep. de Bouches-du-Rhône; 807 071 hab. (*marselleses*) [más de 1,2 millones en la aglomeración]. Principal puerto comercial francés. Centro administrativo, universitario e industrial. — Restos griegos y romanos (barrio del Vieux-Port). Ayuntamiento del s. XVII. Museos. — Colonia focea (s. VI a.C.), *Massalia* fue próspera en época romana *(Massilia).* Formó parte del condado de Provenza y tuvo gran actividad durante las cruzadas. Pasó a Francia en 1481. Al abrirse el canal de Suez (1869), se convirtió en el principal puerto del Mediterráneo.

marsellesa (La), himno nacional francés, compuesto por C. J. Rouget de Lisle (1792).

MARSHALL (islas), estado de Oceanía; 181 km²; 46 000 hab. CAP. Majuro (9 000 hab.). LENGUA: *inglés* y *marshalés.* MONEDA: *dólar EUA.* (V. mapa de **Oceanía.**) Descubiertas por los españoles en el s. XVI (D. de Saavedra), y visitadas por los británicos (entre ellos el capitán W. Marshall), pertenecieron a Alemania de 1885 a 1914 y a Japón de 1920 a 1944. Puestas por la ONU bajo tutela estadounidense (1947), en 1986 pasaron a ser un estado libre asociado a EUA. En 1991 fueron admitidas en la ONU.

MARSHALL (Alfred), *Londres 1842-Cambridge 1924,* economista británico. Principal teórico de la escuela neoclásica y máximo representante de la escuela de Cambridge, intentó conciliar las distintas teorías del valor.

MARSHALL (George Catlett), *Uniontown, Pennsylvania, 1880-Washington 1959,* militar y político estadounidense. Jefe del estado mayor del ejército (1939-1945) y secretario de Estado del presidente Truman (1947-1949), dio su nombre al plan estadounidense de ayuda económica a Europa. (Premio Nobel de la paz 1953.)

Marshall (plan), plan de ayuda económica a Europa lanzado a iniciativa del general G. C. Marshall en 1948. Concebido como un plan de reconstrucción de Europa tras la guerra mundial y con una duración prevista de cuatro años, fue administrado por la Organización europea de cooperación económica (OECE).

MARSIAS MIT. GR. Sileno frigio, inventor de la flauta. Fue desollado vivo por Apolo, a quien había osado desafiar en un torneo musical.

MARSILLACH (Adolfo), *Barcelona 1928-Madrid 2002,* actor y director de cine y teatro español. En 1947 debutó en el cine como actor (*Salto a la gloria,* 1959; *Maribel y la extraña familia,* 1960) y a partir de *Flor de santidad* (1972) dirigió películas y obras teatrales (*Marat-Sade; Sócrates; El Tartufo*). Actor de teatro, fue director del Centro dramático nacional (1978-1979) y la Compañía nacional de teatro clásico (1985-1989 y 1992-1996). También protagonizó series televisivas (*Ramón y Cajal*).

MARSTON (John), *Coventry h. 1575-Londres 1634,* escritor inglés. Es autor de sátiras y tragicomedias (*The malcontent,* 1604).

MARTA (santa), en los Evangelios, hermana de Lázaro y de María de Betania (María Magdalena). Simboliza la vida activa frente a la vida mística (su hermana María).

MARTABÁN (golfo de), golfo de Birmania.

MARTE MIT. ROM. Dios de la guerra, identificado con el Ares de los griegos.

MARTE, planeta del sistema solar, situado entre la Tierra y Júpiter. Siendo mayor de su órbita: 227 940 000 km (1,52 veces el de la órbita terrestre). Diámetro ecuatorial: 6 794 km (0,53 veces el de la Tierra). Su superficie, rocosa y desértica, es rojiza por el óxido de hierro. Posee los volcanes (extinguidos) más grandes del sistema solar. Está envuelto por una tenue atmósfera de gas carbónico y cuenta con dos satélites, Fobos y Deimos. El estudio in situ de su superficie, iniciado en 1976 (sondas Viking, EUA), fue reanudado en 1997 (misión Mars Pathfinder, EUA). Diversos descubrimientos efectuados desde 2004 por los vehículos de la sonda europea Mars Express, y desde 2006 por la sonda estadounidense Mars Reconnaissance Orbiter, refuerzan la hipótesis de la presencia en el pasado de agua en estado líquido sobre la superficie del planeta.

MARTEL (Édouard), *Pontoise 1859-cerca de Montbrison 1938,* espeleólogo francés. Fundador de la espeleología.

MARTENOT (Maurice), *París 1898-Neuilly-sur-Seine 1980,* ingeniero y músico francés. Ideó

un instrumento musical electrónico con teclado, llamado *ondas Martenot* (1928), y un método de enseñanza de la música.

MARTENS (Wilfried), *Sleidinge 1936,* político belga. Presidente del Partido socialcristiano flamenco de 1972 a 1979, fue primer ministro de 1979 a 1992.

MARTHALER (Christoph), *Erlenbach, cantón de Zurich, 1951,* dramaturgo y escenógrafo suizo. Iniciado en el teatro como compositor, más tarde ha montado sus propias obras, caracterizadas por una gran causticidad (*Los especialistas,* 1999; *Groundings,* 2003). Se interesa asimismo por la ópera, en la que traspone los clásicos a la época moderna, privilegiando la intención satírica.

MARTÍ, ant. **Guamutas,** mun. de Cuba (Matanzas); 23 592 hab. Ciénagas de Sibanacá y Majaguillar, y numerosos cayos. Caña de azúcar, naranjas.

MARTÍ (Farabundo), *San Salvador 1883-íd. 1932,* político salvadoreño. Militante revolucionario en México, Guatemala, El Salvador y Nicaragua, junto a Sandino, fue ejecutado a raíz de la insurrección salvadoreña de 1932.

MARTÍ (José), *La Habana 1853-Dos Ríos 1895,* escritor y patriota cubano. Héroe de la independencia cubana, sufrió la cárcel, deportaciones a España y largos exilios en Guatemala y Nueva York. Tras firmar con Gómez el *Manifiesto de Monte Cristi* (1895), programa ideológico de la revolución, marchó a Cuba, donde murió combatiendo contra las tropas españolas. Su obra poética (*Ismaelillo,* 1882; *Versos sencillos,* 1891; *Versos libres,* 1913) lo convierte en un precursor del modernismo, al igual que su novela *Amistad funesta* (1885). Sus artículos (*Nuestra América*) y ensayos reflejan su profundo americanismo y su idea de la libertad basada en «un cambio de espíritu» con una perspectiva liberal (*El presidio en Cuba,* 1871; *La República Española ante la revolución cubana,* 1873; *Bases del partido revolucionario cubano,* 1892). Su activismo político lo llevó a fundar diversos periódicos (entre ellos, *Patria,* editado en Nueva York). También escribió obras teatrales, estudios sobre literatura y arte y una nutrida correspondencia (*Cartas de Nueva York,* 1881-1891).

■ JOSÉ **MARTÍ**

MARTÍ ALSINA (Ramon), *Barcelona 1826-íd. 1894,* pintor español, autor de líricos retratos, bodegones, paisajes y vistas urbanas.

MARTÍ DE EIXALÁ (Ramón), *Cardona 1808-Madrid 1857,* filósofo y jurista español. Fundador de la Academia de jurisprudencia de Barcelona, es autor de *Instituciones del derecho mercantil de España* (1848) y de un *Curso de filosofía elemental* (1841).

MARTÍ FRANQUÉS (Antoni), *Altafulla, Tarragona, 1750-Tarragona 1832,* químico español. Sus estudios sobre el intercambio de gases con el medio condujeron al descubrimiento de la fotosíntesis. También demostró la reproducción sexual de las plantas con flor.

MARTÍ I POL (Miquel), *Roda de Ter, Barcelona, 1929-Vic 2003,* poeta español en lengua catalana, de temática social e intimista (*El pueblo,* 1966; *Cuaderno de vacaciones,* 1976; *Amada Marta,* 1978).

MARTIN (Frank), *Ginebra 1890-Naarden, Países Bajos, 1974,* compositor suizo. Es autor de música sinfónica, oratorios (*Gólgota,* 1949; *El misterio de la Navidad,* 1959) y conciertos.

MARTIN (Pierre), *Bourges 1824-Fourchambault 1915*, industrial francés. Inventó el procedimiento de elaboración del acero sobre solera (1865).

MARTÍN, r. de España, afl. del Ebro (or. der.); 98 km. Desemboca junto a Escatrón (central térmica). Embalses de Híjar y Cueva Foradada.

SANTOS

MARTÍN (san), *Sabaria, Panonia, h. 315-Candes, Indre-et-Loire, 397*, prelado galorromano. Fundó numerosos monasterios y fue obispo de Tours en 370 o 371. Se lo considera el artífice del apostolado rural galo en el s. IV.

MARTÍN DE PORRES (san), llamado **Fray Escoba**, *Lima 1579-íd. 1639*, religioso peruano. Mulato, dominico en Lima (h. 1600), dedicó su vida a la oración, el servicio a los enfermos y la penitencia. Fue canonizado en 1962.

PAPA

MARTÍN V (Odonne **Colonna**), *Genazzano 1368-Roma 1431*, papa de 1417 a 1431. Su elección puso fin al cisma de occidente.

ARAGÓN

MARTÍN I el Humano, *Gerona 1356-Barcelona 1410*, rey de Aragón y de Cerdeña (1396-1410) y de Sicilia (1409-1410), segundo hijo de Pedro el Ceremonioso. Su muerte provocó una crisis sucesoria que se resolvió en el compromiso de Caspe (1412).

MARTÍN el Joven, *1376-Cagliari 1409*, rey de Sicilia (1396-1409). Hijo único de Martín el Humano, casó con María, hija de Fadrique III de Sicilia (1390), y sucedió a Juan II como rey de la isla. Derrotó a los sardos en Sant Lluri (1409) poco antes de morir.

MARTINAZZO (Daniel), *San Juan 1958*, jugador de hockey sobre patines argentino, campeón del mundo con la selección de su país en 1978 y 1984, y de Europa y de la copa de la CERS con el Liceo de La Coruña.

MARTIN DU GARD (Roger), *Neuilly-sur-Seine 1881-Sérigny 1958*, escritor francés. Humanista racionalista, en sus novelas (como el ciclo *Los Thibault*, 1922-1940) y sus obras teatrales relató las crisis individuales, sexuales e intelectuales de su tiempo. (Premio Nobel 1937.)

MARTINELLI (Ricardo), *Panamá 1952*, político panameño. Empresario de éxito, al frente de la coalición de derechas Alianza por el cambio, fue elegido presidente de la república en 2009.

MARTINET (André), *Saint-Albans-des-Villards 1908-Châtenay-Malabry, Hauts-de-Seine, 1999*, lingüista francés. Es autor de importantes trabajos de fonología y lingüística general.

MARTÍNEZ (Arturo), *Cantel 1912-Guatemala 1956*, pintor guatemalteco, de estilo naïf y tendencia surrealista con influencia indígena.

MARTÍNEZ (Celestino), *Caracas 1820-íd. 1885*, litógrafo, fotógrafo y pintor venezolano. Formado en París y EUA, abrió con su hermano Jerónimo el primer taller de litografía de Caracas. Publicó *Cuadros de costumbres granadinas* (1851) y divulgó la fotografía.

MARTÍNEZ (Concepción, llamada **Conchita**), *Monzón 1972*, tenista española. Campeona en Wimbledon (1994), también ganó cinco copas Federación (1991, 1993-1995, 1998).

MARTÍNEZ (Efraín), *Popayán 1898-íd. 1956*, pintor colombiano. Destacó en el retrato y el dibujo académicos, con un notable colorido.

MARTÍNEZ (Francisco), *México fines del s. XVII-íd. 1758*, pintor mexicano, paisajista, retratista y autor de obras religiosas (*La Merced*).

MARTÍNEZ (Isidro), *Toluca 1861-íd. 1937*, pintor y dibujante mexicano, autor de los cuadros históricos *Los informantes de Moctezuma* (1894) y *El letargo de la princesa Papatzin* (1893).

MARTÍNEZ (José Luis), *Atoyac, Jalisco, 1918-México 2007*, escritor mexicano. Director de la Academia mexicana, fue un fecundo ensayista y crítico literario (*La técnica en literatura*, 1943; *El ensayo mexicano moderno*, 1958; *Pasajeros de Indias*, 1984).

MARTÍNEZ (Juan), cartógrafo español de la escuela mallorquina, residente en Sicilia. Levantó cartas náuticas entre 1556 y 1618, recibió el título de cosmógrafo real de Felipe II.

MARTÍNEZ (Jusepe), *Zaragoza h. 1602-íd.*

1682, tratadista de arte y pintor español. Sus *Discursos practicables del nobilísimo arte de la pintura* son esenciales para el estudio de la pintura española del s. XVII.

MARTÍNEZ (Luis Alfredo), *Ambato 1869-Quito 1909*, escritor y político ecuatoriano. Autor costumbrista e iniciador de la novela social en su país, fundó la *Revista de Quito*, en la que publicó *El doctor y las delicias del campo* (1898-1899) bajo el seudónimo **Fray Calás.** También es autor de *Disparates y caricaturas* (relatos, 1903) y *A la costa* (novela, 1904). Fue ministro de obras públicas.

MARTÍNEZ (Raúl), *Camagüey 1927-La Habana 1995*, pintor y artista gráfico cubano. Tras una primera etapa abstracta, asimiló de forma original elementos del pop y renovó la pintura cubana en la década de 1960.

MARTÍNEZ (Ricardo), *México 1918-íd. 2009*, pintor mexicano. Identificado con la escuela mexicana de pintura, en su preocupación social y sentimiento nacionalista, mezcló figuración y abstracción.

MARTÍNEZ (Tomás), *León 1812-1873*, militar y político nicaragüense. Fue presidente con M. Pérez (1857-1859) y solo (1859-1867).

MARTÍNEZ (Tomás Eloy), *Tucumán 1934*, escritor y periodista argentino. Destacado novelista (*Sagrado*, 1969; *La novela de Perón*, 1985; *La mano del amo*, 1991; *Santa Evita*, 1995; *El cantor de tango*, 2004), también ha escrito relatos, guiones para cine y ensayos.

MARTÍNEZ ALCUBILLA (Marcelo), *Aranda de Duero h. 1821-Madrid 1900*, jurista español, autor del *Diccionario de la administración española* (1858-1862).

MARTÍNEZ ALONSO (Carlos), *Pola de Cordón, León, 1950*, bioquímico español. Ha contribuido a mejorar la comprensión del sistema inmunológico. Ha sido presidente del CSIC (2004-2008) y secretario de estado de investigación desde 2008.

MARTÍNEZ BARRIO (Diego), *Sevilla 1883-París 1962*, político español. Gran oriente de España de la masonería, durante la república fue ministro (1931 y 1933), jefe de gobierno (1933) y presidente interino (abril-mayo 1936), y luego presidente en el exilio (1945).

MARTÍNEZ CAMPOS (Arsenio), *Segovia 1831-Zarauz 1900*, militar y político español. En 1874 proclamó a Alfonso XII rey de España. Luchó contra los carlistas y negoció en Cuba la paz de Zanjón (1878). Ministro de guerra con Sagasta (1881-1883), en 1895 dirigió sin éxito la guerra contra la insurrección de Cuba.

MARTÍNEZ DE ARRONA (Juan), *Sevilla 1562-Lima 1635*, arquitecto y escultor español, activo en Perú, seguidor del clasicismo renacentista (talla de *San Laurencio*, 1599).

MARTÍNEZ DE HOZ (José), *Buenos Aires 1925*, político argentino. Ministro de economía durante la dictadura militar (1976-1980), aplicó una política basada en las tesis ultraliberales de la escuela de Chicago.

MARTÍNEZ DE IRALA (Domingo), *Vergara 1509-Río de la Plata 1556*, conquistador español. Asistió a la primera fundación de Buenos Aires (1536). Participó en diversas expediciones y fundaciones por el Río de la Plata, el Paraná, el Paraguay, el Chaco y el Alto Perú desde 1536. Enemistado con diversos conquistadores, fue gobernador efectivo del Río de la Plata y por nombramiento real desde 1552, junto con Juan de Salazar. Organizador colonial de Paraguay, refundó Asunción en 1537.

MARTÍNEZ DE LA ROSA (Francisco), *Granada 1787-Madrid 1862*, político y escritor español. Diputado (1813) y ministro de estado (1822), conoció la cárcel (1814-1820) y el exilio (1823-1831). Su evolución hacia el Partido moderado le valió una gran impopularidad. Como jefe del gobierno (1834-1835), promulgó el Estatuto real. Exiliado durante el régimen de Espartero, desde 1843 volvió a ocupar cargos públicos. Escribió poesía, novelas, comedias neoclásicas y dramas históricos románticos (*La conjuración de Venecia*, 1834). [Real academia 1821.]

MARTÍNEZ DE LA TORRE, mun. de México (Veracruz); 93 796 hab. Caña de azúcar, frutales, café.

MARTÍNEZ DEL MAZO → MAZO.

MARTÍNEZ DE OVIEDO (Diego), escultor activo en Lima y en Cuzco durante el s. XVII. Colaboró en la portada de la iglesia de la Compañía en Cuzco y realizó el Jesús Nazareno de Santo Domingo de Lima.

MARTÍNEZ DE PERÓN (María Estela, llamada también **Isabel**), *La Rioja 1931*, política argentina. Tercera esposa de Perón (1961), vicepresidenta (1973-1974) y presidenta a la muerte de su marido (1974), fue destituida por una junta militar en 1976.

MARTÍNEZ ESTRADA (Ezequiel), *San José de la Esquina, Santa Fe, 1895-Bahía Blanca 1964*, escritor argentino. Poeta (*Nefelibal*, 1922), narrador (*Marta Riquelme*, 1956) y dramaturgo, desarrolló una brillante labor ensayística: *Radiografía de la Pampa* (1933), *Muerte y transfiguración de Martín Fierro* (1948), *Análisis funcional de la cultura* (1960).

MARTÍNEZ MARINA (Francisco Xavier), *Oviedo 1754-Zaragoza 1833*, historiador español. Director de la Real academia de la historia (1801-1804 y 1816-1819), es autor de obras de historia del derecho (*Ensayo histórico-crítico sobre la antigua legislación de los reinos de León y Castilla*, 1808).

MARTÍNEZ MONTAÑÉS → MONTAÑÉS.

MARTÍNEZ MORENO (Carlos), *Colonia del Sacramento 1917-México 1988*, escritor uruguayo, autor de cuentos y novelas sobre la crisis sociopolítica uruguaya: *El Paredón* (1963), *La otra mitad* (1966), *Tierra en la boca* (1974).

MARTÍNEZ RIVAS (Carlos), *Puerto de Ocoz, Guatemala, 1924-Managua 1988*, poeta nicaragüense. Pese a pertenecer a la generación posvanguardista de 1940, su poesía se aleja de la de sus contemporáneos. Su libro más conocido es *La insurrección solitaria* (1953).

MARTÍNEZ RUIZ (José) → AZORÍN.

MARTÍNEZ SIERRA (Gregorio), *Madrid 1881-íd. 1947*, escritor español. Poeta modernista y novelista sentimental, escribió numerosas comedias (*Madame Pepita*, 1913) y el libreto de *El amor brujo* de Falla. Su esposa **María** (San Millán de la Cogolla 1874-Buenos Aires 1974) escribió *Canción de cuna* (1911), publicada con el nombre de él.

MARTÍNEZ SILÍCEO (Juan), *Villagarcía de la Torre, Badajoz, h. 1486-Toledo 1557*, eclesiástico y erudito español. Preceptor de Felipe II y arzobispo de Toledo (1545), promulgó el primer estatuto de limpieza de sangre. Accedió al cardenalato en 1556. Es autor del manual de matemáticas *Ars arithmetica* (1514).

MARTÍNEZ TRUEBA (Andrés), *Florida 1884-1959*, político uruguayo. Presidente de la república desde 1950, aprobó una nueva constitución (1952) y presidió hasta 1955 el consejo nacional de gobierno.

MARTÍNEZ VIGIL (Carlos), *San José de Mayo 1870-Montevideo 1949*, escritor y lingüista uruguayo. Miembro fundador de la Academia nacional de letras, es autor de rigurosos ensayos (*Sobre lenguaje*, 1897; *Arcaísmos españoles usados en América*, 1939).

MARTÍNEZ VILLENA (Rubén), *Alquízar 1899-La Habana 1931*, escritor y político cubano. Expulsado del país por su militancia comunista (1930), a su regreso dirigió la huelga general que precipitó la caída de la tiranía de Machado (1931). Su poesía fue recogida de manera póstuma en *La pupila insomne* (1936), y sus cuentos y ensayos en *Un hombre* (1940).

MARTÍNEZ VILLERGAS (Juan), *Gomeznarro, Valladolid, 1816-Zamora 1894*, escritor español. Escribió novelas, comedias (*Ir por lana y salir trasquilado*, 1843), artículos de costumbres y sus populares *Poesías jocosas y festivas* (1842).

Martín Fierro, poema narrativo de José Hernández, compuesto de dos partes: *El gaucho Martín Fierro* (1872) y *La vuelta de Martín Fierro* (1879). En la primera, el protagonista recuerda el pasado arcádico de los gauchos y lo compara con su maltratada situación que lo obliga a refugiarse entre los indios. En la segunda narra la huida del protagonista y el encuentro con sus dos hijos, motivo de nuevas aventuras. El poema, escrito en un lenguaje de gran viveza popular, representa la culminación de la tradición gauchesca. Entre las ilustraciones más populares de la obra figuran las de C. Alonso (1959) y J. C. Castagnino (1962).

MARTÍN GAITE (Carmen), *Salamanca 1925-Madrid 2000*, escritora española. Su narrativa, introspectiva y confesional, incide en los temas de la incomunicación y la búsqueda de la identidad (*El balneario*, 1954; *Entre visillos*, 1958; *El cuarto de atrás*, 1978; *Nubosidad variable*, 1992). También escribió ensayo. (Premios: nacional de narrativa 1978; Príncipe de Asturias 1988; nacional de las letras 1994.)

MARTÍN GARCÍA, isla de Argentina, en el Río de la Plata, frente a la desembocadura del Uruguay; 2 km². Debe el nombre a su descubridor (1516), el despensero de la expedición de Díaz de Solís.

MARTINI (Arturo), *Treviso 1889-Milán 1947*, escultor italiano. Unió de manera sutil simbolismo, clasicismo y primitivismo.

MARTINI (Francesco di Giorgio), *Siena 1439-íd. 1501*, arquitecto, pintor, escultor y teórico italiano. Representante del carácter universal de la cultura toscana, estuvo al servicio de la corte de Urbino.

MARTINI (padre Giovanni Battista), *Bolonia 1706-íd. 1784*, musicólogo y compositor italiano. Monje franciscano, fue maestro de capilla de la iglesia de franciscanos de Bolonia (1725-1784) y tuvo a Mozart por alumno.

MARTINI (Simone), *Siena h.1284-Aviñón 1344*, pintor italiano. Poseedor de un estilo gótico de gran elegancia, trabajó en Siena, Nápoles, Asís (frescos de la *Vida de san Martín*) y Aviñón.

■ SIMONE **MARTINI.** *San Martín renuncia a las armas* (h. 1330), fresco de la basílica inferior de San Francisco en Asís.

MARTINICA, dep. y región franceses de ultramar, constituidos por una isla de las Pequeñas Antillas; cap. *Fort-de-France*; 1 100 km²; 381 427 hab. Isla volcánica, de clima tropical. Agricultura (caña de azúcar, plátanos). Turismo. — Descubierta por Colón en 1502, fue colonizada por Francia a partir de 1635. Departamento de ultramar desde 1946, Martinica fue dotada igualmente, en 1982, del estatuto de región.

MARTÍN MUNICIO (Ángel), *Haro 1923-Madrid 2002*, químico español, autor de importantes estudios sobre el metabolismo de aminoácidos y lípidos. Presidente de la Academia de ciencias exactas, físicas y naturales desde 1985, fue vicedirector de la Real academia de la lengua española de 1992 a 1999. (Real academia 1982.)

MARTÍN MUÑOZ DE LAS POSADAS, v. de España (Segovia); 493 hab. Iglesia parroquial gótica, de ladrillo (s. XVI); palacio renacentista del cardenal Diego de Espinosa (s. XVI).

MARTÍN RECUERDA (José), *Granada 1926-Motril 2007*, dramaturgo español. Su obra es una búsqueda de las raíces del pueblo español, a través de una Andalucía negra y trágica (*El teatrito de don Ramón*, 1959; *Las salvajes en Puente San Gil*, 1961; *Las arrecogías del beaterio de Santa María Egipcíaca*, 1970).

Martín Rivas, novela de A. Blest Gana (1862), sobre la confrontación del mundo de los ricos con el de la clase media en el marco de las luchas sociopolíticas chilenas del s. XIX.

MARTÍN SANTOS (Luis), *Larache 1921-Vitoria 1964*, escritor español. Autor de la novela *Tiempo de silencio* (1962), despiadada crítica social que significó la superación de los moldes realistas imperantes, póstumamente aparecieron *Apólogos* (1970) y su novela inacabada *Tiempo de destrucción* (1975).

MARTINSON (Harry), *Jämshög 1904-Estocolmo 1978*, escritor sueco. Poeta y novelista (*Caminos de Klockrike*, 1948), su obra es de inspiración humanista. (Premio Nobel 1974.)

MARTINŮ (Bohuslav), *Polička, Bohemia, 1890-Liestal, Suiza, 1959*, compositor checo. Alumno de Roussel, compuso óperas, ballets, sinfonías y conciertos, basados en el folclore moravo.

MARTÍN Y SOLER (Vicente), *Valencia 1754-San Petersburgo 1806*, compositor español. Autor de más de 20 obras líricas, recorrió Italia estrenando óperas y ballets; de allí pasó en 1785 a Viena, donde triunfó con su obra más conocida, la ópera *Una cosa rara* (1786). Instalado en la corte de Catalina II de Rusia, fue consejero de Pablo I.

MARTORELL, v. de España (Barcelona), cab. de p. j.; 21 314 hab. (*martorellenses*). Centro industrial. — Puente romano reconstruido. Museos de cerámica.

MARTORELL (Bernat), *Sant Celoni, fines del s. XIV-Barcelona 1452*, pintor catalán. Formado en el ámbito de Borrassà (retablo de *San Jorge*), evolucionó hacia el gótico internacional con gracia narrativa, tensión dramática y refinamiento formal y cromático (retablos de la *Transfiguración*, catedral de Barcelona, y de *San Miguel*, catedral de Tarragona).

MARTORELL (Joanot), *Gandía h. 1415 1168*, escritor valenciano. Tras una estancia en la corte inglesa (1438-1430), inició la redacción de su novela de caballerías *Tirant lo Blanc*.

MARTOS, c. de España (Jaén); cab. de p. j.; 22 732 hab. (*marteños*). Centro olivarero; industrias derivadas. — Fuente monumental del s. XVI. — Es la romana *Tucci*.

MARVELL (Andrew), *Winestead, Yorkshire, 1621-Londres 1678*, escritor inglés. Amigo de Milton, es autor de poesías pastorales.

MARWĀN (Banū), familia hispanomusulmana descendiente de Marwan al-Yilliqi, gobernador de Mérida (s. IX). Sus miembros fueron reconocidos señores del Algarve y de Badajoz, ciudad recuperada por Córdoba en 929.

MARX (hermanos), compañía de cómicos estadounidenses, formada por **Leonard M.**, llamado **Chico**, *Nueva York 1886 Los Ángeles 1961*, **Adolph Arthur M.**, llamado **Harpo**, *Nueva York 1888-Los Ángeles 1964*, **Julius M.**, llamado **Groucho**, *Nueva York 1890-Los Ángeles 1977*, **Milton M.**, llamado **Gummo**, *Nueva York 1893-Los Ángeles 1977*, que pronto dejó el grupo para iniciar una carrera como empresario, y **Herbert M.**, llamado **Zeppo**, *Nueva York 1901-Los Ángeles 1979*, que dejó el grupo en 1935. Famosos en el music-hall, triunfaron en el cine, renovando el género cómico con su humor delirante basado en el absurdo (*Pistoleros de agua dulce*, 1931; *Sopa de ganso*, 1933; *Una noche en la ópera*, 1935; *Los hermanos Marx en el Oeste*, 1940).

MARX (Karl), *Tréveris 1818-Londres 1883*, filósofo, economista y político alemán. Materialista, ateo y progresista, elaboró su interpretación de los hechos históricos y sociales (el «materialismo histórico») bajo una triple inspiración: filosófica (Hegel), política (teóricos socialistas franceses) y económica (economía política británica). Hizo de la lucha de clases un principio general de explicación y otorgó al proletariado un papel emancipador de la humanidad, por lo que entró en contacto con el mundo obrero y redactó, con F. Engels, el *Manifiesto comunista* (1848). Fue expulsado de Alemania y luego de Francia. Se refugió en Gran Bretaña, donde sentó las bases de su obra maestra, *El *capital*, determinando con precisión los inconvenientes de la explotación capitalista (teoría de la plusvalía). En 1864 fue uno de los principales dirigentes de la I Internacional, a la que dotó de su objetivo primordial: abolir el capitalismo. Marx no fue el autor de un sistema fijado o dogmático; el *marxismo* remite de hecho a la multiplicidad de las interpretaciones de su obra. Escribió además, entre otras obras: *La ideología alemana* (1846), *Miseria de la filosofía* (1847), *Las luchas de clases en Francia* (1850). [V. ilustr. pág. siguiente.]

MARYLAND, estado de Estados Unidos, en el Atlántico; 4 781 468 hab.; cap. *Annapolis*; c. pral. *Baltimore*.

MARYŪT (lago), ant. **Mareotis**, laguna del litoral mediterráneo de Egipto. Está separada del mar por una franja de tierra sobre la que se erigió Alejandría.

MARZAL DE SAX o **DE SAS** (Andrés), pintor de origen alemán, documentado en Valencia entre 1393 y 1410. Aportó vigor expresionista al gótico internacional (retablo de san Jorge, Victoria and Albert Museum, Londres).

marzo de 2004 (atentados del 11 de), atentados simultáneos cometidos en Madrid, cuya autoría fue reivindicada por la red terrorista islamista al-Qaeda. Diez bombas explotaron en cuatro trenes de la línea que enlaza Alcalá de Henares con la estación de Atocha y ocasionaron cerca de 200 muertos. Cometidos días antes de la celebración de elecciones generales, tuvieron repercusión en la política española.

MASACCIO (Tommaso di Ser Giovanni, llamado), *San Giovanni Valdarno, prov. de Arezzo, 1401-Roma 1428*, pintor italiano. Comparable a Brunelleschi o Donatello, su obra, muy influyente, se caracteriza por la calidad espacial, la plenitud de las formas y un realismo expresivo (frescos de la iglesia de Santa María del Carmine en Florencia, en colaboración con Masolino da Panicale, 1426-1427).

■ **MASACCIO.** *La distribución de las limosnas*, detalle de uno de los frescos (1426-1427) de la capilla Brancacci en la iglesia de Santa María del Carmine, Florencia.

Masada o **Massada**, fortaleza de Palestina, en la orilla occidental del mar Muerto. Último bastión de la resistencia judía frente a los romanos (66-73), concluyó con el suicidio colectivo de los defensores de la fortaleza. — Restos, entre ellos el palacio de Herodes. Museo. (Patrimonio de la humanidad 2001.)

MASAN, c. de Corea del Sur, junto al estrecho de Corea; 387 000 hab. Puerto.

MASANIELLO (Tommaso **Aniello**, llamado), *Nápoles 1620-íd. 1647*, revolucionario napolitano. Jefe de una insurrección contra el virrey español (el duque de Arcos) en 1647, se adueñó de Nápoles y consiguió la abolición de los nuevos impuestos, pero fue asesinado por sus antiguos partidarios. La revuelta que siguió a su muerte fue liquidada con la toma de Nápoles por la flota española de Juan José de Austria (abril 1648).

MASARRA (Muhammad ibn Abd Allah **ibn**), conocido como **Abenmasarra**, *Córdoba 883-íd. 931*, filósofo y místico hispanomusulmán.

Autor de *El libro de la explicación perspicaz*, de influencias gnósticas y neoplatónicas, creó una escuela esotérica que influyó en el sufismo andalusí.

MASARYK (Tomás), *Hodonín 1850-castillo de Lány 1937*, político checoslovaco. En 1918 fundó la República checoslovaca, de la que se convirtió en primer presidente. Hasta su dimisión (1935) ejerció una influencia decisiva en la vida política.— **Jan M.**, *Praga 1886-íd. 1948*, político checoslovaco. Hijo de Tomás, fue ministro de asuntos exteriores (1945-1948). Se suicidó tras el golpe de estado comunista (febr. 1948).

■ KARL **MARX**   ■ TOMÁŠ
            MASARYK

MASAYA, volcán de Nicaragua (Masaya); 635 m. Entre el volcán y la ciudad homónima se encuentra la *laguna de Masaya* (7,70 km²).

MASAYA (departamento de), dep. del O de Nicaragua; 581 km²; 146 122 hab.; cap. *Masaya* (74 261 hab.).

MASBATE, isla de Filipinas (Visayas); 4 048 km²; 492 900 hab.

MASCAGNI (Pietro), *Livorno 1863-Roma 1945*, compositor italiano. Cabeza del movimiento verista, es autor del drama lírico *Caballería rusticana* (1890).

MASCAREÑAS (islas), ant. nombre del archipiélago del océano Índico formado principalmente por las islas Reunión y Mauricio.

MASCATE, en ár. **Masqaṭ**, cap. de Omán, junto al golfo de Omán; 50 000 hab.

MASDEU (Juan Francisco de), *Palermo 1744-Valencia 1817*, jesuita e historiador español. Su *Historia crítica de España y de la civilización española* (20 vols., 1783-1805) rompió con numerosos tópicos.

MASELLA (Antonio), *Turín h. 1700-Buenos Aires 1774*, arquitecto italiano activo en Buenos Aires. Intervino en las construcciones del templo de San Telmo y el Colegio de Belén (1751-1755), y reedificó la catedral de Buenos Aires.

MASERU, cap. de Lesotho; 367 000 hab.

MAŠHAD → **MEŠHED**.

MASÍAS (Francisco), *Lima 1838-íd. 1894*, pintor peruano. Neoacademicista, es autor de retratos, cuadros religiosos, naturalezas muertas, bodegones y paisajes, y destacó en las marinas. Entre sus obras sobresalen *Niña campesina, Escena pastoril* y *Paisaje con cascada*.

MASINA (Giulia Anna, llamada Giulietta), *San Giorgio di Piano 1921-Roma 1994*, actriz italiana. Esposa de F. Fellini, fue la intérprete conmovedora de varias de sus películas (*La strada*, 1954; *Las noches de Cabiria*, 1957; *Giulietta de los espíritus*, 1965; *Ginger y Fred*, 1986).

MASINISA, *h. 238-Cirta 148 a.C.*, rey de los númidas. Se alió con Roma en la segunda guerra púnica y hizo prisionero a Sifax (203 a.C.), lo que le permitió constituir un poderoso reino. Sus intrusiones llevaron a Cartago a declararle la guerra (150). Ello sirvió de pretexto a Roma para iniciar la tercera guerra púnica.

MASIP (Vicente), *Andilla, Valencia, 1475-Valencia 1550*, pintor español. Documentado en Valencia desde 1513 (retablo mayor de la catedral de Segorbe), difundió el renacimiento italiano en la pintura levantina.— **Vicente Juan M.**, llamado **Juan de Juanes**, *Fuente de la Higuera h. 1510-Bocairente 1579*, pintor español. Hijo de Vicente, su pintura religiosa refleja la piedad popular, con figuras de modelado suave, contornos esfumados y paisajes de tipo renacentista (*La Santa cena*, Prado).

MASKELYNE (Nevil), *Londres 1732-Green-*

wich 1811, astrónomo británico. Con mediciones de la desviación del hilo de plomo en una montaña de Escocia (1774), trató de determinar el valor de la constante de gravitación y pudo evaluar la densidad media de la Tierra.

MASLAMA AL-MAŶRIṬI, *Madrid-h. 1007*, matemático y astrónomo hispanomusulmán, autor de recensiones de las tablas astronómicas de al-Jwarizmi y del *Planisferio* de Tolomeo.

MASMA (golfo de la), golfo de España (Lugo), en el Cantábrico. Alberga las rías de Foz y Ribadeo.

MASNOU (El), v. de España (Barcelona); 21 314 hab. Floricultura. Industria textil.

MASÓ (Bartolomé), *Manzanillo 1830-íd. 1907*, patriota cubano. Apoyó la insurrección de Martí en Baire y presidió la república en armas.

MASPALOMAS (punta de), extremidad S de la costa de Gran Canaria (España). Turismo. Estación de seguimiento de satélites artificiales.

MASSA, c. de Italia (Toscana), cap. de la prov. de *Massa e Carrara*; 65 287 hab. Monumentos.

MASSACHUSETTS, estado de Estados Unidos, en Nueva Inglaterra; 6 016 425 hab.; cap. *Boston*.

Massachusetts Institute of Technology (MIT), centro estadounidense de enseñanza superior y de investigación, creado en 1861 en Boston y trasladado en 1916 a Cambridge.

Massada → **Masada**.

MASSAGUÉ (Joan), *Barcelona 1953*, bioquímico español. Descubridor de la estructura del receptor de insulina (1982), posteriormente se ha centrado en el estudio de la transformación y la proliferación de las células, campo en el que ha desbubierto las moléculas que evitan la metástasis del cáncer de mama. (Príncipe Príncipe de Asturias 2004.)

MASSAWA o **MASSAUA** → **MITSIWA**.

MASSENET (Jules), *Montaud, 1842-París 1912*, compositor francés. Su arte, seductor y sensible, denota un sentido real del teatro (*Manon*, 1884; *Werther*, 1892; *Don Quijote*, 1909).

MASSERA (Emilio), *Buenos Aires 1925*, militar argentino. Miembro de la junta militar de gobierno (1976-1978), fue uno de los ideólogos de la dictadura y la represión. Condenado a cadena perpetua, fue indultado en 1990.

MASSERA (José Luis), *Génova 1915-Montevideo 2002*, matemático uruguayo. Ingeniero de formación, realizó importantes contribuciones en el campo de las ecuaciones diferenciales. Elegido diputado del Partido comunista (1963 y 1971), fue encarcelado de 1975 a 1984.

MASSINE (Leonid), *Moscú 1896-Borken, Alemania 1979*, bailarín y coreógrafo ruso nacionalizado estadounidense. Colaborador de Diáguilev, se consagró como un gran coreógrafo neoclásico (*El sombrero de tres picos*, 1919; *La sinfonía fantástica*, 1936).

MASSINGER (Philip), *Salisbury 1583-Londres h. 1640*, dramaturgo inglés. Es autor de tragicomedias (*La hija del honor*, 1621) y de comedias de costumbres.

MASSON (Aline), *El Cairo 1956*, vidriera francesa. Residente en México desde 1986, ha experimentado nuevas técnicas y la relación del vitral con su entorno.

MASSYS → **MATSYS**.

MASTRETTA (Ángeles), *Puebla 1949*, escritora mexicana. Es autora de novelas (*Arráncame la vida*, 1985; *Mal de amores*, 1997) y libros de relatos (*Mujeres de ojos grandes*, 1991; *Maridos*, 2007) en los que reflexiona sobre el lugar social de la mujer. (Premio Rómulo Gallegos 1997.)

MASTROIANNI (Marcello), *Fontana Liri 1924-París 1996*, actor italiano. Debutó en el teatro en la compañía de Visconti antes de imponerse en el cine, especialmente bajo la dirección de F. Fellini (*La dolce vita*, 1960; *Ocho y medio*, 1963), M. Antonioni (*La noche*, 1961), E. Scola (*Una jornada particular*, 1977) y T. Angelopoulos (*El paso suspendido de la cigüeña*, 1991).

MASTRONARDI (Carlos), *Gualeguay 1901-Buenos Aires 1976*, escritor argentino. Simbolista tardío (*Tierra amanecida*, 1926; *Conocimiento de la noche*, 1936), expuso sus ideas sobre la poesía como ejercicio perfectible en *Valéry o la infinitud del método* (1954).

MAS'ŪDI (Abū-l-Hasan 'Alī al-), *Bagdad h. 890-*

Fustat h. 956, viajero y enciclopedista árabe. Es autor de *Las praderas de oro*.

MASŶD-I SULAYMĀN, c. de Irán (Jūzistān); 107 539 hab. Centro petrolero. — Ruinas de la época aqueménida a la época sasánida.

MATA (Andrés), *Carúpano 1870-París 1931*, poeta venezolano, parnasiano (*Pentélicas*, 1896) e intimista (*Arias sentimentales*, 1930).

MATA (Eduardo), *México 1942-Xochitepec 1995*, director de orquesta y compositor mexicano. Desarrolló su trabajo principalmente en Europa y EUA, donde fue director titular de la orquesta sinfónica de Dallas.

MATA (Julio), *Cartago 1899-San José 1969*, compositor costarricense. Autor de obras orquestales y sacras, fue uno de los fundadores del conservatorio nacional de música en 1942.

MATA (Pedro), *Reus 1811-Madrid 1877*, médico y escritor español. Introdujo en España la medicina legal moderna (*Tratado de medicina y cirugía legal*, 1846) y la psiquiatría somaticista. Publicó novelas (*El poeta y el banquero*, 1842).

matadero (El), novela corta de E. Echeverría (1838). Feroz denuncia de la dictadura de Rosas, inauguró la narrativa rioplatense.

MATADI, c. de la Rep. dem. del Congo, a orillas del río Congo; 138 798 hab. Puerto.

MATAGALPA, c. de Nicaragua, cap. del dep. homónimo; 80 951 hab. Centro agropecuario.

MATAGALPA (departamento de), dep. del centro de Nicaragua; 6 794 km²; 217 417 hab.; cap. *Matagalpa*.

MATA HARI (Margaretha Geertruida Zelle, llamada), *Leeuwarden 1876-Vincennes, Francia, 1917*, bailarina y aventurera neerlandesa. Fue fusilada por sus actividades de espionaje en favor de Alemania.

MATAMOROS, ant. **Matamoros Laguna**, mun. de México (Coahuila); 71 771 hab. Fertilizantes.

MATAMOROS, c. de México (Tamaulipas), en la or. del r. Bravo; 266 055 hab. Centro de un área de regadío (presas Falcón y El Azúcar) y núcleo industrial. Puerto de salida de los campos petrolíferos de Reynosa. Aeropuerto.

Matamoros, personaje de la comedia española del s. XVI, soldado fanfarrón y cobarde.

MATANZA (La), partido de Argentina (Buenos Aires), en el Gran Buenos Aires; 1 121 164 hab.

MATANZAS, c. de Cuba, cap. de la prov. homónima, en la *bahía de Matanzas*; 119 510 hab. Puerto. Centro comercial, industrial y turístico. Cueva natural de Bellamar. — Fue fundada en 1693.

MATANZAS (provincia de), prov. del centro-oeste de Cuba; 12 122 km²; 557 628 hab.; cap. *Matanzas*.

MATAPALO, cabo de Costa Rica (Puntarenas), en el Pacífico, extremo SE de la península de Osa.

MATAPÁN (cabo), ant. **cabo Ténaro**, cabo del S del Peloponeso. — **batalla del cabo Matapán** (28 marzo 1941), victoria naval británica sobre los italianos.

MATARAM, c. de Indonesia, en la isla de Lombok; 276 300 hab.

MATARÓ, c. de España (Barcelona), cab. de p. j.; 104 659 hab. (*mataronenses*). Agricultura; floricultura. Centro industrial. — Museo municipal. — Es la *Illturo* ibérica y la *Iluro* romana. La línea de ferrocarril Barcelona-Mataró fue la primera de la Península (1848).

MATARRAÑA, r. de España, afl. del Ebro (or. der.); 101 m.

MATAS DE FARFÁN (Las), mun. de la República Dominicana (San Juan); 47 273 hab. Café.

MATATÍAS, personaje bíblico, padre de los *Macabeos.

MATEHUALA, mun. de México (San Luis Potosí); 61 272 hab. Centro minerometalúrgico e industrial.

MATEO (san), *s. I*, apóstol de Jesús y evangelista. Autor del primer Evangelio, en el orden canónico (h. 80-90). Llamado *Leví* en los Evangelios de Marcos y Lucas, era recaudador de impuestos en Cafarnaúm cuando Jesús lo llamó para unirse a sus discípulos. Se cree que ejerció su apostolado en Palestina, Etiopía y

Persia, donde murió mártir. Patrón de Salerno, se lo representa a menudo provisto de alas o acompañado por un ángel, símbolo de la genealogía de Cristo que sirve de introducción a su Evangelio.

MATEO (maestro), arquitecto y escultor activo en Galicia entre 1161 y 1217. Autor del pórtico de la *Gloria de la catedral de Santiago de Compostela, fue maestro de obras en la catedral de León.

MATEOS (Juan Antonio), *México 1831-íd. 1913*, político, periodista y escritor mexicano. Liberal, participó en el plan de Ayutla y fue diputado y secretario de la Suprema corte de justicia en la presidencia de Juárez. Autor romántico, fue muy popular por sus artículos y sus novelas históricas (*El cerro de las Campanas*, 1868; *Sacerdote y caudillo*, 1869).

MATERA, c. de Italia (Basilicata), cap. de prov.; 57 311 hab. Viviendas trogloditicas (*sassi*) [patrimonio de la humanidad 1993], santuarios rupestres; catedral románica del s. XIII, otros monumentos y museos.

MATHURĀ o **MUTTRA**, c. de la India (Uttar Pradesh); 233 235 hab. Centro político, religioso y cultural durante la dinastía Kuṣāna, dio su nombre a una famosa escuela de escultura (ss. IIIII). Se considera la cuna del dios Kriṣna.

MATÍAS (san), *m. en 61 o 64*, discípulo de Jesús. Fue designado para remplazar a Judas en el colegio apostólico. Según la tradición, evangelizó Capadocia.

MATÍAS, *Viena 1557-íd. 1619*, emperador germánico (1612-1619), rey de Hungría (1608) y de Bohemia (1611), de la dinastía de los Habsburgo. Hijo de Maximiliano II.

MATÍAS I CORVINO, *Kolozsvár, act. Cluj-Napoca, 1440 o 1443-Viena 1490*, rey de Hungría (1458-1490). En 1479 obtuvo Moravia y Silesia y, en 1485, se estableció en Viena. Favoreció la difusión del renacimiento italiano en su reino.

MATIGUÁS, mun. de Nicaragua (Matagalpa); 29 665 hab. Caña de azúcar; papas. Ganadería.

MATILDE (santa), *en Westfalia h. 890-Quedlinburg, Sajonia, 968*, reina de Germania. Consagró su vida a obras de caridad.

MATILDE o **MAHAUT de Flandes**, *m. en 1083*, reina de Inglaterra. Se casó en 1053 con el futuro Guillermo I el Conquistador. Se le ha atribuido un fundamento el tapiz de *Bayeux.

MATILDE o **MAHAUT**, *1046-Bondeno di Roncore 1115*, condesa de Toscana (1055-1115). Recibió en Canosa al papa Gregorio VII y al emperador Enrique IV, quien había acudido para retractarse públicamente (1077). Legó todos sus estados al papado.

MATILDE, MAHAUT o **MAUD**, *Londres 1102-Ruán 1167*, emperatriz del Sacro Imperio y, posteriormente, reina de Inglaterra. En 1114 casó con el emperador germánico Enrique V y en 1128 con Godofredo V Plantagenet, conde de Anjou. Designada heredera del trono inglés por Enrique I, no pudo hacer valer sus derechos contra Esteban de Blois.

MATISSE (Henri), *Le Cateau-Cambrésis 1869-Niza 1954*, pintor francés. Pionero del *fauvismo, movimiento que luego superó al utilizar grandes superficies de color sobre un dibujo elíptico, está considerado uno de los artistas plásticos más importantes del s. XX. Realizó pinturas (*La alegría de vivir*, 1905-1906; *La *danza*, 1910; *Los marroquíes*, 1916; *Gran interior rojo*, 1948), esculturas (*Ciervo*, 1903), collages (*La tristeza del rey*, 1952), vidrieras, decoración, grabados, dibujos e ilustraciones (poemas de Mallarmé; *Ulises* de Joyce).

MATO GROSSO, estado del O de Brasil 901 000 km²; 2 020 581 hab.; cap. *Cuiabá*. Incluye las *mesetas de Mato Grosso*.

MATO GROSSO DO SUL, estado del SO de Brasil; 357 500 km²; 1 778 494 hab.; cap. *Campo Grande*.

MATOS RODRÍGUEZ (Gerardo), *Montevideo 1897-íd. 1971*, compositor uruguayo. Es autor de tangos clásicos (*La cumparsita*, 1916; *Che, papusa, oí*, 1927; *La muchacha del circo*, 1928).

MÁTRA (montes), macizo del N de Hungría; 1 015 m.

MATSUDO, c. de Japón (Honshū), 456 210 hab.

MATSUE, c. de Japón (Honshū); 142 956 hab.

MATSUMOTO, c. de Japón (Honshū); 200 715 hab. Torreón del s. XVI.

MATSUSHIMA, bahía y archipiélago de Japón, en la costa E. de Honshū. Turismo. — Templo de 1610 (estatuas de época Heian); museo.

MATSUYAMA, c. de Japón (Shikoku); 443 322 hab.

MATSYS, MASSYS o **METSYS** (Quinten o Quentin), *Lovaina h. 1466-Amberes 1530*, pintor flamenco. Instalado en Amberes, es autor de grandes retablos, retratista y promotor del tema de género (*El prestamista y su esposa*, Louvre). Aunó el arte flamenco del s. XV y las influencias italianas. — **Jan M.**, *Amberes 1509-íd. 1573*, pintor flamenco, hijo de Quinten. Se impregnó del espíritu manierista en Italia (*Lot y sus hijas*, museo de bellas artes de Bruselas). — **Cornelis M.**, *Amberes 1510-d. 1562*, pintor flamenco, hermano de Jan. Pintó escenas de la vida popular y de los paisajes rurales.

■ QUINTEN **MATSYS**. *El prestamista y su esposa* (1514). [Museo del Louvre, París.]

MATTA (Roberto), *Santiago 1911-Civitavecchia, Italia, 2002*, pintor chileno. Descubrió y adoptó el surrealismo en París (*Morfologías psicológicas*, 1938). De 1938 a 1948 residió en Nueva York, donde su onirismo con tendencia a la abstracción automatista tuvo gran repercusión. Su pintura, de composición compleja y multiforme, combina recuerdos de lo orgánico y lo mecánico y remite a las tensiones de la condición humana y, a propósito del golpe militar de 1973, a la situación política que atravesó su país.

MATTEI (Enrico), *Acqualagna, Pesaro, 1906-Bascapé, cerca de Pavía, 1962*, industrial y político italiano. Su influencia fue determinante en la elaboración de la política energética e industrial de Italia después de 1945. Murió en un accidente de aviación (probablemente víctima de un sabotaje).

MATTEOTTI (Giacomo), *Fratta Polesine 1885-Roma 1924*, político italiano. Secretario general del Partido socialista (1922), fue asesinado por los fascistas.

MATTERHORN → **CERVINO.**

MATTHEWS (Drummond Hoyle), *Londres 1931-1997*, geólogo británico. Ha tratado de confirmar la expansión de los fondos marinos, principal argumento de la teoría de la tectónica de placas.

MATTO DE TURNER (Clorinda), *Paullu 1852-Buenos Aires 1909*, novelista peruana. Influida por R. Palma, es autora de *Tradiciones cuzqueñas* (1875) y *Aves sin nido* (1889), anticipación de la novela indigenista.

MATURIN (Charles Robert), *Dublín 1782-íd. 1824*, escritor irlandés, uno de los maestros de la novela gótica y del relato fantástico (*Melmoth el errabundo*, 1820).

MATURÍN, c. de Venezuela, cap. del est. Monagas y del mun. de San Simón; 206 654 hab. Petróleo. Centro industrial y comercial. Iglesia barroca de San Antonio.

MATUSALÉN o **MATUSALEM**, personaje bíblico. Patriarca antediluviano, el Génesis le atribuye una longevidad de 969 años.

MATUTE (Ana María), *Barcelona 1926*, escritora española. Sus relatos y novelas (*Los hijos muertos*, premio nacional 1959; la trilogía *Los mercaderes*, 1959-1969; *Olvidado rey Gudú*, 1996; *Paraíso inhabitado*, 2008) se caracterizan por la utilización de intensos recursos sensoriales y poéticos, y por la evocación del mundo de la infancia y de la guerra civil. También es autora

■ ROBERTO **MATTA**. Detalle de *El proscrito deslumbrante: grandes expectativas* (1966). [Museo Thyssen-Bornemisza, Madrid.]

■ HENRI **MATISSE**. *La tristeza del rey* (1952); recortes de papel coloreado y pegado sobre tela. (MNAM, París.)

de literatura infantil (*Sólo un pie descalzo*, premio nacional 1984). [Premio nacional de las letras 2007.] (Real academia 1996.)

MAUBEUGE, c. de Francia (Nord), a orillas del Sambre; 35 225 hab. (más de 100 000 en la aglomeración). Metalurgia. — Restos de fortificaciones de Vauban.

MAUCHLY (John William), profesor y colaborador de J. *Eckert.

MAUD → **MATILDE**.

MAUGHAM (William Somerset), *París 1874-Saint-Jean-Cap-Ferrat, Francia, 1965*, escritor británico. Su obra narrativa (*El filo de la navaja*, 1944) y teatral ofrecen un relato realista de la alta sociedad inglesa y de los países exóticos.

MAULBERTSCH (Franz Anton), *Langenargen, lago de Constanza, 1724-Viena 1796*, pintor austriaco. Maestro del barroco germánico, decoró abadías en Austria, Moravia y Hungría.

MAULE, r. de Chile (Maule); que nace en la *laguna de Maule* y desemboca en el Pacífico, junto a Constitución; 282 km. Aprovechado para el riego y la producción de energía eléctrica junto a la c. de *Maule* (13 694 hab.).

MAULE (región del), región de Chile; 30 301 km²; 834 053 hab.; cap. *Talca*.

MAULLÍN, r. de Chile (Los Lagos); 140 km. Nace en el lago de Llanquihue y desemboca en el Pacífico, junto a la c. de *Maullín* (17 258 hab.).

MAUNA KEA, volcán apagado de Hawai, punto culminante del archipiélago; 4 205 m. Se sitúa al NE del Mauna Loa, volcán activo (4 170 m). — Observatorio astronómico (telescopios *Keck).

MAUPASSANT (Guy de), *castillo de Miromesnil 1850-París 1893*, escritor francés. Del naturalismo (*Bola de sebo*, 1880) pasó al realismo, evocando la vida de los campesinos normandos y de la pequeña burguesía y narrando aventuras amorosas o alucinaciones de la locura que lo llevó a la muerte (*La casa Tellier*, 1881; *Una vida*, 1883; *Bel-Ami*, 1885).

■ GUY DE
MAUPASSANT,
por F. Feyen-Perrin.
(Palacio de Versalles.)

■ ANTONIO
MAURA

MAUPERTUIS (Pierre Louis Moreau de), *Saint-Malo 1698-Basilea 1759*, matemático francés. Enunció el *principio de la mínima acción* (1744), que erigió en ley de la naturaleza.

MAURA (Antonio), *Palma de Mallorca 1853-Torrelodones, 1925*, político español. Liberal, fue ministro de ultramar (1892) y de gracia y justicia (1895). En la crisis de 1898 defendió posiciones reformistas. En 1902 pasó al Partido conservador, del que fue líder. Presidente del gobierno en 1904 y desde 1907, su política represiva en la Semana trágica le obligó a dimitir (1909). Perdida su influencia política, presidió igual el gobierno en 1918, 1919 y 1921.

MAURA (Carmen García Maura, llamada Carmen), *Madrid 1945*, actriz de cine española. Vinculada a la filmografía de P. Almodóvar (*Mujeres al borde de un ataque de nervios*, 1987; *Volver*, 2006), destaca tanto en el drama como en comedias (¡*Ay, Carmela!*, C. Saura, 1989; *La comunidad*, Á. de la Iglesia, 2000). [Premio nacional de cinematografía 1988.]

MAUREGATO, rey astur (783-788), hijo ilegítimo de Alfonso I el Católico. Accedió al trono tras expulsar a Alfonso II, hijo de Fruela.

MAURI (Emilio), *La Guaira 1857-Caracas 1908*, pintor y dibujante venezolano, dedicado al retrato (*Retrato ecuestre de Miranda*, 1889).

MAURI (Rosa, llamada Rosita), *Reus 1849-París 1923*, bailarina española. Fue bailarina y profesora del conservatorio de la ópera de París.

MAURIAC (François), *Burdeos 1885-París 1970*, escritor francés. Es autor de novelas que describen de manera cruel la vida provinciana y que evocan los conflictos entre las tentaciones de la carne y la fe (*Thérèse Desqueyroux*, 1927; *Nudo de víboras*, 1932). [Premio Nobel 1952.]

MAURICIO, en ingl. **Mauritius**, estado insular de África, en el océano Índico; 2 040 km²; 1 130 000 hab. CAP. *Port Louis*. LENGUA: *inglés*. MONEDA: *rupia mauricia*. (V. mapa de **Madagascar**.) La población, muy densa y en parte francófona, está formada en su mayoría por descendientes de indios que llegaron para trabajar en las plantaciones de caña de azúcar, principal recurso junto con la industria textil y el turismo.

HISTORIA

Inicios del s. xvi: la isla fue explorada por los portugueses (Afonso de Albuquerque). **1598**: los neerlandeses tomaron posesión de la isla y le dieron su nombre actual, en honor de Mauricio de Nassau. **1638-1710**: se fundó un establecimiento neerlandés, que se convirtió en centro de deportación. **1715**: la isla pasó a manos francesas y adoptó el nombre de *Île de France*. **1810**: Gran Bretaña se apoderó de la isla. **1814**: el tratado de París confirmó el dominio británico sobre la isla, que volvió a llamarse *Mauricio*. **1833**: la liberación de esclavos provocó la inmigración masiva de trabajadores indígenas. **1961**: Seewoosagur Ramgoolam se convirtió en primer ministro (cargo que ocupó hasta 1982). **1968**: la isla accedió a la independencia, dentro del marco de la Commonwealth. **1992**: proclamación de la república. La vida política estuvo dominada por las personalidades de Anerood Jugnauth (primer ministro de 1982 a 1995 y de 2000 a 2003, posteriormente presidente de la república) y de Paul Bérenger (primer ministro desde 2003 a 2005). **2005**: Navim Rangoolam sucedió a este como primer ministro.

MAURICIO (san), *m. en Agaunum, act. Saint-Maurice, Suiza, fines del s. iii*, legionario romano y mártir cristiano. Fue martirizado junto con varios de sus soldados por negarse a perseguir a los cristianos. — El Greco desarrolló este tema en una de sus obras más importantes, *El martirio de san Mauricio*, óleo de grandes dimensiones (1580-1582), conservado en el monasterio de El Escorial.

MAURICIO, en lat. **Flavius Mauricius Tiberius**, *Arabissos h. 539-en Calcedonia 602*, emperador bizantino (582-602). Reorganizó el imperio, que defendió en todas sus fronteras.

MAURICIO DE NASSAU, *Dillenburg 1567-La Haya 1625*, estatúder de Holanda y de Zelanda (1585-1625), de Groninga y de Drenthe (1620-1625). Hijo de Guillermo I de Nassau, durante la lucha contra la dominación española conquistó varias plazas (Breda, Nimega) y derrotó al archiduque Alberto (batalla de Las Dunas, 1600). En 1618 se convirtió en príncipe de Orange. Hizo ejecutar al gran pensionario Oldenbarneveldt (1619) y en 1621 reemprendió la lucha contra España.

MAURITANIA, ant. país del NO de África. Habitado por los mauritanos, tribus bereberes que formaron hacia el s. v a.C. un reino que se integró a Roma en el s. ii a.C., fue provincia romana en 40, dividida en 42 en *Mauritania Cesariana* y *Mauritania Tingitana*. Los vándalos ocuparon la región en el s. v, los bizantinos en 534 y en el s. viii la conquistaron los árabes.

MAURITANIA, en ár. **Mūritāniyya**, en fr. **Mauritanie**, estado de África occidental, a orillas del Atlántico; 1 080 000 km²; 2 330 000 hab. (*mauritanos*). CAP. *Nouakchott*. LENGUAS: *árabe* (oficial), *pular, soninké* y *uolof* (nacionales). MONEDA: *ouguiya*.

GEOGRAFÍA

Encuadrado en el occidente sahariano, es un país desértico, en el que predomina la ganadería nómada de ovinos, caprinos y camellos. Los yacimientos de hierro (en torno a F'Derick) proporcionan lo esencial de las exportaciones (muy por delante de la pesca), expedidas a través de Nouadhibou. La incipiente explotación de algunos yacimientos de petróleo suscita esperanzas. La población, muy islamizada, está constituida por mauros en el N, donde son mayoría, y negros en el S.

HISTORIA

Los orígenes y la colonización. Fines del neolítico: la desecación de la región provocó la migración hacia el S de los primeros habitantes, negroides. **Inicios de la era cristiana**: fueron progresivamente remplazados por pastores bereberes (especialmente sanhadja). **Ss. viii-ix**: Mauritania, tierra de contacto entre el África negra y el Magreb, se convirtió al islam. **S. xi**: creación del imperio almorávid, que defendió un islam austero. **Ss. xv-xviii**: los Hasaníes organizaron el país en emiratos; los europeos, y en primer lugar los portugueses, se instalaron en el litoral. **1900-1912**: conquista francesa. **1920**: Mauritania se constituyó en colonia en el seno del África Occidental Francesa. **1934**: todo el territorio mauritano se encontraba bajo dominio francés. **1946**: Mauritania se convirtió en territorio de ultramar.

La república. 1958: se proclamó la República islámica de Mauritania, con Moktar Ould Daddah como primer ministro (1958-1961) y posteriormente como presidente (1961-1978). **1960**: el país accedió a la independencia. **1976**: Mauritania ocupó la parte S del Sahara Occidental, iniciando así el conflicto con los saharauis del Frente polisario. **1979**: renunció a las pretensiones sobre el Sahara Occidental. **1984**: el coronel Maaouya Ould Taya se impuso mediante un golpe de estado al frente del país. **1989-1992**: enfrentamientos interétnicos entre senegaleses y mauritanos provocaron una fuerte tensión con Senegal. **1991**: se instauró el multipartidismo. **1992**: M. Ould Taya fue confirmado en la jefatura del estado (reelegido en 1997 y 2003). **2005**: M. Ould Taya fue derrocado; un consejo militar puso en marcha una transición pacífica. **2007**: Sidi Uld Cheij Abdallahi fue elegido presidente de la república. **2008**: fue derrocado por un nuevo golpe de estado.

MAUROIS (André), *Elbeuf 1885-Neuilly 1967*, escritor francés, autor de novelas (*Los silencios del coronel Bramble*, 1918; *Climas*, 1928) y biografías noveladas.

MAURRAS (Charles), *Martigues 1868-Saint-Symphorien 1952*, teórico y político francés. Defendió una estética neoclásica (*Los amantes de Venecia*, 1902). Monárquico, teórico del movimiento ultraconservador y nacionalista Acción francesa, apoyó al régimen de Vichy, y en 1945 fue condenado a cadena perpetua.

MAURY (Matthew Fontaine), *Spotsylvania County, Virginia, 1806-Lexington, Virginia, 1873*, oceanógrafo estadounidense, uno de los fundadores de la oceanología moderna y de la meteorología marítima.

MAURYA, dinastía de la India, fundada por Chandragupta h. 320 a.C. y derrocada h. 185 a.C.

MAUSOLO, *m. en 353 a.C.*, sátrapa de Caria (h. 377-353 a.C.). Es célebre por su tumba (el *Mausoleo*) en Halicarnaso, una de la siete *Maravillas del mundo antiguo.

MAUSS (Marcel), *Épinal 1872-París 1950*, sociólogo y antropólogo francés. Estudió los fenómenos de intercambio en las sociedades no industrializadas.

Mauthausen, campo de concentración alemán cerca de Linz (Austria), donde murieron aprox. 150 000 personas entre 1938 y 1945.

MAVROCORDATO o **MAVROKORDHATOS** (Alexandros, príncipe), *Constantinopla 1791-Egina 1865*, político griego. Defensor de Missolonghi (1822-1823) y principal líder del partido probritánico, fue primer ministro en 1833, 1841, 1844 y 1854-1855.

MAX (Francesc Capdevila, llamado), *Barcelona 1956*, dibujante y guionista español. Uno de los fundadores de la revista *El víbora* (1979), ha publicado numerosos álbumes con los personajes: *Peter Pank* (1985), *Como perros!* (1995), *El prolongado sueño del Sr. T.* (1998), *Bardín el Superrealista* (2006). [Premio nacional de ilustración 1997.]

MAXIMIANO, en lat. **Marcus Aurelius Valerius Maximianus**, *Panonia h. 250-Marsella 310*, emperador romano de la Tetrarquía (286-305 y 306-310). Asociado al imperio por Diocleciano, abdicó con él en 305. Durante el período de anarquía posterior volvió a tomar el poder. Se enfrentó a su yerno Constantino, quien lo mató u obligó a suicidarse.

Mauritania

★ lugar de interés turístico

| 100 | 200 | 500 m |

— carretera
— ferrocarril
✈ aeropuerto

● más de 500 000 hab.
● de 10 000 a 500 000 hab.
● menos de 10 000 hab.

SACRO IMPERIO

MAXIMILIANO I, *Wiener-Neustadt 1459-Wels 1519,* archiduque de Austria y emperador germánico (1508-1519), de la dinastía de los Habsburgo. Por su matrimonio con María de Borgoña (1477) heredó los Países Bajos y Borgoña, de los que solo conservó el Artois y el Franco Condado (1493) tras una larga lucha contra Luis XI y Carlos VIII. Aunque tuvo que reconocer la independencia de los cantones suizos (1499), unificó sus estados hereditarios dotándolos de instituciones centralizadas. Casó a su hijo Felipe el Hermoso con Juana, hija de los Reyes Católicos. — **Maximiliano II,** *Viena 1527-Ratisbona 1576,* emperador germánico (1564-1576), hijo de Fernando I de Habsburgo.

■ EL EMPERADOR
MAXIMILIANO I,
por Durero.
(Kunsthistorisches Museum,
Viena.)

BAVIERA

MAXIMILIANO I, *Munich 1573-Ingolstadt 1651,* duque (1597) y elector (1623-1651) de Baviera. Aliado de Fernando II de Habsburgo en la guerra de los Treinta años, derrotó al elector palatino Federico V en la Montaña Blanca (1620).
MAXIMILIANO I JOSÉ, *Mannheim 1756-Nymphenburg, Munich, 1825,* elector (1799) y rey de Baviera (1806-1825). Obtuvo de Napoleón el título de rey en 1806 y las ciudades de Bayreuth y Salzburgo (1809). — **Maximiliano II José,** *Munich 1811-íd. 1864,* rey de Baviera (1848-1864).

MÉXICO

MAXIMILIANO, *Viena 1832-Querétaro 1867,* archiduque de Austria (Fernando José de Habsburgo) y emperador de México (1864-1867). Hermano menor del emperador Francisco José, casó con Carlota de Bélgica (1857). Fue nombrado emperador de México por Napoleón III (tratado de Miramar, 1864). En 1864 EUA reconoció al presidente Juárez y forzó la retirada de las tropas francesas (1867). Después de entregar el poder a los reaccionarios y romper con los franceses, fue sitiado por las tropas de Juárez y fusilado en Querétaro.
MAXIMILIANO o MAX DE BADEN (príncipe), *Baden-Baden 1867-cerca de Constanza 1929,* político alemán. Nombrado canciller por Guillermo II (3 oct. 1918), cedió el poder al gobierno provisional de Ebert (10 nov.).
MAXIMINO, en lat. **Caius Julius Verus Maximinus,** *173 Aquilea 238,* emperador romano (235-238). El final de su reinado abrió un período de anarquía militar. — **Maximino II Daia,** en lat. **Galerius Valerius Maximinus,** *m. en Tracia 313,* emperador romano (309-313). Persiguió a los cristianos y fue vencido por Licinio Liciniano en Tracia.
MÁXIMO, en lat. **Magnus Clemens Maximus,** *m. en 388,* usurpador romano (383-388). Reinó en Galia, Hispania y Bretaña. Conquistó Italia, pero fue derrotado y muerto por Teodosio I.

MÁXIMO (Máximo **San Juan,** llamado), *Mambrilla de Castrejón, Burgos, 1933,* dibujante de humor español. Colaborador en numerosas publicaciones periódicas *(La codorniz, Por favor, Pueblo, El país),* su estilo es austero, intelectual y punzante.

MAXWELL (James Clerk), *Edimburgo 1831-Cambridge 1879,* físico británico. Unificó las teorías de la electricidad y el magnetismo al establecer las leyes generales del campo electromagnético. Su teoría de la luz fue confirmada poco después mediante la demostración experimental de la identidad entre velocidad de la luz y propagación de una onda electromagnética. Contribuyó a la elaboración de la termodinámica con sus trabajos sobre la repartición de las velocidades de las moléculas gaseosas. Descubrió la magnetostricción.

MAYA (Rafael), *Popayán 1897-Bogotá 1980,* poeta colombiano. Academicista y parnasiano, es uno de los más importantes poetas líricos de su país *(Coros del mediodía,* 1928; *Después del silencio,* 1938; *Navegación nocturna,* 1959; *El tiempo recobrado,* 1970).

MAYAGÜEZ, mun. de Puerto Rico; 100 371 hab. Centro industrial y de comunicaciones en la costa occidental.

MAYANS Y SISCAR (Gregorio), *Oliva 1699-íd 1781,* erudito español. Editor de autores clásicos y contemporáneos, escribió la primera biografía de Cervantes (1737) y diversos estudios filológicos y literarios *(Pensamientos literarios,* 1734; *Orígenes de la lengua española,* 1737; *Retórica,* 1757).

MAYAPÁN, mun. de México (Yucatán); 1 299 hab. Encabezó una liga de ciudades que mantuvo cierto predominio entre los pueblos mayas hasta 1641. Centro arqueológico maya posclásico (ss. XIII-XV).

MAYARÍ, r. de Cuba, de la vertiente N; 106 km. Pasa por Mayarí y desemboca en la bahía de Nipe.

MAYARÍ, mun. de Cuba (Holguín); 111 505 hab. Azúcar. Minas de hierro, cobre y níquel. Acerías.

MAYENNE, dep. de Francia (Países del Loira); 5 175 km²; 285 338 hab.; cap. *Laval.*

MAYER (Robert von), *Heilbronn 1814-íd. 1878,* médico y físico alemán. Calculó el equivalente mecánico de la caloría (1842) y enunció el principio de conservación de la energía.

MAYERLING, localidad de Austria, a 40 km al S de Viena. El 30 en. 1889 aparecieron muertos en un pabellón de caza de la localidad el archiduque Rodolfo de Habsburgo y la baronesa María Vetsera.

Mayflower, navío que partió de Southampton (1620) hacia América del Norte con un centenar de emigrantes, mayoritariamente puritanos ingleses *(Pilgrim Fathers o «Padres peregrinos»),* que fundaron Plymouth en Nueva Inglaterra.

MAYO, r. de México; 350 km. Cruza los estados de Chihuahua y Sonora, y desemboca en el golfo de California. Hidroeléctrica Mocuzari.

■ **MAXIMILIANO** de México.
(A. Graeffle; museo nacional de historia, México.)

Mayo (plaza de), plaza de Buenos Aires (Argentina), núcleo originario de la ciudad y centro político-administrativo (Casa Rosada, ministerios).

mayo (revolución de) [22-25 mayo 1810], sucesos acontecidos en Buenos Aires que dieron comienzo al proceso hacia la independencia del Río de la Plata.

mayo de 1808 (sucesos de) [2-3 mayo 1808], levantamiento del pueblo de Madrid contra Napoleón, inicio de la guerra de la Independencia. — Los sucesos inspiraron a Goya algunas de sus mejores obras, plenas de dramatismo e innovación, como *La lucha del pueblo con los mamelucos* y *Los fusilamientos en la montaña del Príncipe Pío* (1814, Prado).

■ EL 3 DE **MAYO** DE 1808. *Los fusilamientos en la montaña del Príncipe Pío* (1814), por Goya. (Museo del Prado, Madrid.)

mayo de 1937 (sucesos de), conflicto armado que enfrentó en Barcelona, durante la guerra civil española, al POUM y diversos sectores anarquistas, que acabaron derrotados, con los comunistas y la Generalidad.

mayo de 1968 o **mayo francés**, gran movimiento de contestación política, social y cultural de Francia en mayo-junio de 1968. Iniciado por los estudiantes de la universidad de Nanterre (marzo), el movimiento ganó las empresas y condujo a una huelga general que paralizó la vida económica del país.

MAYOL (Salvador), *Barcelona 1765-íd. 1834*, pintor español. Es autor de retratos, composiciones mitológicas y escenas costumbristas con influencia goyesca (*En la sombrerería*).

MAYOR, cabo de España, en la costa cantábrica (Cantabria), en el extremo N de la península de la Magdalena, en Santander.

MAYOR, isla de España, en Las Marismas del Guadalquivir (Sevilla), deshabitada. Arrozales.

MAYOR (lago), lago subalpino entre Italia y Suiza; 216 km². En él se hallan las islas Borromeas. Turismo.

MAYORGA (Martín de), militar y administrador español del s. XVIII, capitán general de Guatemala (1773-1779) y virrey de Nueva España (1779-1783).

MAYOR LUIS J. FONTANA, dep. de Argentina (Chaco); 48 911 hab.; cab. *Villa Ángela*. Algodón.

MAYOR ZARAGOZA (Federico), *Barcelona 1934*, político español. Ministro de educación y ciencia (1981-1982) fue director general adjunto de la Unesco (1978-1981) y su director general (1987-1999).

MAYOTTE, archipiélago francés del océano Índico, en la parte oriental del archipiélago de las Comores, que forma una colectividad de ultramar; cap. *Dzaoudzi*; 374 km²; 131 320 hab. Cuando las Comores optaron por la independencia, Mayotte se pronunció (en 1974 y 1976) por seguir ligada a Francia.

MAYR (Ernst), *Kempten 1904-Bedford, Massachusetts, 2005*, biólogo estadounidense de origen alemán. Uno iniciador del neodarwinismo, estudió los mecanismos de la especiación y propuso una definición de la especie basada en la interfecundidad de sus miembros.

MAYTA CÁPAC, SS. XIII-XIV, soberano inca. Dominó la zona de Cuzco. Lo sucedió su hijo Cápac Yupanqui.

MA YUAN, pintor chino, activo entre 1190 y 1235. Sus paisajes, considerados obras maestras de la pintura de los Song del Sur, unen sobriedad y sensibilidad poética.

MAZAGÁN → **JADIDA** (El-).

MAZAPIL, mun. de México (Zacatecas); 24 906 hab. Minería diversificada.

MAZARINO (Giulio Raimondo), en fr. Jules **Mazarin**, *Pescina, Abruzos, 1602-Vincennes 1661*, prelado y estadista francés de origen italiano. Fue oficial del ejército pontificio. Nuncio en París, pasó, con el favor de Richelieu, al servicio de Francia, y en 1641 fue ordenado cardenal. Primer ministro durante la regencia de Ana de Austria, puso fin a la guerra de los Treinta años (paz de Westfalia, 1648). Con la Fronda se exilió, pero volvió fortalecido. Firmó la paz de los Pirineos con España (1659).

MAZAR-I ŠARÍF, c. del N de Afganistán; 103 000 hab. Centro islámico de peregrinación al santuario (s. XV) del califa 'Alí.

MAZARRÓN, v. de España (Murcia); 18 847 hab. (*mazarroneros*). Puerto exportador de minerales en *Puerto de Mazarrón*, en el *golfo de Mazarrón*. Pesca. Regadíos (tomates, cítricos). Turismo. — Próspero centro minero en el s. XIX, sufrió luego un fuerte declive.

MAZATÁN, mun. de México (Chiapas); 17 363 hab. Cereales, arroz. Ganadería.

MAZATENANGO, ant. **San Bartolomé Mazatenango**, c. de Guatemala, cap. del dep. de Suchitepéquez; 40 072 hab. Agricultura y ganadería.

MAZATLÁN, c. de México (Sinaloa); 262 705 hab. Puerto de cabotaje; pesca. Refinería de petróleo, metalurgia. Centro turístico. Aeropuerto. — Zona de monumentos históricos.

MAZEPA (Iván Stepánovich), *1639 o 1644-Bendery 1709*, atamán de los cosacos de Ucrania oriental. Si bien en un principio sirvió al zar Pedro I el Grande, se volvió posteriormente contra él, aliándose con Carlos XII de Suecia, quien se comprometió a reconocer la independencia de Ucrania. Derrotado en Poltava (1709), se refugió en el país tártaro.

MAZO (Juan Bautista **Martínez del**), ¿*Beteta?, Cuenca, h. 1612-Madrid 1667*, pintor español. Discípulo y yerno de Velázquez, fue el fiel continuador de su taller y su estilo, hasta el punto de complicar atribuciones como en el caso de su *Vista de Zaragoza* (1647, Prado), obra maestra del paisajismo español.

MAZOVIA, región de Polonia, en el curso medio del Vístula. Ducado hereditario en 1138, fue anexionada al reino de Polonia en 1526.

MAZOWIECKI (Tadeusz), *Płock 1927*, político polaco. Miembro de Solidaridad, fue primer ministro desde ag. 1989 (primer jefe de gobierno no comunista de la Europa del Este tras cuarenta años) hasta nov. 1990.

MAZURIA o **MASURIA**, región del NE de Polonia, salpicada de lagos.

MAZZINI (Giuseppe), *Génova 1805-Pisa 1872*, patriota italiano. Fundó, en el exilio, una sociedad secreta, Joven Italia (1831), motor del Risorgimento, que pretendía el establecimiento de una república italiana unitaria. Organizó complots e insurrecciones que fracasaron y llevó una vida errante hasta su regreso a Italia con motivo de la revolución de 1848. En marzo de 1849 hizo proclamar la República en Roma y formó parte del triunvirato que la dirigió, pero la expedición francesa lo obligó a exiliarse (1849). Fue partidario de la unidad italiana.

MBABANE, cap. de Swazilandia; 38 000 hab.

MBANDAKA, ant. **Coquilhatville**, c. de la Rep. dem. del Congo, a orillas del río Congo; 137 000 hab.

MBARACAYÚ (cordillera de), en port. **Serra de Maracajú**, sistema montañoso fronterizo entre Paraguay (Canendiyú) y Brasil (Mato Grosso do Sul). Culmina en el Pan de Azúcar (395 m). [Reserva de la biosfera 2000.]

MBEKI (Thabo), *Idutywa, Transkei, 1942*, político sudafricano. Vicepresidente (1994-1997) y después presidente (1997-2007) del ANC, fue vicepresidente de la república (1994-1999) antes de suceder a N. Mandela en la jefatura del estado (1999-2008).

MBINI, ant. **Río Muni**, parte continental de Guinea Ecuatorial.

MBUJI-MAYI, c. de la Rep. dem. del Congo, cap. del Kasai oriental; 486 000 hab.

MCCA, sigla de Mercado común *centroamericano.

MEAD (Margaret), *Filadelfia 1901-Nueva York 1978*, antropóloga estadounidense. Estudió los problemas de la adolescencia y los cambios culturales y realizó numerosos trabajos de campo (Bali, Nueva Guinea).

MEADE (James Edward), *Swanage, Dorset, 1907-Cambridge 1995*, economista británico. Realizó contribuciones de inspiración keynesiana en los campos de la teoría del comercio internacional y de movimientos de capital. (Premio Nobel 1977.)

MEANDRO → **MENDERES**.

MEAUX, c. de Francia (Seine-et-Marne), a orillas del Marne; 50 913 hab. Restos de murallas galorromanas y medievales. Catedral de los ss. XIII-XIV.

MECA (La), en ár. **Makka**, c. de Arabia Saudí, cap. de la prov. de Hiŷāz; 618 000 hab. Cuna de Mahoma y primera ciudad santa del islam. La peregrinación a La Meca (*hadj*) una vez en la vida es obligatoria para todos los musulmanes que dispongan de medios.

■ LA **MECA**. La gran mezquita; en el centro, la Ka'ba.

MECANO, grupo español de pop, creado en 1981 por los hermanos José María e Ignacio Cano (compositores y teclistas) y la cantante Ana Torroja. Con sus trabajos, en los que se alternan baladas intimistas con temas rítmicos, alcanzaron una gran popularidad (*Descanso dominical*, álbum, 1988).

MECENAS, en lat. **Caius Cilnius Maecenas**, ¿*Arezzo? h. 69-8 a.C.*, patricio romano. Amigo personal de Augusto, favoreció las letras y las artes. Virgilio, Horacio y Propercio se beneficiaron de su protección.

MECHELEN → **MALINAS**.

MÉCHNIKOV o **MIÉCHNIKOV** (Iliá), *Ivánovka, cerca de Járkov, 1845-París 1916*, zoólogo y microbiólogo ruso. Descubrió el fenómeno de la fagocitosis. (Premio Nobel 1908.)

MEČIAR (Vladimir), *Zvolen 1942*, político eslovaco. Nombrado jefe del gobierno eslovaco en 1990, tuvo que dimitir en 1991. De nuevo primer ministro en 1992, negoció la partición de Checoslovaquia. De 1993 a 1998 fue primer ministro de la Eslovaquia independiente.

MECKLEMBURGO, en alem. **Mecklenburg**, región histórica de Alemania, que forma parte del Land de Mecklemburgo-Antepomerania. En 1520 fue dividida en dos estados: *Mecklemburgo-Schwerin* y *Mecklemburgo-Güstrow*, posteriormente *Mecklemburgo-Strelitz* (constituido en 1701).

MECKLEMBURGO-ANTEPOMERANIA, en alem. **Mecklenburg-Vorpommern**, Land de Alemania, a orillas del Báltico; 23 838 km²; 1 963 909 hab.; cap. *Schwerin*.

Medal of Honor (*Medalla de honor*), la más alta condecoración militar de Estados Unidos, otorgada por el congreso a partir de 1862.

MEDAN, c. de Indonesia, en Sumatra, junto al estrecho de Malaca; 1 380 000 hab. Puerto.

MÉDANO (playa del), playa de la costa SE de la isla española de Tenerife (Canarias), entre la *punta del Médano*, al N, y la punta Roja, al S, en el mun. de Granadilla de Abona. En las proximidades, aeropuerto Reina Sofía.

MEDAWAR (Peter Brian), *Río de Janeiro 1915-Londres 1987*, biólogo británico. Es autor de importantes trabajos sobre los trasplantes. (Premio Nobel de fisiología y medicina 1960.)

MEDEA MIT. GR. Hechicera del ciclo de los Argonautas. Huyó con Jasón y, abandonada por este, se vengó degollando a sus hijos. — Su leyenda inspiró tragedias a Eurípides (431 a.C.), Séneca (s. I) o Corneille (1635).

MEDELLÍN, c. de Colombia, cap. del dep. de Antioquia; 1 630 009 hab. *(medellinenses).* Segundo núcleo urbano del país. Centro comercial, industrial (textil, mecánica, química, exportación floral) y cultural (universidades). — Catedral. Museos, entre elllos el centro sudamericano (esculturas). Orquídeas en el Jardín botánico y en El Ranchito. — En 1968 fue sede de una conferencia del episcopado católico latinoamericano, que refrendó el compromiso de la Iglesia con los problemas sociales e inició una nueva línea pastoral latinoamericana.

MEDELLÍN, mun. de México (Veracruz); 25 436 hab. Agricultura, ganadería y avicultura.

MEDEM (Julio), *San Sebastián 1958,* director de cine español. También guionista (*Hola ¿estás sola?,* I. Bollaín, 1996), sus películas abordan temas como la identidad o el amor mediante elipsis argumentales y preciosismo visual (*Vacas,* 1992; *La ardilla roja,* 1993; *Los amantes del círculo polar,* 1998; *Caótica Ana,* 2007).

MEDIA, región del NO del ant. Irán, habitada por los medos.

Media luna roja, organización humanitaria que, en los países musulmanes, tiene las mismas funciones que la *Cruz roja.

médicas (guerras) [490-479 a.C.], conflictos que enfrentaron a los griegos y persas. Tuvieron su origen en la rebelión de las ciudades griegas de Jonia (499), apoyadas por Atenas, y a la que Darío I puso fin en 495. Los persas, para asegurar su dominio sobre el Egeo, tuvieron por objetivo tomar las ciudades de la Grecia europea. En 490 (*primera guerra médica*), Darío atravesó el Egeo con importantes fuerzas, pero fue derrotado en Maratón. En 481 (*segunda guerra médica*), Jerjes I, hijo de Darío, invadió Grecia con un gran ejército. Aunque los griegos intentaron en vano detenerlo en las Termópilas (ag. 480), Atenas fue tomada e incendiada, pero, gracias a Temístocles, la flota persa fue destruida ante la isla de Salamina (sept. 480). Jerjes abandonó a su ejército, que fue vencido en Platea (479). Los griegos trasladaron entonces la guerra a Asia bajo la dirección de Atenas y consiguieron las victorias del cabo Micala (479) y de Eurimedonte (468). En 449-448 la paz de Calías ratificó la libertad de las ciudades griegas de Asia.

MÉDICIS, en ital. *Medici,* familia italiana de banqueros que dominó Florencia del s. XV al XVIII. — **Cosme de M.,** llamado **Cosme el Viejo,** *Florencia 1389-Careggi 1464,* banquero y mecenas florentino. Jefe de Florencia a partir de 1434, la hizo la capital del humanismo. — **Lorenzo I de M.,** llamado **Lorenzo el Magnífico,** *Florencia 1449-Careggi 1492,* príncipe florentino. Nieto de Cosme el Viejo, mecenas y poeta, dirigió Florencia (1469-1492) y realizó el ideal renacentista. — **Julián de M.,** *Florencia 1478-Roma 1516,* príncipe florentino. Nombrado duque de Nemours por el rey de Francia Francisco I, con ayuda de las tropas pontificias y españolas (1512) restauró en Florencia el poder de los Médicis, expulsados desde la revolución de Savonarola. — **Lorenzo II de M.,** **duque de Urbino,** *Florencia 1492-íd. 1519,* padre de Catalina de Médicis. — **Alejandro de M.,** *Florencia h. 1512-íd. 1537,* primer duque de Florencia (1532-1537). Fue asesinado por su primo Lorenzino (*Lorenzaccio). — **Cosme I de M.,** *Florencia 1519-Villa di Castello, cerca de Florencia, 1574,* duque de Florencia (1537-1569) y primer gran duque de Toscana (1569-1574). Carlos V le impuso la presencia de tropas españolas. — **Fernando I de M.,** *Florencia 1549-íd. 1609,* gran duque de Toscana (1587-1609). — **Fernando II de M.,** *Florencia 1610-íd. 1670,* gran duque de Toscana (1621-1670). — **Juan Gastón de M.,** *Florencia 1671-íd. 1737,* gran duque de Toscana (1723-1737). A su muerte el gran ducado pasó a la casa de Lorena.

Médicis o Medici-Riccardi (palacio), palacio de Florencia. Construido de 1444 a 1460 aprox. por Michelozzo para los Médicis (frescos de Gozzoli en la capilla), fue ampliado en el s. XVII para uno de los marqueses Riccardi.

Médicos del mundo, asociación de solidaridad internacional basada en el compromiso voluntario de profesionales de la sanidad. Fundada en 1980 por médicos procedentes de

Médicos sin fronteras, presta socorro a las poblaciones vulnerables del mundo.

Médicos sin fronteras (MSF), asociación privada con vocación internacional que reúne a médicos y personal sanitario voluntarios. Fundada en 1971, lleva ayuda médica a las poblaciones en peligro (guerras, catástrofes) y da constancia de sus crisis. (Premio Nobel de la paz 1999.)

MEDINA, c. de Arabia Saudí (Ḥiȳāz); 500 000 hab. Mezquita del profeta (tumba de Mahoma). Ciudad santa del islam, en la que se refugió Mahoma en 622 (inicio de la hégira).

MEDINA (Bartolomé), *Medina de Rioseco h. 1528-Salamanca 1580,* dominico y teólogo español. Sus comentarios a la *Summa* de santo Tomás de Aquino son clásicos en la enseñanza de la teología. En *Suma de casos de conciencia* (1580) formuló por primera vez la teoría del probabilismo.

MEDINA (Bartolomé de), *Sevilla h. 1497-h. 1580,* metalúrgico español. Introdujo en América (Pachuca, 1554) el llamado «beneficio de patio», para obtener plata por amalgamación a partir de minerales pobres.

MEDINA (Francisco de), *1544 1615,* humanista español. Poeta y traductor de clásicos, su prólogo a las *Anotaciones* que Herrera hizo a Garcilaso (1580), se considera un manifiesto de la escuela poética sevillana.

MEDINA (José María), *1826-1878,* militar y político hondureño. Presidente (1864-1872 y 1876), gobernó dictatorialmente. Fue fusilado.

MEDINA (José Ramón), *n en 1921,* escritor venezolano. Es autor de poemas intimistas y metafísicos (*La voz profunda,* 1954), y ensayos.

MEDINA (José Toribio), *Santiago 1852-íd. 1930,* erudito e historiador chileno. Es autor de *Historia de la literatura colonial de Chile* (1878) y *La primitiva Inquisición americana* (1914).

MEDINA (Pedro de), *Sevilla 1493-íd. 1567,* cosmógrafo español. Es autor de *Arte de navegar* (1545), obra resumida en 1563 con el título *Regimiento de navegación.*

MEDINA (Pedro de), *Cádiz 1738-La Habana 1796,* arquitecto español activo en Cuba. Trabajó, desde 1772, en las principales obras de su tiempo en La Habana (catedral, palacio de los Capitanes Generales, Casa de correos).

MEDINA (Vicente), *Archena 1866-íd. 1937,* poeta español, de temática preferentemente regional (*Aires murcianos,* 1899; *La canción de la huerta,* 1905; *Aires argentinos,* 1927).

MEDINA ANGARITA (Isaías), *San Cristóbal 1879-Caracas 1953,* militar y político venezolano. Presidente de la república (1941-1945), fue derrocado por los militares.

MEDINA AZARA, en ár. **Madinat al-Zahrā',** ant. c. de Al-Ándalus, fundada por 'Abd al-Raḥmān III a las afueras de Córdoba (936-976). De planta rectangular, tenía terrazas y doble muralla. Destruida en 1010, en la revuelta contra los Amiríes, desde comienzos del s. XX ha sido excavada y restaurada.

MEDINACELI, v. de España (Soria); 701 hab. *(medinenses).* Arco triunfal romano (ss. II-III); recinto amurallado (restos de las murallas romanas). Colegiata de Santa María (s. XVI). Plaza porticada.

MEDINACELI (casa de) gran título de la aristocracia española que en 1931 figuraba a la cabeza de los propietarios españoles. Condes (1368) y luego duques (1479), en 1697 incorporaron los ducados de Cardona y Segorbe. A principios del s. XVIII el título pasó al linaje de los duques de Feria.

MEDINACELI (Carlos), *Santa Cruz de la Sierra 1899-La Paz 1949,* escritor boliviano. Su única novela, *La Chaskañawi* (1947), expresa la irrupción mestiza en la conformación del carácter nacional boliviano. Escribió ensayos sobre la cultura americana.

MEDINA DEL CAMPO, v. de España (Valladolid), cab. de p. j.; 20 047 hab. *(medinenses).* Castillo de la Mota; iglesia gótica de San Antolín (s. XIV); casa de los Mexía Tovar; ayuntamiento (1660). — Importante centro del comercio lanero en el s. XV.

MEDINA DE POMAR, c. de España (Burgos); 5 166 hab. *(medineses).* Castillo palacio de los

Velasco (ss. XIV-XVI); convento de Santa Clara (retablos).

MEDINA DE RIOSECO, c. de España (Valladolid), cab. de p. j.; 4 902 hab. *(riosecanos).* Iglesias de Santa María (ss. XV-XVI), Santiago y Santa Cruz (barrocas). — Fueron famosas sus ferias anuales (ss. XV-XVI).

MEDINA-SIDONIA, c. de España (Cádiz); 10 793 hab. *(asidonenses).* Restos de las murallas árabes. Iglesia de Santa María (s. XV), plateresca.

MEDINASIDONIA o **MEDINA-SIDONIA** (duques de), familia de la aristocracia castellana descendiente de Guzmán el Bueno. Juan Alonso de Guzmán (1410-1468) recibió el título de Juan II (1445). A la muerte del 14º duque, Pedro Alcántara de Guzmán (1777), el título pasó a los marqueses de Villafranca.

MEDIO (Imperio del), nombre que se daba antiguamente a China (considerada como el centro del mundo por los geógrafos occidentales).

MEDIO OESTE, en ingl. **Middle West** o **Midwest,** vasta región de Estados Unidos, entre los Apalaches y las Rocosas.

MEDITERRÁNEO, mar continental del Atlántico, comprendido entre Europa meridional, el N de África y Asia occidental, 2,5 millones de km² de extensión (aprox.). Se comunica con el océano Atlántico por el estrecho de Gibraltar y con el mar Rojo por el canal de Suez. Es un mar templado, de salinidad elevada y mareas de escasa amplitud. El pequeño espacio existente entre Sicilia y Túnez lo divide en dos cuencas: el *Mediterráneo occidental,* con su anexo, el mar Tirreno, y el *Mediterráneo oriental* más compartimentado, con sus anexos (mares Jónico, Adriático y Egeo). El Mediterráneo fue el centro vital de la antigüedad. Perdió parte de su importancia tras los grandes descubrimientos de los ss. XV y XVI, pero volvió a convertirse en una de las principales rutas mundiales de navegación gracias a la construcción del canal de Suez (1869).

MEDJERDA, r. del N de África, que nace en Argelia y que discurre cobre todo por Túnez para desembocar en el golfo de Túnez; 365 km.

MEDOC, región vinícola francesa (Bordelais), en la or. izq. del Gironda.

MEDORO (Angelino), *Roma 1565-¿Sevilla? d. 1631,* pintor italiano activo en Hispanoamérica. Introductor del clasicismo renacentista en América, realizó su obra en diferentes ciudades, entre ellas Bogotá (*Anunciación* para la iglesia de Santa Clara), Tunja, Quito y Lima (convento de la Merced).

MEDRANO (Francisco de), *Sevilla 1570-íd. 1607,* poeta español. Es autor de odas, sonetos y un dístico latino, reunidos póstumamente (*Remedios de amor,* 1617), de tema moral o amatorio.

MÉDULAS (Las), paisaje y sitio arqueológico de España (León). Las técnicas hidráulicas utilizadas por la minería de la época romana conforman un singular entorno caracterizado por suelos erosionados y abruptas laderas. (Patrimonio de la humanidad 1997.)

MEDUSA. MIT. GR. Una de las tres Gorgonas, la única cuya mirada era mortal. Perseo le cortó la cabeza, cubierta de serpientes, y de su sangre nació Pegaso.

MEDVÉDEV (Dmitri Anatolievich), *Leningrado 1965,* político ruso. Primer viceprimer ministro (a partir de 2005), sostenido por V. Putin, fue elegido presidente de Rusia en 2008. (*V. ilustr. pág. siguiente.*)

MEERUT, c. de la India (Uttar Pradesh); 1 074 229 hab. Centro comercial e industrial.

Mefistófeles, personaje de la leyenda de *Fausto, encarnación del diablo.

MEGALÓPOLIS, ant. c. de Grecia, en Arcadia. Fundada en 368 a.C. con la ayuda de Epaminondas, fue el centro de la Confederación arcadia. — Ruinas.

MEGARA, c. de Grecia, en el istmo de Corinto; 26 562 hab. Floreciente en los ss. VII y VI a.C., fundó numerosas colonias, entre ellas Bizancio. Sus disensiones con Atenas desencadenaron la guerra del Peloponeso. — Fue la cuna de una escuela filosófica (ss. V y IV a.C.), con la inspiración de los eleáticos, desarrolló la lógica y el arte de la controversia.

MEGERA MIT. GR. Una de las tres Erinias, personificación de la cólera.

MEGHALAYA, estado del NE de la India; 22 400 km²; 1 760 626 hab.; cap. *Shillong.*

MEGIDDO, ant. c. cananea del N de Palestina (act. Israel). Situada en la ruta que unía Egipto y Siria, fue conquistada por varios faraones (Tutmés III, Necao II). — Restos arqueológicos superpuestos de aprox. 6 000 años. (Patrimonio de la humanidad 2005.)

MEHMET II, llamado **Fātiḥ** («el Conquistador»), *Edirne 1432-Tekfur Çayiri 1481,* sultán otomano (1444-1446 y 1451-1481). Tomó Constantinopla (1453) y la convirtió en su capital antes de conquistar Serbia (1459), el imperio de Trebisonda (1461), Bosnia (1463) y Crimea (1475). — **Mehmet IV,** *İstanbul 1642-Edirne 1693,* sultán otomano (1648-1687). Presidió el resurgimiento del imperio gracias a la obra de los Köprülü. — **Mehmet V Reşad,** *İstanbul 1844-íd. 1918,* sultán otomano (1909-1918). Dejó el poder en manos de los Jóvenes turcos. — **Mehmet VI Vahdettin,** *İstanbul 1861-San Remo 1926,* último sultán otomano (1918-1922). Fue derrocado por Mustafá Kemal.

MEHMET ALI, en ár. Muḥammad 'Alī, *Cavalla 1769-Alejandría 1849,* virrey de Egipto (1805-1848). Acabó con los mamelucos (1811) y reorganizó, con la ayuda de técnicos europeos, la administración, la economía y el ejército egipcios. Apoyó a los otomanos en Arabia (1811-1819) y en Grecia (1824-1827), pero conquistó Sudán por su cuenta (1820-1823) y, respaldado por Francia, intentó desplazar al sultán, al que su hijo Ibrāhīm Bajá venció en Siria (1831-1839). Las potencias europeas le impusieron el tratado de Londres (1840), que solo le dejaba Egipto y Sudán a título hereditario.

MEHRGARH, sitio arqueológico del Baluchistán paquistaní, al pie de los pasos de Bolan que unen el valle del Indo a Irán y Asia central. De economía agrícola, estuvo ocupado de 7000 a 2000 a.C. aprox. Quizás fue el origen de la civilización del Indo.

MEIER (Richard), *Newark 1934,* arquitecto estadounidense. Partiendo del estilo internacional y del de Le Corbusier, a los que añade una sensibilidad contemporánea, produce formas clasicistas (museo de arte contemporáneo, Barcelona; centro J. Paul Getty, Los Ángeles; iglesia Dives in Misericordia, Roma). [Premio Pritzker 1984.]

MEIFRÈN (Eliseu), *Barcelona 1857-íd. 1940,* pintor español. Paisajista, pintó con estilo impresionista rincones de Mallorca y Canarias, y especialmente de la Costa Brava.

■ DMITRI ANATOLIEVICH **MEDVÉDEV**

■ **MEHMET II,** por Gentile Bellini. (National Gallery, Londres.)

Meiji («Época ilustrada»), nombre de la era que comprende los años de reinado del emperador japonés Mutsuhito I (1867-1912).

MEIJI TENNŌ, nombre póstumo de **Mutsuhito,** *Kyōto 1852-Tōkyō 1912,* emperador de Japón (1867-1912). En 1868 inauguró la era Meiji y proclamó su voluntad de reforma y de occidentalización en la *Carta de los cinco artículos.* Suprimió posteriormente el shōgunado y el régimen feudal, y se instaló en Tōkyō. En 1889 dotó a Japón de una constitución. Dirigió victoriosamente las guerras contra China (1895) y Rusia (1905), y se anexionó Corea (1910).

Mein Kampf (*Mi lucha*), obra de A. Hitler, escrita en prisión (1923-1924) y publicada en 1925. Expone los principios del nacionalsocialismo: antisemitismo, superioridad de la raza germánica, que necesita lo que él llama espacio vital para desarrollarse, y culto a la fuerza.

MEIR (Golda), *Kíev 1898-Jerusalén 1978,* política israelí. Laborista, fue primera ministra (1969-1974).

MEISSEN, c. de Alemania (Sajonia), a orillas del Elba; 33 501 hab. Catedral gótica; castillo de estilo gótico flamígero del s. XV, act. museo, en el que se instaló de 1710 a 1863 la primera manufactura europea de porcelana dura. Nueva manufactura (museo de la Porcelana).

MEISSONIER (Ernest), *Lyon 1815-París 1891,* pintor francés. Tuvo gran éxito como autor de pequeños cuadros de género al estilo antiguo y de escenas militares.

MEITNER (Lise), *Viena 1878-Cambridge 1968,* física austriaca. Descubrió el protactinio con O. Hahn (1917) y elaboró la teoría de la fisión del uranio (1939).

MEJÍA, cantón de Ecuador (Pichincha); 38 258 hab.; cab. *Machachi.* Turismo (fuentes termales).

MEJÍA (Liborio), *Rionegro 1792-Bogotá 1816,* patriota colombiano. Presidente de la república (1816), fue fusilado por los españoles.

MEJÍA COLINDRES (Vicente), *La Esperanza, 1878-Tegucigalpa 1966,* político hondureño. Presidente de la república (1929-1933), se opuso a la dictadura de Carías Andino.

MEJÍA DOMÍNGUEZ (Rafael Hipólito), *Gurabo, Santiago, 1941,* político dominicano. Líder del Partido revolucionario dominicano, socialdemócrata, fue presidente (2000-2004).

MEJÍA SÁNCHEZ (Ernesto), *Masaya 1923-Mérida, México, 1985,* escritor nicaragüense. Miembro de la generación poética de la década de 1940 (*Recolección a mediodía,* 1980), publicó ensayos sobre R. Darío, y ediciones de A. Nervo, M. Unamuno y J. Martí.

MEJÍA VALLEJO (Manuel), *Jericó, Antioquia, 1923-El Retiro, Antioquia, 1998,* escritor colombiano. Su narrativa aborda una temática de la violencia civil (*El día señalado,* 1964; *Las noches de vigilia,* 1975; *Años de indulgencia,* 1989) y otra enmarcada en los ambientes populares urbanos (*Al pie de la ciudad,* 1958; *Aire de tango,* 1973). [Premio Rómulo Gallegos 1989.]

MEJÍA VÍCTORES (Óscar Humberto), *Guatemala 1930,* militar y político guatemalteco. Derrocó a Ríos Montt y se autoproclamó jefe del estado (1983-1986).

MEJICANA (La) o **GENERAL M. BELGRANO,** cumbre de Argentina (La Rioja), en la sierra de Famatina; 6 097 m. Minas de cobre, actualmente abandonadas.

MEJICANOS, mun. de El Salvador (San Salvador), al S del volcán de San Salvador; 117 568 hab. Es un barrio residencial de la capital.

MEJORADA DEL CAMPO, v. de España (Madrid); 15 771 hab. *(mejoreños).* Centro agrícola e industrial.

MEKHITHAR (Pedro Manuk, llamado), *Sivas, Anatolia, 1676-Venecia 1749,* teólogo armenio, fundador (1701) de la congregación de los mequitaristas (monjes católicos armenios).

MEKONG, r. de Asia, que nace en el Tíbet y desemboca en el mar de China Meridional; 4 200 km. Atraviesa el Yunnan por profundas gargantas, Laos (al que separa de Tailandia), Camboya y el S de Vietnam. Pasa por las ciudades de Vientiane y Phnom Penh.

MELAKA → MALACA.

MELANCHTHON (Philipp **Schwarzerd,** llamado), *Bretten, Baden, 1497-Wittenberg 1560,* reformador alemán. Colaborador de Lutero, redactó la *Confesión de Augsburgo* (1530) y se convirtió en el principal jefe del luteranismo tras la muerte del reformador.

MELANESIA («islas de los Negros»), división de Oceanía, que comprende Nueva Guinea, el

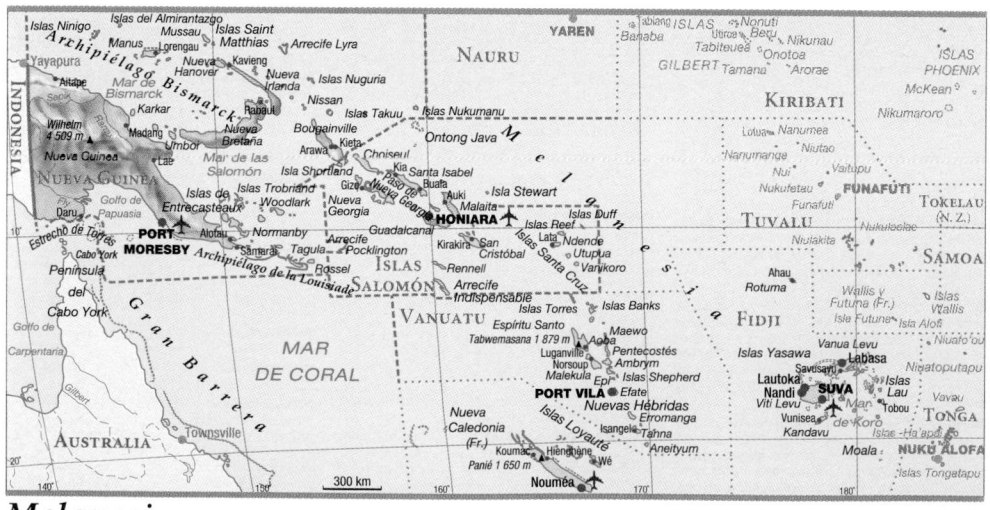

Melanesia

- - - frontera marítima
· · · · frontera no definida
✈ aeropuerto

● más de 10 000 hab.
● menos de 10 000 hab.

archipiélago Bismarck, las islas Salomón, Nueva Caledonia,Vanuatu y las islas Fidji; 8 123 000 hab. *(melanesios).*

MELBOURNE, c. de Australia, cap. del estado de Victoria; 2 865 329 hab. Puerto fundado en 1835. Centro comercial, industrial y cultural. — Royal Exhibition Building (1880) y jardines Carlton (patrimonio de la humanidad 2004). Museo de arte. Museo de historia natural.

MELBOURNE (William Lamb, vizconde de), *Londres 1779-cerca de Hatfield 1848,* político británico. Primer ministro (1834, 1835-1841), se encargó de la educación política de la joven reina Victoria.

MELCHOR, nombre dado por una tradición tardía a uno de los tres Reyes magos.

MELCHOR OCAMPO, ant. Ocampo y San Miguel Ocampo, mun de México (México); 17 990 hab. Centro agropecuario.

MELCHOR OCAMPO, ant. San Pedro Ocampo, mun. de México (Zacatecas); 3 904 hab. Centro minero (plata, oro, plomo y cobre).

MELCHOR OCAMPO DEL BALSAS → LÁZARO CÁRDENAS.

MELÉNDEZ, familia de políticos salvadoreños que gobernó el país en el primer cuarto del s. XX. — **Carlos M.,** *1861-1919,* presidente de la república en 1913-1914 y 1915-1918. — **Jorge M.,** *1871-1953.* Hermano de Carlos, fue presidente en 1919-1923. — **Alfonso Quiñones,** *1874-1950.* Cuñado de Carlos, presidió la república en 1914-1915, 1918-1919 y 1923-1927.

MELÉNDEZ (Concha), *Caguas 1904-San Juan 1983,* escritora puertorriqueña, poeta y ensayista *(La novela indianista en Hispanoamérica,* 1934; *Literatura hispanoamericana,* 1967).

MELÉNDEZ o **MENÉNDEZ** (Luis), *Nápoles 1716-Madrid 1780,* pintor español. Miembro de una familia de pintores ligada a la corte y a la academia, se especializó en el género del bodegón, al que confirió un intenso realismo, y sobresalió además en el retrato *(Autorretrato,* Louvre).

MELÉNDEZ VALDÉS (Juan), *Ribera del Fresno, Badajoz, 1754-Montpellier 1817,* poeta español. Pasó de temas anacreónticos y filosóficos *(Poesías,* 1785) a los de tipo social *(A Llaguno,* 1794, *Sobre el fanatismo,* 1795). En la guerra de la Independencia se unió al bando afrancesado, ocupó diversos cargos y escribió *Odas a José Bonaparte* (1810-1811). [Real academia 1812.]

MELERO (Miguel), *La Habana 1836-íd. 1907,* pintor y escultor cubano. Director de la Academia de San Alejandro, en La Habana; su obra de tendencia neoclásica ejerció una influencia notable en su país (estatua de Colón, en la villa de Colón).

MELGAR, mun de Colombia (Tolima); 15 339 hab. Agricultura y ganadería.

MELGAR CASTRO (Juan Alberto), *Marcala 1930,* político hondureño. Depuso a López Arellano en 1975 y se proclamó presidente. Fue derrocado en 1978.

MELGAREJO (Mariano), *Cochabamba 1818-Lima 1871,* general y político boliviano. En 1864 implantó una dictadura militar. Realizó costosas concesiones territoriales a Perú y Brasil. Derrocado por el general Agustín Morales en 1871, fue asesinado en Perú.

MÉLIDA (Enrique), *Madrid 1838-París 1892,* pintor español. Cultivó la pintura de género, siguiendo la técnica preciosista de Fortuny *(Procesión de penitentes en España en el s. XVIII, Comunión de religiosas).*

MÉLIÈS (Georges), *París 1861-íd. 1938,* cineasta francés. Pionero de la realización cinematográfica, inventó numerosos trucajes y construyó los primeros estudios en Francia. Entre 1896 y 1913 realizó más de 500 películas, destacables por su fantasía poética y su ingenio *(Viaje a la Luna,* 1902).

MELILLA, c. de España, en el N de África, que constituye un municipio especial, cab. de p. j.; 66 871 hab. *(melillenses).* Emplazada en un saliente del litoral mediterráneo, una franja neutral de 500 m la separa de Marruecos. Puerto franco; pesca. Destacamento militar. — Murallas del s. XVI. Iglesia del s. XVII. Notables edificaciones modernistas. — Fue factoría fenicia y cartaginesa *(Russaddir),* ocupada posterior-

mente por romanos, visigodos y musulmanes. Fue conquistada en 1497 por P. de Estopiñán para la casa de Medinasidonia y pasó a la corona española en 1556. Plaza de soberanía después de la independencia de Marruecos, desde 1995 el municipio tiene un estatuto de autonomía.

Melilla (guerra de) **→ Marruecos** (campañas de).

MELIPILLA, com. de Chile (Santiago); 80 086 hab. Centro agropecuario.

MELITÓPOL, c. de Ucrania; 174 000 hab.

MELK, c. de Austria (Baja Austria), a orillas del Danubio; 6 000 hab. Abadía benedictina reconstruida por el arquitecto Jakob Prandtauer (1660-1726) a la manera barroca.

MELLA (Julio Antonio). *La Habana 1903-México 1929,* político cubano. Presidió el primer Congreso nacional de estudiantes y fundó la Universidad popular José Martí (1923). Líder del Partido comunista cubano, se exilió en México y formó la Asociación de nuevos emigrados revolucionarios cubanos. En 1927 coordinó el comité continental de la Liga antiimperialista. Fue asesinado.

MELLA (Ricardo), *Vigo 1861-íd. 1925,* escritor español. Teórico del anarquismo *(La anarquía: su pasado, su presente y su porvenir,* 1889) fundó diversos periódicos libertarios.

MELLER (Francisca Marqués López, llamada Raquel), *Tarazona 1888-Barcelona 1962,* tonadillera española. Popular intérprete de cuplés como *Ven y ven, El relicario y La violetera,* también actuó en el cine *(Violetas imperiales,* 1922; *Carmen,* 1926).

MELLIZO (Enrique Jiménez, llamado el), *Cádiz 1848-íd. 1906,* intérprete de cante flamenco español, introductor de los tientos o tangos lentos.

MELLONI (Macedonio), *Parma 1798-Portici 1854,* físico italiano. Inventó la pila termoeléctrica, que empleó para estudiar el calor radiante (radiación infrarroja).

MELO, c. de Uruguay, cap. del dep. de Cerro Largo; 38 300 hab. Industria frigorífica.

MELO (Francisco Manuel de), *Lisboa 1611-íd. 1667,* escritor, político y militar portugués. Maestre de campo del marqués de los Vélez, escribió una crónica de la guerra de Separación de Cataluña.

MELO (José María), *Chaparral 1800-en Chiapas, México, 1860,* militar colombiano. Luchó en la guerra de la Independencia. Derrocó al presidente Obando (1854), pero no pudo mantenerse en el poder y fue desterrado.

MELO DE PORTUGAL Y VILLENA (Pedro), *Badajoz 1733-Pando, Uruguay, 1798,* militar español, virrey del Río de la Plata (1795-1798).

MELÓN Y RUIZ DE GORDEJUELA (Amando), *Zaragoza 1895 Madrid 1977,* geógrafo español. Fue director del Instituto de geografía J. S. Elcano, del CSIC, fundador de la revista *Estudios geográficos,* y autor de *Geografía histórica española* (1928) y *Los modernos nomenclátores de España* (1958).

Meloria (batalla de la) [6 ag. 1284], victoria de la flota genovesa sobre los pisanos en la isla de Meloria, en el golfo de Génova. Supuso el fin de Pisa como potencia naval.

MELOZZO DA FORLÌ → FORLÌ.

MELPÓMENE MIT. GR. Musa de la tragedia.

MELQART o **MELKART,** principal dios de Tiro, adorado también en Cartago.

MELQUISEDEK, personaje bíblico, contemporáneo de Abraham. Rey sacerdote de Salem, ciudad que la tradición judía identifica con Jerusalén, anticipa en el cristianismo primitivo el sacerdocio de Jesucristo.

MELUN, c. de Francia, cap. del dep. de Seine-et-Marne, a orillas del Sena; 36 998 hab. (más de 110 000 en la aglomeración). Centro industrial. — Iglesia de Notre-Dame (en parte del s. XI). Museo.

MELVILLE (bahía de), bahía del mar de Baffin, en la costa de Groenlandia.

MELVILLE (isla), isla australiana, en la costa N de Australia.

MELVILLE (isla), isla del archipiélago Ártico canadiense, al N del *estrecho de Melville.*

MELVILLE (península), península de la parte septentrional de Canadá (océano Ártico).

MELVILLE (Herman), *Nueva York 1819-íd. 1891,* escritor estadounidense. Antiguo marino, escribió novelas en las que la aventura adquiere un significado simbólico (*Moby Dick,* 1851; *Billy Budd,* publicada en 1924).

MELVILLE (Jean-Pierre **Grumbach,** llamado Jean-Pierre), *París 1917-íd. 1973,* cineasta francés. Realizó filmes negros, sobrios y trágicos: *El confidente* (1963), *Hasta el último aliento* (1966), *El silencio de un hombre* (1967).

MEMBRIVES (Lola), *Buenos Aires 1888-íd. 1969,* actriz argentina. Actuó en su país y en España, y en 1920 formó compañía propia, con la que actuó en América del Sur. Su repertorio incluía obras de los Quintero, Arniches y Benavente, del que fue una de las mejores intérpretes *(V. ilustr. pág. si guiente.)*

MEMEL → KLAIPÉDA.

MEMLING o **MEMLINC** (Hans), *Seligenstadt, cerca de Aschaffenburg, h. 1433-Brujas 1494,* pintor flamenco. Su carrera se desarrolló en Brujas, donde se conservan sus principales obras: composiciones religiosas de un estilo suave y sereno y retratos en que el modelo está representado en su ambiente familiar.

MEMNÓN MIT. GR. Héroe de la *Ilíada,* muerto por Aquiles. Los griegos lo identificaron con uno de los dos colosos del templo de Amenotis III en Tebas. Esta estatua, agrietada en 27 a.C. a causa de un movimiento sísmico, dejaba oír al amanecer una vibración, el llamado «canto de Memnón».

MEMPHIS, c. de Estados Unidos (Tennessee), a orillas del Mississippi; 650 100 hab. Puerto. Centro comercial e industrial. — Museos.

MENA (Alonso de), *Granada 1587-íd. 1646,* escultor español. Inició la evolución hacia el realismo característico de la escuela granadina. Sus obras presentan un progresivo naturalismo, alcanzando gran expresividad *(Cristo del desamparo,* act. en la iglesia de San José en Madrid; retablos-relicario de la capilla real de Granada). — **Pedro de M.,** *Granada 1628-Málaga 1688,* escultor español. Hijo de Alonso, fue discípulo desde 1652 de A. Cano, que le influyó en la temática y tratamiento dramático. Instalado en Málaga, maduró su propio estilo, en el que predominan los temas ascéticos y místi-

■ LUIS **MELÉNDEZ.** *Fruta, queso y recipientes.* (Museo del Prado, Madrid.)

■ JUAN **MELÉNDEZ VALDÉS,** por Goya. (Real academia de bellas artes de San Fernando, Madrid.)

■ ALONSO DE **MENA**. *Cristo del desamparo* (iglesia de San José, Madrid).

cos, interpretados con un lenguaje simple y naturalista; creó además tipos iconográficos de la imaginería barroca (*Inmaculada, Magdalena penitente, Ecce homo, Dolorosa*).

MENA (Juan de), *Córdoba 1411-Torrelaguna, Madrid, 1456*, poeta español. Autor de poesía ultraculista y latinizante (*Laberinto de Fortuna* o *Las trescientas*, en coplas de arte mayor), destacan también su *Ilíada en romance*, traducción en prosa de la *Ilias latina* de autor desconocido, y sus comentarios a la *Coronación*, que ensalzan al marqués de Santillana.

MENA (Juan Pascual de), *Villaseca de la Sagra, Toledo, 1707-Madrid 1784*, escultor español, destacado representante del academicismo neoclásico (fuente de Neptuno, Madrid).

MENADO → MANADO.

MENAM → CHAO PHRAYA.

MENANDRO, *Atenas h. 342-íd. h. 292 a.C.*, poeta cómico griego. Sus comedias de carácter fueron imitadas por Plauto y Terencio.

MENCHÚ (Rigoberta), *Chimel, Uspantán, 1959*, política guatemalteca. Indígena, tras el asesinato de su familia campesina (1979-1980), militó a favor de la emancipación social y política de los indígenas y mestizos pobres, y tuvo que exiliarse en México en 1981. De regreso a su país en 1996, desempeñó un papel relevante en el cumplimiento del acuerdo de paz de ese mismo año firmado entre el gobierno y la guerrilla. En 2007 se presentó a las elecciones presidenciales pero sufrió un severo revés. Es autora de *El vaso de miel* (antología de cuentos y leyendas quichés). [Premio Nobel de la paz 1992; premio Príncipe de Asturias de cooperación internacional 1998.]

■ LOLA **MEMBRIVES**

■ RIGOBERTA **MENCHÚ**

MENCIO, en chino **Mengzi**, *h. 371-289 a.C.*, filósofo chino. Para este continuador de Confucio, el hombre tiende por naturaleza al bien.

MENDAÑA DE NEIRA (Álvaro de), *en Galicia h. 1541-isla de Santa Cruz 1595*, navegante español. Desde Perú realizó una expedición al archipiélago de las Salomón (1567-1568). Descubrió las islas Marquesas (1595).

MENDEL (Johann, en religión **Gregor**), *Heinzedorf, Silesia, 1822-Brünn 1884*, religioso y botánico austriaco. Realizó experimentos sobre la hibridación de las plantas y enunció, en el tratado *Ensayos sobre los híbridos vegetales* (1866), las leyes de transmisión de caracteres hereditarios *(leyes de Mendel)*.

MENDELE MOJER SEFARIM → ABRAMOVITZ.

MENDELÉIEV (Dmitri Ivánovich), *Tobolsk 1834-San Petersburgo 1907*, químico ruso. Es autor de la clasificación periódica de los elementos químicos (1869).

MENDELSOHN (Erich), *Allenstein, act. Olsztyn, Polonia, 1887-San Francisco 1953*, arquitecto alemán. Al principio influido por el expresionismo, se adhirió después a los postulados del movimiento moderno, cuya rigidez suavizó (uso de las curvas).

MENDELSSOHN (Moses), *Dessau 1729-Berlín 1786*, filósofo alemán. Desarrolló una filosofía basada en la ley mosaica en relación con la filosofía de la ilustración (*Jerusalén...*, 1783) e impulsó la emancipación judía en el contexto europeo.

MENDELSSOHN-BARTHOLDY (Felix), *Hamburgo 1809-Leipzig 1847*, compositor alemán, nieto de Moses Mendelssohn. Compositor y pianista precoz, dirigió en 1829 la versión íntegra de la *Pasión según san Mateo* de Bach. Director de la orquesta del Gewandhaus de Leipzig, fundó el conservatorio de esta ciudad. Dejó una considerable obra de un discreto romanticismo (*Concierto* para violín, 1845; *Romanzas sin palabras*, 1830-1850, para piano), escritura moderna (*Variaciones serias*, 1842) y refinada orquestación (*Sueño de una noche de verano*, 1843). También compuso cinco sinfonías, entre ellas las llamadas *Reformación* (1832), *Italiana* (1833) y *Escocesa* (1842).

■ GREGOR **MENDEL** (Biblioteca nacional, París.)

■ FELIX **MENDELSSOHN-BARTHOLDY**

MENDERES, ant. **Meandro**, r. de la Turquía asiática, que desemboca en el mar Egeo; 500 kilómetros.

MENDERES (Adnan), *Aydin 1899-isla de Imrali 1961*, político turco. Primer ministro (1950-1960), fue derrocado por el ejército, condenado a muerte y ejecutado. Fue rehabilitado en 1990.

MENDÈS FRANCE (Pierre), *París 1907-íd. 1982*, político francés. Presidente del gobierno (1954-1955), puso fin a la guerra de Indochina y concedió autonomía interna a Túnez.

MENDES PINTO (Fernão), *Montemor-o-Velho h. 1510-Almada 1583*, viajero portugués. Exploró las Indias orientales y escribió una relación de sus viajes, *Peregrinação* (1614).

MÉNDEZ (Emilio), *Lérida 1949*, físico español. Catedrático de física de la materia condensada de la universidad de Nueva York, sus principales aportaciones en este campo han sido el descubrimiento de las «escaleras de Stark» y los primeros estudios del efecto «túnel resonante».

MÉNDEZ (Leopoldo), *México 1902-íd. 1969*, pintor y grabador mexicano. Cofundador del Taller de gráfica popular, destacó en el grabado y en la pintura mural.

MÉNDEZ (Miguel), *Bisbee, Arizona, 1930*, escritor estadounidense en lengua española, integrante de la corriente indigenista de la literatura mexicana-estadounidense (*Peregrinos de Aztlán*, 1974, novela; *Épica de los desamparados*, 1975, poesía).

MÉNDEZ FERRÍN (Xosé Luis), *Orense 1938*, escritor español en lengua gallega. Al igual que en su poesía (*Con pólvora e magnolias*, 1976; *Contra maquieiro*, 2005), en su vasta obra narrativa mezcla lo fantástico, extraído del mundo mágico céltico, con lo político: *Percival y otras historias* (1958), *Amor de Artur* (1982).

MÉNDEZ MAGARIÑOS (Melchor), *Pontevedra 1885-Buenos Aires 1945*, pintor español activo en Argentina. Participó en las pinturas murales del teatro Colón de Buenos Aires. También realizó grabados.

MÉNDEZ MONTENEGRO (Julio César), *Guatemala 1915-1996*, político guatemalteco. Fundó el Frente popular libertador (1944), que derrocó a Ubico. Presidente de la república (1966-1970), su política reformista tuvo la oposición del ejército y se fue derechizando.

MÉNDEZ NÚÑEZ (Casto), *Vigo 1824-íd. 1869*, marino español. Capitaneó la flota que bombardeó Valparaíso y El Callao (1866) durante la guerra del Pacífico.

MÉNDEZ PLANCARTE (Alfonso), *Zamora 1909-México 1955*, escritor mexicano. Sacerdote, escribió importantes ensayos sobre sor Juana Inés de la Cruz y Amado Nervo.

MENDIETA (Carlos), *Santa Clara 1873-La Habana 1960*, político cubano. Opuesto a Machado, fue deportado (1931). Fue presidente provisional en 1934-1935.

MENDIETA (Jerónimo de), *Vitoria 1525-México 1604*, franciscano e historiador español. En Nueva España redactó una *Historia eclesiástica indiana* (1573-1597).

MENDILAHARZU (Graciano), *Buenos Aires 1857-íd. 1894*, pintor argentino, autor de la decoración de la cámara de diputados en Buenos Aires (1887).

MENDIVE (Rafael María de), *La Habana 1821-íd. 1886*, poeta cubano. Adscrito al romanticismo (*Poesías*, 1860), fue maestro de José Martí.

MENDIZÁBAL (Juan Álvarez y **Méndez**, llamado), *Cádiz 1790-Madrid 1853*, político español. Ministro de hacienda y presidente del gobierno (1835), decretó la supresión de las comunidades religiosas masculinas y la desamortización de sus bienes (*desamortización de Mendizábal*). Intervino en el motín de La Granja (1836). Ministro en 1842, emigró tras la caída de Espartero (1843-1847).

MENDOZA, r. de Argentina, que desagua en los bañados del Guanache; 400 km. Irriga el N de la provincia de Mendoza.

MENDOZA, c. de Argentina, cap. de la prov. homónima, junto al *río Mendoza*, en un área de extensos viñedos; 121 696 hab. (605 623 en el *Gran Mendoza*). Arzobispado. Industrias vitivinícolas (bodegas) fábricas de cerveza, químicas y petroquímica. — Fundada en 1561 por Pedro del Castillo, prosperó en los ss. XVII-XVIII, gracias a la rica agricultura de su campiña, el comercio y la minería. Fue asolada por un terremoto en 1861.

MENDOZA (familia), linaje aristocrático castellano iniciado en el s. XI en Llodio (Álava). Tuvo grandes propiedades durante la Reconquista y estuvo muy vinculada a la dinastía Trastámara. — **Íñigo López de M.** → Santillana (marqués de). — **Pedro González de M.**, *Guadalajara 1428-íd. 1494*. Hijo de Íñigo, acumuló los obispados de Calahorra (1454), Sigüenza (1467) y Sevilla (1473). Fue además cardenal (1472), canciller mayor de Enrique IV (1473-1494) y consejero de los Reyes Católicos. — **Diego Hurtado de M.,** *m. en Manzanares, Madrid, 1479*. Hijo de Pedro, recibió de los Reyes Católicos en 1475 el título de duque del Infantado.

MENDOZA (provincia de), prov. del O de Argentina; 148 827 km²; 1 414 058 hab.; cap. *Mendoza*.

MENDOZA (Antonio de), *Granada h. 1490-Lima 1552*, administrador español. Fue primer virrey de Nueva España (1535-1549), donde realizó una amplia tarea administrativa, y virrey del Perú (desde 1551).

MENDOZA (Cristóbal), *Trujillo 1772-Caracas 1829*, político venezolano. Bolivariano, fue miembro del triunvirato de la primera república (1811), fue gobernador de Mérida y Caracas (1813) e intendente de Caracas (1821-1826).

MENDOZA (Eduardo), *Barcelona 1943*, escritor español. Humor e ironía, intriga y elementos de la picaresca, novela gótica y negra se mezclan en sus novelas (*La verdad sobre el caso Savolta*, 1975; *La ciudad de los prodigios*, 1986; *Mauricio o las elecciones primarias*, 2006).

MENDOZA (fray Íñigo de), *h. 1425-h. 1507*, poeta español. Franciscano, fue predicador en la corte de Isabel la Católica. De su obra destacan: *Coplas de Vita Christi* (1482), *Sermón trovado*, *Los gozos de Nuestra Señora y Coplas de la Verónica*.

MENDOZA (Jaime), *Sucre 1874-íd. 1940*, escritor boliviano, autor de novelas de tema social (*En las tierras del Potosí*, 1911) y de ensayos (*La tragedia del Chaco*, 1933).

MENDOZA (Pedro de), *Guadix h. 1499-en el Atlántico 1537*, conquistador español. Nombrado adelantado del Río de la Plata para frenar el avance portugués (1534), fundó Buenos Aires (1536) y Nuestra Señora de la Esperanza.

■ PEDRO DE **MENDOZA.** Monumento erigido en su memoria en Buenos Aires.

MENE GRANDE, c. de Venezuela (Zulia), cap. del mun. Libertador; 31 558 hab. Extracción y refino de petróleo; oleoducto a San Timoteo.

MENEFTA, MENEPTAH o **MERNEFTA**, faraón (h. 1236-1222 a.C.) de la XIX dinastía. Sucesor de Ramsés II, venció a los pueblos del mar. Fue contemporáneo del Éxodo.

MENELAO MIT. GR. Héroe de la *Ilíada*. Rey de Esparta, llevó a los griegos a la guerra contra Troya para recuperar a su esposa, Helena, secuestrada por Paris.

MENELIK II o **MËNILËK**, *Ankober 1844-Addis Abeba 1913*, negus de Etiopía. Rey del Šoa (1865), fundó Addis Abeba (1887). Negus en 1889, firmó un acuerdo con Italia que esta consideró como un tratado de protectorado. Menelik denunció este acuerdo (1893) y derrotó a las tropas italianas en Adua (1896). Se retiró en 1907.

MENEM (Carlos Saúl), *Anillaco, La Rioja, 1930*, político argentino. Presidente del Partido justicialista y de la república de 1989 a 1999 (reelegido en 1995), privatizó gran parte del sector público y promulgó el indulto a los implicados en la dictadura militar de 1976-1983.

MENÉN DESLEAL (Álvaro Menéndez Leal, llamado Álvaro), *Santa Ana 1931-San Salvador 2000*, escritor salvadoreño. Narrador dotado de un humor cáustico (*Cuentos breves y maravillosos*, 1963; *La ilustre familia androide*, 1972), cultivó también la poesía, el teatro (*Luz negra*, 1967) y el ensayo.

MENÉNDEZ (Francisco), *1830-1890*, general y político salvadoreño. Tras derrocar a Zaldívar (1885), fue presidente constitucional (1887-1890).

MENÉNDEZ (Miguel Ángel), *Mérida 1904-México 1982*, escritor mexicano. En 1928 publicó un libro de entrevistas, *Hollywood sin pijamas*. Su novela *Nayar* (1940), recreación del mundo mágico de los indios cora, le dio prestigio literario. Fue también poeta y ensayista (*Yucatán, problema de patria*, 1965).

MENÉNDEZ PELAYO (Marcelino), *Santander 1856-íd. 1912*, historiador y erudito español. Se propuso reconstruir el pasado cultural español, desde un ángulo nacionalista y católico. Entre sus estudios destacan: *La ciencia española* (1876), **Historia de los heterodoxos españoles* (1880-1882), *Historia de las ideas estéticas en España* (1883-1891), *Antología de poetas líricos castellanos* (1890-1906), *Antología de poetas hispanoamericanos* (1892), *Orígenes de la novela* (1905-1910) y *Estudios de crítica literaria* (1881-1892), además de sus estudios como latinista (*Bibliografía hispanolatina clásica*, 1902). Presidió la Real academia de la historia (1892). [Real academia 1880.]

MENÉNDEZ PIDAL (Ramón), *La Coruña 1869-Madrid 1968*, crítico literario y lingüista español. Fundador de la *Revista de filología española* (1914), es autor del *Manual de gramática histórica española* (1918) y de *Orígenes del español* (1926). En la historia literaria destacan *La leyenda de los infantes de Lara* (1896), el *Cantar de Mio Cid* (1908, adiciones en 1944) y otros trabajos sobre el tema (*La España del Cid*, 1926) y sobre los cantares de gesta en general, además de *Poesía juglaresca y orígenes de las literaturas románicas* (1924). Promovió el Centro de estudios históricos y dirigió la monumental *Historia de España* (iniciada en 1935). Miembro de la Real Academia (1901), fue su director (1925-1939 y 1947-1968).

MENES, nombre dado por los griegos al faraón Narmer.

MENESE (José), *La Puebla de Cazalla 1942*, intérprete de cante flamenco español, con un estilo de gran hondura.

MENESES (Guillermo), *Caracas 1911-íd. 1978*, escritor venezolano. Autor de algunos y originales relatos de cuño realista (*La balandra Isabel llegó esta tarde*, 1931) y de novelas (*El mestizo José Vargas*, 1942; *La misa de Arlequín*, 1962).

MENFIS, c. del antiguo Egipto, a orillas del Nilo, aguas arriba del Delta. Fue la capital del país durante el Imperio antiguo y el centro del culto al dios Ptah. La fundación de Alejandría (332 a.C.) y la posterior invasión de los árabes la llevaron a la decadencia. (Patrimonio de la humanidad 1979.)

MENGER (Carl), *Neusandez, act. Nowy Sącz, Galitzia, 1840-Viena 1921*, economista austriaco. Fundador, junto con L. Walras y S. Jevons, de la escuela marginalista (1871), está considerado el primer representante de la escuela psicológica austriaca, que une el valor de un bien a su utilidad y a su rareza relativa.

MENGISTU HAILÉ MARIAM, *región de Harar 1937*, político etíope. Participó en la revolución de 1974 y se convirtió en vicepresidente (1974) y en presidente (1977) del Derg (Comité de coordinación militar), disuelto en 1987. Elegido presidente de la república en 1987, tuvo que abandonar el poder en 1991 y se exilió en Zimbabwe. En 2007 fue condenado en rebeldía a cadena perpetua por genocidio (pena agravada en 2008 con la condena de muerte).

MENGS (Anton Raphael), *Aussig, act. Ústí nad Labem, Bohemia, 1728-Roma 1779*, pintor alemán. Precursor del neoclasicismo, trabajó en Roma y en España como primer pintor de cámara de Carlos III (frescos del palacio real de Aranjuez; retratos).

MENGZI → **MENCIO.**

MENIAA (El-), ant. **El-Goléa**, oasis del Sahara argelino; 24 000 hab.

meninas (Las), cuadro de Velázquez (1656, Prado). Muestra a Velázquez pintando un lienzo con los retratos de Felipe IV y Mariana de Austria reflejados en un espejo del fondo, y con las infantas, las meninas y otros persona-

■ MARCELINO **MENÉNDEZ PELAYO.** (J. Moreno Carbonero; Real academia de la historia, Madrid.)

■ RAMÓN **MENÉNDEZ PIDAL**

jes junto al artista. Obra plenamente barroca por el tratamiento del tema y el juego de luces y penumbras, representa la cumbre pictórica del autor. – En 1957 Picasso realizó una serie de 58 pinturas y bocetos inspirados en el cuadro de Velázquez (museo Picasso, Barcelona).

MENIPO, *Gadara s. IV-s. III a.C.*, poeta y filósofo griego de la escuela cínica, autor de sátiras.

MENORCA (isla de), isla de España, la más septentrional y oriental de las Baleares; 701 km²; 72 716 hab. Las ciudades principales son Mahón, cap. de la isla, y Ciudadela. Relieve suave, con perfil costero poco accidentado a excepción de la costa norte. La rada de Mahón constituye uno de los mejores puertos naturales del Mediterráneo. Agricultura de secano, ganadería (quesos), industria en declive (lácteos, calzado, licores y bisutería). Turismo. (Reserva de la biosfera 1993.) – Yacimientos de la cultura megalítica (talayots, navetas, taulas). – Fue ocupada por Gran Bretaña de 1713 a 1802, salvo en 1756-1763 (bajo soberanía francesa) y 1782-1798 (incorporada a España).

MENOTTI (Gian Carlo), *Cadegliano, Lombardía, 1911-Mónaco 2007*, compositor italiano nacionalizado estadounidense. Estuvo vinculado a la tradición de la ópera verista (*La médium* 1946; *El cónsul*, 1950). Fundó el festival de Spoleto (1960).

MÉNSHIKOV (Alexandr Danilovich, príncipe), *Moscú 1673-Berezovo 1729*, estadista y mariscal de campo ruso. Dirigió la construcción de San Petersburgo. Retuvo el poder en época de Catalina I y posteriormente fue deportado a Siberia (1728).

MÉNSHIKOV (Alexandr Serguéievich, príncipe), *San Petersburgo 1787-íd. 1869*, almirante ruso. Al mando de la armada durante la guerra de Crimea, fue derrotado por las tropas franco-británicas (1854).

MENTON, c. de Francia (Alpes-Maritimes), a orillas del Mediterráneo; 29 266 hab. Centro turístico. Museos.

MENTOR MIT. GR. Personaje de la *Odisea*, amigo de Ulises y preceptor de Telémaco. Es el símbolo del buen consejero.

■ LAS **MENINAS**, por Velázquez (1656). [Museo del Prado, Madrid.]

■ YEHUDI **MENUHIN**   ■ ANGELA
MERKEL

MENUHIN (Yehudi), lord **Menuhin of Stoke d'Abernon,** *Nueva York 1916-Berlín 1999,* violinista y director de orquesta de origen ruso, nacionalizado estadounidense y británico. Alumno de G. Enesco y de A. Busch, tras una carrera de niño prodigio se reafirmó como uno de los violinistas más destacados del s. XX. También fue célebre por sus cualidades de pedagogo (The Yehudi Menuhin School, en Surrey, 1963) y sus acciones humanitarias.

MENZEL (Adolf von), *Breslau 1815-Berlín 1905,* pintor y litógrafo alemán. Empleó un estilo realista minucioso en registros variados.

MENZEL-BOURGUIBA, ant. **Ferryville,** c. de Túnez, a orillas del lago Bizerta; 51 000 hab. Arsenal. Siderurgia. Neumáticos.

MEOQUI, mun. de México (Chihuahua); 34 727 hab. Algodón, frutales; ganadería.

MEQUINENZA, v. de España (Zaragoza); 2 478 hab. *(mequinenzanos).* En la confluencia del Ebro con el sistema Segre-Cinca. Minas de lignito. *Embalse de Mequinenza* sobre el Ebro; central eléctrica (310 000 kW).

MEQUÍNEZ, en ár. **Miknās,** c. de Marruecos; 320 000 hab. Ant. cap. (1672-1727) de los 'Alawíes. Monumentos antiguos (ss. XIV-XVIII) y murallas con magníficas puertas (Bab al-Mansūr). [Patrimonio de la humanidad 1996.]

MERA (Juan León), *Ambato 1832-íd. 1894,* escritor ecuatoriano. Fundó la Academia ecuatoriana y fomentó la conciencia literaria criollista (*Ojeada histórico-crítica sobre la poesía ecuatoriana,* 1868). Es autor de la novela indianista *Cumandá o un drama entre salvajes* (1879), de poesías (*Melodías indígenas,* 1858) y de la letra del himno nacional de Ecuador.

MERANO, c. de Italia (Trentino-Alto Adigio); 32 600 hab. Estación termal. — Monumentos de los ss. XIV-XV.

MERAPI, volcán activo de Indonesia (Java); 2 911 m.

MERCADANTE (Lorenzo), llamado **Lorenzo de Bretaña,** escultor bretón que trabajó en la catedral de Sevilla a mediados del s. XV, ligado al gusto borgoñón.

MERCADERES, mun. de Colombia (Cauca); 23 480 hab. Yuca, frijol, maíz; ganado. Minas de azufre.

MERCADO (cerro del), cerro de México (Durango), junto a la c. de Durango. Yacimiento de hierro (extracción de magnetita y hematites).

MERCADO (Tomás de), *Sevilla-San Juan de Ulúa, Veracruz, 1575,* dominico y escritor español. Es autor de *Tratos y contratos de mercaderes y tratantes* (1569), en la que plantea la teoría cuantitativa de la moneda.

MERCALLI (Giuseppe), *Milán 1850-Nápoles 1914,* sismólogo y vulcanólogo italiano. Publicó el primer mapa sísmico de Italia y estableció en 1902 la escala de medida de la intensidad de los sismos que lleva su nombre (v. parte n. com. **escala de *Mercalli**).

MERCATOR (Gerhard Kremer, llamado Gerard), *Rupelmonde 1512-Duisburg 1594,* matemático y geógrafo flamenco. Dio su nombre a un sistema de proyección cartográfica en el que los meridianos están representados por líneas paralelas equidistantes, y los paralelos, por líneas perpendiculares a los meridianos (v. parte n. com. **proyección**).

MERCEDARIO (cerro), cumbre de los Andes argentinos (San Juan); 6 770 m.

MERCEDES, partido de Argentina (Buenos Aires); 55 685 hab. Metalurgia, cemento.

MERCEDES, dep. de Argentina (Corrientes); 33 795 hab. Arroz, olivos y frutales. Canteras de piedra y sal.

MERCEDES, c. de Uruguay, cap. del dep. de Soriano; 34 700 hab. Centro comercial. Puerto.

MERCEDES (Las), mun. de Venezuela (Guárico), en los Llanos centrales; 21 032 hab. Yacimientos petrolíferos.

MERCEDES DE ORLEANS, *Madrid 1860-íd. 1878,* reina de España (1878). Hija de los duques de Montpensier, casó con Alfonso XII.

MERCEDES DÍAZ, mun. de Venezuela (Trujillo); 33 964 hab. Centro agrícola.

Mercenarios (guerra de los), llamada también **guerra inexpiable** (241-238 a.C.), conflicto que, tras la primera guerra púnica, sostuvo Cartago contra sus mercenarios sublevados. — Inspiró a Flaubert su novela *Salambó* (1862).

MERCIA, reino fundado por los anglos entre 632 y 654, que sucumbió en el s. IX a consecuencia de las luchas contra los daneses.

MERCIER (Désiré Joseph), *Braine-l'Alleud 1851-Bruselas 1926,* prelado belga. Pionero del neotomismo, abrió la vía del ecumenismo mediante las conversaciones de Malinas con el anglicano lord Halifax (1921-1926).

MERCKX (Eddy), *Meensel-Kiezegem 1945,* ciclista belga. Fue campeón del mundo en tres ocasiones (1967, 1971 y 1974) y ganó cinco tours de Francia (1969-1972 y 1974), cinco giros de Italia (1968, 1970, 1972-1974) y una vuelta a España (1973). También fue récord mundial de la hora (1972).

Mercosur (MERcado COmún del SUR), en port. **Mercosul** (MERcado COmum do SUL), mercado común de América del Sur, creado en 1991 por Argentina, Brasil, Paraguay y Uruguay y estructurado en 1995 en una zona de librecambio institucionalizada. Chile (1996), Bolivia (1997), Perú (2003), Colombia y Ecuador (2004) son estados asociados (Venezuela se halla en proceso de integración progresiva desde 2006).

MERCURIO MIT. ROM. Dios del comercio y los viajeros, identificado con el Hermes griego.

MERCURIO, planeta del sistema solar, el más cercano al Sol. Semeje mayor de su órbita: 58 000 000 km (0,39 veces el de la órbita terrestre). Diámetro ecuatorial: 4 878 km. Presenta numerosos cráteres meteóricos.

Mercurio (El), diario chileno de tendencia conservadora, fundado en 1827 en Valparaíso y editado en Santiago desde 1900, decano de la prensa continental.

MEREDITH (George), *Portsmouth 1828-Box Hill 1909,* escritor británico. Es autor de novelas psicológicas (*El egoísta,* 1879) y poemas.

MERELLO (Laura Ana, llamada Tita), *Buenos Aires 1904-íd. 2002,* cantante argentina. Notable intérprete de tangos y milongas (*Se dice de mí; La milonga y yo*), también fue actriz de teatro y cine (*La fuga,* 1937; *Los isleros,* 1950).

MERENDÓN (sierra del), macizo del O de Honduras; forma frontera con Guatemala.

MEREZHKOVSKI (Dmitri Serguéievich), *San Petersburgo 1866-París 1941,* escritor ruso. Poeta y novelista (*Juliano el Apóstata,* 1894), publicó el manifiesto del simbolismo ruso.

MERGENTHALER (Ottmar), *Hachtel, Württemberg, 1854-Baltimore 1899,* inventor estadounidense de origen alemán. Inventó en 1884 el principio de la linotipia.

MÉRIDA, c. de España (Badajoz), cap. de Extremadura y cab. de p. j.; 50 478 hab. *(emeritenses).* Centro administrativo, industrial y comercial de una rica región agropecuaria. — Numerosos monumentos romanos (teatro, anfiteatro, circo, puentes, acueductos) [patrimonio de la humanidad 1993]. Alcazaba (s. IX). Museo nacional de arte romano (edificio de R. Moneo). Festival anual de teatro clásico. — Floreciente c. romana (*Emerita Augusta*), fundada en 25 a.C. Capital del reino visigodo con Agila (549-554), fue tomada por Muza (713) y reconquistada por Alfonso IX (1230).

MÉRIDA, c. de México, cap. del est. de Yucatán; 557 340 hab. Centro industrial, comercial, turístico y cultural (universidad). — Palacio de Montejo, con fachada plateresca, y catedral (s. XVI) en una plaza porticada. Iglesias de los ss. XVII-XVIII. Museo de arqueología e historia. — Fue fundada en 1542 por F. de Montejo.

MÉRIDA, c. de Venezuela, cap. del est. homónimo, a orillas del Chama; 170 902 hab. *(merideños).* Centro comercial, cultural y turístico. Refino de azúcar. Aeropuerto. — Destacan los edificios de la catedral y la universidad.

MÉRIDA (cordillera de) o **ANDES VENEZOLANOS,** sistema montañoso de Venezuela, en la cordillera Oriental de los Andes, que se extiende a lo largo de 450 km en dirección SO-NE, desde territorio colombiano hasta la depresión de Yaracuy; 5 007 m en el pico Bolívar.

MÉRIDA (estado), est. del O de Venezuela; 11 300 km²; 609 771 hab.; cap. *Mérida.*

MÉRIDA (Carlos), *Guatemala 1891-México 1984,* pintor guatemalteco. Fascinado por el geometrismo decorativo precolombino, creó un estilo abstracto muy personal: murales en Guatemala (palacio municipal, Banco central) y en México (edificio social, Crédito bursátil).

MERIDIONAL (altiplanicie), región fisiográfica de México, entre las sierras Madre occidental y Madre oriental y la cordillera Neovolcánica. Densamente poblada y urbanizada. Minería e industria, en Guanajuato y San Luis Potosí.

MÉRIGNAC, c. de Francia (Gironde), cerca de Burdeos; 63 300 hab. Aeropuerto. Aeronáutica.

MÉRIMÉE (Prosper), *París 1803-Cannes 1870,* escritor francés. Romántico por los temas y el localismo, y clásico por su estilo conciso, es autor de cuentos y novelas cortas (*Mateo Falcone,* 1829; *Colomba,* 1840; *Carmen,* 1845).

MERÍN o **MERIM,** en port. **Mirim,** laguna litoral de Uruguay y Brasil; 2 966 km².

MERINO (Ignacio), *Piura 1817-París 1876,* pintor peruano. Se inspiró en temas del pasado para sus acuarelas y dibujos, de tono romántico. También trató temas populares.

MERINO (Jerónimo Merino, llamado el cura), *Villoviado, Burgos, 1769-Alençon, Francia, 1844,* eclesiástico y guerrillero español. Combatió contra los franceses (1808-1814), contra los liberales durante el trienio constitucional (1820-1823) y a favor de la causa carlista (1833-1838).

MERIÑO (Fernando Arturo), *Llamasa 1833-1906,* prelado y político dominicano, presidente de la república (1880-1882) y arzobispo de Santo Domingo (1885).

MERKEL (Angela), *Hamburgo 1954,* política alemana. Tras iniciar su carrera política en la Alemania del Este, fue elegida presidenta de la CDU en 2000. Se convirtió en cancillera al término de las elecciones de 2005.

MERLEAU-PONTY (Maurice), *Rochefort 1908-París 1961,* filósofo francés. Inscrito en la fenomenología, intentó definir el proceso psicológico en el que se basa la práctica científica (*Fenomenología de la percepción,* 1945).

Merlín, llamado **el mago Merlín,** mago de las leyendas célticas y del ciclo artúrico.

MERLO, partido de Argentina (Buenos Aires), en el Gran Buenos Aires, 390 031 hab.

MERLO (Tomás de), *Guatemala 1649-íd. 1739,* pintor guatemalteco. En 1737 comenzó a pintar los once cuadros de la serie *La pasión de Cristo* para el templo del Calvario (museo nacional, Guatemala).

MERMOZ (Jean), *Aubenton 1901-en el Atlántico Sur 1936,* aviador francés. Piloto de correo aéreo, estableció la línea Buenos Aires-Río de Janeiro (1928) y, tras atravesar los Andes (1929), una línea regular hasta Santiago. Logró completar la primera travesía del Atlántico Sur sin escalas (12-13 mayo 1930).

MERNEFTA → **MENEFTA.**

MEROE, c. de Sudán, a orillas del Nilo. Capital del reino de Kūš, al N de Nubia, se eclipsó bajo el influjo del reino etíope de Aksum en el s. IV a.C. — Restos arqueológicos. (Patrimonio de la humanidad 2003.)

MEROVEO, jefe franco del s. V. Según la leyenda, dio su nombre a la primera dinastía de los reyes de Francia (Merovingios).

MEROVINGIOS, dinastía de reyes francos que reinaron en la Galia de 481 a 751. Fue fundada por Clodoveo I, hijo de Childerico I y, según la tradición, nieto de Meroveo. El último merovingio, Childerico III, rey en 743, fue encerrado en 741 en un monasterio por Pipino el Breve, fundador de la dinastía de los Carolingios.

MERRIFIELD (Robert Bruce), *Fort Worth, Texas,*

1921-Cresskill, Nueva Jersey, 2006, bioquímico estadounidense. Descubrió, en 1963, una técnica simple de síntesis de cadenas de aminoácidos (péptidos). [Premio Nobel de química 1984.]

MERRY DEL VAL (Rafael), *Londres 1865-Roma 1930,* cardenal español, secretario de Estado (1903) con Pío X, y secretario del Santo Oficio (1914) con Benedicto XV.

MERSEBURG, c. de Alemania (Sajonia-Anhalt), a orillas del Saale; 42 165 hab. Catedral reconstruida en los ss. XIII y XVI (cripta del s. XI).

MERS EL-KÉBIR → MARSA EL-KEBIR (EI-).

MERSEY, r. de Gran Bretaña, en Inglaterra, que desemboca en el mar de Irlanda por un estuario en el que se encuentra Liverpool; 112 km.

MERSIN, c. de Turquía, junto al Mediterráneo; 422 357 hab. Puerto. Refinería de petróleo.

MERTHYR TYDFIL, c. de Gran Bretaña (País de Gales); 55 000 hab. Metalurgia.

MERTON (Robert King), *Filadelfia 1910-Nueva York 2003,* sociólogo estadounidense. Según su teoría *(funcionalismo estructuralista),* los comportamientos son resultante de las informaciones y motivaciones de la estructura social *(Teoría y estructura sociales,* 1949).

MERV → MARÍ.

MERZ (Mario), *Milán 1925-Turín 2003,* artista italiano. Uno de los iniciadores del *arte povera, desarrolló, a partir de materiales toscos, tubos de neón, etc., diversos temas simbólicos, como el del «iglú».

MESA (La), mun. de Colombia (Cundinamarca); 16 225 hab. Caña de azúcar, maíz y café. Vacunos.

MESA (Carlos Diego), *La Paz 1953,* político boliviano. Periodista e historiador, miembro del Movimiento nacionalista revolucionario, tras la dimisión de G. Sánchez de Lozada en 2003, fue investido presidente de la república. Dimitió en 2005.

MESA (Cristóbal de), *Zafra 1562-Madrid 1633,* sacerdote y poeta español, autor de poemas épicos: *Las Navas de Tolosa* (1591), a imitación de Tasso.

MESA (Juan de), *Córdoba 1583-Sevilla 1627,* escultor español. Discípulo de Montañés y miembro destacado de la escuela barroca sevillana, sus esculturas presentan un estilo atormentado y patético derivado del de su maestro (numerosos Cristos; *Jesús del Gran Poder,* 1620, iglesia de San Lorenzo, Sevilla).

MESA (Pedro de), escultor activo en Lima a principios del s. XVII. Tras realizar un retablo en la Merced de Lima, formó escuela en Cuzco.

MESA (Victor), *Villa Clara 1960,* jugador de béisbol cubano. Oro en los Juegos olímpicos de 1992, ha ganado cuatro campeonatos del mundo y tres copas intercontinentales.

MESALINA, en lat. *Valeria Messalina, h. 25-48,* emperatriz romana. Esposa del emperador Claudio y madre de Británico y de Octavio. Fue asesinada a instancias de Narciso por su ambición y vida disoluta.

MESA VERDE, meseta de Estados Unidos (Colorado). Restos de la cultura pueblo en su época de apogeo (1000-1300), conservados en un parque nacional (patrimonio de la humanidad 1978) y un museo arqueológico.

MESA Y ROSALES (Enrique de), *Madrid 1878-íd. 1929,* escritor español. Periodista, prosista y crítico teatral, como poeta evocó el paisaje y el folclore de Castilla *(Cancionero castellano,* 1911; *La posada y el camino,* 1928).

MESENIA, ant. región de Grecia, en el SO del Peloponeso. Conquistada por Esparta (guerras de Mesenia, ss. VIII-VII a.C.), se independizó tras la batalla de Leuctra (371 a.C.).

MESETA o **MESETA CENTRAL,** unidad geoestructural que ocupa el centro de la península Ibérica; 223 000 km² y 600-900 m de alt. aprox. Está enmarcada al N por el macizo Galaico y la cordillera Cantábrica, al E por el sistema Ibérico y al S por sierra Morena. El sistema Central la divide en *Meseta Norte* (Castilla y León) y *Meseta Sur* (Castilla-La Mancha y Extremadura).

MESHED o **MASHAD,** c. del NE de Irán; 1 759 155 hab. Centro de peregrinación chiita. — Mausoleo del imán Riḍā (s. IX), y monumentos de los ss. XV-XVII. Importante museo.

MESIA, ant. región de los Balcanes, que corresponde en parte a Bulgaria.

Mesilla (tratado de la) o **convención Gadsden** (1853), acuerdo por el que el valle de la Mesilla, situado junto al río Grande (Nuevo México), fue vendido por México a EUA.

MESMER (Franz Anton), *Iznang 1734-Meersburg 1815,* médico alemán. Fundó la teoría del magnetismo animal llamada *mesmerismo* con experiencias sobre una cubeta alrededor de la cual se agrupaban sus enfermos.

MESOAMÉRICA, área cultural precolombina (América Central) localizada entre la cordillera Neovolcánica (México) y el istmo de Panamá. Sus civilizaciones más destacadas fueron la maya y la azteca.

MESONERO ROMANOS (Ramón de), *Madrid 1803-íd. 1882,* escritor español. Brillante costumbrista bajo el seudónimo **El curioso parlante,** reunió sus artículos en *Panorama matritense* (1835), *Escenas matritenses* (1842), y *Tipos y caracteres* (1862). Sus *Memorias de un setentón* datan de 1880.

MESOPOTAMIA, ant. región de Asia occidental, entre el Tigris y el Éufrates, que se corresponde en su mayor parte al actual Iraq. Fue uno de los más brillantes núcleos de civilización entre el VI y el I milenio a.C. **IX-VII milenios:** neolitización con los primeros pueblos de agricultores (Mureybat). **VI milenio:** neolítico; aldeas, sistemas de irrigación, cerámica. **V milenio:** florecimiento de culturas (Sāmarrā, Halaf, El Obeid), en ocasiones con aldeas fortificadas, cerámica pintada y herramientas de cobre. **Entre 2950 y 2350:** en el S, en el país de Sumer, nacimiento de ciudades-estado, grandes aglomeraciones de tipo urbano que crearon un sistema de escritura cuneiforme y utilizaron el cilindrosello (Eridú, Nippur, Kiš, Ur, Uruk, Girsu, y en el N Mari y Ebla). **H. 2300:** hegemonía de Sargón de Acad y, posteriormente (h. 2225), de Naram-Sin. **Fines del III milenio:** III dinastía de Ur y construcción del zigurat; Gudea, soberano de Lagash. **II milenio:** supremacía de Babilonia *(Código de Hammurabi).* **I milenio:** dominación asiria. Arquitectura palaciega (Nimrud, Jursabād, Nínive) decorada con relieves (Aššur, Calah de Nínive 331, Calah de Babilonia. *(V. ilustr. pág. siguiente.)*

MESOPOTAMIA ARGENTINA, región fisiográfica del NE de Argentina (Misiones, Corrientes y Entre Ríos), entre los ríos Paraná y Uruguay. Es una zona predominantemente llana, agrícola, ganadera y forestal.

MESSALÍ HADJ (Ahmed), *Tremecén 1898-París 1974,* político argelino. Fundó el Partido popular argelino (1937) y el Movimiento nacionalista argelino (1954).

MESSERSCHMITT (Willy), *Frankfurt del Main 1898-Munich 1978,* ingeniero alemán. En 1938 diseñó el primer caza a reacción, que entró en combate en 1944.

MESSÍA DE LA CERDA (Pedro), marqués de la **Vega de Armijo,** *Córdoba 1700-Madrid 1783,* militar español, virrey de Nueva Granada (1761-1772).

MESSIAEN (Olivier), *Aviñón 1908-París 1992,* compositor francés. Añadió a su lenguaje musical, de inspiración a menudo mística, ritmos exóticos y cantos de pájaros *(Turangalila-Symphonie,* 1949; *Catálogo de pájaros,* 1959). Renovó la tradición operística *(San Francisco de Asís,* 1983). *(V. ilustr. pág. 1523.)*

MESSINA, c. de Italia (Sicilia), cap. de prov., a orillas del *estrecho de Messina;* 272 461 hab. Catedral de la época normanda (s. XIII). Importante museo. — La ciudad debe su nombre a los mesenios, expulsados de su patria (486 a.C.) e instalados allí. Su alianza con Roma (264 a.C.) originó la primera guerra púnica. En 1908 fue destruida por un terremoto.

MESSINA (Antonello da), *Messina h. 1430-íd. h. 1479,* pintor italiano. Formado en Nápoles, aunó el sentido mediterráneo del volumen, y la amplitud de la composición, con la observación minuciosa de los primitivos flamencos. Residió en Venecia (1475-1476).

MESSNER (Reinhold), *Bolzano 1944,* alpinista italiano. Escaló los 14 picos de más de 8 000 m entre 1970 y 1986.

MESTGHANEM, ant. Mostaganem, c. de Argelia, cap. de vilayato; 102 000 hab. Puerto.

MESTRES (Apel·les), *Barcelona 1854-íd. 1936,* escritor y dibujante español. Poeta, dramaturgo y narrador, escribió gran parte de su obra en catalán. Cultivó el género autobiográfico y el cuento infantil. Caricaturista político, como dibujante

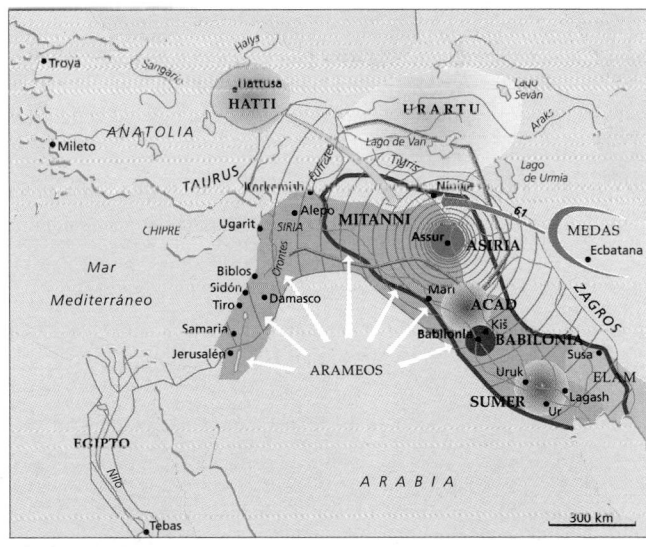

MESOPOTAMIA ANTIGUA

Babilonia		Mitanni		Asiria	
▭	Imperio babilónico antiguo, a fines del reinado de Hammurabi (s. XVIII a.C.)	▨	Imperio neobabilónico de Nabucodonosor II (605-562 a.C.)	●	Renacimiento de Asiria en el s. XIV a.C.
⇨	Incursión hitita sobre Babilonia h. 1595 a.C.	▭	Imperio hurrita de Mitanni h. 1450 a.C.	◎	Extensión máxima del Imperio asirio en la primera mitad del s. VII a.C.

■ El arte de Mesopotamia

Aunque los primeros indicios de actividad agrícola proceden de Oriente, es en Mesopotamia donde —después de más de un siglo de excavaciones arqueológicas— se observan de manera más clara las distintas etapas que, tras una vida esencialmente nómada, condujeron al ser humano a sedentarizarse primero en aldeas y posteriormente en urbes. Así, en el país sumerio se puede seguir el desarrollo de la vida urbana con la complejidad y el intercambio comercial que la caracterizan, y que dio origen a la escritura así como a la organización arquitectónica de la ciudad y, por extensión, a la estructuración política del estado.

Estatuilla femenina. Terracota procedente de la necrópolis de Tell es-Sawwan; VI milenio a.C. Mesopotamia central. (Museo de Bagdad.)

El Código de Hammurabi. Coronada por un relieve que muestra al rey de pie ante un dios, esta estela babilónica de basalto (h. 1750 a.C.) constituye un documento esencial de la escritura cuneiforme, y contiene una gran cantidad de información sobre la vida económica, social y religiosa de la época. (Museo del Louvre, París.)

El zigurat de Ur. Rodeado por una enorme muralla, el templo consta de varios elementos entre los que figura el zigurat, una torre escalonada de varios pisos de altura, de fines del III milenio a.C. Esta torre, testimonio del renacimiento neosumerio que se produjo tras la dominación de Acad, fue el prototipo de las de Babilonia, inmortalizadas por la célebre torre de Babel de la Biblia.

Vasija con boca. Terracota del IV milenio a.C. perteneciente a la cultura de El-Obeid. Esta cultura urbana, dotada de una elaborada arquitectura, anuncia el florecimiento de la civilización sumeria. (Museo de Bagdad.)

El banquete de Assurbanipal bajo el emparrado. Bajorrelieve en alabastro (s. VII a.C.) procedente del palacio de Assurbanipal en Nínive, Asiria. Testimonio de su apogeo, evoca a un tiempo el jardín paradisíaco del reposo real y la victoria militar del rey, simbolizada por la cabeza del enemigo que cuelga de los árboles. (British Museum, Londres.)

Estatuilla de fundación. Hallada en Girsu, baja Mesopotamia (h. 1250 a.C.) procede de los depósitos de fundación de un templo del príncipe de Lagash, Gudea. El dios hendiendo el clavo simboliza la fijación de los cimientos del edificio. (Museo del Louvre, París.)

La victoria de Narām-Sin. Estela de gres rosado (imperio de Acad, h. 2550 a.C.) hallada en las excavaciones arqueológicas del palacio real de Susa. (Museo del Louvre, París.)

El «Estandarte real de Ur». Panel decorado con un mosaico de lapislázuli y conchas sobre fondo de esquisto (h. 2600 a.C.), hallado en una de las tumbas reales. El detalle que aquí se ilustra muestra la partida de las tropas hacia la guerra. Este estandarte, a guisa de tira cómica en tres registros, ilustra en una de sus caras la guerra, con un combate de carros, y en la otra la paz, celebrada con festejos. A diferencia de la época de Acad (izquierda), en la que el artista explota todo el espacio escultórico, aquí lo único que interesa es la narración. (British Museum, Londres.)

ilustró obras literarias y fue uno delos introductores de las narraciones gráficas seriadas.

MESTRES QUADRENY (Josep), *Manresa 1929*, compositor español. Pionero de la música electroacústica en España, su obra se caracteriza por la variedad de los procedimientos compositivos.

META, r. de América del Sur, que nace en el macizo de Sumapaz, al S de Bogotá, señala parte de la frontera entre Colombia y Venezuela, y desemboca en el Orinoco (or. izq.); 1 046 km. Navegable, se utiliza como vía de comunicación.

META (departamento del), dep. del centro de Colombia; 85 635 km²; 412 312 hab.; cap. *Villavicencio*.

Metafísica, obra de Aristóteles (s. IV a.C.), escrita después de la *Física*. En ella se considera a Dios como la causa primera del movimiento de los seres de la naturaleza.

METÁLICOS o **METALÍFEROS** (montes), nombre de varios macizos montañosos ricos en minerales (Italia, Eslovaquia, en la frontera de Alemania y la República Checa) [→ **Erzgebirge**].

Metamorfosis o **El asno de oro**, novela de Apuleyo (s. II). Es el relato del viaje extraordinario, iniciático y realista, de un joven convertido en asno por una bruja y posteriormente devuelto a su forma humana por la diosa Isis.

metamorfosis (Las), poema mitológico en 15 libros de Ovidio (h. 1 d.C.), consagrado a las transformaciones de héroes mitológicos en plantas, animales o minerales.

METÁN, dep. de Argentina (Salta); 34 311 hab. Cereales, arroz. Ganadería. Hornos de cal.

METAPA → **CIUDAD DARÍO**.

METAPÁN, mun. de El Salvador (Santa Ana), próximo al *lago Metapán*; 29 930 hab. Centro minero.

METAPÁN-ALOTEPEQUE (montañas de), cordillera de América Central, en la frontera entre Guatemala, El Salvador y Honduras; 2 416 m en el cerro Monte Cristo.

METASTASIO (Pietro Trapassi, llamado Pietro), *Roma 1698-Viena 1782*, poeta, libretista y compositor italiano. Autor de oratorios, cantatas y melodramas famosos (*Didone abbandonata*, 1724), Mozart utilizó sus dramas.

METAURO, río de Italia central, que desemboca en el Adriático; 110 km. En sus orillas, los romanos vencieron a Asdrúbal Barca, hermano de Aníbal (207 a.C.).

METAXÁS (Joánnis), *Ítaca 1871-Atenas 1941*, militar y político griego. Presidente del gobierno en 1936, asumió hasta su muerte poderes dictatoriales.

METEOROS, en gr. **Metéora**, ciudad monástica de Grecia (Tesalia). Fundada en el s. XII, los edificios actuales (ss. XIV-XV) perpetúan las tradiciones arquitectónicas y pictóricas bizantinas (col. de iconos y de manuscritos). [Patrimonio de la humanidad 1988.]

Meteosat, familia de satélites meteorológicos geoestacionarios europeos, lanzados desde 1977. El primer modelo de una nueva serie (Meteosat de segunda generación, o MSG) fue puesto en órbita en 2002.

METEPEC, mun. de México (México); 83 080 hab. Centro agrícola y ganadero. Cerámica (figurillas de arcilla policromada). Convento del s. XVI (iglesia con fachada barroca del s. XVII).

METGE (Bernat), *Barcelona entre 1340 y 1346-íd. 1413*, escritor catalán. Su *Llibre de Fortuna e Prudència* (1381) conserva aún el espíritu medieval. El tránsito al humanismo se manifiesta en *Valter e Griselda* (1388), traducción de Petrarca. *Apologia* es un primer intento de adaptar el diálogo ciceroniano a su propio lenguaje y el borrador de su obra maestra, *El sueño* (1399), escrita en una prosa de elegante regusto clásico.

METLATONOC, mun. de México (Guerrero); 18 005 hab. Agricultura; bosques.

METODIO → **CIRILO y METODIO** (santos).

MÉTRAUX (Alfred), *Lausana 1902-París 1963*, antropólogo francés de origen suizo, especializado en las mitologías de los indios de América del Sur (*El vudú haitiano*, 1958; *Religiones y mafias indias de América del Sur*, 1967).

Metropolitan Museum of Art, museo de Nueva York, al E del Central Park. Uno de los más importantes museos del mundo, está con-

sagrado a las bellas artes, la arqueología y las artes decorativas, desde el Egipto faraónico hasta la pintura europea y norteamericana del s. XX. Se complementa con el museo de los Claustros (arquitectura y arte de la edad media), en el extremo N de Manhattan.

METSU (Gabriel), *Leiden 1629-Amsterdam 1667*, pintor neerlandés. Su calidad pictórica se manifiesta en las escenas de vida familiar, de una gran autenticidad.

METSYS → **MATSYS**.

METTERNICH-WINNEBURG (Klemens, príncipe von), *Coblenza 1773-Viena 1859*, estadista austriaco. Embajador en París (1806-1809) y ministro de asuntos exteriores, negoció el matrimonio de María Luisa con Napoleón I (1810). En 1813 hizo entrar a Austria en la coalición contra Francia. Alma del congreso de Viena (1814-1815), restauró el equilibrio europeo y el poder austriaco en Alemania e Italia. Gracias a la Cuádruple alianza (1815) y al sistema de los congresos europeos, pudo intervenir en todos aquellos lugares en los que el orden establecido se veía amenazado por el liberalismo. Canciller desde 1821, fue derrocado por la revolución de marzo de 1848.

■ OLIVIER
MESSIAEN

■ METTERNICH-
WINNEBURG,
por T. Lawrence.
(Cancillería, Viena.)

METTRIE (Julien Offray de La), *Saint-Malo 1709-Berlín 1751*, médico y filósofo francés. Su materialismo y el cuestionamiento de los valores morales que, de él se deriva produjeron escándalo (*El hombre máquina*, 1748). Se refugió en Prusia, al amparo de Federico II.

METZ, c. de Francia, cap. de Lorena y del dep. de Moselle, a orillas del Mosela; 127 498 hab. Industria automovilística. Universidad. — Restos galorromanos. Catedral (ss. XIII-XVI). — Capital de Austrasia, pasó a Francia en 1559 y formó parte de Alemania (1871-1918 y 1940-1944).

METZTITLÁN, mun. de México (Hidalgo), junto al *lago de Metztitlán*; 20 380 hab. Monasterio agustino de s. XVI, con portada plateresca, claustro renacentista y retablos del s. XVII. — Ant. cap. de un señorío nahua y otomí.

MEUCCI (Antonio), *Florencia 1808-Clifton, Nueva York, 1889*, inventor estadounidense de origen italiano. En 1849 descubrió el principio del teléfono, y en 1854 perfeccionó un dispositivo que patentó de modo provisional (1871). — En 2002, la Cámara de representantes de EUA le reconoció la invención del teléfono.

MEUDON, mun. de Francia (Hauts-de-Seine), al SO de París; 44 372 hab. Restos de un castillo del s. XVIII. Museo Rodin.

MEUNG o **MEUN** (Jean de), *Meung-sur-Loire h. 1240-París h. 1305*, escritor francés. Es autor de la segunda parte del *Roman de la rose*.

MEURON (Pierre de) → **HERZOG Y DE MEURON**.

MEURTHE-ET-MOSELLE, dep. de la región de Lorena; cap. *Nancy*; 5 241 km²; 713 779 hab.

MEUSE, dep. de la región de Lorena; cap. *Bar-le-Duc*; 6 216 km²; 192 198 hab.

MEXÍA (Pero), *Sevilla 1499-íd. 1551*, escritor español. Erasmista, es autor de *Silva de varia lección* (1540), de temas diversos, *Coloquios o Diálogos* (1547), *Historia imperial y cesárea* (1548) y la inconclusa *Historia de Carlos V*.

MEXÍA DE FERNANGIL (Diego), *en Andalucía ¿1550?-¿Potosí 1620?*, escritor español. Notable traductor y petrarquista, vivió en Perú y Nueva España. Es autor de *Parnaso antártico de obras amatorias* (1608, primera parte; 1617,

segunda parte), que recoge sus traducciones de Ovidio y textos de escritores limeños.

MEXICALI, c. de México, cap. del est. de Baja California, en la frontera con EUA; 602 391 hab. Agricultura. Industrias alimentarias, químicas, plásticos y maquiladoras.

MEXICANO (Altiplano), altiplano de México, encuadrado por la sierra Madre occidental, la sierra Madre oriental y la cordillera Neovolcánica. Se divide en altiplanicie *Septentrional* y altiplanicie *Meridional*.

MÉXICO, oficialmente **Estados unidos mexicanos**, estado federal de América del Norte; 1 970 000 km²; 98 881 289 hab. *(mexicanos)*. CAP. *México*. LENGUA: *español*. MONEDA: *peso mexicano. (V. mapa al final del volumen.)*

INSTITUCIONES

Constitución de 1917, con modificaciones parciales. La república se constituye como un estado federal, con gobierno y legislaturas propias en cada estado (31 estados), y con un Distrito Federal, sede de los poderes de la unión. El presidente de la república asume el poder ejecutivo nacional y es elegido por sufragio universal para un mandato de 6 años, sin posibilidad de reelección. La no reelección se aplica también al legislativo, formado por la cámara de diputados (elegida por 3 años) y el senado (elegido por 6 años). Una reforma de la constitución aprobada en 2001 reconoce los derechos de los pueblos indígenas.

GEOGRAFÍA

El elemento dominante de la zona N del territorio es el Altiplano (1 700 m de alt. media), que más allá de la frontera del río Bravo o Grande del Norte enlaza con las tierras altas centrales de EUA; está enmarcado al E y O por dos grandes cadenas montañosas, que corren paralelas en dirección N-S: la sierra Madre Oriental y la sierra Madre Occidental. Entre la primera y el golfo de México se abren la amplia planicie Tamaulipeca y la Huasteca; entre la sierra Madre Occidental y una tercera cadena montañosa paralela, la cordillera Surcaliforniana, se sitúan el largo y angosto golfo de California y la planicie costera Noroccidental. La cordillera Neovolcánica, un relieve transversal de gran inestabilidad volcánica que se extiende del Atlántico al Pacífico y cuenta con las mayores alturas del país (Orizaba, 5 747 m), separa la zona N, templada, de la S, tropical. Vertebra este área de la sierra Madre del Sur, próxima a la costa del Pacífico y que se prolonga hasta el Portillo ístmico, entre los golfos de Tehuantepec y de México. Al E se sitúa la sierra Madre de Chiapas y, al N, la planicie costera del Suroeste se abre a la plataforma Yucateca, que ocupa toda la península del Yucatán.

La población experimentó un intenso crecimiento demográfico en el s. XX, algo contenido desde la década de 1980. La región central concentra el mayor número de habitantes, en la capital y otros núcleos industriales (Guadalajara y Monterrey), mientras que las áreas mineras del Altiplano norte y las agrarias del centro-oeste tienden a despoblarse.

Predomina todavía la agricultura de subsistencia (maíz y frijol) según el sistema de explotación minifundista de los ejidos, nacido de la revolución. La extensión de los regadíos en el N ha permitido el cultivo de algodón, trigo, soja, hortalizas, con una alta productividad, en el S se extienden los cultivos de plantación (café, caña de azúcar, palma cocotera y plátano). Importancia creciente tiene la ganadería, en especial la bovina (unos 30 millones de cabezas). La riqueza del subsuelo es determinante: se extraen plata (primer productor mundial), oro, cinc, plomo, cobre, manganeso, mercurio, hierro, carbón, azufre, fluorita, uranio y en especial petróleo, que representa más de un tercio del valor total de las exportaciones. México es, con Brasil, la primera potencia industrial de América Latina. El Distrito Federal concentra casi la mitad de las industrias, mientras que Monterrey es el gran centro siderúrgico; la petroquímica se asienta en nuevos polos próximos a los yacimientos petrolíferos (Tampico, Coatzacoalcos, Lázaro Cárdenas, Salina Cruz). En la frontera con EUA las maquiladoras se ocupan de una parte del proceso de elaboración de productos estadounidenses. México ha pasado a ser un exportador neto de maquinaria y de manufacturas. El turis-

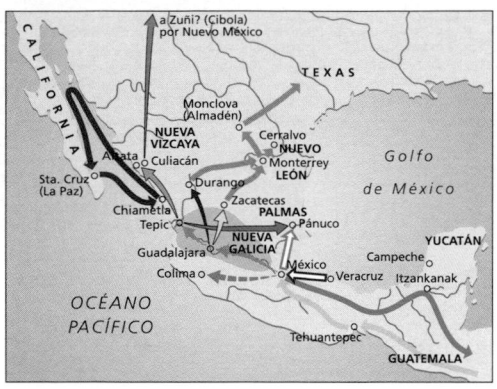

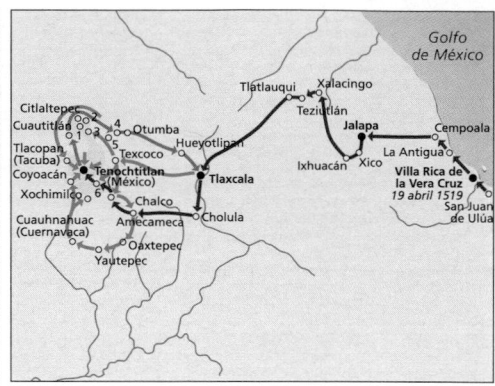

CONQUISTA DE MÉXICO

⟹ Hernán Cortés 1519-1521

--▶ C. Corral 1522

⟹ C. de Olid, G. de Sandoval
y F. de Garay 1522-1523

→ Francisco Cortés 1524

→ H. Cortés y P. de Alvarado 1525

→ P. de Alvarado 1526

➔ Hernán Cortés 1534-1535

➡ V. de Coronado 1540-1541

➡ G.V. de Mercado 1552

➡ F. de Ibarra, A. Canto, L. de Carbajal,
D. de Montemayor, J.A. de Espinosa
1563-1598

▭ exploración conquistadora
de N. de Guzmán
➡1529 ➡1530 ➡1533

▭ exploración conquistadora
de Yucatán por los Montejo 1527-1542

➔ marcha de Cortés sobre México

➡ retirada después de la «noche triste».
30 de junio de 1520

➡ operaciones que precedieron al sitio
y toma de México; abril-agosto de 1521

1 Zumpango
2 Xoloc
3 Xaltocan
4 Teotihuacán
5 Acolman
6 Ixtapalapa

mo es una importante fuente de ingresos. En las relaciones comerciales exteriores, EUA figura a la cabeza, con unos dos tercios tanto de las importaciones como de las exportaciones, posición reforzada desde 1994 con un tratado de libre comercio (TLCAN) entre México, EUA y Canadá. Desde entonces, también ha suscrito acuerdos comerciales con varios países de América Latina y de otras áreas.

HISTORIA

El poblamiento prehispánico. El México antiguo se organizó en tres grandes franjas. En el centro se situaba el México nuclear, que albergó diversas civilizaciones urbanas, desde Teotihuacán y Tula hasta el estado azteca de los mexicas, con capital en Tenochtitlan, que proyectó su dominio hacia el S, más allá del istmo de Tehuantepec. El México nuclear albergaba la mayor concentración humana de América en el s. XVI. En el SE, especialmente en el Yucatán, se desarrolló la civilización maya. Al N se extendían los pueblos chichimecas, con su ancestral modo de vida cazador y recolector.
La conquista española. 1518: expedición de Juan de Grijalva, que recorrió la costa desde Cozumel hasta Tampico y se enteró de la existencia de un rico estado indígena, el azteca, en el interior. **1519-1521:** Hernán Cortés llevó a cabo la conquista del estado azteca, con la ayuda de los tlaxcaltecas, a los que había vencido (1519); tras someter al soberano azteca Moctezuma y verse obligado a retirarse de Tenochtitlan (1520), Cortés puso cerco a la capital azteca y la conquistó definitivamente, con la derrota de su último soberano, Cuauhtémoc (1521). La conquista del Yucatán se realizó entre 1520 y 1545, y la región chichimeca fue objeto de una lenta penetración posterior.
El virreinato de Nueva España. 1522-1528: Hernán Cortés gobernó como capitán general el territorio conquistado, hasta que las acusaciones en su contra de otros españoles llevó a la corona a desposeerlo. **1535:** Antonio de Mendoza inició su gobierno efectivo como virrey de Nueva España. **1546-1558:** el descubrimiento de importantes yacimientos de plata en Zacatecas y Guanajuato configuró una importante región minera que determinó el desarrollo de la economía colonial en Nueva España. La expansión de la minería y la nueva ganadería perjudicó a la agricultura tradicional y contribuyó, con los efectos directos de la conquista y la importación de enfermedades

europeas, a la brutal caída de la población indígena. **1760-1808:** la economía novohispana experimentó una gran expansión, reconocida en el comercio colonial por la apertura legal al exterior del puerto de Veracruz (1770-1789). **La independencia. 1808-1810:** ante la agita-

ción criolla que suscitó la ocupación de la metrópoli por los franceses, la audiencia promovió un golpe a favor del mantenimiento de la autoridad española. **1810-1811:** el levantamiento del cura Hidalgo en Dolores constituyó el primer movimiento emancipador efecti-

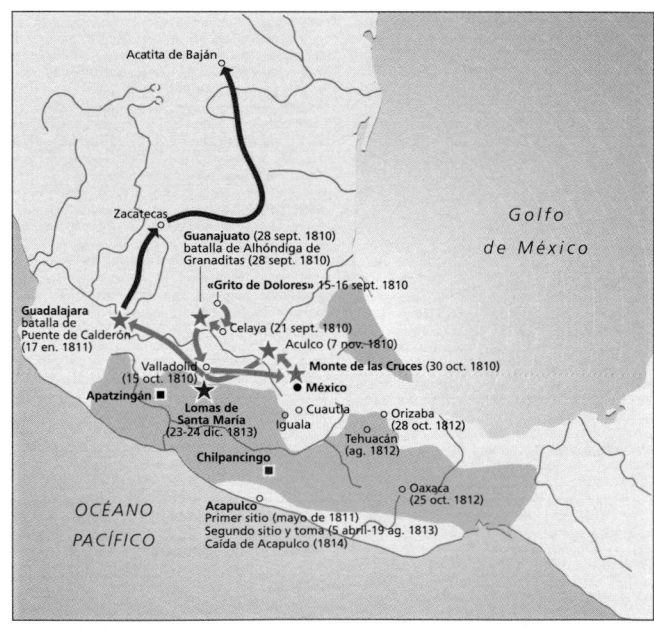

MÉXICO: LA INDEPENDENCIA

➡ itinerario de los patriotas
bajo la dirección
de Hidalgo 1810-1811

★ victoria de Hidalgo

▭ territorio controlado por las
tropas de Morelos en 1813

■ proclamación de la constitución
el 22 de octubre de 1814

➡ huida de Hidalgo

★ derrota de Hidalgo

★ derrota de Morelos

■ congreso de 1813-1814

vo. **1811-1815:** Morelos prosiguió la rebelión tras la derrota de Hidalgo (1811) y proclamó la independencia (1813); la alianza entre los españoles y la aristocracia criolla, atemorizada por el populismo de Hidalgo y Morelos, determinó la derrota de ambos. **1820-1821:** la reacción a la revolución liberal en España catalizó la independencia definitiva proclamada por Iturbide, con el apoyo de la aristocracia criolla, los españoles y la Iglesia.

La construcción del estado. 1822-1823: Iturbide se proclamó emperador (Agustín I); el pronunciamiento de Santa Anna (dic. 1822), que lo obligó a abdicar, inició una era de inestabilidad. **1824-1836:** la primera república federal asistió a la formación de dos grandes partidos, el federalista o liberal y el centralista o conservador, entre los que Santa Anna maniobró para conservar el poder. **1836-1846:** instauración de una república centralista, que asistió a la secesión de Texas (1837) y tuvo que hacer frente al expansionismo estadounidense. **1846-1848:** guerra entre EUA y México, tras la cual éste perdió su territorio al norte del río Bravo.

La Reforma liberal. 1854: la revolución de Ayutla inició el ciclo del triunfo final del liberalismo. **1856-1857:** la ley de desamortización y la constitución de 1857 sentaron las bases legales del estado liberal. **1858-1861:** el golpe conservador de Zuloaga inició la guerra de Reforma; Juárez asumió la presidencia en el bando liberal y dictó las leyes de Reforma (1859), de nacionalización de los bienes del clero. **1861:** triunfo de Juárez y ocupación posterior de Veracruz por tropas británicas, españolas y francesas. **1862:** el ejército francés emprendió la ocupación militar de México, con el apoyo de los conservadores; Juárez tuvo que abandonar de nuevo la capital y reanudó la resistencia liberal. **1864-1867:** Napoleón III de Francia entronizó a Maximiliano de Austria como emperador de México; la retirada de las tropas francesas dejó a Maximiliano I con el único apoyo de los conservadores (1866); poco después fue derrotado y ejecutado.

La república restaurada y el porfiriato. 1867: el triunfo de Juárez restauró la república liberal. **1868:** ley de tierras baldías que prosiguió y amplió la privatización de los bienes raíces iniciada con la desamortización. **1872:** la muerte de Juárez potenció la lucha interna entre los liberales, que finalizó con el triunfo del plan de Tuxtepec, el programa liberal que estableció la no reelección presidencial, proclamado por Porfirio Díaz. **1876-1880:** primera presidencia de Díaz, que, tras reformar la constitución, se hizo reelegir sucesivamente al frente de la república. El porfiriato (1876-1910) significó la integración de la aristocracia criolla en el estado liberal y la formación de una nueva oligarquía basada en la propiedad de la tierra y las finanzas, y constituyó una etapa de expansión económica protagonizada por la recuperación de la minería, el avance de la agricultura comercial, la articulación de la red ferroviaria y las inversiones extranjeras.

La revolución. 1910-1911: F.I. Madero promovió un levantamiento popular que obligó a Díaz a abandonar el país. **1911-1913:** nuevas elecciones dieron el triunfo a Madero (1911), que hubo de hacer frente a la rebelión zapatista y a la conspiración del ejército, que acabó derribándolo (1913). **1913-1914:** la revolución constitucionalista, liderada por V. Carranza con el apoyo de Zapata y Villa, derrotó al usurpador V. Huerta. **1914-1919:** el bando revolucionario volvió a escindirse entre los que aceptaron a Carranza como presidente, y Zapata y Villa, que constituyeron una frágil alianza; el triunfo final fue para Carranza, aunque la constitución de 1917 estableció un régimen de tipo populista que Carranza no compartía.

El estado populista. 1920: el pronunciamiento de Calles y Obregón depuso a Carranza e inició la articulación de un nuevo estado. **1921-1924:** Obregón estableció los fundamentos de la política populista: apoyo en un movimiento obrero no revolucionario, reparto de tierras a las comunidades campesinas, modernización económica y búsqueda del entendimiento con EUA. **1924-1934:** Calles se enfrentó a la Iglesia católica y a la insurrección cristera (1927-1930) y, tras el asesinato de Obregón (1928), estableció un dominio político personal (maxi-

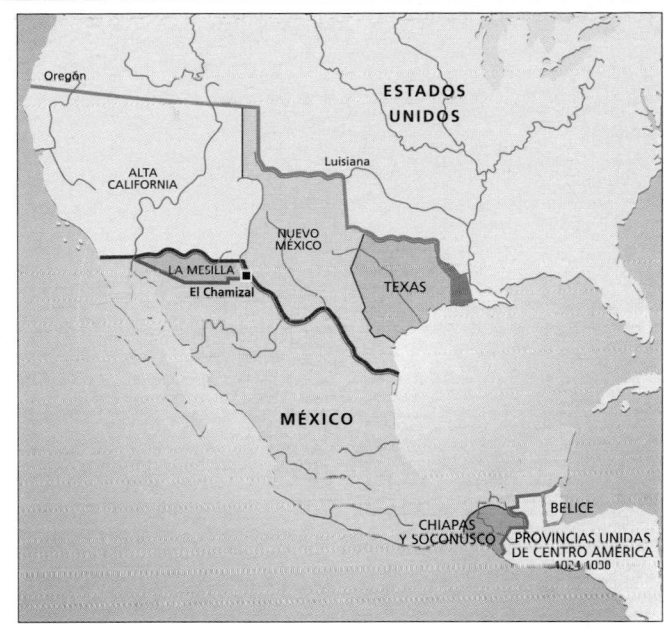

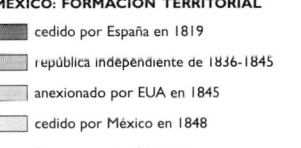

MÉXICO: FORMACIÓN TERRITORIAL

- cedido por España en 1819
- república independiente de 1836-1845
- anexionado por EUA en 1845
- cedido por México en 1848
- frontera según el tratado de Guadalupe Hidalgo de 1848
- venta de La Mesilla en 1853
- conflicto de límites resuelto el 28 de octubre de 1967
- territorio independiente (1821-1842)
- frontera según el Tratado de 27 sept 1882
- frontera según el Tratado de 1893

mato), que se extendió hasta mediados de la década de 1930. **1934-1940:** Lázaro Cárdenas rompió con Calles, culminó el reparto agrario, nacionalizó el petróleo (1938) y consolidó el sistema presidencialista, apoyado en la hegemonía del partido gobernante y el respeto, en su seno, de los turnos de acceso al poder.

La revolución institucionalizada. 1940-1946: Ávila Camacho dio por finalizada la etapa de Reforma, culminada en el sexenio cardenista, y decantó las prioridades hacia el fomento económico y la estabilización social. El Partido revolucionario institucional monopolizó la vida política del país sin que el pluralismo llegara a constituir una realidad efectiva (1946-1952, presidencia de Miguel Alemán; 1952-1958, Ruiz Cortines; 1958-1964, López Mateos; 1964-1970, Díaz Ordaz). La matanza de la plaza de las Tres culturas (1968) abrió un paulatino proceso de revisión política (1970-1976, presidencia de L. Echeverría; 1976-1982, López Portillo; 1982-1988, M. de la Madrid), acentuado desde fines de la década de 1970 ante la creciente presión del conservador Partido de acción nacional y la lenta emergencia de una izquierda independiente. **1988-1994:** Salinas de Gortari promovió el relevo generacional del PRI, la aceleración de la reforma económica y la firma del *TLCAN (en vigor I.1994). Sin embargo, persistieron las tensiones sociales, como se puso de manifiesto con la rebelión campesina indígena de Chiapas (en.1994) y el asesinato del candidato oficial del PRI a la presidencia de la república, L. D. Colosio (marzo). **1994:** el candidato presidencial del PRI, E. Zedillo, fue elegido presidente de la república, fuerte devaluación del peso y crac de la Bolsa, con repercusión en la economía mundial. **1997:** el PRI perdió por primera vez la mayoría absoluta en la cámara de diputados.

El fin de la hegemonía del PRI. 2000: la victoria del conservador Vicente Fox en las presidenciales puso fin a la hegemonía del PRI (aunque este conservó la mayoría en el parlamento). **2001:** el parlamento aprobó una reforma constitucional que reconoce los derechos de los pueblos indígenas. **2005:** el paso de sendos huracanes causó estragos en los estados de Quintana Roo y Chiapas. **2006:** las elecciones presidenciales dieron una ajustada victoria a Felipe Calderón, del PAN. Tuvo que afrontar la escalada de la inseguridad, vinculada sobre todo a la expansión del narcotráfico. **2007:** graves inundaciones afectaron al estado de Tabasco. **2009:** el país sufrió una epidemia de un nuevo virus de la influenza, que ocasionó víctimas mortales y repercusiones socioeconómicas considerables.

MÉXICO, oficialmente **Ciudad de México,** cap. de México, en el Distrito Federal, en la meseta de Anáhuac, a 2 250 m de alt.; 8 236 960 hab. en el Distrito Federal (13 636 127 hab. en la aglomeración). A partir del centro histórico, que agrupa el distrito comercial, administrativo y financiero, la aglomeración urbana ha rebasado los límites oficiales de la ciudad y del Distrito Federal. Es además el primer centro cultural (universidades, instituto politécnico nacional) y turístico del país.— Se conservan los restos del templo Mayor azteca, junto al Zócalo, donde se alzan la catedral (ss. XVI-XVIII), con la capilla barroca del Sagrario, y el palacio presidencial. Durante el s. XVII y a lo largo del s. XVIII la ciudad se enriqueció notablemente. Se ampliaron paseos, plazas y se ordenó la Alameda. Se construyeron numerosas iglesias y conventos. En arquitectura civil, el monumento más significativo es el palacio de los Virreyes (1696-1703), que inauguró un nuevo periodo, el del floreciente México barroco. En esta época se construyeron magníficos palacios, lo que hizo que se llamara a México «la ciudad de los palacios». La antigua basílica de Guadalupe y la iglesia de la Profesa inauguraron el estilo. El neoclásico dejó como muestras

■ **MÉXICO.** La plaza de las Tres Culturas, con las ruinas de la ciudad azteca de Tlatelolco, en el centro, y la iglesia de Santiago Tlatelolco (1609), al fondo.

el palacio de Minería, la Ciudadela y el templo de Loreto. En 1852 se comenzó la expansión hacia el bosque de *Chapultepec y, en 1865, el paseo de la Reforma. Además de la arquitectura finisecular, la renovación moderna parte de la Ciudad universitaria (1948-1952), con una impronta mexicana de la que la plaza de las Tres culturas es el paradigma. Entre los numerosos museos destacan el nacional de antropología, el del virreinato y la pinacoteca de San Diego, el de San Carlos, el de arte moderno, el nacional de historia, etc. (Patrimonio de la humanidad 1987.) — La antigua Tenochtitlan, fundada por los aztecas en 1325 (o 1345), fue destruida por Cortés (mayo 1521) y posteriormente reconstruida de nueva planta. Sede del virreinato y de la audiencia de Nueva España, tras la independencia fue capital de la república (1824). El terremoto de 1985 afectó a un amplio sector del centro urbano.

MÉXICO (Cuenca de) o **VALLE DE MÉXICO**, región fisiográfica de México, en la cordillera Neovolcánica (Distrito Federal, México e Hidalgo). Es una amplia depresión de origen volcánico, de clima templado, y la región más densamente poblada del país.

MÉXICO (estado de), est. de México central; 21 461 km²; 9 815 795 hab.; cap. *Toluca de Lerdo*.

MÉXICO (golfo de), mar interior del océano Atlántico, entre las costas de México, Estados Unidos y Cuba. 1 300 000 km². Las aguas templadas de la corriente norecuatorial penetran por el canal de Yucatán, salen por el estrecho de Florida y contribuyen a formar la corriente del Golfo. Su subsuelo contiene importantes yacimientos de hidrocarburos.

México (Ballet folklórico de), compañía de ballet mexicana, fundada en 1961 por Amalia Hernández. Ha efectuado giras internacionales con un amplio repertorio inspirado en el folclore de México.

México (Historia de la conquista de), obra de A. de Solís (1684), que ensalza la figura de H. Cortés.

México (universidad nacional autónoma de) [UNAM], universidad mexicana, cuyos antecedentes se remontan a la fundación en 1551 de la Real y pontificia universidad de México. — La ciudad universitaria, complejo de edificios inaugurado en 1952, considerado máximo exponente de la arquitectura funcionalista en Latinoamérica, fue declarada patrimonio de la humanidad en 2007.

MEXQUITIC DE CARMONA, mun. de México (San Luis Potosí); 36 587 hab. Cereales, maguey. Mezcal.

MEYERBEER (Jakob Beer, llamado Giacomo), *Berlín 1791-París 1864*, compositor alemán. Vivió en París, donde impulsó la gran ópera histórica: *Roberto el Diablo* (1831), *Los hugonotes* (1836), *El profeta* (1849), *La africana* (1865).

MEYERHOF (Otto), *Hannover 1884-Filadelfia 1951*, fisiólogo alemán, autor de investigaciones sobre los músculos. (Premio Nobel 1922.)

MEYERHOLD (Vsiévolod Emílievich), *Penza 1874-Moscú 1940*, director de teatro ruso. Debutó con Stanislavski, dirigió los teatros imperiales y fue el alma del teatro revolucionario,

afirmando su constructivismo y su concepción «biomecánica» de la vida escénica.

MEZA (Guillermo), *Ixtapalapa 1917-México 1997*, dibujante y pintor mexicano, continuador de la línea de los grandes muralistas.

Mezcala (estilo), estilo artístico del México precolombino, que aparece en la zona central del estado de Guerrero. Sus pequeños objetos de piedra esculpida reflejan las influencias de los estilos olmeca y de Teotihuacán.

MEZCALAPA, r. de América Central, en la vertiente del golfo de México; 600 km. Nace en Guatemala con el nombre de *Chejel*, y en México recibe los nombres de *Grande de Chiapas, Mezcalapa* y *Grijalva*. Presa de Netzahualcóyotl.

MEZIN o **MEZHIRICH**, sitio prehistórico de Ucrania, al NE de Kíev, a orillas del Desna. Se han encontrado cinco complejos de hábitats, construidos con osamenta y defensas de mamut, y útiles y objetos de hueso, cuernos de reno y marfil. Las decoraciones geométricas y figurativas se remontan al magdaleniense antiguo (h. 15 000 a.C.).

MEZQUITIC, mun. de México (Jalisco), avenado por el Mezquital; 15 040 hab. Cereales, chile.

MEZZOGIORNO, conjunto de regiones meridionales de la Italia peninsular e insular (S del Lacio, Abruzos, Molise, Campania, Apulia, Basilicata, Calabria, Sicilia y Cerdeña). Está caracterizado por un relativo subdesarrollo.

MIACATLÁN, mun. de México (Morelos); 18 874 hab. Producción agropecuaria.

MIAJA (José), *Oviedo 1878-México 1958*, militar español. General desde 1932, fiel al régimen republicano, fue ministro de guerra (1936) y presidente de la Junta de defensa de Madrid (1936-1939).

MIAMI, c. de Estados Unidos (Florida); 358 548 hab. (1 937 094 hab. en la aglomeración). Gran estación turística. Constituye uno de los focos hispanos de EUA, en especial de la emigración cubana. Aeropuerto. — Museos. Feria de arte contemporáneo (prolongación de la de Basilea).

MIANYANG, c. de China, al NE de Chengdu; 769 000 hab.

MIÁSS, c. de Rusia, en el S de los Urales, a orillas del *Miáss;* 160 000 hab. Metalurgia.

MICAELA DEL SANTÍSIMO SACRAMENTO (santa María), conocida como **madre Sacramento**, *Madrid 1809-Valencia 1885*, religiosa española. Fundadora del Instituto de adoratrices esclavas del Santísimo Sacramento y de la Caridad en Madrid, fue canonizada en 1934.

Micala (batalla del cabo) [479 a.C.], batalla de la segunda guerra médica. Victoria naval de los griegos sobre los persas en el cabo Micala, frente a Samos.

MICENAS, ant. localidad de Grecia, en el Peloponeso (nomo de Argólida). [Hab. *micenos.*] Capital legendaria de los Átridas, a partir del s. XVI a.C. fue el centro de una civilización histórica (*micénica*), refrendada por numerosos restos (muralla, barrios de viviendas, tumbas, tesoro de Atreo), así como por la orfebrería y la cerámica, ejemplos de una estética original, liberada de la influencia minoica. La

ciudad fue destruida por la invasión doria (fines del II milenio a.C.). [Patrimonio de la humanidad 1999.]

MICERINOS → **MIKERINOS.**

MICHALS (Duane), *Mac Keesport, Pennsylvania, 1932*, fotógrafo estadounidense. Reflejos, transparencias, superposiciones, textos, dibujos y pintura conforman el material visual de su universo onírico (*Verdaderos sueños,* 1977).

MICHAUX (Henri), *Namur 1899-París 1984*, poeta y pintor francés de origen belga. Su obra, animada por el ansia de conocimiento, explora el espacio interior a través del humor, los viajes (*Un bárbaro en Asia,* 1933), la invención de un bestiario y de países imaginarios, el dibujo, la pintura y la experimentación con drogas (*El infinito turbulento: experiencias con la mezcalina*).

MICHELENA → **MITXELENA.**

MICHELET (Jules), *París 1798-Hyères 1874*, historiador francés. De ideas liberales y anticlericales, es autor de una monumental y documentada *Historia de Francia* (1833-1846) y 1855-1867) y de una *Historia de la Revolución francesa* (1847-1853).

MICHELIN (hermanos), industriales franceses. **André M.**, *París 1853-íd. 1931*, y **Édouard M.**, *Clermont-Ferrand 1859-Orcines, Puy-de-Dôme, 1940*. Su nombre está unido a la aplicación del neumático a las bicicletas y al automóvil. Édouard inventó en 1891 el neumático desmontable para bicicletas, adaptado en 1894 a los automóviles. André creó en 1900 la *Guía Michelin*, y más tarde los mapas de carretera Michelin.

MICHELOZZO, *Florencia 1396-íd. 1472*, arquitecto y escultor italiano. Su obra más conocida es el palacio Médicis de Florencia, prototipo de los palacios del renacimiento. Gran constructor, se inspiró en Brunelleschi y elaboró un estilo decorativo de gran elegancia.

MICHELSON (Albert), *Strelno, act. Strzelno, Polonia, 1852-Pasadena 1931*, físico estadounidense. Es autor, junto con E. W. Morley (1838-1923), de experimentos sobre la velocidad de la luz que, al mostrar la constancia de esta en todas las direcciones del espacio, resultaron fundamentales para la elaboración de la teoría de la relatividad. (Premio Nobel 1907.)

MICHES, c. del NE de la República Dominicana (El Seibo); 20 634 hab.

MICHIGAN, estado de Estados Unidos, en las dos orillas del *lago Michigan;* 9 295 297 hab.; cap. *Lansing*. C. pral. *Detroit*.

MICHIGAN (lago), uno de los cinco Grandes Lagos de América del Norte; 58 300 km². Es el único lago enteramente situado en Estados Unidos.

MICHIQUILLAY, yacimiento de cobre de Perú (Cajamarca).

MICHOACÁN (estado de), est. de México, junto al Pacífico; 59 864 km²; 3 548 199 hab.; cap. *Morelia*.

MICHURIN (Iván Vladímirovich), *Verchina, 1855-Kozlov, act. Michúrinsk, 1935*, agrónomo ruso. Sus ideas sobre la herencia general de los caracteres adquiridos fueron erigidas en dogma por Lyssenko.

MICIPSA, *m. en 118 a.C.*, rey de Numidia (148-118 a.C.). Hijo de Masinisa y tío de Yugurta, al que adoptó.

Mickey Mouse, personaje de dibujos animados, creado en Estados Unidos por el escenógrafo Walt Disney y el dibujante Ub Iwerks (*Steamboat Willie*, 1928), convertido en tira cómica a partir de 1930. Este pequeño ratón travieso se convirtió en la década de 1940 en símbolo de la potencia estadounidense.

MICKIEWICZ (Adam), *Zaosie, act. Novogrúdok, 1798-Constantinopla 1855*, poeta polaco. Principal representante del romanticismo polaco (*Oda a la juventud*, 1820; *Pan Tadeusz*, 1834), luchó por la independencia nacional (*Konrad Wallenrod*, 1828). Turismo.

MICO, r. de Nicaragua, afl. del Siquia.

MÍCONO, en gr. *Mykonos*, isla griega de la parte NO de las Cícladas; 3 000 hab. Turismo.

MICRONESIA, conjunto de islas del Pacífico, de superficie muy reducida, entre Indonesia y

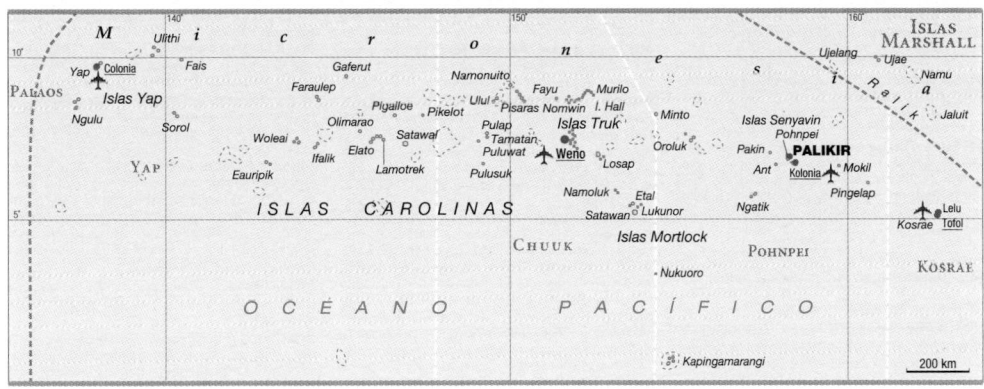

Mi cronesia

ISLAS MARSHALL

Estados federados de Micronesia

límite de estado federado — Kolonia capital de estado federado — ● más de 10 000 hab.
YAP nombre de estado federado — ✈ aeropuerto — ● menos de 10 000 hab.

Filipinas al O. Melanesia al S y Polinesia al E; 499 000 hab. Comprende, principalmente, las Marianas, las Carolinas, las Marshall y Kiribati.

MICRONESIA (Estados federados de), estado federal de Oceanía: 707 km²; 110 000 hab. *(micronesios)*. CAP. *Palikir* (6 000 hab. en la isla de Pohnpei). LENGUA: *inglés*. MONEDA: *dólar EUA.* Corresponde en su mayor parte al archipiélago de las Carolinas orientales. Está formada por 4 islas-estado: Chuuk, Kosrae, Pohnpei y Yap. — El archipiélago, bajo tutela estadounidense desde 1947 por resolución de la ONU, se convirtió en estado libre asociado a EUA en 1986. En 1991 fue admitido en la ONU.

Microsoft, empresa estadounidense de informática, fundada en 1975 por Bill Gates. Es líder mundial en software para computadoras personales (sistemas operativos MS/DOS y *Windows).

MIDAS 738-696 o 675 a. C., rey de Frigia. Su reino fue destruido por los cimerios. Según la leyenda, Dioniso le concedió el poder de convertir en oro todo lo que tocaba. Según otras narraciones, fue elegido juez de un concurso musical entre Marsias y Apolo, quien hizo que le crecieran orejas de burro por haber preferido la flauta del sátiro a la lira del dios.

MIDDELBURG, c. de Países Bajos, cap. de Zelanda; 39 617 hab. Ayuntamiento gótico (ss. XV-XVI). Gran abadía medieval, que contiene el museo de Zelanda.

MIDDLE WEST → MEDIO OESTE.

MIDDLESBROUGH, c. de Gran Bretaña (Inglaterra), en el estuario del Tees; 141 100 hab. Puerto. Metalurgia.

MIDEROS (Luis), *San Antonio, Ibarra, 1898-Quito 1978,* escultor ecuatoriano, especializado en monumentos públicos *(Vicente Rocafuerte,* Quito y México).

MIDI, denominación dada al conjunto de regiones del S de Francia.

MIDI-PYRÉNÉES, región administrativa del S

de Francia; 45 348 km²; 2 551 687 hab.; cap. *Toulouse;* 8 dep. *(Ariège, Aveyron, Haute-Garonne, Gers, Lot, Hautes-Pyrenees, Tarn y Tarn-et-Garonne).*

MIDLANDS, región del centro de Inglaterra; c. pral. *Birmingham.*

Midway (batalla de) [3-5 junio 1942], batalla de la guerra del Pacífico. Victoria aeronaval estadounidense de las fuerzas del almirante Nimitz sobre los japoneses, junto al archipiélago de las Midway, al NO de las islas Hawai. Confirmó la superioridad de los portaaviones sobre los acorazados.

MIDWEST → MEDIO OESTE.

MIERES, mun. de España (Asturias), cab. de p.j.; 49 506 hab. *(mierenses).* Centro minero, industrial y comercial.

MIEROSŁAWSKI (Ludwik), *Nemours, Francia, 1814-París 1878,* general polaco. Dirigió las insurrecciones polacas de 1846 y 1863, en las que fue vencido.

MIER Y NORIEGA (fray Servando Teresa de), *Monterrey 1765-México 1827,* escritor y político mexicano. Independentista, tomó parte en la expedición de Mina (1817) y se opuso al imperialismo de Iturbide. Es autor de *Historia de la revolución de Nueva España* (1813).

MIESCHER (Johannes Friedrich), *Basilea 1844-Davos 1895,* bioquímico y nutricionista suizo. Aisló el ácido nucleico de los núcleos de las células y racionalizó la alimentación de los colectivos humanos. Reunió en Basilea el primer Congreso internacional de fisiología (1889).

MIESES BURGOS (Franklin), *Santo Domingo 1907-íd. 1976,* poeta dominicano. Influido por Rilke, es autor de una poesía rica y de gran sonoridad: *Clima de eternidad* (1947), *Siete cantos para una sola muerte* (1948), *El héroe* (1954).

MIES VAN DER ROHE (Ludwig), *Aix-la-Chapelle 1886-Chicago 1969,* arquitecto alemán nacionalizado estadounidense. Discípulo aventajado de Behrens y racionalista, fue uno de los creadores del estilo internacional. Director de la Bauhaus de Dessau (1930-

1933), emigró a EUA, donde edificó inmuebles caracterizados por grandes paneles de cristal sobre armazón de acero, principalmente en Chicago. Su influencia en la arquitectura del s. XX es solo comparable a la de Wright y Le Corbusier.

MIESZKO I, *m. en 992,* duque de Polonia (h. 960-992). Con su bautismo (966) hizo entrar a Polonia en la cristiandad romana. Proporcionó a su estado las fronteras que, aproximadamente, volvió a poseer en 1945.

MI FU, *1051-1107,* calígrafo, pintor y coleccionista chino. Por su caligrafía, heredada de los Tang, y su arte, subjetivo y austero, es un precursor de la pintura docta.

MIGNARD (Nicolas), llamado **Mignard de Aviñón,** *Troyes 1606-París 1668,* pintor francés. Trabajó en Aviñón, donde realizó pinturas religiosas y decoraciones. — Pierre M. llamado **Mignard el Romano,** *Troyes 1612-París 1695,* pintor francés, hermano de Nicolás. Trabajó en Roma 20 años y fue en París el retratista oficial de la nobleza.

MIGNE (Jacques Paul), *Saint-Flour 1800-París 1875,* eclesiástico francés. Fue el editor de la *Biblioteca universal del clero,* enciclopedia teológica que contiene principalmente la *Patrología latina* (218 vols., 1844-1855) y la *Patrología griega* (166 vols., 1857-1866).

SANTO

MIGUEL (san), el ángel por excelencia en las tradiciones judía y cristiana. Protector de Israel en la Biblia, se convirtió en el protector de la Iglesia y se le representó bajo la forma de un guerrero combatiendo un dragón o pesando las armas.

IMPERIO BIZANTINO

MIGUEL I Rangabé, *m. d. 840,* emperador bizantino (811-813). Su posición en favor del culto a las imágenes provocó la hostilidad del partido iconoclasta. Fue vencido y depuesto por los búlgaros. — **Miguel II el Tartamudo,** *¿Amorio?-829,* emperador bizantino (820-829), fundador de la dinastía de Amorio. — **Miguel III el Beodo,** *838-867,* emperador bizantino (842-867). Obtuvo la conversión de los búlgaros. Su reinado estuvo marcado por el cisma de oriente (concilio de Constantinopla, 869-870). — **Miguel VII Ducas,** emperador bizantino (1071-1078). Tuvo que hacer frente a los ataques normandos. — **Miguel VIII Paleólogo,** *1224-1282,* emperador bizantino de Nicea (1258-1261) y de Constantinopla (1261-1282). Destruyó el Imperio latino de Constantinopla (1261) y provocó las Vísperas sicilianas (1282). — **Miguel IX Paleólogo,** *1277-1320,* emperador bizantino (1295-1320), estuvo asociado a su padre Andrónico II.

PORTUGAL

MIGUEL I o DON MIGUEL, *Queluz 1802-Brombach, Alemania, 1866,* rey de Portugal (1828-

■ **MIES VAN DER ROHE.** Crown Hall (1952-1956) del Instituto de tecnología de Illinois, Chicago.

■ **MICKEY MOUSE**

1834), de la casa de Braganza. Fue obligado a exiliarse tras dos años de guerra civil.

RUMANIA

MIGUEL I, *Sinaia 1921,* rey de Rumania (1927-1930 y 1940-1947).

RUSIA

MIGUEL Fiódorovich, *Moscú 1596-íd. 1645,* zar de Rusia (1613-1645), fundador de la dinastía de los Románov. Elegido en 1613 por el *Zemski sobor* (Asamblea de la tierra), intentó restaurar el orden social y acordó la paz con Suecia (1617).

SERBIA

MIGUEL OBRENOVIĆ → OBRENOVIĆ.

VALAQUIA

MIGUEL el Bravo, *1557-1601,* príncipe de Valaquia (1593-1601). Derrotó a los turcos (1595) y reunió bajo su mando Moldavia y Transilvania (1599-1600).

MIGUEL ALEMÁN, mun. de México (Tamaulipas), junto al Bravo, que lo separa de la c. estadounidense de Roma; 19 600 hab.; cap. *Ciudad Alemán.*

MIGUEL ÁNGEL (Michelangelo **Buonarroti,** llamado **Michelangelo** y en esp.), *Caprese, cerca de Arezzo, 1475-Roma 1564,* escultor, pintor, arquitecto y poeta italiano. Artista inigualable por la originalidad y fuerza de concepción de sus obras, que sorprenden tanto por su diversidad como por su carácter grandioso, el humanismo neoplatónico, unido a la fe cristiana, animó sus creaciones. Se le debe, entre otras obras, en mármol, varias *Pietà,* el **David* (act. en la Academia de Florencia), las tumbas de Lorenzo II y Julián de Médicis para la nueva sacristía que edificó en la iglesia de San Lorenzo de Florencia (h. 1520-1533), las diversas estatuas destinadas a la tumba del papa Julio II (*Esclavos,* de gran patetismo [h. 1513-1516, Louvre]; **Moisés* [h. 1515, iglesia de San Pietro in Vincoli de Roma]; la *Victoria,* obra de sorprendente torsión [Palazzo Vecchio de Florencia]), los frescos de la capilla **Sixtina,* la parte baja de la cúpula de la basílica de San Pedro de Roma (a partir de 1547) y otros trabajos de arquitectura en la ciudad papal, entre ellos, la disposición de la plaza del Capitolio. En sus cartas y poemas dejó constancia de su atormentada espiritualidad.

MIGUEL AUZA, ant. **San Miguel de Mezquital,** mun. de México (Zacatecas); 19 339 hab. Cereales.

MIGUEL HIDALGO, delegación de México (Distrito Federal); 543 062 hab.

MIHAÍLOVIĆ (Draža), *Ivanjica 1893-Belgrado 1946,* militar serbio. Tras la derrota de 1941, luchó contra los alemanes organizando el movimiento de resistencia serbio (*četnici*) y se enfrentó a los partidarios de Tito. Fue acusado de traición y fusilado.

MIHURA (Miguel), *Madrid 1905-íd. 1977,* escritor español, renovador del teatro cómico español (*El caso de la mujer asesinadita,* 1946; *Tres sombreros de copa,* 1952; *Maribel y la extraña familia,* 1959). [Real academia 1976.]

MIJALKOV (Nikita), *Moscú 1945,* director y actor de cine ruso. Rinde homenaje al alma rusa a través de películas intimistas y adaptaciones de obras literarias o frescos históricos: *El esclavo del amor* (1975), *Partitura incompleta para pianola* (texto de Chéjov, 1976), *Cinco veladas* (texto de A. Volodine, 1978), *Ojos negros* (texto de Chéjov, 1987), *Urga* (1991), *Quemado por el sol* (1994), *El barbero de Siberia* (1999).

MIJAS, v. de España (Málaga); 41 912 hab. (*mijeños*). Yacimientos de amianto, mica y talco. Cultivos mediterráneos. Pesca. Turismo. — Conjunto de arquitectura popular andaluza.

MIKERINOS o **MICERINOS,** *h. 2600 a.C.,* faraón de la IV dinastía. Hizo construir la tercera pirámide de Gizeh.

MIKNÁS → MEQUÍNEZ.

mil (año) → **año mil.**

Mil (expedición de los), expedición emprendida, en 1860, por Garibaldi contra el reino de las Dos Sicilias, del que provocó la caída.

MILAGRO, cantón de Ecuador (Guayas);

106 767 hab. Centro de una rica zona agrícola (caña, arroz).

Milagros de Nuestra Señora, obra poética de Gonzalo de Berceo, considerada la obra maestra del mester de clerecía.

MILÁN, en ital. **Milano,** c. de Italia, cap. de Lombardía, ant. cap. del Milanesado; 1 371 008 hab. (*milaneses*) [cerca de 4 millones en la aglomeración]. Metrópoli económica de Italia, es un gran centro industrial, comercial, intelectual (universidad, editoriales) y religioso (arzobispado). — Catedral gótica (*Duomo*), iniciada a fines del s. XIV; iglesias de origen paleocristiano (San Ambrosio) o medieval; conjunto de Santa Maria delle Grazie (patrimonio de la humanidad 1980), obra en parte de Bramante (*La Cena,* de Leonardo da Vinci). Castillo de los Sforza (1450; museo). Teatro de la Scala (s. XVIII, reconstruido en 2001-2004). Biblioteca ambrosiana, importante pinacoteca Brera y otros museos. Exposición trienal de diseño y arquitectura. — Fundada por los galos h. 400 a.C. y romana desde 222 a.C., fue durante el Bajo imperio capital de la diócesis de Italia y metrópoli religiosa. Arrasada por los bárbaros (ss. V y VI), obtuvo la independencia en el s. XII, cuando fue marco de las luchas entre el Pontificado y el Imperio. En los ss. XIV-XV conoció una gran prosperidad con los Visconti y los Sforza. En 1535 Carlos Quinto anexionó el Milanesado, y durante dos siglos Milán, arruinada y despoblada, permaneció bajo dominio español. Fue capital del reino de Italia (1805-1814), del reino lombardovéneto (1815) y en 1861 se integró en el nuevo reino de Italia.

■ **MILÁN.** La catedral, iniciada en 1386 y acabada a principios del s. XIX.

MILÁN (Luis de), *Valencia 1500-íd. h. 1561,* vihuelista español. Autor de *Libro de música de vihuela de mano intitulado «El maestro»* (1536), es conocido por sus transcripciones a guitarra.

MILANÉS (Pablo), *Bayamo 1943,* cantautor cubano. Cofundador de la Nueva trova cubana en 1968, sus canciones se distinguen por el lirismo romántico y revolucionario (*Yolanda; Años; Proposiciones*).

MILANESADO, región histórica del N de Italia, alrededor de Milán, que fue su capital. Territorio libre entre el Piamonte y Verona (s. XII), en los ss. XIII-XIV los Torriani y los Visconti llevaron a cabo una política de expansión. Ducado en 1395, independiente con Francisco Sforza (1454), tras la renuncia de Francia (1526 y 1529) y la muerte de Francisco II Sforza (1535), el ducado de Milán pasó a los reyes de España. Cedido a Austria (1713, tratado de Utrecht), se incorporó al reino lombardovéneto de los Habsburgo (1815) y luego a Cerdeña (1859) y al reino de Italia.

MILANÉS Y FUENTES (José Jacinto), *Matanzas 1814-íd. 1863,* poeta y dramaturgo cubano. Considerado un patriarca del romanticismo en Cuba, su drama *El conde Alarcos* (1838) desató una gran polémica por la identificación con la situación política colonial. También es autor de narraciones costumbristas.

MILANKOVIC (Milutin), *Dalj, Croacia, 1879-Belgrado 1958,* astrónomo yugoslavo. Formuló en 1941, la teoría que lleva su nombre y según la cual las fluctuaciones a largo plazo del clima van unidas a las variaciones cíclicas de tres parámetros orbitales de la Tierra: inclinación

de su eje, excentricidad orbital y precesión de los equinoccios.

MILAN OBRENOVIĆ, *Mărăşeşti 1854-Viena 1901,* príncipe (1868-1882) y más adelante rey de Serbia (1882-1889). Sucedió a su primo Miguel Obrenović. Después de que Serbia obtuviera su independencia en el congreso de Berlín (1878), se proclamó rey (1882) con el apoyo de Austria. Tuvo que abdicar en 1889.

MILÁ Y FONTANALS (Manuel), *Vilafranca del Penedès 1818-íd. 1884,* erudito y escritor español. Autor de estudios filológicos de ámbito histórico (*De los trovadores provenzales en España,* 1861; *De la poesía heroico-popular castellana,* 1874), su discípulo Menéndez Pelayo editó sus obras completas.

MILCÍADES, *540-Atenas h. 489 a.C.,* general ateniense. Fue vencedor de los persas en Maratón (490 a.C.).

MILETO, ant. c. jonia de Asia Menor. A partir del s. VIII a.C., fue una gran metrópoli colonizadora, un importante centro comercial y un foco de cultura griega (escuela filosófica). — La ciudad constituyó un verdadero logro del urbanismo helenístico. Importantes restos, algunos de los cuales (puerta sur del ágora) están en el museo de Berlín.

MILFORD HAVEN, c. de Gran Bretaña, en el S del País de Gales; 14 000 hab. Puerto. Importación y refino de petróleo. Petroquímica.

MILHAUD (Darius), *Marsella 1892-Ginebra 1974,* compositor francés. Miembro del grupo de los Seis e influido por el folclore sudamericano y el jazz, trató todos los géneros: ballet (*El buey sobre el tejado,* 1920), ópera (*Cristóbal Colón,* 1930; *Bolívar,* 1943), cantata, sinfonía y música de cámara. Compuso el célebre *Scaramouche* (1937) para dos pianos.

Military Cross, Military Medal, condecoraciones militares británicas. Fueron creadas en 1914 y 1916, respectivamente, para recompensar los actos de valor y coraje realizados en el transcurso de hostilidades.

MILIUKOV (Pavel Nikoláievich), *Moscú 1859-Aix-les-Bains, Francia, 1943,* historiador y político ruso. Uno de los principales dirigentes del Partido democráta constitucional, fue ministro de asuntos exteriores del gobierno provisional (marzo-mayo 1917).

MILL (James), *Northwater Bridge, Escocia, 1773-Londres 1836,* filósofo y economista británico. Seguidor de Hume y de Bentham, escribió *Principios de economía política* (1821).

MILL (John Stuart), *Londres 1806-Aviñón 1873,* filósofo y economista británico, hijo de James Mill. Partidario del asociacionismo, fundamentó la inducción sobre la ley de la causalidad universal. Preconizó una moral utilitarista y es una figura representativa del liberalismo económico (*Principios de economía política,* 1848; *Utilitarismo,* 1863).

MILLA, mun. de Venezuela (Mérida); 20 003 hab. Su área urbana pertenece a Mérida.

MILLA (Roger), *Yaoundé 1952,* futbolista camerunés. Ganador de la Copa de África de las naciones (1984 y 1988), este popular jugador prefiguró la emergencia del fútbol africano.

MILLAIS (sir John Everett), *Southampton 1829-Londres 1896,* pintor británico. Miembro fundador de la cofradía prerrafaelista (*Ofelia,* 1851, Tate Britain), fue una de las figuras más populares del arte victoriano.

MILLÁN (Gonzalo), *Santiago 1947-íd. 2006,* poeta chileno. Miembro destacado de la generación del sesenta, su poesía buscó la objetividad y la visión crítica (*Relación personal,* 1968; *La ciudad,* 1979; *Dragón que se muerde la cola,* 1987; *Claroscuro,* 2002).

MILLÁN (María del Carmen), *Teziutlán 1914-México 1982,* escritora mexicana. Directora de diversas obras colectivas (*Literatura mexicana,* 1972), fue la primera mujer miembro de la Academia mexicana.

MILLÁN (Pedro), escultor documentado en Sevilla entre h. 1487 y 1507. Fue uno de los introductores de la técnica del barro cocido en la imaginería sevillana con un estilo ligado al realismo flamenco (*Virgen del Pilar,* catedral de Sevilla).

MILLÁN ASTRAY (José), *La Coruña 1879-Madrid 1954,* militar español. Combatió en Filipinas y Marruecos, y fundó la Legión española (1920).

MILLÁN DE LA COGOLLA (san), *Matute, La Rioja-574*, abad español. Tras realizar actividades pastorales, llevó una vida eremítica en las sierras de San Llorente, donde act. se alza el monasterio de Suso (*San Millán de la Cogolla*).

MILLARES (cultura de **Los**), cultura calcolítica (2400-1700 a.C.) desarrollada en el SE de la península Ibérica. El yacimiento epónimo, *Los Millares* (Santa Fe de Mondújar, Almería), consta de un poblado fortificado y una necrópolis de sepulcros megalíticos de tipo tolos.

MILLARES (Manuel, llamado Manolo), *Las Palmas de Gran Canaria 1926-Madrid 1972*, pintor español. Cofundador del grupo El Paso, tras una etapa surrealista elaboró un informalismo de tenso dramatismo con arpilleras desgarradas y la tricromía negro, blanco y rojo.

MILLARES CARLO (Agustín), *Las Palmas de Gran Canaria 1893-íd. 1980*, erudito y paleógrafo español. Es autor de numerosas obras: *Paleografía española* (1929), *Manual antológico de la literatura latina* (1945), *Repertorio bibliográfico de los archivos mexicanos* (1959).

MILLÁS (Juan José), *Valencia 1946*, escritor y periodista español. Su narrativa, con elementos del género fantástico, destila un corrosivo humor de cuño surrealista (*Visión del ahogado*, 1977; *El desorden de tu nombre*, 1988; *La soledad era esto*, 1990; *El mundo*, 2007, premio nacional).

Millau (viaducto de), viaducto de Francia (Millau, Midi-Pyrénées), sobre el valle del Tarn, 2.460 m de long y 343 m de alt. máx.

MILLA Y VIDAURRE (José), *Guatemala 1822-íd. 1882*, escritor y diplomático guatemalteco. Autor de libros de historia, novelas históricas románticas (*La hija del Adelantado*, 1866; *El visitador*, 1868) y relatos costumbristas bajo el seudónimo **Salomé Jil**, desempeñó cargos públicos en el gobierno de R. Carrera.

MILLE (De) → DE MILLE.

MILLE-ÎLES, islas de Canadá (Ontario), en el San Lorenzo, a la salida del lago Ontario.

MILLER (Arthur), *Nueva York 1915-Roxbury, Connecticut 2005*, dramaturgo estadounidense. Sus personajes luchan por ser aceptados por la sociedad norteamericana (*La muerte de un viajante*, 1949; *Las brujas de Salem*, 1953; *Panorama desde el puente*, 1955). [Premio Príncipe de Asturias 2002.]

MILLER (Glenn), *Clarinda, Iowa, 1904-en accidente de aviación, en el canal de La Mancha, 1944*, músico de jazz estadounidense. Trombonista y director de orquesta, maestro del swing (*In the Mood*, 1939), se alistó voluntario en el ejército en 1942 y dirigió en Europa la orquesta de las fuerzas aliadas.

MILLER (Henry), *Nueva York 1891-Los Ángeles 1980*, escritor estadounidense. Su obra denuncia las represiones morales y exalta la búsqueda de la plenitud sensual (*Trópico de Cáncer*, 1934; *Trópico de Capricornio*, 1939).

MILLER (Merton), *Boston 1923-Chicago 2000*, economista estadounidense. Es autor, junto con F. Modigliani, de un teorema sobre la evaluación de las empresas y el costo del capital. (Premio Nobel 1990.)

MILLET (Jean-François), *Gruchy, Manche, 1814-Barbizon 1875*, pintor, dibujante y grabador francés, maestro de la escuela de Barbizon, de un realismo sensible (*Las espigadoras* y *El ángelus*, 1857; *La primavera*, 1868-1873).

■ JEAN-FRANÇOIS **MILLET**. *El ángelus* (1857). [Museo de Orsay, París.]

MILLET (Lluís), *El Masnou 1867-Barcelona 1941*, compositor español. En 1891 fundó, con A. Vives, el Orfeó català, que dirigió hasta su muerte. Compuso música sacra, lieder y piezas corales.

MILLIKAN (Robert Andrews), *Morrison, Illinois, 1868-San Marino, California, 1953*, físico estadounidense. Midió la carga del electrón (1911), determinó el valor de la constante de Planck (1916) y estudió los rayos cósmicos. (Premio Nobel 1923.)

MILLOSS (Aurél Milloss de Miholý, llamado **Aurel**), *Ozora, 1906-Roma 1988*, bailarín y coreógrafo húngaro nacionalizado italiano. Fue maestro de ballet en los teatros más importantes del mundo y realizó numerosas coreografías buscando la síntesis entre clasicismo y expresionismo (*El mandarín maravilloso*, 1942).

MILO, en gr. **Mêlos** o **Milo**, isla griega del mar Egeo, una de las Cícladas; 161 km².

Milo (Afrodita de), llamada **Venus de Milo**, estatua griega en mármol (Louvre), descubierta en 1820 en la isla de Milo. La torsión del cuerpo indica su origen helenístico (s. II a.C.).

MILÓN, en lat. **Titus Annius Papianus Milo**, *Lanuvium h. 95-Compsa 48 a.C.*, político romano. Yerno de Sila, contribuyó siendo tribuno (57) al regreso de Cicerón del exilio. Acusado del asesinato de Clodio en 52, fue defendido por Cicerón (*Pro Milone*).

MILÓN de Crotona, *Crotona fines s. VI a.C.*, atleta griego. Discípulo y yerno de Pitágoras, fue famoso por sus victorias en los Juegos olímpicos. Al no poder soltar su brazo, atrapado en la hendidura de un árbol que pretendía arrancar, fue devorado por fieras salvajes.

■ MILÓN DE CROTONA. Conjunto en mármol (1672-1682) de Pierre Puget. (Louvre, París.)

MILOŠEVIĆ (Slobodan), *Požarevac 1941-La Haya 2006*, político serbio. Miembro de la Liga de los comunistas de Yugoslavia desde 1959, apoyando su poder en la exaltación del nacionalismo serbio, fue presidente de la república de Serbia de 1990 a 1997 y de la República federal de Yugoslavia de 1997 a 2000. En 1999 fue inculpado por el Tribunal penal internacional de crímenes de guerra y contra la humanidad por su política de terror practicada sobre los civiles albaneses de Kosovo. Acusado en su país de corrupción y de abuso de poder, fue detenido en abril 2001 y más tarde entregado (junio) al TPIY, en La Haya, que lo acusó también por su responsabilidad en los conflictos de Croacia (1991-1992) y de Bosnia (1992-1995). Su proceso empezó en febr. 2002, pero murió detenido antes de que el juicio llegara a término.

MILOŠ OBRENOVIĆ → OBRENOVIĆ.

MIŁOSZ (Czesław), *Szetjenie, Lituania, 1911-Cracovia 2004*, escritor polaco nacionalizado estadounidense. Es autor de poesía, novelas y ensayos (*El pensamiento cautivo*, 1953). [Premio Nobel 1980.]

MILPA ALTA, delegación de México (Distrito Federal), al SE de la capital; 53 616 hab.

MILSTEIN (César), *Bahía Blanca 1927-Cambridge 2002*, biólogo argentino, nacionalizado británico. Formado en Cambridge, regresó a Buenos Aires en 1961 para dirigir el departamento de biología molecular del Instituto Malbrán, pero tras el golpe militar de 1962 se instaló en Inglaterra. Junto con G. J. Köhler, investigó el sistema inmunológico y descubrió los mecanismos de producción de anticuerpos monoclonales. (Premio Nobel de fisiología y medicina 1984.)

MILTON (John), *Londres 1608-Chalfont Saint Giles, Buckinghamshire, 1674*, poeta inglés. Autor de poemas religiosos, filosóficos y pastoriles, se unió al bando de Cromwell y se convirtió en su apologista. Tras la restauración de los Estuardo, abandonó la política. Arruinado y ciego, dictó su poema *El *paraíso perdido* (1667), seguido de *El *paraíso recobrado* (1671).

Milvio (puente), puente sobre el Tíber, a 3 km al N de Roma, en el que Constantino derrotó a Majencio (312 d.C.).

MILWAUKEE, c. de Estados Unidos (Wisconsin), a orillas del lago Michigan; 628 088 hab. (1 432 149 hab. con el área metropolitana.) Puerto. Museos.

mil y una noches (Las), colección de cuentos árabes. **Šahrāzād* hace que el rey de Persia renuncie a sus crueles propósitos encadenando con sus cuentos que tienen por héroes a **Aladino, *Alí Babá y Simbad el Marino.

MINA (Francisco Xavier), *Idocín, Navarra, 1789-cerca de Pénjamo, México, 1817*, guerrillero español. En la guerra de Independencia organizó la guerrilla en Navarra (1809) y fue comandante general de Navarra. Encarcelado de 1810 a 1813, rechazó el absolutismo y trató, con su tío **Espoz y Mina, de proclamar la constitución en Pamplona. Huyó a Gran Bretaña, y posteriormente se dirigió a México para continuar la lucha contra Fernando VII, pero fue apresado y fusilado.

MINĀ' AL-AHMADĪ, puerto petrolero de Kuwayt, en el golfo Pérsico.

MINAMOTO, familia japonesa que fundó en 1192 el shogunado de Kamakura con **Minamoto nò Yoritomo** (1147-1199), primer shōgun del Japón.

MINAS, c. de Uruguay, cap. del dep. de Lavalleja; 37 700 hab. Centro turístico y comercial.

MINAS (sierra de las), sierra de Guatemala (Alta Verapaz y Zacapa); 3 000 m aprox. Está limitada por los ríos Polochic y Motagua. (Reserva de la biosfera 1992.)

MINAS DE MATAHAMBRE, mun. de Cuba (Pinar del Río); 36 601 hab. Minas de cobre.

MINAS DE RIOTINTO, c. de España (Huelva), al pie de sierra Morena; 4 888 hab. (*mineros*). Centro minero (piritas de cobre y hierro). Complejo metalúrgico y químico.

MINAS GERAIS, estado interior del SE de Brasil; 587 172 km²; 15 746 200 hab.; cap. *Belo Horizonte*. Importantes recursos mineros (hierro, manganeso, etc.).

MINATEDA (abrigos de), conjunto de cuatro abrigos rocosos de España (Hellín, Albacete) con pinturas rupestres de estilo levantino.

MINATITLÁN, c. de México, en la bahía de Campeche (Veracruz); 199 840 hab. Yacimientos de azufre y petróleo. Refinerías; oleoductos a México, Ciudad Pemex y Salina Cruz.

MINCIO, r. del N de Italia, afl. del Po (or. izq.); 194 km. Atraviesa el lago de Garda.

MINDANAO, isla de Filipinas; 99 000 km²; 14 000 000 hab. Fue descubierta por el español Martín Iñíguez (1562), sin llegar a someterla. En 1861 España estableció el gobierno político y militar de Mindanao, pero no consiguió dominar la isla (campañas de 1891 y 1894; pérdida definitiva en 1898).

MINDEN, c. de Alemania (Rin del Norte-Westfalia), a orillas del Weser; 80 423 hab. Catedral románico-gótica, casco antiguo.

MINDORO, isla montañosa de Filipinas; aprox. 10 000 km²; 472 000 hab.

MINDSZENTY (József), *Csehimindszent 1892-Viena 1975*, prelado húngaro. Arzobispo de Esztergom, primado de Hungría (1945) y cardenal (1946), estuvo en prisión de 1948 a 1955. Tras la revolución de octubre de 1956 y hasta 1971, se refugió en la embajada de EUA en Budapest.

MINERAL DEL MONTE, mun. de México (Hidalgo); 13 296 hab. Centro minero (plata, cobre, piritas y oro). Fundiciones; industrias de explosivos.

MINERVA MIT. ROM. Diosa itálica de la sabiduría y de la inteligencia, protectora de Roma y patrona de los artesanos. Identificada con la *Atenea* griega.

Minerva, presa de Cuba (Villa Clara); 123 millones de m³. Riega un área de 1 780 ha.

MING, dinastía imperial china (1368-1644). Fundada por Hongwu, estableció su capital en Pekín (1409). Sus principales representantes fueron Yongle (1403-1424) y Wanli (1573-1620). La sucedió la dinastía manchú de los Qing.

MINGOTE (Antonio), *Sitges 1919,* dibujante de humor y escritor español. Colaborador en revistas y diarios, en especial *La Codorniz, ABC* y *Blanco y Negro,* ha publicado libros de humor (*Historia de la gente,* 1954). [Premio nacional de periodismo 1981.] (Real academia 1987.)

MINGUS (Charles, llamado **Charlie**), *Nogales, Arizona, 1922-Cuernavaca, México, 1979,* compositor, contrabajista y director de orquesta de jazz estadounidense. Inspirado en los cantos religiosos negros, se impuso en la década de 1950 como acompañante y solista. Participó en el movimiento be-bop (*Goodbye Pork Pie Hat; Fables of Faubus*).

MINHO, región de Portugal; c. pral. *Braga.* Vinos. — Cuna de la nación portuguesa.

MINISTRA (sierra), sierra de España; 1 309 m. Forma parte de los relieves que enlazan los sistemas Central e Ibérico. Divisoria de aguas entre las cuencas del Henares y del Jalón.

MINKOWSKI (Hermann), *Kaunas 1864-Gotinga 1909,* matemático alemán. Su concepción del «espacio-tiempo» en 4 dimensiones sirvió de base para una interpretación geométrica de la relatividad restringida de A. Einstein, que fue alumno suyo.

MINNEAPOLIS, c. de Estados Unidos (Minnesota), a orillas del Mississippi; 368 383 hab. Junto con Saint Paul, situada en la otra orilla del río, constituye (zona suburbana incluida) una conurbación de 2 464 124 hab. Universidad. Centro industrial y de servicios. Museos. Teatro Guthrie.

MINNELLI (Vincente), *Chicago 1910-Los Ángeles 1986,* director de cine estadounidense, especialista en el género de la comedia musical: *Ziegfeld Follies* (1946), *Un americano en París* (1951), *Melodías de Broadway* (1953).

MINNESOTA, estado de Estados Unidos, en la frontera canadiense; 4 375 099 hab.; cap. *Saint Paul;* c. pral. Mineapolis. Mineral de hierro.

MINO DA FIESOLE → FIESOLE.

MINOS MIT. GR. Rey legendario de Creta. Su sabiduría y justicia le valieron, después de su muerte, ser juez de los infiernos, junto con Eaco y Radamanto. Se cree que Minos era un título real o dinástico de los soberanos cretenses, de ahí la expresión *civilización minoica.*

MINOTAURO MIT. GR. Monstruo con cuerpo de hombre y cabeza de toro, nacido de los amores de Pasífae, esposa de Minos, y de un toro blanco enviado por Poseidón. Minos lo encerró en el Laberinto, donde se le hacían ofrendas de carne humana. Teseo lo mató.

MINSK, cap. de Bielorrusia; 1 589 000 hab. Centro industrial (automóviles, tractores) y comercial. — Museos. — Foco de violentos combates en 1941 y 1944.

MINSKY (Marvin Lee), *Nueva York 1927,* matemático e ingeniero estadounidense. Ha realizado, en el seno del Massachusetts Institute of Technology, una importante contribución al desarrollo de la inteligencia artificial.

MINUCIO FÉLIX, *s. III,* apologista cristiano, autor de un diálogo entre un pagano y un cristiano, el *Octavio.*

MINYA (Al-) o **MINYA IBN AL-JAṢIB,** c. de Egipto, a orillas del Nilo; 179 060 hab.

MIÑO, en port. **Minho,** r. de España y Portugal; 340 km. Nace en la laguna de Fuenmiña (Lugo), pasa por Lugo y, tras recibir el Sil por Orense, forma frontera con Portugal hasta su desembocadura en el Atlántico, entre La Guardia (España) y Caminha (Portugal). Embalses de Belesar, Los Peares, etc. La cabecera del Miño y sus afluentes (Terras do Miño) fueron declarados reserva de la biosfera en 2002.

MIQUEAS, profeta bíblico, contemporáneo de Isaías. Ejerció su ministerio entre 740 y 687 a.C.

Miquelet (El) *[el Miguelete],* nombre popular del campanario (gótico; espadaña del s. XVII) de la catedral de Valencia (España).

Mir, estación orbital rusa, constituida por módulos satelizados de 1986 a 1996. En explotación hasta 2000, acogió 104 cosmonautas de doce países. Su vuelta a la atmósfera y desintegración, dirigidas desde la Tierra, tuvieron lugar el 23 marzo 2001.

MIR (Joaquim), *Barcelona 1873-íd. 1940,* pintor español. Influido por el paisajismo de Vayreda y ligado al modernismo barcelonés, evolucionó del naturalismo al postimpresionismo con una paleta de gran intensidad y colorido.

MIR (Pedro), *San Pedro Macorís 1913-Santo Domingo 2000,* escritor, historiador y pedagogo dominicano. Especialista en la historia de su país, entre sus libros de poesía destacan: *Hay un país en el mundo* (1949), *El gran incendio* (1969), *Poemas de buen amor y a veces de fantasía* (1969), *Viaje a la muchedumbre* (1971) y *Huracán Neruda* (1975).

MIRA, r. de Ecuador y Colombia, en la vertiente pacífica; 240 km aprox.

MIRABEAU (Honoré Gabriel **Riqueti,** conde **de**), *Le Bignon, Loiret, 1749-París 1791,* político francés. En 1789 fue elegido representante del Tercer estado a pesar de ser noble. Abogó en vano por una monarquía constitucional.

MIRABEAU (Victor **Riqueti,** marqués **de**), *Pertuis 1715-Argenteuil 1789,* economista francés, padre del conde de Mirabeau. Fisiócrata, escribió *El amigo de los hombres* o *Tratado sobre la población* (1756-1758).

MIRA DE AMESCUA (Antonio), *Guadix 1574-íd. 1644,* escritor español. Sacerdote, destacó como dramaturgo: autos sacramentales, dramas de santos (*El esclavo del demonio,* 1612), comedias históricas y de intriga y costumbres (*No hay burlas con las mujeres*). También cultivó la poesía.

MIRADOR, sitio arqueológico de Guatemala, al NO de Tikal (Petén). Vestigios de una enorme ciudad maya preclásica (300 a.C.), abandonada a comienzos de nuestra era, cuyas pirámides superan las de Tikal.

MIRAFLORES, c. de Perú (Arequipa), unida al núcleo urbano de Arequipa; 52 172 hab.

Miraflores (cartuja de), cartuja fundada en Burgos (España) por Juan II (1442) y construida en el reinado de los Reyes Católicos (ss. XV-XVI). Alberga numerosas obras de arte gótico y plateresco.

MIRALLES (Enric), *Barcelona 1955-Sant Feliu de Codines, Barcelona, 2000,* arquitecto español, autor de un estilo personal, imaginativo y organicista (parlamento de Escocia, Edimburgo; ayuntamiento de Utrecht; pabellón de gimnasia rítmica, Alicante; remodelación del mercado de Santa Caterina, Barcelona).

MIRAMAMOLÍN, forma con que aparece en las crónicas cristianas el título árabe *amir almu'minin,* aplicado generalmente al califa almohade Muḥammad ibn Ya'qüb al-Naṣir.

MIRAMAR, c. de Costa Rica (Puntarenas). Puerto en la costa del Pacífico.

MIRAMBEL, v. de España (Teruel); 146 hab. Conjunto monumental restaurado: murallas con torreones; casas solariegas (ss. XVI-XVII); ayuntamiento renacentista; casas típicas de arquitectura popular aragonesa.

MIRANDA, mun. de Colombia (Cauca); 17 567 hab. Agricultura (plátanos, frijol) y ganadería.

MIRANDA (estado), est. del N de Venezuela; 7 950 km²; 2 019 566 hab.; cap. *Los Teques.*

MIRANDA (Francisco de), *Caracas 1750-San Fernando, España, 1816,* prócer de la independencia venezolana. Participó en la guerra de la Independencia norteamericana y en la Revolución francesa. En 1797 presidió en París una junta de diputados americanos independentistas. Apoyado por Jefferson, organizó una fallida expedición a Venezuela (1806). En Gran Bretaña se unió a Bolívar, con quien llegó a Venezuela en 1810. Hizo votar la declaración de independencia de Venezuela (1811). Generalísimo y dictador (1812), capituló ante los realistas y, entregado por los revolucionarios, murió en prisión.

MIRANDA DE EBRO, c. de España (Burgos), cab. de p. j.; 35 631 hab. *(mirandeses).* Centro industrial (química, textil) y comercial. Nudo ferroviario.

MIRANDE (Jon), *París 1925-íd. 1972,* escritor francés en lengua vasca. Renovador de la poesía vasca, es autor de una única novela, *La ahijada* (1959, publicada en 1970).

MIRAVALLES, volcán de Costa Rica, en la cordillera de Guanacaste; 2 020 m.

MIRA Y LÓPEZ (Emilio), *Santiago de Cuba 1890-Petrópolis, Brasil, 1964,* psicólogo y psiquiatra español. Introductor de la obra de Freud (*El psicoanálisis,* 1926) y fundador de la neuropsiquiatría infantil en España, se exilió a Brasil en 1939. Creó el test miokinético y el axiestereómetro, un aparato que explora la capacidad de reproducir movimientos lineales prefijados. Es autor de *Psiquiatría* (1955) y *Manual de orientación profesional* (1957).

MIRCEA el Viejo, *m. en 1418,* príncipe de Valaquia (1386-1418). Gran jefe militar, participó en la batalla de Nicópolis contra los otomanos (1396).

MIRO, rey de los suevos (570-583). Sucesor de Teodomiro, apoyó a Hermenegildo contra Leovigildo, quien lo derrotó e impuso como rey a Eborico (583).

MIRÓ, *m. en Barcelona 966,* conde de Barcelona (947-966). Hijo de Suñer, cogobernó con su hermano Borrell II.

MIRÓ (Gabriel), *Alicante 1879-Madrid 1930,* escritor español. Con una prosa descriptiva de delicado estilismo, escribió novelas y narraciones constituidas por cuadros sueltos de ambiente mórbido y sensual (*Figuras de la Pasión del Señor,* 1916; *Nuestro padre san Daniel,* 1921; *El obispo leproso,* 1926).

MIRÓ (Joan), *Barcelona 1893-Palma de Mallorca 1983,* pintor español. Tras la influencia de Cézanne y el fauvismo, y del período llamado «detallista» (*La masía,* 1920), contactó con el surrealismo en París, pero pronto se distinguió por su personal estilo. Al desgarro de su etapa «salvaje», lo sucedió el onirismo evasivo de la serie de *Las *constelaciones* (1940-1941), donde maduró su lenguaje sígnico y poético. Trabajó la cerámica con Llorens Artigas, el tapiz con J. Royo y la escultura. En 1975 creó en Barcelona el Centro de estudios de arte contemporáneo (CEAC), Fundación Joan Miró, y en 1992 se inauguró en Palma de Mallorca la Fundación Pilar i Joan Miró, en el taller del artista.

■ JOAN **MIRÓ.** *Interior holandés I* (1928). [MOMA, Nueva York. © Successió Miró 2009.]

MIRÓ (Pilar), *Madrid 1940-íd. 1997,* directora de cine española. Como directora general de cinematografía (1982-1985), promovió leyes proteccionistas para mejorar la calidad del cine español. Dirigió, entre otras, *El crimen de Cuenca* (1979), *Beltenebros* (1992) y *El perro del hortelano* (1996).

MIRÓ (Ricardo), *Panamá 1883-íd. 1940,* poeta panameño. Su obra periodística (fundador de *El heraldo*) y poética fomentó una conciencia nacional (*Caminos silenciosos,* 1929).

MIRÓBRIGA, nombre de varias ant. ciudades de la península Ibérica: una celta (San Thiago de Cacem, Portugal), una oretana (Capilla, Badajoz) y otra vetona (Ciudad Rodrigo, Salamanca).

MIRÓN, *n. en Ática, segundo cuarto del s. v a. C.,* escultor griego, autor del *Discóbolo (450 a. C., copia en el museo de las Termas, Roma).

MIRZĀPUR, c. de la India (Uttar Pradesh), a orillas del Ganges; 169 368 hab. Centro de peregrinación. — Tapices.

MISANTLA, mun. de México (Veracruz), en la Huasteca; 63 175 hab. Caña de azúcar, café, frutales. Refino de azúcar. — Centro ceremonial totonaca con construcciones piramidales decoradas con esculturas colosales de basalto (ss. XIII-XV).

MISENO (cabo), promontorio de Italia, que cierra el golfo de Nápoles por el O. Base naval durante el Imperio romano.

MISHIMA YUKIO (Hiraoka Kimitake, llamado), *Tokyo 1925-íd. 1970,* escritor japonés. Su obra narrativa (*Confesiones de una máscara; El pabellón de oro; El marino que perdió la gracia del mar; Caballos desbocados: el mar de la fertilidad*) y teatral (*Cinco Nō modernos; Madame de Sade*) mezclan, en un lenguaje clásico, erotismo, fascinación por la muerte y visión trágica de la existencia. Se suicidó públicamente.

MISIA, ant. región del NO de Asia Menor, donde los griegos fundaron colonias; c. pral. *Pérgamo.*

MISIONES (departamento de), dep. de Paraguay, lindante con Argentina; 9 556 km²; 88 624 hab.; cap. *San Juan Bautista de las Misiones.*

MISIONES (provincia de), prov. del NE de Argentina; 29 801 km²; 780 677 hab.; cap. *Posadas.*

MISKOLC, c. del N de Hungría; 196 442 hab. Metalurgia. Monumentos góticos, barrocos y neoclásicos.

MISLATA, mun. de España (Valencia), cab. de p. j.; 40 616 hab. *(mislateros).* Industria del papel, textil y alimentaria.

Misná o **Mišná** (voz hebr. que significa *enseñanza oral*), conjunto de 63 tratados del judaísmo rabínico que comentan la Torá. Compilación de las leyes no escritas transmitidas por la tradición, la Misná con sus dos comentarios (*Guemará*), es la «ley oral» que constituye la base del *Talmud.

MISNIA, en alem. **Meissen,** ant. margraviato alemán, integrado en Sajonia en 1423.

MI-SON, aldea de Vietnam central. Restos (los más destacables se remontan al s. X) de una importante ciudad religiosa sivaíta, que la convierten en uno de los yacimientos más importantes del antiguo reino de *Shampa. (Patrimonio de la humanidad 1999.)

MISSISSAUGA, c. de Canadá (Ontario), en el área metropolitana de Toronto; 430 770 hab.

MISSISSIPPI, r. de Estados Unidos, que nace en Minnesota y desemboca en el golfo de México en un amplio delta; 3 780 km. (6 210 km. con el Missouri; 3 222 000 km² avenados por el conjunto). Pasa por Saint Paul, Minneapolis, Saint Louis, Memphis y Nueva Orleans. Importante tráfico fluvial.

MISSISSIPPI, estado de Estados Unidos, en la orilla E del *Mississippi;* 2 573 216 hab.; cap. *Jackson.*

MISSISSIPPI (tradición del), secuencia cultural de las regiones del E de Estados Unidos. Se desarrolló de 700 a 1700 de nuestra era, influida por Teotihuacán, con *Cahokia como metrópoli religiosa.

MISSOLONGHI, en gr. **Messolongion** o **Mesolongi,** c. de Grecia, junto al mar Jónico; 12 674 hab. Es famosa por su resistencia frente a los turcos en 1822-1823 y en 1826.

MISSOURI, r. de Estados Unidos, que nace en las Rocosas, afl. del Mississippi (or. der.), en el que desemboca cerca de Saint Louis; 4 370 kilómetros.

MISSOURI, estado de Estados Unidos, en la orilla E del *Mississippi;* 180 500 km²; 5 117 073 hab.; cap. *Jefferson City;* c. prales. *Saint Louis y Kansas City.*

MISTI, volcán de Perú, cerca de Arequipa, en la cordillera occidental de los Andes; 5 822 m.

MISTRA, localidad de Grecia (Peloponeso), ant. cap. del despotado de Mistra. Conserva numerosos monumentos bizantinos (iglesias con frescos de los ss. XIV-XV; fortaleza del s. XIII).

MISTRA o **MOREA** (despotado de), principado fundado en 1348 por el emperador Juan VI Cantacuceno para su hijo menor, Manuel. Comprendía todo el Peloponeso bizantino. En 1383 cayó en manos de los Paleólogos, que lo conservaron hasta 1460, fecha de la toma de Mistra por Mehmet II.

MISTRAL (Frédéric), *Maillane 1830-íd. 1914,* escritor francés en lengua provenzal. Poeta (*Mireya,* 1859; *Calendal,* 1867; *Las islas de oro*), fue el fundador y un ilustre representante del felibrismo. (Premio Nobel 1904.)

MISTRAL (Lucila **Godoy Alcayaga,** llamada Gabriela), *Vicuña 1889-cerca de Nueva York 1957,* poeta chilena. Maestra de profesión, su consagración poética tuvo lugar cuando ganó en 1914 los Juegos florales de Santiago con *Sonetos de la muerte,* incluidos en su libro *Desolación (1924). Su poesía, coloquial, surge del modernismo. Sus temas predilectos son la maternidad, el amor, la muerte y un cierto panteísmo religioso (*Tala,* 1938; *Poemas de las madres,* 1950). [Premio Nobel 1945.]

MISURĀTA o **MISRĀTA,** c. de Libia; 285 000 hab. Puerto.

MITANNI, HANIGALBAT o **HURRI,** imperio hurrita que, del s. XVI al XIV a. C., dominó en la alta Mesopotamia y en el Éufrates. Desapareció por los ataques hititas y asirios (s. XIII a. C.).

MITAU, nombre alem. de *Jelgava.

MITCHELL (monte), pico culminante de los Apalaches (Estados Unidos); 2 037 m.

MITCHELL (Arthur), *Nueva York 1934,* bailarín y coreógrafo estadounidense. Primer artista de raza negra que entró a formar parte de una compañía estadounidense (New York City Ballet, 1955), fundó (1970) la primera compañía de ballet clásico formada exclusivamente por bailarines negros (Dance Theatre of Harlem).

MITCHELL (Margaret), *Atlanta 1900-íd. 1949,* novelista estadounidense. Su novela *Lo que el viento se llevó* (1936) fue llevada al cine por V. Fleming.

MITCHUM (Robert), *Bridgeport, Connecticut, 1917-Montecito, California, 1997,* actor estadounidense. Creó un personaje de aventurero cínico, desengañado y fatalista: *Encrucijada de odios* (E. Dmytryk, 1947), *La noche del cazador* (C. Laughton, 1955).

MITIDJA, llanura de Argelia, al S de Argel, central, con ricos cultivos (cítricos, tabaco, forrajes).

MITILENE → LESBOS.

MITLA, centro ceremonial de los zapotecas (Oaxaca, México) que lo ocuparon desde 900 a 1200. Fue sitiado en el s. XIII por los mixtecas. Conserva cinco grupos de edificios, dos pertenecientes al período zapoteca clásico y los otros tres al mixteca, notables por su decoración de mosaico.

■ **MITLA.** Fachada del palacio de las columnas, arte zapoteca (950-1250).

MITO, c. de Japón (Honshū); 234 968 hab. Nudo ferroviario.

MITRA, dios supremo del Irán antiguo, que se encuentra ya en la religión india de la época védica y que fue especialmente adorado en el Imperio romano. Su culto se extendió durante la época helenística en Asia Menor, desde donde pasó a Roma en el s. I a. C.; allí se le tributó uno de los más importantes cultos misté-

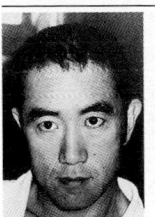

■ **MISHIMA YUKIO**   ■ **GABRIELA MISTRAL**

ricos. Mitra era representado normalmente tocado con un gorro frigio y sacrificando un toro *(taurobolio).* Su culto, cuyos elementos esenciales son la iniciación —compuesta por siete grados—, los banquetes sagrados y los sacrificios de animales, fue durante un tiempo rival del cristianismo.

MITRE (Bartolomé), *Buenos Aires 1821-íd. 1906,* militar, político y escritor argentino. Exiliado durante el régimen de J. M. de Rosas, dirigió diversos periódicos en Bolivia, Uruguay y Chile *(El mercurio).* Comandó las tropas porteñas que, en lucha contra la Confederación argentina, fueron derrotadas en Cepeda por Urquiza (1859). Gobernador de Buenos Aires (1860), derrotó a los confederados en Pavón (1861). Primer presidente de la República Argentina (1862-1868), creó con Brasil y Uruguay la Triple alianza que luchó en la guerra del Paraguay (1865-1870), y favoreció el desarrollo económico de su país. Fundador del diario *La nación* (1870), su obra narrativa (*Soledad,* 1847) y poética (*Rimas,* 1854) se inscribe en el romanticismo. Son valiosos sus textos históricos sobre el proceso emancipador (*Historia de Belgrano y de la independencia argentina,* 1887; *Historia de San Martín y de la emancipación americana,* 1887-1890).

MITRÍDATES, nombre de varios príncipes y soberanos de la época helenística y romana.

MITRÍDATES VI Eupátor, llamado **el Grande,** *h. 132-Panticapea 63 a. C.,* rey del Ponto (111-63 a. C.). Luchó contra la dominación romana en Asia: sus tres guerras (88-85, 83-81 y 74-66) acabaron en fracaso. Intentó envenenarse, pero, inmune, tuvo que hacerse matar por uno de sus soldados.

MITSCHERLICH (Eilhard), *Neuende, Oldenburg, 1794-Schöneberg, act. en Berlín, 1863,* químico alemán. Enunció la ley del isomorfismo, según la cual dos cuerpos que poseen formas cristalinas semejantes tienen estructuras químicas análogas.

MITSIWA, MASSAWA o **MASSAUA,** c. de Eritrea, en el mar Rojo; 29 000 hab. Puerto. Salinas.

MITSOTAKIS (Kostandinos), *La Canea 1918,* político griego. Presidente de Nueva democracia (1984-1993), fue primer ministro de 1990 a 1993.

Mitsubishi, trust japonés. Creado en 1870 y reconstituido tras la segunda guerra mundial, ocupa un lugar de primera fila en la industria japonesa (construcciones mecánicas, navales y aeronáuticas, química, automóviles, etc.).

MITTELLAND, región de Suiza, entre el Jura y los Alpes, del lago Léman al lago Constanza, donde se concentran la mayor parte de los núcleos urbanos.

Mittellandkanal, canal de Alemania, que une el Elba con el canal Dortmund-Ems.

MITTERRAND (François), *Jarnac 1916-París 1996,* político francés. Varias veces ministro de la IV República, en 1965 y 1974 fue candidato de la izquierda a las elecciones presidenciales. Primer secretario del Partido socialista (1971), fue presidente de la república (1981-1995). *(V. ilustr. pág. siguiente.)*

MITÚ, c. de Colombia, cap. del dep. del Vaupés; 13 192 hab. Explotación forestal (caucho y chicle). Turismo. Puerto fluvial en el Vaupés. Aeropuerto.

MITXELENA (Koldo), *Rentería 1915-San Sebastián 1987,* lingüista y escritor español en lenguas vasca y castellana. Sentó las bases del vasco unificado *(Euskara batua)* y escribió el *Diccionario general de la lengua vasca,* que empezó a publicarse en 1987. Su obra literaria está recogida en *Obras selectas* (1972).

MIXCO, mun. de Guatemala (Guatemala); 39 743 hab. Industrias alimentarias.

MIXCOATL o **MIXCOATL-CAMAXTLE** MIT. AMER. Deidad estelar de los nahuas, dios de la caza y de la guerra. Su nombre *(serpiente de nubes)* lo relaciona con la Vía Láctea.

MIXCO VIEJO, sitio arqueológico maya-tolteca de Guatemala (Chimaltenango), centro ceremonial y militar de los pocoman (ss. XIII-XIV).

MIXQUIAHUALA, mun. de México (Hidalgo); 24 782 hab. Cereales, hortalizas, maguey. Ganadería.

MIXTECO (escudo), región montañosa del S de México (Oaxaca), entre la sierra Madre del Sur y la sierra Madre de Oaxaca; 1 500 m de alt. media. Su núcleo principal es Oaxaca.

MIYAKE (**Miyake Issei,** llamado **Issey**), *Hiroshima 1938,* modisto japonés. Nuevos tejidos y claridad del corte, inspirado en el vestuario tradicional japonés, confieren a su obra originalidad.

MIYAZAKI, c. de Japón (Kyūshū); 287 352 hab.

MIYAZAKI HAYAO, *Tōkyō 1941,* director de cine japonés, maestro del cine de animación por su gusto por la fantasía y la belleza de su grafismo *(Porco Rosso,* 1992; *La princesa Mononoke,* 1997; *El viaje de Chihiro,* 2001; *El castillo ambulante,* 2004).

MIZOGUCHI KENJI, *Tōkyō 1898-Kyōto 1956,* director de cine japonés. Autor de unas 100 películas *(La vida por Saikaku,* 1952; *Cuentos de la luna pálida de agosto,* 1953), pintó con una serenidad desgarradora la decadencia.

MIZORAM, estado del NE de la India; 686 217 hab.; cap. *Aijal.*

MJØSA, lago mayor de Noruega, al N de Oslo; 360 km².

MNAC → **Catalunya** (museu nacional d'art de).

MNEMOSINE MIT. GR. Diosa de la memoria y madre de las Musas.

MNESICLES, arquitecto griego del s. v a.C. Construyó los propileos de la *Acrópolis.

MNR → **Movimiento nacionalista revolucionario.**

MOAB, personaje bíblico. Antepasado epónimo de los moabitas, era hijo de Lot.

MOAÑA, mun. de España (Pontevedra); 17 907 hab. *(moañeses);* cap. *Praia.* Pesca (conservas). Turismo (playas).

MOBILE, c. de Estados Unidos (Alabama), a orillas de la *bahía de Mobile;* 196 278 hab. Museos.

MÖBIUS (August Ferdinand), *Schulpforta 1790-Leipzig 1868,* matemático alemán. Pionero de la topología, descubrió una superficie de un solo lado *(cinta por Möbius).*

MOBUTU SESE SEKO, *Lisala 1930-Rabat 1997,* militar y político zaireño. Coronel y jefe de estado mayor (1960), tras un golpe de estado (1965) se proclamó presidente. Sucesivamente reelegido, fue depuesto en 1997.

Moby Dick, novela de H. Melville (1851). Relata el combate simbólico entre una ballena blanca y el capitán Achab. → Inspiró varias películas *(Moby Dick,* J. Huston, 1956).

MOCA, c. de la República Dominicana, cap. de la prov. de Espaillat; 31 270 hab. Café, cacao.

■ FRANÇOIS
MITTERRAND

MOCA, mun. de Puerto Rico, en las colinas húmedas del N; 32 926 hab. Cultivo y elaboración de café.

MOCENIGO, familia noble veneciana, que proporcionó cinco dux a la república de 1474 a 1778.

MOCHICA o **MOCHE,** cultura precolombina (330 a.C.-500 d.C.) que floreció en los valles de Chicama, Moche, Virú y Santa, en la costa N de Perú. De su arquitectura se conservan en Trujillo las pirámides escalonadas religiosas Huaca del Sol y Huaca de la Luna. Importantes necrópolis con cerámicas decoradas que recrean de modo naturalista temas de su vida cotidiana y retratos humanos. Destacaron sus construcciones hidráulicas.

■ LA CULTURA **MOCHICA.**
Vasija de cerámica que representa a un prisionero (200 a.C.-400 d.C.). [Museo de América, Madrid.]

MOCHIS (Los) → **AHOME.**

MOCIÑO (José Mariano), *Temascaltepec 1757-Barcelona, España, 1820,* médico y botánico mexicano. Participó en la expedición botánica de M. Sessé, quien le encomendó las de Nutka (1792) y Guatemala (1795-1799). En 1803 viajó a España, donde desempeñó varios cargos científicos. De 1812 a 1819 se exilió en Francia.

MOCOA, c. de Colombia, cap. del dep. de Putumayo; 20 325 hab. Explotación forestal. Minas de cobre.

MOCORITO, mun. de México (Sinaloa); 59 687 hab. Cereales, caña de azúcar y frutales; henequén.

MOCTEZUMA [r. de México] → **PÁNUCO.**

MOCTEZUMA, mun. de México (San Luis Potosí); 16 710 hab. Mercurio y cinabrio.

MOCTEZUMA I, *1390-1469,* emperador azteca (1440-1469), hijo de Huitzilihuitl. Jefe del ejército hasta 1440, consolidó la confederación azteca y el poder absoluto del soberano.

MOCTEZUMA II, *1466-1520,* emperador azteca (1502-1520), hijo de Axayácatl y sucesor de Ahuitzotl. Sometió el área mesoamericana de Honduras y Nicaragua (1513), pero sus ansias de dominio desintegraron la confederación azteca y fomentaron las rebeliones internas. Intentó negociar con Cortés, quien lo apresó (1519). Obligado a arengar al pueblo, fue apedreado, si bien se especula con que fuera asesinado por los españoles.

MODEL (Walter), *Genthin 1891-cerca de Duisburg 1945,* militar alemán. Fue comandante en jefe del frente oeste (ag.-sept. 1944). Se suicidó tras capitular.

MÓDENA, en ital. **Modena,** c. de Italia (Emilia-Romaña), cap. de prov.; 176 965 hab. Universidad. Construcciones mecánicas. — Catedral iniciada en 1099 (esculturas románicas), en lo alto torre del s. XIII (patrimonio de la humanidad 1999); otros monumentos y museos, entre ellos la Galería de los Este. — El ducado de Módena, erigido en 1452, fue suprimido por Bonaparte en 1796. Reconstituido en 1814 en provecho de los Habsburgo, votó su anexión al Piamonte en 1860.

moderado (Partido), ala derecha del partido

liberal español (1836-1868). Aceptó el Estatuto real (1834) y se opuso a la constitución de 1837. Apartado del poder por Espartero (1840-1843), gobernó de nuevo en la década moderada (1844-1854) y entre 1856 y 1868, en alternancia con los unionistas.

MODESTO, c. de Estados Unidos (California), al E de San Francisco; 164 730 hab.

MODIANO (Patrick), *Boulogne-Billancourt 1945,* escritor francés. Sus novelas constituyen una búsqueda de la identidad a través de un pasado doloroso o enigmático *(El lugar de la estrella,* 1968; *La calle de las tiendas oscuras,* 1978; *Dora Bruder,* 1997; *En el café de la juventud perdida,* 2007).

MODIGLIANI (Amedeo), *Livorno 1884-París 1920,* pintor italiano. Miembro de la escuela de París, su obra, consagrada a la figura humana, se distingue por una estilización audaz de la línea.

■ **MODIGLIANI.** *Mujer de ojos azules* (1918). [Museo de arte moderno, París.]

MODIGLIANI (Franco), *Roma 1918-Nueva York 2003,* economista estadounidense de origen italiano. Desarrolló la noción de ciclo de vida, según la cual el consumo y el ahorro de los individuos varían en función de la edad y el estatus. (Premio Nobel 1985.)

MOEBIUS (Jean Giraud, llamado), *Nogent-sur-Marne 1938,* dibujante de cómics francés. Con el seudónimo de **Gir,** dibujó las aventuras del Teniente Blueberry (desde 1963) y, como Moebius, numerosas series de ciencia ficción que atestiguan la creación de un estilo depurado *(El Incal, El mundo de Edena).*

MOERIS, lago del ant. Egipto, en el Fayum. Es el actual lago Karoun.

MOERO o **MWERU,** lago de África, entre la Rep. dem. del Congo (región de Katanga) y Zambia; 4 340 km².

MOGADISCIO o **MOGADISHU** → **MUQDISHO.**

MOGADOR → **ESSAOUIRA.**

MOGODS (montes de los), región montañosa y boscosa de Túnez septentrional.

MOGOLES (Grandes), dinastía musulmana de origen turco, que reinó en la India de 1526 a 1857. Fundada por *Bāber, contó con dos emperadores notables, *Akbar y *Aurangzeb. — Se les debe un estilo de arquitectura islámica en auge en el reinado de Shā Ŷahān (1628-1657), de edificios de mármol blanco (*Tāŷ Maḥall) o gres rojo (fuerte de Delhi), con arcos polilobulados, finos calados en las fachadas e incrustaciones de gemas en las cúpulas bulbares.

MOGOLLON, sitio arqueológico de Estados Unidos, a 270 km al SO de Albuquerque (Nuevo México). Es epónimo de una tradición cultural amerindia (300 a.C. a 1500 d.C.) célebre por su arquitectura de piedra labrada y aparejada y por su cerámica llamada «Mimbres».

MOGOTÓN, cerro de Nicaragua (Nueva Segovia), en la cordillera de Entre Ríos, en la frontera con Honduras; 2 106 m, máx. elevación del país.

MOGUER, c. de España (Huelva), cab. de p. j.; 14 389 hab. *(moguereños)*. Centro agropecuario.— Claustro manierista del convento de San Francisco; convento de Santa Clara, góticomudéjar (s. XIV); iglesias de los ss. XV-XVI. Casa museo de Zenobia y Juan Ramón Jiménez.

MOGUILIOV, c. de Bielorrusia, a orillas del Dniéper; 363 000 hab. Metalurgia.

Mohács (batalla de) [29 ag. 1526], batalla en la que Luis II de Hungría fue derrotado por Solimán el Magnífico, en Mohács (Hungría).

MOHAMMADIA (El-), ant. **Perrégaux,** c. de Argelia, al E de Orán; 54 000 hab.

MOHAMMED o **MOHAMED** → **MUHAMMAD.**

MOHAMMEDIA, en ár. **Muhammadiyya,** ant. **Fédala,** c. de Marruecos; 105 000 hab. Puerto. Refinería de petróleo.

MOHAVE o **MOJAVE** (desierto de), región desértica de Estados Unidos, en el SE de California. (Reserva de la biosfera 1984.)

MOHAWK, r. de Estados Unidos (Nueva York), afl. del Hudson (or. der.); 238 km. Su valle está ocupado por el canal de Erie.

MOHENJO-DARO, sitio arqueológico de Pakistán (Sind). Alberga los restos de una de las ciudades protohistóricas más importantes de la civilización del *Indo. Museo. (Patrimonio de la humanidad 1980.)

MOHO, mun. de Perú (Puno), en la altiplanicie del Titicaca; 20 441 hab. Quina. Ganado ovino; llamas.

MOHOLY-NAGY (László), *Bácsborsód 1895-Chicago 1946,* artista plástico húngaro. Profesor de la Bauhaus de 1923 a 1928, en 1939 fundó el Instituto de diseño de Chicago. Constructivista y precursor del arte cinético, utilizó una gran cantidad de técnicas.

MOHOROVIČIĆ (Andrija), *Volosko 1857-Zagreb 1936,* geofísico croata. Descubrió en 1909 la existencia de una zona de transición entre la corteza y el manto terrestres (moho, o *discontinuidad de Mohorovičić*).

MOI (Daniel Arap), *Sacho 1924,* político keniata, presidente de la república de 1978 a 2002.

MOIRA MIT. GR. Divinidad griega que personifica el destino. Las tres hermanas (Cloto, Láquesis y Átropos) que presiden el nacimiento, la vida y la muerte de los humanos también reciben el nombre de *Moiras; corresponden a* las *Parcas latinas.

MOISÉS, en hebr. **Moshé,** *s. XIII a. C.,* libertador y legislador de Israel. La Biblia lo presenta como el jefe carismático que dio una patria, una religión y una ley a los hebreos. Nacido en Egipto, fue el alma de la resistencia a la opresión sufrida por los hebreos, a los que condujo en su partida de Egipto (Éxodo, h. 1250 a. C.) y agrupó en un mismo pueblo en torno al culto de Yahvé. Autor de los elementos básicos de la *ley mosaica* (Torá).

MOISSAC, c. de Francia (Tarn-et-Garonne), a orillas del Tarn; 12 744 hab. Uvas.— Abadía de los ss. XII y XV, con portada románica (tímpano del Apocalipsis) y claustro con capiteles historiados; museo.

■ MOISÉS, por Miguel Ángel (h. 1515-1516).
[Iglesia de San Pedro ad Vincula, Roma.]

MOISSAN (Henri), *París 1852-íd. 1907,* químico francés. Desarrolló el empleo del horno eléctrico para la preparación de óxidos metálicos y aleaciones del hierro. Aisló el flúor (Premio Nobel 1906.)

MOISSÉIEV (Ígor Alexándrovich), *Kíev 1906-Moscú 2007,* bailarín y coreógrafo ruso. Fundador (1937) del grupo folclórico más importante de la antigua URSS, famoso en todo el mundo con el nombre de Ballet Moisséiev, creó diversos ballets (*Jok,* 1971).

MOIVRE (Abraham de), *Vitry-le-François 1667-Londres 1754,* matemático británico de origen francés. Precisó los principios del cálculo de probabilidades e introdujo la trigonometría de cantidades imaginarias enunciando implícitamente la fórmula que lleva su nombre.

MOIX (Ana María), *Barcelona 1947,* escritora española. Poeta adscrita a la generación de los novísimos (*Baladas del dulce Jim,* 1969; *No time for flowers,* 1971), sus novelas y relatos (*Julia,* 1970; *Las virtudes peligrosas,* 1985; *De mi vida real nada sé,* 2002) describen la burguesía catalana de posguerra.

MOIX (Ramon Terenci, llamado Terenci), *Barcelona 1942-íd. 2003,* escritor español en lenguas catalana y castellana. El mundo erótico y el tono autobiográfico caracterizan su obra (*El día que murió Marilyn,* 1969; *No digas que fue un sueno,* 1986).

MOJAVE (desierto de) → **MOHAVE.**

MOKA, en ár. **al-Muja,** c. del Yemen, junto al mar Rojo; 6 000 hab. Puerto. Exportación de un famoso tipo de café en los ss. XVII y XVIII.

MOKPO, c. de Corea del Sur, a orillas del mar Amarillo; 243 000 hab. Puerto.

MOLA (Emilio), *Placetas, Cuba, 1887-Castil de Peones, Burgos, 1937,* militar español. Combatió en Marruecos y en 1924 ascendió a general. Apartado del ejército (1931), fue amnistiado (1934) y dirigió el alzamiento militar de 1936 en la Península. Murió en un accidente de aviación.

MOLDAU, nombre alem. del *Vltava.

MOLDAVIA, en rumano **Moldova,** región histórica de Europa oriental, act. dividida entre Rumania y la *República de Moldavia.

HISTORIA

1352-1354: Luis I de Anjou, rey de Hungría, creó la marca de Moldavia. **1359:** el territorio se emancipó bajo Bogdán I. **1538:** se convirtió en un estado autónomo vasallo del Imperio otomano **1774:** pasó a estar bajo protección de Rusia. **1775:** Austria anexionó Bucovina. **1812:** Rusia logró la cesión de Besarabia. **1859:** Alejandro Cuza fue elegido príncipe de Moldavia y de Valaquia. **1862:** se proclamó la unión de ambos principados en Rumania. **1918-1940:** Besarabia fue anexionada a Rumania.

MOLDAVIA, estado de Europa oriental, entre Rumania y Ucrania; 34 000 km²; 4 450 000 hab. *(moldavos).* CAP. Chișinău. LENGUA: *moldavo.* MONEDA: *leu moldavo.*

GEOGRAFÍA

El país, enclavado entre Ucrania y Rumania, está poblado por dos tercios de moldavos de origen, con importantes minorías ucraniana, rusa y gagauza. El clima, suave y húmedo, favorece la agricultura (cereales, remolacha, frutas y verduras, vinos) y la ganadería (bovina, porcina). La industria (agroalimentaria, construcciones mecánicas) padece la falta de materias primas, sobre todo, energéticas.

HISTORIA

1918: Besarabia fue anexionada por Rumania. 1924: los soviéticos crearon una República autónoma de Moldavia, anexionada a Ucrania, en la or. der. del Dniéster. **1940:** de acuerdo con el pacto germanosoviético, los soviéticos se anexionaron Besarabia, cuya parte S fue integrada a Ucrania. El resto de Besarabia y una parte de la República autónoma de Moldavia formaron, en el seno de la URSS, la República socialista soviética de Moldavia. 1941-1944: esta fue ocupada por Rumania, aliada de Alemania. 1991: el Soviet supremo de Moldavia proclamó la independencia del país (ag.), que se adhirió a la CEI (presidido, hasta 1997, por Mircea Snegur). 1992: se produjeron violentos combates en el Transdniéster, poblado por se-

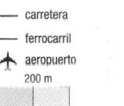

Moldavia

— carretera
— ferrocarril
✈ aeropuerto
200 m

● más de 500 000 hab.
● de 100 000 a 500 000 hab.
● de 50 000 a 100 000 hab.
● menos de 50 000 hab.

paratistas rusófonos. **1994:** los moldavos se pronunciaron por referéndum a favor de un estado independiente, rechazando la eventual anexión a Rumania. Se adoptó una nueva constitución, que preveía la autonomía para el Transdniéster y la minoría gagauza. **1997:** Petru Lucinschi se convirtió en presidente de la república. **2001:** Vladímir Voronin lo sucedió.

MOLES (Enrique), *Barcelona 1883-Madrid 1953,* químico español. Especialista en la determinación de pesos atómicos, puso a punto técnicas muy sofisticadas para la obtención de los datos necesarios (temperatura, presión, etc.).

MOLFETTA, c. de Italia (Apulia), junto al Adriático; 66 658 hab. Puerto.— Catedral antigua de los ss. XII-XIII.

MOLIÈRE (Jean-Baptiste **Poquelin,** llamado), *París 1622-íd. 1673,* dramaturgo francés. Creó el Illustre-Théâtre (1643), que no tuvo éxito, y dirigió (1643-1658) un grupo de cómicos ambulantes que interpretaron sus primeras comedias, inspiradas en la commedia dell'arte italiana. Instalado en París (1659) y protegido por Luis XIV, creó y dirigió obras en prosa y verso, desde comedias burlescas hasta dramas psicológicos: *Las preciosas ridículas* (1659), *La escuela de las mujeres* (1662), *Tartufo* (1669), *Don Juan* (1665), *El misántropo* (1666), *El avaro* (1668), *El burgués gentilhombre* (1670), *El enfermo imaginario* (1673). [V. ilustr. pág. siguiente.]

MOLINA, com. de Chile (Maule); 35 622 hab. Vid, lino, frutales. Agroindustria (tabaco, vino).

MOLINA (La), estación de deportes de invierno de España (alt. 1 436-2 445 m), en Alp (Gerona). Pionera de las pistas de esquí en España, inauguró su primer remonte en 1943.

MOLINA (Ángela), *Madrid 1955,* actriz de cine española. Intérprete dramática (*El corazón del bosque,* M. Gutiérrez Aragón, 1978; *Bearn,* J. Chávarri, 1982; *Carne trémula,* P. Almodóvar, 1997), ha asumido también registros cómicos (*Las cosas del querer,* J. Chávarri, 1989).

MOLINA (Antonio), *Málaga 1928-Madrid 1992,* cantante español. Popular intérprete de la canción española (*Soy minero; Adiós a España*), interpretó numerosas películas (*El pescador de coplas,* 1953; *Esta voz es una mina,* 1955).

MOLINA (Antonio de), *Villanueva de los Infantes, Valladolid, 1560-Cartuja de Miraflores, 1619,* escritor ascético español. Agustino, sus *Ejercicios espirituales para personas ocupadas deseosas de su salvación* tuvieron gran influencia en el s. XVII.

■ **MOLIÈRE,**
por P. Mignard.
(Museo Condé, Chantilly.)

■ **ENRIQUE
MOLINA**

MOLINA (Arturo Armando), *San Salvador 1927*, militar y político salvadoreño. Presidente de la república (1972-1977), durante su mandato se endureció la represión y se incrementó la actividad guerrillera.

MOLINA (Cristóbal de), llamado **el Cuzqueño,** *Baeza 1529-Cuzco 1585*, religioso y cronista español. Nombrado visitador del Cuzco en 1572, trabajó en favor de los indígenas. Célebre quechuista, ayudó a traducir al quechua la primera doctrina cristiana. Su obra *(Historia de los incas; Los ritos y fábulas de los incas)* constituye un valioso documento para el conocimiento de la cultura inca.

MOLINA (Enrique), *Buenos Aires 1910-íd. 1996*, escritor argentino. Poeta surrealista (*Las cosas y el delirio*, 1941; *Las bellas furias*, 1966), publicó una novela histórica (*Una sombra donde sueña Camila O'Gorman*, 1974).

MOLINA (Juan Ignacio), *Talca 1740-Bolonia, Italia,1829*, jesuita, naturalista e historiador chileno. Tras la expulsión de los jesuitas de América en 1767, se exilió en Italia. Publicó anónimamente en italiano un *Compendio de la historia geográfica natural y civil de Chile* (1776) y un *Ensayo sobre la historia natural de Chile* (1782).

MOLINA (Juan Ramón), *Comayagüela 1875-San Salvador 1908*, poeta y periodista hondureño. Su obra, dispersa en publicaciones periódicas, fue recopilada por Froylán Turcios bajo el título de *Tierras, mares y cielos* (1911).

MOLINA (Luis de), *Cuenca 1535-Madrid 1600*, teólogo español. Jesuita, en su obra *Concordia liberi arbitrii cum gratiae donis* (1588) trató de conciliar la presencia divina y la gracia con la libertad humana, doctrina *(molinismo)* que fue adoptada por la Compañía de Jesús.

MOLINA (Mario), *México 1943*, ingeniero químico mexicano, nacionalizado estadounidense. Junto con F.S. Rowland, demostró en 1974 el papel de los fluoroclorometanos (CFC) en la destrucción de la capa de ozono. (Premio Nobel de química 1995.)

MOLINA (Miguel Frías de Molina, llamado Miguel **de**), *Málaga 1908-Buenos Aires 1993*, cantante español, máxima figura masculina de la canción española en las décadas de 1930 y 1940 *(Ojos verdes; Triniá; La bien pagá)*. Se exilió a Argentina en 1942.

MOLINA (Tirso de) → **TIRSO DE MOLINA.**

MOLINA DE SEGURA, v. de España (Murcia), cab. de p. j.; 44 389 hab. *(molinenses)*. Centro de un área hortofrutícola; conservas.

MOLINARI (Ricardo E.), *Buenos Aires 1898-íd. 1996*, poeta argentino. En su obra influye desde el conceptismo español hasta Mallarmé y Eliot, con ecos del ultraísmo (*El imaginero*, 1927; *Mundos de la madrugada*, 1943; *Una sombra antigua canta*, 1966).

MOLINARI FLORES (Luis), *Guayaquil 1929*, pintor ecuatoriano, eximio exponente del arte abstracto geométrico de su país.

MOLINER (María), *Paniza, Zaragoza, 1900-Madrid 1981*, lexicógrafa española, autora de un prestigioso *Diccionario de uso del español* (1966, reeditado en 1998).

MOLINOS (Miguel de), *Muniesa, Teruel, 1628-Roma 1696*, teólogo y místico español. Su doctrina, el quietismo, expuesta en su *Guía espiritual* (1675), preconizaba la contemplación y consideraba inútiles las prácticas exteriores de devoción. Obligado a retractarse (1687), murió en prisión.

MOLINS DE REI, v. de España (Barcelona); 19 723 hab. *(molinenses)*. Agricultura (regadíos). Centro industrial.

MOLISE, región de Italia peninsular, 327 893 hab.; cap. *Campobasso*; 2 prov. (*Campobasso* e *Isernia*).

MOLL (Francesc de Borja), *Ciudadela 1903-Palma de Mallorca 1991*, filólogo español. Colaboró con A. M. Alcover en el *Diccionario catalán-valenciano-balear* (10 vols., 1926-1962) y es autor de una *Gramática histórica catalana* (1952).

MOLLENDO, c. de Perú (Arequipa), en la costa; 22 400 hab. Agricultura. Pesca (anchoveta). Industrias (conservas, harina de pescado, textiles).

Molles (Los), central hidroeléctrica de Chile (Coquimbo), cerca del nacimiento del río Limarí.

MOLLET DEL VALLÈS, v. de España (Barcelona), cab. de p. j.; 46 204 hab. *(molletenses)*. Industria.

MOLNÁR (Ferenc), *Budapest 1878-Nueva York 1952*, escritor húngaro. Es autor de novelas (*Los muchachos de la calle Pál*, 1907) y de comedias (*Liliom*, 1909).

MOLOC o **MOLOCH,** divinidad cananea mencionada en la Biblia y relacionada con la práctica de sacrificios de niños. Actualmente se considera que este término se refiere a estos sacrificios y no al dios.

MOLÓTOV (Viacheslav Mijáilovich **Skriabin,** llamado), *Kukarki 1890-Moscú 1986*, político soviético. Miembro del politburó (1926) y comisario del pueblo para Asuntos exteriores (1939-1949 y 1953-1957), firmó el pacto germanosoviético (1939). Primer vicepresidente del Consejo de los comisarios del pueblo (posteriormente ministros) de 1941 a 1957, fue apartado del poder tras haber participado en el intento de eliminación de Jruschov (1957).

MOLTKE (Helmuth, conde **von**), *Parchim 1800-Berlín 1891*, mariscal prusiano. Discípulo de Clausewitz y jefe del estado mayor de 1857 a 1888, creó la estrategia prusiana. Dirigió el ejército en la guerra de los Ducados (1864), la guerra austro-prusiana (1866) y la guerra franco-prusiana (1870-1871). — **Helmuth Johannes, conde von M.,** *Gersdorff 1848-Berlín 1916*, general alemán. Sobrino del mariscal von Moltke, jefe del estado mayor alemán de 1906 a 1914, fue derrotado en el Marne.

MOLUCAS (islas), ant. **islas de las Especias,** archipiélago de Indonesia, separado de las Célebes por el mar de Banda y el *mar de las Molucas;* 75 000 km²; 1 858 000 hab. Las principales islas son *Halmahera, Ceram* y *Amboina.*

MOMA, sigla del *Museum of Modern Art.

MOMBASA, c. de Kenya, en la *isla de Mombasa;* 426 000 hab. Principal puerto del país.

MOMMSEN (Theodor), *Garding 1817-Charlottenburg 1903*, historiador alemán. Renovó el estudio de la antigüedad latina con sus estudios de epigrafía y filología y su *Historia romana* (1854-1885). [Premio Nobel de literatura 1902.]

MOMOSTENANGO, mun. de Guatemala (Totonicapán); 30 807 hab. Tejidos típicos de algodón y lana.

MOMOTOMBO, volcán de Nicaragua (Managua), en la cordillera de los Marrabios; 1 865 m. Central geotérmica (35 MW).

MOMPÓ (Manuel **Hernández**), *Valencia 1927-Madrid 1992*, pintor y escultor español. Practicó la abstracción lírica, usando fondos blancos en pintura y soportes plásticos transparentes en escultura.

MOMPOSINA (depresión), región fisiográfica de Colombia, que ocupa parte de los dep. del Magdalena, Bolívar, Sucre y Córdoba. Es una planicie aluvial en la que abundan las ciénagas. Cultivos de arroz y maíz; ganado vacuno (pastos).

MOMPOU (Frederic), *Barcelona 1893-íd. 1987*, compositor y pianista español. Su obra, influida por Satie y Debussy, incluye piezas para piano (*Impresiones íntimas*, 1911-1914; *Fiestas lejanas*, 1920; *Música callada*, 1959-1967), lieder, como el ciclo *Combate del sueño* (1942-1951) o *Becqueriana* (1971), y el oratorio *Improperios* (1963), para barítono, coro y orquesta.

MOMPOX, MOMPÓS o **SANTA CRUZ DE MOMPOX,** c. de Colombia (Bolívar), en la depresión Momposina, junto al río Magdalena; 41 700 hab. Fundada en el s. XVI, posee un conjunto urbano colonial bien conservado. (Patrimonio de la humanidad 1995.)

MON (Alejandro), *Oviedo 1801-íd. 1882*, político español. Ministro de hacienda (1837-1838, 1844-1846, 1846 y 1849), implantó un nuevo sistema tributario que se mantuvo vigente durante más de un siglo (*reforma de Mon*, 1845). Presidente del gobierno (1864), fue sustituido a los pocos meses por Narváez.

MØN, isla danesa, al SE de Sjaelland.

MONA (canal de la), canal entre Puerto Rico y La Española, que comunica el Caribe con el Atlántico.

MONA (isla), isla de Puerto Rico, en el *canal de la Mona;* 100 km² aprox. Reserva forestal. El único núcleo de población es Playa Pájaro.

MONACO (Mario **del**), *Florencia 1915-Mestre 1982*, tenor italiano, célebre por sus interpretaciones de óperas italianas (especialmente Verdi).

MÓNACO, estado de Europa, situado en la costa mediterránea; 2 km²; 32 000 hab. (*monegascos*). CAP. *Mónaco.* LENGUA: *francés.* MONEDA: *euro.* Está enclavado en el departamento francés de Alpes-Maritimes. Gran centro turístico. Casino. Museo oceanográfico.

INSTITUCIONES

Monarquía hereditaria. Constitución de 1962. El príncipe ejerce el poder ejecutivo y comparte el legislativo con el consejo nacional, elegido por 5 años mediante escrutinio directo.

HISTORIA

Colonia fenicia en la antigüedad, pasó en 1297 a manos de los Grimaldi pero, debido a querellas entre güelfos y gibelinos genoveses, estos no la conservaron de manera definitiva hasta 1419. Francia reconoció su independencia en 1512. El principado siempre ha permanecido en la órbita de Francia, con la que constituyó una unión aduanera (1865). En 1911, un régimen liberal sustituyó el absolutismo principesco. Raniero III, príncipe de Mónaco de 1949 a 2005 (al que sucedió su hijo, Alberto II), adoptó una nueva constitución, presidencial, en 1962. En 1993 el principado fue admitido en la ONU.

Monadología, obra de Leibniz, escrita en francés en 1714, en la que el autor expone el conjunto de su metafísica (teoría de las mónadas, de la armonía preestablecida, etc.).

MONAGAS (estado), est. de Venezuela, junto al delta del Orinoco; 28 900 km²; 502 388 hab.; cap. *Maturín.*

MONAGAS (José Tadeo), *Maturín 1784-El Valle, Caracas, 1868*, militar y político venezolano. Alcanzó el generalato en la guerra de la Independencia. Presidente de la república (1847-1851), fue reelegido en 1855 e implantó un régimen dictatorial. Derrocado en 1858, se exilió hasta 1864. En 1868 encabezó la revolución «azul» contra Falcón, pero murió al poco de hacerse con el poder. — **José Gregorio M.,** *Maturín 1795-Maracaibo 1858*, militar y político venezolano, hermano de José Tadeo. General a las órdenes de Bolívar, sucedió en la presidencia a José Tadeo (1851-1855) y aprobó la abolición de la esclavitud (1854). Fue arrestado tras la revuelta de Castro (1858).

MONARDES (Nicolás Bautista), *Sevilla h. 1493-íd. 1588*, médico y botánico español, uno de los fundadores de la farmacología experimental, por sus pruebas sobre las propiedades medicinales de drogas llegadas de América.

MONASTERIO (Jesús), *Potes, Cantabria, 1836-íd. 1903*, compositor y violinista español. En su obra, de inspiración nacionalista, destaca *Adiós a la Alhambra* (1861), para violín y piano.

MONASTIR, c. de Túnez, junto al golfo de Ḥammāmāt; 36 000 hab. Puerto. — Ribāṭ (convento fortificado) de 796. Gran mezquita, casba de los ss. IX-X.

MONASTIR, nombre ant. de *Bitola (Macedonia). Victoria francoserbia contra los búlgaros (1916).

MONCADA, c. de España (Valencia), cab. de p. j.; 18 602 hab. *(moncadinos)*. Naranjos y almendros. Centro industrial.

MONCADA o **MONTCADA** (casa de), uno de los linajes nobiliarios más poderosos de la Cataluña medieval. Iniciado con Sunifredo (m. en 1007), ostentó hereditariamente el cargo de senescal de la corte condal catalana. En el s. XVIII el linaje se vinculó a la casa de Medinaceli.

MONCADA (Salvador), *Tegucigalpa 1944*, farmacólogo hondureño. Fundador del Instituto Wolfson de investigaciones biomédicas de Londres, ha realizado importantes descubrimientos sobre la prostaciclina y la función de la pared vascular. (Premio Príncipe de Asturias 1990.)

MONCADA (Sancho de), *Toledo 1580-íd. h. 1638*, economista y eclesiástico español. Publicó en 1619 ocho discursos sobre temas económicos, reeditados como *Restauración política de España*, en los que defiende el proteccionismo, la industrialización, el crecimiento demográfico, la estabilización de la situación monetaria y la racionalización del sistema fiscal.

MONCAYO (sierra del), macizo de España, en el sistema Ibérico (Soria y Zaragoza); 2 313 m en el *pico Moncayo*. Circos glaciares en la vertiente N. Bosques de encinas, robles y hayas. Parque natural de la *Dehesa del Moncayo* (1 389 ha).

MONCAYO GARCÍA (José Pablo), *Guadalajara 1912-México 1958*, compositor mexicano. Miembro del Grupo de los cuatro, con Ayala, Contreras y Galindo, dedicado a la difusión de la música de vanguardia en México, entre sus obras destacan *Huapango* (1941), *Sinfonietta* (1945) y la ópera *La mulata de Córdoba* (1948). Dirigió la orquesta sinfónica nacional (1949-1954).

MONCEY (Bon Adrien Jeannot de), duque de **Conegliano**, *Moncey, Doubs, 1754-París 1842*,

■ PIET **MONDRIAN.** *Composición* (1913). [Museo Kröller-Müller, Otterlo, Países Bajos.]

militar francés. Al frente del ejército de los Pirineos occidentales (1794), ocupó Navarra y obligó a España a aceptar la paz de Basilea (1795). En 1808 tomó Valencia y en 1823, con los Cien mil hijos de san Luis, ocupó Barcelona.

MÖNCHENGLADBACH, c. de Alemania (Rin del Norte-Westfalia), al O de Düsseldorf; 265 312 hab. Metalurgia. — Museo de arte moderno.

MONCK o **MONK** (George), duque de Albermarle, *Potheridge 1608-White Hall 1670*, general inglés. Lugarteniente de Cromwell, combatió contra los realistas. Dueño del país tras la muerte de este (1658), preparó el retorno de Carlos II (1660).

Moncloa (pactos de la) [oct. 1977-dic. 1978], acuerdos económicos, políticos y sociales firmados en el palacio de la Moncloa por el gobierno de Adolfo Suárez y los grupos parlamentarios para afrontar la transición democrática en España.

Moncloa (palacio de la), residencia del presidente del gobierno español, situada en el barrio homónimo, antiguo parque del NO de Madrid. Fue construido en 1945 por D. Méndez sobre las ruinas del de 1606.

MONCLOVA, ant. **Santiago de Mendoza**, c. de México (Coahuila); 177 792 hab. Centro siderúrgico (altos hornos, laminados); planta petroquímica; gasoducto.

MONCTON, c. de Canadá (Nuevo Brunswick); 54 841 hab. Universidad (museo acadio). Arzobispado.

Monde (Le), diario vespertino francés, fundado en 1944 por Hubert Beuve-Méry. Ocupa, por su difusión, uno de los primeros lugares de la prensa francesa.

MONDEGO, r. de Portugal central, tributario del Atlántico; 225 km.

MONDÉJAR, v. de España (Guadalajara); 2 138 hab. (*mondejanos* o *mondejeros*). Ruinas de la iglesia renacentista de San Antonio (ss. XV-XVI); Iglesia parroquial (s. XVI).

MONDOÑEDO, c. de España (Lugo), cab. de p. j.; 5 135 hab. (*mindonienses*). Mercado comarcal. — Catedral (s. XIII), con frescos del s. XIV y retablo rococó. Ayuntamiento (1584). Casas típicas.

MONDRAGÓN, en vasc. **Arrasate**, v. de España (Guipúzcoa); 23 718 hab. (*mondragoneses*). Centro industrial metalúrgico. Ayuntamiento (1746).

MONDRAGÓN (Jerónimo de), escritor español (segunda mitad del s. XVI), autor de *Censura de la locura humana y excelencias de ella* (1598), inspirada en Erasmo.

MONDRIAN (Pieter Cornelis Mondriaan, llamado **Piet**), *Amersfoort 1872-Nueva York 1944*, pintor neerlandés. Influido por el cubismo analítico, pasó de una figuración al estilo de Van Gogh a una abstracción geométrica que, a través de la ascesis del neoplasticismo y la fundación de De *Stijl, consigue un rigor extremo (combinación de los tres colores primarios, del blanco y el gris sobre una trama ortogonal de líneas negras). Vivió en París (1919-1938) y posteriormente en Nueva York, donde su estilo evolucionó (*New York City I*, 1942).

Moneda (palacio de la), palacio presidencial chileno, en Santiago de Chile, erigido en 1783-1805 como antigua Casa de la Moneda, en estilo neoclásico, obra de J. Toesca.

MONEDAS (cueva de las), cueva prehistórica de Puente Viesgo, Cantabria) con pinturas, atribuidas al período magdaleniense, que representan animales y signos abstractos.

MONEGRO (Juan Bautista), *Toledo h. 1541-íd. 1621*, escultor y arquitecto español, uno de los

Mónaco

| | zona edificada | | zona verde | | edificio singular |

máximos representantes, en escultura, de la tendencia clasicista (esculturas para El Escorial). Como arquitecto, fue un fiel continuador de Juan de Herrera.

MONEGROS (Los), comarca de España (Zaragoza y Huesca), en la depresión central de Aragón, de clima árido. Las obras de canalización del Cinca y el Gállego han creado 175 000 ha de regadío.

MONEO (Rafael), *Tudela 1937,* arquitecto español. Entre tradición e innovación, sus obras (museo de arte romano de Mérida, 1980-1986; Kursaal [auditorio y palacio de Congresos] de San Sebastián, 1991-1999; renovación y ampliación del museo del Prado de Madrid, 2002-2007) hacen resaltar el entorno urbano. (Premio Pritzker 1996.)

MONET (Claude), *París 1840-Giverny 1926,* pintor francés. De su cuadro *Impresión, amanecer* (1872) proviene el nombre de la escuela impresionista, de la que es una de las principales figuras (*Mujeres en el jardín,* 1867; *El desayuno,* h. 1873; series sobre *La catedral de Ruán,* 1892-1894, y *Los nenúfares* de Giverny, desde h. 1895 hasta 1926, paisajes).

■ CLAUDE **MONET.** *Mujer con sombrilla de perfil* (1886). [Museo de Orsay, París.]

MONFERO, mun. de España (La Coruña); 2 695 hab. *(monferanos);* cap. *Rebordelo.* Monasterio cisterciense (s. XII), reconstruido, con fachada barroca.

MONFERRATO, familia aristocrática lombarda, que tiene su origen en **Alerán,** primer marqués de Monferrato (m. h. 991), quien desempeñó un papel importante en las cruzadas. — **Conrado I,** marqués de **M.** → **Conrado I.** — **Bonifacio I de M.,** *1150-en Anatolia 1207,* rey de Tesalónica (1204-1207). Dirigió la cuarta cruzada.

MONFORTE DE LEMOS, mun. de España (Lugo), cab. de p. j.; 19 712 hab. *(monfortinos);* cap. *Monforte.* Centro agropecuario. — Restos de murallas y castillo. Colegio del Cardenal (1592-1624).

MONFRAGÜE (parque nacional de), parque nacional de España, en el NE de Extremadura (Cáceres), junto al Tajo; 19 900 ha. (Reserva de la biosfera 2003.)

MONGE (Gaspard), conde de Pelusa, *Beaune 1746-París 1818,* matemático francés, creador de la geometría descriptiva.

MONGE (Luis Alberto), *Palmares 1925,* político costarricense. Secretario general del socialdemócrata Partido de liberación nacional, fue presidente de la república (1982-1986).

MONGE MEDRANO (Carlos), *Lima 1884-íd. 1970,* médico peruano. Descubrió en 1928 el mal de altura o soroche crónico y realizó aportaciones al conocimiento de la verruga. Fundador del Instituto nacional de biología andina (1930), fue presidente de la Academia de medicina (1933-1936).

MONGKUT o RĀMA IV, *Bangkok 1804-íd. 1868,* rey de Siam (1851-1868). Abrió su país a la influencia extranjera y evitó la colonización al renunciar a Camboya, Laos y Malasia.

MONGOLIA, región de Asia central, en general árida, de veranos calurosos e inviernos muy rigurosos, que corresponde al desierto de Gobi y a sus alrededores montañosos (Gran Xingan, Altái, Tian-Shan). Una parte forma el estado independiente de Mongolia, mientras que la otra constituye la región autónoma china de *Mongolia Interior.*

MONGOLIA, ant. **Mongolia Exterior,** estado de Asia central, entre Rusia y China; 1 565 000 km²; 2 460 000 hab. *(mongoles).* CAP. *Ulan Bator.* LENGUA: *mongol (khalkha).* MONEDA: *tugrik.*

GEOGRAFÍA
Situado en la parte septentrional de Mongolia, es un país vasto, de clima árido e inviernos rudos. La ganadería (ovina) sigue siendo el principal recurso, aunque el país tiene importantes reservas minerales y energéticas (cobre, carbón, uranio). Su escasa población está actualmente en su mayor parte sedentarizada y urbanizada.

HISTORIA
Autónoma en 1911, Mongolia Exterior, ayudada a partir de 1921 por la Rusia soviética, se proclamó república popular en 1924 y accedió a su independencia en 1945. Al frente del país estuvieron Khorlongy Choibalsan (1939-1952), Yumzhagiin Tsedenbal (1952-1984) y Jambyn Batmunk (1984-1990). **1990:** el país se confió a P. Ochibai. El partido único renunció al monopolio del poder. **1992:** se aprobó una nueva constitución, que supuso el abandono del marxismo-leninismo. **1993:** las primeras elecciones presidenciales por sufragio universal confirmaron en el poder a P. Ochibai, que había pasado a la oposición democrática, como jefe de estado. **1997:** Nachagyn Bagabandi fue elegido presidente de la república. **2005:** Nambaryn Enjbayar lo sucedió.

MONGOLIA INTERIOR, región autónoma de China septentrional; 1 200 000 km²; 21 500 000 hab.; cap. *Hohhot.*

MÓNICA (santa), *Tagaste h. 331-Ostia 387,* madre de san Agustín. Se consagró a la educación y a la conversión de su hijo al cristianismo.

MONIQUIRÁ, mun. de Colombia (Boyacá); 20 035 hab. Caña de azúcar, yuca, maíz. Ganado vacuno.

MONISTROL DE MONTSERRAT, v. de España (Barcelona); 2 490 hab. *(monistrolenses).* El término incluye el monasterio y parte de la montaña de *Montserrat.

MONIZ (António Caetano Egas), *Avanca 1874-Lisboa 1955,* médico portugués. Recibió el premio Nobel en 1949 por sus investigaciones sobre la lobotomía.

MONK (Thelonious Sphere), *Rocky Mount, Carolina del Norte, 1917-Englewood, Nueva Jersey, 1982,* pianista, compositor y director de orquesta de jazz estadounidense. Pionero del estilo be-bop en la década de 1940, se distinguió por sus improvisaciones al piano y ejerció una

influencia preponderante en el jazz moderno *(Round midnight; Straight, No Chaser).*

MONLAU (Pedro Felipe), *Barcelona 1808-Madrid 1871,* médico y escritor español. Destaca su influencia en medicina preventiva y educación sanitaria *(Elementos de higiene pública,* 1847; *Higiene industrial,* 1856).

MONMOUTH (James Scott, duque de), *Rotterdam 1649-Londres 1685,* hijo natural de Carlos II Estuardo. Líder de la oposición protestante tras el advenimiento de Jacobo II (1685), intentó derrocarlo y, tras fracasar, fue ejecutado.

MONNET (Jean), *Cognac 1888-Bazoches-sur-Guyonne 1979,* político francés. Iniciador y presidente de la CECA (1952-1955), promovió la idea de una Europa unida.

MONO o MONKEY (punta), cabo de Nicaragua, en la costa S del Caribe, al N de Punta Gorda.

MONOD (Jacques), *París 1910-Cannes 1976,* bioquímico francés. Autor de trabajos de biología molecular, en 1965 recibió el premio Nobel por sus trabajos sobre los mecanismos de la regulación genética a nivel celular *(El azar y la necesidad,* 1970).

MONOMOTAPA (imperio de), ant. estado de África meridional que se constituyó en el s. XV con Zimbabwe como capital. Se dividió en cuatro territorios en el s. XVI.

MONREALE, c. de Italia (Sicilia); 25 537 hab. Catedral de h. 1180, con ricos mosaicos bizantinos; claustro.

MONROE (James), *Monroe's Creek, Virginia, 1758-Nueva York 1831,* político estadounidense. Presidente republicano de EUA de 1817 a 1825, enunció en 1823 la doctrina que lleva su nombre, que rechaza cualquier intervención europea en los asuntos de América, y viceversa.

MONROE (Norma Jean Baker o Mortenson, llamada **Marilyn),** *Los Ángeles 1926-íd. 1962,* actriz de cine estadounidense. Encarnó el mito de la estrella hollywoodense bella y vulnerable: *Los caballeros las prefieren rubias* (H. Hawks, 1953), *La tentación vive arriba* (B. Wilder, 1955), *El multimillonario* (G. Cukor, 1960), *Vidas rebeldes* (J. Huston, 1961).

■ MARILYN
MONROE

■ CARLOS
MONSIVÁIS

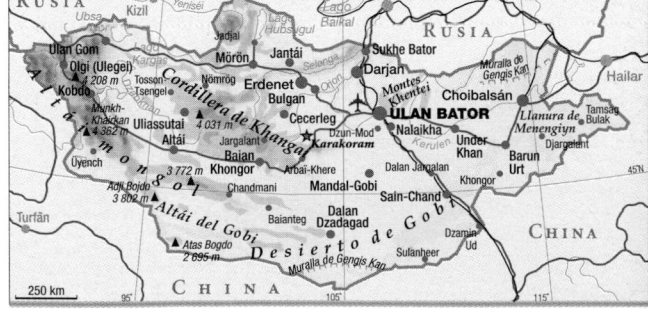

Mongolia

— carretera
— ferrocarril
✈ aeropuerto

● más de 500 000 hab.
● de 50 000 a 500 000 hab.
● de 10 000 a 50 000 hab.
· menos de 10 000 hab.

1000 2000 3 000 m

MONROVIA, cap. de Liberia; 425 000 hab. Principal puerto del país.

MONS, en neerl. **Bergen,** c. de Bélgica, cap. de la prov. de Hainaut; 91 726 hab. Centro administrativo y comercial. Universidad. — Colegiata de los ss. XV-XVII (mobiliario y obras de arte) y otros monumentos. Museos. — Sede del SHAPE.

MONSEÑOR NOUEL (provincia de), prov. de la República Dominicana; 1 004 km²; 124 000 hab.; cap. *Bonao.*

MONSERRATE, cerro de Colombia, unido por un funicular a Bogotá; 3 152 m de alt. En su cima, *santuario del Señor de Monserrate.*

MONSIVÁIS (Carlos), *México 1938,* ensayista mexicano. En la línea del nuevo periodismo, es autor de polémicas crónicas y ensayos sobre los estilos de vida alternativos (*Días de guardar,* 1970; *Amor perdido,* 1976; *Escenas de pudor y liviandad,* 1988; *Entrada libre,* 1988; *No sin nosotros,* 2005). Compilador de la antología *A ustedes les consta* (1979), también ha escrito libros de relatos (*Nuevo catecismo para indios remisos,* 1982). [Premio nacional 2005; premio FIL 2006.]

MONTAGNIER (Luc), *Chabris, Indre, 1932,* médico francés. Descubrió en 1983, con su equipo del Instituto Pasteur, el virus de inmunodeficiencia humana (VIH), responsable del sida. (Premio Príncipe de Asturias 2000; premio Nobel 2008.)

MONTAIGNE (Michel **Eyquem de**), *castillo de Montaigne, act. mun. de Saint-Michel-de-Montaigne, Dordogne, 1533-íd. 1592,* escritor francés. Desde 1572 se consagró a la redacción de sus **Ensayos,* obra que fue enriqueciendo hasta su muerte y en la que propugna un equilibrio moral basado en la prudencia y la tolerancia, y con la que configuró el género ensayístico en Europa. Filosóficamente profesó un escepticismo moderado y crítico.

MONTALE (Eugenio), *Génova 1896-Milán 1981,* poeta italiano. Su obra poética (*Huesos de jibia, 1925; Las ocasiones, 1939; Satura, 1971*) y crítica constituye una tenaz resistencia frente a las convenciones de la retórica y de la vida. (Premio Nobel 1975.)

MONTALVO (Garci Rodríguez de) → **RODRÍGUEZ DE MONTALVO.**

MONTALVO (Juan), *Ambato 1833-París 1889,* escritor ecuatoriano. Polemista político, se enfrentó sucesivamente a García Moreno y a Veintemilla (*Catilinarias,* 1880). Su estilo como ensayista busca la frase sentenciosa y justa (*Capítulos que se le olvidaron escribir a Cervantes,* 1885), la sintaxis rítmica y la anécdota erudita (*El espectador,* 1886).

MONTANA, estado del NO de Estados Unidos, en las Rocosas; 799 065 hab.; cap. *Helena.*

MONTAND (Ivo Livi, llamado **Yves**), *Monsummano, Toscana, 1921-Senlis 1991,* cantante y actor de cine francés de origen italiano. Triunfó como cantante con el apoyo de E. Piaf. En cine, rodó películas con A. Gance, G. Cukor, A. Resnais, J.-P.Melville, J. Losey, Costa-Gavras, etc.

MONTANO, en lat. **Montanus,** *en Frigia, ss. II-III,* sacerdote de Cibeles convertido al cristianismo. Se presentó como enviado del Espíritu Santo para completar la Revelación de Jesucristo y, con este propósito, desarrolló una doctrina ascética (*montanismo*), llamada también «herejía frigia», que profetizaba la inminencia del fin del mundo. Tertuliano se adhirió a sus ideas (h. 207).

MONTAÑA (La), región fisiográfica de España (Burgos, Cantabria, Palencia y León), en la vertiente S de la cordillera Cantábrica; 2 648 m en los Picos de Europa. Avenada por los afl. del Duero (Esla, Carrión, Pisuerga) y por el Ebro, que nace en la región.

MONTAÑA (La), comarca histórica de España, en Cantabria, que comprende la mayor parte de la comunidad, excepto la franja litoral (La Marina). El término se aplica con frecuencia a toda Cantabria.

montaña (Partido de la), grupo político nacido durante la Revolución francesa, que eliminó a los Girondinos y obtuvo el poder durante la Convención. Dirigidos por Danton, Marat y Robespierre, sus miembros preconizaban una república centralizada y defendían los intereses de la pequeña burguesía y de las clases populares.

Montaña Blanca (batalla de) [8 nov. 1620], batalla de la guerra de los Treinta años. Victoria de las tropas de Fernando II de Habsburgo, al mando de Tilly, sobre el ejército de los estados de Bohemia de Federico V, cerca de Praga.

MONTAÑÉS (Juan **Martínez**), *Alcalá la Real 1568-Sevilla 1649,* escultor español. Llamado «Dios de la madera», fue el iniciador de la escuela barroca sevillana. Su obra, elegante y de perfecta ejecución, se caracteriza por la serenidad de las posturas y el patético realismo de las expresiones (*Cristo de la clemencia,* 1603, catedral de Sevilla). Creador de tipos iconográficos como su *Inmaculada* (1629, catedral de Sevilla), sus esculturas fueron policromadas por prestigiosos pintores, entre ellos Francisco Pacheco.

MONTAUBAN, c. de Francia, cap. del dep. de Tarn-et-Garonne, a orillas del Tarn; 54 421 hab. Catedral de los ss. XVII-XVIII. Museo Ingres. — Fue un importante centro protestante en 1570.

MONT BLANC, cima culminante de los Alpes, en Francia (Haute-Savoie), cerca de la frontera con Italia, en el *macizo del Mont Blanc;* 4 810 m aprox. (en una medición efectuada en 2007; nivel de la cima variable según las condiciones meteorológicas). — Túnel de carretera entre Francia e Italia (long. 11,6 km).

■ **MONT BLANC.** La cima.

MONTBLANC, v. de España (Tarragona); 6 029 hab. (*montblanquenses*). Conjunto monumental. Recinto amurallado. Iglesias de San Miguel, románica, y de Santa María, gótico-renacentista. Hospital de Santa Magdalena (s. XIII). Plaza mayor porticada.

MONTCADA I REIXAC, mun. de España (Barcelona); 27 952 hab. (*moncadenses*). Centro industrial.

MONTE, partido de Argentina (Buenos Aires), en la Pampa; 15 495 hab.; cab. *San Miguel del Monte.*

MONTE (El), com. de Chile (Santiago); 21 357 hab. Centro agrícola y ganadero.

MONTEAGUDO (Bernardo de), *Tucumán 1786-Lima 1825,* patriota peruano. Redactó el acta de independencia de Chile (1818). Participó en la liberación de Perú, y fue ministro de guerra y marina (1820-1821).

MONTE ALBÁN, centro arqueológico de la cultura zapoteca (Oaxaca, México), uno de los centros religiosos más antiguos de México (1400 a.C.-950 d.C.), con una secuencia que incluye desde una ocupación mixteca hasta los aztecas. De entre los numerosos restos que acoge, sobresalen los templos elevados sobre pirámides, un observatorio astronómico, los juegos de pelota y las tumbas (algunas de ellas con pinturas al fresco). Se han encontrado estelas, rica cerámica y joyas. (Patrimonio de la humanidad 1987.)

MONTEALEGRE (José María), *San José 1815-San Francisco, EUA, 1887,* político costarricense. Presidente de la república (1859-1863), promulgó una constitución liberal y reorganizó la administración.

MONTECARLO, dep. de Argentina (Misiones), a orillas del Paraná; 30 166 hab. Maíz, yerba mate.

MONTECARLO, barrio del principado de Mónaco, donde se encuentra el casino. Da su nombre a un importante rally automovilístico anual.

MONTE CASEROS, dep. de Argentina (Corrientes); 29 471 hab. Centro agropecuario. Puerto fluvial en el Uruguay.

MONTECASSINO, montaña de Italia meridional, cerca de la ciudad de Cassino; 516 m. En 529 san Benito fundó allí un monasterio benedictino de gran influencia sobre toda la cristiandad en la edad media.

Montecassino (batalla de) [10 en.-18 mayo 1944], batalla de la segunda guerra mundial. Violentos combates entre las fuerzas alemanas y anglonorteamericanas, en Italia, al pie del Montecassino (punto esencial del sistema defensivo alemán).

MONTECATINI-TERME, c. de Italia (Toscana); 20 209 hab. Estación termal.

MONTECILLOS (sierra de), alineación montañosa de Honduras. Forma el reborde O de la depresión central y se bifurca al N, en torno al lago Yojoa.

MONTECRISTI, cantón de Ecuador (Manabí); 31 686 hab. Bosques de palma; cocoteros (copra).

MONTE CRISTI (provincia de), prov. del NO de la República Dominicana; 1 989 km²; 92 000 hab.; cap. *Monte Cristi* (9 932 hab.).

MONTECRISTO, islote italiano, situado al S de la isla de Elba, famoso por la novela de A. Dumas (*El conde de Montecristo*).

MONTECUCCOLI o **MONTECUCCULI** (Raimundo, príncipe), *cerca de Módena 1609-Linz 1680,* militar italiano al servicio del Sacro Imperio. Mandó las tropas imperiales contra los turcos (San Gotardo 1664) y en la guerra de los Países Bajos.

MONTEFORTE TOLEDO (Mario), *Guatemala 1911-íd. 2003,* escritor guatemalteco. Cultivó el cuento preciosista de temática indigenista (*Entre la piedra y la cruz,* 1948; *Los desencontrados,* 1976) y el ensayo.

■ **MONTAIGNE,** por E. Martellange. (Col. part.)

■ **MONTE ALBÁN.** Vista del Montículo G, en el centro de la Gran plaza.

MONTEFRÍO, v. de España (Granada); 6 794 hab. *(montefrieños).* Iglesia trazada por D. de Siloe (1543).

MONTEGO BAY, c. de Jamaica; 83 446 hab. Estación balnearia. Aeropuerto.

MONTEJO (Eugenio), *Caracas 1938-Valencia 2008,* poeta venezolano. Su obra destaca por el rigor formal *(Elegos,* 1967; *Muerte y memoria,* 1972; *Terredad,* 1978; *Partitura de la cigarra,* 1999). También escribió ensayos. (Premio Octavio Paz 2004.)

MONTEJO (Francisco de), *Salamanca h. 1479-Sevilla h. 1553,* conquistador español. Gobernador y capitán general del Yucatán (1526), conquistó el territorio (1527-1535).

MONTEJO DE LA SIERRA, v. de España (Madrid); 313 hab. El *Hayedo de Montejo de la Sierra* es sitio natural de interés nacional.

Montejurra (batallas de), combates en el monte homónimo, cerca de Estella (Navarra), durante las guerras carlistas (1835, 1873 y 1876).

MONTE LEÓN, isla de Argentina, en la Patagonia (Santa Cruz). Guano.

MONTELÍBANO, mun. de Colombia (Córdoba); 34 115 hab. Centro agropecuario. Explotación forestal.

MONTE LINDO, r. de Paraguay, afl. del Paraguay (or. der.); 400 km aprox.

MONTEMAYOR (Jorge de), *Montemor-o-Velho, cerca de Coimbra, h. 1520-Piamonte h. 1561,* escritor español de origen portugués. Autor de diversas *Epístolas* y poesía, destacó con la novela pastoril *Diana* (1559).

MONTEMOLÍN (conde de), título adoptado por el pretendiente carlista al trono español Carlos VI.

MONTEMORELOS, mun. de México (Nuevo León); 43 874 hab. Naranjas; vacunos.

MONTENEGRO, en montenegrino **Crna Gora,** estado de la Europa balcánica, a orillas del Adriático; 13 812 km²; 658 000 hab. *(montenegrinos).* CAP. *Podgorica.* LENGUA: *montenegrino.* MONEDA: *euro.*

GEOGRAFÍA

La montaña, cársica, que supera en algún caso los 2 500 m (Durmitor), rodea unas cuencas interiores que agrupan algunos centros industriales (Nikšić, Berane, Podgorica [aluminio]). El litoral se ve impulsado por el turismo (Ulcinj, Kotor) y el puerto de Bar se desarrolla.

HISTORIA

S. XI: la región, llamada Dioclea y posteriormente Zeta, constituyó el centro de un estado. **Ss. XIII-XIV:** fue incorporada al reino serbio. **1360-1479:** fue de nuevo independiente. **1479-1878:** Montenegro quedó bajo el dominio otomano. **1782-1918:** con los príncipes Pedro I (1782-1830), Pedro II (1830-1851), Danilo I (1851-1860) y Nicolás I (1860-1918), se organizó un estado moderno. **1918:** se votó la deposición del rey y su anexión a Serbia. **1945:** Montenegro se convirtió en una de las seis repúblicas federadas de Yugoslavia. **1992:** se unió a Serbia para formar la nueva República federal de Yugoslavia. **A partir de 1998:** bajo la dirección de Milo Djukanović (presidente [1998-2002] o primer ministro [1991-1998, 2003-2006 y desde 2008]), Montenegro manifestó aspiraciones democráticas, se distanció de Serbia (sobre todo en 1999, a raíz del conflicto de *Kosovo) y cuestionó abiertamente su integración en la federación de Yugoslavia. **2003:** tras un acuerdo con Belgrado, se adoptó una constitución que transformó a Yugoslavia en una federación renovada, con el nombre de Serbia y Montenegro (febr.). **2006:** mediante referéndum (mayo), Montenegro proclamó su independencia (junio). **2008:** Montenegro solicitó el ingreso en la Unión europea.

MONTENEGRO, mun. de Colombia (Quindío); 29 406 hab. Agricultura y ganadería.

MONTE NEGRO, sitio arqueológico de México (Tilantongo, Oaxaca) correspondiente a la cultura mixteca, contemporánea de la primera época de Monte Albán.

MONTENGÓN (Pedro), *Alicante 1745-Nápoles 1824,* escritor español. Autor de poemas neoclásicos y de novelas *(Eusebio,* 1786-1788).

MONTE PATRIA, com. de Chile (Coquimbo); 28 206 hab. Centro agrícola y ganadero.

MONTE PLATA (provincia de), prov. de la República Dominicana; 2 179 km²; 173 500 hab.; cap. *Monte Plata* (27 263 hab.).

MONTERDE (Francisco), *México 1894-íd. 1985,* escritor mexicano. Destacan sus ensayos históricos y literarios *(Perfiles de Taxco,* 1928; *Cultura mexicana,* 1946). Dirigió la Academia mexicana.

MONTERÍA, c. de Colombia, cap. del dep. de Córdoba; 224 147 hab. Puerto sobre el Sinú. Industrias (metalúrgicas, químicas, calzado y tabaco).

MONTERO, cantón de Bolivia (Santa Cruz), en los Llanos orientales; 58 569 hab. Agricultura.

MONTERO (José Pío), *Asunción 1878-íd. 1927,* político paraguayo, vicepresidente de la república (1916) y presidente interino (1919-1920).

MONTERO RÍOS (Eugenio), *Santiago 1832-Madrid 1914,* político español. Miembro del Partido liberal de Sagasta, fue varias veces ministro y presidió el senado. Negoció el tratado de París (1898). En 1905 presidió el gobierno.

MONTEROS, dep. de Argentina (Tucumán); 51 941 hab. Centro agrícola.

MONTERREY, c. del N de México, cap. del est. de Nuevo León; 2 521 697 hab. Uno de los primeros centros siderúrgicos del país. Industrias textiles, químicas, del plástico y del papel. Universidad, instituto tecnológico. Aeropuerto. — De la época colonial conserva el Obispado, barroco (1787-1790), y la catedral (concluida en 1796-1800). El palacio del gobierno (museo militar) data de 1908. — Fundada por Diego de Montemayor, recibió su nombre actual en 1596. En 2007 acogió la segunda edición del Forum de las culturas.

MONTERROSO (Augusto), *Tegucigalpa 1921-México 2003,* escritor guatemalteco. Maestro del relato breve, su obra ironiza sobre la condición humana *(El concierto y el eclipse,* 1952; *La oveja negra y demás fábulas,* 1969; *La letra e. Fragmentos de un diario,* 1987). [Premio Juan Rulfo 1996; premio Príncipe de Asturias 2000.]

MONTES (Ismael), *La Paz 1861-íd. 1933,* político boliviano. Liberal, participó en la revolución federalista de 1898. Presidente en 1904-1909 y 1913-1917, fundó el Banco central.

MONTES (María Dolores Eliza Gilbert, llamada Lola), *Limerick 1818-Nueva York 1861,* aventurera irlandesa. Sedujo a Luis I de Baviera, cuya abdicación provocó (1848). — Su vida inspiró a M. Ophuls el filme *Lola Montes* (1955).

Montesa (orden militar de), orden militar española, creada en 1317 en la Corona de Aragón por Jaime II, con las posesiones de las órdenes Hospitalaria y del Temple en Valencia, y la regla de la orden de Calatrava. Con sede en el castillo de Montesa (Valencia), en 1400 se fusionó con la orden de San Jorge de Alfama. Sus bienes pasaron a la corona en 1587.

Montenegro

★ lugar de interés turístico   ● de 100 000 a 1 000 000 hab.

200 500 1 500 m   ● de 50 000 a 100 000 hab.

     ● menos de 50 000 hab.

— carretera   —— ferrocarril   ✈ aeropuerto

MONTES CLAROS, c. de Brasil (Minas Gerais); 247 286 hab. Industrias alimentarias. Cemento.

MONTES DE OCA, cantón de Costa Rica (San José); 45 801 hab.; cab. *San Pedro.* Café y hortalizas.

MONTES DE OCA (Marco Antonio), *México 1932-íd. 2009,* escritor mexicano. Su poesía destaca por su imaginación, metáforas y precisión *(Delante de la luz cantan los pájaros,* 1959; *En honor de las palabras,* 1979; *Vaivén,* 1987). También es autor de narrativa *(Las fuentes legendarias,* 1966).

MONTESINO o **MONTESINOS** (Antonio de), *m. h. 1526,* dominico español. Célebre por sus sermones en defensa de los indios, colaboró en la redacción de las leyes de Burgos (1512) que legalizaron las encomiendas.

MONTESINO (Pablo), *Fuente del Carnero, Zamora, 1791-Madrid 1849,* pedagogo español. Impulsor de la educación popular, su obra *El manual del maestro del párvulo* (1840) es el primer tratado español centrado en la formación de los maestros y los párvulos.

MONTESINOS (Rafael), *Sevilla 1920-Madrid 2005,* escritor español. Poeta intimista, el amor y la amistad son temas constantes en su obra *(El tiempo en nuestros brazos,* 1958). También escribió ensayos *(Bécquer, biografía e imagen,* 1977). [Premio nacional de literatura 1958; premio nacional de ensayo 1977.]

MONTESQUIEU (Charles de Secondat, barón de La Brède y de), *castillo de La Brède, cerca de Burdeos, 1689-París 1755,* escritor francés. Liberal de espíritu riguroso, es el autor de la novela filosófica *Cartas persas* (1721), *Consideraciones sobre las causas de la grandeza de los romanos y de su decadencia* (1734) y *El *espíritu de las leyes.*

■ AUGUSTO MONTERROSO   ■ MONTESQUIEU (Palacio de Versalles.)

MONTESSORI (Maria), *Chiaravalle, cerca de Ancona, 1870-Noordwijk, Países Bajos, 1952,* médica y pedagoga italiana. Creó un método de enseñanza destinado a favorecer el desarrollo de los niños a través de la manipulación de objetos y materiales, mediante el juego y la autoeducación *(Pedagogía científica,* 1909).

MONTE VERDE, sitio arqueológico de Chile, junto al estero de Chinchihuapi (prov. de Llanquihue). Restos de un antiguo campamento de hace más de 12 500 años.

MONTEVERDI (Claudio), *Cremona 1567-Venecia 1643,* compositor italiano. Uno de los creadores de la ópera italiana *(*Orfeo,* 1607; *Ariadna,* 1608; *Il ritorno d'Ulisse in patria,* 1641; *La coronación de Popea,* 1642), revolucionó el lenguaje musical con sus nueve libros de madrigales y cantatas. Fue maestro de capilla de San Marcos de Venecia (misas, salmos).

MONTEVIDEO, c. de Uruguay, cap. del país y del dep. homónimo; 1 383 660 hab. *(montevideanos).* Gran centro industrial, financiero, comercial y cultural (universidad). — Centro de la Ciudad Vieja es la plaza de la Constitución (catedral, 1790-1804; cabildo, 1804-1810) y de la moderna, la plaza de la Independencia (palacio del gobierno, teatro Solís, museo de historia natural). — Fundada en 1726, adquirió importancia comercial por su excelente puerto, en la *bahía de Montevideo,* en el Río de la Plata. La inmigración extranjera en el s. XIX y el aflujo de población de zonas rurales le han dado un peso demográfico determinante en el conjunto del país.

■ **MONTEVIDEO.** Vista de la plaza de la Independencia.

MONTEVIDEO (departamento de), dep. del S de Uruguay; 543 km²; 1 312 000 hab.; cap. *Montevideo.*

MONTE Y APONTE (Domingo **del**), *Maracaibo 1804-Madrid 1853,* escritor y crítico literario cubano, especializado en el ensayo histórico y político (*Centón epistolario,* publicado en 1923 1957; *Humanismo y humanitarismo,* 1936).

MONTEZUMA ⟶ **MOCTEZUMA**

MONTFORT (**Simón IV el Fuerte, señor de**), *h.1150-Toulouse 1218,* señor francés. Caudillo de la cruzada contra los albigenses, tomó Carcasona y Béziers y derrotó en Muret al rey de Aragón Pedro II el Católico (1213). Murió en el sitio de Toulouse.— **Simón de M**, conde de **Leicester,** *h. 1208-Evesham 1265,* señor francés, tercer hijo de Simón IV de Montfort, heredero del condado de Leicester, casó con Leonor, hermana de Enrique III de Inglaterra. Dirigió la revuelta de los nobles contra este, pero fue derrotado.

MONTGOLFIER (**hermanos de**), industriales e inventores franceses. **Joseph de M.,** *Vidalon-lès-Annonay 1740-Balaruc-les-Bains 1810,* y **Étienne de M.,** *Vidalon-lès-Annonay 1745-Serrières 1799.* Inventaron el globo aerostático de aire caliente o *montgolfier* (1783), y una máquina para bombear agua (1792).

MONTGOMERY, c. de Estados Unidos, cap. de Alabama; 187 106 hab.

MONTGOMERY OF ALAMEIN (Bernard Law Montgomery, vizconde), *Londres 1887-Isington Mill, Hampshire, 1976,* militar británico. Venció a Rommel en El-Alamein (1942), después comandó un grupo de ejércitos en Normandía, Bélgica y Alemania (1944-1945). Fue comandante adjunto de las fuerzas atlánticas en Europa de 1951 a 1958.

MONTHERLANT (Henry **Millon de**), *París 1895-íd. 1972,* escritor francés. Es autor de novelas que exaltan el vigor físico y moral (*Las olímpicas,* 1924; *Los bestiarios,* 1926), de la tetralogía *Las jóvenes* (1936-1939), de un moralismo decepcionado, y de dramas, a menudo de tema español, de una austeridad afín a la tragedia clásica (*La reina muerta,* 1942; *El maestre de Santiago,* 1948; *Don Juan,* 1958; *El cardenal de España,* 1960). Se suicidó.

MONTI (Vincenzo), *Alfonsine 1754-Milán 1828,* poeta y trágico italiano, de estilo neoclásico.

MONTIANO Y LUYANDO (Agustín **de**), *Valladolid 1697-Madrid 1764,* escritor español. Fundador de la Real academia de la historia (1735), escribió poesía, ensayo y tragedia neoclásica (*Virginia,* 1750; *Ataúlfo,* 1753). [Real academia 1742.]

MONTIEL (Campo de), comarca de España (Albacete y Ciudad Real), en La Mancha. Economía agropecuaria; ovinos (quesos). En las lagunas de Ruidera, 5 centrales eléctricas.

MONTIEL (María Antonia **Abad Fernández,** llamada **Sara**), *Campo de Criptana 1928,* actriz y cantante española. Diva del cine español de posguerra (*Locura de amor,* 1948; *El último cu-*

plé, 1957), trabajó también en México y en Hollywood (*Veracruz,* 1954).

MONTIJO, golfo de Panamá, en el Pacífico, entre las penínsulas de Las Palmas, al O, y de Azuero, al E.

MONTILLA, c. de España (Córdoba), cab. de p. j.; 22 973 hab. (*montillanos*). Centro vinícola. — Palacio de los duques de Medinaceli.

MONTMARTRE, barrio de París, en la *colina de Montmartre.* Allí se encuentra la basílica del Sagrado Corazón (fines s. XIX).

MONTMORENCY (Anne, duque **de**), *Chantilly 1493-París 1567,* gentilhombre francés. Mariscal de Francia (1522), condestable (1537) y consejero de Enrique II, intervino en el tratado de Madrid (1526), defendió Provenza contra Carlos Quinto (1536) y fue vencido y apresado por los españoles en San Quintín (1557). Fue herido mortalmente en la batalla de Saint-Denis contra los calvinistas.

Montoneros, organización guerrillera argentina, creada en 1969. Situada en la izquierda peronista, a partir de 1972 evolucionó, bajo el liderazgo de Mario Firmenich, de un nacionalismo católico hacia posturas de extrema izquierda. Durante las presidencias de Perón y María Estela Martínez (1973-1976) libró una cruenta lucha con la Triple A, la extrema derecha peronista.

MONTORO, c. de España (Córdoba), cab. de p. j.; 9 457 hab. (*montoreños*). Centro agrícola y minero. — Iglesia gótica de San Bartolomé, con torre barroca. Puente sobre el Guadalquivir (1500).

MONTPELLIER, c. de Francia, cap. de la región de Languedoc-Rosellón y del dep. de Hérault; 229 055 hab. Universidad. — Catedral (s. XIV). Conjunto urbano de los ss. XVII-XVIII.— En el s. XIII fue un centro comercial y científico (escuela de medicina). Posesión de la corona de Aragón (1204) y del reino de Mallorca (1276), fue vendida a Francia en 1349.

MONTPENSIER (Antonio María **de Orleans,** duque **de**), *Neuilly 1824-Sanlúcar de Barrameda 1890,* pretendiente de la corona española. Su padre, el derrocado Luis Felipe, trató de casarle con Isabel II de España, a la que se opuso Gran Bretaña. Casó entonces con la hermana de Isabel, María Luisa Fernanda (1846). Contribuyó al derrocamiento de su cuñada y aspiró al trono español. Su hija Mercedes casó con Alfonso XII.

MONTREAL, c. de Canadá (Quebec) a orillas del San Lorenzo; 1 030 678 hab. (aprox. 3 000 000 en la conurbación). Universidades. Centro financiero e industrial de Quebec. Puerto fluvial. Aeropuertos — Museos (de bellas artes, de arte contemporáneo). — Fue fundada en 1642.

MONTREUIL o **MONTREUIL-SOUS-BOIS,** c. de Francia (Seine-Saint-Denis), al E de París; 91 146 hab. — Iglesia gótica. Museo histórico del socialismo.

MONTREUIL (Pierre **de**), *m. en París 1267,* arquitecto francés. Maestro del gótico radiante, dirigió las obras de Notre-Dame de París en 1265.

MONTREUX, c. de Suiza (Vaud), junto al lago Léman; 22 917 hab. Centro turístico y cultural (festivales: jazz, «Rose d'Or», etc.). — La convención de Montreux definió el régimen jurídico internacional de los estrechos turcos del Bósforo y de los Dardanelos (20 julio 1936).

MONTROSE (James **Graham,** marqués **de**), *Montrose 1612-Edimburgo 1650,* general esco-

cés. Partidario de Carlos I y de Carlos II, fue ejecutado.

MONT-SAINT-MICHEL, mun. de Francia (Manche); 50 hab. Es un islote rocoso, en la *bahía del Mont-Saint-Michel.* — Abadía benedictina (966), con construcciones románicas y góticas. (Patrimonio de la humanidad 1979.)

■ MONT-SAINT-MICHEL

MONTSALVATGE (Xavier), *Gerona 1912-Barcelona 2002,* compositor y crítico musical español. Su obra se distingue por un eclecticismo que le permite adaptar música antillana (*Cinco canciones negras,* 1946) o el serialismo (*Sonata concertante* para violonchelo y piano, 1972). Destaca su música escénica, ballets (*La muerte enamorada,* 1943) y óperas (*El gato con botas,* 1948; *Una voz en off,* 1962).

MONTSANT (sierra del), sierra de España (Tarragona), en la cordillera Prelitoral catalana; 1 115 m. Accidenta la comarca del Priorato.

MONTSEC (sierra del), sierra de España, en el Prepirineo leridano; 1 678 m. Embalses sobre el Noguera Pallaresa.

MONTSENY (macizo del), macizo montañoso de España (Barcelona y Gerona), entre el Vallès y la Plana de Vic; 1 712 m en el Turó de l'Home y 1 706 en Les Agudes. Observatorio meteorológico. Parque natural. (Reserva de la biosfera 1978.)

MONTSENY (Federica), *Madrid 1905-Toulouse 1994,* líder anarquista española. Dirigente de la CNT y de la FAI, fue ministra de sanidad y asistencia social (1936-1937). Publicó obras sobre el anarquismo y la liberación de la mujer, además de narraciones y memorias.

MONTSERRAT, una de las Pequeñas Antillas británicas; 102 km²; 12 000 hab.; cap. *Plymouth.* En 1997, la erupción del volcán I a Soufrière obligó a gran parte de la población a evacuar la isla.

MONTSERRAT, macizo de España (Barcelona), en la cordillera Prelitoral catalana; 1 224 m. Está constituido por una masa de conglomerados que forma un relieve característico de formas prismáticas redondeadas. Monasterio benedictino (*Santa María de Montserrat*) fundado por el abad Oliba de Ripoll (h. 1025).

MONTT (Manuel), *Petorca 1809-Santiago 1880,* político chileno. Fue ministro en varias ocasiones y fundador de la universidad de Chile (1843). Presidente (1851-1861), fomentó el desarrollo económico y cultural, desamortizó los mayorazgos y suprimió los diezmos de la Iglesia. — **Jorge M.,** *Casablanca 1846-Santiago 1922,* político chileno. Hijo de Manuel, fue presidente de 1891 a 1896. — **Pedro M.,** *Santiago 1849-Bremen 1910,* político chileno. Hermano de Jorge, presidente de 1906 a 1910, durante su mandato reprimió el movimiento revolucionario de Iquique (1910).

■ CLAUDIO MONTEVERDI.
(Museo regional del Tirol, Innsbruck.)

■ MONTGOMERY OF ALAMEIN

■ MANUEL **MONTT**

MONTÚFAR, cantón de Ecuador (Carchi), en la hoya del Chotá; 42 524 hab.; cab. *San Gabriel.*

MONTURIOL (Narciso), *Figueras 1819-Barcelona 1885,* inventor español. Ideó el submarino Ictíneo y construyó dos prototipos, con los que realizó varias pruebas entre 1859 y 1865. Escribió un *Ensayo sobre el arte de navegar por debajo del agua.*

MONZA, c. de Italia (Lombardía); 121 151 hab. Circuito automovilístico.— Catedral de los ss. XII-XVIII.

MONZÓ (Joaquim, llamado Quim), *Barcelona 1952,* escritor español en lengua catalana. En su obra, esencialmente cuentística (*Ochenta y seis cuentos,* 1999; *Mil cretinos,* 2007), emplea un tono desenfadado e irónico para crear un retrato descarnado de la soledad del individuo en el mundo actual (*La magnitud de la tragedia,* 1989).

MONZÓN, c. de España (Huesca), cab. de p. j.; 14 665 hab. *(montisonenses).* Agricultura e industrias derivadas. Química.— Castillo con cuatro cuerpos de fortaleza (s. XII, reformado). Iglesia gótica.

MONZÓN (Carlos), *San Javier 1942-Santa Fe 1995,* boxeador argentino. Campeón del mundo de los pesos medios (1970), fue invencible en su categoría hasta su retiro en 1977.

MOORE (Henry), *Castleford, Yorkshire, 1898-Much Hadham, Hertfordshire, 1986,* escultor y grabador británico. Célebre desde 1935 por su estilo, biomórfico y monumental, destacó por el equilibrio entre formas vacías y llenas (*Figura tendida,* sede de la Unesco, París).

■ HENRY **MOORE.** Hill Arches, bronce (1973).
[Exposición en la Orangerie de las Tullerías, París, 1977.]

MOORE (Thomas), *Dublín 1779-Sloperton, Wiltshire, 1852,* poeta irlandés. Cantor de su país natal (*Melodías irlandesas*), es autor de un gran poema oriental (*Lalla Rookh*).

MOPTI, c. de Malí, junto al Níger; 54 000 hab.

MOQUEGUA (departamento de), dep. del S de Perú; 15 734 km²; 161 533 hab.; cap. *Moquegua* (30 400 hab.).

MORA (de), familia de escultores españoles activos en Granada en los s. XVII-XVIII.— **José de M.,** *Baza 1642-Granada 1724.* Trabajó en el taller de su padre, Bernardo, y fue influido por A. Cano y P. de Mena. Sus tallas policromas de modelado suave expresan dolor (*Ecce homo; San Bruno; Dolorosas*).

MORA (Fernando de la), *México 1958,* tenor mexicano. Cantante de ópera especializado en los repertorios de Bellini, Donizetti, Verdi, Puccini, Gounod y Massenet, también es un apreciado intérprete de música mariachi.

MORA (Francisco de), *Cuenca 1552-Madrid 1610,* arquitecto español. Discípulo y sucesor de Herrera, su obra es el mejor exponente de la arquitectura cortesana del reinado de Felipe III (trazado de la villa de Lerma, Burgos; iglesia de San José, Ávila).

MORA (José Joaquín), *Cádiz 1783-Madrid 1864,* escritor español. Exiliado por sus ideas liberales, en Chile redactó la constitución del estado (1828). Periodista, ensayista y narrador (*Leyendas españolas,* 1840), defendió el neoclasicismo ante el romanticismo en una polémica con J. N. Böhl de Faber. (Real academia 1848.)

MORA (Víctor), *Barcelona 1931,* guionista español. Escribió el guion de series de cómic como *El Capitán Trueno* (1956) y *El Jabato* (1958).

MORÁDÁBÁD, c. de la India (Uttar Pradesh); 432 434 hab. Metalurgia.— Mezquita del s. XVII.

moradas (Las) o **Castillo interior,** tratado místico de santa Teresa de Jesús (1578). Alegoría del camino que debe seguir el alma hasta llegar a la séptima morada y unirse con Dios.

MORAES o **MORAIS** (Francisco de), *Lisboa h. 1500-Évora 1572,* escritor portugués, autor de la novela de caballerías *Palmerín de Inglaterra* (1567).

MORAES (Vinicius de), *Río de Janeiro 1913-íd. 1980,* compositor y cantante brasileño. Figura carismática de la bossa-nova, creó e interpretó grandes éxitos de esta corriente musical (*Garota de Ipanema; A felicidade; Tomara*).

MORA FERNÁNDEZ (Juan), *San José 1784-íd. 1854,* patriota y estadista costarricense. Primer jefe del estado (1824-1833), durante su mandato se produjo la anexión de Guanacaste.

MORAGAS GALLISSÀ (Jeroni), *Barcelona 1901-íd. 1965,* psiquiatra español. Dedicado a la psiquiatría infantil, fundó y dirigió el Instituto de pedagogía terapéutica de Barcelona. Obras: *La infancia anormal* (1933), *Psicología del niño y del adolescente* (1957).

MORAGUES (Pere), *h. 1300-h. 1387,* escultor y orfebre catalán. De estilo gótico, su principal obra escultórica es el sepulcro del arzobispo Lope Fernández de Luna (capilla de San Miguel, catedral de Zaragoza) y en orfebrería el custodia-relicario de plata de los Corporales de Daroca.

MORALES, mun. de Colombia (Cauca); 15 483 hab. Frijol, yuca, plátanos; ganado vacuno y porcino.

MORALES, mun. de Guatemala (Izábal); 36 530 hab. Centro bananero. Minas de oro.

MORALES (Cristóbal de), *Sevilla h. 1500-Málaga 1553,* compositor español. Maestro de capilla en Salamanca y Toledo, es el polifonista religioso más representativo de la escuela sevillana. Autor de música religiosa (misas, 18 magníficats y más de 90 motetes), en ella empleó el contrapunto con estricto sometimiento al texto litúrgico, aunque utilizó textos profanos en otras obras.

MORALES (Darío), *Cartagena 1944,* pintor y escultor colombiano. Su pintura y su escultura insisten en una figuración realista donde el cuerpo femenino es el protagonista.

MORALES (Evo), *Orinoca, Oruro, 1959,* político boliviano. De origen campesino, inició su actividad política como representante de los indígenas cocaleros. Fundador del Movimiento al socialismo (MAS), en 2006 accedió a la presidencia de la república y se convirtió en el primer indígena en desempeñar ese cargo en su país.

■ EVO **MORALES**   ■ JOSÉ MARÍA MORELOS Y PAVÓN

MORALES (Luis de), llamado **el Divino,** *Badajoz 1510-íd. 1586,* pintor español. Su obra, manierista de filiación italiana, idealiza las figuras, pero anuncia el barroco en su detallismo flamenco y en un tratamiento de la luz precursor del tenebrismo (*La Virgen con el Niño,* Prado; *Ecce homo,* Londres; *La Virgen con el Niño escribiendo,* México).

MORALES (Rafael), *Talavera de la Reina 1919-Madrid 2005,* poeta español. Su obra presenta una preocupación existencial (*Canción sobre el asfalto,* 1954; *La rueda y el viento,* 1971).

MORALES (Tomás), *Moya 1885-Las Palmas de Gran Canaria 1921,* poeta español. Poeta modernista, se inspiró en motivos del mar y de las islas (*Poemas de la gloria, del amor y del mar,* 1908; *Las rosas de Hércules,* 1919).

MORALES BERMÚDEZ (Francisco), *Lima 1921,* militar y político peruano. Nombrado primer ministro (1975), dio un golpe de estado y se proclamó presidente (1975-1980).

MORALES BERMÚDEZ (Remigio), *1836-1894,* político y militar peruano. Presidente (1890-1894), mantuvo el orden con represión.

MORAND (Paul), *París 1888-íd. 1976,* escritor francés. Viajero y mundano, en sus narraciones describió con escepticismo la vida moderna (*Abierto de noche,* 1922; *Venecias*).

MORANDI (Giorgio), *Bolonia 1890-íd. 1964,* pintor y grabador italiano. Creó naturalezas muertas de gran sobriedad y sutileza.

MORANTE (Elsa), *Roma 1912-íd. 1985,* novelista italiana. Sus obras de inspiración realista (*La isla de Arturo,* 1957; *La Storia,* 1974; *Aracoeli,* 1983) adquieren dimensiones simbólicas.

MORA PORRAS (Juan Rafael), *San José 1814-Puntarenas 1860,* político costarricense. Presidente desde 1850, fue derrocado en 1859. Intentó recuperar el poder pero fue fusilado.

MORATA (Ginés), *Rioja, Almería, 1945,* biólogo español. Investigador del Centro de biología molecular Severo Ochoa de Madrid, ha realizado trabajos fundamentales en biología del desarrollo para conocer el proceso de formación de organismos complejos. (Premio Príncipe de Asturias de investigación científica y técnica 2007.)

MORATÍN (Leandro **Fernández de**), *Madrid 1760-París 1828,* escritor español. Hijo de Nicolás Fernández de Moratín, es el principal exponente del teatro neoclásico español, con obras de costumbres, de intención crítica y didáctica, según modelos franceses (*La comedia nueva* o *El café,* 1792; *El sí de las niñas,* 1806).

MORATÍN (Nicolás **Fernández de**), *Madrid 1737-íd. 1780,* escritor español. Uno de los promotores del neoclasicismo en España, escribió teatro (*Guzmán el Bueno,* 1777) y poesía (recopilada por su hijo Leandro), en la que figuran las quintillas *Fiestas de toros en Madrid* y *El arte de las putas.*

MORAVA, r. de Europa, afl. del Danubio (or. izq.); 365 km. Su curso inferior separa la República Checa (*Moravia*) y Eslovaquia (patrimonio de la humanidad 1986 [ampliado en 2003]).

MORAVA, r. de Serbia, afl. del Danubio (or. der.); 220 km. Está formado por la unión del *Morava occidental* (298 km) y el *Morava meridional* (318 km).

MORAVIA, en checo **Morava,** región oriental de la República Checa, atravesada por el Morava; hab. *moravos;* c. prales. *Brno* y *Ostrava.*

HISTORIA

S. I a. C.: los celtas fueron expulsados de la región por el pueblo germano de los cuados. **S. V:** los eslavos se establecieron en la región. **S. IX:** se constituyó el imperio de la Gran Moravia, fundado por Mojmir I (m. en 846) y que comprendía Moravia, Eslovaquia occidental, Panonia, Bohemia, Silesia y parte de Lusacia. **902-908:** fue destruido por los húngaros. **1029:** Moravia fue anexionada a Bohemia. **1182:** fue erigida en margraviato del Imperio. A partir de mediados del s. XII los colonos alemanes se establecieron en el N del país y sus ciudades. **1411:** los reyes de Bohemia ejercieron el poder directo sobre Moravia.

MORAVIA, cantón de Costa Rica (San José); 38 040 hab.; cab. *San Vicente.* Café y hortalizas.

MORAVIA (Alberto **Pincherle,** llamado **Alberto**), *Roma 1907-íd. 1990,* escritor italiano. Sus novelas, realistas, parten del existencialismo y el psicoanálisis para tratar los problemas intelectuales y sociales contemporáneos (*Los indiferentes,* 1929; *El desprecio; El tedio,* 1960).

MORAY (Firth), golfo de Gran Bretaña, en el NE de Escocia.

MORAY o **MURRAY** (Jacobo **Estuardo,** conde de), *h. 1531-Linlithgow 1570,* príncipe escocés. Hijo natural del rey Jacobo V, fue consejero de su hermanastra María Estuardo y más tarde regente de Escocia (1567-1570).

■ LUIS DE **MORALES**. *La Virgen con el Niño.*

MORAZÁN (departamento de), dep. del N de El Salvador; 1 447 km²; 166 772 hab.; cap. *San Francisco Gotera.*

MORAZÁN (Francisco), *Tegucigalpa 1792-San José de Costa Rica 1842*, político hondureño Presidente de Honduras tras derrotar a Justo Milla (1827-1828), fue presidente de las Provincias Unidas de Centro América (1829 y 1830-1838) y, tras disolverse la Federación, presidente de El Salvador (1839-1840). En 1842 se hizo con el poder en Costa Rica e intentó resucitar la Federación. Derrocado por una revolución, fue juzgado y fusilado.

MORBIHAN, dep. de Francia (Bretaña); 6 823 km²; 643 873 hab.; cap. *Vannes.*

MORCELI (Noureddine), *Tenes 1970*, atleta argelino. Campeón del mundo (1991, 1993 y 1995) y olímpico (1996) de los 1 500 m, ha batido todos los récords del mundo de medio fondo de 1 000 a 3 000 m.

MORDILLO (Guillermo), *Buenos Aires 1932*, dibujante argentino. Cartelista, colabora en publicaciones de difusión masiva como humorista gráfico con historietas mudas que juegan con el impacto visual del color.

MORDUVIA, república de Rusia, al E-SE de Moscú; 26 000 hab.; cap. *Saransk*. La población está formada aprox. por un tercio de mordovanos de origen y un 60 % de rusos.

MORE o **MORO** → **TOMÁS MORO** (santo).

MORÉ (Bartolomé, llamado Benny), *Santa Isabel de las Lajas 1919-La Habana 1963*, músico cubano. Compositor, director de orquesta y cantante, renovó la interpretación de diversos ritmos antillanos (*Bonito y sabroso; Cómo fue*).

MOREA, nombre dado al Peloponeso después de la cuarta cruzada (1202-1204). Sede del principado de Morea o de *^Acaya.*

MOREAU (Gustave), *París 1826-íd. 1898*, pintor francés. Creador de una mitología simbólica minuciosa (*El rapto de Europa*, 1868), en ocasiones más libre (telas tachistas, acuarelas), fue el maestro de Matisse.

MOREAU (Jeanne), *París 1928*, actriz francesa. Trabajó en el teatro y desde 1957 se dedicó al cine: *La noche* (M. Antonioni, 1961), *Diario de una camarera* (L. Buñuel, 1964), *Jules y Jim* (F. Truffaut, 1962), *El paso suspendido de la cigüeña* (T. Angelopoulos, 1991).

MOREL (Carlos), *Buenos Aires 1813-Quilmes 1894*, pintor y litógrafo argentino, autor del álbum de litografías *Usos y costumbres del Río de la Plata* (1841).

MORELIA, c. de México, cap. del est. de Michoacán; 489 758 hab. Universidad. — Catedral (ss. XVII-XVIII) e iglesias barrocas. Seminario, act. palacio del Gobierno. (Patrimonio de la humanidad 1991.) — Fundada en 1541 con el nombre de *Valladolid* por Francisco de Montejo, en 1828 recibió la denominación actual en memoria de José María Morelos y Pavón, nacido en la ciudad.

MORELLA, c. de España (Castellón); 2 711 hab. (*bisgargitanos* o *morellanos*). En los *Puertos de Morella.* Ganadería lanar. Industria y artesanía textil. — Murallas y trazado urbano medieval. Iglesia arciprestal gótica (museo). Convento de San Francisco (ss. XIII-XIV). — Fue una disputada plaza militar en las guerras carlistas. — En los alrededores, poblados ibéricos y pinturas rupestres del arte levantino.

MORELOS, mun. de México (México); 19 068 hab.; cab. *San Bartolo Morelos.* Cereales, frutales.

Morelos, nombre de dos satélites de comunicaciones de México (Morelos I y II), lanzados al espacio en 1985.

MORELOS (estado de), est. del centro de México; 4 941 km²; 1 195 059 hab.; cap. *Cuernavaca.*

MORELOS Y PAVÓN (José María), *Valladolid, act. Morelia, 1765-San Cristóbal Ecatepec 1815*, patriota mexicano. Sacerdote mestizo, se unió a Hidalgo en 1810 y dirigió la insurrección en el S, lo que le valió la excomunión. Tras el congreso de Chilpancingo, asumió el poder ejecutivo, elaboró una constitución y proclamó la independencia (1813). Las derrotas de Lomas de Santa María (1813) y Puruarán (1814) y la pérdida de Oaxaca y Acapulco marcaron su declive. Apresado por tropas españolas, fue fusilado por orden de Iturbide.

MORENA (sierra), sistema montañoso del S de España. Separa la Meseta de la Vega del Guadalquivir, con los únicos pasos de Despeñaperros y Aracena. Sierras de Aracena (867 m), Madrona (1 323 m) y Alcaraz (1 798 m). [Reserva de la biosfera 2002.]

MORENO, partido de Argentina (Buenos Aires), en el Gran Buenos Aires; 287 138 hab.

MORENO, dep. de Argentina (Santiago del Estero); 21 861 hab.; cab. *Quimilí.* Cereales; ganadería. Explotación forestal.

MORENO (Francisco Pascasio), *Buenos Aires 1852-íd. 1919*, geógrafo, naturalista y paleontólogo. Conocido como el **Perito Moreno** por ser el experto indiscutible en el conflicto fronterizo con Chile, en sus numerosos viajes a la Patagonia acumuló una colección de objetos que fueron la base del museo de historia natural (1886), del que fue director. Fundador de la Sociedad científica argentina (1872) y diputado (1910-1913), es autor de *Viaje a la Patagonia Austral* (1879).

MORENO (Jacob Levy), *Bucarest 1892-Beacon, estado de Nueva York, 1974*, psicólogo estadounidense de origen rumano. Inventó el psicodrama y perfeccionó la técnica de la sociometría (*Fundamentos de la sociometría*, 1934).

MORENO (Mariano), *Buenos Aires 1778-en el Atlántico 1811*, patriota argentino. Secretario de la Junta revolucionaria de Buenos Aires (1810), defendió una política radical, rivalizando con Saavedra Unitario, perdió popularidad y dimitió el mismo año.

MORENO (Mario) → **CANTINFLAS.**

MORENO (Segundo Luis), *Cotacachi 1882-Quito 1972*, musicólogo ecuatoriano, autor de investigaciones sobre las ceremonias y la música de los indígenas ecuatorianos (*Música y danzas autóctonas del Ecuador*, 1949).

MORENO CARBONERO (José), *Málaga 1860-Madrid 1942*, pintor español, autor de pinturas de historia de factura academicista y gran preciosismo (*Entrada de Roger de Flor en Constantinopla*, palacio del Senado, Madrid).

MORENO-DURÁN (Rafael Humberto, llamado R. H.), *Tunja 1946-Bogotá 2005*, escritor colombiano. Es autor de novelas (*Juego de damas*, 1977; *El toque de Diana*, 1981; *Finale capriccioso con madonna*, 1983; *Los felinos del canciller*, 1987; *Mambrú*, 1996), cuentos (*Metropolitanas*, 1986; *Cartas en el asunto*, 1995) y ensayos (*Taberna in fabula*, 1991; *De la barbarie a la imaginación*, 2002; *Mujeres de Babel*, 2004).

MORENO FRAGINALS (Manuel), *La Habana 1920-Miami 2001*, historiador cubano, autor, entre otras obras, de *El ingenio* (1964) y *La historia como arma* (1983).

MORENO GONZÁLEZ (Enrique), *Madrid 1939*, médico español, pionero en el trasplante hepático y en cirugía de enfermedades complejas gastrointestinales.

MORENO OCAMPO (Luis), *Buenos Aires 1953*, jurista argentino. Fiscal adjunto en los juicios de 1985 contra los comandantes de la dictadura militar, fiscal de la capital federal (1987-1992), en 2003 fue elegido fiscal jefe del *Tribunal penal internacional.

MORENO TORROBA (Federico), *Madrid 1891-íd. 1982*, compositor español, compuso zarzuelas (*Luisa Fernanda*, 1932; *La chulapona*, 1934), óperas (*El poeta*, 1980), poemas sinfónicos y piezas para guitarra.

MORENO VILLA (José), *Málaga 1887-México 1955*, escritor y artista español. Vinculado a la generación del 27, cultivó la poesía (*Evoluciones*, 1918), el teatro, el cuento, el periodismo y el ensayo. Fue dibujante y pintor de talento, con obras próximas al surrealismo.

MORENTE (Enrique), *Granada 1942*, intérprete de cante flamenco español, una de las figuras más completas del cante comprometido (*Cantes antiguos del flamenco*). [Premio nacional de música 1994.]

MORERA (Enric), *Barcelona 1865-íd. 1942*, compositor español. Fundador de la agrupación coral Catalunya nova (1892) y del Teatro lírico catalán, compuso óperas, canciones y sardanas (*L'Empordà; La Santa Espina*).

Moreruela (monasterio de), primer monasterio cisterciense español (1131), en Moreruela de Tábara (Zamora). Se conserva parte de la cabecera de la iglesia (ss. XII-XIII).

MORETO (Agustín), *Madrid 1618-Toledo 1669*, escritor español. Compuso poesía, obras religiosas e históricas y destacó en la comedia de carácter (*El desdén con el desdén*, 1654; *El lindo Don Diego*, 1662).

MORETTI (Giovanni, llamado Nanni), *Brunico 1953*, cineasta y actor italiano. Héroe extravagante de sus propios filmes, ha revitalizado la comedia italiana (*Bianca*, 1984; *Palombella rossa*, 1989), antes de abordar un registro más trascendente (*Caro diario*, 1994; *La habitación del hijo*, 2001; *El caimán*, 2006).

MORFEO MIT. GR. Dios de los sueños, hijo de la noche y el sueño.

MORGAGNI (Giambattista), *Forlì 1682-Padua 1771*, anatomista italiano. Sus observaciones abrieron un nuevo camino a la medicina (*Opera omnia*, 1762).

MORGAN, familia de financieros estadounidenses. — **John Pierpont M.**, *Hartford, Connecticut, 1837-Roma 1913*, industrial estadounidense. Creó un gigantesco trust de la metalurgia y fundó numerosas instituciones filantrópicas. — **John Pierpont Morgan Jr.**, *Irvington, estado de Nueva York, 1867-Boca Grande, Florida, 1943*, financiero estadounidense. Hijo de John Pierpont, contribuyó a sufragar el gasto de los Aliados durante la primera guerra mundial. En 1924 legó a la ciudad de Nueva York la biblioteca-museo de su padre (Pierpont Morgan Library).

MORGAN (sir Henry John), *Llanrhymney, Gales, h. 1635-Port Royal, Jamaica, 1688*, corsario inglés. Almirante de los bucaneros, destruyó Puerto Príncipe (act. Camagüey) y Portobelo (1668), y conquistó Panamá a los españoles (1671). Carlos II de Inglaterra le nombró lugarteniente general de Jamaica (1674-1683).

MORGAN (Lewis Henry), *cerca de Aurora, estado de Nueva York, 1818-Rochester 1881*, antropólogo estadounidense. Autor de una concepción evolucionista de la antropología social, se interesó especialmente por los sistemas de parentesco (*La sociedad primitiva*, 1877).

MORGAN (Thomas Hunt), *Lexington, Kentucky, 1866-Pasadena 1945*, biólogo estadounidense. Investigador de la drosofila, creó la teoría cromosómica de la herencia y mostró que la evolución de las especies tiene un fundamento genético. (Premio Nobel 1933.)

Morgarten (batalla de) [15 nov. 1315], batalla que se desarrolló al N de Schwyz (Suiza), durante la cual los suizos de los Tres Cantones (Uri, Schwyz y Unterwalden) resistieron a Leopoldo I de Habsburgo y aseguraron su independencia.

MORGENSTERN (Christian), *Munich 1871-Merano 1914*, poeta alemán. Su obra, angustiada y humorística (*Canciones de la horca*, 1905), anuncia con sus transgresiones del lenguaje las vanguardias del s. XX.

MORGENSTERN (Oskar), *Görlitz 1902-Princeton 1977,* economista estadounidense de origen austriaco. Se especializó en los estudios matemáticos de los comportamientos económicos gracias a la teoría de los juegos de J. von Neumann.

MÓRICZ (Zsigmond), *Tiszacsécse 1879-Budapest 1942,* escritor húngaro. Sus novelas *(Fango y oro)* y obras de teatro *(El jabalí)* describen con estilo realista la vida campesina.

MÖRIKE (Eduard), *Ludwigsburg 1804-Stuttgart 1875,* escritor alemán. Sus poemas y novelas *(El pintor Nolten)* aúnan la inspiración popular y romántica con las formas clásicas.

MORIN (Edgar), *París 1921,* sociólogo francés. Ha reflexionado sobre los problemas de la cultura y de sus medios de difusión, así como sobre el imaginario social *(El espíritu de la época,* 1962; *El rumor de Orleans,* 1970; *El método,* 6 vols., 1977-2004).

MORÍÑIGO (Higinio), *Paraguarí 1897-1983,* militar y político paraguayo. Presidente provisional (1940), implantó una dictadura. Fue derrocado en 1948.

MORI OGAI (**Mori Rintāro,** llamado), *Tsuwano 1862-Tōkyō 1922,* escritor japonés. Su obra novelística *(La oca salvaje,* 1911-1913), influida por la literatura occidental, es una reacción a la escuela naturalista.

MORIOKA, c. de Japón (Honshū); 235 434 habitantes.

MORISOT (Berthe), *Bourges 1841-París 1895,* pintora francesa. Cuñada de Manet, es una figura destacada dentro del movimiento impresionista.

MORITZ (Karl Philipp), *Hameln 1756-Berlín 1793,* escritor alemán, autor de la novela autobiográfica *Anton Reiser* (1785-1790).

MORLANES (Gil de), llamado **el Viejo,** *h. 1450-Zaragoza h. 1517,* arquitecto y escultor aragonés, autor del retablo mayor de la capilla de Montearagón de la catedral de Huesca, de claras influencias renacentistas italianas. — **Gil de M. el Joven,** *h. 1485-h. 1547,* arquitecto español. Trabajó en Zaragoza (columnas jónicas del interior de la lonja) e intervino en pequeñas obras de ingeniería hidráulica.

MORLEY (Thomas), *Norwich 1557 o 1558-Londres 1602,* compositor inglés. Maestro de música vocal, introdujo el estilo italiano en Inglaterra y compuso madrigales y ballets.

MORNAY (Philippe de), llamado **Duplessis-Mornay,** *Buhy, Val-d'Oise, 1549-La Forêt-sur-Sèvre 1623,* jefe calvinista francés. Consejero de Coligny y de Enrique IV de Francia (antes de su conversión), fundó en Saumur la primera academia protestante (1599). Muy influyente, fue apodado «el papa de los hugonotes».

MORO → **TOMÁS MORO** (santo).

MORO (Aldo), *Maglie 1916-Roma 1978,* político italiano. Líder de la Democracia cristiana, fue presidente de gobierno (1963-1968 y 1974-1976) y ministro de asuntos exteriores (1969-1970 y 1973-1974). Fue secuestrado y asesinado por un comando terrorista de las Brigadas rojas.

MORO (Alfredo **Quíspez Asín,** llamado César), *Lima 1904-íd. 1955,* poeta peruano. Surrealista, escribió parte de su obra en francés *(Le château du Gtrisous,* 1943; *Trafalgar square,* 1954). Sus trabajos en castellano *(La tortuga ecuestre,* 1957; *Los anteojos de azufre,* 1957) se editaron de manera póstuma.

MORO (Antoon **Mor Van Dashorts,** llamado Antonio), *Utrecht h. 1519-Amberes 1576,* pintor neerlandés activo en España. Al servicio de Carlos Quinto y Felipe II, realizó numerosos retratos de personajes cortesanos, de gran objetividad y cierta influencia de Tiziano.

MOROLEÓN, mun. de México (Guanajuato); 44 858 hab. Tabacalera; textiles; destilerías.

MORÓN, partido de Argentina (Buenos Aires), forma parte del Gran Buenos Aires; 641 541 hab. Aeródromo militar.

MORÓN, mun. de Cuba (Ciego de Ávila); 46 055 hab. Tabacalera, alimentación, artículos de cuero.

MORÓN, c. de Venezuela (Carabobo) en la costa, 52 288 hab. Refinería de petróleo; petroquímica.

MORONA, r. de Ecuador y Perú, que nace en territorio ecuatoriano (Morona-Santiago) y penetra en Perú, donde desemboca en el Marañón (or. izq.); 400 km.

MORONA, cantón de Ecuador (Morona-Santiago): 23 370 hab. Cab. *Macas.* Caucho, cacao y vainilla.

MORONA-SANTIAGO (provincia de), prov. del E de Ecuador; 29 140 km²; 84 216 hab.; cap. *Macas.*

MORÓN DE LA FRONTERA, v. de España (Sevilla), cab. de p. j.; 28 000 hab. *(moronenses).* Centro agropecuario; industrias derivadas. Canteras (materiales de construcción). — Iglesia gótica con portada plateresca.

MORONES (Luis Napoleón), *Tlalpan 1890-Tacubaya 1964,* dirigente obrero mexicano. Fue secretario general de la Confederación regional obrera mexicana (1918-1949), fundador del Partido laborista (1919) y ministro de industria (1924-1928).

MORONI, cap. de las Comores, en la isla de Ngazidja; 20 000 hab.

MORONI (Giovanni Battista), *Albino, cerca de Bérgamo, h. 1528-Bérgamo 1578,* pintor italiano. Sus retratos son característicos del realismo lombardo.

MORONOBU (**Hishikawa Moronobu,** llamado), *Hota, cerca de Chiba, h. 1618-Edo h. 1694,* pintor y grabador japonés. Liberado de la influencia china, fue el primer gran maestro de la estampa japonesa.

MOROSINI (Francesco), *Venecia 1619-Nauplia 1694,* noble veneciano. Fue célebre por su defensa de Candía contra los turcos (1667-1669).

MOROVIS, mun. del N de Puerto Rico; 25 288 hab. Destilería; tabacalera.

MORRICONE (Ennio), *Roma 1928,* compositor italiano. Instrumentos solistas, rumores amplificados o ritmo percutivo caracterizan sus bandas sonoras: *Por un puñado de dólares* (S. Leone, 1964), *La misión* (R. Joffé, 1986).

MORRIS (**Maurice De Bevere,** llamado), *Courtrai 1923-Bruselas 2001,* dibujante y guionista de cómics belga, creador de *Lucky Luke.*

MORRIS (Robert), *Kansas City 1931,* artista estadounidense. Pionero del arte minimal y «anti forma», se centró en los procesos constitutivos de la obra y en la poética del espacio.

MORRIS (William), *Walthamstow, Essex, 1834-Hammersmith, cerca de Londres, 1896,* artista y escritor británico. Amigo de los prerrafaelistas, contribuyó a la renovación de las artes decorativas (papel pintado, etc.) y del libro ilustrado. Sus textos de *Noticias de ninguna parte* (1890) testimonian su militancia socialista.

MORRISON (Chloe Anthony **Wolford,** llamada Toni), *Lorain, Ohio, 1931,* escritora estadounidense. Sus novelas, realistas y oníricas *(Sula,* 1973; *Beloved,* 1987; *Jazz,* 1992; *Paraíso,* 1997; *Amor,* 2003), suponen una reconstrucción mítica de la memoria cultural afroamericana. (Premio Nobel 1993.)

■ TONI **MORRISON**

MORRO (canal del), canal de Ecuador, en el golfo de Guayaquil, entre la *punta del Morro* y la isla de Puná.

Morro (castillo del), fortaleza cubana, en el E de la bahía de La Habana, construida a fines del s. XVI, obra de B. Antonelli.

Morro (El), denominación del castillo de *San Felipe del Morro,* fortaleza construida por los españoles en la entrada del puerto de San Juan de Puerto Rico (fines s. XVI-inicios s. XVII). Forma parte, con la Fortaleza (1540) y el fuerte Cañuelo, del sistema defensivo de la isla de San Juan, según trazas de B. Antonelli.

MORROSQUILLO, golfo de Colombia (Sucre), en la costa del Caribe.

MORSE (Samuel), *Charlestown, Massachusetts, 1791-Nueva York 1872,* inventor estadounidense. Inventó en 1832 el telégrafo eléctrico que lleva su nombre (patentado en 1840). También fue pintor.

MORTIMER (Roger), barón **de Wigmore,** conde **de La Marche,** *1286 o 1287-Tyburn, cerca de Londres, 1330,* gentilhombre galés. Amante de la reina Isabel de Francia, dirigió la insurrección que terminó con la abdicación forzada y el asesinato de Eduardo II (1327). Feudatario de Inglaterra, fue ejecutado en época de Eduardo III.

MOSA, en fr. **Meuse,** en neerl. **Maas,** r. de Francia, Bélgica y Países Bajos; 950 km. Pasa por Verdún, Sedán, las Ardenas, Namur y Lieja. Su curso inferior, que atraviesa Países Bajos, acaba en un delta cuyas ramas se mezclan con el Rin. Es una importante vía de navegación.

MOSCOSO (Mireya), *Panamá 1946,* política panameña. Esposa de A. Arias, al fallecer este (1988) se convirtió en líder del Partido arnulfista. Fue presidente de la república (1999-2004).

MOSCOVIA, región histórica de Rusia, donde se desarrolló el gran principado de Moscú, cuyos soberanos se convirtieron en zares de Rusia (1547). Se habla de Moscovia o estado moscovita hasta la fundación del Imperio ruso (1721).

MOSCÚ, en ruso **Moskvá,** cap. de Rusia, a orillas del Moskvá; 8 316 000 hab. en la aglomeración *(moscovitas).* Centro administrativo, cultural, comercial e industrial. — En el centro, el *Kremlin forma un conjunto de edificios administrativos y de monumentos históricos (catedrales, iglesias, palacios). Otros monumentos relevantes son las iglesias de Basilio el Bienaventurado (s. XVI, en la plaza Roja [patrimonio de la humanidad 1990]) y San Nicolás de los Tejedores (s. XVII), el gran monasterio Novodiévichi (iconos, tesoro [patrimonio de la humanidad 2004]). Un nuevo renacimiento de la arquitectura se produjo en la segunda mitad del s. XVIII y, sobre todo, después de 1812. Museo histórico, galería Tretiakov (arte ruso), museo Pushkin (arqueología y artes del mundo), etc. — Mencionada en 1147, centro del principado de Moscovia a partir del s. XIII, la ciudad fue abandonada como capital en provecho de San Petersburgo en 1712. Fue incendiada a raíz de la entrada de los franceses en 1812. Se convirtió, en 1918, en sede del gobierno soviético y fue la capital de la URSS de 1922 a 1991. En 1941, los alemanes intentaron, en vano, tomarla.

MOSELA, r. de Europa occidental (Francia y Alemania), que nace en los Vosgos y se une al Rin (or. izq.) en Coblenza; 550 km. Se dirige hacia el N, pasando por Nancy y Metz, antes de formar la frontera entre Alemania y Luxemburgo. Atraviesa Tréveris y por un valle profundo recorre el macizo esquistoso Renano. Está canalizado entre Coblenza y Neuves-Maisons.

MOSELEY (Henry Gwyn Jeffreys), *Weymouth 1887-Gallípoli, Turquía, 1915,* físico británico. Estableció una relación entre el espectro de rayos X de un elemento y su número atómico (1913), que permite asimilar este a la carga del núcleo.

MOSELLE, dep. del NE de Francia (Lorena); 6 216 km²; 1 023 447 hab.; cap. *Metz.*

MOSHINSKY (Marcos), *Kíev 1921-México 2009,* físico mexicano de origen ucraniano. Fundador de la Escuela latinoamericana de física (1959), obtuvo la medalla Wigner (1998) por su contribución a la teoría de grupos y sus aplicaciones. (Premio Príncipe de Asturias 1988.)

MOSKVÁ, ant. en esp. **Moscova,** r. de Rusia, afl. del Oká (or. der.); 502 km. Pasa por Moscú (al que ha dado su nombre).

MOSQUERA, c. de Colombia (Cundinamarca); 20 440 hab.

MOSQUERA (Joaquín), *Popayán 1787-Bogotá 1877,* político colombiano. Miembro del consejo de gobierno de Bolívar (1828), fue presidente de la república (mayo-sept. 1830). — **Tomás Cipriano M.,** *Popayán 1798-íd. 1878,* militar y político colombiano. Hermano de Joaquín, fue presidente de la república (1845-

1849). Durante su mandato la hegemonía británica fue sustituida por la de EUA. De nuevo en el poder (1861-1864 y 1866-1867), implantó una dictadura. Perteneciente al liberalismo extremo, promovió la desamortización de los bienes eclesiásticos y fomentó las obras públicas. Fue derrocado y desterrado.

MOSQUITOS (Costa de los) o **MOSQUITIA**, región pantanosa de América Central (Honduras y Nicaragua), en la planicie costera del Caribe, habitada por los indios misquitos o mosquitos. Minería; yacimientos de petróleo.

Mossad, servicio de inteligencia israelí, fundado en 1951. Depende directamente del primer ministro. Es autor del secuestro del nazi Adolf Eichmann en Argentina (1960).

MOSSADEGH → **MUSADDAQ**.

MÖSSBAUER (Rudolf), *Munich 1929*, físico alemán. Descubrió un efecto de resonancia nuclear que permite precisar la estructura de las transiciones nucleares. (Premio Nobel 1961.)

MOST, c. de la República Checa, en Bohemia; 70 675 hab. Lignito.

MOSTAR, c. de Bosnia-Herzegovina, a orillas del Neretva; 126 067 hab. Ant. mezquitas turcas. Puente del s. XVI (destruido en 1993 y reconstruido fielmente) [el barrio en que se halla fue declarado patrimonio de la humanidad en 2005].

MÓSTOLES, v. de España (Madrid), cab. de p. j.; 196 289 hab. (*mostolenses* o *mostoleños*). Ciudad dormitorio de Madrid. Industria (electrónica, carpintería, maquinaria).

MOSUL, c. del N de Iraq, junto al Tigris, 600 000 hab.

MOSCÚ. La iglesia de San Basilio el Bienaventurado (s. XVI), en la plaza Roja.

MOTAGUA, r. de Guatemala, en la vertiente del Caribe, el más largo del país; 400 km. Nace cerca de Chichicastenango y desemboca en el golfo de Honduras, donde marca la frontera con Honduras.

MOTALA, c. de Suecia, junto al lago Vätter; 41 904 hab. Estación de radiodifusión.

MOTHERWELL (Robert), *Aberdeen, Washington, 1915-Provincetown, Massachusetts, 1991*, pintor estadounidense. Principal de los principales expresionistas abstractos («Elegías» a la república española, serie iniciada en 1948).

MOTILLAS (cultura de Las), cultura de la edad del bronce de la Meseta sur de la península Ibérica, La Mancha (1700-1300 a.C.). Poblados fortificados elevados, construidos por gentes dedicadas a la agricultura y ganadería con inicios de urbanismo.

MOTILONES (sierra de los), sistema montañoso de Colombia (Cesar) y Venezuela (Zulia), enmarcado en la cordillera de Perijá (o *Motilones-Perijá*), ramal terminal de los Andes; 3 750 m en el pico Tetaría.

MOTOLINÍA (fray Toribio de **Paredes** o de **Benavente**, llamado), *Benavente 1482-1491-México 1569*, misionero y cronista español. Franciscano, llegó a México en 1524, con el grupo de los doce primeros misioneros, y fundó Puebla de los Ángeles (1530). Defendió a los indios, pero tras la aprobación de las *Leyes nuevas* (1542) se enfrentó a los dominicos y al padre Las Casas. Adoptó el sobrenombre de *Motolinía* (pobre) por ser el primer vocablo

náhuatl que aprendió. Escrita en este idioma y en español, su inconclusa *Historia de los indios de la Nueva España* (1538; inédita hasta 1858) aporta datos del mundo azteca.

MOTOZINTLA o **MOTOZINTLA DE MENDOZA**, mun. de México (Chiapas); 34 705 hab. Café, cacao; ganadería.

MOTRIL, c. de España (Granada), cab. de p. j.; 50 172 hab. (*motrileños*). Agricultura. Activo puerto (El Varadero). Centro industrial y comercial. Turismo (playas).

MOTT (Lucretia), nacida **Coffin**, *Nantucket 1793-cerca de Abington, Pennsylvania, 1880*, feminista y abolicionista estadounidense. Participó en la creación de la Sociedad americana contra la esclavitud (1833) y organizó, con E. Stanton, la primera convención sobre los derechos de la mujer (1848).

MOTTE-FOUQUÉ (Friedrich, barón de **La**), *Brandeburgo 1777-Berlín 1843*, escritor alemán, autor de dramas y relatos románticos (*Ondina*).

MOTUL, mun. de México (Yucatán); 24 362 hab.; cab. *Motul de Felipe Carrillo Puerto*. Henequén.

MOUASKAR, ant. **Mascara**, c. del O de Argelia; 70 800 hab.

MOULIN (Jean), *Béziers 1899-¿Metz? 1943*, patriota francés. Primer presidente del Consejo nacional de la Resistencia (1943), fue traicionado y entregado a la Gestapo y murió cuando do era deportado a Alemania.

Moulin-Rouge, sala de espectáculos de París. Sala de baile desde 1889, en 1903 se convirtió en teatro de variedades. Su principal atracción fue el grupo French-Cancan. — Las obras pictórica y gráfica de Toulouse-Lautrec han perpetuado el recuerdo del cabaret.

MOULINS (maestro de), nombre dado a un pintor anónimo activo en el centro de Francia a fines del s. XV (quizá el neerlandés Jean Hey), autor del tríptico de la *Virgen en gloria* de la catedral de Moulins y de varios retratos de los Borbones (Louvre).

MOULMEIN, c. de Birmania, junto al Saluén; 322 000 hab. Puerto.

MOUNDOU, c. del S de Chad, 102 000 hab.

MOUNIER (Emmanuel), *Grenoble 1905-Châtenay-Malabry 1950*, filósofo francés. Su aspiración a la justicia y su fe cristiana le inspiraron el personalismo, movimiento que difundió a través de la revista *Esprit*, que fundó en 1932.

MOUNTBATTEN OF BURMA (Louis, conde), *Windsor 1900-en el mar 1979*, almirante británico. Dirigió en Ceilán las fuerzas aliadas del Sureste asiático (1943), conquistó Birmania e hizo capitular a los japoneses en Saigón en 1945. Último virrey de la India en 1947, fue jefe del estado mayor de la defensa (1959-1965). Murió, víctima de un atentado del IRA.

MOUNT VERNON, lugar de Estados Unidos (Virginia), junto al Potomac. Ant. residencia de Washington (tumba en el cementerio familiar).

MOURE (Francisco de), *Santiago de Compostela h. 1577-Orense 1636*, escultor español, figura destacada del barroco gallego (sillería del coro, catedral de Lugo, 1621-1625).

Movimiento 19 de abril → **M-19**.

Movimiento 26 de julio, organización revolucionaria cubana, fundada en México por Fidel Castro y Che Guevara (1955). Dirigió la lucha contra Batista.

Movimiento nacional, conjunto de fuerzas españolas que participaron en el alzamiento del 18 de julio de 1936 y que constituyeron el bando nacionalista durante la guerra civil. La secretaría general del Movimiento (1939), con carácter de ministerio, y el consejo nacional del Movimiento dirigieron durante el franquismo la política del país (organización sindical, prensa, radio y propaganda, etc.).

Movimiento nacionalista revolucionario o **MNR**, organización política boliviana, fundada en 1942. Sus candidatos han ocupado la presidencia del país en 1952-1964, 1985-1989, 1993-1997 y 2002-2003. Tras sufrir diversas escisiones y cambios de ideología, actualmente ocupa una posición de centroderecha.

MOXOS, región de Bolivia (Beni). Yacimientos correspondientes a pueblos agroalfareros

(300 a.C.-1000 d.C.). Misiones jesuíticas (ss. XVII-XVIII), con iglesias construidas en madera.

MOYA (Luis), *Madrid 1904-íd. 1990*, arquitecto español. Se sirvió del orden clásico y de la tradición, en una actitud de oposición a las ideas de la arquitectura moderna (universidad laboral de Gijón, 1946-1950).

MOYA (Miguel), *Madrid 1856-San Sebastián 1920*, periodista español. Director de *El liberal* (1890-1906), fue el primer presidente de la Asociación de la prensa de Madrid.

MOYA (Pedro de), *Granada 1610-íd. 1666*, pintor español, de la escuela barroca andaluza, fiel a la tradición barroca flamenca (*La visión de santa Magdalena de Pazis*).

MOYANO (Daniel), *Buenos Aires 1930-Madrid 1992*, escritor argentino. Perteneciente a la generación del 55, su novelística se adscribe al realismo mágico (*El oscuro*, 1969; *El vuelo del tigre*, 1981). También escribió cuentos.

MOYANO SAMANIEGO (Claudio), *Bóveda de Toro o Fuente de la Peña, Zamora, 1809-Madrid 1890*, político español. Ministro de fomento, es autor de la ley de Instrucción Pública que declaraba obligatoria la enseñanza primaria (*ley Moyano*, 1857)

MOYOBAMBA, c. de Perú, cap. del dep. de San Martín; 9 699 hab. Destilerías; vinos. Pozos de petróleo; placeres de oro. Fue fundada hacia 1539.

MOYUTA, mun. de Guatemala (Jutiapa), al pie del volcán Moyuta, 22 164 hab. Café. Ganadería.

MOZAMBIQUE, en port. **Moçambique**, estado de África austral, en el océano Índico; 785 000 km², 16 540 000 hab. (*mozambiqueños*). CAP. *Maputo*. LENGUA: *portugués*. MONEDA: *metical*. (*V. mapa pág. siguiente.*)

GEOGRAFÍA

El país, bien irrigado, está formado fundamentalmente por una vasta llanura costera que se eleva hacia el interior. La economía es predominantemente agrícola (mandioca, maíz, sorgo, caña de azúcar, algodón, té, copra). La guerra civil (sobre todo, en la década de 1980) y unos períodos de sequía arruinaron el país, convirtiéndolo en uno de los más pobres del mundo. Sin embargo, sostenido con la ayuda internacional, Mozambique presenta act. unos resultados esperanzadores en materia de desarrollo.

HISTORIA

Ss. X-XV: el país, poblado por bantúes, estaba organizado en pequeñas cafrerías gobernadas por dinastías hereditarias, los reinos Maravi. Exportaba el marfil local hacia el interior. **1490:** los portugueses se establecieron en la costa; los comerciantes árabes desviaron el comercio hacia Zambeze. **1544:** Lourenço Marques fundó la act. Maputo. **Ss. XVII-XVIII:** la influencia portuguesa se consolidó en los bajos valles orientales. **1886-1893:** se fijaron las fronteras de la nueva colonia portuguesa mediante acuerdos con Alemania y Gran Bretaña. **1951:** Mozambique se transformó en provincia portuguesa de ultramar. **1964:** el Frente de liberación de Mozambique (Frelimo), fundado en 1962, inició la guerrilla contra la dominación portuguesa. **1975:** se proclamó la independencia. El presidente del Frelimo, Samora Machel, fue nombrado presidente de la república popular. La situación económica se agravó en los años siguientes y, a partir de 1979, se desarrolló una rebelión armada anticomunista apoyada por Sudáfrica. **1986:** Joaquim Chissano (Frelimo) sucedió a S. Machel. **1990:** una nueva constitución puso fin a 15 años de régimen de partido único. **1992:** J. Chissano y el líder de la rebelión firmaron un acuerdo de paz. **1994:** las primeras elecciones pluralistas confirmaron a Chissano como presidente (reelegido en 1999). **1995:** Mozambique ingresó en la Commonwealth. **2005:** Armando Guebuza se convirtió en presidente de la república.

MOZAMBIQUE (canal de), brazo de mar del océano Índico, entre África (*Mozambique*) y Madagascar.

MOZAMBIQUE (corriente de), corriente marina caliente del océano Índico. Recorre de N a S la costa oriental de África y toda la costa occidental de Madagascar.

MOZART (Wolfgang Amadeus), *Salzburgo 1756-Viena 1791*, compositor austríaco. Uno de los grandes maestros de la ópera, es autor de *El rapto en el serrallo* (1782), *Las bodas de Fígaro* (1786), *Don Juan* o *El libertino castigado* (1787), *Così fan tutte* (1790) y *La flauta mágica* (1791). Trató con maestría todos los géneros. Compuso sinfonías (sinfonía nº 40 en sol menor y nº 41, *Júpiter*), sonatas, 27 conciertos para piano, música de cámara (27 cuartetos de cuerda, tríos, quintetos) y música religiosa (*Réquiem*, 1791). Maestro de la melodía, buscó la pureza y la elegancia y alcanzó celebridad por la sencillez y gracia de sus obras. Pero su claridad y fantasía traslucen la ironía y el desasosiego de un alma inquieta.

MOZI, *h. 479-h. 381 a.C.*, filósofo chino. Opuesto a Confucio, sostuvo una doctrina del amor universal apoyada en una fuerte argumentación lógica y dialéctica y creó escuela.

MPUMALANGA, ant. **Transvaal Este**, prov. de Sudáfrica; 2 800 711 hab.; cap. *Nelspruit*.

MRÓŻEK (Sławomir), *Borzęcin 1930*, escritor francés de origen polaco. Autor de relatos satí-

■ **MOZART.** (Casa Mozart, Salzburgo.)

ricos (*El elefante*, 1957), en su teatro se valió de lo grotesco (*Tango*) para mostrar la alienación del individuo.

MU'ĀWIYYA I, *La Meca h. 603-Damasco 680*, califa (661-680), fundador de la dinastía omeya.

MUBARAK (Hosni), *Kafr El-Moseilha 1928*, político egipcio. Vicepresidente (1975), fue elegi-

do presidente tras el asesinato de Sādāt (1981) y ha sido reelegido desde entonces.

MUCHA (Alfons), *Ivančice, Moravia, 1860-Praga 1939*, pintor y dibujante checo. Vivió en París de 1888 a 1904. Promovió el art nouveau (carteles para Sarah Bernhardt, etc.).

MUCIO ESCÉVOLA (Cayo), *fines del s. VI a.C.*, héroe legendario romano. Penetró de noche en el campamento etrusco para matar al rey Porsenna. Descubierto, para castigarse por su fracaso metió la diestra en un brasero (de ahí su nombre de Escévola, «el zurdo»).

MUCUÑUQUE, pico de Venezuela, máx. alt. de la sierra de Santo Domingo; 4 672 m.

MUDANJIANG, c. de China (Heilongjiang); 581 000 hab. Centro industrial.

MUDARRA (Alonso), *Palencia 1510-Sevilla 1580*, vihuelista español. Publicó *Tres libros de música de cifra para vihuela* (1546), que contienen 70 composiciones, entre ellas transcripciones de piezas polifónicas de otros autores.

MUDDY WATERS (McKinley **Morganfield**, llamado), *Rolling Fork 1915-Downers Grove 1983*, cantante y guitarrista de blues estadounidense. Fue uno de los precursores del rock (*I'm a Man; Hoochie-Coochie Man*).

MUEL, v. de España (Zaragoza); 1 123 hab. (*muelenses*). Cerámica tradicional, que se remonta al s. XVI. — Ermita con murales de Goya.

MUERTE (Valle de la), en ingl. **Death Valley**, profunda depresión árida de Estados Unidos, en California.

muerte de Artemio Cruz (La), novela de C. Fuentes (1962). Amarga crítica de los hombres que traicionaron la revolución mexicana.

Muerte sin fin, obra poética de José Gorostiza (1939), de hondo contenido metafísico y gran pureza lírica.

MUERTO (mar), lago de Palestina, entre Israel y Jordania, donde desemboca el Jordán; 1 015 km²; 390 m aprox. por debajo del nivel del mar, con una salinidad muy alta (30 % aprox.).

Muerto (manuscritos del mar), manuscritos escritos en hebreo y arameo, descubiertos entre 1946 (o 1947) y 1956 en las cuevas de las orillas del mar Muerto, cerca del yacimiento de Qumrān, y que son de gran importancia para la historia del judaísmo y los orígenes del cristianismo. Redactados del s. II a.C. al s. I d.C., contienen textos bíblicos y apócrifos judíos y escritos propios de una secta religiosa judía (probablemente esenia) que vivía en Qumrān. Fueron publicados entre 1955 y 2002.

MUFULIRA, c. de Zambia; 150 000 hab. Cobre.

MUGABE (Robert Gabriel), *Kutama 1924*, político de Zimbabwe. Primer ministro desde la independencia (1980), es presidente de la república desde 1987. La creciente intransigencia de su gestión del poder ha sumido el país en una profunda crisis.

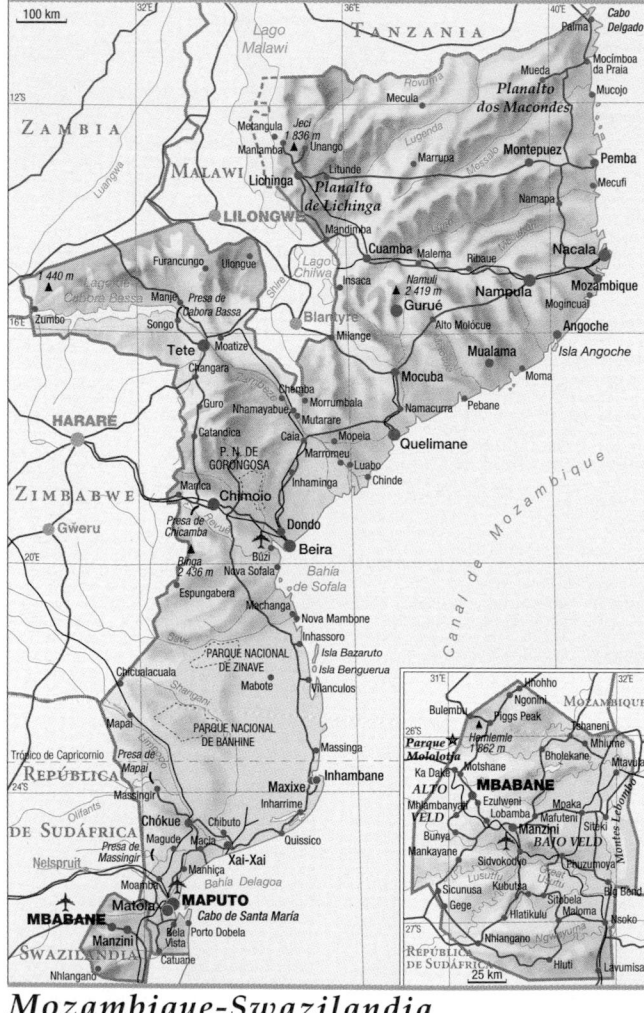

Mozambique-Swazilandia

100 km

— carretera
— ferrocarril
✈ aeropuerto

● más de 1 000 000 hab.
● de 100 000 a 1 000 000 hab.
● de 50 000 a 100 000 hab.
● menos de 50 000 hab.

200   500   1 000 m

■ HOSNI **MUBARAK**   ■ ROBERT **MUGABE**

MUGELLO, región de Toscana.

MUḤAMMAD → MAHOMA.

ALMOHADE

MUḤAMMAD IBN YA'QŪB AL-NĀṢIR, llamado **Miramamolín**, *Sevilla 1179-en Marruecos 1213*, califa almohade (1199-1213). Fue derrotado por los cristianos en la batalla de Las Navas de Tolosa (1212).

CÓRDOBA

MUḤAMMAD I, *Córdoba 823-íd. 886*, emir de Córdoba, de la dinastía de los Omeyas (852-

866). Hijo de 'Abd al-Raḥmān II, derrotó a los asturianos en Guazalete (854), pero cedió terreno ante el avance de Alfonso III.

MUḤAMMAD II al-Mahdi, *Córdoba 980-íd. 1010*, califa de Córdoba, de la dinastía de los Omeyas (1009-1010). Derrocó a Hišām II, pero este recuperó el trono tras su asesinato.

MARRUECOS

MUḤAMMAD V o **MOHAMMED V**, *Fez 1909-Rabat 1961*, sultán (1927) y posteriormente rey (1957-1961) de Marruecos, de la dinastía de los 'Alawíes. Apoyó desde 1944 al partido del Istiqlāl. Fue depuesto por Francia en 1953 y exiliado. Rehabilitado en 1955, obtuvo la independencia de Marruecos (1956) y fue nombrado rey.

MUḤAMMAD VI o **MOHAMMED VI**, *Rabat 1963*, rey de Marruecos, de la dinastía de los 'Alawíes. Primogénito de Ḥasan II, lo sucedió en 1999.

TÚNEZ

MUḤAMMAD AL-ṢADŪQ, *Túnez 1812-íd. 1882*, bey de Túnez (1859-1882). Firmó el tratado del Bardo, que instituyó el protectorado francés (1881).

MUḤAMMAD 'ABDUH → **'ABDUH.**

MUḤAMMAD IBN 'ABD AL-WAHHAB, *en el Naŷd 1703-1792*, reformador musulmán. Fundador de la corriente reformista y puritana de los wahhābíes, creó con los saudíes un estado independiente en Arabia (1744).

MUḤAMMAD RIḌĀ [o **REZĀ**], *Teherán 1919-El Cairo 1980*, sha de Irán (1941-1979), de la dinastía Pahlawi. Fue derrocado por la revolución islámica (1979).

Mühlberg (batalla de) [24 abril 1547], victoria de Carlos Quinto (con tropas de su hermano Fernando, de Mauricio de Sajonia y de Juan de Brandeburgo) frente a los protestantes de la liga de Smalkalda en Mühlberg an der Elbe (Brandeburgo). —Tiziano retrató a Carlos Quinto victorioso en esta batalla.

MUISNE, isla del N de Ecuador (Esmeraldas).

MUJICA LÁINEZ (Manuel), *Buenos Aires 1910-La Cumbre, Córdoba, 1984*, escritor argentino. Original novelista, su obra trata temas porteños (*Invitados en el paraíso*, 1957), europeos (*Bomarzo*, 1962; *El unicornio*, 1965), así como diversas etapas de la historia de occidente (*El laberinto*, 1974; *El escarabajo*, 1982).

■ MUḤAMMAD VI   ■ MANUEL MUJICA LÁINEZ

MUKALLĀ (al-), c. de Yemen, junto al golfo de Aden; 154 000 hab. Puerto.

Mukden (batalla de) [20 febr.-11 marzo 1905], batalla de la guerra ruso-japonesa. Victoria del ejército japonés sobre las tropas rusas en Mukden (act. Shenyang, China).

MULATAS (archipiélago de las), archipiélago de Panamá, en el Caribe, frente al golfo de San Blas.

Mūlāy o **Muley** (voz ár. que significa *mi señor*), título llevado por los sultanes de Marruecos de la dinastía 'alawí.

MULCHÉN, com. de Chile (Biobío), a orillas del *río Mulchén;* 30 524 hab. Centro agrícola. Harineras.

MULEGÉ, mun. de México (Baja California Sur); 26 983 hab. Cereales; caña de azúcar. Pesca. Salinas.

MULHACÉN, pico de España en la sierra Nevada; máxima elevación de la península Ibérica; 3 478 m.

MÜLHEIM AN DER RUHR, c. de Alemania (Rin del Norte-Westfalia), en el Ruhr; 177 175 hab. Metalurgia.

MULHOUSE, c. de Francia (Haut-Rhin), a orillas del Ill; 112 002 hab. (más de 230 000 en la aglomeración.) Universidad. Centro industrial. — Museos. — En las proximidades, minas de potasa.

MULLER (Hermann Joseph), *Nueva York 1890-Indianápolis 1967*, biólogo estadounidense. Sus investigaciones sobre genética y, en particular, sobre las mutaciones obtenidas por la acción de rayos X, le valieron el premio Nobel en 1946.

MULLER (Karl Alexander), *Basilea 1927*, físico suizo. Sintetizó, en 1986, con J. Bednorz, una cerámica superconductora a una temperatura de 35 K. (Premio Nobel 1987.)

MÜLLER (Heiner), *Eppendorf 1929-Berlín 1995*, dramaturgo alemán. Pasó de un teatro didáctico inspirado en Brecht (*Cemento*, 1964) a piezas basadas en una crítica pesimista de la historia contemporánea y en la reescritura de obras antiguas (*Hamlet-Machine*, 1978; *Quartett*, 1980).

MÜLLER (Paul Hermann), *Olten 1899-Basilea 1965*, bioquímico suizo. Inventó el DDT. (Premio Nobel de fisiología y medicina 1948.)

MULLIKEN (Robert Sanderson), *Newburyport 1896-Arlington, Virginia, 1986*, químico estadounidense. Introdujo las nociones de orbitales atómicos y de orbitales moleculares para explicar la estructura electrónica y el enlace de los moléculas. (Premio Nobel 1966.)

MULLIS (Kary Banks), *Lenoir, Carolina del Norte, 1944*, bioquímico estadounidense. Descubrió y desarrolló una técnica de multiplicación de ADN llamada PCR. (Premio Nobel de química 1993.)

MULTĀN, c. de Pakistán; 730 000 hab. Centro industrial. — Mausoleos (ss. XIII-XVI), mezquitas (s. XVIII).

MULTATULI (Eduard Douwes Dekker, llamado), *Amsterdam 1820-Nieder-Ingelheim 1887*, escritor neerlandés. Su novela *Max Havelaar o las subastas del café de la Compañía comercial holandesa* (1860) denuncia la corrupción colonialista.

MULUYA, r. del Marruecos oriental, tributario del Mediterráneo; 450 km. — El tratado de Monteagudo (1291) Sancho IV de Castilla y Jaime II de Aragón se repartieron el Magreb, estableciendo como frontera el *uadi Muluya*. En el s. XX Francia y España lo utilizaron como divisoria entre las zonas de protectorado.

MUMBAI → **BOMBAY.**

MUNCH (Edvard), *Løten 1863-cerca de Oslo 1944*, pintor y grabador noruego. Sus temas dominantes son la angustia y la dificultad de vivir (*El grito*, 1893, galería nacional de Oslo; *Angustia*, 1894, museo Munch, Oslo). Fue un precursor del expresionismo, sobre todo del alemán.

MÜNCH (Guido), *San Cristóbal de las Casas 1921*, astrónomo mexicano, nacionalizado estadounidense (1957). Es especialista en espectros y estructuras galácticas y en aplicaciones tecnológicas para la exploración del espacio.

MÜNCHHAUSEN (Karl Hieronymus, barón von), *Gut Bodenwerder, Hannover, 1720-íd. 1797*, militar alemán. Sus fanfarronadas lo convirtieron en un personaje legendario, cuyas aventuras han inspirado a numerosos escritores y cineastas.

Munda (batalla de) [45 a. C.], derrota de los hijos de Pompeyo, Cneo y Sexto, ante César, en la península Ibérica (cerro de las Balas, al SO de Écija, Sevilla). La victoria dio a César el dominio sobre la Bética.

MUNDELL (Robert Alexander), *Kingston 1932*, economista canadiense. Keynesiano, sentó las bases teóricas que dominan las opciones concretas de política monetaria y fiscal en economía abierta. También mostró, a partir de la década de 1960, las ventajas de la adopción de una moneda única por parte de las «zonas monetarias óptimas». (Premio Nobel 1999.)

MUNDIR (al-), *Córdoba 844-Bobastro 888*, señor emir independiente de al-Andalus (886-888). Hijo de Muḥammad I, realizó una infructuosa campaña contra 'Umar ibn-Hafsun.

MUNDO, conjunto de tierras emergidas (cerca de 150 millones de km²), repartidas esencialmente (Antártida excluida) en 194 estados independientes, cuya superficie oscila entre menos de 1 km² (Vaticano) y más de 17 millones de km² (Rusia). [V. parte n. com. mapa **husos horarios.**]

MUNDO, r. de España, que nace en los relieves del *Calar del Mundo* y desemboca en el Segura (or. izq.); 94 km. Embalses de Talave y Camarillas.

mundo (El), diario español, de línea popular, fundado en Madrid en 1989. El segundo del país por su tirada y difusión, se edita simultáneamente en varias ciudades.

mundo es ancho y ajeno (El), novela de Ciro Alegría (1941), consagración de la novela indigenista en Latinoamérica.

MUNICH, en alem. **München**, c. de Alemania, cap. de Baviera, junto al Isar; 1 255 623 hab. *(muniqueses).* Metrópoli cultural, comercial e industrial del S de Alemania (construcciones eléctricas y mecánicas, agroalimentaria, química). — Catedral (s. XV) e iglesia de San Miguel (fines del s. XVI). Residencia (palacio real) de los ss. XV-XIX. Monumentos barrocos del s. XVIII construidos por los hermanos Asam o por F. de Cuvilliés, y neoclásicos por L. von Klenze. Importantes museos, entre los que destacan la antigua pinacoteca y la nueva (obras maestras de las escuelas europeas), la gliptoteca (escultura griega y romana) y el museo alemán de las ciencias y la técnica. — Fundada en 1158, en 1255 pasó a ser la residencia de los Wittelsbach. Capital del reino de Baviera desde 1806, a partir de 1920 fue uno de los principales focos del nacionalsocialismo.

Munich (acuerdos de) [29-30 sept. 1938], acuerdos firmados entre Francia (Daladier), Gran Bretaña (Chamberlain), Alemania (Hitler) e Italia (Mussolini). En ellos se preveía la evacuación de la población checa del territorio de los Sudetes y su ocupación por las tropas alemanas. La aceptación por parte de los países democráticos de las exigencias alemanas tranquilizó a la opinión pública europea, que creyó haber evitado la guerra, pero alentó a Hitler en su política expansionista.

MUNSTER, prov. de la República de Irlanda; 1 009 333 hab.; cap. *Cork.*

MÜNSTER, c. de Alemania (Rin del Norte-Westfalia), en la *cuenca del Münster;* 267 367 hab. Universidad. — Monumentos antiguos y museos. Exposición decenal de esculturas al aire libre. — Fue uno de los lugares donde se negociaron los tratados de Westfalia (1648).

MUNTADAS (Antoni), *Barcelona 1942*, artista español. Sus instalaciones exploran las implicaciones artísticas, sociológicas y políticas de los medios de comunicación de masas. (Premio nacional de las artes plásticas 2005.)

MUNTANER (Ramon), *Perelada, Gerona, 1265-Ibiza 1336*, cronista y militar catalán. Soldado en Menorca y Sicilia, marchó a Oriente con los almogávares y fue gobernador de Gallípoli, de Gelves y de Ibiza. Escribió una *Crónica* (1325-1332) de los reinados de Jaime I, Pedro III, Alfonso III y Jaime II.

MUNTENIA, región de Rumania, al E del Olt, en la parte oriental de Valaquia; cap. *Bucarest.* Yacimientos de petróleo, centros industriales.

MÜNZER o **MUNTZER** (Thomas), *Stolberg, Harz, h. 1489-Mühlhausen, Turingia, 1525*, reformador alemán. Fue uno de los fundadores del anabaptismo. Tomó las armas al frente de un grupo armado en la guerra de los Campesinos, pero fue derrotado por los príncipes en Frankenhausen (1525) y ejecutado.

MUÑECAS (cordillera de), alineación montañosa de Bolivia, en la cordillera Real (La Paz). Yacimientos metalíferos.

MUÑOZ (Felipe), *México 1951*, nadador mexicano. Apodado «Tibio», fue campeón nacional durante siete años consecutivos (1967-1973) y ganó la medalla de oro en los juegos olímpicos de México (1968).

MUÑOZ (Gil Sánchez), *Teruel 1369-Mallorca 1446*, antipapa en 1424, con el nombre de Clemente VIII. Elegido por algunos cardenales al morir el antipapa Benedicto XIII, se estableció en Peñíscola y abandonó sus pretensiones en 1429, en que fue nombrado obispo de Mallorca.

MUÑOZ (Juan), *Madrid 1953-Ibiza 2001*, escultor español. En su obra, que acusa la influencia del arte conceptual, el *povera* o el posminimalismo, juega un papel clave lo simbólico y las constantes referencias culturales. (Premio nacional 2000.)

MUÑOZ (Juan Bautista), *Museros, Valencia, 1745-1799*, historiador español. Escribió el primer volumen de una *Historia del Nuevo mundo* (1793).

MUÑOZ (Lucio), *Madrid 1929-íd. 1998*, pintor español. Vinculado a los realistas madrileños, evolucionó hacia el informalismo matérico. Es característica su utilización de la madera (mural del altar mayor de la basílica de Aránzazu).

MUÑOZ DEGRAIN (Antonio), *Valencia 1843-Málaga 1924*, pintor español. Primer maestro de Picasso en Málaga, su obra se encuentra a medio camino entre el posromanticismo y el impresionismo (paisajes; cuadros de historia: *Los amantes de Teruel*).

MUÑOZ GAMERO, península de Chile, en la Patagonia (Magallanes y Antártica Chilena), al S de Puerto Natales; 1 750 m en el monte Burney.

MUÑOZ LEDO (Porfirio), *México 1933*, político mexicano. Fue ministro en diversos gobiernos del PRI. Miembro de la Corriente democrática de este partido, lo abandonó junto a C. Cárdenas para fundar el PRD, que más tarde abandonaría. Presidió el Congreso con el apoyo de toda la oposición (1997).

MUÑOZ MARÍN (Luis), *San Juan 1898-íd. 1980*, político puertorriqueño. Fundador del Partido popular democrático, fue el primer gobernador elegido de Puerto Rico (1948-1964). Durante su mandato se elaboró la constitución de 1952.

MUÑOZ MOLINA (Antonio), *Úbeda 1956*, escritor español. Poseedor de una prosa cuidada y una fina sensibilidad, domina los resortes del lenguaje y de la intriga (*El invierno en Lisboa*, 1987; *Beltenebros*, 1988; *El jinete polaco*, 1991; *Sefarad*, 2001; *El viento de la Luna*, 2006). [Premio nacional de narrativa 1988 y 1992.] (Real academia 1995.)

MUÑOZ MOLLEDA (José), *La Línea de la Concepción 1905-Madrid 1988*, compositor y pianista español. En su obra, neorromántica, destacan el oratorio *La resurrección de Lázaro* (1937) y la música de cámara y vocal.

MUÑOZ RIVERA (Luis), *Barranquitas 1859-Santurce, España, 1916*, escritor y político puertorriqueño. Partidario de la autonomía de su país, fue poeta vanguardista (*Tropicales*, 1902) y escribió sátiras políticas bajo el seudónimo **Demócrito.**

MUÑOZ SECA (Pedro), *El Puerto de Santa María 1881-Paracuellos del Jarama, Madrid, 1936*, comediógrafo español. Cultivó la parodia y el disparate en un género de comedia que se denominó *astracanada* (*La venganza de don Mendo*, 1919; *Los extremeños se tocan*, 1926).

MUQDISHO, ant. **Mogadishu**, en ital. **Mogadiscio**, cap. de Somalia, a orillas del océano Índico; 1 000 000 hab. Puerto. Aeropuerto. Refinería de petróleo. Industrias alimentarias. Universidad.

MUR, r. de Europa (Austria, Eslovenia y Croacia), afl. del Drave (or. izq.); 445 km. Atraviesa Graz. Aprovechamiento hidroeléctrico.

MUR (Ramón de), pintor catalán, activo entre 1402 y 1435, uno de los representantes del gótico internacional. Fue conocido como *maestro de Guimerà* por el gran retablo que pintó en esta localidad (hoy museo episcopal de Vic).

MURĀD BEY, en *Circasia h. 1750-cerca de Talsta 1801*, jefe de los mamelucos de Egipto. Fue vencido por Napoleón en la batalla de las Pirámides (1798).

Muralla (Gran) o **Muralla china**, muralla defensiva que separa China de Mongolia a lo largo de más de 5 000 km. Su construcción se inició en el s. III a.C. El trazado actual data de la época de la dinastía Ming (ss. XV-XVII). [Patrimonio de la humanidad 1987.]

MURANO, aglomeración del mun. de Venecia, en una isla de la laguna. Cristalería artística (museo). — Basílica del s. XII.

MURASAKI SHIKIBU, *h. 978-h. 1014*, escritora japonesa, autora del *Genji monogatari*.

MURAT I, *h. 1326-Kosovo 1389*, sultán otomano (1359-1389). Hijo de Orjān Gāzī, estableció su capital en Adrianópolis, sometió Tracia, Macedonia y Bulgaria, y arrasó a los serbios y a sus aliados en Kosovo (1389). — **Murat II**, *Amasía 1404-Adrianópolis 1451*, sultán otomano (1421-1451). Restableció la autoridad otomana en los Balcanes y en Asia Menor. — **Murat III**, *Manisa 1546-Estambul 1595*, sultán otomano (1574-1595). — **Murat IV**, *Estambul 1612-íd. 1640*, sultán otomano (1623-1640).

MURAT (Joachim), *Labastide-Fortunière, act. Labastide-Murat, 1767-Pizzo, Italia, 1815*, mariscal de Francia. Ayudante de Napoleón, casó con Carolina Bonaparte. Jefe del ejército napoleónico en España, reprimió la sublevación madrileña del 2 de mayo de 1808. Fue rey de Nápoles (1808-1814) y dirigió la caballería en la campaña de Rusia. Intentó mantener sus estados después de la caída de Napoleón, pero fue capturado y fusilado.

MURATORI (Lodovico Antonio), *Vignola, cerca de Módena, 1672-Módena 1750*, historiador italiano, fundador de la historiografía medieval italiana, fundamentalmente por la publicación de *Rerum Italicarum scriptores* (25 vols., 1723-1751).

MURCIA, c. de España, cap. de la comunidad autónoma uniprovincial de Murcia y cab. de p. j.; 357 166 hab. (*murcianos*). Regada por el Segura. Agricultura y industrias derivadas. — Catedral gótica (1394-1465), con fachada barroca. Numerosos edificios e iglesias barrocas. Museos arqueológico, de bellas artes y de Salzillo.

MURCIA (Huerta de), comarca de España (Murcia). Rica región agrícola gracias a un extenso sistema de regadíos (río Segura).

MURCIA (Región de), región del SE de España, que constituye una comunidad autónoma uniprovincial; 11 317 km²; 1 370 306 hab.; cap. *Murcia*.

GEOGRAFÍA

Región montuosa, con elevaciones en general poco importantes (2 001 m en la sierra de Seca) y depresiones por las que fluyen el Segura y sus afluentes. Litoral llano. Clima árido. Agricultura de secano (cereales, almendro, olivo) y regadío (hortalizas, cítricos), con industrias agroalimentarias (conservas). Minas de hierro; salinas. El complejo Cartagena-Escombreras concentra industria pesada (metalurgia, astilleros), petroquímica y química. Turismo (La Manga del Mar Menor).

HISTORIA

Edad del bronce: cultura del Argar. **Edad del hierro:** los mastienos fueron desplazados por los costetanos y los bastetanos antes de la llegada de los cartagineses (s. III a.C.). **209 a.C.:** Escipión conquistó Cartago Nova, cap. de la Cartaginense con Diocleciano. **554:** dominio bizantino. **621:** se integró en la provincia visigoda de Aurariola. **S. IX:** reino musulmán. **1172:** conquista almohade. **1243:** vasallaje hacia el reino de Castilla. **1266:** conquista de Jaime I de Aragón y cesión a Castilla, en aplicación del tratado de Almizra (1244). **S. XVII:** expulsión de los moriscos; estructuración del reino en corregimientos. **S. XVIII:** fortificación y acondicionamiento del puerto de Cartagena para el comercio con América. **1873:** insurrección cantonalista en Cartagena. **1982:** estatuto de autonomía.

MURCIA (reino de), reino musulmán, con cap. en Murcia, que se constituyó durante la reconquista. Reino independiente en el s. XI, conquistado por los almorávides (1091) y los almohades (1172), en 1228-1238 formó un estado poderoso, pero en 1243 fue sometido a vasallaje por Castilla. Conquistado por Jaime I de Aragón (1266), este le cedió a su yerno Alfonso X el Sabio, quien, conservándole el título de reino, lo integró en sus posesiones.

MURDOCH (dame Iris), *Dublín 1919-Oxford 1999*, escritora británica de origen irlandés. Sus novelas describen el desgarramiento de unos seres que aspiran a unirse (*Bajo la red*, 1954; *El mar, el mar*, 1978; *El discípulo del filósofo*, 1983).

MURDOCH (Rupert), *Melbourne 1931*, empresario australiano nacionalizado estadounidense. Magnate de la prensa británica (*The Sun, The Times*) y estadounidense (*The Wall Street Journal*), dirige el grupo News Corporation y ha extendido su actividad al sector audiovisual.

MURENA (Héctor Álvarez), *Buenos Aires 1923-íd. 1975*, escritor argentino. De su obra destaca la trilogía titulada *Historia de un día* (1963), y novelas de marcada tendencia crítica y pesimista: *Epitalámica* (1969), *Polispuercón* (1970) y *Caína muerte* (1971).

MUREŞ, en húng. **Maros**, r. de Rumania y Hungría, afl. del Tisza (or. izq.); 803 km.

Muret (batalla de) [12 sept. 1213], derrota de las tropas de Pedro II de Aragón ante los cruzados antialbigenses por Simón de Monfort en la c. francesa de Muret. El rey murió en la batalla, que puso fin a la expansión de la Corona de Aragón en Occitania.

MUREYBAT, sitio arqueológico de Siria, donde se halló la más antigua prueba de una actividad agrícola voluntaria (h. 8000 a.C.). El lugar fue anegado por las aguas de una presa en el curso medio del Éufrates.

MURGUÍA (Manuel Martínez), *Arteixo 1833-La Coruña 1923*, escritor y político español. Marido de Rosalía de Castro. Dirigió *El diario de La Coruña* (1859) y destacó como historiador (*Historia de Galicia*, 1901-1907). Su acción galleguista lo llevó a presidir la Asociación regionalista gallega (1891), la Liga gallega (1897) y la Real academia gallega (1905).

MURIEDAS → CAMARGO.

MURILLO (Bartolomé Esteban), *Sevilla 1618-íd. 1682*, pintor español. Ligado en sus inicios al naturalismo de Zurbarán, pronto creó un estilo propio marcado por la suavidad y la delicadeza, no exento de realismo. Son célebres la llamada *Cocina de los ángeles* (Louvre) y *La Sagrada Familia del pajarito* (Prado), así como sus pinturas sobre niños (*Muchachos comiendo melones y uvas*, Munich; *Niño Jesús*, Prado). Desarrolló especialmente el tema de la Inmaculada (*Inmaculada de Soult*, Prado).

■ **MURILLO.** *Muchachos comiendo melones y uvas* (1650-1655). [Pinacoteca Antigua, Munich.]

MURILLO (Gerardo) → **ATL** («Doctor»).

MURILLO (Pedro Domingo), *La Paz 1756-íd. 1810*, patriota boliviano. Dirigió el levantamiento insurreccional de La Paz (1809) y fue ahorcado.

Murillo (plaza de), plaza de La Paz (Bolivia), donde tienen su sede el palacio Quemado, residencia presidencial, y el palacio legislativo.

MURILLO TORO (Manuel), *Chaparral 1816-Bogotá 1880*, político colombiano. Miembro del Partido liberal, fue presidente de la república en 1864-1866 y 1872-1874. Implantó la enseñanza obligatoria y laica.

MÚRMANSK, c. de Rusia, a orillas del mar de Barents; 468 000 hab. Puerto.

MURNAU (Friedrich Wilhelm **Plumpe,** llamado Friedrich Wilhelm), *Bielefeld 1888-Santa Bárbara, EUA, 1931,* director de cine alemán. Obsesionado por los temas de la fatalidad y la muerte, llevó el cine mudo a la plenitud de su capacidad expresiva: *Nosferatu, el vampiro* (1922), *El último hombre* (1924), *Amanecer* (1927), *Tabú* (1931, junto a R. J. Flaherty).

Muro de las lamentaciones, restos de la muralla occidental del templo de Herodes en Jerusalén. Los judíos van allí a rezar y a lamentar la destrucción del Templo y la diáspora de Israel.

Muromachi (período de) [1338-1573], período de la historia de Japón dominado por el gobierno de los shōgun Ashikaga, cuya corte estaba establecida en Muromachi, barrio de Kyōto.

MURORAN, c. de Japón (Hokkaidō); 117 855 hab. Puerto. Metalurgia.

MUROS, v. de España (La Coruña), cab. de p. j.; 10 519 hab. *(muradanos).* Pesca. Industria conservera y salazones. Turismo. Colegiata gótica de San Pedro.

MUROS Y NOYA (ría de), ría de la costa atlántica española (La Coruña), en las Rías Bajas, con los puertos de Muros y de Noya.

MURPHY (Robert), *Nueva York 1887-íd. 1973,* ornitólogo estadounidense. Explorador de las costas del Pacífico, reunió en el American Museum (de Nueva York) más de un millón de especímenes de aves.

MURRAY, principal r. de Australia, que nace en la cordillera Australiana y desemboca en el océano Índico austral; 2 589 km; cuenca de 1 073 000 km².

MURRAY (Jacobo **Estuardo, conde de**) → **MORAY.**

MURRAY (James), *Bullencriet, Escocia, 1721-Battle, Sussex, 1794,* militar británico. Primer gobernador de Canadá (1703-1766), respetó las tradiciones de los canadienses franceses. Siendo gobernador de Menorca (1774), capituló ante las tropas francoespañolas (1781).

MURRUMBIDGEE, r. de Australia, afl. del Murray (or. der.); 1 680 km. Regadío.

MURUROA, atolón de la Polinesia francesa, en el archipiélago de las Tuamotu. De 1966 a 1996, base francesa de pruebas nucleares.

MUṢADDAQ o **MOSSADEGH** (Muhammad Hidāyāt, llamado), *Teherán 1881-íd. 1967,* político iraní. Fundador del Frente nacional (1949), abogó por la nacionalización del petróleo. Primer ministro (1951), se enemistó con el sha Muhammad Riḍā, quien lo hizo arrestar (1953).

MŪSĀ IBN MŪSĀ IBN FORTÚN, *m. en Tudela 874,* gobernador de la frontera superior de al-Ándalus. Miembro de la familia de los Banū Qasi y hermanastro de Íñigo Arista, junto al que luchó en Pamplona contra los francos (824). Se sublevó contra el emir de Córdoba (843), pero fue perdonado y venció a los gascones en Albelda (851). Gobernador de Zaragoza y Tudela (852), en 856 saqueó el llano de Barcelona.

MŪSĀ IBN NUṢAYR, *La Meca h. 640-Siria 718,* general musulmán. Gobernador de Ifriqiyya (Túnez), conquistó toda el África menor, excepto Ceuta. Planeó la conquista de la península Ibérica (711), y sometió Andalucía, Extremadura, Aragón, el N de la Meseta y Galicia.

MUSALA (pico), de 1949 a 1962 **pico Stalin,** punto culminante de Bulgaria, en el Ródope, 2 925 m.

Museum of Modern Art o **MOMA,** museo de arte moderno y contemporáneo instalado en Nueva York, en el centro de Manhattan. Sus ricas colecciones internacionales van desde el post-impresionismo a la época contemporánea.

MUSEVENI (Yoweri Kaguta), *Ankole 1944,* político ugandés. Llevado al poder por el golpe de 1986, desde 1996 ha sido reelegido sistemáticamente presidente del país.

MUSHARRAF (Pervez), *Delhi 1943,* general y político pakistaní. Jefe del estado mayor del ejército (1998-2007), asumió el poder ejecutivo tras el golpe de estado militar de 1999, y se convirtió en presidente de Pakistán en 2001. Amenazado de destitución, dimitió en 2008.

MUSHIN, c. de Nigeria, al N de Lagos; 301 500 hab.

MUSIL (Robert), *Klagenfurt 1880-Ginebra 1942,* escritor austriaco. Sus novelas analizan la crisis social y espiritual de la civilización europea (*Las tribulaciones del estudiante Törless,* 1906) e intentan reencontrar una unidad personal y una comunión humana (*El hombre sin atributos,* 1930-1933, inacabada).

MUSSET (Alfred de), *París 1810-íd. 1857,* escritor francés. Autor romántico, escribió *Cuentos de España y de Italia* (1830), poemas líricos (*Las noches,* 1835-1837), obras dramáticas (*Lorenzaccio,* 1834; *El candelabro,* 1835) y la novela autobiográfica *La confesión de un hijo del siglo* (1836).

MUSSOLINI (Benito), *Dovia di Predappio, Romaña, 1883-Giulino di Mezzegra, Como, 1945,* estadista italiano. Maestro de escuela, albañil y más tarde periodista y militante socialista, preconizó en 1914 una política nacionalista y militarista. Después de la primera guerra mundial, fundó los Fascios italianos de combate, núcleo del Partido fascista (1919). Convenció al rey Víctor Manuel III, después de la Marcha sobre Roma, para que le confiara el gobierno (1922). Tras el éxito de los fascistas en las elecciones de 1924, eliminó la oposición y se hizo investir de poderes dictatoriales (1925), convirtiéndose en el verdadero Duce. Emprendió una política ambiciosa (desecación de los pantanos Pontinos) y firmó los acuerdos de Letrán (1929), que le granjearon el reconocimiento de los católicos. Su sueño de un imperio colonial lo llevó a la conquista de Etiopía (1935-1936) y a romper con las democracias occidentales. Se acercó a Hitler, con quien formó el eje Roma-Berlín (1936), ratificado por el pacto de Acero (1939). En 1940, Italia entró en la guerra junto a la Alemania hitleriana. Tras sus fracasos militares, fue desautorizado por los jefes fascistas y arrestado por orden del rey (1943). Los paracaidistas alemanes lo liberaron y constituyó en el N de Italia, en Saló, una «república social italiana» que no sobrevivió a la derrota alemana. Reconocido por partisanos cuando intentaba huir a Suiza, fue fusilado el 28 de abril de 1945.

■ **MUSSOLINI** en 1940.

■ ÁLVARO **MUTIS**

MUSSORGSKY (Modest Petróvich), *Karevo 1839-San Petersburgo 1881,* compositor ruso. Miembro del grupo de los Cinco, compuso óperas (*Borís Godunov,* 1874; *Jovánschina,* 1886), melodías de un gran realismo y piezas para piano (*Cuadros de una exposición,* 1874, orquestada por M. Ravel en 1922).

MUṢTAFA KEMAL → **KEMAL PAṢA.**

MUSTERS, lago de Argentina (Chubut); 434 km². Desagua en el lago Colhué Huapi.

Musulmanes negros → **Black Muslims.**

MU'TADID (Abū 'Amr 'Abbād ibn Muhammad, llamado **al-**), *m. en 1069,* rey de la taifa de Sevilla (1042-1069). Intentó restablecer la unidad de al-Ándalus. En 1063 Fernando I le obligó a pagar parias.

MU'TAMID (Muhammad ibn 'Abbād **al-**), *Beja 1040-Agmat, Marruecos, 1095,* rey de la taifa de Sevilla (1069-1095). Hijo de al-Mu'tadid, amplió las fronteras del reino. Protegió la literatura y la ciencia y escribió poesía.

MUTANABBĪ (al-), *Kūfa 915 cerca de Bagdad 965,* poeta árabe, autor de un *Diván* que se cuenta entre las grandes obras poéticas clásicas.

MUTARE, ant. **Umtali,** c. del E de Zimbabwe; 132 000 hab. Refinería de petróleo. Industrias.

MUTI (Riccardo), *Nápoles 1941,* director de orquesta italiano. Al frente, entre otras, de la orquesta de Filadelfia (1980-1992) y de la Scala de Milán (1986-2005), su repertorio abarca desde las óperas italianas a la música sinfónica de Mozart a Shostakóvich.

MUTIS (Álvaro), *Bogotá 1923,* escritor colombiano. Entre sus obras poéticas destacan *Los elementos del desastre* (1953), *Los trabajos perdidos* (1965) y *Summa de Maqroll el Gaviero* (1973), cuyo personaje es también protagonista de una serie de siete novelas iniciada con *La nieve del almirante* (1986) y recogida en *Empresas y tribulaciones de Maqroll el Gaviero* (1993). [Premios: Príncipe de Asturias 1997; Reina Sofía de poesía iberoamericana 1997; Cervantes 2001.]

MUTIS (José Celestino), *Cádiz 1732-Bogotá 1808,* médico y botánico español. Como médico del virrey viajó a Bogotá en 1760. En 1793 fue nombrado director de la real expedición botánica de Nueva Granada, cuyos resultados en 51 volúmenes todavía se publican con el título *Flora de la real expedición botánica del Nuevo Reino de Granada.* Fundó una verdadera escuela de científicos que sería parcialmente aniquilada durante la represión de las guerras de Independencia.

MUTSUHITO → **MEIJI TENNO.**

Mutún (El), yacimiento de hierro de Bolivia (Santa Cruz). Sus reservas estimadas ascienden a unos 20 000 Mt de metal contenido.

MUYBRIDGE (Edward James **Muggeridge,** llamado **Eadweard**), *Kingston-on-Thames 1830-íd. 1904,* fotógrafo estadounidense de origen británico. Pionero de la fotografía del movimiento, registró las diversas fases del galope de un caballo (1878). Sus trabajos influyeron en científicos como E. J. Marey.

MUZA → **MŪSĀ.**

MUZAFFARPUR, c. de la India (Bihār); 240 450 hab. Universidad. Nudo de comunicaciones.

MUZO, mun. de Colombia (Boyacá); 15 069 hab. Minas de esmeraldas.

MÚZQUIZ, mun. de México (Coahuila); 53 906 hab. Cereales y caña de azúcar. Minas de carbón.

MWANZA, c. de Tanzania, a orillas del lago Victoria; 223 000 hab. Centro comercial. Central eléctrica.

MWERU → **MOERO.**

MYANMAR → **BIRMANIA.**

MYINGYAN, c. de Birmania, junto al Irrawaddy; 220 000 hab. Cultivos de algodón.

MYKOLAIV, ant. **Nikoláiev,** c. de Ucrania, a orillas del mar Negro; 512 000 hab. Puerto. Centro industrial.

MYMENSINGH, c. de Bangla Desh, al N de Dacca; 186 000 hab.

MYRDAL (Karl Gunnar), *Gustaf, Dalecarlia, 1898-Estocolmo 1987,* economista y político sueco. Considerado uno de los fundadores del «modelo sueco», también estudió la situación de los afroamericanos en Estados Unidos y el problema del subdesarrollo. (Premio Nobel 1974.)

MYSORE, ant. estado de la India que, en 1973, adoptó el nombre de Karnātaka.

MYSORE, c. de la India (Karnātaka); 652 246 hab. Textil. — Palacio de estilo indomusulmán (s. XIX), convertido en museo. Centro de peregrinación sivaíta. — Ant. capital del estado del mismo nombre.

MY THO, c. de Vietnam meridional, en el brazo norte del delta del Mekong; 120 000 hab.

MZĀB, grupo de oasis del N del Sahara argelino; hab. *mzābes;* c. pral. *Ghardaïa.* (Patrimonio de la humanidad 1982.)

NÁBEREZHNIE CHIOLNI, c. de Rusia (Tatarstán), a orillas del Kama; 501 000 hab. Industria automovilística.

NABIS, *m. en 192 a.C.,* tirano de Esparta (207-192 a.C.). Intentó imponer una reforma social y luchó contra la liga Aquea, liderada por Filopomén.

NABOKOV (Vladimir), *San Petersburgo 1899-Montreux, Suiza, 1977,* escritor estadounidense de origen ruso. Virtuoso sutil en la composición de tramas y personajes, realizó en sus novelas una descripción irónica de las obsesiones, extravagancias y vicios de su época (*La verdadera vida de Sebastian Knight,* 1941; **Lolita,* 1955; *Ada o el ardor,* 1969).

NABONIDES o **NABŪ-NĀID,** rey de Babilonia (556-539 a.C.). Último monarca babilonio, fue vencido por Ciro II.

NABOPOLASAR o **NABU-APLA-UṢUR,** rey de Babilonia (626-605 a.C.), fundador de la dinastía caldea. Aliado de los medos, destruyó el Imperio asirio (caída de Nínive, 612 a.C.).

NABUCODONOSOR II, rey de Babilonia (605-562 a.C.). Hijo de Nabopolasar, su victoria en Karkemish sobre los egipcios (605 a.C.) y la toma de Jerusalén, cuyos habitantes deportó (587), le aseguraron el dominio de Siria y Palestina. Embelleció Babilonia. — Su historia inspiró a Verdi la ópera en cuatros actos *Nabucco* (1842, con libreto de T. Solera).

NĀBULUS o **NAPLUSA,** c. de Cisjordania (Samaria); 50 000 hab. Centro comercial. — Mezquita (ant. basílica de Justiniano). En las proximidades, pozo de Jacob y tumba de José.

NACAJUCA, mun. de México (Tabasco); 29 821 hab. Fruticultura. Artesanía de sombreros de palma.

NACAOME, c. de Honduras, cap. del dep. de Valle, a orillas del *río Nacaome* (80 km); 22 644 hab. Agricultura del melón. Presa.

NACHTIGAL (Gustav), *Eichstedt 1834-en el golfo de Guinea 1885,* explorador alemán. Exploró el Bornu y las inmediaciones del lago Chad (1869-1874).

NACIMIENTO, com. de Chile (Biobío); 25 171 hab. Explotación forestal, industrias derivadas (madera, celulosa y papel).

nacimiento de una nación (El), película estadounidense de D. W. Griffith (1915). Primera gran epopeya del cine, describe varios episodios de la guerra de Secesión.

nación (La), diario argentino de línea liberal independiente, fundado en Buenos Aires por Bartolomé Mitre (1862).

nacional (El), diario venezolano de línea liberal, fundado en Caracas en 1943.

nacional (Partido), nombre oficial del Partido *blanco de Uruguay.

nacionalista vasco (Partido) o **PNV,** partido político fundado por Sabino Arana en 1894. De ideología nacionalista y democratacristiana, presidió el gobierno vasco de 1980 a 2009.

Nación Argentina (Banco de la) → **Banco central de la República Argentina.**

Naciones unidas (Organización de las) → **ONU.**

NADAL (Rafael), *Manacor 1986,* tenista español. Jugador de gran potencia, vencedor cuatro veces en Roland Garros (2005 a 2008) y una en Wimbledon (2008) y en los internacionales de Australia (2009), ganó la copa Davis en 2004 y el título olímpico en 2008. (Premio Príncipe de Asturias 2008.)

NADAR (Félix **Tournachon,** llamado), *París 1820-íd. 1910,* fotógrafo y caricaturista francés. Fotografió a los personajes célebres de su época (*Panteón de Nadar*), realizó las primeras fotografías aéreas desde un globo (1858) y fue uno de los primeros en utilizar la luz artificial (en 1861, en las catacumbas).

■ **NADAR.** Retrato de Gustavo Doré.

NADER (Ralph), *Winsted, Connecticut, 1934,* economista y abogado estadounidense. Destacó por conseguir que se impusieran nuevas normas de seguridad en la industria automovilística norteamericana.

NĀDIR SHA, *cerca de Kalāt 1688-Fathabad 1747,* rey de Irán (1736-1747). Después de expulsar a los afganos y restaurar a los Ṣafawíes en Irán, se hizo con el poder (1736). Conquistó

Afganistán e invadió la India mogol (1739). Fue asesinado.

NADOR, c. del N de Marruecos; cap. de prov.; 36 000 hab.

Nafinsa (acrónimo de *Nacional financiera, S.A.*), institución bancaria mexicana de carácter público, creada en 1934. Interviene en todos los sectores, como agencia financiera del estado y como banco industrial de desarrollo.

NAFTA (North American Free Trade Agreement) → **TLCAN.**

NAGALAND, estado del NE de la India; 15 500 km²; 1 215 573 hab.; cap. *Kohima.*

NAGANO, c. de Japón (Honshū); 347 026 hab. Estación de deportes de invierno. — Templo budista (Zenko-ji), restaurado en el s. XVII.

NAGANO OSAMI, *Kôchi 1880-Tōkyō 1947,* almirante japonés. Ministro de marina (1936), fue jefe del estado mayor de la marina (1941-1944) durante la segunda guerra mundial.

NAGAOKA, c. de Japón (Honshū); 185 938 habitantes.

NĀGĀRJUNA, filósofo budista del S de la India, en gran parte legendario. Al parecer, vivió a fines del s. I o a comienzos del s. II d.C., y fue un fundador del budismo mahāyāna.

NAGASAKI, c. de Japón (Kyūshū); 444 599 hab. Puerto. Astilleros. — Templos fundados en el s. XVII. — La ciudad fue destruida por la segunda bomba atómica lanzada por los estadounidenses (9 ag. 1945), que causó aproximadamente 70 000 víctimas (cifra de fallecidos solo en 1945).

NĀGERCOIL o **NĀGARCOIL,** c. de la India (Tamil Nadu); 189 482 hab.

NAGOYA, c. de Japón (Honshū), junto al Pacífico; 2 154 793 hab. Puerto. Metalurgia. Química. — Santuario sintoísta de Atsuta. Castillo reconstruido; museo de arte Tokugawa.

NĀGPUR, c. de la India (Mahārāshtra); 1 661 409 hab. Centro industrial.

NAGRELLA (Šěmuel **ibn**), también conocido por **Šěmuel ha-Nagid** («el príncipe»), *Córdoba 993-Granada 1056,* político y escritor hebraicoespañol. Autor de una extensa obra poética (*Diván*) y erudito (obras talmúdicas, de gramática, de polémica antiislámica). Fue secretario de los soberanos de la taifa zirí de Granada, jefe *(nagib)* de las aljamas judías del reino de Granada (1027), visir y jefe del ejército. — **Yosef N.,** *Granada 1035-íd. 1066,* político hebraicoespañol. Hijo de Šěmuel, lo sucedió como visir del rey Bādis de Granada. Fue muerto en un levantamiento musulmán en el que fueron asesinados 3 000 judíos (1066).

NAGUA, c. de la República Dominicana, cap. de la prov. de María Trinidad Sánchez; 60 194 hab. Centro comercial y agrícola.

NAGUABO, mun. de Puerto Rico, en el *valle de Naguabo-Humacao;* 22 620 hab. Mármol. Planta hidroeléctrica en Río Blanco.

NAGUANAGUA, mun. de Venezuela (Carabobo); 45 660 hab. Café y caña de azúcar; ganadería vacuna.

NAGUMO CHUICHI, *Yamagata 1887-Saipán 1944,* almirante japonés. Al frente de las fuerzas aeronavales, dirigió victoriosamente el ataque a Pearl Harbor (7 dic. 1941) y participó en la batalla de Midway (1942).

NAGY (Imre), *Kaposvár 1896-Budapest 1958,* político húngaro. Comunista, fue primer ministro (1953-1955). Partidario de una política liberal, se enfrentó a los estalinistas Rákosi y Gerö, quienes lo expulsaron del partido (1956). Llamado de nuevo al poder durante la insurrección de octubre de 1956, fue detenido (nov.) y ejecutado (1958). Fue rehabilitado en 1989.

NAHA, c. de Japón, cap. del archipiélago de las Ryūkyū, en la isla de Okinawa; 304 836 hab.

NAHHĀS BAJÁ (Muṣṭafā **al-**), *Samannud 1876-El Cairo 1965,* político egipcio. Jefe del Wafd, fue cinco veces primer ministro entre 1928 y 1944.

NAHMÁNIDAS (Moses **Ben Nahman,** llamado), también conocido como **Bonastruc de Porta,** *Gerona h. 1194-Acre, Palestina, 1270,* rabino, cabalista y filósofo hebraicocatalán. Invitado por Jaime I de Aragón a mantener una controversia pública contra los doctores cristianos (*disputa de Barcelona*), salió vencedor. Perseguido por la vindicta de la Iglesia, tuvo que exiliarse en Palestina.

NAHUALÁ, mun. de Guatemala (Sololá), al NO del lago Atitlán; 23 754 hab. Artesanía

NAHUATZEN, mun. de México (Michoacán); 16 610 hab. Tabaco. Explotación forestal. Industria artesanal.

NAHUEL HUAPI, lago glaciar de Argentina, al pie de los cerros Tronador, Mirador y Crespo; 600 km². *Parque nacional Nahuel Huapi* (Neuquén y Río Negro). Turismo.

NAHUIZALCO, mun. de El Salvador (Sonsonate); 21 037 hab. Artesanía (sombreros de paja y cestería).

NAHUM, *s. VII a.C.,* profeta bíblico. Profetizó la caída de Nínive (612 a.C.), que mira al triunfo de la justicia divina.

NAIGUATÁ, pico de Venezuela, al NE de Caracas, punto culminante de la cordillera de la Costa; 2 765 m.

NAIN (Le), nombre de tres hermanos, pintores franceses nacidos en Laon e instalados en París hacia 1629: **Antoine Le N.,** *m. en 1648,* **Louis Le N.,** *m. en 1648,* y **Mathieu Le N.,** *m. en 1677.* A pesar de que en la sesentena de obras que se les atribuye se observan «manos» distintas, a veces resulta difícil determinar a cuál de los tres corresponden. Destacan sus obras mitológicas y religiosas (*La natividad de la Virgen*), escenas de género (*El fumadero,* 1643, Louvre), retratos y, especialmente, escenas de la vida campesina (*Campesinos delante de su casa,* San Francisco).

NAIPAUL (sir Vidiadhar Surajprasad), *Chaguanas, cerca de Port of Spain, 1932,* escritor británico originario de Trinidad y Tobago y de ascendencia india. Centra en el desarraigo una obra que combina ficción y autobiografía (*Una casa para el sr. Biswas,* 1961; *En un estado libre,* 1971; *El enigma de la llegada,* 1987; *Semillas mágicas,* 2004). [Premio Nobel 2001.]

NAIROBI, cap. de Kenya, a 1 660 m de alt.; 1 104 000 hab. Aeropuerto. Universidad.

NÁJERA, c. de España (La Rioja); 7 076 hab. (*najeranos* o *najerinos*). Monasterio de Santa María la Real (s. XV), con claustro plateresco (s. XVI). — batalla de **Nájera** (1367), victoria de las tropas de Pedro I de Castilla frente a las de Enrique de Trastámara por el trono de Castilla.

NÁJERA o **SAN JUAN** (Andrés de), escultor activo en Castilla la Vieja entre 1504 y 1533, experto en talla e imaginería (sillería alta del coro de la catedral de Burgos, con Bigarny, y sillería del coro de la catedral de Santo Domingo de la Calzada).

NÁJERA (Antonio de), cosmógrafo español del s. XVII, nacido en Lisboa. Cosmógrafo real, es autor de *Navegación especulativa y práctica* (1628) y *Suma astrológica* (1632).

NAJICHEVÁN, república autónoma de Azerbaiján, en la frontera con Irán; 315 000 hab.; cap. *Najicheván* (62 000 hab.).

NAJODKA, c. de Rusia, junto al Pacífico; 165 000 hab. Puerto.

NAKASONE YASUHIRO, *Takasaki 1918,* político japonés. Presidente del Partido liberaldemócrata (PLD), fue primer ministro de 1982 a 1987.

NAKHON PATHOM, c. de Tailandia, al O de Bangkok; 45 000 hab. Famoso stūpa (s. XIX) de ladrillo esmaltado, centro de peregrinaciones. Museo arqueológico.

NAKHON RATCHASIMA, ant. **Korat,** c. de Tailandia, al NE de Bangkok; 206 605 hab.

NAKURU, c. de Kenya; 102 000 hab.

NALCHIK, c. de Rusia, cap. de la República de Kabardino-Balkaria, al N del Cáucaso; 235 000 hab.

NALÉ ROXLO (Conrado), *Buenos Aires 1898-íd. 1971,* escritor argentino. Cultivó el humorismo en sus poemas (*El grillo,* 1923), parodias (*Antología apócrifa,* 1969) y relatos (*Cuentos de Chamico,* 1941). Como autor teatral cultivó la farsa (*Una viuda difícil,* 1944) y el drama legendario (*Judith y las rosas,* 1956).

NALÓN, r. de España (Asturias), en la vertiente cantábrica; 153 km. Riega la cuenca minera de Sama, recibe el Caudal, Trubia y Narcea, y desemboca formando la *ría del Nalón.* Aprovechamiento hidroeléctrico.

NAMANGAN, c. de Uzbekistán; 308 000 hab.

NAMAQUALAND o **NAMALAND,** región costera y árida, en la frontera entre la República de Sudáfrica y Namibia.

NAM DINH, c. de Vietnam, a orillas del río Rojo; 166 000 hab.

NAMIAS (Jerome), *Bridgeport, Connecticut, 1910-San Diego, California, 1997,* meteorólogo estadounidense. Estudió las interacciones océano-atmósfera y sus relaciones con las variaciones climáticas; también desarrolló los métodos de previsión meteorológica a cinco días vista.

NAMIB (desierto de), región costera y árida de Namibia.

NAMIBIA, estado de África austral, junto al Atlántico; 825 000 km²; 1 580 000 hab. Cap. *Windhoek.* LENGUA: inglés. MONEDAS: *rand* y *dólar namibio.*

GEOGRAFÍA

Formada principalmente por altas mesetas áridas que dominan un litoral desértico (pesca),

Namibia posee un rico subsuelo (diamantes y uranio, base de las exportaciones). Está habitada sobre todo por bantúes (ovambo) que viven esencialmente de la ganadería.

HISTORIA

Fines del s. XV-s. XVIII: algunos europeos (portugueses y posteriormente holandeses) se aventuraron en sus costas. Entretanto, los bantúes (herero y hotentotes) ocuparon el interior y rechazaron a bosquimanos y namaqua. 1892: Alemania se aseguró el dominio de la región (salvo un enclave convertido en colonia británica en 1878), que bautizó con el nombre de África del Sudoeste. 1904-1906: los alemanes reprimieron duramente las sublevaciones de los herero. 1914-1915: la Unión Sudafricana (act. República de Sudáfrica) conquistó la región. 1920: la recibió como mandato de la SDN. 1922: el enclave británico fue anexionado al África del Sudoeste. 1949: la ONU rechazó la anexión de la región a la Unión Sudafricana, que conservó su mandato sobre ella e implantó el apartheid. 1966: la ONU revocó el mandato de la República de Sudáfrica. 1968: la ONU cambió el nombre de África del Sudoeste por el de Namibia. La República de Sudáfrica ignoró esta decisión, pero no pudo impedir la formación de un partido independentista, el SWAPO (South West Africa People's Organization). 1974: el SWAPO inició operaciones de guerrilla contra la República de Sudáfrica. 1988: acuerdos entre la República de Sudáfrica, Angola y Cuba provocaron un alto el fuego en el N de Namibia y abrieron el camino a la independencia del territorio. 1990: Namibia accedió a la independencia. El líder del SWAPO, Sam Nujoma, se convirtió en presidente de la república. 2005: lo sustituyó Hifikepunye Pohamba, también del SWAPO.

NAMIQUIPA, mun. de México (Chihuahua); 32 987 hab. Cereales y frutales. Ganadería. Bosques.

NAMPO o **NAM-P'O,** c. de Corea del Norte; 241 000 hab. Puerto y centro industrial.

NAMPULA, c. de Mozambique; 126 000 hab.

NAMUR, c. de Bélgica, cap. de la región valona y cap. de la prov. homónima, en la confluencia del Mosa y el Sambre; 103 443 hab. Centro administrativo y comercial. Universidad. — Ciudad reconstruida en el s. XVII. Iglesia barroca de St.-Loup (s. XVII), catedral (h. 1760). Museos (arqueología, tesoros religiosos).

NAMUR (provincia), prov. del S de Bélgica; 3 660 km²; 423 317 hab.

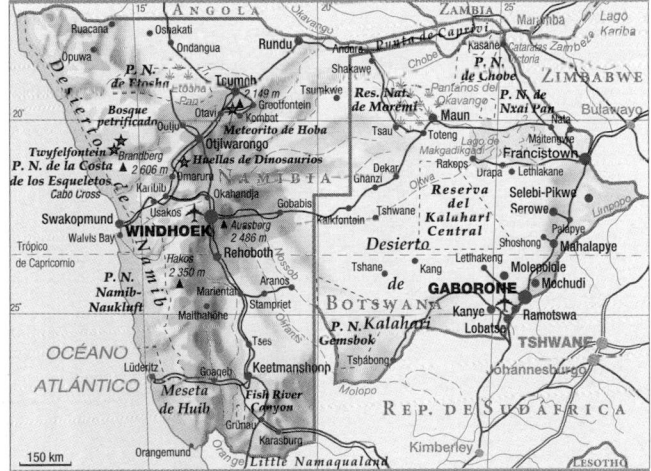

Namibia-Botswana

★ lugar de interés turístico

400 · 1000 · 1500 · 2000 m

— autopista
— carretera
— ferrocarril
✈ aeropuerto

● más de 100 000 hab.
● de 50 000 a 100 000 hab.
● de 10 000 a 50 000 hab.
• menos de 10 000 hab.

150 km

NĀNAK o **GURU NĀNAK,** *Talvandi, Lahore, 1469-Kartarpur 1538,* maestro espiritual indio, fundador de la religión de los sikh.

NANA-SAHIB, *h. 1825-h. 1860,* príncipe indio. Participó en la insurrección de los cipayos (1857-1858).

NANCHANG o **NAN-CHANG,** c. de China, cap. de Jiangxi; 1 290 000 hab. Centro industrial. — Museos.

NANCHONG o **NAN-CHONG,** c. de China (Sichuan); 228 000 hab.

NANCY, c. de Francia, cap. del dep. de Meurthe-et-Moselle, a orillas del Meurthe y del canal que une el Marne y el Rin, a 306 km al E de París; 105 830 hab. (más de 300 000 en la aglomeración). Centro administrativo, comercial e industrial. Universidad. — Plaza Stanislas, rodeada por verjas de Jean Lamour, obra de E. Héré (s. XVIII) [patrimonio de la humanidad 1983]. Museos (bellas artes, de la «escuela de Nancy»). — Capital de los duques de Lorena.

NANDA DEVI, cumbre del Himalaya (India); 7 816 m. (Patrimonio de la humanidad 1988 [ampliado en 2005].)

NANDAIME, mun. de Nicaragua (Granada); 21 298 hab. Cacao y caña de azúcar (ingenio azucarero).

NANDAYAPA (Zeferino), *Chiapa de Corzo 1931,* intérprete de marimba mexicano. Fundó en 1956 el grupo Marimba Nandayapa, con el que se ha consagrado como el máximo exponente de su instrumento (*Huapango de Moncayo; Sones chiapanecos; La zandunga*).

NANDED, c. de la India, al SO de Nāgpur; 308 853 hab.

NANDINO (Elías), *Cocula 1903-Guadalajara 1993,* poeta mexicano. Tras una etapa vanguardista (*Color de ausencia,* 1932), cultivó una poesía de gran nitidez formal (*Nocturno amor,* 1958; *Cerca de lo lejos,* 1979).

NĀNGA PARBAT o **DIAMIR,** cumbre del Himalaya occidental (Pakistán); 8 126 m.

NANKÍN, en chino *Nanjing,* c. de China central, cap. del Jiangsu, a orillas del Yangzi Jiang; 2 430 000 hab. Puerto. Metalurgia. Tejidos. Química. — Importantes museos. En las proximidades, tumba del emperador Ming Hongwu (1381) y acantilado de los Mil Budas, conjunto monástico rupestre fundado en el s. V. — La ciudad fue varias veces capital y alcanzó su apogeo en la época de los Ming. Por el *tratado de Nankín* (29 ag. 1842), China cedió Hong Kong a los británicos y abrió algunos puertos al comercio europeo.

NANNING o **NAN-NING,** c. de China, cap. de Guangxi; 890 000 hab.

NANSA, r. de España (Cantabria), que desemboca en el Cantábrico formando la ría de Tina Menor; 46 km. Aprovechamiento hidroeléctrico.

NANSEN (archipiélago de) o **TIERRA DE FRANCISCO JOSÉ,** archipiélago ruso del Ártico, al E del Svalbard.

NANSEN (Fridtjof), *Store-Fröen 1861-Lysaker 1930,* explorador noruego. Atravesó Groenlandia (1888), exploró el Ártico a la deriva (a bordo del *Fram*) e intentó alcanzar el polo N en trineo (1893-1896). Intervino en empresas humanitarias de la *SDN, en particular en beneficio de los refugiados. En 1922 hizo establecer el *pasaporte Nansen,* que permitía a estos últimos instalarse en el país que lo había expedido. (Premio Nobel de la paz 1922.)

NANTERRE, c. de Francia, cap. del dep. de Hauts-de-Seine, al O de París; 86 219 hab. Universidad. Construcciones mecánicas.

NANTES, c. de Francia, cap. de la región Pays de la Loire y del dep. Loire-Atlantique, a orillas del Loira y el Erdre. Universidad. Aeronáutica. Industrias electrónicas y eléctricas. — Castillo de los duques de Bretaña, sobre todo ss. XV y XVI (museos); urbanismo del s. XVIII. — Residencia de los duques de Bretaña y francesa desde 1524, Nantes alcanzó su apogeo en el s. XVIII con el tráfico triangular (Francia-África-Antillas).

Nantes (edicto de) [13 abril 1598], edicto firmado en Nantes por Enrique IV de Francia que definió los derechos de culto y políticos de los protestantes en Francia y acabó con las guerras de religión. La revocación del edicto

por Luis XV (1685) supuso la emigración de entre 200 000 y 300 000 hugonotes.

NANTONG o **NAN-TONG,** c. de China (Jiangsu), junto al Yangzi Jiang; 403 000 hab.

NANTUCKET, isla de Estados Unidos (Massachusetts). Base de balleneros hasta el s. XIX.

NAO (cabo de la), cabo de la costa mediterránea española (Alicante). Faro.

NAPATA, ant. c. de Nubia, de donde procedía la XXV dinastía, llamada *cusita,* que dominó Egipto (h. 750-656 a.C.). Necrópolis real. Restos de templos faraónicos. (Patrimonio de la humanidad 2003.)

NAPA VALLEY, región vitícola de Estados Unidos (California), al NE de San Francisco.

NAPIER o **NEPER** (John), *Merchiston, cerca de Edimburgo, 1550-íd. 1617,* matemático escocés. Inventó los logaritmos (1614) destinados a simplificar los cálculos de trigonometría en astronomía y navegación.

NAPO, r. de América del Sur, que nace en Ecuador, penetra en Perú y desemboca en el Amazonas (or. izq.); 885 km.

NAPO (provincia de), prov. del NE de Ecuador; 33 409 km²; 103 387 hab.; cap. *Tena.*

NAPOLEÓN I, *Ajaccio 1769-isla de Santa Elena 1821,* emperador de los franceses (1804-1814 y 1815). Hijo de C. M. *Bonaparte y M. L. Ramolino, estudió la carrera militar en Brienne. Partidario de los jacobinos, en 1795 obtuvo el mando del ejército de Italia y casó con Josefina Beauharnais. Tras derrotar a los austriacos y piamonteses, les impuso la paz (Campoformio, 1797) y creó la República Cisalpina (→ **Italia** [campañas de]). El directorio quiso alejarlo y le confió la campaña de Egipto (1798-1799; batalla de Abukir), pero tras el golpe de estado del 18 de brumario (9 nov. 1799), fue nombrado cónsul (1799), impuso una constitución autoritaria y centralizó la justicia, la administración y la economía (1800). Tras una segunda expedición a Italia, firmó con Austria el tratado de Lunéville (1801; cesión a Francia de Italia y la orilla izquierda del Rin), un concordato con la Iglesia y una paz general con Inglaterra (Amiens, 1802), que no duró, debido a la suma de poderes acumulados por Napoleón en Europa. Coronado emperador de los franceses (2 dic. 1804) y rey de Italia (1805), estableció una monarquía hereditaria y prosiguió la reorganización de Francia. Después de sus derrotas ante los británicos (Trafalgar, 1805), desmanteló la 3ª y 4ª coaliciones continentales (Austerlitz, 1805; Jena, 1806; Friedland, 1807), redujo a Prusia a la mitad de su territorio, amputó Austria y se alió con Rusia. Tras decretar un bloqueo continental contra Inglaterra (1806) y firmar los tratados de Tilsit (1807), intervino contra el papa Pío VII y en la península Ibérica (guerra de la *Independencia de España, 1808-1814), venció en Wagram (1809) —lo que desencadenó la 5ª coalición—, repudió a Josefina (1809) y casó con María Luisa de Habsburgo-Lorena (1810), quien le dio un hijo (1811), el futuro Napoleón II. Enemistado con el zar Alejandro I, marchó sobre Rusia (1812), pero salió derrotado. Una 6ª coalición se le enfrentó (Leipzig, 1813) y Francia fue invadida. Napoleón abdicó (4-6 abril 1814) y fue confinado a la isla de Elba mientras el congreso de Viena se disponía a destruir el imperio. Fugado, regresó a Francia (marzo 1815) e inauguró los *Cien días, pero tuvo que enfrentarse de nuevo a la coalición:

derrotado en Waterloo (18 junio), abdicó por segunda vez (22 junio) y fue deportado a la isla de Santa Elena, donde murió.

NAPOLEÓN II (Francisco Carlos José Bonaparte, llamado), *París 1811-Schönbrunn 1832,* aristócrata francés. Hijo de Napoleón I y de María Luisa de Habsburgo-Lorena, recibió los títulos de rey de Roma (1811) y emperador de los franceses (1815), que no llegó a ejercer, y de duque de Reichstadt (1818). Murió de tuberculosis. — Su vida inspiró a E. Rostand *L'Aiglon* (1900).

NAPOLEÓN III (Carlos Luis Napoleón Bonaparte, llamado), *París 1808-Chislehurst, Gran Bretaña, 1873,* emperador de los franceses (1852-1870). Hijo de Luis Bonaparte y Hortensia de Beauharnais, intentó proclamarse emperador en Estrasburgo (1836) y Boulogne (1840) y derrocar a Luis Felipe I. Encarcelado, elaboró una doctrina social y huyó a Londres (1846). Volvió a Francia después de la revolución de 1848, fue elegido presidente de la II república (10 dic. 1848), disolvió la asamblea (2 dic. 1851) y, basado en una nueva constitución (14 en. 1852), impuso una monarquía hereditaria, ratificada por plebiscito. Proclamado emperador (2 dic. 1852) y casado con Eugenia de Montijo (1853), su poder fue absoluto hasta 1860 y más liberal desde entonces. En política interior emprendió numerosas obras públicas y favoreció la agricultura, la industria y el comercio. En el exterior intervino en la guerra de Crimea (1854-1856), en Italia (1859), en Cochinchina (1859-1867), en México (1862-1867) y en la guerra franco-prusiana (1870-1871). Tras la derrota de Sedán (2 sept. 1870), fue destituido, encarcelado y enviado, cautivo, a Alemania, desde donde partió a Gran Bretaña (1871), donde murió.

NÁPOLES, en ital. *Napoli,* c. de Italia, cap. de prov. y de la Campania, junto al *golfo de Nápoles* (formado por el mar Tirreno) y cerca del Vesubio; 1 054 601 hab. (*napolitanos*). Universidad. Puerto comercial. Industrias metalúrgicas, textiles, químicas y alimentarias. — Castel Nuovo (ss. XIII-XV). Numerosas iglesias de origen medieval. Palacio real (ss. XVII-XVIII). Teatro San Carlo (1737). Ant. cartuja de San Martín (decoración barroca; museo). Galería de Capodimonte (pintura, porcelanas, etc.). Museo nacional (colecciones de arte romano procedentes de Pompeya y Herculano). [Patrimonio de la humanidad 1995.] — Fue fundada en el s. V a.C. por los atenienses y los calcidios. En 326 a.C. fue conquistada por los romanos. Formó, en 661, la capital de un ducado bizantino. En 1139 cayó en manos de los normandos de Sicilia y en 1282 se convirtió en la capital del reino de Nápoles. Enriquecida por el auge del comercio y de la industria textil (s. XIV), estuvo bajo la dominación aragonesa (1442) antes de ser capital de los Borbones (1734-1860), que la convirtieron en un brillante centro cultural.

NÁPOLES (reino de), ant. reino de Italia, parte peninsular del reino de Sicilia, que la dinastía angevina conservó tras su expulsión de la Sicilia insular (1282). Alfonso V de Aragón tomó Nápoles (1442) y se proclamó rey de las Dos Sicilias, convirtiendo la corte napolitana en uno de los principales focos culturales del s. XV. Tras la invasión francesa (1495), el dominio de Nápoles fue reintegrado a la Corona de Aragón (1504). Carlos Quinto cedió este reino a su hijo Felipe II y, tras el tratado de Cateau-Cambrésis (1559), Nápoles perdió su independencia y se convirtió en virreinato, quedando durante dos siglos bajo dominación española. Nápoles estuvo en manos de la dinastía austriaca de los Habsburgo hasta 1734, fecha en que pasó a ser gobernado por los Borbones españoles. En 1799, los franceses instauraron en él la efímera república Partenopea; el reino de Nápoles, confiscado por Napoleón I, fue otorgado a José Bonaparte (1806) y luego a Murat (1808), quien intentó conservarlo sin éxito (1814-1815). Fernando IV, restaurado en 1815, restableció en 1816 la unión con Sicilia (reino de las Dos Sicilias), hasta que Garibaldi lo conquistó en 1860.

NAPOSTÁ GRANDE, r. de Argentina (Buenos Aires). En su ribera, cerca de la desembo-

■ **NAPOLEÓN I,** por David. (Museo Bonnat, Bayona.)

■ **NAPOLEÓN III.** (Palacio de Compiègne.)

cadura en el Atlántico, se halla la ciudad de Bahía Blanca.

NAQŠ-I RUSTAM, lugar de sepultura de los reyes persas aqueménidas, dominando la llanura de Persépolis, en Irán. A partir de Darío I, se construyeron hipogeos rupestres cuyas fachadas aparecen decoradas con relieves.

NARA, c. de Japón (Honshū); 349 349 hab. Primera cap. estable de Japón, de 710 a 784, construida según el modelo chino de Changan, cap. de los Tang. Numerosos templos, entre los que destaca el *Hōryū-ji, que alberga tesoros artísticos que se remonta al *período de Nara,* edad de oro de la civilización japonesa. (Patrimonio de la humanidad 1998.)

NARĀM-SIN, *h. 2225-2185 a.C.,* rey de Acad. Nieto de Sargón, extendió su imperio desde el Zagros hasta el N de Siria. — Una estela inmortaliza una de sus victorias (Louvre).

NARANCO, sierra del N de España (Asturias); 634 m (alt. máxima, en el monte Paisano). — Iglesias de Santa María de Naranco y San Miguel de Lillo.

NARANJAL, cantón de Ecuador (Guayas); 34 839 hab. Cacao, arroz y frutas tropicales.

naranjas (guerra de las) [1801], enfrentamiento entre España y Portugal. Presionada por Francia, España tomó Olivenza —que desde entonces quedó incorporada a España— y ocupó el Alentejo. Forzó a Portugal a cumplir el bloqueo continental contra Gran Bretaña.

NARANJITO, cantón de Ecuador (Guayas); 21 259 hab. Plátanos y caña de azúcar.

NARANJITO, mun. de Puerto Rico, en la cuenca del Plata, 27 914 hab. Tabaco. Central hidroeléctrica.

NARANJO, cantón de Costa Rica (Alajuela); 28 152 hab. Café, cereales, caña de azúcar y tabaco.

NARANJO DE BULNES o **PICO URIELLO,** pico de España, en el sector central de los Picos de Europa (Asturias); 2 515 m.

NARANJOS (Los), sitio arqueológico de Honduras (lago Yojoa), centro ceremonial con distintas fases de ocupación (500 a.C.-1250 d.C.). La fase Yojoa (550-950) es de influencia maya.

NĀRĀYANGANJ, c. de Bangla Deshi 260 000 hab. Puerto fluvial. Algodón y yute.

NARBADĀ o **NARMADA,** r. de la India, que desemboca en el golfo de Cambay; 1 290 km. Separa la llanura indogangética del Decán. Es uno de los ríos más venerados de la India (peregrinaciones).

NARBONA, en fr. **Narbonne,** c. de Francia (Aude); 47 086 hab. Catedral gótica (ss. XIII-XIV). — Tuvo una intensa relación con Cataluña durante la alta edad media. Decayó después de la cruzada contra los albigenses.

NARBONENSE, ant. provincia de la Galia romana, constituida a fines del s. II a.C. Provincia imperial (27 a.C.) y luego senatorial (22 a.C.), se extendía desde la región de Toulouse hasta el lago Léman, englobando Saboya, Delfinado, Provenza y Languedoc.

NARCEA, r. de España (Asturias), afl. del Nalón (or. izq.); 91 km. Aprovechamiento hidroeléctrico.

NARCISO MIT. GR. Hijo de un río divinizado y de una ninfa famosa por su belleza, desdeñó el amor y fue seducido por su propia imagen reflejada en una fuente. Allí se dejó morir al no poder alcanzar el objeto de su pasión. En el lugar donde murió nació la flor que lleva su nombre.

NARCISO, *m. en 54 d.C.,* liberto del emperador Claudio. Tuvo una importante participación en el gobierno del imperio. Agripina lo obligó a suicidarse al advenimiento de Nerón.

NARCISO (san), *m. en Gerona h. 307,* mártir. Obispo de Gerona, durante la persecución de Diocleciano marchó a Augsburgo, donde fue obispo y realizó tareas de evangelización. De vuelta a España, sufrió martirio.

NARDI (Angelo), *Razzo 1584-Madrid 1664,* pintor italiano. Pintor de cámara de Felipe IV, destacan sus pinturas de la iglesia de las bernardas de Alcalá de Henares, que denotan su manierismo.

NAREW, en ruso **Nárev,** r. de Europa oriental, afl. del Vístula (or. der.); 484 km.

NARIÑO, mun. de Colombia (Antioquia); 15 346 hab. Caña de azúcar y plátanos. Ganadería.

NARIÑO (departamento de), dep. del SO de Colombia; 31 045 km²; 1 019 098 hab.; cap. Pasto.

NARIÑO (Antonio), *Santa Fe de Bogotá 1765-Leiva 1823,* patriota colombiano. Deportado por sus ideas liberales y nacionalistas, logró huir a Francia. Secretario del Congreso en Santa Fe (1810) y presidente de Cundinamarca (1811), se enfrentó al congreso de las Provincias Unidas y proclamó la independencia de Cundinamarca (1813). Derrotado por los realistas en Pasto (1814), fue deportado a Cádiz (1816-1820). Bolívar lo nombró vicepresidente de la Gran Colombia (1821), pero dimitió meses después al no aprobarse sus tesis federalistas.

Narita, aeropuerto de Tōkyō.

NARMADA → NARBADĀ.

NARÓN, mun. de España (La Coruña); 30 328 hab.; cap. Gándara. Industria maderera.

NARROS (José María de Eguía, 3er marqués de), *Azcoitia h. 1733-Vitoria 1833,* ilustrado español. Fundador y secretario de la Sociedad económica bascongada de Amigos del país, fue diputado general de Guipúzcoa (1758).

NARSÉS, *h. 478-Roma 568,* general bizantino. De origen armenio y eunuco al servicio de Justiniano I, hizo fracasar la sedición de Nika (532). Derrotó a los ostrogodos de Totila (552) y expulsó a los francos y a los álamanes de Italia, cuya administración reorganizó.

Narva (batalla de) [30 nov. 1700], victoria del ejército sueco de Carlos XII sobre el ruso de Pedro el Grande que tuvo lugar en Narva (Estonia) durante la guerra del Norte.

NARVÁEZ (Francisco), *Porlamar 1905-Caracas 1982,* pintor y escultor venezolano. Autor de una serie de esculturas integradas en el paisaje urbano de Caracas, en su obra se distinguen varias etapas: desde un período «americano», en el que predomina la temática autóctona, hasta sus últimas obras, caracterizadas por una fina estilización y la ausencia de la figura humana. (Premio nacional de escultura 1940; premio nacional de pintura 1948.)

NARVÁEZ (Luis de), *Granada h. 1500-h 1550,* compositor y vihuelista español, autor de *Los seis libros del Delphín de música de cifra para tañer vihuela* (Valladolid, 1538), obra que incluye 14 fantasías y transcripciones y «diferencias» (variaciones) sobre canciones religiosas y profanas, así como algunos motetes.

NARVÁEZ (Pánfilo de), *Valladolid h. 1470-golfo de México 1528,* conquistador español. Participó en la conquista de Cuba (1514). Enviado a Nueva España para frenar a Cortés, fue derrotado por este en Cempoala (1520). Murió durante una fracasada expedición a Florida.

NARVÁEZ (Ramón María), duque de **Valencia,** *Loja 1800-Madrid 1868,* político y militar español. Partidario de la reina María Cristina español. Partidario de la reina María Cristina de Borbón, derrocó a Espartero en 1843. Jefe del gobierno (1844-1851), gobernó de modo dictatorial, imponiendo la represión y el predominio del ejército y suspendió la desamortización. Ocupó de nuevo el cargo en 1856-1857, 1864-1865 y 1866-1867.

NARVIK, c. del N de Noruega; 18 733 hab. Puerto. Exportación del mineral de hierro sueco. — Combates navales y terrestres entre alemanes y francobritánicos (abril-mayo 1940).

NASA (National Aeronautics and Space Administration), organismo estadounidense fundado en 1958, encargado de dirigir y coordinar las investigaciones aeronáuticas y espaciales civiles en EUA.

NASARRE (fray Pablo), *1664-Zaragoza 1724,* organista y franciscano español. Ciego de nacimiento, es autor del tratado *Escuela música según la práctica moderna, dividida en dos partes* (1724). Compuso villancicos polifónicos y numerosas piezas sacras.

NASCIMENTO (Milton), *Río de Janeiro 1942,* cantautor brasileño. Su obra, que fusiona diversos estilos musicales, comprende tanto canciones intimistas como de protesta. Destacan sus discos *Milton Nascimento* (1967), *Clube de esquina* (1972) y *Angelus* (1993).

NASH (John), *¿Londres? 1752-Cowes, isla de Wight, 1835,* arquitecto y urbanista británico, representante del neoclasicismo y de un eclecticismo «pintoresco».

NASHE o **NASH** (Thomas), *Lowestoft 1567-Yarmouth h. 1601,* escritor inglés, autor de libelos y de una novela picaresca (*El viajero infortunado o la vida de Jack Wilton,* 1594).

NASHVILLE, c. de Estados Unidos, cap. de Tennessee; 488 374 hab. Edición musical y religiosa.

NĀSIK, c. de la India (Mahārāshtra); 722 139 hab. Santuarios búdicos rupestres (ss. HI d.C.).

NASSAU, cap. de las Bahamas, en la isla de New Providence; 135 000 hab. Turismo.

NASSAU (casa de), familia que se estableció en Renania en el s. XII y que se dividió en varias ramas a partir de 1255: la *rama de Walram,* una de cuyas subdivisiones reinó en Hesse-Nassau; la *de Otón* y la *de Orange-Nassau,* surgida de la anterior en el s. XVI y que destacó al frente de las Provincias Unidas.

NASSAU (Guillermo I de) → **GUILLERMO I DE NASSAU.**

NASSAU (Mauricio de) → **MAURICIO DE NASSAU.**

NASSER (lago), embalse de Egipto y Sudán, formado sobre el Nilo por la presa de Asuán; 60 000 km².

NASSER (Gamal Abdel), *Beni Mor 1918-El Cairo 1970,* político egipcio. Organizó a partir de 1943 el movimiento de los oficiales libres que llevó a cabo el golpe de estado contra el rey Faruk (1952) y proclamó la república (1953). Tras eliminar al presidente Naguib (1954), asumió todos los poderes. Nacionalizó el canal de Suez (1956), lo que provocó la intervención israelí y francobritánica. Aceleró el proceso de estatalización de la economía y comenzó la construcción de la presa de Asuán con la ayuda soviética (1957). Al mismo tiempo, se constituyó en el adalid de la unidad árabe (creación de la República árabe unida, 1958). Tras la derrota de Egipto ante Israel (guerra de los Seis días, 1967), dimitió, pero, plebiscitado, volvió a hacerse con el poder, en el que permaneció hasta su muerte.

NATAGAIMA, mun. de Colombia (Tolima); 17 863 hab. Plátanos, arroz, algodón; ganadería vacuna.

NATAL, c. de Brasil, junto al Atlántico, cap. del estado de Rio Grande do Norte; 606 541 hab. Puerto.

NATAL, ant. prov. de la República de Sudáfrica, que en 1994 tomó el nombre de *Kwazulu-Natal.* Conquistada por los británicos en 1843, Natal pasó a ser una colonia separada de El Cabo en 1853. En 1910 se adhirió a la Unión Sudafricana.

NATÁN, *s. x a.C.,* profeta hebreo. Contemporáneo de David, Yahvé le encargó que censurara al rey su adulterio con Betsabé.

National Broadcasting Company → NBC.

National Gallery, museo de Londres, uno de los más importantes del mundo (pinturas de las escuelas europeas).

National Gallery of Art, importante museo estadounidense, en Washington (pinturas de las escuelas europeas; arte contemporáneo).

NATIVITAS, mun. de México (Tlaxcala); 16 912 hab. Área de regadío en la cabecera del Atoyac.

NATO → OTAN.

■ ANTONIO NARIÑO, por E. Vilardell.   ■ NASSER

NATOIRE (Charles), *Nimes 1700-Castelgandolfo 1777*, pintor francés. Destacado por sus composiciones decorativas, trabajó en París (palacio Soubise, 1737), Versalles y Roma.

NATORP (Paul), *Düsseldorf 1854-Marburgo 1924*, filósofo alemán. Representante de la escuela de *Marburgo, destacó por procurar un fundamento lógico al conocimiento.

NATSUME SÕSEKI, *Tôkyô 1867-íd. 1916*, escritor japonés. Sus novelas analizan la dificultad de los individuos en adaptarse a la evolución de la sociedad (*Sombra y luz*, 1916).

NATTA (Giulio), *Imperia 1903-Bérgamo 1979*, químico italiano. Trabajó en la realización de catalizadores para la polimerización estereoespecífica y estudió las estructuras de nuevos polímeros. (Premio Nobel 1963.)

NATTIER (Jean-Marc), *París 1685-íd. 1766*, pintor francés. Cultivó el retrato mitológico.

Nature, semanario británico, fundado en 1869. Revista de alto prestigio, da a conocer los resultados de investigaciones en todos los campos de las ciencias exactas y de la medicina. (Premio Príncipe de Asturias 2007.)

NATUSH (Alberto), *Magdalena 1933*, militar y político boliviano. Derrocó al presidente Guevara (1979), pero tuvo que ceder el poder a Lidia Gueiler meses después.

NAUCALPAN, mun. de México (México); 845 960 hab.; cab. *Naucalpan de Juárez*. Importante centro industrial en la aglomeración de la ciudad de México.

NAUCRATIS, ant. c. egipcia del delta del Nilo. Convertida en el único puerto abierto a los extranjeros, principalmente a los griegos (s. VI a.C.), fue la metrópolis comercial de Egipto hasta la fundación de Alejandría (332 a.C.).

NAUMAN (Bruce), *Fort Wayne 1941*, artista estadounidense. A través de múltiples medios de expresión (escultura, performance, juegos de lenguaje, neones, vídeo, instalación), se entrega a una exploración aguda, en ocasiones reveladora, de las conductas humanas.

NAUMBURG, c. de Alemania (Sajonia-Anhalt), a orillas del Saale; 31 411 hab. Catedral románica y gótica (esculturas del s. XIII).

NAUPACTA, en gr. **Náfpaktos**, c. de Grecia, en la entrada del golfo de Corinto; 11 000 hab. Base naval de los atenienses en el s. V a.C., fue conocida desde la edad media con el nombre de *Lepanto*.

NAUPLIA, en gr. **Náfplion**, c. de Grecia, en el Peloponeso (Argólida); 11 453 hab. Turismo. — Ciudadela.

NAURU, estado de Oceanía; 21 km²; 11 000 hab. CAP. *Yaren*. LENGUAS: *inglés* y *nauruán*. MONEDA: *dólar australiano*. (V. mapa de **Oceanía**.) La explotación de los fosfatos (reservas act. casi agotadas) ha constituido la base de su economía durante mucho tiempo. Es un atolón de Micronesia, cerca del ecuador. — El Estado de Nauru se independizó, dentro del marco de la Commonwealth, en 1968. En 1999 fue admitido en la ONU.

NAUSICA o **NAUSÍCAA** MIT. GR. Personaje de la *Odisea*, hija de Alcinoo, rey de los feacios, que acogió a Ulises náufrago.

NAVA, mun. de México (Coahuila); 5 682 hab. Minas de carbón. Planta termoeléctrica.

NAVARINO, isla de Chile (Magallanes), entre el canal Beagle y la bahía de Nassau; 80 km de long. En la costa N se halla Puerto Williams.

NAVARINO → PILOS.

Navarino (batalla de) [20 oct. 1827], derrota de la flota turco-egipcia por una escuadra franco-anglo-rusa en la rada de Navarino (act. *Pilos*), durante la independencia griega.

NAVARRA, en vasc. **Nafarroa**, región del NE de España que constituye una comunidad autónoma uniprovincial; 10 421 km²; 601 874 hab. (*navarros*); cap. *Pamplona*.

GEOGRAFÍA

Entre los Pirineos, al N, y la depresión del Ebro, que ocupa el S de la región, se extienden las tierras de transición de Estella y Tafalla, regadas por el Aragón y el Arga. Poblamiento disperso, en especial en el N; la aglomeración de la capital agrupa al 36 % del total provincial. Agricultura cerealista y hortofrutícola (en los regadíos de La Ribera), con altos rendimientos y calidades. Explotación forestal y ganade-

ría vacuna en el Pirineo. La industria se concentra en torno a Pamplona y hay un segundo eje en La Ribera (agroindustria, conservas) y Tudela (metalurgia).

HISTORIA

S. III a.C.: estaba poblada mayoritariamente por vascones que ofrecieron gran resistencia a las conquistas romana, visigoda y musulmana. **778:** derrota de los francos carolingios por los vascones en Roncesvalles. **S. IX:** formación del reino de Navarra. **1515:** anexión del reino de Navarra a Castilla, conservando sus instituciones y sus fueros. **1530:** Carlos Quinto renunció a una de las seis merindades navarras, Ultrapuertos o Baja Navarra. Las otras (Pamplona, Estella, Tudela, Sangüesa y Olite) conservan sus cortes, leyes, moneda, privilegios y fronteras, mantenidas tras la guerra de Sucesión de España en el s. XVIII. Destacó en la guerra de la Independencia (Espoz y Mina). **1841:** ley pactada de modificación de los fueros por la que se suprimieron las viejas instituciones y se pasó de reino a provincia, pero Navarra conservó cierta autonomía administrativa (Diputación foral) y los fueros. Fue uno de los principales focos del carlismo (s. XIX) y de la insurrección militar de 1936 contra la república. **1982:** ley de reintegración y amejoramiento del régimen foral, por la que se constituía Navarra en comunidad autónoma foral.

NAVARRA (reino de), estado medieval a ambos lados de los Pirineos occidentales, aunque predominantemente peninsular, cuya primera referencia escrita data de 1162. De 905 a 1076 suele denominarse *reino de Pamplona*. **S. XI:** Sancho III el Mayor impuso su hegemonía sobre Aragón y Castilla. **Ss. XII-XIII:** Sancho VII el Fuerte participó con Castilla y Aragón en la batalla de Las Navas de Tolosa (1212), pero tras su muerte tuvo que incorporarse a Francia para evitar su absorción por esos reinos (dinastía de Champaña, 1234). **1328:** Navarra recuperó su independencia bajo la dinastía de los Evreux. **S. XV:** guerra civil entre agramonteses (El Llano, agrícola y castellano parlante) y beaumonteses (La Montaña, agrícola-ganadera y de habla euskera). **1512:** la Alta Navarra fue conquistada por el duque de Alba para Castilla. Catalina de Foix se mantuvo como reina de la Baja Navarra, incorporada a Francia entre 1589 y 1607. Los reyes de Francia conservaron el título de reyes de Navarra hasta 1789, y los de España hasta 1834.

NAVARRA (dinastía), ramas de la dinastía Jimena de Navarra. La rama castellano-leonesa empezó con Fernando I (1035-1065) y acabó con Urraca (1109-1126). La aragonesa se inició con Ramiro I (1035-1063) y acabó con Petronila (1137-1162).

NAVARRETE (Domingo **Fernández**), *Peñafiel 1610-Santo Domingo 1698*, dominico y teólogo español. Misionero en Filipinas (1646) y China (1664) y arzobispo de Santo Domingo (1682), tomó parte en la conferencia de Cantón sobre los ritos chinos (1668).

NAVARRETE (Juan **Fernández**), llamado **el Mudo**, *Logroño h. 1540-Toledo 1579*, pintor español. Introdujo en España el gusto veneciano. Decorador pictórico de El Escorial, evolucionó hacia un realismo tenebrista.

NAVARRETE (fray Manuel), *1768-1809*, poeta mexicano. Miembro del grupo neoclásico de la Arcadia mexicana, su poesía, pastoril y elegíaca, fue recopilada en *Entretenimientos poéticos* (1823 y 1835).

NAVARRO (Juan), *Marchena h. 1525-Palencia 1580*, compositor español. Discípulo de Morales, fue uno de los polifonistas más destacados del s. XVI (*Psalmi, Hymni et Magnificat*, 1590).

NAVARRO (Pedro), *Garde, Navarra, 1460-Castelnuovo, Nápoles, 1528*, militar e ingeniero español. Desarrolló las minas militares.

NAVARRO BALDEWEG (Juan), *Santander 1939*, arquitecto y artista plástico español. Su arquitectura se caracteriza por la pureza y simplicidad de los bloques y por el juego de volú-

menes («Casa de la lluvia», Liérganes [Cantabria], 1978-1982; palacio de congresos de Salamanca, 1985-1992; teatros del Canal, en Madrid, 2002-2008). Iniciado en el minimalismo como artista plástico, se ha dedicado a las instalaciones (*La habitación vacante*) y al paisaje. (Premio nacional de artes plásticas 1990.) [Real academia de bellas artes de San Fernando 2003.]

NAVARRO LLORENS (José), *Valencia 1867-íd. 1923*, pintor español. Ligado a Fortuny, se centró luego en paisajes luminosos de libre factura.

NAVARRO ORTEGA (Nicolás Eugenio), *El Valle del Espíritu Santo, Nueva Esparta, 1867-Caracas 1960*, prelado e historiador venezolano. Obispo de Usula (1943) y prelado doméstico del papa Pío XII (1957), es autor de *Anales eclesiásticos venezolanos; El patronato eclesiástico de Venezuela*.

NAVARRO TOMÁS (Tomás), *La Roda 1884-Cambridge, Massachusetts, 1979*, filólogo español, especialista en fonética y fonología (*Manual de pronunciación española*, 1918; *Estudios de fonología española*, 1946). [Real academia 1933.]

NAVÁS (Longinos), *Cabacés, Tarragona, 1858-Gerona 1938*, naturalista español. Jesuita, se dedicó a la entomología, especialmente al estudio de los neurópteros. También es importante su aportación a la liquenología española. Fundó la Sociedad entomológica de España.

Navas de Tolosa (batalla de **Las**) [16 julio 1212], victoria de los ejércitos de Castilla, Aragón y Navarra sobre los almohades mandados por al-Nasir en la aldea de Navas de Tolosa (La Carolina, Jaén), que acabó con el expansionismo musulmán en la Península y preparó la reconquista de Andalucía.

NAVIA, r. de España (Lugo y Asturias), en la vertiente cantábrica; 111 km. Hidroelectricidad.

NAVOJOA, mun. de México (Sonora), junto al río Mayo; 106 221 hab. Centro agrícola (frutales).

NAVRATILOVA (Martina), *Řevnice, cerca de Praga, 1956*, tenista estadounidense de origen checo. Ganó nueve veces el torneo de Wimbledon (1978, 1979, 1982 a 1987, y 1990), tres el de Australia (1981, 1983 y 1985), dos veces en Roland Garros (1982 y 1984) y cuatro en Flushing Meadow (1983, 1984, 1986 y 1987). [Premio Príncipe de Asturias 1994.]

NAXOS o **NÁXO**, isla de Grecia, la mayor de las Cícladas; 428 km²; 14 000 hab.; c. pral. *Naxos* (3 000 hab.).

NAXOS, ant. c. griega de Sicilia (735-403 a.C.).

NAŸAF (al-), c. de Iraq, al S de Bagdad; 128 000 hab. Centro de peregrinación chiita.

NAŸAFÂBÂD, c. de Irán, al O de Işfahān; 160 004 hab.

NAYAR, mun. de México (Nayarit); 20 016 hab. Ganadería. Minería diversificada.

NAYARIT (cultura de), cultura prehispánica desarrollada en la costa del estado mexicano de Nayarit. Posee abundante cerámica con temas cotidianos de los ss. XI-XIII d.C.

NAYARIT (estado de), est. del O de México; 27 621 km²; 824 643 hab.; cap. *Tepic*.

■ LA CULTURA DE **NAYARIT**.
Figura antropomorfa, procedente de Jalisco (h. 100 a.C.-1000 d.C.). [Museo de América, Madrid.]

■ **NAZCA.** «El colibrí», una de las figuras de la Pampa de Nazca.

NAŶD, ant. emirato, parte de Arabia Saudí; c. pral. *Riyād*. En el s. XVIII fue el centro del movimiento wahhābí.

NAY PYI TAW o **NAYPYIDAW,** cap. de Birmania; 57 000 hab. Oficialmente creada en 2005, está situada a más de 300 km al N de Rangún, cerca de Pyinmana (división de Mandalay).

NAZARÉ, c. de Portugal ; 10 180 hab. Puerto. Pesca. Centro turístico.

NAZARET, c. de Israel, en Galilea; 50 600 hab. *(nazarenos).* Según los Evangelios, Jesús vivió en ella hasta el comienzo de su ministerio. — Basílica de la Anunciación (1962-1969).

NAZARÍ, dinastía musulmana que reinó en Granada (1231-1492) tras el fin del imperio almohade. El primer soberano, Muḥammad I (1231-1272), inició la construcción de la Alhambra. Muḥammad II y Muḥammad III se enfrentaron a la oposición de los benimerines. Ismā'īl I (1313-1324) inició una segunda dinastía nazarí. Con Muḥammad V (1354-1090) floreció la cultura. Tras la guerra civil entre Muley-Hacén, el Zagal y Boabdil, el reino fue conquistado por los Reyes Católicos (1492).

NAZAS, r. de México (Durango, Coahuila); 300 km. Nace en la sierra Madre occidental, en la confluencia de los ríos Oro y Ramos, e irriga la zona de la laguna del Mayrán. Embalse Lázaro Cárdenas (3 000 millones de m³).

NAZCA o **NASCA,** c. de Perú (Ica); 27 300 hab. Centro agrícola y minero (hierro). Museo arqueológico. — En la *Pampa de Nazca,* grandes figuras, trazadas en el suelo, de la cultura nazca (patrimonio de la humanidad 1994).

NAZCA (cultura), cultura precolombina clásica peruana desarrollada en los valles del *río Nazca* entre 200 a.C. y 600 d.C. Es probable que se desarrollara a partir de la cultura de Paracas. Se caracteriza por una cerámica de gran calidad, policromada y de diseños preferentemente abstractos. También sobresale por los tejidos que cubrían las momias. Son notables las líneas y figuras de varios kilómetros de longitud (500 m a 8 km) trazadas en la arena (400-500 d.C.) en los alrededores de *Nazca* (Pampa del Ingenio) que solo son apreciables desde el aire *(geoglifos),* y la red de canales que permitía el riego de los campos.

NAZCA (dorsal), dorsal oceánica asísmica de una longitud superior a los 1 000 km y dispuesta perpendicularmente a la costa de Perú.

NAZCA (placa), parte SE del océano Pacífico, delimitada por las dorsales de las Galápagos, del Pacífico este, y de Chile, y las fosas oceánicas de Chile y de Perú.

NAZOR (Vladimir), *Postire 1876-Zagreb 1949,* escritor yugoslavo en lengua croata. Autor de novelas *(Stoimena,* 1916) y de poesías líricas y épicas, renovó la literatura croata.

NBC Universal, grupo de comunicación estadounidense, constituido en 2004 tras la fusión de la cadena de televisión NBC (National Broadcasting Company, fundada en 1926) y Vivendi Universal Entertainment.

N'DJAMENA, ant. **Fort-Lamy,** cap. de Chad, a orillas del Chari; 530 000 hab. Universidad.

NDOLA, c. de Zambia; 282 000 hab. Cobre.

N'DOUR (Youssou), *Dakar 1959,* cantante senegalés. Pionero de la world music *(Seven Seconds,* dúo con Neneh Cherry), sin perder interés por sus raíces, interpreta sus composiciones en wolof, francés e inglés *(The Guide [Wommat],* 1994; *Rokku mi rokka,* 2007).

NDZOUANI o **NZWANI,** ant. **Anjouan,** isla del archipiélago de las Comores; 148 000 hab.

NEAGH (lough), lago de Irlanda del Norte; 388 km².

NEANDERTHAL o **NEANDERTAL** (voz alem. que significa «valle del Neander»), sitio prehistórico de Alemania, cerca de Düsseldorf (museo en Mettmann). En 1856 se descubrió el primer esqueleto fósil humano distinto del hombre actual. Llamado *hombre de Neanderthal,* constituye el tipo de los neandertalenses *(Homo [sapiens] neandertalensis),* que vivieron en Europa y Oriente Próximo entre 200 000 y 30 000 años a.C.

NEARCO, s. IV a.C., navegante cretense. Almirante de la flota de Alejandro Magno, dejó un relato de su navegación *(Periplo)* desde las fuentes del Indo hasta el mar Rojo.

NEBAJ, mun. de Guatemala (Quiché), 22 773 hab. Curtidos y tejidos artesanales. — Sitio arqueológico maya.

NEBO, montaña de Jordania, al NE del mar Muerto. Según la tradición, es el lugar donde murió Moisés.

NEBRA (José de), *Calatayud 1702-Madrid 1768,* organista y compositor español, autor de zarzuelas, óperas, autos sacramentales y música religiosa *(Officium defunctorum,* 1758).

NEBRASKA, estado de Estados Unidos; 1 578 385 hab.; cap. *Lincoln.*

NEBRIJA (Antonio Martínez de Cala, llamado Elio Antonio de), *Lebrija, Sevilla, 1441-Alcalá de Henares 1522,* humanista español. Autor de *"Gramática de la lengua castellana* (1492), la primera gramática de una lengua vulgar, *Reglas de la ortografía castellana* (1517), *Diccionario latino-español* (1492) y *Vocabulario español-latino* (h. 1495), colaboró además en la redacción de la *"Biblia políglota.*

NECAO I o **NEKAU I,** uno de los príncipes Saítas (fines s. VIII-inicios s. VII a C.). Gobernó sobre el delta del Nilo. — **Necao** o **Nekau II,** faraón de Egipto de la XXVI dinastía (609-594 a.C.). Venció a Josías, rey de Judá, en Megiddó. Derrotado en Karkemish por Nabucodonosor II, renunció a Palestina y a Siria.

NECHÁIEV (Serguéi Guennádievich), *Ivánovo 1847-San Petersburgo 1882,* revolucionario ruso. Redactó con Bakunin el *Catecismo revolucionario* (1869). Hizo asesinar a un miembro de una sociedad secreta que acababa de fundar, por lo que fue desautorizado por la I Internacional (1871) y condenado a cadena perpetua (1873).

NECHAKO, r. de Canadá (Columbia Británica), afl. del Fraser (or. der.); 400 km.

■ JORGE **NEGRETE** en una escena de *Allá en el rancho grande* (1948), de F. de Fuentes.

NECKAR, r. de Alemania, afl. del Rin (or. der.), con el que se vuelve a juntar en Mannheim; 367 km. Atraviesa Tubinga y Heidelberg.

NECKARSULM, c. de Alemania (Baden Württemberg), a orillas del Neckar; 24 357 hab. Automóviles.

NECKER (Jacques), *Ginebra 1732-Coppet 1804,* financiero y político suizo. Banquero en París (1762), fue director general de finanzas (1777). Publicó un informe sobre la deuda pública y los gastos de las clases privilegiadas, y tuvo que dimitir (1781). Llamado al gobierno por Luis XVI (1788), aconsejó la convocatoria de estados generales, pero no logró evitar la Revolución francesa y se retiró a Coppet, junto con su hija, Mme. de Staël.

NECOCHEA, c. de Argentina (Buenos Aires); 84 684 hab. Puerto pesquero (conservas). Turismo (playas).

NECOCLÍ, mun. de Colombia (Antioquia); 25 987 hab.

NECTANEBO I, primer faraón de la XXX dinastía (378-360 a.C.). Defendió con éxito Egipto contra Artajerjes II y fue un gran constructor. — **Nectanebo II,** faraón de la XXX dinastía (359-341 a.C.). Vencido por Artajerjes III, fue el último rey nativo de Egipto.

NEDERLAND, nombre neerl. de los *Países Bajos.

NÉEL (Louis), *Lyon 1904-Brive 2000,* físico francés. Descubrió nuevos tipos de magnetismo, el *ferrimagnetismo* y el *antiferromagnetismo,* completando las teorías de P. Curie, P. Weiss y P. Langevin. (Premio Nobel 1970.)

Neerwinden (batalla de) [29 julio 1693], batalla de la guerra de la Liga de Augsburgo, en Neerwinden (Brabante) ganada por los franceses, del mariscal de Luxembourg sobre Guillermo de Orange. — batalla de **Neerwinden** (18 marzo 1793), victoria de los austriacos de Federico de Sajonia-Coburgo sobre los franceses de Dumouriez, quien tuvo que evacuar Bélgica.

NEFERTARI, NEFERTITI o **NEFRETETE,** s. XIV a.C., reina de Egipto, esposa de Ramsés II.

NEFERTITI, s. XIV a.C., reina de Egipto, esposa de Amenofis IV. Los museos de Berlín, El Cairo y el Louvre conservan hermosas representaciones esculpidas suyas.

■ ELIO ANTONIO DE **NEBRIJA.** (Biblioteca colombina, Sevilla.)

■ **NEFERTITI.** (Museo egipcio, El Cairo.)

NEFTALÍ, personaje bíblico, hijo de Jacob y antepasado epónimo de una tribu del N de Palestina.

NEFUD → NUFŪD.

NEGRA (cordillera), cordillera de Perú, que se alza sobre la costa del Pacífico paralela a la cordillera Blanca, de la que la separa el Callejón de Huaylas; 5 187 m en el Rocarre.

NEGRA (laguna), laguna glaciar de Venezuela, en el Páramo de Mucuchíes (sierra Nevada de Mérida). Forma parte del parque nacional de Sierra Nevada. Flora andina (frailejón). Turismo.

NEGRA o **DE LOS DIFUNTOS** (laguna), laguna del S de Uruguay (Rocha), en el litoral oriental; 180 km².

NEGRET (Edgar), *Popayán 1920,* escultor colombiano. Sus obras, realizadas a base de planchas metálicas o tubos policromados, buscan reflejar el mundo contemporáneo asociado a la estética de la máquina.

NEGRETE (Jorge), *Guanajuato 1911-Los Ángeles 1953,* cantante y actor mexicano. Cantante mariachi, protagonizó exitosos films como ar-

NEGRI

quetipo de macho fanfarrón y a la vez romántico (¡Ay, Jalisco, no te rajes!, J. Rodríguez,
1942; Gran Casino, L. Buñuel, 1947; Si Adelita se
fuera con otro, C. Urueta, 1948; Jalisco canta en
Sevilla, F. de Fuentes, 1949).

NEGRI (Cesare), Milán h. 1536-h. 1604, maestro
de ballet italiano. Es autor de Nuove inventioni
di Balli (1604), donde menciona las cinco posiciones básicas de la danza académica.

NEGRÍN (Juan), Las Palmas 1892-París 1956,
médico y político español. Miembro del PSOE,
durante la guerra civil fue ministro de hacienda (1936) y presidente del gobierno (1937),
cargo que conservó en el exilio hasta 1945.

NEGRO, nombre que recibe el curso alto del
río *Usumacinta a su paso por Guatemala.

NEGRO, r. de América Central, que nace en las
mesetas de Estelí (Nicaragua), forma frontera
con Honduras y desemboca en el golfo de
Fonseca; 100 km aprox.

NEGRO, r. de América del Sur, afl. del Amazonas (or. izq.); 1784 km. Nace en Colombia con
el nombre de Guainía, forma un tramo de
frontera con Brasil y se adentra en su territorio
hasta desembocar en el Amazonas.

NEGRO, r. de Argentina (Río Negro), de la vertiente atlántica; 635 km. Formado por la confluencia del Neuquén y el Limay, su curso es
regulado por el complejo Chocón-Cerros Colorados y aprovechado para el regadío.

NEGRO, r. de Uruguay, que nace en Brasil, afl.
del Uruguay; 800 km. Principal curso del interior de Uruguay. Hidroelectricidad (centrales
de Rincón del Bonete, Rincón de Baigorria y
Palmar).

NEGRO (cerro), volcán activo de Nicaragua
(León); 675 m.

NEGRO (mar), ant. Ponto Euxino, mar interior
entre Europa y Asia, limitado por el Bósforo;
461 000 km² con su dependencia, el mar de
Azov.

NEGRO (Príncipe) → EDUARDO, el Príncipe
Negro.

NEGROPONTO → EUBEA.

NEGROS, isla de Filipinas, al NO de Mindanao; 13 000 km²; 2 750 000 hab.

NEGRUZZI (Costache), Trifeşti 1808-Iaşi 1868,
escritor rumano, autor de narraciones históricas.

NÉGUEV, región desértica del S de Israel, que
llega al golfo de 'Aqaba. Cultivos irrigados.

NEHEMÍAS, judío de Persia que organizó
(445 a.C.) junto con el sacerdote Esdras la restauración de Jerusalén y de la comunidad judía tras el Exilio. El libro bíblico que lleva su
nombre (s. III a.C.) relata esta restauración.

 **NEHRU**

 **NELSON,**
por F. Abbott.
(Galería nacional
de retratos, Londres.)

NEHRU (Jawajarlāl), Allāhābād 1889-Nueva Delhi 1964, político indio. Discípulo de Gandhi
y presidente del *Congreso nacional indio
(1929), fue un artífice de la independencia de
la India. Primer ministro (1947-1964), desarrolló y modernizó la industria y se convirtió, en
el exterior, en un adalid del neutralismo. Tuvo
un papel importante en las conferencias internacionales de Colombo (1950), Bandung
(1955) y Belgrado (1961). Su prestigio se vio
afectado por la derrota de la India ante China
(1962).

NEIBA, c. de la República Dominicana, cap.
de la prov. de Baoruco; 35 960 hab. Explotación forestal. Minas de sal.

NEIBA (sierra de), alineación montañosa del
S de República Dominicana, que forma el reborde del lago Enriquillo; 2 262 m de alt. máx.

NEILL (Alexander Sutherland), Forfar, distrito de
Angus, Escocia, 1883-Aldeburgh, Suffolk, 1973,
pedagogo británico. Fundó la escuela Sum-
merhill, en la que puso en práctica la idea de
que los niños son capaces de educarse con la
mínima intervención de los adultos.

NEIRA, mun. de Colombia (Caldas), junto al
Cauca; 24 895 hab. Café e industrias derivadas.

NEIRA (Juan José), Guchantivá, Boyacá, 1793-Bo-
gotá 1840, militar y patriota colombiano. Tomó
parte en la guerra de independencia y más tarde defendió Bogotá en las luchas civiles.

NEIRA VILAS (Xosé), Gres, Pontevedra, 1928,
escritor español en lengua gallega. Sus vivencias infantiles impregnan la trilogía O ciclo do
neno (Memorias de un niño campesino, 1961;
Cartas a Lelo, 1971; Aquellos años del Moncho,
1977). El realismo está presente en sus novelas, poemas y cuentos infantiles.

NEISSE → NYSA ŁUŻYCKA.

NEIVA, c. de Colombia, cap. del dep. de Huila;
233 000 hab. Mercado del valle alto del Magdalena. Industria farmacéutica y de la construcción. — Fue fundada en 1539 por Juan de
Cabrera. Destruida por los indios, fue refundada en 1551 por Juan Alonso.

NEKRÁSOV (Nikolái Alexéievich), Iuzvino 1821-
San Petersburgo 1877, escritor y publicista ruso. Poeta de inspiración popular, dirigió las revistas liberales El contemporáneo y Los anales
de la patria, que ejercieron gran influencia en
la evolución política y literaria de Rusia.

NELKEN (Margarita), Madrid 1896-México
1968, política y escritora española. Militante
del ala radical del PSOE, fue diputada por Badajoz en las cortes republicanas. Se exilió en
1939. Es autora de La condición social de la
mujer en España (1919).

NELLORE, c. de la India, cerca de la costa de
Coromandel; 316 445 hab.

NELSON, r. del centro de Canadá, emisario
del lago Winnipeg y tributario de la bahía de
Hudson (en Port Nelson); 650 km. Central hidroeléctrica.

NELSON (Horatio, vizconde), duque de Bron-
te, Burnham Thorpe 1758-en el mar 1805, almirante británico. Sirvió en la India y participó
en el bloqueo de Cádiz y en la batalla del cabo de San Vicente (1797). Después de conquistar Malta, logró la victoria decisiva de Trafalgar
contra la unión de las flotas francesa y española (1805). Fue muerto durante esta batalla.

NEMEA MIT. GR. Valle de la Argólida, donde se
celebraban los juegos nemeos. Heracles mató
allí un terrible león y vistió su piel.

NEMEQUENE (Zipa), m. en 1514, cacique de
Bogotá (1490-1514). Sucesor de Saguanmachica, extendió el poder de Bogotá al conquistar
el reino de Guatavita. Murió en una batalla
contra el cacique de Tunja.

NEMERY o **NEMEIRY** (Ŷaffar al-) → NU-
MEIRY.

NÉMESIS MIT. GR. Diosa de la venganza.

NEMROD [Asiria] → NIMRUD.

NEMROD o **NIMRUD,** personaje bíblico (Génesis) presentado como «valiente cazador
ante el Eterno», trasposición, en las tradiciones hebraicas, de un dios babilónico.

NEMRUT DAĞ, monte de Turquía, en la prov.
de Adiyaman, al SE de Malatya, que culmina a
2 300 m. Vestigios del santuario (s. I a.C.) funerario de Antíoco I de Comagene. (Patrimonio
de la humanidad 1987.)

NENNI (Pietro), Faenza 1891-Roma 1980, político italiano. Secretario general del Partido socialista italiano en el exilio (1931), participó
en la guerra de España (1936-1938). Varias ve-

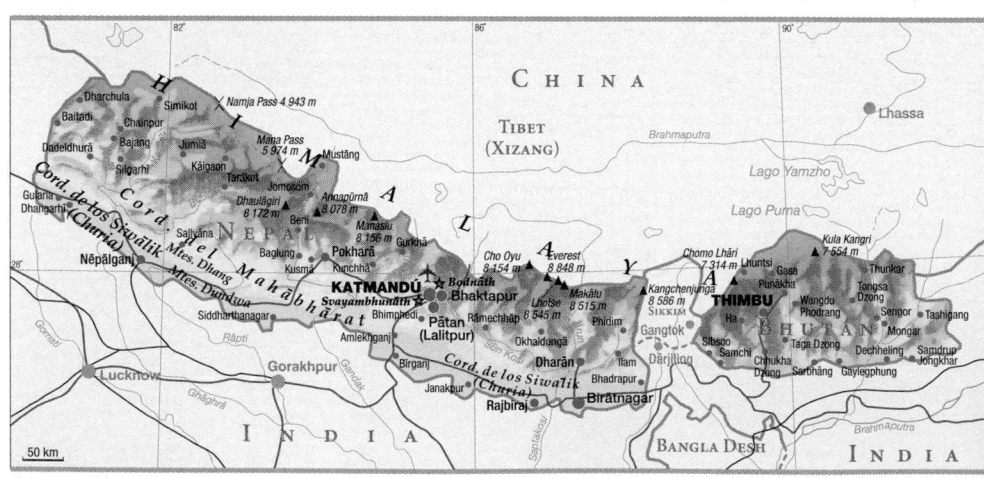

Nepal-Bhután

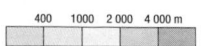
400 1000 2 000 4 000 m

— carretera
— ferrocarril

★ lugar de interés turístico
✈ aeropuerto

● más de 500 000 hab.
● de 100 000 a 500 000 hab.
● de 30 000 a 100 000 hab.
● menos de 30 000 hab.

1554

ces vicepresidente del consejo de ministros y ministro de asuntos exteriores, dirigió a la mayoría socialista procomunista.

NEOPATRIA (ducado de), señorío creado por los almogávares en Grecia en 1319. Abarcaba la Fócida y el S de Tesalia, bajo la soberanía del reino catalán de Sicilia. Anexionado por la Corona de Aragón (1377), pasó a Florencia (1390) y luego a Turquía (1460).

NEOPTÓLEMO → **PIRRO.**

NEOVOLCÁNICA (cordillera), cordillera de México, que forma el reborde S del Altiplano mexicano, desde el golfo de México hasta el Pacífico. Comprende numerosos volcanes: Orizaba (5 747 m), el pico más alto del país, Popocatépetl, Iztaccíhuatl, Paricutín.

NEP (sigla de las voces rusas que significan «nueva política económica»), política económica, más liberal, instaurada por Lenin en la Rusia soviética desde 1921 hasta 1929.

NEPAL, estado de Asia, en el Himalaya; 140 000 km²; 22 600 000 hab. (*nepaleses o nepalíes*). CAP. *Katmandú.* LENGUA: *nepalés.* MONEDA: *rupia nepalesa.*

GEOGRAFÍA

Nepal es un estado del Himalaya, entre China y la India. La población, densa, compuesta sobre todo por los gurkha y mayoritariamente hinduista, se concentra en los valles y cuencas del centro. Se dedica principalmente al cultivo de arroz, su base alimentaria. El turismo se ha convertido en una fuente de ingresos notable.

HISTORIA

Ss. IV-VIII: los newar del valle de Katmandú adoptaron la civilización india. **Desde el s. XII:** el resto del país, salvo los valles del N ocupados por tibetanos, fue colonizado paulatinamente por indoeuropeos. **1744-1780:** la dinastía de los Gurkha unificó el país. **1816:** por el tratado de Segowlie tuvo que aceptar una especie de protectorado de Gran Bretaña, con una dinastía de primeros ministros, los Rānā, detentó el poder efectivo. **1923:** Gran Bretaña reconoció formalmente la independencia de Nepal. **1951:** Tribhuvana Bir Bikram (1911-1955) restableció la autoridad real. **1955-1972:** Mahendra Bir Bikram se proclamó rey. **1972:** lo sucedió Birendra Bir Bikram. **1990:** autorizó la formación de partidos políticos. **1991:** se celebraron las primeras elecciones multipartidistas. Dos partidos, el Congreso nepalés y el Partido comunista, pasaron a dominar la vida política. **Desde 1996:** el poder se vio confrontado al avance de una guerrilla maoísta. **2001:** el rey Birendra y casi todos los miembros de la familia real fueron asesinados (oficialmente por el príncipe heredero Dipendra, que se dio muerte). El hermano del rey, Gyanendra Bir Bikram, accedió al trono. **Desde 2002:** el monarca disolvió el parlamento y practicó una política de sesgo autoritario. **2006:** la oposición, dirigida por el partido del Congreso nepalés, y los rebeldes maoístas (que aceptaron desarmarse e integrarse en la vida política) se aliaron contra el rey, al que privaron de lo esencial de sus poderes, y formaron un gobierno de coalición. **2008:** una asamblea constituyente fue elegida (abril); abolió la monarquía y convirtió Nepal en una república.

NEPEAN, c. de Canadá (Ontario), zona suburbana de Ottawa; 105 684 hab.

NEPEÑA, mun. de Perú (Ancash); 7 650 hab. En el valle del *río Nepeña,* sitios arqueológicos de las culturas Chavín (murallas, templo) y mochica (pirámides, pinturas murales).

NEPER (John) → **NAPIER.**

NEPOTE (Cornelio) → **CORNELIO NEPOTE.**

NEPTUNO MIT. ROM. Dios del agua. Se convirtió en dios del mar cuando fue identificado con el Poseidón griego.

NEPTUNO, planeta del sistema solar situado después de Urano, descubierto en 1846 por J. Galle, gracias a los cálculos de Le Verrier. Semieje de su órbita: 4 504 000 000 km. Se halla a 30,11 veces el de la órbita terrestre. Diámetro ecuatorial: 49 600 km. Presenta numerosos rasgos de similitud con Urano, pero su atmósfera es mucho más turbulenta. Está rodeado de anillos de materia. Se le conocen 13 satélites.

NEREIDAS MIT. GR. Divinidades marinas griegas, hijas de Nereo. Eran 50 y acudían en auxilio de los marinos.

NEREO MIT. GR. Dios marino, padre de las Nereidas.

NERGAL, dios babilonio, hijo de Enlil, señor de los muertos y de los infiernos.

NERI VELA (Rodolfo), *Chilpancingo 1952,* ingeniero y astronauta mexicano. Formó parte de la tripulación del transbordador espacial (misión STS-61-B) que en 1985 puso en órbita tres satélites de comunicaciones, entre ellos el mexicano Morelos 2.

NERJA, v. de España (Málaga); 16 112 hab. (*nerjeños*). En la Costa del Sol. Turismo (playa).— En sus cercanías, *cueva de Nerja,* con estalactitas y estalagmitas donde se han hallado pinturas rupestres, industrias líticas y restos humanos paleolíticos y neolíticos.

NERNST (Walther), *Briesen, act. Wąbrzeźno, Polonia, 1864-cerca de Muskau 1941,* físico y químico alemán. Hizo una aportación fundamental a la teoría de las soluciones. Demostró, en 1906, que cerca de 0 K los calores específicos y los coeficientes de dilatación tienden a cero, lo que lo llevó a enunciar el «tercer principio de la termodinámica», o *principio de Nernst-Planck.*

NERÓN, en lat. **Lucius Domitius Claudius Nero,** *Antium 37-Roma 68,* emperador romano (54-68). Hijo de Cneo Domicio Ahenobarbo y de Agripina la Joven, fue adoptado por el emperador Claudio, a quien sucedió. A pesar de algunos actos de crueldad (asesinatos de Británico [55] y de Agripina [59]), los comienzos del reinado fueron beneficiosos. Pero, después de la desaparición de sus consejeros (muerte de Burro, caída en desgracia de Séneca en 62), Nerón se abandonó a un despotismo tal vez marcado por la locura: suicidio de Octavia (62), sustituida por Popea; condena a muerte de los ciudadanos ricos, cuyas fortunas pasaron al tesoro público, agotado por las extravagancias imperiales; primera persecución de los cristianos, acusados del incendio de Roma (64). Este régimen de terror dio lugar a conspiraciones (conjura de Pisón, 65) y, en 68, el ejército, con Galba en Hispania y Vindex en la Galia, se sublevó. Proclamado enemigo público por el senado, Nerón se suicidó.

NERUDA (Neftalí Ricardo Reyes, llamado Pablo), *Parral 1904-Santiago 1973,* poeta chileno. Tras sus primeros poemas (*Veinte poemas de amor y una canción desesperada,* 1924), expresó en el aislamiento de su labor diplomática el camino de la vanguardia (*Residencia en la tierra,* 1933 y 1935), en una poesía que expresa crisis y disolución personal. Su compromiso político de izquierda se manifestó en la serie *España en el corazón* (1937), que se integra en *Tercera residencia* (1942), y en el poema épico **Canto general* (1950). Su poesía posterior se centró en lo cotidiano, el amor y la fantasía (*Odas elementales,* 1954-1957; *Estravagario,* 1958; *Memorial de Isla Negra,* 1964). En 1974 se editaron sus memorias (*Confieso que he vivido*). [Premio Nobel 1971.]

NERVA (Marco Coceyo), *Narni h. 30-Roma 98,* emperador romano (96-98), fundador de la dinastía de los Antoninos. Sucesor de Domiciano, colaboró con el senado, y adoptó a Trajano (97) para que le sucediera.

NERVAL (Gérard Labrunie, llamado Gérard de), *París 1808-íd. 1855,* escritor francés. Romántico y viajero (*Viaje a Oriente,* 1851), destacan sus poemas de *Las quimeras* (1852) y los relatos de *Las hijas del fuego* (1854).

NERVI (Pier Luigi), *Sondrio, Lombardía, 1891-Roma 1979,* ingeniero y arquitecto italiano.

■ **NERÓN.** (Museo del Capitolio, Roma.)

■ **PABLO NERUDA.** (Sofía Gandarias; col. part.)

Especializado en el empleo del hormigón armado y el metal, entre sus obras destaca el edificio de la Unesco en París (1954-1958), construido junto con Breuer y Zehrfuss.

NERVIÓN, r. de España, en la vertiente cantábrica; 72 km. Nace en Peña Orduña (Álava), pasa por Bilbao y desemboca formando la *ría del Nervión,* zona de importante concentración industrial. El puente colgante que conecta Guecho y Portugalete fue declarado patrimonio de la humanidad en 2006.

NERVO (Amado), *Tepic 1870-Montevideo 1919,* poeta mexicano. Iniciado en el modernismo (*Perlas negras, Místicas,* ambas de 1898), su estancia en París como corresponsal lo imbuyó de una mística más literaria que real (*Los jardines interiores,* 1905). Sus obras posteriores adoptan un tono sentimental y confidencial (*En voz baja,* 1909; *Plenitud,* 1918; *La amada inmóvil,* 1920). Escribió asimismo crónicas, crítica y novela corta.

■ AMADO **NERVO,** por D. Vázquez Díaz.

NESEBAR, c. de Bulgaria, a orillas del mar Negro; 3 000 hab. Conjunto de iglesias o ruinas de iglesias bizantinas del s. V al XIV.

NESO MIT. GR. Centauro al que dio muerte Heracles por haber intentado violar a su esposa, Deyanira. Al morir y como venganza, Neso dio a Deyanira su túnica, mojada con sangre, talismán que le aseguraría la fidelidad de su esposo. Cuando Heracles vistió dicha túnica sintió tales dolores que puso fin a su vida.

NESS (loch), lago de Escocia, al SO de Inverness. Debe su celebridad a la presencia en sus aguas de un hipotético monstruo.

NESSELRODE (Karl Robert, conde **von**), *Lisboa 1780-San Petersburgo 1862,* estadista ruso. Ministro de asuntos exteriores (1816-1856), sirvió brillantemente a Alejandro I y a Nicolás I.

Nestlé, empresa suiza creada en 1867, especializada en productos alimentarios (leches condensadas, chocolate, cafés solubles, etc.).

NÉSTOR MIT. GR. Rey de Pilos, héroe de la guerra de Troya, arquetipo del sabio consejero.

NÉSTOR (Néstor Martín Fernández de la Torre, llamado), *Las Palmas de Gran Canaria 1887-íd. 1938,* pintor, escenógrafo y diseñador español. Influido por el simbolismo y el modernismo catalán, sus telas combinan un intenso colorido y un lenguaje simbolista visionario (*Poema de los elementos*).— Museo monográfico en Las Palmas de Gran Canaria.

NESTORIO, Germanica Cesarea, act. Kahramanmaraş, h. 380-Al-Jarĵa d. 451, patriarca de Constantinopla (428-431). Por su doctrina de la relación de la divinidad y la humanidad en Jesucristo (*nestorianismo*), fue depuesto por el concilio de Éfeso (431) y desterrado.

NETANYA o **NATANYA,** c. de Israel, junto al Mediterráneo; 140 000 hab. Puerto.

NETANYAHU (Benyamin), *Tel-Aviv 1949,* político israelí. Líder del Likud (1993-1999 y desde 2005), fue primer ministro de 1996 a 1999, posteriormente ministro de asuntos exteriores (2002-2003) y de finanzas (2003-2005), y de nuevo primer ministro desde 2009.

NETO (Agostinho), *Cachicane 1922-Moscú 1979,* político angoleño, presidente de la república desde 1975 hasta su muerte.

NETZAHUALCÓYOTL [c. de México] → **NEZAHUALCÓYOTL.**

Netzahualcóyotl, presa de México, sobre el Mezcalapa (Chiapas). Regadío y abastecimiento de una central hidroeléctrica.

NETZAHUALCÓYOTL o **NEZAHUALCÓ-YOTL,** h. 1402-1472, soberano de Texcoco (1418-1472). Hijo de Ixtlilxóchitl, luchó contra Tezozomoc y, aliado a los mexicas, se apoderó del reino en 1431. Poeta, filósofo y legislador, promulgó leyes sobre la propiedad, impuso tributos regulares y organizó la administración. También diseñó complejos acueductos y un dique en el lago de Tenochtitlan.

NETZAHUALPILLI o **NEZAHUALPILLI,** 1462-Tezcotzingo 1516, soberano de Texcoco (1472-1516). Hijo de Netzahualcóyotl, su reinado marca el apogeo de Texcoco, que se anexionó reinos tributarios vecinos.

NEUBRANDENBURG, c. de Alemania (Mecklemburgo-Antepomerania); 85 540 hab.

NEUCHÂTEL, c. de Suiza, cap. del cantón homónimo, a orillas del lago de Neuchâtel; 33 579 hab. Universidad. Relojería. Sector agroalimentario. Turismo. — Colegiata en parte románica, castillo (ss. XII-XVI), residencias antiguas. Museos (arqueología, arte e historia, etnografía). Centro Dürrenmatt (arquitecto: Mario Botta). — Fue la sede de un principado que, soberano en 1648, perteneció al rey de Prusia de 1707 a 1798 y de 1814 a 1857, convirtiéndose finalmente en un cantón de la Confederación suiza (1815).

NEUCHÂTEL (cantón de), cantón de Suiza; 803 km²; 163 900 hab.; cap. Neuchâtel.

Neuengamme, campo de concentración alemán, al SE de Hamburgo (1938-1945).

NEUILLY-SUR-SEINE, c. de Francia (Hauts-de-Seine), junto al bosque de Boulogne; 62 364 hab. Centro residencial. – **tratado de Neuilly** (27 nov. 1919), tratado firmado tras la primera guerra mundial entre los Aliados y Turquía, por el que esta tuvo que ceder territorios, reducir su ejército y abonar reparaciones de guerra.

NEUMANN (Johann Balthasar), Cheb, Bohemia, 1687-Wurzburgo 1753, arquitecto e ingeniero alemán, maestro del ilusionismo barroco (residencia de Wurzburgo; iglesia de Vierzehnheiligen en Baviera).

NEUMANN (Johann o John **von**), Budapest 1903-Washington 1957, matemático estadounidense de origen húngaro. Es autor de una teoría de los juegos (con O. Morgenstern). Desde finales de la década de 1930 definió la estructura posible de una máquina automática para el tratamiento de la información con programa grabado, estructura de la mayoría de las computadoras actuales. Con J. G. Charney realizó las primeras calculadoras.

NEUMEIER (John), Milwaukee 1942, bailarín y coreógrafo estadounidense. Director artístico del Ballet de Frankfurt (1969-1973) y, desde 1973, del Ballet de Hamburgo, destaca en obras neoclásicas, que testimonian un sentido profundo de la puesta en escena (Dammem; Romeo y Julieta).

NEUMÜNSTER, c. de Alemania (Schleswig-Holstein); 82 014 hab.

NEUNKIRCHEN, c. de Alemania (Sarre); 51 997 hab. Centro industrial.

NEUQUÉN, r. de Argentina (Neuquén) que, con el Limay, forma el Negro; 400 km aprox. Regadío e hidroelectricidad (Cerros Colorados).

NEUQUÉN, c. de Argentina, cap. de la prov. homónima y del dep. de Confluencia; 167 078 hab. Centro de una rica zona agrícola (frutales y plantas forrajeras).

NEUQUÉN (provincia del), prov. del E de Argentina; 94 078 km²; 388 934 hab.; cap. Neuquén.

NEURATH (Konstantin, barón **von**), Klein-Glattbach 1873-Leinfelder Hof 1956, político alemán. Ministro de asuntos exteriores (1932-1938) y protector de Bohemia-Moravia (1939-1941), fue condenado a 15 años de prisión por el tribunal de Nuremberg.

NEUSIEDL (lago), en húng. **Fertö,** lago de Europa central, que forma frontera entre Austria y Hungría; 350 km². (Reserva de la biosfera 1979; patrimonio de la humanidad 2001.)

NEUSS, c. de Alemania (Rin del Norte-Westfalia), a orillas del Rin; 148 560 hab. Iglesia románica del s. XIII (cripta del s. XI). Museo.

NEUSTRIA, ant. reino que agrupaba las regiones del N y NO de la Galia merovingia, formado a raíz del reparto sucesorio de Clotario I

(561) en beneficio de Chilperico I. Fue rival de Austrasia. Pipino de Heristal realizó la unificación de ambos reinos.

NEUTRA (Richard Joseph), Viena 1892-Wuppertal, Alemania, 1970, arquitecto estadounidense de origen austriaco. Pionero de la prefabricación metálica y partidario del estilo internacional, sus casas unifamiliares muestran continuidad espacial e integración con el entorno.

NEVÁ, r. de Rusia, que nace en el lago Ladoga, pasa por San Petersburgo y desemboca en el golfo de Finlandia; 74 km.

NEVADA, estado de Estados Unidos, en las montañas Rocosas; 1 201 833 hab.; cap. Carson City; c. prales. Las Vegas y Reno. Turismo.

NEVADA (sierra), sierra de España (Granada y Almería), en la zona central del sistema Penibético. Destacan los picos Mulhacén (3 478 m), el más alto peninsular, Veleta (3 327 m) y loma de la Alcazaba (3 366 m). Deportes de invierno (estación de esquí, 2 100-3 300 m de alt.). Observatorio de Sierra Nevada (Granada), del Instituto de astrofísica de Andalucía, a 2 850 m, cercano al pico Veleta. Parque nacional de Sierra Nevada (86 208 ha) desde 1998. (Reserva de la biosfera 1986.)

NEVADA (sierra), cadena montañosa del O de Estados Unidos (California); 4 418 m en el monte Whitney.

NEVADA o **NEVADA DE MÉRIDA** (sierra), sierra del O de Venezuela, que forma parte de la cordillera de Mérida. Culmina en el pico Bolívar (5 007 m), el más alto del país.

NEVADA DEL COCUY (sierra), sierra andina de Colombia (Boyacá y Arauca); 5 493 m de alt. Constituye la máxima elevación de la cordillera Oriental.

NEVADA DE SANTA MARTA (sierra), sierra del N de Colombia (Magdalena); 5 775 m en el pico Cristóbal Colón, máxima altura del país. (Reserva de la biosfera 1979.)

NEVADO (El), cerro de la cordillera Oriental de Colombia (Meta); 4 560 m.

NEVADO DE CUMBAL, volcán de Colombia (Nariño); 4 750 m. Depósitos de azufre.

NEVADO DEL RUIZ → RUIZ.

NEVERS, c. de Francia, cap. del dep. de Nièvre, a orillas del Loira; 43 082 hab. Industria automovilística. – Catedral (ss. XI-XVI). Palacio ducal (ss. XV-XVI). Museos.

NEVES (Tancredo), São João do Rei, Minas Gerais, 1910-São Paulo 1985, político brasileño. Miembro del Partido socialdemócrata, fue primer ministro en 1961-1962 y se opuso a la dictadura militar. Su elección a la presidencia como líder de la Alianza democrática marcó el fin del régimen dictatorial (1985), pero falleció antes de su toma de posesión.

NEVILLE (Edgar), Madrid 1899-íd. 1967, escritor, guionista y director de cine español. Sus novelas (Don Clorato de Potasa, 1929) y comedias (Margarita y los hombres, 1934; El baile, 1952) se mueven entre el costumbrismo y la reflexión sobre el azar y el paso del tiempo. Entre sus películas, destacan La torre de los siete jorobados (1944) y La vida en un hilo (1945).

NEVILLE (Richard) **→ WARWICK.**

NEVIO (Cnco), Campania h. 270-Útica h. 201 a.C., poeta latino. Fue el primero en tratar temas nacionales en una epopeya (Guerra púnica) y en tragedias.

NEVIS, en esp. **Nieves,** isla de las Pequeñas Antillas; 93 km²; 10 000 hab.; cap. Charlestown. Desde 1983 forma, con Saint Kitts, un estado independiente dentro de la Commonwealth.

New Age, corriente de base religiosa difusa, nacida en EUA hacia 1970, que anuncia la entrada en una era nueva de la humanidad, la «era de Acuario». Se inspira en el esoterismo y la teosofía, y propone mejorar el bienestar individual mediante terapias paralelas.

NEWARK, c. de Estados Unidos (Nueva Jersey), en la bahía de Newark, cerca de Nueva York; 275 221 hab. Puerto. Aeropuerto.

NEWCASTLE, c. de Australia (Nueva Gales del Sur); 422 100 hab. Puerto. Universidad. Siderurgia.

NEWCASTLE-UPON-TYNE o **NEWCASTLE,** c. de Gran Bretaña (Inglaterra), a orillas del Tyne; 204 000 hab. Puerto. Universidad. Metalurgia. – Monumentos antiguos; museos.

NEWCOMB (Simon), Wallace, Canadá, 1835-Washington 1909, matemático y astrónomo estadounidense. Perfeccionó la teoría de los movimientos de la Luna y de los planetas.

NEWCOMEN (Thomas), Dartmouth 1663-Londres 1729, mecánico británico. Construyó la primera máquina de vapor de aplicación práctica con caldera, cilindro y pistón (1712).

New Deal («Nuevo reparto»), nombre dado a las reformas emprendidas por F. D. Roosevelt en Estados Unidos a partir de 1933, y que consagraron cierta intervención del estado en los ámbitos económico y social.

NEWFOUNDLAND, nombre ingl. de Terranova.

NEW HAMPSHIRE, estado de Estados Unidos, en Nueva Inglaterra; 1 109 252 hab.; cap. Concord.

NEW HAVEN, c. de Estados Unidos (Connecticut), al NE de Nueva York; 130 474 hab. Puerto. Universidad de Yale.

NEWHAVEN, c. de Gran Bretaña (Inglaterra), junto al canal de la Mancha; 10 000 hab. Puerto. Tráfico marítimo con Dieppe. Estación balnearia.

NE WIN (Maung Shu Maung, llamado U), Paungdale 1911-Rangún 2002, militar y político birmano. Primer ministro (1958-1960 y, tras un golpe de estado, 1972-1974), más tarde jefe del estado (1974-1981), conservó hasta 1988, como líder del partido único, el poder efectivo.

NEW JERSEY → NUEVA JERSEY.

NEWMAN (Arnold), Nueva York 1918-íd. 2006, fotógrafo estadounidense, maestro del retrato.

NEWMAN (Barnett), Nueva York 1905-íd. 1970, pintor estadounidense de ascendencia polaca. Impulsó a partir de 1964 aprox. una abstracción cromática rigurosa.

NEWMAN (John Henry), Londres 1801-Birmingham 1890, teólogo católico británico. Pastor anglicano, fue uno de los líderes del movimiento de *Oxford (1845) y se ordenó sacerdote católico en 1847. Fundador del Oratorio británico, rector de la universidad católica de Dublín (1851-1858) y cardenal (1879), desarrolló en sus obras (Gramática del asentimiento, 1870) una profunda espiritualidad.

NEWMAN (Paul), Cleveland 1925-Westport, Connecticut, 2008, actor estadounidense. Héroe positivo del cine estadounidense, reveló su poder de seducción y su comprensión de las ambigüedades en numerosas películas (El zurdo, A. Penn, 1958; El buscavidas, R. Rossen, 1961; Dos hombres y un destino, G. Roy Hill, 1969; Veredicto final, S. Lumet, 1982), que en ocasiones dirigió (El zoo de cristal, 1987).

NEW MEXICO → NUEVO MÉXICO.

NEW ORLEANS → NUEVA ORLEANS.

NEWPORT, c. de Gran Bretaña (País de Gales), junto al estuario del Severn; 117 000 hab. Puerto. — Catedral parcialmente románica.

NEWPORT NEWS, c. de Estados Unidos (Virginia), junto a la bahía de Chesapeake; 170 045 hab. Astilleros.

NEW PROVIDENCE, la isla más poblada (171 542 hab.) de las Bahamas; c. pral. Nassau.

NEWTON (sir Isaac), Woolsthorpe, Lincolnshire, 1642-Londres 1727, sabio inglés. Construyó en Cambridge el primer telescopio utilizable. En óptica, realizó experimentos de descomposición de la luz mediante un prisma y estableció la teoría corpuscular de la luz (1675), objeto de una encendida controversia con R. Hooke y C. Huygens. No fue hasta 1687, por insistencia de E. Halley, que apareció Principios matemáticos de filosofía natural, donde Newton aplica las matemáticas al estudio de los fenómenos naturales, en primer lugar del movimiento. Su mecánica, fundamento de todos los desarrollos posteriores de esta ciencia, está basada en el principio de la inercia, la proporcionalidad de la fuerza respecto a la aceleración y la igualdad de la acción y de la reacción. De la teoría de la atracción universal y de la ley derivada de ella se deducen las tres leyes de Kepler. En matemáticas, Newton sentó las bases, al mismo tiempo que Leibniz, del análisis moderno (métodos infinitesimales, entre otros). También escribió obras teológicas y realizó trabajos de alquimia, que condicionaron sus reflexiones, especialmente las referidas a la atracción universal.

NEW WESTMINSTER, c. de Canadá (Columbia Británica); 43 585 hab. Astilleros.

NEW WINDSOR → WINDSOR.

NEW YORK → NUEVA YORK.

New York Times (The), diario estadounidense, fundado en 1851, uno de los principales del país.

NEXØ → ANDERSEN NEXØ.

NEY (Michel), duque de Elchingen, príncipe del Moskova, *Sarrelouis 1769-París 1815,* militar francés. Destacó en las guerras de la Revolución y del imperio, en España (conquista de Galicia y Asturias, 1809), en Portugal (1810) y durante la campaña de Rusia. Fue nombrado par de Francia por Luis XVIII, pero se alió a Napoleón durante los Cien días y combatió en Waterloo. Fue fusilado.

NEZAHUALCÓYOTL o **NETZAHUALCÓYOTL,** mun. de México (México), en el NE de la aglomeración de la ciudad de México; 1 341 230 hab.; cab. *Ciudad Netzahualcóyotl.*

NEZÁMI o **NIZÁMI,** *Ganya h. 1140-íd. h. 1209,* poeta persa, autor de epopeyas novelísticas y de poemas didácticos (*Laylà y Maÿnūn*).

NEZVAL (Vítězslav), *Biskupovice 1900-Praga 1958,* poeta checo. Simbolista primero y fundador del grupo surrealista checo después, se orientó hacia una poesía concreta y social.

NGAZIDJA, ant. **Gran Comore,** la mayor (1 118 km²) y más poblada (192 177 hab.) de las islas de las Comores.

NGÔ DINH DIÊM, *Quang Rinh 1901-Saigón 1963,* político vietnamita, Primer ministro de Vietnam del Sur (1954), proclamó la república (1955). Jefe del estado (1956-1963) apoyado por EUA, estableció un régimen autoritario. Murió durante un golpe militar.

NGUYÊN VAN THIÊU, *Phan Rang 1923-Boston 2001,* militar y político vietnamita, presidente de Vietnam del Sur (1967-1975).

NHA TRANG, c. de Vietnam; 216 000 hab. Puerto.

NIÁGARA, r. de América del Norte, que constituye la frontera de Canadá y Estados Unidos y une los lagos Erie y Ontario; 56 km. Forma las *cataratas del Niágara* (50 m de alt. aprox.), im portante centro turístico y emplazamiento de una gran central hidroeléctrica.

NIÁGARA FALLS, c. de Estados Unidos (Nueva York), a orillas del *Niágara,* frente a la ciudad canadiense homónima; 73 077 hab.

NIAMEY, cap. de Níger, a orillas del río Níger; 392 000 hab. Museo.

NIBELUNGOS, enanos de la mitología germánica, poseedores de grandes riquezas subterráneas y que tenían por rey a *Nibelung.* Los guerreros del héroe Sigfrido y posteriormente los burgundios en los poemas heroicos medievales, tomaron el nombre de *nibelungos* tras apoderarse de sus tesoros.

Nibelungos (Cantar de los), epopeya germánica, escrita h. 1200 en alto alemán medio. Narra las hazañas de Sigfrido, dueño del tesoro de los nibelungos, para ayudar a Gunther a conquistar a Brunilda; su matrimonio con Crimilda, hermana de Gunther, su muerte a manos del traidor Hagen y la venganza de Crimilda.

NICARAGUA, estado de América Central; 148 000 km²; 5 074 194 hab. (*nicaragüenses*). CAP. *Managua.* LENGUA: *español.* MONEDA: *córdoba oro.* (*V. mapa al final del volumen.*)

INSTITUCIONES

La constitución de 1987, reformada en 1995, establece un régimen presidencialista y el pluralismo político. El presidente, jefe del estado y del gobierno, es elegido para 5 años y solo puede ejercer dos mandatos consecutivos. El poder legislativo es de la asamblea nacional, elegida por sufragio universal.

GEOGRAFÍA

En la región del Pacífico, una estrecha franja litoral da paso al Eje volcánico, que comprende varios grupos montañosos (1 745 m de alt. máx. en el volcán San Cristóbal) y la fosa tectónica de los lagos de Nicaragua, Managua y Tisma. El Escudo central es una amplia meseta que culmina en la sierra granítica de Dipilto-Jalapa (Mogotón, 2 106 m). Finalmente, al E la llanura del Caribe se extiende hasta la costa, baja y pantanosa, surcada por los principales ríos del país (Coco, Grande de Matagalpa). La población se concentra en las tierras bajas de la región del Pacífico, en tanto que la zona caribeña acoge solo al 8 % de los habitantes. Las etnias amerindias (misquitos, sumo) representan un 5 % de la población. Managua concentra la cuarta parte del total. La agricultura es la principal actividad económica (algodón, café, azúcar, banano, ajonjolí). También tienen algún relieve la explotación forestal de las llanuras orientales, la ganadería y la pesca. Del subsuelo se extrae bentonita, oro, plata y cinc. Las industrias, escasas, se localizan en los departamentos occidentales. Las gravosas herencias de la etapa somocista (importante deuda externa) y de la guerra civil agravan la precaria estructura de la economía. En 1998, un huracán causó la pérdida total de las cosechas, la muerte de 3 000 personas y un millón de damnificados. Un tratado de libre comercio con Estados Unidos, otros países de América Central y la República Dominicana entró en vigor en 2006.

HISTORIA

La población precolombina. El territorio estaba habitado por diversos pueblos inmigrantes: los nicarao, de origen nahua, en el istmo de Rivas; los maribio, en el O, los rama, de origen chibeha, y los misquitos en el E; los matagalpa en el macizo Central; los cholutecas en el golfo de Fonseca; los mangue al NO del gran lago y los ulua en el Bocaco.

La conquista y la colonización española. **1522:** expedición de Gil González Dávila. **1524:** F. Fernández de Córdoba inició la conquista del territorio y fundó, entre otras ciudades, Granada (1524) y León (1525). **1527:** se constituyó la gobernación de Nicaragua, con capital en León y bajo la jurisdicción de la audiencia de Guatemala. **1610:** un terremoto obligó a trasladar León a su actual emplazamiento. **1786:** constitución de la intendencia de León.

La independencia. 1811: sustitución del intendente de León por una junta, y movimiento criollo en Granada. **1821:** acta de independencia de Centroamérica. **1822-1823:** anexión al imperio mexicano de Iturbide; inicio inmediato de un período de guerras civiles que, tras la integración de Nicaragua en las Provincias Unidas de Centro América (1824), se prolongó hasta 1829. **1838:** Nicaragua fue el primer estado en proclamar su secesión de la federación.

Conservadores y liberales. 1838-1854: la constante rivalidad entre León, que se proclamaba liberal, y Granada, conservadora, marcó la historia del s. XIX; para neutralizarla se estableció la capital en Managua (1852). **1855-1857:** apoyándose en las disensiones internas, el filibustero William Walker se apoderó temporalmente de la república. **1858-1893:** gobiernos conservadores; el proyecto de un canal interoceánico en Nicaragua y la explotación del oro revalorizaron la débil economía del país, que entró en la órbita de EUA. **1893-1909:** José Santos Zelaya impulsó la reforma liberal, aunque gobernó dictatorialmente, e intentó constituir una «República mayor de Centroamérica» con El Salvador y Honduras (1895-1898).

La intervención estadounidense. 1910: el apoyo de EUA a la rebelión conservadora inició un período de constantes intervenciones. **1912-1916:** la ocupación estadounidense forzó el tratado *Bryan-Chamorro* (1914). **1924-1927:** la guerra civil entre Sacasa y Díaz, testaferro de EUA, dio paso al levantamiento de Sandino contra la presencia estadounidense (1927-1932); la guardia nacional, organizada por EUA, se convirtió en el poder fáctico tras el asesinato de Sandino (1934), instigado por Anastasio Somoza, jefe de la guardia.

La dictadura somocista. 1936-1979: Somoza instauró una dictadura familiar, apoyada en la guardia nacional; los Somoza se adueñaron de los principales recursos económicos (azúcar, café, parte de la industria y el transporte) y reprimieron sangrientamente la oposición. **1972:** el terremoto de Managua y la apropiación de la ayuda internacional por los Somoza recrudeció la oposición, en la que destacó la guerrilla del Frente sandinista. **1978:** el asesinato del periodista liberal Pedro Joaquín Chamorro amplió el frente opositor y determinó la victoria de la guerrilla.

El sandinismo y la conciliación. 1979-1980: constitución de una junta de reconstrucción nacional presidida por el sandinista Daniel Ortega; se expropiaron los bienes de los somocistas, se nacionalizó la banca y se inició la reforma agraria. **1980:** los moderados dejaron el gobierno. Nicaragua se aproximó a Cuba y la URSS. **1983:** Estados Unidos financió y militarmente a los contrarrevolucionarios («contras»). **1984:** D. Ortega fue elegido presidente de la república. La guerra erosionó gravemente la economía. Nicaragua firmó con cuatro países de América Central (Costa Rica, Guatemala, Honduras, El Salvador) acuerdos (1987 y 1989) con el objeto de restablecer la paz en la región. **1990:** la candidata de la oposición, Violeta Chamorro, fue elegida presidenta de la república. Puso en marcha una política de reconciliación nacional con los sandinistas (Humberto Ortega, hermano de Daniel, se mantuvo hasta 1995 al frente del ejército). **1995:** reforma constitucional que redujo el poder de intervención del gobierno en la propiedad privada. **1997:** Arnoldo Alemán (liberal) accedió a la jefatura del estado. **2002:** Enrique Bolaños (liberal) lo sucedió. **2007:** D. Ortega (elegido en la primera vuelta de las elecciones presidenciales, nov. 2006) volvió a la jefatura del estado.

NICARAGUA (lago de), lago de Nicaragua; 8 264 km². Entre sus tributarios, el Tipitapa lo comunica con el lago Managua; desagua en el Atlántico por el San Juan. Tiene más de un millar de islas.

NIÇART (Pere), pintor activo en Palma de Mallorca entre 1468 y 1470. Representante del gótico hispanoflamenco, en su obra se deja sentir el influjo de Van Eyck (retablo de san Jorge, museo diocesano, Palma de Mallorca).

NICCOLÒ DELL'ABATE → ABATE o ABBATE.

NICEA, act. **İznik,** c. de Turquía, al SE de Estambul; 17 332 hab. Monumentos bizantinos y otomanos. Cerámica. — En ella se celebraron dos concilios ecuménicos; el primero de ellos, convocado por Constantino (325), condenó el arrianismo y elaboró un símbolo de fe (*símbolo de Nicea*); el segundo, reunido por iniciativa de la emperatriz Irene (787), condenó a los iconoclastas y definió la doctrina ortodoxa sobre el culto de las imágenes. — De 1204 a 1261, Nicea fue la capital de los emperadores bizantinos desposeídos de Constantinopla por los

■ ISAAC **NEWTON,** por Godfrey Kneller.

■ LAS CATARATAS DEL **NIÁGARA,** vistas desde Estados Unidos.

cruzados. El *imperio de Nicea*, fundado por Teodoro I Láscaris, concluyó con Miguel VIII Paleólogo, quien reconquistó Constantinopla.

NICÉFORO (san), *Constantinopla h. 758-¿829?*, patriarca de Constantinopla (806-815). Fue depuesto por su oposición a la iconoclasia y murió en el exilio. Escribió tratados sobre el culto de las imágenes y una historia del Imperio bizantino que abarca el período 602-769.

NICÉFORO I el Logoteta, *Seleucia, Pisidia-en Bulgaria 811*, emperador bizantino (802-811). Restauró la autoridad bizantina en los Balcanes. Fue derrotado por Hārūn al-Rasid y luego por los búlgaros, quienes lo masacraron junto con su ejército. — **Nicéforo II Focas**, *en Capadocia 912-Constantinopla 969*, emperador bizantino (963-969). Conquistó Cilicia, Chipre (964-965) y una parte de Siria (966 y 968). Fue asesinado por Juan Tzimisces. — **Nicéforo III Botaniates**, *m. d. 1081*, emperador bizantino (1078-1081). Alejo Comneno lo encerró en un convento.

NICHIREN, *Kominato 1222-distrito de Ikegami, act. Tōkyō, 1282*, monje budista japonés. Fundador de la secta que lleva su nombre, intentó hacer del budismo una religión universal. — Sus ideas ejercieron una gran influencia nacionalista en el Japón del s. XX.

NICHOLSON (John Joseph, llamado Jack), *Neptune 1937*, actor de cine estadounidense. Su capacidad de interpretar personajes extremos se hace patente en *Easy Rider* (D. Hopper, 1969), *The Passenger* (M. Antonioni, 1975), *One Flew Over the Cuckoo's Nest* (M. Forman, 1975), *El cartero siempre llama dos veces* (B. Rafelson, 1981), *Mejor... imposible* (J. L. Brooks, 1997) o *Infiltrados* (M. Scorsese, 2006).

NICIAS, *h. 470-Siracusa 413 a.C.*, general ateniense. Durante la guerra del Peloponeso, negoció la tregua llamada *paz de Nicias* (421 a.C.). Murió durante una expedición a Sicilia.

NICKLAUS (Jack), *Columbus, Ohio, 1940*, golfista estadounidense. Con un centenar de victorias (18 de ellas obtenidas en los torneos del Grand Slam), es el campeón de golf con más títulos.

NICOBAR (islas), archipiélago con el golfo de Bengala, parte del territorio indio de las islas *Andamán y Nicobar*.

NICODEMO (san), *s. I*, notable judío, miembro del sanedrín (Evangelio de Juan). Fariseo, fue en secreto discípulo de Jesús, cuyo cuerpo fue a reclamar, con José de Arimatea, a Pilatos.

NICOL (Eduardo), *Barcelona 1907-México 1990*, filósofo español, nacionalizado mexicano. Crítico de Ortega (*Historicismo y existencialismo*, 1950), se interesó por la antropología (*Metafísica de la expresión*, 1957) y por una nueva fundamentación de la ciencia en la relación entre verdad e historia (*Los principios de la ciencia*, 1965).

NICOL (William), *en Escocia h. 1768-Edimburgo 1851*, físico británico. Inventó el prisma polarizador que lleva su nombre (1828).

NICOLA PISANO → PISANO.

SANTOS

NICOLÁS (san), *s. IV*, obispo de Mira en Licia. Es el patrón de Rusia y de los niños (según ciertas leyendas, salvó a varios). Su culto es muy popular en Oriente y en Europa, especialmente en Bari, Italia, donde se veneran sus reliquias. Con el nombre alemán de *Santa Claus*, dio origen a la figura de Papá Noel.

NICOLÁS I (san), llamado **el Grande**, *Roma h. 800-íd. 867*, papa de 858 a 867. Contribuyó a afirmar la primacía del papado frente a los grandes dignatarios eclesiásticos y reyes, y acogió a los búlgaros en la Iglesia romana. — **Nicolás II (Gérard de Bourgogne)**, *Chevron, Saboya, h. 980-Florencia 1061*, papa de 1059 a 1061. Combatió la simonía y el nicolaísmo, luchó contra la influencia imperial en Italia y se convirtió en defensor de los normandos. — **Nicolás V (Tommaso Parentucelli)**, *Sarzana 1397-Roma 1455*, papa de 1447 a 1455. Puso fin al cisma de Félix V (Amadeo de Saboya) y fundó la biblioteca Vaticana.

RUSIA

NICOLÁS I, *Tsárskoie Seló 1796-San Petersburgo 1855*, zar de Rusia (1825-1855), de la dinastía de los Románov. Tercer hijo de Pablo I, sucedió a su hermano Alejandro I y se consagró a la defensa de la ortodoxia y de la autocracia con un espíritu muy nacionalista. Favoreció la creación de una burocracia cualificada y especializada. Reprimió la revuelta polaca de 1830-1831 y aplastó la revolución húngara (1849), lo que le valió el sobrenombre de «gendarme de Europa». Intentó acabar con el Imperio otomano (1853), pero chocó con la resistencia de Francia y Gran Bretaña, que se lanzaron contra Rusia en la guerra de Crimea (1854). — **Nicolás II**, *Tsárskoie Seló 1868-Yekaterinburg 1918*, último zar de Rusia (1894-1917), de la dinastía de los Románov. Hijo y sucesor de Alejandro III, reforzó, junto con su ministro Witte, la alianza francorrusa y arrastró a su país a la guerra contra Japón (1904-1905), que acabó con la derrota rusa. Obligado a conceder durante la revolución de 1905 el manifiesto de octubre, que prometía la reunión de una duma de estado, rehusó transformar el país en una verdadera monarquía constitucional. En 1915 tomó el mando supremo de los ejércitos y dejó que su esposa, Alexandra Fiodorovna, bajo la influencia de Rasputín, tuviese un papel preponderante en el gobierno. La revolución de febrero lo obligó a abdicar (marzo 1917). Trasladado a Yekaterinburg, fue asesinado junto con su familia (17 julio 1918). Sus restos mortales y los de sus allegados fueron trasladados a San Petersburgo en 1998 y, en 2000, fue canonizado, junto a varios centenares de «mártires» del período soviético, por la Iglesia ortodoxa rusa.

NICOLÁS NIKOLÁIEVICH ROMÁNOV (gran duque), *San Petersburgo 1856-Antibes 1929*, militar ruso. Tío del zar Nicolás II, fue generalísimo de los ejércitos rusos (1914-1915) y dirigió el frente del Cáucaso (1915-1917). Se retiró a Francia tras la revolución de 1917.

NICOLÁS I o NIKITA I PETROVIĆ NJEGOŠ, *Njegoš 1841-Antibes 1921*, príncipe (1860-1910) y rey (1910-1918) de Montenegro. Durante su reinado, Montenegro obtuvo la independencia (1878).

NICOLÁS (Adolfo), *Villamuriel de Cerrato, Palencia, 1936*, jesuita español. Ingresó en la Compañía en 1976 y ejerció su apostolado sobre todo en Japón. En 2008 fue elegido prepósito general.

NICOLÁS DE CUSA → CUSA.

NICOLÁS ROMERO, mun. de México (México); 112 645 hab. Centro industrial (textil y papel).

NICOLAU (Antoni), *Barcelona 1858-íd. 1933*, compositor español, autor de obras corales (*La mort de l'escolà; La Mare de Déu; Divendres Sant*), orquestales y dramáticas.

NICOLAU (Pere), pintor valenciano activo entre 1390 y 1408, uno de los principales representantes del gótico internacional en Valencia (retablo de Sarrión, Teruel).

NICOLLE (Charles), *Ruán 1866-Túnez 1936*, bacteriólogo francés. Director del Instituto Pasteur de Túnez, realizó destacadas investigaciones sobre el tifus, la brucelosis y las fiebres recurrentes. (Premio Nobel 1928.)

NICOMEDES, nombre de cuatro reyes de Bitinia (ss. IIIH a.C.).

NICOMEDIA, ant. c. de Asia Menor (act. İzmit), fundada h. 264 a.C. Capital del reino de Bitinia, residencia imperial en tiempos de Diocleciano, en el s. IV fue un bastión arriano.

Nicópolis (batalla de) [25 sept. 1396], victoria de los otomanos de Bayaceto I en Nicópolis (act. Nikopol, en Bulgaria) sobre los cruzados de Segismundo de Luxemburgo y Juan sin Miedo. Permitió a los otomanos ocupar Tesalia y el Peloponeso.

NICOSIA, cap. de Chipre, en el interior de la isla; 177 000 hab. La ciudad está dividida en dos tras el reparto de hecho de la isla entre griegos y turcos (1974). — Monumentos góticos de los ss. XIII y XIV. Muralla veneciana del s. XVI. Museo arqueológico.

NICOYA, c. de Costa Rica (Guanacaste); 42 903 hab. Centro de una región agrícola. — Es una de las ciudades más antiguas del país, fundada por Francisco de Córdoba en 1524. Su iglesia fue la primera del territorio (vicaría en 1544). Arruinada por diversos incendios y un terremoto, fue reconstruida en 1827.

NICOYA (golfo de), golfo de Costa Rica, en el Pacífico, entre el cabo Blanco y la punta Judas. Puerto principal, Puntarenas.

NICOYA (península de), península del NO de Costa Rica, la más grande del país, situada entre el *golfo de Nicoya* y el del Papagayo. Alberga muchas islas, la mayor de ellas la de Chira.

NICUESA (Diego de), *Baeza-1511*, explorador español. Tras fundar la ciudad de Nombre de Dios (1510) en el istmo de Panamá, asumió el mando del Darién.

NIDWALDEN → UNTERWALDEN.

NIEBLA, c. de España (Huelva); 3 847 hab. Castillo y muralla árabes (XI-XIII); iglesias y ayuntamiento de influencia árabe. — Es la *Ilipla* romana. Taifa independiente (1023-1051; 1224-1261), la victoria de Alfonso X de Castilla sobre Ibn Mahfud, tras nueve meses de asedio (1261), permitió la reconquista de Huelva.

NIELSEN (Carl), *Sortelung, cerca de Nørre-Lyndelse, 1865-Copenhague 1931*, compositor danés. Es autor de 6 sinfonías, entre las que destaca la n° 4, o *La inextinguible*. También compuso conciertos, óperas y música para teatro.

NIEMAN, r. de Europa oriental, que nace en Bielorrusia, tributario del Báltico; 937 km. Su curso inferior separa Lituania y el enclave de Kaliningrad (Rusia).

NIEMCEWICZ (Julian Ursyn), *Skoki, Lituania, 1757-París 1841*, patriota y escritor polaco. Ayudante de campo de Kościuszko, en 1794, autor de *Cantos históricos* (1816).

NIEMEYER (Oscar), *Río de Janeiro 1907*, arquitecto brasileño. Asociado en un principio al movimiento moderno, sus obras más conocidas explotan las posibilidades del hormigón armado. Construyó el centro de ocio de Pampulha, cerca de Belo Horizonte, los principales monumentos de Brasília (plaza de los Tres Poderes), el complejo «Camino Niemeyer» en Niterói, así como numerosas obras en el extranjero (universidad de Constantina, 1969; sede del Partido comunista en París, 1971; casa de la cultura de El Havre, 1982). [Premio Pritzker 1988.]

NIEMÖLLER (Martin), *Lippstadt 1892-Wiesbaden 1984*, pastor y teólogo luterano alemán. Adversario del nazismo, fue internado en un campo de concentración. Presidente de la Iglesia evangélica de Hesse-Nassau (1948-1961), militó después a favor de la paz.

NIÉPCE (Nicéphore), *Chalon-sur-Saône 1765-Saint-Loup-de-Varennes 1833*, inventor francés. Desde 1816 experimentó con la fotosensibilidad de diversas materias, especialmente del betún de Judea, obteniendo, hacia 1826-1827, la primera fotografía que se conoce.

◼ NICÉPHORE **NIÉPCE.** *Vista desde una ventana de Le Gras en Saint-Loup-de-Varennes*, h. 1826-1827. (Col. Gernstein, Universidad de Texas, Estados Unidos.)

NIEREMBERG (Juan Eusebio), *Madrid 1595-íd. 1658*, escritor español. Jesuita de amplia formación, su obra, de estilo pulcro y retórico, abarca temas de política, filosofía y ascética (*Vida divina y camino real*, 1633).

NIETO (Ángel), *Zamora 1947*, motociclista español, campeón del mundo en trece ocasiones: de 50 cc en 1969, 1970, 1972 y 1975-1977; y de 125 cc en 1971, 1972, 1979 y 1981-1984.

NIETO (Manuel), *Reus 1844-Madrid 1915*, compositor español. Con Fernández Caballero y J. Jiménez, compuso populares zarzuelas (*La sonámbula* (1872), *Certamen nacional* (1888), *El barbero de Sevilla* (1901).

NIETO CABALLERO (Luis Eduardo), *Bogotá 1888-íd. 1957*, escritor y político colombiano. Intervino en el movimiento republicano que

■ **NICOLÁS II**
de Rusia,
por V. V. Vereschaguin.
(Museo de Petrodvoriets.)

■ **FRIEDRICH**
NIETZSCHE

derrocó a Rafael Reyes (1909). Es autor de novelas (*Haz de recuerdos*, 1913; *Hombres de fuera*, 1926), biografías y ensayos.

NIETZSCHE (Friedrich), *Röcken, cerca de Lützen, 1844-Weimar 1900*, filósofo alemán. Hijo de un pastor protestante, estudió filosofía clásica antes de dar clases en la universidad de Basilea (1869-1879). Tras dimitir de su puesto, llevó una vida errante, solitaria y creativa antes de enloquecer en 1889. Durante una época amigo de Wagner, influido por Schopenhauer recurrió con frecuencia al aforismo y a las formas poéticas de expresión en lo que debía constituir una vasta obra centrada en el tema de la voluntad de poder; el carácter inacabado de la misma ha dado pie a interpretaciones reductoras, así como a su apropiación por parte de los ideólogos nazis. Nietzsche contribuyó a introducir la sospecha en el pensamiento occidental cuyas sendas, donde Sócrates, Platón y el cristianismo hasta el cientifismo y el socialismo, equivalían, según él, a una negación de la expresión vital a favor del culto artificial a la verdad y de la sumisión a los imperativos morales. Esta denuncia da forma a una «gaya ciencia» que abre una vía nueva, en la cual el «superhombre», representante de una humanidad que llegará a superarse, sería capaz de afrontar el «eterno retorno de lo mismo». Entre sus obras destacan *El nacimiento de la tragedia* (1872), *La gaya ciencia* (1882), *Así habló Zaratustra* (1883) y *Más allá del bien y el mal* (1886).

NIEVA (Diego de Acevedo y Zúñiga, conde de), *m. en Lima 1563*, administrador español. Virrey del Perú (1561-1563), fue fundador de Arnedo y de Ica.

NIEVA (Francisco **Morales**), *Valdepeñas 1929*, autor teatral y escenógrafo español. Combina lo realista y lo barroco, y divide sus obras en piezas de «farsa y calamidad» (*Malditas sean Coronada y su hija*, 1952; *Los baños de Argel*, 1979), «teatro furioso» (*La carroza de plomo candente*, 1976; *Coronada y el toro*, 1982), «comedias televisivas» (*Los mismos*, 2004). [Real academia 1986.]

NIEVO (Ippolito), *Padua 1831-en el mar Tirreno 1861*, escritor italiano. Patriota y compañero de Garibaldi, moralista sensible y liberal, se le conoce sobre todo por su novela *Confessioni di un italiano* (1867, obra póstuma).

NIÈVRE, dep. del centro de Francia (Borgoña); 6 816 km²; 225 198 hab.; cap. *Nevers*.

NÍGER, principal r. de África occidental, que nace en Guinea, al pie del monte Loma, y desemboca en el golfo de Guinea, donde forma un amplio delta; 4 200 km; cuenca de 1 100 000 km² aprox. Atraviesa Malí, Níger y Nigeria. Navegable en algunos tramos, también se aprovecha para riego.

NÍGER, estado de África, al S de Argelia; 1 267 000 km²; 9 465 000 hab. (*nigerinos*). CAP. *Niamey*. LENGUA: *francés*. MONEDA: *franco CFA*.

GEOGRAFÍA

El país, muy extenso, y estepario o desértico aparte del valle del Níger, vive muy pobremente de la ganadería y de algunos cultivos (mijo y maní). El subsuelo contiene uranio. La población, islámica, se divide en sedentarios (hausa en el S y, principalmente, mayoritarios en el S y nómadas (tuareg y peul) en el N.

HISTORIA

La ocupación humana de la región es muy an-

tigua. **I milenio a.C.:** los bereberes se introdujeron a través de una de las rutas transaharianas, rechazando hacia el S a las poblaciones sedentarias o mezclándose con ellas. **S. VII d.C.:** creación del imperio songay, tempranamente islamizado. **S. X:** Gao se convirtió en su capital. **1591:** fue destruido por los marroquíes. **Ss. XVII-XIX:** los tuareg y los fulbé controlaron el país. **1897:** la penetración francesa, iniciada en 1830, se afirmó con la instalación de establecimientos a orillas del Níger. **1922:** una vez sometida la resistencia tuareg, Níger se convirtió en colonia del África Occidental Francesa. **1960:** Níger, autónomo desde 1956 y república desde 1958, se independizó. Hamani Diori se convirtió en presidente apoyándose en un partido único. **1974:** un golpe de estado militar lo sustituyó por el teniente coronel Seyni Kountché. **1987:** muerte de S. Kountché. El coronel Ali Seibou lo sucedió. **1990:** a raíz de la presión popular, el poder puso en marcha la transición hacia el multipartidismo. Paralelamente, tuvo que hacer frente a la rebelión tuareg y a una situación económica catastrófica. **1993:** M. Ousmane, uno de los líderes de la oposición democrática, fue elegido presidente de la república. **1996:** un golpe de estado (en.) otorgó la presidencia (julio) a Ibrahim Baré Maïnasara. **1999:** Maïnasara fue asesinado por su guardia personal. Unos meses después se formó un gobierno militar presidido por Mamadou Tandja, líder del antiguo partido único. **2004:** M Tandja fue reelegido.

NIGERIA, estado federal de África occidental, junto al golfo de Guinea, 924 000 km²; 95 100 500 hab. (*nigerianos*). CAP. *Abuja*. C. PRALES. *Lagos* e *Ibadan*. LENGUA: *inglés*. MONEDA: *naira*.

GEOGRAFÍA

Nigeria, el país más poblado de África, es un estado federal formado por etnias distintas (hausa, ibo, yoruba, etc.) y a menudo enfrentadas, pero en su mayoría islamizadas. El S, más húmedo, posee cultivos de plantación (cacao, caucho, maní). Aquí la población es muy densa (el delta del Níger y sobre todo el SO están muy urbanizados). El N, más seco, es el ámbito de la sabana, donde domina la ganadería. El petróleo (del que el país es el primer productor africano) constituye la riqueza esencial del país.

Los orígenes. 900 a.C.-200 d.C.: la civilización de Nok se expandió y se difundió probablemente hacia Ife y Benín. **Ss. VII-XI:** los hausa se instalaron en el N y los yoruba en el SO. **Ss. XI-XVI:** en el N se organizaron reinos, pronto islamizados. Los más brillantes fueron los de Kanem (en su apogeo en el s. XIV) y más tarde de Kanem-Bornu (s. XVI). En el S, Ife constituía el centro religioso y cultural común del reino de Oyo y de Benín, que entró en relación con los portugueses en el s. XV.
La colonización. 1553: Inglaterra eliminó a Portugal, asegurándose así el monopolio de la trata de esclavos en la región. **Inicios del s. XIX:** los peul musulmanes, dirigidos por Ousmane dan Fodio, formaron un imperio en el N del país (Sokoto). **1851:** los británicos ocuparon Lagos. **1879:** la creación de la United African Company, que se convirtió pronto en la Royal Niger Company, permitió a Gran Bretaña excluir a las empresas extranjeras y asegurar la penetración y la administración de territorios cada vez más extensos. **1900:** Nigeria se situó bajo la jurisdicción de la Colonial Office. **1914:** se crearon la colonia y el protectorado de Nigeria, que englobaban el N y el S del país, más una parte de Camerún. **1951:** se creó en la colonia un gobierno representativo. **1954:** se promulgó una constitución federal.
La Nigeria independiente. 1960: Nigeria accedió a la independencia. **1963:** aprobó una constitución republicana y permaneciendo en la Commonwealth. **1966:** un golpe de estado impuso en el poder a un ibo, el general Ironsi, asesinado unos meses más tarde. Siguieron sangrientas revueltas raciales contra los ibo **1967-1970:** los ibo del SO, de mayoría cristiana, formaron la república de Biafra, que capituló en en. 1970 tras una sangrienta guerra. Desde entonces, salvo un breve período de retorno a la democracia (1979-1983), se sucedieron los golpes de estado militares. **1985:** el general Babangida tomó las riendas del país. **1993:** se suspendió el proceso de transición, iniciado en 1989, que debía transferir el poder a la sociedad civil. Tras la dimisión de Babangida el general Sani Abacha ocupó el poder y tuvo que enfrentarse a una dura oposición. **1995:** Nigeria, condenada por la comunidad internacional por la ejecución de varios opositores, fue expulsada de la Com-

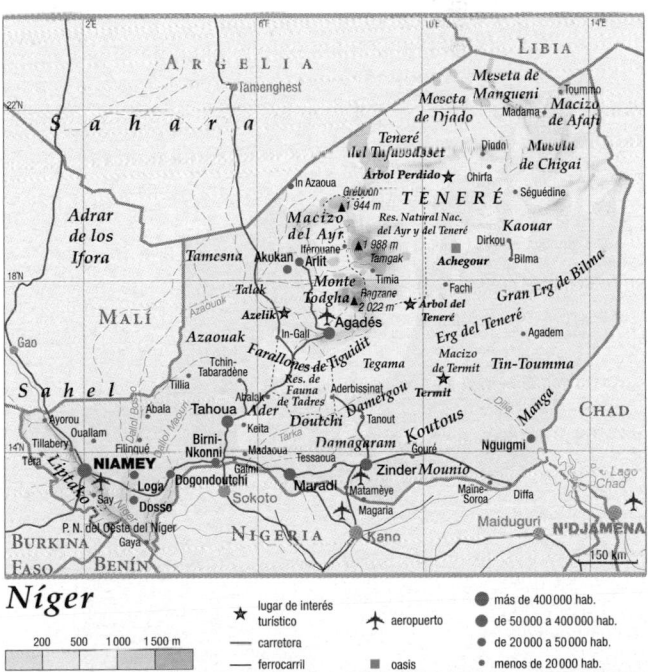

Níger

lugar de interés turístico
aeropuerto

— carretera
— ferrocarril
oasis

● más de 400 000 hab.
● de 50 000 a 400 000 hab.
● de 20 000 a 50 000 hab.
● menos de 20 000 hab.

200 500 1 000 1 500 m

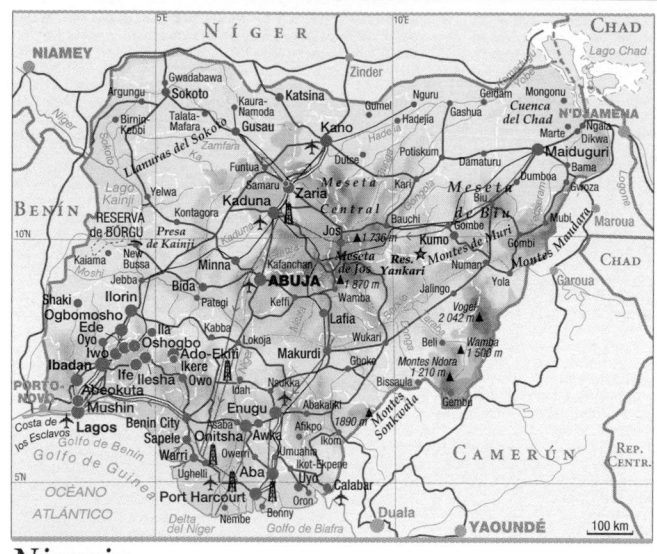

Nigeria

★ lugar de interés turístico

| 100 | 300 | 600 | 1 000 m |

═══ autopista
──── carretera
┈┈┈ ferrocarril
✈ aeropuerto

▬▬▬ oleoducto o gasoducto
🛢 pozos de petróleo

● más de 1 000 000 hab.
● de 250 000 a 1 000 000 hab.
● de 100 000 a 250 000 hab.
● menos de 100 000 hab.

monwealth. **1998:** tras la muerte de S. Abacha, el general Abdulsalam Abubakar restableció un funcionamiento más democrático de las instituciones. **1999:** Olusegun Obasanjo, que ya había dirigido el país de 1976 a 1979, fue elegido presidente de la república (reelegido en 2003). Con el retorno a un poder civil, Nigeria recuperó su lugar en la escena internacional. Pero, en el interior, el país vivió un recrudecimiento de los enfrentamientos intercomunitarios de base étnica o religiosa (musulmanes contra cristianos). **2007:** el oficialista Umaru Musa Yar'Adua fue elegido presidente.

NIGHTINGALE (Florence), *Florencia 1820-Londres 1910*, enfermera británica. De una abnegación ejemplar durante la guerra de Crimea (1854-1856), creó en Londres la primera escuela de enfermeras profesionales (1860).

NIGRÁN, v. de España (Pontevedra); 15 905 hab. Industria maderera. Turismo (playa).

NIIGATA, c. de Japón (Honshū); 486 097 hab. Puerto. Centro industrial.

NIIHAMA, c. de Japón (Shikoku); 129 149 hab. Puerto. Metalurgia. Química.

NÍJAR, v. de España (Almería); 16 269 hab. *(nijareños)*. Cultivos de invernadero. Turismo.

NIJINSKI (Vaslav Fómich), *Kiev 1889-Londres 1950*, bailarín y coreógrafo ruso de origen polaco. Virtuoso del ballet clásico y principal bailarín de los *Ballets rusos de Diaguilev de 1909 a 1914, estrenó todas las obras de M. Fokine (*El espectro de la rosa* y *Petrushka*, entre otras, en 1911). Coreógrafo innovador e incomprendido (*La siesta de un fauno*, 1912; *La *consagración de la primavera*, 1913), sucumbió a la locura, tal y como testimonia su *Diario* (1953). — **Bronislava Nijinska**, *Minsk 1891-Pacific Palisades, Los Ángeles, 1972*, bailarina de nacionalidad rusa y estadounidense. Hermana de Nijinski, bailarina de los Ballets rusos, también fue coreógrafa (*La boda*, 1923). Colaboró con compañías internacionales, como el Royal Ballet de Londres.

Nika (sedición de) [532], sublevación popular de Constantinopla bajo Justiniano I. Fue reprimida por Narsés y Belisario, gracias a la energía de la emperatriz Teodora. Debe su nombre a la contraseña de los sediciosos: ¡*Nika!* (¡Victoria!).

Nikkei (índice), índice bursátil creado en 1950 en Japón, establecido a partir de la cotización en bolsa de 225 sociedades.

NIKKŌ, c. de Japón (Honshū); 20 128 hab. Parque nacional. — Templos (ss. XVI-XVII) y mausoleos de los Tokugawa (Ieyasu y Iemitsu).

NIKOLÁIEV, nombre ruso de *Mykolaiv.

NIKOLAIS (Alwin), *Southington, Connecticut, 1912-Nueva York 1993*, compositor y coreógrafo estadounidense. Figura capital de la danza moderna, transformó a sus intérpretes en signos plásticos mediante juegos de accesorios, luz y proyecciones fotográficas (*Caleidoscopio*, 1956; *Imago*, 1963; *Schema*, 1980).

NIKÓN (Nikita **Minov**, llamado), *Veldemanovo, cerca de Nizhni Nóvgorod, 1605-Yaroslavl 1681*, prelado ruso. Patriarca de Moscú (1652), fue partidario de la vuelta de la ortodoxia rusa a sus fuentes griegas. Impuso unas reformas que provocaron el cisma de los viejos creyentes *(raskol)*. Fue depuesto en 1667.

NIKOPOL, c. de Ucrania; 158 000 hab.

NILGIRI (montes), macizo del S de la India; 2 636 m. (Reserva de la biosfera 2000.)

NILO, principal r. de África, surgido del lago Victoria (con el nombre de *Nilo Victoria*) y que desemboca en el Mediterráneo formando un vasto delta; 6 700 km; cuenca de 3 millones de km² aprox. Tras atravesar los lagos Kioga y Alberto, toma el nombre de *Nilo Blanco* (Baḥr al-Abyaḍ) a la salida del cauce pantanoso del

Sudán meridional. En Jarṭūm recibe al *Nilo Azul* (Baḥr al-Azraq) y, aguas abajo, al Atbara. Atraviesa Nubia y Egipto y alcanza El Cairo, donde comienza el delta. La presa de Asuán regulariza su curso inferior y crea aguas arriba un vasto lago artificial, con una longitud de 500 km (parcialmente en Sudán), que alimenta una gran central en Egipto y ha permitido extender un regadío que utiliza las crecidas estivales desde la antigüedad.

NIMBA (montes), macizo de África, en los límites de Costa de Marfil, Guinea y Liberia; 1 752 m. Yacimientos de hierro. (Reserva de la biosfera 1980 y patrimonio de la humanidad 1981.)

NIMEGA, en neerl. **Nijmegen**, c. de Países Bajos (Güeldres), a orillas del Waal; 145 782 hab. Capilla-baptisterio del s. VIII. Ayuntamiento y *Waag* de los ss. XVI y XVII. Museo de arqueología. — Fue sede del congreso que dio lugar a los *tratados de *Nimega*.

Nimega (tratados de), tratados concluidos en 1678 entre Francia, las Provincias Unidas y España, y en 1679 entre Francia y el Imperio tras la guerra de Holanda. Convirtieron a Luis XIV en el árbitro de Europa en detrimento de España, que cedió a Francia el Franco Condado y 14 plazas fronterizas de los Países Bajos.

NIMES, en fr. **Nîmes**, c. de Francia, cap. del dep. de Gard; 137 740 hab. Centro industrial. — Monumentos romanos: anfiteatro (arenas), templo de Diana, *Maison carrée*. Jardines de La Fontaine (s. XVIII). — Fue una de las principales ciudades de la Galia romana. Después perteneció a Alfonso II de Aragón y a los condes de Toulouse (1185), y pasó a Francia en 1229.

NIMITZ (William), *Fredericksburg, Texas, 1885-San Francisco 1966*, almirante estadounidense. Al mando de las fuerzas aeronavales aliadas en el Pacífico tras el ataque a Pearl Harbor (1941), venció a la flota japonesa y firmó con MacArthur el acta de capitulación de Japón.

NIMRUD o **NEMROD**, yacimiento de Asiria, a orillas del Tigris, en el emplazamiento de la ant. *Calach*, fundada en el s. XIII a.C. y cap., en el s. IX, de Asurnasirpal. Restos arqueológicos.

NIN (Anaïs), *Neuilly-sur-Seine 1903-Los Ángeles 1977*, escritora estadounidense. Hija de Joaquín Nin, sus novelas (*Escalas hacia el fuego*, 1946; *Seducción del minotauro*, 1961) y su *Diario* (1966-1982) componen el análisis de una personalidad dividida entre culturas y pasiones diferentes.

NIN (Andreu), *El Vendrell 1892-Alcalá de Henares 1937*, político español. Como secretario de la Internacional sindical roja vivió en Moscú de 1921 a 1930. Fundador del POUM (1935), fue asesinado por agentes soviéticos. Es autor de escritos políticos (*Las dictaduras de nuestro tiempo*, 1930).

NIN (Joaquín), *La Habana 1879-íd. 1949*, compositor y musicólogo cubano de origen español. Dejó numerosas piezas para piano y canciones, y armonizó tonadillas españolas antiguas. — **Joaquín N.-Culmell**, *Berlín 1908-Oakland 2004*, compositor cubano, nacionalizado estadounidense. Hijo de Joaquín Nin, es autor de piezas para piano, música de cámara y obras sinfónicas de estilo impresionista.

NINGBO o **NING-PO**, c. de China (Zhejiang); 479 000 hab. Puerto. — Monumentos antiguos.

NINGXIA o **NING-HSIA**, región autónoma del NO de China; 4 660 000 hab.; cap. *Yinchuan*.

NÍNIVE, c. de la ant. Mesopotamia, a orillas del Tigris (act. *Tell Kouyoundjik* y *Tell Nebi Younous*, Iraq). [Hab. *ninivitas.*] Fundada en el VI milenio, se convirtió en capital de Asiria durante el reinado de Senaquerib (705-680 a.C.). Su destrucción por parte de los medos (612 a.C.) marcó el fin del imperio asirio. — Restos (numerosos objetos, entre ellos los ortostatos decorados con escenas de caza en el British Museum y en el museo de Bagdad).

Niña, carabela de Juan Niño que participó en el primer viaje de Colón, al mando de V. Yáñez Pinzón.

NIÑA DE LOS PEINES (Pastora **Pavón**, llamada **la**), *Sevilla 1890-íd. 1969*, intérprete española del cante flamenco. Cultivó y enriqueció los diversos estilos flamencos, de las siguiriyas

■ VASLAV **NIJINSKI**, en 1911, en *El espectro de la rosa* de M. Fokine.

■ EL **NILO** en los alrededores de Luxor, en el Alto Egipto.

y soleares a los tangos, cantiñas, peteneras, fandangos y bulerías.

NIÑO (corriente del), prolongación meridional de la contracorriente ecuatorial del Pacífico, que circula frente a las costas de Colombia, Ecuador y N de Perú. Su reforzamiento durante el verano austral (a partir de diciembre, de allí su nombre: por el niño Jesús) puede adoptar el aspecto de excepcionales incursiones de agua cálida en la zona que corresponde a la corriente de Perú o de Humboldt. — Este calentamiento anormal del océano a la vez desencadena el fenómeno climático de *El Niño*, que ocasiona alteraciones climáticas de alcance mundial. La Niña, fenómeno climático frío que sucede a El Niño, se acompaña de un anticiclón responsable de sequías.

NIÑO (Andrés), *1475-1532*, navegante español. Con González Dávila, recorrió la costa de Nicaragua hasta volver a Panamá (1522-1523).

NIÑO (Pedro Alonso), *¿Moguer? h. 1468-1502 o 1503*, navegante español. Participó en el primero de los viajes de Colón, y en 1499 realizó una expedición desde Palos a la isla Margarita y a Curiana (en Cumaná).

NIÑO DE GUEVARA (Fernando), *Toledo 1541-Sevilla 1609*, eclesiástico español. Creado cardenal por Clemente VIII (1596) e inquisidor general por Felipe III (1599-1602), dirigió el Santo Oficio con intransigencia.

niños héroes (los), nombre dado al teniente Juan de la Barrera y a los cadetes Juan Escutia, Agustín Melgar, Fernando Montes de Oca, Francisco Márquez y Vicente Suárez, muertos en la defensa del colegio militar en la batalla de Chapultepec (13 sept. 1847), durante la invasión estadounidense de México.

NÍOBE MIT. GR. Hija de Tántalo y esposa de Anfión. Orgullosa de sus 14 hijos, se burló de Leto, que solo había dado a luz a Apolo y Artemisa. Estos vengaron a su madre matando con sus flechas a todos los hijos de Níobe.

NIORT, c. de Francia, cap. del dep. de Deux-Sèvres; 59 346 hab. Torre del homenaje (ss. XII-XV); museo de bellas artes.

NIÓS → ÍOS.

NIPE (sierra de), conjunto montañoso de Cuba (Holguín), al S de la *bahía de Nipe*; 995 m de alt. en La Mensura. Yacimientos de hierro.

NIPIGON, lago de Canadá (Ontario), que desemboca en el lago Superior por el *río Nipigon;* 4 480 km².

NIPPON → JAPÓN.

NIPPUR, ant. c. de la baja Mesopotamia (act. *Niffer,* Iraq), centro religioso sumerio, ocupado desde el VI milenio y floreciente entre el III y el I milenio. — Ruinas. Tablillas cuneiformes.

NIQUERO, mun. de Cuba (Granma), en la península de Macaca; 38 842 hab. Caña de azúcar. Pesca.

NIRGUA, macizo de Venezuela (Yaracuy y Carabobo), en la cordillera de la Costa; 1 810 m en La Copa.

NIRGUA, mun. de Venezuela (Yaracuy), en el macizo de Nirgua; 40 638 hab. Destilerías de alcohol.

NIŠ, ant. **Nissa,** c. de Serbia; 175 000 hab. Restos antiguos. Ant. fortaleza turca.

NISHINOMIYA, c. de Japón (Honshū), junto a la bahía de Ōsaka; 426 909 hab. Siderurgia.

NISIBIS, c. de la antigua Persia (act. *Nusaybin,* en Turquía). Plaza comercial y estratégica, fue un centro de difusión del nestorianismo.

NITERÓI, c. de Brasil, junto a la bahía de Guanabara; 416 123 hab. Puerto. Centro residencial e industrial. Museo de arte contemporáneo (arquitecto: O. Niemeyer).

NITHARD (Juan Everardo), *Falkenstein, Tirol, 1607-Roma 1681,* jesuita alemán, confesor y valido de Mariana de Austria. A la muerte de Felipe IV (1665) acumuló poder como miembro del consejo de regencia, inquisidor general y gobernador de Flandes. Enfrentado a la nobleza y a Juan José de Austria, fue destituido y nombrado embajador en Roma (1669).

NITRA, c. de Eslovaquia; 89 888 hab.

NITRI (Tomás Medrano Vargas, llamado **el**), *n. en Puerto de Santa María 1828,* intérprete de cante flamenco español. Destacado intérprete de siguiriyas y tonás, recibió en Sevilla, h. 1875, la primera «llave de oro» del cante.

NIUE o **SAVAGE,** isla del Pacífico (259 km²; 2 239 hab.), territorio asociado a Nueva Zelanda.

NIXON (Richard), *Yorba Linda, California, 1913-Nueva York 1994,* político estadounidense. Republicano y vicepresidente de EUA (1953-1961), fue elegido presidente en 1968. Reelegido en 1972, estableció relaciones con la China popular y puso fin a la guerra del Vietnam (1973). Tuvo que dimitir en 1974 a consecuencia del escándalo *Watergate.

NIZA, en fr. **Nice,** c. de Francia, cap. del dep. de Alpes-Maritimes, en la Costa Azul; 345 892 hab. Universidad. Centro turístico. Carnaval. — Monumentos de los ss. XVII y XVIII. Museos de arte, historia y arqueología, además de los dedicados a Chagall y Matisse. — Fundada por los massaliotas en el s. v a.C., formó parte del condado de Provenza (s. X), en 1176 fue conquistada por Alfonso II de Aragón y más tarde perteneció a la casa de Saboya (1388). Pasó a Francia en 1793-1814 y definitivamente en 1860.

Niza (tratado de) [26 febr. 2001], tratado firmado tras la Conferencia intergubernamental de la Unión europea celebrada en Niza en dic. 2000, y que entró en vigor en febr. 2003. Recoge las reformas institucionales imprescindibles para la ampliación de la Unión.

NIZA (Marcos de), *Niza-México 1558,* franciscano italiano al servicio de España. Desde México (1539) exploró Arizona, el O de Nuevo México y la región de los zuñi, a quienes atribuyó erróneamente una elevada cultura.

NIZÁMI → NEZAMI.

NI ZAN, *Wuxi, 1301 1374,* pintor, calígrafo y poeta chino. Su estilo sobrio hizo de él uno de los más brillantes representantes de la estética letrada de la época Yuan.

NIZAN (Paul), *Tours 1905-Audruicq 1940,* escritor francés. Autor de ensayos y de novelas (*La conspiración,* 1938), rompió con el comunismo tras la firma del pacto germanosoviético.

NIZHNEKAMSK, c. de Rusia, junto al Kama; 191 000 hab. Central hidráulica. Química.

NIZHNE-TAGHIL, c. de Rusia, en los Urales; 427 000 hab. Centro minero y metalúrgico.

NIZHNEVARTOVSK, c. de Rusia, en Siberia occidental, junto al Ob; 243 200 hab. Petróleo.

NIZHNI NÓVGOROD, de 1932 a 1990 **Gorki,** c. de Rusia, en la confluencia del Volga y el Oká; 1 441 000 hab. Puerto fluvial y centro industrial. — Antiguo kremlin. Catedrales e iglesias del s. XIII al XIX.

N'KONGSAMBA, c. de Camerún; 87 000 hab.

NKRUMAH (Kwane), *Nkroful 1909-Bucarest 1972,* político ghanés. Obtuvo la independencia de Costa de Oro (1957) y presidió la república de Ghana de 1960 a 1966. Partidario del panafricanismo, tuvo un papel importante en la creación de la OUA.

NKVD (sigla de las voces rusas que significan «Comisariado del pueblo para asuntos interiores»), organismo en el que se integró la GPU, encargada de la seguridad del estado soviético (1934-1943/1946).

NÔ (lago), depresión pantanosa del Sudán meridional.

NOAILLES (Anne Jules, conde de Ayen, duque **de**), *París 1650-Versalles 1708,* mariscal de Francia. Ocupó varias veces Cataluña, y fue gobernador del Rosellón y del Languedoc. — **Adrien Maurice,** conde de Ayen, duque de **N.,** *París 1678-íd. 1766,* mariscal de Francia. Hijo de Anne Jules, combatió en Cataluña y fue ministro de estado y de asuntos exteriores.

NOBEL (Alfred), *Estocolmo 1833-San Remo 1896,* industrial y químico sueco. Dedicó toda su vida al estudio de las pólvoras y de los explosivos e inventó la dinamita (1866). En su testamento dispuso la creación de los premios que llevan su nombre.

■ RICHARD **NIXON**   ■ ALFRED **NOBEL,** por Emil Östermann (1915). [Fundación Nobel, Estocolmo.]

Nobel (premio), premio anual concedido por diversas academias suecas o por la noruega a autores con contribuciones destacables en física, química, medicina y fisiología (literatura, paz y economía (desde 1969). [*V. lista de laureados al final del volumen.*]

NOBILE (Umberto), *Lauro, Avellino, 1885-Roma 1978,* militar, aviador y explorador italiano. En 1928 exploró el polo Norte a bordo de un dirigible; se perdió en las costas de Spitzberg y fue salvado por un aviador sueco.

NOBOA (Gustavo), *Guayaquil 1937,* político ecuatoriano. Gobernador de Guayas (1983-1984), fue vicepresidente con J. Mahuad y, a la caída de este, lo sustituyó en la presidencia (2000-2002). En 2003, se exilió tras ser denunciado por irregularidades financieras durante su mandato.

NOBOA Y ARTETA (Diego), *Guayaquil 1789-íd. 1870,* patriota ecuatoriano. Fue presidente interino (1850) y constitucional (1851).

NOBUNAGA → ODA NOBUNAGA.

NOCEDAL (Cándido), *La Coruña 1821-Madrid 1885,* político español. Hombre fuerte del gobierno de Narváez (1856), militó en el carlismo desde 1869. Fundador del órgano carlista *El siglo futuro* (1875), dirigió el partido carlista (1876-1885). — **Ramón N.,** *Madrid 1846-íd. 1907,* político español, hijo de Cándido. Expulsado del carlismo por acusar a Carlos VII de liberal, fue el iniciador del integrismo (1888).

noche de san Bartolomé, matanza de protestantes franceses ejecutada en París la noche del 23 al 24 de agosto de 1572, y en las provincias los días siguientes. Fue planeada por Catalina de Médicis y los Guisa, temerosos de la influencia sobre el rey Carlos IX de Coligny y por el apoyo de este a los Países Bajos sublevados contra España. Hubo unas 3 000 víctimas (en París). El rey de Navarra (el futuro Enrique IV), recién casado con Margarita de Valois, tuvo que abjurar para salvar la vida. La *noche de san Bartolomé*, celebrada por el rey de España Felipe II y el papa Gregorio XIII, ha pasado a la historia como un símbolo de la intolerancia religiosa.

noche de san Daniel (sucesos de la) [abril 1865], represión policial ocurrida en Madrid de una manifestación estudiantil contra la destitución de Castelar de su cátedra, que provocó 9 muertos y la caída de Narváez.

Noche oscura del alma, poema místico de san Juan de la Cruz (h. 1578), que trata de la unión del alma con Dios. El poema suscitó dos comentarios en prosa, *Subida al monte Carmelo* y *Noche oscura,* publicados en *Obras espirituales* (1618).

noche triste (30 junio-1 julio 1520), derrota de las tropas de Hernán Cortés ante los aztecas, en Tenochtitlan, cuando aquellas abandonaban la ciudad.

Noche y niebla, en alem. **Nacht und Nebel,** expresión que designa el sistema creado en 1941 por los nazis con el fin de hacer desaparecer a sus opositores sin dejar rastro; la mayoría de ellos fueron deportados a campos de concentración.

NOCHISTLÁN DE MEJÍA, mun. de México (Zacatecas); 33 897 hab. Regadíos (presa de Las Tuzas).

NODIER (Charles), *Besançon 1780-París 1844,* escritor francés. Cultivó la novela de terror y el cuento fantástico (*Jean Sbogar,* 1818; *Trilby,* 1822; *El hada de las migajas,* 1832).

NOÉ, en hebr. **Noah,** patriarca bíblico. Escogido por Dios para sobrevivir al diluvio que debía aniquilar a la humanidad pecadora, Noé construyó un arca en cuyo interior cobijó a su familia y una pareja de cada especie animal. Habiendo sellado con Dios una alianza, Noé es, a través de sus hijos Sem, Cham y Jafet, el padre de una humanidad nueva.

NOÉ (Luis Felipe), *Buenos Aires 1933,* pintor argentino. Miembro del grupo Otra figuración, su neofigurativismo es de un colorido brillante y contrastado.

NOEL (Martín), *Buenos Aires 1888-íd. 1963,* arquitecto, historiador del arte e investigador argentino. Su arquitectura tiende a la modernización del estilo colonial (embajada argentina en Lima).

NOEL KEMPFF MERCADO (parque nacional de), parque nacional de Bolivia (Santa Cruz); 1 523 000 ha. Alberga especies amenazadas de grandes vertebrados. (Patrimonio de la humanidad 2000.)

NOETHER (Emmy), *Erlangen 1882-Bryn Mawr, Pennsylvania, 1935,* matemática alemana. Hija del también matemático Max Noether, intervino de forma destacada, junto con E. Artin, en la creación del álgebra moderna.

NOGALES, c. de México (Sonora), puesto fronterizo con EUA; 105 873 hab. Centro industrial y minero.

NOGALES, mun. de México (Veracruz); 31 137 hab. Industrias textiles y alimentarias.

NOGOYÁ, dep. de Argentina (Entre Ríos); 37 230 hab. Lino, vid; ganado vacuno. Harineras.

NOGUERA (Pedro de), *Barcelona 1580-Lima h. 1655-1660,* arquitecto y escultor español activo en Perú, adscrito al barroco limeño (obra de ensamblaje del coro de la catedral de Lima, 1623-1643).

NOGUERA PALLARESA, r. de España (Lérida), afl. del Segre (or. der.); 146 km. Embalses de Tremp, Camarasa y Terradets. Equipo eléctrico de 380 850 kW.

NOGUERA RIBAGORZANA en cat. **Noguera Ribagorçana,** r. de España (Huesca y Lérida), afl. del Segre (or. der.); 130 km. Equipo eléctrico de más de 300 000 kW. En su cabecera, parque nacional de Aigüestortes.

NOGUÉS (Xavier), *Barcelona 1873-íd. 1941,* pintor, dibujante y grabador español. Representante del novecentismo catalán, trabajó diversos campos artísticos (murales en el ayuntamiento de Barcelona; dibujo de humor; decoración de vidrio).

NOIA → NOYA.

no-intervención (Comité de), organismo internacional creado para prohibir el suministro de material bélico a las dos partes contendientes en la guerra civil española (24 ag. 1936). Solo México se opuso a él. Sus bases apenas fueron respetadas.

NOIRET (Philippe), *Lille 1930-París 2006,* actor de cine francés. Su apariencia falsamente bonachona se impuso en numerosos papeles cómicos (*El arte de vivir... ¡pero bien!,* Y. Robert, 1967), pero también en roles inquietantes (*El relojero de Saint-Paul,* B. Tavernier, 1974) y dramáticos (*Cinema Paradiso,* G. Tornatore, 1988; *La vida y nada más,* B. Tavernier, 1989).

NOK, localidad del N de Nigeria. Es epónima de una cultura del O de África que data del I milenio a.C., caracterizada por unas estatuillas de terracota antropomorfas y zoomorfas muy estilizadas, obra de un pueblo de agricultores que fue el primero que fundió el hierro en el S del Sahara.

■ **NOK.** Cabeza nok de terracota.
(Museo de N'Djamena.)

NOLASCO (fray Pedro de), grabador francés activo en Perú a mediados del s. XVII. Fue uno de los grabadores cuzqueños más notables de su época (*La ilustración de la Rosa del Perú,* plano de la ciudad de Lima).

NOLDE (Emil Hansen, llamado Emil), *Nolde, Schleswig-Holstein, 1867-Seebüll, Frisia del Norte, 1956,* pintor y grabador alemán, uno de los principales representantes del expresionismo.

NOMBRE DE DIOS, sierra de Honduras (Atlántico y Yoro), paralela a la costa del Caribe; 2 450 m.

NOMBRE DE DIOS, mun. de México (Durango); 20 763 hab. Cereales, legumbres y frutales. Ganadería.

nombres (escuela de los), escuela filosófica china (ss. IV-III a.C.) ilustrada por Hui Shi y Gongsun Long. Trataba de hacer coincidir las denominaciones de las cosas con las realidades, especialmente con fines prácticos y políticos.

NONELL (Isidre), *Barcelona 1873-íd. 1911,* pintor español. Conocedor del impresionismo y el simbolismo franceses, su estilo, próximo al expresionismo, está marcado por un realismo de valores dramáticos, ligado a una sensibilidad especial por lo humilde y marginal (serie «Gitanas»).

NONIUS → NUNES.

NONO (Luigi), *Venecia 1924-íd. 1990,* compositor italiano. Representante del movimiento postserial (*El canto suspendido; Canti di vita e d'amore*), se dedicó a la electroacústica (*Diario polaco; Prometeo*).

no-proliferación de armas nucleares (tratado de) [TNP], tratado elaborado en 1968, ratificado en 1970 y firmado actualmente por 189 estados que se comprometen a no suministrar (ni a aceptar de ellos) armamento nuclear, ni materias o productos fisiles especiales a estados no dotados del arma nuclear. En 1995 se prorrogó indefinidamente. Dentro de la misma línea, en 1996 se firmó el tratado de prohibición completa de las pruebas nucleares (en ingl. CTBT [Comprehensive Nuclear Test Ban Treaty]).

NORA (Eugenio García González de Nora, llamado Eugenio de), *Zacos, León, 1923,* escritor español. Poeta de aproximación crítica a la problemática social (*España, pasión de vida,* 1954), su obra *La novela española contemporánea* (3 vols., 1958-1962) es un estudio fundamental sobre el tema.

NORBA CAESARINA, colonia romana de España, formada por la unión de los campa-

mentos *Castra Servilia* y *Castra Caecilia.* Es la act. *Cáceres.*

NORBERTO (san), *Gennep o Xanten, Renania, h. 1080-Magdeburgo 1134,* fundador (1120) de la orden de los canónigos regulares de Prémontré. Fue nombrado arzobispo de Magdeburgo en 1126.

NORD, dep. de Francia (Nord-Pas-de-Calais); 5 742 km²; 2 555 020 hab.; cap. *Lille.*

NORDENSKJÖLD (Adolf Erik, barón), *Helsinki 1832-Dalbyö 1901,* explorador sueco. Descubrió el paso del Noreste (1878-1879). — **Otto N.,** *Sjögelö 1869-Göteborg 1928,* explorador sueco. Sobrino de Adolf Erik, exploró la Patagonia y Tierra de Fuego (1895-1897) y más adelante dirigió una expedición a la Antártida (1902-1903).

NORDESTE, región de Brasil, entre los estados de Bahía y Pará (más de 1,5 km² y cerca de 40 millones de hab.). La alternancia de sequías y de inundaciones contribuye a un intenso éxodo rural.

NÖRDLINGEN, c. de Alemania (Baviera); 17 000 hab. Recinto medieval. Iglesia de San Jorge (s. XV). — Durante la guerra de los Treinta años, fue escenario de dos batallas: en la primera (5-6 sept. 1634) las tropas imperiales vencieron a los suecos; en la segunda (3 ag. 1645), aquellas fueron derrotadas por los franceses dirigidos por el Gran Condé y Turenne.

NORD-PAS-DE-CALAIS, región administrativa de Francia; 12 414 km²; 3 996 588 hab.; cap. *Lille;* 2 dep (*Nord* y *Pas-de-Calais*).

NORÉN (Lars), *Estocolmo 1944,* escritor sueco. Su poesía y sus dramas (*La noche es madre del día*) descansan en un desasosiego existencial profundo y en una visión oscura de las relaciones familiares.

NORESTE (paso del), ruta marítima del océano Ártico, al N de Rusia (Siberia), que lleva del Atlántico al Pacífico por el estrecho de Bering. Fue abierta por A. E. Nordenskjöld (1878-1879).

NORFOLK, c. de Estados Unidos (Virginia); 261 229 hab. Puerto. — Museo de arte.

NORFOLK, condado de Gran Bretaña, junto al mar del Norte; 736 700 hab.; cap. *Norwich.*

NORFOLK (Thomas Howard, duque de), *Kenninghall, Norfolk, 1538-Londres 1572,* señor inglés. Conspiró contra Isabel I y fue decapitado.

NÓRICA, ant. prov. del Imperio romano, entre el Danubio y los Alpes orientales.

NORIEGA (Manuel Antonio), *Panamá 1940,* militar y político panameño. Comandante en jefe del ejército, desde 1983 se hizo con el poder. En 1989, tras la invasión estadounidense de Panamá, fue capturado, juzgado y condenado por narcotráfico en EUA.

NORILSK, c. de Rusia, en Siberia; 180 000 hab. Centro minero y metalúrgico.

NORMAN (Jessye), *Augusta, Georgia, 1945,* soprano estadounidense. Su repertorio incluye la ópera (de Mozart a Schönberg), la melodía francesa y el lied. Destaca por su timbre amplio y generoso.

NORMANDÍA, en fr. **Normandie,** región histórica del N de Francia, formada por las act. regiones administrativas de *Alta Normandía* y *Baja Normandía.* El E forma parte del macizo Armoricano y el O de la Cuenca de París. Los normandos invadieron la región (s. IX) y constituyeron un ducado (911). Francesa desde 1204, Inglaterra se la anexionó en 1420 y Francia la reconquistó entre 1436 y 1450.

Normandía (desembarco y batalla de) [6 junio-21 ag. 1944], conjunto de operaciones llevadas a cabo por las fuerzas aliadas del general Eisenhower durante la segunda guerra mundial, que desembarcaron en la costa normanda y lograron romper en dos meses el frente alemán del oeste (batallas de Caen, Avranches, Mortain y Falaise).

NORMANDÍA (Alta), en fr. **Haute-Normandie,** región administrativa de Francia; 12 317 km²; 1 780 192 hab.; cap. *Ruán;* 2 dep (*Eure* y *Seine-Maritime*).

NORMANDÍA (Baja), en fr. **Basse-Normandie,** región administrativa de Francia; 17 589 km²; 1 422 193 hab.; cap. *Caen;* 3 dep. (*Calvados, Manche* y *Orne*).

NORMANTE Y CARCAVILLA (Lorenzo), n. en Berdún, Zaragoza, 1759, economista español, autor de obras entre neomercantilistas y fisiocráticas (*Proposiciones de economía civil y comercio,* 1785) en las que defendía la agricultura y la necesidad de unificar la moneda y de crear papel moneda.

NOROCCIDENTAL (planicie costera), región de México, al S del desierto de Sonora, limitada al E por la sierra Madre Occidental. Costa baja, con numerosos esteros y albuferas. Principales núcleos urbanos: Ciudad Obregón, Los Mochis y Culiacán.

NORODOM I o **ANG VODDEY,** *1835-1904,* rey de Camboya (1859-1904). En 1863, firmó con Francia un tratado de protectorado.

NORODOM SIHANUK, *Phnom Penh 1922,* rey (1941-1955 y 1993-2004) y jefe de estado (1960-1970) de Camboya. Hizo reconocer a Francia la independencia de su país (1953). Derrocado (1970), se alió con los Khmer rojos, que lo apartaron del poder (1975). Presidente de un gobierno en el exilio (1982-1988) y del Consejo nacional supremo, encargado de administrar el país, en 1993 fue nombrado rey. Abdicó en 2004 en su hijo Norodom Sihamoni.
— **Norodom Sihamoni,** *Phnom Penh 1953,* rey de Camboya. Hijo de Norodom Sihanuk, le sucedió tras la renuncia de este al trono, en 2004.

NOROESTE (paso del), ruta marítima que une el Atlántico y el Pacífico a través del archipiélago Ártico canadiense. Amundsen fue el primero en atravesarla (1903 1906).

NOROESTE (provincia del), prov. de Sudáfrica; 3 354 825 hab.; cap. *Mafikeng.*

NOROESTE (Territorios del), en ingl. **Northwest Territories,** territorio federado del N de Canadá, entre Nunavut y el Yukón, al N del paralelo 60; 1 480 000 km²; 35 000 hab.; cap. *Yellowknife.*

NORRIS (Frank), *Chicago 1870-San Francisco 1902,* escritor estadounidense. Sus novelas naturalistas lo convirtieron en uno de los precursores de la narrativa norteamericana moderna (*McTeague,* 1899; *El pulpo,* 1901).

NORRKÖPING, c. de Suecia, junto al Báltico; 130 000 hab. Puerto. — Museo.

NORRLAND, parte septentrional de Suecia.

NORTE, punta de Argentina, en la costa atlántica (Buenos Aires). Constituye el límite S del Río de la Plata y de la bahía de Samborombón.

NORTE (cabo), promontorio de una isla de las costas de Noruega, el punto más septentrional de Europa.

NORTE (canal del), estrecho entre Escocia e Irlanda.

NORTE (Isla del), la isla más poblada de Nueva Zelanda; 114 600 km²; 2 553 413 hab.; c. prales. *Auckland* y *Wellington.*

NORTE (mar del), mar del NO de Europa, formado por el Atlántico. Baña Gran Bretaña, Noruega, Dinamarca, Alemania, Países Bajos, Bélgica y Francia. En los estuarios que desembocan en él se encuentran la mayor parte de los grandes puertos europeos (Rotterdam, Londres, Amberes, Hamburgo). El subsuelo contiene yacimientos de hidrocarburos.

NORTE o **DE LA CULATA** (sierra), sierra de Venezuela, que se extiende de SO a NE frente al lago Maracaibo; 4 762 m en Piedras Blancas o Pan de Azúcar.

NORTE (Territorio del), en ingl. **Northern Territory,** territorio desértico de Australia; 1 346 000 km²; 175 253 hab.; cap. *Darwin.*

Norte (guerra del) [1700-1721], guerra que enfrentó a Suecia, que trataba de controlar la totalidad de las orillas meridionales del Báltico, con una coalición formada por Dinamarca, Rusia, Sajonia y Polonia. A pesar de las primeras victorias de Carlos XII, Suecia resultó muy debilitada.

NORTE CHICO, región fisiográfica de Chile (Atacama y Coquimbo), entre los valles del Copiapó y el Aconcagua. Árida y accidentada por los Andes. Minas (cobre, hierro, manganeso).

NORTE DE SANTANDER (departamento de), dep. del NE de Colombia; 20 815 km²; 883 884 hab.; cap. *Cúcuta.*

NORTE GRANDE, región fisiográfica de Chi-

le (Arica y Parinacota, Tarapacá y Antofagasta), una de las áreas más áridas del mundo (desiertos y salares). Minería (cobre, molibdeno, nitrato), pesca.

NORTHAMPTON, c. de Gran Bretaña (Inglaterra), cap. del condado de *Northamptonshire;* 156 000 hab. Iglesia circular del s. XII; museos.

NORTHUMBERLAND, condado de Gran Bretaña, junto al mar del Norte; 300 600 hab.; cap. *Newcastle-upon-Tyne.*

NORTHUMBERLAND (estrecho de), estrecho del Atlántico que separa la isla del Príncipe Eduardo de Nuevo Brunswick y de Nueva Escocia (Canadá).

NORTHUMBRIA, reino fundado por los anglos (ss. VII-IX); cap. *York.* Fue destruido por los invasores escandinavos.

NORTH YORK, c. de Canadá (Ontario), en el área suburbana de Toronto; 562 564 hab.

NORUEGA, en noruego **Norge,** estado del N de Europa, junto al Atlántico; 325 000 km²; 4 360 000 hab. (*noruegos*). CAP. *Oslo.* LENGUA: *noruego.* MONEDA: *corona noruega.*

INSTITUCIONES

Monarquía constitucional. Constitución de 1814. El rey tiene autoridad simbólica. Primer ministro responsable ante el parlamento (*Storting*), elegido por sufragio directo por 4 años.

GEOGRAFÍA

Noruega, que ocupa la parte occidental de la península escandinava, se extiende, de N a S, sobre más de 1 500 km y es una región montañosa (al margen del N, donde dominan las mesetas) y boscosa, con un litoral recortado por fiordos, en los que se ubican las principales ciudades (Oslo, Bergen, Trondheim y Stavanger).

A pesar de la latitud, el clima, suavizado por la influencia oceánica, permite, por lo menos en el S, los cultivos (cereales y patatas). No obstante, la ganadería (bovina y ovina) reviste mayor importancia. Constituye uno de los fundamentos de la economía, que se basa aún en la explotación forestal y en las industrias derivadas de esta, en la pesca (arenque sobre todo), en los beneficios obtenidos de la marina mercante y sobre todo en la explotación de los yacimientos de petróleo y gas natural del mar del Norte. La metalurgia y la química (relacionadas con la abundante producción hidroeléctrica) son los sectores industriales dominantes. Los dividendos del petróleo, y un modelo social eficaz, sitúan al país en cabeza por lo que respecta al desarrollo humano.

HISTORIA

Los orígenes. Ss. VIII-XI: los vikingos se aventuraron hacia las islas Británicas, el Imperio carolingio y Groenlandia. Estas expediciones pusieron a Noruega en contacto con la cultura occidental y contribuyeron a su constitución como estado.
Edad media. S. IX: Harald I Harfager unificó Noruega. **995-1000:** el rey Olav I Tryggvesson inició la conversión al cristianismo de sus vasallos. **1016-1030:** su obra fue proseguida por Olav II Haraldsson (san Olav). **S. XII:** las querellas dinásticas debilitaron el poder real. **1163:** Magnus V Erlingsson fue consagrado rey de Noruega. La Iglesia otorgó a su autoridad espiritual a la monarquía noruega. **1223-1263:** Haakon IV Haakonsson estableció su autoridad en las islas del Atlántico (Feroe, Orcadas y Shetland), así como en Islandia y en Groenlandia. **1263-1280:** su hijo Magnus VI Lagaböte mejoró la legislación y la administración.

Noruega

★ lugar de interés turístico

200 400 1000 1500 m

— autopista
— carretera
— ferrocarril
✈ aeropuerto

● más de 500 000 hab.
● de 100 000 a 500 000 hab.
● de 50 000 a 100 000 hab.
• menos de 50 000 hab.

S. XIII: los mercaderes de la Hansa establecieron su supremacía económica en el país. **1319-1343:** Magnus VII Eriksson unió momentáneamente Noruega y Suecia. **1363:** su hijo Haakon VI Magnusson (1343-1380) casó con Margarita, hija de Valdemar IV, rey de Dinamarca. **1380-1387:** Margarita I Valdemarsdotter, regente, gobernó Dinamarca y Noruega en nombre de su hijo Olav, menor de edad. **1389:** restableció los derechos de su marido en Suecia. **De la unión a la independencia. 1397:** la Unión de Kalmar reunió a Dinamarca, Noruega y Suecia bajo un mismo monarca, Eric de Pomerania. **1523:** Suecia recuperó su independencia. Durante tres siglos, Noruega permaneció bajo dominio de los reyes de Dinamarca, que le impusieron el luteranismo y la lengua danesa. **S. XVII:** Noruega se vio inmersa en los conflictos europeos; perdió Jämtland (1645) y Trondheim (1658) en beneficio de Suecia. **S. XVIII:** la economía noruega experimentó un auténtico auge (madera, metales y pescado). **1814:** por el tratado de Kiel, Dinamarca cedió Noruega a Suecia. Los noruegos denunciaron de inmediato este acuerdo, pero la invasión sueca los obligó a aceptar la unión. Noruega obtuvo una constitución propia, con una Asamblea (*Storting*), constituyendo cada estado un reino autónomo bajo la autoridad de un mismo rey. **1884:** el jefe de la resistencia nacional, Johan Sverdrup (1816-1892), consiguió un régimen parlamentario. **1898:** se instituyó el sufragio universal. **La Noruega independiente. 1905:** tras un plebiscito decidido por el Storting, se produjo la ruptura con Suecia. Noruega eligió a un príncipe danés, que se convirtió en rey con el nombre de Haakon VII. Rápidamente, el país se transformó en una democracia; se implantó una legislación social. **1935:** los laboristas llegaron al poder. **1940-1945:** los alemanes ocuparon Noruega. El rey y el gobierno se instalaron en Gran Bretaña, mientras el jefe del partido pronazi, Vidkun Quisling, tomaba el poder en Oslo. **1945-1965:** los laboristas practicaron una política intervencionista. **1957:** Olav V sucedió a su padre, Haakon VII. **Desde 1965:** los conservadores, aliados con los liberales y los agrarios, y los laboristas (que tuvieron como primer ministro, en las décadas de 1980 y 1990, a Gro Harlem Brundtland), se alternaron en el poder. **1972 y 1994:** por dos veces, los noruegos rechazaron por referéndum la entrada de su país en la Europa comunitaria. **1991:** Harald V sucedió a su padre, Olav V.

NORUEGA (corriente de), corriente marina caliente del Atlántico norte. Recorre de S a N las costas de Noruega.

NORWICH, c. de Gran Bretaña (Inglaterra), cap. de Norfolk; 121 000 hab. Torre del homenaje del s. XII, catedral fundada en 1906, iglesias góticas; casas antiguas; museos.

NORWID (Cyprian Kamil), *Laskowo Głuchy 1821-París 1883,* poeta polaco. Su lirismo expresa su desesperación de profeta incomprendido (*Rapsodia fúnebre a la memoria de Bem,* 1850; *Las Siberias,* 1865).

Nós, revista cultural gallega (1920-1936), fundada por Castelao y V. Risco, que, con Otero Pedrayo y R. Cabanillas, formaron la llamada *generación Nós.* En contacto con la literatura europea, depuró la cultura gallega y constituyó un núcleo del galleguismo político.

NOSSI-BÉ → NOSY BÉ.

NOSTRADAMUS (Michel de Nostre-Dame, llamado), *Saint-Rémy-de-Provence 1503-Salon 1566,* astrólogo y médico francés, célebre por las profecías de sus *Centurias astrológicas* (1555).

NOSY BÉ, ant. **Nossi-Bé,** isla del océano Índico (canal de Mozambique), al NO de Madagascar, país del que depende.

NOTHOMB (Amélie), *Kobe, Japón, 1967,* novelista belga de lengua francesa. En su abundante obra, que oscila entre lo burlesco y lo trágico, alterna las novelas (*Higiene del asesino,* 1992; *Cosmética del enemigo,* 2001) con las autoficciones (*El sabotaje amoroso,* 1996; *Estupor y temblores,* 1999; *Metafísica de los tubos,* 2000; *Biografía del hambre,* 2004).

NOTO, c. de Italia, en Sicilia; 21 344 hab. Monumentos barrocos incluidos en el plan de reconstrucción de la ciudad tras el sismo de

1693. – El *valle de Noto* fue declarado patrimonio de la humanidad en 2002.

NÔTRE (André **Le**), *París 1613-íd. 1700,* arquitecto francés. Diseñó jardines geométricos de vastas perspectivas, con juegos de agua y estatuas (Versalles; Tullerías).

NOTTEBOHM (Fernando), *Buenos Aires 1942,* zoólogo, neurólogo y ornitólogo argentino. En 1959 se trasladó a Estados Unidos, donde descubrió que la variación anual en el canto de los pájaros se debe a la neurogénesis, es decir al crecimiento y decrecimiento estacional del tejido cerebral. También probó que el cerebro de las aves está lateralizado.

NOTTINGHAM, c. de Gran Bretaña (Inglaterra), cap. del condado de *Nottinghamshire*; a orillas del Trent; 261 500 hab. Centro industrial. – Castillo reconstruido en el s. XVII; museos.

NOUAKCHOTT o **NUWAQŜOT,** cap. de Mauritania, cerca del Atlántico; 600 000 hab.

NOUMÉA, cap. de Nueva Caledonia; 76 293 hab. Puerto. Centro administrativo y comercial. – Centro cultural Tjibaou.

NOUVEL (Jean), *Fumel 1945,* arquitecto francés. Utiliza el metal y el vidrio en la línea high-tech: Instituto del mundo árabe (1983-1987) y Fundación Cartier (1994), en París, galerías Lafayette (1996), en Berlín, Centro de cultura y congresos de Lucerna (2000), Torre Agbar en Barcelona (2005), teatro Guthrie de Minneapolis (2006). [Premio Pritzker 2008.]

■ JEAN **NOUVEL.** Torre Agbar (2005) de Barcelona.

nouvelle vague, movimiento cinematográfico francés (1958) en defensa de un cine de autor entendido como la expresión de la mirada personal del realizador. Las películas de sus principales representantes (J.-L. Godard, F. Truffaut, C. Chabrol, É. Rohmer) se caracterizan por un presupuesto bajo, una técnica sencilla y la naturalidad en la interpretación de los actores, en decorados reales.

NOVACIANO, s. *III,* sacerdote y teólogo romano. Considerando al papa Cornelio, elegido en 251, demasiado indulgente con los cristianos que habían apostatado durante la persecución, encabezó un partido rigorista y se hizo proclamar papa. Este cisma de los *novacianos* perduró hasta el s. VII.

NOVA IGUAÇU, c. de Brasil (Río de Janeiro), cerca de Río de Janeiro; 1 286 337 hab.

NOVALIS (Friedrich, barón **von Hardenberg,** llamado), *Wiederstedt 1772-Weissenfels 1801,* escritor alemán. Miembro del grupo romántico de Jena, unió el misticismo a una explicación alegórica de la naturaleza en sus poemas (*Himnos a la noche,* 1800; *Los discípulos de Sais*) y en su novela inacabada *Enrique de Ofterdingen* (1802).

NOVA LISBOA → HUAMBO.

NOVARA, c. de Italia (Piamonte); 102 473 hab. Industria editorial. – Monumentos (de la edad media a la época neoclásica); museos.

Novartis, grupo farmacéutico suizo, nacido de la fusión, en 1996, de Ciba-Geigy AG y Sandoz AG (empresas especializadas originariamente en productos químicos) y el primer fabricante de genéricos (tras la compra, en 2005, de los grupos Hexal y Eon Labs).

NOVÁS CALVO (Lino), *Granas de Sor, La Coruña, 1905-1982,* escritor cubano. Escribió novelas y cuentos realistas con técnicas cinematográficas (*El negrero,* 1933; *Maneras de contar,* 1970).

Novelas ejemplares, conjunto de narraciones de Cervantes, publicado en 1613, que comprende *La Gitanilla, El amante liberal, Rinconete y Cortadillo, La española inglesa, El licenciado Vidriera, La fuerza de la sangre, El celoso extremeño, La ilustre fregona, Las dos doncellas, La señora Cornelia, El casamiento engañoso* y *El coloquio de los perros.*

NOVELDA, c. de España (Alicante); cab. de p. j.; 23 830 hab. *(noveldenses).* Mármol.

NOVERRE (Jean Georges), *París 1727-Saint-Germain-en-Laye 1810,* bailarín y coreógrafo francés. Tuvo un papel importante en el nacimiento del ballet-pantomima, del que elaboró la teoría en *Cartas sobre la danza y los ballets* (1760).

NÓVGOROD → VELIKI NÓVGOROD.

novios (Los), novela histórica de Manzoni (1825-1827). Contribuyó a configurar el espíritu del Risorgimento.

NOVI SAD, c. de Serbia, cap. de Vojvodina, a orillas del Danubio; 180 000 hab.

Novísima recopilación, recopilación del derecho español, vigente desde 1805 hasta la aprobación del código civil (1889), y en América, en todo lo que no se opusiese a las leyes de Indias, hasta su emancipación. Plagada de errores, fue ineficaz.

novísimos, término aplicado por J. M. Castellet en *Nueve novísimos poetas españoles* (1970) al grupo formado por J. M. Álvarez, F. de Azúa, G. Carnero, P. Gimferrer, A. Martínez Sarrión, V. Molina Foix, A. M. Moix, L. M. Panero y M. Vázquez Montalbán, renovadores de la poesía social en favor del experimentalismo, lo sensorial y aspectos de la cultura de masas.

NOVO (Salvador), *México 1904-íd. 1974,* escritor mexicano. Destacado e innovador dramaturgo (*La culta dama,* 1951; *A ocho columnas,* 1956; *Ha vuelto Ulises,* 1962), e importante poeta (*Nuevo amor,* 1933), también escribió relatos, guiones de cine (*Los que volvieron,* 1946; *La culta dama,* 1956), crónicas y ensayos.

■ SALVADOR **NOVO**

NOVOA (Leopoldo), *Montevideo 1919,* pintor y ceramista uruguayo, autor del inmenso mural del estadio del Cerro, de estilo informalista.

NOVOCHERKASSK, c. de Rusia, al NE de Rostov del Don; 188 500 hab. Centro industrial.

NOVOKUZNETSK, de 1932 a 1961 **Stalinsk,** c. de Rusia, en Siberia, en el Kuzbass; 601 900 hab. Hulla. Siderurgia y metalurgia (aluminio).

NOVOMOSKOVSK, de 1934 a 1961 **Stalinogorsk,** c. de Rusia, al S de Moscú; 145 800 hab. Química.

NOVONEIRA (Uxío), *Parada do Courel, Lugo, 1930-Santiago 1999,* poeta español en lengua gallega. Sus obras principales (*Los campos,* 1955; *Los campos 2,* 1974) se centran en la soledad del hombre frente a la naturaleza.

NOVOROSSIISK, c. de Rusia, junto al mar Negro; 188 600 hab. Puerto. Terminal petrolífera.

NOVOSIBIRSK, c. de Rusia, en Siberia occidental, a orillas del Ob; 1 446 300 hab. Centro industrial, cultural y científico.

Novosti → ITAR-Tass.

NOVOTNÝ (Antonin), *Letnany 1904-Praga 1975,* político checo. Primer secretario del Partido comunista (1953) y presidente de la república (1957), fue apartado del poder durante la «primavera de Praga» (1968).

NOWA HUTA, centro siderúrgico de Polonia, en el área suburbana de Cracovia.

NOYA, en gall. **Noia,** v. de España (La Coruña), cab. de p. j.; 14 404 hab. *(noyenses).* En la ría de Muros y Noya. Pesca (mariscos). Central hidroeléctrica. — Iglesia de San Martín (s. XV).

NUBES DE MAGALLANES → MAGALLANES.

NUBIA, región de África, correspondiente a la parte N de Sudán y al extremo S de Egipto. (Hab. *nubios.*) Llamada por los egipcios «país de Kūš», comenzaba al S de la primera catarata del Nilo; fue conquistada progresivamente por los faraones. En el s. VIII a.C., una dinastía cusita dominó Egipto. En el s. VI a.C., los nubios formaron el reino de Meroe, que desapareció ante la pujanza del reino de Aksum (h. 350 d.C.). — Los importantes sitios de las civilizaciones faraónica (Abū Simbel y File), cusita y cristiana, amenazados con quedar sumergidos por la entrada en servicio (1970) de la presa de Sa'ad al-'Alī, aguas arriba de Asuán, fueron objeto de una campaña de salvaguarda.

NUBLEDO → CORVERA DE ASTURIAS.

NUEVA AMSTERDAM, nombre que los holandeses dieron en 1626 a la futura Nueva York.

NUEVA ANDALUCÍA, ant. denominación de los estados venezolanos de Anzoátegui, Sucre, Delta Amacuro, Monagas, Bolívar y Amazonas y las Guayanas. División administrativa en época de Felipe II, fue perdiendo territorios. En 1864 se dio este nombre a la prov. de Cumaná al convertirse en estado (act. Sucre).

NUEVA ASUNCIÓN (departamento de), ant. dep. del N de Paraguay, act. integrado en el departamento de Boquerón.

NUEVA BRETAÑA, en ingl. **New Britain,** isla de Papúa y Nueva Guinea, en el archipiélago Bismarck; 35 000 km²; 312 000 hab.; c. pral. *Rabaul.* Descubierta en 1606, fue un protectorado alemán (1884-1914), con el nombre de *Neupommern* (Nueva Pomerania). Bajo mandato de Australia (1921), integró la Commonwealth australiana (1946), antes de pasar a Papúa y Nueva Guinea (1975).

NUEVA CALEDONIA, en fr. **Nouvelle-Calédonie,** colectividad francesa dotada de un régimen particular, en Oceanía, 19 103 km² (de los que 16 750 km² corresponden a la isla de Nueva Caledonia, o Gran Tierra); 196 836 hab.; cap. *Nouméa.* Producción de níquel. — Poblada por los kanak (o canacos), Cook la descubrió en 1774, y es francesa desde 1853. Ante el desarrollo de un importante movimiento independentista, en 1988 se acordó iniciar un proceso de autodeterminación. En 1999 una ley orgánica confirió a Nueva Caledonia un estatuto original.

NUEVA CASTILLA, nombre dado al Perú (act. Perú y Ecuador) cuando su gobierno fue entregado a F. Pizarro (1529), al capitular este con la corona la conquista del imperio inca.

NUEVA DELHI, en ingl. **New Delhi,** cap. de la India, englobada en la conurbación de Delhi.

NUEVA ESCOCIA, en ingl. **Nova Scotia,** en fr. **Nouvelle-Écosse,** una de las Provincias marítimas de Canadá, junto al Atlántico; 55 490 km²; 899 942 hab.; cap. *Halifax.*

NUEVA ESPAÑA, virreinato español de Indias, correspondiente al actual México. Tras conquistar el imperio azteca, Hernán Cortés se convirtió en gobernador, capitán general y jefe judicial de la región (1522). Creado el virreinato (1535), el primer virrey fue Antonio de Mendoza. En 1762 fue dotado con un ejército permanente. En 1786 se realizó una ordenanza de intendentes para concentrar los órganos de gobierno. Las altas exigencias pecuniarias de España favorecieron la corriente emancipadora. Tras una efímera proclamación independentista del virrey Iturrigaray (1808), la guerra de independencia, iniciada por Hidalgo en 1810, fue también una revolución agraria contra las propiedades de los españoles en el virreinato.

Nueva España (Historia verdadera de la conquista de la), obra de Bernal Díaz del Castillo (1568, publicada en 1632). Réplica de la *Historia general de las Indias* de López de Gómara,

narra el período 1517-1568 (especialmente de 1517 a 1521).

NUEVA ESPARTA (estado), est. insular del NE de Venezuela, en el Caribe (islas Margarita, Coche y Cubagua); 1 150 km²; 281 043 hab.; cap. *La Asunción.*

NUEVA EXTREMADURA, nombre dado a la región mexicana que comprendía el act. estado de Coahuila y parte de Texas, organizada administrativamente en 1674.

NUEVA EXTREMADURA, nombre del actual Chile, conquistado por Valdivia (1540), que limitaba con el Pacífico, al O, Copiapó, al N, y Osorno, al S.

Nueva federación madrileña, asociación obrera fundada por los marxistas españoles expulsados de la I internacional (1872). Es el precedente del PSOE.

NUEVA FRANCIA, en fr. **Nouvelle-France,** nombre llevado por las posesiones francesas de Canadá, hasta su cesión a Inglaterra (1763).

NUEVA GALES DEL SUR, en ingl. **New South Wales,** estado de Australia, en la costa E; 801 428 km²; 5 731 926 hab.; cap. *Sydney.*

NUEVA GALICIA, región del virreinato de Nueva España formada por Jalisco, Zacatecas, Nayarit, Aguascalientes y parte de San Luis Potosí, Sinaloa y Durango. Conquistada en 1529, su capital fue Compostela (1531) y, desde fines del s. XVI, Guadalajara.

NUEVA GERONA, c. de Cuba, cap. del mun. de Isla de la Juventud; 30 898 hab. Puerto pesquero.

NUEVA GRANADA, virreinato español de Indias creado a principios del s. XVIII. Comprendía territorios separados del Perú y de las audiencias de Santo Domingo y de Panamá (act. Colombia, Ecuador, Venezuela, Panamá, y parte de Perú o de Brasil), demasiado dispersos para permitir una viabilidad económica. En 1717 fue nombrado el primer virrey, Jorge de Villalonga, quien aconsejó la supresión del virreinato (1723). Reconstituido en 1739 con Sebastián Eslava como nuevo virrey (1740), desapareció tras la insurrección de Santa Fe (1810), y aunque el mismo territorio constituyó en el proceso de independencia la República de la Gran Colombia (1819), este se fraccionó en diversas repúblicas en 1828-1830.

NUEVA GRANADA (República de), denominación de Colombia desde que, tras la disolución de la Gran Colombia bolivariana (1830), se reasumió la independencia (1831) y se estableció la constitución centralista de 1832. El nombre perduró hasta que en 1858 la nueva constitución federal denominó al país *Confederación Granadina,* cambiado por el de *Estados Unidos de Colombia,* por el pacto de Unión de 1861 y la constitución de 1863 surgida de la Convención de Rionegro. En la constitución de 1886 adoptó el nombre actual de *República de Colombia.*

NUEVA GUINEA, en ingl. **New Guinea,** gran isla (800 000 km² aprox.) al N de Australia. La parte occidental pertenece a Indonesia (Papuasia [Occidental]) y la parte oriental constituye, con algunas islas próximas, *Papúa y Nueva Guinea.* La isla, montañosa y muy húmeda, está en gran parte cubierta de bosques.

HISTORIA

S. XVI: la isla fue descubierta por los portugueses. **1828:** los holandeses ocuparon el O. **1884:** Alemania estableció un protectorado en el NE y Gran Bretaña se anexionó el SE, que cedió a Australia (1906). **1921:** la zona alemana fue confiada por la SDN a Australia. **1946:** la ONU confirmó esta tutela. **1969:** la Nueva Guinea occidental neerlandesa fue anexionada a Indonesia. **1975:** la parte E se independizó *(Papúa y Nueva Guinea).* Estado miembro de la Commonwealth.

NUEVA IMPERIAL, c. de Chile (La Araucanía), en el valle del *río Imperial;* 36 841 hab. Harineras, curtidurías. Puerto fluvial.

NUEVA INGLATERRA, en ingl. **New England,** región del NE de EUA; 13 206 943 hab. Está constituida por los seis estados norteamericanos que corresponden a las colonias inglesas fundadas en el s. XVII en la costa atlántica: Maine, New Hampshire, Vermont, Massachusetts, Rhode Island y Connecticut.

NUEVA IRLANDA, en ingl. **New Ireland,** isla de Papúa y Nueva Guinea, en el archipiélago Bismarck; 9 600 km²; 87 194 hab.; cap. *Kavieng.* Es la ant. *Neumecklenburg* (Nuevo Mecklemburgo) de los alemanes, que la ocuparon en 1884. De 1921 a 1975, estuvo bajo tutela australiana. Desde entonces, pertenece a Papúa y Nueva Guinea.

NUEVA JERSEY, en ingl. **New Jersey,** estado de Estados Unidos, junto al Atlántico; 20 295 km²; 7 730 188 hab.; cap. *Trenton;* c. pral. *Newark.*

NUEVA LOJA, c. de Ecuador, cap. de la prov. de Sucumbíos y del cantón de Lago Agrio; 13 089 hab. Fundada en 1979, junto a los yacimientos de petróleo.

NUEVA OCOTEPEQUE, c. de Honduras, cap. del dep. de Ocotepeque, avenada por el Lempa; 9 570 hab. Centro artesanal.

NUEVA ORLEANS, en ingl. **New Orleans,** en fr. **Nouvelle-Orléans,** c. del S de Estados Unidos, en Luisiana, a orillas del Mississippi; 484 674 hab. (1 337 726 hab. en la aglomeración). Gran centro comercial y turístico. — Casas del antiguo núcleo francés, llamado «le Vieux Carré»; museos. — Fundada en 1718 por los franceses, capital de la Luisiana, Nueva Orleans fue española de 1762 a 1800; en 1803 fue vendida (con la Luisiana) por Francia a Estados Unidos. En ag. 2005 fue devastada por un mortífero huracán («Katrina»). — La ciudad fue cuna de un estilo de jazz al que ha dado su nombre y que mezcla las influencias de las fanfarrias y del blues.

NUEVA PAZ, mun. de Cuba (La Habana), en el litoral S de la provincia; 20 065 hab. Ingenio azucarero.

Nueva planta, régimen especial impuesto por Felipe V a los reinos de la Corona de Aragón tras su victoria en la guerra de Sucesión, para uniformar sus leyes con las de Castilla. Suprimidos los fueros de Valencia y Aragón (1707) y de Cataluña (1714), fueron aprobados decretos de Nueva planta para Aragón (1711), Mallorca e Ibiza (1715) y Cataluña (1716).

NUEVA SAN SALVADOR, c. de El Salvador, cap. del dep. de La Libertad; 116 575 hab. Centro comercial de un área agropecuaria. Sede del Centro nacional de Agronomía (cultivo experimental del café).

NUEVA SEGOVIA (departamento de), dep. del N de Nicaragua; 3 341 km²; 93 400 hab.; cap. *Ocotal.*

NUEVAS HÉBRIDAS, ant. nombre de Vanuatu.

NUEVA SIBERIA, archipiélago de las costas árticas de Rusia, entre el mar de Láptiev y el mar de Siberia oriental.

NUEVA VIZCAYA, ant. denominación de los estados mexicanos de Durango y Chihuahua, conquistados por un grupo de vascos al mando de Francisco de Ibarra (1562).

NUEVA YORK, en ingl. **New York,** c. de Estados Unidos (estado de Nueva York), junto al Atlántico y en la desembocadura del Hudson; 8 684 834 hab. *(neoyorquinos)* [18 087 251 hab. en el área metropolitana]. La ciudad se fundó en el extremo S de la isla de Manhattan, donde se extiende el barrio de los negocios (Wall Street). Se desarrolló en el s. XIX hacia el N

■ **NUEVA YORK.** La estatua de la Libertad y, al fondo, el sur de Manhattan.

(Bronx, más allá del barrio negro de Harlem), alcanzando el estado de Nueva Jersey (en la otra orilla del Hudson) y las islas próximas: Long Island (barrios de Brooklyn y de Queens, en la orilla opuesta del East River) y Staten Island (Richmond). Ciudad cosmopolita, es el primer centro financiero del mundo; gran puerto, nudo aéreo y ferroviario, centro industrial y sobre todo terciario (comercios, administraciones, turismo). La ciudad es la sede de la ONU desde 1946.— Museos: *Metropolitan, *Guggenheim, *Museum of Modern Art (MOMA), New Museum of Contemporary Art, colección Frick, Whitney Museum of American Art, museo de Brooklyn, museo de historia natural, etc.— Metropolitan Opera House.— La colonia de Nueva Amsterdam, holandesa en 1626, tomó el nombre de Nueva York (en honor del duque de York, el futuro Jacobo II) cuando pasó a los ingleses en 1664. La independencia norteamericana y la apertura del canal del Erie (1825) propiciaron su desarrollo. El 11 de *septiembre de 2001, la ciudad sufrió dos atentados terroristas que destruyeron las torres gemelas del World Trade Center (Twin Towers), símbolo de su potencia económica.

NUEVA YORK, en ingl. **New York,** estado de Estados Unidos, de los Grandes Lagos (Erie y Ontario) al Atlántico; 17 990 455 hab.; cap. *Albany;* c. prales. *Nueva York, Buffalo* y *Rochester.*

NUEVA ZELANDA, en ingl. **New Zealand,** en maorí **Aotearoa,** estado de Oceanía; 270 000 km²; 3 620 000 hab. (*neozelandeses* o *neozelandeses*). CAP. *Wellington.* C. PRAL. *Auckland.* LENGUAS: *inglés* y *maorí.* MONEDA: *dólar neozelandés.*

GEOGRAFÍA

El país está formado por dos grandes islas (isla del Norte e isla del Sur). A 2 000 km del SE de Australia, está situado casi en su totalidad en la zona templada del hemisferio austral. La población (maorí aprox. el 12 %) se concentra en sus tres cuartas partes en la isla del Norte. La ganadería (principalmente ovina) constituye la base de la economía, y sus derivados (lana, carne, productos lácteos), la base de las exportaciones y de la industria (agroalimentaria y textil). Esta se beneficia de una notable producción hidroeléctrica (que palía la pobreza del subsuelo).

HISTORIA

1642: el holandés Tasman descubrió el archipiélago, habitado por maoríes. **1769-1770:** James Cook exploró su litoral. **1814:** misioneros católicos y protestantes emprendieron la evangelización del territorio. **1841:** se designó un gobernador británico. La dura política de expansión llevada a cabo por Gran Bretaña provocó las guerras maoríes (1843-1847 y 1860-1870). **1852:** una constitución concedió a la colonia una amplia autonomía. **1870:** la paz y el descubrimiento de oro (1861) propiciaron la prosperidad del país. **1889:** se instauró el sufragio universal. **1891-1912:** los liberales realizaron una política social avanzada. **1907:** Nueva Zelanda se convirtió en dominio británico. **1914-1918:** participó en los combates de la primera guerra mundial. **1929:** el país se vio gravemente afectado por la crisis mundial. **1945:** tras participar activamente en la derrota japonesa, Nueva Zelanda pretendió ser un interlocutor de pleno derecho en el Sureste asiático y en el Pacífico. **1951:** firmó el tratado por el que se establecía el ANZUS. **1960-1972:** Keith Jacka Holyoake (Partido nacional, conservador), primer ministro. Nueva Zelanda apoyó la política estadounidense en el Sureste asiático y envió tropas a Corea y Vietnam. **1973:** tras la entrada de Gran Bretaña en el Mercado común europeo, Nueva Zelanda tuvo que diversificar sus actividades y buscar salidas hacia Asia, especialmente Japón. Desde la década de 1980 encabezó el movimiento antinuclear en el S del Pacífico. **1985:** su participación en el ANZUS fue suspendida. La situación política ha estado marcada por la alternancia en el poder de los conservadores del Partido nacional (entre los que destacan Robert David Muldon, primer ministro de 1975 a 1984; Jim Bolger, 1990-1997; John Key, desde 2008) y los laboristas (David Lange, 1984-1989; Helen Clark, 1999-2008).

NUEVA ZEMBLA, en ruso **Nóvaia Zemliá** («Tierra nueva»), archipiélago ártico de Rusia, entre los mares de Barents y de Kara.

NUEVE DE JULIO, partido de Argentina (Buenos Aires); 44 015 hab. Ganado vacuno. Conservas de carne.

NUEVE DE JULIO, dep. de Argentina (Chaco); 24 737 hab.; cab. *Las Breñas.* Desmotado de algodón.

NUEVE DE JULIO, dep. de Argentina (Santa Fe), en la or. izq. del Salado; 27 155 hab. Cereales, alfalfa y algodón.

NUEVITAS, mun. de Cuba (Camagüey); 35 370 hab. Refino de azúcar. Cemento. Astilleros.

NUEVO (golfo), golfo de Argentina, en la costa atlántica (Chubut), entre la península Valdés, al N, y la punta Ninfas, al S. En la costa O se halla Puerto Madryn.

NUEVO BAZTÁN, mun. de España (Madrid), en La Alcarria; 3380 hab. Urbanización barroca en torno a la iglesia y el palacio, realizada por el arquitecto J. B. Churriguera (1709-1713).

NUEVO BRUNSWICK, en ingl. **New Brunswick,** una de las Provincias marítimas de Canadá, junto al Atlántico; 73 437 km²; 723 900 hab.; cap. *Fredericton.*

NUEVO CASAS GRANDES, mun. de México (Chihuahua); 36 871 hab. Minas de manganeso, plomo, plata y cinc; metalurgia. Curtidurías.

NUEVO LAREDO, c. de México (Tamaulipas), puesto fronterizo con EUA en la or. der. del río Bravo; 218 413 hab. Centro comercial y punto de entrada preferente del turismo. Yacimientos de gas natural. Aeropuerto.

NUEVO LEÓN (estado de), est. del NE de México; 64 555 km²; 3 098 736 hab.; cap. *Monterrey.*

NUEVO MÉXICO, en ingl. **New Mexico,** estado del SO de Estados Unidos; 315 000 km²; 1 515 069 hab.; cap. *Santa Fe.* En los ss. XVI y XVII se llamó Nuevo México al conjunto de los actuales estados de EUA de Nuevo México, Arizona, Utah, Texas y parte de Nevada y Colorado. La conquista española de estos territorios, iniciada en 1598, chocó con una fuerte resistencia indígena. La zona se incorporó a México en 1821 y, tras la separación de Texas (1836), se integró en Estados Unidos (1848). El territorio, creado en 1850, fue desgajándose en beneficio de Colorado (1861) y de Arizona (1863) y se convirtió en estado en 1912.

NUEVO MUNDO, cumbre de Bolivia, en la cordillera Real (Potosí); 6 020 m.

NUEVO MUNDO, nombre que Pedro Mártir de Anglería dio a América en el momento de su descubrimiento, y que aún se utiliza.

NUEVO REINO DE GRANADA, nombre dado en 1538 por los conquistadores a la zona que corresponde al actual núcleo territorial de *Colombia. En el s. XVIII formó parte del virreinato de *Nueva Granada.

Nueva Zelanda

★ lugar de interés turístico
500 1000 2000 m

— carretera
— ferrocarril
✈ aeropuerto

● más de 500 000 hab.
● de 100 000 a 500 000 hab.
● de 50 000 a 100 000 hab.
● menos de 50 000 hab.

NUEVO REINO DE LEÓN, territorio colonial de México (act. estado de Nuevo León), creado como reino en 1582 y constituido en provincia en 1595. Los pueblos indígenas más belicosos no fueron sometidos hasta el s. XVIII.

NUEVO REINO DE TOLEDO, prov. colonial de México, dependiente de Nueva Galicia, creada en 1721. También fue denominada *Nayarit.*

NUEVO SANTANDER, nombre que se dio en el período colonial al territorio mexicano correspondiente al actual estado de Tamaulipas.

NUEVO TOLEDO, nombre que recibió en 1534 el territorio de Chile al S de Nueva Castilla, hasta la actual Taltal, que debía conquistar Pedro de Almagro.

NUEZ ROBAINA (René de la), *San Antonio de los Baños 1937,* dibujante de humor cubano. Contrario a la política imperialista (*¿Cuba sí!,* 1963), entre sus libros destaca *El humor Nuez-tro de cada día* (1976).

NUFÚD o **NEFUD,** desierto de arena del NO de Arabia central.

NUJOMA (Samuel, llamado Sam), *Ongandjera, Ovamboland, 1929,* político namibio. Presidente del SWAPO a partir de 1960, se convirtió en 1990, en el primer presidente de la Namibia independiente (hasta 2005).

NUKU'ALOFA, cap. de las Tonga, en la isla de Tongatapu; 20 000 hab.

NUKÚS, c. de Uzbekistán, cap. de la rep. de Karakalpakia, junto al Amú Daryá; 179 600 hab.

NUMA POMPILIO, *h. 715-h. 672 a.C.,* rey legendario de Roma. Se le atribuye la organización de las instituciones religiosas de Roma. Se decía que era aconsejado por la ninfa Egeria.

NUMANCIA, ant. ciudad de los arévacos, en Garray (Soria). Resistió el cerco de Quinto Pompeyo Aulo (142-140 a.C.) y a sus sucesores hasta que fue conquistada por Escipión Emiliano (133 a.C.). Sobre sus ruinas los romanos erigieron una nueva Numancia. Localizada en 1800, desde 1905 se han realizado excavaciones arqueológicas (museo numantino, Soria).

NUMAZU, c. de Japón (Honshū); 211 732 hab, Centro industrial.

NUMEIRY, NUMAYRI o **NEMERY** (Yaffar al-), *Omdurman 1930,* militar y político sudanés. Jefe del estado desde 1969, fue derrocado en 1985.

Números (Libro de los), cuarto libro del Pentateuco, que narra la vida errante de los hebreos desde su salida del Sinaí hasta la conquista de la Tierra prometida.

NUMIDIA, ant. región del N de África, que se extendía desde el territorio de Cartago hasta Muluya (E de Marruecos). Los númidas, pueblo beréber nómada, constituyeron en el s. III a.C. dos reinos que se unieron en 203 a.C. bajo la autoridad de Masinisa, aliado de los romanos. Numidia, debilitada por querellas dinásticas, fue conquistada progresivamente por Roma (derrota de Yugurta por Mario en 105 a.C. y de Juba en 46 a.C. por César) y se convirtió en una provincia romana. La ruina del los vándalos (429) y la conquista árabe (ss. VII-VIII) acarrearon su ruina económica.

NUMITOR, rey legendario de Alba, padre de Rea Silvia, madre de Rómulo y Remo.

NUNAVUT, territorio del N de Canadá, que comprende principalmente la mayor parte de las islas del Ártico canadiense; 1 900 000 km²; 24 665 hab. (17 500 inuits); cap. *Iqaluit.* Creado en 1999, Nunavut posee instituciones propias.

NUNES o **NÚÑEZ** (Pedro) llamado **Nonius,** *Alcacer do Sal 1492-Coimbra 1578,* astrónomo y matemático portugués. Su estudio sobre el camino más corto entre dos puntos de la superficie terrestre originó la loxodromia.

NUNES (Pedro), pintor portugués activo en Cataluña entre 1513 y h. 1554. Su estilo deriva de la pintura manierista flamenca, con influencias italianas (retablos de san Eloy y de la Pasión, iglesia de San Justo, Barcelona).

NUNES GARCÍA (José Mauricio), *Río de Janeiro 1767-íd. 1830,* compositor brasileño. Escribió composiciones de género sacro.

NUNÓ (Jaime), *Sant Joan de las Abadesses 1824-Nueva York 1908,* músico español. Invitado por Santa Anna para dirigir bandas militares en México, en 1853 ganó el concurso de composición de la música del himno de ese país. Tras la caída de Santa Anna, emigró a Estados Unidos.

■ RUDOLF **NURÉIEV** en *Tristan* (en París, 1974), de G. Tetley.

NÚÑEZ (Hernán), conocido también como **Pinciano** y como **el Comendador griego,** *Valladolid h. 1475-Salamanca 1553,* humanista español. Helenista, realizó ediciones críticas y traducciones de autores clásicos. Compiló refranes castellanos.

NÚÑEZ (José), político nicaragüense del s. XIX. Jefe interino del estado (1834). Presidente (1838), durante su mandato Nicaragua se proclamó independiente de las Provincias Unidas de Centro América.

NÚÑEZ (Rafael), *Cartagena 1825-íd. 1894,* político y poeta colombiano. Presidente de la república (1880-1882, 1884-1886, 1886-1888 y 1892-1894) por el Partido liberal, en su segundo mandato fundó el Partido conservador y promulgó una constitución centralista (1886). Es autor de ensayos y del himno nacional de Colombia.

NÚÑEZ (Rubén), *Valencia 1930,* artista venezolano. En Europa siguió el cinetismo y a su regreso a Venezuela ha experimentado con el vidrio y la holografía.

NÚÑEZ DE ARCE (Gaspar), *Valladolid 1834-Madrid 1903,* escritor y político español. Político liberal, ocupó diversos cargos ministeriales. Autor de crónicas y obras teatrales (*El haz de leña,* 1872), fue un poeta muy representativo de la Restauración (*Gritos de combate,* 1875; *El vértigo,* 1879). [Real academia 1874.]

NÚÑEZ DE BALBOA (Vasco), *Jerez de los Caballeros 1475-Acla, Panamá, 1519,* descubridor español. Gobernador del Darién (1511), exploró e incorporó al dominio español el istmo de Panamá y descubrió el océano Pacífico, al que llamó mar del Sur (1513). Fue nombrado adelantado del mar del Sur y gobernador de Panamá y de Coiba (1514). Cuando se disponía a explorar la costa del mar del Sur, su suegro, el gobernador de Darién Pedrarias Dávila, lo acusó de conspirar contra el rey y fue ejecutado.

NÚÑEZ DE CÁCERES (José), *Santo Domingo de Guzmán, Haití, 1772-Ciudad Victoria, México, 1846,* patriota dominicano. Proclamó la independencia de la zona occidental de la Española, a la que llamó Haití español (1821). Huyó del país tras la invasión haitiana (1822).

NÚÑEZ DEL PRADO (Marina), *La Paz 1910-Lima 1995,* escultora boliviana. Primero realista (*Mi madre),* interesada por el espíritu del Altiplano y por la pintura secular (*Los mineros),* practicó finalmente la abstracción (*Plenitud).*

NÚÑEZ DE PINEDA Y BASCUÑÁN (Francisco), *Chillán 1607-1680,* escritor chileno. Hecho prisionero por los araucanos en la batalla de Cangrejeras (1629), evocó su experiencia en *Cautiverio feliz* (1673, publicado en 1863).

NÚÑEZ URETA (Teodoro), *Arequipa 1912-Lima 1988,* pintor peruano. Acuarelista de técnica fluida y brillante colorido, y muralista.

NÚÑEZ VELA (Blasco), *m. en Añaquito, cerca de Quito, 1546,* administrador español. Primer virrey del Perú (1544), fue depuesto por la audiencia de Lima por su aplicación de las leyes de Indias de 1542. Fue muerto por Pizarro.

NUÑO RASURA, juez castellano de los ss. IX-X. Fue elegido juez por los castellanos, junto a Laín Calvo, para romper con la autoridad asturleonesa.

NŪR AL-DĪN MAHMŪD, *1118-Damasco 1174,* alto dignatario (*atabeg*) de Alepo (1146-1174). Reunificó Siria, luchó contra los francos

y envió a Širkūh y Saladino a conquistar Egipto (1163-1169).

NURÉIEV (Rudolf), *Razdolnaia 1938-París 1993,* bailarín de origen ruso nacionalizado austríaco. Dotado de una técnica ejemplar, fue uno de los mejores intérpretes del repertorio clásico (*Giselle; El lago de los cisnes),* aunque también afirmó su talento en la modern dance. Igualmente coreógrafo, fue director de baile de la ópera de París (1983-1989).

NUREMBERG, en alem. **Nürnberg,** c. de Alemania (Baviera), a orillas del Pegnitz; 498 945 hab. Centro industrial (construcciones mecánicas y eléctricas, química), universitario y cultural. — Barrios medievales muy restaurados tras la segunda guerra mundial (iglesias que conservan notables esculturas; casa de Durero; museo nacional germánico. — Ciudad libre imperial en 1219 y núcleo del renacimiento en los ss. XV-XVI, fue muy afectada por la guerra de los Treinta años. Fue uno de los baluartes del nazismo (congreso y desfiles) y la sede del proceso de *Nuremberg.

Nuremberg (proceso o juicio de) [20 nov. 1945-1 oct. 1946], proceso incoado ante un tribunal militar internacional contra 24 miembros del partido nazi y ocho organizaciones de la Alemania de Hitler. Acusados principalmente de crímenes de guerra y de conspiración contra la humanidad, 12 procesados fueron condenados a la horca (entre ellos Göring, Ribbentrop y Rosenberg) y siete a prisión (entre ellos Dönitz, Hess y Speer). También fueron condenadas cuatro organizaciones.

NURIA (valle de), en cat. **Núria,** valle de España (Gerona), en el Pirineo oriental, a 1967 m de alt. Santuario de la Virgen de Nuria. Deportes de invierno.

NURMI (Paavo), *Turku 1897-Helsinki 1973,* atleta finlandés. Dominó la carrera a pie, de fondo, y medio fondo, entre 1920 y 1930.

NUUK, ant. **Godthåb,** cap. de Groenlandia; 13 000 hab.

NYASA o **NYASSA** (lago) ► **MALAWI** (lago).

NYASALANDIA ► **MALAWI.**

NYERERE (Julius), *Butiama 1922-Londres 1999,* político de Tanzania. Presidente de la república de Tanganyika (1962), impulsó la formación del estado federal de Tanzania (1964), que presidió hasta 1985 y al que orientó en el camino de un socialismo original.

NYIRAGONGO, volcán activo del E de la Rep. dem. del Congo; 3 470 m.

NYÍREGYHÁZA, c. de Hungría; 114 152 hab.

NYKÖPING, c. de Suecia; 65 908 hab. Puerto.

NYSA ŁUŻYCKA, en alem. **Neisse** o **Lausitzer Neisse,** en checo **Lužická Nisa,** r. de Europa central, que nace en la República Checa, afl. del Odra (or. izq.); 256 km. Sirve de frontera entre Alemania y Polonia.

Nystad (paz de) [10 sept. 1721], tratado firmado en Nystad (act. *Uusikaupunki,* Finlandia), que puso fin a la guerra del Norte y por el que Suecia cedía a Rusia sus provincias bálticas.

ÑEEMBUCÚ (departamento de), dep. del SO de Paraguay; 12 147 km²; 69 884 hab.; cap. *Pilar.*

ÑUBLE, r. de Chile (Biobío); 200 km. Confluye en el Itata (or. der.) y forma un sistema que desemboca en el Pacífico.

ÑUÑOA, c. de Chile (Santiago), en el área metropolitana de Santiago; 165 536 hab.

O (Genovevo de la), *Ahuacatitlán, Morelos, 1876-Santa María, Morelos, 1952,* revolucionario mexicano, el más importante jefe militar de Zapata, tras cuya muerte apoyó a Obregón.

OAHU, isla del archipiélago de las Hawai; 1 564 km²; 836 231 hab. Es la más poblada y donde se encuentra la capital del estado, Honolulú, y el puerto militar de Pearl Harbor.

OAKLAND, c. de Estados Unidos (California), junto a la bahía de San Francisco; 372 242 hab. Puerto. Centro industrial.

OAK RIDGE, c. de Estados Unidos (Tennessee); 24 743 hab. Primer centro de investigaciones nucleares.

OAKVILLE, c. de Canadá (Ontario); 112 948 hab. Industrias.

OAS (Organisation armée sécrète, en esp. Organización ejército secreto), organización clandestina francesa que se opuso con violencia a la independencia de Argelia. Fundada en Madrid (1961), estuvo activa hasta 1963.

OATES (Joyce Carol), *Lockport 1938,* escritora estadounidense. Su obra narrativa compone un fresco de las violencias y las injusticias de la Norteamérica contemporánea (*Ellos,* 1969; *Agua negra,* 1992; *Qué fue de los Mulvaney,* 1996; *Blonde,* 2000; *Niágara,* 2004).

OATES (Titus), *Oakham 1649-Londres 1705,* aventurero inglés. En 1678 simuló un complot papista, que desencadenó una ola de condenas contra los católicos.

OAXACA (estado de), est. del S de México; 95 364 km²; 3 019 560 hab.; cap. *Oaxaca de Juárez.*

OAXACA DE JUÁREZ, c. de México, cap. del est. de Oaxaca; 212 943 hab. (*oaxaqueños*). Centro agropecuario, comercial y turístico. Universidad. — Convento de Santo Domingo (s. XVII), con rica decoración interior; catedral (s. XVIII); iglesias barrocas del s. XVIII; museos (arqueológico y Rufino Tamayo). En las cercanías, sitio arqueológico de *Monte Albán. (Patrimonio de la humanidad 1987.)

OB u **OBI,** r. de Rusia, que nace en el Altái y desemboca en el océano Ártico formando el largo *golfo del Ob;* 4 345 km; cuenca de 3 000 000 de km². Avena Siberia occidental y recibe al Irtish.

OBALDÍA (José Domingo de), *David 1845-Panamá 1910,* político panameño. Representante de Panamá en el congreso colombiano antes de la independencia, fue presidente de la república (1908-1910).

OBAMA (Barack), *Hawai 1961,* político estadounidense. Demócrata, senador por Illinois (2005-2008), se convirtió en presidente de Estados Unidos en 2009. Fue el primer afroamericano en acceder a este cargo.

OBANDO (José María), *Caloto 1795-Cruzverde 1861,* militar y político colombiano. Luchó contra las dictaduras de Bolívar y Urdaneta y fue vicepresidente y presidente interino en 1831-1832. Presidente de nuevo con el apoyo de López (1853), fue destituido tras la sublevación de Melo (1854).

OBANDO (Miguel), *La Libertad 1926,* prelado nicaragüense. Arzobispo de Managua (1970) y cardenal (1985), se opuso al régimen de Somoza y al sandinismo. Medió entre el gobierno sandinista y la contra.

OBASANJO (Olusegun), *Abeokuta 1937,* político nigeriano. General, dirigió el país al frente de un régimen militar (1976-1979). Volvió democráticamente al poder, al ganar las presidenciales, desde 1999 hasta 2007.

OBEID (El-), sitio arqueológico de la baja Mesopotamia, a 6 km al O de Ur (act. en Iraq). Por su rica necrópolis se ha convertido en epónimo de la cultura del Obeid, en auge entre 4500 y 3500 a.C., basada en la agricultura y la ganadería, y caracterizada por figurillas de terracota y cerámica de decoración policroma.

OBEID (El), c. de Sudán (Kordofán); 140 000 hab.

OBERÁ, dep. de Argentina (Misiones); 83 490 hab. Té, yerba mate y tabaco. Industria maderera.

OBERAMMERGAU, c. de Alemania (Baviera); 5 343 hab. Representación popular de la Pasión cada diez años.

OBERHAUSEN, c. de Alemania (Rin del Norte-Westfalia), en el Ruhr; 226 254 hab. Siderurgia.

OBERLAND BERNÉS, macizo de los Alpes suizos, entre el Ródano y la cuenca superior del Aare. Las principales cimas son el Jungfrau, el Finsteraarhorn y el Mönch. Turismo.

Oberón, Auberón o **Alberón,** rey de los elfos, personaje de los cantares de gesta franceses (*Huon de Bordeaux,* s. XIII) y de las obras de Spenser (*La reina de las hadas,* 1590-1596), Shakespeare (*El sueño de una noche de verano,* h. 1595) y Wieland (*Oberón,* 1780). El poema de este último inspiró el libreto (escrito por J. R. Planché) de una ópera de C. M. von Weber (*Oberón o el rey de los elfos,* 1826).

OBERTH (Hermann), *Hermannstadt, act. Sibiu, Rumania, 1894-Nuremberg 1989,* ingeniero alemán, teórico y precursor de los cohetes (*El cohete en los espacios interplanetarios,* 1923).

OBIANG NGUEMA (Teodoro), *en Mongomo 1946,* militar y político de Guinea Ecuatorial. Tras derribar el régimen de Macías Nguema (1979), se convirtió en presidente de la república y jefe del gobierno. Renovó su mandato en 1993, 1996 y 2002.

OBIHIRO, c. de Japón (Hokkaidō); 167 384 hab.

OBLIGADO (Rafael), *Buenos Aires 1851-Mendoza 1920,* poeta argentino. Cultivador de la poesía de tradición gauchesca (*El Negro Falucho, La cautiva*), su obra más completa es *Santos Vega,* basada en un personaje real al que ya habían cantado Mitre y Ascasubi.

OBRADOVIĆ (Dositej), *Cakovo h. 1740-Belgrado 1811,* escritor serbio. Organizador de la enseñanza, renovó la literatura serbia.

OBRAY (Esteban de), escultor de origen francés activo en España entre h. 1519 y h. 1556, autor de numerosos retablos y de la portada y las puertas renacentistas de la colegiata de Santa María de Calatayud.

OBREGÓN (Alejandro), *Barcelona, España, 1920-Cartagena de Indias 1992,* pintor colombiano. Su obra, próxima al expresionismo abstracto, estimuló la renovación pictórica colombiana. Su vigoroso paisajismo combina el intenso cromatismo con elementos de tradición autóctona.

OBREGÓN (Álvaro), *Siquisiva, Sonora, 1880-México 1928,* político mexicano. Maderista, a la muerte de Madero apoyó a Carranza contra Huerta y luchó contra los villistas (1915). Presidente del país desde 1920, aplicó la reforma agraria, consolidó las organizaciones obreras, expropió latifundios, reordenó los sistemas bancario y monetario, e impulsó la educación. En 1924 lo sucedió en la presidencia Calles. Reelegido en 1928, fue asesinado por José de León Toral.

OBRENOVIĆ, dinastía que reinó en Serbia de 1815 a 1842 y de 1858 a 1903, rival de los Karagjorgjević. — **Miloš O.,** *Dobrinja 1780-Topcider 1860,* príncipe de Serbia (1815-1839; 1858-1860). Fue el fundador de la dinastía. — **Miguel O.,** *Kragujevac 1829-Topcider 1868,* príncipe de Serbia (1839-1842 y 1860-1868), hijo de Miloš. — **Milan O.** → **Milan.** — **Alejandro O.** → **Alejandro.**

■ BARACK
OBAMA

■ ÁLVARO
OBREGÓN

O'BRIEN (William Smith), *Dromoland 1803-Bangor 1864*, político irlandés. Se asoció, a partir de 1843, a la campaña de O'Connell en favor de la abrogación de la Unión, participó en el movimiento de la Joven Irlanda e intentó organizar un levantamiento en 1848.

OBWALDEN → UNTERWALDEN.

OCA, r. de España, afl. del Ebro (or. der.); 72 km. Nace en la sierra de la Demanda y en La Bureba (Burgos) su curso se encaja al cruzar los *montes de Oca*.

OCA (montes de), ramal N de la cordillera de Perijá, en la frontera entre Colombia (Magdalena) y Venezuela (Zulia).

OCAM (Organización común africana y mauricia), organismo creado en 1965 con el nombre de *Organización común africana y malgache*, que reunía a los estados francófonos del África negra (salvo Mauritania), Madagascar y la isla Mauricio (desde 1970). La organización cambió de nombre tras la retirada de Madagascar (1973). Se disolvió en 1985.

OCAMPO, mun. de México (Tamaulipas); 19 246 hab. Yacimientos petrolíferos y de gas

OCAMPO (Andrés de), *Úbeda h. 1550-Sevilla 1623*, escultor español. Su obra representa en la escuela andaluza la transición del manierismo al barroco, con una técnica de gran detallismo (*Cristo de los negritos*, iglesia de la Virgen de los Ángeles, Sevilla).

OCAMPO (Miguel), *Buenos Aires 1922*, pintor argentino. Su pintura, inscrita en la abstracción geométrica, atravesó una etapa pop art.

OCAMPO (Victoria), *Buenos Aires 1891-íd. 1979*, escritora argentina. Biógrafa y ensayista, fundó la revista y editorial *Sur* (1930). — **Silvina O.**, *Buenos Aires 1903-íd. 1994*, escritora argentina. Hermana de Victoria y esposa de Bioy Casares, fue excelente poeta (*Pequeña antología*, 1954) y escribió ensayo, teatro y cuentos fantásticos.

OCAÑA, mun. de Colombia (Norte de Santander); 66 058 hab. Centro agrícola. Textiles y alimentación.

OCAÑA, v. de España (Toledo), cab. de p. j.; 6 190 hab. (*ocañenses* u *olcadenses*). — Iglesia de San Juan, gótica. Plaza mayor (s. XVIII). Penal. — batalla de **Ocaña** (19 nov. 1809), victoria fran-

cesa en la guerra de la Independencia, que abrió a José I el camino hacia Andalucía.

OCAÑA (Luis), *Priego, Cuenca, 1945-Mont-de-Marsan, Francia, 1994*, ciclista español, vencedor del tour de Francia (1973), de la vuelta a España (1970) y medalla de bronce en el campeonato del mundo (1973).

O'CASEY (Sean), *Dublín 1880-Torquay, Gran Bretaña, 1964*, dramaturgo irlandés. Su teatro, que trataba de los problemas políticos y sociales de su país (*El arado y las estrellas*, 1926; *La tacita de plata*, 1929), posteriormente se orientó hacia una representación simbólica de la vida (*Rosas rojas para mí*, 1946).

OCCAM → OCKHAM.

OCCIDENTAL u OCCIDENTAL DE LOS ANDES (cordillera), cordillera de América del Sur, que se extiende de Colombia a Bolivia; máxima alt., 6 768 m en el Huascarán (Perú).

■ VICTORIA OCAMPO

OCCIDENTE (Imperio romano de), parte occidental del Imperio romano surgida de la partición de este a la muerte de Teodosio (395 d.C.), entre Honorio (Occidente) y Arcadio (Oriente). Desapareció en 476 cuando Odoacro depuso a Rómulo Augústulo.

OCCITANIA, conjunto de regiones correspondientes a la zona de la lengua de oc.

OCDE (Organización de cooperación y de sarrollo económicos), organización interna-

cional constituida en París en 1961. Sucesora de la OECE (Organización europea de cooperación económica), fundada en 1948 por los estados beneficiarios del plan Marshall, fue instituida por 20 países de Europa occidental y de América del Norte; actualmente, tras su progresiva ampliación, tiene 30 estados miembro, a los que ofrece un marco en el que analizar, elaborar y mejorar, de modo concertado, sus políticas económicas y sociales.

OCEANÍA, una de las cinco partes del mundo; 9 millones de km^2 aprox.; 30 000 000 hab. Comprende el continente australiano y una multitud de islas diseminadas por el Pacífico, entre Asia al O y América al E. Oceanía se divide en tres grandes conjuntos: *Melanesia, Micronesia* y *Polinesia*. Estas divisiones son más etnográficas que geográficas. Aparte de Australia, Nueva Guinea, Nueva Zelanda y de los atolones (de origen coralino), la mayoría de las islas de Oceanía tienen un origen volcánico. Los archipiélagos gozan de un clima tropical, influido por la insularidad, que explica también el marcado carácter endémico de la flora y la fauna. Económicamente, Australia y Nueva Zelanda tienen un nivel de vida elevado, que contrasta con el resto de Oceanía, donde los indígenas (melanesios y polinesios) viven del cultivo del cocotero y de la pesca. El turismo se desarrolla localmente.

OCEÁNIDAS MIT. GR. Ninfas del mar y de las aguas.

OC-EO, sitio arqueológico del S de Vietnam, cerca de Rach Gia, factoría comercial que mantuvo relaciones comerciales florecientes (ss. I-VIII) con Extremo oriente y Oriente medio, así como con el mundo romano.

OCHOA (Eugenio de), *Lezo, Guipúzcoa, 1815-Madrid 1872*, escritor español. De inspiración romántica, traductor y editor de clásicos, cultivó el periodismo, el teatro y la novela histórica. (Real academia 1847.)

OCHOA (Lorena), *Guadalajara 1981*, golfista mexicana. Ha ganado el Open británico (2007) y el Kraft Nabisco Championship (2008), entre otros torneos de la liga LGPA.

OCHOA (Severo), *Luarca 1905-Madrid 1993*, médico y bioquímico español, nacionalizado estadounidense. En 1941 se instaló en EUA,

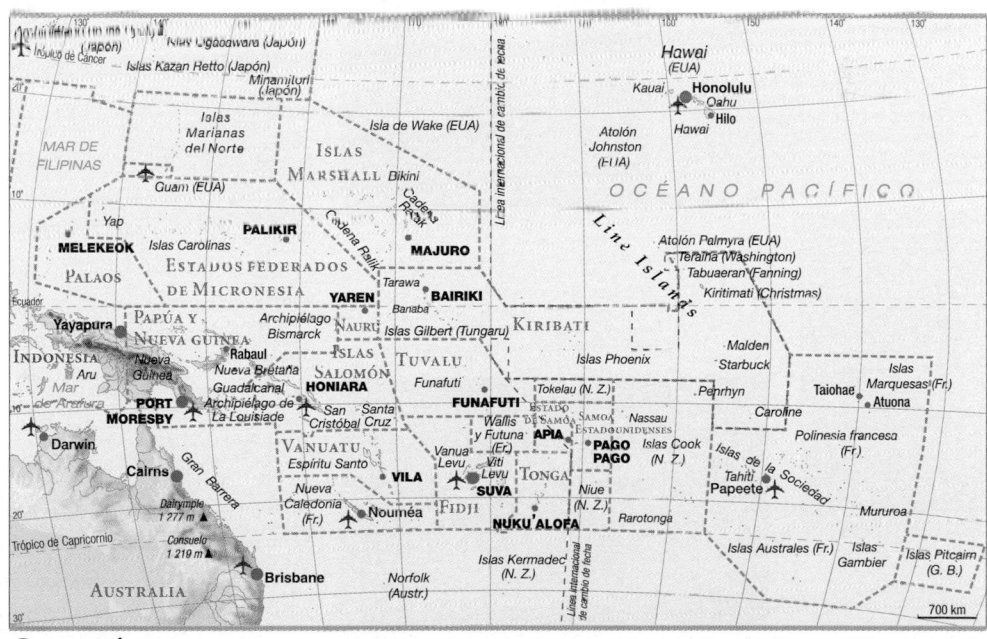

Oceanía

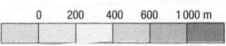

0   200   400   600   1 000 m

✈ aeropuerto

● más de 100 000 hab.
● de 50 000 a 100 000 hab.
● menos de 50 000 hab.

■ EL ARTE DE OCEANÍA

En las tres áreas culturales de Oceanía (Melanesia, Micronesia y Polinesia), el culto a los ancestros, la magia y los acontecimientos de la vida social tradicional constituyen el fundamento de la creación artística.

Nueva Bretaña (Melanesia).
Los baining no son escultores, y sus máscaras —la de la imagen se lleva en la danza de la noche en homenaje a los espíritus «kavat»— se confeccionan con tela de corteza batanada (tapa) fijada sobre un bastidor de lianas. (Museum für Völkerkunde, Berlín.)

Nueva Caledonia (Melanesia).
Uno de los dos vanos de la puerta de entrada de la gran casa, que simboliza el ancestro guardián. (Museo del quai Branly, París.)

Palaos (Micronesia).
«Bai», o la casa de los hombres. Cada uno de los grupos de hombres (reunidos por edades) poseía junto a sus dignatarios una casa de reunión. Los «bai» servían para dar fe, por su número, de la prosperidad de la aldea. (Museum für Völkerkunde, Berlín.)

Nueva Guinea (Melanesia). Los abelam —que viven en el valle del río Sepik— reservan la «casa de los espíritus» para los ritos iniciáticos. La casa se convierte entonces en el ancestro original e ilustra simbólicamente las metamorfosis que este ha sufrido con el paso del tiempo. (Museum für Völkerkunde, Berlín.)

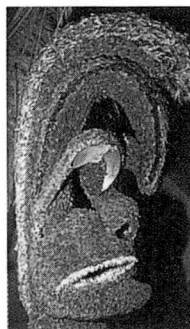

Hawai (Polinesia norte).
Máscara de Ku, dios de la guerra, realizada con plumas multicolores sobre un soporte de cestería. Su carácter terrible se manifiesta por los ojos de nácar y sus colmillos de perro. (British Museum, Londres.)

Papuasia (Occidental) [Melanesia]. Los asmat aprecian en gran medida la escultura pues consideran, según su mito fundacional, que fueron creados por un escultor que les dio vida con su canto. (Instituto real de los Trópicos, Amsterdam.)

---

donde fue profesor de bioquímica en varias universidades. Investigó sobre enzimología en varios campos (fotosíntesis, metabolismo de las grasas, ciclo del ácido cítrico), pero su logro principal fue la síntesis del ácido ribonucleico (ARN). [Premio Nobel 1959.]

OCI (Organización de la conferencia islámica), organización fundada en 1971 en Djedda, con el fin de promover la solidaridad islámica. Reúne 57 países musulmanes de África negra, Asia y Oriente medio (incluida Palestina).

OCKEGHEM (Johannes) → **OKEGHEM.**

OCKHAM u **OCCAM** (Guillermo de), *Ockham, Surrey, h. 1285-Munich h. 1349*, teólogo y filósofo inglés. Franciscano, excomulgado por su oposición al papa, defendió el nominalismo a partir de la destrucción —gracias a una lógica basada en la crítica al lenguaje— de la creencia en la realidad de las sustancias universales y poniendo en entredicho el carácter científico de la teología.

O'CONNELL (Daniel), *cerca de Cahirciveen, Kerry, 1775-Génova 1847*, político irlandés. Al frente de la Asociación católica, fundada en 1823, practicó la resistencia pasiva contra Inglaterra. Aunque no era elegible, fue votado diputado en 1828 y obtuvo el Bill de emancipación de los católicos (1829); sin embargo, como lord alcalde de Dublín (1841) tuvo que ceder a las exigencias del gobierno de Londres.

O'CONNOR, clan irlandés que reinó en Connacht en los ss. XI y XII. — **Rory** o **Roderic O.,** *1116-1198*, rey de Connacht, tuvo que reconocer la soberanía del rey de Inglaterra, Enrique II (1175).

O'CONNOR (Feargus), *Connorville 1796-Londres 1855*, jefe cartista irlandés. Sus dotes como orador y sus cualidades como periodista le otorgaron gran popularidad.

O'CONNOR (Flannery), *Savannah 1925-Milledgeville, Georgia, 1964*, escritora estadounidense. Sus novelas y narraciones asocian la inspiración católica con el imaginario sudista *(El hábito de ser)*.

OCOSINGO, mun. de México (Chiapas); 69 757 hab. Leguminosas; ganado vacuno. Explotación maderera. Aguardientes. — Sitio arqueológico de Toniná.

OCOTAL, c. de Nicaragua, cap. del dep. de Nueva Segovia; 14 599 hab. Industrias del calzado, muebles y bebidas. Centro comercial.

OCOTEPEQUE (departamento de), dep. del O de Honduras; 1 680 km²; 77 000 hab.; cap. *Nueva Ocotepeque.*

OCOTLÁN, mun. de México (Jalisco), junto al lago Chapala; 59 196 hab. Centro agropecuario.

Ocotlán (santuario de), notable iglesia barroca mexicana del s. XVIII, en Tlaxcala. Fachada-retablo; camarín de Francisco Miguel y pinturas de Villalobos; exterior con azulejos.

OCOYOACAC, mun. de México (México); 33 952 hab. Agricultura y ganadería.

OCOZÍAS, *m. en 852 a.C.,* rey de Israel (853-852 a.C.).

OCOZÍAS, *m. en 843 a.C.,* rey de Judá (843), hijo de Atalía.

OCOZOCOAUTLA DE ESPINOZA, mun. de México (Chiapas); 24 678 hab. Centro ganadero (lácteos).

OCTAVIA, *h. 70-11 a.C.,* hermana de Augusto. Casó en segundas nupcias con Marco Antonio (40), que la repudió en 32.

OCTAVIA, *m. en 62 d.C.,* hija de Claudio y de Mesalina. Fue esposa de Nerón, quien la repudió para casarse con Popea (62), la desterró y la condujo al suicidio.

OCTAVIANO, nombre que tomó Augusto tras ser adoptado por César.

OCTAVIO, nombre de Augusto antes de ser adoptado por César.

octubre (revolución de) → **revolución rusa de 1917.**

octubre de 1934 (revolución de), movimiento revolucionario provocado por la entrada de miembros de la CEDA en el gobierno republicano español. Tras la convocatoria de huelga general por UGT y PSOE, la protesta derivó en Asturias y Cataluña en una sublevación, de signo proletario en Asturias, dirigida por la Alianza obrera (unión de los socialistas, cenetistas y comunistas asturianos), y encabezada en Cataluña por la Generalidad. La represión fue muy dura.

OCUILAN, mun. de México (México); 15 809 hab. Lagunas de Cempoala. Bosques.

OCUMARE DEL TUY, c. de Venezuela (Miranda); 76 880 hab. Centro comercial e industrial del valle del Tuy.

ODA NOBUNAGA, *Owari 1534-Kyōto 1582,* estadista japonés. Sustituyó al último Ashikaga en el shōgunado (1573) y unificó Japón bajo su inflexible autoridad.

ODAWĀRĀ, c. de Japón (Honshū); 193 417 hab.

ODECA (Organización de estados centroamericanos), asociación formada en 1951 por Costa Rica, El Salvador, Guatemala, Honduras y Nicaragua (carta de San Salvador, donde tiene su sede) para su integración política y económica. Su acción ha resultado inoperante.

ODENSE, c. de Dinamarca, en la isla de Fionia; 182 000 hab. Puerto. — Catedral del s. XIII museos, entre ellos el dedicado a H. C. Andersen.

ODENWALD, macizo montañoso de Alemania (Hesse), que domina el valle del Rin; 626 metros.

ODER → ODRA.

Oder-Neisse (línea), límite occidental de Polonia. Situada a lo largo del Odra y de su afluente el Neisse occidental, fue fijada por los acuerdos de Potsdam (1945). Reconocida por la RDA en 1950 y por la RFA en 1970, fue confirmada por un tratado germanopolaco acordado en 1990 y ratificado en 1991.

ODESSA, c. de Ucrania, junto al mar Negro; 1 101 000 hab. Puerto. Centro cultural e industrial. Base naval y puerto fundados por los rusos en 1794, se convirtió en el segundo puerto del Imperio ruso (fines del s. XIX) gracias a la exportación de cereales. Fue un importante centro revolucionario en 1905.

ODIEL, r. de España; 120 km. Nace en la sierra de Aracena, pasa por Huelva y unido al Tinto desemboca en el golfo de Cádiz, formando una zona de marismas (reserva de la biosfera 1983). *Embalse del Odiel.*

ODILÓN (san), *Mercoeur 962-Souvigny 1049,* religioso francés. Quinto abad de Cluny (994), fue uno de los personajes más influyentes de la cristiandad medieval. Estableció la «tregua de Dios» y la conmemoración del día de los difuntos (2 de noviembre).

ODÍN u **ODÍNN,** nombre escandinavo del dios germánico Wotan.

Odisea, poema épico en veinticuatro cantos, atribuido a Homero (s. VIII a.C.). Mientras Telémaco va en busca de su padre (cantos I-IV), Ulises, recogido después de un naufragio por Alcínoo, rey de los feacios, cuenta sus aventuras desde su salida de Troya (cantos V-XIII): en su largo viaje pasa del país de los lotófagos al de los cíclopes, permanece un tiempo en la isla de Circe, navega por el mar de las sirenas y es retenido por Calipso. La tercera parte del poema (cantos XIV-XXIV) narra la llegada de Ulises a Ítaca y la astucia que debe emplear para desembarazarse de los pretendientes que cortejan a su esposa Penélope.

ODOACRO, *h. 434-Ravena 493,* rey de los hérulos. Destronó a Rómulo Augústulo (476), con lo que puso fin al Imperio romano de Occidente. Alarmado por su poder, el emperador de oriente, Zenón, mandó contra él a Teodorico, que lo sitió en Ravena (490-493) y lo obligó a capitular, tras lo cual fue asesinado.

O'DONNELL (Leopoldo), **duque de Tetuán,** *Santa Cruz de Tenerife 1809-Biarritz 1867,* militar y político español. Participó en la primera guerra carlista en el bando isabelino y, siendo capitán general de Aragón y Valencia, expulsó a Cabrera del Maestrazgo. Conspiró contra Espartero (1841) y contra Narváez (1854, Vicalvarada). Durante el bienio progresista ocupó el ministerio de la Guerra, desde el que creó la Unión liberal. Posteriormente presidió el gobierno en 1856, 1858-1863 y 1865-1866.

O'DONOJÚ (Juan), *Sevilla 1762-México 1821,* militar y administrador español. Virrey de México (1821), firmó con Iturbide los tratados de Córdoba. Tras la independencia, formó parte del consejo de regencia.

ODORICO da Pordenone (beato), *Pordenone,*

Friuli, h. 1265-Udine 1331, teólogo franciscano italiano. Después de recorrer Mongolia, China e India, narró sus viajes en *Descriptio terrarum* o *Itinerarium.*

ODRA, en alem. **Oder,** r. de Europa central, que nace cerca de Ostrava y desemboca en el Báltico, en el golfo de Szczecin; 854 km. Atraviesa la Silesia polaca (pasando por Wrocław) y forma frontera entre Polonia y Alemania.

ODRÍA (Manuel Arturo), *Tarma 1897-Lima 1974,* militar y político peruano. Dirigió el golpe contra Bustamante y asumió el poder (1948). Presidente electo del país (1950-1956), actuó dictatorialmente.

ODUBER QUIRÓS (Daniel), *San José 1921-íd. 1991,* político costarricense. Miembro del Partido de liberación nacional, fue presidente de la república (1974-1978), legalizó partidos de izquierda y se enfrentó a las compañías bananeras estadounidenses.

OEA (Organización de estados americanos, en ingl. OAS [Organization of American States]), organización intergubernamental fundada en 1948 para solucionar los problemas comunes al conjunto de los estados del continente americano. Cuba fue excluida en 1962. En 1985 se reformó su carta dando mayores poderes al secretario general y al consejo permanente (protocolo de Cartagena).

OEHLENSCHLÄGER (Adam Gottlob), *Copenhague 1779-íd. 1850,* escritor danés. Representante del romanticismo danés, escribió poemas (*Los cuernos de oro,* 1802) y dramas.

OĒ KENZABURŌ, *Ose, Shikoku, 1935,* escritor japonés. Sus novelas (*Una cuestión personal,* 1964; *El grito silencioso,* 1967; *Salto mortal,* 1999) y ensayos (*Notas sobre Hiroshima,* 1965) manifiestan las angustias del mundo contemporáneo. (Premio Nobel 1994.)

OERSTED u **ØRSTED** (Hans Christian), *Rudkøbing 1777-Copenhague 1851,* físico danés. En 1820 descubrió la existencia del campo magnético creado por las corrientes eléctricas, hallazgo que reveló el electromagnetismo.

OESTERHELD (Héctor Germán), *Buenos Aires 1919-¿1977?,* editor y guionista argentino, colaboró en algunos de los mayores éxitos del cómic hispanoamericano (*Ernie Pike,* 1957, con Hugo Pratt; *Mort Cinder,* 1962, con Alberto Breccia). Fue raptado y desapareció en 1977.

OETA o **ETA,** montaña de Grecia (Tesalia); 2 152 m.

O'FARRIL (Gonzalo), *La Habana 1754-París 1831,* militar español. Ministro de guerra con Fernando VII (1808), reconoció a José I como rey, lo que le valió el destierro en 1814. Es coautor con Azanza de *Memoria sobre los hechos que justifican su conducta política desde marzo de 1808 hasta abril de 1814.*

OFFENBACH (Jacques), *Colonia 1819-París 1880,* compositor alemán. Naturalizado francés. Es autor de operetas que reflejan con humor la alegría de vivir del segundo Imperio (*Orfeo en los infiernos,* 1858 y 1874; *La bella Helena,* 1864; *La vida parisiense,* 1866; *La Périchole,* 1868), y de una ópera fantástica, *Los cuentos de Hoffmann* (estrenada en 1881).

OFFENBACH AM MAIN, c. de Alemania (Hesse), cerca de Frankfurt del Main; 116 870 hab.

OFIUSA («País de las serpientes»), denominación dada, probablemente por los focenses, a diversos territorios de la península Ibérica, y a Formentera a partir de Tolomeo y Estrabón.

OFQUI (istmo de), istmo de Chile (Aisén del General Carlos Ibáñez del Campo), que une la península de Taitao al continente.

OGADEN, meseta esteparia que constituye el extremo E de Etiopía, en la frontera con Somalia. En ella viven pastores somalíes.

OGAKI, c. de Japón (Honshū); 148 281 hab.

OGBOMOSHO, c. de Nigeria; 661 000 hab.

OGINO KYUSAKU, *Toyohashi 1882-Niigata 1975,* médico japonés. Inventó un método de control natural de la natalidad, actualmente en desuso (*método de Ogino Knaus*).

OGLIO, r. de Italia (Lombardía), afl. del Po (or. izq.); 280 km.

OGODAY, *h. 1185-1241,* soberano mongol (1229-1241). Tercer hijo de Gengis Kan, anexionó Corea, el N de China, Azerbaiján y Georgia, y envió a Bātū a conquistar Occidente.

OGOOUÉ, r. de África ecuatorial que nace en el Congo y desemboca en el Atlántico, en Gabón; 1 170 km.

O'GORMAN (Edmundo), *Coyoacán 1906-México 1995,* historiador mexicano. Conocido como el «historiador filósofo», es autor, entre otras obras, de *Fundamentos de la historia de América* (1942) y *La invención de América* (1995).

O'GORMAN (Juan), *México 1905-íd. 1982,* arquitecto y pintor mexicano. Relacionado con el muralismo y el funcionalismo arquitectónico, derivó luego hacia el neobarroco y la abstracción sin perder el interés por las raíces populares. Su obra paradigmática es la biblioteca central de la ciudad universitaria de México, monumental paralelepípedo recubierto de mosaico de teselas naturales.

OHANA (Maurice), *Casablanca 1914-París 1992,* compositor francés. Heredero de M. de Falla (*Estudios coreográficos,* para percusión), su temperamento poético y dramático se expresa en un lenguaje posterior al último mediterráneo (*Silabario para Fedra,* 1968; *Auto de fe,* 1972; *La Celestina,* 1988).

O. HENRY (William Sydney Porter, llamado), *Greensboro, Carolina del Norte, 1862-Nueva York 1910,* escritor estadounidense. Es autor de cuentos humorísticos (*La última hoja*).

O'HIGGINS, lago de Chile (Aisén del General Carlos Ibáñez del Campo), junto al *cerro O'Higgins* (2 910 m). La mitad oriental, que pertenece a Argentina (Santa Cruz), recibe el nombre de *lago San Martín.*

O'HIGGINS, dep. de Argentina (Chaco); 20 440 hab; cab. *San Bernardo.* Ganadería.

O'HIGGINS (Ambrosio), *Ballenary, Irlanda, h. 1720-Lima 1801,* militar y político español. Gobernador y capitán general de Chile (1788-1796) y virrey del Perú (1796-1800), ocupó las islas Galápagos.

O'HIGGINS (Bernardo), *Chillán 1778-Lima 1842,* prócer de la independencia americana.

■ JACQUES **OFFENBACH,** por Nadar.

■ JUAN **O'GORMAN.** Detalle de *La ciudad de México* (1949). [Museo de arte moderno, México.]

Hijo de Ambrosio O'Higgins, en 1810 colaboró con la Junta que debía gobernar Chile durante el cautiverio de Fernando VII, de la que fue vocal (1811). General en jefe del ejército (1814), con la victoria de Chacabuco (febr. 1817) inició la reconquista chilena. Fue nombrado director supremo y participó en la batalla de Maipo (abril 1818), que aseguró la independencia de Chile. Mandó ejecutar a importantes independentistas e hizo aprobar una constitución dictatorial. Las sublevaciones de Concepción y La Serena reflejaron el descontento popular. Dimitió (en. 1823) y fue desterrado a Perú.

O'HIGGINS (Pablo), *Salt Lake City 1900-México 1983*, pintor y grabador mexicano de origen estadounidense, adscrito al movimiento muralista.

OHIO, r. de Estados Unidos, formado en Pittsburgh por la unión del Allegheny y del Monongahela, afl. del Mississippi (or. izq.); 1 570 km. Pasa por Cincinnati.

OHIO, estado de Estados Unidos, junto al lago Erie; 10 847 115 hab.; cap. *Columbus;* c. prales. *Cleveland, Cincinnati, Toledo.*

OHLIN (Bertil), *Klippan, prov. de Kristianstad, 1899-Valadalen 1979*, economista sueco. Estudió el comercio, la especialización y los movimientos de capitales a nivel internacional. (Premio Nobel 1977.)

OHM (Georg Simon), *Erlangen 1789-Munich 1854*, físico alemán. Enunció en 1827 las leyes fundamentales de las corrientes eléctricas e introdujo las nociones de cantidad de electricidad y de fuerza electromotriz.

OHŘE, en alem. **Eger**, r. de Europa central (Alemania y República Checa), afl. del Elba (or. izq.); 316 km.

OHRID, c. de Macedonia, junto al *lago de Ohrid*, situado en la frontera entre Albania y Macedonia; 42 100 hab. Iglesias bizantinas decoradas con frescos (antigua catedral de Santa Sofía [s. XI] e iglesia de San Clemente [s. XIII]).

■ **OHRID.** *Tránsito de la Virgen;* fresco de la iglesia de San Clemente (s. XIII).

OIARZABAL (Juan), *Vitoria 1956*, alpinista español. Es el primer montañero español que ha coronado las 14 cimas más altas del mundo, todas ellas por encima de los 8 000 m de alt., y el alpinista que ha coronado más veces (21) picos superiores a esa cota.

OIEA (Organismo internacional para la energía atómica) → **AIEA**.

OIHENART (Arnaud o Arnaut d'), *Mauléon 1592-Saint Palais 1667*, escritor francés en lengua vasca. Publicó en una misma obra refranes populares vascos y sus poesías amorosas y religiosas (1657).

OISE, r. de Francia y Bélgica, afl. del Sena (or. der.); 302 km. Nace en la provincia belga de Hainaut. Importante vía navegable.

OISE, dep. del N de Francia (Picardía); 5 860 km²; 766 441 hab.; cap. *Beauvais.*

OISTRAJ u **OISTRAKH** (David Fedórovich), *Odessa 1908-Amsterdam 1974*, violinista soviético. Formó un dúo con S. Richter y estrenó el primer concierto (1955) o la *Sonata* para piano y violín de Shostakóvich.

OIT → **Organización internacional del trabajo.**

ÕITA, c. de Japón (Kyūshū); 408 501 hab. Puerto. Siderurgia.

OJEDA u **HOJEDA** (Alonso de), *Cuenca 1468 o 1470-Santo Domingo 1515 o 1516*, navegante y conquistador español. En 1499, con Vespucio y J. de la Cosa, reconoció las islas Trinidad y Margarita, y descubrió Curaçao.

OJEDA (Juan de), *Santo Domingo de la Calzada 1502-1558*, conquistador español. Participó con Garay en la conquista de Pánuco, con Cristóbal de Olid en la de Honduras, y con Nuño de Guzmán en la de Nueva Galicia.

OJINAGA, mun. de México (Chihuahua), avenado por el río Bravo; 26 421 hab. Centro comercial.

OJOCALIENTE, mun. de México (Zacatecas); 27 678 hab. Centro minero. Aguas termales.

OJO DE LIEBRE o **SCAMMON'S**, laguna de México (Baja California Sur), en la costa del Pacífico; 45 km de long. Salinas, las más grandes del mundo. Gran concentración de ballenas grises que se aparean de enero a marzo.

OJO GUAREÑA, complejo cársico de España (mun. de Merindad de Sotoscueva, Burgos), en la cordillera Cantábrica, uno de los de mayor extensión del mundo; unos 32 km de galerías, cavernas y simas. Tiene interés espeleológico, biológico (biotopos exclusivos de algunas especies) y arqueológico (pinturas rupestres, huellas de pisadas humanas, etc.).

OJOS DEL GUADIANA, surgencias cársicas situadas al NE de Ciudad Real (España), que convencionalmente se consideran como nacimiento del *río Guadiana.*

OJOS DEL SALADO, cerro andino en el límite internacional chileno-argentino; 6 879 m.

OJOTSK (mar de), mar formado por el océano Pacífico, al NE de Asia.

OJUELOS DE JALISCO, mun. de México (Jalisco); 20 214 hab. Lino, maguey. Ganado caballar y porcino.

OKÁ, r. de Rusia, afl. del Volga (or. der.), con el que se une en Nijni Nóvgorod; 1 480 km.

OKAYAMA, c. de Japón (Honshū); 593 730 hab. Centro industrial. Parque (s. XVIII).

OKAZAKI, c. de Japón (Honshū); 306 822 hab.

O'KEEFFE (Georgia), *Sun Prairie, Wisconsin, 1887-Santa Fe 1986*, pintora estadounidense. Transfiguró la realidad hasta dar con una visión simbólica al límite de la abstracción.

OKEGHEM u **OCKEGHEM** (Johannes), *¿Dendermonde? h. 1410-Tours, Francia, 1497*, compositor flamenco. Músico de la corte de Francia, autor de misas y de canciones polifónicas, es uno de los maestros del contrapunto.

OKINAWA, isla principal del archipiélago japonés de las Ryūkyū; 1 183 km²; c. pral. *Naha.* En 1945 fue el escenario de una encarnizada batalla entre japoneses y estadounidenses. Museo memorial de la paz.

OKLAHOMA, estado de Estados Unidos, al N de Texas; 3 145 585 hab.; cap. *Oklahoma City* (444 719 hab.). Petróleo.

OKW (Oberkommando der Wehrmacht), mando supremo de los ejércitos alemanes (1938-1945).

OLAF → **OLAV** y **OLOF.**

OLAF II Haakonsson, *Akershus 1370-Falsterbo 1387*, rey de Dinamarca (1376-1387) y de Noruega (Olav IV) [1380-1387]. Era hijo del rey de Noruega Haakon VI y de Margarita Valdemarsdotter de Dinamarca.

OLAH (György András, después George A.), *Budapest 1927*, químico estadounidense de origen húngaro. Ha demostrado el proceso de la carbonación, que tiene importantes aplicaciones industriales sobre todo en la fabricación de carburantes. (Premio Nobel 1994.)

OLANCHITO, mun. de Honduras (Yoro); 29 890 hab. Centro comercial de una extensa área bananera.

OLANCHO (departamento de), dep. del E de Honduras; 24 531 km²; 282 018 hab.; cap. *Juticalpa.*

ÖLAND, isla de Suecia, en el Báltico, unida al continente por un puente; 1 344 km²; 24 931 hab.; c. pral. *Borgholm.*

OLAÑETA (Casimiro), *Sucre 1796-íd. 1860*, político boliviano. Abanderado de la independencia del Alto Perú, limitó el poder de Bolívar y se opuso a Sucre.

OLAUS PETRI → **PETRI** (Olaus).

OLAV I Tryggvesson, *h. 969-Svolder 1000*, rey de Noruega (995-1000). Contribuyó a implantar el cristianismo en su reino. — **Olav II Haraldsson el Santo**, *h. 995-Stiklestad 1030*, rey de Noruega (1016-1028). Restauró la monarquía e impuso el cristianismo. Atacado por Canuto el Grande, tuvo que exiliarse en 1028 y murió cuando trataba de reconquistar su reino. Desde 1031 fue considerado santo y héroe nacional. — **Olav V**, *Appleton House, cerca de Sandringham, Inglaterra, 1903-Oslo 1991*, regente (1955) y rey de Noruega (1957-1991).

OLAVARRÍA, c. de Argentina (Buenos Aires); 98 078 hab. Caolín, canteras de mármol. Cemento, lácteos, conservas cárnicas, industrias del calzado.

OLAVIDE (Pablo de), *Lima 1725-Baeza 1803*, político y escritor español. Ilustrado, como superintendente de las Nuevas poblaciones de Sierra Morena (1767) realizó una gran labor reformista, especialmente en el campo de la agricultura. Autor de proyectos educativos y agrarios (*Informe al Consejo de Castilla sobre la ley agraria*, 1768), fue condenado por la Inquisición y huyó a Francia (1778-1798).

OLAYA HERRERA (Enrique), *Guateque, Boyacá, 1880-Roma 1937*, político colombiano. Abogado, fundó con Carlos A. Restrepo el Partido republicano (1909). Fue presidente de la república (1930-1934).

OLBRACHT (Kamil Zeman, llamado Iván), *Semily 1882-Praga 1952*, escritor checo. En sus novelas evolucionó del análisis psicológico al compromiso político (*Nikola Suhaj, el bandolero*, 1933).

OLCOTT (Henry Steel), *Orange, Nueva Jersey, 1832-Adyar, India, 1907*, teósofo estadounidense. Fue el cofundador, junto con H. Blavatsky, de la Sociedad teosófica.

OLDENBARNEVELT (Johan Van), *Amersfoort 1547-La Haya 1619*, estadista neerlandés. Gran consejero de Holanda (1586), obtuvo de Francia, Inglaterra (1596), y posteriormente de España (1609), el reconocimiento de las Provincias Unidas. Mauricio de Nassau lo hizo ejecutar.

OLDENBURG, ant. estado del N de Alemania, situado entre el Weser y el Ems. Condado a fines del s. XI, fue anexionado a Dinamarca (1667) y luego pasó a los Holstein-Gottorp (1773). Erigido en ducado (1777) y luego en gran ducado (1815), se convirtió en estado del imperio alemán (1871).

OLDENBURG, c. de Alemania (Baja Sajonia); 147 701 hab. Castillo de los ss. XVII-XIX (museo).

OLDENBURG (Claes), *Estocolmo 1929*, artista estadounidense de origen sueco. Es uno de los representantes del *pop art* (objetos blandos o monumentos incongruentes como la *Bicicleta enterrada* del parque de la Villette de París).

OLDUVAI, sitio paleontológico y prehistórico del N de Tanzania, cerca del lago Eyasi. Leakey descubrió en él, en 1959 y 1961, dos tipos de homínidos fósiles, el *Zinjantropus* (*Australopithecus boisei*) y el *Homo habilis*, que datan de hace 1 750 000 y 1 850 000 años respectivamente.

O'LEARY (Daniel Florencio), *Cork 1801-Bogotá 1854*, militar y diplomático irlandés. Edecán de Bolívar (1819-1830), fue diplomático de Venezuela (1830-1839) y de Gran Bretaña (desde 1844).

OLEIROS, mun. de España (La Coruña); 26 016 hab. (*oleirenses);* cap. *Real.* Pesca (conservas). Ostricultura.

OLENIOK, r. de Rusia, en Siberia, tributario del mar de Láptiev; 2 292 km; cuenca de 222 000 km².

OLÈRDOLA, mun. de España (Barcelona); 2 232 hab. (*olerdolenses);* cap. *Sant Miquel d'Olèrdola.* Abrigo prehistórico con pinturas rupestres. Restos de un poblado ibérico fortificado; muralla romana.

OLÉRON, isla de Francia, en el Atlántico (Charente-Maritime), unida al continente por un puente; 175 km²; 20 009 hab. Turismo.

OLESA DE MONTSERRAT, v. de España (Barcelona); 17 151 hab. (*olesanenses* u *olesanos*). Industria textil y química. — Representación anual de la Pasión desde 1642.

OLIBA, *¿Gerona? h. 971-abadía de Sant Miquel de Cuixà 1046*, benedictino catalán. Fue abad de Ripoll (al que convirtió en centro cultural de primer orden) y de Cuixà (1008), y obispo de Vic (1018). Fundó el monasterio de Montserrat (1023) y tuvo una intensa actividad judicial y conciliar.

OLID (Cristóbal de), *Baeza 1488-Naco, Honduras, 1524*, conquistador español. En 1519 se unió a Cortes en la conquista del imperio azteca, pero lo traicionó al llegar a acuerdos con su enemigo Velázquez para repartirse las ganancias de la conquista de Honduras. Fue ajusticiado.

OLIMPIA, c. de la ant. Grecia, en el Peloponeso, centro religioso panhelénico donde se celebraban cada cuatro años los Juegos olímpicos. — Numerosas ruinas, entre las que destacan las del templo de Zeus (s. v a.C.) [metopas en el museo local y en el Louvre]; actualmente es un centro turístico.

OLIMPIA, *h. 375-Pidna 316 a.C.*, reina de Macedonia. Esposa de Filipo II de Macedonia y madre de Alejandro Magno, intentó disputar el poder a los diadocos al morir su hijo (323) y fue asesinada por Casandro.

OLIMPO, en gr. **Ólimbos**, macizo montañoso de Grecia, en los confines de Tesalia y la Macedonia griega; 2 917 m. Cima más alta del país, según los antiguos griegos era la morada de los dioses. Parque nacional (reserva de la biosfera 1981).

OLINALÁ, mun. de México (Guerrero); 16 302 hab. Agricultura (frutales). Artesanía (lacas).

OLINDA, c. de Brasil, en el extrarradio de Recife; 340 673 hab. Monumentos religiosos barrocos (ss. XVII-XVIII). [Patrimonio de la humanidad 1982.]

OLINTO, ant. c. de Calcídica, destruida por Filipo de Macedonia (348 a.C.).

OLITE, en vasc. **Eriberri**, c. de España (Navarra); 3 130 hab. (*oliteros*). Castillo palacio de los reyes de Navarra (restaurado en el s. XX). Iglesia de Santa María la Real con atrio gótico y rica fachada (s. XIV) e iglesia románica (s. XIII).

OLIVA, c. de España (Valencia); 21 001 hab. (*oliveros*). Agrios. — Restos del castillo palacio del s. XV, gótico. Iglesia de San Roque (1532). — Restos de un poblado ibero con cerámica pintada que ha dado lugar al estilo Oliva-Liria.

Oliva (tratado de) [3 mayo 1660], uno de los tratados que pusieron fin a las hostilidades de la guerra de los Treinta años en el mar Báltico, firmado en Oliva (act. *Oliwa*, Polonia). El rey de Polonia renunció a sus pretensiones sobre Suecia, y Prusia se convirtió en estado soberano.

OLIVA NAVARRO (Juan Carlos), *Montevideo 1888-Buenos Aires 1951*, escultor argentino, autor de monumentos como el del general Madariaga (Paso de los Libres, Corrientes).

OLIVARES (cerro de), cerro de la cordillera de los Andes, en la frontera entre Chile (Coquimbo) y Argentina (San Juan); 6 250 m.

OLIVARES (Gaspar de Guzmán y Pimentel, conde de Olivares, duque de Sanlúcar la Mayor, llamado conde-duque de), *Roma 1587-Toro 1645*, político español. Convertido en cabeza de su linaje, renunció a dedicarse al estado eclesiástico y entró en la corte por su boda con una dama de honor de la reina Margarita de Austria. Nombrado gentilhombre del futuro Felipe IV, ganó su voluntad hasta el punto que cuando este subió al trono (1621) le entregó el gobierno. De carácter enérgico, se propuso restaurar el prestigio y la autoridad de la monarquía mediante una política unificadora del imperio: ideó la Unión de armas, basada en una aportación de cada reino para la defensa común, que chocó con la resistencia de los países forales, y tras romper la tregua de los Doce años (1621), hizo entrar a España en la guerra de los Treinta años (1636). Tras alcanzar la cima de su poder con la derrota del ejército francés en Fuenterrabía (1638), los levantamientos de Portugal y Cataluña (1640) y la oposición de la corte marcaron su declive; después del fracaso de la expedición real a Cataluña fue expulsado de la corte (1643). Hombre culto, fue protector de artistas y literatos.

OLIVARI (Nicolás), *Buenos Aires 1900-íd. 1966*, escritor argentino. Cultivó el drama, con tono humorístico e incluso agresivo (*Tedio*, 1936; *Dan tres vueltas y luego se van*, 1958).

OLIVEIRA (Manoel de), *Oporto 1908*, cineasta portugués. En sus películas, siempre sorpren-

■ **CONDE DUQUE DE OLIVARES.**
(Velázquez; museo del Prado, Madrid.)

dentes, se pone de manifiesto su espíritu ecléctico, culto y dulcemente irónico (*Aniki Bobó*, 1942; *La zapatilla de satén*, 1985; *El valle de Abraham*, 1993; *La carta*, 1999; *Vuelvo a casa*, 2001; *Belle toujours*, 2006).

OLIVENZA, c. de España (Badajoz), cab. de p. j.; 10 709 hab (*olmentinos*). Industrias agropecuarias. — Recinto amurallado. Iglesias y edificios de estilo manuelino. Ocupada por España a Portugal en la guerra de las Naranjas, el tratado de Badajoz (1801) ratificó su posesión.

OLIVER (Joan), *Sabadell 1899-Barcelona 1986*, escritor español en lengua catalana. Cultivó la poesía, que firmó bajo el seudónimo de **Pere Quart** (*Vacaciones pagadas*, 1960), la narrativa y el teatro (*El hambre*, 1938).

OLIVER (Joe, llamado King), *Nueva Orleans 1885-Savannah 1938*, músico de jazz estadounidense, pionero del jazz, compositor, corneta, dirigió varias orquestas, entre ellas la Creole Jazz Band. Popularizó el estilo «Nueva Orleans» (*Chimes Blues*, 1923; *New Orleans Shout*).

■ **BERNARDO O'HIGGINS**

■ **KING OLIVER**

OLIVER (Juan), pintor activo en Navarra entre 1316 y 1330, introductor del gótico lineal (retablo de la *Pasión*, catedral de Pamplona).

OLIVER (Miguel de los Santos), *Campanet, Mallorca, 1864-Barcelona 1920*, escritor y periodista español en lenguas castellana y catalana. Conservador, dirigió *La vanguardia* y el *Diario de Barcelona*. Alcanzó prestigio como comentarista político y cultural (*Hojas del sábado*, artículos, 6 vols.), además de publicar ensayos (*Entre dos Españas*, 1906), poesía y narrativa.

OLIVERA (Héctor), *Olivos, Buenos Aires, 1931*, director, productor y guionista de cine argentino. Su carrera arranca en el cine comercial (*Psexoanálisis*, 1967), que después ha simultaneado con películas de denuncia política (*La Patagonia rebelde*, 1974; *No habrá más pena ni olvido*, 1983; *La noche de los lápices*, 1986).

Oliver Twist (Las aventuras de), novela de Ch. Dickens (1838). La narración de las desventuras de un niño huérfano sirve como pretexto para retratar los bajos fondos londinenses.

OLIVIER (sir Laurence), *Dorking, Surrey, 1907-*

Ashurst, Sussex, 1989, actor y director de teatro y cineasta británico. Brillante intérprete de Shakespeare, director del National Theatre (1963-1973), realizó e interpretó numerosas películas (*Enrique V*, 1944; *Ricardo III*, 1955).

OLIVOS (monte de los), colina de Palestina, al E de Jerusalén. A su pie se encontraba el huerto de Getsemaní, adonde, según los Evangelios, Jesús fue a orar la víspera de su muerte.

Ollantay, drama de origen quechua, sobre el amor del guerrero Ollantay por la hija del Inca Pachacuti. Transmitido por tradición oral, se conservan manuscritos, uno de ellos del padre Antonio Valdez (editado en 1853).

OLLANTAYTAMBO, mun. de Perú (Cuzco); 5 233 hab. Restos de una fortaleza ciclópea incaica (s. XV).

Ollantaytambo (conferencia de) [1980], primera conferencia latinoamericana de pueblos indígenas, celebrada en Ollantaytambo (Perú). Se decidió establecer un Comité latinoamericano de los movimientos indios y exigir una representación en la ONU.

OLLER (Francisco), *Bayamón 1833-San Juan 1917*, pintor puertorriqueño. Influido por Courbet, pintó escenas de costumbres puertorriqueñas y se fue orientando hacia el impresionismo (*Un mendigo*; *El estudiante*; *Paisaje francés*).

OLLER (Narcís), *Valls 1846-Barcelona 1930*, escritor español en lengua catalana. Vinculado al grupo de la Renaixença, cultivó la novela realista próxima al naturalismo.

OLLER (Pere), escultor catalán activo entre 1394 y 1444. Su obra, característica de la transición entre los ss. XIV y XV, presenta un progresivo naturalismo y un marcado detallismo (retablo mayor de la catedral de Vic).

OLMEDO, v. de España (Valladolid); 3 434 hab. (*olmedanos*). Edificios mudéjares. Iglesias del s. XIII. Capilla de la Mejorada (s. XV). — Victorias de Álvaro de Luna sobre los infantes de Aragón (29 mayo 1445) y de Enrique IV de Castilla sobre los nobles que apoyaban al infante Alfonso (19 ag. 1467).

OLMEDO (José Joaquín), *Guayaquil 1780-íd. 1847*, político y poeta ecuatoriano. Amigo de Bolívar, fue presidente de la Junta de gobierno de Guayaquil (1820-1822) y miembro del gobierno provisional en 1845. Sus poesías son de inspiración neoclásica (*Canto a Bolívar*, 1825).

OLMERT (Ehud), *Binyamina, cerca de Hadera, 1945*, político israelí. Varias veces ministro (Likud) a partir de 1988, alcalde de Jerusalén (1993-2003), sucedió a A. Sharon al frente del partido Kadima (2006-2008) y en el puesto de primer ministro (2006-2009).

OLMI (Ermanno), *Bérgamo 1931*, cineasta italiano. Su obra lo erige en fiel testigo de la crisis de los valores morales: *El empleo* (1961), *Los novios* (1963), *Un cierto día* (1969), *El árbol de los zuecos* (1978), *La leyenda del santo bebedor* (1988), *El oficio de las armas* (2001).

OLMO (Lauro), *O Barco de Valdeorras 1922-Madrid 1994*, escritor español. Autor de poesía, cuentos y novelas (*Golfos de pluma*, 1968), destacó como autor dramático (*La camisa*, 1962; *El cuarto poder*, 1970; *La jerga nacional*, 1986).

OLMOS (fray Andrés de), *1500-Tampico 1571*, franciscano y gramático español. Misionero en Nueva España desde 1528, aprendió el náhuatl, el huasteca y el totonaca, de los que escribió vocabularios y gramáticas. Aunque buena parte de su obra se perdió, se conserva la *Gramática mexicana* (1547, publicada en 1875), valioso documento para el estudio del náhuatl.

Olmütz (retirada de) [29 nov. 1850], conferencia que se celebró en Olmütz (act. *Olomouc*) y durante la cual el rey de Prusia Federico Guillermo IV capituló ante el ultimátum austriaco, renunciando a sus ambiciones hegemónicas sobre Alemania.

OLOF Skötkonung, *m. en 1022*, rey de Suecia (994-1022). Favoreció la implantación del cristianismo en país.

OLOMOUC, en alem. **Olmütz**, c. de la República Checa (Moravia); 105 690 hab. Monumentos (ss. XVI-XVIII).

OLOT, c. de España (Gerona), cab. de p. j.; 27 967 hab. (*olotenses*). Agricultura e industria (textil, papel, alimentaria). — Iglesia neoclásica de San Esteban. Museo (artistas de la escuela paisajística local del s. XIX).

OLÓZAGA (Salustiano), *Oyón, Álava, 1805-Enghien, Francia, 1873*, político español. Jefe del Partido progresista, apoyó a Espartero antes de acaudillar la oposición contra él y presidir el primer ministerio tras su caída (1843). Contribuyó a la revolución de 1868.

OLP (Organización para la liberación de Palestina), organización palestina fundada en 1964 por el Consejo nacional palestino reunido en Jerusalén. Presidida por Yāsir 'Arafāt (de 1969 a 2004), después por Mahmūd 'Abbās, reivindica desde 1974 la creación, limítrofe con Israel, de un Estado palestino en Cisjordania y Gaza. Defensora al principio de la lucha armada, desde 1993 mantiene negociaciones de paz con Israel.

OLSZTYN, c. del NE de Polonia, cap. de voivodato; 164 800 hab.

OLT, r. de Rumania, afl. del Danubio (or. izq.); 690 km.

OLTENIA, región de Rumania, en Valaquia, al O del Olt.

olvidados (Los), película mexicana dirigida por L. Buñuel (1950), implacable retrato de la mendicidad infantil. (Memoria histórica de la humanidad 2003.)

Olympia, cuadro de Manet (1863, museo de Orsay, París). Desnudo femenino, fue motivo de escándalo en su época por desviarse de las convenciones académicas.

OMAHA, c. de Estados Unidos (Nebraska), a orillas del Missouri; 335 795 hab.

OMÁN, en ár. **'Umān,** estado de Asia, junto al océano Índico; 212 000 km²; 2 250 000 hab. CAP. *Mascate.* LENGUA: *árabe.* MONEDA: *riyal de Omán.* (V. mapa de **Arabia Saudí.**) En su mayor parte desértico, montañoso al N, Omán posee escasos cultivos (regadíos) y rebaños (ovejas y camellos), mientras que hay pesca en zonas puntuales del litoral. El petróleo es la riqueza esencial del país, de mayoría árabe y casi totalmente islamizado.– Del s. XVII al s. XIX, los sultanes de Omán gobernaron un imperio marítimo, adquirido a expensas de Portugal y con centro en Zanzíbar. En 1970, Said ibn Taymur (llegado al poder en 1932) fue obligado a abdicar en favor de su hijo Qābūs ibn Sa'id, que cambió el nombre del país por sultanato de Omán y emprendió su modernización.

OMÁN (mar de) → **ARABIA** (mar de).

OMAR I → **'UMAR I.**

OMATE o **HUAYNAPUTINA,** volcán de Perú (Moquegua); 6 175 m.

OMC (Organización mundial del comercio), organización internacional creada en 1995 para asegurar que se cumplan los acuerdos comerciales internacionales (entre ellos los establecidos en el marco del GATT). Cuenta act. con 153 estados miembros. Su sede está en Ginebra.

OMDURMAN, c. de Sudán, junto al Nilo, suburbio de Jartūm; 526 000 hab. Capital del mahdi, fue reconquistada por los angloegipcios de lord Kitchener (1898).

OMEALCA, mun. de México (Veracruz); 21 550 hab. Centro agropecuario. Avicultura.

OMETEPE, isla de Nicaragua (Rivas), en el lago Nicaragua; 276 km². Volcán Concepción. Cerámica de época precolombina.

OMETEPEC, mun. de México (Guerrero); 31 427 hab. Centro agrícola (frutas tropicales y hortalizas; café y tabaco).

OMEYAS, dinastía de califas árabes, que reinó en Damasco de 661 a 750. Extendió el imperio musulmán hasta la llanura del Indo (710-713), la Transoxiana (709-711) y España (711-714). Grandes constructores, embellecieron Damasco, Jerusalén y Kairuán. El imperio omeya, minado por luchas intestinas y por la oposición chiita, sucumbió ante los ataques de los Abasíes. Pero un superviviente de la familia, 'Abd al-Rahmān I, fundó el emirato de *Córdoba (756-1031), erigido en califato rival de Bagdad a partir de 929.

OMI → **Organización marítima internacional.**

OMIYA, c. de Japón (Honshū); 403 776 hab.

OM KALSUM → **UMM KULTHŪM.**

OMO, r. del S de Etiopía, afl. del lago Turkana. En su valle se han encontrado yacimientos ricos en fósiles de homínidos (australopitecos de la especie *Australopithecus africanus*) [patrimonio de la humanidad 1980].

OMPI → **Organización mundial de la propiedad intelectual.**

OMRI, m. en 874 a.C., rey de Israel (885-874 a.C.). Fundó Samaria.

OMS (Organización mundial de la salud), organización internacional creada en 1946. Institución especializada de la ONU (desde 1948), su finalidad es conseguir que todos los pueblos tengan acceso a un nivel de sanidad lo más alto posible. Tiene su sede en Ginebra.

OMSK, c. de Rusia, en Siberia occidental, junto al Irtish; 1 148 000 hab. Centro industrial.

OMUTA, c. de Japón (Kyūshū); 150 453 hab. Aluminio.

ONÁN, personaje bíblico. Segundo hijo de Judá, obligado por la ley del levirato a dar un hijo a la viuda de su hermano, se negó a ello al evitar consumar plenamente la unión sexual.

ONDA, v. de España (Castellón); 19 303 hab. *(ondenses).* Agrios. Cerámica y vidrio.— Restos de un castillo árabe. Barrio judío medieval. Iglesia de la Sang, con portal románico.

ONDAATJE (Michael), *Colombo, Sri Lanka, 1943,* escritor canadiense en lengua inglesa. Poeta y cineasta, evoca en sus novelas las paradojas y los enigmas de la naturaleza humana (*El blues de Buddy Bolden,* 1976; *El paciente inglés,* 1992; *Divisadero,* 2007).

ONEGA (lago), lago del NO de Rusia, unido al lago Ladoga por el Svir; 9 900 km².

O'NEILL, dinastía real irlandesa que, a partir de la segunda mitad del s. V, conquistó la mayor parte del Ulster. — **Hugh O., conde de Tyrone,** h. 1540-Roma 1616. Convertido en el principal jefe del Ulster, venció a los ingleses en Yellow Ford (1598).

O'NEILL (Eugene), *Nueva York 1888-Boston 1953,* dramaturgo estadounidense. Su teatro pasó del realismo (*Anna Christie,* 1922; *El deseo bajo los olmos,* 1924) a una visión poética del esfuerzo humano para integrarse a un universo que sólo dominan los seres excepcionales capaces de asumir su destino (*A Electra le sienta bien el luto,* 1931; *El largo viaje hacia la noche,* 1956). [Premio Nobel 1936.]

ONETTI (Juan Carlos), *Montevideo 1909-Madrid 1994,* escritor uruguayo. Influido por Céline, Faulkner, Joyce y Dos Passos, recreó en sus novelas el drama existencial del hombre urbano. Su primera novela, *El pozo* (1939), renovó la técnica en la novela latinoamericana. Con *La vida breve* (1943) inauguró el ciclo de Santa María, territorio mítico concebido como refugio de la soledad, y que culmina en *El astillero* (1961) y *Juntacadáveres* (1964). Publicó libros de cuentos, relatos y otras novelas (*Cuando entonces,* 1987; *Cuando ya no importe,* 1993). [Premio Cervantes 1980.]

ONFALIA MIT. GR. Reina de Lidia famosa por sus amores con Heracles, que le fue vendido como esclavo. La leyenda representa al héroe hilando lana a los pies de Onfalia.

ONGANÍA (Juan Carlos), *Marcos Paz 1914-Buenos Aires 1995,* militar argentino. Jefe del ejército (1962-1965), derrocó a Illia (1966). Fue derrocado por Lanusse (1970).

ONÍS (Federico de), *Salamanca 1885-San Juan de Puerto Rico 1966,* profesor o español. Cofundador de la *Revista de filología española* y editor a partir de 1934 de la *Revista hispánica moderna,* divulgó la cultura española en EUA.

ONITSHA, c. de Nigeria, a orillas del Níger; 337 000 hab.

ONSAGER (Lars), *Cristianía 1903-Miami 1976,* químico estadounidense de origen noruego. Sentó las bases de la termodinámica de los procesos irreversibles, que tiene aplicaciones sobre todo en biología. (Premio Nobel 1968.)

ONTARIO, lago de América del Norte, entre Canadá y Estados Unidos; 18 800 km². Se comunica con el lago Erie a través del Niágara y vierte sus aguas en el San Lorenzo.

ONTARIO, prov. de Canadá, la más rica y poblada del país; 1 068 582 km²; 10 084 885 hab.; cap. *Toronto;* c. prales. *Hamilton, Ottawa, Windsor, London.*

ONTINYENT, c. de España (Valencia), cab. de p. j.; 31 926 hab. *(ontenienses).* Centro comercial, agrícola e industrial.

ONU (Organización de las Naciones unidas), organización internacional constituida en

---

1945 para suceder a la Sociedad de naciones por los estados que aceptaron cumplir las obligaciones previstas por la *Carta de las Naciones unidas* (firmada en San Francisco el 26 junio 1945), a fin de salvaguardar la paz y la seguridad internacionales, y de instituir entre las naciones una cooperación económica, social y cultural. La ONU, cuya sede se halla en Nueva York, comenzó a funcionar el 24 octubre 1945. China, Estados Unidos, Francia, Gran Bretaña y Rusia ocupan un escaño permanente y poseen derecho de veto en el Consejo de seguridad. La ONU tiene 6 órganos principales: la *Asamblea general* (todos los estados miembros, actualmente 192), principal órgano de deliberación que emite las recomendaciones; el **Consejo de seguridad* (5 miembros permanentes y 10 elegidos cada 2 años por la Asamblea general), órgano ejecutivo cuyo fin es el mantenimiento de la paz internacional; el *Consejo económico y social,* que coordina las actividades económicas y sociales de la ONU; el *Consejo de tutela,* órgano poco operativo tras la descolonización; el **Tribunal internacional de justicia;* el *Secretariado* o *secretaría,* a cuyo cargo corren las funciones administrativas de la ONU, y que está dirigido por el secretario general, designado por un plazo de cinco años por la Asamblea general según recomendación del Consejo de seguridad. (Premio Nobel de la paz 1988 [concedido a las Fuerzas por el mantenimiento de la paz] y 2001 [a la organización en su conjunto y a su secretario general, K. Annan].)

ONUBA, ONOBA u **OLBA,** ant. c. prerromana de la península Ibérica. Es la act. *Huelva.*

OÑA, mun. de España (Burgos); 1 620 hab. *(oñenses).* Ant. monasterio de San Salvador, con elementos góticos de los ss. XIII al XVI.

OÑA (Pedro de), *Angol de los Infantes 1570-Lima h. 1643,* poeta chileno. Intentó continuar *La Araucana* de Ercilla en el poema épico *Arauco domado* (1596), pero con predominio de motivos cortesanos y líricos.

OÑATE, en vasc. **Oñati,** v. de España (Guipúzcoa); 10 717 hab. *(oñatiarras).* Iglesia de San Miguel (ss. XV-XVI), con un sepulcro obra de Diego de Siloe. Universidad plateresca. – En el término, santuario de Aránzazu, donde se venera a la Virgen de Aránzazu, patrona de Guipúzcoa; iglesia por F. Sáenz de Oíza y L. Laorga.

OÑATE (Juan de), *¿Minas de Pánuco, Zacatecas, 1550?-1626,* conquistador de Nuevo México. Hijo de **Cristóbal de Oñate** (1504/1505-1570), gobernador de Nueva Galicia, impuso la soberanía española a los caciques indígenas de Nuevo México (1598). Emprendió nuevas exploraciones (territorios de Texas, Oklahoma, Missouri, Nebraska e Iowa, 1601), alcanzó el río Colorado y fundó la ciudad de Santa Fe (1605).

OORT (Jan Hendrik), *Franeker 1900-Wassenaar 1992,* astrónomo neerlandés. Demostró la rotación (1927) y la estructura espiral (1952) de nuestra galaxia. En 1950 desarrolló la teoría según la cual en los confines del sistema solar existe una enorme concentración de cometas (*nube de Oort*).

OPANAL (Organismo para la proscripción de armas nucleares en América Latina), organismo internacional creado en 1969, y nacido del tratado de Tlatelolco de 1967, su finalidad es promover el desarme y asegurar la ausencia de armas nucleares en la región. Sede: México.

■ JUAN CARLOS ONETTI ■ JULIUS ROBERT OPPENHEIMER

OPARIN (Alexandr Ivánovich), *Uglish, Rusia, 1894-Moscú 1980*, químico y biólogo soviético. Es autor de una teoría sobre el origen de la vida a partir de los compuestos químicos de la atmósfera terrestre primitiva (1924).

OPAVA, en alem. **Troppau**, c. de la República Checa, en Moravia; 63 601 hab. Catedral gótica (s. XIII); museo silesio.

OPEP (Organización de países exportadores de petróleo), organización creada en 1960. Agrupa act. trece estados (Angola, Arabia Saudí, Argelia, Ecuador, Indonesia, Irán, Iraq, Kuwayt, Libia, Nigeria, Qatar, Unión de Emiratos Árabes y Venezuela).

ópera de cuatro cuartos (La), obra teatral de B. Brecht (1928), con música de K. Weill. Inspirada en la *Ópera del mendigo* (1728) de J. Gay, es un retrato crítico de los bajos fondos que mezcla diálogos y canciones. — G. W. Pabst adaptó la obra al cine (1931).

OPHULS (Max **Oppenheimer**, llamado **Max**), *Saarbrücken 1902-Hamburgo 1957*, cineasta y director de teatro francés de origen alemán. De estilo refinado, su obra se centra en la búsqueda de la felicidad: *Amoríos* (1932), *Carta de una desconocida* (1948), *La ronda* (1950), *Lola Montes* (1955).

Opio (guerra del) [1839-1842], conflicto que estalló entre Gran Bretaña y China, país que había prohibido la importación de opio. Los británicos ocuparon Shanghai e impusieron a China el tratado de Nankín (29 ag. 1842).

OPISSO (Ricard), *Tarragona 1880-Barcelona 1966*, dibujante y caricaturista español. Integrante del grupo Els quatre gats, sus dibujos son una crónica sutil de la vida barcelonesa.

OPITZ (Martin), *Bunzlau 1597-Dantzig 1639*, poeta alemán, reformador de la métrica.

OPOLE, c. de Polonia, cap. de voivodato, junto al Odra; 128 900 hab. Monumentos medievales.

OPORTO, en port. **Porto**, c. de Portugal, en la or. der. del Duero, cerca de su desembocadura; 310 637 hab. (casi un millón en la aglomeración). Es la segunda ciudad del país. Puerto. Centro industrial. Comercialización en la zona suburbana de vinos del valle del Duero (*oporto*). — Catedral románica transformada en época barroca (ss. XVII-XVIII), varias iglesias construidas o transformadas en esta época (torre de los Clérigos). Iglesia del antiguo convento del Pilar (ss. XVI-XVII), con claustro circular. Puente Luis I, metálico, obra de Eiffel. Museo Soares dos Reis. (Patrimonio de la humanidad 1996.) — La *Portus Cale* romana fue tomada por el visigodo Teodorico (456) y por los musulmanes (716) hasta pasar a Alfonso I de Asturias a mediados del s. VIII. Alfonso III la repobló (h. 880) a mediados del s. XI se convirtió en capital del condado portugués. En las diversas luchas contra España apoyó siempre la causa portuguesa (1383, 1580 y 1640), y en 1809 Soult la convirtió en cuartel general de los franceses en la Península, antes de ser un bastión de los liberales contra los absolutistas (1822-1833).

OPPENHEIM (Dennis), *Mason City, Washington, 1938*, artista estadounidense. Pionero del land art y del arte corporal, desde 1972 realiza instalaciones con diversos elementos y energías.

OPPENHEIMER (Julius Robert), *Nueva York 1904-Princeton 1967*, físico estadounidense. Autor de estudios sobre la teoría cuántica del átomo, fue nombrado, en 1943, director del centro de investigaciones de Los Álamos, donde se ensayaron las primeras bombas atómicas. Más tarde, rechazó trabajar en la bomba de hidrógeno. Acusado de colusión con los comunistas, más tarde fue rehabilitado.

Opportunity, vehículo de exploración estadounidense. Integrado con el Spirit en la misión Mars Exploration Rover de la NASA, ambos se posaron (2004) en la superficie de Marte. Han hallado pruebas de que el planeta pudo contener agua en el pasado.

Opus Dei, prelatura personal de la Iglesia católica, fundada como asociación sacerdotal en 1942 por el beato Josemaría Escrivá de Balaguer. En 1947 fue aprobada como instituto secular por la Santa Sede, y en 1982 erigida como Prelatura de la Santa Cruz y Opus Dei por Juan Pablo II.

OQUENDO (Antonio de), *San Sebastián 1577-La Coruña 1640*, marino español. Durante la guerra de los Treinta años mandó la escuadra española, derrotada por la neerlandesa en la batalla de las Dunas (1639).

OQUENDO (Manuel de), pintor peruano activo en Chuquisaca en la segunda mitad del s. XVIII. Autor de *El éxtasis de santa Teresa* (Potosí), se aproxima a la corriente dieciochesca española.

OQUENDO (Miguel de), *San Sebastián 1534-Pasajes 1588*, marino español. Felipe II le dio el mando de la escuadra de Guipúzcoa (1587), que se unió a la Armada invencible, con cuyo jefe se enfrentó.

OQUENDO DE AMAT (Carlos), *Puno 1906-Madrid 1936*, poeta peruano. Su única obra, *5 metros de poemas* (1927), integra a la vez la corriente nativista y la libertad de la vanguardia.

ORADEA, c. del NO de Rumania; 220 848 hab. Centro industrial. — Monumentos barrocos del s. XVIII.

ORÁN, en ár. **Wahrän**, c. de Argelia, cap. de vilayato; 663 000 hab. (*oraneses*). Universidad. Puerto en el Mediterráneo. Centro administrativo, comercial e industrial.

ORÁN, dep. de Argentina (Salta); 100 734 hab.; cab. *San Ramón de la Nueva Orán*. Accidentado por la *sierra de Orán*. Minería (oro, plata y cobre). Industria maderera.

ORANESADO, región occidental de Argelia.

ORANGE, r. de África austral, tributario del Atlántico, 2 250 km. Su curso inferior separa Sudáfrica y Namibia. Aprovechamiento para la hidroelectricidad y el regadío.

ORANGE, c. de Francia (Vaucluse); 28 889 hab. Teatro y arco de triunfo romanos (s. I) [patrimonio de la humanidad 1981]; catedral de los ss. XII y XVI; museo.

ORANGE (Estado libre de), desde 1995 **Estado Libre**, prov. del centro de Sudáfrica; 2 800 000 hab.; cap. *Bloemfontein*. Oro, uranio y carbón. — La colonia, fundada por bóers hacia 1836, fue reconocida independiente en 1854. En 1899 se unió al Transvaal para luchar contra los británicos. Convertida en colonia británica (1902), en 1910 se integró en la Unión sudafricana.

ORANGE-NASSAU, familia noble de Alemania, de la que surgió la casa real de Países Bajos (→ **Nassau**.)

Orange-Nassau (orden de), orden neerlandesa civil y militar creada en 1892.

Oranienburg-Sachsenhausen → **Sachsenhausen**.

Oratorio u **Oratorio italiano**, sociedad clerical secular, fundada en 1564 en Italia por san Felipe Neri, cuyos miembros se dedican básicamente a enseñar y predicar. Actualmente está extendida por todo el mundo.

ORBAY (François d'), *París 1631 o 1634-íd. 1697*, arquitecto francés. Construyó la catedral de Montauban y participó en las grandes construcciones francesas de su época (Louvre, Versalles).

ORBEGOSO u **ORBEGOZO** (Luis José de), *Chuquisongo, Huamachuco, 1795-Trujillo 1847*, general y político peruano. Presidente del país (1833), creó, con Santa Cruz, la Confederación Perú-boliviana (1836). Derrotado por los chilenos (1838), huyó.

ORBIGNY (Alcide Dessalines d'), *Couëron, Loire-Atlantique, 1802-Pierrefitte-sur-Seine 1857*, naturalista francés. Discípulo de Cuvier, fue uno de los fundadores de la paleontología estratigráfica (*El hombre americano*, 1840). — **Charles Dessalines d'O.**, *Couëron 1806-París 1876*, naturalista y geólogo francés. Es autor de un *Diccionario universal de historia natural* (1839-1849).

ÓRBIGO, r. de España (León), afl. del Esla (or. der.); 97 km. Riega la comarca de la *Ribera del Órbigo*. Embalse y central de Barrios de Luna (40 700 kW).

ORBÓN (Julián), *Avilés 1925-Miami 1991*, compositor cubano de origen español, autor de *Tres versiones sinfónicas* (1953), una sinfonía, obras corales y composiciones de cámara.

ORCADAS, en ingl. **Orkney**, archipiélago británico, al N de Escocia; 19 300 hab.; cap. *Kirk-*

wall. Mainland es la mayor de las 90 islas. Ganadería; pesca. Terminal petrolera.

ORCADAS DEL SUR (archipiélago de las), islas subantárticas de Argentina, al NE de la península antártica; 750 km². Estación meteorológica.

ORCAGNA (Andrea di Cione, llamado **el**), pintor, escultor y arquitecto italiano, activo en Florencia de 1343 a 1368. Menos innovador que Giotto, se trata del último gran representante del gótico florentino. Tuvo dos hermanos pintores, **Nardo** y **Jacopo di Cione**.

Orce (hombre de), fragmento de cráneo fósil descubierto en 1982 en el sitio paleontológico de Venta Micena (mun. de Orce, Granada). Atribuido primero a un homínido de 1,3-1,6 millones de años, se ha impuesto la tesis de que corresponde a un équido.

ORCHILA (La), isla de Venezuela, en el Caribe, cercana a la Blanquilla; 13 km de long.; 27 hab. Depósitos de guano. Arrecifes de coral.

ORCÓMENO, c. de Beocia, que fue el centro más importante de la región en la época micénica. Imponentes murallas (ss. VIII-V a.C.).

ORDÁS (Diego de), *Castroverde de Campos, Zamora, h. 1480-m. en el mar 1532*, conquistador español. Durante ocho años fue compañero de Velázquez en Cuba, pero se enemistó con él (1519) y se puso al servicio de Cortés. En 1530 firmó unas capitulaciones para conquistar tierras, e intentó llegar a El Dorado (1531) recorriendo el Orinoco.

Órdenes (consejo de), consejo de la corona de Castilla, creado por los Reyes Católicos (1489) para administrar el patrimonio de las órdenes militares y asesorar a los monarcas. Fue abolido en 1931.

ORDESA Y MONTE PERDIDO (parque nacional de), parque nacional de España (Huesca), en el Pirineo, 15 608 ha. Se extiende a lo largo del valle del río Arazas, cuyas paredes casi verticales dan lugar a cascadas (Cola de Caballo y Gradas de Soaso). Bosques. Parador de turismo. (Reserva de la biosfera 1977.)

ORDÓÑEZ (Bartolomé), *Burgos h. 1480-Carrara 1520*, escultor español. Figura capital del renacimiento español por su libertad de expresión y fino ejecución, trabajó en la sillería del coro y en los relieves del trascoro de la catedral de Barcelona, en la capilla de G. Caracciolo (iglesia de San Giovanni a Carbonara, Nápoles), y realizó sepulcros como el de Felipe el Hermoso y Juana la Loca (capilla real, Granada).

ORDÓÑEZ (Julián), *Puebla 1780-íd. 1856*, pintor mexicano. Entre sus obras destacan *Los cuatro evangelistas* y la *Perspectiva*, gran estructura de lienzos, ambas en la catedral de Puebla.

■ BARTOLOMÉ **ORDÓÑEZ**. *Escenas de la vida de José, hijo de Jacob*. Detalle del trascoro de la catedral de Barcelona.

ORDÓÑEZ ARAUJO (Antonio), *Ronda 1932-Sevilla 1998*, matador de toros español. Recibió la alternativa en 1951. Es considerado uno de los toreros más clásicos de su época.

ORDOÑO I, *m. en Oviedo 866*, rey de Asturias (850-866). Hijo de Ramiro I, llevó el dominio efectivo de los reyes de Oviedo más allá de la cordillera Cantábrica. Debilitó a los Banū Qasi y llegó hasta los montes de Oca. La frontera retrocedió tras su derrota ante las tropas cordobesas en Morcuera, cerca de Miranda de Ebro (856). — **Ordoño II,** *m. en León 924*, rey de León (914-924). Hijo de Alfonso III, sometió a una autoridad única los territorios del reino asturleonés y Galicia, con capital en León. Fue derrotado en Valdejunquera, al SO de Pamplona (920). — **Ordoño III,** *m. en Zamora 956*, rey de León (951-956). Hijo de Ramiro II, respondió a las reiteradas razzias musulmanas con una gran expedición que llegó a Lisboa (955). — **Ordoño IV el Malo** o **el Jorobado,** *m. en Córdoba 962*, rey de León (958-960). Hijo de Alfonso IV, fue proclamado rey por los magnates rebeldes a Sancho I el Craso, con el apoyo de Fernán González. Fue destronado por las tropas cordobesas llamadas por Toda de Navarra.

ORDOS, meseta de China, en la gran curva del Huang He.

ORDZHONIKIDZE → **VLADIKAVKÁS.**

OREA (Juan de), arquitecto y escultor español del s. XVI. Yerno de Pedro Machuca, fue nombrado maestro de las obras reales de la Alhambra y dirigió las obras de la catedral de Almería (1550-1573).

OREAMUNO, cantón de Costa Rica (Cartago); 28 695 hab. Pastos. Ganado vacuno e industrias derivadas.

OREAMUNO (Yolanda), *San José 1916-íd. 1956*, novelista costarricense, de esmerada técnica narrativa (*La ruta de su evasión*, 1948; *Relatos escogidos*, 1977).

ÖREBRO, c. de Suecia, al O de Estocolmo; 120 944 hab. Castillo reconstruido en el s. XVI; museos.

OREGÓN, estado del NO de Estados Unidos, junto al Pacífico; 2 842 321 hab.; cap. *Salem*; c. *Portland*. Está bordeado al N por el río Columbia (ant. *Oregón*).

oreja de Jenkins (guerra de la) [1739], conflicto entre España y Gran Bretaña que enlazó con la guerra de Sucesión austriaca. Su nombre se debe a la interpelación que el capitán corsario Robert Jenkins hizo ante el parlamento británico y en la que mostró la oreja que le había sido cortada durante la tortura sufrida a manos de los españoles.

ORELLANA, prov. del E de Ecuador, creada en 1998; 20 681 km²; 70 000 hab.; cap. *Puerto Francisco de Orellana*.

ORELLANA (Francisco de), *Trujillo 1511-en el Amazonas 1546*, explorador español. Tras poblar Santiago (Guayaquil) en 1538, se unió a Gonzalo Pizarro en busca de El Dorado y la tierra de la canela, pero abandonó la expedición con el pretexto de ir a buscar alimentos (1542) y navegó por el Amazonas hasta su desembocadura. Nombrado gobernador de Nueva Andalucía, murió durante otra expedición al Amazonas desde la desembocadura, que fracasó.

■ FRANCISCO DE ORELLANA. Monumento erigido en su honor en Quito.

ORENBURG, c. de Rusia, junto al Ural; 557 000 hab. Gas natural.

ORENSANZ (Ángel), *Larués, Huesca, 1945*, escultor español. Radicado en EUA, ha centrado su trabajo en el metal, con cilindros agujereados y agrupados (*Boca rastón*, mural para IBM en Florida; centro comercial de Atlanta).

ORENSE, en gall. **Ourense,** c. de España, cap. de la prov. homónima y cab. de p. j., junto al Miño; 108 647 hab. (*orensanos o aurienses*). Centro comercial. Industrias derivadas de la agricultura. Aguas termales. — Catedral románica (ss. XII-XIII); iglesia de la Trinidad y puente sobre el Miño (s. XIII); iglesia de San Francisco (s. XIV). Museo arqueológico.

ORENSE (provincia de), prov. de España, en Galicia; 7 278 km²; 345 241 hab.; cap. *Orense.* Terreno montañoso, con depresiones y valles por los que corren el Miño, el Sil, la Limia y sus afluentes. Clima húmedo y templado. La agricultura (cereales, vid, patata, forrajes) y la ganadería emplean a más de la mitad de la población activa. Producción hidroeléctrica. Industria en torno a la capital.

ORENSE (José María), marqués de Albaida, *Laredo 1803-El Astillero 1880*, político español. Cofundador del Partido demócrata español (1849), intervino en la revolución de 1854 y preparó la de 1868. Presidió las cortes de la primera república.

ORESTES MIT. GR. Hijo de Agamenón y de Clitemnestra, hermano de Electra. Para vengar la muerte de su padre, mató a su madre y al amante de esta, Egisto, asesino de Agamenón.

Orestíada u **Orestía,** trilogía trágica de Esquilo (458 a.C.), cuyo tema es la leyenda de Orestes. Comprende *Agamenón, Las coéforas* y *Las Euménides.*

ØRESUND o **SUND,** estrecho que comunica el Cattegat con el mar Báltico, entre la isla danesa de Sjaelland y el litoral sueco. Desde 2000 es atravesado por un puente que enlaza Copenhague y Malmö.

ORETANIA, región de la Tarraconense, al E de las act. prov. de Jaén y Ciudad Real, habitada por los oretanos; c. prales. *Castulo* (Cortijo de Cazlona, Linares, Jaén), *Sisapo* (Bienservida, Ciudad Real) y *Oretum* (Cerro de las Cabezas, Valdepeñas, Ciudad Real).

ORFEO MIT. GR. Poeta y músico, hijo de la musa Calíope. Su arte era tal que encantaba incluso a las fieras. Bajó a los Infiernos para buscar a Eurídice, muerta por la picadura de una serpiente. Allí encantó a los guardianes y logró el retorno de Eurídice al mundo de los vivos; pero tenía prohibido volver su mirada hacia ella antes de cruzar el umbral de los Infiernos y lo olvidó, por lo que la perdió para siempre. Inconsolable, fue destrozado por las Bacantes, furiosas por su amor exclusivo. El mito de Orfeo dio origen a una corriente religiosa (*orfismo*). — Ha inspirado numerosas obras musicales, entre ellas *Orfeo* (1607), drama lírico en 5 actos de Monteverdi, una de las primeras óperas; *Orfeo,* drama lírico en 3 actos de Gluck (1762, versión francesa 1774); *Orfeo en los infiernos* (1858), ópera paródica en 2 actos y 4 cuadros de J. Offenbach.

ORFF (Carl), *Munich 1895-íd. 1982*, compositor alemán. Autor de la cantata *Carmina burana* (1937), creó un método de educación musical basado en el ritmo.

ORFILA (Alejandro), *Mendoza 1925*, diplomático argentino, embajador en EUA (1973) y secretario general de la OEA (1975-1983).

ORFILA (Mateo José Buenaventura), *Mahón 1787-París 1853*, químico y médico español nacionalizado francés. Fundador de la toxicología moderna, entre sus escritos destaca el *Tratado de los venenos* (1814-1815).

ORGA (Organización republicana gallega autónoma), partido político, galleguista y federalista, fundado en 1929, dirigido por Casares Quiroga. En 1934 se integró en la Izquierda republicana de Azaña.

ORGAMBIDE (Pedro), *Buenos Aires 1929-íd. 2003*, escritor argentino. Su narrativa combina realismo y fantasía (*El encuentro*, 1957).

Organismo internacional para la energía atómica (OIEA) → **AIEA.**

Organización común africana y mauricia → **OCAM.**

Organización de cooperación y desarrollo económicos → **OCDE.**

Organización de estados americanos → **OEA.**

Organización de estados centroamericanos → **ODECA.**

Organización de la aviación civil internacional (OACI), organización internacional creada en 1944 por la convención de Chicago, cuya finalidad principal consiste en desarrollar y reglamentar los transportes aéreos internacionales y su seguridad. En 1947 se convirtió en una institución especializada de la ONU. Está dirigida por un consejo permanente con sede en Montreal.

Organización de la conferencia islámica → **OCI.**

Organización de las Naciones unidas → **ONU.**

Organización de las Naciones unidas para la educación, la ciencia y la cultura → **Unesco.**

Organización de la unidad africana (OUA) → **Unión africana.**

Organización del tratado del Atlántico norte → **OTAN.**

Organización de países exportadores de petróleo → **OPEP.**

Organización internacional del trabajo (OIT), organización internacional creada en 1919 por el tratado de Versalles para promover la justicia social mediante la mejora de las condiciones de vida y de trabajo en el mundo. Convertida en institución especializada de la ONU en 1946, elabora las convenciones internacionales. Su asamblea plenaria, la *Conferencia internacional del trabajo*, se compone paritariamente de delegados del gobierno, de los empresarios y de los trabajadores designados por cada Estado. La secretaría de la OIT es atendida por la *Oficina internacional del trabajo (BIT)*, con sede en Ginebra. (Premio Nobel de la paz 1969.)

Organización internacional de policía criminal (OIPC) → **Interpol.**

Organización latinoamericana de energía (OLADE), entidad pública internacional creada en 1973 para la cooperación, coordinación y asesoría en la conservación, uso racional y comercialización de los recursos energéticos de la región. Cuenta con 26 países miembros.

Organización marítima internacional (OMI), organización internacional creada en 1948 para asistir a los gobiernos en la reglamentación de las técnicas de navegación y perfeccionar la normativa de seguridad marítima. Se convirtió en institución especializada de la ONU 1959. Sede: Londres.

Organización mundial de la propiedad intelectual (OMPI), organización internacional creada en 1967 para promover la protección de la propiedad intelectual en el mundo. Se convirtió en institución especializada de la ONU en 1974; vela por la cooperación administrativa entre los estados. Sede: Ginebra.

Organización mundial de la salud → **OMS.**

Organización mundial del comercio → **OMC.**

Organización para la alimentación y la agricultura → **FAO.**

Organización para la liberación de Palestina → **OLP.**

Organización para la seguridad y cooperación en Europa → **OSCE.**

Organización republicana gallega autónoma → **ORGA.**

Organon, conjunto de los tratados sobre lógica de Aristóteles.

ÓRGANOS (punta de los), punta de la costa N de la isla española de Gomera (Canarias), formada por coladas basálticas en forma de órganos.

ÓRGANOS (sierra de los), sierra de Cuba (Pinar del Río), parte occidental de la cordillera de Guaniguanico. Originales formas cársicas (órganos).

ORIBASIOS, *Pérgamo h. 325-Constantinopla 403*, médico griego. Vinculado durante un tiempo al emperador Juliano, recopiló los escritos de los antiguos médicos.

ORIBE (Emilio), *Melo 1893-Montevideo 1975*, poeta uruguayo. Tras sus libros iniciales, de claro signo modernista (*Letanías extrañas*, 1915; *El nunca usado mar*, 1922), evolucionó hacia el vanguardismo (*Rapsodia bárbara*, 1954; *Ars Magna*, 1960).

ORIBE (Manuel), *Montevideo 1796-íd. 1857*, político uruguayo. Su presidencia de la república (1835-1838) originó el enfrentamiento (1836) entre «blancos» (sus seguidores) y «colorados» (partidarios de Rivera). Inició el bloqueo de Montevideo (guerra grande, 1843-1851). Firmó la paz con Urquiza.

ORIENTAL u **ORIENTAL DE LOS ANDES** (cordillera), cordillera andina que se extiende de Venezuela (cordilleras de Perijá y Mérida) a Bolivia (La Paz), donde recibe el nombre de *cordillera Real* o *de La Paz* y alcanza las mayores cotas (Illimani, 6 882 m).

ORIENTE (Imperio romano de), parte oriental del Imperio romano, que se organizó como estado independiente a partir de 395. (→ **bizantino** [Imperio].)

oriente (cuestión de), conjunto de los problemas planteados, a partir del s. XVIII, por el desmembramiento del Imperio otomano. Las sublevaciones cristianas en Armenia, Creta y Macedonia llevaron a las grandes potencias a intervenir para dominar la Europa balcánica y el Mediterráneo oriental.

Oriente (expedición a) [1303], expedición de los almogávares enviados por Federico II de Sicilia en ayuda del emperador de Bizancio, Andrónico II, para frenar el avance turco. El asesinato de su capitán Roger de Flor desencadenó la *Venganza catalana.

ORIENTE MEDIO, conjunto formado por Egipto y los estados de Asia occidental. La expresión engloba en ocasiones Afganistán, Pakistán y Libia, y abarca parcialmente el conjunto de países que constituyen el denominado *Próximo oriente.

origen de las especies por medio de la selección natural (El), obra de Ch. Darwin publicada en 1859, donde el autor expone sus concepciones sobre el transformismo, concretamente el papel de la competencia vital y de la selección natural en la evolución de la fauna y de la flora. Esta obra ejerció gran influencia en el pensamiento científico.

ORÍGENES, *Alejandría h. 185-Cesarea o Tiro h. 252/254*, teólogo, padre de la Iglesia griega. Convirtió la escuela de Alejandría en una célebre escuela de teología, pero sus ideas, sistematizadas en los siglos sucesivos en una corriente de pensamiento llamada *origenismo*, suscitaron vivas controversias. Iniciador en materia de exégesis *(Hexaples)*, Orígenes ejerció gran influencia en la teología posterior.

Orígenes del español, obra de R. Menéndez Pidal (1929), donde traza una gramática histórica a partir de los primeros escritos en castellano.

ORIHUELA, c. de España (Alicante), cab. de p. j.; 53 478 hab. (*orcelitanos* u *oriolanos*). Hortalizas, agrios. Industria textil y conservera. — Subsiste la vieja traza árabe. Castillo medieval. Catedral (ss. XIV-XV) con portada plateresca; iglesia gótica de Santiago y barroca de Santo Domingo. Antigua universidad (s. XVI). — Necrópolis de la cultura de El Argar.

ORINOCO, r. de América del Sur, en la vertiente atlántica, que nace en el macizo de la Guayana, cerca de la frontera entre Venezuela y Brasil, y desemboca en un extenso delta (*Bocas del Orinoco*, 230 000 km²), a 70 km del Atlántico; 2 160 km. Su cuenca abarca 900 000 km² en Colombia y Venezuela, y recibe las aguas de 194 afluentes y 520 subafluentes. En el curso alto (reserva de la biosfera 1993), el Casiquiare lo comunica con el Amazonas por el Guainía-Negro; forma frontera entre Venezuela y Colombia (entre el Guaviare y el Meta); en su curso medio, entre el Guaviare y el Apure, las crecidas de la estación lluviosa inundan extensas zonas. Es navegable hasta Ciudad Bolívar. Colón avistó su delta (1498). Fue descubierto por Vicente Yáñez Pinzón (1500) y recorrido por Diego de Ordás (1531).

ORIOL u **ORIEL**, c. de Rusia, junto al Oká; 337 000 hab. Acerías.

ORIÓN MIT. GR. Cazador gigante que fue asesinado por Artemisa y convertido en constelación.

Orión, grupo de pintores argentinos de la llamada «segunda vanguardia», fundado por L.

Barragán, V. Forte y B. Venier, que impulsó el movimiento surrealista en su país.

ORISSÀ, estado del NE de la India; 156 000 km²; 31 512 070 hab.; cap. *Bhubaneswar*.

ORITO, mun. de Colombia (Putumayo); 15 115 hab.

ORIXE → **ORMAETXEA**.

ORIZABA, c. de México (Veracruz), dominada por el *volcán de Orizaba*; 115 000 hab. Industrias textiles y metalúrgicas; construcciones mecánicas, cemento y manufactura de tabaco.— Iglesias barrocas del s. XVIII.

ORIZABA o **CITLALTÉPETL** (pico de), volcán de México, en la cordillera Neovolcánica; 5 747 m, máxima altitud del país.

ORIZATLÁN, mun. de México (Hidalgo), en la Huasteca; 26 494 hab. Agricultura y pesca.

ORJÄN GÄZÏ, *1281-1359 o 1362*, soberano otomano (1326-1359 o 1362). Hizo de Brusa su capital y logró penetrar en Europa (cerca de Gallípoli, 1354).

ORKNEY, nombre ingl. de las *Orcadas.

ORLANDI (Nazareno), *Ascoli Piceno 1861-Buenos Aires 1952*, pintor italiano. Realizó diversas decoraciones murales en Buenos Aires.

ORLANDO, c. de Estados Unidos (Florida); 164 693 hab. En las proximidades, parque de atracciones de Disney World.

ORLANDO (Vittorio Emanuele), *Palermo 1860-Roma 1952*, político italiano. Presidente del Consejo (1917-1919), representó a su país en la conferencia de Versalles (1919).

ORLEANESADO, en fr. *Orléanais*, ant. prov. de Francia, que comprendía los actuales departamentos de Loiret, Loir-et-Cher y Eure-et-Loir; cap. *Orleans*. Patrimonio de la casa de Orleans, constituyo un ducado.

ORLEANS, en fr. *Orléans*, c. de Francia, cap. de la región Centre y del dep. de Loiret, a orillas del Loira; 116 559 hab. (más de 270 000 en la aglomeración). Universidad. Catedral gótica (ss. XIII-XIX); iglesias medievales; museos.— Metrópoli religiosa desde el s. IV, durante la guerra de los Cien años fue sitiada por los ingleses y liberada por Juana de Arco (1429).

ORLEANS (casas de), familias principescas de Francia. La primera tiene como único miembro a Felipe I, hijo del rey Felipe VI. La segunda la inició Luis de Orleans (m. en 1407), hermano de Carlos VI y abuelo de Luis XII; de esta familia derivó la rama de Angulema, que llegó al trono con Francisco I (→ **Valois**). La tercera familia tuvo como único miembro a Gastón de Orleans (m. en 1660), hermano de Luis XIII. La cuarta, iniciada por Felipe I (m. en 1701), hermano de Luis XIV, asumió la legitimidad dinástica con Luis Felipe I, al extinguirse la línea directa de los Borbones.

ORLEANS (Carlos de), *París 1394-Amboise 1465*, poeta francés. Hermano de Carlos VI y padre de Luis XII, estuvo encarcelado en Inglaterra (1415-1440). Compuso baladas y poemas melancólicos, de estilo refinado.

ORLEANS (Felipe II, duque de), *Saint-Cloud 1674-Versalles 1723*, regente de Francia (1715-1723). Participó con éxito en la guerra de Sucesión de España (1707), pretendió la corona española y negoció con el archiduque Carlos, pero Felipe V lo apartó. Regente de Francia durante la minoría de Luis XV, anuló el testamento de Luis XIV y consiguió la autoridad absoluta. Entró en guerra con España (1719-1720).

ORLEANSVILLE → **CHELIFF** (Ech-).

ORLICH (Francisco José), *San Ramón 1908-San José 1969*, militar y político costarricense. Estrecho colaborador de José Figueres y miembro del PLN, fue presidente (1962-1966).

ORLOV (Grigori Grigórievich, conde), *1734-Moscú 1783*, militar ruso. Favorito de la futura Catalina II, participó en el complot contra Pedro III (1762).

ORLY, c. de Francia (Val-de-Marne), al S de París; 20 706 hab. Aeropuerto.

ORMAETXEA u **ORMAECHEA** (Nicolás), *Oreja, Guipúzcoa, 1888-Añorga, Guipúzcoa, 1961*, escritor español en lengua vasca. Bajo el seudónimo de **Orixe**, es autor de una copiosa producción en verso en la que describe la vida rural (*Los vascos*, 1950).

ORMONDE (James **Butler**, duque de), *Londres 1610-1688*, estadista irlandés. Protestante, pero

realista ferviente, se dedicó como lord lugarteniente de Irlanda (1641-1647, 1662-1669, 1677-1684) a la defensa de los intereses irlandeses.

ORMUZ II **HORMUZ** (estrecho de), estrecho que comunica el golfo Pérsico y el golfo de Omán, utilizado para el transporte de petróleo. Debe su nombre a la *isla de Ormuz* (al SE de Bandar Abbas).

ORMUZD → **AHURA-MAZDA**.

ORNE, dep. de Francia (Baja Normandía); 6 103 km²; 292 337 hab.; cap. *Alençon* (30 379 hab.).

ORO (El), mun. de México (Durango); 18 461 hab.; cab. *Santa María del Oro*. Minería y metalurgia.

ORO (El), mun. de México (México); 22 753 hab.; cab. *El Oro de Hidalgo*. Industrias extractivas de oro, plata, hierro, manganeso y piritas.

ORO (provincia de El), prov. del SO de Ecuador; 5 826 km²; 412 572 hab.; cap. *Machala*.

Oro (museo del), denominación de diversos museos de América Latina, entre los que sobresalen: el *museo del Oro de Bogotá*, fundado en 1939, que alberga alrededor de cincuenta mil piezas de oro y piedras preciosas pertenecientes a las culturas prehispánicas colombianas (sobre todo chibcha y quimbayá), y el *museo del Oro de Lima*, que expone piezas de orfebrería, vajilla, objetos ceremoniales, etc., de las principales culturas peruanas.

Oro (torre del), torre de Sevilla (España), de época almohade (iniciada en 1220-1221). Formaba parte de las fortificaciones del alcázar y, al parecer, estaba revestida de azulejos dorados.

ORÓ (Juan), *Lérida 1923-Barcelona 2004*, bioquímico español. Profesor emérito de la universidad de Houston y miembro de varios comités de la NASA y de la Academia nacional de ciencias de EUA, es autor de trabajos sobre el origen de la vida, la síntesis no biológica de sustancias orgánicas y el análisis de sedimentos orgánicos en rocas. En 1960 consiguió la síntesis prebiótica de la adenina, componente fundamental de los ácidos nucleicos.

■ EMILIO **ORIBE**　　■ JUAN **ORÓ**

OROCOVIS, mun. del centro de Puerto Rico; 21 158 hab. Piña y tabaco. Centro residencial.

oro del Rin (El) → **Tetralogía**.

ORONTES, r. del Próximo oriente (Líbano, Siria, Turquía), tributario del Mediterráneo; 570 km. Atraviesa Homs y Antakya.

OROPESA, v. de España (Toledo); 2 717 hab. (*oropesanos*). Bordados.— Gran castillo de los ss. XIV-XV, restaurado (parador de turismo).

OROPESA (Manuel Joaquín **Álvarez de Toledo y Portugal**, conde de), *m. en Barcelona 1707*, político español. Primer ministro (1685-1691) y presidente del Consejo de Castilla (1696-1699), apoyó a José Fernando de Baviera como aspirante al trono español y luego a Carlos de Austria. Objeto de un motín del partido «francés» (1699), fue desterrado.

OROSIO (Paulo), *Braga o Tarragona h. 390-¿Hipona? h. 418*, sacerdote y apologista español. Discípulo de san Agustín, escribió *Historia contra los paganos* (416-417).

OROTAVA (La), v. de España (Santa Cruz de Tenerife), cab. de p. j., en Tenerife; 38 348 hab. (*orotavenses*). Casas señoriales con típicas balconadas; iglesias de San Agustín (s. XVII) y de la Concepción (s. XVIII, barroca).— El mun. se extiende por el *valle de La Orotava*, en la vertiente N del Teide (plátanos). Turismo.

OROYA (La), c. de Perú (Junín); 26 075 hab.

Centro metalúrgico. Central hidroeléctrica de Malpaso. Industria química y fertilizantes.

OROZCO (beato Alonso de), *Oropesa 1500-Madrid 1591*, escritor místico español, monje agustino precursor de la mística española (*Desposorio espiritual y regimiento del alma*, 1565) y consejero de Felipe II. Fue beatificado por León XIII en 1882.

OROZCO (Gabriel), *Jalapa 1962*, artista mexicano. Interesado por las nociones de transitoriedad y juego, en sus esculturas, fotografías e instalaciones replantea con ironía la visión convencional del paisaje urbano y de los objetos cotidianos.

OROZCO (José Clemente), *Zapotlán el Grande, act. Ciudad Guzmán, 1883-México 1949*, pintor mexicano. Protagonista del muralismo mexicano con Siqueiros y Rivera, su obra revaloriza la cultura precolombina y la voluntad revolucionaria. Su estilo, monumentalista, es de un vigoroso realismo expresionista (universidad y hospital Cabañas, Guadalajara; frescos de la Escuela preparatoria nacional y para la Suprema corte de justicia, México; paneles móviles del MOMA, Nueva York).

■ JOSÉ CLEMENTE **OROZCO**. *Las soldaderas* (1929). [Museo de arte moderno, México.]

OROZCO (Olga), *Toay 1920-Buenos Aires 1999*, poeta argentina. Surrealista, su poesía es un desgarrado canto a la soledad y a la muerte (*Las muertes*, 1952; *Cantos a Berenice*, 1977; *Mutaciones de la realidad*, 1979). Ha cultivado asimismo el relato. (Premio Juan Rulfo 1998.)

OROZCO (Pascual), *Guerrero 1882-El Paso, Texas, 1916*, revolucionario mexicano. Se sublevó contra Díaz (1911) y Madero (1912), y reconoció a Huerta (1913-1914). Fue asesinado.

OROZCO Y BERRA (Fernando), *San Felipe 1822-México 1851*, escritor y periodista mexicano. Médico, es autor de la primera novela romántica sentimental mexicana (*Escéptico, ideal*). Consagrado con *La guerra de treinta años* (1850), también escribió comedias y poesía.

ORPÍ (Joan), *Piera, Barcelona, 1593-Nueva Barcelona 1645*, conquistador español. Asesor en Cumaná y Caracas, derrotó a los cumanagotos y fundó Nueva Barcelona (1638).

ORRENTE (Pedro), *Montealegre, Murcia, 1580-Valencia 1645*, pintor español. Su obra muestra influencias de la pintura veneciana de Bassano, de El Greco y del tenebrismo de la escuela de Caravaggio (*Martirio de san Sebastián*, 1616, catedral de Valencia; *Aparición de santa Leocadia*, 1617, sacristía de la catedral de Toledo).

Orrorin, nombre que suele darse a un homínido fósil (*Orrorin tugenensis*) del que en 2000 se descubrieron en Kenya algunos elementos del esqueleto (dientes, fémur, falanges), con una antigüedad de 6 millones de años.

ORRY (Jean), señor de Vignory, conde de Vinaroz, *París 1652-íd. 1719*, político francés al servicio de España. Consejero de Felipe V, actuó como primer ministro (1713-1715).

ORS (Eugeni d'), *Barcelona 1882-Vilanova i la Geltrú 1954*, escritor español. En su primera etapa, en catalán, a menudo bajo el seudónimo **Xènius**, defendió la mesura frente a los excesos modernistas del novecentismo catalán. De esta época (1906-1921) datan sus artículos de *Glosari I* (1950), y *La bien plantada* (1912). A partir de 1920 empezó a escribir en castellano, además de publicar en francés *Lo barroco* (1936). [Real Academia 1926.]

Orsay (museo de), museo de París inaugurado en 1986, dedicado a las artes plásticas del período 1848-1914.

ORSINI, familia romana güelfa, rival de los Colonna. Dio a la Iglesia tres papas: Celestino III, Nicolás III y Benedicto XIII.

ORSK, c. de Rusia, junto al Ural; 273 000 hab. Siderurgia.

ØRSTED (Hans Christian) → **OERSTED.**

ORTEGA, mun. de Colombia (Tolima); 32 354 hab. Yacimientos petrolíferos.

ORTEGA (Daniel), *La Libertad, Chontales, 1945*, político nicaragüense. Miembro desde 1966 de la directiva del Frente sandinista de liberación nacional (FSLN), coordinador de la junta a partir de 1981, fue presidente de la república de 1985 a 1990. Promulgó la constitución de 1987. Volvió a la jefatura del estado en 2007 (al imponerse ampliamente en las elecciones presidenciales de nov. 2006).

ORTEGA (Domingo **López**), *Borox, Toledo, 1906-Madrid 1988*, matador de toros español. Tomó la alternativa en 1931 y se retiró en 1954. Fue un consumado estoqueador y director de lidia.

ORTEGA (Francisco), *México 1793-íd. 1849*, poeta y político mexicano. Considerado uno de los precursores del romanticismo en México, cultivó la poesía sagrada, la patriótica y la amatoria de tono pastoril (*Poesías líricas*, 1839). También escribió el melodrama patriótico *México libre*, estrenado en 1821. Fue uno de los redactores de la constitución de 1843.

ORTEGA (Gabriela), *Cádiz 1862-Sevilla 1919*, intérprete de baile flamenco y cantaora española. Dio a conocer algunas de las formas más puras del baile flamenco en los cafés cantantes y fue una de las forjadoras de las «alegrías» y «soleares» tal como actualmente se conocen. Sus hijos **Joselito** y **Rafael el Gallo** fueron destacados toreros.

ORTEGA (fray Juan de), *Palencia h. 1480-íd. 1568*, matemático español. En su *Tratado subtilíssimo de arismética y geometría* (1512), uno de los primeros libros españoles de cálculo mercantil, expuso un sistema nuevo para la extracción de raíces cuadradas.

ORTEGA (Julio), *Casma 1942*, escritor peruano. Su poesía (*De este reino*, 1964; *Tiempo de dos*, 1966) se mueve entre el intimismo y lo social, mientras en teatro produjo innovadoras piezas de denuncia, reunidas en *Teatro* (1965).

ORTEGAL (cabo), cabo de la costa atlántica española (La Coruña), enmarcando la ría de Santa Marta.

ORTEGA MONTAÑÉS (Juan), *Llanes 1627-México 1708*, administrador y eclesiástico español, virrey de Nueva España (1696 y 1701-1702).

ORTEGA MUNILLA (José), *Cárdenas, Cuba, 1856-Madrid 1922*, escritor y periodista español. Padre de J. Ortega y Gasset, fue director y copropietario de *El imparcial*, y ejerció gran influencia en los círculos intelectuales y políticos. (Real Academia 1901.)

ORTEGA MUÑOZ (Godofredo), *San Vicente de Alcántara, Badajoz, 1905-Madrid 1982*, pintor español, especialista en pintura de paisajes, sobre todo de su tierra extremeña, con un estilo casi abstracto, austero y esencial.

ORTEGA Y GASSET (José), *Madrid 1883-íd. 1955*, filósofo español. Estudió filosofía en las universidades de Madrid, Leipzig, Berlín y Marburgo, y fue catedrático de metafísica en la Madrid hasta 1936. Ortega parte de la teoría de la circunstancia, según la cual no concibe por separado el yo de su entorno (*Meditaciones del Quijote*, 1914), y completa su reflexión metafísica con una meditación muy original so-

bre diversos aspectos de la intercomunicación y la vida sociopolítica. Su principal aportación a la sociología es la teoría de las minorías y las masas, expuesta en *España invertebrada* (1921), *La deshumanización del arte* (1925) y *La *rebelión de las masas* (1930).

■ DANIEL **ORTEGA**   ■ JOSÉ **ORTEGA Y GASSET**, por G. Prieto.

ORTIZ (Adalberto), *Esmeraldas 1914*, escritor ecuatoriano. El tema indigenista centra su producción, tanto poética (*Tierra, son y tambor*, 1945) como narrativa (*El espejo y la ventana*, 1967; *La envoltura del sueño* 1892). Ha cultivado también el teatro.

ORTIZ (Diego), *Toledo h. 1510-d. 1570*, compositor español. Su *Tratado de glosas sobre cláusulas y otros géneros de puntos en la música de violones* (1533) es una excelente muestra del arte de la variación en los instrumentos de arco. También escribió composiciones de género religioso y para laúd.

ORTIZ (José Joaquín), *Tunja 1814-Bogotá 1842*, escritor colombiano. Su poesía representa el paso del neoclasicismo al romanticismo en su país (*Horas de descanso*, 1834; *Poesías*, 1880). También cultivó el periodismo, el ensayo y la narrativa.

ORTIZ (Roberto Mario), *Buenos Aires 1886-íd. 1942*, político argentino. Presidente de la república (1938-1942), incorporó a los radicales a la vida política y se alineó con Gran Bretaña.

ORTIZ DE CASTRO (José Damián), *Jalapa 1750-Tacubaya 1793*, arquitecto mexicano. Intervino en la remodelación de México emprendida por el virrey Juan Vicente de Güemes Pacheco de Padilla y concluyó las torres y la fachada de la catedral.

ORTIZ DE DOMÍNGUEZ (Josefa), llamada **la Corregidora**, *Morelia 1768-México 1829*, patriota mexicana. Actuó de enlace entre los caudillos de la independencia. Fue detenida en 1810.

ORTIZ DE MONTELLANO (Bernardo), *México 1899-íd. 1949*, poeta mexicano. Su obra poética está recogida en *Sueño y poesía* (1952). Escribió también teatro (*La cabeza de Salomé*, 1943), ensayos y relatos (*Cinco horas sin corazón*, 1940).

ORTIZ DE ZÁRATE (Juan), *Orduña 1521-Asunción, Paraguay, 1576*, conquistador español. Participó con los almagristas en la conquista del Perú. Gobernador y capitán general del Río de la Plata (1567), obtuvo jurisdicción sobre un gran territorio (1572), que denominó Nueva Vizcaya. Fundó la ciudad de Zaratina de San Salvador (1574).

ORTIZ DE ZÁRATE (Manuel), *Santiago 1887-París 1946*, pintor chileno, miembro del llamado grupo de Montparnasse, que introdujo el postimpresionismo en Chile.

ORTIZ RUBIO (Pascual), *Morelia 1877-México 1963*, político mexicano. Diputado maderista (1912), participó en la revolución contra Carranza (1919). Miembro del Partido nacional revolucionario, presidió la república (1930-1932) bajo la dirección de Calles.

ORTIZ Y FERNÁNDEZ (Fernando), *La Habana 1881-íd. 1969*, escritor cubano, especializado en temas folclóricos afrocubanos y sociológicos (*Los negros brujos*, 1905; *El huracán, su mitología y sus símbolos*, 1947).

ORTLER u **ORTLES**, macizo de los Alpes italianos (Trentino); 3 899 m.

ORURO, c. de Bolivia, cap. del dep. homónimo;

183 194 hab. Centro comercial, industrial (fundiciones, textiles, alimentarias) y minero. Universidad.

ORURO (departamento de), dep. del O de Bolivia, 53 588 km²; 338 893 hab.; cap. *Oruro*.

ORVIETO, c. de Italia (Umbría); 21 362 hab. Catedral románica y gótica (frescos de Signorelli). Museo municipal (colecciones etruscas).

ORWELL (Eric Blair, llamado **George**), *Motihâri, India, 1903-Londres 1950*, escritor británico. Sus relatos alegóricos (*Rebelión en la granja*, 1945) y de anticipación (*1984*, 1949) denuncian los peligros del totalitarismo.

ORY (Carlos Edmundo **de**), *Cádiz 1923*, poeta español, fundador con Eduardo Chicharro del postismo (*Energeia [1940-1977]*, 1978).

ORZESZKOWA (Eliza), *Milkowszczyżna 1841-Grodno 1910*, escritora polaca. Es autora de relatos de tema social (*Marta*).

OSA, península del S de Costa Rica, entre la bahía de Coronado y el golfo Izabal, la segunda en tamaño del país después de la Nicoya.

OSA, cantón de Costa Rica (Puntarenas); 31 112 hab.; cab. *Puerto Cortés*. Puerto fluvial en el Grande de Térraba.

ÔSAKA, c. de Japón, en el S de Honshū, junto al Pacífico; 2 623 801 hab. Puerto. Segundo polo económico de Japón y centro industrial diversificado. — Templos y museos. — Aeropuerto en la *bahía de Ôsaka* (estudio R. Piano, 1991-1994).

OSA MAYOR, constelación boreal. Sus siete estrellas más brillantes forman una figura a menudo designada con el nombre de *Carro Mayor* o de *David*.— **Osa Menor**, constelación boreal, que suele designarse con el nombre de *Carro Menor*. Comprende la *estrella Polar*, muy cercana al polo Norte.

OSASCO, c. de Brasil, zona suburbana industrial de São Paulo; 563 419 hab.

OSBORNE (John), *Londres 1929-Shrewsbury 1994*, dramaturgo británico. Fue el más significativo miembro de los *Angry Young Men (*Mirando hacia atrás con ira*, 1956; *Evidencia inadmisible*, 1964).

OSBORNE (Thomas) → *DANBY* (Thomas Osborne, lord).

Oscar (premios), galardones cinematográficos (v. parte n. com.).

ÓSCAR II, *Estocolmo 1829-íd. 1907*, rey de Suecia (1872-1907) y de Noruega (1872-1905). Hermano y sucesor de Carlos XV, aceptó la ruptura de la unión sueconoruega (1905).

OSCE (Organización para la seguridad y cooperación en Europa), organización surgida en 1995 del conjunto de negociaciones mantenidas a partir de 1973 (bajo el nombre de CSCE [Conferencia sobre la seguridad y cooperación en Europa]) entre los estados europeos, Canadá y Estados Unidos con el fin de establecer un sistema de seguridad y de cooperación en Europa. En la cumbre de 1975 se aprobó el Acta final de Helsinki, en la que se concretan los principios que rigen las relaciones entre los estados signatarios (en particular la inviolabilidad de las fronteras y el respeto de los derechos humanos). En la segunda cumbre (París, 1990) se firmó la Carta para una nueva Europa. Actualmente, después de la adhesión de nuevos países, en particular los surgidos a partir de 1991-1992 del desmembramiento de la URSS y de Yugoslavia, la organización cuenta con 56 estados miembros.

OSEAS, profeta bíblico. Ejerció su ministerio durante los años anteriores a la caída de Samaria (722-721 a.C.).

OSEAS, último rey de Israel (732-724 a.C.). Conspiró con Egipto contra Asiria, fue hecho prisionero y murió en el exilio.

OSETIA DEL NORTE, república de Rusia, limítrofe con la región autónoma de *Osetia del Sur*; 650 000 hab.; cap. *Vladikavkás*. La población está constituida en su 50 % por osetos, y alrededor de un 30 % son rusos.

OSETIA DEL SUR, región autónoma del N de Georgia; 100 000 hab.; cap. *Tsjinvali*. Los osetos constituyen dos tercios de la población, mientras que el restante 30 % es de origen georgiano. — Desde 1991 se producen combates entre los georgianos y los osetos del Sur,

quienes, con el respaldo de Rusia, aspiran a su reunificación con los osetos del Norte. En ag. 2008, tras una ofensiva de Tbilisi para restaurar su autoridad en la región, Rusia llevó a cabo una guerra relámpago en Georgia, y después reconoció la independencia autoproclamada de Osetia del Sur.

OSH, c. de Kirguizistán; 238 000 hab.

OSHAWA, c. de Canadá (Ontario), junto al lago Ontario; 127 082 hab. Puerto. Industria del automóvil.

OSHIMA NAGISA, *Kyōto 1932*, cineasta japonés. Su cine de autor, representativo de la nouvelle vague japonesa, trata con audacia el sexo, la muerte y la transgresión: *La ejecución* (1968), *La ceremonia* (1971), *El imperio de los sentidos* (1976), *Feliz navidad, Mr. Lawrence* (1983), *Tabu* (2000).

OSHOGBO, c. del SO de Nigeria; 442 000 hab. En los alrededores, bosque sagrado de Ochim (patrimonio de la humanidad 2005).

OSIANDER (Andreas **Hosemann**, llamado **Andreas**), *Gunzenhausen, Brandeburgo, 1498-Königsberg 1552*, teólogo protestante y científico alemán. Suscribió los artículos de Smalkalda y publicó la astronomía de Copérnico.

OSIJEK, c. de Croacia, junto al Drave; 105 000 hab. Centro industrial. Universidad.

OSIO (san), *Córdoba h. 256-íd. h. 358*, prelado hispanorromano. Obispo de Córdoba (296), fue consejero eclesiástico del emperador Constantino. Intervino en el concilio de Arles (314) y presidió el de Nicea (325). Muerto Constantino, fue desterrado a Sirmium (355).

OSIRIS, dios egipcio de la vegetación, esposo de Isis y padre de Horus. El mito de su muerte y resurrección hizo de él un salvador que garantizaba la vida en el más allá. Preside el tribunal de los muertos. Su culto, asociado al de Isis, se extendió por el mundo grecorromano.

OSKEMEN, ant. **Ust-Kamenogorsk**, c. del E de Kazajstán; 332 900 hab. Metalurgia.

OSLO, cap. de Noruega, junto a un golfo formado por el Skagerrak; 467 441 hab. Puerto. Centro administrativo e industrial. — Castillo de Akershus (h. 1300 y s. XVII). Museos, entre ellos la Galería nacional y el de folklore, y barcos vikingos en la isla de Bygdøy. — La ciudad, incendiada en s. XVII, fue reconstruida por Cristian IV de Dinamarca como *Cristianía*. Capital de la Noruega independiente (1905), tomó de nuevo el nombre de *Oslo* en 1925.

Oslo (acuerdo de) → **Washington** (acuerdo de).

OSMA → BURGO DE OSMA-CIUDAD DE OSMA.

OSMÁN o **'UTMĀN I GĀZĪ**, *Sögüt h. 1258-1326*, fundador de la dinastía otomana.

OSNABRÜCK, c. de Alemania (Baja Sajonia); 168 078 hab. Monumentos de época gótica.
  Fue la sede, con Münster, de las negociaciones de la paz de Westfalia (1644-1648), que puso fin a la guerra de los Treinta años.

OSO (gran lago del), lago del N de Canadá (Territorios del Noroeste); 31 100 km².

OSONA (Rodrigo de), llamado **el Viejo**, pintor activo en Valencia entre 1464 y 1484. Influido por la pintura del N de Italia, introdujo el renacimiento en la región levantina (*Calvario*, iglesia de San Nicolás, Valencia). — **Francisco de O.**, pintor activo entre h.1465 y h. 1514. Hijo de Rodrigo el Viejo, ejecutó una pintura influida por la de su padre y la de pintores italianos (*Adoración de los Reyes*, Prado).

OSORIO (Miguel Ángel), *Santa Rosa de Osos 1883-México 1952*, poeta colombiano. Romántico y aventurero, fundó revistas en Colombia y México. Perteneciente a los últimos modernistas, su espíritu desgarrado y sincero queda reflejado en su obra, publicada bajo el seudónimo de Porfirio Barba Jacob (*Rosas negras*, 1933; *Poemas intemporales*, 1944).

OSORIO (Óscar), *Sonsonate 1910-Houston 1969*, militar y político salvadoreño. Presidente de la república (1950-1956), defendió los intereses de la oligarquía cafetalera.

OSORIO LIZARAZO (José Antonio), *Bogotá 1900-íd. 1964*, escritor colombiano, autor de novelas sociales impregnadas de naturalismo (*El árbol turbulento*, 1954).

OSORNO, volcán de Chile (Los Lagos); 2 652 m. Estación de deportes de nieve.

OSORNO, c. de Chile (Los Lagos); 128 709 hab. Industrias lácteas, madereras; cerveza, conservas de carne. Turismo. — Fundada en 1553 por Pedro de Valdivia, fue abandonada y refundada en 1558 por Diego Hurtado de Mendoza, destruida por los indios en 1604 y reconstruida en 1792.

OSPINA (Pedro Nel), *Bogotá 1858-Medellín 1927*, militar y político colombiano. Conservador, fue presidente (1922-1926).

OSPINA PÉREZ (Mariano), *Medellín 1891-Bogotá 1976*, político colombiano. Conservador, fue presidente de la república (1946-1950). Basó su gobierno en la represión, que culminó con el asesinato de J.E. Gaitán (1948) y desencadenó la insurrección de Bogotá (*Bogotazo*).

OSPINA RESTREPO (Marcos), *Bogotá 1912-íd. 1983*, pintor y muralista colombiano. De tendencia abstracta, decoró la iglesia de Fátima de Bogotá.

OSPINA RODRÍGUEZ (Mariano), *Guasca, Cundinamarca, 1805-Medellín 1885*, político colombiano. Adversario de Bolívar y dirigente del Partido conservador, fue presidente de la república (1857-1861) y apoyó a los federalistas frente a los centralistas.

OSSA, montaña de Grecia, en Tesalia; 1 978 m.

OSSAYE (Roberto), *Guatemala 1927-íd. 1954*, pintor guatemalteco. Se inició en el surrealismo para pasar a un riguroso geometrismo (*La Verónica*).

osservatore romano (L'), diario del Vaticano, fundado en Roma en 1861. Impreso en Ciudad del Vaticano desde 1929, es el órgano oficial de la Santa Sede.

OSSIÁN u **OISIN**, *Ruthven, Inverness, 1736-Belville, Inverness, 1796*, bardo escocés legendario del s. III, con cuyo nombre publicó el poeta escocés James **Macpherson**, en 1760, unos *Fragmentos de poesía antigua*, traducidos del gaélico y del erse, cuya influencia en la literatura romántica fue notable.

OSTENDE, en flamenco **Oostende**, c. de Bélgica (Flandes Occidental), a orillas del mar del Norte; 68 500 hab. Estación balnearia. Puerto. — Museos. Casa del pintor J. Ensor.

Ostende (pacto de) [1866], acuerdo concluido en Ostende (Bélgica) por partidos españoles (demócrata, progresista y Unión liberal) para derribar al gobierno moderado y derrocar a Isabel II.

OSTIA, estación balnearia de Italia, en el emplazamiento del puerto de la Roma antigua (actualmente cerrado), cerca de la desembocadura del Tíber. En un principio puerto militar (s. III a.C.), fue durante el imperio un gran puerto comercial, de gran importancia para el abastecimiento de Roma. — Importantes vestigios (s. IV a.C.-s. IV d.C.), testimonio del urbanismo romano.

OSTRAVA, c. de la República Checa (Moravia), junto al Odra; 327 553 hab. Centro hullero y metalúrgico. — Iglesia de San Venceslao (s. XIII).

OSTROVSKI (Alexandr Nikoláievich), *Moscú 1823-Shlíkovo 1886*, dramaturgo ruso. Sus comedias (*Entre los suyos, uno se las arregla*, 1850) y sus dramas (*El falso Demetrio*, 1867) lo convirtieron en el fundador del repertorio nacional.

OSTROVSKI (Nikolái Alexéievich), *Vilia, Volinia, 1904-Moscú 1936*, escritor soviético. Su novela autobiográfica *Cómo se templó el acero* (1932-1935) fue un modelo del realismo socialista.

OSTWALD (Wilhelm), *Riga 1853-Grossbothen, cerca de Leipzig, 1932*, químico alemán. Autor de estudios sobre los electrólitos y la catálisis, descubrió, en 1907, la preparación industrial del ácido nítrico por oxidación catalítica del amoníaco. (Premio Nobel 1909.)

OSUNA, v. de España (Sevilla), cab. de p. j.; 17 290 hab. (*osuneses* u *urasonenses*). Cereales y olivos. — Colegiata plateresca (s. XVI, cuadros de José Ribera y notable órgano). — Poblado iberorromano de *Urso*.

OSUNA (duques de), familia aristocrática española, descendiente de los Acuña y de los Téllez de Meneses. En 1562 Felipe II nombró duque a Pedro Téllez-Girón, virrey de Nápoles (1582-1586). Sus descendientes ocuparon cargos de relevancia política.

OSUNA (Francisco de), *Osuna 1497-¿1540?*, escritor místico español. Franciscano, fue autor de *Abecedario espiritual* (1528-1554), obra intimista que ejerció gran influencia sobre otros místicos.

OSUNA (Rafael), *México 1938-Monterrey 1969*, tenista mexicano. Jugó con el equipo de su país en la copa Davis (1958) y fue vencedor por parejas en Wimbledon (1960 y 1963) y en individual en el Grand Slam de EUA (1963).

OŚWIĘCIM → **AUSCHWITZ.**

OTAN (Organización del tratado del Atlántico norte, en ingl. NATO [North Atlantic Treaty Organization]), tratado de alianza entre diversos estados (act.26) para garantizar la defensa mutua y colectiva. Firmado el 4 de abril de 1949 en Washington por Bélgica, Canadá, Dinamarca, Estados Unidos, Francia (que se retiró del mando militar de la OTAN en 1966), Gran Bretaña, Islandia, Italia, Luxemburgo, Países Bajos y Portugal, el tratado, principalmente garante para los europeos del apoyo de Estados Unidos en caso de agresión, fue ratificado en 1952 por Turquía y Grecia, en 1955 por la República federal de Alemania y, en 1982, por España. Tras la disolución del pacto de Varsovia (1991), se creó el Consejo de cooperación del Atlántico Norte (CCAN) —al que sucedió en 1997 el Consejo de asociación euroatlántica, o CAEA—, con el fin de establecer lazos de confianza con los estados de la Europa del Este y los surgidos tras la caída de la URSS. A partir de 1994, la OTAN firmó con estos países acuerdos de colaboración por la paz y progresivamente se incorporan a la organización (Hungría, Polonia y la República Checa, en 1999; Bulgaria, Eslovaquia, Eslovenia, Estonia, Letonia, Lituania y Rumania, en 2004). En 2003, la OTAN emprendió, en Afganistán, su primera misión fuera de Europa. El Consejo permanente de la OTAN tiene su sede en Bruselas.

OTAÑO (José María Nemesio), *Azcoitia 1880-San Sebastián 1956*, compositor y musicólogo español. Fundador y director de la revista *Música sacra hispana* (1907-1922), es autor de una esencial *Antología orgánica práctica*. Sus composiciones abarcan música religiosa, piezas para órgano y piano y armonizaciones de canciones populares vascas.

OTARU, c. de Japón (Hokkaidō); 163 211 hab. Puerto.

OTASE (Organización del tratado del Sureste asiático), alianza defensiva concertada en Manila entre Australia, EUA, Francia, Gran Bretaña, Nueva Zelanda, Pakistán, Filipinas y Tailandia (8 sept. 1954). Fue disuelta en 1977.

OTAVALO, cantón de Ecuador (Imbabura); 62 616 hab. Comprende el lago San Pablo. Centro turístico. Artesanía.

OTEIZA (Jorge), *Orio, Guipúzcoa, 1908-San Sebastián 2003*, escultor español. Influido en sus inicios por J. Epstein y Alberto Sánchez, en su obra posterior se manifiesta la preocupación por los valores constructivos y estructurales de la masa escultórica y el valor expresivo del vacío (serie *Desocupación de la esfera*). Practicó también la cerámica y escribió ensayos y poesía. (Premio Príncipe de Asturias 1988.) – Museo en Alzuza (Navarra).

Otelo, personaje principal de la tragedia homónima de Shakespeare (h. 1604). General moro al servicio de Venecia, es amado por Desdémona, a la que da muerte en un acceso de celos provocado por la astucia del traidor Yago. – La obra inspiró, entre otras, una ópera en tres actos de Rossini (*Otelo*, 1916) y un drama lírico en 4 actos a Verdi (*Otelo*, 1887).

OTERO (Alejandro), *El Manteco 1921-Caracas 1990*, artista venezolano. Pintor (murales de la ciudad universitaria de Caracas), luego realizó grandes esculturas, a menudo móviles (*Solar delta*, 1977; *Aguja solar*, 1982).

OTERO (Blas de), *Bilbao 1916-Madrid 1979*, poeta español. Tras una etapa existencial y religiosa (*Ángel fieramente humano*, 1950), evolucionó hacia una poesía de denuncia social con *Pido la paz y la palabra* (1955). En sus últimos años cultivó también la prosa (*Historias fingidas y verdaderas*, 1970).

OTERO PEDRAYO (Ramón), *Orense 1888-íd. 1976*, escritor español en lengua gallega. Miembro de la generación *Nós y del Partido galle-

guista, entre sus novelas, de prosa imaginista y barroca, destacan *Los caminos de la vida* (1928) y *El señorito de la Reboraina* (1960). También escribió un *Ensayo histórico sobre la cultura gallega* (1933) y prosa científica.

OTERO SILVA (Miguel), *Barcelona 1908-Caracas 1985*, escritor venezolano. Sus obras, de tendencia realista y social, combinan aspectos poéticos y de narrativa oral (*Fiebre*, 1941; *Casas muertas*, 1955; *Oficina nº 1*, 1961; *La piedra que era Cristo*, 1985). También escribió poesía (*Obra poética*, 1977) y humorismo social.

■ MIGUEL **OTERO** SILVA

OTHÓN (Manuel José), *San Luis de Potosí 1858-íd. 1906*, escritor mexicano. Cultivó el periodismo, el teatro, el cuento y la poesía (*Poemas rústicos*, 1902) de sensibilidad clásica y tema paisajístico.

OTHÓN P. BLANCO → **CHETUMAL.**

OTOMANO (Imperio), conjunto de territorios sobre los que los sultanes otomanos ejercían su autoridad.
La formación y el apogeo. H. 1299: Osmán se independizó de los Selyúcidas. **1326:** los hijo Orján conquistó Brusa, que convirtió en su capital. **1354:** penetró en Europa (Gallípoli) y creó el cuerpo de jenízaros. **1359-1389:** Murat I conquistó Adrianópolis, Tracia, Macedonia y Bulgaria. **1402:** Bayaceto I (Bāyazid) [1389-1403] fue derrotado por Timūr Lang (Tamerlán). **1413-1421:** Mehmed I reconstituyó el imperio de Anatolia. **1421-1451:** Murat II continuó la expansión por Europa. **1453:** Mehmed II (1451-1481) conquistó Constantinopla, que se convirtió en una de las metrópolis del islam. **1454-1463:** sometió Serbia y Bosnia. **1475:** sometió a vasallaje a Crimea. **1512-1520:** Selim I conquistó Anatolia oriental, Siria y Egipto. El último califa abasí se sometió a Estambul. Hasta el s. XVIII los sultanes otomanos no ostentaron el título de califa. **1520-1566:** con Solimán el Magnífico el imperio alcanzó su apogeo: dominio sobre Hungría (victoria de Mohács [1526]), Argelia, Túnez y Tripolitania, y sitio de Viena (1529).
El estancamiento y el declive. 1570-1571: a la conquista de Chipre siguió el desastre de Lepanto. **1669:** el imperio conquistó Creta. **1683:** el fracaso ante Viena originó la formación de una liga contra los turcos (Austria, Venecia, Polonia y Rusia). **1699:** el tratado de Karlowitz marcó el primer retroceso de los otomanos (pérdida de Hungría). **1774:** el tratado de Kuchuk-Kainarzhi confirmó el ascenso del Imperio ruso. **1808-1839:** Mahmud II se desembarazó de los jenízaros (1826), pero tuvo que reconocer la independencia de Grecia (1830) y aceptar la conquista de Argelia por Francia. **1839:** Abdülmecid (1839-1861) promulgó el rescripto que abrió la era de las reformas, el *Tanzimāt* (1839-1876). **1840:** Egipto se independizó. **1856:** el congreso de París situó al imperio bajo la garantía de las potencias europeas. **1861-1909:** en tiempos de Abdülaziz (1861-1876) y Abdülhamid II (1876-1909) el endeudamiento del imperio provocó una mayor injerencia de los occidentales. El sultán perdió Serbia, Rumania, Túnez y Bulgaria. **1908:** los *Jóvenes turcos tomaron el poder. **1912-1913:** después de las campañas de los Balcanes, los otomanos sólo conservaban en Europa Tracia oriental. **1914-1915:** el gobierno de los Jóvenes tucos intervino en la guerra en el bando alemán, y cometió un genocidio contra los armenios (1915). **1918-1920:** el Imperio otomano

ocupado y desmembrado por los Aliados, quienes impusieron el tratado de Sèvres. **1922:** Muṣṭafā Kemal abolió el sultanato. **1924:** M. Kemal suprimió el califato. (→ **Turquía.**)

OTOMANOS, dinastía de soberanos turcos descendientes de Osmán, que reinaron en el Imperio otomano.

OTÓN, en lat. **Marcus Salvius Otho**, *Ferentinum 32 d.C.-Brixellum 69*, emperador romano en 69, tras la muerte de Galba. Vencido en Bedriac por las legiones de Vitelio, se suicidó.

OTÓN I el Grande, *912-Memleben 973*, rey de Germania (936-973) y de Italia (951/961-973), primer emperador del Sacro Imperio romano germánico (962-973). Hijo de Enrique I el Pajarero, dueño de la situación en Alemania, intervino en Italia para realizar su ideal de reconstitución del Imperio carolingio. Detuvo la invasión húngara en Lechfeld (Baviera) en 955, y, coronado emperador en Roma por el papa Juan XII (962), fundó el Sacro Imperio romano germánico. — **Otón II**, *955-Roma 983*, rey de Germania (961-973), emperador germánico (973-983). Hijo de Otón I, en 982 fue derrotado por los musulmanes en el cabo Colonna (Calabria). — **Otón III**, *980-Paterno 1002*, rey de Germania (983), emperador germánico (996-1002). Hijo de Otón II, trasladó la sede de su gobierno a Roma y, bajo la influencia del erudito francés Gerberto de Aurillac, al que luego hizo papa (Silvestre II), soñó con establecer un imperio romano universal y cristiano. — **Otón IV de Brunswick**, *en Normandía 1175 o 1182-Harzburg, Sajonia, 1218*, emperador germánico (1209-1218). Excomulgado por Inocencio III (1210), quien apoyaba la candidatura imperial de Federico II de Hohenstaufen, fue vencido en Bouvines (julio 1214) por Felipe Augusto de Francia y solo conservó Brunswick.

OTÓN I, *Salzburgo 1815-Bamberg 1867*, rey de Grecia (1832-1862). Hijo de Luis I de Baviera, tuvo que abdicar en 1862.

Otopeni, aeropuerto de Bucarest.

Otra figuración, movimiento artístico argentino, neofigurativo, fundado en 1961 por E. Deira, R. Macció, L. F. Noé y J. de la Vega.

OTRANTO, c. del S de Italia (Apulia), junto al *canal de Otranto* (que comunica el Adriático y el Jónico); 5 152 hab. Catedral de los ss. XI-XV.

ŌTSU, c. de Japón (Honshū); 260 018 hab. Monumentos antiguos (patrimonio de la humanidad 1994).

OTTAWA, cap. de Canadá (Ontario), junto al *río Ottawa*; 774 072 hab. (1 063 664 en la aglomeración). Universidad. Arzobispado. Centro administrativo y cultural con algunas industrias (editoriales, telecomunicaciones). Museos, entre ellos el de bellas artes.

Ottawa (acuerdos de) [1932], tratados comerciales firmados por el Reino Unido, los dominios y la India, y que favorecían, por la política arancelaria establecida, los intercambios entre los diversos países de la Commonwealth.

Ottawa (convención de) [3-4 dic. 1997], convención internacional firmada durante la conferencia de Ottawa, en la que numerosos países se comprometieron a no seguir produciendo, almacenando, utilizando ni exportando minas antipersona, y a destruir las que tuvieran.

OTTERLO, agregado del municipio de Ede (Países Bajos). En el parque de la alta Veluwe, museo Kröller-Müller (pinturas, especialmente de Van Gogh; parque de esculturas modernas).

OTTO (Frei), *Siegmar, cerca de Chemnitz, 1925*, ingeniero y arquitecto alemán. Se ha dedicado al estudio de una arquitectura dinámica y minimalista y ha realizado estructuras hinchables y sujetas con cables, como las cubiertas del anillo olímpico de Munich (1968-1972).

OTTO (Nikolaus), *Holzhausen 1832-Colonia 1891*, ingeniero alemán. Comercializó el primer motor de cuatro tiempos (1876).

OTTO (Rudolf), *Peine 1869-Marburgo 1937*, filósofo e historiador de las religiones alemán. Aplicó el análisis fenomenológico al sentimiento religioso (*Lo santo. Lo racional y lo irracional en la idea de Dios*, 1917).

OTTOBEUREN, c. de Alemania (Baviera), en los Prealpes de Allgäu; 7 828 hab. Abadía benedictina fundada en el s. VIII, reconstruida en estilo barroco en el s. XVIII (iglesia abacial de J. M. Fischer).

OTTOKAR → **PŘEMYSL OTAKAR II.**

OTUKIS (bañados de), zona pantanosa del extremo SE de Bolivia, en la confluencia de la frontera con Paraguay y Brasil.

OTUMBA, mun. de México (México); 12 349 hab. Convento franciscano del s. XVI (iglesia con pórtico plateresco).

Otumba (batalla de) [7 julio 1520], victoria de las tropas de Hernán Cortés sobre los aztecas, en la llanura entre Otumba y Ajapusco, una de las más decisivas en la conquista de México.

OTUZCO u **OTUSCO,** mun. de Perú (La Libertad); 20 274 hab. Caña de azúcar, algodón y maíz. Ganado lanar.

OTWAY (Thomas), *Trotton 1652-Londres 1685*, dramaturgo inglés. Influido por los clásicos franceses, mantuvo la fuerza del teatro isabelino (*Venecia salvada*, 1682).

OTZOLOTEPEC, mun. de México (México); 29 112 hab.; cab. *Villa Cuahtémoc.* Centro agropecuario.

ÖTZTAL, macizo de los Alpes austriacos, en el Tirol; 3 774 m.

OUA → **Unión africana.**

OUADAÏ u **OUADDAÏ,** región de Chad, al E del lago Chad. Ant. est. islamizado (s. XVI-XIX).

OUAGADOUGOU, cap. de Burkina Faso; 442 000 hab. Centro administrativo e industrial. — Festival panafricano de cine y de televisión («Fespaco»).

OUARSENIS, macizo montañoso de Argelia, al S del Cheliff; 1 985 m.

OUDENAARDE, en fr **Audenarde,** c. de Bélgica (Flandes Oriental), a orillas del Escalda; 27 162 hab. Industria textil y cervecera — Ayuntamiento (1526) y otros monumentos y mansiones góticos; museos — Fabricación de tapices en los ss. XV-XVII.— Conquistada por Alejandro Farnesio (1582), pasó sucesivamente a Francia (tratado de Aquisgrán, 1668) y de nuevo a España (tratado de Nimega, 1678). Victoria de Marlborough y de Eugenio de Saboya sobre los franceses (1708).

OUDH, AUDH o **AVADH,** región histórica de la India, act. incorporada a Uttar Pradesh.

OUDINOT (Nicolas Charles), duque de Reggio, *Bar-le-Duc 1767-París 1847*, mariscal de Francia. Se distinguió en Austerlitz, Friedland y Wagram. Con los Cien mil hijos de San Luis entró en España (1823) y ocupó Burgos, Valladolid, Segovia y Madrid.

OUDONG, localidad de Camboya, cerca del Mekong (Kompong Speu). Ant. cap. del reino de Camboya. Necrópolis real.

OUDRID (Cristóbal), *Badajoz 1825-Madrid 1877*, compositor español. Fecundo autor de zarzuelas, se le recuerda sobre todo por su pieza orquestal *El sitio de Zaragoza.*

OUED-ZEM, c. de Marruecos; 59 000 hab.

OUENZA (yébel) → **WANZA.**

OUJDA u **OUDJDA,** c. de Marruecos, cap. de prov., cerca de la frontera argelina; 260 000 hab.

Oulipo (OUvroir de LIttérature POtentielle), taller de literatura experimental fundado por el matemático François Le Lionnais y el escritor R. Queneau en 1960. Basado en la utilización de construcciones formales, ha acogido, entre otros, a I. Calvino y G. Perec.

OULU, c. de Finlandia, junto al golfo de Botnia; 104 000 hab. Puerto. Catedral (1776); museos.

OUM-ER-REBIA u **OUM-ER-R'BIA,** r. de Marruecos occidental, tributario del Atlántico; 556 km. Presas.

OURENSE → **ORENSE.**

Ourique (batalla de) [julio 1139], victoria de Alfonso I Enríquez de Portugal sobre los musulmanes, cerca de Lisboa, que le valió ser proclamado rey.

OURO PRÊTO, c. de Brasil (Minas Gerais); 62 483 hab. Ciudad de arte (numerosas iglesias barrocas y residencias del s. XVIII). [Patrimonio de la humanidad 1980.]

OUTCAULT (Richard Felton), *Lancaster, Ohio, 1863-Queens, Nueva York, 1928*, dibujante y guionista estadounidense. Fue el creador del cómic moderno (*The Yellow Kid*, 1895; *Buster Brown*, 1902).

OUYANG XIU, *Luling 1007-Yingzhou 1072*, escritor y alto funcionario chino, poeta y ensayista destacado de la dinastía Song.

OVALLE, c. de Chile (Coquimbo); 84 855 hab. Centro agropecuario y comercial. Minas de cobre. Fábricas de zapatos, curtidurías. Aeropuerto.

OVALLE (Alonso de), *Santiago 1601-Lima 1651*, escritor chileno. Jesuita, se le considera el primer historiador chileno (*Histórica relación del reino de Chile y de las misiones y ministerios que en él ejercita la Compañía de Jesús*, 1646).

OVALLE (José Tomás), *Santiago 1788-íd. 1831*, político chileno. Fue presidente de la república tras la dimisión de Ruiz-Tagle (1830-1831).

OVANDO (Alfredo), *Cobija 1918-La Paz 1982*, militar y político boliviano. Presidente (nov. 1965-en. 1966; en.-julio 1966; sept. 1969-oct. 1970) tras sucesivos golpes de estado, organizó la ofensiva contra la guerrilla de Ché Guevara (1967) e imprimió un giro nacionalista a la política boliviana (nacionalización de la Bolivian Gulf Oil Co.). Fue derrocado.

OVANDO (Nicolás de), *Brozas h. 1451-1511 o 1518*, administrador español. Gobernador de Indias en La Española (1502-1509), introdujo el régimen de encomienda.

OVEJAS, mun. de Colombia (Sucre); 20 664 hab. Tabaco, maíz y yuca. Ganado vacuno y porcino.

OVERIJSSEL, prov. del E de Países Bajos; 1 032 400 hab.; cap. *Zwolle.*

Overlord, nombre en clave del desembarco aliado en Normandía (junio 1944).

OVIDIO, en lat. *Publius Ovidius Naso, Sulmona 43 a.C.-Tomes, act. Constanța, Rumania, 17 o 18 d.C.*, poeta latino. Autor favorito de la sociedad mundana de los inicios del imperio por sus poemas ligeros o mitológicos (*Arte de amar, Heroidas, Las metamorfosis, Fastos*), murió en el exilio a pesar de las súplicas de sus últimas elegías (*Tristes y Pónticas*).

OVIEDO, c. del S de la República Dominicana (Pedernales); 5 812 hab.

OVIEDO, c. de España, cap. de Asturias y cab. de p. j., 200 411 hab. (*ovetenses*). Centro administrativo, comercial e industrial. — Monumentos prerrománicos del arte asturiano en el Naranco. Catedral gótica (ss. XIII-XVI; retablo mayor [s. XVI] y Cámara santa). Monumentos civiles y religiosos (ss. XV-XVIII). Museo de bellas artes. (Patrimonio de la humanidad 1985 [ampliado en 1998].) — Fue sede del reino de Asturias (808-914).

OVIEDO (Ramón), *Barahona 1924*, pintor dominicano. Influido por el muralismo mexicano (*24 de abril*, 1968; *Levántate Lázaro*, 1970), tras una etapa de introspección psicológica (autorretratos) su obra evoluciona hacia una abstracción con referencias figurativas (*Persistencia de la forma en la materia*, 1997).

OVIEDO Y DE LA BANDERA (Juan de), llamado **Oviedo el Mozo,** *Sevilla 1565-Bahía, Brasil, 1625*, escultor, arquitecto e ingeniero militar español. Como arquitecto, destaca la renovación del convento medieval de la Merced Calzada de Sevilla. Como escultor, su estilo responde a una estética manierista (retablo de santa Clara en Cazalla de la Sierra).

OWEN (Gilberto), *Rosario 1905-Filadelfia 1952*, poeta mexicano. En *Desvelo* (1925), *Línea* (1930) y *Libro de Ruth* (1944) evoca un mundo mítico de raíz surrealista.

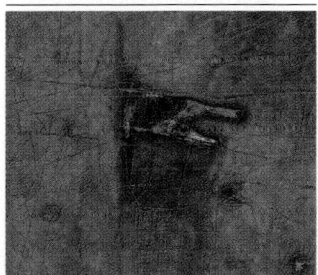
■ RAMÓN **OVIEDO.** *Persistencia de la forma en la materia* **(1997).** [Col. A. Ocaña.]

OWEN (sir Richard), *Lancaster 1804-Londres 1892*, naturalista británico. Estudió la anatomía comparada y la paleontología de los vertebrados.

OWEN (Robert), *Newtown 1771-íd. 1858*, teórico socialista británico. Rico fabricante, creó las primeras cooperativas de consumo y se interesó por el naciente sindicalismo. Sus ideas impregnaron el cartismo.

OWENS (James Cleveland, llamado Jesse), *Danville, Alabama, 1913-Tucson 1980*, atleta estadounidense. Fue cuádruple campeón olímpico (100 m, 200 m, relevos 4 × 100 m, salto de longitud) en Berlín, en 1936.

OXCHUC, mun. de México (Chiapas); 24 879 hab. Cereales y leguminosas. Industria alcoholera.

OXENSTIERNA (Axel), conde de **Södermöre,** *Fanö 1583-Estocolmo 1654*, estadista sueco. Canciller (1612), fue consejero del rey Gustavo Adolfo y jefe del Consejo de regencia de la reina Cristina (1632). Impuso a Dinamarca el tratado de Brömsebro (1645).

OXFORD, c. de Gran Bretaña (Inglaterra), cap. del *Oxfordshire*, en la confluencia del Támesis y el Cherwell; 109 000 hab. Ciudad pintoresca gracias a sus numerosos *colleges*; catedral románica y gótica; museos. En los alrededores, palacio de Blenheim, por Vanbrugh (patrimonio de la humanidad 1987). — La universidad de Oxford se fundó en el s. XII. Conjunto de fundaciones privadas independientes (*colleges*), es, junto con Cambridge, la universidad más prestigiosa de Gran Bretaña.

Oxford (movimiento de), movimiento ritualista, nacido en la universidad de Oxford en el s. XIX y que llevó a algunos clérigos a renovar la Iglesia anglicana. Unos, como Edward Pusey y John Keble, le fueron fieles; otros, como Newman, se convirtieron al catolicismo.

Oxford (provisiones de) o **estatutos de Oxford** [10 de junio de 1258], condiciones impuestas a Enrique III en Oxford por los barones ingleses dirigidos por Simón de Montfort. Confirmaban la Carta magna y exigían la reunión del parlamento tres veces al año. Fueron suprimidas por Enrique III (1266).

OXTOTIPAC, mun. de México (México), cerca de Teotihuacán. Iglesia del s. XVI con retablos, convento con pinturas populares de fines del s. XVIII.

OXUS → **AMÚ DARYÁ.**

OYAMA IWAO, *Kagoshima 1842-Tōkyō 1916*, mariscal japonés. Victorioso sobre China en Port-Arthur (1894), fue comandante en jefe durante la guerra ruso-japonesa (1904-1905).

OYAMBRE (cabo), cabo de España (Cantabria), entre las rías de San Vicente y de la Rabia. La comarca de Oyambre es parque natural.

OYA-SHIO u **OYA-SHIVO,** corriente fría del Pacífico, que bordea las costas nororientales de Asia.

OYO, c. del SO de Nigeria; 152 000 hab.

OZ (Amos Klausner, llamado Amos), *Jerusalén 1939*, escritor israelí. Autor comprometido y militante por la paz, en sus novelas (*Mi querido Mijael*, 1968; *La caja negra*, 1987; *El mismo mar*, 1999; *Una historia de amor y oscuridad*, 2002) y relatos (*Hasta la muerte*, 1971) mezcla cuestiones existenciales universales y una aguda observación de la sociedad de su país. (Premio Príncipe de Asturias de las letras 2007.)

OZARK (montes), macizo de Estados Unidos, al O del Mississippi. Bauxita.

OZAWA SEIJI, *Hoten, Manchukuo, act. Shenyang, China, 1935*, director de orquesta japonés. Director de la sinfónica de Boston (1973-2002) y, después, de la ópera de Viena, su repertorio incluye desde los maestros clásicos hasta Messiaen y Xenakis.

OZULUAMA, mun. de México (Veracruz); 24 182 hab. Petróleo.

OZUMBA, mun. de México (México), en la ladera O del Popocatépetl; 19 258 hab. Hortalizas, frutas.

OZU YASUJIRŌ, *Tōkyō 1903-íd. 1963*, cineasta japonés. Destacan sus retratos sutiles de la vida familiar: *Y sin embargo hemos nacido* (1932), *Primavera tardía* (1949), *Historia de Tōkyō* (1953), *Una tarde de otoño* (1962).

PABLO (san), llamado **el Apóstol de los gentiles,** *Tarso, Cilicia, entre 5 y 15-Roma entre 62 y 67,* apóstol de Jesús. Fariseo ferviente, cuyo nombre judío era Saulo, una visión de Cristo en el camino de Damasco (h. 36) lo convirtió en «apóstol de los gentiles», es decir, de los no judíos. Su actividad misionera se articuló en torno a tres grandes viajes (46-48, 49-52 y 53-58), durante los cuales visitó Chipre, Asia Menor, Macedonia y Grecia, donde estableció iglesias en las ciudades importantes. En 58, detenido a instigación de las autoridades judías, fue conducido, como ciudadano romano, ante el tribunal del emperador y enviado a Roma, donde pasó dos años en libertad vigilada. Algunos autores sostienen que posteriormente realizó viajes de evangelización a España. Las cartas que san Pablo escribió a las comunidades que había fundado ofrecen un compendio de su personalidad y de su pensamiento. La tradición ha conservado catorce epístolas suyas: a los romanos, a los corintios (2), a los gálatas, a los efesios, a los filipenses, a los colosenses, a los tesalonicenses (2), a Timoteo (2), a Tito, a Filemón y a los hebreos. Es dudosa la autenticidad de algunas de ellas (a Timoteo, a Tito y a los hebreos).

PABLO de la Cruz (san), *Ovada, Liguria, 1694-Roma 1775,* religioso italiano. Fundó la congregación misionera de los pasionistas (1720).

PABLO I, *Atenas 1901-íd. 1964,* rey de Grecia (1947-1964). Fue sucesor de su hermano Jorge II y padre de la reina Sofía de España.

PABLO I Petróvich, *San Petersburgo 1754-íd. 1801,* emperador de Rusia (1796-1801), de la dinastía de los Románov. Hijo de Pedro III y de la futura Catalina II, tras enviar a Suvórov a combatir en el N de Italia junto a los austriacos (1799) se aproximó a Francia. Murió asesinado.

PABLO (Luis de), *Bilbao 1930,* compositor español. Adscrito al serialismo y posteriormente a la música aleatoria y electroacústica, ha abordado todos los géneros con una actitud de investigación e innovación, sin abandonar las formas e instrumentos tradicionales *(Retratos de la Conquista; Figura en el mar).*

PABLO DIÁCONO (Paul Warnefried, llamado), *en Friuli h. 720-Montecassino h. 799,* historiador y poeta en lengua latina. Es autor de una *Historia de los lombardos* y del himno *Ut queant laxis.*

PABST (Georg Wilhelm), *Raudnitz, act. Roudnice, República Checa, 1885-Viena 1967,* director de cine austriaco. Se impuso con *Bajo la máscara del placer* (1925), inaugurando un realismo social muy influido por el expresionismo: *Lulú* (1929), *Cuatro de infantería* (1930) y *La ópera de cuatro cuartos* (1931).

PAC (Política agrícola común), conjunto de disposiciones tomadas por las instituciones de la Comunidad europea en materia agrícola.

PACAL el Grande, *615-683,* soberano maya de Palenque. Extendió la influencia de Palenque e hizo construir la pirámide de las Inscripciones, en cuyo interior se halló su sarcófago.

PACARAIMA (sierra de), cadena montañosa del S de la Guayana, entre Venezuela y Brasil.

PACASMAYO, mun. de Perú (La Libertad); 15 400 hab. Puerto exportador.— Restos de una ciudad chimú (1000-1440 d.C.), al N de Chanchán, con templos pirámide.

PACAYA, volcán de Guatemala (Escuintla), en la sierra Madre centroamericana; 2 552 m.

PACHACAMAC, mun. de Perú (Lima); 11 171 hab. Canteras de mármol. Turismo.— Oráculo y centro de peregrinación en época preincaica e incaica. Destacan el piramidal templo del Sol, el templo de la Luna (Mama Cuna) y el templo de Pachacamac.

PACHACAMAC MIT. AMER. Divinidad preincaica de la vida y creador del mundo. Originaria de la costa del Perú, se veneraba en el santuario homónimo, incorporado al incario en tiempos de Túpac Inca Yupanqui.

PACHACUTI o **PACHACUTEC INCA YUPANQUI,** *h. 1438-1471,* soberano inca. Hijo de Viracocha, fue el gran constructor civil de Cuzco y amplió los dominios del imperio. Hizo ejecutar a su hermano Cápac Yupanqui.

PACHAMAMA MIT. AMER. Divinidad de origen inca que se identifica con la madre tierra.

PACHECO (Abel), *Limón 1933,* político costarricense. Miembro de la Unidad social cristiana, en 2002 fue elegido presidente del país.

PACHECO (Basilio), pintor cuzqueño activo entre 1738 y 1752. Su obra, de estilo barroco, está dispersa en Cuzco (*La vida de san Agustín,* convento agustino), Lima y Ayacucho.

PACHECO (Francisco), *Sanlúcar de Barrameda*

■ LUIS DE **PABLO**

1564-Sevilla 1644, pintor y tratadista de arte español. En su pintura, de un frío manierismo, destaca el ciclo sobre san Pedro Nolasco. En su taller sevillano se formaron Velázquez y A. Cano. Como teórico es autor de *Arte de la pintura* (publicado póstumamente en 1649).

PACHECO (Gregorio), *Sud Chichas, Potosí, 1823-La Paz 1899,* político boliviano. Presidente de la república (1884-1888), estableció un régimen de franquicias aduaneras con Chile, pero no pudo recuperar la salida boliviana al mar.

PACHECO (José Emilio), *México 1939,* escritor mexicano. Su poesía es testimonio crítico del mundo (*Los elementos de la noche,* 1963; *No me preguntes cómo pasa el tiempo,* 1969; *Islas a la deriva,* 1976; *Ciudad de la memoria,* 1989; *Tarde o temprano,* 2003). También ha abordado la narrativa (*El principio del placer,* 1973; *Las batallas en el desierto,* 1981), el ensayo, la crítica y el periodismo. (Premio nacional de poesía 1969; premio Xavier Villaurrutia 1973; premio nacional de literatura 1993; premio iberoamericano de letras José Donoso 2001; premio Neruda 2004.)

PACHECO (María), *m. en Oporto 1531,* dama castellana. Esposa de Juan de Padilla, a la muerte de éste lideró la revuelta de las Comunidades en Toledo (abril 1521-febr. 1522).

PACHECO (María Luisa), *La Paz 1919-Nueva York 1982,* pintora boliviana. Adoptó la abstracción lírica para las representaciones de paisajes del Altiplano.

PACHECO ARECO (Jorge), *Montevideo 1921-íd. 1998,* político uruguayo. Presidente de la república (1967-1972), lideró el ala colorada que colaboró con la dictadura militar. Fue embajador en España, Suiza y EUA.

PACHELBEL (Johann), *Nuremberg 1653-íd. 1706,* organista y compositor alemán. Considerado como el precursor de J. S. Bach. Es autor de obras para teclado, motetes, cantatas y el célebre *Canon a 3 con suo Basso und Gigue.*

PACHER (Michael), *¿Bruneck?, Alto Adigio, h. 1435-Salzburgo 1498,* pintor y escultor austriaco. Su obra maestra es el gran retablo del coro de la iglesia de Sankt Wolfgang (Salzkammergut), con una *Coronación de la virgen* esculpida y partes pintadas donde se manifiesta la influencia del renacimiento italiano.

PACHITEA, r. de Perú (Pasco y Huánuco), afl. del Ucayali; 320 km.

PACHO, mun. de Colombia (Cundinamarca); 24 284 hab. Centro agropecuario. Hierro.

PACHUCA DE SOTO, c. de México, cap. del estado de Hidalgo; 186 230 hab. Centro minerometalúrgico (plomo, plata y oro); ll Iglesias (ss. XVI-XVII); casa de la Caja (1670) y casa Colorada (s. XVIII); museo histórico de las minas de plata (cuya producción se inició en el s. XVI).

PACÍFICO (cordillera del), alineación montañosa del O de Nicaragua, que forma parte de la sierra Madre centroamericana.

PACÍFICO (océano), la mayor masa marítima del globo, entre América, Asia y Australia; 180 000 000 km² (la mitad de la superficie oceánica total). Descubierto por Balboa (1513), Magallanes lo cruzó por primera vez en 1520. De forma toscamente circular, ampliamente abierto al S hacia el Antártico, comunicado con el Ártico por el estrecho de Bering y recorrido por dorsales cuyas cimas constituyen islas (Hawai, Tuamotu, isla de Pascua), está rodeado al N y al O por una guirnalda insular y volcánica que bordea profundas fosas marinas, y salpicado, entre los trópicos, de formaciones coralinas (atolones, arrecifes).

Pacífico (campañas del) [dic. 1941-ag. 1945], conjunto de las operaciones aeronavales y anfibias que durante la segunda guerra mundial enfrentaron, después de Pearl Harbor, a Japón y EUA, con sus aliados. Los episodios más importantes fueron las batallas del mar de Coral (mayo 1942), Midway (junio 1942), Guadalcanal (ag. 1942), Leyte (oct. 1944), Iwo Jima (en. 1945) y los bombardeos atómicos de Hiroshima y Nagasaki (6 y 9 ag. 1945).

Pacífico (Consejo del), también llamado **ANZUS** (Australia, New Zealand, United States), organismo constituido por Australia, Nueva Zelanda y Estados Unidos. Estudia, desde 1951, la evolución política y las condiciones de defensa en el Pacífico. Nueva Zelanda suspendió su participación en 1985.

Pacífico (guerra del) [1864-1866], conflicto marítimo que enfrentó a España con Perú y Chile, desencadenado por el trato discriminatorio en el comercio de que era objeto la colonia española e incitado por la ocupación española de las islas Chincha (1864). Chile declaró la guerra y se alió con Perú (1865). La flota española bombardeó Valparaíso y El Callao (1866). La paz se firmó en 1871.

Pacífico (guerra del) [1879-1883], conflagración entre Chile, de una parte, y Perú y Bolivia, de la otra. En 1879 Bolivia decidió expropiar las compañías salitreras de su región litoral (en su mayor parte de capital británico y mano de obra chilena), que desde 1866 gozaban de amplias concesiones. Chile reaccionó invadiendo Bolivia, país aliado de Perú. La guerra tuvo graves consecuencias para Perú (con tenciosos de Tacna y Arica) y supuso para Bolivia la pérdida de su salida al mar.

PACINO (Alfredo James, llamado Al), *Nueva York 1940*, actor estadounidense. Su interpretación contenida e interiorizada, producto de su aprendizaje en el Actors Studio, le permite encarnar una amplia gama de papeles (trilogía de *El padrino*, F. F. Coppola, 1972, 1974 y 1990; *Serpico*, S. Lumet, 1973; *Relaciones confidenciales*, D. Algrant, 2003). También ha sido director (*Looking for Richard*, 1996; *Chinese Coffee*, 2000).

PACIOLI (Luca), *Borgo San Sepolcro 1445-Roma h. 1510*, matemático italiano. Algebrista, escribió una verdadera suma del saber matemático de la época, retomando el conjunto del conocimiento árabe (1494).

PACOMIO (san), *en el Alto Egipto 287-íd. 347*, fundador, con san Antonio, del cenobitismo. Soldado convertido al cristianismo, fundó el primer monasterio de la historia cristiana en Tabennisi, a orillas del Nilo. Su *Regla*, traducida al latín por san Jerónimo, influyó en el monaquismo occidental.

PACORA, c. de Panamá (Panamá); 61 549 hab.

PÁCORA, mun. de Colombia (Caldas); 18 140 hab. Centro agropecuario (café y plátanos). Oro.

PACTOLOS, r. de Lidia, junto al cual se construyó Sardes. Arrastraba pepitas de oro, origen de la riqueza del rey Creso.

PACUARE, r. de Costa Rica, que nace en la cordillera de Talamanca y desemboca en el Caribe; 105 km.

PADANG, c. de Indonesia, en la costa O de Sumatra; 481 000 hab. Puerto.

PADERBORN, c. de Alemania (Rin del Norte-Westfalia); 130 130 hab. Catedral, en su mayor parte del s. XIII, y otros monumentos.

PADEREWSKI (Ignacy), *Kurylówka 1860-Nueva York 1941*, compositor, pianista y político polaco. Fue el primer presidente del consejo de la República polaca (1919).

PADILLA (Heberto), *La Habana 1932-Auburn, EUA, 2000*, escritor cubano. Poeta original y de notable madurez formal (*El justo tiempo humano; Fuera de juego; El hombre junto al mar*). Exiliado desde 1980, escribió también novela y el volumen autobiográfico *La mala memoria* (1989).

PADILLA (José), *Riohacha 1778-Bogotá 1828*, marino y patriota colombiano. Combatió en Trafalgar (1805). Luchó por la independencia de Nueva Granada, pero fue ejecutado por conspirar contra Bolívar.

PADILLA (José), *Almería 1889-Madrid 1960*, músico español, autor de canciones populares de gran éxito (*El relicario*, 1914; *La violetera; Valencia*, de la zarzuela *La bien amada*, 1916).

PADILLA (Juan de), llamado **el Cartujo**, *Sevilla 1468-íd. 1520*, poeta español, cultivador de la poesía alegórica a imitación de Dante (*Retablo de la vida de Cristo*, 1513).

PADILLA (Juan de), *Toledo 1484-Villalar 1521*, aristócrata castellano. Capitán general del ejército de las Comunidades de Castilla (1520), fue derrotado en Villalar (1521) y ejecutado.

PADILLA (María de), *m. en Sevilla 1361*, dama castellana. Amante de Pedro I de Castilla, este, casado con Blanca de Borbón (1353), la reconoció como reina, y a sus hijos como herederos de Castilla (1362).

PADMA, r. de la India y de Bangla Desh; 3 300 km aprox. Brazo principal del delta del Ganges.

PADRE ABAD (paso del), paso de los Andes peruanos, en la carretera Lima-Tingo María-Pucallpa. Comunica la zona costera con la Amazonia.

PADRE LAS CASAS, ant. **Túbano**, mun. de la República Dominicana (Azua); 26 081 hab. Tabaco; café.

PADRÓN, v. de España (La Coruña), cab. de p. j.; 9 260 hab. (*padroneses*). Agricultura (hortalizas). Industrias. — En su término se ubica la romana *Iria Flavia*.

PADRÓN (Julián), *San Antonio, Oriente, 1910-Caracas 1954*, escritor venezolano, autor de novelas realistas (*Clamor campesino*, 1944) y urbanas (*Primavera nocturna*, 1950).

PADUA, en ital. **Padova**, c. de Italia (Véneto), cap. de prov.; 215 025 hab. (*paduanos*). Obispado. Universidad. — Basílica de San Antonio, llamada *il Santo*, del s. XIII (obras de arte), y otros monumentos. Frescos de Giotto en la capilla de la Arena (también llamada de los Scrovegni). Museos.

PADUA (Marsilio de), *Padua h. 1275/1280-Munich h. 1343*, teólogo y teórico político italiano. Su *Defensor pacis* (1324) atacaba las pretensiones del papado (Juan XXII) en los asuntos temporales.

PAESTUM, c. de la ant. Italia, junto al golfo de Salerno. Colonia griega (s. VII a. C.), pasó a Roma en 273 a. C. — Monumentos antiguos, entre ellos varios templos griegos, que figuran entre los principales ejemplos del orden dórico. Museo (pinturas murales del s. V a. C., procedentes de la necrópolis griega). [Patrimonio de la humanidad 1998.]

PÁEZ o **BELALCÁZAR**, mun. de Colombia (Cauca); 20 485 hab. Caña de azúcar, plátanos y frijol.

PÁEZ, c. de Venezuela (Aragua), que forma parte de *Maracay*; 80 296 hab.

PÁEZ (José Antonio), *Curpa, cerca de Acarigua, 1790-Nueva York 1873*, militar y político venezolano. En 1812 se incorporó al ejército patriota. General en jefe tras la victoria de Carabobo (1821) y comandante general de Venezuela, se enfrentó a Santander y fue el primer presidente de Venezuela tras la escisión de la Gran Colombia (1830-1835). Ocupó de nuevo la presidencia en 1839-1843. En 1848-1850 intentó derribar del poder a los liberales, pero fue vencido. En 1861-1863 recuperó la jefatura civil y militar del estado, e implantó un régimen dictatorial, pero tuvo que pagar su exiliarse.

PÁEZ (José de), *México 1720-íd. d. 1790*, pintor mexicano, autor de numerosos lienzos para los religiosos betlemitas de Oaxaca.

PÁEZ VILARÓ (Carlos), *Montevideo 1923*, pintor, escultor y ceramista uruguayo. Autor de murales (*El éxodo del pueblo oriental*, Montevideo; *Raíces de la paz*, Washington), fundó el taller de artesanos del Uruguay (1954).

PAFLAGONIA, ant. región costera del N de Asia Menor; c. pral. *Sinope*, act. *Sinop*.

PAFOS, ant. c. del S de Chipre, famosa por su templo de Afrodita. (Patrimonio de la humanidad 1980.)

PAGALU → **ANNOBÓN**.

PAGAN, ant. cap. de los birmanos (ss. XI-XIII), en Birmania central, junto al Irrawaddy, célebre por sus miles de *stūpa* o «pagodas».

PAGANINI (Niccolò), *Génova 1782-Niza 1840*, violinista y compositor italiano. De legendario virtuosismo, compuso conciertos para violín y amplió las posibilidades expresivas de este instrumento en sus *24 caprichos*.

PAGANO (José León), *Buenos Aires 1875-íd. 1964*, escritor y crítico de arte argentino. Catedrático de estética de la universidad de Buenos Aires, fue miembro de diversas academias argentinas y europeas. Es autor de estudios sobre el arte de su país (*Pompeyo Gener, profundo estudio criticobiográfico; Motivos de estética; Historia del arte argentino desde los aborígenes hasta el momento actual*).

PAGAZA (Joaquín Arcadio), *Valle de Bravo 1839-Jalapa 1918*, poeta y prelado mexicano, cultivador de una poesía clásica y bucólica (*Murmurios de la selva*, 1887; *María*, 1890).

PAGÉS (María Jesús Pagés Madrigal, llamada María), *Sevilla 1963*, bailarina y coreógrafa española. Sus creaciones (*El perro andaluz*, 1996; *Flamenco Republic*, 2001) han innovado el flamenco por su dinamismo y escenificación. (Premio nacional de danza 2002.)

PAHARA, laguna de Nicaragua, en la costa N del Caribe.

PAHISSA (Jaume), *Barcelona 1880-Buenos Aires 1969*, compositor español. Representante del modernismo catalán, abordó todos los géneros, desde la ópera (*Canigó*, 1910; *Gala Placidia*, 1918) hasta la música instrumental (*Suite intertonal*, 1926) y vocal (*El cant de la tardor; Per un bes*).

PAHLAWI, PAHLAVI o **PEHLEVI**, dinastía que reinó en Irán de 1925 a 1979. Fue fundada por Riḍā o Reẓā Shā (1925-1941), a quien sucedió su hijo Muḥammad Riḍā o Reẓā (1941-1979).

PAIK (Nam Jun-paek, llamado Nam June), *Seúl 1932-Miami 2006*, artista coreano. Instalado en EUA desde 1964, es autor de acciones y environments en los que interviene la electrónica (a partir de la década de 1960) y el vídeo (*Moon is the oldest TV*, 1976), del que también fue pionero.

PAINE, com. de Chile (Santiago); 37 420 hab. Regadíos (frutales y vid).

PAINE o **PAYNE** (Thomas), *Thetford 1737-Nueva York 1809*, publicista estadounidense de origen británico. Tras luchar por la independencia de EUA, se refugió en Francia, donde obtuvo la nacionalidad francesa y un escaño en la Convención (1792). Encarcelado durante el Terror, regresó a EUA (1802).

PAINLEVÉ (Paul), *París 1863-íd. 1933*, matemático y político francés. Especialista en análisis matemático y mecánica, fue pionero de la aeronáutica. En 1917 y 1925 fue presidente del gobierno.

PAIPA, mun. de Colombia (Boyacá), a orillas del Grande; 20 669 hab. Fuentes termales.

PAIPORTA, mun. de España (Valencia); 18 194 hab. (*paiportinos*). Cerámica, materiales para la construcción, muebles.

PAIPOTE, c. de Chile (Atacama), cerca de Copiapó; 3 300 hab. Fundición de cobre, oro y plata.

país (El), diario español, de línea liberal progresista, fundado en Madrid en 1976. El primero del país por su tirada y difusión, se edita simultáneamente en varias capitales y tiene dos ediciones internacionales. También publica una edición en México (desde 1994) y otra en Buenos Aires (1999).

PAÍSES BAJOS, nombre dado a lo largo de la historia a una serie de territorios de extensión variable del NO de Europa, situados entre el

1583

Ems, el mar del Norte, las colinas de Artois y el macizo de las Ardenas. A principios del s. XIX dieron origen a los actuales estados de Bélgica y Países Bajos.

HISTORIA
De los orígenes al Imperio carolingio. La presencia antigua del hombre en esta zona está atestiguada por monumentos megalíticos (dólmenes) y túmulos de la edad del bronce. **57 a.C.:** César conquistó la región, poblada por tribus celtas y germánicas (bátavos, frisones). **15 a.C.:** la región se convirtió en una provincia, la Galia belga. **S. IV:** fue invadida por pueblos germánicos: los sajones al E, los francos en el S. **Ss. VII-VIII:** la cristianización de estos pueblos se realizó con Carlomagno.
De Carlomagno a la época borgoñona. S. IX: las invasiones normandas y las divisiones territoriales (tratado de Verdún, 843) debilitaron la región. **Ss. X-XII:** se desmembró en principados (ducados de Güeldres y de Brabante, condados de Holanda, de Flandes y de Hainaut, obispados de Utrecht y de Lieja). **Ss. XII-XIII:** mientras se ganaban tierras al mar, las ciudades experimentaron un notable auge, sobre todo por el comercio de telas (Gante, Ypres, Brujas). **S. XIV:** en Flandes, los trabajadores textiles se enfrentaron al patriciado urbano, que se alió con el rey de Francia. **1369:** el duque de Borgoña, Felipe el Atrevido, casó con la hija del conde de Flandes. **1382:** las milicias comunales fueron vencidas en Roosebeke por el rey de Francia Carlos VI.
El período borgoñón y el período español. S. XV: a través de compras, enlaces y herencias, los duques de Borgoña se anexionaron poco a poco todos los Países Bajos. **1477:** María de Borgoña, hija y heredera de Carlos el Temerario, casó con Maximiliano de Austria. El país

pasó a formar parte de las posesiones de los Habsburgo. **1515:** Carlos Quinto heredó los Países Bajos, que convirtió en un círculo del Imperio (1548) con diecisiete provincias, y lo puso bajo el mando sucesivo de dos gobernadoras: Margarita de Austria (1519-1530), y María de Hungría (1531-1555). El país experimentó una fuerte expansión económica, extendiéndose las ideas de la Reforma.
La rebelión de los Países Bajos y el nacimiento de las Provincias Unidas. 1555: Felipe II sucedió a su padre como príncipe. **1559-1567:** a través de la gobernadora, Margarita de Parma, llevó a cabo una política absolutista y hostil a los protestantes, que levantó contra él el pueblo y a la nobleza. **1566:** se sublevaron Flandes, Hainaut y posteriormente las provincias del Norte. **1567-1573:** el duque de Alba, sucesor de Margarita de Parma, llevó a cabo una represión brutal, que desembocó en la rebelión general de Holanda y Zelanda (1568), dirigida por Guillermo de Orange. Los sublevados ganaron para su causa Brabante, Hainaut, Flandes y Artois. **1576:** la pacificación de Gante marcó la expulsión de las tropas españolas y el retorno a la tolerancia religiosa. **1579:** las provincias del S, católicas en su mayoría, se sometieron a España (Unión de Arras); las del Norte, calvinistas, proclamaron la Unión de Utrecht, base de las Provincias Unidas.
Los Países Bajos en los ss. XVII y XVIII. 1581: después de repudiar solemnemente la autoridad de Felipe II, las Provincias Unidas prosiguieron su lucha contra España, salvo la interrupción de la tregua de los Doce años (1609-1621). **1648:** el tratado de Münster reconoció oficialmente la independencia de las Provincias Unidas. Los Países Bajos meridionales o

del S continuaron siendo españoles. **1714:** tras la guerra de Sucesión de España, por los tratados de Utrecht (1713) y Rastadt (1714), los Países Bajos del S fueron entregados a Austria. **1795:** los Países Bajos meridionales fueron anexionados por Francia; las Provincias Unidas se convirtieron en la República bátava. **1815:** el congreso de Viena reunió el conjunto de las provincias en el reino de Países Bajos.

PAÍSES BAJOS, en neerl. **Nederland,** estado de Europa, junto al mar del Norte; 41 528 km²; 15 987 075 hab. *(neerlandeses).* CAP. *Amsterdam* (sede de los poderes públicos y de la Corte: *La Haya).* LENGUA: *neerlandés.* MONEDA: *euro.*

INSTITUCIONES
Monarquía parlamentaria. Constitución de 1983. El soberano ejerce ciertos poderes, especialmente cuando ha de formarse gobierno. El primer ministro es responsable ante el parlamento bicameral, elegido cada 4 años.

GEOGRAFÍA
La historia, la escasa superficie y la excepcional densidad (cerca de 400 hab. por km²) explican la apertura económica de esta nación comerciante que exporta aprox. el 40 % de su producción. Los servicios (finanzas y transportes), sobre todo, y la industria (construcciones eléctricas, agroalimentaria, química, más un importante yacimiento de gas natural) ocupan a más del 90 % de una población muy urbanizada, concentrada en un cuadrilátero delimitado por las cuatro principales ciudades (Amsterdam, La Haya, Rotterdam [primer puerto mundial] y Utrecht). La agricultura, muy intensiva, explota la abundancia de suelos llanos (algunos ganados al mar con pólders) y se beneficia de un clima suave y húmedo. Asocia ganadería (vacuna y porcina) y cultivos tradicionales florales y de hortalizas. El comercio exterior se efectúa principalmente con la UE (especialmente Alemania y Bélgica). Es equilibrado, incluso excedentario, pero su importancia convierte al país en dependiente del mercado mundial.

HISTORIA
El reino de Países Bajos hasta 1830. 1815: el reino se constituyó con la unión de las antiguas Provincias Unidas, de los antiguos Países Bajos austriacos y del gran ducado de Luxemburgo. Guillermo I, rey de Países Bajos, concedió una constitución a sus súbditos. Pero la unión de Bélgica y Holanda se enfrentó con múltiples antagonismos. **1830:** Bélgica se sublevó y proclamó su independencia.
De 1830 a 1945. 1839: Guillermo I reconoció la independencia de Bélgica. **1840:** abdicó en favor de su hijo Guillermo II. **1848:** una nueva constitución estableció un sistema de elección censitaria para las dos cámaras. **1849:** Guillermo III accedió al poder. Durante su reinado, liberales (Thorbecke) y conservadores se alternaron en el poder. **1851:** la reconstitución de la jerarquía católica permitió la integración de los católicos en la vida política. **1862:** la instauración del librecambio favoreció el auge económico. **1872:** tras la muerte de Thorbecke, el abanico político se diversificó y complicó, debido especialmente a la cuestión escolar. **1890:** Guillermina sucedió a Guillermo III. **1894:** Troelstra fundó un partido socialista. **1897-1901:** por influencia de los liberales se implantó una importante legislación social mientras se desarrollaba un poderoso sindicalismo. **1905-1913:** el fraccionamiento excesivo de los partidos llevó a la reina a formar un gobierno extraparlamentario que mantuvo la neutralidad neerlandesa durante la primera guerra mundial. **1917:** se instauraron el sufragio universal y el voto femenino (1919). **1925:** ruptura de relaciones diplomáticas con el Vaticano. **1933-1939:** el primer ministro H. Colijn, líder del Partido antirrevolucionario, se enfrentó a las repercusiones de la crisis mundial y a los progresos del nacionalismo en Indonesia. **1939:** la escalada de la crisis permitió la reconstitución de la coalición cristiana. **1940-1945:** el país, invadido por los alemanes, sufrió una trágica ocupación. La reina y el gobierno se refugiaron en Gran Bretaña, desde donde continuaron la guerra.

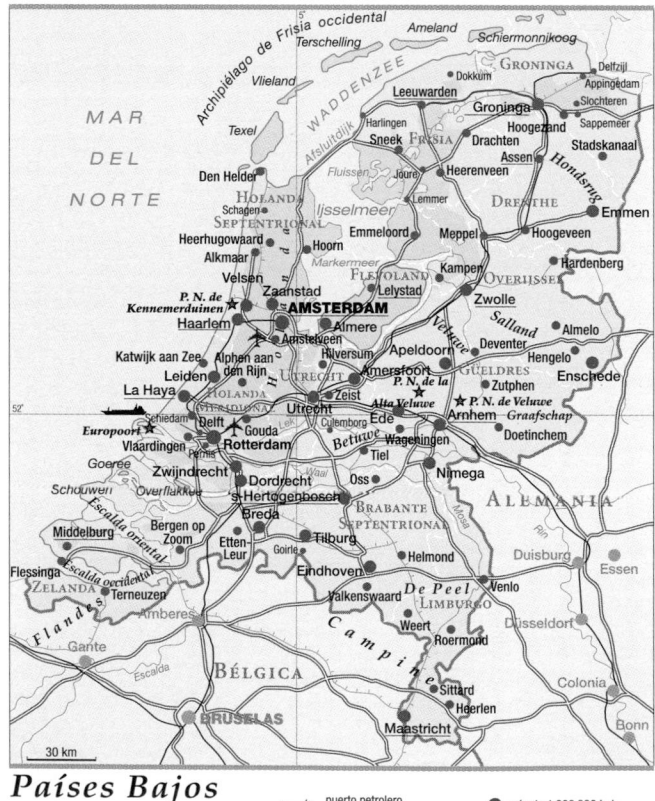

Países Bajos

✈ aeropuerto
═══ autopista
▬▬ carretera
━━ ferrocarril
⬛ puerto petrolero y complejo industrial
--- límite de provincia
Zwolle capital de provincia
★ lugar de interés turístico
● más de 1 000 000 hab.
● de 100 000 a 1 000 000 hab.
● de 30 000 a 100 000 hab.
● menos de 30 000 hab.

30 km
0 m

Desde 1945. 1944-1948: el país participó en la formación del Benelux. **1948:** Guillermina abdicó en su hija Juliana. **1949:** Indonesia accedió a la independencia. **1951-1953:** Países Bajos se adhirió a la CECA. **1957:** el país entró en la CEE. **1973-1977:** un gobierno de coalición dirigido por el laborista Joop Den Uyl tuvo que hacer frente a los efectos de la primera crisis del petróleo. **1980:** la reina Juliana abdicó en su hija Beatriz. **1982-1994:** el democristiano Rund Lubbers dirigió gobiernos de coalición de centro derecha y, a partir de 1989, de centro izquierda. **1994-2002:** el socialista Wim Kok fue primer ministro. **2002:** el democristiano Jan Peter Balkenende formó un efímero gobierno de coalición con la extrema derecha (que había obtenido un buen resultado tras el asesinato de su líder, Pim Fortuyn) y los liberales. **2003:** al término de unas elecciones marcadas por el retorno a un equilibrio político tradicional, J. P. Balkenende dirigió un nuevo gobierno de coalición. **2005:** los franceses, los holandeses rechazaron en referéndum el proyecto de tratado institucional de la Unión europea. **2007:** las elecciones de nov. 2006, que mostraron una dispersión del electorado, J. P. Balkenende formó un gobierno de «gran coalición» con los laboristas.

PAISIELLO o **PAESIELLO** (Giovanni), *Roccaforzata, cerca de Tarento, 1740-Nápoles 1816*, compositor italiano. Rival de Cimarosa, es autor de óperas *(El barbero de Sevilla,* 1782).

PAISLEY, c. de Gran Bretaña (Escocia); 85 000 hab. Aeropuerto de Glasgow. – Iglesia del s xv, ant. abadía.

PAITA, c. de Perú (Piura), en la *bahía de Paita;* 37 098 hab. Puerto pesquero y comercial.

PAIVA (Félix), *Caazapá 1877-Asunción 1965,* político paraguayo. Liberal, fue nombrado presidente constitucional por el ejército (1937-1939) tras la deposición de R. Franco.

PAJACUARÁN, mun. de México (Michoacán); 20 206 hab. Distrito de riego de la laguna de Chapala.

PAJÁN, cantón de Ecuador (Manabí); 43 505 hab. Café y cacao. Vacunos.

PÁJARA, mun. de España (Las Palmas), en Fuerteventura; 12 993 hab. *(pajareños).* Agricultura (tomate). Turismo. Dunas de Jandía. – Iglesia renacentista.

PAKANBARU, c. de Indonesia, en el interior de Sumatra; 341 000 hab.

PAKISTÁN, estado federal de Asia, a orillas del océano Índico; 803 000 km²; 131 500 000 hab. *(pakistaníes* o *paquistaníes).* CAP *Islámabad.* C. PRALES. *Karachi* y *Lahore.* LENGUAS: *urdu* e *inglés.* MONEDA: *rupia pakistaní*

GEOGRAFÍA

Los sectores irrigados del S y sobre todo del NE (Panjāb), en la llanura aluvial del Indo y sus afluentes, son las zonas vitales del país; suministran trigo, arroz y algodón (principal producto de exportación y base de la única industria notable, la textil). Su entorno está formado sobre todo por montañas poco pobladas (Baluchistán al O, parte del Hindū Kūš al N, a menudo afectado por sismos). El subsuelo brinda sobre todo gas natural. Los problemas económicos (subempleo, endeudamiento) se añaden a los conflictos étnicos y religiosos (entre chiitas y sunníes), y a la tensión recurrente con la India.

HISTORIA

1940: Alī Jinnah reclamó la creación de un estado que reagrupase a los musulmanes del subcontinente indio. **1947:** en el momento de la independencia y partición de la India se creó Pakistán. Se constituyó a partir de dos provincias: Pakistán occidental y Pakistán oriental, formadas respectivamente por los antiguos territorios de Sind, de Baluchistán, de Panjāb oriental y de la Provincia del Noroeste, por un lado, y por Bengala Oriental, por otro. Alī Jinnah fue su primer gobernador general. **1947-1949:** una guerra enfrentó a la India y Pakistán a propósito de Cachemira. **1956:** la constitución estableció la República Islámica de Pakistán, federación de las dos provincias que la constituían. Iskandar Mirzā fue su primer presidente. **1958:** se instauró la ley marcial. Ayyūb Kan se hizo con el poder y se convirtió en presidente de la república. **1962:** Kan hizo adoptar una constitución de tipo presidencialista. **1965:** estalló la segunda guerra indo-paquistaní. **1966:**

Mujibur Raḥmān reclamó la autonomía de Pakistán oriental. **1969:** el general Yaḥyā Kan sucedió al mariscal Ayyūb Kan. **1971:** Pakistán oriental se separó y se convirtió en Bangla Desh. La India intervino militarmente en su apoyo. **1971-1977:** Alī Bhutto, fundador (1967) del Partido del pueblo de Pakistán (PPP), puso en marcha el «socialismo islámico». Se desarrolló la agitación conservadora y religiosa. **1977:** un golpe de estado derrocó a Alī Bhutto. **1978:** el general Zia Ul-Haq se convirtió en presidente de la república. **1979:** A. Bhutto fue ejecutado. Se implantó la ley islámica. **1986:** se levantó la ley marcial, pero la oposición al régimen, procedente sobre todo de los medios chiitas, continuó siendo fuerte. **1988:** Gulam Išaq Kan sucedió a Zia Ul-Haq al frente del estado y Benazir Bhutto, hija de Alī Bhutto, se convirtió en primera ministra. **1989:** Pakistán volvió a integrarse en la Commonwealth, abandonada en 1972. **1990:** B. Bhutto fue destituida. Una coalición en torno a la Liga musulmana ganó las elecciones; su líder, Nawaz Sharif, fue nombrado primer ministro. **1993:** una grave crisis política comportó la dimisión del primer ministro y del jefe del estado. B. Bhutto volvió a encabezar el gobierno. Fārūq Legari fue elegido presidente. **1996:** B. Bhutto volvió a ser destituida. **1997:** N. Sharif, nombrado de nuevo primer ministro. Tras una nueva crisis política, Mohamed Rafiq Tarar sucedió a F. Legari, que había dimitido. **1998:** Pakistán realizó pruebas nucleares en respuesta a otras pruebas de India. **1999:** Sharif fue derrocado por el ejército, dirigido por el general Pervez Musharraf. Pakistán fue suspendido de la Commonwealth (reincorporado en 2004). **2001:** tras los atentados del 11 de *septiembre, Estados Unidos exigió al gobierno pakistaní, protector del régimen talibán afgano —acusado de apoyar a los terroristas—, que aclarase su postura. El general Musharraf (investido en junio presidente de Pakistán) se alineó resueltamente a su lado pese a la solidaridad de parte de la población pakistaní con los islamistas. Esta actitud permitió que Pakistán recuperase legitimidad en la

escena internacional, pero generó graves tensiones en el interior del país. **2007:** mientras la violencia islamista se radicalizaba, el presidente Musharraf, cuyo poder chocaba con una creciente oposición, fue reelegido jefe de estado (oct.) en condiciones dudosas. La muerte en atentado de Benazir Bhutto (dic.), sumió todavía más al país en la violencia y la incertidumbre política. **2008:** las elecciones (febr.) estuvieron marcadas por la amplia victoria del PPP de la familia Bhutto y del partido de Nawaz Sharif, que se aliaron frente a P. Musharraf, y por el fracaso de los partidos religiosos. Amenazado por un proceso parlamentario de destitución, P. Musharraf dimitió (ag.). Asif Alí Zardari, viudo de Benazir Bhutto, fue elegido presidente de la república (sept.). Las relaciones con la India —que acusó a Pakistán de proteger a los terroristas— se tensaron tras unos atentados en Bombay (dic.).

PALACIO (Alfredo), *Guayaquil 1939,* político ecuatoriano. Fue presidente de la república interino en 2005-2006.

PALACIO (Gaspar), *Santiago del Estero h. 1828-Zárate 1892,* pintor argentino. Practicó la pintura costumbrista *(Escenas de rancho)* y el retrato.

PALACIOS (Los), mun. de Cuba (Pinar del Río); 34 645 hab. Caña de azúcar. Presa La Juventud, sobre el río San Diego.

PALACIOS (Alfredo), *Buenos Aires 1880-íd. 1965,* político y jurisconsulto argentino. Profesor de filosofía del derecho, fue el primer diputado socialista del país (1904) y presentó importantes leyes en materia de derecho laboral. Desde 1958 fue, con Ramón A. Muñiz, el máximo dirigente del Partido socialista argentino.

PALACIOS (Antonio), *Porriño 1876-Valladolid 1945,* arquitecto español, representante del eclecticismo decimonónico (Banco central, Círculo de bellas artes, palacio de Correos y telégrafos, Madrid).

PALACIOS (Eloy), *Maturín 1847-Camagüey, Cuba, 1919,* escultor venezolano, autor del *Monumento a Carabobo* (Caracas).

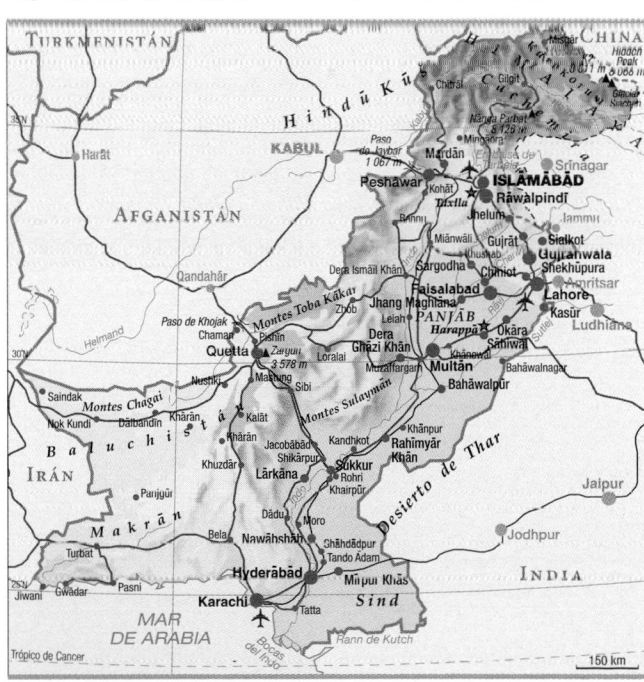

Pakistán

★ lugar de interés turístico

200 1000 2000 4000 m

— carretera
— ferrocarril
✈ aeropuerto

● más de 1 000 000 hab.
● de 500 000 a 1 000 000 hab.
● de 100 000 a 500 000 hab.
● menos de 100 000 hab.

PALACIOS (Julio), *Paniza 1891-Madrid 1970,* físico y matemático español. Autor de numerosos libros divulgativos, elaboró una versión de la teoría de la relatividad especial que difería de la de Einstein y que no se impuso.

PALACIOS Y VILLAFRANCA (Los), v. de España (Sevilla); 32 762 hab. *(palaciegos).* Algodón, arroz, maíz, hortalizas. Alfarería.

PALACIO VALDÉS (Armando), *Entralgo 1853-Madrid 1938,* escritor español. Novelista costumbrista (*Marta y María,* 1883; *La hermana San Sulpicio,* 1889), evolucionó a un conservadurismo católico (*Tristán o el pesimismo,* 1906). [Real academia 1906.]

PALACKÝ (František), *Hodslavice 1798-Praga 1876,* historiador y político checo. Su *Historia de Bohemia* (1836-1867) contribuyó al despertar nacional checo. Presidió el congreso paneslavo (1848).

PALAFOX (José **Rebolledo de**), **duque de Zaragoza,** *Zaragoza 1776-Madrid 1847,* militar español. Capitán general de Aragón, defendió Zaragoza durante los sitios franceses de 1808-1809. Estuvo preso en Francia hasta 1813.

PALAFOX Y MENDOZA (Juan **de**), *Fitero 1600-Burgo de Osma 1659,* prelado y administrador español. Obispo de Puebla (1639), arzobispo de México, visitador general y virrey de Nueva España (1642), impuso su autoridad a los jesuitas. Escribió obras históricas.

PALAFRUGELL, v. de España (Gerona); 18 154 hab. *(palafrugellenses).* En la Costa Brava. Industria corchotaponera. Centro turístico.

PALAMÁS (Gregorio), *Constantinopla h. 1296-Tesalónica 1359,* teólogo de la Iglesia griega. Monje en el monte Athos y arzobispo de Tesalónica (1347-1359), dedicó su vida a la profundización del *hesiquiasmo.

PALAMÁS (Kostís), *Patrás 1859-Atenas 1943,* escritor griego, autor de poemas líricos y épicos.

PALAOS, PALAO o **BELAU,** est. de Oceanía, en Micronesia; 487 km^2; 15 000 hab. CAP. *Melekeok* (9 000 hab.). LENGUAS: *palauano e inglés.* MONEDA: *dólar de Estados Unidos.* (V. mapa de **Oceanía.**) Descubierto por el español Villalobos (1543), en 1947 el archipiélago fue puesto bajo tutela estadounidense por la ONU, en cuyo seno fue admitido en 1994.

PALAS, *m. en 63 d.C.,* liberto y favorito del emperador Claudio. Siguiendo su consejo, Claudio se casó con Agripina y adoptó a Nerón. De acuerdo con Agripina, Palas hizo envenenar a Claudio y fue envenenado a su vez por Nerón.

PALATA (Melchor **Navarra y Rocafull, duque de la**), *Torrelacárcel, Teruel, 1626-Portobello 1691,* administrador español. Fue miembro de diversos consejos (1660-1680), de la junta de gobierno durante la minoría de Carlos II y virrey del Perú (1680-1689).

PALATINADO, en alem. **Pfalz,** región de Alemania, situada a orillas del Rin, al N de Alsacia. Constituye desde 1946 una parte del Land de *Renania-Palatinado.* En el marco del Sacro Imperio, el término *palatinado* designaba el dominio de los condes palatinos. A partir del s. XII se reservó solo al del conde palatino del Rin (cap. Heidelberg). Después de pasar a los Wittelsbach de Baviera (1214), el Palatinado fue dotado de la dignidad electoral (1356). Limitado en 1648 al Palatinado renano (el Alto Palatinado fue atribuido a Baviera), a partir de 1795 fue repartido entre Francia y los ducados de Baden y de Hesse-Darmstadt.

PALATINO (monte), una de las siete colinas de Roma, la más antiguamente habitada (s. VIII a.C.). Importantes restos, con pinturas murales.

PALAU (Manuel), *Alfara del Patriarca, Valencia, 1893-Valencia 1967,* compositor español. Evolucionó del folclorismo a una línea sinfónica impresionista (*Sinfonía en re mayor,* 1944; *Concierto levantino,* 1947; *Maror,* ópera, 1953-1956).

PALAU I FABRE (Josep), *Barcelona 1917-íd. 2008,* escritor español en lengua catalana. Su poesía revela una profunda crisis de valores (*Càncer,* 1946; *Poemas del alquimista,* 1952). También narrador, dramaturgo y ensayista, fue uno de los mayores especialistas en la obra de Picasso.

PALAWAN o **PALAUAN,** isla del SO de Filipinas; 755 412 hab. (Reserva de la biosfera 1990.)

PALAZUELO (Pablo), *Madrid 1916-Galapagar, 2007,* pintor español. Maestro de la abstracción geométrica, su obra presenta rigor y una compleja formulación de ecos musicales (*Tiempo azul,* 1958; *Composición,* 1968; *Orto IV,* 1971). [Premio nacional de artes plásticas 1999; premio Velázquez 2004.] (Real academia de bellas artes de San Fernando 2006.)

PALE, c. de Bosnia-Herzegovina, al E-SE de Sarajevo; 25 000 hab.

PALEMBANG, c. de Indonesia, en el S de Sumatra; 1 084 000 hab. Puerto. Exportación de petróleo.

PALENA, nombre que en Chile recibe el río que nace en Argentina como *Carrenleufú y el lago andino cuya parte argentina se denomina General Vintter.

PALENCIA, c. de España, junto al río Carrión, cap. de la prov. homónima y cab. de p. j.; 80 613 hab. *(palentinos).* Centro comercial y administrativo. Industrias agropecuarias. Construcciones metálicas. — Restos romanos. Catedral gótica (ss. XIV-XVI) con numerosas esculturas y pinturas (sepulcros, retablos); iglesias góticas. Museo arqueológico.

PALENCIA (provincia de), prov. de España, en Castilla y León; 8 029 km^2; 178 316 hab.; cap. *Palencia.* Se suceden de N a S: la Montaña, vertiente S de la cordillera Cantábrica, el Páramo, surcado por los valles de los afl. del Duero, y la Tierra de Campos, en un paisaje de suaves colinas. Economía agropecuaria (cereales, remolacha y patata). Minas de carbón; producción hidroeléctrica en el Pisuerga y el Carrión.

PALENCIA (Alonso o Alfonso **Fernández de**), *Osma 1423-íd. 1492,* humanista español, autor del *Universal vocabulario en latín y romance* (1490) y de una crónica sobre Enrique IV.

PALENCIA (Benjamín), *Barrax, Albacete, 1894-Madrid 1980,* pintor español. Creador de la escuela de Vallecas, centrada en el paisaje, su estilo es austero y de gran expresividad (*Vista de Toledo; Paisajes; Niños; Perdices*).

PALENQUE, mun. de México (Chiapas); 35 430 hab. Centro arqueológico maya clásico (ss. VII-VIII d.C.): templos pirámide del Sol, de la Cruz, de la Cruz foliada y de las Inscripciones, en cuya base se descubrió una tumba real ricamente decorada; palacio con torre-observatorio; museo. (Patrimonio de la humanidad 1987.)

■ **PALENQUE.** Vista del palacio. Arte maya clásico (790-950).

PALEÓLOGOS, familia bizantina que reinó en el imperio bizantino (1258-1453) y en el despotado de Mistra (1383-1460).

PALERMO, barrio residencial del E de Buenos Aires (Argentina); comprende instalaciones deportivas, parques, jardines y lagunas.

PALERMO, mun. de Colombia (Huila); 15 489 hab. Cultivos tropicales. Ganadería.

PALERMO, c. de Italia, cap. de Sicilia y de prov., en la costa N de la isla; 697 162 hab. *(palermitanos).* Arzobispado. Universidad. Puerto. Centro administrativo y turístico. — Notables monumentos de estilos bizantino-árabe (capilla palatina de Rogelio II, 1132) y barroco (iglesias y palacios de los ss. XVII-XVIII). Museo arqueológico (esculturas griegas de Selinonte); Galería regional de Sicilia. — Ocupada por los normandos (1072), fue conquistada por los Anjou (1266) y en ella se iniciaron las *Vísperas sicilianas (1282). Unida a la corona de Aragón en 1412, más tarde (tratados de Utrecht-Rastadt, 1713-1714) España perdió sus posesiones y Sicilia pasó a Víctor Amadeo de Saboya.

PALÉS MATOS (Luis), *Guayama 1889-San Juan 1959,* poeta puertorriqueño. Modernista (*Azaleas,* 1915), evolucionó hacia una poesía afroamericana (*Tuntún de pasa y grifería,* 1937).

PALESTINA, región histórica de Oriente medio, entre el Mediterráneo y el Jordán (y el mar Muerto), que engloba el actual estado de Israel, Cisjordania y la franja de Gaza. **1220-1200 a.C.:** los hebreos conquistaron el país de los cananeos. **64-63 a.C.:** Roma sometió la región. **132-135 d.C.:** a consecuencia de la sublevación de Barcokebas, numerosos judíos fueron deportados. **S. IV:** tras la conversión de Constantino, Palestina se convirtió para los cristianos en Tierra Santa. **634-640:** con la conquista árabe el país se liberó de la dominación bizantina y se integró en el imperio musulmán. **1099:** los cruzados fundaron el reino latino de Jerusalén. **1291:** los mamelucos de Egipto se apoderaron de las últimas posesiones latinas y dominaron el país hasta la conquista otomana. **1516:** el Imperio otomano dominó durante cuatro siglos la región. **A partir de 1882:** los pogroms rusos provocaron la inmigración judía, alentada por el movimiento sionista. **1916:** los británicos alentaron la sublevación árabe contra los otomanos. **1917-1918:** Gran Bretaña ocupó la región. **1922:** la SDN le confió el mandato sobre Palestina, que estipulaba el establecimiento en la región de un hogar nacional judío, de acuerdo con la declaración Balfour de 1917. **1928-1939:** sangrientos disturbios enfrentaron a los palestinos árabes con los inmigrantes judíos. **1939:** el Libro blanco británico impuso restricciones a la inmigración judía y provocó la oposición del movimiento sionista (acción terrorista del Irgún). **1947:** la ONU decidió una partición de Palestina en un estado judío y un estado árabe, rechazada por los árabes. **1948-1949:** se proclamó el estado de Israel y, tras la derrota árabe en la primera guerra árabe-israelí, los palestinos huyeron masivamente hacia los estados limítrofes. **1949-1950:** Cisjordania se integró en el reino de Jordania. **1964:** se fundó la Organización para la liberación de Palestina (OLP). **1967:** Cisjordania y la franja de Gaza fueron ocupadas por Israel. **1979:** el tratado de paz egipcioisraelí preveía cierta autonomía para estas dos regiones. **Desde 1987:** los territorios ocupados fueron escenario de una insurrección popular palestina (Intifada). **1988:** el rey Ḥusayn rompió los vínculos legales y administrativos entre su país y Cisjordania, reconociendo a la OLP como única y legítima representante del pueblo palestino (julio). La OLP proclamó la creación de un estado independiente «en Palestina» (nov.). **1991:** los palestinos y los países árabes participaron con Israel en la conferencia de paz sobre Oriente medio, abierta en Madrid en octubre. **1993:** tras el mutuo reconocimiento de Israel y la OLP, firma del acuerdo palestino-israelí de Washington. **1994:** conforme a dicho acuerdo, en Gaza y Jericó se estableció un régimen de autonomía (retirada del ejército y de la administración israelíes, a excepción de las colonias de poblamiento judío). La Autoridad nacional palestina, presidida por Y. 'Arafāt, se instaló en Gaza. **1995:** ampliación de la autonomía a las ciudades principales de Gaza y Cisjordania. **1996:** las primeras elecciones palestinas (en.) designaron al Consejo de la autonomía palestina y su presidente (Y. 'Arafāt). El endurecimiento de la política israelí generó un bloqueo del plan de paz, que persistió a pesar del nuevo acuerdo concluido con Israel en Wye River (EUA) en 1998. **1999:** se retomaron las negociaciones entre Israel y Palestina (acuerdo de Charm el-Cheikh [Egipto]). **2000:** tras el fracaso de una tentativa de compromiso sobre el estatuto definitivo de los territorios palestinos (cumbre de Camp David, julio), israelíes y palestinos entraron en una espiral de enfrentamientos (inicio de una «nueva Intifada», muy sangrienta, sept.). **2003:** se creó el cargo de primer ministro de la Autoridad nacional palestina, que recayó en Maḥmūd 'Abbās (abril-oct.) y posteriormente en Ahmed Qureia. Sin embargo, el conflicto israelo-palestino siguió siendo agudo, a pesar de las iniciativas de paz. **2004:** muerte de Y. 'Arafāt. Mahmud 'Abbās lo sucedió al frente de la OLP. **2005:** M. 'Abbās, fue elegido presidente de la Autoridad nacional palestina. Reanudó el diálogo con Israel, comprometiéndose, con A. Sharon, a poner fin a la violencia. Israel tomó la decisión unilateral de retirarse de la franja de Gaza. **2006:** la holgada victoria de Hamas en las elecciones legislativas (en.) fue seguida de la formación de un gobierno dirigido por su líder, Ismā'īl Haniya. Pero las sanciones económicas adoptadas por Israel, así como por la Unión Europea y Estados Unidos, como represalia por la llegada al poder de este movimiento radical, afectaron de lleno a la población palestina. Por otro lado, una serie de enfrentamientos mortales opusieron a los militantes de Hamas y los de Fatah, el partido de M. 'Abbās. **2007:** tras una efímera tentativa de gobierno de unidad nacional, Hamas tomó el control de la franja de Gaza (junio). M. 'Abbās, con el apoyo de la comunidad internacional, formó un nuevo gobierno, cuya autoridad real se limitó a Cisjordania. Bajo los auspicios de Estados Unidos, la conferencia de Annapolis (Maryland, nov.) trató de relanzar el proceso de paz israelo-palestino. **Finales dic. 2008-Inicios 2009:** la ofensiva militar de Israel en la franja de Gaza, en respuesta al lanzamiento de misiles sobre su territorio, pesó gravosamente sobre la población palestina y generó un nuevo paroxismo de tensión.

PALESTINA, mun. de Colombia (Caldas); 16 738 hab. Cultivos tropicales. Apicultura.

PALESTRINA (Giovanni Pierluigi da), *Palestrina 1525-Roma 1594,* compositor italiano. Gran maestro de la música polifónica, compuso un centenar de misas *(Misa del papa Marcelo),* motetes, himnos y madrigales.

PĀLGHĀT (paso de), depresión del Decán, entre la costa de Malabar y el golfo de Bengala.

PALISSY (Bernard), *Agen h. 1510-París 1589 o 1590,* ceramista francés, autor de piezas con relieves de peces, reptiles y plantas.

PALK (estrecho de), brazo de mar que separa la India y Srī Lanka.

PALLADIO (Andrea di Pietro, llamado), *Padua 1508-Vicenza 1580,* arquitecto italiano. Sus edificios están en Vicenza («Basílica», a partir de 1549; varios palacios; teatro «Olímpico»), en Venecia (iglesias de San Giorgio Maggiore [1566-1580]. del Redentor, etc.) y cerca de estas ciudades (villas *La *Rotonda, La Malcontenta, Barbaro).* Manejó las formas clásicas, que tiñó de manierismo, con admirable variedad. Autor de un tratado, *Los cuatro libros de la arquitectura* (1570), fue muy influyente en la arquitectura europea, sobre todo la inglesa.

PALLANTIA, PALANTIA o **PALENTIA,** ciudad fortificada de los vacceos sitiada por los romanos en 151 y 136 a. C. Es la act. *Palencia.*

PALLANZA, estación turística de Italia (Piamonte), a orillas del lago Mayor.

PALLARS (condado de), condado medieval catalán formado en la cuenca del Noguera Pallaresa por los condes de Tolosa. Emancipado con Wifredo I el Velloso (870), se dividió en Pallars Jussà y Pallars Sobirà (h. 1011). Feudatarios del condado de Barcelona, fueron incorporados a la Corona de Aragón (1192 y 1491).

PALLARS JUSSÀ, comarca fisiográfica de España (Lérida), en el Prepirineo, recorrida por el Noguera Pallaresa. Hidroelectricidad.

PALLARS SOBIRÀ, comarca fisiográfica de España (Lérida), en la zona axial pirenaica, limitada al N por la frontera con Francia. Parque nacional de Aigüestortes. Deportes de invierno.

PALLAVA, dinastía de la India (ss. III-IX) que reinó en el Decán oriental.

PALLEJÁ (Miguel), *Montevideo 1861-Barcelona 1887,* pintor uruguayo costumbrista.

PALMA (La), isla de España, en las Canarias (Santa Cruz de Tenerife); 728 km²; 82 483 hab.; cap. *Santa Cruz de la Palma.* De origen volcánico, la parte N está ocupada por la Caldera de Taburiente (parque nacional), que culmina en el Roque de los Muchachos (2 423 m, observatorio astrofísico del IAC). Agricultura e industrias derivadas. Turismo. (Reserva de la biosfera 2002.) — Fue conquistada por A. Fernández de Lugo en 1491-1492.

PALMA (La), ant. **Consolación del Norte,** mun. de Cuba (Pinar del Río); 32 221 hab. Caña de azúcar.

PALMA (La), c. de Panamá, cap. de la prov. de Darién; 1 634 hab. Puerto pesquero.

PALMA el Viejo (Jacopo Nigretti, llamado), *Serina, Bérgamo, h. 1480-Venecia 1528,* pintor italiano. Establecido en Venecia, abordó temas religiosas, retratos y desnudos. — **Jacopo Nigretti,** llamado **P. el Joven,** *Venecia 1544-íd. 1628,* pintor italiano, sobrino nieto de Palma el Viejo. Fue el más activo de los pintores decoradores venecianos de fines del s. XVI.

PALMA (José Joaquín), *Bayamo 1844-Guatemala 1911,* poeta y revolucionario cubano. Romántico, cultivó en especial la elegía *(A María Granados; Las tinieblas del alma).*

PALMA (Ricardo), *Lima 1833-Miraflores 1919,* escritor peruano. Autor de teatro y poesía, su obra principal pertenece a la narración histórica *(Anales de la Inquisición de Lima,* 1863; serie **Tradiciones peruanas;* 1872-1918).

PALMA DEL RÍO, c. de España (Córdoba); 19 266 hab. *(palmeños).* Agricultura e industrias derivadas.

PALMA DE MALLORCA, c. de España, cap. de la comunidad autónoma de Baleares y de la isla de Mallorca, y cab. de p. j.; 333 925 hab. *(palmesanos).* Puerto en la *bahía de Palma.* Centro administrativo, comercial e industrial. Turismo. Aeropuerto internacional. — Catedral gótica (ss. XIII-XVI; capilla del Santísimo, decorada por Miquel Barceló); iglesias góticas y barrocas. Castillo de Bellver (ss. XIII-XIV); lonja (s. XV); Consulado de mar, renacentista; palacio de la *Almudaina (ss. XIII-XIV). Casas señoriales. Ayuntamiento con fachada barroca. Palacio de Marivent, residencia veraniega de los reyes de España. Museos provincial (series arqueológicas y medievales), diocesano, Joan Miró, March, de arte moderno y contemporáneo.

PALMAR, lago de Uruguay, importante centro de producción hidroeléctrica.

PALMAR DE BRAVO, mun. de México (Puebla); 20 296 hab. Cereales y maguey. Ganadería.

PALMARES, cantón de Costa Rica (Alajuela), en la cordillera Central; 20 985 hab. Tabaco, café y caña de azúcar.

PALMAROLI (Vicente), *Zarzalejo, Madrid, 1834-Madrid 1896,* pintor español. Discípulo de Madrazo, practicó la pintura de historia, el retrato y la pintura de género al modo romántico.

PALMAS (península de Las), península de Panamá, en la costa del Pacífico.

PALMAS (provincia de Las), prov. de España, en Canarias; 4 099,34 km²; 897 595 hab.; cap. *Las Palmas de Gran Canaria.* Comprende las islas orientales del archipiélago: Gran Canaria, Fuerteventura y Lanzarote, más seis islotes (Alegranza, Graciosa, Montaña Clara, Roque del Oeste o del Infierno, Roque del Este y Lobos). Economía agrícola (plátano, tomate, tabaco) y turismo.

PALMAS DE GRAN CANARIA (Las), c. de España, cap. de la comunidad autónoma de Canarias (alternativamente con Santa Cruz de Tenerife), de la prov. de Las Palmas y de la isla de Gran Canaria, y cab. de p. j.; 358 518 hab. *(palmenses).* Centro comercial y de servicios. Industria. Puerto comercial (Puerto de la Luz). Turismo. — Catedral gótica (1497), renovada en estilo neoclásico. Castillo de la Luz (s. XVI). Casa de Colón (museo, archivo histórico). Iglesias de los ss. XVII-XVIII. Museo Canario. Centro atlántico de arte moderno.

PALMA SORIANO, mun. de Cuba (Santiago de Cuba); 120 727 hab. Café y azúcar. Bosques.

PALM BEACH, c. de Estados Unidos (Florida); 67 625 hab. Estación balnearia. — Norton Museum of Art.

PALME (Olof), *Estocolmo 1927-íd. 1986,* político sueco. Socialdemócrata, primer ministro de 1969 a 1976 y de 1982 a 1986, fue asesinado.

PALMER (Roundell), conde de **Selborne,** *Mixbury 1812-Petersfield 1895,* jurista y político británico. Lord canciller (1872-1874 y 1880-1885), reformó el sistema judicial británico y creó el Tribunal supremo (1873).

■ RICARDO **PALMA**

PALMERÍN (Ricardo), *Tekax 1883-México 1944,* compositor mexicano. Autor de populares composiciones, está considerado con Guty Cárdenas el máximo exponente de la canción yucateca *(Peregrina; La golondrina; El rosal enfermo; Semejanza).*

Palmerines, ciclo de novelas de caballerías formado por el *Palmerín de Oliva* (1511), que narra los amores de Palmerín y Polinarda, el *Primaleón* (1512), que cuenta las hazañas de los hijos de Palmerín y de Don Duardos de Inglaterra, y el *Palmerín de Inglaterra* (1547, versión castellana de una obra del portugués F. de Moraes Cabral no publicada hasta 1567 en su lengua original), salvado del fuego en el escrutinio de la biblioteca del Quijote.

PALMERSTON (Henry Temple, vizconde), *Broadlands 1784-Brocket Hall 1865,* político británico. Ministro de asuntos exteriores (1830-1841 y 1846-1851), trató de proteger los intereses estratégicos y comerciales de Gran Bretaña y frenó la influencia de Francia y de Rusia, en especial durante el conflicto turco-egipcio (1839-1840). Primer ministro (1855-1858 y 1859-1865), no pudo impedir que Napoleón III fomentase la independencia italiana (1860).

PALMIRA, c. de Colombia (Valle del Cauca), al NE de Cali; 214 395 hab. Centro agrícola (cana de azúcar, algodón y vid). Destilerías de alcohol. Universidad.

PALMIRA, c. de Cuba (Cienfuegos), junto al río Caunao; 28 648 hab. Industria azucarera.

PALMIRA («la ciudad de las palmeras»), ant. c. de Siria, entre Damasco y el Éufrates. Como oasis del desierto sirio y encrucijada de rutas de caravanas monopolizó, tras la caída de Petra (106 d. C.), la mayor parte del comercio con la India. Con Odenat (m. en 267) y la reina Zenobia (h. 267-272) se convirtió en la capital de un estado que controlaba parte de Asia Menor. El emperador Aureliano acabó con este dominio y Palmira, saqueada (273), fue destruida por los árabes (634). — Impresionantes ruinas helenísticas y romanas. Rica necrópolis. (Patrimonio de la humanidad 1980.)

PALMITOS (Los), mun. de Colombia (Sucre); 15 257 hab. Yuca y maíz. Ganado vacuno y porcino.

Palo Alto (escuela de), movimiento de ideas nacido en la década de 1950 en el hospital psiquiátrico de Palo Alto (California), auspiciado por G. Bateson. Promovió el estudio de los ritos de interacción y comunicación en el seno de los grupos (sobre todo la familia).

PALOMAR (monte), montaña de Estados Unidos (California); 1 871 m. Observatorio astronómico (telescopio de 5,08 m de abertura).

PALOMINO (Antonio), *Bujalance 1655-Madrid 1726,* pintor y tratadista de arte español. Evolucionó desde la escuela barroca madrileña a un estilo dinámico y luminoso *(Santa Inés,* Prado). Escribió *El museo pictórico y escala óptica* (1715-1724), imprescindible para conocer la pintura española anterior a 1700.

PALO NEGRO, c. de Venezuela (Aragua), en la cuenca del lago Valencia; 50 718 hab. Mercado agrícola.

PALOS, cabo de la costa mediterránea española (Murcia), en el extremo de una pequeña península al S del Mar Menor. Faro.

PALOS DE LA FRONTERA, ant. **Palos de Moguer,** c. de España (Huelva); 7 115 hab. *(palenses o palermos).* Refinería de petróleo; industria química. — Iglesia de San Jorge, gótico-mudéjar. — En su término se halla el monasterio de La *Rábida. De su puerto partió la expedición de Colón (3 ag. 1492).

PALPALÁ, c. de Argentina (Jujuy); 43 622 hab. Siderurgia que utiliza el hierro de Zapla.

PALS, v. de España (Gerona); 1 912 hab. *(palenses).* Turismo. — Conjunto medieval restaurado.

PALTAS, cantón de Ecuador (Loja), en la Hoya de Catamayo; 44 315 hab.; cab. *Catacocha.*

PAMIR, región montañosa de Asia central. Está dividida entre Tadzhikistán (7 495 m en el pico Ismā'īl Sāmānī) y China (7 719 m en el Kongur Tagh).

PAMPA (la), región fisiográfica de Argentina (Buenos Aires, La Pampa, Santa Fe y Córdoba). Es una región llana, que abarca el 14 % del territorio y el 60 % de la población del país. Clima templado y uniforme, con precipitaciones desiguales: abundantes en la *Pampa oriental* o *Pampa húmeda,* de praderas y pastos tiernos, y escasas en la árida *Pampa occidental.* Tienen gran importancia la ganadería vacuna, los cultivos cerealistas y la industria en los grandes núcleos urbanos (Buenos Aires, Rosario, Córdoba). — Poblada por tribus nómadas, Sebastiano Caboto inició las exploraciones en la región en 1528, y en 1536 se introdujo la ganadería, origen del gaucho. En 1827 el gobierno argentino emprendió el sometimiento de los indios, realizado en diversas etapas (1828-1835, 1835-1852, durante el mandato de Rosas, y la iniciada en 1876) y definitivo tras la derrota india de 1879.

PAMPA (provincia de **La**), prov. del centro de Argentina; 143 440 km²; 260 034 hab.; cap. *Santa Rosa.*

PAMPEANAS (sierras), conjunto de sierras del NO de la República Argentina, entre ellas la de Famatina (alt. máx. 6 097 m) y la de Aconquija (5 550 m).

PAMPITE (José **Olmos,** llamado), *h. 1650-1730,* escultor ecuatoriano. Contemporáneo del padre Carlos, y tal vez su discípulo, sus Cristos se caracterizan por la policromía y el realismo acentuados (*Cristo de la agonía,* iglesia de San Roque, Quito).

PAMPLONA, c. de Colombia (Norte de Santander); 39 436 hab. Centro minero (hulla, cobre y oro). — Fue fundada en 1549 por Pedro de Úrsúa y Ortún de Velasco.

PAMPLONA, en vasc. **Iruña,** c. de España, a orillas del Arga, cap. de la comunidad autónoma de Navarra y cab. de p.j.; 182 666 hab. (*pamploneses* o *pamplonicas*). En el Camino de Santiago. Centro comercial, industrial, cultural (universidades) y sanitario. — Catedral gótica (ss. XIV-XVI), con fachada neoclásica; iglesias góticas y edificios barrocos; museos diocesano y de Navarra (edificio plateresco). Centro cultural y auditorio Baluarte. Fiestas de San Fermín (con el tradicional encierro por las calles de la ciudad hasta la plaza de toros). — Núcleo liberal frente al carlismo durante el s. XIX.

PAMPLONA (reino de), nombre del núcleo originario del reino de Navarra hasta el s. XI.

PAMUK (Orhan), *İstanbul 1952,* escritor turco. En sus obras históricas (*El castillo blanco,* 1985; *Me llamo Rojo,* 1998) u otras novelas (*Nieve,* 2002), evoca una Turquía situada a medio camino entre la tradición y la modernidad. (Premio Nobel 2006.)

PAMUKKALE, sitio arqueológico de Turquía, en el emplazamiento de la ant. Hierápolis, ciudad frigia. Importantes ruinas antiguas en las proximidades de pintorescas fuentes termales. (Patrimonio de la humanidad 1988.)

PAN → **acción nacional** (Partido).

PAN MIT. GR. Dios de los pastores y de los rebaños. Los poetas y los filósofos lo convirtieron en una de las grandes deidades de la naturaleza.

PAN (Tierra del), comarca de España (Valladolid y Zamora), en la submeseta N, regada por el Valderaduey y el Bajoz. Cereales.

PANAJI o **PANJIM,** c. de la India, cap. del estado de Goa, sobre el mar de Arabia; 43 349 hab. Iglesias barrocas y otros vestigios portugueses en los alrededores (Velha Goa, etc.).

PANAMÁ, estado de América Central, entre Colombia y Costa Rica; 77 000 km²; 2 855 683 hab. (*panameños*). CAP. *Panamá.* LENGUA: *español.* MONEDAS: *balboa y dólar EUA.* (*V. mapa al final del volumen.*)

INSTITUCIONES

La reforma constitucional de 1983 estableció un régimen presidencialista. El presidente de la república, que asume la jefatura del gobierno, es elegido por sufragio universal por un mandato de cinco años. El congreso, unicameral, es una asamblea legislativa elegida cada cinco años.

GEOGRAFÍA

El país ocupa una estrecha franja de tierra en forma de S, con el Caribe al N y el Pacífico al S, y también engloba el archipiélago de las Perlas. Dicha franja está accidentada al E por la serranía del Darién y al O por prolongaciones de la sierra Madre centroamericana (sierras de Veraguas y Tabasará: 3 478 m en el volcán Chiriquí). Poco poblado, Panamá alcanza las densidades

más altas junto al canal y en la vertiente del Pacífico, y las más bajas en el SE (Darién) y NO (Bocas del Toro). Los núcleos más populosos son la ciudad de Panamá, Colón, David y La Chorrera. La agricultura solo representa alrededor del 10 % del PIB, pero mantiene su importancia exportadora: caña de azúcar, bananas, café. También la pesca (camarón) se orienta a la exportación y ofrece buenas perspectivas, en tanto que la minería (oro, plata, hierro y volframio), que cuenta con una larga tradición, está en decadencia. La actividad industrial tiene dimensiones muy modestas, y su principal asiento es la ciudad de Colón; por el contrario, la favorable localización del país y una legislación tributaria propicia lo han convertido en un activo centro financiero y sede de numerosas compañías transnacionales. Esta capitalización de la economía ha supuesto un aumento sostenido de la deuda externa y graves riesgos para la autodeterminación real del país. Son importantes los ingresos por el tránsito del canal.

HISTORIA

El poblamiento precolombino. La región estaba habitada por los chocó, de posible ascendencia fueguina, al S; los chibchas, en las tierras altas del O, y los caribes, en el E.
Conquista y colonización. 1501-1502: primeras exploraciones de la costa por Rodrigo de Bastidas y Colón. **1510-1511:** fundación del fortín de Nombre de Dios y de Santa María la Antigua del Darién. **1513-1535:** Castilla del Oro o Tierra Firme, como se conoció inicialmente la región, fue encomendada a la gobernación de Pedrarias Dávila, que fundó Panamá (1519). **1538:** constitución de la audiencia, adscrita desde 1565 sucesivamente a los virreinatos del Perú y de Nueva Granada. Fue un importante núcleo colonial, primero como centro de irradiación de la conquista hacia Centroamérica y Perú, y después como región de enlace entre Perú y Extremo oriente, con el sistema de flotas que desde las Antillas unía América y España, a través del eje terrestre Panamá-Portobelo; ello le valió los ataques de Drake (1572, 1591), Morgan (1671) y Vernon (1739-1742).
El s. XIX. 1821: proclamación de la independencia e integración en la república de la Gran Colombia, tras cuya disolución se mantuvo dentro de Colombia; las crisis internas colombianas se reflejaron en las efímeras secesiones de 1841 y 1853, en las que el país tomó el nombre de Estado del Istmo. El descubrimiento de oro en California revalorizó su papel como enlace interoceánico (construcción del ferrocarril Colón-Panamá, 1855). **1846:** concesión a EUA del derecho de construcción de un ferrocarril a través del istmo. **1882-1889:** primera fase de la construcción de un canal interoceánico por Ferdinand de Lesseps. Las obras quedaron suspendidas por falta de capital.
La independencia en la órbita de EUA. 1902: el gobierno colombiano acordó con EUA la construcción del canal (concesión a EUA de una zona de diez millas de ancho de océano a océano); intervención militar estadounidense. **1903:** independencia de acuerdo con EUA; el tratado Hay-Bunau-Varilla estableció el control de la Zona del canal durante un siglo y el derecho de intervención militar estadounidense en todo Panamá, derogado en 1936. El dominio de EUA se completó con la expansión de empresas agrícolas multinacionales. **1914:** fin de las obras del canal.
La época de la guardia nacional. 1941-1946: el ejército de EUA depuso a Arnulfo Arias, favorable a Alemania, y ocupó la república; durante la ocupación se creó la guardia nacional (1946), que dominó la política panameña en las décadas siguientes. **1946-1955:** Remón, jefe de la guardia, controló el poder, destituyó a varios presidentes, incluido de nuevo Arias (1951), y ocupó la jefatura del estado (1952-1955). **1955-1968:** disturbios (1959, 1964, 1966) debidos al ascenso del nacionalismo por la tutela de EUA. La reducida oligarquía panameña se sucedió en el poder en período de supuesta constitucionalidad, hasta que en 1968 el jefe de la guardia nacional, Omar Torrijos, dio un golpe contra Arias y asumió el poder.
El torrijismo. 1968-1978: Torrijos se apoyó en el campesinado y los nacionalistas para emprender una política populista y reclamó la so-

beranía en la Zona del canal; en 1977 el acuerdo Torrijos-Carter estableció la devolución en 1999. **1978-1984:** la presidencia de A. Royo, mientras Torrijos seguía controlando el poder desde la guardia, inició la institucionalización del torrijismo, frustrada por el asesinato de Torrijos (1981), que debilitó al bloque populista devolviendo a la guardia su carácter pretoriano.
El retorno de EUA y la normalidad constitucional. 1984-1994: el despotismo del nuevo hombre fuerte, el general Manuel Antonio Noriega, facilitó la reacción de EUA, que en 1986 reclamó su extradición bajo acusación de narcotráfico. **1989:** el ejército estadounidense ocupó Panamá, capturó a Noriega (dic.) y entregó el poder, como presidente de la república, a Guillermo Endara, representante de las fuerzas políticas tradicionales, que había sido elegido en mayo; ello no devolvió estabilidad al país, por las disensiones en el seno del bloque gobernante, pero supuso el regreso de la hegemonía estadounidense. **1994:** en las elecciones presidenciales (mayo) resultó vencedor Ernesto Pérez Balladares, del torrijista Partido revolucionario democrático. **1999:** Mireya Moscoso, viuda de A. Arias, fue elegida presidenta. **2004:** Martín Torrijos, al frente de una coalición de centroizquierda, fue elegido presidente (mayo). **2009:** Ricardo Martinelli, líder de la derechista Alianza por el cambio, fue elegido presidente de la república.

PANAMÁ, cap. de la república de Panamá y de la prov. homónima; 411 549 hab. (*panameños*). Gran centro financiero y de comunicaciones, con algunas industrias (alimentarias, textiles). Puerto. Universidad. — Distrito histórico, con varios templos de la época colonial, entre ellos la catedral (1690-1762) y la iglesia de Santa Ana (s. XVIII) [patrimonio de la humanidad 1997 (ampliado en 2003 a las ruinas del antiguo asentamiento)]. — Su origen se remonta a 1519 y el emplazamiento actual a 1673. La apertura del ferrocarril del istmo (1855) y la construcción del canal crearon un gran auge económico e impulsaron la independencia del país, del que la ciudad se convirtió en capital.

■ **PANAMÁ.** El distrito central.

PANAMÁ (golfo de), amplio golfo de Panamá, en la costa pacífica, entre las puntas Mala, al O, y Piñas, al E. Alberga la bahía del mismo nombre, los golfos de Parita y San Miguel, las ciudades de Panamá y Balboa y una de las entradas del canal de Panamá.

PANAMÁ (istmo de), istmo entre el Atlántico y el Pacífico, que une América Central con América del Sur, en territorio de Panamá; 250 km de longitud y entre 50 y 200 km de anch.

PANAMÁ (provincia de), prov. de Panamá; 11 292 km²; 1 168 492 hab.; cap. *Panamá.*

PANAMÁ (Zona del canal de), en ingl. **Canal Zone,** territorio situado a ambos lados del canal de Panamá, bajo jurisdicción estadounidense a partir de 1903 en concepto de arriendo a perpetuidad. En virtud del acuerdo Carter-Torrijos de 1977 (en vigor desde el 1 oct. 1979), EUA reconoció la soberanía panameña sobre la Zona, reservándose hasta 1999 el control militar.

Panamá (canal de), canal que atraviesa el istmo de Panamá y comunica el Atlántico y el Pacífico, entre la bahía de Limón (Caribe) y el golfo de Panamá; 82 km de longitud y unos 12-13,7 km de profundidad. Las esclusas de Gatún, Pedro Miguel y Miraflores (de un total de 6) permiten salvar diferencias de más de 26 m de nivel, y los puertos de Cristóbal y Balboa aseguran los servicios de mantenimiento. El tráfico ronda las 300 Mt anuales. Un oleoducto construido en 1982 entre Puerto Armuelles (Pacífico) y Chiriquí Grande ha obviado las dificultades del tránsito de petroleros. Tras aprobarse en referéndum la ampliación del canal, en 2007 se iniciaron los trabajos cuya conclusión está prevista en 2014.

Panamá (congreso de) [1826], asamblea convocada por Bolívar en Panamá para lograr una federación de los países americanos. Los países participantes (México, Guatemala, Bolivia y la Gran Colombia) firmaron un tratado de confederación que pronto chocó con hostilidades mutuas, fomentadas por EUA.

panamericana (carretera), red de carreteras que comunica entre sí los diferentes países del continente americano. Su construcción comenzó en 1936. Parte de Alaska, atraviesa EUA y pasa por la ciudad de México, toda América Central, Bogotá (Colombia), Quito (Ecuador), Lima (Perú) y Santiago (Chile), y atraviesa los Andes (a más de 3 500 m de alt.) para terminar en Tierra del Fuego (Argentina). Varios ramales enlazan esta vía principal con Bolivia, Paraguay, Uruguay, Brasil y Venezuela.

panamericanas (conferencias), congresos para fomentar las relaciones entre los estados americanos. La primera tuvo lugar en Nueva York en 1889-1890.

panamericanos (Juegos) → Juegos panamericanos.

PANAY, isla de Filipinas; 1 900 000 hab.

PANCHOS (Los), trío vocal e instrumental mexicano. Fundado en 1944 por Hernando Avilés, Chucho Navarro y Alfredo Gil, está considerado el trío de boleros por antonomasia *(Si tú me dices ven; Lo dudo; Sabor a mí; El reloj)*.

PANDATARIA, islote de la costa de Campania. En él estuvieron desterradas Julia, Agripina la Mayor y Octavia.

PAN DE AZÚCAR → PÃO DE AÇÚCAR.

PAN DE AZÚCAR → PIEDRAS BLANCAS.

PAN DE AZÚCAR, pico de la cordillera Central de Colombia (Huila); 4 670 m.

PANDO, c. de Uruguay (Canelones); 19 654 hab. Centro agrícola.

PANDO (departamento de), dep. del N de Bolivia; 63 827 km²; 37 785 hab.; cap. *Cobija*.

PANDO (José Manuel), *La Paz 1848-íd. 1917*, militar y político boliviano. Liberal, lideró la revuelta federal de 1899. Presidente de la república (1899-1904), mantuvo guerras con Brasil (1899-1900 y 1902-1903). Fundó el Partido republicano (1915). Fue asesinado.

PANDORA MIT. GR. La primera mujer de la humanidad. Ofrecida a los hombres para castigarlos por su orgullo, fue esposa de Epimeteo, hermano de Prometeo. Es la responsable de la venida del mal a la Tierra, por haber abierto la caja en la que Zeus había encerrado todos los males (de ahí la expresión *abrir la caja de Pandora*, exponerse a graves peligros por una iniciativa imprudente). En la caja de Pandora sólo quedó la esperanza.

PANE (Gina), *Biarritz 1939-París 1990*, artista francesa de origen italiano. Fue una figura representativa del arte corporal.

PANERO (Leopoldo), *Astorga 1909-íd. 1962*, poeta español. Su poesía es una emocionada evocación del paisaje natal y sus creencias religiosas *(Escrito a cada instante*, 1949; *Canto personal*, 1953). Sus hijos **Juan Luis** (Madrid 1942) y **Leopoldo María** (Madrid 1948) también cultivan la poesía.

PANFILIA, región meridional de Asia Menor, entre Licia y Cilicia; c. pral. *Aspendos*.

PANGEO, en gr. *Pangaion*, macizo montañoso de Grecia, al E de Tesalónica. Fue célebre en la antigüedad por sus minas de oro y plata.

PANGUIPULLI, com. de Chile (Los Ríos), junto al *lago Panguipulli*; 31 269 hab. Explotación maderera. Pesca. Minas de cobre. Turismo.

PANI (Mario), *México, 1911-íd. 1993*, arquitecto mexicano. Es autor, junto con L. Barragán y M. Goeritz, de las torres de la Ciudad satélite y de la facultad de filosofía y letras de la Ciudad universitaria de México (con E. del Moral), síntesis del racionalismo con la influencia precolombina, manifestada en el tratamiento de los vastos espacios.

PANIAGUA (Valentín), *Cuzco 1936-Lima 2006*, político peruano. Democristiano, fue ministro de educación con Belaúnde (1984). Opuesto a Fujimori, fue elegido presidente por el congreso a la huida de este, hasta las elecciones de 2001.

PANICALE (Tommaso di Cristoforo Fini, llamado Masolino da), *Panicale in Valdarno 1383-h. 1440*, pintor italiano. Supo combinar la influencia de Masaccio, menor que él, con la del estilo gótico internacional (frescos del baptisterio de Castiglione Olona, cerca de Varese, 1435).

PANIN (Nikita Ivánovich, conde), *Dantzig 1718-San Petersburgo 1783*, estadista ruso. Dirigió, durante el reinado de Catalina II, la diplomacia rusa (1763-1781).

PANINDÍCUARO, mun. de México (Michoacán); 18 054 hab. Cereales, hortalizas. Ganado vacuno.

PĀNINI, *NO de la India s. v o IV a.C.*, gramático indio. Es autor de un notable tratado de gramática sánscrita.

PANJĀB, PENDJAB o **PUNJAB**, región de Asia meridional, bañada por los afluentes del Indo (los «cinco ríos»: el Jhelam, el Chenāb, el Rāvi, el Sutlej y el Bias) y dividida desde 1947 entre la India (estados de Panjāb [50 362 km²; 20 190 975 hab.] y de Haryana) y Pakistán (c. pral. *Lahore*). Cultivos irrigados de arroz, algodón y caña de azúcar.

PANKHURST (Emmeline **Goulden**, Mrs.), *Manchester 1858-Londres 1928*, sufragista británica. Fundadora de la Unión femenina social y política (1903), militó a favor del voto de las mujeres.

PANKOW, barrio de Berlín, junto al río *Panke*. Ant. sede del gobierno de la RDA.

PANMUNJOM, localidad de Corea del Norte cerca de Kaesong, en la zona desmilitarizada (margen tras la guerra de 1950-1953). En ella tuvieron lugar las negociaciones que pusieron fin a dicho conflicto (1951-1953).

PANNINI o **PANINI** (Giovanni Paolo), *Piacenza h. 1691 Roma 1765*, pintor italiano. Discípulo de los Bibiena, fue, antes que Canaletto, el primero de los grandes *vedutisti* con sus vistas de Roma, sus composiciones de ruinas y sus representaciones de cortejos y fiestas.

PANOFSKY (Erwin), *Hannover 1892-Princeton 1968*, historiador del arte estadounidense de origen alemán. Es el maestro del método iconológico de lectura de la obra de arte *(Ensayos de iconología, temas humanistas en el arte del renacimiento*, 1939; *Vida y arte de Alberto Durero*, 1943).

PANONIA, ant. región de Europa central, a orillas del Danubio medio. Fue conquistada por los romanos entre 35 a.C. y 10 d.C.

PANÓNICA (cuenca), conjunto de llanuras entre los Alpes orientales y los Cárpatos.

PANSHIR (valle del), valle del Hindū Kūš, recorrido por el *Panshir*, en el NO de Afganistán.

Pantagruel (Horribles y espantosos hechos y proezas del famosísimo), novela de Rabelais (1532), parodia de las novelas de caballería.

Pantalón, personaje de la comedia italiana, viejo libidinoso y codicioso. Viste a menudo calzones largos, a los que ha dado su nombre.

PANTELLERIA, isla de Italia, entre Sicilia y Túnez; 83 km²; 7 316 hab.

Panteón, templo de Roma dedicado a las siete divinidades planetarias, construido por Agripa en 27 a.C. Destruido en 80 y restaurado por Adriano, fue consagrado al culto cristiano en el s. VII. Es una de las obras maestras de la arquitectura romana: su plano circular y su gran cúpula rebajada influyeron profundamente en la arquitectura occidental, desde el renacimiento hasta el neoclasicismo.

Panteras negras → Black Panthers.

PANTHALASSA, océano único de fines del paleozoico. Rodeaba a Pangea.

PANTOJA DE LA CRUZ (Juan), *Valladolid h. 1553-Madrid 1608*, pintor español. Discípulo de Sánchez Coello, destacó como retratista real, dentro de un marcado manierismo donde contrasta la calidez de rostros y manos con el frío detallismo de las vestimentas, y con una progresiva preocupación por la luz (retratos de *Felipe II, Isabel Clara Eugenia* y de *Fray Fernando de Rojas*).

PÁNUCO, r. de México, el más caudaloso del país, en la vertiente atlántica; 600 km. Se dirige de SO a NE y a lo largo de su recorrido recibe los nombres de *Salto, Tepeji* y *Tula*. Más adelante se une al *Salado* y toma los nombres de *San Juan* y *Moctezuma*. Recibe como confluentes a los ríos *Estorax* o *Victoria, Amajac, Claro, Tempoal* y *Tamuín*; tras este último adquiere el nombre de *Pánuco*. Desemboca en el golfo de México, junto a Tampico.

PÁNUCO, mun. de México (Veracruz); 75 429 hab. Petróleo (campos de Pánuco, Cacalilao y Topila). Refinería de azúcar; conservas cárnicas.

PÁNUCO DE CORONADO, mun. de México (Durango); 16 688 hab. Minería (oro, plata, cobre y plomo).

PAO, r. de Venezuela (Anzoátegui), de gran caudal, afl. del Orinoco. El Pariguán y el Altapirire son dos de sus afluentes.

PAO (El), centro de minería de hierro de Venezuela (Bolívar), en la Guayana, al E del río Caroní.

PÃO DE AÇÚCAR o **PAN DE AZÚCAR**, cerro granítico de Brasil, en la entrada de la bahía de Guanabara, Río de Janeiro; 395 m.

PAOLO VENEZIANO → VENEZIANO.

PAPADOPOULOS (Georgios), *Eleochorion 1919-Atenas 1999*, militar y político griego. Organizó el golpe de estado militar de abril de 1967. Verdadero jefe del «gobierno de los coroneles», hizo proclamar la república (1973), que presidió hasta ser destituido y encarcelado.

PAPAGOS o **PAPAGHOS** (Alexandros), *Atenas 1883-íd. 1955*, militar y político griego. Ministro de guerra (1935), dirigió la ofensiva contra los italianos (1940) y las operaciones contra los comunistas durante la guerra civil (1949-1951). Fue primer ministro (1952-1955).

PAPALOAPAN, r. de México, de la vertiente del golfo de México, que desemboca en la laguna de Alvarado; 900 km aprox. Recibe los nombres de *Grande, Tomellín* y *Santo Domingo*. Embalses.

PAPANDREU (Georgios), *Patrás 1888-Atenas 1968*, político griego. Republicano, fue el jefe del gobierno griego en el exilio (1944), y presidente del consejo de 1963 a 1965. — **Andreas P.**, *Quíos 1919-Ekali, cerca de Atenas, 1996*, político griego. Hijo de Georgios, fue primer ministro de 1981 a 1989 y de 1993 a 1996.

PAPANIN (Iván), *Sebastopol 1894-Moscú 1986*, almirante y explorador soviético. Viajó en un banco de hielo a la deriva, del polo N a las costas de Groenlandia (1937-1938).

Papá Noel, personaje legendario que distribuye regalos a los niños la noche de Navidad.

■ **PANTEÓN.** Interior del Panteón de Roma, por G. P. Pannini.

PAPANTLA, mun. de México (Veracruz), en la Huasteca; 146 131 hab.; cab. *Papantla de Olarte*. Petróleo. — Centro arqueológico de El *Tajín.

PAPEETE, cap. de la Polinesia francesa, en la costa NO de la isla de Tahití; 25 553 hab.

PAPEN (Franz von), *Werl 1879-Obersasbach 1969*, político alemán. Diputado del Centro católico, canciller del Reich (1932) y vicecanciller (1933-1934), apoyó a Hitler. Embajador en Viena (1934-1938) y Ankara (1939-1944), fue juzgado y absuelto en Nuremberg (1946).

PAPIN (Denis), *Chitenay, cerca de Blois, 1647-¿Londres? h. 1712*, científico e inventor francés. Ideó la *marmita de Papin*, predecesor de los autoclaves (1679), y formuló el principio de la máquina de vapor de pistón (1687).

PAPINI (Giovanni), *Florencia 1881-íd. 1956*, escritor italiano. Polemista, filósofo y poeta, escribió ensayos de un catolicismo heterodoxo (*Historia de Cristo; El diablo*, 1953).

PAPINIANO, en lat. **Aemilius Papinianus**, *m. en Roma 212 d.C.*, uno de los mayores jurisconsultos romanos. Prefecto del pretorio, fue condenado a muerte por Caracalla.

PAPO o **PAPPO**, *Alejandría s. IV*, matemático griego. Su *Colección matemática* es una rica fuente sobre las matemáticas griegas.

PAPOÚLIAS (Károlos), *Ioánnina 1929*, político griego. Cofundador del PASOK, en 2005 accedió a la presidencia de la república.

PAPUASIA o **PAPÚA**, parte SE de *Nueva Guinea, antigua dependencia de Australia.

PAPUASIA o **PAPUASIA OCCIDENTAL**, parte occidental de Nueva Guinea, dependiente de Indonesia. La región, sometida a fuertes tendencias separatistas ante el poder central indonesio (que la designó con el nombre de Irian Jaya), obtuvo en 2001 de este último un estatuto de autonomía y el reconocimiento de su nombre actual.

PAPÚA Y NUEVA GUINEA, estado de Oceanía; 463 000 km²; 4 400 000 hab. CAP. *Port Moresby*. LENGUA: *inglés*. MONEDA: *kina*. El país está formado esencialmente por la mitad E de la isla de Nueva Guinea y varias islas. Es montañoso al N, pantanoso al S, húmedo y está cubierto en gran parte por el bosque y habitado por tribus diseminadas. Algunas plantaciones (café, cacao) cerca del litoral. El subsuelo contiene sobre todo cobre y oro. — Se independizó en 1975 en el marco de la Commonwealth.

PAPUS (Gérard Anaclet Vincent **Encausse,** llamado), *La Coruña 1865-París 1916*, ocultista francés de origen español. Médico, reorganizador y presidente de la orden martinista, trató de sintetizar el saber hermético y la ciencia de su época (*Tarot de los bohemios*, 1889).

PAQÛDA (Bahyà ibn), conocido como **Abenpakuda,** filósofo y teólogo hebraicoespañol del s. XI. En su *Guía a los deberes de los corazones* intentó conjugar razón y revelación a través de su propia biografía espiritual.

PARÁ → BELÉM.

PARÁ, estado del N de Brasil; 1 250 000 km²; 5 084 726 hab.; cap. *Belém.*

PARACAS (cultura de), complejo cultural precolombino del S de Perú, en la península de Paracas, al S de Pisco (500 a.C.-500 d.C.). Presenta dos tipos distintos de enterramiento y de cerámica en *Paracas Cavernas* y *Paracas Necrópolis*, probable origen de las aglomeraciones de la cultura de *Nazca. Son notables los tejidos que envolvían a las momias y la fina cerámica.

PARACELSO (islas), en chino **Xisha Qundao,** grupo de islotes del mar de China meridional, frente a las costas de Vietnam. Son reivindicadas por China y Vietnam.

PARACELSO (Theophrastus **Bombastus von Hohenheim,** llamado), *Einsiedeln h. 1493-Salzburgo 1541*, alquimista y médico suizo. Padre de la medicina hermética, elaboró una doctrina basada en la correspondencia entre el mundo exterior (macrocosmos) y las diferentes partes del organismo humano (microcosmos).

PARACHO, mun. de México (Michoacán); 23 586 hab. Ganadería bovina. Industrias lácteas y cárnicas.

PARÁCUARO, mun. de México (Michoacán); 21 090 hab.; cab. *Parácuaro de Morelos*. Caña de azúcar, arroz, frutales. Artesanía.

Paradiso, novela de J. Lezama Lima (1966). Poblada de formas plenas e imágenes esenciales, examina la compleja trama de la realidad cubana de la época, donde juegan la magia, los mitos, la poesía y lo cotidiano.

PARADZHANOV (Serguéi), *Tbilisi 1924-Erevan 1990*, director de cine soviético. Georgiano de origen armenio, obtuvo un triunfo internacional con *La sombra de nuestros olvidados antepasados* (1965). De obras posteriores, sobresale *Sayat Nova*, nombre de un gran poeta armenio. La película, mal vista por las autoridades, se difundió en versión acortada (*El color de las granadas*, 1971).

PARAGUA, r. de Venezuela, que nace en la sierra de Pacaraima, junto a la frontera con Brasil, discurre por la Guayana y desemboca en el Caroní (or. izq.); 580 km. Su curso es muy accidentado.

PARAGUAIPOA, c. del NO de Venezuela (Zulia). Puerto marítimo.

PARAGUANÁ (península de), península de Venezuela (Falcón), en el Caribe. Cierra por el

■ **PARACELSO** (detalle) según un original perdido de Q. Matsys. (Museo del Louvre, París.)

E el golfo de Venezuela y se une al continente por un estrecho istmo rocoso (istmo de Médanos). Refinerías de petróleo.

PARAGUARÍ (departamento de), dep. del SO de Paraguay; 8 705 km²; 203 000 hab.; cap. *Paraguarí* (13 743 hab.).

PARAGUAY, en port. **Paraguai,** r. de América del Sur, afl. del Paraná (or. der.); 2 800 km; cuenca de 1 100 100 km². Nace en el Mato Grosso, en Brasil, marca parte de la frontera de Brasil con Bolivia primero y con Paraguay después, tras atravesar Paraguay, desemboca en territorio argentino, cerca de Corrientes. Navegable, destacan los puertos de Corumba (Brasil), Asunción (Paraguay) y Formosa (Argentina). Sus principales afluentes son: Juaru, Apa, Cuiabá, Negro, Monte Lindo, Pilcomayo, Bermejo, Ypané, Jejuí-Guazú y Tebicuary.

PARAGUAY, estado de América del Sur, entre Brasil, Bolivia y Argentina; 407 000 km²; 5 496 453 hab. (*paraguayos*). CAP. *Asunción.* LENGUA: *español.* OTRA LENGUA: *guaraní.* MONEDA: *guaraní.* (*V. mapa al final del volumen.*)

INSTITUCIONES

La constitución de 1992 establece un régimen presidencialista, con reconocimiento pleno de las libertades políticas. El presidente asume la jefatura del gobierno; elegido por sufragio popular para un mandato de cinco años, no es reelegible. El Congreso nacional está compuesto por dos cámaras: la cámara de los diputados y el senado.

GEOGRAFÍA

La porción oriental, la Selva, cubierta de denso bosque tropical húmedo, prolonga el Mato Grosso y sólo presenta elevaciones de escasa altitud. Al O se extiende la planicie del Chaco, marcada por la aridez, donde la principal actividad económica es la explotación maderera. El Campo, en el centro-sur, está regado por el Paraguay, el Paraná y el Pilcomayo, que inundan periódicamente grandes extensiones y originan suelos pantanosos; en esta zona se concentran las principales áreas de cultivo y se dan las mayores densidades de población, que en el conjunto del país son aún muy bajas (menos de 11 hab. por km²), a pesar del alto ritmo de crecimiento (3 % anual). La única ciudad de importancia es la capital. La cría de ganado vacuno y la explotación forestal (quebracho) han perdido su importancia tradicional en el sector primario, en beneficio de la agricultura (algodón, semillas oleaginosas [soja], mandioca, maíz, tabaco, caña de azúcar y arroz). Es notable la producción hidroeléctrica (central de *Itaipú, sobre el Paraná), aunque se exporta en su mayor parte a Brasil y Argentina. La actividad industrial es muy modesta, a pesar de los incentivos concedidos al establecimiento de empresas extranjeras. El comercio exterior, que se desarrolla sobre todo con Brasil y Argentina, arroja un fuerte déficit. En 1991 Paraguay constituyó *Mercosur.

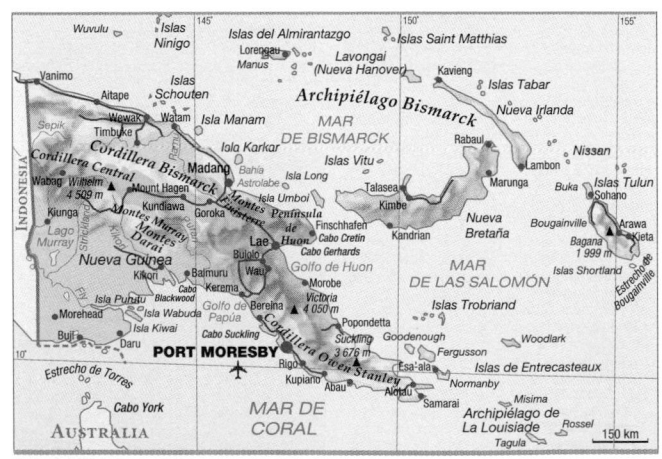

Papúa y Nueva Guinea

200 500 1 000 m

— carretera
✈ aeropuerto

● más de 100 000 hab.
● de 25 000 a 100 000 hab.
● menos de 25 000 hab.

HISTORIA

La población precolombina. El territorio estaba habitado por pueblos diversos, frecuentemente enfrentados. En el Chaco vivían cazadores, recolectores y pescadores, como los chané, de lengua arawak, y el grupo lingüístico guaicurú; los agacé ocupaban la desembocadura del río Paraguay; el pueblo más extendido era el guaraní, agricultor, cuyo enemigo tradicional eran los guaicurúes.
Conquista y colonización. 1524: expedición de A. García desde Brasil. **1528:** viaje de S. Caboto por el Paraná-Paraguay. **1535:** P. de Mendoza inició la colonización, apoyándose en los guaraníes. **1537:** fundación de Asunción, por J. Salazar de Espinosa, y posterior potenciación de la ciudad por Martínez de Irala como centro de la conquista del Río de la Plata. Sin metales preciosos, la colonia paraguaya fue rural, basada en la explotación del indígena a través de la encomienda; las misiones o reducciones jesuíticas (desde 1607 o 1609) se convirtieron en refugio de los guaraníes, lo que suscitó conflictos con los encomenderos (1649; revolución de los comuneros, 1721-1735), hasta la guerra guaraní de 1753-1756, tras la cual fue expulsada la Compañía de Jesús. **1777:** creación del virreinato del Río de la Plata y desplazamiento de la capital colonial a Buenos Aires.
La independencia y el régimen de J. G. Rodríguez de Francia. 1810-1811: guerra con la Junta de Buenos Aires. **1811:** constitución de una junta en Asunción. **1813:** proclamación de la independencia frente a España y Buenos Aires. Se creó el consulado, presidido por F. Yegros y J. G. Rodríguez de Francia. **1814-1840:** Rodríguez de Francia se proclamó dictador supremo y estableció el terror tras la frustrada conspiración de la aristocracia criolla (1820); pero aseguró la independencia del país y el aislamiento favoreció la economía.
Los López y la guerra de la Triple alianza. 1840-1862: Carlos Antonio López mantuvo la política de independencia nacional aunque inició la apertura al exterior, en particular a Europa; emprendió la construcción del ferrocarril e impulsó el desarrollo industrial. **1862-1870:** su hijo, Francisco Solano López, que asumió una posición intervencionista en los conflictos de la región; la guerra de la Triple alianza —Argentina, Brasil, Uruguay— contra Paraguay (1865-1870) tuvo consecuencias humanas y económicas catastróficas, y Paraguay perdió parte de su territorio. La guerra favoreció la implantación del sistema oligárquico, marcado por la rivalidad entre los azules (liberales y anticlericales) y los colorados (conservadores y católicos).
De 1870 a la guerra del Chaco. 1870-1876: durante la ocupación argentino-brasileña se promulgó la constitución liberal de 1870, y empezaron a configurarse las principales corrientes políticas. **1880-1904:** el general Caballero inició el dominio del Partido colorado, que él mismo constituyó; durante su gestión se expandió la gran propiedad a expensas de la tierra pública y se impulsó la penetración de capital extranjero. **1904-1932:** revolución liberal (1904) apoyada por Argentina; la inestabilidad culminó en la guerra civil de 1922-1923; el régimen liberal fracasó en frenar la progresiva invasión del Chaco por Bolivia, que llevó a la guerra del *Chaco (1932-1935).
La época del autoritarismo. 1936-1948: la guerra y las demandas populares de reforma agraria propiciaron el golpe del coronel R. Franco (1936), que abrió una época de intervencionismo militar; la constitución presidencialista de 1940 favoreció el establecimiento del régimen autoritario del general Moríñigo (1940-1948). **1940-1989:** el Partido colorado volvió al poder. **1954:** el general Stroessner, apoyado en los colorados, instauró una férrea dictadura en beneficio de la oligarquía agraria.
La época del constitucionalismo colorado. 1989-1994: Stroessner fue derribado por un golpe del general Andrés Rodríguez (febr. 1989), quien se vio confirmado en la jefatura del estado por elecciones presidenciales; se restablecieron las libertades políticas, aunque prosiguió la hegemonía colorada. Las diversas facciones coloradas se enfrentaron por el poder. **1992:** nueva constitución. **1993:** en las elecciones presidenciales venció el candidato

del Partido colorado, Juan Carlos Wasmosy, con lo cual los civiles recuperaron el poder. **1996:** fracaso del golpe de estado del general L. Oviedo. **1998:** Raúl Cubas, del Partido colorado, se convirtió en presidente de la república. **1999:** tras la dimisión de R. Cubas, resultado de una larga crisis política, Luis González Macchi fue elegido presidente. **2000:** fracaso de un nuevo golpe instigado por L. Oviedo. **2001:** L. Oviedo empezó a cumplir arresto domiciliario en Brasil. **2002:** R. Cubas, también exiliado en Brasil, se entregó a la justicia paraguaya para responder del cargo de fraude contra el estado. **2003:** Nicanor Duarte, del Partido colorado, ganó las elecciones presidenciales. **2004:** L. Oviedo regresó al país y fue detenido (junio); se ordenó la captura y extradición de A. Stroessner, exiliado en Brasil (sept.). **2006:** L. González Macchi fue condenado por enriquecimiento ilícito durante su mandato.
El fin de la hegemonía colorada. 2008: la victoria en las elecciones presidenciales del antiguo obispo Fernando Lugo, al frente de una coalición que agrupaba a partidos de izquierda y liberales, puso fin al dominio político del Partido colorado.

PARAGUAY (departamento del **Alto**), dep. del N de Paraguay; 82 349 km²; 11 816 hab.; cap. *Fuerte Olimpo.*
PARAÍBA, estado del NE de Brasil; 3 200 620 hab.; cap. *João Pessoa.*
PARAÍSO, cantón de Costa Rica (Cartago); 33 394 hab. Cereales, leguminosas. Ganadería.
PARAÍSO, mun. de México (Tabasco); 41 252 hab. Café y cacao. Pesca. Explotación forestal.
PARAÍSO (departamento de **El**), dep. de Honduras; 7 218 km²; 277 000 hab.; cap. *Yuscarán.* Agricultura (café, maíz, frijol). Minas de oro.
paraíso perdido (El), poema bíblico de J. Milton, publicado en diez cantos en 1667 y en doce en 1674. En él, la caída de Adán y Eva se describe como benéfica, puesto que desemboca en la libertad humana. El poema ha inspirado una ópera (*El paraíso perdido*, 1978) a Penderecki. — **El paraíso recobrado**, poema bíblico de J. Milton (1671), en el que Satán tienta a Jesús en vano.
PARAMARIBO, cap. de Surinam, cerca de la desembocadura del río Surinam; 201 000 hab. Puerto. — Centro histórico de los ss. XVII-XVIII (patrimonio de la humanidad 2002).
PARANÁ, r. de América del Sur, que nace en la confluencia del Paranaiba y el Grande y desemboca en el Río de la Plata formando un extenso delta; 4 500 km aprox. Su cuenca abarca 890 000 km² en Brasil, 55 000 km² en Paraguay y 565 000 km² en Argentina, y su curso marca parte de la frontera entre los tres países. Sus principales afluentes son: Iguazú, Verde, Pardo, Paraguay, Corrientes, Gualeguay y Salado. — Explorado por J. Díaz de Solís (1515), tras la llegada de Ayolas a las bocas del Paraguay (1537) el río se convirtió en vía preferente para la colonización del área del Río de la Plata. Hoy sigue siendo una importante arteria de comunicación y transporte; su equipamiento hidroeléctrico incluye la central de *Itaipu y la presa de Yacyretá-Apipé, en el tramo paraguayo-argentino; 2 800 km navegables.
PARANÁ, c. de Argentina, cap. de la prov. de Entre Ríos; 277 338 hab. Puerto en el Paraná. Unida a Santa Fe por el túnel subfluvial R. Uranga-C. Silvestre Begnis. Centro agropecuario e industrial. — Fue fundada en 1730 por José Antonio de Vera y Múgica.
PARANÁ, estado del S de Brasil; 8 415 659 hab.; cap. *Curitiba.* Café.
PARANÁ (departamento del **Alto**), dep. de Paraguay; 14 895 km²; 403 858 hab.; cap. *Ciudad del Este.*
PARANAL (cerro) → **Cerro Paranal** (observatorio de).
PARAVICINO (fray Hortensio Félix), *Madrid 1580-íd. 1633*, escritor español. Con recursos del culteranismo y del conceptismo, destacó como retórico (*Elogios fúnebres*) y poeta.
PARCAS MIT. ROM. Divinidades del destino, identificadas con las *Moiras griegas Cloto, Láquesis y Átropos (en lat. *Nona, Décima* y *Morta*).
PARDO (El), ant. v. y mun. de España, incorporado a Madrid, alrededor del *palacio de El Pardo*, con el Real Sitio. El palacio fue remodela-

do en los ss. XVII y XVIII y acondicionado en 1983 para residencia de los jefes de estado extranjeros; notable museo. En el *bosque de El Pardo*, sitio natural, se encuentran el palacio de la Zarzuela (s. XVII), residencia de la familia real, el Pabellón del Príncipe (2002), residencia de Felipe de Borbón, la Casita del Príncipe (1786) y un convento de franciscanos del s. XVII.
PARDO (Manuel), *Lima 1834-íd. 1878*, político peruano. Presidente de la república (1872-1876), decretó el impuesto del salitre. Creó la guardia nacional, reformó el ejército y firmó un pacto de defensa con Bolivia. Fundó el Banco del Perú. — **José P.**, *Lima 1864-íd. 1947*, político peruano. Presidente del país (1904-1908 y 1915-1919), en su segundo mandato adoptó métodos dictatoriales. Fue derrocado.
Pardo (pacto de El) [nov. 1885], entrevistas entre Cánovas y Sagasta a la muerte de Alfonso XII, en las que se acordó sustituir el gabinete conservador por uno liberal.
PARDO BAZÁN (Emilia), *La Coruña 1851-Madrid 1921*, escritora española. Naturalista en sus primeras novelas (*Los *pazos de Ulloa*, 1886; *La madre naturaleza*, 1887), más tarde adoptó un tono espiritual (*La quimera*, 1905). Cultivó también el cuento (*Cuentos de Marineda*, 1892), el ensayo y los libros de viaje.

■ EMILIA **PARDO BAZÁN** (Ateneo de Madrid.)   ■ ALFREDO **PAREJA DIEZCANSECO**, por O. Guayasamín.

PARDO GARCÍA (Germán), *Ibagué 1902-México 1991*, poeta colombiano. Su obra, atormentada, aborda la inseguridad del presente (*Presencia*, 1938; *Iris pagano*, 1973).
PARDO Y ALIAGA (Felipe), *Lima 1806-íd. 1868*, escritor peruano. Cultivó la sátira costumbrista en comedias (*Frutos de la educación*, 1829), poesía (*Constitución política*, 1859) y artículos (*El espejo de mi tierra*, 1840).
PARDUBICE, c. de la República Checa (Bohemia), a orillas del Elba; 94 857 hab. Castillo renacentista.
PARÉ (Ambroise), *Bourg-Hersent h. 1509-París 1590*, cirujano francés. Se le considera el padre de la cirugía moderna.
PAREDES (José Gregorio **Fernández de Paredes** Ayala, llamado José Gregorio), *Lima 1778-íd. 1839*, científico y político peruano. Cofundador del Colegio de medicina y cirugía de San Fernando, participó en la redacción de la constitución de 1823 y presidió la real academia.
PAREJA (Juan de), *Antequera h. 1606-Madrid 1670*, pintor español. Discípulo de Velázquez (*La vocación de san Mateo*, Prado), también recibió la influencia de Francisco Ricci (*Bautismo de Cristo*, museo de Huesca).
PAREJA DIEZCANSECO (Alfredo), *Guayaquil 1908-Quito 1993*, escritor ecuatoriano. Después de cultivar la novela de denuncia social, publicó sus trabajos más importantes: *Don Balón de Buba* (1939), *Hombres sin tiempo* (1941) y *Las tres ratas* (1946). En la serie novelística *Los nuevos años* (1956-1964), abordó la crónica de la sociedad ecuatoriana a partir de 1925.
PARETO (Vilfredo), *París 1848-Céligny, Suiza, 1923*, economista y sociólogo italiano. Sucesor de Walras (1893) en la universidad de Lausana, retomó la teoría marginalista y profundizó en el concepto de óptimo económico.
PARET Y ALCÁZAR (Luis), *Madrid 1746-íd. 1799*, pintor español. Su estilo, vinculado al rococó francés, se caracteriza por su detallismo, el cuidado y refinado cromatismo y su gracia

1591

narrativa *(La comida de Carlos III; La tienda del anticuario).* Pintó una destacable serie de vistas de puertos del Cantábrico.

PARIA (golfo de), golfo de Venezuela y Trinidad y Tobago, en el Atlántico, limitado por la *península de Paria* al N y la isla de Trinidad al E. Debido a su riqueza petrolífera, en 1942 se delimitaron las aguas jurisdiccionales.

PARICUTÍN, volcán de México (Michoacán), en la cordillera Neovolcánica; 2 250 m. Surgió el 20 febr. 1943, en medio de un campo cultivado, y arrasó, entre otros, el pueblo de Parangaricutiro.

PARIDA, isla de Panamá, en el Pacífico, perteneciente al archipiélago de las Páridas (Chiriquí), una de las mayores del país. Forma parte del parque nacional marino golfo de Chiriquí.

PARIMA (sierra), cadena montañosa en la frontera de Venezuela y Brasil (230 km).

PARINACOTA, pico de Chile y Bolivia, en la cordillera Occidental de los Andes; 6 330 m de alt.

PARINI (Giuseppe), *Bosisio 1729-Milán 1799,* poeta italiano. Su poema *El día* es una sátira de la nobleza de su época.

PARIS MIT. GR. Hijo de Príamo y de Hécuba. Elegido árbitro de la disputa que sostenían Hera, Atenea y Afrodita por la manzana de la Discordia, destinada por los dioses a la más bella, Paris resolvió a favor de Afrodita, que le había prometido el amor de Helena. Valiéndose de esta promesa, raptó a Helena, lo que provocó la guerra de Troya.

PARÍS, en fr. **Paris**, cap. de Francia y de la región de Île-de-France, a orillas del Sena, que constituye un departamento; 2 125 246 hab. *(parisinos)* [la aglomeración tiene más de 9,5 millones de hab.]. Primer centro financiero, comercial e industrial de Francia, capital política e intelectual (sede de numerosas instituciones y universidades, biblioteca nacional). Centro de servicios, la población tiende a reducirse, mientras que aumenta en los alrededores.

HISTORIA

52 a.C.: Roma conquistó *Lutecia,* donde vivían los *parisii.* **S. VI:** se convirtió en residencia de los reyes francos. Los condes de París dieron origen a la dinastía de los Capetos (987), y convirtieron la ciudad en capital de Francia. **1215:** creación de la universidad. **1356-1358:** sublevación comunal de E. Marcel. **1572:** masacre de los protestantes durante la noche de san Bartolomé. **1588:** París, aliada de la Liga, obligó a Enrique III a huir. **1594:** Enrique IV entró en la ciudad. **1648:** jornada de las barricadas e inicio de la Fronda. **S. XVIII:** París se convirtió en el centro cultural de Europa. **1789:** toma de la Bastilla; desde París se dirigió la Revolución. **1814-1815:** entrada de los aliados en París después de la abdicación de Napoleón. **1830 y 1848:** jornadas revolucionarias. **1870-1871 (sept.-en.):** los alemanes asediaron París. **1871 (marzo-mayo):** establecimiento y derrota de la Comuna de París. **1940-1944:** ocupación alemana.

■ **PARÍS.** La catedral de Notre-Dame (ss. XII-XIII), en la isla de la Cité, vista desde su cabecera.

BELLAS ARTES

Época galorromana: termas «de Cluny». Románico: Saint-Germain-des-Prés. Gótico: catedral de Notre-Dame (ss. XII-XIII), Santa Capilla y Conserjería (en parte del s. XIV). Renacimiento: palacio del Louvre. S. XVII: palacio del Luxemburgo, diversas plazas y edificios. S. XVIII: plaza de la Concordia, edificios clásicos o neoclásicos (Panteón, Odeón). Ss. XIX y XX: eclecticismo (Ópera), empleo del hierro (estaciones, torre Eiffel, *Centro nacional de arte y de cultura Georges Pompidou) y del hormigón (teatro de los Campos Elíseos, Gran arco de la Defensa). Numerosos museos: del *Louvre, de *Orsay, de Cluny, Guimet, de la Orangerie, del quai Branly (artes y civilizaciones de África, de Asia, de Oceanía y de las Américas), Rodin, Picasso, de arte moderno, Ciudad de la arquitectura y del patrimonio, Carnavalet, del Petit palais, Cernuschi, de historia natural, del hombre, Ciudad de las ciencias y de la industria. Las orillas del Sena fueron declaradas patrimonio de la humanidad en 1991.

PARÍS (Cuenca de), unidad geológica de Francia que se extiende entre el macizo Central, los Vosgos, las Ardenas, el Artois y el macizo Armoricano.

París (escuela de), denominación creada hacia 1925 para designar a los artistas de diversos países que vivían en París (Brancusi, Chagall, Foujita, Modigliani, Soutine).

París (tratados de), tratados firmados en París. Destacan los de 1229 (conclusión de la cruzada contra los albigenses); 1515 (concertación del casamiento del futuro Carlos I de España con Renata, hija de Francisco I de Francia); 1763 (fin de la guerra de los Siete años); 1814-1815 (fin de las guerras napoleónicas); 1898 (fin de la guerra entre España y EUA) y 1947 (entre los Aliados y los países del Eje).

PARITA, bahía de Panamá, al O del golfo de Panamá, entre la península de Azuero, al O, y el cerro Gaital, al E. Restos arqueológicos de cerámica con influencia sudamericana que se remontan a 2130 a.C.

PARK (Mungo), *Foulshiels, cerca de Selkirk, Escocia, 1771-Busa, Nigeria, 1806,* viajero británico. Realizó dos grandes viajes de exploración a África y se ahogó en el Níger.

PARK CHUNG HEE, *Sonsan-gun 1917-Seúl 1979,* general y político surcoreano. Presidió Corea desde 1963 hasta su asesinato.

PARKER (Charles **Christopher,** llamado Charlie), *Kansas City 1920-Nueva York 1955,* saxofonista y compositor estadounidense. Apodado *Bird* o *Yardbird,* fue a la vez el pionero y el principal solista del be-bop *(Now's the Time,* 1945; *Parker's Mood,* 1948).

PARLA, v. de España (Madrid), cab. de p. j.; 74 203 hab. *(parleños).* Centro industrial. — Sitio arqueológico de la edad del bronce (1500-1000 a.C.).

Parlamento europeo, institución comunitaria compuesta por diputados (act. 751) elegidos por sufragio universal directo (desde 1979) en cada uno de los estados miembros de la Unión europea. Asociado al proceso de decisión comunitaria en grado diverso (según los ámbitos) mediante los procedimientos de consulta y de codecisión, vota el presupuesto anual y controla su ejecución.

PARLER (Peter), *Schwäbisch Gmünd 1330-Praga 1399,* arquitecto y escultor alemán, el más conocido de una importante familia de arquitectos. Como sucesor de Mathieu d'Arras, realizó obras originales en la catedral de Praga.

PARMA, c. de Italia (Emilia-Romaña), cap. de prov.; 168 905 hab. *(parmesanos).* Conjunto románico-gótico de la catedral (cúpula pintada por Correggio) y del baptisterio; iglesias, entre ellas la Steccata (cúpula del Parmigianino); palacio de la Pilotta, de los ss. XVI-XVII (museos). — Fundada por los etruscos se desarrolló en época romana; cedida a la Santa Sede (1512), Paulo III la separó de esta en 1545 y formó un ducado que perteneció a los Farnesio hasta 1731. Pasó entonces a Carlos I (futuro Carlos III de España), quien gobernó hasta 1734. Entregado a Francisco de Habsburgo-Lorena (1735-1745), en 1748 el ducado pasó a Felipe I, hermano de Carlos I, y fundador de la dinastía de los Borbón-Parma. A este

lo sucedió su hijo Fernando I (1765). Administrado por los franceses desde 1802, fue cedido en 1815, a título vitalicio, a la ex emperatriz María Luisa (1847). En 1860 fue anexionado al Piamonte.

PARMÉNIDES de Elea, *Elea, Magna Grecia, h. 515-h. 440 a.C.,* filósofo griego de la escuela eleática. En su poema *Sobre la naturaleza* formuló la proposición fundamental de la ontología: el ser es uno, continuo y eterno.

PARMENIÓN, *h. 400-Ecbatana h. 330 a.C.,* general macedonio. Lugarteniente de Filipo II, y luego de Alejandro, fue ejecutado por oponerse a la política expansionista oriental.

PARMIGIANINO (Francesco **Mazzola,** llamado **el**), *Parma 1503-Casalmaggiore, prov. de Cremona, 1540,* pintor italiano. Dibujante refinado y exquisito colorista, llevó a cabo una angustiada búsqueda de la perfección, y fue uno de los maestros del manierismo temprano.

PARNASO, en gr. **Parnassós,** montaña de Grecia, al NE de Delfos; 2 457 m. En la antigüedad, el Parnaso, monte de las Musas, estaba consagrado a Apolo.

PARNELL (Charles Stewart), *Avondale 1846-Brighton 1891,* político irlandés. Elegido para la cámara de los comunes (1875), tomó la dirección del Partido nacionalista (1877) y empleó con éxito la táctica de la obstrucción parlamentaria. Presidente de la Liga agraria irlandesa (1879), defendió, con Gladstone, el Home Rule. Su vida privada (su relación con la esposa de uno de sus lugartenientes, que condujo a un divorcio) le restó influencia.

PAROPAMISOS, en pashto **Firuz koh,** cadena de montañas de Afganistán; 3 135 m.

PAROS, isla griega de las Cícladas; 7 000 hab. Turismo. — Las canteras proporcionaron a los artistas de la Grecia antigua el más bello mármol para sus estatuas.

PARPALLÓ (cueva del), cueva de España, en el mun. de Gandía (Valencia), con restos del paleolítico superior (plaquetas de piedra con animales grabados y pintados).

PARRA (Ana Teresa **Parra Sanojo,** llamada **Teresa de la**), *París 1890-Madrid 1936,* escritora venezolana. Cultivó la novela social autobiográfica *(Memorias de Mamá Blanca,* 1929).

PARRA (Aquileo), *Barichara, Santander, 1825-Pacho 1900,* político colombiano. Ministro en varias ocasiones, como presidente del país (1876-1878) se enfrentó a una guerra civil.

PARRA (Nicanor), *Chillán 1914,* poeta chileno. Ha cultivado la poesía popular *(Cancionero sin nombre,* 1937). Su contribución más original ha sido la creación de «anti-poemas», de gran fuerza verbal y humor cáustico *(Poemas y antipoemas,* 1954). En *Sermones y prédicas del Cristo de Elqui* (1977) desarrolla una poesía amarga. (Premio Juan Rulfo 1991; premio Reina Sofía de poesía iberoamericana 2001.) — **Violeta P.,** *San Carlos, Ñuble, 1917-Santiago 1966,* cantautora de temática social. Hermana de Nicanor, realizó una gran labor de investigación musical. Se suicidó.

PARRAL, c. de Chile (Maule), a orillas del *río Parral;* 38 044 hab. Centro comercial e industrial.

PARRA LEÓN (Caracciolo), *Pamplona, Colombia, 1901-Caracas 1939,* historiador y escritor venezolano, editor de *Analectas de historia patria,* sobre historia cultural venezolana, y autor de *La instrucción en Caracas (1567-1721)* [1932].

PARRAS, mun. de México (Coahuila); 39 677 hab.; cab. *Parras de la Fuente.* Industria vinícola.

PARRASIO, *Éfeso fines del s. v a.C.,* pintor griego. Rival de Zeuxis, solo se le conoce por textos antiguos que alaban la vivacidad de sus obras.

PARRAVICINI (Florencio), *Buenos Aires 1876-íd. 1941,* actor y autor dramático argentino. Se inició en las variedades y llegó a convertirse en el actor más importante de la escena rioplatense. Escribió algunas obras cómicas y adaptó otras del teatro francés de *boulevard.*

PARRY (islas), parte del archipiélago Ártico canadiense.

PARRY (sir William Edward), *Bath 1790-Bad Ems 1855,* marino y explorador británico. Dirigió varias expediciones al Ártico.

PARSONS (sir Charles), *Londres 1854-Kingston, Jamaica, 1931*, ingeniero británico. Construyó la primera turbina de vapor de reacción (1884).

PARSONS (Talcott), *Colorado Springs 1902-Munich 1979*, sociólogo estadounidense. Definió su sociología como ciencia de la acción, e integró en ella algunas tesis del funcionalismo (*Estructura social y personalidad*, 1964).

Partenón, templo de Atenea Pártenos, en la Acrópolis de Atenas. Fue construido por iniciativa de Pericles, en el s. v a.C., por Fidias, quien, ayudado por numerosos artistas (entre ellos los arquitectos Ictino y Calícrates), se ocupó de su rica decoración esculpida. Templo períptero, de mármol pentélico, representa la perfección y el equilibrio del orden dórico.

■ EL **PARTENÓN** (447-432 a.C.) en la Acrópolis de Atenas.

PARTENOPEA (República), república fundada por Francia en Nápoles (en.-junio 1799) en sustitución del reino de Nápoles. Desapareció al expulsar Nelson a las tropas francesas.

Partidas (código de las Siete) → **Siete Partidas.**

PASADENA, c. de Estados Unidos (California), cerca de Los Ángeles, 131 591 hab. Centro de investigaciones espaciales (*Jet Propulsion Laboratory*). En las proximidades, observatorio del monte Wilson (alt. 1 740 m). — Museo de arte.

PASAJE → **SALADO.**

PASAJE, cantón de Ecuador (El Oro); 45 418 hab. Banano. Minas. Yacimiento de manganeso.

PASAJES, en vasc. **Pasaia**, mun. de España (Guipúzcoa); 16 776 hab. (*pasaitarras*), cap. *Pasai Donibane*. Puerto pesquero y comercial. Centro industrial. Central térmica.

PASARGADA, una de las capitales del imperio aqueménida. Fue fundada h. 550 a.C. por Ciro el Grande. (Patrimonio de la humanidad 2004.)

PASAY, c. de Filipinas, en el área suburbana de Manila; 354 000 hab. Aeropuerto.

PASCAL (Blaise), *Clermont, act. Clermont-Ferrand, 1623-París 1662*, científico, filósofo y escritor francés. Inventor de una máquina aritmética a los dieciocho años, investigó, entre otros temas, el vacío, la presión atmosférica, los líquidos y el cálculo de probabilidades. Desde 1646 entró en contacto con el jansenismo. Escribió *Las provinciales* (1656-1657), cartas contra los jesuitas, y una apología de la religión cristiana (*Pensamientos*, 1670).

PASCH (Moritz), *Wrocław 1843-Bad Homburg 1930*, lógico y matemático alemán. Es autor de una de las primeras axiomatizaciones de la geometría (1882).

■ NICANOR **PARRA**   ■ BLAISE **PASCAL.**
(Palacio de Versalles.)

PASCO (departamento de), dep. del centro de Perú central; 25 320 km²; 280 449 hab.; cap. *Cerro de Pasco*.

PASCO (nudo de), relieve montañoso de Perú. Constituye una cordillera que en la actualidad recibe el nombre de *Huayhuash*.

PASCOLI (Giovanni), *San Mauro, Romaña, 1855-Bolonia 1912*, poeta italiano. Es autor de poemas de inspiración bucólica (*Myricae*).

PASCUA (isla de) o **RAPA NUI**, isla de Chile (Valparaíso), en el Pacífico, a 3 200 km de la costa continental; 163,6 km²; 2 770 hab.; cap. *Hanga Roa*. Parque nacional (patrimonio de la humanidad 1995). Turismo. — Hacia el s. v de nuestra era, fue colonizada por poblaciones de origen polinesio que permanecieron aisladas hasta la llegada de los europeos, en 1722. Esta civilización se basaba en el culto a los antepasados con santuarios (*ahu*) y sobre todo estatuas gigantes (los *moai*), esculpidos en la toba del volcán Rano Raraku y que representan seres humanos estilizados.

■ LA ISLA DE **PASCUA**. Moai; h. s. v.

PASCUAL II, *Bieda, Rávena, h. 1050-Roma 1118*, papa de 1099 a 1118. Se enfrentó a los emperadores Enrique IV y Enrique V en el marco de la lucha contra el Imperio.

PAS-DE-CALAIS, dep. de Francia (Nord-Pas-de-Calais); 6 671 km²; 1 441 568 hab.; cap. *Arras*.

PAS DE LA CASA, localidad turística en la frontera de Francia y Andorra, a 2 091 m de alt. Centro de deportes de invierno.

PASIEGA (cueva de la) → **CASTILLO** (monte).

PASÍFAE MIT. GR. Esposa de Minos, madre de Ariadna, de Fedra y del Minotauro.

PASIÓN (río de la), r. de Guatemala (Petén), afl. del Usumacinta; 300 km. En su curso alto recibe los nombres de *Santa Isabel* y *Cancuén*.

PASIONARIA → **IBÁRRURI** (Dolores).

PASO (Fernando del), *México 1935*, escritor mexicano. Su narrativa, influida por Rabelais y Joyce, aúna rigor documental e imaginación para recrear episodios de la historia de su país: *José Trigo* (1966), *Palinuro de México* (1977), *Noticias del Imperio* (1987). También es autor de poesía (*Sonetos de lo diario*, 1958), biografías (*Memoria y olvido de Juan José Arreola*, 2003), ensayo, teatro y narrativa infantil, y ha cultivado el dibujo y la pintura. (Premios: Xavier Villaurrutia 1966; Rómulo Gallegos 1982; FIL 2007.)

PASO (Juan José), *Buenos Aires 1758-íd. 1833*, político argentino, integrante de los dos primeros triunviratos (1811-1815) y redactor del proyecto de constitución de 1819.

Paso (El), grupo de artistas y críticos españoles de vanguardia (Madrid, 1957-1960). Fundado por los artistas A. Saura, R. Canogar, M. Millares, L. Feito, M. Rivera, Juana Francés, P. Serrano y A. Suárez y los críticos M. Conde y J. Ayllón, a los que se unieron en 1958 el escultor M. Chirino y el pintor M. Viola, buscó revitalizar el arte nacional sin criterios dogmáticos.

PASO DEL MACHO, mun. de México (Veracruz); 17 823 hab. Agroindustria (azúcar).

PASO DEL NORTE → **JUÁREZ.**

PASO DE LOS LIBRES, dep. de Argentina (Corrientes); 41 126 hab. El *puente internacional Pres. G. Vargas-Pres. A. P. Justo*, sobre el río Uruguay, comunica con la ciudad brasileña de Uruguayana.

PASO DE LOS TOROS, ant. Santa Isabel, c. de Uruguay (Tacuarembó), a orillas del río Negro; 12 695 hab. Embalse del Rincón del Bonete.

PASO DE OVEJAS, mun. de México (Veracruz), en la planicie costera de Sotavento; 26 946 hab.

PASOLINI (Pier Paolo), *Bolonia 1922-Ostia 1975*, escritor y director de cine italiano. Sus poemas (*Las cenizas de Gramsci*, 1957), novelas (*Una vida violenta*, 1959) y películas (*Accatone*, 1961; *El evangelio según san Mateo*, 1964; *Edipo rey*, 1967; *Teorema*, 1968; *El Decamerón*, 1971; *Salò o los 120 días de Sodoma*, 1976) reflejan una personalidad contradictoria, inspirada tanto en la realidad proletaria de los suburbios de Roma como en los mitos universales o en los textos sagrados. Murió asesinado.

■ PIER PAOLO   ■ BORÍS
PASOLINI   **PASTERNAK**

PASOS (Joaquín), *Granada 1914-Managua 1947*, escritor nicaragüense. Destacó por su poesía vanguardista, recogida de manera póstuma en *Poemas de un joven* (1962).

PASO Y TRONCOSO (Francisco del), *México 1843-Florencia 1916*, naturalista e historiador mexicano. Publicó numerosa documentación inédita e investigó sobre el período colonial en Nueva España: *Epistolario de la Nueva España* (1508-1818), 16 vols., 1939-1942.

PASSAMAQUODDY (bahía de), golfo de la costa oriental de Estados Unidos (Maine) y de Canadá (Nuevo Brunswick).

Passarowitz (paz de) [21 julio 1718], tratado firmado entre Austria, Venecia y los otomanos en Passarowitz (act. Požarevac, Serbia). Consagró la victoria de Austria y Venecia sobre los otomanos, y la expansión territorial austriaca en Valaquia y Serbia.

PASSAU, c. de Alemania (Baviera), a orillas del Danubio; 51 041 hab. Universidad. — Catedral (gótica y barroca) y otros monumentos; museo regional y museo del vidrio.

PASSERO, cabo del extremo SE de Sicilia (Italia). Derrota de la escuadra española frente a la británica (1718), a raíz de la cual los españoles evacuaron Sicilia y Cerdeña.

PASTAZA, r. de Ecuador y Perú, afl. del Marañón (or. izq.); 600 km aprox. Nace en la región andina ecuatoriana y penetra en territorio brasileño. Su principal afluente es el Bobonaza.

PASTAZA (provincia de), prov. del E de Ecuador; 29 870 km²; 41 811 hab.; cap. *Puyo*.

pasteles (guerra de los) [1838-1839], conflicto entre México y Francia, originado por la reclamación de indemnizaciones por franceses residentes en México y llamado así por la profesión de un reclamante. Tras el bombardeo de Veracruz se acordó un pago de 600 000 pesos.

PASTERNAK (Borís Leonídovich), *Moscú 1890-Peredélkino 1960*, escritor soviético. Poeta de inspiración futurista (*Mi hermana la vida*, 1922), publicó en el extranjero *El doctor Zhivago* (1957), novela que desencadenó contra él una dura campaña de críticas y de hostigamiento policial. Obligado a rechazar el premio Nobel que le fue concedido en 1958, este mismo año fue expulsado de la Unión de escritores de la URSS. Fue rehabilitado en 1987.

PASTEUR (Louis), *Dole 1822-Villeneuve-l'Etang 1895*, químico y biólogo francés. Efectuó investigaciones sobre estereoquímica y sobre fermentaciones, demostró que se deben a la acción de microorganismos, e ideó un método para conservar los alimentos *(pasteurización)*. Entre 1870 y 1886 se consagró al estudio de las enfermedades infecciosas, y descubrió diversas vacunas entre ellas la de la rabia (1885), que le dio la celebridad.

■ LOUIS **PASTEUR,**
por L. E. Fournier.

■ LINUS CARL
PAULING

Pasteur (Instituto), institución científica fundada en 1887-1888. Prosigue la obra de Pasteur en el campo médico y biológico.

PASTO o **SAN JUAN DE PASTO,** c. de Colombia, junto al *río Pasto,* cap. del dep. de Nariño; 244 700 hab. En el término, laguna de La Cocha y cascada del río Bobo, lugares turísticos. Universidad. — Catedral (1667).

PASTO (nudo de) o **ALTIPLANO DE NARIÑO,** elevación de los Andes, donde convergen los tres ramales andinos colombianos, cerca de la frontera entre Colombia y Ecuador.

PASTOR (san) → JUSTO Y PASTOR.

PASTRANA, v. de España (Guadalajara); 1 128 hab. *(pastranenses* o *pastraneros).* Conjunto histórico-artístico. Importante grupo de tapices (s. XV) de la iglesia parroquial (s. XVI). Palacio ducal (s. XVI).

PASTRANA ARANGO (Andrés), *Bogotá 1954,* político colombiano. Miembro del partido conservador, alcalde de Bogotá, fue presidente de 1998 a 2002. Se esforzó por alcanzar un acuerdo con la guerrilla.

PASTRANA BORRERO (Misael), *Neiva 1924-Bogotá 1997,* político colombiano. Presidente de la república por el Partido conservador (1970-1974), debido a la oposición de Rojas ocupó el cargo con el apoyo del ejército.

PATAGONES, partido de Argentina (Buenos Aires); 27 637 hab.; cab. *Carmen de Patagones.* Ganadería.

PATAGONIA, región fisiográfica de América del Sur, que se extiende desde el estrecho de Magallanes, al S, hasta el río Colorado en Argentina y las regiones de Los Ríos y Los Lagos en Chile. Atravesada de N a S por los Andes patagónicos, el E desciende hacia el mar en mesetas escalonadas. Ganadería ovina (lana, carne). Hidrocarburos y gas natural.

HISTORIA

1520: llegada de Magallanes. **1535:** fracasó el intento de colonización de Simón de Alcazaba. **1561:** exploración de Juan Jufré. **1601:** derrota de Hernandarias de Saavedra ante los patagones. **1684:** el virrey José Herrera y Sotomayor organizó una expedición evangelizadora de jesuitas, que estableció una organización política y administrativa. **S. XVIII:** se fundó la colonia Carmen de los Patagones, destruida en las guerras de independencia (1810). **1879-1883:** «guerra del desierto», exterminio de los indios nómadas. **1884:** Chubut fue declarado territorio de la República Argentina.

PATALIPUTRA, ant. cap. búdica (cerca de Paṭnā) de las dinastías indias Maurya y Gupta. Floreció durante el reinado de Aśoka, que construyó en ella la muralla y el palacio cuyas ruinas se conservan.

PĀTAN, c. de Nepal; 117 000 hab. Ant. cap. del país. — Templos y monasterios budistas y brahmánicos; palacio del s. XVII (museo). [Patrimo-

nio de la humanidad 1979 (en peligro desde 2003, ampliado en 2006).]

PATAÑJALI, s. *II* a. C., gramático indio. Su comentario de la obra de Pāṇini es una fuente importante para el conocimiento de la India antigua.

PATARROYO (Manuel), *Ataco 1946,* médico e inmunólogo colombiano, inventor de una vacuna sintética contra la malaria (1987).

PATATE (hoya del), hoya de Ecuador, en la región central de los Andes, avenada por el *río Patate,* formador del Pastaza. Fértiles valles.

PATENIER → PATINIR.

PATER (Walter), *Londres 1839-Oxford 1894,* escritor y crítico británico. Representante del esteticismo, es autor de estudios sobre el renacimiento italiano y de *Retratos imaginarios.*

PATERNA, v. de España (Valencia), cab. de p. j.; 47 498 hab. *(paterneros).* Ciudad dormitorio de la c. de Valencia. Núcleo agrícola e industrial. Cerámica. Cuarteles militares. — En los ss. XIII-XVI fue un centro mudéjar de fabricación de loza *(cerámica de Paterna);* destacan las piezas decoradas en colores verde y negro sobre fondo vidriado blanco.

PATERNOSTO (César Pedro), *La Plata 1930,* pintor argentino. En 1961 integró el movimiento informalista Sí, de fama internacional.

PATERSON, c. de Estados Unidos (Nueva Jersey); 137 970 hab. Centro industrial.

PATHÉ (Émile), *París 1860-íd. 1937,* industrial francés. Junto con su hermano Charles, fue uno de los creadores de la industria fonográfica. — **Charles P.,** *Chevry-Cossigny, Seine-et-Marne, 1863-Montecarlo 1957,* industrial francés, primer fabricante de películas para el cine.

Pathet Lao, movimiento nacionalista y progresista de Laos, fundado en 1950 para luchar contra Francia con el apoyo del Vietminh.

PATÍA, r. de Colombia; que nace en la cordillera Central, al S de Popayán, y desemboca en el Pacífico, formando varios brazos. 450 km. Navegable.

PATÍA o **EL BORDO,** mun. de Colombia (Cauca); 26 802 hab. Agricultura (plátanos y caña de azúcar).

PATIĀLA, c. de la India (Panjāb); 268 521 hab. Palacios del s. XVIII.

PATINIR o **PATENIER** (Joachim), *Dinant o Bouvignes h. 1480-Amberes 1524,* pintor de los antiguos Países Bajos del Sur. Inscrito en la guilda de Amberes (1515), fue el primer pintor que concedió un papel preponderante al paisaje en sus cuadros, de temas bíblicos *(Paisaje con la huida a Egipto,* museo de Bellas Artes de Amberes).

PATINKIN (Don), *Chicago 1922-Jerusalén 1995,* economista israelí. Presentó un modelo de equilibrio que tiene en cuenta los mercados de trabajo, de bienes y servicios, de moneda y de títulos.

PATIÑO, estero de Paraguay y Argentina, que se extiende a lo largo del río Pilcomayo.

PATIÑO, dep. de Argentina (Formosa); 58 401 hab.; cab. *Comandante Fontana.* Industria maderera.

PATIÑO (Francisco), llamado **el maestro**), *Cádiz 1829-íd 1902,* guitarrista español. Contribuyó a dotar a la guitarra de sus actuales cualidades flamencas.

PATIÑO (José), *Milán 1666-San Ildefonso 1736,* estadista español. Inspirador de los decretos de *Nueva planta y del catastro, fue presidente de la Junta de gobierno de Cataluña (1714-1716) e intendente general de la marina y del ejército (1717). Secretario de marina e Indias (1725), de hacienda (1726) y de guerra (1830), y primer secretario de estado (1734), dirigió la política española desde 1726 hasta poco antes de su muerte.

PATIÑO (Simón Ituri), *Caraza, act. Santiváñez, 1860-Buenos Aires 1947,* hombre de negocios y diplomático boliviano. Magnate de la industria del estaño boliviano, controló trusts mineros en varios países. — **Antenor P.,** *Oruro 1896-Nueva York 1982,* hombre de negocios boliviano. En 1952 le fueron nacionalizadas sus minas en Bolivia, pero conservó su monopolio al fijar, con el apoyo de EUA, la cotización internacional del estaño, lo que provocó el hundimiento de la economía boliviana.

PATIÑO IXTOLINQUE (Pedro), *San Pedro Ecatzingo 1774-México 1835,* escultor mexicano. Su obra más importante es el retablo y el altar mayor del Sagrario metropolitano (1827).

PATIVILCA, r. de Perú, uno de los más caudalosos del país, que nace en la cordillera Blanca y desemboca en el Pacífico; 110 km.

PATIVILCA, mun. de Perú (Lima), junto a la desembocadura del *río Pativilca;* 23 664 hab.

PÁTMOS, una de las islas Espóradas, donde, según la tradición, san Juan escribió el Apocalipsis (h. 96). [Patrimonio de la humanidad 1999.]

PAṬNĀ, c. de la India, cap. de Bihār, a orillas del Ganges; 1 098 572 hab. Universidad. — Rico museo. Vestigios de *Pataliputra.

PATOU (Jean), *París 1887-íd. 1936,* modisto francés. En 1919 abrió un taller de costura que llevaba su nombre, y se hizo famoso por su línea fluida, su predilección por el beige y la creación de los primeros vestidos de sport.

PATRÁS, en gr. *Pátrai,* c. de Grecia (Peloponeso), en el *golfo de Patrás,* formado por el mar Jónico; 155 180 hab. Puerto.

Patria boba, nombre dado a un período de la lucha de independencia de Nueva Granada (1810-1816), por la ingenuidad de sus planteamientos políticos.

Patria nueva, nombre que designa un período de la historia de Chile (1817-1820), en el que consolidó su independencia y caracterizado por el mandato de O'Higgins, y otro de la historia de Perú (1908-1930), durante los gobiernos de A. B. Leguía, señalada por la supresión de las libertades políticas.

Patria vieja, nombre aplicado al primer período de la sublevación chilena hasta la independencia (1810-1814); en Argentina, al período entre 1810 y 1816, de lucha independentista, y en Uruguay, al período de auge de José Artigas (1811-1820), en la que fueron expulsados los españoles y se implantó un régimen federal.

PATRICIO (san), *fines s. IV-h. 461,* evangelizador y patrón de Irlanda. Su festividad, el 17 de marzo, es en Irlanda una fiesta nacional.

PATROCLO MIT. GR. Personaje de la *Ilíada,* compañero de Aquiles. Fue muerto por Héctor junto a las murallas de Troya.

PATTADAKAL, sitio arqueológico de la India, cerca de Aihole (Decán). Conjunto excepcional de templos y esculturas, que incluye una de las obras maestras de la arquitectura de los Calukya: el Virupaksha (s. VIII) dedicado a Shiva. (Patrimonio de la humanidad 1987.)

PATTON (George), *San Gabriel, California, 1885-Heidelberg 1945,* militar estadounidense. Especialista en carros de combate, dirigió una división blindada con la que desembarcó en Marruecos (1942). Jefe del III ejército norteamericano, con el que llegó desde Avranches hasta Metz (1944), cruzó el Rin y entró en Bohemia (1945).

PATUCA, r. de Honduras, recibe el nombre de *Guayape,* desde su nacimiento hasta recibir al Guayambre, y desemboca en el Caribe a través de varios brazos; 525 km.

PÁTZCUARO, lago de México (Michoacán), en la cordillera Neovolcánica; 20 km de long. y 14 de anch. Alberga cinco islas. Pesca. Turismo. — Fue centro de la cultura de los tarasco.

PÁTZCUARO, mun. de México (Michoacán), junto al *lago Pátzcuaro;* 53 287 hab. Edificios coloniales con influencia de la cultura de los tarascos.

PAU, c. de Francia, cap. del dep. de Pyrénées-Atlantiques; 80 610 hab. Universidad. — Castillo (ss. XIII-XVI).

PAULI (Wolfgang), *Viena 1900-Zurich 1958,* físico estadounidense y suizo de origen austriaco. Destacó por sus investigaciones sobre los electrones de los átomos. En 1931 emitió con Fermi la hipótesis de la existencia del neutrino. (Premio Nobel 1945.)

PAULING (Linus Carl), *Portland, Oregón, 1901-cerca de Big Sur, California, 1994,* químico estadounidense. Introdujo la física cuántica en química y estudió las macromoléculas orgánicas, la estructura de las moléculas y los enlaces químicos. Militó en los medios científicos a favor del desarme nuclear. (Premio Nobel de química 1954 y premio Nobel de la paz 1962.)

PAULINO de Nola (san), *Burdeos 353-Nola 431,* escritor en lengua latina. Obispo de Nola, en Campania, es autor de poemas que atestiguan un gusto delicado, y de *Cartas* que son un testimonio de la historia de su tiempo.

PAULO III (Alessandro **Farnese**), *Canino 1468-Roma 1549,* papa de 1534 a 1549. Encargó a Miguel Ángel el fresco del *Juicio final* de la capilla Sixtina e inauguró la contrarreforma al convocar el concilio de Trento (1545). — **Paulo IV** (Gian Pietro **Carafa**), *Sant'Angelo della Scala 1476-Roma 1559,* papa de 1555 a 1559. Fundó, con san Cayetano de Thiene, la orden de los teatinos (1524). — **Paulo VI** (Giovanni Battista **Montini**), *Concesio, cerca de Brescia, 1897-Castel Gandolfo 1978,* papa de 1963 a 1978. Prosecretario de estado (1952) y colaborador de Pío XII, arzobispo de Milán (1954) y cardenal (1958), sucedió en 1963 a Juan XXIII, cuya obra de reforma profundizó en el seno del concilio Vaticano II, que clausuró en 1965. Su encuentro en Jerusalén, en 1964, con el patriarca Atenágoras constituyó una muestra de su voluntad de ecumenismo.

■ PAULO VI

■ LUCIANO PAVAROTTI

PAULO EMILIO, *m. en 216 a. C.,* general romano. Cónsul en 219 y en 216, murió en la batalla de Cannas contra las tropas de Aníbal. — **Paulo Emilio el Macedónico,** *h. 228-160 a. C.,* general romano. Hijo de Paulo Emilio cónsul en 182 y en 168, obtuvo frente a Perseo, último rey de Macedonia, la victoria de *Pidna.

PAULS (Alan), *Buenos Aires 1959,* escritor argentino. Su narrativa se adentra en los meandros de las relaciones humanas (*El pudor del pornógrafo,* 1984; *El pasado,* 2003; *Historia del llanto,* 2007). También es autor de ensayos y de crítica cultural.

PAULUS (Friedrich), *Breitenau 1890-Dresde 1957,* militar alemán. Jefe del VI ejército en Rusia, preparó la invasión de la URSS, antes de capitular en Stalingrado (31 en. 1943). Prisionero, fue liberado en 1953. En 1944 dirigió una llamada al pueblo alemán contra Hitler.

PAUSANIAS, *m. h. 467 a. C.,* príncipe espartano. Venció a los persas en Platea (479), ocupó Chipre y Bizancio (478) y regresó a Esparta, donde, convicto de colusión con los persas, se refugió en el templo de Atenea, en el que fue emparedado.

PAUSANIAS, *s. II d. C.,* escritor griego. Su *Descripción de Grecia* proporciona valiosos datos para el conocimiento de la Grecia antigua.

PAUSTOVSKI (Konstantín Gueórgievich), *Moscú 1892-íd. 1968,* escritor soviético. Es autor de novelas de aventuras (*Las nubes centelleantes*) y de una autobiografía (*Historia de una vida*).

PAUTE, cantón de Ecuador (Azuay), avenado por el *río Paute;* 35 853 hab. Caña de azúcar y cereales.

PAVAROTTI (Luciano), *Módena 1935-íd. 2007,* tenor italiano. Desde su debut en la Scala de Milán en 1965, sirviéndose de una voz de una gran coloratura, triunfó en el repertorio romántico italiano en los principales escenarios del mundo.

PAVELIĆ (Ante), *Bradina 1889-Madrid 1959,* político croata, jefe del estado croata independiente (1941) bajo control alemán e italiano.

PAVESE (Cesare), *Santo Stefano Belbo, Piamonte, 1908-Turín 1950,* escritor italiano. Es autor de poemas, novelas (*La playa,* 1942; *El bello verano,* 1949) y un diario íntimo (*El oficio de vivir*), en el que la observación realista y angustiada se enriquece con una dimensión mítica.

PAVÍA, c. de Italia (Lombardía), cap. de prov., a orillas del Ticino; 76 418 hab. Universidad. — Iglesias, sobre todo de estilo lombardo. Castillo de los Visconti (ss. XIV-XV). En las proximidades, cartuja (ss. XV-XVI). — batalla de **Pavía** (24 febr. 1525), batalla de las guerras de Italia, Francisco I fue derrotado y apresado en ella por las tropas de Carlos Quinto. Desde 1526 (tratado de Madrid) hasta 1706, en que pasó a Austria, Pavía estuvo en poder de España.

PAVÍA (Manuel), *Cádiz 1827-Madrid 1895,* militar español. Capitán general de Castilla la Nueva, opuesto al federalismo, irrumpió en las cortes de la I república y las disolvió (3 en. 1874).

PAVLODAR, c. de Kazajstán; 331 000 hab. Aluminio.

PAVLOVSKY (Eduardo, llamado Tato), *Buenos Aires 1933,* dramaturgo y actor argentino. Su teatro (*El señor Galíndez,* 1973; *Potroto,* 1990; *La muerte de Marguerite Duras,* 2000) examina la sociedad argentina desde el psicoanálisis y el compromiso existencial y político.

PAVLOTZKY (Raúl), *en Palestina 1918-Montevideo 1998,* pintor y grabador uruguayo. Cofundador del Grupo 8, su obra se inscribe en el arte abstracto. Destaca por la fineza de color y la técnica depurada de sus serigrafías, y por la serie de collages de gran formato realizada en un estilo vinculado al arte matérico.

PÁVLOV (Iván Petróvich), *Riazán 1849-Leningrado 1936,* fisiólogo ruso. Autor de estudios sobre la digestión y la «secreción psíquica», descubrió el reflejo condicionado y desarrolló una noción general de la actividad nerviosa superior. (Premio Nobel 1904.)

PAVLOVA (Anna), *San Petersburgo 1881-La Haya 1931,* bailarina rusa. Estrenó el papel protagonista del ballet de M. Fokine *El cisne* (1907), con música de Saint-Saëns, y en 1911 fundó su propia compañía.

Pavón (batalla de) [1861], victoria a orillas del arroyo Pavón (Santa Fe) del ejército de Buenos Aires, dirigido por Mitre, sobre el de la Confederación argentina mandado por Urquiza, que supuso la unión de las provincias de la Confederación bajo la autoridad de Buenos Aires.

PAXTON (sir Joseph), *Milton Bryant, Bedford shire, 1801-Sydenham, cerca de Londres, 1865,* jardinero y arquitecto británico. Precursor de la arquitectura de hierro y de la prefabricación, construyó, para la Exposición de 1851 en Londres, el Crystal Palace (hoy destruido).

PAYNE (Thomas) → **PAINE.**

PAYNO (Manuel), *México 1810-San Ángel 1894,* escritor mexicano. Introdujo el folletín de aventuras en México (*El fistol del diablo,* 1845-1846; *Los bandidos de Río Frío,* 1889-1891). Fue embajador y ministro de hacienda.

PAYRO (Julio E.), *Buenos Aires 1899-íd. 1971,* escritor y crítico de arte argentino, autor de *Arte y artistas de Europa y América* (1946), *Las ruinas de San Ignacio* y diversas monografías.

PAYRÓ (Roberto J.), *Mercedes 1867-Buenos Aires 1928,* escritor argentino. Cultivó la novela realista de ambiente gaucho (*El casamiento de Laucha,* 1906), la novela de tema colonial (*El capitán Vergara,* 1925), así como el drama naturalista (*Marco Severi,* 1902) y el cuento satírico (*Pago Chico,* 1908).

PAYSANDÚ, c. de Uruguay, cap. del dep. homónimo; 76 191 hab. Centro comercial e industrial. Puerto. Aeropuerto. El puente internacional General Artigas, sobre el río Uruguay, la une a la ciudad argentina de Colón.

PAYSANDÚ (departamento de), dep. del O de Uruguay; 14 106 km²; 103 763 hab.; cap. *Paysandú.*

PAYS DE LA LOIRE, región administrativa del O de Francia; 32 082 km²; 3 222 061 hab.; cap. *Nantes;* 5 dep. (*Loire-Atlantique, Maine-et-Loire, Mayenne, Sarthe y Vendée*).

PAZ, r. de Guatemala y El Salvador, en la vertiente del Pacífico, que forma un tramo de la frontera entre ambos países; 57 km.

PAZ (cordillera de La) → **ORIENTAL** u **ORIENTAL DE LOS ANDES.**

PAZ (departamento de La), dep. del O de Bolivia; 133 985 km²; 1 883 122 hab.; cap. *La Paz.*

PAZ (departamento de La), dep. de Honduras; 2 331 km²; 112 000 hab.; cap. *La Paz* (8 876 hab.). Café y madera.

PAZ (departamento de La), dep. de El Salvador; 1 202 km²; 246 147 hab.; cap. *Zacatecoluca.*

PAZ (La), dep. de Argentina (Catamarca); 17 060 hab.; cab. *San Antonio.*

PAZ (La), dep. de Argentina (Entre Ríos), a orillas del Paraná; 62 063 hab. Maíz, girasol y maní; ganado. Puerto fluvial.

PAZ (La), cap. administrativa de Bolivia y del dep. homónimo, a 3 632 m de alt., al pie del Illimani; 1 115 403 hab. *(paceños).* Principal centro industrial y comercial del país. Universidad. — Monumentos coloniales: iglesias del s. XVIII, convento de San Francisco (iglesia con portada barroca), casas señoriales. Palacio Quemado y catedral del s. XIX. Museos nacional de arte, colonial y de Tiahuanaco. — Fundada en 1548 por Alonso de Mendoza, fue un próspero centro minero y comercial que tras la revolución de 1898-1899 se convirtió en capital efectiva de Bolivia, frente a la constitucional Sucre.

■ LA **PAZ,** en primer término, con el Illimani al fondo.

PAZ (La), mun. de Colombia (Santander); 16 874 hab. Agricultura y ganadería.

PAZ (La), c. de México, cap. del est. de Baja California Sur; 137 641 hab. Puerto. Pesca de altura. Central termoeléctrica. Industrias.

PAZ (La), mun. de México (México), en el área suburbana de la ciudad de México; 99 436 hab.; cab. *Los Reyes.*

PAZ (La), c. de Uruguay (Canelones); 14 400 hab. Ciudad dormitorio de Montevideo.

PAZ (Ireneo), *Guadalajara 1836-México 1924,* político mexicano. Liberal, se opuso a la intervención francesa y se adhirió al plan de Tuxtepec. Fundó diversos periódicos y fue director de *La Patria ilustrada.*

PAZ (José Camilo), *Buenos Aires 1842-Montecarlo 1912,* periodista y político argentino. Luchó en la guerra civil junto a Mitre. En 1869 fundó en Buenos Aires el diario *La prensa* y en 1874 encabezó el alzamiento revolucionario. Fue diputado y embajador en Madrid (1883-1885) y en París (1885-1893).

PAZ (José María), *Córdoba 1791-Buenos Aires 1854,* militar y político argentino. Ministro de guerra (1828), prisionero de Rosas (1831-1839), organizó contra este un ejército (1841-1842) y tomó Entre Ríos. Defendió Montevideo durante la guerra Grande (1843-1851) y fue ministro de guerra y marina (1853-1854).

PAZ (Juan Carlos), *Buenos Aires 1897-íd. 1972,* compositor argentino. En 1929 fundó el grupo Renovación y en 1936 la agrupación Nueva música, de tendencia dodecafónica. Compuso música de cámara y piezas para piano u orquestales (*Canto de Navidad,* 1927; *6 superposiciones,* 1954; *Invenciones,* 1961).

PAZ (Octavio), *México 1914-íd. 1998,* escritor mexicano. Diplomático hasta 1968, en 1960 publicó la recopilación de su primer corpus poético, **Libertad bajo palabra.* La crítica ocupa un lugar importante en su obra de esta época (*El *laberinto de la soledad,* 1950; *El arco y la lira,* 1956; *Las peras del olmo,* 1957). La poesía de su segunda etapa entronca con el surrealismo (*Salamandra,* 1962) antes de entrar en contacto con lo oriental, el erotismo y el conocimiento (*Ladera este,* 1969; *Pasado en claro,* *ro*, 1975). En 1989 recopiló buena parte de su poesía en *El fuego de cada día*. Entre sus restantes ensayos destacan *Puertas al campo* (1966), *Los hijos del limo* (1974) y *Convergencias* (1991), en los que trata temas literarios y sociales. En su obra se une la evocación de los mitos y el mundo mexicanos y una vasta cultura internacional que establece relaciones entre la poesía norteamericana, el surrealismo francés y el universo hindú. (Premio Cervantes 1981; premio Nobel 1990.)

■ OCTAVIO **PAZ** recibe el premio Nobel de manos de Carlos Gustavo de Suecia.

PAZ ANDRADE (Valentín), *Pontevedra 1899-Vigo 1987*, escritor y político español. Economista y militante del Partido galleguista, escribió ensayos (*Galicia como tarea*, 1959; *La marginación de Galicia*, 1970; *Castelao, na luz e na sombra*, 1982) y poesía.

PAZ ESTENSORO (Victor), *Tarija 1907-íd. 2001*, político boliviano. En 1941 fundó el Movimiento nacionalista revolucionario (MNR), que dirigió hasta 1990. Como presidente del país (1952-1956) aprobó el sufragio universal, concedió tierras a los campesinos y nacionalizó las minas de estaño. Fue de nuevo elegido presidente en 1960 (derrocado en 1964) y para el período 1985-1989, en que puso fin a la inflación mediante una política neoliberal.

pazos de Ulloa (Los), novela de E. Pardo Bazán (1886), que describe la decadencia de una familia aristocrática gallega.

PAZ ZAMORA (Jaime), *Cochabamba 1939*, político boliviano. Líder del Movimiento de izquierda revolucionaria (MIR) y sobrino de Paz Estensoro, fue vicepresidente con Siles Zuazo (1982-1985) y presidente en 1989-1993.

PAZZI, familia güelfa de Florencia, rival de los Médicis. En 1478, dos de sus miembros urdieron contra Lorenzo y Julián de Médicis la *conspiración de los Pazzi*. El asesinato del segundo provocó una represión inmediata: los Pazzi fueron ejecutados o desterrados.

PCCh → comunista chino (Partido).

PCE → comunista de España (Partido).

PCF → comunista francés (Partido).

PCI → comunista italiano (Partido).

PCUS → comunista de la Unión Soviética (Partido).

PDVSA (Petróleos de Venezuela, S.A.), holding venezolano para la industria petrolera fundado en 1976. En 1978 asumió el control de la empresa estatal Petroquímica de Venezuela.

PEACE RIVER, r. de Canadá, afl. del r. del Esclavo (or. der.); 1 600 km. aprox. Hidroelectricidad.

PEACOCK (Thomas Love), *Weymouth 1785-Lower Halliford 1866*, escritor británico. En sus obras satíricas ridiculiza los excesos del romanticismo (*La abadía de Pesadilla*, 1818).

Peares (embalse de Los), presa de España (Lugo y Orense), en el Miño. Central hidroeléctrica.

PEARL HARBOR, ensenada de las islas Hawai (isla Oahu). Desde 1906 alberga una base aeronaval estadounidense. En ella, una parte de la flota estadounidense del Pacífico fue destruida por sorpresa, sin previa declaración de guerra, por los japoneses (7 dic. 1941), lo que provocó la intervención de EUA en la segunda guerra mundial.

PEARSON (Karl), *Londres 1857-íd. 1936*, matemático británico. Es uno de los fundadores de la estadística. Promotor del darvinismo social, desarrolló, en el ámbito de la investigación de la herencia, las ideas de F. Galton sobre regresión y correlación.

PEARSON (Lester Bowles), *cerca de Toronto 1897-Ottawa 1972*, político canadiense. Gran diplomático, líder del Partido liberal (1958), fue primer ministro de 1963 a 1968. (Premio Nobel de la paz 1957.)

PEARY (Robert), *Cresson Springs, Pennsylvania, 1856-Washington 1920*, explorador estadounidense. Demostró la insularidad de Groenlandia y fue el primero en alcanzar el polo norte (6 abril 1909).

PECES o **PISCIS**, constelación zodiacal. — **Piscis**, duodécimo signo del Zodiaco, que el Sol abandona en el equinoccio de primavera.

PECHORA, r. de Rusia, que nace en los Urales y desemboca en el mar de Barents; 1 790 km; cuenca de 322 000 km². (Reserva de la biosfera 1984.)

PECK (Eldred Gregory, llamado Gregory), *La Jolla 1916-Los Ángeles 2003*, actor estadounidense. Encarnó personajes equilibrados o a aventureros impenetrables (*Recuerda*, A. Hitchcock, 1945; *Moby Dick*, J. Huston, 1956; *Designing Woman*, V. Minnelli, 1957; *Matar a un ruiseñor*, R. Mulligan, 1962).

PECKINPAH (Sam), *Madera County, California, 1926-Inglewood, California, 1984*, director de cine estadounidense, creador de un western violento (*Duelo en la alta sierra*, 1963; *Mayor Dundee*, 1965; *Grupo salvaje*, 1969).

PECO (los), sigla para referirse a los países de Europa central y oriental.

PECOS (rio), r. de Estados Unidos (Nuevo México y Texas), afl. del Bravo o Grande del Norte (or. izq.), que atraviesa el Llano Estacado; 1 490 km.

PÉCS, c. del S de Hungría; 170 039 hab. Universidad. Centro industrial. – Monumentos de la época paleocristiana al barroco; museos.

PEDERNALES, prov. del SO de la República Dominicana; 1 011 km²; 17 000 hab.; cap. *Pedernales* (7 880 hab.).

PEDERNERA (Adolfo Alfredo), *Avellaneda 1918*, futbolista argentino. Destacado delantero, jugó con los equipos River Plate, Atlanta, Huracán, Millonarios y Boca Juniors.

PEDRAFORCA, pico de España, en el Prepirineo catalán, entre las prov. de Lérida y Barcelona; 2 497 m.

Pedralbes (monasterio de), monasterio español de clarisas en Barcelona, fundado en 1327 por el rey Jaime II y su cuarta esposa, Elisenda de Montcada, uno de los principales exponentes de la arquitectura gótica catalana (claustro; decoración de la capilla de San Miguel, de Ferrer Bassa, 1346).

PEDRARIAS DÁVILA (Pedro **Arias Dávila**, llamado), *Ávila h. 1440-León, Nicaragua, 1531*, conquistador español. Gobernador y capitán general de Tierra Firme o Castilla del Oro (1514-1526), fundó la capital del territorio, Nuestra Señora de la Asunción de Panamá (1519). En 1526 se atribuyó el gobierno de Nicaragua, tras imponerse a su descubridor, Gil González Dávila. Confirmado en el cargo por el rey (1527), introdujo la ganadería y diversas simientes, aunque gobernó con crueldad.

PEDRAYES (Agustín de), *Lastres, Asturias, 1744-Madrid 1815*, matemático español. En *Nuevo y universal méthodo de quadraturas determinadas* (1777) intentó demostrar que es posible hallar la cuadratura de ciertas curvas. Representó a su país junto con G. Císcar, en la reunión convocada por el Instituto de Francia para fijar los principios del sistema métrico decimal (1798-1800).

PEDRAZA, v. de España (Segovia); 467 hab. Conjunto histórico-artístico: castillo del s. XIII; parador de turismo; museo Zuloaga.

PEDREGAL, c. de Panamá (Panamá) 45 801 hab. Puerto comercial en la costa del Pacífico.

PEDREIRA (Antonio S.), *San Juan 1899-Río Piedras 1939*, pedagogo, escritor y periodista puertorriqueño. Maestro normalista de formación, ensayista y poeta, indagó en la identidad de Puerto Rico: *Aristas* (1930), *Aclaraciones y crítica* (recopilación de artículos), *Hostos: ciudadano de América* (1932), *Insularismo* (1934), *El año terrible del 87* (1937).

PEDRELL (Felipe), *Tortosa 1841-Barcelona 1922*, compositor y musicólogo español. Considerado el padre del renacimiento musical español, sobresalió por su obra musicológica: *Salterio sacro-hispánico* (1882), *Por nuestra música* (1891). También desarrolló una gran actividad compositora en diversos géneros.

Pedrera (la), nombre con que se conoce la casa Milà, en Barcelona (1906-1910), una de las obras más personales de Gaudí. (Patrimonio de la humanidad 1984.)

PEDRO (san), *m. en Roma entre 64 y 67*, apóstol de Jesús. Primado del colegio apostólico, es considerado por la tradición romana el primer papa. Pescador galileo, se llamaba en realidad Simón, y el nombre de Pedro, que le fue dado por Jesús, simboliza la fundación de la Iglesia cristiana (Evangelio de san Mateo). Ejerció su actividad misionera en Palestina, Antioquía y Roma, donde, según la tradición, murió mártir durante la persecución de Nerón. Su influencia se extendió también a la comunidad de Corinto. Las excavaciones emprendidas entre 1939 y 1949 bajo la basílica vaticana de San Pedro demostraron que hacia 120 ya se veneraba el recuerdo del apóstol Pedro en este lugar.

PEDRO CANISIO (san), *Nimega 1521-Friburgo, Suiza, 1597*, jesuita neerlandés, doctor de la Iglesia. Provincial de Alemania para su orden, desempeñó un papel de primer orden en la Contrarreforma en los países germánicos. Fue canonizado en 1925.

PEDRO CLAVER (san), *Verdú 1580-Cartagena de Indias 1654*, misionero jesuita español. Marchó a Perú en 1610, y desde 1615 se dedicó en Cartagena de Indias a la evangelización de los esclavos negros. Canonizado en 1888; es patrón de Colombia.

PEDRO de Alcántara (san) [Pedro **Garavito**], *Alcántara 1499-Las Arenas, Vizcaya, 1562*, religioso español. Franciscano, en 1557 inició la reforma de su orden de la que nació la estricta rama de los alcantarinos. Apoyó a santa Teresa de Jesús y escribió obras de espiritualidad que lo convierten en uno de los grandes místicos españoles (*Tratado de la oración*, 1556).

PEDRO DE ARBUÉS (san), *Épila h. 1441-Zaragoza 1485*, religioso español. Sus condenas y confiscaciones como inquisidor provocaron el descontento de los conversos y su asesinato por un grupo de ellos. Fue canonizado en 1867.

PEDRO GONZÁLEZ (san), *Astorga h. 1190-Tuy 1246*, dominico español. Se granjeó fama de predicador en la corte de Fernando III y entre los marineros, que lo invocan como san Telmo.

PEDRO NOLASCO (san), *en Languedoc h. 1180, 1182 o 1189-Barcelona 1249 o 1256*, religioso de origen francés. Siguió a Simón de Montfort en su cruzada contra los albigenses y fue el fundador de la orden de la Merced (1218), dedicada a la redención de cristianos cautivos, con la ayuda de Jaime I y de san Raimundo de Peñafort. Participó en expediciones a Argel y Túnez.

PEDRO I, *h. 1070-en el valle de Arán 1104*, rey de Aragón y Navarra (1094-1104). Hijo de Sancho I Ramírez, aliado del Cid y de Castilla, conquistó Huesca (1096) y Barbastro (1101) y creó la figura del justicia mayor de Aragón.

PEDRO II el Católico [I de Cataluña], *h. 1176-Muret 1213*, rey de la Corona de Aragón (1196-1213). Hijo de Alfonso el Casto y de Sancha de Castilla, casado con María de Montpellier (1204) y señor de los condados de Occitania, fue derrotado y muerto en la batalla de Muret.

PEDRO III el Grande [II de Cataluña, I de Valencia y Sicilia], *h. 1239-Vilafranca del Penedés 1285*, rey de la Corona de Aragón (1276-1285) y de Sicilia (1282-1285). Hijo de Jaime I y de Violante de Hungría, casado con Constanza de Sicilia, fue nombrado rey de Sicilia en 1282, tras las Vísperas sicilianas, y fue excomulgado por el papa. Derrotó en Panissars (1285) a los cruzados franceses de Felipe III.

PEDRO IV el Ceremonioso [III de Cataluña, II de Valencia, I de Mallorca y Cerdeña], *Bala-*

guer 1319-Barcelona 1387, rey de la Corona de Aragón (1336-1387). Hijo de Alfonso IV y de Teresa de Entenza, se apoderó de Mallorca (1343) y Rosellón (1344), derrotó a los nobles de las *Uniones* aragonesa y valenciana (1348) y se enfrentó a Castilla (*guerra de los dos Pedros*, 1356-1357) y a diversas revueltas en Cerdeña. Escribió una *Crónica* de su reinado.

BRASIL

PEDRO I, *Queluz, Portugal, 1798-íd. 1834,* emperador de Brasil (1822-1831) y rey de Portugal (1826) [Pedro IV], de la casa de Braganza. Hijo de Juan VI de Portugal, emigró a Brasil a raíz de la invasión francesa (1807). Cuando su padre regresó a Portugal (1821) quedó como príncipe regente de Brasil. Tras proclamar la independencia, fue coronado emperador (1822). A la muerte de su padre (1826), heredó la corona portuguesa, pero abdicó en favor de su hija, María I. Sin embargo, renunció a la corona brasileña en 1831, reconquistó (1834) en Portugal el poder del que se había apoderado su hermano en 1828 y restauró a su hija María.
— **Pedro II,** *Río de Janeiro 1825-París 1891,* emperador de Brasil (1831-1889), de la casa de Braganza. Abolió la esclavitud (1888), lo que levantó contra él una alianza de terratenientes y ejército que provocó su derrocamiento en 1889.

CASTILLA

PEDRO I el Cruel, *Burgos 1334-Montiel 1369,* rey de Castilla y León (1350-1369). Hijo de Alfonso XI y de María de Portugal, nombró herederos a los hijos habidos con María de Padilla: Alfonso, Beatriz, Constanza e Isabel. Sometió a la nobleza (1353), que volvió a rebelarse durante la guerra con Aragón (1356-1357), y se enfrentó a su hermanastro Enrique de Trastámara, que se proclamó rey de Castilla (1366) apoyado por Francia. Abandonado por sus aliados, fue muerto por Enrique.

IMPERIO LATINO DE ORIENTE

PEDRO II de Courtenay, *h. 1167-1217,* emperador latino de Oriente (1217), esposo de Yolanda de Flandes.

MONTENEGRO

PEDRO II PETROVIĆ NJEGOŠ, *Njegoš 1813-Cetinje 1851,* príncipe-obispo de Montenegro y poeta en lengua serbia. Su poema dramático *Los laureles de la montaña* (1847) es una obra maestra de la literatura montenegrina.

PORTUGAL

PEDRO I el Justiciero, *Coimbra 1320-Estremoz 1367,* rey de Portugal (1357-1367), de la dinastía de Borgoña. Tras la muerte de su esposa, Constanza de Castilla (1345), casó con su amante, Inés de Castro, que fue muerta por orden del rey Alfonso IV (1355). Al subir al trono hizo ajusticiar a los asesinos y, según la tradición, obligó a la corte a rendir homenaje al cadáver de Inés (1361). Consolidó el poder real.
— **Pedro II,** *Lisboa 1648-íd. 1706,* rey de Portugal (1683-1706), de la casa de Braganza. Siendo regente (1668-1683), firmó con Carlos II de España el tratado de Madrid (1668), que aseguraba la independencia portuguesa. Tras valer sus derechos a la corona de España, y durante la guerra de Sucesión de España firmó una alianza con el archiduque Carlos (1703).
— **Pedro III,** *Lisboa 1717-íd. 1786,* rey de Portugal (1777-1786), de la casa de Braganza. Casó con la hija de su hermano (1760) y reinó junto con ella (María I). — Pedro IV → Pedro I [Brasil]. — **Pedro V,** *Lisboa 1837-íd. 1861,* rey de Portugal (1853-1861), de la casa de Braganza. Modernizó el país.

RUSIA

PEDRO I el Grande, *Moscú 1672-San Petersburgo 1725,* zar (1682-1725) y emperador (1721-1725) de Rusia, de la dinastía de los Románov. Relegado al campo por la regente Sofía, eliminó a esta en 1689. Durante un primer viaje a Europa occidental (1697-1698), reclutó a especialistas de todos los campos para su país. Tras vencer a Carlos XII de Suecia en Poltava (1709), durante la guerra del Norte (1700-1721), consolidó sus conquistas en el Báltico (tratado de Nystadt, 1721). En el interior se consagró con excepcional energía a la moder-

■ **PEDRO I,**
emperador de Brasil.

■ **PEDRO I**
EL GRANDE.
(Rijksmuseum, Amsterdam.)

nización y occidentalización del país. Dotó a Rusia de una nueva capital, San Petersburgo (1712), convertida en sede de nuevas instituciones: el senado y los colegios especializados, entre ellos el Santo sínodo. Recurrió a métodos mercantilistas para desarrollar el comercio y la actividad manufacturera y transformó Rusia en un imperio (1721), cuyo gobierno confió a su muerte a Catalina I, su esposa.

PEDRO III Fiodórovich, *Kiel 1728-castillo de Ropcha, cerca de San Petersburgo 1762,* emperador de Rusia (1762), de la dinastía de los Románov. Fue asesinado a instigación de su esposa, Catalina II.

SERBIA Y YUGOSLAVIA

PEDRO I KARAGJORGJEVIĆ, *Belgrado 1844-íd. 1921,* rey de Serbia (1903-1918) y más tarde de los serbios, croatas y eslovenos (1918-1921).

PEDRO II KARAGJORGJEVIĆ, *Belgrado 1923-Los Ángeles 1970,* rey de Yugoslavia (1934-1945). Hijo de Alejandro I, se refugió en Londres (1941).

PEDRO AGUIRRE CERDA, com. de Chile (Santiago); 128 342 hab.

PEDRO BETANCOURT, mun. de Cuba (Matanzas); 30 481 hab. Pastos. Cítricos. Ingenios azucareros

PEDRO CELESTINO (san) → **CELESTINO V** [santos y papas].

PEDRO DAMIÁN (san), *Ravena 1007-Faenza 1072,* prelado italiano y doctor de la Iglesia. Monje camaldulense, cardenal obispo de Ostia y legado en Milán, fue el promotor de la reforma del clero en el N de Italia, junto a Hildebrando, el futuro Gregorio VII.

PEDRO ESCOBEDO, mun. de México (Querétaro); 29 503 hab. Ganadería vacuna; industrias lácteas.

PEDRO JUAN CABALLERO, c. de Paraguay, cap. del dep. de Amambay; 51 092 hab. Centro comercial.

PEDROLO (Manuel de), *Els Plans de Sió, Lérida, 1918-Barcelona 1990,* escritor español en lengua catalana. Poeta y dramaturgo, de sus obras en prosa destaca el ciclo narrativo *Tiempo abierto* (iniciado en 1963).

PEDRO MARÍA MORANTES, mun. de Venezuela (Táchira); 35 874 hab. Forma parte de San Cristóbal.

Pedro Páramo, novela de Juan Rulfo (1955), donde, a partir del mito de la búsqueda del padre, se borran las fronteras entre realidad e irrealidad, presente y futuro, vida y muerte.

Pedros (guerra de los dos) [1356-1369], conflicto entre Pedro I de Castilla, apoyado por Inglaterra y Granada, y Pedro IV el Ceremonioso de Aragón, aliado con Francia, Marruecos y Enrique de Trastámara.

PEDROSA (Daniel, llamado Dani), *Sabadell 1985,* motociclista español. Campeón del mundo en 125 cc (2003) y en 250 cc (2004 y 2005), es el campeón de 250 cc y el campeón de dos cilindradas más joven del mundo.

PEEL (sir Robert), *Chamber Hall, cerca de Bury, 1788-Londres 1850,* político británico. Diputado tory (1809), secretario para Irlanda (1812-1818) y dos veces ministro del interior (1822-1827, 1828-1830), humanizó la legislación criminal e hizo aprobar la ley de emancipación de los católicos (1829). Primer ministro (1834-1835 y 1841-1846), favorable al librecambio, llevó a cabo numerosas reformas y en 1846 hizo

votar la ley de abolición de los aranceles sobre los cereales (Corn Laws).

PEENEMÜNDE, c. de Alemania (Mecklemburgo-Antepomerania). Situada en el estuario del Peene (tributario del Báltico; 180 km), fue una base de experimentación de ingenios balísticos alemanes (V1 y V2) durante la segunda guerra mundial.

Peer Gynt, drama de Ibsen, música escénica de Grieg (1867). Es una sátira de la pusilanimidad y el egoísmo.

PEGASO MIT. GR. Caballo alado, nacido de la sangre de Medusa y montado por Belerofonte.

PEGU o **BAGO,** c. de Birmania; 255 000 hab. Monumentos búdicos.

PÉGUY (Charles), *Orleans 1873-Villeroy 1914,* escritor francés. De ideología socialista, se convirtió al catolicismo y dejó una obra de gran fuerza y espiritualidad (*Eva,* 1913).

PEHUAJÓ, partido de Argentina (Buenos Aires); 38 293 hab. Girasol, cereales. Vacunos.

PEI o **PEI IEOH MING,** *Cantón 1917,* arquitecto y urbanista estadounidense de origen chino. Partidario de un modernismo flexible, es autor, entre otras obras, de las instalaciones subterráneas del museo del Louvre (1986-1988) rematadas por una pirámide de cristal, de la torre del banco de China en Hong Kong (1982-1990) y del museo de arte moderno (Mudam) de Luxemburgo (1999-2006). [Premio Pritzker 1983.]

PEIPUS o **CHUDSKOIE** o **DE LOS CHUDIES** (lago), lago de Estonia y Rusia que desagua en el golfo de Finlandia a través del Narva; 2 670 km².

PEIRCE (Charles Sanders), *Cambridge, Massachusetts, 1839-Milford, Pennsylvania, 1914,* filósofo y lógico estadounidense. Contribuyó al desarrollo del cálculo de las relaciones y es el principal creador de la semiótica y del pragmatismo lógico (*Collected papers,* 1931).

PEIXOTO (Floriano), *Maceió 1842-cerca de Río de Janeiro 1895,* político y militar brasileño. Uno de los protagonistas de la revolución de 1889, fue presidente de 1891 a 1894.

PEKALONGAN, c. de Indonesia (Java); 227 535 hab. Puerto.

PEKÍN o **BEIJING,** cap. de China; 0 830 000 hab. (*pequineses*). Constituye un municipio autónomo de 17 000 km² aprox. Centro administrativo, universitario e industrial. — Los barrios centrales están formados por la yuxtaposición de la ciudad china, o exterior, y de la ciudad tártara, o interior; en el centro de esta última está la antigua Ciudad prohibida, que estaba reservada a la familia imperial. Ricos museos.
— Situada cerca de la capital del estado Yan (s. IV a.C.), fue a partir de la dominación de los mongoles (s. XIII) la capital de China, a excepción de algunos períodos en que la sustituyó Nankín. Fue el escenario del saqueo del palacio de Verano (1860) por una expedición francobritánica, de la revuelta de los Bóxers (1900) y de la proclamación de la República popular de China por Mao Zedong (1949).

■ **PEKÍN.** El templo del Cielo. Qiniandian, sala de oración por las buenas cosechas (1420).

PELA o **PELLA**, cap. de Macedonia del s. v hasta 168 a.C. Ruinas y mosaicos (fines s. IV-s. III a.C.).

PELADA (montaña), en fr. **montagne Pelée**, cumbre volcánica del N de la isla de Martinica (1 397 m). Su erupción de 1902 destruyó Saint-Pierre.

PELÁEZ (Amelia), *Yaguajay 1897-La Habana 1968*, pintora cubana. Su formación en París refleja la influencia de Modigliani. Al regresar a La Habana (1934) incorporó la temática cubana *(Muchacha rubia; Frutas)* y desarrolló un estilo innovador basado en el empleo armonioso de los colores y la estilización de los interiores. Pintó murales (hotel Habana Hilton) y trabajó la cerámica.

PELAGIO, en *Gran Bretaña h. 360-en Palestina h. 422*, monje de origen británico. Residió en Roma, Egipto y Palestina. Su doctrina *(pelagianismo)*, que relativizaba el papel de la gracia divina respecto al de la voluntad humana, tuvo en san Agustín un temible adversario.

PELAYO, *m. en Cangas de Onís 737*, fundador del reino de Asturias (718-737). Hijo del duque Fafila, se refugió en Asturias tras la derrota de Guadalete y alentó la rebelión de los astures contra los musulmanes, a los que derrotó en Covadonga (h. 722).

PELÉ (Edson Arantes do Nascimento, llamado), *Três Corações, Minas Gerais, 1940*, futbolista brasileño. Gran estratega y goleador, fue un jugador clave de la selección de su país, con la que ganó la Copa del mundo en 1958, 1962 y 1970. Está considerado uno de los mejores futbolistas de la historia. Fue ministro de deportes de Brasil (1995-1998).

■ **PELÉ** en 1977, cuando jugaba en el Cosmos de Nueva York.

PELEO MIT. GR. Padre de Aquiles.

PELIÓN, macizo montañoso de Tesalia; 1 548 m. Morada del centauro Quirón, los Gigantes lo escalaron para subir al asalto del Olimpo.

PELLEGRINI, dep. de Argentina (Santiago del Estero); 16 034 hab. Vacuno; conservas cárnicas.

PELLEGRINI (Aldo), *Rosario 1903-Buenos Aires 1973*, poeta y crítico de arte argentino. Propulsor del surrealismo en su país, es autor de *La valija del fuego* (1952), *Para contribuir a la confusión general* (1965), *Distribución del silencio* (1966). Publicó la revista *A partir de cero*.

PELLEGRINI (Carlos), *Buenos Aires 1846-íd. 1906*, político argentino, ministro de guerra y marina (1879-1885) y presidente (1890-1892).

PELLEGRINI (Carlos Enrique), *Chambéry 1800-Buenos Aires 1875*, ingeniero y pintor francés activo en Argentina. Proyectó numerosos edificios públicos en Buenos Aires. Realizó también retratos, dibujos, acuarelas y litografías.

PELLI (César), *Tucumán 1926*, arquitecto argentino. Afincado en Estados Unidos desde 1952, es autor de importantes rascacielos (conjunto del World Financial Center, Nueva York, 1985; torres Petronas, Kuala Lumpur, 1998).

PELLICER (Carlos), *Villahermosa 1899-México 1977*, poeta mexicano. La brillante musicalidad de su poesía, entregada a la imagen y al humor, descolla en el vanguardismo mexicano *(Colores en el mar*, 1921; *Hora de junio*, 1937; *Material poético*, 1962).

PELLICER (José de), *Zaragoza 1602-Madrid 1679*, escritor español. Escribió poesía *(El fé-*

nix, 1630) y sobre historia *(Avisos históricos, 1629-1642)* y economía *(El comercio impedido por los enemigos de la monarquía*, 1640).

PELLICO (Silvio), *Saluzzo 1789-Turín 1854*, escritor italiano. El relato de su encarcelamiento en Spielberg *(Mis prisiones*, 1832) contribuyó a ganar la opinión internacional para la causa de los patriotas italianos.

PELÓPIDAS, *h. 410-Cinoscéfalos 364 a.C.*, general tebano. Cooperó con Epaminondas para liberar Tebas del yugo espartano (379) y restableció la democracia. Participó en la victoria de Leuctra (371).

PELOPONESO o **MOREA**, península del S de Grecia, subdividida en otras, unida al continente por el istmo de Corinto y constituida por Argólida, Laconia, Mesenia, Élide, Acaya y Arcadia; 21 500 km²; 1 174 916 hab. En el II milenio, fue el centro de la civilización micénica y en la época clásica, de la espartana. El desmembramiento del Imperio bizantino la convirtió en el despotado de Mistra (Morea).

Peloponeso (guerra del) [431-404 a.C.], conflicto que enfrentó a Esparta y a Atenas por la hegemonía sobre el mundo griego. En un primer período (431-421), los beligerantes alternaron victorias y derrotas hasta la paz de Nicias. Tras algunos años de guerra larvada, se recrudecieron las hostilidades con la expedición de Sicilia (415), que acabó con el aplastamiento del ejército y de la flota atenienses ante Siracusa (413). El tercer período (413-404) marcó el final del conflicto y la caída de Atenas, cuya flota, a pesar de los éxitos de Alcibíades (410 y 408) y la victoria de las Arginusas (406), fue aniquilada en Egospótamos (405). Atenas, asediada, tuvo que firmar una paz (404) que la despojó de su imperio.

PÉLOPS o **PÉLOPE** MIT. GR. Héroe epónimo del Peloponeso, antepasado de los Atridas.

PELOTAS, c. de Brasil (Rio Grande do Sul); 289 494 hab.

PELTON (Lester Allen), *Vermilion, Ohio, 1829-Oakland, California, 1908*, ingeniero estadounidense. Inventó la turbina de acción hidráulica que lleva su nombre, utilizada para saltos de agua de gran altura y escaso caudal.

PELUSIO, ant. c. de Egipto, en el extremo E del delta del Nilo.

PEMÁN (José María), *Cádiz 1898-íd. 1981*, escritor español. Destacado articulista y autor de crónicas, cultivó el drama en verso *(El divino impaciente*, 1933; *Cuando las cortes de Cádiz*, 1934), la poesía, la novela y el teatro *(La viudita naviera*, 1961). [Real academia 1936.]

PEMATANGSIANTAR, c. de Indonesia (Sumatra); 219 000 hab.

PEMBA, isla del océano Índico (Tanzania), al N de Zanzíbar; 984 km²; 265 039 hab. Principal centro mundial del cultivo de clavo.

Pemex (acrónimo de *Petróleos mexicanos*), empresa mexicana de carácter estatal, creada en 1938 para llevar a término la nacionalización de los recursos petrolíferos del país. Actúa como organismo autónomo y es, por el volumen de recursos económicos, una de las primeras corporaciones de México y una de las diez petroleras más grandes del mundo.

PENA (Antonio), *Montevideo 1894-íd. 1947*, escultor, pintor y grabador uruguayo. Destaca su *Monumento a Hernandarias* (Montevideo).

PENAGOS (Rafael de), *Madrid 1889-íd. 1954*, dibujante y cartelista español. Asiduo dibujante de diversos periódicos de Madrid, alcanzó renombre como cartelista.

PENALBA (Alicia), *Buenos Aires 1918-Dax, Francia, 1982*, escultora argentina. Radicada en París desde 1948, desarrolló una obra abstracta *(Tótems)*, a veces integrada en edificios.

PENANG o **PINANG**, estado de Malaysia; 1 141 500 hab.; cap. *George Town*. Comprende la *isla de Penang* (ant. *Prince of Wales*).

PENAS (golfo de), golfo de Chile (Aisén del General Carlos Ibáñez del Campo), junto a la península de Taitao.

PENCK (Albrecht), *Leipzig 1858-Praga 1945*, geógrafo alemán. Definió con Eduard Brückner (1862-1927) las grandes glaciaciones cuaternarias de los Alpes.

PENCO, com. de Chile (Biobío), en el área industrial de Concepción; 40 383 hab.

PENDERECKI (Krzysztof), *Debica 1933*, compositor polaco. Es uno de los iniciadores del movimiento «tachista» en música *(Trenos para las víctimas de Hiroshima*, 1960; *Pasión según san Lucas*, 1966; óperas *Los diablos de Loudun*, 1969; *El paraíso perdido*, 1978, y *Ubu Rex*, 1991).

PENDO (cueva del), cueva de España (mun. de Camargo, Cantabria), con representaciones de arte mobiliar del paleolítico superior.

PENEDÈS, comarca histórica de España (Barcelona y Tarragona), en el sector S de la depresión Prelitoral. Vid (industria vitivinícola).

PENÉLOPE MIT. GR. Personaje de la *Odisea*, esposa de Ulises y madre de Telémaco. Durante los veinte años de ausencia de Ulises, rehusó las proposiciones de matrimonio de los pretendientes, aplazando su respuesta para cuando hubiese terminado la tela que tejía: por la noche deshacía el trabajo del día. Simboliza la fidelidad conyugal.

PENIBÉTICO (sistema), cordillera del S de España, paralela a la costa mediterránea, entre Gibraltar y Cartagena. Forma parte del sistema Bético. Está constituido por macizos (serranía de Ronda, sierras de Alhama, Tejada, Baza, Filabres) separados por valles transversales. Culmina en sierra Nevada, a 3 478 m (Mulhacén).

PENINOS, cadena de montañas de Gran Bretaña, que se extienden, de N a S, entre Escocia y los Midlands; 893 m en el Cross Fell.

PENÍNSULA ANTÁRTICA o **TIERRA DE SAN MARTÍN**, península del O de la Antártida argentina, limitada al E por el mar de Weddell. Bases del Instituto antártico argentino.

PENJAMILLO, mun. de México (Michoacán); 21 270 hab.; cap. *Penjamillo de Degollado*. Vacunos.

PÉNJAMO, mun. de México (Guanajuato); 105 105 hab. Cereales y leguminosas. Ganadería.

PENN (Arthur), *Filadelfia 1922*, director de cine estadounidense. Fue uno de los primeros en introducir el desgarro, la incertidumbre y el caos en el western o el cine policíaco: *El zurdo* (1958), *El milagro de Ana Sullivan* (1962), *La jauría humana* (1966), *Bonnie y Clyde* (1966), *Pequeño gran hombre* (1970), *Georgia* (1981).

PENN (Irving), *Plainfield, Nueva Jersey, 1917*, fotógrafo estadounidense. La simplicidad y los contrastes dominan sus retratos, desnudos y naturalezas muertas. Como fotógrafo de moda, combina luz y grafismo.

PENN (Sean), *Burbank, Los Ángeles, 1960*, actor de cine estadounidense. Sobresale por la intensidad de sus caracterizaciones *(Pena de muerte*, T. Robbins, 1995; *Mystic River*, C. Eastwood, Oscar al mejor actor 2003; *Mi nombre es Harvey Milk*, G. Van Sant, Oscar al mejor actor 2008). También ejerce la dirección *(El juramento*, 2001).

PENN (William), *Londres 1644-Jordans 1718*, cuáquero inglés. Fundador (1681) de Pennsylvania, la dotó de una legislación que fue modelo de las instituciones estadounidenses. Fundó Filadelfia.

PENNSYLVANIA, estado de Estados Unidos que se extiende del lago Erie al Delaware; 11 881 643 hab. *(pensilvanos)*; cap. *Harrisburg*; c. prales. *Filadelfia* y *Pittsburgh*.

PENONOMÉ, c. de Panamá, cap. de la prov. de Coclé; 48 335 hab. Explotación forestal (cacho).

PENROSE (sir Roger), *Colchester 1931*, matemático y físico británico. Sus investigaciones se han centrado en la teoría de los hoyos negros, en cosmología, y en el desarrollo formal del embaldosado no periódico de plano, con aplicaciones en geometría y en cristalografía.

PENSACOLA, c. de Estados Unidos (Florida), en la *bahía de Pensacola*, en la costa del golfo de México; 57 600 hab. Base naval. Puerto pesquero y comercial. — Colonia española desde el s. XVI, pasó a Gran Bretaña por la paz de París (1763) y volvió a España por la de Versalles (1783). Se incorporó a EUA en 1819.

PENSILVANIA, mun. de Colombia (Caldas); 27 623 hab. Ganadería vacuna. Minería (oro). Calzado.

Pentágono, edificio de Washington, así denominado a causa de su forma, que alberga desde 1942 el secretariado de Defensa y el estado mayor de las fuerzas armadas de EUA. (Fue objeto de un atentado terrorista —un avión se estrelló en el ala oeste— el 11 de *septiembre de 2001.)

Pentateuco (del gr.*pente*, cinco, y *teukhos*, libro), nombre dado por los traductores griegos a los cinco primeros libros de la Biblia: Génesis, Éxodo, Levítico, Números y Deuteronomio. Los judíos lo denominan *Torá* («ley»), porque contiene lo esencial de la legislación hebrea.

PENTÉLICO, montaña de Grecia, en el Ática, célebre por sus canteras de mármol blanco.

PENTESILEA MIT. GR. Reina de las Amazonas, muerta por Aquiles ante Troya.

PENZA, c. de Rusia, al SE de Moscú; 552 000 habitantes.

PENZIAS (Arno Allen), *Munich 1933*, radioastrónomo estadounidense de origen alemán. En colaboración con R.W. Wilson descubrió, en 1965, de forma fortuita, la radiación térmica del fondo del cielo a 3 kelvins, que vino a confirmar la teoría cosmológica del big bang. (Premio Nobel de física 1978.)

PEÑA o **TAMBORIL**, mun. de la República Dominicana (Santiago), en el Cibao; 24 285 hab. Tabaco y café.

PEÑA, mun. de Venezuela (Yaracuy), junto al río Turbio; 72 958 hab.; cap. *Yaritagua*. Azúcar.

PEÑA BLANCA (macizo de), macizo de Nicaragua, máx. alt. de la cordillera Isabelia; 1 745 m.

PEÑA DE FRANCIA (sierra de la), sierra de España (Salamanca y Cáceres), en el sistema Central; 1 723 m en la *Peña de Francia*.

PEÑAFIEL, v. de España (Valladolid); 5 099 hab. *(peñafielenses.)* Notable castillo (s. XI, reformado en los ss. XIV-XV). Iglesia de San Pablo (ss. XIV y posteriores).

PEÑAFLOR, c. de Chile (Santiago); 76 603 hab. Cereales y frutales en regadío.

PEÑAFLORIDA (Xavier María de Munibe e Idiáquez, conde de), *Azcoitia 1729-Vergara 1785*, ilustrado español. Fue diputado general de Guipúzcoa y fundador de la academia (h. 1748) que se convertiría en la Real sociedad bascongada de Amigos del país (1763-1765).

PEÑA GANCHEGUI (Luis), *Oñate 1926-San Sebastián 2009*, arquitecto español. Su obra entronca con la arquitectura tradicional vasca al tiempo que se adapta al entorno geográfico y social (viviendas y plaza del Tenis en San Sebastián, 1976; plaza de los Fueros en Vitoria, 1977; parque de la España industrial en Barcelona, 1984-1985).

PEÑA LABRA (sierra de), sierra de España (Cantabria y Palencia), en la cordillera Cantábrica, divisoria de aguas entre el Cantábrico y el Mediterráneo; culmina en *Peña Labra* (2 018 metros).

PEÑALOLÉN, com. de Chile (Santiago); 178 728 hab.

PEÑALOSA (Francisco de), *Talavera de la Reina h. 1470-Sevilla 1528*, compositor español. Adaptó la polifonía francoflamenca a las características nacionales. En su obra sacra destacan seis misas a 4 voces; su producción profana se conserva en el *Cancionero musical de palacio*.

PEÑARANDA CASTILLO (Enrique), *Larecaja, La Paz, 1892-Madrid 1969*, militar y político boliviano. Comandante en jefe del ejército (1933 y 1935-1938), fue presidente de la república en 1940 y derrocado en 1943.

PEÑARANDA DE BRACAMONTE, c. de España (Salamanca), cab. de p. j.; 6 235 hab. *(peñarandinos.)* Iglesia renacentista de San Miguel, con retablo mayor (1618); convento de carmelitas descalzas (s. XVII).

PEÑARANDA DE DUERO, v. de España (Burgos); 601 hab. *(peñarandinos.)* Restos del castillo gótico (s. XV); palacio del s. XVI; farmacia del s. XVII.

PEÑARROYA, pico de España (Teruel), máxima elevación de la sierra de Gúdar; 2 024 m.

PEÑAS (cabo de), cabo de España (Asturias), en la costa cantábrica, entre Avilés y Gijón. Faro.

PEÑÍSCOLA, c. de España (Castellón); 4 548 hab. *(peñiscolanos.)* Pesca. Centro turístico. — En un promontorio rocoso, gran fortaleza (s. XIII), que fue residencia papal de Benedicto XIII. Murallas (s. XVI).

PEÑUELAS, mun. de Puerto Rico, en la costa meridional; 22 515 hab. Refinería de petróleo e industria química. Central hidroeléctrica (Las Garzas).

PEÓN CONTRERAS (José), *Mérida 1843-México 1907*, escritor, médico y político mexicano. Director del hospital psiquiátrico San Hipólito de México y diputado, es autor de más de 40 títulos, entre poesía (*Poesías*, 1868), teatro (*La hija del rey*) y novelas (*Veleidosa*).

PEORIA, c. de Estados Unidos (Illinois); 113 504 hab. Centro industrial.

PEPE EL DE LA MATRONA (José Núñez, llamado), *Sevilla 1887-Madrid 1980*, intérprete de cante flamenco. Gran divulgador de cantes olvidados, destacó como intérprete de soleares de Triana y de serranas.

Pepita Jiménez, novela de Juan Valera (1874), narración irónica del triunfo del amor humano sobre el divino.

PEPYS (Samuel), *Londres 1633-Clapham 1703*, escritor inglés. Su *Diario*, notable por su sinceridad, tiene la vida en Londres como telón de fondo.

PERAL (Isaac), *Cartagena 1851-Berlín 1895*, militar y científico español. Prosiguiendo los trabajos de N. Monturiol, puso a punto un submarino propulsado por un motor eléctrico y alimentado por acumuladores de su invención. Las pruebas fueron satisfactorias, pero el ministerio de Marina desestimó el proyecto.

PERALTA (Ángel), *Puebla del Río 1926*, rejoneador español. Se presentó en Sevilla en 1945 y fue un rejoneador brillante, con un gran dominio como jinete y en todas las suertes.

PERALTA (Ángela), *México 1845-Mazatlán 1883*, soprano mexicana. Debutó en 1860 y actuó en España e Italia hasta 1865, año en que regresó a México y fundó su propia compañía.

PERALTA AZURDIA (Enrique), *Guatemala 1908-íd. 1997*, militar y político guatemalteco, presidente de la junta militar que derrocó a Ydígoras (1963-1966).

PERALTA Y BARNUEVO (Pedro de), *Lima 1663-íd. 1713*, escritor y científico peruano. Prolífico polígrafo, es autor de poesía (*Triunfos de amor y poder*, 1711), teatro (*Afectos vencen finezas*, 1720) y sobre historia (*Lima fundada*, 1732), matemáticas, medicina, geografía, cosmografía (*Conocimiento de los tiempos*, 1721) y teología (*Pasión y triunfo de Cristo*, 1738). Rector de la universidad de Lima y canónigo de la catedral de San Marcos, en su obra exalta las riquezas de Perú y la cultura criolla.

PERATALLADA, v. de España (Gerona), en el mun. de Forallac; 218 hab. Conjunto medieval restaurado, que conserva el recinto amurallado, el castillo y la iglesia románica de San Esteban.

PERAVIA (provincia de), prov. del S de la Rep. Dominicana; 1 621 km²; 166 000 hab.; cap. Baní.

Perceval, novela inacabada de Chrétien de Troyes (¿h. 1180?). Es el origen del mito europeo del *Graal. El poeta alemán Wolfram von Eschenbach retomó el tema en su *Parzival* (principio s. XIII), en el que se inspiró Wagner para su *Parsifal*.

PERDICAS, nombre de tres reyes del antiguo reino de Macedonia.

PERDICAS, m. en 321 a.C., general macedonio. Buscó mantener unido el imperio de Alejandro, pero fue asesinado por los diadocos.

PERDIDO (monte), macizo del Pirineo central, entre España (Huesca) y Francia; 3 355 m de alt. Parque nacional de *Ordesa y Monte Perdido. (Patrimonio de la humanidad 1997 [ampliado en 1999].)

PEREA, ant. provincia judía, al E del Jordán. Es el antiguo país de los ammonitas.

PEREA (maestro de), pintor activo en Valencia durante el último cuarto del s. XV. Su obra aúna influencias hispanoflamencas e italianas (retablo de *La Epifanía; Virgen de la Leche*).

PEREC (Georges), *París 1936-Ivry-sur-Seine 1982*, escritor francés. Miembro de *Oulipo, las constricciones formales a las que está sujeta su obra narrativa traducen la dificultad de la existencia (*Las cosas*, 1965; *El secuestro*, 1969; *La vida, instrucciones de uso*, 1978).

PEREDA (Antonio de), *Valladolid 1611-Madrid 1678*, pintor español. Su estilo, dentro del más puro barroco madrileño, es de una gran sobriedad a la vez que detallista y preocupado por los efectos lumínicos (*San Jerónimo penitente; El sueño del caballero*). Son notables también sus vanitas.

PEREDA (José María de), *Polanco, Cantabria, 1833-Santander 1906*, escritor español. Sus novelas, con una visión idílica y nostálgica del medio rural, están dentro de un realismo alejado de los métodos naturalistas (*Pedro Sánchez*, 1883; *Sotileza*, 1885; *Peñas arriba*, 1893). [Real academia 1896.]

PEREIRA, c. de Colombia, cap. del dep. de Risaralda; 287 999 hab. Mercado cafetalero. Centro cultural (universidad). Aeropuerto de Matecaña.

PEREIRA (Gabriel Antonio), *Montevideo 1794-íd. 1861*, político uruguayo. Firmó la declaración de independencia (1825) y fue vicepresidente de la asamblea constituyente (1828-1830). Presidente de la república en 1856-1860, reprimió la revolución de 1857-1858.

PEREIRA (Gómez), *¿Medina del Campo? h. 1500-íd. 1558*, médico y filósofo español. Precursor del método científico, es autor de *Antoniana Margarita* (1554), donde expuso su teoría del automatismo de las bestias, y *Novae veraeque medicinae* (1558), que cuestiona la doctrina galénica de las fiebres. En filosofía, rechazó las pruebas de la inmortalidad del alma.

PEREIRA (Manuel), *Oporto 1588-Madrid 1683*, escultor portugués. Trabajó sobre todo en Madrid, desarrollando una imaginería de gran realismo no exento de dulzura (*San Bruno*).

PEREJAUME (Pere Jaume Borrell Guinart, llamado), *Sant Pol de Mar 1957*, artista español. Su obra, a caballo entre la pintura, la instalación, el arte de acción y objetual, sintetiza una personal visión poética de la naturaleza. Es autor de los medallones del techo del Liceo de Barcelona. (Premio nacional de artes plásticas 2006.)

PEREJIL, en ár. Laila o Turah, isla deshabitada de soberanía indefinida, frente a la costa N de Marruecos, a 10 km de Ceuta. El 5 de julio de 2002 fue objeto de litigio entre España y Marruecos.

PERELADA, v. de España (Gerona); 1 116 hab. *(pereladenses.)* Vinos (cava). — Castillo del s. XVI, con capilla gótica (ss. XIII-XV) y rica biblioteca. Casino.

PERELLÓS (Ramón de), m. en 1419, escritor catalán. Diplomático educado en la corte francesa, es autor de *Viaje al Purgatorio* (1398, publicada en 1486), que narra el «viaje» del autor al legendario purgatorio de san Patricio, en Irlanda, donde el alma del rey Juan I de Aragón reflexiona sobre la justicia de los gobernantes.

PERELMAN (Chaim), *Varsovia 1912-Bruselas 1984*, filósofo belga de origen polaco. Trató de devolver su papel y su dignidad a la retórica (*Tratado de la argumentación*, 1958).

PERELMAN (Grigory), *Leningrado, act. San Petersburgo, 1966*, matemático ruso. Entre sus contribuciones en los campos de la geometría y la topología, sobresale la demostración de la «conjetura de Poincaré» para superficies esféricas de dimensión 3. Rechazó la medalla Fields que le había sido concedida en 2006.

PERES (Shimon), *Vichnéva, Polonia, act. Bielorrusia, 1923*, político israelí. Presidente del Partido laborista (1977-1992, 1995-1997, febr.-sept. 2001 y 2003-2005) y desde 2005 miembro del partido Kadima, primer ministro de 1984 a 1986 y en 1995-1996, y ministro en numerosas ocasiones, fue uno de los principales artífices del acuerdo palestino-israelí firmado en Washington en 1993. En 2007 accedió a la jefatura del estado. (Premio Nobel de la paz 1994.)

PEREVALSK, ant. Kommunarsk, c. de Ucrania, en el Donbass; 126 000 hab. Metalurgia.

PEREYNS (Simón), *Amberes h. 1530-México h. 1600*, pintor flamenco activo en México desde 1566. Su estilo está influido por Rafael y los rafaelistas sevillanos (retablo de Huejotzingo, con influencias de Durero; *San Cristóbal*, catedral de México).

PEREYRA (Carlos), *Saltillo 1871-Madrid 1942*, político e historiador mexicano. Colaboró con Victoriano Huerta y se exilió en España. Es autor de *Historia de la América española* (1920-1924) y *Hernán Cortés* (1931).

PÉREZ (Alonso), *Salamanca s. XVI*, escritor español, autor de una *Segunda parte de la Diana* (1564), continuación de la obra homónima de J. de Montemayor.

PÉREZ (Antonio), *Madrid 1540-París 1611*, político español. Secretario de estado para los asuntos de Italia (1566), abusó de la confianza de Felipe II y, con la princesa de Éboli, ordenó el asesinato de Juan Escobedo (1578). Encarcelado, escapó a Aragón (1590) y, al ser reclamado por la Inquisición, fue liberado por el pueblo y huyó a Francia. Sus *Cartas* y *Relaciones* contribuyeron a la *Leyenda negra.

■ ANTONIO **PÉREZ**   ■ JAVIER **PÉREZ**
DE CUÉLLAR

PÉREZ (Bartolomé), *Madrid 1634-íd. 1693*, pintor español. Discípulo y yerno de J. de Arellano, realizó cuadros de flores de estilo barroco.

PÉREZ (Carlos Andrés), *Rubio 1922*, político venezolano. Dirigente de Acción democrática, fue presidente en 1974-1978. Reelegido en 1988, superó dos golpes de estado en 1992. En 1993 fue destituido por el parlamento y condenado por corrupción en 1996.

PÉREZ (Elizardo), *Ayata 1892-La Paz 1980*, pedagogo boliviano. Creador de la educación bilingüe y creador de la pedagogía moderna en su país, con el indígena Avelino Siñani estableció la escuela indigenista Warisata en el Altiplano (1931). Fue nombrado ministro de educación por aclamación popular (1949), por su defensa de los indígenas bolivianos.

PÉREZ (Felipe), *Sotaquirá 1836-Bogotá 1891*, escritor colombiano, autor de poemas, ensayos (*Análisis político, social y económico de la República de Ecuador*, 1853) y novelas históricas (*Huayna Cápac*, 1854; *Atahualpa*, 1856).

PÉREZ (José Joaquín), *Santiago 1801-íd. 1889*, político chileno. Ministro del gobierno de Bulnes (1845-1850) y consejero de estado de Montt (1851-1861), presidió la república (1861-1871) por la alianza liberal-conservadora.

PÉREZ (fray Juan), franciscano español del s. XV. Recibió a Colón en La Rábida (1485) e influyó en Isabel la Católica para que favoreciera la empresa de Colón, en cuyo nombre firmó las capitulaciones de Santa Fe (1492).

PÉREZ (Santiago), *Zipaquirá 1830-París 1900*, político y escritor colombiano. Liberal, fue presidente (1874-1876) y sufrió el destierro en 1893. También ejerció el periodismo, recopiló mitos y leyendas indígenas y escribió estudios sobre lengua castellana y educación. – **Santiago P. Triana**, *Bogotá 1958-Londres 1916*, escritor colombiano. Hijo de Santiago, es autor de novelas (*Un enigma antioqueño*, 1908).

PÉREZ (Silvestre), *Épila 1767-Madrid 1825*, arquitecto español, exponente del neoclasicismo español (ayuntamiento de San Sebastián, plaza Nueva de Bilbao).

PÉREZ BALLADARES (Ernesto), *Panamá 1946*, político panameño. Miembro del torrijista Partido revolucionario democrático, fue presidente de la república de 1994 a 1999.

PÉREZ BONALDE (Juan Antonio), *Caracas 1846-La Guaira 1892*, poeta venezolano de estilo romántico (*Estrofas*, 1877; *Ritmos*, 1880).

PÉREZ CASAS (Bartolomé), *Lorca 1873-Madrid 1956*, compositor y director español. Fundador y director de la orquesta filarmónica de Madrid (1915-1936) y director de la nacional de España, compuso *A mi tierra* (*Suite murciana*) [1898].

PÉREZ COMENDADOR (Enrique), *Hervás 1900-Madrid 1981*, escultor español, influido por la imaginería barroca (monumento a *Pedro de Valdivia*, Santiago de Chile).

PÉREZ DE ALESIO o **ALESSIO** (Mateo), llamado también **Mateo de Lecce**, *Roma h. 1547-¿Lima 1628?*, pintor y grabador italiano. Discípulo de Miguel Ángel, instalado en Lima (h. 1590), introdujo el renacimiento en Perú.

PÉREZ DE AYALA (Ramón), *Oviedo 1881-Madrid 1962*, escritor español. En sus primeras obras satírico y autobiográfico (*A.M.D.G.*, 1910; *Troteras y danzaderas*, 1913), posteriormente acentuó los aspectos simbólicos y experimentales (*Belarmino y Apolonio*, 1921; *Los trabajos de Urbano y Simona*, 1923). En *Tigre Juan* (1926), modernización de la figura de Don Juan, utilizó el psicoanálisis para construir un mosaico de la vida humana, especialmente de la vida conyugal y el concepto del honor. (Real academia 1928.)

PÉREZ DE CUÉLLAR (Javier), *Lima 1920*, diplomático peruano. Fue representante permanente de Perú en la ONU (1971-1975), y su secretario general (1981-1991). Derrotado en las presidenciales de Perú (1995), fue primer ministro tras la caída de Fujimori (2000-2001).

PÉREZ DE GUZMÁN (Fernán), señor de **Batres**, *h. 1376-Batres ¿1460?*, escritor español, autor de poesía y prosa histórica (*Mar de historias; Generaciones y semblanzas*).

PÉREZ DE HITA (Ginés), *¿Mula? h. 1544-h. 1619*, escritor español, autor de la novela histórica *Guerras civiles de Granada*, en dos partes (1595 y 1619), muy influyente en el gusto por lo árabe de autores españoles y europeos.

PÉREZ DE HOLGUÍN (Melchor), *Cochabamba h. 1665-Potosí d. 1724*, pintor boliviano. Formado en Sevilla con Murillo, su pintura muestra influencia de Zurbarán. Su *San Francisco entre Jesús y los ángeles* refleja la idea de ascetismo místico; destacan sus pinturas narrativas con grandes grupos (*El juicio final; Entrada del arzobispo Morcillo en Potosí*), y sus cuadros de evangelistas, de gran luminosidad.

■ MELCHOR **PÉREZ DE HOLGUÍN**.
Virgen de Belén. (Museo nacional de arte, La Paz.)

PÉREZ DEL PULGAR (Hernán), llamado **el de las Hazañas**, *Ciudad Real 1451-Granada 1531*, militar español. Célebre en las guerras de Granada, escribió *Breve parte de las hazañas del excelente nombrado Gran Capitán* (1526).

PÉREZ DE MONTALBÁN (Juan), *Madrid 1602-íd. 1638*, escritor español. Poeta y novelista, compuso comedias de tipo histórico (*Los amantes de Teruel; La Monja Alférez*).

PÉREZ DE OLIVA (Fernán), *Córdoba 1494-íd. 1533*, escritor español. Erudito humanista, escribió teatro, tratados y abordó la función del hombre en el universo en *Diálogo de la dignidad del hombre*.

PÉREZ DE QUESADA (Hernán), conquistador español del s. XVI. Con su hermano Jiménez de Quesada exploró Nueva Granada, de la que fue gobernador (1539).

PÉREZ DE URDININEA (José María), *Anquioma 1782-La Paz 1865*, militar y político boliviano. Combatió por la independencia y fue colaborador de Sucre. Ministro de guerra (1827-1828 y 1838-1843), fue presidente del gobierno (1827-1828) y presidente interino de la república (1828 y 1842).

PÉREZ DE VARGAS (Bernardo), *Madrid h. 1500-h. 1569*, científico y metalúrgico español, autor del tratado *De re metallica*.

PÉREZ DE ZAMBRANA (Luisa), *El Cobre 1835-Regla 1922*, escritora cubana, novelista (*Los Gracos*, 1865) y destacada poetisa (*Poesías*, 1856; 1860; 1920; 1937).

PÉREZ ESCRICH (Enrique), *Valencia 1829-Madrid 1897*, escritor español. Se consagró como autor de novelas por entregas (*El mártir del Gólgota; La esposa mártir*).

PÉREZ ESQUIVEL (Adolfo), *Buenos Aires 1931*, pacifista argentino, impulsor del movimiento de cristianos de base Servicio paz y justicia y militante en pro de los derechos humanos. (Premio Nobel de la paz 1980.)

PÉREZ GALDÓS (Benito), *Las Palmas de Gran Canaria 1843-Madrid 1920*, escritor español. Con una concepción de la novela como imagen de la vida e influido por el realismo de Balzac, abordó temas históricos (*Episodios nacionales*, 1873-1879 y 1898-1923) y religiosos, desde una perspectiva liberal (*Doña Perfecta*, 1876). En una segunda etapa sus novelas tendieron al naturalismo (*La desheredada*, 1881) y a cierta espiritualidad (*Fortunata y Jacinta*, 1887; la serie *Torquemada*, 1889-1895; *Misericordia*, 1897). Su radicalismo anticlerical congregó a su alrededor a los jóvenes iconoclastas de la generación del 98. Entre sus últimas obras figuran sus «novelas dialogadas» (*La loca de la casa*, 1892) y obras teatrales (*El abuelo*, 1897; *Electra*, 1901). [Real academia 1897.]

■ BENITO **PÉREZ**   ■ ARTURO
GALDÓS. (Sorolla;   **PÉREZ-REVERTE**
museo Pérez Galdós,
Las Palmas.)

PÉREZ JIMÉNEZ (Marcos), *Michelena, Táchira, 1914-La Moraleja, España, 2001*, político venezolano. Nombrado presidente por los militares (1953), implantó una dictadura. Destituido en 1958, fue juzgado (1963) y encarcelado por malversación de fondos hasta 1968.

PÉREZ LUGÍN (Alejandro), *Madrid 1870-El Burgo, La Coruña, 1926*, escritor español, autor de novelas de gran difusión popular (*La casa de la Troya*, 1915; *Currito de la Cruz*, 1921).

PÉREZ PRADO (Dámaso), *Matanzas 1916-México 1989*, compositor y director de orquesta cubano. En 1947 ejecutó por vez primera *Qué rico el mambo*. Estructuró el mambo con una orquesta tipo banda de jazz y percusión cubana y, tras radicarse en México en 1949, formó su propia orquesta y consolidó este género como baile de salón por excelencia de la década de 1950. Otras piezas: *Mambo Núm. 5*, *Mambo Núm. 8*, *Cerezo rosa*.

PÉREZ RAMÍREZ (Juan), *n. en México 1545*, poeta mexicano. Hijo de un conquistador, fue el primer dramaturgo nacido en América. Su pieza *Desposorio espiritual entre el pastor Pedro y la Iglesia mexicana*, estrenada en 1574, se considera la comedia pastoril-alegórica en verso más antigua de América.

PÉREZ-REVERTE (Arturo), *Cartagena 1951*, periodista y escritor español. Antiguo corresponsal, sitúa en un marco temporal que abarca desde la España del siglo de oro hasta la actualidad unas ficciones en las que se combinan historia, intriga policíaca y elementos fantásticos (*El maestro de esgrima*, 1988; *La tabla de Flandes*, 1990; *Las aventuras del capitán Alatriste*, 6 vols., 1996-2006;

El pintor de batallas, 2006). [Real academia 2003.]

PÉREZ ROSALES (Vicente), *Santiago 1807-íd. 1886*, escritor chileno, destacado por la calidad de sus descripciones (*Memorias sobre la emigración, inmigración y colonización*, 1854).

PÉREZ VILLAAMIL (Jenaro), *Ferrol 1807-Madrid 1854*, pintor español. Desarrolló un paisajismo romántico con motivos en ruinas.

PÉREZ VILLALTA (Guillermo), *Tarifa 1948*, pintor español. Personalidad de la nueva figuración madrileña, cultiva una pintura narrativa con una iconografía mitológica y religiosa. (Premio nacional de artes plásticas 1985.)

PÉREZ Y PÉREZ (Rafael), *Cuatretondeta, Alicante, 1891-íd. 1984*, escritor español, representante de la «novela rosa» en España (*Doña Sol*, 1931; *Madrinita buena*, 1932).

PÉREZ ZELEDÓN, cantón de Costa Rica (San José); 100 419 hab.; cap. *San Isidro del General*.

PERGAMINO, c. de Argentina (Buenos Aires); 95 021 hab. Industria agropecuaria y metalúrgica.

PÉRGAMO, ant. c. de Misia. Fue la capital del reino de los Atálidas, o *reino de Pérgamo* (h. 282-133 a.C.). Fue legado a Roma por su último rey, Atalo III. — La ciudad era célebre por su biblioteca de 200 000 volúmenes. Sus monumentos, entre ellos el gran altar de Zeus y su friso esculpido (Pergamon Museum, Berlín), se cuentan entre las grandes realizaciones del urbanismo y de la escultura helenísticos.

PERGOLESI (Giovanni Battista), *Iesi 1710-Pozzuoli 1736*, compositor italiano. Uno de los maestros de la escuela napolitana del s. XVIII, es autor de música instrumental, religiosa (*Stabat Mater*) y obras líricas, entre ellas la ópera seria *Il Prigioner superbo* (1733), que contiene el intermezzo *La criada patrona*.

PERIANDRO, tirano de Corinto (627 a 585 a.C.). Uno de los siete sabios de Grecia, llevó la ciudad a su apogeo.

PERICH (Jaume), *Barcelona 1941-Mataró 1995*, dibujante de humor español. Desde 1966 trabajó en la prensa, con dibujos voluntariamente simplificados en los que expresaba su visión ácida de la actualidad. Su obra está recogida en varios libros (*Perich-match, Desde la última...........*)

PERICLES, h. 495 *Atenas 429 a.C.* estadista monense. Jefe del partido democrático (461 a.C.) y reelegido estratega durante treinta años, democratizó la vida política, permitiendo el acceso de todos los ciudadanos a las altas magistraturas. Convirtió la Confederación de Delos en un imperio ateniense, cuyos recursos se utilizaron sobre todo en un programa de grandes obras. A su alrededor se agrupó un equipo de artistas, entre ellos su amigo Fidias; las obras que estos aportaron al arte griego y la brillante vida intelectual de Atenas valieron a esta época el nombre de «siglo de Pericles». En política exterior, Pericles intentó desarrollar el poderío ateniense, luchando al mismo tiempo contra los persas y contra Esparta. Considerado responsable de los primeros infortunios de la guerra del Peloponeso, fue apartado del poder. Reelegido estratega (429), murió poco después a causa de la peste.

■ **PERICLES.** (British Museum, Londres.)

■ JUAN DOMINGO **PERÓN**

PERICO, mun. de Cuba (Matanzas); 29 282 hab. Plantaciones de caña; ingenios azucareros.

PERICOT GARCÍA (Luis), *Gerona 1899-Barcelona 1978*, prehistoriador español. Obras: *La civilización megalítica catalana y la cultura pirenaica* (1925), *La España primitiva y romana* (1934).

PERIDIS (José María Pérez González, llamado). *Cabezón de Liébana, Cantabria, 1942*, dibujante de humor español. Su obra, recogida en parte en libros (*De la constitución al golpe*, 1981), ilustra la actualidad política con personajes de trazos sencillos y líneas ininterrumpidas.

PÉRIGNON (dom Pierre), *Sainte-Menehould 1638 o 1639-abadía de Hautvillers, cerca de Épernay, 1715*, benedictino francés. Mejoró las técnicas de fabricación del champaña.

PÉRIGORD, región de Francia, en el NE de la cuenca de Aquitania, que constituye la parte central y meridional de Dordogne.

PERIJÁ o **MOTILONES-PERIJÁ** (cordillera de), cordillera de América del Sur, entre Colombia y Venezuela, en la cordillera Oriental de los Andes. La constituyen la *sierra de los Motilones*, la serranía de Valledupar, la *sierra de Perijá* (3 490 m de alt.) y los montes de Oca.

PERIM, isla fortificada del estrecho de Bâb al-Mandab (dependencia de Yemen).

periódico de Catalunya (El), diario español fundado en Barcelona (1979). Desde 1997 tiene dos ediciones (en castellano y en catalán).

Periquillo Sarniento (El), novela picaresca de J.J. Fernández de Lizardi (1816; ed. completa, 1830-1831). Describe en primera persona la sociedad mexicana de la época.

PERIS (Vicenç), m. en *Valencia 1522*, jefe de la germanía valenciana. Lugarteniente y sucesor de Joan Llorenç. En 1521 derrotó al virrey Hurtado de Mendoza en Gandía y se hizo fuerte en Játiva. Fue capturado en Valencia y muerto.

PERIS MENCHETA (Francisco), *Valencia 1844-Barcelona 1916*, periodista español. Destacado corresponsal de guerra, fue el introductor del reporterismo en España. Fundó varios periódicos y una agencia de noticias en Madrid.

PERLAS (archipiélago de las), archipiélago de Panamá, en el Pacífico (golfo de Panamá). Lo forman 39 islas mayores, 63 menores y numerosos islotes; 600 km²; 3 000 hab. Pesquerías de perlas.

PERLAS (laguna de), laguna de Nicaragua, en el litoral caribe, 50 km de long. y 8 de anch. En su orilla se asienta la ciudad de *Laguna de Perlas*.

PERM, de 1940 a 1957 **Mólotov**, c. de Rusia, en los Urales a orillas del Kama; 1 000 000 hab. Centro industrial (metalurgia, mecánica, refino de petróleo y petroquímica).

PERMEKE (Constant), *Amberes 1886-Ostende 1952*, pintor y escultor belga. Fue el principal exponente del expresionismo flamenco (paisajes, marinas y escenas de la vida de campesinos y pescadores).

PERMOSER (Balthasar), *cerca de Traunstein, Baviera, 1651-Dresde 1732*, escultor alemán. Formado en Viena e Italia, fue llamado como escultor de la corte a Dresde en 1689. Su arte es de un barroco atormentado (*Apoteosis del príncipe Eugenio*, museo del Barroco, Viena).

PERNAMBUCO, estado del NE de Brasil; 101 023 km²; 7 109 626 hab.; cap. *Recife*.

PERNIK, de 1949 a 1962 **Dimitrovo**, c. de Bulgaria, al SO de Sofía; 100 000 hab. Metalurgia.

PERNIS, mun. de Países Bajos, en la zona suburbana de Rotterdam. Refinerías de petróleo; petroquímica.

PEROJO (Benito), *Madrid 1893-íd. 1974*, productor y director de cine español. Desde 1913, llevó a cabo una fecunda y plural carrera, posteriormente marcada por el casticismo (*La verbena de la Paloma*, 1935; *Goyescas*, 1942), desarrollada entre España, Francia, Alemania, EUA y Argentina.

PEROJO (José del), *Santiago de Cuba 1853-Madrid 1908*, escritor español. Combatió el krausismo y defendió la autonomía de Cuba desde la dirección de la *Revista contemporánea* (1875-1879) y de los diarios *La opinión* y *Nuevo mundo*, fundados por él.

PERÓN (Eva) → **DUARTE** (María Eva).

PERÓN (Isabel) → **MARTÍNEZ DE PERÓN** (María Estela).

PERÓN (Juan Domingo), *Lobos, Buenos Aires, 1895-Buenos Aires 1974*, militar y político argentino. Participó en el golpe militar de 1943 y desde la secretaría de Trabajo y Previsión controló el sindicato CGT. Ministro de guerra y vicepresidente (1944), en 1945 fue destituido y confinado a Martín García, de donde regresó triunfalmente poco después gracias a la actuación de su futura esposa Eva Duarte. Victorioso en las presidenciales de 1946, y reelegido en 1951, implantó un régimen populista y personalista, basado en la doctrina del «justicialismo», con un Partido único de la revolución, y nacionalizó los ferrocarriles y los teléfonos. Estas medidas, junto con otras que marcaron el inicio del régimen (voto femenino), le valieron una gran popularidad. La crisis económica incrementó la oposición al régimen, que acentuó la represión. Derrocado por los militares en 1955, Perón se exilió en España. Tras el triunfo del Frente justicialista de liberación, por H. Cámpora (1973), regresó a Argentina (junio) y asumió la presidencia del país tras los comicios de septiembre. Muerto a los pocos meses, fue sustituido por su viuda y vicepresidenta, María Estela Martínez. (V. parte n. om. **peronismo**.)

PEROTE, mun. de México (Veracruz); 34 495 hab. Trigo y maíz. Textiles. Productos químicos.

PEROTTI (José), *Santiago 1898-íd. 1956*, escultor, pintor, grabador y ceramista chileno. Tras perfeccionarse con A. Bourdelle, integró el grupo Montparnasse (monumento a *Pasteur*.)

PERPENNA (Marco Vento), m. en *Osca, act. Huesca, 72 a.C.*, general romano. Fiel al partido de Mario, apoyó a Sertorio, al que más tarde hizo asesinar. Vencido, fue ajusticiado por orden de Pompeyo.

PERPIÑÁ GRAU (Román), *Reus 1902-íd. 1991*, economista español, uno de los primeros estructuralistas de habla hispana (*De estructura económica y de economía hispánica*, 1952; *Corología*, 1954) [Premio Príncipe de Asturias de ciencias sociales 1981.]

PERPIÑÁN, en fr. **Perpignan**, en cat. **Perpinyà**, c. de Francia, cap. del dep. de Pyrénées-Orientales y cap. histórica del Roselló, a orillas del Têt; 107 241 hab. Universidad. — Palacio de los reyes de Mallorca (ss. XIII-XIV), catedral (ss. XIV-XV) y ayuntamiento (bronces de Maillol). — Festival internacional de fotoperiodismo. Capital del reino de Mallorca (1276-1344), pasó a Francia por el tratado de los Pirineos (1659).

PERRAULT (Charles), *París 1628-íd. 1703*, escritor francés. Es famoso por sus *Cuentos* (1697), destinados al público infantil.

PERRET (Auguste), *Ixelles, Bélgica, 1874-1954*, arquitecto y empresario francés. Junto con sus hermanos **Gustave** (1876-1952) y **Claude** (1880-1960), utilizó el hormigón armado al servicio de formas neoclásicas.

PERRICHOLI o **PERRICHOLA** (Micaela Villegas, llamada la), *Lima 1748-íd. 1819*, actriz peruana, amante del virrey de Perú, M. de Amat.

PERRIN (Jean), *Lille 1870-Nueva York 1942*, físico francés. Estudió los rayos catódicos y aportó pruebas decisivas sobre la existencia de los átomos. (Premio Nobel 1926.)

perro andaluz (Un) [*Un chien andalou*], película francesa dirigida por L. Buñuel (1928), con guion suyo y de S. Dalí. Constituye una obra cumbre del cine surrealista.

PERROT (Jules-Joseph), *Lyon 1810-Paramé 1892*, bailarín y coreógrafo francés. Virtuoso del baile, fue uno de los más grandes coreógrafos románticos (*Giselle*, en colaboración con J. Coralli, 1841; *La esmeralda*, 1844; *Pas de quatre*, 1845).

PERROUX (François), *Lyon 1903-Stains 1987*, economista francés. Renovó los métodos del análisis económico, destacando los fenómenos de dominación y de poder.

PERSÉFONE o **CORÉ** MIT. GR. Divinidad del mundo subterráneo, hija de Deméter. Hades la había raptado para convertirla en reina de los infiernos. Los romanos la adoraban con el nombre de *Proserpina*.

PERSEO MIT. GR. Héroe, hijo de Zeus y de Dánae. Decapitó a Medusa, liberó a Andrómeda, a la que se unió, y reinó en Tirinto y Micenas.

PERSEO, h. 212-*Alba Fucens h. 165 a.C.*, último rey de Macedonia (179-168 a.C.). Fue vencido en Pidna por Pablo Emilio (168), y murió cautivo en Italia.

PERSÉPOLIS, nombre griego de Parsa, residencia real de los Aqueménidas. Fundada por Darío I, fue incendiada durante la conquista de Alejandro Magno (330 a.C.). — Ruinas del vasto complejo palaciego (importante decoración esculpida). [Patrimonio de la humanidad 1979.]

PERSHING (John Joseph), *cerca de Laclede, Missouri, 1860-Washington 1948*, general estadounidense. Dirigió las tropas de EUA que penetraron en México (1916-1917) y las que lucharon en el frente francés en 1918.

PERSIA, ant. nombre de Irán.

PÉRSICO o **ARÁBIGO** (golfo), o simplemente **GOLFO,** parte del océano Índico, entre Arabia e Irán. Importantes yacimientos de petróleo.

PERSIO, en lat. **Aulus Persius Flaccus,** *Volterra 34-Roma 62,* poeta latino. Sus *Sátiras* están inspiradas en la moral estoica.

PERSSON (Göran), *Vingåker 1949,* político sueco. Socialdemócrata, fue primer ministro de 1996 a 2006.

PERTEGAZ (Manuel), *Olba, Teruel, 1918,* modisto español. Tras establecerse en Barcelona (1942) y Madrid (1948), obtuvo galardones en EUA que le dotaron de prestigio internacional. Su estilo combina clasicismo e innovación.

PERTH, c. de Australia, cap. del estado de Australia Occidental; 1 118 000 hab.

PERTH, c. de Gran Bretaña (Escocia); 43 000 hab. Iglesia de St. John (ss. XII y XV).

PERTHARITE, *m. en 688,* rey de los lombardos (661 y 671-688). Durante su reinado los lombardos se convirtieron al catolicismo.

PERTHUS o **PORTÚS** (collado del), paso de los Pirineos orientales, en la frontera hispano-francesa; 290 m de alt.

PERTINAX (Publio Helvio), *Alba Pompeia 126-Roma 193,* emperador romano (193). Sucesor de Cómodo, fue asesinado por los pretorianos.

PERTINI (Alessandro, llamado Sandro), *Stella, cerca de Génova, 1896-Roma 1990,* político italiano. Socialista, fue presidente (1978-1985).

PERÚ, estado de América del Sur, en la fachada del Pacífico; 1 285 216 km^2; 28 220 764 hab. *(peruanos).* CAP. *Lima.* LENGUAS: *español* y *quechua.* MONEDA: *nuevo sol. (V. mapa al final del volumen.)*

INSTITUCIONES

República presidencial. La constitución data de 1993. El presidente de la república es elegido por sufragio universal directo para un período de 5 años, renovable otros dos mandatos. El parlamento (Congreso), unicameral, es igualmente elegido por 5 años mediante elecciones directas.

GEOGRAFÍA

La cordillera de los Andes, que recorre el país de N a S, vertebra tres grandes regiones fisiográficas: la Costa, al O; la Sierra, en el centro, y la Montaña o Selva, al E. La primera es una estrecha franja de planicies arenosas y áridas, entre el océano y el pie de monte andino. La Sierra, cortada por valles profundos, va ganando hacia el S en anchura (altiplanos de Junín y del Titicaca) y altitud (6 768 m en el Huascarán). La Selva incluye la vertiente E de la cordillera y la Amazonia peruana, y es en general llana, cubierta con un bosque denso y de clima tropical lluvioso.

El crecimiento de la población, en su gran mayoría amerindia o mestiza, contribuye a explicar la rápida urbanización (más del 70 % de los habitantes). Desde su asiento tradicional en la Sierra, la población tiende a desplazarse hacia la Costa, emplazamiento de las mayores ciudades, entre ellas Lima (que acoge una cuarta parte de la población total). En la Selva se registran las densidades más bajas.

La pesca es el recurso principal de la Costa, en la que hay también algunas zonas de regadío. Los cultivos en la Sierra se escalonan (cereales, café, caña de azúcar) y se completan con la ganadería (ovino, sobre todo). El subsuelo proporciona metales (plata, plomo, cinc, cobre, hierro), productos no metálicos (fosfatos, guano), y también petróleo (yacimientos de Loreto y Ucayali) y gas natural. La industria, concentrada en la Costa, en particular en el complejo portuario Lima-El Callao, se relaciona con la pesca (conservas, harinas de pescado), la metalurgia, el refino del petróleo y la petroquímica. Perú se asoció en 2003 a Mercosur, y en 2007 suscribió un tratado de libre comercio con Estados Unidos. La apertura al comercio mundial, junto con las privatizaciones y la estabilidad macroeconómica, han supuesto un crecimiento sostenido del país en los últimos años.

HISTORIA

La población prehispánica. Las culturas de Chavín en el N y Paracas en el S constituyeron los principales centros formativos de la civilización centroandina, que presenta un doble esquema de desarrollo: N-S y Costa-Sierra-Altiplano-Selva. Al período clásico corresponden las culturas mochica en el N y nazca en el S, las civilizaciones interregionales de Tiahuanaco y Huari y la nueva dispersión regional de las culturas chimú, en la costa N, de Chancay en la central, y chincha en el S. A comienzos del s. XV se inició la expansión del Tahuantinsuyu, el estado inca del Altiplano, que abarcó del S de Colombia y Ecuador hasta Chile y el NE argentino. (V. parte n. com. **inca.**)

Conquista y colonización. 1524-1527: primeras expediciones de Pizarro. **1531-1535:** Pizarro conquistó Perú favorecido por la guerra civil incaica (1526-1531). Se apoderó de Cuzco (1532) e hizo ejecutar al inca Atahualpa (1533). **1536-1537:** rebelión de Manco Inca, cuya derrota supuso el fin del poder inca. **1537-1548:** guerras civiles entre los conquistadores. **1544:** instauración del primer virrey del Perú, Blasco Núñez Vela. Descubrimiento de los yacimientos de plata de Potosí, que enriqueció rápidamente la colonia. Las bases de la economía colonial fueron la plata, y en menor medida el oro, y el monopolio comercial de Lima; su instrumento fue la mita, que sometió a trabajos obligados a la población indígena, la cual fue diezmada; ello originó la rebelión de Túpac Amaru I. La fundación del virreinato del Río de la Plata (1776), la liberalización del comercio (1778) y el declive de la explotación minera (desde 1630) supusieron el fin de la hegemonía peruana en las colonias hispanoamericanas de América del Sur. **1780-1781:** sublevación de Túpac Amaru II.

La independencia. San Martín ocupó Perú (1820-1821) y proclamó su independencia. **1822-1827:** tras el fracaso del proyecto monárquico de San Martín, Perú cayó bajo la influencia de Bolívar, quien derrotó definitivamente a los realistas en Junín y Ayacucho (1824). **1827:** Santa Cruz sucedió a Bolívar cuando este partió a Colombia; afirmación de la independencia de Perú, que perdía definitivamente el control del Altiplano boliviano.

De la Confederación Perú-boliviana a la guerra del Pacífico. 1827-1840: el nuevo estado cayó en manos de caudillos militares, como Gamarra, favorecidos por una conciencia nacional indefinida; el intento de constituir la Confederación Perú-boliviana (1836-1839) fracasó ante las tendencias centrífugas de la aristocracia criolla, y la hostilidad de Chile y Argentina. **1841:** la explotación del guano proporcionó un recurso económico para la consolidación del estado y de una oligarquía exportadora; Ramón Castilla (1845-1851 y 1854-1862) sentó las bases del estado liberal, que reforzó el latifundismo y bloqueó el desarrollo industrial. **1865-1866:** guerra del Pacífico contra España. **1879-1883:** por el control de la región salitrera, importante ante el agotamiento del guano, Chile declaró la guerra a la coalición de Perú y Bolivia; tras la ocupación de Lima (1881), se consumó la derrota de Perú, que cedió a Chile Arica y Tarapacá.

La república aristocrática. 1884-1895: la crisis de posguerra facilitó el retorno del caudillismo militar, encarnado en A. Cáceres; la agricultura costeña y la ganadería de la Sierra encabezaron la recuperación económica. **1895-1919:** la revolución de 1895 devolvió el poder a la oligarquía exportadora, aglutinada en torno al partido civilista; el caucho, el algodón y sobre todo el cobre se añadieron como nuevos productos de exportación, y EUA desplazó a Gran Bretaña como metrópoli.

Leguía y la emergencia del APRA. 1919-1930: un golpe militar, con amplio apoyo popular, instauró a Leguía en el poder; tras una primera fase populista, la rebelión indígena y la agitación obrera y estudiantil llevaron a Leguía a renunciar a sus promesas reformistas y a instaurar la dictadura, frente a la cual Haya de la Torre fundó el APRA (1924) y Mariátegui el Partido comunista (1928). **1930-1968:** el ejército derribó a Leguía, reprimió la insurrección del APRA en el N (1932) y mediatizó, con apoyo del sector exportador, la política, para impedir el acceso al poder del aprismo, influyente entre la pequeña burguesía y el movimiento obrero. **1939-1945:** el presidente Manuel Prado Ugarteche restableció la legalidad constitucional. **1945-1948:** José Luis Bustamante trató de aplicar una política reformista. **Desde 1948:** la moderación del APRA (con cuyo apoyo volvió a la presidencia Prado Ugarteche [1956-1962]) no modificó la hostilidad militar, pero propició el desarrollo de la izquierda de orientación comunista y la aparición de guerrillas durante las presidencias de Odría y Belaúnde Terry (1963-1968).

Del populismo militar al autoritarismo. 1968-1980: el régimen militar instaurado por el golpe del general Velasco Alvarado desarrolló una política populista y nacionalista; impulsó la reforma agraria en todo el país, limitó la presencia económica estadounidense y promovió un sector de empresa estatal (nacionalización de las minas y los bancos). **1975:** el sector conservador del ejército desplazó a Velasco Alvarado a favor del general Francisco Morales Bermúdez, dio marcha atrás en su política de reformas y devolvió el poder a las fuerzas políticas tradicionales. **1980-1990:** tras el gobierno de Belaúnde Terry (1980-1985), la crisis económica volcó al electorado en favor del APRA en las elecciones de 1985; su líder, Alan García, accedió a la presidencia, pero perdió rápidamente apoyo ante la persistencia de la crisis y el incremento de la violencia en la lucha contra Sendero luminoso, declarado por la OEA como grupo terrorista, lo que facilitó, en 1990, el triunfo electoral de A. Fujimori, al frente de un movimiento populista. **1990-1993:** autogolpe de Fujimori, apoyado por el ejército (1992), de orientación autoritaria; represión de los grupos armados; disolución del parlamento; elecciones constituyentes; nueva constitución (1993). **1995:** conflicto armado con Ecuador en la cordillera del Cóndor, solucionado por la firma de la Declaración de paz de Itamaraty. Reelección de A. Fujimori. **1997:** el ejército liberó a los rehenes de la embajada japonesa en Lima, tomada por el Movimiento revolucionario Túpac Amaru. **1998:** Perú y Ecuador firmaron en Brasília un acuerdo de paz que fijó su frontera común. **2000:** creciente impopularidad del régimen. Fujimori dimitió y convocó unas elecciones en las que, tras un irregular proceso electoral, volvió a vencer. Acusado de corrupción, huyó del país. **2001:** Alejandro Toledo, que lideraba la oposición al fujimorismo, ganó las elecciones (junio). El congreso acusó a Fujimori de crímenes contra la humanidad (ag.). **2002:** la privatización de empresas eléctricas provocó violentas protestas. **2003:** la agitación social prosiguió (huelga magisterial) y el gobierno declaró el estado de emergencia. **2005:** fue rechazado en referéndum un proyecto de descentralización territorial. La reaparición de Sendero luminoso provocó la declaración del estado de emergencia en provincias del centro del país. Desacuerdo con Chile respecto a los límites marítimos. El ex presidente Fujimori fue arrestado en Santiago de Chile; Perú solicitó su extradición. **2006:** A. García de nuevo fue elegido presidente. **2007:** un sismo de gran magnitud, con epicentro frente a la costa S del país, provocó centenares de muertos.

PERÚ (corriente del) → **HUMBOLDT** (corriente de).

PERÚ (fosa del), zona oceánica de América del Sur (6 262 m en la depresión de Lima), producida por la subducción de la placa Nazca bajo el continente sudamericano.

PERÚ (virreinato del), circunscripción territorial colonial que comprendía toda la América del Sur bajo dominio español, excepto la costa venezolana. Su capital era Lima y agrupaba los reinos o provincias de Nueva Castilla (Perú), Tierra Firme (Panamá y costa N de Colombia), Quito (Ecuador), Charcas (Bolivia y países del Río de la Plata) y Chile. Fue creado en 1542 para poner fin a los enfrentamientos entre Pizarro y Almagro y ratificar la autoridad del estado sobre los conquistadores, que se hizo efectiva en 1548. Su principal recurso económico era la minería, y en Lima se formó una corte fastuosa. La separación de los territorios que constituyeron los virreinatos de Nueva Granada (1717) y del Río de la Plata (1776) y la capitanía general de Chile (1798) marcó el ocaso del virreinato y de Lima.

Perú-boliviana (Confederación), estado formado por la unión de Perú y Bolivia (1836-1839) y estructurado en tres repúblicas confederadas: Norte peruano, Sur peruano y Bolivia. Tras una guerra contra Chile y Argentina y el levantamiento de Velasco en Bolivia (1839), la Confederación fue disuelta.

PERUCHO (Joan o Juan), *Barcelona 1920-íd. 2003*, escritor español en lenguas catalana y castellana. Su universo literario superpone géneros y mezcla realidad con ficción. Polígrafo, destaca su narrativa (*Llibre de cavalleries*, 1957; *Les històries naturals*, 1960). [Premio nacional de las letras 2002.]

PERUCHO (Manuel), *Roda de Albacete 1948*, biólogo español. Descubrió los genes mutadores y tuvo un papel destacado en el descubrimiento de los primeros oncogenes. Desde 1995 dirige el departamento de oncogenes y genes supresores de tumores del Instituto Burnham de La Jolla (California).

PERUGIA, c. de Italia, cap. de Umbría y de prov.; 143 698 hab. Ruinas etruscas y romanas. Importantes monumentos medievales y renacentistas. Museo nacional arqueológico y galería nacional de Umbría.

PERUGINO (Pietro **Vannucci**, llamado **el**), *Città della Pieve, Perugia, h. 1448-Fontignano, Perugia, 1523*, pintor italiano. Activo en Florencia, Roma y Perugia, discípulo de Verrocchio y maestro de Rafael, su obra destaca por el equilibrio y el tenue colorido.

PERUTZ (Max Ferdinand), *Viena 1914-Cambridge 2002*, químico británico de origen austriaco. Gracias al método de difracción de rayos X, estableció la estructura tridimensional de la hemoglobina y la de la mioglobina. (Premio Nobel 1962.)

PERUZZI (Baldassare), *Siena 1481-Roma 1536*, arquitecto, ingeniero y pintor decorador italiano. Trabajó principalmente en Roma (villa *Farnesina*; palacio Massimo alle Colonne).

PESADO (José Joaquín), *San Agustín, Puebla, 1801-México 1861*, poeta y político mexicano. Como poeta, es un tardío exponente del neoclasicismo (*Las aztecas*, 1854; *Poesías originales y traducidas*). Conservador, fue ministro del interior y de relaciones exteriores.

PESARO, c. de Italia (Marcas), cap. de prov., a orillas del Adriático; 88 500 hab. Estación balnearia. — Palacio y fortaleza de los Sforza. Museos (pinturas y mayólica); casa natal de Rossini. — Festival de ópera Rossini.

PESC (política exterior y de seguridad común) → **Unión europea.**

PESCADORES, en chino **Penghu**, archipiélago taiwanés, en el estrecho de Taiwán.

PESCARA, c. de Italia (Abruzos), cap. de prov., a orillas del Adriático; 121 367 hab. Estación balnearia.

PESHAWAR o **PESAWAR**, c. de Pakistán, a la entrada del paso de Jaybar, que lleva a Afganistán; 555 000 hab. Museo de arte de Gandhāra.

PESQUERA (Diego), escultor español activo en Andalucía entre h. 1563 y h. 1580, de estilo manierista (*Sagrada Familia*, Metropolitan Museum of Art, Nueva York).

PESSAC, c. de Francia (Gironde); 56 851 hab. Producción de vinos tintos. Universidad. — Ciudad jardín de Le Corbusier (1925).

PESSARRODONA (Marta), *Terrassa 1941*, escritora española en lengua catalana. Su poesía, realista y directa, interioriza sucesos, personas y textos literarios (*Berlín suite*, 1985; *Homenaje a Walter Benjamin*, 1989).

PESSOA (Fernando), *Lisboa 1888-íd. 1935*, poeta portugués. Publicó con diversos «heterónimos», o personajes ficticios que representaban yos diferentes, una obra rica y lúcida que después de su muerte ejerció una influencia considerable en la lírica portuguesa (*Poesías de Álvaro de Campos; Poemas de Alberto Caeiro; Odas de Ricardo Reis; Libro del desasosiego de Bernardo Soares*).

PESSÔA CÂMARA → **CÂMARA** (Hélder Pessôa).

PEST, parte baja de Budapest (Hungría), en la or. izq. del Danubio.

PESTALOZZI (Johann Heinrich), *Zurich 1746-Brugg 1827*, pedagogo suizo. Su pedagogía se fundamenta en el trabajo manual y la enseñanza mutua.

PESTAÑA (Ángel), *Santo Tomás de las Ollas, act. Ponferrada, 1886-Begues, Barcelona, 1937*, dirigente obrero español. Director de *Solidaridad obrera* (1917-1919) y dirigente de la CNT, promovió la ruptura de esta con la III Internacional (1922). Reformista, se opuso a la FAI.

peste negra o **gran peste**, epidemia de peste que asoló Europa entre 1346 y 1351-1352. Propagada por unos buques genoveses procedentes de Crimea, afectó a Sicilia (1347), se extendió en 1348-1349 a Francia, Inglaterra, Italia, España y Europa central y luego a Escandinavia y las fronteras polaco-rusas. Causó la muerte de unos 25 millones de personas en Europa occidental (un tercio de la población).

PETAH TIKVA, c. de Israel, cerca de Tel-Aviv-Jaffa; 124 000 hab.

PÉTAIN (Philippe), *Cauchy-à-la-Tour 1856-Port-Joinville, isla de Yeu, 1951*, militar y estadista francés. Durante la primera guerra mundial dirigió la defensa de Verdún y fue comandante en jefe. Mariscal desde 1918, combatió a Abd el-Krim en Marruecos (1925) y fue ministro de guerra (1934). Nombrado primer ministro (1940), firmó un armisticio con Alemania y fue jefe del gobierno de Vichy durante la ocupación alemana (→ **Vichy** [gobierno de]). Deportado por los alemanes a Sigmaringen (1944), volvió a Francia en 1945, fue condenado a muerte y, finalmente, a cadena perpetua.

PETARE, c. de Venezuela (Miranda), en el área urbana de Caracas; 338 417 hab. Industrias.

PETATLÁN, mun. de México (Guerrero); 34 263 hab. Cereales, café y tabaco. Yacimientos de titanio.

PETÉN (departamento del), dep. del N de Guatemala; 35 854 km²; 295 169 hab.; cap. *Flores*. Producción maderera.

PETÉN-ITZA, lago del N de Guatemala (Petén); 864 km². En sus alrededores, selva tropical y cultivos de cacao, caña de azúcar y frutas tropicales.

PETERBOROUGH, c. de Gran Bretaña (Inglaterra), al N de Londres; 116 000 hab. Catedral románica y gótica; antigua abadía de fachada monumental (h. 1200).

PETERHOF, ant. nombre de *Petrodvoriets.

PETERMANN (August), *Bleicherode 1822-Gotha 1878*, geógrafo alemán. Promotor de numerosas expediciones a África, fundó la revista *Petermanns Mitteilungen*.

Peter Pan, personaje creado por J. M. Barrie, protagonista de algunas de sus novelas y de su famosa comedia *Peter Pan y Wendy: La historia del niño que no quiso crecer* (1904). Es un niño que escapa a su destino de adulto refugiándose en un mundo imaginario y maravilloso. — Inspiró la película de dibujos animados *Peter Pan* (1953), producida por W. Disney.

PETERS (Carl), *Neuhaus an der Elbe 1856-Woltorf 1918*, viajero y colonizador alemán. Fue uno de los artífices del África oriental alemana.

PETERSON (Oscar), *Montreal 1925-Mississauga, cerca de Toronto, 2007*, pianista y compositor de jazz canadiense. Fundó su primer trío en 1952 y destacó como gran solista (*With Respect to Nat; Canadiana Suite*, ambos de 1965).

PÉTION (Anne Alexandre **Sabès**, llamado), *Puerto Príncipe 1770-íd. 1818*, político haitiano. Tras participar en la sublevación contra

FERNANDO PESSOA

los «blancos» (1791), fundó la República de Haití (1807), que presidió hasta su muerte.

PETIPA (Marius), *Marsella 1818-Gourzouf, Crimea, 1910*, bailarín y coreógrafo francés. Escribió muchas de las principales obras del repertorio clásico (*El lago de los cisnes*, 1895).

PETIT (Roland), *Villemomble 1924*, bailarín y coreógrafo francés. Autor de obras neoclásicas, fundó los Ballets de París (1948-1966) y dirigió el Ballet nacional de Marsella (1972-1998).

PETLIURA (Simón **Vasílievich**), *Poltava 1879-París 1926*, político ucraniano. Militante nacionalista y presidente del Directorio ucraniano (1919), se alió con Polonia y fue derrotado por los bolcheviques (1920). Murió asesinado.

PETO, mun. de México (Yucatán); 15 159 hab. Caña de azúcar, maíz, frutales (naranjas).

PETÖFI (Sándor), *Kiskörös 1823-Segesvár 1849*, poeta húngaro. Sus escritos (*El martillo de la aldea*, 1844) y sus actos lo erigieron en héroe de la revolución húngara de 1848 y símbolo de la lucha por la independencia nacional.

PETRA, c. de la ant. Arabia (act. en Jordania), a 70 km al S del mar Muerto. Capital del reino de los nabateos, fue un importante centro de caravanas y una rica ciudad comercial. Los romanos la ocuparon en 106 d.C. — Notable arquitectura rupestre helenístico-romana (templos, tumbas, etc.). [Patrimonio de la humanidad 1985.]

PETRARCA (Francesco), *Arezzo 1304-Arquà, Padua, 1374*, poeta y humanista italiano. Historiador, arqueólogo y buscador de manuscritos antiguos, fue el primero de los grandes humanistas del renacimiento. Su fama se debe sobre todo a sus poemas en toscano, los sonetos de las *Rimas* y de los *Triunfos*, compuestos en honor de Laura de Noves y reunidos en el *Cancionero* (publicado en 1470), cuyo refinamiento en el lirismo amoroso dio nacimiento al *petrarquismo.

■ PHILIPPE **PÉTAIN**   ■ FRANCESCO **PETRARCA.**
(Galería Borghese, Roma.)

PETRASSI (Goffredo), *Zagarolo 1904-Roma 2003*, compositor italiano. Profesor de la academia de Santa Cecilia y del conservatorio de Roma, compuso 8 *Conciertos para orquesta* (1934-1972).

PETRER, v. de España (Alicante); 28 765 hab. (*petrolaneros*). Calzado; plásticos. Alfarería.

PETRÉS (fray Domingo de), *Petrés, Valencia, 1750-Santa Fe de Bogotá 1811*, arquitecto español activo en Bogotá. Capuchino, alumno de Salzillo en Murcia, en 1792 se trasladó a Nueva Granada, donde concluyó la iglesia de San Francisco, reconstruyó San Ignacio y realizó la catedral primada, la basílica de Nuestra Señora de Chiquinquirá, el hospital de San Juan de Dios y el observatorio nacional de Santa Fe.

PETRI (Olof **Petersson**, llamado Olaus), *Örebro 1493 Estocolmo 1552*, reformador sueco. Canciller de Gustavo I, propagó la Reforma en Suecia. Es autor de una traducción del Nuevo testamento y de una *Crónica sueca*.

Petrobras, empresa petrolera estatal de Brasil, fundada en 1953. Es el primer grupo industrial latinoamericano por el volumen de ventas. Sede: Río de Janeiro.

PETRODVORIETS, ant. Peterhof, c. de Rusia, junto al golfo de Finlandia, cerca de San Petersburgo; 43 000 hab. Palacio, parque, pabellones y juegos de agua inspirados en Versalles (ss. XVIII-XIX), reconstruidos tras la segunda guerra mundial. — Fundada por Pedro el Grande, fue residencia de los zares.

de hidrocarburos, creada en 1972 como *Corporación estatal petrolera ecuatoriana* (Cepe) y refundada en 1989 al revertir a propiedad estatal las concesiones a petroleras privadas.

PETROGRADO → SAN PETERSBURGO.

PETRÓLEA, localidad de Colombia (Norte de Santander), en el mun. de Cúcuta. Campos petrolíferos; oleoducto hasta Coveñas (puerto).

petróleos (Empresa colombiana de) o **Ecopetrol**, empresa petrolera estatal de Colombia. Creada en 1948, empezó a operar en 1951. Tiene a su cargo la exploración, producción y refino de todos los recursos del país.

Petróleos de Venezuela, S.A. → PDVSA.

PETRONILA, *1136-Barcelona 1174*, reina de Aragón (1137-1164) y condesa de Barcelona (1150-1162). Hija de Ramiro II, su matrimonio con Ramón Berenguer IV —acordado en 1137, aunque la boda se celebró en 1150— significó la unión de Aragón y Cataluña.

PETRONIO, *m. en Cumas 66 d.C.*, escritor latino, presunto autor del **Satiricón*. Comprometido en la conjura de Pisón, se abrió las venas.

PETROPÁVLOVSK → KYZYLJAR.

PETROPÁVLOVSK-KAMCHATSKI, c. de Rusia, en la costa de Kamchatka; 269 000 hab. Puerto.

Petroperú (acrónimo de *Petróleos del Perú*), empresa estatal de Perú, fundada en 1969. Gestiona las concesiones y explotación petroleras del país, su distribución y comercialización.

PETRÓPOLIS, c. de Brasil (Río de Janeiro); 255 211 hab. Catedral y antiguo palacio imperial (s. XIX), actualmente museo.

PETROZAVODSK, c. de Rusia, cap. de Carelia; 280 000 hab. Museos.

PETRUCCI (Ottaviano), *Fossombrone 1466-Venecia 1539*, impresor italiano. Publicó en 1501 el primer libro de música impreso.

Petrushka, personaje del ballet *Petrushka*, estrenado en París en 1911 por los *Ballets rusos con coreografía de Fokine, música de Stravinski y decorados y vestuario de A. Benois. Marioneta a la que un mago ha dado vida, sufre de amor y muere a manos de su rival.

PETSAMO, en ruso **Péchenga**, localidad de Rusia, en Laponia. Fue cedida por Finlandia a la URSS en 1944.

PETTORUTI (Emilio), *La Plata 1892-París 1971*, pintor argentino. En Europa participó en exposiciones vanguardistas. Desde el futurismo y el cubismo, se fue orientando a la abstracción.

Peugeot, sociedad francesa de construcción

■ EMILIO **PETTORUTI**. *El quinteto* (1927). [Museo de arte moderno, San Francisco.]

automovilística, cuyos orígenes se remontan a 1810. Además de automóviles (grupo PSA Peugeot Citroën), Peugeot produce bicicletas y motocicletas.

PEUTINGER (Konrad), *Augsburgo 1465-íd. 1547*, humanista alemán. Publicó una copia medieval del mapa itinerario del imperio romano (ss. III y IV), llamada *Tabla de Peutinger*, actualmente en Viena.

PEVSNER (Anton o Antoine), *Ôriol 1886-París 1962*, pintor y escultor francés de origen ruso. En su obra destacan las «superficies desarrolladas», en cobre o bronce.— **Naoum P.**, llamado Naum **Gabo**, *Briansk 1890-Waterbury, EUA, 1977*, escultor estadounidense de origen ruso. Instalado en Gran Bretaña, y luego en EUA, en Moscú había publicado con su hermano Anton un manifiesto (1920) contra el cubismo y el futurismo y a favor de una captación de la realidad mediante los «ritmos cinéticos» y el constructivismo. Destacan sus esculturas de fibra de nailon.

PEYO (Pierre **Culliford**, llamado), *Bruselas 1928-íd. 1992*, dibujante y guionista de cómics belga. Es el creador de los *Pitufos.

PEZA (Juan de Dios), *México 1852-íd. 1910*, poeta mexicano. Periodista y diputado, fue un prolífico escritor de poesía (*Cantos del hogar*, 1884; *Hojas de margarita*, 1910).

PEZET (Juan Antonio), *Lima 1810-Chorrillos 1879*, militar y político peruano. Vicepresidente (1862) y presidente de la república (1863), fue derrocado por Prado por su moderación en la guerra del Pacífico (1865).

PEZOA VÉLIZ (Carlos), *Santiago 1879-íd. 1908*, poeta chileno. Su poesía, de testimonio y protesta social, fue recopilada póstumamente (*Alma chilena*, 1912).

PFANDL (Ludwig), *Rosenheim 1881-Kaufbezen 1942*, hispanista alemán, especialista en la mística y el teatro del siglo de oro (*Historia de la literatura nacional española en la edad de oro*, 1929).

Pfizer, empresa farmacéutica estadounidense, creada en 1849. Expandida, a partir de la década de 1940, gracias a la producción masiva de penicilina, es el líder mundial del sector.

PFORZHEIM, c. de Alemania (Baden-Württemberg), al N de la Selva Negra; 117 450 hab. Joyería.— Museo de las joyas.

PHAM VAN DÔNG, *Mô Duc 1906-Hanoi 2000*, político vietnamita. Fue primer ministro de Vietnam del Norte (desde 1955) y del Vietnam reunificado (1976-1987).

PHELPS (Michael), *Baltimore 1985*, nadador estadounidense. Logró 6 títulos olímpicos en 2004, 7 campeonatos del mundo en 2007 (sobre un total de 17 títulos mundiales obtenidos desde 2001) y 8 títulos olímpicos en 2008 (lo que lo convirtió en el deportista con mayor número de títulos ganados en una sola olimpiada y en el más laureado de la historia de los Juegos olímpicos en cualquier disciplina). Ostenta numerosos récords del mundo.

PHILIPE (Gérard), *Cannes 1922-París 1959*, actor francés. Triunfó en el Teatro nacional popular con *Calígula* de Camus (1945), y en el cine (*El diablo en el cuerpo*, C. Autant-Lara, 1947; *Fanfán el invencible*, Christian-Jaque, 1952).

PHILIPPEVILLE → SKIKDA.

Philips, empresa neerlandesa fundada en 1891 en Eindhoven. Es uno de los principales fabricantes mundiales en los sectores de la iluminación, de la electrónica de consumo y de los equipamientos y sistemas médicos.

PHILLIPS (William D.), *Wilkes Barre, Pennsylvania, 1948*, físico estadounidense. Tras aislar e inmovilizar átomos de sodio con la ayuda de haces luminosos y campos magnéticos, realizó, en 1988, la primera medición precisa en una melaza óptica. (Premio Nobel 1997.)

PHNOM PENH, cap. de Camboya, en la unión del Mekong y el Tonlé Sap; 920 000 hab.

PHOENIX, c. de Estados Unidos, cap. de Arizona, en un oasis regado por el Salt River; 983 403 hab. (2 122 101 hab. en la aglomeración). Centro industrial, universitario y turístico.— Museos de arte y de antropología.

PHOENIX o FÉNIX (islas), pequeño archipiélago de Polinesia, que forma parte de Kiribati.

PHUKET, isla de Tailandia. Estaño. Turismo.

PIACENZA, c. de Italia (Emilia-Romaña), cap. de prov., cerca del Po; 102 252 hab. Ant. palacio municipal gótico. Catedral románica y gótica. Museos, entre ellos el palacio Farnesio, del s. XVI.— En 1545 constituyó con Parma un ducado, desaparecido en el s. XIX.

PIAF (**Édith** Giovanna **Gassion**, llamada **Édith**), *París 1915-íd. 1963*, cantante francesa. Triunfó por su voz desgarrada y llena de emoción (*La vie en rose; Hymne à l'amour*).

■ ÉDITH **PIAF**

■ AUGUSTE PICCARD

PIAGET (Jean), *Neuchâtel 1896-Ginebra 1980*, psicólogo y epistemólogo suizo. Estudió el desarrollo intelectual de los niños y fundó la epistemología genética.

PIAMONTE, región del NO de Italia; 25 399 km²; 4 290 412 hab. (*piamonteses*); cap. Turín; 8 prov. (*Alessandria, Asti, Biella, Cuneo, Novara, Turín, Vercelli y Verlano-Cusio-Ossola*). De clima continental, ocupa la mayor parte de la cuenca superior del Po; comprende una parte montañosa (*Alpes piamonteses*), donde domina la ganadería y el bosque (localmente, turismo invernal), y otra parte, de colinas y llanuras, con cultivos (trigo, maíz, viña [Asti]). Turín, la única gran ciudad, capital regional, acoge a más del 25 % de la población.— Centro de los estados de la casa de Saboya, fue anexionado por Francia en 1799 y devuelto a Víctor Manuel I en 1814-1815.

PIAN CARPINO (Juan del), en ital. Giovanni **da Pian del Carpine**, *Pian del Carpine, Umbría, h. 1182-Antivari, Montenegro, 1252*, franciscano italiano. Legado de Inocencio IV en la corte del kan de los mongoles (1245-1246), es autor de la más antigua descripción occidental histórico-geográfica de Asia central.

PIANO (Renzo), *Génova 1937*, arquitecto italiano. De su asociación temporal con el británico Richard **Rogers** (Florencia 1933) nació el *Centro nacional de arte y de cultura Georges Pompidou, en París (1971-1976), ejemplo de la corriente high-tech. Otras obras: fundación Menil, en Houston (1982-1987); centro cultural Tjibaou, en Nouméa (1993-1998); Auditorio-parque de la música, en Roma (1997-2002) y centro Paul Klee, en Berna (2005).

PIAR (Manuel Carlos), *Willemstaat, Curaçao, 1774-Angostura, act. Ciudad Bolívar, 1817*, patriota venezolano. Mulato, imprimió un carácter racial a las guerras de liberación. Fue ejecutado por insurrección por orden de Bolívar.

PIAST, dinastía fundadora del primer estado polaco (ss. X-XIV).

PIATRA NEAMT, c. de Rumania (Moldavia); 123 175 hab. Iglesia de estilo moldavo bizantino (1498); museos.

PIAUÍ, estado del NE de Brasil; 251 000 km²; 2 581 054 hab.; cap. Teresina.

PIAVE, r. de Italia (Véneto), que nace en los Alpes y desemboca en el Adriático; 220 km. Combates entre italianos y austriacos durante la primera guerra mundial (1917).

PIAZZA ARMERINA, c. de Italia (Sicilia); 22 199 hab. A 6 km, villa romana de Casale (3 000 m² de decoración en mosaico del s. IV) [patrimonio de la humanidad 1997].

PIAZZETTA (Giovanni Battista), *Venecia 1682-íd. 1754*, pintor italiano. Practicó, dentro de la escuela veneciana, un arte vigoroso de marcado claroscuro (*La adivina*, Academia).

PIAZZI (Giuseppe), *Ponte in Valtellina 1746-Nápoles 1826*, astrónomo italiano. Fundó el observatorio de Palermo y descubrió el primer asteroide, Ceres, el 1 de enero de 1801.

PIAZZOLLA (Astor), *Mar del Plata 1921-Buenos Aires 1992*, compositor, director de orquesta y bandoneonista argentino. Figura decisiva en la evolución del tango, lo enriqueció con influencias clásicas y del jazz. En su estilo personal —el *nuevo tango*—, compuso canciones (*Adiós, Nonino*, 1959; *Chiquilín de Bachín*, 1968; *Balada para un loco*, 1969), obras sinfónicas y operísticas (*María de Buenos Aires*, 1968; *Concierto para bandoneón*, 1979) y bandas sonoras de películas (*Tangos, el exilio de Gardel*, 1985; *Sur*, 1987).

PICABIA (Francis), *París 1879-íd. 1953*, pintor francés, de padre cubano. Inicialmente impresionista, pasó al cubismo y se convirtió después en un pionero del arte abstracto y uno de los principales representantes del dadaísmo.

PICARD (Jean), *La Flèche 1620-París 1682*, astrónomo y geodesta francés. Midió el arco de meridiano de París (1669-1670).

PICARDÍA, en fr. **Picardie**, región histórica y administrativa del N de Francia; 19 399 km²; 1 857 834 hab.; cap. *Amiens*; 3 dep. (*Aisne, Oise y Somme*). Objeto de rivalidades franco-inglesas y franco-borgoñonas durante la guerra de los Cien años, pasó definitivamente a Francia en 1482.

PICARDO (León), pintor de probable origen francés, activo en Castilla entre 1514 y 1547. Su obra mezcla el influjo de la tradición francesa y flamenca con elementos italianos (retablo de san Vicente, catedral de Burgos).

PICASSENT, v. de España (Valencia); 16 005 hab. (*picasenteros*). Industria alimentaria. Piensos.

PICASSO (Pablo Ruiz), *Málaga 1881-Mougins, Francia, 1973*, pintor, grabador y escultor español. En 1904 se instaló en París. Su obra, sucesión de asombrosas metamorfosis gráficas y plásticas, ha sido decisiva en el arte moderno. Tras una fase ligada al modernismo y las etapas azul y rosa (1901-1905, enlazando al mundo del circo), su interés por la plástica primitiva generó el cubismo (*Les *demoiselles d'Avignon*, 1906-1907, MOMA de Nueva York). Con Braque desarrolló el cubismo analítico y el cubismo sintético, introduciendo el collage. Pasó luego por una etapa clasicista y otra de conexiones con el surrealismo y la abstracción (1925-1936). El *Guernica* (1937) culminó sus investigaciones cubistas; también destaca de esta época el *Retrato de Dora Maar* (1937). Sus últimas obras reinterpretan la tradición (serie de *Las meninas*, 1957) o adoptan un personal hedonismo. Cultivó también la escultura (*Cabeza de mujer*), el ensamblaje (*cabeza de Toro*), el grabado (*La tauromaquia*, 1958) y la cerámica. En 1963 se inauguró el museo Picasso de Barcelona; en 1985 el de París; en 1993, el de Céret (Francia), y en 2003, el de Málaga; notable colección en el museo de Antibes.

■ PABLO **PICASSO**. *Retrato de Dora Maar* (1937). [Museo Picasso. París.]

PICCADILLY, gran arteria de Londres, entre Hyde Park y Regent Street.

PICCARD (Auguste), *Basilea 1884-Lausana 1962*, físico suizo. Exploró la estratosfera e ideó el batiscafo.

PICCINNI (Niccolò), *Bari 1728-París 1800*, compositor italiano. Operista (*Rolando*, 1778; *Ifigenia en Táuride*, 1781; *Dido*, 1783), su rivalidad con Gluck motivó una querella entre *gluckistas* (partidarios de la ópera en francés y de una música sobria) y *piccinistas* (defensores del virtuosismo y de la lengua italiana).

PICCOLI (Michel), *París 1925*, actor francés. Vinculado a innovadores directores europeos

(*El desprecio*, J.-L. Godard, 1963; *Bella de día*, L. Buñuel, 1966; *La gran comilona*, M. Ferreri, 1973), L. G. Berlanga ha potenciado su estilo tierno y extravagante (*Tamaño natural*, 1973; *París-Tombuctú*, 1999).

PICCOLOMINI (Enea Silvio) → **PÍO II.**

PICCOLOMINI (Ottavio, príncipe), *Pisa 1600-Viena 1656*. Militar italiano. Al servicio de los Habsburgo, desveló al emperador los proyectos de Wallenstein y contribuyó así al asesinato de este (1634). Apoyó a los españoles en los Países Bajos y tomó parte en la invasión de Picardía. De 1643 a 1648 estuvo al servicio del rey de España y después volvió al del emperador. Felipe V lo nombró duque de Amalfi.

PICENUM, ant. región de Italia, a orillas del Adriático. (Act. en las Marcas.)

PICHARDO MOYA (Felipe), *Camagüey 1892-La Habana 1957*, escritor cubano. Precursor de la poesía negrista (*La comparsa*, 1916; *Poemas de los cañaverales*; *Canto de isla*, 1942), también es autor de novelas (*La ciudad de los espejos*, 1925) y de teatro poético de carácter histórico (*Agüeybaná*, 1941; *La oración*, 1941).

PICHINCHA, macizo volcánico de Ecuador (Pichincha), en la cordillera Occidental de los Andes. Famoso por sus erupciones, en especial la de 1660; la última tuvo lugar en 1881.

PICHINCHA (provincia de), prov. del N de Ecuador; 19 543 km²; 1 756 228 hab.; cap. *Quito*.

Pichincha (batalla de) [1822], victoria junto a Quito de los independentistas de Sucre sobre los realistas de Aymerich. Determinó la liberación de Ecuador y el paso de Sucre a Perú.

PICHON-RIVIÈRE (Enrique), *Ginebra 1907-Buenos Aires 1977*, psiquiatra y psicoanalista argentino. Introdujo el lacanismo en Argentina (*Del psicoanálisis a la psicología social*, 1970).

PICHUCALCO, mun. de México (Chiapas); 19 304 hab. Cereales, leguminosas, cacao y café.

PICKERING (Edward), *Boston 1846-Cambridge, Massachusetts, 1919*, astrónomo estadounidense. Pionero de la astrofísica, destacó por numerosos trabajos de fotometría, fotografía y espectroscopia estelares.

PICKFORD (Gladys Mary Smith, llamada Mary), *Toronto 1893-Santa Mónica 1979*, actriz estadounidense. Arquetipo de la mujer-niña, fue la primera gran estrella del cine mudo (*Tess en el país de las tempestades*, E.S. Porter, 1914; *Rosita, la cantante callejera*, E. Lubitsch, 1923; *Secretos*, F. Borzage, 1933).

Pickwick (Los documentos póstumos del club), novela de Dickens (1837). Es el relato satírico de las peripecias de un club de excéntricos, cuyos principales miembros son Mr. Pickwick y su criado Sam Weller.

PICO DE LA MIRANDOLA (Giovanni Pico della Mirandola, llamado en español Juan), *Mirandola, Módena, 1463-Florencia 1494*, humanista italiano. Estudió en la universidad de Bolonia y frecuentó los círculos aristotélicos de Padua y los medios neoplatónicos de Florencia, donde gozó de la protección de Lorenzo el Magnífico. Su inmensa erudición y su tolerancia lo convierten en uno de los principales pensadores del renacimiento.

PICÓN (Jacinto Octavio), *Madrid 1852-íd. 1923*, escritor español. Republicano y anticlerical, sus novelas se acercan al naturalismo (*La hijastra del amor*, 1884). [Real academia 1899.]

PICÓN FEBRES (Gonzalo), *Mérida 1860-en Curaçao 1918*, escritor venezolano, novelista realista (*El sargento Felipe*, 1899).

PICÓN-SALAS (Mariano), *Mérida 1901-Caracas 1965*, escritor venezolano, autor de ensayos panamericanistas (*Hispanoamérica, posición crítica*, 1931) y e importantes ensayos sobre la historia venezolana (*Comprensión de Venezuela*, 1949), así como de narraciones.

PICOS DE EUROPA, sistema montañoso de España, en la parte central de la cordillera Cantábrica (Asturias, Cantabria y León), formado por los macizos de Covadonga, Bulnes y Andara; 2 648 m en Torre Cerredo. *Parque nacional de Picos de Europa* (64 660 ha). [Reserva de la biosfera 2003.]

PICOS DE URBIÓN, sistema montañoso de España (Burgos, La Rioja y Soria), en el sistema Ibérico; culmina en el *pico de Urbión* (2 228 m). En su vertiente E nace el río Duero. Lagunas de Urbión, de la Oruga, Larga y Negra. Pinos.

Pidna (batalla de) [168 a.C.], victoria del cónsul Paulo Emilio sobre los macedonios de Perseo en Pidna (Macedonia). Puso fin a la independencia de Macedonia.

PIECK (Wilhelm), *Guben 1876-Berlín 1960*, político alemán. Presidió la RDA (1949-1960).

PIEDAD CABADAS (La), c. de México (Michoacán); 63 608 hab. Centro agropecuario. Quesos.

PIEDECUESTA, mun. de Colombia (Santander); 48 286 hab. Industria del calzado; tenerías.

Piedra (monasterio de), monasterio cisterciense español (Nuévalos, Zaragoza), enclavado en un parque natural. Fundado en 1164, está rodeado por un recinto amurallado. La iglesia (ss. XIII-XIV) es de transición del románico al gótico, con decoración exterior barroca (s. XVIII).

Piedra del Sol → **Sol** (Piedra del).

PIEDRAS (Las), c. de Uruguay (Canelones), en la periferia N de Montevideo; 58 288 hab. Vinos.

PIEDRAS (Las), mun. del E de Puerto Rico; 27 896 hab. Caña de azúcar, café y tabaco.

PIEDRAS BLANCAS → **CASTRILLÓN**.

PIEDRAS BLANCAS o **PAN DE AZÚCAR**, pico de Venezuela (Mérida), punto culminante de la sierra del Norte; 4 762 m.

PIEDRAS NEGRAS, ant. ciudad maya de Guatemala, en el valle del río Usumacinta. Monumentos (608-810), esculturas, placas en relieve y monolitos esculpidos.

PIEDRAS NEGRAS, ant. *Porfirio Díaz*, c. de México (Coahuila), en la or der del río Bravo, en la frontera con EUA; 96 178 hab. Centro minero (hierro y carbón) e industrial (siderometalurgia).

piel de toro (La) [*La pell de brau*], obra poética de S. Espriu (1960). Recrea el drama de los pueblos de España durante el franquismo.

PIENDAMÓ, ant. **Tunía**, mun. de Colombia (Cauca); 19 129 hab. Cultivos tropicales. Vacunos. Bosques.

PIERO DELLA FRANCESCA, *Borgo San Sepolcro, prov. de Arezzo, h. 1416-íd. 1492*, pintor y matemático italiano. Su obra es la síntesis más elevada del arte pictórico del s. XV (frescos de *La leyenda de la Cruz*, 1452-1466, san Francisco de Arezzo; *Madona de Senigallia*, galería nacional de Urbino). Su tratado de perspectiva fijó las reglas de la perspectiva racional.

PIERO DI COSIMO → **COSIMO.**

PIÉROLA (Nicolás de), *Cumaná 1839-Lima 1913*, político peruano. Durante la guerra con Chile se proclamó dictador en ausencia de M. I. Prado (1879), pero, sin apoyo de los militares y las clases dirigentes, se exilió en 1881. Fundador del Partido demócrata (1884), fue presidente constitucional (1895-1899).

PIERRE-CHARLES (Gérard), *Jacmel 1935-La Habana 2004*, político y economista haitiano. Opositor del régimen de François Duvalier, vivió exiliado en México 26 años y regresó a su país a la caída del hijo de este. Fundador de Convergencia nacional y democrática, desde 2003 fue dirigente de la Organización del pueblo en lucha. Es autor de *Radiografía de una dictadura* (1967).

PIERRI (Orlando), *Buenos Aires 1913-íd. 1992*, pintor argentino. Cofundador del grupo Orión, partió del surrealismo y creó una síntesis personal de las distintas vanguardias.

Pierrot, nombre francés de un personaje de la commedia dell'arte (*Pedrolino*) y luego de las pantomimas. Soñador lunar y patético, va vestido de blanco y el rostro enharinado.

PIERVOURALSK, c. de Rusia, en los Urales; 142 000 hab.

PIETERMARITZBURG, c. de Sudáfrica, cap. de Kwazulu-Natal; 229 000 hab. Centro industrial.

PIGLIA (Ricardo), *Adrogué 1941*, escritor argentino. Novelista representativo de la llamada «nueva literatura argentina» (*Nombre falso*, 1975; *Respiración artificial*, 1980; *La ciudad ausente*, 1992; *Plata quemada*, 1997), ha publicado crítica y valiosos ensayos sobre R. Arlt y J.L. Borges. (Premio Casa de las Américas 1967; premio José Donoso 2005.)

PIGMALIÓN MIT. GR. Rey de Chipre. Enamorado de una estatua que había esculpido, logró que Afrodita le diese vida y se casó con ella.

PIGMEOS MIT. GR. Pueblo de enanos, que los antiguos situaban cerca de las fuentes del Nilo.

PIGOU (Arthur Cecil), *Ryde, isla de Wight, 1877-Cambridge 1959,* economista británico. Representante de la escuela de Cambridge, en la línea de los neoclásicos, analizó la economía del bienestar y preconizó cierta intervención del estado en el reparto de los ingresos.

PIHUAMO, mun. de México (Jalisco); 17 469 hab. Minas de hierro y metales preciosos.

PIJIJIAPAN, mun. de México (Chiapas); 28 896 hab. Cereales, café. Vacunos. Pesca de mariscos.

PIJOAN (Josep), *Barcelona 1881-Lausana, Suiza, 1963,* historiador del arte y arquitecto español. Destacado autor de obras de síntesis *(Suma Artis),* fue uno de los primeros en revalorar el románico catalán.

PÍLADES MIT. GR. Amigo y consejero de Orestes. Los autores griegos hicieron de él el arquetipo del amigo fiel.

PILAGÁS, dep. de Argentina (Formosa); 17 395 hab. Alfalfa, sorgo, maní y algodón; vacunos.

PILAR, partido de Argentina (Buenos Aires), en la zona limítrofe al Gran Buenos Aires; 130 177 hab. Metalurgia.

PILAR, c. de Paraguay, cap. del dep. de Ñeembucú, a orillas del río Paraguay; 18 339 hab.

Pilar (basílica del), templo situado en Zaragoza (España), bajo la advocación de la Virgen del Pilar, construido según proyecto de Francisco Herrera el Mozo y Felipe Sánchez a partir de 1675, muy modificado en el s. XVIII por Domingo Yarza y Ventura Rodríguez. Acoge importantes obras de arte (retablo mayor de Damià Forment, pinturas, frescos de Bayeu y Goya).

PILATOS (Poncio), procurador romano de Judea de 26 a 36 d.C. Mencionado en los Evangelios por haber pronunciado la sentencia de muerte contra Jesús, a propuesta del sanedrín, se le representa lavándose las manos, en señal de irresponsabilidad.

PILCOMAYO, r. de América del Sur, afl. del Paraguay (or. der.); 1 100 km. Nace al E del lago Poopó (Bolivia), y desde Esmeralda hasta su desembocadura marca la frontera entre Argentina y Paraguay.— *El parque nacional Pilcomayo* (Argentina) comprende la parte S de la desembocadura del río.

PILCOMAYO, dep. de Argentina (Formosa); 66 781 hab.; cab. *Clorinda,* unida a Asunción mediante un puente internacional sobre el Pilcomayo. Puerto fluvial *(Puerto Pilcomayo).* Parque nacional.

PILNIAK (Boris Andréievich Vogau, llamado Boris), *Mojaisk 1894-1937 o 1938,* escritor ruso. Ensalzó la revolución de octubre *(El año desnudo,* 1921) e intentó adaptar sus relatos al realismo socialista, antes de desaparecer durante una purga estalinista.

PILOS, ant. **Navarino,** c. de Grecia, a orillas del mar Jónico; 3 000 hab. Puerto.— Ruinas del palacio de Néstor.

PILPÄY → **BIDPÄI.**

PILSEN, nombre alem. de *Plzeň.*

PILSUDSKI (Józef), *Żułowo 1867-Varsovia 1935,* militar y político polaco. Coartífice de la restauración de Polonia como jefe del estado y comandante en jefe (1919-1922), recuperó el poder en 1926 tras un golpe de estado y, como ministro de guerra, fue hasta 1935 el verdadero dueño del país.

PIMENTEL (Luis), *Lugo 1895-íd. 1958,* poeta español en lengua gallega. Su obra, póstuma, interpreta el pequeño mundo provinciano *(Sombra del aire en la hierba,* 1959).

PIMENTEL CORONEL (Manuel), *Valencia 1863-Caracas 1907,* poeta venezolano, de claro acento parnasiano *(Primeros versos y Vislumbres,* 1905). Sus artículos en *La batalla* lo hicieron muy popular.

PIMERÍA ALTA, territorio pima situado entre Sonora (México) y Arizona (EUA). Tras el levantamiento de los janos en 1694, atribuido a los pimas, estos fueron perseguidos, por lo que se rebelaron. El territorio fue pacificado tras la intervención de José de Gálvez (1768-1769).

PINAL (Silvia), *México 1930,* actriz de cine mexicana. Se consagró con T. Demicheli *(Un extraño en la escalera,* 1954). También ha trabaja-do con J. M. Forqué *(Maribel y la extraña familia,* 1961) y L. Buñuel *(Viridiana,* 1961; *El ángel exterminador,* 1962; *Simón del desierto,* 1965).

PINAL DE AMOLES, ant. **Amoles,** mun. de México (Querétaro); 22 642 hab. Cereales, frutales.

PINAR DEL RÍO, c. de Cuba, cap. de la prov. homónima, a orillas del río Guamá; 144 206 hab. Centro industrial. Manufacturas de tabaco.— Teatro de operaciones durante la guerra de independencia de Cuba (1895-1896).

PINAR DEL RÍO (provincia de), prov. del extremo O de Cuba; 10 901 km²; 640 740 hab.; cap. *Pinar del Río*

PINATUBO, volcán de las Filipinas (1 486 m), en la isla de Luzón. Erupción en 1991.

PINAZO CAMARLENCH (Ignacio), *Valencia 1849-Godella 1916,* pintor español. Su obra, inicialmente de temática histórica, se centró en temas populares con un tratamiento de la luz y la pincelada que lo integra en los impresionistas valencianos.— **José P. Martínez,** *Roma 1879-Madrid 1933,* pintor español. Hijo de Ignacio, siguió la línea de este, con gran preciosismo técnico.

PINCUS (Gregory Goodwin), *Woodbine, Nueva Jersey, 1903-Boston 1967,* médico estadounidense. Inventó el primer anticonceptivo oral en 1956.

PÍNDARO, *Cinoscéfalos 518-¿Argos? 438 a.C.,* poeta griego. De familia aristocrática, fue huésped de varios tiranos de Sicilia y murió colmado de honores. Cultivó todos los géneros del lirismo coral. Su único libro que se conserva es el de los **Epinicios,* que en relatos míticos desarrollan verdades religiosas y morales.

PINDO, macizo montañoso de Grecia occidental; 2 636 m.

PINEDA (Mariana), *Granada 1804-íd. 1831,* heroína española. Denunciada por haber bordado una bandera con el lema «Ley. Libertad. Igualdad», fue sentenciada a muerte y ejecutada. Convertida en heroína de la causa liberal, su figura pasó al folclore.

PINEDA DE MAR, v. de España (Barcelona); 20 057 hab. *(pinetenses).* Horticultura. Textiles. Turismo (playas).

PINEDA DUQUE (Roberto), *Santuario 1910-Bogotá 1977,* compositor colombiano. Es autor de obras para orquesta, coros, piano y música de cámara.

PINEL (Philippe), *cerca de Gibrondes, act. Jonquières, 1745-París 1826,* médico francés. Considerado el fundador de la psiquiatría moderna, preconizó el aislamiento de los alienados en instituciones especializadas.

PINGDONG o **P'ING-TONG,** c. de Taiwan; 250 000 hab.

PINGXIANG, c. de China, al SE de Changsha; 1 189 000 hab.

PINILLA (Ramiro), *Bilbao 1923,* escritor español. Sus novelas *(Las ciegas hormigas,* 1960; *Seno,* 1971; trilogía *Verdes valles, colinas rojas,* 2004-2005) y libros de relatos *(Recuerda, oh, recuerda,* 1975) abordan los mitos y la historia contemporánea del País Vasco. (Premio nacional de narrativa 2006.)

PINILLOS o **PALOMINO,** mun. de Colombia (Bolívar); 26 377 hab. Agricultura (arroz, maíz, plátanos) y ganadería (vacuna y porcina).

PINILLOS (José Luis), *Bilbao 1919,* psicólogo español. Es autor de *Introducción a la psicología contemporánea* (1961), *La mente humana* (1973) y de trabajos sobre la repercusión psicológica de la organización urbano-industrial. (Real academia 1988.)

PINK FLOYD, grupo de rock británico, fundado en 1966 por el bajista Roger Waters, el guitarrista y cantante Syd Barrett, el teclista Rick Wright y el batería Nick Mason, a los que en 1968 se sumó el guitarrista David Gilmour. Obtuvo el éxito internacional con una música psicodélica, marcada por el uso de los primeros sintetizadores y por el empleo del blues *(The Dark Side of the Moon,* 1973; *The Wall,* 1979).

PINOCHET (Augusto), *Valparaíso 1915-Santiago 2006,* militar y político chileno. General, comandante en jefe del ejército (1973), tomó el mando de la junta militar que derrocó al presidente Allende (septiembre de 1973) y asumió la presidencia del consejo de gobierno y de la república (1974). Instauró un régimen dictatorial, derrotado en un referéndum popular (1988), que dio paso a unas elecciones en 1989. Abandonó la presidencia de la república en 1990, pero mantuvo la jefatura del ejército de tierra —que se había asegurado por la constitución promulgada bajo su mandato— hasta marzo 1998, en que fue designado senador vitalicio (cargo al que renunció en 2002). Detenido durante una estancia en Londres (oct. 1998) a petición de jueces españoles, fue liberado por el gobierno británico por razones de salud (marzo 2000) y regresó a Chile. Desde entonces, la justicia chilena abrió numerosas causas en su contra (por violaciones de los derechos humanos y corrupción), pero murió sin ser juzgado.

Pinocho, personaje de una novela para jóvenes (1883) del escritor italiano Carlo Collodi. Una marioneta de madera se transforma en un niño travieso que ve alargarse su nariz cada vez que miente.

PINO HACHADO, paso de los Andes, entre Argentina (Neuquén) y Chile (La Araucanía); 1 864 m de alt.

PINOS, mun. de México (Zacatecas); 53 944 hab. Minas de oro.

PINOS (isla de) → **ISLA DE LA JUVENTUD.**

Pinta, nave capitaneada por Martín Alonso Yáñez Pinzón desde la que se divisó primero tierra (12 oct. 1492) en el primer viaje de Colón.

PINTADOS (salar de), salar de Chile (Tarapacá). Boratos y otras sales.

PINTANA (La), com. de Chile (Santiago); 153 506 hab.

PINTER (Harold), *Londres 1930-íd. 2008,* actor y dramaturgo británico. Sus obras *(El portero,* 1960; *La colección,* 1962; *Retorno al hogar,* 1965; *La última copa,* 1984; *Polvo eres,* 1996; *Celebración,* 2000), que denuncian la dificultad de comunicación en el mundo moderno, tienen parentesco con el teatro del **absurdo.* (Premio Nobel 2005.)

PINTO → **MENDES PINTO.**

PINTO, v. de España (Madrid), en el área metropolitana de Madrid; 28 726 hab. *(pintenses).* Centro industrial.

PINTO (Aníbal), *Santiago 1919-íd. 1996,* economista chileno. Especialista en desarrollo, estableció, con otros autores, la teoría del «enfoque de la dependencia» para explicar los obstáculos al desarrollo de América Latina *(Distribución del ingreso en América Latina,* 1967).

PINTO (Francisco Antonio), *Santiago 1775-íd. 1858,* político chileno. Liberal moderado, fue elegido presidente de la república en 1827. Dimitió en 1829.— **Aníbal P.,** *Santiago 1825-Valparaíso 1884,* político chileno. Hijo de Francisco Antonio, fue ministro de guerra y marina (1871) y presidente de la república (1876-1881). Promulgó la ley de educación de 1879 y declaró la guerra a Perú y Bolivia (guerra del Pacífico).

Pinturas negras, nombre con que se conocen las catorce pinturas al óleo realizadas por Goya en los muros de dos salas de la Quinta del Sordo (h. 1821-1822), pasadas a lienzo en 1873 y actualmente en el museo del Prado, en una plástica novedosa que anticipa el impresionismo y el expresionismo.

PINTURICCHIO (Bernardino di Betto, llamado **il**), *Perugia 1454-Siena 1513,* pintor italiano. Es autor de conjuntos decorativos, frescos na-

■ PINK FLOYD en 1967: Roger Waters, Syd Barrett, Nick Mason y Rick Wright.

■ PÍO V. (Col. part.)   ■ PÍO VII, por David. (Museo del Louvre, París.)   ■ PÍO IX. (Museo del Risorgimento, Milán.)   ■ PÍO X   ■ PÍO XI   ■ PÍO XII

rrativos de estilo brillante y vivo colorido (Vaticano; catedral de Siena).

PINZÓN (Martín Alonso **Yañez**), *Palos de Moguer 1440-La Rábida 1493*, navegante español. Mandó la carabela *Pinta* en el primer viaje a América (1492). Enfermo, murió a poco de su regreso.— **Vicente P.,** *m. h. 1514*, navegante español. Hermano de Martín, mandó la carabela *Niña* en el primer viaje a América y realizó uno de los viajes menores (1499-1500). Fue el primero en cruzar el ecuador, y en la costa de Brasil descubrió las bocas del Amazonas y del Orinoco. Exploró la costa del Yucatán (1508) y llegó hasta el Río de la Plata (1509).

PIÑAS, cantón de Ecuador (El Oro); 30 252 hab. Agricultura y ganadería.

PIÑERA (Virgilio), *Cárdenas 1912-La Habana 1979*, escritor cubano. Poeta y dramaturgo (*Dos viejos pánicos*, 1968), destacó como narrador por su onirismo (*Cuentos fríos*, 1956).

PIÑEYRO (Marcelo), *Buenos Aires 1953*, director de cine argentino. Su filmografía (*Tango feroz*, 1993; *Plata quemada*, 2000; *Kamchatka*, 2002) se centra en personajes marginados por las circunstancias políticas y sociales de su país.

PIÑÓN (Nélida **Cuiñas**), *Río de Janeiro 1937*, escritora brasileña. Sus novelas, de estilo experimental e intimista, abordan las inquietudes del ser humano, la memoria y la realidad de su país (*La casa de la pasión*, 1972; *La república de los sueños*, 1984; *Voces del desierto*, 2004). Presidió la Academia brasileña de las letras (1996-1997). [Premio Juan Rulfo 1995; premio Príncipe de Asturias de las letras 2005.]

■ NÉLIDA **PIÑÓN**   ■ LUIGI **PIRANDELLO**

PÍO II (Enea Silvio **Piccolomini**), *Corsignano, act. Pienza, 1405-Ancona 1464*, papa de 1458 a 1464. Autor de una importante obra poética e histórica, intentó promover una nueva cruzada contra los turcos.— **Pío IV** (Giovanni Angelo de **Médicis**), *Milán 1499-Roma 1565*, papa de 1559 a 1565. Su nombre va unido al concilio de Trento, cuya última sesión presidió (1562-1563).— san **Pío V** (Antonio Michele **Ghislieri**), *Bosco Marengo 1504-Roma 1572*, papa de 1566 a 1572. Dominico, inquisidor general (1558) y sucesor de Pío IV, exigió la aplicación de los decretos del concilio de Trento, cuyo *Catecismo* publicó (1566), y se ocupó de la reforma de la Iglesia; formó la Santa *liga o liga de Lepanto.— **Pío VI** (Giannangelo **Braschi**), *Cesena 1717-Valence, Francia, 1799*, papa de 1775 a 1799. Combatió el josefinismo vienés y condenó el jansenismo de Scipione de' Ricci, obispo de Pistoia. Ante la Revolución francesa, condenó la constitución civil del clero (1791). Al invadir Francia los Estados Pontificios, tuvo que firmar con el Directorio el tratado de Tolentino

(1797). En 1798 fue detenido, por orden del Directorio, al tiempo que se proclamaba la república romana. Murió encarcelado en Valence.— **Pío VII** (Gregorio Luigi Barnaba **Chiaramonti**), *Cesena 1742-Roma 1823*, papa de 1800 a 1823. Firmó con Francia un concordato (15 julio 1801), que Bonaparte acompañó de «artículos orgánicos». Consagró en París al emperador Napoleón (2 dic. 1804), quien, al no aceptar el papa el bloqueo continental, mandó ocupar sus estados (1808) y se los anexionó. Pío VII excomulgó al emperador, quien lo encarceló en Savona (1809) y luego (1812) en Fontainebleau, donde le papa se negó a retractarse. Volvió a Roma (25 mayo 1814) y restableció la Compañía de Jesús.— **Pío IX** (Giovanni Maria **Mastai Ferretti**), *Senigallia 1792-Roma 1878*, papa de 1846 a 1878. Popular por ciertas medidas democráticas, se negó a encabezar, en 1848, el movimiento unitario italiano, lo que causó graves disturbios en Roma. Se refugió en Gaeta antes de ser restablecido en su poder temporal por las tropas francesas (1849-1850). Desde entonces defensor del orden y de la religión, proclamó el dogma de la Inmaculada Concepción (1854) y manifestó su intransigencia a las ideas modernas en el *Syllabus* (1864). En 1869 reunió el primer concilio Vaticano, que definió el dogma de la infalibilidad pontificia (1870). Durante veinte años se desarrolló, entre el papa y los piamonteses, una lucha que condujo a la ocupación de Roma (20 sept. 1870) y a la anexión de los Estados Pontificios al reino de Italia. El papa se consideró entonces prisionero en el Vaticano. En 2000 fue beatificado.— san **Pío X** (Giuseppe **Sarto**), *Riese 1835-Roma 1914*, papa de 1903 a 1914. Renovó la música sacra (1903), favoreció la comunión cotidiana y la comunión de los niños, reformó el breviario y llevó a cabo una refundición del derecho canónico. En 1906 condenó la ruptura del concordato por parte del gobierno francés. Poco partidario de la democracia, su principal adversario fue el modernismo, que condenó en 1907, en el decreto *Lamentabili* y la encíclica *Pascendi*. Fue canonizado en 1954.— **Pío XI** (Achille **Ratti**), *Desio 1857-Roma 1939*, papa de 1922 a 1939. Firmó numerosos concordatos, entre ellos uno con Alemania (1933), y concluyó con Mussolini los acuerdos de Letrán (1929), que devolvían a la Santa Sede su independencia territorial al crear el estado del Vaticano. Dio un vigoroso impulso al clero indígena y a las misiones, y definió y alentó la Acción católica especializada. Condenó la Acción francesa (1926), el fascismo italiano (1931), el comunismo ateo y el nazismo (1937).— **Pío XII** (Eugenio **Pacelli**), *Roma 1876-Castelgandolfo 1958*, papa de 1939 a 1958. Diplomático, implicado muy pronto en los asuntos de la curia, secretario de Estado de Pío XI (1930-1939), se interesó por todos los aspectos del mundo moderno, que se esforzó por cristianizar. Durante la segunda guerra mundial dio asilo a numerosos judíos, pero se le reprochó su «silencio» oficial ante las atrocidades nazis. Conservador, llevó a cabo una importante actividad dogmática y proclamó, entre otros, el dogma de la Asunción de la Virgen (1950).

PIOMBINO, c. de Italia (Toscana), frente a la isla de Elba; 36 527 hab. Puerto. Siderurgia.

PIOMBO (Sebastiano **Luciani**, llamado Sebastiano **del**), *¿Venecia? h. 1485-Roma 1547*, pintor italiano. Discípulo de Giorgione y amigo de Miguel Ángel, sobresalió por su arte monumental (retratos, cuadros religiosos).

PIPIL (cultura de), cultura precolombina nahua asentada en Nicaragua y originada por emigrantes del Valle de México (ss. VII-XI).

PIPÍNIDAS, familia de Austrasia que descendía de Pipino de Landen (m. en 640) y que fundó la dinastía carolingia al proclamarse rey Pipino el Breve. (→ **Carolingios.**)

PIPINO de Heristal (Pipino el Joven, llamado), *h. 635/640-Jupille 714*, mayordomo de palacio de Austrasia (680). Tras derrotar a Teodorico III, rey de Neustria (687), se apoderó de este país. Fue el padre de Carlos Martel.

PIPINO el Breve, *Jupille h. 715-Saint-Denis 768*, mayordomo de palacio (741-751) y rey de los francos (751-768), de la dinastía carolingia. Hijo de Carlos Martel, recibió Austrasia tras la abdicación de su hermano Carlomán (747). Proclamado rey de los francos (751) con el acuerdo del papa Zacarías, recibió la unción de san Bonifacio, depuso a Childerico III y obligó a los lombardos a donar al papa Esteban II el exarcado de Ravena (756). A su muerte, su reino quedó dividido entre sus dos hijos, Carlomagno y Carlomán.

PIQUER (Andrés), *Fórnoles, Teruel, 1711-Madrid 1772*, filósofo y médico español. Autor de *Medicina vetus et nova* (1735) y de *Tratado de calenturas* (1751), expuso las bases de un empirismo racional basado en la observación.

PIQUER (Concepción, llamada Concha), *Valencia 1908-Madrid 1990*, cantante española. Tonadillera popular (*Eugenia de Montijo; Tatuaja*), actuó asimismo en el cine (*La Dolores*, F Rey, 1939). Se retiró en 1957.

PIQUER (José), *Valencia 1806-Madrid 1871*, escultor español. Pasó de los presupuestos clasicistas al romanticismo realista (*El sacrificio de la hija de Jefté; San Jerónimo*).

PIQUET (Nelson), *Río de Janeiro 1952*, corredor automovilístico brasileño, campeón del mundo de fórmula 1 en 1981, 1983 y 1987.

PIRALA (Antonio), *Madrid 1824-Íd. 1903*, historiador español. Secretario de Amadeo I, escribió sobre la historia española del s. XIX, en especial sobre las guerras carlistas (*Historia de la guerra y de los partidos liberal y carlista*, aumentada con la regencia de Espartero, 1868).

Pirámides (batalla de las) [21 julio 1798], victoria de Napoleón sobre los mamelucos, cerca de las pirámides de Gizeh.

PÍRAMO MIT. GR. Joven babilonio cuyos amores con Tisbe, narrados por Ovidio, acabaron en el suicidio de ambos por un malentendido.

PIRANDELLO (Luigi), *Agrigento 1867-Roma 1936*, escritor italiano. Autor de novelas (*La excluida*, 1901) y relatos breves en la tradición del verismo, en sus obras de teatro, basadas a menudo en el «teatro dentro del teatro», presenta la personalidad humana dislocada en facetas y opiniones contradictorias, incapaz de recomponerse lógicamente (*Así es si así os parece*, 1917; *El placer de la honradez*, 1917; *Seis personajes en busca de autor*, 1921; *Esta noche se improvisa*, 1930). [Premio Nobel 1934.]

PIRANÉ, dep. de Argentina (Formosa); 57 268 hab. Arroz, maíz y algodón. Ganado vacuno.

PIRANESI (Giovanni Battista), *Mogliano di Mestre, cerca de Venecia, 1720-Roma 1778*, grabador y arquitecto italiano. Es autor de más de dos mil aguafuertes (*Prisiones*, 1745-1760; *Vistas de la Roma antigua*, etc.) de carácter a menudo visionario, en los que se inspiraron los artistas neoclásicos, pero que también lo convierten en un precursor del romanticismo. (*V. ilustr. pág. siguiente.*)

■ **PIRANESI.** Plancha XII de la serie *Prisiones*, aguafuerte. (Biblioteca nacional, París.)

PIRATAS (Costa de los), nombre español de los Trucial States, act. *Emiratos Árabes Unidos.

PIRENNE (Henri), *Verviers 1862-Uccle 1935*, historiador belga. Abrió nuevas vías a la historia económica y social de la edad media.

PIREO (El), c. de Grecia 169 622 hab. Puerto y centro industrial de la aglomeración de Atenas.— Se convirtió en la época de las guerras médicas (s. V a.C.) en el principal puerto de Atenas, a la cual estaba unido por un sistema defensivo.

PIRIBEBUY, distr. de Paraguay (Cordillera); 21 537 hab. Confección artesanal. Centro turístico.

PIRINEOS o **PIRINEO**, en cat. **Pirineu**, en fr. **Pyrénées**, cordillera del SO de Europa, entre el Atlántico y el Mediterráneo, frontera natural y política entre España y Francia. Con una long. de 430 km entre los golfos de Vizcaya y León, culmina en el Aneto (3 404 m), en la zona axial central, donde se encuentran las principales cumbres, así como profundos valles y circos glaciares con pequeños lagos *(ibones)*. Al E se abren las depresiones de la Cerdaña, Capcir, Vallespir y Conflent. Al N y S de la zona axial se halla el *Prepirineo*. En el Prepirineo español se suceden, de N a S, las sierras interiores (zonas del monte Perdido y Pallars Sobirà, con los parques nacionales de Ordesa y Aigüestortes; sierras de Boumort y Cadí), la depresión intermedia (cuenca de Pamplona, canal de Berdún, cuenca de Tremp) y las sierras exteriores (Montsec, Guara, Oroel). El Prepirineo francés tiene alturas inferiores a las del español (Saint-Barthélemy, 2 349 m; Petits-Pyrénées, en el borde de la llanura de Aquitania). Hacia el O, la cordillera enlaza con las montañas Vascas, en la región cantábrica, mientras hacia el E pierde rápidamente altura y termina junto al Mediterráneo en los montes Alberes (975 m). Por su edad, está vinculada al sistema alpino, pero difiere de los Alpes en que las cumbres son más bajas y los puertos más elevados, lo que explica su aspecto macizo respecto a la importancia de las rocas cristalinas y la relativa debilidad de la erosión glacial. La red fluvial forma profundos valles, aprovechados como ejes de comunicación aunque la circulación O-E siga siendo difícil debido a la disposición meridiana de los ríos. Los Pirineos también están franqueados por el ferrocarril y sobre todo por carreteras (Somport, túneles de Bielsa y Viella, puerto de Puymorens). A nivel poblacional, la cordillera nunca ha constituido una barrera; vascos y catalanes pueblan ambas vertientes. Los habitantes se distribuyen, en la zona axial, en las laderas de los valles y en el fondo de los anchos valles fluvioglaciares: Seo de Urgel y Puigcerdá en España, Prades y Ceret en Francia. En el Prepirineo destacan Pamplona, Jaca, Berga, Ripoll y Olot (España) y Lourdes, Pau y Perpiñán (Francia). Las actividades económicas predominantes son la agricultura de subsistencia y la ganadería trashumante, sobre todo ovina —asociada a la industrial textil—, la producción hidroeléctrica, la explotación forestal y del subsuelo (gas natural en Jaca y Lacq) y, act. sobre todo, el turismo (deportes de invierno y centros de veraneo).

Pirineos (paz de los) [7 nov. 1659], tratado firmado en la isla de los Faisanes, en el río Bidasoa (Guipúzcoa), por Mazarino y Luis de Haro, y que puso fin, tras largas negociaciones, a las hostilidades entre Francia y España, que estaban en guerra desde 1635. España cedía a Francia el Rosellón, el Capcir, el Vallespir, el Conflent y parte de la Cerdaña, así como Artois y ciudades fronterizas de los Países Bajos; los franceses se comprometían a no ayudar a los sublevados de Portugal y Nápoles. También se acordó el matrimonio de Luis XIV con la infanta María Teresa, hija de Felipe IV, la cual renunciaba a sus derechos sobre el trono de España a cambio de una dote de 500 000 escudos de oro.

PIRITOO MIT. GR. Rey de los lapitas, amigo de Teseo. Su boda con Hipodamia se vio ensangrentada por el combate de los centauros y los lapitas.

PIRMASENS, c. de Alemania (Renania-Palatinado); 48 619 hab. Calzado.

PIRONIO (Eduardo), *Nueve de Julio 1920-Roma 1998*, prelado argentino. Consagrado obispo en 1964, fue presidente del **Celam** (1972-1975). Creado cardenal (1976), presidió diversos dicasterios de la curia romana.

PIRQUET (Clemens **von**), *Hirschstetten, cerca de Viena, 1874-Viena 1929*, médico austriaco. Estudió las reacciones a la tuberculina e inventó el término «alergia» (1906).

PIRRA MIT. GR. Hija de Epimeteo y de Pandora, esposa de Deucalión.

PIRRO, también denominado **NEOPTÓLE-MO** MIT. GR. Hijo de Aquiles. Tras la conquista de Troya, casó con Andrómaca, viuda de Héctor, y murió víctima de los celos de Hermione. Se le consideraba fundador del reino de Epiro.

PIRRO II, *h. 318-Argos 272 a.C.*, rey de Epiro (295-272 a.C.). Llamado al S de Italia por los habitantes de Tarento, gracias a sus elefantes obtuvo contra Roma las victorias de Heraclea (280) y Ausculum (279) [estos éxitos, logrados a costa de enormes pérdidas, son el origen de la expresión «victoria pírrica»]; vencido por los romanos en Benevento (275), tuvo que regresar a Epiro.

PIRRÓN, *en Élide h. 365-h. 275 c.C.*, filósofo griego. Siguió a Alejandro a Asia, y a su regreso fundó la escuela escéptica. Su filosofía (escepticismo o *pirronismo*) tiene por objetivo la ataraxia.

PISA, c. de Italia (Toscana), cap. de prov., a orillas del Arno; 98 006 hab. *(pisanos)*. Arzobispado. Universidad.— Excepcional conjunto de la «plaza de los Milagros» (patrimonio de la humanidad 1987), con monumentos decorados con arcadas características del estilo pisano: catedral románica (ss. XII-XII); baptisterio románico y gótico (ss. XII-XIV); *campanile*, o torre inclinada (ss. XII-XIII) y camposanto con galerías góticas decoradas con frescos. Monumentos diversos. Museo nacional.— Gran potencia mediterránea desde el s. XI, entró en decadencia tras la destrucción de su flota por Génova (1284). Anexionada por Florencia (1406), en 1409 fue sede de un concilio destinado a poner fin al cisma de occidente.

PISAC, localidad de Perú (Cuzco), en el valle del Urubamba. Mercado. Turismo.— Parque arqueológico de la antigua ciudad incaica, con numerosas construcciones de la época imperial: templo del Sol, palacios, cementerio, puente y obras de encauzamiento del Urubamba, y *qollqas* (depósitos de alimentos).

PISADOR (Diego), *Salamanca h. 1508-1577*, vihuelista español. Su *Libro de música para vihuela* (1552) recoge composiciones extranjeras y propias (romances con diferencias, fantasías, motetes).

PISAN (Christine **de**), *Venecia h. 1365-h. 1430*, escritora francesa. Su obra poética *(Dictado de Juana de Arco)* e histórica sale en defensa de la mujer.

PISANELLO (Antonio **Pisano**, llamado **il**), *¿Pisa? h. 1395-h. 1455*, pintor y medallista italiano. Solicitado por las cortes de Verona, Venecia, Roma, Ferrara y Mantua, es un exponente de la unión, propia del gótico internacional, entre afán realista (dibujos de animales, retratos) y magia imaginativa (fresco de la iglesia de Santa Anastasia, Verona).

PISANO (Andrea), *Pontedera, cerca de Pisa, h. 1290-Orvieto h. 1348*, escultor y arquitecto italiano. Su principal obra es una de las puertas de bronce del baptisterio de Florencia.— **Nino P.**, *m. h. 1368*, escultor italiano. Hijo de Andrea, fue su jefe de taller. Es autor de estatuas de la Virgen de influencia francesa o germánica.

PISANO (Nicola), *m. entre 1278 y 1284*, escultor italiano, iniciador de un primer renacimiento pisano (púlpito del baptisterio de Pisa, inspirado en la tradición clásica, 1260).— **Giovanni P.**, *h. 1248-Siena h. 1314*, escultor italiano. Hijo de Nicola, activo sobre todo en Pisa y Siena, de estilo tan vigoroso como el de su padre, se inspiró en el gótico: estatuas de la catedral de Siena, púlpitos de Pistoia (acabado en 1301) y de la catedral de Pisa.

PISCATOR (Erwin), *Ulm 1893-Starnberg 1966*, director de teatro alemán. Director de la Volksbühne en Berlín (1924-1927), empleó innovaciones técnicas (escenario giratorio, proyecciones cinematográficas) para mostrar la imbricación de los problemas estéticos, sociales y políticos. Emigrado a la URSS (1931), Francia (1936) y EUA (1939), regresó a la RFA en 1951.

PISCIS → **PECES**.

PISCO, c. de Perú (Ica), en la desembocadura del *río Pisco*; 74 300 hab. Puerto pesquero y comercial (exportación de guano). Fabricación de aguardiente *(pisco)*.— Edificios del barroco colonial (iglesia y antiguo colegio de la Compañía de Jesús, s. XVIII).

PISÍSTRATO, *h. 600-527 a.C.*, tirano de Atenas. Continuador de la obra de Solón, estimuló el comercio y la industria, y favoreció a las clases populares. Dio a Atenas sus primeros grandes monumentos y fomentó las grandes fiestas religiosas (panateneas y dionisias).

PISÓN → **CALPURNIO PISÓN**.

PISSARRO (Jacob Abraham, llamado **Camille**), *Saint-Thomas, Antillas, 1830-París 1903*, pintor francés. Uno de los maestros del impresionismo, pintó paisajes y temas rurales.

PISSIS (monte), volcán de Argentina, en los Andes (Catamarca y La Rioja); 6 882 m.

PISTOIA, c. de Italia (Toscana), cap. de prov.; 87 275 hab. Monumentos medievales, entre los que destacan la catedral (ss. XII-XIII) y otras iglesias, ricas en obras de arte; museo comunal.

PISTOIA (Guittoncino de Sighipuldi, llamado **Guido da**), *Pistoia 1270-h. 1337*, poeta y jurisconsulto italiano. Amigo de Dante, es autor de poemas de inspiración amorosa y de textos jurídicos *(Lectura in codicem)*.

PISUERGA, r. de España, afl. del Duero (or. der.); 283 km. Nace en Peña Labra, baña la *Campiña del Pisuerga* y pasa por Valladolid. Principales afl.: Carrión, Odra, Arlanzón, Esgue-

■ **PISA.** La catedral (ss. XI-XII) y el campanile o torre inclinada (ss. XII-XIII).

■ **PITT EL JOVEN,** por G. Healy. (Palacio de Versalles.)

va. Embalses de La Requejada, Aguilar de Campoo y Ruesga. Canales de regadío.

PITA (Mayor **Fernández de la Cámara y Pita,** llamada María), heroína española del s. XVI. Defendió La Coruña de los ataques ingleses de Norris y Drake (1589). Felipe II le concedió el grado de alférez.

PITA (Santiago de),¿*La Habana* 1693?-íd. 1775, dramaturgo cubano. Militar de profesión, fue alcalde de La Habana. Su única obra conocida es la comedia en verso *El príncipe jardinero y fingido Cloridiano* (1730-1733).

PITÁGORAS, *Samos* h. 570-*Metaponte* h. 480 a.C., filósofo y matemático griego. Fundador de una escuela matemática y mística, la *escuela pitagórica*, su vida está envuelta en leyendas, y sus enseñanzas han sido transmitidas por tradiciones que dejaban mucho margen al secreto. Es autor de un famoso teorema que lleva su nombre (v. parte n. com. **teorema de** *Pitágoras).

PITAL (El), cerro del SO de Honduras (Ocotepeque), en la frontera con El Salvador; 2 729 metros.

PITAL (El), centro precolombino del golfo de México, descubierto en 1994, a 65 km de El Tajín y de un período anterior a este.

PITALITO, mun. de Colombia (Huila); 51 107 hab. Centro agrícola.

PITA RODRÍGUEZ (Félix), *Bejucal* 1909-*La Habana* 1990, escritor cubano, poeta vanguardista (*Corcel de fuego*, 1947) y revolucionario (*Las crónicas, poesía bajo consigna*, 1961).

PITARRA (Frederic **Soler,** llamado Serafí), *Barcelona* 1839-íd 1895, dramaturgo español en lengua catalana. En sus obras cultivó la parodia, la sátira y la comedia.

PITCAIRN, isla británica de Oceanía, al SE de Tahití.

PITE ÄLV, r. de Suecia, que desemboca en el golfo de Botnia, en el puerto de *Piteå* (39 000 hab.); 370 km.

PITEAS, navegante y geógrafo griego de la antigua Marsella (s. IV a.C.). Determinó la latitud de Marsella y exploró las costas del N de Europa.

PITESTI, c. de Rumania, junto a los Cárpatos; 179 479 hab. Centro industrial.

PITIUSAS, denominación griega y romana de las Islas de Ibiza y Formentera (Baleares).

PITOL (Sergio), *Puebla* 1933, escritor mexicano. Destacado ensayista y periodista, su narrativa presenta personajes atenazados por el desarraigo, la soledad y el miedo (*Los climas*, 1966; *El desfile del amor*, 1985; *Domar a la divina garza*, 1988; *Vida conyugal*, 1991), y amalgama géneros diversos (*El arte de la fuga*, 1996; *El mago de Viena*, 2005). [Premio nacional de periodismo 1978 y de literatura 1993; premio Xavier Villaurrutia 1981; premio Juan Rulfo 1999; premio Cervantes 2005.]

■ SERGIO **PITOL**

■ FRANCISCO **PIZARRO.** (Anónimo; museo de América, Madrid.)

PITÓN MIT. GR. Serpiente monstruosa, primer señor de Delfos. Apolo le dio muerte, se apoderó del oráculo e instituyó en su honor los *juegos píticos*.

PITOT (Henri), *Aramon, Languedoc, 1695*-íd. 1771, ingeniero y físico francés. Inventó el tubo que permite calcular las velocidades y caudales de los fluidos.

PITRUFQUÉN, com. de Chile (Araucanía); 20 187 hab. Centro comercial agrícola, ganadero y forestal.

PITT (William), **conde de Chatham,** llamado **Pitt el Viejo,** *Londres* 1708-*Hayes* 1778, político británico. Diputado whig (1735), se convirtió en líder del nacionalismo inglés frente a los Borbones franceses y españoles. Al inicio de la guerra de los Siete años fue nombrado primer ministro y ministro de guerra (1756), y condujo el país a la victoria. Tras dimitir en 1761, estuvo de nuevo en el poder (1766-1768).

PITT (William), llamado **Pitt el Joven,** *Hayes, Kent, 1759*-*Putney 1806*, político británico. Hijo de Pitt el Viejo, y primer ministro (1783-1801), restauró las finanzas del estado, afectadas por la guerra de la Independencia norteamericana. En el exterior dirigió la larga lucha contra la Francia revolucionaria desde 1793. Frente al nacionalismo irlandés, logró la integración política de la isla en el reino británico (Acta de Unión, 1800). De nuevo primer ministro (1804-1806), reorganizó la flota británica, que derrotó a Napoleón en Trafalgar (1805).

PITTALUGA (Gustavo), *Madrid 1906*-íd. 1976, compositor y crítico musical español. Autodidacta, formó parte de la llamada generación de la república (*La romería de los cornudos*, ballet, 1920; *Concierto militar para violín*, 1930; *Pequeña suite*, 1933).

PITTI, familia florentina, rival de los Médicis, que perdió su influencia en el s. XVI.

Pitti (palacio), palacio de Florencia. Iniciado en 1458, es hoy un museo rico en cuadros y objetos artísticos procedentes en parte de la colección de los Médicis (que adquirieron el palacio y lo ampliaron en el s. XVI); jardines de Boboli.

PITTSBURGH, c. de Estados Unidos (Pennsylvania), a orillas del Ohio; 369 879 hab. (2 030 703 hab. en la aglomeración). Centro siderúrgico y metalúrgico. Museos Carnegie y Warhol.

Pitufos (los), personajes de cómic creados en 1958 por Peyo en el semanario belga *Spirou*. Pequeños gnomos azules, están dotados de un lenguaje y de una organización social impregnados de humor y utopía.

PIUQUENES, cerro andino, en la frontera de Chile (Santiago) y Argentina (Mendoza); 5 417 metros.

PIURA, c. de Perú, cap. del dep. homónimo, a orillas del río Piura; 180 354 hab. Centro algodonero. Aeropuerto. — Fundada en 1532 por F. Pizarro, en 1912 fue destruida por un sismo.

PIURA (departamento de), dep. de Perú; 35 892 km²; 1 676 315 hab.; cap. *Piura.*

PIVIJAY, mun. de Colombia (Magdalena), en el delta del Magdalena; 35 328 hab. Agricultura.

PI Y MARGALL (Francisco), *Barcelona 1824*-*Madrid 1901*, político español. Divulgador de las doctrinas socialistas y federalistas desde la prensa y dirigente del Partido republicano federal, fue ministro de gobernación (febr.-junio 1873) y presidente del gobierno (junio-julio 1873) durante la primera república. Es autor de *La reacción y la revolución* (1854) y *Las nacionalidades* (1876).

PI Y SUNYER (Augusto), *Barcelona 1879*-*México 1965*, fisiólogo español. Figura clave del resurgimiento de la medicina catalana moderna, fundó y dirigió el Instituto de fisiología de Barcelona (1920) y, tras su exilio en Venezuela, el de medicina experimental de Caracas (1940). Es autor de *Tratado de fisiología general* (1909) y de *El sistema neurovegetativo* (1947).

PIZARNIK (Alejandra), *Buenos Aires 1936*-íd. 1972, poeta argentina. Su obra destaca por la luminosa imaginería surrealista (*La tierra más ajena*, 1955; *Árbol de Diana*, 1962; *El infierno musical*, 1971). Se suicidó.

PIZARRO (Francisco), *Trujillo entre 1475 y 1478 Lima 1541*, conquistador español. Lugarteniente de Alonso de Ojeda (1510) y de Núñez de Balboa, exploró Centroamérica y fue alcalde de Panamá (h. 1522), del cual exploró el SE. Realizó expediciones al Perú: la de 1524-1525, fracasó; en la 1526-1528, con los Trece de la fama, obtuvo resultados y consiguió de Carlos Quinto los títulos de gobernador, capitán general y adelantado de las nuevas tierras. Aprovechando la guerra civil entre Atahualpa y Huáscar, emprendió la conquista del Incario en 1531 con la ayuda de Almagro y 180 hombres. Ocupó Cajamarca y apresó a Atahualpa, al que ejecutó en 1533, y fundó la Ciudad de los Reyes, o Lima (1535), además de ampliar los territorios hacia Ecuador. Superó una sublevación de Manco Inca, que sitió Lima y Cuzco (1536), y se impuso en la guerra civil con Almagro (1538). Fue asesinado por seguidores de este. — **Hernando P.,** *Trujillo h. 1478*-íd. 1578, conquistador español. Hermano de Francisco, fue depuesto como gobernador de Cuzco por Almagro, al que luego derrotó en la batalla de las Salinas (1538). De regreso en España, fue encarcelado (1540-1561). — **Gonzalo P.,** *Trujillo h.1502*-*Xaquixaguana 1548*, conquistador español. Hermano de Francisco y Hernando, fue nombrado gobernador de Quito (1540) por el primero. Encabezó un levantamiento de los encomenderos contra las Leyes nuevas de Indias y decapitó al virrey Núñez Vela (1546). Derrotado por el ejército de La Gasca, enviado por el consejo de Indias, murió ejecutado.

PLA (Josep), *Palafrugell 1897*-*Llofriu, Gerona, 1981,* periodista y escritor español en lenguas catalana y castellana. La prosa directa y expresiva de sus diarios y crónicas de viajes hacen de él un observador social. Su primera obra fue *El cuaderno gris* (*El quadern gris,* 1918-1919), diario de su formación. De su madurez destacan libros autobiográficos y la serie de retratos literarios *Grandes tipos* (*Homenots*), publicados entre 1958 y 1962.

■ JOSEP PLA

■ MAX PLANCK

PLÁ (Josefina), *isla de Lobos, Fuerteventura, 1903*-*Asunción 1999*, escritora y ceramista paraguaya de origen español. Escribió poesía intimista (*El precio de los sueños,* 1934; *Rostros del agua,* 1963), teatro (*Aquí no ha pasado nada,* 1942), narrativa (*La mano en la tierra,* 1963) y ensayo agudo (*Voces femeninas en la cultura paraguaya,* 1982). Como ceramista, evolucionó hacia el constructivismo decorativo. (Medalla de oro de las bellas artes 1998.)

PLACETAS, c. de Cuba (Villa Clara); 74 748 hab. Ingenios. Manufacturas de tabaco.

PLÁCIDO → **VALDÉS** (Gabriel de la Concepción).

PLANADAS, mun. de Colombia (Tolima); 21 473 hab. Café, caña de azúcar, maíz. Explotación forestal.

PLANA SEPTENTRIONAL (La) y **LA PLANA MERIDIONAL,** comarcas de España (Castellón), en la orla costera. La Plana Septentrional (o Plana Baixa) abarca desde Torreblanca hasta el río Mijares, y La Plana Meridional (o La Plana Alta) desde el Mijares hasta Almenara. Regadíos (arroz, naranjos). Turismo.

PLANCHÓN (paso del), paso de los Andes, entre Argentina (Mendoza) y Chile (Maule); 2 850 m de alt.

PLANCK (Max), *Kiel 1858*-*Gotinga 1947,* físico alemán. Estudió las condiciones del equilibrio térmico de la radiación electromagnética (radiación del «cuerpo negro»), problema insoluble en la mecánica estadística clásica, y formuló la hipótesis según la cual los intercambios de energía se efectúan de forma discontinua, por «granos» de energía. Esta hipótesis, de 1900, es la primera base de la teoría cuántica. La constante h, llamada *constante de Planck,* tiene el valor de $6,626 \times 10^{-34}$ julios/seg. (Premio Nobel 1918.)

PLANETA RICA, mun. de Colombia (Córdoba); 44 267 hab. Agricultura y ganadería.

PLANTAGENET, rama de la casa de Anjou que reinó en Inglaterra de 1154 a 1485 y que debe su nombre al conde de Anjou Godofredo V, llamado «Plantagenêt», cuyo hijo Enrique II se convirtió en rey de Inglaterra (1154). La historia de los Plantagenet, señores de gran parte del O francés, estuvo dominada al principio por el conflicto entre Francia e Inglaterra, y luego, en el s. XV, por la rivalidad entre las ramas colaterales de los Lancaster y de los York (guerra de las *Dos Rosas). Esta condujo, en 1485, a la eliminación de los Plantagenet por los Tudor.

PLANTIN (Christophe), *Saint-Avertin, cerca de Tours, h. 1520-Amberes 1589,* impresor flamenco de origen francés. De 1569 a 1572 editó la famosa *Biblia regia* o *Biblia políglota.*

PLANUDES (Máximo), *Nicomedia h. 1260-Constantinopla 1310,* erudito bizantino. Fue el compilador de una *Antología griega.*

PLASENCIA, c. de España (Cáceres), cab. de p. j.; 37 018 hab. *(placentinos).* Centro comercial y agropecuario. — Restos de murallas. Catedral constituida por la antigua (ss. XIII-XIV) y la nueva (iniciada en 1498). Casas señoriales.

PLASKETT (John Stanley), *Woodstock, Ontario, 1865-Esquimalt, Columbia Británica, 1941,* astrónomo canadiense. Con sus estudios de espectroscopia demostró la rotación de la galaxia, localizó el centro galáctico y estudió la distribución de la materia interestelar.

PLATA (el), nombre con que se designa la región del *Río de la Plata, el estuario y la cuenca.

PLATA (La), isla de Ecuador (Manabí), a 15 km de la ciudad de Cayo; 6,75 km². Reserva ecológica.

PLATA (La), c. de Argentina, cap. de la prov. de Buenos Aires, en el estuario del Río de la Plata; 542 567 hab. en el *Gran La Plata (platenses).* Centro administrativo y universitario. Industrias asociadas a la actividad portuaria (refrigeradores, metalurgia, petroquímica).

PLATA (La), mun. de Colombia (Huila); 34 442 hab. Minas de plata explotadas desde la época colonial.

Platea (batalla de) [479 a.C.], batalla de la segunda guerra médica. Victoria decisiva sobre los persas de Mardonio por la Confederación griega dirigida por el espartano Pausanias en Platea (Beocia).

Platero y yo, libro de prosa poética de J. R. Jiménez (1914), en torno a la vida y muerte del burro Platero.

PLATO, mun. de Colombia (Magdalena), junto al Magdalena; 62 126 hab. Agricultura y ganadería.

PLATÓN, *Atenas h. 427-íd. 348 o 347 a.C.,* filósofo griego. De origen aristocrático, discípulo de Sócrates, quiso desempeñar un papel político. Viajó a Egipto y a Sicilia, regresó a Atenas, donde fundó h. 387 una escuela, la Academia, y luego intentó en vano aconsejar al tirano Dionisio de Siracusa. Escribió unos treinta diálogos (*El banquete; Fedón; La república; Fedro; Parménides; El sofista; El Timeo; Las leyes,* etc.) que en la mayoría de los casos ponen en escena a discípulos y adversarios frente a Sócrates, quien, mediante sus preguntas, los lleva a reconocer las contradicciones del falso saber, de lo sensible y de las apariencias. Se abre lugar, de esta manera, al proceso dialéctico de ascenso hacia las Ideas (del Bien, lo Verdadero, lo Bello, etc), arquetipos inteligibles a los que, durante esta vida, se tiene un acceso limitado, de tal modo que el conocimiento, en muchos puntos, debe ceder su lugar al mito y la hipótesis. Por lo tanto, Platón se declara a favor de la inmortalidad del alma. En el ámbito de la acción, concibe una organización de la ciudad ajustada a un orden que sólo es accesible a los filósofos. La obra de Platón ejerció una influencia duradera, alimentando, en los pensamientos cristiano, islámico y sucesivos, las corrientes más idealistas y trascendentales.

PLÁTONOV (Andréi Plátonovich **Klímentov,** llamado), *Vorónezh 1899-Moscú 1951,* escritor ruso, autor de relatos filosóficos alejados del realismo socialista (*Las esclusas de Epifano).*

PLATÓN SÁNCHEZ, mun. de México (Veracruz); 18 192 hab. Yacimientos petrolíferos.

Platt (enmienda), anexo impuesto a la constitución cubana de 1901, a instancias del senador estadounidense Orville H. Platt, por el que

se cedía a EUA el control de la política exterior cubana y el derecho de intervención militar en la isla. Aunque derogada en 1934, estuvo vigente en la práctica hasta 1959.

PLAUEN, c. de Alemania (Sajonia); 69 509 hab. Centro industrial. Monumentos antiguos restaurados.

PLAUTO, en lat. Maccius o Maccus **Plautus,** *Sársina, Umbría, 254-Roma 184 a.C.,* poeta cómico latino. De las ciento treinta obras que se le atribuyeron, Varrón sólo reconoció veintiuna como auténticas. Las más conocidas son: *Anfitrión, Aulularia, Los Menecmos,* y *El soldado fanfarrón.* Sus argumentos están tomados de los autores griegos de la comedia nueva (Menandro). Sus personajes anuncian los tipos de la commedia dell'arte.

PLAYA BONITA (bahía de), bahía del NO de Costa Rica (Guanacaste), en el Pacífico.

PLAYA VICENTE, mun. de México (Veracruz), avenado por el Suchiapan; 51 231 hab. Cereales, arroz.

PLAZA (Daniel), *El Prat de Llobregat 1966,* atleta español. Conquistó la medalla de oro en 20 km marcha en los Juegos olímpicos de Barcelona (1992) y la medalla de bronce en los campeonatos del mundo de Stuttgart (1993).

PLAZA (Galo), *Nueva York 1906-Quito 1987,* diplomático y político ecuatoriano. Presidente de la república en 1948-1952, fue diplomático en la ONU y secretario general de la OEA (1968-1975).

PLAZA (Juan Bautista), *Caracas 1898-íd. 1965,* organista y compositor venezolano. Fue organista de la catedral de Caracas, profesor del conservatorio nacional y musicólogo. Es autor de una orquestación para el himno nacional.

PLAZA (Leónidas), *Charapotó, Manabí, 1866-Guayaquil 1932,* militar y político ecuatoriano. Presidente de la república en 1901-1905, practicó una política reformista. En un segundo mandato (1912-1916), acentuó el moderantismo del Partido liberal. Después de haber sido uno de sus máximos colaboradores, se opuso a Eloy Alfaro.

PLAZA (Nicanor), *Santiago 1844-Florencia 1918,* escultor chileno. Expuso en el Salón de París de 1867 (*Caupolicán; Susana; Hércules*). Su obra más conocida es la escultura en mármol *La quimera.*

PLAZA (Victorino de la), *Salta 1840-Buenos Aires 1919,* político argentino. Vicepresidente (1910) y presidente de la república (1914-1916), favoreció los intereses económicos de Gran Bretaña y EUA.

plaza del Diamante (La), novela de M. Rodoreda (1962), visión de la guerra civil y la posguerra españolas a través de la vida de una mujer de un barrio barcelonés.

PLAZA DEL MORO ALMANZOR, pico de España (Ávila y Toledo), máxima altitud de la sierra de Gredos; 2 592 m.

PLD → **liberal-demócrata** (Partido).

PLEJÁNOV (Gueorgui Valentínovich), *Gudálovka 1856-Terijoki 1918,* teórico político ruso. Fue el principal divulgador de las ideas marxistas en Rusia, y se alineó en 1903 junto a los mencheviques.

Plesetsk o **Plessetsk,** base rusa de lanzamiento de ingenios espaciales, principalmente militares, al S de Arjánguelsk, también llamada «el cosmódromo del Norte».

PLEVEN, c. del N de Bulgaria; 136 000 hab.

Pléyade, denominación que tomaron en la historia literaria varios grupos de siete poetas, en referencia a las siete hijas de Atlas. El más famoso reunió, en Francia y durante el renacimiento, alrededor de P. Ronsard y J. du Bellay, a Rémi Belleau, Jodelle, Baïf, Pontus de Tyard y J. Peletier du Mans, relevado a su muerte por Dorat. Renovó profundamente la poesía francesa.

PLÉYADES MIT. GR. Nombre de las siete hijas de Atlas, a las que Zeus metamorfoseó en estrellas para sustraerlas a la persecución de Orión.

PLEYEL (Ignaz), *Ruppersthal, Baja Austria, 1757-París 1831,* compositor, editor y constructor de pianos austriaco. Alumno de Haydn, publicó la primera colección completa de los cuartetos de este. Fundador de una fábrica de pianos en

París (1807), compuso sinfonías, conciertos y cuartetos.

PLINIO el Viejo, en lat. **Caius Plinius Secundus,** *Como 23 -Stabiae 79,* naturalista y escritor latino. Almirante de la flota de Messina durante la erupción del Vesubio (79), en la que murió, es autor de una *Historia natural,* compilación científica en 37 libros.

PLINIO el Joven, en lat. **Caius Plinius Caecilius Secundus,** *Como 61 o 62 d.C.-h. 114,* escritor latino. Sobrino de Plinio el Viejo, brillante orador, fue cónsul (100). Es autor de un *Panegírico de Trajano* y de *Epístolas,* valioso documento sobre la sociedad de su época.

PLISIÉTSKAIA (Maia Mijáilovna), *Moscú 1925,* bailarina rusa, nacionalizada española. Inició con el Ballet del Bolshoi una carrera internacional en la que interpretó los principales papeles del repertorio (*La muerte del cisne, El lago de los cisnes, Carmen suite*). En 1972 firmó su primera coreografía (*Ana Karénina*). Dirigió el Ballet del teatro lírico nacional de la Zarzuela (1987-1989). [Premio Príncipe de Asturias de las artes 2005.]

PŁOCK, c. de Polonia, a orillas del Vístula; 125 300 hab. Refino de petróleo. Petroquímica. Catedral del s. XII.

PLOIEȘTI o **PLOEȘTI,** c. de Rumania, al N de Bucarest; 252 073 hab. Centro petrolero e industrial. Museos.

PLOMO, cerro de los Andes, entre Argentina (Mendoza) y Chile (Santiago); 5 424 m.

Plomos (los), calabozos de Venecia, en el desván del palacio ducal (recubierto de láminas de plomo).

PLOTINO, *Licópolis, act. Asiut, Egipto, h. 205-en Campania 270,* filósofo griego. Discípulo de Amonio Sacas, fundador de una escuela en Roma, es la principal figura del *neoplatonismo. Sus obras fueron publicadas por su discípulo Porfirio con el título de *Enéadas.*

PLOVDIV, ant. **Philippopolis,** c. de Bulgaria, a orillas del Marica; 379 083 hab. Centro agrícola e industrial. Feria internacional. — Pintoresca parte antigua. Museos arqueológico y etnográfico.

PLÜCKER (Julius), *Elberfeld, act. en Wuppertal, 1801-Bonn 1868,* matemático y físico alemán. Propuso un enfoque algebraico de la geometría proyectiva, y a partir de 1847 se consagró a la física.

Plus Ultra, hidroavión que realizó la primera travesía del Atlántico sur, de Palos de Moguer a Buenos Aires, pilotado por Ramón Franco y equipo (1926).

PLUTARCO, *Queronea h. 50 -íd. h. 125,* escritor griego. Viajó a Egipto, residió en varias ocasiones en Roma, y fue sacerdote de Apolo en Delfos. Escribió numerosas obras, que se dividen, ya desde la antigüedad, en dos grupos: las *Obras morales* y las *Vidas paralelas.*

PLUTO MIT. GR. Dios de la riqueza.

PLUTÓN, planeta enano del sistema solar, situado más allá de Neptuno, descubierto en 1930 por el estadounidense Clyde Tombaugh. Semieje mayor de su órbita: 5 900 000 000 km (39,44 veces el de la órbita terrestre). Diámetro: aprox. 2 300 km. Describe en 248 años aprox. una órbita inclinada de 17° sobre la eclíptica. Se le conocen 3 satélites. La sonda estadounidense New Horizons, lanzada en 2006, debe explorarlo en 2015. (V. parte n. com. **planeta.**)

PLUTÓN («el rico»), epíteto ritual del dios griego de los infiernos, Hades.

PLYMOUTH, c. de Gran Bretaña (Inglaterra), en Devon; 238 800 hab. Puerto. Base militar. Centro industrial.

PLZEŇ, en alem. **Pilsen,** c. de la República Checa (Bohemia); 173 129 hab. Fábricas de cerveza. Metalurgia. — Iglesias del gótico al barroco; ayuntamiento renacentista; museos.

PNIX, colina al O de Atenas, donde se celebraba la asamblea del pueblo (la ecclesia).

PNUD (Programa de las Naciones unidas para el desarrollo), organismo creado en 1966 en el seno de la ONU y encargado de la ayuda a los países en vías de desarrollo.

PNV → **nacionalista vasco** (Partido).

PO, r. principal de Italia, que nace en los Alpes, en el monte Viso, y desemboca en el Adriático formando un amplio delta; 652 km. Avena de *llanura del Po*. El delta del Po fue declarado patrimonio de la humanidad en 1999.

PO (llanura del), gran región deprimida de Italia del N, entre los Alpes y los Apeninos. Corresponde a la mayor parte de la cuenca hidrológica del Po.

POANAS, mun. de México (Durango), avenado por el *río Poanas;* 25 243 hab.; cab. *Villa Unión.*

POÁS, volcán de Costa Rica (Alajuela), en la cordillera Central; 2 737 m. La laguna del cráter contiene ácido sulfúrico.

POBIEDA (pico), punto culminante del Tian Shan, en la frontera entre Kirguizistán y China; 7 439 m.

POBIEDONÓSTSEV (Konstantín Petróvich), *Moscú 1827-San Petersburgo 1907,* político ruso. Preceptor del futuro Alejandro III (1865), en quien ejerció una influencia reaccionaria (lo incitó a reforzar el régimen autocrático), fue procurador general del Santo Sínodo (1880-1905).

Poblet (monasterio de), monasterio cisterciense español (Vimbodí, Tarragona), fundado en 1151 por Ramón Berenguer IV, panteón real de la Corona de Aragón. Su construcción, iniciada en estilo cisterciense (iglesia), fue continuada en estilos gótico (claustro), renacentista (retablo de D. Forment) y barroco (fachada). [Patrimonio de la humanidad 1991.]

POCATERRA (Rafael), *Valencia 1888-Montreal 1955,* escritor venezolano, creador de la novela urbana venezolana (*Vidas oscuras,* 1916; *La casa de los Abila,* 1946).

POCITO, dep. de Argentina (San Juan), en la cuenca del San Juan; 30 684 hab.; cab. *Villa Aberastain.*

POCOCI, cantón de Costa Rica (Limón); 54 874 hab.; cab. *Guápiles.* Plantaciones de bananas y cacao.

PODESTÁ, familia argentina de actores rioplatenses. — **José P.,** *Montevideo 1858-íd. 1937,* consiguió popularidad en el circo, al que incorporó contenidos teatrales. — **Pablo P.,** *Montevideo 1875-íd. 1923,* pasó del espectáculo circense y la pantomima a la interpretación de la *obra de mayor envergadura (Juan moreira, de Florencio Sánchez).*

PODGORICA, ant. **Titograd,** cap. de Montenegro; 135 000 hab. Centro industrial.

PODGORNY (Nikolái Víktórovich), *Karlovka, Ucrania, 1903-Moscú 1983,* político soviético. Fue presidente del presidium del Soviet supremo de 1965 a 1977.

PODOLIA, región del O de Ucrania, bordeada al S por el Dniéster.

PODOLSK, c. de Rusia, al S de Moscú; 210 000 habitantes.

POE (Edgar Allan), *Boston 1809-Baltimore 1849,* escritor estadounidense. Poeta (*El cuervo,* 1845), en sus cuentos, que despliegan un mundo fantástico y morboso (*Las aventuras de Arthur Gordon Pym,* 1838), formuló el modelo constructivo que retomaría la novela policíaca (*Historias extraordinarias,* 1840-1845). Durante mucho tiempo, su obra fue ignorada por sus compatriotas.

POEY Y ALOY (Felipe), *La Habana 1799-íd. 1891,* naturalista cubano. Autor de *Ictiología cubana* (20 vols.), una *Geografía de Cuba* (1836) y las *Memorias sobre la historia natural de Cuba* (1860), fue el fundador de la Academia nacional de medicina y del museo de historia natural de La Habana (1842).

POGGIO (Gian Francesco Poggio Bracciolini, llamado **el**), *Terranuova, Florencia, 1380-Florencia 1459,* humanista italiano. Descubrió numerosos manuscritos de obras de la antigüedad romana y escribió una colección de anécdotas, *Cuentos de Poggio Florentino.*

POHANG, c. de Corea del Sur; 319 000 hab. Puerto.

POINCARÉ (Henri), *Nancy 1854-París 1912,* matemático francés. Estudió las ecuaciones diferenciales, la física matemática, la mecánica celeste y la topología algebraica.

POINCARÉ (Raymond), *Bar-le-Duc 1860-París 1934,* político francés. Como jefe de gobierno (1912-1913), adoptó una política de firmeza frente a Alemania. Durante su presidencia de

la república (1913-1920) Francia recuperó Alsacia y Lorena. De nuevo primer ministro en 1922-1924 y 1926-1929, ordenó la ocupación del Ruhr.

POINTE-NOIRE, c. del Congo; 388 000 hab. Puerto y centro económico del Congo. Terminal del ferrocarril Congo-Océano.

Poirot (Hércules), detective protagonista de algunas novelas policíacas de A. Christie. Su apariencia, a menudo ridícula, encubre una temible inteligencia.

POISSON (Siméon Denis), *Pithiviers 1781-París 1840,* matemático francés. Fue uno de los creadores de la física matemática y autor de estudios sobre mecánica celeste, elasticidad, cálculo de probabilidades y magnetismo.

POITIERS, c. de Francia, cap. de la región Poitou-Charentes y del dep. de Vienne; 87 012 hab. Universidad. — Baptisterio de San Juan, de los ss. IV y VII; iglesias románicas y catedral gótica: palacio condal. — Ant. cap. de los *pictavi,* fue un importante centro religioso de la Galia. Carlos Martel venció en ella a los musulmanes (732).

POITOU, ant. prov. de Francia que comprendía los actuales departamentos de Deux-Sèvres, Vendée y Vienne (cap. *Poitiers*). Ducado en el s. x, pasó a Inglaterra en 1152. Fue anexionada a Francia en 1369-1373.

POITOU-CHARENTES, región administrativa del O de Francia; 25 810 km², 1 595 109 hab.; cap. *Poitiers.* 4 dep. (*Charente, Charente-Maritime, Deux-Sèvres y Vienne*).

POKROVSK, de 1931 a 1991 **Engels,** c. de Rusia, junto al Volga; 182 000 hab.

POLA ▶ **PULA.**

POLABÍ, llanura de la República Checa, en Bohemia, a ambos lados del Labe (Elba). Es una región agrícola e industrial.

polaco-soviética (guerra) [1920], guerra que enfrentó a Polonia y la Rusia soviética. Provocada por el avance polaco en Ucrania y más tarde por la amenaza soviética sobre Varsovia, acabó con el tratado de Riga (1921), que fijó la frontera oriental de Polonia hasta 1939.

POLA DE LAVIANA → **LAVIANA.**

POLA DE LENA ▶ **LENA.**

■ **PLATÓN.**
(Louvre, París.)

■ **EDGAR ALLAN POE,** por Lefort.
(Biblioteca nacional, París.)

POLA DE SIERO → **SIERO.**

POLANCO (Jesús de), *Madrid 1929-íd. 2007,* empresario español. Fundador de la editorial Santillana (1958), en 1973 se integró en el grupo fundador del diario *El país* y fue presidente de su empresa editora (PRISA).

POLANSKI (Roman), *París 1933,* director de cine polaco, nacionalizado francés. Tras debutar en Polonia, emprendió una carrera internacional con films inquietantes no exentos de ironía: *Repulsión* (1965), *El baile de los vampiros* (1967), *La semilla del diablo* (1968), *Chinatown* (1974), *Tess* (1979), *La muerte y la doncella* (1995), *El pianista* (2002), *Oliver Twist* (2005).

POLANYI (John Charles), *Berlín 1929,* químico canadiense de origen húngaro. Sus investigaciones se centran en la quimiluminiscencia, cuyo análisis espectroscópico permite comprender los intercambios de energía en las reacciones químicas. (Premio Nobel 1986.)

POLANYI (Karl), *Viena 1886-Pickering, Canadá, 1964,* economista británico de origen húngaro. Interesado en los sistemas económicos precapitalistas, propugnó una economía planificada, inspirada en un humanismo socialista.

POLAR o **ESTRELLA POLAR,** la estrella más brillante de la constelación de la Osa Menor. Debe el nombre a su proximidad al polo celeste boreal.

POLARES (regiones), regiones próximas a los polos. Su límite se considera tradicionalmente la isoterma de 10 °C en el mes más caluroso. Están ocupadas principalmente por el mar en el Ártico, y por tierra en el Antártico. Se observa act. una aceleración inquietante del derretimiento del hielo en el Ártico (disminución de aprox. 30 % de la superficie de la banquisa de verano en 30 años), que se atribuye al calentamiento climático. Las regiones polares han sido objeto de numerosas expediciones con fines de descubrimiento e investigación científica, y posteriormente, con fines estratégicos. — Entre las principales expediciones hacia el polo N, cabe citar las de Parry (1827), Nordenskjöld (1879), Nansen (1893-1896), Peary (que alcanzó el polo en 1909), y hacia el polo S, las de Dumont d'Urville (1840), R. F. Scott (1902), Shackleton (1909) y Amundsen (quien alcanzó el polo en 1911, un mes antes que Scott).

POLAVIEJA (Camilo García Polavieja, marqués de), *Madrid 1838-íd. 1914,* militar español. Reprimió la guerra Chiquita de Cuba (1879-1880). Capitán general de Cuba (1890-1892) y de Filipinas (1896-1898), de regreso a España, elaboró un programa regeneracionista y fue ministro de guerra (1899).

POLE (Reginald), *Stourton Castle 1500-Lambeth 1558,* prelado católico inglés. Cardenal (1536), presidió en 1545 el concilio de Trento; fue arzobispo de Canterbury (1556) y trabajó en pro de la Contrarreforma.

POLEO (Héctor), *Caracas 1918-íd. 1989,* pintor venezolano. Familiarizado con el muralismo en México, realizó varias obras en la ciudad universitaria de Caracas. También destacan sus retratos femeninos al estilo romano o renacentista.

POLESELLO (Rogelio), *Buenos Aires 1939,* artista plástico argentino. En su escultura estudia las distintas calidades de los materiales.

POLESIA, región de Bielorrusia y Ucrania, bañada por el Prípiat.

POLIAKOV (Valeri Vladímirovich), *Tula 1942,* médico y cosmonauta ruso. Es, desde marzo de 1995, el cosmonauta que ha realizado el vuelo espacial más largo (437 días).

POLIBIO, *Megalópolis, Arcadia, h. 200-h. 120 a.C.,* historiador griego. Formó parte de los mil rehenes entregados a los romanos tras la derrota de Pidna (168) y vivió dieciséis años en Roma. Sus *Historias,* dedicadas a analizar metódicamente los hechos y buscar sus causas, lo sitúan entre los grandes historiadores griegos.

POLICARPO (san), *h. 69-Esmirna h. 167,* obispo de Esmirna. El relato de su martirio es el más antiguo testimonio de la muerte de un mártir.

Polichinela, en ital. **Pulcinella,** personaje de la commedia dell'arte. Jorobado, representa al glotón y fanfarrón.

POLICLETO, escultor y arquitecto griego del s. v a.C., nacido en Sicione o en Argos. Su teoría del *canon,* que aplicó a sus estatuas masculinas (*Diadumeno, Doríforo*), es una de las bases del clasicismo griego.

POLÍCRATES, *m. en Magnesia del Meandro 522 a.C.,* tirano de Samos. Su próspero reinado (533 o 532-522 a.C.) atrajo a su corte a artistas y escritores (Anacreonte).

POLIEUCTO (san), *m. en Melitene, Armenia, h. 250,* oficial romano, mártir. Convertido por su amigo Nearco, fue ejecutado por haber derribado los ídolos en un día de fiesta.

POLIFEMO MIT. GR. Cíclope que, en la *Odisea,* retiene prisionero a Ulises y a sus compañeros. Para huir de él, Ulises cegó su único ojo con una estaca, después de emborracharlo.

Polifemo y Galatea (Fábula de), poema de Luis de Góngora (1627, *Obras*), espléndida recreación culterana de la fábula *Acis y Galatea* de Ovidio.

POLIGNAC (Jules Auguste Armand, príncipe de), *Versalles 1780-París 1847,* político francés. Presidente del gobierno (1829), ordenó la expedición a Argel y firmó las ordenanzas que provocaron la revolución de julio de 1830.

POLIGNOTO, *isla de Tasos s. v a.C.-Atenas*, pintor griego. Autor de grandes composiciones mitológicas conocidas a través de las descripciones de Pausanias y de Plinio, se le considera el creador de la pintura mural griega.

POLIMNIA MIT. GR. Musa de los himnos sagrados.

POLINESIA, parte de Oceanía, que comprende las islas y archipiélagos situados entre Nueva Zelanda, las islas Hawai y la isla de Pascua; 26 000 km² (dos tercios de los cuales corresponden a las Hawai; 790 000 hab.). las plantaciones de cocoteros, la pesca y el turismo son los principales recursos de estas islas, generalmente de origen volcánico y coralino.

POLINESIA FRANCESA, en fr. **Polynésie française,** conjunto de archipiélagos franceses del Pacífico sur, que forman una colectividad de ultramar; 4 000 km²; 219 521 hab.; cap. *Papeete* (isla de Tahití). Comprende las islas de la Sociedad (con Tahití), las Marquesas, las Tuamotu y las Gambier, y las islas Australes.

POLINICES MIT. GR. Hermano de Eteocles en la leyenda tebana.

Polisario o **Frente polisario,** nombres con que se conoce el Frente de liberación de Saguía el-Hamra y Río de Oro, movimiento armado, constituido en mayo 1973, para la creación de un estado saharaui independiente en el antiguo Sahara Español (Sahara Occidental). Tras el acuerdo de Madrid (nov. 1975), por el que España cedía el territorio a Marruecos y Mauritania, el Frente polisario proclamó la República Árabe Saharaui Democrática (RASD) e inició una guerra de guerrillas contra Marruecos. La ONU (1978) y la conferencia de países no alineados (1979) lo reconocieron como parte en el conflicto. En 1982 la RASD ingresó en la OUA.

Politburó, órgano político del comité central del Partido comunista de Rusia (creado en 1917), y después de la URSS.

POLÍTIS (Nikòlaos), *Corfú 1872-Cannes 1942*, jurista y diplomático griego. Ministro de asuntos exteriores de Grecia (1917-1920), fue presidente de la SDN en 1932 y del Instituto de derecho internacional (1937-1942).

POLIZIANO (Angelo Ambrogini, llamado **il**), *Montepulciano 1454-Florencia 1494*, humanista y poeta italiano. Filólogo, autor de poemas en griego, latín e italiano, escribió *Las estancias para una justa* (1478) y *Fábula de Orfeo*, en la que se inspiró Monteverdi (*Orfeo*, 1607).

POLK (James Knox), *condado de Mecklenburg, Carolina del Norte, 1795-Nashville 1849*, político estadounidense. Presidente demócrata (1845-1849), anexionó Texas (1845), provocando la guerra contra México (1846-1848).

POLKE (Sigmar), *Oels, act. Oleśnica, Baja Silesia, Polonia, 1941*, pintor alemán. Su obra es ante todo un juicio a la abstracción (*Moderne Kunst*, 1968). El ciclo de cuadros que dedicó a la Revolución francesa (1988-1990) refleja las influencias pop art de sus inicios.

POLLACK (Sydney), *South Bend, Indiana, 1934-Pacific Palisades, Los Ángeles, 2008*, director de cine estadounidense, autor de películas humanistas y nostálgicas (*Danzad, danzad, malditos*, 1969; *Las aventuras de Jeremiah Johnson*, 1972; *Tootsie*, 1982; *Memorias de África*, 1985; *La intérprete*, 2005).

POLLAIOLO (Antonio Benci, llamado Antonio del), *Florencia h. 1432-Roma 1498*, pintor, escultor y orfebre italiano. Investigó el movimiento y la precisión anatómica, tanto en pintura (*Trabajos de Hércules*), como en escultura (pequeños bronces; tumbas de Sixto IV y de Inocencio VIII) y grabado. Su hermano **Piero** (h. 1443-1496) colaboró con él.

POLLENSA, en cat. **Pollença,** v. de España (Baleares), en Mallorca; 14 358 hab. (*pollensines*). Agricultura, ganadería. Industria (textil, calzados). Turismo (playas).

POLLENTIA, ant. c. romana de Mallorca, junto a la act. Alcudia. Se conserva un teatro.

POLLINI (Maurizio), *Milán 1942*, pianista italiano. Destaca por una interpretación precisa de un amplio repertorio de Bach y Beethoven a la música del s. xx (Schönberg, Bartók) y contemporánea (Boulez, Nono).

POLLOCK (Jackson), *Cody, Wyoming, 1912-Springs, Long Island, 1956*, pintor estadounidense. Influido por los muralistas mexicanos,

■ JACKSON **POLLOCK** realizando una de sus obras con la técnica del *dripping* (1952).

por Picasso, por la cultura amerindia y posteriormente (h. 1942, en Nueva York) por el automatismo surrealista, llegó, hacia 1947, a una pintura gestual (*action painting*), ejemplo del expresionismo abstracto, que se distingue por la práctica del *dripping* (goteo de color líquido sobre tela colocada en el suelo).

POLO (Marco), *Venecia 1254-íd. 1324*, viajero veneciano. Con su padre y su tío, negociantes venecianos, en 1271 inició la travesía de Asia central hacia Pekín y en 1275 llegó a Shangdu, residencia del emperador Kübiläy Kan. Durante dieciséis años recorrió el país en diversas misiones encomendadas por este último. De regreso a Venecia narró sus viajes en *El libro de las maravillas del mundo*, o *Il Milione*, extraordinaria descripción de la China mongola.

POLOCHIC, r. de Guatemala, en la vertiente atlántica; 240 km. Nace en el cerro Xucanelo (Alta Verapaz) y desemboca en el lago de Izabal. Navegable en su curso bajo.

POLO DE MEDINA (Salvador Jacinto), *Murcia 1603-Alcantarilla 1676*, escritor español, poeta culterano de fino humor (*Academias de jardín*, 1630).

POLONIA, en polaco **Polska,** estado de Europa oriental, a orillas del Báltico; 313 000 km²; 38 600 000 hab. (*polacos*). CAP. *Varsovia*. C. PRALES. *Cracovia, Wrocław, Poznań y Szczecin*. LENGUA: *polaco*. MONEDA: *zloty*.

INSTITUCIONES

República de régimen semipresidencial. Constitución de 1997. El presidente, elegido cada 5 años por sufragio universal, nombra un primer ministro, que elige al gobierno (elección sometida a la Dieta). Parlamento bicameral, compuesto por Dieta (*Sejm*) y Senado, elegidos por sufragio directo cada 4 años.

GEOGRAFÍA

A orillas del Báltico, es un país de llanuras (algunas lacustres) y de mesetas, con una franja montañosa al S. El clima es continental (inviernos duros, a menudo con nieve, y veranos relativamente cálidos y húmedos). La población, étnicamente homogénea y de mayoría católica, disminuye debido al retroceso de la natalidad y la emigración de numerosos trabajadores. Está urbanizada en sus dos tercios. Sin embargo, la producción agrícola es importante, con cultivos (trigo, remolacha azucarera, patata) y ganadería (bovina y sobre todo porcina). El subsuelo suministra cobre, lignito y sobre todo hulla, base de una importante industria siderúrgica y metalúrgica (alta Silesia). Pese al retraso en la reestructuración de ciertos sectores, el paso a la economía de mercado ha dado resultados macroeconómicos positivos. En contrapartida, ha generado desempleo y por tanto acrecentado las desigualdades y las tensiones sociales.

HISTORIA

Los orígenes y la dinastía de los Piast. Ss. v-vi: los eslavos se establecieron entre el Odra y el Elba. **Ss. vii-x:** la etnia polaca se singularizó dentro de la comunidad de los eslavos occidentales, entre las cuencas del Odra y el Vístula. **966:** mediante su bautismo, el duque Mieszko I (h. 960-992), fundador de la dinastía de los Piast, hizo entrar a Polonia en la cristiandad romana. **1025:** Boleslao I el Valiente (992-1025) fue coronado. **1034-1058:** Casimiro I es-

tableció la capital en Cracovia. **S. xii:** los germanos aprovecharon el desmembramiento y debilitamiento del país (repartos sucesorios), y la anarquía política, para reemprender su avance hacia N y el E. **1226:** para rechazar a los prusianos paganos, Conrado de Mazovia recurrió a los caballeros teutónicos, que conquistaron Prusia (1230-1283) y Pomerania oriental (1308-1309). **1320-1333:** Ladislao I Łokietek restauró la unidad del país, aunque no englobaba ya Silesia ni Pomerania. **1333-1370:** Casimiro III el Grande, hijo de Łokietek, llevó a la expansión al E (Rutenia, Volinia) y fundó la universidad de Cracovia (1364). **1370:** la corona pasó a Luis I el Grande, rey de Hungría.

Los Jagellón y la república nobiliaria. 1385-1386: el acta de Krewo estableció una unión personal entre Lituania y Polonia; Jogaila, gran duque de Lituania, y rey de Polonia con el nombre de Ladislao II (1386-1434), fundó la dinastía de los Jagellón. **1410:** obtuvo sobre los caballeros teutónicos la victoria de Grunwald. **1506-1572:** el apogeo de Polonia se alcanzó durante los reinados de Segismundo I el Viejo (1506-1548) y de Segismundo II Augusto (1548-1572). Estuvo marcado por la difusión del humanismo, la tolerancia religiosa y el auge económico. **1526:** el ducado de Mazovia (cap. Varsovia) fue incorporado al reino. **1569:** la Unión de Lublin aseguró la fusión de Polonia y Lituania en una «república» gobernada por una dieta única y un soberano elegido en común. **1572-1573:** tras la muerte de Segismundo II, último de los Jagellón, la nobleza impuso un control riguroso sobre la autoridad real. **1587-1632:** Segismundo III Vasa llevó a cabo guerras ruinosas contra Rusia, los otomanos y Suecia. **1632-1648:** durante el reinado de Ladislao IV Vasa se sublevaron los cosacos (1648). **1648-1660:** Rusia conquistó Bielorrusia y Lituania, mientras que Suecia ocupó casi todo el país. Fueron los llamados años del diluvio (*potop*), de los que la Polonia liberada salió arruinada. **1674-1696:** Juan III Sobieski venció a los turcos que sitiaban Viena. Tras su reinado, Polonia experimentó una gran anarquía; las potencias extranjeras intervinieron en los asuntos internos del país y lucharon por imponer su candidato al trono. **1697-1733:** el elector de Sajonia, Augusto II, apoyado por Rusia, fue expulsado por Carlos XII de Suecia, quien llevó al trono a Estanislao I Leszczyński (1704-1709). En 1709 Augusto II fue restablecido gracias a la victoria de Pedro el Grande en Poltava. **1733-1738:** la guerra de Sucesión de Polonia acabó con la derrota de Estanislao I (apoyado por Francia) ante Augusto III (candidato de Rusia).

Los tres repartos y la dominación extranjera. 1764-1795: durante el reinado de Estanislao II Augusto Poniatowski se formó la confederación de Bar dirigida contra Rusia (1768-1772). **1772:** Rusia, Austria y Prusia procedieron al primer reparto de Polonia. **1788-1791:** los patriotas reunieron la Gran Dieta e impusieron la constitución del 3 de mayo de 1791. **1793:** Rusia y Prusia procedieron al segundo reparto de Polonia. **1794:** la insurrección de Kościuszko fue aplastada. **1795:** el tercer reparto de Polonia entre Prusia, Austria y Rusia suprimió el nombre del país. **1807-1813:** Napoleón creó el gran ducado de Varsovia. **1815:** el congreso de Viena cedió Posnania a Prusia y Cracovia se convirtió en república libre; con el resto se formó un reino de Polonia anexionado al Imperio ruso. **1830:** la insurrección de Varsovia fue duramente reprimida, lo que ocasionó la llamada «gran emigración» de la élite polaca hacia occidente. **1863-1864:** nueva insurrección, duramente reprimida. **1864-1918:** la parte prusiana y la parte rusa de Polonia fueron sometidas a una política de asimilación; la Galitzia-Rutenia austriaca sirvió de refugio a la cultura polaca.

La Polonia independiente. 1918: Piłsudski proclamó en Varsovia la República independiente de Polonia. **1918-1920:** Dantzig fue convertida en ciudad libre. Silesia fue repartida entre Checoslovaquia y Polonia. **1920-1921:** tras la guerra polaco-soviética, la frontera se trasladó 200 km al E de la línea Curzon. **1926-1935:** Piłsudski, que había dimitido en 1922, volvió al poder mediante un golpe de estado y lo conservó hasta 1935. Polonia firmó pactos de no agresión con la URSS (1932) y Alemania (1934). **1938:** obtuvo de Checoslovaquia parte

Polonia

★ lugar de interés turístico
200   500   1000 m

━━━ autopista
─── carretera
─── ferrocarril
✈ aeropuerto

● más de 1 000 000 hab.
● de 500 000 a 1 000 000 hab.
● de 100 000 a 500 000 hab.
• menos de 100 000 hab.

el apoyo de la extrema derecha. **2007:** tras la victoria de los liberales (Plataforma cívica) en las elecciones, su líder, Donald Tusk, formó un gobierno de coalición con el Partido campesino.

POLONIO, cabo de Uruguay (Rocha), en la costa atlántica. Sus alrededores constituyen el parque nacional *Dunas del Polonio.* Faro.

POLONNARUWA, ant. cap. de Ceilán (Sri Lanka) en el s. VIII y del s. XI al XIII. Numerosos templos búdicos de los ss. XII-XIII, entre ellos el Vaṭadāgē y el Gal Vihāra (estatuas rupestres).

POL POT (**Saloth Sar,** llamado), *prov. de Kompong Thom 1925 o 1928-Chong K'sam, cerca de Anlong Ven, 1998,* político camboyano. Secretario general del partido comunista Khmer (1962) y primer ministro (1976-1979), fue el principal responsable de las atrocidades cometidas por los Khmer rojos.

POLTAVA, c. de Ucrania, al SO de Járkov; 315 000 hab. Catedral de h. 1700; museos. — Carlos XII, rey de Suecia, fue vencido allí por Pedro el Grande (8 julio 1709).

PÓLUX MIT. GR. Hermano de *Cástor.

POMA DE AYALA (Felipe **Huamán**), *San Cristóbal de Suntulo 1534-Lima 1615,* cronista peruano. Nieto de Túpac Yupanqui, escribió *Nueva Crónica* (1600), compendio de la historia preincaica del Perú, y *Buen gobierno* (1615), contra los abusos españoles.

POMARAPA, pico de Bolivia (Oruro); 6 222 m.

POMBAL (Sebastião José de **Carvalho e Melo,** marqués de), *Lisboa 1699-Pombal 1782,* estadista portugués. Secretario de asuntos exteriores y de la guerra (1750) y secretario para los asuntos del reino (1756) —primer ministro—, llevó a cabo, durante el reinado de José I (1750-1777), una política de despotismo ilustrado. Desarrolló la economía nacional, reformó la administración y emprendió grandes obras. En 1759 hizo expulsar a los jesuitas. Al subir al trono María I, cayó en desgracia.

■ MARQUÉS DE **POMBAL.** (Archivos de la torre del Tombo, Lisboa.)

POMBO (Álvaro), *Santander 1939,* escritor español. Sus novelas destacan por el análisis psicológico de los personajes (*El héroe de las mansardas de Mansard,* 1983; *El metro de platino iridiado,* 1991; *La fortuna de Matilda Turpin,* 2006). [Premio nacional de narrativa 1997.] (Real academia 2002.)

de Silesia. **1939:** al negarse a ceder Dantzig y su corredor a Hitler, fue invadido por tropas alemanas y posteriormente soviéticas; Alemania y la URSS se repartieron Polonia según el pacto germanosoviético. **1940:** el gobierno en el exilio, dirigido por Sikorski, se estableció en Londres. Stalin hizo ejecutar a miles de militares y civiles (matanza de Katyn). **1943:** insurrección y aniquilación del gueto de Varsovia. **1944:** la insurrección de Varsovia fracasó a falta del apoyo soviético. **1945:** las tropas soviéticas penetraron en Varsovia e instalaron allí el comité de Lublin, que se transformó en gobierno provisional. Las fronteras del país se fijaron en Yalta y Potsdam.

Polonia desde 1945. La organización del país fue acompañada de traslados masivos de población: los polacos de las regiones anexionadas por la URSS fueron transferidos a los territorios recuperados de Alemania. **1948:** Gomułka, partidario de una vía polaca hacia el socialismo, fue apartado en beneficio de Bierut, quien se alineó según el modelo soviético. **1953-1956:** la lucha del estado contra la Iglesia católica culminó con el encarcelamiento del cardenal Wyszyński. **1956:** tras el XX congreso del PCUS y las revueltas obreras de Poznań, el partido recurrió a Gomułka para evitar un levantamiento anticomunista y antisoviético. Fue el «octubre polaco». **1970:** Gomułka fue sustituido por Gierek. Este quiso remediar los problemas de la sociedad polaca mediante la modernización de la economía con la ayuda de occidente. **1978:** la elección de Karol Wojtyła, arzobispo de Cracovia, como papa con el nombre de Juan Pablo II, alentó las aspiraciones de los polacos a la libertad intelectual y política. **1980:** tras las huelgas, se firmó el acuerdo de Gdańsk y se creó el sindicato Solidaridad (Solidarność) con Lech Wałęsa al frente. **Dic. 1981-dic. 1982:** el general Jaruzelski, primer secretario del POUP (Partido obrero unificado polaco), instauró el «estado de guerra». **1988:** se desarrollaron huelgas para protestar contra los aumentos de precios y reclamar la legalización de Solidaridad. **1989:** las negociaciones entre el poder y la oposición condujeron al restablecimiento del pluralismo sindical (Solidaridad fue de nuevo legalizado) y a la democratización de las instituciones (abril). El nuevo parlamento surgido de las elecciones (junio), en el que la oposición obtuvo un amplio éxito, eligió a Jaruzelski presidente de la república (julio). Tadeusz Mazowiecki, dirigente de Solidaridad, se convirtió en jefe de un gobierno de coalición (ag.). El papel dirigente del partido fue abolido; el país recuperó oficialmente el nombre de república de Polonia (dic.). **1990:** Lech Wałęsa fue elegido presidente de la república por sufragio universal (dic.). **1991:** tras las primeras elecciones legislativas completamente libres, unos treinta partidos obtuvieron representación en la Dieta. Jan Olszewski (1991-1992) y Hanna Suchocka (1992-1993) se sucedieron en la jefatura del gobierno. **1992:** las unidades rusas de combate completaron su retirada del país. **1993:** se disolvió la Dieta. Las elecciones dieron la victoria a los ex comunistas y al Partido campesino (primeros ministros: Waldemar Pawlak, 1993-1995; Józef Oleksy, 1995-1996; Włodzimierz Cimoszewicz, 1996-1997). **1995:** el socialdemócrata (ex comunista) Alexander Kwaśnieski fue elegido presidente de la república (reelegido en 2000). **1997:** se adoptó una nueva constitución. Las elecciones legislativas consagraron el regreso al poder de los partidos surgidos de Solidaridad. Jerzy Buzek se convirtió en primer ministro. **1999:** Polonia se integró en la OTAN. **2001:** en el interior, el país conoció una nueva alternancia política, tras la amplia victoria de la coalición de izquierda en las elecciones legislativas. Leszek Miller dirigió el gobierno. **2004:** Polonia se adhirió a la Unión europea. Marek Belka fue nombrado primer ministro. **2005:** victoria electoral de las formaciones de derecha (católicos conservadores y liberales). Kazimierz Marcinkiewicz —del partido Ley y justicia, dirigido por Jarosław Kaczyński— formó gobierno en minoría. Lech Kaczyński (hermano gemelo de Jarosław) fue elegido presidente de la república. **2006:** J. Kaczyński se convirtió en primer ministro y gobernó con

■ POLONNARUWA. Templo Lankatilaka (s. XII).

POMBO (Rafael), *Bogotá 1833-íd. 1912*, poeta colombiano. Se inició como romántico, pero lentamente evolucionó hacia una mayor profundidad y flexibilidad formal. Sus temas fueron el amor y la naturaleza, aunque también escribió poesías elegíacas y filosóficas (*De noche; Elvira Tracy; La hora de las tinieblas* [1864]). Cultivó también el cuento (*Cuentos morales*, 1861; *Cuentos pintados*, 1865) y el drama. Fue secretario perpetuo de la Academia colombiana.

POMERANIA, región histórica a orillas del Báltico, dividida por el Odra en *Pomerania occidental* y *Pomerania oriental*. Fue disputada por Brandeburgo y la orden teutónica. Atribuida en parte a Suecia en 1648, fue anexionada por Brandeburgo en detrimento de Suecia (1720) y de Polonia (1772), y cedida a Prusia por entero en 1815; la parte oriental se convirtió en polaca en 1945. El O, integrado en la RDA, forma parte desde 1990 del *Land de Mecklemburgo-Pomerania occidental*.

POMONA MIT. ROM. Diosa de los frutos y de los jardines.

POMPADOUR (Jeanne Antoinette Poisson, marquesa de), *París 1721-Versalles 1764*, favorita de Luis XV de Francia. Su papel político fue importante, y protegió a filósofos, escritores y artistas.

POMPAELO, ant. c. de Hispania cuya fundación se atribuye a Pompeyo el Grande (74 a.C.). Es la act. *Pamplona*.

POMPEYA, en ital. **Pompei**, ant. c. de Campania, al pie del Vesubio, cerca de Nápoles. Fundada en el s. VI a.C. y colonia romana en 89 a.C., se convirtió en lugar de recreo de los romanos ricos. Sepultada bajo una densa capa de cenizas por la erupción del Vesubio (79), fue redescubierta y excavada a partir del s. XVIII.— Templos, edificios civiles, barrios de viviendas, residencias patricias, así como numerosas pinturas murales la convierten en uno de los conjuntos documentales más completos de la vida en la antigüedad. (Patrimonio de la humanidad 1997.)

POMPEYO, en lat. **Cnaeus Pompeius Magnus**, *106-Pelusium 48 a.C.*, general y estadista romano. Realizó campañas en Sicilia y África contra los partidarios de Mario (82 a.C.), obtuvo del senado el gobierno de Hispania Citerior (77-71) y restableció el orden en Hispania, donde acabó con la guerra de Sertorio (77-72). Después de vencer a Espartaco, obtuvo el consulado (70) junto a M. Licinio Craso, y limpió de piratas el Mediterráneo (67). Dirigió la guerra contra Mitrídates VI, rey del Ponto (66), y conquistó Asia Menor, Siria y Palestina, en donde tomó Jerusalén (63). De vuelta en Italia, tuvo que enfrentarse a la desconfianza del senado, receloso de su prestigio, y formó con Craso y César un triunvirato (60), renovado en 56; la muerte de Craso (53) lo dejó frente a frente con César. Mientras César estaba en la Galia, Pompeyo recibió en 52 plenos poderes para luchar contra la anarquía romana (asesinato de Clodio). La ambición de ambos hizo inevitable la guerra civil. César cruzó el Rubicón (enero de 49) y marchó sobre Roma. Pompeyo fue derrotado en Farsalia (48), tras lo que se refugió en Egipto, donde fue asesinado por orden de Tolomeo XIII.

POMPEYO (Cneo), *h. 75-en Hispania 45 a.C.*, patricio romano. Hijo de Pompeyo, a la muerte de este ocupó las Baleares y prosiguió la guerra contra César en la península Ibérica. Fue derrotado por César en Munda y muerto por Lentón.— **Sexto P.**, *75-Mileto 35 a.C.*, patricio romano. Hermano de Cneo, a la muerte de César (44) pasó a Italia y fue proscrito por los triunviros. Ocupó Sicilia, Córcega y Cerdeña. Fue derrotado por Agripa (36) y huyó a Mileto, donde fue asesinado.

POMPIDOU (Georges), *Montboudif 1911-París 1974*, político francés. Colaborador de De Gaulle, fue primer ministro (1962-1968) y presidente de la república desde 1969 hasta su muerte.

Pompidou (Centro) → **Centro nacional de arte y de cultura Georges Pompidou**.

PONÇ (Joan), *Barcelona 1927-Saint-Paul-de-Vence, Francia, 1984*, pintor español. Cofundador de Dau al set, su obra (ligada al principio a Miró) es onírica y esotérica.

PONCE, c. del S de Puerto Rico; 159 151 hab. Centro industrial. Puerto (*Playa Ponce*). Universidad. ⬚ Museo de arte.

PONCE (Aníbal), *Buenos Aires 1898-México 1938*, escritor argentino. Escribió ensayos literarios (*La vejez de Sarmiento*, 1927), políticos y sobre educación y psicología (*Educación y lucha de clases*, 1936).

PONCE (Manuel María), *Fresnillo 1882-México 1948*, compositor mexicano. Muy influyente en la música mexicana por su labor musicológica y docente, sus piezas sinfónicas e instrumentales (*Chapultepec*, 1934; *Ferial*, 1940; *Concierto del Sur* para guitarra y orquesta, 1941) se inspiran en el folclore autóctono.

PONCE (Pedro de), *Sahagún 1513-San Salvador de Oña, Burgos, 1584*, benedictino español, inventor de un método de enseñanza para sordomudos.

PONCE DE LEÓN, familia de la nobleza castellana con grandes propiedades en Andalucía occidental, donde rivalizaba con los Guzmán. Iniciada por Ponce Velaz de Cabrera (s. XII), su hijo Pedro Ponce casó con Aldonza, hija de Alfonso IX de León, y desde entonces la familia llevó el apellido Ponce de León.

PONCE DE LEÓN (Hernán), conquistador español del s. XVI. Participó en la conquista de la costa O del istmo de Panamá y, junto con Bartolomé Hurtado, llegó al golfo de Nicoya (Costa Rica) en 1516. Posteriormente tomó parte en la conquista del Perú.

PONCE DE LEÓN (Juan), *Santervás de Campos, Valladolid, h. 1460-en Cuba 1521*, conquistador español. Participó en la conquista de La Española (1502) y en 1508 conquistó Borinquén (Puerto Rico), de la que fue nombrado gobernador (1510-1512). Impuso por la fuerza la encomienda. En 1521 intentó colonizar Florida, pero fue herido en combate.

PONCE DE LEÓN (Rodrigo), conde **de Arcos**, marqués y duque **de Cádiz**, *Sevilla 1443-íd. 1492*. Militar español. Luchó contra los Guzmán y apoyó a Enrique IV contra la nobleza. Capitán general en la guerra de Granada, fue consejero de Fernando el Católico.

PONCE ENRÍQUEZ (Camilo), *Quito 1912-íd. 1976*, político ecuatoriano. Ministro en varias ocasiones, fue elegido presidente de la república (1956-1960) con el apoyo de los conservadores.

PONCELET (Jean Victor), *Metz 1788-París 1867*, matemático francés. Sentó las bases de la geometría proyectiva.

PONCITLÁN, mun. de México (Jalisco), en la margen N del lago Chapala; 26 905 hab. Regadíos. Pesca.

PONDAL (Eduardo), *Ponteceso, La Coruña, 1835-La Coruña 1917*, poeta español. Figura sobresaliente del Rexurdimento sus únicos libros publicados en vida fueron *Rumores de los pinos* (libro bilingüe de 1877) y *Quejumbres de los pinos* (1886). *Los hijos de la Aurora*, poema épico, quedó inacabado.

PONDICHERRY, c. de la India, en la costa de Coromandel; 401 337 hab. Adquirida por los franceses en 1674, se convirtió en sede de la Compañía de las Indias orientales. Conquistada por los británicos en varias ocasiones en la segunda mitad del s. XVIII, pasó definitivamente a Francia en 1815. Fue cedida a la India en 1956.

PONFERRADA, c. de España (León), cab. de p. j.; 62 642 hab. (*ponferradinos*). En el camino de Santiago. Capital comarcal de El Bierzo. Industria metalúrgica y química. Centrales térmicas.— Castillo templario (s. XIII).

PONIATOWSKA (Elena), *París 1933*, escritora mexicana de origen francés. Narradora y periodista, su obra trasciende las técnicas del nuevo periodismo (*Hasta no verte Jesús mío*, 1969; *La noche de Tlatelolco*, 1971; *Domingo 7*, 1982; *La flor de lis*, 1988; *El tren pasa primero*, 2005). [Premio Rómulo Gallegos 2007.]

PONIATOWSKI (Józef, príncipe), *Viena 1763-Leipzig 1813*, militar polaco. Estuvo al mando de los polacos contra Austria (1809) y del 5º cuerpo del gran ejército francés en Rusia (1812). Fue nombrado mariscal por Napoleón (1813).

PONS (Juan), *Ciudadela 1947*, barítono español. Tras iniciar su carrera como bajo, cambió a

la cuerda de barítono en 1977. Su repertorio se basa en la ópera italiana.

PONTA DELGADA, cap. de las Azores, en la isla São Miguel; 22 000 hab. Puerto.

PONTA GROSSA, c. de Brasil (Paraná); 233 517 hab.

PONTANO (Giovanni o Gioviano), en lat. **Pontanus**, *Cerreto, Umbría, h. 1426-Nápoles 1503*, estadista y humanista italiano. Agregado a la cancillería de Alfonso V de Aragón, secretario y educador de los hijos de Fernando I, escribió numerosas obras en latín sobre astronomía, filosofía y política.

Pont-Aven (escuela de), movimiento pictórico francés, reunida en Pont-Aven (Bretaña) en torno a Gauguin, h. 1886-1891. Acogió a pintores como E. Bernard y P. Sérusier (estética sintetista).

PONTE (Carla del), *Lugano 1947*, magistrada suiza. Fiscal general de la Confederación suiza de 1994 a 1999, fue fiscal de los tribunales penales internacionales para la ex Yugoslavia (1999-2007) y para Ruanda (1999-2003).

PONTE (Emanuele **Conegliano**, llamado Lorenzo **da**), *Ceneda, act. Vittorio Veneto, 1749-Nueva York 1838*, libretista italiano. Es autor de numerosos libretos para Salieri y Mozart (*Las bodas de Fígaro; Don Giovanni; Così fan tutte*).

PONTEAREAS, v. de España (Pontevedra), cab. de p. j.; 18 322 hab. (*puentereanses*). Yacimientos de feldespato.

PONTEVEDRA, c. de España, cap. de la prov. homónima y cab. de p. j.; 75 212 hab. (*pontevedreses*). Puerto accesible a pequeñas embarcaciones.— Iglesias góticas del s. XIV, basílica de Santa María la Grande (s. XVI) y capilla barroca de la Virgen Peregrina (s. XVIII).

PONTEVEDRA (provincia de), prov. de España, en Galicia; en lat. 4 477 km²; 912 621 hab.; cap. *Pontevedra*. La economía agropecuaria de las montañas interiores, reborde O del valle del Miño, contrasta con la pesca, el turismo y las industrias de la franja costera, muy articulada (Rías Bajas). Vigo es el principal núcleo de población.

PONTEVEDRA (ría de), ría de España (Pontevedra), formada por el río Lérez. En la parte interna se halla Pontevedra y, en la orilla S, Marín.

PONTI (Giovanni, llamado Gio), *Milán 1891-íd. 1979*, arquitecto y diseñador italiano. Pionero del movimiento moderno, fundó la revista *Domus* (1928).

PONTIANAK, c. de Indonesia (Borneo); 387 000 hab. Puerto.

Pontificado y el Imperio (lucha entre el) [1157-1250], conflicto que enfrentó, en Alemania e Italia, al poder eclesiástico (pontificado) con el poder civil (imperio). Se inició con la lucha entre el papa Alejandro III y el emperador Federico I Barbarroja, y finalizó con la victoria aparente del papa Inocencio IV sobre el emperador Federico II; de hecho, la influencia del papado quedó mermada.

PONTINA (llanura), ant. **pantanos Pontinos**, llanura de Italia, en el Lacio. Agricultura y ganadería. Entre 1928 y 1939 fue saneada y bonificada.

PONTO, ant. región del NE de Asia Menor, junto al Ponto Euxino. Convertido en un reino (301 a.C.), durante el reinado de Mitrídates VI (111-63) fue el estado más poderoso de Asia Menor.

PONTO EUXINO, ant. nombre griego del mar Negro.

PONTOPPIDAN (Henrik), *Fredericia 1857-Copenhague 1943*, escritor danés. Es autor de novelas naturalistas (*Pedro el Afortunado*). [Premio Nobel 1917.]

PONTORMO (Iacopo **Carucci**, llamado **il**), *Pontormo, prov. de Florencia, 1494-Florencia 1556*, pintor italiano. Inspirado en Miguel Ángel y en Durero, elaboró un estilo tenso, contrastado, con extraños efectos, que lo convirtieron en la personalidad dominante del manierismo florentino.

Ponza (batalla de) [1300], combate naval frente a la isla de Ponza (Italia) en el que la flota catalanoaragonesa, mandada por Roger de Lluria, derrotó a la de Federico II de Sicilia.— batalla de **Ponza** (1435), batalla naval en la que la escuadra genovesa, mandada por Biogio Assereto, venció a la aragonesa y apresó al rey Alfonso V el Magnánimo y a sus hermanos.

POOLE, c. de Gran Bretaña (Dorset); 130 900 hab. Puerto.

POOL MALEBO → MALEBO POOL.

POONA → PUNE.

POOPÓ o **PAMPA AULLAGAS,** lago de Bolivia (Oruro), en el Altiplano, a 3 600 m de alt.; 3 130 km². Comunica con el Titicaca por el río Desaguadero. En su centro, isla de Panza.

POPAYÁN, c. de Colombia, cap. del dep. del Cauca; 158 336 hab. Centro agropecuario, comercial, industrial y turístico. — El centro histórico conserva rasgos coloniales: iglesias de San Francisco, Santo Domingo y la Encarnación (s. XVIII); casas señoriales. Museo de arte religioso. — Fundada por S. de Belalcázar en 1536, fue muy dañada por el sismo de 1983.

POPAYÁN (peniplano de), altiplano de Colombia (Cauca), entre las cordilleras Central y Occidental de los Andes; 1 000 m de alt. aprox.

POPE (Alexander), Londres 1688-Twickenham 1744, escritor británico. Sus poemas didácticos (Ensayo sobre la crítica; Ensayo sobre el hombre), heroico-cómicos (El rizo robado) y satíricos (La Dunciada) lo convirtieron en el teórico y un gran representante del clasicismo.

POPEA, m. en 65 d.C., emperatriz romana. Esposa de Otón, fue amante de Nerón, quien la desposó en 62, la mató en un arrebato de ira, y luego la hizo divinizar.

Popeye, personaje de cómic creado en 1929 en Estados Unidos por Elzie Crisler Segar (1894-1938) en la serie Thimble Theatre (1919). Marinero camorrista, come espinacas, que le dan una fuerza hercúlea. — Inspiró a Max y Dave Fleischer un film de dibujos animados (Popeye the Sailor Meets Sinbad the Sailor, 1936).

POPOCATÉPETL, volcán de México, en la cordillera Neovolcánica, al SE de la ciudad de México, 5 452 m de altitud. Cumbre cubierta por nieves perpetuas. En sus alrededores, monasterios del s. XVI (patrimonio de la humanidad 1994). En 2000 entró en erupción.

■ EL POPOCATÉPETL

Popol-Vuh, obra literaria en lengua maya-quiché y alfabeto latino (entre 1540-1560). Su autor fue posiblemente un indio instruido por los españoles, al parecer Diego Reynoso. Recoge mitos mayas sobre la creación del mundo y noticias sobre la historia y tradiciones de los indígenas guatemaltecos precolombinos.

POPOV (Alexandr Stepánovich), Turinski Rudnik, act. Krasnoturinsk, cerca de Yekaterinburg, 1859-San Petersburgo 1906, ingeniero ruso. Inventó la antena radioeléctrica (1895) al perfeccionar el cohesor de Branly.

PÖPPELMANN (Matthäus Daniel), Herford 1662-Dresde 1736, arquitecto alemán. Maestro del barroco tardío, construyó el Zwinger de *Dresde.

POPPER (sir Karl Raimund), Viena 1902-Londres 1994, filósofo y epistemólogo británico de origen austriaco. A partir de la «falsabilidad» como criterio de distinción entre la ciencia verdadera y construcciones intelectuales que, como el marxismo o el psicoanálisis, no hacen más que simular científicidad, en epistemología elaboró una crítica global del determinismo, y en política defendió la «sociedad abierta» liberal (La lógica de la investigación científica, 1934; La miseria del historicismo, 1956; La búsqueda sin término, 1974).

POPTÚN, c. del NE de Guatemala (Petén).

popular (Partido) o **PP,** partido político español, fundado en 1989. Su precedente fue Alianza popular, formada en 1976 como una federación de grupos políticos derechistas o franquistas, liderados por M. Fraga. En 1989 se refundó como Partido popular, adoptó una línea de centroderecha y se alineó posteriormente con la Internacional democratacristiana. Venció en las elecciones legislativas de 1996 y de 2000.

PORDENONE, c. de Italia (Friuli-Venecia Julia), cap. de prov.; 49 746 hab. Monumentos antiguos, museo.

PORDENONE (Giovanni Antonio de' Sacchis, llamado **il**), Pordenone h. 1484-Ferrara 1539, pintor italiano. Activo en Treviso, Cremona, Piacenza, Venecia, etc., fue un pintor de iglesia de estilo vigoroso, que influyó en Tintoretto.

PORFIRIO, Tiro 234-Roma 305, filósofo griego de origen sirio. Editor de las Enéadas de su maestro Plotino, de quien fue continuador, polemizó con los cristianos.

PORI, c. de Finlandia, junto al golfo de Botnia; 79 000 hab. Puerto. — Museo regional.

PORLAMAR, c. de Venezuela (Nueva Esparta), cab. del mun. de Mariño, en la isla Margarita; 62 732 hab. Pesca (conservas).

PÓROS, m. h. 317 a.C., nombre griego (en lat. Porus) dado al rey indio Paurava, vencido por Alejandro (326).

PORRAS (Belisario), Las Tablas 1856-Panamá 1942, político panameño. Líder de los liberales colombianos, tras la secesión de Panamá fue presidente de este país en 1912-1916, 1918 y 1920-1924.

PORRES o **PORRAS** (Diego de), h. 1678-h. 1776, arquitecto guatemalteco. Fue el principal arquitecto de Antigua Guatemala durante la primera mitad del s. XVIII (Casa de la Moneda, portada de San Agustín) y construyó la catedral de León en Nicaragua.

PORRIÑO (O), v. de España (Pontevedra), cab. de p. j.; 16 011 hab. (porriñeses). Canteras de granito rosado para la exportación.

PORSCHE (Ferdinand), Maffersdorf, Bohemia, 1875-Stuttgart 1951, ingeniero austriaco. Tras dedicarse por sus innovaciones para las empresas de construcción de automóviles Lohner y Daimler, en 1931 creó su propia empresa, en la que concibió la *Volkswagen y un deportivo que anunció la aparición (1948) de los modelos Porsche.

PORSENNA, s. VI a.C., rey etrusco. Intentó restablecer a los Tarquinos en Roma.

PORTA (Giacomo della), ¿en Lombardía? h. 1540-Roma 1602, arquitecto italiano. Finalizó, en Roma, algunos edificios iniciados por Miguel Ángel (basílica de San Pedro, h. 1585-1590). La fachada que elevó para el Gesù de Vignola es típica del estilo de la Contrarreforma.

Portaespadas, orden de caballería fundada en 1202. Creada por el obispo de Riga, Albert von Buxhoeveden, para dirigir una cruzada contra los paganos de Livonia, en 1237 se unió a la orden Teutónica, por conservó a su gran maestre. En 1561 fue secularizada.

PORTALES (Diego), Santiago 1793-Cabritería, Valparaíso, 1837, político chileno. Líder de los estanqueros y luego de los pelucones, fue ministro (1830) y defendió los intereses de la oligarquía terrateniente. Fue fusilado durante la sublevación militar de Quillota (junio 1837).

PORT-ARTHUR, en chino Lüshun, c. del NE de China (Liaoning). Forma parte de la conurbación de Lüda. Puerto.— Después de ser cedido a Rusia (1898) y ocupado por Japón (1905), a partir de 1945 el territorio estuvo bajo administración chinosoviética hasta 1954, en que fue cedido a China.

PORT-AU-PRINCE → PUERTO PRÍNCIPE.

PORT BLAIR, c. de la India, cap. del territorio de las islas Andaman y Nicobar; 74 810 hab.

Port-Bouët, emplazamiento del aeropuerto de Abidjan.

PORTELA VALLADARES (Manuel), Pontevedra 1868-Bandol, Francia, 1952, político español. Ministro de gobernación de Lerroux (abril-sept. 1935), fue nombrado jefe de gobierno (dic.) y convocó las elecciones presidenciales que dieron el triunfo al Frente popular (febr. 1936).

PORT ELIZABETH, c. de Sudáfrica, a orillas del océano Índico; 585 000 hab. Puerto. Centro industrial. Forma con Uitenhage y Despatch el área metropolitana Nelson Mandela Bay.

PORTER (Cole), Peru, Indiana, ¿1891?-Santa Mónica 1964, compositor estadounidense. El jazz y la comedia musical le deben piezas notables por su simplicidad y elegancia (What is This Thing Called Love?, Night and Day). También compuso bandas sonoras de películas.

PORTER (George, barón), Stainforth 1920-Londres 2002, químico británico. Estudió las reacciones químicas de gran velocidad. (Premio Nobel 1967.)

PORTER (Katherine Anne), Indian Creek, Texas, 1890 Silver Spring, Maryland, 1980, escritora estadounidense. Sus relatos (El árbol de Judas, 1930) y novelas (La nave de los locos, 1962) abordan el conflicto entre los valores sociales y espirituales.

PORTER (Liliana), Buenos Aires 1941, pintora y artista gráfica argentina. Influida en sus inicios por el pop art, más tarde se inclinó por el arte conceptual. Su obra mezcla diferentes técnicas (fotografía, elementos gráficos, collage) para abordar temas como la memoria y la ilusión.

PORTES GIL (Emilio), Ciudad Victoria, 1891-México 1978, político mexicano. Presidente provisional tras el asesinato de Obregón (1928-1930), defendió la separación de la Iglesia y el estado (El conflicto entre el poder civil y el clero, 1935).

PORT-GENTIL, c. de Gabón, en la desembocadura del Ogooué, 123 300 hab. Puerto. Centro de la zona de explotación petrolera.

PORT HARCOURT, c. de Nigeria, en el delta del Níger; 335 000 hab. Puerto. Refino de petróleo y petroquímica.

PORTICI, c. de Italia (Campania); 67 824 hab. Puerto. Palacio real y villas del s. XVIII.

PORTILLO (El), estación de deportes de invierno de Chile (Valparaíso), en los Andes; alt. 2 850-3 550 m. Sede de los campeonatos mundiales de esquí de 1966.

PORTILLO (Alfonso), Zacapa 1951, político guatemalteco. Líder del conservador Frente republicano guatemalteco, fue presidente de la república de 1999 a 2003.

PORTILLO (Álvaro del), Madrid 1914-Roma 1994, prelado español. Doctor en filosofía y letras y derecho, e ingeniero de caminos, fue miembro del Opus Dei desde 1935, colaborador de su fundador, Josemaría Escrivá de Balaguer, y presidente general de la prelatura desde 1975. En 1990 fue consagrado obispo.

PORTILLÓN (El) en cat. **El Portilló,** en fr. **col du Portillon,** puerto de los Pirineos (Lérida), en la frontera francoespañola; 1 305 m de alt. Carretera de Viella a Bagnères de Luchon.

PORTINARI (Cándido), Brodósqui, estado de São Paulo, 1903-Río de Janeiro 1962, pintor brasileño. Es autor de grandes pinturas murales de inspiración social o histórica.

PORTLAND, península de Gran Bretaña (Dorset), en el canal de la Mancha. Caliza arcillosa que ha dado nombre a variedades de cemento.

PORTLAND, c. de Estados Unidos (Oregón); 437 319 hab. (1 239 842 hab. en la aglomeración). Centro cultural, comercial e industrial. — Museo de arte.

PORT LOUIS, cap. de la isla Mauricio; 172 000 hab.

PORT-LYAUTEY → KÉNITRA.

PORT MORESBY, cap. de Papúa y Nueva Guinea, junto al mar de Coral; 193 000 hab.

PORTO → OPORTO.

PÔRTO ALEGRE, c. de Brasil, cap. del est. de Río Grande do Sul; 1 262 631 hab. (3 015 960 hab. en la aglomeración). Metrópoli económica del S de Brasil.— Sede del Foro social mundial desde 2001 (excepto en 2004).

PORTOBELO, c. de Panamá (Colón); 2 000 hab. El lugar fue descubierto por Colón en 1502. La ciudad, fundada en 1597 (San Felipe de Portobelo), fue punto de arribada de los galeones españoles y centro comercial, atacada varias veces por los corsarios ingleses. Decayó en el s. XVIII. — Las fortificaciones de Portobelo, junto con el fuerte San Lorenzo, fueron declarados patrimonio de la humanidad (1980).

PORTOCARRERO (Luis Manuel **Fernández de**), *1635-Toledo 1709*, cardenal y político español. Fue virrey de Sicilia (1677), arzobispo de Toledo y primado de España. Miembro del consejo de Estado, ejerció una gran influencia durante el reinado de Carlos II.

PORTOCARRERO (René), *La Habana 1912-íd. 1985*, pintor cubano. Su obra ofrece una dimensión particular de lo cubano (paisajes, mujeres, interiores, carnavales) a través de un original barroquismo y el uso del color y la ornamentación con carácter expresivo. También hizo cerámica, paneles de cristal y murales.

PORTOCARRERO LASSO DE VEGA (Melchor), conde de la **Monclova**, *Madrid 1636-Lima 1705*, militar y administrador español. Virrey de Nueva España (1686-1688) y del Perú (1689-1705), mandó construir el puerto de El Callao (1693-1696).

PORT OF SPAIN, cap. de Trinidad y Tobago (Trinidad); 53 000 hab. en la aglomeración. Carnaval.

PORTOLÁ (Gaspar de), *Balaguer 1717-Lérida 1786*, militar y explorador español. Gobernador de la Baja California (1767), expulsó a los jesuitas y exploró la Alta California con fray Junípero Serra; descubrieron la bahía de San Francisco y fundaron San Diego (1769) y Monterrey (1770).

PORTO-NOVO, cap. de Benín, junto al golfo de Guinea; 208 000 hab.

PÔRTO VELHO, c. de Brasil, cap. de Rondônia; 286 400 hab.

PORTOVIEJO, c. de Ecuador, cap. de la prov. de Manabí; 132 937 hab. Centro de región agrícola. Industrias artesanas. Universidad técnica de Manaí. — Fue fundada en 1535 por Francisco Pacheco.

Port-Royal, abadía francesa de religiosas cistercienses, fundada en 1204 cerca de Chevreuse (Yvelines). En el s. XVII fue reformada y se trasladó a París (1625) hasta su supresión (1710). Fue un foco jansenista, y un activo centro cultural.

PORT SAID, c. de Egipto, junto al Mediterráneo, a la entrada del canal de Suez; 461 000 hab. Puerto. En las proximidades, salinas.

PORTSMOUTH, c. de Estados Unidos (Virginia); 103 907 hab. Puerto. Astilleros.

PORTSMOUTH, c. de Gran Bretaña (Inglaterra, en Hampshire); 174 700 hab. Puerto. Construcción naval. — Museos, entre ellos el del *Victory*, buque almirante de Nelson.

Portsmouth (tratado de) [5 sept. 1905], tratado firmado en Portsmouth (EUA, New Hampshire), entre Japón y Rusia. Puso fin a la guerra ruso-japonesa y permitió a Japón establecer su protectorado en Corea.

PORT SUDAN, c. de Sudán, junto al mar Rojo; 207 000 hab. Principal puerto del país.

PORT TALBOT, c. de Gran Bretaña, en el País de Gales, junto al canal de Bristol; 55 000 hab. Siderurgia.

PORTUGAL, estado de Europa, en el O de la península Ibérica y los archipiélagos de Madeira y Azores, en el Atlántico; 92 000 km²; 9 800 000 hab. *(portugueses)*. CAP. *Lisboa*. LENGUA: *portugués*. MONEDA: *euro*.

INSTITUCIONES

República. Constitución de 1976, enmendada en 1982 y 1989. Presidente de la república elegido cada 5 años por sufragio universal. Primer ministro designado por el presidente de la república. Asamblea de la república, elegida cada 4 años por escrutinio directo.

GEOGRAFÍA

Extremo SO de Europa, Portugal está formado por mesetas que descienden gradualmente hacia el Atlántico. El clima es a menudo cálido y seco, en verano (lo que favorece la propagación de los incendios de bosques) y en el S (Algarve), mientras que el N pertenece a la zona húmeda. Los principales productos agrícolas son los cereales (maíz al N, trigo al S), la vid, el olivo, las frutas y las hortalizas. Ganadería ovina, porcina y bovina. Producción y exportación de vino y corcho. El litoral vive de la pesca y, sobre todo, del turismo. La economía ha experimentado un amplio desarrollo tras la adhesión de Portugal a la Europa comunitaria. A las industrias tradicionales (textil, agroalimentaria, de la construcción) se han añadido sectores con gran valor añadido (máquinas-herramienta, electrónica, plásticos). El sector de servicios se ha desarrollado especialmente. Pero el país carece de recursos minerales y energéticos y todavía debe superar ciertos retrasos estructurales.

Lisboa y Oporto son con diferencia las principales ciudades. La población ha visto cómo se modificaba su perfil: la natalidad ha bajado considerablemente y Portugal, tras las emigraciones masivas de la década de 1960, se está convirtiendo actualmente en un territorio de inmigración (de sus antiguas colonias africanas y de la Europa del Este).

HISTORIA

La formación de la nación. El territorio estuvo ocupado por tribus relacionadas con los fenicios, los cartagineses y los griegos. **S. II a.C.:** Augusto creó la provincia romana de Lusitania. **S. V d.C.:** la provincia fue invadida por los suevos y los alanos, y posteriormente por los visigodos, que se establecieron allí de forma permanente. **711:** los musulmanes conquistaron la zona. **866-910:** Alfonso III de Asturias reconquistó la región de Oporto. **1064:** Fernando I de Castilla liberó la región situada entre el Duero y el Mondego. **1097:** Alfonso VI, rey de Castilla y de León, confió el condado de Portugal a su yerno, Enrique de Borgoña, fundador de la dinastía de Borgoña. **1139-1185:** Alfonso Henríques, hijo de Enrique de Borgoña, tomó el título de rey de Portugal tras su victoria de Ourique contra los musulmanes (1139) e hizo reconocer la independencia de Portugal. **1212:** Después de la derrota almohade de Las Navas de Tolosa, se constituyeron las cortes en Coimbra. **1249:** Alfonso III (1248-1279) acabó la reconquista ocupando el Algarve. **1290:** Dionisio I (1279-1325) fundó la universidad de Lisboa, que se trasladaría, en 1308, a Coimbra. **1383:** la muerte de Fernando I (1367-1383) abrió una crisis dinástica. **1385:** Juan I (1385-1433) fundó la dinastía de Avís, tras la victoria sobre los castellanos en la batalla de Aljubarrota, que consolidó la independencia portuguesa.

La edad de oro. Portugal prosiguió en el s. XV y a comienzos del s. XVI su expansión marítima y tuvo un papel importante en los viajes de descubrimientos, estimulados por Enrique el Navegante (1394-1460). **1488:** Bartolomeu Dias dobló el cabo de Buena Esperanza. **1494:** el tratado de Tordesillas estableció una línea divisoria entre las posesiones extraeuropeas de

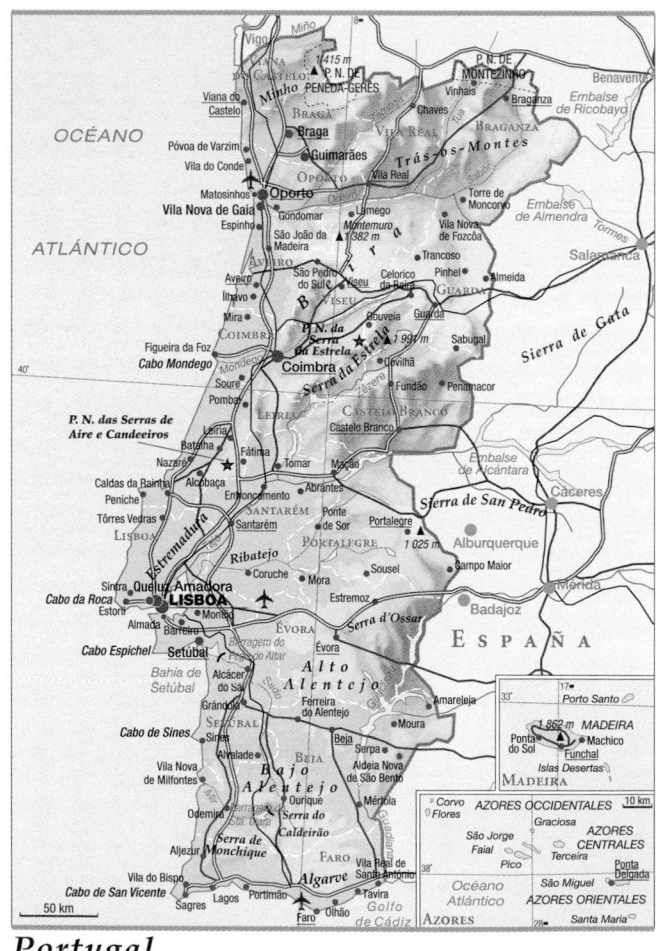

Portugal

★ lugar de interés turístico
✈ aeropuerto
200 500 1000 1500 m

══ autopista
── carretera
── ferrocarril
▒ límite de distrito
Braga capital de distrito

● más de 500 000 hab.
● de 100 000 a 500 000 hab.
● de 50 000 a 100 000 hab.
● menos de 50 000 hab.

España y las de Portugal. **1497:** Vasco de Gama descubrió la ruta de las Indias. **1500:** P. Álvares Cabral tomó posesión de Brasil. **1505-1515:** se constituyó el Imperio portugués de las Indias. **1521-1557:** durante el reinado de Juan III, el mundo intelectual y artístico experimentó el mismo auge que la economía.

Las crisis y la decadencia. 1578: Sebastián I (1557-1578) murió en la batalla de Alcazarquivir, en Marruecos. **1580:** al extinguirse la dinastía de Avís, Felipe II de España se convirtió en rey de Portugal y se unieron los dos reinos. **1640:** los portugueses se sublevaron contra España y proclamaron rey al duque de Braganza, Juan IV (1640-1656). **1668:** por el tratado de Lisboa, España reconoció la independencia de Portugal, mediante la cesión de Ceuta. **Fines del s. XVII:** resignado a la pérdida de poder en Asia y a su retroceso en África, Portugal se dedicó a la explotación de Brasil. **1703:** el tratado de Methuen vinculó económicamente a Portugal y a Gran Bretaña. **1707-1750:** Con Juan V, el oro de Brasil no logró estimular la economía metropolitana. **1750-1777:** José I confió el gobierno a Carvalho y Melo, marqués de Pombal, quien impuso un régimen de despotismo ilustrado y reconstruyó Lisboa tras el terremoto de 1755. **1792:** María I (1777-1816) dejó el poder a su hijo, el futuro Juan VI. **1801:** «guerra de las Naranjas» entre Portugal y España. **1807:** el país fue invadido por las tropas francesas de Junot; la familia real se trasladó a Brasil. **1808:** Wellesley desembarcó en Portugal. **1811:** el país fue liberado de los franceses; la corte permaneció en Brasil, y Portugal vio sometido a un régimen militar controlado por Gran Bretaña. **1822:** Juan VI (1816-1826) regresó a Lisboa a petición de las cortes y aceptó una constitución liberal. Su primogénito, Pedro I, se proclamó emperador de Brasil, cuya independencia fue reconocida en 1825. **1826:** a la muerte de Juan VI, Pedro I se convirtió en rey de Portugal con el nombre de Pedro IV; abdicó en favor de su hija María II y confió la regencia a su hermano Miguel. **1828:** este se proclamó rey (Miguel I) e intentó restablecer el absolutismo. **1832-1834:** Pedro I desembarcó en Portugal y restableció a María II (1826-1853). **1834-1853:** culminaron la tensión política y las luchas civiles. **1852-1908:** tras el establecimiento del sufragio censitario, Portugal conoció durante los reinados de Pedro V (1853-1861), Luis I (1861-1889) y Carlos I (1889-1908) un verdadero régimen parlamentario; el país intentó emprender su «regeneración» y reconstituir un imperio colonial en torno a Angola y Mozambique. **1907-1908:** João Franco instauró una dictadura. Carlos I fue asesinado con su primogénito. **1908-1910:** su segundo hijo, Manuel II, renunció al régimen autoritario pero fue destituido por la revolución cívico-militar republicana.

La república. 1910-1911: se proclamó la república. El gobierno provisional estableció la separación Iglesia-estado y concedió el derecho de huelga. **1911-1926:** reinó una gran inestabilidad política durante la I república; Portugal no obtuvo ventajas sustanciales de su participación, junto a los Aliados, en la primera guerra mundial. **1926:** el golpe de estado del general Manuel Gomes da Costa acabó con el régimen. **1928:** el general António Óscar Carmona, presidente de la república, entregó la cartera

de finanzas a António de Oliveira Salazar, quien logró una espectacular recuperación. **1933-1968:** Salazar, presidente del gobierno (1932), gobernó según la constitución de 1933, que instauraba «el estado nuevo» (*Estado Novo*), corporativista y nacionalista. **1968-1974:** Marcelo Caetano (sucesor de Salazar) combatió las rebeliones de Guinea, Mozambique y Angola. **1974:** una junta, dirigida por el general António de Spínola, se hizo con el poder e inauguró la «revolución de los claveles»; fue eliminada por las fuerzas de izquierdas. **1975:** el Consejo nacional de la revolución aplicó un programa socialista. Las antiguas colonias portuguesas accedieron a la independencia. **1976-1986:** António Ramalho Eanes presidió la república, mientras se sucedían los gobiernos de Mário Soares (socialista, 1976-1978), más tarde —después de tres gobiernos de «iniciativa presidencial»— los de Francisco Sá Carneiro (centroderecha, 1980), de Francisco Pinto Balsemão (socialdemócrata, 1981-1983), de nuevo de M. Soares (1983-1985) y de Aníbal Cavaco Silva (socialdemócrata, 1985-1995). **1986:** M. Soares se convirtió en presidente de la república. Portugal entró en la CEE. **1995:** António Guterres (socialista) se convirtió en primer ministro. **1996:** el socialista Jorge Sampaio fue elegido presidente de la república (reelegido en 2001). **1999:** se produjo la retrocesión del territorio de Macao a China. **2002:** A. Guterres dimitió. Tras la victoria del Partido socialdemócrata en las elecciones, José Manuel Durão Barroso fue nombrado jefe del gobierno. **2004:** Pedro Santana Lopes (socialdemócrata) le sucedió. **2005:** los socialistas obtuvieron la mayoría absoluta en las elecciones. José Sócrates se convirtió en primer ministro. **2006:** A. Cavaco Silva fue elegido presidente de la república.

PORTUGALETE, v. de España (Vizcaya); 52 681 hab. *(portugalujos).* Centro portuario e industrial en la aglomeración de Bilbao.— Iglesia gótica de Santa María.

PORTUGUESA (estado), est. de Venezuela; 15 200 km²; 622 250 hab.; cap. *Guanare.*

PORTUONDO (José Antonio), *Santiago de Cuba 1911-íd. 1996,* escritor cubano, estudioso de la literatura de su país *(Bosquejo histórico de las letras cubanas,* 1960).

PORT-VILA → **VILA.**

PORVENIR (El) → **SAN BLAS** (comarca de).

POSADA (Adolfo), *Oviedo 1860-Madrid 1944,* sociólogo español. Introdujo en la sociología española nociones, teorías y enfoques de la sociología europea y norteamericana.

POSADA (José Guadalupe), *Aguascalientes 1852-México 1931,* grabador mexicano. Renovador de la gráfica mexicana y continuador del grabado popular, destacan sus calaveras, representación en forma de esqueletos de valor emblemático *(Calavera huertista,* contra V. Huerta).

POSADAS, c. de Argentina, cap. de la prov. de Misiones, a orillas del Paraná; 219 824 hab. Activo comercio con Paraguay (un puente internacional sobre el Paraná la une con Encarnación) y Brasil. Ruinas de misiones jesuitas.

POSADAS (Gervasio Antonio de), *Buenos Aires 1757-íd. 1833,* patriota argentino. Miembro

de la asamblea general constituyente (1813) y director supremo de las Provincias Unidas (1814), no supo resolver la sedición de Artigas. Dimitió en 1815.

POSDR → **socialdemócrata de Rusia** (Partido obrero).

POSEIDÓN MIT. GR. Dios del mar, que se representa armado de un tridente. Corresponde al Neptuno de los romanos.

POSIDONIO, *Apamea, Siria, h. 135-Roma 51 a.C.,* filósofo griego. Impartió sus enseñanzas en Rodas y contribuyó a la latinización del estoicismo. Tuvo por oyentes a Cicerón y Pompeyo.

POSNANIA, ant. prov. de Prusia, cuya capital era Poznań. Atribuida al reino de Prusia en el segundo reparto de Polonia (1793), fue devuelta a Polonia en 1919.

POSSE (Abel Parentini), *Córdoba 1936,* escritor argentino. Original narrador, en sus novelas aborda la historia de América desde diferentes puntos de vista *(Los bogavantes,* 1968; *Daimon,* 1978; *Momento de morir,* 1979; *Los perros del paraíso,* 1983; *La reina del Plata,* 1992). [Premio Rómulo Gallegos 1987.]

PÓSTUMO (Marco Casiano Latino), *m. en 268,* oficial galo. Se hizo proclamar emperador de la Galia por sus tropas (258). Aunque Galieno lo toleró, fue asesinado por estas.

Potala, ant. palacio del dalai lama (act. museo) en Lhassa, Tíbet. Fundado en el s. VII, su arquitectura escalonada (13 plantas, 178 m de altura, 400 m de longitud) evoca la residencia divina de Avalokitesvara, el protector del Tíbet. Iniciado h. 1645, el edificio actual constituye una verdadera ciudadela que alberga santuarios, pagodas funerarias, estancias y bibliotecas. (Patrimonio de la humanidad 1994.)

POTEMKÍN o **POTIOMKIN** (Grigori Alexándrovich), *cerca de Smoliensk 1739 cerca de Iași 1791,* estadista y militar ruso. Favorito de Catalina II, extendió la influencia de Rusia alrededor del mar Negro a expensas de los turcos. Anexionó Crimea (1783) y dirigió las tropas de la guerra ruso-turca (1787-1791).

Potemkín o **Potiomkin,** acorazado de la flota rusa del mar Negro, cuyos marineros se amotinaron en junio de 1905, antes de rendirse a las autoridades rumanas en Constanța. Este episodio inspiró la película de S. M. Eisenstein *El acorazado Potemkin* (1925), una obra maestra por su excelencia formal.

POTENZA, c. de Italia (Basilicata), cap. de prov.; 65 603 hab. Iglesias medievales; museo arqueológico.

POTIDEA, ant. c. de Macedonia. Su sublevación contra Atenas (432 a.C.) fue una causa de la guerra del Peloponeso (431-404 a.C.).

POTOCKI, familia de magnates polacos, entre cuyos miembros destacan varios estadistas y un escritor — **Jan P.,** *Piłów 1761 Uladówka 1815,* escritor polaco. Estudió el origen de las civilizaciones eslavas y escribió en francés un relato fantástico, *El manuscrito encontrado en Zaragoza* (1804-1805).

POTOMAC, r. de Estados Unidos, que desemboca en la bahía de Chesapeake; 460 km. Pasa por Washington.

POTOSÍ, c. de Bolivia, cap. del dep. homónimo, al pie del cerro de Potosí; 112 291 hab. Templos y mansiones con típica ornamentación barro-

■ EL **POTALA,** fundado en el s. VII, reconstruido en el s. XVII, en Lhassa (Tíbet).

■ **POTOSÍ.** Vista de la ciudad, con la iglesia de San Benito en primer término.

ca. Casa de la Moneda (s. XVIII) y catedral (s. XIX), también barrocas. (Patrimonio de la humanidad 1987.) — Fundada en 1545, su época de esplendor (ss. XVI y XVII) estuvo ligada a la explotación de las minas de plata y más tarde a la de estaño.

POTOSÍ (cerro de) o **CERRO RICO DE POTOSÍ,** cerro de Bolivia, en la cordillera Real de los Andes; 4 739 m. Antiguas minas de plata (agotadas).

POTOSÍ (departamento de), dep. del SO de Bolivia; 118 218 km²; 645 817 hab.; cap. *Potosí.*

POTRERILLOS, área minera de Chile (Atacama), gran productora de cobre.

POTSDAM, c. de Alemania, cap. de Brandeburgo, al SO de Berlín; 139 262 hab. Centro industrial. — Antiguamente llamada «el Versalles prusiano», conserva diversos monumentos (sobre todo por Schinkel), museos y sobre todo, en el parque de Sans-Souci, el pequeño palacio homónimo (joya del rococó, construido por Georg Wenzeslaus von Knobelsdorff para Federico II en 1745), así como el enorme Palacio nuevo (1763). [Patrimonio de la humanidad 1990 (ampliado en 1999).]

Potsdam (conferencia de) [julio-ag. 1945], conferencia internacional del final de la segunda guerra mundial. Celebrada entre Truman, Stalin y Churchill (posteriormente Attlee), definió las modalidades de ocupación de Alemania y Austria, y confió la administración de los territorios alemanes situados al E de la línea Oder-Neisse a Polonia y la URSS (para una parte de Prusia oriental).

POTT (Percival), *Londres 1713-íd. 1788,* cirujano británico. Es conocido, sobre todo, por sus investigaciones sobre la tuberculosis vertebral *(mal de Pott).*

POTTER (Paulus), *Enkhuizen 1625-Amsterdam 1654,* pintor neerlandés. Es el más famoso pintor de animales de la escuela holandesa.

POULENC (Francis), *París 1899-íd. 1963,* compositor francés. Es autor de composiciones para orquesta, melodías sobre la obra de diversos poetas, música religiosa y ballets.

POULO CONDORE → **CÔN DAO.**

POUM (Partido obrero de unificación marxista), partido político comunista español, fundado en 1935. Implantado principalmente en Cataluña, mantuvo una línea independiente de la URSS y y formó parte del Frente popular (1936). Fue ilegalizado tras los sucesos de *mayo de 1937.

POUND (Ezra Loomis), *Hailey, Idaho, 1885-Venecia 1972,* poeta estadounidense. Buscó en la unión de culturas (*El espíritu de las literaturas románicas,* 1910) y lenguajes el antídoto contra el desgaste y la disgregación que el mundo moderno impone al hombre (*Cantos,* 1919-1969).

POURBUS (Pieter), *Gouda 1523-Brujas 1584,* pintor flamenco. Es autor de composiciones religiosas italianizantes y de retratos. — **Frans P.,** llamado **el Viejo,** *Brujas 1545-Amberes 1581,* pintor flamenco. Hijo de Pieter, fue sobre todo un buen retratista de tendencia manierista. — **Frans II P.,** llamado **el Joven,** *Amberes 1569-París 1622,* pintor flamenco. Hijo de Frans P. el Viejo, siguió su carrera de retratista en diversas cortes europeas.

POUSSEUR (Henri), *Malmédy 1929,* compositor belga. Pasó del serialismo a la electroacústica (*Vuestro Fausto,* 1969; *Proceso del joven perro,* 1978).

POUSSIN (Nicolas), *Villers 1594-Roma 1665,* pintor francés. Pasó la mayor parte de su vida en Roma. Influido por Tiziano, evolucionó del manierismo hacia un clasicismo erudito cada vez más depurado (*Las cuatro estaciones,* Louvre).

POVEDA (Alfredo), *Ambato 1926-Miami 1990,* militar y político ecuatoriano. Presidió la junta militar que gobernó tras un golpe de estado (1976-1979).

POVEDA (José Manuel), *Santiago de Cuba 1888-Manzanillo 1926,* escritor cubano. Su única obra, *Versos precursores* (1917) lo sitúa en el modernismo innovador.

POVEDA (san Pedro), *Linares 1874-Madrid 1936,* sacerdote y pedagogo español. Tras ejercer su apostolado entre los pobres de Granada, fun-

dó la institución teresiana (1917), dedicada a la educación de la mujer. Capellán real (1919), fue asesinado por milicianos republicanos. Es autor de *Ensayo de proyectos pedagógicos para la fundación de la institución católica de la enseñanza* (1911) y *Consejos* (1912). Fue beatificado en 1993 y canonizado en 2003.

POWELL (Earl, llamado Bud), *Nueva York 1924-íd. 1966,* pianista de jazz estadounidense. Compositor, se impuso durante los años cuarenta como creador del piano bop (*Bouncing with Bud,* 1949; *Un poco loco,* 1951).

POWELL (Cecil Frank), *Tonbridge 1903-Casargo, Italia, 1969,* físico británico. Descubrió el mesón pi, o pión, gracias al empleo de la placa fotográfica aplicada al estudio de los rayos cósmicos. (Premio Nobel 1950.)

POWELL (Colin Luther), *Nueva York 1937,* militar y político estadounidense. Fue el primer ciudadano de raza negra de Estados Unidos en ocupar el mando supremo de los ejércitos (1989-1993), y más tarde la secretaría de estado (2001-2005).

POWELL (John Wesley), *Mount Morris, estado de Nueva York, 1834-Haven, Maine, 1902,* geólogo, etnólogo y lingüista estadounidense. Explorador del Oeste norteamericano, organizó el servicio geológico y la oficina de etnología de EUA. Es autor de la primera clasificación de las lenguas amerindias de América del Norte.

POWYS (John Cowper), *Shirley, Derbyshire, 1872-Blaenau Ffestiniog, Gales, 1963,* escritor británico. Su obra, mística y sensual, intenta describir el funcionamiento del pensamiento en contacto con el mundo (*Los encantamientos de Glastonbury,* 1932; *Autobiografía,* 1934).

POYANG o **P'O-YANG,** lago de China, en el valle medio del Yangzi Jiang; 2 700 km² en su máxima extensión.

POZA RICA DE HIDALGO, c. de México (Veracruz); 172 232 hab. Extracción de petróleo y gas natural (oleoductos), refinería y planta petroquímica.

POZNAŃ, c. de Polonia, cap. de voivodato, a orillas del Warta; 589 700 hab. Centro comercial (feria internacional) e industrial. — Monumentos desde la época gótica al barroco; museos.

POZO (sierra del), sierra de España (Jaén); 2 031 m en el monte Cabañas. En ella nace el río Guadalquivir.

POZOBLANCO, c. de España (Córdoba), cab. de p. j.; 16 282 hab. *(pozoblanqueros).* Centro agropecuario. Chacinería. Aceites.

POZO COLORADO, c. de Paraguay, cap. del dep. de Presidente Hayes; 3 878 hab.

POZO DE LAS NIEVES, pico culminante de la isla de Gran Canaria (España); 1 949 m.

POZO MORO, yacimiento ibérico (Chinchilla, Albacete), con restos de una necrópolis utilizada entre los ss. V a.C. y I d.C. Debajo de ella se encuentra el *monumento de Pozo Moro,* de planta cuadrada y unos 10 m de alt., probablemente sepulcral, con restos de esculturas de influencia neohitita, relieves y un ajuar funerario de joyas y cerámica griegas del s. VI a.C. (museo arqueológico nacional, Madrid).

POZUELO DE ALARCÓN, v. de España (Madrid); 66 298 hab. Centro industrial en el área metropolitana de Madrid.

POZZUOLI, c. de Italia (Campania), junto al golfo de Nápoles; 75 706 hab. Puerto. Estación termal y balnearia. — Ruinas antiguas, entre ellas el anfiteatro del s. I, uno de los mejor conservados del mundo romano.

PP → **popular** (Partido).

PRADERA, mun. de Colombia (Valle del Cauca); 34 117 hab. Agricultura; ganado vacuno y equino.

PRADERA o **PRADERAS** → **PROVINCIAS DE LAS PRADERAS.**

PRADERA (La), **LAS PRADERAS** o **GRANDES PRADERAS,** nombre dado a las regiones (antiguamente cubiertas de hierba) de Estados Unidos comprendidas entre el Mississippi y las Rocosas. Corresponde al Medio Oeste.

PRADA OROPEZA (Renato), *Potosí 1937,* escritor boliviano. Es autor de novelas, donde describe la aparición y desarrollo de la guerrilla en Bolivia (*Los fundadores del alba,* 1969; *Larga hora: la vigilia,* 1979), además de cuentos y ensayos.

PRADES, v. de España (Tarragona); 528 hab. Restos del castillo y murallas medievales. Iglesia de Santa María, románica y gótica.

PRADES, en cat. **Prada,** mun. de Francia (Pyrénées-Orientales); 6 315 hab. Festival de música. A 3 km, abadía de *Sant Miquel de Cuixà.

PRADO (Lo), com. de Chile (Santiago); 110 883 hab.

PRADO (Blas de), *Camarena, Toledo, h. 1545-Madrid 1599,* pintor español, autor de retratos y obras religiosas de estilo manierista.

PRADO (Mariano), político salvadoreño del s. XIX. Presidió la primera junta de gobierno (1823-1824) y fue vicejefe de estado con Villacorta (1824-1825) y jefe del estado (1826-1829 y 1832-1833). En 1827 invadió Guatemala, reacia a la confederación de las Provincias Unidas de Centro América.

PRADO (Mariano Ignacio), *Huánuco 1826-París 1901,* militar y político peruano. Nombrado presidente por la asamblea (1867), fue forzado a dimitir por la revolución conservadora (1868). Reelegido en 1876, la crisis política lo llevó al exilio en 1879.

PRADO (Pedro), *Santiago 1886-íd. 1952,* escritor chileno. Poeta innovador (*Flores de cardo,* 1905; *Los pájaros errantes,* 1913). También escribió prosa poética (*Androvar,* 1925) y novela (*Alsino,* 1920).

Prado (museo del), museo de Madrid, instalado en un edificio neoclásico (Juan de Villanueva, 1785), inaugurado como pinacoteca en 1819 con fondos de las colecciones reales. Destaca la pintura española (Greco, Ribera, Velázquez, Murillo, Goya), flamenca (Bosco, Rubens, Van Dyck), italiana (Tiziano, Tintoretto), holandesa, francesa y alemana. También posee escultura y artes menores. Fue ampliado en 2007 para englobar el monasterio de los Jerónimos, donde se instaló la colección de pintura del s. XIX.

PRADOS (Emilio), *Málaga 1889-México 1962,* poeta español. Sus primeros libros (*Tiempo,* 1925) lo sitúan entre los poetas de la generación del 27. La guerra civil española le inspiró *Llanto subterráneo* (1936) y *Llanto de sangre*

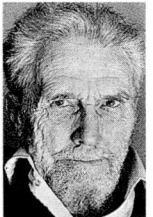

■ EZRA **POUND**

■ EL MUSEO DEL **PRADO.** Fachada principal, obra de Juan de Villanueva (iniciada en 1785).

(1937). Desde 1939 residió en México (*Memoria del olvido*, 1940; *Jardín cerrado*, 1946; *Transparencia*, 1962).

PRADO Y UGARTECHE (Manuel), *Lima 1889-París 1967*, político peruano, hijo de Mariano Ignacio Prado. Presidente de la república entre 1939 y 1945, fue reelegido con el apoyo del APRA (1956) y derrocado por el ejército (1962).

PRAETORIUS (Michael), *Creuzburg h. 1571-Wolfenbüttel 1621*, compositor, organista y teórico alemán. Es autor de motetes, himnos, salmos, danzas y canciones polifónicas al estilo italiano, cuyo acompañamiento instrumental evolucionó hacia el bajo continuo.

PRAGA, en checo **Praha,** cap. de la República Checa, en Bohemia, junto al Vltava; 1 212 010 hab. Metrópoli histórica e intelectual de Bohemia. Centro comercial e industrial. — Recinto del Hradčany (castillo y ciudad real), catedral gótica, puente Carlos, bellos monumentos civiles y religiosos de estilo barroco. Numerosos museos, entre ellos la Galería nacional. (Patrimonio de la humanidad 1992.) — Residencia de los duques de Bohemia (1061-1140) y luego capital del imperio durante el reinado de Carlos IV (1346-1378), entró en decadencia a partir de la guerra de los Treinta años (1618-1648). Fue de 1918 a 1992 la capital de Checoslovaquia. En 2002, el desbordamiento del Vltava provocó cuantiosos daños.

Praga (círculo de), grupo de lingüistas (entre ellos R. Jakobson y N. Trubetzkoi). Activo de 1926 a 1939, adscrito al movimiento estructuralista, sus investigaciones son importantes, sobre todo en el campo de la fonología.

Pragmática sanción de 1713, documento redactado por el emperador germánico Carlos VI (19 de abril de 1713), que establecía la indivisibilidad de todos los reinos y países que había heredado y que regulaba la sucesión al trono por orden de primogenitura para los descendientes directos, masculinos o femeninos. En virtud de este documento le sucedió su hija María Teresa. Originó la guerra de *Sucesión de Austria*.

Pragmática sanción de 1789, disposición legal adoptada por las cortes españolas (1789) que anulaba la ley sucesoria de Felipe V (ley sálica, auto acordado de 1713) y admitía a las mujeres en el orden de sucesión a la corona. Publicada por Fernando VII en 1830, permitió acceder al trono a Isabel II.

PRAIA, cap. de Cabo Verde, en la isla de São Tiago; 62 000 hab.

Prajāpati, palabra sánscrita que designa la fuerza creadora en el vedismo, y también a cada uno de los siete o diez sabios descendientes de Brahmã.

PRANDTAUER (Jakob), arquitecto de la abadía de *Melk*.

PRANDTL (Ludwig), *Freising, Baviera, 1875-Gotinga 1953,* físico alemán. Especialista en la mecánica de los fluidos, introdujo la noción de capa límite (1904). Estableció un método de determinación de los flujos supersónicos y la teoría hidrodinámica del ala sustentadora.

PRAT DE LA RIBA (Enric), *Castellterçol, Barcelona, 1870-íd. 1917,* político español. Fundador del periódico *La Veu de Catalunya* (1899) y de la Lliga regionalista (1901), fue presidente de la diputación de Barcelona (desde 1907) y de la Mancomunidad (1914-1917). Escribió *La nacionalidad catalana* (1906).

PRAT DE LLOBREGAT (El), mun. de España (Barcelona), cab. de p. j.; 62 956 hab. (*pratenses*). Agricultura intensiva (horticultura) e industria (papel, textil). Aeropuerto de Barcelona.

PRATO, c. de Italia (Toscana), cerca de Florencia; 165 364 hab. Centro textil. ◻ Catedral románica y gótica (frescos de Lippi); museos.

PRATOLINI (Vasco), *Florencia 1913-Roma 1991,* novelista italiano, autor de novelas sociales (*La crónica de los pobres amantes*, 1947).

PRATS (Carlos), *Concepción 1915-Buenos Aires 1974,* militar y político chileno. Comandante en jefe del ejército, fue ministro del interior y vicepresidente con S. Allende (1970-1973). Se opuso al golpe de Pinochet. Exiliado, fue asesinado por un grupo de extrema derecha.

PRATT (Hugo), *Rímini 1927-Pully, Suiza, 1995,* dibujante y guionista de cómics italiano. Sus

■ **ELVIS PRESLEY** en 1957.

■ **PRAGA.** El puente Carlos y sus dos torres (s. XV) en la or. izq. del Vltava.

series de aventuras (*Corto Maltés,* 1967) ponen de manifiesto un excepcional dominio del blanco y negro.

Pravda («La verdad»), diario ruso cuyo origen se remonta a 1912. Fue el órgano del Comité central del Partido comunista de la URSS de 1922 a 1991.

PRAVIA, v. de España (Asturias), cab. de p. j.; 9 419 hab. (*pravianos*). Agricultura. — Iglesia de San Juan (774-783), primer edificio de arte prerromanico asturiano.

PRAXITELES o **PRAXÍTELES,** escultor griego, activo sobre todo en Atenas en el s. IV a.C. Sus obras (*Apolo Saurócteno, Afrodita de Cnido; Hermes con Dioniso niño*), de formas ondulantes y gracia indolente, conocidas por réplicas, ejercieron una gran influencia en los artistas de la época helenística.

PRD → **revolución democrática** (Partido de la).

PREALPES, macizos montañosos, sobre todo calizos, que constituyen las estribaciones O y N de los Alpes centrales (Francia, Suiza, Alemania y Austria).

PREBISCH (Raúl), *Tucumán 1901-Santiago de Chile 1986,* economista argentino. Estudioso del desarrollo económico desde una perspectiva tercermundista, participó en conferencias y comisiones de la ONU y dirigió el Instituto latinoamericano de planificación económica y social (1962-1964 y en 1969) [*Hacia una dinámica del desarrollo latinoamericano,* 1963; *Transformación y desarrollo, la gran tarea de América latina,* 1965].

PRECIADO DE LA VEGA (Francisco), *Écija 1713-Roma 1789,* pintor español. Su obra, próxima al barroco tardío italiano, presenta elementos neoclásicos (*Alegoría de la paz*).

PRECORDILLERA, sistema montañoso de Argentina, al E y en paralelo a los Andes, entre la sierra de Punilla al N, y el río Mendoza al S. Se la llama también *Precordillera de La Rioja, San Juan y Mendoza* o *Precordillera Salto-jujeña.*

PRELOG (Vladimir), *Sarajevo 1906-Zurich 1998,* químico suizo de origen yugoslavo. Es autor de un sistema de nomenclatura estereoquímica, en colaboración sobre todo con C. K. Ingold. (Premio Nobel 1975.)

PREM CAND (Dhanpat Rāy, llamado **Nawāb Rāy** o), *Lamahi 1880-Benarés 1936,* escritor indio en lenguas urdu e hindí. Sus narraciones realistas están marcadas por la influencia de las ideas de Gandhi (*Godān,* 1936).

PREMIÀ DE MAR, mun. de España (Barcelona); 26 130 hab. (*premianenses*). Floricultura. Industria (textil, metalurgia).

PREMINGER (Otto), *Viena 1906-Nueva York 1986,* director de cine estadounidense de origen austriaco. Procedente del teatro, expresó una constante preocupación por la objetividad unida a un estilo fluido y sutil: *Laura* (1944), *Carmen Jones* (1954), *El hombre del brazo de oro* (1955), *Éxodo* (1960), *Rosebud* (1975), *El factor humano* (1979).

PREMYSLIDAS, dinastía checa que reinó en Bohemia de 900 a 1306.

PREMYSL OTAKAR II, *1230-cerca de Dürnkrut 1278,* rey de Bohemia (1253-1278). Se apoderó de Austria (1251) y pretendió la corona imperial, pero fue despojado por Rodolfo de Habsburgo (1273), quien lo venció y lo mató en la batalla de Dürnkrut.

PRENESTE, ant. c. del Lacio (act. *Palestrina*). Ruinas del templo de la Fortuna (ss. IH a.C.); museo arqueológico.

prensa (La), diario mexicano fundado en México en 1928. Está vinculado al grupo financiero Vázquez Raña.

PREPUNA, SUBPUNA, REGIÓN DE LOS VALLES o **PUNA DESGARRADA,** región fisiográfica de América del Sur, especialmente de Bolivia y una pequeña parte del S de Perú y del N de Argentina, que forma la parte oriental del Altiplano andino.

PRÉS (Josquin des), *Beaurevoir h. 1440-Condésur-l'Escaut h. 1521/1524,* compositor francés. Autor de misas y motetes, es uno de los creadores de la canción polifónica.

PRESAS (Leopoldo), *Buenos Aires 1915,* pintor argentino. Cofundador del grupo Orión (1939) y expresionista en sus inicios, a partir de 1952 su pintura fue más abstracta.

PRESSBURGO, forma española de **Pressburg,** nombre alem. de *Bratislava.

Presburgo (tratado de) [26 dic. 1805], tratado impuesto tras la victoria de Austerlitz por Napoleón a Austria, que cedía a Francia el Véneto, una parte de Istria y Dalmacia, y a Baviera el Tirol Vorarlberg y el Trentino

PRESCOTT (William Hickling), *Salem 1796 Boston 1859,* historiador estadounidense. Hispanista, es autor de *Historia de los Reyes Católicos, Fernando e Isabel* (1837), *Historia de la conquista de México* (1843) e *Historia de la conquista del Perú* (1847).

PRESIDENTE HAYES (departamento de), dep. de Paraguay, 72 907 km², 59 100 hab., cap. *Pozo Colorado.*

PRESIDENTE ROQUE SÁENZ PEÑA, dep. de Argentina (Córdoba), que comprende los bañados de la Amarga; 34 519 hab.; cab. *La boulaye* (18 854 hab.).

PRESLEY (Elvis), *Tupelo 1935-Memphis 1977,* cantante y actor estadounidense. Llamado «The King», influido por el blues y la música country, fue un pionero del rock and roll. A partir de 1956 se convirtió en el ídolo de una juventud rebelde (*Blue Suede Shoes,* de C. Perkins; *Jailhouse Rock,* de J. Leiber y M. Stoller). En el cine destaca su interpretación en *Jailhouse Rock* (R. Thorpe, 1957).

PREŠOV, c. del E de Eslovaquia; 87 788 hab.

préstamo y arriendo (ley de) o **Lend-Lease Act,** ley votada por el Congreso de Estados Unidos en marzo de 1941 y aplicada hasta agosto de 1945, que autorizaba al presidente a vender, ceder, intercambiar y prestar el material de guerra y todo tipo de mercancías a los estados en guerra contra el Eje.

PRESTON, c. de Gran Bretaña, cap. de Lancashire; 144 000 hab.

PRESTON (Paul), *Liverpool 1946,* historiador británico. Hispanista, es autor de obras de referencia sobre la España del s. XX: *La destrucción de la democracia en España* (1978), *Franco, «Caudillo de España»* (1994), *Las tres Españas del 36* (1998), *Juan Carlos I: el rey de un pueblo* (2003).

PRETE (Juan del), *Chieti 1897-Buenos Aires 1987,* pintor y escultor argentino de origen italiano, precursor de la abstracción en Argentina.

PRETI (Mattia), *Taverna, Calabria, 1613-La Valletta 1699,* pintor italiano. Activo sobre todo en

Roma, Nápoles y Malta, elaboró un lenguaje propio, dramático y apasionado con vigorosos efectos de claroscuro.

PRETORIA → TSHWANE.

PRETORIUS (Andries), *cerca de Graaff Reinet 1798-Magaliesberg 1853*, político sudafricano. Fue uno de los fundadores de la república de Transvaal. — **Marthinus P.**, *Graff Reinet 1819-Potchefstroom 1901*, político sudafricano. Hijo de Andries, opositor de Transvaal (1857-1871) y de Orange (1859-1863), formó en 1880, con Kruger y Joubert, el triunvirato que proporcionó amplia autonomía al Transvaal (1881).

PRÉVAL (René), *Puerto Príncipe 1943*, político haitiano. Opositor a Duvalier, ocupó diversos cargos durante la presidencia de J.-B. Aristide. Presidente del país de 1996 a 2001, tuvo que afrontar numerosas dificultades. En 2006 fue elegido para un segundo mandato.

PRÉVERT (Jacques), *Neuilly-sur-Seine 1900-Omonville-la-Petite 1977*, poeta francés. Su obra amalgama surrealismo y realismo populista (*Palabras*, 1946; *Espectáculo*, 1951; *Fatras*, 1966).

PRÉVOST (Antoine François Prévost d'Exiles, llamado el abad), *Hesdin 1697-Courteuil 1763*, escritor francés. Autor de novelas de costumbres y de aventuras, se hizo célebre con *Manon Lescaut* (1731).

PRI (Partido revolucionario institucional), uno de los principales partidos políticos de México. Creado en 1929 por Calles y Lázaro Cárdenas con el nombre de *Partido nacional revolucionario*, entre 1938 y 1946 se denominó *Partido de la Revolución mexicana*. Desde 1934 hasta la década de 1990 dominó la vida política mexicana con una línea populista. En 1997 perdió la mayoría absoluta en el Congreso y en 2000 la presidencia de la república.

PRÍAMO MIT. GR. Último rey de Troya, esposo de Hécuba y padre de Héctor, Paris y Casandra. Durante el sitio de Troya presenció la muerte de Héctor, cuyo cadáver reclamó a Aquiles.

PRÍAPO MIT. GR. Y ROM. Dios de la fecundidad y la fertilidad. Las fiestas de esta divinidad de desmesurado falo *(priapeyas)* tomaron en Roma carácter licencioso.

PRIBILOF (islas), archipiélago del mar de Bering (dependencia de Alaska).

PRIEGO DE CÓRDOBA, c. de España (Córdoba), cab. de p. j.; 22 053 hab. *(priegueños)*. Agricultura e industrias derivadas. Cerámica. — Castillo (ss. XIII-XV); iglesias rococó.

PRIENE, ant. c. de Jonia (act. *Samsun Kalesi*). Ruinas (fines del s. IV a.C.), una de las más interesantes del urbanismo helenístico sobre plano ortogonal.

PRIESTLEY (Joseph), *Birstall Fieldhead, cerca de Leeds, 1733-Northumberland, EUA, 1804*, químico británico. Aisló muchos gases, entre ellos el oxígeno (1774) y el gas carbónico. Al estudiar este último descubrió la respiración de los vegetales. Junto con Cavendish realizó la síntesis del agua, y logró demostrar que se trataba de un cuerpo compuesto. Filósofo y teólogo, fue favorable a las revoluciones norteamericana y francesa.

PRIETO (Claudio), *Muñeca de la Peña, Palencia, 1934*, compositor español. Adscrito al serialismo, lo abandonó en favor de un estilo de gran intensidad de expresión y solidez constructiva (dos sinfonías, 1976 y 1982; *Nebulosa* para orquesta, 1972; *Concierto de otoño*, 1989).

PRIETO (Gregorio), *Valdepeñas 1897-íd. 1992*, pintor español. Influido por los primitivos italianos y por G. de Chirico, pintó a menudo paisajes con ruinas clásicas, fragmentos de esculturas e inquietantes maniquíes.

PRIETO (Indalecio), *Oviedo 1883-México 1962*, político español. Militante del PSOE, de línea moderada, ejerció gran influencia desde *El liberal*. Ministro de hacienda y de obras públicas con Azaña (1931-1933), durante la guerra civil ocupó las carteras de marina y aire con Largo Caballero (1936-1937) y de defensa con Negrín (1937-1938). Al finalizar la guerra se exilió a América.

PRIETO (Jenaro), *Santiago 1889-íd. 1946*, escritor chileno. Periodista de comentario humorístico, es autor de las novelas *Un muerto de mal criterio* (1926) y *El socio* (1928).

PRIETO (Joaquín), *Concepción 1786-Santiago 1854*, militar y político chileno. Presidente de la república (1831-1841), promulgó la constitución de 1833, que restableció después de la guerra con la Confederación Perú-boliviana (1836-1839).

PRIETO PRADILLO (Guillermo), *México 1818-Tacubaya 1897*, político y escritor mexicano. Liberal anticlerical y progresista, fue ministro de hacienda (1852-1853, 1855 y 1857) y divulgó las teorías de Adam Smith y J. B. Say (*Lecciones elementales de economía política*, 1871-1888). Es autor de poesía y cuadros costumbristas (*Los San Lunes de Fidel*, 1923) y de *Memorias de mis tiempos* (1906).

PRIGOGINE (Ilya), *Moscú 1917-Bruselas 2003*, químico, físico y filósofo belga de origen ruso. Introdujo en termodinámica las nociones de inestabilidad y de caos, y aportó una contribución fundamental a las ciencias físicas y biológicas por sus investigaciones sobre la reversibilidad de los procesos; de ahí, propuso una nueva metodología para la ciencia (*La nueva alianza*, con I. Stengers, 1979). [Premio Nobel de química 1977.]

PRILEP, c. de Macedonia, al S de Skopje; 70 000 hab.

PRIM (Juan), *Reus 1814-Madrid 1870*, militar y político español. Diputado progresista en varias ocasiones desde 1841, fue capitán general de Puerto Rico (1847) y de Granada (1855-1856). Participó en la campaña de Marruecos (1859-1860), por la que recibió el título de marqués de Castillejos. Tomó parte como plenipotenciario en la guerra de intervención de México (1862). Jefe de los progresistas, intentó diversos pronunciamientos y fue uno de los cabecillas de la revolución de 1868. Triunfante esta, fue ministro de guerra (1868) y jefe del gobierno (1869), logró que Amadeo de Saboya aceptara el trono español y reprimió los levantamientos republicanos. Murió en un atentado.

PRIMATESTA (Raúl Francisco), *Capilla del Señor, Buenos Aires, 1919*, prelado argentino. Arzobispo de Córdoba en 1965, fue creado cardenal en 1973.

PRIMATICCIO (Francesco), *Bolonia 1504-París 1570*, pintor, estucador y arquitecto italiano. Alumno de Julio Romano, en 1532 entró en el taller de Fontainebleau, y lo dirigió tras la muerte de Rosso Fiorentino (dibujos en el Louvre).

primavera (La), gran pintura de Botticelli (h. 1478, Uffizi, Florencia) sobre un tema mitológico y simbólico.

PRIMERO, r. de Argentina (Córdoba), que desemboca en la laguna Mar Chiquita; 200 km.

Primero sueño, poema de sor Juana Inés de la Cruz (1689, *Inundación castálida*), obra cumbre del barroco hispanoamericano, que describe la aventura del espíritu en busca del conocimiento.

PRIMO DE RIVERA (Miguel), 2° marqués de **Estella**, *Jerez de la Frontera 1870-París 1930*, militar y político español. Estuvo destinado en Cuba, Filipinas y África, y fue capitán general de Valencia y Madrid (1919) y de Barcelona (1922). En septiembre de 1923 dio un golpe de estado. Nombrado jefe del gobierno, implantó una dictadura militar (Directorio militar, de 1923 a 1925, y Directorio civil, de 1925 a 1930) con la aquiescencia de Alfonso XIII. Pese a sus éxitos en las campañas de Marruecos (en 1925, con ayuda de Francia, acabó con la rebelión de Abd el-Krim), tuvo que dimitir en 1930, enfrentado a la oposición del ejército y la universidad, y se exilió a París. — **José Antonio P. de R.**, *Madrid 1903-Alicante 1936*, político español. Fue el fundador del partido Falange española (1933). Encarcelado en marzo de 1936, ordenó a los falangistas su adhesión al alzamiento militar del 18 de julio. Fue condenado a muerte y ejecutado.

PRIMOLI (Juan Bautista), *Milán 1673-reducción de La Candelaria 1747*, arquitecto italiano activo en Argentina. Solo o en colaboración con Andrés Blanqui, construyó numerosos edificios en Buenos Aires, Montevideo y Córdoba.

PRINCETON, c. de Estados Unidos (Nueva Jersey); 25 718 hab. Universidad fundada en 1746.

PRÍNCIPE (isla del), isla del golfo de Guinea; 128 km^2 (→ Santo Tomé y Príncipe).

príncipe (El), obra de Maquiavelo escrita en 1513 y publicada en 1532. Con un realismo fundado en una concepción pesimista de la psicología humana, Maquiavelo explica cómo usar la astucia y la fuerza para conquistar y conservar el poder, a través de un proceso cuya meta es a la vez satisfacer los intereses de quien gobierna y garantizar la prosperidad del estado en beneficio de quienes son gobernados.

Príncipe de Asturias (premios), premios anuales concedidos en España desde 1981 a personas, equipos o instituciones de ámbito internacional, con contribuciones destacables en investigación científica y técnica, artes, letras, ciencias sociales, comunicación y humanidades, cooperación internacional, deportes y concordia.

PRÍNCIPE DE GALES (isla del), en ingl. **Prince of Wales Island**, isla del archipiélago ártico canadiense, en cuyas proximidades se halla el polo N magnético.

PRÍNCIPE EDUARDO (isla del), en ingl. **Prince Edward Island**, isla del E de Canadá; 5 657 km^2; 129 765 hab.; cap. *Charlottetown*. Constituye la provincia marítima de *Isla del Príncipe Eduardo*.

PRÍNCIPE EDUARDO (islas del), archipiélago del S del océano Índico, dependencia de Sudáfrica.

PRÍNCIPE NEGRO → EDUARDO el Príncipe negro.

■ EL GENERAL **PRIM**. (L. Madrazo; museo del Prado, Madrid.)

■ **PRIMATICCIO**. *Mascarada de Persépolis*, dibujo a pluma y aguada. Modelo para la decoración (desaparecida) del palacio de Fontainebleau. (Museo del Louvre, París.)

■ LA **PRIMAVERA** (h. 1478), por Botticelli. (Uffizi, Florencia.)

■ PIERRE JOSEPH
PROUDHON,
por Courbet.
(Petit palais, París.)

Principios matemáticos de filosofía natural, obra principal de Isaac Newton, publicada en 1678. En ella el autor elabora los conceptos básicos de la mecánica, sienta las bases de la dinámica al formular las tres leyes del movimiento y expone la ley de la gravitación universal, que muestra como todos los cuerpos de la tierra y el espacio están sometidos a la fuerza de la gravedad.

principito (El), cuento de Saint-Exupéry (1943).

PRINZAPOLKA, r. de Nicaragua, que nace en la cordillera Isabelia y desemboca en el Caribe junto a *Prinzapolka*, 231 km. Vía de comunicación con los centros mineros del interior.

PRINZAPOLKA, mun. de Nicaragua (Región Autónoma Atlántico Norte); 20 366 hab. Centro minero (oro, cobre y hierro). Puerto.

PRIOR, cabo de España, en la costa atlántica (La Coruña), formado por un acantilado de 200 m de alt.

PRÍO SOCARRÁS (Carlos), *Bahía Honda 1903-Miami Beach 1977,* político cubano. Dirigente del Partido revolucionario auténtico, primer ministro (1945-1947) y presidente de la república (1948-1952), fue derrocado por Batista. Se opuso al régimen castrista.

PRÍPIAT, r. de Bielorrusia y Ucrania, afl. del Dniéper (or. der.); 775 km; cuenca de 114 300 km².

Prisa (acrónimo de *Promotora de informaciones S.A.*), grupo empresarial español, fundado en 1972, dedicado a la explotación de medios de comunicación impresos y audiovisuales, entre ellos el diario *El *país*.

PRISCILIANO, *h. 335-Tréveris 385,* obispo hispano. Sus predicaciones en la Hispania occidental, donde acaso nació, y en Aquitania obtuvieron éxito, especialmente entre las clases populares, y se le nombró obispo de Ávila (380). Su doctrina, el *priscilianismo,* fue condenada en parte en el concilio de Zaragoza (380). El concilio de Burdeos (384) lo condenó como hereje. Junto con algunos discípulos, fue ejecutado en Tréveris.

PRIŠTINA, cap. de Kosovo; 70 000 hab. Mezquitas turcas; museos.

PRITCHARD (George), *Birmingham 1796-islas Samoa 1883,* misionero británico. Misionero protestante y cónsul en Tahití (1824), hizo que Pomaré IV expulsara a los misioneros católicos (1836). Establecido el protectorado francés, prosiguió su acción contra Francia.

Pritzker (premio), galardón de arquitectura, el más prestigioso en esta disciplina, concedido anualmente desde 1979 por la fundación Hyatt.

PROBO (Marco Aurelio), *Sirmium 232-íd 282,* emperador romano (276-282). Buen administrador, contuvo el avance bárbaro. Sus tropas, cansadas de su severidad, lo asesinaron.

PROCLO, *Constantinopla 412-Atenas 485,* filósofo griego neoplatónico. Es autor de una *Teología platónica.*

PROCOPIO, *Cesarea, Palestina, fines del s. v-Constantinopla h. 562,* historiador bizantino. Fue el principal historiador de la época de Justiniano, cuyas conquistas relató en el *Libro de las guerras.* Su *Anecdotario* o *Historia secreta* es un libelo en el que trata sin contemplaciones al emperador y sobre todo a la emperatriz Teodora.

PROCRUSTES o **PROCUSTO** MIT. GR. Bandido del Ática que torturaba a los viajeros. Los extendía sobre un lecho (tenía dos, uno corto y uno largo) y mutilaba o estiraba sus miembros hasta hacerlos coincidir con la medida del lecho *(lecho de Procusto).* Teseo lo sometió al mismo suplicio.

PRODI (Romano), *Scandiano, prov. de Reggio nell'Emilia, 1939,* político italiano. Economista, líder de la coalición de centro-izquierda El Olivo, fue presidente del Consejo de 1996 a 1998 y de 2006 a 2008. También ha sido presidente de la Comisión europea de 1999 a 2004.

progresista (Partido), partido político español del s. XIX, que agrupó al ala izquierda del liberalismo. Accedió al poder en 1835 con el apoyo de sectores del ejército. Tras la caída de Espartero (1843) se escindió el Partido democrático. Gobernó de nuevo en 1854-1856 e impulsó la revolución de 1868. Desde 1870 se dividió en varios grupos, que desaparecieron durante la Restauración.

PROGRESO, mun. de México (Yucatán); 60 100 hab. Puerto de cabotaje y de altura. Aduana marítima.

PROGRESO (departamento de El), dep. del centro de Guatemala; 1 922 km²; 129 567 hab.; cap. *El Progreso* (11 910 hab.). Fábrica de cemento.

PROGRESO (El), c. de Honduras (Yoro); 63 400 hab. Centro comercial del sector banano del N.

PROGRESO (El), mun. de México (Hidalgo); 15 026 hab. En el distrito de riego de Tula.

PROJOROV (Aleksandr Mijáilovich), *Atherton, Australia, 1916-Moscú 2002,* físico ruso. Con N. Básov, describió el primer máser. Tuvo la idea de los resonadores abiertos (por láser) y del láser de gas, y estudió los fenómenos de la óptica no lineal. (Premio Nobel 1964.)

PROKÓFIEV (Serguéi Serguéievich), *Sontsovka 1891-Moscú 1953,* compositor y pianista ruso. Sus obras para piano y para orquesta (siete sinfonías), su música de cámara, sus ballets *(Romeo y Julieta,* 1938) y sus óperas *(El ángel de fuego,* 1927, estrenada en 1954), destacan por una gran fuerza rítmica y un lenguaje tan pronto abierto a las vanguardias occidentales como fiel a la tradición rusa. En cine destaca su música para las películas *Alejandro Nevski* e *Iván el Terrible,* de Eisenstein.

PROKOP el Grande o **el Calvo,** *h. 1380-Lipany 1434,* jefe husita de los taboritas. Defendió Bohemia contra las cruzadas católicas de 1426, 1427 y 1431 y fue vencido.

PROKÓPIEVSK, c. de Rusia, en el Kuzbass; 274 000 hab. Centro hullero e industrial.

PROME o **PYAY,** c. de Birmania, a orillas del Irrawaddy; 148 000 hab.

PROMETEO MIT. GR. Personaje de la raza de los titanes, iniciador de la primera civilización humana. Robó a los dioses el fuego sagrado y lo transmitió a los hombres. Zeus, para castigarlo, lo encadenó en una cima del Cáucaso, donde un águila le devoraba el hígado, que volvía a crecer sin cesar. Heracles lo liberó. — El mito de Prometeo inspiró numerosas obras, entre las que destacan una tragedia de Esquilo *(Prometeo encadenado)* y un drama lírico de Shelley *(Prometeo liberado,* 1820).

propaganda fide (Congregación de la), desde 1967 **Congregación para la evangelización de los pueblos,** congregación romana fundada en su forma definitiva por Gregorio XV (1622). Presidida por un cardenal prefecto, tiene a su cargo las misiones.

PROPERCIO, en lat. **Sextus Propertius,** en *Umbría h. 47-h. 16 a.C.,* poeta latino. Es autor de *Elegías* que imitan a los poetas alejandrinos.

PROPÓNTIDE, ant. denominación griega del mar de Mármara.

Prosas profanas, libro de poemas de Rubén Darío (1896; ed. definitiva, 1901), que supuso la consolidación de la estética modernista. Se trata de una poesía profundamente musical y colorista, exótica y refinada, sensual y cosmopolita.

PROSERPINA MIT. ROM. Diosa asimilada muy pronto a la griega Perséfone.

PROSKURIAKOFF (Tatiana), *Omsk 1909-Cambridge, EUA, 1985,* historiadora del arte y arqueóloga estadounidense. Con el descubrimiento de su carácter histórico, contribuyó a descifrar las inscripciones mayas.

PROST (Alain), *Lorette 1955,* piloto automovilístico francés, campeón del mundo de fórmula 1 en 1985, 1986, 1989 y 1993.

PROTÁGORAS, *Abdera h. 486-h. 410 a.C.,* sofista griego. Debe su fama a la proposición en la que afirmaba que «el hombre es la medida de todas las cosas», enérgicamente criticada por Platón.

PROTASIO (san), hermano de *Gervasio.

PROTEO MIT. GR. Dios marino. Había recibido de su padre Poseidón el don de cambiar de forma según su voluntad y el de predecir el porvenir, lo que hacía sólo cuando se le obligaba.

PROUDHON (Pierre Joseph), *Besançon 1809-París 1865,* teórico político francés. Publicó en 1840 *¿Qué es la propiedad?,* obra anticapitalista. Defendió tesis federalistas, mutualistas y obreristas *(La filosofía de la miseria,* 1846), pero su rechazo de las soluciones autoritarias del comunismo lo enemistó con Marx.

PROUST (Joseph Louis), *Angers 1761-íd. 1826,* químico francés. Uno de los fundadores del análisis químico en 1808 enunció la ley de las proporciones definidas.

PROUST (Marcel), *París 1871-íd 1922,* escritor francés. Autor de traducciones, ensayos y narrativa *(Jean Santeuil,* publicado en 1952), se consagró a la redacción de su gran obra, el ciclo novelesco *En busca del tiempo perdido* (7 vols., 1913-1927). Escrita en primera persona, su héroe, el narrador, busca la felicidad, sin conseguirlo, en la vida mundana, y la descubre en el poder de evocación de la memoria instintiva, que reúne pasado y presente en una misma sensación reencontrada (el sabor de la magdalena mojada en el té le recuerda su infancia).

■ SERGUÉI
PROKÓFIEV.
(Ópera de París.)

■ MARCEL **PROUST,**
por J.-E. Blanche.
(Museo de Orsay, París.)

PROVENZA, en fr. **Provence,** región histórica del SE de Francia, que corresponde a la casi totalidad de la actual región de Provenza-Alpes-Costa Azul. — Colonizada por los griegos y muy romanizada, fue pronto cristianizada. En 537 se integró en el imperio franco y en el s. XII pasó a ser dominada por los condes de Barcelona. Después de la cruzada contra los albigenses (s. XIII), concluyó la influencia de la Corona de Aragón y pasó a la casa de Anjou. Fue anexionada por Francia en 1481.

PROVENZA-ALPES-COSTA AZUL, en fr. **Provence-Alpes-Côte d'Azur**, región administrativa del SE de Francia; 31 400 km²; 4 506 151 hab.; cap. *Marsella*. 6 dep. (*Alpes-de-Haute-Provence, Hautes-Alpes, Alpes-Maritimes, Bouches-du-Rhône, Var* y *Vaucluse*).

PROVIDENCE, c. de Estados Unidos, cap. de Rhode Island; 160 728 hab. Mansiones y monumentos de los ss. XVIII-XIX.

PROVIDENCIA [isla de Colombia] → SAN ANDRÉS Y PROVIDENCIA.

PROVIDENCIA, com. de Chile (Santiago); 110 954 hab. Zona residencial de la capital.

provinciales (Las), cartas de B. Pascal (1656-1657), en las que ataca los abusos de la casuística y el laxismo de los jesuitas, con el fin de defender a los jansenistas.

PROVINCIAS ATLÁNTICAS, parte de Canadá que agrupa las Provincias marítimas y Terranova y Labrador.

PROVINCIAS DE LAS PRADERAS, conjunto de tres provincias de Canadá: *Alberta, Saskatchewan* y *Manitoba*.

PROVINCIAS MARÍTIMAS, conjunto de tres provincias de Canadá: *Nuevo Brunswick, Nueva Escocia* e *Isla del Príncipe Eduardo*.

PROVINCIAS UNIDAS, nombre dado a la parte septentrional de los Países Bajos desde 1579 hasta 1795. **1579:** la Unión de Utrecht consagró la secesión de las siete provincias calvinistas del N (Zelanda, Overijssel, Holanda, Güeldres, Frisia, Groninga y Utrecht), que rechazaron solemnemente (1581) la autoridad de Felipe II de España. **1585-1625:** el estatúder Mauricio de Nassau prosiguió la lucha contra los españoles. **1621-1648:** tras la tregua de los Doce años (1609-1621), las Provincias Unidas reanudaron las hostilidades, en adelante unidas a la guerra de los Treinta años. **1648:** por los tratados de Westfalia, España reconoció la independencia de las Provincias Unidas. **1650-1672:** a la muerte de Guillermo II de Nassau, las siete provincias decidieron dejar de nombrar estatúder y la oligarquía comerciante llegó al poder con el gran pensionario Juan de Witt. Durante este período, el rápido crecimiento del imperio colonial neerlandés y las intervenciones de las Provincias Unidas contra Dinamarca, Suecia e Inglaterra proporcionaron al país el dominio de los mares. **1672:** la invasión francesa provocó la caída de Juan de Witt. Guillermo III fue nombrado estatúder. **1678-1679:** los tratados de Nimega pusieron fin a la guerra de Holanda. **1689:** Guillermo III, convertido en rey de Inglaterra, sacrificó los intereses del país a su política inglesa. **1702:** tras la muerte del rey no se nombró ningún estatúder. El poder pasó a ser ejercido por los grandes pensionarios (Heinsius). **1740-1748:** la guerra de Sucesión de Austria y la ocupación francesa provocaron la restauración de la casa de Orange-Nassau en 1747. **1780-1784:** la guerra contra Gran Bretaña fue catastrófica para el comercio neerlandés. **1786:** el fracaso bélico de las Provincias Unidas provocó levantamientos revolucionarios. **1795:** la invasión francesa provocó la caída del régimen. Las Provincias Unidas se convirtieron en la República bátava, transformada (1806) en reino de Holanda en beneficio de Luis Bonaparte, y situada (1810) bajo la administración directa de Francia. (→ Países Bajos.)

PROVINCIAS UNIDAS DE CENTRO AMÉRICA → CENTRO AMÉRICA.

PROVINCIAS UNIDAS DEL RÍO DE LA PLATA, entidad política formada por parte de los territorios del virreinato del Río de la Plata. Proclamó su independencia en el congreso de Tucumán (julio 1816). En ag. 1825 se incorporó a ella la Banda Oriental del Plata para librarse de la dominación brasileña. (→ Argentina.)

PROVINCIAS UNIDAS DE NUEVA GRANADA, entidad política federalista de Nueva Granada, creada en nov. 1811 por un congreso de diputados para contrarrestar las tendencias centralistas de Nariño. Fue suprimida virtualmente con la ocupación de Bogotá por el realista Morillo (1816).

PRÓXIMA, estrella de la constelación del Centauro, la más cercana al sistema solar. Su distancia es de 4,2 años-luz.

PRÓXIMO ORIENTE, conjunto de los países ribereños del Mediterráneo oriental (Turquía, Siria, Líbano, Israel, Egipto). Se incluye a veces Jordania y los países del golfo Pérsico.

PRUDENCIO, en lat. **Aurelius Prudentius Clemens,** *Calagurris, act. Calahorra, 348-h. 410,* poeta latino cristiano de origen hispano. Su poesía está influida por la de Horacio y Virgilio *(Himnario del día; El combate del alma).* Con la *Psicomaquia,* combate entre los vicios y las virtudes, creó el poema alegórico.

PRUDHOE (bahía de), bahía de la costa N de Alaska. Yacimientos de petróleo.

PRUD'HON (Pierre Paul), *Cluny 1758-París 1823,* pintor francés. Su obra es precursora del romanticismo.

PRUS (Alexander Głowacki, llamado Bolesław), *Hrubieszów 1847-Varsovia 1912,* escritor polaco. Es autor de novelas sociales *(La muñeca)* e históricas *(El faraón).*

PRUSA → BURSA.

PRUSIA, antiguo estado del N de Alemania. Cap. *Berlín.*

De los orígenes al reino de Prusia. El territorio original de Prusia, situado entre el Vístula y el Nieman, estuvo habitado desde los ss. IV-V por un pueblo báltico, los borusios o prusianos. **1230-1280:** fue conquistado por la orden Teutónica, que instaló a colonos alemanes. **1410:** los polaco-lituanos obtuvieron sobre la orden la victoria de Grunwald (Tannenberg). **1466:** por la paz de Toruń la orden reconoció la soberanía de Polonia. **1525:** su gran maestre, Alberto de Brandeburgo, disolvió la orden y convirtió su territorio en ducado hereditario de la corona de Polonia. **1618:** este pasó a manos de los Hohenzollern, príncipes electores de Brandeburgo, que a lo largo de la guerra de los Treinta años se acercaron ora a Suecia ora a Polonia. **1660:** Federico Guillermo, el gran elector, logró que Polonia renunciase a su soberanía sobre Prusia. **1701:** su hijo, fue coronado rey de Prusia bajo el nombre de Federico I. **1713-1740:** Federico Guillermo I, el «rey sargento», dotó al país del ejército más moderno de Europa. **1740-1786:** Federico II, el «rey filósofo», hizo de Prusia, a la que anexionó Silesia y los territorios que recibió en el primer reparto de Polonia, una gran potencia europea. **1806:** Prusia fue derrotada por Napoleón en Auerstedt y Jena. **1806-1813:** el país llevó a cabo un espectacular «resurgimiento moral» bajo la égida de los ministros Stein y Hardenberg: abolición de la servidumbre; creación de la universidad de Berlín, centro del nacionalismo alemán; reorganización del ejército. **1813-1814:** Prusia tuvo un papel determinante en la lucha contra Napoleón.

La hegemonía prusiana en Alemania. 1814-1815: Prusia obtuvo en el congreso de Viena el N de Sajonia, Westfalia y los territorios renanos más allá del Mosela. Se convirtió en el estado más fuerte de la Confederación germánica. **1834:** mediante la Unión aduanera (*Zollverein*), preparó la unión con los restantes estados de la Alemania del N bajo su égida. **1862:** Guillermo I (1861-1888) llamó a Bismarck a la presidencia del consejo. **1866:** Austria fue derrotada en Sadowa. **1867:** se creó la Confederación de Alemania del norte. **1871:** tras su victoria en la guerra franco-alemana, Guillermo I fue proclamado emperador de Alemania en Versalles. Desde entonces Prusia constituyó un estado del imperio alemán, y más tarde de la república de Weimar. **1933-1935:** el nacionalcialismo puso fin a su existencia.

PRUSIA OCCIDENTAL, ant. prov. alemana; cap. *Dantzig.* Organizada en 1815, agrupaba los territorios que correspondieron a Prusia en los dos primeros repartos de Polonia (1772, 1793). Fue atribuida, salvo Dantzig, a Polonia en 1919.

PRUSIA ORIENTAL, ant. prov. alemana; cap. *Königsberg.* Fue repartida en 1945 entre la URSS y Polonia.

PRUSIA RENANA, ant. prov. alemana. C. pral. *Coblenza.* Constituida dentro del reino de Prusia en 1824, act. está repartida entre Rin del Norte-Westfalia y Renania-Palatinado.

PRUSIAS I, *m. h. 182 a.C.,* rey de Bitinia (h. 230/227-182 a.C.). Acogió a Aníbal en su reino; cuando Roma le exigió la entrega del general cartaginés, este se envenenó. — **Prusias II,** *m. en Nicomedia 149 a.C.,* rey de Bitinia (h. 182-149 a.C.). Hijo de Prusias I, se sometió a la tutela de Roma, pero fue asesinado por su hijo, Nicomedes II.

PRUSINER (Stanley B.), *Des Moines 1942,* biólogo y neurólogo estadounidense. En 1982 descubrió la proteína responsable de las encefalopatías espongiformes, como la enfermedad de las vacas locas, confirmando su teoría del prión. (Premio Nobel 1997.)

PRUT, r. de Europa central, afl. del Danubio (or. izq.); 989 km. Nace en Ucrania y sirve de frontera entre Moldavia y Rumania.

PRZEMYSL, c. de Polonia (Galitzia); 69 200 hab. Catedral de los ss. XV-XVIII y otros monumentos; museos.

PRZHEVALSKI (Nikolái Mijáilovich), *Kimborovo 1839-Karakol, act. Przhevalsk, 1888,* oficial y explorador ruso. Dirigió numerosas expediciones a Asia central y los confines tibetanos. En 1879 descubrió la última especie de caballo salvaje *(caballo de Przhevalski).*

PSELO (Miguel), *Constantinopla 1018-íd. 1078,* estadista y escritor bizantino. Consejero de Isaac I Comneno y de sus sucesores, contribuyó a difundir la filosofía platónica en el Imperio bizantino. Su *Cronografía,* crónica de los acontecimientos acaecidos entre 976 y 1077, constituye una importante fuente histórica.

PSIQUE MIT. GR. Doncella de gran belleza, amada por Eros. Una noche encendió una lámpara desobedeciendo al dios, que le había prohibido ver su rostro; Eros la abandonó y ella no volvió a encontrarlo hasta el final de una larga serie de pruebas. El mito de Psique, referido por Apuleyo, simbolizó en lo sucesivo el destino del alma perdida que, después de pruebas de purificación, se une para siempre al amor divino.

PSKOV, c. de Rusia, al SO de San Petersburgo; 209 000 hab. Muralla fortificada; restos del kremlin; numerosas iglesias medievales; rico museo de arte e historia.

PSOE → socialista obrero español (Partido).

PSR → socialrevolucionario (Partido).

PTAH, dios del antiguo Egipto, adorado en Menfis, considerado el Verbo creador y representado en forma humana, con el cuerpo envuelto en un sudario. Protege a los orfebres y los artesanos.

PTOLEMAIDA → TOLEMAIDA.

PTOLOMEO → TOLOMEO.

PUÁN, partido de Argentina (Buenos Aires), en la Pampa húmeda; 17 644 hab. Cereales. Ganadería.

PUCALLPA, c. de Perú, cap. del dep. de Ucayali; 94 000 hab. Centro maderero (laminados, prensados). Refinería de petróleo. Central térmica. Puerto.

PUCARÁ, mun. de Perú (Puno), en la altiplanicie del lago Titicaca; 6 658 hab. Sitio arqueológico de la *cultura Pucará* (300 a.C.-600 d.C.): centro ceremonial amurallado con cuatro tumbas abovedadas y figuras humanas y de animales esculpidas en piedra. Cerámica semejante a la de Tiahuanaco.

PUCCINI (Giacomo), *Lucca 1858-Bruselas 1924,* compositor italiano. Más allá de la estética verista, sus óperas (*La Bohème,* 1896; *Tosca,* 1900; *Madame Butterfly,* 1904; *Il Trittico,* 1918; *Turandot* [inacabada, estrenada en 1926 y completada por L. Berio en 2002]) se distinguen por su lirismo y su riqueza armónica y orquestal.

■ GIACOMO
PUCCINI

■ TITO
PUENTE

PUCELLE (Jean), *m. en París 1334*, miniaturista francés. Introdujo figuraciones naturalistas y anecdóticas, y la ilusión tridimensional *(Libro de horas de Jeanne d'Évreux)*.

PUDAHUEL, com. de Chile (Santiago); 136 642 hab. Aeropuerto de Santiago.

PUDOVKIN (Vsiévolod), *Penza 1893-Moscú 1953*, director de cine soviético. Teórico del montaje, que convirtió en ley absoluta, evocó con lirismo el tema revolucionario de la toma de conciencia: *La madre* (1926), *El fin de San Petersburgo* (1927), *Tempestad sobre Asia* (1929).

PUEBLA, PUEBLA DE ZARAGOZA o **PUEBLA DE LOS ÁNGELES,** c. de México, cap. del est. de Puebla; 1 688 000 hab. Centro industrial (textiles), comercial y de comunicaciones entre la capital federal y Veracruz. Artesanía (porcelana, ónice). Universidad. — Notable conjunto artístico de numerosos edificios religiosos y civiles de estilo barroco de la época de esplendor poblano (ss. XVII y XVIII), continuado — en estilo más sencillo— en el s. XIX. La decoración típica de la arquitectura de Puebla, en ladrillo rojo y azulejos, data del s. XVIII. Catedral de los ss. XVI-XVII. (Patrimonio de la humanidad 1987.) — La ciudad fue fundada en 1531 por Motolinía y Hernando de Saavedra. Resistió a los franceses de Maximiliano, que la tomaron en 1863; Porfirio Díaz la liberó en 1867.

PUEBLA (estado de), est. del centro de Mexico; 33 919 km²; 4 126 101 hab.; cap. *Puebla.*

PUEBLO, c. de Estados Unidos (Colorado); 98 640 hab.

PUEBLO BONITO, sitio arqueológico de Estados Unidos, en la región de Chaco Canyon (Nuevo México). Imponentes ruinas de una ciudad precolombina construida durante la secuencia cultural de Anasazi y abandonada h. 1300.

PUEBLO LIBRE, c. de Perú (Lima), en el área urbanizada de Lima; 60 267 hab.

PUEBLO NUEVO, mun. de Colombia (Córdoba), en las Sabanas; 17 392 hab. Arroz, maíz, plátano.

PUEBLO NUEVO, mun. de México (Durango), avenado por el San Pedro; 33 530 hab.; cab. *El Salto.*

PUEBLO NUEVO COMALTITLÁN, mun. de México (Chiapas), 16 578 hab. Ganado vacuno. Pesca.

PUEBLO NUEVO TIQUISATE, c. del 30 de Guatemala (Escuintla).

PUEBLO VIEJO o **VILLA CUAUHTÉMOC,** mun. de México (Veracruz); 32 386 hab. Junto a la *laguna de Pueblo Viejo.* Petróleo. Bananas. Pesca.

PUENTE (Ernesto Anthony, llamado Tito), *Nueva York 1923 íd. 2000*, músico estadounidense de origen puertorriqueño. Compositor, director de orquesta y percusionista, popularizó la música caribeña en EUA desde 1940 *(Oye cómo va; Para los rumberos; El número 100).*

PUENTE ALTO, c. de Chile (Santiago); 254 534 hab. Industrias. Planta hidroeléctrica.

PUENTE DE IXTLA, mun. de México (Morelos); 34 810 hab. Frutales, cereales. Centro comercial.

PUENTE DEL ARZOBISPO (El), v. de España (Toledo); 1 566 hab. *(puenteños).* Cerámica tradicional, que se remonta al s. XVI. — Victoria de las tropas francesas durante la guerra de la Independencia (8 ag. 1809).

PUENTE GENIL, v. de España (Córdoba), cab. de p. j.; 27 909 hab. *(pontanenses o puenteños).* Olivares. Industria alimentaria y química. Alfarería.

PUENTE LA REINA, en vasc. **Gares,** v. de España (Navarra); 2 276 hab. *(puentesinos).* En el Camino de Santiago. Centro agropecuario. Vinos. — Puente románico sobre el Arga (s. XI). Iglesias románicas.

PUENTE NACIONAL, mun. de Colombia (Santander); 15 237 hab. Agricultura y ganadería. Aguas termales.

PUENTE VIESGO, mun. de España (Cantabria); 2 358 hab. *(torranceses).* Cuevas con arte rupestre en el monte *Castillo.

PUENZO (Luis), *Buenos Aires 1946*, director de cine argentino. En sus películas recrea fenómenos históricos y políticos desde el impacto que producen en la vida de personajes corrientes *(La historia oficial,* 1984, Oscar a la mejor película de habla no inglesa; *Gringo viejo,* 1989; *La puta y la ballena,* 2003).

Puerta o **Sublime Puerta (la),** nombre que recibía antiguamente el gobierno otomano.

Puerta (batalla de La) [1814], victoria del realista Boves sobre Simón Bolívar en Venezuela, cerca de San Juan de los Morros (Guárico). — batalla de **La Puerta** (1818), victoria del realista Morillo sobre las tropas de Bolívar.

PUERTAS DE HIERRO, nombre de varios desfiladeros entre los que destaca el del Danubio (entre Serbia y Rumania), en el extremo de los Cárpatos, emplazamiento de una importante central hidroeléctrica.

PUERTO AISÉN, c. de Chile (Aisén del General Carlos Ibáñez del Campo); 19 090 hab. Centro comercial de productos agrícolas, madereros y mineros. Puerto.

PUERTO ARGENTINO, c. de Argentina, la principal de las islas Malvinas, en la isla Soledad; 1 400 hab.

PUERTO ARMUELLES, c. de Panamá (Chiriquí), en el Pacífico; 12 562 hab. Puerto exportador (bananas).

PUERTO ASÍS, mun. de Colombia (Putumayo); 43 187 hab. Productos forestales (caucho, goma, maderas).

PUERTO AYACUCHO, c. de Venezuela, cap. del est. Amazonas, a orillas del Orinoco; 48 914 hab. Centro de una región maderera.

PUERTO BAQUERIZO MORENO, c. de Ecuador, cap. de la prov. de Galápagos, cantón Isla San Cristóbal, en la Isla de San Cristóbal; 1 665 hab. Puerto. Turismo.

PUERTO BARRIOS, c. de Guatemala, cab. del dep. de Izabal; 46 782 hab. Puerto exportador de bananas del valle del Motagua. Refinería.

PUERTO BELGRANO, c. de Argentina (Buenos Aires), en la conurbación de Bahía Blanca. Base naval en el Atlántico.

PUERTO BERRÍO, mun. de Colombia (Antioquia); 28 470 hab. Mármol; cemento. Central eléctrica.

PUERTO BOYACÁ, mun. de Colombia (Boyacá); 92 000 hab. Ganadería. Yacimientos petrolíferos.

PUERTO CABELLO, c. de Venezuela (Carabobo); 128 825 hab. Centro industrial y puerto exportador.

PUERTO CABEZAS, c. de Nicaragua, cap. de la Región Autónoma Atlántico Norte, en la costa del Caribe; 22 588 hab. Puerto. Aeropuerto.

PUERTO CARREÑO, c. de Colombia, cap. del dep. de Vichada; 8 081 hab. Puerto fluvial con aduana en la frontera venezolana. Aeropuerto.

PUERTO COLOMBIA, mun. de Colombia (Atlántico), en la costa del Caribe; 18 941 hab. Minas de oro; canteras de mármol. Turismo.

PUERTO CORTÉS, mun. de Honduras (Cortés); 28 958 hab. Puerto exportador; terminal de ferrocarril.

PUERTO DE LA CRUZ, c. de España (Santa Cruz de Tenerife), cab. de p. j., en Tenerife; 24 988 hab. *(porteros).* Al pie del valle de la Orotava. Principal centro turístico de la isla.

PUERTO DEL ROSARIO, mun. de España (Las Palmas), cap. de Fuerteventura y cab. de p. j.; 21 274 hab. Principal población de la isla. Pesca. Turismo.

PUERTO DE SANTA MARÍA (El), c. de España (Cádiz), cab. de p. j.; 75 478 hab. *(porteños o portuenses).* Agricultura. Industria vinícola. Turismo. — Castillo de San Marcos (ss. XIII-XIV). Iglesia gótica y barroca. Casas señoriales. Fundación Rafael Alberti.

PUERTO DESEADO, c. de Argentina (Santa Cruz), cab. del dep. de Deseado, junto a la desembocadura del *río Deseado.* Puerto pesquero y de embarque de ganado. Aeropuerto.

PUERTO FRANCISCO DE ORELLANA, c. de Ecuador, cap. de la prov. de Orellana, en la confluencia de los ríos Napo y Coca.

PUERTO INÍRIDA, c. de Colombia, cap. del dep. de Guainía; 9 214 hab. Caucho. — Fue creada en 1964.

PUERTO LA CRUZ, c. de Venezuela (Anzoátegui); 155 731 hab. Forma una aglomeración con Barcelona y Guanta. Puerto. Refinería.

PUERTO LEMPIRA, c. de Honduras, cap. del dep. de Gracias a Dios en el delta del Coco; 3 854 hab. Pesca de camarón.

PUERTOLLANO, c. de España (Ciudad Real), cab. de p. j.; 50 212 hab. *(puertollaneros).* Centro minero e industrial. Central térmica.

PUERTO LÓPEZ, mun. de Colombia (Meta), en la cabecera del Meta; 17 953 hab. Vacunos.

PUERTO MALDONADO, c. de Perú, cap. del dep. de Madre de Dios; 21 200 hab. Centro administrativo y comercial. Caucho, arroz, caña de azúcar.

PUERTO MIRANDA, puerto de Venezuela, en el lago Maracaibo (mun. de Altagracia, Zulia). Exportación de petróleo (terminal del oleoducto de Mene de Mauroa).

PUERTO MONTT, c. de Chile, cap. de la región de Los Lagos; 130 730 hab. Puerto. Centro comercial e industrial. Turismo.

PUERTO MORAZÁN, c. de Nicaragua (Chinandega), en el golfo de Fonseca; 8 004 hab. Importante puerto. Pesca de camarón.

PUERTO NARE, mun. de Colombia (Antioquia); 15 622 hab. Puerto en el Magdalena.

PUERTO ORDAZ → **CIUDAD GUAYANA.**

PUERTO PADRE, mun. de Cuba (Las Tunas), en la costa N; 85 641 hab. Centrales azucareras.

PUERTO PEÑASCO, mun. de México (Sonora); 26 755 hab. Puerto pesquero en el golfo de California.

PUERTO PLATA o **SAN FELIPE DE PUERTO PLATA,** c. de la República Dominicana, cab. de la prov. homónima; 75 310 hab. Puerto exportador en la costa N. Industrias alimentarias.

PUERTO PLATA (provincia de), prov. del N de la República Dominicana; 1 881 km²; 230 000 hab.; cap. *Puerto Plata.*

PUERTO PRESIDENTE STROESSNER → **CIUDAD DEL ESTE.**

PUERTO PRÍNCIPE, en fr. **Port-au-Prince,** cap. de Haití, en la *bahía de Puerto Príncipe;* 1 144 000 hab. Puerto. — Museo de arte haitiano.

PUERTO REAL, v. de España (Cádiz), cab. de p. j.; 35 182 hab. *(puertorrealeños).* Pesca. Astilleros.

PUERTO RICO, isla de América, la menor y más oriental de las Grandes Antillas, que junto con las islas Vieques, Mona, Culebra y otras menores constituye un estado libre asociado a EUA; 8 897 km²; 3 522 037 hab. *(puertorriqueños o portorriqueños).* CAP. *San Juan.* LENGUAS: *español* e *inglés.* MONEDA: dólar de EUA. *(V. mapa al final del volumen.)*

INSTITUCIONES

Puerto Rico está representado por un comisionado residente en EUA, elegido cada cuatro años, que es miembro de la Cámara de representantes estadounidense. En el gobierno interior, el poder ejecutivo corresponde a un gobernador, elegido por sufragio universal cada cuatro años; al igual que el legislativo, compuesto de Cámara y Senado.

GEOGRAFÍA

El clima es caluroso y húmedo. La cordillera Central (1 338 m en el cerro de Punta) recorre la isla de O a E. Ríos cortos y caudalosos (Grande de Loíza, Grande de Arecibo, La Plata, Manatí). País densamente poblado, entre los años cincuenta y setenta se produjo una intensa emigración a EUA, debida a la presión demográfica y al desempleo, pero en la actualidad es mucho menor. La economía, tradicionalmente basada en la agricultura (caña de azúcar, tabaco, piña, café), ha experimentado una industrialización acelerada gracias a las inversiones de capital estadounidense, atraído por las condiciones favorables (exención de impuestos, bajo costo de la mano de obra); las principales ramas son: textil, equipo eléctrico, electrónica, química, farmacéutica, petroquímica y alimentaria. Paralelamente se han desarrollado las actividades terciarias, en especial el turismo. Un 80 % de las exportaciones se dirigen a EUA.

HISTORIA

El poblamiento indígena y la conquista. Antes de la llegada de los españoles, Borinquén, nombre indígena de la isla, estaba ocupada por indios taínos, gobernados por un solo ca cique que dominaba las ricas explotaciones de sal del S de la isla. **1493:** Colón la descubrió en su segundo viaje, y le dio el nombre de isla de San Juan Bautista. **1509:** Ponce de León fundó el primer establecimiento español, Villa Caparra (llamada luego Ciudad de Puerto Rico), y llevó a cabo la conquista de la isla. **1511:** levantamiento indígena dirigido por el cacique Guariney, sofocado por los españoles.

La colonia española. Los recursos agrícolas naturales constituyeron la base de la explotación colonial y se recurrió a la importación regular de esclavos africanos, ante el drástico descenso de la población aborigen; ello originó una sociedad multirracial, con un alto grado de mestizaje. **1815:** la nueva legislación comercial española estimuló las exportaciones de frutas a la metrópoli; la inmigración procedente de Santo Domingo, Venezuela y Luisiana, atraída a Puerto Rico por el mantenimiento de su estatus colonial, reforzó la prosperidad de la isla en el s. XIX. **1835:** primer levantamiento independentista, derrotado, como los posteriores (1839, 1867). **1873:** abolición de la esclavitud. **1897:** concesión de un régimen de autonomía y constitución del primer gobierno de Puerto Rico, presidido por F.M. Quiñones.

La ocupación estadounidense. 1898: ocupación de la isla por el ejército de EUA a raíz de la guerra hispano-norteamericana. La paz de París (1899) estableció la cesión de Puerto Rico a EUA, que en 1917 otorgó la ciudadanía estadounidense a los puertorriqueños. La resistencia a la ocupación, que se expresó en la constitución del Partido nacionalista, culminó en la masacre de Ponce, en la que murieron 22 personas y más de 200 fueron heridas (1937). **1938:** la fundación del Partido popular democrático de Muñoz Marín, que preconizaba la autonomía interna sin poner en cuestión el dominio estadounidense, abrió una nueva etapa política y dejó a los sectores independentistas en minoría. **1947:** el país recibió la autorización de elegir a su gobernador.

El estado libre asociado. 1950: concesión a Puerto Rico del estatuto de estado libre asociado, y elaboración de la constitución interior (1952). El PPD dominó la política puertorriqueña hasta que en 1969 ganó las elecciones el Partido nuevo progresista, partidario de la plena integración en EUA como estado de la unión; a partir de ese momento ambas formaciones se han alternado en el gobierno. El tema constante de la política puertorriqueña es la cuestión de la relación con EUA. **1993:** un referéndum dio una ajustada victoria a los partidarios de la continuidad del estado libre asociado frente a los partidarios de constituirse en nuevo estado de EUA. **1998:** un nuevo referéndum volvió a dar la victoria a los partidarios de la continuidad como estado libre asociado. **2001:** Sila María Calderón, presidenta del PPD, se convirtió en la primera mujer gobernadora de la isla. **2003:** desmantelamiento de la base de Vieques. **2004:** Aníbal Acevedo Vilá, del PPD, fue elegido gobernador.

PUERTO RICO, mun. de Colombia (Caquetá); 26 692 hab. Arroz, maíz y yuca. Explotación forestal.

PUERTO RICO (fosa de), fosa oceánica del Atlántico occidental tropical (9 218 m), que se extiende más de 1 500 km en el límite N de la isla homónima.

PUERTO SANDINO, hasta 1979 **Puerto Somoza,** c. de Nicaragua, en el mun. de Nagarote (León). Puerto comercial, canaliza la importación de petróleo (depósitos).

PUERTO SAN JOSÉ, c. de Guatemala (Escuintla), en la costa del Pacífico; 15 125 hab. Tercer puerto en importancia en el país, centro de importación-exportación.

PUERTO TEJADA, mun. de Colombia (Cauca); 30 407 hab. Agricultura. Ganado vacuno. Minería.

PUERTO VALLARTA, mun. de México (Jalisco), en el Pacífico; 93 503 hab. Puerto comercial y turístico.

PUERTO VARAS, com. de Chile (Los Lagos), junto al lago Llanquihue; 26 597 hab. Turismo.

PUERTO WILCHES, mun. de Colombia (Santander); 21 125 hab. Explotación forestal y petrolera.

PUEYRREDÓN, lago de Argentina (Santa Cruz) y de Chile (Aisén del General Carlos Ibáñez del Campo), donde se llama *lago Cochrane;* 271 km².

PUEYRREDÓN (Carlos Alberto), *Buenos Aires 1887-íd. 1962,* historiador argentino. Fue presidente de la Academia nacional de historia y autor de *Los cabildos coloniales* (1910) y *En tiempos de los virreyes* (1932).

PUEYRREDÓN (Juan Martín de), *Buenos Aires 1777-íd. 1850,* patriota argentino. Jefe del ejército del Alto Perú (1811-1812), miembro del triunvirato (marzo-oct. 1812) y director supremo de la república (1816-1819), su política centralista y sus tendencias monárquicas (constitución de 1819) provocaron la insurrección de las provincias, y tuvo que dimitir.

PUEYRREDÓN (Prilidiano), *Buenos Aires 1823-íd. 1870,* pintor y arquitecto argentino. Dirigió numerosas obras en Buenos Aires (planos de la casa del Gobierno, restauración de la capilla de la Recoleta). Pintó retratos *(Retrato de Manuelita Rosas)* y paisajes rioplatenses.

PUFENDORF (Samuel, barón von), *Chemnitz 1632-Berlín 1694,* jurista e historiador alemán. Retomando y desarrollando las ideas de Grocio, escribió *Del derecho de la naturaleza y de las gentes* (1672), donde fundamenta el derecho en un contrato social.

PUGACHEV o **PUGACHOV** (Yemelián Ivánovich), *Zimoiévskaia h. 1742-Moscú 1775,* jefe de la insurrección popular rusa de 1773-1774. Se hizo pasar por el zar Pedro III para reunir a numerosas tropas de insurrectos cosacos, campesinos y pueblos alógenos. Catalina II envió sus tropas y Pugachev fue ejecutado.

PUGET (Pierre), *Marsella 1620-íd. 1694,* escultor francés. Barroco y realista, es autor de los grupos escultóricos *Milón de Crotona* y *Perseo liberando a Andrómeda* (Louvre).

PUGET SOUND, fiordo de la costa O de Estados Unidos (estado de Washington).

PUGIA (Antonio), *Polia 1929,* escultor argentino de origen italiano. Su obra se caracteriza por el tratamiento etéreo de la materia en figuras y grupos que aprovechan el vacío.

PUGLIESE (Osvaldo), *Buenos Aires 1905-íd. 1995,* compositor, director de orquesta y pianista argentino. Renovó el tango, especialmente en su vertiente orquestal *(Recuerdo,* 1924, *La Yumba,* 1943).

PUIG (Manuel), *General Villegas 1932-Cuernavaca 1990,* escritor argentino. Sus novelas indagan en la mentalidad de la clase media y sus rancios estereotipos burgueses, en un agudo y logrado tono folletinesco *(La traición de Rita Hayworth,* 1968; *Boquitas pintadas,* 1969; *El beso de la mujer araña,* 1976 [adaptada al teatro y al cine]; *Cae la noche tropical,* 1988).

■ MANUEL PUIG   ■ HENRY PURCELL

Puig d'es Molins, necrópolis púnica en Ibiza (España), en el cerro homónimo. Hipogeos. Esculturas en terracota. Museo.

PUIG I CADAFALCH (Josep), *Mataró 1867-Barcelona 1956,* arquitecto, historiador del arte y político español. En arquitectura siguió un eclecticismo de tendencias modernistas y medievalistas (casas Ametller, Macaya y de les Punxes, Barcelona). Impulsor de las excavaciones de Ampurias, es autor de *La arquitectura románica en Cataluña* (1909-1918). Fue presidente de la Mancomunidad de Cataluña (1917-1923).

PUIG MAJOR, pico de España (Baleares), alt. máx. de la isla de Mallorca, en la sierra de Tramuntana; 1 445 m.

PUIGVERT (Antonio), *Santa Coloma de Gramenet 1905-Barcelona 1990,* médico español. En 1966 creó la fundación Puigvert, especializada en urología. Inventó nuevas técnicas operatorias e instrumental quirúrgico.

PUJILÍ, cantón de Ecuador (Cotopaxi), en la Hoya del Patate; 75 570 hab. Viñedos, frutales.

PUJOL (Emili), *Granadella, Lérida, 1886-Barcelona 1980,* guitarrista y compositor español. Discípulo de Tárrega, compuso piezas para guitarra y estudios de concierto. Es asimismo autor de *Escuela razonada de la guitarra* (1932-1933).

PUJOL (Jordi), *Barcelona 1930,* político español. Fundador y dirigente de Convergència democràtica de Catalunya (1974), fue presidente de la Generalidad de 1980 a 2003. Apoyó la gobernabilidad del estado tanto con gobiernos socialistas como del Partido popular.

PULA, en ital. **Pola,** c. de Croacia, en Istria; 62 000 hab. Anfiteatro; catedral reconstruida en el s. XVII; museo arqueológico.

PULAR (El), cerro de Chile (Antofagasta), en los Andes, al S del salar de Atacama; 6 225 m.

PULCI (Luigi), *Florencia 1432-Padua 1484,* poeta italiano. Es autor de un poema caballeresco, parodia de los cantos de gesta *(Morgante).*

PULGAR (Hernando del), *¿Toledo? 1436-1493,* humanista e historiador español. Hijo de conversos, fue embajador de Enrique IV y cronista de los Reyes Católicos. Es autor de una crónica sobre Enrique IV, hoy perdida, de *Crónica de los señores reyes católicos don Fernando y doña Isabel* (1481-1490) y de *Los claros varones de Castilla* (1486).

Pulgarcito, cuento de Perrault (1697).

Pulitzer (premios), premios instituidos por el periodista estadounidense Joseph Pulitzer (1847-1911). Adjudicados desde 1917 por el consejo de administración de la universidad de Columbia, recompensan anualmente a periodistas, escritores y compositores.

PULLMAN (George Mortimer), *Brocton, estado de Nueva York, 1831-Chicago 1897,* industrial estadounidense. Junto con su amigo Ben Field inventó los coches cama (1863-1865).

PULQUERIA (santa), *Constantinopla 399-453,* emperatriz de Oriente. Hija de Arcadio, se hizo con el poder a la muerte de su hermano Teodosio II (450). Defendió la ortodoxia contra los nestorianos y los monofisitas.

PUNA, nombre que a veces recibe el *Altiplano andino.

PUNA, región del NO de Argentina, enmarcada por los Andes al O, zona desértica de unos 3 800 m de alt. media.

PUNÁ, isla de Ecuador (Guayas), en el golfo de Guayaquil, frente a la desembocadura del Guayas; 920 km². Pesca y caza. La principal población es *Puná.*

PUNÄKHA, c. del O de Bhután. Antigua capital del país.

Punch o **London Charivari** (The), semanario satírico británico. Fundado en 1841, dejó de publicarse en 2002 (reducido a una modesta edición electrónica).

PUNE o **POONA,** c. de la India (Mahārāshtra); 2 495 014 hab. Centro universitario e industrial. Cap. del imperio mahrätta en el s. XVIII.

PUNGARABATO, mun. de México (Guerrero); 19 250 hab.; cab. *Ciudad Altamirano.* Centro agropecuario e industrias derivadas. Explotación forestal.

púnicas (guerras), guerras que enfrentaron a Roma y Cartago (264-146 a.C.) por la hegemonía del Mediterráneo occidental.

La primera guerra púnica (264-241 a.C.). Tuvo por escenario Sicilia, de donde los romanos trataban de expulsar a los cartagineses. Los romanos, reforzados por las victorias de su flota (victoria de Duilio en Milas, frente a la costa de Sicilia, en 260), desembarcaron en África, pero sufrieron una serie de reveses: derrota y muerte de Régulo (255) en África, destrucción de parte de la flota (Drepanum, 249) y del ejército en Sicilia tras luchar contra Amílcar Barca. Pero la decisiva victoria de la flota romana en las islas Égates (241) llevó a Cartago a pedir la paz; Sicilia quedó bajo el control de Roma.

La segunda guerra púnica (218-201 a.C.). Estuvo marcada por la ofensiva del cartaginés Aníbal. El general cartaginés partió de Hispania (toma de Sagunto, 219), atravesó los Pirineos y los Alpes y entró en Italia, donde derrotó a los romanos en Tesino y Trebia (218), en el lago Trasimeno (217) y en Cannas (216); pero, al no recibir refuerzos, tuvo que detenerse en Capua y renunciar a tomar Roma (211). Mientras tanto, los romanos conquistaron Sicilia e Hispania. Asdrúbal Barca, que intentó llegar junto a su hermano Aníbal, fue vencido y muerto en el Metauro (207). En 204, Escipión el Africano llevó la guerra hasta África, tras aliarse con el rey númida Masinisa. Llamado desde Italia, Aníbal fue vencido en Zama (202). La paz de 201 hizo perder a Cartago sus posesiones de Hispania, la privó de su flota y le impuso un gravoso tributo.
La tercera guerra púnica (149-146 a.C.). Dio el golpe definitivo a Cartago. El senado romano, alertado por Catón, quien temía el renacimiento de Cartago (*delenda est Carthago*, Cartago debe ser destruida), tomó como pretexto el conflicto que enfrentaba a las cartagineses y a Masinisa, aliado de Roma, y envió a Escipión Emiliano a África. Después de tres años de asedio, Cartago fue tomada y arrasada, y aniquilado el poder púnico.

PUNILLA, dep. de Argentina (Córdoba); 121 173 hab.; cab. *Cosquín*. Vacuno e industrias lácteas. Yacimientos de uranio. Central hidroeléctrica.

PUNO o **SAN CARLOS DE PUNO,** c. de Perú, cap. del dep. homónimo, a orillas del Titicaca, 48 470 hab. Puerto lacustre más alto del mundo (3 837 m). Astilleros; conservas. — Catedral barroca (s. XVIII).
PUNO (departamento de), dep. de Perú; 72 012 km²; 1 268 441 hab.; cap. *Puno.*

PUNT, voz que, en el antiguo Egipto, designaba la costa de los Somalíes.

PUNTA (cerro de), pico culminante de Puerto Rico, en la cordillera Central, en el bosque nacional del Caribe, 1 338 m.

PUNTA ARENAS, c. de Chile, cap. de la región de Magallanes y de la Antártica Chilena, en el estrecho de Magallanes; 113 661 hab. Puerto. Petroquímica. Es, junto con Ushuaia, una de las ciudades más meridionales del mundo.

PUNTA CARDÓN, mun. de Venezuela (Falcón); 40 888 hab. Refinerías de petróleo; puerto petrolero.

PUNTA DEL ESTE, c. de Uruguay (Maldonado), en el extremo N de la desembocadura del Río de la Plata; 6 500 hab. Centro turístico. — Sede de tres reuniones de la OEA (1961, 1962 y 1967), en las que se fundó la Alianza para el progreso y se tomaron acuerdos de integración económica entre los países latinoamericanos.

Punta de Vaca (necrópolis de), necrópolis púnica en Cádiz (España). Importantes restos arqueológicos (joyas, ceramica, vidrio; sarcófago antropoide del s. VI a. C. [museo de Cádiz]).

PUNTA GORDA, r. de Nicaragua, en la vertiente del Caribe; 120 km. Navegable.

PUNTARENAS, c. de Costa Rica, cap. de la prov. homónima; 88 342 hab. Puerto exportador y pesquero. Industrias mecánicas y alimentarias. Turismo.

PUNTARENAS (provincia de), prov. de Costa Rica, junto al Pacífico; 11 000 km²; 414 730 hab.; cap. *Puntarenas.*

PUNTO FIJO, mun. de Venezuela (Falcón); 88 681 hab. Refinerías de petróleo; puerto petrolero.

PURACÉ, volcán de Colombia (Cauca y Huila), en la cordillera Central de los Andes; 4 756 metros.

Purāṇa, epopeyas anónimas hindúes (ss. IV-XV) que constituyen una suma de la cultura y la religión hindúes.

PURCELL (Edward Mills), *Taylorville, Illinois, 1912-Cambridge, Massachusetts, 1997,* físico estadounidense. Ideó un método de propagación de las ondas radioeléctricas mediante el uso de las propiedades de la ionosfera, y determinó los momentos magnéticos de los núcleos de los átomos. (Premio Nobel 1952.)

PURCELL (Henry), *¿Londres? 1659-Westmins-*

ter, act. en Londres, 1695, compositor inglés. Es autor de obras dramáticas (*Dido y Eneas*, ópera, 1689; *El rey Arturo*, 1691; *La reina de las hadas*, 1692), de obras de música vocal religiosa y profana (*odas* y *anthems*), de sonatas, de fantasías para violas y de *suites* para clave.

PURÉPERO, mun. de México (Michoacán); 16 133 hab. Cereales, frutales. Avicultura y apicultura.

PURIFICACIÓN, mun. de Colombia (Tolima), en el curso medio del Magdalena; 22 173 hab.

PURISCAL, cantón de Costa Rica (San José); 27 519 hab.; cab. *Santiago.* Centro agrícola.

PURÍSIMA DEL RINCÓN, mun. de México (Guanajuato); 23 211 hab. Industria textil; sombreros de palma.

PURRANQUE, com. de Chile (Los Lagos); 20 177 hab. Cereales, ganado vacuno. Industrias lácteas.

PURUÁNDIRO, mun. de México (Michoacán); 55 853 hab. Centro agrícola y ganadero. Artesanías.

PURUS o **PURÚS,** r. de América del Sur (Perú y Brasil), afl. del Amazonas (or. der.); 3 380 km.

Purusha o **Purusa,** nombre sánscrito del hombre primigenio en el vedismo. Primer sacrificador, es también el primer sacrificado, convirtiéndose las diversas partes de su cuerpo en los elementos de la creación.

PUSAN, c. de Corea del Sur, en el estrecho de Corea; 3 798 000 hab. Principal puerto del país. Centro industrial.

PUSEY (Edward Bouverie), *Pusey, cerca de Oxford, 1800-Ascot Priory, Berkshire, 1882,* teólogo británico. Desempeñó un papel esencial en el «movimiento de Oxford», o *puseysmo*, que llevó a una fracción de la Iglesia anglicana hacia el catolicismo, aunque él permaneció fiel al anglicanismo.

PUSHKIN, ant. Tsárskoie Seló, c. de Rusia, cerca de San Petersburgo; 50 000 hab. Ant. residencia de verano de los zares (palacios y parques del s. XVIII).

PUSHKIN (Alexandr Serguéievich), *Moscú 1799-San Petersburgo 1837,* escritor ruso. Funcionario imperial, sus ideas liberales le ocasionaron numerosas sanciones, pero alcanzó rápidamente gran celebridad por su primer libro de poesía, una epopeya fantástica (*Ruslán y Ludmila*), una novela en verso (*Eugenio Oneguin*, 1825-1833), un drama histórico (*Borís Godunov*, 1831) y varias novelas cortas (*La dama de picas*, 1834; *La hija del capitán*, 1836). Renovador de la literatura rusa, fue mortalmente herido en un duelo.

■ **PUSHKIN,** por O. A. Kiprenski. (Galería Tretiakov, Moscú.)   ■ VLADÍMIR **PUTIN**

PUSKÁS (Ferenc), *Budapest 1927-íd. 2006,* futbolista húngaro nacionalizado español. Zurdo, estratega y goleador, ganó tres veces la copa de Europa (1959, 1960, 1966) y una copa Intercontinental (1960) con el Real Madrid.

PUSZTA, nombre con el que se conocía la gran llanura de la estepa húngara, cuando todavía no estaba cultivada. (Patrimonio de la humanidad 1999.)

PUTIFAR, personaje bíblico. Oficial del faraón en tiempos de José, su esposa, enamorada e irritada por su indiferencia, le acusó de haber querido seducirla y José fue encarcelado por orden de Putifar.

PUTIN (Vladímir), *Leningrado, act. San Petersburgo, 1952,* político ruso. Jefe del FSB (Servi-

cio federal de seguridad, ex KGB), fue nombrado primer ministro en 1999 (ag.). Presidente provisional tras la retirada de B. Yeltsin (dic. 1999), fue confirmado en la jefatura de la Federación en las elecciones de marzo 2000 y de marzo 2004. En 2008, al no poder volver a presentarse, se convirtió en primer ministro de su sucesor, D. Medvédev, y en presidente del partido Rusia unida.

PUTLA DE GUERRERO, mun. de México (Oaxaca); 18 468 hab. Mercado ganadero. Artesanías.

PUTNAM (Hilary), *Chicago 1926,* filósofo y lógico estadounidense. Defiende un realismo científico que reconoce la independencia de la realidad al considerar que esta no puede aprehenderse más que a través de la variedad de los esquemas conceptuales y de las prácticas.

PUTNIK (Radomir), *Kragujevac 1847-Niza 1917,* militar serbio. Estuvo al frente del ejército serbio de 1912 a 1915.

PUTRAJAYA, cap. administrativa de Malasia, a 25 km al S de Kuala Lumpur; 30 000 hab. Sede del gobierno. Centro de altas tecnologías.

PUTUMAYO, r. de América del Sur, afl. del Amazonas (or. izq.); 1 600 km. Su cuenca se extiende por Ecuador, Colombia, Perú y Brasil (donde recibe el nombre de *Içá*). Navegable.
PUTUMAYO (departamento de), dep. del S de Colombia; 24 885 km²; 119 815 hab.; cap. *Mocoa.*

Puuc, estilo arquitectónico maya del período reciente (ss. VI-X), que se desarrolló en la zona de Yucatán (México), caracterizado por el trabajo de mosaico con grandes losas de piedra ensambladas. Destacan los edificios de Sayil, Kabah, Labná y Uxmal.

PUVIS DE CHAVANNES (Pierre), *Lyon 1824-París 1898,* pintor francés. Con un estilo de sobrio clasicismo cargado de símbolos, realizó pinturas murales (*Vida de santa Genoveva*, Panteón de París).

PUYANA (Rafael), *Bogotá 1931,* clavecinista colombiano. Discípulo de Wanda Landowska, ha desarrollado a partir de 1955 una carrera internacional. Destaca por su dominio de los distintos estilos.

PUY DE DÔME, cumbre volcánica de Francia, en el macizo Central, cerca de Clermont-Ferrand, 1 465 m.

PUY-DE-DÔME, dep. de Francia (Auvernia); 7 970 km²; 604 266 hab.; cap. *Clermont-Ferrand.*

PUYEHUE, lago de Chile (Los Lagos). Al NE se levanta el *volcán Puyehue* (2 240 m) y en su orilla se asienta la localidad de *Puyehue;* 120 km².

PUYI o **P'UYI,** *Pekín 1906-íd. 1967,* último emperador de China (1908-1912). Fue nombrado por los japoneses regente (1932) y luego emperador (1934-1945) de Manchukuo. Prisionero de los soviéticos, internado de 1949 a 1959 en Fushun, trabajó en el jardín botánico de Pekín y en su despacho de asuntos culturales.

PUYO, c. de Ecuador, cap. de la prov. de Pastaza; 27 679 hab. Centro comercial. Puerto fluvial.

PYAY → PROME.

PYM (John), *Brymore 1584-Londres 1643,* estadista inglés. Diputado en la cámara de los comunes, fue el principal autor de la *Petición del derecho* (1628), que limitaba el poder real. Encabezó la oposición parlamentaria al despotismo de Carlos I y al catolicismo.

PYNCHON (Thomas), *Glen Cove, Long Island, 1937,* escritor estadounidense. Desde su primera novela, *V* (1963), mantuvo una vida secreta y convirtió la escritura en un arte donde aparecen épocas y personajes en trampantojo (*La subasta del lote 49*, 1966; *El arco iris de gravedad*, 1973; *Vineland*, 1990; *Mason y Dixon*, 1997; *Against the Day*, 2006).

PYONGYANG o **P'YONG-YANG,** cap. de Corea del Norte; 2 639 000 hab. Centro administrativo e industrial. — Monumentos antiguos; museos.

PYRÉNÉES-ATLANTIQUES, dep. de Francia (Aquitania); 7 645 km²; 600 018 hab.; cap. *Pau.*
PYRÉNÉES-ORIENTALES, dep. de Francia (Languedoc-Rosellón); 4 116 km²; 392 803 hab.; cap. *Perpiñán.*

QACENTINA → CONSTANTINA.

QADEŠ, KADESH o **KINZA,** ant. c. de Siria, cerca de Homs. Junto a sus murallas Ramsés II libró una batalla contra los hititas (h. 1299 a.C.).

Qaeda (al-) [la Base], organización terrorista islamista, creada en 1988 en Afganistán por Osama Bin Laden. Caracterizada por una ideología panislámica radical, dispone actualmente de una red mundial con la que pretende luchar mediante acciones violentas contra los gobiernos de países musulmanes considerados «no islámicos», y contra Occidente. Es sobre todo responsable de los atentados del 11 de *septiembre de 2001 en Estados Unidos.

QAL'AT SIM'ĀN o **QALA'AT SIM'ĀN,** sitio arqueológico del N de Siria. Restos del conjunto monumental (basílicas, edificios conventuales, etc.) erigido en memoria de san Simeón Estilita, obra maestra del arte paleocristiano del s. V.

QĀMIŠLIYYA (al-), c. del NE de Siria; 126 000 habitantes.

QANDAHĀR o **KANDAHAR,** c. del S de Afganistán; 225 500 hab.

QASI (Banū), familia de muladíes aragoneses, descendientes de un conde visigodo convertido al islam. Gobernaron, en el s. IX, el valle del Ebro y se sublevaron contra los Omeyas. Muerto Lope ibn Muḥammad ibn Lope (911), la familia se disgregó.

QĀSIM AL-MAMUN (al-), califa beréber de Córdoba (1018-1023). Huyó a causa de una sublevación popular.

QAṬAR, estado de Asia, junto al golfo Pérsico; 11 400 km²; 560 000 hab. CAP. *Duḥā*. LENGUA: *árabe*. MONEDA: *rial de Qatar*. (V. mapa de **Arabia Saudí.**) Es una península desértica, pero muy rica en petróleo y sobre todo en gas natural. — Unido a Gran Bretaña por un tratado en 1868, Qatar se independizó en 1971 con el emir Jālifā ibn Aḥmad al-Tāni (1972-1995) al frente, al que sucedió su hijo Aḥmad ibn Jālifā al-Tāni (desde 1995). En 2005 el emirato pasó a ser una monarquía constitucional.

QĀŶĀRÍES, dinastía que reinó en Irán de 1796 a 1925, fundada por Āga Muḥammad sha, jefe de una tribu turcomana.

QAZVĪN o **KAZVIN,** c. de Irán, al S del Elburz; 278 826 hab. Capital de Persia en el s. XVI. Monumentos antiguos.

QIANLONG, *Pekín 1711-íd. 1799,* emperador chino (1736-1796), de la dinastía Qing. Continuó la expansión por Asia central, el Tíbet y Birmania y llevó al imperio a su apogeo.

QIN, primera dinastía imperial china (221-206 a.C.). Llevó a cabo la unificación del país.

QING, dinastía manchú que reinó en China (1644-1911).

QINGDAO, c. de China (Shandong); 1 500 000 hab. Puerto. Centro cultural e industrial.

QINGHAI o **KURU NOR,** vasta depresión pantanosa del centro-O de China (prov. de Qinghai), a 3 200 m de alt.

QINGHAI, prov. del O de China; 720 000 km²; 4 460 000 hab.; cap. *Xining.*

QINLING (montes), macizo de China central, entre las cuencas del Huang He y del Yangzi Jiang; 3 767 m.

QIN SHI HUANGDI, *259-210 a.C.,* emperador de China (221-210). Fundador de la dinastía Qin, pacificó y unificó los países chinos y fue el creador del imperio (221). — Junto a su túmulo funerario, cerca de Xi'an, se descubrió una réplica en terracota de su ejército (1974).

QIQIHAR → TSITSIHAR.

QOM → QUM.

QUANTZ (Johann Joachim), *Oberscheden 1697-Potsdam 1773,* compositor y flautista alemán. Músico de cámara y compositor de la corte de Federico II de Prusia, escribió un método para tocar la flauta travesera.

QUARENGHI (Giacomo), *Valle Imagna, Bérgamo, 1744-San Petersburgo 1817,* arquitecto italiano. Construyó numerosos edificios de estilo neoclásico palladiano para Catalina II, sobre todo en San Petersburgo.

QUART (Pere) → OLIVER (Joan).

QUART DE POBLET, v. de España (Valencia), cab. de p. j.; 26 131 hab. *(cuartanos).* Cultivos de huerta. Centro industrial de descongestión de Valencia. — batalla de **Cuart** o de **Quart** (1094), victoria de las tropas del Cid frente a los almorávides.

Quasimodo, personaje de *Nuestra Señora de París* (1831), de Victor Hugo, campanero jorobado de una gran sensibilidad.

QUASIMODO (Salvatore), *Siracusa 1901-Nápoles 1968,* poeta italiano. Pasó del simbolismo de la escuela «hermética» (*Ed è subito sera)* a una poesía social. (Premio Nobel 1959.)

quatre gats (Els), local abierto en Barcelona por Pere Romeu a fines del s. XIX. En él se celebraban eventos culturales con la participación de artistas como Utrillo, Rusiñol, Casas, Nonell, Picasso, D'Ors, Granados y Albéniz.

QUBĪLĀY KAN → KŪBĪLĀY KAN.

QUEBEC, en fr. **Québec,** c. de Canadá, cap. de la provincia de Quebec, a orillas del San Lorenzo; 175 039 hab. Centro industrial y cultural (universidad). [Patrimonio de la humanidad 1985.] — Fue fundada por el francés Champlain en 1608.

QUEBEC (provincia de), prov. del E de Canadá; 1 540 680 km²; 6 895 963 hab.; cap. *Quebec.* **S. XVI:** inicio de la presencia francesa. El Bajo Canadá, francófono, estuvo separado del Alto Canadá, anglófono, hasta 1840 (acta de la Unión). **1867:** con la creación de la Confederación canadiense pasó a tener un estatuto provincial. **1980:** un referéndum sobre la soberanía determinó que la provincia continuara unida a Canadá. **1992:** la reforma de la constitución canadiense, iniciada en 1982, que otorgaba mayor autonomía a Quebec en el marco institucional de soberanía-asociación, no fue ratificada. **1995:** un nuevo referéndum rechazó la soberanía de la provincia.

QUEBRADILLAS, mun. del N de Puerto Rico; 21 425 hab. Caña de azúcar, tabaco. Industria textil.

QUECHOLAC, mun. de México (Puebla); 23 683 hab. Explotación forestal. Elaboración de pulque.

QUECHULTENANGO, mun. de México (Guerrero); 22 275 hab. Centro agrícola.

QUEDLINBURGO, c. de Alemania (Sajonia-Anhalt); 29 096 hab. Casco antiguo pintoresco; iglesia de San Servando, reconstruida hacia 1100 (tesoro); castillo de los ss. XVI-XVII.

Queen Mary, transatlántico británico, en servicio desde 1936 hasta 1967. Fue el crucero de pasaje más grande y lujoso del mundo. — **Queen Mary 2,** transatlántico británico, botado en 2004. Es el mayor crucero de pasaje del mundo (2 650 pasajeros y 1 250 tripulantes).

QUEENS, barrio de Nueva York; 1 951 598 hab.

QUEENSLAND, estado del NE de Australia; 1 727 500 km²; 2 978 617 hab.; cap. *Brisbane.*

QUEGUAY, r. de Uruguay, que desagua en el Uruguay (or. izq.) frente a la *isla de Queguay;* 255 km. Forma cascadas cerca de la desembocadura.

¡Qué hacer!, novela de Nikolái Chernishevski (1863), fue durante mucho tiempo el libro de cabecera de la juventud revolucionaria rusa.

¡Qué hacer!, obra de Lenin (1902), en la que expone su concepción de un partido revolucionario, fuertemente organizado y clandestino.

QUEIPO DE LLANO (Gonzalo), *Tordesillas 1875-Sevilla 1951,* militar español. Capitán general de Madrid durante la segunda república, en la guerra civil mandó el ejército del S de los sublevados.

QUEIROZ (José María Eça de) → EÇA DE QUEIROZ.

QUEIROZ (Rachel de), *Fortaleza 1910- Río de Janeiro 2003,* escritora brasileña, autora de novelas de corte regionalista (*Las tres Marías,* 1939), teatro (*La beata María de Egipto,* 1958), literatura infantil (*Andira,* 1992) y ensayos.

QUELIMANE, c. de la costa central de Mozambique; 150 116 hab. Puerto.

QUELLIN, QUELLINUS o **QUELLIEN,** familia de escultores y pintores flamencos de Amberes, la mayoría de ellos del XVII.

QUEMADO (punta del), saliente de Cuba (Guantánamo), que constituye el extremo E de la isla.

QUEMADO DE GÜINES, mun. de Cuba (Villa Clara); 23 773 hab. Caña de azúcar y ganadería.

QUEMOY o **JINMENDAO,** en chino *Kinmen,* isla de Taiwan, cerca del continente; 45 000 habitantes.

QUENEAU (Raymond), *Le Havre 1903-París 1976,* escritor francés. Hizo de su narrativa (*Zazie en el metro,* 1959) y poesía (*Los Ziaux,* 1943; *Cien billones de poemas,* 1961) una continua experimentación con el lenguaje.

QUENTAL (Antero Tarquinio de), *Ponta Delgada, Azores, 1842-íd. 1891,* escritor portugués. Su obra poética refleja una inspiración mística y revolucionaria.

QUER (José), *Perpiñán 1695-Madrid 1764,* naturalista español. Profesor del Jardín botánico de Madrid, creado en 1755 con su aportación, es autor de *Flora española* (1762-1784), obra de referencia para posteriores estudios de sistemática.

QUERCIA (Jacopo di Pietro d'Agnolo della), *Siena h. 1374-1438,* escultor italiano. Trabajó, en un estilo monumental, en Lucca, Siena (Fonte Gaia) y Bolonia (relieves de la portada de San Petronio).

QUERÉTARO, c. de México, cap. del est. homónimo; 545 050 hab. Industrias derivadas de la agricultura (harinas, conservas), textiles, maquinaria agrícola. — Centro importante del barroco mexicano: iglesias de Santa Rosa y Santa Clara, convento de San Agustín (claustro). Palacios y casas nobles. (Patrimonio de la humanidad 1996). — En ella fue fusilado el emperador Maximiliano (1867).

QUERÉTARO (estado de), est. del centro de México; 11 769 km²; 1 051 235 hab.; cap. *Querétaro.*

QUEROL (Agustín), *Valldecona, Tarragona, 1860-Madrid 1909,* escultor español. Creó numerosos monumentos en España y Latinoamérica, de un realismo anecdótico (frontón de la biblioteca nacional, Madrid; *Independencia,* Guayaquil; *Garibaldi,* Montevideo).

Queronea (batalla de), [¿338 a.C.?], victoria de Filipo II de Macedonia sobre los atenienses y los tebanos en Queronea (Beocia). Abrió el camino al dominio macedonio del conjunto de Grecia. — batalla de **Queronea** (86 a.C.), victoria del ejército romano de Sila sobre las tropas de Mitrídates VI, rey del Ponto.

QUERSONESO (del gr. *khersos,* continente, y *nêsos,* isla), nombre que daban los griegos a varias penínsulas, entre ellas el *Quersoneso de Tracia* (act. península de Gallípoli) y el *Quersoneso Táurico* (act. Crimea).

QUESADA (Rafael **Romero Quesada,** llamado Alonso), *Las Palmas de Gran Canaria 1886-Santa Brígida 1925,* escritor español, poeta posmodernista (*El lino de los sueños,* 1915), periodista, narrador y dramaturgo.

QUESADA LOYNAZ (Manuel de), *Camagüey 1833-en Costa Rica 1884,* patriota cubano. Dirigió la primera expedición para luchar contra los españoles (1868) y fue nombrado general en jefe del ejército libertador (1869).

QUESNAY (François), *Méré 1694-Versalles 1774,* médico y economista francés. Inspirador de la escuela fisiocrática, su *Tabla económica* (1758), en la que demuestra que la tierra es la fuente primaria de riqueza, es una obra capital y la primera que analiza el circuito económico.

QUESNEL (Pasquier), *París 1634-Amsterdam 1719,* teólogo francés. Tras la muerte de Arnauld (1694), fue considerado el jefe del jansenismo. Sus *Reflexiones morales* (1671) fueron condenadas por la bula *Unigenitus* (1713).

QUETTA, c. de Pakistán, cap. de Baluchistán; 285 000 hab.

QUETZALCÓATL MIT. AMER. Divinidad de diversos pueblos precolombinos de Mesoamérica, desde los teotihuacanos hasta los aztecas. Su símbolo era la serpiente emplumada y los toltecas lo adoraron como personaje histórico y héroe civilizador. Entre los mayas tomó los nombres de *Kukulcán, Gucumatz* y *Votan.*

QUEVEDO, cantón de Ecuador (Los Ríos); 161 029 hab.; cab. *Quevedo* (75 813 hab.). Agricultura.

QUEVEDO Y VILLEGAS (Francisco), *Madrid 1580-Villanueva de los Infantes 1645,* escritor español. Su poesía figuró en la antología de Pedro Espinosa *Flores de poetas ilustres* (1605), pero el conjunto fue editado póstumamente, inscrita en la corriente conceptista del barroco, en ella se dan cita lo grave de los poemas amorosos y metafísicos, y lo burlesco de muchos de sus sonetos, letrillas y romances. Como prosista escribió con una gran capacidad crítica y pesimismo propios del barroco: novela picaresca (*Historia de la vida del *Buscón llamado don Pablos,* 1626), obra ascética (*Los sueños,* 1627; *La cuna y la sepultura,* 1635), obras burlescas (*La culta latiniparla,* 1631), contra Góngora y el culteranismo (*Aguja de navegar cultos*) y obras de contenido político (*Política de Dios, gobierno de Cristo,* 1626; *Vida de Marco Bruto,* 1632-1644).

■ FRANCISCO QUEVEDO

QUEZALTENANGO, c. de Guatemala, cap. del dep. homónimo; 93 439 hab. Centro comercial e industrial. Universidad. — Un sismo la destruyó en 1902.

QUEZALTENANGO (departamento de), dep. del E de Guatemala; 1 951 km²; 606 556 hab.; cap. *Quezaltenango.*

QUEZALTEPEQUE, volcán de Guatemala (Chiquimula); 1 907 m.

QUEZALTEPEQUE, mun. de El Salvador (Quezaltenango), en el Eje volcánico guatemalteco-salvadoreño; 26 401 hab.

QUEZÓN (Manuel Luis), *Baler 1878-Saranac Lake, EUA, 1944,* político filipino. Luchó contra la dominación española y fundó el Partido nacionalista. Presidente de la «Commonwealth de las Filipinas» (1935), se exilió a EUA tras la invasión japonesa (1942).

QUEZÓN CITY, c. de Filipinas, en el área metropolitana de Manila; 1 666 766 hab. Cap. del país entre 1948 y 1976.

QUFU, c. de China, al SO de Zibo; 545 000 hab. Supuesto lugar de nacimiento de Confucio. Palacio de los descendientes del maestro, de época Ming, y sobre todo el templo de Confucio, fundado en el s. XI, con pabellones del s. XII, como el de las bibliotecas, declarado patrimonio de la humanidad (1994).

QUIBDÓ, mun. de Colombia, cap. del dep. de Chocó; 75 524 hab. Centro comercial de una región minera (oro, platino). Planta hidroeléctrica.

QUICHÉ (departamento del), dep. del NE de Guatemala; 8 378 km²; 582 553 hab.; cap. *Santa Cruz del Quiché.*

QUIJANO (Jerónimo), arquitecto y escultor español, activo en la primera mitad del s. XVI, de estilo renacentista (capilla de los Junterones, catedral de Murcia; colegiata de San Patricio de Lorca).

Quijote (El), novela de Miguel de Cervantes, en dos partes (1605 y 1615), cuyo título completo es *El ingenioso hidalgo don Quijote de la Mancha.* Concebida como una parodia de los libros de caballerías, trata de un hidalgo manchego, Alonso Quijano, que se vuelve loco leyendo libros de caballerías y decide emular las hazañas de sus héroes. Toma el nombre de don Quijote, da a su flaco caballo el de Rocinante, se inventa una dama enamorada, Dulcinea del Toboso, y toma a Sancho Panza como escudero. Su locura estriba en pensar y actuar como los seres literarios, que confunde con los reales, y ello da pie a que en el trascurso de la obra se debata con gran frecuencia sobre problemas literarios e incluso a que en la se-

gunda parte se discuta sobre la primera y se mencione al *Quijote apócrifo* de Avellaneda (1614), aparecido entre las dos partes. — Entre las ediciones ilustradas, sobresalen la de la Real academia española (1780), en la que colaboraron los dibujantes Arnal, Barranco, Carnicero y Castillo; las ilustradas por Cruikshank (1834), Nanteuil (1845), Doré (1863) y A. Mestres (1879). El tema ha inspirado a Daumier, Picasso, Grau Sala, Cocteau y Dalí. — En el terreno musical cabe citar las óperas de Teleman y Massenet, el *Retablo de Maese Pedro* de Falla y *Don Quijote velando las armas* de Esplá. — Crearon ballets de tema quijotesco Favart (1743), Noverre (1750), Taglione (1850) y Petipa (1860), entre otros.

QUILAMBÉ o **KILAMBÉ,** cordillera de Nicaragua, formada por el *macizo de Quilambé* (1 750 m), y los de Guamblón y Galán.

QUILICURA, com. de Chile (Santiago); 40 659 hab. Cereales, vid, frutales; ganadería.

QUILLACOLLO, cantón de Bolivia (Cochabamba), en el valle de Tamborana; 66 108 hab. Centro agrícola.

QUILLOTA, com. de Chile (Valparaíso); 68 284 hab. Industria química, textil y alimentaria (vinos).

QUILMES, partido de Argentina (Buenos Aires), en el Gran Buenos Aires; 509 445 hab.

QUILON, c. de la India (Kerala); 362 572 hab. Puerto.

QUILPUÉ, com. de Chile (Valparaíso); 102 824 hab. Zona residencial e industrial del área de Valparaíso.

QUIMBAYA, mun. de Colombia (Quindío); 29 408 hab. Producción agropecuaria.

QUIMPER, c. de Francia (Finistère), a orillas del Odet; 67 127 hab. Catedral gótica; museos.

QUINATZIN, *1298-1357,* soberano chichimeca. Sucesor de Tlotzin Pochotl, llevó la capital a Texcoco. Su territorio fue invadido por los mixtecas.

QUINCHÍA, mun. de Colombia (Risaralda); 27 065 hab. Agricultura; ganadería.

QUINDÍO (departamento del), dep. del centro de Colombia; 1 845 km²; 477 860 hab.; cap. *Armenia.*

QUINDÍO (nevado del), cumbre volcánica de Colombia, en la cordillera Central; 5 150 m.

QUINE (Willard **Van Orman,** llamado Willard), *Akron, Ohio, 1908-Boston 2000,* lógico estadounidense. Es autor de una teoría sobre los fundamentos de la lógica, y más concretamente sobre sus aspectos semánticos (*Logic and Reification of Universalia,* 1953).

QUI NHON, c. del S de Vietnam; 214 000 hab. Puerto.

QUINN (Antonio **Quiñones,** llamado Anthony), *Chihuahua 1915-Boston 2001,* actor de cine estadounidense de origen mexicano. Creó con sutileza personajes marginales o brutales (¡*Viva Zapata!,* E. Kazan, 1952; *La stra-*

■ EL **QUIJOTE.** Dibujo de Pablo Picasso para una edición de 1955. (Museo de St. Denis-Seine.)

da, F. Fellini, 1954; *Lust for Life,* V. Minnelli, 1956; *Zorba el griego,* M. Cacoyannis, 1964).

QUINO (Joaquín **Salvador Lavado,** llamado), *Mendoza 1932,* dibujante de humor argentino nacionalizado español. Creador del personaje de *Mafalda (1962), visión personal de la clase media, es autor del recopilatorio *Mundo Quino* (1963).

QUINQUELA MARTÍN (Benito), *Buenos Aires 1890-íd. 1977,* pintor argentino. Practicó especialmente la pintura mural. Sus obras reflejan la vida del barrio bonaerense de La Boca *(Actividad en La Boca; A pleno sol).*

QUINTANA (Manuel), *Buenos Aires 1836-íd. 1906,* político argentino. Presidente de la república (1904-1906), reprimió la oposición anarquista y liberal.

QUINTANA (Manuel José), *Madrid 1772-íd. 1857,* escritor español. Imbuido de la estética neoclásica, escribió odas de corte humanitario, patriótico y académico *(A la paz entre España y Francia,* 1795). En 1833 fue distinguido por Isabel II como poeta nacional. Escribió también obra en prosa. (Real academia 1814.)

QUINTANA (Patricia), *Veracruz 1946,* gastrónoma mexicana. Especialista en cocina mexicana, sobre la que ha publicado varios libros. Dirige su propia escuela de alta cocina.

QUINTANA ROO (estado de), est. del SE de México, en la península del Yucatán; 50 350 km²; 493 277 hab.; cap. *Chetumal.*

QUINTANA ROO (Andrés), *Mérida 1787-íd. 1851,* político y escritor mexicano. Ocupó altos cargos desde la independencia. Es autor de artículos, prosa oratoria y especialmente poesía *(Al dieciséis de septiembre de 1821).*

QUINTANILLA DE LAS VIÑAS, lugar de España (Burgos), en el mun. de Mambrillas de Lara. Ermita visigótica de Santa María (s. VII).

QUINTANILLA QUIROGA (Carlos), *Cochabamba 1888-íd. 1964,* militar y político boliviano. Jefe del estado mayor del ejército (1938), sucedió a Busch en la presidencia de la república (1939-1940).

QUINTA NORMAL, com. de Chile (Santiago), en el Gran Santiago; 115 964 hab.

QUINTERO, com. de Chile (Valparaíso); 17 135 hab. Base aérea militar. Estación balnearia.

QUINTILIANO, en lat. **Marcus Fabius Quintilianus,** *Calagurris Nassica, act. Calahorra, 35-99,* retórico hispanorromano. En su obra sobre la formación del orador *(De institutione oratoria),* en doce libros, reacciona contra las nuevas tendencias representadas por Séneca y preconiza la imitación de Cicerón.

QUINTILIO VARO (Publio) → **VARO.**

Quintín Durward, novela histórica de Walter Scott (1823). Narra los amores de un arquero escocés de Luis XI y una duquesa borgoñona en el marco de la lucha entre el rey de Francia y Carlos el Temerario.

QUINTO, r. de Argentina (Córdoba, San Luis), que desagua en los bañados de La Amarga. En su cuenca se cultiva maíz, girasol, higos y espárragos.

QUIÑONES (familia), linaje español originario de la casa de Asturias (s. XI), señores del castillo de Luna desde 1369. Diego **Fernández de Quiñones** fue hecho conde de Luna por Enrique IV de Castilla en 1466.

QUIÑONES (Alfonso) → **MELÉNDEZ** (familia).

QUIÑONES (Fernando), *Chiclana de la Frontera 1931-Cádiz 1998,* escritor español. Cultivó la novela *(Las mil noches de Hortensia Romero,* 1979), el relato, el teatro y, sobre todo, la poesía *(Crónicas de Hispania,* 1985).

QUIÑONES (Francisco de los Ángeles), *León 1475-Veroli 1540,* prelado español. Hijo de los condes de Luna, ingresó en la orden franciscana, de la que fue ministro general (1523). Interlocutor entre Carlos Quinto y el pontífice, a quien intentó alejar de la alianza antiimperial (1526), su gestión consiguió la liberación de Clemente VII y el tratado de Cambrai (1529). Cardenal en 1526, reformó el breviario por encargo del papa.

QUIÑONES DE BENAVENTE (Luis), *Toledo 1589-Madrid 1651,* comediógrafo español. Sacerdote, autor especializado en el entremés,

cultivó la farsa *(El boticario),* el costumbrismo *(La muestra de los carros)* y la alegoría.

QUÍOS, QUÍO, CHÍOS o **CHÍO,** isla griega del mar Egeo; 52 691 hab.; cap. *Quíos* (24 070 hab.). Vino; fruta. — Iglesia de la Néa Moní (1045), con una notable decoración mural de mosaicos (patrimonio de la humanidad 1990).

Quipaypán (batalla de) [abril 1532], victoria de Atahualpa sobre su hermano Huáscar, cerca del Cuzco.

QUIRIGUÁ, ciudad arqueológica maya del período clásico (ss. VI-IX d.C.), en el valle del Motagua en Guatemala, cerca de Los Amates. Destaca por las esculturas zoomórficas y las grandes estelas esculpidas con figuras y glifos. Actualmente es parque arqueológico. Museo. (Patrimonio de la humanidad 1981.)

QUIRINAL (monte), una de las siete colinas de Roma, al NO de la ciudad.

Quirinal (palacio del), palacio de Roma, en el *monte Quirinal.* Fue iniciado en 1574 y ampliado varias veces. Residencia de verano de los papas antes de 1870, es la actual residencia de los presidentes de la República italiana.

QUIRINO MIT. ROM. Antigua divinidad que formaba parte con Júpiter y Marte de la tríada primitiva del panteón de Roma.

QUIROGA, mun. de México (Michoacán), en la margen NE del lago de Pátzcuaro; 19 748 hab. Artesanía (madera laqueada). Turismo.

QUIROGA (Elena), *Santander 1921-La Coruña 1995,* escritora española. La narrativa de sus novelas es objetiva y clásica *(Viento del norte,* 1951; *Tristura,* 1960; *Presente profundo,* 1973). [Real academia 1983.]

QUIROGA (Horacio), *Salto 1878-Buenos Aires 1937,* escritor uruguayo. Tras iniciarse como poeta modernista *(Arrecifes de coral,* 1901), escribió cuentos en los que, influido sobre todo por Poe, pero también por Maupassant y Chéjov, recreó situaciones de horror y locura surgidas de una naturaleza exuberante *(Cuentos de la selva,* 1918; *Anaconda,* 1921; *Los desterrados,* 1925). Escribió también novela corta *(Pasado amor,* 1929).

QUIROGA (Juan Facundo), conocido como **el Tigre de los Llanos,** *en La Rioja 1793-Barranca Yaco, Córdoba, 1835,* caudillo argentino. Jefe de las milicias provinciales de La Rioja, se enfrentó al gobernador (1823) y se hizo con el NO del país. Finalmente se alió con Rosas. Murió asesinado. — Su figura inspiró el *Facundo* de Sarmiento.

QUIROGA (Manuel López-), *Sevilla 1899-Madrid 1988,* compositor español. Cultivó la zarzuela y la comedia musical, pero debe la fama a sus canciones *(María de la O; Ojos verdes; Tatuaje; A la lima y al limón).*

QUIROGA (Rodrigo), *San Juan de Boime, Galicia, 1512-Santiago de Chile 1580,* conquistador y administrador español. Compañero de Valdivia durante la conquista de Chile, fue alcalde de Santiago y gobernador interino de Chile (1565-1567) y en propiedad de 1575 a 1580.

QUIROGA (Vasco de), *Madrigal de las Altas Torres 1477 o 1479-Uruapan, México, 1565,* administrador y eclesiástico español. Oidor de la nueva España y visitador y obispo de Michoacán (1537), fundó la comunidad indígena de Santa Fe y fomentó industrias locales en Michoacán.

QUIROGA PLA (José María), *Madrid 1902-Ginebra 1955,* escritor español. Autor de ensayos y artículos, su poesía conserva las formas métricas clásicas *(La realidad reflejada,* 1955).

■ HORACIO **QUIROGA**   ■ JUAN FACUNDO **QUIROGA**

QUIRÓN MIT. GR. Centauro sabio y generoso, educador de Aquiles.

QUISLING (Vidkun), *Fyresdal, Telemark, 1887-Oslo 1945,* político noruego. Partidario del nazismo, jefe de gobierno tras la invasión alemana fue condenado a muerte y ejecutado tras la liberación.

QUISPE TITO (Diego), *¿Cuzco? 1611-¿1681?,* pintor peruano. Destacado pintor indígena de la escuela cuzqueña, en la que introdujo su característico gusto por la naturaleza y las flores *(Inmaculada,* Lima; *La Sagrada Familia,* Santo Domingo de Cuzco).

QUISQUIS, guerrero peruano del s. XVI. Jefe del ejército de Atahualpa en Quipaypán (1532), no reconoció a Manco Inca contra Pizarro (1533). Fue vencido por Almagro.

QUITILIPI, dep. de Argentina (Chaco); 29 751 hab. Explotación forestal. Algodón y maíz.

QUITO, cap. de Ecuador y de Pichincha, a aprox. 2 500 m. de altura; 1 110 847 hab. *(Quiteños.)* Centro comercial, industrial, administrativo y financiero. Dos universidades; escuela politécnica; observatorio astronómico. — Notable arquitectura colonial religiosa (catedral; iglesia de la Compañía; conventos de San Francisco, San Agustín y La Merced) y civil (palacio del Gobierno, palacio Real de Lima). Museo nacional, con magníficas muestras del arte colonial de la escuela quiteña; museo del Oro. (Patrimonio de la humanidad 1978.) — Fue capital de un reino precolombino, incorporado al imperio inca. Tomada por Belalcázar (1534), formó parte del virreinato de Nueva Granada (1739) y fue un reducto realista durante las guerras de Independencia.

■ **QUITO.** Vista aérea de la ciudad, con el claustro del convento de San Francisco en primer término.

Quito (reino de), nombre de un estado precolombino, con capital en Quito (Ecuador). Se supone que fue fundado por los indios cara, mandados por Caran. Huayna Cápac lo incorporó al imperio inca.

QUIVICÁN, mun. de Cuba (La Habana); 21 905 hab. Cereales, caña de azúcar. Ingenio azucarero.

QUM o **QOM,** c. de Irán, al S-SO de Teherán; 681 254 hab. Ciudad santa del islam chiita.

QUMRÁN, sitio arqueológico de Cisjordania, cerca de la orilla O del mar Muerto. Tras el descubrimiento, en las grutas de los alrededores, de los *manuscritos del mar* *Muerto, salieron a la luz un conjunto de edificaciones, posibles restos de un convento esenio.

QUNAYTIRA (al-), **KUNITRA** o **KUNEITRA,** c. de Siria, al SO de Damasco; 30 000 hab.

Quo vadis?, novela de H. Sienkiewicz (1895), que tiene como marco histórico la Roma imperial en tiempos de las persecuciones de los cristianos por Nerón.

QUTIYYA → **ABENALCUTÍA.**

QU YUAN, *h. 340-¿h. 278 a.C.?,* poeta chino. Es autor del primer poema firmado de la literatura china *(Lisao).*

QUZHOU, c. de China, al SO de Hangzhou; 981 000 hab.

RA, dios solar del antiguo Egipto, representado en forma de hombre con cabeza de halcón, con un disco a modo de tocado. Su culto y su teología, que se desarrollaron en Heliópolis, tuvieron una considerable influencia en la historia de Egipto.

RAB, isla de Croacia, en el Adriático. Turismo.

RÅB → GÅB.

RABAH, *prov. de Jarṭūm h. 1840-Kousseri, Camerún, 1900,* jefe guerrero africano y musulmán. Creó un vasto reino esclavista en las sabanas centroafricanas y se hizo proclamar emir de Borńu. Fue derrotado y muerto por los franceses (1900).

RABAL (Francisco, llamado Paco), *Águilas 1926-en vuelo sobre Burdeos 2001,* actor de cine español. De sus inicios en producciones de corte religioso y popular (*El beso de Judas,* 1954; *Historias de la radio,* 1955), gracias a su encuentro con L. Buñuel (*Nazarín,* 1959; *Viridiana,* 1961) pasó a trabajar con directores de prestigio como M. Antonioni (*El eclipse,* 1962), C. Saura (*Llanto por un bandido,* 1964; *Los zancos,* 1984; *Goya en Burdeos,* 1999) o M. Camus (*La colmena,* 1982; *Los santos inocentes,* 1984).

RABANNE (Francisco **Rabaneda Cuervo,** llamado **Paco**), *Pasajes 1934,* modisto español. Tras abrir su taller de costura en París (1967), experimentó con materiales no tejidos (malla metálica, plástico, etc.). También arquitecto y fabricante de bisutería, sus creaciones vanguardistas se extienden a la decoración o los complementos de moda.

RABANO MAURO (beato), *Maguncia h. 780-Winkel, Renania, 856,* teólogo, poeta y hombre de ciencia alemán. Abad de Fulda (822) y arzobispo de Maguncia (847), escribió numerosas obras (*De rerum naturis,* 842-847). Se lo considera el precursor de los estudios teológicos en Alemania.

RABASA (Emilio), *Ocosocoantla 1856-México 1930,* escritor y jurista mexicano. Publicó bajo el seudónimo de Sancho Polo novelas de un realismo costumbrista (*La bola,* 1887). Como jurista, es esencial su tratado *La organización política de México.*

RABAT, cap. de Marruecos, puerto del Atlántico, en la desembocadura del Bou Regreg; 520 000 hab. (más de 800 000 hab. en la aglomeración). Centro administrativo, comercial e industrial. — Monumentos de los ss. XII al XVIII. Murallas (s. XII), con puertas fortificadas. Museos.

RABAUL, c. de Papúa y Nueva Guinea, en la isla de Nueva Bretaña; 17 000 hab. Puerto. — Base aeronaval japonesa de 1942 a 1945.

RABELAIS (François), *La Devinière, Turena, h. 1494-París 1553,* escritor francés. Fue franciscano, benedictino, médico y aventurero. Con una vasta cultura clásica, gran conocimiento de la tradición popular y un espíritu tolerante y humanista, no exento de ironía y mordacidad, escribió en un rico e imaginativo lenguaje sus dos novelas, entrelazadas: *Los horribles y espantosos hechos y proezas del muy famoso *Pantagruel, rey de los dipsodas* (1532, 1546 y 1562) y *Gargantúa* (1534).

Rábida (monasterio de La), monasterio franciscano español (Palos de la Frontera, Huelva). Muy restaurado, conserva la iglesia gótica mudéjar (ss. XIV-XV). Museo colombino, ya que sus frailes fray Juan Pérez y fray Antonio de Marchena apoyaron a Cristóbal Colón.

RABIN (Itzhak), *Jerusalén 1922-Tel-Aviv 1995,* militar y político israelí. Jefe del estado mayor (1964-1967), fue primer ministro al frente de un gobierno laborista (1974-1977). De 1984 a 1990 fue ministro de defensa. De 1992 a 1995 asumió la dirección del Partido laborista y fue de nuevo primer ministro y ministro de defensa. Relanzó las negociaciones árabo-israelíes que desembocaron en el acuerdo de Washington (1993). Fue asesinado por un extremista israelí. (Premio Nobel de la paz 1994.)

Rabinal Achí, obra dramática en lengua quiché. Transmitida oralmente, fue dictada por el actor indio Bartolo Zig (o Ziz) al abate francés Brasseur y publicada por primera vez en 1862.

RACH GIA, c. del S de Vietnam, en el golfo de Tailandia; 138 000 hab. Puerto.

■ **FRANÇOIS RABELAIS**
(Palacio de Versalles.)

RACHI o **RASHI** (Salomon **ben Isaac,** llamado), *Troyes 1040-íd. 1105,* rabino y comentarista de la Biblia y del Talmud. Fundó en Troyes una escuela talmúdica que atrajo numerosos alumnos. Sus comentarios influyeron en todo el pensamiento judío y cristiano de la edad media y siguen siendo un criterio de autoridad en el judaísmo contemporáneo.

■ FRANCISCO **RABAL** en una escena de *Los santos inocentes* (1984), de M. Camús.

■ **RABAT.** La muralla de los Oudaïa.

RACHMANINOF → RAJMÁNINOV.

RACINE (Jean), *La Ferté-Milon 1639-París 1699*, escritor francés. Fue discípulo de los «solitarios» de Port-Royal. Consagrado totalmente al teatro, con *Andrómaca* (1667) alcanzó gran fama, a la que siguieron *Británico* (1669), *Berenice* (1670), *Mitrídates* (1673), *Ifigenia en Áulide* (1674) y *Fedra* (1677). Fue historiógrafo de Luis XIV. Más tarde escribió dos tragedias bíblicas: *Ester* (1689) y *Atalía* (1691). El teatro de Racine, reflejo del ideal de la tragedia clásica, presenta una acción simple y clara, nacida de la pasión de los personajes. Creador también de una comedia, *Los litigantes* (1668), Racine está considerado uno de los mejores poetas líricos franceses dentro del registro dramático.

RACOVIȚĂ (Emil), *Iași 1868-Bucarest 1947*, biólogo rumano. Creó la bioespeleología, estudio de los animales que viven en las grutas.

RADAMANTO MIT. GR. Uno de los tres jueces de los infiernos, con Minos y Éaco.

RADCLIFFE (Ann Ward, Mrs.), *Londres 1764-íd. 1823*, escritora británica, autora de novelas góticas (*Los misterios de Udolfo*, 1794).

RADCLIFFE-BROWN (Alfred Reginald), *Birmingham 1881-Londres 1955*, antropólogo británico. Su concepción estructural prefigura el estructuralismo (*Estructura y función en la sociedad primitiva*, 1952).

RADEGUNDA (santa), *en Turingia h. 520-Poitiers 587*, reina de los francos. Germánica, casó con Clotario I (538). Tras el asesinato de su hermano por el rey, se hizo religiosa (555).

RADETZKY VON RADETZ (Joseph, conde), *Tzebnitz, act. Trebenice, 1766-Milán 1858*, mariscal austriaco. Tras reprimir la revolución italiana de 1848, venció a los piamonteses en Custozza (1848) y en Novara (1849).

radical (Partido), nombre de diversas organizaciones políticas españolas. La ideología radical fue defendida por los exaltados durante el trienio liberal, por la izquierda del Partido progresista y más tarde por el Partido democrático. Durante el reinado de Amadeo I, Ruiz Zorrilla creó el Partido radical o demócrata-radical, que se eclipsó durante la Restauración. En 1908, vinculado a A. Lerroux, surgió un nuevo Partido radical, que tuvo gran audiencia entre la pequeña burguesía y una parte del movimiento obrero. Implicado en varios casos de corrupción, decayó, y, a partir de 1931, dio un giro a la derecha que significó su definitivo desprestigio. Durante la segunda república gobernó en minoría de nov. 1933 a febr. 1936.

radical (Partido), partido político chileno creado en 1888. Aliado de los liberales, entre los gobiernos Alessandri (1924-1930) y González Videla (1946-1952) se coligó al frentepopulismo. Apoyó el gobierno de Allende y fue disuelto tras el golpe militar de 1973.

radical (Unión cívica) → **Unión cívica radical.**

radical-socialista (Partido), partido político español fundado en 1929, tras una escisión del Partido radical. En el gobierno en 1931-1933, en 1933 se integró en Izquierda republicana.

Radiografía de la Pampa, ensayo de Ezequiel Martínez Estrada (1933), visión desesperanzada de la realidad social argentina.

Radio nacional de España (RNE), red de emisoras españolas dependientes del estado.

radiotelevisión (Unión europea de) [UER], organismo internacional fundado en 1950 (con el nombre de Unión europea de radiodifusión), que agrupa los organismos de radiodifusión de Europa occidental y África del Norte. Dirige Eurovisión desde 1962 y Mundovisión para Europa. Sede: Ginebra.

RADOM, c. de Polonia, al S de Varsovia; 229 700 hab. Centro industrial.

RADZIWIŁŁ, familia polaca, oriunda de Lituania, que desempeñó un papel importante en Lituania y Polonia desde fines del s. XV hasta principios del s. XX.

RAEBURN (sir Henry), *Stockbridge, cerca de Edimburgo, 1756-Edimburgo 1823*, pintor británico, retratista de estilo ágil.

RAEDER (Erich), *Wandsbeck, act. en Hamburgo, 1876-Kiel 1960*, almirante alemán. Comandante en jefe de la marina (1935-1943), fue condenado en Nuremberg (1946) por crímenes de guerra y liberado en 1955.

RAF (Royal Air Force), nombre dado desde 1918 al ejército del aire británico.

RAFAEL, uno de los siete arcángeles de la tradición judía, y venerado como santo católico. Aparece en el libro bíblico de Tobías.

RAFAEL (Raffaello **Sanzio** o **Santi**, llamado en esp.), *Urbino 1483-Roma 1520*, pintor italiano. Discípulo de Perugino, trabajó en Perugia, Florencia y Roma y fue arquitecto jefe en la corte de los papas Julio II y León X (villa Madama, 1516 y ss.). Maestro del clasicismo, aúna precisión de dibujo, armonía de líneas y delicadeza de colorido con una amplitud espacial y expresiva totalmente nueva. Entre sus obras maestras, además de retratos y de madonas célebres, destacan *Los desposorios de la Virgen* (1504, Brera, Milán), *El triunfo de Galatea* (1511, Farnesina), *La transfiguración* (1518-1520, pinacoteca vaticana) y una parte de los frescos de las estancias del Vaticano (*La disputa del Sacramento*, *La *escuela de Atenas*, *El Parnaso*, *Expulsión de Heliodoro del templo*, etc.) [1509-1514]; el resto de la decoración (como la de las logias) fue ejecutada por sus discípulos, entre ellos Julio Romano, bajo su dirección. También realizó los cartones de los tapices de las *Hechos de los apóstoles*. Su influencia fue considerable hasta fines del s. XIX.

RAFAELA, c. de Argentina (Santa Fe); 67 230 hab. Apicultura. Comercio, actividades textiles y madereras.

RAFAELA PORRAS (santa), *Pedro Abad, Córdoba, 1850-Roma 1925*, religiosa española. En 1877 fundó en Madrid la congregación de las Esclavas del Sagrado Corazón, dedicadas a la enseñanza. Fue canonizada en 1977.

RAFAEL FREIRE, mun. de Cuba (Holguín); 48 057 hab. Caña de azúcar. Pastos.

RAFFARIN (Jean-Pierre), *Poitiers 1948*, político francés. Centrista (act. miembro de la UMP), fue primer ministro de 2002 a 2005.

RÀFOLS CASAMADA (Albert), *Barcelona 1923*, pintor español. Influido inicialmente por la abstracción europea y norteamericana, pasó a una abstracción lírica de sutiles matices cromáticos. Ha trabajado también en el collage y unos personales poemas gráficos. (Premio nacional de artes plásticas 1980.) [Real academia de bellas artes de San Fernando 2006.]

RAFSANJANI ('Alī Akbar Hāshemi), *Bahraman, prov. de Kirman, 1934*, político iraní. Ayatolislam, fue presidente de la república de 1989 a 1997. Desde 2007 es presidente de la Asamblea de expertos (encargada de elegir al Guía de la Revolución).

RAGLAN (James Henry Somerset, barón), *Badminton 1788-frente a Sebastopol 1855*, militar británico, comandante de las tropas británicas en Crimea (1854).

RAGUSA → **DUBROVNIK.**

RAGUSA, c. de Italia (Sicilia), cap. de prov.; 64 195 hab. Monumentos barrocos del s. XVIII.

RAHMĀN (Mujibur), *Tungipara 1920-Dacca 1975*, político de Bangla Desh. Artífice de la secesión (1971) de Pakistán Oriental, que se convirtió en Bangla Desh, fue encarcelado y posteriormente formó el primer gobierno del país en 1972. Presidente (1975), fue derrocado por un golpe de estado y asesinado.

RAHNER (Karl), *Friburgo 1904-Innsbruck 1984*, teólogo y jesuita alemán. Destacó el valor pastoral de la teología y situó al ser humano en el mensaje histórico de la fe (*Escritos de teología*, 1954-1975). Contribuyó a hacer madurar las ideas emanadas del concilio Vaticano II.

RAIMONDI (Marcantonio), *Bolonia 1480-íd. h. 1534*, grabador italiano. Realizó grabados al buril en Roma, donde se instaló hacia 1510. Reprodujo y difundió las obras de Rafael.

RAIMONDI (Ruggero), *Bolonia 1941*, cantante italiano. Con voz de barítono-bajo y dotes teatrales, destaca en los papeles de carácter (Scarpia, Borís Godunov, Mefistófeles, Don Juan).

RAIMUNDO, nombre de siete condes de Tolosa. — **Raimundo IV**, llamado Raimundo de Saint-Gilles, *Toulouse 1042-Trípoli 1105*, conde de Tolosa (1093-1105). Participó en la primera cruzada y emprendió la conquista (1102-1105) del futuro condado de Trípoli. — **Raimundo VI**, *1156-Toulouse 1222*, conde de Tolosa (1194-1222). Protegió a los albigenses ante Simón de Montfort. — **Raimundo VII**, *Beaucaire 1197-Millau 1249*, conde de Tolosa (1222-1249). Luis IX lo obligó a firmar el tratado de Lorris, que significó el final de la dominación feudal del condado (1243).

RAIMUNDO DE BORGOÑA, conde de Amaous, *m. en Grajal 1107*, noble francés al servicio de Castilla., Recibió de Alfonso VI los condados de Galicia (1092) y Portugal (1093). Cedió este a su primo Enrique. Casado con la infanta Urraca, fue padre de Alfonso VII.

RAIMUNDO de Peñafort (san), *castillo de Penyafort, Santa Margarida i els Monjos, Barcelona, h. 1185-Barcelona 1275*, religioso catalán. Dominico confesor y consejero de Jaime I y penitenciario del papa Gregorio IX (1230), que le encargó la compilación de las decretales, obtuvo la aprobación de la orden de Nuestra señora de la Merced (mercedarios) [1235]. General de los dominicos (1238), fue canonizado por Clemente VIII (1601).

RAINIER (monte), cumbre volcánica de Estados Unidos, en la cordillera de las Cascadas; 4 392 m. Parque nacional.

RAINIERO III → **RANIERO III.**

RAIPUR, c. de la India, cap. de Chhattisgarh; 461 851 hab. Centro industrial. — Monumentos antiguos.

RAISŪLĪ o **RAISŪNĪ** (Aḥmad ibn Muḥammad al-Raysūnī, llamado), *Zinat 1875-1925*, jefe cabileño marroquí. Encarcelado por el sultán (1914-1919), fue rival de Abd el-Krim y combatió el protectorado español. Fue apresado en 1924.

RĀJAHMUNDRY, c. de la India (Āndhra Pradesh); 403 781 hab. Puerto en el estuario del Godāvari.

RĀJASTHĀN, estado del NO de la India; 342 000 km²; 43 880 640 hab.; cap. *Jaipur.*

RĀJKOT, c. de la India (Gujarāt); 651 007 hab.

■ **RAFAEL.** *La expulsión de Heliodoro del templo* (h. 1513), fresco del Vaticano.

RAJMÁNINOV (Serguéi Vasílievich), *hacienda de Óneg, cerca de Veliki Nóvgorod, 1873-Beverly Hills, EUA, 1943,* pianista y compositor ruso. Intérprete virtuoso, es autor de obras para piano (4 conciertos, preludios, estudios, sonatas) de tinte posromántico e influencias rusas, y de composiciones sacras, óperas y sinfonías.

RĀJSHĀHĪ, c. de Bangla Desh, a orillas del Ganges; 300 000 hab.

RÁKÓCZI o **RÁKÓCZY,** familia de aristócratas húngaros. — **Ferenc** o **Francisco II R.,** *Borsi 1676-Rodosto 1735,* príncipe húngaro. En 1703 se puso al frente de la revuelta de los húngaros contra los Habsburgo. Derrotado por las tropas imperiales (1708), tuvo que exiliarse tras la paz de Szatmár (1711).

RÁKOSI (Mátyás), *Ada 1892-Gorki 1971,* político húngaro. Primer secretario del Partido comunista (1945 1956), a partir de 1953 luchó contra la línea liberal de I. Nagy. Se refugió en la URSS tras la insurrección de 1956.

RALEIGH, c. de Estados Unidos, cap. de Carolina del Norte; 207 951 hab. Universidad.

RALEIGH (sir Walter), *Hayes h. 1554-Londres 1618,* navegante y escritor inglés. Favorito de Isabel I, a partir de 1584 intentó fundar una colonia en América del Norte en una región que bautizó como «Virginia» (act. Carolina del Norte) en honor de la «reina virgen». Partidario de una estrategia naval ofensiva, multiplicó las expediciones y las incursiones contra España (Cádiz, 1596). Caído en desgracia y encarcelado durante el reinado de Jacobo I, de 1603 a 1616, fue ejecutado. Es autor de una *Historia del mundo* (1614) y de poemas.

RĀMA, una de las encarnaciones del dios *Visnú en la mitología hindú y héroe del *Rāmāyana.

RAMA (El), mun. de Nicaragua (Región Autónoma Atlántico Sur); 42 541 hab. Agricultura y ganadería. Explotación orestal.

RĀMAKRISHNA o **RĀMAKRIṢNA** (**Gadadhar Chattopadhyaya,** llamado), *Karmapukur, Bengala Occidental, 1836-Calcuta 1886,* brahmán bengalí. Llevó una vida ascética y retirada. Aseguró haber contemplado a Jesús y a Mahoma en sus visiones y prodigó la unidad de todas las religiones.

RAMALA en ár. **Ram Allah,** c. de Cisjordania, al N de Jerusalén; 49 000 hab. en la aglomeración. Sede de los principales organismos palestinos *(Muqata'a).*

RAMALLO, partido de Argentina (Buenos Aires); 27 023 hab. Central eléctrica. Puerto fluvial.

RAMAN (sir **Chandrasekhara Venkata**), *Trichinopoly, act. Tiruchchirāppalli, 1888-Bangalore 1970,* físico indio. Descubrió en 1928 el efecto de difusión de la luz por las moléculas, los átomos y los iones en los medios transparentes. (Premio Nobel 1930.)

RĀMĀNUJA, *m. h. 1137,* filósofo indio. Afianzó el culto a Visnú y preconizó la meditación y la devoción *(bhakti).* Ejerció una gran influencia en el hinduismo.

RAMAT GAN, c. de Israel, en el área suburbana de Tel-Aviv-Jaffa, 122 700 hab.

Rāmāyaṇa, epopeya india atribuida a Vālmīki (¿primeros siglos a.C.?), que relata la vida de *Rāma,* rey de Ayodhyā, encarnación de Visnú.

RAMBERT (Miriam **Ramberg,** llamada Marie), *Varsovia 1888-Londres 1982,* bailarina y coreógrafa británica de origen polaco. Fundadora y directora de varias compañías, desempeñó un papel fundamental en el nacimiento del ballet clásico y de la danza moderna en Gran Bretaña.

RAMEAU (Jean-Philippe), *Dijon 1683-París 1764,* compositor francés. Clavicembalista y organista, escribió un tratado de armonía (1722), trágedias líricas *(Cástor y Pólux,* 1737; *Zoroastro,* 1749), óperas-ballets y cantatas.

RAMÍREZ (Ignacio), *San Miguel de Allende 1818-México 1879,* escritor y político mexicano. Liberal revolucionario, fue miembro de la Suprema corte de justicia y ministro de justicia de Juárez y de Porfirio Díaz. Director de la biblioteca nacional, es autor de escritos políticos y de poemas de corte clásico bajo el seudónimo de «El nigromante».

RAMÍREZ (Joaquín), *México 1834-íd. 1886,* pintor mexicano. De inspiración academicista, colaboró en la decoración del templo de la Profesa. Se le atribuye un conocido retrato del cura Hidalgo.

RAMÍREZ (Juan), *Murillo de Río Leza 1529-Guatemala 1609,* dominico español. Misionero en América desde 1570, defensor de los indígenas, se le atribuye la traducción de la *Doctrina cristiana* a la lengua mexica.

RAMÍREZ (Norberto), *en Nicaragua 1800-1856,* político nicaragüense. Presidente de El Salvador (1840-1841) y de Nicaragua (1849-1851), permitió la intromisión de EUA (tratado Clayton-Bulwer, 1850).

RAMÍREZ (Pedro), pintor activo en México entre 1633 y 1678, autor de varios cuadros del retablo principal de la capilla de La Soledad de la catedral de México.

RAMÍREZ (Pedro Pablo), *La Paz, Entre Ríos, 1884-Buenos Aires 1962,* militar y político argentino. Ministro de guerra (1942-1943), fue presidente de la república (1943-1944).

RAMÍREZ (Raúl Carlos), *Ensenada, California, 1953,* tenista mexicano. Miembro del equipo mexicano en la copa Davis (1970), fue vencedor en dobles en los torneos Roland Garros (1975 y 1977) y Wimbledon (1976)

RAMÍREZ (Sergio), *Masatepe 1942,* escritor y político nicaragüense. Es autor de relatos y novelas centrados en su país *(Tiempo de fulgor,* 1969; *Castigo divino,* 1988; *Mil y una muertes,* 2004), así como de ensayos *(Mentiras verdaderas,* 2001). Fue vicepresidente durante el gobierno sandinista (1984-1990).

RAMÍREZ DE ARELLANO (Diego), cosmógrafo y navegante español del s. XVII. Exploró el cabo de Hornos (1619) y, más al S, descubrió las islas hoy llamadas de Diego Ramírez.

RAMÍREZ VÁZQUEZ (Pedro), *México 1919,* arquitecto mexicano. Entre sus obras destacan el museo nacional de *antropología y etnología y el estadio Azteca (México), así como la nueva basílica de Nuestra Señora de *Guadalupe.

RAMÍREZ VILLAMIZAR (Eduardo), *Pamplona, Venezuela, 1923-Bogotá 2004,* escultor y pintor colombiano. Introdujo el arte abstracto en su país. Su estilo se caracterizó por un geometrismo muy personal.

RAMIRO I, *m. en Graus 1063, rey de Aragón* (1035-1063). Hijo bastardo de Sancho III de Navarra y primer rey privativo de Aragón, fue sometido en Tafalla por García Sánchez III de Navarra (1043). — **Ramiro II el Monje,** *h. 1080-m. en Huesca 1157,* rey de Aragón (1134-1137). Hijo de Sancho I Ramírez y obispo de Roda-Barbastro, sucedió a su hermano Alfonso I el Batallador. Casado con Inés de Poitiers (1136), abdicó en su hija Petronila (1137).

RAMIRO I, *791-Liño 850,* rey de Asturias (842 850). Primo y sucesor de Alfonso II, venció a los normandos (844). — **Ramiro II,** *m. en León 951,* rey de León (931-951). Hijo de Ordoño II y sucesor de su hermano Alfonso IV, que había abdicado, en 932 abrió un intento de este para recuperar el trono. Realizó expediciones contra los reinos musulmanes (Pamplona, Zaragoza) y derrotó un levantamiento de Fernán González. — **Ramiro III,** *961-Astorga 985,* rey de León (966-984). Hijo y sucesor de Sancho I, en la nobleza nombró rey a Vermudo, hijo bastardo de Ordoño III, que se apoderó de León en 984.

RAMÓN BERENGUER I el Viejo, *h. 1024-Barcelona 1076,* conde de Barcelona y Gerona (1035-1076). Hijo de Berenguer Ramón I, durante su minoría gobernó su abuela Ermessenda (1035-1040). Derrotó la revuelta de Mir Geribert (1041-1058), se apoderó de Ausona (1054) y adquirió Carcasona-Razés (1068). Publicó los *Usatges.* — **Ramón Berenguer II Cap d'estopes,** *1053-Gualba, Gerona, 1082,* conde de Barcelona (1076-1082). Hijo de Ramón Berenguer I, compartió el condado con su hermano Berenguer Ramón II. Murió asesinado. — **Ramón Berenguer III el Grande,** *Rodez, Francia, 1082-Barcelona 1131,* conde de Barcelona (1096-1131) y de Provenza (1112-1131). Hijo de Ramón Berenguer II, consolidó la unificación de Cataluña, incorporando los condados de Besalú (1111) y Cerdaña (1117). Tomó Mallorca e Ibiza (1114). — **Ramón Berenguer IV,** *h. 1114-Borgo de San Dalmacio, Piamonte, 1162,* conde de Barcelona (1131-1162), príncipe de Aragón (1137-1162) y marqués de Provenza (1144-1162). Hijo de Ramón Berenguer III, su matrimonio con Petronila unió Aragón y Cataluña. — **Ramón Berenguer V,** *1198-1245,* conde de Provenza (1209-1245), sucesor de Alfonso II. Sometió a su autoridad a la nobleza provenzal.

RAMÓN BORRELL, *972-Barcelona 1018,* conde de Barcelona, Gerona y Ausona (992-1018). Hijo de Borrell II y hermano y tutor de Ermengol, conde de Urgel.

RAMONET (Ignacio), *Redondela 1943,* periodista español. Teórico de la comunicación y reputado ensayista *(Pensamiento crítico vs. pensamiento único,* 1998; *Guerras del siglo XXI,* 2002), ha sido uno de los impulsores del movimiento antiglobalización. Dirigió *Le monde diplomatique* entre 1990 y 2208.

RAMÓN Y CAJAL (Santiago), *Petilla de Aragón, Navarra, 1852-Madrid 1934,* médico español. Catedrático de histología en Barcelona (1887) y Madrid (1892-1922), su *Textura del sistema nervioso del hombre y los vertebrados* (1894-1904) sentó las bases citológicas e histológicas de la neurología moderna. Fue autor asimismo de *Manual de histología normal y técnica micrográfica* (1897) y *Manual de anatomía patológica general* (1890), además de un volumen de memorias *(Recuerdos de mi vida)* y *El mundo visto a los ochenta años* (1934). Compartió con C. Golgi el premio Nobel de fisiología y medicina en 1906. (Real academia 1905.)

■ JEAN RACINE   ■ SANTIAGO
(Palacio de Versalles.)   RAMÓN Y CAJAL

RAMOS, mun. de México (San Luis Potosí); 24 231 hab.; cab. *Villa de Ramos.* Cobre, hierro y plomo.

RAMOS (José Antonio), *La Habana 1885-íd. 1946,* escritor cubano. Influido por Ibsen y Hauptmann, sus dramas tratan un sensibilidad los problemas políticos y sociales del país *(Tembladera,* 1918). También escribió novela *(Caniquí,* 1936).

RAMOS (Samuel), *Zitácuaro 1897-México 1959,* filósofo mexicano. Discípulo de A. Caso, se especializó en estudios de estética y antropología filosófica *(El perfil del hombre y la cultura en México,* 1934; *Hacia un nuevo humanismo,* 1940).

RAMOS ARIZPE, mun. de México (Coahuila); 23 092 hab. Cereales y vid. Explotación ganadera.

RAMOS DE PAREJA (Bartolomé), *Baeza h. 1440-Roma h. 1521,* compositor y teórico español. Profesor en la universidad de Salamanca y director de la academia de Roma, es autor de *De música práctica* (1482).

RAMOS MARTÍNEZ (Alfredo), *Monterrey 1872-Los Ángeles 1946,* pintor mexicano. Destacó en el retrato y la pintura de flores *(La primavera).*

RAMOS MEJÍA (Francisco), *Buenos Aires 1847-íd. 1893,* sociólogo argentino. Intentó una sistematización de la sociología argentina desde una perspectiva positivista *(Historia de la evolución argentina,* póstuma, 1921). — **José María R. M.,** *Buenos Aires 1849-íd. 1914,* sociólogo argentino. Hermano de Francisco, aplicó el positivismo sociológico al campo de la actuación de las masas populares *(Las multitudes argentinas,* 1889).

RAMOS OLIVEIRA (Antonio), *Zalamea la Real, Huelva, 1907-México 1973,* historiador español. Militante del PSOE, se exilió en 1939 a México, donde dirigió la *Revista de América.* Es autor de *Historia de España* (3 vols., 1954), entre otras obras.

1631

RAMOS SUCRE (José Antonio), *Cumaná 1890-Ginebra 1930*, poeta venezolano. Sus poemas (*El cielo de esmalte*, 1929), de carácter intimista y hermético, fueron recopilados póstumamente (*Obras*, 1956).

RAMPAL (Jean-Pierre), *Marsella 1922-París 2000*, flautista francés. Profesor de su instrumento, siguió una brillante carrera internacional como solista virtuoso de un repertorio tanto antiguo como contemporáneo.

RĀMPUR, c. de la India (Uttar Pradesh); 242 752 hab.

RAMSAY (sir William), *Glasgow 1852-High Wycombe, Buckinghamshire, 1916*, químico británico. Atribuyó el movimiento browniano a los choques moleculares (1879) y participó (sobre todo con Rayleigh) en el descubrimiento de los gases raros. (Premio Nobel 1904.)

RAMSDEN (Jesse), *Salterhebble, Yorkshire, 1735-Brighton 1800*, constructor británico de instrumentos científicos. Sus máquinas transformaron la fabricación de los instrumentos de astronomía y de geodesia y son la base de la mecánica de precisión moderna.

RAMSÉS, RAMESÉS o **RAMOSIS**, nombre de once faraones de las XIX y XX dinastías egipcias.— **Ramsés I**, faraón de Egipto (h.1320-1318 a.C.). Fundó la XIX dinastía.— **Ramsés II**, faraón de Egipto (1304-1226 a.C.). Venció a los hititas en la batalla de Qadesh (h. 1299 a.C.) y posteriormente, al término de una larga lucha en Siria y Palestina firmó con ellos una alianza (1283). Realizó grandes construcciones en el valle del Nilo (sala hipóstila de Karnak, templos de Abū Simbel), que ilustran el esplendor de su reinado.— **Ramsés III**, faraón de Egipto (1198-1166 a.C.). Fundador de la XX dinastía, frenó la invasión de los pueblos del mar e hizo construir el templo de Madīnat Ḥabū, en Tebas.

■ **RAMSÉS II.** (Museo egipcio, Turín.)

RAMSEY (Norman Foster), *Washington 1915*, físico estadounidense. Investigador de la espectroscopia atómica, a partir de la medición de la frecuencia de los átomos elaboró relojes y el máser de hidrógeno. (Premio Nobel 1989.)

RAMSGATE, c. de Gran Bretaña (Inglaterra), cerca de la desembocadura del Támesis; 40 000 hab. Estación balnearia. Regatas de yates.

RANAVALONA III, *Tananarive 1862-Argel 1917*, reina de Madagascar (1883-1897). A iniciativa de Gallieni, fue derrocada por los franceses (1897), que habían establecido su protectorado en el país (1895), y se exilió.

RANCAGUA, c. de Chile, cap. de la región de Libertador General Bernardo O'Higgins; 181 000 hab. Minería (El *Teniente). Siderurgia, química, automotriz, papel. Cultivos intensivos; agroindustria. Nudo de comunicaciones; aeropuerto.— batalla de **Rancagua** (oct. 1814), derrota de los patriotas de O'Higgins ante los realistas de Osorio, que cerró la era de la Patria vieja.

RĀNCHĪ, c. de la India, cap. de Jharkhand (Bihār); 614 454 hab. Centro agrícola e industrial.

RANCHUELO, mun. de Cuba (Villa Clara); 60 810 hab. En la región tabacalera de Remedios.

RANCO, lago de Chile (Los Ríos). Bosques y pesca. Turismo.

RANDERS, c. de Dinamarca (Jutlandia); 61 506 hab. Puerto.— Núcleo urbano antiguo.

RANDSTAD HOLLAND, región del O de Países Bajos, que engloba principalmente las ciudades de Amsterdam, La Haya, Rotterdam y Utrecht. Región densamente poblada, concentra la mayor parte de la actividad del país.

RANGPŪR, c. del N de Bangla Desh; 204 000 habitantes.

RANGÚN, RANGOON o **YANGON**, c. de Birmania, cerca de la desembocadura del Irrawaddy; 4 107 000 hab. en la aglomeración. Puerto y principal centro económico del país, en 2005 dejó de ser capital en provecho de Nay Pyi Taw.— Famosa pagoda Shwedagon, centro de peregrinación budista; museo nacional.

RANIERO III o **RAINIERO III**, *Mónaco 1923-íd. 2005*, príncipe de Mónaco (1949-2005), de la casa de Grimaldi. Sucedió a su abuelo Luis II. En 1956 casó con la actriz estadounidense Grace Kelly (1929-1982).

RANJIT SINGH, *en Panjāb 1780-Lahore 1839*, fundador del imperio sikh. Anexionó Lahore (1799) y Amritsar (1802). Frenada su expansión al SE. por los británicos, extendió sus posesiones por el NO, hasta Cachemira (1819).

RANK (Otto Rosenfeld, llamado Otto), *Viena 1884-Nueva York 1939*, psicoanalista austriaco. Se alejó de Freud al recusar el complejo de Edipo en favor de la angustia del nacimiento (*El trauma del nacimiento*, 1924).

RANKE (Leopold von), *Wiehe 1795-Berlín 1886*, historiador alemán. Autor de *Papas romanos* (1834-1836) y de *Historia de Alemania durante la Reforma* (1839-1847), fue un iniciador de la historiografía alemana del s. XIX.

RANKINE (William), *Edimburgo 1820-Glasgow 1872*, físico británico. Profesor de mecánica, inventó la energética al diferenciar las energías mecánica, potencial y cinética.

RAO (P.V. Narasimha), *Karimnagar, Āndhra Pradesh, 1921-Nueva Delhi 2004*, político indio, presidente del Partido del Congreso y primer ministro de la India de 1991 a 1996.

RAOULT (François), *Fournes-en-Weppes, Nord, 1830-Grenoble 1901*, químico y físico francés. Creó, en 1882, de la crioscopia, la tonometría y la ebulloscopia y enunció las leyes relativas a las soluciones diluidas.

Rapallo (tratado de) [16 abril 1922], tratado firmado en Rapallo (Italia) entre Alemania y la Rusia soviética, por el que se restablecieron sus relaciones diplomáticas y económicas.

RAPA NUI → PASCUA (isla de).

RAPEL, r. de Chile, formado por el Cachapoal y el Tinguiririca; 200 km. Embalse y central eléctrica (350 000 kW).

RAQQA o **RAKKA**, c. de Siria, cerca del Éufrates; 138 000 hab. Ruinas de la ciudad medieval. Gran centro de producción cerámica en los ss. XII-XIII.

RAQUEL, personaje bíblico, esposa preferida de Jacob y madre de José y Benjamín.

RARB → GARB.

RĀ'S AL-JAYMA, emirato de Arabia, que forma parte de la Unión de Emiratos Árabes; 143 334 hab.; cap. *Rā's al-Jayma*.

RASHI → RACHI.

RASK (Rasmus Christian), *Bröndekilde, cerca de Odense, 1787-Copenhague 1832*, lingüista danés. Uno de los fundadores de la gramática comparada, estableció el parentesco de numerosas lenguas indoeuropeas.

Raskólnikov, personaje principal de la novela *Crimen y castigo* (1866), de Dostoievski. Estudiante pobre y noble, halla en la confesión el único medio de liberar su conciencia de un crimen que, al rechazar la moral común, consideraba que tenía el derecho de cometer.

RASMUSSEN (Anders Fogh), *Ginnerup, Gursland, 1953*, político danés. Liberal, primer ministro de 2001 a 2009, es secretario general de la OTAN desde 2009.

RASMUSSEN (Knud), *Jakobshavn, Groenlandia, 1879-Copenhague 1933*, explorador danés. Dirigió varias expediciones en el Ártico y estudió las culturas esquimales.

RASMUSSEN (Poul Nyrup), *Esbjerg, Jutlandia, 1943*, político danés. Líder del Partido socialdemócrata desde 1992, fue primer ministro de 1993 a 2001. En 2004 fue elegido presidente del Partido socialista europeo.

RASPUTÍN (Grigori Yefimovich Novij, llamado), *Pokróskoie 1864 o 1865-Petrogrado 1916*,

■ **RANGÚN.** La pagoda de Shwedagon.

aventurero ruso. Tras adquirir fama de taumaturgo *(starets)* y de sanador (alivió sobre todo al zarevich Alejo, aquejado de hemofilia), fue protegido por la emperatriz Alejandra Fiódorovna. Contribuyó a desacreditar la corte de Nicolás II y fue asesinado por el príncipe Yussupov.

RA'S ŠAMRA → UGARIT.

RAŠT, c. de Irán, cerca del Caspio; 340 637 hab.

RA'S TANNŪRA, puerto petrolífero de Arabia Saudí, junto al golfo Pérsico.

RASTATT o **RASTADT**, c. de Alemania (Baden Württemberg), al N de Baden-Baden; 48 574 hab. Monumentos del s. XVIII; museos.— tratado de **Rastadt** (6 marzo 1714), tratado firmado entre Luis XIV de Francia y el emperador Carlos VI que, junto con el de Utrecht, puso fin a la guerra de Sucesión de España. Luis XIV conservó Alsacia, pero devolvió las plazas ocupadas de la orilla derecha del Rin. El emperador Carlos VI se aseguró Cerdeña, Nápoles, el Milanesado, los presidios coloniales de la Toscana y los Países Bajos españoles.

RASTRELLI (Bartolomeo Francesco), *¿París? h. 1700-San Petersburgo 1771*, arquitecto de origen italiano activo en Rusia. A partir de 1741 realizó, para la zarina Isabel, una brillante arquitectura (catedral Smolni y palacio de Invierno en San Petersburgo, Gran Palacio en Tsárskoie Seló).

RATHENAU (Walter), *Berlín 1867-íd. 1922*, industrial y político alemán. Ministro de asuntos exteriores (1922), firmó el tratado de Rapallo con Rusia. De origen judío, partidario de un acuerdo negociado con los Aliados sobre la cuestión de las reparaciones de guerra, fue asesinado por los nacionalistas.

RĀTIKON, macizo de los Alpes, en la frontera de Suiza, Liechtenstein y Austria; 2 965 m.

RATISBONA, en alem. *Regensburg*, c. de Alemania (Baviera), a orillas del Danubio; 125 337 hab. Universidad. Centro comercial.— Catedral gótica iniciada en el s. XIII; ayuntamiento de los ss. XIV-XV; iglesia de San Emmerando, románica con decoración barroca. Museos. (Patrimonio de la humanidad 2006.)— Ciudad libre desde 1245, en 1541 se reunió en ella una dieta que trató de acercar a católicos y protestantes, sin éxito. En 1663 se convirtió en la sede permanente de la dieta del Sacro Imperio *(Reichstag)*. Fue incorporada a Baviera en 1810.

Ratisbona (tregua de) [15 ag. 1684], acuerdo firmado entre Francia, Austria y España que puso fin a la guerra franco-española de 1683-1684, y por el que España cedió a Francia Estrasburgo, el Luxemburgo y las plazas de Hainaut.

RATSIRAKA (Didier), *Vatomandry 1936*, político malgache. Oficial de marina, fue presidente del Consejo supremo de la revolución (1975) y, más adelante, presidente de Madagascar (1976-1993 y 1997-2002).

RATTLE (sir Simon), *Liverpool 1955*, director de orquesta británico. Director de la orquesta sinfónica de Birmingham de 1980 a 1998, ha realizado interpretaciones excepcionales de obras de los siglos XVIII al XX. Es director de la orquesta filarmónica de Berlín desde 2002.

RÄTTVIK, estación de verano y de deportes de invierno de Suecia (Dalecarlia), junto al lago Siljan. Iglesia del s. XIV (frescos del s. XV). Talleres de artesanía.

RATZEL (Friedrich), *Karlsruhe 1844-Ammerland 1904,* geógrafo alemán, autor de una *Antropogeografía* (1882-1891).

RAU → **ÁRABE UNIDA** (República).

RAU (Johannes), *Wuppertal 1931-Berlín 2006,* político alemán. Socialdemócrata (SPD), fue presidente de la república (1999-2004).

RAÚL (Raúl **González,** llamado), *Madrid 1977,* futbolista español. Jugador del Real Madrid, ha ganado tres ligas (1995, 1997 y 2001), tres copas (1998, 2000 y 2002) y una supercopa (2002) de Europa, y dos copas intercontinentales (1998 y 2002).

RAUMA, c. de Finlandia, a orillas del golfo de Botnia; 31 000 hab. Industria del encaje. — Casas antiguas de madera, pintadas y esculpidas; iglesia de Santa Cruz, de los ss. XV-XVI (pinturas); museos. (Patrimonio de la humanidad 1991.)

RAURICH (Nicolás), *Barcelona 1871-íd. 1945,* pintor español. Sus paisajes y naturalezas muertas, de estilo impresionista, se caracterizan por un profundo sentido de la luz (*Visión mediterránea,* 1919).

RAUSCHENBERG (Robert), *Port Arthur, Texas, 1925-Captiva Island, Florida, 2008,* pintor y litógrafo estadounidense. Mediante la fusión entre expresionismo abstracto y pop art, utilizó los objetos (*combine paintings,* assemblages neodadaístas) y el reportaje fotográfico. También se interesó por la relación entre arte y tecnología.

RAVALOMANANA (Marc), *Imerinkasinina, prov. de Antananarivo, 1949,* político malgache. Es presidente de la república desde 2002.

RAVEL (Maurice), *Ciboure 1875-París 1937,* compositor francés. Fue el más clásico de los compositores modernos franceses. Atraído por la forma sinfónica (*La valse; Bolero,* 1928; *Dafnis y Cloe,* 1912), también compuso para piano (*Gaspard la nuit, Concierto para la mano izquierda,* 1931), ciclos de melodías (*Schehe-razade,* 1904) o varias líricas (*La hora española,* 1911). Su obra sobresale por la precisión de su diseño melódico y la brillantez de su orquestación.

RAVELLO, c. de Italia (Campania); 2 422 hab. Monumentos de estilo árabo-normando (ss. XI-XIII) y jardines en un marco que domina el golfo de Salerno.

RAVENA, en ital. **Ravenna,** c. de Italia (Emilia-Romaña), cap. de prov., cerca del Adriático; 139 771 hab. Monumentos bizantinos del s. V y VI (San Vital, San Apolinar Nuovo, mausoleo de Gala Placidia, San Apolinar in Classe, los baptisterios), célebres por sus notables mosaicos, entre ellos algunos con fondo de oro; museos. (Patrimonio de la humanidad 1995.) — Tumba de Dante. — Centro del Imperio romano de Oc-

cidente de 402 a 476, Ravena fue a continuación la capital del rey de los ostrogodos Teodorico I (493). Recuperada por Bizancio (540), se convirtió en 584 en la sede de un exarcado que agrupaba las posesiones bizantinas de Italia. Conquistada por los lombardos (751), fue donada al papa por Pipino el Breve (756). Ravena fue incorporada al Piamonte en 1860.

RAVENSBRÜCK, localidad de Alemania (Brandeburgo). Campo de concentración alemán reservado a mujeres (1939-1945).

RĀVI, r. de la India y de Pakistán, en el Panjāb, afl. del Chenāb (or. izq.); 725 km.

RAVIZZA (Alejandro), *1810-¿1874?,* arquitecto italiano activo en Paraguay. Contratado por Solano López, realizó edificios públicos en Asunción (teatro municipal, palacio del gobierno) y una capilla dedicada a la patrona de la ciudad, la Virgen de la Asunción (1864). Fue dibujante del periódico oficialista *El centinela.*

RĀWALPINDĪ, c. del N de Pakistán; 928 000 hab. Centro turístico e industrial.

RAWA RUSKA, nombre polaco de la ciudad ucraniana de Rava Ruska, al N de Lviv. Campo disciplinario alemán para prisioneros de guerra (1940-1945).

RAWLINGS (Jerry), *Accra 1947,* militar y político ghanés. Subió al poder tras el golpe de 1981 y fue confirmado al frente de la jefatura del estado en las elecciones presidenciales de 1992 y 1996. Su mandato terminó en 2001.

RAWLS (John), *Baltimore 1921-Lexington, Massachussets, 2002,* filósofo estadounidense. Analizó las relaciones entre justicia social y eficacia económica (*Teoría de la justicia,* 1971).

RAWSON, c. de Argentina, cap. de la prov. de Chubut y cab. de dep.; 100 133 hab. Puerto. Pesca (conservas). Centro comercial y administrativo.

RAWSON, dep. de Argentina (San Juan); 90 492 hab.; cab. *Villa Krause* (66 506 hab.), integrada en el Gran San Juan.

RAWSON (Arturo), *Santiago del Estero 1884-Buenos Aires 1952,* militar argentino. Jefe del movimiento militar que derrocó a Castillo, ocupó dos días la presidencia, para cederla a P. P. Ramírez (1943).

RAY o **WRAY** (John), *Black-Notley, Essex, 1627-íd. 1705,* naturalista inglés. Fue el primero en distinguir entre plantas monocotiledóneas y dicotiledóneas y en sentar las bases de una clasificación moderna de aves y peces (1693).

RAY (Man) → **MAN RAY.**

RAY (Raymond Nicholas **Kienzle,** llamado Nicholas), *Galesville, Wisconsin, 1911-Nueva York 1979,* cineasta estadounidense. Describió con lirismo la violencia y la soledad: *Johnny Guitar* (1954), *Rebelde sin causa* (1955).

RĀY (Satyajit), *Calcuta 1921-íd. 1992,* cineasta indio. Mostró con gran sentido plástico al hombre indio que vive entre las tradiciones del pasado y la realidad contemporánea: *El lamento del sendero* (1955), *El invencible* (1956), *El mundo de Apu* (1959), *La diosa* (1960), *Los jugadores de ajedrez* (1977), *La casa y el mundo* (1984).

RAYLEIGH (John William **Strutt,** lord), *cerca de Maldon, Essex, 1842-Witham, Essex, 1919,* físico británico. Determinó las dimensiones de ciertas moléculas, descubrió el argón junto con Ramsay (1894), estudió la difusión de la luz y el azul del cielo y dio un valor del número de Avogadro. (Premio Nobel 1904.)

RAYMOND (Alex), *New Rochelle, estado de Nueva York, 1909-Westport, Connecticut, 1956,* dibujante y guionista de cómics estadounidense. En un estilo realista, realizó series de aventuras (*Jungle Jim,* 1934) y de ciencia ficción (*Flash Gordon,* 1934).

RAYO (Omar), *Roldanilla 1928,* pintor colombiano. Caricaturista en sus inicios, su pintura se basa en el geometrismo y los efectos ópticos (*Lotus nº 1,* 1965; *Nudobilia XI,* 1972).

RAYÓN, mun. de México (San Luis Potosí); 19 260 hab. Cereales y leguminosas. Ganado porcino.

Rayuela, novela de Julio Cortázar (1963). Obra abierta, lúdica, y profundamente irónica, es una aguda protesta contra el conformismo. Ofrece dos formas posibles de lectura, entre las que el lector debe elegir.

RAZÍ (Aḥmad ben Muḥammad **al-**), llamado **el Moro Rasís,** *Córdoba h. 800-íd. 886,* cronista hispanomusulmán. Hijo del también historiador Muhammad ben Mūsā, conocedor de Latin, tomó como modelo a Orosio, Trogo Pompeyo e Isidoro de Sevilla, e influyó en los historiadores cristianos posteriores. Es autor de *Historia de los emires de al-Andalus.*

RAZIN (Stepán Timoféievich, llamado Stenka), *Zimovéiskaia h. 1630-Moscú 1671,* jefe cosaco. Héroe de la revuelta campesina de 1670-1671, fue capturado y ejecutado.

RAZNAWÍES → **GAZNAWÍES.**

RDA, sigla de la República democrática alemana (→ **Alemania**).

RÉ (isla de), isla de Francia, en el Atlántico (Charente-Maritime); 85 km². 16 499 hab. Turismo.

REA MIT. GR. Esposa de Cronos, madre de Zeus y de los dioses del Olimpo.

READE (Charles), *Ipsden, Oxfordshire, 1814-Londres 1884,* escritor británico, autor de dramas y novelas sociales (*Terrible tentación,* 1871).

READING, c. de Gran Bretaña (Inglaterra), cap. del Berkshire; 122 600 hab. Universidad. Centro europeo de meteorología.

REAGAN (Ronald Wilson), *Tampico, Illinois, 1911-Los Ángeles 2004,* político estadounidense. Tras una carrera como actor de cine, fue gobernador de California (1967-1974). Republicano, fue presidente de Estados Unidos de 1981 a 1989, relanzó la economía (reducción de los impuestos y de la inflación) y, en el exterior, mantuvo una política de firmeza (Oriente medio, América Central). Reelegido en 1984, se acreditó en 1987 con el escándalo del suministro de armas a Irán (*Irangate*). El mismo año, firmó con M. Gorbachov un acuerdo para el desmantelamiento de los misiles de alcance medio en Europa.

■ MAURICE **RAVEL** ■ RONALD **REAGAN**

Reagrupamiento por la república → RPR.

REAL (cordillera) → **ORIENTAL** u **ORIENTAL DE LOS ANDES.**

Real (teatro), teatro de ópera de Madrid, fundado en 1708. Clausurado por orden de Carlos III (1777), fue reinaugurado en 1850 y cerrado en 1925 por amenaza de ruina. Abierto de nuevo como sala de conciertos (1967), cerró en 1988 para ser habilitado como teatro de ópera y fue reabierto en 1997.

REALEJOS (Los), mun. de España (Santa Cruz de Tenerife), en Tenerife; 34 147 hab. (*realejeros*); cap. *Realejo Alto.* En la Orotava. Plátanos. Tabaco.

REA SILVIA MIT. ROM. Madre de Rómulo y Remo.

RÉAUMUR (René Antoine **Ferchault de**), *La Rochela 1683-Saint-Julien-du-Terroux 1757,* físico y naturalista francés. Demostró la posibilidad de transformar el hierro fundido en acero y fundó en 1722 la metalografía. Construyó un termómetro de alcohol (h. 1730), para el que ideó una escala 0-80 (escala de Réaumur). Se interesó por las ciencias naturales.

REBECA, personaje bíblico, esposa de Isaac, madre de Esaú y de Jacob.

rebelión de las masas (La), obra de José Ortega y Gasset (1930). Relaciona los conceptos sociológicos de masa y minoría con la situación política europea y la función del estado.

REBOLLEDO (Efrén), *Actopan, Hidalgo, 1877-Madrid 1929,* escritor mexicano. Adscrito al modernismo, escribió una poesía plena de

■ ROBERT **RAUSCHENBERG.** *Tracer* (1964), serigrafía sobre tela. (Col. part.)

parnasianismos y japonesismos, preferentemente erótica (*Cuarzos*, 1902; *Estela*, 1907; *Libro de loco amor*, 1916). También es autor de novela y teatro (*El águila que cae*), y ejerció cargos diplomáticos.

REBULL (Santiago), *en el Atlántico 1829-México 1902*, pintor mexicano. Decoró las terrazas del castillo de Chapultepec con murales de temas clasicistas. Su obra maestra es *La muerte de Marat*.

RECABARREN (Luis Emilio), *1876-1924*, dirigente obrero chileno. Fundador del Partido socialista obrero de Chile (1912), tuvo que exiliarse tras las acciones obreras de 1916-1918 y fundó el Partido socialista internacionalista, que en 1922 tomó el nombre de Partido comunista de Chile.

RECABARREN (Manuel), *Santiago 1827-íd. 1901*, político chileno. Abogado, ministro del interior (1880) y presidente del Partido radical, patrocinó la reforma de la constitución (1883) y colaboró en la revolución contra Balmaceda (1891).

RÉCAMIER (Julie **Bernard**, Madame), *Lyon 1777-París 1849*, literata francesa. Amiga de Madame de Staël y de Chateaubriand, durante la Restauración francesa abrió un célebre salón literario.

RECAREDO I, *m. en Toledo 601*, rey de los visigodos (586-601). Asociado al gobierno por su padre Leovigildo (573), dirigió las campañas militares en la Narbonense y ocupó Carcasona (586). Converso al catolicismo por influencia de san Leandro para acabar la unidad hispana (587), derrotó las insurrecciones arrianas de Septimania (587), de Lusitania (588) y de la viuda de Leovigildo, Goswintha (589). Abjuró del arrianismo en el III concilio de Toledo (589). — **Recaredo II**, *m. en Toledo 621*, rey de los visigodos. Hijo y sucesor de Sisebuto, ocupó el trono durante un mes.

RECASENS SICHES (Luis), *Guatemala 1903-México 1977*, jurista español. Discípulo de Ortega, interpretó la filosofía del derecho en función de la existencia humana y de un sistema universal de valores (*Fundamentación de la filosofía del derecho*, 1940).

RECEMUNDO → **ZAÍD** (Ibn-).

RECESVINTO, *m. en Gerticos, Valladolid, 672*, rey de los visigodos (653-672). Asociado al trono por su padre Chindasvinto (649), convocó tres concilios en Toledo (653, 655 y 656) y unificó la legislación visigoda con la promulgación del *Liber iudiciorum*.

RECIFE, ant. Pernambuco o Fernambuco, c. del NE de Brasil, cap. del estado de Pernambuco, a orillas del Atlántico; 1 290 149 hab. (2 859 469 hab. en la aglomeración). Puerto. Centro comercial e industrial. — Iglesias barrocas del s. XVIII. Museos.

RECKLINGHAUSEN, c. de Alemania (Rin del Norte-Westfalia), en el Ruhr; 127 150 hab. Centro industrial. — Museo de iconos.

RECOLETA, com. de Chile (Santiago); 162 964 habitantes.

Reconquista, denominación que se da a la conquista, por parte de los reinos cristianos, del territorio de la península Ibérica invadido por los musulmanes en 711. Se inició en los núcleos montañosos del N de la península, cordillera Cantábrica y Pirineos, que no habían sido ocupados por los musulmanes. **Ss. VIII-IX:** formación de los reinos de Asturias, León, Navarra y Aragón, y de los condados catalanes. **S. X:** ocupación de la despoblada meseta del Duero. **S. XI:** reino de Castilla. **S. XII:** conquista de los enclaves musulmanes del valle del Ebro (Lérida, Zaragoza, Tortosa). Diversos tratados (Tudellén o Tudillén, 1151; Cazola, 1179; Almizra, 1244) fijaron las zonas de expansión de los distintos reinos cristianos. La descomposición del califato de Córdoba y la creación de los reinos de taifas favorecieron el avance de Castilla y León hasta el Tajo, y la consolidación del dominio de la Corona de Aragón sobre el valle del Ebro. **S. XIII:** desintegrado el imperio almorávid, Fernando III de Castilla y León, Alfonso III de Portugal y Jaime I de Aragón realizaron definitivos avances territoriales. **1492:** la reconquista culminó bajo los Reyes Católicos, con la toma de Granada.

RECONQUISTA-AVELLANEDA, c. conurba-

das de Argentina (Santa Fe), en ambas orillas del Arroyo del Rey; 66 656 hab. Nudo de comunicaciones (puerto fluvial), comercio, industria y servicios.

RECREO (El), parroquia foránea de Venezuela (Distrito Federal), en el área metropolitana de Caracas; 113 583 hab.

RECUAY (cultura), cultura precolombina peruana (callejón de Huaylas y *valle de Recuay*), datada entre 300 a.C. y 500 d.C. Se caracteriza por una cerámica con decoración en negativo y formas muy variadas.

■ LA CULTURA **RECUAY.** Vasija zoomorfa, procedente de los Andes centrales (Perú). [Museo de América, Madrid.]

REDFIELD (Robert), *Chicago 1897-íd. 1958*, antropólogo estadounidense. Estudió los cambios en las sociedades campesinas en contacto con la cultura urbano-industrial (*Tepoztlán, un pueblo mexicano*, 1930; *La cultura folk de Yucatán*, 1941).

REDFORD (Robert), *Santa Mónica 1937*, actor y cineasta estadounidense. Encarna los valores del norteamericano medio: *Las aventuras de Jeremiah Johnson* (1972), de S. Pollack; *Todos los hombres del presidente* (1976), de A. J. Pakula. También ha destacado como director (*Gente corriente*, 1980).

REDON (Odilon), *Burdeos 1840-París 1916*, pintor, dibujante y grabador francés. Practicó un arte simbolista y visionario (*La araña sonriente*, 1881; serie de los *Carros de Apolo*).

REDONDELA, v. de España (Pontevedra), cab. de p. j.; 29 108 hab. (*redondelanos*). Pesca. Industria alimentaria, maderera, textil. Fundiciones.

REDONDO (Marcos), *Pozoblanco 1893-Barcelona 1976*, barítono español, destacado intérprete de zarzuela.

REDONDO (Nicolás), *Baracaldo 1927*, sindicalista español. Obrero metalúrgico, fue secretario general de la UGT (1976-1994).

RED RIVER, r. de Estados Unidos, tributario del golfo de México; 1 638 km.

RED RIVER, r. de Estados Unidos y Canadá, tributario del lago Winnipeg; 860 km.

Reducciones jesuíticas, centros de población amerindia creados por los jesuitas en el SE de Paraguay y la provincia argentina de Misiones (ss. XVII-XVIII). Albergaron hasta 300 000 guaraníes bajo un sistema socioeconómico comunitario que los ponía a salvo de las encomiendas. Al margen de la evangelización, el idioma y la cultura guaraníes les fueron respetados. Las primeras reducciones fueron creadas en 1609 en la provincia jesuítica de Paraguay (1604), que se convirtió en una potencia económica por la perfecta organización del trabajo y los elevados rendimientos. Un ejército de indios que protagonizó la revolución comunera (1722-1735) y una guerra (1753-1756) contra la nueva frontera (1750), que cedía a Portugal parte del territorio de las reducciones. Las misiones desaparecieron tras la expulsión de los jesuitas (1767).

REED (sir Carol), *Londres 1906-íd. 1976*, cineasta británico. Sus películas más destacadas abordan el tema del hombre acosado (*Larga es la noche*, 1947; *El tercer hombre*, 1949).

REED (John), *Portland, Oregón, 1887-Moscú 1920*, escritor y periodista estadounidense. Sus reportajes políticos alcanzaron gran notoriedad e influencia. Es autor de los libros *México insurgente* (sobre la revolución mexicana, 1913) y *Diez días que conmovieron al mundo* (sobre la revolución soviética, 1919).

Reforma, movimiento religioso del s. XVI, por el que una gran parte de Europa se sustrajo a la obediencia del papa, dando origen a las Iglesias protestantes. En un principio, fue obra personal de Lutero, pero se extendió rápidamente por Alemania. Zuinglio y Bucero la introdujeron en Zurich y Estrasburgo, respectivamente. Ambas ciudades se convirtieron en focos importantes. El movimiento se extendió a los países francófonos gracias a *Calvino, cuya obra prevaleció tanto en Ginebra como entre los hugonotes franceses, convirtiendo a Suiza y Francia en baluartes de una nueva forma de protestantismo que se propagó por Polonia, Bohemia, Hungría y las islas Británicas, donde Calvino inspiró la Reforma anglicana. Así se constituyeron, en el seno del protestantismo, tres grandes familias: la luterana, la calvinista y la anglicana. Al margen de estas se desarrollaron, desde los anabaptistas hasta los metodistas, movimientos paralelos menos institucionalizados, denominados «no conformistas». La Reforma inauguró una reflexión profunda sobre la espiritualidad y la teología cristianas. En España, solo surgieron focos aislados de luteranismo (Valladolid y Sevilla), que fueron prontamente reprimidos.

Reforma (guerra y leyes de) [1858-1861], período de la historia de México durante el que se enfrentaron liberales y conservadores en una guerra civil. Inicialmente el general conservador Miguel Miramón se alzó con el poder. Juárez se hizo fuerte en Veracruz y aprobó las leyes de Reforma (1859); aunque favorable a la burguesía y los hacendados, la política liberal tuvo el apoyo popular, y Juárez entró en la capital en 1861 (en.).

Reforma (paseo de la), principal arteria de la ciudad de México, entre el centro histórico y Chapultepec. Entre sus monumentos destacan los de Cuauhtémoc (1887) y de la Independencia (1909), coronado por el Ángel, símbolo de la ciudad.

REGALADO (Tomás), *Santa Ana 1860-en Guatemala 1906*, militar y político salvadoreño, presidente de la república (1899-1903) y jefe del ejército.

regencia (Consejo supremo de) [1810-1814], organismo que recibió los poderes supremos de la Junta central durante la guerra de la Independencia de España. Se sucedieron cuatro regencias hasta el retorno de Fernando VII.

Regencia absolutista de 1823, gobierno provisional instaurado en España a raíz de la invasión de los Cien mil hijos de san Luis. Con sede en Oiartzun, inició la reacción absolutista tras el trienio liberal.

Regencia de Espartero (1840-1843), período de la historia de España tras la renuncia de la regente María Cristina. El regente Espartero reprimió levantamientos de moderados y carlistas (1841) y la sublevación republicana de Barcelona (1842). Derrocado por progresistas y moderados en 1843, Isabel II fue proclamada mayor de edad.

Regencia de María Cristina de Borbón (1833-1840), período de la historia de España, tras la muerte de Fernando VII, que coincidió con la primera guerra carlista. El gobierno moderado de Martínez de la Rosa aprobó el Estatuto real (1834), y el progresista de Mendizábal estableció la desamortización (1835). En 1840 las insurrecciones progresistas provocaron la renuncia y exilio de María Cristina.

Regencia de María Cristina de Habsburgo (1885-1902), período del reinado de Alfonso XIII en que su madre, María Cristina de Habsburgo-Lorena, ejerció de regente. Estuvo marcado por el turno de conservadores y liberales y la crisis colonial de 1898.

Regencia de Mariana de Austria (1665-1675), período de la historia de España en que, a la muerte de Felipe IV, la reina asumió la regencia de su hijo Carlos II, mientras el gobierno lo ejercieron el eclesiástico Nithard

(1665), el conde de Peñaranda (1668) y Fernando de Valenzuela (desde 1674).

Regencia de Serrano (6 junio 1869-2 en. 1871), gobierno provisional de España tras la revolución de 1868, presidido por el general Francisco Serrano, que terminó con la entronización de Amadeo I.

Regencia de Urgel (1822-1823), regencia absolutista española contraria al régimen constitucional. Presidida por Mataflorida, fue disuelta a la llegada de los Cien mil hijos de san Luis.

REGENSBURG, nombre alem. de *Ratisbona.

Regenta (La), novela de Clarín (1884-1885). A través de la historia de Ana Ozores, esposa del regente de la audiencia de Vetusta —nombre bajo el que se oculta la ciudad de Oviedo—, ofrece una implacable visión de la sociedad represiva y clerical de la época.

REGER (Max), *Brand, Baviera, 1873-Leipzig 1916,* compositor alemán. Adaptó las formas clásicas (corales, sonatas, suites, cuartetos y piezas para órgano) al lenguaje romántico.

REGGAN, ant. **Reggane,** c. de Argelia, en el Sahara; 22 700 hab. Ant. centro de experimentación nuclear francés (en 1960 fue explosionada la primera bomba atómica francesa).

REGGIO DI CALABRIA, c. de Italia (Calabria), cap. de prov. junto al estrecho de Messina; 169 709 hab. Musco nacional (arqueología italogriega). — Un sismo la destruyó en 1908.

REGGIO NELL'EMILIA, c. de Italia (Emilia), cap. de prov.; 131 419 hab. Monumentos de los ss. XIII-XVIII; museos.

REGINA, c. de Canadá, cap. de Saskatchewan; 179 178 hab. Universidad. Refinería de petróleo. Metalurgia.

REGIOMONTANO (Johann Müller, llamado), *cerca de Königsberg 1436-Roma 1476,* astrónomo y matemático alemán. Es autor de un comentario del *Almagesto* de Tolomeo, tablas trigonométricas y efemérides astronómicas.

REGLA, mun. de Cuba (La Habana), en la bahía de La Habana; 41 435 hab. Refinería de petróleo.

REGNITZ, r. de Alemania, afl. del Main (or. izq.); 168 km. Pasa por Fürth, donde recibe al *Pegnitz,* y por Bamberg. Más arriba de Fürth recibe el nombre de *Rednitz.*

REGOYOS (Darío de), *Ribadesella 1857-Barcelona 1913,* pintor español. Ligado en Bélgica al grupo Les Vingt y en Barcelona a Els quatre gats, su obra es fiel al puntillismo, que alternó, al final de su vida, con el uso de amplias manchas de color para pintar paisajes castellanos (*Pancorbo; Paisaje*). Son notables sus xilografías para *La España negra* (1899).

RÉGULO (Marco Atilio), *s. III a.C.,* general romano. Apresado por los cartagineses (256 a.C.) en la primera guerra púnica, fue enviado a Roma para negociar el rescate de los prisioneros y la paz. Disuadió al senado de que aceptara las condiciones del adversario y volvió a Cartago, donde murió torturado.

REHE → JEHOL.

Reich, voz alem. que significa *imperio.* Se distingue el *I Reich,* o Sacro Imperio romano germánico (962-1806), el *II Reich* (1871-1918), obra de Bismarck, y el *III Reich* (1933-1945), o régimen nacionalsocialista de Hitler.

REICH (Steve), *Nueva York 1936,* compositor estadounidense. Pionero de la llamada música repetitiva, inspirada en las músicas del mundo (*Drumming,* 1971), también ha explorado la tradición hebraica (*Tehillim,* 1981) y el género lírico (*The Cave,* 1993).

REICH (Wilhelm), *Dobrzcynica, Galitzia, 1897-penitenciaria de Lewisburg, EUA, 1957,* médico y psicoanalista austriaco. Intentó elaborar una síntesis entre marxismo y psicoanálisis (*Materialismo dialéctico y psicoanálisis,* 1929), criticó la moral burguesa (*La lucha sexual de los jóvenes,* 1932) y analizó el fascismo (*Psicología de masas del fascismo,* 1933).

REICHA (Anton), *Praga 1770-París 1836,* compositor y teórico musical checo nacionalizado francés. Autor prolífico, fue maestro de Gounod, Franck, Berlioz y Liszt.

REICHENBACH (Hans), *Hamburgo 1891-Los Ángeles 1953,* filósofo y lógico alemán. Uno de los fundadores del círculo de Viena y del neopositivismo norteamericano, precisó el concepto de probabilidad.

Reichsrat, en el imperio de Austria, nombre del consejo del imperio (1848-1861) y el parlamento (1861-1918); en Alemania, órgano legislativo de la república de Weimar (1919-1934).

Reichstag, dieta del Sacro Imperio romano germánico hasta 1806 y cámara legislativa alemana de 1867 a 1945. Con sede en Berlín, subsistió durante el nazismo hasta 1942, pero con un papel puramente formal. El incendio del palacio del Reichstag (1933) sirvió de pretexto a los nazis para ilegalizar el Partido comunista alemán. El edificio alberga desde 1999 el Bundestag.

Reichswehr (voz alem. que significa *defensa del imperio*), nombre, de 1921 a 1935, del ejército concedido a Alemania por el tratado de Versalles.

REID (Thomas), *Strachan, Escocia, 1710-Glasgow 1796,* filósofo británico. Su filosofía se basa en las convicciones del sentido común.

REID (Thomas Mayne), *Ballyroney, condado de Down, 1818-Londres 1883,* escritor británico, autor de relatos de aventuras entre indios (*Los cazadores de cabelleras,* 1851).

REIG (Oswaldo Alfredo), *Buenos Aires 1929-íd. 1992,* paleontólogo argentino. Creador en 1958 del Laboratorio de vertebrados fósiles Miguel Lillo (Tucumán) y miembro de la Academia de ciencias de EUA, sus trabajos sobre genética evolutiva han merecido reconocimiento internacional.

REILLE (Honoré, conde), *Antibes 1775-París 1860,* mariscal de Francia. Intervino en la invasión de España, especialmente en Cataluña (sitios de Gerona) y Levante y fue gobernador de Navarra (1810) y de Aragón (1812). Se distinguió en Wagram y Waterloo.

REIMS, c. de Francia (Marne), a orillas del Vesle; 191 325 hab. Universidad. Elaboración de champaña. — Su catedral es una obra maestra de la arquitectura y escultura góticas (s. XIII). [Patrimonio de la humanidad 1991]. Abadía de Saint-Remi (ss. XI-XIII). — Los reyes de Francia acuden a Reims para ser consagrados (en honor de Clodoveo I, allí bautizado h. 498).

REINA (La), com. de Chile (Santiago), en el Gran Santiago; 88 132 hab.

REINA (Carlos Roberto), *Comayagüela 1926-Tegucigalpa 2003,* político hondureño. Miembro del ala izquierda del Partido Liberal, fue presidente de la república (1994-1998). Intentó fortalecer el poder civil y los derechos humanos.

REINA ADELAIDA (archipiélago de la), archipiélago entre los estrechos de Magallanes y Nelson. Argentina lo reconoce como isla Belgrano (Antártida Argentina).

REINA BARRIOS (José María), *San Marcos 1853-Guatemala 1898,* político guatemalteco. Presidente de la república (1892-1897), practicó inicialmente una política liberal favorable a la población indígena. Fue asesinado.

REINA CARLOTA (archipiélago de la), en ingl. **Queen Charlotte Islands,** archipiélago canadiense del Pacífico (Columbia Británica).

Reina Sofía (museo nacional centro de arte) [MNCARS], museo español, inaugurado parcialmente en 1986 y de nuevo en 1990, con sede en el antiguo hospital general de Madrid (Sabatini, s. XVIII), ampliado en 2005 (arquitecto: J. Nouvel). Alberga una amplia colección de obras de las vanguardias del s. XX, integrada por fondos propios (legados Dalí, Miró, Picasso), los del antiguo museo español de arte contemporáneo y la colección de arte del s. XX del Prado.

REINHARDT (Ad), *Buffalo 1913-Nueva York 1967,* pintor y teórico estadounidense. Abstracto radical, anunció el arte minimal.

REINHARDT (Jean Baptiste, llamado Django), *Liberchies, Bélgica, 1910-Samois-sur-Seine 1953,* guitarrista, compositor y director de orquesta de jazz francés. De origen gitano, autodidacta, fue uno de los escasos músicos de jazz europeos que creó un estilo original.

REINHARDT (Max Goldmann, llamado Max), *Baden, cerca de Viena, 1873-Nueva York 1943,* director de teatro austriaco. Director del Deutsches Theater de Berlín (1905), maestro de la luz y la escenografía, fue uno de los grandes innovadores de la técnica teatral.

REINOSA o **REYNOSA,** c. de México (Tamaulipas); 332 755 hab. Regadíos (algodón). Industrias (refino de petróleo, química). Puesto fronterizo con EUA.

Reinos combatientes, período de la historia de China (481-221 a.C.) en el que el país, dividido en principados, vivió un estado de guerra permanente. Finalizó con su unificación bajo la dinastía Qin.

REINOSO (Félix José), *Sevilla 1772-Madrid 1841,* escritor español. Su poema épico *La inocencia perdida* (1804) se adscribe al clasicismo de la escuela sevillana.

REINO UNIDO DE GRAN BRETAÑA E IRLANDA DEL NORTE, nombre oficial de *Gran Bretaña desde 1923. Formado en 1707 por la unión de Inglaterra y Escocia, el reino de Gran Bretaña tomó en 1801 el nombre de *Reino Unido de Gran Bretaña e Irlanda,* después de la reunión de Gran Bretaña e Irlanda (1800). Recibió el nombre actual tras la secesión de la mayor parte de *Irlanda en 1922.

REISZ (Karel), *Ostrava 1926-Londres 2002,* cineasta británico de origen checo. Representante del Free Cinema (*Sábado noche, domingo mañana,* 1960), realizó más adelante, entre otras, *Morgan, un caso clínico* (1966) y *La mujer del teniente francés* (1981).

REJ (Mikołaj), *Żorawno 1505-Rejowiec 1569,* escritor polaco. Poeta y moralista, está considerado el padre de la literatura nacional (*El espejo de todos los estados,* 1568).

Relaciones de Indias, narraciones histórico-geográficas de las Indias a cargo de conquistadores y administradores españoles desde Colón. El consejo de Indias fijó su redacción sistemática (1524).

Religión (guerras de) [1562-1598], conflictos armados que enfrentaron, en Francia, a católicos y protestantes. La extensión de las ideas de la Reforma y su represión por Enrique II y Francisco I, junto con la matanza de Wassy (1562), condujeron a una lucha abierta. Sus episodios más señalados fueron la matanza de protestantes de la noche de san Bartolomé (1572), el asesinato del duque de Guisa (1588)

■ DARÍO DE **REGOYOS.** *Paisaje.* (Museo del Prado, Madrid.)

y el de Enrique III (1589). El edicto de Nantes (1598) puso fin a la lucha.

RELIZANE → GHILIZANE.

RELONCAVÍ (seno del), amplio entrante de la costa de Chile (Los Lagos), en el interior del golfo de Ancud. En él se halla Puerto Montt.

REMACHA (Fernando), *Tudela 1898-Pamplona 1984*, compositor español. Influido por Stravinski y Falla, formó parte de la llamada generación de la república. En su obra destacan un *Concierto para guitarra* (1955) y *Jesucristo en la cruz* (1963), para solistas, coro y orquesta.

REMARQUE (Erich Paul **Remark,** llamado Erich Maria), *Osnabrück 1898-Locarno, Suiza, 1970*, escritor alemán nacionalizado estadounidense, célebre por sus novelas sobre la guerra (*Sin novedad en el frente,* 1929; *Arco del triunfo,* 1946).

REMBRANDT (Rembrandt Harmenszoon **Van Rijn,** llamado), *Leiden 1606-Amsterdam 1669,* pintor y grabador neerlandés. Se estableció en Amsterdam en 1631. Se le considera uno de los grandes maestros de la pintura en la fuerza expresiva tanto de sus composiciones como de sus retratos, gracias a su dominio del claroscuro y por el valor universal de su reflexión sobre el destino del hombre. Entre sus obras maestras destacan: en el Rijksmuseum de Amsterdam, *La madre de Rembrandt* (1631), *La *ronda de noche* (1642), *La negación de san Pedro* (1660), *Los síndicos del gremio de los pañeros* (1662), *La novia judía* (h. 1665); en el Louvre, *Los peregrinos de Emaús* (dos versiones), *Retrato de Hendrickje Stoffels* (h. 1654), *Betsabé en el baño* (1654), *El buey desollado* (1655), *Autorretrato* (1660). Fue, además, un prestigioso dibujante y probablemente el más famoso especialista en la técnica del aguafuerte (*Las tres cruces; La moneda de cien florines; Jesús curando a los enfermos*).

■ **REMBRANDT.** *La negación de san Pedro* (1660), detalle. (Rijksmuseum, Amsterdam.)

REMEDIOS, mun. de Colombia (Antioquia); 17 736 hab. Región auroargentífera.

REMIGIO (san), *Laon h. 437-Reims h. 530,* obispo de Reims. Desempeñó un papel destacado en la conversión de Clodoveo, al que bautizó probablemente el 25 dic. 498.

REMINGTON (Eliphalet), *Suffield, Connecticut, 1793-Ilion, Nueva York, 1861,* industrial estadounidense. Armero, creó un fusil con sistema de retrocarga. — **Philo R.,** *Lichtfield, Nueva York, 1816-Silver Springs, Florida, 1889,* industrial estadounidense. Asociado a los inventos de su padre Eliphalet, introdujo modificaciones en la máquina de escribir de Sholes y Glidden y la fabricó en serie (1873).

REMISMUNDO, *m. en 469,* rey suevo (464-469). Hijo de Maldra, alcanzó el trono aliado a los visigodos, pero estos limitaron sus dominios a Galicia y le impusieron el arrianismo.

REMIZOV (Alekséi), *Moscú 1877-París 1957,* escritor ruso. Describió con lirismo el sufrimiento humano en novelas y libros de recuerdos marcados por la influencia de las leyendas populares (*La tragedia de un juez*).

REMO MIT. ROM. Hermano gemelo de Rómulo.

REMÓN (José Antonio), *Panamá 1908-íd. 1955,* militar y político panameño. Jefe de la guardia nacional (1947), fue presidente (1952-1955).

REMSCHEID, c. de Alemania (Renania del Norte-Westfalia), en el Ruhr; 123 610 hab.

Renaixença, movimiento de recuperación de la lengua y la literatura catalanas impulsado por B. Aribau con su oda *La pàtria* (1833).

RENAN (Ernest), *Tréguier 1823-París 1892,* escritor e historiador francés. Estudió las lenguas semíticas y la historia de las religiones desde un punto de vista racionalista: *Historia de los orígenes del cristianismo* (1863-1881), cuyo primer volumen, *Vida de Jesús,* tuvo gran repercusión; *El porvenir de la ciencia* (1890).

RENANIA, en alem. **Rheinland,** región histórica de Alemania, a orillas del Rin, que se extiende desde la frontera francesa a la neerlandesa. Anexionada por Francia (1793-1814), fue restituida a Prusia en 1815. Desmilitarizada tras el tratado de Versalles (1919), volvió a ser ocupada por Hitler en 1936.

RENANIA-PALATINADO, en alem. **Rheinland-Pfalz,** Land de Alemania que se extiende por el macizo esquistoso Renano; 19 847 km²; 3 701 661 hab.; cap. *Maguncia.*

RENANO (macizo esquistoso), macizo de Alemania, a ambos lados del Rin, en la prolongación de las Ardenas. Está formado por mesetas boscosas y recortadas por valles (Rin, Mosela, Lahn), con cultivos y vides. Turismo.

RENARD (Jules), *Châlons, Mayenne, 1864-París 1910,* escritor francés, autor de novelas realistas, de un humor cruel (*Pelo de zanahoria,* 1894) y de un *Diario,* testimonio de la vida literaria de su época.

RENATO I el Bueno, *Angers 1409-Aix-en-Provence 1480,* duque de Anjou, de Bar (1430-1480) y de Lorena (1431-1453), conde de Provenza (1434-1480), rey efectivo de Nápoles (1438-1442) y titular de Sicilia (1434-1480) y rey nominal de Cataluña (1466-1472). Alfonso el Magnánimo de Aragón le arrebató el reino de Nápoles (1442). Se retiró a Aix-en-Provence y escribió tratados, narraciones y poemas. En 1466 la Generalidad de Cataluña le ofreció la corona en su lucha contra Juan II.

RENAU (Josep), *Valencia 1907-Berlín Este 1982,* pintor y cartelista español. Responsable del pabellón español en la exposición internacional de París de 1937, en su obra gráfica unió mensaje social y realismo.

RENAULT (Louis), *París 1877-íd. 1944,* industrial francés. Construyó un primer automóvil en 1898 y después, con la ayuda de sus hermanos Marcel (1872-1903) y Fernand (1865-1909), se convirtió en uno de los pioneros de la industria automovilística.

Renault, empresa francesa de fabricación de automóviles. Fue fundada en 1898 por los hermanos Renault y nacionalizada en 1945. Privatizada en 1996, reafirmó su presencia internacional mediante alianzas (sobre todo con la compañía japonesa Nissan, 1999) y adquisiciones (Samsung, 2000).

RENCA (com. de Chile (Santiago); 129 173 hab. Agricultura (fresas). Centro de veraneo.

Renfe (Red nacional de ferrocarriles españoles), empresa pública española de explotación del ferrocarril, creada en 1941. En 2005 se escindió en Administrador de infraestructuras ferroviarias (ADIF) y Renfe-Operadora.

RENGER-PATZSCH (Albert), *Wurzburgo 1897-Wamel, Westfalia, 1966,* fotógrafo alemán. Adepto de la «nueva objetividad», es uno de los precursores del lenguaje fotográfico contemporáneo por su escritura fría, muy precisa, y por su predilección por los primeros planos.

RENGO, com. de Chile (Libertador General Bernardo O'Higgins); 43 602 hab. Siderurgia. Conservas.

RENI (Guido), *Calvenzano, cerca de Bolonia, 1575-Bolonia 1642,* pintor italiano. Trabajó en Roma y sobre todo en Bolonia, influido por los Carracci, pero fascinado por Rafael llevó el clasicismo a un exquisito lirismo (*Sansón victorioso, La matanza de los inocentes,* pinacoteca de Bolonia; *El rapto de Deyanira,* Louvre).

Renmin ribao (*Diario del pueblo*), diario chino fundado en 1948, órgano del Partido comunista chino.

RENNER (Karl), *Untertannowitz, Moravia, 1870-Viena 1950,* político austriaco. Socialdemócrata, fue canciller (1918-1920) y presidente de la república (1945-1950).

RENNES, c. de Francia, cap. de Bretaña y del dep. de Ille-et-Vilaine, en la confluencia del Ille y el Vilaine; 212 494 hab. Universidad. — Palacio de justicia (s. XVII) y ayuntamiento (s. XVIII). Iglesias. Museos. — Capital de los duques de Bretaña en el s. X, se convirtió en la sede definitiva del parlamento de Bretaña en 1561.

RENO, c. de Estados Unidos (Nevada); 254 667 hab. Centro turístico.

RENOIR (Auguste), *Limoges 1841-Cagnes-sur-Mer 1919,* pintor francés. Impresionista, pintó figuras y escenas alegres (*El baile del Moulin de la Galette,* 1876; *El baile de Bougival,* 1883, etc.). Tras una etapa «ácida» en 1884-1887, su vitalidad sensual se afirmó en las figuras femeninas y los desnudos (*Lisa con sombrilla,* 1867; *El palco,* 1874 y *Las bañistas,* h. 1918).

RENOIR (Jean), *París 1894-Beverly Hills, California, 1979,* cineasta francés. Hijo de Auguste Renoir, impuso en el cine un estilo sensual y luminoso, realista y teatral (*La gran ilusión,* 1937; *La regla del juego,* 1939; *El río,* 1951).

Renovación española, partido político español monárquico, fundado por los alfonsinos durante la segunda república (1933). Fracasó en las elecciones de 1936 y colaboró con el alzamiento militar.

RENQIU, c. de China, al SO de Tianjin; 591 000 habitantes.

RENTA (Óscar de la), *Santo Domingo 1932,* modisto dominicano. Discípulo de Balenciaga y responsable de la colección de alta costura de Balmain (1982-2002), destaca por la sobriedad y femineidad de sus diseños.

RENTERÍA, en vasc. **Errenteria,** v. de España (Guipúzcoa); 39 200 hab. *(renterianos).* Industria (metalurgia, textil, maquinaria, papel).

REPELÓN, mun. de Colombia (Atlántico), en el delta del Magdalena; 16 385 hab. Ganadería caballar.

RÉPIDE (Pedro de), *Madrid 1882-íd. 1948,* escritor español, popular por sus artículos y libros de ambiente madrileño (*Del Rastro a Maravillas,* 1907).

REPIN (Iliá Yefímovich), *Chuguyev, Ucrania oriental, 1844-Kúokkala, act. Répino, Carelia, 1930,* pintor ruso. Miembro de los «ambulantes», es conocido por sus obras de tema histórico o social (*Los sirgadores del Volga* [1873], museo ruso, San Petersburgo) y por sus retratos.

Repsol, empresa de petróleo y de gas natural española, creada en 1986 en el seno del Instituto nacional de hidrocarburos. En 1997 culminó su privatización y en 1999 adquirió la petrolera estatal argentina YPF (de la que se desprendió en parte en 2008). Posee una fuerte presencia en América Latina.

repubblica (La), diario italiano de izquierdas, fundado en Roma en 1976.

república (La), diálogo de Platón en diez libros. Una pregunta sobre la justicia lleva a Sócrates a describir un modelo ideal de organización política. La ciudad, jerarquizada según la naturaleza de los hombres que la componen, debe estar gobernada por aquellos que han accedido al conocimiento de la verdad y el bien, los «filósofos-reyes».

república española (primera), régimen instalado en España tras la abdicación de Amadeo I (11 febr. 1873). Su primer presidente, Figueras, se enfrentó a las tensiones en el gobierno entre federales y radicales, a las divisiones del Partido republicano federal y a la guerra carlista. Tras la victoria federal en las elecciones, Pi y Margall ocupó la presidencia (11 junio) y formó un gobierno de conciliación, pronto abandonado por el centro y la izquierda. El tercer presidente, Salmerón (18 julio), formó un gobierno derechista que dio lugar a la expansión de la insurrección cantonalista. Su sucesor, Castelar (6 sept.), intensificó el viraje a la derecha. El 3 de enero de 1874 el general Pavía desalojó las cortes y puso fin al régimen republicano. La monarquía fue restaurada en dic. 1874.

república española (segunda), régimen político instaurado en España en abril de 1931 y vigente hasta el fin de la guerra civil (1939). Tras la victoria de los partidos republicanos en las elecciones municipales (12 abril 1931), Alfonso XIII abandonó el país y fue proclamada la república (14 abril). Las elecciones constitu-

■ AUGUSTE **RENOIR.** *Jóvenes sentadas* (1892).
(Museo de arte de Filadelfia.)

yentes (julio) dieron la mayoría a republicanos de izquierda, radicales y socialistas. Se promulgó una nueva constitución y Alcalá Zamora fue nombrado presidente (dic.). Se realizaron importantes reformas (ejército, enseñanza laica, divorcio, intento de reforma agraria, autonomía de Cataluña), que provocaron el entrentamiento con la derecha, el ejército y las jerarquías eclesiásticas. La abstención anarco sindicalista y la división de la izquierda posibilitaron el triunfo electoral de la derecha (nov. 1933), que aprobó una legislación regresiva. La entrada de ministros de la CEDA en el gobierno Lerroux (oct. 1934) provocó la insurrección en Asturias y Cataluña (revolución de octubre de 1934), reprimida por el ejército. Los escándalos (estraperlo) desprestigiaron al gobierno, y el triunfo del Frente popular (febr. 1936) dio el gobierno a Azaña, mientras en el campo la CNT impulsaba la apropiación de tierras. Alcalá Zamora dimitió en abril, y Azaña ocupó la presidencia de la república. El 18 de julio de 1936, los militares (Mola, Goded, Franco) dieron un golpe de estado contra la república, inicio de la guerra civil.

republicano (Partido), uno de los dos partidos más importantes de Estados Unidos, de tendencia conservadora, que se fundó en Pittsburgh en 1856 bajo el signo del abolicionismo. El resultado de la guerra de Secesión confirmó la superioridad de los republicanos sobre los demócratas y los mantuvo en el poder prácticamente sin interrupción de 1861 a 1913 y luego de 1921 a 1933. Desde entonces, del Partido republicano han surgido varios presidentes: D. Eisenhower, R. Nixon, G. Ford, R Reagan, G. Bush y G. W. Bush.

republicano federal (Partido) → **federal.**

REPULLÉS (Enrique María), *Ávila 1845-Madrid 1922,* arquitecto español, representante del historicismo de finales del s. XIX (bolsa de Madrid; ayuntamiento de Valladolid).

REQUENA, c. de España (Valencia), cab. de p. j.; 19 092 hab. *(requenenses).* Viñedos (bodegas y destilerías). Industria sedera y apicultura. — Iglesias góticas. Ayuntamiento (ss. XIV-XVI).

REQUESENS, familia noble catalana originaria de Tarragona, que participó en las campañas de reconquista desde el s. XII. — **Lluís de R.,** *m. en 1426.* Participó en las expediciones a Sicilia (1396) y Cerdeña (1409) y fue gobernador general de Cataluña (1413). — **Bernat de R.,** *1395-1469.* Hijo de Lluís, fue virrey de Nápoles. — **Galcerà de R.,** *h. 1400-Valencia 1465.* Hermano de Bernat y hombre de confianza de Alfonso el Magnánimo, fue gobernador de Mallorca y gobernador general de Cataluña (1442-1465), donde ejerció como lugarteniente del rey (1453-1454). — **Lluís de R.,** *h. 1435-1509.* Hijo de Galcerà, fue gobernador de Cataluña (1472-1509). — **Luis de R. y Zúñiga,** *Barcelona 1528-Bruselas 1576.* Fue consejero privado de Felipe II, lugarteniente general de Juan de Austria y gobernador de Milán (1571-1573). Sucedió al duque de Alba en el gobierno de los Países Bajos (1573) y decretó una amnistía, pero su política moderada fracasó.

REQUIARIO, *m. en Oporto 456,* rey suevo (448-456). Hijo y sucesor de Requila, fue derrotado y muerto por Teodorico II.

REQUILA, *m. en 448,* rey suevo (441 448). Hijo y sucesor de Hermerico, conquistó la Bética y la Cartaginense.

Rerum novarum, encíclica promulgada por León XIII (15 mayo 1891), relativa a la condición de los obreros, auténtica normativa del catolicismo social.

Residencia en la tierra, obra poética de Pablo Neruda (1933 y 1935). Mediante metáforas audaces e imágenes herméticas, el poeta expresa su desolación ante el caos del mundo y la angustia frente a la muerte.

RESISTENCIA, c. de Argentina, cap. de la prov. de Chaco y cab. del dep. de San Fernando, en la or. der. del río Negro; 144 761 hab. Centro comercial e industrial. Universidad.

Resistencia, nombre con que recibió la acción clandestina llevada a cabo durante la segunda guerra mundial, por organizaciones civiles y militares de varios países de Europa (Checoslovaquia, Francia, Italia, Noruega, Polonia, Dinamarca, Grecia, Bélgica, Países Bajos, etc.), que se opusieron a la ocupación de su territorio por los alemanes. Contribuyó notablemente a la liberación del territorio.

REŞIŢA, c. del O de Rumania; 102 000 hab.

RESNAIS (Alain), *Vannes 1922,* cineasta francés. Explora con igual maestría los impulsos del corazón, el discurrir de un pensamiento o los meandros de la memoria *(Hiroshima mon amour,* 1959; *El año pasado en Marienbad,* 1961; *Mi tío de América,* 1980; *Smoking/No smoking,* 1993; *Asuntos privados en lugares públicos,* 2000).

RESPIGHI (Ottorino), *Bolonia 1879-Roma 1936,* compositor italiano. Renovador del poema sinfónico *(Las fuentes de Roma,* 1916; *Los pinos de Roma,* 1924), también escribió obras líricas.

Restauración, período de la historia de España iniciado con la subida al trono de Alfonso XII (1874) y que se extiende hasta los inicios del reinado de Alfonso XIII (1902) o, según algunos autores, hasta la dictadura de Primo de Rivera (1923). En dic. 1874 Martínez Campos proclamó en Sagunto la monarquía de Alfonso XII. Cánovas del Castillo, nombrado jefe del gobierno, promulgó la constitución de 1876 e implantó un sistema parlamentario basado en la alternancia del Partido conservador, del propio Cánovas, y el liberal de Sagasta. La apariencia democrática del sistema estaba desvirtuada por la práctica del caciquismo en los procesos electorales. Cánovas ocupó el poder hasta 1881 y aprobó la ley electoral de 1878. En 1881-1890 los gobiernos liberales elaboraron el ordenamiento jurídico-político vigente hasta 1923 (libertad de expresión, reunión y asociación, sufragio universal). En la década de 1890 la aparición o auge de diversos movimientos (republicanismo, anarquismo, socialismo, regionalismo) plantearon los primeros síntomas de decadencia del sistema, y el malestar por la crisis económica en el campo. No obstante, fueron las guerras coloniales (Marruecos, y sobre todo Cuba y Filipinas) las que evidenciaron la decadencia del sistema canovista y su alejamiento de la realidad de la sociedad española del s. XX. Pero el marco institucional se mantuvo hasta que Primo de Rivera lo suspendió temporalmente (1923-1930), y fue desmantelado definitivamente con la proclamación de la segunda república (1931).

Restauración francesa, régimen político de Francia durante los reinados de Luis XVIII y Carlos X, desde la caída del Imperio (1814) hasta la revolución de julio de 1830.

RESTIF o **RÉTIF DE LA BRETONNE** (Nicolas Restif, llamado), *Sacy, Yonne, 1734-París 1806,* escritor francés. Impresor, en sus novelas se revela como un agudo observador de las costumbres de fines del s. XVIII *(El señor Nicolás* o *El corazón humano al descubierto,* 1794-1797).

RESTREPO (Antonio José), *Concordia 1855-Barcelona, España, 1933,* escritor y diplomático colombiano. Autor de obras políticas, recopilaciones y estudios de folclore, fue delegado en la SDN.

RESTREPO (Carlos Emilio), *Medellín 1867-1937,* político colombiano. Conservador, fue

presidente de la república (1910-1914). Reorganizó la vida pública.

RESTREPO (Félix), *Medellín 1887-Bogotá 1965,* filólogo colombiano. Jesuita, fue director de la Academia colombiana (1955) y autor de estudios lingüísticos *(El castellano en los clásicos,* 1936; *La ortografía en América).*

RESTREPO (José Félix), *1760-1832,* político colombiano, presidente del congreso constituyente (1821) que abolió la esclavitud.

RESTREPO (José Manuel), *Envigado, Antioquia, 1781-Bogotá 1863,* político e historiador colombiano. Ministro en 1822-1827, es autor de *Historia de la revolución de la república de Colombia* (1827).

RESTREPO (Laura), *Bogotá 1950,* escritora colombiana. Es autora de novelas *(La isla de la pasión,* 1989; *El leopardo al sol,* 1993; *Dulce compañía,* 1995; *La novia oscura,* 1999; *Delirio,* 2004), cuentos *(Olor a rosas invisibles,* 2002) y ensayos.

RESTREPO JARAMILLO (José), *Antioquia 1896-íd. 1945,* escritor colombiano, introductor de la novela psicológica en Colombia *(La novela de los tres, y varios cuentos,* 1926; *David, hijo de Palestina,* 1931).

RESTREPO TIRADO (Ernesto), *Medellín 1862-Bogota 1949,* etnólogo colombiano, autor de trabajos sobre los pueblos amerindios colombianos *(Estudio sobre los aborígenes de Colombia,* 1892; *Los quimbayás,* 1912).

RETALHULEU (departamento de), dep. del SO de Guatemala; 1 856 km², 261 617 hab.; cap. *Retalhuleu* (35 246 hab.).

RETIA, ant. región de los Alpes centrales, correspondiente al Tirol y al S de Baviera, sometida por los romanos en 15 a.C.

RÉTICOS (Alpes), parte de los Alpes centrales (Italia y sobre todo Suiza), que comprende los macizos de Albula, Bernina y Ortler.

Retiro (El), parque de Madrid. Su origen se remonta a los jardines del palacio del Buen Retiro (s. XVII). En el s. XIX se añadieron los palacios de Velázquez (1883) y de Cristal (1887) y ya en el s. XX adquirió su actual fisonomía.

RETZ (Jean-François Paul de Gondi, cardenal de), *Montmirail 1613-París 1679,* prelado y escritor francés. Destacó durante la Fronda. Fue creado cardenal por Luis XIV (1652). Escribió unas *Memorias,* en las que se reveló como moralista y observador político.

REUCHLIN (Johannes), *Pforzheim 1455-Stuttgart 1522,* humanista alemán. Promotor de los estudios hebraicos y griegos en Occidente, fue perseguido por la Inquisición.

REUNIÓN o **LA REUNIÓN,** en fr. *Réunion,* isla del océano Índico, que constituye un dep. y una región franceses de ultramar, al E de Madagascar; cap. *Saint-Denis;* 2 511 km²; 706 300 hab. Descubierta por los portugueses (1528), en 1638 fue ocupada por los franceses, que la llamaron *isla Bourbon* (hasta 1793, en que adoptó su nombre actual). En 1946 la isla se convirtió en un departamento de ultramar y en 1982 fue dotada igualmente del estatuto de región.

REUS, c. de España (Tarragona), cab. de p. j.; 89 179 hab. *(reusenses).* Centro agropecuario, comercial e industrial (alimentaria, textil, metalmecánica, construcción). Avicultura. Aeropuerto. Universidad. — Iglesias del s. XVI. Edificios modernistas.

Reuters, agencia de noticias británica, fundada en 1851 en Londres por P. J. Reuter. En 2008 se fusionó con el grupo canadiense Thomson y pasó a llamarse *Thomson Reuters.* Constituye la mayor compañía del mundo de información especializada para negocios y profesionales.

REUTLINGEN, c. de Alemania (Baden Württemberg); 107 607 hab. Iglesias góticas.

REVAL o **REVEL** → **TALLINN.**

REVENTAZÓN, r. de Costa Rica (Cartago y Limón), que nace en la cordillera de Talamanca y desemboca en el Caribe; 145 km.

REVERDY (Pierre), *Narbona 1889-Solesmes 1960,* poeta francés. Maestro sensible de un arte sobrio y puro *(El ladrón de Talan,* 1917, novela en verso; *Mayoría del tiempo,* 1945), se convirtió en el teórico de los pintores cubistas. Está considerado uno de los precursores de la poesía surrealista.

REVERÓN (Armando), *Caracas 1899-íd. 1954,* pintor venezolano. Formado en Francia y España, cultivó el impresionismo. Su obra suele dividirse en tres etapas: azul, blanca *(Oleaje; Playas de Macuto)* y sepia *(Desnudo).*

REVILLAGIGEDO o **REVILLA GIGEDO,** archipiélago de México (Colima), en el Pacífico, de origen volcánico, integrado por las islas Socorro o Santo Tomás (150 km^2), San Benedicto, Roca Partida y Clarión o Santa Rosa. En Socorro se ubica el volcán casi inactivo Evermann, 1051 m. Deshabitado.

revolucionario institucional (Partido) → **PRI.**

revolución cubana (1953-1961), período de la historia de Cuba iniciado con la insurrección armada contra el régimen de Batista y que culminó con la implantación de un estado socialista. En 1953 se produjo el fallido asalto de Fidel Castro al cuartel de Moncada. En 1956 los revolucionarios desembarcaron desde el barco Granma y organizaron una guerrilla en sierra Maestra. Los insurgentes (Castro, Che Guevara, Camilo Cienfuegos) se apoderaron de La Habana (1 en. 1959). Una vez en el poder, emprendieron la reforma agraria, un amplio programa de culturalización y la nacionalización de las empresas privadas. El 16 abril 1961 fue proclamada la república socialista.

Revolución cultural (1966-1976), movimiento político, ideológico y armado impuesto en China por Mao Zedong para relanzar la dinámica revolucionaria. Las autoridades administrativas y políticas tradicionales fueron destituidas, como Deng Xiaoping y Liu Shaoqi, mientras que los jóvenes de las escuelas y de las universidades (cerradas de 1966 a 1972) se organizaban en asociaciones de «guardias rojos», en nombre del pensamiento de Mao Zedong. Marcada por el desplazamiento masivo de la población del campo hacia la ciudad y de la ciudad hacia el campo, por sangrientos enfrentamientos en las provincias, la encarcelación o el asesinato de artistas e intelectuales y la destrucción de obras de arte tradicionales (monumentos y libros), acabó con la muerte de Mao y la detención de la «Banda de los cuatro» (1976).

revolución democrática (Partido de la) o **PRD,** partido político mexicano de centro-izquierda populista, fundado por Cuauhtémoc Cárdenas en 1989 tras no reconocerse su victoria en las elecciones presidenciales de 1988, a partir de una escisión del PRI (Corriente democrática) a la que se sumaron otros grupos de izquierda.

revolución de octubre de 1934 → **octubre de 1934.**

revolución de terciopelo (1989), nombre que recibe el movimiento de contestación pacífica que hizo salir a Checoslovaquia del comunismo.

revoluciones democráticas de 1989, conjunto de acontecimientos que llevaron a la caída de los regímenes comunistas en Europa central y oriental. La URSS no se opuso a ellas, aceptando así la pérdida del control que ejercía sobre esta parte de Europa desde el final de la segunda guerra mundial. Iniciadas en Polonia (victoria de Solidarność en las elecciones de junio), seguidas por Hungría (que abrió el telón de acero en mayo), por la RDA (desmantelamiento del muro de Berlín en nov.) y por Checoslovaquia, los movimientos de oposición de los regímenes en el poder y la lucha por la instauración de la democracia fueron pacíficos. Otras evoluciones más complejas provocaron la caída de los gobiernos comunistas de Bulgaria y Rumania.

revoluciones europeas de 1848, conjunto de movimientos revolucionarios, de inspiración liberal y nacionalista, que agitaron Europa en 1848-1849. Las principales etapas de la llamada «primavera de los pueblos» fueron: la insurrección de Palermo (12 en. 1848), la promulgación de constituciones en Nápoles (10 febr.), Toscana (17 febr.) y Piamonte (5 marzo), la abdicación de Luis Felipe y la proclamación de la II república en Francia (24 de febr.), la declaración de guerra a Austria por Carlos Alberto, rey de Cerdeña (24 febr.), las revoluciones que estallaron en Viena (13 marzo), Venecia (17-22 marzo), Berlín (18 marzo), Milán (18-22 marzo) y Munich (19 marzo), el reconocimiento del estatuto húngaro por parte de Viena (11 abril), la apertura del parlamento de Frankfurt (18 mayo), del Congreso paneslavo de Praga (2 junio) y de la Asamblea constituyente en Viena (22 julio). La reacción se organizó a partir de junio; consiguió la victoria en los estados alemanes, Viena (30-31 oct. 1848) y Hungría (capitulación de Világos, 13 ag. 1849). En Italia, Fernando II restableció el poder en Sicilia (15 mayo 1848) y Carlos Alberto fue derrotado por los austriacos (Custoza, 25 julio 1848; Novara 23 marzo 1849). Las revoluciones de 1848 abolieron los últimos vínculos serviles en Europa central y aceleraron la formación de uniones nacionales.

revoluciones inglesas, revoluciones que condujeron al destronamiento de dos soberanos Estuardo en Inglaterra, en el s. XVII.

Primera revolución inglesa o «Gran rebelión» (1642-1649). Entrañó la caída y ejecución de Carlos I y el establecimiento de una república bajo la dirección de Cromwell. **1640:** el rey Carlos I convocó al parlamento para obtener el dinero que necesitaba para vencer a Escocia. **1641:** el parlamento negó la ayuda y dirigió al rey la *Grand Remontrance,* que limitaba el poder real. **1642:** al no poder detener a los jefes de la oposición parlamentaria, el rey se retiró a York y se desencadenó la guerra civil. **1644:** a la victoria de los parlamentarios en Marston Moor siguió la reorganización de su ejército, que aplastó al del rey en Naseby (1645). **1646:** el rey se rindió a los presbiterianos escoceses. **1647:** estos lo entregaron a los representantes del parlamento inglés. El rey logró escapar a la isla de Wight. **1648:** se desencadenó una segunda guerra civil. Cromwell, victorioso, marchó sobre Londres y depuró el parlamento, dispuesto a negociar con el rey. **1649:** el parlamento aprobó la acusación de Carlos I, que fue ejecutado (en.). Cromwell se convirtió entonces en dueño del país.

Segunda revolución inglesa, llamada «revolución gloriosa» (1688-1689). Provocó la partida de Jacobo II Estuardo y la llegada de Guillermo III de Nassau, príncipe de Orange. **1688:** Jacobo II, católico, concedió la libertad de culto a los católicos y a los protestantes disidentes (mayo). El nacimiento de un heredero, Jacobo Eduardo (junio), permitió el establecimiento de una dinastía católica. Guillermo de Orange, yerno de Jacobo II, respondió a la llamada de algunos representantes whigs y tories y desembarcó el 5 nov. Jacobo II huyó a Francia. **1689:** el parlamento reconoció como nuevos soberanos a María II y Guillermo III. Con esta revolución se instauró una monarquía constitucional en Inglaterra.

revolución española de 1820, movimiento que llevó al restablecimiento de la constitución de 1812 durante el trienio liberal. Tras diversos pronunciamientos fallidos, el general Riego se sublevó en Cabezas de San Juan. Fue neutralizado, pero desencadenó un vasto movimiento revolucionario que forzó a Fernando VII a jurar la constitución.

revolución española de 1854, movimiento revolucionario español que derrocó al gobierno moderado y dio lugar al bienio progresista (1854-1856). Ante un intento de Isabel II de abolir la constitución, progresistas y clases populares apoyaron el pronunciamiento de O'Donnell en Vicálvaro, e Isabel aceptó un gobierno dirigido por Espartero y O'Donnell.

revolución española de 1868, llamada también **revolución de septiembre** o **la Gloriosa,** proceso iniciado con el derrocamiento de Isabel II (sept. 1868). Demócratas, progresistas y la Unión liberal, que habían formado el pacto de Ostende (1866), apoyaron el alzamiento iniciado por Prim y Topete. Isabel II abandonó el país, y Serrano ocupó la regencia y Prim la presidencia de gobierno. El levantamiento federal (1869) y la debilidad de la monarquía de Amadeo I culminaron con su abdicación y la proclamación de la primera república (1873).

Revolución federal (1859-1863), etapa de la historia de Venezuela marcada por los cruentos enfrentamientos entre los demócratas y el gobierno, que concluyeron con el tratado de Caracas (mayo 1863).

Revolución francesa (1789-1799), movimiento revolucionario francés que puso fin al Antiguo régimen en Francia.

Los estados generales y la asamblea constituyente. En la reunión de los estados generales (5 mayo 1789), convocada por el rey, el tercer estado, dominado por la burguesía, se proclamó asamblea nacional (9 julio) y se transformó en constituyente. El pueblo tomó la Bastilla (14 julio). Se redactó una Declaración de los derechos del hombre y del ciudadano (26 ag.) y una constitución, aceptada por el rey después de intentar huir (13 sept. 1791).

La asamblea legislativa. Las dificultades con los contrarios a las transformaciones, tanto en el interior como del exterior (Prusia y Austria), se agudizaron. Se declaró la guerra (20 abril 1792) realimentándose la revolución: cayó la monarquía (10 ag.) y Francia venció en Valmy a los ejércitos extranjeros (20 sept.).

La convención nacional. Se proclamó la república (22 sept.) y se ejecutó a Luis XVI (21 en. 1793). La Montaña (Robespierre) controló el poder, eliminando a los girondinos. Tuvieron lugar insurrecciones federales y la guerra de la Vendée. Se redactó una constitución democrática (24 junio) y se formó el Comité de salud pública (Terror) hasta la reacción termidoriana, llevada a cabo por parte de la burguesía (1794).

El Directorio. Se redactó una constitución moderada (22 ag. 1795). Desprestigiado el régimen, el general Napoleón Bonaparte se convirtió en un héroe nacional. Se hizo con el poder al llegar de la campaña de Egipto: golpe de estado de Brumario (9 nov. 1799).

revolución francesa de 1830, movimiento revolucionario que se desarrolló durante tres jornadas (27-29 julio 1830, llamadas *las tres gloriosas*) y que finalizó con la abdicación de Carlos X y la instauración de la monarquía de Julio (Luis Felipe I).

revolución industrial, denominación dada al conjunto de transformaciones económicas y sociales que se produjeron a partir del s. XVIII en diversos países con el desarrollo de la industria moderna. La expresión se originó en Francia hacia 1820 para referirse a los cambios producidos en la sociedad inglesa desde 1760, comparándolos con la revolución política francesa.

revolución mexicana, período de la historia de México comprendido entre la caída de Porfirio Díaz y la institucionalización del nuevo estado populista. **1906-1911:** los motines populares dirigidos por E. Zapata, Orozco y Pancho Villa provocaron la caída de Porfirio Díaz y el acceso al poder de Francisco I. Madero (acuerdos de Ciudad Juárez, 1911). **1911-1913:** Madero se sirvió del ejército porfirista para reprimir la revolución zapatista planteada en el plan de Ayala. **1913-1914:** el general Huerta asumió la presidencia y mandó asesinar a Madero. Carranza se proclamó continuador de la política de Madero (plan de Guadalupe, marzo 1913) y, unido a Villa, se enfrentó a Huerta, mientras Zapata continuaba su lucha en el S. Carranza logró la huida de Huerta (julio 1914). **1914-1915:** en la convención de Aguascalientes (oct. 1914), Villa y Zapata otorgaron la presidencia a Gutiérrez, lo que no fue aceptado por Carranza. Este y Obregón formaron gobierno en Veracruz. Villa y Zapata se distanciaron (dic. 1914) y las tropas de Obregón y Carranza tomaron la capital; el nuevo gobierno fue reconocido por EUA (oct. 1915). Zapata dirigió una revolución agraria en el estado de Morelos, pero tuvo que retirarse a Puebla tras una fuerte ofensiva gubernamental. **1916-1919:** Carranza fue elegido presidente en Querétaro; fue aprobada una constitución (febr. 1917), pero el agrarismo zapatista continuó activo. En dic. de 1918 el gobierno lanzó un último ataque militar contra los zapatistas y Carranza, para poner fin a la insurrección campesina, y ordenó el asesinato de Zapata (1919).

revolución rusa de 1905, conjunto de manifestaciones que sacudieron Rusia en 1905. A fines de 1904 la agitación iniciada por los zemstvos se propagó por los ambientes obreros que reclamaban una constitución. Tras el llamado «domingo rojo» (9 [22] en. 1905), durante el cual el ejército disparó sobre los manifestantes, se multiplicaron las huelgas y estallaron algunos motines (entre ellos el del acorazado *Potemkín*, en junio). Esta crisis, agravada por las derrotas de la guerra contra Japón, obligó a Nicolás II a promulgar el manifiesto de octubre en el que prometía la constitución de una duma de estado elegida por sufragio universal. Los soviets de los diputados obreros intentaron una insurrección que fue aplastada (dic. 1905-en. 1906).

revolución rusa de 1917, conjunto de movimientos revolucionarios que desembocaron en la abdicación de Nicolás II, la toma del poder por los bolcheviques y la creación de la República socialista federativa soviética de Rusia.

La revolución de Febrero. La población de Petrogrado, exasperada por graves problemas de abastecimiento, se manifestó el 23 de febr. (8 marzo). A la llamada de los bolcheviques, la huelga se convirtió en general el 25 de febr. (10 marzo). Los soldados se amotinaron contra los oficiales la noche del 26 al 27 febr. (11 al 12 marzo) y tomaron, con los obreros, el Arsenal y los edificios públicos. El 2 marzo (15 marzo), la duma formó un gobierno provisional, reconocido por el soviet de los obreros y de los soldados de Petrogrado. El mismo día, Nicolás II abdicó. Desde ese momento, el poder pasó a un gobierno provisional, dominado por los demócratas constitucionales (KD) y por los soviets, en su mayoría mencheviques y socialrevolucionarios (SR). Los obreros y los soldados se manifestaron en abril, y posteriormente en julio, contra la continuación de la guerra. El 24 de julio, Kerenski formó un nuevo gobierno de coalición. Lenin consiguió que los bolcheviques adoptasen su táctica de insurrección armada (julio-ag.).

La revolución de Octubre. El 24 oct., los bolcheviques ocuparon los puntos estratégicos de la capital y el palacio de Invierno, y detuvieron a los miembros del gobierno provisional. Petrogrado cayó en poder de los insurgentes el 25 oct. (7 nov.); finalmente, el II congreso de los soviets eligió el consejo de los comisarios del pueblo, formado únicamente por bolcheviques y socialrevolucionarios de izquierda.

revolutionibus orbium coelestium (De), obra de Copérnico (1543), en la que expone su concepción heliocéntrica del universo.

REVUELTAS (José), *Durango 1914-México 1976*, escritor mexicano. Autor de ensayos, obras teatrales y, sobre todo, relatos (*Dormir en tierra*, 1960) y novelas (*El luto humano*, 1943; *El Apando*, 1969), su obra se centra en los problemas sociales y en sus experiencias personales.

REVUELTAS (Silvestre), *Santiago Papasquiaro 1899-México 1940*, compositor mexicano. Fundador de la orquesta nacional mexicana, compuso obras vinculadas al folclore de su país (*Cuauhnahuac*, 1930) y a España (*Homenaje a García Lorca*, 1935).

Rexurdimento, renacimiento cultural gallego de la segunda mitad del s. XIX al que se adscribieron, entre otros, Juan Manuel Pintos, Rosalía de Castro, Eduardo Pondal, Vicente Lamas Carvajal y Manuel Curros Enríquez, en la poesía, y Benito Vicetto, Manuel Murguía y Alfredo Brañas en la prosa ideológica.

REY (isla del) o **SAN MIGUEL** (isla de), isla de Panamá, en el archipiélago de las Perlas; 32 km². Pesquerías de perlas.

REY (Antonio **Martínez del Castillo**, llamado Florián), *La Almunia de Doña Godina, Zaragoza, 1894-Alicante 1962*, cineasta español. De galán en filmes como *La inaccesible* (1920), pasó a ser uno de los directores más importantes del cine mudo español (*La hermana San Sulpicio*, 1927; *La aldea maldita*, 1930). Tras un período en Hollywood, junto a la actriz Imperio Argentina rodó grandes éxitos populares (*Nobleza baturra*, 1935; *Morena Clara*, 1936).

REY (Fernando **Casado d'Arambillet Veiga Rey**, llamado Fernando), *La Coruña 1917-Madrid 1994*, actor de cine español. De dilatada carrera profesional (debutó en 1936), protagonizó éxitos como *Locura de amor* (J. de Orduña, 1948) o *Cómicos* (J. A. Bardem, 1954). Ac-

■ FERNANDO **REY** en una escena de *El segundo poder* (1976), de J. Mª. Forqué.

tor habitual de L. Buñuel (*Viridiana*, 1961; *Tristana*, 1970; *El discreto encanto de la burguesía*, 1972), desarrolló también una sólida carrera internacional (*French Connection*, W. Friedkin 1971; *Quinteto*, R. Altman, 1979).

REY DE ARTIEDA (Andrés), *Valencia 1549-íd. 1613*, escritor español, autor del drama en verso *Los amantes* (1581), sobre la leyenda de los *amantes de Teruel, y de obras poéticas.

REYES (Los) → **PAZ (La)** [México].

REYES (Valle de los), valle de Egipto, en la orilla O del Nilo, frente a Luxor. Fue el lugar elegido como sepultura por los soberanos del Imperio nuevo. De sus hipogeos se ha extraído un importante mobiliario funerario, como el de *Tut Anj Amón.

REYES (Alfonso), *Monterrey 1889-México 1959*, escritor mexicano. Diplomático desde 1914, vivió en España hasta 1924, donde estudió con Menéndez Pidal y se especializó en el siglo de oro. Sus ensayos abarcan reflexiones sobre los clásicos (*Discurso por Virgilio*, 1931), estética (*Cuestiones estéticas*, 1911; *En torno a la estética de Descartes*, literatura española (*Capítulos de literatura española*, 1939-1945) o cultura mexicana (*Visión de Anáhuac*, 1917; *Letras de la Nueva España*, 1948). También escribió poesía (*Ifigenia cruel*, 1924).

■ ALFONSO **REYES**, por R. Montenegro. ■ CARLOS **REYLES**.

REYES (Bernardo), *Guadalajara 1850-México 1913*, militar y político mexicano. Ministro de guerra y marina (1901-1903), se exilió en 1909. Fue encarcelado tras un fallido golpe de estado (1911).

REYES (María de la Luz **Flores Aceves**, llamada Lucha), *Guadalajara 1906-México 1942*, cantante mexicana. Creó escuela en la interpretación de rancheras (*Guadalajara; Canción mexicana; La tequilera*). También fue actriz de cine (*El Zorro de Jalisco*, 1940; *¡Ay, Jalisco, no te rajes!*, 1942). Se suicidó.

REYES (Neftalí) → **NERUDA** (Pablo).

REYES (Salvador), *Copiapó 1899-Santiago 1969*, escritor chileno, de temas marítimos, con vigorosa imaginación (*Tres novelas de la costa*, 1934; *Mónica Sanders*, 1951).

Reyes (Libros de los), nombre de dos libros bíblicos redactados entre el s. VII y fines del s. VI a. C., que narran la historia del reinado de Salomón y la de los reinos de Israel y Judá, mezclando leyenda, historia y biografía.

REYES CATÓLICOS, nombre por el que se conoce a los reyes *Isabel I de Castilla y *Fer-

nando II de Aragón, y que responde al título que les otorgó el papa Alejandro VI en 1496.

REYES PRIETO (Rafael), *Santa Rosa de Viterbo, Boyacá, 1850-Bogotá 1921*, militar y político colombiano. General en jefe del ejército, reprimió los alzamientos del Cauca y Panamá (1895). Elegido presidente de la república (1904), gobernó dictatorialmente y fue apartado del poder en 1909.

REYES PRÓSPER (Ventura), *Castuera 1863-Toledo 1922*, matemático y lógico español. Introductor en España del estudio de las geometrías no euclídeas, a partir de 1891 se ocupó de la lógica simbólica.

REY GUILLERMO (isla del), isla del archipiélago Ártico canadiense.

REYKJAVÍK, cap. de Islandia; 101 824 hab. (151 000 en la aglomeración). Puerto principal del país. La aglomeración concentra a más de la mitad de la población de Islandia.— Museo nacional.

rey Lear (El), tragedia en cinco actos de Shakespeare (h. 1606). Un rey desheredia a su hija menor (Cordelia) en favor de las dos mayores, quienes le pagan con ingratitud.

REYLES (Carlos), *Montevideo 1868-íd. 1938*, escritor uruguayo. Influido por el naturalismo, su narrativa es representativa del modernismo. Trata a menudo temas rurales (*El terruño*, 1916; *El gaucho florido*, 1932). En *El embrujo de Sevilla* (1922) revive sus recuerdos andaluces.

REYMONT (Władysław Stanisław), *Kobiele Wielkie 1867-Varsovia 1925*, escritor polaco, autor de novelas sobre la vida campesina polaca (*Los campesinos*, 1902-1909) y de relatos realistas. (Premio Nobel 1924.)

REYNOLDS (Gregorio), *Sucre 1881-íd. 1948*, poeta y político boliviano. Cantador de los Juegos florales de La Paz con *El mendigo* (1913), cultivó la poesía épica (*Redención*, 1925) y erótica (*El cofre de Psiquis*, 1918). Desempeñó cargos diplomáticos y gubernamentales.

REYNOLDS (sir Joshua), *Plympton, Devon, 1723-Londres 1792*, pintor británico. Fecundo retratista y admirador de Rembrandt y de los grandes artistas italianos, en 1768 fue cofundador y presidente de la Royal Academy.

REYNOLDS (Osborne), *h. May 1848-Watchet, Somerset, 1912*, ingeniero británico. Estudió el comportamiento de los fluidos viscosos, demostró la existencia de una velocidad crítica y subrayó la importancia de un coeficiente sin dimensión (*número de Reynolds*).

REYNOSA → **REINOSA**.

REY PASTOR (Julio), *Logroño 1888-Buenos Aires 1962*, matemático español. Introdujo y divulgó en España las matemáticas modernas (*Fundamentos de la geometría proyectiva superior*, 1914; *Elementos de análisis algebraico*, 1922), también se interesó por la historia de las matemáticas (*Los matemáticos españoles del siglo XVI*, 1926). [Real academia 1953.]

REY ROSA (Rodrigo), *Guatemala 1958*, escritor guatemalteco, autor de una narrativa de marcado tono onírico (*Lo que soñó Sebastián*, 1994; *Que me maten si...*, 1997; *Caballeriza*, 2006).

REZA (Yasmina), *París 1955*, dramaturga y novelista francesa. Su teatro (*Conversaciones tras un entierro*, 1987; *«Arte»*, 1994; *Tres versiones de la vida*, 2000), que ha conocido un éxito internacional, y sus novelas están dominados por los temas del paso del tiempo, la complejidad de las relaciones humanas y los desencuentros en las conversaciones.

REZA'IYEH → **URMIA**.

REZĀ SHĀ PAHLAWĪ → **RIDĀ SHĀ PAHLAWĪ**.

RFA, sigla de República federal de Alemania (→ **Alemania**).

RHEE (Syngman), *prov. de Hwanghai 1875-Honolulú 1965*, político coreano, presidente de la república de Corea del Sur de 1948 a 1960.

RHINE (Joseph Banks), *Waterloo, Pennsylvania, 1895-Hillsborough, Carolina del Norte, 1980*, parapsicólogo estadounidense. Privilegió en sus experiencias el método cuantitativo, basado en el cálculo de probabilidades.

RHODE, factoría griega fundada por los rodios en el NE de la península Ibérica, en el golfo de Rosas, antes de 776 a. C. Los restos arqueológicos indican una intensa actividad comercial. En la edad media se levantó en el lugar el monasterio románico de Santa María y un recinto amurallado.

RHODE ISLAND, estado de Estados Unidos, en Nueva Inglaterra; 1 003 464 hab.; cap. *Providence.*

RHODES (Cecil), *Bishop's Stortford 1853-Muizenberg, cerca de El Cabo, 1902,* político británico. Instalado en Sudáfrica, fundó la British South Africa Company que, en 1889, obtuvo de la Corona la explotación y la administración de una parte de la cuenca del Zambeze, llamada *Rhodesia* en su honor. Primer ministro de El Cabo (1890), fracasó en una operación contra los bóers (1895) y tuvo que dimitir.

RHODESIA, región del África oriental, en la cuenca del Zambeze. Estaba formada por dos territorios de la Commonwealth que, de 1953 a 1963, se integraron en una federación, junto con Nyasalandia. En 1964 Rhodesia del Norte se independizó con el nombre de *Zambia,* y Nyasalandia adoptó el nombre de *Malawi.* Rhodesia del Sur constituye desde 1980 el estado independiente de *Zimbabwe.*

RHONDDA, c. de Gran Bretaña, en el País de Gales; 82 000 hab.

RHÔNE (departamento del), dep. del E de Francia (Ródano-Alpes); 3 249 km²; 1 578 869 hab.; cap. *Lyon.*

RIAD → RIYĀD.

Rialto (puente de), puente de Venecia, en el Gran Canal, construido en el s. XVI.

RIANCHO (Diego), *Entrambasmestas, Cantabria, 1841-Ontaneda 1929,* pintor español. Discípulo de Haes, cultivó el paisaje con una pincelada suelta.

RIAÑO (Diego de), *Riaño, Cantabria, h. 1495-Valladolid 1534,* arquitecto español. Caracterizado por la introducción de elementos decorativos platerescos en edificios de estructura gótica (actuaciones en la catedral de Sevilla), se le ha atribuido la construcción del ayuntamiento de Sevilla, de corte más clásico.

RÍAS ALTAS, comarca de España (La Coruña), desde el cabo de Estaca de Bares (ría de Santa Marta de Ortigueira) hasta el de Finisterre (ría de Corcubión). Su medio ambiente y su economía se vieron afectados por el vertido de un petrolero en 2002.

RÍAS BAJAS, en gall. **Rías Baixas,** comarca de España (La Coruña y Pontevedra), desde la ría de Muros y Noya, al N, hasta la ría de Vigo, al S. Su medio ambiente y su economía se vieron afectados por el vertido de un petrolero en 2002.

RIAZA, r. de España, afl. del Duero (or. izq.); 104 km. Presa de Linares del Arroyo, que alimenta una central 1 536 kW.

RIAZÁN, c. de Rusia, al SE de Moscú; 515 000 hab. Ant. monasterios del Kremlin, act. museos.

RIBA (Carles), *Barcelona 1893-íd. 1959,* escritor español en lengua catalana. Estudioso y traductor de los clásicos griegos, su poesía se distingue por la pureza hermética: *Estancias* (1919 y 1930), *Elegías de Bierville* (1942).

RIBADAVIA, v. de España (Orense), cab. de p. j.; 5 509 hab. *(ribadavienses o ribaravianos).* Vinos. Industria maderera. — Restos de murallas, calles porticadas. Iglesias románicas y góticas.

RIBADENEIRA (Pedro de) → **RIVADENYERA.**

RIBADEO, v. de España (Lugo); 9 034 hab. *(ribadenses).* Puerto pesquero. Industria alimentaria. Coto nacional de pesca en el Eo. Turismo. — Castillo de San Damián (s. XVIII).

RIBADESELLA, v. de España (Asturias); 6 245 hab. *(ribadesellenses).* Puerto pesquero. — En el término, cueva de *Tito Bustillo,* con pinturas rupestres del paleolítico superior.

RIBAGORZA (condado de), ant. condado pirenaico situado entre los ríos Ésera y Noguera Ribagorzana. Bajo los condes de Tolosa hasta 872, consiguió la independencia junto al de Pallars, al que estuvo unido hasta 920. Tuvo sede episcopal propia (Roda, h. 956-1006). Perteneció a Sancho III de Navarra (h. 1018) antes de incorporarse a Aragón (1044).

RIBALTA (Francisco), *Solsona 1565-Algemesí, Valencia, 1628,* pintor español. Su obra refleja el paso del tardomanierismo de los pintores de El Escorial al naturalismo, ya en su madurez artística, caracterizado por el efectismo lumí-

nico y la plasticidad de las figuras *(Abrazo de san Bernardo al Crucificado,* h. 1625; *La visión de san Francisco).* Influyó decisivamente en la escuela valenciana, y si bien su papel en la génesis del barroco es relativo, su estilo sobrio y monumental hace de él uno de los mejores pintores de su tiempo en España. — **Juan R.,** *Madrid 1596-Valencia 1628,* pintor español. Hijo de Francisco, fue uno de los primeros seguidores en España del tenebrismo caravaggista *(Presentación de la Virgen; San Pedro).*

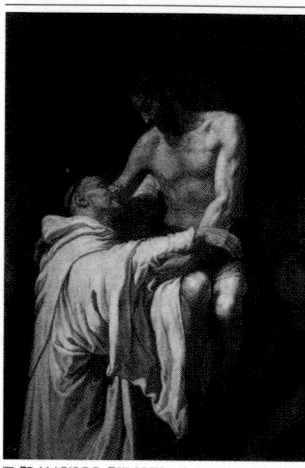

■ FRANCISCO **RIBALTA.** *Abrazo de san Bernardo. al Crucificado.* (Museo del Prado, Madrid.)

RIBAS (José Félix), *Caracas 1775-Tamanaco 1815,* prócer de la independencia venezolana. Miembro de la Junta suprema de Caracas (1810), derrotó en varias ocasiones a los realistas y, con Piar, destituyó a Bolívar y Mariño (sept. 1814). Derrotado por Boves (dic.), fue asesinado poco después.

RIBBENTROP (Joachim von), *Wesel 1893-Nuremberg 1946,* político alemán. Ministro de asuntos exteriores del III Reich (1938-1945), firmó el pacto germanosoviético (1939). Fue condenado a muerte por el tribunal de Nuremberg y ejecutado.

RIBEIRA, mun. de España (La Coruña), cab. de p. j.; 26 478 hab. *(ribeirenses);* cap. *Santa Uxía.* Pesca e industrias derivadas. Playas.

RIBEIRÃO PRÊTO, c. de Brasil (estado de São Paulo); 430 805 hab.

RIBEIRO (El), en gall. **O Ribeiro,** comarca de España (Orense), que abarca los valles del río Avia y parte del Miño. Cultivos intensivos de viñedos (vino *ribeiro).* Avicultura. Industria de la madera en la cap., Ribadavia.

RIBEIRO (Darcy), *Montes Claros 1922-Brasília 1997,* escritor, antropólogo y político brasileño. Asesor del gobierno chileno de S. Allende, en su país fue senador y gobernador de Río de Janeiro. Reflexionó sobre la realidad de América Latina *(Utopía salvaje,* 1982) y del Brasil *(O povo brasileiro,* 1995).

RIBERA (La), comarca de España (Burgos y Soria), en el valle del Duero. Agricultura e industrias derivadas. El núcleo principal es Aranda de Duero.

RIBERA (La), comarca de España (Navarra), avenada por el Ebro y sus afl. Ega, Aragón y Arga. Horticultura; industria vinícola y conservera. El núcleo más importante es Tudela.

RIBERA (La) o **RIBERA D'EBRE,** comarca de España (Tarragona), a ambas orillas del Ebro.

RIBERA (Anastasio Pantaleón de), *Zaragoza h. 1600-Madrid 1629,* poeta español, autor de sátiras de estilo culterano *(Obras,* publicadas póstumamente en 1634).

RIBERA (José o Jusepe), llamado **el Españoleto,** *Játiva 1591-Nápoles 1652,* pintor y grabador español. En 1610 marchó a Italia, instalándose en 1616 en Nápoles, donde alcanzó extraordinario renombre. Su estilo se basa en

violentos contrastes de luz, un denso plasticismo de las formas, un gran detallismo y una propensión a la monumentalidad compositiva *(Martirio de san Felipe; Sileno ebrio, Apolo y Marsias; El alegre bebedor;* serie de *Filósofos).* Al final de su producción adoptó un estilo más colorista y amable, de filiación romana y boloñesa. Fue un excepcional grabador.

RIBERA (Juan Antonio), *Madrid 1779-íd. 1860,* pintor español. Pintor de historia esencialmente, siguió un neoclasicismo davidiano (frescos en los palacios reales de Aranjuez y El Pardo). — **Carlos Luis R.,** *Roma 1815-Madrid 1891,* pintor español. Hijo de Juan Antonio, su obra se enmarca en el estilo romántico (retrato de la *Duquesa de Osuna,* pinturas en los techos del Congreso de los diputados).

RIBERA (Pedro de), *Madrid 1681-íd. 1742,* arquitecto español, principal exponente de la fase final de la arquitectura barroca en Madrid, definida como «castiza» (hospicio de San Fernando, actual museo municipal, Madrid).

RIBERA ALTA (La), comarca de España (Valencia), entre los valles bajos del Júcar y el Magro. Regadíos (acequias Real y de Escalona; embalses de Alarcón, Contreras y Tous).

RIBERA BAJA (La), en cat. **La Ribera Baixa,** comarca de España (Valencia), en la orla litoral, desde la confluencia Júcar-Magro hasta el mar.

RIBERALTA, c. de Bolivia (Beni); 18 032 hab. Caucho, nueces de Brasil, arroz. Aeropuerto.

RIBEYRO (Julio Ramón), *Lima 1929-íd. 1994,* escritor peruano. Sus cuentos, influidos por Chéjov y Kafka, fueron reunidos en *La palabra del mudo* (1973). También publicó novela *(Cambio de guardia,* 1976) y ensayos *(Prosas apátridas,* 1975). [Premio Juan Rulfo 1994.]

RÍBINSK, c. de Rusia, a orillas del Volga; 252 000 hab. Central hidroeléctrica.

RIBOT (Alexandre), *Saint-Omer 1842-París 1923,* político francés. Artífice de la alianza francorrusa, fue cinco veces presidente del gobierno entre 1892 y 1917.

RICARD (André), *Barcelona 1929,* diseñador español. Miembro de ADI-FAD, trabaja en el campo del diseño industrial (cenicero Copenhague; creaciones para la perfumería Puig). [Premio nacional de diseño industrial 1987.]

RICARDO I Corazón de León, *Oxford 1157-Châlus, Lemosín, 1199,* rey de Inglaterra (1189-1199), de la dinastía de los Plantagenet. Hijo de Enrique II y Leonor de Aquitania, participó en la tercera cruzada en 1190, tomó Chipre y se apoderó de San Juan de Acre (1191), pero las intrigas entre su hermano Juan sin Tierra y Felipe II Augusto de Francia lo obligaron a abandonar Palestina (1192). De regreso, fue hecho prisionero por el emperador germánico Enrique VI, quien lo liberó a cambio de un enorme rescate. De vuelta en su reino (1194), emprendió la recuperación de las posesiones que Felipe II Augusto le había usurpado en el continente. Murió en el asedio del castillo de Châlus.

RICARDO II, *Burdeos 1367-Pontefract 1400,* rey de Inglaterra (1377-1399), de la dinastía de los Plantagenet. El hijo de Eduardo, el Príncipe Negro, reinó al principio bajo la regencia de su tío, Juan de Gante, duque de Lancaster, y después gobernó como monarca absoluto desde 1389. Su primo Enrique de Lancaster (futuro Enrique IV) lanzó una ofensiva contra él. Abandonado por sus barones, capturado y obligado a abdicar, murió en prisión.

RICARDO III, *Fotheringhay 1452-Bosworth 1485,* rey de Inglaterra (1483-1485), de la casa de York. Convertido en rey tras haber mandado asesinar a los hijos de su hermano Eduardo IV, de los que era tutor, reinó mediante el terror, pero fue vencido y muerto en Bosworth por Enrique VII Tudor. — Una obra de Shakespeare está inspirada en su figura (h. 1592).

RICARDO (David), *Londres 1772-Gatcomb Park, Gloucestershire, 1823,* economista británico. Precursor teórico de la economía política clásica, estableció la ley de la renta de los bienes raíces, la de los rendimientos decrecientes y una teoría del valor basada en el trabajo.

RICAURTE, mun. de Venezuela (Zulia); 22 589 hab.; cap. *Santa Cruz de Mara.* Centro

■ JOSÉ **RIBERA.** *Arquímedes* (1630).
[Museo del Prado, Madrid.]

de redistribución del petróleo de los campos de Lagunillas y Mara.

RICCI o **RIZI** (Juan), *Madrid 1600-abadía de Montecassino, Italia, 1681*, pintor, arquitecto y escritor español. Benedictino, pintó en diversos conventos españoles de su orden y luego pasó a Italia. Adscrito al naturalismo, en sus obras abundan los efectos de iluminación lo nebrista (series de San Millán de la Cogolla y de la catedral de Burgos, *La cena de san Benito*, Prado). Entre sus escritos destaca el tratado *Pintura sabia*. — **Francisco R.,** *Madrid 1614-El Escorial 1685*, pintor español. Hermano de Juan, fue pintor de la corte y de la catedral de Toledo. Representante del barroco de la escuela madrileña, es autor de frescos, cuadros de altar y obras de gran valor histórico (*Auto de fe en la plaza Mayor de Madrid*, 1683, Prado).

RICCI (Lorenzo), *Florencia 1703-Roma 1775*, religioso italiano. General de los jesuitas desde 1758, fue testigo de cómo su orden era expulsada de varios países católicos y suprimida por Clemente XIV (1773), quien lo encarceló en el castillo Sant'Angelo, donde murió.

RICCI (Matteo), *Macerata 1552-Pekín 1610*, erudito y misionero italiano. Jesuita, fundó la misión católica en China, donde se convirtió, desde 1582, en astrónomo y matemático del emperador. Adoptó una actitud sincrética que originó la controversia de los *ritos chinos.

RICCI (Scipione de'), *Florencia 1741-íd. 1809*, prelado italiano. Obispo de Pistoia y de Prato (1780-1794), fue el principal representante del jansenismo en Italia.

RICCI (Sebastiano), *Belluno, Véneto, 1659-Venecia 1734*, pintor italiano. En Venecia, a principios del s. XVIII, fue el creador (junto con Giovanni Antonio Pellegrini) de una nueva pintura decorativa, luminosa, infundida de vida, que influiría en todo el rococó europeo. — **Marco R.,** *Belluno 1676-Venecia 1730*, pintor y grabador italiano, sobrino de Sebastiano, fue el iniciador de la pintura paisajística veneciana del s. XVIII.

RICCI-CURBASTRO (Gregorio), *Lugo 1853-Bolonia 1925*, matemático italiano, creador, junto con su discípulo T. Levi-Civita, del cálculo tensorial.

RICE (Condolezza), *Birmingham, Alabama, 1954*, política estadounidense. Fue consejera del presidente G. W. Bush en asuntos de seguridad nacional (2001-2005) y más tarde secretaria de estado de 2005 a 2009.

RICHARDS BAY, puerto y centro industrial de la República de Sudáfrica (Kwazulu-Natal), junto al océano Índico.

RICHARDSON (sir Owen), *Dewsbury, Yorkshire, 1879-Alton, Hampshire, 1959*, físico británico. Descubrió las leyes de la emisión de electrones por los metales incandescentes (1901). [Premio Nobel 1928.]

RICHARSON (Samuel), *Macworth, Derbyshire, 1689-Parson's Green 1761*, escritor británico. Sus novelas epistolares, en las que mezcla realismo y moralidad, gozaron de gran éxito (*Pamela o la virtud recompensada*, 1740; *Clarisa o la historia de una señorita*, 1747-1748).

RICHARDSON (Cecil Antonio, llamado Tony), *Shipley, Yorkshire, 1928-Los Ángeles 1991*, cineasta británico, uno de los fundadores, junto con L. Anderson y K. Reisz, del movimiento Free Cinema, en el que se inscriben películas como *Un sabor a miel* (1961), *La soledad del corredor de fondo* (1962) o *Tom Jones* (1963), y del que se alejó más adelante (*Ned Kelly*, 1970).

RICHELIEU (Armand Jean **du Plessis, cardenal de**), *París 1585-íd. 1642*, prelado y estadista francés. Cardenal (1622), en el reinado de Luis XIII se convirtió en el principal miembro del Consejo del rey. Gobernó Francia entre 1624 y 1642 buscando reforzar la autoridad de la monarquía y la seguridad e independencia de Francia. Venció a los protestantes, creó compañías de comercio exterior e intervino en todos los sectores políticos, económicos y culturales (creación de la Academia francesa, 1634). Luchó contra la casa de Austria, declaró la guerra a España (1635) y apoyó las sublevaciones de Cataluña y Portugal.

RICHELIEU (Louis François Armand **de Vignerot du Plessis, duque de**), *París 1696-íd. 1788*, mariscal de Francia. Participó en las guerras de Sucesión de Polonia y Austria. Conquistó Menorca a los británicos (1756).

RICHET (Charles), *París 1850 íd. 1935*, fisiólogo francés. Descubrió, junto con Portier, el fenómeno de la anafilaxia y se interesó también por la parapsicología. (Premio Nobel 1913.)

RICHMOND, c. de Canadá (Columbia Británica), en el área de Vancouver; 126 624 hab.

RICHMOND, c. de Estados Unidos, cap. de Virginia, a orillas del James; 203 056 hab. Capitolio diseñado por T. Jefferson. Museos. — Capital sudista en la guerra de Secesión, fue conquistada por Grant en 1865.

RICHMOND UPON THAMES, distr. residencial de la zona O de Londres. Parque.

RICHTER (Burton), *Nueva York 1931*, físico estadounidense. Evidenció en 1974, aparte de S. Ting, la partícula ψ («psi»), que confirmó la existencia del *encanto*, cuarto «sabor» de los quarks. (Premio Nobel 1976.)

RICHTER (Charles Francis), *Butler County, cerca de Hamilton, Ohio, 1900-Pasadena, California, 1985*, geofísico estadounidense. Creó, en 1935, la escala que mide la magnitud de los sismos (v. parte n. com. **escala de *Richter**).

RICHTER (Gerhard), *Dresde 1932*, pintor alemán. Ha abordado todas las variedades estéticas del arte contemporáneo, en una especie de indagación sobre las relaciones entre imagen y realidad.

RICHTER (Hans Werner), *Bansin 1908-Munich 1993*, escritor alemán. Fundador del *Grupo 47, es autor de novelas (*Los vencidos*, 1949).

RICHTER (Jeremias Benjamin), *Hirschberg, Silesia, 1762-Berlín 1807*, químico alemán. Descubrió la ley de los números proporcionales sobre las combinaciones químicas.

RICHTER (Johann Paul Friedrich), llamado **Jean-Paul,** *Wunsiedel 1763-Bayreuth 1825*, escritor alemán. Uno de los más originales representantes del romanticismo alemán, sus relatos combinan sensibilidad, humor e ironía (*Hesperus*, 1795; *Titán*, 1800-1803).

RICHTER (Sviatoslav), *Zhitómir 1915-Moscú 1997*, pianista ruso. Realizó la primera grabación íntegra de *Clave bien temperado* de J. S. Bach, además de interpretar música del s. XX (Hindemith, Bartók, Prokófiev) y practicar tanto la música de cámara como el recital.

RICHTHOFEN (Ferdinand, barón **von**), *Karlsruhe, Alta Silesia, 1833-Berlín 1905*, geógrafo alemán. Viajó por Asia y publicó estudios sobre China.

RICHTHOFEN (Manfred, barón **von**), *Breslau 1892-Vaux-sur-Somme, Francia, 1918*, aviador alemán. As de caza durante la primera guerra mundial, apodado «Barón rojo» (por el color de su avión), fue abatido tras 80 victorias.

RICIMER o **RICIMERO,** *m. en 472*, general romano de origen suevo. De 456 a 472 fue dueño de Italia, nombrando y deponiendo emperadores.

RICO (Francisco), *Barcelona 1942*, erudito español, especialista en literatura medieval castellana y en novela picaresca (*Predicación y literatura en la España medieval*, 1977), ha realizado notables ediciones críticas de clásicos españoles. (Real academia 1986.)

RICŒUR (Paul), *Valence 1913-Châtenay-Malabry 2005*, filósofo francés. Influido por la fenomenología y el existencialismo, construyó, con aportes del psicoanálisis, una filosofía de la interpretación que lo convirtió en una referencia de la hermenéutica contemporanea (*Finitud y culpabilidad*, 1960; *De la interpretación. Ensayo sobre Freud*, 1965; *Tiempo y relato*, 1983-1985; *Sí mismo como otro*, 1990).

RIDĀ [o **REZĀ**] **SHĀ PAHLAWĪ,** *Sevad Kuh 1878 Johannesburgo 1944*, sha de Irán (1926-1941). Coronel del regimiento iraní de los cosacos, Rezā Kan organizó el golpe de estado de 1921 y se hizo proclamar sha (1925). Inspirándose en las reformas de Mustafa Kemal, impuso la modernización y occidentalización de Irán. Tuvo que abdicar en 1941.

RIDGWAY (Matthew Bunker), *Fort Monroe, Virginia, 1895-Fox Chapel, Pittsburgh, 1993*, militar estadounidense. Estuvo al mando de las fuerzas de la ONU en la guerra de Corea (1951 1952) y de las fuerzas de la OTAN en Europa (1952-1953).

RIDRUEJO (Dionisio), *Burgo de Osma 1912-Madrid 1975*, escritor español. Fundador de la revista *Escorial* (1940), de inspiración falangista, a partir de 1951 siguió una política divergente del régimen, lo que le supuso períodos de confinamiento y exilio. Como poeta, pasó del clasicismo (*En once años*, 1950) a una poesía de conciencia ética (*Casi en prosa*, 1972).

RIEFENSTAHL (Helene, llamada Leni), *Berlín 1902-Poecking 2003*, cineasta y actriz alemana. Marcada por la ideología nazi, es conocida por sus películas sobre los desfiles de Nuremberg (*Triumph des Willens*, 1935) y los Juegos olímpicos de Berlín (*Olimpiada*, 1936), donde se manifiesta su sentido de la plástica y el ritmo.

RIEGO (Rafael del), *Santa María de Tuñas, Asturias, 1785-Madrid 1823*, militar español. Su pronunciamiento en Cabezas de San Juan y su posterior campaña militar por Andalucía dieron lugar a la revolución liberal de 1820. Luchó contra la expedición de los Cien mil hijos de san Luis. Derrotado, fue entregado a los realistas y ejecutado.

Riego (himno de), marcha militar encargada por Riego, con letra de E. San Miguel y música de J. M. Gomis Colomer (1820). Prohibido por Fernando VII, pasó a ser un himno de la revo-

■ DAVID **RICARDO,** por T. Phillips. (Col. part.)

■ CARDENAL DE **RICHELIEU,** por P. de Champaigne. (Rectorado de París.)

■ RAFAEL **DEL RIEGO.** (Anónimo; museo romántico, Madrid.)

lución española e himno nacional durante la segunda república.

RIEMANN (Bernhard), *Breselenz, Hannover, 1826-Selasca, junto al lago Mayor, 1866*, matemático alemán. Sus trabajos tuvieron gran resonancia, sobre todo en la teoría de los números (estudio de la distribución de los números primos), en la teoría de las funciones de variables complejas, en la de la integración y en los fundamentos de la geometría. Uno de los primeros en considerar una geometría no euclidiana, estableció asimismo las bases de la topología.

RIEMENSCHNEIDER (Tilman), *Heiligenstadt, Turingia, h. 1460-Wurzburgo 1531*, escultor alemán, maestro del último florecimiento gótico.

RIENZO o **RIENZI** (Cola di), *Roma 1313 o 1314-íd. 1354*, político italiano. Apasionado de la antigüedad, quiso restaurar la grandeza romana haciéndose proclamar tribuno y libertador del estado romano (1347). Fue asesinado durante una revuelta.

RIERA LLORCA (Vicenç), *Barcelona 1903-Malgrat de Mar 1991*, escritor español en lengua catalana. Su novelística está marcada por el exilio (*Los tres salen por el Ozama*, 1946).

RIESCO, isla de Chile (Magallanes y Antártica Chilena); 120 km de long. y 32 km de anch. Ganado ovino. Minas de carbón.

RIESCO (Germán), *Rancagua 1854-1916*, político y abogado chileno. Fiscal del tribunal supremo (1897) y líder del Partido liberal, fue presidente de la república (1901-1906).

RIESENGEBIRGE → **KARKONOSZE.**

RIF, cordillera del N de Marruecos, que se extiende a lo largo de 350 km aprox. Poblada por tribus nómadas y piratas bereberes, la región del Rif fue difícilmente sometida por los romanos. Sujeta a la penetración cristiana desde el s. XV (toma de Ceuta y Melilla), la resistencia de los rifeños se prolongó hasta inicios del s. XX y culminó con la sublevación de Abd el-Krim (→ **Marruecos [campañas de]**).

RIFBJERG (Klaus), *Copenhague 1931*, escritor danés. Reflejó las crisis sociales y estéticas de su tiempo en poemas (*Confrontación*, 1960), novelas (*El aficionado a la ópera*, 1966) y obras de teatro, incluyendo comedias musicales (*Estancia estío*, 1964).

RIFT VALLEY, gran fractura de la corteza terrestre, del O de Asia (valle del Jordán) al S de África (curso inferior del Zambeze). Es una serie de fosas tectónicas, parcialmente ocupadas por el mar Rojo o lagos (del lago Turkana al lago Malawi en África oriental). — Sitios prehistóricos, entre ellos el de *Olduvai.

RIGA, cap. de Letonia, a orillas del Báltico, en el *golfo de Riga;* 915 000 hab. Puerto. Centro industrial. — Catedral de origen románico (s. XIII), fortaleza del s. XIV y otros monumentos. Museos. (Patrimonio de la humanidad 1997.)

RIGALT (Pablo), *Barcelona 1788-íd. 1845*, pintor español, autor de cuadros, decoraciones y escenografías de estilo neoclásico (*Venus, Pastoral*). — **Lluís R.,** *Barcelona 1814-íd. 1894*, pintor español. Hijo de Pablo, combinó un naturalismo objetivo con influencias románticas en sus obras paisajistas.

RIGAUD (Hyacinthe **Rigau y Ros**, llamado Hyacinthe), *Perpiñán 1659-París 1743*, pintor francés, maestro del retrato (*Luis XIV*, Louvre).

Rigveda, la más antigua recopilación de himnos sagrados del vedismo.

RIJEKA, ant. **Fiume**, c. de Croacia, junto al Adriático; 168 000 hab. Principal puerto del país. — Monumentos (de la edad media al barroco). Museos.

RILA, montaña del O de Bulgaria, prolongación del Ródope; 2 925 m. Célebre monasterio medieval, reconstruido en el s. XIX; museo (patrimonio de la humanidad 1983).

RILEY (Terry), *Colfax, California, 1935*, compositor estadounidense. Uno de los iniciadores de la «música repetitiva» (*A Rainbow in Curved Air*, 1969), fue influido posteriormente por la música india.

RILKE (Rainer Maria), *Praga 1875-Montreux 1926*, escritor austriaco. Pasó del simbolismo a la búsqueda de la significación concreta del arte y de la muerte en sus poemas (*El libro de las horas*, 1905; *Elegías de Duino, Los sonetos a Orfeo*, 1923), su novelística (*Los cuadernos de*

■ RAINER MARIA RILKE en 1925.

■ ARTHUR RIMBAUD, por Fantin-Latour. (Museo del Louvre, París.)

Malte Laurids Brigge, 1910) y su correspondencia (*Cartas a un joven poeta*, dirigidas entre 1903 y 1908 a F. X. Kappus).

RÍMAC, r. de Perú, que pasa por Lima y desemboca en el Pacífico; 160 km.

Rimas, libro de poesía de G. A. Bécquer (1871, póstumo), formado por composiciones generalmente breves y de tono íntimo que giran en torno a la vida sentimental del autor.

RIMBAUD (Arthur), *Charleville 1854-Marsella 1891*, poeta francés. En 1869 escribió sus primeros poemas (*El barco ebrio*), que presentó a Verlaine, con quien mantuvo una relación amorosa hasta 1873, año en que publicó *Una temporada en el infierno*. Con solo 20 años abandonó la literatura y llevó una vida errante por Europa y África. Su obra, rebelde y aureolada de leyenda, fue reivindicada por el surrealismo y ejerció una profunda influencia en la poesía moderna.

RÍMINI, c. de Italia (Emilia-Romaña), en la costa del Adriático; 128 119 hab. Estación balnearia. — Arco de Augusto. Templo de Malatesta, iglesia del s. XIII remodelada en el s. XV por L. B. Alberti. Museos.

RIMSKI-KÓRSAKOV (Nikolái Andréievich), *Tijvin 1844-Liúbensk, cerca de San Petersburgo, 1908*, compositor ruso. Sus obras orquestales (*Capricho español*, 1887; *Scheherazade*, 1888) demuestran un gran dominio de la sonoridad. Autor de un concierto para piano (1882) y de algunas obras de música de cámara, destacó en la ópera, en la que, basándose en los mitos de la Rusia pagana, buscó el realismo popular tan apreciado por el grupo de los Cinco, del que formaba parte (*El gallo de oro*, 1909).

RIN, en alem. **Rhein**, en neerl. **Rijn**, en fr. **Rhin**, r. de Europa, que nace en Suiza y desemboca en el mar del Norte (Países Bajos); 1 320 km. Se forma por la unión de dos torrentes alpinos (el *Rin anterior*, que nace en el macizo de San Gotardo, y el *Rin posterior*, que nace en el macizo de Adula), atraviesa el lago Constanza, franquea el Jura (saltos de Schaffhausen) y recibe al Aar (or. izq.) antes de llegar a Basilea. Aguas abajo, discurre hacia el N, por un amplio valle, siguiendo la fosa de hundimiento de Alsacia y Baden, y recibe el Ill (or. izq.), al Neckar (or. der.) y al Main (or. der.). Tras rebasar Maguncia, se encaja en el macizo esquistoso Renano por el llamado paso Heroico y recibe las aguas del Mosela (or. izq.) y el Lahn (or. der.). A la altura de Bonn entra en terreno llano, recibe al Ruhr (or. der.) y al Lippe (or. der.) y repite en los Países Bajos para desembocar en el mar del Norte a través de tres brazos principales (el más importante, el Lek, prolongado por el Nieuwe Waterweg).
El régimen se modifica desde el curso alto al bajo: aguas arriba de Basilea presenta el régimen más alto en verano y bajo en invierno; aguas abajo, presenta un caudal más estacionario, y a partir de Colonia es muy regular. Este río desempeña un importante papel económico. Es la arteria navegable más importante de Europa occidental, que comunica Suiza, el E de Francia, una parte de Alemania (Ruhr) y Países Bajos. Está unido al Danubio por un canal que ocupa parcialmente el valle del Main. Es navegable hasta Basilea por embarcaciones de 5 000 t y está jalonado de puertos muy activos: los principales son, además de Rotterdam, Duisburgo, Mannheim y Ludwigshafen, Estras-

burgo y Basilea. También alimenta centrales eléctricas y suministra agua para la refrigeración de centrales nucleares. El valle medio del Rin fue declarado patrimonio de la humanidad en 2002.

RINALDI (Susana), *Buenos Aires 1935*, cantante argentina, intérprete de tangos intensa y dramática (*El corazón al sur; Viejo Tortoni*).

RINCÓN (César), *Bogotá 1965*, matador de toros colombiano. Tomó la alternativa en 1982 en Bogotá. Torero valeroso y completo, se retiró en 2007.

RINCONADA (La), v. de España (Sevilla); 28 487 hab. *(rinconeros).* Remolacha azucarera, olivos (aceite).

RINCÓN DE LA VICTORIA, mun. de España (Málaga); 23 029 hab. En la Costa del Sol. Turismo.

RINCÓN DE LA VIEJA, volcán de Costa Rica, en la cordillera de Guanacaste; 1 895 m. Solfataras.

RINCÓN DE ROMOS, mun. de México (Aguascalientes); 26 995 hab. Industrias agropecuarias.

RIN DEL NORTE-WESTFALIA o **RIN SEPTENTRIONAL-WESTFALIA**, en alem. **Nordrhein-Westfalen**, Land de Alemania; 34 070 km²; 17 103 588 hab.; cap. *Düsseldorf.* Es el Land más poblado de Alemania y se extiende al S por el extremo del macizo esquistoso Renano, en el centro por la gran región industrial y urbana del Ruhr y al N por la cuenca de Münster.

RINTALA (Paavo), *Viipuri 1930-Kirkkonummi 1999*, novelista finlandés. Su obra aborda los conflictos sociales de un modo épico (*Sobre la línea de los curtidores*, 1976-1979).

RÍO (Andrés Manuel del), *Madrid 1765-México 1849*, geólogo y químico español. Profesor desde 1795 del Real seminario de minería de México, aisló por primera vez el vanadio (1801). Estableció la primera fundición industrial de hierro y acero de Hispanoamérica.

RÍO (Ángel del), *Soria 1901-Nueva York 1962*, profesor, ensayista y crítico literario español nacionalizado estadounidense, gran promotor de la cultura hispánica en EUA.

RÍO (Dolores Asúnsolo y López Negrete, llamada Dolores **del**), *Durango 1905-Newport Beach, EUA, 1983*, actriz mexicana. Triunfó en Hollywood como sex-symbol exótico en melodramas (*Ave del paraíso*, K. Vidor, 1932), westerns (*El fugitivo*, J. Ford, 1947) o musicales (*Volando hacia Río de Janeiro*, 1933, con F. Astaire). En México actuó en *María Candelaria* (1944) o *La malquerida* (1949).

Río (Conferencia de) [3-14 junio 1992], también llamada **Cumbre de la Tierra**, conferencia de las Naciones unidas sobre medio ambiente y desarrollo, que reunió en Río de Janeiro a los representantes de 178 países, entre ellos 117 jefes de estado y de gobierno. En ella, además de una declaración de 27 grandes principios, se adoptaron dos convenciones (sobre el cambio climático y sobre la biodiversidad), una declaración sobre los bosques y un amplio programa de medidas para el s. XXI (apoyadas en el concepto de desarrollo sostenible).

RÍO ABISEO (parque nacional), parque nacional del Perú (San Martín); 274 520 ha. Bosques húmedos. Sitios arqueológicos preincaicos. (Patrimonio de la humanidad 1990 [ampliado en 1992].)

■ DOLORES DEL **RÍO,** en una escena de *El fugitivo* (1947), de J. Ford.

RIOBAMBA, c. de Ecuador, cap. de la prov. de Chimborazo; 149 757 hab. Centro comercial e industrial. — Fundada en 1575, fue sede de la primera asamblea constituyente (1830).

RÍO BEC, centro arqueológico maya de la península del Yucatán (Campeche, México). Se caracteriza por una arquitectura de altas torres laterales y una ornamentación original.

RIOBLANCO, mun. de Colombia (Tolima); 23 735 hab. Café, caña de azúcar, frutales y legumbres.

RÍO BRANCO, c. de Uruguay (Cerro Largo); 5 697 hab. Un puente internacional sobre el Yaguarón la une a la ciudad brasileña de Jaguarão. Aeropuerto.

RÍO BRAVO, mun. de México (Tamaulipas), en el distrito de riego del bajo Bravo; 83 522 habitantes.

RÍO BUENO, com. de Chile (Los Ríos); 33 384 hab. Centro maderero. Lácteos. Curtidos.

RÍO CARIBE, c. de Venezuela (Sucre); 21 387 hab. Centro agrícola. Puerto pesquero. Salinas.

RÍO CHICO, dep. de Argentina (Tucumán); 46 389 hab. Industria azucarera. Central hidroeléctrica.

RÍO CUARTO, dep. de Argentina (Córdoba); 217 717 hab. Centro agropecuario e industrial.

RÍO DE JANEIRO, estado de Brasil; 43 000 km²; 12 584 108 hab. *(fluminenses);* cap. *Río de Janeiro.* En 1975 englobó el estado de Guanabara.

RÍO DE JANEIRO, en port. *Rio de Janeiro,* o. de Brasil; cap. del octado homónimo; 5 857 904 hab. *(cariocas)* [10 582 000 hab. en la aglomeración]. Situada en un lugar excepcional, junto a la bahía de Guanabara, en ella se unen playas, vegetación tropical y relieves graníticos aislados (Corcovado [704 m], Pão de Açúcar [390 m]). Capital de Brasil hasta 1960, su función política favoreció el desarrollo de los servicios y de la industria. La insuficiente industrialización explica el desempleo y la extensión de sus suburbios *(favelas),* que contrastan con los lujosos barrios residenciales del S de la aglomeración, al borde del Atlántico. Dejó de ser la capital y también la principal ciudad del país al ser superada por São Paulo. Pero aún es la metrópoli cultural (seis universidades) y turística *(carnaval).* Segundo puerto brasileño, tiene un aeropuerto internacional (Galeão-A.C. Jobim) y otro nacional (Santos Dumont). — Edificios modernos (palacio de Cultura, obra de Niemeyer; estadio Maracaná). — El lugar fue descubierto en 1502 por el portugués Andrés Gonçalves.

Río de Janeiro (tratado de) [1947], pacto interamericano de no agresión y ayuda mutua (TIAR, tratado interamericano de asistencia recíproca), firmado en Río de Janeiro por los países de la OEA.

RÍO DE LA PLATA, estuario de América del Sur, formado por la desembocadura del Paraná y el Uruguay. Se extiende entre Argentina (or. der.) y Uruguay (or. izq.), con una longitud de 287 km y una anchura de 220 km entre Punta del Este, al N, y el cabo San Antonio, al S. El área de alimentación del Río de la Plata recibe el nombre de *Cuenca del Plata* y abarca unos 3 100 000 km², desde el Altiplano boliviano hasta el océano Atlántico y desde la llanura de Parecís hasta el S de Buenos Aires. El área no coincide con la *región del Plata,* expresión imprecisa que suele designar los dos países que circundan el estuario.

HISTORIA

1535: el adelantado Pedro de Mendoza inició la colonización española; Asunción era la capital del territorio. **S. XVI:** división del territorio en dos gobernaciones dependientes del virreinato del Perú (Tucumán y Paraguay), de la que en 1617 se escindió el Río de la Plata. Buenos Aires se convirtió en el eje comercial y político del territorio, mientras en Paraguay se desarrollaba el sistema de reducciones. **S. XVII:** lucha contra el expansionismo portugués. **S. XVIII:** litigio con los británicos por las Malvinas. **1776:** creación del virreinato del Río de la Plata. **1806-1807:** invasiones británicas del Río de la Plata, fracasadas.

RÍO DE LA PLATA (virreinato del), virreinato creado por España en 1776 que comprendía las gobernaciones del Río de la Plata, Tucu-

■ **RÍO DE JANEIRO.** La estatua del Cristo Redentor (1926-1931), obra de Paul Landowski, en la cima del Corcovado y dominando el lago Rodrigo de Freitas.

mán y Paraguay, la provincia de Cuyo y los territorios de Potosí y de la audiencia de Charcas. Constituido para frenar el expansionismo de Portugal hacia Uruguay y la creciente presencia de comerciantes británicos y neerlandeses en el territorio, tuvo, pese a su brevedad (proclamó su independencia de España en 1814), una fuerte pujanza económica y social.

RÍO DE ORO, ant. territorio colonial español, en la bahía homónima, que, con Saguía el-Hamra, constituyó el Sahara Español. Cedido por Portugal (1509) y colonizado desde 1884 en 1934 dio lugar al África Occidental Española.

RÍO DE ORO (bahía de), golfo del África occidental, en la costa del Sahara Occidental. En la parte O se halla Dajla (ant. Villa Cisneros).

Riofrío (palacio de), palacio real español (mun. de San Ildefonso, Segovia), obra de V. Ravaglio, según los esquemas del palacio real de Madrid (1754).

RÍO GALLEGOS, c. de Argentina, cap. de la prov. de Santa Cruz y del dep. de Güer Aike; 64 628 hab. Petróleo. Industrias cárnicas. Puerto.

RÍO GRANDE, dep. de Argentina (Tierra del Fuego, Antártida e Islas del Atlántico Sur); 39 627 hab.

RÍO GRANDE, mun. de México (Zacatecas); 47 806 hab. Centro agrícola y ganadero.

RÍO GRANDE, mun. de Puerto Rico, en el extremo NE de la isla; 45 648 hab. Industrias textiles, químicas y eléctricas.

RIO GRANDE DO NORTE, estado del NE de Brasil; 9 127 611 hab.; cap. *Natal.*

RIO GRANDE DO SUL, estado del S de Brasil; 9 127 611 hab.; cap. *Porto Alegre.* Disputado en el s. XVIII, fue cedido por España a Portugal en el tratado de San Ildefonso (1777).

RIOHACHA, c. de Colombia, cap. del dep. de La Guajira; 76 943 hab. Puerto. Centro comercial. Salinas. Yacimientos de gas natural. — Fue fundada en 1545.

RÍO HONDO, dep. de Argentina (Santiago del Estero); 45 096 hab.; cap. *Termas de Río Hondo.* Turismo (aguas termales).

RÍO HORTEGA (Pío del), *Portillo, Valladolid, 1882-Buenos Aires 1945,* médico español. Discípulo de Ramón y Cajal y de Achúcarro, destacó por sus métodos de técnica microscópica y por sus estudios sobre la neuroglia. Exiliado, dirigió en Buenos Aires el laboratorio de investigaciones histológicas e histopatológicas. Fue maestro de M. Polak y J. Prado.

RIOJA (La), c. de Argentina, cap. de la prov. homónima; 106 281 hab. Frutales, olivo y algodón. Industrias alimentaria, textil y artes gráficas. — Fue fundada en 1591 por Juan Ramírez de Velasco.

RIOJA (La), comarca del N de España que abarca la comunidad autónoma de La Rioja y la parte S de la prov. de Álava *(Rioja Alavesa).* En el valle del Ebro, entre La Bureba al O y La Ribera navarra al E, la enmarcan las sierras del sistema Ibérico y los derrames meridionales de la Cantábrica.

RIOJA (La), región del N de España que constituye una comunidad autónoma uniprovincial; 5 034 km²; 306 377 hab.; cap. *Logroño.*

GEOGRAFÍA

El territorio abarca la comarca de La Rioja, ex-

cluida la zona alavesa, y el sector NO del sistema Ibérico (sierra de la Demanda, Picos de Urbión, sierra Cebollera), de la que descienden los afluentes del Ebro: Cidacos, Leza, Iregua, Najerilla, Oja. El curso del Ebro es el principal eje demográfico y económico. Destacan la agricultura en regadío (hortalizas, frutales y remolacha) y en secano (trigo y vid), y las industrias derivadas (elaboración de vinos y conservas vegetales).

HISTORIA

Varea era la capital de los berones antes de la conquista romana (180 a.C.). **S. II a.C.:** conquista española. **923:** Ordoño II de León y Sancho Garcés de Pamplona conquistaron la Rioja alta a los musulmanes. Alfonso VI de Castilla completó la conquista (1076). **1163:** Sancho el Sabio de Navarra ocupó Logroño. **1179:** arbitraje de Enrique II de Inglaterra, que atribuyó La Rioja a Castilla. **1368-1373:** Navarra aprovechó los enfrentamientos entre Pedro I y Enrique de Trastámara para conquistar La Rioja, devuelta a Castilla en la paz de Briones (1379). **1833:** se constituyó la provincia de Logroño, en La Rioja (sin la zona alavesa). **1982:** aprobación del estatuto de autonomía.

RIOJA (provincia de La), prov. del NO de Argentina, 89 680 km², 264 178 hab.; cap. *La Rioja.*

RIOJA (Francisco de), *Sevilla 1583-Madrid 1659,* escritor español. Protegido del conde-duque de Olivares, al que defendió *(Aristarco),* destacó como poeta, seguidor de Herrera, con sus sonetos amorosos y filosóficos y silvas *(A la rosa).*

RÍO MUNI, territorio colonial español en África occidental, correspondiente al sector continental de Guinea Ecuatorial (Mbini). **1469-1474:** expediciones portuguesas. **S. XVIII:** Portugal concedió a España el libre comercio en Guinea. **1901:** tratado de límites que otorgaba a España el territorio continental. **1963:** concesión de autonomía. **1968:** independencia del territorio que, con Fernando Poo, constituyó Guinea Ecuatorial.

Rion-Antirion (puente de), puente atirantado, el más largo del mundo (2 883 m), que comunica el Peloponeso con la Grecia continental salvando el golfo de Corinto. También llamado *puente de Poseidón,* funciona desde 2004.

RIONEGRO, mun. de Colombia (Antioquia), en el altiplano de Rionegro; 56 195 hab. Centro agrícola.

RIONEGRO, mun. de Colombia (Santander); 27 488 hab. Agricultura y ganadería.

Río Negro, embalse de Uruguay (Tacuarembó y Durazno), sobre el río Negro. Centrales de Rincón del Bonete (128 MW) y Rincón de Baigorria (108 MW).

RÍO NEGRO (departamento de), dep. del O de Uruguay; 9 637 km²; 50 123 hab.; cap. *Fray Bentos.*

RÍO NEGRO (provincia de), prov. del S de Argentina; 203 013 km²; 506 796 hab.; cap. *Viedma.*

RIONI o **RION,** r. de Georgia, que desciende del Cáucaso y desemboca en el mar Negro; 327 km. Su curso inferior corresponde a la ant. Cólquida.

RÍO PIEDRAS, barrio del S de San Juan de

Puerto Rico. Ant. mun. incorporado a la capital en 1951. Universidad.

RÍO PLÁTANO, zona de Honduras, en la Costa de los Mosquitos, alrededor de la cuenca del río Plátano (500 000 ha). Bosque tropical húmedo. (Reserva de la biosfera 1980; patrimonio de la humanidad 1982.)

RÍO PRIMERO, dep. de Argentina (Córdoba); 36 883 hab.; cab. *Santa Rosa de Río Primero.*

RÍOS (provincia de Los), prov. centrooccidental de Ecuador; 5 912 km²; 527 559 hab.; cap. *Babahoyo.*

RÍOS (región de Los), región de Chile, en el centro-sur del país; 18 429 km²; 356 396 hab.; cap. *Valdivia.*

RÍOS (Blanca de los), *Sevilla 1862-Madrid 1956,* escritora española. Feminista, escribió poesía (*Esperanzas y recuerdos,* 1881), novelas (*Sangre española,* 1902) y ensayos literarios.

RÍOS (Fernando de los), *Ronda 1879-Nueva York 1949,* político español. Dirigente del PSOE, participó en el pacto de San Sebastián y fue ministro durante la segunda república (1931-1933) y del gobierno republicano en el exilio (1945-1947).

RÍOS (Juan Antonio), *Cañete 1888-Santiago 1946,* político chileno. Miembro del Partido radical, fue ministro en varias ocasiones. Elegido presidente (1941), practicó una política moderada. Renunció al cargo en 1946.

RÍOS (Saturio), *1840-San Lorenzo de Campo Grande 1922,* pintor uruguayo, retratista e ilustrador (*Retrato del obispo Palacios*).

RÍO SAN JUAN (departamento de), dep. del S de Nicaragua; 7 448 km²; 27 821 hab.; cap. *San Carlos.*

RÍO SEGUNDO, dep. de Argentina (Córdoba); 84 357 hab.; cab. *Villa del Rosario.*

RÍOS MONTT (Efraín), *Huehuetenango 1927,* militar y político guatemalteco. Presidente tras dar un golpe de estado (marzo 1982), endureció la represión. Evangelista, abrió un grave conflicto con la Santa Sede al fusilar a unos reos por los que Juan Pablo II había pedido clemencia. Fue derrocado por O. Mejía (ag. 1983).

ríos profundos (Los), novela de J. M. Arguedas (1958), que evoca mitos indios.

RIOSUCIO, mun. de Colombia (Caldas); 42 877 hab. Yacimientos de carbón, sal y yeso. Fundiciones.

RIOSUCIO, mun. de Colombia (Chocó); 20 450 hab. Junto a la desembocadura del Atrato. Maderas. Minería.

RÍO TERCERO, c. de Argentina (Córdoba); 42 646 hab. Fabricación de material de transporte y elementos para la industria petrolera.

RIOTINTO (Minas de) → **MINAS DE RIOTINTO.**

RIOVERDE, mun. de México (San Luis Potosí); 76 888 hab. Centro agropecuario y comercial.

RÍO VIEJO, mun. de Colombia (Bolívar); 17 482 hab.

RIPALDA (Jerónimo Martínez de), *Teruel 1535-Toledo 1618,* jesuita español, autor de un *Catecismo* (1618) muy difundido.

RIPOLL, v. de España (Gerona), cab. de p. j.; 10 733 hab. (*ripolleses*). Industria metalúrgica, textil y química. — Monasterio de Santa María, fundado en 879 (iglesia [ss. X-XI], con rico conjunto escultórico en la portada [s. XII]; claustro [ss. XII-XIV]), reconstruido en el s. XIX.

RIPOLLET, v. de España (Barcelona); 29 877 hab. (*ripolletenses*). Centro industrial y ciudad dormitorio en la conurbación de Barcelona.

RIPOLL PERELLÓ (Eduardo), *Tarragona 1923-Barcelona 2006,* arqueólogo y prehistoriador español. Especialista en arte rupestre, es autor de *Origen y significado del arte paleolítico* (1981).

RIPPERDÁ (Johan Willem, barón y después duque de), *Oldehove, Groninga, 1680-Tetuán 1737,* aventurero neerlandés. Al servicio de Felipe V (1718), negoció los tratados de Viena (1725). Ministro universal en 1726, ese mismo año fue encarcelado por incumplir los tratados. Huyó en 1728.

RIPSTEIN (Arturo), *México 1943,* director de cine mexicano. Es autor de una larga filmografía centrada en el drama extremo y fuertemente influida por L. Buñuel. Su primera película, *Tiempo de morir* (1965), lo puso al frente de una nueva generación de cineastas. Otros filmes: *El*

lugar sin límites (1977), *Principio y fin* (1993), *Profundo carmesí* (1996), *La perdición de los hombres* (2000), *Carnaval de Sodoma* (2006).

RIQUER (Martín de), *Barcelona 1914,* erudito español. Catedrático especializado en literatura medieval, editor de clásicos y antólogo de los poetas provenzales, ha escrito una *Historia de la literatura catalana* (4 vols., 1964) y una *Historia de la literatura universal* (10 vols., 1984-1986) en colaboración con J. M. Valverde. (Real academia 1965.) [Premio nacional de ensayo 1991; premio nacional de las letras 2000.]

riqueza de las naciones (Investigación de la naturaleza y causas de la), obra de Adam Smith (1776), considerada un pilar de la economía política. Expone que el interés personal es el motor principal de la actividad económica, que conduce al interés general.

RISARALDA, mun. de Colombia (Caldas); 19 524 hab. Maíz, plátanos, café. Pastos (ganado vacuno).

RISARALDA (departamento del), dep. centrooccidental de Colombia; 4 140 km²; 625 451 hab.; cap. *Pereira.*

RISCO (Manuel), *Haro 1735-Madrid 1801,* eclesiástico e historiador español. Continuador de la *España sagrada* del padre Flórez, escribió *La Castilla y el más famoso castellano* (1792).

RISCO (Vicente), *Orense 1884-íd. 1963,* escritor español en lenguas castellana y gallega. Cofundador de la revista *Nós* (1920) y miembro del Partido galleguista, impulsó la prosa gallega moderna. Escribió las novelas *El puerco de pie* (1928, en gallego) y *La puerta de paja* (1953), así como ensayos sobre temas gallegos (*El problema político de Galicia,* 1930).

RISI (Dino), *Milán 1916-Roma 2008,* cineasta italiano. Realizó comedias cáusticas y delirantes (*Vida difícil,* 1961; *La escapada,* 1962; *Monstruos de hoy,* 1963; *Perfume de mujer,* 1974).

Risorgimento, voz ital. que significa «Renacimiento». Se aplica al movimiento ideológico que, en el s. XIX, propugnó la unificación de Italia, culminada en 1860-1861.

RISUEÑO (José), *Granada 1665-íd. 1732,* escultor y pintor español. Discípulo de A. Cano, destaca su escultura *San Juan Bautista* (catedral de Granada).

RITACUVA (alto de), punto culminante de la sierra Nevada del Cocuy (Colombia); 5 493 m.

ritos chinos (controversia de los) [1610-1742], gran debate en el que los dominicos y los poderes eclesiásticos se enfrentaron a los jesuitas franceses e italianos de China, que querían permitir que los chinos evangelizados mantuvieran algunos ritos tradicionales. El debate duró desde la muerte del padre M. Ricci, que había autorizado estos ritos, hasta la condena de los mismos por el papa Benedicto XIV.

RITSOS (Yannis), *Malvasia 1909-Atenas 1990,* poeta griego. Reinterpretó los mitos clásicos a través de las luchas sociales y políticas modernas (*Epitafios,* 1936; *Helena,* 1972; *El muro en el espejo,* 1973).

RITTER (Carl), *Quedlinburg 1779-Berlín 1859,* geógrafo alemán. Estudió la correlación entre los fenómenos físicos y humanos.

RITTMANN (Alfred), *Basilea 1893-Catania, Sicilia, 1980,* geólogo suizo. Está considerado el fundador de la vulcanología en Europa.

RIÚRIK o **RURIK,** jefe varego del s. IX. Fue señor de Veliki Nóvgorod a partir de 862.

RIÚRIKOVICHI, dinastía surgida del príncipe varego Riúrik, que reinó en Rusia de 882 a 1598.

RIUS (Eduardo del Río, llamado), *México 1937,* dibujante de humor mexicano, autor de historietas didácticas que reflejan el lenguaje popular (serie *Ciencia para principiantes*).

RIVA AGÜERO (José Mariano de la), *Lima 1783-íd. 1858,* militar y político peruano. Primer presidente de la república (febr. 1823), fue destituido tras la caída de Lima (ag.). Fue presidente del estado Norperuano dentro de la Confederación Perú-boliviana (1838-1839).

RIVADAVIA, partido de Argentina (Buenos Aires); 15 017 hab. Ganadería. Molinos harineros. Cerámicas.

RIVADAVIA, dep. de Argentina (Mendoza); 47 032 hab. Agricultura e industrias derivadas (vino, aceite y harina). Petróleo.

RIVADAVIA, dep. de Argentina (Salta), en el Chaco occidental; 21 002 hab. Ganadería, bosques.

RIVADAVIA, dep. de Argentina (San Juan), en el área metropolitana de San Juan; 57 273 hab. Vinos.

RIVADAVIA (Bernardino), *Buenos Aires 1780-Cádiz 1845,* político argentino. Participó en la defensa de Buenos Aires contra los ingleses (1806-1807), tomó parte en la revolución de mayo (1810) y fue ministro en 1811-1814 y 1820-1824. Inició la emancipación de los esclavos, favoreció la adquisición de tierras por los campesinos y creó la universidad de Buenos Aires. Elegido presidente de la república (1826), sancionó una constitución de carácter unitario y reorganizó el ejército para conseguir la independencia y la incorporación de la Banda Oriental de las Provincias Unidas, pero una insurrección federalista lo obligó a dimitir (julio 1827) y a exiliarse.

■ BERNARDINO RIVADAVIA   ■ EL DUQUE DE RIVAS

RIVADENEYRA (Manuel), *Barcelona 1805-Madrid 1872,* editor español, iniciador de la publicación de la colección *Biblioteca de autores españoles.*

RIVADENEYRA o **RIBADENEIRA** (Pedro Ortiz de Cisneros, llamado Pedro de), *Toledo 1527-Madrid 1611,* escritor español. Jesuita e historiador de la iglesia, escribió obras ascético-morales (*Flos sanctorum,* 1599) e histórico-apologéticas, de una prosa muy fluida.

RIVA PALACIO (Vicente), *México 1832-Madrid 1896,* escritor mexicano. Militar de profesión, es uno de los forjadores del cuento mexicano (*Cuentos del general,* 1896). También escribió novelas históricas (*Los piratas del golfo,* 1869), biografías y sobre tradiciones nacionales, además de dirigir la obra de carácter histórico *México a través de los siglos* (1883-1890).

RIVAROLA (Cirilo Antonio), *Typychaty 1832-Asunción 1878,* político paraguayo. Miembro del triunvirato de gobierno (1869-1870), fue elegido presidente (1870), disolvió el congreso (oct. 1871) y dimitió (dic.). Murió asesinado.

RIVAS (departamento de), dep. del SO de Nicaragua; 2 149 km²; 105 844 hab.; cap. *Rivas* (32 901 hab.).

RIVAS (Ángel de Saavedra, duque de), *Córdoba 1791-Madrid 1865,* político y escritor español. Tras una etapa neoclásica, escribió poemas románticos, entre los que destaca *El moro expósito* (1831), que trata sobre la leyenda de los infantes de Lara. Su obra teatral sobresale el drama en prosa y verso **Don Álvaro o la fuerza del sino.* (Real academia 1847.)

RIVAS (Manuel), *La Coruña 1957,* escritor y periodista español en lengua gallega. Su obra poética (*Ningún cisne,* 1988; *Costa da morte blues,* 1995) y narrativa (*¿Qué me quieres, amor?,* 1996; *El lápiz del carpintero,* 1998; *Los libros arden mal,* 2006) combina la realidad cotidiana y los temas de la tradición popular. (Premio nacional de narrativa 1996.)

RIVAS GROOT (José María), *Bogotá 1863-Roma 1923,* escritor colombiano. Modernista y decadentista, escribió novela corta (*Resurrección,* 1905) y poesía.

RIVAS-VACIAMADRID, v. de España (Madrid), junto a la confluencia del Manzanares y el Henares; 29 092 hab. Embalse del Rey.

RIVEL (José Andreu, llamado Charlie), *Cubelles, Tarragona, 1896-Sant Pere de Ribes 1983,* payaso español. Destacado acróbata cómico, se hizo popular por su tierno humorismo.

RIVELINO (Roberto), *São Paulo 1946*, futbolista brasileño. Centrocampista y goleador, ganó la copa del mundo con la selección de su país (1970).

RIVELLES (Rafael), *El Cabañal, Valencia, 1898-Madrid 1971*, actor español. Junto a su esposa, María Fernanda **Ladrón de Guevara**, creó su propia compañía teatral e inició una importante saga de actores. Su película más conocida es *Marcelino, pan y vino* (1954). — **Amparo R.,** *Madrid 1925*, actriz española. Hija de Rafael, fue una estrella del cine español en la década de 1940 *(Malvaloca; Eugenia de Montijo)*. Trabajó más tarde en México y, ya en la década de 1970, regresó a España para dedicarse principalmente al teatro y la televisión.

RIVERA, c. de Uruguay, cap. del dep. homónimo, junto a la frontera con Brasil; 57 316 hab. Forma una conurbación con la ciudad brasileña de Santa Anna do Livramento. Turismo.

RIVERA (departamento de), dep. del NE de Uruguay; 9 099 km²; 89 475 hab.; cap. *Rivera*.

RIVERA (Diego), *Guanajuato 1886-México 1957*, pintor mexicano. Impresionado por los frescos renacentistas italianos, fundó, con Orozco, Siqueiros y otros, el «Sindicato de pintores», del cual arrancó el muralismo mexicano. Su obra se fundamenta en la revalorización de las raíces indígenas y el espíritu revolucionario, con un estilo monumental y colorista (murales de *La creación*, 1922, en la Escuela nacional preparatoria; murales del palacio nacional, 1929-1935 y 1941; *Vendedoras de flores, Zapatistas*, obras de caballete).

■ DIEGO **RIVERA.** Mural de la serie de dos paneles dedicada a la civilización tolteca.
(Palacio nacional, México.)

RIVERA (José Eustasio), *Neiva del Huila 1889-Nueva York 1928*, escritor colombiano. Sus viajes por el Orinoco y el Amazonas inspiraron sus dos únicos libros: la colección de sonetos *Tierra de promisión* (1921) y *La *vorágine*.

RIVERA (Luis de), pintor español del s. XVI activo en Quito, donde realizó varios cuadros para la catedral y la iglesia de San Francisco.

RIVERA (Fructuoso), *¿1784 o 1788?-Montevideo 1854*, militar y político uruguayo. Líder del Partido colorado, fue el primer presidente de la república (1830-1834) y se implicó en la guerra civil contra Lavalleja. Sustituido por Oribe, se levantó contra él y se hizo con el poder (1836). Elegido de nuevo presidente (1839-1843), una nueva guerra lo exilió a Brasil. Miembro, con Lavalleja y Flores, del triunvirato pactado al finalizar la guerra Grande (1851), murió antes de su constitución.

RIVERA (Manuel), *Granada 1927-Madrid 1995*, pintor español. Cofundador del grupo El Paso, experimentó con telas metálicas.

RIVERA DE HUELVA, r. de España, afl. del Guadalquivir (or. der.); 115 km. Embalse de Guillena (central eléctrica de 216 MW) sobre uno de sus afl., el *Rivera de Cala*.

RIVERA PAZ (Mariano), *1804-1849*, político guatemalteco. Presidente (1839-1844), durante su mandato anuló el pacto federal de las Provincias Unidas de Centro América y México se anexionó Soconusco.

RIVERO (Edmundo), *Buenos Aires 1911-íd. 1986*, cantante argentino. Sobresalió como intérprete de tangos y milongas por su voz grave y su virilidad expresiva *(Pucherito de gallina; Sur; Cafetín de Buenos Aires)*.

RIVERO (Juan), *Miraflores de la Sierra, Madrid, 1681-Nueva Granada 1736*, eclesiástico e historiador español, autor de *Historia de las misiones de los llanos de Casanare y de los ríos Orinoco y Meta* (1883).

RIVERO (Nicolás María), *¿Morón de la Frontera? 1814-Madrid 1878*, político español. Fundador del Partido democrático (1849), fue presidente de las cortes (1869-1870 y 1872-1873) y ministro de gobernación (en-dic. 1870). Participó en la fracasada insurrección radical de Madrid (abril 1873).

RIVERS (William Halse Rivers), *Luton, Kent, 1864-Londres 1922*, antropólogo británico. Partidario del difusionismo, enmarcó los problemas de parentesco en el contexto de la sociedad en su globalidad (*Historia de la sociedad melanesia*, 1914).

RIVET (Paul), *Wasigny, Ardenas, 1876-París 1958*, etnólogo francés, autor de trabajos de lingüística, etnología y arqueología americanas *(Los orígenes del hombre americano*, 1943).

RIVETTE (Jacques), *Ruán 1928*, cineasta francés. También crítico de cine, sus películas reflexionan sobre la narración, la duración, la improvisación y el tema de la conspiración (*La religiosa*, 1966; *Céline y Julia*, 1974; *La bella mentirosa*, 1991; *La duquesa de Langeais*, 2007).

RIVIERA (La), nombre que recibe el litoral italiano del golfo de Génova, desde la frontera francesa hasta el golfo de La Spezia. En ella se distinguen la *Riviera di Ponente*, al O de Génova, y la *Riviera di Levante*, al E. — La *Riviera* también se da a veces a la Costa Azul francesa, concretamente entre Niza y la frontera italiana.

RIVIERA MAYA, sector del litoral mexicano, en la costa oriental de la península del Yucatán (Quintana Roo). Centros turísticos de Cancún y Playa del Carmen.

RIVNA, ant. **Rovno,** c. del O de Ucrania; 239 000 hab.

RIYAD o **RIAD,** cap. de Arabia Saudí; 1 308 000 hab.

RIZAL (José), *Calamba 1861-Manila 1896*, patriota y escritor filipino. Denunció los abusos de la administración española en las novelas *Noli me tangere* (1886) y *El filibusterismo* (1891), esta abiertamente nacionalista. Residió en Londres y Madrid y fundó en Hong Kong la Liga filipina (1892). Fue arrestado y fusilado a raíz de la insurrección del Katipunan, y se convirtió en bandera de los independentistas filipinos.

RIZHAO, c. de China, al SO de Qingdao; 988 000 hab.

RNE → **Radio nacional de España.**

ROA, v. de España (Burgos); 2 249 hab. *(rivereños)*. Restos del palacio de los reyes de Castilla, donde murió el cardenal Cisneros. Iglesia gótica de Santa María la Mayor (s. XV).

ROA BARCENA (José María), *Jalapa 1827-México 1908*, escritor mexicano, autor de poesías *(Poesías líricas*, 1859) y novelas publicadas en una recensión *(Novelas*, 1870).

ROA BASTOS (Augusto), *Asunción 1917-íd. 2005*, escritor paraguayo. Su infancia en el pueblo de Iturbe marcó casi constantemente el escenario de su mundo novelístico, que inició con *Fulgencio Miranda* (1941) y alcanzó su madurez con *Hijo de hombre* (1960). Posteriormente destacan *El baldío* (1966), *Cuerpo presente* (1971), **Yo el Supremo* (1974), su novela más conocida, *La vigilia del almirante* (1992) y *El fiscal* (1993). [Premio Cervantes 1989; orden José Martí 2003; orden del Libertador San Martín 2003.]

ROACH (Maxwell, llamado Max), *Newland, Carolina del Sur, 1924-Nueva York 2007*, músico de jazz estadounidense. Batería, acompañó a los músicos de bop más importantes, dirigió varias formaciones y desarrolló un estilo melódico y polirrítmico *(Freedom Suite)*.

ROATÁN, isla de Honduras, en el Caribe, cap. homónima (Islas de la Bahía); 6 330 hab. Centro turístico. Posee el segundo arrecife de coral más grande del mundo después del de Australia. Aeropuerto. — Antiguo refugio de piratas.

ROATÁN, c. de Honduras, cap. del dep. de Islas de la Bahía, en la *isla de Roatán*; 3 572 hab.

ROBBE-GRILLET (Alain), *Brest 1922-Caen 2008*, escritor francés. Teórico y miembro del *nouveau roman*, es autor de novelas que rechazan la psicología tradicional y confrontan al hombre a una realidad impenetrable (*Los celos*, 1953; *Proyecto para una revolución en Nueva York*, 1970; *Reanudación*, 2001). También fue guionista (*El año pasado en Marienbad*, de A. Resnais) y realizador (*Deslizamientos progresivos del placer*, 1974).

ROBBIA (Luca della), *Florencia 1400-íd. 1482*, escultor y ceramista italiano. Participó en la decoración de la catedral de Florencia y fue el promotor de la escultura en terracota esmaltada. Tuvo como continuadores a su sobrino **Andrea** (Florencia 1435-íd. 1525) y a los hijos de este.

ROBBINS (Jerome), *Nueva York 1918-íd. 1998*, bailarín y coreógrafo estadounidense. Su carrera se dividió entre la realización de comedias musicales en Broadway (*West Side Story*, 1957) y la creación de ballets para compañías neoclásicas —entre ellas el New York City Ballet, que él codirigió (1969-1989)—, en un estilo que conjuga elementos de las danzas académica, moderna y el jazz.

ROBERT (Paul), *Orléansville, act. Ech-Cheliff, Argelia, 1910-Mougins 1980*, lexicógrafo y editor francés, director del *Dictionnaire alphabétique et analogique de la langue française* (1953-1964) y del *Petit Robert* (1967).

ROBERT-HOUDIN (Jean Eugène), *Blois 1805-Saint-Gervais-la-Fôret 1871*, prestidigitador francés. En 1845 fundó en París un teatro de autómatas y fue el primer gran ilusionista que figuró en un programa de circo.

ROBERTI (Ercole de), *Ferrara h. 1450/61-1496*, pintor italiano, discípulo de Ercole Cossa, se distinguió por la delicadeza de ejecución (*Madona y santos*, 1481, Brera, Milán).

SANTO

ROBERTO BELARMINO (san), *Montepulciano 1542-Roma 1621*, jesuita y teólogo, italiano. Cardenal en 1599, participó, como defensor del molinismo, en los debates sobre la gracia, y escribió una obra sobre las controversias alrededor de la fe cristiana. Fue uno de los teólogos más destacados de la Contrarreforma.

DOS SICILIAS

ROBERTO el Prudente, *1278-Nápoles 1343*, duque de Anjou y rey de Nápoles (1309-1343). Jefe del partido güelfo en Italia central, se enfrentó victoriosamente al emperador germánico Enrique VII (1310-1313). Fue nombrado vicario imperial por el papa Clemente V (1314) y gobernó en Italia hasta 1324.

ESCOCIA

ROBERTO I BRUCE, *Turnberry 1274-castillo de Cardross, cerca de Dumbarton, 1329*, rey de Escocia (1306-1329). Se puso al frente de la re-

■ JOSÉ EUSTASIO **RIVERA**   ■ AUGUSTO **ROA BASTOS**

sistencia escocesa (1306) y derrotó al ejército inglés en Bannockburn (1314).

FRANCIA

ROBERTO el Fuerte, *m. en Brissarthe 866,* conde de Anjou y de Blois, marqués de Neustria. Luchó contra los normandos y murió en combate. Fundó la dinastía de los Robertianos, antepasada de la de los Capetos.

ROBERTO I, *h. 866-Soisson 923,* rey de Francia (922-923), de la dinastía de los Robertianos, hijo de Roberto el Fuerte. — **Roberto II el Piadoso,** *Orleans h. 972-Melun 1031,* rey de Francia (996-1031), de la dinastía de los Capetos, hijo y sucesor de Hugo Capeto.

IMPERIO LATINO DE CONSTANTINOPLA

ROBERTO DE COURTENAY, *m. en Morea 1228,* emperador latino de oriente (1221-1228).

NORMANDÍA

ROBERTO I el Liberal o **el Magnánimo,** *h. 1010-Nicea, Asia Menor, 1035,* duque de Normandía (1027-1035). Padre de Guillermo (el futuro Conquistador), su hijo natural y heredero.

SICILIA

ROBERTO GUISCARDO, *h. 1015-Cefalonia 1085,* conde (1057-1059), después duque de Apulia, Calabria y Sicilia (1059-1085). De origen normando, tras conseguir del papa Nicolás II la investidura ducal, expulsó a los bizantinos de Italia (1071) y arrebató Sicilia a los árabes.

ROBERTS OF KANDAHAR (Frederick **Sleigh,** lord), *Cawnpore, India, 1832-Saint-Omer 1914,* mariscal británico. Se distinguió en Afganistán (1880) y dirigió las tropas británicas en la guerra contra los bóers (1899).

ROBERTSON (William), *Borthwick 1721-Edimburgo 1793,* historiador escocés. Sus libros *Historia del emperador Carlos Quinto* (1769) e *Historia de América* (1777) fueron condenados por la Inquisición.

ROBERTSON (sir William Robert), *Welbourn 1860-Londres 1933,* mariscal británico. Fue jefe del estado mayor imperial británico de 1916 a 1918.

ROBERVAL (Gilles **Personne de**), *Roberval 1602-París 1675,* matemático y físico francés. Precursor de la geometría infinitesimal, demostró la regla de composición de las fuerzas e ideó una balanza con dos astiles y platillos sueltos (1670).

ROBESPIERRE (Maximilien de), *Arras 1758-París 1794,* político francés. Fue miembro de la Asamblea constituyente de 1789 y uno de los líderes del club de los jacobinos, con unos ideales inspirados en Rousseau. Diputado de la Convención y miembro de la Montaña, eliminó a los girondinos. Principal dirigente del Comité de salud pública, centralizó todo el poder e inició el período del Terror, eliminando a los grupos políticos de Danton, Hébert, etc. Sus enemigos de la Convención lo encarcelaron y fue guillotinado el 10 de termidor (28 julio) de 1794.

Robin Hood *(Robín de los bosques),* héroe legendario sajón, arquetipo del bandido de buen corazón. — Su figura ha inspirado numerosos filmes.

ROBINSON (Abraham), *Waldenburg, act. Walbrzych, Silesia, 1918-New Haven, Connecticut, 1974,* lógico e ingeniero estadounidense de origen polaco. Durante la segunda guerra mundial, hizo investigaciones en aerodinámica. En 1960 creó el análisis no estándar.

ROBINSON (Mary), *Ballina 1944,* política irlandesa. Abogada, fue presidenta de la República de Irlanda entre 1990 y 1997 y después alta comisaria de las Naciones unidas para los derechos humanos (1997-2002). [Premio Príncipe de Asturias de ciencias sociales 2006.]

ROBINSON (sir Robert), *Bufford, cerca de Chesterfield, 1886-Great Missenden, cerca de Londres, 1975,* químico británico. Realizó la síntesis de hormonas sexuales y de la penicilina. (Premio Nobel 1947.)

ROBINSON (Walker **Smith,** llamado Ray Sugar), *Detroit 1920-Los Ángeles 1989,* boxeador

estadounidense. Fue campeón del mundo en varias ocasiones (en pesos welters y medios).

ROBINSÓN CRUSOE, ant. **Más a Tierra,** isla de Chile (Valparaíso), en el archipiélago de *Juan Fernández.

Robinsón Crusoe, personaje principal de la novela homónima de Daniel Defoe (1719), inspirada en la historia real de un marino escocés, Alexander Selkirk, abandonado durante cinco años en una de las islas Juan Fernández. Robinsón naufraga y llega a una isla desierta, donde vive durante 28 años con una relativa comodidad antes de encontrar a Viernes, el «buen salvaje», al que educa y que le sirve de criado hasta que logra regresar a su patria. — El tema de esta novela ha inspirado a otros escritores *(Robinson suizo,* de Johann David Wyss, 1812-1827), músicos y cineastas (Buñuel, *Robinson Crusoe,* 1952; K. Annakin, *Los Robinsones de los mares del Sur,* producida por Disney, 1960).

ROBLE, cerro de Costa Rica, en la cordillera de Talamanca; 2 732 m.

ROBLES, dep. de Argentina (Santiago del Estero); 32 805 hab.; cab. *Fernández.* Centro agrícola.

ROBLES, mun. de Colombia (Cesar), junto al río Cesar; 22 392 hab. Algodón, maíz y plátanos.

ROBLES (Francisco), *Guayaquil 1811-íd. 1893,* militar y político ecuatoriano. Presidente de la república (1856-1859), en 1876 participó en el pronunciamiento contra Antonio Borrero.

ROBLES (Marco Aurelio), *Aguadulce 1906-1990,* político panameño. Presidente de la república (1964-1968), fue derrocado por un golpe de estado.

ROBLES SOLER (Antonio) → **ANTONIO-RROBLES.**

ROBOAM I, rey de Judá (931-913 a.C.), sucesor de Salomón. Su falta de visión política provocó la división del país en dos reinos: Israel y Judá.

ROBUCHON (Joël), *Poitiers 1945,* cocinero francés. En su restaurante parisino, se convirtió en el símbolo de la gran cocina francesa antes de retirarse en 1996.

ROCA → **INCA ROCA** y **SINCHI ROCA.**

ROCA (cabo de), cabo de Portugal, al O de Lisboa, el promontorio más occidental de Europa.

■ ROBESPIERRE. (Museo Carnavalet, París.)

ROCA (Julio Argentino), *Tucumán 1843-Buenos Aires 1914,* militar y político argentino. Dirigió la «guerra del desierto» contra los indios de la Pampa (1878-1879). Presidente de la república (1880-1886 y 1898-1904), impulsó la red ferroviaria, realizada con capital británico, rompió relaciones con el Vaticano por la enseñanza laica y resolvió el problema fronterizo con Chile (1902).

ROCA (Vicente Ramón), *Guayaquil 1792-íd. 1858,* político ecuatoriano, presidente de la república (1845-1849).

ROCAFORT (Bernat de), *m. en Aversa, Nápoles, d. 1309,* militar catalán. Jefe de los almogávares en oriente (1305), saqueó Tracia. Sus hombres se sublevaron contra él y fue entregado a Roberto I de Nápoles, que lo encerró en el castillo de Aversa, donde murió de hambre.

ROCAFUERTE, cantón de Ecuador (Mana-

bí); 51 552 hab. Área de regadío (algodón y caña de azúcar).

ROCAFUERTE (Vicente), *Guayaquil 1783-Lima 1847,* político ecuatoriano. Elegido presidente de la república (1835) con el apoyo de la burguesía comercial, fue derrocado por el general Flores (1839) y obligado a exiliarse.

ROCA-REY (Joaquín), *Lima 1923,* escultor peruano. Influido por H. Moore, es autor de los monumentos *Al prisionero político desconocido* (Panamá) y al inca *Garcilaso de la Vega* (villa Borghese, Roma).

ROCHA (departamento de), dep. del SE de Uruguay; 10 991 km²; 66 601 hab.; cap. *Rocha* (21 672 hab.).

ROCHA (Glauber), *Vitória de Conquista, Bahía, 1938-Río de Janeiro 1981,* cineasta brasileño. Autor de películas líricas, simbólicas, barrocas y contestatarias *(Antônio das Mortes,* 1969; *Cabezas cortadas,* 1970; *A idade da terra,* 1980), fue uno de los fundadores del movimiento *Cinema novo.*

ROCHA (Pedro Virgilio), *Salto 1942,* futbolista uruguayo. Delantero, jugó con los equipos Peñarol, São Paulo y Coritiba. Participó con la selección de su país en la copa del mundo (1966, 1970 y 1972).

ROCHDALE, c. de Gran Bretaña (Inglaterra); 93 000 hab.

ROCHEFOUCAULD (François, duque de La), *París 1613-íd. 1680,* escritor francés. Sus *Reflexiones o sentencias y máximas morales* (1664) expresan su pesimismo sobre un mundo donde los sentimientos son siempre interesados.

ROCHELA (La), en fr. **La Rochelle,** c. de Francia, cap. del dep. de Charente-Maritime, a orillas del Atlántico; 80 055 hab. Centro industrial. Segundo puerto pesquero franco. — Torres del viejo puerto (ss. XIV y XV), ayuntamiento renacentista, catedral (s. XVIII). — Fue un importante centro protestante. Hasta la pérdida del Canadá su comercio fue muy activo.

ROCHESTER, c. de Estados Unidos (estado de Nueva York); 231 636 hab. (1 002 410 en la aglomeración). Industria fotográfica. — Museo de la fotografía.

Rocinante, nombre del caballo de don Quijote.

ROCKEFELLER (John Davison), *Richford, estado de Nueva York, 1839-Ormond Beach, Florida, 1937,* industrial estadounidense. Uno de los primeros que intuyó el futuro del petróleo, fundó la Standard Oil (1870) y amasó una de las mayores fortunas del mundo, una parte de la cual repartió entre varias instituciones, especialmente la universidad de Chicago.

ROCKFORD, c. de Estados Unidos (Illinois); 139 426 hab.

ROCOSAS (montañas), sistema montañoso del O de América del Norte (Canadá y Estados Unidos). A veces se aplica este nombre al conjunto de tierras altas del Oeste americano desde la frontera de México hasta Alaska, pero en sentido estricto solo se aplica a su parte oriental. (Reserva de la biosfera 1976.)

Rocroi (batalla de) [19 mayo 1643], derrota de los tercios españoles bajo el mando de Francisco de Melo, gobernador de los Países Bajos, por las tropas francesas del duque d'Enghien, en la ciudad de Rocroi (Ardennes, Francia).

RODA DE ISÁBENA → **ISÁBENA.**

RÓDANO, en fr. **Rhône,** r. de Suiza y Francia; 812 km. Nace en el macizo de San Gotardo, fluye hacia el O y atraviesa el lago Léman —que regulariza su caudal— atraviesa Francia y desemboca en el Mediterráneo formando un delta. Entre sus afl. figuran el Ain, el Saona, el Ardèche (or. der.), el Isère y el Durance (or. izq.) Desempeña un importante papel económico como gran vía fluvial navegable, para el regadío y la producción hidroeléctrica.

RÓDANO-ALPES, en fr. **Rhône-Alpes,** región económica y administrativa del SE de Francia; 43 698 km²; 5 645 407 hab.; cap. *Lyon;* 8 dep. *(Ain, Ardèche, Drôme, Haute-Savoie, Isère, Loire, Rhône* y *Savoie).*

RODAS, mun. de Cuba (Cienfuegos); 30 785 hab. Caña de azúcar; pastos. Balneario.

RODAS, isla griega del mar Egeo (Dodecaneso), cerca de Turquía; 1 400 km²; 80 000 hab. aprox. La ciudad de Rodas (43 619 hab.), cap.

del Dodecaneso, es un centro turístico (vestigios antiguos, murallas y barrios medievales), declarado patrimonio de la humanidad (1988). – Importante escala comercial entre Egipto, Fenicia y Grecia, Rodas conoció una gran prosperidad en la antigüedad a partir del s. IV a.C. y se convirtió en provincia romana en la época de Vespasiano. En 1309 se instalaron en ella los caballeros hospitalarios de San Juan de Jerusalén, que habían sido expulsados de Chipre. La isla, bajo dominio turco después del largo asedio (Solimán II, 1522) pasó a ser posesión italiana en 1912 y griega en 1947.

Rodas (Coloso de), una de las siete *Maravillas del mundo antiguo. Esta estatua en bronce de Helios, de 32 m de altura, colocada en la entrada al golfo de Rodas, conmemoraba la victoria de los rodios sobre Demetrio I Poliorcetes (304 a.C.). Fue destruida por un sismo en 227 a.C.

RODCHENKO (Alexandr), San Petersburgo 1891-Moscú 1956, artista plástico ruso. Constructivista, a partir de 1920 participó en la promoción de los nuevos institutos de arte de Moscú. Desde 1924 se consagró al diseño y a la fotografía, para la que creó un estilo realista realizado con insólitas perspectivas dinámicas.

RODEO, mun. de México (Durango); 15 818 hab. Centro agrícola.

RODERO (José María), Madrid 1922-íd. 1991, actor español. Intérprete eminente del teatro español (El concierto de San Ovidio; La historia de un caballo), en la década de 1950 formó una compañía con su mujer, Elvira Quintillá. Entre 1945 y 1965 intervino en numerosas películas (Balarrasa, 1950; La herida luminosa, 1956).

RODEZNO (Tomás Domínguez Arévalo, conde de), Madrid 1882-Villafranca de Navarra 1952, político español. Dirigente de los carlistas, negoció la participación de estos en el alzamiento de 1936 y su fusión con la Falange (1937). Fue ministro de justicia del primer gobierno franquista (1938).

RODIN (Auguste), París 1840-Meudon 1917, escultor francés. Mezcló realismo y romanticismo en sus figuras y monumentos, con un lirismo sensual (El *beso) pero también con una gran intencionalidad trágica (Los burgueses de Calais). Cabe destacar también El pensador (una de las figuras destinadas a la Puerta del infierno, obra inacabada). – Museo Rodin en París.

RODÓ (José Enrique), Montevideo 1872-Palermo, Italia, 1917, escritor uruguayo. Considerado el gran ensayista del modernismo y un defensor de Hispanoamérica frente a las influencias norteamericanas, su ensayo Ariel (1900) fue guía intelectual para su generación.

RODOGUNE o **RODOGUNA**, princesa parta (s. II a.C.). Se casó con Demetrio II de Siria, prisionero de su padre Mitrídates I. – Su historia inspiró una tragedia a Corneille (1644-1645).

RODOLFO (lago) → TURKANA.

RODOLFO I DE HABSBURGO, Limburgo 1218-Spira 1291, rey de romanos (1273-1291). Extendió su reino (Austria, Estiria, Carniola) en detrimento de Otakar II de Bohemia y fundó así el dominio de los Habsburgo. – **Rodolfo II**, Viena 1552-Praga 1612, rey de Hungría (1572-1608) y de Bohemia (1575-1611), emperador germánico (1576-1612). Hijo de Maximiliano II, favoreció la Contrarreforma. Residió en Praga, rodeado de sabios y artistas. Fue desplazado paulatinamente por su hermano Matías.

RODOLFO DE HABSBURGO, Laxenburg 1858-Mayerling 1889, archiduque de Austria. Hijo único de Francisco José I, se suicidó junto con su amante María Vetsera en el pabellón de caza de Mayerling.

RÓDOPE, macizo montañoso de Bulgaria y Grecia.

RODOREDA (Mercè), Barcelona 1908-Gerona 1983, escritora española en lengua catalana. Novelista (Aloma, 1938; La *plaza del Diamante, 1962; La calle de las camelias, 1966), también escribió cuentos.

RODRIGO, m. en 711, último rey visigodo de España (710-711). Duque de la Bética, se apoderó del trono a la muerte de Witiza. Los fieles de este pidieron ayuda al beréber Tariq, que derrotó a las huestes rodriguistas en *Guadalete (711), donde murió Rodrigo, e inició la conquista de la Península.

RODRIGO, m. en ¿873?, primer conde de Castilla (h. 850-¿873?). Repobló la fortaleza de Amaya (860).

RODRIGO (Joaquín), Sagunto 1901-Madrid 1999, compositor español. Ciego desde los tres años, discípulo de P. Dukas, su obra, casticista y neorromántica, es de un formalismo impecable. Alcanzó gran popularidad con el Concierto de Aranjuez para guitarra y orquesta (1939). Otras obras: Concierto de estío para violín (1943), Fantasía para un gentilhombre (1954), Concierto pastoral para flauta (1978), Homenaje a Turina (1982).

RODRIGUES (Amália), Lisboa 1920-íd. 1999, cantante portuguesa. Dio a conocer el fado por todos los escenarios del mundo.

RODRÍGUEZ (Abelardo), San José de Guaymas, Sonora, 1889-La Jolla, EUA, 1967, militar y político mexicano. Revolucionario constitucionalista (1913), en 1928 participó en el gobierno de Ortiz Rubio, a quien remplazó en la presidencia (1932-1934).

RODRÍGUEZ (Andrés), San Salvador 1925-Nueva York 1997, militar y político paraguayo. Consuegro de Stroessner y colaborador suyo desde 1954, en 1989 lo depuso y asumió la presidencia de la república; convocó elecciones, en las que triunfó apoyado en el Partido colorado. Cesó en la presidencia en 1993.

RODRÍGUEZ (Antonio), pintor mexicano del s. XVII, de estilo colorista y teatral (Santa Magdalena). – **Nicolás R. Juárez**, México 1667-íd. 1734, pintor mexicano. Hijo de Antonio, fue su continuador. – **Juan R. Juárez**, México 1675-íd. 1728, pintor mexicano. Hermano de Nicolás, es considerado el último gran pintor barroco de la colonia (Escenas de la vida de san Ignacio, catedral de Puebla).

■ JUAN RODRÍGUEZ JUÁREZ.
San Juan de Dios. (Museo de América, Madrid.)

RODRÍGUEZ (fray Antonio), arquitecto quiteño de mediados del s. XVII. Su obra maestra es el templo y santuario de *Guápulo.

RODRÍGUEZ (Cayetano), San Pedro 1761-Buenos Aires 1823, sacerdote y escritor argentino. Teólogo y poeta, redactó las actas de la asamblea de 1816, con la declaración de independencia.

RODRÍGUEZ (Claudio), poeta español, Zamora 1934-íd. 1999. Su obra es esencialista y de rigurosa construcción formal (Conjuros, 1958; Casi una leyenda, 1991). [Real academia 1987.] (Premio nacional de poesía 1983.)

RODRÍGUEZ (Martín Emilio, llamado Cochise), Medellín 1942, ciclista colombiano. Ganador de la vuelta a Colombia (1963, 1964, 1966 y 1967) y de la vuelta a Táchira (Venezuela) [1966, 1968 y 1971], fue campeón de los 4 000 m de persecución individual en los Juegos panamericanos de Winnipeg (1967), campeón mundial amateur en la misma prueba (1971) y plusmarquista mundial de la hora (1970).

RODRÍGUEZ (José Joaquín), San José 1838-1917, político costarricense. Presidente (1890-1894), suprimió el monopolio del tabaco.

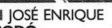

■ JOSÉ ENRIQUE
RODÓ

■ JOAQUÍN
RODRIGO
por J. Vaquero Turcios.

RODRÍGUEZ (Juan), m. en Ávila 1544, escultor español. Renacentista, realizó retablos.

RODRÍGUEZ (Lorenzo), Guadix 1704-México 1774, arquitecto español, activo en México. Introductor del estípite en la fachada retablo, característica de la arquitectura barroca mexicana, es autor de la iglesia del Sagrario, contigua a la catedral de México, una de las cumbres del barroco mexicano.

RODRÍGUEZ (Mariano), La Habana, 1912-íd. 1990, pintor e ilustrador cubano. Su obra, de un singular expresionismo, pinceladas enérgicas y colores brillantes, recrea el paisaje, la figura femenina y la fauna cubanos.

RODRÍGUEZ (Martín), Buenos Aires 1771-Montevideo 1845, político argentino. Luchó contra los británicos (1806 y 1808) y en la revolución de 1810. Fue gobernador de Buenos Aires (1820-1823).

RODRÍGUEZ (Miguel Ángel), San José 1940, político costarricense. Presidente de la república (1998-2002), en sept. 2004 fue nombrado secretario general de la OEA, pero renunció un mes después, acusado de corrupción.

RODRÍGUEZ (Silvio), San Antonio de los Baños 1946, cantautor cubano. Cofundador de la Nueva trova cubana en 1968, sus canciones se caracterizan por su fervor revolucionario y romántico (Ojalá, 1969; Testamento, 1977; La maza, 1979; Unicornio, 1982).

RODRÍGUEZ (Simón), Caracas 1771-Amotape, Perú, 1854, pedagogo venezolano. Maestro de Bolívar, en sus ensayos (El suelo y sus habitantes; Sobre la educación republicana) defendió las ideas de Rousseau y del socialismo utópico.

RODRÍGUEZ (Ventura), Ciempozuelos 1717-Madrid 1785, arquitecto español. Considerado el último y más destacado representante de la arquitectura barroca más académica (iglesias de San Marcos [1753] y de la Encarnación [1755] de Madrid; remodelación de la basílica del Pilar [1751-1755], Zaragoza), en sus últimos años su estilo se acerca al neoclasicismo (fachada de la catedral de Pamplona, 1783).

RODRÍGUEZ ADRADOS (Francisco), Salamanca 1922, filólogo español, autor de numerosos estudios sobre la cultura griega (El mundo de la lírica griega antigua, 1981) y las lenguas indoeuropeas (Lingüística indoeuropea, 1975). [Real academia 1990.] (Premio nacional de traducción 2005.)

RODRÍGUEZ ALCALÁ (Hugo), Asunción 1917, escritor paraguayo. Iniciador de la poesía contemporánea en Paraguay (Estampas de la guerra, 1939; Abril que cruza el mundo, 1960), cultivó además la novela (Caballero, 1986) y el ensayo (Literatura del Paraguay, 1980).

RODRÍGUEZ ALCONEDO (José Luis), Puebla 1761-Apán 1815, pintor y grabador mexicano. Destaca su dominio de la técnica del pastel.

RODRÍGUEZ CARNERO (José), México h. 1650-Puebla 1725, pintor mexicano. Su obra es de un barroco arcaizante.

RODRÍGUEZ CASTELAO → CASTELAO.

RODRÍGUEZ DE FONSECA (Juan), Toro 1451-Burgos 1524, prelado y político español. Favorecido por los Reyes Católicos, se encargó de la dirección de las expediciones americanas (1493), y se ocupó desde 1503 (a través de la casa de Contratación) de los asuntos comerciales con América, hasta la fundación del consejo de Indias (1524).

RODRÍGUEZ DE FRANCIA → FRANCIA.

RODRÍGUEZ DE HITA (Antonio), *Madrid 1724-íd. 1787*, compositor español. Su obra incluye música religiosa (misas, motetes, magníficat) y para el teatro (*Las segadoras de Vallecas*, 1768). Como teórico, publicó *Diapasón instructivo* (1757).

RODRÍGUEZ DE LA FUENTE (Félix), *Poza de la Sal, Burgos, 1928-Shaktoolik, Alaska, 1980*, zoólogo y divulgador español. Desarrolló una importante labor de divulgación de las ciencias naturales utilizando todos los medios de difusión, especialmente la televisión (*El hombre y la tierra*, 1974-1979).

RODRÍGUEZ DE MONTALVO (Garci), a veces llamado erróneamente **Garci Ordóñez de Montalvo**, escritor castellano de fines del s. XV y principios del XVI, refundidor del *Amadís de Gaula* en su libro *Las sergas de Esplandián* (1525).

RODRÍGUEZ DE TOLEDO, pintor castellano activo entre 1400 y 1422, representante del estilo italogótico (frescos de la capilla de San Blas, catedral de Toledo).

RODRÍGUEZ ERDOIZA (Manuel Javier), *Santiago 1785-Til-Til 1818*, patriota chileno. Teniente coronel (1817) organizador del escuadrón Húsares de la muerte, fue detenido y asesinado por orden de O'Higgins.

RODRÍGUEZ ETCHART (Severo), *Buenos Aires 1865-íd. 1903*, pintor argentino. Su estilo, de luminoso colorido, estuvo ligado al academicismo.

RODRÍGUEZ FREILE (Juan), *Santa Fe de Bogotá 1566-íd. 1640*, cronista colombiano. Culto e ingenioso, es autor de *Conquista y descubrimiento del Nuevo Reino de Granada, de las Indias Occidentales del mar Océano y fundación de la ciudad de Santa Fe de Bogotá*, y del libro costumbrista *El *carnero*.

RODRÍGUEZ GALVÁN (Ignacio), *Tizayuca 1816-La Habana 1842*, escritor mexicano. Romántico, es autor del primer drama histórico de tema nacional (*Muñoz, visitador de México*, 1838). De su poesía destaca el canto patriótico *Profecía de Guatimoc*. También escribió novelas melodramáticas.

RODRÍGUEZ HERNÁNDEZ (Julio Antonio) → **JULIO ANTONIO**.

RODRÍGUEZ IGLESIAS (Gil Carlos), *Gijón 1946*, magistrado español. Experto en derecho comunitario, preside el Tribunal de justicia de las Comunidades europeas desde 1994.

RODRÍGUEZ LAFORA (Gonzalo), *Madrid 1886-íd. 1971*, psiquiatra español. Sus investigaciones giran en torno a cuestiones histopatológicas del sistema nervioso y de fisiología experimental (*Los niños mentalmente anormales*, 1917; *Pruebas de inteligencia*, 1930).

RODRÍGUEZ LARA (Guillermo), *Pujilí 1923*, militar y político ecuatoriano. Lideró el golpe militar de 1972 y presidió el gobierno hasta 1976, en que fue obligado a renunciar por los conservadores.

RODRÍGUEZ MONEGAL (Emir), *Montevideo 1921-Cambridge, EUA, 1985*, crítico literario uruguayo. Profesor de literatura latinoamericana comparada en Yale y Harvard, en París fundó la revista *Mundo nuevo* (1965-1971) que contribuyó al *boom* de la literatura iberoamericana. Es autor de estudios sobre Pablo Neruda, Severo Sarduy o Manuel Puig.

RODRÍGUEZ-MOÑINO (Antonio), *Calzadilla de los Caños 1910-Madrid 1970*, erudito español, editor y ensayista (*Las fuentes del Romancero general*, 1957). [Real academia 1968.]

RODRÍGUEZ PEÑA (Nicolás), *Buenos Aires 1775-Santiago de Chile 1853*, patriota argentino. Miembro del segundo triunvirato, presidió el consejo de Estado (1814).

RODRÍGUEZ TORICES (Manuel), *Cartagena de Indias 1788-Bogotá 1816*, patriota colombiano. Firmó el acta de independencia (1811). Dictador (1811-1812 y 1814), miembro del triunvirato de las Provincias Unidas de Nueva Granada (1814), fue ahorcado por los españoles.

RODRÍGUEZ ZAPATERO → **ZAPATERO** (José Luis **Rodríguez**).

ROELAS o **RUELAS** (Juan de o de las), *h. 1560-Olivares, Sevilla, 1625*, pintor español, introductor en la pintura sevillana de un nove-

doso estilo caracterizado por la mezcla del claroscuro con un colorido veneciano y la individualización de los personajes (*Adoración de los pastores*, 1606, universidad de Sevilla).

ROENTGEN (David), *Herrenhag, cerca de Frankfurt, 1743-Wiesbaden 1807*, el más conocido de una familia de ebanistas alemanes. Abrió una sucursal en París y trabajó para María Antonieta. Se le deben muebles con artilugios mecánicos y adornos de marquetería.

ROENTGEN o **RÖNTGEN** (Wilhelm Conrad), *Lennep, Renania, 1845-Munich 1923*, físico alemán. Descubrió los rayos X en 1895, estudió su propagación y su poder de penetración, y observó que ionizan el aire. (Premio Nobel 1901.)

ROESELARE, en fr. **Roulers**, c. de Bélgica (Flandes Occidental); 52 872 hab. Centro comercial e industrial.

ROF CARBALLO (Juan), *Lugo 1905-Madrid 1994*, médico y ensayista español, autor de ensayos sobre medicina psicosomática (*Urdimbre afectiva y enfermedad*, 1960; *El hombre como encuentro*, 1968) y sobre temas literarios y humanísticos. (Real academia 1983.)

ROGAGUA, lago de Bolivia (Beni); 35 km de long. y 11 km de anch. aprox. Su emisario es el río Negro.

ROGENT (Elies), *Barcelona 1821-íd. 1897*, arquitecto español. Siguiendo las ideas nacionalistas de la Reinaxença catalana, recuperando la arquitectura medieval (universidad de Barcelona, 1859-1881; restauración del monasterio de Santa María de Ripoll).

ROGER I, *Normandía 1031-Mileto, Calabria, 1101*, conde de Sicilia (1062-1101). De origen normando, conquistó Calabria (1061) y Sicilia (1091) junto con su hermano Roberto Guiscardo. — **Roger II**, *h. 1095-Palermo 1154*, primer rey de Sicilia (1130-1154), hijo de Roger I. Estuvo enfrentado con el papado.

ROGERS (Carl Ransom), *Oak Park, Illinois, 1902-La Jolla, California, 1987*, psicopedagogo estadounidense. Definió un método psicoterapéutico sin distanciamiento médico y sin intervención (*terapia no directiva*).

ROGERS (Virginia Katherine **McMath**, llamada **Ginger**), *Independence, Missouri, 1911-Rancho Mirage, cerca de Los Ángeles, 1995*, bailarina y actriz estadounidense. Compañera de Fred Astaire en clásicos del musical americano (*La alegre divorciada*, 1934; *Sombrero de copa*, 1935; *Ritmo loco*, 1937, todas de M. Sandrich), trabajó también en películas no musicales (*Me siento rejuvenecer*, H. Hawks, 1952).

ROGERS (Richard) → **PIANO** (Renzo).

ROGOAGUADO, lago de Bolivia (Beni); 40 km de long. y 12 km de anch. aprox. Comunica con los lagos San Nicolás y Caimanes. Su emisario es el Yata.

ROHAN (Enrique, duque de), *Blain 1579-Königsfelden 1638*, general francés. Ferviente hugonote, dirigió las luchas protestantes en época de Richelieu.

RÓHEIM (Géza), *Budapest 1891-Nueva York 1953*, antropólogo y psicoanalista húngaro. Afirmó, oponiéndose a la tesis de Malinowski, la universalidad de la estructura edípica (*Origen y función de la cultura*, 1943; *Psicoanálisis y antropología*, 1950).

RÖHM (Ernst), *Munich 1887-íd. 1934*, oficial y político alemán. En 1921 creó las Secciones de asalto (SA) del partido nazi. Fue asesinado por orden de Hitler durante la «noche de los cuchillos largos» (30 junio 1934).

ROHMER (Jean-Marie Maurice **Scherer**, llamado **Éric**), *Tulle 1920*, cineasta francés. La obra de este pionero de la «nouvelle vague», organizada en su mayoría en ciclos, se presenta como una serie de variaciones elegantes sobre los comportamientos afectivos y sociales de sus contemporáneos (*Mi noche con Maud*, 1969; *Las noches de la luna llena*, 1984; *El amigo de mi amiga*, 1987; *Cuento de otoño*, 1998). También ha realizado adaptaciones de obras literarias y films históricos (*La marquesa de O*, 1976; *La inglesa y el duque*, 2001).

ROHRER (Heinrich), *Buchs 1933*, físico suizo. Con G. Binnig concibió en 1981 en el centro de investigación de IBM en Zurich, el primer microscopio de barrido con efecto túnel. (Premio Nobel 1986.)

ROHTAK, c. de la India (Haryana); 215 844 habitantes.

ROIG (Jaume), *Valencia h. 1400-Benimàmet, Valencia, 1478*, escritor valenciano. Es autor de la obra en verso *El espejo* (1455-1462), conocida también como *Libro de consejos* o *Libro de las mujeres*, virulenta acusación contra las mujeres y crudo retrato costumbrista.

ROIG (Montserrat), *Barcelona 1946-íd. 1991*, escritora española en lengua catalana. Su obra aúna el retrato de su generación (*La voz melodiosa*, 1987) con el documento social (*Los catalanes en los campos nazis*, 1977) y la reivindicación feminista (*Mujeres hacia un nuevo humanismo*, 1982).

ROÍS DE CORELLA (Joan), *Gandía h. 1438-Valencia 1497*, escritor valenciano. Último de los humanistas en catalán, escribió prosa intrincada y latinizante y poesía petrarquista.

Roja (plaza), plaza principal de Moscú, junto al *Kremlin. Mausoleo de Lenin.

ROJAS, partido de Argentina (Buenos Aires); 22 811 hab. Maíz, trigo y lino. Maquinaria.

ROJAS (Cristóbal), *Cúa 1858-Caracas 1890*, pintor venezolano. Academicista en los grandes formatos, en los pequeños tendió al impresionismo (*Muchacha vistiéndose*).

ROJAS (Diego de), *¿Burgos?-Tucma 1544*, conquistador español. Explorador del Río de la Plata con Francisco de Mendoza (1543) por orden de Vaca de Castro, fundó Chuquisaca en el país de los chunchos y exploró la región de Tucumán. Murió en lucha con los juríes.

ROJAS (Fernando de), *La Puebla de Montalbán h. 1465-Talavera de la Reina 1541*, escritor español. Judío converso, estudió leyes en Salamanca. Es el autor principal de La *Celestina.

ROJAS (Gonzalo), *Lebu 1917*, poeta chileno. Vinculado al grupo surrealista Mandrágora (1939-1941), su lírica, social y erótica, es de lenguaje tradicional y experimental (*La miseria del hombre*, 1948; *Contra la muerte*, 1964; *Transtierro*, 1979; *Las hermosas*, 1991; *No haya corrupción*, 2003). [Premio Cervantes 2003.]

■ GONZALO **ROJAS**   ■ RICARDO **ROJAS**

ROJAS (Jorge), *Santa Rosa de Viterbo 1911-Bogotá 1995*, poeta colombiano. Romántico (*La forma de su huida*, 1939; *Soledades I*, 1949; *Soledades II*, 1954), fundó, con Eduardo Carranza, el grupo poético Piedra y cielo.

ROJAS (Manuel), *Buenos Aires 1896-Santiago 1973*, escritor chileno. En su narrativa acoge vivencias personales y descripciones de la vida de los trabajadores (*Hijo de ladrón*, 1951; *Cuentos*, 1970).

ROJAS (Ricardo), *Tucumán 1882-Buenos Aires 1957*, escritor argentino. Autor de poesía, narrativa y teatro, sobresalió en el ensayo, la crítica y la biografía (*La argentinidad*, 1916; *Historia de la literatura argentina*, 1924-1925).

ROJAS GARRIDO (José María), *Agrado, Tolima, 1824-Bogotá 1883*, político colombiano. Diplomático, fue ministro de relaciones exteriores (1860, 1867) y presidente interino de la república (1866). También fue periodista.

ROJAS PAÚL (Juan Pablo), *Caracas 1829-íd. 1905*, político venezolano. Magistrado, fue ministro de hacienda y de relaciones exteriores y presidente de la república (1888-1890).

ROJAS PINILLA (Gustavo), *Tunja 1900-Melgar 1975*, militar y político colombiano. Dirigió el golpe de estado contra Gómez (1953) y tomó el poder. Derrocado en 1957, se exilió hasta 1963. En 1965 fundó el partido Alianza nacional y popular (Anapo).

ROJAS VILLANDRANDO (Agustín de), *Madrid 1572-Paredes de Nava, Palencia, 1618*, escritor español. Su principal obra, *El viaje entretenido* (1603), es un excepcional documento de la vida teatral de la época.

ROJAS ZORRILLA (Francisco de), *Toledo 1607-Madrid 1648*, dramaturgo español. Aunque se suele emparentar su teatro con el de Calderón, se singulariza por su carácter violento y trágico. Escribió el drama de honor *Del rey abajo, ninguno* (1640-1645) la comedia costumbrista *Donde hay agravios no hay celos* y la comedia *Entre bobos anda el juego*.

ROJO, cabo de Puerto Rico, que constituye el extremo SO de la isla.

ROJO (mar), largo golfo del océano Índico, entre Arabia y África, que comunica con el Mediterráneo a través del canal de Suez. Debe su origen a una fosa de hundimiento invadida por las aguas (ant. *golfo Arábigo* o *mar Eritreo*).

ROJO (río), en vietnamita **Sông Koi** o **Sông Nhi Ha**, r. de Vietnam, que nace en Yunnan (China) y desemboca en el golfo de Tonkín a través de un vasto delta (arroz) [reserva de la biosfera 2004]; 1 200 km. Pasa por Hanoi.

ROJO (Tamara), *Montreal 1974* bailarina española. Primera bailarina del English National Ballet (1997-2000) y del Royal Ballet (desde 2000), dotada de una técnica excepcional, ha interpretado los papeles principales del repertorio clásico (*Cascanueces, La bella durmiente, La cenicienta*). [Premio Príncipe de Asturias de las artes 2005.]

ROJO (Vicente), *Barcelona 1932*, pintor y diseñador mexicano de origen español. Destacado representante de la abstracción, en su obra trata de hacer aflorar lo orgánico de los colores y las formas. También sobresale su trabajo como ilustrador y grabador.

Rojo y negro, novela de Stendhal (1830), que describe la sociedad francesa en la época de la Restauración borbónica.

ROKHA (Carlos Díaz Loyola, llamado **Pablo de**), *Curicó 1894-Santiago 1968*, poeta chileno. Comunista y rebelde, maestro de poetas (entre ellos Neruda), cultivó una poesía militante, abundante en metáforas y de gran riqueza rítmica (*Gemidos*, 1922; *Morfología del espanto*, 1942; *Fuego negro*, 1952).

ROKOSSOVSKI (Konstantín Konstantínovich), *Velikie Luki, cerca de Poltava, 1896-Moscú 1968*, mariscal soviético. Dirigió varias ofensivas victoriosas durante la segunda guerra mundial. Nacionalizado polaco, fue ministro de defensa de Polonia (1949-1956) y viceministro de defensa de la URSS (1958-1962).

Roland Garros, estadio de tenis de París, sede de los campeonatos internacionales de Francia (torneo del Grand Slam).

ROLDÁN (Amadeo), *París 1900-La Habana 1939*, violinista y compositor cubano. Su música incorpora elementos afrocubanos: ballet *La rebambaramba* (1928); serie *Rítmicas* (1930), escrita enteramente para percusión.

ROLDÁN (Belisario), *Buenos Aires 1873-íd. 1922*, escritor argentino, famoso orador, poeta melodramático y dramaturgo (*El rosal de las ruinas*, 1916).

ROLDÁN (Pedro), *Sevilla 1624-íd. 1699*, escultor español. Discípulo de A. de Mena, el vivo movimiento y el sentido dramático que aporta a sus figuras le ligan al barroco pleno (retablo mayor de la iglesia del hospital de la Caridad de Sevilla, 1670-1674).

Roldán (Cantar de), el más antiguo de los cantares de gesta franceses (fines s. XI). Amplifica un hecho histórico (la matanza de la retaguardia del ejército de Carlomagno por los vascones en Roncesvalles, 778) y exalta la fidelidad al rey del héroe Roldán (en fr. Roland) y el sentimiento religioso ante el islam.

ROLDANA (Luisa **Roldán**, llamada **la**), *Sevilla 1654-Madrid 1704*, escultora española. Hija y discípula de Pedro Roldán, cultivó la terracota cocida y policromada al óleo, con escenas populares (*Desposorios místicos de santa Catalina*, Hispanic Society, Nueva York).

ROLDANILLO, mun. de Colombia (Valle del Cauca); 29 942 hab. Agricultura. Elaboración de tabaco.

ROLDÓS (Jaime), *Guayaquil 1940-Guachanama*

1981, abogado y político ecuatoriano. Presidente de la asociación de abogados, fue uno de los redactores de la constitución de 1978. Elegido presidente (1979), murió en un accidente antes de finalizar su mandato.

ROLLAND (Romain), *Clamecy 1866-Vézelay 1944*, escritor francés, autor de obras dramáticas, filosóficas y novelísticas donde exalta a los héroes y personajes excepcionales. (Premio Nobel 1915.)

ROLLING STONES (The), grupo británico de rock, fundado en 1962 en Londres. Sus principales miembros son: **Mick Jagger** (act. sir), *Dartford 1943*, cantante y letrista, **Keith Richards**, *Richmond 1943*, guitarrista y compositor, y **Brian Jones**, *Cheltenham 1942-Londres 1969*, guitarrista. Representan la vertiente airada y provocadora del rock (*Satisfaction*, 1965; *Paint it Black*, 1966; *Sympathy for the Devil*, 1968).

ROLLINS (Theodore Walter, llamado Sonny), *Nueva York 1930*, saxofonista tenor y compositor de jazz estadounidense. Su interpretación se caracteriza por un sonido potente y la influencia de las músicas caribeñas. (*Saxophone Colossus*, 1956).

ROLÓN (José), *Zapotlán 1886-México 1945*, compositor mexicano. Director del conservatorio nacional de México (1930-1938), en su obra utiliza elementos folclóricos autóctonos (*Obertura de concierto*, 1920, *Cuauhtémoc*, poema sinfónico, 1928).

ROMA, cap. de Italia, de la región del Lacio y de prov. a orillas del Tíber; 2 693 383 hab *(romanos)*. Residencia papal y ciudad importante por la abundancia de monumentos antiguos y obras de arte. Capital de Italia desde 1870, es un centro político, intelectual, artístico, religioso y turístico, y cuenta con algunas industrias.

HISTORIA

Roma nació en el s. VIII a.C. con la unión de varios pueblos latinos y sabinos establecidos en las colinas, siete según la tradición *(Aventino, Palatino, Capitolio, Quirinal, Viminal, Esquilino, Celio)*. Los etruscos contribuyeron en gran medida a hacer de Roma una ciudad bien organizada, provista de murallas y monumentos (ss. VIII-VI a.C.). Convertida pronto en la capital de un inmenso imperio, la ciudad llegó a contar con un millón de habitantes. La aparición de los bárbaros la obligó a organizar su defensa (s. III) y a replegarse tras la muralla fortificada de Aureliano. Constantino le asestó un golpe mortal al convertir Constantinopla en la segunda capital (330). Roma, privada de la presencia imperial después de que los emperadores se instalaran en Ravena (402), entró en declive antes de ser saqueada por los bárbaros (410, 455 y 472). La ciudad, centro del cristianismo, capital de los Estados Pontificios desde 756 y sede del papado (salvo en la época del papado de Aviñón y el gran cisma, 1309-1420), volvió a tener un gran prestigio. Roma se convirtió en el punto de encuentro de los grandes artistas del renacimiento a partir del s. XV, época en que los papas le dieron

■ **ROMA.** La plaza Navona con la fuente del Maure y, a la izquierda, la iglesia de Santa Inés.

un nuevo impulso. A partir de 1848 se planteó la Cuestión *romana, regulada por los acuerdos de Letrán (1929), que crearon el estado independiente del Vaticano.

BELLAS ARTES

De la Roma republicana quedan pocos restos, a excepción de los templos de Vesta y de la Fortuna, al pie del Capitolio. La Roma imperial se expandió alrededor de los foros, con sus diversas basílicas (Emilia, Julia y de Majencio), los arcos de triunfo de Septimio Severo, Tito y Constantino, el inmenso *Coliseo, y, no muy lejos, el teatro de Marcelo. También son destacables el *Panteón, las termas de Diocleciano (iglesia de Santa María de los Ángeles y museo nacional), las de Caracalla, con hermosos mosaicos y la *Domus aurea* de Nerón, cuyas pinturas murales están emparentadas con las de principios del arte paleocristiano en las catacumbas (de san Calixto, san Sebastián, santa Priscila, etc.). Las primeras basílicas cristianas (posteriormente muy reconstruidas en general) se impregnaron de la grandeza imperial: San Juan de Letrán, Santa María la Mayor (mosaicos de los ss. IV, V y XIII), San Pablo Extramuros, San Lorenzo Extramuros (decoración cosmatense, claustro románico), San Clemente (mosaicos y frescos). Muchas pequeñas iglesias asocian las tradiciones antigua, paleocristiana y bizantina: Santa Sabina (s. V), Santa María in Cosmedin (campanario del s. XII), Santa María la Antigua (frescos de los ss. VI-VIII), Santa Práxedes (s. IX), Santa María in Trastevere (mosaicos, algunos debidos a P. Cavallini), etc. La primera manifestación del renacimiento fue la construcción del palacio Venecia (h. 1455), seguida por la primera decoración de la capilla *Sixtina. Las iniciativas del papa Julio II, confiadas a Bramante, Rafael y Miguel Ángel, convirtieron a Roma en la cuna del renacimiento: obras del *Vaticano, inicio de la reconstrucción de la basílica de *San Pedro, esbozo de un nuevo urbanismo en el que se incluyen iglesias y edificios nobles (palacio Farnesio). Iniciada en 1568 por Vignola, la iglesia del Gesù se convirtió en el monumento típico de la *Contrarreforma. El estilo barroco nació en Roma con las de obras de Maderno y su desarrollo con las de Bernini, Borromini y P. da Cortona (palacio Barberini, 1624-1633). Con intervención de estos cuatro artistas. Uno de los conjuntos característicos del estilo barroco es la plaza Navona (ant. circo de Domiciano), con las fuentes de Bernini y la iglesia de Santa Inés. En el s. XVIII y a principios del XIX se multiplicaron, en la línea de las creaciones anteriores, las fuentes, perspectivas, fachadas y escaleras monumentales: fuente de Trevi, 1732; plaza del Popolo, al pie de los jardines del Pincio, 1816. — Principales museos de Roma (además de los del Vaticano): museos del conjunto del Capitolio, concebido por Miguel Ángel (antigüedad); museo nacional de las Termas de Diocleciano (antigüedad); museo de la villa Giulia (arte etrusco); galería Borghese (pintura y escultura); Galería nacional de arte antiguo, en los palacios Barberini y Corsini; galería Doria-Pamphili. El centro histórico fue declarado patrimonio de la humanidad en 1980.

ROMA, uno de los principales estados de la antigüedad, que surgió de la ciudad homónima.

HISTORIA

La Roma de los orígenes y de la realeza (753-509 a.C.). Ss. VIII-VII a. C.: primeros establecimientos en el Palatinado (753, fecha legendaria de la fundación de Roma por Rómulo), que se extendieron en el s. VII por las siete colinas. Reino de reyes latinos y sabinos. **S. VI a. C.:** los reyes etruscos organizaron la ciudad y erigieron sus primeros monumentos.

La República romana (509-27 a.C.). 509 a. C.: los nobles romanos expulsaron a Tarquino el Soberbio y fundaron la República. **H. 390 a.C.:** los galos, instalados en la llanura del Po, derrotaron al ejército romano en la batalla del Allia y se apoderaron de Roma, que quemaron, salvo el Capitolio. **Ss. V-III a. C.:** Roma conquistó Italia. **264-146:** las guerras púnicas le permitieron derrotar a su gran rival, Cartago. **Ss. II-I:** convirtió a Grecia en una provincia romana, después conquistó Asia Menor, Judea, Siria, Hispania y Galia. **133-123:** los Gracos fracasaron en su intento de introducir reformas agrarias. Las luchas internas no tardaron en debilitar la República. **107-86:** Mario y posteriormente Sila (82-79) impusieron ilegalmente su autoridad con la ayuda del ejército. **60:** Pompeyo, Craso y César concertaron un pacto privado para repartirse el poder (primer triunvirato) y renovaron el acuerdo en 55. **49-48:** guerra civil. César venció a Pompeyo en Farsalia (48). **48-44:** César, dictador, fue asesinado en el idus de marzo (44). **43:** segundo triunvirato: Marco Antonio, Octavio y Lépido. **31:** después de vencer a Marco Antonio en Actium, Octavio, sobrino e hijo adoptivo de César, se convirtió en único dueño del mundo romano. **27:** recibió del senado el título de Augusto.

El Imperio romano: el Alto imperio (ss. I-II).
El emperador gobernó con el apoyo de una administración fuerte y se reservó todos los poderes de las magistraturas republicanas *(principado)*. Se sucedieron cuatro grandes dinastías: **27 a.C.-68 d.C.:** los Julio Claudios, de Augusto a Nerón; fue un período fundamental para la organización del imperio. **69-96:** los Flavios, de Vespasiano a Domiciano; la burguesía de las provincias accedió al poder. **96-192:** los Antoninos, de Nerva a Cómodo; fue el siglo de oro del Imperio romano gracias a Trajano, Adriano, Antonino y Marco Aurelio. **193-235:** los Severos, de Septimio Severo a Severo Alejandro. **212:** el edicto de Caracalla otorgó el derecho de ciudadanía a todos los hombres libres del imperio. Fue en los ss. I y II cuando se afirmó el arte romano monumental, marcado ante todo por los designios políticos del estado. Las ciudades se organizaron según un trazado similar, alrededor del centro político, el *forum*. Los elementos esenciales eran los mercados, las basílicas, las termas, los teatros, además de los acueductos, que abastecían de agua a las ciudades.

El Imperio romano: el Bajo imperio (ss. III-

IV). **235-284:** atacado por los germanos y los persas, el imperio estuvo a punto de dividirse. Durante ese período de anarquía militar, los emperadores Galieno (260-268) y Aureliano (270-275) salvaron la situación. **284-305:** Diocleciano consiguió una recuperación duradera y estableció la *tetrarquía* (293), sistema colegiado de gobierno compartido por dos augustos y dos césares. Los cristianos fueron objeto de persecuciones. **306-337:** Constantino concedió a los cristianos el derecho de practicar su religión (313). Creó una nueva capital, Constantinopla, rival de Roma a partir de entonces. **395:** a la muerte de Teodosio, el Imperio romano fue definitivamente dividido entre el Imperio de Occidente (cap. Roma) y el Imperio romano de Oriente (cap. Constantinopla). **S. v:** las invasiones bárbaras afectaron gravemente al imperio de occidente. **410:** saqueo de Roma por parte de Alarico. **476:** el rey bárbaro Odoacro depuso al último emperador, Rómulo Augústulo; fin del Imperio de Occidente. En Oriente, el Imperio *bizantino perduró hasta 1453.

Roma (saco de) [mayo 1527], conquista y saqueo de Roma, llevado a cabo por las tropas imperiales de Carlos Quinto y dirigido por el condestable de Borbón, tras la alianza del papa Clemente VII y Francisco I contra el emperador.

Roma (saqueo de) [ag. 410], conquista y saqueo de Roma por parte del rey visigodo Alarico. Por primera vez desde 390 a.C., Roma fue ocupada por tropas enemigas, y este acontecimiento tuvo una repercusión considerable en todo el imperio.

Roma (tratado de) [25 marzo 1957], tratado por el que se creó la Comunidad económica europea (CEE).

ROMAINS (Jules), *Saint-Julien-Chapteuil 1885-París 1972*, escritor francés. Escribió novelas

de humor paródico (*Danogoo Tonka,* 1920), poemas, ensayos y teatro (*Knock,* 1923).

ROMANA (La), c. de la República Dominicana, cap. de la prov. homónima, junto a la costa del Caribe; 136 000 hab. Puerto exportador de azúcar. Pesca.

ROMANA (provincia de **La**), prov. del SE de la República Dominicana; 658 km²; 169 223 hab.; cap. *La Romana.*

romana (Cuestión), conjunto de problemas planteados en el s. XIX por la supervivencia de los Estados Pontificios en una Italia en vías de su unidad nacional.

romana (I república) [15 febr. 1798-29 sept. 1799], república fundada por el Directorio francés en Roma, en lugar de los Estados Pontificios, a la que puso fin la intervención napolitana.

Romancero gitano, libro de poemas de F. García Lorca (1928), inspirado en motivos andaluces y en la situación marginal o trágica de la comunidad gitana.

Roman de la rose, poema alegórico. La primera parte, de Guillaume de Lorris (1230-1235), es un arte amatoria según las reglas del amor cortés; la segunda, satírica y enciclopédica, es de Jean de Meung (1275-1280).

ROMANIA, conjunto de países de lengua latina, posteriormente románica, resultante del desmembramiento del Imperio romano.

ROMANO el Méloda, *s. VI,* poeta bizantino. Sus himnos lo convirtieron en un clásico de la poesía litúrgica.

ROMANO I LECAPENO, *m. en Proti 944,* emperador bizantino (920-944). Fue derrocado por sus hijos. — **Romano II,** *939-963,* emperador bizantino (959-963). Dejó gobernar a su mujer, Teófano. — **Romano III Argiro,** *h. 970-1034,* emperador bizantino (1028-1034). — **Romano IV Diógenes,** *m. en 1072,* emperador

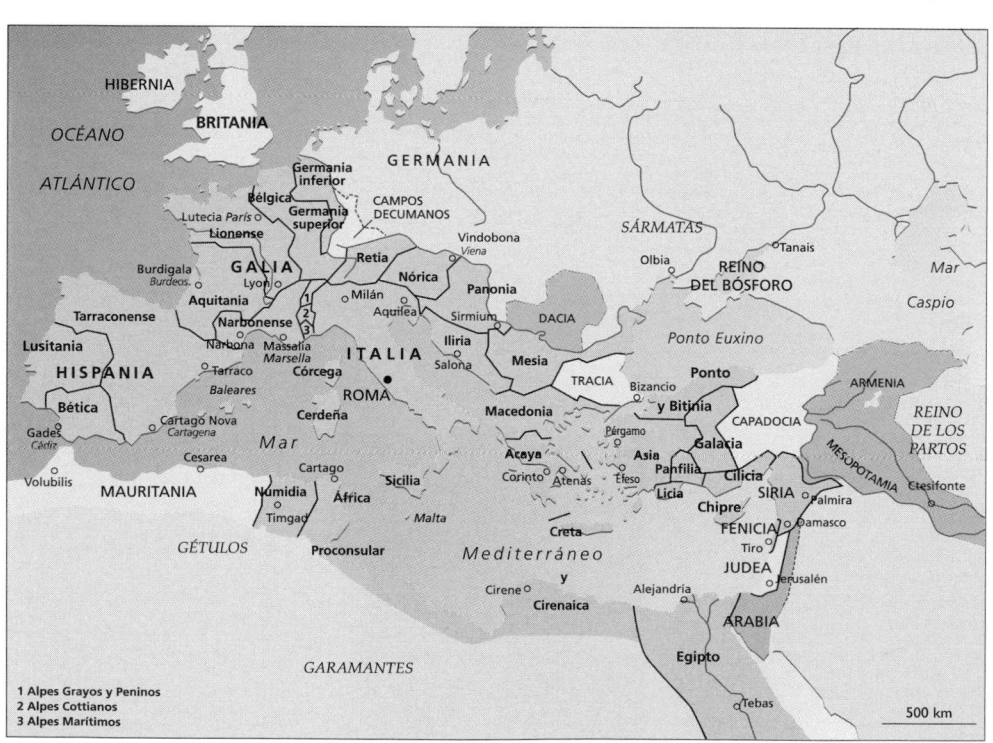

EL IMPERIO ROMANO DE AUGUSTO A TRAJANO

El imperio en la época de Augusto (14 d.C.)

Anexiones desde la muerte de Augusto al advenimiento de Trajano (98 d.C.)

Conquistas de Trajano (98-117 d.C.)

Límites de las provincias a la muerte de Augusto

1 Alpes Grayos y Peninos
2 Alpes Cottianos
3 Alpes Marítimos

■ EL ARTE EN EL IMPERIO ROMANO

Roma supo rentabilizar las potencialidades de todos los pueblos que conquistó, y no solo les impuso su sistema político y su civilización sino que supo también servirse de sus artistas para que contribuyeran a afianzar su hegemonía.

Bustos de Catón de Útica y su hija Porcia. Mármol; s. I a.C. El arte del retrato debe su apogeo y su profundidad psicológica a la utilización que de él se hacía en el culto a los ancestros. Durante la República solía representarse con un realismo viril que apelaba a los valores austeros y tradicionales. (Museo Pío Clementino, Vaticano.)

Ara Pacis Augustae (Altar de la paz de Augusto). Mármol (9 a.C.), Campo de Marte, Roma. Aunque su lenguaje plástico es claramente griego, el simbolismo de la prosperidad y de la abundancia de esta Madre Tierra, rodeada de alegorías de las aguas dulce y salada, es característico de Roma.

El foro romano. Vista NO/SE, con las columnas del templo de Saturno en primer término. El acondicionamiento de la llanura pantanosa que con el tiempo albergaría el foro romano fue obra de los etruscos. El foro se convirtió en el centro de la vida judicial, política y económica de Roma.

La casa del Fauno. Construida en Pompeya hacia el s. II a.C. y modificada a finales del mismo siglo, esta lujosa villa patricia combina el atrio itálico con elementos de la arquitectura helenística, en una superficie de casi 3 000 m² y con dos peristilos.

La ínsula de Ostia. Al contrario que la villa o la domus patricia, la ínsula es un edificio de renta y la vivienda más habitual de los romanos. Estaba destinada al pueblo, y su construcción estaba muy reglamentada. Podía alcanzar los 20 metros de altura y no poseía ninguna comodidad.

Hércules y Télefo. Pintura mural; s. I a.C. Procedente de la basílica de Herculano, e inspirada en un arquetipo griego, esta obra muestra el gusto de la sociedad de la época por el mundo fabuloso de la mitología. (Museo nacional, Nápoles.)

bizantino (1068-1071). Fue derrotado por Miguel II, quien lo mandó cegar.

ROMANO (Giulio **Pippi**, llamado Julio), *Roma 1499-Mantua 1546*, pintor y arquitecto italiano. Discípulo y colaborador de Rafael y maestro del manierismo, su principal obra es el palacio Té en Mantua (1525-1534).

ROMANONES (Álvaro de **Figueroa, conde de**), *Madrid 1863-íd. 1950*, político español. Diputado liberal, alcalde de Madrid y ministro en varias ocasiones, fue jefe de gobierno (1912-1913 y 1915-1917). Defendió la participación en la primera guerra mundial en el bando aliado y en 1931 aconsejó a Alfonso XIII que abandonara el trono. Fundador del *Diario universal* (1903), escribió obras históricas y memorias políticas.

ROMÁNOV, dinastía que reinó en Rusia de 1613 a 1917. Familia de boyardos moscovitas que accedió al trono de Rusia con Miguel Fiódorovich (1613-1645), fue sustituida por la rama de *Holstein-Románov*, de Pedro III a Nicolás II (1762 1917).

ROMAÑA, ant. prov. de Italia, a orillas del Adriático, que forma act., junto con Emilia, la región de *Emilia Romaña*. Cedida al papado por Pipino el Breve (756), fue anexionada en 1860 al reino de Cerdeña.

ROMARIO (Romario da Sousa Faria, llamado), *Río de Janeiro 1966*, futbolista brasileño. Delantero, campeón del mundo con la selección de su país (1994), jugó con el Vasco da Gama, PSV Eindhoven, Barcelona, Valencia, Flamengo y Fluminense. Se retiró en 2008.

ROMAY (Miguel), escultor español activo entre 1705 y 1740, fundamentalmente en la catedral de Santiago de Compostela, donde colaboró como tracista, tallista e imaginero (retablo de San Martín Pinario, Santiago de Compostela).

ROMEA (Julián), *Aldea de San Juan, Murcia, 1813-íd. 1868*, actor español. Destacado actor trágico, dirigió el teatro del Príncipe de Madrid con su esposa, la también actriz Matilde **Díez**.

Romeo y Julieta, personajes legendarios, recuperados por Shakespeare en su tragedia *Romeo y Julieta* (h. 1595). En Verona, a pesar del odio que separa a sus familias, los Capuleto y los Montesco, Romeo y Julieta se aman y se casan en secreto, pero la fatalidad los conduce a la muerte. — La tragedia de Shakespeare ha inspirado a numerosos artistas. Berlioz compuso una sinfonía dramática (con letra de E. Deschamps, 1839); Gounod, una ópera (libreto de J. Barbier y M. Carré, 1867). — Prokófiev compuso una partitura para ballet con este tema (1938), en la que se basaron varias coreografías, como las de L. Lavrovski (1940), F. Ashton (1955), J. Cranko (1962), K. MacMillan (1965), J. Neumeier (1971), Y. Grigórovich (1977), R. Nuréiev (1980) y A. Preljocaj (1990). M. Béjart utilizó en su versión (1966) la partitura de Berlioz. Este drama también ha sido adaptado al cine (F. Zeffirelli, 1968).

RÖMER (Olaus u Ole), *Aarhus 1644-Copenhague 1710*, astrónomo danés. Gracias a sus observaciones de los satélites de Júpiter, en 1676 demostró que la luz se propaga a una velocidad definida. También es el inventor del anteojo meridiano (h. 1685).

Romeral (El), centro de extracción de hierro de Chile (Coquimbo), al N de La Serena.

ROMERO (Carlos Humberto), *Chalatenango 1924*, militar y político salvadoreño. Presidente de la república (1977), fue derrocado por un golpe militar (1979).

ROMERO (Francisco), *Sevilla, España, 1891-Martínez, Buenos Aires, 1962*, filósofo argentino. Definió la intencionalidad como la característica primaria del hombre (*Filosofía de la persona*, 1944; *Teoría del hombre*, 1952-1958).

ROMERO (Francisco, llamado Curro), *Camas 1935*, matador de toros español. Tomó la alternativa en 1959. Torero de gran personalidad, pero con actuaciones muy irregulares. Se retiró en 2000.

ROMERO (José Rubén), *Cotija de la Paz 1890-México 1952*, escritor mexicano. Cultivó una narrativa de tema regional y autobiográfico (*Apuntes de un lugareño*, 1932) y la novela de humorismo picaresco (*La vida inútil de Pito Pérez*, 1938).

ROMERO (Julio César), *Ciudad de Luque 1957*,

futbolista paraguayo. Delantero, jugó con los equipos Cosmos, Fluminense, Barcelona y Cerro Cora. Participó en la copa del mundo con la selección de su país (1986).

ROMERO (Mateo), conocido como **Maestro Capitán,** *Lieja 1575-Madrid 1647,* compositor español de origen flamenco. Director de la capilla musical de Felipe II, es autor de piezas religiosas (*Misa a nueve voces y tres coros*).

ROMERO (Óscar Arnulfo), *Ciudad Barrios 1917-San Salvador 1980,* prelado salvadoreño. Arzobispo de San Salvador desde 1977, firme defensor de los derechos humanos en un clima de guerra civil, fue asesinado mientras oficiaba en la capilla del hospital de la Divina Providencia de San Salvador.

■ ÓSCAR ARNULFO **ROMERO**

■ EL MARISCAL **ROMMEL,** por J. Gietze. (Bildarchiv Preussischer Kulturbesitz.)

ROMERO (Pedro), *Ronda 1754-íd. 1839,* matador de toros español. Activo desde 1776, su carrera alcanzó ribetes legendarios, incluyendo su rivalidad con Costillares y Pepe-Hillo.

ROMERO BARCELÓ (Carlos Antonio), *San Juan 1932,* político puertorriqueño. Dirigente del Partido nuevo progresista, partidario de la anexión de la isla por EUA, fue gobernador de Puerto Rico (1977-1984) y representante en el congreso de EUA (1993-2001).

ROMERO BREST (Jorge), *Buenos Aires 1905-íd. 1989,* crítico e historiador del arte argentino. Muy influyente en las artes plásticas de su país, dirigió el museo nacional de bellas artes y el Centro de artes visuales del Instituto Di Tella. Publicó *El problema del arte y del artista contemporáneo* y *El arte en la Argentina* (1969).

ROMERO DE TORRES (Julio), *Córdoba 1874-íd. 1930,* pintor español. Tras una etapa inicial decorativa y de temática social, pronto adoptó un lenguaje simbolista en el que destacan sus gitanas más o menos desnudas, síntesis de sus obsesiones eróticas y necrófilas (*Musa gitana*). — Museo monográfico en Córdoba.

ROMERO ROBLEDO (Francisco), *Antequera 1838-Madrid 1906,* político español. Miembro de la junta revolucionaria de Madrid (1868), ingresó en el Partido conservador. Fue, desde el ministerio de la Gobernación (1875-1885), uno de los artífices del caciquismo.

ROMITA, mun. de México (Guanajuato); 34 984 hab. En el distrito de riego del Alto Lerma.

ROMMEL (Erwin), *Heidenheim, Württemberg, 1891-Herrlingen, cerca de Ulm, 1944,* mariscal alemán. Dirigió el cuartel general de Hitler en 1939 y se distinguió en Francia (1940), Libia y Egipto, donde fue derrotado en El-Alamein (1942). En 1944 dirigió el frente de Normandía pero, implicado en la conjura de los generales contra Hitler (20 de julio), fue arrestado e incitado a suicidarse por orden de este último. Hábil estratega y maestro en el arte de las maniobras de los vehículos blindados, fue uno de los representantes más brillantes de la escuela alemana de la guerra relámpago (*Blitzkrieg*).

ROMNEY (George), *Dalton in Furness, Lancashire, 1734-Kendal, Cumbria, 1802,* pintor británico, retratista de estilo sobrio y directo.

ROMUALDO (san), *Ravena h. 950-Val-di-Castro, cerca de Fabriano, 1027,* monje italiano. Ermitaño benedictino, fundó la congregación de los camaldulenses.

RÓMULO, fundador legendario de Roma (753 a.C.) con su hermano *Remo, de la que fue primer rey. Tras su muerte, fue identificado con el dios Quirino.

RÓMULO AUGÚSTULO, *h. 461,* último emperador romano de occidente (475-476). Fue depuesto por Odoacro.

RONALDINHO (Ronaldo de Assis Moreira, llamado), *Porto Alegre 1980,* futbolista brasileño. Delantero técnico e imaginativo, jugador del Gremio de Porto Alegre (1998-2001), Paris Saint-Germain (2001-2003), Barcelona (2003-2008) y Milan (desde 2008), se proclamó campeón del mundo con la selección de su país (2002).

RONALDO (Ronaldo Luiz Nazario **da Lima,** llamado), *Río de Janeiro 1976,* futbolista brasileño. Jugador dotado, ha sido campeón del mundo con la selección de su país (1994, 2002). Ha jugado con los equipos Cruzeiro, P.S.V. Eindhoven, Barcelona, Inter, Real Madrid, Milan y Corinthians. Máximo goleador en un mundial.

RONCAL (Valle del), comarca de España, en el Pirineo navarro, entre los valles de Ansó y Salazar, avenado por el Esca. Quesos.

RONCESVALLES (puerto de), en vasc. **Ibañeta,** paso pirenaico de España; 1 177 m. Al pie se encuentra la villa de *Roncesvalles* u *Orreaga.* En el Camino de Santiago. — Colegiata gótica de la hospedería (ss. XIII-XIV), con importante tesoromuseo. Silo románico.

Roncesvalles (batalla de) [15 ag. 778], derrota del ejército de Carlomagno en Roncesvalles por vascones, tras una expedición contra Pamplona y Zaragoza. — El episodio inspiró el poema épico *Cantar de *Roldán.*

RONCONI (Luca), *Susa 1933,* director de teatro y de ópera italiano. Sus espectáculos de vanguardia *(Orlando furioso; Utopia)* se centran en el emplazamiento teatral, el espacio escénico y la relación con el público. Director del teatro Stabile de Turín y del Argentina de Roma, dirige desde 1999 el Piccolo teatro de Milán.

RONDA, c. de España (Málaga), cab. de p. j.; 34 021 hab. (*arundenses* o *rondeños*). Se extiende a ambos lados de la garganta del río Guadalevín (*«Tajo» de Ronda*). Cría de caballos. Turismo.— Restos romanos. Baños árabes (ss. XIII-XIV). Iglesia de Nuestra Señora de la Paz (s. XVI). Palacios renacentistas. Puente sobre el «Tajo» (s. XVIII).

RONDA (serranía de), macizo de España, en el extremo O del sistema Penibético. Comprende las sierras Oreganal, Blanquilla y Prieta, más la zona costera (sierras Bermeja, Palmitera y Real). En la sierra de Tolox, al E, se halla el *coto nacional de la serranía de Ronda.*

ronda de noche (La), sobrenombre de una tela realizada por Rembrandt para el gremio de arcabuceros de Amsterdam, representación (en realidad diurna) de *La compañía de arcabuceros del capitán Frans Banning Cocq* (1642, Rijksmuseum, Amsterdam).

RONDEAU (José), *Buenos Aires 1773-Montevideo 1844,* patriota y militar uruguayo de origen argentino. Fue presidente del directorio de las Provincias Unidas (1815 y 1819-1820), presidente de Uruguay (1828-1830), jefe del estado mayor del ejército (1835-1838) y ministro de guerra (1839).

■ PIERRE DE **RONSARD.** (Museo de Blois, Francia.)

■ FRANKLIN D. **ROOSEVELT**

RONDÔNIA, estado del O de Brasil; 1 130 400 hab.; cap. *Porto Velho.*

RONSARD (Pierre de), *castillo de Possonnière 1524-Saint-Cosme-en-l'Isle, cerca de Tours, 1585,* poeta francés. Estudió a los clásicos y, junto con el grupo de la *Pléyade, se propuso renovar la inspiración y la forma de la poesía francesa. Erudito (*Odas,* 1550-1552), lírico (*Los amores,* 1552-1578) y épico (*Himnos,* 1555-1556), fue poeta de la corte y se mantuvo hostil a la Reforma.

RÖNTGEN (Wilhelm Conrad) → **ROENTGEN.**

ROODEPOORT, c. de la República de Sudáfrica, cerca de Johannesburgo; 162 632 hab.

ROON (Albrecht, conde **von**), *Pleushagen, cerca de Kolberg, 1803-Berlín 1879,* mariscal prusiano. Ministro de guerra (1859-1873), reorganizó, con Moltke, el ejército prusiano.

ROOSEVELT (Franklin Delano), *Hyde Park, estado de Nueva York, 1882-Warm Springs 1945,* político estadounidense. Primo y sobrino por matrimonio de Theodore *Roosevelt, demócrata, secretario adjunto de la Marina (1913-1920) y gobernador del estado de Nueva York (1929-1933), fue elegido presidente de EUA en 1933 y reelegido en 1936, 1940 y 1944. Intentó recuperar la economía (*New Deal) tras la crisis de 1929-1932. Decidió la participación de EUA en la segunda guerra mundial (1941) y fue uno de los artífices de la victoria aliada.

ROOSEVELT (Theodore), *Nueva York 1858-Oyster Bay, estado de Nueva York, 1919,* estadista estadounidense. Republicano, participó en la guerra hispano-norteamericana (1898). Gobernador del estado de Nueva York (1898), fue nombrado vicepresidente de EUA (1900) y, a la muerte de McKinley, presidente (1901, reelegido en 1904). En el exterior, una política imperialista e intervencionista en América Latina (Panamá, Cuba y Santo Domingo). [Premio Nobel de la paz 1906.]

ROQUE DE LOS MUCHACHOS, cumbre de España, en la isla de La Palma (Canarias); 2 423 m. Observatorio astronómico del Instituto de astrofísica de Canarias.

ROQUE NUBLO, cumbre de España, en el centro de la isla de Gran Canaria (Canarias); 1 700 m.

■ LA **RONDA DE NOCHE,** por Rembrandt (1642). [Rijksmuseum, Amsterdam.]

ROQUES (archipiélago de **Los**), archipiélago venezolano del Caribe (dependencia federal), formado por cayos y 45 islas (la mayor es San Roque, 120 km²). Centro de investigaciones de la plataforma continental.

ROQUETAS DE MAR, mun. de España (Almería), cab. de p. j.; 44 370 hab. *(roquetenses).* Puerto pesquero. Turismo.

RORAIMA, macizo de cima plana de América del Sur, en el límite entre Brasil, Guyana y Venezuela. Presenta un relieve típico (tepui), en mesas de areniscas; 2 810 m en el monte Roraima, punto culminante de Guyana.

RORAIMA, estado del N de Brasil; 215 790 hab.

RØROS, c. de Noruega, al SE de Trondheim; 5 594 hab. Ant. ciudad minera (cobre), de trazado regular, que conserva un conjunto de casas viejas de madera; museo de la Mina. (Patrimonio de la humanidad 1980.)

RORSCHACH (Hermann), *Zürich 1884-Herisau 1922,* psiquiatra suizo. Creó en 1921 un test psicológico de personalidad que lleva su nombre (v. parte n. com.).

RORTY (Richard), *Nueva York 1931-Palo Alto 2007,* filósofo estadounidense. Oponiendo su relativismo a las pretensiones de la ciencia y de la filosofía, defendió un tipo de utopía liberal (*La filosofía y el espejo de la naturaleza,* 1979).

ROSA (monte), macizo de los Alpes, dividido entre Suiza e Italia; 4 638 m en la punta Dufour.

ROSA (Salvatore), *Arenella, cerca de Nápoles, 1615-Roma 1673,* pintor italiano. Su obra (paisajes, marinas, batallas) está llena de vivacidad y de un expresivo colorido.

Rosa blanca (orden de la), orden nacional finlandesa. Fue creada en 1919 por C. G. Mannerheim.

Rosacruz o **Rosa-Cruz** (hermandad de la), movimiento místico fundado presumiblemente por Christian Rosencreutz (s. XV), del que surgieron posteriormente varias sociedades, como la *Antigua y mística orden Rosacruz* (AMORC), cuya filosofía tiene por objeto despertar todas las facultades del hombre en relación con las leyes cósmicas y naturales.

Rosa de Lima (santa), *Lima 1586-íd. 1617,* mística limeña. Destacó desde pequeña por sus dones místicos. Tomó el hábito de terciaria dominica en 1606 y vivió recluida en su casa, dedicada a la oración. Primera santa canonizada de América (1671), es patrona del continente y de Lima.

■ SANTA **ROSA DE LIMA**.
(Anónimo; museo de arte, Sevilla.)

ROSALES (Antonio), *Madrid h. 1740-íd. 1801,* compositor español, autor de tonadillas, sainetes y de la zarzuela *El licenciado Farfulla* (1776), con letra de Ramón de la Cruz.

ROSALES (Luis), *Granada 1910-Madrid 1992,* poeta español. Junto con Panero y Vivanco, pertenece a la promoción poética de 1936, de orientación católica e intimista. Entre sus obras destacan *La casa escondida* (1949), los poemas en prosa de *El contenido del corazón* (1969) y *Un rostro en cada ola* (1982). [Premio Cervantes 1982.] (Real academia 1962.)

ROSAMORADA, mun. de México (Nayarit); 34 695 hab. Maderas finas. Minería (oro, plata y plomo).

ROSARIO, c. de Argentina (Santa Fe), a orillas del Paraná; 1 078 374 hab. *(rosarinos).* Centro comercial y puerto cerealista. Industrias localizadas en su periferia N. Centro financiero y cultural. — Ciudad fundada en 1725 y ligada a la lucha por la independencia y a la construcción de la nación (1812, creación de la bandera argentina; 1856, juramento de la segunda constitución santafecina, etc.), su desarrollo se inició al ser proclamada por Urquiza (1854) puerto de las once provincias del interior y al ser establecida la ley de derechos diferenciales, en perjuicio de Buenos Aires (1857).

ROSARIO, mun. de México (Sinaloa), en el golfo de California; 44 740 hab. Camarones y ostrones. Industria minerometalúrgica. Puerto de cabotaje.

ROSARIO, mun. de Venezuela (Zulia); 24 369 hab. Centro agrícola (caña de azúcar, maíz y cambur).

ROSARIO (El), mun. de España (Santa Cruz de Tenerife), en Tenerife; 12 696 hab. *(rosarieros);* cap. *La Esperanza.* Pesca. Centro agropecuario. Industria alimentaria. Cemento.

ROSARIO (Florencia **Pérez**, llamada), *Sevilla 1918-Madrid 2000,* bailarina española. Desde su debut en Buenos Aires en 1937, formó pareja de baile español con Antonio hasta 1955, en que creó su propia compañía. Destacó por su capacidad para simultanear baile y canto.

ROSARIO DE LA FRONTERA, dep. de Argentina (Salta); 25 860 hab. Aserraderos. Aguas termales.

ROSARIO DE LERMA, dep. de Argentina (Salta); 26 242 hab. Central hidroeléctrica en el río Rosario.

ROSAS, en cat. **Roses,** v. de España (Gerona); 12 857 hab. *(rosenses).* En la costa N del *golfo de Rosas.* Puerto pesquero. Centro turístico (playa) en el Costa Brava. Ruinas de la ciudadela del mismo nombre.

ROSAS (Las), mun. de México (Chiapas); 15 925 hab. En el valle del Salado. Maíz, café. Bosques.

ROSAS (valle de las), parte del valle del Tundža, en Bulgaria, alrededor de Kazanlŭk.

ROSAS (Juan Manuel de), *Buenos Aires 1793-Swathling, Gran Bretaña, 1877,* militar y político argentino. Terrateniente, al frente de un ejército personal se levantó en 1828 contra los unitarios y se apoderó del litoral. Gobernador de Buenos Aires (1829-1832 y 1835), en 1842 implantó su poder dictatorial en Argentina apoyándose en las masas del Partido federal (campesinos, gauchos, negros) y creó el Partido restaurador apostólico. Intervino en Uruguay a favor del derrocado Oribe y sufrió un intento de bloqueo

■ JUAN MANUEL DE **ROSAS**,
por F. García del Molino.

de Buenos Aires por británicos y franceses (1845). En 1850 pactó con estos, y cuando parecía que iba a ocupar Montevideo, Urquiza, gobernador de Entre Ríos, lo derrotó en *Caseros* (1852). Rosas se exilió en Gran Bretaña, sus bienes fueron confiscados y se le condenó a muerte en rebeldía.

ROSAS DE OQUENDO (Mateo), *¿Sevilla 1559?-¿íd. 1612?,* poeta español. Vivió en el Río de la Plata, Perú y Nueva España. Su obra más conocida es *Sátira hecha por... a las cosas que pasan en Pirú, año de 1598,* un romance de más de dos mil versos en el que caricaturiza la sociedad colonial limeña.

ROSAS MORENO (José), *Lagos de Moreno 1838-íd. 1883,* escritor, periodista y político mexicano. Autor de *Fábulas mexicanas* (1872), libro de lectura obligatoria en las escuelas durante casi un siglo, también fundó periódicos y escribió libros de enseñanza y teatro para niños. Liberal, sufrió prisión, pero al restaurarse la república fue diputado.

ROSCELINO, en fr. Roscelin, *Compiègne h. 1050-Tours Besançon h. 1120,* filósofo francés. Fundador del nominalismo y maestro de Abelardo, reunió las tres personas de la Trinidad, pero tuvo que abjurar de ello bajo la presión de san Anselmo.

ROSCIO (Juan Germán), *San Francisco de Tiznados 1763-Rosario de Cucuta 1821,* patriota venezolano. Abogado, presidió el congreso de Angostura (1819). Fue vicepresidente de Venezuela (1819) y de la Gran Colombia (1820).

ROS DE OLANO (Antonio), *Caracas 1808-Madrid 1886,* militar y escritor español. Como autor de novelas, participó del ideal de la fantasía romántica (*El doctor Lañuela,* 1836). Escribió también cuentos y un libro de memorias (*Episodios militares,* 1833).

ROSELLÓ (Pedro), *San Juan 1944,* político puertorriqueño. Presidente del Partido nuevo progresista, fue gobernador de Puerto Rico (1993-2001). Su propuesta de integración de Puerto Rico en EUA fue derrotada en referéndum (nov. 1993).

ROSELLÓN, en fr. **Roussillon,** en cat. **Rosselló,** región histórica del S de Francia (Languedoc-Rosellón) que corresponde al territorio cedido por España a Francia en 1659 (condado independiente (s. IX) y vasallo de Barcelona (s. XI), en 1172 fue incorporado a la Corona de Aragón. En 1276-1344 formó parte del reino de Mallorca. Anexionado por Francia (1463) y devuelto por el tratado de Barcelona (1493), fue cedido definitivamente a Francia en el tratado de los Pirineos (1659). Durante la Revolución francesa fue integrado en el departamento de Pyrénées Orientales.

Rosellón (guerra del) [1793-1795], enfrentamiento entre España y la República francesa. Declarada por Godoy tras la ejecución de Luis XVI, la guerra tuvo otros frentes en el País Vasco, Navarra y Aragón. Dutrommer derrotó al ejército español en Montroig (nov. 1794), pero los catalanes frenaron el avance francés y recuperaron la Cerdaña. Concluyó con el tratado de Basilea (1795).

ROSENBERG (Alfred), *Revel, act. Tallinn, 1893-Nuremberg 1946,* teórico y político alemán. Uno de los principales ideólogos del nacionalsocialismo (*El mito del siglo XX,* 1930), fue condenado a muerte por el tribunal de Nuremberg y ejecutado.

Rosenberg (asunto), caso judicial estadounidense. Acusados de haber entregado secretos atómicos a la URSS, los esposos Julius y Ethel Rosenberg fueron condenados a muerte (1951) y ejecutados (1953), pese a la campaña internacional desencadenada en su favor.

ROSENBLAT (Ángel), *Wengrow, Polonia 1902-Caracas 1984,* filólogo venezolano. Destacó por sus investigaciones filológicas del castellano en América (*Lengua y cultura en Hispanoamérica,* 1962) y en especial de Venezuela (*Buenas y malas palabras,* 1960), y como historiador (*La población indígena y el mestizaje en América*).

ROSENBLUETH (Emilio), *México 1925-íd. 1994,* ingeniero mexicano. Sus estudios sobre el comportamiento de los edificios han permitido la construcción de grandes obras de ingeniería en regiones con alto riesgo sísmico. (Premio Príncipe de Asturias 1985.)

ROSENBLUETH STEARNS (Arturo), *Ciudad Guerrero 1900-México 1970*, fisiólogo mexicano. Estudió la transmisión de los impulsos nerviosos, el control de la circulación de la sangre y la fisiología del cerebro. Sus trabajos con N. Wiener sirvieron de base para la creación por este último de la cibernética. Dirigió el Centro de investigación y estudios avanzados del Instituto politécnico nacional de México.

ROSENZWEIG (Franz), *Kassel 1886-Frankfurt del Main 1929*, filósofo alemán. Precursor de la renovación del pensamiento judío, su obra tuvo gran influencia en las relaciones entre judíos y cristianos (*La estrella de la redención*, 1921).

ROSES → ROSAS.

Rosetta (piedra [de]), fragmento de una estela descubierta en Rosetta (en ár. *Rašid*, en el brazo O del Nilo) durante la ocupación francesa de Egipto, en 1799 (act. en el British Museum). Contiene un decreto de Tolomeo V Epifanes grabado en caracteres jeroglíficos, demóticos y griegos, lo que permitió a Champollion descifrar la escritura jeroglífica (1822).

ROSI (Francesco), *Nápoles 1922*, cineasta italiano, especialista en un cine de análisis político y social: *Salvatore Giuliano* (1961), *Las manos sobre la ciudad* (1963), *El caso Mattei* (1972), *Excelentísimos cadáveres* (1976), *Carmen* (1984), *Olvidar Palermo* (1990), *La tregua* (1997).

ROSITA, c. del NE de Nicaragua (Región Autónoma Atlántico Norte); 5 217 hab.

ROSKILDE, c. de Dinamarca (Sjaelland); 52 991 hab. Capital del país hasta 1455.— Catedral románica y gótica (sepulturas reales) [patrimonio de la humanidad 1995]; museo de barcos vikingos.

ROSO DE LUNA (Mario), *Logrosán, Cáceres, 1872-Madrid 1931*, polígrafo y ocultista español. Masón y teósofo, activo propagador de las enseñanzas de Blavatsky, su obra abarca la arqueología, la astronomía, la pedagogía y el ocultismo (*Wagner, mitólogo y ocultista*, 1917; *Simbología arcaica*, 1921; *La esfinge*, 1924).

ROSS (barrera de), acantilados de hielo de la Antártida, en la costa del *mar de Ross*, limita dos por la *isla de Ross* (volcanes Erebus y Terror).

ROSS (sir John), *Balsarroch, Dumfries and Galloway, Escocia, 1777-Londres 1856*, navegante británico. Descubrió el extremo N del continente americano (1829-1833). — sir **James Clarke R.**, *Londres 1800-Aylesbury 1862*, navegante británico. Sobrino de sir John, localizó el polo magnético del hemisferio N (1831), bordeó el mar que lleva su nombre y descubrió Tierra Victoria (1841).

ROSS (sir Ronald), *Almora, India, 1857-Putney Heath, Londres, 1932*, médico británico. Sus investigaciones sobre la transmisión del paludismo por un mosquito permitieron perfeccionar la profilaxis de la enfermedad. (Premio Nobel 1902.)

ROSS (Scott), *Pittsburgh 1951-Assas, Francia, 1989*, clavecinista estadounidense. Pedagogo y concertista, destacó en la música francesa (integral de las obras de Couperin y Rameau). También grabó todas las sonatas de Scarlatti.

Rossbach (batalla de) [5 nov. 1757], batalla de la guerra de los Siete años. Victoria de Federico II de Prusia sobre los franceses y los imperiales en Rossbach (Sajonia).

ROSSBY (Carl-Gustav Arvid), *Estocolmo 1898-íd. 1957*, físico estadounidense de origen sueco. Estudió la dinámica de la atmósfera y del océano. En 1940 propuso una primera prueba de previsión a cinco días vista, basada en su modelo de circulación atmosférica general.

ROSSELLINI (Roberto), *Roma 1906-íd. 1977*, cineasta italiano. Tras darse a conocer dentro del neorrealismo con *Roma, ciudad abierta* (1945) y *Paisà* (1946), se impuso como uno de los grandes maestros del cine italiano: *Europa 51* (1952), *Te querré siempre* (1953), *El general de la Rovere* (1959), *La toma del poder por Luis XIV* (1967, para televisión).

ROSSELLINO (Bernardo), *Settignano, cerca de Florencia, 1409-Florencia 1464*, arquitecto y escultor italiano. Discípulo de Alberti, construyó el palacio Rucellai en Florencia (1446) y trabajó en Pienza para Pío II. — **Antonio R.**, *Set-*

tignano 1427-Florencia 1479, escultor italiano, hermano y discípulo de Bernardo. Es el autor de la capilla del cardenal de Portugal en San Miniato de Florencia (1461).

ROSSETTI (Dante Gabriel), *Londres 1828-Birchington-on-Sea, Kent, 1882*, pintor y poeta británico. Uno de los precursores del movimiento prerrafaelita, se inspiró en leyendas medievales y en la poesía antigua inglesa e italiana.

ROSSI (Aldo), *Milán 1931-íd. 1997*, arquitecto y teórico italiano, defensor de una arquitectura racional con elementos históricos, regionales y simbólicos. (Premio Pritzker 1990.)

ROSSI (Luigi), *Torremaggiore, cerca de Foggia, h. 1597-Roma 1653*, compositor italiano. Sus cerca de 300 cantatas contribuyeron en gran medida a la evolución del género. También compuso oratorios y óperas (*Orfeo*, 1647).

ROSSI (Valentino), *Urbino 1979*, motociclista italiano. Ha sido campeón del mundo en las categorías de 125 cc (1997), 250 cc (1999), 500 cc (2001) y Moto GP (2002, 2003, 2004, 2005 y 2008).

ROSSINI (Gioacchino Antonio), *Pesaro 1792-París 1868*, compositor italiano, autor de óperas (*El barbero de Sevilla*, 1816; *Otelo*, 1816; *La gazza ladra*, 1817; *El conde Ory*, 1828; *Guillermo Tell*, 1829) y de un *Stabat Mater* (1832-1842), caracterizados por su gracia, vivacidad y complejidad vocal.

ROSSO FIORENTINO (Giovanni Battista de Rossi, llamado **el**), *Florencia 1494-París 1540*, pintor italiano. Uno de los maestros del manierismo, desde 1531 dirigió los trabajos de decoración del castillo de Fontainebleau (frescos y estucos de la galería Francisco I).

ROSTAND (Edmond), *Marsella 1868-París 1918*, dramaturgo francés, autor de comedias y dramas heroicos (*Cyrano de Bergerac*, 1897; *L'Aiglon*, 1900). — **Jean R.**, *París 1894-Saint-Cloud 1977*, biólogo y escritor francés. Hijo de Edmond, realizó importantes trabajos sobre la partenogénesis experimental.

ROSTOCK, c. de Alemania (Mecklemburgo-Antepomerania), en el estuario del Warnow; 237 307 hab. (con su antepuerto Warnemünde, a orillas del Báltico). Puerto. Centro industrial. — Iglesia de los ss. XIII-XV y otros monumentos.

ROSTOPCHÍN (conde Fiódor Vasílievich), *Livny, gobierno de Orel, 1763-Moscú 1826*, general y político ruso. Gobernador de Moscú en 1812, se lo considera autor del incendio de la ciudad cuando los franceses entraron en ella.

ROSTOV DEL DON, c. de Rusia, cerca del mar de Azov; 1 027 000 hab. Puerto fluvial. Centro administrativo, cultural e industrial.

ROSTOW (Walt Whitman), *Nueva York 1916-Austin 2003*, economista estadounidense. Estudió la evolución de la economía para llegar a la industrialización (*Las etapas del crecimiento económico*, 1960). Se le debe el concepto de «despegue» (take-off) aplicado al desarrollo económico.

ROSTROPÓVICH (Mstislav Leopóldovich), *Bakú 1927-Moscú 2007*, violonchelista y director de orquesta ruso. Intérprete notable, dirigió la orquesta nacional de Washington entre

■ MSTISLAV **ROSTROPÓVICH**

1977 y 1994. Su virtuosismo al violonchelo sirvió de inspiración a varios compositores (Shostakóvich, Dutilleux, Britten, Lutosławski).

ROSTWOROWSKI (Maria), *Lima 1915*, antropóloga e historiadora peruana, especialista en etnohistoria andina (*Costa peruana prehispánica*, 1989; *Historia del Tahuantinsuyu*, 1998).

ROTA, v. de España (Cádiz), cab. de p. j.; 25 560 hab. *(roteños)*. Base aeronaval. Cabecera de oleoducto. — Restos romanos y musulmanes.

ROTA (Nino), *Milán 1911-Roma 1979*, compositor italiano. Escribió bandas sonoras populares y refinadas para Fellini (16 filmes, entre ellos *La strada*, *La dolce vita* y *Amarcord*), Visconti (*El gatopardo*) y Coppola (*El padrino*), así como óperas y piezas para orquesta.

Rota de la nunciatura apostólica (tribunal de la), llamado también **Rota española**, tribunal supremo de apelación eclesiástico constituido en España en 1771 por privilegio de la Santa Sede, a petición de Carlos III. Fue suprimido entre 1932 y 1947. Sede: Madrid.

ROTARIO o **ROTHARIS**, *m. en 652*, rey de los lombardos (636-652). Promulgó el edicto (643) en que se basó la legislación lombarda.

ROTH (Cecilia Rothemberg, llamada Cecilia), *Buenos Aires 1956*, actriz argentina. Establecida en España en 1976, fue una de las musas de la «movida» madrileña (*Laberinto de pasiones*, P. Almodóvar, 1982). Ha alternado su trabajo en Argentina y España (*Un lugar en el mundo*, 1991; *Martín [Hache]*, 1997, ambas de A. Aristaráin; *Todo sobre mi madre*, P. Almodóvar, 1999; *Otros días vendrán*, E. Cortés, 2005).

ROTH (Joseph), *Brody, Galitzia, 1894-París 1939*, periodista y escritor austriaco. En sus novelas describe el declive de la civilización austriaca (*La marcha de Radetzky*, 1932).

ROTH (Philip), *Newark 1933*, escritor estadounidense. Sus obras son un retrato irónico de la comunidad judía y de la clase media estadounidense (*El lamento de Portnoy*, 1969; *La lección de anatomía*, 1983; *Pastoral americana*, premio Pulitzer 1998; *La mancha humana*, 2001; *Sale el espectro*, 2007).

ROTHENBURG OB DER TAUBER, c. de Alemania (Baviera), al O de Nuremberg; 12 001 hab. Casco antiguo: muralla, monumentos y viviendas góticas y renacentistas.

ROTHKO (Mark), *Dvinsk, act. Daugavpils, 1903-Nueva York 1970*, pintor estadounidense de origen ruso, conocido por la fórmula de abstracción cromática que estableció hacia 1950.

ROTHSCHILD (Meyer Amschel), *Frankfurt del Main 1743-íd. 1812*, banquero alemán, fundador de una famosa dinastía financiera.

Rotonda (la), villa construida cerca de Vicenza por Palladio (h. 1566-¿1569?). Obra maestra por su armonía, debe su nombre a la sala circular cubierta por una gran cúpula (de luz cenital) que señala su centro, limitada por cuatro estancias y que se abre al exterior por cuatro pórticos jónicos simétricos.

■ LA **ROTONDA**. Villa construida por Palladio cerca de Vicenza (Italia) hacia 1566.

ROTTERDAM, c. de Países Bajos (Holanda Meridional), a orillas del Nuevo Mosa (Nieuwe Maas), brazo del delta común al Rin y al Mosa; 582 266 hab. (1 040 000 hab. en la aglomeración). Primer puerto del mundo (tráfico hacia Alemania y Suiza) y centro industrial (petroquímica principalmente) y comercial y financiero. — Museo de arte Boymans-Van Beuningen. — Experimentó un gran desarrollo en el s. XIX en el acondicionamiento del Rin para la navegación y el desarrollo industrial del Ruhr.

ROUAULT (Georges), *París 1871-íd. 1958*, pintor francés. Practicó un expresionismo entre satírico y místico, con gran dominio del color (serie de grabados *Miserere*, 1922-1927).

ROUBAIX, c. de Francia (Nord), en el NE de Lille; 98 039 hab. Industria textil.

ROUEN → RUÁN.

ROUGET DE LISLE (Claude), *Lons-le-Saunier 1760-Choisy-le-Roi 1836*, oficial y compositor francés, autor de la letra, y quizá de la música, de *La *marsellesa*.

ROULERS → ROESELARE.

ROURKELA, c. de la India (Orissā); 398 692 hab. Siderurgia.

ROUSSEAU (Henri, llamado **el Aduanero**), *Laval 1844-París 1910*, pintor francés. Sus cuadros, de diseño naïf, contienen a menudo una invención poética extraña y gran firmeza plástica (*La encantadora de serpientes*, 1907; *El sueño*, 1910).

ROUSSEAU (Jean-Jacques), *Ginebra 1712-Ermenonville 1778*, escritor y filósofo suizo en lengua francesa. De su experiencia vital concluyó el principio de su filosofía: ser un hombre libre. Su celebridad llegó con el *Discurso sobre las ciencias y las artes* (1750), en el que, junto con el *Discurso sobre el origen de la desigualdad* (1755), criticó los fundamentos de una sociedad corruptora. Expuso, por otra parte, los principios éticos de la vida pública y privada en sus obras filosóficas (*El contrato social*, 1762; *Emilio o de la educación*, 1762), narrativas (*Julia o la nueva Eloísa*, 1761) o autobiográficas (*Meditaciones de un paseante solitario*, 1782).

ROUSSEAU (Théodore), *París 1812-Barbizon 1867*, pintor francés. Maestro de la escuela de Barbizon, a la vez realista y romántico, se especializó en el paisaje.

ROUSSEL (Albert), *Tourcoing 1869-Royan 1937*, compositor francés. Influido por Debussy, D'Indy y por la música oriental, es autor de sinfonías, del poema sinfónico *Evocaciones* (1911), de piezas para ballet y música de cámara, de la *Suite en «fa»* (1926) y de la ópera-ballet *Padmâvatî* (1923).

■ EL ADUANERO **ROUSSEAU**. *La Guerra*, 1894. (Museo de Orsay, París.)

ROUSSEL (Raymond), *París 1877-Palermo 1933*, escritor francés. Su obra se considera precursora del surrealismo, del *nouveau roman* y del estructuralismo (*Impressions d'Afrique*, 1910; *Locus solus*, 1914).

ROUX (Émile), *Confolens 1853-París 1933*, bacteriólogo francés. Colaborador de Pasteur, es autor de trabajos sobre las toxinas.

ROUX (Guillermo), *Buenos Aires 1929*, pintor argentino, de tendencia surrealista, con un extremo cuidado del dibujo.

ROVERE (Della), familia italiana, originaria de Savona, que estuvo en posesión del ducado de Urbino de 1508 a 1631 y contó entre sus miembros con dos papas: Sixto IV y Julio II.

ROVIRA, mun. de Colombia (Tolima); 22 437 hab. Maíz y yuca; ganadería. Yacimientos auríferos.

ROVNO → RIVNA.

ROWLAND (Henry Augustus), *Honesdale, Pennsylvania, 1848-Baltimore 1901*, físico estadounidense. Demostró que una carga eléctrica móvil crea un campo magnético (1876) y construyó unas redes de difracción para estudiar el espectro solar (1882).

ROWLANDSON (Thomas), *Londres 1756-íd. 1827*, pintor, dibujante y grabador británico. Fue el gran maestro del dibujo satírico y humorístico de su época, género entonces floreciente en Gran Bretaña.

ROXANA, *m. en Anfípolis h. 310 a.C.*, esposa de Alejandro Magno. Fue muerta junto con su hijo por orden de Casandro.

ROXELANA, *h. 1505-Edirne h. 1558*, esposa favorita de Solimán II el Magnífico.

Royal Dutch Shell, grupo petrolero internacional, constituido en 1907 al unirse la Royal Dutch Co., empresa neerlandesa fundada en 1890, y la sociedad británica Shell Transport and Trading Co. Sus actividades, además del petróleo, abarcan otras energías y la industria química.

Royal Shakespeare Company, compañía de teatro británica cuyos orígenes se remontan a 1879. Dispone de varias salas en Stratford-upon-Avon y Londres, y mantiene, no sin espíritu de innovación, la tradición shakespeariana, a la vez que se abre al repertorio contemporáneo.

ROYO (Arístides), *La Chorrera 1940*, político panameño. Presentado por Torrijos, fue presidente de la república (1978-1982).

ROZAS DE MADRID (Las), mun. de España (Madrid); 54 676 hab. (*roceños*). Zona residencial de Madrid.

RÓŻEWICZ (Tadeusz), *Radomsko 1921*, escritor polaco. Su poesía (*Angustia*, 1947) y su teatro (*El Laocoonte*, 1960; *El matrimonio blanco*, 1975) denuncian la dimensión absurda de la sociedad moderna.

RPR (Reagrupamiento por la República), partido político francés. Fundado por J. Chirac en 1976, se presentó como heredero del gaullismo. En 2002 se integró en la UMP.

RÚA (Fernando de la), *Córdoba 1937*, político argentino. Miembro de la Unión cívica radical, fue elegido presidente de la república en 1999. Una gravísima crisis socioeconómica lo obligó a dimitir (dic. 2001). En 2008 fue procesado por corrupción.

RUÁN, en fr. **Rouen**, c. de Francia, cap. de la Alta Normandía y del dep. de Seine-Maritime, a orillas del Sena, 108 758 hab. Universidad. Centro industrial. Puerto. — Catedral gótica (ss. XII-XVI), iglesias de Saint-Ouen (vidrieras de los ss. XIV y XVI) y Saint-Maclou (flamígera), Gros-Horloge (s. XVI), pabellón renacentista. — Fue una importante ciudad pañera medieval, residencia de los duques de Normandía. En ella Juana de Arco fue condenada a la hoguera (1431) durante la ocupación inglesa (1419-1449).

RUANDA o **RWANDA**, estado de África central (región de los Grandes Lagos); 26 338 km²; 8 160 000 hab. (*ruandeses*). CAP. Kigali. LENGUAS: inglés, francés y kinyarwanda. MONEDA: franco ruandés. (V. mapa en la siguiente.)

GEOGRAFÍA

Es un país de altiplanos, cercano al ecuador, pero de clima templado por la altura. La mayoría del suelo cultivable se usa para la agricultura de subsistencia (batatas, judías). El café y el té constituyen sus recursos comerciales. El país quedó devastado en 1994 por el conflicto que enfrentó a los hutu (mayoría) y los tutsi.

HISTORIA

Ss. XIV-XIX: Ruanda entró en la historia con la dinastía de los reyes Nyiginya, procedentes de la etnia guerrera y de pastoreo de los tutsi. **1894:** los alemanes enviaron una primera expedición militar. Luego intentaron integrar la región en el África Oriental Alemana, pero no consiguieron controlarla totalmente. **1916:** enfrentamientos entre alemanes y belgas obligaron a Alemania a replegarse hacia Urundi (act. Burundi). **1923:** la región estuvo bajo mandato belga y adoptó el nombre de Ruanda-Urundi. Fue unida al Congo Belga. **1960:** Ruanda-Urundi fue separada del Congo Belga. **1962:** Ruanda accedió a la independencia al mismo tiempo que Burundi. Kayibanda fue su primer presidente. Graves conflictos enfrentaron a los hutu y a los tutsi, que emigraron o fueron expulsados de los puestos de decisión. **A partir de 1973:** el país estuvo dirigido por el general Juvenal Habyarimana (hutu), que había llegado al poder mediante un golpe de estado. **1991:** a cambio de las ayudas belga y francesa contra los rebeldes tutsi del FPR (Frente patriótico ruandés), el régimen se comprometió a iniciar un proceso de democratización (nueva constitución que reinstauraba el multipartidismo). **1994:** a pesar del acuerdo de paz alcanzado en 1993 entre el gobierno y los rebeldes tutsi, la muerte del presidente Habyarimana, probablemente en un atentado, fue seguida de atroces matanzas (unas 800 000 víctimas). Mientras la minoría tutsi fue víctima de un verdadero genocidio, organizado por las milicias extremistas hutu, las poblaciones hutu, también víctimas de masacres, huyeron ante la progresión del FPR. Este último, bajo el liderazgo de Paul Kagame —que se convirtió en presidente de la república en 2000—, tomó el control del país. Sin embargo, el trauma es tan profundo que dificulta la reconciliación nacional.

RUBALCAVA (Manuel Justo), *Santiago de Cuba 1759-íd. 1805*, poeta cubano. Iniciador de la lírica en su país, de su obra clasicista se han conservado *La muerte de Judas*, la elegía *A la noche* y el soneto *A Nise bordando un ramillete*.

RUB' AL-JĀLĪ, desierto del S de Arabia Saudí.

RUBBIA (Carlo), *Gorizia 1934*, físico italiano. Estuvo en el origen del descubrimiento en el Cern, en 1983, de los bosones intermediarios W y Z. (Premio Nobel 1984.)

RUBCOVSK o **RUBTSOVSK**, c. de Rusia, al pie del Altái; 172 500 hab.

RUBÉN, personaje bíblico. Primogénito de Jacob, es el antepasado epónimo de una tribu de Israel establecida al E del Jordán.

RUBENS (Petrus Paulus), *Siegen, Westfalia, 1577-Amberes 1640*, pintor flamenco. Trabajó para los Gonzaga, el archiduque Alberto, María de Médicis (para la que realizó una serie de cuadros, 1622-1625, act. en el Louvre), Carlos I de Inglaterra y, en España, para Felipe IV y la nobleza (una parte importante de su obra se conserva en el Prado). Jefe de un importante taller en Amberes, afirmó su personalidad con un estilo fogoso y vivaz, tan expresivo en la plenitud sensual como en la violencia, y que respondía al gusto de la Contrarreforma. Su obra, ejemplo de la corriente barroca, realiza una síntesis del realismo flamenco y del estilo de los grandes maestros italianos: *Bautismo de Cristo* (1604, Amberes), *El descendimiento de la Cruz* (1612, catedral de Amberes), *Entierro de Cristo* (1616, iglesia de St.-Géry, Cambrai), *Combate de amazonas* (1617, Munich), *La adoración de los Reyes* (versiones de Bruselas, Malinas, Lyon, Amberes), *La lanzada* (1620, Amberes), *Jardines del amor* (1635, Prado), *La Kermesse* (1636, Louvre), diversos retratos de su esposa, Elena Fourment.

RUBÍ, v. de España (Barcelona), cab. de p. j.; 58 646 hab. *(rubinenses)*. Centro industrial.

RUBICÓN, r. que separaba Italia de la Galia Cisalpina. César lo atravesó con su ejército en la noche del 11 al 12 de enero de 49 a.C. sin autorización del senado, lo que provocó el inicio de la guerra civil. — La expresión *pasar el Rubicón* significa tomar una decisión grave y aceptar sus consecuencias.

RUBINSTEIN (Anton Grigórievich), *Vejvotinetz 1829-Petergof 1894*, pianista y compositor ruso. Fundador del conservatorio de San Petersburgo, impuso en Rusia una enseñanza musical oficial de gran nivel.

RUBINSTEIN (Artur), *Łódź 1887-Ginebra 1982*, pianista polaco, famoso por sus interpretaciones de Chopin.

RUBINSTEIN (Ida), *Járkov h. 1885-Vence 1960*, bailarina y mecenas rusa. Estrenó numerosos ballets escritos especialmente para ella: *Bolero* de M. Ravel (con coreografía de Bronislava Nijinska), *Perséfone*, de Í. Stravinski.

RUBIO, c. de Venezuela (Táchira); 41 784 hab. Centro agrícola, minero (carbón) e industrial.

■ **RUBENS.** *Venus ante el espejo* (h. 1613).
[Galería Liechtenstein, Vaduz.]

RUBIÓ I ORS (Joaquim), *Barcelona 1818-íd. 1899*, escritor español en lengua catalana. En el marco de la Renaixença, publicó dos volúmenes de poesía (*Lo Gaiter del Llobregat*, 1841 y 1858).

RUBIO Y GALÍ (Federico), *El Puerto de Santa María 1827-Madrid 1902*, cirujano español. Promotor de instituciones renovadoras (fundó en 1880 el Instituto de terapéutica operatoria de Madrid), introdujo en España las intervenciones que permitieron la revolución quirúrgica.

RUBLIOV (Andréi), *h. 1360-Moscú 1427 o 1430*, pintor ruso. Gran representante de la escuela medieval moscovita, es famoso por su icono de la *Trinidad* (los tres ángeles en la mesa de Abraham) [galería Tretiakov, Moscú]. Fue canonizado por la Iglesia ortodoxa rusa en 1988.

RUBROEK, RUBROUCK o **RUBRUQUIS** → **RUYSBROEK.**

RUDA (José María), *Buenos Aires 1924-S'Agaró, España, 1994*, jurista argentino. Fue profesor de derecho internacional, representante de Argentina en la ONU (1966-1971), juez del Tribunal internacional de justicia (desde 1973) y su presidente (1988-1991).

RŪDAKĪ (Abū 'Abd Allāh Ÿa'far), *cerca de Rūdak, región de Samarkanda, fines del s. ix-940*, poeta persa, autor de poemas líricos.

RUDA ŚLASKA, c. de Polonia, en la Alta Silesia; 171 600 hab. Hulla. Metalurgia.

RUDE (François), *Dijon 1784-íd. 1855*, escultor francés. De formación clásica, es uno de los maestros del romanticismo (*Los voluntarios de 1792* o *La marsellesa*, relieve del arco de triunfo de París).

RUDNICKI (Adolf), *Varsovia 1912-íd. 1990*, escritor polaco. En sus relatos (*El mercader de Łódź*, 1963) describió la tragedia del pueblo judío.

RUDOMÍN ZEVNOVATY (Pablo), *México 1934*, neurofisiólogo mexicano, especialista en los mecanismos de control y transmisión de la información en el sistema nervioso central. (Premio Príncipe de Asturias 1987.)

RUEDA (Gerardo), *Madrid 1926-íd. 1996*, pintor español. Miembro destacado del arte abstracto español, sus relieves-collage, de inspiración constructivista, combinan el color plano con la utilización de diversos objetos.

RUEDA (Lope de), *Sevilla h. 1505-Córdoba 1565*, dramaturgo español. Sus obras, editadas en 1567 y 1588, se dividen entre italianizantes (*Armelina*), pastoriles (*Prendas de amor*) y los llamados *pasos*, piezas para ser intercaladas en sus comedias que incorporan tipos populares (*El rufián cobarde; Las aceitunas*).

RUEDA (Salvador), *Madrid 1857-íd. 1933*, escritor español. Destacó como poeta descriptivo y sensual, en la línea de los primeros modernistas hispanoamericanos (*En tropel*, 1892; *Fuente de salud*, 1906).

RUEIL-MALMAISON, c. de Francia (Hauts-de-Seine); 74 671 hab. Centro industrial. — Castillo (act. museo), residencia de la emperatriz Josefina tras divorciarse de Napoleón.

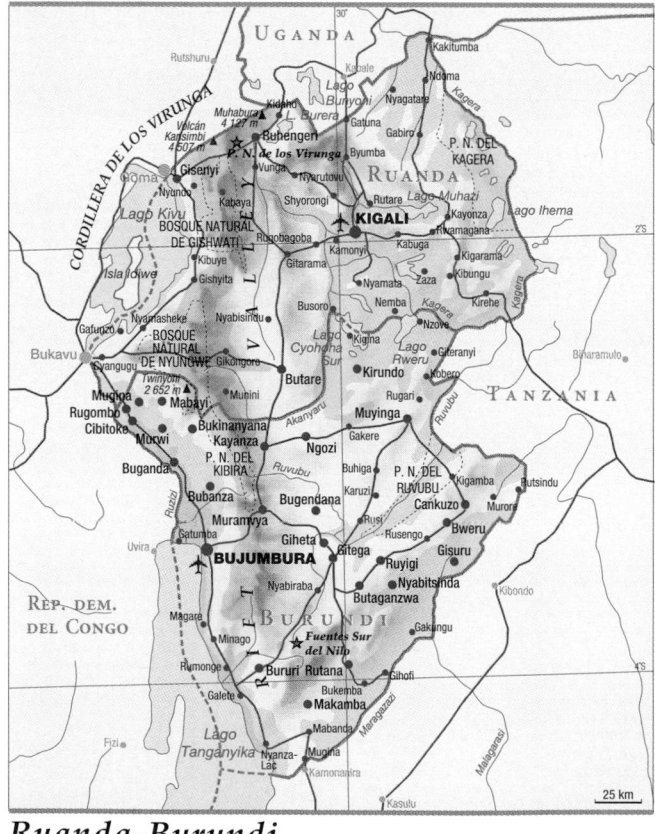

Ruanda-Burundi

— carretera
✈ aeropuerto
★ lugar de interés turístico

500 1 000 1 500 m

● más de 200 000 hab.
● de 20 000 a 200 000 hab.
● menos de 20 000 hab.

25 km

RUELAS (Julio), *Zacatecas 1870-París 1907*, pintor y grabador mexicano. Realizó sus mejores obras al aguafuerte, técnica que estudió en París *(Cabeza de medusa; La esfinge)*. Destacan también sus retratos *(Francisco de Alba; Autorretrato)*.

RUFISQUE, c. de Senegal, cerca de Dakar; 50 000 hab. Puerto.

RUFO (Juan Gutiérrez, llamado Juan), *Córdoba h. 1547-íd. h. 1620*, escritor español. Luchó en la batalla de Lepanto. De su obra en verso destacan el poema épico *La Austríada* (1584) y *Las seiscientas apotegmas* (1596), de interés para conocer las costumbres del s. XVI.

RUGBY, c. de Gran Bretaña (Inglaterra), junto al Avon, 59 000 hab. Célebre colegio (cuna del *rugby*, 1823).

RUGELES (Manuel Felipe), *San Cristóbal 1904-Caracas 1959*, poeta venezolano, de temática intimista y nativista *(Aldea en la niebla*, 1944).

RÜGEN, isla de Alemania (Mecklemburgo-Antepomerania), en el mar Báltico, unida al continente por un dique; 926 km². (Reserva de la biosfera 1991.)

RUGENDAS (Johann Moritz), *Augsburgo 1802-Weilheim 1858*, pintor y grabador alemán activo en América del Sur. Realizó una serie de litografías titulada *Viaje pintoresco a Brasil* y pintó escenas costumbristas, paisajes y retratos, sobre todo en Chile y Perú.

RUHMKORFF (Heinrich Daniel), *Hannover 1803-París 1877*, constructor alemán de instrumentos de física. Inventó en 1851 la bobina de inducción que lleva su nombre.

RUHR, r. de Alemania, afl. del Rin (or. der.), al que se une en Duisburg; 235 km.

RUHR, región de Alemania (Rin del Norte-Westfalia), atravesada por el *Ruhr.* Es una región muy industrializada (hulla, metalurgia y química) y urbanizada (Essen, Duisburg, Düsseldorf y Dortmund), con un desarrollo reciente de los servicios. – Fue ocupada por Francia y Bélgica (1923-1925) al no cumplir Alemania las cláusulas del tratado de Versalles. Muy castigada por los bombas durante la segunda guerra mundial, fue dotada de un organismo aliado de control económico (1948-1952).

RUIDERA (lagunas de), lagunas de España, en La Mancha (mun. de Argamasilla de Alba, Ciudad Real), que se comunican entre sí y tienen una disposición escalonada, con 128 m de desnivel total. En ellas nace el Guadiana. Parque natural (3 772 ha).

RUISDAEL o **RUYSDAEL** → **VAN RUYSDAEL.**

RUIZ, mun. de México (Nayarit), 20 295 hab. Explotación de maderas finas. Minas de oro y plata.

RUIZ (nevado del), cumbre de Colombia (Tolima y Caldas), en la cordillera Central; 5 400 m. Nieves perpetuas (estación de deportes). Parque nacional. Volcán activo, su erupción en 1985 causó 25 000 muertes y la destrucción de la ciudad de Armero.

RUIZ (familia), familia de banqueros castellanos que en el s. XVI realizó grandes empréstitos a la corona. — **Simón R.,** *1525-1597.* Se asoció a los banqueros franceses Rocaz y Le Lou. Proveedor de fondos de Felipe II, lo salvó de la quiebra en 1575.

■ ANDRÉI **RUBLIOV.** Icono de *La Trinidad.*
(Galería Tretiakov, Moscú.)

RUIZ (Hernán), llamado **el Joven,** *h. 1505-Sevilla 1569*, arquitecto español, hijo de **Hernán Ruiz el Viejo,** también arquitecto inscrito en la tradición gótica. Activo sobre todo en Sevilla, entre sus obras destaca el cuerpo de campanas añadido a la Giralda (1559-1568).

RUIZ (Juan) → **HITA** (Arcipreste de).

RUIZ (Raoul), *Puerto Montt 1941*, director de cine chileno, nacionalizado francés. Influido por las vanguardias, se desmarcó del cine politizado de su generación *(Palomita blanca*, 1973) y, exiliado en Francia, ha explorado el lenguaje cinematográfico de modo personal y surrealista: *Diálogos de exiliados* (1974), *Hipótesis del cuadro robado* (1977-1978), *Tres vidas y una sola muerte* (1996), *Genealogías de un crimen* (1997).

RUIZ AGUILERA (Ventura), *Salamanca 1820-Madrid 1881*, escritor español. Destacó en la poesía popular romántica *(Ecos nacionales,* 1849 y 1854; *Elegías,* 1873).

RUIZ CONTRERAS (Luis), *Castelló d'Empúries, Gerona, 1863-Madrid 1953*, escritor español, especialista en libros de memorias *(Memorias de un desmemoriado,* 1916, 1928, 1946; *La tierra natal*, 1931; *Día tras día*, 1950).

RUIZ CORTINES (Adolfo), *Veracruz 1890-México 1973*, político mexicano. Presidente de la república (1952-1958), realizó una política agraria y social.

RUIZ DE ALARCÓN (Juan), *México 1581-Madrid 1639*, dramaturgo mexicano. Su obra, unas veinte comedias —de enredo, heroicas y dramáticas— editadas entre 1628 y 1634, destaca por su finura psicológica y su carácter moral y crítico. *La verdad sospechosa* (1630), comedia ccontra la mentira, y *Las paredes oyen* (1628), contra la maledicencia, son sus dos obras más famosas.

RUIZ DE APODACA (Juan), conde de **Venadito,** *Cádiz 1754-Madrid 1835*, marino y administrador español. Capitán general de Cuba (1812-1815), fue virrey de Nueva España (1816-1821), donde sofocó la rebelión de Javier Mina. En 1824 fue nombrado virrey de Navarra y en 1830 capitán general de la armada.

RUIZ DE GAMBOA (Martín), *Durango 1531 o 1533-d. 1593*, colonizador y administrador español. Gobernador de Chile (1580-1583), suprimió las prestaciones personales de los indios.

RUIZ DE LA IGLESIA (Francisco Ignacio), *Madrid 1649-íd. 1703*, pintor español. Discípulo de Carreño, es autor fundamentalmente de gran des lienzos de altar.

RUIZ DE LEÓN (Francisco), *Puebla 1683-íd. 1765*, poeta mexicano. Es autor del poema épico culterano *Hernandía* (1755), sobre la conquista española.

RUIZ DEL PERAL (Torcuato), *Esfiliana, Granada, 1708-Granada 1773*, escultor español. Discípulo de D. de Mora, su obra se caracteriza por la rica policromía, el uso de postizos y el virtuosismo técnico.

RUIZ DE MONTOYA (Antonio), *Lima 1585-íd. 1652*, religioso jesuita español, autor de una *Gramática de la lengua guaraní.*

RUIZ-GIMÉNEZ (Joaquín), *Hoyo de Manzanares, Madrid, 1912*, jurista y político español. Demócratacristiano, fue ministro de educación (1951-1956) y el primer defensor del pueblo (1982-1988).

RUIZ IRIARTE (Víctor), *Madrid 1912-íd. 1982*, comediógrafo español, autor de obras de humor evasivo *(El puente de los suicidas,* 1944; *El landó de seis caballos*, 1950).

RUIZ PICASSO → **PICASSO.**

RUIZ PIPÓ (Antonio), *Málaga 1934-París 1997*, compositor y pianista español, nacionalizado francés. Investigó la música española del s. XVIII y compuso *Tablas* (1975) para guitarra y orquesta, y piezas para piano *(Suite grotesca; Caleidoscopio).*

RUIZ ZORRILLA (Manuel), *Burgo de Osma 1833-Burgos 1895*, político español. Dirigió la insurrección del cuartel de San Gil (1866) y participó en la revolución de 1868. Jefe de gobierno durante la monarquía de Amadeo I (1871-1873), fue expulsado de España en 1875. Fundó el Partido republicano progresista (1880) y regresó del exilio en 1895.

RULFO (Juan), *Sayula, Jalisco, 1917-México 1986*, escritor y fotógrafo mexicano. Figura esencial de la literatura latinoamericana del s. XX gracias a dos obras *(El llano en llamas*, cuentos, 1953, y *Pedro Páramo*, novela breve, 1955), su narrativa recrea el ambiente rural mexicano para tratar temas como el tiempo, el desamparo y la muerte. También escribió guiones cinematográficos *(El gallo de oro,* 1980). Como fotógrafo, captó la realidad social y el paisaje de su país en un archivo de imágenes que comprende más de 6 000 negativos.

■ JUAN **RUIZ** DE ALARCÓN　　■ JUAN **RULFO**

RUMANIA o **RUMANÍA,** en rumano **România,** estado de Europa oriental, junto al mar Negro; 237 500 km²; 22 770 000 hab. *(rumanos).* CAP. Bucarest. LENGUA: *rumano.* MONEDA: *leu.*

INSTITUCIONES

República de régimen semipresidencial. Constitución de 1991 revisada en 2003. El presidente de la república, elegido cada 5 años por sufragio universal, nombra al primer ministro con el beneplácito del parlamento. Este se compone de la cámara de diputados y del senado, elegidos cada 4 años por sufragio universal.

GEOGRAFÍA

La parte oriental de los Cárpatos forma un arco que encierra la cuenca de Transilvania, de la que emerge el macizo de los Apuseni. Mesetas y llanuras (Moldavia, Muntenia, Dobrudja y Valaquia) rodean el conjunto. El clima es continental, con veranos cálidos, a veces húmedos, e inviernos siempre rigurosos. La población, la mayor parte de la cual vive en ciudades y es de religión ortodoxa, cuenta (en el oeste) con una minoría húngara. El sector agrícola proporciona sobre todo trigo, maíz y caña de azúcar. Los recursos energéticos (gas, petróleo, lignito y energía hidroeléctrica) alimentan una industria cuyas ramas dominantes son la metalurgia, la petroquímica y la mecánica. El turismo está presente en el mar Negro. El paso a la economía de mercado se ha visto acompañado por un descenso del nivel de vida para una parte de la población. Las remesas de los emigrantes suponen una aportación considerable. La adhesión a la Unión europea ha acelerado las reformas económicas y favorecido las inversiones, paralizadas no obstante act. por la crisis mundial.

HISTORIA

Los principados de Moldavia, Valaquia y Transilvania. Los dacios fueron los primeros habitantes conocidos de la actual Rumania. **S. I a.C.:** Burebista sentó la bases del estado dacio. **106 d.C.:** Trajano conquistó Dacia. **271:** esta fue evacuada por los romanos. **S. VI:** los eslavos se establecieron en la región. **S. XI:** el cristianismo se expandió; la Iglesia adoptó la liturgia eslavona. **Ss. X-XIII:** las invasiones turcomongolas afectaron a la región, mientras que los húngaros conquistaron Transilvania (s. XI). **S. XIV:** se fundaron los principados de Valaquia y Moldavia y se emanciparon de la soberanía húngara; el primero (h. 1330), con Basarab I, y el segundo (h. 1359), con Bogdán I. **1386-1418:** con Mircea el Grande, Valaquia tuvo que aceptar el pago de un tributo a los otomanos. **1455:** Moldavia corrió la misma suerte. **1526:** Después de la victoria de Mohács, Transilvania se convirtió en un principado vasallo de los turcos. **1599-1600:** Miguel el Bravo (1593-1601) se

Rumania

★ lugar de interés turístico

| 200 | 500 | 1 000 m |

━━━ autopista
──── carretera
──── ferrocarril
✈ aeropuerto

● más de 1 000 000 hab.
● de 100 000 a 1 000 000 hab.
● de 50 000 a 100 000 hab.
● menos de 50 000 hab.

adueñó de las coronas de Valaquia, Transilvania y Moldavia. **1691:** Transilvania fue anexionada por los Habsburgo. **1711:** tras la derrota de D. Cantemir, aliado de Rusia contra los otomanos, estos impusieron un régimen más duro sobre Moldavia y Valaquia, gobernadas a partir de entonces por los fanariotas. **1775:** Moldavia perdió Bucovina, anexionada por Austria. **1812:** perdió Besarabia, cedida a Rusia. **1829-1856:** Moldavia y Valaquia se sometieron a un doble protectorado otomano y ruso. **1859:** los principados unidos nombraron príncipe reinante a Alejandro Juan I Cuza (1859-1866), y Napoleón III apoyó su unión. **La Rumania contemporánea. 1866:** el país estableció su unidad constitucional y administrativa. El poder fue confiado al príncipe Carlos de Hohenzollern-Sigmaringen (Carlos I). **1878:** se reconoció la independencia del país. **1881:** Carlos I fue elegido rey de Rumania. **1914:** Fernando I (1914-1927) lo sucedió en el trono. **1916:** Rumania participó en la primera guerra mundial junto a los Aliados. Fue ocupada por Alemania. **1918:** las tropas rumanas penetraron en Transilvania. **1919-1920:** los tratados de paz concedieron a Rumania las regiones de Dobrudja, Bucovina, Transilvania y Banato. **1921:** Rumania se adhirió a la Pequeña entente. En la década de 1930 se desarrolló un movimiento fascista, dirigido por la Guardia de Hierro. **1940:** desposeída de Besarabia y de Bucovina del Norte (anexionadas por la URSS), de una parte de Transilvania (recuperada por Hungría) y de Dobrudja meridional (cedida a Bulgaria), Rumania cayó en poder de Ion Antonescu, que impuso la alianza con Alemania. **1941:** Rumania entró en guerra contra la URSS. **1944:** Antonescu fue derrocado. Se firmó un armisticio con la URSS. **1947:** el tratado de París aprobó la anexión de Besarabia y de Bucovina del Norte por la URSS. El rey Miguel (1927-1930, 1940-1947) abdicó y se proclamó una república popular. Se instauró un régimen de tipo soviético. **1965:** Ceausescu fue elegido secretario general del Partido comunista rumano. **1967:** accedió a la presidencia del Consejo de estado. **1968:** se negó a participar en la invasión de Checoslovaquia. **1974:** Ceausescu fue elegido presidente de la república. El país pasó por dificultades económicas que provocaron un clima muy enrarecido, sobre todo porque el régimen seguía siendo centralista y represivo. **1985:** Ceausescu relanzó el «programa de sistematización del territorio» (destrucción de miles de pueblos antes de 2000). **1987:** se desarrolló una oposición (motines obreros de Brasov). **1989:** una insu-

rrección (dic.) derrocó al régimen; Ceausescu y su esposa fueron detenidos y ejecutados. Un consejo del Frente de salvación nacional, presidido por Ion Iliescu, garantizó la dirección del país, que adoptó oficialmente el nombre de República de Rumania. **1990:** el Frente de salvación nacional venció en las primeras elecciones libres (mayo); Iliescu fue nombrado presidente. **1992:** Iliescu fue reelegido en la jefatura del estado. Su partido, aunque superado en las elecciones legislativas, logró formar un gobierno de coalición. **1995:** Rumania presentó una solicitud de adhesión a la Unión europea. **1996:** la oposición democrática ganó las legislativas. Emil Constantinescu, líder de la Convención demócrata, fue elegido presidente de la república. **2000:** las elecciones presidenciales y legislativas (marcadas por el avance de la extrema derecha) supusieron la vuelta al poder de I. Iliescu y de su partido. **2004:** Rumania se integró en la OTAN. El líder de la oposición, Traian Băsescu, se convirtió en presidente de la república. **2007:** el país ingresó en la Unión europea.

RUMBLAR, r. de España, afl. del Guadalquivir (or. der.); 96 km. En su cabecera, *embalse del Rumblar* o Lóbrega (126 millones de m³).

RUMELIA, nombre dado por los otomanos al conjunto de sus provincias europeas hasta mediados del s. XVI. El congreso de Berlín (1878) creó la provincia de *Rumelia Oriental,* que se unió a Bulgaria en 1885.

RUMFORD (Benjamin **Thompson,** conde), *Woburn, Massachusetts, 1753-Auteuil, Francia, 1814,* físico y químico estadounidense. Estudió el calor en la combustión y la vaporización e invalidó la teoría del calórico al demostrar la constancia de masa del hielo fundente.

RŪMĪ → YALĀL AL-DĪN RŪMĪ.

RUMIÑAHUI, cumbre de Ecuador (Pichincha), en la cordillera Occidental; 4 722 m.

RUMIÑAHUI, cantón de Ecuador (Pichincha), avenado por el *río Rumiñahui;* 32 640 hab.; cab. *Sangolqui.*

RUMIÑAHUI, m. en Quito 1534, caudillo inca. Luchó contra Pizarro y se proclamó inca a la muerte de Atahualpa (1533). Incendió Quito y se apoderó de sus tesoros. Fue apresado y muerto por los españoles.

RUMMEL (uadi), r. de Argelia, que desemboca en el Mediterráneo; 250 km. Sus gargantas rodean Constantina y en su curso bajo toma el nombre de *uadi al-Kebir.*

RUNDSTEDT (Gerd **von**), *Aschersleben 1875-Hannover 1953,* militar alemán. Comandó un

cuerpo de ejército en Polonia, Francia y Rusia (1939-1941) y dirigió la última ofensiva de la Wehrmacht en las Ardenas (dic. 1944).

RUNEBERG (Johan **Ludvig**), *Pietarsaari 1804-Porvoo 1877,* poeta finlandés en lengua sueca. Sus poemas líricos y patrióticos (*Relatos del alférez Stål,* 1848-1860) lo convirtieron en el poeta nacional de Finlandia.

RUPANCO, lago de Chile (Los Lagos); 30 km de long. y 7 km de anch. En sus or. se asientan las c. de *Rupanco* y Puerto Rico. Turismo.

RUPERT, r. de Canadá (Quebec), que desemboca en la bahía James; 610 km.

RUPERTO (Roberto, conde palatino, llamado el **Príncipe**), *Praga 1619-Londres 1682,* almirante inglés. En la primera revolución inglesa, su tío Carlos I le encomendó la caballería real y después la flota para sublevar Irlanda (1648-1650). Durante la Restauración, fue primer lord del Almirantazgo (1673-1679).

RURÍES → GURÍES.

RUSĀFA, sitio arqueológico de Siria, al SE del lago Asad. Restos (basílica, etc.) del s. VI; lugar de peregrinación consagrado a san Sergio.

RUSE, c. de Bulgaria, a orillas del Danubio; 179 000 hab. Puerto fluvial y centro industrial.

RUSHDIE (sir **Salman**), *Bombay 1947,* escritor británico de origen indio. Mago de la imaginación, su narrativa gira en torno a la imaginación (*Hijos de la medianoche,* 1981; *El último suspiro del moro,* 1995; *El suelo bajo sus pies,* 1999, *Furia,* 2001; *Shalimar, el payaso,* 2005). Su novela *Los versos satánicos* (1988), considerada una blasfemia contra el islam, le valió ser condenado a muerte por una fetua del ayatolá Jomeini en 1989.

RUSHMORE (monte), monte de Estados Unidos, al SO de Rapid City (Dakota del Sur). En una pared de granito, se esculpieron los rostros (20 m de alt.) de los presidentes Washington, Jefferson, Lincoln y T. Roosevelt.

RUSIA, estado federal de Europa y Asia; 17 075 000 km²; 147 200 000 hab. (*rusos*). CAP. *Moscú.* LENGUA: *ruso.* MONEDA: *rublo.*

INSTITUCIONES

República federal (7 distritos federales que incluyen: 21 repúblicas, 47 regiones administrativas [*oblasts*], 8 territorios administrativos [*krais*], 1 región autónoma, 6 distritos autónomos [*okrugs*] y 2 ciudades federales [Moscú y San Petersburgo]). Constitución de 1993: presidente de la Federación elegido por sufragio universal cada 4 años, reelegible una vez, que nombra al primer ministro, responsable ante la Duma del estado. El parlamento está compuesto por la Duma del estado (450 miembros, elegidos cada 4 años), con poderes legislativos y presupuestarios, y el Consejo de la Federación (178 miembros, elegidos cada 4 años), sede del poder de las repúblicas y las regiones.

GEOGRAFÍA

Rusia es el país más grande del mundo. Se extiende a lo largo de 10 000 km aprox. de O a E, del Báltico al Pacífico (once franjas horarias). Aunque está formado fundamentalmente por mesetas y llanuras, existen montañas en el S (Cáucaso; frontera con Mongolia y China) y en el E (en la costa del Pacífico). Los Urales constituyen una barrera tradicional entre la Rusia europea al O y la Rusia asiática (Siberia) al E. La latitud, pero sobre todo la distancia hasta el océano y la disposición del relieve explican la continentalidad del clima, acentuada hacia el E, con inviernos muy rigurosos, así como la distribución por zonas de las formaciones vegetales: de N a S se suceden la tundra, la taigá, el bosque mixto y las estepas boscosas. La dureza de las condiciones climáticas explica que la media de población sea relativamente baja (menos de 10 hab. por km²), localizada sobre todo al O de los Urales y en las latitudes meridionales. El 80 % de la población está formada por rusos, pero la suma de las minorías totaliza 25 millones de individuos, que en ocasiones se benefician de cierta autonomía. Un número casi igual de rusos vive en los territorios periféricos (sobre todo en Kazajstán y Ucrania). Hoy la mayor parte de la población (que plantea el problema de su disminución constante, sobre todo por el descenso de la fecundidad y el aumento de la mortali-

RUSIA

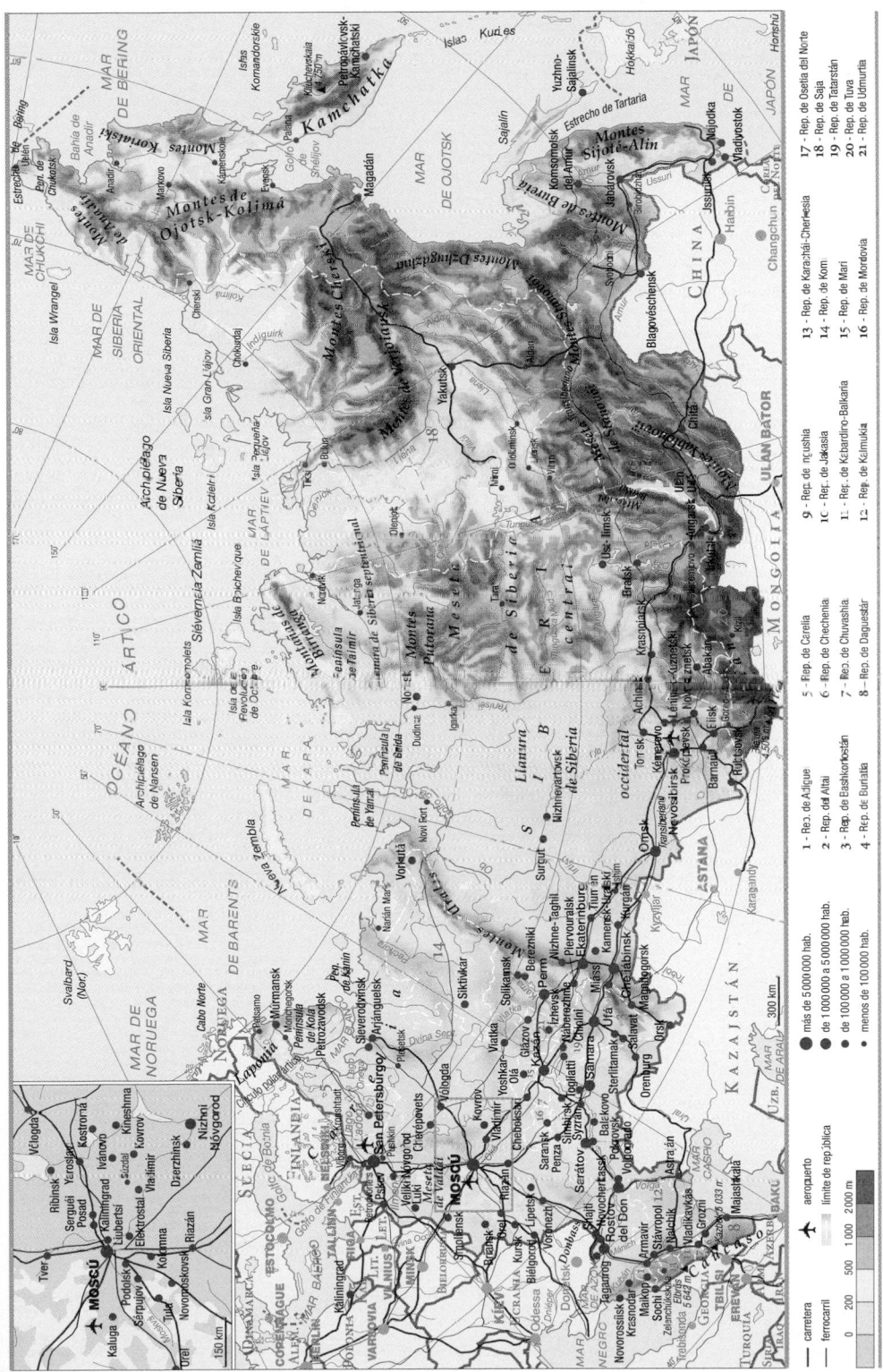

dad) está urbanizada. Moscú y San Petersburgo predominan en la red urbana y existe alrededor de una docena de ciudades de más de un millón de habitantes.
Los recursos naturales están en proporción a la extensión del territorio. Rusia está situada entre los primeros productores mundiales de petróleo, gas natural y mineral de hierro (también de acero). La situación es menos brillante en el sector industrial más elaborado (electrónica, química, plásticos o automóviles) y en la agricultura, cuyo volumen de producción (principalmente trigo y patata) y de riqueza ganadera (bovina y porcina) no puede paliar el bajo rendimiento. En realidad, Rusia paga el tributo de una planificación centralizada y dirigida, así como por la ausencia de estímulos, de innovación y de responsabilidad derivadas de la apropiación colectiva de los medios de producción y de su gestión, que ignoró las leyes del mercado en un espacio que durante mucho tiempo ha estado aislado comercialmente. Sufre las consecuencias de la reducción de los intercambios con los territorios limítrofes y Europa del Este. También se ve afectada por causas naturales: los factores climáticos y las grandes distancias (causa de una frecuente disociación espacial entre los recursos y las necesidades).
Tras la disolución de la URSS, Rusia emprendió un proceso de tránsito rápido a la economía de mercado, pero la escasa competitividad ha multiplicado el cierre de fábricas y aumentado la tasa de desempleo. Han crecido las desigualdades sociales y, localmente, las tensiones étnicas. Los problemas medioambientales son de la magnitud del país y de la negligencia de las autoridades. Sin embargo, a pesar de estas dificultades y de una falta de diversificación que crea una gran dependencia respecto a las exportaciones de recursos naturales, la economía rusa sigue siendo una potencia considerable (no obstante, debilitada act. por los efectos de la crisis financiera y económica mundial).

HISTORIA

Los orígenes y los principados medievales. S. v d.C.: los eslavos del E descendieron hacia el SE, donde asimilaron los restos de las civilizaciones escita y sármata. **Ss. VIII-IX:** unos vikingos, los varegos, normandos de Escandinavia, dominaron las dos vías del comercio entre el Báltico y el mar Negro, el Dniéper y el Volga. Fundaron unos principados cuyos jefes son semilegendarios (Askold en Kíev, Riurik en Veliki Nóvgorod). **882:** Oleg, príncipe de la dinastía Riúrikovichi, fundó el estado de Kíev. **989:** Vladímir I (h. 980-1015) impuso a sus súbditos el «bautismo de Rusia». **1019-1054:** con Yaroslav el Sabio, la Rusia de Kíev conoció una brillante civilización, inspirada en la de Bizancio. **S. XI:** las incursiones de los nómadas (pechenegos y cumanos) provocaron la huida de una parte de la población hacia Galitzia, Volinia o el NE. **1169:** Vladímir fue elegida capital del segundo estado ruso, el principado de Vladímir-Súzdal. **1238-1240:** los mongoles conquistaron el país. **1242:** Alejandro Nevski logró detener a los caballeros teutones. **S. XIV:** comenzó a concretarse la diferenciación entre bielorrusos, «pequeños rusos» (o ucranianos) y «grandes rusos».
El estado moscovita. S. XIV: el principado de Moscú cobró supremacía sobre los otros. **1326:** el metropolitano se estableció en Moscú. **1380:** Dimitri Donskói venció a los mongoles en Kulikovo. **1425-1462:** en el reinado de Vasili II, la Iglesia rusa rechazó la unión con Roma. **1462-1505:** Iván III, que tomó el título de autócrata, organizó un estado poderoso y centralizado y puso fin a la soberanía mongol (1480). **1533-1584:** Iván IV el Terrible fue proclamado zar (1547) y reconquistó los kanatos de Kazán y Astraján. **1598:** a la muerte de Fiódor I desapareció la dinastía Riúrikovichi. **1605-1613:** tras el reinado de Borís Godunov (1598-1605), Rusia conoció un período de inestabilidad política y social y fue invadida por suecos y polacos. **1613:** Miguel Fiódorovich (1613-1645) fundó la dinastía de los Románov. **1645-1676:** en el reinado de Alejo Mijáilovich, la anexión de Ucrania oriental llevó a una guerra con Polonia (1654-1667). **1649:** se institucionalizó la servidumbre. **1666-1667:** la condena de los viejos creyentes por la Iglesia ortodoxa rusa provocó el cisma, o *raskol*.
El Imperio ruso hasta mediados del s. XIX. 1682-1725: Pedro el Grande, tras haber apartado del poder a la regente Sofía (1689), emprendió la occidentalización del país, al que dotó de un acceso al Báltico y de una nueva capital, San Petersburgo. Creó el Imperio ruso en 1721. **1725-1741:** sus sucesores, Catalina I (1725-1727), Pedro II (1727-1730) y Ana Ivánovna (1730-1740), continuaron su obra. **1741-1762:** durante el reinado de Isabel Petrovna predominó la influencia francesa. **1762:** Pedro III restituyó a Federico II los territorios conquistados en Prusia por el ejército; fue asesinado. **1762-1796:** Catalina II emprendió una política de expansión y de prestigio. Por el tratado de Kuchuk-Kainarzhi (1774) Rusia obtuvo un acceso al mar Negro; como resultado de la división en tres partes de Polonia, adquirió Bielorrusia, Ucrania occidental y Lituania. El empeoramiento de la situación de los siervos provocó la revuelta de Pugachev (1773-1774). **1796-1801:** reinado de Pablo I y adhesión de Rusia a las dos primeras coaliciones contra Francia. **1801-1825:** reinado de Alejandro I, quien, derrotado por Napoleón, se alió con él (Tilsit, 1807) y posteriormente participó en su caída (campaña de Rusia, 1812). En 1815 participó en el congreso de Viena y se adhirió a la Santa alianza. **1825-1855:** Nicolás I llevó a cabo una política autoritaria al reprimir el complot decembrista (1825) y la revolución polaca (1831). Prosiguió su expansión por el Cáucaso. La intelligentsia se dividió en eslavófilos y occidentalistas. **1854-1856:** Rusia fue derrotada por Francia y Gran Bretaña, aliadas del Imperio otomano durante la guerra de Crimea.
La modernización y el mantenimiento de la autocracia. 1860: Rusia se adueñó de la región comprendida entre el Amur, el Ussuri y el Pacífico, y luego conquistó Asia central (1865-1897). **1861-1864:** Alejandro II (1855-1881) liberó a los siervos, que todavía representaban un tercio de la población campesina, e instituyó los *zemstvos*. Estas reformas no contentaron a la intelligentsia revolucionaria, que adoptó el nihilismo y, más tarde, en la década de 1870, el populismo. **1878:** el congreso de Berlín limitó la influencia que Rusia había adquirido en los Balcanes gracias a sus victorias sobre los otomanos. **1881-1894:** Alejandro III limitó la aplicación de las reformas del reinado anterior y llevó a cabo una política de rusificación y de proselitismo ortodoxo. El país conoció una rápida industrialización a fines de la década de 1880. Se concluyó la alianza franco-rusa. **1894:** Nicolás II accedió al poder. **1898:** se fundó el Partido obrero socialdemócrata de Rusia (POSDR). **1901:** se creó el Partido socialrevolucionario (PSR). **1904-1905:** la guerra ruso-japonesa resultó desastrosa para Rusia y favoreció la revolución de 1905. Tras hacer unas concesiones liberales, Nicolás II volvió a la autocracia. Rusia se alió con Gran Bretaña para formar con ella y Francia la Triple entente. **1915:** Rusia, implicada en la primera guerra mundial, sufrió grandes pérdidas durante las ofensivas austroalemanas en Polonia, Galitzia y Lituania. **1917:** la revolución de febrero derrocó al zarismo; la revolución de octubre dio el poder a los bolcheviques.
La Rusia soviética. 1918-1920: el nuevo régimen se defendió de los «ejércitos blancos» dirigidos por Denikin, Kolchak, Yudiénich y Wrangel. Reconoció la independencia de Finlandia, Polonia y los países Bálticos. La República socialista federativa soviética de Rusia (RSFSR), creada en 1918, organizó en su territorio repúblicas o regiones autónomas en Crimea, Cáucaso del Norte, los Urales y Asia central. **1922:** la RSFSR se adhirió a la URSS. Rusia, que constituyó desde entonces el centro de la Unión Soviética, desempeñó un papel federativo respecto de las repúblicas periféricas (14 después de la segunda guerra mundial), en las que el empleo de la lengua rusa y el establecimiento de rusos se consideraban como los vectores de la consolidación de los valores soviéticos. Sin embargo, desde 1985, las aspiraciones a la democracia aumentaron rápidamente, provocando la ruptura con el sistema soviético. **1990:** el Soviet supremo, surgido de las primeras elecciones republicanas libres, eligió a Boris Yeltsin como presidente y proclamó la soberanía de Rusia. **1991:** Yeltsin, elegido presidente de la República de Rusia por sufragio universal, se opuso al intento de golpe de estado contra Gorbachov (ag.).
La Federación de Rusia. Tras la disolución de la URSS (dic. 1991), Rusia se adhirió a la CEI, en cuyo seno intentó desempeñar un papel preponderante, y adoptó el nombre oficial de Federación de Rusia. Sucedió a la URSS como potencia nuclear y como miembro permanente del Consejo de seguridad de la ONU. El tránsito a la economía de mercado implicó una fuerte alza de los precios y el aumento de la pobreza y la corrupción. Un nuevo tratado federal se concluyó entre el centro y 18 repúblicas de la Federación. El Tatarstán y las repúblicas de Chechenia e Ingushia se negaron a firmarlo. Rusia se enfrentó al afán de independencia de diversos pueblos de la región del Volga y del Cáucaso del Norte. Los conflictos de intereses la enfrentaron con Ucrania (estatuto de Crimea, división de la flota del mar Negro) y con Moldavia (problema de Transdniéster). **1993:** el tratado START II fue firmado por G. Bush y B. Yeltsin. Enfrentado al congreso de los diputados del pueblo y al Soviet supremo por el control del poder ejecutivo, Yeltsin asumió poderes especiales (referéndum, abril), disolvió el parlamento, cuya rebelión fue aplastada por el ejército (oct.), y convocó elecciones legislativas (dic.), que dieron como resultado la aprobación de una nueva constitución y el triunfo de los ultranacionalistas. Georgia se adhirió a la CEI. **1994:** Rusia, Ucrania y Estados Unidos firmaron un acuerdo de desmantelamiento del arsenal nuclear estacionado en Ucrania. Yeltsin trató de enderezar la política económica (búsqueda de un equilibrio entre el ritmo de las reformas y su costo social), y reforzó el papel de Rusia en el antiguo espacio soviético y en los Balcanes. Estalló la guerra en la república secesionista de Chechenia. **1995:** las elecciones legislativas (dic.) dieron mayoría en la Duma a los comunistas. **1996:** Yeltsin fue reelegido presidente de la Federación, pero, con una salud muy frágil que lo tuvo alejado muy a menudo de la vida pública, llevó a cabo una gestión errática del poder, lo que exacerbó las rivalidades políticas en un país víctima de una grave crisis económica y financiera. **1999:** nueva ofensiva de las tropas rusas en Chechenia. B. Yeltsin dimitió (31 dic.) y nombró presidente interino a V. Putin. Rusia y Bielorrusia constituyeron una entidad confederal. **2000:** V. Putin venció en las presidenciales (marzo). Intentó restaurar la autoridad del poder central sobre todo el territorio de la Federación. **2001:** a raíz de los atentados del 11 de *septiembre, Rusia, apelando a una lucha común contra el terrorismo, acercó posiciones con EUA y los países occidentales. **2004:** tras la victoria de la coalición presidencial en las legislativas (dic. 2003), V. Putin fue reelegido al frente de la Federación (marzo). **2007:** la coalición presidencial obtuvo una nueva y amplia victoria en las elecciones legislativas (dic.). **2008:** Dmitri Medvédev fue elegido presidente de Rusia (marzo). V. Putin se convirtió en primer ministro. Tras una ofensiva desencadenada por las autoridades de Tbilisi en la región separatista de Osetia del Sur, Rusia emprendió una guerra relámpago en territorio georgiano (ag.).

Rusia (campaña de) [24 junio-30 dic. 1812], expedición en Rusia de los ejércitos de Napoleón, aliado con Prusia y Austria (600 000 hombres). Tras ganar la batalla del Moskvá y tomar Moscú, inició una penosa retirada, marcada por el paso del *Berezina.

RUSIA BLANCA → BIELORRUSIA.

RUSIÑOL (Santiago), *Barcelona 1861-Aranjuez 1931,* pintor y escritor español en lengua catalana. Bohemio en París, influido por el impresionismo y el simbolismo, instalado en Sitges (1892), fue una figura clave del modernismo catalán (interiores con figuras femeninas). También cultivó el paisaje, especialmente la temática de los jardines. Como literato, escribió teatro y la novela *Las aleluyas del señor Esteve* (*L'auca del senyor Esteve*, 1907).

RUSKA (Ernst), *Heidelberg 1906-Berlín 1988*, físico alemán. Construyó, en 1931, el primer microscopio electrónico. (Premio Nobel 1986.)

RUSKIN (John), *Londres 1819-Brantwood, Cumberland, 1900*, crítico e historiador del arte y sociólogo británico. En su reflexión sobre el arte asoció las argumentaciones morales y las iniciativas prácticas. Defendió la arquitectura gótica, el movimiento prerrafaelita y el renacer de las obras de artesanía (*Las siete lámparas de la arquitectura*, 1849).

ruso-japonesa (guerra) [febr. 1904-sept. 1905], conflicto que enfrentó a Rusia y Japón, marcado por el asedio de Port-Arthur y las derrotas rusas de Mukden y Tsushima. El tratado de Portsmouth obligó a los rusos a evacuar Manchuria y estableció el protectorado japonés sobre Corea.

ruso-turcas (guerras), guerras que libraron los imperios otomano y ruso, especialmente en los ss. XVIII y XIX. Las guerras de 1736-1739, 1768-1774 y 1787-1791 permitieron a Rusia adquirir el litoral septentrional del mar Negro. Las guerras de 1828-1829 (intervención en favor de la independencia griega), 1853/1854-1856 (guerra de *Crimea) y 1877-1878 (intervención en los Balcanes) contribuyeron a liberar los Balcanes de la dominación otomana.

RUSSELL (Bertrand, conde), *Trelleck, País de Gales, 1872-Penrhyndeudraeth, País de Gales, 1970*, filósofo y lógico británico. En 1927 fundó una escuela experimental donde llevó a la práctica sus ideas pedagógicas; desde 1916 militó en favor del pacifismo. Su actividad más significativa se sitúa en el terreno científico y lógico: desarrolló el logicismo y la teoría de los tipos. Escribió *Principia mathematica* (1910-1913), en colaboración con Whitehead. (Premio Nobel de literatura 1950.)

RUSSELL (Henry Norris), *Oyster Bay, Nueva York, 1877-Princeton, Nueva Jersey, 1957*, astrónomo estadounidense. Sus trabajos sobre física estelar le permitieron establecer, independientemente de Hertzsprung, una clasificación de las estrellas en función de su luminosidad y de su tipo espectral (*diagrama de Hertzsprung-Russell*, 1913).

RUSSELL (John, conde), *Londres 1792-Pembroke Lodge, Richmond Park, 1878*, político británico. Líder del Partido whig, primer ministro (1846-1852 y 1865-1866) y ministro de asuntos exteriores (1852-1855 y 1860-1865), combatió la influencia rusa en Europa (guerra de Crimea, 1854) y completó la obra librecambista de Peel.

RÜSSELSHEIM, c. de Alemania (Hesse), a orillas del Main; 60 361 hab. Automóviles.

RUSTAVI, c. de Georgia; 159 000 hab. Metalurgia

RUSTENBURG, c. de Sudáfrica, al NO de Johannesburgo. Centro minero (platino, cromo).

RUT o **RUTH,** personaje bíblico. Joven moabita, que por su casamiento con Booz y los hijos que tuvo de este se convirtió en antepasada de Jesús. Su historia se narra en el libro bíblico que lleva su nombre (s. V a.C.).

RUTEBEUF, poeta francés del s. XIII, autor de poemas satíricos y alegóricos (*Roman de Renart*) y de *Milagro de Teófilo*.

RUTENIA o **RUTENIA SUBCARPÁTICA** → UCRANIA SUBCARPÁTICA.

RUTHERFORD OF NELSON (Ernest, lord), *Nelson, Nueva Zelanda, 1871-Cambridge 1937*, físico británico. En 1899 descubrió la radiactividad del torio y en 1903 enunció, en colaboración con Soddy, la ley de los desplazamientos radiactivos. Diferenció los rayos beta y alfa, utilizando estos últimos, en 1919, para realizar la primera transmutación provocada, la del nitrógeno en oxígeno. Determinó la masa del neutrón y propuso un modelo de átomo compuesto de un núcleo central y electrones satélites. (Premio Nobel de química 1908.)

■ BERTRAND
RUSSELL

■ ERNEST
RUTHERFORD
OF NELSON

RÜTLI o **GRÜTLI,** prado de Suiza (cantón de Uri), al SE del lago de los Cuatro Cantones, donde los patriotas de tres cantones (Uri, Schwyz y Unterwalden) juraron liberarse de la tiranía de Alberto de Habsburgo (probablemente 1 ag. 1291).

RUWENZORI, macizo de África, que se alarga sobre 100 km entre los lagos Alberto y Eduardo, en la frontera entre la Rep. dem. del Congo y Uganda; 5 110 m en el pico Margarita.

RUYRA (Joaquim), *Gerona 1858-Barcelona 1939*, escritor español en lengua catalana. Autor representativo de la narrativa regionalista, alcanzó gran prestigio con las narraciones de *Del mar y del bosque* (1903), ampliadas en 1920 bajo el título *Pina de rosa*.

RUYSBROECK (Jan Van) → VAN RUYS-BROECK.

RUYSBROEK, RUBROEK, RUBROUCK o **RUBRUQUIS** (Guillermo de), *Rubroek h. 1220-*

d. 1293, franciscano flamenco. San Luis de Francia lo envió como misionero en 1254 a la corte del gran kan de Mongolia. Escribió un interesante relato de su viaje (1254).

RUYSDAEL o **RUISDAEL** → **VAN RUYSDAEL.**

RUYTER (Michiel Adriaanozoon de), *Flessinga 1607-cerca de Siracusa 1676*, almirante neerlandés. Sembró el pánico en Londres al incendiar los navíos ingleses del Támesis (1667), detuvo a la flota anglofrancesa en Zelanda (1673) y en 1676, tras ser enviado a socorrer a España frente a los sicilianos sublevados, fue derrotado en aguas de Agosta por la escuadra francesa de Duquesne.

RUZICKA (Leopold), *Vukovar, 1887-Zurich 1976*, químico suizo de origen croata. Es autor de investigaciones sobre la estructura de los terpenos, que tienen aplicaciones en la industria de los perfumes de síntesis, y sobre las hormonas esteroides. (Premio Nobel 1939.)

RUZZANTE o **RUZANTE** (Angelo Beolco, llamado), *Padua h. 1500-íd. 1542*, actor y dramaturgo italiano. Escribió comedias en dialecto paduano (*La moscheta, La Piovana*) cuya factura prefigura la commedia dell'arte.

RWANDA → **RUANDA.**

RYBNIK, c. de Polonia, en la Alta Silesia; 144 800 hab. Centro hullero.

RYDBERG (Johannes Robert), *Halmstad 1854-Lund 1919*, físico sueco. Estableció una relación entre los espectros de diferentes elementos químicos y demostró la existencia de una constante de importancia capital en las teorías sobre la estructura del átomo.

RYDZ-SMIGLY (Edward), *Brzeżany, act. Bereżany, Ucrania, 1886-Varsovia 1941*, militar polaco, comandante en jefe de las fuerzas polacas en 1939.

RYLE (Gilbert), *Brighton 1900-Whitby, North Yorkshire, 1976*, filósofo y lógico británico. Amplió la filosofía analítica británica con su concepción del lenguaje (*El concepto de lo mental*, 1949).

Ryswick (tratados de) [1697], tratados firmados en Ryswick, cerca de La Haya, que pusieron fin a la guerra de la liga de Augsburgo. El primero (20 sept.) fue firmado por Francia con las Provincias Unidas, Inglaterra y España; el segundo (30 oct.) por Francia con el emperador. Establecían la restitución de los territorios ocupados (Lorena, Palatinado y Cataluña) o anexionados por Luis XIV (excepto Sarrelouis y Estrasburgo) y el reconocimiento de Guillermo III como rey de Inglaterra.

RYŪKYŪ, archipiélago japonés del Pacífico, entre Kyūshū y Taiwan; 2 250 km²; 1 222 398 hab.; cap. *Naha* (en la isla de Okinawa, la más grande del archipiélago).

RZESZÓW, c. del SE de Polonia, cap. de voivodato; 154 800 hab.

SA (abrev. de *Sturmabteilung*, sección de asalto), formación paramilitar de la Alemania nazi, creada en 1921 por Röhm. En 1933 contaba con unos tres millones de miembros. Tras la eliminación de Röhm y sus principales subordinados («Noche de los cuchillos largos», 30 junio 1934), su papel quedó muy reducido.

SAADI → **SA'DĪ.**

SAALE, r. de Alemania, afl. del Elba (or. izq.); 427 km. Pasa por Jena y Halle.

SAAREMAA, isla de Estonia, que cierra el golfo de Riga; 2 714 km².

SAARINEN (Eero), *Kirkkonummi 1910-Ann Arbor, Michigan, 1961*, arquitecto y diseñador estadounidense de origen finlandés. Junto con su padre, Eliel (1873-1950), y afincado en EUA (1923), contribuyó a la evolución de la arquitectura estadounidense moderna (terminal de la TWA en Nueva York-Idlewild, 1956).

SAAVEDRA, partido de Argentina (Buenos Aires); 19 354 hab.; cab. *Pigüé.* Ganado vacuno y ovino.

SAAVEDRA (Ángel de) → **RIVAS** (duque de).

SAAVEDRA (Cornelio de), *Potosí 1761-Buenos Aires 1829*, político y general argentino. Participó en la revolución de mayo (1810) y presidió las dos primeras juntas gubernativas. Fue destituido por sus ideas conservadoras. Rehabilitado, fue jefe del estado mayor del ejército (1818-1821).

SAAVEDRA (Francisco de), *Sevilla 1746-íd. 1819*, político español. Intendente de Caracas, en España fue secretario de hacienda (1797-1798) y de estado (1798). Tras la invasión francesa, dirigió la Junta de Sevilla (1808) y fue miembro de la Junta central y del Consejo de regencia (1810).

SAAVEDRA (Juan Bautista), *La Paz 1870-1939*, político boliviano. Presidente de la república (1921-1925), se enfrentó a Perú por los límites territoriales y laicizó la instrucción pública.

SAAVEDRA FAJARDO (Diego de), *Algezares, Murcia, 1584-Madrid 1648*, escritor y político español. Escribió obras de análisis socioeconómico de España *(Empresas políticas)* y una alegoría satírica, editada en 1655, donde ofrece una visión estética del barroco.

SABA, en ár. **Saba',** ant. reino del SO de la península arábiga (Yemen) [cap. *Maʾrib*]. Conoció una gran prosperidad entre los ss. VIII-I a.C.

SABA (reina de), reina legendaria de Arabia, que según la Biblia, fue a visitar al rey Salomón. El Corán recoge este episodio. La reina de Saba es conocida también en la literatura árabe con el nombre de *Balkis.*

SABA (Umberto **Poli,** llamado Umberto), *Trieste 1883-Gorizia 1957*, poeta italiano. Encontró en su doble experiencia del psicoanálisis y de la persecución racista en la Italia de

Mussolini temas para una poesía centrada en los sueños de la infancia *(El cancionero).*

SABADELL, c. de España (Barcelona), cab. de p. j.; 183 727 hab. (*sabadellenses* o *sabadellenses*). Centro tradicional de la industria textil lanera, a la que se han añadido otras ramas (metalurgia, maquinaria eléctrica, química y electrónica), forma con Terrassa una gran conurbación. — Museo de arte.

SABAH, ant. **Borneo Septentrional,** estado de Malaysia, al N de Borneo; 1 791 000 hab.; cap. *Kota Kinabalu.* Protectorado (1888) y después colonia británica (1946-1963).

SABANA-CAMAGÜEY (archipiélago) o **JARDINES DEL REY,** archipiélago del N de Cuba, constituido por unos 400 cayos coralinos, entre ellos los de Fragoso, Romano, Coco y Sabinal.

SABANA DE TORRES, mun. de Colombia (Santander); 19 956 hab.

SABANA GRANDE, mun. del O de Puerto Rico; 22 843 hab. Licores y manufacturas de cigarrillos.

SABANA GRANDE DE BOYA, mun. de la República Dominicana (San Cristóbal); 31 147 hab. Café.

SABANALARGA, mun. de Colombia (Atlántico); 50 925 hab. Centro agropecuario. Industrias alimentarias.

SABANETA, mun. de Colombia (Antioquia); 20 491 hab. Agricultura.

SABANETA, c. de la República Dominicana, cap. de la prov. de Santiago Rodríguez; 42 088 hab. Centro comercial.

SÁBAT (Hermenegildo), *Montevideo 1933*, dibujante uruguayo, nacionalizado argentino. También pintor, fotógrafo y escritor, su trabajo como caricaturista político del diario *Clarín* desde 1973 constituye una original radiografía de la Argentina de las últimas décadas.

SÁBAT ERCASTY (Carlos), *Montevideo 1887-íd. 1982*, poeta uruguayo. Se alejó del modernismo (1912) para reflejar una visión exuberante de la vida *(Pantheos,* 1917; *Los adioses,* 1929; *Poemas del hombre,* 1921-1937).

SABATINI (Francesco, llamado Francisco), *Palermo 1722-Madrid 1797*, arquitecto italiano, activo en España desde 1760. Nombrado maestro mayor de las obras reales por Carlos III, sus obras se encuadran estilísticamente en la última fase del barroco internacional y el principio del neoclasicismo (puerta de Alcalá, 1764-1778; fachada de San Francisco el Grande, 1776, ambas en Madrid).

SABATINI (Gabriela), *Buenos Aires 1970*, tenista argentina. Profesional desde los quince años, fue vencedora del Masters (1988 y 1994) y del Open de EUA (1990).

SÁBATO (Ernesto), *Rojas 1911*, escritor argentino. Tras su primer libro de ensayos (*Uno y el universo,* 1945), orientó su obra hacia la crítica humanística sobre la ciencia y la preocupación sociocultural (*Heterodoxia,* 1953; *La cultura en la encrucijada nacional,* 1976; *España en los diarios de mi vejez,* 2004). Sus novelas (*El túnel,* 1948; *Sobre héroes y tumbas,* 1961; *Abaddón el exterminador,* 1974), situadas en escenarios de ficción o realidad, constituyen crueles alegorías de la vida humana. (Premio Cervantes 1984.)

■ ERNESTO
SÁBATO

SABELIO, heresiarca cristiano del s. III, iniciador de una doctrina que tendía a reducir la distinción de las tres personas de la Trinidad (*sabelianismo*).

SABICAS (Agustín **Castellón,** llamado el Niño), *Pamplona 1912-Nueva York 1990*, guitarrista español. Solo o acompañado de cantaores, destacó en diferentes estilos flamencos.

Sabiduría (Libro de la), libro del Antiguo testamento redactado en griego (h. 50 a.C.) por un judío de Alejandría. Es una exhortación a la búsqueda de la verdadera sabiduría, que emana de Dios.

SABIN (Albert Bruce), *Białystok 1906-Washington 1993*, médico estadounidense de origen ruso. Descubrió la vacuna antipoliomielítica que se administra por vía oral.

SABINA (Joaquín), *Úbeda 1949*, cantante español. A partir de unos inicios como cantautor tradicional (*La mandrágora,* 1981), su estilo ha evolucionado tanto en sus letras como en el acompañamiento musical, hasta alcanzar una gran difusión (*El hombre del traje gris,* 1988).

ŠĀBĪN AL-QAWM, c. de Egipto, cap. de prov.; 133 000 hab.

SABINAS, mun. de México (Coahuila), avenado por el *río Sabinas;* 39 515 hab. Minas de carbón.

SABINAS HIDALGO, mun. de México (Nuevo León); 24 893 hab. Algodón, cereales y caña de azúcar.

SABINES (Jaime), *Tuxtla Gutiérrez 1926-México 1999*, poeta mexicano. Su obra, recopilada en *Nuevo recuento de poemas* (1977), destaca por lo oral y cotidiano (*Horal*, 1950), el humor (*Tarumba*, 1956) y el poder evocador (*Algo sobre la muerte del mayor Sabines*, 1973).

sabios de Grecia (los siete), nombre dado por la tradición griega a siete personajes, filósofos o políticos del s. VI a.C.: Bias de Priene, Quilón de Lacedemonia, Cleóbulo de Lindos, Myson de Khene (a menudo sustituido por Periandro de Corinto), Solón de Atenas y Tales de Mileto.

SABOGAL (José), *Cajabamba 1888-Lima 1956*, pintor y grabador peruano. Trabajó con Rivera y Orozco en México (1922-1925) y fue una destacada figura de la tendencia indigenista.

SABOYA, en fr. *Savoie*, en ital. *Savoia*, región del SE de Francia (Haute-Savoie y Savoie); cap. *Chambéry*. **122-118 a.C.:** quedó integrada en la Narbonense romana. **534:** fue conquistada por los francos. **Ss. IX-X:** perteneció sucesivamente a la Lotaringia (843), al reino de Borgoña (ss. IX-X) y al Sacro Imperio (1032). **Ss. XII-XV:** los condes de Saboya (duques desde 1416) emprendieron una política expansiva (estados de la casa de Saboya). **Ss. XV-XVI:** el Piamonte adquirió el predominio sobre los restantes estados de la casa. **S. XVII:** diversos territorios de Saboya pasaron a Francia. **1700:** el duque de Saboya se convirtió en rey de Cerdeña. **1792-1814:** Saboya fue anexionada a Francia. **1814-1860:** se reunió nuevamente con el Piamonte. **1860:** pasó definitivamente a Francia.

SABOYA (casa de), familia que poseyó Saboya, con el título de condado (s. XI) y posteriormente de ducado (1416), gobernó el Piamonte-Cerdeña y reinó en Italia de 1860 a 1946.

SABUNDE (Ramón) → SIBIUDA.

SACA (Elías Antonio), *Usulután 1965*, político salvadoreño. Líder de la formación derechista ARENA, fue presidente de la república de 2004 a 2009.

SACABA, c. de Bolivia (Cochabamba); 36 905 hab.

SÁ-CARNEIRO (Mário de), *Lisboa 1890-París 1916*, escritor portugués. Importante exponente del modernismo portugués, es autor de poemas, cuentos y la novela *La confesión de Lucio* (1914). Sus obras están marcadas por un profundo desconcierto existencial.

SACASA (Juan Bautista), *León 1874-Los Ángeles 1946*, político nicaragüense. Liberal, fue presidente de la república (1932-1936). Logró la evacuación de las tropas de EUA y pactó con Sandino. Fue derrocado por A. Somoza.

SACATEPÉQUEZ (departamento de), dep. del centro de Guatemala; 465 km²; 200 686 hab.; cap. *Antigua Guatemala*.

SACCHETTI (Franco), *Ragusa, Dalmacia, h. 1330-San Miniato 1400*, escritor italiano, autor de cuentos realistas (*Los trescientos cuentos*).

SACCHETTI (Giovanni Battista), *Turín-Madrid 1764*, arquitecto italiano. Discípulo de Juvara, dirigió las obras del palacio real de Madrid.

Sacco y Vanzetti (caso), asunto judicial estadounidense. La ejecución, en 1927, de dos emigrantes anarquistas italianos, Nicola Sacco (n. en 1891) y Bartolomeo Vanzetti (n. en 1888), condenados a muerte (1921) por un doble asesinato sin pruebas concluyentes, provocó vivas protestas en todo el mundo.

SACHER-MASOCH (Leopold, caballero von), *Lemberg 1836-Lindheim, Hesse, 1895*, escritor austriaco, autor de cuentos y novelas (*La Venus de las pieles*) en los que expresó un erotismo dominado por la voluptuosidad del sufrimiento (*masoquismo*).

SACHS (Hans), *Nuremberg 1494-íd. 1576*, poeta alemán. Puso su poesía (*El ruiseñor de Wittenberg*) y su teatro religioso o profano al servicio de la Reforma. — Wagner lo hizo el protagonista de *Los maestros cantores de Nuremberg*.

SACHS (Leonie, llamada Nelly), *Berlín 1891-Estocolmo 1970*, escritora sueca de origen alemán, autora de poemas inspirados en la tradición bíblica y judía. (Premio Nobel 1966.)

Sachsenhausen, uno de los primeros campos de concentración alemanes (1933-1945), instalado en Oranienburg (Brandeburgo), a unos 30 km al N de Berlín.

SACO Y LÓPEZ (José Antonio), *Bayamo 1797-Barcelona 1879*, escritor y político cubano. Reformista, desterrado a Trinidad por su oposición a la esclavitud (1834), pasó a España, donde fue diputado a cortes y luchó por el desarrollo de Cuba. Es autor de *Historia de la esclavitud* (4 vols., 1875-1879).

SACRAMENTO, c. de Estados Unidos, cap. de California, junto al *río Sacramento* (620 km); 369 365 hab. (1 481 102 hab. en la aglomeración).

SACRAMENTO (Colonia del), factoría e hinterland establecidos por los portugueses (1679-1680) en la Banda Oriental del Plata (gobernación española del Río de la Plata), alrededor de la actual *Colonia* (Uruguay). Cedida en calidad de colonia a Portugal por el tratado de Alfonza (1701), en el s. XVIII se la disputaron españoles y portugueses. Recuperada por España en el tratado de San Ildefonso (1777), cayó en poder de portugueses y brasileños (1817-1828), hasta que pasó a Uruguay. (Patrimonio de la humanidad 1995.)

SACRISTÁN (José), *Chinchón 1937*, actor español. De sus inicios en la comedia pasó a representar al español medio de la transición (*Asignatura pendiente*, 1976; *Un hombre llamado Flor de Otoño*, 1977). Filmes posteriores: *La colmena* (1982), *Un lugar en el mundo* (1992). Es también director: *Cara de acelga* (1986).

SACRO (monte), colina al NE de Roma, en donde se refugiaron los plebeyos en 494 a.C., hasta la creación de los tribunos de la plebe.

SACRO IMPERIO ROMANO GERMÁNICO, nombre oficial del imperio fundado por Otón I el Grande (962), que comprendía los reinos de Germania, Italia y, a partir de 1032, el de Borgoña. Debilitado por la querella de las Investiduras (1076-1122) y las luchas entre el Pontificado y el Imperio (1157-1250), perdió, desde fines del s. XIII al XV, sus posesiones italianas, borgoñonas y suizas, y tendió a identificarse cada vez más con el reino germánico. Los siete electores instituidos por la Bula de oro (1356) fueron los árbitros del poder imperial. Los tratados de Westfalia (1648) significaron el desmembramiento del imperio, que no pudo resistir las conquistas napoleónicas y fue disuelto en 1806 con la renuncia de Francisco II a la corona imperial de Alemania.

SACROMONTE, barrio típico de Granada (España), en un cerro frente al Generalife, con cuevas abiertas en la ladera y enjalbegadas. Numerosa comunidad gitana.

Sacsahuamán, fortaleza incaica en un altozano que protegía Cuzco. Construida con bloques monolíticos, ensamblados y pulidos entre 1348 y 1471, sufrió varias remodelaciones. Destaca el torreón de Muyuc Marca.

SADA (Daniel), *Mexicali 1953*, escritor mexicano. Notable estilista, de prosa densamente poética y experimental, tras iniciarse en la lírica (*Los lugares*, 1977), se ha prodigado en el cuento (*Registro de causantes*, 1992) y la novela (*Porque parece mentira la verdad nunca se sabe*, 1999; *Luces artificiales*, 2002; *Casi nunca*, 2008).

SÁDABA, v. de España (Zaragoza); 1 666 hab. En las Cinco Villas. — Restos de la ciudad romana (sepulcro romano del s. II). Castillo. Iglesia gótica.

SĀDĀT (Anwär al-), *Mit Abūl Kom, Minūffiyya, 1918-El Cairo 1981*, político egipcio. Tras haber participado en el golpe de estado de 1952, fue presidente de la Asamblea nacional (1960-1969) y en 1970 sucedió a Nasser al frente del país. Tras la cuarta guerra *árabe-israelí (1973), rompió con la URSS (1976), firmó los acuerdos de *Camp David (1978) y un tratado de paz con Israel (Washington, 1979). Fue asesinado. (Premio Nobel de la paz 1978.)

SADDIQ DE ARÉVALO (Yosef ben), escritor hebraicoespañol de la segunda mitad del s. XV. Su libro ritual *Compendio del recuerdo del justo* trata del pueblo judío de los ss. XII-XV.

SADE (Donatien Alphonse François, conde de Sade, llamado el marqués de), *París 1740-Charenton-Saint-Maurice, act. Saint-Maurice, 1814*, escritor francés. Su narrativa, que es a la vez la teoría y la ilustración del *sadismo* y fue censurada durante años, fue recuperada por los surrealistas y valorada como símbolo de una rebelión del hombre contra la sociedad y el Creador, y como análisis psicológico: *Los ciento veinte días de Sodoma* (1782-1785), *Justine o los infortunios de la virtud* (1791), *La filosofía en el tocador* (1795).

SÁ DE MIRANDA (Francisco de), *Coimbra h. 1480-Quinta de Tapada 1558*, humanista y escritor portugués. Introdujo en Portugal las formas métricas italianas. Destacan su *Fábula de Mondego* y la égloga *Alexo*.

SA'DĪ o **SAADI**, dinastía que reinó en Marruecos de 1554 a 1659.

SA'DĪ o **SAADI** (Mušarrif ibn Muṣliḥ), *Šīrāz h. 1213(?)-1292*, poeta persa. Es autor de recopilaciones líricas y didácticas (*Gulistán* [Jardín de las rosas] y *Bustán* [Jardín de frutos]).

SADOLETO (Iacopo), *Módena 1477-Roma 1547*, cardenal y humanista italiano. Preconizó la reconciliación con los protestantes.

SADOVEANU (Mihail), *Pașcani, Moldavia, 1880-Bucarest 1961*, escritor rumano. Sus novelas evocan la vida de las campiñas moldavas.

Sadowa (batalla de) [3 julio 1866], batalla de la guerra austroprusiana. Victoria del ejército prusiano de Federico Carlos sobre los austriacos de Benedek en Sadowa (en checo Sadová), en Bohemia oriental, puso de manifiesto el poder del armamento prusiano.

SAENREDAM (Pieter), *Assendelft, Holanda Septentrional, 1597-Haarlem 1665*, pintor y dibujante neerlandés. Sus cuadros, paisajes urbanos e interiores de iglesias, destacan por su sencillez, transparencia y poesía latente.

SAENZ (Jaime), *La Paz 1921-íd. 1986*, escritor boliviano. Dedicado sobre todo a la poesía, su obra se configura en torno a la estética andina y la mística (*Aniversario de una visión*, 1960; *Muerte por el tacto*, 1967; *Bruckner, Las tinieblas*, 1978; *Al pasar un cometa*, 1982). Su novela *Felipe Delgado* (1979) aborda el submundo de La Paz.

SÁENZ DE OIZA (Francisco Javier), *Cáseda 1918-Madrid 2000*, arquitecto español. Funcionalista, desarrolló una línea innovadora (edificio Torres Blancas, BBVA, en el centro Azca, y viviendas de la M-30, en Madrid).

SÁENZ DE THORNE (Manuela), llamada **Doña Manolita**, *Quito 1793-Paita, Perú, 1859*, patriota ecuatoriana. Amante de Bolívar (1822), le salvó la vida (1828) y fue nombrada «Libertadora del Libertador».

SÁENZ PEÑA (Luis), *Buenos Aires 1822-íd. 1907*, político argentino. Magistrado de la corte federal, miembro del Partido nacional, presidió el país (1892-1895) y reprimió a los radicales. — **Roque S. P.**, *Buenos Aires 1851-íd. 1914*, político argentino. Hijo de Luis, se opuso

a la doctrina de Monroe con su «América para la humanidad» (1889), en la conferencia panamericana de Washington. Miembro del Partido nacional, presidió la república (1910-1913) y estableció el sufragio universal (1912).

SAER (Juan José), *Serodino, Santa Fe, 1937-París 2005*, escritor argentino. Inicialmente realista, recreó un universo donde la memoria es la protagonista (*El limonero real*, 1974; *El entenado*, 1983; *Glosa*, 1985; *La Grande*, 2008, póstuma). También cultivó el relato, la poesía, el ensayo y el periodismo.

SAETABIS o **SAETABÍCULA**, localidad prerromana de la península Ibérica (act. *Játiva*).

SÁEZ (Víctor Damián), *Budia, Guadalajara, 1776-Tortosa 1839*, eclesiástico y político español. Ministro de estado en la regencia absolutista y ministro universal de Fernando VII (1823), dirigió con rigor la reacción absolutista. Fue obispo de Tortosa (1823-1839).

ṢAFAWÍES, dinastía que reinó en Irán de 1501 a 1736. Fundada por *Ismāʻīl I, jefe de la cofradía Ṣafawí (en persa Ṣafavi), impuso el chiismo duodecimano en Irán, que protegió de los otomanos por el E y de los uzbekos por el E.

ṢAFFĀR (Abū-l-Qāsim Aḥmad **ibn Oma al-**), *m. en Denia 1035*, astrónomo hispanoárabe, autor de un tratado sobre el uso del astrolabio.

SAFI, en ár. **Aṣfi**, c. de Marruecos, en la costa del Atlántico; 197 000 hab. Puerto. Centro comercial e industrial. — Monumentos antiguos.

SAFO, *Lesbos fines del s. VII-íd. s. VI a.C.*, poeta griega. De sus nueve poemarios, célebres en la antigüedad, solo se conservan algunos fragmentos en los que canta a la pasión y el deseo.

SAGAMIHARA, c. de Japón (Honshū); 531 542 hab.

SAGAN (Carl), *Nueva York 1934-Seattle 1996*, astrofísico estadounidense. Especialista en el estudio de los planetas y en exobiología, desempeñó un importante papel en la creación de los programas estadounidenses de sondas planetarias. Publicó también obras de divulgación científica (*Cosmos*).

SAGAN (Françoise Quoirez, llamada Françoise), *Carjac 1935-Honfleur, Normandía, 2004*, escritora francesa, autora de novelas (*Buenos días, tristeza*, 1954) y de obras teatrales (*Un castillo en Suecia*, 1960).

SĀGAR o **SAUGOR**, c. de India (Madhya Pradesh); 256 878 hab. Serrerías y material ferroviario. Universidad.

S'AGARÓ, localidad de España, en el mun. de Castell-Platja d'Aro (Gerona). Centro de veraneo en la Costa Brava. Festival de música.

SAGARRA (Josep Maria de), *Barcelona 1894-íd. 1961*, escritor español en lengua catalana. Sus dramas (*El Hostal de la Gloria*, 1931; *El Café de la Marina*, 1933) son de un lirismo romántico. Asimismo es autor de novelas (*Vida privada*, 1932) y libros de poesía (*Canciones de todas las horas*, 1925), y ejerció el periodismo (*El sol, La vanguardia*, etc.).

SAGASTA (Práxedes Mateo), *Torrecilla de Cameros, La Rioja, 1825-Madrid 1903*, político español. Progresista, tras la revolución de 1868 participó en el gobierno provisional y en el de Amadeo I, que presidió en 1871-1872. Con la Restauración organizó un Partido liberal dinástico. Presidente del gobierno (1881-1883), integró en su partido la Izquierda dinástica. Durante la regencia de María Cristina, en el turno de partidos entre el suyo y el conservador, fue de nuevo presidente del gobierno en 1885-1890, 1891-1895, 1897-1899 y 1901-1902.

SAGITARIO, constelación zodiacal cuya dirección corresponde a la del centro de la Galaxia. — **Sagitario**, noveno signo zodiacal, que el Sol abandona en el solsticio de invierno.

SAGRA (sierra de la), sierra de España (Granada), en el sistema Subbético; 2 381 m en el *monte Sagra*.

SAGRA (Ramón de la), *La Coruña 1798-Neuchâtel, Suiza, 1871*, naturalista, periodista y sociólogo español. En 1823 viajó a La Habana, donde dirigió el Jardín botánico. De sus trabajos sobre la naturaleza y la economía cubanas nació la *Historia física, política y natural de la isla de Cuba* (13 vols., 1832-1863). Además de realizar múltiples colaboraciones en prensa, escribió *Lecciones de economía social* (1840),

primera exposición teórica de la sociología española sobre la estructura de la sociedad, y *Atlas carcelario* (1843).

Sagrada Familia (templo expiatorio de la), templo inacabado de Barcelona. Iniciado en 1882 con proyecto neogótico, en 1884 se hizo cargo de las obras A. Gaudí, quien en 1893 transformó el proyecto inicial según su personal estilo. Inacabada a su muerte (1926), continúan sus obras a partir de los planos originales (fachada de la Pasión, por J. M. Subirachs). [Patrimonio de la humanidad 2005.]

sagradas (guerras), nombre que reciben cuatro guerras entabladas entre las ciudades de la ant. Grecia, que tuvieron lugar entre 590 y 339 a.C. Desencadenadas por las anficciones de Delfos para defender los derechos del templo de Apolo, su auténtico objetivo era asegurar el control de las riquezas del santuario. Terminaron con la intervención de Filipo de Macedonia, que sometió a las ciudades griegas.

Sagrajas o **Zalaca** (batalla de) [23 oct. 1086], derrota del ejército castellano frente a los almorávides aliados de los reinos de taifas, en la confluencia de los ríos Zapatón y Génova, cerca de Badajoz. Supuso que los almorávides dejaran de pagar tributos a Castilla.

SAGRERA (Guillem), *Felanitx ¿1380?-Nápoles h. 1454*, arquitecto y escultor mallorquín, activo en Mallorca, el Rosellón y Nápoles. Uno de los máximos representantes del gótico flamígero en Cataluña, su escultura sigue el realismo borgoñón (Lonja de Palma de Mallorca).

SAGUA DE TÁNAMO, mun. de Cuba (Holguín); 61 190 hab. Industria azucarera. Níquel.

SAGUA LA GRANDE, mun. de Cuba (Villa Clara), junto al *río Sagua la Grande* (150 km); 59 152 hab. Destilerías de alcohol; tabaco. Fundiciones.

SAGUANMACHICA (Zipa), *m. en 1490*, cacique de Bogotá. Primer jefe chibcha (1470-1490) del que se tienen noticias históricas, alentó la supremacía de Bogotá sobre los territorios vecinos.

SAGUÍA EL HAMRA, ant. protectorado español, con capital en El Aaiún, actualmente integrado en el Sahara Occidental. Se extendía en torno al *uadi de Saguía el Hamra* (420 km).

SAGUNTO, en cat. **Sagunt**, c. de España (Valencia), cab. de p. j.; 56 756 hab. *(saguntinos)*. Naranjos, frutales y arroz. Cemento. Astilleros. Puerto. — Teatro romano (restaurado). Ruinas del castillo medieval. — Ciudad ibérica (*Arsi*) aliada de Roma, su toma por Aníbal, tras ocho meses de asedio (219 a.C.), provocó la segunda guerra púnica. Victoria francesa sobre las tropas de Blake (25 oct. 1811) en la guerra de la Independencia. El pronunciamiento del general Martínez Campos (29 dic. 1874) dio paso a la restauración monárquica en España.

SAHAGÚN, mun. de Colombia (Córdoba); 58 059 hab. Maíz, arroz. Pastos. Ganado vacuno y porcino.

SAHAGÚN, v. de España (León), cab. de p. j.; 3 112 hab. *(sahagunenses)*. En el Camino de Santiago. Ganadería lanar. — Restos del monasterio benedictino de San Pedro de las Dueñas (s. XI-XII); iglesias mudéjares de San Tirso (s. XII) y San Lorenzo (s. XIII).

SAHAGÚN (fray Bernardino de), *Sahagún h. 1500-León, México, 1590*, eclesiástico e historiador español. En Nueva España desde 1529, fue profesor en los colegios de Tlatelolco y Puebla y fundador del convento de Xochimilco (1535). Por orden de sus superiores, recogió datos sobre la cultura indígena y escribió obras en español y náhuatl, entre ellas *Historia general de las cosas de Nueva España*.

SAHARA, el desierto más extenso del mundo, en África. Ocupa más de 8 millones de km² entre el África mediterránea y el África negra, el Atlántico y el mar Rojo. A ambos lados del trópico de Cáncer, se extiende por Marruecos, Argelia, Túnez, Libia, Egipto, Sudán, Chad, Níger, Malí, Mauritania y Sahara Occidental. Su unidad se basa en la extrema aridez del clima (menos de 100 mm de agua por año), que imposibilita el cultivo, salvo en los oasis. El Nilo es el único río que lo atraviesa. El relieve es diversificado: en el centro y E, grandes macizos, en parte volcánicos, como el Ahaggar, el Aïr y el Tibesti; en el N, las dunas del Gran Erg; en

otras regiones predominan las llanuras y las mesetas cubiertas de piedras *(regs)*. Un millón y medio de personas aprox. viven en el Sahara, en el que ha disminuido el nomadismo y se ha desarrollado la industria extractiva (hidrocarburos esencialmente).

HISTORIA

La abundancia de fósiles y de utillaje neolítico atestigua una época floreciente. En la antigüedad, la sequía obligó a abandonar el caballo por el dromedario a partir del s. II a.C. Los árabes, que penetraron en el Sahara a partir del s. VII, implantaron el islam. A fines del s. XIX la mayor parte del Sahara fue conquistada por Francia, que tomó Tombuctou (1894). España organizó su colonia del Sahara Occidental a partir de 1884 e Italia se estableció en Cirenaica y Tripolitania en 1911-1912. La descolonización se produjo entre 1951 y 1976.

SAHARANPUR, c. de la India (Uttar Pradesh); 373 904 hab.

SAHARA OCCIDENTAL, ant. **Sahara Español**, territorio del NO de África administrado por Marruecos; 266 000 km²; 209 000 hab. *(saharauis)*.

GEOGRAFÍA

El territorio constituye una vasta planicie árida y desértica desde el desierto hasta el Atlántico. La población es arabobberéber. De agricultura prácticamente inexistente, sus principales recursos son la pesca y la explotación de los fosfatos de Bu-craa, uno de los yacimientos más importantes del mundo.

HISTORIA

Portugal cedió a España el derecho de establecerse en la franja costera (1509), no ocupada hasta 1884, en torno a las factorías de Villa Cisneros, Cintra y Cabo Blanco. Fijados sus límites (1920), se denominó protectorado de Río de Oro, y en 1934, junto con Cabo Yubi e Ifni, constituyó el África Occidental Española, que en 1957 pasó a ser una provincia española con El Aaiún como capital. España aplazó la descolonización planteada por la ONU (1966) y cedió la administración del territorio a Marruecos y Mauritania (1975). El Frente polisario proclamó (1976) la República Árabe Saharaui Democrática (RASD) y declaró la guerra a ambos países. Mauritania firmó la paz y abandonó el territorio (1979), pero Marruecos radicalizó la lucha y fomentó el asentamiento de marroquíes. La ONU estableció la necesidad de celebrar un referéndum para la autodeterminación (1985), pospuesto indefinidamente por Marruecos. Desestimada en 2001, la ONU retomó en 2003 la propuesta de celebrar un referéndum tras un período de autonomía transitoria.

SAHEL, región de África que bordea el S del Sahara. Es una franja orientada de O a E, que se extiende del Senegal a Sudán, con escasa y sobre todo irregular lluvia y vegetación esteparia. En otra época, el término designó las regiones próximas al litoral de Argelia y Túnez.

SĀHIN o **CHAHINE** (Yūsuf), *Alejandría 1926-El Cairo 2008*, cineasta egipcio. También intérprete, es una de las principales figuras del cine egipcio (*Estación central*, 1958; *La tierra*, 1969; *El sexto día*, 1986; *El destino*, 1997; *Alejandría... Nueva York*, 2004).

Šāh-nāma (*Libro de los reyes*), epopeya persa de Firdūsī (s. X), que canta la historia de Irán.

ŠĀHPŪR → SAPOR.

Šahrāzād, personaje de *Las *mil y una noches*. Inspiró una suite sinfónica a Rimski-Kórsakov (*Scheherazade*, 1888).

SAHUAYO, mun. de México (Michoacán); 46 099 hab. Ganado porcino. Yacimientos de carbón.

SAIÁN, conjunto montañoso de Rusia, en el S de Siberia occidental.

SAÏDA [c. de Líbano] → ṢAYDĀ.

SAÏDA, c. de Argelia, cap. de vilayato, al pie de los *montes de Saïda*; 81 000 hab.

SAʻĪD AL-MAGRIBĪ → ABENSAID.

SAʻĪD BAJÁ (Muhammad), *El Cairo 1822-Alejandría 1863*. Hijo de Mehmet ʻAlī y virrey de Egipto (1854-1863), apoyó el proyecto del canal de Suez.

SAIGÓN → CIUDAD HÔ CHI MINH.

SAIKAKU (Ihara **Saikaku,** llamado), *Ōsaka 1642-íd. 1693,* escritor japonés. Creó la novela de costumbres realista y satírica japonesa (*Una mujer del placer,* 1686).

SAILER (Toni), *Kitzbühel 1935,* esquiador austriaco. Fue triple campeón olímpico en 1956.

SAÍN ALTO, mun. de México (Zacatecas); 16 074 hab. Minas de mercurio.

SAINT ALBANS, c. de Gran Bretaña (Inglaterra), al N de Londres; 51 000 hab. Vestigios romanos. Catedral de los ss. XI-XIV, ant. iglesia de una abadía benedictina, fundada en 793, que dio algunos historiadores medievales (Roger of Wendover, John Wheathampstead). — Durante la guerra de las Dos Rosas fue escenario de dos batallas: una ganada por los York (1455); la otra, por los Lancaster (1461).

SAINT ANDREWS, c. de Gran Bretaña (Escocia), junto al mar del Norte; 12 000 hab. Universidad. Golf. — Ruinas de la catedral (ss. XII-XIV).

SAINT CATHARINES, c. de Canadá (Ontario), al SO de Toronto; 129 300 hab.

SAINT CHRISTOPHER → **SAINT KITTS-NEVIS.**

SAINT-CLAIR, r. y lago (1 270 km²) de América del Norte, que separa Canadá (Ontario) de Estados Unidos (Michigan).

SAINT-DENIS, mun. de Francia (Seine-Saint-Denis); 86 871 hab. Importante centro industrial. — Catedral gótica y antigua abadía que debe su nombre a san Dionisio, primer obispo de París (necrópolis de los reyes de Francia).

SAINT-DENIS, cap. de la isla y departamento francés de ultramar de Reunión; 132 573 hab.

SAINT DENIS (Ruth **Dennis,** llamada Ruth), *Newark ¿1877?-Hollywood 1968,* bailarina estadounidense. Fundó junto con su marido, Ted Shawn, la Denishawn School (1915-1931), donde se formaron las grandes figuras de la *modern dance.*

SAINTE-BEUVE (Charles Augustin), *Boulogne-sur-Mer 1804-París 1869,* escritor francés. Romántico, escribió poesía, una novela (*Voluptuosidad,* 1834) y obras de crítica e historia literaria (*Retratos literarios,* 1832-1839; *Port-Royal,* su obra capital, 6 vols., 1840-1860).

SAINT ELIAS, cordillera de América del Norte, en los límites de Canadá y Alaska, que contiene el punto culminante de Canadá; 5 959 m en el monte Logan. (Patrimonio de la humanidad 1979 [ampliado en 1992 y 1994].)

SAINT-ÉTIENNE, c. de Francia, cap. del dep. de Loire, 183 522 hab. Universidad. — Museos.

SAINT-EXUPÉRY (Antoine de), *Lyon 1900-desaparecido en misión aérea en 1944,* aviador y escritor francés. Sus novelas (*Vuelo nocturno,* 1931; *Tierra de hombres,* 1939; *Piloto de guerra,* 1942) y sus narraciones simbólicas (*El *principito,* 1943) intentan definir valores humanistas en una sociedad dedicada al progreso técnico.

SAINT GEORGE (canal), estrecho entre Gran Bretaña (Gales) e Irlanda, que comunica, al S, el mar de Irlanda con el Atlántico.

Saint-Germain-des-Prés (abadía de), antigua abadía de París, fundada por Childeberto I (558). Iglesia románica (ss. XI-XII).

SAINT-GERMAIN-EN-LAYE, mun. de Francia (Yvelines); 40 162 hab. Castillo renacentista con capilla gótica, act. museo arqueológico nacional.

SAINT HELENS, volcán activo del NO de Estados Unidos (estado de Washington); 2 549 metros.

SAINT HELENS, c. de Gran Bretaña (Inglaterra), cerca de Liverpool; 99 000 hab.

SAINT-HÉLIER, cap. de la isla de Jersey; 28 000 hab. Turismo. — Castillo de los ss. XVI-XVII.

SAINT-JEAN (lago), lago de Canadá que desagua en el San Lorenzo a través del Saguenay (Quebec); 700 km² aprox.

SAINT-JEAN-DE-LUZ → **SAN JUAN DE LUZ.**

SAINT JOHN, r. de Estados Unidos y de Canadá (Nuevo Brunswick), tributario de la bahía de Fundy; 700 km aprox.

SAINT JOHN o **SAINT-JEAN,** c. de Canadá (Nuevo Brunswick), junto a la bahía de Fundy, en la desembocadura del *río Saint John;* 68 254 hab. Puerto. Universidad. — Museo.

SAINT-JOHN PERSE (Alexis **Leger,** conocido primero como Alexis **Saint-Leger Leger** y posteriormente llamado), *Pointe-à-Pitre 1887-Giens 1975,* diplomático y poeta francés. Su obra medita sobre el destino del hombre y su relación con la naturaleza (*Elogios,* 1911; *Anábasis,* 1924; *Destierro,* 1942; *Amargos,* 1957; *Pájaros,* 1963). [Premio Nobel 1960.]

SAINT JOHN'S → **ST. JOHN'S.**

SAINT JOHN'S, cap. de Antigua y Barbuda, en la isla de Antigua; 36 000 hab.

SAINT-JUST (Louis Antoine), *Decize 1767-París 1794,* político francés. Diputado de la Convención, miembro de la Montaña y del club de los jacobinos, formó parte del Comité de Salvación pública e intentó conseguir la democracia social a través del Terror. Con Robespierre, fue derrotado y guillotinado.

SAINT KILDA, pequeña isla británica deshabitada del Atlántico, a la altura de Escocia. (Patrimonio de la humanidad 1986 [ampliado en 2004 y 2005].)

SAINT KITTS-NEVIS, en ingl. **Saint Kitts and Nevis** o **Saint Christopher and Nevis,** estado federal de las Pequeñas Antillas; 261 km²; 50 000 hab. CAP. *Basseterre* (13 000 hab.). LENGUA: *inglés.* MONEDA: *dólar del Caribe oriental.* (V. mapa de **Antillas** [Pequeñas].) Está formado por las islas de Saint Kitts (168 km²) y Nevis. Caña de azúcar. — Estado independiente en el marco de la Commonwealth desde 1983.

SAINT-LAURENT (Yves), *Orán 1936-París 2008,* modisto francés. Su éxito se basó en interpretaciones originales de las prendas cotidianas (chaquetón, traje pantalón, etc.), un estilo lleno de rigor y un gran talento para los colores.

SAINT LOUIS, c. de Estados Unidos (Missouri), cerca de la confluencia del Mississippi y el Missouri; 396 685 hab. (2 444 099 en la aglomeración). Puerto fluvial, nudo ferroviario y centro comercial e industrial. — Museo de arte.

SAINT-LOUIS, c. de Senegal; 132 499 hab. Puerto. Centro residencial histórico y lugar de paso hacia Mauritania. (Patrimonio de la humanidad 2000 [ampliado en 2007].)

SAINT-MALO, mun. de Francia (Ille-et-Vilaine), junto al canal de la Mancha; 52 737 hab. Turismo. — Castillo y murallas medievales. — Fue el punto de partida en el s. XVI de las expediciones hacia América.

SAINT-MAURICE, r. de Canadá (Quebec), afl. del San Lorenzo (or. izq.); 520 km.

SAINT-MORITZ, en alem. **Sankt Moritz,** en romanche **San Murezzan,** mun. de Suiza (Grisones); 5 426 hab. Estación de deportes de invierno (alt. 1 856-3 303 m).

SAINT-NAZAIRE, c. de Francia (Loire-Atlantique), en la desembocadura del Loira; 68 616 hab. Construcciones navales y aeronáuticas.

SAINT PAUL, c. de Estados Unidos, cap. de Minnesota, junto al Mississippi; 272 235 hab. Forma con Minneapolis una conurbación de 2 968 806 hab.

SAINT-PAUL o **SAINT-PAUL-DE-VENCE,** mun. de Francia (Alpes-Maritimes), al S de Vence; 2 888 hab. Centro turístico y artístico (fundación Maeght).

SAINT PETER, c. de las islas Anglonormandas, cap. de Guernesey; 16 000 hab. Turismo.

SAINT PETERSBURG, c. de Estados Unidos (Florida), junto a la bahía de Tampa; 238 629 hab. Puerto.

SAINT-PIERRE, mun. de Martinica; 5 045 hab. Fue la ciudad más poblada de la isla (26 000 hab.) antes de que fuera destruida, el 8 mayo 1902, por una «nube ardiente» que siguió a la erupción del volcán Mont Pelée.

SAINT-PIERRE Y MIQUELON, en fr. **Saint-Pierre-et-Miquelon,** archipiélago francés de América del Norte, al S de Terranova; 242 km²; 6 519 hab. cap. *Saint-Pierre.* Pesca y conservas. — Adquirido por Francia en 1816, ha sido territorio (1946), departamento de ultramar (1976), colectividad territorial (1985) y, desde 2003, colectividad de ultramar.

SAINT-QUENTIN, mun. de Francia (Aisne), a orillas del Somme; 61 092 hab. Colegiata gótica (ss. XIII-XV). Museo (colección de M. Quentin la Tour). — Escenario de la batalla de *San Quintín (1557).

SAINT-SAËNS (Camille), *París 1835-Argel 1921,* compositor francés. Virtuoso del piano y el órgano, fue autor de numerosas obras para estos instrumentos, una ópera-oratorio (*Sansón y Dalila,* 1877), conciertos, sinfonías y poemas sinfónicos (*Danza macabra,* 1874; *El carnaval de los animales,* 1886).

SAINT-SIMON (Claude Henri de Rouvroy, conde de), *París 1760-íd. 1825,* filósofo y economista francés. Propugnó un socialismo planificador y tecnocrático, fundado sobre una religión de la ciencia y una nueva clase de industriales (*Catecismo de los industriales,* 1823-1824). Su doctrina (*sansimonismo*) se incluye en la corriente del socialismo utópico.

SAINT-SIMON (Louis de Rouvroy, duque de), *París 1675-íd. 1755,* escritor francés. En sus *Memorias,* que abarcan de 1694 a 1723, relata en un estilo críptico y lleno de imágenes la vida en la corte de Luis XIV.

SAINT THOMAS, la más poblada de las islas Vírgenes norteamericanas (Antillas); 48 166 hab.; cap. *Charlotte Amalie.*

SAINT-TROPEZ, mun. de Francia (Var), a orillas del Mediterráneo; 5 542 hab. Importante centro turístico y estación balnearia. — Ciudadela (ss. XVI-XVII). Museo. — Fue uno de los lugares del desembarco franconorteamericano (15 ag. 1944).

SAINZ (Carlos), *Madrid 1962,* piloto de automóviles español. Fue campeón del mundo de rallies en 1990 y 1992.

SAINZ DE LA MAZA (Regino), *Burgos 1896-Madrid 1981,* guitarrista español. Concertista, es autor de *La guitarra y su historia* (1955).

SAIS, ant. c. del Bajo Egipto, situada en el delta del Nilo, cuyos príncipes fundaron la XXVI dinastía (664-525 a. C.).

SAIZARBITORIA (Ramón), *San Sebastián 1944,* escritor español en lengua vasca, introductor de técnicas contemporáneas en la narrativa vasca (*Porque comienza cada día,* 1969; *Cien metros,* 1976; *Guárdame bajo tierra,* 2000; *La tradición de Kandinsky,* 2004).

SAJA o **YAKUTIA** (República de), república de Rusia, en Siberia oriental; 3 103 200 km²; 1 093 000 hab.; cap. *Yakutsk.* La población de este vasto territorio está formada por un 50 % de yakutos y un 50 % aprox. de rusos.

SAJALÍN (isla), isla montañosa de Rusia, al E de Asia, entre el mar de Ojotsk y el de Japón; 87 100 km²; 693 000 hab. Pesca. Hulla, petróleo y gas natural. — Dividida en 1905 entre Japón y Rusia —que la ocupaba desde 1850—, fue anexionada por la URSS en 1945.

SAJAMA (nevado), cumbre volcánica de Bolivia (Oruro), en la cordillera Occidental de los Andes; 6 542 m. Es el pico más alto del país.

SAJÁROV (Andréi Dmitriévich), *Moscú 1921-íd. 1989,* físico soviético. Colaboró en la construcción de la bomba H soviética. Defensor de los derechos humanos en la URSS, de 1980 a 1986 fue confinado en Gorki. En 1989 fue elegido diputado para el Congreso del pueblo. (Premio Nobel de la paz 1975.)

SAJONIA, en alem. **Sachsen,** Land de Alemania que se extiende por la vertiente NO del Erzgebirge y por su antepaís; 18 337 km²; 4 900 675 hab. (*sajones*); cap. *Dresde.* Está jalonado por centros urbanos (Leipzig, Dresde, Chemnitz y Zwickau), donde la industria se desarrolló a partir de los recursos del subsuelo, act. agotados en parte.

HISTORIA

S. IX: se constituyó en ducado. **843:** se integró en el reino de Germania. **919:** el duque de Sajonia, Enrique el Pajarero, elegido rey de Germania, fundó la dinastía Sajona. **962-1024:** la dinastía Sajona reinó en el Sacro Imperio. **1142-1180:** Enrique el León dotó al ducado de su máxima extensión. **1180:** Federico I Barbarroja destruyó su poder. **1260:** el ducado fue dividido entre los de Sajonia-Lauenburg (Baja Sajonia), al N y Sajonia-Wittenberg (Alta Sajonia), al S. **1356:** el duque de Sajonia-Wittenberg fue elegido elector de imperio. **1485:** Sajonia fue de nuevo dividida. Se convirtió en el s. XVI en uno de los bastiones de la Reforma. **1697-1763:** los electores de Sajonia fueron a la vez reyes de Polonia (Augusto I y Augusto II). **1806:** Napoleón I hizo a Federico Augusto rey de Sajonia. **1815:** en el congreso de Viena, el reino de Sajonia fue reducido en beneficio de Prusia. **1871:** fue integrado en el Imperio alemán. **1918:** proclamación de la república. **1949-1990:** Sajonia fue integrada en la RDA y repartida desde 1952 entre diversos distritos.

SAJONIA (Baja), en alem. **Niedersachsen,** Land de Alemania, junto al mar del Norte; 47 616 km²; 7 283 795 hab.; cap. *Hannover.*

SAJONIA-ANHALT, en alem. **Sachsen-Anhalt,** Land de Alemania; 20 445 km²; 2 964 971 hab.; cap. *Magdeburgo.*

SAJONIA-COBURGO (Federico **Josias,** príncipe **de**), *Coburgo 1737-íd. 1815,* militar austriaco. Vencedor de Dumouriez en *Neerwinden, fue derrotado por Jourdan en Fleurus (1794).

SAJONIA-COBURGO-GOTHA (Simeón **de**), *Sofía 1937,* político búlgaro. Hijo de Boris III, fue de niño rey de los búlgaros, con el nombre de Simeón II (1943-1946), antes de conocer un largo exilio. De regreso a su país en 2001, tras la victoria de su partido, el Movimiento nacional, en las elecciones legislativas, fue primer ministro (2001-2005).

SAJONIA-WEIMAR (Bernardo, **duque de**), *Weimar 1604-Neuenburg 1639,* general alemán. Durante la guerra de los Treinta años sucedió a Gustavo Adolfo al frente del ejército sueco (1632); tras su derrota en *Nördlingen (1634), pasó al servicio de Francia, derrotó a los españoles (1636) y arrebató Brisach a los imperiales (1638).

SAKAI, c. de Japón (Honshū); 807 765 hab. Centro industrial.

SAKARYA, r. de Turquía, que desemboca en el mar Negro; 790 km. Aprovechamiento hidroeléctrico.

SAKKARA → SAQQĀRA.

Śakuntalā, drama sánscrito de Kālidāsa (ss. IV-V). Relata los amores de Śakuntalā y el rey Vishvamitra.

ŚĀKYAMUNI → BUDA.

SALACROU (Armand), *Ruán 1899-El Havre 1989,* dramaturgo francés. Sus obras evocan problemas humanos y sociales de la vida moderna (*La desconocida de Arras,* 1935).

SALADAS, pobl. de Argentina (Corrientes); 19 652 hab. En la or. izq. del Paraná. Cereales y arroz.

SALADILLO, partido de Argentina (Buenos Aires), avenado por el *arroyo Saladillo;* 26 048 hab.

SALADINO I, en ár. **Şalāḥ al-Dīn Yūsuf,** *Takrit 1138-Damasco 1193,* sultán ayubí de Egipto (1171-1193) y de Siria (1174-1193). Reunió bajo su autoridad Egipto, Ḥiyāz, Siria y Mesopotamia y se erigió en adalid de la guerra santa. Reconquistó Jerusalén a los cruzados (1187), lo que provocó la tercera cruzada. En 1192 se firmó una paz de compromiso por la que Siria y el interior de Palestina quedaban en sus manos y casi toda la costa para los francos.

SALADO → DESAGUADERO [r. de Argentina].

SALADO o **SALADO DEL NORTE,** r. de Argentina, afl. del Paraná (or. der.); 2 000 km. En su curso alto se denomina *Pasaje* o *Juramento.*

SALADO, r de Argentina (Buenos Aires), tributario del Río de la Plata; 700 km. Nace en una serie de lagunas (Chañar y Mar Chiquita) y desemboca en la bahía de Samborombón.

SALADO (El), r. de México, que nace en Coahuila, atraviesa el lago artificial Venustiano Carranza y fluye por Nuevo León y Tamaulipas hasta el embalse de Falcón del río Bravo. Sus aguas se emplean para irrigación.

SALADO (Gran Lago), en ingl. **Great Salt Lake,** lago salado de Estados Unidos (Utah), cerca de Salt Lake City.

Salado (batalla del) [30 oct. 1340], victoria de los ejércitos cristianos sobre los benimerines cerca del río Salado, en Tarifa (Cádiz). Puso fin al peligro de nuevas invasiones musulmanas.

Salafiyya, corriente reformista del islam que, en el s. XIX, preconizó una vuelta a la religión pura de los antiguos (*salafí*).

SALAM (Abdus), *Jhang 1926-Oxford 1996,* físico paquistaní. En 1967 postuló una teoría que permitió unificar la interacción electromagnética y la interacción débil (Premio Nobel 1979.)

SALAMÁ, c. de Guatemala, cap. del dep. de

Baja Verapaz, avenado por el *río Salamá;* 23 559 hab.

SALAMANCA, com. de Chile (Coquimbo); 22 589 hab. Cereales y frutales. Ganado lanar. Minas de cobre.

SALAMANCA, c. de España, cap. de la prov. homónima y cab. de p. j.; 158 556 hab. (*salmantinos*). Junto al Tormes, es un centro administrativo, comercial y cultural (universidad fundada por Alfonso IX en 1218). — Destacan entre sus riquezas monumentales el puente romano, iglesias románicas, la catedral vieja (románica, s. XII) y la catedral nueva (gótica, s. XVI), con el rico museo diocesano, las iglesias platerescas de San Benito, Santa Isabel, de las Úrsulas y San Esteban, la universidad con fachada plateresca (1533) y diversos colegios relacionados con ella (del Arzobispo y de Huérfanos, s. XVI; de Calatrava y de San Bartolomé, s. XVIII), la Clerecía barroca, diversos palacios (casa de las Conchas, s. XVI; plateresco de Monterrey, Orellana, Fonseca) y la plaza mayor porticada, barroca (s. XVIII), con el ayuntamiento. Museos (provincial, en edificio gótico; centro de arte DAZ). Centro de artes escénicas y musicales. (Patrimonio de la humanidad 1988.) — Es las ant. *Helmántica* y *Salmantica.*

SALAMANCA, c. de México (Guanajuato); 123 190 hab. Refino de petróleo, petroquímica y metalurgia. Oleoducto desde Poza Rica. — Iglesia parroquial (s. XVIII), con bella fachada barroca.

SALAMANCA (isla de), isla de Colombia (Magdalena), entre la ciénaga de Santa Marta y el Caribe; 250 km². Parque nacional.

SALAMANCA (provincia de), prov. de España, en Castilla y León; 12 336 km²; 349 733 hab.; cap. *Salamanca.* En la parte occidental de la Meseta, es una vasta llanura limitada al S por las estribaciones del sistema Central. Agricultura cerealista y ganadería. Minas de estaño, volframio y uranio. Producción hidroeléctrica. Industrias alimentaria, textil lanera (Béjar) y química.

SALAMANCA (Daniel), *Cochabamba 1863-La Paz 1935,* político boliviano. Tras el golpe republicano liberal (1930), fue presidente de la república (1931-1934).

SALAMANCA (José, marqués **de**), *Málaga 1811-Madrid 1883,* financiero y político español. Adherido al ideario liberal, formó el primer gabinete puritano (marzo-ag. 1847), en el que fue ministro de la gobernación con Pacheco. Gran financiero, llegó a reunir una de las mayores fortunas de su tiempo, centrado en las empresas ferroviarias (línea Madrid-Aranjuez) y en proyectos urbanísticos como el del barrio de Madrid que lleva su nombre (*barrio de Salamanca*), operación que lo arruinó.

Salamanca (escuela de), conjunto de filósofos y juristas (F. de Vitoria, D. de Soto, M. Cano, D. de Báñez, L. de Molina, M. de Azpilcueta y T. de Mercado) que en el s. XVI y principios del s. XVII, en la universidad y el colegio de jesuitas de Salamanca, revitalizaron la escolástica tomista.

Salamanca (tratado de) [24 nov. 1505], acuerdo firmado tras la muerte de Isabel I entre Fernando el Católico y Felipe el Hermoso. Estableció que Fernando regiría en Castilla y León como gobernador perpetuo, y Felipe y Juana como reyes.

SALAMINA, ant. c. de Chipre. Fue en el I milenio la ciudad más importante de la isla. — Necrópolis (ss. VIII-VII a.C.) y ruinas (ss. II-VI d.C.).

SALAMINA, mun. de Colombia (Caldas); 23 511 hab. Agricultura y ganadería. Región auroargentífera.

Salamina (batalla de) [sept. 480 a.C.], batalla de la segunda guerra médica. Victoria de la flota griega comandada por Temístocles sobre la flota del persa Jerjes I, no lejos de las costas de la isla de Salamina, en el golfo de Egina.

SALAN (Raoul), *Roquecourbe, Tarn, 1899-París 1984,* militar francés. Comandante en jefe en Indochina (1952-1953) y en Argelia (1956-1958), desempeñó un papel importante en el llamamiento al general De Gaulle (1958), cuya política argelina después combatió. En 1961 participó en el putsch de *Argel y fundó la OAS. Arrestado en 1962 y condenado a cadena perpetua, fue amnistiado en 1982.

SALANG (paso de), paso de Afganistán, al N de Kabul. Túnel de carretera.

SALARRUÉ (Salvador Salazar Arrué, llamado), *San Salvador 1899-íd. 1976,* escritor salvadoreño, autor de relatos sobre la vida de los indios (*Cuentos de cipotes,* 1958).

SALAS (Antonio), *Quito 1795-íd. 1860,* pintor ecuatoriano. Realizó numerosos cuadros religiosos y retratos de próceres (*Simón Bolívar*).

SALAS (Carlos), *Barcelona 1728-Zaragoza 1780,* escultor español. Inscrito en el barroco, es conocido por sus intervenciones en el Pilar de Zaragoza (*Asunción de la Virgen,* 1767-1769).

SALAS (Juan **de**), escultor español activo entre 1515 y 1536. Discípulo de Damià Forment, desarrolló su actividad en Aragón y Mallorca (púlpitos de la catedral de Palma de Mallorca).

SALAS (Tito), *Antímano 1889-Caracas 1974,* pintor venezolano. Pintor colorista de temas históricos, decoró la casa de Bolívar y el panteón nacional en Caracas.

Salas (leyenda de los **Infantes de**) → **Infantes de Lara.**

SALAS BARBADILLO (Alonso Jerónimo **de**), *Madrid 1581-íd. 1635,* escritor español. Autor de novelas italianizantes y de tema picaresco (*La hija de Celestina,* 1612; *El caballero puntual,* 1614 y 1619; *Don Diego de noche,* 1624).

SALAS Y GÓMEZ, isla de Chile (Valparaíso), en el Pacífico, al NE de la isla de Pascua y a unos 3 000 km del continente; 1,2 km². Está deshabitada.

SALAVARRIETA (Policarpa), llamada **la Pola,** *Guaduas 1795-Santa Fe de Bogotá 1817,* patriota colombiana. Maestra, colaboró con las gue-

■ POLICARPA **SALAVARRIETA** marcha al suplicio. (Anónimo; museo nacional, Bogotá.)

rrillas independentistas, por lo que fue apresada y fusilada.

SALAVAT, c. de Rusia, en la República de Bashkortostán; 150 000 hab. Petroquímica.

SALAVERRÍA (José María), *Vinaroz 1873-Madrid 1940,* escritor español. Ligado en sus comienzos a la generación del 98 (*Vieja España,* 1907), posteriormente exaltó valores tradicionales (*La afirmación española,* 1917).

SALAVERRY (Felipe Santiago de), *Lima 1805-Arequipa 1836,* general peruano. Destituyó al presidente Orbegoso (1835) y lo sucedió. Abolió la contribución de castas. Fue fusilado por el general Santa Cruz. — **Carlos Augusto S.,** *Piura 1830-París 1891,* escritor peruano. Hijo de Felipe Santiago, escribió poemas y dramas históricos.

SALAZAR (Valle de), comarca pirenaica de España (Navarra), entre los valles del Roncal y del Irati, regada por el *río Salazar.*

SALAZAR (Adolfo), *Madrid 1890-México 1958,* musicólogo y compositor español. Residente en México desde 1939, es autor de composiciones para piano, guitarra y orquesta, así como de importantes tratados musicográficos.

SALAZAR (Ambrosio de), escritor español de la primera mitad del s. XVII. Publicó con fines pedagógicos cuentos y leyendas.

SALAZAR (António de Oliveira), *Vimieiro, cerca de Santa Comba Dão, 1889-Lisboa 1970,* político portugués. Profesor de economía política, ministro de finanzas (1928) y presidente del consejo (1932), dirigió la política portuguesa a partir de 1933 e instituyó el *estado novo,* régimen autoritario basado en el nacionalismo, el catolicismo y el corporativismo y el anticomunismo. A partir de fines de la década de 1950 tuvo que enfrentarse a una creciente oposición interna y, a partir de 1960, a los movimientos nacionales en el África portuguesa. Dimitió en 1968 por motivos de salud.

SALAZAR ARRUÉ (Salvador) → SALARRUÉ.

SALAZAR BONDY (Sebastián). *Lima 1924-id. 1965,* escritor peruano. Preocupado por la condición social del hombre americano, escribió ensayos (*Lima la horrible,* 1964), novelas (*Pobre gente de París,* 1958), poesía y, en especial, teatro (*Amor, gran laberinto,* 1948; *Flora Tristán,* 1961). — **Augusto S. B.,** *Lima 1925-id. 1974,* filósofo peruano. Hermano de Sebastián, exploró el pensamiento latinoamericano (*La filosofía en el Perú,* 1954; *¿Existe una filosofía de nuestra América?,* 1970).

SALAZAR DE ESPINOSA (Juan), *Espinosa de los Monteros 1508-Asunción 1560,* conquistador español. Exploró Paraguay, donde fundó Santa María de la Asunción (1537).

SALCANTAY (nevado de), pico de Perú (Cuzco), en la cordillera de Vilcabamba; 6271 m.

SALCEDO o SAN MIGUEL DE SALCEDO, cantón de Ecuador (Cotopaxi); 41 837 hab. Centro agrícola y comercial. Ganado vacuno.

SALCEDO (provincia de), prov. del N de la República Dominicana; 494 km²; 99 200 hab.; cap. *Salcedo* (40 026 hab.)

SALCEDO (Doris), *Bogotá 1958,* escultora y artista visual colombiana. Sus creaciones desasosegantes (muebles fuera de contexto, nichos, grietas) alertan acerca de la violencia, el realismo y la exclusión social.

SALCEDO (Juan de), *México 1549-1576,* conquistador español, nieto de Legazpi. Acaudilló la conquista de Filipinas y expulsó a los piratas chinos.

SALCILLO (Francisco) → SALZILLO.

SALDANHA (João Carlos de Saldanha Oliveira e Daun, duque de), *Azinhaga 1790-Londres 1876,* político y militar portugués. Fue el auténtico dueño del país de 1835 a 1836, de 1846 a 1849 y de 1851 a 1856.

SALDAÑA (Quintiliano), *Saldaña, Palencia, 1878-Madrid 1938,* sociólogo español, pionero de los estudios sobre sexología en España (*Siete ensayos sobre la sociología sexual,* 1928; *La sexología,* 1930).

SALDONI (Baltasar), *Barcelona 1807-Madrid 1889,* compositor y crítico musical español. Contribuyó al conocimiento de la zarzuela (*Boabdil,* 1845; *La corte de Mónaco,* 1857). Su *Efemérides de músicos españoles* es fundamental para el conocimiento de la música española hasta 1880.

SALÉ, c. de Marruecos, en la desembocadura del Bū Regreg, frente a Rabat; 290 000 hab. Aeropuerto. — Fortificaciones del s. XIII. — Fundada en el s. XI, cayó en poder de los almohades (s. XII) y de los benimerines (s. XIV), para convertirse en el s. XVII en refugio de moriscos andaluces, que introdujeron en ella elementos de la civilización arabigoandaluza.

SALEM, c. de Estados Unidos, cap. de Oregón; 107 786 hab.

SALEM, c. de la India (Tamil Nadu); 573 685 hab.

SALER (El), playa de la ciudad de Valencia (España). La *dehesa de El Saler* es una reserva ecológica, en parte urbanizada.

SALERNO, c. de Italia (Campania), cap. de prov., junto al *golfo de Salerno;* 153 436 hab. Centro comercial, industrial y turístico. — Catedral de fines del s. XI. Museos. — Escuela de medicina célebre en la edad media.

SALES Y FERRÉ (Manuel), *Tarragona 1843-Vinaroz 1910,* sociólogo español. Pionero de la sociología en España, realizó una sociología de la historia que busca busca las leyes de la evolución de la sociedad (*Estudios de sociología,* 1889; *Tratado de sociología,* 1894).

SALGADO (Luis H.), *Cayambe 1903-Quito 1977,* compositor ecuatoriano, autor de óperas (*Cumandá,* 1940-1954), sinfonías, ballets, piezas para piano y la obra musicológica *Música vernácula ecuatoriana* (1952).

SALGADO (Sebastião), *Aimorés, Minas Gerais, 1944,* fotógrafo brasileño. Opuesto a la imagen «robada», toma parte en la vida cotidiana de las comunidades de las que se convierte en testimonio (*Sahel. El fin del camino,* 1986; *La mano del hombre,* 1993; *Terra,* 1997; *Éxodos,* 2000). [Premio Príncipe de Asturias 1998.]

SALGAR, mun. de Colombia (Antioquia); 20 865 hab. Industrias alimentarias y de la confección.

SALGAR (Eustorgio), *Bogotá 1831-íd. 1885,* político colombiano. Presidente (1870-1872), protegió los intereses de la burguesía.

SALIERI (Antonio), *Legnano 1750-Viena 1825,* compositor italiano. Director de los teatros de Viena, compuso óperas (*Las danaides,* 1784; *Falstaff,* 1799) y música religiosa. La leyenda según la cual habría envenenado a su rival, Mozart, carece de fundamento.

SALINA CRUZ, c. de México (Oaxaca), junto al golfo de Tehuantepec; 61 656 hab. Refino de petróleo, petroquímica. Puerto pesquero y exportador de petróleo.

SALINAR (cultura del), cultura precolombina peruana (400 a.C.-300 d.C.), desarrollada especialmente en el valle de Chicama, período de transición entre las etapas culturales Cupisnique y de los mochica. Cerámica pintada.

SALINAS → USUMACINTA.

SALINAS, cantón de Ecuador (Guayas), en la bahía de Santa Elena; 67 395 hab. Puerto exportador de La Libertad (sal, azufre y petróleo). Turismo.

SALINAS, mun. de México (San Luis Potosí); 21 016 hab. Ganadería. Salinas. Industria química.

SALINAS, mun. de Puerto Rico, junto a la costa del Caribe; 28 335 hab. Caña de azúcar, coco. Pesca. Salinas.

SALINAS (Francisco), *Burgos 1513-Salamanca 1590,* organista y teórico musical español. Ciego desde niño, ocupó la cátedra de música especulativa de la universidad de Salamanca (1567) y escribió el tratado en siete libros *De musica, libri septem* (1574)

SALINAS (Pedro), *Madrid 1891-Boston 1951,* poeta español. Perteneciente a la generación del 27, su poesía, intelectual y emotiva y adicta a la «poesía pura», aborda la metafísica amorosa (*Presagios,* 1923; *La voz a ti debida,* 1934). A partir de su exilio se muestra más sensible a la crisis histórica del momento (*Todo más claro,* 1949). Cultivó también la narración, el teatro y los estudios literarios.

SALINAS DE GORTARI (Carlos), *México 1948,* político mexicano. Elegido presidente de la república como candidato del PRI, durante su sexenio presidencial (1988-1994) liberalizó la estatalizada economía mexicana y se firmó el Tratado de libre comercio (TLC) con EUA y Canadá.

SALINGER (Jerome David), *Nueva York 1919,* escritor estadounidense. Su novela *El guardián entre el centeno* (1951) plasma las obsesiones y la rebeldía de la juventud estadounidense. También es autor de cuentos.

SALISBURY → HARARE.

SALISBURY, c. de Gran Bretaña (Inglaterra), a orillas del Avon; 36 000 hab. Importante catedral gótica (s. XIII). Mansiones antiguas.

SALISBURY (Robert Cecil, marqués de), *Hatfield 1830-íd. 1903,* político británico. Líder del Partido conservador tras la muerte de Disraeli (1881), ministro de asuntos exteriores y primer ministro (1885-1892, 1895-1902), atacó el nacionalismo irlandés y favoreció la expansión del imperio, sobre todo en África. Tuvo que hacer frente a la crisis franco-británica originada en *Fachoda* (1898). Dirigió la guerra contra los bóers (1899-1902).

SALLE (Juan Bautista de la) → JUAN BAUTISTA DE LA SALLE (san).

SALLE (Robert Cavelier de La), *Ruán 1643-en Texas 1687,* explorador francés. Realizó expediciones en Canadá y el curso del Mississippi.

SALMANASAR o ŠULMĀN-AŠARID III, rey de Asiria (858-823 a.C.). Prosiguió las campañas de Asurnasirpal II (883-858), en Urartu y en Siria, pero no pudo vencer a los reyes arameos. Las excavaciones, fundamentalmente las de Nemrod, dan testimonio de su gran labor como constructor.

SALMERÓN (Alfonso), *Toledo 1515-Nápoles 1585,* teólogo español. Formó parte del grupo originario de la Compañía de Jesús (1534) y fue teólogo pontificio en el concilio de Trento (1543-1563). Es autor de *Comentarios al Nuevo testamento* (1598-1615).

SALMERÓN (Nicolás), *Alhama la Seca, Almería, 1838-Pau, Francia, 1908,* político español. Krausista, dirigente del Partido democrático, fue ministro de gracia y justicia y jefe del gobierno de la primera república (julio-sept. 1873). En el exilio (1875), colaboró con Ruiz Zorrilla. Amnistiado, intentó reagrupar el republicanismo y creó el Partido republicano centralista (1887) y la Unión republicana (1903).

SALMONA (Rogelio), *París 1929-Bogotá 2007,* arquitecto colombiano. Tras trabajar en el estudio de Le Corbusier, en Colombia formó parte de un grupo de arquitectos empeñados en superar el funcionalismo. Sus obras presentan una peculiar sensibilidad espacial (Casa de huéspedes ilustres, Cartagena de Indias, 1988; biblioteca Virgilio Barco, Bogotá, 2002).

salmos (libro de los), libro bíblico que recoge los 150 cantos litúrgicos (*salmos*) de la religión de Israel. Su composición se escalona desde la época monárquica al período posterior a la restauración del Templo de Jerusalén tras el exilio (ss. XIV-II a.C.).

Salò (República de) o **República social italiana** (sept. 1943-abril 1945), régimen político establecido por Mussolini, tras ser liberado por los alemanes, cuyo centro era la ciudad de Salò, en Lombardía, en la orilla O del lago de Garda.

SALOMÉ, *m. h. 72 d.C.,* princesa judía. Hija de Herodías, instigada por su madre, obtuvo de su padrastro, Herodes Antipas, como recompensa por haber bailado ante él, la cabeza de san Juan Bautista.

SALOMON (Erich), *Berlín 1886-Auschwitz 1944,* fotógrafo alemán. La utilización de una cámara de pequeño formato, sus instantáneas con luz natural en interiores y su afán por captar la realidad lo convirtieron en el padre del reportaje fotográfico moderno.

SALOMON (Noël), *Plurien, Bretaña, 1917-Essac, Gironde, 1977,* hispanista francés. Integró la literatura en el contexto sociopolítico de la época (*La vida castellana en tiempos de Felipe II,* 1973).

SALOMÓN, *h. 970-931 a.C.,* rey de los hebreos. Hijo y sucesor de David y tercer monarca de su pueblo, fortificó y organizó el reino de su padre, garantizó su prosperidad económica y mandó construir el Templo de Jerusalén. El despertar de un antagonismo entre las tribus del N y las del S provocó, a su muerte, la escisión del reino en Judá e Israel. La sabiduría de Salomón quedó ilustrada en el juicio que pronunció ante dos mujeres que se disputaban un bebé: el rey mandó cortar el niño en dos, una mitad para cada mujer; la que estalló en gritos demostró ser la verdadera madre.

SALOMÓN (islas), en ingl. **Solomon Islands,** estado de Oceanía, en Melanesia; 30 000 km²; 390 000 hab. CAP. *Honiara.* LENGUA: *inglés.* MONEDA: *dólar de las Salomón.* (V. mapa de **Melanesia.**) Pesca. Explotación forestal. Copra. — Dividido, desde 1899, entre Gran Bretaña (parte oriental) y Alemania (Bougainville y Buka), el archipiélago fue escenario de 1942 a 1945 de combates entre EUA y Japón. La parte alemana, bajo tutela australiana desde 1921, dependió de Papúa y Nueva Guinea desde 1975. La parte británica, que constituye el estado actual, se independizó en 1978.

SALONA, act. **Solin,** ant. c. de Iliria, cap. de la prov. romana de Dalmacia, en las afueras de la act. Split. Restos romanos y paleocristianos.

SALÓNICA → **TESALÓNICA.**

SALOR, r. de España (Cáceres), que desemboca en el Tajo (or. izq.), en la frontera con Portugal; 125 km.

SALOU, mun. de España (Tarragona); 16 952 hab. Centro turístico de la Costa Dorada.

SALOUM, r. de Senegal que desemboca en el Atlántico; 250 km. (El delta fue declarado reserva de la biosfera en 2006.)

SALPO, mun. de Perú (La Libertad); 27 334 hab. Minas de oro y plata, unidas mediante un cable aéreo a la planta metalúrgica de Samne.

SALT, mun. de España (Gerona); 22 017 hab. *(saltenses).* En la aglomeración de Gerona. Zona industrial.

SALT (Strategic Arms Limitation Talks), negociaciones llevadas a cabo de 1969 a 1979 entre EUA y la URSS sobre la limitación de armas estratégicas.

SALTA, c. de Argentina, cap. de la prov. homónima, en el valle de Lerma; 373 857 hab. *(salteños).* Centro comercial, industrial, financiero, cultural y de comunicaciones. — Iglesia de San Francisco (1759), cabildo y casas del s. XVIII. — Fue fundada por Hernando de Lerma en 1582. — batalla de **Salta** (20 de febr. 1813), victoria de Belgrano sobre los realistas en la guerra de la independencia.

SALTA (provincia de), prov. del NO de Argentina; 155 488 km²; 863 688 hab.; cap. Salta.

SALTÉS, isla de España (Huelva), en la desembocadura del Tinto y el Odiel, al S de Huelva. En la isla se formó la *taifa de Saltés* (1031), que en 1052 pasó al reino de Sevilla.

SALTIKOV-SCHEDRÍN (Mijaíl Yevgráfovich **Saltikov,** llamado), *Spas-Úgol 1826-San Petersburgo 1889,* escritor ruso. Describió de forma satírica la sociedad de provincias rusa (*La familia Golovliov,* 1880).

SALTILLO, c. de México, cap. del est. de Coahuila; 440 845 hab. Centro agropecuario, industrial, minero y comercial. Universidad. — Catedral barroca (1746-1800). — Fue fundada en 1577.

SALT LAKE CITY, c. de Estados Unidos, cap. de Utah, cerca del Gran Lago Salado; 159 936 hab. Centro comercial e industrial. — Fue fundada en 1847 por los mormones.

SALTO → **PÁNUCO.**

SALTO, partido de Argentina (Buenos Aires); 28 077 hab. Cereales y alfalfa. Ganado vacuno.

SALTO, c. de Uruguay, cap. del dep. homónimo; 93 117 hab. Puerto fluvial y embalse sobre el Uruguay (hidroelectricidad). Frutas. Centro industrial (alimentaria, refrigeradora).

SALTO (departamento de), dep. del NO de Uruguay; 14 163 km²; 108 487 hab.; cap. Salto.

SALTO (El) → **PUEBLO NUEVO.**

SALTO DE AGUA, mun. de México (Chiapas); 26 114 hab. Agricultura y ganadería.

SALTO DEL GUAIRÁ, c. de Paraguay, cap. del dep. de Canendiyú; 6 650 hab.

SALUÉN o **SALWEEN,** r. del Sureste asiático, que nace en el Tíbet, separa Birmania de Tailandia y desemboca en el Índico; 2 800 km.

SALUSTIO, en lat. **Caius Sallustius Crispus,** *Amiternum, Sabina, 86 a. C.-h. 35 a. C.,* historia-

dor romano. Protegido de César, fue gobernador de Numidia (46), donde acumuló una fortuna. Se hizo construir en Roma, en el Quirinal, una magnífica casa rodeada de jardines *(Horti Sallustiani).* A la muerte del dictador (44), se retiró de la vida política y se dedicó a los estudios históricos *(Guerra de Yugurta; Conjuración de Catilina; Historias).*

salvación (Ejército de), organización religiosa, de origen metodista, que al afán proselitista une la acción caritativa y social. Fue fundada en Londres por W. Booth (1865) y hasta 1878 fue conocida como *Misión cristiana.*

SALVADOR, ant. **São Salvador** o **Bahía,** c. de Brasil, cap. del estado de Bahía; 2 443 107 hab. (3 187 000 en la aglomeración). Centro industrial y comercial. — Iglesias barrocas (ss. XVII-XVIII); museos. (Patrimonio de la humanidad 1985.)

SALVADOR (El) → **EL SALVADOR.**

SALVADOR ALVARADO, mun. de México (Sinaloa); 52 079 hab.; cab. *Viles de Guamúchil.* Regadíos.

SALVALEÓN DE HIGÜEY, c. de la República Dominicana (La Altagracia); 33 501 hab. Centro administrativo, comercial y de peregrinación.

SALVATIERRA, mun. de México (Guanajuato); 94 732 hab. Ganadería. Industria textil. Fue fundado en 1647 por el conde de Salvatierra.

SALVATIERRA (García **Sarmiento y Sotomayor,** conde de), administrador español del s. XVII. Virrey de Nueva España (1642-1648) y del Perú (1648-1655), fundó la ciudad de *Salvatierra (1647).

SALVAT-PAPASSEIT (Joan), *Barcelona 1894-íd. 1924,* poeta español en lengua catalana. Autodidacta, su obra, influida por el futurismo italiano y Apollinaire, culminó en el poema erótico *Poema de la rosa en los labios* (1923).

SALVÁ Y CAMPILLO (Francisco), *Barcelona 1751-íd. 1828,* médico y científico español. Popularizó en España la inoculación antivariólica y, por sus investigaciones sobre la electricidad, fue un precursor del telégrafo.

SALVÁ Y PÉREZ (Vicente), *Valencia 1786-París 1849,* filólogo, librero y editor español. Autor de *Gramática de la lengua castellana* (1830) y *Nuevo diccionario de la lengua castellana* (1846), emigró a Londres al restablecerse el absolutismo (1823) y fundó una importante librería que luego abrió en París.

SALVIATI (Francesco de' Rossi, llamado Cecchino), *Florencia 1510-Roma 1563,* pintor italiano. Manierista, fue un fecundo decorador.

SALVOCHEA (Fermín), *Cádiz 1842-íd. 1907,* revolucionario español. Intervino en la revolución de 1868 y en la insurrección federal de 1869, y fue alcalde de Cádiz (1871-1873). El 1 de mayo de 1890 organizó la reivindicación de la jornada laboral de ocho horas. Fue encarcelado varias veces.

■ **SAMARKAND.** La plaza de Rigestan, a la izquierda la madrasa de Ulug Beg (1417-1420) y al fondo la madrasa Shir Dar (s. XVII).

Salyut, familia de siete estaciones espaciales soviéticas puestas en órbita alrededor de la Tierra entre 1971 y 1982.

SALZACH, r. de Austria y de Alemania, afl. del Inn (or. der.), que atraviesa Salzburgo; 220 km.

SALZBURGO, en alem. **Salzburg,** c. de Austria, cap. de la *prov. de Salzburgo,* a orillas del Salzach; 143 978 hab. Arzobispado. Universidad. — Monumentos medievales y barrocos; museos. (Patrimonio de la humanidad 1996.) — Ciudad natal de Mozart (festival de música anual).

SALZGITTER, c. de Alemania (Baja Sajonia); 117 684 hab. Metalurgia.

SALZILLO o **SALCILLO** (Francisco), *Murcia 1707-íd. 1783,* escultor español. Destacado autor de efectistas pasos procesionales (museo Salzillo de Murcia), su estilo evolucionó del barroco italianizante al rococó.

SALZKAMMERGUT, región de Austria, en el curso superior del Traun. Salinas.

Sam (Tío), en ingl. **Uncle Sam,** personificación, a menudo irónica, de Estados Unidos, cuyo nombre proviene de las iniciales *U.S.Am* (United States of America).

SAMA → **LANGREO.**

SAMAIPATA, c. de Bolivia (Santa Cruz); 7 533 hab. Restos arqueológicos preincaicos del *Fuerte de Samaipata,* probable centro ceremonial (canales y esculturas de pumas) [patrimonio de la humanidad 1998].

SAMALÁ, r. de Guatemala, en la vertiente del Pacífico; 150 km.

SAMANÁ, mun. de Colombia (Caldas); 32 870 hab. Agricultura y ganadería. Bosques. Región aurífera.

SAMANÁ (península de), península de la costa NE de la República Dominicana (Samaná). El extremo E forma el *cabo de Samaná.*

SAMANÁ (provincia de), prov. del NE de la República Dominicana; 989 km²; 65 700 hab.; cap. *Santa Bárbara de Samaná* o *Samaná.*

SĀMĀNÍ (pico Ismā'īl), ant. **pico Stalin,** más tarde **pico del Comunismo,** cima del Pamir, en Tadzhikistán; 7 495 m.

SAMANIEGO, mun. de Colombia (Nariño), en la región andina; 43 745 hab. Agricultura y ganadería.

SAMANIEGO (Félix María), *Laguardia 1745-íd. 1801,* fabulista español. Influido por el enciclopedismo, escribió una colección de 137 *Fábulas morales* (1781-1784), en la que figuran *La cigarra y la hormiga, La codorniz* y *La lechera.*

SAMANIEGO Y JARAMILLO (Manuel), *Quito 1767-íd. 1824,* pintor ecuatoriano, autor de lienzos de tema religioso (catedral de Quito).

SĀMĀNÍES, dinastía irania que reinó en Transoxiana y en Jurāsān de 874 a 999.

SÁMANO (Juan de), *Selaya, Cantabria, 1753-Panamá 1821,* militar y administrador español. Virrey de Nueva Granada (1818-1819), huyó tras la batalla de Boyacá.

SAMAR, isla de Filipinas; 470 000 hab.

SAMARA, de 1935 a 1990 **Kuíbishev,** c. de Rusia, a orillas del Volga; 1 239 000 hab. Puerto fluvial. Central hidroeléctrica. Centro industrial.

SAMARANCH (Juan Antonio), *Barcelona 1920,* político y empresario español, embajador en Moscú (1977-1980) y presidente del Comité olímpico internacional (1980-2001).

SAMARIA, región de Palestina central. (Hab. *samaritanos.*) — **Samaria,** ant. ciudad de Palestina, fundada h. 880 a. C., fue la capital del reino de Israel. Tomada y destruida por Sargón en 721 a. C., fue reconstruida por Herodes, quien le dio el nombre de *Sebastè* (act. *Sabastiyya*).

SAMARINDA, c. de Indonesia, en el E de Borneo; 335 016 hab. Puerto.

samaritano (El buen), personaje principal de una parábola del Evangelio, modelo de la verdadera caridad hacia el prójimo.

SAMARKAND o **SAMARCANDA,** c. de Uzbekistán, en Asia central; 370 000 hab. Agroalimentaria. Turismo. — Monumentos de los ss. XIV-XVII, en parte reconstruidos, con cúpula de la necrópolis de Šāh-i-Zanda y el de Timūr Lang, el Gur-e Mir. (Patrimonio de la humanidad 2001.) — Timūr Lang la convirtió en su capital a fines del s. XIV. Fue conquistada por los rusos en 1868.

SĀMARRĀ, c. de Iraq, al N de Bagdad; 63 000 hab. Capital de los califas Abasíes de 836 a 892. — Ruinas de mezquitas y de palacios. (Patrimonio de la humanidad [en peligro] 2007.)

SAMBOROMBÓN (bahía de), bahía de Argentina (Buenos Aires), en el Río de la Plata, entre la punta Piedras y el cabo de San Antonio.

SAMBORONDÓN, cantón de Ecuador (Guayas); 25 438 hab. Agricultura. Industria arrocera.

SAMÉTICO I, *h. 663-609 a. C.,* faraón de Egipto. Hijo de Necao y fundador de la XXVI dinastía, liberó Egipto de los asirios y los etíopes.

— **Samético III,** *m. en 525 a.C.,* faraón de Egipto (526-525 a.C.), de la XXVI dinastía. Fue vencido y muerto por el rey persa Cambises II, que conquistó Egipto.

SÁMIL u **CHAMIL,** *Guimry, Daguestán, 1797-Medina 1871,* héroe de la independencia del Cáucaso. Imán del Daguestán (1834-1859), frenó el avance ruso en el Cáucaso.

SAMMARTINI (Giovanni Battista), *Milán 1700 o 1701-íd. 1775,* compositor italiano. Contribuyó en gran medida al desarrollo del arte instrumental clásico (sonatas, sinfonías, conciertos).

SAMNIO, en la antigüedad, región montañosa de Italia central habitada por los samnitas.

SAMOA, archipiélago de Oceanía, dividido entre el *estado de Samoa* y las *Samoa estadounidenses.* Descubierto en 1722 por los neerlandeses, fue dividido en 1900 entre los estadounidenses y los alemanes (*Samoa occidental,* act. *Samoa*).

SAMOA, ant. **Samoa occidental,** estado de Oceanía; 2 842 km²; 175 000 hab. *(samoanos).* CAP. *Apia.* LENGUAS: *samoano* e *inglés.* MONEDA: *tala.* En 1920, Samoa occidental quedó bajo tutela neozelandesa, en 1962 obtuvo su independencia y en 1970 entró en la Commonwealth. Desde 1976 forma parte de la ONU y en 1997 adoptó el nombre de Samoa.

SAMOA ESTADOUNIDENSES, ant. **Samoa oriental,** parte oriental y dependencia estadounidense del archipiélago de Samoa; 197 km²; 46 773 hab.; cap. *Fagatogo.* Está administrada desde 1951 por un gobernador dependiente de Washington.

SAMORY TURÉ, *Manyambaladougou, Guinea, h. 1830 N'Djolé 1900,* jefe malinké. De 1861 a 1882 constituyó un imperio al E de Níger, pero su política de islamización forzada provocó una insurrección (1888-1890). Tras una ofensiva francesa (1891), abandonó sus antiguos territorios y conquistó una parte de Costa de Marfil y Ghana. Fue detenido (1898) por los franceses y desterrado a Gabón.

SAMOS, isla griega del mar Egeo, cerca de Turquía; 472,5 km²; 33 039 hab.; cap. *Samos* (7 828 hab.). Ruinas, entre ellas las del gran templo de Hera, fundado en el s. VIII a.C., y la de un túnel que suministraba agua a la ciudad; museo (Patrimonio de la humanidad 1992.) — Vinos dulces.

SAMOS, v. de España (Lugo); 2 157 hab. *(samienses).* Monasterio benedictino, esencialmente barroco del s. XVIII, reconstruido, con elementos románicos y góticos, claustros gótico y barroco.

SAMOTRACIA, isla griega del mar Egeo, cerca de las costas de Tracia; 178 km²; 3 000 hab. Vestigios antiguos. Museo — En 1863 se descu-

brió allí la famosa estatua de la ** Victoria de Samotracia* (Louvre).

SAMPAIO (Jorge Fernando **Branco de**), *Lisboa 1939,* político portugués. Secretario general del Partido socialista (1989-1992), alcalde de Lisboa (1990-1995), presidió la república de 1996 a 2006.

SAMPEDRO (José Luis), *Barcelona 1917,* economista y escritor español. Catedrático de estructura económica y analista de las relaciones económicas internacionales, ha destacado además como novelista (*Octubre, octubre,* 1982; *La sonrisa etrusca,* 1985; *Real sitio,* 1993). [Real academia 1990.]

SAMPER (Ernesto), *Bogotá 1951,* político colombiano. Liberal, fue presidente (1994-1998).

SAMPER (José María), *Honda 1828-Anapoima 1888,* escritor y político colombiano Ensayista (*Los partidos políticos en Colombia,* 1863), poeta, dramaturgo y novelista (*Martín Flores,* 1866), fue diputado y senador.

SAMPRAS (Pete), *Washington 1971,* tenista estadounidense. Ganador de cinco títulos en el Open de EUA (1990, 1993, 1995, 1996 y 2002), siete en Wimbledon (1993, 1994, 1995, 1997, 1998, 1999 y 2000) y dos en el Open de Australia (1994 y 1997), posee el récord de número de victorias en torneos del Grand Slam (14).

SAMPUÉS, mun. de Colombia (Sucre); 21 955 hab. Yuca, maíz y plátano. Ganadería vacuna.

SAMSUN, c. de Turquía, junto al mar Negro; 303 979 hab. Puerto.

SAMUEL, *s. XI a.C.,* el último de los jueces de Israel. Los dos libros bíblicos que llevan su nombre abarcan el período que se extiende desde los orígenes de la monarquía israelita hasta el final del reinado de David.

SAMUEL HA-LEVÍ, *Toledo 1320-Sevilla 1360,* político castellano. Tesorero real y consejero de Pedro I, fue el último judío con un alto cargo político en la Península.

SAMUELSON (Paul Anthony), *Gary, Indiana, 1915,* economista estadounidense. Autor de *Curso de economía moderna* (1948), desarrolló la teoría económica estática y dinámica. (Premio Nobel 1970.)

SAN'Ā' o **SANAA,** cap. de Yemen, a 2 350 m de alt.; 1 747 834 hab. Cruce de carreteras y centro artesanal. Pintoresco casco antiguo con casas de pisos construidas con tierra y ladrillo. (Patrimonio de la humanidad 1986.)

SANABRIA, SAN MARTÍN DE CASTAÑEDA o **VILLACHICA** (lago de), lago de España (Zamora), en la sierra Segundera; 3,2 km². Parque natural (5 027 ha).

SANAGA, principal r. de Camerún; 520 km. Instalaciones hidroeléctricas.

SAN AGUSTÍN, mun. de Colombia (Huila), 20 894 hab. Agricultura, bosques y pastos; ga-

nadería. — Centro arqueológico de la cultura de San Agustín. (Patrimonio de la humanidad 1995.)

SAN AGUSTÍN, parroquia urbana de Venezuela (Distrito Federal), en el Gran Caracas; 46 483 hab.

SAN AGUSTÍN (cultura de), cultura precolombina desarrollada en Colombia (Huila y Cauca) [ss. VI a.C.-XII d.C.], famosa por sus esculturas megalíticas. Se divide en tres fases: ss. VI a.C.-VI d.C. (tumbas de pozo y culto a la Luna); ss. VI-IX d.C. (montículos funerarios —mesitas—, esculturas monumentales, culto al Sol); ss. IX-XII (escultura realista). Se conservan grafismos por incisión, monolitos semi-pomorfos estilizados y naturalistas, templos y sepulturas megalíticas, cerámicas sencillas, objetos de oro. Es notable el santuario de Lavapatas.

■ LA CULTURA DE **SAN AGUSTÍN**

SAN AGUSTÍN TLAXIACA, mun. de México (Hidalgo); 17 668 hab. Cereales y legumbres. Pastos y bosques.

SAN ALBERTO, dep. de Argentina (Córdoba); 24 588 hab. Yacimientos de mica y cuarzo.

SANANDAŶ, c. de Irán. cap. del Kurdistán iraní; 244 039 hab.

SAN ANDRÉS, c. de Colombia, cap. del dep. de San Andrés y Providencia, en el NE de la *isla de San Andrés,* en el Caribe; 32 282 hab. Pesca. Aeropuerto. Turismo.

SAN ANDRÉS, parque nacional de Perú (Cajamarca); 25 km². Bosque andino virgen. Reserva de fauna.

SAN ANDRÉS (falla de), fractura de la corteza terrestre que se extiende desde el golfo de California hasta el N de San Francisco.

San Andrés (orden de), la más importante orden militar de la Rusia zarista. Creada en 1698 por Pedro el Grande, fue suprimida en 1917.

SAN ANDRÉS CHOLULA, mun. de México (Puebla); 26 032 hab. Artesanía.

SAN ANDRÉS DE GILES, partido de Argentina (Buenos Aires); 18 260 hab. En la Pampa húmeda. Ganado.

SAN ANDRÉS DEL RABANEDO, mun. de España (León); 24 212 hab. Centro residencial e industrial de León.

SAN ANDRÉS DE SOTAVENTO, mun. de Colombia (Córdoba), en las Sabanas; 43 774 hab. Maíz; ganado.

SAN ANDRÉS TUXTLA, c. de México (Veracruz); 112 104 hab. Centro comercial de una región agrícola y ganadera (industrias derivadas). Artesanía.

SAN ANDRÉS Y PROVIDENCIA (departamento de), dep. insular de Colombia, en el Caribe, 44 km²; 35 936 hab.; cap. *San Andrés.* Está integrado por un archipiélago que cuenta con las islas de *San Andrés,* Providencia, Santa Catalina e islotes.

SAN ANTONIO, cabo de Argentina, en el Atlántico (Buenos Aires), extremo S de la boca del Río de la Plata (bahía de Samborombón.)

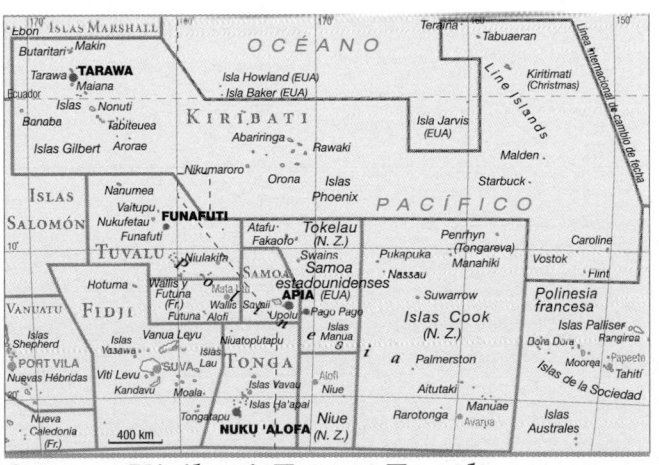

Samoa-Kiribati-Tonga-Tuvalu

TARAWA capital de estado

● más de 10 000 hab.
● menos de 10 000 hab.

1669

SAN ANTONIO, cabo de Cuba, en el extremo O de la isla (Pinar del Río).

SAN ANTONIO, punta de España, en la costa cantábrica (Asturias), al NE de Candás.

SAN ANTONIO, dep. de Argentina (Río Negro); 24 297 hab. Yacimientos de hierro y petróleo. Gasoducto.

SAN ANTONIO, c. de Chile (Valparaíso), junto al Pacífico; 77 719 hab. Industria. Puerto exportador de cobre. Central térmica. Planta hidroeléctrica.

SAN ANTONIO, mun. de Colombia (Tolima); 17 664 hab. Agricultura tropical.

SAN ANTONIO, c. de Estados Unidos (Texas); 935 933 hab. Centro turístico e industrial.

SAN ANTONIO, mun. de Venezuela (Falcón), en el área de *Coro; 30 485 hab.

SAN ANTONIO DE ARECO, partido de Argentina (Buenos Aires); 18 872 hab. Cereales y forrajes. Ganado.

San Antonio de la Florida, iglesia neoclásica de Madrid, obra de F. Fontana (1798), con pinturas murales al fresco de Goya.

SAN ANTONIO DE LOS BAÑOS, mun. de Cuba (La Habana); 35 436 hab. Tabaco, caña de azúcar y madera.

SAN ANTONIO DEL TÁCHIRA, c. de Venezuela (Táchira), en la frontera con Colombia; 32 787 hab. Núcleo industrial y comercial. Puente internacional sobre el *Táchira.* Aeropuerto.

SAN BARTOLO, mun. de Guatemala (Totonicapán); 9 281 hab. Minas de oro, cinabrio y hierro.

SAN BARTOLO DE TUTOTEPEC, mun. de México (Hidalgo); 17 838 hab. Cereales y pastos. Artesanía.

SAN BARTOLOMÉ DE TIRAJANA, v. de España (Las Palmas), cab. de p. j.; en Gran Canaria; 39 939 hab. *(tirajaneros).* Agricultura y pesca. Industria alimentaria. Turismo (playas de Maspalomas y Las Burras).

San Baudel, Baudelio o **Baudilio de Berlanga,** ermita mozárabe española (Casillas de Berlanga-Caltojar, Soria), construida a principios del s. XI. Pinturas murales del s. XII.

SAN BENITO, c. de Guatemala (Petén), en la orilla SO del lago Petén Itzá.

SAN BENITO ABAD, mun. de Colombia (Sucre), en la depresión Momposina; 18 351 hab. Arroz y yuca.

SAN BERNARDINO, en alem. **Sankt Bernhardin,** paso de los Alpes suizos, que une los Grisones con el Ticino; 2 065 m. Túnel de carretera a 1 600 m de altura.

SAN BERNARDINO, c. de Estados Unidos (California), al E de Los Ángeles; 164 164 hab. Industrias alimentarias y aeronáuticas.

SAN BERNARDINO, distr. de Paraguay (La Cordillera), junto al lago Ypacaraí; 6 582 hab. Turismo.

SAN BERNARDO, c. de Chile (Santiago), en la aglomeración de Santiago, 188 580 hab.

SAN BERNARDO (Gran), paso de los Alpes, entre Suiza e Italia, a 2 469 m de alt. Túnel de carretera a 1 915 m de alt.

SAN BERNARDO (Pequeño), paso de los Alpes, entre Francia e Italia; 2 188 m de alt.

SAN BERNARDO DEL VIENTO, mun. de Colombia (Córdoba); 21 890 hab. Agricultura y ganado vacuno.

SAN BLAS, mun. de México (Nayarit), en la costa del Pacífico; 41 805 hab. Salinas. Pesca. Turismo.

SAN BLAS, mun. de Venezuela (Carabobo), en el área urbana de Valencia; 83 495 hab.

SAN BLAS o **MANDINGA (golfo de),** golfo de Panamá, en el Caribe *(Comarca de San Blas),* en cuya boca se sitúa el coralino *archipiélago de San Blas* (ant. archipiélago de las Mulatas).

SAN BLAS (Comarca de), intendencia de Panamá, en la costa del Caribe; 3 206 km²; 34 134 hab.; cap. *El Porvenir.*

SAN BUENAVENTURA, mun. de México (Coahuila), en la sierra Madre Oriental; 15 193 hab. Minas de plomo.

SAN CALIXTO, mun. de Colombia (Norte de Santander); 22 104 hab. Ganadería vacuna y porcina.

SAN CARLOS, llanuras de Costa Rica, en la cuenca del río homónimo.

SAN CARLOS, r. de Costa Rica, afl. del San Juan (or. der.); 125 km.

SAN CARLOS, dep. de Argentina (Mendoza); 24 151 hab. Vid. Ganadería vacuna. Minería.

SAN CARLOS, cantón de Bolivia (Santa Cruz); 28 900 hab. Centro agropecuario y comercial.

SAN CARLOS, com. de Chile (Biobío), entre los ríos Ñuble y Changaral; 48 796 hab. Industria alimentaria. Curtidos. Central hidroeléctrica.

SAN CARLOS, mun. de Colombia (Antioquia); 26 616 hab. Caña de azúcar, maíz, yuca y plátanos.

SAN CARLOS, mun. de Colombia (Córdoba); 17 095 hab. Maíz, arroz. Pastos (ganadería vacuna y equina).

SAN CARLOS, cantón de Costa Rica (Alajuela); 92 999 hab. Cab. *Ciudad Quesada.* Centro comercial.

SAN CARLOS, c. de Nicaragua, cap. del dep. de Río San Juan, junto al lago Nicaragua; 10 383 hab.

SAN CARLOS, c. de Uruguay (Maldonado); 19 854 hab. Centro agropecuario e industrias derivadas.

SAN CARLOS, c. de Venezuela, cap. del est. Cojedes; 50 708 hab. Centro agropecuario. Aeropuerto.

SAN CARLOS DE BARILOCHE, c. de Argentina (Río Negro), cab. del dep. de Bariloche, junto al lago Nahuel Huapi; 77 750 hab. Centro turístico (deportes de invierno).

SAN CARLOS DE LA RÁPITA, en cat. **Sant Carles de la Ràpita,** c. de España (Tarragona); 11 194 hab. *(rapitenses* o *rapiteños).* Puerto pesquero. Plataforma petrolera en alta mar.

SAN CARLOS DEL ZULIA, c. de Venezuela (Zulia), junto al lago de Maracaibo; 35 231 hab.

SAN CEBRIÁN DE MAZOTE, v. de España (Valladolid); 218 hab. Iglesia mozárabe anterior al año 916.

SANCHÉ (cerro), pico de Guatemala (Quiché), a 2 500 m, máx. alt. de la sierra de Chuacús.

SÁNCHEZ, mun. de la República Dominicana (Samaná); 22 519 hab. Cacao y coco. Pesca. Puerto exportador.

SÁNCHEZ (Alberto) → **ALBERTO.**

SÁNCHEZ (Florencio), *Montevideo 1875-Milán 1910,* dramaturgo uruguayo. Sus obras abordan problemas sociales desde el naturalismo *(La pobre gente, Nuestros hijos,* comedias; *La Gringa, Barranca abajo, Los muertos,* dramas; *Mano santa, El desalojo,* sainetes).

SÁNCHEZ (Hugo), *México 1958,* futbolista mexicano. Goleador, jugó con los equipos Pumas, Atlético de Madrid y Real Madrid. Disputó los mundiales de 1978 y 1986.

SÁNCHEZ (Ideal), *Buenos Aires 1916-íd. 1998,* artista argentino. Cofundador del grupo Orión (1939), practicó un surrealismo personal.

SÁNCHEZ (Luis Alberto), *Lima 1900-íd. 1994,* político y escritor peruano. Dirigente del APRA, lo representó en la cámara de diputados y en el senado y dirigió la comisión que redactó la constitución de 1979. Ensayista de la historia general y literaria de América Latina *(La literatura del Perú,* 1939-1943; *Fuentes documentales sobre la ideología de la emancipación nacional,* 1980); también escribió crítica, memorias y biografías noveladas.

SÁNCHEZ (Luis Rafael), *Humacao 1936,* escritor puertorriqueño. De estilo barroco y carnavalesco, ha escrito teatro *(Los ángeles se han fatigado,* 1960; *La pasión según Antígona Pérez,* 1968), novela *(La guaracha del Macho Camacho,* 1976), cuentos *(En cuerpo de camisa,* 1966) y textos inclasificables *(La importancia de llamarse Daniel Santos,* 1989).

SÁNCHEZ ALBORNOZ (Claudio), *Madrid 1893-Ávila 1984,* historiador y político español. Liberal, miembro de Acción republicana, durante la segunda república presidió la comisión de Instrucción Pública (1931-1933) y fue ministro de estado (1933). Exiliado en Argentina (1940-1983), fue presidente de la república en el exilio (1959-1970). Fundador de la revista *Cuadernos de Historia de España* (1944), es autor, entre numerosas obras, de *En torno a los orígenes del feudalismo* (1942) y *España, un enigma histórico* (2 vols., 1957).

SÁNCHEZ CANTÓN (Francisco Javier), *Pontevedra 1891-íd. 1971,* historiador del arte y crítico español, catedrático de historia del arte en la universidad de Madrid y director del museo del Prado *(Fuentes literarias para la historia del arte español,* 5 vols., 1923-1941).

SÁNCHEZ CERRO (Luis M.), *Piura 1894-Lima 1933,* político peruano. Derrocó a Leguía (1930) y ocupó la presidencia, que abandonó a causa de la presión popular en 1931, aunque ese mismo año ganó las elecciones y recuperó el poder. Murió en un atentado.

SÁNCHEZ COELLO (Alonso), *Benifayó 1531 o 1532-Madrid 1588,* pintor español. Discípulo de Antonio Moro, cultivó con distinción un manierismo ágil y sutil. Fue pintor de cámara y retratista de Felipe II y pintó obras religiosas *(El príncipe Don Carlos, Isabel Clara Eugenia, Desposorios místicos de santa Catalina,* todos en el Prado).

■ ALONSO **SÁNCHEZ COELLO.** *Retrato de la infanta Isabel Clara Eugenia.* (Museo del Prado, Madrid.)

SÁNCHEZ COTÁN (Juan), *Orgaz, Toledo, 1560-Granada 1627,* pintor español. Discípulo de Blas de Prado, en 1603 ingresó en los cartujos. Célebre por sus bodegones, detallistas, de sobrio color y rica luz, su pintura religiosa combina arcaísmo y modernidad.

SÁNCHEZ DE BADAJOZ (Garci), *¿Écija 1460?-h. 1526,* poeta español. Autor de poesía amorosa, sus obras figuran en el *Cancionero general (Sueño).*

SÁNCHEZ DE BUSTAMANTE Y SIRVÉN → **BUSTAMANTE Y SIRVÉN.**

SÁNCHEZ DE LAS BROZAS → **BROCENSE (El).**

SÁNCHEZ DE LOZADA (Gonzalo), *La Paz 1930,* político boliviano. Empresario minero, líder del Movimiento nacionalista revolucionario (MNR) fue ministro de planeamiento y cooperación (1986-1988) y presidente de la república en 1993-1997. Accedió a la presidencia por segunda vez en 2002 pero al año siguiente tuvo que renunciar ante la movilización popular en su contra.

SÁNCHEZ DE TAGLE (Manuel), *Valladolid 1782-México 1849,* poeta y político mexicano. Primer poeta romántico de México, su obra trata del amor, la patria y la religión *(Obras poéticas,* edición póstuma, 1852). Corredactó el acta de independencia.

SÁNCHEZ ELÍA (Santiago), *Buenos Aires 1911,* arquitecto y urbanista argentino. Cofundador del estudio SEPRA, construyó sobre todo en Buenos Aires (sede del diario *La nación*).

SÁNCHEZ FERLOSIO (Rafael), *Roma 1927,* escritor español. Adscrito a la generación narrativa del medio siglo *(Industrias y andanzas de Alfanhuí,* 1951; *El *Jarama,* 1956, novela referente del realismo social), posteriormente se centró en el ensayo y el artículo periodístico, en los que analiza aspectos de la sociedad contemporánea con un estilo original y riguroso *(Las semanas del jardín,* 1974; *El testimonio de Yarfoz,* 1986; *Vendrán más años malos y* *nos harán más ciegos*, 1993; *Non olet*, 2003; *God & Gun*, 2008). [Premio nacional de ensayo 1993; premio Cervantes 2004.]

SÁNCHEZ GUERRA (José), *Cabra 1859-Madrid 1935*, político español. Liberal, pasó al Partido conservador y fue ministro de gobernación (1903-1904, 1913-1915 y 1917) y de fomento (1908), y presidente del gobierno (1922). Se opuso a la Dictadura (1923-1930), y en 1931 medió entre Alfonso XIII y el comité republicano.

SÁNCHEZ HERNÁNDEZ (Fidel), *El Divisadero, Morazán, 1917-San Salvador 2003*, militar y político salvadoreño. Presidente de la república (1967-1972), tuvo que afrontar la llamada guerra del fútbol con Honduras.

SÁNCHEZ MARTÍNEZ (Francisco), *Toledo 1936*, astrofísico español. Fundador y director del Instituto astrofísico de Canarias, ha obtenido amplio reconocimiento internacional por sus trabajos de investigación astronómica.

SÁNCHEZ MAZAS (Rafael), *Madrid 1894-íd. 1966*, escritor y político español. Autor de novelas (*La vida nueva de Pedrito de Andía*, 1951), ensayos (*Apología de Bilbao*, 1969) y poesía, fue uno de los fundadores de Falange española. (Real academia 1940.)

SÁNCHEZ PELÁEZ (Juan), *Altagracia de Orituco 1922*, poeta venezolano. Su obra, no exenta de cierta desazón y angustia existencial, explora los límites del surrealismo a través del lenguaje del erotismo y el misticismo (*Animal de costumbre*, 1060; *Filiación oscura*, 1966, *Un día sea*, 1969; *Rasgos comunes*, 1975, *Aire sobre aire*, 1989).

SÁNCHEZ RAMÍREZ (provincia de), prov. del centro de la Rep. Dominicana; 1 174 km²; 126 000 hab., cap. *Cotuí*.

SÁNCHEZ ROMÁN (Felipe), *Valladolid 1850-Madrid 1916*, jurista español, autor de *La codificación civil en España* (1890) y *Estudios de derecho civil* (1899-1911). — **Felipe S. R.**, *Madrid 1893-México 1956*, jurista y político español. Miembro del tribunal de justicia de La Haya, fue diputado republicano por Madrid (1931) y ministro con Martínez Barrio (1936). Se exilió a México en 1939.

SÁNCHEZ VÁZQUEZ (Adolfo), *Algeciras 1915*, filósofo español. Profesor de estética en la universidad nacional autónoma de México, ha profundizado en la teoría marxista desde una perspectiva no dogmática (*Del socialismo científico al socialismo utópico*, 1975; *Filosofía de la praxis*, 1976; *Ciencia y revolución*, 1978).

SÁNCHEZ VIAMONTE (Carlos), *La Plata 1892-íd. 1972*, jurista argentino, profesor de las universidades de Buenos Aires y La Plata, miembro fundador de la Unión latinoamericana y representante del liberalismo argentino (*Democracia y socialismo*, 1933; *Manual de derecho constitucional*, 1944).

SÁNCHEZ VICARIO (Arantxa), *Barcelona 1971*, tenista española. Vencedora de Roland Garros (1989, 1994, 1998), del Open de EUA (1994) y de la copa Federación (1991, 1993, 1994, 1995 y 1998), es la única deportista española que ha obtenido cuatro medallas olímpicas. (Premio Príncipe de Asturias 1998.)

SÁNCHI, sitio arqueológico del arte budista indio (Madhya Pradesh). Numerosos stūpa esculpidos (vedikā y torana), santuarios y monasterios (s. II a.C.-s. XI d.C.). Museo.

SANCHIS GUARNER (Manuel), *Valencia 1911-íd. 1981*, filólogo español. Estudioso de la historia, la lengua y el folclore valencianos, es autor de *Gramática valenciana* (1950) y *Aproximación a la historia de la lengua catalana* (1980). Promovió la fundación del Institut de filologia valenciana (1978).

SANCHIS SINISTERRA (José), *Valencia 1940*, dramaturgo y director de teatro español. Influido por Beckett, ha desarrollado posteriormente un lenguaje plenamente personal (*Ñaque o de piojos y actores*, 1980; *¡Ay, Carmela!*, 1987; *El cerco de Leningrado*, 1993; *Terror y miseria en el primer franquismo*, 2003). [Premio de literatura dramática 2004.]

ARAGÓN

SANCHO I RAMÍREZ, *1043-Huesca 1094*, rey de Aragón (1063-1094) y de Navarra (Sancho V) [1076-1094]. Hijo de Ramiro I de Ara-

gón, Alfonso VI de Castilla y León le discutió la sucesión de Navarra y se apoderó de La Rioja. Conquistó plazas a los musulmanes.

CASTILLA Y LEÓN

SANCHO I el Craso, *m. en León en 965*, rey de León (956-958; 960-965), hijo de Ramiro II. Depuesto por la nobleza apoyada por Fernán González, recuperó el trono con la ayuda de 'Abd al Raḥmān III.

SANCHO I GARCÍA, *m. en 1017*, conde de Castilla (995-1017). Hijo de García Fernández, luchó contra los musulmanes, llegó hasta Córdoba e instaló en el trono a Hišām II, a cambio de plazas fuertes como Gormaz y Osma (1010).

SANCHO II el Fuerte, *¿1038?-Zamora 1072*, rey de Castilla (1066-1072) y de León (1072). Hijo de Fernando I, para ampliar su reino luchó contra sus hermanos Alfonso, rey de León, y García, de Galicia. Vellido Adolfo lo asesinó en el sitio de Zamora.

SANCHO III el Deseado, *1134-Toledo 1158*, rey de Castilla (1157-1158). Hijo de Alfonso VII, fundó la orden de Calatrava (1158).

SANCHO IV el Bravo, *1258-Toledo 1295*, rey de Castilla (1284-1295). Hijo de Alfonso X el Sabio, tras la muerte de su hermano Fernando de la Cerda (1275), fue proclamado heredero del trono en contra de los derechos de sus sobrinos, los infantes de la Cerda, apoyados por Felipe III de Francia y Alfonso el Liberal de Aragón.

MALLORCA

SANCHO I, *m. en Formiguera, Gerona, 1324*, rey de Mallorca (1311-1324). Hijo de Jaime II, ayudó a su hermano Fernando a conquistar Morea.

NAVARRA

SANCHO I GARCÉS, *m. en 925*, rey de Pamplona (905-925). Hijo de García Jiménez y esposo de la reina Toda, casó a sus hijas con reyes asturleoneses. Incorporó a su reino Viguera y Nájera y fundó el monasterio de San Martín de Albelda (924).

SANCHO II GARCÉS ABARCA, *m. en 994*, rey de Pamplona (970-994) y conde de Aragón (n. 970-994). Fundó el monasterio de *San Millán de la Cogolla*.

SANCHO III el Mayor, *h.992-1035*, rey de Pamplona (h. 1000-1035) y conde de Aragón (1000-1035), de Sobrarbe-Ribagorza (h. 1018-1035) y de Castilla (1028-1029). Hijo de García III Sánchez, fijó las fronteras entre Pamplona y Castilla (1016). Por su política de alianzas matrimoniales, acuerdos y conquistas, gobernó un vasto territorio. Al testar, dividió el reino entre sus tres hijos, bajo condición de obediencia al primogénito, García de Nájera.

SANCHO IV el de Peñalén, *h. 1039-Peñalén 1076*, rey de Pamplona (1054-1076). Hijo de García IV Sánchez III, a su muerte el reino se dividió entre Alfonso VI de Castilla y Sancho I Ramírez de Aragón.

SANCHO V → **SANCHO I RAMÍREZ** [Aragón].

SANCHO VI el Sabio, *m. en 1194*, rey de Navarra (1150-1194). Hijo de García Ramírez, se enfrentó a los reyes de Castilla y Aragón, aliados para repartirse Navarra (pacto de Tudellén, 1151).

SANCHO VII el Fuerte, *m. en Tudela 1234*, rey de Navarra (1194-1234). Hijo de Sancho VI el Sabio, su participación en la batalla de Las Navas de Tolosa fue decisiva. Consiguió el botín de Miramamolín, que incrementó su poder.

PORTUGAL

SANCHO I el Poblador, *Coimbra 1154-íd. 1211*, rey de Portugal (1185-1211), de la dinastía de Borgoña. Colonizó y organizó los territorios del S (Algarve) conquistados a los almohades. En 1190 se alió con León y Aragón contra Castilla, pero cambió la alianza (1196), pactando con Castilla y ocupando plazas gallegas; Alfonso IX de León respondió con el sitio de Braganza (1199); finalmente se firmó la paz (1200).

SANCHO II el Capelo, *Coimbra 1207-Toledo 1248*, rey de Portugal (1233-1248). Concluyó la conquista de Alentejo y del Algarve desarrollando una acción conjunta con León y Casti-

lla. Fue depuesto por el papa Inocencio IV en 1245, en beneficio de su hermano menor.

Sancho Panza, personaje del *Quijote*. Su cordura práctica es el contrapunto del idealismo de Don Quijote, a quien acompaña como escudero.

SANCHUNG, c. de Taiwan, al NO de Taipei; 375 996 hab.

SAN CLEMENTE, com. de Chile (Maule), en el valle Central; 36 358 hab. Cereales, vid y legumbres.

SANCLEMENTE (Manuel Antonio), *Buga 1814-Villeta 1902*, político y abogado colombiano. Legitimista en 1860 y 1865 y revolucionario en 1876, fue ministro de hacienda (1883-1885), magistrado de la Suprema corte (1886), jefe militar de la 3ª división (1896-1898) y presidente de 1898 a 1900, año en que fue depuesto.

SAN CRISTÓBAL o **CHATHAM**, isla volcánica de Ecuador, en el archipiélago de Galápagos; 430 km²; 2 321 hab.; cap. *Puerto Baquerizo Moreno*.

SAN CRISTÓBAL o **VIEJO**, volcán de Nicaragua, en la cordillera de los Marabios, el monte más alto del país; 1 780 m.

SAN CRISTÓBAL, dep. de Argentina (Santa Fe); 63 407 hab. Agricultura y ganadería.

SAN CRISTÓBAL, mun. de Cuba (Pinar del Río); 55 096 hab. Tabaco, azúcar y café. Apicultura.

SAN CRISTÓBAL, mun. de Venezuela (Anzoátegui), en el área urbana de Barcelona; 43 432 hab.

SAN CRISTÓBAL, c. de Venezuela, cap. del est. Táchira; 220 675 hab. Centro de comunicaciones, comercial, industrial, universitario y turístico. — Fue fundada por Juan de Maldonado en 1561.

SAN CRISTÓBAL (provincia de), prov. del S de la República Dominicana; 3 743 km²; 446 100 hab.; cap. *San Cristóbal* (34 929 hab.).

SAN CRISTÓBAL DE LA LAGUNA → **LAGUNA** (La).

SAN CRISTÓBAL DE LAS CASAS, c. de México (Chiapas); 60 550 hab. Centro comercial y agropecuario. Artesanía. Elaboración de licores. Turismo. — Conventos de Santo Domingo (s. XVI, reconstruido en el s. XVIII) y la Encarnación (s. XVII); catedral con decoración barroca, casona construida por Luis de Mazariegos (s. XVI) con portada plateresca. — Fue la capital de Chiapas desde su fundación (1527-1528) por Diego de Mazariegos hasta 1892.

SAN CRISTÓBAL VERAPAZ, c. de Guatemala (Alta Verapaz). Plantaciones de café y caña de azúcar.

SANCTI SPÍRITUS, c. de Cuba, cap. de la prov. homónima; 100 174 hab. Centro agropecuario e industrial (azúcar, metalurgia, química). Turismo. — Fundada por D. Velázquez (1514), sufrió incendios en 1741, 1742 y 1754.

SANCTI SPÍRITUS (provincia de), prov. del centro y S de Cuba; 6 775 km²; 399 700 hab.; cap. *Sancti Spíritus*. Comprende fértiles llanuras, zonas de montaña y preciadas playas.

SAND (Aurore Dupin, baronesa Dudevant, llamada George), *París 1804-Nohant 1876*, escritora francesa. Autora de novelas sentimentales (*Lélia*, 1833), sociales (*Consuelo*, 1842-1843) y rústicas (*El pantano del diablo*, 1846; *François le Champi*, 1847-1848). Mantuvo relaciones, entre otros, con Musset (*Ella y él*, 1859) y Chopin, con el que residió una temporada en la cartuja de Valldemosa (*Un invierno en Mallorca*, 1842). [V. ilustr. pág. siguiente.]

SANDAGE (Allan Rex), *Iowa City 1926*, astrofísico estadounidense. Sus trabajos tratan sobre el universo extragaláctico y la cosmología. Descubrió el primer quásar (1960) al identificar la contrapartida óptica de una radiofuente compacta. (Premio Crafoord 1991.)

SANDBURG (Carl), *Galesburg, Illinois, 1878-Flat Rock, Carolina del Sur, 1967*, poeta estadounidense. Su obra se inspiró en la civilización urbana e industrial de la Norteamérica moderna (*Humo y acero*, 1920).

SANDER (August), *Herdorf, Renania-Palatinado, 1876-Colonia 1964*, fotógrafo alemán. El carácter realista de su personalidad constituye la base de su infalible testimonio de todas las capas sociales de la Alemania prenazi.

SANDGATE, estación balnearia de Gran Bretaña (Inglaterra), junto al paso de Calais.

Sandhurst (academia militar de), academia general militar británica del ejército de tierra. Fue fundada en 1801 en Sandhurst y transferida en 1947 a Camberley (act. Frimley Camberley).

SAN DIEGO, cabo de Argentina, en el Atlántico, en el extremo S de la isla Grande de Tierra del Fuego.

SAN DIEGO, c. de Estados Unidos (California), junto al Pacífico *(bahía de San Diego)*; 1 110 549 hab. (2 498 016 hab. en la aglomeración). Base naval y puerto pesquero (atún). Construcciones aeronáuticas.— Instituto oceanográfico. Museo de bellas artes (amplia representación de pintura española).— En el lugar, explorado por Rodríguez Cabrillo (1542), fray Junípero Serra fundó la misión de San Diego de Alcalá (1769). Ocupada por los estadounidenses durante la guerra de Texas (1846), pasó definitivamente a su poder.

SAN DIEGO DE LA UNIÓN, mun. de México (Guanajuato); 23 474 hab. Cereales y legumbres. Ganadería.

SAN DIMAS, mun. de México (Durango); 22 474 hab. Yacimientos mineros. Industria maderera.

sandinista de liberación nacional (Frente) o **FSLN,** organización política nicaragüense, creada en 1962 como continuadora del ideario de Sandino y para dirigir la lucha contra los Somoza. En 1979 asumió el poder y organizó un régimen revolucionario pragmático hasta 1990, en que fue derrotado en las urnas. En 2007 su líder D. Ortega volvió a acceder a la presidencia de la república.

SANDINO, mun. de Cuba (Pinar del Río); 35 130 hab. Pastos naturales. Embalse Laguna Grande (23,3 millones de m³).

SANDINO (Augusto César), *Niquinohomo 1893-Managua 1934,* patriota nicaragüense. Se alzó contra el gobierno y desde 1926 luchó victoriosamente contra el ejército, apoyado por los marines de EUA. Tras la elección del presidente liberal J. B. Sacasa (1933), pactó con el gobierno, pero fue asesinado por el jefe de la guardia nacional, Tacho Somoza.

■ GEORGE **SAND**   ■ AUGUSTO CÉSAR
SANDINO

SANDOMIERZ, c. del SE de Polonia, a orillas del Vístula; 26 700 hab. Catedral y ayuntamiento de los ss. XIV-XVII.

SANDONÁ, mun. de Colombia (Nariño); 26 708 hab. Región agrícola y ganadera. Industrias domésticas.

SANDOVAL (familia), familia noble castellana, cuyo primer miembro es el conde Pedro de Palencia, descendiente de Fernán González. Rodrigo Gómez tomó el apelativo de Sandoval al ser hecho señor de esta villa. Francisco de Sandoval y Rojas (1552-1623) fue 1er duque de Lerma, y su hijo Cristóbal (m. en 1624), duque de Uceda.

SANDOVAL (Gonzalo de), *Medellín 1497-Palos de la Frontera 1527,* conquistador español. Participó en la conquista de México y dirigió la retirada de la Noche triste (1520). Fundó Medellín (1521).

SANDOVAL (Roberto Acevedo), *Oaxaca 1905-México 1967,* dibujante y editor mexicano, autor de la serie *Paquita* y *Pepín* (1937).

SANDOVAL VALLARTA (Manuel), *México 1899-íd. 1977,* físico mexicano. Discípulo de Einstein y Heisenberg, investigó en el MIT de

Boston sobre mecánica cuántica, teoría de la relatividad general y, posteriormente, sobre el efecto de la rotación de la Tierra y del movimiento de la galaxia sobre la radiación cósmica primaria. Regresó a México en 1943, donde fundó los primeros organismos de política científica (CICIC, Colegio nacional). Fue el primer investigador que utilizó el analizador diferencial, primitiva computadora inventada por V. Bush en 1930.

SANDRINI (Luis), *Buenos Aires 1905-íd. 1980,* actor argentino. Fue payaso de circo y luego popular actor de comedia: *Palabra de honor* (1938), *Olé, torero* (1948), *Los placeres conyugales* (1964).

SANDWICH (islas) → HAWAI.

SANDWICH DEL SUR, islas antárticas de Argentina (Tierra del Fuego, Antártida e Islas del Atlántico Sur); 307 km². De origen volcánico, en su lado E están bordeadas por la *fosa de las Sandwich del Sur* o *fosa del Meteor,* de 8 262 m de prof. máxima.

SAN ESTANISLAO, distr. de Paraguay (San Pedro); 45 303 hab. Tabaco y yerba mate. Canteras de caliza.

SAN ESTEBAN DE GORMAZ, v. de España (Soria); 3 348 hab. Iglesias románicas de San Miguel, con pórtico de siete arcos, y del Rivero (ss. XI-XII). Arquitectura tradicional castellana.

SAN FELIPE, c. de Chile (Valparaíso), en el valle del *río San Felipe;* 54 550 hab. Centro agrícola.

SAN FELIPE, mun. de México (Guanajuato); 64 291 hab. Centro comercial y agrícola. Minas de estaño.

SAN FELIPE, c. de Venezuela, cap. del est. Yaracuy; 65 680 hab. Centro comercial e industrial. Parque nacional de Yurubí en sus cercanías.

SAN FELIPE DEL PROGRESO, mun. de México (México); 94 862 hab. Agricultura e industrias derivadas.

SAN FÉLIX, isla de Chile, en el Pacífico, descubierta por Juan Fernández en 1574. Deshabitada.

SAN FERNANDO → RESISTENCIA.

SAN FERNANDO, partido de Argentina (Buenos Aires), en el Gran Buenos Aires; 144 761 hab. Zona residencial (parques). Aeródromo.

SAN FERNANDO, c. de Chile (Libertador General Bernardo O'Higgins); 56 322 hab. Centro de almacenamiento de petróleo y gas natural; oleoducto.

SAN FERNANDO, c. de España (Cádiz), cab. de p. j.; 88 179 hab. En la *Isla de León, que le dio nombre en 1769. Salinas. Construcciones navales y aeronáuticas. Centros de la armada. Observatorio astronómico (1798). — Trazado urbanístico del s. XVIII.

SAN FERNANDO, mun. de México (Chiapas); 18 883 hab. Maíz, frijol, henequén. Explotación forestal.

SAN FERNANDO, c. de México (Tamaulipas); 45 343 hab. Cereales, legumbres y algodón. Ganadería.

SAN FERNANDO o **SAN FERNANDO DE APURE,** c. de Venezuela, cap. del est. Apure; 72 716 hab. Centro comercial y de comunicaciones (puente General Páez sobre el Apure, puerto fluvial, aeropuerto).

San Fernando (real y militar orden de), orden militar española, instituida en 1811 para premiar los actos de heroísmo durante la guerra de la Independencia. En 1920 pasó a denominarse cruz *laureada.

SAN FERNANDO DE ATABAPO, c. de Venezuela (Amazonas), en la frontera con Colombia. Capital del país hasta 1925.

SAN FERNANDO DE HENARES, v. de España (Madrid), en el área metropolitana de Madrid; 32 364 hab.

SAN FERNANDO DEL VALLE DE CATAMARCA → CATAMARCA.

SAN FERNANDO DE MONTE CRISTI o **MONTE CRISTI,** c. de la República Dominicana, cap. de la prov. de Monte Cristi; 15 144 hab. Puerto exportador.

SAN FRANCISCO, c. de Estados Unidos (California), junto al Pacífico, en la *bahía de San*

Francisco (abierta al Pacífico por el Golden Gate); 723 959 hab. (1 603 678 hab. en la aglomeración). Puerto importante, situado en la desembocadura del único paso entre el Pacífico y el O norteamericano. Centro industrial (refino de petróleo, construcción naval y automovilística). — Museos de arte.— La ciudad, fundada en 1776 por el misionero español J. B. de Anza, pasó de México a EUA por el tratado de Guadalupe Hidalgo (1846) y tomó el nombre de San Francisco (1847). Conoció un gran desarrollo durante la fiebre del oro (1849). Fue destruida por un terremoto en 1906 y rápidamente reconstruida. En 1989 se vio afectada de nuevo por un sismo.

SAN FRANCISCO, mun. de Venezuela (Zulia); 100 525 hab. Industrias derivadas del tróleo. Cemento.

SAN FRANCISCO (nevado), cumbre volcánica andina de Argentina (Catamarca), en el límite con Chile (Atacama); 6 016 m. El *paso de San Francisco* (4 748 m) es utilizado por la carretera Tinogasta-Copiapó.

San Francisco (conferencias de), reuniones internacionales celebradas a raíz del fin de la segunda guerra mundial. La primera conferencia (25 abril-26 junio 1945) estableció la carta de las Naciones unidas; la segunda (4-8 sept. 1951) elaboró el tratado de paz entre Japón y la mayor parte de los Aliados.

SAN FRANCISCO DEL RINCÓN, c. de México (Guanajuato); 66 575 hab. Explotación maderera. Artesanía.

SAN FRANCISCO DE MACORÍS, c. de la Rep. Dominicana, cap. de la prov. de Duarte; 64 906 hab. Centro comercial de un área agrícola.

SAN FRANCISCO GOTERA, c. de El Salvador, cap. del dep. de Morazán; 5 987 hab. Minas de oro y plata.

SANFUENTES (Juan Luis), *Santiago 1858-íd. 1930,* político chileno. Presidente del Partido balmacedista, fue presidente de la república (1915-1919). Al final de su mandato abortó una conjura militar.

SAN GABRIEL, c. de Ecuador (Charchi).

SAN GABRIEL, mun. de Venezuela (Falcón), en el área urbana de Coro; 22 032 hab.

SANGALLO, arquitectos florentinos, maestros del renacimiento clásico. — **Giuliano Giamberti,** llamado **Giuliano da S.,** *Florencia h. 1443-íd. 1516,* arquitecto italiano. Creó las dos obras más representativas de fines del s. XV: la villa de Poggio en Caiano (entre Florencia y Pistoia), precursora de Palladio, y la iglesia de Santa Maria delle Carceri en Prato. — **Antonio Giamberti,** llamado **Antonio da S. el Viejo,** *Florencia h. 1453-íd. h. 1534,* arquitecto italiano, hermano de Giulano. Colaboró con este (por ejemplo, en San Pedro de Roma), erigió fortalezas y construyó la iglesia San Biagio en Montepulciano (1518). — **Antonio Cordini,** llamado **Antonio da S. el Joven,** *Florencia 1484-Roma 1546,* arquitecto italiano, sobrino de Giulano y Antonio. Desarrolló la empresa familiar al servicio de los papas Médicis. El palacio *Farnesio, en Roma, muestra un dominio total de las lecciones de la antigüedad.

SANGAY, volcán de Ecuador, en la cordillera Oriental andina, al SE de Riobamba; 5 410 m.

SANGAY (parque nacional), parque nacional de Ecuador; 270 000 ha. Incluye ecosistemas andinos y amazónicos. (Patrimonio de la humanidad 1983.)

SANGER (Frederick), *Rendcombe, Gloucestershire, 1918,* bioquímico británico. Ha estudiado la estructura de las proteínas y estableció la de la molécula de insulina (1955). En las décadas de 1970 y 1980, determinó la estructura de varias moléculas de ADN, sobre todo víricas. (Premio Nobel de química 1958 y 1980.)

SAN GERMÁN, mun. del O de Puerto Rico; 34 962 hab. Centro agropecuario e industrias derivadas.

SANGHA, r. de África central, afl. del Congo (or. der.); 1 700 km aprox.

SAN GIL, mun. de Colombia (Santander); 31 872 hab. Centro agrícola. Minas de carbón y cobre.

San Gil (sublevación de los sargentos del cuartel de) [22 junio 1866], insurrección militar antimonárquica preparada por Prim, ayudado por progresistas y demócratas. Solo se sublevó el cuartel de San Gil de Madrid. El movimiento fue reprimido con gran dureza.

SAN GIMIGNANO, c. de Italia (Toscana); 7 043 hab. Ciudad medieval bien conservada, coronada por trece austeras torres. Catedral (s. XII); iglesia de San Agustín (frescos de Gozzoli); museos. (Patrimonio de la humanidad 1990.)

SÁNGLI, c. de la India (Mahārāshtra); 363 728 hab.

SAN GOTARDO, en fr. **Saint-Gothard,** en alem. **Sankt Gotthard,** macizo de los Alpes suizos. Está perforado por un túnel ferroviario (línea Basilea-Milán) de 15 km, abierto en 1882, y por un túnel de carretera de 16,9 km, abierto en 1980. En verano hay una ruta turística por el *paso de San Gotardo* (2 112 m).

SANGRÓNIZ, ZANGRÓNIZ o **SANGRONES** (familia), antiguo linaje vizcaíno, uno de los fundadores del señorío de Vizcaya, instituido por Jimeno Urtiz de Sangróniz (s. XIII).

SANGÜESA, en vasc. **Zangoza,** c. de España (Navarra); 4 673 hab. (*sangüesinos*). Iglesias románicas de Santiago y Santa María la Real (s. XII). Palacios del duque de Granada (s. XIV-XV) y de Vallesantoro (s. XVIII).

SANGUILY Y GARRITE (Manuel), *La Habana 1848-íd. 1925,* jurista, político y periodista cubano. Colaborador de José Martí, se opuso a la enmienda Platt y participó en la redacción de la constitución de 1901. Secretario de estado desde 1910, fue miembro del Tribunal permanente de arbitraje de La Haya.

SANGUINETTI (Julio María), *Montevideo 1936,* político uruguayo. Miembro del Partido colorado, del que fue secretario general, ocupó la presidencia de la república en 1985-1990 y 1995-2000. Ha editado y dirigido periódicos (*Acción; El día*).

SAN IGNACIO, dep. de Argentina (Misiones); 46 344 hab. Ganado vacuno. — Ruinas de una misión jesuítica (templo barroco con ornamentos indígenas) [patrimonio de la humanidad 1984].

SAN IGNACIO, mun. de México (Sinaloa); 24 825 hab. Agricultura y ganadería. Explotación forestal.

SAN IGNACIO, distr. de Paraguay (Misiones); 17 255 hab. Ant. reducción jesuítica (museo).

SAN ILDEFONSO o **LA GRANJA,** mun. de España (Segovia); 5 144 hab. (*granjeños*). Fabricación de vidrio. Debe su origen al real sitio y palacio de La *Granja. En el término, palacio de *Riofrío.

San Ildefonso (tratados de), acuerdos firmados en el sitio real de La Granja o San Ildefonso en 1777 (reparto de colonias y territorios entre España y Portugal), 1796 (alianza ofensivo-defensiva entre Francia contra Gran Bretaña) y 1800 (tratado preliminar y secreto entre España y Francia por el que Napoleón cedería Toscana al duque de Parma, futuro rey de Etruria, y España entregaría navíos de guerra y devolvería Luisiana a Francia).

SANÍN CANO (Baldomero), *Rionegro 1861-Bogotá 1957,* escritor colombiano. Destacó como ensayista (*Indagaciones e imágenes,* 1926; *Divagaciones filosóficas y apólogos literarios,* 1934). Ejerció cargos diplomáticos en Europa.

SAN ISIDRO, c. de Argentina (Buenos Aires), en el Gran Buenos Aires; 299 022 hab.

SAN ISIDRO, mun. de Perú (Lima), en la zona costera; 300 hab. Región agrícola.

SAN JACINTO, mun. de Colombia (Bolívar); 23 246 hab. Agricultura y ganadería.

San Jacinto (batalla de) [21 abril 1836], victoria, a orillas del río San Jacinto (Texas), de las tropas estadounidenses de Houston sobre las mexicanas de Santa Anna. Este fue hecho prisionero y Texas consiguió la independencia.

SAN JAVIER, dep. de Argentina (Córdoba), avenado por el Conlara; 42 244 hab. Agricultura y ganadería. Turismo.

SAN JAVIER, dep. de Argentina (Misiones); 17 650 hab. Maíz, arroz; vacunos.

SAN JAVIER, dep. de Argentina (Santa Fe); 26 284 hab. Ganadería vacuna y ovina.

SAN JAVIER, v. de España (Murcia), cab. de p. j.; 18 925 hab. (*sanjavierinos*). Salinas. Industria diversificada. Turismo. Aeropuerto de Murcia. Academia general del aire. Turismo.

SAN JAVIER DE LONCOMILLA, com. de Chile (Maule); 35 620 hab. Cereales, vid. Industria alimentaria.

SAN JERÓNIMO, dep. de Argentina (Santa Fe), avenado por el Paraná; 69 731 hab.; cab. *Coronda.*

SANJINÉS (Jorge), *La Paz 1936,* director de cine boliviano. En sus filmes refleja las condiciones sociales del campesinado y de los indios: *Ukamau* (1965), *La sangre del cóndor* (1971), *El enemigo principal* (1974), *La nación clandestina* (1990).

SAN JOAQUÍN, com. de Chile (Santiago), en el Gran Santiago; 112 353 hab.

SAN JORGE, golfo de Argentina (Chubut y Santa Cruz), en el Atlántico.

SAN JORGE, c. de Colombia, afl. del Cauca (or. izq., brazo de Loba); 400 km aprox.

San Jorge (orden de), orden militar rusa, creada por Catalina II en 1769 y suprimida en 1917.

SAN JOSÉ, volcán andino de Argentina (Mendoza) y Chile (Metropolitana de Santiago); 6 070 m.

SAN JOSÉ, cap. de Costa Rica y de la prov. homónima; 284 550 hab. (*josefinos*). Centro político-administrativo, comercial e industrial. Universidad. Aeropuerto. Parques (Nacional y de Morazán). — Catedral, iglesia de la Merced, palacio del gobierno, biblioteca nacional, teatro nacional. — Fue fundada en 1737.

SAN JOSÉ, c. de Estados Unidos (California), al SE de San Francisco; 894 943 hab. (1 682 585 hab. en la aglomeración). Museo de la Innovación tecnológica («The Tech»). — Fundada en 1777 por los españoles, fue la primera capital de la California española.

SAN JOSÉ o **SAN JOSÉ DE MAYO,** c. de Uruguay, cap. del dep. de San José; 31 732 hab. Centro comercial y de comunicaciones. Industrias alimentarias.

SAN JOSÉ, mun. de Venezuela (Carabobo), en la aglomeración de Valencia; 44 826 hab.

SAN JOSÉ, parroquia urbana de Venezuela (Distrito Federal), en el área de Caracas; 72 730 hab.

SAN JOSÉ (departamento de), dep. del S de Uruguay; 4 994 km²; 89 893 hab.; cap. *San José* o *San José de Mayo.*

SAN JOSÉ (provincia de), prov. de Costa Rica; 4 960 km²; 1 522 749 hab.; cap. *San José*

SAN JOSÉ DE CÚCUTA → CÚCUTA.

SAN JOSÉ DE LAS LAJAS, mun. de Cuba (La Habana); 49 058 hab. Centrales azucareros.

SAN JOSÉ DE LAS MATAS, mun. de la República Dominicana (Santiago); 48 316 hab. Agricultura.

SAN JOSÉ DEL GUAVIARE, mun. de Colombia, cap. del dep. de Guaviare; 31 082 hab. Aeropuerto.

SAN JOSÉ DE OCOA, mun. de la República Dominicana (Peravia); 48 251 hab. Economía agropecuaria.

SAN JOSÉ DE SURCO, mun. de Perú (Lima); 42 814 hab.; cap. *Barranco.* Agricultura.

SAN JOSÉ ITURBIDE, mun. de México (Guanajuato); 28 796 hab.

SAN JUAN, bahía de la costa N de Puerto Rico, entre las islas de Cabras y *San Juan.*

SAN JUAN o **LA CUCA,** pico de Cuba, alt. máx. de las sierras de Trinidad (Cienfuegos); 1 156 m.

SAN JUAN, r. de América Central, que nace en el lago Nicaragua, forma frontera con Costa Rica y desemboca en el Caribe en un amplio delta; 198 km. (Reserva de la biosfera 2003.)

SAN JUAN, r. de Argentina, afl. del Desaguadero o Salado (or. der.); 250 km aprox. (unos 500 km si se consideran otros cursos). Hidroelectricidad.

SAN JUAN, r. de Colombia, que nace en la cordillera Occidental y desemboca en el Pacífico formando un delta (Chocó); 380 km aprox. Placeres de oro y platino.

SAN JUAN, c. de Argentina, cap. de la prov. homónima; 119 399 hab. (*sanjuaninos*). Centro administrativo y comercial. — Fue destruida por un terremoto en 1944 y reconstruida con anchas avenidas y parques.

SAN JUAN, c. de Costa Rica (San José), cab. del cantón de Tibás; 26 292 hab.

SAN JUAN, c. de Puerto Rico, cap. del estado libre asociado; 437.745 hab. (*sanjuaneros*). Es uno de los principales núcleos comerciales e industriales del Caribe. Puerto y aeropuerto internacional. Universidad de Río Piedras. — Bellos edificios coloniales: catedral (s. XVI, reconstruida); convento e iglesia de San José (s. XVI); cabildo (ant. diputación provincial); Casa de Beneficencia; hospital de la Concepción; teatro Tapia (s. XIX). Sobresale el conjunto de fortificaciones que la da su torma parte El *Morro y que abrazaba el casco histórico de San Juan. (Patrimonio de la humanidad 1983.) — La ciudad fue fundada en 1508 y trasladada a su actual emplazamiento en 1521.

SAN JUAN, parroquia urbana de Venezuela (Distrito Federal), en el área de Caracas; 115 198 hab.

SAN JUAN (provincia de), prov. de Argentina; 89 651 km²; 526 263 hab.; cap. *San Juan.* Agricultura de regadío.

SAN JUAN (provincia de), prov. del SO de la República Dominicana; 3.561 km², 240 000 hab.; cap. *San Juan de la Maguana* (49 764 hab.).

SAN JUAN BAUTISTA, mun. de Venezuela (Táchira), en el área urbana de San Cristóbal; 45 770 hab.

SAN JUAN BAUTISTA DE LAS MISIONES, c. de Paraguay, cap. del dep. de Misiones; 12 572 hab. Agricultura y ganadería (pastos). Escuela de agricultura.

SAN JUAN BAUTISTA TUXTEPEC, c. de México (Oaxaca); 62 788 hab. Minería (oro y hierro). Fábrica de papel. En sus proximidades, presa Miguel Alemán y planta hidroeléctrica El Temazcal.

SAN JUAN COTZOCON, mun. de México (Oaxaca), en la cuenca del Papaloapan; 15 773 hab. Ganadería.

■ **SAN JOSÉ** de Costa Rica. Vista panorámica de la ciudad.

SAN JUAN DE ACRE → ACRE.

SAN JUAN DE ALICANTE, en cat. **Sant Joan d'Alacant,** v. de España (Alicante); 16 895 hab. *(sanjuanenses).* Huerta. Muebles. Turismo (playas).

SAN JUAN DE AZNALFARACHE, v. de España (Sevilla); 20 187 hab. Cereales y naranjos. Hierro y cobre.

SAN JUAN DE COLÓN o **COLÓN,** c. de Venezuela (Táchira); 22 577 hab. Economía agropecuaria.

San Juan de Jerusalén (orden soberana militar y hospitalaria de), orden surgida de los Hermanos del hospital de San Juan de Jerusalén (u Hospitalarios de San Juan), fundados h. 1070. Refugiada en Rodas en 1309 y posteriormente en Malta de 1530 a 1798, fue reconstituida tras la Revolución francesa y dotada de un nuevo estatuto en 1961. Desarrolla su labor en centros hospitalarios.

San Juan de la Peña (monasterio de), monasterio español enclavado en la *sierra de San Juan de la Peña* (Jaca, Huesca). Fundado antes del s. X, la iglesia tiene dos pisos: iglesia baja (mozárabe, s. X) e iglesia alta (románica, s. XI). Panteón real de los monarcas aragoneses (s. XII). El monasterio nuevo es del s. XVIII.

SAN JUAN DEL CESAR, mun. de Colombia (La Guajira); 25 798 hab. Agricultura y ganadería.

SAN JUAN DEL NORTE, c. de Nicaragua (Río San Juan), puerto de la costa de los Mosquitos. En 1847 pasó a llamarse *Greytown* (por sir Charles Greytown, gobernador de Jamaica) y en 1848 fue tomada por los ingleses.

SAN JUAN DE LOS LAGOS, c. de México (Jalisco); 36 577 hab. Economía agropecuaria. Comercio.

SAN JUAN DE LOS MORROS, c. de Venezuela, cap. del est. Guárico, al pie de los *Morros de San Juan;* 67 791 hab. Centro comercial y de comunicaciones. Manantiales termales. Turismo.

SAN JUAN DEL RÍO → PÁNUCO.

SAN JUAN DEL RÍO, mun. de México (Durango); 16 535 hab. Cereales, legumbres. Ganadería.

SAN JUAN DEL RÍO, c. de México (Querétaro); 61 652 hab. Región agrícola y ganadera (lácteos). Muebles y artesanía. Comercio.

SAN JUAN DEL SUR, c. de Nicaragua (Rivas). Puerto en la costa del Pacífico. Pesca. Turismo.

SAN JUAN DE LUZ, en fr. **Saint-Jean-de-Luz,** c. de Francia (Pyrénées-Atlantiques); 13 632 hab. Estación balnearia. Puerto de pesca.

SAN JUAN DE SABINAS, c. de México (Coahuila); 37 127 hab. Carbón y cinc. Centro industrial.

San Juan de Ulúa, fortaleza situada en el *islote de San Juan de Ulúa,* a la entrada de Veracruz (México). El primer virrey de Nueva España, Antonio de Mendoza (1530-1549), elevó un castillo, reforzado en 1690 y ampliado en el s. XVIII. Fue el último reducto español en el continente americano, ya que resistió desde 1821, año en que México accedió a la independencia, hasta 1825, en que los realistas capitularon.

SAN JUAN EVANGELISTA, mun. de México (Veracruz); 34 823 hab. Centro agropecuario y comercial.

SAN JUAN NEPOMUCENO, mun. de Colombia (Bolívar); 27 097 hab. Economía agropecuaria.

SAN JUAN NEPOMUCENO, distr. de Paraguay (Caazapá); 20 283 hab. Maderas. Fábricas de almidón.

SAN JUAN OPICO, mun. de El Salvador (La Libertad); 27 287 hab. Centro comercial. Artesanía textil.

SAN JUAN PIE DE PUERTO, en fr. **Saint-Jean-Pied-de-Port,** c. de Francia (Pyrénées Atlantiques); 1 726 hab. Turismo. — Plaza fuerte antigua y pintoresca.

SAN JUAN SANTEPÉQUEZ, mun. de Guatemala (Guatemala); 36 697 hab. Materiales de construcción.

SAN JUAN Y MARTÍNEZ, mun. de Cuba (Pinar del Río); 48 126 hab. Agricultura e industrias derivadas.

SANJURJO (José), marqués del **Rif,** *Pamplona 1872-Estoril 1936,* militar español. Comisario superior del ejército en África (1925-1928) y director de la Guardia civil, se alzó contra la república (1932). Amnistiado en 1934, se estableció en Portugal. Murió en accidente de avión cuando regresaba a España para dirigir el alzamiento de julio de 1936.

SAN JUSTO, dep. de Argentina (Córdoba); 176 723 hab. Centro agrícola y ganadero. Maderas. Industria.

SAN JUSTO, dep. de Argentina (Santa Fe); 36 866 hab. Economía agropecuaria.

SANKT ANTON AM ARLBERG, estación de deportes de invierno de Austria (Tirol) [alt. 1 304-2 811 m]; 2 100 hab.

SANKT FLORIAN o **MARKT SANKT FLORIAN,** c. de Austria (Alta Austria), al SE de Linz; 15 000 hab. Famosa abadía reconstruida en estilo barroco (1686-1751) por Carlo Antonio Carlone y Jakob Prandtauer.

SANKT GALLEN, en fr. **Saint-Gall,** c. de Suiza, cap. del cantón homónimo; 69 836 hab. Centro comercial e industrial. — Ant. abadía benedictina, fundada en el s. VIII, que conoció un gran esplendor literario y artístico en los ss. X-XII (patrimonio de la humanidad 1983). En 1451-1454, los abades y más tarde la villa de Sankt Gallen se unieron a la Confederación suiza. En 1805, la abadía fue suprimida. — Catedral, ant. abacial, reconstruida en el s. XVIII; museos.

SANKT GALLEN (cantón de), cantón de Suiza, 2 025 km² y 437 501 hab.

SANKT PÖLTEN, c. de Austria, cap. de Baja Austria; 50 000 hab. Monumentos barrocos, entre ellos la catedral (de origen románico).

San Lázaro de Jerusalén (orden de), orden hospitalaria y militar, fundada en Jerusalén en el s. XII, unida a la orden de Nuestra Señora de Monte Carmelo (1608). Fue secularizada por Clemente XIV (1772).

SAN LORENZO, cumbre de España (La Rioja), punto culminante de la sierra de la Demanda; 2 262 m.

SAN LORENZO, en ingl. **Saint-Lawrence,** en fr. **Saint-Laurent,** r. de América del Norte, emisario del lago Ontario, tributario del Atlántico, en el que desemboca por un largo estuario que se abre en el *golfo de San Lorenzo;* 1 140 km. Avena el SE de Canadá y pasa por Montreal y Quebec. Vía accesible para navíos de 25 000 t durante ocho meses al año.

SAN LORENZO, dep. de Argentina (Santa Fe), en la aglomeración de Rosario; 130 242 hab. Siderurgia. Terminal del oleoducto de Campo Durán (Salta). Refinería de petróleo.

SAN LORENZO, c. de Ecuador (Esmeraldas); 21 667 hab. Industria. Puerto.

SAN LORENZO, c. de Paraguay (Central); 133 311 hab. Industria (agrícola y maderera). Facultades de agronomía y veterinaria.

SAN LORENZO, mun. de Puerto Rico, en el valle del Caguas; 35 163 hab. Es el ant. *San Miguel de Hato Grande.*

SAN LORENZO, sitio arqueológico precolombino de México, al S de Minatitlán (Veracruz), ocupado a partir de 1500 a.C. Colosales esculturas de cabezas de estilo olmeca; cerámica posterior (600-400 a.C.), también de influencia olmeca.

SAN LORENZO DE EL ESCORIAL, v. de España (Madrid), cab. de p. j.; 11 783 hab. *(escurialenses).* Monasterio de El *Escorial. Conjunto urbanizado en el s. XVIII: hospital de la Alcaldesa, coliseo Carlos III, Casita de Arriba. — Festival de música. — Por el *tratado de San Lorenzo de El Escorial* (1819) España renunció a parte de Florida en favor de Estados Unidos.

SANLÚCAR (Manolo), *Sanlúcar de Barrameda 1945,* guitarrista y compositor español, importante renovador de la guitarra flamenca.

SANLÚCAR DE BARRAMEDA, c. de España (Cádiz), cab. de p. j.; 61 966 hab. *(sanluqueños).* En Las Marismas, junto a la desembocadura del Guadalquivir. Vinicultura. — Iglesias de Santa María (s. XIV) y La Merced (s. XVII); palacio gótico de Medinasidonia (s. XV). — Fue punto de partida de las flotas de Indias.

SANLÚCAR LA MAYOR, c. de España (Sevilla), cab. de p. j.; 10 951 hab. *(sanluqueños).*

Ganado de lidia. — Iglesias gótico-mudéjares de Santa María y San Pedro.

SAN LUCAS, cabo de México, en el Pacífico, extremo S de la península de Baja California.

SAN LUCAS, isla de Costa Rica (Puntarenas), en el golfo de Nicoya. Establecimiento penal.

SAN LUCAS, serranía de Colombia (Bolívar), que forma la parte N de la cordillera Central de los Andes; 2 350 m en el Alto de Tamar.

SAN LUCAS, mun. de México (Michoacán); 16 756 hab. Agricultura, ganadería e industrias derivadas.

SAN LUIS, c. de Argentina, cap. de la prov. homónima; 121 146 hab. Centro administrativo, comercial y de comunicaciones (ferrocarril, aeródromo). Arquitectura colonial (convento de Santo Domingo, fundado en el s. XVII).

SAN LUIS, mun. de Cuba (Pinar del Río); 30 836 hab. Ganadería. Industria manufacturera.

SAN LUIS, mun. de Cuba (Santiago de Cuba); 82 725 hab. Azúcar, café. Industria manufacturera. Artesanía.

SAN LUIS (sierra de), sierra de Argentina (San Luis), que forma parte de las sierras Pampeanas. Yacimientos auríferos y de volframio.

SAN LUIS (provincia de), prov. de Argentina, en la región centro-occidental; 76 748 km²; 286 379 hab.; cap. *San Luis.*

SAN LUIS ACATLÁN, mun. de México (Guerrero), al SE de la sierra Madre del Sur; 24 459 hab. Minería.

SAN LUIS DE LA PAZ, mun. de México (Guanajuato); 53 469 hab. Industrias vinícolas. Minas de oro y plata.

SAN LUIS POTOSÍ, c. de México, cap. del est. homónimo; 613 181 hab. Importante centro minero en la época colonial, predominan ahora las actividades industriales (química, siderurgia) y comerciales. Nudo de comunicaciones. — Edificios barrocos de los ss. XVII-XVIII: catedral; convento de San Francisco; iglesias de San Sebastián, el Carmen, Loreto y santuario de Guadalupe; ant. Casa de Moneda. Edificios neoclásicos, obra de Tresguerras; palacio de gobierno. — Fundada en 1576 por Luis de Leixa, en ella organizó Juárez su gobierno al ocupar México las tropas francesas (1863). — plan de San Luis Potosí (15 oct. 1910), proclama de F. Madero que inició la revolución mexicana.

SAN LUIS POTOSÍ (estado de), est. del N de México; 62 848 km²; 2 003 187 hab.; cap. *San Luis Potosí.*

SAN LUIS RÍO COLORADO, c. de México (Sonora); 95 461 hab. Puesto fronterizo con EUA. Comercio. Área de regadío (aprovechamiento del Colorado).

SAN MAMED, en port. **São Mamede,** sierra de España y Portugal, en el extremo O de los Montes de Toledo; 1 025 m de alt. Carretera de Cáceres a Santarem.

SAN MARCOS, mun. de Colombia (Sucre); 31 419 hab. Agricultura y ganadería. Aeropuerto.

SAN MARCOS, mun. de México (Guerrero); 42 649 hab. Agricultura. Salinas. Hierro. Pesca. Alfarería.

SAN MARCOS (departamento de), dep. del O de Guatemala; 3 791 km²; 703 234 hab.; cap. *San Marcos* (16 962 hab.).

San Marcos (universidad mayor nacional de), universidad estatal peruana, inicialmente fundada en Lima (1551), en un edificio de la Compañía de Jesús (claustro renacentista). El salón de grados es la antigua capilla (decoración rococó). Panteón de los próceres. Museo arqueológico.

SAN MARINO, estado de Europa, enclavado en territorio italiano; 61 km²; 27 000 hab. CAP. *San Marino* (5 000 hab.). LENGUA: *italiano.* MONEDA: *euro.* Turismo. (Patrimonio de la humanidad 2008.) — La ciudad fue autónoma desde el s. IX. Su territorio se convirtió en república en el s. XIII. Esta, cuyas relaciones con Italia se regulan mediante varias convenciones, está gobernada por un Gran Consejo y dos capitanes regentes, elegidos por ese Consejo por seis meses.

SAN MARTÍN, nombre que recibe la parte argentina (Santa Cruz) del lago andino de

América del Sur cuya parte chilena (Aisén del General Carlos Ibáñez del Campo) se denomina *lago O'Higgins;* 1013 km² en total.

SAN MARTÍN, dep. de Argentina (Mendoza); 98 378 hab. Olivo y vid; caprinos.

SAN MARTÍN, dep. de Argentina (Santa Fe); 57 140 hab. Agricultura y ganadería.

SAN MARTÍN, mun. de Colombia (Meta), en la llanura oriental; 19 313 hab. Café, cacao; pastos (vacuno).

SAN MARTÍN, dep. del N de Perú; 51 253 km²; 728 808 hab.; cap. *Moyobamba.*

SAN MARTÍN (Cosme), *Valparaíso 1850-Santiago 1906,* pintor chileno, autor de retratos y cuadros de tema histórico.

SAN MARTÍN (José Francisco de), llamado **el Libertador** y, en Perú, **el Protector,** *Yapeyú 1778-Boulogne-sur-Mer, Francia, 1850,* héroe argentino de la independencia americana. Tras una rápida carrera militar en España, regresó a América y se unió a los movimientos independentistas (1812). Sustituyó a Belgrano al frente del ejército del Norte (1813), fue gobernador de Cuyo (1814) y formó el ejército de los Andes. Nombrado general en jefe por Pueyrredón tras la declaración de independencia (9 julio 1816), venció a los realistas en Chacabuco y entró en Santiago de Chile (1817). Tras la batalla de Maipú (1818) conquistó Perú, donde intentó crear una monarquía cuyo trono ocuparía un miembro de la familia real española; no lo logró, declaró la independencia (28 julio 1821) y adoptó el título de «Protector del Perú». Ante las dificultades internas y el desacuerdo con Bolívar, se estableció en Europa (1822), aunque intentó regresar a Argentina en 1829.

San Martín (orden del **Libertador**), condecoración argentina creada en 1943. Recompensa a los extranjeros por sus servicios al país o a la humanidad.

SAN MARTÍN CHALCHICUAUTLA, mun. de México (San Luis Potosí); 20 319 hab. Pastos. Ganadería.

SAN MARTÍN DE LOBA, mun. de Colombia (Bolívar); 22 756 hab. Arroz. Ganado vacuno, equino y porcino.

SAN MARTÍN DEL REY AURELIO, mun. de España (Asturias); 20 794 hab.; cap. *Sotrondio.* Centro minero. Industria siderúrgica.

SAN MARTÍN DE MONTALBÁN, v. de España (Toledo); 751 hab. Castillo (s. XIV). En el término, en el despoblado de Melque, iglesia mozárabe de Santa María, con ábside abovedado.

SAN MARTÍN DE PORRES, mun. de Perú (Lima), en el área metropolitana de Lima; 98 253 hab.; cap. *Barrio Obrero.*

SAN MARTÍN HIDALGO, mun. de México (Jalisco); 21 779 hab. Industrias agropecuarias. Maderas.

SAN MARTÍN JILOTEPEQUE, mun. de Guatemala (Chimaltenango); 26 184 hab. Turismo — Centro arqueológico Mixco Viejo.

San Marino

200   300   500 m

● m· s de 4 000 hab.
● menos de 4 000 hab.
— carretera

■ EL GENERAL **SAN MARTÍN**

SAN MARTÍN TEXMELUCAN, c. de México (Puebla); 79 504 hab. Industria textil. Sarapes. Vinos. — Convento del s. XVII, iglesia parroquial de fachada y retablo churriguerescos.

SAN MATEO, mun. de Venezuela (Aragua), núcleo urbano satélite de Maracay; 27 832 hab.

SAN MATEO ATENCO, mun. de México (México); 33 719 hab. Cereales, ganado vacuno, equino y porcino.

SAN MATÍAS, golfo de Argentina (Río Negro), en la costa atlántica.

SAN MAURICIO, en cat. **Sant Maurici,** lago pirenaico de España (Lérida), en el *parque nacional de Aigüestortes y lago San Mauricio.*

SAN MIGUEL o **CHAPARRASTIQUE,** volcán de El Salvador (San Miguel), en el Eje volcánico guatemalteco-salvadoreño; 2 132 m.

SAN MIGUEL, com. de Chile (Santiago), en la aglomeración de Santiago; 82 461 hab.

SAN MIGUEL, cantón de Ecuador (Bolívar); 28 222 hab. Economía agropecuaria.

SAN MIGUEL, c. de El Salvador con del departamento homónimo; 182 817 hab. Centro industrial y comercial. — Fue famosa por sus ferias en la época colonial.

SAN MIGUEL, mun. de Perú (Cajamarca); 26 464 hab. Cereales. Ganadería.

SAN MIGUEL, mun. de Perú (Lima), barrio residencial de Lima; 23 725 hab.

SAN MIGUEL (departamento de), dep. de El Salvador; 2 077 km²; 380 442 hab.; cap. *San Miguel.*

SAN MIGUEL DE ALLENDE, c. de México (Guanajuato), cab. del mun. de Allende; 48 935 hab. Conjunto arquitectónico del s. XVIII: oratorio de San Felipe Neri, capillas de Loreto, iglesia de la Salud. En los alrededores, santuario de Atonilco. (Patrimonio de la humanidad 2008.)

San Miguel de Escalada, iglesia mozárabe española (913) situada en Gradefes (León). Faro del s. XI; pórtico con arcos de herradura y capiteles ornamentados.

San Miguel de Lillo, iglesia española del prerrománico asturiano (s. IX), en la sierra de Naranco, al N de Oviedo. (Patrimonio de la humanidad 1985.)

SAN MIGUEL DE TUCUMÁN, c. de Argentina, cap. de la prov. de Tucumán; 473 014 hab. Centro industrial, administrativo, comercial y cultural (universidad). Ciudad de trazado en damero, con amplios espacios verdes (parques 9 de Julio y Avellaneda). — Fue fundada en 1565 por Diego de Villarroel.

SAN MIGUEL EL ALTO, c. de México (Jalisco); 23 053 hab. Cereales, legumbres y frutas. Ganado porcino.

SAN MIGUELITO, distr. de Panamá (Panamá), en el área urbana de la ciudad de Panamá; 242 529 hab.

SAN MIGUEL TOTOLAPAN, mun. de México (Guerrero); 21 023 hab. Caña de azúcar y tabaco. Ganadería.

SAN MIGUEL Y VALLEDOR (Evaristo), duque de San Miguel, *Gijón 1785-Madrid 1862,* mili-

tar y político español. Antiabsolutista, es el autor de la letra del himno de Riego. Luchó contra la invasión francesa de Cataluña (1823) y contra los carlistas (1834). Afiliado al Partido progresista, participó en varios gobiernos. Apoyó a la reina en la revolución de 1854.

SAN MILLÁN DE LA COGOLLA, v. de España (La Rioja); 299 hab. Monasterios de Suso, fundado en 931 (iglesia mozárabe, ss. X-XI, con el sepulcro de san Millán, s. XII), y de Yuso (s. XVI), con marfiles románicos (s. XI), pinturas del s. XV y trascoro barroco. (Patrimonio de la humanidad 1997.)

SANNAZZARO (Iacopo), *Nápoles 1455-íd. 1530,* escritor italiano. Su novela *La Arcadia,* escrita en prosa y en verso, ejerció una gran influencia en la novela pastoril europea.

SAN NICOLÁS, c. de Argentina (Buenos Aires); 133 503 hab. Puerto exportador de cereales. Centro industrial (siderurgia, química). Central térmica.

SAN NICOLÁS (Lorenzo de), *1595-1679,* arquitecto y tratadista español, autor de *Arte y uso de arquitectura* (2 vols., 1633 y 1664), muy influyente en el barroco hispanoamericano.

SAN NICOLÁS DE LOS ARROYOS, c. de Argentina (Buenos Aires); 119 302 hab. Agricultura y ganadería. Industria (acero y energía).

SAN NICOLÁS DE LOS GARZA, c. de México (Nuevo León); 436 603 hab. Centro de una región agrícola (cítricos). Industrias alimentarias.

SAN ONOFRE, mun. de Colombia (Sucre), en las sabanas de Bolívar; 41 723 hab. Agricultura.

SAN PABLO, volcán andino de Chile (Antofagasta); 6 118 m.

SAN PABLO, mun. de Colombia (Bolívar); 15 714 hab.

SAN PABLO, mun. de Colombia (Nariño); 17 120 hab. Agricultura y ganadería.

SAN PABLO DEL MONTE, mun. de México (Tlaxcala); 29 908 hab.; cab. *Vicente Guerrero.* Frutas y hortalizas.

SAN PEDRO, r. de Guatemala y México, afl. del Usumacinta.

SAN PEDRO o **MEXQUITAL,** r. de México, en la vertiente del Pacífico; 700 km aprox. Nace por la unión del Cañatlán y el Sauceda y desemboca en la laguna Grande de Mexcaltitlán.

SAN PEDRO, volcán andino de Chile (Antofagasta); 6 159 m.

SAN PEDRO, volcán de Guatemala (Sololá), en el Eje volcánico guatemalteco-salvadoreño; 3 020 m.

SAN PEDRO, partido de Argentina (Buenos Aires); 48 650 hab. Cereales y forrajes. Vacunos. Gasoducto.

SAN PEDRO, dep. de Argentina (Jujuy), en el valle del San Francisco; 66 128 hab. Hierro. Serrerías.

SAN PEDRO, dep. de Argentina (Misiones); 18 065 hab. Maíz, alfalfa, sorgo. Ganado vacuno. Bosques.

SAN PEDRO, mun. de México (Coahuila); 93 410 hab. Centro agrícola (algodón, vid) e industrial.

San Pedro, basílica de Roma, en el Vaticano; el más grande de los templos cristianos. Unas excavaciones revelaron la existencia de una tumba sagrada que podría ser la de san Pedro.

■ BASÍLICA DE **SAN PEDRO** en Roma. Fachada de C. Maderno, y cúpula de Miguel Ángel y G. della Porta.

La basílica, consagrada en 326 con Constantino, fue reconstruida a partir de 1506 según planos de Bramante, después de Miguel Ángel (edificio en forma de cruz griega bajo cúpula) y por último de Maderno (nave prolongada en forma de cruz latina y fachada). Numerosas obras de arte. Delante del templo, plaza y columnata de Bernini.

SAN PEDRO (departamento de), dep. del SE de Paraguay; 20 002 km²; 277 110 hab.; cap. *San Pedro* (26 593 hab.).

SAN PEDRO CARCHÁ, mun. de Guatemala (Alta Verapaz); 69 019 hab. Tenerías, fábricas de calzado.

SAN PEDRO DE ALCÁNTARA, v. de España (Málaga). Restos de la ant. c. romana de *Silviana* y de una basílica paleocristiana (ss. IV-VI). Colonia azucarera del s. XIX.

San Pedro de Cardeña (monasterio de), monasterio benedictino español (Castrillo del Val, Burgos), fundado en 889 y reconstruido posteriormente: iglesia con elementos románicos (torre, s. XI) y naves góticas (s. XV); sala capitular (s. XII); dependencias monacales (s. XVIII). Sepulcros del Cid y de doña Jimena (restos en la catedral de Burgos).

San Pedro de la Nave, iglesia visigótica, probablemente de fines del s. VII, situada en el mun. de San Pedro de la Nave-Almendra (Zamora, España). Tiene tres naves con bóvedas de cañón y frisos y capiteles esculpidos.

SAN PEDRO DEL PARANÁ, distr. de Paraguay (Itapúa); 31 700 hab. Cereales, yerba mate. Ganadería.

SAN PEDRO DEL PINATAR, v. de España (Murcia); 15 583 hab. (*pinatarenses* o *pinatenses.*) Salinas. Puerto pesquero. Turismo.

SAN PEDRO DE MACORÍS, c. de la República Dominicana, cap. de la prov. homónima; 78 560 hab. Centro comercial e industrial. Pesca. Puerto exportador.

SAN PEDRO DE MACORÍS (provincia de), prov. del SE de la República Dominicana; 1 166 km²; 152 900 hab.; cap. *San Pedro de Macorís.*

SAN PEDRO DE PELILEO, cantón de Ecuador (Tungurahua); 37 000 hab. Frutales y vid. Vacunos.

San Pedro de Roda (monasterio de), en cat. **Sant Pere de Roda**, monasterio español (El Port de la Selva, Gerona), de estilo románico, restaurado.

SAN PEDRO MÁRTIR (sierra), cadena montañosa de México, en la península de Baja California, que recorre 149 km, de Ensenada al golfo Sebastián Vizcaíno; 3 096 m de alt. en el cerro de La Encantada. Observatorio astronómico.

SAN PEDRO PINULA, mun. de Guatemala (Jalapa); 20 181 hab. Agricultura e industrias derivadas.

SAN PEDRO POCHUTLA, c. de México (Oaxaca); 17 692 hab. Café, plátano. Yacimientos de hierro y cobre.

SAN PEDRO SACATEPÉQUEZ, mun. de Guatemala (San Marcos); 24 054 hab. Industrias textiles.

SAN PEDRO SULA, c. de Honduras, cap. del dep. de Cortés; 326 000 hab. Activo centro industrial. — Fundada en 1536 por Alvarado.

SAN PEDRO URABÁ, mun. de Colombia (Antioquia); 20 602 hab.

SAN PELAYO, mun. de Colombia (Córdoba), en el valle del Sinú; 29 136 hab. Agricultura. Pastos.

SAN PETERSBURGO, de 1914 a 1924 **Petrogrado** y de 1924 a 1991 **Leningrado**, c. de Rusia, en la desembocadura del Neva; 4 952 000 hab. Puerto. Centro industrial: construcciones mecánicas, industrias textiles y químicas. — Las principales construcciones del s. XVIII y de principios del s. XIX son obra de los italianos Rastrelli (palacio de Invierno) y Quarenghi (teatro del Ermitage), de los franceses Vallin de La Mothe (academia de bellas artes, pequeño Ermitage) y Thomas de Thomon (bolsa), de los rusos Adrian Zajárov (almirantazgo) y Karl Rossi, etc. Museo del *Ermitage y Museo ruso. (Patrimonio de la humanidad 1990.) — San Petersburgo, fundada por Pedro el Grande en 1703, se convirtió en la capital de Rusia en 1712. Desempeñó un papel decisivo en las revoluciones de 1905 y 1917. El soviet de los comisarios del pueblo la abandonó (1918) para establecerse en Moscú. Resistió un duro asedio de los alemanes de 1941 a 1944.

San Quintín (batalla de) [10 ag. 1557], victoria de las tropas imperiales de Felipe II de España, mandadas por Manuel Filiberto de Saboya, sobre las francesas de Montmorency en Saint-Quentin (Francia). — Para conmemorarla se construyó el monasterio de San Lorenzo de El *Escorial.

SAN RAFAEL, pico de Paraguay (Itapúa); 850 m, máxima elevación del país.

SAN RAFAEL, c. de Argentina (Mendoza); 158 410 hab. Minas de cinc, plomo, cobre y plata. Yacimiento de uranio. Salinas. Aeropuerto.

SAN RAFAEL, mun. de Colombia (Antioquia); 18 866 hab. Región auroargentífera.

SAN RAFAEL, cantón de Costa Rica (Heredia); 26 915 hab. Centro comercial.

SAN RAFAEL DEL SUR, mun. de Nicaragua (Managua); 35 065 hab. Centro agropecuario y comercial.

SANRAKU (Kanō) → **KANŌ.**

SAN RAMÓN, com. de Chile (Santiago), en el Gran Santiago; 101 119 hab.

SAN RAMÓN, cantón de Costa Rica (Alajuela); 47 638 hab. Ganadería (pastos).

SAN REMO o **SANREMO**, c. de Italia (Liguria), junto al Mediterráneo; 55 786 hab. Estación turística y balnearia.

San Remo (conferencia de) [19-26 abril 1920], conferencia interaliada del final de la primera guerra mundial, celebrada en San Remo (Italia). En ella se debatió la ejecución del tratado de Versalles y se preparó el de Sèvres con el Imperio otomano.

SAN ROMÁN, cabo de Venezuela, en el Caribe (Falcón), extremo N de la península de Paraguaná.

SAN ROMÁN (Miguel de), *Puno 1802-Chorillos 1863*, militar y político peruano. Partidario de Gamarra, fue presidente de la república

(1862-1863). Realizó la reforma monetaria que creó el sol.

SAN ROQUE, dep. de Argentina (Corrientes); 16 053 hab. Cereales (maíz, arroz), forrajes, tabaco.

SAN ROQUE, mun. de Colombia (Antioquia); 18 551 hab. Yuca y maíz. Ganado vacuno y caballar.

SAN ROQUE, c. de España (Cádiz), cab. de p. j.; 22 990 hab. Complejo refinero-petroquímico. Turismo. — Factoría fenicia de *Carteya.*

SAN SADURNÍ DE NOYA, en cat. **Sant Sadurní d'Anoia**, v. de España (Barcelona); 9 539 hab. (*santurneses*). Elaboración de vinos espumosos (cava).

SAN SALVADOR, mun. de México (Hidalgo); 20 356 hab. Horticultura, frutales. Ganadería.

SAN SALVADOR, cap. de El Salvador y del dep. homónimo; 1 552 000 hab. en la aglomeración. Dominada por los volcanes de San Salvador y San Jacinto, está situada en una área de intensa actividad sísmica que ha provocado su reconstrucción y cambio de emplazamiento en varias ocasiones. Principal centro industrial, administrativo y cultural del país. Universidad. — Templos coloniales (de Jesucristo, San Ignacio, Nuestra señora de Guadalupe, del Rosario, de la Merced); catedral; palacio arzobispal; palacio nacional (1905), neoclásico; palacio municipal; teatro nacional. — Fundada por Pedro de Alvarado en 1525, fue capital de las Provincias unidas de Centroamérica (1834-1838) hasta la ruptura de la federación. El terremoto de 1854 la destruyó casi por completo.

SAN SALVADOR (departamento de), dep. de El Salvador; 886 km²; 1 477 766 hab.; cap. *San Salvador.*

SAN SALVADOR DE JUJUY, c. de Argentina, cap. de la prov. de Jujuy; 181 318 hab. Centro financiero, industrial, y de comunicaciones con Bolivia y Perú. Turismo. — Catedral (s. XVII) y edificios coloniales. Fue fundada en 1561 y refundada en 1593 por Francisco de Argañaraz.

SAN SALVADOR EL SECO, mun. de México (Puebla); 17 660 hab. Ganadería; explotación maderera.

SAN SEBASTIÁN, en vasc. **Donostia**, c. de España, cap. de la prov. de Guipúzcoa y cab. de p. j.; 180 043 hab. (*donostiarras*). En la bahía de San Sebastián, junto a la desembocadura del Urumea. Centro administrativo, comercial y turístico (playas). Universidad. Festival internacional de cine desde 1953. — Iglesia barroca de Santa María (s. XVIII); ayuntamiento neoclásico. Museo municipal de arqueología, etnología y pintura en el convento de San Telmo (s. XVI). Palacio de congresos y auditorio Kursaal. — Conocida por los antiguos como *Oiarso, Olarso, Ocaso* o *Easo*, durante los ss. XIII-XIV fue el principal puerto cantábrico.

SAN SEBASTIÁN, ant. **Pepino**, mun. del NE de Puerto Rico; 38 799 hab. Centro agropecuario; productos derivados (azúcar).

San Sebastián (pacto de) [17 ag. 1930], acuerdo entre partidos republicanos españoles para derrocar a la monarquía, celebrado en San Sebastián. Se acordó la formación de un comité revolucionario y la constitución de unas futuras cortes constituyentes.

SAN SEBASTIÁN DE LA GOMERA, v. de España (Santa Cruz de Tenerife), cap. de la Gomera y cab. de p. j.; 7 001 hab. Plátanos. Industria alimentaria. Puerto. Turismo.

SAN SEBASTIÁN DE LOS REYES, mun. de España (Madrid); 58 389 hab. Centro residencial. Industrias.

SAN SIMÓN, mun. de Venezuela (Monagas); 133 036 hab.; cab. *Maturín.

SANSÓN, *s. XII a.C.*, juez de Israel. Alma de la resistencia contra los filisteos, célebre por su fuerza hercúlea, que residía en su cabellera, se supone que sucumbió al amor de Dalila, quien le cortó el pelo. Cautivo en un templo filisteo, recuperó su fuerza y provocó el derrumbe del edificio. — Su historia inspiró a Saint-Saëns una ópera en 3 actos, con libreto de F. Lemaire (*Sansón y Dalila*, 1877).

SANSOVINO (Andrea Contucci, llamado **[il]**), *Monte San Savino, Arezzo, 1460-íd. 1529*, es-

■ **SAN PETERSBURGO.** El palacio de Invierno (1754-1762), construido por Bartolomeo Francesco Rastrelli.

■ EL GENERAL **SANTA ANNA.** (Museo nacional de historia. México.)

■ **SAN SALVADOR.** Vista de la plaza de la Libertad.

cultor italiano. De un delicado clasicismo, trabajó en Florencia (*Bautismo de Cristo* del baptisterio, 1502-1505), Roma y Loreto. — **Jacopo Tatti,** llamado [il] **S.**, *Florencia 1486-Venecia 1570*, escultor y arquitecto italiano, hijo adoptivo de Andrea. Trabajó sobre todo en Venecia (*loggeta* del campanario de San Marcos [1536-1540]; Librería Vecchia).

San Stefano (tratado de) [3 marzo 1878], tratado concluido al final de la guerra ruso-turca de 1877-1878. Firmado entre la Rusia victoriosa y el Imperio otomano derrotado en San Stefano (act. *Yesilköy*, cerca de Estambul), favoreció la influencia rusa en los Balcanes. Fue revisado en el congreso de Berlín (1878).

SANTA, r. de Perú; 328 km. Discurre por el callejón de Huaylas, cerca de Yuracmarca forma el Cañón del Pato (central hidroeléctrica de 50 MW) y desemboca en el Pacífico, junto a Chimbote.

SANTA o **SANTA DE CASTILLA** (Peña), pico de España (León y Asturias), punto culminante del macizo de Covadonga (Picos de Europa); 2 596 m de alt.

Santa alianza → **alianza** (Santa)

SANTA ANA o **ILAMATEPEC,** volcán de El Salvador (Santa Ana), en el Eje volcánico guatemalteco-salvadoreño; 2 832 m.

SANTA ANA, mun. de Colombia (Magdalena), en la depresión Momposina; 27 544 hab. Ganadería.

SANTA ANA, cantón de Costa Rica (San José); 23 287 hab. Cereales, legumbres, frutas. Aguas minerales.

SANTA ANA, cantón de Ecuador (Manabí); 57 715 hab. Cultivos tropicales. Bosque de tn gua.

SANTA ANA, c. de El Salvador, cap. del dep. homónimo, al pie del *volcán de Santa Ana* (2 832 m); 208 000 hab. Centro agropecuario (café y caña de azúcar), industrial y comercial.

SANTA ANA, c. de Estados Unidos (California), al SE de Los Ángeles, al pie de la *sierra de Santa Ana*, en el *valle de Santa Ana*; 293 742 hab.

SANTA ANA (departamento de), dep. de El Salvador; 2 023 km²; 451 620 hab.; cap. *Santa Ana.*

SANTA ANA DE CORO, c. de Venezuela (Falcón), en el área urbana de Coro; 124 506 hab.

SANTA ANNA (Antonio **López de**), *Jalapa 1791-México 1876*, militar y político mexicano. Se rebeló contra Iturbide (1822), proclamó la república y declaró la guerra a España (1824) Fue presidente de la república de 1833 a 1834. Luchó en la guerra de Texas, donde cayó prisionero (San Jacinto, 1836) y contra la invasión francesa (1838) y desde 1841 impuso su poder personal hasta que fue desterrado (1845). Volvió al poder (1846-1847) y luchó contra EUA. Dimitió y marchó a Colombia, pero fue reclamado por conservadores y liberales (1853) y asumió el título de alteza serenísima y la posibilidad de elegir sucesor; pero el auge de la guerrilla y el plan liberal de *Ayutla (1854) acabaron con su gobierno (1855). Fue desterrado hasta 1874.

SANTA BÁRBARA, dep. de Argentina (Jujuy); 15 665 hab. Minas de hierro.

SANTA BÁRBARA, mun. de Colombia (Antioquia); 25 882 hab. Maíz, frijol, yuca, café. Vacunos.

SANTA BÁRBARA, mun. de México (Chihuahua); 17 365 hab. Centro minero (plomo, cinc, plata, cobre).

SANTA BÁRBARA, mun. de Venezuela (Barinas); 21 792 hab. Agricultura y ganadería. Aeródromo.

SANTA BÁRBARA (departamento de), dep. del NO de Honduras; 5 115 km²; 305 000 hab.; cap. *Santa Bárbara* (10 511 hab.).

SANTA BÁRBARA DE SAMANÁ o **SAMANÁ,** c. de la República Dominicana, cap. de la prov. de Samaná; 30 901 hab. Canteras de mármol. Centro agrícola y pesquero.

SANTA BRÍGIDA, v. de España (Las Palmas), en Gran Canaria; 18 153 hab. Ganadería. Elaboración de quesos.

SANTA CATALINA, mun. de Venezuela (Sucre), en el área de Campano; 20 200 hab.

SANTA CATARINA, estado del S de Brasil; 95 985 km²; 4 536 433 hab.; cap. *Florianópolis.*

SANTA CATARINA, mun. de México (Nuevo León); 80 488 hab. Agricultura y ganadería.

SANTA CLARA, cerro de Guatemala (Sololá), en la orilla O del lago Atitlán; 2 400 m.

SANTA CLARA, c. de Cuba, cap. de la prov. de Villa Clara; 194 354 hab. Centro industrial, turístico y cultural (universidad). — Catedral, iglesias del Carmen y de la Pastora, palacio de justicia.

SANTA CLARA, mun. de México (Michoacán), en el área del lago Salomón; 21 127 hab. Cab. *Villa Escalante* (ant. *Santa Clara del Cobre*). Centro comercial. Trabajo del cobre.

SANTA CLAUS, en los países anglosajones, nombre dado a san Nicolás de Bari en sus funciones de patrón de los niños, análogas a las de Papá Noel.

SANTA COLOMA DE GRAMENET, c. de España (Barcelona), cab. de p. j.; 117 127 hab. (*colomenses* o *gramanenses*). En el área suburbana de Barcelona. Industrias.

Santa Comba de Bande → **BANDE.**

SANTA CRUZ, archipiélago de Oceanía, parte oriental del estado de las islas Salomón; 16 500 hab.

SANTA CRUZ, en ingl. *Saint Croix,* la mayor de las islas Vírgenes estadounidenses; 217 km²; 50 139 hab.

SANTA CRUZ, r. de Argentina (Santa Cruz), que nace en el lago Argentino y desemboca en el Atlántico; 250 km.

SANTA CRUZ, com. de Chile (Libertador General Bernardo O'Higgins); 28 754 hab. Viticultura.

SANTA CRUZ, cantón de Costa Rica (Guanacaste); 36 271 hab. Agricultura y ganadería (lácteos).

SANTA CRUZ (departamento de), dep. del SE de Bolivia; 370 621 km²; 1 351 191 hab.; cap. *Santa Cruz de la Sierra.*

SANTA CRUZ (provincia de), prov. de Argentina, en la Patagonia; 243 943 km²; 159 726 hab.; cap. *Río Gallegos.*

SANTA CRUZ (Alonso de), *Sevilla 1505-Madrid 1567*, cosmógrafo español. Trazó una carta de variaciones magnéticas (h. 1530) y compuso un *Libro de longitudes* e *Islario general del mundo* (1560).

SANTA CRUZ (Andrés), *a orillas del Titicaca 1792-Saint-Nazaire, Francia, 1865*, mariscal y político boliviano. Liberó el Alto Perú. Constituida Bolivia, fue partidario de la unión con Perú, en contra de Sucre y los independentistas, y se opuso a la presidencia vitalicia de Bolívar. Tras la invasión peruana fue nombrado presidente de Bolivia (1829) e impulsó la unión con Perú (confederación Perú-boliviana). Entró en Perú como Protector (1836), lo que provocó la guerra de Restauración contra Chile y Argentina. Fue vencido (1839) y desterrado.

SANTA CRUZ (Basilio de), pintor peruano natural del Cuzco, activo a partir de la segunda mitad del s. XVII. Adscrito a la corriente barroca erudita, de su vasta obra destacan el *San Laureano* (1662) para La Merced del Cuzco y sus obras para la catedral (desde 1690).

SANTA CRUZ (marqués de) → **BAZÁN** (Álvaro de).

SANTA CRUZ DE EL SEIBO, c. de la República Dominicana, cap. de la prov. de El Seibo; 12 219 hab.

SANTA CRUZ DE JUVENTINO ROSAS, c. de México (Guanajuato); 38 222 hab. Textiles. Minería.

SANTA CRUZ DE LA PALMA, c. de España (Santa Cruz de Tenerife), cap. de La Palma y cab. de p. j.; 18 204 hab. (*palmeros*). Puerto exportador. Turismo. Aeropuerto de Mazo. — Iglesia barroca de El Salvador; ayuntamiento (s. XV), castillo de Santa Catalina.

SANTA CRUZ DE LA SERÓS, mun. de España (Huesca); 139 hab. Iglesia románica de un antiguo monasterio (s. XII).

SANTA CRUZ DE LA SIERRA, c. de Bolivia, cap. del dep. de Santa Cruz; 1 034 070 hab. Polo de desarrollo fabril: centro agrícola (soja), industrial y de servicios, en una región de rico subsuelo (hidrocarburos, metales). Universidad. — Fundada en 1561 por Nuflo Chaves, fue trasladada a su act. emplazamiento en 1595.

SANTA CRUZ DEL NORTE, mun. de Cuba (La Habana); 24 305 hab. Canteras de yeso. Turismo (playas).

SANTA CRUZ DEL QUICHÉ, c. de Guatemala, cap. del dep. de Quiché; 38 080 hab. Industria maderera.

SANTA CRUZ DEL SUR, mun. de Cuba (Camagüey); 50 885 hab. Astilleros. Puerto. Turismo.

SANTA CRUZ DEL ZULIA, c. de Venezuela (Zulia); 23 793 hab. Caña de azúcar y cacao. Ganadería.

SANTA CRUZ DE TENERIFE, c. de España, cap. de Canarias (alternativamente con Las Palmas de Gran Canaria), de la prov. de Santa Cruz de Tenerife y de la isla de Tenerife, cab. de p. j.; 215 132 hab. (*tinerfeños* o *santacruceños*). Centro administrativo y comercial. Activo puerto. Turismo. — Iglesias de los s. XVII-XVIII. Edificios del s. XVIII. Museos. Auditorio. — Su origen se remonta al fortín levantado por Fernández de Lugo en 1493.

SANTA CRUZ DE TENERIFE (provincia de), prov. insular de España en Canarias; 3 208 km²; 818 681 hab. Comprende las islas de Tenerife, La Palma, Gomera y Hierro; cap. *Santa Cruz de Tenerife.* Agricultura (plátano, tomate, tabaco). Pesca. Turismo y comercio.

SANTA CRUZ WILSON (Domingo), *La Cruz, Valparaíso, 1899-Santiago 1987*, compositor chileno, autor de *Sinfonía concertante* para flauta y orquesta (1945), *Cantata de los ríos de Chile* para coro mixto y orquesta (1941).

SANTA CRUZ y ESPEJO → **ESPEJO.**

SANT ADRIÀ DE BESÒS, mun. de España (Barcelona), en la aglomeración de Barcelona; 32 452 hab. (*adrianenses*). Centrales térmicas. Industrias.

SANTA ELENA, en ingl. **Saint Helena,** isla británica del Atlántico sur, a 1 850 km de las costas de África; 122 km²; 5 700 hab.; cap. *Jamestown.* En ella estuvo deportado Napoleón (1815-1821).

SANTA ELENA, península del O de Ecuador.

Yacimientos de petróleo (Ancón); minas de sal. Refinería; planta de fertilizantes.

SANTA ELENA, cantón de Ecuador (Guayas); 74 268 hab. Campos petrolíferos.

SANTA ELENA (cabo de), cabo de Costa Rica (Guanacaste), en la costa del Pacífico, extremo NE del país.

SANTA ELENA DE UAIRÉN, c. de Venezuela (Bolívar), cerca de Brasil; 16 000 hab.

SANTA EULALIA DEL RÍO, v. de España (Baleares), en Ibiza; 21 991 hab. *(santaeularianos).* Turismo. — Iglesia fortificada.

SANTA FE, c. de Argentina, cap. de la prov. homónima; 442 214 hab. *(santafesinos o santafecinos).* En la confluencia del río Salado del Norte y el Paraná. Ciudad moderna, con amplios espacios verdes. Centro administrativo y de servicios, unido a Paraná por el túnel subfluvial Hernandarias. La ciudad sufrió una devastadora inundación en abril 2003. — Catedral (s. XIX), iglesias de la Compañía (s. XVIII, fachada barroca) y de San Francisco.— Fue fundada por Juan de Garay (1573). En ella se reunió el primer congreso constituyente de las 13 provincias que formaron la Confederación (1853).

SANTA FE, c. de España (Granada), cab. de p. j.; 12 730 hab. *(santafesinos).* Conserva tres puertas de la muralla. — Fundada en 1491 por los Reyes Católicos, en ella se firmó la rendición de Granada y las *Capitulaciones de Colón (1492).

SANTA FE, c. de Estados Unidos, cap. del estado de Nuevo México, al O de Las Vegas; 62 203 hab. Museo de Nuevo México. — Fue fundada (1609) por P. de Peralta sobre el emplazamiento de un pueblo indio. Tras la independencia, quedó incorporada a México (1821) y, en 1846, pasó a formar parte de EUA.

SANTA FE (provincia de), prov. de Argentina, entre el Chaco y la Pampa; 133 007 km²; 2 782 809 hab.; cap. *Santa Fe.*

SANTA FE DE BOGOTÁ → *BOGOTÁ.*

SANTA INÉS, mun. de Venezuela (Sucre), en el área urbana de Cumaná; 35 009 hab.

SANTA ISABEL → *MALABO.*

SANTA ISABEL, nevado de Colombia, en la cordillera Central de los Andes; 5 100 m.

SANTA ISABEL, cantón de Ecuador (Azuay); 30 848 hab. Caña de azúcar y cereales. Ovinos.

SANTA ISABEL (río) → *PASIÓN* (río de la).

Santa liga → *liga* (Santa).

SANTALÓ (Luis Antonio), *Gerona 1911-Buenos Aires 2001,* matemático español. Geómetra, sus investigaciones han tenido aplicaciones en la biología o la estereología. Publicó trabajos sobre la importancia de la educación matemática para el desarrollo de los países.

SANTA LUCÍA, en ingl. **Saint Lucia,** isla de las Pequeñas Antillas; 616 km²; 150 000 hab. CAP. *Castries.* LENGUA: *inglés.* MONEDA: *dólar del Caribe oriental.* (V. mapa de **Antillas** [Pequeñas].) — Turismo. — Descubierta por Colón (1502), los ingleses se establecieron en ella (1639) y se convirtió en colonia británica en 1803. Desde 1979 constituye un estado independiente en el seno de la Commonwealth.

SANTA LUCÍA, r. de Uruguay, que nace en la Cuchilla Grande y desemboca en el Río de la Plata; 230 km. El puente Santiago Vázquez, construido en 1925, fue el primer gran puente del país (540 m).

SANTA LUCÍA, dep. de Argentina (San Juan), en la aglomeración de San Juan; 38 429 hab.

SANTA LUCÍA, c. de Uruguay (Canelones); 12 647 hab. Ciudad dormitorio de Montevideo.

SANTA LUCÍA, mun. de Venezuela (Zulia), en el área urbana de Maracaibo; 42 704 hab.

SANTA LUCÍA COTZUMALGUAPA, mun. de Guatemala (Escuintla); 36 779 hab. Sitio arqueológico de El Baúl, con numerosos monumentos y esculturas del pueblo pipil, del período clásico reciente (600-900 d.C.).

SANTA LUCÍA DE TIRAJANA, mun. de España (Las Palmas), en Gran Canaria; 44 974 hab. Industria alimentaria.

SANTA MARGARITA, isla de México, en la costa O de la península de Baja California; 220 km². Su principal núcleo es Puerto Cortés. Yacimientos de magnesita.

SANTAMARIA (Santiago, llamado Santi), *Sant Celoni, Barcelona, 1957,* cocinero español.

Chef de los restaurantes Can Fabes (Sant Celoni), Santceloni (Madrid) y Evo (Hospitalet de Llobregat), su cocina se inspira en el recetario popular catalán con aportes de la cocina de vanguardia.

SANTA MARÍA, volcán de Guatemala (Quezaltenango), en el Eje volcánico guatemalteco-salvadoreño; 3 772 m.

SANTA MARÍA, dep. de Argentina (Catamarca); 16 978 hab. Olivos, algodón. Cobre.

SANTA MARÍA, dep. de Argentina (Córdoba); 69 418 hab.; cab. *Alta Gracia.* Minería. Industria mecánica. Turismo.

Santa María, embarcación que utilizó Colón en su primer viaje a América; era la mayor de la expedición, y en ella viajó el descubridor.

SANTA MARÍA (isla de), isla de Chile, en el Pacífico, frente al golfo de Arauco.

SANTAMARÍA (familia), familia castellana de conversos, de origen burgalés, que destacó en la vida política, eclesiástica y cultural de Castilla en el s. XV. — **Salomón Ha-Leví,** bautizado en 1390 como **Pablo de S.** o de Burgos, *Burgos ¿1350?-Cuevas de San Clemente, Burgos, 1435,* prelado castellano. Fundador del linaje, fue obispo de Cartagena y de Burgos. Su hijo **Alonso de Cartagena** fue obispo de Burgos.

SANTA MARÍA (Andrés de), *Bogotá 1860-Bruselas 1945,* pintor colombiano. Discípulo de Ignacio de Zuloaga y Santiago Rusiñol, introdujo el impresionismo en Colombia.

SANTA MARÍA (Domingo), *Santiago 1825-íd. 1889,* político chileno. Presidente de la república (1881-1886), promulgó las leyes sobre el matrimonio civil y sobre el sufragio.

SANTA MARÍA (fray Tomás de), *Madrid h. 1510-Ribadavia 1570,* organista y compositor español, autor del *Libro llamado Arte de tañer fantasía, así para tecla como para vihuela* (1565), sobre teoría y técnica compositiva.

SANTA MARÍA DE GAROÑA, localidad de España (mun. de Valle Tobalina, Burgos). Central nuclear (460 MW). Gasoducto.

SANTA MARÍA DE HUERTA, v. de España (Soria); 449 hab. Monasterio cisterciense (ss. XII-XIII), con notable refectorio gótico.

SANTA MARÍA DEL BUEN AIRE, ant. nombre de *Buenos Aires.*

SANTA MARÍA DEL CAMPO, v. de España (Burgos); 727 hab. Iglesia gótica (s. XV) de D. de Siloe y J. de Salas, con tablas de P. Berruguete.

SANTA MARÍA DEL ORO → *ORO (El).*

SANTA MARÍA DEL RÍO, mun. de México (San Luis Potosí); 33 153 hab. Estaño, plomo y plata.

Santa María del Naranco, iglesia española del prerrománico asturiano (s. IX), en la sierra de Naranco, al N de Oviedo. (Patrimonio de la humanidad 1985.)

SANTA MARÍA LA ANTIGUA DEL DARIÉN, localidad de Colombia (mun. de Acandí, Chocó), junto al río Urabá. Fundada en 1510, fue centro de las expediciones de Balboa hacia el Pacífico.

Santa María la Blanca, antigua sinagoga de Toledo (España) [ss. XII-XIII], de cinco naves separadas por arcos de herradura con decoración de yeso mudéjar; motivos platerescos en las capillas de la cabecera.

SANTA MARÍA LA REAL DE NIEVA, v. de España (Segovia); cab. de p. j.; 1 439 hab. Iglesia de Santa María la Real (ss. XIV-XV).

SANTA MARTA, c. de Colombia, cap. del dep. del Magdalena; 286 400 hab. *(samarios).* Centro comercial, favorecido por la actividad del puerto (pesca, exportación de bananas) y turístico. Universidad tecnológica. — En la quinta de San Pedro Alejandrino murió Bolívar (act. museo bolivariano).

SANTA MÓNICA, c. de Estados Unidos (California), junto al Pacífico; 88 000 hab. Estación balnearia. Construcciones aeronáuticas.

SANTANA (Manuel), *Madrid 1938,* tenista español, vencedor de los torneos de Roland Garros (1961 y 1964), Forest Hills (1965) y Wimbledon (1966).

SANTANA (Pedro), *Hincha 1801-1863,* político dominicano. Presidente de la república (1843-1848, 1853-1856 y 1858-1861), al final de su mandato quiso unir la isla a España.

SANTANDER, c. de España, cap. de Cantabria y cab. de p. j.; 184 264 hab. *(santanderinos).* La ciudad moderna se extiende frente a la bahía. Puerto comercial. Industrias. Sede de la universidad internacional Menéndez y Pelayo (en el palacio de la Magdalena). Festival anual de música. — Catedral gótica. Museos. — Fue un importante puerto medieval hasta el s. XVI, exportador de la lana castellana.

SANTANDER (bahía de), bahía de España (Cantabria), en el Cantábrico. En ella desembocan los ríos Miera y Pisueña. En la orilla N se encuentra Santander.

SANTANDER (departamento de), dep. del N de Colombia; 30 537 km²; 1 438 226 hab.; cap. *Bucaramanga.*

SANTANDER (Francisco de Paula), *Rosario de Cúcuta 1792-Bogotá 1840,* político y militar colombiano. Fue uno de los líderes de los «llaneros», que tuvieron un papel destacado en el ejército de Bolívar que atravesó los Andes y derrotó a los realistas en *Boyacá (1819). Bolívar lo nombró vicepresidente de Nueva Granada, con funciones de presidente por la ausencia del Libertador. Partidario de un gobierno federalista, se enfrentó al centralismo de Bolívar, quien lo desterró (1828). Tras la muerte de este, fue presidente de la República de *Nueva Granada (1832-1837) y gobernó dictatorialmente. En el congreso dirigió la oposición al presidente Márquez.

Santander, grupo bancario español formado alrededor del banco Santander (cuyos orígenes se remontan a 1857) por una serie de adquisiciones (Banesto en 1994) y fusiones (banco Central hispano en 1999). Implantado en Europa y América Latina, constituye uno de los primeros bancos del mundo.

SANTANDER DE QUILICHAO, mun. de Colombia (Cauca); 53 954 hab. Yacimientos de cobre.

SANT ANDREU DE LA BARCA, mun. de España (Barcelona); 20 140 hab. *(santandreuenses).* Centro industrial.

SANTÁNGEL (Luis de), *m. en 1498,* canciller de los Reyes Católicos en las tareas financieras. Tuvo una decisiva intervención en las *Capitulaciones de Santa Fe y la empresa colombina.

Sant'Angelo (castillo de), mausoleo de Adriano en Roma, acabado en 139. Sirvió de sepultura a los emperadores hasta Septimio Severo. Fortificado en el Bajo imperio, fue utilizado como ciudadela papal, cuartel militar y prisión de estado. Fue restaurado y modificado varias veces (solo la estructura cilíndrica central data de la época romana).

SANT ANTONI DE PORTMANY, v. de España (Baleares), en Ibiza; 15 775 hab. *(portmañanos).* Centro turístico.

SANTA PAU, v. de España (Gerona); 1 484 hab. *(santapauenses).* Plaza mayor porticada. Castillo. Monasterio románico de San Martín. Iglesia de Santa María (s. XV).

SANTA PERPÈTUA DE MOGODA, v. de España (Barcelona); 19 084 hab. *(perpetuenses).* Industria textil y química.

SANTA POLA, v. de España (Alicante); 18 922 hab. *(santapoleros o icositanos).* Turismo. En el término, *cabo de Santa Pola* (faro).

SANTARÉM, c. de Brasil, en la confluencia del Amazonas y del Tapajós; 265 105 hab. Puerto fluvial.

SANTARÉM, c. de Portugal (Ribatejo), a orillas del Tajo; 23 690 hab. Iglesias de los ss. XIII-XVII. Museo de arqueología medieval.

SANTA RITA, c. del NO de Honduras (Copán); 25 762 hab.

SANTA ROSA, c. de Argentina, cap. de la prov. de La Pampa; 78 057 hab. Centro comercial, administrativo y cultural (universidad).

SANTA ROSA, c. de Colombia (Cauca); 21 466 hab.

SANTA ROSA, cantón de Ecuador (El Oro); 43 022 hab. Comprende el archipiélago de Jambelí.

SANTA ROSA, mun. de Venezuela (Carabobo), en el área urbana de Valencia; 39 593 hab.

SANTA ROSA (departamento de), dep. de Guatemala; 2 955 km²; 289 012 hab.; cap. *Cuilapa.* Café; ganadería.

SANTA ROSA (parque nacional), parque nacional de Costa Rica (Guanacaste), al NO de Liberia. Comprende sabanas, bosques galería, esteros y manglares ricos en fauna.

SANTA ROSA DE CABAL, mun. de Colombia (Risaralda); 60 696 hab. Yacimientos de oro y plata.

SANTA ROSA DE COPÁN, c. de Honduras, cap. del departamento de Copán; 19 680 hab.

SANTA ROSA DE OSOS, mun. de Colombia (Antioquia); 23 537 hab. Centrales eléctricas.

SANTA ROSALÍA, parroquia urbana de Venezuela (Distrito Federal), en el área de Caracas; 150 405 hab.

Santa Sede, llamada también **Sede apostólica romana**, conjunto formado por el romano pontífice y la curia romana, que constituye el órgano supremo de gobierno de la Iglesia católica. Es una entidad con personalidad jurídica reconocida por el derecho internacional, por poseer territorio propio en el pasado (→ **Estados Pontificios**) y en la actualidad (→ **Vaticano [Ciudad del]**).

Santa Sofía, iglesia de Constantinopla, consagrada a la Sabiduría divina (en gr. *Sophia*), obra maestra de la arquitectura bizantina. De planta casi cuadrada, está cubierta con una gran cúpula central de 31 m de diámetro, a 55 m del suelo, única en el mundo. Erigida (523-537), por orden de Justiniano, por Antemio de Tralles e Isidoro de Mileto, fue transformada en mezquita por los turcos. El interior está bellamente decorado con mosaicos. Act. museo.

■ **SANTA SOFÍA** de Constantinopla, construida en el s. VI por Antemio de Tralles e Isidoro de Mileto; los alminares fueron añadidos por los turcos en el s. XV.

SANTA ÚRSULA, mun. de España (Santa Cruz de Tenerife), en Tenerife; 10 529 hab. *(santurseleros)*. Plátanos y legumbres. Pesca.

SANTA UXÍA → RIBEIRA.

SANTA VERA CRUZ o **VERA CRUZ** (cordillera de), sistema orográfico de Bolivia, en la cordillera Real; 5 550 m en el *pico Santa Vera Cruz*. Estaño.

SANTAYANA (Jorge Ruiz de), *Madrid 1863-Roma 1952*, filósofo y escritor estadounidense de origen español. Su filosofía explica el mundo material como un lenguaje de lo real y en el que la ciencia debe ordenar ese lenguaje (*La vida de la razón*, 1905-1906; *Escepticismo y fe animal*, 1923; *Los reinos del ser*, 1942). Escribió también la novela *El último puritano* (1935), poemas y prosas autobiográficas.

■ **SANTIAGO** de Chile. La ciudad vista desde el cerro de San Cristóbal.

SANT BOI DE LLOBREGAT, v. de España (Barcelona), cab. de p. j.; 79 337 hab. *(samboyanos)*. Núcleo industrial.

SANT CARLES DE LA RÀPITA → SAN CARLOS DE LA RÁPITA.

SANT CUGAT DEL VALLÈS, v. de España (Barcelona); 52 654 hab. *(santcugatenses)*. Monasterio benedictino con iglesia (ss. XII-XIV) de tres naves y cimborrio octogonal, y claustro románico (s. XII).

SANTER (Jacques), *Wasserbillig 1937*, político luxemburgués. Primer ministro de su país (1984-1995), presidió la Comisión europea (1995-1999).

Santes Creus, monasterio cisterciense español (mun. de Aiguamúrcia, Tarragona), fundado en 1150. Sus construcciones, notables en la arquitectura gótica catalana, datan de los ss. XII-XIV. Iglesia (iniciada en 1174) con los sepulcros de Pedro el Grande y Jaime II. Palacio real (s. XIII-XIV).

SANT FELIU DE GUÍXOLS, c. de España (Gerona), cab. de p. j.; 18 403 hab. *(guixolenses)*. En la Costa Brava. Industria del corcho. Centro turístico y comercial.

SANT FELIU DE LLOBREGAT, c. de España (Barcelona), cab. de p. j.; 38 435 hab. *(sanfeliuenses)*. Centro industrial en la conurbación de Barcelona.

SANTIAGO, cerro de Panamá (Darién), punto culminante de la serranía de Tabasará; 2 826 m.

SANTIAGO, cap. de Chile y de la región metropolitana de Santiago, 1 011 100 hab. *(santiaguinos)* [5 538 000 hab. en la aglomeración]. Situada en el valle Longitudinal, junto al río Mapocho. Arzobispado. Tres universidades. Centro comercial e industrial, concentra el 50 % del PIB y cerca de un tercio de la población de Chile. — Castigada por sucesivos terremotos, apenas conserva restos coloniales (catedral y palacio de la Moneda, del s. XVIII). Muestra del urbanismo del s. XX es el barrio Cívico. Bellos parques. Museos. — Fundada por Pedro de Valdivia, tuvo un papel destacado en la independencia chilena (junta gubernativa de 1811).

SANTIAGO o **SANTIAGO DE COMPOSTELA**, c. de España (La Coruña), cap. de Galicia y cab. de p. j.; 93 903 hab. *(santiagueses)*. Centro administrativo, universitario y turístico. Su origen se remonta al s. IX. La primitiva basílica (910) fue saqueada por Almanzor en 997. La catedral (s. XII), joya del arte románico, fue centro de peregrinación al sepulcro del apóstol Santiago; destaca la puerta de las Platerías (1104) y el Pórtico de la Gloria (1188), obra del maestro Mateo; tras diversas reformas, sobresalen la fachada barroca del Obradoiro (ss. XVII-XVIII), la torre del reloj (1676-1680) y el claustro renacentista plateresco (museo catedralicio). Otros monumentos: el hospital Real (s. XVI, act. parador de turismo), palacio Rajoy, colegiata de Santa María la Real de Sar (s. XV), colegio mayor de Fonseca, plateresco, el monasterio barroco de San Martín Pinario, y los edificios neoclásicos de la universidad y el ayuntamiento. Centro gallego de arte contemporáneo. (Patrimonio de la humanidad 1985.)

SANTIAGO, mun. de México (Nuevo León); 28 585 hab. Economía agropecuaria. Minería.

SANTIAGO o **SANTIAGO DE VERAGUAS**, c. de Panamá, cap. de la prov. de Veraguas; 49 074 hab. Industria maderera. Centro comercial.

SANTIAGO, ant. **Santiago de los Caballeros**, c. de la República Dominicana, cap. de la prov. homónima; 467 000 hab. *(santiaguenses)*. Centro comercial.

SANTIAGO (río) → LERMA-SANTIAGO.

SANTIAGO (provincia de), prov. del N de la República Dominicana; 3 112 km²; 550 400 hab.; cap. *Santiago*.

SANTIAGO (región metropolitana de), región de Chile central; 15 348 km²; 5 170 293 hab.; cap. *Santiago*.

SANTIAGO el Mayor, *Betsaida, Galilea-Jerusalén 44*, apóstol de Jesús, hijo de Zebedeo y hermano de san Juan Evangelista. Martirizado en 44 (*Hechos de los apóstoles*), según la tradición predicó en Hispania y el obispo de Iria Flavia halló su sepulcro en la actual Santiago de Compostela. Es el patrón de España. (En castellano, otros nombres equivalentes al de Santiago son Yago, Diego, Jaime y Jacobo.)

■ **SANTIAGO EL MAYOR**, por A. Durero.
(Galería de los Uffizi, Florencia.)

SANTIAGO el Menor o **el Justo**, discípulo de Jesús. Emparentado con este, fue uno de los doce apóstoles y jefe de la comunidad judeocristiana de Jerusalén. Según Flavio Josefo, fue lapidado hacia el año 62. Algunos críticos distinguen a Santiago el apóstol de un homónimo, que fue el primer obispo de Jerusalén.

SANTIAGO (Miguel de), *Quito 1626-íd. 1706*, pintor quiteño. Influido por el barroco sevillano, sobre todo por Murillo, destacan sus lienzos del convento de San Agustín de Quito, y la serie *Milagros de Nuestra Señora de Guadalupe*, en el santuario de Guápulo.

Santiago (Camino de), itinerario seguido por los peregrinos que acudían a venerar el sepulcro del apóstol Santiago, en Santiago de Compostela. Según el *Códice calixtino*, iban de los confines de Europa a través de Francia por cinco vías, que bajaban hasta Roncesvalles, de donde partían dos itinerarios que se reunían en Puente la Reina. De allí continuaban por un único camino: Estella, Viana, Logroño, Nájera, Sahagún, León, Astorga, el Bierzo, Portomarín, Palas de Rey, Labacolla y Santiago. En el s. XIV se abrieron dos nuevos caminos: uno por Irún y Vitoria a Burgos, y el otro por la cornisa cantábrica. La comunicación de la Península con el resto de Europa a través del Camino fue muy fecunda, tanto en el aspecto cultural (arte románico, cantares de gesta, líricas castellana y gallega) como en el social, al favorecer la repoblación de las ciudades situadas a lo largo de la ruta. (Patrimonio de la humanidad 1993 y 1998; premio Príncipe de Asturias de la concordia 2004.)

Santiago (orden militar de), orden militar española, fundada por el caballero leonés Pedro Fernández (1170), que adoptó la regla de san

■ **SANTIAGO DE COMPOSTELA.**
La catedral (s. XII).

Agustín. Se creó para proteger a los peregrinos del Camino de Santiago y básicamente para luchar contra los musulmanes. Con sede en Uclés, fue reconocida por el papa Alejandro III (1175). Por su participación en la Reconquista, fue la primera potencia económica de Castilla, controló las zonas de pasto de la Mesta y tuvo bienes en Inglaterra, Flandes, Normandía, Francia y Portugal. Los Reyes Católicos fueron nombrados sus administradores (1493), con lo que sus bienes pasaron a la corona.

SANTIAGO DE CHUCO, c. de Perú (La Libertad); 31 064 hab. Ganadería. — Cuna de César Vallejo.

SANTIAGO DE CUBA, c. de Cuba, cap. de la prov. homónima; 434 500 hab. *(santiagueros)*. Centro industrial, comercial (puerto exportador) y cultural (universidad). Central térmica. Turismo (playas, parque nacional Gran Piedra). — Castillo de San Pedro de la Roca (patrimonio de la humanidad 1997). Catedral (1807); iglesias de San Francisco, Santo Tomás, la Trinidad y el Carmen. Casas coloniales. — Fundada en 1514, fue la primera cap. de Cuba.

SANTIAGO DE CUBA (provincia de), prov. del extremo E de Cuba; 6 187 km²; 909 506 hab.; cap. *Santiago de Cuba.*

Santiago de Cuba (combate naval de) [3 julio 1898], derrota de la escuadra española por la de EUA, en la guerra hispano-norteamericana. Tras ella capituló Santiago de Cuba (16 julio).

SANTIAGO DEL ESTERO, c. de Argentina, cap. de la prov. homónima; 201 709 hab. Centro industrial (textiles), turístico, comercial, politicoadministrativo y cultural. — Fue fundada en 1553 por Francisco de Aguirre.

SANTIAGO DEL ESTERO (provincia de), prov. del N de Argentina; 136 351 km²; 670 388 hab. *(santiagueños)*; cap. *Santiago del Estero.*

SANTIAGO DE PÍLLARO, cantón de Ecuador (Tungurahua); 31 411 hab.; cab. *Píllaro.* Frutales y alfalfa.

SANTIAGO DE SURCO, mun. de Perú (Lima); 49 168 hab.; cap. *Surco.* Algodón y caña de azúcar; vacunos. Aeropuerto. Universidad.

SANTIAGO IXCUINTLA, c. de México (Nayarit); 98 935 hab. Industrias agropecuarias. Centro comercial.

SANTIAGO JAMILTEPEC, c. de México (Oaxaca); 15 385 hab. Café; algodón. Ganadería. Salinas. Pesca.

SANTIAGO JUXTLAHUACA, c. de México (Oaxaca); 20 022 hab. Elaboración de licores. Hilados.

SANTIAGO NONUALCO, mun. de El Salvador (La Paz); 20 626 hab. Industrias agropecuarias. Textiles.

SANTIAGO PAPASQUIARO, mun. de México (Durango); 37 895 hab. Economía agropecuaria. Centro comercial.

SANTIAGO RODRÍGUEZ (provincia de), prov. de la República Dominicana; 1 020 km²; 55 400 hab.; cap. *Sabaneta.*

SANTIAGO TUXTLA, mun. de México (Veracruz); junto al volcán de San Martín; 43 380 hab. Agricultura.

SANTILLÁN (Ramón de), *Lerma 1791-Madrid 1863*, político y hacendista español. Ministro de hacienda (1840 y 1847) y primer gobernador del Banco de España (1849), es autor de *Memoria histórica de las reformas hechas en el sistema de impuestos* (1888).

SANTILLANA (Íñigo **López de Mendoza**, marqués de), *Carrión de los Condes 1398-Guadalajara 1458*, escritor español. Hijo del almirante de Castilla Diego de Mendoza, intervino en la política de su tiempo. Se distinguió como poeta de tradición medieval: serranillas y canciones que publicó prologadas por una *Carta proemio*, primer ensayo de historia literaria en castellano (1449). Escribió también poemas didáctico-morales (*Diálogo de Bías contra Fortuna; Doctrinal de privados*, contra Álvaro de Luna) y alegóricos (*Comedieta de Ponza*, 1436), así como unos *Sonetos fechos al itálico modo.*

SANTILLANA DEL MAR, mun. de España (Cantabria); 3 909 hab. *(sanjulianenses)*; cap. *Santillana.* Colegiata románica (s. XII), con bello claustro. Conjunto monumental (palacios, parador de Gil Blas). Museo de arte contemporáneo. En el término, cueva de *Altamira.

SANTIMAMIÑE (cueva de), sitio prehistórico

■ **SANTO DOMINGO.** Vista de la catedral primada de América, con el monumento a Colón en primer plano.

español (Kortezubi, Vizcaya), con pinturas y grabados magdalenienses. (Patrimonio de la humanidad 2008.)

SANTIPONCE, v. de España (Sevilla); 7 000 hab. Monasterio de San Isidoro del Campo, con dos iglesias góticas, patio mudéjar, y refectorio del s. XV. En el término, ruinas de la c. romana de *Itálica.

SANT JOAN D'ALACANT → **SAN JUAN DE ALICANTE.**

SANT JOAN DE LES ABADESSES, v. de España (Gerona); 3 672 hab. *(sanjuaneses o abadesenses)*. Monasterio románico, restaurado (iglesia s. XII; claustro gótico).

SANT JOAN DESPÍ, mun. de España (Barcelona); 27 627 hab. *(sanjuanenses)*. Centro industrial.

SANT JORDI (Jordi **de**), *Valencia fines del s. XIV-h. 1424*, poeta valenciano en lengua catalana. Su poesía es de temática casi exclusivamente amorosa y trovadoresca (*Prisionero*, 1423).

SANT LLORENÇ DE MORUNYS, v. de España (Lérida); 900 hab. Iglesia abacial del s. XI (retablo de L. Borrassà, 1419), santuario gótico de la Piedad.

SANT MATEU, v. de España (Castellón); 1 806 hab. Centro comarcal del Bajo Maestrazgo. — Iglesia arcipestral románica, terminada en el s. XV. Edificios góticos (ayuntamiento y palacio del marqués de Villores). — Fue señorío de la orden de Montesa desde 1319.

Sant Miquel de Cuixà, abadía benedictina situada al S de Prades (Francia), en el Pirineo. Fundada en 751, conserva la iglesia románica (s. X, reedificada; capilla central del s. XVI); cripta del s. XI; claustro del s. XII (reconstruido).

SANTO ANDRÉ, c. de Brasil (São Paulo), en el área suburbana de São Paulo; 613 672 hab. Centro industrial.

SANTO DOMINGO, sierra de Venezuela, en la cordillera de Mérida; 4 672 m en el pico Mucuñuque.

SANTO DOMINGO, mun. de Colombia (Antioquia); 15 233 hab. Caña de azúcar, plátanos. Ganadería.

SANTO DOMINGO, cantón de Costa Rica (Heredia); 27 841 hab. Industrias agropecuarias.

SANTO DOMINGO, mun. de Cuba (Villa Clara); 50 205 hab. Presa Alacranes en el río Sagua la Grande.

SANTO DOMINGO o **SANTO DOMINGO DE GUZMÁN**, cap. de la República Dominicana y del distrito nacional; 1 318 000 hab.

■ EL MARQUÉS DE **SANTILLANA.**
(Jorge Inglés; col. part.)

(dominicanos). Junto al Caribe, en la desembocadura del Ozama, es un gran centro industrial y comercial. Universidad de Santo Tomás de Aquino (la más antigua de América, 1530). — Monumentos coloniales del s. XVI (catedral, hospital de San Nicolás de Bari, iglesia de La Merced, casa del Almirante). [Patrimonio de la humanidad 1990.] — La ciudad fue fundada en 1496 por Bartolomé Colón, y albergó la primera audiencia de América (1511). Fue llamada *Ciudad Trujillo* entre 1936 y 1961.

SANTO DOMINGO DE LA CALZADA, c. de España (La Rioja); 5 724 hab. *(calceatenses)*. En el Camino de Santiago. — Catedral románica, con torre y portada barrocas; en el interior sobresalen el retablo mayor, obra de D. Forment, la sillería del coro y la tumba-capilla de Santo Domingo (gótica).

SANTO DOMINGO DE LOS COLORADOS, cantón de Ecuador (Pichincha); 132 258 hab. Explotación forestal.

SANTO DOMINGO DE SILOS, v. de España (Burgos); 316 hab. Monasterio benedictino románico, fundado en 919 por Fernán González, con notable claustro de dos pisos y riquísimo repertorio escultórico; iglesia reconstruida en el s. XVIII; museo.

SANTO DOMINGO TEHUANTEPEC, c. de México (Oaxaca); 28 443 hab. Centro comercial y turístico. Mercado tradicional. — Edificios coloniales. Catedral. — Centro zapoteca.

SANTOÑA, v. de España (Cantabria; cab. de p. j.; 11 556 hab. *(santoñeses)*. En la *ría* de Santoña. Centro pesquero (conservas). — Iglesia de Santa María (iniciada h. 1135). Penal del Dueso.

SANTOÑA (bahía de), bahía de España (Cantabria), en el Cantábrico, cerrada al N por el *tómbolo* de Santoña. En su fondo, *rías* de Santoña y de Treto.

Santo Oficio (Congregación del), congregación romana creada por Paulo III en 1542 con el nombre de *Congregación de la suprema Inquisición*, para combatir el avance del protestantismo. En 1908 tomó el nombre de *Santo Oficio* y en 1917 se encargó de la censura de libros (antiguo *Índice*). En 1965 se convirtió en *Congregación para la doctrina de la fe*, con plenas competencias en materia de fe y de moral.

Santo Oficio (tribunal del) → **Inquisición española.**

SANTORÍN o **THÍRA**, isla de Grecia que da nombre a un archipiélago de la parte S de las Cícladas. Volcán activo. — Se conservan restos (hábitat, pintura mural) de Akrotiri, principal centro de la civilización cicládica, destruido por una erupción volcánica (h. 1500 a.C.).

SANTOS, c. de Brasil (São Paulo), en la isla de São Vicente; 428 526 hab. Puerto. Exportación de café.

SANTOS (provincia de Los), prov. de Panamá; 3 867 km²; 70 261 hab.; cap. *Las Tablas.*

SANTOS (Daniel), *San Juan 1916-Ocala, Florida, 1992*, compositor y cantante puertorriqueño. Trabajó como solista y con agrupaciones como Pedro Flores Quartet, orquestas de Augusto Cohen y de Xavier Cugat, Sonora matancera. Entre su repertorio destacan *Esperanza inútil, Perdón, Prisionero del mar.*

SANTOS (Francisco), escritor español de la segunda mitad del s. XVII, autor de relatos costumbristas (*Día y noche en Madrid*, 1663; *El diablo anda suelto; Las tarascas de Madrid*).

SANTOS (José Eduardo **dos**), *Luanda 1942*, político angoleño. Es presidente de la república desde 1979.

SANTOS (Máximo), *Canelones 1847-Buenos Aires 1889*, político y militar uruguayo; primer capitán general de la república y su presidente en 1882-1886.

SANTOS CHOCANO → CHOCANO.

SANTOS DE CARRIÓN → ŠEM ṬOB.

SANTOS DUMONT (Alberto), *Palmira, act. Santos Dumont, Minas Gerais, 1873-São Paulo 1932*, aeronauta y aviador brasileño. Tras haber creado numerosos modelos de dirigibles (1898-1905), fue un pionero de la aviación al efectuar en 1906 el primer vuelo a propulsión homologado en Europa, que cubrió una distancia de 50 m. Sus aviones del tipo *demoiselle* son los precursores de los ULM.

Santo Sepulcro, el más importante santuario cristiano de Jerusalén, erigido en el lugar donde según la tradición fue sepultado Jesús. Allí, Constantino hizo construir una gran basílica (s. IV), desaparecida en la actualidad. El edificio actual (en parte del s. XIX) conserva algunos elementos de la época de las cruzadas.

Santo Sepulcro (orden del), orden de caballería pontificia cuyo origen se remonta a Godofredo de Bouillon (1099). En la península Ibérica, la orden, instalada en un principio en Cataluña y Aragón, empezó a tener importancia en el s. XII. En 1847, Pío IX la reorganizó y la supeditó a la autoridad del patriarca latino de Jerusalén.

santos inocentes (Los), novela de Miguel Delibes (1982), relato conmovedor sobre la marginación en la España rural.

SANTOS LUGARES, localidades y santuarios vinculados al recuerdo de Jesús, en Palestina (cueva de Belén, Nazaret, monte Tabor, Cenáculo, Calvario, Santo Sepulcro, cueva de la Asunción, tumba de la Virgen). Estos lugares son santos para cristianos, judíos y musulmanes. Los papas confiaron su cuidado a un órgano especial, la Custodia de Tierra Santa.

SANTOS MONTEJO (Eduardo), *Bogotá 1888-íd. 1974*, político y periodista colombiano. Liberal, presidente de la república (1938-1942), atribuyó su mandato en las relaciones con el Eje (1941) y firmó un concordato con la Santa Sede. También cultivó el periodismo y es autor de *La crisis de la democracia en Colombia*.

SANTO TOMÁS, volcán de Guatemala, en el Eje volcánico guatemalteco-salvadoreño; 3 505 m.

SANTO TOMÁS, mun. de Colombia (Atlántico); 16 206 hab. Cereales y algodón. Vacuno.

SANTO TOMÁS (Domingo de), *Sevilla 1499-Lima 1571*, lingüista español. Dominico, es autor de una *Gramática* del quechua (1560).

SANTO TOMÁS (Juan de), *Lisboa 1589-Praga, España, 1647*, filósofo y teólogo portugués, destacado comentarista de la obra de santo Tomás de Aquino (*Cursus philosophicus*, 1637; *Cursus theologicus*, 1663).

SANTO TOMÉ, c. de Argentina (Santa Fe), en el área urbana de Santa Fe; 43 678 hab.

SANTO TOMÉ, dep. de Argentina (Corrientes); 43 329 hab. Maíz, forrajes.

SANTO TOMÉ Y PRÍNCIPE, en port. **São Tomé e Principe**, estado de África, en el golfo de Guinea; 964 km²; 158 000 hab. CAP. *Santo Tomé* (57 000 hab.). LENGUA: *portugués*. MONEDA: *dobra*. (V. mapa de **Guinea Ecuatorial**.) Formado por las islas de *Santo Tomé* (836 km²), donde se encuentra el 95 % de la población total, y de *Príncipe* (128 km²). Cacao, café, aceite de palma y copra. — Antigua colonia portuguesa, es independiente desde 1975.

Santo Toribio de Liébana, monasterio español (mun. de Camaleño, Cantabria). Anterior al s. VII, fue famoso por sus códices miniados (*beatos*). La iglesia actual, gótica, iniciada en 1256, conserva portadas románicas.

SANT PERE DE RIBES, mun. de España (Barcelona); 21 976 hab. (*ribetanos*). Viticultura. Planta de energía solar.

SANT SADURNÍ D'ANOIA → SAN SADURNÍ DE NOYA.

SANTUARIO, mun. de Colombia (Antioquia), en el altiplano de Rionegro; 22 690 hab. Agricultura y ganadería.

SANTUARIO, mun. de Colombia (Risaralda); 15 357 hab. Cultivos de maíz, plátano, café y frijol.

SANTURCE, en vasc. **Santurtzi**, mun. de España (Vizcaya); 47 999 hab. (*santurceños*). Pesca. Industrias. Centrales térmicas.

Sanüsíes o **Sanūsi**, cofradía musulmana fundada en 1837 por Muḥammad ibn 'Alī **al-Sanusi** (cerca de Mestghanem 1787-en Cirenaica 1859), que luchó contra Italia en Libia (desde 1919-1920 hasta su disolución en 1930).

SAN VALENTÍN o **SAN CLEMENTE**, cerro de Chile (Aisén del General Carlos Ibáñez del Campo); 4 058 m. Importante nudo orográfico; glaciares.

SANT VICENÇ DELS HORTS, mun. de España (Barcelona); 24 438 hab. (*vicentinos* o *sanvicentinos*). Industrias.

SAN VICENTE, en port. **São Vicente**, cabo del S de Portugal, que constituye el extremo SO de Europa.

SAN VICENTE, partido de Argentina (Buenos Aires), en la zona limítrofe al Gran Buenos Aires; 74 890 hab. Cereales, forrajes y oleaginosas.

SAN VICENTE, com. de Chile (Libertador General Bernardo O'Higgins); 35 117 hab. Agricultura.

SAN VICENTE, mun. de Colombia (Antioquia); 19 643 hab. Maíz, papa, café, tabaco. Ganado vacuno.

SAN VICENTE, c. de El Salvador, cap. del dep. homónimo; 39 021 hab. Centro comercial e industrial (alimentarias, textiles). Ferias anuales. — Edificios barrocos (Hospicio, iglesia del Pilar).

SAN VICENTE (departamento de), dep. de El Salvador; 1 184 km²; 135 471 hab.; cap. *San Vicente*.

San Vicente (batalla del cabo de) [1780], derrota de la escuadra española ante la británica de Rodney, frente al cabo de San Vicente (Portugal). — batalla del **cabo de San Vicente** (1797), derrota española ante la escuadra británica de Jervis y Nelson.

SAN VICENTE DE CHUCURÍ, mun. de Colombia (Santander); 30 078 hab. Economía agropecuaria.Yacimientos de petróleo, carbón y plomo.

SAN VICENTE DE LA BARQUERA, v. de España (Cantabria), cab. de p. j.; 4 412 hab. (*evencianos*). En la *ría de San Vicente*. Iglesia de Santa María de los Ángeles (ss. XII-XIII). — Importante puerto comercial en la edad media.

SAN VICENTE DEL CAGUÁN, mun. de Colombia (Caquetá); 18 214 hab. Maíz, plátano. Ganadería (pastos). – Fue el centro de una zona desmilitarizada durante las conversaciones de paz entre la guerrilla de las FARC y el gobierno (1998-2002).

SAN VICENTE DEL RASPEIG, en cat. **Sant Vicent del Raspeig**, v. de España (Alicante), cab. de p. j.; 37 883 hab. (*sanvicenteros*). Industria alimentaria, cemento, muebles, calzados. Campus universitario.

SAN VICENTE Y LAS GRANADINAS, estado de las Pequeñas Antillas, formado por la *isla de San Vicente* y una parte de las *Granadinas*; 388 km²; 120 000 hab. CAP. *Kingstown* (26 000 hab.). LENGUA: *inglés*. MONEDA: *dólar del Caribe oriental*. — Las islas, descubiertas por Cristóbal Colón (1498), pertenecieron a Francia a lo largo del s. XVII. Desde 1783 constituyeron la colonia británica de San Vicente. En 1979 se convirtieron en un estado independiente en el seno de la Commonwealth.

SANXENXO, v. de España (Pontevedra); 16 183 hab. (*sangenjinos*). Pesca. Turismo (playas).

SANZ DEL RÍO (Julián), *Torre Arévalo, Soria, 1814-Madrid 1869*, filósofo español. Estudió en Heidelberg la obra de F. Krause, cuyas tesis introdujo en España (*Lecciones sobre el sistema de filosofía analítica de F. Krause*, 1849). Su pensamiento laicista, propugnador de la libertad de conciencia, inspiró la *Institución libre de enseñanza.

SAÑA, mun. de Perú (Lambayeque); 23 951 hab. Agricultura y ganadería.

SÃO BERNARDO DO CAMPO, c. de Brasil,

en el área suburbana industrial de São Paulo; 565 171 hab.

SÃO FRANCISCO, r. de Brasil, que nace en Minas Gerais y desemboca en el Atlántico, entre Recife y Salvador; 3 100 km aprox. Instalaciones hidroeléctricas.

SÃO GONÇALO, c. de Brasil (Río de Janeiro), en el área metropolitana de Río de Janeiro; 747 891 hab. Sector residencial e industrial.

SÃO JOÃO DE MERITÍ, c. de Brasil, en el área suburbial de Río de Janeiro; 425 038 hab.

SÃO JOSÉ DOS CAMPOS, c. de Brasil (São Paulo), entre São Paulo y Río de Janeiro; 539 313 hab. Centro para la investigación. Industrias de alta tecnología.

SÃO LUÍS o **SÃO LUÍS DO MARANHÃO**, c. del N de Brasil, cap. del estado de Maranhão, a orillas del Atlántico, en la isla de São Luís; 870 028 hab. Puerto. — Barrios antiguos con monumentos de los ss. XVII-XVIII; catedral (s. XVII); palacio de los Leones, neoclásico (rica colección de pinturas y grabados). [Patrimonio de la humanidad 1997.]

SÃO MAMEDE → SAN MAMED.

SÃO MIGUEL, la mayor de las islas Azores; 747 km²; 126 000 hab.; cap. *Ponta Delgada*.

SAONA, isla de la República Dominicana (La Altagracia), junto a la costa SE; 125 km² aprox.; 600 hab.

SAONA, en fr. **Saône**, r. de Francia, afl. del Ródano (or. der.), con el que confluye en Lyon; 480 km.

SAÔNE-ET-LOIRE, dep. de Francia (Borgoña); 8 574 km²; 544 893 hab.; cap. *Mâcon* (36 068 hab.).

SÃO PAULO, c. de Brasil, cap. del *estado de São Paulo*; 9 480 427 hab. (15 199 423 en la aglomeración). Es la mayor ciudad y la primera metrópoli económica del país (textil, metalurgia, construcciones mecánicas y eléctricas, química, alimentación y editoriales). Universidad. — Museos. Bienal de arte moderno.

■ SÃO PAULO

SÃO PAULO (estado de), estado de Brasil, en el litoral atlántico y el más poblado del país; 248 000 km²; 31 192 818 hab. Sigue siendo un gran productor de café a pesar del relativo retroceso de este cultivo.

SÃO VINCENTE, c. de Brasil, cerca de Santos; 264 718 hab.

SAPIR (Edward), *Lauenburg, Alemania, 1884-New Haven 1939*, lingüista estadounidense. Elaboró la noción de fonema y propuso una nueva tipología de las lenguas basada en criterios formales (sintaxis y semántica) y no históricos. Fue un precursor del estructuralismo.

SAPOR I o **ŠĀHPŪR I**, rey sasánida de Persia (241-272). Obtuvo Armenia y Mesopotamia, y venció e hizo prisionero al emperador Valeriano (260), pero no logró conquistar Siria y Asia Menor. — **Sapor II**, rey sasánida de Persia (310-379). Fue el protector del mazdeísmo y persiguió el cristianismo. Arrebató Armenia a los romanos (después de 338). — **Sapor III**, rey sasánida de Persia (383-388). Firmó la paz con Teodosio I y reconoció la independencia de Armenia.

SAPPORO, c. de Japón, cap. de la isla de Hokkaidō; 1 671 742 hab. Centro administrativo, comercial e industrial.

SAQQĀRA o **SAKKARA**, localidad de Egipto, zona suburbana de la ant. Menfis. Inmensa necrópolis con numerosas pirámides, entre ellas la pirámide escalonada del gran complejo funerario de Zoser (s. XXVIII a.C.). La época tardía está representada por el *Serapeum.

■ **SAQQĀRA.** Entrada del recinto que rodeaba el complejo funerario del rey Zoser y su pirámide; Imperio antiguo, III dinastía.

SARA, personaje bíblico, esposa de Abraham y madre de Isaac.

SARABIA (José), *Sevilla 1608-Córdoba 1669,* pintor español. Siguió el realismo barroco andaluz del s. XVII, con predilección por los temas populares.

SARAGAT (Giuseppe), *Turín 1898-Roma 1988,* político italiano. Fundador del Partido socialista democrático italiano (1947), fue presidente de la república (1964-1971).

SARAGOSSA Y DOMÈNECH (Agustina) → **ARAGÓN** (Agustina de).

SARAGURO, cantón de Ecuador (Loja), en la Hoya del Jubones; 25 622 hab. Agricultura y ganadería.

SARAJEVO, cap. de Bosnia-Herzegovina; 415 600 hab. Mezquitas turcas. Museos. — Durante la guerra civil en la antigua Yugoslavia (1992-1995), la ciudad fue asediada y bombardeada por las milicias separatistas serbias.

Sarajevo (atentado de) [28 junio 1914], atentado perpetrado por el serbio Gavrilo Princip contra el archiduque Francisco Fernando, heredero de la corona de Austria. Desencadenó la primera guerra mundial.

SARAMAGO (José), *Azinhaga, Santarém, 1922,* escritor portugués. En sus novelas (*Levantado del suelo,* 1980; *Memorial del convento,* 1982; *El año de la muerte de Ricardo Reis,* 1984; *Historia del cerco de Lisboa,* 1989; *Las intermitencias de la muerte,* 2005) desarrolla una visión singular de la historia de su país y de la sociedad contemporánea, y conjuga, en un estilo barroco, ficción y realidad. (Premio Nobel 1998.)

Sarandí (batalla de) [sept. 1825], victoria a orillas del río Sarandí de las tropas de la Provincia Oriental (act. Uruguay), al mando del general Lavalleja, sobre el ejército brasileño, con la que se consolidó la independencia de la Banda Oriental.

SARANDÍ GRANDE, c. de Uruguay (Florida); 5 295 hab. Centro comercial, agrícola y ganadero. Aeropuerto.

SARANSK, c. de Rusia, cap. de Mordovia, al O del Volga; 322 000 hab.

SARAPIQUÍ, cantón de Costa Rica (Heredia); 23 175 hab.; cab. *Puerto Viejo.*

SARASATE (Martín Melitón, llamado Pablo), *Pamplona 1844-Biarritz 1908,* violinista español. Desde 1857 en París, siguió una carrera de virtuoso. Compuso piezas para violín inspiradas en el folclore español (*Navarra; Jota aragonesa; El zapateado; Serenata andaluza).*

SARASOLA (Ibon), *San Sebastián 1946,* lingüista y escritor español en lengua vasca. Autor de poemas (*Construcción del poema,* 1969), narraciones y ensayos lingüísticos, destaca su labor lexicográfica (responsable del *Diccionario general de la lengua vasca).*

SARATOGA o **SARATOGA SPRINGS,** c. de Estados Unidos (Nueva York), al N de Albany; 23 906 hab. Capitulación del general británico Burgoyne frente a las tropas estadounidenses, que aseguró la independencia de Estados Unidos (17 oct. 1777).

SARÁTOV, c. de Rusia, a orillas del Volga; 1 155 000 hab. Puerto fluvial y centro industrial. — Monumentos de los ss. XVII-XIX. Museos.

SARAVENA, mun. de Colombia (Arauca); 19 308 hab.

SARAVIA (Aparicio), *1855-1904,* político uruguayo. Dirigente del Partido blanco, promovió las revueltas de 1897 y 1903, y murió durante esta última, en la batalla de Masoller (1904).

SARAWAK, estado de Malaysia, en el NO de Borneo; 1 648 000 hab.; cap. *Kuching.* Petróleo y gas natural.

SARCELLES, mun. de Francia (Val d'Oise); 58 241 hab. Iglesia de los ss. XII-XV.

SARDÀ DEXEUS (Joan), *Barcelona 1910-íd. 1995,* economista español. Experto en temas monetarios, colaboró en la elaboración del plan de estabilización español de 1959. Dirigió el Servicio de estudios del Banco de España. Obras: *La crisis monetaria internacional* (1969), *Una nueva economía de mercado* (1980).

SARDANÁPALO, rey de Asiria, según la tradición griega. Su leyenda está inspirada, entre otros, por Assurbanipal.

SARDES, ant. c. de Asia Menor, en el valle del Pactolo, residencia de los reyes de Lidia y, más tarde, capital de una satrapía. Restos helenísticos del templo de Artemisa.

SARDINATA, mun. de Colombia (Norte de Santander); 21 934 hab. Plátano y caña de azúcar. Ganadería.

SARDUY (Severo), *Camagüey 1937-París 1993,* escritor cubano. Es autor de ensayos (*Barroco,* 1974), poemas (*De donde son los cantantes,* 1962; *Colibrí,* 1984; *Cocuyo,* 1990) mezcla de erotismo y parodia lúdica y vanguardista.

Sargadelos (cerámica de), cerámica producida en la fábrica de Sargadelos (Cervo, Lugo) de 1804 a 1862. Produjo lozas y porcelanas cuidadas y sobrias y, más tarde, una famosa loza de inspiración inglesa, decorada con temas románticos y chinescos y piezas antropomorfas. Junto al antiguo recinto (declarado conjunto histórico-artístico) se instaló en 1968 una escuela experimental y una nueva fábrica (loza y porcelana de diseño moderno, basadas en formas tradicionales gallegas).

SARGAZOS (mar de los), vasta región del Atlántico, al NE de las Antillas, cubierta de algas.

SARGODHA, c. de Pakistán, en el Panjāb; 294 000 hab.

SARGÓN el Grande o **ŠARRUKIN,** inicios del s. XXIII a.C., rey de Acad. Fundó el imperio de Acad y conquistó la baja Mesopotamia.

SARGÓN II o **ŠARRUKIN,** rey de Asiria (722 o 721-705 a.C.). En 721 a.C., tomó Samaria; conquistó Israel y Siria y restableció la autoridad asiria en Babilonia. Dirigió una campaña militar a través de Urartu, como testimonia una famosa tablilla (Louvre). Hizo construir el palacio de Dur-Šarrukīn (act. *Jursabād).*

SARH, ant. **Fort-Archambault,** c. del Chad meridional; 198 100 hab. Textil.

ŠARI'ATI ('Ali), *en el Jurāsān 1933-Londres 1977,* filósofo iraní, renovador del chiismo.

SARIÑENA, v. de España (Huesca); 4 021 hab. (*sariñenenses*). Cabecera de la comarca de Los Monegros. — Convento de la Cartuja (s. XVI).

SARIÑENA (Juan de), *Valencia h. 1545-íd. 1619,* pintor español, figura puente en la escena valenciana entre el rafaelismo de Juan de Juanes y el naturalismo de los Ribalta (decoración mural de la Sala Nova, Generalidad de Valencia).

SARKOZY (Nicolas **Sarközy de Nagy-Bosca,** llamado Nicolas), *París 1955,* político francés. Ministro del presupuesto y portavoz del gobierno (después ministro de la comunicación) [1993-1995], fue más tarde ministro del interior (2002-2004 y 2005-2007) y ministro de economía, finanzas e industria (2004). Presidente de la UMP (2004-2007), fue elegido presidente de la república en 2007.

SARMIENTO, dep. de Argentina (San Juan); 16 081 hab. Horticultura.

SARMIENTO (Domingo Faustino), *San Juan 1811-Asunción, Paraguay, 1888,* escritor y político argentino. Debido a su actividad periodística y a su enfrentamiento con Rosas primero y con Urquiza después, tuvo que exiliarse varias veces a Chile. Finalmente regresó a Argentina como presidente de la república (1868-1874). Durante su mandato potenció la educación y luchó contra el caudillismo. Representante del romanticismo combativo, su obra literaria fue una constante lucha contra la ignorancia y la intolerancia. «Civilización y barbarie» es el elocuente subtítulo de su obra maestra: *Facundo* (1845), biografía del caudillo Juan Facundo Quiroga. Ensayista notable (*De la educación popular,* 1849; *Las ciento y una,* 1853; *Conflictos y armonías de las razas en América,* 1883), cultivó la narración de evocación autobiográfica (*Mi defensa,* 1850; *Recuerdos de provincia,* 1850).

■ DOMINGO FAUSTINO **SARMIENTO,** por E. Querciola.

SARMIENTO DE GAMBOA, monte de Chile, en la isla Grande de Tierra del Fuego; 2 300 m.

SARMIENTO DE GAMBOA (Pedro), *en Galicia 1532-en el Atlántico 1592,* navegante español. Dirigió expediciones a las regiones del S del Pacífico (1567-1569) y al estrecho de Magallanes (1579 y 1584), donde fundó dos ciudades. Escribió una *Historia de los incas.*

SARMIENTO Y VALLADARES (José), conde de Moctezuma y de Tula, administrador español de los ss. XVII y XVIII. Virrey de Nueva España (1697-1701), casó con una descendiente de Moctezuma.

SÄRNĀTH, lugar sagrado del budismo (Uttar Pradesh, N de Benarés), en donde Buda predicó por primera vez. Pilar conmemorativo del emperador Aśoka (capitel esculpido, en el museo local).

SARNEY (José), *São Luís 1930,* político brasileño. Líder del Partido del frente liberal, conservador, fue vicepresidente de la república con T. Neves y, tras la muerte de este, presidente (1985-1990).

SARNIA, c. de Canadá (Ontario), en el extremo S del lago Hurón; 70 938 hab. Química.

SAROYAN (William), *Fresno 1908-íd. 1981,* escritor estadounidense. Sus novelas (*La comedia humana,* 1942) y obras de teatro (*Los mejores años de nuestra vida,* 1939; *La hermosa gente,* 1941) muestran una inspiración a la vez romántica e irónica.

SARRATEA (Manuel de), *Buenos Aires 1774-Limoges, Francia, 1849,* político argentino. Formó parte del triunvirato que sustituyó a la junta de gobierno (1811) y fue general en jefe del ejército de la Banda Oriental.

SARRAUTE (Nathalie), *Ivanovo, Rusia, 1900-París 1999,* escritora francesa. A partir de los tex-

■ PABLO **SARASATE**

■ NICOLAS **SARKOZY**

tos de *Tropismos* (1939), su obra, inscrita en el *nouveau roman*, busca «las sensaciones en su estado naciente» y rechaza la teorización formalista y la novela tradicional (*Infancia*, 1983). También cultivó el teatro (*Por un sí o por un no*, 1982).

SARRE, en alem. **Saar**, r. de Francia y de Alemania, que nace en los Vosgos y atraviesa el S de Sarre antes de llegar al Mosela (or. der.); 246 km.

SARRE, en alem. **Saarland**, Land de Alemania; 2 568 km²; 1 064 906 hab.; cap. *Sarrebruck*. La región fue en gran parte francesa en época de Luis XIV; en 1814-1815 pasó a dominio prusiano. A partir de 1871 se desarrolló la explotación de la cuenca hullera. En 1919, por el tratado de Versalles, fue separada de Alemania durante quince años y confiada a la SDN, mientras que los yacimientos hulleros pasaron a manos de Francia. En 1935 se anexionó a Alemania. En 1947 quedó bajo ocupación francesa, con un estatuto de autonomía, pero en 1957 se reintegró a Alemania.

SARREBRUCK, en alem. **Saarbrücken**, c. de Alemania, cap. del *Sarre*, a orillas del *Sarre;* 361 287 hab. Centro administrativo, cultural e industrial.

SARRELOUIS, en alem. **Saarlouis**, c. de Alemania (Sarre); 38 347 hab.

SARRIA, v. de España (Lugo), cab. de p. j.; 13 018 hab. (*sarrianos*). En la comarca del *Valle de Sarria* o *Terra de Sarria*. Centro comercial e industrial.

SARRIONAINDIA (**Joseba**), *Iurreta, Vizcaya*, *1958*, escritor español en lengua vasca. Su vasta obra abarca diversos registros: relatos (*Narraciones*, 1984), ensayo (*Ni soy de aquí*, 1985), poesía (*Los viejos marineros*, 1988) y novela (*El amigo congelado*, 2001).

SARTHE, r. de Francia, una de las ramas madres del Maine; 285 km.

SARTHE, dep. de Francia (Pays de la Loire); 6 206 km²; 529 851 hab.; cap. *Le Mans*.

SARTINE (**Antoine de**), conde de Albi, *m. en 1744*, político francés. Intervino en la guerra de Sucesión española y al servicio de Felipe V, fue superintendente de Cataluña (1726-1744), donde contribuyó a la aplicación del catastro.

SARTO (**Andrea Vanucci**, llamado **Andrea del**), *Florencia 1486-íd. 1530*, pintor italiano. Su arte, lleno de ritmo y monumental, se sitúa entre el renacentismo clásico y el manierismo.

SARTORIO (**José Manuel Mariano**), *México 1746-íd. 1829*, poeta, religioso y político mexicano. Sinodal del arzobispado mexicano, fue rector del Colegio de San Ildefonso y censor. Dejó una vasta obra poética de temas místicos y profanos: *Poesías sagradas y profanas* (edición póstuma, 1832). Participó en la firma del acta de emancipación de México.

SARTORIUS (**Luis**), conde de **San Luis**, *Sevilla 1820-Madrid 1871*, político español. Ministro de la gobernación con Narváez (1847-1851) y presidente del gobierno en 1853, su política represiva provocó la revolución de 1854, que acabó con su mandato.

SARTRE (**Jean-Paul**), *París 1905-íd. 1980*, filósofo y escritor francés. Su filosofía conoce dos fases: la primera, existencialista, considera la libertad como fundamento del hombre (*El «ser» y la nada*, 1943); la segunda se inspira en el materialismo dialéctico y preconiza el compromiso como único comportamiento auténtico (*Crítica de la razón dialéctica*, 1960). De-

■ JEAN-PAUL
SARTRE

■ FERDINAND
DE **SAUSSURE**

sarrolló sus ideas en novelas y relatos (*La náusea*, 1938; *El muro*, 1939), dramas (*A puerta cerrada*, 1944; *Las manos sucias*, 1948), ensayos, una narración autobiográfica (*Las palabras*, 1964) y un estudio sobre Flaubert. En 1964 rechazó el premio Nobel de literatura.

SARÛQ (**Ménahem ibn**), *n. en Tortosa s. x*, gramático hebraicoespañol, iniciador de los estudios de gramática hebrea en España (*La composición*, diccionario de la lengua bíblica).

ŠÂRŸA, emirato de la Unión de Emiratos Árabes; 2 500 km²; 268 000 hab.; cap. *Šârŷa*. (125 000 hab.). Petróleo.

SAS (**Andrés**), *París 1900-Lima 1967*, compositor y folclorista peruano, autor de un *Curso de gramática musical* (1935) y de trabajos sobre la música de los incas y del Perú colonial.

SASAMÓN, v. de España (Burgos); 1463 hab. (*sasamonenses* o *segisamonenses*). Iglesia gótica (ss. XIII-XIV), con portada copia de la del Sarmental de Burgos, y retablo del s. XVI.

SASÁNIDAS, dinastía persa que reinó en un imperio que abarcaba de Mesopotamia hasta el Indo, de 224/226 a la conquista árabe (651).

SASEBO, c. de Japón (Kyūshū); 244 677 hab. Puerto. Astilleros. Base militar.

SASKATCHEWAN. r. de Canadá. que desemboca en el lago Winnipeg; 550 km. Está formado por la unión del *Saskatchewan del Norte* (1220 km) y el *Saskatchewan del Sur* (880 km).

SASKATCHEWAN, prov. del centro de Canadá; 652 000 km²; 988 928 hab.; cap. *Regina*. Es una de las tres provincias de la Pradera canadiense. Recursos agrícolas (cereales, plantas forrajeras, ganadería) y mineros (petróleo y gas natural, carbón, uranio y potasa).

SASKATOON, c. de Canadá (Saskatchewan); 186 058 hab. Museos.

SASOLBURG, c. de la República de Sudáfrica (Estado Libre). Química.

SASSARI, c. de Italia (Cerdeña), cap. de prov.; 116 989 hab. Museo nacional (arqueología, etnografía, etc.).

SASSETTA (**Stefano di Giovanni**, llamado **[il]**), *Siena h. 1400-íd. 1450*, pintor italiano. Miembro de la escuela sienesa del quattrocento, adoptó ciertos principios del renacimiento florentino conservando el espíritu religioso y tono preciosista de fines de la edad media.

SASTRE (**Alfonso**), *Madrid 1926*, escritor español. Autor de un teatro expresionista, existencial y social (*La mordaza*, 1954; *La taberna fantástica*, 1966; *Oficio de tinieblas*, 1967; *El viaje infinito de Sancho Panza*, 1984), también ha escrito ensayos.

SATANÁS o **SATÁN**, príncipe de los demonios, según la tradición judeocristiana.

SÂTAVÂHANA → ÂNDHRA.

SATIE (**Alfred Erik Leslie Satie**, llamado **Erik**), *Honfleur 1886-París 1925*, compositor francés. Precursor del dadaísmo y del surrealismo (ballet *Parada*, 1917), propuso un nuevo ideal basado en la claridad, la concisión y el humor (*Gymnopédies*, 1888; drama sinfónico *Sócrates*, 1918). Influyó en el grupo de los *Seis.

Satiricón, novela de Petronio, mezcla de prosa y verso (s. I d.C.), retrato realista de las andanzas de dos jóvenes libertinos durante el reinado de Nerón. — Inspiró el filme homónimo de F.Fellini (1969).

SATLEDJ → SUTLEJ.

SATÔ EISAKU, *Tabuse, prefectura de Yamaguchi, 1901-Tôkyô 1975*, político japonés. Fue primer ministro de 1964 a 1972. (Premio Nobel de la paz 1974.)

SÂTPURA (montes), macizo montañoso de la India, al N del Decán; 1 350 m aprox.

ŠAṬṬ AL-'ARAB, r. de Oriente medio, que se forma en Iraq por la unión del Tigris y del Éufrates, y en su último tramo marca la frontera con Irán; 200 km. Pasa por Basora y Âbâdân y desemboca en el golfo Pérsico. Palmerales en sus orillas.

SATUÉ (**Enric**), *Barcelona 1938*, diseñador gráfico español. Miembro fundador del *FAD, sus obras combinan modernidad y concepto artístico. (Premio nacional de diseño 1988.)

SATU MARE, c. del NO de Rumania, junto al Someș; 131 859 hab.

SATURNO MIT. ROM. Antigua divinidad itálica

y romana, identificada con el Cronos griego. Expulsado del cielo por Júpiter, se refugió en el Lacio, donde creó la edad de oro. Las fiestas celebradas en su honor se llamaban *saturnales*.

SATURNO, planeta del sistema solar, situado a continuación de Júpiter. Semieje mayor de su órbita: 1 429 400 000 km (9,6 veces el de la órbita terrestre). Diámetro ecuatorial: 120 660 km (9,4 veces el de la Tierra). Al igual que Júpiter, está constituido principalmente de hidrógeno y helio. Está rodeado de un gran sistema de anillos constituidos por multitud de bloques de hielo mezclados con residuos de polvo, fragmentos minerales, etc. Desde 2004 es estudiado por la sonda estadounidense Cassini. Se le conocen más de 50 satélites.

■ **SATURNO.** Imagen tomada por el telescopio espacial Hubble.

Saucelle, embalse y central eléctrica de España (Salamanca), sobre el Duero, en el mun. de *Saucelle*.

SAUCILLO, mun. de México (Chihuahua); 31 095 hab. Industria química. Centro comercial.

SA'UD (**Ibn**) → **'ABD AL-'AZIZ III IBN SA'ÛD.**

SAUER, en fr. **Sûre**, r. de Europa occidental, que nace en Bélgica, atraviesa Luxemburgo y forma frontera entre este país y Alemania antes de desembocar en el Mosela (or. izq.); 170 kilómetros.

SAÚL, primer rey de los hebreos (h. 1030-1010 a.C.). Simple jefe local, sus éxitos le permitieron afirmar su autoridad sobre las tribus israelitas. Pero su derrota frente a los filisteos puso en peligro la unidad nacional, lograda por su sucesor, David.

SAULT STE. MARIE, c. de Canadá (Ontario), junto al *río Sainte-Marie*, frente a la ciudad estadounidense (14 000 hab.) del mismo nombre; 72 822 hab. Metalurgia. — canal de **Sault Ste. Marie** o **Soo Canal**, canal que une los lagos Superior y Hurón.

SAUMUR, c. de Francia (Maine-et-Loire); 31 700 hab. Vinos. Escuela nacional de equitación. — Castillo (ss. XIV-XVI). Iglesias románicas y góticas.

SAURA (**Antonio**), *Huesca 1930-Cuenca 1998*, pintor español. Cofundador del grupo El Paso, del surrealismo pasó a un informalismo gestual primero abstracto y luego ligado a una figuración austera y dramática (serie *Retratos imaginarios*).

SAURA (**Carlos**), *Huesca 1932*, director de cine español. Tras realizar un cine poblado de símbolos, apto para burlar la férrea censura franquista (*Los golfos*, 1959; *La caza*, 1965; *La madriguera*, 1969) y a menudo críptico (*Cría cuervos*, 1975; *Elisa, vida mía*, 1977), posteriormente se ha acercado a un cine más genérico (*El Dorado*, 1987; *Ay, Carmela*, 1990; *El 7º día*, 2004) y marcado por la experimentación formal (*Bodas de sangre*, 1980; *Goya en Burdeos*, 1999; *Salomé*, 2002). *[V. ilustr. pág. siguiente.]*

SAUSSURE (**Ferdinand de**), *Ginebra 1857-Vuflens, cantón de Vaud, 1913*, lingüista suizo. Profesor de gramática comparada en París y más adelante en Ginebra, las notas recopiladas por los alumnos de sus cursos, de 1907 a 1911, fueron publicadas tras su muerte (*Curso de lingüística general*, 1916). Por la definición rigurosa que dio de los conceptos de la lingüística (la lengua concebida como un sistema, la oposición sincronía-diacronía, etc.), se le considera el fundador de la lingüística estructural moderna.

■ CARLOS **SAURA**. Una escena de *Goya en Burdeos* (1999).

SAUSSURE (Horace Bénédict de), *Conches, cerca de Ginebra, 1740-íd. 1799*, físico y naturalista suizo. Inventor de varios instrumentos de física (higrómetro de árbol, por ej.), descubrió numerosos minerales, enunció las primeras hipótesis de estratigrafía y de tectónica y sentó las bases de una meteorología racional. Realizó, con J. Balmat, la segunda ascensión al Mont Blanc (1787).

SAUVEUR (Joseph), *La Flèche 1653-París 1716*, matemático y físico francés. Creó la acústica musical, principalmente al calcular el número absoluto de vibraciones de un sonido y al observar la existencia de los armónicos.

SAUVY (Alfred), *Villeneuve-de-la-Raho, Pyrénées-Orientales, 1898-París 1990*, demógrafo y economista francés, autor de obras sobre población y crecimiento económico (*Teoría general de la población*, 2 vols., 1952-1954).

SAVA o **SAVE**, r. de Europa, que nace en Eslovenia, afl. del Danubio (or. der.), con el que se une en Belgrado; 945 km. Pasa por Zagreb y separa Bosnia-Herzegovina de Croacia y más adelante de Serbia.

SAVAII, la más extensa de las islas Samoa; 1 715 km².

SAVALL (Jordi), *Igualada, Barcelona, 1941*, violagambista español. Fundador de los conjuntos Hesperion XX [act. XXI] (1974) y Capella reial de Catalunya (1987) y de la orquesta Le concert de nations (1989), propone una nueva interpretación de la música antigua y barroca, basada en criterios históricos, y ha popularizado la viola de gamba.

SAVANNAH, c. de Estados Unidos (Georgia), junto al estuario del *río Savannah*, que desemboca en el Atlántico (505 km); 137 560 hab.

SAVANNAKHET, c. de Laos, a orillas del Mekong; 97 000 hab.

SAVARY (Anne), duque de Rovigo, *Marcq, Ardenas, 1774-Pau 1833*, militar francés. Se distinguió en Ostrołeka (1807). En 1808 Napoleón lo envió a España para convencer a Fernando VII de que se desplazara a Francia. Ese mismo año sucedió a Murat en el mando de las fuerzas francesas de la Península.

SAVATER (Fernando), *San Sebastián 1947*, filósofo y escritor español. En sus obras mantiene una postura escéptica y se refugia en la evocación literaria (*La infancia recuperada*, 1979; *La tarea del héroe*, 1981, premio nacional de ensayo; *Ética para Amador*, 1991). Comprometido en la lucha contra el terrorismo en el País Vasco, promovió la fundación en 2007 del partido Unión, progreso y democracia.

SAVERY (Thomas), *Shilstone, Devon, h. 1650-Londres 1715*, inventor inglés. Ideó en 1698, para el bombeo de las aguas de mina, una de las primeras máquinas de vapor. Trabajó posteriormente con T. Newcomen.

SAVIGNY (Friedrich Karl von), *Frankfurt del Main 1779-Berlín 1861*, jurista alemán. Encargado de la revisión del derecho prusiano, ideó una original filosofía del derecho y creó la escuela histórica alemana (*Tratado de derecho romano*, 1840-1849).

SAVINIO (Andrea de Chirico, llamado Alberto), *Atenas 1891-Roma 1952*, escritor, compositor y pintor italiano. Hermano de G. de Chirico, su narrativa y sus biografías imaginarias

poseen un carácter fantástico cercano al surrealismo y se nutren de la cultura clásica (*Hermaphrodito*, 1918).

SAVOIE, dep. de Francia (Ródano-Alpes); 6 028 km²; 373 258 hab.; cap. *Chambéry*.

SAVONA, c. de Italia (Liguria), cap. de prov., junto al golfo de Génova; 67 137 hab. Puerto. — Catedral de fines del s. XVI.

SAVONAROLA (Girolamo), *Ferrara 1452-Florencia 1498*, dominico italiano. Prior del convento de San Marcos de Florencia (1491), fue un predicador ardiente cuyos sermones atacaban la inclinación por el arte y las vanidades del mundo. Estableció en Florencia una nueva constitución, mitad teocrática, mitad democrática (1494-1497). Excomulgado por Alejandro VI y abandonado por el pueblo, cansado de sus excesos, fue ahorcado y quemado.

ŠAWIYYA, llanura del Marruecos atlántico, traspaís de Casablanca.

SAX (Antoine Joseph, llamado **Adolphe**), *Dinant 1814-París 1894*, fabricante de instrumentos belga. Mejoró los instrumentos de viento y creó el *saxofón*.

SAY (Jean-Baptiste), *Lyon 1767-París 1832*, economista francés, partidario del liberalismo económico (*Tratado de economía política*, 1803).

ŞAYDĀ o **SAÏDA**, ant. Sidón, c. del Líbano, junto al Mediterráneo; 105 000 hab. Puerto. — Ruinas de un castillo de los cruzados (s. XIII). — Conquistada por los árabes (637), que la hicieron un puerto de Damasco, fue ocupada por los cruzados (1110-1291).

SAYRI TÚPAC, soberano inca (1554-1558). Hijo legítimo y sucesor de Manco Inca, fue convencido por el virrey Cañete para que renunciara al trono. Lo sucedió su hermano Titu Cusi Yupanqui.

SAYULA, c. de México (Jalisco); 24 603 hab. Jabón; productos lácteos. Yacimientos de carbón.

SCALA (Della), familia italiana, algunos de cuyos miembros, pertenecientes al partido gibelino, fueron señores o alcaldes de Verona.
— **Cangrande I Della S.**, *Verona 1291-Treviso 1329*, señor de Verona (1311-1329). Jefe de los gibelinos en Lombardía, ofreció asilo a Dante.

Scala Dei, cartuja fundada por Alfonso II de Aragón en 1162 e instalada definitivamente en La Morera (Tarragona), donde se hallan sus ruinas (ss. XIII-XIV; reformas del s. XVIII). Fue la matriz de casi todas las cartujas de la península Ibérica.

SCALIGERO → ESCALÍGERO.

SCANDERBEG → SKANDERBEG.

Scapa Flow, base naval de la flota británica, construida en 1914 en el archipiélago de las Orcadas, al N de Escocia. La flota alemana fue concentrada allí tras la victoria aliada de 1918 y hundida por sus propias tripulaciones (21 junio 1919).

SCARBOROUGH, c. de Canadá (Ontario), zona suburbana de Toronto; 524 598 hab.

SCARLATTI (Alessandro), *Palermo 1660-Nápoles 1725*, compositor italiano. Uno de los fun-

dadores de la escuela napolitana y maestro de capilla en la corte, fue autor de óperas destacables por sus oberturas y la calidad melódica de sus composiciones. Compuso cantatas, oratorios y piezas para clave. — **Domenico S.**, *Nápoles 1685-Madrid 1757*, clavecinista y compositor italiano. Hijo de Alessandro, vivió en la corte de Lisboa y después en Madrid. Además de óperas, escribió unos 555 *Ejercicios* (sonatas para clave de gran virtuosismo).

SCARONE (Héctor), *Montevideo 1898-íd. 1967*, futbolista uruguayo. Delantero centro, apodado «el Mágico», jugó con el Nacional de Montevideo, y fue vencedor en los Juegos olímpicos (1924 y 1928) y en la copa del mundo (1930).

SCARPA (Antonio), *Motta di Livenza, Véneto, 1752-Pavía 1832*, cirujano y anatomista italiano. Describió numerosas estructuras anatómicas, fundamentalmente vasculares y nerviosas, que llevan su nombre.

SCARRON (Paul), *París 1610-íd. 1660*, escritor francés. Puso de moda la poesía burlesca e imitó en sus comedias el teatro español (*La novela cómica*, 1651).

SCÈVE (Maurice), *Lyon 1501-íd. h. 1560*, poeta francés, autor de un poema épico y cósmico (*Microcosmos*) y de poesías amorosas (*Delia*).

SCHAARBEEK, en fr. **Schaerbeek**, mun. de Bélgica (Brabante), suburbio al N de Bruselas; 102 702 hab.

SCHACHT (Hjalmar), *Tingleff, Schleswig, 1877-Munich 1970*, financiero y político alemán. Presidente del Reichsbank (1924-1930 y 1933-1939) y ministro de economía del III Reich (1934-1937), fue encarcelado por los alemanes (1944-1945) y absuelto en el proceso de Nuremberg (1946).

SCHAEFFER (Pierre), *Nancy 1910-Les Milles, cerca de Aix-en-Provence, 1995*, ingeniero y compositor francés. Uno de los iniciadores de la «música concreta» (*Sinfonía para un hombre solo*, con P. Henry, 1950), es autor de *Tratado de los objetos musicales* (1966).

SCHAERER (Eduardo), *Caazapá 1873-1941*, político paraguayo. Presidente de la república (1912-1916), fomentó la política agraria y las obras públicas.

SCHAFFHAUSEN, c. de Suiza, cap. del cantón homónimo; 34 225 hab. Catedral románica y otros vestigios de la ciudad medieval.

SCHAFFHAUSEN (cantón de), cantón de Suiza; 298,5 km² y 73 600 hab.

SCHARNHORST (Gerhard von), *Bordenau, Hannover, 1755-Praga 1813*, militar prusiano, reorganizador del ejército prusiano, junto con Gneisenau (1807-1813).

SCHAWLOW (Arthur Leonard), *Mount Vernon 1921-Palo Alto 1999*, físico estadounidense. Asociado con C. H. Townes, inventó el láser. (Premio Nobel 1981.)

SCHEEL (Walter), *Solingen 1919*, político alemán. Presidente del Partido liberal (1968) y vicecanciller y ministro de asuntos exteriores (1969-1974), fue presidente de la RFA (1974-1979).

SCHEELE (Carl Wilhelm), *Stralsund 1742-Köping 1786*, químico sueco. Aisló el hidrógeno (1768), descubrió el oxígeno (1773) algo antes que Priestley, obtuvo el cloro, la glicerina y varios ácidos minerales (cianhídrico, fluorhídrico) y aisló diversos ácidos orgánicos, entre ellos el ácido láctico.

Scheherazade o **Scheherazada** → Šahrāzād.

SCHEIDT (Samuel), *Halle 1587-íd. 1654*, compositor alemán. Compuso música vocal y para órgano (*Tabulatura nova*, 3 vols., 1624).

SCHEINER (Christoph), *Wald, Suabia, 1575-Neisse, Silesia, 1650*, jesuita y astrónomo alemán. Fue uno de los primeros en observar las manchas solares con una lente astronómica y estudió la rotación del Sol. También inventó el pantógrafo (1603).

SCHELER (Max), *Múnich 1874-Frankfurt del Main 1928*, filósofo alemán. Autor de análisis fenomenológicos, dio un enfoque nuevo de la simpatía: la empatía (*Esencia y formas de la simpatía*, 1923).

SCHELLING (Friedrich Wilhelm Joseph von), *Leonberg, Württemberg, 1775-Bad Ragaz, Suiza, 1854*, filósofo alemán. Panteísta, inauguró, frente a las filosofías del sujeto (Kant, Fichte), la era de las filosofías del absoluto, recupe-

■ **SAVONAROLA**, por Fra Bartolomeo. (Museo de San Marco, Florencia.)

rando el sentido del arte, los mitos y los ritos (*Ideas para una filosofía de la naturaleza*, 1797; *Filosofía y religión*, 1804; *Las edades del mundo*, 1811).

Schengen (acuerdos de), acuerdos firmados en 1985 y en 1990 en Schengen (Luxemburgo) por Alemania, Bélgica, Francia, Luxemburgo y Países Bajos, a los que se unieron posteriormente la gran mayoría de los demás países miembros de la Unión europea (en total: 22 estados de la UE, todos excepto Bulgaria, Chipre, Gran Bretaña, Irlanda y Rumania, así como —a título de países asociados— Islandia, Noruega y Suiza. Con vistas a la supresión progresiva de los controles en las fronteras para permitir la libre circulación de personas dentro del espacio comunitario así definido (*espacio Schengen*) y mejorar, mediante una estrecha colaboración, la seguridad en dicho espacio, se han ido aplicando gradualmente desde 1995. Están integrados desde 1997 en los tratados de la Unión europea.

SCHERCHEN (Hermann), *Berlín 1891-Florencia 1966*, director de orquesta alemán. Dirigió sobre todo obras de Bach y promovió la música contemporánea con obras de Schöenberg, Boulez y Xenakis.

SCHIAFFINO (Eduardo), *Buenos Aires 1858-íd. 1935*, pintor y crítico de arte argentino, autor de *La pintura y la escultura en la Argentina* (1933) y de un retrato del poeta Rubén Darío.

SCHIAFFINO (Juan Alberto), *Montevideo 1925-íd 2002*, futbolista uruguayo. Goleador, jugó en los equipos Peñarol, A.C. Milan y A.S. Roma, y ganó la copa del mundo en 1950.

SCHIAPARELLI (Giovanni), *Savigliano 1835-Milán 1910*, astrónomo italiano. Descubrió su puestos canales en Marte (1877) y demostró que los conjuntos de meteoritos están formados por restos de cometas (1886).

SCHICKARD o **SCHICKHARDT** (Wilhelm), *Herrenberg 1592-Tubinga 1635*, científico alemán. Inventó una máquina calculadora de ruedas dentadas con transferencia de las decenas (1623).

SCHIDLOWSKI (León), *Santiago 1931*, compositor chileno, autor de sonoridades para un solistas (1961), *Llaqui*, elegía para orquesta (1965), y *Golem*, para violín solista y cinta magnetofónica (1975).

SCHIEDAM, c. de Países Bajos (Holanda Meridional); 70 207 hab. Museo de la destilería.

SCHIELE (Egon), *Tulln, cerca de Viena, 1890-Viena 1918*, pintor y dibujante austriaco. Su intenso grafismo, mezcla de erotismo y morbidez, lo convirtió en un maestro del expresionismo.

SCHIFRIN (Boris, llamado Lalo), *Buenos Aires 1932*, músico argentino. Compositor, director de orquesta y pianista, emigrado a EUA en 1958, destaca por sus piezas y arreglos de jazz y para el cine y la televisión (*Gillespiana*, 1960; *Mission: impossible*, 1966; *Concierto caribeño*, 2003)

SCHILLER (Friedrich von), *Marbach 1759-Weimar 1805*, escritor alemán. Sus dramas históricos (*Los bandidos*, 1782; *La conjura de Fiesco en Génova*, 1783; *Don Carlos*, 1787; *Wallenstein*, 1798-1799; *María Estuardo*, 1800; *La doncella de Orleans*, 1801; *La novia de Messina*, 1803; *Guillermo Tell*, 1804), que representan un compromiso entre la tragedia clásica y el drama de Shakespeare, y sus teorías dramáticas han ejercido una gran influencia, sobre todo en los escritores románticos. También escribió poesías líricas (*Himno a la alegría*, 1785; *Baladas*, 1798) y una *Historia de la guerra de los Treinta años* (1791-1793).

SCHINKEL (Karl Friedrich), *Neuruppin, Brandenburgo, 1781-Berlín 1841*, arquitecto y pintor alemán. Discípulo de David y Friedrich Gilly, neoclásico (cuerpo de guardia y museo antiguo de Berlín), evolucionó hacia un eclecticismo de inspiración romántica.

Schiphol, aeropuerto de Amsterdam.

SCHLEGEL (August Wilhelm von), *Hannover 1767-Bonn 1845*, escritor alemán. Miembro del primer grupo romántico alemán (*grupo de Jena*), es autor de un *Curso sobre el arte dramático* en el que condena la tragedia clásica. — **Friedrich von S.**, *Hannover 1772-Dresde 1829*, escritor y orientalista alemán. Fundó con su hermano August Wilhelm la revista *Athenäum* (1798), órgano de la escuela romántica.

SCHLEICHER (August), *Meiningen 1821-Jena 1868*, lingüista alemán. Experto en gramática comparada, intentó reconstruir el indoeuropeo primitivo (*Compendio de gramática comparada de las lenguas indoeuropeas*, 1861-1862).

SCHLEIERMACHER (Friedrich), *Breslau 1768-Berlín 1834*, teólogo protestante alemán. Su teología de la experiencia religiosa, basada en el sentimiento y la intuición, influyó en las corrientes teológicas modernas.

SCHLESWIG-HOLSTEIN, Land de Alemania, entre el Báltico y el mar del Norte; 15 761 km²; 2 594 606 hab.; cap. *Kiel*. En 1460 el rey de Dinamarca se anexionó a título personal el ducado de Schleswig (o Slesvig) y el condado de Holstein (ducado en 1474). En 1815 el congreso de Viena cedió los ducados de Holstein y Lauenburg al rey de Dinamarca, a título personal, en compensación por la pérdida de Noruega. Estos ducados fueron al mismo tiempo integrados en la Confederación germánica. Los intentos del rey de Dinamarca de anexionar los ducados a partir de 1843-1845 desencadenaron la guerra de los Ducados (1864) y más tarde la guerra austro-prusiana (1866). Prusia, que salió vencedora, se anexionó los ducados. En 1920, por un plebiscito, el N de Schleswig fue devuelto a Dinamarca.

SCHLICK (Moritz), *Berlín 1882-Viena 1936*, lógico alemán. Neopositivista, fue un destacado representante del círculo de *Viena*.

SCHLIEFFEN (Alfred, conde von), *Berlín 1833-íd. 1913*, militar alemán. Jefe del estado mayor de 1891 a 1906, dio su nombre al plan de campaña aplicado por Alemania en 1914, consistente en contener el frente del este a fin de destruir el ejército francés en el oeste.

SCHLIEMANN (Heinrich), *Neubukow 1822-Nápoles 1890*, arqueólogo alemán. Descubrió las ruinas de Troya y Micenas.

SCHLÖNDORFF (Volker), *Wiesbaden 1939*, cineasta alemán. Se dio a conocer con *El joven Törless* (1966), que confirmó el renacimiento del cine alemán. Posteriormente ha dirigido *El honor perdido de Katharina Blum* (1975), *El tambor de hojalata* (1979), *La muerte de un viajante* (1985), *El silencio tras el disparo* (2000).

SCHLÜTER (Poul), *Tønder 1929*, político danés. Presidente del Partido conservador (1974-1993), fue primer ministro de 1982 a 1993.

SCHMIDT (Bernhard), *Naisaar, Estonia, 1879-Hamburgo 1935*, óptico alemán. Inventó un telescopio fotográfico de gran campo (1930).

SCHMIDT (Helmut), *Hamburgo 1918*, político alemán. Miembro del Partido socialdemócrata y ministro de defensa (1969-1972) y de finanzas (1972-1974), fue canciller de la RFA de 1974 a 1982.

SCHNABEL (Artur), *Lipnik 1882-Morschach, Suiza, 1951*, pianista austriaco nacionalizado estadounidense. Fue un intérprete destacado de Beethoven y Schubert.

SCHNEBEL (Dieter), *Lahr 1930*, compositor alemán. Emplea medios de composición muy personales: participación colectiva, uso de materiales ópticos, liberación de la voz (*Glosolalia*, 1961; *Mo-No*, 1969; *Maulwerke*, 1974).

SCHNEIDER (Rosemarie Albach-Retty, llamada Romy), *Viena 1938-París 1982*, actriz austriaca. Tras encarnar ingenuas románticas (serie de *Sissi*, 1955-1958), interpretó a heroínas trágicas, ambiguas y vulnerables (*El proceso*, O. Welles, 1962; *Las cosas de la vida*, C. Sautet,

SCHNEIDER (Vreni), *Elm, Glaris, 1964*, esquiadora suiza. Fue medalla de oro olímpica en slalom (1988, 1994) y gigante (1988), campeona del mundo en slalom en seis ocasiones y en gigante en cinco) y ganadora de la copa del mundo (1989, 1994, 1995).

SCHNITTKE (Alfred), *Engels, act. Pokrovsk, 1934-Hamburgo 1998*, compositor y teórico ruso (de origen) y alemán, autor de sinfonías, conciertos y óperas, de estilo ecléctico.

SCHNITZLER (Arthur), *Viena 1862-íd. 1931*, escritor austriaco. Su teatro (*La ronda*, 1900) y sus novelas y relatos en forma de monólogo interior (*La señorita Elsa*, 1924) evocan el descenso de la Viena de fines del s. XIX.

SCHÖFFER (Peter), *Gernsheim, Hesse-Darmstadt, h. 1425-Maguncia 1502 o 1503*, impresor alemán. Socio de Fust y Gutenberg, perfeccionó la imprenta en colaboración con ellos.

SCHOLEM (Gershom), *Berlín 1897-Jerusalén 1982*, filósofo israelí. Es autor de numerosos estudios sobre la tradición mística judía (*Las grandes tendencias de la mística judía*, 1941; *Orígenes de la Kabbalah*, 1962).

SCHÖMBERG (Charles), duque de Halluin, *Nanteuil-le-Haudouin, Oise, 1601-París 1656*, militar francés de origen alemán. Mariscal de Francia, fue protegido de Luis XIII. Gobernador de Languedoc (1632), derrotó a los españoles (Leucata, 1636) y, durante la guerra de Separación de Cataluña, fue virrey del principado (1648-1650).

SCHÖMBERG (Frédéric Armand, duque de), *Heidelberg 1615-cerca del Boyne 1690*, militar francés de origen alemán. Al servicio de Francia desde 1650, luchó en Portugal, España (Rosellón, 1674; Figueras, 1675) y los Países Bajos. Protestante, en 1685 se exilió en Inglaterra.

SCHOMMER (Alberto), *Vitoria 1928*, fotógrafo español, destacado por sus retratos psicológicos y fotorreportajes. (Real academia de bellas artes de San Fernando 1996.)

SCHÖNBERG (Arnold), *Viena 1874-Los Ángeles 1951*, compositor austriaco nacionalizado estadounidense. Teórico de la atonalidad, basada en el dodecafonismo serial, ejerció gran influencia en la música del s. XX. Compuso los *Gurrelieder* (1900-1911), *Pierrot lunaire* (1912; 21 poemas para recitado y conjunto instrumental), música de cámara (cuartetos de cuerda, el sexteto de cuerdas *La noche transfigurada*) y óperas (*Erwartung*, 1909; *Moisés y Aarón*, inacabada). – (Centro Schönberg en Viena.

Schönbrunn, palacio del s. XVIII, en los alrededores de Viena, ant. residencia de verano de los Habsburgo. Estancias decoradas; jardines. (Patrimonio de la humanidad 1996.)

SCHONGAUER (Martin), *Colmar h. 1450-Brisach 1491*, grabador y pintor alsaciano. Es autor de grabados al buril (*La muerte de la Virgen; San Antonio*), muy admirados por Durero.

SCHOPENHAUER (Arthur), *Danzig 1788-Frankfurt del Main 1860*, filósofo alemán. Distingue en la sumisión a la voluntad de vivir, ley común a todos los seres vivos, la fuente de un sufrimiento que él procura ante todo mitigar, sobre todo mediante la experiencia estética. Su filosofía pesimista ha ejercido una notable influencia, particularmente sobre Nietzsche (*El mundo como voluntad y como representación*, 1818).

■ ALESSANDRO
SCARLATTI.
(Biblioteca musical, Bolonia.)

■ FRIEDRICH VON
SCHILLER,
por F. Kugelpen.

■ ARNOLD
SCHÖNBERG,
por Man Ray (1926).

SCHRIEFFER (John Robert), *Oak Park, Illinois, 1931,* físico estadounidense, coautor de la teoría BCS (Bardeen, Cooper, *Schrieffer*) de la superconductividad. (Premio Nobel 1972.)

SCHRÖDER (Gerhard), *Mossenberg, Rin del Norte-Westfalia, 1944,* político alemán. Presidente del SPD (1999-2004), fue canciller de la República federal de 1998 a 2005.

SCHRÖDINGER (Erwin), *Viena 1887-íd. 1961,* físico austriaco. En 1926, dio una formalización nueva de la teoría cuántica, introduciendo la ecuación fundamental (que lleva su nombre) y en la que se basan todos los cálculos de la espectroscopia. (Premio Nobel 1933.)

SCHUBERT (Franz), *Lichtental, act. en Viena, 1797-íd. 1828,* compositor austriaco. Debe su celebridad a más de 600 lieder, cuya inspiración espontánea y profunda los acerca a la vena popular (*El rey de los elfos,* 1815; *La bella molinera,* 1823; *Viaje de invierno,* 1827). También es autor de diez sinfonías (entre ellas la *Inacabada*), obras para piano y música de cámara (cuartetos [*La muerte y la doncella,* 1817], quintetos [*La trucha,* 1817]).

■ FRANZ **SCHUBERT,** por W. A. Rieder.

SCHULTEN (Adolf), *Elberfeld, Westfalia, 1870-Erlangen 1960,* historiador y arqueólogo alemán. Director de la excavación de Numancia (1905-1912), cofundador de las *Fontes Hispaniae antiquae* (1922), es autor de *Tartessos* (1924).

SCHULZ (Bruno), *Drohobycz, act. Drogobytch, Galitzia, 1892-íd. 1942,* escritor polaco. Su prosa lírica construye narraciones breves, fragmentarias y fantásticas (*Las tiendas de color canela,* 1934; *Sanatorio bajo la clepsidra,* 1937). De origen judío, fue asesinado por la Gestapo.

SCHULZ (Charles Monroe), *Minneapolis 1922-Santa Rosa, California, 2000,* guionista y dibujante de cómics estadounidense. Creó el cómic humorístico *Peanuts* (1950), cuyos personajes principales son *Snoopy y los niños Charlie Brown, Schroeder, Lucy y Linus.

SCHUMACHER (Michael), *Hürth, cerca de Colonia, 1969,* piloto automovilístico alemán. Único piloto coronado siete veces campeón del mundo de automovilismo (1994, 1995 y de 2000 a 2004), también posee el récord del mundo de victorias en grandes premios (91, entre 1992 y 2006). [Premio Príncipe de Asturias 2007.]

SCHUMAN (Robert), *Luxemburgo 1886-Scy-Chazelles, Mosela, 1963,* político francés. Ministro de asuntos exteriores (1948-1953), fue el autor del plan de la Comunidad europea sobre el carbón y el acero (1951) e inició la reconciliación francoalemana.

SCHUMANN (Robert), *Zwickau 1810-Endenich, cerca de Bonn, 1856,* compositor alemán. Al principio escribió obras para piano (de 1829 a 1840) de carácter espontáneo, poético y lírico: *Carnaval* (1835), *Estudios sinfónicos, Escenas de niños, Fantasía Kreisleriana* (1838); *Álbum para la juventud* (1838). Tras su matrimonio con Clara Wieck, el período más sereno de su existencia, se consagró al lied *(Vida amorosa de una mujer).* A partir de 1841 amplió su horizonte y escribió música para orquesta y música de cámara (*Concierto para piano;* cuatro sinfonías) y las *Escenas de Fausto* para solista, coros y orquesta.)

SCHUMPETER (Joseph Alois), *Trešt', Moravia, 1883-Taconic, Salisbury, EUA, 1950,* economista austriaco. Analizó el proceso de evolución de la economía capitalista y realizó importantes contribuciones sobre el papel del empresario (*Capitalismo, socialismo y democracia,* 1942).

SCHUSCHNIGG (Kurt von), *Riva, lago de Garda, 1897-Muters 1977,* político austriaco. Canciller de Austria en 1934, luchó contra el Anschluss (1938) y fue deportado de 1938 a 1945 a Sachsenhausen y Dachau.

SCHÜSSEL (Wolfgang), *Viena 1945,* político austriaco. Presidente del Partido popular (1995-2007), fue canciller (2000-2007).

SCHÜTZ (Heinrich), *Köstritz 1585-Dresde 1672,* compositor alemán. Maestro de capilla del elector de Sajonia en Dresde, compuso numerosas obras religiosas (*Salmos de David,* 1619; *Resurrección,* 1623; *Musikalische Exequien,* 1636; *Siete palabras de Cristo,* h. 1645; tres *Pasiones*), en las que se fusionan el estilo polifónico del motete protestante y el lenguaje innovador de Monteverdi.

SCHWÄBISCH GMÜND, c. de Alemania (Baden-Württemberg); 63 701 hab. Iglesia-lonja de Santa Cruz (s. XIV), prototipo del gótico alemán tardío, obra de Heinrich y Peter Parler.

SCHWANN (Theodor), *Neuss am Rhein 1810-Colonia 1882,* biólogo alemán. Autor de la teoría de la célula (1839), investigó sobre los músculos y los nervios.

SCHWARTZ (Laurent), *París 1915-íd. 2002,* matemático francés. Sus trabajos de análisis funcional le valieron la medalla Fields (1950). Es el fundador de la teoría de las distribuciones.

SCHWARTZ (Melvin), *Nueva York 1932-Twin Falls, Idaho, 2006,* físico estadounidense. Sus investigaciones llevaron, entre 1960 y 1962, a la obtención del primer haz de neutrinos. (Premio Nobel 1988.)

SCHWARZENBERG (Karl Philipp, príncipe zu), *Viena 1771-íd. 1820,* general y diplomático austriaco. Estuvo al mando de los ejércitos aliados que vencieron a Napoleón en Leipzig (1813) e invadieron Francia (1814). — Felix S., *Krumau, act. Česky Krumlov, 1800-Viena 1852,* político austriaco. Sobrino de Karl Philipp, canciller de Austria (1848-1852), restauró la autoridad de los Habsburgo tras las revoluciones de 1848 y se opuso a la hegemonía de Prusia en Alemania (Olmütz, 1850).

SCHWARZKOPF (Elisabeth), *Jarocin, Posnania, 1915-Schruns, Austria, 2006,* soprano alemana nacionalizada británica, intérprete de lieder románticos (de Schubert a Hugo Wolf) y óperas, sobre todo de Mozart y R. Strauss.

Schwechat, aeropuerto de Viena.

SCHWEDT, c. de Alemania (Brandeburgo), junto al Oder; 49 594 hab. Refinerías de petróleo. Petroquímica.

SCHWEINFURT, c. de Alemania (Baviera), junto al Main; 55 284 hab.

SCHWEINFURTH (Georg), *Riga 1836-Berlín 1925,* viajero alemán. Exploró los países del Nilo, Eritrea y el S de Arabia. Fundó el Instituto egipcio de El Cairo.

SCHWEITZER (Albert), *Kaysersberg 1875-Lambaréné 1965,* médico, teólogo protestante y musicólogo francés. Fundó el hospital de Lambaréné (Gabón, 1913), símbolo del colonialismo de rostro humano. (Premio Nobel de la paz 1952.)

SCHWERIN, c. de Alemania, cap. del Land de Mecklemburgo-Antepomerania; 122 189 hab. Centro industrial. — Catedral gótica. Museo.

■ MICHAEL **SCHUMACHER**

■ ROBERT **SCHUMANN.** Litografía del s. XIX.

SCHWINGER (Julian Seymour), *Nueva York 1918-Los Ángeles 1994,* físico estadounidense. Calculó el momento magnético del electrón y participó en la formulación de la teoría de las interacciones del campo electromagnético con el fotón. (Premio Nobel 1965.)

SCHWITTERS (Kurt), *Hannover 1887-Ambleside, Gran Bretaña, 1948,* pintor, escultor y escritor alemán. Su contribución al dadaísmo se basa en collages, assemblages y construcciones «Merz», realizados a partir de desechos, cuyo principio aplicó a la poesía fonética.

SCHWYZ, c. de Suiza, cap. del cantón homónimo; 12 872 hab.

SCHWYZ (cantón de), cantón de Suiza; 908 km² y 118 500 hab. El nombre de Suiza deriva del de este cantón, que ingresó en la Confederación en 1291.

SCIASCIA (Leonardo), *Racalmuto, Agrigento, 1921-Palermo 1989,* escritor italiano. Sus novelas (*Todo modo,* 1974), ensayos históricos y críticos (*Los tíos de Sicilia,* 1958; *El trinquete de la locura,* 1979) y sus dramas (*El obispo, el virrey o los garbanzos,* 1970), constituyen una sátira de las opresiones sociales y políticas de Sicilia.

Science, revista científica estadounidense, fundada en 1880 con el apoyo de Thomas Alva Edison. Es la publicación semanal sobre investigación de mayor difusión del mundo. (Premio Príncipe de Asturias de comunicación y humanidades 2007.)

SCILLY (islas), archipiélago de Gran Bretaña (Inglaterra), entre el canal de la Mancha y el de Bristol.

SCOLA (Ettore), *Trevico, Campania, 1931,* cineasta italiano. Es autor de obras donde concilia la comedia y la crítica social (*El demonio de los celos,* 1974; *Una jornada particular,* 1977; *La sala de baile,* 1983; *La familia,* 1987).

SCORSESE (Martin), *Nueva York 1942,* cineasta estadounidense. Sitúa la mayor parte de sus películas en la Norteamérica urbana y nocturna de los marginados (*Taxi Driver,* 1976; *New York, New York,* 1977; *El color del dinero,* 1986; *Godfellas,* 1990; *Casino,* 1995; *Infiltrados,* 2006, Oscar al mejor director y a la mejor película).

SCORZA (Manuel), *Lima 1928-Madrid 1983,* escritor peruano, autor de un ciclo novelístico sobre temas tradicionales andinos: *Balada (Redoble por Rancas,* 1970; *Historia de Garabombo el invisible,* 1972).

SCOTLAND, nombre inglés de *Escocia.

Scotland Yard, sede de la policía londinense, junto al Támesis, cerca del puente de Westminster. La creación de este organismo fue obra del ministro R. Peel (1829).

SCOTT (Robert Falcon), *Devonport 1868-en la Antártida 1912,* capitán y explorador británico. Dirigió dos expediciones a la Antártida (1901-1904 y 1910-1912) y murió durante el regreso de una expedición al polo sur, donde consiguió llegar poco después que R. Amundsen.

SCOTT (sir Walter), *Edimburgo 1771-Abbotsford 1832,* escritor británico. Poeta apasionado por las leyendas escocesas (*El canto del último trovador; La dama del lago*), se hizo famoso desde la publicación de *Waverley* (1814) por sus novelas históricas, que ejercieron una gran influencia en los escritores románticos (*La novia de Lammermoor; Ivanhoe; Quintín Durward; La hermosa doncella de Perth*).

SCRANTON, c. de Estados Unidos (Pennsylvania); 81 805 hab. Centro industrial.

SCRIABIN o **SKRIABIN** (Alexandr Nikoláievich), *Moscú 1872-íd. 1915,* pianista y compositor ruso. Sus obras para piano y orquesta, llenas de misticismo teosófico y de filosofía hindú, presentan interesantes investigaciones de orden armónico (*Prometeo,* o *Poema del fuego,* para piano, órgano, coro, orquesta y juego de luces, 1908-1910).

SCUTARI → ÜSKÜDAR.

SDN → Sociedad de naciones.

SEABORG (Glenn Theodore), *Ishpeming, Michigan, 1912-Lafayette, California, 1999,* químico estadounidense. Descubrió el plutonio (1941, en colaboración con McMillan), así como numerosos elementos transuránicos. (Premio Nobel 1951.)

Sea Launch, base espacial flotante que pertenece a un consorcio internacional (Estados Unidos, Rusia, Noruega y Ucrania). Es utilizada desde 1999 para lanzar, desde un punto del océano Pacífico cercano al ecuador, cohetes ruso-ucranianos Zenith.

SEARLE (John Rogers), *Denver, Colorado, 1932*, filósofo estadounidense. Es autor de una teoría que enfatiza las intenciones que caracterizan el discurso (*Actos de habla*, 1969).

SEATTLE, c. de Estados Unidos (estado de Washington); 516 259 hab. (1 972 961 hab. en la aglomeración). Puerto. Construcciones navales y aeronáuticas. Informática.— Museos.

SEBASTIÁN (san), *s. III*, mártir romano. Oficial del ejército, fue denunciado como cristiano y asaeteado. Se le representa como un joven desnudo, atado a una columna y traspasado por flechas. Patrón de los arqueros.

SEBASTIÁN (Enrique **Carvajal**, llamado), *Camargo, Chihuahua 1947*, escultor mexicano. En sus piezas, a veces monumentales, prima la geometría (*La puerta de Monterrey*).

SEBASTIANO DEL PIOMBO → **PIOMBO**.

SEBASTOPOL, c. de Ucrania, en Crimea; 366 000 hab. Puerto. Construcciones navales.
— Durante la guerra de Crimea y tras un largo asedio, la ciudad fue tomada por fuerzas francobritánicas en 1855. Fue ocupada por los alemanes en 1942.

SEBHA, oasis de Libia, en el Fezzán; 76 200 hab.

SECCHI (Angelo), *Reggio nell'Emilia 1818-Roma 1878*, jesuita y astrónomo italiano. Creador de la espectroscopia estelar, fue el primero en clasificar las estrellas según su espectro (1868).

Secesión (guerra de) [1861-1865], guerra civil de EUA que, con motivo de la supresión de la esclavitud de los negros, enfrentó a los estados esclavistas del Sur —que formaron una confederación en Richmond (*Estados confederados de América*)—, llamados confederados, secesionistas o sudistas y a los estados abolicionistas del Norte, llamados federales, unionistas o nordistas, que triunfaron. La guerra costó más de 600 000 muertos.

SECHÍN → **CERRO SECHÍN**.

SECO (Manuel), *Madrid 1928*, gramático y lexicógrafo español, autor de *Gramática esencial del español* (1972) y *Diccionario de dudas y dificultades de la lengua española* (1961), y director y coautor del *Diccionario del español actual* (1999). [Real academia 1979.]

SECUNDUS (Jan **Everaerts**, llamado Johannes), *La Haya 1511-Tournai 1536*, humanista flamenco. Fue secretario del cardenal arzobispo de Toledo y acompañó a Carlos Quinto a Túnez (1534). Sus *Basia*, pequeños poemas eróticos en latín, fueron muy imitados en el s. XVI.

seda (ruta de la), itinerario de caravanas que comunicaba la región de las capitales chinas (próximas a la actual Xi'an) con Europa. Fue abierta en el s. II a.C. y abandonada a fines del s. XIII.— Vía de intercambios culturales entre las tradiciones helenísticas (Áy-Janūm) y budista, estaba jalonada por monasterios (Bāmiyān, Taxila, Yungang, Dunhuang).

SEDÁN, en fr. **Sedan**, c. de Francia (Ardenes); 21 117 hab. Escenario de la derrota de las tropas francesas frente a las prusianas (1 sept. 1870), que comportó la caída de Napoleón III. En los inicios de la segunda guerra mundial fue el punto principal de la penetración alemana hacia el O (13 mayo 1940).

SEDANO (Alonso de), pintor castellano, activo a fines del s. XV. Su obra combina elementos del gótico hispanoflamenco y rasgos renacentistas (tesoro de la catedral de Burgos).

SEDECÍAS, *m. en Babilonia 586 a.C.*, último rey de Judá (597-587 a.C.). Tras la destrucción de Jerusalén por Nabucodonosor (587), fue deportado a Babilonia.

SEEBECK (Thomas Johann), *Reval, act. Tallinn, 1770-Berlín 1831*, físico alemán. Descubrió la termoelectricidad (1821) e inventó el polariscopio.

SEECKT (Hans **von**), *Schleswig 1866-Berlín 1936*, militar alemán. Jefe de la Reichswehr (1920-1926), reorganizó el ejército alemán.

SEFARAD, nombre bíblico (libro de Abdías) relacionado con la península Ibérica o con Asia Menor.

SEFARDÍ (Mošé) → **ALFONSO** (Pedro).

SEFERIS (Georgios **Seferiadis**, llamado Georgios), *Esmirna 1900-Atenas 1971*, diplomático y poeta griego. Conjugó los mitos antiguos con una visión sombría de la Grecia moderna (*Estrofa*, 1931; *Diario de a bordo*, 1940-1955; *Tres poemas secretos*, 1966). [Premio Nobel 1963.]

Segadores (guerra de los) → **Separación de Cataluña** (guerra de).

SEGANTINI (Giovanni), *Arco, prov. de Trento, 1858-Schafberg, Engadina, 1899*, pintor italiano. Pasó del naturalismo (escenas rurales) al neoimpresionismo y al *simbolismo.

SEGESTA, ant. c. del O de Sicilia. Aliada de Atenas y después de Cartago, fue destruida por Agatocles, tirano de Siracusa (307 a.C.). Durante las guerras púnicas fue aliada de los romanos.— Templo dórico inacabado (fines del s. V a.C.). Teatro de la época helenística.

SEGHERS (Hercules), *Haarlem 1589 o 1590-¿Amsterdam? h. 1638*, pintor y grabador neerlandés. Uno de los grandes paisajistas de su época, en sus aguafuertes combinó varios procedimientos para obtener planchas de un carácter visionario y dramático.

SEGHERS (Netty **Radvanyi**, llamada Anna), *Maguncia 1900-Berlín Este 1983*, escritora alemana. Novelista y narradora contraria al régimen nazi, después de la guerra se estableció en la RDA, donde fue una destacada figura literaria (*La séptima cruz*, 1942).

■ WALTER **SCOTT**.
(Galería nacional de retratos, Londres.)

■ ANNA **SEGHERS**.

SEGISMUNDO (san), *m. cerca de Orleans en 523*, rey de los burgundios (516-523). Hijo de Gundebaldo, renegó del arrianismo y se convirtió al catolicismo. Fue muerto por orden de Clodomiro.

SEGISMUNDO de Luxemburgo, *Nuremberg 1368-Znaim 1437*, rey de Hungría (1387-1437), de romanos (1411-1433), de Bohemia (1419-1437) y emperador germánico (1433-1437). Hizo condenar al reformador checo Jan Hus en el concilio de Constanza (1414-1418), que él mismo había convocado y que puso fin al cisma de occidente. No fue reconocido rey de Bohemia hasta 1436.

SEGISMUNDO I JAGELLÓN, llamado **el Viejo**, *Kozienice 1467-Cracovia 1548*, gran duque de Lituania y rey de Polonia (1506-1548).— **Segismundo II Augusto Jagellón**, *Cracovia 1520-Knyszyn 1572*, gran duque de Lituania y rey de Polonia (1548-1572). Preparó la unión de *Lublin (1569).— **Segismundo III Vasa**, *Gripsholm 1566-Varsovia 1632*, rey de Polonia (1587-1632) y de Suecia (1592-1599). Contribuyó al triunfo de la Contrarreforma en Polonia.

SEGÓBRIGA, ant. c. celtibérica, y más tarde romana, de la península Ibérica (mun. de Saelices, Cuenca). Aliada de Roma, fue tomada por Viriato (140-139 a.C.).— Restos arqueológicos del doble recinto amurallado y de la basílica visigoda de Cabeza del Griego (s. VI).

SEGORBE, c. de España (Castellón), cab. de p. j.; 7 839 hab. (*segorbinos, segobricenses* o *segobrigenses*). Centro agropecuario y comercial. Textiles.— Catedral e iglesia de San Pedro, góticas. Ruinas de la cartuja de Valdecristo.

SEGORBE (señorío de), antiguo título nobiliario aragonés concedido a los miembros de la casa real de Aragón. Fue establecido por Pedro III.

SÉGOU o **SEGU**, c. de Malí, junto al Níger; 88 100 hab. Puerto fluvial y centro comercial.
— Cap. de un antiguo reino bamanan.

SEGOVIA, mun. de Colombia (Antioquia); 20 862 hab. Yacimientos de cobre, plomo y cinc.

SEGOVIA, c. de España, cap. de la prov. homónima y cab. de p. j.; 54 034 hab. (*segovianos*). Asentada sobre una colina, donde excavan los ríos Eresma y Clamores. Centro administrativo y comercial. Industria ligera.— Ant. c. vaccea, conserva un acueducto romano de la época de Augusto, con dos hileras de arcos superpuestos. Del recinto amurallado sobresale el alcázar (ss. XI-XVI, reconstruido en el XIX). Iglesias románicas y mozárabes. Catedral del gótico tardío. Palacios de los ss. XV-XVI. En las afueras, monasterio del Parral (s. XV). El acueducto romano y el conjunto histórico de Segovia fueron declarados patrimonio de la humanidad (1985).

SEGOVIA, altiplano de Venezuela (Lara), asolado por constantes sequías. Agricultura de subsistencia.

SEGOVIA (provincia de), prov. de España, en Castilla y León; 6 949 km²; 146 613 hab.; cap. *Segovia*. Está situada en la Submeseta N, al SE de la cuenca del Duero, accidentada al S por las alineaciones del sistema Central (Guadarrama, Ayllón). Agricultura cerealista y ganadería (ovinos y bovinos) en las tierras llanas; explotación forestal e instalaciones turísticas en la Sierra.

SEGOVIA (Andrés), *Linares 1894-Madrid 1987*, guitarrista español. A partir de 1924 consolidó su reputación internacional, con un amplio repertorio de obras para guitarra o transcritas por él mismo para este instrumento.

SEGOVIA (Juan de), pintor castellano, activo durante la segunda mitad del s. XV, representante del gótico hispanoflamenco (tablas del retablo de Santiago de la capilla del condestable de la catedral de Toledo).

SEGOVIA (Tomás), *Valencia 1927*, escritor mexicano de origen español. Autor de poesía, de temática generalmente amorosa (*Luz de aquí*, 1958; *Figura y secuencias*, 1979; *Día a día*, 2005), ha cultivado también la novela, el teatro y el ensayo (*Premio Juan Rulfo 2005*.)

SEGRE, r. de España, afl. del Ebro (or. izq.); 265 km. Nace en la ladera N del Puigmal, en Francia; en Pons, de donde arranca el canal de Urgel, recibe al Noguera Pallaresa (or. der.), pasa por Lérida y, tras recibir el Cinca (or. der.), desemboca en el Ebro aguas arriba de Mequinenza. Centrales eléctricas de Oliana, San Lorenzo y Serós.

SEGRÈ (Emilio), *Tívoli 1905-Lafayette, California, 1989*, físico estadounidense de origen italiano. Descubrió el tecnecio (primer elemento artificial) y el ástato y en 1955 produjo con O. Chamberlain antiprotones en Berkeley. (Premio Nobel 1959.)

SEGUÍ (Antonio), *Córdoba 1934*, pintor argentino. Inscrito en la nueva figuración, su obra combina la factura expresionista con elementos de signo conceptual. Realizó ilustraciones para numerosas revistas latinoamericanas.

SEGUÍ (Salvador), llamado **el Noi del Sucre**, *Lérida 1890-Barcelona 1923*, anarcosindicalista español. Dirigente de la CNT, promovió las huelgas de 1916 y 1917. Murió asesinado.

SEGUNDO (Máximo Francisco Repilado Muñoz, llamado **Compay**), *Siboney 1907-La Habana 2003*, músico cubano. Integrante de agrupaciones como el conjunto Matamoros, en 1942 creó, con Lorenzo Hierrezuelo, Los compadres y más tarde la agrupación Compay Segundo y sus muchachos. En la década de 1990 se convirtió en el sonero más popular de su país gracias al éxito de *Chan chan* y a su participación en la película *Buena Vista Social Club* (1999).

SÉGUR (Sophie **Rostopchin**, condesa de), *San Petersburgo 1799-París 1874*, escritora francesa de origen ruso. Es autora de novelas infantiles (*Memorias de un asno*, 1860; *Las desgracias de Sofía*, 1864).

SEGURA, r. de España, en la vertiente mediterránea, que nace en Fuente Segura (Jaén) y desemboca cerca de Guardamar (Alicante); 341 km. Sus aguas se aprovechan para el regadío (40 000 ha) y la producción eléctrica (80 MW de potencia). Sus red de canales y embalses lo une al Júcar y, a través de este, al Tajo (trasvase Tajo-Segura).

SEIBO (provincia de **El**), prov. del NE de la República Dominicana; 2 989 km²; 157 900 hab.; cap. *Santa Cruz de El Seibo.*

SEIFERT (Jaroslav), *Praga 1901-íd. 1986,* poeta checo. Evolucionó desde la vanguardia «poetista» (*Sur les ondes de la T.S.F,* 1925) a un lirismo neoclásico. (Premio Nobel 1984.)

Seikan, túnel ferroviario de Japón, en parte submarino, que une las islas de Honshū y de Hokkaidō (53,8 km).

SEINE-ET-MARNE, dep. de Francia (Île-de-France); 5 915 km²; 1 193 676 hab.; cap. *Melun* (36 998 hab.).

SEINE-MARITIME, dep. de Francia (Alta Normandía); 6 278 km²; 1 239 138 hab.; cap. *Ruán.*

SEINE-SAINT-DENIS, dep. de Francia (Île-de-France); 236 km²; 1 382 861 hab.; cap. *Bobigny* (44 318 hab.).

SEIPEL (Ignaz), *Viena 1876-Pernitz 1932,* prelado y político austriaco. Presidente del Partido socialcristiano (1921), fue canciller de Austria (1922-1924 y 1926-1929).

Seis (grupo de los), asociación de seis compositores fundada en París, en 1918, por los franceses: Louis Durey, D. Milhaud, F. Poulenc, G. Auric, Germaine Tailleferre y el suizo A. Honegger, quienes, como reacción a la influencia de Debussy, tomaron como modelo a E. Satie.

SEI SHŌNAGON, *h. 965-h. 1020,* poeta japonesa. Es autora de una especie de diario (*Notas de cabecera*), primera obra maestra del género *zuihitsu* («escritos a manera de pintura»).

Seis naciones (torneo de las), competición anual de rugby que, desde 2000, enfrenta a los equipos de Inglaterra, Escocia, País de Gales, Irlanda, Francia (ant. *torneo de las Cinco naciones,* creado en 1910) e Italia.

SEISTAN → **SÍSTĀN.**

SEJANO, en lat. *Lucius Aelius Seianus, Volsini, act. Bolsena, entre 20 y 16 a. C.-31 d. C.,* político romano. Prefecto del pretorio y favorito de Tiberio, intrigó para suceder al emperador, pero éste lo hizo ejecutar.

SEKONDI-TAKORADI, c. de Ghana; 255 000 hab. Puerto.

SELA (Sistema económico latinoamericano), organismo regional latinoamericano, constituido en Panamá en 1975, con sede en Caracas, para la integración económica regional y la defensa de una política económica común.

SELENE MIT. GR. Personificación de la Luna, hija de Hiperión (el fuego astral) y hermana de Helios.

SELEUCIA, nombre de varias ciudades del oriente helenístico fundadas por Seleuco I, entre las que destacan *Seleucia de Pieria,* puerto de Antioquía, y *Seleucia del Tigris,* que eclipsó a Babilonia.

SELÉUCIDAS, dinastía helenística fundada por Seleuco I, que reinó de 312/305 a 64 a. C. Su imperio, nacido de las conquistas de Alejandro y que se extendía desde el Indo al Mediterráneo, se redujo finalmente a Siria, anexionada a Roma por Pompeyo (64 a. C.).

SELEUCO I Nicátor, *Europo, h. 355-cerca de Lisimaquia 280 a. C.,* general macedonio. Lugarteniente de Alejandro, fundador de la dinastía de los Seléucidas en 305, reconstituyó el imperio de Alejandro a excepción de Egipto y Grecia. Estableció su capital en Antioquía, junto al Orontes, en 300.

SELIM o SALIM I el Cruel, *Amasia 1466-Çorlu 1520,* sultán otomano (1512-1520). Conquistó Siria, Palestina y Egipto (1516-1517) y se hizo reconocer protector de las ciudades santas de Arabia. — *Selim* o *Salím III, Estambul 1761-íd. 1808,* sultán otomano (1789-1807). Perdió la guerra contra Austria y Rusia.

SELINONTE, ant. c. griega, en la costa SO de Sicilia, muy próspera hasta el s. v a. C. Fue destruida por los cartagineses en 409 a. C. y en 250 a. C. — Importante conjunto de templos griegos.

SELKIRK (montes), cordillera de Canadá (Columbia Británica); 3 533 m.

SELKIRK (Alexander), *Largo, Fife, 1676-en el mar 1721,* marino escocés. En 1704, tras una disputa con su capitán, fue desembarcado en la isla desierta de Más a Tierra (archipiélago de Juan Fernández), donde sobrevivió hasta 1709. — Inspiró el *Robinsón Crusoe* de Defoe.

SELLARS (Peter), *Pittsburgh 1957,* director de teatro y de ópera estadounidense. Sus montajes, que mezclan los estilos, las épocas y las culturas, suelen buscar la provocación (*Áyax,* de Sófocles; *Don Giovanni,* de Mozart).

SELVA (Salomón de la), *León 1893-París 1958,* poeta nicaragüense. Su poesía se aleja del modernismo (*El soldado desconocido,* 1922, reflejo de su experiencia como soldado en Europa; *Evocación de Horacio,* 1949; *La ilustre familia,* 1954; *Evocación de Píndaro,* 1957).

selva (El libro de la) → **libro de las tierras vírgenes** (El).

SELVA NEGRA, en alem. **Schwarzwald,** macizo montañoso de Alemania, frente a los Vosgos, de los que lo separa la llanura del Rin; 1 493 m en el Feldberg.

SELYE (Hans), *Viena 1907-Montreal 1982,* médico canadiense de origen austriaco. Realizó la primera descripción del estrés.

SELYÚCIDAS o SELYŪQUÍES, dinastía turca, que dominó en el Oriente musulmán del s. XI al XIII. El Imperio selyúcida, que se extendía por Irán, Iraq, Siria, Armenia y Asia Menor, se desmoronó en el s. XII. Tan sólo el sultanato de Rûm pervivió en Anatolia hasta 1308.

SEM, personaje bíblico. Primogénito de Noé, fue el antepasado epónimo de los semitas.

Semana trágica [26-31 julio 1909], nombre dado a la insurrección popular, en Barcelona y otras localidades catalanas, como reacción al envío de nuevas tropas a la guerra de Marruecos tras la derrota sufrida a manos de los rifeños en el Barranco del Lobo. La huelga inicial fue contestada con el estado de sitio y la ocupación de la ciudad por el ejército.

SEMARANG, c. de Indonesia, en la costa N de Java; 1 249 230 hab. Puerto.

SEMBÈNE (Ousmane), *Ziguinchor 1923-Dakar 2007,* cineasta y escritor senegalés. Autor de novelas épicas y sociales (*Harmattan*), pionero del cine africano, trató de recrear, mediante el lenguaje visual, la narrativa oral tradicional del África negra (*Muchacha negra,* 1966; *Mandabi,* 1968; *Ceddo,* 1977; *Campo de Thiaroye,* 1988; *Moolaadé,* 2004).

SEMEY, ant. **Semipalátinsk,** c. de Kazajstán, junto al Irtish; 334 700 hab. Centro industrial.

SÉMELE MIT. GR. Diosa amante de Zeus y madre de Dioniso.

SEMERU, volcán de Java, punto culminante de la isla; 3 676 m.

Seminara (batalla de) [1495], combate cerca de Seminara (Reggio Calabria) en el que las tropas francesas del gobernador de Calabria derrotaron a las españolas del Gran Capitán. — batalla de **Seminara** (1503), victoria del Gran Capitán sobre los franceses, que aseguró a los españoles la posesión de Calabria.

SEMIPALÁTINSK → SEMEY.

SEMÍRAMIS, reina legendaria de Asiria, a quien la tradición griega atribuye la fundación de Babilonia y sus jardines colgantes (una de las siete *Maravillas del mundo antiguo*).

SEMMELWEIS (Ignác Fülöp), *Buda 1818-Viena 1865,* médico húngaro. Preconizó la asepsia en el parto y reconoció, antes que Pasteur, el carácter infeccioso de la fiebre puerperal.

SEMMERING, puerto de los Alpes austriacos; 980 m. Es utilizado por la carretera y el ferrocarril (patrimonio de la humanidad 1998) de Viena a Trieste y a Zagreb.

Sempach (batalla de) [9 julio 1386], victoria de los suizos de la Confederación de los ocho cantones sobre el duque de Austria, en Sempach (cantón de Lucerna). Significó para Austria el hundimiento de su poder en Suiza.

SEMPÉ (Jean-Jacques), *Burdeos 1932,* dibujante de humor francés. Agudo y tierno, critica el absurdo de la vida actual con su personaje El pequeño Nicolás (creado con R. Goscinny).

SEMPERE (Eusebio), *Onil 1924-íd. 1985,* pintor, escultor y grabador español. Pintor representante del op art en España, también destacan sus esculturas móviles.

SEMPRÚN (Jorge), *Madrid 1923,* político y escritor español en lenguas francesa y española. Republicano deportado a Buchenwald en 1943, dirigente del Partido comunista en el exilio (1953-1964), sus experiencias ante los totalitarismos nutren sus novelas (*La segunda muerte de Ramón Mercader,* 1969; *La escritura o la vida,* 1996; *Veinte años y un día,* 2003) y memorias. También ha escrito guiones cinematográficos (*Z* y *La confesión,* de Costa-Gavras). Fue ministro de cultura de España (1988-1991). [Academia Goncourt 1996.]

■ JORGE
SEMPRÚN

■ RAMÓN J.
SENDER

ŠEM ṬOB (rabí), llamado también **Santos de Carrión,** escritor hebraicoespañol del s. XIV. Debe su fama a *Proverbios morales,* su única obra escrita en español, de carácter sapiencial, en la que exhorta al rey Pedro I a la benevolencia para la comunidad judía.

SEN (Amartya Kumar), *Santiniketan, Bengala, 1933,* economista indio. Ha desarrollado la teoría de la elección social y se ha interesado por el análisis del nivel de vida de los pueblos, con la propuesta de los índices de medición del desarrollo (*índice de desarrollo humano,* o *IDH*) y de la pobreza. (Premio Nobel 1998.)

SEN (Mrinal), *Faridpur, Bangladesh, 1923,* cineasta indio. Precursor del «nuevo cine indio» con *El señor Shome* (1969), es un crítico radical de la sociedad de su país (*Calcutta 71,* 1972; *Las ruinas,* 1984; *De pronto un día,* 1989).

SENA, en fr. **Seine,** r. de Francia, que riega la mayor parte de la Cuenca de París; 776 km. Nace en la meseta de Langres (471 m de alt.), atraviesa el S de la Champaña y París, y desemboca, en forma de estuario, en el canal de la Mancha, al S de El Havre.

SENAHÚ, mun. de Guatemala (Alta Verapaz), avenado por el Candelaria; 27 214 hab. Café. Vacunos.

SENANAYAKE (Don Stephen), *Colombo 1884-íd. 1952,* político cingalés. Primer ministro (1947), continuó en el cargo (1948-1952) tras la independencia de Ceilán (1948).

SENAQUERIB, rey de Asiria (705-680 a. C.). Mantuvo la hegemonía asiria a pesar de los ataques de los medos y los arameos. Arrasó Babilonia (689 a. C.), que había recuperado su independencia. Emprendió grandes obras en Nínive, la capital de su reino.

SENDAI, c. de Japón (Honshū); 918 398 hab. Metrópoli del N de la isla. — Templo (s. XVII).

SENDER (Ramón José), *Chalamera, Huesca, 1901-San Diego, EUA, 1982,* escritor español. Sus novelas, realistas y satíricas, tratan de la guerra civil (*Réquiem por un campesino español,* 1960), temas americanos (*La aventura equinoccial de Lope de Aguirre,* 1968), evocación autobiográfica (*Crónica del alba,* 1942) y fabulaciones alegórico-simbólicas (*En la vida de Ignacio Morel,* 1969).

Sendero luminoso, organización terrorista peruana de tendencia maoísta, fundada por Abimael Guzmán en 1978.

SENDIC (Raúl), *Montevideo 1925-París 1989,* político uruguayo. Fundador de la guerrilla Tupamaros, activa en la década de 1970, pasó catorce años en prisión. Tras la dictadura, fundó el Movimiento por la tierra.

SÉNECA, en lat. **Lucius Annaeus Seneca,** llamado **Séneca el Viejo** o el **Retórico,** *Córdoba h. 60 a. C.-Roma h. 39 d. C.,* escritor latino. Es autor de *Controversias,* valiosos documentos sobre la educación oratoria en el s. I.

SÉNECA, en lat. **Lucius Annaeus Seneca,** llamado **Séneca el filósofo,** *Córdoba h. 4 a.C.-65 d.C.,* filósofo latino. Hijo de Séneca el Viejo y senador durante el reinado de Calígula, fue preceptor de Nerón. Estuvo implicado en la conjura de Pisón y se cortó las venas por orden del emperador.— Su ideario estoico, que exalta la autosuficiencia del individuo y pone como ideal al varón fuerte capaz de sobreponerse para alcanzar la paz del ánimo *(De la tranquilidad del alma),* ejerció una considerable influencia en el pensamiento posterior. De su obra conservada destacan sus tratados filosóficos *(Diálogos; La clemencia),* obras de tono moral y sus nueve tragedias *(Hércules furioso; Las troyanas; Las fenicias; Medea; Fedra; Edipo; Agamenón; Tiestes,* y *Hércules en el Eta).*

SENEFELDER (Aloys), *Praga 1771-Munich 1834,* dramaturgo e inventor austríaco. Descubrió la técnica de la litografía (1796-1799) al intentar imprimirse sus propias obras.

SENEGAL, r. de África que nace en Futa Ŷallon y desemboca en el Atlántico; 1 700 km. Forma frontera entre Mauritania y Senegal. El delta fue declarado reserva de la biosfera en 2005.

SENEGAL, estado de África occidental, junto al Atlántico; 197 000 km²; 8 530 000 hab. *(senegaleses).* CAP. *Dakar.* LENGUA: *francés.* MONEDA: *franco CFA.*

INSTITUCIONES

República de régimen semipresidencial. Constitución de 2001. Presidente de la república, elegido cada 5 años, que designa al primer ministro. Asamblea nacional, elegida para 5 años.

GEOGRAFÍA

Senegal es un país llano, de clima tropical bastante seco (la mayor parte del país se encuentra en el Sahara). La población, formada por grupos variados (los uolof constituyen la etnia dominante) y mayoritariamente islamizada está concentrada en el O del país. Los dos tercios de la población activa se dedican a la agricultura (maní, arroz, mijo), la ganadería y la pesca. La industria se encuentra localizada en la península de Cabo Verde. El subsuelo es rico en fosfatos y se está empezando a aprovechar el potencial hidroeléctrico. El turismo no consigue paliar el déficit comercial.

HISTORIA

Los orígenes y la época colonial. El país, poblado desde la prehistoria, conoció el paso de poblaciones sucesivas y el mestizaje. Entre los reinos que aparecieron a partir del s. IX, el primero del que se tiene constancia fue el de Tekrur (que tomó el nombre de Fouta en el s. XIV), que fue progresivamente islamizado y avasallado por Malí. En el s. XIV se constituyó el reino Dyolof. **H. 1456:** el veneciano Ca' da Mosto llegó a las islas de Cabo Verde por cuenta de Portugal, que instaló factorías en las costas (Rufisque). **S. XVI:** los holandeses fundaron la factoría de Gorea; el reino Dyolof se dividió en varios estados. **S. XVII:** los franceses fundaron Saint-Louis (1659) y ocuparon Gorea (1677). **1854-1865:** el general Faidherbe emprendió la conquista del interior del país. **1857:** creación de Dakar. **1879-1890:** Francia conquistó todo el país. **1895:** Senegal, integrado en el África Occidental Francesa, cuyo gobierno general fue fijado en Dakar, recibió un estatuto privilegiado. Los habitantes de las «cuatro comunas» (Saint-Louis, Dakar, Rufisque y Gorea) recibieron la nacionalidad francesa y la colonia tuvo representación parlamentaria.

El Senegal independiente. 1958: después de un referéndum, Senegal se convirtió en una república autónoma en el seno de la comunidad francesa. **1959-1960:** formó con Malí una efímera federación. **1960:** accedió a la independencia y su primer presidente fue Léopold S. Senghor. **1963:** tras unas revueltas, los partidos de la oposición quedaron prohibidos. **1976:** una enmienda constitucional instituyó un sistema tripartito. **A partir de 1980:** surgió un movimiento separatista en Casamance. **1981:** Senghor dimitió y Abdou Diouf, primer ministro desde 1970, lo sucedió en el poder; se legalizó el multipartidismo. **1982:** el país formó con Gambia la Confederación de Senegambia (suspendida en 1989). **1989-1992:** enfrentamientos étnicos entre senegaleses y mauritanos provocaron una fuerte tensión entre am-

bos países. **2000:** vencedor de las elecciones presidenciales frente a Abdou Diouf, el liberal Abdulaye Wade, jefe de la oposición, accedió a la jefatura del estado (reelegido en 2007).

SENEGAMBIA, confederación formada por Senegal y Gambia de 1982 a 1989.

SENGHOR (Léopold Sédar), *Joal 1906-Verson, Francia, 2001,* político y escritor senegalés. Fue presidente de Senegal desde la independencia del país (1960) hasta que se retiró en 1980. Publicó ensayos y colecciones de poemas *(Etiópicas,* 1956; *Nocturnos,* 1961).

■ SÉNECA.
(Casa Rubens, Amberes)

■ LÉOPOLD SÉDAR SENGHOR

SENGUERR, r. de Argentina, en la Patagonia (Chubut), emisario de los lagos La Plata y Fontana; en su último tramo forma dos brazos que desembocan en los lagos Musters y Colhué-Huapí; 338 km.

SENNA (Ayrton), *São Paulo 1960-San Marino 1994,* corredor automovilístico brasileño. Fue campeón del mundo de fórmula 1 en 1988, 1990 y 1991. Murió tras un accidente en el Gran premio de San Marino, en Imola.

SENNETT (Michael Sinnott, llamado Mack), *Richmond, Quebec, 1880-Hollywood 1960,* cineasta estadounidense. Uno de los grandes creadores del cine cómico, produjo y dirigió numerosos cortometrajes de humor. En 1912 fundó la Keystone Company plataforma de estrellas cómicas del cine mudo como *Cha-plin,* *Langdon, Fatty Arbuckle* o W. C. *Fields.*

SENSUNTEPEQUE, c. de El Salvador, cap. del dep. de Cabañas; 31 739 hab. Agricultura y ganadería. Cobre. Industria (cerámica, vidrio y aguardiente).

sentimiento trágico de la vida (Del), obra filosófica de Miguel de Unamuno (1913), cuyo título completo es *Del sentimiento trágico de la vida en los hombres y en los pueblos.* Pone de relieve la contradicción «trágica» entre las vertientes pasional y pensante del hombre (conflictos fe-razón y tiempo-eternidad).

SENUSRET → SESOSTRIS.

Señor Presidente (El), novela de M. Á. Asturias (1946), inspirada en el dictador guatemalteco Estrada Cabrera.

SEOANE (Luis), *Buenos Aires 1910-La Coruña 1979,* pintor, grabador y escritor español en lengua gallega. Su plástica tiende al expresionismo y la abstracción (murales en Buenos Aires). Su obra poética es de carácter testimonial *(Hato de exiliado,* 1952)

SEO DE URGEL, en cat. **La Seu d'Urgell,** c. de España (Lérida), cab. de p. j.; 10 943 hab. (*urgelenses o urgelitanos*). Centro comercial e industrial; turismo.— Catedral románica (S. XII). — Residencia de los condes de Urgel y fortaleza militar desde la edad media. El obispo de Seo de Urgel es copríncipe de Andorra junto con el presidente francés desde 1278.

Separación de Cataluña (guerra de) [1640-1652], alzamiento secesionista catalán contra la monarquía española, también llamado *guerra de los Segadores.* La oposición entre el conde-duque de Olivares y los órganos de gobierno catalanes con respecto a la contribución de Cataluña al estado, y la posterior actuación del ejército mercenario castellano en Cataluña en la guerra contra Francia (1635), provocaron la sublevación de los campesinos (1640), que tomaron Barcelona *(Corpus de sangre)* y asesinaron al virrey. Pau Claris se alió con Francia contra Felipe IV, pero la caída de Barcelona (1652) puso fin a la contienda. Por el tratado de los Pirineos (1659) Francia obtuvo el Rosellón y parte de la Cerdaña.

Separación de Portugal (guerra de) [1640-1668], conflicto bélico desatado por la secesión de Portugal de la corona española, que enfrentó a este país y sus aliados (Inglaterra, Provincias Unidas, Francia, Suecia y Dinamarca) con España. En 1668 se firmó la paz y se reconoció la independencia portuguesa.

SEPTENTRIONAL (altiplanicie), región de México (Chihuahua, Durango y parte de Coahuila, Zacatecas y San Luis Potosí), entre las sierras Madre oriental y occidental, y el río Bravo al N. Es la porción N del altiplano Mexicano.

OCÉANO ATLÁNTICO

MAURITANIA

ARCH. DE CABO VERDE
Islas de Barlovento

SENEGAL

DAKAR

MALÍ

GUINEA-BISSAU

GUINEA

Senegal-Gambia-Cabo Verde

50 km

50	100	200 m

★ lugar de interés turístico
— carretera
—— ferrocarril
✈ aeropuerto

● más de 1 500 000 hab.
● de 100 000 a 1 500 000 hab.
● de 20 000 a 100 000 hab.
● menos de 20 000 hab.

septiembre de 1714 (11 de), fecha en que las tropas de Felipe V, bajo el mando del duque de Berwick, tomaron Barcelona en la guerra de Sucesión.— Desde 1886 este día es la fiesta nacional de Cataluña *(diada)*.

septiembre de 2001 (atentados del 11 de), ataques lanzados contra el territorio de Estados Unidos y cuya responsabilidad fue reivindicada por Osama Bin Laden y su red terrorista islamista al-Qaeda. Cuatro aviones comerciales estadounidenses fueron desviados de sus rutas por comandos suicidas; dos fueron precipitados contra las torres gemelas del World Trade Center (que se derrumbaron), en Nueva York, uno —cuyo objetivo se desconoce— se estrelló en Pennsylvania y otro, sobre el Pentágono, en Washington, causando en total cerca de 3 000 víctimas. Estos atentados, retransmitidos en directo por televisión, provocaron una grave conmoción en Estados Unidos y en el mundo entero.

SEPTIMANIA, ant. región costera de la Galia meridional, entre el Ródano y los Pirineos, en la que se asentaron los visigodos en el s. v. Invadida por los musulmanes (725), fue anexionada al reino franco (759).

SEPTIMIO SEVERO, en lat. **Lucius Septimius Severus Pertinax,** *Leptis Magna 146-Eburacum, act. York, 211,* emperador romano (193-211). Coronado por las legiones de Iliria, gobernó como autócrata. Tomó Mesopotamia a los partos y fortificó la frontera N de Bretaña. Favoreció los cultos orientales.

SEPÚLVEDA, v. de España (Segovia), cab. de p. j.; 1 318 hab. *(sepulvedanos).* Ruinas del castillo. Iglesias románicas de El Salvador, Virgen de la Peña y San Justo.— El conde Sancho García le dio un fuero latino, ratificado por Alfonso VI (1076) y modelo de otras ciudades.

SEPÚLVEDA (Juan Ginés de), *Pozoblanco h. 1490-íd. 1573,* historiador y eclesiástico español. Cronista de Carlos Quinto, se opuso al padre Las Casas.

SEPÚLVEDA (Luis), *Ovalle 1949,* escritor chileno. Con un estilo poético, evoca vivencias y lugares en sus novelas, libros de relatos y crónicas *(Un viejo que leía novelas de amor,* 1988; *Patagonia Express,* 1995; *La sombra de lo que fuimos,* 2009).

SERAFÍ (Pere), *¿h. 1505?-Barcelona 1567,* pintor y poeta español en lengua catalana. Su obra pictórica es renacentista. Como poeta, combinó la línea renacentista con la tradicional culta catalana medieval.

Serafines (orden de los), orden de caballería sueca, creada en el s. XIII y reorganizada en 1748 por el rey Federico I.

Serapeum, necrópolis excavada cerca de Menfis, en Egipto, que encierra en sus galerías subterráneas los sarcófagos de bueyes Apis. Fue descubierta (1850-1851) por A. Mariette y en ella se hallaron estelas, sarcófagos y un mobiliario funerario del Imperio nuevo.

SERAPIS o **SARAPIS,** dios cuyo culto, instituido en Egipto a fines del s. IV a.C., reunía las religiones griega (Zeus) y egipcia (Osiris).

SERBAN (Andreï), *Bucarest 1943,* director de teatro rumano. Puso en escena tragedias clásicas en griego antiguo y en latín *(Medea; Electra; Las troyanas)* y óperas.

SERBIA o **SERVIA,** en serbio **Srbija,** estado de la Europa balcánica; 77 474 km² (Vojvodina incluida); 7 411 569 hab. *(serbios* o *servios).* CAP. Belgrado. LENGUA: serbio. MONEDA: dinar.

INSTITUCIONES

República de régimen semipresidencial. Constitución de 2006. El presidente de la república es elegido por sufragio universal por 5 años. La asamblea nacional (que elige al primer ministro, a propuesta del presidente) es elegida por sufragio universal por 4 años.

GEOGRAFÍA

Este país de colinas, de montañas medias y de llanuras está irrigado por el Danubio y sus afluentes. Aparte de sus actividades agrícolas (sobre todo cereales en la rica llanura del norte), posee recursos mineros (lignito, cobre, plomo) y una industria (metalurgia, siderurgia, química, agroalimentaria) desarrollada sobre todo en la región de Belgrado y en el eje del Morava (Niš y Kragujevac). La población, ma-

Serbia-Kosovo

200   500   1 500 m

★ lugar de interés turístico

═══ autopista
─── carretera
─── ferrocarril
─ ─ límite de región
✈ aeropuerto

● más de 1 000 000 hab.
● de 100 000 a 1 000 000 hab.
● de 50 000 a 100 000 hab.
● menos de 50 000 hab.

yoritariamente serbia y ortodoxa, incluye una importante minoría húngara en Vojvodina, en el norte del país.

HISTORIA

La Serbia medieval y otomana. La región, poblada por ilirios, tracios y luego celtas, se integró en el s. II a.C. en el Imperio romano. **Ss. VI-VII:** fue sometida por los eslavos. **2ª mitad del s. IX:** bajo la influencia de Bizancio, los serbios fueron cristianizados. **H. 1170-h. 1196:** Esteban Nemanja emancipó el país de la tutela bizantina. **1217:** su hijo Esteban I Nemanjić (h. 1196-1227) se convirtió en rey y creó la Iglesia serbia independiente. **1321-1331:** Esteban VIII aseguró la hegemonía serbia en los Balcanes. **1331-1355:** Esteban IX Dušan dominó Macedonia y Tesalia y tomó el título de zar (1346). **1389:** los serbios fueron derrotados por los turcos en Kosovo. **1389-1459:** un principado de Serbia, vasallo de los otomanos, subsistió gracias al apoyo de los húngaros. **1459:** Serbia se integró en el Imperio otomano. **Ss. XV-XIX:** para evitar el yugo otomano, algunos serbios se unieron a las «fuera de la ley» *(haïduks),* y otros huyeron hacia el N, hacia Hungría o el Adriático. La Iglesia serbia mantuvo la cultura nacional. **1690:** los serbios abandonaron Kosovo para establecerse en Vojvodina.

La liberación y la independencia. 1804-1813: los serbios se rebelaron en Karagjorje. **1815:** Miloš Obrenović fue reconocido príncipe de Serbia por los otomanos. **1830:** obtuvo la autonomía total. **1842-1889:** sangrientas luchas enfrentaron a los Karagjorjević y los Obrenović, que se alternaron en el poder. **1867:** las últimas tropas turcas evacuaron el país. **1878:** Serbia obtuvo su independencia en el congreso de Berlín. **1882:** Milan Obrenović fue proclamado rey. **1889:** abdicó en hijo Alejandro. **1903:** asesinato de Alejandro Obrenović; lo sucedió Pe-

dro Karagjorjević (1903-1921). Se acercó a Rusia. **1908:** tuvo que aceptar la anexión de Bosnia-Herzegovina a Austria. **1912-1913:** Serbia participó en las dos guerras balcánicas y obtuvo la mayor parte de Macedonia. **1914:** tras el atentado de Sarajevo, Serbia rechazó el ultimátum austriaco, hecho que desencadenó la primera guerra mundial. **1915-1918:** el país fue ocupado por las potencias centrales y Bulgaria.

Serbia en el seno de Yugoslavia. 1918: se creó el reino de los Serbios, Croatas y Eslovenos. **1921:** Alejandro Karagjorjević, que había asumido la regencia, se convirtió en rey. **1929:** el reino adoptó el nombre de Yugoslavia. **1945:** Serbia constituyó una de las repúblicas federadas de Yugoslavia. Numerosos serbios vivían fuera de la república de Serbia, particularmente en Croacia (Eslavonia, Krajina) y en Bosnia-Herzegovina. **1986:** Slobodan Milošević se convirtió en presidente de la Liga comunista serbia. **1989:** una revisión de la constitución redujo la autonomía de Kosovo y de Vojvodina. **1990:** S. Milošević fue elegido presidente de la república. **1991-1992:** favorable al mantenimiento de la federación yugoslava, Serbia se opuso a la independencia de Eslovenia, de Croacia (hizo intervenir al ejército federal junto a las milicias serbias de Croacia), de Bosnia-Herzegovina (apoyó a los serbios, partidarios de la partición del país) y de Macedonia. Finalmente, decidió formar, junto a Montenegro, la República federal de Yugoslavia (abril 1992), contra la cual la ONU decretó un embargo. S. Milošević fue reelegido (dic.). **1995:** tras la firma de los acuerdos de Dayton sobre Bosnia-Herzegovina (el presidente Milošević negoció en nombre de los serbios de Bosnia), se levantó el embargo. **1997:** S. Milošević renunció a la presidencia de Serbia para hacerse elegir al frente de Yugoslavia. **1999:** tras infligir a los separatistas albaneses de Kosovo una represión violenta, acompañada de limpieza étnica, Serbia se vio sometida a bombardeos aéreos de la OTAN (marzo-junio). Kosovo quedó emplazado provisionalmente bajo administración internacional. **2000:** Serbia restableció relaciones con la comunidad internacional tras la marcha de Milošević (al que sucedió Vojislav Koštunica). **2003:** al término de un acuerdo entre Belgrado y Podgorica, una nueva constitución transformó Yugoslavia en una nueva federación renovada con el nombre de Serbia y Montenegro. **2004:** V. Koštunica se convirtió en primer ministro de Serbia (hasta 2008). Boris Tadić fue elegido presidente. **La «pequeña Serbia». 2006:** la unión entre Serbia y Montenegro llegó a su fin, al elegir este último recuperar su independencia (junio). **2008:** B. Tadić fue reelegido jefe del estado. Serbia recusó totalmente la proclamación unilateral de independencia de *Kosovo (febr.). El Partido demócrata, proeuropeo, del presidente Tadić ganó las elecciones legislativas (mayo).

SERBIA Y MONTENEGRO, nombre adoptado de 2003 a 2006 (fin de la unión entre Serbia y Montenegro) por la República federal de *Yugoslavia.

SEREGNI (**Líber**), *Montevideo 1916-íd. 2004,* militar y político uruguayo. General opuesto a los militares golpistas, fue candidato a la presidencia por el Frente amplio en 1971. Durante la dictadura, fue encarcelado.

SEREMBAN, c. de Malaysia; 136 000 hab.

SERENA (La), c. de Chile, cap. de la región de Coquimbo; 120 245 hab. Puerto exportador; astilleros. Fundición de cobre. Central térmica. Turismo (balneario Peñuelas). — Museo arqueológico.

Serena (**embalse de La**), embalse de España (Badajoz, Ciudad Real y Córdoba), en el río Zújar.

SERENGETI (**parque nacional del**), el mayor parque nacional de Tanzania (15 000 km²), al NO del país. (Reserva de la biosfera 1981; patrimonio de la humanidad 1994.)

SERGIO, *m. en 638,* patriarca de Constantinopla (610-638). Consejero de Heraclio I, fue el inspirador del monotelismo.

SERGIO Rádonezhski o **de Rádonezh** (**san**), *cerca de Rostov h. 1321-monasterio de la Trinidad y de San Sergio, Serguéi Posad, 1391,* santo ortodoxo y patriota ruso. Convirtió el monasterio de la Trinidad y de San Sergio en el centro del renacimiento nacional y religioso ruso.

SERGIPE, estado del NE de Brasil; 1 492 400 hab.; cap. *Aracajú.*

SERGUÉI POSAD, de 1930 a 1991 **Zagorsk,** c. de Rusia, al N de Moscú; 115 600 hab. Monasterio de la Trinidad y de San Sergio (ss. XV-XVIII).

SERLIO (**Sebastiano**), *Bolonia 1475-Lyon o Fontainebleau 1554 o 1555,* arquitecto italiano. Autor de un importante tratado de arquitectura, en 1541 se trasladó a Francia, donde trabajó en el palacio de *Fontainebleau.

SERNA (**Enrique**), *México 1959,* escritor mexicano. Es autor de novelas de tono irónico (*Uno soñaba que era rey,* 1989; *El miedo a los animales,* 1998; *Fruta verde,* 2006) o históricas (*El seductor de la patria,* 1999; *Ángeles del abismo,* 2004), y de libros de cuentos (*Amores de segunda mano,* 1994; *El orgasmógrafo,* 2001).

SERPA PINTO (**Alexandro Alberto da Rocha**), *Tendaes 1846-Lisboa 1900,* explorador portugués. Exploró el curso superior del Zambeze y colonizó Mozambique y Angola.

SÉRPUJOV, c. de Rusia, al S de Moscú; 144 000 hab. Centro de investigaciones nucleares.

SERRA, familia de pintores catalanes de la segunda mitad del s. XIV, autores de la estructura del retablo pletórico gótico. **Jaume** y **Pere,** únicos con obra conservada, representan la pintura italogótica catalana, narrativa y delicada (vinculada a la de los Lorenzetti).

SERRA (**Miguel Serra y Ferrer,** en religión **beato** o **fray Junípero**), *Petra, Mallorca, 1713-San Carlos de Monterrey, California, 1784,* religioso y colonizador español. Ingresó en los franciscanos de Palma de Mallorca en 1730 y fue ordenado en 1738. En 1749 fue enviado a Nueva España, desde la que partió en 1769 hacia la Alta California en la expedición de Gaspar de Portolá; allí fundó las misiones de San Diego (1769), San Carlos de Monterrey (1770), San Francisco (1776) y Santa Clara (act. Los Ángeles). Fue beatificado en 1988.

SERRA (**Richard**), *San Francisco 1939,* escultor estadounidense. Cercano, en sus inicios, al arte povera, trabaja con materiales de origen industrial como el caucho vulcanizado (*Belts,* 1966-1967) o el plomo en fusión. Con el acero, aborda un arte monumental (*Torqued Ellipses,* desde 1996).

SÉRRAI, c. de Grecia, en Macedonia; 50 875 hab.

SERRALLONGA (**Joan Sala i**), *Viladrau, Gerona, 1592-Barcelona 1634,* bandolero español. Tuvo en jaque a los virreyes durante los reinados de Felipe III y Felipe IV. Ejecutado, su figura pasó al folclore y la literatura catalanes.

SERRANO (**Emilio**), *Vitoria 1850-Madrid 1939,* compositor español, autor de óperas (*Mitrídates,* 1882; *Gonzalo de Córdoba,* 1898), zarzuelas (*La Bejarana,* 1924) y música instrumental.

SERRANO (**Francisco**), **duque de la Torre,** *Isla de León, act. San Fernando, 1810-Madrid, 1885,* militar y político español. Apoyó a Espartero en 1840 y 1854, pero también los movimientos en su contra de 1842 y 1856. Presidente del gobierno y regente tras la caída de Isabel II (1868), fue también presidente del gobierno con Amadeo I (1871, 1872). Respaldó el golpe de estado de Pavía contra la primera república y presidió el ejecutivo (en.-dic. 1874).

SERRANO (**Jorge**), *Guatemala 1945,* político guatemalteco. Cercano a Ríos Montt, en 1986 fundó el Movimiento de acción solidaria (MAS). Elegido presidente en 1991, tras disolver el parlamento (1993), intentó establecer una dictadura, pero fue depuesto por el ejército.

SERRANO (**José**), *Sueca 1873-Madrid 1941,* compositor español, autor de zarzuelas muy populares (*La reina mora,* 1903; *La canción del olvido,* 1916; *La Dolorosa,* 1930)

SERRANO (**José Mariano**), *Chuquisaca 1788-1851,* político boliviano. Representante de Chuquisaca, firmó el acta de independencia argentina (1816) y presidió la asamblea en la que se proclamó la de Bolivia (1825).

SERRANO (**Pablo**), *Crivillén 1908-Madrid 1985,* escultor español. Tras una etapa inicial ligada al informalismo, su obra muestra a partir de la década de 1960 un interés por las relaciones lleno-vacío y el «espacio interior» (series *Lumínicas* y *Hombres con puerta*).

SERRANO PONCELA (**Segundo**), *Madrid 1912-Caracas 1976,* escritor español, autor de ensayos y narraciones (*Seis relatos y uno más,* 1954; *El hombre de la cruz verde,* 1970).

SERRANO SÚÑER (**Ramón**), *Cartagena 1901-Madrid 2003,* político español. Dirigente de la CEDA, cuñado de Franco, participó en los primeros gobiernos de este (1939-1942). Defendió la alineación con el Eje e impulsó la División azul. Escribió unas *Memorias* (1977).

SERRAT (**Joan Manuel**), *Barcelona 1943,* cantautor español en lenguas castellana y catalana. Integrante de la *nova cançó* catalana, en sus canciones conjuga vivencias íntimas y una visión agridulce de la sociedad.

SERRATO (**José**), *Montevideo 1868-íd. 1960,* político y economista uruguayo. Miembro del Partido colorado, fue presidente (1923-1927). Es autor de *Problemas económicos* (1902).

SERRE (**Jean-Pierre**), *Bages, Pyrénées-Orientales, 1926,* matemático francés. Ha estudiado la teoría de los números y la topología algebraica y reformulado la teoría de los espacios analíticos complejos de H. Cartan de 1952. (Medalla Fields 1954; premio Abel 2003.)

SERRES (**Michel**), *Agen 1930,* filósofo francés. Historiador de la ciencia, estudia los problemas de la comunicación y ha definido una filosofía dirigida a la sensibilidad y a la inteligencia conceptual (*El contrato natural,* 1990).

SERT (**José María**), *Barcelona 1874-París 1945,* pintor español. Muralista, su estilo es imaginativo pero ligado a la tradición (catedral de Vic; hotel Waldorf Astoria y Rockefeller Center, Nueva York). También realizó decorados para los ballets rusos de Diaguilev. — **Josep Lluís S.,** *Barcelona 1902-íd. 1983,* arquitecto español nacionalizado estadounidense, sobrino de José María. Formado con Le Corbusier y cofundador del GATEPAC, fusionó racionalismo y tradición mediterránea (pabellón español de la exposición internacional de París de 1937; fundación Miró, Barcelona).

SERTORIO (**Quinto**), *Nursia 123-Osca, act. Huesca, 72 a.C.,* general romano. Lugarteniente de Mario, pretor de Hispania Citerior (83 a.C.), Sila lo proscribió. Llamado por los lusitanos, dirigió la resistencia frente a Roma (80) hasta su derrota ante Cneo Pompeyo (75). Fue asesinado por Manio Antonio en un complot encabezado por su lugarteniente Perpenna.

SÉRUSIER (**Paul**), *París 1864-Morlaix 1927,* pintor y teórico francés. Difundió las ideas de Gauguin y fue un teórico nabi.

SERVANDONI (**Giovanni Niccolò**), *Florencia 1695-París 1766,* arquitecto y decorador italiano. Se estableció en París h. 1728. Muy barroco en sus decoraciones, como arquitecto fue uno de los primeros en rechazar este estilo (fachada de la iglesia San Sulpicio, París).

SERVET (**Miguel**), *Villanueva de Sigena, Huesca, 1511-Ginebra 1553,* médico y teólogo español. Notable seguidor del humanismo científico, escribió obras sobre teología, geografía y fisiología. En *De Trinitatis erroribus* (1531) expuso la doctrina unitaria de la Trinidad, condenada por católicos y por protestantes. En un tratado teológico, *Christianismi restitutio* (1553), al tratar de la introducción del espíritu divino en la sangre, señaló la existencia de la circulación pulmonar, la mayor contribución a la fisiología del s. XVI. Huyendo de la Inquisición, fue prendido por Calvino y condenado a la hoguera.

SERVIA → **SERBIA.**

servicios distinguidos (orden de) → **Distinguished Service Order.**

SERVIO TULIO, *según la tradición 578-535 a.C.,* sexto rey legendario de Roma. Se le atribuyen la división de la sociedad romana en centurias y las murallas de las siete colinas.

ser y el tiempo (**El**), obra de Heidegger (1927), en la que el autor propone sustituir la metafísica por una auténtica reflexión ontológica sobre el ser.

ser y la nada (**El**), obra filosófica de J.-P. Sartre (1943), que analiza los problemas de la existencia del hombre en sus relaciones con el mundo (temporalidad y libertad), fundamento de la doctrina existencialista.

SESOSTRIS o **SENUSRET,** nombre de tres faraones egipcios de la XII dinastía (ss. XX-XIX a.C.). — **Sesostris III,** *h. 1887 a.C.,* faraón egipcio de la XII dinastía. Realizó expediciones a Siria y a Nubia, donde fundó factorías egipcias hasta la tercera catarata.

SESSÉ (**Martín de**), *Baraguás, Huesca, 1751-Madrid 1808,* médico y botánico español. Director de la Real expedición botánica a Nueva España y del Jardín botánico de México (1788-1803), reunió un herbario de unas 3 000 plantas. Es autor, con J. M. Mociño, de *Plantae novae Hispaniae* (publicada en 1893) y de *Flora mexicana* (publicada en 1894).

SESSHŪ, *prov. de Okayama 1420-Yamaguchi 1506,* monje pintor japonés. Lirismo japonés, realismo matizado y espiritualidad china se funden en la obra de este creador del paisaje en Japón (*Paisaje de Ama nō Hashidate*).

SESTAO, mun. de España (Vizcaya); 32 852 hab. (*sestaotarras*). Centro industrial en la margen izquierda de la ría de Bilbao.

SESTO SAN GIOVANNI, c. de Italia (Lombardía), en el área industrial del N de Milán; 85 175 hab.

SESTRIERE, estación de deportes de invierno de Italia (Piamonte); alt. 2 033.

SET o **SETH,** dios egipcio que simboliza el valor pero también las fuerzas del mal (sentía celos de su hermano Osiris).

SET, personaje bíblico, tercer hijo de Adán y Eva, hermano de Caín y Abel.

SÈTE, c. de Francia (Hérault), junto al Mediterráneo; 41 916 hab. Escuela de hidrografía. Puerto. — Museo Paul Valéry.

Setenta (**versión de los**), la más antigua traducción griega de la Biblia hebrea, realizada entre 250 y 130 a.C. por los judíos de Alejandría de lengua griega. Según la leyenda, 70 (o 72) traductores, cada uno de los cuales trabajaba por su cuenta, habrían dado un texto idéntico. Fue utilizada por la Iglesia antigua.

SETI I, *1294-1279 a.C.,* faraón de la XIX dinastía. Padre de Ramsés II, reconquistó Siria.

SETTAT, c. de Marruecos; 65 000 hab.

SETÚBAL, c. de Portugal, en la or. N del estuario del Sado; 83 548 hab. Puerto. — Ant. monasterio de Jesús (iglesia gótica y manuelina del s. XV; museo). — Conquista del duque de Alba (1580), fue francesa (1807-1808).

SEU D'URGELL (La) → SEO DE URGEL.

SEÚL, SÖUL o **KYÖNGSON,** cap. de Corea del Sur; 10 612 277 hab. Centro administrativo e industrial. — Museo nacional.

■ **SEÚL.** La puerta sur (reconstruida en los ss. XIX-XX) de las antiguas murallas del s. XVI, antes del incendio que sufrió en 2008.

SEURAT (Georges), *París 1859-íd. 1891,* pintor y dibujante francés. Iniciador del divisionismo, trató de reconstruir, según una armonía de base científica, la forma, que Monet disolvía: *El baño* (1884), *Un domingo de verano en la Grande Jatte* (1884-1885), *Las modelos* (1888). Fue, con Signac, uno de los fundadores del Salón de los independientes (1884).

SEVÁN (lago), r. de Armenia; 1 416 km².

SEVERINI (Gino), *Cortona, prov. de Arezzo, 1883-París 1966,* pintor italiano. En 1906 se instaló en París, donde fue representante del futurismo y se interesó por el cubismo. Desde 1920 se consagró al arte sacro y al mosaico.

SEVERINO (san), *m. h. 482,* apóstol de Nórica originario de Oriente. Fundó numerosos monasterios en la región del Danubio. Su cuerpo se venera en Nápoles.

SEVERN, r. de Gran Bretaña, que desemboca en un largo estuario que prolonga el canal de Bristol (Atlántico); 290 km.

SEVERO, en lat. *Flavius Valerius Severus, en Iliria-Roma 307,* emperador romano (306-307). Fue nombrado césar por Diocleciano y luego elevado al rango de augusto por Galero. Majencio lo venció y le dio muerte.

SEVERO ALEJANDRO, en lat. **Marcus Aurelius Severus Alexander,** *Arca Caesarea, Fenicia, 205 o 208-Germania 235,* emperador romano (222-235). Acabó con la amenaza persa (232) y luchó contra los germanos (234). Fue muerto a raíz de una revuelta militar.

SEVEROS (los), dinastía romana (193 235) a la que pertenecieron los emperadores Septimio Severo, Caracalla, Geta, Heliogábalo y Severo Alejandro. A su reinado le sucedió la anarquía militar (235-284).

SEVESO, c. de Italia (Lombardía), al N de Milán; 17 672 hab. Contaminación química (dioxina) en 1976.

SÉVIGNÉ (Marie de Rabutin-Chantal, marquesa de), *París 1626-Grignan 1696,* escritora francesa. Sus *Cartas,* escritas a su hija durante más de treinta años, describen las costumbres.

SEVILLA, mun. de Colombia (Valle del Cauca); 50 825 hab. Minería (cobre, mercurio).

SEVILLA, c. de España, cap. de Andalucía, cap. de la prov. homónima y cab. de p. j.; 700 716 hab. *(sevillanos).* Primer centro industrial, político-administrativo y de servicios de Andalucía. Puerto fluvial en el Guadalquivir. Aeropuerto. Turismo. — De la época musulmana conserva restos de las murallas, la *Giralda,* la torre del *Oro,* y una parte del alcázar, reformado por los reyes cristianos (Reales Alcázares) [patrimonio de la humanidad 1987]. Sobresalen la grandiosa catedral gótica (s. XV), con rico te-

soro catedralicio (tablas alfonsíes), y numerosas iglesias barrocas, así como el ayuntamiento plateresco, el archivo de Indias (ant. Lonja) [patrimonio de la humanidad 1987], la casa de Pilatos (s. XVI), la casa de las Dueñas (s. XV), el hospital de los Venerables (sala de exposiciones), el hospital de las Cinco llagas (parlamento andaluz) y el palacio de San Telmo (s. XVII), la antigua fábrica de tabacos (s. XVIII) y los edificios y realizaciones urbanísticas de la exposición iberoamericana de 1929 (plaza de España y parque de María Luisa) y de la universal de 1992 (isla de la Cartuja, puentes). Museos: de Bellas artes, Arqueológico, de Arte contemporáneo, del palacio de Lebrija, etc. — Fundada por los turdetanos, *Hispalis* vivió un auge en época romana y visigoda. Formó una taifa musulmana (reino de *Sevilla, 1035-1248). Fue punto de partida y llegada de las expediciones de América hasta 1717.

SEVILLA (provincia de), prov. de España, en Andalucía; 14 001 km²; 1 734 917 hab.; cap. *Sevilla.* En el valle del Guadalquivir, jalonado por marismas en su tramo final. Agricultura de secano en el N y centro (cereales, olivo, vid) y de regadío en las marismas (arroz, remolacha). Reses bravas. Minería (carbón, cobre, cinc, plomo). Industrias en la capital.

SEVILLA (reino de), entidad política surgida tras la caída del califato de Córdoba (1035). Dirigido por los Abadíes, sufrió las invasiones almorávid y almohade, hasta que fue conquistado por Fernando III de Castilla (1248).

SEVILLA (Juan de), *Granada 1643-íd. 1695,* pintor español, representante del barroco granadino *(Inmaculada,* museo de Granada).

SEVILLA DEL ORO, ant. c. de la audiencia de Quito, fundada por Juan de Salinas (s. XVI). Fue devastada en un ataque de los indios jíbaros.

SÈVRES, c. de Francia (Hauts-de-Seine); 22 754 hab. Oficina internacional de pesos y medidas. — Manufactura real de porcelana fundada en 1756. Museo nacional de cerámica.

Sèvres (tratado de) [10 ag. 1920], tratado firmado tras la primera guerra mundial entre el Imperio otomano y los Aliados, por el que el primero reconoció su derrota y perdía cuatro quintas partes de sus antiguos territorios. Se revisó en 1923 por el tratado de *Lausana.

SEWELL, ant. c. minera de Chile, situada en la falda del cerro Negro, en los Andes, a 64 km de Rancagua. Construida a principios del s. XX, fue el principal campamento del yacimiento El *Teniente hasta su abandono en la década de 1970. Act. museo al aire libre. Arquitectura muy llamativa y adaptada al medio. (Patrimonio de la humanidad 2006.)

SEXI, ant. c. de la península Ibérica (act. *Almuñécar),* fundada por los fenicios (s. VIII a.C.) y ocupada por los cartagineses (s. VI a.C.).

SEX PISTOLS (The), grupo de rock británico (1975-1978). Integrado por el cantante Johnny Rotten, los bajistas Glen Matlock y después Sid Vicious, el guitarrista Steve John y el batería Paul Cook, promovió la música punk *(Never Mind the Bollocks,* 1977).

SEXTO EMPÍRICO, *¿Mitilene? s. II-III d C.,* filósofo, astrónomo y médico griego. Vivió en Alejandría y Atenas. Desarrolló un escepticismo práctico en las ciencias; en medicina, preconizó la observación de los fenómenos patológicos para la elección de los remedios.

SEYCHELLES, estado insular de África, en el océano Índico; 410 km²; 74 000 hab. *(seychellenses).* CAP. Victoria. LENGUAS: criollo, francés e inglés. MONEDA: *rupia de las Seychelles.* (V. mapa de **Madagascar.**) Es un archipiélago formado por unas 30 islas y unos 60 islotes. La isla principal es Mahé. Son coralinas o graníticas, de clima seco con estaciones húmedas, cuyo recurso principal es el turismo. — El archipiélago, ocupado por los franceses en 1756, pasó a control británico en 1814. Desde 1976 forma un estado independiente, miembro de la Commonwealth, presidido por France-Albert René (1977-2004) y James Michel (desde 2004).

SEYMOUR (Edward), duque de **Somerset,** *h. 1500-Londres 1552,* estadista inglés. Hermano de Juana Seymour, regente de su sobrino Eduardo VI, consolidó la reforma protestante y ayudó a las clases populares. Fue derrocado por Dudley y ejecutado.

SEYMOUR (Juana) → JUANA SEYMOUR.

SFAX, c. de Túnez, en el golfo de Gabes; 232 000 hab. Puerto. Exportación de fosfatos. — Murallas del s. IX. Gran mezquita (ss. IX-XI).

SFORZA, segunda dinastía ducal de Milán (1450-1535), que lleva el sobrenombre de su fundador. — **Muzio** o **Giacomo Attendolo,** llamado **S.,** *Cotignola 1369-cerca de Pescara 1424,* condotiero italiano. Sirvió sobre todo a los Visconti de Milán y a la reina Juana II de Nápoles. — **Francisco I S.,** *San Miniato 1401-Milán 1466,* gobernante italiano. Hijo de Muzio Attendolo, se casó con la hija de Felipe María Visconti y se hizo proclamar duque en 1450. — **Juan Galeazzo S.,** *Abbiategrasso 1469-Pavía 1494,* gobernante italiano. Nieto de Francisco I Sforza, reinó bajo la regencia de su madre. Fue desposeído por su tío Ludovico (→ **Ludovico Sforza el Moro**). — **Maximiliano S.,** *1493-París 1530,* gobernante italiano. Hijo de Ludovico el Moro, duque en 1512, fue derrotado en Marignano (1515) y tuvo que ceder sus estados a Francisco I de Francia. — **Francisco II S.,** *1492 o 1495-1535,* gobernante italiano. Segundo hijo de Ludovico el Moro, recuperó su ducado gracias a Carlos Quinto, a quien lo legó a su muerte.

SHAANXI o **SHEN-SI,** prov. del N China; 30 882 000 hab.; cap. *Xi'an.*

SHABA → KATANGA.

SHACHE → YARKAND.

SHACKLETON (sir Ernest), *Kilkee, Irlanda, 1874-Georgia del Sur 1922,* explorador británico. Intentó llegar al polo sur (1907-1915).

SHAFTESBURY (Anthony Ashley Cooper, conde de), *Wimborne 1621-Amsterdam 1683,* estadista inglés. Jefe de la oposición whig a Carlos II y partidario de Monmouth, tuvo que huir a Holanda en 1682.

SHÄJAHÄNPUR, c. de la India (Uttar Pradesh); 260 260 hab.

SHAJTI, c. de Rusia, en el Donbass; 224 000 hab. Hulla.

SHAKESPEARE (William), *Stratford-on-Avon 1564-íd. 1616,* poeta dramático inglés. Se dispone de tan poca información precisa sobre su vida, que algunos le han negado la paternidad de su obra y consideran que prestó su nombre a personajes ilustres como Francis Bacon o el conde de Oxford. Sin embargo, se sabe que era hijo de un comerciante arruinado, que se casó a los 18 años y que, en 1594, era actor y accionista de la compañía The Lord Chamberlain's Men. Hacia 1598 se instaló en el teatro del Globo y, hacia 1613, se retiró a Stratford. Su obra, que comprende poemas *(Venus y Adonis)* y una recopilación de sonetos, es esencialmente dramática. En su teatro se pueden distinguir tres períodos: la juventud (1590-1600), marcada por un entusiasmo muy isabelino y que es la época de las comedias ligeras y los frescos históricos *(Enrique VI; *Ricardo III; La fierecilla domada; *Romeo y Julieta; El sueño de una noche de verano; El mercader de Venecia; Mucho ruido y pocas nueces; Julio César; Las alegres comadres de Windsor; Como gustéis; Noche de Reyes);* una segunda época (1600-1608) en la que, por efecto de algunas decepciones políticas y personales, se alternan las grandes tragedias con algunas comedias (*Hamlet; *Otelo; *Macbeth; El *rey Lear; Antonio y Cleopatra; Coriolano; Timón de Atenas),* y a partir de 1608, el último período, un retorno al sosiego con las obras *Cimbelino; El cuento de invierno; La tempestad.* Su teatro deslumbra por la variedad y el vigor del estilo, por la abundancia de los personajes y su diversidad social y psicológica y por el dominio de la construcción dramática.

SHALAMOV (Varlam Tijonovich), *Vologda 1907-Moscú 1982,* escritor soviético. Sus *Relatos de Kolymá* denuncian el horror de los gulag.

SHAMASH, dios mesopotámico que, asimilado al sol, gobierna la justicia y la adivinación.

SHAMIR (Ytzhak), *Ruzinoy, Polonia oriental, 1915,* político israelí. Jefe del *Likud (1983-1993) y ministro de asuntos exteriores (1980-1986), fue dos veces primer ministro (1983-1984; 1986-1992).

SHAMPA o **CHAMPA,** reino hindú de Indochina central, fundado en 192 en la región de Hué y que fue absorbido paulatinamente por Vietnam a partir del 1471; desapareció en 1822. — Mi Son fue el principal centro religioso.

SHAN (estado de los) o **ESTADO SHAN**, estado del E de Birmania; 3 726 000 hab.

SHANDONG, prov. de China oriental; 83 430 000 hab.; cap. *Jinan.*

SHANGHAI, c. de China, junto al río Huangpu, en la desembocadura del Yangzi Jiang; 12 887 000 hab. en el distrito municipal, que cubre 6 000 km² y depende del gobierno central. Primer puerto de China y uno de los primeros del mundo, y principal centro industrial del país (química, metalurgia, construcciones eléctricas, textil y alimentación). — Museo de arte e historia, reinstalado en 1995.

SHANGRAO, c. de China, al E de Nanchang; 665 000 hab.

SHANKAR (Rāvi), *Benarés 1920*, compositor e instrumentista de sitar indio. Virtuoso del sitar, ha dado a conocer fuera de su país la música culta india y el arte del raga. Es autor de conciertos para sitar y ballets.

SHANNON, principal r. de Irlanda, tributario del Atlántico; 368 km. Forma varios lagos.

SHANNON (Claude Elwood), *Gaylord, Michigan, 1916-Medford, Massachusetts, 2001*, matemático estadounidense. Es autor, junto con W. Weawer, de *Teoría matemática de la comunicación* (1949). Sus trabajos tienen aplicaciones importantes en la inteligencia artificial.

SHANTOU, SHAN-T'EU o **SWATOW**, c. de China (Guangdong); 718 000 hab. Puerto.

SHANXI o **SHAN-SI**, prov. del N de China; 28 759 000 hab.; cap. *Taiyuan.* Minas de hierro y de carbón.

SHAPE (Supreme Headquarters Allied Powers Europe), cuartel general de la OTAN en Europa. Instalado en 1951 en Rocquencourt (Francia), su sede fue transferida, en 1967, a Casteau (al n. del mun. de Mons, Bélgica) al retirarse Francia del mando militar integrado.

SHAPLEY (Harlow), *Nashville, Missouri, 1885-Boulder, Colorado, 1972*, astrofísico estadounidense. Calibró la relación período-luminosidad de las cefeidas, y pudo determinar así la distancia de numerosos conjuntos globulares y precisar la estructura de la Galaxia.

SHÁPOSHNIKOV (Borís Mijáilovich), *Zlatoúst 1882-Moscú 1945*, militar soviético. Jefe de estado mayor del *Ejército rojo* (1937-1942), fue consejero militar de Stalin.

SHARAKU o **TOSHUSAI SHARAKU**, dibujante de estampas japonés, activo en Edo en 1794 y 1795. Es famoso por sus retratos de actores, de sobria técnica y riqueza psicológica.

SHARON, llanura del litoral del estado de Israel, al S del monte Carmelo.

SHARON (Ariel), *Kefar Malal 1928*, general y político israelí. Participó, en puestos de mando, en las guerras árabe-israelíes. Ministro en varias ocasiones a partir de 1977, líder del Likud (desde 1999), en 2001 fue nombrado primer ministro, pero poco después de abandonar el Likud para formar un nuevo partido, Kadima (nov. 2005), su carrera política se vio brutalmente interrumpida en en. 2006 por un grave accidente de salud.

SHAW (George Bernard), *Dublín 1856-Ayot Saint Lawrence, Hertfordshire, 1950*, escritor irlandés. Autor de novelas y ensayos, destaca por sus obras de teatro (*Héroes*, 1894; *Pigmalión*, 1913; *Santa Juana*, 1923), donde, con hábiles intrigas y chispeantes diálogos, combate

con cáustica ironía los tabúes de la sociedad. (Premio Nobel 1925.)

SHAWN (Ted), *Kansas City, Missouri, 1891-Orlando, Florida, 1972*, bailarín y coreógrafo estadounidense. Fue uno de los fundadores de la «modern dance» norteamericana.

SHA YAHĀN, *Lahore 1592-Agra 1666*, soberano mongol de la India (1628-1658). Mandó construir el Tāy Mahall.

SHEBELI o **SIBELI**, r. de Etiopía y de Somalia, tributario del océano Índico; 1 900 km aprox.

SHEFFIELD, c. de Gran Bretaña (Inglaterra); 536 000 hab. Museos. — Museos.

SHELLEY (Percy Bysshe), *Field Place, Sussex, 1792-en el golfo de La Spezia 1822*, poeta británico. Es autor de ensayos, poemas (*La reina Mab; Oda al viento del oeste*) y dramas (*Los Cenci; Prometeo liberado*), en los que la inspiración romántica se combina con la fascinación por la naturaleza y las ideas de Platón. — **Mary Wollstonecraft**, llamada **Mary S.**, *Londres 1797-íd. 1851*, escritora británica, esposa de P.B. Shelley. Es autora de la novela gótica *Frankenstein o el Prometeo moderno* (1818).

SHENYANG, ant. **Mukden**, c. de China, cap. de Liaoning; 4 400 000 hab. Metrópolis del NE de China, centro administrativo, universitario e industrial. — Palacio y mausoleos imperiales (s. xvii).

SHENZEN o **SHEN-CHEN**, c. de China (Guangdong), cerca de Hong Kong; 1 500 000 hab. Centro industrial.

SHEN ZHOU o **SHEN-CHEU**, *Suzhou 1427-1509*, pintor chino. El más destacado pintor de la escuela Wu (escuela de letras de Suzhou), su obra incorpora a los maestros del pasado.

SHEPARD (Alan Bartlett), *East Derry, New Hampshire, 1923-Monterrey, California, 1998*, piloto y astronauta estadounidense. Fue el primer estadounidense enviado al espacio (5 mayo 1961, a bordo de una cabina Mercury).

SHEPP (Archie), *Fort Lauderdale 1937*, saxofonista y compositor de jazz estadounidense. Exponente del free jazz, integró rhythm and blues, bop y música electrónica (*Malcom, Malcom, Semper Malcom*, 1965; *Mama Rose*, 1982).

SHERATON (Thomas), *Stockton on Tees, Durham, 1751-Londres 1806*, ebanista y decorador británico. Publicó antologías de diseños influidos por los estilos Adam y Luis XVI.

Sheremétievo, aeropuerto internacional de Moscú.

SHERIDAN (Richard Brinsley), *Dublín 1751-Londres 1816*, dramaturgo y político británico. Autor de comedias (*Los rivales; La escuela de la maledicencia*), fue ministro whig.

SHERMAN (William), *Lancaster, Ohio, 1820-Nueva York 1891*, militar estadounidense. Jefe nordista en la guerra de Secesión, es famoso por su gran marcha hacia el mar desde Tennessee a Savannah (1864).

SHERRINGTON (sir Charles Scott), *Londres 1875-Eastbourne 1952*, fisiólogo británico. Recibió el premio Nobel en 1932 por sus investigaciones sobre el sistema nervioso.

SHETLAND o **ZETLAND**, archipiélago de Gran Bretaña, al N de Escocia; 1 433 km²; 22 522 hab.; cap. *Lerwick.* Terminal petrolera (Sullom Voe).

SHETLAND DEL SUR (islas), archipiélago del Atlántico sur de la península Antártica. En Chile pertenece a la Provincia Antártica Chilena, en la xii Región de Magallanes y de la Antártica Chilena. Base de operaciones para flotas pesqueras.

SHEVARDNADZE (Eduard), *Mamati 1928*, político georgiano. Ministro de asuntos exteriores de la URSS (1985-1990 y nov.-dic. 1991), fue elegido presidente del consejo de estado de Georgia (marzo 1992) y del parlamento (oct.), ejerciendo así la función de jefe de estado. Presidente de la república desde 1995, tuvo que dimitir en 2003 tras ganar unas elecciones consideradas fraudulentas.

SHEVCHENKO → AKTAU.

SHEVCHENKO (Tarás Grigorievich), *Morintsi, act. Zvenígorod, 1814-San Petersburgo 1861*, poeta ucraniano. Promotor de las ideas democráticas, está considerado el padre de la literatura nacional ucraniana.

Shiji (*Memorias históricas*), historia de China redactada por Sima Qian hacia fines del s. ii y principios del s. i a.C. Consta de *Anales, Cuadros cronológicos*, monografías y biografías.

SHIJIAZHUANG, c. de China, cap. de Hebei; 1 070 000 hab. Nudo ferroviario y centro industrial.

Shijing, antología de poemas chinos antiguos, compuestos entre los ss. vi y iii a.C. Recoge cantos populares, protocolarios y religiosos, cuya selección se atribuye a Confucio.

SHIKOKU, isla de Japón, al S de Honshū; 18 800 km²; 4 195 069 hab.

SHILLONG, c. de la India, cap. de Meghalaya, en la *meseta de Shillong*; 222 273 hab.

SHIMAZAKI TŌSON, *Magome 1872-Ōiso 1943*, escritor japonés. Poeta romántico en sus inicios, fue el principal representante de la novela naturalista (*Felonía*, 1906).

SHIMIZU, c. de Japón (Honshū), 241 523 hab. Puerto.

SHIMONOSEKI o **SIMONOSEKI**, c. de Japón (Honshū), en el *estrecho de Shimonoseki*, que separa Honshū de Kyūshū; 262 635 hab. Puerto.

Shimonoseki (tratado de) [17 abril 1895], tratado firmado entre Japón y China al final de la guerra chino-japonesa (1894-1895). Vencida, China reconoció la independencia de Corea y cedió Formosa (Taiwán) a Japón.

SHIMOSE (Pedro), *Riberalta 1940*, poeta boliviano. Su obra testimonia con ironía las inquietudes dominantes en la sociedad contemporánea (*Poemas para un pueblo*, 1968; *Quiero escribir, pero me sale espuma*, 1972, premio Casa de las Américas; *Caducidad del fuego*, 1975; *Al pie de la letra*, 1976). También es autor de cuentos (*El Coco se llama Drilo*, 1976).

Shinkansen, nombre que designa el tren de alta velocidad japonés y la red ferroviaria construida específicamente para la circulación del mismo, inaugurada en 1964.

SHISHA PANGMA → XIXABANGMA.

SHI TAO, *prov. de Guangxi 1641-m. h. 1720*, pintor, calígrafo, poeta y teórico chino. Inventivo «individualista» de la época Qing, es autor de un *Discurso sobre la pintura.*

SHIZUOKA, c. de Japón (Honshū); 472 196 hab. Centro comercial e industrial.

SHKODËR o **SHKODRA**, c. de Albania septentrional, junto al *lago de Shkodër*; 81 800 hab. Ciudadela medieval.

SHLONSKY (Abraham), *Kremenchuk, Ucrania, 1900-Tel-Aviv 1973*, poeta israelí. Influido por el simbolismo y el modernismo, fue uno de los adalides de la poesía israelí moderna (*Las piedras de la roca; El libro de las escalas*).

Shoah, palabra hebrea que significa «aniquilación» y con la que se designa el exterminio de cerca de seis millones de judíos por los nazis durante la segunda guerra mundial.

SHOCKLEY (William), *Londres 1910-Palo Alto 1989*, físico y técnico estadounidense. Sus estudios sobre los semiconductores condujeron a la realización de los transistores. (Premio Nobel 1956.)

SHOLAPUR, c. de la India (Mahārāshtra); 620 499 hab.

SHOLES (Christopher Latham), *Mooresburg, Pennsylvania, 1819-Milwaukee, 1890*, inventor

■ WILLIAM **SHAKESPEARE**, por L. Coblitz (1847).

■ **SHANGHAI**. El antiguo barrio de las «concesiones internacionales» (s. xix) a orillas del Huangpu.

estadounidense. Inventó junto con S. Soulé y C. Glidden la máquina de escribir (1867), que fue fabricada por P.Remington.

SHÓLOJOV (Mijaíl Alexándrovich), *Vechénskaia, Ucrania, 1905-íd. 1984*, escritor soviético en lengua rusa. Es autor de *El Don apacible* (1928-1940) y de *Campos roturados* (1932-1960), novelas épicas sobre la revolución rusa y la colectivización. [Premio Nobel 1965.]

SHO OYU → CHO OYU.

SHOSTAKÓVICH (Dimitri), *San Petersburgo 1906-Moscú 1975*, compositor soviético. Escribió obras de inspiración nacional, bandas sonoras de películas, quince sinfonías, música para piano y de cámara y óperas.

SHÖTOKU TAISHI, *573-622*, título póstumo dado al príncipe Umayado, regente de Japón (600-622). Favoreció el budismo e hizo entrar a Japón en la órbita cultural de China.

SHREVEPORT, c. de Estados Unidos (Luisiana); 198 525 hab.

SHREWSBURY, c. de Gran Bretaña (Inglaterra), cap. del condado de Shropshire, a orillas del Severn; 56 200 hab. Iglesias y mansiones medievales.

SHUISKI, familia noble rusa (ss. XV-XVII), separada del poder por Iván IV. Dio a Rusia un zar, Basilio Shuiski.

SHUMWAY (Norman Edward), *Kalamazoo, Michigan, 1923-Palo Alto 2006*, cirujano estadounidense. Fue un precursor de la cirugía a corazón abierto y de los trasplantes de corazón.

SIALKOT, c. de Pakistán, al N de Lahore; 296 000 hab.

SIAM → TAILANDIA.

SIAM (golfo de), ant. nombre del golfo de Tailandia.

SIAN KA'AN, región costera de la península de Yucatán (México); 5 000 km² aprox. Bosque tropical, manglar y arrecifes de coral. Fauna (felinos, mono araña). — Yacimientos mayas. (Reserva de la biosfera 1987.)

SIBATÉ, mun. de Colombia (Cundinamarca); 20 049 hab. Agricultura.

ŠIBELI → SHEBELI.

SIBELIUS (Johan Julius Christian, llamado Jan), *Hämeenlinna 1865-Järvenpää 1957*, compositor finlandés. De rica inspiración, compuso un concierto para violín, siete sinfonías, poemas sinfónicos *(Tapiola)* y música de escena de carácter romántico.

SIBERIA, parte septentrional de Asia, entre los Urales y el Pacífico.

GEOGRAFÍA

Siberia es casi exclusivamente rusa (entra en Kazajstán). Las mesetas entre el Yeniséi y el Liena separan la región O, baja y pantanosa, de la E, montañosa. El rigor del clima, con inviernos muy fríos y largos, se exacerba con la longitud y la latitud. El clima y la disposición del relieve explican la sucesión zonal de la vegetación: tundra, taiga y estepa. Las condiciones climáticas limitan la agricultura (aunque las estepas del SO están parcialmente explotadas) y han dificultado el poblamiento. Este (25 millones de hab. aprox.), iniciado con la construcción del *transiberiano, se ha desarrollado con rapidez, pero localmente, con la explotación de importantes recursos mineros (especialmente el carbón de Kuzbass), la construcción de grandes centrales hidráulicas (Bratsk, Krasnoiarsk) y la extracción de hidrocarburos, que han favorecido la implantación de la industria pesada.

HISTORIA

A partir de fines del s. III a.C., las poblaciones mongoles y turcas sustituyeron a las autóctonas. **1428**: nacimiento del kanato mongol de Siberia, a consecuencia del desmembramiento de la Horda de Oro. **H. 1582**: comienzo de la colonización rusa. **1598**: los cosacos destruyeron el kanato. **1639**: los rusos llegaron al mar de Ojotsk. **1860**: China reconoció el dominio ruso sobre los territorios de Amur y del Ussuri. **1891-1916**: la construcción del transiberiano permitió revalorizar el S de Siberia.

SIBIU, c. de Rumania, en Transilvania; 169 696 hab. Restos medievales. Museos.

SIBIUDA (Ramon), también conocido como **Ramón Sabunde**, *¿Barcelona o Gerona?-Toulouse 1436*, filósofo, teólogo y médico catalán.

Próximo a las ideas de Llull, en *Theologia naturalis seu liber creaturarum* (1434-1436) defendió la contemplación de la naturaleza y del hombre como vía a las verdades reveladas.

SICA (Vittorio de), *Sora, Frosinone, 1901-París 1974*, actor y cineasta italiano. Representante del neorrealismo, entre sus realizaciones destacan *El *ladrón de bicicletas* (1948), *Milagro en Milán* (1951), *Matrimonio a la italiana* (1964) y *El jardín de los Finzi-Contini* (1970).

SICHUAN, provincia de China; 569 000 km²; 107 218 000 hab.; cap. *Chengdu*. Es la provincia más poblada de China.

SICILIA, isla de Italia, en el Mediterráneo; 25 708 km²; 4 961 383 hab. *(sicilianos);* cap. *Palermo*. 9 prov. *(Agrigento, Caltanissetta, Catania, Enna, Mesina, Palermo, Ragusa, Siracusa y Trapani).*

GEOGRAFÍA

El N de la isla, prolongación de los Apeninos, es montañoso, parcialmente volcánico (Etna) y bastante húmedo. El centro y el S, más secos, están formados por colinas. El litoral, donde se encuentran las ciudades principales (Palermo, Catania y Mesina), está jalonado por pequeñas llanuras. La densidad de población sigue siendo elevada a pesar de la emigración. La agricultura está diversificada; la industria se mantiene poco desarrollada y el turismo está en auge.

HISTORIA

La prehistoria y la antigüedad. III-II milenio: Sicilia estuvo poblada por los sicanos (en el O) y los sículos (en el E). **S. IX a.C.:** los fenicios la colonizaron. **S. VIII:** los griegos establecieron en la costa oriental factorías comerciales y colonias de poblamiento. **Ss. V-IV:** Siracusa, fundada por Corinto (h. 734), fue la principal ciudad de la isla, sobre la que ejerció su hegemonía. **212 a.C.:** tras la primera guerra púnica, Roma conquistó Sicilia, y la convirtió en su principal granero. Augusto instaló colonias (Palermo, Siracusa, Catania, etc.).
La edad media. S. v d.C.: la isla sufrió sucesivamente las incursiones de los vándalos y de los ostrogodos. **535:** Belisario reconquistó Sicilia para Bizancio. **Ss. IX-XI:** la conquista árabe la transformó en un emirato próspero y convirtió a Palermo en un brillante centro de cultura islámica. **1061-1091:** Roger de Hauteville, hermano de Roberto Guiscardo, estableció el dominio normando sobre la isla. **S. XII:** Sicilia se convirtió en el centro de una monarquía rica y poderosa, que extendió sus posesiones fuera de la isla y desarrolló una civilización brillante y diversificada. **1194-1250:** con la dinastía imperial de los Hohenstaufen, y especialmente con Federico II (1197-1250), la cultura siciliana mantuvo su esplendor. **1266:** el papa coronó rey de Sicilia a Carlos I Anjou, hermano de Luis IX. **1282:** tras levantarse contra la dominación francesa durante las Vísperas sicilianas, la isla fue conquistada por Pedro III de Aragón. La Sicilia aragonesa (insular) se separó de la Sicilia peninsular (o reino de Nápoles). **1442:** Alfonso el Magnánimo, rey de la Corona de Aragón y de Sicilia, constituyó oficial-

■ **SIENA.** La plaza del Campo; al fondo, la catedral.

mente con la corona de Nápoles y Sicilia el reino de las Dos Sicilias.
La época moderna y contemporánea. 1458: separada de Nápoles, Sicilia siguió perteneciendo a Aragón. **1713:** la isla fue adjudicada a la casa de Saboya. **1718:** esta la cedió a los Habsburgo a cambio de Cerdeña. **1734:** se reconstituyó el reino de las Dos Sicilias con los Borbones de España. **1860:** tras la invasión de la isla por las tropas de Garibaldi (expedición de los Mil) y la revuelta que ello suscitó, Sicilia se incorporó mediante plebiscito al reino de Italia. **1948:** castigada por la pobreza y la Mafia, recibió un estatuto especial de autonomía.

SICILIA (José María), *Madrid 1954*, pintor español. Interesado por las texturas y el color, su obra ha evolucionado desde el neoexpresionismo hacia una abstracción contenida y sutil. (Premio Nacional de artes plásticas 1989.)

SICIÓN, ant. c. de Grecia (Peloponeso). Conoció un período brillante de 650 a 570 a.C. y en tiempos de la liga *Aquea (s. III a.C.). — Ruinas de las épocas helenística y romana.

SICO, r. de Honduras, que irriga el NE del país. Desemboca en el Caribe.

SICUANI, c. de Perú (Cuzco); 32 541 hab. Centro agropecuario. Industria alimentaria. Textiles.

sí de las niñas (El), comedia en prosa de Leandro Fernández de Moratín (1806), sobre la libertad amorosa.

SIDI BEL ABBES, c. de Argelia, cap. de vilayato; 187 000 hab. Guarnición de la Legión extranjera francesa (1843-1962).

SIDI IFNI → IFNI.

SIDNEY (sir Philip), *Penshurst 1554-Arnhem 1586*, escritor inglés, autor de sonetos y de una novela pastoril y caballeresca (*La Arcadia*, 1590).

SIDÓN, c. de Fenicia, capital de un reino cananeo (del s. XV a.C.) rival de Tiro. Conoció su apogeo del s. XII al X a.C. y fue destruida por los asirios (677) y por los persas (343). — Importantes necrópolis.

SIDONIO APOLINAR (san), *Lyon h. 431-Clermont-Ferrand h. 487*, obispo galorromano. Fue prefecto de Roma. Elegido obispo de Clermont, defendió Auvernia de los visigodos. Dejó una importante obra poética y epistolar.

SIEGBAHN (Manne), *Örebro 1886-Estocolmo 1978*, físico sueco. Estudió los espectros de los rayos X y en 1925 descubrió su refracción. (Premio Nobel 1924.) — **Kai S.**, *Lund 1918-Angelholm, al NE de Helsingborg, 2007*, físico sueco. Hijo de Manne, inventó un dispositivo que permite el análisis químico fino de la superficie de un material gracias a los rayos X. (Premio Nobel 1981.)

SIEGEN, c. de Alemania (Rin del Norte-Westfalia); 111 845 hab. Centro industrial. — Monumentos antiguos.

SIEMENS, familia de ingenieros e industriales alemanes. — **Werner von S.**, *Lenthe, cerca de Hannover, 1816-Berlín 1892*. Instaló el primer tendido telegráfico europeo entre Berlín y Frankfurt (1848-1849), y realizó la primera locomotora eléctrica (1879). — **Wilhelm S.**, después sir William Siemens, *Lenthe 1823-Londres 1883*, metalúrgico británico de origen alemán. Hermano de Werner, emigró a Gran Bretaña (1844), donde perfeccionó el procedimiento de elaboración de acero. — **Friedrich S.**, *Menzendorf 1826-Dresde 1904*, ingeniero alemán. Hermano de Werner y de Wilhelm, ideó con este último el horno de regeneración para la fundición de acero y vidrio (1856).

Siemens, sociedad alemana de construcciones eléctricas fundada en Berlín en 1847. Es uno de los principales grupos del mundo en su sector.

SIENA, c. de Italia (Toscana), cap. de prov.; 56 969 hab. *(sieneses)*. Arzobispado. — El aspecto actual de su casco viejo es aún el de los ss. XII y XIV. Catedral de los ss. XIII-XIV (púlpito de Nicola Pisano, pavimento historiado y numerosas obras de arte). En la plaza del Campo, en forma de abanico, se halla el palacio comunal (s. XIV), con un alto campanile (frescos de S. Martini y A. Lorenzetti); otras iglesias y palacios. Museos de la Obra de la catedral (*Maestà* de Duccio); Pinacoteca. (Patrimonio de la humanidad 1995.)

SIENKIEWICZ (Henryk), *Wola Okrzejska 1846-Veney, Suiza, 1916*, escritor polaco. Es autor de novelas históricas (*¿Quo Vadis?*, 1896). [Pre mio Nobel 1905.]

SIERO, mun. de España (Asturias), cab. de p. j.; 47 360 hab.; cap. *Pola de Siero* o *La Pola*. Ganadería (lácteos). Minería (fluorita). Siderurgia.

SIERPINSKI (Wacław), *Varsovia 1882-íd. 1969*, matemático polaco. Principal representante de la escuela matemática polaca moderna, contribuyó al progreso de la teoría de los conjuntos, de la topología y de los fundamentos lógicos de las matemáticas.

SIERRA (Terencio), *Comayagua 1849-Tegucigalpa 1907*, general y político hondureño. Sirvió a las órdenes de P. Bonilla y fue presidente de la república de 1899 a 1903.

SIERRA LEONA, estado de África occidental, en el Atlántico; 72 000 km²; 4 620 000 hab. CAP. *Freetown*. I FNGUA: *inglés*. MONEDA: *león*.

GEOGRAFÍA

En este país, formado sobre todo por llanuras y mesetas, próximo al ecuador y de clima tropical húmedo, predominan las industrias extractivas (hierro, bauxita y diamantes) sobre los cultivos comerciales (café y cacao). El islam se ha extendido entre una población formada mayoritariamente por mendé y temné.

HISTORIA

1462: el portugués Pedro de Sintra descubrió la península y le dio su nombre actual (Serra Leôa). **S. XVI**: guerreros de origen mandé invadieron la región y abastecieron de esclavos a los negreros europeos. **S. XVII**: los comerciantes británicos desplazaron a los portugueses. **1787**: como consecuencia de las campañas antiesclavistas, el gobierno británico creó Freetown para los primeros esclavos libertos de Nueva Inglaterra y las Antillas. **1808**: Sierra Leona se convirtió en colonia de la corona. **S. XIX**: el interior del país constituyó un protectorado, entidad distinta de la colonia, mientras se fijaba la frontera con Liberia y Guinea. **1951**: la constitución convirtió Sierra Leona en un estado unitario. **1961**: Sierra Leona accedió a la independencia dentro del marco de la Commonwealth. **1971**: se proclamó la república; su presidente fue Siaka Stevens, que instauró un sistema de partido único en 1978. **1985**: el general Joseph Momoh sucedió a S. Stevens, que dimitió. **1992**: a pesar de la transición democrática emprendida en 1991, el general Momoh fue derrocado por un golpe de estado militar. El nuevo poder, bajo el mando del capitán Valentine Strasser, tuvo que hacer frente a una rebelión en el E del país. **1996**: Strasser fue derrocado por un golpe de estado militar. Ahmad Tejan Kabbah fue elegido presidente de la república. **1997**: otro golpe de estado apartó del poder a A. Tejan Kabbah, repuesto en el cargo con la ayuda de Nigeria en 1998, lo que prosiguieron los combates entre rebeldes y fuerzas del gobierno. **2002**: se concluyó un acuerdo de paz con los rebeldes. A.T. Kabbah fue reelegido presidente. **2007**: el líder de la oposición, Ernest Bai Koroma, fue elegido presidente.

SIERRA MÉNDEZ (Justo), *Campeche 1848-Madrid 1912*, escritor, periodista, abogado y político mexicano. Hijo de J. Sierra O'Reilly, sus relatos (*Cuentos románticos*, 1896) representan un punto culminante en la evolución de la narrativa romántica mexicana. También es autor de estudios históricos (*Juárez, su obra y su tiempo*, 1905) y de ensayos para la obra colectiva *México, su evolución nacional* (1900-1902), reunidos en *Evolución política del pueblo mexicano* (publicado en 1940). Ministro de la suprema corte de justicia y abogado de educación pública y de Bellas artes (1905-1911), fundó la Universidad nacional de México (1910). Fue embajador en Madrid.

SIERRA O'REILLY (Justo), *Tixcacaltuyú, Yucatán, 1814-Mérida 1861*, abogado, político, periodista y escritor mexicano. Organizó la alianza de los estados sureños contra el centralismo (1841) y redactó un proyecto de código civil (1859). También fundó periódicos y escribió narrativa, crónicas de viajes y obras históricas, además de ser uno de los introductores de las novelas de folletín en su país.

Siete años (guerra de los) [1756-1763], conflicto que enfrentó a Gran Bretaña y Prusia contra Francia, Austria y sus aliados. Sus causas fueron, por un lado, la voluntad de María Teresa de Austria de recuperar Silesia, cedida a Prusia, y por otro, la rivalidad franco-inglesa en el mar y en las colonias. Estuvo marcada por las derrotas francesas en Alemania (Rossbach, 1757), Canadá (caída de Quebec y Montreal) y la India (1761). Ante ello, Francia logró la alianza de España (1761), que también fue derrotada (toma de Florida, La Habana y Manila, 1762), aunque conquistó Sacramento. Francia perdió Canadá, la India y Luisiana por el tratado de París (10 febr. 1763) y solo conservó cinco factorías en la India; Prusia conservó Silesia por el tratado de Hubertsburg (15 febr. 1763).

Siete jefes (guerra de los), conflicto legendario que enfrentó a los dos hijos de Edipo (Eteocles y Polinices) por la posesión del trono de Tebas. Siete jefes griegos participaron en la guerra, en la que perecieron seis de ellos, y los dos hermanos se mataron entre sí. — Este tema inspiró a Esquilo (*Los siete contra Tebas*, 467 a.C.), a Eurípides (*Las fenicias*, h. 409 a.C.) y a Racine (*La Tebaida*, 1664).

Siete Partidas (código de las), código jurídico castellano de la edad media (1256-1348), glosado por Gregorio López en 1555. En él se distinguen seis redacciones, las primeras de las cuales se deben a Alfonso X (1252-1284). También se conoce como *Código de Partidas de Alfonso el Sabio*.

SIÉVERNAIA ZEMLIÁ («tierra del norte»), archipiélago ártico de Rusia, entre el mar de Kara y el de Láptiev.

SIEVERODVINSK, c. de Rusia, junto al mar Blanco; 249 000 hab.

SIEYÈS (Emmanuel Joseph), *Fréjus 1748-París 1836*, político francés. Se hizo célebre con el opúsculo *¿Qué es el tercer estado?* (1789). Fue partidario de una monarquía constitucional, pero como diputado en la Convención votó la muerte del rey (1792). Preparó con Napoleón el golpe de estado del 18 de brumario (1799), pero desde 1800 fue apartado del poder.

SIFAX, *m. en Roma h. 202 a.C.*, rey de Numidia occidental, esposo de Sofonisbe. Fue derrotado por Masinisa (203) y entregado a Escipión el Africano.

SIGEBERTO I, *535-Vitry-en-Artois 575*, rey de Austrasia (561-575), de la dinastía merovingia. Esposo de Brunhilda, fue asesinado por orden de Fredegunda. — **Sigeberto II**, *h. 601-613*, rey de Borgoña y de Austrasia (613), de la dinastía merovingia. — **Sigeberto III**, *631-656*, rey de Austrasia (634-656), de la dinastía merovingia. Hijo de Dagoberto I, reinó bajo la tutela de Grimoaldo, mayordomo de palacio.

SIGEBERTO de Gembloux, *en Brabante h. 1030-Gembloux 1112*, cronista brabanzón. Monje de la abadía benedictina de Gembloux, escribió *Chronicon* (o *Chronographia*), crónica que cubre de 381 a 1111, rica en detalles para el período del autor.

Sigfrido, héroe de la mitología germánica (*Cantar de los *Nibelungos*), que corresponde al escandinavo *Sigurd. Aparece en la *Tetralogía* de Wagner.

Sigfrido (línea), posición fortificada construida por Alemania de 1936 a 1940 en su frontera occidental. Fue conquistada por los Aliados durante el invierno de 1944-1945.

SIGIRIYĀ, sitio arqueológico de Sri Lanka (Provincia central). Fortaleza real, cuyas salas, rupestres, están decoradas con frescos (s. V). [Patrimonio de la humanidad 1982.]

siglo de las luces (El), novela de Alejo Carpentier (1962), inspirada en la Revolución francesa y sus ecos en el mundo antillano.

SIGNAC (Paul), *París 1863-íd. 1935*, pintor francés. Amigo y continuador de Seurat, la misma búsqueda de la luz caracteriza sus telas, divisionistas, y sus acuarelas, de realización más libre.

SIGNORELLI (Luca), *Cortona h. 1445-íd. 1523*, pintor italiano. Heredero de Piero della Francesca y de A. del Pollaiolo, elaboró un estilo personal de poderosa tensión, que lo convirtió en el más importante realizador de frescos toscano de fines del s. XV (capilla Sixtina, en Roma, h. 1480; claustro de Monte Oliveto Maggiore, cerca de Siena; capilla de san Brizio de la catedral de Orvieto, 1499-1504),

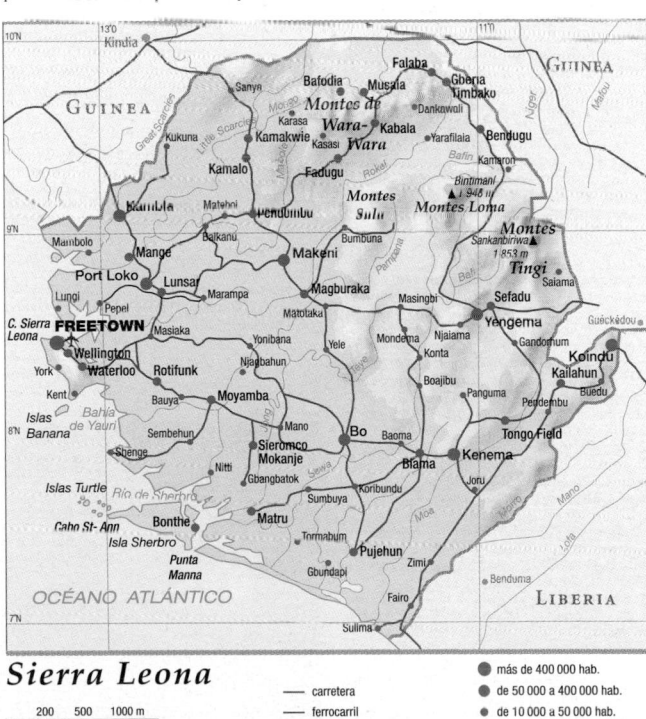

Sierra Leona

200 500 1000 m

— carretera
— ferrocarril
✈ aeropuerto

● más de 400 000 hab.
● de 50 000 a 400 000 hab.
● de 10 000 a 50 000 hab.
● menos de 10 000 hab.

SIGNORET (Simone **Kaminker,** llamada Simone), *Wiesbaden 1921-Autheuil-Authouillet 1985,* actriz francesa. Compuso sus papeles con nobleza y generosidad (*Thérèse Raguin,* M. Carné, 1953; *París, bajos fondos,* M. Ophuls, 1951; *Las diabólicas,* H. G. Clouzot, 1954). Publicó una autobiografía y una novela.

SIGSIG, cantón de Ecuador (Azuay); 23 869 hab. Lavaderos de oro; cobre. Industria alimentaria.

SIGUATEPEQUE, c. del O de Honduras (Comayagua); 58 181 hab.

SIGÜENZA, c. de España (Guadalajara), cab. de p. j.; 4 594 hab. (*seguntinos*). Catedral románico-gótica (ss. XII-XIV), con notables obras artísticas (*El doncel de Sigüenza*) y sacristía de A. de Covarrubias; museo diocesano. Castillo medieval (parador de turismo) y murallas. Ayuntamiento y plaza porticada. — Es la *Seguntia* romana.

SIGÜENZA (maestro de), pintor español activo en la primera mitad del s. XV. Su obra se encuadra en el estilo gótico internacional (retablo de san Juan y santa Catalina, Prado).

SIGÜENZA (padre José de), *Sigüenza 1544-El Escorial 1606,* escritor español. Ingresó en 1567 en la orden de los jerónimos, cuya crónica dejó escrita en *Vida de san Jerónimo* (1595) e *Historia de la orden de San Jerónimo* (1600-1605), de notable prosa.

SIGÜENZA Y GÓNGORA (Carlos de), *México 1645-íd. 1700,* cosmógrafo, cartógrafo, matemático y escritor mexicano. Sobrino de L. de Góngora, renovó la ciencia novohispana. Fue profesor de matemáticas en la Universidad de México, observó el cometa de 1680 y cuestionó las prácticas astrológicas. También levantó el mapa de Nueva España (1675) y escribió poemas, relatos y una *Lira astronómica y philosophica* (1690).

SIGURD, héroe de la mitología escandinava, uno de los personajes del *Edda.* Se trata del *Sigfrido germánico.

SIHANUK (Norodom) → **NORODOM SIHANUK.**

SIJOTÉ-ALÍN, macizo montañoso de Rusia, en la costa del Pacífico; 2 078 m. (Reserva de la biosfera 1978; patrimonio de la humanidad 2001.)

SIKELIANOS (Angelos), *Leucade 1884-Atenas 1951,* poeta griego. En sus obras se mezclan los símbolos cristianos y los paganos (*Prólogo a la vida; Dédalo en Creta*).

SIKKIM, estado de la India, en el Himalaya oriental; 7 100 km²; 403 612 hab.; cap. *Gangtok.*

HISTORIA

H. 1641: una dinastía tibetana se estableció en Sikkim, donde impuso el budismo como religión de estado. **1774-1816:** el país fue parcialmente anexionado a Nepal. **1861-1950:** estuvo bajo protectorado británico. **1950-1974:** pasó a ser protectorado de la India. **1975:** se convirtió en un estado de la Unión India.

SIKORSKI (Władysław), *Tuszow Narodowy 1881-Gibraltar 1943,* militar y político polaco. Tras la derrota de 1939, dirigió el gobierno polaco, refugiado primero en Francia y después en Londres (1940), y tuvo enfrentamientos con el gobierno soviético. Murió en un accidente aéreo.

SIKTIVKAR, c. de Rusia, cap. de la República de Komi, al O de los Urales; 233 000 hab.

SIL, r. de España, afl. del Miño (or. izq.); 228 km. Nace en el extremo O de la cordillera Cantábrica, que cruza abriendo profundas gargantas, y desemboca aguas arriba de Orense. Aprovechamiento hidroeléctrico.

SILA o **SULA** (Lucio Cornelio), *138-Cumas 78 a.C.,* general y estadista romano. Lugarteniente de Mario, fue cónsul en 88 a.C. y puso fin a la guerra social. Desposeído ilegalmente de su mando por Mario, se apoderó de Roma con su ejército mientras que aquél se exiliaba en África. Vencedor de Mitrídates VI Eupátor, rey del Ponto (86), se convirtió en jefe del partido aristocrático y derrotó al de Mario (82). Proscrito a sus enemigos, reforzó los poderes del senado y se atribuyó una dictadura vitalicia (82). En el apogeo de su poder renunció súbitamente y se retiró a Campania (79 a.C.).

SILAO, c. de México (Guanajuato); 77 036 hab. Centro agrícola (cereales y leguminosas) y comercial. Textiles, calzado. — Iglesia del s. XVIII.

■ GIL DE **SILOE.** Tumba del infante Alfonso (1489-1493), en la cartuja de Miraflores (Burgos).

SILENO MIT. GR. Dios perteneciente a un grupo de divinidades de los bosques, similares a los sátiros.

SILES (Hernando), *Sucre 1882-Lima 1942,* político boliviano. Miembro del Partido nacional, fue ministro de guerra y colonización y de educación, senador y presidente (1926-1930).

SILESIA, en polaco **Śląsk,** en alem. **Schlesien,** región de Europa, atravesada por el Odra, dividida entre Polonia (la mayor parte) y la República Checa (alrededor de Ostrava). En Polonia, la *Alta Silesia,* al E, es una gran región hullera e industrial (metalurgia y química), en torno a Katowice. La *Baja Silesia,* al O, alrededor de Wrocław, sigue siendo más rural.

HISTORIA

Fines del s. X: Polonia se anexionó la región, que fue dividida en varios principados. **S. XIII:** colonos alemanes aseguraron su explotación. **S. XIV:** los principados de Silesia reconocieron la soberanía de Bohemia. **1526:** entraron, con esta última, a formar parte del estado austriaco de los Habsburgo. **1742:** Prusia se apoderó de la casi totalidad de Silesia. Austria solo conservó la parte meridional de la Alta Silesia. **1815:** Silesia se anexionó una parte de Lusacia. La explotación de las minas de hulla le supusieron un considerable auge económico. **1921:** mediante un plebiscito se decidió la división de la antigua Silesia austriaca entre Checoslovaquia y Polonia. **1939:** Hitler ocupó la totalidad de Silesia. **1945:** al fijarse la frontera Oder-Neisse, Silesia quedó incluida en el territorio administrado por Polonia; la población alemana (3 millones de personas) fue expulsada.

SILES SALINAS (Luis Adolfo), *La Paz 1925-íd. 2005,* político boliviano. Presidente de la república en 1969 (abril-sept.), fue derrocado por el general Ovando y se exilió hasta 1978.

SILES ZUAZO (Hernán), *La Paz 1914-Montevideo 1996,* político boliviano. Fundador, junto con Paz Estenssoro, del Movimiento nacionalista revolucionario (MNR), participó en la revolución nacionalista de 1952. Fue vicepresidente (1952-1956) y presidente de la república (1956-1960). Posteriormente dirigió una escisión izquierdista del MNR, el Movimiento nacionalista revolucionario de izquierda (MNRI). Tras un

interludio de poder militar, que pasó en gran parte en el exilio (1964-1978, 1980-1982), ocupó de nuevo la presidencia entre 1982 y 1985.

SILICON VALLEY, pequeña región de Estados Unidos (California), al S-SE de San Francisco, entre San José y Palo Alto. Debe su nombre («valle del silicio») al número de empresas de alta tecnología que acoge.

SILIGURI, c. de la India, al pie del Himalaya; 226 677 hab.

Silla (observatorio de **La**), observatorio astrofísico chileno, al N de Coquimbo (Elqui), a 2 400 m de alt. (*cerro La Silla*). Dispone de dos telescopios reflectores de 3,6 m de apertura y una antena parabólica de 15 m para estudios de radioastronomía, entre otros equipos.

SILLANPÄÄ (Frans Eemil), *Hämeenkyrö 1888-Helsinki 1964,* escritor finlandés. Sus novelas (*Santa miseria,* 1919) y relatos (*Silja o un destino breve,* 1931) ilustran su determinismo biológico. [Premio Nobel 1939.]

SILLITOE (Alan), *Nottingham 1928,* escritor británico. Sus novelas (*Sábado por la noche y domingo por la mañana,* 1958) y relatos (*La soledad del corredor de fondo,* 1959) lo convirtieron en uno de los escritores más representativos del grupo de los *Angry Young Men.

SILO o **SILÔH,** ant. c. de Palestina central, centro religioso hebreo hasta el reinado de David.

SILO, *m. en 783,* rey de Asturias (774-783). A él se debe el primer documento firmado del reino no asturiano de que se tiene constancia.

SILOE o **SILOEE** (Gil de), escultor de origen flamenco, activo en Castilla entre 1486 y h. 1500. Maestro del gótico hispanoflamenco, en sus obras, de densa composición y exuberante decoración, el naturalismo maravilla por su minuciosidad y la exquisitez de la labra. Destacan sus obras en Burgos (retablo de santa Ana, catedral; retablo mayor de la cartuja de Miraflores). — **Diego de S.,** *Burgos h. 1490-Granada 1563,* escultor y arquitecto español. En Italia, donde colaboró con B. Ordóñez, asimiló la estética renacentista. En la catedral de Burgos realizó la escalera dorada y el retablo mayor de la capilla del Condestable (con F. Sagarny). Su arquitectura de la etapa granadina (catedrales de Granada, Guadix, Sevilla [sacristía]) tuvo gran influencia en Hispanoamérica.

SILONE (Secondo Tranquilli, llamado Ignazio), *Pescina, Aquila, 1900-Ginebra 1978,* escritor italiano, autor de novelas sociales cristianas (*Pan y vino; La semilla bajo la nieve*).

SILTEPEC, mun. de México (Chiapas); 21 008 hab. Cereales y café. Ganado vacuno.

SILVA (Aníbal António **Cavaco**), *Boliqueime, distr. de Loulé, Algarve, 1939,* político portugués. Líder del Partido socialdemócrata, primer ministro de 1985 a 1995, es presidente de la república desde 2006.

SILVA (Feliciano de), *Ciudad Rodrigo 1492-íd. h. 1558,* escritor español. Revivió en sus novelas los ciclos de la Celestina (*Segunda Celestina*) y del Amadís de Gaula (*Amadís de Grecia*).

SILVA (José Asunción), *Bogotá 1865-íd. 1896,* poeta colombiano. Su escasa producción, perdida y luego recompuesta (*Poesías,* 1908), es fundamental en la primera etapa del modernismo latinoamericano. También escribió una novela autobiográfica (*De sobremesa 1887-1896,* 1925).

■ DIEGO DE **SILOE.** Escalera dorada de la catedral de Burgos.

■ ANÍBAL ANTÓNIO CAVACO **SILVA**

SILVA (Leonidas), *San Cristóbal 1913,* futbolista brasileño. Goleador, jugó en los equipos Vasco da Gama, Botafogo, Flamengo y São Paulo. Destacó en el campeonato del mundo de 1938.

SILVA (Luiz Inácio **Lula da**) → **LULA DA SILVA.**

SILVA (Medardo Ángel), *Guayaquil 1898-íd. 1919,* escritor ecuatoriano. Modernista e iniciador del vanguardismo, escribió poesía (*El árbol del bien y del mal,* 1918) y novela (*María Jesús,* 1918).

SILVA HENRÍQUEZ (Raúl), *Talca 1907-Santiago 1999,* prelado chileno. Arzobispo de Santiago (1961-1983) y cardenal (1962), mantuvo una firme defensa de los derechos humanos después del golpe militar de 1973. Es autor de *La misión social del cristianismo: conflicto de clases o solidaridad cristiana* (1973).

SILVA HERZOG (Jesús), *San Luis Potosí 1892-México 1985,* economista e historiador mexicano. Director de la revista *Cuadernos americanos* desde 1942, es autor de *El pensamiento económico en México* (1947) y *El agrarismo mexicano y la reforma agraria* (1959). — **Jesús S. H.,** *México 1935,* economista y político mexicano. Hijo de Jesús, ha desarrollado una importante labor académica en la UNAM y en el Colegio de México, y diseñó las líneas de la economía mexicana de la década de 1980 como subsecretario (1979-1982) y ministro (1982-1986) de finanzas y crédito.

SILVANIA, mun. de Colombia (Cundinamarca), 16 087 hab. Bosques. Ganado equino y porcino.

SILVANO MIT. ROM. Divinidad protectora de los bosques y los campos.

SILVELA (Francisco), *Madrid 1843-íd. 1905,* político español. Miembro del grupo liberal conservador liderado por Cánovas, fue ministro en los diversos gobiernos de este. Se escindió del grupo en 1892 y formó un movimiento silvelista. Presidió un gobierno de regeneración nacional entre 1899 y 1900, y de nuevo fue presidente en 1902-1903.

Silverstone, circuito automovilístico de Gran Bretaña, en el SO de Northampton.

SILVESTRE I (san), *m. en Roma 335,* papa de 314 a 335. Durante su pontificado el cristianismo se convirtió, con Constantino I, en la religión del imperio. — **Silvestre II** (Gerberto de Aurillac), *en Auvernia h. 938-Roma 1003,* papa de 999 a 1003. Célebre por su erudición (especialmente en matemáticas), fue profesor en Reims y tuvo como alumno al futuro emperador Otón III. Desempeñó un papel importante en la designación de Hugo Capeto como rey de Francia. Arzobispo de Reims (991) y después de Ravena (998), fue el papa del año 1000.

SILVESTRE (Gregorio), *Lisboa 1520-Granada 1569,* poeta español. Su poesía representa la tendencia tradicionalista de la época.

SILVESTRE (Manuel **Fernández**), *Caney, Cuba, 1871-Annual 1921,* militar español. Destacó en las campañas de Cuba (1895-1898) y Marruecos (1908-1914). Enviado de nuevo a Marruecos por Alfonso XIII en 1920, fue derrotado por Abd el-Krim en la batalla de Annual, donde murió.

SILVIA, mun. de Colombia (Cauca); 20 259 hab. Cereales (trigo y maíz), pastos. Ganadería.

SIMANCAS, v. de España (Valladolid); 3 453 hab. (*simanquinos*). Castillo medieval, sede actual del archivo general nacional de España. Iglesia gótica del Salvador (s. XVI). — Victoria del ejército cristiano sobre Abd al-Rahmán III (1 ag 939), seguida al parecer de otra en el lugar de Alhandega, que permitió a Ramiro II de León avanzar la frontera hasta el Tormes.

SIMA QIAN, *h. 145-h. 86 a.C.,* escritor chino, autor del **Shiji.*

SIMARRO (Luis), *Roma 1851-Madrid 1921,* psicólogo español. Seguidor de Wundt y partidario del asociacionismo, planteó la iteración de las asociaciones. Pionero de la psicología experimental en España, es autor de *Teorías modernas sobre la fisiología del sistema nervioso* (1877) y *Antropología escolar* (1896).

SIMA XIANGRU, *Chengdu 179-Muling 117 a.C.,* poeta chino. Es uno de los más célebres autores del género *fu,* mezcla de poesía y prosa.

SIMBIRSK, de 1924 a 1991 **Uliánovsk,** c. de Rusia, junto al Volga; 656 000 hab. Patria de Lenin.

SIMENON (Georges), *Lieja 1903-Lausana 1989,* escritor belga en lengua francesa. Es autor de novelas policíacas protagonizadas por el comisario Maigret, creado en 1929, que le dio fama internacional.

■ JOSÉ ASUNCIÓN
SILVA

■ GEORGES
SIMENON

SIMEÓN, personaje bíblico, segundo hijo de Jacob, antepasado epónimo de una tribu israelita desaparecida en tiempos de David.

SIMEÓN (san), personaje del Evangelio de san Lucas, que, durante la presentación de Jesús en el Templo, lo proclamó como el Mesías.

SIMEÓN Estilita (san), llamado **el Viejo,** *Sis, Cilicia, h. 390-h. 459,* asceta sirio. Vivió durante muchos años sobre la cima de una columna dedicado a la oración y la predicación.

SIMEÓN I el Grande, *m. en 927,* kan de los búlgaros (893-927). Sitió Constantinopla (913) para hacerse consagrar basileus, luego invadió Tracia y Macedonia y sometió Serbia (924).

SIMEÓN II → **SAJONIA-COBURGO-GOTHA** (Simeón de).

SIMFERÓPOL, c. de Ucrania, en Crimea; 353 000 hab. Vestigios escitas; museos.

SIMITIS (Konstandínos, llamado **Kóstas**), *Atenas 1936,* político griego. Fue primer ministro y presidente del PASOK desde 1996 hasta 2004.

SIMLA, c. de la India, cap. de Himáchal Pradesh, a 2 205 m de alt.; 109 860 hab.

SÍMMACO, en lat. **Quintus Aurelius Symmachus,** *Roma h. 340-h. 410,* orador y político romano. Prefecto (384) y cónsul (391), fue uno de los últimos defensores del paganismo.

SIMMEL (Georg), *Berlín 1858-Estrasburgo 1918,* filósofo y sociólogo alemán. De inspiración kantiana, aborda especialmente las cuestiones de la historia y la modernidad. Se lo considera el fundador de la sociología formal (*Estudio sobre las formas de socialización*).

SIMOCA, dep. de Argentina (Tucumán), junto al río Salí, 30 563 hab. Centro agropecuario.

SIMOJOVEL DE ALLENDE, mun. de México (Chiapas); 17 043 hab. Café, caña de azúcar. Industria maderera.

SIMÓN (san), llamado **Zelotes,** apóstol de Jesucristo (s. I). Según la tradición, murió mártir en Persia, junto con san Judas.

SIMON (Claude), *Tananarive, act. Antananarivo, Madagascar, 1913- París 2005,* escritor francés, eximio representante del *nouveau roman* (*La ruta de Flandes,* 1960; *Las geórgicas,* 1981; *La invitación,* 1988; *La acacia,* 1989). [Premio Nobel 1985.]

SIMON (François Joseph Michel, llamado **Michel**), *Ginebra 1895-Bry-sur-Marne 1975,* actor francés de origen suizo. Actor de teatro, desde 1925 triunfó en el cine (*La golfa,* J. Renoir, 1931; *El muelle de las brumas,* M. Carné, 1938).

SIMON (Herbert A.), *Milwaukee 1916-Pittsburgh 2001,* economista estadounidense. Estudió, sobre todo, los procesos de la toma de decisión económica. [Premio Nobel 1978.]

Simón Bolívar (premio), galardón bianual, creado por la Unesco en 1983 para reconocer las acciones de hombres o instituciones en pro de la libertad social, de la independencia y de la cooperación entre los pueblos.

SIMÓN el Mago, personaje de los *Hechos de los apóstoles.* Mago convertido al cristianismo, quiso comprar a san Pedro los poderes del Espíritu Santo; de ahí que el tráfico de objetos sagrados reciba el nombre de *simonía.* Los autores antiguos vieron en Simón al iniciador del gnosticismo.

SIMÓNIDES de Ceos, *Yulis, isla de Ceos, h. 556-Siracusa 467 a.C.,* poeta griego, autor de odas, elegías y epigramas.

SÍMONOV (Kirill Mijáilovich, llamado Konstantín), *Petrogrado 1915-Moscú 1979,* escritor soviético. Es autor de poemas, novelas (*Días y noches*) y obras de teatro enmarcadas en la segunda guerra mundial.

SIMONSTOWN, c. de la República de Sudáfrica, al S de El Cabo. Ant. base naval británica, transferida a Sudáfrica en 1957.

Simplicissimus (El aventurero Simplex), novela picaresca y barroca de H. J. C. von Grimmelshausen (1669), que relata las aventuras extravagantes de un personaje ingenuo e inocente durante la guerra de los Treinta Años.

SIMPLON, paso viario de los Alpes suizos, a 2 005 m de alt. Doble túnel ferroviario (long. de 19,8 km, abierto en 1906 y 1922).

SIMPSON (George Gaylord), *Chicago 1902-Tucson 1984,* paleontólogo estadounidense. Especialista en los vertebrados fósiles y en la teoría de la evolución, fue uno de los impulsores del neodarvinismo, y se interesó también por los principios generales de la taxonomía.

Simpson (los), serie televisiva de dibujos animados estadounidense, creada por el dibujante Matt Groening (Portland 1954) y emitida desde 1989. Retrata de modo corrosivo la sociedad estadounidense a través de una familia de clase media.

SINAÍ, península montañosa y desértica de Egipto, entre los golfos de Suez y de 'Aqaba; 2 641 m. Yacimientos de petróleo. — Una tradición antigua localiza en el Sinaí la montaña donde Moisés recibió de Yahvé las tablas de la ley. En el s. V fue un centro importante de monaquismo cristiano. — Escenario de violentos combates durante las guerras árabe-israelíes de 1967 y de 1973, fue ocupada por Israel y más tarde restituida a Egipto (1982).

SINALOA, r. de México, que nace en la sierra Madre occidental y desemboca en el golfo de California, junto a Boca del Río; 500 km. Obras de riego.

SINALOA (estado de), est. de México, en el Pacífico; 58 092 km²; 2 204 054 hab.; cap. Culiacán.

SINALOA, mun. de México (Sinaloa); 80 820 hab. Minería (cobre, cinc y plomo).

SINÁN (Bernardo **Domínguez Alba,** llamado Rogelio), *isla de Taboga 1902-Panamá 1994,* escritor panameño. Exponente de la poesía de vanguardia (*Incendio,* 1944) o intimista (*Saloma sin sal o mar,* 1969), destaca como narrador introspectivo (*Plenilunio,* 1947) y en los relatos breves (*Cuentos,* 1971).

SINÁN (Mimar), *cerca de Kayseri 1489-Estambul 1588,* arquitecto turco. Su espíritu de síntesis, que supo conjugar las tradiciones arquitectónicas del Próximo Oriente antiguo con las de Bizancio, dio a sus obras la elegancia típica de la arquitectura otomana clásica (mezquita Selimiya [1569-1574] en Edirne).

SINATRA (Francis Albert, llamado **Frank**), *Hoboken, Nueva Jersey, 1915-Los Ángeles 1998,* cantante y actor de cine estadounidense. Su cálida voz y su repertorio de melodías sentimentales lo convirtieron en uno de los cantantes más populares del mundo. Intervino en numerosas películas.

SINCÉ, mun. de Colombia (Sucre); 23 271 hab. Industrias alimentarias.

SINCELEJO, c. de Colombia, cap. del dep. de Sucre; 135 857 hab. Centro comercial y administrativo.

■ CLAUDE **SIMON**   ■ FRANK **SINATRA**

SINCHI ROCA, soberano inca de Perú de la primera mitad del s. XIII. Hijo y sucesor de Manco Cápac, formó una confederación de los incas con los cana y los conchi, y dividió en cuatro partes el imperio inca (Tahuantinsuyu). Murió en campaña.

SINCLAIR (sir John), *Thurso Castle, Escocia, 1754-Edimburgo 1835*, economista británico, uno de los fundadores de la estadística.

SINCLAIR (Upton), *Baltimore 1878-Bound Brook, Nueva Jersey, 1968*, escritor estadounidense, autor de novelas sociales (*La jungla*, 1906; *Petróleo*, 1927; *El fin del mundo*, 1940).

SIND, región árida del SE de Pakistán, parcialmente cultivada (arroz y algodón) gracias al regadío; c. pral. *Karachi*.

SINDELFINGEN, c. de Alemania (Baden-Württemberg); 59 930 hab. Industria del automóvil.

SINGAPUR, en ingl. **Singapore**, estado del Sudeste asiático; 699 km²; 2 870 000 hab. CAP. *Singapur*. LENGUAS: *inglés, chino, malayo y tamil*. MONEDA: *dólar de Singapur*. Próximo al ecuador, es un importante puerto de tránsito de mercancías (caucho y estaño) y uno de los principales puertos del mundo; centro financiero e industrial y base naval. La población es densa y en su mayoría de origen chino (con minorías malaya e india). — Museos. — La isla, posesión británica desde 1819, fue ocupada por los japoneses de 1942 a 1945. En 1963 se convirtió en uno de los catorce estados de la Federación de Malaysia y más tarde se transformó en república independiente (1965). La isla experimentó un gran desarrollo económico durante el mandato de Lee Kuan Yew, primer ministro desde 1959. En 1990, este cedió su cargo a Goh Chok Tong. En 2004 lo relevó en el cargo Lee Hsien Long (hijo de Lee Kuan Yew).

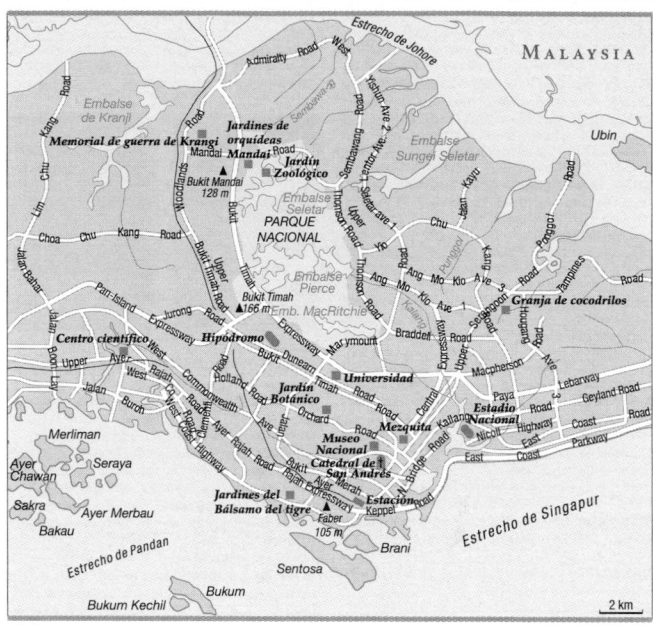

Singapur

zona edificada   zona verde   edificio singular

■ SINGAPUR

SINGER (Isaac Bashevis), *Radzymin, cerca de Varsovia, 1904-Miami 1991*, escritor estadounidense en lengua yiddish. En sus novelas y relatos evoca la vida de los judíos polacos (*La familia Moskat*, 1950; *El mago de Lublin*, 1960; *Amor y exilio*, 1984, memorias; *Sombras sobre el Hudson*, 1997, póstuma). [Premio Nobel 1978.]

SINGER (Isaac Merrit), *Pittstown, Nueva York, 1811-Torquay, Devon, 1875*, inventor estadounidense. Perfeccionó los primeros modelos prácticos de la máquina de coser (1851).

SINGH (Manmohan), *Gah, Panjab occidental, act. en Pakistán, 1932*, político indio. Sikh, miembro del partido del Congreso, ministro de finanzas (1991-1996), es primer ministro desde 2004.

SIN-KIANG → XINJIANG.

Sinn Féin («Nosotros solos»), movimiento nacionalista y republicano irlandés. Organizado desde 1902, principalmente por A. Griffith, fue dirigido de 1917 a 1936 por E. De Valera. Tras la insurrección de 1916, milita por la creación de una república de Irlanda unida y se opone a la partición de la isla establecida por el tratado de Londres (1921). Pese a no concurrir a las elecciones de 1927 a 1957, ha conservado un papel destacado por su vinculación con el IRA, del que constituye la tribuna política. Presidido desde 1983 por Gerry Adams, tomó parte desde 1997 en las negociaciones sobre el desarrollo institucional de Irlanda del Norte y firmó el acuerdo de Stormont (1998). Participó en el gobierno semiautónomo formado en 1999 (pero regularmente disuelto). Alcanzó un acuerdo para formar nuevo gobierno en 2007.

SINOP, ant. Sinope, c. de Turquía, junto al mar Negro; 25 537 hab. Puerto. — Colonia de Mileto (s. VII a. C.), se convirtió en el s. II a. C. en la principal ciudad del reino de Ponto.

SINT-JANS-MOLENBEEK, en fr. Molenbeek-Saint-Jean, mun. de Bélgica (Brabante), suburbio al oeste de Bruselas; 68 759 hab.

SINT-MARTENS-LATEM, en fr. Laethem-Saint-Martin, mun. de Bélgica (Flandes Oriental); 8 203 hab. A fines del s. XIX, albergó un grupo de escritores y artistas simbolistas. Tras la primera guerra mundial, otro grupo marcó la cima del expresionismo pictórico belga.

SINTRA, c. de Portugal, al O de Lisboa; 16 000 hab. Estación balnearia. — Ant. palacio real de los ss. XIV-XVI y palacio da Pena del s. XIX. (Patrimonio de la humanidad 1995.) — En 1808 Francia firmó con Gran Bretaña la *capitulación de Sintra*, que preveía su retirada de Portugal.

SINÚ (cultura), cultura precolombina de Colombia, desarrollada en la cuenca del *río Sinú* (Bolívar) [500-1540]. Orfebrería en oro de gran calidad y cerámica con dibujos incisos.

SINUIJU o **SIN-EUI-JU**, c. de Corea del Norte, en la frontera china; 500 000 hab.

SIÓN, una de las colinas de Jerusalén. Este término es a menudo sinónimo de Jerusalén.

SIPÁN, sitio mochica de la costa N de Perú (100 a. C.-600 d. C.). Posee dos sepulturas de gran riqueza, provistas de ofrendas y de oro.

SIQUEIROS (David Alfaro), *Chihuahua 1896-Cuernavaca 1974*, pintor mexicano. Comprometido con las ideologías igualitaristas, la cultura hispanoamericana indigenista y la modernidad, halló en el muralismo una nueva orientación para la pintura y su papel social. Su estilo sintetiza intensidad expresiva y habilidad narrativa (*Ejercicio plástico*, 1933, Argentina; *Proceso al fascismo*, 1939, México; *Muerte al invasor*, 1940, Chile; *Cuauhtémoc contra el Mito*, Centro de arte realista moderno, México, fundado por él en 1944; *La marcha de la humanidad*, 1966, México).

SIQUEM, ant. c. cananea de Palestina central, célebre en la Biblia por los patriarcas hebreos que residieron en su territorio. Metrópoli religiosa de los samaritanos después del exilio, fue destruida en 128 a. C. En 72 d. C., Vespasiano construyó Nabulus cerca de la ant. Siquem.

SIQUIA, r. de Nicaragua, que desemboca en el Caribe.

SIQUIRRES, cantón de Costa Rica (Limón), avenado por el río Pacuare; 35 286 hab. Cacao y plátanos.

SIRACUSA, c. de Italia (Sicilia), cap. de prov.; 126 136 hab. Puerto. — Restos griegos y romanos (templos, teatro, anfiteatro, latomías, etc.). Monumentos de la edad media y de la época barroca. Museos. (Patrimonio de la humanidad 2005.) — Colonia corintia fundada h. 734 a. C., en el s. V impuso su hegemonía sobre Sicilia al rechazar a los cartagineses. Con Dionisio el Viejo (405-367 a. C.) su influencia se extendió a las ciudades griegas de Italia meridional. Fue conquistada por Roma durante la segunda guerra púnica, después de sufrir uno de los mayores asedios de la antigüedad (213-212 a. C.).

SIRAZ, c. de Irán, en el Zagros; 956 117 hab. Alfombras. — Monumentos del s. XVIII. Jardines.

SIRET o **SERET**, r. de Ucrania y Rumania, que nace en los Cárpatos; afl. del Danubio (or. izq.); 700 km.

SIRIA, región histórica de Asia occidental, que engloba los estados actuales de la república de Siria, Líbano, Israel y Jordania.

HISTORIA

La Siria antigua. II milenio: los cananeos (de los que los fenicios eran una rama), los amorritas, los hurritas, los arameos (a los que per-

■ DAVID ALFARO SIQUEIROS. *Tortura de Cuauhtémoc.* (Museo del palacio de bellas artes, México.)

tenecían los hebreos) y los pueblos del mar se infiltraron en oleadas sucesivas. **539 a.C.:** la toma de Babilonia por Ciro II puso fin al dominio asirio-babilónico y convirtió Siria en una satrapía persa. **332 a.C.:** el país fue conquistado por Alejandro Magno. Siria se integró en el reino seléucida, cuya capital, Antioquía, fue fundada en 301. **64-63 a.C.:** tras la conquista romana, se creó la provincia de Siria. **395 d.C.:** fue unida al Imperio romano de Oriente.
La Siria musulmana. 636: los árabes, que derrotaron a los bizantinos en el río Yamūk, conquistaron el país. **661-750:** los Omeyas convirtieron Damasco en el centro del imperio musulmán. **S. VIII:** con los Abasíes, Bagdad fue la capital del imperio en detrimento de Damasco. **1076-1077:** los turcos selyúcidas tomaron Damasco y Jerusalén. **Ss. XI-XIII:** los cruzados fundaron allí el principado de Antioquía (1098-1268), el reino de Jerusalén (1099-1291) y el condado de Trípoli (1109-1289). Saladino (1171-1193) y sus sucesores Ayyubíes mantuvieron relaciones pacíficas con los francos. **1260-1291:** los mamelucos detuvieron a los mongoles y reconquistaron las últimas posesiones francas de Palestina y Siria. Gobernaron la región hasta la conquista otomana (1516).
La Siria otomana y francesa. 1516: los otomanos conquistaron Siria, que conservaron hasta 1918. **1831-1840:** fueron temporalmente expulsados por Mehmet Ali e Ibrāhīm bajá. **1860:** Francia intervino en el Líbano en favor de los maronitas. **1916:** los acuerdos Sykes-Picot delimitaron las zonas de influencia de Francia y Gran Bretaña en Oriente medio. Los sirios se unieron a las fuerzas anglofrancesas y hachemíes. **1920-1943:** Francia ejerció el mandato que le había confiado la SDN sobre el país en el que, a partir de 1928, estableció una república siria (con Damasco y Alepo), una república de los Alawíes y el yabal Druso.
SIRIA, en ár. *Sūriya,* estado de Asia occidental, junto al Mediterráneo; 185 000 km²; 15 170 000 hab. *(sirios).* CAP. *Damasco.* C. PRALES. Alepo y Homs. LENGUA: árabe. MONEDA: *libra siria.*

GEOGRAFÍA

Una barrera montañosa (el yabal Ansāriyya, que se prolonga hacia el S por las estribaciones del Antilíbano y el Hermón) separa una estrecha llanura litoral, de clima mediterráneo, de las mesetas del E, desérticas. Los principales cultivos (trigo y cebada sobre todo y algodón, tabaco, viña y olivo) dependen de la irrigación y provienen del Gāb (depresión avenada por el Orontes), de los pie de monte montañosos —emplazamiento de las principales ciudades (Damasco, Alepo, Homs, Hamā, aparte del puerto de Latakia)—, y del valle del Éufrates (con presa en Tabqa). La ganadería ovina, practicada por los nómadas, es (con los hidrocarburos) el recurso fundamental de Siria oriental. El crecimiento económico se ve frenado por el fuerte crecimiento demográfico y depende sobre todo de la evolución del precio del petróleo y de la situación geopolítica regional. La población, en su mayoría árabe, cuenta con una minoría kurda. En la actualidad está casi totalmente islamizada.

HISTORIA

1941: el general Catroux, en nombre de la Francia libre, proclamó la independencia del país. **1943-1944:** el mandato francés sobre Siria llegó a su fin. **1946:** las últimas tropas francesas y británicas abandonaron el país. **1948:** Siria participó en la primera guerra árabe-israelí. **1949-1956:** varios golpes de estado llevaron al poder a jefes de estado favorables u hostiles a los Hachemíes. **1958-1961:** Egipto y Siria formaron la República árabe unida. **1963:** el partido Ba'at tomó el poder. **1967:** la guerra de los Seis días provocó la ocupación del Golán por Israel. Hāfiz al-Asad accedió al poder. **1973:** Siria participó en la cuarta guerra árabe-israelí. **A partir de 1976:** intervino en el Líbano. **1980:** se desarrolló la oposición islamista de los Hermanos musulmanes. **A partir de 1985:** Siria reforzó su tutela sobre el Líbano, ratificada en 1991 por un tratado de fraternidad sirio-libanés. **1991:** durante la guerra del Golfo, Siria participó con las fuerzas multinacionales y asistió a la conferencia de paz sobre el Próximo oriente (Madrid, oct.). **1994:** se estable-

cieron negociaciones entre Siria e Israel sobre la restitución del Golán y la normalización de las relaciones entre ambos países. **2000:** muerte de Hāfiz al-Asad; su hijo Bachar lo sustituyó al frente del partido Ba'at y de la jefatura del estado. **2005:** acusada de haber participado en el atentado que costó la vida a R. Hariri, Siria retiró sus tropas de Líbano. **2008:** los dos países normalizaron sus relaciones, y el poder sirio hizo un esfuerzo por volver a incorporarse a la política internacional.

SIRIA (desierto de), región árida de Asia, en la frontera entre Siria, Iraq y Jordania.

SIRICIO (san), *Roma h. 320-íd. 399,* papa de 384 a 399. Es autor de la decretal más antigua de la historia de la Iglesia.

SIRINGA MIT. GR. Ninfa de Arcadia que, para escapar del amor de Pan, fue transformada en caña; de esta caña Pan hizo una flauta.

SIRIO, estrella α de la constelación del Can Mayor y la más brillante del cielo.

SIRK (Claus Detlef **Sierck,** llamado Douglas), *Hamburgo 1900-Lugano, Suiza, 1987,* director de cine estadounidense de origen alemán. Sus melodramas desgarradores rayan en la tragedia moderna: *Extraña confesión* (1944), *Escrito sobre el viento* (1957), *Imitación a la vida* (1959).

SIRMIONE, c. de Italia (Lombardía), junto al lago de Garda; 5 231 hab. Ruinas romanas.

SIROS o **SIRA,** isla griega del archipiélago de las Cícladas; cap. *Hermupolis.*

SIRTE o **SYRTE** (golfo de), ensenada del litoral de Libia, entre Bengazi y Misurāta.

SISBERTO, noble visigodo de los ss. VII-VIII. Hermano de Witiza, al acceder Rodrigo al trono, recurrió al musulmán Tāriq para derrocarlo, y en plena batalla de Guadalete (711) abandonó a Rodrigo.

SISEBUTO, *m. en Toledo 621,* rey visigodo (612-621). Protector del catolicismo y la cultura, reprimió las rebeliones de astures, rucones y vascones, promulgó leyes contra los judíos y luchó contra los bizantinos. Escribió una *Vida de san Desiderio* y el poema *Astronomicon.*

SISENANDO, *m. en Toledo 636,* rey de los visigodos (631-636). Fue proclamado rey (Zaragoza, 631) tras derrocar a Suintila y reconociendo como tal en el IV concilio de Toledo, presidido por san Isidoro (633).

SÍSIFO MIT. GR. Rey legendario de Corinto, célebre por sus crímenes. Fue condenado a permanecer en los infiernos y a empujar una roca

hasta la cima de una montaña, que volvía a caer al llegar arriba. —A. Camus lo convirtió en símbolo del absurdo inherente a la condición humana (*El mito de Sísifo,* 1942).

SISLEY (Alfred), *París 1839-Moret-sur-Loing 1899,* pintor británico de la escuela francesa, un gran maestro del impresionismo.

SISMONDI (Jean Charles Léonard Simonde de), *Ginebra 1773-íd. 1842,* historiador y economista suizo. Autor de *Nuevos principios de economía política* (1819), fue un precursor de la corriente socialdemócrata en economía.

SISTĀN o **SEISTAN,** región árida de Irán y Afganistán

Sistema económico latinoamericano → SELA.

SITGES, v. de España (Barcelona); 19 448 hab. (*sitgesanos, sitgetanos* o *suburenses*). Importante centro turístico (playas). Festivales internacionales anuales de teatro y de cine. — Museos del Cau Ferrat (creado por S. Rusiñol) y Maricel. Museo románico. — Probable ubicación de la romana *Subur.* — pacto de **Sitges** (1957), acuerdo entre los partidos liberal y conservador de Colombia para establecer la alternancia en el poder.

SITIO NUEVO, mun. de Colombia (Magdalena); 16 530 hab. Puerto fluvial en el Magdalena.

Sitios Reales o **Reales Sitios,** nombre con que se conocen varios palacios construidos por los Austrias o los Borbones españoles alrededor de Madrid: El *Pardo,* El *Escorial,* *Aranjuez,* La *Granja* y *Riofrío.*

SITTER (Willem de), *Sneek 1872-Leiden 1934,* astrónomo y matemático neerlandés. Fue uno de los primeros en aplicar la teoría de la relatividad a la cosmología. En 1917 demostró que el modelo estático del universo propuesto por Einstein no era el único concebible.

SITTING BULL («Toro Sentado»), sobrenombre de **Tatanka Iyotake,** *Grand River, Dakota del Sur, h. 1831-íd. 1890,* jefe de los siux de Dakota, adversario de los colonos norteamericanos en la conquista del Oeste.

SITTWE, ant. **Akyab,** c. de Birmania, junto al golfo de Bengala; 143 000 hab. Puerto.

ŚIVA, tercera gran divinidad de la trinidad hindú, junto con Brahmā y Visnú. Simboliza las fuerzas de la destrucción, concretamente el tiempo que todo lo aniquila, pero que es a la vez fuente de regeneración.

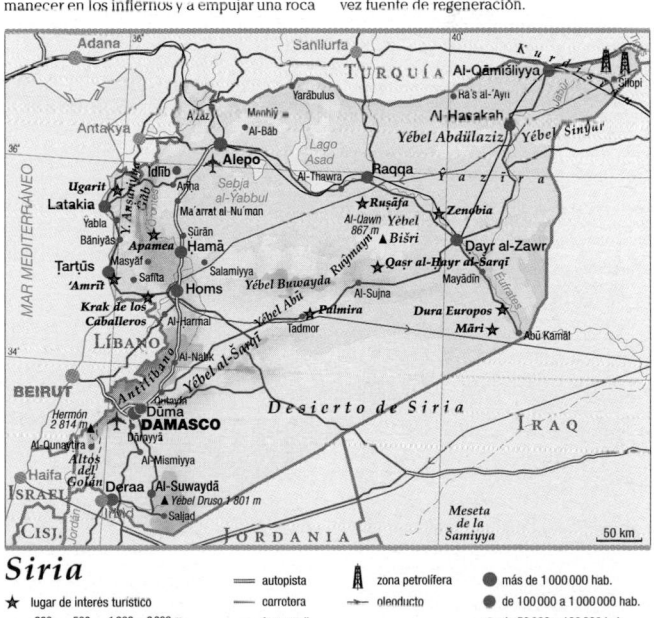

Siria

★ lugar de interés turístico
━━ autopista
━━ carretera
━━ ferrocarril
✈ aeropuerto
⚒ zona petrolífera
⊶ oleoducto
--- línea de alto el fuego
● más de 1 000 000 hab.
● de 100 000 a 1 000 000 hab.
● de 50 000 a 100 000 hab.
● menos de 50 000 hab.

200 500 1000 2000 m

SIVAS, c. de Turquía, junto al Kizil Irmak; 221 512 hab. Centro industrial. — Monumentos selyúcidas como la madrasa Gök (1271).

SIVORI (Eduardo), *Buenos Aires 1847-íd. 1918,* pintor y grabador argentino. Cultivó la temática rural, inspirado en un naturalismo de raíz francesa.

SIWA, oasis del NO de Egipto. Es el *oasis de Amón* de los antiguos, donde se detuvo Alejandro Magno para escuchar el oráculo de dios.

SIWĀLIK, sistema montañoso de la India, que constituye el antepaís del Himalaya.

SIXAOLA, r. de Costa Rica (Limón), que nace en la cordillera de Talamanca, forma frontera con Panamá y desemboca en el Caribe; 140 km. En su curso alto se denomina *Tarire.*

Sixtina (capilla), gran capilla del Vaticano construida por orden de Sixto IV. Está decorada con frescos de Botticelli, Ghirlandaio, Signorelli, Perugino, Cosimo Rosselli (1481-1482) y Miguel Ángel (*Creación de Adán* y otras escenas del Génesis en la bóveda, 1508-1512; *Juicio final* en la pared del fondo, 1536-1541).

SIXTO IV (Francesco Della Rovere), *Celle Ligure, cerca de Savona, 1414-Roma 1484,* papa de 1471 a 1484. Combatió a los turcos. Mecenas y humanista, embelleció Roma y encargó la construcción y decoración de la capilla *Sixtina.* — **Sixto V** (Felice Peretti), *Grottammare, Marcas, 1520-Roma 1590,* papa de 1585 a 1590. Trabajó en la reforma de la Iglesia siguiendo el espíritu del concilio de Trento, intervino en las querellas religiosas de Francia (apoyó a la Liga y excomulgó a Enrique de Navarra) y financió la *Armada invencible contra Inglaterra (1588). Dio al Sacro colegio su forma definitiva y dividió la administración romana en quince congregaciones.

SIYAD BARREH (Mohamed), *región del Alto-Djouba 1919-Abuja, Nigeria, 1995,* general y político somalí. En 1969 se hizo con el poder y se convirtió en jefe de estado. Fue derrocado en 1991.

SIZA (Álvaro), *Matosinhos, cerca de Oporto, 1933,* arquitecto portugués. Su obra se inspira en las diversas corrientes de la modernidad internacional al tiempo que respeta el emplazamiento y la tradición constructiva local (restaurante Boa Nova, Leça da Palmeira [Portugal], 1958-1963; Centro gallego de arte contemporáneo, Santiago de Compostela, 1988-1993; museo Ibere Camargo, Porto Alegre, 2003-2008). Tras el incendio del barrio del Chiado de Lisboa en 1988, dirigió su reconstrucción. (Premio Pritzker 1992.)

SJAELLAND, en alem. **Seeland,** la mayor de las islas danesas, en el Báltico; 7 444 km²; 2 142 000 hab.; c. pral. *Copenhague.* Está unida al litoral sueco por un puente-túnel que atraviesa el Øresund.

SJÖSTRÖM (Victor), *Silbodal 1879-Estocolmo 1960,* cineasta y actor sueco. Uno de los pioneros del arte cinematográfico, fue un autor lírico y visionario (*Los proscritos,* 1917; *La carreta fantasma,* 1920; *El viento,* 1928).

■ CLAUS **SLUTER.** El profeta Jeremías. Detalle del *Pozo de Moisés* (1395-1404).

SKAGERRAK o **SKAGERAK,** estrecho entre Jutlandia y Noruega que une el mar del Norte con el Cattegat.

SKANDERBEG o **SCANDERBEG** (Jorge Castriota,** llamado), *1405-Allessio, act. Lezhë, 1468,* príncipe albanés. Dirigió la lucha contra los otomanos y contó con el apoyo del papado, de Alfonso V de Aragón y de Venecia.

SKÁRMETA (Antonio), *Antofagasta 1940,* escritor chileno. Sus novelas (*Soñé que la nieve ardía,* 1975; *Ardiente paciencia,* 1986; *El baile de la victoria,* 2003) y relatos (*El entusiasmo,* 1967; *Tiro libre,* 1973; *La composición,* 1998), autobiográficos, emplean un lenguaje vivaz.

SKELLEFTEÁ, c. de Suecia, a orillas del golfo de Botnia; 75 258 hab. Puerto.

SKHIRRA (La), c. de Túnez, junto al golfo de Gabes. Puerto petrolero.

SKIKDA, ant. **Philippeville,** c. de Argelia oriental, cap. de vilayato; 141 000 hab. Puerto. Refinería de petróleo y petroquímica. Licuefacción y exportación de gas natural.

SKINNER (Burrhus Frederic), *Susquehanna, Pennsylvania, 1904-Cambridge, Massachusetts, 1990,* psicólogo estadounidense. Es autor de trabajos sobre el aprendizaje y el condicionamiento operante. Desarrolló una corriente radical y autónoma en el seno del conductismo.

SKLOVSKI (Viktor Boríssovich), *San Petersburgo 1893-Moscú 1984,* teórico, escritor y crítico literario soviético en lengua rusa. Uno de los máximos representantes del formalismo ruso, estudió los procedimientos poéticos y las estructuras narrativas de la novela. También es autor de guiones y de ensayos sobre cine.

SKOLEM (Albert), *Sandsvaer 1887-Oslo 1963,* lógico noruego, autor de importantes trabajos axiomáticos.

SKOPJE o **SKOPLJE,** cap. de Macedonia, junto al Vardar; 563 300 hab. Universidad. Siderurgia. — En los alrededores, monasterios bizantinos (ss. XII-XIV) con destacados frescos. — En el s. X, la ciudad fue capital del imperio búlgaro de Samuel. Fue reconstruida tras el sismo de 1963.

SKRIABIN → SCRIABIN.

SKYE, isla de Gran Bretaña (Escocia), en el archipiélago de las Hébridas; 8 100 hab.

Skylab, estación espacial estadounidense. Puesta en órbita alrededor de la Tierra en 1973, fue ocupada sucesivamente por tres tripulaciones (1973-1974) y se llevaron a cabo muchas experiencias científicas. Efectuó su regreso a la atmósfera y se desintegró en 1979.

SLÁNSKÝ (Rudolf), *Nezvestice, Plzeň, 1901-Praga 1952,* político checoslovaco. Secretario general del Partido comunista (1945-1951), fue acusado de liderar una conspiración contra el estado y el partido y fue ejecutado. Rehabilitado en 1968.

SLAUERHOFF (Jan Jacob), *Leeuwarden 1898-Hilversum 1936,* escritor neerlandés, autor de novelas y poemas (*Claroscuro*) de inspiración romántica.

SLAVEJKOV (Penčo), *Trjavna 1866-Brunate 1912,* escritor búlgaro, autor de poemas de inspiración romántica o satírica.

SLAVIANSK → SLOVIANSK.

SLIM (Carlos), *México 1940,* empresario mexicano. Al frente del grupo Carso, fundado en 1980, sus negocios abarcan las telecomunicaciones, el comercio, las infraestructuras y la banca.

SLIPHER (Vesto Melvin), *Mulberry, Indiana, 1875-Flagstaff, Arizona, 1969,* astrónomo estadounidense. Aplicó la espectrografía al estudio de los planetas y las nebulosas, determinó la velocidad radial de las galaxias (1912-1914) y descubrió el movimiento de rotación de las mismas.

SLIVEN, c. del E de Bulgaria; 114 600 hab. Centro industrial. — Museo arqueológico.

SLOCHTEREN, c. de Países Bajos (prov. de Groninga); 14 080 hab. Yacimiento de gas natural.

SLOUGH, c. de Gran Bretaña (Inglaterra), al O de Londres; 98 600 hab.

SLOVIANSK, ant. **Slaviansk,** c. del E de Ucrania; 137 000 hab.

SLOWACKI (Juliusz), *Krzemieniec 1809-París 1849,* escritor polaco, autor de poemas (*Rey espíritu*) y de dramas (*Kordian*) románticos.

SLUPSK, c. de Polonia; 102 400 hab. Monumentos antiguos.

SLUTER (Claus), *Haarlem h. 1340/1350-Dijon 1405 o 1406,* escultor neerlandés. Su obra maestra es el conjunto de los seis profetas del *Pozo de Moisés* o *Pozo de los profetas* (cartuja de Champmol, Dijon), probablemente acabado por su sobrino Claus de Werve (h. 1380-1439). Su dramatismo y realismo ejercieron una gran influencia en el arte europeo del s. XV.

Smalkalda (artículos de), confesión de fe redactada por Lutero en 1537. Es uno de los textos básicos del luteranismo.

Smalkalda (liga de) [1531-1547], liga religiosa y política formada por ciudades y príncipes protestantes de Alemania en Smalkalda (en alem. Schmalkalden), Turingia. Destinada a evitar las amenazas proferidas por Carlos Quinto contra los luteranos, fue disuelta tras la victoria de este en *Mühlberg.

SMALLEY (Richard Errett), *Akron 1943-Houston 2005,* químico estadounidense. Descubrió en 1985, en colaboración con Robert F. Curl Jr. (n. en 1933) y H. W. Kroto, los primeros fulerenos, los C₆₀, con una estructura similar a la de un balón de fútbol. (Premio Nobel 1996.)

SMETANA (Bedřich), *Litomyšl 1824-Praga 1884,* compositor y pianista checo. Autor de la ópera *La novia vendida* (1866) y de poemas sinfónicos (*Mi patria,* 1874-1879), es el máximo exponente de la música romántica de Bohemia.

SMITH (Adam), *Kirkcaldy, Escocia, 1723-Edimburgo 1790,* economista británico. En *Investigación sobre la naturaleza y causas de la riqueza de las naciones* (1776), señala que la búsqueda por los hombres de su interés personal nos lleva a la realización del interés general, por lo que está a favor de la libertad. También profundizó en la noción de valor, distinguiendo entre valor de uso y valor de cambio.

■ ADAM **SMITH,** por J. Jackson, a partir de Tassie. (© Hulton Deutsch.)

SMITH (Elizabeth, llamada Bessie), *Chattanooga, Tennessee, 1894-Clarksdale, Mississippi, 1937,* cantante de blues estadounidense. Apodada «la emperatriz del blues», fue una de las voces más bellas de la canción negra norteamericana (*The Saint Louis Blues,* 1925, *Nobody Knows when you're down and out,* 1929).

SMITH (David), *Decatur, Indiana, 1906-Bennington, Vermont, 1965,* escultor estadounidense. En 1933 inició la escultura en metal soldado y, a partir de 1950, alcanzó un rigor abstracto que anunciaba el arte minimalista.

SMITH (Ian Douglas), *Selukwe 1919-El Cabo, Rep. de Sudáfrica, 2007,* político de Zimbabwe. Primer ministro de Rhodesia (1964-1979), proclamó unilateralmente la independencia (1965), rompiendo con Gran Bretaña.

SMITH (Joseph), *Sharon, Vermont, 1805-Carthage, Illinois, 1844,* fundador del movimiento religioso de los mormones. Acusado de favorecer la poligamia, fue asesinado a balazos por una multitud.

SMITH (William Eugene), *Wichita, Kansas, 1918-Nueva York 1978,* fotógrafo estadounidense. Su mirada humanista constituye uno de los ejemplos más logrados del fotoperiodismo (*Pittsburgh,* 1955; *Minamata,* 1972-1975).

SMOLIENSK, c. de Rusia, a orillas del Dniéper; 352 000 hab. Centro industrial. — Fortificaciones e iglesias antiguas. Museos. — Combates entre soviéticos y alemanes en 1941 y 1943.

■ W. E. **SMITH.** *Soldado con un niño agonizante en brazos.* (Marianas, 1944). [Agencia Magnum.]

SMOLLET (Tobias George), *Cardross, cerca de Dumbarton, Escocia, 1721-Livorno, Italia, 1771,* escritor británico. Autor de comedias, adaptó a su país la novela picaresca (*Roderick Random,* 1748).

SMUTS (Jan Christiaan), *Bovenplaats 1870-Irene 1950,* político sudafricano. Tras haber luchado en las filas de los bóers (1899-1902), participó en la unificación de las colonias británicas de Sudáfrica (1910). Fue primer ministro de 1919 a 1924 y de 1939 a 1948.

SNAKE RIVER, r. de Estados Unidos, afl. del Columbia (or. izq.); 1 600 km. Instalaciones hidroeléctricas y regadío.

SNAYERS (Pieter), *Amberes 1592-Bruselas 1667,* pintor flamenco. En su obra destacan vastas composiciones con pequeñas figuras (*El sitio de Gravelinas; Toma de Yprès; Cacería del cardenal-infante,* todos en el Prado).

SNEL VAN ROYEN (Willebrord), llamado **Willebrordus Snellius,** *Leiden 1580/91 1626 o 1627,* astrónomo y matemático holandés. Descubrió, antes que Descartes, la ley de la refracción de la luz (1620) e introdujo el método de triangulación en geodesia.

SNOILSKY (Carl, conde), *Estocolmo 1841-íd. 1903,* poeta sueco. Es autor de *Sonetos* (1871) y poemas históricos (*Imágenes suecas,* 1886)

Snoopy, personaje de cómic creado en 1950 en Estados Unidos por Charles Monroe Schulz (1923-2000), en la serie *Peanuts,* como un sarcástico perro filósofo.

SNORRI STURLUSON, *Hvamm h. 1179-Reykjaholt 1241,* poeta islandés. Es autor de *Edda prosaica* y de una colección de sagas de reyes de Noruega.

SNOWDON, macizo de Gran Bretaña, en el País de Gales. Culmina en el Moel-y-Wydda (1 085 m), el pico más elevado de la región.

SNYDERS o **SNIJDERS** (Frans), *Amberes 1579-íd. 1657,* pintor flamenco. Sus naturalezas muertas poseen una amplitud decorativa y un dinamismo similares a los de Rubens. También pintó animales y escenas de caza.

ŠOA, prov. de Etiopía; 10 714 000 hab.; cap. *Addis Abeba.* Es la provincia más poblada del país.

SOACHA, mun. de Colombia (Cundinamarca); 109 051 hab. Centro minero e industrial.

SOARES (Mário), *Lisboa 1924,* político portugués. Secretario general del Partido socialista (1973-1986) y ministro de asuntos exteriores (1974-1975), fue primer ministro (1976-1978 y 1983-1985) y presidente (1986-1996).

Sobibór, campo de exterminio alemán, al N de Lublin (1942-1943), en el que murieron 120 000 judíos. El 14 de octubre de 1943 fue escenario de la única revuelta victoriosa en un campo de exterminio nazi.

SOBRADO, mun. de España (La Coruña); 2 518 hab. Monasterio cisterciense del s. XII, con edificaciones anexas de los ss. XVI-XVIII.

SOBRARBE, comarca de España (Huesca), entre la frontera de Francia y el Somontano, avenada por el Cinca, el Cinqueta y el Ara. Parque nacional de Ordesa y Monte Perdido (re-

serva de la biosfera 1977). — El *condado de Sobrarbe* dependió en los ss. VIII-IX del de Tolosa, y desde 916 del de Ribagorza.

SOBREMONTE (Rafael, marqués **de**), *Sevilla 1745-Cádiz 1827,* administrador y militar español. Virrey del Río de la Plata (1804-1807), huyó a Córdoba durante la invasión británica de Buenos Aires (1806).

SOBRINO (Francisco), *Guadalajara 1932,* escultor español. Formado en Argentina, se instaló en París, donde participó en el desarrollo del arte cinético y del pop art.

SOCHI, c. de Rusia, junto al mar Negro; 344 000 hab. Centro turístico.

social (guerra) [del lat. *bellum sociale,* guerra de los aliados] (91-89 u 88 a.C.), insurrección de las ciudades de Italia contra la dominación romana. Los pueblos de Italia, aliados *(socii)* de Roma, no gozaban del derecho de ciudadanía romana, pero soportaban las mismas cargas que los ciudadanos. Formaron una confederación y obtuvieron la ciudadanía romana a pesar de su derrota.

social conservador (Partido) → **conservador** (Partido social).

socialdemócrata alemán (Partido) o **SPD,** partido político alemán fundado en 1875. Disuelto por Hitler (1933), se reconstituyó en 1945. En Alemania oriental se fusionó con el Partido comunista para formar el SED (Partido socialista unificado de Alemania) en 1946. En Alemania occidental, el SPD, anticomunista, eliminó toda referencia al marxismo y estuvo en el poder de 1969 a 1982. El partido socialdemócrata de Alemania oriental, renacido en 1989, se fusionó en 1990 con su homólogo de la RFA. Gobernó de nuevo desde 1998 hasta 2005.

socialdemócrata de Rusia (Partido obrero) o **POSDR,** partido político ruso fundado en 1898. En 1903 se dividió en bolcheviques y mencheviques. En marzo de 1918, el grupo bolchevique pasó a denominarse Partido comunista ruso (bolchevique).

socialista francés (Partido) o **PSF,** partido político francés, nacido de la fusión entre 1969 y 1971 de la SFIO (creada en 1905, a raíz de la unificación de todos los partidos socialistas franceses) y diversos grupos de izquierda. Accedió al gobierno en 1981, tras las elecciones a la presidencia de la república de su primer secretario, F. Mitterrand.

socialista obrero español (Partido) o **PSOE,** partido político español, fundado en 1879 bajo la dirección de Pablo Iglesias. En 1886 apareció su órgano de prensa, *El socialista.* Participó en el gobierno de la segunda república y se adhirió al Frente popular, con dirigentes como Besteiro, Prieto, Negrín o Largo Caballero. Clandestino desde 1939, fue legalizado en 1976. Venció en las elecciones de 1982 y Felipe González, secretario general desde 1974 hasta 1997, asumió la presidencia del gobierno hasta 1996. Gobierna de nuevo desde 2004 bajo la presidencia de J. L. Rodríguez Zapatero (secretario general desde 2003).

socialistas latinoamericanos (partidos), organismos políticos de tendencia socialista de los diversos países latinoamericanos. Entre los primeros en aparecer cabe citar: el Partido socialista mexicano (1878), el Partido socialista de Argentina (1895), el Partido reformista uruguayo (1910) y el Partido socialista chileno (1912). Tras el auge del comunismo después de la revolución rusa, en la década de 1930 renacieron los movimientos socialistas: el Partido socialista argentino mantuvo su influencia hasta el desarrollo del peronismo, y en Chile se creó un Partido socialista (1933), que participó en el Frente popular (1938-1947) y que, integrado en la Unidad popular, gobernó de 1970 a 1973. Destacan también diversos partidos socialistas o socialdemócratas de Costa Rica, República Dominicana, Uruguay, Ecuador y Perú (APRA), el Frente sandinista en Nicaragua, el Partido de los trabajadores de Brasil y Acción democrática en Venezuela.

socialista unificat de Catalunya (Partit) o **PSUC,** organización política catalana, fundada en 1936 a raíz de la fusión del Partit comunista de Catalunya (dependiente del PCE), la federación catalana del PSOE, la Unió socialista de Catalunya y el Partit comunista proletari. En 1987 se integró en la coalición de izquierda-nacionalista Iniciativa per Catalunya.

socialrevolucionario (Partido) o **PSR,** partido político ruso (1901-1922) surgido de la fusión de diferentes grupos populistas. Después de octubre de 1917, se escindió en el SR de izquierdas, aliados con los bolcheviques, y el SR de derechas, que los combatieron.

SOCIEDAD (islas de la), principal archipiélago de la Polinesia francesa (Oceanía); 1 647 km²; cap. *Papeete.* Descubierto por Wallis y Cook, pasó a Francia en 1843 como protectorado y fue anexionado entre 1880 y 1888.

Sociedad de naciones (SDN), organismo internacional creado en 1920 entre los estados signatarios del tratado de Versalles (1919) para desarrollar la cooperación entre las naciones y garantizar la paz y la seguridad. Con sede en Ginebra de 1920 a 1946, fue incapaz de cumplir su misión durante la crisis de entreguerras. Fue sustituido en 1946 por la ONU, creada el año anterior.

Sociedades económicas de Amigos del país, organismos españoles no estatales surgidos en la segunda mitad del s. XVIII con el fin de promover el desarrollo, en especial económico, del país. La *Sociedad económica bascongada,* nacida del grupo de los Caballeros de Azcoitia y aprobada en 1765, contó entre sus miembros con ilustres reformistas españoles y científicos extranjeros (Seminario de Vergara). Hasta la guerra de la Independencia se crearon cerca de 100 sociedades de este tipo, entre ellas las de Sevilla, Madrid, Granada, Cantabria y Vera. En Hispanoamérica estas sociedades fueron importantes focos independentistas. Decayeron en el s. XIX.

Sociedades patrióticas, organizaciones polí-

■ MÁRIO **SOARES**

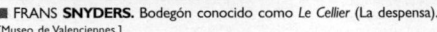

■ FRANS **SNYDERS.** Bodegón conocido como *Le Cellier* (La despensa). [Museo de Valenciennes.]

ticas liberales nacidas en Madrid durante el trienio liberal.

SOCINO (Lelio **Sozzini** o **Socini**, llamado), *Siena 1525-Zurich 1562,* reformador italiano. Negó la divinidad de Cristo y el dogma de la Trinidad porque los consideraba contrarios al monoteísmo. — **Fausto S.**, *Siena 1539-cerca de Cracovia 1604,* reformador italiano. Sobrino de Lelio, defendió las mismas ideas que este. Se refugió en Polonia y organizó allí una Iglesia antitrinitaria *(Hermanos polacos).*

SOCOMPA, volcán de Argentina (Salta) y Chile (Antofagasta); 6 031 m. El *paso de Socompa* (3 858 m), entre el volcán y el *cerro Socompa Caipis* (4 878 m), es aprovechado por el ferrocarril y la carretera Salta-Antofagasta.

SOCONUSCO, región de México (Chiapas), entre la sierra Madre de Chiapas, la costa del Pacífico y la frontera guatemalteca. Cultivos de café y cacao.

SOCORRO, mun. de Colombia (Santander); 23 026 hab. Yacimientos de cobre y hierro. Centro comercial.

SOCOTORA o **SOCOTRA,** isla del océano Índico, dependencia de Yemen; 3 580 km²; 15 000 hab. (Reserva de la biosfera 2003; patrimonio de la humanidad 2008.)

SÓCRATES, *Alópekê, Ática, 470-Atenas 399 a.C.,* filósofo griego. No dejó nada escrito y solo se le conoce por tres de sus contemporáneos: Aristófanes, que se burló de él; Jenofonte, que lo consideró un moralista simplón, y su discípulo Platón, que lo convirtió en el personaje central de sus *Diálogos.* La imagen que se perfila a través de este triple testimonio es la de un hombre que interroga a la vez que enseña (es lo que se denomina «ironía socrática»), que hace descubrir a su interlocutor lo que creía ignorar *(mayéutica)* y lo hace avanzar en el camino de la verdad *(dialéctica).* En el contexto de la guerra del Peloponeso y los desastres de Atenas, fue considerado como un enemigo de la ciudad: lo condenaron a beber cicuta por impiedad hacia los dioses y por corromper a la juventud.

■ **SÓCRATES.**
(Museo del Capitolio, Roma.)

■ JAVIER **SOLANA**

SÓCRATES (José Sócrates **Carvalho Pinto de Sousa,** llamado José), *Vilar de Maçada, Vila Real, 1937,* político portugués. Secretario general del Partido socialista (desde 2004), es primer ministro desde 2005.

SODDY (Frederick), *Eastbourne 1877-Brighton 1956,* químico británico. Explicó el mecanismo de desintegración de los átomos radiactivos y formuló la ley de filiación (1902). En 1903 descubrió la isotopía. (Premio Nobel 1921.)

SÖDERTÄLJE, c. de Suecia; 81 786 hab.

SODOMA, ant. c. cananea (act. Sedom), que fue destruida, con Gomorra y otras ciudades del S del mar Muerto, por un cataclismo en el s. XIX a.C. La Biblia interpreta esta catástrofe como un castigo de Dios contra los habitantes de dichas ciudades, infieles e inmorales.

SODOMA (Giovanni Antonio **Bazzi,** llamado il), *Vercelli 1477-Siena 1549,* pintor italiano. Sucesor de Signorelli en el claustro del convento de Monteoliveto Maggiore, trabajó en la villa *Farnesina en Roma y después en Siena.

SOEKARNO → SUKARNO.

SOFÍA, cap. de Bulgaria, al pie del monte de Vitoša; 1 183 000 hab. Centro administrativo e industrial. — Iglesias y mezquitas antiguas. Museos de arqueología y arte sacro.

SOFÍA ALEXÉIEVNA, *Moscú 1657-íd. 1704,* princesa rusa de la dinastía Románov, regente de Rusia (1682-1689). Regente de su hermano Iván V (1682), fue apartada del poder por su hermanastro Pedro el Grande (1689).

SOFÍA DE GRECIA, *Psixico, Ática, 1938,* reina de España (desde 1975). Hija de Pablo I de Grecia y de Federica de Hannover, casó con Juan Carlos de Borbón (1962), actual Juan Carlos I, rey de España.

SÓFOCLES, *Colona h. 495-Atenas 406 a.C.,* poeta trágico griego. Solo se conservan siete de sus tragedias *(Antígona, Áyax, Edipo en Colona, Edipo rey, Electra, Filoctetes, Las traquinias)* y un fragmento de un drama satírico *(Los sabuesos).* Dio a la tragedia su forma definitiva: introdujo un tercer actor y aumentó de 12 a 15 el número de componentes del coro. Sustituyó la trilogía encadenada (tres episodios del mismo mito) por la trilogía libre (cada drama es autónomo). Modificó el sentido trágico e hizo de la evolución del héroe y de su carácter una parte esencial de la manifestación del destino y de la voluntad de los dioses.

SOFONISBE, *Cartago 235-203 a.C.,* reina de Numidia. Esposa de Masinisa, se envenenó para no ser entregada a los romanos. Su historia inspiró tragedias a Trissino (h. 1515), Mairet (1634) y Corneille (1663).

SOGAMOSO, mun. de Colombia (Boyacá); 81 226 hab. Minas de carbón. Textiles, calzados, cervecerías.

SOGDIANA, ant. región de Asia central, al N de Bactriana. Corresponde a Uzbekistán; c. pral. *Samarkand.*

SOGNEFJORD, el mayor de los fiordos de Noruega, al N de Bergen; 200 km aprox.

SOHÂG, c. de Egipto, junto al Nilo, cap. de prov.; 141 000 hab.

SOHO, barrio del centro de Londres.

SOISSONS, c. de Francia (Aisne); 30 672 hab. Construcciones eléctricas. Neumáticos. — En ella, en 1728, se celebró una reunión entre España, Francia, Gran Bretaña y el Imperio, en la que el británico Walpole aceptó la paz con España, aunque soslayó la cuestión de Gibraltar; el Imperio no transigió en las cláusulas sobre la herencia de los ducados italianos y Francia renovó su amistad con España.

SOJO (Vicente Emilio), *Guatire 1887-Caracas 1974,* compositor venezolano. Fue pedagogo, folclorista y autor de música religiosa *(Requiem in memoriam patriae).*

SOKOLOVSKI (Vasili Danílovich), *Kozliki 1897-Moscú 1968,* militar soviético. Dirigió las fuerzas soviéticas en Alemania (1946-1949) y fue jefe del alto estado mayor (1952-1960).

SOKOTO, c. de Nigeria, cap. del *estado de Sokoto;* 186 100 hab. En el s. XIX fue el centro del *imperio fulbé de Sokoto,* fundado por *Usman dan Fodio a partir de 1804.

SOL, estrella alrededor de la cual gravita la Tierra. (V. parte n. com.)

Sol (Piedra del) o **Calendario azteca,** disco de casi 3,5 m de diámetro, de lava basáltica, esculpido durante el reinado de Moctezuma II, soberano azteca (1502-1520), cubierto de signos religiosos y astrológicos en torno al Sol-Tonatiuh (museo nacional de antropología de México).

■ LA PIEDRA DEL **SOL.** Rostro del dios Tonatiuh (en el centro). Período posclásico reciente.
(Museo nacional de antropología, México.)

■ **SÓFOCLES.** (Museo vaticano.)

SOLANA (La), v. de España (Ciudad Real); 15 066 hab. *(solaneros).* Yacimientos de lignito.

SOLANA (Javier), *Madrid 1942,* político español. Socialista, ministro de cultura (1982-1988), de educación (1988-1992) y de asuntos exteriores (1992-1995), fue secretario general de la OTAN (1995-1999) y más adelante alto representante de política exterior y de seguridad común de la Unión europea desde 1999.

SOLANA (José Gutiérrez) → GUTIÉRREZ SOLANA.

SOLANAS (Fernando, llamado Pino), *Olivos, Buenos Aires, 1936,* director de cine argentino. Teórico influyente, sus películas poseen un acentuado matiz político *(La hora de los hornos,* 1968; *Los hijos de Fierro,* 1975). En 1976 se instaló en Francia *(Tangos/El exilio de Gardel,* 1985). De nuevo en Argentina, rodó *Sur* (1988), *El viaje* (1992), *La nube* (1998), *Memoria del saqueo* (2003), *La dignidad de los nadies* (2005).

SOLANO (Susana), *Barcelona 1946,* escultora española. Sus obras, a medio camino entre el geometrismo minimalista y la escultura primitiva, se sirven de materiales industriales e insisten en la capacidad expresiva de los mismos, sin olvidar la impronta humana. (Premio nacional de bellas artes 1988.)

SOLANO LÓPEZ (Francisco) → LÓPEZ.

SOLAR (Alberto del), *Santiago 1860-Buenos Aires 1920,* escritor chileno, autor de poesía *(El firmamento,* 1908), novela *(Huincahual,* 1888), teatro *(El Dr. Morris,* 1903; *Chacabuco,* 1907) y ensayo.

SOLARIO o **SOLARI** (Cristoforo), escultor y arquitecto italiano, activo entre 1489 y 1520. Lombardo, trabajó en Venecia, en la cartuja de Pavía (tumbas) y en la catedral de Milán. — **Andrea S.,** pintor italiano, activo entre 1495 y 1520 aprox., hermano de Cristoforo. Combinó las tradiciones veneciana y lombarda.

Soldado desconocido, combatiente no identificado, muerto en el campo de batalla. Desde la primera guerra mundial, es el símbolo de los muertos de una nación en la guerra.

SÖLDEN, estación de deportes de invierno de Austria, en el Tirol (alt. 1 377-3 040 m).

SOLDEVILA (Ferran), *Barcelona 1894-íd. 1971,* historiador español. Especializado en historia medieval de Cataluña *(Historia de Cataluña,* 3 vols., 1934-1935, 1962-1963), también es autor de una *Historia de España* (8 vols., 1952-1958, 1968).

SOLDI (Raúl), *Buenos Aires 1905-íd. 1994,* pintor argentino. Su estilización lineal y un sutil tratamiento de la gama pastel apoyan su temática fantástica (cúpula del teatro Colón de Buenos Aires, óleo).

SOLEDAD, mun. de Colombia (Atlántico); 165 791 hab. Ciudad dormitorio próxima a Barranquila.

SOLEDAD DE DOBLADO, mun. de México (Veracruz); 26 363 hab. Café, caña de azúcar y maíz.

SOLEDAD DÍEZ GUTIÉRREZ, mun. de México (San Luis Potosí), cuya cab. está integrada en San Luis Potosí; 64 417 hab.

Soledades, poema de L. de Góngora, en dos partes: *Soledad de los campos* (1613) y *Soledad de las riberas* (inacabada). Describe el contraste entre la vida en la ciudad y en el campo con rupturas sintácticas y abundantes neologismos, típicos del culteranismo.

ŠOLEM o **ŠALOM ALEKEM** (Šalom Rabinovitz, llamado), *Pereiaslav, Ucrania, 1859-Nueva York 1916,* escritor en lengua yiddish. Es autor de relatos sobre la vida de los guetos de Europa central (*Tévié el lechero,* 1899-1911).

SOLENTINAME (islas), archipiélago de Nicaragua (Río San Juan), en el lago Nicaragua. Está constituido por cuatro islas y numerosos islotes.

SOLER (Antonio), *Olot 1729-San Lorenzo de El Escorial 1783,* eclesiástico y compositor español. Sus conciertos, quintetos y en especial las 120 sonatas que compuso para clavicémbalo, aunque influidos por su maestro Scarlatti, muestran los rasgos de un talento original. Su tratado teórico *Llave de la modulación* (1762) tuvo una importancia decisiva en la renovación musical de su época.

SOLER (Frederic) → **PITARRA** (Serafí).

SOLER (Josep), *Vilafranca del Penedès 1935,* compositor español. Discípulo de C. Taltabull, su obra, influida por la estética expresionista, comprende óperas, música de cámara y coral y composiciones de tema religioso. Es autor de trabajos teóricos sobre estética musical.

SOLER (Miguel Estanislao), *Buenos Aires 1783-1849,* militar argentino. Activo en la revolución de mayo (1810) y en la campaña de la Banda Oriental, fue gobernador de Montevideo (1814) y Buenos Aires (1820).

SOLESMES, mun. de Francia (Sarthe); 1 425 hab. Abadía benedictina (h. 1010), suprimida en 1790 y restaurada en 1833. Centro de investigación sobre liturgia y canto gregoriano.

Solferino (batalla de) [24 junio 1859], victoria de las tropas francesas de Napoleón III sobre los austriacos de Francisco José en Solferino (prov. de Mantua, Lombardía). El carácter sangriento de esta batalla dio origen a la fundación de la *Cruz roja.*

Solidaritat catalana, movimiento catalanista (1906-1909) integrado por la Lliga regionalista, la Unió nacionalista, el Centro nacionalista republicà, los carlistas, los federales y una parte de Unión republicana. Logró una gran victoria electoral en Cataluña en 1907.

Solidarność, en esp. **Solidaridad,** sindicato polaco independiente, fundado en Gdańsk en 1980. Punta de lanza de la oposición al régimen comunista, Solidarność, presidido por Lech Wałęsa (de 1981 a 1990), fue prohibido en 1982 y, tras un periodo de clandestinidad, fue legalizado de nuevo en 1989. Ha ejercido una influencia duradera en la vida política del país a través de diversos partidos de derecha surgidos de una fusión.

SOLIHULL, c. de Gran Bretaña (Inglaterra), cerca de Birmingham; 112 000 hab.

SOLIMÁN I el Magnífico, en turco **Süleyman I Qānūni** («el Legislador»), *Trebisonda 1494-Szigetvár, Hungría, 1566,* sultán otomano (1520-1566). Hijo de Selim I, emprendió numerosas campañas tanto en Europa (toma de Belgrado, 1521; conquista de Hungría, 1526; asedio de Viena, 1529) como en el Mediterráneo (conquista de Rodas, 1522) y en Oriente (toma de Bagdad y de Tabriz, 1534). En 1528 pactó un acuerdo comercial con Francisco I, en contra de su común enemigo, Carlos Quinto. Fue también un gran legislador.

■ **SOLIMÁN I EL MAGNÍFICO.**
(Biblioteca Millet, İstanbul.)

■ **ALEXANDR SOLZHENITSIN**

SOLIMANA, pico de Perú (Arequipa), en la cordillera Occidental de los Andes; 6 117 m.

SOLIMENA (Francesco), *Canale di Serino, prov. de Avellino, 1657-Barra, cerca de Nápoles, 1747,* pintor italiano. Es, junto con L. Giordano, una de las principales figuras del barroco napolitano (vigorosos frescos para iglesias; alegorías; retratos).

SOLINGEN, c. de Alemania (Rin del Norte-Westfalia); 166 064 hab. Cuchillería.

SOLÍS FOLCH DE CARDONA (José), duque de Montellano, *Madrid 1716-Santa Fe 1770,* militar y administrador español. Mariscal de campo, fue virrey de Nueva Granada (1753-1761).

SOLÍS Y RIVADENEYRA (Antonio de), *Alcalá de Henares 1610-Madrid 1686,* cronista y eclesiástico español. Cronista mayor de Indias (1665), es autor de *Historia de la conquista de *México* (1684).

SÓLLER, c. de España (Baleares), en Mallorca; 11 521 hab. *(sollerenses).* Naranjas, olivos. Edificios modernistas. En el núcleo del Port, base naval y centro turístico.

SOLLERS (Philippe Joyaux, llamado Philippe), *Talence 1936,* escritor francés. Ha pasado en sus novelas de una escritura de vanguardia (*El parque,* 1961; *Números,* 1968) a una crítica brillante de la sociedad contemporánea (*Mujeres,* 1983; *Retrato de un jugador,* 1984; *La fiesta en Venecia,* 1991; *El secreto,* 1993; *Una vida divina,* 2006). También escribió ensayos.

SOLOGUREN (Javier), *Lima 1921,* poeta peruano, en una línea postsurrealista hermética (*Estancias,* 1960; *Poeisis,* 1981).

SOLÓN, h. 640 h. 669 a.C., estadista ateniense. Reformador social y político, estableció las bases de lo que sería, a partir de Clístenes (fines del s. VI a.C.), la democracia ateniense. Es uno de los siete *sabios* de Grecia.

SOLÓRZANO (Carlos), *Guatemala 1922,* escritor guatemalteco. Destacado dramaturgo (*Las manos de Dios,* 1956; *El crucificado,* 1958; *El sueño del ángel,* 1960), sus novelas (*Los falsos demonios,* 1966; *Las celdas,* 1971), sólidamente construidas, evidencian su preocupación por el futuro del continente americano.

SOLÓRZANO PEREIRA (Juan de), *Madrid 1575-íd. 1655,* administrador y jurisconsulto español. Fiscal del consejo de Indias (1627) y del de Castilla (1642), destacó por su flexibilidad e independencia de criterio. Participó en la recopilación de las leyes de Indias, promulgada en 1680. Escribió *Política indiana* (1647).

SOLOTHURN, en fr. **Soleure,** c. de Suiza, cap. del cantón homónimo, junto al Aar; 15 748 hab. Catedral reconstruida en el s. XVIII en estilo barroco italiano.

SOLOTHURN (cantón de), cantón de Suiza; 791 km² y 236 400 hab.

SOLOW (Robert Merton), *Nueva York 1924,* economista estadounidense. Teórico neoclásico, elaboró un modelo econométrico para medir el crecimiento económico y estudió la relación entre el crecimiento y el progreso técnico. (Premio Nobel 1987.)

SOLS (Alberto), *Sax 1917-Denia 1989,* bioquímico español. Pionero de la bioquímica en España, destacó por sus investigaciones sobre la enzimología del metabolismo de los carbohidratos y la regulación metabólica.

SOLSONA, c. de España (Lérida), cab. de p. j.; 7 343 hab. *(solsonenses* o *solsonins).* Catedral (ss. XIV-XV), con la imagen románica de la *Virgen del Claustro* (s. XII). Museo diocesano.

SOLTI (sir Georg), *Budapest 1912-Antibes 1997,* director de orquesta húngaro nacionalizado británico. Ayudante al principio de Toscanini en Salzburgo, dirigió, entre otras, las orquestas

del Covent Garden de Londres y de Chicago. Célebre en el repertorio lírico (Wagner, R. Strauss) y después en el sinfónico, destacó por la precisión y la cualidad dramática de su dirección.

SOLVAY (Ernest), *Rebecq-Rognon 1838-Bruselas 1922,* industrial belga. Logró la fabricación industrial del carbonato de sodio (*sosa Solvay).*

SOLZHENITSIN (Alexandr Issáievich), *Kislovodsk 1918-Moscú 2008,* escritor ruso. Su obra, que denuncia el régimen de Stalin y el sistema de pensamiento sobre el que se fundó, provocó su expulsión de la URSS en 1974 (*Un día en la vida de Iván Denisóvich,* 1962; *Pabellón del cáncer,* 1968; *Archipiélago Gulag,* 1973-1976). Regresó a Rusia en 1994 tras años de exilio en Estados Unidos. [Premio Nobel 1970.]

SOMALIA, estado de África, junto al océano Índico; 638 000 km² y 9 500 000 hab. *(somalíes).* CAP. *Muqdisho (Mogadiscio).* LENGUAS: *somalí* y *árabe.* MONEDA: *shilling somalí.*

GEOGRAFÍA

La ganadería nómada era el recurso principal del país, en gran parte árido. Solo el S, a una latitud ecuatorial, poseía cultivos (caña de azúcar, algodón y plátano), a menudo irrigados. La sequía y sobre todo la guerra civil han arruinado la economía y provocado desplazamientos de las poblaciones y hambrunas.

HISTORIA

La región fue ocupada por pueblos nómadas y ganaderos, autores de pinturas rupestres. **Fines del III milenio-II milenio:** emigraron hacia el S por la desecación de la región. **Ss. IX-XII d.C.:** mercaderes musulmanes, y más tarde pastores, los somalíes repoblaron el país desde la costa. **Ss. XV-XVI:** los reinos musulmanes lucharon contra la Etiopía cristiana. **S. XIX:** Egipto, Gran Bretaña o Italia se disputaron el país. Finalmente, se constituyó una Somalia británica (Somaliland, 1887) y una italiana (Somalia, 1905). **1925:** la Somalia italiana se anexionó el Trans-Yuba y Kismaayo, cedidos por los británicos. **1936:** Somalia fue incluida en el África Oriental italiana, junto a Etiopía y Eritrea. **1940:** Gran Bretaña tuvo que evacuar Somaliland. **1941:** esta reconquistó el país. **1950:** tras la administración británica, Italia recibió de la ONU la tutela del país durante diez años (menos Ogadén, restituido a Etiopía). **1960:** proclamación de la república independiente; Aden Osman fue su primer presidente. El nuevo estado, formado por Somaliland y Somalia, reclamó Ogadén. **1969:** el general Muḥammad Siyad Barreh se hizo con el poder e instauró un régimen dictatorial. **1977-1978:** un conflicto enfrentó a Etiopía (apoyada por la URSS) y a Somalia por la posesión de Ogadén, que tuvo que ser evacuado por el ejército somalí. **1988:** Somalia y Etiopía firmaron un acuerdo de paz. **1991:** el general Siyad Barreh fue derrocado. El país quedó destrozado por la guerra civil y devastado por el hambre. En el N se proclamó una república independiente (Somaliland). **1992:** por iniciativa de EUA se desplegó una fuerza internacional, autorizada por la ONU, para garantizar la distribución de ayuda alimentaria. **1993-1994:** las fuerzas de la ONU al frente de esta operación no consiguieron desarmar a las milicias. Mientras tanto se consiguió frenar la hambruna. Retirada de las fuerzas estadounidenses y europeas. **1995:** final de la misión de la ONU, sin que se restableciera la paz civil. **2000:** se instituyó un gobierno de transición, hostigado sobre todo por algunos señores de la guerra, por lo que quedó confinado en Baidoa. **2006:** los milicianos de un movimiento denominado «Tribunales islámicos» tomaron el poder en la capital y en numerosas ciudades del país. Etiopía intervino directamente contra la las fuerzas somalíes (dic.) para expulsarlos y consolidar la autoridad del gobierno de transición. **2007-2008:** la situación se mantuvo caótica, con los islamistas y algunos clanes prosiguiendo las acciones de guerrilla. **Principios 2009:** habiendo fracasado totalmente, las tropas etíopes se retiraron. Somalia siguió a merced de la anarquía y la violencia, al tiempo que en sus costas se desarrollaba una piratería marítima a gran escala.

SOMALIA (corriente de), corriente marina caliente del océano Índico. Recorre, en invierno, de NE a SO las costas de Somalia.

SOMARRIBA (Joane), *Guernica 1972*, ciclista española, vencedora del tour de Francia (2000, 2001, 2003), del giro de Italia (1999, 2000) y del campeonato del mundo contrarreloj (2003).

SOMAVIA (Juan), *Valparaíso 1941*, abogado y diplomático chileno. Participó en la restauración democrática en su país. Desde 1999 es director general de la Organización internacional del trabajo.

SOMBART (Werner), *Ermsleben, Halle, 1863-Berlín 1941*, economista, sociólogo e historiador alemán. Autor de *Socialismo y movimientos sociales en el s. XIX* (1896) o *El burgués* (1913), evolucionó hacia un socialismo nacional cercano al nacionalsocialismo.

SOMBRERETE, mun. de México (Zacatecas); 59 687 hab. Minería (cromo, plomo, cobre).

sombrero de tres picos (El), novela de P. de Alarcón (1874) que narra la historia del corregidor y la molinera, tomada de una canción popular.— El tema inspiró un ballet a M. de Falla, con libreto de G. Martínez Sierra (1919).

Sombreros y Gorros, nombre de dos facciones opuestas en las dietas suecas de 1738 a 1772. Los Gorros eran partidarios de negociar con Rusia, y los Sombreros, de recuperar los territorios arrebatados por ella. Fueron eliminadas por Gustavo III (1772).

SOMERS o **SOMMERS** (John, barón), *cerca de Worcester 1651-Londres 1716*, político inglés. Líder whig, fue consejero personal de Guillermo III, lord canciller (1697-1700) y presidente del consejo privado (1708-1710).

SOMERSET, condado de Gran Bretaña, en el SO de Inglaterra; 459 000 hab.; cap. *Taunton.*

SOMEȘ, r. de Rumania y Hungría, afl. del Tisza (or. izq.); 411 km.

SOMME, r. de Francia, en la Cuenca de París, en Picardía, que desemboca en el canal de la Mancha; 245 km.— Escenario de una ofensiva francobritánica (julio-nov. 1916) que abrió el frente de *Verdún.*

SOMME², dep. de Francia (Picardía); 6 170 km²; 555 551 hab.; cap. *Amiens.*

SOMMERFELD (Arnold), *Königsberg 1868-Munich 1951*, físico alemán. Aplicó al átomo la mecánica relativista y la cuántica. Propuso un modelo de átomo con órbitas elípticas.

SOMOSIERRA, sierra de España, en el sistema Central; 2 129 m de alt. El *puerto de Somosierra* (1 404 m) la separa de la de Guadarrama.

SOMOTO, c. de Nicaragua, cap. del dep. de Madriz; 19 962 hab. Cacao, tabaco y caña de azúcar.

SOMOZA (Anastasio, llamado Tacho), *San Marcos 1896-Panamá 1956*, político nicaragüense. Intervino en la revolución que encumbró al Partido liberal (1925). Tras el golpe de estado contra Sacasa, accedió a la presidencia (1 en. 1937). Gobernó dictatorialmente (1937-1947 y 1951-1956). Aliado de EUA, amasó una gran fortuna. Murió asesinado.— **Luis S. Debayle**, *Lede 1922-Managua 1968*, político nicaragüense. Hijo de Anastasio, fue presidente del congreso (1951-1956) y de la república (1957-1963). Durante su mandato se realizaron obras de infraestructura y se firmó la ley de reforma agraria.— **Anastasio S. Debayle**, llamado **Tachito**, *León 1925-Asunción 1980*, político nicaragüense. Hermano de Luis, fue presidente (1967-1972 y 1974-1979). Su política represiva provocó una guerra civil que terminó con su huida del país (1979). Murió asesinado.

SOMOZA (José), *Piedrahita, Ávila, 1781-íd. 1852*, escritor español, poeta y prosista (*Recuerdos e impresiones*, 1843) de la escuela salmantina.

SOMPORT (puerto de), puerto de carretera de los Pirineos, que une España (valle de Canfranc) y Francia (valle de Aspe); 1 632 m.— Túnel carretero (8,6 km de long., abierto en 2003), paralelo al ferroviario (línea Pau-Canfranc, en servicio de 1928 a 1970).

SONÁ, distr. de Panamá (Veraguas); 23 567 hab. Economía agropecuaria. Serrerías.

Sonatas, serie novelesca de Valle-Inclán, correspondiente a las cuatro estaciones (1902-1905), subtitulada *Memorias del marqués de Bradomín.* Destaca por su exotismo, preciosismo estilístico y decadentismo.

SONDA (archipiélago de la), islas de Indonesia que prolongan la península de Malaca hasta las Molucas. Las principales son Sumatra y Java, separadas de las *pequeñas islas de la Sonda* (Bali, Timor) por el *estrecho de la Sonda.*

Sonderbund, liga formada en 1845 por los siete cantones católicos suizos para defender sus derechos. Fue disuelta por el ejército federal del general Dufour en 1847.

SONG, dinastía que reinó en China de 960 a 1279. Amenazada por los pueblos del N y del NE, en 1127 tuvo que refugiarse en el S. Fue eliminada por los mongoles.

SÔNG KOI o **SÔNG NHI HA →** ROJO (río).

SONGNAM, c. de Corea del Sur, al SE de Seúl; 540 764 hab.

SONORA, r. de México (Sonora), de la vertiente del Pacífico; 425 km aprox. Tras formar en Hermosillo un embalse de 290 millones de m³, desaparece en el desierto, y solo desagua en el mar con grandes avenidas.

SONORA (estado de), est. del NO de México; 184 934 km²; 1 823 606 hab.; cap. *Hermosillo.*

SONSÓN, mun. de Colombia (Antioquia); 39 107 hab. Minería (hierro, plata y oro). Centro industrial.

SONSONATE, c. de El Salvador, cab. del dep. homónimo; 48 336 hab. Fruta, café y caña de azúcar. Ganadería.

SONSONATE (departamento de), dep. del O de El Salvador; 1 226 km²; 354 641 hab.; cap. *Sonsonate.*

SONTAG (Susan), *Nueva York 1933-íd. 2004*, escritora estadounidense. Sus novelas (*El benefactor*, 1963; *Yo, etcétera*, 1978; *El amante del volcán*, 1995) y ensayos (*El sida y sus metáforas*, 1989) critican los prejuicios sociales y culturales. (Premio Príncipe de Asturias 2003.)

Sony Corporation, grupo empresarial japonés originado en 1946 y relacionado con la televisión, el vídeo, la electroacústica, la ofimática, la electrónica, la música y el cine.

SOPEÑA (Federico), *Valladolid 1917-Madrid 1991*, musicólogo y crítico musical español. Director del conservatorio de Madrid (1951-1956) y del Prado (1981-1983), es autor de *La música europea contemporánea* (1952) y de *Historia de la música española contemporánea* (1976). [Real academia 1958.]

SOPOT, c. de Polonia, cerca de Gdansk; 45 800 hab. Estación balnearia.

SOPRON, c. de Hungría, en la frontera austriaca; 55 083 hab. Monumentos y mansiones de la época gótica a la barroca.

SORATA (macizo de), extremo N de la cordillera Real (Bolivia); 6 368 m en el Illampu.

Sorbona, establecimiento público de enseñanza superior de París, fundado en 1257 por el teólogo Robert de Sorbon. Desde 1968 es

Somalia

500   1000   1500 m

— carretera

✈ aeropuerto

● más de 1 000 000 hab.
● de 200 000 a 1 000 000 hab.
● de 50 000 a 200 000 hab.
● menos de 50 000 hab.

sede de tres universidades. El edificio original sufrió reconstrucciones desde el s. XVII.

SOREL (Georges), *Cherburgo 1847-Boulogne-sur-Seine 1922*, teórico político francés, uno de los teóricos del sindicalismo revolucionario (*Reflexiones sobre la violencia*, 1908). El fascismo italiano adoptó alguno de sus temas.

SØRENSEN (Søren), *Havrebjers 1868-Copenhague 1939*, químico danés. Definió, en 1909, el pH (índice de acidez), y estudió la síntesis de los aminoácidos.

SORIA, c. de España, cap. de la prov. homónima y cab. de p. j.; 34 088 hab. *(sorianos)*. Junto al Duero.— Notables iglesias románicas; restos del convento de San Juan de Duero; catedral gótica. Palacios e iglesias renacentistas. Museo numantino.— En la edad media pasaba por la c. una de las principales cañadas de la Mesta.

SORIA (provincia de), prov. de España, en Castilla y León; 10 287 km²; 90 911 hab.; cap. *Soria*. En el SE de la Meseta norte, territorio montañoso (sistemas Ibérico y Central), atravesado por el valle del Duero. Economía agrícola y ganadera (ovinos). Explotación forestal.

SORIA (Arturo), *Madrid 1843-íd. 1920*, urbanista español, creador de la Ciudad lineal de Madrid y autor de obras sobre un urbanismo abierto y social.

SORIA (Martín de), pintor activo en Aragón entre 1471 y 1486. Su estilo hispanoflamenco refleja la huella de Jaume Huguet (retablo para el monasterio de Piedra, museo de Chicago).

SORIANO (departamento de), dep. del O de Uruguay; 9 008 km²; 79 439 hab.; cap. *Mercedes*.

SORIANO (Juan), *Guadalajara 1920-México 2006*, artista mexicano. Su pintura, de tonos sombríos y austeros, no puede deslindarse en su figurativismo de los grandes maestros muralistas (*Las culueras*, 1980), aunque tiene un carácter más íntimo. Practicó el grabado y la cerámica. (Premio Velázquez 2005.)

■ JUAN **SORIANO**. *La niña de la jarra verde* (1953).

SORIANO (Osvaldo), *Mar del Plata 1943-Buenos Aires 1997*, escritor y periodista argentino. Autor de novelas comprometidas y caracterizadas por el humor y el esperpento (*Triste, solitario y final*, 1973; *Una sombra ya pronto serás*, 1991), su producción periodística está recogida en *Artistas, locos y criminales* (1990).

SOROCABA, c. de Brasil (São Paulo); 377 270 hab.

SOROKIN (Pitirim), *Turia, cerca de Siktivkar, 1889-Winchester, Massachusetts, 1968*, sociólogo estadounidense de origen ruso. Se interesó por el fenómeno del cambio social.

SOROLLA (Guillem), *Sant Mateu 1490-Játiva 1521*, agermanado valenciano. Miembro del consejo de los Trece (1519), dirigió el ataque agermanado contra el palacio del virrey de Valencia (1520). Luchó contra los realistas y fue hecho prisionero y ejecutado.

SOROLLA (Joaquín), *Valencia 1863-Cercedilla, Madrid, 1923*, pintor español. Artista *pleinairiste*, pintó escenas ambientadas sobre todo en playas valencianas, con un estilo centrado en los efectos lumínicos, la pincelada suelta y el dibujo (*Y aún dicen que el pescado es caro; Niños en la playa*).

SOROZÁBAL (Pablo), *San Sebastián 1897-Madrid 1988*, compositor y director de orquesta español, autor de zarzuelas de éxito (*Katiuska*, 1931; *La del manojo de rosas*, 1934; *La tabernera del puerto*, 1936; *Black el payaso*, 1942) y de piezas sinfónicas (*Suite vasca*, 1923).

SORRENTO, c. de Italia (Campania), en el golfo de Nápoles; 17 015 hab. Turismo.— Museo en un palacio del s. XVIII.

SORS o **SOR** (Fernando), *Barcelona 1778-París 1839*, guitarrista y compositor español. Emigrado a Londres, Moscú (donde estrenó el ballet *Hércules y Onfalia* con ocasión de la coronación de Nicolás I) y París, escribió un *Método para guitarra* en francés (1830) y numerosas piezas y estudios para este instrumento.

SOSA (Julio), *Las Piedras 1926-Buenos Aires 1964*, cantante uruguayo. Intérprete de voz grave y estilo viril, revitalizó el tango a la vieja usanza en las décadas de 1950 y 1960.

SOSA (Mercedes), *San Miguel de Tucumán 1935*, cantante argentina, intérprete destacada de canciones folclóricas y de protesta (*Alfonsina y el mar; Dorotea, la cautiva*).

SOSA (Samuel **Peralta**, llamado **Sammy**), *San Pedro de Macorís 1968*, beisbolista dominicano. Seleccionado 6 veces para el «juego de las estrellas» (1995, 1998-2002), en 2003 se convirtió en el 18º jugador y primer latinoamericano en anotar más de 500 *homeruns*.

SOS DEL REY CATÓLICO, v. de España (Zaragoza); 774 hab. *(sopicones)*. En las cinco villas.— Conjunto medieval: murallas, palacio de San Esteban (ss. XII-XIII), palacio de Sada (ss. XVI-XVII), ayuntamiento (s. XVI).— Cuna de Fernando el Católico.

Sosia, esclavo de Anfitrión en las obras de Plauto y de Molière. Mercurio, que había adoptado la apariencia de Sosia, hizo dudar a este último de su propia identidad.

SOSNOWIEC, c. de Polonia, en la Alta Silesia; 259 000 hab.

SOTA (Alejandro de la), *Pontevedra 1913-Madrid 1996*, arquitecto español. Sus obras recurren a los nuevos materiales y soluciones tecnológicas para responder a la función y al entorno (pueblo de Esquivel, 1955; Gobierno civil de Tarragona, 1957; edificio de Correos de León, 1984; juzgados de Zaragoza, 1990).

SŌTATSU, *Kyōto, primera mitad del s. XVII*, pintor japonés. Inspirado en la tradición de la época Heian, por su estilo colorista y decorativo se le considera el precursor de Kōrin y del arte decorativo de los Tokugawa.

SOTAVENTO (islas de), conjunto de islas de las Antillas, frente a la costa N de Venezuela, formado por Aruba, Curaçao, Bonaire (Antillas Neerlandesas) y las islas venezolanas de Margarita y otra pequeña. Los británicos llaman islas de

Sotavento (*Leeward Islands*) al conjunto que se extiende de Puerto Rico a la Martinica, que en la denominación española pertenece al conjunto de las islas de *Barlovento.

SOTAVENTO (planicie costera de), región fisiográfica del S de México (Veracruz y Oaxaca), entre la sierra Madre de Oaxaca, el golfo de México, la Huasteca y la cordillera Neovolcánica.

SOTEAPAN, mun. de México (Veracruz), en la planicie costera de Sotavento; 15 397 hab. Vacunos.

SOTELA (Rogelio), *San José 1894-íd. 1943*, escritor y político costarricense. Poeta modernista (*Cuadros vivos*, 1919; *Reinas serenas*, 1934) y ensayista (*Literatura costarricense*, 1927; *Escritores de Costa Rica*, 1942), fue diputado y gobernador de San José.

Sotheby and Co. o **Sotheby's**, la mayor empresa mundial de almoneda, fundada en Londres en 1733. Está especializada en la venta por subasta de obras de arte.

SOTO (Domingo de), *Segovia 1494-Salamanca 1560*, teólogo y jurista español. Dominico de la escuela de Salamanca, de cuya universidad fue catedrático de teología, participó en el concilio de Trento. En *De iustitia et de iure* (1557) trató sobre las bases del derecho de gentes. Fue confesor de Carlos Quinto desde 1548.

SOTO (Hernando de), *Villanueva de la Serena h. 1500-a orillas del Mississippi 1542*, conquistador español. En América estuvo a las órdenes de Pedrarias Dávila (1516-1520). Participó en el descubrimiento de Nicaragua y en su conquista por Fernández de Córdoba, y en 1532 en la del Perú con Pizarro, antes de ser adelantado de Florida y gobernador de Cuba. Llegó a Alabama (1540) y descubrió el Mississippi.

■ SAMMY **SOSA**   ■ HERNANDO DE **SOTO**. Grabado según un dibujo de J. Maea.

SOTO (Jesús Rafael), *Ciudad Bolívar 1923-París 2005*, artista venezolano. Investigó en sus *Metamorfosis* (1954) los valores armónicos de la repetición de signos plásticos. Integrado en el arte cinético, creó obras en las que el desplazamiento del espectador provoca el movimiento virtual de las líneas y las masas (*Dinámica del color*, 1957).

SOTO (Marco Aurelio), *Tegucigalpa 1846-París 1908*, político hondureño. Tras intervenir en el derrocamiento del general Medina (1872), fue presidente de la república (1876-1883).

SOTO (Pedro Juan), *Cataño 1928-San Juan 2002*, escritor puertorriqueño. Describió la vida de los puertorriqueños en Nueva York (*Spiks*, relatos, 1956) y la presencia estadounidense en Puerto Rico (*Usmaíl*, novela, 1959).

SOTO DE ROJAS (Pedro), *Granada 1584-íd. 1658*, sacerdote y poeta español. Relacionado con Lope de Vega y Góngora, asimiló la estética culterana (*Desengaño de amor en rimas*, 1625; *Los rayos de Faetón*, 1639).

SOTO HALL (Máximo), *Guatemala 1871-Buenos Aires 1944*, escritor guatemalteco. Su poesía, influida por el modernismo, se centra en el desengaño amoroso (*Poemas y rimas; Dijes*). En sus novelas imaginó nuevos modelos de identidad nacional (*Don Diego Portales*, 1935; *La divina reclusa*, 1938).

SOTO LA MARINA, mun. de México (Tamaulipas); 15 230 hab. Maíz, frijol. Bovinos. Pesca.

SOTOMAYOR (Javier), *Matanzas 1967*, atleta cubano. Récord mundial de salto de altura dos veces, con un mejor registro de 2,45 m conseguido en 1989, ha sido campeón olímpi-

■ JOAQUÍN **SOROLLA**. *Pescadoras valencianas* (1915). [Museo Sorolla, Madrid.]

co en 1992 y campeón mundial en 1993 y 1997. (Premio Príncipe de Asturias 1993.)

SOTOMAYOR (Pedro **Álvarez de**), *m. en Alba de Tormes 1486*, noble gallego. Partidario de Juana la Beltraneja, fue conocido como Pedro Madruga por sus asaltos de madrugada.

SOTO Y ALFARO (Bernardo), *Alajuela 1854-San José 1931*, político costarricense. Presidente (1885-1889), impulsó la educación.

SOTRONDIO → **SAN MARTÍN DEL REY AURELIO.**

SOTTSASS (Ettore), *Innsbruck 1917-Milán 2007*, diseñador italiano. Iniciado en el diseño industrial, se interesó seguidamente por el art déco y las formas lúdicas y gratuitas, convirtiéndose en uno de los maestros del *nuovo design.*

SOUBLETTE (Carlos), *La Guaira 1789-Caracas 1870*, patriota venezolano. Tras luchar junto a Miranda (1812) y Bolívar (1819), fue secretario de guerra y marina de la Gran Colombia (1819-1829), y gestionó en España el reconocimiento de la independencia (1835-1837). Fue presidente (1843-1847).

SOUFFLOT (Germain), *Irancy, cerca de Auxerre, 1713-París 1780*, arquitecto francés, iniciador del neoclasicismo en Francia (edificios en Lyon, Panteón de París).

SOUFRIÈRE (La), nombre de dos volcanes de las Antillas, puntos culminantes de las islas de Guadalupe (1 467 m) y San Vicente (1 219 m).

SOULE → **ZUBEROA.**

SOULOUQUE (Faustin), *Petit-Goâve 1782-íd. 1867*, emperador de Haití (1849-1859) con el nombre de *Faustino I.* Su despotismo provocó su caída.

SOULT (Jean de Dieu Nicolas), duque de **Dalmacia**, *Saint-Amans-la-Bastide, act. Saint-Amans-Soult, 1769-íd. 1851*, militar francés. Destacó en Austerlitz (1805) y dirigió tropas francesas en España (1808-1811 y 1814).

SOUPAULT (Philippe), *Chaville 1897-París 1990*, escritor francés, uno de los iniciadores del surrealismo (*Los campos magnéticos*, con A. Breton, 1920).

SOUSTELLE (Jacques), *Montpellier 1912-Neuilly-sur-Seine 1990*, etnólogo francés, especializado en etnología azteca (*La familia otomí-pame del México central*, 1937; *Los aztecas*, 1970).

SOUTHAMPTON, c. de Gran Bretaña (Inglaterra), junto al canal de la Mancha; 194 400 hab. Puerto. Centro industrial.

SOUTH BEND, c. de Estados Unidos (Indiana); 105 511 hab.

SOUTHEND-ON-SEA, estación balnearia de Gran Bretaña (Inglaterra), en la desembocadura del Támesis; 153 700 hab. Museos.

SOUTHEY (Robert), *Bristol 1774-Keswick 1843*, escritor británico, autor de poemas líricos y épicos (*Juana de Arco; Roderick, el último de los godos*) y de biografías (*Vida de Nelson*).

SOUTHPORT, estación balnearia de Gran Bretaña (Inglaterra), junto al mar de Irlanda; 90 000 hab.

SOUTH SHIELDS, c. de Gran Bretaña (Inglaterra), junto al estuario del Tyne; 101 000 hab. Puerto, estación balnearia y centro industrial.

South West Africa People's Organization → **SWAPO.**

SOUTINE (Chaïm), *Smilovich, cerca de Minsk, 1893-París 1943*, pintor francés de origen lituano. Su obra se caracteriza por un expresionismo violento y de refinado cromatismo.

SOUTO (Arturo), *Pontevedra 1908-México 1968*, pintor español. Pintor de la cotidianeidad gallega, practicó un realismo de valor social con gran cromatismo (*Máscaras*).

SOUTULLO (Reveriano), *Ponteareas 1884-Madrid 1932*, compositor español. Solo o con J. Vert, compuso zarzuelas (*La leyenda del beso*, 1924; *La del soto del Parral*, 1927).

SOUVANNA PHOUMA o **SUVANNA FUMA** (príncipe), *Luang Prabang 1901-Vientiane 1984*, político laosiano. Primer ministro en varias ocasiones (desde 1951), practicó una política neutralista, pero no pudo evitar la implicación de su país en la guerra de Vietnam. Tras el alto el fuego (1973), dirigió un gobierno provisional de unión nacional, pero fue derrocado en 1975.

SOWETO (South Western Township), área suburbana de Johannesburgo (Rep. de Sudáfri-

ca), de gran mayoría negra; 2 000 000 hab. aprox. Museo del apartheid. — En 1976 fue escenario de graves disturbios.

SOYAPANGO, c. de El Salvador (San Salvador), en el área de San Salvador; 104 470 hab.

SOYINKA (Wole), *Abeokuta 1934*, escritor nigeriano en lengua inglesa. Su teatro, sus poemas, sus novelas y su autobiografía (*Aké*, 1981; *Ibadan*, 1994, *You Must Set Forth at Dawn*, 2006) componen una sátira del África descolonizada y evoca la desaparición de la cultura ancestral. (Premio Nobel 1986.)

Soyuz, nave espacial rusa de transporte de equipaje. Puesta en funcionamiento en 1967, a partir de 1971 se utilizó para la comunicación con las estaciones orbitales.

SPA, mun. de Bélgica (prov. de Lieja), en las Ardenas; 10 362 hab. Estación termal. — Circuito automovilístico de *Spa-Francochamps.*

SPAAK (Paul-Henri), *Schaarbeek 1899-Bruselas 1972*, político belga. Diputado socialista y primer ministro (1936-1949), fue secretario general de la OTAN (1957-1961).

Spacelab, laboratorio espacial modular europeo integrado en la lanzadera espacial estadounidense. Fue utilizado de 1983 a 1998.

SPALATO → **SPLIT.**

SPALLANZANI (Lazzaro), *Scandiano 1729-Pavía 1799*, biólogo italiano. Estudió la circulación de la sangre, la digestión, la fecundación y los animales microscópicos.

SPANDAU, barrio de Berlín, a orillas del Spree. En la *prisión de Spandau* estuvieron internados los criminales de guerra alemanes condenados en 1946 por el tribunal de Nuremberg (hasta la muerte de R. Hess, 1987).

Spanish Institute of New York, organización cultural privada estadounidense, fundada en 1954 en Nueva York. Busca el acercamiento entre EUA y España y la cultura hispánica.

SPANISH TOWN, c. de Jamaica, al O de Kingston; 92 000 hab. Catedral del s. XVIII.

SPD → **socialdemócrata alemán** (Partido).

SPEARMAN (Charles), *Londres 1863-íd. 1945*, psicólogo británico, introductor del análisis factorial en la psicología.

Spectator (The), periódico británico, publicado por Addison y Steele de 1711 a 1714. Ofrece un valioso retrato de las costumbres.

SPEER (Albert), *Mannheim 1905-Londres 1981*, arquitecto y político alemán. Inspector general de obras de Berlín (1937) y ministro de armamento (1942), fue condenado a veinte años de prisión en Nuremberg.

SPEKE (John Hanning), *Bideford 1827-cerca de Corsham 1864*, explorador británico. Exploró el centro de África, junto con sir R. Burton, y descubrió el lago al que llamó Victoria.

SPEMANN (Hans), *Stuttgart 1869-Friburgo de Brisgovia 1941*, biólogo alemán. Precursor de la embriología evolutiva, investigó la evolución de los seres vivos. (Premio nobel 1935.)

SPENCER (Herbert), *Derby 1820-Brighton 1903*, filósofo y sociólogo británico. Es autor de una filosofía que considera el paso de lo homogéneo a lo heterogéneo como el principal factor de la evolución, principio que también aplicó a la psicología y la sociología.

SPENCER HERRERA (Alberto), *Ancón, Santa Elena, 1937-Cleveland, EUA, 2006*, futbolista ecuatoriano. Goleador efectivo, jugó en el Everest de Guayaquil, el Peñarol de Montevideo y el Barcelona de Guayaquil. Fue campeón nacional de Uruguay y Ecuador, y ganó tres veces la copa Libertadores (1960, 1961 y 1965).

SPENGLER (Oswald), *Blankenburg, Harz, 1880-Munich 1936*, filósofo e historiador alemán. En *La decadencia de Occidente* (1918-1922) critica el mito del progreso comparando a las civilizaciones con los seres vivos, sometidos al crecimiento, la madurez y la decadencia.

SPENSER (Edmund), *Londres 1552-íd. 1599*, poeta inglés. Es autor del poema pastoril *El calendario del pastor* y de la epopeya alegórica *La reina de las hadas.*

SPERRY (Roger Wolcott), *Hartford 1913-Pasadena 1994*, neurofisiólogo estadounidense. Estudió sobre todo el sistema visual de los vertebrados y las funciones de los hemisferios cerebrales del hombre. (Premio Nobel 1981.)

SPEZIA (La), c. de Italia (Liguria), cap. de

prov., en el *golfo de La Spezia;* 101 701 hab. Puerto. Construcción naval. — Museo naval.

SPIEGELMAN (Art), *Estocolmo 1948*, dibujante y guionista de cómics estadounidense. Conoció el éxito con *Maus* (1972), relato autobiográfico sobre la Shoah, de grafismo minimalista.

Spielberg, en checo **Špilberk**, fortaleza de la ciudad de Brno, en Moravia. Los Habsburgo la utilizaron como prisión de estado (1742-1855) y en ella fueron encarcelados algunos patriotas italianos, como S. Pellico.

SPIELBERG (Steven), *Cincinnati 1946*, cineasta estadounidense. Realizador de películas de aventuras, terror o ciencia ficción (*Tiburón*, 1975; *Encuentros en la tercera fase*, 1977; *En busca del arca perdida*, 1981, y las secuelas de Indiana Jones, 1984, 1989 y 2008; *E.T.*, 1982; *Parque Jurásico*, 1993; *Minority Report*, 2002), también ha abordado la historia (el Holocausto en *La lista de Schindler*, 1994; la segunda guerra mundial en *Salvar al soldado Ryan*, 1998; el conflicto palestino-israelí en *Munich*, 2006) a través de destinos particulares.

SPILIMBERGO (Lino Eneas), *Buenos Aires 1896-Unquillo 1964*, pintor argentino. Influido por André Lothe, destaca por la solidez, casi escultórica, de sus figuras.

SPÍNOLA, familia de banqueros y mercaderes genoveses conocida desde la alta edad media. Algunos de sus miembros se instalaron durante el s. XV en Andalucía. Financiaron las empresas imperiales hispanas.

SPÍNOLA (Ambrosio de), duque de Sesto, Ier marqués de los Balbases, *Génova 1569-Castelnuovo di Scrivia, Italia, 1630*, militar español. Activo en los Países Bajos, se distinguió en la toma de Ostende (1604) y participó en las negociaciones de la tregua de los Doce años (1609), tras la cual tomó Breda (1625), cuya rendición fue inmortalizada por Velázquez. En 1620 conquistó el Palatinado.

SPÍNOLA (António Sebastião Ribeiro de), *Estremoz 1910-Lisboa 1996*, militar y político portugués. Gobernador de Guinea (1968-1973), dirigió en Portugal el golpe de estado militar de 1974 y se convirtió en presidente. Enfrentado a las fuerzas de izquierda, tuvo que dimitir y exiliarse (1975). Volvió a Portugal (1976) y fue ascendido a mariscal (1981).

SPINOZA (Baruch), *Amsterdam 1632-La Haya 1677*, filósofo neerlandés. Educado por su rabino, se inició en todas las ramas del saber, contactando con los maestros del pensamiento de su tiempo (Leibniz). En vida solo publicó *Principios de la filosofía de Descartes* (1663) y **Tractatus theologico-politicus* (1670), que le granjearon la hostilidad de las autoridades religiosas. Sus obras póstumas son **Ética; De la reforma del entendimiento*, y *Tratado político.* El pensamiento de Spinoza se ofrece como un mensaje a la vez liberador frente a todas las servidumbres y portador del placer que proporciona el conocimiento (bienaventuranza). Para llegar a este conocimiento de la naturaleza, es decir, de Dios, es necesario acceder al de las causalidades, que dan a cada ser su especificidad. De esta naturaleza, llamada *sustancia*, el hombre solo puede percibir los atributos: la extensión y el pensamiento. Existen tres formas de conocimiento: la creencia, el razonamiento y la intuición racional. Spinoza concibe la vida en sociedad como la unión de los seres que se han aceptado mutuamente; por esta razón, existe el derecho a la rebelión cuando la libertad pública es desatendida.

■ SPINOZA

SPIRA, en alem. **Speyer**, c. de Alemania (Renania-Palatinado), junto al Rin; 49 310 hab. Catedral del s.XI, muy restaurada (patrimonio de la humanidad 1981). — Ciudad libre imperial (1294), acogió varias dietas, entre ellas la de 1529, en la que los príncipes reformados «protestaron» contra la decisión de Carlos Quinto que restringía la libertad religiosa.

Spirit, vehículo de exploración estadounidense, integrado en una misión de la NASA, junto con el *Opportunity.

SPIŠSKÉ PODHRADIE, c. de Eslovaquia, al NO de Košice; 2 500 hab. Monumentos antiguos, entre ellos la catedral románica (s.XIII) de Spišská Kapitula y en los alrededores, la fortaleza de Spišský hrad, en parte de los ss.XIII y XIV (patrimonio de la humanidad 1993).

SPITTELER (Carl), *Liestal 1845-Lucerna 1924*, poeta suizo en lengua alemana, autor de poemas épicos y políticos (*Primavera olímpica*, 1900-1905). [Premio Nobel 1919.]

SPITZ (Mark), *Modesto, California, 1950*, nadador estadounidense. Fue siete veces campeón olímpico en Munich (1972).

SPITZ (René Árpad), *Viena 1887-Denver, Colorado, 1974*, psicoanalista estadounidense de origen húngaro. Investigó la relación madre hijo y las carencias afectivas.

SPITZBERG o **SPITSBERG**, principal isla de las Svalbard. Hulla.

SPLIT, en ital. **Spalato**, c. de Croacia, junto al Adriático; 189 388 hab. Puerto Turismo. — Diocleciano mandó construir en ella a principios del s.IV un vasto conjunto palaciego rectangular, alrededor del cual los antiguos habitantes de Salona construyeron a partir del s.VII una nueva ciudad. Pequeñas iglesias prerrománicas; palacios góticos del s.XV, museos. (Patrimonio de la humanidad 1979.)

SPOKANE, c. de Estados Unidos (estado de Washington); 177 196 hab.

SPOLETO, c. de Italia (Umbría); 37 057 hab. Catedral románica (reconstruida en los ss.XVI-XVII) y otros monumentos. — Sede de un ducado lombardo fundado en 571, sobre el que la Santa Sede estableció su autoridad en el s.XII.

SPONTINI (Gaspare), *Majolati, Ancona, 1774-íd. 1851*, compositor italiano nacionalizado francés. Autor de las óperas *La vestal* (1807) y *Hernán Cortés* (dos versiones, 1809 y 1817)

SPOTA (Luis), *México 1925-íd. 1985*, escritor mexicano. Periodista, sus novelas, realistas, critican los problemas sociales (*Casi el paraíso*, 1956; *Las horas violentas*, 1958).

SPRANGER (Bartholomeus), *Amberes 1546-Praga 1611*, pintor flamenco nacionalizado checo en 1593. Trabajó en Roma y en Viena antes de establecerse en la corte de Praga (1581), que convirtió en una capital del manierismo tardío.

SPRATLY (islas), en chino **Nansha Qundao**, archipiélago del mar de China meridional, entre Filipinas y Vietnam. Es reivindicado por estos países, Brunei, China y Malaysia.

SPREE, r. de Alemania, que confluye en el Havel (or. der.); 403 km. Atraviesa Berlín.

Springer Verlag, grupo editorial y periodístico alemán. Fundado en 1945 por Axel Caesar Springer (1912-1985), controla la mayoría de la prensa alemana (*Bild, Die Welt*, etc.).

SPRINGFIELD, c. de Estados Unidos, cap. de Illinois; 105 227 hab. Recuerdos de A. Lincoln.

SPRINGFIELD, c. de Estados Unidos (Massachusetts); 156 983 hab. Museo de arte.

SPRINGS, c. de la República de Sudáfrica, cerca de Johannesburgo; 153 974 hab. Minas de oro. Centro industrial.

SPRINGSTEEN (Bruce), *Long Branch, Nueva Jersey, 1949*, cantante y compositor estadounidense. Sus álbumes (*Born to Run*, 1975; *The River*, 1980; *Born in the USA*, 1984; *The Ghost of Tom Joad*, 1995; *Magic*, 2007) reunen folk, country, rock y rhythm and blues.

Spútnik, nombre de los primeros satélites artificiales soviéticos. El *Spútnik 1* (4 oct. 1957) fue el primer satélite artificial de la Tierra.

SQUAW VALLEY, estación de deportes de invierno de Estados Unidos (California), en la sierra Nevada, al NO del lago Tahoe.

SRAFFA (Piero), *Turín 1898-Cambridge 1983*, economista italiano. Renovó los estudios so-

bre la formación de los precios y difundió el pensamiento de Ricardo.

SRI JAYAWARDENEPURA KOTTE, cap. administrativa y legislativa de Sri Lanka, al SE de Colombo; 115 826 hab. Ciudad fundada en el s.XIV, accedió al estatus de capital en 1982.

SRI LANKA, hasta 1972 **Ceilán**, estado insular de Asia meridional, al SE de la India; 66 000 km²; 18 580 000 hab. (*cingaleses o ceilandeses*). CAPS. *Colombo* (cap. comercial) y *Sri Jayawardenepura Kotte* (cap. administrativa) y legislativa). LENGUAS: *cingalés y tamil*. MONEDA: *rupia de Sri Lanka*.

GEOGRAFÍA

La isla está formada por llanuras y colinas alrededor de un macizo montañoso y goza de un clima tropical, cálido y húmedo en el que el régimen de lluvias varía según la exposición al monzón (el O es más húmedo). La agricultura, recurso casi exclusivo, asocia cultivos de subsistencia (arroz) y de exportación (caucho y sobre todo té). Pero la vida social y económica está desorganizada por los enfrentamientos entre la mayoría cingalesa, budista, y la minoría tamil, hindú (aprox. el 20 % de la población, concentrada en el N). Este conflicto también ha provocado un descenso del turismo, afectado asimismo por el mortífero tsunami del 26 dic. 2004.

HISTORIA

S. III a.C.: el budismo se introdujo en la isla a partir de la capital, Anurādhapura. Fines del s. x d.C.: la monarquía de Anuradhapura fue derrocada por un rey chola. 1070: la isla fue reconquistada por un príncipe cingalés. A partir del s. XIV, los cingaleses retrocedieron hacia el S, mientras que los tamiles constituyeron un reino independiente en el N, en la península de Jaffna (ss. XIV-XVI). S. XVI: Portugal ocupó la costa, mientras el rey de Kandy dominaba el centro. 1658: los holandeses sustituyeron a los portugueses. 1796: Gran Bretaña se anexionó la isla. 1815: se apoderó del reino de Kandy y desarrolló una economía basada en las plantaciones (café, té). 1931: Ceilán fue dotado de un estatuto de autonomía interna. 1948: accedió a la independencia. 1948-1956: los conservadores ocuparon el poder con D.S. Senanayake (1948 1952), su hijo Dudely Senanayake (1952 1953) y J. Kotelawala (1953-1956). 1956-1965: la izquierda —dirigida por Salomon Bandaranaike y, tras su asesinato (1959), por su viuda, Sirimavo Bandaranaike—

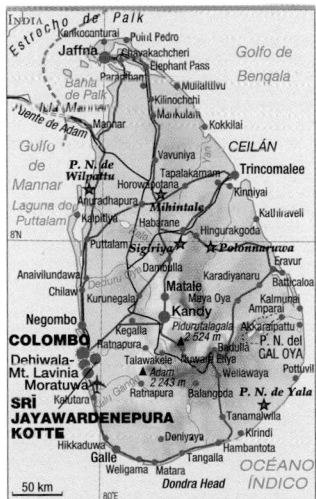

Srī Lanka

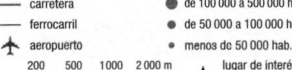

— carretera
— ferrocarril
✈ aeropuerto

● más de 500 000 hab.
● de 100 000 a 500 000 hab.
● de 50 000 a 100 000 hab.
● menos de 50 000 hab.
★ lugar de interés turístico

200 500 1000 2 000 m

gobernó el país. 1965-1970: D. Senanayake volvió al poder. 1970-1977: S. Bandaranaike lo sucedió. Desde 1974: algunas organizaciones tamiles militaron en favor de la creación de un estado tamil independiente. 1977: el conservador J.R. Jayawardene se convirtió en primer ministro. 1978: fue elegido presidente de la república. Ranasinghe Premadasa fue primer ministro. Desde 1983: enfrentamientos entre tamiles y cingaleses amenazaron la unidad del país. 1989: R. Premadasa se convirtió en presidente de la república. La intervención de las tropas indias (1987-1990), de acuerdo con Sri Lanka, no consiguió resolver el conflicto interior, vinculado al separatismo tamil. 1993: R. Premadasa fue asesinado. Dingiri Banda Wijetunga lo sucedió en la jefatura del estado. 1994: Chandrika [Bandaranaike] Kumaratunga, líder de la oposición de izquierda, fue elegida presidenta de la república. Su madre, S. Bandaranaike, volvió a ser primera ministra. 1995: se firmó un acuerdo de alto el fuego entre el gobierno y los separatistas tamiles; tras romper estos últimos la tregua, el ejército lanzó en su contra una gran ofensiva (toma de Jaffna en dic.). 1999: C. Kumaratunga fue reelegida en la jefatura del estado. 2000: S. Bandaranaike dimitió del cargo de primer ministro (ag.) y murió poco después (oct.). 2001: se reanudaron las negociaciones entre el gobierno y los rebeldes tamiles, con la mediación de Noruega (tregua [frágil] firmada en febr. 2002). 2005: Mahinda Rajapakse (que era primer ministro desde 2004) fue elegido presidente de la república. El enfrentamiento con los rebeldes tamiles tomó un giro muy violento. 2008: el gobierno puso fin oficialmente a la tregua de 2002 y obtuvo victorias decisivas contra la rebelión.

SRINAGAR, c. de la India, cap. (con Jammu) del estado de Jammu y Cachemira, a 1 500 m de alt.; 594 775 hab. Centro turístico. — Museo. Monumentos (mezquita Madani, s.XV). Jardines de los emperadores mogoles.

SS (sigla de *SchutzStaffel*, escalón de protección), organización paramilitar y policial nazi, creada en 1925 como guardia personal de Hitler. Dirigida por Himmler (1929), permitió a Hitler acabar con Röhm y las SA en 1934. Se encargó de la seguridad interior del III Reich y, desde 1939, del control de los territorios ocupados y de los campos de concentración. A partir de 1940 se constituyeron además unidades militares (*Waffen SS*) que tomaron parte en todas las operaciones decisivas y en las que fueron incluidos voluntarios extranjeros.

STABIAS, ant. c. de Campania, cerca de Pompeya, destruida en 79 d.C. por la erupción del Vesubio. Villas romanas (pinturas murales). Es la act. *Castellammare di Stabia*.

STAËL (Germaine Necker, baronesa de **Staël-Holstein**, llamada Madame de), *París 1766-íd. 1817*, escritora francesa. Su salón parisino fue, en 1789, un centro de reunión político. Posteriormente se exilió y recorrió Europa. Su obra (*Delphine*, 1802; *Corinne o Italia*, 1807, novelas; *De Alemania*, 1810) tuvo una gran influencia sobre el romanticismo francés.

STAFFA, isla del archipiélago de las Hébridas. Gruta de Fingal (héroe del ciclo de Osián).

STAFFORD, c. de Gran Bretaña (Inglaterra), cap. del *Staffordshire*; 55 000 hab. Iglesia gótica.

STAHL (Georg Ernst), *Ansbach 1660-Berlín 1734*, médico y químico alemán. Según su teoría, llamada *animismo*, el alma penetra en todas las partes del cuerpo. En química, enunció la teoría del flogisto.

STAJÁNOV, ant. Kádievka, c. de Ucrania; 112 000 hab. Centro minero (hulla).

STALIN (Iósiv Vissariónovich **Dzhugachvili**, llamado), *Gori, Georgia, 1879-Moscú 1953*, político soviético. Antiguo alumno del seminario ortodoxo de Tbilisi, a partir de 1898 militó en la socialdemocracia georgiana, para tomar posteriormente partido por los bolcheviques. En 1917 se adhirió a las «tesis de abril» de Lenin y aseguró, junto con Sverdlov, la dirección del partido, dado que Lenin tuvo que huir a Finlandia. Comisario del pueblo para las nacionalidades (1917-1922), puso en marcha una política de centralización en relación con las demás repúblicas soviéticas. Secretario general del partido desde 1922, fue eliminando, de 1924 a 1929, a los demás candidatos a la sucesión de Lenin. Aliándose al principio con Kámenev y Zinóviev contra Trotski, excluyó a los tres en 1927, antes de eliminar a Bujarín y Ríkov (1929). En 1929-1930 emprendió una colectivización total de las tierras y la eliminación de los kulaks. Llevó a la práctica el primer plan quinquenal, que desarrolló la industria pesada. Recurrió a los trabajos forzados, realizados en los campos del Gulag, y procedió a purgas masivas con procesos falseados (fines 1934-1938). Firmó con Alemania el pacto germano-soviético (ag. 1939), pero, tras el ataque alemán de junio 1941, reencauzó la difícil situación recurriendo al patriotismo ruso. Extendió la influencia soviética a los países europeos liberados por su ejército, creó el Kominform (1947) e inició la guerra fría con Occidente. Fue objeto de culto, tanto en la URSS como en los partidos comunistas extranjeros. Antes de morir, en marzo 1953, procedió a nuevas purgas (proceso de Praga, complot de las blusas blancas).

■ **STALIN.** (Col. part.)

■ **STEVENSON,** por W. B. Richmond. (Galería nacional de retratos, Londres.)

Stalingrado (batalla de) [sept. 1942-febr. 1943], batalla de la segunda guerra mundial. Tras duros combates —en los alrededores de Stalingrado (act. *Volgogrado*)—, los soviéticos vencieron al VI ejército alemán (dirigido por Von Paulus), que capituló el 2 febr. 1943. Marcó un giro total de la guerra en el frente ruso.
STAMBOLIJSKI (Alexander), *Slavovica 1879-íd. 1923*, político búlgaro. Jefe del Partido agrario (desde 1905), fue primer ministro (1919-1920 y 1920-1923). Fue fusilado al producirse el golpe de estado de 1923.
STAMFORD, c. de Estados Unidos (Connecticut); 108 056 hab. Puerto.
STAMITZ (Johann Wenzel) o **STAMIC** (Jan Václav), *Nemecký Brod, Bohemia, 1717-Mannheim 1757*, compositor y violinista checo. Convirtió Mannheim en uno de los focos del arte sinfónico de Europa, origen del estilo galante.
stampa (La), periódico italiano de tendencia liberal progresista, creado en Turín en 1894.
Stamp Act (1765), ley británica que impuso el derecho de timbre en las actas públicas en las colonias de América del Norte. Desencadenó la guerra de la Independencia.
Stanford (universidad de), universidad estadounidense, fundada en 1885 en Palo Alto (California). Cuenta con avanzados centros de investigación.
STANHOPE (James, conde de), *París 1673-Londres 1721*, militar y político británico. Embajador de Ana I ante el archiduque Carlos (1706), en 1707 recibió el mando de las tropas británicas en Cataluña. En 1708 se apoderó de Menorca. Desde 1710 participó activamente en la guerra, pero fue derrotado y hecho prisionero. Canjeado por el virrey de Nápoles, volvió a Gran Bretaña (1712) y fue secretario de estado (1714-1721).
STANISLAVSKI (Konstantín Serguéievich **Alexésiev**, llamado), *Moscú 1863-íd. 1938*, actor y director teatral ruso. Fundador y promotor del Teatro de arte de Moscú, pedagogo y teórico (*Mi vida en el arte*, 1925), emprendió una renovación sistemática del arte teatral basándose en el análisis psicológico que realiza el actor para identificarse con su personaje.
STANKOVIC (Borisav), *Vranja 1875-Belgrado 1927*, escritor serbio. Sus narraciones (*Sangre impura*) describen Serbia bajo los turcos.

STANLEY (John **Rowlands**, convertido en sir Henry **Morton**), *Denbigh, Gales, 1841-Londres 1904*, explorador británico. Periodista del *New York Herald* (1867), fue enviado a África en busca de Livingstone, al que encontró (1871). En un segundo viaje (1874-1877) atravesó África ecuatorial de E a O y descubrió el Congo. En 1879 se puso al servicio del rey de los belgas Leopoldo II y creó para él el Estado independiente del Congo (1885).
STANLEY (Wendell Meredith), *Ridgeville 1904-Salamanca 1971*, bioquímico estadounidense. Descubrió el virus cristalizado del mosaico del tabaco. (Premio Nobel de química 1946.)
STANLEY POOL → **MALEBO POOL.**
STANLEYVILLE → **KISANGANI.**
STANOVÓI (montes), cadena montañosa de Rusia, en Siberia oriental; 2 412 m.
STANTON (Elizabeth), nacida Elizabeth **Cady**, *Johnstown, Nueva York, 1815-Nueva York 1902*, feminista estadounidense. Dirigió con L. Mott la primera convención sobre los derechos de la mujer en EUA (1848), que se pronunció a favor del sufragio femenino.
STARA PLANINA, nombre búlgaro de los *Balcanes.
STARA ZAGORA, c. de Bulgaria; 165 000 hab. Vestigios romanos. Museo nacional.
STARK (Johannes), *Schickenhof 1874-Traunstein 1957*, físico alemán. Descubrió el desdoblamiento de las rayas espectrales bajo la influencia de un campo eléctrico. Durante el régimen nazi, defendió una «ciencia alemana» frente a una «ciencia judía». (Premio Nobel 1919.)
START (acrónimo de S*trategic Arms Reduction Talks*), negociaciones mantenidas desde 1982 entre EUA y la URSS sobre la reducción de las armas estratégicas. Se firmó un primer tratado en 1991 (START I), al que se adhirieron, tras el fin de la URSS, Rusia (1992), Kazajstán, Bielorrusia y Ucrania (1993). Otras negociaciones entre EUA y Rusia condujeron en 1993 al tratado START II, y en 1997 al tratado START III. Este último, no ratificado, dejó su lugar en 2002 a un nuevo tratado llamado SORT (Strategic Offensive Reduction Treaty).
Stasi (abrev. de Sta*atssicherheitsdienst*, servicio de la seguridad interior del estado), policía política de la RDA (1950-1989).
STASSFURT, c. de Alemania (Sajonia-Anhalt); 24 025 hab. Minas de potasa y de sal.
STATEN ISLAND, isla de Estados Unidos, al SO de Manhattan; 378 977 hab. Es un distrito de Nueva York. — Ciudad-museo de Richmondtown.
STAUDINGER (Hermann), *Worms 1881-Friburgo de Brisgovia 1965*, químico alemán. Fue el primero en establecer la individualidad de las macromoléculas y en unir la masa molecular de los polímeros a algunas de sus características físicas. (Premio Nobel 1953.)
STAUFFENBERG (Claus **Schenk**, conde **von**), *Jettingen 1907-Berlín 1944*, militar alemán. Preparó y ejecutó el atentado fallido del 20 julio 1944 contra Hitler. Fue fusilado.
STAVANGER, c. de Noruega, junto al Atlántico; 99 808 hab. Puerto pesquero, comercial, petrolero y de viajeros. Centro industrial. — Catedral románica y gótica.
STÁVROPOL, c. de Rusia, al N del Cáucaso; 332 000 hab. Centro industrial. Gas natural y petróleo en la región.
STEELE (sir Richard), *Dublín 1672-Carmathen, Gales, 1729*, periodista irlandés. Con J. Addison, fundó *The Tatler*, luego *The *Spectator*.

■ **STENDHAL,** por O. J. Södermark. (Palacio de Versalles.)

STEEN (Jan), *Leiden h. 1626-íd. 1679*, pintor neerlandés, autor de escenas de la vida popular.
STEFAN (Josef), *Sankt Peter, cerca de Klagenfurt, 1835-Viena 1893*, físico austriaco. Enunció la ley de la radiación del cuerpo negro, relacionando la potencia irradiada con la temperatura.
STEFANÓPOULOS (Konstandínos, llamado Kostís), *Patrás 1926*, político griego. Fue presidente de la república de 1995 a 2005.
STEICHEN (Edward), *Luxemburgo 1879-West Redding, Connecticut, 1973*, fotógrafo estadounidense. Su trabajo abrió las manipulaciones («fotografía pura»), y su estilo riguroso tuvieron gran influencia en el lenguaje fotográfico.
STEIN (Edith), *Breslau 1891-Auschwitz 1942*, filósofa y religiosa alemana. Discípula de Husserl, en 1933 tuvo que abandonar su puesto docente en Munster por sus orígenes judíos. Convertida al catolicismo desde 1922, entró en la orden del Carmelo en Colonia y después en Echt (Países Bajos), donde fue arrestada por los nazis y deportada. Fue beatificada en 1987 y canonizada en 1998.
STEIN (Gertrude), *Allegheny, Pennsylvania, 1874-Neuilly-sur-Seine, Francia, 1946*, escritora estadounidense. Se estableció en París y se relacionó con los movimientos literarios y pictóricos de vanguardia. Tuvo una gran influencia en los novelistas de la *generación perdida (*Autobiografía de Alice B. Toklas*, 1933).
STEIN (Karl, barón **von und zum**), *Nassau 1757-Kappenberg 1831*, político prusiano. Fue ministro de estado (1804-1808) y realizó importantes reformas liberales, en especial la abolición de la servidumbre. Napoleón consiguió su destitución (1808).
STEIN (Peter), *Berlín 1937*, director de teatro y de ópera alemán. Director de la Schaubühne de Berlín (1970-1985) e influido por Brecht, hace de cada puesta en escena un trabajo colectivo con los actores (*El príncipe de Hamburgo; La orestíada; Roberto Zucco; Fausto de Goethe*).
STEINBECK (John), *Salinas, California, 1902-Nueva York 1968*, escritor estadounidense. Sus novelas, realistas y críticas, describen los ambientes populares californianos (*Tortilla Flat*, 1935; *De hombres y ratones*, 1937; *Las uvas de la ira*, 1939; *La perla*, 1948; *Al este del Edén*, 1952; *Los descontentos*, 1961). [Premio Nobel 1962.]
STEINBERG (Saul), *Rîmnicu Sărat 1914-Nueva York 1999*, dibujante estadounidense de origen rumano. Renovó el humor y la sátira con su inventiva plástica, alimentada con tradiciones caligráficas e influencias cubistas.
STEINER (George), *París 1929*, pensador francés y estadounidense. Especialista en literatura comparada, ocupa asimismo una posición central en el movimiento de las ideas contemporáneas. Su reflexión aborda, en esencia, la condición de la cultura después de Auschwitz (*En el castillo de Barbazul*, 1971), e incluye su autobiografía intelectual (*Errata*, 1998).
STEINER (Rudolf), *Kraljević, Croacia, 1861-Dornach, cerca de Basilea, 1925*, filósofo y pedagogo austriaco. Es autor de un sistema, la antroposofía, y de una pedagogía que ofrecen una imagen menos rígida de las materias tradicionales e integra la actividad artesanal.
STEINERT (Otto), *Sarrebruck 1915-Essen 1978*, fotógrafo alemán. Sus ideas sobre la «fotografía subjetiva» (objetividad ilusoria, irrealidad presente y perceptible por doquier) originaron la renovación de la fotografía abstracta.
Steinway, fábrica estadounidense de pianos fundada en Nueva York en 1853 por el constructor alemán Heinrich Engelhard **Steinweg** (Wolshagen 1797-Nueva York 1871).
STELLA (Frank), *Malden, Massachusetts, 1936*, pintor y escultor estadounidense. Partió de un minimalismo estricto, luego trabajó las formas y las franjas paralelas de color en sus «lienzos siluetados» (*shaped canvases*) de la década de 1960, y, a fines de la 1970, llegó al barroco de los relieves metálicos policromos.
STELVIO (puerto del), puerto de los Alpes italianos, entre Milán e Innsbruck; 2 757 m de alt. Parque nacional.
STENDHAL (Henri **Beyle**, llamado), *Grenoble 1783-París 1842*, escritor francés. Militar durante las guerras napoleónicas, se instaló en Milán y escribió sobre música y pintura y el libro de

viajes *Roma, Nápoles y Florencia* (1817-1826). Autor de un ensayo sobre el romanticismo (*Racine y Shakespeare*, 1823-1825) y un tratado *Sobre el amor* (1822), en 1830 publicó *Rojo y negro, una de sus novelas capitales, y *La cartuja de Parma* (1839). Su obra póstuma lo consagró definitivamente (*Vida de Henry Brulard*, 1890; *Lucien Leuwen*, 1894).

STÉNON (Nicolas), en danés **Niels Steensen,** *Copenhague 1638-Schwerin 1686,* naturalista danés. Gran estudioso de los fósiles, en *Prodromus* (1669) sentó las bases de la estratigrafía y la geología modernas. También interesado por la anatomía humana, descubrió el canal excretor de la glándula parótida.

STEPHENSON (George), *Wylam, cerca de Newcastle, 1781-Tapton House, Chesterfield, 1848,* ingeniero británico. Inventor de la tracción a vapor sobre vía férrea (locomotora Rocket, 1829), estableció el ferrocarril de Liverpool a Manchester (1826-1830).

STERLITAMAK, c. de Rusia, al S de Ufá; 252 200 hab. Centro industrial.

STERN (Isaac), *Kremenets 1920-Nueva York 2001,* violinista ruso nacionalizado estadounidense. Fundó un trío con el pianista Eugene Istomin (1925-2003) y el violonchelista Leonard Rose (1918-1984), para interpretar el repertorio romántico, en particular Beethoven.

STERN (Otto), *Sohnau, act. Zory, 1888-Berkeley 1969,* físico estadounidense de origen alemán. Descubrió, junto con W. Gerlach, las propiedades magnéticas de los átomos y confirmó el concepto de onda asociada a una partícula. (Premio Nobel 1943.)

STERNBACH (Leo), *Abbazia, Austria-Hungría, act. Opatija, Croacia, 1908-Chapel Hill, EUA, 2005,* químico suizo. Descubrió el primer ansiolítico específico, una benzodiazepina, el clordiazepóxido, comercializado como Librium.

STERNBERG (Josef von), *Viena 1894-Los Ángeles 1969,* cineasta estadounidense de origen austriaco. Describió las pasiones violentas y los ambientes opresivos y fue un mago de la imagen y la luz. Convirtió a Marlene Dietrich en el arquetipo de mujer fatal. *El *ángel azul, El expreso de Shangai* (1932), *Capricho imperial* (1934).

■ JOSEF VON **STERNBERG** con Marlene Dietrich (h. 1931).

STERNE (Laurence), *Clonmel, Irlanda, 1713-Londres 1768,* escritor británico. Es autor de *Vida y opiniones del caballero Tristram Shandy* (1759-1767), novela inventiva y abierta a las digresiones, y de *Viaje sentimental por Francia e Italia* (1768), lleno de humor y fantasía.

STETTIN → SZCZECIN.

STEVENAGE, c. de Gran Bretaña (Inglaterra), al N de Londres; 73 700 hab.

STEVENS (John), *Nueva York 1749-Hoboken, Nueva Jersey, 1838,* industrial estadounidense. Creó la primera legislación federal sobre patentes (1790) y contribuyó a la expansión de la navegación a vapor y del transporte ferroviario en Estados Unidos.

STEVENS (Siaka Probyn), *Moyamba 1905-Freetown 1988,* político de Sierra Leona; primer ministro (1968-1971) y presidente (1971-1985).

STEVENS (Stanley Smith), *Ogden 1906-Vail, Colorado, 1973,* psicólogo estadounidense. Preconizó la medida directa de las sensaciones en psicofísica y propuso las diferentes clases de escalas usadas en psicología.

STEVENS (Wallace), *Reading, Pennsylvania, 1879-Hartford 1955,* poeta estadounidense, de estilo sensorial (*Harmonium*, 1923; *Las auroras de otoño*, 1950).

STEVENSON (Robert Louis **Balfour**), *Edimburgo 1850-Vailima, islas Samoa, 1894,* escritor británico. Autor de novelas de aventuras (*La *isla del tesoro*) y relatos fantásticos (*El *extraño caso del doctor Jekyll y Mr. Hyde*), también es apreciado por la profundidad de su obra y de sus reflexiones sobre la novela.

STEVENSON (Teófilo), *Delicias 1952,* boxeador cubano, único peso pesado olímpico que ganó tres títulos consecutivos (1972-1980).

STEVIN (Simon), llamado **Simón de Brujas,** *Brujas 1548-Leiden o La Haya 1620,* matemático y físico flamenco. Consideró los números irracionales como enteros e introdujo las fracciones decimales en Europa (1585). Estudió la hidrostática y, en el equilibrio de un cuerpo sobre un plano inclinado, demostró la imposibilidad del movimiento perpetuo.

STEWART → ESTUARDO.

STEWART (Jackie), *Milton, Escocia, 1939,* piloto automovilístico británico, campeón mundial en 1969, 1971 y 1973.

STEWART (James), *Indiana, Pennsylvania, 1908-Beverly Hills 1997,* actor de cine estadounidense. Encarnó la inocencia, la tenacidad y el coraje púdico (*Vive como quieras,* F. Capra, 1938; *Vértigo*, A. Hitchcock, 1958; *El hombre que mató a Liberty Valance,* J. Ford, 1962).

STEYR, c. de Austria, en la confluencia del Steyr y el Enns; 39 542 hab. Metalurgia. — Conjunto de casas y monumentos antiguos.

STIBITZ (George Robert), *York, Pennsylvania, 1904-Hanover, New Hampshire, 1995,* ingeniero estadounidense. Ideó el primer circuito electrónico binario (1937) y realizó (1939-1945) diversas calculadoras electromecánicas. Sus trabajos favorecieron la realización de la primera computadora electrónica.

STIEGLITZ (Alfred), *Hoboken 1864-Nueva York 1946,* fotógrafo estadounidense, maestro de la «fotografía pura». Influyó en su manipular.

STIERNHIELM (Georg), *Vika 1598-Estocolmo 1672,* poeta sueco. Dio una forma culta a la poesía de su país lo que le valió el título de padre de la poesía sueca.

STIF, ant. **Sétif,** c. del E de Argelia, cap. de vilayato; 187 000 hab.

STIFTER (Adalbert), *Oberplan, Horní Planá, Bohemia, 1805-Linz 1868,* escritor austriaco. Sus novelas transponen poéticamente la realidad cotidiana y la belleza de los paisajes naturales (*Veranillo de San Martín*, 1857).

STIGLER (George Joseph), *Renton, estado de Washington, 1911-Chicago 1991,* economista estadounidense. Defendió el libre competencia y profundizó en las teorías de la producción y los costes, de los oligopolios, la información y las estructuras industriales. (Premio Nobel 1982.)

STIGLITZ (Joseph E.), *Gary, Indiana, 1943,* economista estadounidense. Asesor del presidente Clinton (1993-1997) y vicepresidente del Banco mundial (1997-2000), propugna una intervención razonada del estado en la economía. (Premio Nobel, con G. A. Akerlof y A. M. Spence, 2001.)

Stijl (De), revista y grupo de artistas neerlandeses. Fue fundado en 1917 por Mondrian y Theo Van Doesburg (1883-1931) sobre las bases teóricas de una abstracción estrictamente construida (*neoplasticismo*). En el movimiento (disuelto a la muerte de Van Doesburg) participaron los arquitectos Jacobus Johannes Pieter Oud (1890-1963) y Gerrit Thomas Rietveld (1888-1964) y el pintor y escultor belga Georges Vantongerloo (1886-1965).

STILLER (Mosche, llamado Mauritz), *Helsinki 1883-Estocolmo 1928,* cineasta sueco. Fue uno de los maestros de la escuela sueca en la época del cine mudo: *El tesoro de Arne* (1919), *Erotikon* (1920), *La leyenda de Gösta Berling* (1924), que dio a conocer a Greta Garbo.

STILWELL (Joseph), *Palatka, Florida, 1883-San Francisco 1946,* militar estadounidense. Jefe del estado mayor de Chang Kai-shek (1941-1945), fue al mismo tiempo adjunto de Mountbatten y comandante en jefe del campo de operaciones Indochina Birmania.

■ STING

■ KARLHEINZ STOCKHAUSEN

STING (Gordon Matthew **Summer,** llamado), *Wallsend, Northumberland, 1951,* músico de pop británico. Líder del grupo The Police (1976-1983), después emprendió una carrera solista en la que combina música pop con jazz y sonidos étnicos. También es actor de cine.

STIRLING, c. de Gran Bretaña (Escocia); 30 000 hab. Universidad. — Castillo real de los ss. XII-XVI. Monumentos y mansiones antiguos.

STIRNER (Max), *Bayreuth 1806-Berlín 1856,* filósofo alemán. Anarquista, defendió un individualismo libertario (*El único y su propiedad*, 1845) muy criticado por Marx.

ST. JOHN'S, c. de Canadá, cap. de la prov. de Terranova y Labrador; 95 770 hab. Arzobispado.

STOCKHAUSEN (Karlheinz), *Mödrath, cerca de Colonia, 1928-Kurten, Renania del Norte-Westfalia, 2007,* compositor alemán. Debutó en el Estudio de música electrónica de Colonia (*Klavierstücke*) y fue el primero en utilizar simultáneamente la cinta magnética y los instrumentos tradicionales. Con *Gruppen,* para 3 orquestas (1958), se orientó hacia la música aleatoria. *Stimmung* (1968) refleja un período meditativo, influido por las músicas de la India. *Inori* (1974) recurre a la danza. Tras la conclusión de *Sirius* en 1977, se consagró a grandes ciclos: *Licht* (1977-2003), gran ópera cuya ejecución se reparte a lo largo de las siete veladas de una semana, más tarde *Klang* (desde 2005 hasta su muerte).

STOCKPORT, c. de Gran Bretaña (Inglaterra), junto al Mersey; 136 000 hab.

STOCKTON-ON-TEES, c. de Gran Bretaña (Inglaterra), a orillas del *Tees;* 155 000 hab. Puerto.

STOKE-ON-TRENT, c. de Gran Bretaña (Inglaterra), cerca de Manchester; 244 800 hab. Cerámicas; museos.

STOKES (sir George), *Skreen 1819-Cambridge 1903,* físico irlandés. Autor de trabajos sobre hidrodinámica, también estudió la fluorescencia y demostró que los rayos X son de la misma naturaleza que la luz (1896).

STOKOWSKI (Leopold), *Londres 1882-Nether Wallop, Hampshire, 1977,* director de orquesta británico nacionalizado estadounidense. Dirigió la orquesta sinfónica de Filadelfia (1912-1938), con la que dio a conocer a Stravinski.

STOLIPIN (Piotr Arkádievich), *Dresde 1862-Kíev 1911,* político ruso. Presidente del Consejo (1906), reprimió la oposición, logró disolver la segunda duma (1907) y favoreció el desmantelamiento de la comuna rural (*mir*) para luchar contra la pobreza campesina. Fue asesinado por un revolucionario.

STONE (sir John Richard Nicholas), *Londres 1913-Cambridge 1991,* economista británico, analista de los mecanismos del crecimiento y de los diferentes sistemas de contabilidad nacional. (Premio Nobel 1984.)

STONE (Oliver), *Nueva York 1946,* cineasta estadounidense. Sus películas recrean acontecimientos cruciales en la historia reciente de su país (*Platoon*, 1986; *JFK, caso abierto,* 1991; *World Trade Center,* 2006).

STONEHENGE, sitio de Gran Bretaña (Wiltshire). Este conjunto megalítico, compuesto de monolitos dispuestos sobre un área circular, fue objeto de numerosas reordenaciones sucesivas entre el neolítico final (h. 2400 a.C.) y el inicio de la edad del bronce. Interpretado como un santuario del culto solar, las últimas investigaciones apuntan a que el lugar tuvo un

■ **STONEHENGE.** Conjunto megalítico (III-II milenios a.C.).

carácter funerario en todas sus etapas. (Patrimonio de la humanidad 1986.)

STONEY (George Johnstone), *Oakley Park, King's County, 1826-Londres 1911*, físico irlandés. Avanzó la hipótesis (1874) según la cual la electricidad se debe a corpúsculos elementales, que él denominó electrones (1891).

STOPH (Willi), *Berlín 1914-íd. 1999*, político alemán. Fue jefe del gobierno de la RDA (1964-1973 y 1976-1989) y presidente del consejo de estado (1973-1976).

STOPPARD (Tomáš **Straussler**, act. sir Tom), *Zlín 1937*, dramaturgo británico de origen checo. Sus obras de teatro (*Rosencrantz y Guildenstern han muerto*, 1966; *Parodias*, 1974; *Arcadia*, 1993) y sus guiones (*Shakespeare in Love*, 1990, Óscar al mejor guion original) manejan con humor y virtuosismo las referencias literarias, históricas y políticas.

STORM (Theodor), *Husum 1817-Hademarschen 1888*, escritor alemán. Es autor de poemas y de novelas que ensalzan la naturaleza del N de Alemania y analizan la lucha del hombre con su destino (*Immensee*, 1850).

Stormont (acuerdo de), acuerdo entre los gobiernos británico e irlandés y los partidos políticos norirlandeses, alcanzado en el castillo de Stormont de Belfast (10 abril 1998), para acabar con la violencia política y dotar de organismos autónomos a Irlanda del Norte.

STORNI (Alfonsina), *Sala Capriasca, Suiza, 1892-Mar del Plata 1938*, poeta argentina. Su poesía, tras sus inicios románticos (*La inquietud y el rosal*, 1916), ofrece rasgos posmodernistas (*Languidez*, 1920; *Ocre*, 1925). El tema amoroso persiste en su poesía posterior, de cierto hermetismo verbal (*Mundo de siete pozos*, 1934; *Mascarilla y trébol*, 1938). También cultivó el teatro infantil. Se suicidó.

■ ALFONSINA **STORNI**

■ RICHARD **STRAUSS,** por Max Liebermann, 1918. (Galería nacional, Berlín.)

STOSS (Veit), en polaco Wit **Stwosz,** *h. 1448-íd. 1533*, escultor probablemente de origen suabo, autor del gran retablo gótico en madera policromada de Nuestra Señora de Cracovia (1477-1486, *Dormición de la Virgen* en el centro).

STRACHEY (Lytton), *Londres 1880-Inkpeu, Berkshire, 1932*, escritor británico, incisivo biógrafo (*Victorianos eminentes*, 1918).

STRADELLA (Alessandro), *Roma 1644-Génova 1682*, compositor italiano. Músico innovador, escribió concerto grosso, ópera, cantata, sinfonía y oratorio (*Suzanna*, 1681).

STRADIVARI (Antonio), llamado **Stradivarius,** *¿Cremona? 1644-íd. 1737*, violero italiano. Sus mejores violines fueron fabricados en Cremona entre 1700 y 1725.

STRAFFORD (Thomas **Wentworth,** conde **de**), *Londres 1593-íd. 1641*, estadista inglés. Lord diputado de Irlanda (1632-1639), practicó una política arbitraria y brutal. Consejero del rey Carlos I, junto con Laud, fue acusado de traición por el parlamento y ejecutado.

STRAITS SETTLEMENTS → **ESTRECHOS** (establecimientos de los).

STRALSUND, c. de Alemania (Mecklemburgo-Antepomerania), junto al Báltico; 69 230 hab. Puerto. — Iglesias y ayuntamiento góticos. Museo oceanográfico. (Patrimonio de la humanidad 2002.)

STRAND (Paul), *Nueva York 1890-Orgeval, Francia, 1976*, fotógrafo y cineasta estadounidense. Su obra es realista e hierática. Realizó, con Fred Zinnemann y E. Gómez Muriel, la película *Los rebeldes de Alvarado* (1935).

STRASSBURG (Gottfried von), *fines s. XII-pr. s. XIII*, poeta cortesano alemán. Es autor de una versión de **Tristán e Iseo*.

STRATFORD-UPON-AVON o **STRATFORD-ON-AVON,** c. de Gran Bretaña (Inglaterra), al SE de Birmingham; 20 000 hab. Shakespeare Memorial Theatre. Casas antiguas, entre ellas la natal del dramaturgo (museo).

STRAUSS (Botho), *Naumburg 1944*, escritor alemán. Su obra teatral (*Trilogía de retorno; Grande y pequeño; El parque; El tiempo y la habitación*) y narrativa (*El joven hombre*) presenta, con forma fragmentaria, la tragedia de la soledad y la incomunicación modernas.

STRAUSS (David Friedrich), *Ludwigsburg 1808-íd. 1874*, teólogo y exégeta alemán. En *Vida de Jesús* (1835) afirmó que los Evangelios son predicaciones con elementos narrativos simbólicos o míticos. Esta obra, polémica, abrió nuevas vías a la exégesis.

STRAUSS (Johann I), *Viena 1804-íd. 1849*, músico austriaco. Director de orquesta y compositor austriaco. Al frente de los bailes de la corte, compuso valses, polcas, galops y la célebre *Marcha Radetzky.* — **Johann II S.,** *Viena 1825-íd. 1899*, compositor austriaco, autor de más de 200 valses (*El Danubio azul*, 1867; *Sangre vienesa*, 1873; *Vals del emperador*, 1889), y de operetas (*El murciélago*, 1874).

STRAUSS (Leo), *Kirchhain 1899-Annapolis, Maryland, 1973*, filósofo estadounidense de origen alemán. Opuso el pensamiento político de la antigüedad al moderno, condenado a sus tiranías por su sumisión al individualismo, al historicismo y al positivismo.

STRAUSS (Richard), *Munich 1864-Garmisch-Partenkirchen 1949*, director de orquesta y compositor alemán. Sintetizó la tradición romántica y el ideal clásico. En sus óperas, prolongó la tradición wagneriana a partir de textos de O. Wilde (*Salomé*, 1905) y, sobre todo, de Hugo von Hofmannsthal (*Electra*, 1909; *El caballero de la rosa*, 1911). También compuso poemas sinfónicos coloristas (*Don Juan*, 1889; *Muerte y transfiguración*, 1890; *Till Eulenspiegel*, 1895), un estudio para 23 instrumentos (*Metamorfosis*, 1945) y lieder.

STRAVINSKI (Ígor), *Oranienbaum 1882-Nueva York 1971*, compositor ruso, nacionalizado francés y estadounidense. Gran creador en el ritmo y la orquestación, su música está esencialmente destinada a la danza. Es autor de *El pájaro de fuego* (1910), *Petrushka* (1911), *La consagración de la primavera* (1913), *El zorro* (1916), *Historia del soldado* (1918), *La boda* (1923), la *Sinfonía de los salmos* (1930), la ópera *The Rake's Progress* (1951) sonatas y conciertos, de diferentes estéticas, desde el neoclasicismo al dodecafonismo.

STRAWSON (sir Peter Frederick), *Londres 1919-Oxford 2006*, filósofo británico. Partiendo de una crítica de B. Russell y de la lógica formal, describió las relaciones entre los esquemas conceptuales y la gramática natural (*Individuos*, 1959).

STREEP (Mary Louise, lamada Meryl), *Sumit, Nueva Jersey, 1949*, actriz estadounidense. Encarna con convicción mujeres corrientes o excepcionales (*Kramer contra Kramer*, R. Benton, 1979; *La mujer del teniente francés*, K. Reisz, 1981; *La decisión de Sophie*, A.J. Pakula, 1982; *Memorias de África*, S. Pollack, 1985; *Los puentes de Madison*, C. Eastwood, 1995; *El diablo viste de Prada*, D. Frankel, 2006).

STREHLER (Giorgio), *Barcola, cerca de Trieste, 1921-Lugano 1997*, actor y director teatral italiano. Cofundador (1947), con Paolo Grassi, y director del Piccolo teatro de Milán hasta 1996 y director del Théâtre de l'Europe en París (1983-1990), se consagró, a través sobre todo de Brecht, Goldoni y Shakespeare, a renovar las formas del espectáculo teatral.

STREISAND (Barbara Joan, llamada **Barbra**), *Nueva York 1942*, cantante y actriz estadounidense. Ha renovado el musical con los filmes *Una chica divertida* (1968) y *Hello, Dolly* (1969).

Strépy-Thieu, ascensor fluvial de barcos de Bélgica, en el canal del Centro (ríos Mosa y Escalda), cerca de Mons y de la frontera con Francia, el más grande del mundo (112 m de long. útil, 12 m de anch. y 3,35-4,15 m de profundidad de agua), inaugurado en 2002.

STRESA, c. de Italia, en el Piamonte, junto al lago Mayor; 4 636 hab. Centro turístico. — **conferencia de Stresa** (11-14 abril 1935), entre Francia, Gran Bretaña e Italia que pretendía hacer frente al rearme alemán. Fracasó ante la negativa de Francia y Gran Bretaña a reconocer la conquista italiana de Etiopía.

STRESEMANN (Gustav), *Berlín 1878-íd. 1929*, político alemán. Ministro de asuntos exteriores (1923-1929), hizo que Poincaré aceptara el plan Dawes (1924) y la evacuación del Ruhr (1925). Como consecuencia del pacto de Locarno (1925), logró el ingreso de Alemania en la SDN. En 1928 firmó el pacto Briand-Kellogg. (Premio Nobel de la paz 1926.)

STRINDBERG (August), *Estocolmo 1849-íd. 1912*, escritor sueco. Tras una infancia difícil, que describió en *El hijo de la sierva*, publicó la primera novela naturalista sueca (*La sala roja*, 1879). Una vida amorosa agitada centró su desequilibrio nervioso y nutrió sus narraciones (*Esposos*), relatos autobiográficos (*El alegato de un loco; Infierno*) y teatro (*El padre*, 1887; *La señorita Julia*, 1888). Autor de obras históricas (*Erik XIV; Cristina*) y naturalistas (*La danza de muerte*, 1901), introdujo el simbolismo en Suecia (*Sueño*), evolucionó hacia el misticismo y fundó el Teatro íntimo de Estocolmo, en el que hizo representar *Kammerspielen* (*La sonata de los espectros, El pelícano*). Su obra influyó notablemente en el teatro moderno y en el expresionismo alemán.

■ ÍGOR **STRAVINSKI,** por J.-É. Blanche. (Museo de bellas artes, Ruán.)

■ AUGUST **STRINDBERG.** (Museo August Strindberg, Estocolmo.)

STROBEL, lago de Argentina (Santa Cruz); 120 km².

STROESSNER (Alfredo), *Encarnación 1912-Brasília, 2006*; político y militar paraguayo. Comandante en jefe del ejército (1951), en 1954 se proclamó presidente del país y dirigente del Partido colorado. Practicó una política autoritaria y represiva, hasta que en 1989 fue derrocado por su consuegro, el general Andrés Rodríguez. Se exilió en Brasil.

STROHEIM (Erich Oswald Stroheim, llamado **Erich von**), *Viena 1885-Maurepas, Francia, 1957*, cineasta y actor estadounidense de origen austriaco. El fasto y la osadía de sus películas (*Esposas frívolas*, 1922; *Avaricia*, 1925; *La viuda alegre*, 1925; *La marcha nupcial*, 1928; *La reina Kelly*, 1928) y su realismo implacable lo alejaron de la industria de Hollywood. Más tarde se consagró a su carrera de actor (*La gran ilusión*, de J. Renoir, 1937; *El crepúsculo de los dioses*, de B. Wilder, 1950).

STROMBOLI, una de las islas Eolias (Italia), formada por un volcán activo (926 m).

ŠTROSMAJER o **STROSSMAYER** (Josip Juraj), *Osijek 1815-Djakovo 1905,* prelado croata. Obispo de Djakovo (1849) y fundador de la universidad de Zagreb (1874), fue el promotor de la idea nacional yugoslava.

STROZZI, familia florentina rival de los Médicis (ss. XV-XVI), que como estos, forjó su fortuna en la banca.— **Filippo S.,** llamado **el Viejo,** *Florencia 1428-íd. 1491,* constructor del *palacio Strozzi* en Florencia. — **Filippo S.,** *Florencia 1489-íd. 1538,* político florentino. Hijo de Filippo el Viejo, combatió en vano a los Médicis y se suicidó en prisión.

STROZZI (Bernardo), *Génova 1581-Venecia 1644,* pintor italiano. Influido por la escuela flamenca (*La cocinera,* palazzo Rosso, Génova), después, instalado en Venecia (1630), se orientó hacia un estilo más nítido y brillante, de tendencia barroca (decoraciones monumentales, retratos).

STRUENSEE (Joann Friedrich, conde de), *Halle 1737-Copenhague 1772,* político danés. Médico del rey Cristián VII y consejero de Estado, fue amante de la reina. Realizó importantes reformas antes de ser inculpado de complot contra el rey y morir decapitado.

STRUMA, en gr. Strimónas, r. de Bulgaria y de Grecia, tributario del mar Egeo; 430 km. (Ant. Strymon.)

STRUVE, familia de astrónomos rusos de origen alemán.— **Friedrich Georg Wilhelm von S.,** *Altona, Holstein, 1793-San Petersburgo 1864,* astrónomo ruso. Se dedicó al estudio de las estrellas dobles y múltiples, y supervisó la construcción del observatorio de Pulkovo, cerca de San Petersburgo, del que fue primer director (1839-1862). — **Otto von S.,** *Dorpat 1819-Karlsruhe 1905,* astrónomo ruso. Hijo de Friedrich Georg Wilhelm, lo sucedió en Pulkovo (1832-1890) y también descubrió numerosas estrellas dobles. — **Otto S.,** *Járkov 1897-Berkeley 1963,* astrónomo ruso nacionalizado estadounidense. Nieto de Otto, destacó por sus trabajos de espectroscopia y de astrofísica estelar.

STUART → **ESTUARDO.**

Studenica (monasterio de), monasterio de Serbia, al N de Novi Pazar. Iglesia bizantina románica de la Virgen, de fines del s. XII (pinturas murales, esculturas, tesoro), e iglesia real, del s. XIV (valiosas pinturas). [Patrimonio de la humanidad 1986.]

STÚÑIGA (Lope de), *h 1415-h 1465,* poeta español. Sus composiciones, de carácter político, moral y amoroso, figuran en varios cancioneros y encabezan el *Cancionero de Stúñiga* (1458), así llamado en su honor.

STURE, nombre de dos familias suecas de origen danés.— **Sten Gustafson S.,** llamado **el Viejo,** *1440-Jönköping 1503,* estadista sueco. Regente (1470), venció al rey de Dinamarca Cristián I en Brunkeberg (1471). — **Sten Svantesson S.,** llamado **el Joven,** *¿1493?-cerca de Estocolmo 1520,* estadista sueco. Regente desde 1512, venció a los daneses en Brännkyrka (1518).

Sturm und Drang (*Tempestad e impulso,* título de una tragedia de Klinger), movimiento literario creado en Alemania hacia 1770 en reacción contra el racionalismo ilustrado (*Aufklärung*). Goethe, Schiller, Lenz, Klinger y Herder participaron en él.

STURZO (Luigi), *Caltagirone, Sicilia, 1871-Roma 1959,* sacerdote y político italiano. Fundador del Partido popular italiano (1919), tuvo que exiliarse en 1924. De regreso a Italia (1946), fue el alma de la Democracia cristiana.

STUTTGART, c. de Alemania, cap. de Baden-Württemberg, junto al Neckar; 594 406 hab. Centro industrial (automóviles y electrónica) y cultural. – Monumentos, muy restaurados: colegiata gótica, dos castillos. Museos.

Stutthof, en polaco **Sztutowo,** campo de concentración alemán (1938-1944), establecido cerca de Danzig, act. Gdańsk (Polonia).

STYRON (William), *Newport News 1925-Oak Bluffs, isla de Martha's Vineyard, Massachusetts, 2006,* escritor estadounidense. Sus novelas y relatos denuncian la crueldad de la sociedad norteamericana (*Tendidos en la oscuridad; Las confesiones de Nat Turner; La decisión de Sophie*).

SUABIA, en alem. **Schwaben,** región histórica de Alemania, situada entre el O de Baviera y Baden-Württemberg. El ducado, creado a principios del s. X, fue adquirido por los Hohenstaufen (1079). Tras la extinción de dicha familia (1268), la anarquía reinó en el país. La Gran liga suaba, constituida en 1488 con el apoyo de los Habsburgo, fue disuelta en 1534. El antiguo ducado fue desmantelado por los tratados de Westfalia (1648).

SUABIA Y FRANCONIA (cuenca de), cuenca sedimentaria de Alemania (que engloba el Jura suabo y el de Franconia), al N del Danubio, entre la Selva Negra y el macizo de Bohemia.

SUÁREZ (Adolfo, duque de), *Cebreros 1932,* político español. Secretario general del Movimiento a la muerte de Franco (1975), en 1976 Juan Carlos I lo nombró presidente del gobierno. Dirigió la reforma política de la transición a la democracia y fundó la Unión de centro democrático (*UCD*). Dejó la presidencia del gobierno en 1981. En 1982 fundó el Centro democrático y social, partido que presidió hasta 1991.

SUÁREZ (Francisco), *Granada 1548-Lisboa 1617,* teólogo jesuita español. Refundó y resto matizó la metafísica escolástica en *Disputationes metaphysicas* (1597), nuevo elaboró soluciones integradoras a los problemas planteados por la filosofía de su tiempo. Como teólogo mantuvo un molinismo moderado en *De Deo uno et trino* (1606), y como jurista distinguió entre ley natural, ley de gentes y ley civil en *Tractatus de legibus ac Deo legislatore* (1612).

SUÁREZ (Joaquín), *Canelones 1781-Montevideo 1868,* político uruguayo. Intervino en la revolución de 1810 y en 1811 se unió a Artigas. Dirigió el país en ausencia del presidente Rivera (1839) y defendió Montevideo del asedio de Manuel Oribe (1843-1851).

SUÁREZ (Luis), *La Coruña 1935,* futbolista español. Mejor jugador europeo en 1960, logró el campeonato de Europa con la selección española (1964). Ganó dos veces la copa de Europa (1964, 1965) y la copa Intercontinental (1965) con el Inter de Milán, así como dos copas de Ferias con el Barcelona (1958, 1960).

SUÁREZ (Marco Fidel), *Bello 1856-Bogotá 1927,* escritor y político colombiano. Dirigente conservador, ocupó la presidencia de la república (1918-1921), cargo que dejó para dedicarse a la literatura (*Sueños de Luciano Pulgar,* artículos periodísticos).

SUÁREZ DE FIGUEROA (Cristóbal), *Valladolid h. 1571-h. 1644,* escritor español. Prosista de espíritu crítico, escribió poesía épica (*España defendida,* 1612), miscelánea y novela pastoril (*La divina Amarilis,* 1609).

SUÁREZ DE PERALTA (Juan), *m. d. 1590,* cronista mexicano. Residente en España desde 1579, es autor de la crónica *Noticias históricas de la Nueva España* (publicada en 1878) y de *Tractado de la cavallería de la gineta y brida* (1580), considerado el primer libro de tema profano escrito por un autor americano.

suave patria (La), poema de R. López Velarde, incluido en *El son del corazón* (1932). Canto íntimo a México a través de una serie de estampas de la vida nacional.

SUAZO CÓRDOVA (Roberto), *La Paz 1928,* político hondureño. Dirigió el Partido liberal, a

la muerte de M. Rodas (1979). Su mandato como presidente de la república (1981-1985) fue polémico por la influencia de los sectores conservadores del ejército y sus intentos de permanecer en el cargo.

SUBANDINAS (sierras), sistema fisiográfico de América del Sur, que se extiende desde el SE de Perú hasta el NO de Argentina. Alcanzan sus mayores alturas (3 164 m en la sierra de Santa Bárbara, en Jujuy, Argentina) hacia el O, por donde entran en contacto con la cordillera andina, y las menores hacia el E, en dirección al Chaco.

SUBBÉTICO (sistema), conjunto montañoso del S de España, que se extiende desde el golfo de Cádiz hasta Alicante. Está formado por las sierras de Grazalema, Parapanda, Mágina, Arana, Segura, Cazorla, Sagra y España, con una altura entre 1 500 y 2 400 m.

SUBIACO, c. de Italia (Lacio); 8 981 hab. Monasterio del s. XIII (frescos sieneses de los ss. XIII-XIV). – A fines del s. V, san Benito se refugió en la cueva del Sacro Speco y fundó un monasterio, origen de la orden de los benedictinos. En 1872, Subiaco se convirtió en el centro de una congregación benedictina.

SUBIELA (Eliseo), *Buenos Aires 1944,* director de cine argentino. Influido por el realismo mágico literario y los estudios de filosofía, realiza un cine poético y metafórico (*Hombre mirando al sudeste,* 1986; *El lado oscuro del corazón,* 1992; *Pequeños milagros,* 1997).

SUBIRACHS (Josep Maria), *Barcelona 1927,* escultor español. Su obra, basada en la geometría, juega con lo cóncavo-convexo y el contraste entre los materiales. Desde 1984 trabaja en el templo de la Sagrada Familia de Barcelona (fachada de la Pasión).

Sublime Puerta (la) → **Puerta.**

SUBOTICA, c. de Serbia (Vojvodina); 100 219 hab.

■ **FRANCISCO SUÁREZ**

SUCEAVA, c. del NE de Rumania; 114 355 hab. Iglesia (s. XVI) del convento de San Jorge, típica del arte de Bucovina. En los alrededores, convento de Dragomirna, iglesia pintada de Arbore, iglesia de Voronet.

Sucesión de Austria (guerra de) [1740-1748], conflicto que enfrentó en Europa a Prusia, Francia, Baviera, Sajonia y España con Austria, y que se vio agravado por una guerra, en parte marítima y colonial, entre Gran Bretaña, aliada de Austria, y Francia, aliada de Prusia. El origen de este conflicto se halla en la impugnación de la *Pragmática sanción* de 1713, que daba el trono a María Teresa, hija del emperador Carlos VI (m. en 1740). Austria cedió Silesia a Prusia (1742) y luego firmó la paz con Baviera, vencida (1745). María Teresa consiguió que su marido, Francisco de Lorena, fuera elegido emperador germánico (1745), pero el conflicto con Francia y España prosiguió hasta 1748, en que el tratado de Aquisgrán (1748) puso fin a la guerra y entronizó al infante español Felipe en Parma, Piacenza y Guastalla, y a Carlos VII en Nápoles y Sicilia.

Sucesión de España (guerra de) [1701-1714], conflicto que enfrentó a Francia y la Corona de Castilla, que apoyaba a los Borbones contra una coalición europea (Imperio, Provincias Unidas, Inglaterra, Portugal y Saboya) que apoyaba a la Corona de Aragón, partidarios del acceso al trono del archiduque Carlos de Austria. La sucesión de Carlos II reflejó que las potencias europeas, y en especial Inglaterra, veían con malos ojos la unión de Francia y España, por lo que en 1701 se aliaron contra los Borbones. En la Península, este conflicto internacional derivó en una guerra civil entre Castilla y Aragón. En 1705, el archiduque Carlos desembarcó en Barcelona y fue reconocido como Carlos III por Cataluña y Valencia, y más tarde también por Aragón. Tras importantes batallas (Almansa, Almenar), la contienda se decantó en España del bando borbónico. Por los tratados de Utrecht (1713) y Rastadt (1714), España y Francia renunciaron a la unión de sus coronas y medio Imperio español fue repartido entre el Imperio (territorios italianos), Gran Bretaña (Menorca, Gibraltar), Portugal y Saboya. La contienda, que se prolongó en Cataluña y las Baleares, culminó con el asedio y toma de Barcelona por las tropas de Felipe V y Luis XIV (11 sept. 1714) y la ocupación de Mallorca e Ibiza (1715).

Sucesión de Polonia (guerra de) [1733-1738], conflicto que enfrentó a Francia, aliada de España, Cerdeña y Baviera, con Rusia y Austria, con motivo de la sucesión de Augusto II (1733), rey de Polonia. Rusia y Austria apoyaron a Augusto III, mientras que Estanislao Leszcyński era proclamado rey de Polonia por la dieta de Varsovia, con el apoyo de su yerno Luis XV. Augusto III venció y expulsó a su rival. Francia se alió con Cerdeña, España (primer pacto de Familia, 1733) y Baviera. Por la paz de Viena (1738) se reconoció a Augusto III rey de Polonia; Estanislao recibía los ducados de Lorena y Bar, que, a su muerte, volverían a Francia. El emperador cedía Nápoles y Sicilia al infante Carlos, primogénito de Isabel Farnesio, con el título de rey, pero este renunciaba a Parma y Piacenza, que pasaban a Austria, y a Toscana, que pasaba a la casa de Lorena.

SUCHET (Louis), duque de la Albufera, *Lyon 1770-Marsella 1826,* mariscal de Francia. Se distinguió en Italia, Austerlitz y Jena. Jefe del III cuerpo de ejército francés en la península Ibérica, en 1810 fue nombrado gobernador de Aragón. Tomó Lérida, Tortosa y Sagunto, y entró

en Valencia (1812). Tras la retirada francesa, negoció el retorno de Fernando VII y en 1814 firmó el armisticio con Wellington.

SUCHITEPÉQUEZ (departamento de), dep. del S de Guatemala; 2 510 km²; 129 567 hab.; cap. *Mazatenango.*

SUCHITOTO, mun. de El Salvador (Cuscatlán), en el valle del Lempa; 29 837 hab. Agricultura.

SUCRE, cap. constitucional de Bolivia, sede de la Corte suprema de justicia y cap. del dep. de Chuquisaca; 130 952 hab. *(sucreños).* — Rico conjunto de arte colonial: catedral (ss. XVI-XVII); colegio de San Miguel (s. XVII, act. universidad); iglesias, conventos y edificios civiles de los ss. XVII-XVIII. (Patrimonio de la humanidad 1991.) — Fundada en 1538, llevó los nombres de *La Plata, Charcas* y *Chuquisaca* antes del actual. Primera ciudad americana en levantarse contra los españoles (1809), en ella se proclamó la independencia del Alto Perú (1825).

SUCRE, mun. de Colombia (Sucre); 19 681 hab. Centro agropecuario.

SUCRE, cantón de Ecuador (Manabí); 88 293 hab. Arroz, cacao y café. Industria alimentaria.

SUCRE (departamento de), dep. del N de Colombia; 10 523 km²; 529 059 hab.; cap. *Sincelejo.*

SUCRE (estado), est. del NE de Venezuela; 11 800 km²; 720 240 hab.; cap. *Cumaná.*

SUCRE (Antonio José de), *Cumaná, Venezuela, 1795-Berruecos, Colombia, 1830,* héroe de la independencia americana. Hijo del patriota venezolano Vicente de Sucre y Urbaneja (Cumaná 1761-íd. 1824), en 1810 era oficial del ejército independentista y acompañó a Miranda; más tarde se unió a Mariño, Bermúdez y Piar, para emprender la campaña de Venezuela (1813) y Caracas (1814). Participó en la defensa de Cartagena de Indias (ag.-dic. 1815), y en Angostura se unió a Bolívar (1818) convirtiéndose en un gran amigo suyo y en jefe del ejército bolivariano. En *Pichincha venció al realista Aymerich (mayo 1822) liberando las provincias de Ecuador. Participó junto al

■ EL GENERAL
SUCRE

Libertador en la batalla de Junín (ag. 1824) y derrotó al virrey La Serna en *Ayacucho (dic. 1824), lo que representó la culminación de la independencia de Sudamérica. El congreso peruano le otorgó, por ello, el título de gran mariscal de Ayacucho y fue ascendido a general en jefe. Al entrar en La Paz (Alto Perú), Sucre promulgó un decreto de independencia (febr. 1825) y convocó una asamblea en Chuquisaca (act. Sucre) que proclamó (ag.) la independencia de las provincias del Alto Perú. Bolívar acabó por reconocer la independencia de *Bolivia (1826) y Sucre fue elegido presidente vitalicio, pero un levantamiento militar le hizo renunciar al cargo (1828) y exiliarse en Ecuador. Cuando se dirigía a Quito para impedir la culminación de la independencia de Ecuador, fue asesinado, al parecer por instigación de José María Obando.

SUCUMBÍOS (provincia de), prov. del NE de Ecuador; 18 327 km²; 76 952 hab.; cap. *Nueva Loja.*

SUDÁFRICA (República de), en ingl. **South Africa,** estado que ocupa el extremo meridional de África; 1 221 000 km²; 42 400 000 hab. *(sudafricanos).* CAPS. *Tshwane* (sede del gobierno) y *El Cabo* (sede del parlamento). LEN-

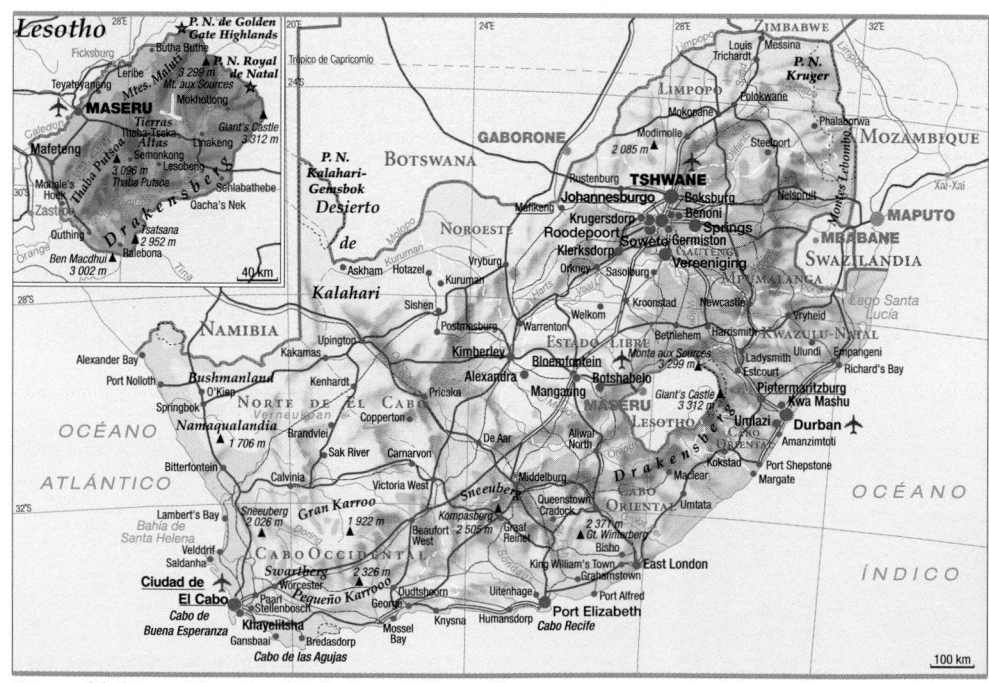

República de Sudáfrica-Lesotho

★ lugar de interés turístico

| 500 | 1000 | 1500 | 2000 m |

Ciudad de El Cabo   capital de provincia

━━━ límite de provincia

═══ autopista
━━━ carretera
┼─┼ ferrocarril
✈ aeropuerto

● más de 1 000 000 hab.
● de 500 000 a 1 000 000 hab.
● de 100 000 a 500 000 hab.
• menos de 100 000 hab.

GUAS: *afrikaans, inglés, ndebele, pedi, sotho, swati, tsonga, tswana, venda, xosa* y *zulú*. MONEDA: *rand*. El país está formado por 9 provincias: Cabo Occidental, Cabo Oriental, Estado Libre, Gauteng, Kwazulu-Natal, Limpopo, Mpumalanga, Noroeste, Norte de El Cabo.

INSTITUCIONES

República. Constitución de 1996, que entró en vigor progresivamente de 1997 a 1999. El parlamento está compuesto por la asamblea nacional, elegida por 5 años, y el consejo nacional de las provincias, formado por delegados de estas. El presidente de la república, jefe del estado y del ejecutivo, es elegido por la asamblea nacional por 5 años. Este nombra al vicepresidente, que lo asiste, y a los miembros del consejo de ministros, que él preside.

GEOGRAFÍA

El país, primera potencia económica de África, es un estado multirracial, donde la mayoría negra (75 % de la población) accedió al poder en 1994, sucediendo a la minoría blanca (menos del 15 %). El país cuenta con otras minorías, mestizos y asiáticos. Se extiende por vastas mesetas, elevadas en el SE (Drakensberg) y poco irrigadas en el interior. La altitud modera las temperaturas en esta zona subtropical, lo que explica el masivo asentamiento de origen europeo (neerlandeses y después británicos), la clase de producciones agrícolas (maíz, azúcar y vinos) y la extensión de la ganadería (bovina y sobre todo ovina).
La riqueza del subsuelo constituye la principal baza económica. El país es uno de los principales productores mundiales de oro y de diamantes, de cromo, de titanio, de vanadio, de manganeso, de carbón y de uranio. Adolece sin embargo de un importante déficit energético. La industria está sobre todo localizada alrededor de Johannesburgo (la mayor aglomeración del país) y en los puertos (Durban principalmente).
La abolición del apartheid no entrañó la equiparación de las razas y de los niveles de vida, ni el descenso de la importante tasa de subempleo o la desaparición del malestar étnico en la población negra, mientras que una parte de la minoría blanca, inquieta, decidió emigrar. Sudáfrica se ve además afectada por los desequilibrios socioeconómicos provocados por la dramática propagación del sida.

HISTORIA

Los períodos africano y holandés. Sudáfrica, habitada pronto en la prehistoria, fue ocupada por los bosquimanos, los nama u hotentotes (s. XII) y los bantúes (xosa, zulús y sotho, s. XVI). **S. XVI:** los portugueses arribaron a las costas, pero no establecieron factorías. **1652:** los holandeses fundaron El Cabo, escala de la Compañía de las Indias orientales. **1685:** la revocación del edicto de Nantes provocó la emigración masiva de hugonotes franceses, que se unieron a los colonos (bóers). Se desarrolló la esclavitud. La población hotentote fue diezmada por la viruela que introdujeron los europeos, y los bosquimanos, ladrones de ganado, fueron exterminados por estos.
La dominación británica. 1814: por el tratado de París, la colonia holandesa de El Cabo pasó a estar bajo administración británica. **1834:** la abolición de la esclavitud (1833) disgustó a los bóers, que emigraron al N (Grand Trek). Fueron expulsados de Natal por los británicos y establecieron dos repúblicas: Transvaal y Orange, cuya autonomía se reconoció provisionalmente tras un primer conflicto con Gran Bretaña (1877-1881). Los xosa se opusieron a la penetración europea (nueve guerras «cafres», 1779-1877), mientras que los zulús se enfrentaron a los bóers (batalla de Bloodriver, 1838) y a los británicos en Isandhlwana (1879). **1884:** el descubrimiento de minas de oro en el Transvaal provocó la afluencia de extranjeros, sobre todo ingleses, y Cecil Rhodes, gobernador de El Cabo, intentó en vano apoderarse del territorio (incursión Jameson, 1895-1896). **1899-1902:** la guerra de los bóers terminó con la victoria difícil de los británicos sobre el Transvaal y Orange, que fueron anexionados. **1910:** creación de la Unión Sudafricana (estados de El Cabo, Natal, Orange y Transvaal), integrada en la Commonwealth. **1913:** las prime-

ras leyes de segregación racial (apartheid) afectaron a los mestizos, los indios y sobre todo a los negros, pese a ser muy mayoritarios. **1920:** la antigua colonia alemana del Sudoeste africano fue confiada a la Unión Sudafricana por la SDN y después por la ONU. **1948:** el gobierno nacionalista del doctor Malan (Partido nacional, afrikaner) endureció las leyes de apartheid (prohibición de los matrimonios mixtos, segregación residencial, etc.). **A partir de 1959:** el gobierno de H. F. Verwoerd incentivó la política de los bantustanes.
La República de Sudáfrica. 1961: tras un referéndum, la Unión Sudafricana se transformó en república independiente y se retiró de la Commonwealth. A partir de 1966, como primeros ministros o luego como presidentes, Vorster y Botha continuaron con la política de apartheid, a costa de un creciente aislamiento del país. **1976:** graves disturbios en Soweto. **1985-1986:** los disturbios antiapartheid causaron numerosas víctimas. La instauración del estado de emergencia y la violencia de la represión fueron condenadas por países occidentales, que adoptaron sanciones económicas contra Sudáfrica. **1988:** Sudáfrica firmó un acuerdo con Angola y Cuba que supuso un alto el fuego en Namibia. **1989:** Frederik De Klerk sucedió a N. Botha al frente del estado a P. Botha.
Hacia una democracia multirracial. 1990: De Klerk puso en marcha una política de apertura hacia la mayoría negra (legalización de las organizaciones antiapartheid, liberación de N. Mandela, negociaciones directas con el Congreso nacional africano, abolición de la segregación racial en los lugares públicos). Se levantó el estado de emergencia. Namibia accedió a la independencia. **1991:** se abolieron

las tres últimas leyes que regían el apartheid. **1993:** tras unas arduas negociaciones, iniciadas en 1990, se adoptó una constitución provisional (nov.), bajo el impulso conjunto de De Klerk y Mandela y pese a la oposición de los extremistas negros y blancos. **1994:** primeras elecciones multirraciales libres (abril). El ANC logró la mayoría absoluta y N. Mandela fue nombrado presidente. Se formó un gobierno de unidad nacional. Sudáfrica recuperó su lugar en el concierto de naciones. **1996:** adopción de una nueva constitución. De Klerk y el Partido nacional (autodisuelto en 2005) salieron del gobierno. **1999:** tras una nueva victoria, muy limpia, del ANC en las elecciones, T. Mbeki sucedió a N. Mandela en la presidencia. **2004:** T. Mbeki fue reelegido. **2008:** desautorizado por su propio partido (presidido desde 2007 por Jacob Zuma), T. Mbeki dimitió. Kgalema Motlanthe (vicepresidente del ANC) lo sustituyó. **2009:** tras ganar con holgura las elecciones, J. Zuma accedió a la presidencia de la república.

SUDAMÉRICA → AMÉRICA DEL SUR.

SUDÁN, nombre que recibía la zona climática de África boreal, intermedia entre el Sahel y la zona ecuatorial, caracterizada por el paso, de N a S, de la estepa a la sabana, como consecuencia de la diferencia de duración de la estación de lluvias (verano).

SUDÁN, en ár. **as-Sūdān,** estado federal de África, junto al mar Rojo; 2 506 000 km²; 27 400 000 hab (*sudaneses*). CAP. *Jartūm.* LENGUA: *árabe.* MONEDA: *libra sudanesa.*

GEOGRAFÍA

El país, el más extenso de África, cuenta con más de 500 etnias repartidas entre la pobla-

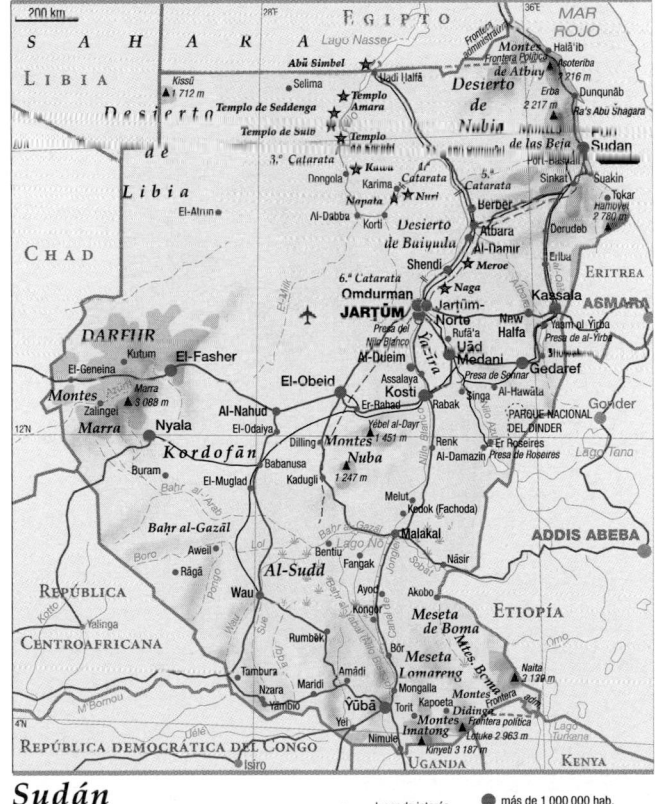

Sudán

carretera · ferrocarril · aeropuerto

lugar de interés turístico · oleoducto · puerto petrolero

● más de 1 000 000 hab.
● de 100 000 a 1 000 000 hab.
● de 10 000 a 100 000 hab.
· menos de 10 000 hab.

200 km

500 1000 2 000 m

ción blanca, islamizada y de lengua árabe, en el N, y la negra, animista o cristiana, sin unidad lingüística, en el S. Esta diversidad explica las graves tensiones internas. La irrigación (a partir del Nilo y el Nilo Azul) ha desarrollado la agricultura (algodón, sorgo, maní y caña de azúcar) en el centro, mientras que el N, desértico, se dedica a la ganadería nómada. La balanza comercial es deficitaria (no existe industria) y el país está muy endeudado. Casi tres cuartas partes de la población adulta es analfabeta.

HISTORIA

Antigüedad: la historia de Sudán se confunde con la de Nubia, que ocupa la parte N. **H. 350 d.C.:** Meroe, capital de Nubia desde aprox. el s. VI a.C., fue destruida por los árabes. **Ss. XVI-XIX:** se constituyeron sultanatos (Fung); la trata de esclavos despobló grandes zonas. **1820-1840:** Mehmet Ali, virrey de Egipto, conquistó la región. **1883:** Gran Bretaña, que había ocupado Egipto en 1882, afrontó la insurrección del Mahdi, a quien Kitchener derrotó en Omdurman (1898), antes de obligar a los franceses a retirarse de Fachoda. **1899:** Sudán se convirtió en condominio angloegipcio. **1956:** se proclamó república independiente. **1964-1969:** varios gobiernos civiles y militares se sucedieron en el poder. **1969:** Yaffar 'al-Numeiry dirigió un golpe de estado militar e instauró un régimen socialista. **1972:** se firmó un acuerdo con los rebeldes del S del país, activos desde la independencia. **1977:** un acuerdo de reconciliación nacional permitió el regreso de los líderes de la oposición islámica en el exilio. **1983:** los combates se reactivaron en el S por la adopción de medidas como las leyes inspiradas por la saría. **1985:** una insurrección popular derrocó a Numeiry. **1986:** se formó un gobierno civil dirigido por Sadiq al-Mahdi. **1989:** los militares instauraron una dictadura islamista, conducida por el general Omar Hasan al-Bachir. **A partir de 1992:** este no pudo sofocar la rebelión sudista del Movimiento de liberación del pueblo de Sudán (MLPS), dirigido por el coronel John Garang. Las poblaciones del S se vieron afectadas por la hambruna. **1996:** al-Bachir fue confirmado mediante elecciones (reelegido en 2000). **Desde 2003:** en Darfur, la represión sangrienta de movimientos de insurrección por milicias locales, apoyadas por el ejército, provocó una catástrofe humanitaria. **2005:** el gobierno sudanés y la rebelión sudista firmaron un acuerdo de paz. El general Salva Kiir (sucesor de J. Garang, fallecido accidentalmente en julio) accedió al cargo de viceprimer ministro. Se estableció un gobierno de unidad nacional. **2008:** una fuerza conjunta ONU-Unión africana (Minuad) se desplegó en socorro de Darfur.

SUDÁN FRANCÉS, nombre de Malí antes de su independencia, de 1920 a 1958.

SUDBURY, c. de Canadá (Ontario); 89 255 hab. Centro minero (níquel y cobre).

Süddeutsche Zeitung, periódico liberal alemán, creado en Munich en 1945.

SUDETES (montes de los), sistema montañoso en la frontera entre Polonia y la República Checa, donde forma el borde NE de Bohemia. Históricamente, el nombre de *Sudetes* se aplicó a todo el borde de Bohemia (donde los alemanes representaban una importante parte de la población) y a su correspondiente población alemana. La región de los Sudetes fue anexionada por Alemania de 1938 a 1945. Cuando fue restituida a Checoslovaquia (1945), la población alemana fue transferida a Alemania.

SUE (Marie-Joseph, llamado **Eugène**), *París 1804-Annecy 1857*, escritor francés, autor de novelas folletinescas (*Los misterios de París*, 1842-1843; *El judío errante*, 1844-1845).

SUECA, c. de España (Valencia), cab. de p. j.; 25 406 hab. *(suecanos).* Arroz. Centro industrial.

SUECIA, en sueco **Sverige,** estado del N de Europa; 450 000 km²; 8 820 000 hab. *(suecos).* CAP. *Estocolmo.* C. PRALES. *Göteborg* y *Malmö.* LENGUA: *sueco.* MONEDA: *corona sueca.*

INSTITUCIONES

Monarquía parlamentaria. Constitución de 1975. El soberano posee una autoridad simbólica. Primer ministro, responsable ante el parlamento. Asamblea *(Riksdag)* elegida por cuatro años.

GEOGRAFÍA

El país es muy extenso, formado sobre todo por mesetas que descienden de la frontera noruega hacia el golfo de Botnia. La escasa población, estancada, se concentra en el S, región de llanuras y lagos muy urbanizada y de clima más templado. La industria se beneficia de la extensión del bosque (industrias madereras), que cubre casi la mitad del territorio, de la presencia de hierro y del potencial hidráulico. Predominan las construcciones mecánicas y eléctricas y la industria química. El sector agropecuario (cereales, patatas, ganadería bovina y porcina) satisface la mayor parte de las necesidades nacionales. La importancia del comercio exterior (se exporta un 30 % de la producción), equilibrado y realizado principalmente en el seno de la Unión europea, se debe al reducido mercado interior y a la tradicional vocación marítima.

HISTORIA

Los orígenes. H. 1800 a.C.: Suecia, poblada desde el neolítico, estableció relaciones con los países mediterráneos. **Ss. IX-XI:** mientras daneses y noruegos saqueaban el O europeo, los suecos, llamados *varegos,* comerciaban sobre todo con Rusia. El cristianismo, predicado h. 830 por Anscario, no se extendió hasta el bautismo del rey Olof Skötkonung (1008). **La formación de la nación sueca. 1157:** Erik el Santo (1156-1160) emprendió una cruzada contra los fineses. **1164:** se creó el arzobispado de Uppsala, que se convirtió en la capital religiosa de Suecia. **1250-1266:** Birger Jarl, fundador de la dinastía de los Folkung, estableció su capital en Estocolmo y unificó la legislación. **1319-1363:** los Folkung unieron Suecia y Noruega. **1397:** Margarita I Valdemarsdotter hizo coronar rey de Suecia, Dinamarca y Noruega (Unión de Kalmar) a su sobrino nieto y corregente, Erik de Pomerania. El país se convirtió en un importante líder del comercio hanseático. **1440-1520:** la oposición sueca se reagrupó en torno a los Sture. **1520-1523:** Gustavo I Vasa expulsó a los daneses de Suecia. **La época de la Reforma. 1523-1560:** Gustavo I Vasa suprimió los privilegios comerciales de la Hansa y declaró hereditaria la corona (1544); el luteranismo se convirtió en la religión oficial del estado. **1568-1592:** Juan III Vasa emprendió la construcción de un imperio sueco en el Báltico. **1607-1611:** esta política de expansión fue continuada por Carlos IX. **El período de esplendor. 1611-1632:** Gustavo II Adolfo dotó a Suecia de un régimen parlamentario y forjó un poderoso ejército, que le permitió intervenir victoriosamente en la guerra de los Treinta años. **1632-1654:** la reina Cristina lo sucedió con la regencia de Oxenstierna. **1648:** los tratados de Westfalia ratificaron la anexión por Suecia de Pomerania y de las islas danesas. **1654-1660:** Carlos X Gustavo aplastó a los daneses, que tuvieron que firmar el tratado de Roskilde (1658); Suecia se convirtió en la dueña del Báltico. **1660-1697:** Carlos XI estableció una monarquía absoluta. **1697-1718:** Carlos XII emprendió la guerra del Norte (1700-1721) y agotó al país en costosas campañas. Los tratados de Frederiksborg (1720) y Nystad (1721) marcaron el comienzo del retroceso sueco en Alemania y en el Báltico.

Suecia

★ lugar de interés turístico

| 200 | 400 | 1 000 | 1 500 m |

═══ autopista
──── carretera
──── ferrocarril
✈ aeropuerto

● más de 500 000 hab.
● de 100 000 a 500 000 hab.
● de 50 000 a 100 000 hab.
· menos de 50 000 hab.

La era de la libertad y la epopeya gustaviana. S. XVIII: la economía y la cultura suecas se desarrollaron influidas por las nuevas ideas. Los reinados de Federico I (1720-1751) y de Adolfo Federico (1751-1771) estuvieron marcados por el enfrentamiento entre el partido pacifista de los Gorros y el partido de los Sombreros, militarista y profrancés. **1771-1792:** Gustavo III puso en práctica el despotismo ilustrado y restableció el absolutismo (1789). **1808:** Gustavo IV Adolfo tuvo que ceder Finlandia a Rusia (1808), lo que provocó su abdicación. **1809-1818:** su tío Carlos XIII continuó su política antifrancesa y nombró (1810) sucesor al mariscal francés Bernadotte (Carlos XIV). **1812:** este último se alió con Gran Bretaña y Rusia contra Napoleón.

La unión con Noruega. 1814: Noruega se unió a Suecia por el tratado de Kiel. **1818-1844:** Carlos XIV puso en práctica una política pacifista. **1844-1859:** Óscar I aceleró la modernización del país. **1859-1872:** Carlos XV continuó esta política y dotó a Suecia de una constitución liberal (1865). **1872-1907:** con Óscar II la transformación económica y social resultó favorecida por la adopción del librecambismo (1888). **1905:** Noruega se separó de Suecia.

La democracia moderna. 1907-1950: bajo el reinado de Gustavo V (1907-1950), Suecia conoció una prosperidad económica sin precedentes. Una legislación política y social muy avanzada (socialismo «a la sueca») fue alcanzada por el Partido socialdemócrata, fundado en 1889, en el poder ininterrumpidamente de 1932 a 1976 (Tage Fritiof Erlander, primer ministro de 1949 a 1969). Suecia se mantuvo neutral durante las dos guerras mundiales. **1950-1973:** reinado de Gustavo VI Adolfo. **1973:** Carlos XVI Gustavo se convirtió en rey de Suecia. **1969-1976:** la socialdemocracia de Olof Palmo, primer ministro, se enfrentó a una grave crisis social y económica. **1976-1982:** los partidos conservadores (liberales y centristas) accedieron al poder. **1982:** O. Palme volvió a ser primer ministro. **1986:** tras el asesinato de O. Palme, Ingvar Carlsson se convirtió en jefe de gobierno. **1991:** Carl Bildt, líder de los conservadores, se convirtió en primer ministro. **1994:** elecciones legislativas con la victoria de los socialdemócratas de I. Carlsson. **1995:** ingreso en la Unión europea. **1996:** el socialdemócrata Göran Persson sustituyó a Carlsson al frente del gobierno y del partido. **2002:** G. Persson fue reelegido. **2003:** la adopción del euro fue rechazada en referéndum. **2006:** los conservadores volvieron al poder, con Frederik Reinfeldt como primer ministro.

sueño de Polifilo (Discurso del), obra del humanista Francesco **Colonna** (1433-1527), publicada en 1499 por Aldo Manuzio, que valora la estética del renacimiento.

sueño en el Pabellón rojo (El), novela china de Cao Xuequin (s. XVIII). El relato de los amores de dos adolescentes se inscribe en un vasto fresco de la aristocracia de la época.

SUESS (Eduard), *Londres 1831-Viena 1914,* geólogo austriaco. Es autor de *La faz de la Tierra* (1885-1909), primera exposición de geología general del planeta, obra monumental que ejerció gran influencia.

SUETONIO, en lat. **Caius Suetonius Tranquillus**, *h. 69 a.C.-h. 126,* historiador latino. Protegido de Plinio el Joven y archivero del emperador Adriano, cayó en desgracia y se dedicó a la redacción de las *Vidas de los doce Césares* y *De viris illustribus.*

suevos (Reino de los), entidad política de la Península ibérica creada en 411 por Hermerico y desaparecida en 585, anexionada por Leovigildo al reino visigodo. Desde la Gallaecia (Galicia y N de Portugal), los suevos se expandieron durante los reinados de Requila (441-448) y Requiario (448-456), al que derrotó el visigodo Teodorico II, quien entró en la capital del reino, Braga. Las derrotas de otro rey posterior, Andeca, en Oporto y Braga, a manos de Leovigildo, supusieron el fin del Reino de los suevos y su integración en el de los visigodos.

SUEZ, c. de Egipto, junto al mar Rojo, en el *golfo de Suez,* en la entrada S del *canal de Suez,* 392 000 hab. Puerto.

Suez (canal de), vía navegable que atraviesa el *istmo de Suez.* El canal tiene 161 km de long. desde Port-Said a *Suez* (195 km en total incluidos los canales en el Mediterráneo y en el mar Rojo). Reduce a casi la mitad el trayecto entre el golfo Pérsico y el mar del Norte. – Fue realizado de 1859 a 1869 bajo la dirección de Ferdinand de Lesseps. Gran Bretaña se convirtió en la principal accionista (1875) y conservó el control militar hasta 1954-1956. La nacionalización de la Compañía del canal por Nasser (julio 1956) provocó una guerra (oct.-nov.) entre Israel y Egipto, alentada por Francia y Gran Bretaña; la oposición diplomática de la URSS y de EUA impuso el alto el fuego y la sustitución del contingente francobritánico por fuerzas de la ONU. El canal permaneció cerrado para la navegación de 1967 a 1975 a raíz de las guerras *árabe-israelíes.

SUEZ (istmo de), istmo entre el mar Rojo y el Mediterráneo, que une Asia y África.

SUFANUVONG (príncipe), *Luang Prabang 1909-Vientiane 1995,* político laosiano. Fundador del Pathet-Lao (1950), presidió la República popular democrática de Laos desde la abolición de la monarquía (1975) hasta 1986.

SUFFOLK, condado de Gran Bretaña (Inglaterra), junto al mar del Norte; 629 900 hab.; cap. *Ipswich.*

SUGER, *Saint-Denis o Argenteuil h. 1081-Saint-Denis 1151,* abad y estadista francés. Abad de Saint-Denis (1122) y consejero de Luis VI y Luis VII, fue regente de Francia (1147-1149) durante la segunda cruzada. Escribió una *Historia de Luis el Gordo* y se le atribuye una *Historia de Luis VII*

SUHARTO, *Godean, cerca de Yogyakarta, 1921-Yakarta 2008,* militar y político indonesio. Tras desposeer a Sukarno en 1966-1967, se convirtió en presidente de la república en 1968. Bajo la presión de la oposición, tuvo que abandonar el poder en 1998. *(V. ilustr. pág. siguiente.)*

SUHRAWARDĪ, *h. 1155-Alepo 1191,* filósofo y teólogo iraní. Comentador e intérprete místico de Aristóteles, influido por Avicena integró la tradición gnóstica, el hermetismo y el neoplatonismo en la filosofía del islam y construyó una metafísica de la iluminación.

SUINTILA, *m. d. 631,* rey de los visigodos (621-631). Sometió a los vascones y expulsó a los bizantinos de la Península. Sus arbitrariedades soliviantaron al clero y a la nobleza, que se agruparon en torno al duque de Septimania, Sisenando, quien, apoyado por el rey franco Dagoberto, lo derrocó.

Suipacha (batalla de) [1810], victoria de las tropas independentistas de Charcas, al mando del general González Balcarce, contra los realistas mandados por el general José Córdoba y Rojas, en el cantón boliviano de Suipacha (Potosí).

SUITA, c. de Japón (Honshū); 345 206 hab.

SUIZA, en alem. **Schweiz**, en fr. **Suisse**, en ital. **Svizzera**, estado federal de Europa; 41 293 km²; 7 270 000 hab. *(suizos).* CAP. *Berna.* C. PRALES. *Zurich, Ginebra, Basilea* y *Lausana.* LENGUAS: *alemán, francés, italiano* y *romanche.* MONEDA: *franco suizo.*

INSTITUCIONES

República. Constitución de 1999. Estado federal: cada cantón tiene soberanía interna y una constitución. La Asamblea federal (parlamento), formada por el Consejo nacional, elegido cada 4 años, y el Consejo de los estados, elegido por los cantones, es la autoridad suprema y elige el ejecutivo, el Consejo federal. El presidente de la Confederación es elegido por la Asamblea federal, por un año, entre los 7 miembros del Consejo federal.

GEOGRAFÍA

El país está formado por 23 cantones: Appenzell (semicantones: Ausser-Rhoden e Inner-Rhoden), Argovia, Basilea (semicantones: Basilea Ciudad y Basilea Comarca), Berna, Friburgo, Ginebra, Glaris, Grisones, Jura, Lucerna, Neuchâtel, Sankt Gallen, Schaffhausen, Schwyz, Solothurn, Ticino, Turgovia, Unterwalden (semicantones: Obwalden y Nidwalden), Uri, Valais, Vaud, Zug y Zurich.

Suiza se encuentra en medio de Europa, y testimonio de ello es la diversidad lingüística de su población (la de habla alemana es muy superior en número) y el porcentaje, a partes iguales, de católicos y protestantes. Es un país densamente poblado, de extensión limitada, pero cuya influencia sobrepasa en mucho las fronteras. El medio natural no siempre es favorable al hombre, y la población, muy urbanizada, se concentra en la Meseta, o Moyen-Pays, entre el Jura y sobre todo los Alpes (que ocupan el 60 % del territorio).

Su prosperidad actual se basa en la tradición comercial y en la neutralidad política, que propician una actividad financiera de gran reputación. La industria, ligada a la presencia de capitales y a la calidad de la mano de obra, está representada en la metalurgia de transformación, instrumentos de precisión, la química y farmacéutica y la agroalimentación (productos lácteos, resultado del desarrollo de la ganadería bovina). El sector terciario está dominado por la banca, la actividad de las numerosas sedes de empresas y organizaciones internacionales y el turismo (principal recurso de las zonas de montaña, junto con la ganadería y muy por encima de la producción eléctrica). La balanza comercial es equilibrada (mayoría de intercambios con la Unión europea), la moneda se mantiene fuerte y el desempleo sigue siendo bajo.

HISTORIA

Los orígenes de la Confederación. Ss. VIII-I a.C.: durante la edad del hierro se desarrollaron las civilizaciones de Hallstatt y La Tène. **58 a.C.:** el país fue conquistado por César. **S. V:** Helvecia fue ocupada por burgundios y alamanes, que germanizaron el N y el centro. **Ss. VII-IX:** fue cristianizada. **888:** formó parte del reino de Borgoña. **1032:** fue integrada, junto con el reino de Borgoña, al Sacro Imperio. **Ss. XI-XIII:** la casa de Habsburgo adquirió grandes posesiones en la región. **Fines del s. XIII:** en circunstancias legendarias (*Guillermo Tell), los cantones defendieron sus libertades. **1291:** tres cantones forestales *(Waldstätte)*, Uri, Schwyz y Unterwalden, pactaron una alianza perpetua, que supuso el acta de nacimiento de la Confederación Helvética. **1315:** los cantones derrotaron al duque de Austria Leopoldo I en Morgarten. **1353:** los cantones confederados eran ya ocho, con la adhesión de Lucerna (1332), Zurich (1351), Glaris, Zoug (1352) y Berna (1353). Tras las victorias de Sempach (1386) y Näfels (1388), la Confederación hizo reconocer su independencia. **1476:** apoyada por Luis XI, derrotó a Carlos el Temerario en Grandson y Morat. **1499:** Maximiliano I firmó la paz de Basilea con los confederados; la soberanía del Imperio pasó a ser solo nominal. Reaparecieron disensiones entre los cantones. **1513:** la Confederación contaba ya con 13 cantones tras la adhesión de Solothurn y Friburgo (1481), Basilea y Schaffhausen (1501) y posteriormente Appenzell (1513). **1516:** tras su derrota en Marignano, los suizos firmaron la paz perpetua con Francia. **1519:** Zuinglio introdujo la Reforma en Zurich. **1531:** victoria de los católicos sobre los protestantes en Kappel. Se llegó a un equilibrio entre los cantones: siete católicos, cuatro reformados y dos mixtos. **1536:** Calvino convirtió Ginebra en la «Roma del protestantismo». **1648:** el tratado de Westfalia reconoció jurídicamente la independencia de la Confederación.

La época contemporánea. 1798: el Directorio francés impuso una República Helvética, pronto ingobernable. **1803:** el Acta de mediación, que reconstituía la organización confederativa, fue ratificada por Napoleón. **1813:** el Acta fue abrogada. **1815:** 22 cantones firmaron un nuevo pacto confederativo. El congreso de Viena reconoció la neutralidad suiza. **1845-1847:** una liga de siete cantones católicos *(Sonderbund)* fue reprimida militarmente. **1848:** la nueva constitución instauró un estado federativo, dotado de un gobierno con sede en Berna. **1874:** se introdujo el derecho a referéndum. **1914-1918, 1939-1945:** la neutralidad y la vocación humanitaria de Suiza fueron respetadas. **1979:** creación de un nuevo cantón, de lengua francesa, el Jura. **1992:** los electores ratificaron, a través de referéndum, la entrada de Suiza en el FMI y el Banco mundial (mayo), pero votaron contra la integración en el Espacio económico europeo (dic.). **1999:** adopción de una nueva constitución. **2002:** Suiza se convirtió en miembro de la ONU. **2006:** se aprobaron, por referéndum, unas restrictivas leyes de asilo y extranjería.

SUIZA SAJONA, región de Alemania y de la República Checa, a ambos lados del Elba.

SUJUMI, c. de Georgia, cap. de la rep. de Abjasia, junto al mar Negro; 121 000 hab.

SUKARNO o **SOEKARNO,** *Surabaya, Java, 1901-Yakarta 1970,* político indonesio. Fundador del Partido nacional indonesio (1927), en 1945 proclamó la independencia de la república, de la que fue el primer presidente. A partir de 1948 instauró una forma de gobierno dictatorial e intentó imponerse como líder revolucionario del Sureste asiático. Fue desposeído de sus títulos y funciones por Suharto (1966-1967).

SUKHOTHAI, c. del N de Tailandia; 15 000 hab. Ant. cap. del primer reino thai (ss. XIII-XV). — Numerosos monumentos. Museo. (Patrimonio de la humanidad 1991.)

SUKKUR, c. de Pakistán, a orillas del Indo; 190 551 hab. Presa para regadío.

SULA → SILA.

SULAWESI → CÉLEBES.

SULAYMĀN AL-MUSTA'IN, *Córdoba ¿958?-íd. 1016,* califa omeya de Córdoba (1009-1016). Tras una larga guerra, destronó a Muḥammad II y a Hišām II.

SULEIMAN (Michel), *Amshit, al N de Ŷabayl, 1948,* militar y político libanés. Cristiano maronita, jefe del ejército (1998-2008), es presidente de la república desde 2008.

SULLANA, c. de Perú (Piura), junto al Chira; 87 000 hab. Centro algodonero. Industria textil.

SULLIVAN (Louis Henry), *Boston 1856-Chicago 1924,* arquitecto y teórico estadounidense. Su Wainwright Building en Saint Louis (realizado con el ingeniero Dankmar Adler, 1890) aportó la solución tipo del problema de los rascacielos. Otras obras suyas, como los almacenes Carson, Pirie y Scott, de Chicago (1899), unen el funcionalismo a una decoración de espíritu art nouveau.

■ SUHARTO en 1998.   ■ SUKARNO en 1945.

Sullom Voe, terminal petrolera del archipiélago de las Shetland.

SULLY (Maximilien de Béthune, barón de **Rosny,** duque de), *Rosny-sur-Seine 1559-Villebon, Eure-et-Loir, 1641,* estadista francés. Protestante, fue ministro de Enrique IV y el consejero preferido del rey. Administró con eficacia las finanzas, favoreció el comercio y la agricultura, y fomentó las vías de comunicación.

SULLY PRUDHOMME (René François Armand Prudhomme, llamado), *París 1839-Châtenay-Malabry 1907,* poeta francés. Escribió obras de inspiración intimista (*Las soledades,* 1869) y luego didáctica (*Los vanos afectos,* 1875; *La justicia,* 1878). [Premio Nobel 1901.]

SULÚ o **JOLÓ** (archipiélago), archipiélago de las Filipinas, entre Borneo y Mindanao, que limita al N con el *mar de Sulú;* 1 600 km²; 360 588 hab.; c. pral. *Joló.*

SUMAPAZ (macizo de), región de Colombia (Cundinamarca, Huila y Tolima), constituida por serranías (3 820 m en el *páramo de Sumapaz;* 4 180 m en el alto de Torquita) cuyas aguas alimentan las cabeceras de los ríos Magdalena, Meta y Guaviare.

SUMARÓKOV (Alexandr Petróvich), *San Petersburgo 1717-Moscú 1777,* dramaturgo ruso. Con su obra *Jorev* (1749) se inauguró el primer teatro ruso.

Suma teológica, en lat. **Summa theologicae,** obra de santo Tomás de Aquino (h. 1266-h. 1273), que expone con rigor, en forma de silogismos, las principales cuestiones de la teología.

SUMATRA, isla de Indonesia, la mayor de las islas de la Sonda; 473 600 km²; 36 505 703 hab.; c. prales. *Medan* y *Palembang.* Cultivos de subsistencia (arroz) y para la exportación (especias, café, caucho). Petróleo y gas natural.

ŠUMAVA, en alem. **Böhmerwald,** macizo montañoso de la República Checa, que constituye el sector SO de Bohemia; 1 380 m. (Reserva de la biosfera 1990.)

SUMBA, isla de Indonesia; 11 153 km².

SUMBAWA, isla de Indonesia, al E de Java.

ŠUMEN, ant. **Kolarovgrad,** c. del NE de Bulgaria; 112 091 hab.

SUMER, ant. región de la baja Mesopotamia, cerca del golfo Pérsico. (V. parte n. com. **sumerio.**)

SUMGAÍT, c. de Azerbaiján junto al mar Caspio; 236 200 hab. Centro industrial.

SUMI, c. del N de Ucrania; 301 000 hab.

SUMIDERO (Cañón del), cañón de México (Chiapas), atravesado por el río Grande de Chiapas (curso alto del Grijalva), depresión profunda a varios niveles; 15 km de long.

SUMNER (James Batcheller), *Canton, Massachusetts, 1887-Buffalo 1955,* bioquímico estadounidense. Fue el primero en cristalizar una enzima (la ureasa) y en demostrar su naturaleza proteica (1926). [Premio Nobel 1946.]

Sun (The), diario británico conservador, el de mayor tirada, surgido del *Daily Herald* en 1966.

SUND → ØRESUND.

SUNDERLAND, c. de Gran Bretaña (Inglaterra), junto al mar del Norte; 196 000 hab. Puerto. — Museos.

SUNDSVALL, c. de Suecia, junto al golfo de Botnia; 93 808 hab. Puerto. — Museos.

SUNGARI, en chino **Songhua Jiang,** r. del NE de China, afl. del Amur (or. der.); 1 800 km.

SUNION (cabo), promontorio del extremo SE de Ática (Grecia). Ruinas de un templo de Poseidón (mediados del s. v a.C.).

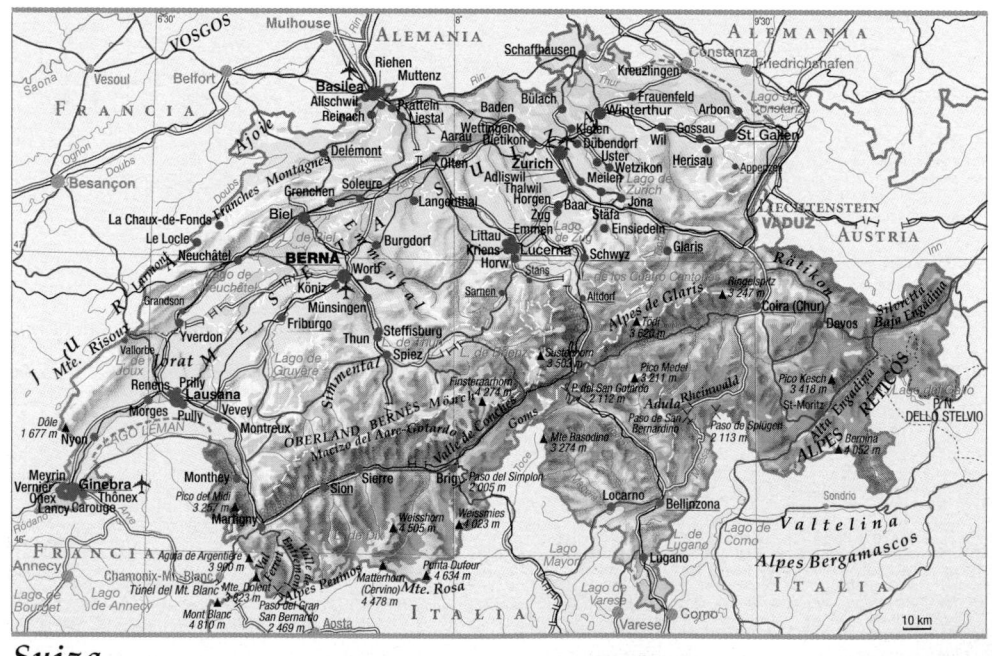

Suiza

500   1000   1500   2000 m

— autopista   ★ lugar de interés turístico   ● más de 100 000 hab.
— carretera   límite cantonal   ● de 50 000 a 100 000 hab.
— ferrocarril   **Basilea** capital de cantón   ● de 10 000 a 50 000 hab.
✈ aeropuerto   **Stans** capital de semicantón   • menos de 10 000 hab.

SUNKEL (Osvaldo), *Puerto Montt 1929*, economista chileno. Especialista en desarrollo sostenible y relaciones internacionales (*El subdesarrollo latinoamericano y la teoría del desarrollo*, 1970), ha estado vinculado a la CEPAL desde los primeros años de la institución (1953-1968) y desde 1978).

SUN YAT-SEN, SUN ZHONG-SHAN o **SUEN CHONG-SHAN**, llamado también **Sunwen** o **Suen Wen**, *Xiangshan, Guangdong, 1866-Pekín 1925*, político chino. Fundó la Asociación para la regeneración de China (1894), luego transformada en Liga de unión de los revolucionarios (1905), cuyo programa político le sirvió de base para crear el Guomindang en 1912. Durante la revolución de 1911 fue elegido presidente de la república en Nankín, pero tuvo que ceder ante Yuan Shikai (1912). Elegido presidente (1921), se impuso en Pekín en 1925 tras unificar el Guomindang y el Partido comunista chino (1923-1924).

■ DUQUE DE SULLY. Retrato atribuido a F. Quesnel. (Museo Condé, Chantilly.)

■ SUN YAT-SEN

SUNYER (Joaquim), *Sitges 1874-íd. 1956*, pintor español. Novecentista catalán, pintó temas mediterráneos con un primitivismo idealizador (*Cala Forn; Paisajes de Mallorca; Primavera*).

SUN ZI o **SUN TSE**, *s. VI-V a C*., teórico militar chino. Su *Arte de la guerra*, donde privilegia el espionaje y la sorpresa, constituye el tratado de estrategia más antiguo que se conoce.

SUÑER, *m. en 950*, conde de Barcelona (897-947). Hijo de Wifredo el Velloso, a la muerte de este recibió, con su hermano Wifredo II Borrell, los condados de Barcelona, Osona y Gerona.

SUÑOL (Gregorio), *Barcelona 1879-Roma 1946*, musicólogo y benedictino español, autor de *Método completo de canto gregoriano* (1905) y *Paleografía musical gregoriana* (1925).

SUPERIOR (lago), el más extenso y occidental de los Grandes Lagos, entre Estados Unidos y Canadá, que se comunica con el lago Hurón por el río Sainte Marie; 82 700 km².

Superman, personaje de cómic creado en 1938 en EUA por el dibujante Joe Shuster (1914-1992) y el guionista Jerry Siegel (1914-1996) en la revista *Action Comics*. Superhéroe de otro planeta, adopta la personalidad de un modesto periodista *(Clark Kent)* cuando no se enfrenta a los criminales.

SUPERVÍA (Concepción, llamada Conchita), *Barcelona 1891-Londres 1936*, cantante española, intérprete destacada de óperas de Rossini y Bizet *(Carmen)* y de canciones populares españolas.

SUPÍA, mun. de Colombia (Caldas), avenado por el Cauca; 21 338 hab. Agricultura.

supremacía (Acta de) [1534], ley que hizo aprobar Enrique VIII y que convirtió al rey en el jefe supremo de la Iglesia de Inglaterra. Fue abolida por María I Tudor. En 1559, Isabel I hizo aprobar una ley análoga.

Suprema corte de justicia, máximo órgano judicial en la Rep. Dominicana, México (llamada *Suprema corte de justicia de la nación*) y Uruguay, con competencias en los diversos ámbitos del derecho, incluida la justicia constitucional.

SUQUÍA (Ángel), *Zaldivia, Guipúzcoa, 1916*, prelado español. Arzobispo de Santiago (1973-1983) y de Madrid-Alcalá (1983-1993), en 1985 fue creado cardenal.

Sur, revista literaria argentina, fundada en 1930 por Victoria Ocampo, en torno a la cual se reunieron J. L. Borges, A. Bioy Casares, E. Mallea, O. Girondo, etc. Cosmopolita y elitista, desempeñó un gran papel en el desarrollo de la cultura argentina.

SUR (isla del), la más extensa (154 000 km² con las dependencias), pero la menos poblada (900 000 hab.) de las dos grandes islas que constituyen Nueva Zelanda.

SUR (mar del), nombre que dio V. Núñez de Balboa al océano Pacífico y que se ha mantenido aplicado a la porción meridional de ese océano (*mares del Sur*).

SURABAYA, c. de Indonesia (Java); 2 421 000 hab. Puerto. Centro industrial.

SURAKARTA, llam. **Solo**, c. de Indonesia (Java); 504 176 hab.

SURAMÉRICA → AMÉRICA DEL SUR.

suramericana de naciones (Comunidad) [CSN], organización latinoamericana de integración económica, creada en 2004. Está constituida por Argentina, Bolivia, Brasil, Chile, Colombia, Ecuador, Guyana, Paraguay, Perú, Surinam, Uruguay y Venezuela.

SURAT, c. de la India (Gujarāt); 1 517 076 hab. Puerto.— Monumentos antiguos (ss. XVI-XVII).

SURCALIFORNIANA (cordillera), conjunto de sierras de México, eje orográfico de la península de Baja California, orientadas de NO a SE.

SURESTE (planicie costera del), región fisiográfica de México (Veracruz, Tabasco, Oaxaca, Chiapas y Campeche). Constituye una amplia llanura situada junto al golfo de México. Yacimientos de petróleo.

SURESTE ASIÁTICO, región del extremo SE de Asia, que comprende una parte continental (Vietnam, Laos, Camboya, Tailandia, Birmania, Malaysia occidental y Singapur) y otra insular (Indonesia, Timor Oriental, Malaysia oriental, Brunei y Filipinas), correspondientes a la Indochina y a la Insulindia tradicionales.

Sureste asiático (Organización del tratado del) → OTASE.

SURGUT, c. de Rusia, en Siberia occidental; 261 100 hab. Centro petrolero.

SURINAM, ant. **Guayana Holandesa**, estado de América del Sur; 163 265 km²; 430 000 hab. CAP. Paramaribo. LENGUA: neerlandés. MONEDA: dólar de Surinam. (V. mapa de **Guyana**.)

GEOGRAFÍA

El territorio, de clima ecuatorial, ocupa la extremo oriental de la meseta de las Guayanas, bordeada en el N por una llanura cenagosa. La población, poco densa pero diversificada (indios e indonesios, criollos y negros), se concentra en el litoral y en sus proximidades (cerca de la mitad vive en Paramaribo). La bauxita es el principal recurso del país y la principal exportación.

HISTORIA

1667: la región, ocupada por los ingleses, fue cedida a los holandeses a cambio de Nueva Amsterdam. **S. XVIII**: se desarrolló gracias a las plantaciones de caña de azúcar. **1796-1816**: ocupación británica. **1863**: se abolió la esclavitud; el país fue poblado por indios e indonesios. **1948**: adoptó el nombre de Surinam. **1975**: Surinam accedió a la independencia; fue gobernado por el primer ministro Henck Arron hasta 1980 (golpe de estado militar). **1982**: tras un nuevo golpe de estado, el poder pasó a manos del teniente coronel Desi Bouterse. La guerrilla se desarrolló en el S y el E del país. **1987**: fue aprobada una nueva constitución, por referéndum. **1988**: Ramsewak Shankar fue elegido presidente de la república. **1990**: los militares volvieron a tomar el poder. **1991**: Ronald Venetiaan, candidato de una coalición multiétnica contraria a los militares, fue elegido jefe de estado. **1992**: se firmó un acuerdo de paz entre el gobierno y la guerrilla. **1996**: Jules Wijdenbosch, sostenido por Desi Bouterse, fue elegido presidente de la república. **2000**: R. Venetiaan volvió a la jefatura del estado (reelegido en 2005).

SURIÑACH (Carlos), *Barcelona 1915-New Haven 1997*, compositor estadounidense de origen español. Su afición al flamenco se refleja en *Danza andaluza*, 1946; *Ritmo jondo*, ballet, 1953; *Meditaciones flamencas* para soprano y piano, 1965.

SUROCCIDENTAL (planicie costera), región fisiográfica de México (Jalisco, Colima, Michoacán, Guerrero y Oaxaca). Es una faja litoral

que se extiende al pie de la sierra Madre del Sur, junto al Pacífico.

SURREY, c. de Canadá (Columbia Británica), en la periferia de Vancouver; 189 384 hab.

SURREY, condado de Gran Bretaña (Inglaterra), al S de Londres; 997 000 hab.; cap. *Kingston-upon-Thames*.

SURREY (Henry **Howard**, conde de), *h. 1518-Londres 1547*, político y poeta inglés. Introdujo el uso del verso blanco en la poesía inglesa y creó la forma inglesa del soneto.

SŪRYA, dios Sol del panteón hindú.

SUSA, ant. cap. de Elam destruida h. 646 a.C. por Assurbanipal. A fines del s. VI a.C. Darío I la convirtió en la capital del Imperio aqueménida. — En las ruinas excavadas a partir de 1884, se han hallado relieves, orfebrería, etc., de las ciudades elamita y aqueménida.

SUSA, c. de Italia (Piamonte); 6 709 hab. Está situada en la intersección de las carreteras de Mont Cenis y Montgenèvre *(paso de Susa).* — Arco de Augusto. Catedral del s. XI.

SŪSA o **SOUSSE**, c. de Túnez, junto al golfo de Hammāmāt; 124 990 hab. Puerto. Turismo. — Uno de los más antiguos monumentos islámicos, el rıbat (convento fortificado), fue fundado en ella en el s. VIII. (Patrimonio de la humanidad 1988.)

SUSANA, personaje bíblico. Mujer judía de gran belleza cuya historia se narra en un apéndice del libro de Daniel. Espiada por dos ancianos mientras se baña, estos la acusan de adúltera, pero es salvada por Daniel, que demuestra que los ancianos mentían.

SU SHI o **SU SHE**, llamado también **Su Dongpo** o **Su Tong p'o**, *en Sichuan 1036-Changzhou 1101*, poeta chino. Pintor, calígrafo y político, está considerado el más importante de la dinastía de los Song *(Acantilado rojo)*.

SUSIANA, nombre griego de la ant. satrapía persa, más tarde Seléucida, cuya capital era Susa, y que corresponde al Jūzistán actual.

SUSO o **SUSÓN** (beato Heinrich Seuse, llamado **Enrique**), *Constanza o Uberlingen h. 1295-Ulm 1366*, místico alemán. Dominico, discípulo del maestro Eckhart, poeta y teólogo, celebró el abandono a la voluntad divina en la renunciación *(El libro de la eterna sabiduría)*.

SUSQUEHANNA, r. de Estados Unidos, tributario del Atlántico, que desemboca en la bahía de Chesapeake; 715 km.

SUSSEX, región de Gran Bretaña (Inglaterra), al S de Londres, junto al canal de la Mancha, dividida en dos condados: *Sussex Occidental* y *Sussex Oriental*. — El reino sajón de Sussex, fundado en el s. V, fue conquistado por el reino de Wessex en el s. IX.

SUTHERLAND (Graham), *Londres 1903-íd. 1980*, pintor británico. Representó una tendencia neorromántica teñida de surrealismo.

SUTLEJ o **SATLEDJ**, r. de la India y de Pakistán, en el Panjāb, que nace en el Tíbet; 1 370 km.

SUTTNER (Bertha **Kinsky**, baronesa von), *Praga 1843-Viena 1914*, escritora y periodista austriaca. Militante pacifista, publicó la novela *¡Abajo las armas!* (1889) y animó a Alfred Nobel a crear los premios que llevan su nombre. (Premio Nobel de la paz 1905.)

SUVA, cap. de las islas Fidji, en la isla de Viti Levu; 69 665 hab. Universidad.

SUVANNA FUMA → SOUVANNA PHOUMA.

SUVÓROV (Alexandr Vasílievich, conde, luego príncipe), *Moscú 1729 o 1730-San Petersburgo 1800*, militar ruso. Derrotó a los turcos (1787-1789), reprimió la insurrección polaca (1794) y luchó contra los franceses en Italia, pero fue frenado por estos en Zürich (1799).

SUWON, c. de Corea del Sur; 635 000 hab.

SÚZDAL, c. de Rusia, al NE de Moscú; 10 000 hab. Fue uno de los focos de la civilización del *principado de Vladímir-Súzdal*. Iglesias y monasterios de los ss. XII-XVIII.

SUZHOU, c. de China (Jiangsu), junto al Gran canal; 1 189 000 hab. Centro industrial. — Pintoresco casco antiguo; célebres jardines (patrimonio de la humanidad 1997 [ampliado en 2000]); museos.

SUZUKA, c. de Japón, junto a la bahía de Ise; 174 105 hab. Circuito automovilístico.

SVALBARD, archipiélago noruego del océano Ártico, al E de Groenlandia, cuya isla más grande es la de Spitzberg; 62 700 km²; 2 977 hab.; c. pral. *Longyearbyen.*

SVEALAND, región central de Suecia.

SVEN o **SVEND,** nombre de varios reyes de Dinamarca. — **Sven I Tveskägg,** o **Svend I Tveskaeg** («Barba bifurcada»), *h. 960-Gainsborough 1014,* rey de Dinamarca (986-1014). Se apoderó de toda Inglaterra (1013).

SVERDLOVSK → **YEKATERINBURG.**

SVERDRUP (islas), parte del archipiélago Ártico canadiense, al O de la isla de Ellesmere.

SVERDRUP (Harald Ulrik), *Sogndal 1888-Oslo 1957,* climatólogo y oceanógrafo noruego. Realizó varias expediciones a las regiones polares, sobre todo con R. Amundsen.

SVEVO (Ettore **Schmitz,** llamado Italo), *Trieste 1861-Motta di Livenza, Treviso, 1928,* escritor italiano. Influido por el psicoanálisis y renovador de las técnicas narrativas, fue uno de los maestros de la novela europea de entreguerras (*La conciencia de Zeno,* 1923).

SVOBODA (Josef), *Čáslav 1920-Praga 2002,* escenógrafo checo. Sus producciones para el teatro y la ópera, a menudo monumentales, se caracterizan por un análisis minucioso del espacio, el movimiento y la luz.

SWAMMERDAM (Jan), *Amsterdam 1637-íd. 1680,* entomólogo holandés. Se dedicó al estudio de la anatomía y las metamorfosis de los insectos.

SWAN (sir Joseph Wilson), *Sunderland 1828-Warlingham 1914,* químico británico. Realizó la lámpara incandescente con filamento de carbono en la misma época que Edison, e inventó varios papeles fotográficos.

SWANSEA, c. de Gran Bretaña, al S de Gales, junto al canal de Bristol; 168 000 hab. Puerto. — Museos.

SWAPO (South West Africa People's Organization), movimiento de liberación de Namibia, que se remonta a 1957 (fundado con su nombre actual en 1960) y que, a partir de 1966, emprendió la lucha armada contra el gobierno sudafricano, con Sam Nujoma como líder. Como organización política consiguió la dirección del país mediante elecciones (1989, 1990) al acceder Namibia a la independencia.

SWATOW → **SHANTOU.**

SWAZILANDIA, estado de África austral; 17 363 km²; 880 000 hab. CAP. *Mbabane.* LENGUAS: *swati* e *inglés.* MONEDA: *lilangeni.* (V. mapa de **Mozambique.**) Este enclave, poblado mayoritariamente por la etnia swazi, vive casi exclusivamente de la agricultura y depende económicamente de la República de Sudáfrica. — Reino bantú fundado en 1815, pasó a ser protectorado británico en 1902. Accedió a la independencia en 1968. Sobhuza II fue proclamado rey en 1921 y reconocido por Gran Bretaña en 1967. Tras su muerte (1982) le sucedieron la reina Ntombi (1983-1986) y Mswati III (1986).

SWEDENBORG (Emmanuel), *Estocolmo 1688-Londres 1772,* teósofo sueco. Como consecuencia de las visiones que tuvo en 1743-1744 y que relató en *Arcanas coelestia* (1749-1756), desarrolló una doctrina, llamada «de la nueva Jerusalén», que predica que todo tiene un sentido espiritual, pero que solo Dios puede descubrirlo.

SWEELINCK (Jan Pieterszoon), *Deventer 1562-Amsterdam 1621,* organista y compositor neerlandés. Enriqueció el arte vocal (salmos y canciones), pero destacó sobre todo en sus composiciones para clavecín y para órgano (tocatas y variaciones), con innovaciones que se realizaron plenamente con Bach.

SWIFT (Jonathan), *Dublín 1667-íd. 1745,* escritor irlandés. Secretario de un diplomático y luego preceptor de una joven a la que dedicó *El diario para Stella,* ingresó en el clero anglicano y tomó parte en las luchas literarias (*La batalla de los libros*), religiosas (*El cuento del tonel*) y políticas (*Las cartas del pañero*). Sus ambiciones frustradas le inspiraron una violenta sátira de la sociedad inglesa y de la civilización de su época, *Los viajes de* *Gulliver (1726).

■ **SYDNEY.** La Ópera, según proyecto de Jørn Utzon (1957).

SWINBURNE (Algernon Charles), *Londres 1837-íd. 1909,* poeta británico. Poeta erudito, influido por el movimiento prerrafaelita y heredero de la tradición romántica (*Atalanta en Calidón, Poemas y baladas*), evolucionó hacia un ideal humanitario (*Cantos de antes del alba*). También dejó una importante obra crítica.

SWINDON, c. de Gran Bretaña (Inglaterra), al O de Londres; 91 000 hab.

SYBARIS, ant. c. griega de la Italia peninsular, junto al golfo de Tarento, cuya prosperidad era proverbial. Su rival, Crotona, la destruyó en 510 a. C. Ruinas griegas y romanas.

SYDENHAM (Thomas), *Wynford Eagle 1624-Londres 1689,* médico inglés. Descubrió la corea infantil (*corea de Sydenham*) y preconizó el uso del láudano.

SYDNEY, c. de Australia, cap. de Nueva Gales del Sur, junto al océano Pacífico; 3 714 000 hab. Puerto. Gran centro industrial y comercial. Universidad. — Galería de arte del estado. Teatro de ópera (patrimonio de la humanidad 2007).

SYLHET, c. de Bangla Desh; 167 000 hab.

Syllabus, sumario, en 80 proposiciones, publicado por Pío IX (8 dic. 1864), de los principales «errores» del mundo moderno (liberalismo, socialismo, naturalismo, etc.).

SYLT, isla alemana, al O de la costa de Schleswig-Holstein, a la que está unida por un dique.

SYLVESTER (James Joseph), *Londres 1814-íd. 1897,* matemático británico. Concibió, con A. Cayley, la teoría de los invariantes algebraicos y la de los determinantes.

SYNGE (John Millington), *Rathfarnham 1871-Dublín 1909,* dramaturgo irlandés. En sus dramas combina los temas folclóricos con la observación realista de la vida cotidiana en provincias (*El botarate del mundo occidental,* 1907).

SYNGE (Richard Laurence Millington), *Liverpool 1914-Norwich 1994,* bioquímico británico. Con A. J. P. Martin creó, en 1944, el análisis cromatográfico sobre papel. (Premio Nobel de química 1952.)

SYRACUSE, c. de Estados Unidos (estado de Nueva York); 163 860 hab. Universidad.

SYR DARYÁ, SYR DARIÁ o **SIR DARIÁ,** ant. **Yaxartes,** r. de Asia central; 3 019 km. Nace en Kirguizistán (con el nombre de *Narín*) y atraviesa Kazajstán, antes de llegar al mar de Aral.

SYZRÁN, c. de Rusia, junto al Volga; 174 000 hab. Centro de una cuenca petrolera.

SZASZ (Thomas Stephen), *Budapest 1920,* psiquiatra y psicoanalista estadounidense de origen húngaro. Su crítica de las instituciones psiquiátricas se nutre de una concepción humanista e individualista del sujeto (*La fabricación de la locura,* 1970).

SZCZECIN, en alem. **Stettin,** c. de Polonia, cap. de voivodato, junto al Odra, cerca del Báltico; 414 200 hab. Puerto. Centro industrial. — Iglesias góticas y castillo del renacimiento.

SZEGED, c. de Hungría, en la confluencia del Tisza y el Maros; 175 301 hab. Universidad.

SZÉKESFEHÉRVÁR, ant. **Alba Real,** c. de Hungría, al NE del lago Balaton; 108 958 hab. Monumentos barrocos y neoclásicos.

SZENT-GYÖRGYI (Albert), *Budapest 1893-Woods Hole, Massachusetts, 1986,* bioquímico estadounidense de origen húngaro. Obtuvo el premio Nobel de medicina en 1937 por su descubrimiento de la vitamina C.

SZIGLIGETI (József Szathmáry, llamado Ede), *Váradolaszi 1814-Budapest 1878,* dramaturgo húngaro. Fue el creador del drama popular en Hungría (*El desertor; El pretendiente*).

SZILARD (Leo), *Budapest 1898-La Jolla, California, 1964,* físico estadounidense de origen húngaro. Colaborador de E. Fermi, realizó la reacción de los rayos gamma sobre el berilio y participó en la construcción de la primera pila atómica (Chicago, 1942).

SZOLNOK, c. de Hungría, a orillas del Tisza; 78 328 hab.

SZOMBATHELY, c. de Hungría; 85 617 hab. Ruinas romanas. Monumentos góticos y barrocos. Museo.

SZYMANOWSKI (Karol), *Tymoszówka 1882-Lausana 1937,* compositor polaco. Una de las máximas figuras de la escuela sinfónica y dramática polaca, es autor de dos conciertos para violín.

SZYMBORSKA (Wisława), *Bnin, act. en Kórnik, cerca de Poznań, 1923,* poeta y crítica polaca. Su obra se caracteriza por un tono escéptico e irónico y la conjunción de la conciencia histórica y los interrogantes existencialistas: *Sal* (1962), *Cien consuelos* (1967), *Gente en el puente* (1986), *Fin y principio* (1993), *Instante* (2002). [Premio Nobel 1996.]

SZYSZLO (Fernando de), *Lima 1925,* pintor y crítico de arte peruano. Su pintura ha evolucionado del informalismo, la abstracción y el expresionismo, hacia una plástica de raíces latinoamericanas (*El volcán americano; El fuego; Abstracto puro*).

■ **EMMANUEL SWEDENBORG**

■ **JONATHAN SWIFT,** por C. Jervas. (Galería nacional de retratos, Londres.)

TABARCA, NOVA TABARCA o **PLANA,** isla de España (Alicante), en el Mediterráneo; 0,6 km². Pesca. Faro.

Tabaré, poema épico de J. Zorrilla de San Martín, compuesto entre 1879 y 1886 (ed. definitiva 1923), de gran riqueza lírica.

TABASARÁ (serranía del), sistema montañoso de Panamá, en la cordillera Central (Chiriquí y Veraguas); 2 826 m en el cerro Santiago.

TABASCA, mun. de Venezuela (Monagas); 3 437 hab. Campos petrolíferos.

TABASCO (estado de), est. del SE de México, junto al Caribe; 24 661 km²; 1 501 711 hab. cap. *Villahermosa.*

TABÍO (Juan Carlos), *La Habana 1943,* director de cine cubano. En sus películas retrata con humor costumbrista la sociedad cubana (*Se permuta,* 1984; *Plaff,* 1988; *Fresa y chocolate,* 1993, y *Guantanamera,* 1994, codirigidas con T. Gutiérrez Alea; *Aunque estés lejos,* 2003).

TABLADA (llanura de), llanura de España, al S de Sevilla, entre las dos ramas del Guadalquivir. Base aérea militar. — Victoria de las tropas cordobesas mandadas por Nasr sobre grupos normandos que habían saqueado Sevilla (843).

TABLADA (José Juan), *México 1871-Nueva York 1945,* escritor mexicano. Una primera etapa modernista, viajó a Japón (1900) e introdujo en castellano el *haiku.* Se anticipó al ultraísmo y participó del vanguardismo. Escribió prosa pero sobre todo poesía (*El florilegio,* 1899, 1904 y 1918; *Li-Po y otros poemas,* 1920; *La feria,* 1928).

Tabla redonda (caballeros de la), conjunto de los caballeros de la corte del rey *Artús,* que se reunían en torno a una mesa redonda.

TABLAS (Las), c. de Panamá, cap. de la prov. de Los Santos; 5 235 hab. Centro comercial.

TABLAS DE DAIMIEL (parque nacional de las), parque nacional de España (mun. de Daimiel, Ciudad Real), en la confluencia del Guadiana y el Gigüela; 1 928 ha. Región de lagunas y marismas, de importancia en la emigración estacional de las aves. (Reserva de la biosfera 1981.)

Tablas de la ley, piedras en que Dios escribió la ley del Decálogo en el Sinaí, y que entregó a Moisés.

TABLAZO (bahía del), bahía de Venezuela (Zulia), entre el lago Maracaibo y el golfo de Venezuela. En sus orillas, *complejo petroquímico de El Tablazo.*

TABOADA (Luis), *Vigo 1848-Madrid 1906,* escritor español. Autor de artículos costumbristas, sus narraciones y novelas satirizan la clase media madrileña (*La vida cursi,* 1891).

TABOGA, isla de Panamá (Panamá), en la bahía de Panamá; 3 km de long. Turismo.

TABOR (monte), montaña de Israel, al O del Jordán y del lago Tiberíades; 588 m.

TABORA, c. de Tanzania; 214 000 hab.

Tabqa (al-) o **Tabka,** presa de Siria, sobre el Éufrates.

TABRIZ, ant. **Tauris,** c. de Irán; 1 088 985 hab. Principal centro del Azerbaiján iraní. Mezquita azul, con bella decoración de cerámica esmaltada (s. XV).

TABURIENTE (caldera de), caldera volcánica de España (Canarias), en la isla de La Palma. Constituye el *parque nacional de la Caldera de Taburiente* (46,9 km²) con diversos picos (Roque de los Muchachos, 2 423 m, observatorio del Instituto de astrofísica de Canarias), valles abarrancados y flora típica del archipiélago.

TACÁMBARO, mun. de México (Michoacán); 42 777 hab. Minas de oro y plata. Industria azucarera.

TACANÁ o **SOCONUSCO,** volcán de América Central (Chiapas), en la sierra Madre de Chiapas, en la frontera entre México y Guatemala; 4 110 m. Solfataras.

TACANÁ, mun. de Guatemala (San Marcos); 27 874 hab. Centro agrícola; ganadería lanar.

TACARIGUA (lago de) → **VALENCIA** (lago de).

TACARIGUA (laguna de), albufera de la costa caribe de Venezuela (Miranda), con una isla interior; 78 km².

TACCA (Pietro), *Carrara 1577-Florencia 1640,* escultor italiano. Realizó en Madrid estatuas ecuestres de Felipe III y Felipe IV.

TÁCHIRA (estado), est. del SO de Venezuela; 11 100 km²; 855 780 hab.; cap. *San Cristóbal.*

TACIANO, en Siria h. 120-d. 173, apologista cristiano sirio. Discípulo de san Justino y partidario de un ascetismo extremo (fundó la secta de los encratitas), en *Diatessaron* compiló los cuatro Evangelios en un solo texto.

TACIO MIT. ROM. Rey de los sabinos que reinó con Rómulo sobre los romanos y los sabinos unidos.

TÁCITO, en lat. **Publius Cornelius Tacitus,** *h. 55-h. 120,* historiador latino. Procedente de una familia senatorial, fue procónsul de Asia (h. 110-113). Autor de *Anales, Historias, Vida de Agrícola, Germania* y *Diálogo de los oradores,* su estilo expresivo, denso y conciso, lo convirtió en un maestro de la prosa latina.

TACNA, c. de Perú, cap. del dep. homónimo; 97 200 hab. Centro agrícola, en un oasis del valle del Caplina. — Tras la guerra del Pacífico, por el tratado de Ancón de 1883 Tacna y Arica fueron ocupadas por Chile. Con el tratado de 1929 Tacna fue devuelta a Perú y Arica permaneció en poder de Chile.

TACNA (departamento de), dep. del S de Perú; 16 063 km²; 288 781 hab.; cap. *Tacna.*

TACOMA, c. de Estados Unidos (estado de Washington); 176 664 hab.

TACOPAYA, c. de Bolivia (Cochabamba); 4 300 hab. Centro minero (estaño, cobre y plomo).

TACORA, volcán andino de América del Sur, ubicado en Perú y Chile; 5 988 m.

TACORONTE, c. de España (Santa Cruz de Tenerife), en Tenerife; 20 800 hab. *(tacoronteros).* Tabaco, hortalizas, frutales y vid (afamados vinos). Pesca. Fábricas de turrón y manufacturas de tabaco.

TACOTALPA, mun. de México (Tabasco); 25 138 hab. Agricultura y ganadería. Explotación forestal.

TACUAREMBÓ o **TACUAREMBÓ GRANDE,** r. de Uruguay, que nace en la cuchilla Negra, en la frontera con Brasil, discurre hacia el S y desemboca en el río Negro (or. der.); 230 km. Navegable por pequeñas embarcaciones.

TACUAREMBÓ, ant. **San Fructuoso,** c. de Uruguay, cap. del dep. homónimo; 40 470 hab. Centro comercial. Industrias agropecuarias. Aeropuerto.

TACUAREMBÓ (departamento de), dep. del N de Uruguay; 15 969 km²; 83 498 hab., cap. *Tacuarembó.*

Tacuarembó (batalla de) [1820], derrota de las fuerzas uruguayas de Latorre ante el ejército brasileño de Figueira, a orillas del río Tacuarembó, durante la guerra de independencia de Uruguay.

TACUARÍ, r. del E de Uruguay, que desemboca en Laguna Merín, en la frontera con Brasil. Arrozales.

TACUBAYA, ant. villa cerca de la ciudad de México. En 1841, Santa Anna, Paredes y Valencia afirmaron el centralismo contra el sistema federal (*bases de Tacubaya*). Tras la victoria y la represión de Leonardo Márquez sobre los liberales (*acción de Tacubaya,* 1859), la ciudad pasó a llamarse *Tacubaya de los Mártires.*

TADZHIKISTÁN, estado de Asia central, al O de China; 143 000 km²; 6 270 000 hab. *(tadzhik).* CAP. *Dushanbe.* LENGUA: *tadzhik.* MONEDA: *somoni.*

GEOGRAFÍA

Tadzhikistán, que ocupa parte del Pamir, es un país montañoso, de clima extremo (inviernos rigurosos y veranos muy secos), donde se desarrollan la ganadería (fundamentalmente ovina) y la agricultura, por lo general de regadío (algodón). La población, casi en su totalidad islamizada, está constituida por casi dos terceras partes de origen tadzhik y una importante minoría de uzbekos.

HISTORIA

La frontera entre las regiones del SE de Asia central conquistadas por los rusos (a partir de 1865) y el kanato de Bujará por una parte, y Afganistán, por otra, fue fijada entre 1886 y 1895 por una comisión anglorrusa. **1924:** la república autónoma del Tadzhikistán fue creada en el seno de Uzbekistán. **1925:** anexión del Pamir septentrional. **1929:** Tadzhikistán se convirtió en una república federada de la URSS. **1990:** los comunistas ganaron las primeras elecciones republicanas libres. **1991:** el Soviet supremo proclamó la independencia de la república, que se adhirió a la CEI. **1992-1997:** una guerra civil enfrentó a islamistas y demócratas contra los procomunistas. Estos últimos se mantuvieron en el poder con Emomali Rajmónov (presidente de la república desde 1992), pero la paz interior continuó muy frágil.

TAEGU, c. de Corea del Sur; 2 229 000 hab. Centro comercial e industrial.

TAEJON, c. de Corea del Sur; 1 062 000 hab.

TAFALLA, c. de España (Navarra), cab. de p. j.; 10 288 hab. *(tafalleses).* Centro agrícola e industrial.— Restos de murallas medievales. Iglesia gótica de Santa María (retablo, s. XVI) y el convento de Recoletas. Palacios renacentistas y barrocos.

TAFILALET, TÃFILÃLT o **TAFILETE,** región del Sahara marroquí, al S del Alto Atlas. Oasis.

TAFÍ VIEJO, dep. de Argentina (Tucumán); 79 193 hab. Ganadería. Talleres ferroviarios.

TAFT (William Howard), *Cincinnati 1857-Washington 1930,* político estadounidense. Fue presidente republicano de EUA de 1909 a 1913.— **Robert Alphonso T.,** *Cincinnati 1889-Nueva York 1953,* político estadounidense, hijo de William Howard. Senador republicano, fue el promotor de la *ley Taft-Hartley,* que limitaba el derecho de huelga (1947).

TAGANROG, c. de Rusia, junto al mar de Azov; 291 000 hab. Puerto.— Casa-museo de A. Chéjov.

TAGLE Y PORTOCARRERO (José Bernardo de), marqués de **Torre Tagle,** *Lima 1779-El Callao 1825,* político peruano. Gobernador de Trujillo (1819), proclamó la independencia (1820) y fue presidente (1823-1824).

TAGLIONI, familia de bailarines italianos de los ss. XVIII y XIX.— **Filippo T.,** *Milán 1777-Como 1871,* coreógrafo italiano, iniciador del ballet romántico *(La sílfide,* 1832).— **María** o **Marie T.,** *Estocolmo 1804-Marsella 1884,* bailarina italiana. Hija de Filippo, encarnó la bailarina romántica por excelencia con sus creaciones de *La sílfide* y el *Pas de Quatre* (1845).

TAGORE (Rabindranâth), *Calcuta 1861-Santiniketan 1941,* escritor indio. Es autor de poemas de inspiración mística o patriótica *(Gitanjali,* 1910, traducido por J.R. Jiménez y Z. Camprubí bajo el título de *Ofrenda lírica),* de novelas y obras de teatro. (Premio Nobel 1913.)

TAHITÍ, isla principal del archipiélago de la Sociedad (Polinesia francesa); 1 042 km²; 150 721 hab.; cap. *Papeete.* Copra. Turismo. — Descubierta por S. Wallis (1767), fue protectorado francés (1843) y colonia (1880) de Francia. En 1959 se integró en la Polinesia francesa.

TAHUANTINSUYU, conjunto del imperio inca o Incario, que se dividía en cuatro provincias o regiones, siguiendo los cuatro puntos cardinales: Antisuyu (Este), Collasuyu (Sur), Contisuyu (Oeste) y Chinchasuyu (Norte), en el centro de las cuales estaba Cuzco.

TAHULL, en cat. **Taüll,** lugar de España, en el mun. de Barruera (Lérida). Iglesias románicas de San Clemente y de Santa María (s. XII); frescos en el MNAC (Barcelona).

TAI'AN, c. de China, al SE de Jinan; 1 275 000 habitantes.

TAIBEI, cap. de Taiwan; 2 706 000 hab. (6 130 000 en la aglomeración). Centro comercial e industrial.— Edificio Taibei 101 (508 m). Museo nacional (pintura china antigua).

TAIBILLA, r. de España, afl. del Segura (or. der.); 60 km. Desde el embalse de Turrilla (Albacete), el *canal de Taibilla,* usado para el riego, atraviesa la región murciana hasta Cartagena.

TÃ'IF, c. de Arabia Saudí, en Hiyäz; 300 000 hab.

taifas (reinos de) o **primeras taifas,** entidades políticas musulmanas de la península Ibérica surgidas tras la guerra civil que puso fin al califato de Córdoba (1009-1031). Su número varió dado que algunos tuvieron una vida efímera y fueron absorbidos por otras taifas o conquistados por los reinos cristianos. Destacaron los de Sevilla (1023-1091), Granada (1013-1090), Almería (1013-1091), Zaragoza (1010-1110), Badajoz (1012-1094) y Toledo (1009-1085). Por su inferioridad militar, los reinos de taifas fueron obligados a pagar tributos a los cristianos. Imitaron la organización estatal de oriente. Destacaron en su mecenazgo de las letras, las ciencias y las artes, y en la producción de objetos suntuarios. La unidad musulmana fue restablecida por los almorávides (1086-1143).

taifas (segundas), reinos independientes musulmanes de la península Ibérica entre las dominaciones almorávid y almohade. Tras la sublevación de Abū-l-Qãsim ibn Husayn ibn Qasi (1143-1144), que dominó desde el Algarve hasta Córdoba (hasta 1153), Málaga (hasta 1151), Murcia y Valencia (hasta 1172) y Baleares (hasta 1203).

taifas (terceras), reinos musulmanes de la península Ibérica surgidos al desintegrarse el imperio almohade (1212). Fueron conquistados por castellanos y aragoneses entre 1236 y 1266, excepto el reino nazarí de Granada (1492).

TAIGETO, macizo montañoso de Grecia, al S del Peloponeso; 2 404 m.

TAILANDIA o **THAILANDIA,** en thai **Prathet Thai,** ant. **Siam,** estado del SE. asiático; 514 000 km²; 59 410 000 hab. *(tailandeses).* CAP. *Bangkok.* LENGUA: *thai.* MONEDA: *baht.*

GEOGRAFÍA

La población, formada por un 80 % de thai (minorías china, malaya y jemer), es mayoritariamente budista. Se concentra en la llanura central (avenada por el Chao Phraya), zona vital del país, en la que se practica el cultivo intensivo de arroz y se ubican las grandes ciudades (Bangkok). El N y el O, montañosos, proporcionan madera de teca, mientras que las plantaciones de hevea y las minas de estaño se sitúan en el S del istmo de Kra. La pesca es activa. El sector industrial se ha desarrollado (agroalimentario, textil, automovilístico). El turismo ha aumentado y el crecimiento económico reciente ha sido notable (ambos afectados sin embargo por el tsunami devastador que afectó el litoral S del país —Phuket— el 26 dic. 2004).

HISTORIA

De los reinos thai a la monarquía Shakri. S. VII: se desarrolló el reino de Dvãravati, de población môn y de cultura budista. **S. XI-XII:** los jemeres conquistaron la región. **S. XIII:** los thai, o *syãm* (siameses), fundaron los reinos de Sukhotai y de Lan Na (cap. Chiangmai). **H. 1350:** crearon el reino de Ayuthia. **1569-1592:** Siam fue ocupado por los birmanos. **Ss. XVI-XVII:** el reino mantuvo relaciones con occidente. **1767:** los birmanos saquearon Ayuthia. **1782:** Rãma I fue coronado en Bangkok, la nueva capital, y fundó la dinastía Shakri. **1782-1851:** Rãma I, II y III dominaron en parte Camboya, Laos y Malaysia. **1893-1909:** Tailandia tuvo que reducir sus fronteras en favor de la Indochina Francesa y de Malaysia.

La Tailandia contemporánea. 1932: un golpe de estado provocó la abdicación de Rãma VII (1935). **1938:** el mariscal Pibul Songgram tomó el poder. El país pasó a llamarse Tailandia. **1941-1944:** Pibul Songgram se alió con Japón. **1946:** Bhumibol Adulyadej subió al trono con el nombre de Rãma IX (coronado en 1950). **1948-1957:** Pibul Songgram volvió a ser primer ministro. **1957-1973:** el poder continuó en manos de los militares, Sarit Thanarat (1957-1963) y Thanom Kittikachorn (1963-1973). A partir de 1962 se desarrolló la guerrilla comunista. **1976:** el ejército volvió a tomar el poder. **1979:** tras la invasión de Camboya por Vietnam, hubo una gran afluencia de refugiados. **1980:** el general Prem Tinsulanond se convirtió en primer ministro. **1988:** Chatichai Choonhavan, líder del partido Chart Thai, lo sucedió. **1991:** fue derrocado por un golpe militar. **1992:** se reprimieron algunas manifestaciones de oposición a un régimen; sin embargo, fueron seguidas por una revisión constitucional que redujo el papel de los militares en la política. Chuan Leekpai, líder del Partido demócrata, fue elegido primer ministro. **1995:** el derechista Banharn Silpa-Archa fue nombrado primer ministro. **1996:** Chaovalith Yongchaiyuth venció en las legislativas anticipadas. **1997:** Chuan Leekpai se convirtió de nuevo en primer ministro. **2001:** fundador de un nuevo partido, que obtuvo una amplia victoria en las elecciones, el empresario Thaksin Shinawatra fue nombrado primer ministro (reelegido en 2005). **Desde 2004:** una insurrección se desarrolló en las provincias meridionales de mayoría musulmana. **2006:** fuertemente contestado, T. Shinawatra fue finalmente depuesto por una junta militar (sept.), con el consentimiento del rey. Desde entonces el país atraviesa una grave crisis política —sembrada de enfrentamientos a menudo violentos— que opone a los partidarios del antiguo primer ministro (cuyo partido, tras ganar las elecciones de dic. 2007, fue disuelto en dic. 2008) con sus detractores.

TAILANDIA (golfo de), ant. **golfo del Siam** o **de Siam,** golfo del SE asiático, que baña principalmente las costas de *Tailandia.*

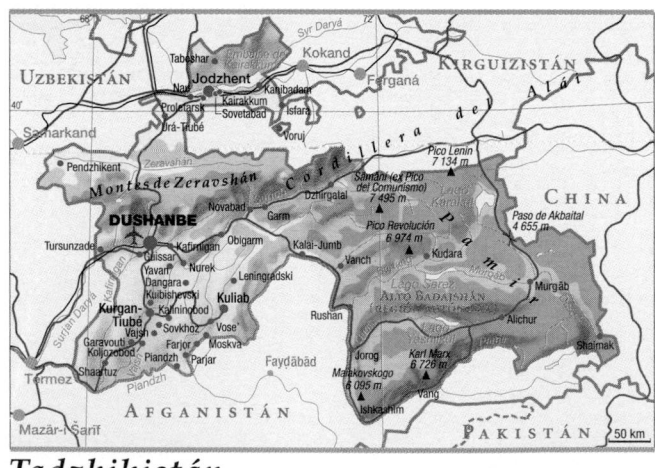

Tadzhikistán

500 1 000 2 000 4 000 m

✈ aeropuerto
— carretera
— ferrocarril

● más de 500 000 hab.
● de 100 000 a 500 000 hab.
● de 50 000 a 100 000 hab.
● menos de 50 000 hab.

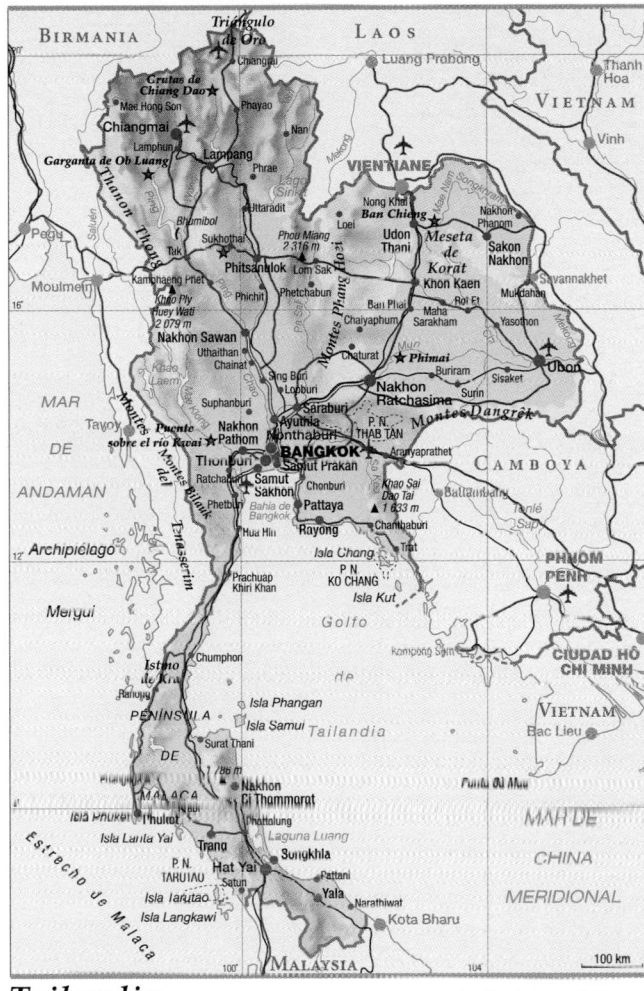

Tailandia

★ lugar de interés turístico

200	500	1 000 m

— carretera
— ferrocarril
✈ aeropuerto

● más de 1 000 000 hab.
● de 100 000 a 1 000 000 hab.
● de 50 000 a 100 000 hab.
● menos de 50 000 hab.

100 km

TAIMIR (península de), península del N de Rusia, en el océano Ártico. (Reserva de la biosfera 1995.)

TAINAN o **T'AI-NAN**, c. de Taiwan; 692 000 hab. Puerto.

TAINE (Hippolyte), *Vouziers 1828-París 1893*, filósofo, crítico e historiador francés. Intentó explicar a partir de la triple influencia de la raza, el medio y la época las obras artísticas y los hechos históricos y literarios (*De la inteligencia*, 1870).

Taiping o **T'ai-p'ing** («gran paz»), movimiento político y religioso que agitó China de 1851 a 1864. Fue fundado por Hong Xiuquan (1814-1864), que quería salvar a China de la decadencia. Apoyado por las sociedades secretas opuestas a la dinastía de los Qing, fue aplastado por las tropas imperiales en 1864.

TAIROV (Alexándr Yákóvlevich **Kornblit**, llamado Alexándr Yákóvlevich), *Romny, Poltava, 1885-Moscú 1950*, actor y director de teatro soviético. Fundador del teatro de cámara, asoció a la técnica dramática danza, música o cine.

TAISHŌ TENNŌ, nombre póstumo de Yoshihito, *Tōkyō 1879-Hayama 1926*, emperador de Japón (1912-1926). En 1921 cedió la regencia a su hijo Hiro-Hito.

TAITAO (península de), península de Chile (Aisén del General Carlos Ibáñez del Campo), unida al continente por el istmo de Ofqui.

TAIWAN, ant. **Formosa**, isla situada al SE de China continental, de la que la separa el *estrecho de Taiwan;* 36 000 km²; 22 500 000 hab. *(taiwaneses);* cap. *Taibei.* Es una provincia de China, desde 1949 administrada de hecho, con el nombre de República de China, por su propio gobierno. *(V. mapa pág. siguiente.)*

GEOGRAFÍA

La isla, atravesada por el trópico de Cáncer, recibe intensas precipitaciones debido al monzón de verano. Está formada por elevadas montañas en el E, y en el O por colinas y llanuras muy explotadas (caña de azúcar, arroz, hortalizas y frutas). La industria (textil, material eléctrico y electrónico, plásticos, juguetes), de vocación exportadora, se ha convertido en el motor de una economía que ha protagonizado recientemente un despegue espectacular.

HISTORIA

Desde el s. XII, mercaderes y piratas chinos frecuentaron la isla. S. XVI: emigrantes chinos la poblaron; los holandeses se establecieron en el S (1624), y los españoles en el N (1626-1642). **1683:** la isla pasó a manos de los emperadores Qing. **1895:** el tratado de Shimonoseki cedió Formosa a Japón. **1945:** el territorio fue devuelto a China. **1949:** sirvió de refugio a los nacionalistas del Guomindang, presidido por Chang Kai-shek, al que transfirieron el gobierno de la República de China. **1950-1971:** el puesto de China en el Consejo de seguridad de la ONU fue ocupado por dicho gobierno. **1975:** Chang Ching-kuo sucedió a su padre, Chang Kai-shek. **1979:** EUA reconoció la República popular de China y rompió sus relaciones diplomáticas con Taiwan. La isla rechazo la integración pacífica que le propuso la China popular. **1987:** se inició un proceso de democratización. **1988:** muerte de Chang Ching-kuo. Lee Tenghui lo sucedió. **1991:** cese del estado de guerra con China. **1995:** China ejerció una fuerte presión sobre Taiwan. **1996:** elecciones presidenciales libres que confirmaron a Lee Tenghui. **2000:** interrumpiendo medio siglo de supremacía del Guomindang, Chen Shui-bian, líder del Partido democrático progresista (de tendencia independentista), fue elegido presidente de la república (reelegido en 2004). **2008:** Ma Ying-jeou lo sucedió, consagrando la vuelta al poder del Guomindang. A ello le siguió una clara mejora de las relaciones con China.

TAIYUAN o **T'AI-YUAN**, c. de China, cap. de Shanxi; 1 700 000 hab. Siderurgia, química. — Museo de la provincia de Shanxi; monasterio (colección de pinturas sobre seda). Cerca se halla el *Jinci,* templo de los Ancestros con edificios de época Song y Ming.

Taizé (comunidad de), comunidad cristiana fundada en 1940, en Taizé (Francia) por protestantes suizos alrededor del pastor Roger Schutz (1915-2005). Ecuménica e interconfesional desde 1969, acoge a jóvenes de todo el mundo y les organiza «concilios» periódicos.

TAIZHONG, c. de Taiwan; 802 000 hab.

TA'IZZ, c. de Yemen; 178 000 hab.

TAJES (Máximo), *Canelones 1859-Montevideo 1912*, militar y político uruguayo, presidente de la república (1886-1890).

TAJÍN (El), centro arqueológico mexicano de la cultura totonaca (Papantla, Veracruz). Posee construcciones desde 100 a.C. hasta 1200

■ **EL TAJÍN.** La Pirámide de los nichos, fines de la época clásica (600-950).

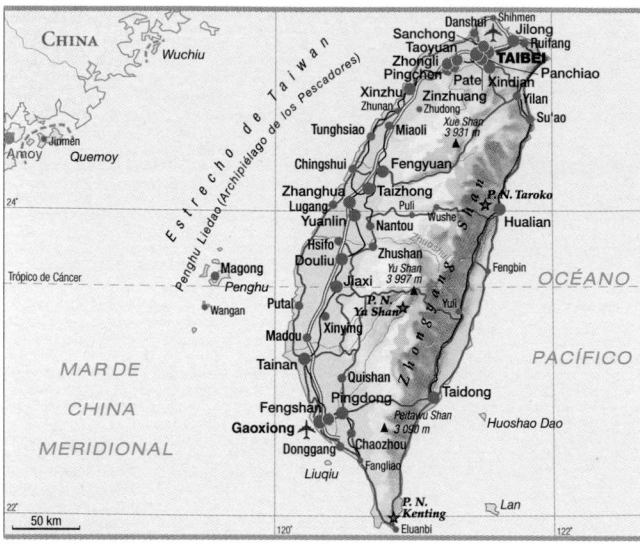

Taiwan

200 1000 2000 m

=== autopista
— carretera
— ferrocarril

✈ aeropuerto
★ lugar de interés turístico

● más de 1 000 000 hab.
● de 100 000 a 1 000 000 hab.
● de 50 000 a 100 000 hab.
● menos de 50 000 hab.

d.C. Sobresalen la Pirámide de los nichos, con numerosas hornacinas, y el juego de pelota. (Patrimonio de la humanidad 1992.)

Tāj Mahal → **Tāŷ Maḥall.**

TAJO, en port. **Tejo,** r. de la península Ibérica, de la vertiente atlántica; 1 120 km (910 km en suelo español). Nace en los montes Universales, discurre por la Meseta y después de formar frontera penetra en Portugal para desembocar en un amplio estuario (mar de la Paja) en Lisboa. Gran aprovechamiento hidroeléctrico (embalses de Entrepeñas-Buendía, Bolarque, Valdecañas, Alcántara, Cedillo) y para regadío (trasvase Tajo-Segura). Afluentes: Jarama, Guadarrama, Alberche, Tiétar, Alagón, Zézere (or. der.), y Algodor, Almonte, Salor, Muge (or. izq.).

TAJO DE LAS FIGURAS (cuevas del), abrigo prehistórico neolítico español (Medinasidonia, Cádiz), con más de 500 pinturas de figuras humanas y de animales; son notables las de estilo esquemático.

TAJUMULCO, volcán de Guatemala (San Marcos), en el Eje volcánico de la sierra Madre centroamericana, la cumbre más alta de América Central; 4 220 m.

TAJUÑA, r. de España, afl. del Jarama (or. izq.); 206 km. Nace en las Parameras de Molina y su valle forma la fértil *Vega del Tajuña.*

TAKAMATSU, c. de Japón (Shikoku); 329 684 hab. Puerto. — Jardín del s. XVIII en el parque de Ritsurin.

TAKAOKA, c. de Japón (Honshū); 175 466 hab.

TAKASAKI, c. de Japón (Honshū); 236 461 habitantes.

TAKATSUKI, c. de Japón (Honshū); 359 867 habitantes.

TAKLA-MAKAN o **TAKLINAKAN,** desierto de China, en el S de Xinjiang.

TAKORADI → **SEKONDI-TAKORADI.**

TALA, dep. de Argentina (Entre Ríos), avenado por el Gualeguay; 24 244 hab.; cab. *Rosario del Tala.*

TALA, mun. de México (Jalisco); 40 458 hab. Agricultura, ganadería y apicultura.

Tala, libro de poemas de Gabriela Mistral (1938), en el que aborda la maternidad, la religiosidad y la exaltación de la naturaleza con gran intesidad y madurez expresiva.

TALABANI (Yalal), *Kalkan, prov. de Kirkūk, 1933,* político iraquí. Fundador en 1975 de la Unión patriótica del Kurdistán (UPK), y uno de los líderes históricos de la rebelión kurda contra el régimen de Ṣ. Ḥusayn, preside la república desde 2005.

TALAGANTE, com. de Chile (Santiago), junto al Mapocho; 43 755 hab. Centro de veraneo.

TALAIGUA NUEVO, mun. de Colombia (Bolívar); 18 815 hab.

TALAMANCA (cordillera de), sistema montañoso de Costa Rica, en la sierra Madre centroamericana (cerro Chirripó Grande, 3 819 m, punto culminante del país). Divisoria de aguas entre las cuencas del Caribe y del Pacífico. Hacia el Caribe se extiende La Amistad (reserva de la biosfera 2000). El conjunto fronterizo entre Costa Rica y Panamá de parques nacionales, reservas indígenas (restos arqueológicos) y la zona de protección forestal de Las Tablas fue declarado patrimonio de la humanidad en 1983 (ampliado en 1990) con el nombre de *cordillera de Talamanca-reservas La Amistad / Parque nacional La Amistad.*

TALAMPAYA (parque nacional de) → **ISCHIGUALASTO-TALAMPAYA.**

TALARA, c. de Perú (Piura), en la costa; 33 900 hab. Puerto. Complejo petroquímico. Aeródromo.

TAL'AT BAJÁ (Mehmet), *Edirne 1874-Berlín 1921,* político otomano. Miembro del movimiento de los Jóvenes turcos, formó junto a Enver y Ŷamāl el triunvirato que rigió el destino del Imperio otomano a partir de 1913. Gran visir (1917-1918), fue asesinado por un armenio.

TALAVERA, mun. de Perú (Ayacucho); 37 500 hab. Agricultura. Ganado vacuno y ovino.

TALAVERA (Alfonso Martínez de Toledo, llamado **Arcipreste de),** *Toledo 1398-h. 1470,* escritor español. Tuvo un papel importante en la corte castellana. Escribió obras piadosas e históricas, aunque su obra magna es el *Corbacho* o *Reprobación del amor mundano* (1438).

TALAVERA (Hernando de), *Talavera de la Reina 1428-Granada 1507,* prelado español. Judío converso, ingresó en los jerónimos (1466), fue confesor de Isabel la Católica y llegó a arzobispo de Granada (1492). Participó en el movimiento ascético de las Observancias y fue autor de obras religiosas como *Breve y muy provechosa doctrina de lo que debe saber todo christiano* (1496). La tolerancia de que dio pruebas irritó a Cisneros, y la inquisición lo acusó de judaizante (1507).

TALAVERA DE LA REINA, c. de España (Toledo), cab. de p. j.; 74 241 hab. *(talaveranos).* Centro agrícola y comercial. — Cerámica del tipo de loza vidriada, conocida desde el s. XII y que alcanzó su mayor esplendor en los ss. XVI-XVII. Colegiata gótica (ss. XIV-XV), iglesia gótica de Santiago (azulejos, s. XVIII) y ermita de la Virgen de Prado (azulejos, s. XVII). — batalla de **Talavera** (28 julio 1809), victoria angloespañola sobre el ejército francés de José Bonaparte.

TALAYÓTICA (cultura), cultura de las edades del bronce y el hierro (1350-650 a.C.) privativa de las islas de Mallorca y Menorca (Baleares, España). Sus elementos constructivos característicos son el *talayote, la *taula y la *naveta.

TALBOT (William Henry Fox), *Lacock Abbey, cerca de Chippenham, 1800-íd. 1877,* físico británico. De 1835 a 1841 perfeccionó la fotografía con negativo y en papel *(calotipia o talbotipia).* En 1851 ideó un procedimiento de fotografía instantánea.

TALCA, c. de Chile, cap. de la región de Maule, junto al río Claro; 171 467 hab. Centro industrial. Turismo (Altos de Vilches). Aeródromo. Central hidroeléctrica.

TALCAHUANO, c. de Chile (Biobío), en la periferia de Concepción; 246 566 hab. Forma parte de la aglomeración de Concepción. Puerto de cabotaje, pesquero y militar. Universidad.

TALES de Mileto, *Mileto h. 625 a.C.-h. 547 a.C.,* científico y filósofo griego de la escuela jónica, uno de los siete *sabios de Grecia. Se supone que importó de Egipto y Babilonia los elementos de la geometría y del álgebra. Se le atribuye la primera medida exacta del tiempo con el gnomon, conocimientos sobre las relaciones de los ángulos con los triángulos a los que pertenecen, y sobre el cálculo de las proporciones. Debe su fama a la predicción de un eclipse solar. Para Tales, el universo estuvo formado originariamente por el elemento agua.

Talgo (tren articulado ligero Goicoechea Oriol), tren inventado por el ingeniero español Alejandro Goicoechea, fabricado y explotado por la empresa *Talgo, S.A.,* con participación financiera de J. L. Oriol. Inició su servicio regular en 1950.

TALÍA MIT. GR. Musa de la comedia.

TALLAHASSEE, c. de Estados Unidos, cap. de Florida; 124 773 hab. Universidad.

TALLET (José Zacarías), *Matanzas 1893-La Habana 1988,* poeta cubano, exponente del prosaísmo irónico y sentimental de la lírica cubana *(La semilla estéril,* 1951).

TALLEYRAND-PÉRIGORD (Charles Maurice de), **príncipe de Benevento,** *París 1754-íd. 1838,* político francés. Fue diputado del clero en los Estados generales (1789) y aprobó la confiscación de los bienes eclesiásticos. Condenado por el papa, emigró (1792). Exiliado (1792-1796), a su regreso fue ministro de asuntos exteriores (1797-1807; 1814-1815) y colaboró con Napoleón. Tuvo un papel decisivo en el congreso de Viena, y fue embajador en Londres (1834-1834).

TALLIEN (Jean Lambert), *París 1767-íd. 1820,* político francés. Diputado de la Montaña en la Convención, volvió a posiciones más moderadas al enamorarse de Teresa Cabarrús, con la que se casó en 1794. Fue uno de los instigadores del golpe de 9 de termidor. — **Teresa Cabarrús,** marquesa de Fontenay, *Carabanchel Alto, cerca de Madrid, 1773-Chimay, Bélgica, 1835.* Hija de Francisco *Cabarrús y esposa de Jean Lambert Tallien. Fue apodada «Nuestra Señora de Termidor».

TALLINN, ant. **Reval** o **Revel,** cap. de Estonia, junto al golfo de Finlandia; 404 000 hab. Centro industrial. Universidad. — Ciudadela medieval; museo en su palacio barroco del s. XVIII. (Patrimonio de la humanidad 1997.)

TALLON (Roger), *París 1929,* diseñador francés. Ha trabajado en los más diversos campos del diseño industrial (vagones del metro de México, 1969; TGV-Atlantique, 1986-1988).

Talmud (voz hebr. que significa *estudio*), compilación de comentarios sobre la ley mosaica que fija la enseñanza de las grandes escuelas rabínicas. Está constituido por la *Misná* (ss. II-III), codificación de la ley oral, y la *Guemará* (ss. IV-V), comentario de la *Misná* procedente de las escuelas de Palestina y Babilonia.

Es una de las obras más importantes del judaísmo.

TALTABULL (Cristóbal), *Barcelona 1888-íd. 1964*, compositor español, autor de la ópera *La vida es sueño* (1906), el ballet *Noctámbules* (1930) y tres sinfonías, entre otras obras.

TAMALE, c. de Ghana; 135 952 hab.

TAMANRASSET → **TAMENGHEST**.

TÁMARA DE CAMPOS, v. de España (Palencia); 98 hab. Restos de época medieval (castillo, murallas). Iglesia gótica de San Hipólito (s. XIV).

TAMARIT (Francesc de), *Barcelona h. 1600-d. 1653*, político catalán. Encarcelado por su condición de diputado de la Generalidad, fue liberado por el pueblo (mayo 1640) antes del estallido del *Corpus de sangre*.

TAMARUGAL (pampa del), pampa de Chile (Tarapacá y Antofagasta). Se extiende entre las cordilleras de los Andes y de la Costa, desde el extremo N del país hasta el Loa. Recursos mineros (nitratos).

TAMASOPO, mun. de México (San Luis Potosí); 24 167 hab. Industrias agropecuarias. Artesanía.

TAMATAVE → **TOAMASINA**.

TAMAULIPAS (estado de), est. del NE de México, junto al golfo de México; 79 829 km²; 2 249 581 hab.; cap. *Ciudad Victoria*.

TAMAULIPECA (planicie), región fisiográfica de México, entre la sierra Madre oriental y el golfo de México, y desde el río Bravo, al N, hasta la cordillera Neovolcánica, al S. Está accidentada por la *sierra de Tamaulipas* y la de San Carlos.

TAMAYO (Franz), *La Paz 1880-íd. 1956*, escritor y político boliviano. Representó a su país en la SDN. Considerado el mayor poeta modernista boliviano (*Odas*, 1898; *Proverbios*, 1905; *Scherzos*, 1932), es también autor de tragedias líricas (*Las Oceánides*, 1917) y de ensayos socioculturales.

TAMAYO (José), *Granada 1920-Madrid 2003*, director teatral español. Director del Teatro español de Madrid (1954-1962), en 1970 se hizo cargo del Teatro lírico nacional, con el que ha montado grandes espectáculos internacionales de zarzuela.

TAMAYO (José Luis), *Guayas 1859-1947*, político ecuatoriano. Ministro de estado, fue presidente de la república (1920-1924).

TAMAYO (Rufino), *Oaxaca 1899-México 1991*, pintor mexicano. Su profunda admiración por el arte precolombino y el folclore mexicano marcaron su aproximación a las vanguardias, especialmente al cubismo. De estilo enérgico y colorista, realizó excepcionales murales y óleos (frescos del conservatorio nacional de México, 1933; *Animales*, 1943; mural del palacio de bellas artes de México, 1953) y grabados en altorrelieve y papel que llamó *mixografías*. — Museo monográfico en la ciudad de México.

TAMAYO-MÉNDEZ (Arnaldo), *Guantánamo 1942*, piloto militar y astronauta cubano. Tripulante de la nave Soyuz 38 (18 sept. 1980), permaneció una semana en la estación espacial Salyut 6. Ha dirigido la Organización de defensa civil cubana.

TAMAYO Y BAUS (Manuel), *Madrid 1829-íd. 1898*, dramaturgo español. Se inició con obras románticas e históricas (*Locura de amor*, 1855). Su segunda etapa es realista y moralizadora (*Lances de honor*, 1863; *Un drama nuevo*, 1867). Ocupó los cargos de secretario de la Real academia (1874) y de director de la Biblioteca nacional (1884).

TAMAZULA, mun. de México (Durango), en la sierra Madre Occidental; 20 647 hab. Centro agropecuario.

TAMAZULA DE GORDIANO, mun. de México (Jalisco); 40 377 hab. Región agrícola y ganadera. Artesanía.

TAMAZUNCHALE, mun. de México (San Luis Potosí); 76 643 hab. Región agrícola, ganadera y forestal.

TAMBO (El), mun. de Colombia (Cauca); 35 222 hab. Minas de sal, hierro, carbón y oro. Caucho.

TAMBO (El), mun. de Colombia (Nariño); 18 282 hab. Agricultura y ganadería. Minería (oro, carbón, hierro).

TAMBO COLORADO, sitio arqueológico de Perú, en el valle de Pisco (Ica), que en época anterior a la conquista ya formaba parte de la cultura chibcha.

TAMBO GRANDE, mun. de Perú (Piura); 20 999 hab. Arroz, caña de azúcar, trigo, algodón y tabaco.

TAMBOV, c. de Rusia, al SE de Moscú; 310 000 hab. Centro industrial.

TAMBRE, r. de España, en la vertiente del Atlántico; 110 km. Tras atravesar el macizo Galaico, desemboca en la ría de Muros. Embalse y central de Barrié de la Maza.

TAME, mun. de Colombia (Arauca); 15 010 hab. Pastos. Ganado vacuno y caballar. Cueros.

TÁMEGA, r. de España y Portugal, afl. del Duero (or. der.); 145 km. Nace en la sierra de San Mamede (Orense) y desemboca en Portugal, cerca de Amarante.

TAMENGHEST, TAMANRASSET o **TAMANGHASSET**, c. de Argelia, cap. de vilayato, en el Ahaggar; 38 100 hab. Oasis.

TAMERLÁN → **TIMŪR LANG**.

TAMESÍ, r. de México, en la vertiente del golfo de México (Tamaulipas); 430 km. Desemboca, con el Pánuco, cerca de Tampico.

TÁMESIS, en ingl. **Thames**, r. de Gran Bretaña que atraviesa Londres y desemboca en el mar del Norte a través de un amplio estuario; 338 kilómetros.

TÁMESIS, mun. de Colombia (Antioquia); 20 018 hab. Pastos (ganado bovino). Explotación maderera.

TAMIAHUA, mun. de México (Veracruz), en la Huasteca, junto a la *laguna de Tamiahua*; 34 886 hab. Agricultura y ganadería. Pesca. Petróleo.

TAMIL NADU, ant. **Madras** y **Tamizhagan**, estado de la India; 130 000 km²; 55 638 318 hab.; cap. *Madras*.

TAMINANGO, mun. de Colombia (Nariño); 16 151 hab. Maíz, frijol. Artesanía textil.

TAMMERFORS → **TAMPERE**.

TAMMŪZ, dios asirio-babilonio de la Primavera y de la Fertilidad. Se encuentran sus rasgos en otras divinidades del Próximo oriente (Adonis, Osiris).

TAMPA, c. de Estados Unidos (Florida), junto al golfo de México; 280 015 hab. Puerto. — Punto estratégico en la guerra hispano-norteamericana (1898), su importancia creció con la apertura del canal de Panamá (1914).

TAMPERE, en sueco **Tammerfors**, c. de Finlandia; 176 149 hab. Centro industrial. — Monumentos de los ss. XIX y XX; museos.

TAMPICO, c. de México (Tamaulipas), cerca de la desembocadura del Pánuco; 271 636 hab. Puerto. Centro industrial, financiero y comercial de una región petrolera. Pesca. Forma una conurbación con Ciudad Madero.

TAMUÍN, mun. de México (San Luis Potosí); 26 384 hab. Yacimientos de petróleo. Turismo. — Zona arqueológica huasteca (montículos ordenados alrededor de plazas y unidos por escaleras).

TANA, lago de Etiopía, donde nace el Nilo Azul; 3 000 km² aprox.

TANA o **TENO**, r. de Finlandia y Noruega, frontera entre ambos países; 310 km.

TANAGRA, c. de Grecia (Beocia). Centro de producción de elegantes estatuillas de terracota, principalmente en el s. IV a.C.

TANAIS, ant. nombre del Don.

Tanaka (plan), plan japonés de expansión territorial redactado por el general Tanaka (1863-1929) y llevado a cabo parcialmente durante la segunda guerra mundial.

TANANARIVE → **ANTANANARIVO**.

TANCÍTARO, volcán de México (Michoacán), en la cordillera Neovolcánica; 3 845 m. En su base se encuentra el Paricutín.

TANCÍTARO, mun. de México (Michoacán); 16 578 hab. Bosques.

TANCREDO DE HAUTEVILLE, *m. en Antioquía 1112*, príncipe de Galilea (1099-1112) y de Antioquía (1111-1112). Nieto de Roberto Guiscardo, acompañó a su tío Bohemundo I en la primera cruzada y, en su ausencia, administró el principado de Antioquía (a partir de 1101), antes de sucederlo. Tasso lo convirtió en el prototipo del caballero en el poema épico *Jerusalén libertada*.

TANDIL, partido de Argentina (Buenos Aires); 101 231 hab. Metalurgia. Canteras de granito. Turismo.

TANDILIA (sistema de), sistema orográfico de Argentina (Buenos Aires), sucesión de cerros (sierras La Juanita, de la Tinta, de Tandil) que se extienden al S de la región Pampeana hasta el cabo Corrientes, en Mar del Plata. Turismo.

TANEGASHIMA, isla de Japón, al S de Kyūshū. Base de lanzamiento de ingenios espaciales.

TANG o **T'ANG**, dinastía que reinó en China de 618 a 907, fundada por Tang Gaozu (618-626). Extendió su territorio por Asia central, Vietnam, Corea y Manchuria meridional.

TANGA, c. de Tanzania; 172 000 hab. Puerto.

TANGAMANDAPIO, mun. de México (Michoacán); 16 503 hab. Cultivos subtropicales. Artesanía.

TANGANCÍCUARO, mun. de México (Michoacán); 30 947 hab.; cab. *Tangancícuaro de Arista*. Centro comercial de una región agropecuaria. En su término, el lago Camécuaro.

TANGANYIKA, nombre de la parte del África oriental alemana que, desde 1920, estuvo bajo tutela británica. Actualmente constituye la parte principal de Tanzania.

TANGANYIKA (lago), gran lago de África oriental, entre la Rep. dem. del Congo, Burundi, Tanzania y Zambia, que desagua en el Congo (or. der.) a través del Lukuga; 31 900 km².

TANGE KENZŌ, *Ōsaka 1913-Tōkyō 2005*, arquitecto y urbanista japonés. Utilizó con audacia el cemento armado, y a la pureza de las formas unió progresivamente un expresionismo de efectos sorprendentes. Su influencia se ha dejado sentir a nivel internacional. (Premio Pritzker 1987.)

■ RUFINO **TAMAYO**. *Los músicos* (1934). [Col. part.]

■ ARNALDO **TAMAYO-MÉNDEZ**

TÁNGER, en ár. **Tanŷa,** c. de Marruecos, cap. de prov., junto al estrecho de Gibraltar; 370 000 hab. Ant. palacio de los sultanes; museos. — Fue ciudad internacional de 1923 a 1956, excepto durante la ocupación española (1940-1945). Es un puerto franco desde 1962. A 40 km al E se ha construido el puerto Tánger-Mediterráneo (contenedores).

TANGSHAN o **T'ANG-SHAN,** c. de China (Hebei), al E. de Pekín; 1 080 000 hab. Fue destruida por un terremoto en 1976.

TANG TAIZONG o **T'ANG T'AI-TSONG,** nombre póstumo de **Li Shimin,** emperador de China (626-649), de la dinastía Tang. Extendió considerablemente el imperio chino.

TANGUY (Yves), *París 1900-Woodbury, Connecticut, 1955,* pintor francés, nacionalizado estadounidense. Surrealista, experimentó con el automatismo.

TANINTHARYI → TENASSERIM.

TANIS, c. del ant. Egipto, en el delta del Nilo. Fue la capital de los hicsos y, posiblemente, de las XXI y XXIII dinastías. — En la necrópolis se conservan tumbas no profanadas de la XXI y XXII dinastías, descubiertas por Pierre Montet.

TANIT, importante divinidad del panteón cartaginés, diosa de la fertilidad.

TANIZAKI JUNICHIRŌ, *Tōkyō 1886-Yugawara 1965,* escritor japonés. Influido por el realismo occidental, retomó las formas de expresión tradicionales en novelas que mezclan erotismo y fascinación por la muerte (*Nieve fina,* 1948).

TANJORE → THANJĀVŪR.

TANJUNG KARANG → BANDAR LAMPUNG.

Tannenberg (batalla de) [1410] → **Grunwald.**

Tannenberg (batalla de) [26-29 ag. 1914], batalla de la primera guerra mundial. Victoria decisiva de los alemanes de Hindenburg sobre el II ejército ruso, conseguida en Tannenberg (act. *Stębarsk, Polonia*).

TANNER (Alain), *Ginebra 1929,* cineasta suizo. Destacada figura del nuevo cine suizo, ha realizado *Charles, muerto o vivo* (1969), *La salamandra* (1971), *Messidor* (1978), *En la ciudad blanca* (1983), *El diario de lady M.* (1993).

TANNHÄUSER, *¿Tannhausen? h. 1200-h. 1268,* poeta alemán. Cantor errante, autor de poemas líricos y de canciones, se convirtió en el héroe legendario de muchas narraciones populares que inspiraron a numerosos escritores románticos. — Sobre este tema, R. Wagner compuso el libreto y la música de una ópera en tres actos (tres versiones estrenadas en 1845, 1861 y 1875).

TANTÃ, c. de Egipto, en el centro del delta del Nilo; 337 000 hab. Nudo ferroviario y de carreteras.

TÁNTALO MIT. GR. Rey de Frigia o de Lidia que, por haber ofendido a los dioses, fue arrojado a los infiernos y condenado a sufrir un hambre y una sed devoradoras.

TANTIMA, mun. de México (Veracruz), en la Huasteca; 15 149 hab. Yacimientos petrolíferos.

TANTOYUCA, mun. de México (Veracruz); 76 785 hab. Yacimientos petrolíferos. Centro comercial.

TANUCCI (Bernardo, marqués), *Stia, Toscana, 1698-Nápoles 1783,* político napolitano. Secretario de Justicia (1752) del rey de Nápoles y Sicilia, Carlos V, fue de hecho jefe del estado. Al heredar Carlos el trono de España (Carlos III, 1759), fue miembro del consejo de regencia de Fernando I de Dos Sicilias, y más tarde primer ministro, hasta 1776.

TANZANIA, estado de África oriental, junto al océano Índico; 940 000 km²; 30 540 000 hab. (*tanzanos*). CAP. *Dodoma.* LENGUAS: *swahili* e *inglés.* MONEDA: *shilling tanzano.*

GEOGRAFÍA

La parte continental del estado (la antigua Tanganyika) está formada por una llanura costera limitada por una vasta meseta recortada por fosas tectónicas y dominada por altos macizos volcánicos (Kilimanjaro). La ganadería (principalmente bovina) y la agricultura de subsistencia (mandioca y maíz) se complementan con los cultivos comerciales (café, algodón, sisal, té, anacardo y clavo de especia de Zanzíbar y de Pemba). La explotación de los recursos mineros (sobre todo oro, así como

Tanzania

★ lugar de interés turístico

500 1 000 2 000 3 000 m

— carretera
— ferrocarril
✈ aeropuerto

● más de 1 000 000 hab.
● de 100 000 a 1 000 000 hab.
● de 50 000 a 100 000 hab.
● menos de 50 000 hab.

diamantes y estaño) y el turismo se están desarrollando, pero la balanza comercial es deficitaria y el país, con un fuerte crecimiento demográfico, está muy endeudado. La población es mayoritariamente bantú y se divide entre cristianos, musulmanes y animistas.

HISTORIA

Los orígenes y la época colonial. S. XII: la costa, poblada por bantúes e integrada en el comercio árabe, estaba jalonada por prósperos puertos, Kilwa y Zanzíbar. **Fines del s. XIII:** el poder estaba en manos de la dinastía Mahdali. **1498:** tras el descubrimiento del país por Vasco da Gama, Portugal estableció guarniciones en los puertos. **1652-fines del s. XVIII:** la dominación árabe sustituyó a la de Portugal. **S. XIX:** el sultanato de Omán se estableció en Zanzíbar y en la costa; los árabes dominaron las rutas comerciales del interior, cuyos pueblos intercambiaban marfil y esclavos por armas, y en las que se aventuraron los exploradores británicos (Speke, Burton, Livingstone y Stanley). **1891:** Alemania impuso su protectorado (África Oriental Alemana). **1905-1906:** las tropas alemanas reprimieron la revuelta de las etnias del S *(maji-maji).*
La Tanzania actual. 1920-1946: el África Oriental Alemana, que se había convertido, tras la primera guerra mundial, en el territorio de Tanganyika, y ha-bía sido separada de la región NO (Ruanda-Urundi) y confiada a Bélgica, fue otorgada en mandato a Gran Bretaña por la SDN. **1946:** Tanganyika quedó bajo tutela de la de la ONU. **1958:** el partido nacionalista de Julius Nyerere, la Unión nacional africana de Tanganyika (TANU), obtuvo su primer gran éxito electoral. **1961:** se proclamó la independencia (de la que quedó excluido el sultanato de Zanzíbar, que permaneció bajo protectorado británico hasta 1963). **1962:** Nyerere fue elegido presidente de la nueva república. **1964:** se creó Tanzania por la unión de Zanzíbar y Tanganyika. **1965-1967:** Nyerere instauró un régimen socialista de partido único y firmó un tratado de amistad con China (1966). **1977:** una nueva constitución instauró un régimen más liberal. **1985:** Nyerere se retiró y en las eleccio-

nes salió elegido su sucesor, Alí Hassān Mwinyi. **1992:** este último introdujo el multipartidismo y el liberalismo económico en el país. **1995:** Benjamin Mkapa fue elegido presidente (reelegido en 2000). **2005:** lo sucedió Jakaya Kikwete.

TAO QIAN o **T'AO TS'IEN,** llamado también **Tao Yuanming** o **T'ao Yuan-ming,** *en Jiangxi h. 365-íd. 427,* poeta chino. En un estilo luminoso y transparente, celebra la unión profunda entre la naturaleza y el hombre. Es el poeta más apreciado de la literatura china.

TAORMINA, c. de Italia (Sicilia); 9 979 hab. Turismo. — Ruinas antiguas (teatro) en un magnífico emplazamiento, junto al mar Jónico.

Tao Tê-king o **Daodejing** (*Libro de la vía y de la virtud*), obra china atribuida a Laozi, principal texto del taoísmo. Probablemente se trata de una recopilación de textos anteriores, efectuada en el s. III a.C.

TAOYUAN o **T'AO-YUAN,** c. de Taiwan; 241 000 hab. Aeropuerto.

TAO YUANMING o **T'AO YUAN-MING** → TAO QIAN.

TAPACHULA, c. de México (Chiapas), en la planicie costera de Tehuantepec; 138 858 hab. Industrias derivadas de la agricultura. Centro comercial.

TAPAJÓS, r. de Brasil, afl. del Amazonas (or. der.); 1 992 km.

TÀPIES (Antoni), *Barcelona 1923,* pintor español. Tras el surrealismo de Dau al set se decantó por el informalismo, desarrollando su vertiente matérica. Su abstracción, con elementos simbólicos, adquiere dramáticos matices gracias a su libertad técnica. También ha trabajado la escultura, marcadamente objetual. (Premio Velázquez 2003.) — Fundación en Barcelona.

Tapso (batalla de) [46 a.C.], victoria decisiva de César sobre los partidarios de Pompeyo en Tapso, en el África proconsular (act. Túnez).

TARANCÓN (Vicente **Enrique y**), *Burriana 1907-Valencia 1994,* prelado español. Consagrado obispo (1945), fue arzobispo de Oviedo (1964). En 1969 fue creado cardenal y nombrado primado de España y arzobispo de Toledo. Durante su etapa de presidente de la Conferencia episcopal española (1971-1981), mantuvo una actitud de independencia de la Iglesia respecto al estado, y abogó por la democratización de la sociedad. (Real academia 1969.)

TARANIS, dios celta del cielo y del trueno, equivalente al Júpiter romano.

TARANTINO (Quentin), *Knoxville 1963,* director de cine estadounidense. Productor, guionista y actor, su cine negro conjuga un habilidad esteticismo y extrema violencia (*Reservoir Dogs,* 1992; *Pulp Fiction,* 1994; *Kill Bill, Vol. I* y *Vol. II,* 2003-2004, *Death Proof,* 2007).

TARAPACÁ (región de), región del N de Chile; 42 226 km²; 238 950 hab.; cap. *Iquique.*

Tarás Bulba, novela de N. Gógol (1835). Taras Bulba, encarnación del heroísmo del pueblo cosaco, mata a su hijo Andréi, quien, por el amor de una joven polaca, había traicionado a su país y a los suyos.

TARAZ, ant. **Jambul** y después **Jambyl,** c. del SE Kazajstán; 312 300 hab.

TARAZONA, c. de España (Zaragoza), cab. de p. j.; 10 416 hab. *(turiazonenses).* Centro agropecuario e industrial. — Catedral gótica con cimborrio y torre mudéjar renacentistas. Palacio episcopal. — sentencia arbitral de **Tarazona** (1304), resolución que zanjó las pretensiones de Alfonso de la Cerda a la corona de Castilla y puso fin al apoyo que le prestaba Jaime II de Aragón.

Tarbela, presa de Pakistán, al NO de Rāwalpindi, sobre el Indo.

TARBES, c. de Francia, cap. del dep. de Hautes-Pyrénées, a orillas del Adour; 49 343 hab. Catedral.

TARDE (Gabriel de), *Sarlat 1843-París 1904,* sociólogo francés. Fue uno de los fundadores de la psicosociología y de la escuela francesa de criminología.

TARDI (Jacques), *Valence 1946,* dibujante y guionista de cómics francés. Inspirándose en los ambientes de comienzos del s. XX y en los suburbios parisinos, es el creador sobre todo de *Las extraordinarias aventuras de Adèle Blanc-Sec* (1976).

TARENTO, en ital. **Taranto,** c. de Italia (Apulia), cap. de prov., junto al *golfo de Tarento,* formado por el mar Jónico; 232 200 hab. Puerto. Centro industrial. — Museo nacional (arqueología). — Fundada h. 708 a.C. por colonos espartanos, se convirtió en una de las ciudades más ilustres de la Magna Grecia. Fue conquistada por los romanos en 272 a.C. a pesar de la intervención de Pirro de Epiro. Aliada de Aníbal, fue tomada de nuevo por Roma en 209.

TÁRIBA, mun. de Venezuela (Táchira); 25 340 hab. Canteras de cal y azufre.

TARIFA, c. de España (Cádiz); 15 481 hab. *(tarifeños).* Pesca e industria alimentaria. Puerto militar. Parque de energía eólica. Turismo deportivo (windsurf). — Tarif ibn Malluk la recorrió en 710 y los musulmanes la fortificaron por su importancia estratégica. En la c. se produjo el episodio de Guzmán el Bueno (1294).

TARIFA (punta de) o **PUNTA MARROQUÍ,** punta de España (Cádiz), en el estrecho de Gibraltar, extremo S de Europa. Protege el puerto militar y pesquero de la c. de Tarifa. Faro.

TARIF IBN MALLUK, oficial beréber de los ss. VII-VIII, subalterno de Ṭāriq ibn Ziyād. Por encargo de Mūsā ibn Nuṣayr, exploró las costas de la península Ibérica antes de la invasión musulmana (710), y recorrió Tarifa y Gibraltar.

TARIJA, c. de Bolivia, cap. del dep. homónimo, junto al *río Tarija;* 68 493 hab. Centro comercial. Yacimientos de gas.

TARIJA (departamento de), dep. del S de Bolivia; 37 623 km²; 290 851 hab.; cap. *Tarija.*

TARIM, r. de China, en el Xinjiang, que nace en el Karakórum y termina en la depresión del Lob Nor; 2 179 km.; cuenca de 35 000 km². Importantes yacimientos de petróleo y de gas natural.

TARÍMBARO, mun. de México (Michoacán); 25 503 hab. Agricultura y ganadería. Artesanía.

TARIMORO, mun. de México (Guanajuato); 32 355 hab. Agricultura y ganadería. Artesanía.

TARIO (Francisco Peláez,** conocido como Francisco), *México 1911-Id. 1977,* escritor mexicano. Es autor de cuentos fantásticos de factura muy personal (*Tapioca INN. Mansión para fantasmas,* 1952; *Una violeta de más,* 1968) y de novelas (*Aquí abajo,* 1943).

TARIQ IBN ZIYĀD, general beréber. Gobernador de Tánger, dirigió el desembarco musulmán en la península Ibérica (711). Refugiado en la montaña que fue bautizada con su nombre, *Ŷabal Ṭāriq* (Gibraltar), posteriormente instaló su base en al-Ŷazira al-Jaḍrā (Cádiz). Derrotó al rey visigodo Rodrigo en Guadalete (711) y llegó hasta Toledo.

TARKOVSKI (Andréi), *Moscú 1932-París 1986,* cineasta soviético. Profético, visionario, su obra está impregnada de una profunda espiritualidad (*La infancia de Iván* (1962), *Andréi Rubliov* (1966), *El espejo* (1974), *Stalker* (1979), *Nostalghia* (1983), *Sacrificio* (1986).

TARMA, mun. de Perú (Junín); 28 933 hab. Cereales y frutales. Ganadería.

TARN, r. de Francia, afl. del Garona (or. der.); 375 km.

TARN, dep. de Francia (Midi-Pyrénées); 5 758 km²; 343 402 hab.; cap. *Albi.*

TARN-ET-GARONNE, dep. de Francia (Midi-Pyrénées); 3 718 km²; 206 034 hab.; cap. *Montauban.*

TARNOBRZEG, c. de Polonia, junto al Vístula; 49 900 hab. Yacimientos de azufre; química.

■ ANTONI TÀPIES. *Porta metàl·lica i violí* (1956). [Fundació Tàpies, Barcelona.]

TÄRNOVO → **VELIKO TÄRNOVO.**

TARNÓW, c. del S de Polonia; 113 000 hab. Centro industrial. — Ayuntamiento de los ss. XIV-XVI (museo); catedral gótica del s. XVI.

TARPEYA MIT. ROM. Joven vestal que entregó la ciudadela de Roma a los sabinos, que luego la mataron.

Tarpeya (roca), extremidad SO del Capitolio de Roma, desde donde eran arrojados algunos condenados a muerte.

TARQUINIA, c. de Italia (Lacio); 15 303 hab. Necrópolis con tumbas (ss. VII-II a.C.) adornadas con pinturas (patrimonio de la humanidad 2004). Fue una de las más importantes ciudades etruscas.

TARQUINO el Viejo o el **Antiguo,** en lat. **Lucius Tarquinius Priscus,** *616-579 a.C.,* quinto rey legendario de Roma. Primer rey etrusco de Roma, la fortificó y embelleció (gran circo y templo de Júpiter Capitolino).

TARQUINO el Soberbio, en lat. **Lucius Tarquinius Superbus,** *534-509 a.C.,* último rey legendario de Roma. La tradición lo presenta como un tirano. Tras la violación de Lucrecia por su hijo Sexto, los romanos sublevados lo expulsaron y se instauró la república.

TARRACO, ant. c. romana de la península Ibérica (act. *Tarragona*). Su primera muralla y la torre Minerva son algo posteriores a 218 a.C. En 45 a.C. se estableció en ella una colonia cesárea. Principal ciudad de la Hispania Citerior, se convirtió en capital de la Tarraconense (27 a.C.). Fue destruida por los francos y alamanes en el s. III. — Importantes restos arqueológicos (→ **Tarragona**).

TARRACONENSE, ant. provincia romana de Hispania, surgida de la división territorial de Augusto (27 a.C.), que englobaba la Citerior y las tierras cántabras. Su capital era Tarraco.

TARRADELL (Miquel), *Barcelona, 1920-íd. 1995,* prehistoriador y arqueólogo español, especialista en prerromanización y romanización de la península Ibérica (*Arte ibérico,* 1968; *Primeras culturas e Hispania romana,* 1980).

TARRADELLAS (Josep), *Cervelló, Barcelona, 1899-Barcelona 1988,* político español. Miembro de Esquerra Republicana de Catalunya, fue conseller de la Generalidad (1931-1932, 1936-1939) y jefe del gobierno autónomo (1936-1937). Desde 1954 fue presidente de la Generalidad en el exilio. Negoció con el gobierno de Suárez el restablecimiento de la Generalidad (1977), que presidió hasta 1980.

TARRAGONA, c. de España, cap. de la prov. homónima y cab. de p. j.; 114 097 hab. *(tarraconenses).* Centro de servicios y de comunicaciones. Puerto comercial y pesquero. Industrias (refino de petróleo, química y petroquímica). Universidad. — La antigua *Tarraco,* de origen ibérico, fue capital de la Tarraconense y conserva numerosos restos romanos (patrimonio de la humanidad 2000): murallas, foro, anfiteatro, circo, teatro y, fuera de la ciudad, torre de los Escipiones, acueducto de las Farreras y arco de Bará. De la época medieval destaca la catedral románico-gótica (ss. XII-XIV). Museos diocesano, arqueológico, paleocristiano y de historia.

TARRAGONA (provincia de), prov. del NE de España, en Cataluña; 6 283 km²; 598 533 hab.; cap. *Tarragona.* La cordillera Prelitoral y, al SO, el sistema Ibérico enmarcan la llanura costera y el valle bajo del Ebro, con la región del delta. Cultivos de vid, olivo, arroz (en el delta) y frutos secos. Pesca. Producción eléctrica de origen térmico y nuclear. Petróleo frente a la costa. Industrias en Tarragona (petroquímica), Reus y Tortosa. Turismo (Costa Dorada).

TÀRREGA, c. de España (Lérida); 12 548 hab. *(targuenses).* Mercado agrícola e industrias derivadas. — Ayuntamiento e iglesia de Santa María (s. XVII). Hospital (1740).

TÁRREGA (Francisco), *Villarreal 1859-Barcelona 1909,* guitarrista y compositor español. Fundador en Barcelona de una escuela guitarrística de gran prestigio, compuso piezas para dicho instrumento (*Recuerdos de la Alhambra; Capricho árabe; Sueño*).

TÁRREGA (Francisco Agustín), *Valencia 1554-íd. 1602,* dramaturgo español. Escribió obras de tema histórico (*El cerco de Rodas*) y comedias costumbristas (*La enemiga favorable*).

TARRÉS (Jordi), *Rellinars, Barcelona, 1966,* motociclista español. Único corredor que ha sido siete veces campeón del mundo de trial (1987, 1989, 1990, 1991, 1993, 1994 y 1995), también obtuvo siete veces el campeonato del mundo por equipos con España.

TARSIS, TARŠIŠ o **THARSIS,** nombre con que la tradición bíblica y fenicia designa el «país de las piedras preciosas» y el «de los metales», término que se aplicó al emporio occidental que los griegos llamaron *Tartessos.

TARSKI (Alfred), *Varsovia 1902-Berkeley 1983,* lógico y matemático estadounidense de origen polaco. Fundador de la semántica lógica moderna, demostró, entre otras cosas, la necesidad de distinguir entre lenguaje y metalenguaje.

TARSUS, c. de Turquía, al O de Adana; 187 508 hab. Ruinas de la antigua *Tarso,* cuna de san Pablo.

TARTAGLIA (Niccolò **Fontana,** llamado), *Brescia h. 1499-Venecia 1557,* matemático italiano. Fue uno de los primeros algebristas que resolvieron las ecuaciones de tercer grado y establecieron su teoría. También aplicó las matemáticas al arte militar y desarrolló la aritmética comercial.

TARTARIA (estrecho de), estrecho del Pacífico, entre Siberia y la isla Sajalín.

TÁRTARO MIT. GR. Y ROM. Región de los Infiernos, lugar de castigo de los grandes culpables.

TARTESSOS, nombre con que los griegos designaban al país de occidente donde los fenicios obtenían los metales que negociaban en los mercados orientales. En realidad, el nombre correspondía a una cultura, asentada en el bajo Guadalquivir, que floreció, influida por los fenicios, a fines de la edad de bronce y desapareció h. 500 a.C. Según la tradición, recogida por Herodoto, su rey Argantonio mantuvo relaciones comerciales con los griegos focenses durante medio siglo. — Desarrolló un arte de influencia oriental, muy original, en el que destaca la orfebrería (tesoros de El *Carambolo, Sevilla, y *Aliseda, Cáceres), la eboraria y la industria del bronce.

TARTINI (Giuseppe), *Pirano 1692-Padua 1770,* violinista y compositor italiano. Es autor de conciertos y sonatas para su instrumento *(El trino del diablo),* y de tratados.

TARTU, ant. *Dorpat,* c. de Estonia; 115 000 hab.

Tartufo, comedia de Molière, cuya primera versión se representó en 1664. Tartufo es el arquetipo del hipócrita que consigue dominar a una familia burguesa y obtener de ella todo lo que quiere.

TARVISIO (paso de), paso de los Alpes orientales, que une Italia (Friuli) con Austria (Carintia); 812 m.

Tarzán, personaje de una serie de novelas de E. R. Burroughs, creado en 1912 y popularizado por el cine desde 1918 y el cómic (H. Foster, 1929; B. Hogarth, 1937). Niño salvaje que se convierte en rey de la selva, utiliza su fuerza para ayudar a los menos favorecidos.

TASHKENT, cap. de Uzbekistán, en Asia central; 2 113 000 hab. Nudo ferroviario; centro administrativo, cultural e industrial. — Museos.

TASILÓN III, *h. 741-d. 794,* duque de Baviera (748-788). Quiso liberarse de la tutela franca, pero Carlomagno lo derrotó y se apoderó de su ducado.

TASMAN (Abel Janszoon), *Lutjegast, Groninga, 1603-Batavia 1659,* navegante neerlandés. Descubrió Tasmania, Nueva Zelanda y las islas Fidji (1642-1643).

TASMANIA, ant. **Tierra de Van Diemen,** estado insular del SE de Australia; 68 000 km²; 452 847 hab. *(tasmanos);* cap. Hobart. La isla, poblada por melanesios, fue abordada por A. Tasman en 1642 y ocupada por los británicos a comienzos del s. XIX. En 1901 se incorporó a la Commonwealth australiana.

TASOS o **THASO,** isla griega del N del mar Egeo. Restos antiguos.

TASS → ITAR-Tass.

TASSO (Torquato), *Sorrento 1544-Roma 1595,* poeta italiano. Es autor de la fábula pastoril *Aminta* (1573) y del poema épico *La Jerusalén libertada* (1581), en el que se mezclan episodios heroicos y novelescos. — Su vida agitada y marcada por la locura inspiró a Goethe *(Torquato Tasso,* 1789).

■ TORQUATO
TASSO, por A. Allori.
(Uffizi, Florencia.)

TASSONI (Alessandro), *Módena 1565-íd. 1635,* escritor italiano. Es autor del poema heroicocómico *El cubo robado* (1622).

TATA (Jamshedji Nasarwanji), *Navsāri, Gujarāt, 1839-Bad Nauheim 1904,* industrial indio. Promovió la industrialización de su país y el desarrollo de Bombay.

TATABÁNYA, c. de Hungría, al O de Budapest; 74 277 hab. Lignito.

TATARSTÁN, república de Rusia, junto al Volga medio; 68 000 km²; 3 696 000 hab.; cap. *Kazán.* Los tatars, bastante más numerosos que los rusos, forman apenas la mitad de la población. Yacimientos petrolíferos.

Tate (The), conjunto de museos nacidos de la *Tate Gallery,* museo nacional fundado en Londres en 1897 con las obras donadas al estado por el industrial sir Henry Tate. Desde 2000, las colecciones se exhiben en Londres en dos museos: la *Tate Britain,* que, ubicada en el emplazamiento original de la Tate Gallery (Millbank), conserva importantes colecciones de arte británico —destaca el fondo Turner, en la «Clore Gallery»—, y la *Tate Modern* (Bankside), consagrada al arte moderno y contemporáneo internacional. Otros museos en Liverpool y en St. Ives, en Cornualles.

TATI (Jacques **Tatischeff,** llamado **Jacques),** *Le Pecq 1907-París 1982,* cineasta francés. Observador de la realidad cotidiana, renovó el cine cómico francés *(Las vacaciones de M. Hulot,* 1953; *Mi tío,* 1958; *Trafic,* 1971).

TATLIN (Vladímir Yevgráfovich), *Moscú 1885-íd. 1953,* pintor, escultor y arquitecto ruso, maestro del *constructivismo.

TATRAS o **TATRY,** macizo montañoso, el más elevado de los Cárpatos, en la frontera entre Polonia y Eslovaquia; 2 655 m. Parque nacional. (Reserva de la biosfera 1992.)

TATUM (Arthur, llamado Art), *Toledo, Ohio, 1910-Los Ángeles 1956,* pianista de jazz estadounidense. Por su profundo sentido musical, su swing y la riqueza de sus armonías, se le considera uno de los más brillantes virtuosos del jazz *(Tenderly; Tea for Two).*

TAUBATÉ, c. de Brasil (São Paulo); 205 070 hab.

TAUBE (Henry), *Neudorf, Saskatchewan, 1915-Stanford, California, 2005,* químico estadounidense de origen canadiense. Sus estudios de química mineral sentaron las bases para la comprensión de la reactividad de los complejos. Investigó las reacciones de transmisión de electrones en los complejos metálicos. (Premio Nobel 1983.)

TAUERN, cordillera de los Alpes austriacos. Se distinguen los *Hohe Tauern* (Grossglockner, 3 796 m), al O, y los *Niedere Tauern,* al E. – *Parque nacional Hohe Tauern;* 1 800 km².

Taula de canvi («Mesa de cambio»), banco público de cambios y depósitos, fundado en Barcelona en 1401. Fue el primer banco oficial de la península Ibérica. Reducida a banco privado bajo la dinastía de los Borbones, fue liquidado en 1853.

TAULER (Johannes), llamado **Taulero,** *Estrasburgo h. 1300-íd. 1361,* místico alsaciano. Dominico, discípulo y continuador del maestro Eckhart, gran predicador, fue uno de los fundadores de la espiritualidad cristiana.

TAÚLL → TAHULL.

TAUNUS, parte del macizo esquistoso Renano, al N de Frankfurt del Main; 880 m.

TAUPO (lago), el mayor lago de Nueva Zelanda; 606 km².

TÁURIDE, ant. nombre del Quersoneso Táurico de los griegos.

TAURO o **TORO,** constelación zodiacal, cuya estrella más brillante es Aldebarán. — **Tauro,** segundo signo del zodiaco, que el Sol atraviesa del 20 de abril al 20 de mayo.

TAURUS, sistema montañoso de Turquía, que domina el Mediterráneo; 3 734 m en el Ala Daĝ.

TAUSTE, v. de España (Zaragoza); 6 932 hab. *(taustanos).* Cultivo cerealista. Iglesia góticomudéjar de Santa María, con torre octogonal y retablo mayor renacentista. Casas señoriales del s. XVII.

TAUTAVEL, localidad de Francia (Pyrénées-Orientales), al NO de Perpiñán; 857 hab. En la cueva de l'Aragó se hallaron en 1971 fragmentos de un cráneo humano de cerca de 450 000 años de antigüedad, con rasgos entre el *Homo erectus* y el hombre de Neanderthal.

TAVERA (Juan Pardo de), *Toro 1472-Toledo 1545,* eclesiástico y político español. Obispo de Ciudad Rodrigo (1514) y de Osma, arzobispo de Santiago (1524) y de Toledo (1534), fue creado cardenal en 1531. Presidió el consejo de Castilla (1524-1539) y fue inquisidor general (1539-1540).

TAVERNES DE LA VALLDIGNA, c. de España (Valencia); 16 516 hab. *(taberneros).* Cerámica.

TAVERNIER (Bertrand), *Lyon 1941,* cineasta francés. Su conocimiento del cine estadounidense le sirve para realizar un examen esclarecedor de la historia contemporánea y la sociedad actual de su país *(El relojero de Saint-Paul,* 1974; *La vida y nada más,* 1989; *Ley 627,* 1992; *Capitán Conan,* 1996; *La pequeña Lola,* 2004).

TAVIANI (hermanos), cineastas italianos. **Paolo T.,** *San Miniato, prov. de Pisa, 1931,* y **Vittorio T.,** *San Miniato, 1929.* Han realizado en colaboración películas que tratan temas sociohistóricos: *Bajo el signo de escorpión* (1969), *Allonsafan* (1974), *Padre padrone* (1977), *Kaos* (1984), *Good morning, Babilonia* (1987).

TAVIRA (Antonio), *Iznatoraf, Jaén, 1737-Salamanca 1807,* eclesiástico español. Prior de la orden de Santiago, obispo de Canarias (1792), Osma (1797) y Salamanca (1798), defendió una política religiosa regalista y episcopalista.

TAVOLIERE, llanura de Italia, en Apulia.

TAVOY o **DAWEI,** c. de Birmania; 102 000 hab. Puerto.

TAWFĪQ (Muḥammād), *El Cairo 1852-Helouan 1892,* jedive de Egipto (1879-1892). Hijo de Ismā'īl Bajá, cedió en 1881 ante el movimiento nacionalista de 'Arābi Bajá, lo que provocó la intervención de los británicos (1882).

TAXCO, mun. de México (Guerrero), en la *sierra de Taxco;* 75 912 hab.; cab. *Taxco de Alarcón.* Minería. Orfebrería. Turismo. — Iglesia de Santa Prisca (s. XVIII), joya del barroco colonial. Caserío colonial.

TAXILA, sitio arqueológico de Pakistán, al NO de Rāwalpindi, en la ruta de la seda. Restos del s. VI a.C. al s. XI d.C. (Patrimonio de la humanidad 1980.)

TAY, r. de Gran Bretaña, en Escocia, que desemboca en el mar del Norte por un amplio estuario *(Firth of Tay),* donde se asienta Dundee; 193 km.

TAYLOR (Brook), *Edmonton, Middlesex, 1685-Londres 1731,* matemático inglés. Uno de los fundadores del cálculo de las diferencias finitas, su nombre está ligado a un desarrollo en serie de una función.

TAYLOR (Cecil Percival), *Nueva York 1933,* pianista y compositor de jazz estadounidense. Figura del free jazz, ha creado un mundo sonoro torrencial en el que el piano es percutivo *(Unit Structures,* 1966; *Indent,* 1972).

TAYLOR (Charles), *Montreal 1931,* filósofo canadiense. Partiendo de una crítica del conductismo, ha desarrollado un amplio enfoque antropológico del tema *(Fuentes del yo,* 1989), asociado a una reflexión de índole ética y política *(El multiculturalismo y la política del reconocimiento,* 1992).

TAYLOR (Elizabeth, llamada **Liz**), *Londres 1932,* actriz estadounidense de origen británico. Debutó en el cine a la edad de diez años, y se consagró como una de las grandes estrellas de Hollywood (*De repente el último verano*, J. Mankiewicz, 1959; *¿Quién teme a Virginia Woolf?*, M. Nichols, 1966; *El pájaro azul*, G. Cukor, 1976; *El joven Toscanini*, F. Zeffirelli, 1988).

TAYLOR (Frederick Winslow), *Filadelfia 1856-íd. 1915*, ingeniero y economista estadounidense. Promotor de la organización científica del trabajo (*taylorismo*), llevó a cabo la primera medida del tiempo de ejecución de un trabajo. Perfeccionó la composición de los aceros de corte rápido.

TAYLOR (Joseph), *Filadelfia 1941*, astrofísico estadounidense. Con su alumno R. Hulse, descubrió el primer púlsar binario (1974) y, al estudiarlo, determinó la existencia de ondas gravitacionales. (Premio Nobel de física 1993.)

TAYLOR (Paul), *condado de Allegheny, Pennsylvania, 1930*, bailarín y coreógrafo estadounidense. Representa a menudo la vertiente humorística de la danza moderna (*Speaking in Tongues*, 1988).

TAYLOR (Richard Edward), *Medicine Hat, Alberta, 1929*, físico canadiense. Participó en las investigaciones que, entre 1967 y 1973, desembocaron en la demostración experimental de los quarks. (Premio Nobel 1990.)

Tây Mahall o **Tāj Mahal**, mausoleo de mármol blanco con incrustaciones de piedras de color, erigido en el s. XVII, cerca de Āgra, en la India, por el emperador Šāh Ŷahān en memoria de su esposa, Mumtaz-i Mahall. Constituye uno de los mayores logros de la arquitectura mogol. (Patrimonio de la humanidad 1983.)

■ EL **TÂŶ MAHALL** (1631-1641), cerca de Āgra.

TAZA, c. de Marruecos, cap. de prov., entre el Rif y el Atlas Medio, en el *corredor de Taza*; 77 000 hab.

TAZOULT, ant. **Lambèse**, c. de Argelia, en el vilayato de Batna, al N del Aurès; 9 000 hab. Importantes ruinas romanas.

TBESSA, c. del E de Argelia, al N de los *montes de Tbessa*, cap. de vilayato; 111 700 hab. Ruinas romanas.

TBILISI, ant. **Tiflis**, cap. de Georgia; 1 279 000 hab. Centro administrativo, cultural e industrial. — Catedral de Sion y basílica de Antchiskhati (s. VI); museos.

TBO, revista infantil ilustrada española (1917-1983) cuyo título, por extensión, se ha convertido en sinónimo de cómic en España.

TEAPA, mun. de México (Tabasco); 26 376 hab. Cacao, plátanos, caña de azúcar. Ganadería

TEAYO, mun. de México (Veracruz), en la Huasteca; 19 309 hab. Yacimientos petrolíferos.

TEBAIDA, parte S del ant. Egipto, cuya capital era Tebas. En los primeros siglos del cristianismo fue un centro importante del monaquismo.

TEBAIDA (La), mun. de Colombia (Quindío); 18 503 hab. Plantaciones de plátanos.

TEBAS, c. del ant. Egipto. Los príncipes tebanos reunificaron Egipto y fundaron la XI dinastía en el s. XXII a.C. Posteriormente, los príncipes tebanos de la XVIII dinastía expulsaron a los hicsos (h. 1580). En el Imperio nuevo se convirtió en capital de Egipto y en una gran metrópolis religiosa gracias a la influyente casta sacerdotal del dios Amón. Fue destruida en 663 a.C. durante la invasión asiria. — Se conser-

■ ELIZABETH **TAYLOR** en *La gata sobre el tejado de zinc* (1958) de R. Brooks.

van los santuarios de Luxor y Karnak. Frente a ellos, en la orilla occidental del Nilo se encuentran los colosos de Memnón, la inmensa necrópolis (templos funerarios de Dayr al-Bahari, hipogeos del Valle de los Reyes, de las Reinas, de los Nobles, etc.). [Patrimonio de la humanidad 1979.]

TEBAS, en gr. **Thívai**, c. de Grecia; 18 191 hab. La leyenda la convirtió en el escenario del ciclo de Edipo. — A partir del s. VII, se puso al frente de una confederación de ciudades de Beocia. Durante las guerras médicas se alió con los persas. Gracias a Epaminondas y a Pelópidas, conoció una época de hegemonía sobre las ciudades griegas (371-362 a.C.). Alejandro Magno la destruyó en 336 a.C.

TEBICUARY, r. de Paraguay, afl. del Paraguay (or. izq.), que atraviesa de E a O la región meridional del país; 235 km. Es navegable en su último tramo.

TECALITLÁN, mun. de México (Jalisco); 17 287 hab. Centro comercial y de servicios de área agropecuaria.

TECÁMAC, mun. de México (México); 84 120 hab. Agricultura y ganadería. Elaboración de licores.

TECAMACHALCO, mun. de México (Puebla); 31 330 hab. Artesanía. Iglesia de San Francisco (1551, reconstruida en 1561), cuya bóveda decoró el pintor indígena Juan Gerson con medallones inspirados en grabados europeos.

■ **TEGUCIGALPA**. Vista de la ciudad.

TECATE, mun. de México (Baja California); 30 540 hab. Vid e industria destilera.

TÉCHINÉ (André), *Valence d'Agen 1943*, cineasta francés. Sus películas, en ocasiones rebuscadas pero siempre románticas (*La cita*, 1985; *Los ladrones*, 1996; *Los testigos*, 2007), son precisas e inspiradas en la evocación de la provincia (*Mi estación preferida*, 1993; *Los juncos salvajes*, 1994).

TECHOTLALA, TECHOLLALA o **TECHO-TLALATZIN**, *1357-1409*, rey de los chichimecas de Texcoco. Hijo y sucesor de Quinatzin, en su época el reino se dividió en principados soberanos. Adoptó los patrones culturales de los antiguos toltecas y fomentó la agricultura.

TECOANAPA, mun. de México (Guerrero); 29 602 hab. Productos de ixtle y palma.

TECOLUCA, mun. de El Salvador (San Vicente); 21 485 hab. Algodón, caña de azúcar, café y frutas.

TECOLUTLA, mun. de México (Veracruz), en la Huasteca; 26 092 hab. Yacimientos petrolíferos.

TECOMÁN, mun. de México (Colima); 67 064 hab. Centro turístico (balnearios). Salinas. Pesca.

TECOZAUTLA, mun. de México (Hidalgo); 22 650 hab. Cereales, frutas y hortalizas.

TECPAN DE GALEANA, mun. de México (Guerrero); 52 881 hab. Artesanía. Salinas. Pesca.

TECPÁN GUATEMALA, mun. de Guatemala (Chimaltenango); 21 510 hab. Industrias textiles y tenerías.

TECPATÁN, mun. de México (Chiapas); 21 451 hab. Café, frutos tropicales. Explotación forestal.

TECUALA, mun. de México (Nayarit), en la planicie costera; 46 341 hab. Artesanía. Pesca. Explotación maderera.

TECUAMBURRO, volcán de Guatemala; 1 944 m.

TECUMSEH, *Old Piqua, Ohio, 1768-región del lago Erie 1813*, jefe indio de la tribu de los shawnee. Apoyó a los británicos en la guerra contra los norteamericanos (1812).

TECÚN-UMÁN, *¿1499?-Llanos del Pinal 1524*, soberano quiché. Héroe nacional guatemalteco, se enfrentó a las tropas de Pedro Alvarado en la batalla de los Llanos del Pinal, donde murió.

TEDDER (Arthur), *Glenguin, Stirlingshire, Escocia, 1890-Banstead, cerca de Londres, 1967*, militar británico. Mariscal, estuvo al frente de la aviación aliada en Túnez e Italia (1943), y fue comandante adjunto de Eisenhower de las fuerzas que liberaron Europa occidental (1944-1945).

TEGAL, c. de Indonesia, en la costa N de Java; 229 553 hab.

TEGEA, ant. c. griega de Arcadia. Fue sometida por Esparta (h. 550 a.C.).

TEGLATFALASAR III, rey de Asiria (745-727 a.C.). Convirtió a Asiria en un imperio sólidamente organizado. Venció al imperio de Urartu, a Israel y a Damasco, y se proclamó rey de Babilonia.

TEGNÉR (Esaias), *Kyrkerud 1782-cerca de Växjö 1846*, poeta sueco. Es autor de poemas patrióticos y de una adaptación de la *Saga de Fritiof* (1820-1825).

TEGUCIGALPA, c. de Honduras, cap. del país y del dep. de Francisco Morazán y cab. del Distrito Central; 670 000 hab. (*tegucigalpenses*). Centro industrial, comercial y cultural (universidad). — Edificios coloniales: catedral (s. XVII), iglesia del Calvario de San Francisco y Virgen de los Dolores (s. XVIII). Palacio presidencial (1919); universidad (1847). Museo nacional (arqueología y arte colonial). — En 1998 un huracán devastó la ciudad.

TEGUISE, v. de España (Las Palmas), en Lanzarote; 12 184 hab. Pesca. Industria alimentaria. — Turismo. — Castillo de Guanapay (s. XIV).

TEHERÁN, en persa **Tehrān**, cap. de Irán; 6 475 527 hab. Centro artístico, comercial e industrial. — Palacio y jardín del Golestān (ss. XVIII-XIX); museos. — conferencia de **Teherán** (28 nov.-1 dic. 1943), conferencia entre Stalin, Roosevelt y Churchill. Stalin se adhirió al plan de los norteamericanos de desembarcar en Provenza.

TEHUACÁN, c. de México (Puebla); 139 450 hab. Aguas minerales. Vinos y licores. Metalurgia. Artesanía de tecalli (alabastro). Turismo. — Fue fundada en 1540.

■ **TEHERÁN** y, al fondo, el macizo del Elburz.

TEHUACÁN (valle de), valle de México (Puebla y Oaxaca), que constituye una región fisiográfica, avenado por el *río Tehuacán;* es de clima árido y vegetación escasa. — Importante centro del poblamiento primitivo de Mesoamérica, se han descubierto numerosos sitios que ilustran el proceso del neolítico americano. En la fase El Riego (7000-5000 a.C.) se cultivó la calabaza; en la fase Coxcatlán (5000-3400 a.C.) aparece el primer maíz cultivado de América; en la fase Abejas (3400-2300 a.C.) se cruzó el maíz con el teocintle y se obtuvo un híbrido de mejor calidad; en la fase Purrón (2300-1500 a.C.) aparece la cerámica.

TEHUANTEPEC, r. de México (Oaxaca), en la vertiente del Pacífico; 335 km. La presa Presidente Suárez (942 millones de m³) riega 65 000 ha.

TEHUANTEPEC (istmo de), istmo del SE de México (Oaxaca, Veracruz, Tabasco y Chiapas), entre el *golfo de Tehuantepec,* en el Pacífico, y la bahía de Campeche. En la parte SE (Oaxaca y Chiapas) se extiende la *planicie costera de Tehuantepec,* entre la costa y la sierra Madre de Chiapas, de unos 210 km de long. y entre 75 y 100 km de anch.

TEIDE (macizo del), macizo de España, en la isla de Tenerife (Canarias); 3 718 m en el *pico del Teide,* máx. elevación de España. Se halla en el interior de una gran caldera (las Cañadas), con puntos de vulcanismo latente. Parque nacional (18 990 ha) [patrimonio de la humanidad 2007]. Observatorio del Instituto de astrofísica de Canarias.

TEILHARD DE CHARDIN (Pierre), *Sarcenat 1881-Nueva York 1955,* teólogo y paleontólogo francés. Jesuita, paralelamente a su obra científica (descubrimiento del sinantropo, 1929) intentó adaptar el catolicismo al mundo científico moderno, a partir de la elaboración de una teoría original de la evolución (*El fenómeno humano,* 1955).

TEISSERENC DE BORT (Léon), *París 1855-Cannes 1913,* meteorólogo francés. Gracias a sus investigaciones experimentales sobre la atmósfera superior, mediante la utilización de globos, demostró la existencia de una capa isoterma, llamada más tarde estratosfera.

TEIXEIRA DE PASCOAES (Joaquim Pereira de Vasconcelos, llamado Joaquim), *Amarante Gatão 1878-San João de Gatão 1952,* escritor portugués. Tanto en su poesía intimista (*Siempre,* 1898; *Vida etérea,* 1906; *Elegía del amor,* 1924, y *Regreso al paraíso,* póstuma) como en su ideario (*Arte de ser portugués,* 1915) defendió la identidad portuguesa mediante la saudade.

TEJADA SORZANO (José Luis), *La Paz 1881-1938,* político boliviano. Ministro de hacienda (1917-1919), proyectó la unificación monetaria de Hispanoamérica. Vicepresidente (1931-1934) y presidente de la república (1934-1936), fue derrocado por el ejército.

TEJAS → TEXAS.

TEJEDA (caldera de), región de España, en Gran Canaria. Es una depresión con paredes abruptas (Roque Nublo, 1 700 m). Parador de turismo en la *Cruz de Tejeda.*

TEJEDA (José Simeón), *Arequipa 1826-1872,* abogado y político peruano. Miembro de la comisión encargada de la reforma de los códigos, fue ministro de justicia con Pezet y secretario del gobierno durante la dictadura de M. I. Prado.

TEJEDA (Luis de), *Córdoba 1604-íd. 1680,* poeta argentino, autor del libro de poemas testimoniales, recopilados por Ricardo Rojas, *El peregrino en Babilonia.*

TEJERA (Nivaria), *Cienfuegos 1930,* escritora cubana, autora de poesías (*Innumerables voces,* 1964) y narraciones (*Sonámbulos al sol,* 1972).

TEJERA NEGRA (Hayedo de), parque natural de España (NO de Guadalajara), en la *sierra de Tejera Negra;* 1 389 ha.

TEJERA PARÍS (Enrique), *Valencia 1890-Caracas 1980,* médico, político y diplomático venezolano. Descubridor de la cloromicetina o cloramfenicol, antibiótico de amplio espectro, fue ministro de salubridad en 1936 y de educación en 1938.

TEJUPILCO, mun. de México (México); 57 303 hab. Minas de plomo y plata. — Sitios arqueológicos precolombinos en la zona.

TE KANAWA (Dame Kiri), *Gisborne, Auckland, 1944,* soprano neozelandesa. Debutó en el Covent Garden y ha destacado en las óperas de Mozart, Verdi y Strauss.

TEKAX, mun. de México (Yucatán); 23 651 hab. Caña de azúcar, plátano y tabaco. Ganadería.

TELA, mun. de Honduras (Atlántida); 27 900 hab. Puerto exportador. Minería (titanio).

TEL-AVIV-JAFFA, c. de Israel, junto al Mediterráneo; 339 000 hab. (1 735 000 hab. en la aglomeración). Principal ciudad del país. Centro administrativo, cultural e industrial (informática, electrónica, etc.). — «Ciudad blanca», zona construida bajo los principios del urbanismo orgánico moderno (patrimonio de la humanidad 2003). Museos. — Fundada en 1909, ha sido el centro del movimiento de inmigración judía a Palestina. Fue capital del estado de Israel hasta 1980.

TELDE, c. de España (Las Palmas), cab. de p.j., en Gran Canaria; 88 110 hab. (*teldenses*). Centro agrícola (tomate, naranja) e industrial (química). Turismo. Aeropuerto de Gando.

telecomunicaciones (Unión internacional de) [UIT], agencia especializada de la ONU (desde 1947) originada en 1865, y que establece la reglamentación internacional sobre telecomunicación. Sede: Ginebra.

Telefónica, empresa española fundada en 1924 con el nombre de *Compañía telefónica nacional de España* mediante convenio entre el estado y la empresa estadounidense ITT y privatizada en 1997. Participa en compañías de telefonía de diversos países latinoamericanos.

TELÉMACO MIT. GR. Personaje de la *Odisea,* hijo de Ulises y Penélope, educado por Mentor. Ayudó a su padre, tras la guerra de Troya, en la lucha contra los pretendientes de su madre y le ayudó a recuperar el trono de Ítaca.

TELEMANN (Georg Philipp), *Magdeburgo 1681-Hamburgo 1767,* compositor alemán. Sintetizó la música europea en óperas, pasiones y música instrumental (sonatas, suites, conciertos y oberturas).

TELEMARK, región del S de Noruega.

Televisa, grupo de comunicación mexicano, fundado en 1973. Con varias cadenas de su propiedad, lidera en el mundo la producción de contenidos televisivos en español.

Televisión española (TVE), organismo estatal español de televisión, fundado en 1952 y convertido en sociedad anónima estatal en 1980. Empezó su emisión en 1956 y consta de dos cadenas.

TELICA, volcán de Nicaragua, en la cordillera de los Marabios, en el parque nacional del mismo nombre; 1 061 m.

TELL, conjunto de regiones húmedas del N de África, donde predominan las llanuras litorales.

TELL (Guillermo) → **GUILLERMO TELL.**

TÉLLEZ (fray Gabriel) → **TIRSO DE MOLINA.**

TELLIER (Michel Le), señor de Chaville, *París 1603-íd. 1685,* estadista francés. Ministro de guerra y canciller de Luis XIV, reformó la administración militar, y con su hijo, el marqués de Louvois, creó el ejército monárquico.

TELLO, nombre actual de las ruinas de la ciudad sumeria de *Girsu.

TELLO ROJAS (Julio C.), *Huarochirí 1880-Lima 1947,* arqueólogo peruano, estudioso de las culturas precolombinas (*Wiracocha,* 1923; *Arte antiguo peruano,* 1938).

TELMO (san) → **PEDRO GONZÁLEZ** (san).

TELOLOAPAN, mun. de México (Guerrero); 53 315 hab. En una región montañosa de gran riqueza hidroeléctrica.

TELUK BETUNG → BANDAR LAMPUNG.

TEMA, c. de Ghana; 109 975 hab. Puerto y centro industrial.

TEMAPACHE, mun. de México (Veracruz); 91 478 hab.; cab. *Álamo.* Industrias cárnicas. Petróleo. Oleoducto.

TEMASCALCINGO, mun. de México (México); 45 719 hab.; cab. *Santiago Coachochitlán.* Agricultura.

TEMASCALTEPEC, mun. de México (México); 19 853 hab. Cereales, legumbres. Pastos y bosques.

Temazcal o **Temascal**, presa y central eléctrica de México (Oaxaca), sobre el río Tonto, afl. del Papaloapan.

TEMESVÁR → TIMIŞOARA.

TEMIN (Howard), *Filadelfia 1934-Madison 1994,* bioquímico estadounidense. Descubrió la transcriptasa inversa, enzima que explica la cancerización de las células por virus de ARN, y los efectos de los retrovirus en el sida. (Premio Nobel de medicina 1975.)

TEMIRTÁU, c. de Kazajstán, en la cuenca de Karagandy; 213 000 hab. Siderurgia.

TEMIS MIT. GR. Diosa de la justicia. Sus atributos son la espada y la balanza.

TEMÍSTOCLES, *Atenas h. 528-Magnesia de Meandro h. 462 a.C.,* general y estadista ateniense. Convirtió a Atenas en la gran potencia naval del mundo helénico, construyendo El Pireo y reorganizando la flota. Con la victoria de Salamina (480) liberó a Grecia del peligro persa (guerras *médicas). Fue objeto de las intrigas de sus adversarios políticos y de Esparta, y a instancias de Cimón (partidario del reparto de la hegemonía sobre Grecia entre Esparta y Atenas) fue desterrado y se refugió en la corte de Artajerjes I.

TEMIXCO, mun. de México (Morelos); 45 147 hab. Caña de azúcar, legumbres. Ganadería.

TEMOAYA, mun. de México (México), en la cordillera Neovolcánica; 34 120 hab. Agricultura y ganadería.

TEMPELHOF, aglomeración del S de Berlín.

TEMPISQUE, r. de Costa Rica, en la vertiente del Pacífico, que desemboca en el golfo de Nicoya; 130 km aprox. Navegable desde Bolsón.

TEMPLE (sir William), *Londres 1628-cerca de Farnham 1699,* diplomático y escritor inglés. Embajador en La Haya (1668-1671 y 1674-1679), negoció la Triple alianza con las Provincias Unidas y Suecia (1668), y el matrimonio de María II Estuardo con Guillermo III de Nassau (1677). Escribió ensayos sobre política, de gran riqueza literaria.

Temple (orden del), orden militar y religiosa fundada en Jerusalén en 1119, cuyos miem-

■ EL **TEIDE.** Vista de la cumbre.

bros se distinguieron particularmente en Palestina. Adquirieron importantes riquezas y se convirtieron en banqueros del papado y de numerosos príncipes. En el mismo s. XII se establecieron en Aragón, Cataluña y Navarra, y luego en Castilla y León. Su función fue la defensa de los territorios fronterizos, y participaron en la reconquista acompañando a los reyes en sus empresas (Valencia, Mallorca, Sevilla, etc.). Felipe IV el Hermoso de Francia, deseando apoderarse de sus bienes y acabar con su poder, hizo detener a ciento treinta y ocho templarios (1307). Tras un largo proceso (1307-1314), condenó a la hoguera a muchos de ellos, así como a su general, Jacques de Molay, y consiguió que el papa Clemente V suprimiera la orden (1312). En la corona de Aragón sus bienes y miembros pasaron a formar parte de otras órdenes, mientras que en Castilla sus bienes pasaban a la corona.

TEMPOAL, mun. de México (Veracruz); 58 494 hab. Caña de azúcar y tabaco. Yacimientos petrolíferos.

TEMPRANILLO (José María **Hinojosa,** llamado **el**), *Jauja, Córdoba, h. 1800-d. 1832,* bandolero español. Contrabandista y salteador, controló sierra Morena. Fue indultado por Fernando VII (1832). — Prototipo del bandido romántico, su figura se hizo célebre en Europa a través de las obras de diversos autores (Mérimée, Dozy, Cook, etc.).

TEMUCO, c. de Chile, cap. de la región de Araucanía; 240 880 hab. Centro comercial de una región agrícola. Industrias alimentarias y de la madera.

TENA, c. de Ecuador, cap. de la prov. de Napo, junto al río Napo; 26 061 hab. Frutales. Madera.

TENA (Valle de), comarca de España (Huesca), en el Pirineo axial, avenada por el Gállego y sus afl. Numerosos lagos (ibones). Aprovechamiento hidroeléctrico. Turismo.

TENA (Lucero), *Durango 1939,* bailarina española de origen mexicano. Virtuosa de las castañuelas, formó parte de la compañía de Carmen Amaya en 1954, y creó después su propio cuadro flamenco.

TENANCINGO, mun. de México (México); 46 331 hab. Centro agropecuario e industrias derivadas. Basílica de Nuestra Señora de Tenancingo (s. XIX); convento carmelita del Santo Desierto (s. XVIII).

TENANGO DEL VALLE, mun. de México (México); 38 381 hab. Centro agrícola y ganadero. Artesanía.

TENARES, mun. de la República Dominicana (Salcedo); 24 609 hab. Agricultura. Bosques.

TÉNARO (cabo), ant. nombre del cabo Matapán.

TENASSERIM o **TANINTHARYI,** región meridional de Birmania.

TENAYUCA, centro arqueológico de los chichimecas, situado en las afueras de México (Tlalnepantla), de los ss. XIII-XIV. Pirámide escalonada (formada por siete estructuras superpuestas) y dos templos gemelos en su parte superior. A 3 km, pirámide de Santa Cecilia.

TÈNE (La), localidad suiza, en el extremo oriental del lago de Neuchâtel. Sitio arqueológico epónimo de la segunda edad del hierro (450 a.C.-fines del s. I a.C.). Rica necrópolis.

TENEBROSO (mar), nombre que se dio al océano Atlántico hasta la época de los descubrimientos.

TENEJAPA, mun. de México (Chiapas); 20 682 hab. Ganado vacuno y lanar. Explotaciones forestales.

TENERÉ, región del Sahara (Níger). [Reserva de la biosfera 1997.]

TENERIFE, isla de España, en las Canarias (Santa Cruz de Tenerife); 2 034 km²; 709 365 hab.; cap. *Santa Cruz de Tenerife.* Constituida por materiales eruptivos, culmina en el pico del Teide (3 718 m). Al N se abren los valles de La Orotava, Icod y La Guancha, y hacia el E, el de Güímar. Agricultura (plátano, tomate, vid, tabaco). Industrias manufactureras (tabaco) y refino de petróleo. — Poblada por guanches desde el neolítico, y conocida por los musulmanes desde el s. XI, la isla fue atribuida a Castilla en el tratado de Alcaçovas-Toledo (1479). Isabel la Católica encomendó su conquista a

Alonso Fernández de Lugo (1491), que venció en 1496 al jefe Bencomo. Fue anexionada a la corona por Carlos III.

TENERIFE, mun. de Colombia (Magdalena); 17 201 hab. Maíz, tabaco, yuca. Ganado vacuno y porcino.

TENGLO, isla de Chile, frente a Puerto Montt. Turismo.

Teniente (El), yacimiento de cobre de Chile (com. de Machalí, Libertador General Bernardo O'Higgins). Diseminado a lo largo de 40 km y con 340 km de galerías, es el complejo minero subterráneo y el yacimiento de cobre más grande del mundo. Fue nacionalizado en 1971.

TENIERS (David II), llamado **Teniers el Joven,** *Amberes 1610-Bruselas 1690,* pintor flamenco. De obra abundante y refinada, destacan sus escenas de género (interiores de taberna, fiestas campesinas). Fue el miembro más célebre de una familia de pintores flamencos del s. XVII.

TENNESSEE, r. de Estados Unidos, afl. del Ohio (or. izq.); 1 600 km. Su cuenca está explotada por la *Tennessee Valley Authority* (TVA): centrales hidroeléctricas, regadío, lucha contra la erosión, desarrollo industrial (electrometalurgia y electroquímica).

TENNESSEE, estado de Estados Unidos, entre el Mississippi y los Apalaches; 4 877 185 hab.; cap. *Nashville-Davidson;* c. pral. *Memphis.* Avenado por el *Tennessee.*

TENNYSON (Alfred, lord), *Somersby 1809-Aldworth 1892,* poeta británico. Autor de *Los idilios del rey* (1859-1885) y *Enoch Arden* (1864), fue el gran poeta de la época victoriana.

TENO, com. de Chile (Maule); 24 059 hab. Cereales, legumbres, vid, frutas. Industria alimentaria.

TENOCH, *m. h. 1366.* Caudillo azteca. La leyenda le atribuye la fundación de Tenochtitlan en el lugar en que un águila devoraba una serpiente sobre un nopal.

TENOCHTITLAN, ant. c. de México, cap. de los aztecas, situada en una de las islas del lago Texcoco. Fundada por los aztecas en 1325 (o 1345), su desarrollo se inició con el gobierno de Acamapichtli (1376), que la alió con Texcoco y Tlacopan; la impuso a numerosas ciudades, de las que se hizo tributaria, lo que contribuyó a enriquecerla, y la engrandeció mediante chinampas y con la anexión de Tlatelolco. Con más de 250 000 hab., era una de las urbes más grandes y bellas del mundo antes de ser destruida por los españoles (1521). Sobre sus cimientos se levantó la ciudad de México colonial.

TENOS → **TÍNOS.**

TENOSIQUE, mun. de México (Tabasco), en la región selvática del Usumacinta; 38 299 hab. Ganadería.

TENZIN GYATSO, *Taktser, prov. de Qinghai, 1935,* decimocuarto dalai-lama del Tíbet. Subió al trono en 1940 y ejerció su poder a título personal a partir de 1950. Se exilió a la India en 1959. (Premio Nobel de la paz 1989.)

TEOBALDO I el Trovador, *Troyes 1201-Pamplona 1253,* conde de Champagne y de Brie (Teobaldo IV) [1201-1253] y rey de Navarra (1234-1253). Hijo de Teobaldo III de Champagne, sucedió en Navarra a su tío Sancho VII. Ordenó la compilación *Cartulario magno.* Notable trovador, compuso poesías amorosas. — **Teobaldo II,** *1253-Trápani 1270,* conde de Champagne y de Brie (Teobaldo V) y rey de Navarra (1253-1270), hijo de Teobaldo I y Margarita de Borbón.

TEOCALTICHE, mun. de México (Jalisco); 33 174 hab. Centro comercial de un área agrícola y ganadera.

TEÓCRITO, *¿Siracusa? h. 310-h. 250 a.C.,* poeta griego. Creador de la poesía bucólica (*Los idilios*), expresó, en el seno de una civilización refinada, su añoranza de la vida sencilla en la naturaleza.

TEODATO, *m. en Ravena 536,* rey de los ostrogodos (534-536). Era sobrino de Teodorico el Grande.

teodicea (Ensayos de), obra de Leibniz (1710), en la que el autor desarrolla su teoría según la cual el mal es una deficiencia imputable al

hombre, no a Dios, que ha creado el mejor de los mundos posibles.

TEODOMIRO, *m. en 570,* rey de los suevos (559-570). Restauró el catolicismo y convocó el primer concilio de Braga (561).

TEODOMIRO, conocido también como **Todmir** o **Tudmir,** *m. h. 743,* noble visigodo. Gobernador de Murcia en tiempos de Égica y Vitiza, resistió inicialmente a los musulmanes. En 713 concertó la capitulación de Orihuela, pero conservó la autonomía política (*cora y reino de Teodomiro*), mediante el pago de tributos.

TEODORA, *Constantinopla, principios del s. VI-íd. 548,* emperatriz bizantina (527-548). Figura clave durante el reinado de su marido, Justiniano I, este le debió el haber conservado su trono durante la sedición Nika (532).

■ **TENZIN GYATSO** en 1998.

■ **LA EMPERATRIZ TEODORA.** (Iglesia de San Vidal, Ravena.)

TEODORA, *m. en 867,* emperatriz regente de Bizancio (842-856) durante la minoría de su hijo Miguel III. Convocó un concilio que restableció definitivamente el culto a las imágenes (843).

TEODORICO I, *m. en los campos Cataláunicos 451,* rey de los visigodos (418-451). A la muerte de Honorio (423), aprovechó la guerra civil para romper con Roma, emprendió dos campañas para conquistar la Narbonense (425-426 y 436-439) y se unió a romanos y francos contra Atila, en la batalla de los campos Cataláunicos (451), donde murió. — **Teodorico II,** *m. en 466,* rey de los visigodos (453-466). Hijo de Teodorico I, renovó el pacto con Roma y cambió la Narbonense a cambio del reconocimiento del emperador Severo. Firmó un tratado con el suevo Remismundo (462) en el que delimitaba las zonas de ocupación de la Península. Su hermano Eurico lo asesinó en un lugar indeterminado de la Galia.

TEODORICO I el Amalo, llamado **el Joven** o **el Grande,** *en Panonia h. 454-Ravena 526,* rey de los ostrogodos (493-526). Educado en Constantinopla e impregnado de la cultura grecorromana, hizo renacer el Imperio de Occidente durante una época. El emperador Zenón le confió la tarea de arrebatar Italia a Odoacro (193) y Teodorico se convirtió en dueño de la península y de las costas dálmatas. Con la ayuda de sus ministros, Casiodoro y Boecio, intentó en vano unir a los romanos y a los godos. Durante su reinado, Ravena fue una capital espléndida.

TEODORO I LÁSCARIS, *m. en 1222,* primer emperador bizantino de Nicea (1204, de hecho 1208-1222). — **Teodoro II Ducas Láscaris,** *1222-1258,* emperador bizantino de Nicea (1254-1258), nieto de Teodoro I Láscaris.

TEODOROS o **TEODORO II,** *Sarge, Kuwara, 1818-Magdala 1868,* emperador de Etiopía (1855-1868). Derrotado por el ejército británico en Magdala, se suicidó.

teodosiano (Código), código de leyes redactado por orden de Teodosio II entre 435 y 438, en el que se reúnen las constituciones imperiales promulgadas después de Constantino.

TEODOSIO I, llamado **el Grande,** en lat. **Flavius Theodosius,** *Cauca, act. Coca, España, h. 347-Milán 395,* emperador romano (379-395). Proclamado emperador en 379, recibió el gobierno de Oriente. Concluyó un acuerdo con los godos (382), a los que instaló en el territorio imperial, e introdujo muchos bárbaros en el ejército. Rechazó el título de Gran Pontífice,

1729

convirtió al cristianismo en una religión de estado (380) y prohibió el paganismo. A su muerte, el Imperio se dividió entre sus dos hijos, Honorio y Arcadio.— **Teodosio II**, *401-450*, emperador romano de Oriente (408-450). Nieto de Teodosio I, dio su nombre al *Código teodosiano*.

TEODULFO de Orleans, *en Cataluña h. 750-Angers 821*, poeta y teólogo franco. Obispo de Orleans desde 798 y abad de Fleury, fue uno de los principales representantes del renacimiento carolingio, bajo la protección de Carlomagno y Ludovico Pío.

TEOFRASTO, *Ereso, Lesbos, h. 372-Atenas 287 a.C.*, filósofo griego. Discípulo de Platón y de Aristóteles, escribió importantes obras de botánica, pero destaca sobre todo como autor de los *Caracteres*, colección de estudios morales y retratos pintorescos.

Teogonía o **Genealogía de los dioses**, poema mitológico de Hesíodo (s. VIII a.C.) en el que narra la creación del mundo, desde el caos inicial al reinado de Zeus.

TEOLOYUCAN, mun. de México (México); 28 836 hab. Sede de los acuerdos *(convenios de Teoloyucan)* que pusieron fin a la fase huertista de la revolución mexicana (13 ag. 1914).

TEÓN de Alejandría, *fines del s. IV d.C.*, sabio griego. Solo o con su hija Hipatia, difundió las principales obras griegas de matemáticas y astronomía.

TEOPANZOLCO, localidad arqueológica de México (Cuernavaca, Morelos) que conserva una pirámide azteca de base rectangular con restos del templo en su plataforma superior.

Teoría general de la ocupación, el interés y el dinero, obra de J.M. Keynes (1936), en la cual introduce la idea de un subempleo permanente y destaca el papel del estado, el único capaz de aumentar la demanda al nivel requerido para alcanzar el pleno empleo.

teosófica (Sociedad), sociedad religiosa fundada en 1875 en Nueva York por Elena Blavatsky (1831-1891), con sede en Adyār, cerca de Madrás, en la India, desde 1886. Afirma la eternidad del universo y la universalidad divina, e intenta desarrollar en el hombre los poderes que posee de forma latente.

TEOTIHUACÁN, mun. de México (México); 30 140 hab. *(teotihuacanos)*; cab. *Teotihuacán de Arista*. A 2 km de la cabecera se encuentra el centro arqueológico de la cultura homónima, una de las más importantes de Mesoamérica. (Patrimonio de la humanidad 1987.) — Hacia 500 a.C. se produjeron los primeros establecimiento, de agricultores. En las fases Patlachique y Tzacualli (250 a.C.-150 d.C.) se construyeron las pirámides del Sol (200 a.C.) y la Luna (100 d.C.) y se planificó la ciudad tomando como eje la calle de los Muertos. En la fase Miccaotli (150-250) se edificó la ciudadela con el templo de Tlaloc-Quetzalcóatl. En la fase Tlamimilolpan (250-450) se levantó el edificio de los Caracoles emplumados. En la fase Xolalpan (450-650) alcanzó su apogeo: su población ascendió a más de 200 000 hab. y se edificaron los conjuntos de Tetitla y Yayahuala. En la fase Metepec (650-750) se inició su decadencia: las invasiones chichimecas forzaron su abandono y hubo un gran incendio (h. 750). Fue una verdadera ciudad-estado, con una gran influencia cultural en el área totonaca, zapoteca y maya.— Destaca su cerámica ritual decorada.

■ **TEOTIHUACÁN.** La pirámide del Sol y el palacio del Sol.

TEPALCATEPEC, mun. de México (Michoacán); 23 717 hab. Cereales, hortalizas, frutas tropicales.

TEPALCINGO, mun. de México (Morelos); 18 786 hab. Economía agropecuaria. Artesanía.— Iglesia barroca del Señor de las Tres Caídas (s. XVIII), con profusa portada escultórica.

TEPATITLÁN DE MORELOS, mun. de México (Jalisco); 78 364 hab. Industria alimentaria. Artesanía.

TEPEACA, mun. de México (Puebla); 36 549 hab. Convento fortificado (s. XVI), con portada gótica. Rollo mudéjar. Mansiones del s. XVIII con azulejos poblanos.— Es la *Tepeyacac* indígena, donde Cortés fundó *Segura de la Frontera*. Victoria del realista Hevia sobre Herrera y Nicolás Bravo (*acción de Tepeaca*, abril 1821).

TEPEAPULCO, ant. Tepepulco, mun. de México (Hidalgo); 37 888 hab. Industria metalmecánica. — Convento franciscano con iglesia del s. XVI. Depósito de agua del s. XVI.

TEPECOACUILCO DE TRUJANO, mun. de México (Guerrero); 31 566 hab. Viticultura. Plata y mercurio.

TEPEHUACÁN DE GUERRERO, mun. de México (Hidalgo); 19 580 hab. Ganadería y explotación forestal.

TEPEJI → **PÁNUCO.**

TEPEJI DE OCAMPO, mun. de México (Hidalgo); 37 777 hab. Explotación forestal.— Restos arqueológicos.

TEPEPUL II, soberano quiché de los ss. XV-XVI. Fue ejecutado por los cakchiqueles.

TEPETLIXPA, mun. de México (México); 19 580 hab. Cereales, legumbres y frutas. Ganadería.

TEPEXPAN, localidad mexicana de México (mun. de Acolman, México), en la orilla N del ant. lago (desecado) de Texcoco. En sus cercanías fueron hallados, en unas excavaciones efectuadas en 1947, los restos humanos más antiguos de México *(hombre de Tepexpan)*, mezclados con huesos de mamut. Junto a ellos apareció una industria lítica correspondiente a la cultura prehistórica norteamericana de Cochise (10 000 a.C.). La cronología del *hombre de Tepexpan* se halla en revisión.

TEPIC, c. de México, cap. del estado de Nayarit; 238 101 hab. Centro comercial y de servicios de un área agrícola y ganadera. Aeropuerto. — Catedral (1750); iglesia de Santa Cruz (s. XVIII).— Conquistada por Nuño de Guzmán (1530), fue capital de Nueva Galicia y de Compostela.

TEPLICE, c. de la República Checa (Bohemia); 53 039 hab. Estación termal.

TEPOTZOTLÁN, mun. de México (México); 27 089 hab. Iglesia de San Martín (s. XVII), con fachada barroca ricamente decorada.

TEPOZTLÁN, mun. de México (Morelos); 19 122 hab. Criaderos de plata. Turismo.— Restos de asentamientos humanos de la cultura de Zacatenco; ruinas de un templo azteca. Convento fortaleza (s. XVI).

TEQUENDAMA (salto del), catarata de Colombia (Cundinamarca), en el río Bogotá; 147 metros de alt. Central hidroeléctrica. Turismo.

TEQUES (Los), c. de Venezuela, cap. del est. Miranda, en la cordillera del Norte; 140 617 hab. Centro comercial y residencial.

TEQUILA, mun. de México (Jalisco), junto al *volcán Tequila;* 26 718 hab. Elaboración de tequila. El llamado «paisaje agavero» y las antiguas instalaciones de procesamiento del tequila fueron declaradas patrimonio de la humanidad en 2006.

TEQUISQUIAPAN, mun. de México (Querétaro); 27 710 hab. Toros de lidia. Aguas termales. Turismo.

TEQUIXQUIAC, mun. de México (México); 15 486 hab. Cereales, ganadería. Pequeñas industrias.

TER, r. de España, que nace en los Pirineos, pasa por Gerona y desemboca en el Mediterráneo; 209 km. Pantano de Sau y Susqueda.

TERA, r. de España, afl. del Esla (or. der.); 151 km. Centrales hidroeléctricas de Ribadelago (36 MW) y Cernadilla (30 MW).

TERÁMENES, *Ceos a. 450-Atenas 404 a.C.*, estadista ateniense. Contribuyó a la desapari-

ción de la democracia en 411. Miembro del gobierno de los Treinta, se opuso a los excesos de Critias y fue condenado a muerte.

TERAMO, c. de Italia (Abruzos), cap. de prov.; 51 432 hab. Catedral de los ss. XII y XIV.

TERÁN (Manuel de), *Madrid 1904-íd. 1984*, geógrafo español. Su extensa obra está centrada en el ámbito de la península Ibérica: *Geografía histórica de España, Marruecos y colonias* (1943), en colaboración, y *Geografía de España y Portugal* (6 vols., 1951-1967), obra colectiva realizada bajo su dirección. (Real academia 1975.)

TERAUCHI HISAICHI (conde), *Tōkyō 1879-Saigón 1946*, militar japonés. Dirigió el ejército japonés en China, y después en el Pacífico (1942-1945), hasta capitular en Saigón (1945).

TERBORCH o **TER BORCH** (Gerard), *Zwolle 1617-Deventer 1681*, pintor neerlandés. Retratista, más tarde pintó escenas de intimidad burguesa de una poesía refinada (*Atenciones maternales*, Mauritshuis, La Haya).

TERBRUGGHEN o **TER BRUGGHEN** (Hendrik), *Deventer 1588-Utrecht 1629*, pintor neerlandés. Se afincó en Utrecht después de haber trabajado en Italia, donde recibió la influencia de Caravaggio (*El dúo*, Louvre).

TERCEIRA, isla de las Azores; cap. *Angra do Heroísmo*.

TERCERO ARRIBA, dep. de Argentina (Córdoba), avenado por el *río Tercero;* 103 671 hab.; cab. *Oliva*.

TERENCIO, en lat. **Publius Terentius Afer**, *Cartago h. 185-159 a.C.*, comediógrafo latino. Esclavo liberto, miembro del círculo de Escipión Emiliano, compuso seis comedias (*Andria, El eunuco, Hecira, El que se atormenta a sí mismo, Heautontimorumenos, Formión, Los adelfos*), en las que imitaba a Menandro y se basaba en el análisis psicológico.

TERESA ANSÚREZ, *m. en 997*, reina de León (960-966). Hija del conde de Monzón Asur Fernández y esposa de Sancho I de León, a la muerte de su hijo Ramiro III (984) se opuso a Vermudo II.

TERESA DE CALCUTA (Inés Gonxha Bojaxhiu, llamada madre), *Üsküb, act. Skopje, 1910-Calcuta 1997*, religiosa india de origen albanés. Trabajó en favor de los pobres. Fue beatificada en 2003. (Premio Nobel de la paz 1979.)

TERESA DE JESÚS (Teresa de Cepeda y Ahumada, llamada también **Teresa de Ávila**, *Ávila 1515-Alba de Tormes 1582*, religiosa y escritora española. Tras una grave enfermedad, entró en 1535 en la orden de las carmelitas. De su juventud escribió en *El libro de mi vida* (1588) y en *El libro de las fundaciones* (1610). En 1562 fundó en Ávila su primer convento de carmelitas descalzas e inició una fase contemplativa a la vez que reformadora de la orden (*Constituciones*, 1563; aprobadas en 1565), para lo que contó con la colaboración de san Juan de la Cruz, aunque también se granjearía problemas con las autoridades eclesiásticas. Entre tanto escribió *Camino de perfección* (1562-1564, publicado en 1583). En un contexto de erasmismo e iluminismo, Teresa escribió la que sería su obra maestra: *Las *moradas o Castillo interior*, ambiciosa y elaborada obra de inspiración mística, de gran riqueza metafórica a la vez que de expresión llana y directa de su doctrina. Fue beatificada en 1614, canonizada en 1622, y proclamada doctora de la Iglesia en 1970.

TERESA DEL NIÑO JESÚS (santa), *Alençon 1873-Lisieux 1897*, religiosa francesa. En 1888 ingresó en las carmelitas de Lisieux. Su autobiografía, *Historia de un alma* (1897), muestra una elevada espiritualidad basada en el abandono a Dios. Fue canonizada en 1925 y proclamada doctora de la Iglesia en 1997.

TERESA DE PORTUGAL, *h. 1177-1250*, reina de León (1191-1194). Hija de Sancho I de Portugal, su matrimonio con Alfonso IX de León (1191) fue anulado por Clemente III. Renunció a la sucesión al trono de sus hijas en favor de Fernando III de Castilla.

TERESHKOVA (Valentina Vladimirovna), *Maslennikovo, cerca de Yaroslav, 1937*, astronauta rusa. Fue la primera mujer que realizó un viaje espacial (16-19 de junio de 1963).

TERESINA, c. de Brasil, cap. del est. de Piauí, a orillas del Parnaíba; 598 449 hab.

termidor del año II (jornadas de los días 9 y 10 de) [27-28 julio 1794], jornadas revolucionarias de Francia que provocaron la caída de Robespierre y el fin de la Convención dominada por la Montaña. Robespierre y sus aliados fueron ejecutados entre el 10 y el 12 de termidor.

TÉRMINOS (laguna de), laguna de México (Campeche), en el golfo de México; 3 850 km². Pesca.

TERMONDE → DENDERMONDE.

Termópilas (batalla de las) [480 a.C.], batalla de la segunda guerra médica. El rey de Esparta Leónidas, con trescientos hoplitas lacedemonios, intentó detener a las tropas de Jerjes I en el desfiladero de las Termópilas, en Lócrida oriental, pero fue derrotado.

TERNEUZEN, c. de Países Bajos (Zelanda), junto al estuario del Escalda, a la entrada del canal Terneuzen-Gante; 35 065 hab. Puerto.

TERNI, c. de Italia (Umbría), cap. de prov.; 107 333 hab. Metalurgia. — Museos.

TERNÓPOL, c. de Ucrania; 218 000 hab.

TERPSÍCORE MIT. GR. Musa de la danza, los coros dramáticos y la poesía lírica. Su atributo es la lira.

TERRA (Gabriel), Montevideo 1873-íd. 1942, político uruguayo. Presidente de la República en 1931-1934, en un segundo mandato (1934-1938) sofocó una revuelta del Partido nacional (1935). Buscó la confianza popular con una avanzada legislación social.

TÉRRABA, GRANDE DE TÉRRABA o TI-QUIS, r de Costa Rica, en la vertiente del Pacífico; formado por la unión de los ríos General y Coto Brus; 160 km aprox.

TERRADAS (Esteban), Barcelona 1883-Madrid 1950, físico, matemático e ingeniero español. Introductor de la teoría de la relatividad y la mecánica cuántica en España, dirigió el metropolitano transversal de Barcelona (1923) y la Compañía telefónica nacional (1927-1931). En 1936 viajó a Buenos Aires, donde se encargó del aeropuerto y del observatorio astronómico. A su vuelta a España dirigió el Instituto nacional de técnica aeroespacial (1942).

■ MADRE **TERESA** DE CALCUTA ■ **TERESA DE JESÚS.** (Real academia española, Madrid.)

TERRADELLAS (Domingo Miguel Bernabé), Barcelona 1713-Roma 1751, compositor español. Radicado en Italia desde 1732, su obra se inserta plenamente en la escuela operística napolitana del s. XVIII (Astarté, 1739; Merope, 1743; Annibale in Capua, 1746; Mitridate, 1946).

TERRANOVA Y LABRADOR, en ingl. **Newfoundland and Labrador,** prov. del E de Canadá, que comprende la isla de Terranova (112 299 km² con los islotes vecinos) y el E de la península del Labrador; 406 000 km²; 568 474 hab.; cap. St. John's. De clima frío, vive principalmente de la explotación del bosque y la pesca (bancos de Terranova); en el subsuelo existen grandes yacimientos de hierro. — La isla fue descubierta en 1497 por Giovanni Caboto y fue motivo de disputa a partir del s. XVI entre colonos franceses e ingleses. Fue cedida a Gran Bretaña por el tratado de Utrecht (1713), pero Francia conservó el monopolio de la pesca en la costa N hasta 1904. Terranova recibió el estatuto de dominio en 1917 y se le anexionó la costa NE del Labrador en 1927. En 1949 se convirtió en la décima provincia de Canadá.

TERRASSA, c. de España (Barcelona), cab. de p. j.; 171 794 hab. (tarrasenses o egarenses). Centro industrial (textil, metalurgia, química). — Iglesias paleocristianas de Santa María, San Miguel y San Pedro (s. VI), con pinturas murales románicas (ss. X-XIII) y retablos (s. XV). Castillo-cartuja de Vallparadís (s. XIV), reconstruido en 1959, actualmente museo municipal de arte. — Fue municipio romano (Egara).

TERRAZAS (Francisco de), h. 1549-h. ¿1604?, poeta mexicano. Uno de los primeros poetas criollos, de su obra se conservan fragmentos de un poema épico en octavas, Nuevo Mundo y conquista, y un Canto de Calíope, inserto en La Galatea de Cervantes.

Terror (el), nombre dado a dos períodos de la Revolución francesa. El primer Terror (10 ag.-20 sept. 1792) se caracterizó por el dominio de la Comuna y la puesta en vigor de numerosas leyes revolucionarias (supresión de órdenes religiosas, laicización del estado, divorcio), así como por el arresto del rey y las matanzas de septiembre. Durante el segundo Terror (5 sept. 1793-28 julio 1794), Robespierre eliminó a los girondinos e impuso un régimen de excepción que acabó con hebertistas y dantonistas; miles de sospechosos fueron juzgados por los tribunales revolucionarios, y muchos de ellos guillotinados.

Terror blanco (1815), nombre dado a las persecuciones y matanzas contra bonapartistas, republicanos y protestantes por parte de los realistas del SE de Francia durante el verano que siguió a la segunda abdicación de Napoleón I.

TERTULIANO, Cartago h. 155-íd. 222, padre de la Iglesia de occidente y primer escritor cristiano en lengua latina. Pagano convertido, ejerció un verdadero magisterio doctrinal en el N de África. Autor de Apologética y Contra Marción, su ascetismo le hizo desviarse hacia el montanismo. Influyó en la formación de la lengua teológica latina.

TERUEL, c. de España, cap. de la prov. homónima y cab. de p. j.; 30 491 hab. (turolenses). Situada en la confluencia del Turia y el Alfambra, es sobre todo un centro administrativo y comercial. Torres mudéjares de las iglesias de los ss. XIII-XIV y catedral gótico-mudéjar (patrimonio de la humanidad 1986). Acueducto (s. XVI). Museo arqueológico.

TERUEL (provincia de), prov. de España, en Aragón; 14 803 km²; 136 473 hab.; cap. Teruel. En el límite NE de la Meseta, accidentada por el sistema Ibérico (sierras de Albarracín, montes Universales, Javalambre, Gúdar); el sector NE corresponde a la depresión del Ebro. Economía agropecuaria. Minería (hierro, lignito). Centrales térmicas.

Teruel (batalla de) [dic. 1937-febr. 1938], batalla de la guerra civil española en la que las tropas franquistas frenaron la iniciativa republicana, lo que les permitió avanzar hacia el Mediterráneo.

TESALIA, región de Grecia continental, al S del Olimpo, junto al mar Egeo; 731 230 hab.; c. prales. Larisa y Volo y, antiguamente, Farsalia y Feres.

TESALÓNICA o SALÓNICA, en gr. Tessaloníki, c. de Grecia (Macedonia), junto al golfo de Tesalónica, formado por el mar Egeo; 377 951 hab. (739 998 hab. en la aglomeración). Centro industrial. — Iglesias bizantinas, como la de Santa Sofía (s. VIII) [patrimonio de la humanidad 1988]. Museo arqueológico (tesoros de Vergina). — De 1204 a 1224 fue la capital de un reino latino. Durante la dominación otomana (1430-1913) se llamó Salónica. Fue base de operaciones de las fuerzas aliadas de oriente (1915-1918).

TESEO MIT. GR. Rey de Atenas. Libró a Atenas del yugo de Minos matando al Minotauro. Los historiadores griegos le atribuían la agrupación de las ciudades del Ática en una sola en torno a Atenas. Aparece en numerosas leyendas: expedición de los argonautas, lucha contra las amazonas y contra los centauros, etc.

TESINO → TICINO.

TESLA (Nikola), Smiljan, Croacia, 1856-Nueva York 1943, ingeniero y físico estadounidense de origen serbio. Realizó el primer motor eléc-

trico práctico de corriente alterna, ideó las corrientes polifásicas y las conmutatrices e inventó el acoplamiento de dos circuitos oscilantes por inducción mutua.

TESORO (Isla del) **→ COCO** (Isla del).

TESSAI, Kyōto 1837-íd. 1924, pintor japonés. Se inspiró en los textos antiguos, sin olvidar el arte occidental, y renovó el arte pictórico japonés de su tiempo.

TESSIN el joven (Nicodemus), Nyköping 1654-Estocolmo 1728, arquitecto sueco. Terminó la decoración del palacio de Drottningholm, cerca de Estocolmo (iniciado en 1662 por su padre, Nicodemus el Viejo), a partir de 1697, construyó el palacio real de la capital sueca, síntesis de los estilos italiano y francés.

TESTA (Clorindo), Nápoles 1923, arquitecto y pintor argentino de origen italiano. Pintor vanguardista, destaca sobre todo por su arquitectura (Casa del gobierno de Santa Rosa, 1955; Centro cultural de Buenos Aires, 1982).

Test Act (1673), ley aprobada por el Parlamento inglés, que imponía a todo candidato a desempeñar un puesto público la pertenencia a la fe anglicana. Fue abrogada en 1828-1829.

TESTIGOS (Los), archipiélago de Venezuela (Dependencias Federales); 10 km²; 58 hab. Situado al NE de la isla Margarita.

TETELA DE OCAMPO, mun. de México (Puebla); 21 834 hab. Agricultura y ganadería. Tejidos.

TETIS MIT. GR. Diosa del mar.

Tetralogía, título con el que se designa habitualmente el ciclo de óperas de Richard Wagner El anillo del nibelungo, que incluye El oro del Rin, La valquiria, Sigfrido y El crepúsculo de los dioses, según libretos del mismo Wagner, inspirados en una antigua epopeya germánica. El conjunto fue estrenado íntegramente en Bayreuth en 1876 y se articula en torno a un juego de figuras musicales (leitmotiv), que están vinculadas con los personajes, y al papel iniciático de la orquesta.

TETUÁN, en bereber Tiṭṭāwin, c. de Marruecos, cerca del Mediterráneo; 199 615 hab. Centro comercial. — Medina (patrimonio de la humanidad 1997); museo arqueológico. — En 1860 fue ocupada por las tropas españolas de O'Donnell tras una batalla (4 febr.) en la que se distinguió Prim; la firma de la paz (tratado de Tetuán, 26 abril) supuso algunas ventajas territoriales y una indemnización para España. De 1913 a 1956 fue capital del Protectorado español de Marruecos.

TETZEL (Johannes), Pirna h. 1465-Leipzig 1519, dominico alemán. Sus excesos en la predicación de las indulgencias originaron las 95 tesis de Lutero (1517), preludio de la Reforma.

TEUDIS, m. en Sevilla 548, rey de los visigodos (531-548). De origen ostrogodo, expulsó a los francos (541). Lo sucedió Teudiselo (548-549).

TEUTATES, dios celta de la tribu, que protege contra la guerra, y dios de la guerra.

Teutónica (orden), orden hospitalaria (1190) y más tarde militar (1198), fundada en Tierra Santa e integrada por miembros de la aristocracia alemana. En 1237 absorbió a los caballeros portaespadas, propagó la cultura germánica en Prusia y constituyó un vasto estado. Su poder se vio reducido por la derrota frente a los polacos en Tannenberg (1410). Tras el tratado de Toruń (1466), la orden solo conservó Prusia oriental bajo soberanía polaca. En 1525 fue secularizada por su gran maestre, Alberto de Brandeburgo.

TEWKESBURY, c. de Gran Bretaña (Inglaterra); 9 000 hab. Iglesia románica y gótica, antigua iglesia abacial. — Eduardo IV de York venció en la ciudad a las tropas de Lancaster, dirigidas por la reina Margarita (3 mayo 1471).

TEXAS, estado del S de Estados Unidos; 690 000 km²; 16 986 510 hab.; cap. Austin; c. prales. Houston y Dallas. Es el mayor de los estados estadounidenses (excluida Alaska). Grandes yacimientos de petróleo y gas natural.

HISTORIA

1519: descubrimiento de la costa por Álvarez de Pineda. **1685:** Cavelier de La Salle fundó un establecimiento francés. **1821:** concesión a los Austin para la implantación de colonos norteamericanos. **1835-1836:** sublevación de los esclavos tejanos contra el gobierno mexicano, y consolidación de la independencia del territorio (El Álamo, 26 de abril de 1836). **1845:** incorporación a EUA, reconocida por México en 1848 (tratado de Guadalupe Hidalgo). **1861:** adhesión de Texas a la Confederación sudista. **1870:** reincorporación a la Unión.

TEXCOCO, lago de México, en la cuenca de México, al E de la ciudad de México. Actualmente desecado, solo quedan unas ciénagas de desagüe.

TEXCOCO o TEXCOCO DE MORA, c. de México (México), próxima al lago homónimo; 105 851 hab. Convento franciscano (s. XVI). Catedral (s. XVII). Restos arqueológicos en sus cercanías. — En época precolombina fue capital de un señorío chichimeca (*reino de Texcoco,* 1327) que con Netzahualcoyótl se integró en la confederación azteca (1428). Cortés la conquistó en 1520.

TEXCOCO (reino de) o **ACOLHUACÁN,** entidad política precolombina gobernada por los chichimecas. Subsistió hasta la conquista de México por Hernán Cortés (1520).

TEXEL, isla neerlandesa del mar del Norte.

TEXISTEPEC, mun. de México (Veracruz); 16 071 hab. Centro comercial agrícola. Artesanía.

TEZCATLIPOCA MIT. AMER. Divinidad astral de los mixtecas y de los aztecas. Dios de la noche, las tinieblas, el invierno y el norte, y se contraponía a Quetzalcóatl. Su símbolo era el jaguar, su color el negro y solía representarse como un joven guerrero.

TEZIUTLÁN, mun. de México (Puebla); 50 572 hab. Criaderos de cobre y plata. Artesanía. Comercio.

TEZONTEPEC DE ALDAMA, mun. de México (Hidalgo); 25 050 hab. Agricultura cerealista. Ganadería.

TEZOZÓMOC, *m. en 1426,* soberano tepaneca de Azcapotzalco. Conquistó los estados del Valle de México y las ciudades del Chalco (1392), Cuautitlán (1408) y Colhuacan (1413), y atacó Texcoco (1418). Tuvo como tributaria y aliada a la ciudad mexica de Tenochtitlan.

TEZUKA OSAMU, *Ôsaka 1926-1989,* dibujante y guionista de cómics japonés. Se le considera el fundador del *manga japonés.

THABIT IBN QURRA, *Harrán, Turquía, 836-Bagdad 901,* erudito árabe. Matemático astrónomo, médico, comentó y tradujo a Arquímedes, Euclides y Apolonio. Anticipó teoremas generales de trigonometría esférica y de teoría de los números, y preparó la extensión del concepto de número a los reales positivos.

THACKERAY (William Makepeace), *Calcuta 1811-Londres 1863,* escritor británico. Periodista y caricaturista, es autor de ensayos y de novelas que satirizan la hipocresía y la ridiculez de la sociedad británica (*La feria de las vanidades,* 1847-1848).

THAIS o TAIS, cortesana griega del s. IV a.C. Fue amiga de Menandro, de Alejandro, y luego de Tolomeo I.

THAIS (santa), *s. IV,* cortesana egipcia arrepentida. Según la *Leyenda áurea,* fue convertida por un anacoreta. — Su leyenda inspiró a A. France una novela (*Thais,* 1890) a partir de la cual L. Gallet escribió el libreto de la comedia lírica de J. Massenet (*Thais,* 1894).

THAMES → TÁMESIS.

THĀNA, c. de la India (Mahārāshtra); 803 369 habitantes.

THANJĀVŪR o TANJORE, c. de la India (Tamil Nadu); 200 216 hab. Monumentos antiguos, entre ellos el santuario de Śiva Brihadīśvara, construido hacia el año 1000 (museo). [Patrimonio de la humanidad 1987 (ampliado en 2004).] — Fue la última capital de la dinastía Chola.

THANT (Sithu U), *Pantanaw 1909-Nueva York 1974,* político birmano. Fue secretario general de la ONU (1961-1971).

THAR (desierto de), región árida de Pakistán y de la India, entre el Indo y los montes Aravalli.

THARRATS (Joan Josep), *Gerona 1918-Barcelona 2001,* pintor español. Miembro fundador de Dau al set, tras un surrealismo inicial evolucio-

nó hacia un informalismo ligado a su experiencia como grabador (*maculaturas*).

THASO → TASOS.

THATCHER (Margaret), baronesa **Thatcher of Kesteven,** *Grantham 1925,* política británica. Abogada y diputada conservadora (1959), sucedió a E. Heath al frente del Partido conservador (1975-1990). Primera ministra tras las elecciones de 1979, llevó a cabo una política rigurosa basada en un liberalismo estricto. Su enérgica actuación en el conflicto de las Malvinas (1983) le valió el apoyo de una gran parte de la opinión británica. Opuesta a la intensificación del proceso de integración europea, fue reelegida en 1983 y 1987, lo que la convirtió en el único jefe de gobierno británico desde 1945 en obtener un tercer mandato. En 1990 dimitió de sus funciones de primera ministra.

■ MARGARET
THATCHER

■ ADOLPHE **THIERS,**
por L. Bonnat.
(Palacio de Versalles.)

THENARD (Louis Jacques, barón), *La Louptière 1777-París 1857,* químico francés. Descubrió el agua oxigenada (1818) y, en colaboración con Gay-Lussac, el boro, y estableció una clasificación de los metales.

THEOTOCÓPULI (Jorge Manuel), *¿Toledo? 1570-íd. 1631,* pintor y arquitecto español. Discípulo y colaborador de su padre, El Greco, trabajó en la catedral de Toledo.

THIBAUD (Jacques), *Burdeos 1880-en accidente de avión cerca de Barcelonnette 1953,* violinista francés. Formó un trío, que logró gran fama, con el pianista A. Cortot y el violonchelista P. Casals.

THIBON DE LIBIAN (Valentín), *Tucumán 1889-Buenos Aires 1931,* pintor y grabador argentino. Postimpresionista, trabajó temas costumbristas y festivos.

THIERRY o THIERRI I, *m. en 533 o 534,* rey de Austrasia (511-h. 534), de la dinastía merovingia. Hijo de Clodoveo, sometió Albi, Rouergue y Auvernia (507-508). — **Thierry II,** *587-Metz 613,* rey de Borgoña (595/596-613) y de Austrasia (612-613), de la dinastía merovingia. Era hijo de Childeberto II. — **Thierry III,** *m. en 690 o 691,* rey de Neustria y Borgoña (673 y 675-690/691), de la dinastía merovingia. Hijo de Clovis II, fue destronado por Childerico II; volvió a ocupar el trono en 675, pero fue derrotado en Tertry por Pipino de Heristal (h. 687.) — **Thierry IV,** *m. en 737,* rey de los francos (721-737), de la dinastía merovingia. Carlos Martel gobernó en su nombre.

THIERS (Adolphe), *Marsella 1797-Saint-Germain-en-Laye 1877,* político, periodista e historiador francés. Defendió la monarquía parlamentaria y fue varias veces ministro y primer ministro entre 1830 y 1848. Entre 1848 y 1851 fue el máximo representante de los conservadores. Jefe del poder ejecutivo en 1871 (febr.), aplastó la insurrección de la Comuna de París y firmó la paz con Prusia. Presidente de la república (ag. 1871), se mostró favorable al régimen republicano, y fue vencido por una coalición de partidos monárquicos y conservadores (1873).

THIÈS, c. de Senegal, al NE de Dakar; 185 000 hab. Industrias mecánicas y textiles.

THIMBU o THIMPHU, cap. de Bhután; 30 000 habitantes.

THOM (René), *Montbéliard 1923-Bures-sur-Yvette 2002,* matemático francés. Creador de la teoría de las catástrofes, recibió la medalla Fields por sus trabajos sobre topología diferencial (1958).

THOMAS (Dylan Marlais), *Swansea 1914-Nueva York 1953,* poeta británico. Además de poemarios (*Defunciones y nacimientos,* 1946), escribió un drama radiofónico (*Bajo el bosque lácteo,* 1953) y una novela inacabada (*Con distinta piel,* 1955). Narró sus inicios literarios en *Retrato del artista cachorro* (1940).

THOMAS (Hugh), *Windsor 1931,* historiador e hispanista británico. Autor de *La guerra civil española* (1961), obra que causó un gran impacto por su visión multidisciplinar y deseo de objetividad, también ha estudiado temas americanos (*Cuba: la lucha por la libertad,* 3 vols., 1971; *El imperio español,* 2003).

THOMAS (Sidney Gilchrist), *Londres 1850-París 1885,* inventor británico. Descubrió, en colaboración con su primo Percy Gilchrist, el procedimiento para desfosforar la fundición de hierro a partir de minerales fosfóricos (1877), actualmente en desuso.

THOMAS de Inglaterra, trovador anglonormando del s. XII, autor de un *Tristán.

THOMAZ o TOMÁS (Américo Deus Rodrigues), *Lisboa 1894-íd. 1987,* político y militar portugués. Marino, colaborador de Salazar, fue presidente de la república (1958-1974).

THOMPSON (sir John Eric Sidney), *Londres 1898-Cambridge 1975,* arqueólogo británico. Contribuyó a descifrar la lengua maya.

THOMSEN (Christian Jürgensen), *Copenhague 1788-íd. 1865,* arqueólogo danés. Es autor de una *Guía de las antigüedades nórdicas* (1836), primera obra sistemática de prehistoria europea, en la que muestra la sucesión de las edades de piedra, de bronce y de hierro.

THOMSON (Elihu), *Manchester 1853-Swampscott, Massachusetts, 1937,* ingeniero estadounidense de origen británico. Autor de numerosos inventos en el campo de las aplicaciones industriales de la electricidad, cofundó la Thomson-Houston Company (1883).

THOMSON (James), *Ednam, Escocia, 1700-Richmond 1748,* poeta británico. Es autor de las *Estaciones* (1726-1730).

THOMSON (sir Joseph John), *Cheetham Hill, cerca de Manchester, 1856-Cambridge 1940,* físico británico. Midió el cociente *e/m* de la carga y la masa del electrón (1897), e inventó el espectrógrafo de masas, que serviría para descubrir los isótopos. (Premio Nobel 1906.) — sir **George Paget T.,** *Cambridge 1892-íd. 1975,* físico británico. Hijo de Joseph John, descubrió, paralelamente a C. J. Davisson, la difracción de los electrones rápidos en los cristales, confirmando el principio fundamental de la mecánica ondulatoria. (Premio Nobel 1937.)

THOMSON (William) → **KELVIN** (William Thomson, lord).

THONBURI, c. de Tailandia, actualmente en el área suburbana de Bangkok; 695 000 hab. Ant. cap. de Tailandia (1767-1782). Templos (ss. XVII-XIX).

THOR o TOR, dios guerrero escandinavo, señor del trueno. Su símbolo, el martillo, se encuentra sobre las piedras rúnicas.

THORBECKE (Johan Rudolf), *Zwolle 1798-La Haya 1872,* político neerlandés. Diputado liberal, fue partidario del librecambismo y principal redactor de la ley constitucional en 1848. Dirigió el gobierno de 1849 a 1853, de 1862 a 1866 y en 1871-1872.

THOREAU (Henry), *Concord, Massachusetts, 1817-íd. 1862,* escritor estadounidense. Discípulo de Emerson y enfluido por los místicos hindúes y los idealistas alemanes, creó una prosa muy próxima a la lengua popular (*Walden o la vida en los bosques,* 1854).

THOREZ → TOREZ.

THOREZ (Maurice), *Noyelles-Godault 1900-en el mar Negro 1964,* político francés. Secretario general del Partido comunista francés (1930-1950; 1953-1964), fue miembro del Frente popular y de 1939 a 1944 se refugió en la URSS. De regreso en Francia fue ministro de estado (1945-1946) y vicepresidente hasta 1947.

THORNDIKE (Edward Lee), *Williamsburg, Massachusetts, 1874-Montrose, estado de Nueva York, 1949,* psicólogo estadounidense. Es autor de estudios sobre el comportamiento y el aprendizaje que han contribuido al desarrollo de la pedagogía.

THORPE (Ian), *Sydney 1982*, nadador australiano. Plusmarquista en 200, 400, 800, 4 × 100 y 4 × 200 m libres, obtuvo tres oros (400, 4 × 100 y 4 × 200 m libres) y dos platas (200 m libres y 4 × 100 m estilos) en los Juegos olímpicos de Sydney (2000), y dos oros (200 y 400 m libres), una plata (4 × 200 m libres) y un bronce (100 m libres) en los de Atenas (2004). Se retiró en 2006.

THORVALDSEN (Bertel), *Copenhague 1770-íd. 1844*, escultor danés. Lo esencial de su carrera se desarrolló en Roma, donde se convirtió en un maestro del neoclasicismo. Museo en Copenhague.

THULE, nombre dado en la antigüedad a una isla del N de Europa (Islandia o una de las Shetland), supuesto confín del mundo.

THULE, estación del NO de Groenlandia. Base aérea estadounidense.

THULÉ (cultura de), cultura prehistórica de los inuit. Desde el Ártico central, se extendió a las costas de Alaska y Siberia. Desde fines del I milenio d.C., inuit persiguieron las ballenas hasta Groenlandia; basada en esta caza, la civilización se mantuvo hasta el s. XIV.

THUN, c. de Suiza (Berna), cerca del *lago de Thun* (48 km²), formado por el Aar; 38 211 hab. Castillo en parte de fines del s. XII (museo); iglesia gótica y barroca.

THUNDER BAY, c. de Canadá (Ontario), junto al lago Superior, formada por la fusión de Port Arthur y Fort William; 109 333 hab.

THURGAU → TURGOVIA.

THURROCK, c. de Gran Bretaña (Inglaterra), junto al estuario del Támesis; 126 000 hab.

THURSTONE (Louis Leon), *Chicago 1887-Chapel Hill, Carolina del Norte, 1955*, psicólogo estadounidense, uno de los primeros en utilizar el análisis factorial para medir la inteligencia.

THYSSEN (August), *Eschweiler 1842-castillo de Landsberg, act. en Essen, 1926*, industrial alemán. En 1871 fundó en Mülheim una empresa de la que surgió un importante *konzern* (consorcio) siderúrgico. El grupo Thyssen se fusionó en 1998 con Krupp (Thyssen Krupp AG).

Thyssen-Bornemisza (museo), museo español surgido de la colección de arte reunida en el s. XX por la familia Thyssen-Bornemisza, adquirida en 1993 por el Estado e instalada en el palacio de Villahermosa (Madrid). Posteriormente amplió su fondo con la colección Carmen Thyssen-Bornemisza. Alberga obras desde los primitivos italianos y flamencos hasta el s. XX. Una selección de los ss. XIV al XVI se exhibe en el MNAC (Barcelona).

TIAHUANACO o **TIWANAKU** (cultura de), cultura precolombina desarrollada en el Altiplano boliviano (lago Titicaca) entre 500-1000 d.C. Destaca por sus esculturas monolíticas monumentales y la arquitectura en piedra. Los principales monumentos son restos de pirámides (Akapana) y de templos, como el *Kalasasaya* (recinto con muros de piedra labrada), que incluye la Puerta del Sol, monolítica con signos esculpidos. El descubrimiento (2002) de una red de canales subterráneos reveló la avanzada tecnología agrícola de esta cultura. (Patrimonio de la humanidad 2000.)

Tian'anmen o **T'ien ngan-men,** gran plaza pública de Pekín. En 1989 fue escenario de manifestaciones de estudiantes que reclama-

ban la liberalización del régimen, saldadas con una feroz represión (3 y 4 junio).

TIANGUISTENCO, mun. de México (México), en el valle del Toluca; 37 017 hab. Bosques.

TIANJIN o **T'IEN-TSIN,** c. del N de China; 4 950 000 hab. (5 540 000 hab. en la aglomeración). Municipalidad dependiente del poder central. Importante puerto, en la desembocadura del Hai He. Centro comercial e industrial.
— En 1858 se firmó allí un tratado que abría China a los europeos.

TIAN SHAN, cadena montañosa de China (Xinjiang) y Kirguizistán; 7 439 m en el pico Pobiedi.

TIAR (Tratado interamericano de asistencia recíproca) → Río de Janeiro (tratado de).

TIBALDI (Pellegrino), *Puria in Valsolda 1527-Milán 1596*, pintor y arquitecto italiano. Manierista, trabajó en El Escorial (pinturas en el claustro, la biblioteca y el altar mayor de la iglesia).

TIBÁS, cantón de Costa Rica (San José), en el N del área metropolitana de San José; 68 233 hab.; cab. *San Juan.*

TÍBER, en lat. **Tiberis,** en ital. **Tevere,** r. de Italia, que desemboca en el mar Tirreno; 396 km. Pasa por Roma.

TIBERÍADES, c. de Galilea, fundada h. 18 d.C., a or. del lago de Kinnereth, llamado *lago de Tiberíades,* mar de Galilea. Tras la destrucción de Jerusalén (70), se convirtió en un importante centro de la vida intelectual y nacional judía. La actual *Tiberíades* (37 600 hab.) está situada al N de la ciudad antigua.

TIBERIO, en lat. **Tiberius Julius Caesar,** *Roma h. 42 a.C.-Misena 37 d.C.,* emperador romano (14-37 d.C.). Hijo de Livia, fue adoptado por Augusto (4 d.C.), a quien sucedió. Ejerció una rigurosa administración financiera y extendió la frontera hasta el Rin (17); pero en el 27, receloso y enfermo, se retiró a Capri y delegó al prefecto del pretorio Sejano gran parte de los asuntos. Su reinado, tras la ejecución de Sejano (31), que codiciaba el trono, fue presentado por el bando senatorial como una era de terror.

TIBESTI, macizo montañoso del N de Chad, en el Sahara; 3 414 m.

TÍBET o **TIBET,** región autónoma del O de China, al N del Himalaya; 1 221 000 km²; 2 200 000 hab. *(tibetanos),* cap. Lhassa. El Tíbet está formado por altas mesetas desérticas dominadas por elevadas cordilleras de O a E (Kunlun, Transhimalaya). La ganadería es el recurso esencial (corderos, cabras y yacs).

HISTORIA

S. VII: el rey Srong-btsan Sgam-po dotó a su reino de una organización centralizada y fundó Lhassa. **S. VIII:** los tibetanos realizaron incursiones en China y ampliaron su imperio. **1042:** el budista indio Atiśa llegó a Lhassa: fue el creador de las sectas lamaístas del Tíbet. **1207:** el país se sometió a los mongoles. **1447:** se fundó el monasterio de Tashilhunpo (centro del lamaísmo rojo) y luego sede del panchen-lama. **1543-1583:** el príncipe mongol Altan Kan organizó la iglesia tibetana bajo la autoridad del dalai-lama. **1642:** el dalai-lama acaparó también el poder temporal e instauró un régimen teocrático. **1751:** los emperadores Qing dominaron el país. **1912:** los tibetanos, con ayuda de

los británicos, expulsaron a los chinos. **1950:** la China popular ocupó el Tíbet. **1959:** el dalai-lama partió al exilio. **1965:** el Tíbet fue dotado de un estatuto de región autónoma. La resistencia tibetana sigue viva (levantamiento de 1970; revueltas en 1987, 1989, 2008).

TIBÚ, mun. de Colombia (Norte de Santander); 33 327 hab.

TÍBULO, en lat. **Albius Tibullus,** *h. 50-19 o 18 a.C.,* poeta latino. Es autor de *Elegías.*

TIBUR → TÍVOLI.

TIBURÓN, cabo de América del Sur, en el Caribe, entre Colombia y Panamá.

TIBURÓN (isla del), isla de México (Sonora), la más grande del golfo de California; 1 208 km², 3 666 hab. Clima desértico. Forma parte de la Reserva de la biosfera de las islas del golfo de California.

TICINO o **TESINO,** r. de Suiza e Italia, afl. del Po (or. izq.); 248 km. Atraviesa el lago Mayor y pasa por Pavía. (Reserva de la biosfera 2002.)
— Aníbal derrotó a Cornelio Escipión en sus orillas (218 a.C.).

TICINO o **TESINO,** en alem. y fr. **Tessin,** cantón de Suiza, en la vertiente meridional de los Alpes; 2 813 km²; 298 000 hab.; cap. *Bellinzona.* Turismo (lago Mayor). — Fue formado en 1803 por la unión de los cantones de Lugano y Bellinzona.

TICUL, mun. de México (Yucatán); 21 154 hab. Hortalizas, frutas y cítricos. Apicultura.

TIDIKELT, grupo de oasis del Sahara argelino, al S del Tademait; c. pral. *In Salah.*

TIECK (Ludwig), *Berlín 1773-íd. 1853,* escritor alemán. Orientó el romanticismo alemán hacia lo fantástico *(Phantasus,* 1812-1816).

TIEMPO (Israel Zeitlin, llamado **César**), *Dnipropetrovsk 1906-Buenos Aires 1980,* escritor argentino de origen ucraniano. Su poesía retrató la comunidad judía de Argentina *(Sabatión argentino,* 1933, *Sudomingo,* 1938; *Sábado pleno,* 1955). También cultivó el teatro, el ensayo y el guión cinematográfico *(Donde comienzan los pantanos,* 1952).

tiempo (El), periódico colombiano fundado en Bogotá en 1911. Órgano oficioso del Partido liberal, es el primer diario colombiano por su circulación.

T'IEN-TSIN → TIANJIN.

TIÉPOLO o **TIEPOLO** (Giovanni Battista o Giambattista), *Venecia 1696-Madrid 1770,* pintor y grabador italiano. Fresquista virtuoso, amante del movimiento y la fastuosidad, dotado de un refinado sentido del color, fue el último de los grandes decoradores barrocos italianos. Trabajó en Udine, Venecia (palacio Labia), Wurzburgo, Madrid, adonde se trasladó en 1762 para decorar el palacio real, y Aranjuez. También fue autor de aguafuertes, como las series de los *Capricci* y de los *Scherzi di fantasia.* — **Domenico** o **Giandomenico T.,** *Venecia 1727-íd. 1804,* pintor italiano. Hijo de Giovanni Battista, colaboró con su padre y, como pintor de caballete, se mostró como un observador sensible e irónico de la vida veneciana.

TIERMES o **TERMES,** sitio arqueológico de España (Montejo de Tiermes, Soria). Contiene restos de una ciudad arévaca destruida por Tito Didio en 98 a.C. y convertida en romana (acueducto, depósito de agua y villa).

TIERNO GALVÁN (Enrique), *Madrid 1918-íd. 1986,* sociólogo y político español. Catedrático de derecho político, fundó el Partido socialista del interior (1967), después Partido socialista popular (1974). Diputado por Madrid (1977), su partido se integró en el PSOE y él fue elegido alcalde de Madrid en 1979 (reelegido en 1983). Es autor de trabajos sobre ciencia política, sociología, filosofía e historia de las ideas *(Sociología y situación,* 1955; *Estudios de pensamiento político,* 1976).

TIERRA, planeta del sistema solar. (V. parte n. com.)

TIERRA BLANCA, mun. de México (Veracruz); 70 427 hab. Yacimientos petrolíferos.

TIERRA DEL FUEGO (archipiélago de), archipiélago de América del Sur, al S del estrecho de Magallanes; 70 470 km². Lo integran la *isla Grande de Tierra del Fuego,* y una serie de islotes que la rodean por el S y el O (Dawson, Desolación, Hoste, y Santa Inés). Ganadería la-

■ LA CULTURA DE **TIAHUANACO.** Vista parcial del Kalasasaya.

nar. Petróleo, gas natural y carbón. Pesca.
— Descubierto por Magallanes en 1520, está repartido entre Argentina y Chile.

TIERRA DEL FUEGO, ANTÁRTIDA E ISLAS DEL ATLÁNTICO SUR (provincia de), provincia del S de Argentina; 1 002 445 km²; 69 450 hab.; cap. *Ushuaia.*

TIERRADENTRO (cultura de), cultura precolombina de Colombia (fuentes de los ríos Cauca y Magdalena). Sobresale por sus hipogeos excavados en la piedra y policromados en rojo y negro sobre fondo blanco con signos abstractos. En el área próxima floreció la cultura de San Agustín, con la que tuvo contactos.

TIERRA FIRME, nombre dado al territorio continental situado al S de las Antillas, entre la isla Margarita (Venezuela) y el río Atrato (Colombia), descubierto por R. de Bastidas (1501). Jurídicamente, el nombre se aplicó a la gobernación de Castilla del Oro (1513) y la audiencia de Panamá (1563), englobadas después en el virreinato de Nueva Granada (1739).

TIERRALTA, mun. de Colombia (Córdoba); 53 317 hab. Agricultura y ganadería. Maderas finas.

Tierra Santa (Custodia de), custodia franciscana de los Santos Lugares, establecida por el primer capítulo general (1217). Desde el s. XVI, los franciscanos contaron con la protección de España, Austria y Francia; los religiosos de la custodia dependían económicamente de la corona española. Al final de la década de 1970, el gobierno español firmó una renuncia condicionada a sus derechos de patronato sobre Tierra Santa, no ratificada por las cortes.

TIESTES MIT. GR. Hijo de Pelops, hermano de Atreo y padre de Egisto. Su odio fratricida inició el drama de los Atridas.

TIÉTAR, r. de España, afl. del Tajo (or. der.); 150 km. Nace en la sierra de Gredos y riega la comarca del *Valle del Tiétar* (Ávila y Toledo). Embalse de Rosarito.

TIFFANY (Louis Comfort), *Nueva York 1848-íd. 1933*, decorador y vidriero estadounidense. Pintor en sus inicios, fundó en 1878 su empresa de artes decorativas y cristalería. Desde 1890 influyó en el art nouveau europeo con sus vitrales y sus vasos de cristal soplado con irisaciones variadas.

TIFLIS → TBILISI.

TIGHINA, ant **Bender**, c. de Moldavia, junto al Dniéster; 141 000 hab.

TIGRANES II el Grande, *h. 121-h. 54 a.C.*, rey de Armenia (95-54 a.C.). Aliado de Mitrídates, conquistó Siria, el N de Mesopotamia y una parte de Asia Menor. Derrotado por Pompeyo, se convirtió en vasallo de Roma (66).

TIGRE, r. de Ecuador y Perú, afl. del Marañón (or. izq.); 550 km aprox. Navegable.

TIGRE, partido de Argentina (Buenos Aires), en el Gran Buenos Aires; 256 005 hab. Zona recreativa.

TIGRÉ, región del N de Etiopía.

TIGRE (El), c. de Venezuela (Anzoátegui), en Los Llanos orientales; 93 229 hab. Petróleo.

TIGRIS, r. de Turquía y de Iraq, que forma, con el Éufrates, el Šaṭṭ al 'Arab; 1 950 km. Pasa por Bagdad.

TIHERT, ant. **Tiaret**, c. de Argelia, cap. de vilayato, al pie del Ouarsenis; 105 500 hab.

TIHUATLÁN, mun. de México (Veracruz), en la Huasteca; 77 798 hab. Petróleo.

TIJUANA, c. de México (Baja California), junto a la frontera con EUA; 742 686 hab. Industrias alimentarias, textiles y mecánicas (maquiladoras). Centro turístico y comercial.

TIKAL, centro arqueológico de la cultura maya clásica desarrollada en la región del Petén (Guatemala) entre 300 y 950 d.C., en la selva tropical. De sus 3 000 estructuras destacan los templos pirámide y las estelas esculpidas. Parque nacional. (Patrimonio de la humanidad 1979.)

TILA, mun. de México (Chiapas), en la mesa central de Chiapas; 34 866 hab. Agricultura y ganadería.

TILBURG, c. de Países Bajos (Brabante Septentrional); 158 846 hab. Centro industrial.

TILDEN (William Tatem), *Filadelfia 1893-Hollywood 1953*, tenista estadounidense. Vencedor en tres ocasiones en Wimbledon (1920, 1921 y

1930), ganó la copa Davis siete veces (de 1920 a 1926).

TILIMSEN, en esp. **Tremecén, Tlemcén** o **Tlemecén**, c. del O de Argelia, cap. de vilayato; 108 145 hab. Centro artesanal e industrial. — Gran mezquita de los Almorávides (ss. XI-XII), de influencia cordobesa. — Fue la capital del Mogreb central del s. XIII al s. XVI.

Till Eulenspiegel → Uilenspiegel.

TILLICH (Paul), *Starzeddel, Prusia, 1886-Chicago 1965*, teólogo protestante estadounidense de origen alemán. En *Teología sistemática* (1951-1966) propone un pensamiento religioso exento de dogmatismo y de los símbolos incomprensibles para el hombre contemporáneo.

TILLY (Jean t'Serclaes, conde de), *castillo de Tilly, Brabante, 1559-Ingolstadt 1632*, general valón del Sacro Imperio. Dirigió el ejército de la Liga católica en la guerra de los Treinta años, venció en la batalla de la Montaña Blanca (1620) a los checos y en la de Lutter a los daneses. Sucesor de Wallenstein al mando de las tropas imperiales (1630), fue derrotado (Breitenfeld, 1631) y muerto por los suecos.

Tilsit (tratados de), tratados firmados en Tilsit, Prusia Oriental (act. *Sovietsk*, Rusia), entre Napoleón I y la Rusia de Alejandro I (7 julio 1807) y entre Napoleón I y Prusia (9 julio). Pusieron fin a la cuarta coalición, consagraron la derrota de Prusia y crearon una alianza secreta entre Francia y Rusia contra Inglaterra.

TIMANÁ, mun. de Colombia (Huila); 15 434 hab. Ganado vacuno. Yacimientos de carbón.

TIMANFAYA, macizo volcánico de España, en el SO de la isla de Lanzarote (Canarias). *Parque nacional de Timanfaya* (5 107 ha), creado en 1974. Paisaje de dunas volcánicas. Actividad geotérmica. (Reserva de la biosfera 1993.)

TIMBÍO, mun. de Colombia (Cauca); 21 747 hab. Agricultura.

TIMBUKTU → TOMBOUCTOU.

Times (The), periódico británico conservador moderado, fundado en 1785.

Time Warner, grupo de comunicación estadounidense. Presente en las redes telemáticas (AOL), el cine (estudios Warner Bros), la televisión (CNN), la prensa (*Time*) y la edición, es uno de los líderes mundiales en su sector.

TIMGAD, c. de Argelia, al E de Batna; 9 000 hab. Colonia romana fundada en 100 d.C., fue destruida por los moros en el s. VI. — Importantes restos de la época trajana (mosaicos). [Patrimonio de la humanidad 1982.]

TIMIȘOARA, en húng. **Temesvár**, c. de Rumania, en el Banato; 334 278 hab. Centro industrial. Universidad. — Iglesias del s. XVIII; museo del Banato en el antiguo castillo.

TIMOLEÓN, *Corinto h. 410-Siracusa h. 336 a.C.*, estadista griego. Fue enviado a Siracusa para derrocar al tirano Dionisio el Joven; posteriormente venció a los cartagineses (341 o 339 a.C.) y, tras organizar una democracia moderada en Siracusa, renunció al poder (337-336).

TIMONEDA (Juan de), *Valencia h. 1520-1583*, escritor y editor español. Divulgador de cancioneros, romanceros y comedias, se le atribuyen poemas, colecciones de cuentos (*Patrañuelo*, 1667), comedias, pasos, farsas y autos sacramentales (*La oveja perdida*, 1567).

TIMOR, isla de la Sonda, al N del *mar de Timor*, dividida entre Timor Occidental (Indonesia) y el estado de Timor Oriental; 30 000 km²; 1 600 000 hab. Desde el s. XVII quedó dividida entre los portugueses y los holandeses. La república independiente de Indonesia englobó la parte neerlandesa en 1950 y ocupó la parte portuguesa (Timor Oriental) en 1975-1976. Timor Oriental se independizó en 2002.

TIMOR ORIENTAL, oficialmente **Timor-Leste**, estado del Sureste asiático, formado por el E de la isla de Timor, las islas vecinas de Atauro y de Jaco, y un pequeño enclave en la parte O (indonesia) de Timor; 18 900 km²; 779 000 hab. (*timorenses*). CAP. Dili. LENGUAS: tetun (o *tetum*) y portugués. MONEDA: dólar EUA. (V. mapa de **Indonesia**.) Bajo dominio portugués desde el s. XVIII, la ocupación indonesia en 1975-1976 provocó un movimiento guerrillero encabezado por el Fretilin (Frente revolucionario para la independencia de Timor Oriental) que se opuso a esta

anexión. En 1999 Indonesia organizó un referéndum sobre el plan de autonomía de Timor Oriental; los timorenses se pronunciaron masivamente en contra del proyecto y optaron por la independencia, lo que desencadenó una oleada de terror dirigida por las milicias antindependentistas apoyadas por el ejército indonesio. Se envió una fuerza multinacional al territorio, que quedó bajo la administración provisional de la ONU. En 2002, Timor Oriental accedió a la independencia, con Xanana Gusmão, de 2002 a 2007, como presidente. A este le sucedió en 2007 José Ramos-Horta.

TIMOSHENKO (Semión Konstantínovich), *Fúrmanka 1895-Moscú 1970*, mariscal soviético. Compañero de Stalin y Voroshílov (1919), fue comisario de defensa (1940), dirigió la reconquista de Ucrania (1943-1944) y entró en Rumania y en Hungría.

TIMOTEO (san), *m. en ¿Éfeso 97?*, discípulo de san Pablo. Según la tradición, fue el primer obispo de Éfeso, donde probablemente murió martirizado. Las dos Epístolas de san Pablo llamadas *Epístolas a Timoteo* se refieren a la vida espiritual y material de las Iglesias; su autenticidad ha sido cuestionada.

TIMÚRÍES, dinastía descendiente de Timūr Lang, que reinó en el Jurāsān y en Transoxiana (1405-1507). Su capital, Harāt, fue un brillante centro cultural.

TIMŪR LANG, en esp. **Tamerlán**, *Kesh, cerca de Samarkand, 1336-Otrar 1405*, emir de Transoxiana (1370-1405). Se declaró heredero de Gengis Kan e instauró un vasto y efímero imperio turco basado en la fuerza militar, el terror y un sistema jurídico-religioso que unía las leyes mongol e islámica. Guerrero intrépido, conquistó Jwārizm (1379-1388), Irán y Afganistán (1381-1387). Derrotó a la Horda de Oro (1391-1395), al sultanato de Delhi (1398-1399) y a los otomanos (1402), y convirtió Samarkand en un gran centro intelectual y artístico.

TINACO, mun. de Venezuela (Cojedes), en los Llanos occidentales; 27 032 hab. Centro agropecuario.

TINA MAYOR o **TINAMAYOR (ría de)**, ría de España (Cantabria), formada por la desembocadura del Deva.

TINA MENOR o **TINAMENOR (ría de)**, ría de España (Cantabria), formada por la desembocadura del Nansa.

TINAQUILLO, c. de Venezuela (Cojedes); 45 600 hab. Yacimientos de asbesto.

TINBERGEN (Nikolaas), *La Haya 1907-Oxford 1988*, etólogo británico de origen neerlandés. Sus investigaciones sobre el comportamiento instintivo de los animales en su medio natural lo convierten en uno de los fundadores de la etología moderna. (Premio Nobel 1973.)

TÍNDARO MIT. GR. Rey de Esparta, esposo de Leda, amada por Zeus. Menelao fue su sucesor.

TINDEMANS (Léo), *Zwijndrecht 1922*, político belga. Socialcristiano, fue presidente del gobierno (1974-1978) y ministro de asuntos exteriores (1981-1989).

TING (Samuel Chao Chung), *Ann Arbor, Michigan, 1936*, físico estadounidense. Demostró, en 1974, por separado de B. Richter, la partícula J que confirmó la existencia del *encanto*, cuyo sabor de los quarks. (Premio Nobel 1976.)

TINGI, TINGE o **TINGIS**, antigua c. del N de África, capital de la Mauritania Tingitana (act. Tánger).

TINGO MARÍA, c. de Perú (Huánuco); 45 100 hab. Jardín botánico. *Parque nacional Tingo María.*

TINGUELY (Jean), *Friburgo 1925-Berna 1991*, escultor suizo. Miembro del grupo de los «nuevos realistas», concibió máquinas de espíritu dadaísta, lúdicas e inquietantes (*Metamatics*, 1955-1959; *Homenaje a Nueva York*, máquina happening autodestruible, 1960; *Rotozazas*, 1967-1969).

TINOCO GRANADOS (Federico), *San José 1870-París 1931*, político costarricense. Ministro de la guerra, dio un golpe de estado y se hizo con el poder (1917). La revolución de 1919 lo obligó a abandonar la presidencia.

TINOGASTA, dep. de Argentina (Catamarca);

18 768 hab. Minas de cobre (Filo de la Cortadera).

TÍNOS o **TENOS**, isla griega de las Cícladas; 195 km²; 10 000 hab. Extracción de mármol. – Restos de la antigüedad.

Tintín, personaje de cómic creado en 1929 por el belga Hergé. Joven periodista, con su perro Milú vive aventuras en todo el mundo en las que participan el borrachín capitán Haddock, el sabio distraído Tornasol, y los extravagantes policías Hernández y Fernández.

TINTO, r. del S de España (Huelva), en la vertiente atlántica, que desemboca junto al Odiel en la ría de Huelva; 80 km. Navegable en su último tramo. Da nombre a las minas de cobre.

TINTORETTO (Jacopo **Robusti**, llamado **[il]**), Venecia 1518-íd. 1594, pintor italiano. Sus numerosas obras religiosas destacan por la fogosidad inventiva, el virtuosismo manierista de los escorzos y los efectos de la luz (palacio de los dux y scuola di san Rocco, en Venecia).

■ IL **TINTORETTO**. *Subida al Calvario*, una de las escenas del Nuevo testamento pintadas entre 1564 y 1587 para la Scuola di San Rocco, en Venecia.

TIPAZA o **TIPASA**, c. de Argelia, junto al Mediterráneo; 15 756 hab. Ruinas romanas y paleocristianas.

TIPITAPA, mun. de Nicaragua (Managua), 47 503 hab. Artesanía, cerámica. Turismo (aguas termales).

TIPPERARY, en gaélico **Tiobraid Árann**, c. del S de Irlanda; 4 783 hab.

TIPPET (sir Michael), Londres 1905-íd. 1998, compositor británico. Es autor de ballets, sinfonías, obras dramáticas, oratorios (*El hijo de nuestro tiempo*, 1941) y óperas (*La boda del verano*, 1955, *El rey Príamo*, 1962, *La rotura del hielo*, 1977).

TIPU ṢAHIB, llamado **Bhadur** («el bravo»), Devanhalli 1749-Seringapatam 1799, sultán de Mysore. Aliado de Francia, expulsó a los ingleses de Mysore (1784), pero fue muerto cuando defendía Seringapatam.

TIQUICHEO, mun. de México (Michoacán); 15 174 hab. Caña de azúcar, tabaco, algodón, frutas.

TIQUISATE, mun. de Guatemala (Escuintla); 71 765 hab. Vacunos (lácteos). Industria del calzado.

TIRAJANA (caldera de), región de España, en el sector central de la isla de Gran Canaria, al pie del Pozo de las Nieves.

TIRÁN (estrecho de), estrecho que comunica el golfo de 'Aqaba con el mar Rojo.

TIRANA, cap. de Albania; 238 000 hab. Museo de arqueología y etnografía; galería de bellas artes.

Tirano Banderas, novela de Valle-Inclán (1926), paradigma del caudillaje americano. En su lenguaje se funden amalgama americanismos de diversas procedencias.

Tirant lo Blanc (*Tirante el Blanco*), novela caballeresca escrita en catalán por el valenciano Joanot Martorell, entre 1450 y 1460, y retocada y concluida por Martí Joan de Galba. Narra con verosimilitud e ironía las aventuras de un caballero bretón. Fue traducida muy pronto al italiano y al castellano.

TIRÁSPOL, c. de Moldavia, a orillas del Dniéster; 186 000 hab.

TIRESIAS MIT. GR. Adivino ciego de Tebas. En la antigüedad, su tumba fue la sede de un afamado oráculo.

TÎRGOVIȘTE, c. de Rumania (Muntenia); 98 000 hab. Iglesias valacas típicas (ss. XVI-XVII); museos.

TÎRGU MUREȘ, c. de Rumania (Transilvania), junto al Mureș; 163 625 hab. Edificios barrocos del s. XVIII. En sus cercanías, yacimiento de hidrocarburos.

TIRÍDATES, nombre de varios soberanos partos Arsácidas y de algunos reyes de Armenia. – **Tiridates II** (o **III**), rey de Armenia (287-330 d.C. aprox.). Adoptó el cristianismo como religión oficial de Armenia.

TIRINTO, ant. c. de la Argólida, famosa por sus impresionantes murallas ciclópeas, restos del complejo de palacios del s. XIII a.C. (Patrimonio de la humanidad 1999.)

TIRNOVO → VELIKO TĂRNOVO.

TIRO, act. **Sūr**, c. del Líbano, al S de Beirut. 14 000 hab. Ruinas fenicias, helenísticas y romanas. (Patrimonio de la humanidad 1984.) – Puerto de la antigua Fenicia, fundó (a partir del s. XI a.C.) numerosos establecimientos en las orillas del Mediterráneo, como el de Cartago (814 a.C. según la tradición). Rival de Sidón, luchó contra los imperios asirio y babilónico. Fue sometida por Alejandro (332 a.C.) y disputada por Lágidas y Seléucidas. A pesar de la competencia de Alejandría, siguió siendo un centro cultural y comercial importante hasta la invasión árabe (638 d.C.).

TIRO (Guillermo de), en Siria h. 1150-Roma 1185, historiador de las cruzadas. Arzobispo de Tiro, es autor de una crónica del oriente latino.

TIROL, prov. de Austria que ocupa el valle superior del Inn; 630 400 hab.; cap. *Innsbruck*. La principal actividad es el turismo de invierno y verano. – Parte integrante del patrimonio hereditario de los Habsburgo (desde 1363), fue cedido a Baviera en 1805, y devuelto a Austria en 1814. En 1919, el tratado de Saint-Germain cedió a Italia, además del Trentino, la provincia (h. Bolzano), con población de lengua alemana, planteó la cuestión del Alto Adigio. Los acuerdos austroitalianos de 1946 (completados en 1969 y 1992) garantizaron una amplia autonomía a la región y la igualdad de derechos para las comunidades alemana e italiana.

TIRPITZ (Alfred von), Küstrin 1849-Ebenhausen, Baviera, 1930, almirante alemán. A partir de 1898 fue ministro de marina, creó la flota de alta mar alemana y dirigió la guerra submarina de 1914 hasta su dimisión en 1916.

TIRRENO (mar), parte del Mediterráneo occidental comprendida entre la península italiana y las islas de Córcega, Cerdeña y Sicilia.

TIRSO DE MOLINA (fray Gabriel Téllez, llamado), Madrid h. 1583-Soria 1648, dramaturgo español. Hacia 1600 ingresó en la orden de la Merced, en la que llegó a ocupar cargos de importancia, a pesar de las acusaciones de que fue objeto por el carácter profano de su obra. Entre 1627 y 1636 se imprimieron las cinco partes de sus comedias, unos 300 títulos en total. Sutil e intelectualmente disciplinado, sometió la intriga dramática a una estructura cuidadosa, entre la comedia lopesca y la intrincada de Calderón. *El condenado por desconfiado*, *El burlador de Sevilla*, *La prudencia*

■ **TIRSO DE MOLINA**. (Anónimo; biblioteca nacional, Madrid.)

■ **TITO**

en la mujer, *El vergonzoso en palacio* o la comedia de enredo *Don Gil de las calzas verdes* (1615), son algunos de sus títulos, donde aparecen muchas veces entremezclados el drama, la sátira y los temas teológicos.

TIRTEO, en Ática s. VII a.C., poeta lírico griego. Con sus cantos reavivó el valor de los espartanos en la segunda guerra de Mesenia.

TIRUCHCHIRĀPPALLI o **TIRUCHIRAPALLI**, ant. **Trichinopoly**, c. de la India meridional (Tamil Nadu); 711 120 hab. Centro industrial y universitario. – Santuarios rupestres sivaítas (s. VII). En Srirangam, gran templo de Viṣṇú (Rañganātha Swami, ss. X-XVI) con numerosos recintos adornados de gopura, famoso lugar de peregrinaje.

TIRUNELVELI, c. del extremo S de la India; 365 932 hab.

TIRUPPUR, c. de la India, al E-NE de Coimbatore; 305 546 hab.

TISAFERNES, m. en Colosa 395 a.C., sátrapa persa. Derrotó a Ciro el Joven en Cunaxa (401), pero, al ser vencido por Agesilao II, rey de Esparta, fue destituido y ejecutado por Artajerjes II.

TISBE → PÍRAMO.

TISO (Jozef), Velká Bytča 1887-Bratislava 1947, político eslovaco. Eclesiástico, jefe del gobierno autónomo eslovaco (1938) y después jefe del estado eslovaco independiente (1939-1945), fue condenado a muerte y ejecutado.

TISZA o **TISA**, r. de Europa, que nace en Ucrania y atraviesa Hungría antes de unirse al Danubio (or. izq.) en Serbia; 966 km.

TISZA (Kálmán), Geszt 1830-Budapest 1902, político húngaro. Líder del Partido liberal húngaro, dirigió el gobierno de 1875 a 1890. – **István T.**, Budapest 1861-íd. 1918, político húngaro. Hijo de Kálmán, jefe de gobierno de 1903 a 1905 y de 1913 a 1917, fue asesinado.

TITÁN, principal satélite del planeta Saturno, descubierto en 1655 por C. Huygens. Diámetro: 5 150 km. Posee una atmósfera espesa a base de nitrógeno, que también contiene metano y diversos componentes orgánicos producidos bajo la acción de los rayos solares. La sonda europea Huygens, que lo estudió en una talle antes de posarse en él (14 en. 2005), reveló una superficie helada con indicios de actividad fluvial.

TITANES MIT. GR. Doce divinidades primitivas, nacidas de Urano y Gaya, que gobernaron el mundo antes de Zeus y los dioses del Olimpo. Tras destronar a su padre guiados por el más joven, Crono, fueron vencidos por Zeus.

Titanic, transatlántico británico que, durante su primer viaje, se hundió la noche del 14 al 15 de abril de 1912, al chocar con un iceberg al S de Terranova. Murieron más de 1 500 personas. Fue localizado en 1985 a 4 000 m de profundidad. – Esta tragedia inspiró a los cineastas J. Negulesco (*Titanic*, 1953) y James Cameron (*Titanic*, 1997), entre otros.

TITCHENER (Edward Bradford), Chichester 1867-Ithaca, estado de Nueva York, 1927, psicólogo estadounidense de origen británico. Fue el principal representante de la psicología experimental en Estados Unidos.

TITICACA, lago de América del Sur (Bolivia y Perú), en el Altiplano andino (3 812 m); 8 340 km². Recibe el aporte de numerosos ríos (Coata, Ilave, Ramis, Suches), y su emisario es el Desaguadero. Rica fauna piscícola y de aves acuáticas.

TITISEE, pequeño lago de Alemania, en la Selva Negra. Centro turístico.

TITO, en lat. **Titus Flavius Vespasianus**, Roma 39 d.C.-Aquae Cutiliae, Sabina, 81, emperador romano (79-81). Hijo de Vespasiano, tomó Jerusalén (70). Su reinado, muy liberal, destacó por las grandes construcciones (Coliseo, arco de Tito) y por la erupción del Vesubio (79).

TITO (san), s. I, discípulo de san Pablo. La autenticidad de la carta de san Pablo, llamada *Epístola a Tito*, está en entredicho.

TITO (Josip Broz, llamado), Kumrovec, Croacia, 1892-Ljubljana 1980, mariscal y político yugoslavo. Fue secretario general del Partido comunista yugoslavo desde 1936 y organizó la lucha contra la ocupación alemana durante la segunda guerra mundial, por lo que los Aliados lo consideraron jefe de la resistencia. Como jefe de gobierno tras la proclamación de la república (1945), rompió con Stalin (1948) y se erigió en líder de la política neutralista y de los países no alineados. En el interior, se alejó del modelo soviético para llevar a cabo un socialismo autogestionado. Presidente de la república (1953), fue nombrado presidente vitalicio en 1974. Líder carismático y autoritario, Tito logró mantener unida una Yugoslavia agitada por los particularismos.

TITO BUSTILLO (cueva de), sitio prehistórico de España (Ribadesella, Asturias), con pinturas y grabados del arte rupestre del paleolítico superior (entre 12500 y 11500 a.C.) y una interesante industria ósea del mismo período. (Patrimonio de la humanidad 2008.)

TITOGRAD → PODGORICA.

TITO LIVIO, en lat. *Titus Livius*, *Padua 59 a.C.-Roma 17 d.C.*, historiador latino. Su principal obra es *Ab urbe condita libri...* (conocida por el nombre de *Décadas*), historia de Roma desde los orígenes hasta 9 a.C., en 142 libros, de los que sólo se conservan 35. En esta obra maestra, el autor utiliza, además de la obra de los historiadores anteriores, los antiguos anales de Roma e intenta revivir con un estilo dinámico el pasado romano.

TITU CUSI YUPANQUI, inca de Vilcabamba (1563-1569). Hijo de Manco Inca y sucesor de su hermano Sayri Túpac, fue bautizado por misioneros españoles, pero se mantuvo independiente y luchó contra las tropas del virrey Francisco de Toledo.

TIUMÉN, c. de Rusia, en Siberia occidental; 494 000 hab. Centro de una región petrolera.

TIURATAM, c. de Kazajstán, al E del mar de Aral, junto al Syr Daryá. En sus proximidades, cosmódromo designado oficialmente con el nombre de *Baikonur* hasta 1992.

TÍVOLI, ant. **Tibur**, c. de Italia (Lacio), al E de Roma; 50 559 hab. Uno de los principales lugares de veraneo de los romanos, donde Mecenas, Horacio, Catulo y Adriano (villa *Adriana*) construyeron sus villas. Pequeños templos romanos. Jardines de la villa de *Este.

TIWANAKU → TIAHUANACO.

TIXTLA DE GUERRERO, mun. de México (Guerrero); 25 795 hab. Economía agropecuaria. Artesanía.

TIZAPÁN EL ALTO, mun. de México (Jalisco), en la orilla S de la laguna de Chapala; 17 531 hab.

TIZATLÁN, centro arqueológico de México (Tlaxcala). Construcciones precolombinas en ladrillo y piedra. Murales de los ss. XV o XVI.

TIZAYUCA, mun. de México (Hidalgo); 16 454 hab. Cereales, hortalizas y frutas. Ganadería.

TIZIANO o **TICIANO** (Tiziano Vecellio, llamado), *Pieve di Cadore, Venecia, 1488/1490-Venecia 1576*, pintor italiano. Tras un primer período influido por su maestro Giorgione, se

■ **TIZIANO.** *Mujer ante el espejo* (h. 1512-1515). [Louvre, París.]

convirtió en un artista internacional al servicio de los papas, Francisco I y sobre todo de Carlos Quinto y Felipe II. Al final de su vida su arte alcanzó un alto grado de lirismo, unido a la audacia de sus innovaciones técnicas. Influyó profundamente en el arte europeo. Entre sus pinturas, aparte de numerosos retratos, destacan: *Amor sagrado y amor profano* (h. 1515, galería Borghese, Roma), *Asunción* (1518, iglesia Santa Maria dei Frari, Venecia), *Bacanal* (1518-1519, Prado), *Entierro de Cristo* (1523-1525, Louvre), *La Venus de Urbino* (1538, Uffizi), *Dánae* (Nápoles y Prado), *La ninfa y el pastor* (h. 1570, Viena), *Piedad* (terminada por Palma el Joven, Academia de Venecia).

TIZIMÍN, mun. de México (Yucatán); 45 486 hab. Frutos tropicales; explotaciones forestales.

TIZI-OUZOU, c. de Argelia, cap. de vilayato, en la Gran Cabilia; 93 000 hab.

TIZOC, *m. en 1486*, soberano azteca (1481-1486). Sucesor de su hermano Axayácatl, encargó la reconstrucción del templo Mayor de Tenochtitlan (1483) e hizo grabar sus gestas en la *Piedra de Tizoc*. Su misticismo propició un complot militar que acabó con su vida.

Tizoc (Piedra de) o **Temalacatl**, monumento votivo azteca al Sol, erigido entre 1481 y 1486, que se encontraba al pie de la escalinata del templo Mayor de Tenochtitlan (museo nacional de antropología, México). Conmemoraba las hazañas de los soberanos aztecas hasta la muerte del séptimo.

■ **LA PIEDRA DE TIZOC.** (Museo nacional de antropología, México.)

Tizona, una de las espadas del Cid Campeador.

TLACAÉLEL, *h. 1398-h. 1480*, político azteca. Ideólogo de la expansión mexica, propició transformaciones políticosociales durante los gobiernos de su tío Itzcóatl y de sus hermanos Chimalpopoca y Moctezuma I.

TLACHICHUCA, mun. de México (Puebla); 19 188 hab. Cereales, legumbres, frutas. Ganadería.

TLACOLULA DE MATAMOROS, mun. de México (Oaxaca); 11 326 hab. Aceites. Artesanía. — Centro arqueológico zapoteca y mixteca de *Mitla.

TLACOPAN, ant. c. tepaneca del Valle de México, en el act. casco urbano de México *(Tacuba)*. Sucedió a Azcapotzalco tras la caída de este reino ante los aliados del Valle de México (1428), y estuvo aliada a Culhuacán y Tenochtitlan.

TLACOTALPAN, mun. de México (Veracruz); 18 896 hab. Caña de azúcar. Industria papelera. Urbanismo colonial. (Patrimonio de la humanidad 1998.)

TLACOTEPEC DE BENITO JUÁREZ, mun. de México (Puebla); 23 985 hab. Ganadería. Bosques.

TLÁHUAC, delegación de México (Distrito Federal); 146 923 hab. En el ant. lago de Chalco.

TLAHUALILO, mun. de México (Durango); 28 449 hab. Algodón y cereales.

TLAHUAPAN, mun. de México (Puebla); 19 415 hab. Explotación forestal. Vinos y sidras. Tejidos.

TLAHUELILPA, localidad de México (mun. de Tlaxcoapan, Hidalgo). Convento de San Francisco (1539), con claustro y capilla de gran belleza decorativa.

TLAJOMULCO, mun. de México (Jalisco); 50 697 hab. Economía agropecuaria. Alfarería.

TLALIXCOYAN, mun. de México (Veracruz);

37 735 hab. Cultivos tropicales. Ganadería. Avicultura.

TLALMANALCO, mun. de México (México); 34 071 hab. Industria del papel. — Convento franciscano (s. XVI), con iglesia y capilla abierta platerescas.

TLALNEPANTLA, mun. de México (México); 702 270 hab. Centro industrial (fundición, química, mecánica). — Convento franciscano (s. XVI), con elementos barrocos. En el término, centro arqueológico de *Tenayuca.

TLÁLOC, volcán de México, en la cordillera Neovolcánica; 3 687 m.

TLÁLOC MIT. AMER. Dios de la lluvia entre los pueblos nahua de la meseta de México, adorado ya en Teotihuacán como símbolo de la fertilidad agrícola. Una de las deidades más antiguas de Mesoamérica, los aztecas mantuvieron su culto con el de Huitzilopochtli en el templo mayor de Tenochtitlan. Llamado *Chac* por los mayas, *Tajín* por los huastecos y *Cocijo* por los zapotecos, se lo representa con colmillos y serpientes entrelazadas al modo de anteojos.

TLALOCAN, paraíso azteca, presidido por el dios Tláloc, donde iban los ahogados y quienes morían a causa de determinadas enfermedades como la lepra.

TLALPAN, delegación de México (Distrito Federal); 368 974 hab. Barrio residencial del SO de la capital.

TLALPUJAHUA, mun. de México (Michoacán); 19 174 hab. Centro minero (oro). Metalurgia.

TLALTIZAPÁN, mun. de México (Morelos), avenado por el Yantepec; 29 302 hab. Balneario. Turismo.

TLANCHINOL, mun. de México (Hidalgo); 22 843 hab. Café, caña de azúcar, cereales y frutales.

TLAPA DE COMONFORT, mun. de México (Guerrero); 33 581 hab. Cultivos tropicales; ganadería.

TLAPACOYAN, mun. de México (Veracruz); 32 483 hab. Agricultura tropical. Ganadería. Bosques.

TLAPEHUALA, mun. de México (Guerrero); 16 699 hab. Explotación forestal. Alfarería. Tejidos típicos.

TLAQUEPAQUE, c. de México (Jalisco); 328 031 hab. Centro industrial.

TLAQUILTENANGO, mun. de México (Morelos); 24 136 hab. Caña de azúcar. Ganado vacuno. Minería.

TLATELOLCO o **TLALTELOLCO**, ant. c. azteca vecina de Tenochtitlan y luego barrio de la misma. Fundada en 1337 en una isla del lago Texcoco, fue sometida por los aztecas (1473), que la incorporaron a Tenochtitlan. Tras caer en manos de H. Cortés (1521), sobre su templo mayor, construido por los chichimecas, los franciscanos levantaron la iglesia de Santiago Tlatelolco (1609). — En su emplazamiento se halla actualmente el barrio de Nonoalco-Tlatelolco, con la plaza de las Tres culturas.

Tlatelolco (tratado de) [14 febr. 1967], acuerdo firmado en México por catorce países latinoamericanos, que prohibía la fabricación y uso de armas nucleares en América Latina. Entró en vigor (parcialmente) en 1979, bajo el control del *OPANAL.

TLATENANGO DE SÁNCHEZ ROMÁN, mun. de México (Zacatecas); 19 436 hab. Cereales; avicultura.

TLATILCO, zona arqueológica de las culturas preclásicas del Valle de México (h. 1500 a.C.-h. 300 a.C.). Necrópolis que ha proporcionado figurillas esculpidas con mujeres, niños y jugadores de pelota, así como vasos esculpidos. Destaca la llamada *Mujer bonita de Tlatilco.*

TLATLAUQUITEPEC, mun. de México (Puebla); 31 323 hab. Agricultura y ganadería. Bosques.

TLATLAYA, mun. de México (México); 31 752 hab. Cultivos tropicales. Ganadería.

TLAXCALA o **TLAXCALA DE XICOTÉNCATL**, c. de México, cap. del est. de Tlaxcala; 103 324 hab. Centro agrícola, ganadero e industrial. — Convento de San Francisco (1537), palacio municipal (1550), catedral (s. XVIII). Santuario de Ocotlán. — Fue capital de los tlaxcaltecas y aliada de los españoles en la conquista.— El *lienzo de Tlaxcala* es un códice del s. XVI que narra en lengua náhuatl la historia de la ciudad y de la conquista española (museo nacional de antropología de México).

TLAXCALA (estado de), est. del centro de México; 3 914 km²; 761 277 hab.; cap. *Tlaxcala* o *Tlaxcala de Xicoténcatl*.

TLAXCO, mun. de México (Tlaxcala); 20 384 hab. Ganado de lidia. Bebidas. Tejidos típicos.

TLAXCOAPAN, mun. de México (Hidalgo); 15 156 hab. Cereales y legumbres. Ganadería.

TLCAN (Tratado de libre comercio de América del Norte, en ingl. NAFTA [North American Free Trade Agreement]), acuerdo firmado en 1992 por Canadá, Estados Unidos y México, para establecer una zona de libre comercio entre los tres países. Entró en vigor en 1994.

TLEMCÉN o **TLEMECÉN** → **TILIMSEN**.

TNP → **no-proliferación de armas nucleares** (tratado de).

TOA, r. de Cuba (Guantánamo); 118 km. En su cuenca se cultiva caña, maíz y coco.

TOA ALTA, mun. del N de Puerto Rico; 44 101 hab. Industria química, textil y electrónica.

TOA BAJA, mun. del N de Puerto Rico, en la llanura litoral; 89 454 hab. Conservas. Materiales para la construcción.

TOAMASINA, ant. Tamatave, c. de Madagascar, junto al Índico; 145 000 hab. Puerto.

TOB (Šem) → **ŠEM TOB**.

TOBA (lago), lago de Indonesia (Sumatra), situado en una caldera; 1 240 km².

TOBAGO, una de las Pequeñas Antillas; 301 km²; 46 400 hab. (→ **Trinidad y Tobago**.)

TOBAR (Carlos R.), *Quito 1854-Barcelona, España, 1920*, político y diplomático ecuatoriano. Embajador, ministro de asuntos exteriores y representante de su país en la conferencia de La Haya, participó en el arbitraje sobre la frontera con Perú. Se le debe la *doctrina Tobar*, que subordina el reconocimiento internacional de un gobierno golpista a su legitimación constitucional.

TOBAR (Martín), *Caracas 1772-íd. 1843*, patriota venezolano. Tomó parte en la proclamación de independencia (1810) y fue miembro de los congresos de Angostura (1819) y Cúcuta (1821). Participó en el movimiento revolucionario contra Páez (1835).

TOBEY (Mark), *Centerville, Wisconsin, 1890-Basilea 1976*, pintor estadounidense. Apasionado por el arte de oriente, transformó la caligrafía zen en una especie de emanación no figurativa.

Tobías (Libro de), libro del Antiguo testamento escrito en los ss. III-II a.C. Narra la historia de una familia judía deportada a Babilonia (Tobías es el nombre del padre, ciego, y del hijo, que viaja en busca de un remedio a su ceguera). En él aparecen los temas de la vida religiosa de las comunidades judías en la Diáspora durante la época helenística.

TOBIN (James), *Champaign, Illinois, 1918-New Haven 2002*, economista estadounidense. Es autor de una teoría general del equilibrio entre los activos financieros y reales. A principios de la década de 1970, propuso la instauración de una tasa sobre todas las transacciones realizadas con divisas (llamada *tasa Tobin*) para limitar la especulación. (Premio Nobel 1981.)

TOBOL, r. de Rusia, en Siberia, afl. del Irtish (or. izq.); 1 591 km.

TOBRUK → **TUBRUQ**.

TOCAIMA, mun. de Colombia (Cundinamarca); 15 874 hab. Algodón y arroz. Ganadería.

TOCANTINS, r. de Brasil, afl. del Pará (or. der.); 2 416 km. Central hidroeléctrica de Tucuruí.

TOCANTINS, estado del centro de Brasil; 277 322 km²; 920 133 hab.; cap. *Palmas do Tocantins*.

TOCHIMILCO, mun. de México (Puebla); 13 748 hab. Convento fortificado con murallas almenadas (s. XVI), iglesia con portada renacentista y capilla abierta.

TOCOA, c. del N Honduras (Colón); 53 936 hab.

TOCOPILLA, com. de Chile (Antofagasta); 24 767 hab. Puerto pesquero (conservas, harinas de pescado) y exportador de salitre. Industria química y metalúrgica. Planta termoeléctrica. Aeródromo.

TOCORPURI (cerro de), cerro andino de Chile (Antofagasta) y Bolivia (Potosí); 6 755 m.

TOCQUEVILLE (Charles Alexis **Clérel de**), *París 1805-Cannes 1859*, historiador y político francés. Diputado y ministro, escribió *De la democracia en América* (1835-1840) y *El Antiguo régimen y la revolución* (1856), obras fundamentales del liberalismo.

Tocumen, aeropuerto internacional de Panamá, a 15 km de la capital.

TOCUYITO, mun. de Venezuela (Carabobo); 25 847 hab. Textiles. Materiales para la construcción.

TOCUYO, r. de Venezuela (Lara, Falcón), que nace en las montañas andinas del estado de Trujillo y desemboca en el Caribe; 350 km.

TOCUYO (El), c. de Venezuela (Lara); 28 471 hab. En el valle del *Tocuyo*. — Iglesias del s. XVIII (convento de San Francisco, con interesante claustro). — Fundada por J. de Carvajal (1545), fue sede del gobernador de Venezuela.

TODA AZNAR, *m. d. 960*, reina de Navarra. Nieta de Fortún Garcés de Pamplona, casó con Sancho I Garcés de Navarra. A la muerte de este (925), ejerció la regencia de su hijo García Sánchez I.

TODD (Alexander Robertus, barón), *Glasgow 1907-Cambridge 1997*, químico británico. Realizó la síntesis de las vitaminas E y B, y en 1955, dilucidó la constitución de la vitamina B_{12}. También estudió la estructura de los nucleótidos y, concretamente, las cuatro bases del ADN. (Premio Nobel 1957.)

TODI (Iacopo dei Benedetti, llamado Iacopone **da**), *Todi h. 1230-Collazzone, Umbría, 1306*, escritor italiano. Sus laudes dialogados constituyen el primer esbozo del teatro sacro italiano.

TODOROV (Tzvetan), *Sofía 1939*, semiótico e historiador de las ideas francés de origen búlgaro. Traductor de los formalistas rusos (*Teoría de la literatura de los formalistas rusos*, 1965), definió los métodos de análisis estructural de la literatura (*Poética de la prosa*, 1971) antes de orientarse hacia una reflexión humanista (*El espíritu de las Luces*, 2006). [Premio Príncipe de Asturias 2008.]

TODT (Fritz), *Pforzheim 1891-Rastenburg 1942*, general e ingeniero alemán. Constructor de autopistas (1933-1938) y de la línea Sigfrido (1938-1940), dio su nombre a la organización paramilitar que, con el trabajo forzado de extranjeros, levantó el muro del Atlántico.

TOESCA Y RICCI (Joaquín), *Roma 1745-Santiago de Chile 1799*, arquitecto italiano, activo en Chile. Colaborador de Sabatini en España, emigró luego a Chile. De estilo neoclásico, es, junto con Tolsá, el arquitecto más importante del s. XVIII en Hispanoamérica (fachada de la catedral, templo de la Merced y planos del palacio de la Moneda en Santiago de Chile).

TOFIÑO DE SAN MIGUEL (Vicente), *Cádiz 1732-Isla de León, act. San Fernando, 1795*, matemático, astrónomo y cartógrafo español. Director de la escuela de guardamarinas de Cádiz, trazó la topografía del litoral español.

TOGLIATTI, en ruso **Toliatti**, hasta 1964 **Stávropol**, c. de Rusia, a orillas del Volga; 666 000 hab. Construcción automovilística.

TOGLIATTI (Palmiro), *Génova 1893-Yalta 1964*, político italiano. Cofundador del Partido comunista italiano (1921), del que fue secretario general (1927-1964). Exiliado con el fascismo, fue vicepresidente (1944-1945) y ministro de justicia (1945-1946). Estuvo a favor de la desestalinización y el "policentrismo".

TOGO, estado de África occidental, junto al golfo de Guinea; 56 600 km²; 4 400 000 hab. (togoleses). CAP. *Lomé*. LENGUA: francés. MONEDA: *franco CFA*.

GEOGRAFÍA

Es un país de clima tropical, gradualmente menos húmedo del S (bosques) al N (sabanas), y esencialmente rural. Las exportaciones de productos agrícolas (aceite de palma, café, cacao, algodón) siguen teniendo importancia, al igual que los fosfatos del lago Togo. La mandioca y el maíz son los alimentos básicos.

HISTORIA

Antes del s. XV, la historia de Togo, poblado por numerosos pueblos, no está dominada por ningún gran reino. **Ss. XV-XVI**: los portugueses y después los daneses llegaron a las costas. A pesar de la llegada de los misioneros portu-

gueses, Dinamarca ejerció un protectorado de hecho. El comercio de esclavos prosperó. **Segunda mitad del s. XIX**: se desarrolló el comercio del aceite de palma. **1884**: el explorador Nachtigal estableció el protectorado alemán en el país, al que dio su nombre actual. **1897**: se estableció la capital en Lomé. **1914**: los Aliados conquistaron fácilmente el protectorado. **1919**: el país fue dividido entre Francia (que obtuvo la costa de Lomé) y Gran Bretaña (que consiguió las tierras del O). **1922**: el reparto fue confirmado por la concesión de mandatos de la SDN. **1956-1957**: el N del Togo británico fue anexionado a Costa de Oro, que se convirtió en el estado independiente de Ghana. El resto del país formó una república autónoma. **1960**: dicha república obtuvo la independencia. Sylvanus Olympio fue su primer presidente. **1963**: Olympio fue asesinado. **1967**: un golpe de estado llevó al poder al teniente coronel Étienne Gnassingbé Eyadema, que gobernó con un partido único. **1991**: el multipartidismo fue restaurado. **1993**: el general Eyadema fue confirmado en la jefatura del estado tras unas elecciones presidenciales plurales (reelegido en 1998 y 2003), pero su poder fue ampliamente cuestionado por una oposición creciente. **2005**: muerte del presidente Eyadema (febr.). Su hijo Faure Gnassingbé, tras una tentativa de golpe institucional respaldada por el ejército, acabó por sucederle al término de unas elecciones presidenciales (abril).

TŌGŌ HEIHACHIRO, *Kagoshima 1847-Tōkyō 1934*, almirante japonés. Derrotó a los rusos en Port-Arthur y en Tsushima (1905).

Toisón de oro (orden del), orden fundada en 1429 por el duque Felipe el Bueno de Borgoña, en recuerdo del vellocino de oro de Jasón. Vinculada a la casa de Habsburgo desde 1477,

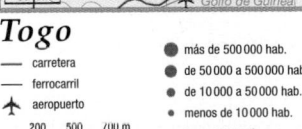

Togo

— carretera
— ferrocarril
✈ aeropuerto

● más de 500 000 hab.
● de 50 000 a 500 000 hab.
● de 10 000 a 50 000 hab.
● menos de 10 000 hab.
★ lugar de interés turístico

se mantuvo en Austria hasta 1918, y en España, aunque fue suprimida en 1931, reanudó su vigencia desde el reinado de Juan Carlos I.

TOJA (La), en gall. **A Toxa,** isla de España (Pontevedra), en la ría de Arosa, unida a la costa por un puente. Turismo. Balneario de aguas termales.

TŌJŌ HIDEKI, *Tōkyō 1884-íd. 1948,* militar y político japonés. Jefe del estado mayor del ejército (1938) y jefe de gobierno (1941-1944), decidió la participación de su país en la segunda guerra mundial. Fue ejecutado como criminal de guerra por los norteamericanos.

Tōkaidō, antiguo camino feudal de Japón que unía Kyōto y Edo (act. Tōkyō), y que el pintor Hiroshige inmortalizó (1833-1834) en su célebre serie de estampas *Cincuenta y tres estaciones en el camino de Tōkaidō.* La antigua vía ha dado nombre a un ferrocarril que enlaza Tōkyō con Ōsaka por Kyōto y Nagoya.

TOKAY, c. del N de Hungría; 5 358 hab. Vinos blancos. (Patrimonio de la humanidad 2002.)

TOKIMUNE u **HŌJŌ TOKIMUNE,** *1251-1284,* estadista japonés. Regente Hōjō de Kamakura (1268-1284), resistió las invasiones de los mongoles en 1274 y 1281.

TOKOROZAWA, c. de Japón (Honshū), al NO de Tōkyō; 303 040 hab.

TOKUGAWA, clan aristocrático japonés, surgido de los Minamoto. Fue la tercera y última dinastía de shōgunes (1603-1867).

TOKUGAWA IEYASU, *1542-1616,* estadista japonés, fundador de la dinastía de los Tokugawa. Se proclamó shōgun hereditario (1603) después de haber derrotado a los fieles de Toyotomi Hideyoshi.

TOKUSHIMA, c. de Japón (Shikoku); 263 356 hab. Centro industrial. Jardín del s. XVI.

TŌKYŌ o **TOKIO,** ant. **Edo** o **Yedo,** cap. de Japón (Honshū); 11 855 563 hab. Puerto al fondo de una bahía del Pacífico. Gran centro administrativo, cultural, comercial e industrial. — Bellos jardines paisajísticos. Museos, entre ellos el Museo nacional. Centro olímpico y otras edificaciones realizadas por Tange Kenzō. — La ciudad, dotada de un castillo en 1457, se convirtió en la capital de Japón en 1868. Fue destruida por un sismo (1923), reconstruida y bombardeada en 1945 por la aviación estadounidense («tifón de fuego», 9-10 de marzo).

■ **TŌKYŌ.** El barrio de Ginza.

TOLBUJIN (Fiódor Ivánovich), *Andronik 1894-Moscú 1949,* mariscal soviético. Destacó en la batalla de Stalingrado (1942), entró en Sofía y en Belgrado (1944) y en Austria (1945).

TOLDRÁ (Eduardo), *Vilanova i la Geltrú 1895-Barcelona 1962,* compositor y director de orquesta español. Director de la orquesta municipal de Barcelona desde su creación en 1944, es autor de la ópera *El giravolt de maig (La pirueta de mayo,* 1928), con texto de J. Carner, y de composiciones vocales de gran lirismo.

TOLÉ, distr. de Panamá (Chiriquí); 23 066 hab. Industria maderera.

TOLEDO, mun. de Colombia (Norte de Santander); 16 150 hab. Ganado vacuno. Yacimientos de carbón.

TOLEDO, c. de España, cap. de Castilla-La Mancha y de la prov. homónima, cab. de p. j., en una elevación junto al Tajo; 68 537 hab. *(toledanos.)* Industrias tradicionales (tejidos, armas, damasquinados). Turismo. — Destacan de su recinto amurallado las puertas del Sol (s. XIV), de Bisagra y del Cambrón (s. XVI), y el puente de Alcántara (de origen romano). La iglesia del Cristo de la Luz, antigua mezquita (s. X), las iglesias mozárabes de Santa Justa y Santa Eulalia, las sinagogas del *Tránsito (museo Sefardí) y *Santa María la Blanca, y las iglesias de Santiago del Arrabal, Santo Tomé *(El entierro del conde de Orgaz,* de El Greco) y la ermita del Cristo de la Vega, todas con elementos mudéjares, además de la catedral (ss. XIII-XIV), obra maestra de la arquitectura gótica (que alberga el Transparente barroco, rico tesoro artístico en la sacristía), recuerdan la época en que Toledo fue la «ciudad de las tres religiones»; San Juan de los Reyes (1490-1495), en estilo isabelino; el hospital de Santa Cruz (1504-1514, actual museo arqueológico y de bellas artes); el hospital Tavera (museo); la casa de El Greco (s. XVI, museo) y el ayuntamiento (ss. XVI-XVII), son otras muestras del riquísimo conjunto monumental de la ciudad. Museo de artesanía mudéjar en el Taller del Moro; museo de los Concilios y de la cultura visigoda (ant. templo de San Román); museo de arte contemporáneo (Casa de las Cadenas, s. XVII). [Patrimonio de la humanidad 1986.] — La *Toletum* romana fue capital del reino hispanovisigodo y de un reino de taifa en el s. XI. Carlos Quinto la convirtió en centro de su imperio y construyó el Alcázar (act. reconstruido y sede de la biblioteca de Castilla-La Mancha).

■ **TOLEDO.** Interior de la iglesia de Santa María la Blanca, antigua sinagoga, s. XIII.

TOLEDO, c. de Estados Unidos (Ohio), junto al Maumee, cerca del lago Erie; 332 943 hab. Puerto. Centro industrial. Universidad. — Museo de arte.

TOLEDO (montes de), sistema orográfico de España, en la Meseta S, entre las cuencas del Tajo y del Guadiana; 1 603 m de alt. en Las Villuercas (sierra de Guadalupe).

TOLEDO (provincia de), prov. de España, en el NO de Castilla-La Mancha; 15 368 km²; 527 965 hab.; cap. *Toledo.* En la Meseta S, entre las sierras de Gredos, al N, y los montes de Toledo, al S, y avenada por el Tajo. Agricultura (cereales, vid, olivo, en secano; huertas en las riberas del Tajo). Industrias tradicionales de armas (Toledo), cerámica (Talavera de la Reina) y bordados (Lagartera). Industrias metalúrgicas y del cemento, desarrolladas por su proximidad a Madrid.

TOLEDO (casa de), familia de la nobleza española, fundada en el s. XI por **Pedro, conde de Carrión**. De esta rama nacieron diversas líneas que poseyeron numerosos títulos, entre ellos el ducado de *Alba. — **Pedro de T.,** *Alba de Tormes 1484-Florencia 1553.* Fue virrey de Nápoles (1532-1553). — **García de T. Osorio,** *Villafranca del Bierzo 1514-Nápoles 1578.* Hijo de Pedro, fue virrey de Cataluña (1558-1564) y de Sicilia (1565-1566). — **Fadrique de T. Osorio Ponce de León,** *Madrid 1635-íd. 1705.* Fue virrey de Sicilia (1674-1676) y presidente del consejo de Italia (1698).

TOLEDO (Alejandro), *Cabana, Ancash, 1946,* político peruano. Economista de origen indígena, ha sido consultor de organismos internacionales (ONU, Banco interamericano de desarrollo). Opuesto a Fujimori, fundador de la formación centrista Perú posible, fue presidente de la república de 2001 a 2006.

TOLEDO (Francisco), *Juchitán 1940,* artista mexicano. Sus figuraciones se inspiran en la natu- raleza oaxaqueña, expresada con un simbolismo personal. (Premio Federico Sescosse 2003.)

TOLEDO (Francisco de), conde de **Oropesa,** *Oropesa 1516-Escalona 1582,* administrador español. Virrey del Perú (1569-1581), centralizó la concesión de las encomiendas y reguló el trabajo forzoso en las minas de plata (mita). Reactivó la economía del virreinato aumentando la producción de plata del Potosí. Sus reformas chocaron con el consejo de Indias y con insurrecciones indígenas (Túpac Amaru, 1571).

TOLEDO (Juan Bautista de), *h. 1515-Madrid 1567,* arquitecto español. Trabajó en San Pedro de Roma a las órdenes de Miguel Ángel. Por encargo de Felipe II, realizó el proyecto para el monasterio de El Escorial.

TOLEDO (concilios de), asambleas generales político-religiosas que constituían el máximo organismo legislativo y normativo de la Hispania visigoda. El primer concilio general fue el III (589), que incorporó a los hispanorromanos a la dirección del país, y es considerado el fundador del reino visigodo. En el IV (633) se reguló la sucesión al trono. En el V (636) y el VI (638) se negó el acceso al trono a los que no pertenecieran a la nobleza goda. El XVII y último concilio se celebró en 694.

TOLEDO (escuela de traductores de), centro cultural que desde el s. XII tradujo al latín obras hebreas y árabes. Sus principales promotores fueron el arzobispo de Toledo Raimundo de Sauvetat (1126-1152) y Alfonso X el Sabio, que fomentó la sustitución del latín por el romance.

TOLEDO (reino visigodo de), nombre por el que se conoce el reino visigodo de la península Ibérica, con capital en Toledo. Regido por Leovigildo en 573, perduró hasta la invasión musulmana en 711.

TOLEDO (taifa de), reino musulmán surgido en 1009, a raíz de las luchas que provocaron la descomposición del califato de Córdoba (1035). Fue conquistado por Alfonso VI de Castilla (1085).

TOLEMAIDA o **PTOLEMAIDA,** nombre de varias ciudades fundadas en la época helenística por los Tolomeos o en su honor.

TOLIARA, ant. **Tuléar** y **Toliary,** c. de Madagascar, junto al canal de Mozambique; 49 000 hab. Puerto.

TOLIATTI → TOGLIATTI.

TOLIMA (departamento de), dep. del centro de Colombia; 23 562 km²; 1 051 852 hab.; cap. *Ibagué.*

TOLIMA (nevado del), pico de Colombia (Tolima), en la cordillera Central; 5 215 m. Parque nacional.

TOLIMÁN, volcán de Guatemala (Sololá), al S del lago Atitlán. Se distinguen dos picos, de 3 158 m y 3 134 m respectivamente.

TOLIMÁN, mun. de México (Querétaro); 15 312 hab. Ganadería; apicultura. Artesanía.

TOLKIEN (John Ronald Reuel), *Bloemfontein, Sudáfrica, 1892-Bournemouth 1973,* escritor británico. Es autor de una epopeya fantástica y alegórica que constituye una desmitificación del género *(El señor de los anillos,* 1954-1955), llevada al cine por el director Peter Jackson en una trilogía, 2001-2003).

TOLLER (Ernst), *Somotschin, act. Szamocin, Posnania, 1893-Nueva York 1939,* dramaturgo alemán. Sus dramas expresionistas *(Los destructores de máquinas; Hinkemann)* son un reflejo de sus convicciones sociales y pacifistas.

TOLMAN (Edward Chace), *West Newton, Massachusetts, 1886-Berkeley 1959,* psicólogo estadounidense. Perfeccionó el behaviorismo con el concepto de finalidad que se propone todo ser vivo en su conducta *(Conducta intencional en los animales y en el hombre,* 1932).

TOLOMEO, nombre de dieciséis soberanos griegos de la dinastía de los Lágidas, que reinaron en Egipto. — **Tolomeo I Sōtēr,** *en Macedonia h. 367-283 a.C.,* soberano de Egipto (305-283), fundador de la dinastía de los Lágidas. Dueño de Egipto tras la muerte de Alejandro Magno (323), conquistó Palestina, Siria, Chipre y Cirenaica. Hizo de Alejandría una gran capital. — **Tolomeo II Filadelfo,** *Cos h. 309-246 a.C.,* soberano de Egipto (283-246 a.C.). Hijo de Tolomeo I Sōtēr, tuvo que dar Asia Menor a Antíoco II (253). Inauguró el faro de Alejandría (cuya construcción había empezado durante el reinado de su padre). — **Tolomeo III Evergetes,** *h. 280-221 a.C.,* soberano de Egipto (246-221 a.C.). Durante su reinado, el Egipto lágida alcanzó su apogeo. — **Tolomeo V Epífanes,** *h. 210-181 u.C.,* soberano de Egipto (204-181 a.C.). Perdió definitivamente Siria y Palestina. — **Tolomeo VIII (o VII) Evergetes II,** *m. en 116 a.C.,* soberano de Egipto (143-116 a.C.). Su reinado fue el último del gran período del Egipto lágida. A fines del s. II y en el s. I a.C., los Tolomeos se sometieron a la política romana. — **Tolomeo XIV (o XV),** *59-44 a.C.,* soberano de Egipto (47-44 a.C.). Fue el esposo de su hermana, Cleopatra VII. — **Tolomeo XV (o XVI) Cesarión,** *47-30 a.C.,* soberano nominal de Egipto (44-30 a.C.). Hijo de César y Cleopatra VII, fue asesinado por Octavio después de Actium.

TOLOMEO (Claudio), *Ptolomaida de Tebaida h. 100-Cánope h. 170,* sabio griego. Su *Composición matemática* o *Gran sintaxis* (conocida como **Almagesto*), vasta compilación de la astronomía de la antigüedad, y su *Geografía* fueron autoridad hasta el final de la edad media y el renacimiento. Imaginó la Tierra inmóvil en el centro del universo y desarrolló un ingenioso sistema cosmológico, apto para registrar los movimientos astronómicos observados en su época.

TOLÓN, forma españolizada de Toulon.

TOLOSA, v. de España (Guipúzcoa), cab. de p. j.; 18 076 hab. *(tolosanos).* Industrias (papel, construcciones mecánicas, metalurgia).

TOLOSA (condado de), antiguo principado originado en la marca carolingia de Tolosa. Formado en el s. VIII, en 1271 fue anexionado a la corona francesa.

TOLOSA (reino visigodo de), organización política creada por Valia (418), con capital en Tolosa (act. Toulouse, Francia), que perduró hasta la derrota de Alarico II ante los francos (507).

TOLSÁ (Manuel), *Énguera, Valencia, 1757-México 1816,* escultor y arquitecto español. Introductor en México del neoclasicismo, que matizó con rasgos del barroco italiano, construyó la fachada y la cúpula de la catedral y el palacio de la Minería (1797-1813). Su escultura más célebre es el retrato ecuestre de Carlos IV.

TOLSTÓI (Alexéi Nikoláievich), *Nikoláievsk 1883-Moscú 1945,* escritor ruso. Es autor de relatos que describen la vida de los intelectuales rusos durante la revolución (*El camino de los tormentos,* 1927-1941) y de novelas históricas (*El pan,* 1935; *Iván el Terrible,* 1943).

TOLSTÓI (Liev Nikoláievich), *Yásnaia Poliana, Tula, 1828-Astápovo, Riazán, 1910,* escritor ruso. Su obra, en la que retrata la sociedad y el alma rusa mediante una descripción muy diversa, es un intento de análisis personal y de ascesis, fruto de los impulsos místicos y del rechazo contestatario que lo convirtieron en el ídolo de la juventud rusa (*Guerra y paz,* 1865-1869; **Ana Karénina; Sonata a Kreutzer,* 1890; *Resurrección,* 1899).

TOLÚ, mun. de Colombia (Sucre); 24 329 hab. Ant. centro del comercio del *bálsamo de Tolú.*

TOLUCA (nevado de) o **XINANTECATL,** cumbre volcánica de México (México), en la cordillera Neovolcánica; 4 392 m.

TOLUCA (valle de), región fisiográfica de México, en la cordillera Neovolcánica, al O del Valle de México; 2 620 m de alt. media. 12 pales. *Toluca de Lerdo, Lerma* y *Metepec.* Cultivos comerciales en regadío. — Habitado desde el s. VII por los matlatzincas, sufrió en el s. XII la invasión de los chichimecas, y en 1475 Axayá-

catl lo incorporó al imperio azteca. Hernán Cortés envió contra ellos a Sandoval, que los redujo con extrema violencia.

TOLUCA DE LERDO o **TOLUCA,** c. de México, cap. del est. de México; 487 630 hab. Centro agropecuario, comercial e industrial; mercado de artesanía. Universidad. — Museos de artes populares, arqueología y bellas artes. Iglesia del Carmen (s. XVIII). Jardín botánico (vitrales). — Fue conquistada en 1520.

TOMAKOMAI, c. de Japón (Hokkaidō); 160 118 hab. Puerto.

TOMAR, c. de Portugal (Estremadura), al NE de Lisboa; 43 007 hab. Iglesia y convento de los ss. XII-XVI (patrimonio de la humanidad 1983). — Fue la sede principal de los templarios. Felipe II convocó en ella cortes (1581), que le reconocieron rey de Portugal y ante las que juró fidelidad a los fueros y leyes portuguesas.

TOMARES, v. de España (Sevilla); 17 842 hab. Agricultura. Ebanistería.

TOMÁS (santo), apodado **Dídimo,** *s. I,* uno de los doce apóstoles. Según una tradición apócrifa evangelizó Persia y la India. Su actitud dubitativa ante el anuncio de la resurrección de Cristo (Evangelio de San Juan) lo ha convertido en el prototipo del escéptico, que sólo cree lo que ve.

TOMÁS de Aquino (santo), *Roccasecca, Aquino, prov. de Frosinone, 1225-abadía de Fossanuova, prov. de Latina, 1274,* teólogo italiano. Dominico y maestro en teología (1256), profesó sobre todo en París, donde había recibido la enseñanza de san Alberto Magno y descubierto la obra de Aristóteles. Lo fundamental de su doctrina *(tomismo)* se encuentra en su obra principal **Suma teológica* (h. 1266-h. 1273), organizada en torno al tema central de la conciliación entre la fe y la razón. Doctor de la Iglesia (1567).

TOMÁS BECKET o **BECKETT** (santo), *Londres 1118-Canterbury 1170,* prelado inglés. Era amigo de Enrique II Plantagenet, que lo nombró canciller de Inglaterra (1155), y luego arzobispo de Canterbury (1162). Defensor del clero contra el rey, al que excomulgó, este último lo mandó asesinar en la catedral de Canterbury.

TOMÁS (José Román **Martín,** llamado José), *Galapagar 1975,* matador de toros español. Figura del toreo por sus faenas precisas, valerosas y artísticas, tomó la alternativa en la plaza de Las Ventas de Madrid (1995).

TOMÁS DE CELANO → **CELANO** (Tommaso da).

TOMÁS DE KEMPIS → **KEMPIS.**

TOMASELLO (Luis), *La Plata 1915,* pintor argentino. Miembro fundador del Salón de arte nuevo en París, desarrolló un arte óptico y cinético basado en la sugerencia de los reflejos y la variedad de las sombras.

TOMASI DI LAMPEDUSA (Giuseppe) → **LAMPEDUSA.**

TOMÁS MORO o **MORE** (santo), *Londres 1478-íd. 1535,* político y humanista inglés. Jurisconsulto, tomó parte en el movimiento humanista. Nombrado canciller del reino (1529) por Enrique VIII, permaneció fiel al catolicismo durante los disturbios que marcaron el comienzo de la Reforma y desaprobó el divorcio de Enrique VIII. Cayó en desgracia (1532) y fue encarcelado y ejecutado. Autor de una obra fundamental en la historia de las ideas políticas y de la literatura utópica, *Utopía* (1516), fue canonizado en 1935.

TOMATLÁN, mun. de México (Jalisco); 23 586 hab. Caña de azúcar, tabaco, cereales. Ganadería.

TOMBAUGH (Clyde William), *Streator, Illinois, 1906-Las Cruces, Nuevo México, 1997,* astrónomo estadounidense. Descubrió el planeta enano Plutón (1930), cerca de la posición calculada por P. Lowell.

TOMBOUCTOU, llamada también **Timbuktu, Tombuktu** o **Tumbuctú,** c. de Malí, cerca del río Níger; 32 000 hab. Centro comercial. — Mezquita del s. XIV. (Patrimonio de la humanidad 1988.) — Fue fundada h. 1100, y en los ss. XV-XVI se convirtió en un importante centro religioso e intelectual.

TOMÉ, com. de Chile (Biobío); 49 140 hab. Centro minero (carbón) e industrial. Puerto pesquero.

TOMÉ (Narciso), *Toro 1694-íd. 1742,* arquitecto y escultor español. Participando todavía de la teatralidad barroca, colaboró con su padre Antonio y su hermano Diego en la fachada de la universidad de Valladolid (h. 1717-1718). En su obra maestra, el Transparente de la catedral de Toledo, combinó las diferentes artes para crear un espacio efectista e ilusorio definido por la luz.

TOMELLOSO, c. de España (Ciudad Real), cab. de p. j.; 29 284 hab. *(tomelloseros).* Centro vinícola.

Tom Jones, protagonista de *La historia de Tom Jones, el expósito,* novela de H. Fielding (1749). Recogido y criado por un hombre noble, debe enfrentarse a los celos del sobrino y heredero de su benefactor. El libro inspiró una ópera cómica de Danican Philidor (*Tom Jones,* 1765) y el filme de T. Richardson *Tom Jones* (1963).

TOMONAGA SHINICHIRO, *Kyōto 1906-Tōkyō 1979,* físico japonés. Propuso, en 1945, una formulación relativista de la teoría de los campos, utilizada por R. Feynman y J. Schwinger. (Premio Nobel 1965.)

TOMSK, c. de Rusia, en Siberia occidental, junto al *Tom* (afl. del Ob [or. der.]; 827 km); 505 000 hab. Universidad. Petroquímica.

TONALÁ, mun. de México (Chiapas); 44 673 hab. Centro comercial de los recursos pesqueros de la región (camarón).

TONALÁ, mun. de México (Jalisco), avenado por el Santiago; 52 158 hab. Alfarería.

TONANTZÍNTLA, localidad de México, en el mun. de San Andrés Cholula (Puebla). Observatorio astronómico. — Santuario de Santa María (s. XVII), muestra del barroco popular poblano, decorado con azulejos y yeserías.

TONATIUH MIT. AMER. Divinidad solar del panteón azteca, protector de los guerreros águila.

TONGA, ant. **Islas de los Amigos,** estado de Oceanía; 700 km²; 103 000 hab. CAP. *Nuku'alofa.* LENGUAS: *inglés* y *tongano.* MONEDA: *pa'anga.* (V. mapa de **Samoa.**) El archipiélago consta de unas 170 islas e islotes, de origen coralino o volcánico, entre 15° S y el trópico de Capricornio. Más de dos tercios de la población viven en la isla de *Tongatapu.* — Descubiertas por los holandeses en 1616, tuvieron un régimen de monarquía polinesia, bajo protectorado británico desde 1900. En 1970 obtuvieron la independencia en el seno de la Commonwealth. Fueron admitidas en la ONU en 1999.

TONGHUA o **T'ONG-HUA,** c. del NE de China (Jilin); 290 000 hab. Centro industrial.

TONINÁ, centro arqueológico mexicano de la cultura maya (Chiapas), que alcanzó su apogeo a fines del s. VIII. Sobresalen los restos de templos y las estelas esculpidas.

TONKÍN, región del N de Vietnam, que corresponde al delta del Sông Koi (río Rojo) y a las montañas que lo rodean. El delta está densamente poblado; los diques y el regadío permiten el cultivo intensivo de arroz.

TONLÉ SAP, lago de Camboya que desagua en el Mekong (del que recibe las aguas en período de crecida). Su superficie oscila entre 2 700 km² y 10 000 km². Pesca. (Reserva de la biosfera 1997.)

TÖNNIES (Ferdinand), *Riep, act. en Oldenswort, Schleswig, 1855-Kiel 1936,* sociólogo alemán. Es autor de *Comunidad y sociedad* (1887), donde distingue la relación social de tipo natural y orgánica *(comunidad)* de la que va dirigida a un objetivo *(sociedad).*

TOPEKA, c. de Estados Unidos, cap. de Kansas, a orillas del Kansas; 119 883 hab.

TOPELIUS (Zacharias), *Kuddnäs 1818-Sipoo 1898,* escritor finlandés en lengua sueca. Cristiano y patriota, es autor de poemas (*Flores de la landa,* 1845-1853) y cuentos.

TOPETE (Juan Bautista), *Tlacotalpa, México, 1821-Madrid 1885,* marino y político español. Encabezó el pronunciamiento de la escuadra en septiembre de 1868. Ministro de marina (1869-1873), renunció al proclamarse la república. Volvió al gobierno en 1874.

TOPILTZIN (Ce Acatl), *947-999,* soberano tolteca (977-999). Hijo de Mixcóatl y sumo sacerdote del dios Quetzalcóatl, reinó en Tula en su período de auge. Se trasladó a Chichén Itzá

■ ALEJANDRO TOLEDO

■ LIEV TOLSTÓI, por I. N. Kramskoi. (Galería Tretiakov, Moscú.)

por razones desconocidas, pero regresó a Tula. Identificado en la mitología azteca con el dios Quetzalcóatl, Moctezuma lo creyó reencarnado en Cortés, y algunos españoles, un apóstol cristiano precolombino. — **Topiltzin**, último soberano tolteca de Tula (1111-1116). Sucumbió al ataque de los chichimecas.

Topkapi, palacio de los sultanes otomanos construido (ss. XV-XIX) en Estanbul, uno de los museos más importantes del arte islámico.

TOPOR (Roland), *París 1938-íd. 1997*, dibujante y escritor francés de origen polaco. En sus álbumes, ilustraciones y animaciones desarrolló un humor cáustico y absurdo.

Toquepala, yacimientos de cobre de Perú (Tacna). Planta de concentración del mineral para la refinería de Ilo (Moquegua).

TOR → THOR.

Torá, nombre dado en el judaísmo a los cinco primeros libros de la Biblia o *Pentateuco*, que contienen lo esencial de la ley mosaica. Suele designar el conjunto de la Ley judía.

TORBAY, estación balnearia de Gran Bretaña (Inglaterra), junto al canal de la Mancha; 116 000 hab.

TORCAL o **TORCAL DE ANTEQUERA** (sierra del), sierra de España (Málaga), en el sistema Penibético; 1 368 m de alt. en Camorra Alto. Presenta una morfología cársica que le da su peculiar aspecto (torcas, puentes naturales, etc.). Parque natural (1 200 ha).

TORCELLO, pequeña isla de la laguna de Venecia. Catedral de los ss. VII-XI, de estilo véneto-bizantino (mosaicos de los ss. XII-XIII: *Juicio final*).

TORDESILLAS, v. de España (Valladolid); 8 066 hab. *(tordesillanos)*. Antracita. Vinos. Textiles. Parador de turismo. — Convento mudéjar de Santa Clara (s. XIV), que fue palacio de Alfonso XI; iglesia de San Antolín (s. XVI), con retablo de Juan de Juni. — En su castillo fue recluida Juana la Loca desde 1509 hasta su muerte. — tratado de **Tordesillas** (junio 1494), acuerdo firmado por los representantes de Juan II de Portugal y de los Reyes Católicos, por el que se fijó la línea de demarcación entre la colonización portuguesa y la española a 370 leguas al O de las islas de Cabo Verde.

TORELLI (Giuseppe), *Verona 1658-Bolonia 1709*, violinista y compositor italiano, precursor de la sonata y del concerto grosso.

TORENO (José María Queipo de Llano, conde de), *Oviedo 1786-París 1843*, político español. Estuvo exiliado en París (1822-1832). Ministro de hacienda (1834-1835), negoció la concesión de las minas de Almadén a los Rothschild. Jefe de gobierno a la caída de Martínez de la Rosa (1835), dimitió a los pocos meses.

TOREZ o **THOREZ**, ant. **Chistiakovo**, c. de Ucrania; 116 000 hab. Centro hullero.

TORGA (Adolfo Correia da Rocha, llamado Miguel), *São Martinho de Anta 1907-Coimbra 1995*, escritor portugués. Su obra narrativa describe la dureza de la vida rural, especialmente en sus cuentos, y su poesía evoca los lazos entre los hombres y la naturaleza (*Poemas ibéricos*, 1965). *La creación del mundo* (1937-1981) es una autobiografía novelada. Destaca, asimismo, su monumental *Diario* (1932-1994).

TORGAU, c. de Alemania (Sajonia), junto al Elba; 21 434 hab. Castillo medieval y renacentista. — Punto de encuentro de los ejércitos soviético y norteamericano (25 abril 1945).

TORIBIO ALFONSO DE MOGROVEJO (santo), *Mayorga, Valladolid, 1538-Saña Grande, Perú, 1606*, prelado español. Arzobispo de Lima (1579), publicó un catecismo en lenguas quechua y aymara y fundó el primer seminario americano (Lima, 1591). Convocó el III Concilio limense (1582), donde estableció el derecho canónico indiano, que eliminó las discriminaciones sobre el ordenamiento de prelados indígenas. Fue canonizado en 1726.

TORMES, r. de España, afl. del Duero (or. izq.); 284 km. Nace en la sierra de Gredos (Ávila) y pasa por Salamanca. Embalses de Santa Teresa (496 millones de m³; central de 22,7 MW) y de Almendra (2 649 millones de m³; central de Villarino, 810 MW).

TORNE, r. de Suecia y Finlandia, que desemboca en el golfo de Botnia; 510 km. Hace de frontera entre ambos países.

TORO, c. de España (Zamora), cab. de p. j.; 9 325 hab. *(toresanos)*. Junto al Duero. Vinos. — Colegiata de Santa María (1160-1240), iglesias mudéjares. Palacios de Ulloa y Santa Cruz de Aguirre, hospital de la Cruz (1522), ayuntamiento (1778). — batalla de **Toro** (1 en. 1476), victoria del ejército de Isabel I de Castilla y Fernando II de Aragón sobre la coalición de Alfonso V de Portugal y la nobleza castellana, durante la guerra civil de Castilla.

TORO (cerro El), cerro de los Andes, en la frontera entre Argentina (San Juan) y Chile (Coquimbo); 6 168 m.

TORO (Benicio del), *San Germán 1967*, actor de cine puertorriqueño. Destaca por su caracterización de personajes enfrentados a situaciones límite (*Traffic*, S. Soderbergh, 2000; *El juramento*, S. Penn, 2001; *21 gramos*, A. González Iñárritu, 2003; *Che*, S. Soderbergh, 2008).

TORO (David), *Sucre 1898-íd. 1977*, militar y político boliviano. Jefe del estado mayor general durante la guerra del Chaco, encabezó el golpe contra Tejada Sorzano y presidió la junta de gobierno (1936-1937). Es autor de obras de técnica e historia militar.

TORO (Fermín), *Caracas 1807-íd. 1865*, político y escritor venezolano. Participó en la revolución que derrocó a los Monagas (1858) y presidió la convención de Valencia. Sus poemas (*Oda a la zona tórrida*, 1849) y novelas históricas (*Sibila de los Andes*, 1849) se sitúan entre el neoclasicismo y el romanticismo.

TORO (Guillermo del), *Guadalajara 1964*, director de cine mexicano. Sintetiza las tradiciones cinematográficas mexicana y estadounidense en su concepción del género fantástico (*Cronos*, 1992; *Mimic*, 1997; *Blade II*, 2002; *El laberinto del fauno*, 2006).

TORO (Xesús Miguel, llamado Suso de), *Santiago 1956*, escritor español en lengua gallega, autor de relatos (*Polaroid*, 1986) y novelas (*Tic-Tac*, 1993; *13 campanadas*, 2002). [Premio nacional de literatura 2000; premio nacional de narrativa 2003.]

Toro (leyes de) [en. 1505], disposiciones sobre todo de derecho civil, aprobadas por las cortes de Toro a la muerte de Isabel I. El trono de Castilla fue ofrecido a Juana y Felipe el Hermoso. Las normas sucesorias y la regulación del mayorazgo ratificaron las aspiraciones de la burguesía frente a la nobleza.

TORONTO, c. de Canadá, cap. de la prov. de Ontario, junto al lago Ontario; 635 395 hab. (3 550 733 hab. en la aglomeración, la más poblada de Canadá). Universidades. Centro financiero, comercial e industrial. – Torre Canadian National (553 m). Museos. – Festival internacional de cine.

TORO (lago), embalse de México (Chihuahua), en el río Conchos; 2 982 millones de m³. Hidroelectricidad (central de La Boquilla, 25 MW). Regadíos.

TORO SENTADO → SITTING BULL.

TORQUEMADA (Antonio de), *1510-1569*, escritor español, costumbrista (*Jardín de flores curiosas*, 1570) y autor de una novela de caballerías (*Olivante de Laura*, 1564).

TORQUEMADA (Juan de), *1557-México 1624*, eclesiástico español. Provincial de la orden franciscana en México, su *Monarquía indiana* (1615) es una defensa de los indios y una fuente sobre la cultura totonaca.

TORQUEMADA (fray Tomás de), *Valladolid 1420-Ávila 1498*, dominico e inquisidor español. Confesor honorífico de los Reyes Católicos e inquisidor general de Castilla (1478) y Aragón (1483), durante su mandato arreció la persecución religiosa y se expulsó a los judíos. Encargó a los jurisconsultos Juan Gutiérrez Chávez y Tristán Medina la redacción de las *Instrucciones y Ordenanzas* (1484).

TORRALBA DEL MORAL, localidad de España (mun. de Medinaceli, Soria), en la que se encuentra un sitio prehistórico del achelense inferior con instrumentos de piedra y restos de animales.

TORRANCE, c. de Estados Unidos (California); 133 107 hab.

TORRAS I BAGES (Josep), *Les Cabanyes, Barcelona, 1846-Vic 1916*, eclesiástico y escritor español en lengua catalana. Obispo de Vic (1899), es autor de *La tradición catalana*

(1892), texto básico del movimiento catalanista conservador.

TORRE (Alfonso de la), *¿Burgos?-h. 1460*, escritor español, autor de un tratado filosófico-alegórico con influencias árabes, hebreas y cristianolatinas (*Visión delectable de la filosofía y artes liberales*, publicada h. 1485).

TORRE (Claudio de la), *Las Palmas de Gran Canaria 1898-Madrid 1973*, escritor español. Su obra, de gran fantasía poética, incluye novelas (*En vida del señor Alegre*, 1924) y teatro (*Tic-Tac*, 1930; *Tren de madrugada*, 1946).

TORRE (Francisco de la), *n. en Torrelaguna, Madrid, h. 1535*, poeta español. Miembro de la escuela salmantina, su poesía (*Bucólica del Tajo*), de tono garcilasista, fue editada por Quevedo en 1631.

TORRE (Guillermo de), *Madrid 1900-Buenos Aires 1971*, escritor y crítico literario español. Fue propulsor del ultraísmo con su libro de poesía *Hélices* (1923), difusor de la vanguardia (*Literaturas europeas de vanguardia*, 1925; ed. aumentada 1965) y destacado periodista y ensayista literario.

TORRE (Lisandro de la), *Rosario 1868-Buenos Aires 1939*, político y periodista argentino. Director de *El argentino* de Buenos Aires y *La república* de Rosario, fundó la Liga del sur (1908) y el Partido demócrata progresista (1914).

TORRE (Manuel Soto Loreto, llamado Manuel), también conocido como **el Niño de Jerez**, *Jerez de la Frontera 1878-Sevilla 1933*, intérprete de cante flamenco español, considerado el mejor cantaor de su época.

TORRE (Miguel de la), conde de Torrepando, *m. en 1838*, militar español. Luchó contra los neogranadinos y los venezolanos. En 1820 recibió el mando del ejército, pero cayó derrotado ante Bolívar en Carabobo (1821). Fue gobernador de Puerto Rico (1823-1837).

TORRE (Pedro de la), arquitecto, retablista y escultor español, activo en Madrid entre 1624 y 1677. Entre sus obras destaca la capilla de San Isidro en la iglesia de San Andrés.

TORRE ANNUNZIATA, c. de Italia (Campania), junto al golfo de Nápoles; 50 346 hab. Estación balnearia y termal. — Ruinas romanas.

TORRE DEL GRECO, c. de Italia (Campania), junto al golfo de Nápoles; 101 456 hab.

TORREDONJIMENO, c. de España (Jaén); 13 846 hab. *(torrejimenudos o torrejimeneños)*. Salinas. Aceite. Cemento. — En el término se halló un tesoro de orfebrería visigoda (cruces y coronas votivas).

TORREJÓN (Andrés), conocido como **el alcalde de Móstoles**, *Móstoles 1736-íd. 1812*, patriota español. Labrador elegido alcalde de Móstoles junto a Simón Hernández, los dos firmaron un bando en que se incitaba a la guerra contra los franceses (2 mayo 1808).

TORREJÓN DE ARDOZ, v. de España (Madrid), cab. de p. j.; 94 161 hab. *(torrejoneros)*. Centro industrial. Base aérea militar.

TORREJÓN Y BLASCO (Tomás de), *Villarrobledo, Albacete, 1644-Lima 1728*, compositor español. Compuso la primera ópera americana, *La púrpura de la rosa* (1701), con texto de Calderón de la Barca.

■ FRAY TOMÁS DE **TORQUEMADA**

TORRELAVEGA, c. de España (Cantabria), cab. de p. j.; 56 189 hab. (*torrelaveganos* o *torrelaveguenses*). Centro comercial e industrial. Ferias de ganado.

TORREMOLINOS, mun. de España (Málaga), en la Costa del Sol; 41 281 hab. Centro turístico.

TORRE NILSSON (Leopoldo), *Buenos Aires 1928-íd. 1978,* director de cine argentino. Renovador del cine argentino en la década de 1950, desarrolló sus principales trabajos con su esposa y guionista Beatriz Guido (*La terraza,* 1962; *La guerra del cerdo,* 1975). En 1968 rodó *Martín Fierro,* inicio de una ambiciosa trilogía (*El santo de la espada,* 1969; *La tierra en armas,* 1971) basada en la obra de J. Hernández.

TORRENT, c. de España (Valencia), cab. de p. j.; 61 586 hab. (*torrentinos*). Industrias.

TORRENT (Montserrat), *Barcelona 1926,* organista española, especialista en la interpretación de los compositores españoles de los ss. XVI-XVII.

TORRENTE BALLESTER (Gonzalo), *Ferrol 1910-Salamanca 1999,* escritor español. Iniciado en el teatro, cultivó la novela y la crítica literaria. Su trilogía novelesca *Los gozos y las sombras* (1957-1962), de estética realista, marcó un punto de inflexión en su carrera y *Off-side* (1969) y *La saga/fuga de J. B.* (1972) lo consagraron, en una nueva etapa de predominio de imaginación y humor de raigambre cervantina: *La isla de los jacintos cortados* (1980), *Filomeno, a mi pesar* (1988), *La muerte del decano* (1992). [Premios: nacional de narrativa 1981; Príncipe de Asturias 1982; Cervantes 1985.] (Real academia 1975.)

TORREÓN, c. de México (Coahuila); 720 688 hab. Forma una conurbación con Gómez Palacio y Lerdo. Centro minero, ferroviario, comercial e industrial (alimentaria, textil, química). —Victorias de Pancho Villa sobre los federales (30 sept. 1913 y marzo-abril 1914).

TORRE-PACHECO, v. de España (Murcia); 22 719 hab. (*pacheueros*). En el Campo de Cartagena. Industrias.

TORRES, cabo de España (Asturias), en la costa cantábrica, al NO de Gijón. Faro.

TORRES (estrecho de), brazo de mar entre Australia y Nueva Guinea, que une el Pacífico y el Índico.

TORRES (Camilo), *Popayán 1766-Bogotá 1816,* patriota y político colombiano. Asesor del cabildo de Santa Fe (1808), pidió una representación igualitaria para Hispanoamérica en las cortes. Presidente del congreso de las Provincias Unidas de Nueva Granada (1812-1814), asumió el poder a la caída de Nariño (1815), pero dimitió ante el avance de los realistas (1816). Fue capturado y ejecutado.

TORRES (Camilo), *Bogotá 1929-San Vicente de Chucurí 1966,* guerrillero colombiano. Sacerdote en 1954, abandonó su ministerio para organizar un movimiento de unidad popular, el Ejército de liberación nacional (ELN). Incorporado a la lucha de guerrillas (1965), murió en un enfrentamiento con el ejército.

TORRES (Juan José), *Cochabamba 1919-Buenos Aires 1976,* militar y político boliviano. Presidente provisional (1970), populista y antiimperialista, fue derrocado por un golpe (1971) encabezado por Hugo Bánzer. Fue asesinado en el exilio por un comando ultraderechista.

TORRES (Luis **Váez de**), *m. a. 1613,* navegante portugués al servicio de España. Arribó con Fernández de Quirós a las Nuevas Hébridas (1606). Posteriormente descubrió el estrecho al que Cook dio el nombre de Torres (1770).

TORRES (Maruja), *Barcelona 1943,* periodista y escritora española. Con sus colaboraciones en *El país,* ha adquirido un sólido prestigio en la prensa española. Su narrativa recoge vivencias personales (*Amor América,* 1993; *Un calor tan cercano,* 1998; *Mientras vivimos,* 2000; *Esperadme en el cielo,* 2009).

TORRES (Pedro León), *Carora 1788-Yaguanquer 1822,* patriota venezolano. En 1814 se unió a Bolívar, participó en la campaña de Nueva Granada (1819) y mandó la división S en Popayán (1820-1822).

TORRES (Xohana), *Santiago 1931,* escritora española en lengua gallega. Poeta de tono intimista (*El tiempo y la memoria,* 1972), también ha escrito novela (*Adiós María,* 1970) y teatro.

TORRES BODET (Jaime), *México 1902-íd. 1974,* escritor mexicano. Con influencias de Cocteau y Giradoux, cultivó la poesía (*Cripta,* 1937), la narración (*Proserpina rescatada,* 1931), la crítica y el ensayo (*Tres inventores de la realidad,* 1955) y las memorias (*Tiempo de arena,* 1955). Se suicidó.

TORRES DE COTILLAS (Las), v. de España (Murcia); 16 003 hab. (*cotillanos* o *cotillenses*). Agricultura e industrias derivadas.

TORRES DEL PAINE (parque nacional), parque nacional de Chile (Magallanes y Antártica Chilena), formado por circos glaciares, valles ocupados por ventisqueros y altos picos, entre los que destaca el macizo granítico Cuernos del Paine (2 670 m de alt.). Comprende los lagos Nordenskjöld, Pehoé, Sarmiento, Grey y Toro. (Reserva de la biosfera 1978.)

TORRES DEL RÍO, v. de España (Navarra); 182 hab. Iglesia románica del Santo Sepulcro (s. XII), de influencia califal.

TORRES GARCÍA (Joaquín), *Montevideo 1874-íd. 1949,* pintor uruguayo. Estudiante de bellas artes en Barcelona, desarrolló una primera etapa bajo el influjo de Puvis de Chavannes. Pionero de la abstracción, en 1934 perteneció en París al grupo Cercle et carré. Ya en Monte video, alcanzó la madurez creativa en su personal estilo, síntesis de geometría y naturaleza, teorizado en su libro *El universalismo constructivo* y divulgado en su Taller del arte constructivo.

TORRES MARTÍNEZ (Manuel de), *La Unión 1903-Almoradí 1960,* economista español. Fue uno de los introductores del keynesianismo en España (*Teoría general del multiplicador,* 1943).

TORRES MÉNDEZ (Ramón), *Bogotá 1809-íd. 1885,* pintor colombiano. Destacado dibujante y pintor de retratos, sus *Cuadros de costumbres granadinas* plasman fielmente un paradigma costumbrista.

TORRES MONSÓ (Francesc), *Gerona 1922,* escultor español, autor de una obra irónica, neodadaísta, con frecuentes alusiones sexuales y una estética próxima al pop art.

TORRES NAHARRO (Bartolomé de), *La Torre de Miguel Sesmero, finales, segunda mitad del s. XV-h. 1530,* dramaturgo español. En 1520 apareció el título conjunto de su producción, *Propalladia* (poesías y comedias «a noticia» [*Tinellaria*] y «a fantasía» [*Seraphina*]). Su «prohemio» contiene la primera exposición de preceptiva dramática del siglo de oro.

TORRES QUEVEDO (Leonardo), *Santa Cruz de Iguña, Cantabria, 1852-Madrid 1936,* ingeniero y matemático español. Autor de varios inventos notables, entre ellos un dirigible trilobulado (1902-1909), una máquina para resolver ecuaciones algebraicas (1901) y un jugador de ajedrez autómata (1912), se le debe asimismo la construcción del teleférico de las cataratas del Niágara (1914-1916).

TORRES RIOSECO (Arturo), *Talca 1897-Berkeley, EUA, 1971,* escritor chileno. Profesor universitario, publicó crítica y ensayo literario (*Ensayos sobre la literatura latinoamericana,* 1953).

TORRES Y VILLARROEL (Diego de), *Salamanca 1693-íd. 1770,* escritor español. Con el nombre de «Gran Piscator salmantino» publicó desde 1721 sus augurios y predicciones. Interesado por la retórica y las matemáticas, en sus obras se mezcla lo científico y lo literario, lo serio y lo jocoso (*Los desahuciados del mundo y de la gloria,* 1736-1737). Escribió poesía satírica, teatro, narración y ensayo. Su *Vida, ascendencia, nacimiento, crianza y aventuras de don Diego Torres de Villarroel* (1743-1751) se inscribe en la mejor tradición de la picaresca.

TORREVIEJA, c. de España (Alicante); 50 189 hab. (*torrevejenses* o *torreviejanos*). Pesca. Turismo. Salinas de Torrevieja (30 km²), objeto de explotación intensiva.

TORRI (Julio), *Saltillo 1889-México 1970,* escritor mexicano, autor de ensayos y cuentos que destacan por el cuidado del estilo y el lirismo de su prosa (*Diálogo de los libros,* 1980).

TORRICELLI (Evangelista), *Faenza 1608-Florencia 1647,* matemático y físico italiano. Discípulo de Galileo, enunció implícitamente el principio de conservación de energía, descubrió los efectos de la presión atmosférica y calculó el área de la cicloide (1644).

TORRIGIANO (Pietro), *Florencia 1472-Sevilla 1528,* escultor italiano. Trabajó en Roma y Londres, instalándose en Sevilla hacia 1520. Creó obras de estilo renacentista con elementos realistas que influyeron luego en la imaginería barroca sevillana (*San Jerónimo penitente*).

TORRIJOS (José María de), *Madrid 1791-Málaga 1831,* militar español. Liberal exaltado, combatió las guerrillas absolutistas y fue ministro de guerra (1823) en el trienio liberal. Exiliado desde 1824, en 1830-1831 encabezó un levantamiento popular. Fue capturado y fusilado.

TORRIJOS (Martín), *Panamá 1963,* político panameño. Hijo de Omar Torrijos, secretario general del Partido revolucionario democrático (desde 1999), fue presidente de la república de 2004 a 2009.

TORRIJOS (Omar), *Santiago 1929-Panamá 1981,* militar y político panameño. Teniente coronel de la guardia nacional, se puso al frente del régimen militar tras derrocar al presidente Arias (1968). Impulsó medidas nacionalistas y firmó con EUA los acuerdos de devolución de la soberanía del canal de Panamá (*acuerdos Torrijos-Carter,* 1977-1978). Cedió el poder en 1978, pero retuvo el mando de la guardia nacional e inspiró la fundación del Partido revolucionario democrático (1979), de tendencia populista y vagamente izquierdista. Murió en un accidente de aviación todavía no aclarado.

TORROELLA (Pere de), llamado también **Pedro Torrellas,** *Torroella de Montgrí, Gerona, 1435-1501,* poeta español en lenguas castellana y catalana. Autor del poema de tema misógino *Maldecir de mujeres,* escribió un soneto, a imitación de los italianos, en catalán, acaso el primero en una lengua romance peninsular.

TORROJA Y MIRET (Eduardo), *Madrid 1899-íd. 1961,* ingeniero y arquitecto español, pionero en la creación de estructuras constructivas en hormigón armado y pretensado (mercado de Algeciras, 1935; viaducto del Aire en la Ciudad universitaria de Madrid; Táchira club de Caracas, 1957).

TORSTENSSON (Lennart), conde de **Ortala,** *castillo de Torstena 1603-Estocolmo 1651,* militar sueco. Destacó en la guerra de los Treinta años (victorias de Breitenfeld [1642] y de Jankowitz [1645]).

TÓRTOLA, isla de Venezuela (Delta Amacuro), en el delta del Orinoco, entre el río Grande, el caño *Tórtola* y el Tapioca; 35 km de long. y 10 km de anch.

TÓRTOLAS (cerro de las), pico andino de Argentina (San Juan) y Chile (Coquimbo); 6 323 m. Al N se abre el *paso de las Tórtolas* (4 810 m de alt.).

■ CAMILO **TORRES**   ■ JAIME **TORRES BODET**   ■ LEONARDO **TORRES QUEVEDO**   ■ OMAR **TORRIJOS**

TORTOSA, c. de España (Tarragona), cab. de p.j.;29 481 hab.*(tortosinos)*. Junto al Ebro.Centro agrícola e industrial.— Castillo de San Juan o de la Zuda (parador de turismo). Edificios góticos (convento de Santa Clara, lonja, palacio episcopal). Convento de Santo Domingo (s. XIV), act. museo-archivo municipal. Catedral (1347-s. XVIII), con capilla barroca de la Cinta (1672-1725).— Fue la *Ilerca* ibérica, la *Dertosa* romana y centro de una taifa musulmana en 1015-1148. Núcleo carlista en el s. XIX.

TORTUGA (isla de la), isla del N de Haití,separada de su litoral por el *canal de la Tortuga;* 180 km². Incorporada a la colonia de Haití en 1665, permaneció bajo dominio francés hasta 1804.Debe su popularidad a haber sido el centro estratégico de los piratas y bucaneros de las Antillas en los ss. XVI-XVIII.

TORTUGA (La), isla de Venezuela (Dependencias Federales),en el Caribe; 171 km².

TORTUGUERO, laguna de la costa N de Puerto Rico (Vega Baja-Manatí).Junto a ella, base militar de EUA.

TORUŃ, c.de Polonia,junto al Vístula; 202 000 hab.Numerosos monumentos y viviendas góticos; museo pomeranio.— Fundada en 1233 por los caballeros teutónicos, perteneció a la Hansa y fue anexionada por Polonia en 1454.

TORUÑO (Juan Felipe), *León 1898-San Salvador 1980,* escritor nicaragüense, autor de poesía simbolista (*Senderos espirituales,* 1922),novela (*El silencio,* 1933) y ensayo.

TOSA, linaje de pintores japoneses cuyo origen se remonta al s. XIV. Los Tosa perpetuaron (con empuje durante los ss. XV y XVI, más adelante con formalismo hasta el s. XIX) la tradición de la pintura nacional profana, o *Yamato-e,* en la corte imperial de Kyōto.— **Tosa Mitsunobu,** *h. 1430-1522,* pintor japonés.Principal representante de los Tosa, creó el estilo *Yamato-e,* estilo basado en la asociación de colores vivos y de juegos de tinta.

TOSAR (Héctor), *Montevideo 1923-íd. 2002,* compositor uruguayo. Su producción comprende obras sinfónicas (*Toccata,* 1940; *Concertino* para piano y orquesta,1941),música de cámara (*Cuarteto de cuerda,* 1944), piezas para piano y obras vocales.

TOSCA (Tomás Vicente), *Valencia 1651-íd.1723,* arquitecto y filósofo español. Continuador de la arquitectura barroca romana (iglesia de Santo Tomás,Valencia), en filosofía se adscribió al eclecticismo antiescolástico. Escribió los tratados *Compendio matemático* (1712) y *Compendio filosófico* (1721), que abrió una honda brecha en la física aristotélica.

TOSCANA, región de Italia central; 3 510 114 hab.; cap. *Florencia.* 3 prov. (*Arezzo, Florencia, Grosseto, Livorno, Lucca, Massa y Carrara, Pisa, Pistoia y Siena*).

HISTORIA

El territorio de la Toscana corresponde a la ant. Etruria. **1115:** la condesa Matilde legó Toscana al papado. **Ss. XII-XIV:** gracias a las luchas de influencia entre el papado y el imperio, se desarrollaron las repúblicas urbanas (Florencia,Siena,Pisa y Lucca). **1569:** se constituyó el gran ducado de Toscana en beneficio de los Médicis. **1737:** a la muerte de Juan Gastón de Habsburgo. **1807:** Napoleón I anexionó Toscana a Francia y la confió a su hermana Elisa. **1814:** regreso del gran duque austriaco Fernando III. **1848-1849:** fracaso de la revolución (restauración del gran duque Leopoldo II). **1859:** el último gran duque,Leopoldo II,fue expulsado del país. **1860:** Toscana se unió al Piamonte.

TOSCANINI (Arturo), *Parma 1867-Nueva York 1957,* director de orquesta italiano.Director de la Scala de Milán (1898-1903; 1920-1929), del Metropolitan Opera de Nueva York y de la orquesta sinfónica de Nueva York, estrenó muchas obras líricas, entre ellas *La Bohème* de Puccini (1896).

TŌSHŪSAI SHARAKU → SHARAKU.

TOSSA DE MAR, v.de España (Gerona);4 195 hab.*(tosenses).* Centro turístico (playas).— Fortificaciones medievales. Iglesia gótica (s. XIV). Museo municipal.

TOSTADO (el) **→ MADRIGAL** (Alonso de).

TOT o **THOT,** divinidad egipcia de la sabiduría y la escritura, representada con cabeza de ibis.En la época grecorromana fue identificada con Hermes Trimegisto.

■ **TOT** (der.) con Anubis. Detalle de una decoración en madera pintada; época saíta. (Museo del Louvre, París.)

Total, grupo petrolero francés, cuyos orígenes se remontan a la Compagnie française des pétroles (CFP), creada en 1924 y denominada Total a partir de 1985.El grupo actual,nacido de la fusión de Total con Petrolfina (compañía belga fundada en 1920) en 1999,y posteriormente Elf Aquitaine (grupo surgido de la Société nationale des pétroles d'Aquitaine [SNFPA], creada en 1941) en 2000,es una de las principales compañías petroleras a nivel mundial,con gran peso también en el sector químico.

TOTANA, c. de España (Murcia), cab. de p.j.; 22 359 hab. *(totaneros).* Industria alimentaria.

TOTILA o **BADUILA** («el inmortal»), *m. en Caprara 552,* rey de los ostrogodos (541-552). Se enfrentó a los bizantinos y ocupó Roma (549),el S de Italia,Sicilia,Cerdeña y Córcega, pero fue derrotado y muerto por Narsés.

Totò (Antonio de Curtis, llamado),*Nápoles 1898-Roma 1967,* actor italiano, cómico muy popular en el teatro y el cine (series de *Totò*).

TOTONICAPÁN (departamento de), dep. del O de Guatemala; 1 061 km²; 324 217 hab.; cap. *Totonicapán* (53 788 hab.).

TOTOTLÁN, mun. de México (Jalisco); 17 419 hab. Cereales, legumbres, hortalizas y cítricos.

TOUBKAL (yébel), pico del Alto Atlas (Marruecos), punto culminante del N de África; 4 165 m.

TOUGGOURT, oasis del Sahara argelino; 70 645 hab.Centro comercial y turístico.

TOULON, c. de Francia, cap. del dep. de Var, a orillas del Mediterráneo *(rada de Toulon);* 166 442 hab.Primer puerto militar francés.Museos.— En 1942, la flota francesa fue hundida en sus costas, voluntariamente.

TOULOUSE, c. de Francia, cap. de la región Midi-Pyrénées y del dep. de Haute-Garonne, a orillas del Garona; 398 423 hab. Universidad. Construcciones aeronáuticas.— Basílica románica de Saint-Sernin (s. XI); catedral e iglesias góticas; palacios y casas renacentistas; Capitolio (1750, ayuntamiento y teatro), museos. — Romana h. 120-100 a.C.,fue capital del reino visigodo de Tolosa (s. V), del franco de Aquitania (s. VIII) y del condado de Tolosa (s. IX). La cruzada contra los albigenses puso fin a su autonomía, y en 1271 fue anexionada al reino francés. En ella se libró la última batalla de la guerra de la Independencia española (abril 1814), entre el ejército anglohispanoportugués de Wellington, vencedor, y el francés de Soult.

TOULOUSE (Luis Alejandro de Borbón, conde de), *Versalles 1678-Rambouillet 1737,* príncipe francés. Hijo de Luis XIV y de Mme.de Montespan, almirante de Francia (1683), dirigió una escuadra que intervino en favor de Felipe V durante la guerra de Sucesión española, e impuso la autoridad de este en Sicilia.

TOULOUSE-LAUTREC (Henri de), *Albi 1864-castillo de Malromé, Gironda, 1901,* pintor y litógrafo francés. Pintó escenas del París nocturno (*En el Moulin Rouge,* 1892; *Jane Avril bailando,*

1892),del circo o las carreras,con trazo sobrio,incisivo y fulgurante.Renovador de la litografía,fue pionero del cartelismo moderno.Museo en Albi.

Toumaï, nombre usual dado a un homínido fósil (*Sahelanthropus tchadensis),* cuyo cráneo,fechado en 7 millones de años,fue descubierto en Chad en 2001.

TOUR (Georges de La), *Vic-sur-Seille 1593-Lunéville 1652,* pintor francés.Caravaggista,es autor de obras religiosas (*San Sebastián y santa Irene*) o de género (*La buenaventura*).

TOUR (Maurice Quentin de la),*Saint-Quentin 1704-íd. 1788,* pintor francés. Destacó por sus retratos al pastel y la iluminación.

TOURAINE (Alain), *Hermanville-sur-Mer, Calvados, 1925,* sociólogo francés. Se ha interesado por la sociología del trabajo (*La conciencia obrera,* 1966) y más tarde por la sociología en general (*Producción de la sociedad,*1973; *Crítica de la modernidad,*1992;*El mundo de las mujeres,*2006).

TOURANE → DA NANG.

tour de France → Francia (vuelta a).

TOURÉ (Sékou), *Faranah 1922-Cleveland, EUA, 1984,* político guineano.Presidente de la Confederación general de trabajadores del África negra (1956), consiguió la independencia de Guinea (1958). Ejerció un poder dictatorial hasta su muerte.

TOURIÑO (Emilio **Pérez**) **→ PÉREZ TOURIÑO.**

TOURMALET (collado del), collado de los Pirineos centrales franceses (Hautes-Pyrénées); 2 115 metros.

TOURNAI, en neerl. **Doornik,** c. de Bélgica (Hainaut);67 732 hab. Catedral románica y gótica (patrimonio de la humanidad 2000); museos.— Capital del reino merovingio (s. V), se enriqueció con sus manufacturas de paños y tapices (ss.XV-XVIII) y porcelana (ss. XVIII-XIX).

TOURNEUR (Cyril), *h. 1575-Kinsale, Irlanda, 1626,* dramaturgo inglés. Ilustró el gusto por lo atroz del teatro isabelino (*La tragedia del vengador,* 1607).

TOURNIER (Michel), *París 1924,* escritor francés.Sus novelas (*Viernes o los limbos del Pacífico,* 1967;*El rey de los alisos,* 1970;*Los meteoros,* 1975; *Eleazar o el manantial y la zarza,* 1996) y relatos (*Medianoche de amor,* 1989) manifiestan su afición por las leyendas.

TOURS, c.de Francia,cap.del dep.de Indre-et-Loire,a orillas del Loira;137 046 hab.Centro industrial. Universidad. — Catedral (ss. XIII-XVI); museos.— Ant. cap. de Turena, fue un importante centro religioso.

TOUSSAINT LOUVERTURE, *Santo Domingo 1743-fuerte de Joux,Francia,1803,* político y militar haitiano. Tras unirse al gobierno francés que acababa de abolir la esclavitud (1794), proclamó su intención de crear una república negra. Gobernó la isla desde 1801, capituló ante Leclerc,y murió en prisión.

TOUSSAINT Y RITTER (Manuel), *México 1890-Nueva York 1955,* historiador del arte mexicano. Ensayista versátil (*El arte colonial en México;La pintura en México en el siglo XVI; La catedral y las iglesias de Puebla*), fue además poeta,narrador y crítico literario.

TOVAR, mun. de Venezuela (Mérida); 30 850 hab.Centro agrícola y ganadero.

TOVAR (Antonio), *Valladolid 1911-Madrid 1985,* filólogo y ensayista español. Humanista traductor de clásicos grecolatinos, estudió las lenguas prelatinas,especialmente el vasco (*Estudio sobre las primitivas lenguas hispánicas,* 1949),de la España romana y las lenguas amerindias (*Catálogo de las lenguas de América del Sur,* 1961). [Real academia 1967.]

TOVAR (Juan de), *Texcoco 1540-en Nueva España 1626,* jesuita mexicano,autor de *Historia antigua de México,* según fuentes indígenas.

TOVAR (Manuel Felipe de), *Caracas 1803-París 1866,* político venezolano. Conservador, fue ministro (1858-1859) y presidente (1859-1861). Dimitió por la agitación federalista.

TOVAR Y TOVAR (Martín), *Caracas 1827-íd. 1902,* pintor venezolano. Es autor de cuadros sobre la independencia hispanoamericana (*Firma del acta de la independencia,* Capitolio nacional, Caracas; *La batalla de Ayacucho),* retratos de próceres y, desde 1890, de paisajes de líneas y monumentalidad neoclásicas y colorido y dinamismo románticos.

TOWNES (Charles Hard), *Greenville, Carolina del Sur, 1915*, físico estadounidense. En 1954 realizó la primera emisión máser, y en 1958, junto con A. L. Schawlow, inventó el láser. (Premio Nobel 1964.)

TOWNSVILLE, c. de Australia (Queensland), junto al mar de Coral; 109 700 hab. Puerto. Metalurgia; petroquímica.

TOXA → TOJA.

TOYAMA, c. de Japón (Honshū), cerca de la *bahía de Toyama* (mar de Japón); 321 254 hab.

TOYNBEE (Arnold), *Londres 1889-York 1975*, historiador británico. Es autor de obras sobre las civilizaciones, de las que estableció una teoría cíclica (*Estudio de la historia*, 12 vols., 1934-1961).

TOYOHASHI, c. de Japón (Honshū); 337 982 habitantes.

TOYONAKA, c. de Japón (Honshū), área suburbana de Ōsaka; 409 837 hab.

TOYOTA, c. de Japón (Honshū); 332 336 hab. Industria del automóvil.

TOYOTOMI HIDEYOSHI, *Nakamura 1536-Fushimi 1598*, estadista japonés. Sucesor de Oda Nobunaga (1582) y primer ministro (1585-1598), pacificó y unificó Japón, pero fracasó en sus expediciones a Corea (1592, 1597).

TPI → Tribunal penal internacional.

TRABA (Pedro Froaz o **Froilaz, conde de**), noble gallego del s. XII. Logró que Alfonso Raimúndez (futuro Alfonso VII de León y Castilla) fuera coronado rey de Galicia (1111).

trabajadores (Partido de los) [*Partido trabalhista*] o **PT**, partido político brasileño de izquierda, fundado en 1980 en São Paulo. En 2003 su líder, Luiz Inácio Lula da Silva, accedió a la presidencia de la república.

trabajos y los días (Los), poema didáctico de Hesíodo (s. VIII a.C.), con sentencias morales y preceptos de economía doméstica para demostrar las virtudes del trabajo y la justicia.

TRACIA, región del SE de Europa, que ocupa el extremo NE de Grecia, la Turquía europea y el S de Bulgaria. Su división tuvo lugar en 1919 y 1923.

Tractatus logico-philosophicus, obra de Wittgenstein (1921) que pretende definir un universo lógicamente perfecto por medio del lenguaje empleado para describirlo. De esta obra partieron las ideas del círculo de *Viena.

Tractatus theologico-politicus, tratado de Spinoza (publicado en 1670) donde expone los elementos de la crítica bíblica y distingue entre revelación y razón.

TRACY (Spencer), *Milwaukee 1900-Los Ángeles 1967*, actor estadounidense. Pese a la diversidad de géneros que abordó, la contención y el realismo de su interpretación lo unieron a personajes cercanos y llenos de humanidad (*Furia*, F. Lang, 1936; *La costilla de Adán*, G. Cukor, 1949; *El último hurra*, J. Ford, 1958).

Tradiciones peruanas, colección de narraciones de R. Palma, publicada entre 1872 y 1918, mezcla de crónica, leyenda y relato.

TRAFALGAR (cabo de), cabo de España, en el Atlántico, entre Cádiz y Tarifa. Faro.

Trafalgar (batalla de) [21 oct. 1805], combate naval, junto al cabo homónimo, en que la armada británica de Nelson derrotó a la flota francoespañola dirigida por Villeneuve. La derrota supuso el fin de la marina de guerra española y de las aspiraciones francesas de conquistar Gran Bretaña, además de la implantación del *Bloqueo continental. Nelson murió durante la batalla.

Trafalgar Square, plaza de Londres, cerca del Támesis. Columna en honor a Nelson.

TRAFUL, lago de Argentina (Neuquén); 70 km².

Tragicomedia de Calisto y Melibea → Celestina (La).

TRAIGUÉN, com. de Chile (Araucanía); 20 610 hab. Centro maderero. Industria alimentaria.

TRAIGUERA, v. de España (Castellón); 1 588 hab. (*traiguerinos*). Edificios góticos y renacentistas: antiguo hospital, ayuntamiento, iglesia de Santa María.

trajana (columna), columna triunfal (altura: 39 m; diámetro: 4 m), erigida en 113 en el foro de Trajano en Roma para conmemorar las victorias del emperador sobre los dacios. Prototi-

po de todos los monumentos ulteriores de este género, está decorada con un bajorrelieve (alrededor de 2 500 personajes) que se despliega en espiral por toda la columna.

TRAJANO, en lat. **Marcus Ulpius Traianus**, *Itálica 53-Selinonte, Cilicia, 117*, emperador romano (98-117). Sucesor de Nerva, con la conquista de Dacia (campañas de 101-102 y 105-107) aseguró las fronteras del Danubio. En oriente, luchó contra los partos y extendió el imperio hasta el NO de Arabia, Armenia y Mesopotamia. Fue un excelente administrador y un gran constructor.

■ TRAJANO.
(Museo arqueológico, Venecia.)

TRAKL (Georg), *Salzburgo 1887-Cracovia 1914*, poeta austriaco. Influido por Rimbaud, Hölderlin y los expresionistas, es el poeta de la angustia de la muerte y de la añoranza de la inocencia (*Helian*, 1912; *Poemas*, 1919). Se suicidó.

TRAMUNTANA (sierra de), sierra de España, al N de Mallorca; 1 445 m en el Puig Major.

transamazónica (carretera), carretera que atraviesa la Amazonia brasileña, y une Recife (Pernambuco), en la costa, con Cruzeiro do Sul (Acre) y la frontera peruana; 5 000 km aprox. Act. forma una red viaria más amplia.

transandino, ferrocarril de América del Sur que franquea los Andes por varios ramales: Bahía Antofagasta (1 176 m de alt.), Buenos Aires-Valparaíso por el puerto de la Cumbre (3 842 m de alt.); Buenos Aires-La Paz; Puno-Cuzco-Mollendo.

TRANSCAUCASIA, región de Asia, al S del Cáucaso y constituida por las repúblicas de Georgia, Armenia y Azerbaiján.

TRANSDNIÉSTER o **TRANSNISTRIA**, región de la república de Moldavia, en la orilla E del Dniéster. La mayoría de su población son rusófonos (reivindicaciones separatistas).

TRANSHIMALAYA → HIMALAYA.

transiberiano, gran línea de ferrocarril de Rusia que une Moscú y Vladivostok (9 297 km). Fue construida entre 1891 y 1916.

Transición, período de la historia de España comprendido entre la muerte de F. Franco (20 nov. 1975) y la promulgación de la constitución (27 dic. 1978), presidido por el consenso político y el pacto social (pactos de la *Moncloa). Suele extenderse a los años siguientes (hasta las elecciones de oct. 1982 o las de junio 1986), cuando se estructuraron plenamente las nuevas instituciones del estado (estado de las autonomías) y el país se alineó junto a las democracias del entorno (ingreso en la CE).

TRANSILVANIA, en rumano **Transilvania** o **Ardeal**, en húngaro **Erdély**, región de Rumania situada en el interior del arco formado por los Cárpatos; c. prales. *Braşov* y *Cluj*. Integrada en el reino de Hungría en el s. XI, fue principado vasallo de los otomanos (1526-1691). Anexionada por los Habsburgo (1691) y unida al reino de Hungría (1867), su incorporación a Rumania (1918) fue aprobada por el tratado de Trianon (1920).

TRANSILVANIA (Alpes de), parte S de los Cárpatos, entre Transilvania y Valaquia; 2 543 m en el Moldoveanu, punto culminante de Rumania.

Tránsito (sinagoga del), sinagoga de Toledo, construida a partir de 1357 por Šämuel Ha-Leví, con decoración mudéjar, yeserías y un rico artesonado. Museo sefardí.

TRANSJORDANIA, ant. estado del Próximo oriente. Emirato creado en 1921, pasó bajo man-

dato británico en 1922. Erigido en reino (1946), se convirtió en el reino de Jordania en 1949.

TRANSKEI, ant. bantustán de Sudáfrica.

TRANSLEITHANIA, parte de Austria-Hungría (1867-1918) al E del *Leitha* (por oposición a Cisleithania) y administrada por Hungría.

TRANSOXIANA, ant. nombre de la región de Asia central situada al NE del Oxus (Amú Dar-yá), cuya principal ciudad fue Samarkand.

TRANSVAAL, ant. prov. de Sudáfrica, zona NE del país (c. prales. *Johannesburgo* y *Tshwane*), que en 1994 formó las provincias de *Transvaal Este* (act. Mpumalanga), *Transvaal Norte* (act. Limpopo), Pretoria-Witwatersrand-Vereeniging (act. Gauteng) y una parte de la provincia del Noroeste.

HISTORIA

1834-1839: época del Gran Trek, emigración de los bóers hacia el N. **1852:** Gran Bretaña reconoció la independencia del Transvaal, la región situada más allá del Vaal, donde se establecieron los bóers. **1857-1877:** se instauró una primera república sudafricana a iniciativa de M. Pretorius, que estuvo respaldada por el Transvaal y, durante una época, por Orange. **1877:** la fragilidad de dicha república permitió que Gran Bretaña se anexionara el Transvaal. **1880-1881:** los bóers emprendieron una lucha victoriosa contra Gran Bretaña, que tuvo que reconocer la autonomía del Transvaal. **1883:** Paul Kruger fue elegido presidente de la república reconstituida, a la que acudieron los uitlanders atraídos por el oro. **1885-1896:** las tensiones aumentaron entre Gran Bretaña, deseosa de anexionar el Transvaal, y el gobierno Kruger, contra el que el emisario de Cecil Rhodes, el doctor Jameson, lanzó un ataque. **1899-1902:** la guerra de los bóers finalizó con la victoria británica, que convirtió al Transvaal en una colonia de la Corona, dotada, a partir de 1906, de instituciones propias. **1910:** el general Botha, que ocupaba el poder en el Transvaal desde 1907, fue uno de los artífices de la Unión Sudafricana.

Trapa, orden cisterciense reformada en 1664 por el abate Armand de Rancé; en 1816 Nuestra Señora de la Trapa (Soligny, Francia) se convirtió en la abadía principal de los cistercienses *de la estricta observancia llamados trapenses*.

TRAPANI, c. de Sicilia, cap. de prov.; 69 273 hab. Puerto. — Iglesias del gótico al barroco; museo.

TRAPICHE (El), sitio arqueológico precolombino de El Salvador (Usulután), con restos de cerámica, figurillas y esculturas desde h. 300 a.C. a 550 d.C.

TRASÍBULO, *h. 445-Aspendo 388 a.C.*, general ateniense. Con ayuda de los tebanos expulsó a los Treinta de Atenas (404 o 403 a.C.) y restableció la democracia.

TRASIMENO (lago), lago de Italia (Umbría), al O de Perugia. — **batalla del lago Trasimeno** (217 a.C.), victoria de Aníbal frente al romano Cayo Flaminio en la segunda guerra púnica.

TRÁS-OS-MONTES, ant. prov. del N de Portugal, en el actual distrito de Braganza.

TRASTÁMARA (familia), familia de la nobleza castellana que reinó en Castilla (1369-1504) y Aragón (1412-1516). El condado de Trastámara concedido a Enrique, hijo ilegítimo de Alfonso XI de Castilla y Leonor de Guzmán, dio nombre a la dinastía, entronizada en Castilla cuando accedió al trono como Enrique II (1369). A la muerte de Enrique III (1406), los Trastámara cedieron gran parte de su poder en Castilla ante la nobleza (Álvaro de Luna). Fernando de Antequera, regente de Juan II en Castilla, situó a sus hijos en puestos clave de la economía, la política y la milicia castellanas, y fue elegido rey de Aragón (1412). En Aragón, Juan II se enfrentó a una guerra civil (1462-1472). El matrimonio de su hijo Fernando con Isabel de Castilla (1469) unió las dos ramas.

TRAVANCORE, región histórica de la India, en el S del estado de Kerala.

Traviata (La), ópera de Verdi (1853), sobre un libreto de Piave, adaptación de *La dama de las camelias* de A. Dumas hijo.

TRAYAMAR, sitio arqueológico de España (Morro de la Mezquitilla, Vélez-Málaga, Málaga). Necrópolis fenicia (h. s. VIII a.C.) con cámaras mortuorias de suelo pavimentado y nichos en las paredes.

TREBIA, en ital. **Trebbia,** r. de Italia, afl. del Po (or. der.); 115 km. — batalla de **Trebia** (218 a. C.), victoria de Aníbal frente al romano Sempronio Longo durante la segunda guerra púnica.

TREBISONDA, en turco **Trabzon,** c. de Turquía, junto al mar Negro; 143 941 hab. Centro comercial. — Monasterios e iglesias (transformadas en mezquitas en la época otomana) de estilo bizantino de los ss. XIII-XIV. — Fue la capital de un imperio griego (1204-1461) fundado por Alejo y David Comneno, que mantuvo luchas contra los latinos, el imperio de Nicea y los turcos selyúcidas. En 1461, la ciudad fue conquistada por los otomanos.

Treblinka, campo de exterminio alemán (1942-1945) situado a 80 km de Varsovia, en el que murieron alrededor de 750 000 judíos.

TŘEBOŇ (maestro de), pintor checo activo en Praga h. 1380-1390. Maestro del arte gótico en Europa central, ejerció gran influencia en Alemania (concretamente en Baviera).

Treinta o **Treinta tiranos** (los), nombre dado a los treinta miembros de un consejo oligárquico impuesto por los espartanos a los atenienses (404 a. C.). Despóticos, ordenaron numerosas ejecuciones. Critias fue el más destacado. Trasíbulo los expulsó (dic. 404 o en. 403) y se restableció la democracia.

Treinta años (guerra de los) [1618-1648], gran conflicto religioso y político que afectó a Europa y especialmente al Sacro Imperio. Enfrentó a gran parte de los países europeos y sus principales causas fueron el antagonismo de los protestantes y los católicos y las inquietudes surgidas en Europa a causa de las ambiciones de la casa de Austria. El conflicto estalló en Bohemia, donde los protestantes se rebelaron contra la autoridad de los Habsburgo (defenestración de Praga, 1618).

El período palatino (1618-1623). El rey de Bohemia, Fernando de Habsburgo, partidario de la restauración del catolicismo, fue derrocado a favor del elector palatino Federico V, calvinista. En 1620, los checos fueron derrotados en la Montaña Blanca por las tropas de Fernando, que se convirtió en el emperador Fernando II, y por las tropas católicas dirigidas por Tilly.

El período danés (1625-1629). Cristián IV de Dinamarca reemprendió las hostilidades contra Fernando II con el apoyo de los príncipes protestantes. Derrotado por Wallenstein en 1629, firmó la paz de Lübeck.

El período sueco (1630-1635). Ayudado económicamente por Richelieu, el rey de Suecia Gustavo Adolfo, príncipe protestante, se enfrentó en el jefe del partido opositor al emperador. Venció a Tilly en Breitenfeld (1631) y fue muerto en Lutzen, donde los suecos vencieron, sin embargo, a Wallenstein.

El período francés (1635-1648). Richelieu, tras haber apoyado en secreto a los enemigos de la casa de Austria, intervino contra esta última, aliándose con Suecia, los Países Bajos y los protestantes alemanes. Las victorias francesas de Rocroi (1643) y de Lens (1648) obligaron a los Habsburgo a firmar el tratado de Westfalia. Alemania acabó arruinada y devastada a causa de esos treinta años de guerra.

TREINTA Y TRES (departamento de), dep. del E de Uruguay; 9 676 km²; 46 869 hab.; cap. *Treinta y Tres* (30 956 hab.).

Treinta y tres orientales (expedición de los), incursión de patriotas uruguayos, al mando de Lavalleja, que dio lugar al levantamiento contra Brasil (abril 1825). Tras formarse un gobierno provisional presidido por Lavalleja (junio), la Banda Oriental proclamó su secesión (ag.).

TREJO (Mario), *La Plata 1926,* escritor argentino. Perteneciente a la generación del cuarenta, su obra poética es surrealista e invencionista (*Celdas de sangre,* 1946; *El uso de la palabra,* 1964).

TREJO Y SANABRIA (Hernando de), *d. 1555-Córdoba de Tucumán 1614,* prelado argentino. Franciscano, fue el primer religioso del Río de la Plata que llegó a ser obispo de Tucumán. Protector de indios, legó sus bienes para la fundación de la universidad de Córdoba en 1613.

Trek (el Gran) [1834-1839], movimiento de emigración de los bóers de la colonia de El

Cabo hacia el Vaal y el Orange tras el empuje de los británicos en Sudáfrica.

TRELEW, c. de Argentina (Chubut), en el dep. de Rawson; 78 089 hab. Centro industrial y comercial.

TREMP, c. de España (Lérida), cab. de p. j.; 5 377 hab. (*trempolines*). Centro comercial. — Restos de murallas medievales; colegiata del s. XVII. — En el término, embalse en el Noguera Pallaresa (227 millones de m³), que alimenta la central eléctrica de Talarn (30 MW).

TRENQUE LAUQUEN, partido de Argentina (Buenos Aires); 35 272 hab. Vacunos (lácteos).

TRENT, r. de Gran Bretaña que se une al Ouse para formar el estuario del Humber; 270 km.

TRENTINO, región histórica de Italia (*Venecia tridentina*), act. parte de *Trentino-Alto Adigio.* Anexionada al Tirol en 1816, la región le fue devuelta a Italia por el tratado de Saint-Germain-en-Laye (1919).

TRENTINO-ALTO ADIGIO, en ital. **Trentino-Alto Adige,** región del NE de Italia; 886 914 hab.; cap. *Trento.* 2 prov. (*Trento* y *Bolzano*). Se corresponde con la cuenca superior del Adigio, entre el Ortler, el Adamello y los Dolomitas.

TRENTO, c. de Italia, cap. del Trentino-Alto Adigio y cap. de prov., junto al Adigio; 101 430 hab. Catedral románico-gótica y castillo del Buon Consiglio (museo), de los ss. XIII-XVI. Museo de arte moderno y contemporáneo (Mart) [Trento y la población vecina de Rovereto].

Trento (concilio de), concilio ecuménico que tuvo lugar en Trento de 1545 a 1547, en Bolonia de 1547 a 1549, y de nuevo en Trento de 1551 a 1552 y de 1562 a 1563. Fue convocado por Paulo III en 1545 y concluido por Pío IV. Constituyó la pieza clave de la Contrarreforma, por la cual la Iglesia de Roma opuso a los protestantes una revisión completa de su disciplina y una reafirmación solemne de sus dogmas.

TRENTON, c. de Estados Unidos, cap. de Nueva Jersey, junto al Delaware; 88 675 hab. Centro comercial e industrial.

TRES ARROYOS, partido de Argentina (Buenos Aires); 62 179 hab. Pesca. Cerámica; muebles.

TRES CANTOS, mun. de España (Madrid); 35 046 hab. Zona industrial. Campus universitario.

TRES CRUCES, pico andino de Argentina (Catamarca) y Chile (Atacama); 6 749 m.

TRES CRUCES (cordillera de), cordillera de Bolivia (La Paz), que forma parte de la cordillera Oriental de los Andes; 5 900 m en el cerro Jachacunocollo.

Tres culturas (plaza de las), plaza de la ciudad de México, que incluye ruinas de la ant. *Tlatelolco, la iglesia de Santiago Tlatelolco y los modernos edificios construidos por Mario Pani (ministerio de Asuntos Extranjeros). — En la noche del 2 de octubre de 1968 se produjo en ella una matanza al tirotear la fuerza pública una marcha de protesta estudiantil contra la ocupación por el ejército del Instituto politécnico nacional.

TRES DE FEBRERO, partido de Argentina (Buenos Aires), en el Gran Buenos Aires; 349 221 hab.; cab. *Caseros.* Automóviles, industria química, muebles.

Tres garantías (plan de las) → **Iguala** (plan de).

Tres Gargantas (presa de las), presa sobre el Yangzi Jiang, en la región de Yichang (gargantas Qutang, Wu y Xiling, prov. de Hubei, China). Acabada en 2006, esta obra hidráulica, la mayor del mundo, debe estar plenamente operativa en 2009.

TRESGUERRAS (Francisco Eduardo de), *Celaya 1759-íd. 1833,* arquitecto, pintor y escultor mexicano. Destacó por sus obras arquitectónicas, de estilo neoclásico, realizadas principalmente en Celaya (iglesia del Carmen) y San Luis Potosí.

TRES MARÍAS (islas) → **MARÍAS.**

TRES MONTES, golfo de Chile (Aisén del General Carlos Ibáñez del Campo), en la costa S de la península de Taitao.

tres mosqueteros (Los), novela de A. Dumas, padre (1844).

TRES ZAPOTES, sitio arqueológico de México (Veracruz), de la cultura olmeca, desarrollado entre 850 y 175 a. C., en el que se encontraron cabezas monumentales en piedra volcánica, estelas y cerámica.

TRÉVERIS, en alem. **Trier,** c. de Alemania (Renania-Palatinado), junto al Mosela; 99 183 hab. Restos romanos (Porta nigra, termas, basílica), catedral (ss. IV-XII; tesoro) y otros monumentos (patrimonio de la humanidad 1986); museos. — Fundada por Augusto h. 15 a. C., la ciudad fue integrada en el Sacro Imperio en el s. X. Sus arzobispos se convirtieron en príncipes electores en 1257..

TREVINCA (peña), monte de España (León, Orense y Zamora), en los Montes de León; 2 095 m. Estación invernal.

TREVIÑO → **CONDADO DE TREVIÑO.**

TREVISO, c. de Italia (Véneto), cap. de prov.; 83 222 hab. Monumentos medievales y renacentistas; museos.

TREVITHICK (Richard), *Illogan, Cornualles, 1771-Dartford, Kent, 1833,* ingeniero británico. En 1803 construyó y puso en funcionamiento la primera locomotora de vapor.

TREZZO (Giacomo), llamado en España **Jacome Trezo** o **Jacometrezo,** *Milán 1514 o 1515-Madrid 1589,* escultor y orfebre italiano. Al servicio de Felipe II desde 1558, trabajó en El Escorial (relicario de San Lorenzo, custodia).

TRIANA, barrio típico de Sevilla (España), en la or. der. del Guadalquivir.

TRIANA (José), *Bayamo 1931,* dramaturgo cubano. La mayor parte de su obra se inscribe en el teatro del absurdo (*La casa ardiendo,* 1962), con una evolución hacia maneras expresionistas (*La noche de los asesinos,* 1966).

TRIANA (José Jerónimo), *Bogotá 1826-París 1890,* médico y naturalista colombiano. Miembro de la Comisión corográfica, entre 1851 y 1857 herborizó la mayor parte del país.

■ PRESA DE LAS **TRES GARGANTAS** sobre el río Yangzi Jiang.

TRIANA (Juan **Rodríguez Bermejo,** llamado Rodrigo **de**), marino español de los ss. XV-XVI, el primero que vio tierra en el primer viaje de Colón. Fue a las Molucas en la expedición de García Jofre de Loaísa (1525).

TRIÁNGULO DE ORO, nombre que a menudo recibe la región del SE asiático, en la frontera de Birmania, Tailandia y Laos. Producción de opio.

Trianón (Gran y Pequeño), nombre de dos palacios reales construidos en el parque de Versalles, el primero por J. H. Mansart en 1687 y el segundo por J. A. Gabriel en 1762.

Trianón (tratado de) [4 junio 1920], tratado que delimitó, tras la primera guerra mundial, el territorio de Hungría, que quedó reducido al centro de la llanura media del Danubio.

TRÍAS (Eugenio), *Barcelona 1942,* filósofo español. Busca una estructura subyacente al método filosófico (*Metodología del pensamiento mágico,* 1971; *Drama e identidad,* 1973; *Lo bello y lo siniestro,* 1981; *La razón fronteriza,* 1999). [Premio nacional de ensayo 1983.]

TRIBONIANO, *m. h. 545,* jurisconsulto y estadista bizantino. Dirigió la redacción del *Código de Justiniano,* del *Digesto* y de los *Instituta.*

Tribunal constitucional, órgano judicial en Bolivia, Chile, España y Perú, encargado de determinar el ajuste de las normas legales a la propia constitución (en Chile comparte jurisdicción con la Corte suprema de justicia).

Tribunal de justicia de las Comunidades europeas, instancia jurídica comunitaria, con sede en Luxemburgo, que vela por la legalidad de las decisiones de las instituciones comunitarias y por que los estados miembros respeten el derecho comunitario. Desde 1989 cuenta con un tribunal de primera instancia.

Tribunal europeo de derechos humanos, instancia jurídica internacional creada en 1959, órgano jurídico del Consejo de Europa. Está formado por un juez de cada estado del Consejo de Europa. Sede: Estrasburgo.

Tribunal internacional de justicia, órgano jurídico de la ONU. Al tomar, en 1946, el relevo del Tribunal permanente de justicia internacional (1922), dirime las diferencias entre estados. Tiene su sede en La Haya.

Tribunal penal internacional (TPI) o **Corte penal internacional** (CPI), jurisdicción internacional. Creado por el estatuto de Roma (1998) y en vigor desde 2002, su cometido es juzgar a las personas perseguidas principalmente por genocidio, crímenes de guerra o crímenes contra la humanidad. Tiene la misión de intervenir cuando un estado adherido al estatuto de Roma no puede o no quiere abrir diligencias. Su sede está en La Haya.

Tribunal penal internacional para la ex Yugoslavia (TPIY), jurisdicción internacional creada en 1993, al amparo de la ONU, para juzgar a los presuntos responsables de crímenes (genocidio, crímenes contra la humanidad) cometidos en la ex Yugoslavia desde 1991. Su sede está en La Haya. — Sobre el mismo modelo fue creado en 1994 el **Tribunal penal internacional para Ruanda** (TPIR), con sede en Arusha (Tanzania). — Con el mismo espíritu se concibieron otras jurisdicciones híbridas (que asocian derecho nacional y derecho internacional): el **Tribunal especial para Sierra Leona** (TESL), en 2002; las **Cámaras extraordinarias de los tribunales de Camboya** (CETC), encargadas de juzgar los crímenes de los Jemeres rojos, en 2003; y el **Tribuna especial para el Líbano** (TEL), en 2007.

Tribunal permanente de arbitraje, órgano jurídico internacional creado en La Haya en 1899, para favorecer el arbitraje de los litigios internacionales.

Tribunal supremo, máximo órgano jurisdiccional en Cuba (llamado *Tribunal supremo popular*), España, Puerto Rico y Venezuela (llamado *Tribunal supremo de justicia*), el superior en todos los órdenes jurídicos salvo (en Cuba, España y Puerto Rico) en materias de garantías constitucionales.

Tribunal supremo de Estados Unidos, el más alto órgano jurídico federal estadounidense (9 miembros vitalicios nombrados por el presidente de la nación), encargado de controlar la constitucionalidad de las leyes de los estados y de las leyes federales.

TRICHINOPOLY → **TIRUCHCHIRĀPPALLI.**

TRICHUR, c. de la India, al N de Cochin; 274 898 hab. Centro de peregrinación del sivaísmo; templos.

Tricontinental de La Habana (conferencia) [1966], reunión en La Habana de representantes de 82 organizaciones políticas de África, América y Asia. Condenó el colonialismo y dio lugar a la Organización latinoamericana de solidaridad (OLAS).

trienio constitucional → **liberal** (trienio).

TRIER (Lars **von**), *Copenhague 1956,* director de cine danés. Provocador y dotado de un gran sentido plástico, su cine mestiza géneros (*El elemento del crimen,* 1984; *Rompiendo las olas,* 1996; *Bailando en la oscuridad,* 2000; *Dogville,* 2003; *El jefe de todo esto,* 2006).

TRIESTE, c. de Italia, cap. de Friuli-Venecia Julia y cap. de prov., junto al Adriático, en el *golfo de Trieste;* 229 216 hab. Puerto. Centro industrial (refinerías de petróleo). — Restos romanos; catedral de los ss. XI y XIV; castillo de los ss. XV-XVII, museos. — Un foco del irredentismo y principal salida al mar de Austria, fue cedida a Italia en 1919-1920. En 1945 fue conquistada por los yugoslavos. El tratado de paz de 1947 estableció el *territorio libre de Trieste.* En 1954 volvió a formar parte de Italia.

TRIGO (Felipe), *Villanueva de la Serena 1865-Madrid 1916,* escritor español. Naturalista, escribió novela erótica (*Las ingenuas,* 1901) y de crítica social (*Jarrapellejos,* 1914).

TRIGUEROS, v. de España (Huelva); 7 213 hab. *(triguereños).* Dolmen de Soto, sepulcro de corredor con grabados (2750-2000 a.C.).

TRIGUEROS (Cándido María), *Orgaz, Toledo, 1736-h. 1801,* escritor español. Sacerdote y poeta de pretensiones épicas y tono altisonante, es autor de varios dramas y de una continuación de *La Galatea* cervantina.

Trilce, libro de poemas de César Vallejo (1922), de sintaxis y léxico vanguardistas.

TRIMBLE (David), *Belfast 1944,* político británico. Dirigente protestante moderado, líder del Ulster Unionist Party (UUP, 1995-2005) y uno de los principales artífices del acuerdo institucional concluido en 1998, fue primer ministro del gobierno semiautónomo de Irlanda del Norte de 1999 a 2002 (dimisionario entre julio y nov. 2001). [Premio Nobel de la paz 1998.]

TRIMŪRTI, trinidad hindú compuesta por los dioses Brahmā, Viṣṇú y Śiva.

TRINIDAD, golfo de Chile (Magallanes y Antártica Chilena), en el Pacífico.

TRINIDAD, c. de Bolivia, cap. del dep. de Beni; 27 487 hab. Centro comercial. Puerto fluvial.

TRINIDAD, c. de Cuba (Sancti Spíritus); 65 901 hab. Ingenio azucarero. Tabacalera e industria del cuero. Puerto. Turismo (playa Ancón). — Palacios de los ss. XVIII y XIX. (Patrimonio de la humanidad 1988.)

TRINIDAD, c. de Uruguay, cap. del dep. de Flores; 18 271 hab. Centro comercial y residencial.

TRINIDAD Y TOBAGO, en ingl. **Trinidad and Tobago,** estado de las Antillas, frente a la costa de Venezuela; 5 128 km²; 1 320 000 hab. CAP. *Port of Spain.* LENGUA: *inglés.* MONEDA: *dólar de Trinidad y Tobago.* (V. mapa de **Antillas** [Pequeñas].) La *isla de la Trinidad* abarca 4 827 km², en los que se concentra el 95 % de la población, mezcla de negros e indios, estructura heredada de la colonización y del desarrollo de las plantaciones (caña de azúcar y cacao). El petróleo y el gas natural se han convertido en los principales recursos. — Las islas de la Trinidad y Tobago fueron descubiertas en el tercer viaje de Colón (1498). La conquista de la primera fue completada por Jiménez de Quesada, y fue dominio español hasta 1802. Pasaron a manos de los británicos en 1814. Forman un estado independiente en el seno de la Commonwealth desde 1962.

TRINITARIA (La), ant. **Zapaluta,** mun. de México (Chiapas); 35 272 hab. Economía agropecuaria.

tripartito (pacto) [27 sept. 1940], pacto firmado entre Alemania, Italia y Japón que preveía la instauración de un nuevo orden en Europa y en Extremo oriente. Hungría, Rumania y Eslovaquia se adhirieron en noviembre y Bulgaria en marzo de 1941.

Triple alianza (guerra de la) [1865-1870], enfrentamiento entre Paraguay y las fuerzas de la Triple alianza, Argentina, Brasil y Uruguay. Tras la intervención de Paraguay en la guerra civil uruguaya (1865) fue firmado el pacto de la Triple alianza, que contemplaba el reparto de Paraguay. La guerra acabó con la derrota ante Brasil en Cerro Corá (1870), y supuso para Paraguay la pérdida de dos tercios de la población y la cesión de territorios a Brasil (1872) y Argentina (1876).

Tríplice → **alianza** (Triple).

TRÍPOLI, c. del N del Líbano; 240 000 hab. Puerto.

TRÍPOLI, cap. de Libia, junto al Mediterráneo; 858 000 hab.

TRÍPOLI (condado de), estado latino fundado en Siria por los condes de Tolosa entre 1102 y 1109. Fue reconquistado por los musulmanes de 1268 a 1289.

TRÍPOLIS o **TRIPOLITSÁ,** c. de Grecia (Peloponeso), cap. de Arcadia; 21 772 hab.

TRIPOLITANIA, ant. prov. del NO de Libia, junto al Mediterráneo; c. pral. *Trípoli.* Estuvo bajo la dominación de Cartago (s. V a.C.), de Roma (106 a.C.) y fue conquistada por los árabes (643). Antigua regencia turca de *Trípoli,* cedida por los otomanos por el tratado de Ouchy-Lausana (1912), fue unida a Cirenaica para constituir la Libia italiana (1934). Bajo control británico a partir de 1943, fue integrada en el reino de Libia, que obtuvo la independencia en 1951.

TRIPURA, estado del NE de la India; 10 500 km²; 2 744 827 hab.; cap. *Agartala.*

TRISSINO (Gian Giorgio), *Vicenza 1478-Roma 1550,* escritor italiano. Es autor de la primera tragedia clásica italiana (*Sofonisba,* h. 1515).

TRISTAM o **TRISTÃO** (Nunho), *m. en Río de Oro en 1447,* navegante portugués. En 1444 llegó a la desembocadura del río Senegal.

TRISTAN (Flore **Tristan-Moscoso,** llamada Flora), *París 1803-Burdeos 1844,* escritora francesa. Socialista, fue una de las precursoras del feminismo en Francia.

TRISTÁN (Luis), *h. 1580-Toledo 1624,* pintor español. Discípulo del Greco, en sus obras conviven elementos naturalistas, una iluminación tenebrista y unas composiciones todavía manieristas (retablos de la iglesia parroquial de Yepes y del convento de Santa Clara de Toledo, *San Luis repartiendo limosna*).

TRISTÁN DA CUNHA, archipiélago británico del Atlántico sur. La isla principal lleva también el nombre de *Tristán da Cunha.* (Patrimonio de la humanidad 1995 [ampliado en 2004].) — El archipiélago fue descubierto en 1506.

Tristán e Iseo, protagonistas de una leyenda medieval, conocida por varias versiones (en verso y en prosa) de los ss. XII y XIII, entre las que destacan la de Béroul, de Thomas de Inglaterra y de Gottfried de Estrasburgo. La narración de los amores de Tristán e Iseo la Rubia inauguró en Europa el tema de la pasión fatal y el de la muerte como único modo de unir dos seres que se aman. — Wagner se inspiró en este tema para componer un drama lírico en tres actos (*Tristán e Isolda,* 1865, libreto del compositor).

TRISTÁN L'HERMITE (François **L'Hermite,** llamado), *castillo de Soliers, Marche, h. 1601-París 1655,* escritor francés. Es autor de tragedias (*Mariana,* 1636), de una autobiografía novelada (*El paje en desgracia,* 1642) y de poesías (*Los amores de Tristán,* 1638).

TRIVANDRUM o **TIRVANANTAPURAM,** c. de la India, cap. de Kerala; 825 682 hab. Universidad.

TRIVULZIO (Giangiacomo), *Milán 1448-Arpajon 1518,* condotiero italiano. Luchó por los Sforza, Luis XII de Francia, Fernando I de Nápoles y Carlos VIII de Francia.

TRNKA (Jiri), *Plzeň 1912-Praga 1969,* director de cine de animación checoslovaco. Es autor de numerosas películas de marionetas (*El ruiseñor del emperador,* 1948; *Viejas leyendas checas,* 1952; *La mano,* 1965).

TRÓADE, ant. región del NO de Asia Menor; c. pral. *Troya.*

TROILO (Aníbal), *Buenos Aires 1914-íd. 1975,* compositor, director de orquesta y bandoneonista argentino, impulsor del renacimiento del tango en la década de 1940: *Garúa* (1943), *Sur* (1948), *La última curda* (1956).

TROLLOPE (Anthony), *Londres 1815-íd. 1882*, escritor británico. Es autor de novelas sobre la vida de provincias (*Las torres de Barchester*, 1857).

TROMP (Maarten), *Brielle 1598-Ter Heijd 1653*, almirante holandés. En la guerra de los Treinta años, derrotó cerca de Gravelines a una flota española (febr. 1639) y también obtuvo la victoria de las Dunas (oct. 1639). — **Cornelis T.**, *Rotterdam 1629-Amsterdam 1691*, almirante holandés. Hijo de Maarten, derrotó a la flota inglesa de Monck en Dunkerque (1666) y a los suecos en la isla de Öland (1676).

TROMSØ c. de Noruega, en el *fiordo de Tromsø;* 52 000 hab. Puerto. — Museos.

TRONADOR, pico de los Andes patagónicos, en la frontera entre Argentina (Río Negro) y Chile (Los Lagos); 3 478 m.

TRONDHEIM, c. de Noruega central; 139 630 hab. Puerto. Universidad. Metalurgia. — Catedral de los ss. XII-XIV; museos. — Fundada en el s.X, fue capital de Noruega hasta el s.XIV.

Troppau (congreso de) [20 oct.-30 dic. 1820], congreso europeo que se reunió en Troppau (act. *Opava*, República Checa) y en el transcurso del cual Metternich consiguió la aprobación de una acción colectiva de la Santa alianza contra los revolucionarios.

TROTSKI (Lev Davídovich **Bronstein,** llamado Lev), *Yánovka, Ucrania, 1879-Coyoacán, México, 1940*, político soviético. Estudiante de matemáticas, y, más tarde, de derecho, fue detenido por su actividad revolucionaria (1898) y deportado a Siberia (1900), de donde se evadió para unirse en Londres con Lenin. Miembro del Partido obrero socialdemócrata ruso, en 1903 se adhirió a la facción menchevique, contraria a Lenin. Presidió el soviet de San Petersburgo durante la revolución de 1905. Fue arrestado, pero escapó y vivió en el exilio a partir de 1907, fundamentalmente en Viena. De regreso a Rusia (mayo 1917), se unió a los bolcheviques (ag.) y fue uno de los organizadores de la revolución de octubre. Como comisario del pueblo para la guerra (1918-1925), creó el ejército rojo y lo dirigió durante la guerra civil (1918-1920). A partir de 1925, denunció el creciente poder de Stalin y se opuso a la «construcción del socialismo en un solo país» en nombre de «la revolución permanente». Fue relevado de sus funciones (1925) y se exilió en Alma Atá (1927). Expulsado del territorio soviético (1929), se instaló en Francia (1933-1935), en Noruega (1935-1936) y, en 1936, en México. Fundó la IV Internacional en 1938, pero en agosto de 1940 fue asesinado por su secretario, Ramón Mercader, quien, al parecer, era agente de Stalin.

■ TROTSKI

TROYA o **ILIÓN,** en gr. **Troia** o **Ilion,** ant. c. de Asia Menor, situada en el emplazamiento de la actual Hissarlik, cerca de los Dardanelos. Era una ciudad floreciente ya en el III milenio, devastada en varias ocasiones por guerras o catástrofes naturales hasta su destrucción a fines del s. XIII o principios del s. XII a.C. — Descubierta en el s. XIX por Schliemann, presenta nueve niveles arqueológicos superpuestos, desde el simple pueblo fortificado del IV milenio hasta la aldea de Troya IX, que desapareció hacia 400 d.C. Troya II, verdadera ciudad amurallada (2300-2100 a.C.), poseyó una civilización brillante, cuya prosperidad queda demostrada por los numerosos objetos valiosos recogidos en este nivel. (Patrimonio de la humanidad 1998.)

Troya (guerra de), guerra legendaria que conserva el recuerdo de las expediciones de los aqueos a las costas de Asia Menor, en el s. XIII a.C., y que fue cantada por Homero en la *Ilíada.*

TROYES, c. de Francia, cap. del dep. de Aube y ant. cap. de la Champagne, a orillas del Sena; 62 612 hab. Catedral (ss. XIII-XVI); museos.

TROYES (Chrétien de), *h. 1135-h. 1183,* escritor francés. Es autor de novelas de caballería (*Perceval* o *El cuento del Graal*), obras pertenecientes al ciclo que iniciaron la literatura cortés en Francia.

TRUBETZKOI (Nikolái Serguéievich), *Moscú 1890-Viena 1938,* lingüista ruso. Participó en el círculo lingüístico de Praga junto a R. Jakobson. Influido por Saussure y por Baudouin de Courtenay, definió con rigor la noción de fonema y estableció la distinción entre fonética y fonología (*Principios de fonología*, 1939).

TRUCIAL STATES → **EMIRATOS ÁRABES** (Unión de).

TRUDEAU (Pierre Elliott), *Montreal 1919-íd. 2000,* político canadiense. Líder del Partido liberal, fue primer ministro (1968-1979 y 1980-1984).

TRUEBA (Antonio de), *Montellano, Sevilla, 1819-Bilbao 1889,* escritor español. Su poesía (*Libro de cantares,* 1852) influyó en Rosalía de Castro, y cultivó relatos de costumbrismo rural (*Cuentos de varios colores,* 1866).

TRUEBA (Fernando), *Madrid 1955,* director de cine español. Asociado a la comedia desde sus inicios (*Ópera prima,* 1980; *Sé infiel y no mires con quién,* 1985), ha desarrollado una de las filmografías españolas de mayor reconocimiento internacional: *El año de las luces* (1986), *Belle époque* (1992, Oscar a la mejor película de habla no inglesa), *El embrujo de Shanghai* (2002).

■ FERNANDO **TRUEBA.** Una escena de *Belle époque* (1992).

TRUETA (Josep), *Barcelona 1897-íd. 1977,* médico español. Su procedimiento para el tratamiento de las fracturas abiertas (*método Trueta*) fue adoptado por los ejércitos Aliados en la segunda guerra mundial.

TRUFFAUT (François), *París 1932-Neuilly-sur-Seine 1984,* cineasta francés. Con *Los cuatrocientos golpes* (1959) se impuso como una de las figuras destacadas de la *nouvelle vague* (*Jules y Jim,* 1962; *Fahrenheit 451,* 1966; *La noche americana,* 1973; *La piel dura,* 1976; *El último metro,* 1980).

TRUJILLO, mun. de Colombia (Valle del Cauca); 18 804 hab. Caña de azúcar y café. Ganadería.

TRUJILLO, c. de España (Cáceres), cab. de p.j.; 8 713 hab. (*trujillanos*). Restos del castillo (ss. XIII-XIV) y de las murallas medievales. Iglesias góticas. Notable grupo de palacios (marqués de La Conquista, duques de San Carlos, Escobar, Orellana-Pizarro), ayuntamiento.

TRUJILLO, c. de Honduras, cap. del dep. de Colón; 9 781 hab. Centro comercial. — Fundada en 1525, fue próspera en el s. XVI, pero los ataques piratas precipitaron su decadencia. Destruida por los holandeses (1643), fue reconstruida en 1787.

TRUJILLO, c. de Perú, cap. del dep. de La Libertad, en la Costa; 509 000 hab. Puerto. Centro comercial, industrial y turístico. — Catedral (s. XVII), iglesias barrocas de estilo limeño y casas nobles (s. XVIII). — Antigua ciudad colonial, fundada en 1534, destacó como centro religioso (university) y cultural (universidad).

TRUJILLO, c. de Venezuela, cap. del est. homónimo; 40 103 hab. Centro agrícola y administrativo. — Fundada en 1557 por el capitán Diego García Paredes. Tras la batalla de Boyacá, se firmó en ella (nov. 1820) el armisticio entre realistas e independentistas.

TRUJILLO (cordillera de), cordillera de Venezuela, prolongación E de la sierra de Santo Domingo. Culmina en la Teta de Niquitao, a 4 000 m de alt.

TRUJILLO (estado), est. del O de Venezuela; 7 400 km²; 518 762 hab.; cap. *Trujillo*.

TRUJILLO (Diego), *Trujillo, Cáceres, 1505-en el Cuzco 1574,* conquistador e historiador español. Estuvo en Perú en 1529-1535 y desde 1547, por encargo del virrey F. de Toledo, escribió *Relaciones del descubrimiento del Reyno del Perú* (1571).

TRUJILLO (Julián), *Popayán 1828-Bogotá 1883,* militar y político colombiano. Presidente del Cauca (1867-1869 y 1873-1875), fue general en jefe del ejército y presidente (1878-1880).

TRUJILLO (Rafael Leónidas), *San Cristóbal 1891-Santo Domingo 1961,* militar y político dominicano. Autoproclamado presidente de la república, implantó una dictadura personal anticomunista y proestadounidense de apariencia parlamentaria (1930-1938 y 1942-1952). Condenado por la OEA, rompió relaciones con EUA (1960). Fue asesinado. — **Héctor Bienvenido T.,** *San Cristóbal 1908-Miami 2002,* político dominicano. Hermano de Rafael Leónidas, fue presidente en 1952-1957.

TRUJILLO ALTO, mun. de Puerto Rico, en la llanura costera septentrional; 61 120 hab. Industrias químicas.

TRUMAN (Harry S.), *Lamar, Missouri, 1884-Kansas City 1972,* político estadounidense. Senador demócrata (1935) y vicepresidente de F. D. Roosevelt, fue presidente de EUA de 1945 a 1953. Puso fin a la segunda guerra mundial al utilizar la bomba atómica contra Japón (1945). Para limitar la expansión del comunismo, favoreció la ayuda a Europa occidental (plan Marshall), creó la CIA (1947) y contribuyó a la fundación de la OTAN (1949). Reaccionó inmediatamente al ataque de Corea del Sur (junio de 1950) enviando tropas estadounidenses a las órdenes de MacArthur, pero se opuso al bombardeo de las bases chinas. Firmó la paz con Japón (1951).

■ FRANÇOIS **TRUFFAUT** en 1983.   ■ HARRY S. **TRUMAN**

Tsahal (voz hebr. que significa *fuerza de defensa de Israel*), denominación dada al ejército israelí.

TSARITSIN, ant. nombre de *Volgogrado.*

TSÁRSKOIE SELÓ → **PUSHKIN.**

TS'Ê-HI → **CI XI.**

TSELINOGRAD → **ASTANA.**

TSHIKAPA, c. de la Rep. dem. del Congo, junto al Kasai; 105 000 hab. Diamantes.

TSHWANE, ant. Pretoria, cap. (sede del gobierno) de Sudáfrica; 2 200 000 hab. en la aglomeración. Centro administrativo y universitario.

TSIOLKOVSKI (Konstantin Eduardovich), *Izhévskoie 1857-Kaluga 1935,* científico ruso. Teórico de la astronáutica, fue el primero en enunciar las leyes del movimiento de un cohete (1903) e ideó las estaciones orbitales.

TSIRANANA (Philibert), *Anahidrano 1910-Tananarive 1978,* político malgache. Fue presidente de la república (1959-1972).

TSITSIHAR o **QIQIHAR,** ant. **Longjiang,** c. del NE de China (Heilongjiang); 1 330 000 hab. Nudo ferroviario y gran centro industrial.

TSU, c. de Japón (Honshū); 157 177 hab.

TSUBOUCHI SHŌYŌ, *Ōta 1859-Atami 1935,* escritor japonés. Teórico del realismo (*La esencia de la novela,* 1885), fue también uno de los fundadores del teatro japonés moderno.

TSUGARU (estrecho de), estrecho que separa las islas de Honshū y Hokkaidō. Está atravesado por un túnel submarino.

TSUSHIMA, archipiélago japonés frente a las costas de Corea, al NO del *estrecho de Tsushima.* En él los japoneses destruyeron una escuadra rusa (27-28 de mayo de 1905).

TSVETAEVA (Marina Ivanovna), *Moscú 1892-Yelabuga 1941,* poeta rusa. Sus poemas y ensayos (*Mi Pushkin,* 1937), apasionados y nutridos de tradición popular, ponen de manifiesto una gran audacia sintáctica y rítmica.

TUAMOTU, archipiélago de la Polinesia francesa, al E de Tahití; 880 km²; 14 283 hab.

TUARA, lago de Nicaragua (Región Autónoma Atlántico Norte), en la zona costera del Caribe; 15 km de long. y 4 de anch.

TUBINGA, en alem. **Tübingen,** c. de Alemania (Baden-Württemberg), junto al Neckar; 83 553 hab. Universidad. Monumentos medievales; colecciones antiguas del Instituto arqueológico.

TUBMAN (William Vacanarat Shadrach), *Harper 1895-Londres 1971,* político liberiano. Presidente de la república (1944-1971), ejerció una política autoritaria.

TUBRUQ, en ingl. **Tobruk,** c. de Libia, en Cirenaica; 75 282 hab. — batalla de **Tobruk** (1941-1942), batalla de la campaña de Libia. Posición estratégica entre los británicos y las fuerzas del Eje, la ciudad fue liberada por Montgomery en noviembre de 1942.

TUCÍDIDES, *Atenas h. 460-d. 395 a.C.,* historiador griego. En *Historia de la guerra del Peloponeso* relató los hechos con rigor e intentó explicar sus causas. Fue el primer historiador griego que concedió a los hechos económicos y sociales su auténtica importancia.

TUCSON, c. de Estados Unidos (Arizona), 405 390 hab. Centro turístico e industrial.

TUCUMÁN (provincia de), prov. del N de Argentina; 22 524 km²; 1 142 247 hab.; cap. *San Miguel de Tucumán.*

Tucumán (batalla de) [24-25 sept. 1812], enfrentamiento entre las tropas realistas de Pío Tritán y el ejército patriota argentino de Belgrano, que se hizo fuerte en San Miguel de Tucumán contra las órdenes del gobernador de Buenos Aires.

Tucumán (congreso de), asamblea de los representantes de las Provincias Unidas del Río de la Plata, con la excepción de Paraguay y los partidarios de Artigas, inaugurada en marzo de 1816 en San Miguel de Tucumán. Eligió director supremo a Pueyrredón y declaró la independencia respecto a España (9 julio). Trasladado en 1817 a Buenos Aires, elaboró una constitución centralista (1819) que dio lugar a una revolución de los partidarios de una estructura federal (1820).

TUCUPIDO, c. de Venezuela (Guárico); 23 629 hab. Yacimientos petrolíferos. Maderas.

TUCUPITA, c. de Venezuela, cap. del est. Delta Amacuro; 68 845 hab. Junto al *caño Tucupita* o Cocuina. Refino de petróleo. Puerto y aeropuerto. — Ha sido varias veces destruida por inundaciones.

TUDELA, c. de España (Navarra), cab. de p. j.; 27 819 hab. (*tudelanos*). Centro agrícola e industrial. Colegiata catedral (ss. XII-XIII). — De origen romano, fue una plaza fuerte musulmana independiente de Córdoba desde 871, tomada por Alfonso el Batallador (1119).

Tudellén, Tudillén o **Tudején (tratado de)** [1551], pacto entre Alfonso VII de Castilla y Ramón Berenguer IV de Barcelona, firmado cerca de Fitero (Navarra), por el que declararon la guerra a Navarra y se repartieron las zonas de reconquista en el Levante peninsular.

TUDENSE (el) → **TUY** (Lucas de).

TUDJMAN (Franjo), *Veliko Trgovisce, N de Croacia, 1922-Zagreb 1999,* político croata. Líder de la Unión democrática croata (HDZ), presidente de la república a partir de 1990, fue el primer presidente de la Croacia independiente, elegido por sufragio universal en 1992.

Reelegido en 1997, murió en el curso de su mandato.

TUDOR, familia inglesa originaria del País de Gales que, de 1485 a 1603, dio cinco soberanos a Inglaterra: Enrique VII, Enrique VIII, Eduardo VI, María I Tudor e Isabel I.

TUDOR (William Cook, llamado **Anthony),** *Londres 1909-Nueva York 1987,* bailarín y coreógrafo británico. Fundador del London Ballet y director asociado del American Ballet Theatre (1974), es autor de *Columna de fuego* (1942).

TU DUC (Hoang Nham, llamado), *1830-1883,* emperador de Vietnam (1848-1883). Cedió Cochinchina a Francia (1862-1867) y no pudo evitar la intervención francesa en Annam y Tonkín (1883).

TUFAYL AL-QAYSI → **ABENTOFAIL.**

TUI → **TUY.**

TUIRA, r. de Panamá; 182 km. Nace en la cordillera de Darién y desemboca en el Pacífico formando un estuario de 40 km de longitud.

TUJACHEVSKI (Mijaíl Nikoláievich), *Aleksandrovskoie, gobierno de Smoliensk, 1893-Moscú 1937,* militar soviético. Antiguo oficial del zar, dirigió el frente occidental contra los polacos (1920). Jefe de estado mayor general (1925-1928) y adjunto del comisario del pueblo para la defensa (1931), en 1935 fue nombrado mariscal y fue uno de los creadores del Ejército rojo. Acusado de traición (1937) y fusilado, fue rehabilitado en 1961.

TULA → **PÁNUCO.**

TULA, mun. de México (Tamaulipas); 28 517 hab. Curtidos. Elaboración de licores.

TULA, ant. c. de México (mun. de Tula de Allende, Hidalgo), de la cultura tolteca. Fundada a principios del s. X d.C., tal vez por emigrantes de Teotihuacán, su período de máximo esplendor coincidió con el reinado de Topiltzin (977-999). Fue destruida por hordas chichimecas en el s. XII. — Las excavaciones arqueológicas han permitido conocer las originales estructuras toltecas: pilastras del templo de la Estrella Matutina, y cuatro figuras de atlantes (12 m de alt.), su símbolo más característico; el *coatepantli,* o muro de las serpientes; varios juegos de pelota, chac-mool, relieves, etc.

■ **TULA.** Vista de los atlantes del templo de Tlahuizcalpantecuhtli.

TULA, c. de Rusia, al S de Moscú; 541 000 hab. Centro industrial. Kremlin del s. XVI.

TULA DE ALLENDE, mun. de México (Hidalgo); 57 604 hab. Refinería de petróleo. Centro comercial. — Restos arqueológicos toltecas de la ant. *Tula.*

TULANCINGO, c. de México (Hidalgo); 70 782 hab. Centro comercial. Estación de telecomunicaciones. — Catedral (s. XVIII). — C. de origen tolteca; sitio arqueológico de Huapalcalco.

TULCÁN, c. de Ecuador, cap. de la prov. de Carchi; 59 533 hab. Ganadería (lácteos). Comercio.

TULÉAR → **TOLIARA.**

TULO o **TULIO HOSTILIO,** tercer rey de Roma que, según la tradición, reinó h. 673-640 a.C. Conquistó Alba Longa (combate legenda-

rio de los Horacios y los Curiacios) y mandó construir la Curia.

TULSA, c. de Estados Unidos (Oklahoma), junto al Arkansas; 367 302 hab. Centro petrolero.

TULSĪ DĀS, *¿Rajpur? h. 1532 ¿Benarés? h. 1623,* poeta místico indio en lengua hindi.

TULTEPEC, mun. de México (México); 22 910 hab. Cereales y hortalizas. Ganado (lácteos).

TULTITLÁN, mun. de México (México); 136 829 hab. Economía agropecuaria e industrias derivadas.

TULUÁ, c. de Colombia (Valle del Cauca); 121 490 hab. Centro agrícola (cultivos tropicales).

TULUM, centro arqueológico mexicano de la cultura maya del NE. de Yucatán (Quintana Roo), perteneciente al período posclásico final (1224-1461 d.C.). Su templo principal (El castillo) es uno de los más espectaculares del arte maya; templo de los Frescos.

■ **TULUM.** El castillo.

TŪLŪN (Ahmad ibn), *835-Antioquía 884,* fundador de la dinastía de los Tūlūníes. Oficial del gobernador abasí de Egipto, agrupó bajo su autoridad Egipto y Siria. Hizo construir en El Cairo la mezquita que lleva su nombre.

TŪLŪNÍES, dinastía de gobernadores autónomos de Egipto y de Siria (868-905), fundada por Ahmad ibn Tūlūn. Marcó un período de prosperidad para Egipto.

TUMA, r. de Nicaragua, afl. del Grande de Matagalpa; 193 km. Embalse de Mancotal (central eléctrica).

TUMACO, rada de Colombia (Nariño), en el Pacífico. Pesca de atún y sardina.

TUMACO, mun. de Colombia (Nariño); 94 230 hab. Aluviones auríferos. Refino de petróleo; puerto petrolero unido a Orito por un oleoducto.

TUMACO-TOLITA (cultura), cultura precolombina (300 a.C.-300 d.C.), desarrollada en la costa del Pacífico, entre Esmeraldas (Ecuador) y Buenaventura (Colombia). Está caracterizada por las figuras de cerámica, antropomorfas y zoomorfas, realizadas con gran realismo y riqueza de detalles ornamentales, las cabezas truncadas y la orfebrería. Destaca *El Sol de oro* de la Tolita.

TUMBADOR (El), mun. de Guatemala (San Marcos); 24 423 hab. Cereales, café; ganadería. Artesanía.

TUMBALÁ, mun. de México (Chiapas); 16 090 hab. Café, caña de azúcar. Explotación forestal.

TUMBES o **TÚMBEZ,** r. de América del Sur, de la vertiente del Pacífico; 250 km. Nace en los Andes ecuatorianos, forma frontera con Perú y penetra en este país. Desemboca en la *bahía de Tumbes.*

TUMBES o **TÚMBEZ,** c. de Perú, cap. del dep. homónimo; 45 300 hab. Centro comercial y turístico. Aeropuerto.

TUMBES (departamento de), dep. del N de Perú; 4 669 km²; 200 306 hab.; cap. *Tumbes.*

TUMBUCTÚ → **TOMBOUCTOU.**

TUMEREMO, c. de Venezuela (Bolívar); 50 325 hab. Agricultura, minería, silvicultura.

TUMUCUMAQUE (parque nacional de), parque nacional de Brasil, en la Amazonia (Amapá); 3 887 400 ha. Alberga numerosas especies únicas y es el parque de bosque tropical más grande del mundo.

tumultos (tribunal de los) o **tribunal de la sangre,** organismo judicial creado en los Países Bajos por el duque de Alba para reprimir las sublevaciones antiespañolas (1567) y por el que condenó a muerte a cientos de personas. Su sucesor, Luis de Requesens, practicó una política de moderación y logró de Felipe II su supresión (1576).

TUNAS (Las), ant. **Victoria de Las Tunas,** c. de Cuba, cap. de la prov. homónima; 107 555 hab. Centro administrativo y turístico. Tabaco; ingenios azucareros.

TUNAS (provincia de **Las**), prov. del S de Cuba; 6 584 km²; 436 341 hab.; cap. *Las Tunas.*

TÚNEZ, estado de África, junto al Mediterráneo; 164 000 km²; 9 060 000 hab. *(tunecinos).* CAP. *Túnez.* LENGUA: *árabe.* MONEDA: *dinar de Túnez.*

INSTITUCIONES

República con régimen semipresidencial. Constitución de 1959. El presidente de la república, elegido cada 5 años por sufragio universal, nombra al primer ministro. El parlamento se compone de la Cámara de los diputados, elegida cada 5 años por sufragio universal directo, y la Cámara de los consejeros, elegida cada 6 años por sufragio indirecto.

GEOGRAFÍA

La zona N está relativamente irrigada y es en general montañosa; el centro y el S están formados por mesetas y llanuras de estepas y desiertos. Las precipitaciones abundantes explican la concentración de la agricultura (cereales, vid y olivo) y de la ganadería bovina en el N y en el litoral, donde se concentra la mayoría de la población, árabe e islamizada. En el S predomina la ganadería ovina nómada, excepto en los oasis, que producen dátiles. La pesca, en vías de desarrollo, es de importancia secundaria, al igual que la industria, salvo la actividad extractiva (fosfatos y petróleo) y la textil. El turismo y las remesas de los emigrantes solo palían en parte el déficit comercial, y el país, con un desempleo considerable, está endeudado. Excepto Kairuán, las principales ciudades son puertos (Túnez, Sfax, Susa, Bizerta y Gabes).

HISTORIA

El Túnez antiguo. H. 814 a.C.: los fenicios fundaron Útica y Cartago. **146 a.C.:** Cartago fue destruida y se organizó la provincia romana de África. **193-235 d.C.:** esta conoció una gran prosperidad con los Severos. **Ss. III-IV:** se desarrolló el cristianismo. **429-533:** los vándalos ocuparon el país. **533:** los bizantinos restablecieron su dominio en la región de Cartago.
El Túnez musulmán. 669-705: los árabes conquistaron el país y fundaron Kairuán (670), sede de los gobernadores omeyas de Ifriqiyya. **800-909:** los Aglabíes gobernaron el país. **909:** fueron eliminados por los Fatimíes. **969:** estos conquistaron Egipto y cedieron Ifriqiyya a sus vasallos ziríes. **Segunda mitad del s. XI:** las invasiones de los Banū Hilāl arruinaron el país. **1160-1229:** dominio almohade. **1229-1574:** con los Ḥafsíes, la capital se desarrolló con el comercio y los establecimientos que fundaron naciones cristianas. En 1535 fue conquistada por Carlos Quinto, y en 1556-1558, por los corsarios turcos. **1574:** Túnez constituyó un bailato del Imperio otomano, gobernado por un dey, y, desde el s. XVIII, por un bey. **1869:** el endeudamiento provocó la bancarrota, y se creó una comisión financiera anglo-franco-italiana.
El protectorado francés. 1881: el bey Muḥammad al-Saduq (1859-1882) firmó el tratado del Bardo, que establecía el protectorado francés en Túnez. **1920:** se fundó el Destur. **Nov. 1942-mayo 1943:** el país fue ocupado por los alemanes. **1954:** Mendès France acordó la autonomía interna.
El Túnez independiente. 1956: acceso a la independencia. Burguiba promulgó el código del estatuto personal, moderno y laico. **1957:** proclamó la república y se convirtió en su presidente, reelegido varias veces. **1964:** el Neo-Destur adoptó el nombre de Partido socialista desturiano. Las tierras de los colonos fueron nacionalizadas. **1970-1978:** creció la oposición

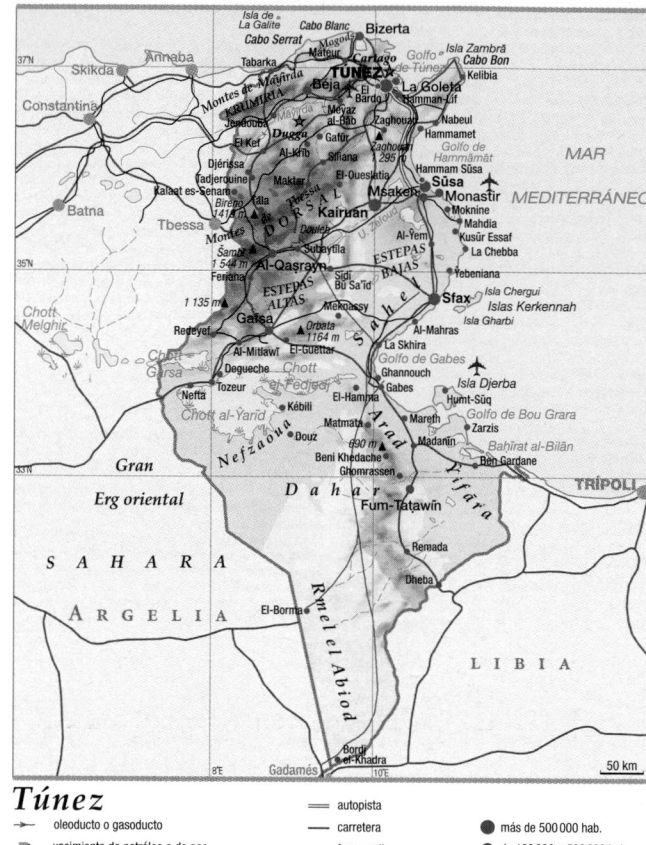

Túnez

→	oleoducto o gasoducto
▨	yacimiento de petróleo o de gas

0   200   400   600   1 000 m

═══	autopista
───	carretera
───	ferrocarril
✈	aeropuerto
★	lugar de interés turístico

● más de 500 000 hab.
● de 100 000 a 500 000 hab.
● de 50 000 a 100 000 hab.
● menos de 50 000 hab.

50 km

sindical y estudiantil al régimen del partido único de Burguiba, presidente vitalicio desde 1975; estallaron huelgas y disturbios. **1979:** Túnez se convirtió, hasta 1990, en la sede de la Liga árabe. **1982:** acogió, hasta 1994, a los organismos directivos de la OLP. **1983:** se instauró el multipartidismo. **1987:** el gobierno tuvo que hacer frente al desarrollo del islamismo. Burguiba fue destituido por su primer ministro, Ben Ali, quien lo sustituyó al frente del estado. **1988:** el Partido socialista desturiano se convirtió en el Reagrupamiento constitucional democrático (RCD). **1989:** Ben Ali fue elegido presidente de la república. El gobierno intensificó la represión antiislamista. **1994, 1999** y **2004:** Ben Ali fue plebiscitado en la presidencia y las elecciones legislativas confirmaron la posición de cuasi-monopolio del RCD.

TÚNEZ, en ár. **Tūnus,** cap. de Túnez, junto al *golfo de Túnez,* formado por el Mediterráneo; 774 000 hab. Centro administrativo, comercial, cultural e industrial. — Monumentos antiguos, entre ellos la Gran mezquita al-Zaytūna (ss. IX-XVII); museo del Bardo. — Desarrollada a partir del suburbio de *Tynes* tras la conquista árabe de Cartago (h. 698), se convirtió en la floreciente capital económica de la Ifriqiyya (Túnez y E de Argelia). Capital de los Ḥafsíes en el s. XIII, asediada en vano por Luis IX en 1270, Fernando el Católico le impuso el vasallaje (1510) y en el s. XVI fue el centro de la lucha entre el Mediterráneo entre España y el Imperio otomano. Se mantuvo como la capital del país bajo la dominación otomana (1574-1881) y francesa, y tras la independencia (1956).

TUNGURAHUA, volcán de Ecuador (Tungurahua y Chimborazo), en la cordillera Occidental de los Andes; 5 033 m. Importantes erupciones en 1999 y 2006.

TUNGURAHUA (provincia de), prov. del centro de Ecuador; 3 212 km²; 361 980 hab.; cap. *Ambato.*

TUNGUSKA, nombre de tres ríos de Siberia, afl. del Yeniséi (or. der.): el *Tunguska inferior* (2 989 km), el *Tunguska medio* o *pedregoso* (1 865 km) y el *Tunguska superior* o Angará. — El 30 de junio de 1908 se produjo en la región del Tunguska pedregoso un cataclismo atribuido a la explosión en la atmósfera de un fragmento de un cometa.

TUNJA, c. de Colombia, cap. del dep. de Boyacá; 93 792 hab. Catedral (s. XVI) y conventos de Santa Clara, San Francisco, San Agustín y Santo Domingo. Mansiones renacentistas. — Fundada en 1539, fue sede del Congreso de las Provincias Unidas de Nueva Granada (1812) y escenario de la batalla de Boyacá (1819) y de la victoria de los federalistas sobre los unionistas (7 abril 1861).

TUNUYÁN, dep. de Argentina (Mendoza); 35 788 hab. Agricultura, ganadería. Industria vinícola.

TUÑÓN DE LARA (Manuel), *Madrid 1915-Lejona, Vizcaya, 1997,* historiador español, autor de una extensa obra sobre la España contemporánea: *La España del siglo XIX* (1961), *España bajo la dictadura franquista* (1980), *Claves de la historia social* (1985).

TÚPAC AMARU I, *m. en el Cuzco 1572,* soberano inca de Vilcabamba (1571-1572). Hermano y sucesor de Titu Cusi Yupanqui, tras diversos levantamientos, Martín de Hurtado de Arbieto, enviado por el virrey Toledo, lo ejecutó y con ello puso fin a su dinastía.

Túpac Amaru (rebelión de) [1780-1781], insurrección de los indígenas de Perú dirigida por José Gabriel Condorcanqui, llamado Túpac Amaru (Tungasuca 1740-Cuzco 1781), descendiente por línea materna de Túpac Amaru I. Ejecutó al corregidor Arriaga y trató de negociar la rendición del Cuzco. Derrotado por las tropas enviadas desde Lima, fue ejecutado. La lucha prosiguió con su hermano Diego Cristóbal y los levantamientos de Bolivia, el N de Argentina y Nueva Granada. Aunque pactó con las autoridades españolas (1782), Diego Cristóbal fue apresado y ejecutado (1783).

TÚPAC HUALLPA, *m. en 1533,* soberano inca (1533). Hijo de Huayna Cápac, fue designado soberano por Pizarro tras la muerte de sus hermanos Huáscar (1532) y Atahualpa (1533). Se trasladó al Cuzco junto a Pizarro y el general quechua Calcuchima. Muerto al poco tiempo, lo sucedió su hermano Manco Inca.

TÚPAC INCA YUPANQUI («Rey memorable y resplandeciente»), *m. en Chinchero 1493,* soberano inca (1471-1493). Tercer hijo de Pachacuti, realizó al mando del ejército la primera gran expansión inca (1462-1471) hacia el N y el O y, una vez inca, sobre las tribus aymaras del S y la Araucanía. Implantó en su vasto imperio el sistema de los *curacas* (gobernadores de un ayllu) e hizo construir Sacsahuamán.

Tupamaros, nombre popular, derivado de Túpac Amaru, del Movimiento nacional de liberación de Uruguay, fundado en 1962 por Raúl Sendic. Ligado desde 1968 a la lucha urbana, se legalizó tras la dictadura militar (1984).

TUPIZA, c. de Bolivia (Potosí); 20 137 hab. Centro minero y de comunicaciones.

TÚPOLIEV (Andréi Nikoláievich), *Pustomázobo 1888-Moscú 1972,* constructor aeronáutico soviético. Ideó, con su hijo Alekséi (Moscú 1925-íd. 2001), más de 120 tipos de aviones.

TUPUNGATO, dep. de Argentina (Mendoza); 22 416 hab. Centro agrícola.

TUPUNGATO (cerro), pico andino de Argentina (Mendoza) y Chile (Santiago); 6 635 m. En la ladera N se abre el *portezuelo del Tupungato* (4 764 m).

TÚQUERRES, mun. de Colombia (Nariño), en el *altiplano Túquerres-Ipiales;* 33 202 hab. Cereales.

TURA (Cosimo o Cosme), *Ferrara h. 1430-íd. 1495,* pintor italiano. Adalid de la escuela de Ferrara, la dureza del trazo y la densidad de los volúmenes dan un carácter irreal a su estilo.

TURATI (Filippo), *Canzo 1857-París 1932,* político italiano. En 1892 fue uno de los líderes del Partido socialista. Excluido de él (1922), se opuso al fascismo y se exilió en Francia (1926).

TURBACO, mun. de Colombia (Bolívar), en el delta del Magdalena; 34 205 hab. Agricultura y ganadería.

TURBAY AYALA (Julio César), *Bogotá 1916-íd. 2005,* político colombiano. Miembro del Partido liberal, ministro (1957-1961) y embajador (1967-1976), durante su presidencia (1978-1982) se intensificó la actividad guerrillera y la influencia del ejército en la política.

TURBO, mun. de Colombia (Antioquia); 70 113 hab. Centro comercial. Puerto. Carretera panamericana.

TURCIOS (Froilán), *Juticalpa 1875-San José, Costa Rica, 1943,* escritor hondureño. Modernista, cultivó la poesía descriptiva (*Floresta so-*

nora, 1915) y la narración de tema regional (*Annabel Lee,* 1906).

TURDETANIA, ant. región de la península Ibérica, en el curso medio y bajo del Guadalquivir, habitada por pueblos ibéricos descendientes de los tartesios (turdetanos y túrdulos). Durante la dominación romana densamente poblada, alcanzó un gran poderío económico y fue el corazón de la Bética.

TURENA, en fr. **Touraine,** ant. prov. de Francia, al SO de la cuenca de París; c. pral. *Tours.*

TURENA o **TURENNE** (Henri **de La Tour d'Auvergne,** vizconde **de**), *Sedán 1611-Sasbach, Baden, 1675,* militar francés. Se distinguió en la guerra de los Treinta años y en la de Separación de Cataluña. Reorganizó el ejército de Alemania, donde derrotó a los imperiales en Nordlingen (1645). Durante la Fronda luchó primero contra Mazarino, pero después se reconcilió con él. Sus éxitos militares (Arras, 1654; las Dunas, 1658) obligaron a Felipe IV de España a firmar el tratado de los Pirineos (1659), por lo que fue nombrado mariscal general. Dirigió las tropas francesas en las guerras de Devolución (1667) y de Holanda (1672).

TURFÁN, oasis de China (Xinjiang), antigua etapa de la ruta de la *seda. Mezquita (s. XVIII). En los alrededores, cuevas de los Mil budas, conjunto monástico (ss. VI-X) y restos de los antiguos centros caravaneros de Yar (Jiahoe) y Kotcho (Gaochang).

TURGOT (Anne Robert Jacques), barón **de Laulne,** *París 1727-íd. 1781,* político y economista francés. Fisiócrata, defendió la libertad de trabajo y comercio y combatió el fanatismo religioso. En Limoges realizó reformas que luego aplicó a escala nacional (construcción de carreteras, implantación de la industria textil, etc.). Expresó sus teorías en *Reflexiones sobre la formación y la distribución de las riquezas* (1766). Controlador general de Finanzas (1774) de Luis XVI, su liberalismo suscitó la oposición de la Iglesia y de los privilegiados; además, una cosecha mediocre produjo revueltas (1775) y Turgot perdió el favor popular y luego del rey (1776).

TURGOVIA, en alem. **Thurgau,** cantón de Suiza, junto al lago de Constanza; 991 km²; 217 100 hab.; cap. *Frauenfeld.* Miembro de la Confederación desde 1803.

TURGUÉNIEV o **TURGUENEV** (Iván Serguéievich), *Oriol 1818-Bougival, Francia, 1883,* escritor ruso. Autor de novelas y relatos (*Apuntes de un cazador,* 1852; *Padres e hijos,* 1862; *Aguas primaverales,* 1872) y de obras de teatro (*Un mes en el campo,* 1879), es el escritor ruso más influido por el pensamiento occidental.

TURIA, en cat. **Túria,** r. de España, de la vertiente mediterránea; 243 km. Nace en Teruel con el nombre de *Guadalaviar,* riega la comarca del *Campo del Turia* y desemboca junto a Valencia, a la que abastece (presa de Manises). Regadíos.

Turiamo, base naval militar de Venezuela, en el Caribe, en la *bahía de Turiamo,* parte del parque nacional Rancho Grande (Aragua).

TURICATO, mun. de México (Michoacán); 31 514 hab. Cereales y legumbres. Ganadería.

TURIMIQUIRE o **TURIMAQUIRE,** cerro de Venezuela (Sucre y Monagas), punto culminante del macizo de Cumaná; 2 596 m.

TURÍN, en ital. **Torino,** C. de Italia, cap. del Piamonte y cap. de prov.; 900 987 hab. (*turineses*) [aprox. 1 294 000 hab. en la aglomeración]. Arzobispado. Universidad. Centro administrativo, cultural e industrial (automóviles sobre todo).

■ TURGOT.
(Palacio de Versalles.)

■ TURGUÉNIEV,
por I. I. Repin.
(Galería Tretiakov, Moscú.)

— Catedral del renacimiento; sobrio palacio ducal, más tarde real, del s. XVII (patrimonio de la humanidad 1997); monumentos barrocos por Guarini (palacio Carignano, etc.) y Juvara. Museo nacional del cine, museo egipcio, galería Sabauda, etc.

TURINA (Joaquín), *Sevilla 1882-Madrid 1949,* compositor español. Su estilo, de un nacionalismo pintoresco, brilla en piezas sinfónicas como *Danzas fantásticas* y *Sinfonía sevillana* (ambas de 1920) y en «cuadros de género», generalmente para piano, de gran lirismo (*Sevilla,* 1909; *Jardines de Andalucía,* 1924; *Danzas gitanas,* 1934).

■ JOAQUÍN TURINA

TURING (Alan Mathison), *Londres 1912-Wilmslow, Cheshire, 1954,* matemático británico. Autor de estudios de lógica matemática, elaboró, en 1936-1938, una máquina calculadora «universal» (*máquina de Turing*) que simula los procedimientos de tratamiento de la información al nivel más analítico. A partir de 1950 se interesó por la inteligencia artificial.

TURINGIA, en alem. **Thüringen,** Land de Alemania que se extiende por el *Thüringer Wald* (bosque de Turingia) [reserva de la biosfera 1979] y la *cuenca de Turingia;* 16 251 km²; 2 683 877 hab.; cap. *Erfurt.* Incorporada al reino de Germania al final de la época carolingia, se constituyó en landgraviato en 1130. Después de 1264, su historia se confunde con la de Misnia y luego con la de Sajonia. El estado de Turingia fue reconstituido en 1920. El territorio formó parte de la RDA de 1949 a 1990.

TURKANA (lago), ant. **lago Rodolfo,** lago del N de Kenya; 8 500 km². Parques naturales. (Patrimonio de la humanidad 1997 [ampliado en 2001].)

TURKESTÁN, denominación histórica de la región de Asia central habitada por pueblos turcos. Comprende el conjunto de territorios formados por el S de Kazajstán, Kirguizistán, Uzbekistán, Tadzhikistán y Turkmenistán. La parte oriental corresponde al actual Xinjiang.

TURKMENABAT, ant. **Chardzhou,** c. de Turkmenistán, junto al Amú Daryá; 161 000 hab.

TURKMENISTÁN, estado de Asia central, junto al Caspio; 488 000 km²; 4 200 000 hab. (*turcomanos*). CAP. *Ashgabat.* LENGUA: *turcomano.* MONEDA: *manat.*

GEOGRAFÍA

Del Caspio a Afganistán, Turkmenistán es en gran parte desértico (Karakum). Poblado cerca del 75 % por turcomanos de origen (minorías de rusos y de uzbekos), combina ganadería ovina y cultivos de regadío (algodón principalmente). El petróleo y el gas natural (importantes reservas) se destinan principalmente a la exportación.

HISTORIA

Conquistado por los rusos (1863-1885), el E de la región Transcaspiana fue integrado en el Turkestán en 1897. **1924:** se creó la República socialista soviética de Turkmenistán. **1990:** los comunistas ganaron las primeras elecciones republicanas libres. **1991:** el Soviet supremo proclamó la independencia de la república, que se adhirió a la CEI (simple miembro «asociado» a partir de 2005). Saparmurat Niazov, elegido presidente en 1990, ejerció un poder cada vez más autocrático. **2007:** tras su muerte (dic. 2006), Gurbanguli Berdimujammédov fue elegido jefe del estado.

TURKS (islas), archipiélago, al N de Haití, que forma con las islas vecinas, las Caicos, una colonia británica (430 km²; 7 000 hab.).

TURKU, en sueco **Åbo,** c. de Finlandia, junto al Báltico; 159 916 hab. Puerto. Astilleros. Centro cultural e industrial. — Catedral y castillo del s. XIII; urbanismo moderno; museos.

TURMEDA (Anselm), *Palma de Mallorca h. 1352-Túnez d. 1423,* escritor catalán. Franciscano, se convirtió al islam y escribió alegatos contra el cristianismo. Su *Disputa del asno* (h. 1418) parodia el compromiso de Caspe.

TURMERO, c. de Venezuela (Aragua); 174 280 hab. Industrias.

TURNER (Annie Mae **Bullock,** llamada Tina), *Brownsville, Tennessee, 1938 o 1939,* cantante estadounidense, diva del soul con su marido, Ike Turner y luego en solitario (*Private Dancer,* 1984).

TURNER (William), *Londres 1775-íd. 1851,* pintor británico. Paisajista, tendió cada vez más, sobre todo después de sus viajes a Italia (1819 y 1828), a disolver las formas en la atmósfera con una paleta luminosa (*El incendio del Parlamento,* 1835; *Lluvia, vapor, velocidad,* 1844, National Gallery de Londres). Importante fondo Turner en un anexo de la Tate Britain.

■ DESMOND **TUTU**

■ WILLIAM **TURNER.** *El «Temerario» remolcado a su último fondeadero,* 1838.
(National Gallery, Londres.)

TURQUÍA, en turco **Türkiye,** estado de Asia que engloba el extremo SE de la Europa balcánica; 780 000 km²; 63 120 000 hab. (*turcos*). CAP. Ankara. C. PRALES. *İstanbul* e *İzmir.* LENGUA: *turco.* MONEDA: *libra turca.*

INSTITUCIONES

República desde 1923. Constitución de 1982. El presidente de la república, elegido cada 5 años, nombra al primer ministro. Asamblea nacional, elegida cada 5 años.

GEOGRAFÍA

Salvo la parte europea (una trigésima de la superficie total), es un país de tierras altas. La cadena Póntica al N y el Taurus al S rodean la meseta anatolia, que se eleva escalonadamente sobre el mar Egeo y da paso, al E, al macizo armenio, zócalo de formaciones volcánicas (monte Ararat). Salvo el litoral, de clima mediterráneo, el país tiene inviernos rigurosos y veranos cálidos y secos. Esto repercute en la hidrografía (lagos salados, frecuente endorreísmo), la vegetación (estepas), la población (concentrada sobre todo en el litoral del mar de Mármara) y la economía. La mayoría de la población es islámica y urbana. Hay una importante minoría kurda.

El país, en su mayoría rural, produce cereales, fruta y algodón, que constituyen la parte esencial de las exportaciones, junto a los productos de la ganadería bovina y, en especial, ovina, muy desarrolladas (alfombras). Los recursos del subsuelo son diversificados, aunque escasos (excepto el cromo), o poco explota-

dos. La industria se desarrolla en las aglomeraciones (textil, alimentación, metalurgia, química), aunque es limitada. Los ingresos del turismo y las remesas de los emigrantes (sobre todo desde Alemania) no compensan el déficit de la balanza comercial. Por contra, el país, que ha entrado en la vía de las reformas, experimenta cierto crecimiento.

HISTORIA

1918: desmembramiento del Imperio otomano; el país fue ocupado por los Aliados. M. Kemal inició la construcción de un estado nacional turco a partir de Anatolia. **1920:** la gran asamblea nacional de Ankara lo eligió presidente (abril). Los griegos, apoyados por Gran Bretaña, desembarcaron en Asia Menor (junio). El sultán Mehmet VI firmó el tratado de Sèvres (ag.). **1922:** los griegos, derrotados, firmaron el armisticio de Mudanya. M. Kemal abolió el sultanato. **1923:** el tratado de Lausana fijó las fronteras. Grecia y Turquía canjearon sus minorías (1 400 000 griegos de Asia Menor por 400 000 turcos europeos). Los armenios y los kurdos fueron abandonados por los Aliados. Se instauró la República; M. Kemal se convirtió en presidente y gobernó con el Partido republicano del pueblo, recién fundado. Inició una revolución nacional hacia un estado laico, moderno y occidentalizado. **1924:** el califato fue abolido. **1938:** a la muerte de M. Kemal, llamado Atatürk, Ismet Inönü fue presidente. **1947:** Turquía, neutral durante la segunda guerra mundial, se benefició del plan Marshall. **1950:** Menderes, al

frente del Partido democrático, accedió al poder. Rompió con el dirigismo del estado y permitió la vuelta a las tradiciones islámicas. **1952:** Turquía entró en la OTAN. **1960:** el general Gürsel tomó el poder y fue presidente de la república (1961-1966). **1961-1971:** I. Inönü (1961-1965) y S. Demirel (1965-1971) formaron gobiernos de coalición. **1970-1972:** estallaron graves disturbios; el ejército restauró el orden. **1974:** B. Ecevit, primer ministro, ordenó a las tropas turcas desembarcar en Chipre. **1975-1980:** Demirel y Ecevit se alternaron en el poder. **1980:** el agravamiento de los disturbios, causados por una doble agitación de marxistas y de integristas musulmanes, así como de separatistas kurdos, provocó un golpe de estado militar, dirigido por K. Evren. **1983:** los partidos políticos fueron autorizados de nuevo y T. Özal formó un gobierno civil. **1987:** Turquía solicitó la adhesión a la CEE. **1989:** T. Özal fue elegido presidente. **1991:** Demirel regresó a la jefatura del estado. La rebelión kurda se intensificó. **1993:** tras la muerte de T. Özal, Demirel fue elegido presidente. Tansu Çiller fue nombrada jefe de estado; siguió una política de firmeza para combatir la radicalización de la rebelión kurda. **1995:** los islamistas, dirigidos por Mecmettin Erbakan, ganaron las elecciones legislativas. **1996:** accedieron al poder tras la ruptura de un gobierno de unión entre los partidos tradicionales. **1997:** presionados por los partidarios de un estado laico, los islamistas tuvieron que retirarse (su partido se disolvió en 1998). Mesut Yilmaz formó un gobierno de coalición. **1999:** Bulent Ecevit volvió a ser primer ministro. El jefe de la rebelión kurda, Abdullah Öcalan, fue arrestado. El partido en el poder ganó las elecciones, marcadas por un ascenso de la extrema derecha nacionalista y un retroceso de los islamistas. **2000:** tras la dimisión de S. Demirel, Ahmet Necdet Sezer fue elegido presidente de la república. **2002:** el Partido de la justicia y del desarrollo (AKP), islámico moderado, liderado por Recep Tayyip Erdoğan, ganó las elecciones legislativas por mayoría absoluta. Abdullah Gül se puso al frente del gobierno. **2003:** R. T. Erdoğan se convirtió en primer ministro. **2005:** se entablaron negociaciones con la Unión europea con vistas a la integración, a su término, de Turquía en el espacio comunitario. **2007:** tras una nueva y muy amplia victoria del AKP en las elecciones, A. Gül fue elegido presidente de la república al final de una batalla política que había opuesto a los islamistas y los defensores del estado laico. Se avivaron las hostilidades entre el ejército y la guerrilla kurda en la frontera con Iraq.

TURQUINO (sierra de), sierra del S de Cuba (Granma y Santiago de Cuba), en sierra Maestra; máxima altitud en el *pico real de Turquino* (1 974 m), punto culminante de la isla.

TURRIALBA, volcán de Costa Rica (Cartago), en la cordillera Central; 3 328 m.

TURRIALBA, cantón de Costa Rica (Cartago); 60 506 hab. Industrias azucarera y maderera.

TURRÓ Y DARDER (Ramón), *Gerona 1845-Barcelona 1926,* biólogo y filósofo español. Realizó estudios de bacteriología e inmunolo-

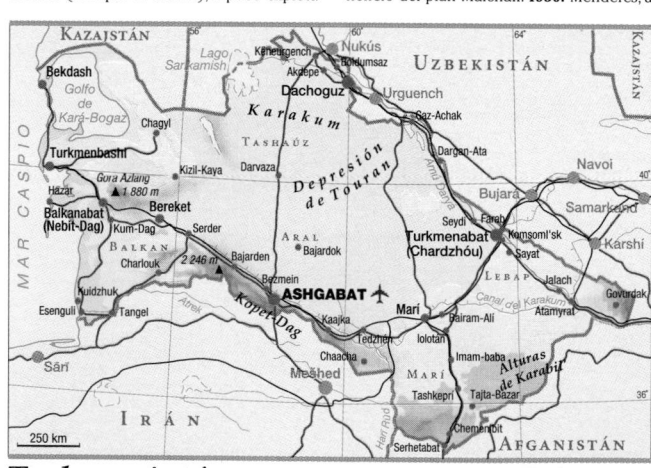

Turkmenistán

0 200 500 1 000 m

—— carretera
—— ferrocarril
✈ aeropuerto

● más de 1 000 000 hab.
● de 100 000 a 1 000 000 hab.
● de 50 000 a 100 000 hab.
● menos de 50 000 hab.

gía. En *Orígenes del conocimiento: el hambre* (1912) expone que las raíces del conocimiento nacen de la experiencia del hambre.

TUSK (Donald), *Gańsk 1957*, político polaco. Cofundador (2001) del partido Plataforma cívica (liberal), en 2007 fue elegido primer ministro.

TUSQUETS (Óscar), *Barcelona 1941*, arquitecto y diseñador español. Pionero del posmodernismo arquitectónico en España (sala Mae West del museo Dalí, realizada con S. Dalí, Figueras; auditorio Alfredo Kraus, Las Palmas de Gran Canaria; remodelación del Palau de la música, Barcelona), como diseñador ha creado mobiliario y artículos domésticos. (Premio nacional de diseño 1988.)

TUT ANJ AMÓN, TUTANKAMÓN o **TUTANKAMEN**, faraón de la XVIII dinastía (h. 1354-1346 a.C.). Yerno de Amenofis IV Ajnatón, restableció el culto a Amón. Muerto a los 18 años, debe su fama al descubrimiento (1922) de su tumba, en el valle de los Reyes.

TUTICORIN, c. de la India (Tamil Nadu); 284 193 hab. Puerto.

TUTMÉS o **TUTMOSIS**, nombre de cuatro faraones de la XVIII dinastía. — **Tutmés III**, faraón egipcio (h. 1484-1450 a.C.). Al principio fue apartado del poder por su tía Hatšepsut, regente. Conquistó Palestina y Siria hasta el Éufrates y sometió definitivamente Nubia.

TUTU (Desmond), *Klerksdorp, Transvaal, 1931*, obispo sudafricano. De raza negra, obispo de Johannesburgo (1985-1986), jefe de la Iglesia anglicana de África austral y arzobispo de El Cabo (1986-1996), se enfrentó al apartheid. (Premio Nobel de la paz 1984.)

TUTUPACA, volcán de Perú (Tacna y Moquegua), en la cordillera Occidental; 5 806 m.

TUVA, república de Rusia, en la cuenca superior del Yeniséi; 306 000 hab.; cap. *Kizil*. Cerca de dos tercios de la población es tuva (o tiva), con una lengua turca, y un tercio es rusa.

TUVALU, ant. **Ellice**, estado de Oceanía, al N de las Fidji; 24 km²; 10 000 hab. CAP. *Funafuti*. LENGUAS: *inglés* y *tuvaluan*. MONEDA: *dólar australiano*. (V. mapa de **Samoa.**) Es un archipiélado de nueve atolones, cercano al ecuador. Copra y pesca. — Independiente en el marco de la Commonwealth en 1978, Tuvalu fue admitida en la ONU en 2000.

TUXPAN, mun. de México (Jalisco); 29 340 hab. Economía agropecuaria.

TUXPAN, mun. de México (Nayarit); 34 079 hab. Industria alimentaria.

TUXPAN DE RODRÍGUEZ CANO, c. de México (Veracruz); 69 224 hab. Centro comercial. Petróleo. Astilleros.

TUXTLA o **SAN MARTÍN TUXTLA**, volcán de México (Veracruz), en la planicie costera de sotavento; 1 764 m.

TUXTLA CHICO, mun. de México (Chiapas), en la planicie costera de Tehuantepec; 22 361 habitantes.

TUXTLA GUTIÉRREZ, c. de México, cap. del est. de Chiapas; 289 626 hab. Centro industrial (harina, tabaco, textil y calzado) y comercial.

TUY, r. de Venezuela, que nace en la serranía del Interior y desemboca en el Caribe; 200 km.

TUY, en gall. **Tui**, c. de España (Pontevedra), cab. de p. j.; 15 939 hab. *(tudenses)*. Un puente internacional (carretera y ferrocarril) la une a Valença do Miño (Portugal). Parador de turismo. — Catedral románico-gótica (ss. XII-XIII).

TUY (Lucas de), llamado **el Tudense**, *m. en Tuy 1249*, cronista castellano. Obispo de Tuy (1239-1249), combatió el catarismo. Escribió el *Chronicon mundi* (1236), que abarca desde el origen del mundo hasta 1236.

Tuŷíbíes, familia de origen árabe que ocupó la Marca Superior de al-Andalus (s. VIII) y creó la taifa de Zaragoza (s. IX). Depuestos en 1039, crearon un dominio al S de la Península.

TUZANTÁN, mun. de México (Chiapas); 16 044 hab. Café, caña de azúcar, cacao. Ganadería.

TUZANTLA, mun. de México (Michoacán); 16 429 hab. Cereales, frutas tropicales. Minería.

TUZLA, c. de Bosnia-Herzegovina; 132 000 hab. Universidad. Mercado agrícola. Química.

TVE → **Televisión española.**

TVER, de 1933 a 1990 **Kalinin**, c. de Rusia junto al Volga; 456 000 hab. Central nuclear. Museo regional de pintura.

TWAIN (Samuel Langhorne **Clemens**, llamado **Mark**), *Florida, Missouri, 1835-Redding, Connecticut, 1910*, escritor y periodista estadounidense. Primer gran escritor del oeste norteamericano, describió EUA a través de sus paisajes y su folclore (*Las aventuras de Tom Sawyer*, 1876; *Las aventuras de Huckleberry Finn*, 1884).

TWEED, r. de Gran Bretaña, que desemboca en el Mar del Norte; 156 km. Su curso inferior separa Inglaterra y Escocia.

TWICKENHAM, aglomeración residencial del SO del Gran Londres. Estadio de rugby.

TXILLARDEGI (José Luis **Álvarez Enparantza**, llamado), *San Sebastián 1929*, escritor español en lengua vasca. Ha escrito novelas existencialistas de rica prosa (*Diario secreto de Leturia*, 1957; *Más allá del viento*, 1979), y ensayos.

TYLER (John), *Charles City County, Virginia, 1790-Richmond 1862*, político estadounidense. Presidente del país (1841-1845), durante su mandato Texas se integró en el territorio norteamericano (1845).

TYLER (Wat o Walter), *m. en 1381*, caudillo popular inglés. Un dirigente de la revuelta de los campesinos de Kent (1381), consiguió de Ricardo II importantes medidas sociales (liberación de los siervos), pero fue condenado a muerte por el alcalde de Londres, ya que los insurrectos habían cometido saqueos.

TYLOR (sir Edward Burnett), *Camberwell, Londres, 1832-Wellington, Somerset, 1917*, antropólogo británico. Evolucionista, se interesó por la mitología comparada y propuso una teoría del animismo (*Cultura primitiva*, 1871).

TYNDALL (John), *Leighlin-Bridge 1820-Hindhead 1893*, físico irlandés. Descubrió el fenómeno del rehielo, que le permitió comprender la evolución de los glaciares, así como el efecto provocado por la difusión de la luz a través de las suspensiones coloidales, lo que explica el color azul del cielo.

TYNEMOUTH, c. de Gran Bretaña (Inglaterra), junto al estuario del *Tyne*; 60 000 hab. Puerto. Estación balnearia.

TZARA (Tristan), *Moineşti 1896-París 1963*, escritor francés de origen rumano. Fue uno de los principales fundadores del movimiento dadá (*Siete manifiestos dadá*, 1924).

■ MARK TWAIN   ■ TRISTAN TZARA

TZINTZUNTZAN, mun. de México (Michoacán) junto al lago de Pátzcuaro; 10 440 hab. Pesca. — Ant. cap. de los tarascos. — Restos arqueológicos (yácatas, fines s XIV-s. XV).

TZITZI PANDÁCUARE, soberano tarasco del s. XV. Hijo y sucesor de Tangaxoan I, reunificó el reino y, aliado con los matlaltzingas, derrotó al soberano azteca Axayácatl.

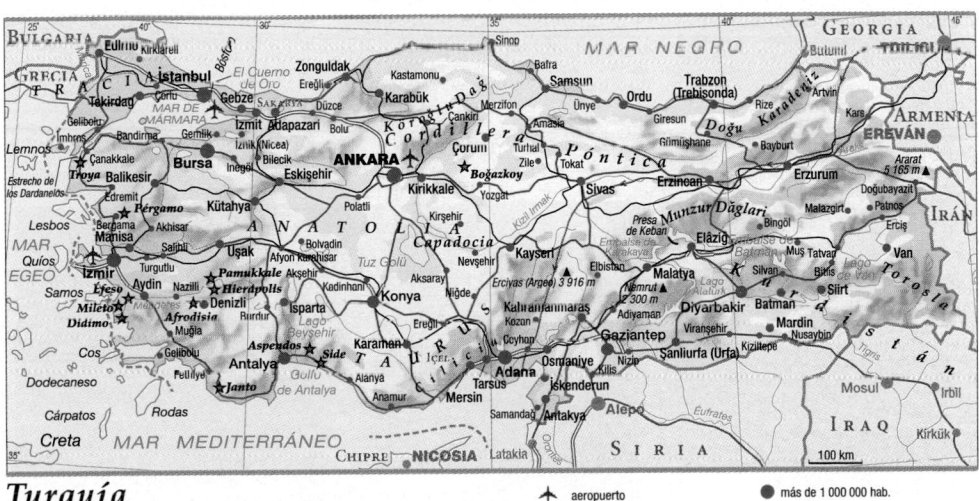

Turquía

200   1 000 2 000 m

— autopista
— carretera
— ferrocarril

✈ aeropuerto
★ lugar de interés turístico
◄ oleoducto

● más de 1 000 000 hab.
● de 500 000 a 1 000 000 hab.
● de 100 000 a 500 000 hab.
• menos de 100 000 hab.

U2, grupo irlandés de rock. Fundado en 1978, lo integran el cantante Bono (Paul Hewson), el guitarrista The Edge (Dave Evans), el bajista Adam Clayton y el batería Larry Mullen *(The Unforgettable Fire; The Joshua Tree).*

UA, sigla de *Unión africana.

UAD MEDANI, c. de Sudán, junto al Nilo Azul; 145 015 hab.

UAXACTÚN, centro arqueológico maya de Guatemala (Petén, a 18 km de Tikal), de principios del período clásico. Alberga el ejemplo más antiguo de pirámide truncada escalonada descubierta, y estelas de los ss. IV-IX d.C.

UBANGUI, r. de África ecuatorial, afl. del Congo (or. der.); 1 160 km. Separa la Rep. dem. del Congo de la República Centroafricana, y más adelante del Congo.

UBANGUI-CHARI, ant. territorio del África Ecuatorial Francesa, que constituye actualmente la República Centroafricana.

UBATÉ, mun. de Colombia (Cundinamarca); 20 242 hab. Economía agropecuaria.

UBE, c. de Japón (Honshū), junto al mar Interior; 175 053 hab. Puerto.

ÚBEDA, c. de España (Jaén), cab. de p. j.; 32 456 hab. *(ubetenses).* Centro comercial de área agrícola olivarera. Parador de turismo. — Iglesias góticas y monumentos renacentistas: colegiata de Santa María, hospital de Santiago, ayuntamiento, palacios. Museo arqueológico. (Patrimonio de la humanidad 2003.)

UBERABA, lago de Bolivia y Brasil, en el curso alto del río Paraguay; 15 km de long. y 8 de anch.

UBERLÂNDIA, c. de Brasil, en el O de Minas Gerais; 366 711 hab.

UBICO (Jorge), *Guatemala 1878-Nueva Orleans 1946,* militar y político guatemalteco. Elegido presidente (1931), estableció una dictadura y favoreció los intereses de EUA. Fue derrocado por un golpe cívico-militar en 1944.

UBINAS, volcán de Perú (Moquegua y Arequipa), en la cordillera Occidental de los Andes; 5 672 m.

UBIÑA (peña), monte de España, en la cordillera Cantábrica; 2 417 m. En la vertiente E se abre el puerto de Pajares.

UBRIQUE, v. de España (Cádiz); 17 586 hab. *(serranos* o *ubriquenses).* Artesanía del cuero.— En el término, restos prehistóricos y romanos.

UBS, entidad financiera suiza creada en 1998 con la fusión de Swiss Bank Corporation (existente desde 1872) y Union Bank of Switzerland (fundado en 1912). Sedes: Zurich y Basilea.

Ubú rey, comedia de A. Jarry (1896). Su protagonista encarna la estupidez burguesa.

UCAYALI o **APU-PARU,** r. de Perú (Ucayali y Loreto); 1 500 km aprox. Se forma tras la unión del Urubamba con el Apurímac, y al unirse al Marañón, forma el Amazonas. Importante vía de comunicación y transporte.

UCAYALI, dep. del E de Perú; 102 411 km²; 432 159 hab.; cap. *Pucallpa.*

UCCELLO o **UCELLO** (Paolo di Dono, llamado Paolo), *¿Florencia? 1397-íd. 1475,* pintor italiano. Sus figuras y la perspectiva revelan un complejo juego intelectual (frescos de la *Vida de Noé,* claustro verde de Santa Maria Novella, Florencia; tres paneles de la *Batalla de San Romano,* Florencia, Londres y París).

UCD (Unión de centro democrático), partido político español, formado en 1977 por Adolfo Suárez con conservadores, democristianos, liberales y un sector de socialdemócratas, como alternativa al reformismo franquista y a la oposición de izquierda. Vencedor en las elecciones de 1977 y 1979 (presidencias de Suárez hasta 1981 y de L. Calvo Sotelo, 1981-1982), se disolvió en 1983.

UCEDA (Cristóbal **Sandoval y Rojas,** duque **de**), *m. en Alcalá de Henares 1624,* político español. Hijo del duque de Lerma, conspiró contra él. Valido de Felipe III (1618), destituido por Felipe IV (1621), fue procesado por nepotismo y venalidad. Murió en prisión.

UCELAY (José María), *Bermeo 1903-Busturia, Vizcaya, 1979,* pintor español. Su obra (retratos, bodegones y paisajes vascos) es de un estilo realista geometrizado.

UCLÉS, v. de España (Cuenca); 313 hab. *(ucleseños).* Restos del castillo medieval. Monasterio de Santiago (ss. XVI-XVIII). — Derrota de Alfonso VI de Castilla ante los almorávides (1108). Derrota del ejército español del duque del Infantado ante los franceses en la guerra de la Independencia (13 en. 1809).

UCRANIA, estado de Europa oriental, a orillas del mar Negro; 604 000 km²; 51 300 000 hab. *(ucranianos* o *ucranios).* CAP. *Kíev.* LENGUA: *ucraniano.* MONEDA: *grivna.*

GEOGRAFÍA

Ucrania, mayor país de Europa a excepción de Rusia, es de relieve poco accidentado y abarca la zona de las fértiles tierras negras. Engloba la mayor parte de la cuenca hullera del Donbass y posee importantes yacimientos de hierro y grandes instalaciones hidroeléctricas. Región agrícola (trigo, azúcar y cebada), cuenta con una cabaña bovina notable. Además de carbón y acero (base de una siderurgia activa), el subsuelo contiene manganeso, un poco de petróleo y sobre todo gas natural. La población, en un 75 % de origen ucraniano, cuenta con una notable minoría rusa, concentrada en el E del país y Crimea, y más de dos tercios está urbanizada.

HISTORIA

Ss. IX-XII: desarrollo del estado de Kíev. **S. XII:** el principado de Galitzia-Volinia recogió la tradición de Kíev. **1238-1240:** la conquista mongol arrasó la región de Kíev. **Ss. XIII-XIV:** Lituania y Polonia se anexionaron todas las regiones donde se desarrolló la civilización ucraniana, excepto Rutenia Subcarpática, que se encontraba bajo dominio húngaro desde el s. XI. **Ss. XV-XVI:** las comunidades cosacas se organizaron en el Don y en el Dniépcr. **1654:** el atamán

■ **UCCELLO.** Uno de los tres paneles de la *Batalla de San Romano,* hacia 1465. (National Gallery, Londres.)

Jmelnitski consiguió la protección de Moscovia. **1667:** Ucrania fue dividida entre Polonia y Rusia. **1709:** Pedro el Grande derrotó en Poltava al atamán Mazepa, que había intentado crear una Ucrania reunificada e independiente. **1793-1795:** a raíz de los repartos de Polonia, toda Ucrania quedó bajo dominio de los imperios ruso y austriaco. **Fines de 1917-inicios de 1918:** los bolcheviques crearon una república soviética en Járkov, y los nacionalistas, una república independiente en Kíev. **1919-1920:** los ejércitos rusos blancos y luego los polacos intervinieron en Ucrania. **1922:** la república soviética de Ucrania se adhirió a la Unión Soviética. **1939-1940:** la URSS se anexionó los territorios polacos poblados por ucranianos, así como el N de Bucovina y Besarabia. **1941-1944:** los nazis impusieron un régimen de ocupación muy riguroso. **1945:** Ucrania se anexionó Rutenia Subcarpática. **1954:** anexión de Crimea. **1991:** se proclamó la independencia del país, que se adhirió a la CEI. El comunista Leonid Kravchuk fue elegido presidente de la república. Ucrania se enfrentó con Rusia por conflictos de intereses, sobre todo en referencia al estatuto de Crimea y el control de la flota del mar Negro. **1994:** Leonid Kuchma accedió a la presidencia de la república (reelegido en 1999). **2004:** la elección de su sucesor en la presidencia desencadenó un largo pulso entre Víktor Yanukovich, candidato del poder, apoyado por Rusia, y Víktor Yúshenko, líder de la oposición democrática. Un tercer escrutinio se saldó con la victoria de V. Yúshenko (dic.). **2005:** asumió sus funciones como jefe del estado (en.). Pero tuvo que enfrentarse a una sucesión de crisis políticas, en las que se opuso tanto a su antiguo rival V. Yanukovich (que dirigió el gobierno en 2006-2007) como a personalidades surgidas de su propio campo (Yulia Timoshenko, primera ministra de en. a sept. 2005 y desde dic. 2007). Por otro lado, persisten las tensiones con Rusia: esta última interrumpió el suministro de gas a Ucrania en el invierno 2005-2006 y volvió a hacerlo en 2008-2009.

UCRANIA SUBCARPÁTICA o **RUTENIA,** región de Ucrania. En el s. XI fue anexionada a Hungría. De 1919 a 1938 estuvo integrada en Checoslovaquia; posteriormente fue cedida a la URSS y anexionada a Ucrania (1945).

UDAETA (José), *Barcelona 1919,* bailarín y coreógrafo español. Pionero del ballet-teatro flamenco, más tarde concertista de castañuelas, en 1990 fundó en Colonia un centro dedicado al estudio de este instrumento.

UDAIPUR, c. de la India (Rājasthān); 307 682 hab. Ant. cap. rājpūta. Monumentos, entre ellos el palacio real (ss. XVI-XVIII). Museo.

UDERZO (Albert), *Fismes 1927,* dibujante de cómics francés. Sus series realistas (*Michel Tanguy,* con J.-M. Charlier, 1959) o humorísticas (**Astérix*) abrieron el cómic al público adulto.

UDINE, c. de Italia (Friuli-Venecia Julia), cap. de prov.; 99 157 hab. Monumentos de la edad media al s. XVIII; museos.

UDINE (Giovanni da), *Udine 1487-Roma h. 1564,* pintor y estucador italiano. Colaborador de Rafael en Roma (logias del Vaticano) y de J. Romano en Mantua, se inspiró en la decoración clásica descubierta en las «grutas» del Esquilino para crear los *grutescos.*

UDMURTIA, república de Rusia, al O de los Urales; 1 641 000 hab.; cap. *Íjevsk.* La población se compone de menos de un tercio de udmurtos de origen y cerca de un 60 % de rusos.

UE ▸ **Unión europea.**

UEDA AKINARI, *Ōsaka 1734-Kyōto 1809,* escritor japonés. Dio un nuevo estilo a leyendas tradicionales (*La luna de las lluvias,* 1776).

UÉLÉ o **UELLE,** r. de la Rep. dem. del Congo que forma una de las corrientes de cabecera del Ubangui (or. izq.); 1 300 km.

UEM (Unión económica y monetaria) → **Unión europea.**

UFÁ, c. de Rusia, cap. de Bashkortostán, en la confluencia del Biélaia y del *Ufá* (918 km); 1 097 000 hab. Refino de petróleo.

Uffizi (palacio de los), edificio construido en Florencia a partir de 1560 por G. Vasari para cobijar los servicios de la administración (*uffizi*). Alberga una galería de pinturas y esculturas, creada por los Médicis, rica en obras de artistas italianos.

UGANDA, estado de África oriental, cruzado por el Ecuador; 237 000 km²; 21 300 000 hab. (*ugandeses*). CAP. *Kampala.* LENGUA: *inglés.* MONEDA: *shilling ugandés.* Situado al N del lago Victoria, es un país de mesetas, cubiertas de sabanas, cuyos principales recursos son la ganadería, el algodón, el té y sobre todo el café y la pesca (en agua dulce). La población, que crece con rapidez, está formada por varios grupos (entre ellos el baganda).

HISTORIA

La población de la actual Uganda es el resultado del mestizaje de bantúes y pueblos nilóticos. **Ss. XVI-XIX:** estos pueblos constituían pequeños estados muy poco estructurados, pero en el s. XVII el reino de Buganda se emancipó de la tutela del Bunyoro y se impuso a los demás estados. **1856-1884:** Mutesa, rey, o *kabaka,* de Buganda, acogió favorablemente a los europeos. **1894:** a pesar de la actitud más reticente de su hijo Mwanga, que luchó contra las influencias religiosas extranjeras, musulmanas y cristianas, Gran Bretaña estableció su protectorado en Uganda. **1953-1955:** el kabaka Mutesa II, que reclamó la independencia para Buganda, fue deportado a Gran Bretaña. **1962:** Uganda, que agrupaba Buganda, Bunyoro, Ankola, Toro y Busoga, se convirtió en un estado federal independiente, con Mutesa al frente (1963). **1966:** Milton Obote sucedió a Mutesa mediante un golpe de estado y puso fin a la federación de los reinos. **1967:** se proclamó la república. **1971:** un nuevo golpe de estado llevó al poder al general Idi Amin Dada, quien instauró un régimen tiránico. **1979:** la oposición, con la ayuda del ejército de Tanzania, tomó el poder con Yusuf Lule, pronto eliminado por Godfrey Binaisa. **1980:** Obote volvió al poder gracias a unas elecciones discutidas. **1985-1986:** tras varios años de anarquía, rebeliones tribales y represión, se sucedieron dos golpes de estado. El último llevó al poder a Yoweri Mu-

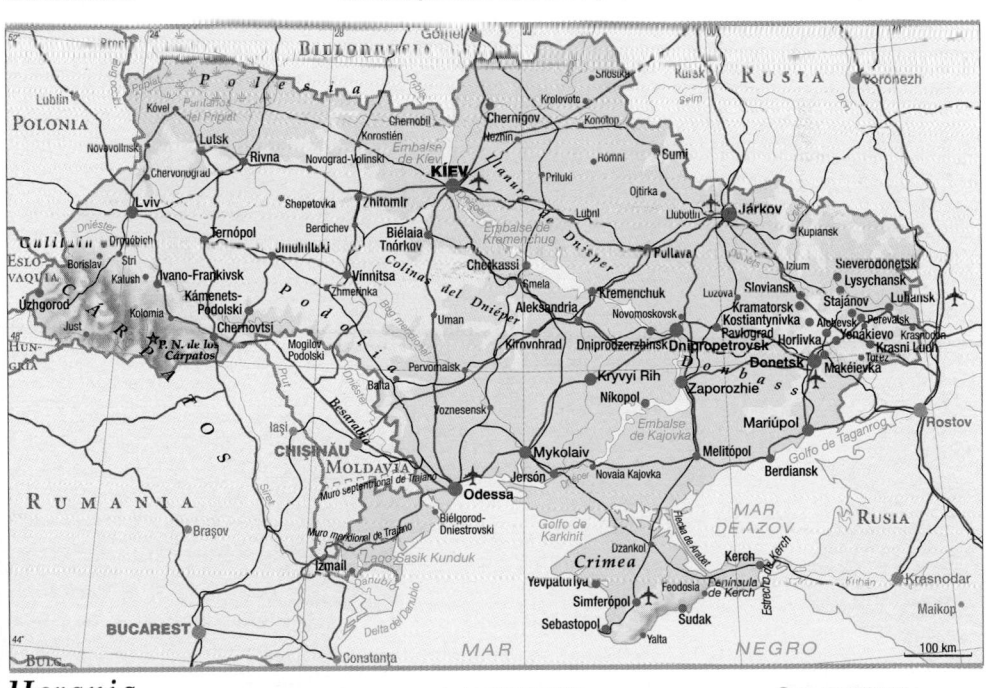

Ucrania

200   500   1 000 m

★ lugar de interés turístico
— carretera
— ferrocarril
✈ aeropuerto

● más de 1 000 000 hab.
● de 500 000 a 1 000 000 hab.
● de 100 000 a 500 000 hab.
• menos de 100 000 hab.

Uganda

★ lugar de interés turístico
— carretera
— ferrocarril
✈ aeropuerto

● más de 500 000 hab.
● de 50 000 a 200 000 hab.
● de 10 000 a 50 000 hab.
• menos de 10 000 hab.

1 000   2 000   3 000 m

seveni. **1996:** tras la adopción de una nueva constitución (1995),Y. Museveni fue confirmado en sus funciones al término de unas elecciones presidenciales (reelegido en 2001 y 2006).

UGARIT, ant. c. de la costa siria, a 16 km al N de Latakia, junto al tell de Ra's Samra. Importante centro comercial y cultural en el II milenio, reino vasallo de los hititas en los ss. XIV-XIII a.C., fue destruida a principios del s. XII a.C. por los Pueblos del Mar.— En barrios de viviendas, palacios y templos se han descubierto, una vez excavados, archivos y textos literarios, entre ellos muestras de escritura alfabética fenicia.

UGARTE (Floro), *Buenos Aires 1884-íd. 1975,* compositor argentino, autor de obras inspiradas en el folclore de su país (*Saika,* ópera, 1920; *Tango,* para orquesta sinfónica, 1950).

UGARTE (Manuel), *Buenos Aires 1878-Niza 1951,* escritor argentino. Modernista, escribió poesía (*Poesías completas,* 1921), relato (*Cuentos argentinos,* 1910) y ensayo.

UGT (Unión general de trabajadores), organización sindical argentina socialista, creada en 1903. En 1909 se autodisolvió para formar la Confederación obrera regional argentina.

UGT (Unión general de trabajadores), organización sindical española, de orientación socialista, fundada en Barcelona en 1888. Muy influyente durante la segunda república, a partir de 1976 se reconstituyó bajo la dirección de Nicolás Redondo (hasta 1994).

UHLAND (Ludwig), *Tubinga 1787-íd. 1862,* poeta alemán. Es autor de poemas populares, inspirados en las leyendas suabas.

UHLENBECK (George Eugene), *Batavia, act. Yakarta, 1900-Boulder 1988,* físico estadounidense de origen neerlandés. Formuló, con S. A. Goudsmit, la teoría del spin del electrón (1952).

UHURU → **KILIMANJARO.**

UICN-Unión mundial para la naturaleza (Unión internacional para la conservación de la naturaleza y los recursos naturales-Unión mundial para la naturaleza), organización internacional fundada en 1948 bajo los auspicios de la ONU. Agrupando unos mil miem-

bros (estados, organismos gubernamentales y organizaciones no gubernamentales), supervisa numerosos programas de protección y de utilización racional de los recursos naturales y publica, entre otros, una *Lista roja de las especies amenazadas.* Sede: Gland (Suiza).

Uilenspiegel o **Ulenspiegel** (Till), más adelante **Till Eulenspiegel,** personaje legendario de origen alemán (s. XIV), famoso por sus bromas. Simboliza la resistencia flamenca contra la dominación española.

UJI, c. de Japón (Honshū); 177 010 hab. Notable villa de Fujiwara Yorichimi, convertida (1053) en el templo búdico de Byodo-in (pabellón del Fénix, que contiene el buda de *Jōchō*). [Patrimonio de la humanidad 1994.]

UJJAIN, c. de la India (Madhya Pradesh); 367 154 hab. Universidad. — Monumentos antiguos (observatorio del s. XVIII). — Es una de las ciudades santas de la India.

UJUNG PANDANG o **UJUNGPANDANG,** ant. **Makasar,** c. de Indonesia, en el S de la isla de Célebes, junto al *estrecho de Ujungpandang* (que separa las islas de Borneo y Célebes); 913 000 hab. Puerto.

UK, sigla de United Kingdom.

ULAN BATOR, ant. **Urga,** cap. de Mongolia, junto al Tola; 548 000 hab.

ULÁN-UDÉ, c. de Rusia, cap. de Buriatia; 366 000 hab.

ULATE BLANCO (Otilio), *Alajuela 1895-San José 1973,* político costarricense. Elegido presidente en 1948 al frente de la Unión nacional, tras una breve guerra civil que liquidó el calderonismo, ocupó la presidencia de 1949 a 1953.

ULBRICHT (Walter), *Leipzig 1893-Berlín 1973,* político alemán. Uno de los fundadores del Partido comunista alemán (1919), fue primer secretario del Partido socialista unificado (SED) [1950-1971] y presidente del consejo de Estado de la RDA desde 1960 hasta su muerte.

ULFILAS, ULFILA o **WULFILA,** *h. 311-Constantinopla 383,* obispo y apóstol de los godos. Tradujo al gótico el Nuevo testamento. Su predicación estuvo marcada por una forma de

arrianismo que transmitieron los godos a occidente en el s. V.

ULHASNAGAR, c. de la India (Mahārāshtra); 360 077 hab.

ULIÁNOVSK → **SIMBIRSK.**

ULISES, en gr. **Odysseus** MIT. GR. Héroe griego, rey de Ítaca, hijo de Laertes, esposo de Penélope, padre de Telémaco y uno de los principales personajes de los poemas homéricos. En la *Ilíada* aparece como un guerrero hábil y astuto, autor de la estratagema del caballo de Troya. El regreso de Ulises a su patria fue el tema de la *Odisea.*

Ulises, novela de James Joyce (1922), versión moderna y paródica de la *Odisea,* rica en simbología y en superposiciones temporales y espaciales, que intenta unificar todos los procedimientos de estilo.

ULLA, r. de España, en la vertiente atlántica gallega, que nace en *Fonte Ulla* (Lugo) y desemboca en la ría de Arosa; 115 km.

ULLASTRET, mun. de España (Gerona); 234 hab. Poblado ibérico fortificado (ss. VII-II a.C.).

ULLATE (Victor), *Zaragoza 1947,* bailarín y coreógrafo. Bailarín de la compañía de Antonio y del Ballet du XXᵉ siècle de M. Béjart (1966), fue director del Ballet clásico nacional español (1978-1983) y en 1988 creó su propia compañía y escuela de danza.

ULLMANN (Liv), *Tōkyō 1938,* actriz y directora de cine noruega. Encarna, bajo una aparente dulzura, seres complejos e incluso violentos. Estuvo muy ligada al cine de I. Bergman como actriz (*Persona,* 1966; *Gritos y susurros,* 1972; *Secretos de un matrimonio,* 1973; *Sonata de otoño,* 1978) o directora de guiones suyos (*Confesiones privadas,* 1997; *Infiel,* 2000).

ULLOA (Antonio de), *Sevilla 1718-Isla de León, act. San Fernando, 1795,* científico, marino y político español. Miembro de la expedición de J. Juan al reino de Quito para medir un arco de meridiano (1735-1745), fue superintendente general de las minas de Huancavélica (1758), gobernador de Luisiana (1765) y Florida (1766) y capitán general de la Armada (1780). Es autor de obras sobre navegación y distintas ciencias, entre ellas *Relación histórica del viaje a la América meridional* (4 vols., 1748), con J. Juan, y *Noticias americanas* (1772), inventario de las riquezas naturales del Nuevo mundo.

ULLOA (Bernardo de), *Sevilla-Madrid 1752,* economista español. Exponente del mercantilismo español y defensor del sector manufacturero, escribió *Restablecimiento de las fábricas, tráfico y comercio marítimo de España* (1740).

ULLOA (Martín de), *Sevilla 1714-Córdoba 1787,* jurisconsulto y erudito español, autor de *Memoria sobre el origen y genio de la lengua castellana* y *Memoria sobre la cronología de los diferentes reinos de España.*

ULM, c. de Alemania (Baden-Württemberg), a orillas del Danubio; 114 839 hab. Colosal iglesia gótica, empezada a fines del s. XIV (obras de arte); museo.

ULPIANO, en lat. **Domitius Ulpianus,** *Tiro-Roma 228,* jurisconsulto romano. Prefecto del pretorio en la época de Severo Alejandro, dejó escritos presentes en las compilaciones jurídicas de la época de Justiniano.

ULSAN, c. de Corea del Sur; 683 000 hab. Puerto. Centro industrial.

ULSTER, región del N de Irlanda. Engloba la *provincia de Ulster* (república de Irlanda) e Irlanda del Norte (cap. Belfast), unida a Gran Bretaña.

ULSTER, prov. de la república de Irlanda; 232 000 hab. Está integrada por tres condados, limítrofes con Irlanda del Norte.

ÚLTIMA ESPERANZA (seno), fiordo de Chile (Magallanes y Antártica Chilena); 65 km de long. y 5 km de anch. En su orilla E se halla Puerto Natales.

Últimas noticias, diario venezolano, fundado en 1948 en Caracas, el primero del país por su difusión. Con *El mundo* (fundado en 1958), forma parte de la cadena Capriles.

ULÚA, r. de Honduras, que nace en la cuenca del lago Yojoa y, tras un amplio tramo navegable, desemboca en el golfo de Honduras; 257 km.

ULURU o **AYERS ROCK,** montaña sagrada de los aborígenes, en el centro de Australia; 867 m. Turismo. (Reserva de la biosfera 1977.)

UMAN, mun. de México (Yucatán); 17 278 hab. Henequén y frutales. Ganadería.

UMANGO (sierra de), sierra de Argentina (La Rioja), en la Precordillera; 4 500 m.

'UMAR I u **OMAR I** (Abū Hafṣa ibn al-Ja̱ṭṭāb), *La Meca h. 581-Medina 644*, segundo califa de los musulmanes (634-644). Conquistó Siria, Persia, Egipto y Mesopotamia.

UMBRAL (Francisco **Pérez Martínez**, llamado Francisco), *Madrid 1932-íd. 2007*, escritor y periodista español. Agudo observador de la realidad de su tiempo, entre sus obras se cuentan *Mortal y rosa* (1975), *La noche que llegué al Café Gijón* (1976), *Trilogía de Madrid* (1984). [Premio Príncipe de Asturias de las letras 1996; premio Cervantes 2000.]

UMBRÍA, región de Italia central; 8 456 km²; 804 054 hab. (*umbros*); cap. *Perugia*. 2 prov. (*Perugia* y *Terni*).

UME ÄLV, r. de Suecia, que desemboca en el golfo de Botnia al S de *Umeå* (94 912 hab.); 460 km.

UMM KULThŪM u **OM KALSUM** (Fāṭima Ibrāhīm, llamada), *Tamāy al-Zahira, prov. de Daqahliyya, ¿1898?-El Cairo 1975*, cantante egipcia. Desde 1922 fue la voz favorita del mundo árabe. Sus canciones tratan de amor, espera, sufrimiento y separación.

UMP → **Unión por un movimiento popular.**

UNAM → **México (universidad nacional autónoma de).**

UNAMUNO (Miguel de), *Bilbao 1864-Salamanca 1936*, escritor y filósofo español. Catedrático de griego (1891) y filología comparada en la universidad de Salamanca, por su oposición a la dictadura de Primo de Rivera estuvo desterrado en Fuerteventura y en Hendaya (1924-1930). Los títulos más representativos de su pensamiento, de raíz existencial, profundamente influido por Kierkegaard, son *Del *sentimiento trágico de la vida* (1913) y *La agonía del cristianismo* (1931). La misma actitud vital se refleja en su poesía (*El Cristo de Velázquez*, 1920; *Romancero del destierro*, 1928) y en su narrativa (*Amor y pedagogía*, 1902; *Niebla*, 1914; *La tía Tula* 1921; *San Manuel Bueno, mártir*, 1933). [Real academia 1932.]

■ MIGUEL DE
UNAMUNO,
por J. de Echevarría.

UNANUE (José Hipólito), *Arica 1755-Lima 1833*, médico y político peruano. Ilustrado, profesor de anatomía y editor del periódico *Mercurio peruano* (1791-1794), fue ministro de hacienda con San Martín (1821), pero apoyó a Bolívar y ocupó la presidencia del consejo de ministros (1826-1827). Es autor de *Guía política, eclesiástica y militar del virreinato del Perú* (1793-1797) y de *Observaciones sobre el clima de Lima y su influencia sobre los seres organizados, en especial el hombre* (1806).

UNARE (laguna de), albufera de Venezuela, en el Caribe (Anzoátegui) al O de la desembocadura del *río Unare* (250 km); 22 km de long. y 5 km de anchura.

UNCASTILLO, v. de España (Zaragoza); 889 hab. En las Cinco Villas. — Restos romanos. Notables iglesias románicas.

UNCTAD (United Nations Conference on Trade and Development, en esp. CNUCED [Conferencia de Naciones unidas sobre el comercio y el desarrollo]), organismo subsidiario permanente de la ONU, creado en 1964. Promueve el desarrollo del comercio internacional teniendo en cuenta los intereses de los países en vías de desarrollo.

UNDSET (Sigrid), *Kalundborg, Dinamarca, 1882-Lillehammer 1949*, novelista noruega. Es autora de novelas históricas (*Kristin Lavrandsdatter*, trilogía, 1920-1922) y de relatos inspirados en sus convicciones religiosas (*El matorral en llamas*, 1930). [Premio Nobel 1928.]

UNDURRAGA (Antonio de), *Santiago 1911-íd. 1993*, escritor chileno. Poeta creacionista (*La siesta de los peces*, 1938; *Red en el Génesis*, 1946), también cultivó el relato (*El mito de Jonás*, 1963) y el ensayo literario.

Unesco (United Nations Educational Scientific and Cultural Organization, en esp. Organización de las Naciones unidas para la educación, la ciencia y la cultura), institución de la ONU, creada en 1945-1946 con el objetivo de contribuir al mantenimiento de la paz y de la seguridad internacionales, estrechando, a través de la educación, la ciencia, la cultura y la comunicación, la colaboración entre naciones para garantizar el respeto de los derechos humanos y las libertades fundamentales. Sede: París. — En 1971 la Unesco estableció la categoría «reserva de la biosfera» para la conservación y el aprovechamiento sostenible de los espacios naturales más valiosos del planeta, y en 1972 instituyó la de «patrimonio de la humanidad» para la protección de los bienes naturales y culturales.

UNGARETTI (Giuseppe), *Alejandría, Egipto, 1888-Milán 1970*, poeta italiano. Figura principal del «hermetismo», oscilante entre modernidad y clasicismo, influencias francesas y tradiciones nacionales, creó una poesía desnuda y densa (*Vida de un hombre*, 1969).

UNGAVA (península de), extremo N de la prov. del Quebec (Canadá), entre la bahía de Hudson (al O) y la *bahía de Ungava* (al E)

Unicef (United Nations International Children's Emergency Fund, en esp. Fondo internacional de las Naciones unidas para el socorro de la infancia), organismo humanitario de la ONU que promueve la ayuda a la infancia. Instituido en 1946, se convirtió en un órgano permanente de la ONU en 1953. Sede: Nueva York. (Premio Nobel de la paz 1965; premio Príncipe de Asturias de la concordia 2006.)

Unidad popular (UP), coalición chilena de socialistas, comunistas, socialdemócratas, radicales y otros grupos (1970). Alcanzó la presidencia con Salvador Allende y desarrolló un programa populista. Fue desarticulada tras el golpe militar de 1973.

UNIÓN, dep. de Argentina (Córdoba); 96 139 hab.; cab. *Bell Ville*. Centro agrícola y ganadero.

UNIÓN, mun. de Venezuela (Lara), en la conurbación de Barquisimeto; 66 753 hab.

UNIÓN (departamento de La), dep. del SE de El Salvador; 2 074 km²; 251 143 hab.; cap. *La Unión.*

UNIÓN (La), c. de Chile (Los Ríos); 38 778 hab. Vacunos. Pesca deportiva. Carbón.

UNIÓN (La), mun. de Colombia (Nariño); 19 623 hab. Economía agropecuaria.

UNIÓN (La), mun. de Colombia (Valle del Cauca); 20 395 hab. Plátanos, maíz y frijol. Ganadería vacuna.

UNIÓN (La), cantón de Costa Rica (Cartago); 48 931 hab. Agricultura (banano y café) y ganadería.

UNIÓN (La) o **SAN CARLOS DE LA UNIÓN**, c. de El Salvador, cap. del dep. homónimo; 26 580 hab. Centro comercial y de servicios. Puerto principal del país.

UNIÓN (La), c. de España (Murcia); 14 606 hab. (*unionenses*). Centro minero (plomo). — Festival de cante flamenco Canto de las minas.

UNIÓN (La), mun. de México (Guerrero), en la Planicie costera; 19 239 hab. Ganadería. Pesca.

unión (Acta de) [1707], ley que establece la unión de Inglaterra y Escocia, la cual formó el reino de Gran Bretaña. — **Acta de unión** (1800), ley que establece la unión de Gran Bretaña e Irlanda, y que dio lugar a la formación del Reino Unido de Gran Bretaña e Irlanda.

Unión africana, hasta 2002 **Organización de la unidad africana** (OUA), organización intergubernamental, creada en 1963. Destinada a reforzar la unidad, la solidaridad, el desarrollo económico y la estabilidad en África, cuenta con 52 miembros (51 estados independientes y la República árabe saharaui)

Unión aragonesa, agrupación formada por los nobles aragoneses, en la baja edad media, para defender sus privilegios frente a los monarcas. Creada por las Cortes reunidas en Tarazona en 1283, fue disuelta en 1348 tras la batalla de Épila.

Unión cívica radical, partido político argentino, fundado en 1890 por Leandro Alem con un programa antioligárquico. Accedió al poder con Yrigoyen (1916-1922) y Alvear (1922-1928), y sufrió escisiones tras el golpe de 1930. De nuevo ocupó la presidencia con Frondizi (1958-1962), Illia (1963-1966), y luego con R. Alfonsín (1983-1989) y F. de la Rúa (1999-2001). Se sitúa en una posición de centroizquierda.

Unión de centro democrático → **UCD.**

UNIÓN DE EMIRATOS ÁRABES → **EMIRATOS ÁRABES** (Unión de).

Unión democratacristiana → **democratacristiana** (Unión).

UNIÓN DE REPÚBLICAS SOCIALISTAS SOVIÉTICAS → **URSS.**

UNIÓN DE REYES, mun. de Cuba (Matanzas); 42 542 hab. Caña de azúcar; ingenio azucarero.

Unión europea (UE), unión de varios estados europeos (actualmente 27) instituida por el tratado de Maastricht en 1992 y que entró en vigor el 1 de noviembre de 1993. Estado actual del proceso de construcción europea iniciado poco después de la segunda guerra mundial, la Unión europea se apoya en tres pilares: las comunidades europeas (*CECA [de 1951-1952 a 2002], CE y Euratom), la política exterior y de seguridad común (PESC) y la cooperación en materia de justicia e interior. La **CEE** (Comunidad económica europea) fue creada por el *tratado de Roma* (25 marzo 1957) con el fin de establecer progresivamente una unión aduanera y económica y un «mercado común». En 1979 entró en vigor el sistema monetario europeo (SME) destinado a estabilizar el tipo de cambio de las monedas participantes (con una unidad de cuenta europea: el ecu o ECU [European Currency Unit]). El *Acta única europea* (17 y 28 febr. 1986), que abría la perspectiva de un «gran mercado interior» (que entró en vigor el 1 de enero de 1993), reflejaba la voluntad de proseguir la obra comenzada. El *tratado de Maastricht* (7 febr. 1992) consagró el nacimiento de la Unión europea, en el marco institucional único de la Comunidad europea, o **CE**, la cual sucedió a la CEE. El tratado fijó el 1 en. 1999 como fecha límite para la Unión económica y monetaria, o UEM (concebida desde 1988 y puesta en marcha en 1990), para la adopción de una moneda única, y sentó las bases de una unión política. El tratado de Maastricht fue revisado y completado por el *tratado de Amsterdam* (2 oct. 1997). El 1 de enero 1999 el euro se convirtió en la moneda oficial única de la mayoría de los estados de la Unión (puesta en circulación de los billetes y las monedas el 1 en. 2002). El *tratado de Niza* (26 febr. 2001) estableció los ajustes de las instituciones de la Unión europea en vistas a su ampliación a numerosos países de Europa central y oriental y de Europa del Sur (diez el 1 mayo 2004, más tarde dos el 1 en. 2007). La reflexión sobre la evolución de la UE prosiguió con la Convención europea (2002-2003), que elaboró un proyecto de constitución europea, firmado en oct. 2004. Pero la ratificación de este tratado constitucional fracasó por el rechazo expresado por Francia y Países Bajos en referéndums de mayo y junio 2005. Un nuevo tratado, simplificado, fue firmado en dic. 2007 (tratado de Lisboa) y sometido a ratificación desde 2008 (a principios de 2009 había sido ratificado por casi todos los 27 estados miembros, habiendo sido no obstante rechazado por Irlanda en referéndum de junio 2008). El *Euratom* (Comunidad europea de la energía atómica) fue creado por el tratado de 25 marzo 1957 para desarrollar las industrias nucleares.

Estados miembros: Alemania, Bélgica, Francia, Italia, Luxemburgo y Países Bajos (1958), Gran Bretaña, Dinamarca e Irlanda (1973), Grecia (1981), España y Portugal (1986), Austria, Finlandia y Suecia (1995), Rep. Checa, Chipre, Eslovaquia, Eslovenia, Estonia, Hungría, Letonia, Lituania, Malta y Polonia (2004), Bulgaria y Rumania

(2007). **Principales órganos:** el Parlamento europeo, el Consejo de ministros, la Comisión europea, el Tribunal de justicia, el Tribunal de cuentas, el Comité económico y social, el Comité de las regiones, el Banco central europeo y el Banco europeo de inversiones. **Moneda:** *euro.*

UNIÓN FRANCESA, nombre dado de 1946 a 1958 a la República francesa y los territorios y estados asociados de ultramar.

Unión general de trabajadores → UGT.

Union Jack, bandera del Reino Unido. Asocia la cruz inglesa de san Jorge (roja ribeteada de blanco) con la cruz escocesa de san Andrés (blanca ribeteada de azul) y la cruz irlandesa de san Patricio (roja ribeteada de blanco).

Unión liberal, agrupación política española, creada por O'Donnell en 1854. Gobernó en 1858-1863 y 1865-1866, y colaboró con la revolución de 1868 y el gobierno de Serrano. Posteriormente perdió importancia y se unió al Partido liberal conservador de Cánovas.

Unión panamericana, organización interamericana creada en la conferencia panamericana de Buenos Aires (1910). Controlada por EUA desde 1929, en 1948 fue sustituida por la *Organización de estados americanos (OEA).

Unión por el Mediterráneo (UPM), organización intergubernamental, creada en 2008 como prolongación de una iniciativa, llamada *proceso de Barcelona,* puesta en marcha en 1995. Encaminada a establecer una cooperación reforzada en el Mediterráneo, consta de 43 miembros (países de la Unión europea y socios mediterráneos), a los que se añade la participación de la Liga árabe. Sede: Barcelona.

Unión por un movimiento popular (UMP), partido político francés, fundado para concurrir a las elecciones de 2002 con el nombre de Unión por la mayoría presidencial. Sucedió al RPR, entre otros partidos, para aglutinar el espacio político de centroderecha.

Unión postal universal (UPU), organismo internacional que garantiza las relaciones postales entre los estados miembros. Creada en 1874, y convertida en institución especializada de la ONU en 1948, engloba a casi todos los países. Participa en la elaboración del derecho postal internacional. Sede: Berna.

Unión republicana, nombre dado a varios intentos de agrupación de los republicanos españoles. Con el precedente de la coalición electoral de 1886 entre los partidarios de Ruiz Zorrilla, Pi y Margall y Salmerón, se formaron grupos con ese nombre de 1893 a 1934.

UNIÓN SOVIÉTICA → URSS.

UNIÓN SUDAFRICANA → SUDÁFRICA (República de).

UNITA (Unión nacional para la independencia total de Angola), organización de lucha armada contra el gobierno angoleño, creada en 1965 por Jonas Savimbi. A la muerte de su líder, en 2002, concluyó la paz con el poder central y se convirtió en partido político.

UNITED KINGDOM, nombre inglés del *Reino Unido de Gran Bretaña e Irlanda del Norte.

UNITED STATES OF AMERICA, nombre inglés de Estados Unidos de América.

universal (El), diario mexicano, fundado en la ciudad de México en 1916, uno de los más importantes del país por su tirada.

UNIVERSALES (montes), sierra de España, en el sistema Ibérico; 1 830 m de alt. en la Muela de San Juan. Importante nudo hidrográfico.

UNKEI, *Kyōto h. 1148-1223,* escultor japonés, artífice de la renovación de la escultura de la época Kamakura y de la difusión del realismo.

Unter den Linden («Bajo los tilos»), avenida de Berlín, que parte de la puerta de Brandeburgo.

UNTERWALDEN, cantón de Suiza, al S del lago de los Cuatro Cantones; 767 km²; 66 200 hab. Está formado por dos semicantones: *Obwalden* (491 km²; 30 800 hab.; cap. *Sarnen*) y *Nidwalden* (276 km²; 35 400 hab.; cap. *Stans*). — Creado en 1291, es uno de los tres primeros cantones de la Confederación.

UPALA, cantón de Costa Rica (Alajuela); 32 553 hab. Cacao. Ganadería. Explotación forestal.

Upaniṣad, voz sánscrita que designa los textos sagrados hindúes considerados revelación, que datan de fines del período védico

(700-300 a.C.). A partir de la reinterpretación de los *Veda,* insisten en la necesidad de liberarse del ciclo de los renacimientos mediante el conocimiento de la ilusión.

UPATA, mun. de Venezuela (Bolívar); 44 030 hab. Yacimientos de hierro. Industria maderera.

UPDIKE (John), *Reading, Pennsylvania, 1932-Danvers, Massachusetts, 2009,* escritor estadounidense. Sus relatos y novelas describen con ironía los fantasmas y mitos de la sociedad norteamericana (*Corre, Conejo,* 1960; *El centauro,* 1963; *Parejas,* 1968; *Las brujas de Eastwick,* 1984; *Busca mi rostro,* 2002).

UPOLU, isla de Samoa.

UPPSALA, c. de Suecia, al N de Estocolmo; 167 508 hab. Universidad (1477). Farmacia y biotecnologías. Sede del arzobispado primado del reino. — Catedral gótica iniciada a fines del s. XIII; castillo fundado por G. Vasa; museos. Fue una de las capitales de Escandinavia.

UQBA IBN NAFI, *h. 630-683,* general árabe. Conquistó Túnez (670), fundó Kairuán, y después sometió el Magreb central hasta Tánger.

UR, ant. c. de la baja Mesopotamia (act. *Tell Muqayyar,* Irán) y, según la Biblia, patria de Abraham. El período histórico de la ciudad, ocupada desde la época de Obeid, empieza en el III milenio, con las dos primeras dinastías de Ur, que sucumbieron ante el imperio de Acad (h.2325-h.2160 a.C.). La III dinastía de Ur (2111-h. 2003) extendió su imperio por toda Mesopotamia. Minada por los amorritas y los elamitas, Ur no recuperó su prestigio. — Durante las excavaciones iniciadas en 1919 se hallaron innumerables tesoros (British Museum y museo de Bagdad) en sus ruinas (zigurat, palacio, etc.) y en la necrópolis (60 ha).

URABÁ (golfo de), profundo golfo de Colombia (Antioquia y Chocó), en la costa del Caribe, en la parte más interior del golfo de Darién. La boca alcanza unos 55 km de anch. En su orilla O desemboca el río Atrato.

'URÂBÎ BAJÁ → 'ARÂBÎ BAJÁ.

URAL, r. de Rusia y de Kazajstán, que nace en los montes Urales y desemboca en el Caspio; 2 428 km; cuenca de 231 000 km².

URALES (montes), cadena montañosa de Rusia; 1 894 m. Constituye un límite tradicional entre Europa y Asia, y se extiende de N a S sobre 2 000 km. La riqueza del subsuelo (hierro, carbón, petróleo, etc.) hace de la región uno de los grandes centros industriales de Rusia (siderurgia y metalurgia, industrias químicas), con grandes ciudades (Yekaterinburg, Cheliábinsk, Magnitogorsk, Ufá, Perm, etc.).

URALSK, c. de Kazajstán, a orillas del Ural; 214 000 hab.

URANIA MIT. GR. Musa de la astronomía.

URANO MIT. GR. Dios que personifica el cielo. En la *Teogonía* de Hesíodo es hijo de Gea. También es presentado como esposo de esta, con quien habría tenido numerosos hijos, entre ellos los Titanes y los Cíclopes.

URANO, planeta del sistema solar, situado más allá de Saturno. Fue descubierto por Herschel en 1781. Semieje mayor de su órbita: 2 875 000 000 km (19,2 veces el de la órbita terrestre). Diámetro ecuatorial: 51 200 km (4 veces el de la Tierra). Posee una densa atmósfera de hidrógeno, helio y metano, y está rodeado por delgados anillos de materia oscura. Se han descubierto 27 satélites.

URARTU, reino del Oriente antiguo (ss. IX-VII a.C.), cuyo centro estaba en la cuenca del lago de Van, en Armenia. Rival de los asirios en el s. VIII a.C., fue debilitado por las invasiones cimerias. Convertido en protectorado asirio, fue ocupado finalmente por los armenios (s. VII a.C.). — Ciudadelas en ruinas, bronces, pinturas murales y cerámica.

URAWA, c. de Japón (Honshū); 418 271 hab.

URBANEJA ACHELPOHL (Luis Manuel), *Caracas 1875-íd. 1937,* escritor venezolano. Impulsor del modernismo en su país, es autor de novelas (*En este país,* 1910) y cuentos.

URBANO II (beato) [Odón o Eudes **de Lager**], *Châtillon-sur-Marne h. 1042-Roma 1099,* papa de 1088 a 1099. Promovió la primera cruzada en el concilio de Clermont (1095). — **Urbano V** (beato) [Guillaume **de Grimoard**], *castillo de Grizac, Lozère, 1310-Aviñón 1370,* papa de Aviñón (1362-1370). Residió en Aviñón la

mayor parte de su pontificado pese a un breve regreso a Roma (1367-1370). — **Urbano VI** (Bartolomeo **Prignano**), *Nápoles h. 1318-Roma 1389,* papa de 1378 a 1389. Su elección, impuesta por el pueblo romano, que deseaba un papa italiano, inició el gran cisma de occidente. — **Urbano VIII** (Maffeo **Barberini**), *Florencia 1568-Roma 1644,* papa de 1623 a 1644. Condenó a Galileo (1633) y el *Augustinus* de Jansenio (1643).

URBINA (José María), *Quito 1808-Guayaquil 1891,* político ecuatoriano. Jefe supremo de la república (1851-1856), practicó una política liberal y abolió la esclavitud. Exiliado en 1859-1875, dirigió la revolución que dio el poder a Veintemilla (1876).

URBINA (Luis Gonzaga), *México 1864-íd. 1934,* escritor mexicano. Autor de una poesía modernista con ecos románticos, melancólica y crepuscular (*Puesta de sol,* 1910; *Los últimos pájaros,* 1924), cultivó también el ensayo literario.

URBINA JADO, cantón de Ecuador (Guayas); 40 307 hab.; cab. *El Salitre.* Bananas, maní.

URBINO, c. de Italia (Marcas); 15 125 hab. Arzobispado. — Palacio ducal renacentista remodelado por L. Laurana (act. galería nacional de las Marcas: Piero della Francesca, P. Berruguete, Barocci, etc.; cerámicas de Urbino). [Patrimonio de la humanidad 1998.] — Fue la capital del ducado de Urbino, creado en 1443, e incorporado en 1631 a los Estados Pontificios.

URDANETA, cantón de Ecuador (Los Ríos); 20 988 hab.; cab. *Catarama.* Cacao y arroz. Ganadería.

URDANETA (Alberto), *Bogotá 1845-íd. 1887,* dibujante y pintor colombiano. Trabajó en París con Meissonier y fundó el Instituto de bellas artes y la Escuela de bellas artes de Bogotá. Notable dibujante, realizó numerosos retratos a lápiz de personajes de su época. Fue uno de los iniciadores de la pintura histórica en su país (*Balboa descubriendo el mar del Sur*).

URDANETA (Andrés **de**), *Villafranca de Oria, act. Ordizia, Guipúzcoa, 1508-México 1568,* navegante, cosmógrafo y religioso español. Viajó con Elcano y realizó estudios cosmográficos en las islas Molucas (1526-1535). En Nueva España desde 1554, embarcó en la expedición al Pacífico de Legazpi (1559) y exploró Oceanía. De regreso a Nueva España (1565), descubrió la ruta más rápida de Asia a América (hasta California y Acapulco), lo que permitió la colonización de las Filipinas.

■ ANDRÉS DE **URDANETA.**
(Monasterio de El Escorial.)

URDANETA (Rafael), *Maracaibo 1789-París 1845,* patriota y político venezolano. Participó en el movimiento independentista al lado de Bolívar y ocupó diversos cargos militares en la Gran Colombia, pero en 1830 se opuso a la reelección de Bolívar. Tras el pronunciamiento de un batallón venezolano en Nueva Granada, fue nombrado secretario de guerra y marina de Nueva Granada y presidente provisional (sept. 1830-abril 1831); convocó un congreso constitucional en Villa de Leyva. De vuelta en Venezuela (mayo 1837) fue ministro de guerra y marina (1837-1839 y 1842-1845).

URDANETA ARBELÁEZ (Roberto), *Bogotá 1890-íd. 1972,* político colombiano. Varias veces ministro entre 1930 y 1951, fue presidente de la república (1951-1953), derrocado por el golpe de estado que llevó al poder a Rojas Pinilla.

UREY (Harold Clayton), *Walkerton, Indiana, 1893-La Jolla, California, 1981,* químico estadounidense. Descubrió en 1931 el agua pesada y el deuterio. (Premio Nobel 1934.)

URFA, ant. **Edesa**, c. de Turquía, cerca de la frontera siria; 276 528 hab. Presa. – Ruinas de una fortaleza y de murallas.

URGA → **ULAN BATOR**.

URGEL (condado de), en cat. **Urgell,** condado de la Marca Hispánica, en el alto valle del Segre, creado por los francos en el s. VIII. Unido al de Cerdaña hasta 897 y vasallo del de Barcelona (1063), fue incorporado a la Corona de Aragón por Fernando de Antequera (1413).

URGELL (Modest), *Barcelona 1839-íd. 1919,* pintor y dibujante español. Influido por J. Vayreda y la escuela de Olot, pintó paisajes desolados y melancólicos.

URI, cantón de Suiza; 1 076 km², 35 700 hab.; cap. *Altdorf.* Es avenado por el Reuss. – Uno de los tres primeros cantones de la Confederación (creado en 1291).

URIANGATO, mun. de México (Guanajuato); 30 311 hab. Caña de azúcar, cereales. Artesanía.

URIBANTE, r. de Venezuela, que al unirse al Sarare forma el Apure Viejo; 280 km. Complejo hidroeléctrico Uribante-Caparo (1 210 MW).

URIBE (Álvaro), *Medellín 1952,* político colombiano. Liberal, fue alcalde de Medellín (1982-1983), senador (1988-1993) y gobernador de Antioquia (1995-1997). Apoyado por el Partido conservador, en 2002 fue elegido presidente (reelegido en 2006).

URIBE HOLGUÍN (Guillermo), *Bogotá 1880-íd. 1971,* compositor colombiano. Es autor, en la línea de un modernismo postimpresionista de estética nacionalista, de obras sinfónicas, música de cámara, ballets *(Tres ballets criollos)* y la ópera *Furatena* (1943). Entre su producción pianística sobresale *300 trozos en el sentimiento popular* (1927-1939). Organizó y dirigió la orquesta nacional de Colombia.

URIBE PIEDRAHÍTA (César), *Medellín 1896-Bogotá 1951,* médico, antropólogo y novelista colombiano. Destacado parasitólogo y etnógrafo, fundó la Academia de ciencias (1936) y la empresa Laboratorios CUP. Es autor de las novelas sociales *Toá* (1933) y *Mancha de aceite* (1935), la primera sobre el petróleo.

URIBIA, mun. de Colombia (La Guajira); 21 871 hab. Explotaciones petroleras.

URIBURU (José Evaristo), *Salta 1831-Buenos Aires 1914,* político argentino. Ministro de justicia e instrucción pública (1867-1868) y embajador en Perú y Bolivia (1876-1883), fue vicepresidente (1892) y presidente (1895-1898).

URIBURU (José Félix), *Salta 1868-París 1932,* militar y político argentino. Derrocó a Yrigoyen (1930) y quiso implantar un régimen fascista. En 1932 convocó elecciones, en las que se impuso su candidato, el general Justo.

URMIA, ant. **Reză'iyeh,** c. del NO de Irán, junto al *lago de Urmia;* 357 399 hab.

URNAS (cultura de los **campos de**), cultura de la segunda edad del bronce y primera del hierro (ss. XIII-VIII a.C.) asentada en Centroeuropa, que tuvo una expansión hacia el S de Europa (hasta el NO de la península Ibérica).

UROLA (Valle del), comarca de España (Guipúzcoa), que abarca la cuenca del *río Urola* (61 km), hasta el Cantábrico.

URONDO (Francisco), *Santa Fe 1930-Buenos Aires 1976,* escritor argentino, autor de poesía coloquial (*Del otro lado,* 1967; *Adolecer,* 1968), narrativa y teatro (*Sainete con variaciones,* 1966).

URQUIJO, familia de financieros españoles. – **Estanislao U.,** 1er marqués **de Urquijo,** *Murga 1817-Madrid 1914.* Reunió una considerable fortuna con empresas navieras y ferroviarias. – **Juan Manuel U.,** 2° marqués **de Urquijo,** *Murga 1843-Madrid 1914.* Fundó en 1870 la *Banca Urquijo y Arenzana* (luego *Banco Urquijo*).

URQUIJO (Julio **de**), *Deusto 1871-San Sebastián 1950,* filólogo español. Autor de estudios sobre refranes vascos y de obras históricas de temática vasca, en 1907 fundó la *Revista internacional de estudios vascos.* (Real academia 1927.)

URQUIJO (Mariano Luis **de**), *Bilbao 1768-París 1817,* político español. Primer ministro de Carlos IV con el apoyo de Godoy (1798), se enfrentó a la Inquisición y a Roma, se enemistó con Godoy y fue encarcelado (dic. 1800). Ministro de estado de José I (1808), en 1813 tuvo que emigrar.

URQUIZA (Justo José **de**), *Concepción del Uruguay 1801-San José 1870,* militar y político argentino. Gobernador de Entre Ríos (1841), derrotó a Rosas en Monte Caseros (1852) y pasó a ser presidente provisional de la Confederación (1852-1854). De acuerdo con la constitución de 1853, el congreso constituyente lo eligió presidente de la Confederación (1854) con el rechazo de la provincia de Buenos Aires, por lo que prosiguió la guerra civil. Abandonó el poder en 1860, pero fue de nuevo gobernador de Entre Ríos (1861-1864 y 1868-1870). Su defección en el conflicto con Paraguay aceleró su desprestigio. Murió asesinado.

■ ÁLVARO **URIBE**

■ JUSTO JOSÉ DE **URQUIZA**

URRACA, *1080-Saldaña 1126,* reina de Castilla y León (1109-1126). Hija de Alfonso VI y de Constanza de Borgoña, casó con Raimundo de Borgoña (1090), fue regente de su hijo Alfonso Raimúndez (Alfonso VII) en Galicia (1107) y heredó Castilla y León. Su boda con Alfonso I de Aragón (1109) provocó una guerra civil, por lo que fue repudiada (1114). Desde entonces se enfrentó a su esposo, a su hijo, a su hermana Teresa, condesa de Portugal, y al obispo Gelmírez de Santiago.

URRACA, cacique centroamericano del s. XVI. Cacique de Burica (Costa Rica), se enfrentó a los españoles enviados a sus dominios por Pedrarias Dávila (1520-1529).

URRAO, mun. de Colombia (Antioquia); 25 912 hab. Bosques. Fríjol y caña de azúcar. Vacunos.

URRIOLAGOITIA (Mamerto), *Sucre 1895-íd. 1974,* político boliviano. Vicepresidente (1947-1949) y presidente de la república (1949-1951), impidió el acceso a la presidencia de Paz Estensoro tras las elecciones de 1951 y entregó el poder a una junta militar.

URRUELA (Julio), *Guatemala 1910,* pintor y escultor guatemalteco. Realizó las vidrieras del palacio nacional de Guatemala.

URRUTIA (Francisco José), *Popayán 1870-1950,* político colombiano. Ministro de relaciones exteriores, firmó el *tratado Urrutia-Thompson* (1914), que restablecía las relaciones con EUA, alteradas tras la secesión de Panamá.

URRUTIA (Manuel), *Yaguajay 1901-Nueva York 1981,* político cubano. Exiliado en la época de Batista (1952), fue elegido presidente al triunfar la revolución (en. 1959), pero dimitió por desacuerdo con Castro (julio). En 1963 se exilió.

URSINOS (Marie-Anne **de La Trémoille,** princesa **degli Orsini** o **de los**), *París 1642-Roma 1722,* princesa francesa. Camarera mayor de María Luisa de Saboya, esposa de Felipe V de España, de 1701 a 1714, ejerció gran influencia sobre el rey. En 1714 fue alejada de la corte por la segunda esposa del rey, Isabel de Farnesio.

URSS (Unión de repúblicas socialistas soviéticas, en ruso SSSR [Soyuz Soviétskij Sotsialistícheskij Respúblik]), ant. estado de Europa y Asia.

HISTORIA

Los inicios del régimen soviético. 1917: tras la revolución de Octubre, se formó el Consejo de los comisarios del pueblo, compuesto exclusivamente por bolcheviques y presidido por Lenin. **1918:** se proclamó la República socialista federativa soviética de Rusia (RSFSR). Alemania le impuso el tratado de Brest-Litovsk. En la guerra civil se enfrentaron el Ejército rojo y los ejércitos blancos. Se instauró el llamado comunismo de guerra y se generalizaron las nacionalizaciones. **1919:** se fundó en Moscú la Internacional comunista. **1920:** la Rusia soviética reconoció la independencia de los estados bálticos. El último ejército blanco evacuó Crimea. El Ejército rojo ocupó Armenia. **1921:** ocupó Georgia; se firmó la paz con Polonia. Se adoptó la Nueva política económica (NEP). **1922:** Stalin se convirtió en secretario general del Partido comunista. Rusia, Transcaucasia (formada por Azerbaiján, Armenia y Georgia), Ucrania y Bielorrusia se integraron en la URSS. **1924:** muerte de Lenin. **1925-1927:** Stalin eliminó de la dirección del partido a Zinóviev, Kámenev y Trotski.

El período de Stalin. 1929: la NEP fue abandonada. El primer plan quinquenal dio prioridad a la industria pesada y se emprendió la colectivización masiva de las tierras. **1930:** liquidación de los kulaks. **1934:** la URSS fue admitida en la SDN. **1936:** una nueva constitución estableció la organización de la URSS en 11 repúblicas federadas: Rusia, Ucrania, Bielorrusia, Kazajstán, Kirguizistán, Uzbekistán, Tadzhikistán, Turkmenistán, Armenia, Azerbaiján y Georgia. **1936-1938:** la policía política (GPU) envió a los campos del Gulag a numerosos deportados e hizo desaparecer a la vieja guardia del partido. **1939:** se concluyó el pacto germanosoviético. **1939-1940:** la URSS anexionó Polonia oriental, los estados bálticos, Carelia, Besarabia y el N de Bucovina. **1941:** fue invadida por Alemania. **1943:** el Ejército rojo venció en la batalla de Stalingrado. **1944-1945:** las fuerzas soviéticas progresaron en Europa central y, conforme a los acuerdos de Yalta (febr. 1945), ocuparon la parte oriental de Alemania. **1947-1949:** se creó el Kominforn y en el conjunto de la Europa del Este se constituyeron regímenes calcados del de la URSS. Los soviéticos bloquearon Berlín Oeste (1948-1949). Se desarrolló la guerra fría. **1950:** se firmó un tratado de amistad con la China popular. **1953:** muerte de Stalin.

Los límites de la desestalinización y de la distensión. 1953: N. Jruschov fue elegido primer secretario del partido. **1955:** la URSS firmó el pacto de Varsovia con siete democracias populares. Las relaciones con China comenzaron a deteriorarse. **1956:** el XX congreso denunció algunos aspectos del estalinismo. El ejército soviético aplastó el intento de liberalización de Hungría. **1957:** se lanzó el primer satélite artificial de la Tierra (Spútnik I). **1962:** la instalación en Cuba de misiles soviéticos provocó una grave crisis con EUA. **1964:** Jruschov fue destituido; L. Brézhnev lo sustituyó al frente del partido. **1968:** la URSS intervino militarmente en Checoslovaquia. **1969:** aumentó la tensión con China. **1972-1979:** la URSS firmó los acuerdos SALT I y SALT II, que pretendían limitar la carrera armamentística. **1979:** las tropas soviéticas ocuparon Afganistán. **1982:** a la muerte de Brézhnev, Y. Andrópov se convirtió en secretario general del partido. **1984:** lo sucedió K. Chernenko.

La perestroika. 1985-1987: M. Gorbachov asumió la dirección del partido y emprendió la renovación de sus dirigentes. Puso en marcha la reestructuración *(perestroika),* promovió reformas con el fin de conseguir una mayor eficacia económica y una democratización de las instituciones, y reanudó la desestalinización. Volvió a entablar el diálogo con EUA (encuentros con Reagan), país con el que firmó un acuerdo sobre la eliminación en Europa de misiles de medio alcance (1987). **1989:** la URSS finalizó la retirada de sus tropas de Afganistán (febr.) y continuó su acercamiento a China. Se celebraron las primeras elecciones con candidaturas múltiples (marzo). Se desarrollaron las reivindicaciones nacionalistas, principalmente en los países bálticos y en el Cáucaso. Se agravaron las tensiones entre las nacionalidades y se exacerbaron en Armenia

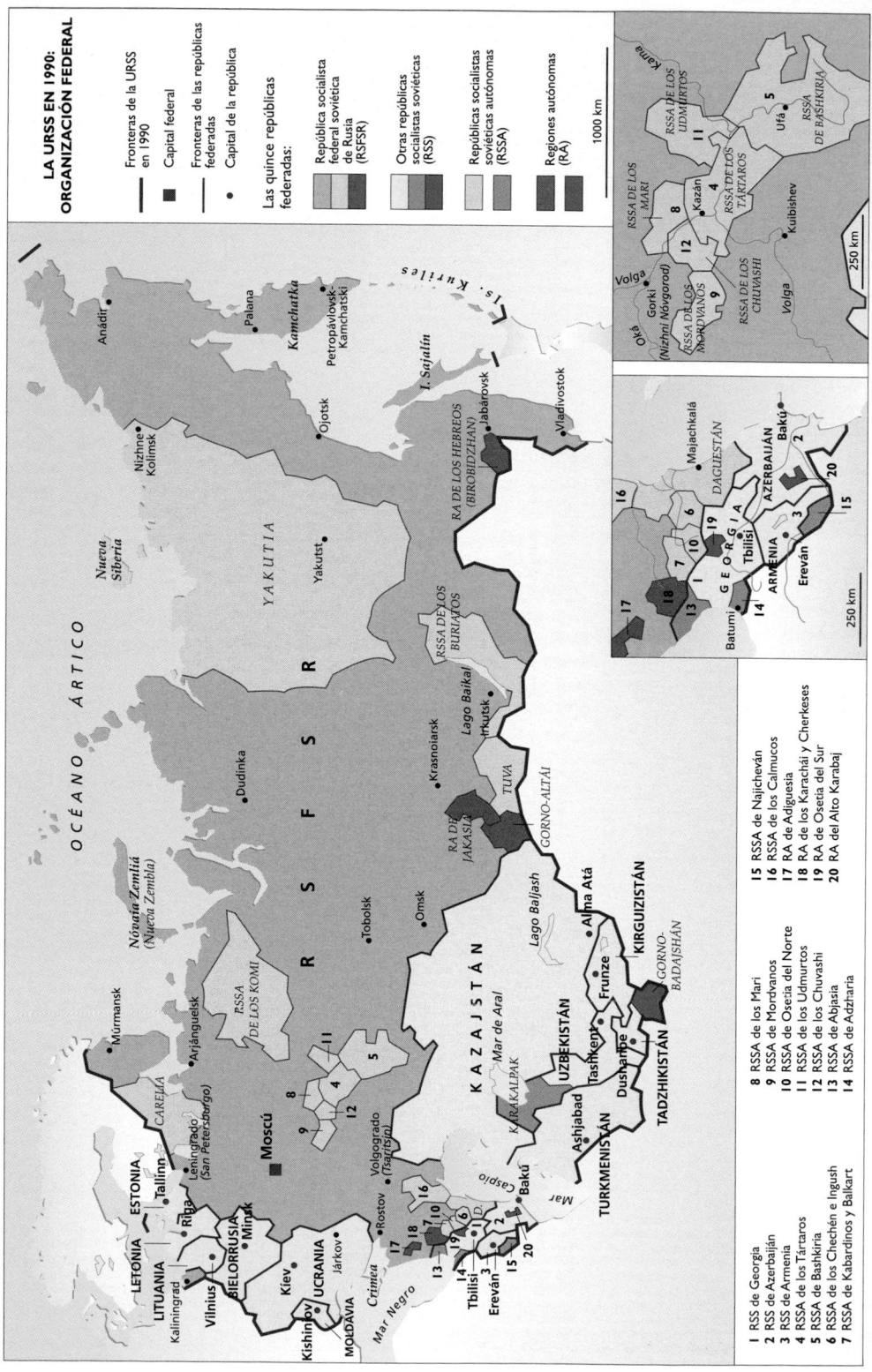

LA URSS EN 1990:
ORGANIZACIÓN FEDERAL

Fronteras de la URSS en 1990

■ Capital federal

Fronteras de las repúblicas federadas

• Capital de la república

Las quince repúblicas federadas:

República socialista federal soviética de Rusia (RSFSR)

Otras repúblicas socialistas soviéticas (RSS)

Repúblicas socialistas soviéticas autónomas (RSSA)

Regiones autónomas (RA)

1 RSS de Georgia
2 RSS de Azerbaiján
3 RSS de Armenia
4 RSSA de los Tártaros
5 RSSA de Bashkiria
6 RSSA de los Chechén e Ingush
7 RSSA de Kabardinos y Balkart
8 RSSA de los Mari
9 RSSA de Mordvanos
10 RSSA de Osetia del Norte
11 RSSA de los Udmurtos
12 RSSA de los Chuvashi
13 RSSA de Abjasia
14 RSSA de Adzharia
15 RSSA de Najichaván
16 RSSA de los Calmucos
17 RA de Adiguesia
18 RA de los Karachái y Cherkeses
19 RA de Osetia del Sur
20 RA del Alto Karabaj

y Azerbaiján. **1990:** se abolió el papel dirigente del partido y se instauró un régimen presidencial. Gorbachov fue elegido presidente de la URSS por el Congreso de los diputados del pueblo (marzo). La URSS aceptó la unificación de Alemania. La desorganización económica, que cuestionaba la eficacia de la reforma con vistas a instaurar una economía de mercado, y las tensiones entre el gobierno central y las repúblicas federadas hicieron peligrar la supervivencia de la federación.
La disolución de la Unión Soviética. 1991: fracasó el intento de golpe de estado de los conservadores contra Gorbachov, gracias a la resistencia dirigida por B. Yeltsin (ag.). La restauración de la independencia de los países bálticos (Estonia, Letonia y Lituania), reconocida por la comunidad internacional (sept.), fue seguida por la disolución de la URSS y la dimisión de Gorbachov (dic.). Rusia, Ucrania, Bielorrusia, Moldavia, las repúblicas de Asia central y las del Cáucaso (excepto Georgia), que habían proclamado su independencia, crearon la Comunidad de estados independientes (CEI). **1993:** Georgia ingresó en la CEI.

ÚRSULA (santa), *¿s. III?*, mártir. Según una leyenda popular, fue martirizada en Colonia junto con otras once mil vírgenes.

ÚRSULO GALVÁN, mun. de México (Veracruz); 23 633 hab. Fruticultura y explotación maderera.

URUAPAN DEL PROGRESO o **URUAPAN**, c. de México (Michoacán), al S de la sierra de Uruapan; 187 623 hab. Centro comercial de área maderera. Aeropuerto. — Antiguo hospital (s. XVI) con portada plateresca y bello patio (museo). — Fue fundada en 1533 por Fray Juan de San Miguel.

URUBAMBA, r. de Perú, una de las ramas del Ucayali; 725 km. Nace en la cordillera de Vilcanota, pasa por la c. minera de *Urubamba* (Cuzco) y se une al Apurímac. En parte de su trayecto se denomina *Vilcanota*. Aprovechamiento hidroeléctrico (central Machu Picchu).

URUGUAY, r. de América del Sur, en la vertiente atlántica, que nace en Brasil con el nombre de Pelotas y desemboca en el Río de la Plata; 1 000 km; cuenca de 350 000 km². Marca, sucesivamente, la frontera entre Brasil y Argentina, y entre Argentina y Uruguay. Su régimen, exclusivamente pluvial, se caracteriza por crecidas y estiajes muy acusados. Aprovechamiento hidroeléctrico (Salto Grande).

URUGUAY, dep. de Argentina (Entre Ríos); 86 457 hab.; cab. **Concepción del Uruguay*.

URUGUAY, estado de América del Sur, junto a la costa atlántica, en la región del Río de la Plata; 177 500 km²; 3 337 058 hab. *(uruguayos)*. CAP. *Montevideo*. LENGUA: *español*. MONEDA: *peso uruguayo*. *(V. mapa al final del volumen.)*

INSTITUCIONES

Constitución de 1966, presidencialista. El presidente de la república, elegido por sufragio universal para un período de cinco años, asume la jefatura del ejecutivo. El parlamento es bicameral (senado y cámara de diputados).

GEOGRAFÍA

Situado en el extremo S del macizo Brasileño, el país comprende terrenos llanos, en parte anegadizos, y algunas sierras y cerros poco elevados (513 m en el cerro Catedral, máxima altitud del país). La red fluvial es densa y ramificada; destacan el río Negro y el Uruguay. La población, mayoritariamente urbana, se concentra en el litoral del Río de la Plata y en particular en la capital, que concentra a casi la mitad de los habitantes del país. La economía se orienta tradicionalmente al sector agropecuario, en especial ganadero (exportación de carnes, cueros y lana). Entre los cultivos, cabe mencionar el trigo, maíz, arroz, caña de azúcar y vid. El país es pobre en recursos mineros: extracción de dolomita, cuarzo, mármoles y piedras finas. Tiene importancia la pesca. Destaca la producción hidroeléctrica, cuyos excedentes se exportan a los países vecinos. La industria se limita a las ramas ligeras (alimentación, textil, construcciones mecánicas), con excepción de la petroquímica (refinería de Montevideo) y el cemento. Turismo en el litoral platense y Punta del Este. Uruguay es miembro de Mercosur (1991).

HISTORIA

El poblamiento precolombino. El territorio uruguayo estaba ocupado por diversos pueblos, de filiación lingüística incierta, dedicados a la caza y la recolección, que disponían de una cultura material rudimentaria: los charrúas, los más característicos; los chaná, los arachán, etc.
Conquista y colonización. 1516: expedición de Díaz de Solís al Río de La Plata. **1520:** descubrimiento de la bahía de Montevideo por Magallanes. S. Caboto fundó el primer establecimiento (1527-1529). La hostilidad de los indios, en particular los charrúas, y la falta de riquezas, retrasó la colonización, que tuvo sus primeros impulsores en los franciscanos; el ganado bovino, introducido en el s. XVII, y el contrabando constituyeron las bases iniciales de la economía colonial. La región fue objeto de la competencia entre españoles y portugueses, que en 1680 fundaron la Colonia del Sacramento, cedida a la corona española por el tratado de San Ildefonso (1777). **H. 1726:** fundación de la fortaleza de Montevideo. **1778:** el reglamento de libre comercio impulsó el desarrollo de Montevideo y la Banda Oriental, integrada en el virreinato del Río de La Plata.
La independencia. 1807: ocupación británica de Montevideo. **1808-1811:** Montevideo se constituyó en centro de defensa de los intereses realistas. **1811-1816:** Artigas (grito de Asencio, 1811) inició el movimiento de independencia en la Banda Oriental, que consiguió la capitulación de Montevideo (1814); la oposición entre el federalismo reformista de Artigas y el centralismo de Buenos Aires abrió una nueva disidencia. **1816-1827:** el ejército portugués ocupó la Banda Oriental y la anexionó como provincia Cisplatina (1821), incorporada luego al imperio brasileño; el levantamiento antibrasileño de los Treinta y tres orientales (1825), y la posterior guerra argentino-brasileña, acabó con la intervención de Gran Bretaña y la constitución de Uruguay como estado interpuesto entre Argentina y Brasil (1828).
Blancos y colorados. 1830-1876: el nuevo estado se dividió en dos grandes facciones, la de los blancos (conservadores) y la de los colorados (liberales), que reflejaron la preeminencia del caudillismo y la contraposición de intereses entre los sectores campesinos del interior y los grupos comerciales de Montevideo, las guerras civiles fueron constantes (guerra Grande contra Argentina, 1843-1851, marcada por el sitio de Montevideo) hasta que la caída de Rosas en Argentina y la derrota del Paraguay en la guerra de la Triple alianza dejaron a los blancos sin sus apoyos externos y facilitaron el predominio colorado (V. Flores). **1876-1904:** los regímenes militares de Latorre y Santos (1876-1886) reforzaron la hegemonía colorada; la estabilización política facilitó el desarrollo de la economía exportadora, basada en los recursos ganaderos, y la inmigración europea. La marginación del Partido blanco suscitó las infructuosas rebeliones de Saravia (1897, 1904). Se incrementó rápidamente la población (90 000 hab. en 1850, 1 000 000 en 1900), gracias a una inmigración masiva.
Del batllismo al retorno de los blancos al poder. 1904-1933: las reformas del colorado Batlle y Ordóñez (1903-1907 y 1911-1915) y las de Williman (1907-1911) y Viera (1915-1919) iniciaron una nueva etapa caracterizada por un programa económico modernizador, la introducción de una legislación social reformista y la constitución liberal de 1918, que estableció el ejecutivo colegiado (presidencias de Brum, 1919-1923; Serrato, 1923-1927; Campisteguy, 1927-1931). **1933-1952:** el golpe incruento del general Gabriel Terra sustituyó el sistema colegiado por un régimen presidencialista (constitución de 1934), que mantuvo la hegemonía colorada mientras el país sufría las repercusiones de la crisis económica mundial. **1952-1966:** restablecido el sistema colegiado por la constitución de 1952, los blancos volvieron al poder en las elecciones de 1958, con un programa de defensa de las clases medias rurales, que no pudieron desarrollar en un país que se había terciarizado; en 1966 se volvió a una constitución presidencialista.
La radicalización política y el militarismo. 1967-1984: la agitación social y la eclosión de la guerrilla de los Tupamaros marcaron el final de la década de 1960. El ejército, favorecido por el colorado Juan María Bordaberry, se hizo con el poder frente a un fuerte conglomerado de izquierdas (el Frente amplio, de L. Seregni), e instauró una dictadura militar (1976-1984).
El retorno a la democracia. 1984: el poder civil fue restablecido con la elección a la presidencia de Julio María Sanguinetti (Partido colorado), que entró en funciones en 1985. **1990:** Luis Alberto Lacalle (Partido blanco nacional) se convirtió en presidente de la república. **1995:** J. M. Sanguinetti volvió a la jefatura del estado. **2000:** Jorge Batlle (colorado) lo sucedió. **2005:** rompiendo con la alternancia de blancos y colorados, Uruguay se dotó por primera vez de un presidente de la república de izquierdas, el socialista Tabaré Vázquez. **2006:** conflicto con Argentina por la instalación de plantas papeleras junto al río Uruguay. Inauguración del Instituto Pasteur de Montevideo, primero en su tipo de América Latina.

URUK, ant. c. de la baja Mesopotamia (act. *Warka*, Iraq). El legendario Gilgamés habría sido su primer rey (h. 2700). Ocupado desde la época de Obeid, el emplazamiento se convirtió en verdadera ciudad a partir de finales del IV milenio. Uruk ha dado nombre al período que desde esa época marcó la entrada de Mesopotamia en la civilización urbana. — Ruinas de templos, las primeras esculturas exentas, una glíptica notable (cilindrosellos), etc., se descubrieron en los tells de esta ciudad, donde apareció, a fines del IV milenio, el primer ejemplo de escritura pictográfica.

URUMEA (Valle del), comarca de España (Guipúzcoa y Navarra), que abarca la cuenca del *río Urumea* (50 km), hasta su desemboca dura en el Cantábrico después de atravesar San Sebastián.

URUMTSI, en chino **Wulumuqi**, c. de China, cap. de Xinjiang; 961 000 hab.

URUNDI → **BURUNDI**.

USA, sigla de United States of America (*Estados Unidos de América).

USANDIZAGA (José María), *San Sebastián 1887-íd. 1915*, compositor español. Con sus óperas (*Mendi Mendiyan*, 1911; *Las golondrinas*, 1914) y piezas para orquesta (*En el mar*, 1904) es uno de los creadores de la escuela musical vasca.

Usatges de Barcelona, primer código de derecho catalán, compilado h. mediados del s. XII y ampliado y reconocido en 1251, con Jaime I. Vigente hasta 1776, algunas disposiciones siguen integrando el derecho civil catalán.

USA Today, periódico estadounidense creado en 1982.

USHUAIA, c. de Argentina, cap. de la prov. de Tierra del Fuego, Antártida e Islas del Atlántico Sur; 29 696 hab. Es la c. más austral del mundo. Pesca. Refinería de petróleo. Base naval.

USIGLI (Rodolfo), *México 1905-íd. 1979*, escritor mexicano. En su obra dramática, de notable rigor técnico, abordó con realismo situaciones históricas (*Corona de sombra*, 1943; *Corona de fuego*, 1960; *Corona de luz*, 1964) y sociales (*El gesticulador*, 1937; *¡Buenos días, señor presidente!*, 1972). Escribió asimismo comedias (*La función de despedida*, 1949), poesía, ensayo y novela policíaca (*Ensayo de un crimen*, 1944). *[V. ilustr. pág. siguiente.]*

USINGER (Robert), *Fort Bragg, California, 1912-San Francisco 1968*, entomólogo estadounidense. Especialista en hemípteros, frenó la propagación de la fiebre amarilla en el Pacífico durante la segunda guerra mundial erradicando los mosquitos. Militó a favor de la protección de la fauna de las islas Galápagos.

ÜSKÜDAR, SKODËR o **SCUTARI**, sector asiático de İstanbul (Turquía), a orillas del Bósforo. Mezquitas del s. XVI. Gran cementerio.

USLAR PIETRI (Arturo), *Caracas 1906-íd. 2001*, escritor venezolano. Su luminosa obra narrativa incluye cuentos descriptivos de la vida campesina (*Treinta hombres y sus sombras*, 1949; *Pasos y pasajeros*, 1966) y novelas históricas (*Las lanzas coloradas*, 1931; *Oficio de difuntos*, 1976; *La isla de Robinson*, 1981; *La visita en el tiempo*, 1991, premio Rómulo Gallegos). Ha destacado también en el ensayo so-

■ RODOLFO **USIGLI**   ■ ARTURO **USLAR PIETRI**

bre temática americanista y nacional, y ha escrito obras teatrales.

USLÉ (Juan), *Santander 1954,* pintor español. Partiendo de la abstracción, su estilo aúna lirismo y geometría. (Premio nacional de artes plásticas 2002.)

USMAN DAN FODIO, *Marata 1754-¿1817?,* letrado musulmán. Fundador del imperio peul de Sokoto, declaró en 1804 la guerra santa *(ỹihād)* y se apoderó de las ciudades hausa.

USPANTÁN, mun. de Guatemala (Quiché); 28 104 hab. Café y caña de azúcar. Ganadería. Textiles.

USSURI, r. de Asia, afl. del Amur (or. der.), con el que confluye en Jabárovsk; 897 km. Forma frontera entre China y Rusia.

USSURIISK, c. de Rusia, al N de Vladivostok; 162 000 hab. Nudo ferroviario.

USTÁRIZ (Jerónimo de) → **UZTÁRIZ.**

Ustaša o **Ustachá,** sociedad secreta croata, fundada en 1929. Organizó el atentado contra Alejandro I (1934). Sus miembros *(ustaši)* dirigieron el estado croata independiente (1941-1945), aliado de las potencias del Eje.

ÚSTÍ NAD LABEM, c. de la República Checa (Bohemia), junto al Elba; 99 739 hab. Centro industrial. Castillo de los ss. XIV-XVI.

UST-KAMENOGORSK → **OSKEMEN.**

UST-URT, meseta desértica de Asia central (Kazajstán y Uzbekistán), situada entre los mares Caspio y Aral.

USULUTÁN, c. de El Salvador, cap. del dep. homónimo; 27 200 hab. Ciudad colonial, fundada en el s. XVI. — En el término, sitios mayas.

USULUTÁN (departamento de), dep. del SE de El Salvador; 2 130 km²; 317 079 hab.; cap. *Usulután.*

USUMACINTA, r. de América Central, de la vertiente del golfo de México; 800 km aprox. Nace en Guatemala, en la falda oriental de la serranía Los Altos, con el nombre de *Negro* o *Salinas;* después se llama *Chixoy* y penetra en México; tras recibir al río de la Pasión (or. der.) se denomina *Usumacinta* en su curso bajo, navegable. — El valle ha sido un eje de poblamiento desde los mayas.

UTAH, estado de Estados Unidos, en las montañas Rocosas; 1 722 850 hab.; cap. *Salt Lake City.* Recursos mineros (cobre). — La mayor parte de la población está formada por mormones, que la colonizaron desde 1847.

UTAMARO KITAGAWA, *1753-Edo 1806,* grabador y pintor japonés. Uno de los maestros de la estampa japonesa, es famoso por la sensualidad y elegancia de sus retratos femeninos.

UTEBO, mun. de España (Zaragoza); 10 719 hab. *(uteberos).* Junto al Ebro. — Notable torre mudéjar (1544).

ÚTICA, ant. c. del N de África, a orillas del Mediterráneo, al NO de Cartago. Fundada por tirios, se alió con Roma durante la tercera guerra púnica y se convirtió en la capital de la provincia romana de África.

UTIEL, c. de España (Valencia); 11 781 hab. *(utielanos).* Centro vinícola e industrial. — Santuario de Nuestra Señora del Remedio (s. XVI).

'UTMĀN IBN 'AFFĀN, *m. en Medina 656,* tercer califa (644-656). Ordenó realizar la versión definitiva del Corán y fue asesinado en el conflicto entre los Omeyas y los partidarios de 'Alí.

Utopía, obra de Tomás Moro, escrita en latín (1516) y traducida al inglés en 1551. En ella, el autor realizó un severo análisis crítico de la sociedad inglesa y europea e imaginó una isla regida por un comunismo ideal.

UTRECHT, c. de Países Bajos, cap. de la *provincia de Utrecht,* al S del IJsselmeer; 231 231 hab. (500 000 hab. en la aglomeración). Universidad. Centro administrativo, comercial (feria) e industrial. — Catedral gótica y otros monumentos; museos (pintores de Utrecht, como Van Scorel, Terbrugghen, Van Honthorst). — A principios del s. XVIII, la difusión en esta ciudad del jansenismo provocó un cisma y la formación de la Iglesia de los católicos viejos (1723).

Utrecht (tratados de) [1713-1715], conjunto de tratados firmados en Utrecht que, con los de Rastadt (1714) y Amberes (1715), pusieron fin a la guerra de Sucesión de España. Felipe V, reconocido como rey de España y de las Indias, cedió Gibraltar y Menorca a Gran Bretaña. El duque de Saboya recobró sus estados y recibió el título de rey de Sicilia. El elector de Brandeburgo fue reconocido rey de Prusia. Las Provincias Unidas recibieron una línea de ocho fortalezas en la frontera francesa. Carlos VI recibió de España los Países Bajos del sur, parte del Milanesado, Nápoles y los presidios de Toscana y Cerdeña. Juan V de Portugal recibió de Felipe V la Colonia del Sacramento. Gran Bretaña hizo reconocer el derecho a su trono de la reina Ana, y obtuvo de Francia Terranova, Acadia y la bahía de Hudson. Estos tratados acabaron con el Imperio español en Europa; en adelante Gran Bretaña tendría la supremacía, y Prusia y Saboya, protagonismo.

Utrecht (Unión de) [23 en. 1579], unión de las siete provincias protestantes de los Países Bajos para rechazar cualquier poder extranjero, en respuesta a la Unión de Arras (6 en. 1579) de las provincias católicas de los Países Bajos. Agrupaba a Holanda, Zelanda, Utrecht, Güeldres, Overijssel, Frisia y Groninga.

UTRERA, c. de España (Sevilla), cab. de p. j.; 46 084 hab. *(utreranos).* Centro agropecuario en la Campiña del bajo Guadalquivir; toros de lidia.

UTRILLO (Maurice), *París 1883-Dax 1955,* pintor francés. Hijo de la pintora Suzanne Valadon, pintó paisajes urbanos, principalmente de París, de estilo a la vez naïf y refinado.

UTRILLO (Miquel), *Barcelona 1862-Sitges 1934,* pintor y crítico de arte español. Destacó como cronista de arte. Fundó con Ramon Casas las revistas *Forma* y *Pèl & Ploma.* Dio su apellido al hijo de Suzanne Valadon, Maurice *Utrillo.

UTSUNOMIYA, c. de Japón (Honshū); 426 795 hab.

UTTARAKHAND, de 2000 a 2006 **Uttaranchal,** estado de la India; 55 850 km²; 8 479 562 hab.; cap. *Dehra Dūn.*

UTTAR PRADESH, estado de la India, en la llanura del Ganges; 238 500 km²; 132 067 000 hab.; cap. *Lucknow;* c. prales. *Kānpur, Benarés, Ágra* y *Allāhābād.* Es el estado más poblado de la India.

UTUADO, mun. del centro de Puerto Rico; 34 980 hab. Turismo (parque o bosque nacional del Caribe).

UTURUNCO, cerro de Bolivia (Potosí), en la cordillera de Lípez; 6 303 m.

UXMAL, centro arqueológico maya de México, en el NO del Yucatán, del período clásico tardío (600 a 900 d.C.). Edificios de estilo Puúc: Casa de las Monjas, palacio del Gobernador y pirámide del Adivino, con cinco estructuras superpuestas, que lo convierten en el sitio más representativo de dicho estilo. (Patrimonio de la humanidad 1996.)

UYUNI (salar de), salar del SO de Bolivia (Potosí), cerca de la frontera con Chile, a 3 656 m de alt.; 10,6 km².

UZBEKISTÁN, en uzbeko **O'zbekiston,** estado de Asia central; 447 000 km²; 23 340 000 hab. *(uzbekos).* CAP. *Tashkent.* LENGUA: *uzbeko.* MONEDA: *som uzbeko.*

GEOGRAFÍA

El país, situado entre el mar de Aral y las montañas del Tíen-shan y del Pamir, está habitado en más del 75 % por uzbekos autóctonos, islamizados. El clima es a menudo árido, aunque el regadío permite cultivar algodón, fruta y vid, y la ganadería (bovina y sobre todo ovina). El subsuelo produce petróleo y principalmente gas natural. El emplazamiento del país es un obstáculo para su desarrollo.

HISTORIA

1918: una República autónoma del Turkestán, dependiente de la república de Rusia, fue creada en la parte occidental de Asia central conquistada por los rusos a partir de la década de 1860. **1924:** la República socialista soviética de Uzbekistán fue instaurada sobre el territorio de la república del Turkestán y sobre la mayor parte de los antiguos kanatos de Bujará y de Jiva (Jarezm). **1929:** una República autónoma constituida en su seno, Tadzhikistán, se separó de ella. **1990:** los comunistas ganaron las primeras elecciones republicanas libres. **1991:** el Soviet supremo proclamó la independencia de Uzbekistán, que se adhirió a la CEI. **2005:** Islam Karímov fue elegido presidente de la república.

UZTÁRIZ o **USTÁRIZ** (Jerónimo de), *Santesteban, Navarra, 1670-Madrid 1732,* economista y político español. Mercantilista *(Teórica y práctica de comercio y de marina,* 1724), fue secretario de Carlos II y el principal inspirador de la política económica de Felipe V.

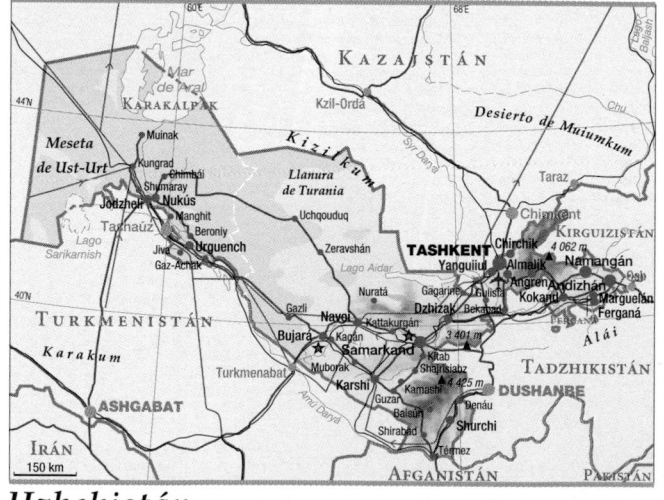

Uzbekistán

	→ gasoducto	—— carretera	● más de 2 000 000 hab.
200 500 1 000 2 000 m		—— ferrocarril	● de 250 000 a 2 000 000 hab.
	★ lugar de interés turístico	✈ aeropuerto	● de 100 000 a 250 000 hab.
			● menos de 100 000 hab.

VAAL, r. de Sudáfrica, afl. del Orange (or. der.); 1 200 km.

VAASA, c. de Finlandia; 55 000 hab. Puerto.

VACA DE CASTRO (Cristóbal), *Izagre, León, 1492-Valladolid 1566*, administrador español. Enviado a Perú (1540) para mediar en las luchas civiles, reformó la audiencia de Panamá, medió entre Belalcázar y Andagoya en Colombia, venció a Almagro el Mozo (sept. 1542) y mandó ejecutarlo. Sin embargo, el intento de aminorar la presión de las encomiendas sobre los indios le acarreó la animadversión de los colonizadores, y fue apresado por el nuevo virrey, Núñez de Vela. Rehabilitado, fue presidente del Consejo de Castilla (1557-1566).

VACAREZZA (Alberto), *Buenos Aires 1886-íd. 1959*, escritor argentino, autor de sainetes de ambiente porteño (*Los cardales*, 1913).

VADODARA, ant. **Baroda**, c. de la India (Gujarat); 1 115 265 hab. Química. — Museo.

VADUZ, cap. de Liechtenstein; 5 000 hab. Turismo.

VAGÁNOVA (Agrippina Yakóvlevna), *San Petersburgo 1879-íd 1951*, bailarina soviética. Su magisterio (a partir de 1919) y su tratado *Los fundamentos de la danza clásica* (1934) ejercieron una gran influencia.

VÁH, r. de Eslovaquia, afl. del Danubio (or. izq.); 378 km. Centrales hidroeléctricas.

VAJÁN, extremo NE de Afganistán.

VAJPAYEE (Atal Biharî), *Gwālior 1924*, político indio. Líder del Bharatiya Janata Party (BJP), partido hinduista nacionalista, fue primer ministro desde 1998 hasta 2004.

VALADÉS (Edmundo), *Guaymas 1915-México 1994*, escritor y periodista mexicano, dedicado sobre todo a la narrativa breve (*Adriana*, 1957).

VALAIS, en alem. **Wallis**, cantón de Suiza, en el valle del Ródano; 5 225 km²; 266 700 hab.; cap. *Sion* (25 336 hab.).

VALAQUIA, ant. principado danubiano que formó con Moldavia el reino de Rumania. **H. 1310-1352:** Basarab I creó el voivodato de Valaquia. **1396:** los otomanos lo obligaron a pagar tributos. **1774:** Valaquia quedó bajo la protección de Rusia. **1859:** Alejandro Cuza fue elegido príncipe de Moldavia y Valaquia. La unión de los dos principados se convirtió en definitiva en 1862.

VALBUENA DE DUERO, v. de España (Valladolid); 521 hab. Monasterio cisterciense fundado en 1144, con iglesia (ss. XII-XIII) y bello claustro.

VALBUENA PRAT (Ángel), *Barcelona 1900-Madrid 1977*, escritor español. Especialista en la literatura española del siglo de oro, es autor de *Historia de la literatura española* (1936) y

de *Historia de la literatura española e hispanoamericana* (1965, en colaboración con A. de Saz).

VALDÁI, meseta del NO de Rusia, donde nacen el Dvina occidental, el Volga y el Dniéper; 343 m.

VALDEAVELLANO (Luis García de), *Madrid 1904-íd. 1985*, historiador español. Vinculado a la escuela de medievalistas de Sánchez Albornoz, se especializó en instituciones y economía castellano-leonesas medievales (*Historia de las instituciones españolas*, 1968).

Valdecañas, embalse y central eléctrica de España (Cáceres).

VALDEDIÓS, lugar de España (mun. de Villaviciosa, Asturias). Iglesia prerrománica de San Salvador (s. IX); monasterio cisterciense de Santa María (iniciado en el s. XIII).

VALDELOMAR (Abraham), conocido bajo el seudónimo de **Conde de Lemos**, *Ica 1888-Ayacucho 1919*, escritor peruano, autor de cuentos de ámbito rural y de alegorías de tema quechua (*Los hijos del sol*, 1921).

VALDEMAR I el Grande, *Schleswig 1131-Vordingborg 1182*, rey de Dinamarca (1157-1182). Restableció el poder y la unidad interior de Dinamarca. — **Valdemar II Sejr** (el Victorioso), *1170-Vordingborg 1241*, rey de Dinamarca (1202-1241). Hizo codificar las leyes y establecer un inventario fiscal del reino. — **Valdemar IV Atterdag**, *h. 1320-1375*, rey de Dinamarca (1340-1375). Restableció la unidad del reino, pero no pudo impedir que la Hansa extendiese su influencia en Dinamarca.

VAL-DE-MARNE, dep. de Francia (Île-de-France); 245 km²; 1 227 250 hab.; cap. *Créteil*.

VALDEMORO, v. de España (Madrid); 28 243 hab. *(valdemorianos)*. Cultivos de secano. Producción de yeso y escayola.

VALDEPEÑAS, v. de España (Ciudad Real), cab. de p. j.; 26 395 hab. *(valdepeñeros)*. Industria vinícola y de licores. Elaboración de quesos.

VALDERADUEY o **ARADUEY**, r. de España, afl. del Duero (or. der.); 185 km. Riega la Tierra del Vino y desemboca cerca de Zamora.

VALDERRÁBANO (Enrique de), *Peñaranda de Duero h. 1500-d. 1557*, vihuelista y compositor español, autor de *Silva de sirenas* (1547), que contiene transcripciones de obras célebres de maestros extranjeros y españoles, y de una serie de fantasías propias.

VALDERRAMA (Carlos), *Santa Marta 1961*, futbolista colombiano. Centrocampista destacado, participó tres veces con la selección de su país en la copa del mundo (1990, 1994, 1998).

VALDERROBRES, v. de España (Teruel); 1 845

hab. *(valderrobrenses)*. Restos del castillo-palacio (1390-1410) y de la iglesia anexa de Santa María, gótica (s. XV); ayuntamiento renacentista.

VALDÉS, mun. de España (Asturias), cab. de p. j.; 15 297 hab.; cap. *Luarca*. En la desembocadura del río Negro. Ganado vacuno. Pesca. Conservas de pescado.

VALDÉS (península), península de Argentina (Chubut), entre los golfos de San Matías y Nuevo. (Patrimonio de la humanidad 1999.)

VALDÉS (Alfonso de), *Cuenca ¿1490?-Viena 1532*, humanista español. Erasmista, es autor de *Diálogo de las cosas ocurridas en Roma* (1527), sobre el saqueo de Roma, y de *Diálogo de Mercurio y Carón* (1528-1529). — **Juan de V.**, *Cuenca ¿1499?-Nápoles 1541*, humanista español. Hermano de Alfonso, también erasmista, es autor de *Diálogo de la lengua*, tratado esencial del ideal de lengua renacentista (1535, publicado en el s. XVIII), y de obras religiosas.

VALDÉS (Gabriel de la Concepción), *La Habana 1809-Matanzas 1844*, poeta cubano. De estilo directo e inclinado hacia la poesía de tintes rebeldes o eróticos, firmó bajo el seudónimo **Plácido** (*El hijo de la maldición*, 1843). Acusado de conspiración por el gobierno colonial, fue fusilado.

VALDÉS (Germán), llamado también **Tin Tan**, *México 1915-íd. 1973*, actor mexicano. Junto a Cantinflas, es uno de los principales cómicos del cine mexicano. En *Calabacitas tiernas* (G. Martínez Solares, 1948) encarnó por primera vez a Tin Tan, un personaje histriónico, canta rín y deslenguado, con el que alcanzó gran éxito en la década de 1950 (*La Marca del zorrillo*, 1950; *El revoltoso*, 1951; *Las locuras de Tin Tan*, 1952, todas de Martínez Solares).

VALDÉS (Jesús, llamado **Chucho**), *Quivicán 1941*, compositor, director de orquesta y pianista cubano. Renovó la música popular cubana al fusionarla con el jazz, como solista de piano y al frente del grupo Irakere (*Lucumí*, 1988; *Bele bele en La Habana*, 1998).

VALDÉS (Manuel, llamado **Manolo**), *Valencia 1942*, pintor español. Componente del Equipo Crónica, su obra se inscribe en el informalismo. También ha cultivado la escultura, en la que recrea temáticas de su pintura.

VALDÉS (Zoé), *La Habana 1959*, escritora cubana nacionalizada española. Miembro de la generación de nuevos escritores cubanos, ha publicado poesía (*Respuestas para vivir*, 1986; *Vagón para fumadores*, 1988), novelas (*La nada cotidiana*, 1995; *La eternidad del instante*, 2004) y relatos (*Traficantes de belleza*, 1998).

VALDÉS LEAL (Juan de), *Sevilla 1622-íd. 1690*, pintor español. Destacado representante del barroco andaluz, en su obra acentuó los elementos expresivos, adoptando progresivamente una mayor riqueza cromática, dinamismo compositivo y libertad de factura, de posible influencia italiana: seis lienzos para el convento de Santa Clara de Carmona, los llamados «Jeroglíficos de las postrimerías» (*Finis gloria mundi* e *In ictu oculi*) para el hospital de la Caridad de Sevilla, y «vanidades» (*Alegoría de la vanidad*).

VALDEZ, c. del N de Ecuador (Esmeraldas). Puerto.

VALDEZ, puerto petrolero de Estados Unidos (Alaska), en el golfo de Alaska.

VAL-D'ISÈRE, mun. de Francia (Savoie); 1 660 hab. Estación de deportes de invierno (alt. 1 850-3 650 m).

VALDIVIA, r. de Chile (Los Ríos), formado por el Cruces y el Callecalle y que desemboca en el Pacífico, junto a *Valdivia.*

VALDIVIA, c. de Chile, cap. de la región de Los Ríos, junto a la *ría de Valdivia;* 120 706 hab. Centro agropecuario e industrial. Puerto pesquero y comercial. Universidad. — Fue fundada en 1552 por Pedro de Valdivia, destruida posteriormente, y reconstruida a mediados del s. XVII.

VALDIVIA (Pedro **de**), *Villanueva de la Serena 1497-Tucapel, Chile, 1553,* conquistador y colonizador español. Maestre de campo de Pizarro (1537), combatió contra Almagro. En 1540 emprendió una expedición a Chile, donde fundó la primera ciudad, Santiago de la Nueva Extremadura (1541). Aliado de La Gasca contra Gonzalo Pizarro, fue nombrado gobernador de Chile (1549), colonizó la zona centro-sur del territorio, donde fundó Concepción (1550) y Valdivia (1552). Fue derrotado y muerto por los araucanos.

VALDIVIA (cultura de), cultura precolombina de la costa de Ecuador (3 200-1 800 a.C.), compuesta por pueblos sedentarios, principalmente pescadores. Se conservan figurillas femeninas de piedra y cerámica, vasijas de barro, herramientas líticas y adornos.

VALDO o **VALDÈS** (Pierre), llamado **Pierre de Vaux,** *Lyon 1140-¿en Bohemia? h. 1217,* heresiarca francés, fundador del movimiento religioso valdense.

VAL-D'OISE, dep. de Francia (Île-de-France); 1 246 km²; 1 105 464 hab.; cap. *Pontoise* (28 661 hab.).

VALÉE (Sylvain Charles, conde **de**), *Brienne-le-Château 1773-París 1846,* mariscal de Francia. Participó en el sitio de Zaragoza (1808) y dirigió los de Tarragona y Tortosa.

VALENÇA DO MINHO, v. del N de Portugal, junto a la frontera con España, frente a Tuy; 2 000 hab. Puente internacional sobre el Miño. Ciudad fortaleza, es un conjunto artístico-monumental. Turismo.

Valençay (tratado de) [1813], acuerdo entre el duque de San Carlos y A. R. de Mathurin en Valençay (Francia), por el que Napoleón reconocía a Fernando VII como rey de España y de las Indias. Las cortes y el Consejo de regencia españoles se negaron a ratificar el tratado hasta que Fernando VII jurase la constitución de 1812.

VALENCE, c. de Francia, cap. del dep. de Drôme, a orillas del Ródano; 66 568 hab. Catedral románica.

VALENCIA, mun. de Colombia (Córdoba), en el valle del Sinú; 20 709 hab. Plátano, arroz, maíz y yuca.

VALENCIA, en cat. **València,** c. de España, cap. de la Comunidad Valenciana, cap. de la prov. homónima y cab. de p. j., en la llanura costera del Mediterráneo; 739 014 hab. *(valencianos).* Es centro administrativo, comercial y financiero (Bolsa) de la región, y núcleo industrial. Activo puerto (El Grao). Universidades. — En la arquitectura religiosa destaca la catedral, esencialmente gótica, con elementos del románico (1262) al neoclásico (1774), torre del Miquelet, museo catedralicio; numerosas iglesias góticas, remodeladas en el barroco; monasterio de San Miguel de los Reyes y basílica de los Desamparados (s. XVII); iglesias neoclásicas. Entre los edificios civiles: puerta de Serranos (1396) y torres de Quart (1460); de los ss. XV-XVI son la Lonja (patrimonio de la humanidad 1996), el Consulado de Mar, el palacio de la Generalidad y el Almudín (museo paleontológico); el ant. Colegio del Patriarca (museo), el ant. Colegio de San Pío V (museo de bellas artes); el rococó palacio del marqués de Dos Aguas (museo nacional de cerámica); el barroco palacio de justicia (s. XVIII) y diversos edificios del modernismo y eclecticismo (ayuntamiento, 1929). Instituto valenciano de arte moderno (*IVAM), museo de arte del s. XX. *Ciudad de las artes y las ciencias. — De origen romano (*Valentia,* 137 a.C.), tuvo un gran desarrollo en época musulmana y fue sede de una taifa desde el s. XI. Conquistada por Jaime I de Aragón (1238), fue capital del reino de Valencia y en el s. XV se convirtió en capital financiera de la Corona de Aragón. Durante la guerra civil fue capital de facto de la segunda república (1936-1939).

VALENCIA, c. de Venezuela, cap. del est. Carabobo; 903 621 hab. Centro comercial de una rica región agropecuaria y activo centro industrial. Universidad. — Fue fundada por Alonso Díaz Moreno en 1555. Capital federal (1812-1830), en sus inmediaciones se libró la batalla de *Carabobo (24 junio 1821).

VALENCIA (golfo de), golfo de España, en la costa mediterránea, desde el delta del Ebro (Tarragona), al N, hasta el cabo de La Nao (Alicante), al S.

VALENCIA (Huerta de), en cat. **Horta de València,** comarca de España (Valencia), que comprende la vega del curso bajo del Turia, desde Puçol hasta la Albufera, en el Mediterráneo. Rica región agrícola de regadío.

VALENCIA o **TACARIGUA (lago de),** lago de Venezuela (Carabobo y Aragua); 378 km² aprox. Su principal tributario es el Aragua. La *Cuenca del lago de Valencia* es una región fisiográfica comprendida entre la cordillera de la Costa y la serranía del Interior.

VALENCIA (provincia de), prov. del E de España, en la Comunidad Valenciana; 10 763 km²; 2 201 200 hab.; cap. *Valencia.* Comprende la costa, baja y arenosa, y un sector montañoso (sistema Ibérico). Regadíos en la costa (agrios, arroz) y secano en el interior. Industrias en torno a la c. de Valencia. Turismo.

VALENCIA (reino de), uno de los reinos autónomos de la Corona de Aragón, formado tras la conquista de Valencia por Jaime I (1232-1245). En el s. XV fue el reino más próspero de la Corona, pero la derrota de las Germanías (1523) y la expulsión de los moriscos (1609) marcaron su decadencia. Su autonomía y el régimen foral fueron suprimidos en 1707, durante la guerra de Sucesión española.

VALENCIA (taifa de), reino musulmán, con capital en Valencia, formado tras la desintegración del califato (1010-1011). Se anexionó Murcia (1038-1063) y Almería (1039-1041), y estuvo gobernada por el Cid (1094-1099). Dominada por almorávides y almohades, fue conquistada por Jaime I de Aragón (1238).

VALENCIA (Guillermo), *Popayán 1873-íd. 1943,* poeta y político colombiano. Su poesía se sitúa en la vertiente más parnasiana del modernismo (*Poesías,* 1898; *Ritos,* 1914). Fue candidato a presidente de Colombia en dos ocasiones. — **Guillermo León V.,** *Popayán 1908-Rochester, EUA, 1971,* político colombiano. Hijo de Guillermo, dirigente del Partido conservador, fue presidente (1962-1966).

VALENCIA DE ALCÁNTARA, v. de España (Cáceres), cab. de p. j.; 6 240 hab. *(valencianos).* Restos romanos y árabes. Castillo. Iglesia de Rocamador. — Estuvo en poder de Portugal de 1654 a 1668.

VALENCIA DE DON JUAN, c. de España (León); 4 064 hab. (*coyantinos* o *valencianos*). Castillo (s. XV); iglesia de San Pedro (retablo renacentista) e iglesias mudéjares de San Juan y Santa María.

VALENCIANA (Comunidad), en cat. **Comunitat Valenciana,** región del E de España que constituye una comunidad autónoma, 23 646 km²; 4 806 908 hab. *(valencianos);* cap. *Valencia.* 3 prov. (*Castellón, Valencia* y *Alicante*).

GEOGRAFÍA

El territorio se divide en dos sectores diferenciados: la costa y la montaña, correspondiente al sistema Ibérico en el N y centro (Maestrazgo, puertos de Morella, sierra de Espadán) y a estribaciones de los sistemas Béticos en el S (Carrasqueta y Aitana). En la llanura costera predominan los tramos aluviales, con albuferas y playas arenosas. La economía se basa en la agricultura para la exportación (cítricos y hortalizas en las huertas litorales) y la gran industria (construcción naval, petroquímica, automóvil), que ha venido a sumarse a las ramas tradicionales (calzado, cerámica, textil, mueble, juguetes, turrones). No obstante, el sector más pujante de la economía es el terciario, en particular el turismo en la costa alicantina.

HISTORIA

Ss. VII-V a.C.: contactos con fenicios, griegos y cartagineses. **S. III a.C.:** destrucción de Sagunto por Aníbal (219 a.C.) y conquista romana (209 a.C.). **Ss. VI-VIII:** invasión visigoda; dominio bizantino en el S del Júcar (h. 554-630). Conquista musulmana (714). **S. XI:** reinos de taifa (Denia, Alpuente, Valencia). **S. XII:** dominación almorávid (1102) y almohade (1171). **1232-1245:** conquista de Jaime I de Aragón (reino de Valencia, 1240, integrado en la Corona de Aragón). **1519-1523:** sublevación de la Germanía. **1707:** derrota de Almansa y decreto de Nueva planta. **1808:** junta revolucionaria. Suchet formó en Valencia un gobierno en colaboración con la aristocracia local (1812). **S. XIX:** núcleos carlistas en el Maestrazgo y Els Ports (Cabrera y el guerrillero Pascual Cucala) y liberales en Valencia y Alcoy (levantamientos en 1836, 1854, 1856, 1867, 1869, 1873). **S. XX:** hegemonía política del blasquismo. Durante la guerra civil española Valencia fue la capital y sede del gobierno republicano (nov. 1936-marzo 1939). **1982:** estatuto de autonomía. **2006:** nuevo estatuto.

VALENCIENNES, mun. de Francia (Nord), a orillas del Escalda; 42 343 hab. (más de 340 000 en la aglomeración). Construcción automovilística. Química. — Museo de bellas artes.

VALENTE (Flavio), *Cibalae, Panonia, h. 328-Adrianópolis 378,* emperador romano (364-378). Gobernó las provincias orientales del imperio junto con su hermano Valentiniano I. Se convirtió al arrianismo y fue vencido y muerto por los visigodos.

VALENTE (José Ángel), *Orense 1929-Ginebra 2000,* poeta español. Su obra presenta gran rigor crítico e intelectual y un lenguaje depurado (*La memoria y los signos,* 1966; *El fulgor,* 1984; *No amanece el cantor,* 1992). [Premio nacional de poesía 1993 y 2001 (póstumo).]

VALENTIA, isla de la costa O de Irlanda. Punto de partida de una línea de cables transatlánticos. Estación meteorológica.

VALENTÍN, *m. h. 160,* heresiarca de origen egipcio. Su doctrina nóstica, difundida en Italia, Roma y Oriente, fue combatida por san Ireneo y Tertuliano.

VALENTÍN (san), *s. III,* mártir romano. Siguiendo una tradición medieval, la fiesta de San Valentín se ha convertido en el día de los enamorados (14 febr., principio de la época de apareamiento de los pájaros).

VALENTINIANO I, en lat. **Flavius Valentinianus,** *Cibalae, Panonia, 321-Brigetio, Panonia, 375,* emperador romano (364-375). Asociado a su hermano Valente, se estableció en Milán. Mantuvo a los bárbaros fuera del imperio, cuyas fronteras fortaleció, y se esforzó por mejorar las condiciones de las clases populares. — **Valentiniano II,** en lat. **Flavius Valentinianus,** *h. 371-Viena 392,* emperador romano (375-392). Hijo de Valentiniano I, reinó en occidente; probablemente, su tutor, Arbogasto, lo mandó asesinar. — **Valentiniano III,** en lat. **Flavius Placidus Valentinianus,** *Ravena 419-Roma 455,* emperador romano de occidente (425-455). Sucesor de Honorio, perdió Britania y dejó instalarse a los vándalos en África. Fue asesinado por los fieles a Aecio, al que había matado a pesar de su victoria frente a Atila (451).

VALENTINO (Rodolfo **Guglielmi,** llamado **Rodolfo**), *Castellaneta, prov. de Tarento, 1895-Nueva York 1926,* actor estadounidense de origen italiano. Prototipo del seductor latino, fue una de las primeras grandes estrellas de Hollywood (*Los cuatro jinetes del Apocalipsis,* R. Ingram, 1921; *El caíd,* G. Melford, 1921; *Sangre y arena,* F. Niblo, 1922).

VALENTÍN VALIENTE, mun. de Venezuela (Sucre), integrado en Cumaná; 20 170 hab.

VALENZANI (Pedro), *Milán 1827-Montevideo 1898*, pintor italiano activo en Uruguay, dedicado al retrato y a los temas históricos.

VALENZUELA (Fernando), *Etchohuaquila, Sonora, 1960*, jugador de béisbol mexicano. Ganador con Los Angeles Dodgers de dos títulos (1981 y 1988), se le considera uno de los lanzadores más destacados de la serie mundial de EUA. Obtuvo el Guante de oro en 1986.

VALENZUELA (Fernando de), *Nápoles 1636-México 1692*, político español. Confidente de la reina Mariana de Austria (conocido como «el Duende de palacio»), dirigió la política estatal (1676-1677). Apresado por orden de Juan José de Austria, fue desterrado a Filipinas (hasta 1689) y México.

VALERA, c. de Venezuela (Trujillo); 97 012 hab. Centro comercial, industrial y de comunicaciones.

VALERA (Eamon de) → DE VALERA.

VALERA (fray Blas), *¿Lima? 1538-Cádiz 1598*, cronista peruano. Jesuita desde 1568, fue enviado al Cuzco como predicador (1571) y se hizo gran conocedor del quechua. Es autor de *Historia del Perú*, escrita en latín y que a su muerte recompuso Garcilaso de la Vega.

VALERA (Juan), *Cabra 1824-Madrid 1905*, escritor y diplomático español. Espíritu culto, dejó abundantes obras de crítica en que recopiló su labor periodística. Su producción narrativa, intelectual y fluida, se inició con *Pepita Jiménez* (1874). Con *Juanita la larga* (1895), encabezó un ciclo novelístico más costumbrista. Escribió también cuentos y un extenso epistolario. (Real academia 1861.)

VALERIANO, en lat. *Publius Liccinius Valerianus*, *m. en 260*, emperador romano (253-260). Asoció al imperio a su hijo Galieno, a quien confió Occidente. Persiguió a los cristianos (edictos de 257 y 258) y fue derrotado por los persas en Edesa. Fue hecho prisionero por el rey sasánida Sapor I y ejecutado.

VALERIO MÁXIMO, *s. i a.C.-s. i d.C.*, historiador romano. Es autor de *Hechos y dichos memorables*, colección de anécdotas morales dedicadas a Tiberio.

VALERIO PUBLÍCOLA (Publio), *m. en 503 a.C.*, político romano. Según la tradición, fue uno de los cónsules del primer año de la república. Las medidas que adoptó en favor del pueblo le valieron el sobrenombre de *Publícola* («Amigo del pueblo»).

VALÉRY (Paul), *Sète 1871-París 1945*, escritor francés. Discípulo de Mallarmé, tras publicar sus primeros poemas se decantó un tiempo por el estudio de las matemáticas. Se reintegró a la creación artística con *Introducción al método de Leonardo da Vinci* (1895) y volvió a la poesía de inspiración simbolista (*La joven Parca*, 1917; *Cármenes*, 1922, que contiene el célebre poema *El cementerio marino*). Escribió también numerosos ensayos sobre arte, música, ciencia y filosofía.

■ PAUL **VALÉRY**

■ RAMÓN MARÍA DEL **VALLE-INCLÁN**, por J. de Echevarría.

VALHALA, VALHALLA o **VALL-HÖLL**, en la mitología germánica septentrional, morada paradisíaca reservada a los héroes muertos.

VALIA, rey de los visigodos (415-418). Sucesor de Ataúlfo, puso fin a la independencia de los vándalos silingos y de los alanos, y pactó con Roma.

VALIENTE Y CUEVAS (Porfirio), *Santiago de Cuba 1807-en Jamaica 1870*, patriota cubano.

Abogado, impulsó en 1836 al gobernador de Oriente, Lorenzo, a implantar la constitución de 1812. En 1848 apoyó a Betancourt Cisneros en sus proyectos de anexionar Cuba a EUA y desde 1868 fue delegado de la República en armas en Europa. Es autor de *Las reformas en las islas de Cuba y Puerto Rico* (1868).

VALIRA o **GRAN VALIRA**, r. de Andorra y España, afl. del Segre (or. der.); 45 km. Central hidroeléctrica de Les Escaldes (25 MW).

VALLA o **DELLA VALLE** (Lorenzo), en lat. **Laurentius Vallensis**, *Roma 1407-Nápoles 1457*, humanista italiano. Intentó conciliar la sabiduría antigua y la fe cristiana (*De voluptate*, 1431).

VALLADOLID, c. de España, cap. de Castilla y León, cap. de la prov. homónima y cab. de p.j., en la confluencia del Pisuerga y el Esgueva; 319 129 hab. (*vallisoletanos*). Centro industrial, administrativo y cultural (universidad).— Rico conjunto monumental: iglesias de Santa María la Antigua (ss. XII-XV) y de Santiago (gótica), y convento de Santa Clara (ss. XIII-XV); del gótico final son el convento de San Pablo (ss. XIII-XV) y el colegio de San Gregorio (s. XV, museo nacional de escultura), en los que destaca la profusa decoración escultórica de las fachadas; del s. XVI son la iglesia de la Magdalena, la catedral, iniciada en 1585 e inacabada, el convento de las Huelgas (1579-1600) y la iglesia de la Cruz (1595); iglesias barrocas. En arquitectura civil destacan el colegio mayor de Santa Cruz, que combina elementos góticos, renacentistas y barrocos (museo arqueológico); numerosos palacios renacentistas, y la universidad, con portada barroca (1715). Museos nacional de esculturas policromas (A. Berruguete, Juan de Juni, etc.); de arte contemporáneo; cervantino.— Centro cultural de Castilla y sede del consejo real, perdió sus privilegios tras apoyar a las Comunidades. Felipe II trasladó la capital a Madrid, con lo que se inició la decadencia de Valladolid.

VALLADOLID, mun. de México (Yucatán); 36 397 hab. Convento franciscano (1552-1560).

VALLADOLID (provincia de), prov. de España, en Castilla y León, 8 201 km²; 495 690 hab.; cap. *Valladolid*. Constituye una extensa llanura en el centro de la Meseta norte, regada por el Duero y sus afluentes. Agricultura de secano (cereales, patata y vid); ganadería ovina y avicultura. Industrias en torno a la capital: metalúrgicas (automóviles, construcciones mecánicas, fundición de aluminio), químicas, alimentarias y textiles.

VALLADOLID DE MICHOACÁN, nombre que recibió la c. mexicana de *Morelia* hasta 1828. Fue un importante foco independentista desde 1809 (conspiración de Obeso, Michelena y Quevedo).

VALLBONA DE LES MONGES, mun. de España (Lérida); 266 hab. Monasterio cisterciense (ss. XII-XIV), con elementos góticos (cimborrio, parte del claustro).

VALLDEMOSA, en cat. **Valldemossa**, v. de España (Baleares), en Mallorca; 1 670 hab. (*valldemosinos*). Cartuja (1399), reformada en los ss. XVIII-XIX (recuerdos de F. Chopin y G. Sand, antigua farmacia).

VALLDOSERA (Eulàlia), *Vilafranca del Penedès 1963*, artista española. Sus instalaciones son una reflexión sobre la identidad de la mujer y las nociones de sexo, amor, enfermedad y maternidad.

VALL D'UIXÓ (la), c. de España (Castellón); 29 152 hab. (*vallenses*). Industria del calzado. — Iglesias barrocas; palacio de los duques de Medinaceli. Cuevas de San José (turismo).

VALLE (monte del), parque natural de España, en el SO de Murcia; 1 900 ha.

VALLE (departamento de), dep. del S de Honduras; 1 565 km²; 119 889 hab.; cap. *Nacaome*.

VALLE (Evaristo), *Gijón 1873-íd. 1951*, pintor, grabador y dibujante español. En su obra predominan los temas populares asturianos, de un realismo austero y sencillo (*La romería*).

VALLE (Rafael Heliodoro), *Tegucigalpa 1891-México 1959*, escritor hondureño, autor de poesía posmodernista (*Ánfora sedienta*, 1917) y de ensayos históricos y literarios de tema latinoamericano.

VALLE-ARIZPE (Artemio del), *Saltillo 1888-México 1961*, escritor mexicano. Cronista oficial de la ciudad de México (1942), sus ensayos y narraciones son de tema colonial (*Cuando había virreyes*, 1956).

VALLE DE BRAVO, mun. de México (México); 36 762 hab. En el término, *presa de Valle de Bravo*.

VALLE DE LA PASCUA, c. de Venezuela (Guárico); 67 100 hab. Centro agropecuario y petrolero.

VALLE DEL CAUCA o **VALLE** (departamento del), dep. del O de Colombia; 22 140 km²; 2 847 087 hab.; cap. *Cali*.

VALLE DEL CIBAO → VEGA REAL (La).

VALLE DE SANTIAGO, c. de México (Guanajuato); 100 733 hab. Industria agropecuaria. Mercado.

VALLEDUPAR, c. de Colombia, cap. del dep. del Cesar; 192 049 hab. Centro comercial de una rica región agrícola e industrial. Yacimientos de petróleo en su proximidad.

VALLE HERMOSO, mun. de México (Tamaulipas); 48 343 hab. Agricultura e industrias derivadas.

VALLE-INCLÁN (Ramón del Valle y Peña, llamado Ramón María del), *Villanueva de Arosa, Pontevedra, 1866 Santiago de Compostela 1936*, escritor español. La estética modernista y decadentista preside su primera producción, de la que es paradigma la poesía de *La lámpara maravillosa* (1916) y la narrativa de las *Sonatas* (1902-1905), retablo narrativo protagonizado por el alter ego del autor, el marqués de Bradomín. Otra vertiente de una Galicia intemporal, folclórica y mágica, es la de la serie narrativa *La guerra carlista* (1908-1909) y la serie de las *Comedias bárbaras* (1907-1922). Posteriormente evolucionó hacia posturas ideológicas comprometidas y su estilo pasó de la utilización al expresionismo, donde se inscribe el esperpento, que deforma la realidad desde un punto de vista crítico y que encuentra su medio de expresión especialmente en el teatro (*Divinas palabras*, 1920; *Luces de bohemia*, 1924). De su novelística posterior cabe destacar el ciclo *El ruedo ibérico*, iniciado en 1927, y la novela de tema latinoamericano *Tirano Banderas* (1926), considerada por la crítica como una de las mejores del s. XX.

VALLEJO (César), *Santiago de Chuco 1892-París 1938*, escritor peruano. Su primera selección poética, *Los heraldos negros* (1918), tiene influencias del modernismo, con el que rompe en *Trilce* (1922), donde ofrece un tono personal de intimismo y solidaridad que prosigue en sus colecciones de cuentos (*Escalas melografiadas*, 1923), su novela *Tungsteno* (1931) o sus crónicas. Póstumamente se editaron algunos libros de poemas abiertos a planteamientos más directos y orales (*Poemas humanos*, 1939; *España, aparta de mí este cáliz*, 1940).

VALLEJO (Fernando), *Medellín 1943*, escritor colombiano. Afincado en México desde 1971, su narrativa, contestataria, presenta visos autobiográficos (ciclo *El río del tiempo*, 5 vols., 1985-1993; *La virgen de los sicarios*, 1994; *El desbarrancadero*, 2001; *Mi hermano el alcalde*, 2004). También ha dirigido cine (*Crónica roja*, 1977; *En la tormenta*, 1985). [Premio Rómulo Gallegos 2003.]

VALLEJO (Francisco Antonio), pintor mexicano del s. XVIII, documentado entre 1752 y 1784, autor de frescos murales en México y en San Luis Potosí (*Vida de san Lorenzo*).

VALLEJO (José Joaquín), más conocido bajo el seudónimo **Jotabeche**, *Copiapó 1811-Santiago*

■ CÉSAR **VALLEJO**, por Sofía Gandarias.

■ FERNANDO **VALLEJO**

■ **VALPARAÍSO.** Vista de la población Lord Cochrane, en el cerro Santo Domingo.

■ **WILLEM VAN DE VELDE EL JOVEN.** *Mar en calma.* (Museo Condé, Chantilly, Francia.)

1858, escritor y periodista chileno, autor de artículos satíricos y de costumbres.

VALLEJO-NÁGERA (Juan Antonio), *Oviedo 1926-Madrid 1990*, psiquiatra español. Además de obras de su especialidad (*Introducción a la psiquiatría*, 1960; *Ante la depresión*, 1987), publicó novelas y ensayos.

VALLENAR, com. de Chile (Atacama); 47 094 hab. Minas de cobre, molibdeno, plata, oro y manganeso; minas de hierro. Industria metalúrgica, química y vinícola. Central térmica.

VALLÈS (El), comarca de España (Barcelona), entre las cordilleras Litoral y Prelitoral. Se distinguen *El Vallès Occidental*, con núcleos industriales como Terrassa y Sabadell, y *El Vallès Oriental*, con actividades agropecuarias e industrias.

VALLÉS (Francisco), *Covarrubias 1524-Burgos 1592*, médico y filósofo español. Médico de Felipe II, escribió obras científicas y expuso su pensamiento, escolástico, en *Sacra filosofía* (1587), obra prohibida por la Inquisición.

VALLÈS (Jules), *Le Puy 1832-París 1885*, escritor francés. Periodista comprometido, fue miembro de la Comuna de París. Escribió novelas autobiográficas.

VALLETTA (La) o **LA VALETTA**, cap. de Malta, en la costa E de la isla; 9 000 hab. (102 000 hab. en la aglomeración). Turismo. — Ciudad nueva, fortificada, construida desde 1566; monumentos. (Patrimonio de la humanidad 1980.)

VALLE VIEJO, dep. de Argentina (Catamarca); 17 284 hab.; cab. *San Isidro.* Olivo, vid y frutales.

VALLE Y CAVIEDES (Juan del), *Porcuna, España, h. 1645-Lima h. 1697*, poeta peruano. Considerado el principal poeta peruano del s. XVII, fue influido por los barrocos españoles y sor Juana Inés de la Cruz (*Carta en verso*).

VALLFOGONA (El Rector de) → **GARCIA** (Francesc Vicent).

VALLMITJANA, escultores españoles: **Venanci V.**, *Barcelona 1828-íd. 1919*, y su hermano **Agapit V.**, *Barcelona 1830-íd. 1905*. Su obra se enmarca dentro de un realismo ecléctico.

VALLOTTON (Félix), *Lausana 1865-París 1925*, pintor y grabador francés de origen suizo. Vinculado al grupo de los nabis, realizó grabados sobre madera y pinturas realistas estilizadas.

VALLS, c. de España (Tarragona), cab. de p. j.; 20 382 hab. (*vallenses*). Junto al río Francolí. Industrias. — Iglesia gótica de San Juan (s. XVI).

VALLS (Xavier), *Barcelona 1923-íd. 2006*, pintor español. Residente en París desde 1949, su obra, figurativa (bodegones, paisajes), delicada y sutil, absorbe aportes del cubismo.

VALLSECA (Gabriel), *Barcelona-en Mallorca d. 1449*, cartógrafo catalán. Su carta náutica de 1439 representa el notable náutico geográfico.

VALLTORTA (barranco de la) → **ALBOCÀSSER**.

VALMASEDA (Juan de), escultor español activo en Castilla y León entre 1516 y 1548. Su estilo, de tradición gótica, se caracteriza por la expresividad de los personajes y el dramatismo de la composición (*Calvario*, retablo mayor de la catedral de Palencia, 1519).

VĀLMĪKI, *h. s. IV a C.*, sabio indio. Se le atribuye el *Rāmāyaṇa.*

VALOIS, dinastía francesa, sucesora de los Capetos y anterior a los Borbones, que reinó en Francia desde Felipe VI (1328) hasta la muerte de Enrique III (1589).

VALOIS (Ninette de) → **DE VALOIS**.

VALONIA, en fr. **Wallonie**, en neerl. **Wallonië**, región de Bélgica; 16 846 km²; 3 255 711 hab. (*valones*); cap. *Lieja*; 5 prov. (*Brabante valón, Hainaut, Lieja, Luxemburgo* y *Namur*). Una de las tres regiones del estado federal, la mayoría de sus habitantes son francófonos.

valor militar (medalla del), condecoración italiana instituida en 1833.

VALPARAÍSO, c. de Chile, cap. de la región homónima; 276 736 hab. Forma con Viña del Mar una conurbación de más de 600 000 hab. Segundo centro económico del país. Puerto en el Pacífico. Base naval. Refino de petróleo, metalurgia del cobre, astilleros, cemento. Turismo. — Descubierta por Juan de Saavedra (1536), Valdivia la designó puerto de Santiago (1544). El centro histórico (patrimonio de la humanidad 2003) resultó muy dañado por un incendio en 2007.

VALPARAÍSO, mun. de México (Zacatecas); 44 183 hab. Cereales, legumbres y frutas.

VALPARAÍSO (región de), región de Chile; 16 396 km²; 1 373 967 hab.; cap. *Valparaíso.* Comprende el archipiélago de Juan Fernández y las islas de Pascua, Salas y Gómez, San Félix y San Ambrosio.

valquiria (La), segunda parte (primera jornada tras el Prólogo) de la *Tetralogía.*

VALQUIRIAS, divinidades femeninas de la mitología escandinavo-germánica. Mensajeras de Wotan (Odín) y custodias del Walhalla, conducen a los héroes muertos en el combate.

Valsequillo o **Manuel Ávila Camacho**, presa de México (Puebla), sobre el río Atoyac; 20 km de long. y 405 millones de m³.

VALTELINA, en ital. **Valtellina**, región de Italia, formada por el alto valle del Adda; c. pral. *Sondrio.* Durante la guerra de los Treinta años Richelieu la ocupó para impedir la unión entre las posesiones de los Habsburgo de España y de Austria; español a los españoles, a los que conminó a firmar el tratado de Milán (1637), por el que España renunciaba al derecho de tránsito por el valle.

VALVERDE (provincia de), prov. del NO de la República Dominicana; 580 km²; 111 470 hab.; cap. *Mao* (ant. *Valverde*).

VALVERDE (José María), *Valencia de Alcántara 1926-Barcelona 1996*, escritor español, poeta (*Poesías reunidas*, 1990), ensayista, traductor e historiador literario.

VALVERDE (Juan), *Amusco, Palencia, h. 1515-Roma h. 1588*, médico español. Anatomista, su *Historia de la composición del cuerpo humano* (1556) introduce correcciones a la *Fabrica* de Vesalio y proporciona una descripción correcta y precisa de la circulación pulmonar.

VALVERDE DEL CAMINO, c. de España (Huelva), cab. de p. j.; 12 480 hab. (*valverdeños*). Yacimientos de manganeso. Industrias del calzado y la madera.

VAMBA → **WAMBA**.

VAN (lago), lago del E de Turquía (alt. 1 646 m); 3 700 km².

VANADZOR, ant. **Kirovakán**, c. de Armenia; 159 000 hab.

VAN ALLEN (James Alfred), *Mount Pleasant, Iowa, 1914-Iowa City 2006*, físico estadounidense. Descubrió los cinturones de radiación que rodean la Tierra, a los que dio su nombre. (Premio Crafoord 1989.)

VANBRUGH (sir John), *Londres 1664-íd. 1726*, arquitecto inglés. Palladiano y barroco, erigió el palacio de Blenheim (patrimonio de la humanidad 1987), cerca de Oxford (1705).

VAN BUREN (Martin), *Kinderhook, estado de Nueva York, 1782-íd. 1862*, político estadounidense. Presidente del país (1837-1841), continuó la obra de Jackson y reorganizó el Partido demócrata.

VAN CAMPEN (Jacob), *Haarlem 1595-cerca de Amersfoort 1657*, arquitecto y pintor neerlandés. Realizó los planos del Mauritshuis, en La Haya, y del ant. ayuntamiento de Amsterdam (1648), en un estilo inspirado en Palladio.

VAN CLEVE (Joos), *¿Clèves? h. 1490-Amberes h. 1541*, pintor flamenco. Maestro en Amberes (1511), es autor de obras religiosas (retablos de *La muerte de la Virgen*, Munich y Colonia) y de retratos.

VAN COEHOORN (Menno, barón), *Britsum, cerca de Leeuwarden, 1641-La Haya 1704*, ingeniero militar neerlandés. Diseñó las fortificaciones de Nimega, Breda y Bergen op Zoom. Su obra hizo escuela en el s. XVIII.

VANCOUVER, c. de Canadá (Columbia Británica), junto al estrecho de Georgia, frente a la isla de Vancouver; 471 844 hab. (1 409 361 hab. en la aglomeración, la tercera del país). Universidad. Puerto. Salida del Canadá al Pacífico, centro industrial (madera, construcción naval, mecánica y alimentación) y turístico (museos, entre ellos el de antropología; parques).

VANCOUVER (isla de), isla de Canadá, en la costa de Columbia Británica; 32 137 km²; c. pral. *Victoria.*

VANCOUVER (George), *King's Lynn 1757-Richmond 1798*, navegante británico. Hizo la primera descripción exacta de la costa O de Canadá (1791-1795).

VAN DE GRAAFF (Robert Jemison), *Tuscaloosa, Alabama, 1901-Boston 1967*, físico estadounidense. Realizó las primeras grandes máquinas electrostáticas destinadas a la aceleración de partículas.

VANDELLÒS I L'HOSPITALET DE L'IN-FANT, mun. de España (Tarragona); 4 343 hab. (*vandellosans*). Central nuclear.

VANDELVIRA o **VANDAELVIRA** (Andrés de), *Alcaraz 1509-Jaén 1575*, arquitecto español. Discípulo de D. de Siloe, su estilo renacentista derivó hacia el manierismo (iglesia del Salvador, hospital de Santiago, ayuntamiento y palacios de Úbeda).

Vandenberg, base militar estadounidense de lanzamiento de misiles e ingenios espaciales, en la costa del Pacífico (S de California).

VAN DEN BOSCH (Johannes, conde), *Herwijnen, Güeldres, 1780-La Haya 1844*, administrador neerlandés. Gobernador de las Indias neerlandesas (1830-1833), impuso un sistema de cultivos forzados que obligaba a los campesinos de Java a dedicar una quinta parte de sus tierras a cultivos elegidos por el gobierno. Fue ministro de las colonias de 1835 a 1839.

VAN DER GOES (Hugo), *m.en el monasterio de Auderghem 1482*, pintor flamenco, maestro pintor en Gante en 1467. Monumental y patético, dejó impresa la huella de su espíritu angustiado en el realismo flamenco (*Tríptico Portinari*, h. 1475, Uffizi; *La muerte de la Virgen*, Brujas).

VAN DER HAMEN (Juan), *Madrid 1596-íd. 1631*, pintor español. Se especializó en bodegones de destacada sobriedad y precisión técnica, con influencias tanto de la pintura flamenca como de los bodegonistas italianos posteriores a Caravaggio.

VAN DER MEER (Simon), *La Haya 1925*, ingeniero neerlandés. Ideó un sistema de producción de haces muy finos de antiprotones que, en el supersincrotón de protones del Cern, permitió descubrir los bosones intermediarios. (Premio Nobel de física 1984.)

VANDERVELDE (Émile), *Ixelles 1866-Bruselas 1938*, político belga. Diputado socialista (1894), presidió de la II Internacional (1900), fue ministro de asuntos exteriores (1925-1927) y firmó los acuerdos de Locarno (1925).

VAN DER WAALS (Johannes Diderik), *Leiden 1837-Amsterdam 1923*, físico neerlandés. Estudió la continuidad de los estados líquidos y gaseosos (1873) y las fuerzas de atracción de origen electrostático entre moléculas. También dio una ecuación del estado de los fluidos. (Premio Nobel 1910.)

VAN DER WEYDEN (Roger de La Pasture, o Rogier), *Tournai h. 1400-Bruselas 1464*, pintor flamenco. Es, después de Van Eyck, el más célebre de los «primitivos» flamencos (*Descendimiento de la cruz*, h. 1435, Prado; *San Lucas pintando a la Virgen*, Boston; retablo del *Juicio final*, h. 1445-1450, Beaune; *Tríptico Braque*, Louvre; retrato de *El hombre de la flecha*, Bruselas).

VAN DE VELDE, familia de pintores paisajistas neerlandeses del s. XVII, de entre los que destacan **Esaias Van de V.**, *Amsterdam h. 1590-La Haya 1630*, iniciador de la visión realista del paisaje holandés, y **Willem Van de V. el Joven**, *Leiden 1633-Greenwich 1707*, sobrino de Esaias, pintor de marinas de una gran calidad poética.

VAN DE VELDE (Henry), *Amberes 1863-Zurich 1957*, arquitecto decorador y pintor belga. Fue uno de los principales animadores del movimiento modernista en Europa, vinculado al mismo tiempo a un modernismo contenido y al funcionalismo. Dirigió la escuela de artes aplicadas de Weimar.

VAN DIEMEN (Anthony), *Culemborg 1593-Batavia 1645*, administrador neerlandés. Gobernador general de la Compañía de las Indias neerlandesas (1636-1645), extendió la influencia de ésta a Ceilán y Malaca.

VAN DIJK (Peter), *Bremen 1929-París 1997*, bailarín y coreógrafo alemán. Gran intérprete (*Giselle; Petrushka*) y coreógrafo (*La sinfonía inacabada*), se consagró como director de compañías de danza (Ballet de la ópera de Hamburgo, 1962-1970; Ballet del Rin, 1974-1978).

■ HUGO **VAN DER GOES.**
Panel derecho del *Tríptico Portinari* (h. 1475), que representa a santa Margarita y santa Magdalena con María Portinari y su hija. (Uffizi, Florencia.)

VAN DONGEN (Kees), *Delfshaven, cerca de Rotterdam, 1877-Montecarlo 1968*, pintor neerlandés nacionalizado francés. Fauvista y gran colorista, pintó escenas de la vida contemporánea y numerosos retratos.

VAN DYCK o **VAN DIJCK** (Antoon o Antonio), *Amberes 1599-Londres 1641*, pintor flamenco. Colaborador de Rubens (h. 1618-1621), se estableció sucesivamente en Génova, de nuevo en Amberes (pinturas religiosas, retratos) y en Londres, donde se convirtió en pintor de Carlos I y de la corte de Inglaterra (1632). El éxito de sus retratos, llenos de virtuosismo y distinción, fue enorme.

VÄNERN (lago), lago de Suecia, el mayor de Escandinavia, tributario del Cattegat a través del Göta älv; 5 585 km².

VANES, divinidades germánicas agrarias, enfrentadas a los dioses *Ases*.

VAN EYCK (Jan), *h. 1390 Brujas 1441*, pintor flamenco. Al servicio de Juan de Baviera, futuro conde de Holanda (miniaturas de las *Horas de Nuestra Señora*, Turín), y luego de Felipe el Bueno (1425), fue encargado de misiones diplomáticas y h.1430 se estableció en Brujas. Su fama creció con la inauguración en 1432 del retablo de *El cordero místico* (que había empezado Hubert Van Eyck, probablemente su hermano mayor) en Gante. Mezcló varias técnicas (entre ellas el óleo) para dar a la materia pictórica una fuerza de sugestión inédita, liberada —en provecho de un realismo minucioso— del manierismo ornamental del estilo gótico internacional. Junto con el maestro de Flémalle, es el fundador de la gran escuela flamenca, tanto por sus cuadros religiosos (*Virgen del canciller Rolin*, Louvre) como por sus retratos (el de *El matrimonio Arnolfini* es el primer ejemplo de escena intimista burguesa de la historia de la pintura).

VAN GOGH (Vincent), *Groot-Zundert, Brabante, 1853-Auvers-sur-Oise, Francia, 1890*, pintor neerlandés. Su vida, marcada por la inquietud espiritual, fue breve y trágica. Tras vivir en la región belga hullera del Borinage y en Nuenen (cerca de Eindhoven), se estableció en París (1886-1887) y posteriormente en Provenza. Tras un breve internamiento (1889) en el asilo psiquiátrico de Saint-Rémy-de-Provence, se instaló en Auvers-sur-Oise (1890), donde se suicidó. Intentó obtener la máxima intensidad y vibración cromática en sus naturalezas muertas y ramos de flores (*Girasoles*), retratos y paisajes (*Puente del Inglés en Arles; El campo de trigo y ciprés; La noche estrellada*, MOMA, Nueva York), convirtiéndose así en precursor de fauvistas y expresionistas. Está representado en el museo de Orsay (*Campamento de gitanos; La habitación; La iglesia de Auvers;* autorretratos),

pero mejor todavía en el museo nacional Van Gogh de Amsterdam y el museo Kröller-Müller de Otterlo.

VAN GOYEN (Jan), *Leiden 1596-La Haya 1656*, pintor neerlandés. Discípulo de E. Van de Velde y uno de los mejores paisajistas de su país, es famoso por sus vistas fluviales con reflejos plateados o dorados.

vanguardia (La), diario español, fundado en Barcelona en 1881 por Bartolomé Godó y representativo de la burguesía catalana.

VAN HEEMSKERCK (Maarten), *Heemskerk, cerca de Haarlem, 1498-Haarlem 1574*, pintor y grabador neerlandés. Influido por el arte italiano, es autor de grandes retablos, de expresión atormentada, de retratos y de dibujos para tapices, vidrieras y grabados.

VAN HELMONT (Jan Baptist), *Bruselas 1579-Vilvorde 1644*, médico y químico flamenco. Alquimista discípulo de Paracelso, descubrió el gas carbónico, ideó el término «gas» y reconoció la función del jugo gástrico en la digestión.

VAN HONTHORST (Gerrit), *Utrecht 1590-íd. 1656*, pintor neerlandés. Formado en Roma y seguidor de Caravaggio, se dedicó a escenas de género de un realismo expresivo, a menudo nocturnos iluminados con luz de vela.

VANIKORO, isla de Melanesia, al N de Vanuatu, dependencia de las Salomón. Probablemente en ellas Lapérouse y su tripulación perecieron en un naufragio (1788).

VANINI (Giulio Cesare), *Taurisano, Lecce, 1585-Toulouse 1619*, filósofo italiano. Sacerdote, viajó por Europa proponiendo una filosofía naturalista y proclamando su ateísmo (*El anfiteatro de la eterna Providencia*, 1615). Fue quemado vivo.

VAN LAER o **VAN LAAR** (Pieter), llamado (il) Bamboccio (en esp. **el Bambocho**), *Haarlem 1599-íd. 1642*, pintor neerlandés. Se estableció en Roma, donde destacó por sus escenas populares, llamadas *bambochadas* debido a su sobrenombre.

VAN LEEUWENHOEK (Antony), *Delft 1632-íd. 1723*, naturalista neerlandés. Es uno de los fundadores de la microbiología. Estudió con microscopios fabricados por él mismo los espermatozoides, numerosos protistos, los glóbulos de la sangre, y muchas otras estructuras microscópicas. *(V. ilustr. pág. siguiente.)*

VAN LOO o **VANLOO**, familia de pintores franceses de origen neerlandés. — **Charles André**, llamado **Carle Van L.**, *Niza 1705-París 1765*, pintor francés. Formado en Italia, desde 1735 hizo carrera en la corte de París, como representante de la estética rococó. — **Jean-Baptiste Van L.**, *Aix-en-Provence 1684-íd. 1745*, pintor francés. Hermano de Charles André, fue pintor de temas históricos y retratista. — **Louis Michel Van L.**, *Toulon 1707-París 1771*, pintor francés. Hijo de Jean-Baptiste, destacó como retratista de la corte de Felipe V de España y como pintor de temas mitológicos.

VAN MANDER (Carel), *Meulebeke, Flandes Occidental, 1548-Amsterdam 1606*, pintor y tratadista de arte flamenco. Fundó junto a Golt-

zius, una academia de arte en Haarlem (1587). Su *Libro de los pintores* (1604) es un testimonio sobre los pintores flamencos, holandeses y alemanes de los ss. XV y XVI.

VAN MUSSCHENBROEK (Petrus), *Leiden 1692-íd. 1761*, físico neerlandés. Inventó (de manera accidental) la «botella de Leiden», primer condensador eléctrico (1746).

VANNES, c. de Francia, en Bretaña, cap. del dep. de Morbihan; 54 773 hab. Catedral (ss. XIII-XVIII). Museos.

VAN OLDENBARNEVELT (Johan) → OLDENBARNEVELT.

VAN ORLEY (Barend o Bernard), *Bruselas h. 1488-íd. 1541*, pintor y decorador flamenco. Artista oficial con un estilo de transición, es autor de retablos y retratos, así como de cartones para vidrieras y tapices.

VAN OSTADE (Adriaen), *Haarlem 1610-íd. 1685*, pintor neerlandés. Es autor de interiores al estilo de Brouwer. — **Isaac Van O.**, *Haarlem 1621-íd. 1649*, pintor neerlandés. Hermano de Adriaen, recibió su influencia y, posteriormente, se especializó en el paisaje.

VAN ROMPUY (Herman), *Etterbeek 1947*, político belga. Democristiano flamenco, presidente de la Cámara de representantes (2007-2008), es primer ministro desde dic. 2008.

VAN RUYSBROECK, VAN RUUSBROECK o **VAN RUISBROEC** (Jan), llamado **el Admirable**, *Ruusbroec, cerca de Bruselas, 1293-Groenendaal, cerca de Bruselas, 1381*, teólogo y escritor brabanzón. Sus escritos místicos, que figuran entre las primeras grandes obras en lengua neerlandesa, marcaron profundamente la corriente de la Devotio moderna.

VAN RUYSDAEL o **VAN RUISDAEL** (Jacob), *Haarlem 1628 o 1629-íd. 1682*, pintor neerlandés. Su obra marca el auge de la escuela paisajista holandesa y al mismo tiempo la superación de esta por una visión dramática o lírica que preludia el romanticismo (*Cementerio israelita*, versiones de Dresde y Detroit; *Orilla del río*, Louvre). Era sobrino de otro paisajista, Salomon **Van Ruysdael** (h. 1600-1670).

VAN SCHENDEL (Arthur), *Batavia, act. Yakarta, 1874-Amsterdam 1946*, novelista neerlandés. Su obra describe la vida de provincias holandesa (*La fragata Juana María*, 1930).

VAN SCOREL (Jan), *Schoorl, cerca de Alkmaar, 1495-Utrecht 1562*, pintor neerlandés. Tras varios viajes (Venecia, Roma), se estableció en Utrecht (h. 1525) y fue uno de los primeros en introducir la influencia italiana en los Países Bajos. Su obra también está marcada por el realismo nórdico y la expresividad (retablos, como el *Políptico de Marchiennes*; retratos).

VANTAA, c. de Finlandia, en la zona suburbana de Helsinki; 157 274 hab. Aeropuerto.

VAN'T HOFF (Jacobus Henricus), *Rotterdam 1852-Berlín 1911*, químico neerlandés. Creador, junto con A. Le Bel, de la estereoquímica, formuló la teoría del carbono asimétrico. En 1884 estableció las bases de la cinética química. En 1886 señaló la analogía entre las soluciones y los gases, y enunció una teoría de la presión osmótica. (Premio Nobel 1901.)

VANUA LEVU, una de las islas Fidji; 5 535 km².

VANUATU, ant. **Nuevas Hébridas**, estado de Oceanía, al NE de Nueva Caledonia; 12 200 km²; 174 000 hab. CAP. *Port-Vila*. LENGUAS: inglés, bislamar y francés. MONEDA: *vatu*. (V. mapa de **Melanesia**.) El clima tropical húmedo explica la extensión de bosque que cubre el 75 % aprox. del territorio. Pesca. Copra. — El archipiélago, descubierto en 1606 por los portugueses, fue colonizado tardíamente. La comisión naval francobritánica, instaurada en 1887, estableció un condominio (1906), que remplazó a la administración militar por sus altos comisarios residentes. La independencia del archipiélago, que adoptó el nombre de *Vanuatu*, tuvo lugar en 1980.

VAN VELDE (Bram), *Zoeterwoude, cerca de Leiden, 1895-Grimaud, Francia, 1981*, pintor y litógrafo neerlandés. La orientación de su obra, sobre todo a partir de 1945, lo convirtió en uno de los principales representantes de la abstracción lírica europea. Su hermano **Geer** (Lisse 1898-Cachan 1977) también fue pintor.

VAN VLECK (John Hasbrouck), *Middletown 1899-Cambridge, Massachusetts, 1980*, físico estadounidense. Se centró en la estructura de la materia desordenada, el magnetismo, el comportamiento de las impurezas en los cristales y las propiedades semiconductoras de los sólidos amorfos. (Premio Nobel 1977.)

VAR, dep. de Francia (Provenza-Alpes-Costa Azul); 5 973 km²; 898 441 hab.; cap. *Toulon*.

VĂRĂNASI → BENARÉS.

VARDÁNEGA (Gregorio), *Passagno, Venecia, 1923*, artista argentino de origen italiano. Miembro del grupo *Arte concreto-invención, en París se adscribió al arte cinético.

VARDAR, r. de Macedonia y Grecia, que desemboca en el mar Egeo; 420 km.

VARELA (familia), familia de políticos, escritores y periodistas argentinos. — **Juan Cruz V.**, *Buenos Aires 1794-Montevideo 1839*. Colaboró con Rivadavia y en 1826 fue secretario del congreso general constituyente; fundó diarios liberales y escribió obras líricas y dramáticas de corte neoclásico. — **Florencio V.**, *Buenos Aires 1807-Montevideo 1848*. Hermano de Juan Cruz, fue una figura destacada del Partido unitario y combatió a Rosas, a manos de cuyos agentes murió. Es autor de ensayos (*Escritos políticos y literarios*, 1859). — **Mariano V.**, *Montevideo 1834-Buenos Aires 1902*. Hijo de Florencio, fue ministro de relaciones exteriores (1868-1874) y fundó el periódico *La tribuna*.

VARELA (Blanca), *Lima 1926-íd. 2009*, poeta peruana. Inscrita en la generación del 50 (*Ese puerto existe*, 1959), su obra trata con libertad formal asuntos existenciales desde la evocación lírica y la reflexión (*Luz de día*, 1963; *Concierto animal*, 1999). [Premios: García Lorca 2006; Reina Sofía de poesía iberoamericana 2007.]

VARELA (José Pedro), *Montevideo 1845-íd. 1879*, pedagogo uruguayo. Reformó la enseñanza primaria en su país e introdujo en ella los conceptos de laicidad, obligatoriedad y gratuidad (*La educación del pueblo*, 1874).

VARELA (Pedro José), *La Florida 1837-Montevideo 1879*, político uruguayo, jefe del gobierno interino (1868) y presidente (1875).

VARELA (Xesús Varela Vázquez, llamado Lorenzo), *La Habana 1916-Madrid 1978*, poeta español en lengua gallega. Autor de *Lejos* (1954), tras la guerra civil se exilió en Francia y más tarde en México, donde colaboró en la revista *Taller* de Octavio Paz.

Varennes (la fuga de) [20-25 junio 1791], episodio de la Revolución francesa. Al tratar de llegar al extranjero, Luis XVI y su familia fueron arrestados en Varennes (hoy *Varennes-en-Argonne*, Meuse) tras ser reconocidos por J.-B. Drouet.

VARESE, c. de Italia (Lombardía), cap. de prov., cerca del *lago de Varese*; 85 461 hab. Centro turístico e industrial. — Ant. palacio de Este (s. XVIII), con bellos jardines; museo.

VARÈSE (Edgar), *París 1883-Nueva York 1965*, compositor estadounidense de origen francés. Renovó la orquesta en obras que combinan viento y percusión (*Intégrales*, 1925) o están escritas íntegramente para percusión (*Ionization*, 1933). Posteriormente abordó la música electroacústica (*Desiertos*, 1954).

VARGA (Yevgueni), *Budapest 1879-Moscú 1964*, político y economista soviético de origen húngaro. Fue el gran especialista en cuestiones económicas dentro de los organismos dirigentes de la *Internacional comunista.

VARGAS (estado), est. del N de Venezuela, constituido en 1998; 1 496 km²; 230 103 hab.; cap. *La Guaira*.

VARGAS (Getúlio), *São Borja, Rio Grande do Sul, 1883-Río de Janeiro 1954*, político brasileño. Presidente de la república (1930-1945), instauró un régimen corporativista, autoritario y nacionalista. Pese a proclamar el Estado novo, de tendencias fascistas, intervino en la segunda guerra mundial con los Aliados. Depuesto en 1945 y reelegido en 1950, evolucionó hacia una política de izquierdas cuyas medidas sociales le dieron gran popularidad. La dura oposición de sectores militares y de la oligarquía lo llevó al suicidio.

VARGAS (Isabel Lizano Vargas, llamada Chavela), *San Joaquín 1919*, cantante costarricense nacionalizada mexicana. Destacada intérprete de la canción mexicana y latinoamericana, caracterizada por enfatizar el texto sobre la música (*Volver, volver; La llorona*).

VARGAS (Luis de), *Sevilla h. 1505-íd. h. 1567*, pintor español. La complejidad y el dinamismo de su obra lo acercan al manierismo italiano (*Crucifixión*, catedral de Sevilla).

VARGAS (Manuel, llamado Manolo), *México 1914-Madrid 1970*, bailarín mexicano de origen español. Destacado intérprete de flamenco, actuó en las compañías de la Argentinita (1940-1946) y de Pilar López (1946-1954). Participó en la película *Duendes y misterios del flamenco* (1952).

VARGAS (Manuela Hermoso Vargas, llamada Manuela), *Sevilla 1941-Madrid 2007*, bailaora española. Su sobriedad, elegancia y peculiar interpretación de las bulerías destacaron en su larga trayectoria artística (*Antología dramática del flamenco*, 1963; *Medea*, 1984; *Cachorro*, 1994).

VARGAS (Pedro), *San Miguel de Allende 1904-México 1989*, cantante mexicano. Tras debutar como tenor operístico (1928), se dedicó a la música ligera, popularizando boleros, rancheras, corridos (*María bonita; Mujer; Abrázame; No me amenaces*). También protagonizó films: *Soy puro mexicano* (1942), *Carne de horca* (1953), *México lindo y querido* (1961).

VARGAS (Ramón), *México 1960*, tenor mexicano, especializado en el bel canto y el romanticismo italianos, singularmente en obras de Rossini, Bellini, Donizetti y Verdi.

VARGAS LLOSA (Mario), *Arequipa 1936*, escritor peruano nacionalizado español. Su obra narrativa parte de la relectura de los grandes autores del realismo europeo y se inició con el relato *Los jefes* (1958), alcanzando su madurez novelística con *La *ciudad y los perros* (1962). Con creciente dominio de la técnica narrativa (*La casa verde*, 1966; *Conversación en la Catedral*, 1969), se inspira en materiales reales (*Pantaleón y las visitadoras*, 1973; *La guerra del fin del mundo*, 1981; *Lituma en los Andes*, 1993; *La fiesta del Chivo*, 2000; *Travesuras de la niña mala*, 2006). También ha escrito ensayos literarios y artículos periodísticos. Candidato en las elecciones presidenciales

■ JACOB **VAN RUYSDAEL.** *Cascada* (h. 1660-1665). [Rijksmuseum, Amsterdam.]

■ MARIO **VARGAS LLOSA**

peruanas de 1990, fue derrotado. [Premio Rómulo Gallegos 1967; premio Cervantes 1994.] (Real academia 1994.)

VARNA, c. de Bulgaria, junto al mar Negro; 295 000 hab. Puerto. Estación balnearia y centro industrial. — Museo con restos del rico mobiliario (cobre y oro) de una necrópolis calcolítica (h. 4000 a.C.).

Varna (batalla de) [10 nov. 1444], victoria de los otomanos de Murâd II sobre las fuerzas cristianas de Ladislao III Jagellón y Juan Hunyadi.

VARO (Publio Quintilio), *h. 46 a.C.-bosque de Teutoburgo 9 d.C.*, general romano. Los germanos de Arminio aniquilaron sus legiones en el bosque de Teutoburgo (Renania del N).

VARO (Remedios), *Anglès, Gerona, 1913-México 1963,* pintora española. Relacionada con los grupos surrealistas españoles y franceses e instalada en México (1942), su obra aporta una singular y onírica combinación de poesía e ironía.

VARONA (Enrique José), *Puerto Príncipe, act. Camagüey, 1849-La Habana 1933,* escritor y político cubano. Independentista, fue vicepresidente (1913-1917). Escribió ensayo filosófico, influido por el empirismo (*Conferencias,* 1880-1888), y político (*Los cubanos en Cuba,* 1889), así como poesía y narrativa.

VARRÓN, en lat. **Terentius Varro,** *m. en 216 a.C.,* cónsul romano. Fue derrotado en la batalla de Cannas por Aníbal (216 a.C.).

VARRÓN, en lat. **Marcus Terentius Varro,** *Reate, act. Rieti, 116-27 a.C.,* escritor latino. Lugarteniente de Pompeyo durante la guerra civil, se reconcilió con César, quien le encargó organizar la primera biblioteca pública de Roma. De su obra escrita solo se conservan tres libros de un tratado de economía rural, una parte de un tratado de gramática y *Sátiras menipeas.*

VARSOVIA, en polaco **Warszawa,** cap. de Polonia, cap. de voivodato, a orillas del Vístula; 1 653 500 hab. (*varsovianos*). Metrópoli política, cultural, comercial e industrial, fue reconstruida tras la segunda guerra mundial. — Museos. (Patrimonio de la humanidad 1980.) Capital de Polonia (1596), cedida a Prusia en 1795, capital del gran ducado de Varsovia (1807) y del reino de Polonia (1815), cuyo soberano era el emperador de Rusia, se sublevó en 1830 y en 1863. Capital de la república polaca (1918), en 1939 fue ocupada por los alemanes. Sufrió gravísimos daños y pérdidas humanas durante la destrucción del gueto de Varsovia (1943) y el aplastamiento de la insurrección de 1944. La ciudad fue liberada por fuerzas polacosoviéticas en enero de 1945.

Varsovia (convención de), convención que instituyó en 1929 un régimen jurídico del transporte aéreo internacional y que unificó las normas de responsabilidad de los transportistas.

Varsovia (pacto de), alianza militar que agrupaba en torno a la URSS a Albania (hasta 1968), la RDA, Bulgaria, Hungría, Polonia, Rumania y Checoslovaquia. Creado en 1955 a raíz del ingreso de la RFA en la OTAN, fue disuelto en 1991. El mando supremo de las fuerzas recaía en un general soviético.

VASA → GUSTAVO I VASA.

Vasaloppet, célebre carrera de esquí nórdico, disputada cada año en Suecia, de 85,8 km de recorrido.

VASARELY (Victor), *Pécs 1908-París 1997,* pintor húngaro nacionalizado francés, uno de los maestros del arte cinético «virtual» (op art).

■ **VARSOVIA.** La plaza del Mercado.

VASARI (Giorgio), *Arezzo 1511-Florencia 1574,* pintor, arquitecto e historiador del arte italiano. Es autor de una célebre y valiosa colección de *Vidas* de artistas, en la que privilegia a la escuela florentina.

VASCAS (montañas), conjunto de alineaciones montañosas del N de España, entre la cordillera Cantábrica, al O, los Pirineos, al E, y la Llanada de Vitoria, al S; 1 544 m en el pico de Aitzgorri. Nudo hidrográfico del País Vasco.

VASCO (País), en vasc. **Euskal Herria** o **Euskadi,** región geográfico-histórica del extremo O de los Pirineos. Comprende el País Vasco español y el País Vasco francés (Euskadi Norte), que se extiende al E del pico de Anie y por el antepaís pirenaico hasta el valle del Adour y que comprende Zuberoa, Lapurdi (unidas a Francia en 1541) y Baja Navarra (en 1607).

VASCO (País) o **EUSKADI,** comunidad autónoma del NE de España; 7 254 km²; 2 133 684 hab. (*vascos*); cap. *Vitoria-Gasteiz*; 3 prov. (*Álava, Guipúzcoa y Vizcaya*).

GEOGRAFÍA

Abarca el macizo de las montañas Vascas, con cuencas y llanos en el interior (Llanada de Vitoria) y estrechos valles en los cursos de los ríos (Bidasoa, Urumea, Deva, Oria, Nervión). Clima templado oceánico, con abundantes precipitaciones. Gran implantación industrial (siderurgia, construcción naval y bienes de equipo en Vizcaya; máquinas-herramienta, papel y química en Guipúzcoa). Cultivos de hortalizas y frutales en regadío, y vid, cereales y patata en secano; ganadería bovina y porcina. Pesca. Centrales térmicas.

HISTORIA

Los vascones habitaban el Pirineo oriental y el del Ebro. Las conquistas romanas, visigóticas y musulmanas no sometieron a los vascones de las tierras altas. **S. VIII:** ducado de Vasconia, vasallo de los francos, origen del reino de Navarra (s. IX). **S. XII:** apertura del Camino de Santiago y expansión castellana hacia la costa (1180, fundación de San Sebastián). **S. XIV:** firma de alianzas jurídicas con Castilla (fueros). **S. XV:** victoria de las hermandades y de campesinos sobre la nobleza. **S. XIX:** comerciantes e industriales defendieron el liberalismo; nobleza, iglesia y campesinado fueron el principal apoyo social del carlismo (Zumalacárregui). **1872:** abolición de los fueros. Desde fines de siglo se formó una poderosa burguesía industrial (siderurgia, construcción naval) y financiera. **1894:** Sabino Arana fundó el Partido nacionalista vasco. **1936:** aprobación de un estatuto de autonomía que prácticamente no entró en vigor. **1979:** estatuto de autonomía.

VASCONCELOS (José), *Oaxaca 1882-México 1959,* político, escritor y filósofo mexicano. Participó activamente en la revolución mexicana. En *La raza cósmica* (1925) expresa su mesianismo panamericano. Cultivó el ensayo estético, la crítica histórica y literaria, el teatro y las memorias, iniciadas con *Ulises criollo* (1936), su producción más importante.

VASCONGADAS (Provincias), denominación del conjunto de provincias españolas de Álava, Guipúzcoa y Vizcaya, que desde 1979 forman la comunidad autónoma del País Vasco o Euskadi.

VASILEVSKI o **VASSILIEVSKI** (Alexandr Mijáilovich), *Novaia Golchija 1895-Moscú 1977,* militar soviético. Fue jefe del estado mayor del Ejército rojo de 1942 a 1947, y ministro adjunto y ministro de defensa (1947-1953).

VÁSQUEZ BRITO (Ramón), *Porlamar 1927,* pintor venezolano. Su obra, de rígida abstracción geométrica en sus inicios, ha evolucionado hacia una abstracción más lírica.

VASSILIEV (Vladimir), *Moscú 1940,* bailarín y coreógrafo ruso. Técnico y virtuoso de la danza clásica, estrenó los papeles protagonistas de *Espartaco* e *Iván el Terrible* (Grigórovich, 1968 y 1975), la versión de *Petrushka* de M. Béjart (1977) y destacó asimismo como coreógrafo (*Ícaro,* 1971; *Macbeth,* 1980; *Romeo y Julieta,* 1990), antes de dirigir el teatro Bolshoi de Moscú en 1995.

VÄSTERÅS, c. de Suecia, cerca del lago Mälaren; 119 761 hab. Centro industrial. — Catedral del s. XIII; castillo empezado en el s. XIV.

VASTO (Alonso de **Ávalos,** marqués de **Pescara** y **del**), *Ischia, golfo de Nápoles, 1502-Milán 1546,* militar español. Defendió Viena de los turcos (1535), participó en la expedición que conquistó La Goleta y Túnez y fue gobernador del Milanesado (1538-1546).

VATÉ, isla del archipiélago de Vanuatu, en la que se encuentra la capital, Port-Vila; 915 km².

VATICANO (Ciudad del), estado de Europa, en Roma; 0,44 km²; 700 hab. aprox. LENGUA: italiano. MONEDA: euro. Comprende la plaza y la basílica de San Pedro, el palacio del Vaticano y sus anexos, y los jardines del Vaticano. A ello

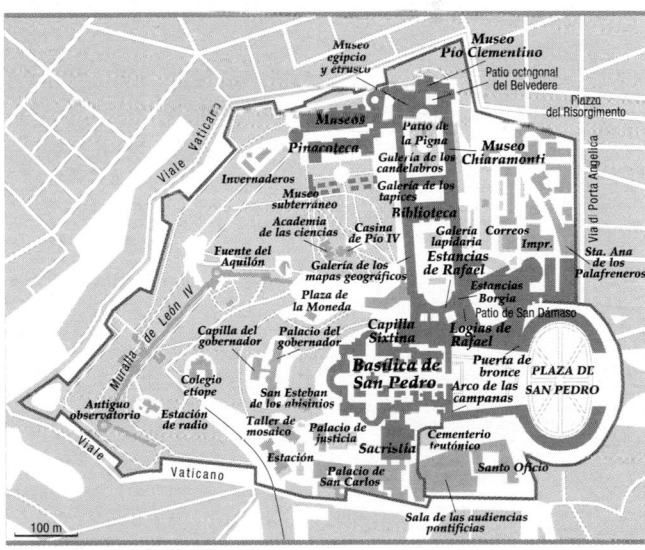

Ciudad del Vaticano

basílica de San Pedro, palacio del Vaticano y museos

otros edificios de Ciudad del Vaticano

zona edificada

zona verde

hay que añadir la propiedad de edificios en Roma y Castelgandolfo (derechos extraterritoriales). [Patrimonio de la humanidad 1984.] — La soberanía temporal del Vaticano fue reconocida al papa por los acuerdos de Letrán entre la Santa Sede y Mussolini (11 febr. 1929). El papa ejerce sus poderes, a la vez legislativos y ejecutivos, a través de una comisión de cardenales. En 2001 la constitución fue modificada a fin de suprimir el cargo de gobernador y los cuerpos de seguridad especiales.

Vaticano, residencia de los papas, en Roma. Conjunto palaciego de diversas épocas y estilos (principalmente del renacimiento: ss. XV y XVI); importantes museos (antigüedades, pinturas); biblioteca que conserva valiosos manuscritos. En el Vaticano se encuentran la capilla *Sixtina y las estancias y las logias decoradas por Rafael.

Vaticano I (concilio) [8 dic. 1869-18 julio 1870], concilio ecuménico celebrado en la basílica de San Pedro de Roma, durante el pontificado de Pío IX, en el que fue proclamado el dogma de la infalibilidad pontificia, lo que provocó el cisma «de los Viejos católicos».

Vaticano II (concilio) [11 oct. 1962-8 dic. 1965], concilio ecuménico celebrado en la basílica de San Pedro de Roma, en cuatro sesiones, durante los pontificados de Juan XXIII y Paulo VI. El 25 de enero de 1959, Juan XXIII anunció su intención de convocar un concilio que debía asegurar la renovación de la Iglesia frente al mundo moderno (*aggiornamento*) y reavivar el movimiento en pro de la unidad de las Iglesias cristianas. Con unos 2 400 participantes (obispos, teólogos, observadores no católicos), los trabajos y las conclusiones del concilio, de espíritu más pastoral que dogmático, tuvieron mucho eco.

VATNAJÖKULL, región glacial de Islandia.

VÄTTERN (lago), lago de Suecia, tributario del Báltico; 1 912 km².

VAU (Louis Le), *París 1612-íd. 1670,* arquitecto francés. Autor de mansiones señoriales, trazó los planos del palacio de Versalles.

VAUBAN (Sébastien **Le Prestre de**), *Saint-Léger-de-Fourcheret, act. Saint-Léger-Vauban, 1633-París 1707,* militar francés. Ingeniero del rey, fortificó numerosas plazas fronterizas y dirigió diversos asedios.

Vaucelles (tregua de) [febr. 1556], paz entre Carlos Quinto y Enrique II de Francia. Acordada por un período de cinco años, fue rota por el ataque del duque de Alba a los Estados Pontificios (nov. 1556).

VAUCLUSE, dep. de Francia (Provenza-Alpes-Costa Azul); 3 567 km²; 499 685 hab.; cap. *Aviñón.*

VAUD, en alem. **Waadt,** cantón de Suiza; 3 219 km²; 601 816 hab.; cap. *Lausana.*

VAUGHAN, c. de Canadá (Ontario), en la zona suburbana de Toronto; 103 535 hab.

VAUGHAN (Sarah), *Newark 1924-Los Ángeles 1990,* cantante de jazz estadounidense. Su versátil registro de voz y su técnica, muy trabajada, le permitieron interpretar un amplio repertorio (canciones populares, virtuosas improvisaciones, bop y swing).

VAUGHAN WILLIAMS (Ralph), *Down Ampney, Gloucestershire, 1872-Londres 1958,* compositor británico. Se inspiró en el folclore y fue el creador de una auténtica escuela musical nacional (seis óperas, nueve sinfonías, sesenta melodías y tres ballets).

VAUPÉS, en port. **Uaupés,** r. de Colombia y Brasil, afl. del río Negro; 1 126 km. Nace en Colombia al E de la cordillera Oriental, cruza el dep. del Vaupés y penetra en Brasil.

VAUPÉS (departamento del), dep. del SE de Colombia; 65 268 km²; 18 935 hab.; cap. *Mitú.*

VAYREDA (Joaquim), *Gerona 1843-Olot 1894,* pintor español. Fue fundador de la escuela paisajística de Olot, junto con su hermano **Marià** (Olot 1853-íd. 1903). Su realismo (heredado de R. Martí Alsina) ganó, tras el contacto con Corot, en contenido poético y libertad técnica y expresiva.

VAZ FERREIRA (Carlos), *Montevideo 1872-íd. 1958,* filósofo uruguayo. Su pensamiento evolucionó del positivismo al vitalismo (*Lógica viva,* 1920; *Racionalidad y genialidad,* 1947).

VAZOV (Iván), *Sopot, región de Plovdiv, 1850-Sofía 1921,* escritor búlgaro. Por sus novelas (*Bajo el yugo,* 1890), poemas (*La epopeya de los olvidados,* 1881-1884) y dramas históricos (*Borislav,* 1909), es uno de los nombres principales de la literatura búlgara moderna.

VÁZQUEZ (Alonso), *Ronda h. 1568-México 1608,* pintor español. Colaboró en la construcción del catafalco de Felipe II. Ejerció gran influencia en México como difusor del manierismo sevillano.

VÁZQUEZ (Horacio), *Ciudad Moca 1860-en Ciudad Trujillo, act. Santo Domingo, 1936,* militar y político dominicano. Presidente tras un golpe militar (1902-1903) y de nuevo en 1924-1930, fue derrocado por Trujillo.

VÁZQUEZ o VÁSQUEZ (Juan), *Badajoz 1500-¿Sevilla? 1560,* compositor español, autor de villancicos y madrigales, algunos transcritos para vihuela por Mudarra y Valderrábano: *Villancicos y canciones* (1551), *Agenda mortuorum* (1556), *Recopilación de sonetos y villancicos a quatro y cinco* (1560).

VÁZQUEZ (Juan Bautista), llamado **el Viejo,** escultor y pintor español activo entre 1557 y 1583. Su obra, renacentista, evolucionó hacia el manierismo (relieve *La ascensión,* sala capitular de la catedral de Sevilla).

VÁZQUEZ (Lorenzo), arquitecto español, activo en Castilla la Nueva y Andalucía entre 1490 y 1515. Introdujo en el ámbito castellano el estilo quattrocentista italiano (fachada del Colegio de Santa Cruz de Valladolid, 1486-1493; palacio de los Mendoza en Guadalajara, h. 1507).

VÁZQUEZ (Manuel), *Madrid 1930-Barcelona 1995,* dibujante y guionista español, creador de algunas de las series más famosas del cómic humorístico español: *Las hermanas Gilda* (1949), *La familia Cebolleta* (1951).

VÁZQUEZ (Pura), *Orense 1918,* escritora española en lengua gallega. Su poesía se caracteriza por un lirismo neorromántico (*La saudade y otros poemas,* 1963). Con su hermana **Dora** (Orense 1913) ha cultivado la literatura infantil (*Fantasías infantiles,* 1980).

VÁZQUEZ (Tabaré), *Montevideo 1940,* político uruguayo. Alcalde de Montevideo (1990-1994), candidato de izquierda del Frente amplio a la presidencia desde 1994, en 2005 accedió a la presidencia del país.

■ TABARÉ
VÁZQUEZ

■ MANUEL
VÁZQUEZ
MONTALBÁN

VÁZQUEZ DE ARCE Y CEBALLOS (Gregorio), *Santa Fe de Bogotá 1638-íd. 1711,* pintor colombiano. En sus composiciones marianas se aprecia el influjo de Murillo en tanto que el uso del claroscuro lo vincula a Zurbarán (*Desposorios místicos de Santa Catalina*).

VÁZQUEZ DE CORONADO, cantón de Costa Rica (San José); 29 199 hab.; cab. *San Isidro.*

VÁZQUEZ DE CORONADO (Francisco), *Salamanca 1510-México entre 1549 y 1554,* explorador español. Gobernador de Nueva Galicia (1538), realizó una expedición por el N de Nuevo México. Descubrió el Gran Cañón del Colorado y exploró la valle del río Grande y los territorios entre el O del Mississippi y las montañas Rocosas (act. estados de Texas, Oklahoma y Kansas). — **Juan V. de C.,** *Salamanca 1532-en alta mar 1565,* conquistador español. Alcalde mayor de Nicaragua (1561), conquistó Costa Rica.

VÁZQUEZ DE MELLA (Juan), *Cangas de Onís 1861-Madrid 1928,* político español. Diputado

a cortes (1893-1916), fue apartado del carlismo por su germanofilia y fundó el Partido tradicionalista (1919). Fue un destacado orador y escritor. (Real academia 1907.)

VÁZQUEZ DÍAZ (Daniel), *Nerva, Huelva, 1882-Madrid 1969,* pintor español. Su obra se caracteriza por un colorido luminoso, un dibujo firme y una volumetría vigorosa, de influencia cubista (frescos de *El poema del Descubrimiento,* monasterio de La Rábida, 1929-1930; *La cuadrilla de Juan Centeno,* 1953).

VÁZQUEZ GARCÉS (José Luis, llamado **Pepe Luis**), *Sevilla 1922,* matador de toros español. Tomó la alternativa en 1940 y se retiró en 1959. Se le considera el principal exponente de la llamada escuela sevillana.

VÁZQUEZ MARTÍNEZ (David), *Tucumán, Argentina, 1930-Madrid 1986,* bioquímico español. Investigó los fundamentos moleculares de la biosíntesis proteica y realizó importantes contribuciones a la comprensión de los mecanismos de acción de los antibióticos.

VÁZQUEZ MONTALBÁN (Manuel), *Barcelona 1939-Bangkok 2003,* escritor español. Artículista, poeta y ensayista, es autor de novelas que exploran la realidad de la España contemporánea (*Los alegres muchachos de Atzavara,* 1987; *Galíndez,* 1990), frecuentemente a través del género negro (serie del detective Pepe Carvalho: *Los mares del sur,* 1979; *Milenio,* 2003). [Premio nacional de narrativa 1991; premio nacional de las letras españolas 1995.]

VEBLEN (Thorstein Bunde), *condado de Manitowoc, Wisconsin, 1857-cerca de Menlo Park, California, 1929,* economista y sociólogo estadounidense. Denunció la explotación de las masas ejercida por la «clase ociosa».

vecindad (política de buena), nombre dado a la política iniciada por F. D. Roosevelt en la VII conferencia panamericana (Montevideo, 1933). Defendía la normalización de relaciones entre EUA y los países latinoamericanos y el abandono del intervencionismo de EUA.

Veda, textos sagrados del hinduismo, escritos en sánscrito a partir de 1800 a. C., en cuatro libros atribuidos a la revelación de Brahmá. Se trata de colecciones de rezos, himnos y fórmulas relacionados con el sacrificio y con la conservación del fuego sagrado.

Vega, lanzador espacial europeo destinado a la puesta en órbita de pequeños satélites. Su primer vuelo está previsto para finales de 2009.

VEGA (La), mun. de Colombia (Cauca); 17 905 hab. Maíz, café, plátano. Ganadería vacuna.

VEGA (La), parroquia urbana de Venezuela (Distrito Federal), en el área de Caracas; 106 630 hab.

VEGA (provincia de **La**), prov. del centro de la República Dominicana; 2 373 km²; 303 000 hab.; cap. *Concepción de la Vega.*

VEGA (Carlos), *Cañuelas 1898-íd. 1966,* musicólogo argentino, fundador de la investigación folclórica latinoamericana (*Danzas y canciones argentinas,* 1936; *Música sudamericana,* 1946; *La ciencia del folklore,* 1960).

VEGA (Garcilaso de la) → **GARCILASO.**

VEGA (Jorge de la), *Buenos Aires 1930-íd. 1971,* pintor argentino. Miembro del grupo Otra figuración, su obra posee elementos tomados del pop art.

VEGA (Ventura de la), *Buenos Aires 1807-Madrid 1865,* escritor español. Es autor, en la línea de Moratín, de comedias costumbristas (*El hombre de mundo,* 1845) y de género histórico (*La muerte de César,* 1865). [Real academia 1845.] — **Ricardo de la V.,** *Madrid 1839-íd. 1910,* escritor español. Hijo de Ventura, fue libretista de sainetes y zarzuelas (*La verbena de la Paloma,* 1894).

VEGA ALTA, mun. del N de Puerto Rico; 34 559 hab. Industrias varias. Elaboración de tabaco.

VEGA BAJA, mun. del N de Puerto Rico; 55 997 hab. Molinos de azúcar; tabaco. Centro turístico.

VEGA DE ALATORRE, mun. de México (Veracruz), en la Huasteca; 15 706 hab. Cereales, ganadería. Pesca.

VEGA REAL (La) o VALLE DEL CIBAO, depresión de la República Dominicana, entre la cordillera Septentrional y el macizo de Cibao.

VEGA Y CARPIO (Félix Lope de), *Madrid 1562-íd. 1635*, escritor español. De vida muy agitada, su prolífica producción conjuga la tradición popular con la vertiente cultural del renacimiento. La variedad de su poesía es grande: épica (*Jerusalén conquistada*, 1609), mitología (*La hermosura de Angélica*), parodia (*La gatomaquia*, 1634), y todo tipo de poemas breves, que le sirven muchas veces de vehículo de expresión autobiográfica (series de las *Rimas*). Como prosista, su primera obra fue la novela pastoril *La Arcadia* (1598). Otra de sus obras capitales se acomoda a la tradición que impulsó *La Celestina* (*La *Dorotea*) Su extensísima obra dramática (1400 obras profanas y 400 dramas religiosos) crea las bases de la llamada comedia española, principios que quedaron definidos en su *Arte nuevo de hacer comedias* (1609). Temáticamente sus obras se pueden agrupar en comedias de capa y espada (*La dama boba*, 1613), amorosas (*El perro del hortelano*, *La moza del cántaro*), mitológicas, pastoriles o bíblicas. Capítulo aparte merecen las obras que hacen referencia al caos político de la España del s. XVII, cuyo argumento principal son los casos de abusos del código del honor por parte de los nobles (**Fuente Ovejuna*; *El mejor alcalde, el rey*; *Peribáñez y el comendador de Ocaña*; *El caballero de Olmedo*).

LÓPEZ DE VEGA, por F Pacheco

VEGECIO, en lat. *Flavius Vegetius Renatus*, *fines del s. IV d.C*, escritor latino, autor de un *Tratado sobre el arte militar*.

Vehme o **Santa Vehme**, conjunto de tribunales secretos que surgieron en Westfalia en el s. XI para condenar a malhechores y caballeros bandidos en el seno del Sacro Imperio en el s. XIII y desaparecieron en el s. XVI.

VEIL (Simone), *Niza 1927*, política francesa. Deportada a Auschwitz (1944-1945), fue ministra de sanidad (1974-1979) o de asuntos sociales, sanidad y ciudad (1993-1995). Activa europeísta, presidió el parlamento europeo (1979-1982). [Premio Príncipe de Asturias de cooperación internacional 2005.]

VEINTEMILLA (José Ignacio de), *Quito 1830-en Perú 1909*, militar y político ecuatoriano. Presidente tras liderar la revolución liberal (1876-1883), fue depuesto por los militares.

Veinte poemas de amor y una canción desesperada, libro de poemas de Pablo Neruda (1924) donde expone una dramática concepción del amor y las cuestiones metafísicas de toda su poesía.

VEINTICINCO DE MAYO, partido de Argentina (Buenos Aires); 33 649 hab. Ganadería e industrias derivadas.

VEINTICINCO DE MAYO, dep. de Argentina (Chaco); 24 251 hab.; cab. *Machagai*. Agricultura y ganadería vacuna.

VEINTICINCO DE MAYO, dep. de Argentina (Misiones); 24 537 hab.; cab. *Alba Posse*. Ganado vacuno. Bosques.

VEINTICUATRO DE MAYO, cantón de Ecuador (Manabí), en la Costa; 33 514 hab. Cacao, algodón y café.

VEINTITRÉS DE ENERO, parroquia urbana de Venezuela (Distrito Federal), en el área metropolitana de Caracas; 113 865 hab.

VEKSLER (Vladímir Yósifovich), *Zhitomir 1907-Moscú 1966*, físico soviético. Investigador de la producción de altas energías, enunció el principio del sincrotrón.

VELA (cabo de la), cabo de Colombia, en el Caribe, en el NO de la península de La Guajira. Faro.

VELA (Eusebio), *Toledo 1688-México 1727*, dramaturgo, actor y director teatral español. Radicado en México desde 1713, es autor de comedias efectistas.

VELARDE (Pedro), *Muriedes, Cantabria, 1779-Madrid 1808*, militar español. Planeó con Daoíz un levantamiento militar contra la invasión francesa, y fue muerto en los hechos del 2 de mayo de 1808.

VELARDE FUERTES (Juan), *Salas, Asturias, 1927*, economista español. Ha estudiado la economía española (*Economía y sociedad de la transición*, 1978; *La hacienda pública en la dictadura*, 1986).

VELAS o **MORRO HERMOSO** (cabo), cabo de Costa Rica (Guanacaste), en el Pacífico.

VELASCO (familia), estirpe castellana originaria del Pirineo occidental. En el s. VIII, **Ibn Belascot** fue señor de Ribagorza y **Velasco** el **Gascón** gobernador de Pamplona. — **Pedro Fernández de V.**, conde de Haro. Tomó el mando de la facción nobiliaria (1417) y en 1462 fue nombrado condestable de Castilla, dignidad que desde entonces quedó en poder de este linaje. — **Íñigo de V.**, ss. XV-XVI. Condestable de Castilla, combatió a los comuneros (1520). — **Luis de V.**, *Carrión de los Condes 1511-México 1564*. Virrey de Navarra (1547-1548) y de Nueva España (1550-1564), inauguró la universidad de México, veló por el cumplimiento de las leyes Nuevas de 1542 y activó la explotación de las minas de plata de Zacatecas. — **Luis de V.**, marqués de Salinas, *Carrión de los Condes 1539-Sevilla 1616*. Hijo de Luis, fue virrey de Nueva España (1590-1595 y 1607-1611) y del Perú (1596-1604) y organizó en 1611 una expedición al Japón. Fue presidente del Consejo de Indias (1611).

VELASCO (José María), *Temascalcingo 1840-Villa de Guadalupe Hidalgo 1912*, pintor mexicano. Uno de los mejores paisajistas de su país, publicó e ilustró el volumen *Flora de los alrededores del valle de México*.

VELASCO (José Miguel), *Santa Cruz 1795-íd. 1859*, político boliviano. Fue presidente en 1828-1829, 1837-1839 (dentro de la Confederación Perú-boliviana) y en 1848.

VELASCO (Juan de), *Riobamba 1727-Faenza, Italia, 1792*, historiador y poeta ecuatoriano. Humanista, es considerado el fundador de la historiografía ecuatoriana. Jesuita, sufrió la expulsión de la compañía de América. Su obra cumbre es *Historia del reino de Quito* (1789). También es autor de *El ocio de Faenza*, primera antología de poetas ecuatorianos.

VELASCO ALVARADO (Juan), *Piura 1910-Lima 1977*, militar y político peruano. Derrocó a Belaúnde Terry e implantó un régimen militar populista (1968). Fue destituido por un golpe militar derechista (1975).

VELASCO IBARRA (José María), *Quito 1893-íd. 1979*, político ecuatoriano. Presidente de la república en cinco ocasiones (1934-1935, 1944-1947, 1952-1956, 1960-1961 y 1968-1972), autoritario y demagogo, con gran carisma popular, fue derrocado varias veces por el ejército y vivió sus exilios en Argentina.

VELASCO MAIDANA (José María), *Sucre 1899 o 1901-en EUA 1989*, compositor boliviano. Fundador de la orquesta nacional de La Paz, su obra recoge elementos indígenas (ballet *Amerindia*, 1938; obertura *Los hijos del Sol*, 1941).

VELÁSQUEZ (Antonio), *Valle 1900-Tegucigalpa 1983*, pintor hondureño. Sus pinturas del paisaje y el campesinado le consolidaron internacionalmente como uno de los grandes pintores naïf de su país.

VELÁSQUEZ (Consuelo), *Ciudad Guzmán 1921-México 2005*, compositora mexicana. Sus canciones populares (*Bésame mucho*) alcanzaron fama internacional.

VELÁSQUEZ (Leonardo), *Oaxaca 1935-Varadero, Cuba, 2004*, compositor mexicano. Estudió en el Conservatorio nacional de música con maestros como Rodolfo Halffter, José Pablo Moncayo y Blas Galindo, y en el de Los Ángeles (California). Compuso obras de concierto y cerca de 40 bandas sonoras.

VELATE o **BELATE** (puerto de), puerto de los Pirineos españoles, en la carretera de Pamplona a Bayona; 847 m.

VELA-ZANETTI (José), *Milagros, Burgos, 1913-Burgos 1999*, pintor español, dedicado al muralismo (murales de la ONU en Nueva York, de la OIT en Ginebra, palacio de Don Juan Manuel en México).

VELÁZQUEZ (Diego de), *Cuéllar 1465-Santiago de Cuba 1524*, conquistador español. Designado adelantado para la conquista de Cuba (1509), llegó a la isla en 1511 y fundó varias ciudades, entre ellas La Habana (1514).

VELÁZQUEZ (Diego Rodríguez de Silva y Velázquez, llamado Diego), *Sevilla 1599-Madrid 1660*, pintor español. Creó durante su etapa juvenil de Sevilla obras claroscuristas de un realismo minucioso con una inclinación por lo popular (*El aguador de Sevilla*, h. 1620). Pintor de cámara de Felipe IV desde 1623, realizó numerosos retratos según el modelo tradicional, de temática mitológica, si bien abordada con actitud desmitificadora. Sus dos viajes a Italia (1629-1631 y 1649-1651) le sirvieron para aclarar su paleta y dar gran soltura a la pincelada (*La fragua de Vulcano*; vistas de la villa Médicis). Allí pintó retratos, como el de *Inocencio X* (1650), de aguda penetración psicológica. Desde entonces dio a su retratística (bufones, familia real, personajes como *La dama del abanico*) una mayor perfección en naturalidad y frescura. En *La rendición de *Breda* llenó de vida un solemne episodio histórico. El fin de su vida trabajó la perspectiva aérea: *Las hilanderas* (h. 1656) y *Las *meninas* (1656), donde culmina la plasmación compleja del espacio, la luz y el retrato de grupo, así como su dominio de la técnica de la pincelada Su original composición y sutil colorido confieren a *La *Venus del espejo* (h. 1648) una rareza por la escasa temática del desnudo en la pintura española. Se le considera uno de los máximos coloristas de todos los tiempos.

VELÁZQUEZ (Ramón José), *San Juan de Colón 1916*, político e historiador venezolano. Secretario de Rómulo Betancourt, ejerció la presidencia de la república elegido por el congreso tras la caída de C.A. Pérez (1993-1994).

VELÁZQUEZ BOSCO (Ricardo), *Burgos 1843-Madrid 1923*, arquitecto español. Cultivó un eclecticismo monumentalista (palacio de Cristal, Madrid; restauración de la mezquita de Córdoba).

VELÁZQUEZ DE LEÓN (Joaquín), *Acebedocla, México, 1732-México 1786*, astrónomo y mineralogista mexicano. Participó en la expedición del Abad Chappe a la Baja California para observar el paso de Venus por el disco solar (1769). Contribuyó a reformar la minería mexicana. Es autor de *Descripción histórica y topográfica del valle, las lagunas y ciudad de México*.

VELEDA, profetisa germánica que contribuyó a la revuelta de Civilis y de los bátavos contra los romanos en 69-70. Más tarde fue capturada y figuró en el triunfo de Domiciano.

VELETA, pico de España (Granada), en sierra Nevada; 3 392 m. Deportes de invierno. *Puerto*

DIEGO VELÁZQUEZ.
La infanta Margarita (1654).
(Museo del Louvre, París.)

de Veleta (3 300 m), en la carretera de Granada a Órgiva, el más elevado de la Península.

VÉLEZ, mun. de Colombia (Santander); 16 218 hab. Minas de carbón, hierro y cobre.

VÉLEZ (**marqueses de los**), familia de la aristocracia castellana cuyos dominios radicaban en la comarca del Marquesado de los Vélez (Almería). **Pedro Fajardo,** miembro del Consejo de Castilla y adelantado mayor de Murcia, recibió el título en 1507.— **Fernando, marqués de los V.,** *Zaragoza-Madrid 1693.* Fue virrey de Cerdeña (1675) y Nápoles (1675-1683), presidente del Consejo de Indias (1685-1687) y superintendente de hacienda.

VÉLEZ (**Manuel José Anguita Téllez,** llamado fray Rafael de), *Vélez-Málaga 1777-Hebrón, Palestina, 1850,* capuchino y prelado español, destacado doctrinario del absolutismo (*Apología del altar y el trono,* 1820-1825).

VÉLEZ (**María Guadalupe Vélez de Villalobos,** llamada **Lupe**), *San Luis Potosí 1908-Beverly Hills, EUA, 1944,* actriz de cine mexicana. Inició su carrera en Hollywood con *El gaucho* (1929), donde compuso el personaje cómico de Carmelita Lindsay (*The Girl from Mexico,* 1939; *Mexican Spitfire's Baby,* 1941). Se suicidó.

VÉLEZ DE GUEVARA (**Luis**), *Écija 1579-Madrid 1644,* escritor español. Su obra más famosa, *El diablo cojuelo* (1641), es una novela costumbrista del género picaresco. Fue además prolífico dramaturgo: dramas históricos (*El diablo está en Cantillana; Reinar después de morir*), comedias religiosas y entremeses.

VÉLEZ DE LA GOMERA (**peñón de**), tómbolo español en la costa de Alhucemas (Marruecos), que forma parte de Melilla. Destacamento militar. — Conquistado por los españoles en 1508, fue tomado por los marroquíes en 1522; en 1564 volvió a España.

VÉLEZ-MÁLAGA, c. de España (Málaga), cab. de p. j.; 55 156 hab. (*veleños*). Regadíos y vid (pasas). Ganadería.

VÉLEZ SÁRSFIELD (**Dalmacio**), *Amboy de Calamuchita, Córdoba, 1800-Buenos Aires 1875,* jurista y político argentino. Fue diputado en el congreso de 1825 y en las constituyentes (1826). Exiliado durante el gobierno de Rosas, a su caída (1852) ocupó diversas carteras en el gobierno de la capital. Es coautor del código de comercio y del código civil de 1869.

VELIKI NÓVGOROD, ant. **Nóvgorod,** c. de Rusia, al S de San Petersburgo; 235 000 hab. En el recinto del kremlin, catedral de Santa Sofía (h. 1050), inspirada en la de Kíev; otras iglesias medievales. Escuela de iconos que floreció entre los ss. XII y XV (colección en el museo de arte e historia). — Tras liberarse de la tutela de Kíev (s. XII), fue una ciudad mercantil libre (1136-1478), donde se creó una factoría de la Hansa (s. XIII). Anexionada por Iván III (1478), fue devastada por Iván IV (1570).

VELIKO TĂRNOVO, ant. **Tărnovo** o **Tirnovo,** c. del N de Bulgaria; 74 165 hab. Fue la capital del segundo imperio búlgaro (1187-1393). — Iglesias de este período.

VELLIDO ADOLFO o **BELLIDO DOLFOS,** noble leonés del s. XI. Legendario, personifica la traición, al haber asesinado al rey Sancho II.

vellocino de oro MIT. GR. Vellocino maravilloso de un carnero alado, custodiado por un dragón en la Cólquida. Jasón, al frente de los argonautas, organizó una expedición en su busca.

VELLOJÍN (**Manolo**), *Barranquilla 1943,* pintor colombiano. Adscrito a la abstracción, su obra gira en torno a los temas de la muerte, la religión y los objetos rituales eclesiásticos.

VELLUR o **VELLORE,** c. de la India (Tamil Nadu); 304 713 hab. Fortaleza del s. XIV, que contiene un templo dentro del estilo de Vijayanagar.

VELO (**Carlos**), *Santiago 1905-México 1988,* director de cine español. Exiliado en México tras la guerra civil, es autor de documentales (*Almadrabas,* 1935; *Galicia,* 1937) y largometrajes (*Torero,* 1956; *Pedro Páramo,* 1966).

VELOSO (**Caetano**), *Santo Amaro da Purificação, Bahía, 1942,* músico brasileño. Generador, con su canción *Tropicalia* (1968), del «tropicalismo», fusión de estilos brasileños y pop internacional, sobresale por su elegancia vocal y la calidad musical de su obra (*Qualquer coisa,* 1975; *Bicho,* 1977; *Fina estampa,* 2000).

VELSEN, c. de Países Bajos (Holanda Septentrional); 60 135 hab.

VELUWE, región de colinas boscosas de Países Bajos, al N del Rin. Parque nacional.

VELVET UNDERGROUND (The), grupo de rock estadounidense. Formado en Nueva York en 1965, respaldado por Andy Warhol, incluyó al guitarrista y cantante Lou Reed, el teclista, bajista y cantante John Cale y la cantante Nico, con música y letras provocadoras.

VENADO TUERTO, c. de Argentina (Santa Fe); 58 678 hab. Químicas.

VENCESLAO (**san**), *h. 907-Stará Boleslav 935,* duque de Bohemia (924-935). Asesinado por su hermano Boleslao el Cruel, es el patrón de Bohemia.

VENCESLAO IV, *Nuremberg 1361-Praga 1419,* rey de Bohemia (1378-1419) y rey de romanos (1376-1400), de la casa de Luxemburgo. Fue depuesto por los príncipes alemanes (1400). En Bohemia adoptó una actitud favorable ante el incipiente movimiento husita.

VENDA, ant. bantustán de Sudáfrica.

VENDÉE, dep. de Francia (Pays de la Loire); 6 720 km²; 539 664 hab.; cap. *La Roche-sur-Yon.*

Vendée (**guerra de la**) [1793-1796], insurrección contrarrevolucionaria que asoló la zona francesa en torno a la Vendée. Tuvo su origen en la oposición popular a la leva de 300 000 hombres votada por la Convención. Bajo el mando de campesinos y nobles, se organizó un ejército católico y realista que a fines de 1793 sufrió numerosas derrotas y masacres. En 1795 retomó la lucha brevemente.

VENDRELL (**El**), v. de España (Tarragona), cab. de p. j.; 22 543 hab. (*vendrellenses*). Industria alimentaria y de la piel. Turismo. — Museo-fundación Pau Casals.

VENDRELL (**Emili**), *Barcelona 1893-íd. 1962,* tenor español. Cultivó el lied internacional y la canción popular de extracción nacionalista.

VENECIA, en ital. **Venezia,** c. de Italia, cap. del Véneto y cap. de prov., construida sobre un grupo de islotes, en medio de la *laguna de Venecia;* 334 000 hab. (*venecianos*). Centro administrativo, cultural, turístico e industrial (artesanía artística, metalurgia y química). — Considerada una de las ciudades más bellas del mundo, es famosa por sus canales, numerosos monumentos y magníficos conjuntos arquitectónicos: la basílica de San Marcos y la plaza homónima, el palacio ducal (ss. XIV-XV; ricas decoraciones pintadas); 90 iglesias (entre ellas el Redentore, de Palladio, y la Salute, de Longhena), los palacios del Gran canal (principalmente de la época que va del gótico al barroco), el puente de *Rialto, etc. Posee ricos museos (como el de la Academia), en los que destaca la escuela veneciana de pintura (Bellini, Carpaccio, Giorgione, Tiziano, Veronés, Tintoretto, Canaletto, F. Guardi, Piazzetta, Tiépolo y Ricci). Bienal de arte. Festival internacional de cine («la Mostra»). Célebre carnaval. (Patrimonio de la humanidad 1987.)

HISTORIA

S. VI: los islotes de la laguna, hasta entonces refugios provisionales de los pueblos costeros contra los invasores bárbaros (ostrogodos y lombardos), se transforman en un lugar de poblamiento permanente. **S. IX:** el duque de Venecia (dux) accedió de hecho a la independencia respecto a los bizantinos. **1082:** Constantinopla concedió importantes privilegios comerciales a Venecia. **1143:** se creó el Gran consejo, que consagraba la naturaleza aristocrática de la república. **1204:** la participación de Venecia en la cuarta cruzada a Constantinopla le valió la concesión de las principales escalas en las rutas hacia Oriente. **1204-1453:** apogeo de Venecia, que controlaba las costas del Adriático y las rutas mediterráneas. **S. XV:** declive de la república de Venecia. **1797:** Napoleón abolió el estado veneciano. El Véneto pasó a ser austriaco. **1815:** se constituyó el reino lombardovéneto austriaco. **1848-1849:** fracaso de la revolución liderada por Daniele Manin. **1866:** Venecia se integró en el reino de Italia.

VENECIA JULIA → **FRIULI-VENECIA JULIA.**

VÉNETO, en ital. **Veneto,** región del N de Italia; 4 363 157 hab.; cap. *Venecia;* 7 prov. (*Belluno, Padua, Rovigo, Treviso, Venecia, Verona* y *Vicenza*). Ant. territorio de la república de Venecia, comprendía además *Venecia Tridentina* (Trentino-Alto Adigio) y *Venecia Julia.* Cedido a Austria por el tratado de Campoformio (1797) e integrado en el reino de Italia (1805), fue devuelto a los Habsburgo (1815) y anexionado a Italia (1866).

VENEZIANO (**Domenico**), *¿Venecia? inicios del s. XIV-Florencia 1461,* pintor italiano. Maestro de Piero della Francesca, su obra manifiesta un nuevo sentido del color y del espacio.

VENEZIANO (**Lorenzo**), pintor italiano, documentado en Venecia de 1357 a 1372. Continuador de Paolo Veneziano, encaminó la pintura veneciana hacia el gótico internacional.

VENEZIANO (**Paolo**), pintor italiano, activo en Venecia de 1310 a 1360 aprox. Se le considera el fundador de la escuela veneciana por haber iniciado una reacción contra la tradición bizantina. Su arte, preciosista, reaparece con mayor delicadeza entre sus discípulos, como Lorenzo Veneziano.

VENEZUELA, estado federal de América del Sur, bañado por el Caribe; 912 050 km²; 24 169 722 hab. (*venezolanos*). CAP. *Caracas.* LENGUA: *español.* MONEDA: *bolívar fuerte. (V. mapa al final del volumen.)*

INSTITUCIONES

La constitución de 1999 (reformada en 2009) otorga un mandato presidencial de 6 años, con posibilidad de reelección ilimitada. El parlamento es unicameral. Reconoce los derechos culturales, lingüísticos y territoriales de los indígenas.

GEOGRAFÍA

En el N del país, dos ramales de la cordillera andina encierran la cuenca del lago de Maracaibo: al O la sierra de Perijá y al E la cordillera de Mérida (5 007 m en el pico Bolívar), que luego de una zona de transición enlaza con la cordillera Caribe, paralela al litoral hasta la isla de Trinidad, y compuesta por dos cadenas, la cordillera de la Costa y la serranía del Interior, separadas por la depresión del lago de Valencia y el valle del Tuy. Al centro del país se extiende la región de Los Llanos, avenada por el Orinoco y sus afluentes, y en el SE, el macizo de la Guayana, con sierras y relieves tabulares (*tepui*).

La población, urbana en un 85 %, se concentra en las regiones del centro-norte y el O, especialmente en las áreas urbanas de Caracas, Maracaibo y Valencia.

La agricultura tiene una importancia secundaria y, pese a su act. expansión, no alcanza a cubrir las necesidades alimentarias de la población; destacan el arroz, maíz, papa y yuca, y entre los cultivos para la exportación, el cacao, café, tabaco, algodón y caña de azúcar. Ganadería extensiva de vacunos en Los Llanos. El petróleo domina la economía (más de la mitad del valor de las exportaciones); los principales yacimientos se encuentran en las cuencas del lago Maracaibo, Orinoco oriental, Apure-Barinas y Falcón. Las mayores reservas se localizan en la faja del Orinoco. Otros recursos energéticos son el gas natural, carbón y la hidroelectricidad (centrales del Guri y Uribante-Caparo). También se extrae aluminio y hierro. La industria, bastante diversificada, en la que destaca la petroquímica, se localiza en la región del centro-N (área metropolitana de Caracas, eje Valencia-Maracay, Zulia) y en Ciudad Guayana, en el Oriente. La gran dependencia del

■ **VENECIA.** La iglesia de Santa María della Salute, construida por Longhena a partir de 1631.

petróleo y una gestión económica muy poco estructurada pesan en la lucha contra las desigualdades, y el subempleo es importante.

HISTORIA

La población precolombina. La población aborigen fue el resultado de diversas oleadas migratorias (arawak, caribes), que se sumaron a un sustrato primitivo mal conocido. Antes de la conquista existía una gran diversidad de tribus: los guayqueríes, en el litoral oriental; los cumanagotos, en el interior; los caracas, en el valle del Guaire, con una desarrollada agricultura y elevada densidad; los tacariguas, en la región del lago Valencia; los timote-cuicas en los Andes, otra zona de elevada densidad, etc.
Conquista y colonización. 1498: Colón descubrió la isla Trinidad y la península de Paria. **1499:** expediciones de Alonso de Ojeda y P.A. Niño a las costas venezolanas. **1500-1550:** primera etapa de la conquista, marcada por una débil colonización y la concesión del gobierno y explotación de la colonia a los Welser (1528-1546). **1550-1600:** intensificación de la colonización, fundación de Caracas (1567) e inicio de la explotación del cacao, base de la economía colonial. Adscrita en los ss. XVI-XVII a la audiencia de Santo Domingo, en 1718 fue incorporada al virreinato de Nueva Granada. **1777:** constitución de la capitanía general de Venezuela. **1786:** audiencia de Caracas. El comercio del cacao estuvo controlado, de 1728 a 1781, por la Real compañía guipuzcoana de Caracas. La rebelión en Santo Domingo (1791) y la ocupación británica de Trinidad (1797) estimularon la expansión de nuevos cultivos en Venezuela (café, algodón, añil y azúcar) para abastecer estos mercados.
La independencia. 1797: conspiración frustrada de Gual y España. **1806:** fracaso del intento insurreccional de Miranda. **1810-1812:** constitución de la Junta suprema de Caracas, que proclamó la independencia (1811), y reacción realista, que restableció el dominio español. **1813-1814:** segunda república y nueva derrota del movimiento emancipador. **1817-1823:** las campañas de Bolívar liberaron Nueva Granada y Venezuela (batallas de Boyacá, 1819, y Carabobo, 1821), que se incorporó a la república de la Gran Colombia. **1830:** separación de Venezuela de la Gran Colombia.
De la era Páez a la Revolución federal. 1830-1846: el general Páez, promotor de la ruptura con Bolívar, dominó la política venezolana en beneficio de la oligarquía conservadora, integrada por terratenientes y comerciantes. El café se convirtió en el producto de exportación básico, desplazando al cacao, perjudicado por la pérdida del mercado español. **1847-1858:** J. T. Monagas, tras derrotar la reacción conservadora encabezada por Páez (1848), abrió la primera experiencia de gobierno de la oligarquía liberal, en la que se abolió la esclavitud y se impulsó la privatización de las tierras baldías, lo que incrementó la propiedad terrateniente. **1859-1870:** con el retorno al poder del conservadurismo, los liberales se organizaron en el Partido federal, impulsor de una nueva rebelión (Revolución federal, 1859-1863); el triunfo del federalista Falcón abrió un período de inestabilidad, que facilitó la restauración conservadora (1868).
El triunfo del liberalismo. 1870-1888: el liberalismo se impuso con Guzmán Blanco. Acabó con el caudillismo militar, pactó con los caciques regionales la centralización del poder e impulsó un programa de obras públicas, gracias a la expansión de las exportaciones de café. **1888-1908:** el derrocamiento de Guzmán Blanco abrió otro período de inestabilidad que los conservadores no pudieron aprovechar para recuperar el poder, y el liberalismo adoptó a su vez una característica autoritaria con el gobierno del general Castro (1899-1908).
La era de las dictaduras. 1908-1935: Juan Vicente Gómez estableció un régimen dictatorial, apoyado en el ejército y los terratenientes; el petróleo pasó a sustituir al café como exportación fundamental, en términos tales, además, que generó un caudal de ingresos fiscales crecientes que permitió a Gómez potenciar el ejército y articular la red de carreteras del país. El desarrollo del sector petrolero y la crisis de la agricultura de exportación potenciaron la terciarización y la masiva migración a las ciudades. **1935-1948:** tras la muerte de Gómez, las fuerzas que lo apoyaron retuvieron el poder (E. López Contreras, 1935-1941; I. Medina Angarita, 1941-1945) hasta que el golpe militar de 1945 lo entregó a Acción democrática (AD), partido fundado por R. Betancourt que, con un masivo apoyo popular, impulsó el intervencionismo económico del estado con un mayor control sobre los beneficios petroleros. **1948-1958:** un nuevo golpe, derechista, derrocó a R. Gallegos (1948) e inició una dictadura militar que culminó en el gobierno de Pérez Jiménez (1952-1958).
De la expansión a la crisis de la sociedad petrolera. 1958-1978: un levantamiento popular con apoyos militares, acabó con la dictadura de Pérez Jiménez y devolvió la hegemonía a Acción democrática. Rómulo Betancourt (1959-1964) y Raúl Leoni (1964-1969) prosiguieron la política de un crecimiento económico apoyado en los beneficios del petróleo y dependiente, por tanto, de la evolución del sector exterior; la nacionalización del petróleo durante el mandato de Carlos Andrés Pérez (1974-1979) fue el momento culminante de ese modelo. De 1969 a 1974, ocupó la presidencia Rafael Caldera, del partido democristiano COPEI. **1979-1994:** el COPEI se consolidó como partido alternativo a AD, al tiempo que la caída de los beneficios del petróleo provocó la crisis del modelo económico (presidencias de L. Herrera Campins, de COPEI, 1979-1984, de J. Lusinchi, de AD, 1984-1989). La adopción de un duro programa de ajuste por parte de C. A. Pérez en su segunda presidencia (1988-1993) y la proliferación de escándalos determinaron la crisis de AD y del turno tradicional con el COPEI, y el inicio de una nueva etapa política. Tras la destitución de C. A. Pérez por el congreso (sept. 1993), se convocaron elecciones presidenciales (dic.), en las que venció R. Caldera, que concurrió como independiente tras ser expulsado del COPEI. **1998:** el ex teniente coronel golpista Hugo Chávez venció en las presidenciales. **1999:** se aprobó una nueva constitución y H. Chávez puso en marcha un programa de «revolución bolivariana» (el estado pasó a llamarse República bolivariana de Venezuela). Regularmente confrontado a una fuerte oposición (manifestaciones, huelgas, tentativa de golpe de estado [abril 2002], referéndum sobre su permanencia en el poder [ag. 2004]), se benefició de la mejora económica ligada al alza de los precios del petróleo. Ampliamente reelegido en la jefatura del estado en 2006, tras una primera tentativa fracasada (referéndum de dic. 2007) logró que se aprobara (referéndum de febr. 2009) su propuesta de optar a la reelección indefinida. A nivel regional, se esfuerza (principalmente con Cuba) en federar un frente latinoamericano ante al poder de Estados Unidos y se presenta como interlocutor privilegiado (mediación en la liberación de rehenes de las FARC en Colombia).

VENEZUELA (golfo de), golfo del Caribe, entre las penínsulas de la Guajira (Colombia) y Paraguaná (Venezuela). Comunica con el lago Maracaibo por la bahía del Tablazo, al S.

Venganza catalana (1305), represalia realizada por la Compañía de almogávares catalanes en su expedición a Oriente, tras el asesinato de su jefe, Roger de Flor. Los almogávares se hicieron fuertes en Gallípoli y devastaron zonas de Macedonia y Tracia.

VENIZÉLOS (Eleuterios), *La Canea, Creta, 1864-París 1936,* político griego. Líder del movimiento emancipador de Creta, fue primer ministro (1910). Dio al país una constitución liberal y obtuvo, tras las guerras balcánicas (1912-1913), ventajas territoriales. Partidario de la triple entente, hubo de dimitir (1915), pero formó un gobierno disidente en Tesalónica (1916) y declaró la guerra a los imperios centrales (1917). Presidente del gobierno (1928-1932), hubo de exiliarse tras un golpe de sus partidarios en Creta (1935).

VENLO, c. de Países Bajos (Limburgo), junto al Mosa; 64 392 hab. Monumentos antiguos; museos.

Venta (La), centro arqueológico mexicano de la cultura olmeca (Villahermosa, Tabasco). Desarrollado hacia 1100 a.C., floreció entre 800-300 a.C. Posee el más antiguo templo pirámide de México. Se han encontrado numerosas figurillas de jade pulido y cabezas monumentales de basalto.

VENTA DE BAÑOS, mun. de España (Palencia); 6 188 hab. Nudo ferroviario. — Iglesia visigótica en *Baños de Cerrato.

VENTADORN (Bernat de), *¿Ventadorm?, act. Ventadour, mediados s. XI-¿monasterio de Dalon? principios del s. XII,* trovador provenzal. Radicado en la corte de Leonor de Aquitania, a la que cantó en numerosos poemas, destacó por la expresión simple y delicada de los versos.

VENTA MICENA, sitio paleontológico de España (mun. de Orce, Granada). Posee abundantes restos óseos de fauna cuaternaria y un fragmento de cráneo (hombre de *Orce), cuya identificación es objeto de debate.

VENTANA (sierra de la), sierra de Argentina (Buenos Aires); 1 427 m en el *cerro de la Ventana.*

VENTANAS, cantón de Ecuador (Los Ríos); 50 598 hab. Agricultura. Ganado vacuno.

VENTER (Craig), *Salt Lake City 1946,* genetista estadounidense. Al frente de la empresa Celera Genomics, impulsó el proyecto *Genoma humano que publicó en 2001 la primera versión del genoma humano. En 2007, obtuvo un cromosoma artificial, primer paso para crear vida artificial en laboratorio. (Premio Príncipe de Asturias 2001.)

VENTIMIGLIA, c. de Italia (Liguria), junto al golfo de Génova, en la desembocadura del Roia; 25 221 hab. Estación ferroviaria internacional entre Italia y Francia. Floricultura.

VENTUARI, r. de Venezuela, afl. del Orinoco (or. der.); 520 km. Nace en el cerro Vemachu y desemboca junto a Santa Bárbara.

VENTURA (José, llamado Pep), *Alcalá la Real 1817-Figueras 1875,* compositor español. Introdujo la tenora en la sardana. Compuso canciones navideñas y cerca de doscientas sardanas.

VENTURI (Adolfo), *Módena 1856-Santa Margherita Ligure 1941,* historiador del arte italiano. Escribió una vasta *Historia del arte italiano* (1901-1941). — **Lionello V.,** *Módena 1885-Roma 1961,* historiador del arte italiano, hijo de Adolfo. Se expatrió de 1932 a 1945. Su ideario, ampliación vigorosa del de B. Croce, se refleja en su *Historia de la crítica del arte* (1936).

VENTURI (Giovanni Battista), *Bibiano, cerca de Reggio Emilia, 1746-Reggio Emilia 1822,* físico italiano. Construyó la tobera de conos divergentes que lleva su nombre, y estudió la extensión de los sonidos audibles.

VENTURI (Robert), *Filadelfia 1925,* arquitecto estadounidense. Teórico del posmodernismo, su obra subraya las nociones de complejidad y ambigüedad y exhibe un historicismo teñido de humor. [Premio Pritzker 1991.]

VENUS MIT. ROM. Divinidad itálica de los jardines, más adelante de la belleza y del amor, al ser asimilada a la Afrodita de los griegos.

VENUS, planeta del sistema solar, situado entre Mercurio y la Tierra. Visible tanto a la salida como a la puesta del Sol, fue observado desde la antigüedad, y a menudo recibe el nombre de *Lucero del alba.* Semieje mayor de su órbita: 108 200 000 km (0,72 veces el de la órbita terrestre). Diámetro ecuatorial: 12 104 km (0,95 veces el de la Tierra). Está envuelto por una densa atmósfera de gas carbónico. En su superficie, que presenta numerosas estructuras volcánicas, se alcanzan temperaturas cercanas a los 470 ºC.

Venus del espejo (La), lienzo pintado por Velázquez hacia 1648 (National Gallery de Londres). Representa una mujer desnuda (Venus) mirándose en un espejo sostenido por un amorcillo *(V. ilustr. pág. siguiente.)*

VENUSTIANO CARRANZA, mun. de México (Chiapas); 33 059 hab. Agricultura. Ganadería. Avicultura.

VENUSTIANO CARRANZA, delegación de México (Distrito Federal), al E de la ciudad de México; 692 836 hab.

VERA, dep. de Argentina (Santa Fe); 46 997 hab. Ganadería vacuna extensiva. Centro comercial. En el término, lagos del Palmar, del Oso y Gallardo.

VERA (La), comarca de España (Cáceres), en el extremo NE de la provincia. Rica agricultura

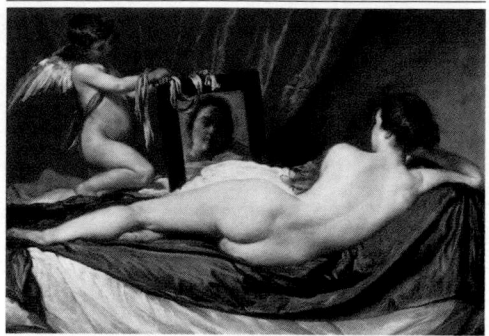

■ BERNARDO **VERBITSKY**

■ LA **VENUS DEL ESPEJO,** por Velázquez. (National Gallery, Londres.)

de regadío. Principales núcleos: *Jaraíz, Jarandilla* y *Villanueva de la Vera.*

VERA (Pedro Jorge), *Guayaquil 1914-Quito 1999,* escritor ecuatoriano. Cultivó poesía (*Nuevo itinerario,* 1937), pero sobre todo la novela (*Los animales puros,* 1946; *El pueblo soy yo,* 1976) y el relato corto, de contenido social.

VERACRUZ, oficialmente **Veracruz Llave,** c. de México (Veracruz), en el golfo de México; 438 821 hab. Puerto. Centro industrial y comercial. Pesca.— Fuerte de *San Juan de Ulúa; ant. casa de la Inquisición; iglesia de la Asunción (s. XVIII); ayuntamiento.— Fundada por Hernán Cortés en 1519, fue un centro de comercio marítimo en la época colonial. En la guerra de Reforma, Juárez instaló en ella su capital.

VERACRUZ (estado de), est. del E de México; 72 815 km²; 6 228 239 hab.; cap. *Jalapa.*

VERACRUZ (fray Alonso de la), *Caspueñas, Toledo, 1507-México 1584,* filósofo agustino español. Catedrático de la universidad real y pontificia de México (1553), fue el primero en enseñar en América el aristotelismo. Es autor de *Recognitio summularum* y *Dialectica resolutio* (1554).

VERAGUA, nombre que dio Colón a la zona O del istmo de Panamá, descubierta en su cuarto viaje (1502). J. Vázquez de Coronado sometió a los indígenas. Fue la provincia más oriental de Tierra Firme y en 1718 el territorio se incorporó al virreinato de Nueva Granada.

VERAGUAS (provincia de), prov. del centro de Panamá; 11 086 km²; 218 870 hab.; cap. *Santiago.*

VERAGUAS (cultura de), cultura precolombina desarrollada entre 800 y 1525 d.C. en Tanamá (Veraguas, Panamá). Joyería en oro fundido y tumbaga; cerámica antropomorfa.

VERAPAZ (departamento de **Alta**), dep. del N de Guatemala; 8 686 km²; 650 127 hab.; cap. *Cobán.*

VERAPAZ (departamento de **Baja**), dep. del centro de Guatemala; 3 124 km²; 205 303 hab.; cap. *Salamá.* Tabaco.

VERBITSKY (Bernardo), *Buenos Aires 1907-íd. 1979,* escritor argentino. Su obra, realista, describe el ambiente y los personajes de Buenos Aires (*En esos años,* 1946; *Villamiseria también es América,* 1958; *Hermana y sombra,* 1977).

VERBOOM o **WERBOOM** (Jorge Próspero, marqués de), *Bruselas 1667-Barcelona 1744,* ingeniero militar español, de origen brabanzón. Ingeniero jefe de los ejércitos de Felipe V, planeó el sitio de Barcelona (1714), realizó la Ciudadela de esta ciudad (1715) e intervino en el sitio de Gibraltar (1727).

VERBRUGGEN, familia de escultores flamencos de Amberes. Sus miembros más conocidos, nacidos y muertos en Amberes, son Pieter el Viejo (1615-1686) y sus hijos Pieter el Joven (h. 1640-1691) y Hendrik Frans (1655-1724), todos ellos representantes del arte barroco religioso (sillas de coro y confesionarios de Grimbergen, por Hendrik Frans).

VERCELLI, c. de Italia (Piamonte), cap. de prov.; 48 597 hab. Iglesia medieval de San Andrés; monumentos y museos (pintores de la escuela piamontesa, como G. Ferrari).— Victoria de Mario sobre los cimbrios (101 a.C.).

VERCINGETÓRIX, en *Auvernia h. 72 a.C.-Roma 46 a.C.,* jefe galo. Durante la revuelta del año 52 unió bajo su mando a los pueblos galos contra César. Defendió con éxito Gergovia, pero, sitiado por César en Alesia, tuvo que rendirse. Fue conducido a Roma y ejecutado.

VERCORS, macizo de los Prealpes franceses; 2 341 m. En el Grand Veymont.

VERCORS (Jean Bruller, llamado), *París 1902-íd. 1991,* escritor y dibujante francés. Se dio a conocer con su amarga novela sobre la Resistencia *El silencio del mar* (1942), que escribió en la clandestinidad.

VERDAGUER (Jacint), *Folgarolas, Barcelona, 1845-Vallvidriera, act. en Barcelona, 1902,* poeta español en lengua catalana. En 1870 fue ordenado sacerdote. Considerado el mayor poeta de la Renaixença, es autor de epopeyas (*La *Atlàntida,* 1877; *Canigó,* 1886) y poesía lírica de tema místico.

VERDE, r. de Paraguay (Presidente Hayes), afl. del Paraguay; 200 km.

VERDE (cabo), promontorio de la costa de Senegal, junto al Atlántico, punto más occidental de África.

VERDE (cerro), volcán de El Salvador (Ahuachapán y Sonsonate), en la cadena Meridional; 2 030 m.

VERDES (cueva de **Los**), cueva volcánica de España, en la isla de Lanzarote (Canarias), la mayor del mundo en su género (6 100 m de long.). Turismo.

verdes (los), denominación de los partidos ecologistas de Europa occidental. En Alemania (*Die Grünen*), el partido fue fundado en 1980; en Francia, en 1984.

VERDI (Giuseppe), *Roncole 1813-Milán 1901,* compositor italiano. Músico romántico y notable dramaturgo, frente al germanismo de Wagner (el cual, sin embargo, influyó en él en cuanto al papel de la orquesta y la continuidad de la línea melódica), impuso la tradición italiana (heredada de Bellini, Rossini y Donizetti) en numerosas óperas: *Nabucco* (1842), *Rigoletto* (1851), *La Traviata* (1853), *Il trovatore* (1853), *Las vísperas sicilianas* (1855), *Un ballo in maschera* (1859), *Don Carlo* (1867), *Aida, Otelo* (1887), *Falstaff* (1893) y un famoso *Réquiem* (1874). En sus últimas obras dio cada vez mayor protagonismo a la orquesta y la hizo evolucionar, en una línea melódica continua, entre el recitativo y el aria.

VERDÚ (Maribel), *Madrid 1970,* actriz española. Dota a sus personajes de sensualidad y resolución (*El año de las luces,* F. Trueba, 1986; *La buena estrella,* R. Franco, 1997; *El laberinto del fauno,* G. del Toro, 2006; *Siete mesas de billar francés,* G. Querejeta, 2007).

VERDUN (Nicolás de), orfebre lorenés de fines del s. XII. Firmó y fechó el púlpito de Klosterneuburg (1181), así como el relicario de Nuestra Señora de Tournai (1205), y es sin duda el autor del relicario de los Reyes Magos de la catedral de Colonia.

VERDÚN, en fr. **Verdun,** mun. de Francia (Meuse); 21 267 hab. Catedral de origen carolingio en parte de los ss. XI y XII.— tratado de **Verdún** (843), tratado firmado en Verdún entre los hijos de Ludovico Pío (Lotario, Carlos el

Calvo y Luis el Germánico), por el que se dividió el Imperio carolingio en tres partes.

Verdún (batalla de) [febr.-dic. 1916], batalla de la primera guerra mundial, en la que las tropas francesas resistieron victoriosamente a las violentas ofensivas alemanas en dirección a Verdún, sobre ambas orillas del Mosa.

VEREENIGING, c. de Sudáfrica, al S de Johannesburgo; 149 000 hab. Metalurgia. Construcciones eléctricas.— tratado de **Vereeniging** (31 mayo 1902), tratado que puso fin a la guerra de los bóers mediante la anexión de las repúblicas de Orange y del Transvaal al Imperio británico. Fue negociado en Vereeniging y firmado en Pretoria.

VERGA (Giovanni), *Catania 1840-íd. 1922,* escritor italiano. El verismo de sus novelas y relatos se basa en el cientificismo y la simpatía por la realidad siciliana y su miseria (*Los Malavoglia,* 1881; *Mastro don Gesualdo,* 1889).

VERGA (Šělomó **ibn**), *Sevilla-Adrianópolis 1506,* historiador hebraicoespañol. Emigró a Turquía tras el decreto de expulsión (1492). Es autor de *La vara de Judá,* recopilación de relatos sobre la persecución de los judíos en diversas épocas.

VERGARA, en vasc. **Bergara,** v. de España (Guipúzcoa), cab. de p. j.; 15 089 hab. (*vergareses*). En el valle del Deva. Industria metalúrgica.— Iglesias de Santa María (1542) y San Pedro; casas plateresas.— Tomada por Zumalacárregui en la primera guerra carlista (1835), fue sede del *abrazo de Vergara,* convenio de paz entre Espartero y Maroto (31 ag. 1839).

VERGARA (Ignacio), *Valencia 1715-íd. 1776,* escultor español. Hijo del escultor Francisco Vergara el Viejo superó la tradición barroca familiar al cultivar el rococó (fachada del palacio del marqués de Dos Aguas, Valencia).

VERGARA Y VERGARA (José María), *Bogotá 1831-íd. 1872,* escritor colombiano. Organizó y dirigió la Academia colombiana de la lengua. Editor de *El Parnaso colombiano* (1866-1867), es autor de poemas (*Versos en borrador,* 1869), novelas, cuadros costumbristas y crítica literaria.

VERGÓS, familia de pintores góticos españoles, activos en Barcelona en el s. XV. Jaume II (m. en 1503) fue pintor de retablos en colaboración con sus hijos Pau (h. 1463-h. 1495) y Rafael (h. 1464-h. 1500).

VERHAEREN (Émile), *Sint-Amands 1855-Ruán 1916,* poeta belga en lengua francesa. Su poesía evolucionó del naturalismo (*Las flamencas,* 1883) y el misticismo (*Las antorchas negras,* 1891) a un lirismo social (*Las ciudades tentaculares,* 1895). También publicó cuentos, crítica literaria y teatro. De 1888 a 1891 viajó por España con D. de Regoyos, y relató sus impresiones en *La España negra* (1899).

■ ÉMILE **VERHAEREN,** por Albin.

VERHOFSTADT (Guy), *Termonde 1953,* político belga. Liberal flamenco, fue primer ministro desde 1999 hasta 2008.

VERÍSSIMO (Erico), *Río de Janeiro 1905-íd. 1975,* escritor brasileño. Representante de la segunda etapa del modernismo en su país, buena parte de su obra es un elevado manifiesto antifascista. De su producción destaca la trilogía *El tiempo y el viento* (1949-1961), *El prisionero* (1967) e *Incidente en Antares* (1971).

VERJOIANSK, localidad de Rusia, en Siberia oriental, al N de los *montes de Verjoiansk.* Es uno de los puntos más fríos del globo (se han registrado temperaturas cercanas a –70 °C).

VERLAINE (Paul), *Metz 1844-París 1896*, poeta francés.Tras publicar sus primeras obras (*Poemas saturnianos*, 1866; *Fiestas galantes*, 1869; *La buena canción*, 1870), inició una tempestuosa relación con Rimbaud que lo llevó a ser encarcelado (1873). Posteriormente aspiró a una poesía musical (*Romanzas sin palabras*, 1874), volvió al catolicismo y llevó una vida errante por hospitales y cafés mientras se le erigía como iniciador del simbolismo (*Antaño y hogaño*, 1884; *Los poetas malditos*, 1884).

VERMEER (Johannes), llamado **Vermeer de Delft**, *Delft 1632-íd. 1675*, pintor neerlandés.Olvidado mucho tiempo, se le considera uno de los más grandes pintores del s. XVII. Su obra, es casa, comprende interiores, retratos y dos paisajes urbanos que ponen de relieve una visión extremadamente interiorizada. Su gusto por la esencia silenciosa de las cosas queda plasmado mediante una técnica tan sutil en los juegos de luz y del espacio como en la calidad visual y táctil de las materias y la armonía tonal (*El caballero y la joven*, Berlín; *Vista de Delft*, La Haya; *La encajera*, Louvre; *La lechera y La carta de amor*, Amsterdam; *La alegoría de la pintura*, Viena; *Mujer en pie junto al virginal*, National Gallery de Londres).

■ **VERMEER.** *El astrónomo* (1668). [Louvre, París.]

VERMONT, estado de Estados Unidos, en Nueva Inglaterra; 562 758 hab.; cap. *Montpelier*.

VERMUDO I el Diácono, *¿m. en 797?*, rey de Asturias (788-791). Hijo del príncipe Fruela y sucesor de Mauregato, abdicó en su sobrino Alfonso II. — **Vermudo II el Gotoso**, *a. 956-en el Bierzo 999*, rey de Galicia (982-999) y de León (985-999). Bastardo, al parecer, de Ordoño III, fue proclamado rey por la nobleza. — **Vermudo III**, *1016-valle de Tamarón, Burgos, 1037*, rey de León (1027-1037). Hijo de Alfonso V, luchó con Sancho III de Navarra y Fernando I de Castilla.

VERNE (Jules), *Nantes 1828-Amiens 1905*, escritor francés. Su serie *Viajes extraordinarios*, destinada a los adolescentes, inaugura el género de la novela científica de anticipación (*Cinco semanas en globo*, 1863; *Viaje al centro de la Tierra*, 1864; *De la Tierra a la Luna*, 1865; *Veinte mil leguas de viaje submarino*, 1870; *La vuelta al mundo en ochenta días*, 1873; *Miguel Strogoff*, 1876).

VERNET (Joseph), *Aviñón 1714-París 1789*, pintor francés. Realizó numerosos paisajes, sobre todo marinas, de un clasicismo austero o de estilo prerromántico.

VERNTALLAT (Francesc de), *en la Garrotxa, Gerona, 1438-m. d. 1488*, caudillo remensa catalán.Capitán de Juan II,luchó contra la nobleza de Gerona y negoció la sentencia arbitral de Guadalupe (1486).

VERO (Lucio), *Roma 130-169*, emperador romano (161-169). Asociado al imperio por Marco Aurelio, dirigió victoriosamente la campaña contra los partos (161-166).

VERONA, c. de Italia (Véneto), cap. de prov., junto al Adigio; 252 689 hab. (*veroneses*).Cen-

■ GIUSEPPE **VERDI**, por G. Barchetta. (Scala, Milán.)

■ PAUL **VERLAINE**, por Fantin-Latour. (Museo del Louvre, París.)

tro comercial y turístico. — Anfiteatro romano; iglesia románica de San Zenón; catedral; monumentos góticos y renacentistas de las plazas delle Erbe y dei Signori. Museo de Castelvecchio (pinturas de las escuelas veronesa y veneciana). [Patrimonio de la humanidad 2000.] — República independiente en los ss. XIII y XIV, estuvo durante mucho tiempo bajo la dominación de Venecia. En 1822 acogió un congreso de las potencias de la Santa alianza en el que se decidió la intervención en España (expedición de los Cien mil hijos de san Luis).Verona se integró en el reino de Italia en 1866.

VERONÉS (Paolo Caliari, llamado **el**), *Verona 1528-Venecia 1588*, pintor italiano, uno de los maestros de la escuela veneciana.Sus cuadros destacan por el movimiento, la amplitud armoniosa y la riqueza de su colorido claro. Los más espectaculares, adornados con suntuosas arquitecturas, son las inmensas telas pintadas para refectorios de varias comunidades (*Bodas de Caná*, Louvre; *La comida en casa de Leví*, Academia de Venecia).

VERÓNICA (santa), mujer judía que, según la leyenda, limpió el rostro de Jesús cuando subía al Calvario con un paño en el que quedó marcada la imagen del Salvador.

VERRAZANO o **VERRAZZANO** (Giovanni da), *Val di Greve, cerca de Florencia, 1485-en las Antillas 1528*, navegante y explorador italiano. Al servicio de Francisco I de Francia, exploró en 1524 la costa atlántica de los actuales Estados Unidos (desde las Carolinas a Maine).

VERRES (Cayo Licinio), *Roma h. 119-43 a.C.*, político romano. Propretor en Sicilia (73-71), se granjeó el odio de todos por sus malversaciones.Al abandonar el cargo, fue acusado de concusión por los sicilianos, y Cicerón fue el abogado de la acusación (*Verrinas*). Verres se exilió antes de ser condenado (70).

VERRIER (Urbain Le), *Saint-Lô 1811-París 1877*, astrónomo francés. Especialista en mecánica celeste, sus cálculos fueron fundamentales para el descubrimiento del alemán Galle) del planeta Neptuno (1846). También elaboró una teoría del movimiento de la Luna.

VERROCCHIO (Andrea di Cione, llamado **il**), *Florencia 1435-Venecia 1488*, escultor, pintor y orfebre italiano. Desde 1465 dirigió en Florencia un importante taller, rival del de los Pollaiolo. Una de sus obras más conocidas es la estatua ecuestre del condotiero B. Colleoni en Venecia, fundida después de su muerte. Leonardo da Vinci fue discípulo suyo.

VERSALLES, en fr. **Versailles**, c. de Francia, cap. del dep. de Yvelines, a 14 km al SO de París; 88 476 hab. El palacio real, hecho construir por Luis XIV, obra de Le Vau, D'Orbay, J. H. Mansart y J. A. Gabriel y decorado inicialmente bajo la dirección de Le Brun, fue uno de los centros del clasicismo francés (museos de pintura y escultura, y centro de música barroca).Los jardines, diseñados por Le Nôtre,cuentan con numerosas esculturas (Girardon, Coyzevox).Estancias de los ss. XVII y XVIII. En el parque se hallan los palacios reales del gran y el pequeño Trianón. Caballerizas. Iglesias de Nuestra Señora y de San Luis (act. catedral). El palacio real y los jardines fueron declarados patrimonio de la humanidad (1979). — En Versalles, residencia real desde 1682, se firmo, en 1783, el tratado que puso fin a la guerra de la Independencia norteamericana y fue proclamado el imperio alemán (1871).

Versalles (tratado de) [28 junio 1919], tratado que puso fin a la primera guerra mundial, concluido entre Alemania y las potencias aliadas y asociadas. Sus principales cláusulas fueron la devolución a Francia de Alsacia-Lorena, la administración del Sarre por la SDN, la organización de un plebiscito en Schleswig, la creación del «corredor de Dantzig», por el que Polonia conseguía salida marítima, la limitación del potencial militar alemán y el desembolso por Alemania de 20 millardos de marcos-oro en concepto de reparaciones de guerra.

VERT (Juan), *Ontinyent 1890-Madrid 1931*, compositor español, autor de zarzuelas, generalmente con R. Soutullo (*La leyenda del beso*, 1924; *La del soto del Parral*, 1927).

VERTIENTES, mun. de Cuba (Camagüey); 42 647 hab.Centro agrícola e industria derivadas.

VÉRTIZ o **BÉRTIZ** (Juan José), *Mérida de Yucatán 1718-Madrid 1798*, administrador español. Fue gobernador de Buenos Aires (1770) y de Montevideo (1777), y virrey del Río de la Plata (1778-1784). Reformista ilustrado, fomentó la industria, la cultura y las mejoras urbanísticas.

VERTOV (Denis Arkadiovich **Kaufman**, llamado Dziga), *Bialystok 1895-Moscú 1954*, director de cine soviético.Uno de los grandes pioneros del documental,practicó un cine que captaba la vida real filmada por el «cine-ojo» (Kino Glaz): *¡Adelante, soviet!* (1926),*El hombre de la cámara* (1929),*Tres cantos sobre Lenin* (1934).

VERTUMNO, dios de origen probablemente etrusco o itálico, protector de la vegetación y, en particular, de los árboles frutales.

VERVIERS, c. de Bélgica (Lieja); 53 482 hab. Centro industrial. — Monumentos (ss. XVII-XIX).

Vervins (paz de) [1598], tratado de paz fran coespañol, firmado en Vervins (Francia) Puso fin a la intervención española en las guerras de religión.

VERWOERD (Hendrick Frensch), *Amsterdam 1901-El Cabo 1966*, político sudafricano. Primer ministro (1958-1966), consolidó el apartheid. Promotor de la política de los bantustanes, fue uno de los artífices de la proclamación de la república y de la retirada de Sudáfrica de la Commonwealth. Fue asesinado.

Very Large Telescope → VLT.

VESAAS (Tarjei), *Ytre Vinje 1897-Oslo 1970*, escritor noruego. Poeta y dramaturgo, en sus novelas describió la vida rural (*El gran juego*,

■ JULES **VERNE**, por Nadar.

■ **VERSALLES.** La fachada principal del palacio que da a los jardines.

1934), para después evolucionar hacia un misticismo alegórico y lírico (*Kimen*, 1940; *Los pájaros*, 1957).

VESALIO (Andrés), en neerl. Andries **Van Wesel**, *Bruselas 1514 o 1515-isla de Zante 1564*, anatomista flamenco. Médico de Carlos Quinto, fue uno de los primeros en practicar la disección del cuerpo humano y atacó las opiniones tradicionales de Galeno.

VESPASIANO, en lat. Titus Flavius Vespasianus, *cerca de Reate, act. Rieti, 9-Aquae Cutiliae, Sabina, 79*, emperador romano (69-79), fundador de la dinastía de los Flavios. Su reinado puso fin a la guerra civil que había estallado a la muerte de Nerón. Perteneciente a la burguesía italiana, enérgico y de costumbres sencillas, pacificó Judea (66-69), reorganizó la administración, recuperó la economía, comenzó la construcción del *Coliseo (o anfiteatro flavio) y reconstruyó el Capitolio. Reprimió la sublevación gala, envió a Agrícola a Britania (77-84) y emprendió la conquista de los campos Decumanos. Debilitó la oposición de la aristocracia al favorecer la entrada de provinciales en el senado. Instauró el sistema de sucesión hereditaria, en favor de sus hijos Tito y Domiciano.

VESPUCIO (Amerigo **Vespucci**, llamado en España Américo), *Florencia 1454-Sevilla 1512*, navegante italiano. Agente de los Médicis en Sevilla (h. 1487), se dedicó a la navegación y realizó dos viajes (1499-1500 y 1501-1502) en los que exploró la costa de América del Sur, recorrió Brasil y llegó hasta el S de la Patagonia. Así comprobó que esas tierras no pertenecían a Asia, sino que formaban un continente distinto. Hacia 1505 le fue concedida la ciudadanía castellana. El geógrafo Martin **Waldseemüller** (h. 1470-Saint-Dié, Francia, entre 1518 y 1521) le atribuyó el descubrimiento del Nuevo Continente, al que bautizó con el nombre de pila de Vespucci en su *Cosmographia introductio* (1507).

VESTA MIT. ROM. Diosa del hogar, a cuyo culto se dedicaban las vestales.

VESTDIJK (Simon), *Harlingen 1898-Utrecht 1971*, escritor neerlandés. Poeta y ensayista, es autor de novelas psicológicas (*Anton Wachter*, 1934-1960) e históricas (*El quinto sello*, 1937).

VESTERÅLEN, archipiélago noruego, al N de las islas Lofoten; 35 000 hab.

VESTMANNAEYJAR, archipiélago volcánico de la costa S de Islandia.

VESTRIS (Gaetano), *Florencia 1729-París 1808*, bailarín italiano. Apodado «el dios de la danza» (al igual que su hijo Auguste), debutó en Ilaia y desde 1748 estuvo vinculado a la Ópera de París — **Auguste V.**, *París 1760-íd 1842*, bailarín francés. Realizó su carrera en la Ópera de París (1775-1816).

VESUBIO, en ital. **Vesuvio**, volcán activo de Italia, a 8 km al SE de Nápoles; 1 281 m. La erupción del año 79 d.C. sepultó Herculano, Pompeya y Stabias. (Reserva de la biosfera 1997.)

VESZPRÉM, c. de Hungría, cerca del lago Balaton; 63 867 hab. Monumentos medievales; urbanismo del s. XVIII; museo.

VEYES, en lat. **Veii**, en ital. **Veio**, c. etrusca a 15 km al N de Roma. Fue sometida definitivamente por Roma tras un largo asedio (inicios del s. IV a C.).— Importantes restos (sobre todo estatuas de terracota, entre ellas el famoso *Apolo de Veyes*, h. 510-490 a.C.) y necrópolis con tumbas adornadas con pinturas murales.

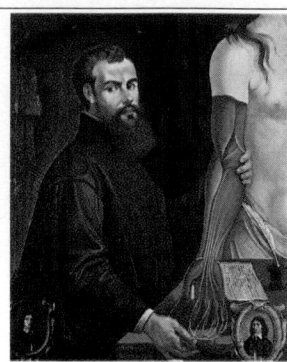

■ ANDRÉS **VESALIO**, por Poncet.
(Museo de bellas artes, Orleans.)

VÉZELAY, mun. de Francia (Yonne); 507 hab. Notable basílica románica de la Magdalena, ant. abadía. (Patrimonio de la humanidad 1979.) — San Bernardo predicó en ella la segunda cruzada, el 31 marzo 1146.

VÍA LÁCTEA o **CAMINO DE SANTIAGO**, banda blanquecina, borrosa e irregular que da la vuelta completa a la esfera celeste. Es la huella en el cielo del disco de la Galaxia. Debe su aspecto a la multitud de estrellas de que se compone.

VIAN (Boris), *Ville-d'Avray 1920-París 1959*, escritor francés. Ingeniero, trompetista y crítico de jazz, es autor de novelas (*La espuma de los días; El otoño en Pekín*), poemas, canciones y dramas que mezclan el humor con el absurdo.

VIANA, c. de España (Navarra); 3 493 hab. (*vianeses*). Murallas medievales. Iglesia de Santa María, con fachada renacentista (s. XVI).

VIANA (Carlos, príncipe de), *Peñafiel 1421-Barcelona 1461*, duque de Gandía y rey titular de Navarra (Carlos IV) [1444-1461]. Hijo de Juan II de Aragón y Blanca de Navarra, fue desheredado por su padre (1455) y encarcelado (1460). Fue liberado tras ser nombrado heredero por la Generalidad catalana, que defendió su causa (concordia de Vilafranca, 1461). Cortesano y humanista, su figura fue glosada por los románticos.

VIANA (Javier de), *Canelones 1868-Montevideo 1926*, escritor uruguayo. Autor de novelas (*Gaucha*, 1899), cuentos (*Leña seca*, 1905), teatro (*Puro campo*) y poesía (*Cardos*, 1914), se le considera el iniciador del realismo en Uruguay.

VIANA DO CASTELO, c. del N de Portugal, junto a la desembocadura del Limia; 15 100 hab. Puerto. Centro turístico, industrial y pesquero.— Iglesia románica (1400-1440). Monumentos del gótico al barroco. Museo.

VIAR, r. de España, afl. del Guadalquivir (or. der.); 124 km. Embalse de El Pintado (central 33 MW). Utilizado para riego (*canal de Viar*, 85 kilómetros).

VIAREGGIO, c. de Italia (Toscana), junto al mar Tirreno; 57 099 hab.

VIATKA, r. de Rusia, afl. del Kama (or. der.); 1 314 km.

VIATKA, de 1934 a 1991 **Kírov**, c. de Rusia, a orillas del *Viatka*; 491 200 hab. Metalurgia.

VÍBORG, en finés Viipuri, c. de Rusia, junto al golfo de Finlandia; 81 100 hab. Fue cedida por Finlandia a la URSS en 1947.

VIC, c. de España (Barcelona), cab. de p. j.; 31 533 hab. (*vicenses* o *ausetanos*). Centro industrial. Ferias ganaderas. — Murallas y puente medievales. Catedral neoclásica. Museo episcopal. — Mun. romano (*Ausa*), fue sede del condado de Ausona.

VÍCAR, mun. de España (Almería); 15 940 hab. Centro agrícola en el Campo de Dalías.

VICENS VIVES (Jaume), *Gerona 1910-Lyon 1960*, historiador español. Autor de estudios sobre el s. XV (*Historia de los remensas del siglo XV*, 1945; *El siglo XV. Los Trastámara*, 1956) y sobre los aspectos económicos y sociales de la

historia de España (*Aproximación a la historia de España*, 1952; *Noticia de Cataluña*, 1954; *Industriales y políticos del siglo XIX*, 1958; *Manual de historia económica de España*, 1959), renovó la metodología histórica española. En 1953 fundó la revista *Índice histórico español*.

VICENTA MARÍA LÓPEZ VICUÑA (santa), *Cascante, Navarra, 1847-Madrid 1890*, religiosa española. En 1876 fundó el Instituto de las religiosas de María Inmaculada, dedicado a la protección de las empleadas del hogar. Canonizada en 1975.

VICENTE (Esteban), *Turégano 1903-Bridge Hampton, estado de Nueva York, 2001*, pintor español nacionalizado estadounidense. Figura destacada del expresionismo abstracto, fue un maestro en la técnica del collage.— Museo en Segovia dedicado a su obra.

VICENTE (Gil), *Lisboa h. 1465-Évora h. 1536*, poeta y comediógrafo portugués en lenguas portuguesa y castellana. Fundador del teatro clásico portugués, sus obras representan la secularización del drama religioso medieval (*Auto pastoril castellano*, 1502; *Auto de los Reyes Magos*, 1503; *Auto de la sibila Casandra*, 1513). Cultivó además la alegoría (*Trilogía de las barcas*, 1517-1519), la sátira anticlerical y el tema sentimental (*Don Duardos; Amadís de Gaula*).

VICENTE (Paulino), llamado **el Mozo**, *Oviedo 1924-íd. 1956*, pintor español. Hijo del también pintor **Paulino Vicente el Viejo** (Oviedo 1900-íd. 1990), en su obra predominan los retratos de tipos populares asturianos de estilo realista.

VICENTE de Lérins (san), *m. en Saint-Honorat h. 450*, escritor eclesiástico. Monje de Lérins, adversario de la doctrina de san Agustín sobre la gracia, defendió una forma atenuada de pelagianismo (*semipelagianismo*).

VICENTE DE PAÚL (san), *Pouy, act. Saint-Vincent-de-Paul, 1581-París 1660*, sacerdote francés. En 1619 fue capellán general de las galeras. Dedicado a las obras de caridad, creó la Congregación de los sacerdotes de la Misión, llamados lazaristas o paúles (1625), y, con santa Luisa de Marillac, la Congregación de las Hijas de la Caridad (1633).

VICENTE FERRER (san), *Valencia 1350-Vannes, Francia, 1419*, eclesiástico y predicador español. Dominico, ingresó en la orden en 1367, fue ordenado en 1378 y nombrado predicador general en 1389. Llamado por Benedicto XIII a la corte papal de Aviñón (1395), fue uno de los compromisarios de Caspe (1412) e influyó decisivamente en la elección de Fernando de Antequera. Contribuyó a poner fin al cisma de occidente y medió en la guerra de los Cien años. Sus predicaciones por toda Europa fueron famosas y suscitaron conversiones multitudinarias. Fue canonizado en 1458.

VICENTE GUERRERO, mun. de México (Durango); 17 483 hab. Cereales, legumbres y frutas. Ganado vacuno.

VICENTE LÓPEZ, partido de Argentina (Buenos Aires), en el Gran Buenos Aires; 289 505 hab.

VICENZA, c. de Italia (Véneto), cap. de prov.; 107 076 hab. Iglesias y palacios, principalmente del s. XII al XVI; edificios de Palladio, entre ellos el palacio Chiericati (museo) y la villa la *Rotonda. (Patrimonio de la humanidad 1994.)

VICHADA, r. de Colombia, afl. del Orinoco (or. izq.); 720 km. Formado por la unión de los ríos Planas y Tigre, desemboca en la frontera con Venezuela, junto a Puerto Nariño. Pesca.

VICHADA (departamento del), dep. de Colombia; 100 242 km²; 13 770 hab.; cap. *Puerto Carreño*.

VICHY, c. de Francia (Allier); 26 915 hab. Estación termal.

Vichy (gobierno de), gobierno del estado francés (julio 1940-ag. 1944). Nombrado presidente del gobierno (16 junio 1940), el mariscal Pétain firmó el armisticio con Alemania (22 junio) y se convirtió en jefe del estado (julio). Instauró un régimen autoritario, próximo al fascismo, que, tras la invasión de la zona no ocupada (nov. 1942), estuvo totalmente controlado por los alemanes y perdió la confianza

■ **VESPASIANO.**
(Museo del Capitolio, Roma.)

■ AMERIGO
VESPUCCI

de la población. Fue derrocado con la Liberación.

VICKSBURG, c. de Estados Unidos (Mississippi), junto al Mississippi; 25 434 hab. Plaza sudista durante la guerra de Secesión, abrió la vía del Mississippi a los nordistas (1863).

VICO (Giambattista), *Nápoles 1668-íd. 1744*, historiador y filósofo italiano. En *Principios de una ciencia nueva relativa a la naturaleza común de las naciones* (1725) distinguió en la historia cíclica de cada pueblo tres edades: la divina, la heroica y la humana.

VICTOR (Claude Perrin, llamado), **duque de Belluno,** *Lamarche, Vosges, 1764-París 1841*, militar francés. Jefe del primer cuerpo del ejército francés en España, venció en Uclés y Medellín (1809) y ocupó Sevilla (1810). En 1823 organizó la expedición de los *Cien mil hijos de san Luis contra los liberales españoles.

VÍCTOR AMADEO I, *Turín 1587-Vercelli 1637*, duque de Saboya (1630-1637). Desarrolló una política favorable a Francia y contraria a España.— **Víctor Amadeo II,** *Turín 1666-Rivoli 1732*, duque de Saboya (1675), rey de Sicilia (1713) y de Cerdeña (1720). Fundador de una monarquía absoluta y centralizada, abdicó en 1730. — **Víctor Amadeo III,** *Turín 1726-Moncalieri 1796*, rey de Cerdeña (1773-1796). En su lucha contra la Revolución francesa tuvo que ceder Saboya y Niza (1796).

VICTORIA, dep. de Argentina (Entre Ríos); 31 323 hab. Agricultura. Ganado vacuno y ovino. Pesca.

VICTORIA, estado del SE de Australia; 4 243 719 hab.; cap. *Melbourne.*

VICTORIA, gran isla del archipiélago Ártico canadiense (Territorios del Noroeste y Nunavut); 212 000 km².

VICTORIA, c. de Canadá, cap. de Columbia Británica, en la isla de Vancouver; 71 228 hab. (262 223 hab. en la aglomeración). Puerto. Universidad.

VICTORIA, com. de Chile (Araucanía); 32 966 hab. Yacimientos de petróleo. Destilerías.

VICTORIA, mun. de México (Guanajuato); 16 823 hab. Explotación forestal. Minería. Canteras.

VICTORIA, mun. de México (Tamaulipas); 207 830 hab.; cap. *Ciudad Victoria.*

VICTORIA, cap. de las Seychelles, en la isla Mahé; 23 000 hab.

VICTORIA (cataratas), cataratas del Zambeze (108 m de alt.), en la frontera entre Zimbabwe y Zambia.

VICTORIA (La), sitio arqueológico precolombino de Guatemala, en la costa del Pacífico (1500 a.C.-900 d.C.), con restos de distintas fases culturales, en relación con las culturas del golfo de México y de las tierras altas de Guatemala. Agricultura, tejidos, cerámica.

VICTORIA (La), mun. de Perú (Lima), en el área urbana de Lima; 212 448 hab. Industrias textiles y alimentarias. Universidad.

VICTORIA (La), c. de Venezuela (Aragua); 77 326 hab. Centro industrial (automóviles).

VICTORIA (lago), ant. **Victoria Nyanza,** gran lago de África ecuatorial, del que nace el Nilo; 68 100 km².

VICTORIA (Tierra), región de la Antártida que bordea el mar de Ross, accidentada por volcanes.

VICTORIA I, *Londres 1819-Osborne, isla de Wight, 1901*, reina de Gran Bretaña e Irlanda (1837-1901) y emperatriz de las Indias (1876-1901). Nieta de Jorge III, accedió al trono al morir sin heredero su tío Guillermo IV. Bien aconsejada por su primer ministro lord Melbourne, por su tío Leopoldo I de Bélgica y por Alberto de Sajonia-Coburgo-Gotha (con quien casó en 1840), restauró el prestigio de la monarquía. Pese a respetar las reglas del régimen parlamentario, entró varias veces en conflicto con sus principales ministros (Wellington, Palmerston, Disraeli, Gladstone). Dejó una gran huella personal en la vida política de Gran Bretaña, que conoció bajo su reinado (la *era victoriana*) su mayor apogeo político y económico.

VICTORIA (Miguel Fernández Félix, llamado **Guadalupe**), *Tamazula 1786-Perote 1843*, patriota y político mexicano. Presidente de la república (1824-1829), decretó la expulsión de los españoles y abolió la esclavitud.

VICTORIA (Tomás Luis de), *Ávila h. 1548-Madrid 1611*, compositor español. Maestro de capilla en Roma y capellán de la emperatriz María de Austria, se le considera el mayor polifonista español y uno de los más grandes de su época. Compuso himnos, motetes, salmos, magníficas, misas, un *Oficio de Semana Santa* (1585) a 3 y 8 voces y un *Oficio de difuntos* (1605) de técnica impecable y emotiva expresividad.

Victoria and Albert Museum, museo de Londres fundado en 1852 y ubicado en 1909 en un edificio nuevo del barrio de South Kensington. Amplias colecciones de artes decorativas y bellas artes de todo el mundo.

Victoria Cross, la más alta distinción militar británica, instituida en 1856 por la reina Victoria.

VICTORIA DE LOS ÁNGELES (Victoria de los Ángeles López, llamada), *Barcelona 1923-íd. 2005*, soprano española. Debutó en 1944 y destacó en la ópera (de la italiana a Wagner), el lied, la canción y el oratorio. (Premio nacional de música 1978.)

Victoria de Samotracia, escultura griega en mármol, de época helenística (principios del s II a.C.), que conmemora una victoria naval de Demetrio I Poliorcetes (Louvre). Representa a una mujer alada (Niké) sobre un pedestal en forma de proa de nave y constituye una de las obras maestras del arte griego tardío.

VICTORIA EUGENIA DE BATTENBERG, *castillo de Balmoral, Gran Bretaña, 1887-Lausana 1969*, reina de España (1906-1931), nieta de la reina Victoria de Gran Bretaña, esposa de Alfonso XIII y madre de don Juan de Borbón.

VICTORICA (Miguel Carlos), *Buenos Aires 1884-íd. 1955*, pintor argentino. Tras su contacto con el postimpresionismo en París, desarrolló un estilo lírico, intimista y colorista (*Flores; Balcón gris).*

VÍCTOR MANUEL I, *Turín 1759-Moncalieri 1824*, rey de Cerdeña (1802-1821). Los tratados de 1815 le devolvieron todos sus estados, pero la insurrección de 1821 lo obligó a abdicar. — **Víctor Manuel II,** *Turín 1820-Roma 1878*, rey de Cerdeña (1849) y de Italia (1861). Hijo de Carlos Alberto, que abdicó en su favor, fue aliado de Francia contra Austria (1859) y el artífice, junto con su ministro Cavour, de la unidad italiana. Tuvo que ceder a Francia Saboya y Niza (1860). — **Víctor Manuel III,** *Nápoles 1869-Alejandría, Egipto, 1947*, rey de Italia (1900-1946), emperador de Etiopía (1936) y rey de Albania (1939). Hijo de Humberto I, de 1922 a 1943 cedió el poder a Mussolini, favoreciendo así el desarrollo del fascismo en Italia. En 1943, de acuerdo con el Gran consejo fascista, mandó arrestar a Mussolini pero no con siguió unir a los partidos políticos. Abdicó en su hijo Humberto (II) y se exilió (1946).

VICUÑA, com. de Chile (Coquimbo); 21 596 hab. Yacimientos de cobre y hierro. Licores.

VICUÑA (Pedro Félix), *Santiago 1806-íd. 1874*, periodista y político chileno, fundador del diario más antiguo de la América hispana, *El mercurio* (1827).

VICUÑA MACKENNA (Benjamín), *Santiago 1831-Santa Rosa de Colmo, Valparaíso, 1886*, político e historiador chileno. Organizó en 1875 el Partido liberal democrático y fue candidato a la presidencia (1876). Es autor de *El ostracismo del general Bernardo O'Higgins* (1860-1862) y *Bibliografía americana* (1879).

VICUS, sitio arqueológico precolombino de Perú (Piura) [500 a.C.-500 d.C.]. Importante necrópolis con ajuar funerario de metal y cerámica, especialmente vasos silbadores. Las tumbas se emparentan con las de Chavín, Mochica y Recuay.

vida es sueño (La), drama filosófico de Calderón de la Barca, estrenado en 1635. Trata los temas del libre albedrío y del predominio de la razón, que triunfan en la figura del protagonista, Segismundo, así como el tema barroco de la vida como representación teatral y apariencia engañosa.

VIDAL o **VITAL** (san), *m. en Ravena s. I*, mártir milanés. Patrón de Ravena.

VIDAL (Francisco Antonio), *San Carlos 1827-1889*, político uruguayo. Ministro, fue presidente provisional en 1865-1866, 1878-1879 y 1880, y después presidente electo en 1881-1882 y 1886. Su mandato estuvo marcado por la influencia del ministro de guerra, Máximo Santos, que lo derrocó.

VIDAL DE BESALÚ (Ramon), en provenzal **Raimon Vidal de Bezaudum,** trovador catalán en lengua provenzal, cuya producción se sitúa entre 1212 y 1252. Escribió, además, la primera gramática conocida en una lengua romance (*Las rasós de trobar).*

VIDAL DE LA BLACHE (Paul), *Pézenas 1845-Tamaris 1918*, geógrafo francés. Fundador de la escuela geográfica francesa, estudió las relaciones entre la actividad humana y el medio físico (*Principios de geografía humana).*

VIDALES (Luis), *Calarcá, Caldas, 1900-Bogotá 1990*, poeta y crítico de arte colombiano. En la línea irónica y experimental de L. de Greiff (*Suenan timbres*, 1926; *La insurrección desplomada*, 1946), fundó el movimiento vanguardista *Los Nuevos*. Fue un activo propagandista y dirigió varios periódicos. Profesor de estética e historia del arte, es autor, entre otras obras sobre la materia, de *Tratado de estética* (1945) y *La circunstancia social en el arte* (1973).

VIDAL I BARRAQUER (Francesc), *Cambrils 1868-Friburgo, Suiza, 1943*, eclesiástico español. Arzobispo de Tarragona (desde 1919) y cardenal (1921), se negó a firmar la carta pastoral colectiva del episcopado español (1937) de apoyo a Franco, y tuvo que exiliarse.

Vidas paralelas, obra de Plutarco (s I), también conocida como *Vidas de hombres ilustres;* conjunto de relatos biográficos de grandes figuras de Grecia y Roma.

VIDAURRE (Manuel), *Lima 1773-1841*, político peruano. Presidente de la suprema corte del Perú (1825), escribió una crítica de la administración virreinal (*Plan del Perú*, 1810, publicado en 1823).

VIDELA (Jorge Rafael), *Mercedes 1925*, militar argentino. Fue presidente de la república tras derrocar a María Estela Martínez (1976-1981). Procesado en 1983, fue condenado a cadena perpetua (1986) e indultado (1991). En arresto domiciliario desde 1998 por el secuestro de recién nacidos durante su mandato, en 2001 fue procesado por la planificación de la represión política en América del Sur (plan Cóndor).

VIDIO, cabo de España (Asturias), en el Cantábrico, al NO de Pravia. Faro.

VIDOR (King), *Galveston 1894-Pablo Robles 1982*, director de cine estadounidense. Su abundante obra refleja lirismo y gran vigor épico: *Y el mundo marcha* (1928), *¡Aleluya!* (1929), *El pan nuestro de cada día* (1934), *Duelo al sol* (1947).

VIEDMA, c. de Argentina, cap. de la prov. de Río Negro y cab. del dep. de Adolfo Alsina, a orillas del río Negro; 40 457 hab.

VIEDMA (lago), lago de Argentina (Santa Cruz), en los Andes patagónicos, a 250 m de alt.; 1088 km². Tiene su origen en el *glaciar de Viedma.*

VIEIRA (António), *Lisboa 1608-Bahía, act. Salvador, 1697*, escritor y político portugués. Jesuita, defendió a los indios, denunció los abusos de la Inquisición y tradujo el catecismo. Preceptor de Pedro II de Portugal, miembro de su consejo y embajador en París, Londres y Roma, donde frecuentó a Cristina de Suecia y su círculo intelectual, es uno de los autores clásicos de la prosa portuguesa (*Sermones; Cartas).*

■ **VICTORIA I** (h. 1870).

■ **VÍCTOR MANUEL II.** (Museo del Risorgimento, Macerata.)

VIEIRA DA SILVA (Maria Elena), *Lisboa 1908-París 1992*, pintora portuguesa nacionalizada francesa. Sus perspectivas dislocadas y su agudo grafismo crean un espacio inquietante, a menudo laberíntico.

VIEJA (Peña), pico de España, en la cordillera Cantábrica (Picos de Europa); 2 613 m.

VIEJO, r. de Nicaragua (Jinotega, Matagalpa y León), que nace al E de Estelí y desemboca en la orilla N del lago de Managua; 168 km.

VIEJO (El), mun. de Nicaragua (Chinandega); 34 234 hab. Ant. centro de la época colonial, conserva un santuario mariano, centro de peregrinación.

VIEJO (pico) o **MONTAÑA DE CHAHORRA**, pico de España, en la isla de Tenerife (Canarias), en el macizo del Teide; 3 106 m.

Viejos de la montaña, nombre dado por los cruzados y los historiadores occidentales a los jefes de la secta chiíta ismailí de los *Asesinos.

VIELLA, en aranés **Vielha**, mun. de España (Lérida), cab. de p. j.; 4 139 hab. *(araneses)*; cap. *Vielha*. En el Valle de Arán. Bosques y prados. Turismo (parador). Deportes de invierno. *Túnel de Viella* (5 km), en la carretera de Lérida.

VIENA, en alem. **Wien**, cap. de Austria, junto al Danubio; 1 533 176 hab. *(vieneses)*. Universidad. Centro administrativo, cultural y comercial. — Catedral reconstruida en los ss. XIV-XVI; edificios barrocos, construidos por J. B. Fischer von Erlach y Hildebrandt; obras de O. Wagner y de J. Hoffmann. Museos, como el *Kunsthistorisches Museum*, la colección *Albertina*, el Leopold Museum (obras de Egon Schiele) y el MUMOK (museo de arte moderno de la fundación Ludwig) en el interior de los museos y, en los dos palacios del Belvedere, el museo del barroco y la galería de arte austriaco de los ss. XIX-XX (obras de Klimt, Kokoschka y otros artistas de la escuela de Viena). [Patrimonio de la humanidad 2001.] — La ciudad, fortaleza romana en la frontera de Panonia, se desarrolló en la edad media gracias primero a los Babenberg y después a los Habsburgo, que la adquirieron en 1276. Residencia de los emperadores del Sacro imperio (asiduamente desde 1438 y de manera definitiva a partir de 1611), fue sitiada por los turcos (1529, 1683). En ella se firmaron numerosos tratados, entre los que destaca el de 1738, que puso fin a la guerra de Sucesión de Polonia. En el s. XIX fue uno de los principales focos culturales de Europa. Tras la caída del imperio austro-húngaro (1918), pasó a ser la capital de la República austriaca.

■ **VIENA.** El Burgtheater (Semper y Hasenauer, 1874-1888) sobre el Ring.

Viena (círculo de), grupo de intelectuales del período de entreguerras, cuyo objetivo era la constitución de un saber organizado a partir de los descubrimientos de la ciencia y formalizado según las concepciones de B. Russell y Wittgenstein. Sus principales miembros fueron los lógicos M. Schlick, K. Gödel y R. Carnap, el físico P. Frank, el matemático H. Kahn y el economista O. Neurath.

Viena (congreso de) [1814-1815], congreso reunido en Viena con el objeto de reorganizar

Europa tras la derrota de Napoleón I. Las decisiones fueron acordadas por los cuatro principales vencedores: Austria (Metternich), Rusia (Nesselrode), Gran Bretaña (Castlereagh), Prusia (Hardenberg). El acta final, firmada en junio de 1815, se inspiró en los principios del derecho monárquico y del equilibrio europeo, pero ignoró el principio de las nacionalidades. (V. mapa de **Europa**.)

Viena (tratados de) [1725], convenios de paz y comercio firmados en Viena entre España y Austria, por los que Carlos VI renunciaba al trono de España y Felipe V a Flandes y los dominios italianos. — tratados de **Viena** (1731), acuerdos bilaterales firmados en Viena por Austria con Gran Bretaña y España para aprobar la sucesión de María Teresa a la corona austriaca. — tratado de **Viena** (1738), paz general que puso fin a la guerra de Sucesión de Polonia.

VIENENSE o **VIENNENSIS**, ant. diócesis de la Galia romana, que se extendía de Aquitania a los Alpes; cap. *Vienne*.

VIENNE, r. de Francia, afl. del Loira (or. izq.); 350 km. Pasa por Limoges.

VIENNE, c. de Francia (Isère), junto al Ródano; 30 749 hab. Ruinas romanas. Iglesias medievales; catedral de San Mauricio (ss. XII-XVI). Museo de bellas artes.

VIENNE, dep. de Francia (Poitou-Charentes); 6 990 km²; 399 024 hab.; cap. *Poitiers*.

VIENTIANE, cap. de Laos, junto al Mekong; 377 000 hab.

VIENTOS (paso de los), canal que comunica el mar Caribe con el océano Atlántico, entre Cuba y Haití; 85 km de anchura.

VIEQUES, mun. de Puerto Rico; 8 602 hab. En la *isla de Vieques, Crab o de los Cangrejos*, a 16 km al SE de la isla de Puerto Rico. Ant. base militar estadounidense (desde la década de 1940 a 2003).

VIERA (Feliciano), *Salto 1872-1929*, político uruguayo. Dirigente del Partido colorado, fue ministro (1911-1915) y presidente de la república (1915-1919) y del consejo nacional (1919-1921).

VIESCA, mun. de México (Coahuila); 21 095 hab. Algodón, cereales, vid y frutales. Salinas.

Vietcong (del vietnamita *Viêt-nam* y *công-san*, rojo), nombre que se dio durante la guerra de Vietnam a los comunistas y a sus aliados, reagrupados en 1960 en el Frente nacional de liberación de Vietnam del Sur.

VIÈTE (François), *Fontenay-le-Comte 1540-París 1603*, matemático francés. Transformó completamente el álgebra al introducir el uso de las letras para representar los valores numéricos.

Vietminh (Liga por la independencia del Vietnam), formación política vietnamita, surgida en 1941 de la unión del Partido comunista indochino y elementos nacionalistas. Dirigió el primer gobierno vietnamita en 1945 y transigió con Francia (1946) antes de ponerse al frente de la lucha armada contra las fuerzas francesas y sus aliados vietnamitas. Se impuso en Vietnam del Norte con Hô Chi Minh.

VIETNAM, estado del Sureste asiático; 335 000 km²; 76 160 000 hab. *(vietnamitas)*. CAP. *Hanoi*. C. PRALES. *Hô Chi Minh* y *Haiphong*. LENGUA: *vietnamita*. MONEDA: *dông*.

GEOGRAFÍA

El país se extiende a lo largo de casi 1 500 km. Una franja estrecha de mesetas y montañas (Annam) separa los deltas del río Rojo (Tonkín) y del Mekong (Cochinchina). La abundante población, de mayoría budista y rural y en crecimiento rápido, se concentra en las regiones bajas, cálidas y con lluvias estivales (monzones). Algunas minorías étnicas (que representan del 10 al 15 % de la población) ocupan las regiones montañosas. El arroz es la base de la alimentación; el caucho, el té, el café y la copra, los principales cultivos comerciales. El subsuelo contiene carbón y petróleo, pero la industria está subdesarrollada, además de resentirse de la debilidad de las infraestructuras (sobre todo el transporte) y de la falta de capitales. Con todo, en los últimos tiempos la economía se ha abierto y en gran medida privatizado, y el turismo contribuye al desarrollo de los servicios.

HISTORIA

De los orígenes al imperio de Vietnam. En el neolítico, la mezcla de muongs, viets y elementos chinos en la cuenca del río Rojo dio origen al pueblo vietnamita. **208 a.C.:** se creó el reino del Nam-Viêt. **111 a.C.:** se integró en el imperio chino de los Han. **939 d.C.:** Ngô Quyên fundó la primera dinastía nacional. **968-980:** la dinastía de los Dinh reinó en el país, llamado Dai-Cô-Viêt, todavía vasallo de China. **980-1225:** con las dinastías imperiales de los Lê «anteriores» (980-1009) y los Li (1010-1225), el país, convertido en el Dai-Viêt (1054), se organizó y adoptó las estructuras feudales y del mandarinato. Se extendió hacia el S a costa de los shampa. **1225-1413:** con la dinastía de los Trân los mongoles fueron expulsados (1257, 1287), pero China restableció su dominio (1406). **1428:** Lê Loi reconquistó la independencia y fundó la dinastía de los Lê «posteriores» (1428-1789). **1471:** el Dai-Viêt consiguió una victoria decisiva contra los shampa. **Ss. XVI-XVII:** se enfrentaron los clanes señoriales rivales Mac, Nguyên (que gobernaban en el S) y Trinh (que dominaban el N). El catolicismo se extendió gracias a la obra de los jesuitas, que latinizaron el idioma vietnamita. **1773-1792:** los tres hermanos Tây Son dirigieron la revuelta contra los Nguyên y los Trinh.

El imperio de Vietnam y el dominio francés. Nguyên Anh, superviviente de la familia Nguyên, reconquistó la Cochinchina, la región de Huê y la de Hanoi con la ayuda de los franceses. **1802:** convertido en emperador con el nombre de Gia-Long, fundó el imperio de Vietnam. **1859-1883:** Francia ocupó Cochinchina, que erigió en colonia, y estableció su protectorado en Annam y en Tonkín. **1885:** China reconoció estas conquistas en el tratado de Tianjin. **1885-1896:** un movimiento nacionalista sacudió el país, que fue integrado en la Unión Indochina, formada por Francia en 1887. **1930:** Hô Chi Minh creó el Partido comunista indochino. **1932:** Bao Dai se convirtió en emperador. **1941:** se fundó la Liga por la independencia del Vietnam (Vietminh). **1945:** Japón puso fin a la autoridad francesa: Bao Dai abdicó y se proclamó una república independiente. Francia reconoció el nuevo estado pero se negó a incluir en él a Cochinchina. **1946-1954:** la guerra de Indochina enfrentó al Vietminh y a Francia, que impuso de nuevo a Bao Dai y reconoció la independencia y unidad de Vietnam en el seno de la Unión francesa. **1954:** la derrota francesa de Diên Biên Phu condujo a los acuerdos de Ginebra, que dividieron el país en dos partes por el paralelo 17.

Vietnam del Norte y Vietnam del Sur. 1955: en el S, el emperador Bao Dai fue depuesto por Ngô Dinh Diêm, y se instauró en Saigón la República de Vietnam, que se benefició de la ayuda estadounidense. En el N, la República democrática de Vietnam (cap. Hanoi) fue dirigida por Hô Chi Minh. **1956:** los comunistas se unieron a sus oponentes del régimen de Ngô Dinh Diêm en el seno del Vietcong. **1960:** se creó el Frente nacional de liberación de Vietnam del Sur. **1963:** asesinato de Ngô Dinh Diêm. **1964:** EUA decidió intervenir directamente en la guerra de *Vietnam junto a los survietnamitas. **1969:** tras la muerte de Hô Chi Minh, Pham Van Dông se convirtió en primer ministro y Lê Duan en primer secretario del Partido de los trabajadores (comunista). **1973-1975:** a pesar de los acuerdos de París y de la retirada estadounidense, la guerra continuó. **1975:** las tropas del Norte tomaron Saigón.

El Vietnam reunificado. 1976: Vietnam se convirtió en una república socialista. Miles de emigrantes intentaron huir (*boat people*). **1978:** Vietnam firmó un tratado de amistad con la URSS e invadió Camboya, donde el régimen de los Khmer rojos contaba con el apoyo de China. **1979:** estalló un conflicto armado con China. **1986:** Nguyên Van Linh sustituyó a Lê Duan al frente del partido comunista. **1987:** Pham Hung sucedió al primer ministro Pham Van Dông. **1988:** tras la muerte de Pham Hung, Do Muoi se convirtió en primer ministro. **1989:** las tropas vietnamitas se retiraron totalmente de Camboya. **1991:** Do Muoi fue nombrado secretario general del partido mientras que Vô Van Kiet se convirtió en jefe de gobierno. A la firma del acuerdo de paz sobre Camboya si-

Vietnam

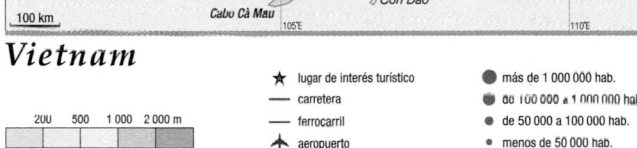

★ lugar de interés turístico
— carretera
— ferrocarril
✈ aeropuerto

● más de 1 000 000 hab.
● de 100 000 a 1 000 000 hab.
● de 50 000 a 100 000 hab.
● menos de 50 000 hab.

100 km

200 500 1 000 2 000 m

---

guió la normalización de las relaciones con China. **1992:** se adoptó una nueva constitución; la Asamblea nacional, surgida de las elecciones, eligió al general Lê Duc Anh para la jefatura del estado y a Võ Van Kiet para la del gobierno. **1994:** se levantó el embargo impuesto por EUA desde 1975. **1995:** ingreso en la ASEAN. **1997:** tras nuevas elecciones, los cuadros dirigentes fueron renovados;Trân Duc Luong fue elegido presidente de la república, Phân Van Khai, primer ministro, y el general Lê Kha Phieu, secretario general del partido. **2001:** Nong Duc Manh fue nombrado secretario general del partido. **2006:** Nguyên Minh Triet accedió a la presidencia de la república, Nguyên Tan Dung, a la dirección del gobierno.

Vietnam (guerra de), nombre dado por los estadounidenses al conflicto que enfrentó de 1954 a 1975 a Vietnam del Norte y Vietnam del Sur, en que se vio intervinieron la URSS, China y EUA, y se vieron implicados todos los estados de la península indochina. Iniciado poco después del establecimiento de dos estados de regímenes opuestos (comunista el del Norte, república sostenida por EUA en el Sur) con la infiltración de fuerzas norvietnamitas que, junto al Vietcong, desarrollaron una lucha de guerrillas, en 1962 el conflicto se radicalizó y

EUA apoyó de forma masiva a Vietnam del Sur. Un acuerdo de alto el fuego en Vietnam y Laos fue seguido por la retirada de las fuerzas estadounidenses (1973). En 1975, mientras los Jemeres rojos se adueñaron de Camboya, las tropas norvietnamitas entraron en Saigón, preludio de la unificación, en 1976, de los dos estados vietnamitas.

VIEYTES (José Hipólito), *San Antonio de Areco 1762-Buenos Aires 1815*, patriota y escritor argentino. Fue secretario de la junta de gobierno (1810). Fundó el *Semanario de agricultura, industria y comercio* (1802).

VIGÉE-LEBRUN (Élisabeth **Vigée**, llamada **Madame**), *París 1755-íd. 1842*, pintora francesa, autora de delicados retratos, entre los que destacan los de la reina María Antonieta.

VIGEVANO, c. de Italia (Lombardía); 60 165 hab. Plaza ducal y monumentos (ss. XIV-XVI).

VIGÍA (El) → **ALBERTO ADRIANI**.

VIGIL (Diego), *Tegucigalpa 1799-Granada, Nicaragua, 1845*, político centroamericano, jefe de estado de Honduras (1829-1832) y de El Salvador (1835-1839).

VIGNOLA (Iacopo **Barozzi**, llamado **il**), *Vignola, Módena, 1507-Roma 1573*, arquitecto y teórico italiano. Trabajó sobre todo en Roma.

Su obra es de transición entre el manierismo y el barroco: villa Giulia (Roma); palacio Farnesio de Caprarola; iglesia del Gesù (Roma, comenzada en 1568), obra modélica de la Contrarreforma y la más imitada durante dos siglos en el Occidente católico. Su *Tratado de los cinco órdenes arquitectónicos* (1562), inspirado en Vitrubio, tuvo gran difusión.

VIGNOLES (Charles **Blacker**), *Woodbrook, Irlanda, 1793-Hythe, Hampshire, 1875*, ingeniero británico. Introdujo en Gran Bretaña el perfil de carril, que en realidad es debido al estadounidense Robert Stevens, y que desde entonces lleva erróneamente el nombre de Vignoles.

VIGNY (Alfred, conde de), *Loches 1797-París 1863*, escritor francés. Es autor de poesía (*Poemas antiguos y modernos*, 1826), una novela histórica (*Cinq-Mars*, 1826) y dramas románticos (*Chatterton*, 1835) donde expresa la soledad a la que está condenado el genio.

VIGO, c. de España (Pontevedra), cab. de p. j.; 285 526 hab. *(vigueses)*. Puerto pesquero y de escala en la travesía del Atlántico. Industria conservera, metalurgia, fabricación de automóviles, construcciones mecánicas.— Iglesia gótica de Santiago; colegiata de Santa María, neoclásica (1816); Museos (arte contemporáneo, del mar,Verbum).— Combate naval en la guerra de Sucesión (1702), en que una armada angloneerlandesa venció a la flota de Indias.

VIGO (ría de), ría de España (Pontevedra), en la costa atlántica (Rías Bajas). Frente a la boca, se hallan las islas Cíes. Sus dos orillas están unidas por el puente de Rande.

VIGO (Jean **Almereyda**, llamado **Jean**), *París 1905-íd. 1934*, cineasta francés. Tres filmes (*À propos de Nice*, 1930; *Zéro de conduite*, 1933; *L'Atalante*, 1934) le bastaron para afirmar una visión personal del mundo, llena de rebelión, amor y poesía.

VIGUERA (reino de), reino medieval de los ss. X-XI, en torno a la villa de Viguera (La Rioja). Fue incorporado a Navarra en 1054.

VIIPURI → **VÍBORG**.

VIJAYANAGAR, cap. (act. en ruinas) de un gran imperio del mismo nombre (1336-1565), situada en el actual pueblo de Hampi (Karnátaka, India). El imperio se sublevó en defensa del hinduismo y alcanzó su apogeo a principios del s. XVI.— Notables ejemplos arquitectónicos del s. XVI con decoración esculpida. [Patrimonio de la humanidad (en peligro) 1986.]

VIJAYAVADA o **BEZWADA**, c. de la India (Ándhra Pradesh), junto al Krishná; 845 305 hab.

VILA o **PORT-VILA**, cap. de Vanuatu, en la isla de Efate; 15 000 hab.

VILA (Pau), *Sabadell 1881-Barcelona 1980*, geógrafo y pedagogo español. Fundó la Escuela horaciana (1905-1912), donde renovó los métodos pedagógicos, y fue profesor en Barcelona, Bogotá y Caracas. Es autor de *Resumen de geografía de Cataluña* (9 vols., 1926-1935), *División territorial de Cataluña* (1932; 1937), *Nueva geografía de Colombia* (1939-1945), *Geografía de Venezuela* (1960-1965).

VILADECANS, mun. de España (Barcelona); 54 162 hab. *(viladecanenses)*. En el cinturón industrial al SO de Barcelona.

VILADESTES o **VILA DESTES** (Macià de), cartógrafo mallorquín o valenciano de los ss. XIV-XV. Su carta hidrográfica plana (1413), con las costas de Europa, África y parte de Asia, podría ser la primera carta plana del mundo.

VILADOMAT (Antoni), *Barcelona 1678-íd. 1755*, pintor español. Máximo maestro del barroco catalán, su obra es austera y delicada (serie *Las estaciones; El bautizo de san Francisco*).

VILAFRANCA DEL PENEDÈS, v. de España (Barcelona), cab. de p. j.; 30 024 hab. *(vilafranqueses)*. Vinos espumosos (cava). — Iglesias góticas. Museo del vino.

VILAGARCÍA DE AROUSA → **VILLAGARCÍA DE AROSA**.

VILA JOIOSA (La) → **VILLAJOYOSA**.

VILALBA → **VILLALBA**.

VILA-MATAS (Enrique), *Barcelona 1948*, escritor español. En su narrativa, mezcla de realidad y ficción, conviven personajes históricos y literarios ajenos y propios (*Historia abreviada de la literatura portátil*, 1985; *Suicidios ejemplares*, 1991; *El viaje vertical*, 1999; *Bartleby y com-*

■ ENRIQUE VILA-MATAS   ■ PANCHO VILLA

pañía, 2000; *Doctor Pasavento*, 2005).[Premio Rómulo Gallegos 2001.]

VILANOVA (Arnau de), *Valencia h. 1238-Génova 1311*, alquimista, astrólogo y médico catalán. Famoso profesor de medicina en Montpellier y médico de reyes y papas, sus estudios árabes y hebreos y trato con los franciscanos lo llevaron a un misticismo exaltado y heterodoxo (*Tractatus de tempore adventus Antichristi*, 1297; *Exposito super Apocalypsi*, 1305).

VILA NOVA DA GAIA, c. de Portugal, junto al Duero; 67 992 hab. Comercio de vinos (oporto).

VILANOVA I LA GELTRÚ, v. de España (Barcelona), cab. de p. j.; 52 389 hab. (*vilanoveses*). A orillas del Mediterráneo. Puerto pesquero. Centro industrial. — Castillo de La Geltrú (ss. XII-XV). Museo romántico.

VILAR (Manuel), *Barcelona 1812-México 1860*, escultor español, activo en México. Evolucionó del neoclasicismo a un cierto romanticismo (*Moctezuma; Malinche; Colón*).

VILAR (Pierre), *Frontignan, Hérault, 1906-Saint Palais 2003*, historiador e hispanista francés. Elaboró la teoría de la «historia total», capaz de enlazar dialécticamente los diversos niveles de la actividad social (*Historia de España*, 1947; *Cataluña en la España moderna*, 3 vols., 1962). Dirigió una *Historia de Cataluña* (8 vols., 1987-1991).

VILA-REAL → VILLARREAL.

VILARIÑO (Idea), *Montevideo 1920-íd. 2009*, poeta uruguaya, autora de una poesía desolada y premonitoria de la muerte (*La suplicante*, 1945; *Poemas de amor*, 1957).

VILAS (Guillermo), *Buenos Aires 1952*, tenista argentino, ganador de los Masters (1974), Grand Prix (1974, 1975 y 1977), Roland Garros (1977), Forest Hills (1977) y Open de Australia (1978 y 1979).

VILASSAR DE MAR, v. de España (Barcelona); 17 000 hab. (*vilasarenses*). Floricultura.

VILA VIÇOSA, ant. en esp. Villaviciosa, c. de Portugal (Estremadura); 5 000 hab. Palacio de los duques de Braganza (s. XVI, museo); fortaleza del s. XIII (museo arqueológico); iglesias y conventos. — En las cercanías tuvo lugar la llamada batalla de *Villaviciosa.

VILCABAMBA, ant. región de Perú; cap. *Vilcabamba la Grande*. Refugio de los últimos incas, la capital fue abandonada en 1572.

VILCABAMBA (cordillera de), cordillera de Perú (Cuzco), que forma parte de la cordillera Oriental de los Andes; 6 271 m en el Salcantay.

VILCANOTA → URUBAMBA.

VILCÚN, com. de Chile (Araucanía), en el valle Longitudinal; 20 666 hab. Cereales, legumbres.

VILIÚI, r. de Rusia, en Siberia, afl. del Lena (or. izq.); 2 650 km; cuenca de 454 000 km².

VILLA (Doroteo **Arango**, llamado Pancho), *San Juan del Río, Durango, 1878-Parral, Chihuahua, 1923*, revolucionario mexicano. Bandolero de origen campesino, en 1910 se incorporó al ejército de Madero. Conquistó Chihuahua y Ciudad Juárez (1913) y se proclamó gobernador militar del estado. Unido a Carranza, derrotó a los federales en Paredón, pero poco después se enemistó con Carranza y se unió a los zapatistas en la convención de *Aguascalientes (1914). Derrotado en El Bajío por los carrancistas (1915), se retiró al N. Reducida su actividad a la de guerrillero, depuso las armas en 1920. Murió en un atentado.

VILLA ALEMANA, com. de Chile (Valparaíso); 70 664 hab. Ciudad dormitorio de Valparaíso. Aeródromo.

VILLA ALTAGRACIA, mun. de la República Dominicana (San Cristóbal); 36 217 hab. Ingenio azucarero.

VILLABLINO, v. de España (León), cab. de p. j.; 14 169 hab. Minería (hulla). Industria alimentaria.

VILLA BRUZUAL, mun. de Venezuela (Portuguesa); 29 671 hab. Agricultura. Centro comercial.

VILLA CANALES, mun. de Guatemala (Guatemala); 26 533 hab. Agricultura e industrias derivadas.

VILLA CARLOS PAZ, c. de Argentina (Córdoba), en el dep. de Punilla; 40 826 hab. Construcción de maquinaria. Turismo.

VILLACH, c. de Austria (Carintia); 5 516 hab. Iglesia de Santiago, de los ss. XIV-XV; museo.

VILLA CISNEROS → DAJLA.

VILLA CLARA (provincia de), prov. de Cuba; 8 782 km²; 764 743 hab.; cap. *Santa Clara*.

VILLA CONSTITUCIÓN, c. de Argentina (Santa Fe), cap. del dep. de Constitución; 40 742 hab. Centro siderúrgico. Puerto.

VILLA CORONA, mun. de México (Jalisco); 15 422 hab. Centro agrícola.

VILLACORTA (Juan Vicente), *Zacatecoluca 1764-Guatemala 1828*, político salvadoreño. Prócer de la independencia, fue jefe supremo del estado federado de El Salvador (1825-1826).

VILLA CORZO, mun. de México (Chiapas); 31 032 hab. Café y cacao. Ganadería. Bosques.

VILLA DE ALLENDE, mun. de México (México); 24 094 hab. Agricultura, ganadería y explotación forestal.

VILLA DE ÁLVAREZ, mun. de México (Colima); 19 541 hab. Agricultura y ganadería.

VILLA DE COS, mun. de México (Zacatecas); 24 489 hab. Agricultura. Minería.

VILLA DE CURA, c. de Venezuela (Aragua); 51 096 hab. Centro agropecuario y comercial.

VILLA DE GUADALUPE HIDALGO → GUADALUPE HIDALGO.

VILLA DE HIDALGO, mun. de México (San Luis Potosí); 17 454 hab. Cereales, legumbres y frutas.

VILLA DEL CARBÓN, mun. de México (México); 20 357 hab. Ganadería, silvicultura.

VILLA DE LEIVA o **VILLA DE LEYVA**, v. de Colombia (Boyacá); 5 993 hab. Centro turístico. — Plaza mayor, porticada en parte. Iglesias de San Agustín (s. XVI) y del Carmen (s. XVII). Casas señoriales. Museo de arte religioso. — Fundada por Andrés Venero de Leiva en 1539, fue sede del primer congreso de las Provincias Unidas de Nueva Granada (1812). En ella vivió y murió Nariño.

VILLA DEL ROSARIO, mun. de Colombia (Norte de Santander); 63 615 hab. Plátanos y caña de azúcar.

VILLA DE REYES, mun. de México (San Luis Potosí); 27 196 hab. Cereales y legumbres. Ganadería.

VILLAESPESA (Francisco), *Laujar de Andarax, Almería, 1877-Madrid 1936*, escritor español. Divulgador de la estética modernista, escribió poesía (*El jardín de las quimeras*, 1909) y drama en verso de tema histórico (*Aben-Humeya*, 1913).

VILLA FLORES, mun. de México (Chiapas); 51 096 hab. Centro comercial.

VILLAFRANCA DEL BIERZO, v. de España (León); 3 807 hab. (*bercianos* o *villafranquinos*). Iglesias románicas, góticas y barrocas. Colegiata de Santa María (s. XVI). Parador de turismo.

VILLAFRANCA DI VERONA, c. de Italia (Véneto); 29 218 hab. En 1859, Napoleón III y Francisco José firmaron el armisticio que condujo al fin de la campaña de Italia.

VILLAGARCÍA DE AROSA, en gall. **Vilagarcía de Arousa**, v. de España (Pontevedra), cab. de p. j.; 33 832 hab. (*villagarcianos*). Puerto pesquero y comercial. Industrias.

VILLA GESELL, c. de Argentina (Buenos Aires), en la costa del Atlántico; 15 844 hab. Turismo.

VILLAGRÁN, mun. de México (Guanajuato); 31 221 hab. Economía agropecuaria. Artesanía.

VILLAGRÁN (Julián), *Huichapan 1760-h. 1814*, patriota mexicano. Capitán del ejército, se sublevó contra los españoles y se proclamó em-

perador de la Huasteca (1812). Fue fusilado por los realistas.

VILLAGRÁN GARCÍA (José), *México 1901-íd. 1982*, arquitecto mexicano. Su obra es la más representativa del moderno racionalismo arquitectónico mexicano (empleo del muro cortina). Es emblemática su granja sanitaria de Popotla (1925).

VILLAGUAY, dep. de Argentina (Entre Ríos); 44 128 hab. Cereales. Ganadería. Apicultura.

VILLA GUERRERO, mun. de México (México); 28 953 hab. Economía agropecuaria. Artesanía.

VILLAHERMOSA, c. de México, cap. del est. de Tabasco; 261 231 hab. Centro industrial y comercial. — Museo arqueológico de Tabasco (civilizaciones olmeca y maya) y parque arqueológico de La *Venta. — La fundación de la ciudad data de 1596-1598, al haberse abandonado el emplazamiento de la fundada por Cortés en 1519.

VILLAJOYOSA, en cat. **La Vila Joiosa**, c. de España (Alicante), cab. de p. j.; 23 704 hab. (*jonenses*). Regadíos. Pesca. Industria textil. Turismo.

Villalar (batalla de) [23 abril 1521], victoria decisiva de las tropas reales de I. de Velasco que puso fin a la guerra de las Comunidades. Los líderes comuneros, Padilla, Bravo y Maldonado, fueron ejecutados al día siguiente en Villalar (Valladolid). — En su conmemoración, el 23 de abril se celebra la fiesta de la comunidad de Castilla y León.

VILLALBA, en gall. **Vilalba**, v. de España (Lugo), cab. de p. j.; 15 699 hab. (*villalbeses*). Industria de la madera.

VILLALBA, mun. de Puerto Rico; 23 559 hab. Centrales azucareros. Granja experimental.

VILLALCÁZAR DE SIRGA, v. de España (Palencia); 237 hab. Iglesia gótica de Santa María (s. XIII).

VILLA-LOBOS (Héitor), *Río de Janeiro 1887-íd. 1959*, compositor brasileño. Su música sinfónica y de cámara y sus óperas pretenden evocar el alma brasileña (*Choros*, 1920-1929), que intentó ser un amor por Bach (nueve *Bachianas brasileñas*, 1930-1945).

VILLALÓN (Cristóbal de), *Alcalá de Henares h. 1505-Valladolid 1581*, escritor español. Humanista, es autor de diálogos sobre cuestiones ideológicas de su época (*Ingeniosa comparación entre lo antiguo y lo presente*, 1539) y de una *Gramática castellana* (1558). Se le atribuyó la obra dialogada *Viaje de Turquía*.

VILLALÓN (Fernando), conde de **Miraflores de los Ángeles**, *Sevilla 1881-Madrid 1930*, poeta español. Su obra recoge motivos folclóricos andaluces (*Andalucía la baja*, 1927; *La Toríada*, 1928).

VILLALONGA (Llorenç), *Palma de Mallorca 1897-íd. 1980*, escritor español en lengua catalana. A su primera gran novela, *Muerte de una dama* (1931), visión caricaturesca de un mundo familiar agonizante, le siguieron *La novela de Palmira* (1952) y *Bearn (o La sala de las muñecas)* [1961].

VILLALPANDO (Cristóbal de), *México 1649-íd. 1714*, pintor. Trabajó para conventos e iglesias de México y Puebla en un estilo de ampulosidad barroca, pero con influencia manierista (*La Iglesia militante*, *La Iglesia triunfante*, catedral de México; *La Gloria*, catedral de Puebla).

VILLALPANDO (Francisco de) → CORRAL DE VILLALPANDO.

VILLAMAR, mun. de México (Michoacán), en la cordillera Neovolcánica; 20 757 hab.

VILLA MARÍA, c. de Argentina, cap. del dep. General San Martín (Córdoba); 64 763 hab. Centro agropecuario e industrial.

VILLAMARÍA, mun. de Colombia (Caldas); 28 446 hab. Café y plátanos. Ganadería.

VILLAMEDIANA (Juan de Tassis y Peralta, conde de), *Lisboa 1582-Madrid 1622*, escritor español. De su obra poética sobresale la parte lírica, de tema preferentemente amoroso. Cultivó, además, los temas religiosos, satíricos y mitológicos. Su estilo conjuga conceptismo y culteranismo (*Fábula de Apolo y Dafne*).

VILLA MERCEDES, c. de Argentina, cap. del

dep. de General Pedernera (San Luis); 77 137 hab. Centro de una región ganadera.

VILLANGÓMEZ (Marià), *Ibiza 1913-íd. 2002*, escritor español en lengua catalana. Prosista de gran lirismo, ha destacado sobre todo como poeta (*Los bienes incompartibles*, 1954; *Sonetos de Balansat*, 1956).

VILLANUEVA, mun. de Colombia (La Guajira); 19 423 hab. Cereales y café. Destilerías.

VILLA NUEVA, c. de Guatemala (Guatemala). Textiles.

VILLANUEVA, c. del NO de Honduras (Cortés); 49 064 hab.

VILLANUEVA, mun. de México (Zacatecas); 35 590 hab. Agricultura y ganadería.

VILLANUEVA (Carlos Raúl), *Croydon, Gran Bretaña, 1900-Caracas 1975*, arquitecto y urbanista venezolano. Participó en la renovación urbanística de Caracas (Ciudad universitaria, torres gemelas del centro Bolívar y estadio olímpico).

VILLANUEVA (Juan de), *Madrid 1739-íd. 1811*, arquitecto español. Arquitecto oficial de Carlos III y Carlos IV, está considerado el máximo representante del neoclasicismo en España (casita de Arriba y casita de Abajo, en El Escorial; museo del *Prado, observatorio astronómico, oratorio del Caballero de Gracia, Madrid).

VILLANUEVA DE LA SERENA, c. de España (Badajoz), cab. de p. j.; 23 875 hab. (*villanovenses* o *villanueveses*). Industria química (superfosfatos) y textil.

VILLAR PONTE (Antonio), *Viveiro 1881-La Coruña 1936*, escritor y político gallego. Fue un destacado autor de teatro social y galleguista (*Los evangelios de la risa absoluta*, 1934). Con su hermano **Ramón** (Viveiro 1891-La Coruña 1953) fundó las Irmandades da Fala y su órgano de expresión *A nosa terra*, uno de los puntales del nacionalismo gallego. Ambos publicaron *Nacionalismo* (1916) e *Historia sintética de Galicia* (1932). Fue diputado del Partido galleguista (1936).

VILLARICOS, poblado ibérico con necrópolis de influencia púnica (ss. VIV a. C.), situado en el mun. de Cuevas de Almanzora (Almería). Junto a él se encontraba la colonia púnica de Baria.

VILLARINO, partido de Argentina (Buenos Aires); 24 533 hab.; cab. *Médanos*. Minas de sal (Salina Chica). Gasoducto; oleoducto.

VILLA RIVA, mun. de la República Dominicana (Duarte); 33 370 hab. Ganadería. Bosques.

VILLARREAL, en cat. Vila-real, c. de España (Castellón), cab. de p. j.; 45 531 hab. (*villarru-*

lenses). Centro agrícola e industrial. — Iglesia barroca de San Jaime (s. XVIII); ermita del s. XVI (museo municipal). Museo Tárrega. — Fue fundada por Jaime I (1273).

VILLARREAL Y ECENARRO (Francisco Joaquín de), *Lequeitio, Vizcaya, 1691-Sevilla 1769*, jesuita, misionero y economista español. Fue procurador de la Compañía de Jesús en Chile. Desarrolló un pensamiento económico formado sobre las máximas de la tributación, la moderación del gasto público y la relación entre población y subsistencia. Planteó una innovadora teoría de la inflación. Es autor de *Elementos políticos* (1748-1754).

VILLARRICA, com. de Chile (Araucanía); 35 956 hab. Pesca. Centro turístico a orillas del *lago Villarrica*. Estación de deportes de nieve (1 800 m de alt.). Central hidroeléctrica.

VILLARRICA, c. de Paraguay, cap. del dep. de Guairá; 28 300 hab. Centro agrícola y comercial.

VILLARROBLEDO, c. de España (Albacete), cab. de p. j.; 22 276 hab. (*villarrobledanos* o *villarrobletanos*). En La Mancha. Quesos y vinos. Cerámica. — Iglesia renacentista de San Blas. Ayuntamiento (1599).

VILLARROEL (fray Gaspar de), *Quito ¿1587?-en Charcas 1665*, escritor y teólogo ecuatoriano. Agustino famoso como predicador, fue obispo de Santiago de Chile, Arequipa y Chuquisaca. Autor de una amplia obra en prosa, en *Gobierno eclesiástico pacífico y unión de los dos cuchillos, pontificio y regio* (1656-1657) trata de armonizar la Iglesia y el estado.

VILLARROEL (Gualberto), *Cochabamba 1910-La Paz 1946*, militar y político boliviano. Elegido presidente de la república tras derrocar a Peñaranda (1944), sus medidas sociales lo enfrentaron con la oligarquía. Fue derrocado y ahorcado por los militares.

VILLARS (Claude Louis Hector, duque de), *Moulins 1653-Turín 1734*, militar francés. En la guerra de Sucesión de España obtuvo las victorias de Friedlingen (1702), que le valió el título de mariscal, de Höchstädt (1703) y de Denain (1712). Plenipotenciario en la firma de los tratados de Rastadt, fue ministro de estado (1723) y defendió la política de acercamiento a España.

VILLASANTE (Koldo), *Guernica 1920 Oñate 2000*, teólogo y escritor español en lengua vasca. Presidente de la Academia de la lengua vasca (1970-1988), publicó obras religiosas, lingüísticas y de historia literaria (*Historia de la literatura vasca*).

VILLA TAPIA, distr. mun. de la República Dominicana (Salcedo); 24 569 hab. Economía agropecuaria.

VILLAURRUTIA (Xavier), *México 1903-íd. 1950*, escritor mexicano. Integrante del grupo Contemporáneos (1928-1931), tras escribir poesía (*Reflejos*, 1926) y relatos, aparecieron sus «nocturnos», recopilados en *Nostalgia de la muerte* (1938). Su labor de crítico está recogida en *Textos y pretextos* (1940).

VILLAVA Y AIBAR (Victorián de), *Zaragoza-Chuquisaca 1802*, jurisconsulto español. Como fiscal de la audiencia de Charcas (desde 1789), favoreció a los indios y luchó por la abolición de las mitas. Se le considera un precursor de las ideas emancipadoras.

VILLA VÁZQUEZ, mun. de la Rep. Dominicana (Monte Cristi); 11 408 hab. Caña de azúcar.

VILLAVERDE (Cirilo), *San Diego de Núñez 1812-Nueva York 1894*, patriota y escritor cubano, autor de novela costumbrista (*Cecilia Valdés*, 1839-1879; *El guajiro*, 1890) y precursor del realismo en su país.

VILLAVICENCIO, c. de Colombia, cap. del dep. del Meta; 178 685 hab. Minas de carbón.

VILLAVICENCIO (Antonio), *Quito 1775-Bogotá 1816*, patriota ecuatoriano. Gobernador de Tunja (1815) y Huelva (1816), y miembro del triunvirato de Bogotá (1815), fue fusilado por los realistas.

VILLAVICIOSA, v. de España (Asturias), cab. de p. j.; 14 275 hab. (*villaviciosanos*). Manzanos (sidra). — Iglesia de Santa María (s. XIII).

Villaviciosa (batalla de) [17 junio 1665], victoria de las tropas angloportuguesas de Schöm-

berg sobre las españolas del marqués de Caracena en Montesclaros (Vila Viçosa, Portugal). La batalla decidió la independencia de Portugal.

VILLAVICIOSA DE ODÓN, v. de España (Madrid); 19 393 hab. Agroindustria. Campus universitario.

VILLA VICTORIA, mun. de México (México); 47 130 hab. Agricultura y ganadería.

VILLAZÓN, c. de Bolivia (Potosí); 23 670 hab.

VILLAZÓN (Eliodoro), *Cochabamba 1849-1939*, político boliviano, vicepresidente (1899-1906) y presidente (1909-1913) de la república.

VILLEDA MORALES (Ramón), *Ocotepeque 1909-Nueva York 1971*, político hondureño. Liberal, fue presidente de la república (1957-1963). Intentó subordinar el ejército al gobierno, pero fue derrocado.

VILLEGAS (Antonio de), *¿Medina del Campo? h. 1522-h. 1551*, escritor español. Encarna la reacción contra la corriente italianizante en poesía. Su obra más famosa (atribuida) es la novela morisca *Historia del Abencerraje y de la hermosa Jarifa* (1551).

VILLEGAS (Esteban Manuel de), *Matute, la Rioja, 1589-Nájera 1669*, escritor español. Publicó una colección de poemas anacreónticos (*Eróticas o amatorias*, 1617-1618).

VILLEGAS CORA → CORA.

VILLEHARDOUIN, familia principesca francesa originaria de Champagne. — **Geoffroi** o **Godofredo de V.**, *Villehardouin 1148-en Tracia h. 1213*, cronista francés. Fue partícipe en la cuarta cruzada, escribió una crónica de la conquista de Constantinopla. — **Godofredo I de V.**, príncipe de Acaya (h. 1209-1228/1230), sobrino de Godofredo. — **Godofredo II de V.**, príncipe de Acaya (h. 1228/1230-1246), hijo de Godofredo I. — **Guillermo II de V.**, príncipe de Acaya (h. 1246-1278), segundo hijo de Godofredo I.

VILLENA, c. de España (Alicante), cab. de p. j.; 31 760 hab. (*villenenses* o *vigerenses*). Minas de sal. Industrias. — Castillo de origen musulmán, iglesia gótica y casas señoriales. En la sierra del Morrón se halló un tesoro de la edad del bronce (ss. X-VIII a. C.). — Tomada por Jaime II de Aragón (1304), fue sede de un señorío que se convirtió en marquesado.

VILLENA (Enrique de), *Iniesta, Cuenca, 1384-Madrid 1434*, escritor y humanista castellano. Nieto de Enrique II de Castilla, escribió de forma erudita, en latín, castellano y catalán, sobre medicina, poética (*Arte de trovar*, 1433), arte culinario (*Arte cisoria*, h. 1423), magia o astrología.

VILLENA (marquesado de), título otorgado por Enrique II de Trastámara en 1366 al infante Alfonso de Aragón. Comprendía parte de las act. prov. de Cuenca, Valencia, Alicante, Murcia, Albacete y Almería. El título pasó a la corona en 1427. Cedido en 1445 a Juan Pacheco (1419-1474), perteneció a los Pacheco hasta el s. XIX.

VILLENEUVE (Pierre Charles de), *Valensole 1763-Rennes 1806*, marino francés. Mandó la flota francoespañola derrotada por la británica de Nelson en Trafalgar (1805), donde fue hecho prisionero. Tras ser liberado, se suicidó.

VILLENEUVE-D'ASCQ, c. de Francia (Nord); 65 706 hab. Museo de arte moderno.

VILLENEUVE-LÈS-AVIGNON, mun. de Francia (Gard), a orillas del Ródano; 12 078 hab. Ant. cartuja (centro cultural). Museo. — Fue residencia de verano de los papas en el s. XIV.

VILLETA, mun. de Colombia (Cundinamarca); 19 515 hab. Caña de azúcar y café. Vacunos.

VILLEURBANNE, c. de Francia (Rhône), en la aglomeración industrial de Lyon; 127 299 hab. Instituto de arte contemporáneo.

VILLIERS DE L'ISLE-ADAM (Auguste, conde de), *Saint-Brieuc 1838-París 1889*, escritor francés, autor de versos románticos, novelas, dramas (*Axel*) y, sobre todo, relatos (*Cuentos crueles*, 1883; *Historias insólitas*, 1888).

VILLON (François), *París 1431-d. 1463*, poeta francés. Llevó una vida aventurera. Es el primero, cronológicamente, de los grandes poetas líricos franceses modernos (*Les lais* o *El pequeño testamento*; *Testamento*; *Epitafio* o *La balada de los ahorcados*).

VILLON (Gaston Duchamp, llamado Jac-

■ CRISTÓBAL DE **VILLALPANDO**. *La oración del huerto*. (Centro nacional de las artes, México.)

ques), *Damville, Eure, 1875-Puteaux 1963*, pintor y grabador francés. Vinculado al cubismo, evolucionó hacia la abstracción.

VILLORO (Juan), *México 1956*, escritor mexicano. Sus novelas (*Materia dispuesta*, 1997; *El testigo*, 2004), cuentos (*La casa pierde*, 1999), ensayos y crónicas (*Efectos personales*, 2000; *Safari accidental*, 2005; *Dios es redondo*, 2006) destacan por su prosa ágil, mordaz e imaginativa.

VILNIUS o **VILNA**, en polaco **Wilno**, cap. de Lituania; 554 800 hab. Láseres. Biotecnologías. — Monumentos antiguos; museos. (Patrimonio de la humanidad 1994.) — Arrebatada a Lituania en 1920, formó parte de Polonia hasta 1939.

VINALOPÓ, comarca de España (Alicante), que comprende la cuenca del *río Vinalopó* (92 km). Agricultura de secano (vid) y regadío. Turismo (Costa Blanca).

VINAROZ, en cat. **Vinaròs**, c. de España (Castellón), cab. de p.j.; 22 552 hab. (*vinarocenses*). Centro agrícola y comercial. Puerto pesquero. — Iglesia de la Asunción, con fachada barroca y portada lateral renacentista.

VINCENNES, c. de Francia (Val-de-Marne), al E de París; 43 937 hab. Castillo (s. XIV), ant. residencia real. El *bosque de Vincennes* (parque zoológico, centro deportivo) pertenece a la ciudad de París.

VINCES, cantón de Ecuador (Los Ríos); 65 942 hab. Arroz. Pesca. Centro comercial.

VINCI (Leonardo da) → **LEONARDO da Vinci.**

VINDHYA (montes), macizo de la India continental, por encima del Narbadá.

VINLANDIA, el país más occidental descubierto por los vikingos, hacia el año 1000, situado en América del Norte, quizá en Terranova.

VÍNNYTSIA, ant. **Vínnitsa** c. de Ucrania; 381 000 hab. Centro industrial.

VINO (Tierra del), comarca de España (Zamora y Valladolid), en el curso medio del Duero. Vid, cereales y almendros. Industria vinícola.

VINOGRÁDOV (Iván Matvéievich), *Miloliub 1891-Moscú 1983*, matemático soviético. Es el principal representante de la escuela soviética de la teoría de los números.

VINSON (monte), punto culminante de la Antártida, en la parte O del continente; 4 897 m.

VINTTER (lago) → **GENERAL VINTTER.**

VIÑA DEL MAR, c. de Chile (Valparaíso); 302 765 hab. Unida a Valparaíso, es el principal centro turístico del país (playas). Industria textil, química y alimentaria. Central hidroeléctrica.

VIÑALES, mun. de Cuba (Pinar del Río); 24 892 hab. Centro agrícola (frutales y tabaco) y turístico. (Patrimonio de la humanidad 1999.)

VIÑAS (David), *Buenos Aires 1929*, escritor argentino. Sus novelas tienen un trasfondo político y antiautoritario (*Los dueños de la tierra*, 1958; *Los hombres a caballo*, 1968; *Cuerpo a cuerpo*, 1979).

VIÑAS (Francesc), *Moià, Barcelona, 1863-Barcelona 1933*, tenor español. Debutó en el Liceo de Barcelona en 1888 y desarrolló una carrera internacional. Se le considera uno de los mejores intérpretes wagnerianos de su época.

VIOLA (José, llamado Manuel), *Zaragoza 1919-San Lorenzo de El Escorial 1987*, pintor español. Inicialmente marcado por el surrealismo, se unió a El Paso en 1958, cuando su obra —en la que predominan los contrastes en blanco y negro—, ya madura, estaba inscrita en el informalismo.

VIOLA (Roberto Eduardo), *Buenos Aires 1924-1994*, militar argentino. Sucedió a Videla al frente de la junta militar (marzo-dic. 1981). Condenado en 1985, fue indultado en 1991.

VIOLLET-LE-DUC (Eugène), *París 1814-Lausana 1879*, arquitecto y teórico francés. Intervino en restauraciones de muchas obras medievales (ciudadela de Carcasona). Es autor del monumental *Diccionario razonado de la arquitectura francesa del s. XI al s. XVI* (1854-1868). En *Conversaciones sobre la arquitectura* sentó las bases de una nueva escuela racionalista, que incluía el empleo del metal.

VIOTÁ, mun. de Colombia (Cundinamarca); 15 414 hab. Caña de azúcar y café. Vacuno.

VIOTTI (Giovanni Battista), *Fontanetto da Po*

1755-Londres 1824, compositor y violinista piamontés. Director de la ópera de París, es uno de los creadores, por sus conciertos, de la escuela moderna del violín.

VIRACOCHA MIT. AMER. Principal divinidad del panteón incaico, probable visión intelectualizada donde se mezclan caracteres de antiguos dioses como Tici, Caylla Viracocha y Tunupa. Creador de todas las cosas, se le representaba en los templos con apariencia humana y tuvo características de héroe civilizador similares a las del mexicano Quetzalcóatl.

VIRACOCHA, nacido **Hatun Túpac**, *m. en 1438*, soberano inca (h. 1390-1438), hijo de Yahuar Huacac. Aliado a lupacas y quechuas, amplió los límites del reino en detrimento de los colla y los chanca. Lo sucedió su hijo Pachacuti.

VIRASORO (Miguel Ángel), *Santa Fe 1900-Buenos Aires 1966*, filósofo argentino. Intentó armonizar el existencialismo con la dialéctica de Hegel (*La libertad, la existencia y el ser*, 1942).

VIRASORO (Rafael), *Esperanza, Santa Fe, 1906*, filósofo argentino. Su pensamiento, de raíz ética, ahonda en la axiología de Max Scheler (*Existencialismo y moral*, 1957).

VIRCHOW (Rudolf), *Schivelbein, Pomerania, 1821-Berlín 1902*, médico y político alemán. Creó la patología celular. Acuñó el término *«Kulturkampf»* y apoyó a Bismarck en su lucha contra los católicos.

Virgen de las rocas (La), obra de Leonardo da Vinci, comenzada h. 1482-1483. Hay sendas versiones autógrafas (óleos sobre tela) en el Louvre y la National Gallery de Londres.

VÍRGENES (cabo), cabo de Argentina, en la costa atlántica (Santa Cruz), al N del estrecho de Magallanes. Zona pesquera.

VÍRGENES (islas), en ingl. **Virgin Islands**, archipiélago de las Pequeñas Antillas, al E de Puerto Rico, dividido entre *Islas Vírgenes británicas* (Tórtola, Anegada, Virgen Gorda, etc.; 153 km²; 11 000 hab.; cap. *Road Town*, en Tórtola) e *Islas Vírgenes estadounidenses* (Santo Tomás, Santa Cruz y San Juan; 352 km²; 112 000 hab.; cap. *Charlotte Amalie*, en Santo Tomás). Fueron descubiertas por Colón en su segundo viaje (4 oct. 1493).

VIRGILI (Pedro), *Vilallonga del Camp, Tarragona, 1699-Barcelona 1776*, cirujano español. Renovó la cirugía española del s. XVIII con la creación de los reales colegios de cirugía de Cádiz (1748) y Barcelona (1760), y la transformación radical de los planes de estudio.

VIRGILIO, en lat. **Publius Vergilius Maro**, *Andes, act. Pietole, cerca de Mantua, h. 80-Brindisi 19 a.C.*, poeta latino. De origen provinciano y modesto y miembro del círculo culto de Asinio Pollio, compuso las *Bucólicas* (42-39 a.C.). Amigo de Octavio, conoció a Mecenas y a Horacio y se estableció en Roma, donde publicó las *Geórgicas* (39-29 a.C.). Después comenzó una gran epopeya nacional, la *Eneida*, que no pudo terminar. Su influencia en las literaturas latina y occidental es inmensa.

VIRGINIA, estado de Estados Unidos, en el Atlántico; 6 187 358 hab.; cap. *Richmond*.

VIRGINIA (La), mun. de Colombia (Risaralda); 24 558 hab. Pastos (ganado vacuno).

VIRGINIA BEACH, c. de Estados Unidos (Virginia); 393 069 hab. Estación balnearia.

VIRGINIA OCCIDENTAL, estado de Estados Unidos; 1 793 477 hab.; cap. *Charleston*.

VIRGO, constelación zodiacal. Su estrella más brillante es *Spica* (la Espiga). — **Virgo**, sexto signo del zodiaco, que el Sol abandona en el equinoccio de otoño.

VIRIATO, *m. 139 a.C.*, caudillo lusitano. En 147 a.C. encabezó la lucha de guerrilla contra los romanos y se apoderó de la Hispania Ulterior. Derrotado en 145, se replegó a Lusitania, donde fue reconocido su caudillaje a cambio de abandonar la lucha (140). Tras su asesinato, Roma conquistó Lusitania.

Viridiana, película española dirigida por L. Buñuel (1961), e interpretada por S. Pinal, F. Rey y F. Rabal. Representación esperpéntica de lo sagrado y lo profano, obtuvo la palma de oro en el festival de Cannes y fue censurada por el franquismo.

VIRÚ (cultura), cultura precolombina de Perú (*valle del Virú*, La Libertad), desarrollada entre

■ LA CULTURA VIRÚ. Cerámica que representa la escena de un parto. (Museo del oro, Lima.)

500 a.C. y 350 d.C. Sobresale la cerámica, pintada según la técnica del negativo. A veces se la denomina *Gallinazo* por el nombre de su sitio principal.

VIRUÉS (Cristóbal de), *Valencia 1550-íd. 1615*, escritor español, autor de poesía lírica, épica (*El Montserrate*, 1587 y 1602) y de tragedias de acentuado patetismo.

VIRUNGA o **BIRUNGA** (montes), macizo volcánico en la frontera de Ruanda, Uganda y la Rep. dem. del Congo; 4 507 m en el Karisimbi.

VIS, ant. **Lissa**, isla croata del Adriático, en Dalmacia; cap. *Vis*.

VISAKHAPATNAM o **VISHAKHAPATNAM**, c. de la India (Ándhra Pradesh), junto al golfo de Bengala; 1 051 918 hab. Puerto. Centro industrial.

VISAYAS, VISAYAN o **BISAYAS** (archipiélago de las), grupo de islas de Filipinas, entre Luzón y Mindanao.

VISBY, c. de Suecia, en la isla de Gotland; 21 000 hab. Centro turístico. — Murallas medievales, catedral de los ss. XII-XIII; iglesias románicas y góticas en ruinas, etc.; museo. (Patrimonio de la humanidad 1995.)

VISCARDO (Juan Pablo), *Pampacolca, Perú, 1748-Londres 1798*, independentista hispanoamericano. Jesuita, vivió en Italia y en Londres, donde solicitó ayuda para los independentistas de Hispanoamérica y publicó el manifiesto *Carta dirigida a los españoles americanos* (1791). Frecuentó los ambientes intelectuales de Roma y Londres y publicó en varios volúmenes sus sermones y cartas.

VISCHER, familia de fundidores y escultores de Nuremberg de los ss. XV-XVI. — **Peter V.**, llamado **el Viejo**, *h. 1460-1529*, y sus cuatro hijos llevaron a cabo una importante producción de esculturas funerarias, cuyo estilo decorativo evolucionó hacia una progresiva adhesión al italianismo (mausoleo o «relicario» de san Sebaldo [1488-1519], de latón, Nuremberg).

VISCONTI, familia italiana, cuya rama más conocida dominó Milán de 1277 a 1447. — **Matteo I V.**, *Invorio 1250-Crescenzago 1322*, vicario imperial de Lombardía (1294). — **Galeazzo V.**, *1351-Melegnano 1402*, duque de Milán (1395) y de Lombardía (1397). — **Juan María V.**, *1389-1412*, duque de Milán (1402-1412). — **Felipe María V.**, *1392-1447*, duque de Milán (1412-1447). Último miembro de la rama ducal de los Visconti, a su muerte dejó el ducado a Francisco Sforza, que se había casado con su hija natural Blanca María.

VISCONTI (Luchino), *Milán 1906-Roma 1976*, director de teatro y de cine italiano. Supo conjugar la fastuosidad de un arte refinado y lírico y el rigor de la denuncia social: *Obsesión* (1943), película fundadora del neorrealismo, *La tierra tiembla* (1950), *Senso* (1954), *Rocco y sus hermanos* (1960), *El gatopardo* (1963), *Muerte en Venecia* (1971).

VISEU, en esp. **Viseo**, c. de Portugal, en Beira, cap. de distr., en la cuenca del Mondego; 16 600 hab. Centro comercial. Destilerías. Aeropuerto. — Catedral (s. XII), de bóveda manuelina, con claustro y sacristía del s. XVI, y portada del s.XVII.— La antigua *Vacca* (o *Cava*) lusitana, fue conquistada por los musulmanes (714). Zona en continua disputa, fue definitivamente reconquistada por Fernando I (1057 o 1058).

VISNÚ, segundo dios de la tríada hindú *(trimurti)*. Su función es garantizar la conservación del universo creado. Se le atribuyen diez encarnaciones mayores (sus *avatāra*), que lo convierten en una divinidad muy popular.

VISO DEL ALCOR (El), v. de España (Sevilla); 16 170 hab. *(visueños)*. Industria alimentaria. Hilados.

VISO DEL MARQUÉS, v. de España (Ciudad Real); 3 041 hab. *(viseños)*. Palacio renacentista del marqués de Santa Cruz (s. XVI), que alberga el archivo de la marina y el museo Bazan.

Vísperas sicilianas (30 marzo-fines de abril 1282), levantamiento popular de Sicilia contra la tiranía de Carlos de Anjou, asesino de los legítimos sucesores al trono, Manfredo y Conradino Hohenstaufen. Se produjo el lunes de Pascua, mientras se tocaban vísperas. Los sicilianos ofrecieron la corona a Pedro III de Aragón (apoyado por el emperador bizantino Miguel VIII Paleólogo y casado con la hija de Manfredo), quien venció a los franceses y fue coronado rey de Sicilia en Palermo.— G. Verdi escribió una ópera sobre este acontecimiento (*Las Vísperas sicilianas*, 1855).

VISTA HERMOSA, mun. de Colombia (Meta); 19 089 hab. Agricultura.

VÍSTULA, en polaco **Wista**, principal río de Polonia, que nace en los Cárpatos y desemboca en el Báltico, en la bahía de Gdańsk; 1 068 km; cuenca de 194 000 km². Pasa por Cracovia y Varsovia.

VITACURA, com. de Chile (Santiago), en el Gran Santiago; 78 010 hab.

VITAL (san) → VIDAL.

VITALE (Ida), *Montevideo 1924*, poeta uruguaya. En su poesía se aúnan lucidez e intensa emoción (*La luz de esta memoria*, 1949; *Oidor andante*, 1972; *Jardín de Sílice*, 1981; *De plantas y animales*, 2003).

VITEBSK, c. de Bielorrusia, a orillas del Dvina en el interior; 369 200 hab. Puerto Centro industrial.

VITELIO (Aulo), *15 d.C.-Roma 69*, emperador romano (69). Proclamado emperador por las legiones de Germania, venció a Otón (69). Tras ser derrotado por los partidarios de Vespasiano en Cremona, fue asesinado por el pueblo.

VITERBO, c. de Italia (Lacio), cap. de prov.; 58 353 hab. Barrio medieval y numerosos monumentos (ant. palacio de los papas, del s. XIII).

VITERICO, *m. en 610*, rey de los visigodos (603-610). Dirigió una sublevación arriana en Lusitania (588). Elegido rey (603), depuso y asesinó a Liuva II.

VITIER (Cintio), *La Habana 1921*, escritor cubano. Poeta de tono reflexivo (*Testimonios*, 1969, recopilación; *Poemas de mayo y junio*, 1990), ha cultivado también la crítica y el ensayo. (Premio Juan Rulfo 2002.)

VITI LEVU, la mayor de las islas Fidji; 10 400 km².

VITIM, r. de Rusia, en Siberia, afl. del Liena (or. der.); 1 837 km; cuenca de 225 000 km².

VITIZA o **WITIZA**, *m. en 710*, rey de los visigodos (702-710), asociado al trono por su padre Égica (h. 698).

VITO o **GUIDO** (san), ¿*s. IV?*, mártir cristiano. Su culto fue muy popular en la edad media; se lo invocaba contra la epilepsia y ciertas enfermedades nerviosas («baile de San Vito»).

VITORIA-GASTEIZ, c. de España, cap. del País Vasco y de la prov. de Álava y cab. de p. j.; 217 358 hab. *(vitorianos)*. Desarrollada en torno al núcleo medieval fundado por Sancho el Sabio de Navarra (1181) sobre la aldea de Gasteiz, emplazada en un cerro, la ciudad moderna se extiende en barrios industriales hacia el río Zadorra. Industrias diversas. Aeropuerto de Foronda. Festival internacional de jazz.— Catedral vieja, gótica (s. XIV-XV); iglesias y mansiones góticas y renacentistas. Plaza de España, neoclásica (s. XVIII); palacio de Ajuria-Enea (1920), sede de la presidencia del gobierno autónomo vasco. Museos (Artium).— batalla de **Vitoria** (21 junio 1813), victoria del ejército aliado mandado por Wellington sobre las tro-

pas francesas en retirada, en la fase final de la guerra de la Independencia.

VITORIA (Francisco de), *Burgos 1483-Salamanca 1546*, jurista y teólogo español. Dominico, fue profesor de teología en París, Valladolid y (desde 1526) Salamanca. Propugnó un «derecho de gentes» o internacional, cuya autoridad había de ser reconocida por la comunidad universal de los distintos estados. Su obra teológica (*De potestate ecclesiae*, 1532) y jurídica (*De iure belli*, 1539; *De indis*, 1539) se recoge en *Relectiones theologicae*. Es autor también de comentarios a la *Summa theologica* de santo Tomás de Aquino.

VITÓRIA, c. de Brasil, en la *isla Vitória*, cap. del est. de Espíritu Santo; 258 245 hab. Puerto.

VITRUBIO, *s. I a.C.*, en lat. **Vitruvius**, ingeniero militar y arquitecto romano. Es autor del tratado *De architectura*, cuyas copias y traducciones realizadas a partir del s. XV influyeron en la evolución del clasicismo europeo.

VITTE → WITTE.

VITTORINI (Elio), *Siracusa 1908-Milán 1966*, escritor italiano. Sus novelas combinan el compromiso político con el lirismo (*Conversación en Sicilia*, 1941; *Hombres y no*, 1945).

Vittorio Veneto (batalla de) [24 oct. 1918], batalla de la primera guerra mundial. Victoria decisiva de los italianos frente a los austriacos en Vittorio Veneto (Véneto), que condujo al armisticio de Villa Giusti (3 nov.), cerca de Padua.

VIVALDI (Antonio), llamado **il Prete rosso** («el Cura pelirrojo»), *Venecia 1678-Viena 1741*, compositor y violinista italiano. Fue ordenado sacerdote, pero se le eximió de deberes eclesiásticos y fue nombrado profesor de violín del conservatorio del hospital de la Piedad de Venecia. Escribió sus obras para los huérfanos e hijos ilegítimos acogidos en dicha institución. Célebre virtuoso, su personalidad se refleja en las piezas para violín. También fijó la estructura del concierto en tres partes. Escribió óperas y música religiosa, pero su reputación proviene sobre todo de la música instrumental: sonatas, conciertos para uno o varios solistas (*La notte*), algunos de ellos agrupados en colecciones (*La fantasía armónica*, 1711; *El fundamento de la armonía y de la invención*, h. 1726, que contiene «Las cuatro estaciones»).

■ ANTONIO **VIVALDI**. (Museo municipal, Bolonia.)

VIVANCO (Manuel Ignacio de), *Valparaíso 1806-íd. 1873*, militar y político peruano. Jefe de la Legión peruana en el exilio (1837), asumió el poder en 1843, pero fue derrotado (1844). Sublevado contra el liberalismo, fue vencido en 1857-1858. Ministro de guerra, gestionó el *tratado Vivanco-Pareja* (1865), por el que los españoles abandonaban las islas Chincha a cambio de una indemnización.

VIVARINI, familia de pintores venecianos. Sus miembros más destacados fueron Antonio (Murano h. 1420-d. 1470), su hermano Bartolomeo (Murano h. 1430-d. 1491) y Alvise (Venecia h. 1445-íd. h. 1505), hijo de Antonio.

VIVES (Amadeo), *Collbató, Barcelona, 1871-Madrid 1932*, compositor español. Colaboró con L. Millet en la fundación del Orfeó català (1891) y consiguió grandes éxitos en el campo de la zarzuela (*Bohemios*, 1904; *Maruxa*, 1913; *Doña Francisquita*, 1923).

VIVES (Juan Luis), *Valencia 1492-Brujas 1540*, humanista y filósofo español. Estudió en París y residió más tarde en Brujas y en Oxford. Su filosofía constituye la crítica más completa de la escolástica (*De anima et vita*, 1538; *De tradendis disciplinis*, 1531, su principal aportación a la pedagogía).

VIVES Y TUTÓ (José), *Sant Andreu de Llavaneres, Barcelona, 1854-Monte Porzio, junto a Roma, 1913*, prelado capuchino español. Preparó el concilio plenario de América Latina (1898) y asesoró a León XIII y Pío X en la reforma canónica y los textos contra el modernismo.

VIVÓ (Jorge A.), *La Habana 1906-México 1979*, geógrafo y antropólogo mexicano de origen cubano. Cofundador de la Sociedad mexicana de antropología (1934), fue director de *Anuario de geografía* (1961-1979) y *Anales de geografía* (1975-1979), y autor de *Razas y lenguas indígenas de México* (1941) y de trabajos sobre recursos naturales.

VIVÓ (Ricardo), *Madrid 1919-íd. 1980*, violonchelista español. Destacó en la interpretación de música de cámara y fue catedrático del conservatorio de Madrid desde 1962.

VIX, mun. de Francia (Cote-d'Or); 107 hab. Yacimiento de la edad del hierro. En una sepultura del s. V a.C. se halló en 1953 un tesoro con una crátera de bronce de origen griego.

VIZCAÍNO (El), la más extensa área protegida de México (2 546 790 ha), en la península de Baja California. Sus ecosistemas incluyen zonas áridas (*desierto Vizcaíno*, accidentado por la *sierra de Vizcaíno* [1 854 m de alt.]), lagunas saladas y una franja litoral en la fachada del Pacífico que comprende los santuarios de ballena gris en las lagunas Ojo de Liebre y San Ignacio. (Reserva de la biosfera y patrimonio de la humanidad 1993.)

VIZCAÍNO (Sebastián), *m. d. 1616*, marino español. Realizó expediciones a California (1596-1597 y 1602) y viajó a Extremo oriente (1604) y a Japón (1611), con R. de Vivero.

VIZCAYA o **GASCUÑA** (golfo de), en fr. **golfe de Gascogne** o **Biscaye**, amplio entrante del océano Atlántico, en las costas de España y Francia, Caladeros de pesca. Petróleo.

VIZCAYA (provincia de), en vasco **Bizkaia**, prov. del N de España, en el País Vasco; 2 210 km²; 1 132 729 hab.; cap. Bilbao. Presenta un sector montañoso al S (Gorbea, 1 475 m); en el centro, la depresión del Nervión, al N la costa, separada de la anterior por un cordón de colinas prelitorales. La agricultura y la pesca han perdido importancia económica ante la industria, concentrada en la ría del Nervión.

VLAARDINGEN, c. de Países Bajos (Holanda Meridional), junto al Mosa, en el área suburbana de Rotterdam; 73 719 hab. Puerto. Centro industrial.

VLADIKAVKÁS, de 1954 a 1990 **Ordzhonikidze**, c. de Rusia, cap. de Osetia del Norte, en el Cáucaso; 306 000 hab. Museos.

VLADÍMIR, c. de Rusia, al NE de Moscú; 355 600 hab. Notables iglesias del s. XII.

VLADIMIRO I el Santo o **el Grande**, *m. en 1015*, gran príncipe de Kíev (980-1015). Bautizado, impuso el cristianismo de rito bizantino (h. 988).— **Vladimiro II Monómaco**, *1053-1125*, gran príncipe de Kíev (1113-1125). Escribió una *Instrucción* que es una de las primeras obras de la literatura rusa.

VLADÍMIR-SÚZDAL (principado de), estado ruso que se desarrolló en el s. XII cuando el príncipe Andréi Bogoliubski (1157-1174) abandonó Kíev para establecerse en Vladímir. Su desarrollo se vio interrumpido en 1238 por la conquista mongol.

VLADIVOSTOK, c. de Rusia, junto al mar de Japón, en la terminal del ferrocarril *transiberiano; 648 000 hab. Puerto. Centro industrial.— La ciudad fue fundada en 1860.

VLAMINCK (Maurice de), *París 1876-Rueil-la-Gadelière 1958*, pintor francés. Paisajista, fue uno de los maestros del fauvismo.

VLÁSOV (Andréi Andréievich), *Lomákino, prov. de Nizhni Nóvgorod, 1900-Moscú 1946*, militar soviético. Combatiente en el Ejército rojo, fue hecho prisionero por los alemanes y aceptó trabajar para ellos (1942); formó un ejército llamado «de la liberación rusa». En 1945, fue capturado por los estadounidenses, que lo entregaron a los soviéticos. Murió ahorcado.

VLISSINGEN → **FLESSINGA.**

VLORË o **VLORA,** c. de Albania; 73 800 hab.

VLT (Very Large Telescope), conjunto de 4 telescopios europeos de 8,20 m de diámetro cada uno, construidos sobre el Cerro Paranal, en Chile, y progresivamente puestos en servicio entre 1998 y 2002. 4 telescopios auxiliares móviles de 1,80 m, puestos en servicio entre 2001 y 2006, completan el equipo para formar una red interferométrica (VLTI).

VLTAVA, en alem. **Moldau,** en esp. **Moldava,** r. de la República Checa (Bohemia), afl. del Elba; 434 km. Pasa por Praga. Hidroelectricidad.

VOGELHERD, sitio arqueológico de Alemania (Baden-Württemberg). Vestigios prehistóricos del paleolítico medio al paleolítico superior (restos humanos, esculturas de animales en miniatura del auriñaciense [entre ellas, un mamut de marfil, considerado la obra de arte completa más antigua conocida]).

VOGELSTEIN (Bert), *Baltimore 1949,* médico estadounidense. Autor de estudios pioneros sobre las causas genéticas del cáncer, dirigió el equipo que descubrió las mutaciones específicas responsables del cáncer de colon. (Premio Príncipe de Asturias 2004.)

VOGELWEIDE (Walther **von der**), *h. 1170-¿Wurzburgo? h. 1230,* poeta alemán. Fue el primer minnesänger que utilizó sus poesías como arma política, dirigida contra el papado.

VOJVODINA o **VOIVODINA,** región de Serbia, al N del Danubio; 2 043 000 hab.; cap. *Novi Sad.* Cuenta con una importante minoría húngara.

VOLCÁNICA (cordillera), sistema montañoso de Costa Rica, que se extiende desde la frontera con Nicaragua, al N, hasta el centro del país. Abarca las cordilleras de Guanacaste y Central; 3 432 m de alt. en el volcán Irazú.

VOLGA, r. de Rusia, que nace en la meseta del Valdái y desemboca en el mar Caspio formando un amplio delta; 3 690 km; cuenca de 1 360 000 km². Es el río más largo de Europa. Atraviesa Yaroslav, Nizhni Nóvgorod, Kazán, Samara, Sarátov, Volgogrado y Astraján. Importante arteria navegable (más de la mitad del tráfico fluvial ruso) comunicada con el mar Blanco y el Báltico *(canal Volga-Báltico)* y con el mar de Azov y el mar Negro *(canal Volga-Don),* cuenta con importantes instalaciones hidroeléctricas. El curso medio fue declarado reserva de la biosfera en 2006.

VOLGA (República de los alemanes del), ant. república autónoma de Rusia (URSS) [1924-1945], en el curso inferior del Volga, en la que vivían descendientes de colonos alemanes establecidos por Catalina II.

VOLGOGRADO, ant. **Tsaritsin** y, de 1925 a 1961, **Stalingrado,** c. de Rusia, a orillas del Volga; 1 007 300 hab. Centro industrial. Instalaciones hidroeléctricas. Gran monumento conmemorativo de la batalla de *Stalingrado.

VOLINIA, en polaco **Wołyń,** región del NO de Ucrania. Fue incorporada a Lituania (s. XIV) y más tarde a Polonia (1569). Rusia se la anexionó en 1793-1795. Fue de nuevo dividida entre la URSS y Polonia (1921), y en 1939 todo el territorio pasó a formar parte de la URSS.

VÖLKLINGEN, c. de Alemania (Sarre); 43 232 hab. Hulla. Metalurgia. – Museo de la Industria en una antigua fábrica siderúrgica (patrimonio de la humanidad 1994).

Volkswagen, empresa alemana de fabricación de automóviles, fundada en 1937-1938 en Wolfsburg para la producción de un vehículo popular (concebido a partir de 1934 por F. Porsche).

VÓLOGDA, c. de Rusia; 289 200 hab.

VOLOGESO I, *m. en 77 d. C.,* rey arsácida de los persas (50/51-77 aprox.). Luchó contra Roma (54-63).

VÓLOS, c. de Grecia (Tesalia), junto al *golfo de Vólos;* 77 907 hab. Puerto.

VOLPI (Jorge), *México 1968,* escritor mexicano. Es autor de novelas (*A pesar del oscuro silencio,* 1993; *El temperamento melancólico,* 1996; *En busca de Klingsor,* 1999; *No será la Tierra,* 2006) y del ensayo *La imaginación y el poder. Una historia intelectual de 1968* (1998).

Volpone o El zorro, comedia de cinco actos y en verso de Ben Jonson (1606). Un rico mercader veneciano se finge moribundo a fin de verse inundado de regalos por una serie de falsos amigos a quienes solo interesa su herencia.

VOLTA, r. de Ghana. Está formado por la unión del Mouhoun (ant. *Volta Negro*), el Nakambé (ant. *Volta Blanco*) y el Nazinon (ant. *Volta Rojo*), que nacen en Burkina Faso. La presa de Akosombo originó el *lago Volta* (más de 8 000 km²).

VOLTA (Alto) → **BURKINA FASO.**

VOLTA (Alessandro, conde), *Como 1745-íd. 1827,* físico italiano. Ideó el eudiómetro (1776) y, retomando los experimentos de Galvani, descubrió la pila eléctrica (1800).

VOLTAIRE (François Marie **Arouet,** llamado), *París 1694-íd. 1778,* escritor francés. Exiliado en Gran Bretaña, elogió su sistema político en *Cartas filosóficas sobre Inglaterra* (1734). Admirador de los clásicos del s. XVII, escribió la epopeya *Henriade* (1728) y la tragedia *Zaïre* (1732). Expresó sus ideas liberales, racionalistas y anticlericales a través de poemas (*Poema sobre el desastre de Lisboa,* 1756), cuentos y novelas cortas (*Zadig,* 1748; *Cándido,* 1759), ensayos históricos (*El siglo de Luis XIV,* 1751) y su *Diccionario filosófico* (1764).

■ ALESSANDRO **VOLTA,** por A. Tardieu.

■ **VOLTAIRE,** por Quentin de La Tour. (Palacio de Versalles.)

VOLTA REDONDA, c. de Brasil, al NO de Río de Janeiro; 220 086 hab. Siderurgia.

VOLTERRA, c. de Italia (Toscana); 12 885 hab. Puerta del Arco, muralla y necrópolis, ruinas de *Velathri* (en lat. *Volaterrae*), ciudad etrusca tomada por los romanos (81-80 a.C.). Monumentos medievales (catedral). Museos.

VOLTERRA (Daniele Ricciarelli, llamado Daniele **da**), *Volterra 1509-Roma 1566,* pintor italiano. Trabajó en Roma, bajo la influencia de Miguel Ángel y Rafael.

VOLTERRA (Vito), *Ancona 1860-Roma 1940,* matemático y físico italiano. Fue uno de los creadores del análisis funcional, que aplicó a problemas de biología (por ejemplo, a la evolución de las poblaciones) y de física.

VOLUBILIS, sitio arqueológico de Marruecos, al N de Mequínez. Imponentes ruinas romanas (termas, templo, arco de Caracalla, etc.). [Patrimonio de la humanidad 1997.]

VOLZHSKI, c. de Rusia, junto al Volga, frente a Volgogrado; 278 400 hab.

VÔ NGUYÊN GIAP, *An Xa 1912,* general vietnamita. Dirigió las fuerzas del Vietminh contra los franceses (1947-1954). Fue ministro de defensa de Vietnam del Norte a partir de 1954 (y de 1976 a 1980 del Vietnam reunificado). Durante la guerra de Vietnam (1964-1975) dirigió el ejército contra los estadounidenses. De 1976 a 1991 fue viceprimer ministro.

VORÁGINE (Jacobo de) → **JACOBO de Vorágine.**

vorágine (La), novela de J. E. Rivera (1924), en la que la selva colombiana se convierte en protagonista. Es una de las obras más representativas de la narrativa regionalista.

VORARLBERG, prov. del O de Austria; 333 000 hab.; cap. *Bregenz.*

VORÓNEZH, c. de Rusia, cerca del Don; 900 000 hab. Centro industrial.

VOROSHÍLOV (Kliment Efrémovich), *Vierjni, Ucrania, 1881-Moscú 1969,* militar soviético. Defendió Tsaritsin, act. Volgogrado, contra los rusos blancos, y fue nombrado comisario del pueblo para la defensa (1925-1940) y posteriormente presidente del presidium del Soviet supremo de la URSS (1953-1960).

VOROSHILOVGRAD → **LUHANSK.**

VÖRÖSMARTY (Mihály), *Kápolnásnyék 1800-Pest 1855,* poeta húngaro. Romántico, es autor de tragedias y de poemas épicos (*La huida de Zalán,* 1825).

VORSTER (Balthazar Johannes), *Jamestown 1915-El Cabo 1983,* político sudafricano. Primer ministro (1966-1978) y presidente de la república (1978-1979), practicó el apartheid.

VOS (Cornelis de), *Hulst h. 1584-Amberes 1651,* pintor flamenco, muy celebrado por sus retratos (niños, grupos familiares). – **Paul de V.,** h. 1595-1678, pintor flamenco. Hermano de Cornelis y cuñado de Snijders, destacan sus escenas de caza y bodegones.

VOSGES, dep. de Francia (Lorena); 5 874 km²; 3 809 552 hab.; cap. *Épinal.*

VOSGOS, en fr. **Vosges,** macizo del E. de Francia, boscoso en gran parte, entre las regiones de Lorena y Alsacia; 1 424 m en el Grand Ballon.

VOSS (Johann Heinrich), *Sommersdorf, Mecklenburgo, 1751-Heidelberg 1826,* poeta alemán. Sus idilios campesinos o burgueses (*Luisa,* 1795) están marcados por la voluntad de realismo.

VOSSIUS (Gerardus Johannis), *Heidelberg 1577-Amsterdam 1649,* humanista holandés. Publicó obras pedagógicas de griego y latín, obras históricas y estudios de las religiones.

VOSTOK (lago), el mayor lago subglaciar del mundo (230 km de long., hasta 85 km de anch.), en la Antártida. Oculto bajo 4 km de hielo, fue descubierto en 1996 gracias a imágenes de satélite. – En su emplazamiento, estación de investigación geofísica rusa *Vostok,* (1957), en la que, en 1998, sondeos en el casquete glaciar de hasta 3 623 m de profundidad permitieron reconstruir las variaciones del clima y de la composición de la atmósfera desde hace más de 400 000 años.

Vouillé (batalla de) [507], victoria de Clodoveo I sobre el visigodo Alarico II (que murió en el combate) en Vouillé, cerca de Poitiers. Significó el fin del reino visigodo de Tolosa.

Voyager I y 2, sondas espaciales automáticas estadounidenses. Lanzadas en 1977, las dos sobrevolaron Júpiter (1979), más tarde Saturno (1980, 1981). Voyager 2 se aproximó a continuación a Urano (1986) y a Neptuno (1989).

voz a ti debida (La), libro de poemas de Pedro Salinas (1933), de contenido amoroso.

VRACA, c. del NO de Bulgaria, al pie de los montes Balcanes; 85 174 hab.

VRANGEL → **WRANGEL.**

VRANITZKY (Franz), *Viena 1937,* político austriaco. Presidente del SPÖ (Partido socialista, convertido en 1991 en Partido socialdemócrata) de 1988 a 1997, fue canciller (1986-1997).

VREDEMAN DE VRIES (Hans), *Leeuwarden 1527-h. 1604,* dibujante, pintor, arquitecto y tratadista neerlandés. Publicó en Amberes tratados de arquitectura y perspectiva, así como colecciones con grabados de adornos de estilo manierista italiano y de la escuela de Fontainebleau, de gran éxito en el N de Europa.

VRIES (Hugo **de**), *Haarlem 1848-Lunteren 1935,* botánico neerlandés. Descubrió las mutaciones, a las que consideró motor único de la evolución (*mutacionismo*).

VRUBEL (Mijaíl), *Omsk 1856-San Petersburgo 1910,* pintor, figura importante del simbolismo y del modernismo.

VUILLARD (Edouard), *Cuiseaux 1868-La Baule 1940,* pintor francés. Integrante del grupo de los nabis, representó la tendencia más intimista.

VULCANO MIT. ROM. Dios del fuego y de la metalurgia, asimilado al griego Hefesto.

Vulgata, traducción latina de la Biblia adoptada por la Iglesia católica. Obra de san Jerónimo, que trabajó a partir del texto hebreo. Fue objeto de diversas revisiones, hasta la del papa Clemente VIII, que promulgó su texto definitivo (1592), reconocido como versión oficial por la Iglesia latina durante más de tres siglos.

VUNG TAU, c. del S de Vietnam; 123 528 hab. Puerto.

VYGOTSKY (Lev Seménovich), *Orcha, Bielorrusia, 1896-Moscú 1934,* psicólogo soviético. Defendió la tesis de una génesis social del psiquismo, estructurada por los sistemas de signos (*Pensamiento y lenguaje,* 1934).

WAAL, brazo meridional del delta del Rin. Pasa por Nimega antes de unirse al Mosa.

WACE, *Jersey h. 1100-h. 1175*, poeta anglonormando. Es autor del *Roman de Brut*, inicio del ciclo del rey Artús en lengua vulgar, y del *Roman de Rou* o *Gesta de los normandos*.

WACKENRODER (Wilhelm Heinrich), *Berlín 1773-íd. 1798*, poeta alemán, un promotor del romanticismo (*Efusiones sentimentales de un monje enamorado de las artes*, 1797).

WACO, c. de Estados Unidos (Texas), al S de Dallas; 103 590 hab.

WAD (El-), oasis del Sahara argelino; 72 000 habitantes.

WADDENZEE o **MAR DE LOS WADDEN**, parte del mar del Norte, entre el continente y el archipiélago de Frisia occidental. (Reserva de la biosfera 1986.)

WADE (Abdoulaye), *Saint-Louis 1926*, político senegalés. Opositor de L. S. Senghor y después de A. Diouf, es presidente desde 2000.

Wad-ras (batalla de) [23 marzo 1860], victoria de las tropas españolas de O'Donnell sobre los rifeños en el valle de Wad-ras. Tras ella (26 abril) se firmó la paz que puso fin a la guerra de África y por la que España cedió Tetuán a cambio de una indemnización.

Wafd, partido nacionalista egipcio fundado en 1918-1923, que militó por la independencia del país y la abolición de la monarquía. Prohibido en 1953, fue reconstituido en 1977 y legalizado en 1983.

W'AFID AL-LAJMÍ (Abū-l-Mutarrif 'Abd al-Rahmān ibn), *Toledo o Córdoba 999 o 1008-h. 1075*, médico hispanomusulmán, autor de un completo tratado sobre medicamentos simples y de una guía de la medicina.

WAGNER (Otto), *Penzing, cerca de Viena, 1841-Viena 1918*, arquitecto austriaco. Ecléctico, en la década de 1890 se convirtió en el líder de la escuela modernista vienesa (estaciones de metro de Viena; iglesia Am Steinhof, 1905).

WAGNER (Richard), *Leipzig 1813-Venecia 1883*, compositor alemán. Maestro de capilla en Dresde, se refugió en Suiza (1849-1861) por sus ideas revolucionarias. Contó con la ayuda de F. Liszt (con cuya hija, Cósima, casó) y de Luis II de Baviera para realizar su obra: *El holandés errante* (1841), *Tannhäuser* (1845; 2ª versión, 1861), **Lohengrin* (1850), *El anillo del nibelungo* —también llamado **Tetralogía* (1876)—, *Tristán e Isolda* (1865), *Los maestros cantores de Nuremberg* (1868) y *Parsifal* (1882). Se distanció de la ópera italiana, renunció a las florituras vocales e intensificó la participación orquestal. Partidario de un teatro mítico (utilizó las leyendas germánicas, incluso místico y simbólico), logró una íntima unión entre texto y música y entre voz e instrumentos, y una profunda unidad temática con el leitmotiv.

WAGNER-JAUREGG (Julius), *Wels, Alta Austria, 1857-Viena 1940*, psiquiatra austriaco, recibió el premio Nobel en 1927 por sus investigaciones sobre el tratamiento de la parálisis general progresiva por inoculación del paludismo.

Wagram (batalla de) [6 julio 1809], victoria de Napoleón sobre el archiduque Carlos, en Wagram, al NE de Viena. Preludió la paz de Viena (14 oct. 1809) firmada por Francia y Austria.

WAIKIKI, playa de Honolulu (Hawai).

WAITS (Thomas Allan, llamado Tom), *Pomona, California, 1949*, músico estadounidense. Interpreta con voz desgarrada canciones que conjugan jazz y música pop de modo experimental y decadentista (*Closing Time*, 1973; *Swordfishtrombones*, 1983; *Beautiful Maladies*, 1998; *Orphans*, 2006). También es actor de cine (*Bajo el peso de la ley*, J. Jarmusch, 1986; *Vidas cruzadas*, R. Altman, 1993).

WAJDA (Andrzej), *Suwałki 1926*, cineasta polaco. Su obra, dominada por el tema nacional, amalgama una gran lucidez crítica y una forma barroca y romántica: *Cenizas y diamantes* (1958), *El bosque de los abedules* (1970), *La tierra de la gran promesa* (1975), *El hombre de mármol* (1976), *Korczak* (1989), *Pan Tadeusz* (1999), *Katyn* (2007).

WAKAYAMA, c. de Japón (Honshū); 396 553 hab. Puerto. Centro industrial.

WAKE (isla de), atolón del Pacífico, al N-NO de las islas Marshall. Base aérea estadounidense entre Hawai y las Filipinas, estuvo ocupada por los japoneses de 1941 a 1945.

WAKSMAN (Selman Abraham), *Priluki, cerca de Kíev, 1888-Hyannis, Massachusetts, 1973*, microbiólogo estadounidense de origen ruso. Recibió el premio Nobel en 1952 por su descubrimiento, con A. Schatz, de la estreptomicina.

■ RICHARD WAGNER.
(Conservatorio de música, Bolonia.)

■ LECH WAŁESA en 1990.

WALBRZYCH, c. de Polonia, en la Baja Silesia; 141 200 hab. Hulla. Centro industrial.

WALBURGA (santa) → **WALPURGIS**.

WALCOTT (Derek), *Castries, Santa Lucía, 1930*, escritor antillano en lengua inglesa. Poeta (*Otra vida*, 1973; *El reino de la manzana estrellada*, 1979; *Tiepolo's Hound*, 2000) y dramaturgo (*Sueño en la montaña del mono*, 1970) influido por las vanguardias poéticas, su obra se decanta por las tradiciones orales antillanas. (Premio Nobel 1992.)

WALDERSEE (Alfred, conde von), *Potsdam 1832-Hannover 1904*, militar alemán. En 1900 comandó las tropas internacionales enviadas a China durante la guerra de los Bóxers.

WALDHEIM (Kurt), *Sankt André-Wördern 1918-Viena 2007*, político austriaco. Secretario general de la ONU de 1972 a 1981, fue presidente de Austria de 1986 a 1992. Sus actividades durante la segunda guerra mundial fueron motivo de polémica (1986).

WALES, nombre inglés del País de *Gales.

WAŁESA (Lech), *Popowo 1943*, político polaco. Principal líder de los movimientos reivindicativos de 1980 que llevaron a la creación del sindicato Solidarność (que presidió de 1981 a 1990), fue detenido en 1981 y liberado en 1982. Fue presidente de la república de 1990 a 1995. (Premio Nobel de la paz 1983.)

WALID IBN 'ABD AL-MALIK IBN MARWĀN, m. en 715, califa omeya de Damasco (705-715). Su reinado coincidió con el apogeo del califato. Encargó a Mūsā ibn Nuṣayr, gobernador del Mogreb, una expedición de reconocimiento a la península Ibérica.

WALKER (William), *Nashville, Tennessee, 1824-Tegucigalpa 1860*, aventurero estadounidense. Con el apoyo de los partidarios del expansionismo estadounidense, organizó un ejército mercenario que invadió la Baja California (oct. 1853), pero fue derrotado por los mexicanos (1854). Se proclamó presidente de Nicaragua (1856), donde implantó la esclavitud, pero una coalición de los países centroamericanos lo obligó a huir (1857).

WALL (Ricardo), *Nantes h. 1695-Granada 1777*, militar y político español. Secretario de estado y de guerra (1759), firmó el tercer pacto de Familia (1761). Contrario a la Inquisición, dimitió tras la paz de París (1763).

WALLACE (Alfred Russell), *Usk, Monmouthshire, 1823-Broadstone, Dorset, 1913*, naturalista británico. Concibió, independientemente y al mismo tiempo que Darwin, la teoría de la selección natural. Es el fundador de la geografía zoológica o biogeografía.

WALLACE (sir Richard), *Londres 1818-París 1890*, filántropo británico. Legó a Gran Bretaña

1783

su colección de cuadros y objetos de arte, en la que destacan las piezas del s. XVIII francés (Wallace collection, Londres).

WALLACE (sir William), *cerca de Paisley 1270-Londres 1305*, héroe de la independencia escocesa. Desde 1297 luchó contra Eduardo I. Fue capturado y decapitado.

WALLASEY, c. de Gran Bretaña (Inglaterra), junto al mar de Irlanda; 90 000 hab.

WALLENSTEIN o **WALDSTEIN** (Albrecht Wenzel Eusebius von), *Hermanič 1583-Eger, act. Cheb, 1634*, general de origen checo. Católico, en 1618 puso un ejército a disposición del emperador germánico y combatió con éxito durante la guerra de los Treinta años, pero los príncipes de la Liga católica obligaron a Fernando II a relevarlo (1630). Llamado de nuevo en 1631, fue vencido en *Lützen (1632) y entabló negociaciones secretas con los protestantes. Relevado de su mando por el emperador, fue asesinado. — Su historia inspiró a Schiller una trilogía teatral (*El campamento de Wallenstein, Los Piccolomini, La muerte de Wallenstein*, 1798-1799), musicada por V. d'Indy (versión definitiva de 1888).

■ GENERAL **WALLENSTEIN**, por A. Van Dyck. (Museo nacional bávaro, Munich.)

■ ROBERT **WALPOLE**, por J.-B. Van Loo. (Galería nacional de retratos, Londres.)

WALLER (Thomas, llamado **Fats**), *Nueva York 1904-Kansas City 1943*, pianista, cantante y compositor de jazz estadounidense. Maestro del «piano stride», estilo nacido del ragtime, entre sus interpretaciones destacan *Handful of Keys* y *Ain't Misbehavin'*.

WALLIS (John), *Ashford 1616-Oxford 1703*, matemático inglés. Miembro fundador de la Royal Society, liberó la aritmética y el álgebra de la representación geométrica, y reconoció las nociones, controvertidas para la época, de número negativo, número irracional, límite, etc.

WALLIS Y FUTUNA, archipiélago francés, al NE de las Fidji, que forma una colectividad de ultramar; 255 km²; 14 166 hab.; cap. *Mata-Utu*.

WALLON (Henri), *París 1879-íd. 1962*, psicólogo francés. Estudió el desarrollo infantil (*La evolución psicológica del niño*, 1941).

Wall Street, calle de Nueva York, en el S de Manhattan, donde se encuentra la Bolsa.

Wall Street (crac de) [1929], movimiento de pánico bursátil que originó la crisis económica de 1929. El «jueves negro» (24 oct.) y los días siguientes, la bolsa de Nueva York (Wall Street) conoció una caída espectacular del curso de las acciones, que llevó a EUA a una crisis sin precedentes que repercutió en otros países occidentales.

Wall Street Journal (The), diario estadounidense económico y financiero, fundado en 1889 en Nueva York por H. Dow y E. D. Jones.

WALPOLE (Robert), 1er conde de Orford, *Houghton 1676-Londres 1745*, político británico. Jefe del partido whig, primer lord del Tesoro y canciller del Exchequer (1715-1717 y 1721-1742), controló la política del país y sentó las bases del régimen parlamentario británico. — **Horace W.**, 4° conde de Orford, *Londres 1717-íd. 1797*, escritor británico, hijo de Robert. Fue uno de los iniciadores de la novela gótica (*El castillo de Otranto*, 1764).

WALPURGIS o **WALBURGA** (santa), *en Wessex h. 710-Heidenheim, Alemania, 779*, religiosa benedictina inglesa. Abadesa del monasterio de Heidenheim, sus restos fueron trasladados en 870 a Eichstätt, donde su tumba se convirtió en un centro de peregrinación. La fiesta que conmemora este traslado (1 mayo) se asoció al folclore pagano del retorno de la primavera. Así nació la leyenda según la cual, en la «noche de Walpurgis», los brujos y demonios se reúnen en el Brocken.

WALRAS (Léon), *Évreux 1834-Clarens, Suiza, 1910*, economista francés. Principal figura de la escuela de Lausana, introdujo el método matemático en economía (*Teoría matemática de la riqueza social*, 1873-1882) y expuso los principios del marginalismo.

WALSALL, c. de Gran Bretaña (Inglaterra), en los Midlands; 179 000 hab. Metalurgia.

WALSER (Martin), *Wasserburg 1927*, escritor alemán. Sus novelas (*La caída; El cazador*) y teatro (*Roble y conejos de angora; El juego sucio*) denuncian lo absurdo del mundo actual.

WALSER (Robert), *Biel 1878-Herisau 1956*, escritor suizo en lengua alemana. En sus novelas (*El ayudante*, 1908) y relatos (*El paseo y otros relatos*, 1917) describe con ironía la vida de gentes sencillas y sin ambición.

WALSH (María Elena), *Buenos Aires 1930*, escritora argentina. Difusora del folclore argentino, es autora de poesía, teatro (*Juguemos en el mundo*, 1968), literatura infantil (*Baladas con Ángel*, 1951; *Novios de antaño*, 1996) y un gran número de canciones para niños.

WALSH (Raoul), *Nueva York 1887-Simi Valley, California, 1980*, cineasta estadounidense, especialista en westerns y películas de guerra y de aventuras: *El ladrón de Bagdad* (1924), *El último refugio* (1941), *Lord Jim* (1942), *Objetivo Birmania* (1945), *Al rojo vivo* (1949).

WALSH (Rodolfo), *Choele-Choel 1927-¿1977?*, escritor argentino. Periodista de temas sociopolíticos, es autor de cuentos policíacos realistas (*Un kilo de oro*, 1967) y de teatro. Desapareció durante la dictadura militar.

WALTARI (Mika), *Helsinki 1908-íd. 1979*, escritor finlandés, célebre por sus novelas históricas (*Sinuhé el egipcio*, 1945).

WALTER (Bruno Walter Schlesinger, llamado Bruno), *Berlín 1876-Hollywood 1962*, director de orquesta alemán nacionalizado estadounidense. Dio a conocer a Bruckner y Mahler y destacó en obras de Mozart y Beethoven.

WALVIS BAY, c. de Namibia, junto al Atlántico; 12 383 hab. Puerto pesquero. Zona franca.

WAMBA o **VAMBA**, *m. en el monasterio de Pampliega, Burgos, 688*, rey de los visigodos (672-680). Sucesor de Recesvinto, aplastó las revueltas de los vascones, venció al conde Paulo en Nimes (673), rechazó a los musulmanes (675) y ocupó Ceuta. Convocó dos concilios. Fue depuesto por Ervigio.

WANG MENG, *Wuxing, Zhejiang, h. 1308-1385*, pintor chino, gran maestro de la dinastía Yuan. Peñascos, árboles y torrentes llenan sus paisajes de trazo enérgico y los dotan de fuerza e intensidad dramática.

WANG WEI, *Taiyuan, Shanxi, 699-759*, pintor, calígrafo y poeta chino, considerado el creador de la pintura monocroma a la tinta. Su obra de poeta paisajístico (de la que solo hay copias) originó la pintura literaria china.

Wannsee (conferencia de) [20 en. 1942], conferencia que reunió en Wannsee (alrededores de Berlín) a altos cargos nazis (entre ellos, Heydrich y Eichmann) para organizar el exterminio de judíos («solución final») en Europa.

WANZA (yébel Al-) u **OUENZA** (yébel), montaña del E de Argelia; 1 289 m. Mineral de hierro.

WARANGAL, c. de la India (Āndhra Pradesh); 466 777 hab. Templo de Hanamkonda (s. XII).

WARBURG (Otto), *Friburgo de Brisgovia 1883-Berlín 1970*, bioquímico y fisiólogo alemán. Investigó las enzimas de las oxidaciones celulares, concretamente en las cadenas respiratorias. (Premio Nobel 1931.)

WARD (Bernardo), *m. a. 1779*, economista irlandés al servicio de Fernando VI. Secretario de la Junta de comercio, su *Proyecto económico*, editado por Campomanes en 1779, influyó en el pensamiento reformista.

WARGLA, c. de Argelia, cap. de vilayato, en el Sahara; 77 000 hab.

WARHOL (Andy), *Pittsburgh 1929-Nueva York 1987*, artista plástico y cineasta estadounidense de origen eslovaco. Como artista plástico representante del pop art, produjo multiplicaciones de una misma imagen con base fotográfica (lata de sopa Campbell, retrato de Marilyn Monroe, cliché de la silla eléctrica), y permutación de colores. Fue uno de los líderes de la contracultura, tanto por sus actitudes como por sus obras. — Museos en Pittsburgh y Medzilaborce (Eslovaquia).

■ ANDY **WARHOL**. *Autorretrato* (1986). [MNAM, París.]

■ JAMES **WATT**, por C. F. van Breda. (Galería nacional de retratos, Londres.)

WARNEMÜNDE, antepuerto de la c. de Rostock (Alemania).

WARREN, c. de Estados Unidos (Michigan), en el área suburbana N de Detroit; 144 864 hab.

WARREN (David), *Groote Eylandt, Territorio del Norte, 1925*, ingeniero australiano. Entre otras contribuciones en los campos de la aeronáutica y la investigación energética, concibió y desarrolló el primer prototipo de caja negra para registrar los datos de vuelo (1958).

WARREN (Earl), *Los Ángeles 1891-Washington 1974*, jurista estadounidense. Presidente del Tribunal supremo de Estados Unidos (1953-1969), fue el instigador de un fallo (1954) por el que se condenaba la segregación racial en las escuelas, así como de reformas constitucionales (separación Iglesia-estado, libertad de prensa, derechos de los acusados).

WARREN (Robert Penn), *Guthrie, Kentucky, 1905-Stratton, Vermont, 1989*, escritor estadounidense. Sus poemas y novelas (*Mundo y tiempo suficientes*, 1950), situados en el S de EUA, plantean el problema de la libertad humana.

WARRINGTON, c. de Gran Bretaña (Inglaterra), a orillas del Mersey; 205 000 hab. Está fusionada con Runcorn. Centro industrial.

WARTA, r. de Polonia, afl. del Odra (or. der.); 808 km.

WARTBURG (Walther von), *Riedholz, Solothurn, 1888-Basilea 1971*, lingüista suizo. Especialista en lenguas románicas (*Problemas y métodos de la lingüística*, 1946), dirigió a partir de 1922 el monumental *Diccionario etimológico de la lengua francesa y sus dialectos*.

Wartburg (castillo de), fortaleza de Turingia, cerca de Eisenach. Es famoso por los concursos de los Minnesänger, que evoca R. Wagner en *Tannhäuser*, y por haber residido allí santa Isabel de Hungría y más tarde Lutero (1521). [Patrimonio de la humanidad 1999.]

WARWICK (Richard Neville, conde de), llamado **el Hacedor de reyes**, *1428-Barnet 1471*, señor inglés. Sobrino de Ricardo de York (1411-1460), desempeñó un papel decisivo al comienzo de la guerra de las Dos Rosas. Impulsó a su tío a reivindicar el trono de Inglaterra y contribuyó a la victoria de Saint Albans (1455). Victorioso en Northampton (1460), capturó al rey Enrique VI. En 1461 hizo coronar a Eduardo IV, su primo, pero pronto convertido en opositor de la política borgoñona de este, restauró a Enrique VI en el trono (1470). Fue vencido por Eduardo IV y muerto.

WARWICKSHIRE, condado de Gran Bretaña (Inglaterra); cap. *Warwick*.

WASATCH, cadena montañosa del O de Estados Unidos (Utah); 3 750 m.

WASH, golfo formado por el mar del Norte, en la costa E de Gran Bretaña (Inglaterra).

■ **GEORGE WASHINGTON,** por G. Healy.
(Palacio de Versalles.)

■ **WASHINGTON.** La Casa blanca, construida por James Hoban (1792-1800); pórtico añadido en 1824.

WASHINGTON, estado de Estados Unidos, junto al Pacífico; 4 866 692 hab.; cap. *Olympia*; c. pral. *Seattle*.

WASHINGTON, cap. de Estados Unidos, en el distrito federal de Columbia, a orillas del Potomac; 606 900 hab. (3 923 574 hab. en la aglomeración). Edificada en un lugar escogido por G. Washington en 1790, la ciudad es la residencia del presidente de EUA desde 1800 (Casa blanca). — Importantes museos, entre ellos los de la Smithsonian Institution.

WASHINGTON (Denzel), *Mount Vernon 1954*, actor estadounidense. Destaca en la interpretación de personajes enfrentados a situaciones límite (*Tiempos de gloria*, E. Zwick, 1989, Oscar al mejor actor de reparto; *El informe Pelícano*, A. J. Pakula, 1993; *Día de entrenamiento*, A. Fuqua, 2001, Oscar al mejor actor principal; *American Gangster*, R. Scott, 2007).

WASHINGTON (George), *condado de Westmoreland, Virginia, 1732-Mount Vernon 1799*, político y militar estadounidense. Rico propietario, representante de Virginia en los congresos de Filadelfia (1774 y 1775), se pronunció en favor de la independencia. Comandante en jefe de las fuerzas estadounidenses (1775), ayudado por Francia, derrotó a los británicos en Yorktown (1781) y se convirtió en el héroe de la independencia norteamericana. Primer presidente de la Unión (1789), reelegido en 1792, se mostró partidario de un federalismo fuerte y de la independencia financiera del país y proclamó, en el exterior, la neutralidad de EUA (1793). Se retiró de la vida política en 1797.

Washington (acuerdo de) o **acuerdo de Oslo** (13 sept. 1993), acuerdo palestino-israelí negociado en secreto en Oslo, al margen de las negociaciones multilaterales sobre la paz en Oriente medio iniciadas en 1991 (conferencia de *Madrid), y firmado solemnemente en Washington. Precedido por el reconocimiento mutuo entre Israel y la OLP (9 sept.), este acuerdo consistía en una declaración de principios sobre las modalidades interinas de autonomía para los territorios ocupados, que, tras un período de cinco años, debían dejar paso al estatuto definitivo, previamente negociado, de estos territorios.

Washington Post (The), diario estadounidense fundado en 1877, de tradición liberal. Tuvo un papel determinante en el caso Watergate.

WĀSITĪ (Yaihyā ibn Mahmud, llamado **al-**), calígrafo y miniaturista árabe, originario de Iraq, activo a inicios del s. XIII, uno de los principales exponentes de la escuela de Bagdad.

WASMOSY (Juan Carlos), *Asunción 1938*, político paraguayo. Miembro del Partido colorado, fue presidente de la república (1993-1998). En 2002 fue condenado por malversación de fondos durante su presidencia.

WASPAM, c. de Nicaragua (Región Autónoma Atlántico Norte), en la frontera con Honduras.

WASSERMANN (August von), *Bamberg 1866-Berlín 1925*, médico alemán. Inventó una reacción serológica para el diagnóstico de la sífilis.

WAST (Gustavo **Martínez Zuviría**, llamado Hugo), *Córdoba 1883-Buenos Aires 1962*, escritor argentino, autor de obras costumbristas e históricas de exótico sabor criollo (*Valle negro*, 1918; *Oro*, 1935).

WATERBURY, c. de Estados Unidos (Connecticut); 108 961 hab.

WATERFORD, en gaélico **Port Láirge**, c. de Irlanda (Munster); 40 345 hab. Puerto. Cristalerías.

Watergate (escándalo del) [1972-1974], caso de espionaje político estadounidense. Durante la campaña de las elecciones presidenciales de 1972, cinco individuos fueron atrapados por la policía inspeccionando la sede del Partido demócrata (inmueble del *Watergate*, Washington). Las investigaciones del *Washington Post* revelaron la responsabilidad de la Casa blanca en el asunto y se inculpó a cinco colaboradores del presidente Nixon. Acusado de haber obstaculizado la acción de la justicia, Nixon tuvo que dimitir (1974).

WATERLOO, c. de Canadá (Ontario); 71 181 hab. Universidad.

Waterloo (batalla de) [18 junio 1815], victoria de los británicos de Wellington y los prusianos de Blücher sobre Napoleón al S de Waterloo (Bélgica). Provocó la caída de Napoleón.

WATSON (James Dewey), *Chicago 1928*, biólogo estadounidense. Determinó, junto con F. Crick y M. Wilkins, la estructura del ADN (Premio Nobel 1962).

WATSON (John Broadus), *Greenville, Carolina del Sur, 1878-Nueva York 1958*, psicólogo estadounidense. Fundó la psicología del comportamiento, conductismo o behaviorismo (*Conductismo*, 1925).

WATSON-WATT (sir Robert Alexander), *Brechin, Angus, Escocia, 1892-Inverness 1973*, físico británico. Concibió un sistema de detección y medida de la distancia de un obstáculo por medio de ondas hertzianas *(radar)* [1935].

WATT (James), *Greenock, Escocia, 1736 Heathfield, cerca de Birmingham, 1819*, ingeniero británico. Aportó múltiples mejoras a la máquina de vapor de T. Newcomen, creando la máquina de vapor para usos industriales. También concibió el condensador (1769), la acción alternativa del vapor en las dos caras del pistón (1780), el volante, y el regulador de bolas, etc.

WATTĀSÍES, dinastía que reinó en Marruecos de 1472 a 1554.

WATTEAU (Antoine), *Valenciennes 1684-Nogent-sur-Marne 1721*, pintor francés. Rompió con el academicismo y, bajo la influencia de Rubens y de la escuela veneciana, desarrolló un arte refinado, con escenas de la comedia italiana y fiestas galantes (*El embarque para la isla de Citera*, 1717).

WAT TYLER → TYLER.

WAUGH (Evelyn), *Londres 1903-Combe Florey, cerca de Taunton, Somerset, 1966*, escritor británico. Sus novelas son una feroz crítica de los prejuicios e imposturas de la sociedad inglesa (*Retorno a Brideshead*, 1945).

WAVELL (Archibald Percival, conde), *Colchester 1883-Londres 1950*, militar británico. General en jefe de las tropas de Oriente medio (1939), venció a los italianos en Libia (1941) y fue virrey de la India (1943-1947).

WAWA, r. del NE Nicaragua, que desemboca en el Caribe.

WAYNE (Marion Michael **Morrison**, llamado John), *Winterset, Iowa, 1907-Los Ángeles 1979*,

actor de cine estadounidense. Uno de los actores más populares del western, rodó bajo la dirección de J. Ford (*La diligencia*, 1939; *El hombre tranquilo*, 1952) y de H. Hawks (*Río Rojo*, 1948; *Río Bravo*, 1959).

WAZIRISTĀN, región del NO de Pakistán.

WEALD, región húmeda y boscosa del SE de Inglaterra.

WEAVER (Warren), *Reedsburg, Wisconsin, 1894-New Milford 1978*, matemático estadounidense, autor, junto con Shannon, de la *Teoría matemática de la comunicación* (1949).

WEBB (Sidney), barón **Passfield**, *Londres 1859-Liphook 1947*, político y economista británico. Uno de los fundadores de la *Fabian Society (1884), influyó profundamente en el laborismo. — **Beatrice W.**, nacida Beatrice **Potter**, *cerca de Gloucester 1858-Liphook 1943*, reformadora y economista británica. Esposa de Sidney Webb, realizó numerosos trabajos en colaboración con su marido.

WEBER (Carl Maria von), *Eutin 1786-Londres 1826*, compositor y director de orquesta alemán. Autor de *El cazador furtivo* (1821), de *Euryantha* (1823) y de *Oberón* (1826), es uno de los creadores de la ópera nacional alemana. También compuso brillantes piezas para piano (*Invitación al vals*) y para clarinete.

WEBER (Max), *Erfurt 1864-Munich 1920*, sociólogo alemán. Promotor de una sociología «omnicomprensiva» que utiliza «tipos ideales», analizó el advenimiento del capitalismo y el paso a la modernidad (*Ética protestante y el espíritu del capitalismo*, 1904-1905, reed. 1920; *Sociología de la religión*, 1920; *Economía y sociedad*, 1922). *[V. ilustr. pág. siguiente.]*

WEBER (Wilhelm Eduard), *Wittenberg 1804 Gotinga 1891*, físico alemán. Estudió la electricidad y el magnetismo y formuló la ley fundamental de las fuerzas ejercidas por las partículas electrizadas en movimiento (1846).

WEBERN (Anton von), *Viena 1883-Mittersill 1945*, compositor austriaco. Uno de los pioneros del dodecafonismo serial (*Bagatelas*, para cuarteto de cuerdas, 1911-1913), forjó un estilo personal caracterizado por el abandono del desarrollo, la economía de medios, para organizar en sí (*Sinfonía*, op. 21).

WEBSTER (John), *Londres h. 1580 id. h. 1634*, dramaturgo inglés, autor de tragedias de un realismo rayano con lo atroz (*La duquesa de Amalfi*, 1614).

WEBSTER (Noah), *West Hartford, Connecticut, 1758-New Haven, 1843*, lexicógrafo estadounidense, autor de un famoso *Diccionario americano de la lengua inglesa* (1828), actualizado y reeditado desde entonces.

WEDEKIND (Frank), *Hannover 1864-Munich 1918*, dramaturgo alemán, representante del expresionismo (*El despertar de la primavera*, 1891; *Lulú*, 1913).

WEDGWOOD (Josiah), *Burslem, Staffordshire, 1730-íd. 1795*, ceramista e industrial británico. Inventor de la loza fina (h. 1760), de gran éxito, fundó, en Burslem, la manufactura Etruria (1760), donde fabricó modelos de vajilla de estilo neoclásico. Su nombre también está vinculado a una cerámica fina y mate decorada con bajorrelieves a la antigua usanza, que destaca en blanco sobre fondo coloreado.

■ JOHN **WAYNE** en *El Dorado* (1967), de H. Hawks.

WEENIX o **WEENINX** (Jan Baptist), *Amsterdam 1621-cerca de Utrecht 1663*, pintor neerlandés. Pintó paisajes al estilo italiano, bambochadas y naturalezas muertas de caza. — **Jan W.**, *Amsterdam h. 1640-íd. 1719*, pintor neerlandés, hijo de Jan Baptist y seguidor de su estilo.

WEGENER (Alfred), *Berlín 1880-en Groenlandia 1930*, geofísico y meteorólogo alemán. Meteorólogo en expediciones danesas a Groenlandia, en 1915 formuló la teoría de la «deriva de los continentes», que la teoría de la tectónica de placas confirmó 50 años más tarde.

WEHNELT (Arthur), *Río de Janeiro 1871-Berlín 1944*, físico alemán. Autor de trabajos sobre la emisión termoeléctrica, perfeccionó los tubos electrónicos tras inventar el dispositivo que lleva su nombre.

Wehrmacht (voz alem. que significa *potencia de defensa*), nombre dado de 1935 a 1945 al conjunto de las fuerzas armadas alemanas. De 1939 a 1945 pasaron por sus filas más de 18 millones de hombres.

WEIDMAN (Charles), *Lincoln, 1901-Nueva York 1975*, bailarín y coreógrafo estadounidense. Colaborador de D. Humphrey, fue uno de los principales representantes de la modern dance en EUA. Creador de su propia escuela (1945) y compañía (1948), entre sus coreografías destacan *Quest* (1936), *Flickers* (1941) e *Is Sex Necessary?* (1959).

WEIERSTRASS (Karl), *Ostenfelde 1815-Berlín 1897*, matemático alemán. Fue uno de los grandes renovadores del análisis matemático. Queriendo basar este último en la aritmética, elaboró una teoría de los números reales y contribuyó considerablemente al desarrollo de la teoría de las funciones analíticas.

WEIFANG o **WEI-FANG**, c. de China (Shandong); 428 522 hab. Casco antiguo pintoresco.

WEIL (Simone), *París 1909-Ashford, Kent, 1943*, filósofa francesa. Su vida y su obra revelan un misticismo cristiano y una ardiente búsqueda de la justicia social (*La gravedad y la gracia*, 1947).

WEILL (Kurt), *Dessau 1900-Nueva York 1950*, compositor alemán nacionalizado estadounidense. Creó la música de algunas obras de B. Brecht (*La *ópera de cuatro cuartos*, 1928; *Auge y caída de la ciudad de Mahagonny*, 1930).

WEIMAR, c. de Alemania (Turingia); 62 766 hab. Centro universitario, turístico e industrial. — Monumentos, sobre todo del s. XVIII; museos. (Patrimonio de la humanidad 1998.) — Fue, durante el reinado de Carlos Augusto (1775-1828), un núcleo intelectual en torno a Goethe.

Weimar (república de), régimen político constituido en Alemania de 1919 a 1933. Una vez reprimida la insurrección espartaquista (en. 1919), la Asamblea constituyente que se reunió en Weimar promulgó una constitución democrática que creó una confederación de 17 estados autónomos. El primer presidente de la república fue F. Ebert (1919-1925), que tuvo que hacer frente a una situación financiera y económica catastrófica y a la oposición de los comunistas y los nacionalistas. El segundo presidente, el mariscal Hindenburg (m. en 1934), hizo evolucionar la república hacia un régimen de tipo presidencialista; la crisis mundial, que se inició en 1930, favoreció el éxito del nacionalsocialismo, cuyo líder, Adolf Hitler, accedió al poder en 1933.

WEINBERG (Steven), *Nueva York 1933*, físico estadounidense. Su teoría electrodébil (1967) unifica la interacción electromagnética y la interacción débil. (Premio Nobel 1979.)

WEIPA, puerto de Australia (Queensland). Extracción, tratamiento y exportación de bauxita.

WEISMANN (August), *Frankfurt del Main 1834-Friburgo de Brisgovia 1914*, biólogo alemán. Estableció la independencia precoz de las células de la estirpe germinal en el embrión.

WEISS (Peter), *Nowawes, cerca de Berlín, 1916-Estocolmo 1982*, escritor sueco de origen alemán, autor de un teatro comprometido con las luchas sociales y políticas contemporáneas (*Marat-Sade*, 1964; *Hölderlin*, 1971).

WEISSHORN («Cuerno blanco»), cumbre de los Alpes suizos (Valais), al NO de Zermatt; 4 505 m.

WEISSMULLER (John, llamado Johnny), *Freidorf, cerca de Timişoara, 1904-Acapulco 1984*, nadador estadounidense. Pentacampeón olímpico (1924 y 1928), fue el primero que nadó los 100 m libres en menos de un minuto. Interpretó el papel de Tarzán en numerosas películas.

WEITLING (Wilhelm), *Magdeburgo 1808-Nueva York 1871*, revolucionario alemán. Partidario de un comunismo cristiano, se opuso a Marx y participó en la revolución de 1848 (*Evangelio de un pobre pecador*, 1845).

WEIZMANN (Chaim), *Motil, Bielorrusia, 1874-Rehovot 1952*, político israelí. Fue el primer presidente del Estado de Israel (1949-1952).

■ MAX **WEBER** hacia 1917.   ■ CHAIM **WEIZMANN**

WEIZSÄCKER (Carl, barón von), *Kiel 1912-Starnberg 2007*, físico y filósofo alemán, hermano de Richard von Weizsäcker. En 1938 determinó, aparte de Bethe, el ciclo de reacciones nucleares en el interior de las estrellas. Tras la guerra, se centró en la filosofía de la ciencia.

WEIZSÄCKER (Richard, barón von), *Stuttgart 1920*, político alemán. Hermano de Carl von Weizsäcker. Democristiano, fue presidente de la RFA (1984-1994).

WELHAVEN (Johan Sebastian), *Bergen 1807-Cristianía, act. Oslo, 1873*, escritor noruego, poeta del paisaje y del folclore noruego.

WELLES (Orson), *Kenosha, Wisconsin, 1915-Los Ángeles 1985*, cineasta y actor estadounidense. Debutó en teatro y posteriormente en radio antes de revolucionar la realización cinematográfica con *Ciudadano Kane*. Genio múltiple, exuberante y singular, también dirigió *El cuarto mandamiento* (1942), *La dama de Shanghai* (1948), *El proceso* (1962), *Fraude* (1975).

WELLESLEY (Richard Colley, marqués de), *castillo de Dangan, cerca de Trim, Irlanda, 1760-Londres 1842*, político británico. Fue gobernador general de la India, donde consolidó la soberanía británica (1797-1805), embajador en España y luego ministro de asuntos exteriores (1809-1812). Lord lugarteniente de Irlanda (1821-1828, 1833-1834), defendió a los católicos irlandeses.

WELLINGTON, cap. de Nueva Zelanda, en la isla del Norte, en el estrecho de Cook; 325 700 hab. Puerto. — Museo nacional.

WELLINGTON (Arthur **Wellesley**, vizconde de Talavera, duque de Ciudad Rodrigo y duque de), *Dublín 1769-Walmer Castle, Kent, 1852*, general británico, hermano del marqués de Wellesley. Al mando de las tropas inglesas en Portugal y en España, derrotó a las tropas francesas en Vimeiro (21 ag. 1808), pero fue obligado por su superior a firmar la capitulación de Sintra. Hecho vizconde (luego duque) de Wellington y generalísimo del ejército español, se limitó en los meses siguientes a defender Portugal. En 1812 traspasó la frontera con 50 000 hombres y tomó Ciudad Rodrigo y Badajoz para dirigirse hacia Madrid, cuyo camino quedó libre tras la victoria de los Arapiles (22 julio). Ocupada la capital (13 ag.), aunque Wellington tenía la superioridad numérica, abandonó Madrid por el contraataque francés (oct. 1812). En 1813 inició una acción general y venció a los imperiales en Vitoria (21 junio) y San Marcial (31 ag.) y, tras entrar en Francia, los batió en Toulouse (10 abril 1814). Mantuvo continuos enfrentamientos con la Junta central, se opuso a las cortes de Cádiz y a la constitución y ayudó a la restauración de Fernando VII. Mandó el ejército aliado que venció a Napoleón en Waterloo (18 junio 1815). Jefe del ejército de ocupación de Francia (1815-1818), apoyó a Luis XVIII. Posteriormente fue comandante en jefe del ejército británico (1827-1828) y primer ministro (1828-1830).

WELLS, c. de Gran Bretaña (Inglaterra, en Somerset); 8 600 hab. Catedral gótica (fines s. XII-fines s. XIV); estatuas de la fachada oeste del s. XIII.

WELLS (Herbert George, llamado H. G.), *Bromley 1866-Londres 1946*, escritor británico, autor de novelas satíricas y de relatos de ciencia ficción (*El hombre invisible*, 1897; *La guerra de los mundos*, 1898; *La mente al borde del abismo*, 1945).

WELS, c. de Austria (Alta Austria); 53 042 hab. Centro comercial. — Iglesia del s. XIV; plaza con mansiones de los ss. XVI-XVIII.

WELSER, familia de patricios de Augsburgo que fundaron diversas empresas comerciales, mineras y financieras de alcance internacional en los ss. XIV-XVI. — **Bartholomäus W.**, *1484-1561*. Ayudó a Carlos Quinto, junto con los Fugger, a ser coronado emperador (1516), fue prestamista de la corona hasta 1543 y recibió la explotación y gobierno de Venezuela (1528). En 1546 el consejo de Indias revocó la concesión, por lo que comenzó el declive de la familia, y la compañía quebró en 1614.

Welt (Die), diario alemán de tendencia conservadora, fundado en 1946 como periódico alemán del gobierno británico y controlado por el grupo Springer Verlag desde 1953.

WELWYN GARDEN CITY, aglomeración residencial (ciudad jardín creada en 1920) de la región N de Londres.

WEMBLEY, aglomeración residencial del NO de Londres. Estadio de fútbol.

WENDERS (Wim), *Düsseldorf 1945*, cineasta alemán. Cineasta de la vida errante, filma al hombre en busca de sus raíces: *Alicia en las ciudades* (1973), *En el curso del tiempo* (1976), *París, Texas* (1984), *El cielo sobre Berlín* (1987), *Historia de Lisboa* (1995), *Llamando a las puertas del cielo* (2005). También se interesa por el mundo musical (*Buena Vista Social Club*, 1998).

WENZHOU, c. de China (Zhejiang); 401 871 hab. Puerto. Industrias del calzado. — Casco antiguo; bello jardín. En los alrededores, monasterios budistas en el macizo del Yandangshan.

WEÖRES (Sándor), *Szombathely 1913-Budapest 1989*, poeta húngaro. Virtuosismo formal y aspiraciones metafísicas elevadas caracterizan su obra (*La torre del silencio*, 1957).

WERFEL (Franz), *Praga 1890-Beverly Hills, California, 1945*, escritor austriaco, autor de poemas, dramas, novelas expresionistas y biografías noveladas.

WERGELAND (Henrik), *Kristiansand 1808-Cristianía, act. Oslo, 1845*, poeta noruego. Partidario de una cultura específicamente noruega (*La creación, el hombre y el Mesías*, 1830), sobresale en el romanticismo noruego.

WERNER (Abraham Gottlob), *Wehrau, Sajonia, 1749-Dresde 1817*, naturalista alemán. Fue uno de los creadores de la mineralogía y un defensor del neptunismo.

WERNICKE (Carl), *Tarnowitz 1848-Thüringer Wald 1905*, neurólogo alemán, uno de los primeros en describir las afasias.

WERTHEIMER (Max), *Praga 1880-Nueva York 1943*, psicólogo alemán, promotor de la psicología de la Gestalt.

■ ORSON **WELLES**. *Ciudadano Kane* (1941).

Werther (Los sufrimientos del joven), novela epistolar de Goethe (1774). La gran sensibilidad de Werther contribuyó a crear la imagen del héroe romántico. — La novela inspiró un drama lírico a Jules Massenet (1892).

WESER, r. de Alemania, formado por la unión del Werra y el Fulda y que desemboca en el mar del Norte; 440 km. Pasa por Bremen.

WESLEY (John), *Epworth 1703-Londres 1791*, reformador británico. Fundó en Inglaterra junto con su hermano Charles (1707-1788), el *metodismo.

WESSEX (reino de), reino sajón fundado a fines del s. v en Inglaterra. En el s. IX, el rey Alfredo el Grande y sus sucesores llevaron a cabo la unidad anglosajona.

WESSELMAN (Tom), *Cincinnati 1931-Nueva York 2004*, pintor estadounidense. Su serie de desnudos femeninos (*Great American Nude*), de colores lisos y vivos y con collages o assemblages de objetos reales, lo convirtió en la década de 1960 en una figura del pop art. Más tarde trabajó con metal recortado, pintado con acrílico.

WEST (James E.), *Prince Edward County, Virginia, 1931*, inventor estadounidense. De sus investigaciones con dispositivos electroacústicos, destaca la invención en 1962 (con su colega de la empresa Bell Gerhard M. **Sessler** [Rosenfeld, Alemania, 1931]) del micrófono electreto, que se ha convertido en la norma para captar y reproducir sonido en teléfonos, vídeo, cámaras y otros aparatos.

WEST (Morris), *Melbourne 1916-Sydney 1999*, escritor australiano. Sus novelas abordan pasiones reprimidas y contradicciones internas (*El abogado del diablo*, 1959; *Las sandalias del pescador*, 1964; *Los bufones de Dios*, 1981).

WEST BROMWICH, c. de Gran Bretaña (Inglaterra), cerca de Birmingham; 155 000 hab.

WEST END, conjunto de barrios residenciales del O de Londres.

WESTERWALD, parte del macizo esquistoso Renano (Alemania); 657 m.

WESTFALIA, en alem. **Westfalen**, región histórica de Alemania, que forma parte, desde 1946, del Land de *Rin del Norte-Westfalia. Fue erigida en ducado en 1180. Napoleón I creó el *reino de Westfalia* (1807-1813), que comprendía los territorios del electorado de Hesse, Hannover y Brunswick, y lo confió a su hermano Jerónimo.

Westfalia (tratados [o paz] de) [1648], tratados que pusieron fin a la guerra de los Treinta años. Fueron firmados en Münster (donde estaban reunidas las delegaciones católicas) entre España y las Provincias Unidas y entre el Imperio germánico y Francia, y en Osnabrück (delegaciones protestantes) entre el Imperio y Suecia. Zanjaron los litigios confesionales y territoriales y contribuyeron al declive del Sacro Imperio. España firmó un tratado unilateral con las Provincias Unidas por el que reconocía la independencia neerlandesa y entregaba una serie de territorios en los Países Bajos y en las colonias. Francia obtuvo la soberanía sobre Alsacia; Suecia recibió la Pomerania occidental y los estuarios del Weser, el Elba y el Oder; y Brandeburgo recibió la Pomerania oriental.

WESTINGHOUSE (George), *Central Bridge, Nueva York, 1846-íd. 1914*, inventor e industrial estadounidense. Inventó el freno de aire comprimido (1872) utilizado en los ferrocarriles. Defensor del uso de la electricidad en los trenes, introdujo en EUA el sistema de transporte de esta por corriente alterna monofásica de alta tensión y fundó, en 1886, la *Westinghouse Electric Corporation*, empresa de construcción electromecánica.

WESTMINSTER (City of), barrio del centro de Londres, en torno a la *abadía de Westminster*; 174 718 hab. De esta se conserva la iglesia (especialmente de los ss. XIII-XV), que alberga las tumbas de los reyes y de los hombres célebres de Gran Bretaña. El *palacio de Westminster* fue construido a partir de 1840 sobre planos de Charles Barry, en estilo neogótico, para servir de sede del parlamento. (Patrimonio de la humanidad 1987.)

WESTON (Edward), *Highland Park, Illinois, 1886-Carmel, California, 1958*, fotógrafo estadounidense. Como reacción frente al pictoria-

lismo, fundó con A. Adams el Grupo f. 64 (diafragma cerrado al máximo para conseguir óptimos picados). Su obra está marcada por el rigor y la expresión de la materia.

WESTPHALEN (Emilio Adolfo), *Lima 1911-íd. 2001*, poeta peruano. Junto a César Moro, es el máximo exponente de la poesía surrealista peruana (*Las ínsulas extrañas*, 1933).

West Point (academia de), academia militar de Estados Unidos, situada a orillas del Hudson, al N de Nueva York, para la formación de oficiales de los ejércitos de tierra y aire, fundada en 1802. Admitió a mujeres a partir de la guerra de Vietnam.

WESTWOOD (dame Vivienne), *Glossop, Derby, 1941*, modista británica. Formas originales, contrastes de cortes, texturas y colores, estilo rocker y parodias de estilos del pasado caracterizan sus confecciones.

WEYGAND (Maxime), *Bruselas 1867-París 1965*, militar francés. Jefe de estado mayor de Foch (1914-1923), durante la guerra polaco-soviética animó la resistencia polaca. Jefe de todas las operaciones (mayo 1940), propuso el armisticio. Delegado del gobierno de Vichy en Argel (1940), Hitler exigió su retirada y fue internado en Alemania. Liberado (1945), le fue sobreseída la acusación de colaboracionista.

WEYL (Hermann), *Elmshorn 1885-Zurich 1955*, matemático estadounidense de origen alemán. A él se debe la primera presentación rigurosa de la teoría de las funciones de Riemann e importantes resultados sobre los grupos de Lie, la teoría de los números y en física matemática.

WEYLER Y NICOLAU (Valeriano), marqués de Tenerife, duque de Rubí, *Palma de Mallorca 1838-Madrid 1930*, militar y político español. Capitán general de Canarias (1878-1883), Baleares (1883-1886), Filipinas (1888-1893) y Cataluña (1893-1896). En Cuba combatió con gran dureza la insurrección (1896-1897), lo que precipitó la intervención de EUA. Posteriormente, fue varias veces ministro de guerra y capitán general de Cataluña, donde reprimió los sucesos de la *Semana trágica.

WHARTON (Edith Newbold Jones, Mrs.), *Nueva York 1862-Saint-Brice, Francia, 1937*, novelista estadounidense. Sus novelas describen las costumbres de la alta sociedad de su país (*La edad de la inocencia*, 1920).

WHEATSTONE (sir Charles), *Gloucester 1802-París 1875*, físico británico. Ideó el estereoscopio (1838), un telégrafo eléctrico de cuadrante y un medidor de resistencias eléctricas (1844).

WHEELER (sir Robert Eric Mortimer), *Edimburgo 1890-Leatherhead 1976*, arqueólogo británico, célebre gracias a su método de excavaciones (conseguir la información estratigráfica general del conjunto del yacimiento, conservándola durante el curso de los trabajos).

WHIPPLE (George Hoyt), *Ashland, New Hampshire, 1878-Rochester 1976*, médico estadounidense, autor de trabajos sobre las anemias y su tratamiento. (Premio Nobel 1934.)

WHISTLER (James Abbott McNeill), *Massachusetts, 1834-Londres 1903*, pintor y grabador estadounidense. Instalado en Londres tras unos años en París (1855-1859), admirador del arte japonés y de Manet, llevó hasta un refinamiento extremo el estudio de las armonías cromáticas (*La muchacha en blanco*, 1862, National Gallery of Art at Washington; *Nocturno en azul y plata*, 1872, Tate Gallery).

WHITE (Kenneth), *Glasgow 1936*, escritor británico y francés. Poeta y novelista viajero, busca una nueva forma de vida en el contacto con la naturaleza y el examen de la propia conducta (*Los limbos incandescentes*, 1976).

WHITE (Patrick), *Londres 1912-Sydney 1990*, escritor australiano. Es autor de novelas y obras de teatro en las que privilegia la experiencia interior, espiritual y psicológica (*El entierro del jamón*, 1947; *Las esferas del Mandala*, 1966; *Netherwood*, 1983). [Premio Nobel 1973.]

Whitehall, avenida de Londres, entre Trafalgar Square y Westminster, sede de los principales ministerios. Fue abierta en el solar de un palacio con ese nombre, incendiado en 1698 y uno de cuyos edificios (*Banqueting House*), obra de I. Jones, se salvó.

WHITEHEAD (Alfred North), *Ramsgate 1861-Cambridge, EUA, 1947*, lógico y matemático bri-

tánico. Uno de los fundadores de la lógica matemática, es autor junto con B. Russell de los *Principia mathematica* (1910-1913).

WHITEHEAD (Robert), *Bolton-Le-Moors, Lancashire, 1823-Beckett Park, Berkshire, 1905*, ingeniero británico. Especialista en construcciones navales, proyectó el torpedo automóvil (1867), al que perfeccionó dotándolo de un servomotor (1876).

WHITEHORSE o **WHITE HORSE**, c. de Canadá, cap. del territorio de Yukón; 196 157 hab.

WHITMAN (Walt), *West Hills 1819-Camden 1892*, poeta estadounidense. Es autor de *Hojas de hierba* (1855-1892), donde exalta en términos directos la sensualidad y la libertad. Su lirismo de vastos espacios es representativo de la sensibilidad estadounidense.

■ WALT **WHITMAN**

WHITNEY (monte), punto culminante de Estados Unidos (excluida Alaska), en sierra Nevada; 4 418 m.

WHITNEY (William Dwight), *Northampton, Massachusetts, 1827-New Haven, Connecticut, 1894*, lingüista estadounidense. Sus estudios de lingüística general (*Lenguaje y el estudio del lenguaje*) influyeron en F. de Saussure.

WHITTLE (sir Frank), *Coventry 1907-Columbia, Maryland, 1996*, ingeniero británico. Perfeccionó la turbina de gas, que quería utilizar para la propulsión de los aviones, y llevó el primer turborreactor, realizado en 1941 por la empresa Rolls Royce.

WHO (The), grupo de rock británico (1964-1982). Integrado originalmente por el guitarrista y compositor Pete Townsend, el cantante Roger Daltrey, el bajista John Entwistle y el batería Keith Moon, expresó la energía reivindicativa y devastada de la juventud (*My Generation*, 1966; *Tommy*, ópera rock, 1969).

WHORF (Benjamin Lee), *Winthrop, Massachusetts, 1897-Wethersfield, Connecticut, 1941*, lingüista estadounidense. Discípulo de E. Sapir, formuló la hipótesis de que el lenguaje está en relación causal con el sistema de representación de la realidad.

WHYALLA, c. de Australia (Australia Meridional); 25 740 hab. Puerto y centro minero (hierro). Siderurgia.

WHYMPER (Edward), *Londres 1840-Chamonix 1911*, alpinista británico. Efectuó la primera ascensión al monte Cervino (1865).

WICHITA, c. de Estados Unidos (Kansas); 304 011 hab. Centro comercial e industrial. — Museos.

WICKSELL (Knut), *Estocolmo 1851-Stocksund, cerca de Estocolmo, 1926*, economista sueco. Jefe de fila de la primera escuela sueca, especializado en las teorías sobre el equilibrio monetario, preconizó a Keynes.

WICLEF → **WYCLIF**.

WIECHERT (Ernst), *Kleinort, Prusia Oriental, 1887-Uerikon, Suiza, 1950*, escritor alemán. Su narrativa está marcada por una inquietud romántica (*Los hijos de Jeromín*, 1945-1947).

WIELAND (Christoph Martin), *Oberholzheim 1733-Weimar 1813*, escritor alemán. A menudo comparado con Voltaire, ejerció mediante sus poemas (*Oberón*), ensayos y relatos (*Agatón; Los abderitanos*) una profunda influencia sobre Goethe y otros escritores alemanes.

WIELAND (Heinrich), *Pforzheim 1877-Munich 1957*, químico alemán. Pionero de la química de las sustancias naturales, propuso una teoría de la oxidación biológica. (Premio Nobel 1927.)

WIELICZKA, c. de Polonia, cerca de Cracovia; 17 700 hab. Minas de sal explotadas desde la edad media; espectacular «gruta de cristal». (Patrimonio de la humanidad 1978.)

WIEN (Wilhelm), *Gaffken 1864-Munich 1928,* físico alemán. Formuló la ley relativa al máximo de emisión del cuerpo negro a una temperatura determinada. (Premio Nobel 1911.)

WIENE (Robert), *Breslau o en Sajonia 1881-París 1938,* cineasta alemán. Es autor de *El gabinete del doctor Caligari* (1919), película manifiesto de la corriente expresionista, también realizó *Raskolnikov* (1923) y *Manos de Orlac* (1925).

WIENER (Norbert), *Columbia, Missouri, 1894-Estocolmo 1964,* matemático estadounidense. Durante la segunda guerra mundial, mientras elaboraba sistemas de defensa, trabajó en el terreno de las comunicaciones y transmisiones. Al aplicar sus reflexiones a la neurofisiología, a la regulación bioquímica y a las computadoras, fundó la cibernética.

WIENERWALD, macizo boscoso de Austria, cerca de Viena. (Reserva de la biosfera 2005.)

WIES, localidad de Alemania (Baviera), cerca de Oberammergau. Iglesia de peregrinaje, obra maestra del rococó bávaro (mediados s. XVIII), de D. y J. B. Zimmermann (patrimonio de la humanidad 1983).

WIESBADEN, c. de Alemania, cap. de Hesse; 270 873 hab. Estación termal. Ciudad de congresos, centro administrativo e industrial.— Museo.— Ant. cap. del ducado de Nassau.

WIESEL (Élie), *Sighet, Rumania, 1928,* escritor estadounidense en lengua francesa. Sus ensayos, novelas y obras de teatro celebran la grandeza y los sufrimientos del pueblo judío (*El mendigo de Jerusalén,* 1968). [Premio Nobel de la paz 1986.]

WIFREDO I el Velloso, *m. en 897,* conde de Urgel-Cerdaña (¿870-897?), conde y marqués de Barcelona-Gerona (878-897) y de Ausona (885-897). Fue el iniciador de la dinastía de la casa de Barcelona, que gobernó los condados catalanes hasta 1410.— **Wifredo II Borrell,** *m. en 911,* conde de Barcelona, Gerona y Ausona (897-911), hijo de Wifredo I.

WIGHT (isla de), isla y condado inglés del canal de la Mancha; 381 km²; 126 600 hab.; c. pral. *Newport.* Navegación deportiva. Turismo.

WIGMAN (Mary), *Hannover 1886-Berlín 1973,* bailarina y coreógrafa alemana. Su papel fue crucial en el desarrollo de la danza expresionista (*Hexentanz I,* 1914; *Das Totenmahl,* 1930; *La consagración de la primavera,* 1957).

WIGNER (Eugene Paul), *Budapest 1902-Princeton 1995,* físico estadounidense de origen húngaro. Contribuyó al desarrollo de la física teórica y fue uno de los promotores del programa de investigación nuclear estadounidense. (Premio Nobel 1963.)

WILDE (Eduardo), *Tupiza, Bolivia, 1844-Bruselas 1913,* médico, escritor y político argentino. Ministro de justicia, instrucción pública e interior y varias veces diplomático y diputado, fundó el Instituto Pasteur y el Departamento de higiene argentinos. Es autor de obras científicas y políticas (*Variaciones sobre antropología,* 1880) y de novelas autobiográficas (*Aguas abajo,* publicado en 1914; *Prometeo y cía.,* 1899).

WILDE (Oscar Fingal O'Flahertie Wills), *Dublín 1854-París 1900,* escritor irlandés. Esteta provocador célebre tanto por su personalidad como por su obra (cuentos [*El crimen de lord Arthur Saville*], teatro [*El abanico de lady Windermere,* 1892; *La importancia de llamarse Ernesto,* 1895], novela [*El retrato de Dorian Gray,* 1891]), fue condenado a dos años de prisión por ultraje a la moral y homosexualidad (*Balada de la cárcel de Reading,* 1898).

WILDER (Samuel, llamado Billy), *Sucha Beskidza, cerca de Cracovia, 1906-Beverly Hills, 2002,* cineasta estadounidense de origen austriaco. Heredero de Lubitsch (del que fue guionista), destacó en películas dramáticas (*Perdición,* 1944; *El crepúsculo de los dioses,* 1950), pero sobre todo en la comedia (*Some Like it Hot,* 1959; *El apartamento,* 1960).

WILDER (Thornton Niven), *Madison, Wisconsin, 1897-Hamden, Connecticut, 1975,* escritor estadounidense. Sus novelas y obras de teatro (*Nuestra ciudad,* 1938) componen un fresco

de Estados Unidos y analizan los valores espirituales.

WILES (sir Andrew John), *Cambridge 1953,* matemático británico. En 1993 realizó la primera demostración integral del «gran teorema de Fermat», que completó en 1994 con uno de sus colaboradores, Richard Taylor.

Wilhelm Meister, novela de Goethe, en dos partes: *Los años de aprendizaje de Wilhelm Meister* (1796) y *Los años de peregrinación de Wilhelm Meister* (1821). Constituye el modelo de la novela de formación.

WILHELMSHAVEN, c. de Alemania (Baja Sajonia), en el mar del Norte; 91 680 hab. Puerto petrolero. Centro industrial.

WILIBRORDO (san), *en Northumbria 658-Echternach 739,* monje inglés. Arzobispo de Utrecht, evangelizó Frisia, Flandes y Luxemburgo. Su tumba es un centro de peregrinación.

WILKES (John), *Londres 1725-íd. 1797,* político y periodista británico. Popular por sus escritos contra los conservadores y Jorge III, fue lord mayor de la *City de Londres* (1774).

WILKINS (Maurice Hugh Frederick), *Pongaroa, Nueva Zelanda, 1916-Londres 2004,* biofísico británico. Sus experimentos en torno a la difracción de los rayos X confirmaron los descubrimientos de Crick y Watson sobre la estructura del ADN. (Premio Nobel de fisiología y medicina 1962.)

WILKINSON (John), *Little Clifton, Cumberland, 1728-Bradley, Staffordshire, 1808,* industrial británico. Construyó el primer puente de fundición (1776-1779) y el primer buque de hierro (1787).

■ OSCAR **WILDE**

■ THOMAS W. **WILSON**

WILLAERT (Adriaan), *Brujas o Roulers h. 1485-Venecia 1562,* compositor flamenco. Maestro de capilla de San Marcos de Venecia, compuso grandes motetes a coro doble, expresivos madrigales, canciones francesas y ricercari.

WILLEMSTAD, cap. de las Antillas Neerlandesas, en Curaçao; 43 547 hab. Refinería de petróleo. (Patrimonio de la humanidad 1997.)

WILLIAMS (Alberto), *Buenos Aires 1862-íd. 1952,* compositor, pianista y director de orquesta argentino. Iniciador del nacionalismo en la música argentina, destacan sus piezas inspiradas en el folclore (*El rancho abandonado; Milongas*) y sus nueve sinfonías. Fundó el conservatorio de Buenos Aires.

WILLIAMS (Thomas Lanier, llamado Tennessee), *Columbus, Mississippi, 1911-Nueva York 1983,* dramaturgo estadounidense. Sus obras, muchas llevadas al cine, tienen por protagonistas a héroes frustrados (*El zoo de cristal,* 1944; *Un tranvía llamado Deseo,* 1947; *La rosa tatuada,* 1950; *La gata sobre el tejado de zinc,* 1955; *Dulce pájaro de juventud,* 1959).

WILLIMAN (Claudio), *Montevideo 1863-íd. 1934,* político uruguayo. Miembro del Partido colorado, fue presidente (1907-1911). Resolvió litigios fronterizos con Brasil y Argentina.

WILLSTATTER (Richard), *Karlsruhe 1872-Muralto, Suiza, 1942,* químico alemán. Estudió la constitución y síntesis de alcaloides (cocaína), en la clorofila y los pigmentos vegetales y animales. (Premio Nobel 1915.)

WILMINGTON, c. de Estados Unidos (Delaware); 71 529 hab. Industria química. — Museos.

WILSON (monte), cumbre de Estados Unidos (California) que domina Los Ángeles; 1 740 m. Observatorio de astrofísica.

WILSON (Angus Frank **Johnstone-Wilson,** llamado Angus), *Bexhill 1913-Bury Saint Edmunds 1991,* escritor británico. Es autor de novelas de tono satírico (*Cicuta y después,* 1952).

WILSON (Charles Thomson Rees), *Glencorse, Escocia, 1869-Carlops, Borders, 1959,* físico británico. En 1912 inventó la cámara de condensación para la detección de las partículas cargadas. (Premio Nobel 1927.)

WILSON (Edmund), *Red Bank, Nueva Jersey, 1895-Talcottville, estado de Nueva York, 1972,* escritor estadounidense. Crítico literario, cuentista y novelista (*Recuerdos del condado de Ecate,* 1946), analiza la cultura y los problemas de la civilización estadounidense.

WILSON (Edward Osborne), *Birmingham, Alabama, 1929,* biólogo estadounidense. Sus estudios sobre los insectos sociales lo llevaron a elaborar una vasta síntesis que une la ecología, la genética y la etología y a fundar la teoría de la sociobiología (*Sociobiology: The New Synthesis,* 1975). Es el padre de los estudios sobre biodiversidad.

WILSON (Harold), barón **Wilson of Rievaulx,** *Huddersfield 1916-Londres 1995,* político británico. Líder del Partido laborista (1963), fue primer ministro de 1964 a 1970. De nuevo en el poder en 1974, dimitió en 1976.

WILSON (sir Henry Hugues), *Edgeworthstown, Irlanda, 1864-Londres 1922,* militar británico. Amigo de Foch y promotor de la cooperación militar francobritánica durante la primera guerra mundial, fue jefe del estado mayor imperial de 1918 a 1922.

WILSON (Henry Maitland, barón), *Stowlangtoft Hall 1881-cerca de Aylesbury 1964,* militar británico. Comandó las fuerzas británicas en Grecia (1941) y, posteriormente, en Oriente medio (1943). En 1944 sucedió a Eisenhower al frente de las operaciones en el Mediterráneo.

WILSON (Robert, llamado Bob), *Waco, Texas, 1941,* director de teatro y ópera estadounidense. En su teatro, donde a menudo la palabra es eliminada o despojada de su función habitual y el tiempo es distorsionado (*La mirada del sordo; The Black Rider; Einstein on the Beach*), busca una nueva forma de «espectáculo total», basada en una estética de la imagen.

WILSON (Thomas Woodrow), *Staunton, Virginia, 1856-Washington 1924,* político estadounidense. Profesor de ciencias políticas en Princeton y líder del Partido demócrata, en 1912 fue elegido presidente de EUA. Aplicó un programa reformista y antimonopolista. Reelegido en 1916, hizo entrar a su país en la guerra junto a los Aliados (1917). Tras el conflicto, se esforzó por aplicar en Europa un sistema de seguridad colectiva (los *catorce puntos de Wilson*). Fue el creador de la Sociedad de naciones, pero no consiguió la adhesión de sus conciudadanos. (Premio Nobel de la paz 1919.)

WILTSHIRE, condado del S de Inglaterra; 553 300 hab.; cap. *Trowbridge.*

WIMBLEDON, barrio del SO de Londres. Sede de un campeonato anual internacional de tenis, creado en 1877.

WINCHESTER, c. de Gran Bretaña (Inglaterra), cap. de Hampshire; 31 000 hab. Catedral románica y gótica. Centro monástico de iluminación de manuscritos en los s. X-XII.

WINCKELMANN (Johann Joachim), *Stendal, Brandeburgo, 1717-Trieste 1768,* historiador del arte y arqueólogo alemán, uno de los principales inspiradores del arte neoclásico.

WINDHOEK, cap. de Namibia; 125 000 hab.

WINDISCHGRAETZ (Alfred, príncipe zu), *Bruselas 1787-Viena 1862,* militar austriaco. Reprimió, en 1848, las insurrecciones de Praga y Viena. Fue vencido por los húngaros en 1849.

Windows, sistema operativo para computadoras personales compatibles, desarrollado por la empresa Microsoft en 1983. En 1995 revolucionó el sistema de comunicación entre computadora y usuario con la edición *Windows 95,* luego optimizada y con prestaciones ampliadas (última versión: *Windows Vista,* 2007).

WINDSOR, c. de Canadá (Ontario), a orillas del río Detroit, frente a la ciudad estadounidense de Detroit; 191 435 hab. Puerto. Centro de la industria automovilística canadiense.

WINDSOR o NEW WINDSOR, c. de Gran Bretaña (Inglaterra) al O de Londres; 30 000 hab.

Castillo real construido y reformado del s. XII al XIX (obras de arte, colección de dibujos).— La casa real británica de Hannover-Sajonia-Coburgo-Gotha tomó en 1917 el nombre de *casa de Windsor.*

WINDSOR (duque de) → **EDUARDO VIII.**

Windsor (tratado de) [1 oct. 1496], pacto entre Enrique VII de Inglaterra y la santa Liga (dirigida por Fernando el Católico) de 1495 para la lucha contra Carlos VIII de Francia. También se trató del matrimonio entre Catalina de Aragón, hija de los Reyes Católicos, y Arturo, príncipe de Gales, que se llevó a cabo en 1501.— tratado de **Windsor** (15 junio 1522), acuerdo de alianza entre Enrique VIII de Inglaterra y Carlos Quinto contra Francisco I de Francia. La victoria española de Pavía (1525) provocó el temor inglés a la hegemonía de Carlos Quinto, por lo que se rompió la alianza.

WINDWARD ISLANDS → **BARLOVENTO** (islas de).

WINNICOTT (Donald Woods), *Plymouth 1896-Londres 1971,* pediatra y psicoanalista británico. Demostró que el desarrollo más precoz del bebé depende en gran medida de los vínculos corporales entre la madre y el hijo, que traducen sus estados afectivos. El niño pasa a continuación al mundo exterior a través de «objetos transicionales» (*Juego y realidad,* 1971).

WINNIPEG, c. de Canadá, cap. de Manitoba; 610 770 hab. Nudo ferroviario y centro industrial y comercial. Universidad.— Museos.

WINNIPEG (lago), lago de Canadá (Manitoba), que desagua a través del Nelson, tributario de la bahía de Hudson; 24 500 km².

WINNIPEGOSIS, lago de Canadá (Manitoba), al O del lago Winnipeg; 5 440 km².

WINOGRAND (Gary), *Nueva York 1928-México 1984,* fotógrafo estadounidense. Marcó a toda una generación de creadores con su práctica del pequeño formato y un estilo en el que armonizan dinámica e invención.

WINSTEIN (Saul), *Montreal 1912-Los Ángeles 1969,* químico estadounidense de origen canadiense. Contribuyó a definir la química orgánica física, sobre todo por el estudio de los carbocationes.

WINSTON-SALEM, c. de Estados Unidos (Carolina del Norte); 143 485 hab. Tabaco.— Museos.

WINTERTHUR, c. de Suiza (Zúrich); 86 959 hab. Centro industrial.— Conjuntos de pinturas del museo de bellas artes y de la fundación y colección Reinhart.

WISCONSIN, r. de Estados Unidos, afl. del Mississippi (or. izq.); 690 km.

WISCONSIN, estado del centro de Estados Unidos, entre el lago Superior y el lago Michigan; 4 891 769 hab.; cap. *Madison.*

WISEMAN (Nicholas Patrick), *Sevilla 1802-Londres 1865,* prelado católico y escritor británico. Rector del colegio inglés de Roma (1828), contribuyó al éxito del movimiento de *Oxford.* Fue arzobispo de Westminster y cardenal (1850). Es autor de la novela histórica *Fabiola* (1854).

WISMAR, c. de Alemania (Mecklemburgo-Antepomerania), junto al Báltico; 53 149 hab. Puerto. Centro industrial.— Iglesia gótica de San Nicolás, de ladrillo (s. XIV-XV); casas antiguas. (Patrimonio de la humanidad 2002.)— Punto de encuentro de las fuerzas británicas y soviéticas el 3 de mayo de 1945.

WITIZA → **VITIZA.**

WITKIEWICZ (Stanisław Ignacy), llamado **Witkacy,** *Varsovia 1885-Jeziory 1939,* pintor y escritor polaco. Su obra novelística (*La insaciabilidad*) y dramática afirma «la inadaptación absoluta del hombre a la función de la existencia». Fue precursor del teatro del absurdo. Su pintura es expresionista.

WITT (Jan o Johan **de,** en esp. **Juan de**), *Dordrecht 1625-La Haya 1672,* estadista neerlandés. Consejero-pensionario de Holanda (1653-1672), dirigió la política exterior de las Provincias Unidas. Firmó la paz con Cromwell (1654) e hizo votar el Acta de exclusión contra la casa de Orange (1667). En 1668 se alió con Inglaterra y Suecia contra Francia, pero los orangistas lo culparon de la invasión victoriosa de Luis XIV (1672) y dejaron que fuera linchado

junto con su hermano **Cornelis** (Dordrecht 1623-La Haya 1672), por la población de La Haya.

WITTE (Emmanuel **de**), *Alkmaar h. 1615-Amsterdam 1691 o 1692,* pintor neerlandés, célebre por la calidad lumínica y por la vivacidad de sus interiores de iglesias.

WITTE o **VITTE** (Serguéi Yúlievich, conde), *Tbilisi 1849-Petrogrado 1915,* estadista ruso. Ministro de finanzas (1892-1903), favoreció la industrialización gracias a la afluencia de capital extranjero. Llamado por Nicolás II durante la revolución de 1905, incitó al zar a promulgar el «manifiesto de octubre» pero fue destituido cuando se restableció el orden (1906).

WITTELSBACH, familia principesca que reinó de 1180 a 1918 en Baviera.

WITTEN, c. de Alemania (Rin del Norte-Westfalia), en el Ruhr; 105 807 hab. Centro industrial.

WITTENBERG, c. de Alemania (Sajonia-Anhalt), a orillas del Elba; 53 374 hab. El 31 oct. 1517, Lutero fijó sus 95 tesis en las puertas de la iglesia del castillo, desencadenando así el movimiento de la Reforma. (Patrimonio de la humanidad 1996.)

WITTGENSTEIN (Ludwig), *Viena 1889-Cambridge 1951,* filósofo y lógico británico de origen austriaco. Su primera teoría plantea que existe una relación biunívoca entre las palabras y las cosas, y que las proposiciones que encadenan las palabras constituyen «imágenes» de la realidad (*Tractatus logico-philosophicus*). Esta teoría, llamada atomismo lógico, tuvo mucha influencia en el círculo de *Viena,* pero fue abandonada por el propio Wittgenstein en beneficio de una concepción más restringida y concreta, calificada de «juego de lenguaje», en la que destaca la acción humana del lenguaje, es decir, su imprecisión y variabilidad según las situaciones (*Investigaciones filosóficas,* 1936-1949, publicado en 1953).

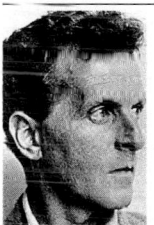

■ LUDWIG
WITTGENSTEIN

■ VIRGINIA **WOOLF,**
por F. D. Dodd.
(Galería nacional
de retratos, Londres.)

WITTIG (Georg), *Berlín 1897-Heidelberg 1987,* químico alemán. Desarrolló la reacción (que lleva su nombre) para sintetizar los compuestos carbonados mediante el paso transitorio de un átomo extraño. (Premio Nobel 1979.)

WITWATERSRAND, abrev. **Rand,** región de Sudáfrica, al O de Johannesburgo. Minas de oro.

WITZ (Konrad), *¿Rottweil? h. 1400-Basilea o Ginebra h. 1445,* pintor de origen suabo. Instalado en Basilea en 1431, compuso, con la influencia de los estilos borgoñón y flamenco, retablos notables por su fuerza plástica y su interés por la realidad (*La pesca milagrosa,* museo de arte y de historia, Ginebra).

WŁOCŁAWEK, c. de Polonia, a orillas del Vístula; 122 800 hab.

WÖHLER (Friedrich), *Eschersheim 1800-Gotinga 1882,* químico alemán. Aisló el aluminio (1827) y el boro, y realizó la primera síntesis orgánica, la de la urea (1828).

WOLF (Christa), *Landsberg 1929,* escritora alemana. Sus novelas y ensayos evocan, directamente (*El cielo partido,* 1963; *En carne propia,* 2003) o a través de mitos griegos (*Casandra,* 1983; *Medea,* 1996), los problemas de la Alemania del Este y de la sociedad contemporánea.

WOLF (Hugo), *Windischgrätz, act. Slovenj Gradec, Eslovenia, 1860-Viena 1903,* compositor austriaco, uno de los maestros del lied posromántico (*Spanisches Liederbuch,* 1891; *Italienisches Liederbuch,* 1892).

WOLFE (James), *Westerham 1727-Quebec 1759,* general británico. Venció a Montcalm ante Quebec, en la batalla de las llanuras de Abraham, donde fue mortalmente herido.

WOLFE (Thomas Clayton), *Asheville, Carolina del Norte, 1900-Baltimore 1938,* escritor estadounidense, autor de obras teatrales (*El regreso de Buck Gavin,* 1926), y de novelas líricas y autobiográficas (*Ángel, mira para atrás,* 1929).

WOLFE (Tom), *Richmond 1931,* escritor y periodista estadounidense. Su obra crítica y novelesca (*Gaseosa de ácido eléctrico,* 1968; *La hoguera de las vanidades,* 1987; *Todo un hombre,* 1998; *Soy Charlotte Simmons,* 2004) ofrece un retrato acerbo de los Estados Unidos contemporáneos.

WOLFF o **WOLF** (Christian, barón **von**), *Breslau 1679-Halle 1754,* filósofo alemán. Discípulo de Leibniz, es autor de un sistema totalmente racionalista (*Philosophia prima,* 1729) que ejerció gran influencia en el *Aufklärung* y en Kant.

WÖLFFLIN (Heinrich), *Winterthur 1864-Zurich 1945,* historiador del arte suizo. En *Conceptos fundamentales en la historia del arte* (1915) renovó el estudio estilístico de la obra de arte.

WOLFSBURG, c. de Alemania (Baja Sajonia); 128 002 hab. Industria del automóvil.

WOLIN, isla polaca que cierra el golfo de Szczecin. Parque nacional.

WOLLASTON (William Hyde), *East Dereham, Norfolk, 1766-Londres 1828,* físico y químico británico. Descubrió el paladio y el rodio (1803), y perfeccionó la pila de Volta.

WOLLONGONG, ant. **Greater Wollongong,** c. de Australia (Nueva Gales del Sur); 239 900 hab. Centro hullero e industrial al S de la aglomeración de Sydney. Universidad.

WOLLSTONECRAFT (Mary), *Londres 1759-íd. 1797,* militante y escritora británica. Sus escritos la convirtieron en una de las pioneras del feminismo (*Vindicación de los derechos de la mujer,* 1792). Defensora de la Revolución francesa, se unió a los radicales ingleses. En 1797 se casó con W. Godwin, con quien tuvo una hija, Mary Wollstonecraft *Shelley.*

WOLS (Wolfgang **Schultze,** llamado), *Berlín 1913-París 1951,* dibujante y pintor alemán. Instalado en París en 1932, practicó la fotografía y fue uno de los creadores, hacia 1945, del informalismo.

WOLSELEY (sir Garnet Joseph, vizconde), *Golden Bridge, condado de Dublín, 1833-Mentón 1913,* militar británico. Se distinguió en campañas coloniales, sobre todo en el Transvaal (1879) y en Egipto (1884). Fue comandante en jefe del ejército británico de 1895 a 1901.

WOLSEY (Thomas), *Ipswich h. 1475-Leicester 1530,* prelado y estadista inglés. Arzobispo de York (1514), cardenal y lord canciller de Enrique VIII (1515), dirigió la política inglesa hasta 1529, cuando cayó en desgracia por no obtener del papa el divorcio del rey.

WOLVERHAMPTON, c. de Gran Bretaña (Inglaterra), en los Midlands; 239 800 hab. Metalurgia.— Iglesia gótica de San Pedro.

WONDER (Steveland **Judkins-Morris,** llamado **Stevie**), *Saginaw, Michigan, 1950,* pianista, compositor y cantante estadounidense. Ciego desde la infancia, músico prodigio, ha explorado todas las corrientes del pop, mostrando un genial dominio de la melodía y de la orquestación (*You Are the Sunshine of My Life; Happy Birthday; Isn't She Lovely; For Your Love*).

WONSAN, c. de Corea del Norte, junto al mar del Japón; 350 000 hab. Puerto. Centro comercial e industrial.

WOOD (Robert Williams), *Concord, Massachusetts, 1868-Amityville, Nueva York, 1955,* físico estadounidense. Estudió las radiaciones ultravioletas (*luz de Wood o luz negra*) capaces de provocar fluorescencias y que se utilizan en las lámparas que llevan su nombre.

WOODS (Eldrick, llamado **Tiger**), *Cypress, California, 1975,* jugador de golf estadounidense. Campeón precoz, ha logrado sobre todo 14 torneos del Grand Slam.

Woodstock (festival de), festival de rock que se celebró en Bethel (cerca de Woodstock, Nueva York) del 15 al 17 ag. 1969. Símbolo del eclecticismo del rock, la música psicodélica y una juventud pacifista que propugnaba la libertad de costumbres y la vida en comunidad, agrupó a unas 400 000 personas.

WOODWARD (Robert Burns), *Boston 1917-Cambridge, Massachusetts, 1979,* químico estadounidense. Realizó la síntesis de diversas sustancias naturales: quinina (1944), colesterol y cortisona (1951), estricnina (1955) y, sobre todo, clorofila (1961). [Premio Nobel 1965.]

WOOLF (Virginia), *Londres 1882-Lewes 1941,* novelista británica. Sus novelas, casi sin intriga, plasman la vida cambiante e inasible de la conciencia (*La señora Dalloway,* 1925; *Al faro,* 1927; *Las olas,* 1931). *[V. ilustr. pág. anterior.]*

WORCESTER, c. de Estados Unidos (Massachusetts); 169 759 hab. Centro universitario e industrial. — Museo de arte.

WORCESTER, c. de Gran Bretaña (Inglaterra), a orillas del Severn; 81 000 hab. Catedral gótica (cripta románica de 1084); museos (porcelanas de Worcester). — Carlos II fue derrotado allí por Cromwell (1651).

WORDSWORTH (William), *Cockermouth 1770-Rydal Mount 1850,* poeta británico. Autor, con Coleridge, de *Baladas líricas* (1798), verdadero manifiesto romántico, escribió acerca de la naturaleza y lo sagrado (*Preludio,* 1850).

WORMS, c. de Alemania (Renania-Palatinado), a orillas del Rin; 79 155 hab. Catedral románica, con dos ábsides opuestos (ss. XII-XIII). — El concordato firmado en Worms en 1122 por Calixto II y el emperador Enrique V puso fin a la querella de las *Investiduras. En 1521 la dieta reunida en esta ciudad condenó a Lutero al destierro del Imperio; Carlos Quinto, además, nombró a su hermano, Fernando, su vicario y lugarteniente general, le entregó Austria y otros territorios y declaró traidores a los comuneros de Castilla.

WORTH (Charles Frédéric), *Bourn, Lincolnshire, 1825-París 1895,* modisto francés. Modisto de la emperatriz Eugenia, fue el primero en presentar sus modelos con maniquíes vivos, y más adelante en liberar a la mujer del miriñaque.

WORTHING, c. de Gran Bretaña (Inglaterra), junto al canal de la Mancha; 94 100 hab. Estación balnearia.

WOTAN → ODÍN.

WOUNDED KNEE, sitio conmemorativo de la reserva india de Pine Ridge (Dakota del Sur), Estados Unidos. El 29 dic. 1890, el ejército estadounidense masacró aquí a más de 200 indios siux, consumando así la conquista de América del Norte por parte de los blancos.

WOUNTA o **HUAUNTA,** laguna litoral de Nicaragua (Región Autónoma Atlántico Norte), en el Caribe; 99 km². En ella desembocan los ríos Cucalaya y Layasica.

WOUTERS (Rik), *Malinas 1882-Amsterdam 1916,* pintor y escultor belga, principal representante del fauvismo en su país.

WOUWERMAN (Philips), *Haarlem 1619-íd. 1668,* pintor neerlandés, especialista en escenas de género con caballos (cazas, combates).

Woyzeck, protagonista de una obra inacabada de G. Büchner (1836, publicada en 1879 y estrenada en 1913). Soldado débil de carácter y de espíritu, es humillado por todo el mundo e incomprendido por su esposa infiel, María, a la que mata antes de morir. — Inspiró a Alban Berg su ópera *Wozzeck* (1925), que utiliza el *Sprechgesang* (hablado/cantado).

WRANGEL o **VRANGEL** (isla), isla rusa, en el mar de Siberia oriental; 7 300 km². (Patrimonio de la humanidad 2004.)

WRANGEL (Carl Gustaf), *Skokloster 1613-Spieker 1676,* general sueco. Participó en la guerra de los Treinta años y en las expediciones del reinado de Carlos X Gustavo.

WRANGEL o **VRANGEL** (Piotr Nikoláievich, barón de), *Novo-Alexándrovsk 1878-Bruselas 1928,* general ruso. En 1920 accedió al mando de los ejércitos blancos de Ucrania, combatió al ejército rojo y organizó un gobierno.

WRAY (John) → RAY.

WREN (sir Christopher), *East Knoyle, Wiltshire, 1632-Hampton Court 1723,* arquitecto y matemático inglés. Escribió obras sobre astronomía, geometría (estudio de la cicloide) y mecánica (ley de choques). Tras el incendio de Londres (1666), se le encargó la reconstrucción de numerosas iglesias y la catedral de San Pablo (1675-1710), donde destaca su gran experiencia en cálculos y estructuras y su estilo grandioso y elegante. Fue inspector general de los edificios reales.

WRIGHT (Frank Lloyd), *Richland Center, Wisconsin, 1867-Taliesin West, cerca de Phoenix, 1959,* arquitecto estadounidense. Empezó como colaborador de Sullivan. Imaginativo, sus edificios (museo Guggenheim, Nueva York, 1943 y ss.) y casas particulares («casas de las Praderas» de comienzos del s. XX, casas «usonianas» desde 1945), son paradigmas de la corriente «orgánica» en la arquitectura moderna.

■ FRANK LLOYD **WRIGHT.** Vestíbulo del edificio Johnson Wax (1936-1939) en Racine (Wisconsin).

WRIGHT (hermanos), precursores de la aviación estadounidenses. — **Wilbur W.,** *Millville, Indiana, 1867-Dayton, Ohio, 1912.* En sept. 1904, efectuó el primer viraje en vuelo, y más tarde el primer vuelo en circuito cerrado. — **Orville W.,** *Dayton 1871-íd. 1948.* El 17 dic. 1903 realizó, a bordo de un avión de dos hélices, en Kitty Hawk (Carolina del Sur), el primer vuelo propulsado y sostenido de un aparato más pesado que el aire.

WRIGHT (Richard), *Natchez, Mississippi, 1908-París 1960,* escritor estadounidense. De raza negra, en sus novelas denuncia la segregación racial (*Los hijos del tío Tom,* 1938; *Black Boy,* 1945).

WROCŁAW, en alem. **Breslau,** c. de Polonia, cap. de voivodato, en la Baja Silesia, a orillas del Odra; 636 765 hab. Centro administrativo, cultural e industrial. — Catedral y ayuntamiento góticos, y otros monumentos (centro del Centenario, 1911-1913 [patrimonio de la humanidad 2006]). Museo de Silesia.

WRONSKI (Józef Maria Hoene-), *Wolsztyn, cerca de Poznań, 1776-Neuilly, Francia, 1853,* matemático y filósofo polaco. Es autor de una filosofía mesiánica a la que une una moral y una concepción matemática del universo (*Filosofía del infinito,* 1814).

WUHAN o **WU-HAN,** c. de China central, cap. de Hubei; 3 790 000 hab. Nudo ferroviario y centro industrial. — Importante museo; pabellón de la Grulla amarilla, fundado durante la dinastía Song y restaurado.

WUHU o **WU-HOU,** c. de China (Anhui), a orillas del Yangzi Jiang; 350 000 hab. Puerto fluvial.

WULFILA → ULFILAS.

WULUMUQI → URUMTSI.

WUNDT (Wilhelm), *Neckarau, act. en Mannheim, 1832-Gorssbothen, cerca de Leipzig, 1920,* psicólogo y fisiólogo alemán, uno de los fundadores de la psicología experimental (*Fundamentos de psicología fisiológica,* 1873-1874).

WUPPERTAL, c. de Alemania (Rin del Norte-Westfalia), en el Ruhr, a orillas del *Wupper;* 386 625 hab. Centro industrial. Universidad.

WÜRTTEMBERG, ant. estado del SO de Alemania. Se extendía por el borde NE. de la Selva Negra y por la parte meridional de la cuenca de Suabia-Franconia, act. parte de *Baden-Würtemberg.* Surgido del ducado de Suabia, Würtemberg fue condado en 1135, ducado en 1495 y luego cayó bajo la soberanía de los Habsburgo (1520-1599). Erigido en reino en 1805, formó parte del Imperio alemán de 1871 a 1918. Convertido en república, fue integrado al III Reich en 1934.

WURTZ (Adolphe), *cerca de Estrasburgo 1817-París 1884,* químico francés. Descubrió las aminas (1849), el glicol (1855) y estableció la fórmula de la glicerina. Ideó un método de síntesis general en química orgánica y promovió la teoría atómica en Francia.

WURZBURGO, en alem. **Würzburg,** c. de Alemania (Baviera), a orillas del Main; 128 875 hab. Centro comercial, universitario e industrial. — Iglesias de los ss. XII-XIV; magnífica residencia de los príncipes-obispos, construida a partir de 1719 por J. B. Neumann (frescos de Tiépolo) [patrimonio de la humanidad 1981]; museo.

WUXI o **WU-SI,** c. de China (Jiangsu); 827 000 hab. Parque Xihui (jardín y pabellones del s. XVIII).

WU ZHEN o **WU CHEN,** *Jiaxing, Zhejiang, 1280-1354,* pintor, calígrafo y poeta chino de la época Yuan. Inspirado en el taoísmo, es célebre por sus representaciones de bambúes.

WUZHOU, c. de China (Guangxi), a orillas del Xi Jiang; 261 500 hab.

WWF (World Wide Fund for Nature, en esp. Fondo mundial para la naturaleza), organización internacional de protección de la naturaleza. Fundada en 1961 y llamada *World Wildlife Fund* hasta 1986, recauda capitales y financia proyectos de salvaguarda de las especies y de protección del medio ambiente. Tiene su sede en Gland (Suiza).

WYCHERLEY (William), *Clive 1640-Londres 1716,* dramaturgo inglés. Es autor de comedias satíricas inspiradas en Molière (*La mujer del campo; El hombre de bien).*

WYCLIF, WYCLIFFE o **WICLEF** (John), *North Riding of Yorkshire h. 1330-Lutterworth, Leicestershire, 1384,* teólogo inglés precursor de la Reforma. Al frente de una corriente antipapal y anticlerical, pasó más tarde a una actitud próxima a la de los valdenses, al considerar que una iglesia pobre era la única fiel al Evangelio. Negó la transustanciación en la eucaristía e insistió en la autoridad exclusiva de la Biblia. El concilio de Constanza lo condenó, a título póstumo, como hereje (1415).

WYLER (William), *Mulhouse 1902-Los Ángeles 1981,* director de cine estadounidense de origen suizo, especialista en dramas psicológicos y adaptaciones de obras literarias: *La loba* (1941), *Los mejores años de nuestra vida* (1946), *Ben Hur* (1959), *El coleccionista* (1965).

WYOMING, estado de Estados Unidos, en las Montañas Rocosas; 453 588 hab.; cap. *Cheyenne.*

WYSPIAŃSKI (Stanisław), *Cracovia 1869-íd. 1907,* dramaturgo, pintor y decorador polaco. Sus obras, de gran imaginación escénica, marcaron el teatro polaco (*La varsoviana,* 1898; *Las bodas,* 1901).

■ ORVILLE Y WILBUR **WRIGHT.**

XÀBIA → JAVEA.

XANTHI, c. de Grecia (Tracia); 37 462 hab.

XANTO → JANTO.

XÀTIVA → JÁTIVA.

XAUEN o **CHECHAOUEN,** c. del N de Marruecos, en el Rif; 23 600 hab. — Dependió de Tetuán desde el s. XIX. Tomada por los españoles (1920), fue evacuada por orden de Primo de Rivera (1924) y de nuevo ocupada en 1926. En 1956 pasó al reino de Marruecos.

XÉMAL (altos de), relieve montañoso de Guatemala (Huehuetenango), máx alt de la cordillera de los Altos Cuchumatanes; 3 800 m de alt.

XENAKIS (Iannis), *Brăila, Rumania, 1921* o *1922-París 2001,* compositor griego nacionalizado francés. Creador del CEMAMU (Centro de estudios de matemática y automática musicales), usó la computadora en sus obras (*Metástasis,* 1954; *Persépolis,* 1971; *Akea,* 1986; *Waarg,* 1988).

XÈNIUS → ORS (Eugeni d').

XIA GUI, pintor chino originario de Qiantang, activo h. 1190-1225. Su caligrafía, elíptica y expresiva a la vez, lo convirtió en uno de los principales paisajistas de los Song del Sur.

XIAMEN → AMOY.

XI'AN, c. de China, cap. de Shaanxi; 2 790 000 hab. Centro industrial. — Rico museo. Monumentos antiguos, entre ellos la gran pagoda de las Ocas salvajes (Dayanta), de la época Tang. En las proximidades, numerosas necrópolis (túmulos imperiales, entre ellos el de Qin Shi Huangdi, con su ejército de terracota). — Capital de China durante la dinastía Zhou y, con el nombre de *Changan,* durante las dinastías Han y Tang, conserva de esta época su configuración urbana.

XIANGTAN, c. de China (Hunan), a orillas del Xiang Jiang; 281 000 hab. Puerto. Centro industrial.

XIANYANG, c. de China (Shaanxi), al NO de Xi'an; 70 000 hab. Importante sitio arqueológico (necrópolis con rico mobiliario funerario). Rico museo. — Ant. cap. de Qin Shi Huangdi.

XICO, mun. de México (Veracruz); 18 169 hab. Fruticultura y explotación forestal.

XICOTÉNCATL, mun. de México (Tamaulipas); 24 708 hab. Ingenio azucarero. Fabricación de celulosa.

XICOTÉNCATL el Joven, *m. en 1521,* caudillo tlaxcalteca, hijo de Xicoténcatl el Viejo (m. en 1522), fue derrotado por Cortés (1519), pero se opuso a negociar y aquel lo mandó ahorcar.

XICOTEPEC, mun. de México (Puebla); 36 961 hab. Explotación forestal. Turismo.

XI JIANG, r. de China meridional; 2 000 km. En uno de los brazos de su delta está Cantón.

XILITLA, mun. de México (San Luis Potosí); 41 984 hab. Agricultura e industrias derivadas.

XIMÉNEZ (Roberto), *n. h. 1925,* bailarín mexicano. Tras debutar con la compañía de Pilar López (1947), en 1954 formó un grupo propio con Manolo Vargas. Profesor de danza en la Escuela de bellas artes de México, destacó por su estilo y sobriedad.

XIMÉNEZ DE SANDOVAL (Felipe), *Madrid 1903-íd. 1978,* escritor español. Abogado y diplomático, cultivó casi todos los géneros literarios: narrativa (*El hombre y el loro,* 1952), farsa teatral, biografía y ensayo histórico.

XIMENO PLANES (Rafael), *Valencia 1716-México 1825,* pintor español de estilo neoclásico (capilla del palacio de la Minería, México).

XINGAN (Gran), macizo de China, entre el desierto de Gobi y la llanura del NE de China; 2 091 m.

XINGAN (Pequeño), macizo de China, entre la llanura del NE de China y la cuenca del Amur.

XINGU, r. de Brasil, afl. del Amazonas (or. der.); 2 266 km.

XINING, c. de China, cap. del Qinghai; 551 766 hab. Centro comercial e industrial. — En las proximidades, vasto conjunto del Kumbum, monasterio lamaísta fundado en 1560.

XINJI, c. de China, al E de Shijiazhuang; 532 000 hab.

XINJIANG o **SIN-KIANG** (Región autónoma uigur del), región del NO de China; 1 646 800 km²; 13 082 000 hab.; cap. *Urumtsi.* Región árida y desértica a excepción de los oasis (en la antigua ruta de la **seda*). Ganadería ovina.

XINXIANG, c. de China (N de Henan); 411 000 hab.

XINYU, c. de China, al SO de Nanchang; 411 000 hab.

XINZHU, c. del NO de Taiwan; 330 576 hab.

XINZO DE LIMIA, v. de España (Orense), cab. de p. j.; 9 599 hab. Ferias ganaderas.

XIPE TOTEC MIT. AMER. Divinidad del México precolombino, venerada desde tiempos remotos por zapotecas y mixtecas, era una de las cuatro formas en que aparecía Tezcatlipoca. Como dios de la primavera, la juventud y la fecundidad de la primavera, la juventud y la fecundidad

XIRAU (Joaquín), *Figueras 1895-México 1946,* filósofo español. Fue profesor en Barcelona y, después de exiliarse, en México. Analiza magistralmente el desconcierto del s. XX y defiende de que se debe al triunfo de un naturalismo brutal en el que únicamente existen relaciones de fuerza entre individuos (*Amor y mundo,* 1940; *Lo fugaz y lo eterno,* 1942). — **Ramón X.,** *Barcelona 1924,* filósofo y crítico literario español, autor de *Introducción a la historia de la filosofía* (1964), *La naturaleza del hombre* (en colaboración con E. Fromm), *Poesía iberoamericana* (1979) y poemas en lengua catalana.

XIRGU (Margarita), *Molins de Rei 1888-Montevideo 1969,* actriz de teatro española. Se reveló en 1906 con *Teresa Raquin* de Zola, y destacó especialmente como intérprete de García Lorca. Se exilió en 1936 y, ya retirada, dirigió la Escuela de arte dramático de Montevideo.

XIRIVELLA, mun. de España (Valencia); 26 053 hab. *(chirivellans).* Cultivos de huerta. Seda. Productos químicos.

XISHA QUNDAO → PARACELSO (islas).

XIUTETELCO, mun. de México (Puebla); 16 941 hab.; cab. *San Juan Xiutetelco.* Café, ganadería, minería.

XIXABANGMA, SHISHA PANGMA o **GOSAINTHAN,** cumbre del Himalaya (Tibet); 8 046 m.

XIXONA → JIJONA.

XOCHICALCO, centro arqueológico precolombino de México (Cuernavaca, Morelos), de transición entre el final del período clásico y el período tolteca (ss. VII-X d.C.). Es una ciudad fortaleza, con varias pirámides, un juego de pelota y temazcales (baños de vapor). [Patrimonio de la humanidad 1999.]

XOCHIMILCO, delegación de México (Distrito federal), en el S de la aglomeración de la ciudad de México; 217 481 hab. El *lago Xochimilco* es célebre por sus jardines flotantes (chinampas) y sus canales. Turismo. — Iglesia del ant. convento franciscano de San Bernardino (s. XVI). [Patrimonio de la humanidad 1987.] — A fines del s. XII era capital de un estado independiente, que pasó al dominio chichimeca (1270). Fortificada por los aztecas, apoyó la conquista española.

XOCHIPILLI MIT. AMER. Divinidad de la primavera y la vegetación en el México prehispánico, encarnación del Sol matutino. Los aztecas lo hicieron un dios de la danza y la poesía. A veces suele identificarse con Macuilxóchitl.

XOCHITEPEC, mun. de México (Morelos); 16 413 hab. Caña de azúcar, cereales.

XÓLOTL MIT. AMER. Divinidad del México prehispánico de las cosas extraordinarias. En la mitología azteca acompaña al Sol poniente, y se le representaba como un esqueleto con el disco solar a cuestas o como un perro. Se le consideraba gemelo de Quetzalcóatl.

XOLOTLÁN → MANAGUA (lago de).

XONACATLÁN, mun. de México (México); 19 546 hab. Cereales, legumbres y frutas. Ganadería.

XUANHUA, c. de China (Hebei), al NO de Pekín; 200 000 hab.

XÚQUER → JÚCAR.

XUZHOU, c. de China (Jiangsu); 805 695 hab. Centro de una región carbonera.

ŶABIR o **GEBER** (Abū Mūsā Ŷabir ibn Ḥayyān, llamado), *n. en Kūfa, a orillas del Éufrates,* alquimista árabe. Vivió alrededor del año 800. Su obra ejerció gran influencia en los alquimistas de la edad media.

ŶABLONOVI o **JABLONOVOI** (montes), macizo de Rusia, en el S de Siberia; 1 680 m.

ŶABRĀN (Ŷabrān Jalil) o **GIBRAN** (Jalil), *Bcharré 1883-Nueva York 1931,* escritor libanés en lenguas árabe e inglesa. Su obra aúna un romanticismo casi místico con la aspiración de cambiar la sociedad *(El profeta).*

YABUCOA, mun. del SE de Puerto Rico; 36 483 hab. Caña de azúcar, tabaco, ron e industria textil. Exportación de azúcar por *Puerto Yabucoa.*

YACOPÍ, mun. de Colombia (Cundinamarca); 18 718 hab. Ganado vacuno y porcino. Bosques.

YACUIBA, c. de Bolivia (Tarija), en la frontera argentina; 14 854 hab. Forma una conurbación con Pocitos. Centro petrolero. Oleoducto.

YACUMA, r. de Bolivia (Beni), afl. del Mamoré (or. izq.) aguas abajo de Santa Ana; 321 km.

YACYRETÁ, isla de Paraguay (Itapúa y Misiones), en el río Paraná, aguas arriba de San Cosme; 485 km². *Complejo hidroeléctrico de Yacyretá-Apipé.*

YAFO → **JAFFA.**

YAGUACHI, cantón de Ecuador (Guayas); 100 034 hab. Agricultura. Ganado vacuno. Refinerías de azúcar.

YAGUAJAY, mun. de Cuba (Sancti Spíritus); 58 146 hab. Manufacturas de tabaco. Centrales azucareros.

YAGUARÓN, en port. **Jaguarão,** r. de América del Sur; 217 km. Forma frontera entre Brasil y Uruguay hasta su desembocadura en la laguna Merín.

YAGUARÓN, distr. de Paraguay (Paraguarí); 21 287 hab. Centro agrícola.

YAGUATE, distr. mun. de la República Dominicana (San Cristóbal); 21 258 hab.; cap. *Villa de Yaguate.* Arroz, café y frutas.

YAGUL, centro arqueológico zapoteca y mixteca de México (Oaxaca). Poblado desde el I milenio, sus restos principales son de 800-1000 d.C. Templos, palacios y juegos de pelota.

ŶĀHIZ (Abū 'Utmān 'Amr ibn Bahr al-), *Basora h. 776-íd. 868 o 869,* escritor y teólogo árabe, precursor de la prosa literaria árabe.

YAHUALICA, mun. de México (Hidalgo); 17 804 hab. Agricultura. Explotación forestal.

YAHUALICA DE GONZÁLEZ GALLO, mun. de México (Jalisco); 22 991 hab. Agricultura.

YAHUAR HUACAC, llamado también **Tuti Cusi Hualpa,** *segunda mitad del s. XIV,* séptimo soberano inca, hijo y sucesor de Inca Roca.

YAHVÉ («El que es»), nombre con el que el pueblo de Israel designó a su Dios. Citado por primera vez en la Biblia (Génesis II, 4), se dice que fue revelado a Moisés (Éxodo III, 14) con el significado siguiente: «Yo soy».

ŶAHWAR (Banū), familia musulmana que gobernó en Córdoba durante los primeros reinos de taifas (s. XI).

YAḤYĀ IBN 'ALĪ IBN ḤAMMŪD, califa beréber de al-Andalus (1021-1023 y 1026). Destronó a su tío al-Qāsim (1021) y a Muḥammad III (1026), pero abandonó Córdoba a la llegada de las tropas de Almería y Denia.

YAḤYĀ IBN YAḤYĀ AL-LAYTĪ, *m. h. 849,* alfaquí cordobés. Difusor de la ortodoxia maliki, tuvo gran influencia en la corte de 'Abd al-Raḥmān II.

YAKARTA, JAKARTA o **DJAKARTA,** ant. **Batavia,** cap. de Indonesia, en el O de Java; 11 429 000 hab. Rico museo nacional. — Es la mayor ciudad del Sureste asiático.

■ **YAKARTA.** Un aspecto de la ciudad moderna.

YAKUTIA → **SAJA.**

ŶALĀL AL-DĪN RŪMĪ, *Balj, Jurāsān, 1207-Konya 1273,* poeta persa de religión musulmana, fundador de los derviches danzantes y principal intérprete del sufismo.

Yale (universidad de), universidad estadounidense, fundada en 1701 en New Haven (Connecticut). Debe su nombre a *Elihu Yale,* uno de sus mecenas. Museos.

YALONG JIANG o **YA LONG-KIANG,** r. de China central, afl. del Yangzi Jiang (or. izq.); 1 100 km.

YALTA, c. de Ucrania, en Crimea, a orillas del mar Negro; 89 300 hab. Estación balnearia.

Yalta (conferencia de) [4-11 febr. 1945], conferencia que reunió a Churchill, F.D. Roosevelt y Stalin con el fin de solucionar los problemas planteados por la inminente derrota de Alemania. Admitió el principio de una amputación de Polonia oriental en beneficio de la URSS, que se comprometió además a atacar Japón. Preveía asimismo la formación de gobiernos democráticos en la Europa liberada.

YA-LU, r. de Asia oriental, que desemboca en el mar Amarillo; 790 km. Marca la frontera entre China y Corea del Norte.

YAMAGATA, c. de Japón (Honshū); 249 487 hab. Centro industrial.

YAMAGUCHI, c. de Japón (Honshū); 129 461 hab. Centro industrial.

ŶAMĀL AL-DĪN AL-AFGĀNĪ, *Asadabad 1838-İstanbul 1897,* pensador musulmán de origen persa, uno de los principales artífices del renacimiento del islam en el s. XIX.

ŶAMĀL BAJĀ (Ahmad) o **CEMAL PAŞA** (Ahmet), *Mitilene 1872-Tbilisi 1922,* militar y político otomano. Fue uno de los jefes de los *Jóvenes turcos que se hicieron con el poder en 1913 y ligaron el destino del Imperio otomano al de Alemania durante la primera guerra mundial. Murió asesinado.

YAMAMOTO ISOROKU, *Nagaoka 1884-en las islas Salomón 1943,* almirante japonés. Comandante en jefe de la flota japonesa, dirigió el ataque contra Pearl Harbor (dic. 1941). Estuvo al mando de las operaciones navales contra los estadounidenses de 1941 a 1943.

YAMASÁ, mun. de la República Dominicana (San Cristóbal); 53 184 hab.; cap. *Villa de Yamasá.* Cacao, café, tabaco. Pastos.

ŶĀMĪ, *Yam, Jurāsān, 1414-Harat 1492,* escritor persa, autor del poema cortés *Yūsuf y Zulayja.*

YAMOUSSOUKRO, cap. de Costa de Marfil, en el centro del país; 106 786 hab. Universidad. — Basílica de Nuestra Señora de la Paz.

YAMUNĀ, JUMNA o **JAMNĀ,** r. de la India, afl. del Ganges (or. der.); 1 370 km. Pasa por Delhi y Āgra.

YAN'AN o **YEN-NGAN,** c. de China, en el N de Shaanxi; 87 000 hab. Sede del gobierno comunista chino tras la *Larga marcha (1935).

YANAURCU o **YANA URCU,** pico del N de Ecuador, en la cordillera Occidental de los Andes; 4 538 m.

YANGA, mun. de México (Veracruz); 16 466 hab. Cereales, legumbres. Explotación forestal.

YANGON → **RANGÚN.**

YANGQUAN o **YANG-TS'IUAN,** c. de China (Shanxi); 200 000 hab. Metalurgia.

YANGZHOU o **YANG-CHEU,** c. de China, al NE de Nankín; 321 500 hab. Museo. Monumentos antiguos de las épocas Tang y Song. Jardines jalonados de pabellones (ss. XVIII y XIX).

YANGZI JIANG, YANG TSE-KIANG o **YANG-TSE**, el río más largo de China, que nace en el Tíbet y desemboca en el mar de China oriental por un estuario al S del cual se encuentra Shanghai; 5 980 km; cuenca de 1 830 000 km². Transcurre al principio entre gargantas, pero, parcialmente regularizado en su curso medio (importantes aprovechamientos hidráulicos alrededor de Yichiang: presa de Gezhouba y presa de las Tres Gargantas), se convierte en la principal vía navegable de China, pasando por Wuhan y Nankín. Es el ant.*río Azul.*

ÝANNĀH (Yoná ibn), en ár. **Abū-l-Walid Marwān ibn Ýannāh,** *Córdoba h. 990-Zaragoza h. 1050,* gramático hebraicoespañol. Estableció las leyes de la gramática hebrea, completando la labor de Ḥayyūŷ.

YANNINA → IOÁNNINA.

YANTAI, c. de China (Shandong); 452 000 hab. Puerto. Pesca. Centro industrial. — Museo.

YÁÑEZ (Agustín), *Guadalajara 1904-México 1980,* escritor mexicano. Novelista de tipo social y colectivo con un estilo subjetivo y lírico (*Al filo del agua,* 1947; *Las tierras flacas,* 1964), también cultivó el cuento y el ensayo. En 1973 fue elegido presidente de la Academia mexicana de la lengua.

YÁÑEZ DE LA ALMEDINA (Hernando o Fernando), *n. en La Mancha,* pintor español, activo en Valencia y Cuenca entre 1489 y 1536. Introdujo el gusto renacentista italiano (primero ligado a Leonardo da Vinci y luego a Rafael) en Valencia (*Santa Catalina de Alejandría,* Prado; retablos en la catedral de Cuenca, *Anunciación,* Colegio del Patriarca, Valencia).

YÁÑEZ PINZÓN → PINZÓN.

YAO, c. de Japón (Honshū), en el área suburbana de Ōsaka; 277 568 hab.

YAOUNDÉ, cap. de Camerún, a 700 m de alt. aprox.; 750 000 hab.

YAPEYÚ, c. de Argentina (Corrientes), en el dep. de San Martín, junto a la frontera brasileña; 1 187 hab. Cuna de San Martín.

YA'QŪB YŪSUF (Abū) **→ YŪSUF I.**

YAQUE DEL NORTE, r. de la República Dominicana, en la vertiente atlántica; 308 km.

YAQUE DEL SUR, r. de la República Dominicana, en la vertiente del Caribe; 200 km.

YAQUI, r. del NO de México, que desemboca en el golfo de California, al S de la bahía de Guaymas; 700 km aprox. Afl. prales: Basuchi y Bavispe. Regadíos en el área de Ciudad Obregón.

Yara (grito de) [1868], levantamiento cubano contra el dominio español. Céspedes se sublevó en La Demajagua (oct.) y marchó sobre Yara (Manzanillo), lo que dio lugar a N de la guerra Grande (1868-1878).

YARACUY (estado), est. del N de Venezuela; 7 100 km²; 410 114 hab.; cap. *San Felipe.*

ÝĀRĀŠ → GERASA.

YARÍ, r. de Colombia, afl. del Caquetá (or. der.); 610 km. Atraviesa de NO a SE el dep. del Caquetá.

ÝARID o **DJERID** (chott al-), depresión del S de Túnez, junto al Sahara, ocupada por lagunas más o menos desecadas.

ÝARIR, *m. en Uthayfiyya h. 729,* poeta árabe, autor de poemas satíricos y de panegíricos.

YARITAGUA → PEÑA.

YARKAND, YARKANT o **SHACHE,** c. de China (Xinjiang); 100 000 hab. Oasis.

YARMOUTH → GREAT YARMOUTH.

YAROSLAV el Sabio, *h. 978-Kíev 1054,* gran príncipe de Kíev (1019-1054). Gran edificador y legislador, obtuvo de los bizantinos que Kíev se convirtiese en la sede de un metropolita de Rusia.

YAROSLAVL, c. de Rusia, a orillas del Volga superior; 638 100 hab. Industrias textiles, mecánicas y químicas. — Iglesias de cinco cúpulas del s. XVII; museos. (Patrimonio de la humanidad 2005.)

YARUMAL, mun. de Colombia (Antioquia); 33 070 hab. Agricultura. Ganado vacuno y porcino.

YAŞAR KEMAL (Kemal Sadk Gökçeli, llamado), *Osmaniya, cerca de Adana, 1923,* escritor turco. Sus novelas constituyen un retrato de los campesinos de Anatolia (*Mémed el delgado; Tierra de hierro, cielo de cobre*).

YATERAS, mun. de Cuba (Guantánamo); 23 088 hab. Ingenios azucareros. Ganadería.

YATSUSHIRO, c. de Japón (Kyūshū); 108 135 hab. Puerto.

YAUCO, mun. del SO de Puerto Rico; 42 058 hab. Industria textil. Central hidroeléctrica.

YAUTEPEC, mun. de México (Morelos); 44 026 hab. Industrias alimentarias. Yacimientos mineros. — Turismo. Balneario y restos del palacio azteca de Oaxtepec.

YAVARÍ, en port. **Javarí,** r. de Perú y Brasil; 1 050 km. Afluye en el Amazonas (or. izq.), en Ramón Castilla, donde se unen las fronteras de Perú, Colombia y Brasil.

YAVÍ, dep. de Argentina (Jujuy); 16 614 hab.; cap. *La Quiaca.* Minas de oro, plata, cinc, níquel y cobalto.

YAVIZA, c. de Panamá (Darién), cerca de la frontera con Colombia; 3 117 hab.

YAXARTES, ant. nombre del *Syr Daryá.*

YAYAPURA o **JAYAPURA,** ant. **Hollandia,** c. de Indonesia, cap. de Papuasia (Occidental); 246 400 hab.

YAZD o **YEZD,** c. de Irán, al E de Isfahán; 275 298 hab. Mausoleo del s. XI.

YAZDGARD III, *617-cerca de Merv 651,* último rey sasánida de Persia (632-651). Fue vencido por la invasión árabe.

YAZILIKAYA, sitio arqueológico de Turquía a 3 km de Boğazköy. Santuario rupestre hitita (s. XIII a.C.). Relieves esculpidos.

■ AGUSTÍN **YÁÑEZ**   ■ BORIS **YELTSIN** en 1990.

ÝAZIRA, región del Próximo Oriente que abarca el N y el centro de la ant. Mesopotamia (Iraq y Siria).

ÝAZIRA (al-), o **EL GEZIRA,** región agrícola (algodón) de Sudán, zona vital del país, entre el Nilo Blanco y el Nilo Azul.

Ýazira (al-), cadena televisiva qatarí, fundada en 1996. Especializada en programas informativos, emitidos en árabe (y desde 2006 en inglés) vía satélite, su influencia aumentó tras los atentados del 11 de septiembre de 2001.

YBARRA, familia de industriales y financieros españoles, impulsora de la moderna siderurgia vasca (creación de la sociedad Altos hornos de Vizcaya, en 1902).

YBYCUÍ, distr. de Paraguay (Paraguarí); 22 886 hab. Agricultura. Ganadería. Bosques.

YDÍGORAS FUENTES (Miguel), *Guatemala 1895-íd. 1982,* político guatemalteco. Presidente en 1958, apoyado por un sector del ejército, reprimió a sus oponentes y fue derrocado por el coronel Peralta Azurdia (1963).

YEATS (William Butler), *Sandymount 1865-Roquebrune-Cap-Martin, Francia, 1939,* escritor irlandés. Cofundador del Abbey Theatre de Dublín, es autor de ensayos, poemas y dramas (*La condesa Kathleen,* 1892; *Deirdre,* 1907) inspirados en el espíritu nacional. (Premio Nobel 1923.)

YEBES, v. de España (Guadalajara); 167 hab. Observatorio astronómico nacional (1977).

YECAPIXTLA, mun. de México (Morelos); 19 923 hab. Convento agustino de San Juan Bautista (s. XVI), rodeado de murallas almenadas y con bella portada principal de estilo plateresco mexicano.

YECLA, c. de España (Murcia), cab. de p. j.; 29 319 hab. *(yeclanos).* Ganadería. Industrias alimentarias.

YEDO → EDO.

YEGROS (Fulgencio), *m. en Asunción 1821,* político paraguayo. Compartió el consulado con

Rodríguez de Francia hasta que éste fue nombrado dictador supremo (1813-1814). Fue fusilado tras intentar un golpe de estado.

YEGUAS (punta), punta de Uruguay, al O de la bahía de Montevideo.

YĚHIEL (Ašer ben), *en Alemania h. 1250-Toledo 1327,* talmudista judío. Gran rabino de Toledo, donde dio a conocer los métodos y resultados de las escuelas talmudistas francoalemanas, es autor del tratado moral *Libro de conducta* o *Senderos de vida.*

YEHOSHÚA (Abraham B.), *Jerusalén 1936,* escritor israelí. Un clima de angustia y de desamparo y un lirismo macabro envuelven sus novelas y relatos (*La muerte del anciano,* 1962; *Divorcio tardío,* 1981; *Viaje al fin del milenio,* 1997; *Una mujer en Jerusalén,* 2006).

YEKATERINBURG o **EKATERINBURG,** de 1924 a 1991 **Sverdlovsk,** c. de Rusia, en los Urales; 1 367 000 hab. Centro Industrial. — Nicolás II y su familia fueron ejecutados aquí en julio de 1918.

YELA GUNTHER (Rafael), *Guatemala 1888-México 1942,* escultor guatemalteco, iniciador de la escultura moderna en Guatemala, muy vinculado a la vanguardia mexicana (monumentos a Isabel la Católica y a Tecún Umán, ciudad de Guatemala; a Benito Juárez, Quezaltenango).

YELLOWKNIFE, c. de Canadá, cap. de los Territorios del Noroeste, en la orilla N del Gran Lago del Esclavo; 12 275 hab. En las proximidades, yacimientos de oro y de diamantes.

YELLOWSTONE, r. de Estados Unidos, afl. del Missouri (or. der.); 1 080 km; cuenca de 181 300 km². Atraviesa el *parque nacional de Yellowstone* (Wyoming), célebre por sus géiseres y declarado reserva de la biosfera en 1976.

YELTSIN o **ELTSIN** (Boris Nikoláievich), *Sverdlovsk, act. Yekaterinburg, 1931-Moscú 2007,* político ruso. Líder de la oposición democrática y presidente del Sóviet supremo de Rusia (1990), en junio de 1991 fue elegido presidente de la república de Rusia por sufragio universal. Después de oponerse al intento de golpe de estado contra Gorbachov (ag.), fue el artífice de la disolución de la URSS (dic. 1991). Presidente de Rusia, tuvo que enfrentarse a una fuerte oposición; en 1993 venció la resistencia del parlamento e hizo adoptar una constitución que reforzaba los poderes presidenciales. En 1996 fue reelegido presidente, pero su acción política se vio afectada por problemas de salud. Dimitió el 31 dic. 1999.

YEMEN (República del), en ár. **al-Yaman,** estado de Asia, junto al mar Rojo y el golfo de Adén; 485 000 km²; 15 070 000 hab. *(yemeníes).* CAP. *San'ā'.* LENGUA: *árabe.* MONEDA: *rial yemení.* (V. mapa de **Arabia Saudí.**)

GEOGRAFÍA

Yemen es en gran parte desértico. La población, islamizada, se concentra en las zonas altas del O (que dominan el mar Rojo), más irrigadas, y en algunos puntos costeros, emplazamientos respectivos de las dos grandes ciudades, la capital y el principal puerto, Adén. La emigración ha paliado la escasez de recursos (ganadería ovina y caprina, pesca, cultivos de mijo, sorgo y qat). Pero la extracción de petróleo, de fecha reciente, constituye actualmente la principal riqueza.

HISTORIA

La antigüedad. I milenio a.C.: varios reinos se desarrollaron en el S de Arabia, entre ellos los de Saba y Hadramwat. **S. VI d.C.:** la región fue ocupada por los etíopes y posteriormente por los persas Sasánidas.

Dentro del mundo musulmán. A partir de **628:** Yemen se convirtió en una provincia del imperio musulmán. **893:** los imanes Zaydíes, que profesaban un chiísmo moderado, se adueñaron de la región, donde su dinastía se perpetuaría hasta 1962. **1570-1635:** fue integrado al Imperio otomano que, después de 1635, ya no tuvo autoridad real. **1839:** los británicos conquistaron Adén y establecieron su protectorado en el S del Yemen. **1871:** los otomanos organizaron el vilayato del Yemen tras la conquista de San'ā'. **1920:** fue reconocida la independencia del reino gobernado por los imanes Zaydíes. **1959-1963:** Adén y la mayoría de los sultanatos del protectorado británico de Adén formaron la Federación de Arabia del Sur. **1967:** esta accedió a la independencia.

La República árabe del Yemen o Yemen del Norte. 1962: un golpe de estado instauró la república. **1962-1970:** la guerra civil enfrentó a los realistas, ayudados por Arabia Saudí, y los republicanos, armados por Egipto. **1972:** estallaron enfrentamientos esporádicos en la frontera de los dos Yemen. **1974:** el coronel Ibrāhīm al-Ḥamadī llegó al poder y estableció la autoridad del gobierno central en todo el Yemen del Norte. **1977:** fue asesinado. **1978:** Alī 'Abd Allāh al-Ṣaleh se convirtió en presidente. **1979:** se inició la unificación.

La República democrática popular del Yemen o Yemen del Sur. 1970: 'Alī Rubayyi', en el poder desde 1969, instauró una república democrática y popular con una constitución marxista-leninista. **1978:** fue asesinado. **1978-1986:** 'Alī Nāṣir Muḥammad, primer ministro, acumuló a partir de 1980 la presidencia del partido y la del estado. **1986:** Abū Bakr al-'Aṭṭas lo derrocó y se hizo con el poder.

La unificación. Tras acuerdos firmados en 1988 y 1989 entre los dos Yemen, la unificación se proclamó en mayo 1990. La República de Yemen nombró como presidente a 'Alī al-Ṣaleh. Los choques entre el Norte y el Sur degeneraron,en 1994,en una guerra civil; la victoria del Norte reforzó la autoridad del presidente y de su partido, el Congreso popular general.

YENISÉI, r. de Asia, que desemboca en el océano Ártico (mar de Kara); 3 354 km; cuenca de 2 600 000 km². Nace en Mongolia y atraviesa principalmente Rusia, separando Siberia occidental de la Siberia central. Centrales hidroeléctricas.

YEPES (Narciso), *Lorca 1927-Murcia 1997,* guitarrista español. Concertista de renombre internacional, célebre por su interpretación del *Concierto de Aranjuez,* de J. Rodrigo, desarrolló en 1964 una nueva técnica basada en una guitarra a la que añadió cuatro cuerdas de resonancia.

YERBA BUENA, dep. de Argentina (Tucumán), integrado en parte en el Gran Tucumán; 43 616 hab.

Yerma, tragedia poética de F. García Lorca, estrenada por M. Xirgu en 1934, sobre el drama de la mujer estéril.

YERSIN (Alexandre), *Aubonne, Vaud, 1863-Nha Trang, Vietnam, 1943,* bacteriólogo francés de origen suizo, descubridor del bacilo de la peste (1894).

YERUPAJÁ (nevado de), pico de Perú (Ancash), en la cordillera Occidental de los Andes; 6 634 m.

YESA, en vasc. **Esa,** mun. de España (Navarra); 239 hab. Embalse en el r. Aragón, para regadío.— Monasterio de San Salvador de Leyre.

YEVTUSHENKO o **EVTUSHENKO** (Evgueni Alexándrovich), *Zima, Siberia, 1933,* escritor ruso. Su poesía se hace eco del deseo de libertad de la juventud tras el estalinismo (*La tercera nieve,* 1955; *Los herederos de Stalin,* 1962).

YEZD → YAZD.

YGGDRASIL, árbol de la vida (un fresno) que, en la mitología escandinavo-germánica, sostiene el mundo.

YHÚ, distr. de Paraguay (Caaguazú); 42 655 hab. Junto al *arroyo Yhú.* Extensos pastos.

YIBIN, c. de China (Sichuan), a orillas del Yangzi Jiang; 190 000 hab.

YICHANG, YI-CH'ANG o **ICHANG,** c. de China (Hubei), a orillas del Yangzi Jiang; 492 286 hab. Puerto fluvial. Importantes aprovechamientos hidráulicos.

YICHUN, c. del NE de China, al NE de Harbin; 756 000 hab.

YIDDA, c. de Arabia Saudí, a orillas del mar Rojo; 1 500 000 hab. Aeropuerto y puerto de las ciudades santas de La Meca y Medina. Sede de las misiones diplomáticas extranjeras.

Yijing, Yi king o **I ching** («Libro de las mutaciones»), manual anónimo chino de adivinación y libro sapiencial, el más antiguo de los clásicos de esta religión.

YINCHUAN o **YIN-CH'UAN,** c. de China, cap. de Ningxia; 357 000 hab. Centro administrativo e industrial.

YINGCHENG, c. de China, al NO de Wuhan; 546 000 hab.

YINGKOU o **YING-K'EU,** c. de China (Liaoning); 422 000 hab. Puerto.

YINING, en nigur Gulja, c. de China (Xinjiang); 108 000 hab.

YINNAH → JINNAH.

yin/yang, escuela filosófica china (ss. IV-III a.C.) que estableció una oposición dialéctica entre dos principios de la realidad: el *yin* (principio femenino, pasividad, sombra, absorción, tierra) y el *yang* (principio masculino, actividad, luz, penetración, cielo).

YMIR o **YMER,** gigante de la mitología germánica.

YOCASTA MIT. GR. Esposa de Layo, rey de Tebas, y madre de Edipo. Casó con éste último sin saber que era su hijo; al descubrirlo se suicidó.

YOCCOZ (Jean-Christophe), *París 1957,* matemático francés. Especialista en la teoría de los sistemas dinámicos, a él se debe también, en el contexto de la teoría de los objetos fractales de Mandelbrot, el invento de los «puzzles de Yoccoz». (Medalla Fields 1994.)

Yo el Supremo, novela de A. Roa Bastos (1974), inspirada en la figura del dictador paraguayo José Gaspar Rodríguez de Francia. Por sus páginas —abigarrada mezcla de notas, cartas y diarios— circula un hilo de meditación sobre el tema del poder absoluto.

YOF, suburbio de Dakar. Aeropuerto.

YOGYAKARTA, c. de Indonesia (Java); 428 000 hab. Universidad.— Museo.— Sismo en 2006.

YOJOA (lago), lago de Honduras, en el límite de los departamentos de Cortés, Comayagua y Santa Bárbara; 46 km de long. y 10 km de anch. Turismo. — En la cuenca, restos arqueológicos precolombinos de *Yojoa-Ulúa.*

YOKKAICHI, c. de Japón (Honshū); 274 180 hab. Puerto. Centro industrial.

YOKOHAMA, c. de Japón (Honshū), en la bahía de Tōkyō; 3 220 331 hab. Puerto. Centro industrial (petroquímica, siderurgia, astilleros, industria del automóvil). — Parque Sankei.

YOKOSUKA, c. de Japón (Honshū), junto a la bahía de Tōkyō; 433 358 hab. Puerto. Centro industrial.

YOLAINA, serranías del SE de Nicaragua.

YOLOMBÓ, mun. de Colombia (Antioquia); 20 369 hab. Agricultura. Ganado vacuno.

Yomiuri Shimbun, diario japonés fundado en 1874.

YONKERS, c. de Estados Unidos (estado de Nueva York), a orillas del Hudson; 195 000 hab.

YONNE, dep. de Francia (Borgoña); 7 427 km²; 333 221 hab.; cap. *Auxerre.*

YOPAL, c. de Colombia, cap. del dep. del Casanare; 23 169 hab. Centro comercial.

YORITOMO (Minamoto nō) → **MINAMOTO.**

YORK, c. de Canadá (Ontario), en la zona suburbana de Toronto; 140 525 hab.

YORK, c. de Gran Bretaña (Inglaterra), junto al Ouse; 100 600 hab. Importante catedral gótica de los ss. XIII-XV (vidrieras) y otros monumentos; mansiones antiguas; museo. — Capital de la Bretaña romana (*Eboracum*) más tarde (s. VI) del reino anglo de Nortumbria, obispado y arzobispado a partir del s. VII, fue un importante establecimiento danés (s. IX). Fue la segunda ciudad del reino durante toda la edad media.

YORK (casa de), rama de la familia de los Plantagenet, que reinó en Inglaterra de 1461 a 1485. Procedente de Edmond de Langley (King's Langley 1341-íd. 1402), hijo de Eduardo III, duque de York en 1385, disputó el trono a los Lancaster en la guerra de las Dos rosas (llevaba como armas la rosa blanca). Dio tres reyes a Inglaterra (Eduardo IV, Eduardo V y Ricardo III) y fue suplantada por los Tudor en 1485.

yorkino o **yorquino** (Partido), agrupación política mexicana. Constituido por las logias masónicas del rito de York formadas en México (sept. 1825), defendió un programa liberal y federalista. Triunfó en las elecciones parlamentarias de 1826, y Guerrero, gran maestre de las logias yorkinas, accedió a la presidencia de la república en 1829.

YORKSHIRE, ant. condado del NE de Gran Bretaña, en el mar del Norte, actualmente dividido en *Yorkshire Septentrional* (8 309 km²; 698 700 hab.; cap. *Northallerton*), *Yorkshire Meridional* (1 560 km²; 1 248 500 hab.; cap. *Barnsley*) y *Yorkshire Occidental* (2 039 km²; 1 984 700 hab.; cap. *Wakefield*).

YORKTOWN, localidad de Estados Unidos (Virginia), al SE de Richmond; 400 hab. El 19 de octubre de 1781, Washington y Rochambeau hicieron capitular allí al ejército británico de Cornwallis.

YORO (departamento de), dep. del N de Honduras; 7 939 km²; 329 845 hab.; cap. *Yoro* (19 674 hab.).

Yosemite National Park, parque nacional de Estados Unidos (California), en la vertiente O de sierra Nevada. Cuenta con lugares pintorescos, como *Yosemite Valley.* (Patrimonio de la humanidad 1984.)

YOSHKAR-OLÁ, c. de la Federación de Rusia, cap. de la República de Mari, al NO de Kazán; 242 000 hab.

YOUNG (Arthur), *Londres 1741-íd. 1820,* agrónomo británico. Interesado en temas agrarios, escribió *Viaje a Cataluña* (1797) y *Viajes por Francia* (1792), modelos de observación.

YOUNG (Brigham), *Whittingham, 1801-Salt Lake City 1877,* jefe religioso estadounidense. Jefe de los mormones a la muerte de Smith, fundó en 1847 la ciudad de Salt Lake City.

YOUNG (Edward), *Upham 1683-Welwyn 1765,* poeta británico. Su poema *Lamentos o pensamientos nocturnos sobre la vida, la muerte y la inmortalidad* (1742-1745), más conocido como *Las noches,* inauguró el género sombrío y melancólico que fue seguido por el romanticismo.

YOUNG (Lester), *Woodville, Mississippi, 1909-Nueva York 1959,* saxofonista y clarinetista de jazz estadounidense. Apodado Pres (por «presidente»), fue uno de los mejores intérpretes del saxo tenor de la historia del jazz (*Lester Leaps In,* 1939; *These Foolish Things,* 1945).

YOUNG (Thomas), *Milverton 1773-Londres 1829,* médico, físico y filólogo británico. Descubrió la acomodación del cristalino y el fenómeno de la interferencia de los rayos luminosos, que atribuyó a una naturaleza ondulatoria de la luz. En egiptología, fue uno de los primeros en descifrar los jeroglíficos.

Young (plan), plan firmado en 1929 por los Aliados y el experto estadounidense Owen D. Young (1874-1962), que determinó el importe de las reparaciones alemanas. Sustituto del plan Dawes, reducía el montante de dichas reparaciones y permitía su pago en 59 anualidades. Fue interrumpido en 1931.

YOURCENAR (Marguerite de Crayencour, llamada Marguerite), *Bruselas 1903-Mount Desert Island, Maine, 1987,* escritora de nacionalidades francesa y estadounidense. Es autora de poemas, ensayos, obras teatrales y novelas históricas (*Memorias de Adriano,* 1951; *Opus nigrum,* 1968) y autobiográficas (*El laberinto del mundo*) en los que los problemas modernos se analizan a través de los mitos antiguos.

YPACARAÍ, ant. **Tahaiená,** lago de Paraguay (Cordillera y Central); 22 km de long., y 5 km de anch., y 3 m aprox. de prof. media. Centro turístico.

■ THOMAS YOUNG. Grabado a partir de un retrato de sir T. Lawrence.

■ MARGUERITE YOURCENAR

YPACARAÍ, c. de Paraguay (Central); 12 049 hab. Centro administrativo. Turismo.

YPANÉ, r. de Paraguay, afl. del Paraguay (or. izq.); 275 km. Vía de comunicación y transporte, es navegable entre Belén y Kararó Saltos

Ypiranga o **Ipiranga** (grito de) [7 sept. 1822], decisión tomada por el futuro emperador Pedro I de unirse a los independentistas brasileños, a orillas del río Ypiranga.

YPRES → **IEPER.**

YPSILANTIS o **HIPSILANTIS,** familia griega fanariota que dio a Moldavia y a Valaquia varios príncipes entre 1774 y 1806. — **Alejandro Y.,** *İstanbul 1792-Viena 1828,* dirigente de la Hetería (1820-1821). Preparó la revolución de los pueblos de los Balcanes contra los otomanos.

YRIGOYEN (Bernardo de), *Buenos Aires 1822-íd. 1906,* político argentino. Ministro en varias ocasiones entre 1875 y 1885, organizó la Unión cívica radical (1890) y fue gobernador de la provincia de Buenos Aires (1898-1902).

YRIGOYEN (Hipólito), *Buenos Aires 1852-íd. 1933,* político argentino. Fundador de la Unión cívica radical junto a L. Alem y su tío B. de Yrigoyen, participó en diversas intentonas revolucionarias en la década de 1890. A la muerte de Alem (1896), pasó a liderar la Unión cívica. Presidente de la república (1916-1922), democratizó la vida pública y realizó reformas sociales y universitarias. Elegido de nuevo presidente en 1928, fue continado a la isla de Martín García tras el golpe de estado de Uriburu (1930).

YRURTIA (Rogelio), *Buenos Aires 1879-íd. 1950,* escultor argentino, autor de monumentos (mausoleo de Rivadavia) con una marcada influencia de Rodin.

YSER, r. costero de Francia y Bélgica, que des emboca en el mar del Norte; 78 km. Su valle fue el escenario de una encarnizada batalla de la primera guerra mundial durante la cual las tropas belgas y aliadas detuvieron el avance de los alemanes (oct.-nov. 1914).

YUAN, dinastía mongol que reinó en China de 1279 a 1368.

YUAN SHIKAI o **YUAN SHE-K'AI,** *Xiangcheng, Henan, 1859-Pekín 1916,* político y militar chino. Tras la muerte de su primer inststructor tras la caída del imperio (1911), fue el primer presidente de la república (1913 1916) y go bernó como dictador. En 1915-1916 intentó sin éxito proclamarse emperador.

YUBY o **JUBY** (cabo), promontorio del SO de Marruecos. El destacamento español de *Cabo Yubi* (o *Juby*) dio nombre a un sector del protectorado español, existente de forma nominal desde 1884, ocupado efectivamente en la segunda década del s. XX y cedido a Marruecos en 1958.

YUCAMANI, volcán de Perú (Tacna y Puno), en la cordillera Occidental de los Andes; 5 497 metros.

YUCATÁN (canal de) o **ESTRECHO DE YUCATÁN,** canal marítimo que comunica el mar Caribe con el golfo de México y separa la península de Yucatán de Cuba; 230 km.

YUCATÁN (estado de), est. del SE de México, en la península homónima; 39 340 km²; 1 362 940 hab.; cap. *Mérida.*

YUCATÁN (península de), península de América Central (México, Guatemala y Belice), entre el golfo de México y el Caribe. Constituye una gran plataforma caliza y sus únicos recursos hídricos son subterráneos. Vegetación de manglares en la costa, baja y arenosa, y bosques en el S y E. La población se concentra en el NE (estado de Yucatán, México). — Sitios arqueológicos mayas.

HISTORIA

Centro de la civilización maya, fue conquistada por los españoles en el s. XVI. **1508:** expedición de Pinzón y Solís. **1528-1548:** F. de Montejo fundó Mérida (1542) e incorporó Yucatán al virreinato de Nueva España. La resistencia indígena continuó hasta que en 1697 Martín de Ursúa conquistó El Petén. **1823-1824:** estado independiente, confederado con México. **1840-1847:** intentos independentistas de criollos y blancos. **1847-1855:** guerra de castas y división entre el estado federado de Campeche, al O (1857-1858), y el territorio maya al E (estado de Yucatán, con una vida política autónoma hacia el E en Chan Santa Cruz). **1895-1901:** sometimiento de los mayas y toma de Chan Santa Cruz por Porfirio Díaz. **1902:** creación del territorio federal de Quintana Roo, convertido en 1974 en estado federado.

Yúçuf o **José** (Poema de), poema aljamiado anónimo de los ss. XIII o XIV, compuesto seguramente por un morisco aragonés. Cuenta la historia de José, inspirándose en fuentes coránicas.

YUEYANG, c. de China, al N de Changsha, a orillas del lago Dongting; 977 000 hab.

YUGOSLAVIA, en serbocroata **Jugoslavija,** oficialmente **República popular** (más tarde **socialista**) **federativa de Yugoslavia,** ant. estado federal de Europa meridional, en la península de los Balcanes, compuesto desde el fin de la segunda guerra mundial hasta 1991-1992 por seis repúblicas: Bosnia-Herzegovina, Croacia, Eslovenia, Macedonia, Montenegro y Serbia.

HISTORIA

Los orígenes. 1918: se creó el reino de los Serbios, Croatas y Eslovenos en beneficio de Pedro I Karagjorgjević. Éste reunió a los eslavos del S, quienes, antes de la primera guerra mundial, estaban divididos entre Serbia y el imperio austrohúngaro. **1919-1920:** los tratados de Neuilly-sur-Seine, Saint-Germain-en-Laye, Trianon y Rapallo fijaron sus fronteras. **1921:** se adoptó una constitución centralista y parlamentaria. **1929:** Alejandro I (1921-1934) estableció un régimen autoritario. El país tomó el nombre de Yugoslavia (país de los Eslavos del Sur). **1934:** Alejandro I fue asesinado por un extremista croata. Su primo Pablo asumió la regencia en nombre de Pedro II. **1941:** Pablo firmó el pacto tripartito y fue derrocado por una revolución en Belgrado. Yugoslavia fue ocupada por Alemania. Se organizaron dos movimientos de resistencia: el de D. Mihailović, ser bio de tendencia realista y nacionalista, y el encabezado por el comunista croata J. Broz Tito. Pedro II se refugió en Londres. **1943:** Tito creó el Comité nacional de liberación.

La República popular federativa de Yugoslavia. 1945-1946: se creó la República Popular federativa de Yugoslavia, que agrupaba seis repúblicas. Tito dirigió el gobierno. **1948-1949:** Stalin excluyó a Yugoslavia del mundo socialista y el Kominform. **1950:** se instauró la autogestión. **1955:** Jruschov reanudó las relaciones con Yugoslavia. **1961:** una conferencia de países no alineados se reunió en Belgrado.

La República socialista federativa de Yugoslavia. 1963: se proclamó la República socialista federativa de Yugoslavia (RSFY). **1971:** el desarrollo del nacionalismo (croata) ocasionó la destitución de los dirigentes croatas. **1974:** una nueva constitución reforzó los derechos de las repúblicas. **1980:** tras la muerte de Tito, las funciones presidenciales fueron ejercidas colegiadamente. **A partir de 1988:** se desarrollaron las tensiones interétnicas (en particular en Kosovo) y se deterioró la situación económica, política y social. **1990:** la Liga comunista yugoslava renunció al monopolio político. Croacia y Eslovenia, en adelante dirigidas por la oposición democrática, se enfrentaron a Serbia y trataron de volver a definir su estatuto en la federación yugoslava. **1991:** proclamaron su independencia (junio). Tras algunas escaramuzas, el ejército federal se retiró de Eslovenia; sangrientos combates enfrentaron a los croatas con el ejército federal y los serbios de Croacia. Macedonia proclamó su independencia (sept.). **1992:** la comunidad internacional reconoció la independencia de Croacia y Eslovenia (en.), y de Bosnia-Herzegovina (abril), donde estalló una sangrienta guerra. Serbia y Montenegro proclamaron la República federal de Yugoslavia (abril).

YUGOSLAVIA, en serbio **Jugoslavija,** oficialmente **República federativa de Yugoslavia,** más tarde (de 2003 a 2006) **Serbia y Montenegro,** en serbio **Srbija i Crna Gora,** ant. estado federal de Europa meridional, en la península de los Balcanes, compuesto de 1992 a 2006 por dos repúblicas: Serbia y Montenegro.

HISTORIA

La República federal de Yugoslavia. 1992: tras la fragmentación de la República socialista federativa de Yugoslavia, Serbia y Montenegro instauraron (abril) la República federal de Yugoslavia. Numerosos serbios residentes en Croacia y en Bosnia-Herzegovina reivindicaron su incorporación a la República federal de Yugoslavia. **1993:** la federación fue sancionada por su implicación en la guerra de *Bosnia-Herzegovina* y *Serbia.* **1996:** fue reconocida, tardíamente, por la comunidad internacional. **1997:** Slobodan Milošević fue elegido presidente de la República federal de Yugoslavia. **1999:** en respuesta a la represión serbia en *Kosovo,* la OTAN intervino militarmente en Yugoslavia (bombardeos aéreos, de marzo a junio, sobre Serbia, y más puntualmente sobre Montenegro). **2000:** remiso a reconocer su derrota en las elecciones presidenciales (sept.) frente a Vojislav Koštunica, principal líder de la oposición democrática, S. Milošević fue depuesto por un movimiento con fuerte respaldo popular (oct.). La llegada de V. Koštunica a la jefatura del estado fue seguida por el reingreso de Yugoslavia en el seno de la comunidad internacional.

La federación de Serbia y Montenegro. 2003: al término de un acuerdo entre Belgrado y Podgorica, se adoptó una nueva constitución, que transformó la República federal de Yugoslavia en una federación renovada con el nombre de Serbia y Montenegro (febr.). El montenegrino Svetozar Marović fue elegido presidente. **2006:** al término de un referéndum de autodeterminación (mayo), Montenegro proclamó su independencia (junio), inmediatamente reconocida por la comunidad internacional. La federación por tanto se disolvió, y Serbia y Montenegro pasaron a ser dos estados distintos.

YUGURTA, *h. 160-Roma 104 a.C.,* rey de Numidia (118-105 a.C.). Luchó contra Roma y fue vencido por Mario (107 a.C.) y entregado a Sila (105). Murió en prisión.

YUKAWA HIDEKI, *Tôkyô 1907-Kyôto 1981,* físico japonés. Para explicar las fuerzas nucleares, formuló, en 1935, la hipótesis del mesón, partícula que fue descubierta al año siguiente en los rayos cósmicos. (Premio Nobel 1949.)

YUKÓN, r. de Canadá y Estados Unidos (Alaska), tributario del mar de Bering; 3 185 km. Da

■ HIPÓLITO YRIGOYEN

■ YUCATÁN. Centro arqueológico de Edzná.

su nombre a una división administrativa de Alaska y a un territorio de Canadá.

YUKÓN, territorio federado del NO de Canadá, entre los Territorios del Noroeste y Alaska; 482 515 km²; 27 797 hab.; cap. *Whitehorse.* Riquezas mineras: oro, plata, plomo, cinc y cobre.

ŶULŶUL (Sulaymān ibn Ḥassān **ibn**), *Córdoba 943-h. 994,* médico hispanoárabe. Autor de una historia de la medicina, probablemente participó en la revisión cordobesa de la *Materia médica* de Dioscórides.

YUMBEL, com. de Chile (Biobío); 20 632 hab. Agricultura. Ganado vacuno.

YUMBO, mun. de Colombia (Valle del Cauca); 50 263 hab. Yacimientos de carbón. Canteras.

Yumen o **Yum-men,** yacimiento petrolífero de China (Gansu).

YUN (Isang), *Tongyong 1917-Berlín 1995,* compositor coreano nacionalizado alemán. Intentó una síntesis entre la música de Extremo oriente y la música dodecafónica occidental.

YUNA, r. de la República Dominicana, que desemboca en el Atlántico, en la bahía de Samaná; 220 km.

YUNGANG o **YUN-KANG,** sitio de China (Shanxi) que alberga un conjunto de monasterios búdicos rupestres decorados con esculturas (mediados del s. v-s. vII). [Patrimonio de la humanidad 2001.]

YUNGAY, c. de Perú (Ancash); 15 210 hab. Aeropuerto. Centro turístico (deportes de alta montaña).— Fue gravemente afectada por una avalancha en 1962, y por un sismo en 1970.

YUNGAY, com. de Chile; 15 670 hab. Centro agropecuario; explotación forestal.

Yungay (batalla de) [en. 1839], victoria de las tropas chilenas de Manuel Bulnes sobre las de la Confederación Perú-boliviana, al mando de Santa Cruz en el Callejón de Huaylas, cerca de Yungay (Perú).

YUNGUYO, mun. de Perú (Puno), a orillas del Titicaca; 26 607 hab. Llamas, alpacas y vicuñas.

YUNNAN o **YUN-NAN,** prov. de China, en la frontera con Vietnam; 36 973 000 hab.; cap. *Kunming.*

YUNQUE (cerro), pico de Bolivia (La Paz), en la cordillera de Tres Cruces; 5 600 m de alt.

YUNQUE (El), pico de Puerto Rico, en la sierra de Luquillo; 1 065 m.

YUNUS (Muḥammad), *Chittagong 1940,* economista de Bangla Desh. Pionero del microcrédito, fundó en 1983 el Grameen Bank, que concede préstamos a los más desfavorecidos. (Premio Nobel de la paz 2006.)

YUNUS EMRE, *h. 1238-h. 1320,* poeta místico turco, héroe de numerosas leyendas.

YUPANQUI (Cápac) → **CÁPAC YUPANQUI.**

YUPANQUI (Francisco Tito), *Copacabana h. 1560,* escultor indígena altoperuano del s. xvi. Formado con Diego Ortiz, es autor de la imagen de la Virgen del santuario de Copacabana (Bolivia).

YUPANQUI (Héctor Roberto Chavero, llamado Atahualpa), *El Campo de la Cruz 1908-Nimes, Francia, 1992,* cantautor y guitarrista argentino. Fue un destacado representante del canto testimonial de raíz folclórica (*Camino del indio,* 1926; *Los ejes de mi carreta,* 1942; *El arriero,* 1944).

YURÉCUARO, mun. de México (Michoacán); 21 547 hab. Industria alimentaria. Centro comercial.

YURIRIA, mun. de México (Guanajuato); 65 745 hab. Convento agustino de San Pablo (1548-1566), con iglesia de fachada plateresca y claustro renacentista.

YURKIÉVICH (Saúl), *La Plata 1931-Caumont-sur-Durance, Francia, 2005,* escritor argentino. Poeta experimental (*Cuerpos,* 1965) y narrador (*Trampantojos,* 1987), estudió las vanguardias poéticas latinoamericanas.

YURUBÍ (parque nacional de), parque nacional de Venezuela (Yaracuy), en el valle del Tocuyo; 900 ha.

YUSCARÁN, mun. de Honduras, cap. del dep. de El Paraíso, en el valle del Choluteca; 6 076 hab.

YÚSHENKO (Viktor), *Khoruzhyvka, región de Sumi, 1954,* político ucraniano. Primer ministro (1999-2001), más tarde líder de la oposición democrática, es presidente de la república desde 2005.

Yuste (monasterio de), monasterio jerónimo español (Cuacos de Yuste, Cáceres). Fundado a principios del s. xv, fue ampliado en el s. xvi en estilo renacentista a raíz de que Carlos Quinto decidiera retirarse allí (1556), donde murió en 1558. Palacio, iglesia gótica, claustros gótico y plateresco.

YŪSUF I, *Granada 1318-íd. 1354,* rey de Granada (1332-1354). Fue derrotado por Alfonso XI en el Salado (1340).— **Yūsuf II,** *m. en Granada 1392,* rey de Granada (1390-1391), hijo y sucesor de Muḥammad V. — **Yūsuf III,** *Granada 1376-íd.1417,* rey de Granada (1407-1417), sucesor de su hermano Muḥammad VII.— **Yūsuf IV,** *m. en Granada 1432,* rey nazarí de Granada (1432). Destronó a Muḥammad IX, quien lo sucedió a su muerte. — **Yūsuf V,** *m. en 1463,* rey nazarí de Granada (1445-1463). Sucesor de Muḥammad X el Cojo, durante su reinado Enrique IV ocupó Gibraltar (1462).

YŪSUF I (Abū Ya'qūb), *m. cerca de Évora 1184,* califa almohade (1163-1184). Hijo y sucesor de 'Abd al-Mu'min, valí de Sevilla desde 1156, en 1162 conquistó Granada al rey Lobo (Ibn Mardaniš), y a la muerte de este (1172) anexionó al imperio almohade la zona levantina. Dispensó protección a los hombres de letras. — **Abū Yūsuf Ya'qūb al-Manṣūr,** llamado **Yūsuf II,** *Marrakech 1160-íd 1199,* califa almohade (1184-1199). Hijo y sucesor de Yūsuf I, derrotó a Alfonso VIII de Castilla en Alarcos (1195) y conquistó diversas plazas en Extremadura. Mandó construir la Giralda de Sevilla. — **Yūsuf III al-Mustanṣir Bi-Llāh,** *m. en 1227,* soberano almohade de Marruecos (1224-1227). Reinó bajo la tutela de los reyes almohades, y tuvo que hacer frente a la revuelta marini.

YŪSUF IBN 'ABD AL-RAḤMĀN AL-FIHRĪ, *m. en 759,* último valí de al-Ándalus (747-756). Fue derrotado por los omeyas de 'Abd al-Raḥmān en Córdoba (756).

YŪSUF IBN TĀŠFĪN, *m. en 1106,* soberano almorávid (1061-1106). Fundó Marrakech (1062), tomó Ceuta (1083) y derrotó a Alfonso VI en Sagrajas (1086). Depuso a los reyes de taifas y conquistó Málaga y Granada (1090), Sevilla (1091), Badajoz (1094) y Valencia (1103).

YUTY, distr. de Paraguay (Caazapá); 26 937 hab. Exportación de maderas. Centro comercial.

YUZHNO-SAJALINSK, c. de Rusia, en la isla de Sajalín; 164 000 hab.

YVELINES, dep. de Francia (Île-de-France); 2 284 km²; 1 354 304 hab.; cap. *Versalles.*

YXART (José), *Tarragona 1852-íd. 1895,* crítico literario español. De su producción destacan las obras misceláneas (*El año pasado,* 1886-1890).

ZAANSTAD, c. de Países Bajos, en la aglomeración de Ámsterdam; 131 279 hab.

ZAB (Gran) y **PEQUEÑO ZAB,** r. de Iraq, en el Kurdistán, afl. del Tigris (or. izq.).

ZAB (montes del) o **MONTES DE LOS ZI-BAN,** macizo montañoso de Argelia, entre los Ouled Nail y el macizo del Aurés. Los *oasis de Zab* se extienden al S de los montes del Zab y del Aurés.

ZABALA (Bruno Mauricio de), *Durango 1682-en el río Paraná 1736,* militar y administrador español. Capitán general del Río de la Plata (1717-1731), en 1724 levantó un fortín en Montevideo que sería el núcleo de la futura capital. En 1731 fue nombrado capitán general de Chile. Intervino en Paraguay en 1725 y en 1735 contra las revueltas comuneras.

ZABÁLBURU (Domingo), administrador español de los ss. XVII-XVIII. Gobernador de Filipinas (1701-1709), fomentó la marina mercante.

ZABALETA (Juan de), *Madrid h. 1600-h. 1667,* escritor español, autor de teatro, libros didácticos y, especialmente, cuadros costumbristas (*El día de fiesta por la mañana,* 1654).

ZABALETA (Nicanor), *San Sebastián 1907-San Juan de Puerto Rico 1993,* arpista español. Dedicó sus esfuerzos con concertista y musicógrafo a la revalorización del arpa, recuperando obras de autores españoles de los ss. XVI y XVII y estrenando piezas de autores como Krenek, Milhaud, Bacarisse o Villa-Lobos.

ZABELL (Theresa), *Ipswich, Gran Bretaña, 1965,* regatista española. Medalla de oro en los Juegos olímpicos de 1992 (como patrona de embarcación) y 1996 (en la clase 470), se proclamó campeona del mundo en 1985, 1992, 1994, 1995 y 1996.

ZABLUDOVSKY (Jacobo), *México 1928,* periodista mexicano. Empezó sus labores en la radio en 1946. En 1950 se integró a la televisión y desde entonces y hasta 2000 fue director y conductor de programas de noticias, entre ellos *Telemundo* y *24 horas.* También fue coordinador de radio y televisión de la presidencia entre 1958 y 1970.

ZABRZE, c. de Polonia, en la Alta Silesia; 205 800 hab. Centro minero (carbón) e industrial.

ZABULÓN, personaje bíblico. Décimo hijo de Jacob, ancestro epónimo de una tribu israelita de Galilea.

ZACAPA (departamento de), dep. del E de Guatemala; 2 690 km²; 171 137 hab.; cap. *Zacapa* (40 366 hab.). Zona agrícola (yuca, café, té, maíz, caña de azúcar).

ZACAPOAXTLA, mun. de México (Puebla), en la sierra Madre Oriental; 35 456 hab. Economía agropecuaria.

ZACAPU, c. de México (Michoacán); 62 620 hab. Industrias alimentaria, de la madera y celulosa.

ZACARÍAS, profeta bíblico de fines del s. VI a. C.

ZACARÍAS (san), *s. I,* sacerdote judío, esposo de santa Isabel y el padre de san Juan Bautista (Evangelio de san Lucas).

ZACARÍAS (san), *m. en Roma 752,* papa de 741 a 752. Con el apoyo de Pipino el Breve, trabajó en la primera reforma de la Iglesia.

ZACATECAS, c. de México, cap. del cst. homónimo; 100 051 hab. Centro minero (oro, plata, plomo, cinc y hierro). Plantas siderúrgicas y de transformación. — Catedral barroca (1730-1760); convento franciscano de Guadalupe (1721), con numerosas obras de arte colonial; palacios e iglesias del s. XVIII. (Patrimonio de la humanidad 1993.) — Fue fundada en 1588. Victoria decisiva de Pancho Villa sobre las tropas de Huerta (22 junio 1914).

ZACATECAS (estado de), est. del centro de México; 75 040 km²; 1 276 323 hab.; cap. *Zacatecas.*

ZACATECOLUCA, mun. de El Salvador, cap. del dep. de La Paz; 40 424 hab. Centro comercial.

ZACATELCO, mun. de México (Tlaxcala); 27 162 hab.; cab. *Santa Inés Zacatelco.* Textiles. Comercio.

ZACATENCO, sitio arqueológico de México, del Preclásico Medio (1350-950 a. C.), que ha dado nombre a una cultura del Valle de México (*cultura de Zacatenco,* 100 a. C.-100 d. C.), comunidad agrícola con un ritual funerario que teñía de rojo los huesos y los acompañaba de barro cocido y objetos de obsidiana.

ZACATEPEC, mun. de México (Morelos); 31 354 hab. Agricultura. Ingenio azucarero.

ZACATLÁN, mun. de México (Puebla); 46 928 hab. Feria anual frutícola. — Iglesia del s. XVI.

ZACOALCO DE TORRES, mun. de México (Jalisco); 23 923 hab. Bosques. Industrias alimentarias.

ZACUALTIPÁN, mun. de México (Hidalgo), en la *sierra de Zacualtipán;* 15 795 hab. Industrias agropecuarias. Yacimientos mineros.

ZACULEU, centro arqueológico maya de Guatemala (Huehuetenango) [500-1525]. Posee un gran templo central y ajuar funerario.

ZACUT (Abraham Bar Šamuel Bar Abraham), *Salamanca h. 1450-Damasco 1522,* rabino, historiador y astrónomo hebraicoespañol. En Portugal hasta 1497, es autor del *Libro de las genealogías* (1505), de biografías de los sabios judíos y de unas tablas astronómico-astrológicas, *El gran tratado* o *Almanach* (1473-1478).

ZADAR, c. de Croacia, en Dalmacia, junto al Adriático; 76 343 hab. Puerto. — Iglesia de San Donato, de planta circular (s. IX). Catedral románica (s. XII). Museos.

ZADEK (Peter), *Berlín 1926,* director de teatro alemán. Sus principales producciones se basan en una actualización radical de los clásicos, mezclando lo trágico y lo cómico (*Otelo; El misántropo; El mercader de Venecia; El jardín de los cerezos; Hamlet*).

ZAERA POLO (Alejandro), *Madrid 1963,* arquitecto español. En el seno del estudio Foreign Office Architects, realiza proyectos funcionales e innovadores: terminal marítima de Yokohama (1996-2002), parque litoral y auditorios en Barcelona (2002-2004), BBC Music Centre de Londres (2003-2006).

ZAFRA, c. de España (Badajoz), cab. de p. j.; 15 158 hab. (*zafreños*). Centro comercial ganadero (feria anual) e industrial (motores Diesel). — Alcázar de los duques de Feria (s. XV, act. parador de turismo); conjunto monumental con edificios renacentistas y barrocos; plazas porticadas.

ZAGAZIG, c. de Egipto, en el delta del Nilo; 255 000 hab.

ZAGÓRSK → SERGUÉI POSAD.

ZAGREB, en alem. **Agram,** cap. de Croacia, junto al Sava; 707 770 hab. Centro administrativo, comercial (feria internacional), cultural e industrial. — Catedral gótica y otros monumentos. Museos.

ZAGROS (montes), cadena montañosa de Irán, que domina la Mesopotamia iraquí y el golfo Pérsico.

ZAHEDAN, c. de Irán, en el Baluchistán; 361 323 hab.

ZĀHIR SHA o **ZĀHER SHA** (Muḥammad), *Kabul 1914-íd. 2007,* rey de Afganistán (1933-1973). Fue derrocado por un golpe de estado y tuvo que exiliarse. De regreso a su país en 2002, presidió la Loya Jirga (asamblea tradicional) encargada de designar un gobierno interino.

ZAHLA o **ZHALÉ,** c. del Líbano, en la provincia de Bekaa; 60 000 hab.

ZAHRĀWĪ → ABULCASIS.

ZAID (Gabriel), *Monterrey 1934,* escritor mexicano. Su poesía, recopilada en *Cuestionario* (1976), se caracteriza por su poder de ironía y su aire renovador. Es conocido también como ensayista y crítico.

ZAID (rabí **ibn-**), llamado también **Recemundo,** eclesiástico y filósofo mozárabe del s. X. Cortesano de 'Abd al-Raḥmān III en Córdoba, de quien fue embajador ante el emperador Otón I, fue nombrado obispo de Elvira (h. 954). Se le atribuye el *Calendario de Córdoba* (961).

ZAIRE (República de) → **CONGO** (República democrática del).

ZAKOPANE, c. de Polonia, en los Altos Tatras; 28 600 hab. Centro turístico. Deportes de invierno.

ZÁKROS, sitio arqueológico de Creta oriental. Ruinas de una ciudad y de un palacio minoicos del s. XVI a.C.

ZÁKYNTHOS o **ZANTE,** una de las islas Jónicas (Grecia); cap. *Zákynthos* o *Zante.* Ciudadela veneciana; museo.

Zalaca (batalla de) → **Sagrajas.**

ZALAMEA (Jorge), *Bogotá 1905-íd. 1969,* escritor colombiano. Su narrativa se distingue por la ironía y la parodia (*El sueño de las escalinatas,* 1964). Escribió también teatro y ensayo.

ZALCE (Alfredo), *Pátzcuaro 1908-Morelia 2003,* pintor y grabador mexicano. Su obra se encuadra dentro de un realismo expresionista de compromiso social. (Premio nacional de ciencias y artes 2001.)

ZALDÍVAR (Rafael), *San Alejo 1834-París 1903,* político salvadoreño. Presidente de la república (1876-1885), se opuso a la unidad centroamericana. Fue depuesto por F.Menéndez.

ZALDÚA (Francisco Javier), *Bogotá 1811-íd. 1882,* político colombiano. Presidente (1882), murió durante su mandato. Fue uno de los abogados más prestigiosos del país.

ZALDUMBIDE (Gonzalo), *Quito 1885-íd. 1965,* escritor y diplomático ecuatoriano. Su única novela, *Égloga trágica* (1956), lo consagró como maestro de una prosa rítmica y morosa. También escribió valiosos ensayos (*Significado de España en América,* 1933).

ZALDUMBIDE GANGOTENA (Julio), *Quito 1833-1887,* escritor ecuatoriano. Considerado el mayor poeta romántico de su país, en su poesía rescata el valor de la naturaleza en su relación con el hombre.

Zama (batalla de) [202 a.C.], batalla en Numidia que puso fin a la segunda guerra púnica. Victoria de Escipión el Africano sobre Aníbal, que obligó a Cartago a pedir la paz.

ZAMACOIS (Eduardo), *Pinar del Río, Cuba, 1876-Buenos Aires 1971,* escritor español. Cultivó la narración erótica (*El seductor,* 1902) y la novela naturalista (*Los muertos vivos,* 1935).

Zamacolada (1804), movimiento popular en Vizcaya, provocado por la creación por el gobierno de una milicia permanente. Fue sofocado por el ejército.

ZAMBEZE o **ZAMBEZI,** r. de África austral, que desemboca en el océano Índico; 2 660 km. Su curso está sembrado de rápidos y cataratas. Presas (Kariba y Cabora Bassa).

ZAMBIA, estado de África austral; 746 000 km²; 9 720 000 hab. (*zambianos*). CAP. *Lusaka.* LENGUA: *inglés.* MONEDA: *kwacha.*

GEOGRAFÍA

El país, de clima tropical templado por la altitud, está formado por colinas y mesetas. La mayoría de la población vive de la agricultura (maíz sobre todo), pero son las minas (cobre, cobalto, oro, plata) de la Copper Belt las que suministran lo esencial de los recursos del país, que sufre de su enclavamiento.

HISTORIA

El país, habitado probablemente primero por pigmeos y luego por bantúes, estuvo dividido en jeferías hasta la llegada de los europeos. **1853-1873:** la penetración británica comenzó con tres viajes de Livingstone. **1899:** a iniciativa de C. Rhodes, director de la British South Africa Company, fue ocupado por los británicos. **1911:** la zona británica fue dividida en dos regiones, Rhodesia del Norte, actual Zambia, y Rhodesia del Sur, actual Zimbabwe. **1924:** un año después de que Rhodesia del Sur accediese a la autonomía, Rhodesia del Norte obtuvo el estatuto de colonia de la corona, dotada de un consejo legislativo. Se descubrieron importantes yacimientos de cobre. **1948:** se formó un movimiento nacionalista, que tuvo como jefe a Kenneth Kaunda. **1953:** no obstante, se instauró una Federación de África Central, que agrupaba a las dos Rhodesias y Nyasalandia. **1963:** los progresos de la reivindicación nacionalista llevaron a la disolución de la federación. **1964:** se proclamó la independencia de Rhodesia del Norte con el nombre

de Zambia en el marco de la Commonwealth. K. Kaunda se convirtió en jefe del estado. **1972:** instauró un régimen de partido único. **1990:** la oposición, cada vez mayor, llevó a K. Kaunda a volver al multipartidismo. **1991:** Frederick Chiluba, líder de la oposición, fue elegido presidente de la república (reelegido en 1996). **2002:** Lewy Mwanawasa lo sucedió. **2008:** reelegido en 2006, murió en el curso de su mandato. Rupiah Banda accedió a la jefatura del estado.

ZAMBOANGA, c. de Filipinas (Mindanao); 442 345 hab. Puerto.

ZAMBRANO (María), *Vélez-Málaga 1907-Madrid 1991,* filósofa y ensayista española. Discípula de Ortega, ejerció la docencia en las universidades de Madrid, Morelia y La Habana. Su pensamiento filosófico, de raíz vitalista, es inseparable de la palabra poética, que refleja en su obra, donde se funden filosofía y literatura: *El hombre y lo divino* (1955), *España, sueño y verdad* (1965), *El sueño creador* (1965), *Dos escritos sobre el amor* (1981). [Premio Príncipe de Asturias 1981; premio Cervantes 1988.]

■ MARÍA
ZAMBRANO

ZAMENHOF (Lejzer Ludwik), *Białystok 1859-Varsovia 1917,* lingüista polaco, inventor del esperanto.

ZAMIATÍN (Yevgueni Ivánovich), *Lebedian, cerca de Tambov, 1884-París 1937,* escritor soviético. Sus narraciones satíricas son una crítica feroz contra el conformismo y el totalitarismo (*La caverna,* 1921).

ZAMORA, c. de Ecuador, cap. de la prov. de Zamora-Chinchipe, al NE de la *cordillera de Zamora;* 21 602 hab. Frutos tropicales.

ZAMORA, c. de España, cap. de la prov. homónima y cab. de p. j.; 65 226 hab. (*zamoranos*). A orillas del Duero, es un centro administrativo y comercial. Industrias alimentaria y

textil (mantas). — Murallas y castillo medieval; casa del Cid (s. XII); catedral (ss. XII-XIII) y varias iglesias románicas; iglesias y palacios góticos y renacentistas. Palacio de Aliste de los duques de Alba, plateresco (parador de turismo). Ayuntamiento (1607). Museos. — Reconstruida y repoblada por Alfonso III de Asturias (883), sufrió un famoso sitio de siete meses en 1072, en la contienda por la sucesión dinástica castellana.

ZAMORA (Hoya del), región fisiográfica de Ecuador (Loja). Es una hoya abierta al E, avenada por el *río Zamora* (305 km). Vegetación tropical. Loja es el núcleo urbano principal.

ZAMORA (provincia de), prov. del O de España, en Castilla y León; 10 559 km²; 203 469 hab.; cap. *Zamora.* En la Meseta septentrional, ofrece un relieve con suaves ondulaciones y páramos, salvo en el sector NO (sierra Segundera, peña Trevinca). Avenada por el Duero y su afl. el Esla. Economía agraria (cereales, vid). Producción hidroeléctrica. Minas de estaño.

ZAMORA (Antonio de), *Madrid, 1660-íd. 1728,* escritor español. Poeta cortesano y dramaturgo, refundió en sus *Comedias nuevas* (4 vols., 1722 y 1744) obras de Lope, Calderón y Tirso, y escribió obras propias de tema religioso, histórico y costumbrista.

ZAMORA-CHINCHIPE (provincia de), prov. del SE de Ecuador; 23 111 km²; 66 167 hab.; cap. *Zamora.*

ZAMORA DE HIDALGO, c. de México (Michoacán); 161 916 hab. Centro industrial y comercial. — Fue fundada en 1540 por el virrey Antonio de Mendoza.

ZAMORANO (Iván), *Maipú 1967,* futbolista chileno. Delantero y goleador, jugó con los equipos Sankt Gallen, Sevilla, Real Madrid e Inter de Milán.

ZAMORANO (Rodrigo), *h. 1542-h. 1598,* cosmógrafo español. Piloto mayor de la Casa de contratación, escribió *Compendio del arte de navegar* (1582) y *Cronología y repertorio de la razón de los tiempos* (1585).

ZAMORA VICENTE (Alonso), *Madrid 1916-íd. 2006,* filólogo y escritor español. Publicó trabajos de dialectología (*Estudios de dialectología hispánica,* 1986), ensayos de crítica literaria y narrativa. (Real academia 1966.) [Premio nacional de literatura 1980.]

ZAMOŚĆ, c. del SE de Polonia; 69 682 hab. Conjunto urbano ortogonal (fines s. XVI). Monumentos de estilo renacentista.

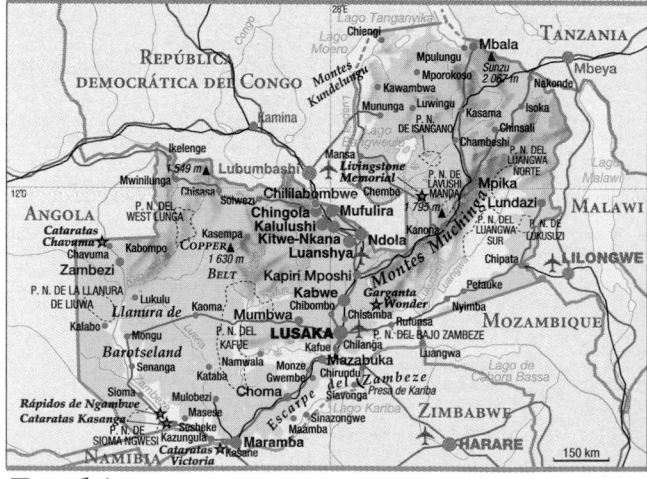

Zambia

●	más de 1 000 000 hab.
●	de 100 000 a 1 000 000 hab.
●	de 50 000 a 100 000 hab.
•	menos de 50 000 hab.

500 1000 1500 m

— carretera
— ferrocarril
★ lugar de interés turístico
✈ aeropuerto

150 km

ZAMUDIO (Adela), *La Paz 1854-Cochabamba 1928*, escritora, pensadora y pintora boliviana. Comprometida con la emancipación femenina, fundó una academia de arte en La Paz y la primera Escuela fiscal para mujeres en Cochabamba. Escribió poesía bajo el scudónimo **Soledad** (*Ensayos poéticos*, 1887), cuentos, novelas breves (*Íntimas*, 1913) y obras de teatro para niños.

ZÁNCARA, r. de España, que nace cerca de los Altos de Cabrejas (Cuenca) y, al confluir con el Gigüela, da origen al Guadiana; 220 km.

ZANDJAN, c. de Irán, al NO de Teherán; 254 100 hab.

ZANGWILL (Israel), *Londres 1864-Midhurst 1926*, escritor británico. Sionista, sus relatos (*El rey de los schnorrers*) retratan con humor y realismo las comunidades judías.

Zanjón (paz de) [10 febr. 1878], acuerdo entre los insurgentes cubanos y el general español Martínez Campos firmado en El Zanjón (Camagüey). Puso fin a la guerra Grande.

ZANTE → **ZÁKYNTHOS**.

ZANZÍBAR, isla del océano Índico, cerca de las costas de África; 1 658 km²; 376 000 hab.; cap. *Zanzíbar* (158 000 hab.). Zanzíbar y la isla cercana de Pemba forman la Tanzania insular. Pesca, cocoteros y cultivos del arroz.

HISTORIA

1503: los portugueses se instalaron en la isla. **S. XVII**: fueron sustituidos por los sultanes de Omán, que dieron a Zanzíbar una gran prosperidad. **1873**: se inició la decadencia con la supresión del mercado de esclavos. **1890**: las islas de Zanzíbar y Pemba se convirtieron en protectorado británico. **1963**: el sultanato accedió a la independencia. **1964**: se proclamó la república y Zanzíbar se unió a Tanganyika en el seno de la República unida de Tanzania.

ZANZOTTO (Andrea), *Pieve di Soligo, Treviso, 1921*, poeta italiano. Su escritura, desarticulada y repleta de citas, es una búsqueda de sí mismo a través de la evocación de Venecia.

ZAOZHUANG, c. de China, al SO de Qingdao; 1 244 000 hab.

ZAPALA, dep. de Argentina (Neuquén); 31 303 hab. Yacimientos de gas y petróleo.

ZAPALERI (cerro de), pico de la cordillera de los Andes, en la frontera de Chile, Argentina y Bolivia, en la Puna; 5 653 m.

ZAPATA (ciénaga de), ciénaga de Cuba, en el S de Matanzas. La *ciénaga Oriental de Zapata* y la *ciénaga Occidental de Zapata* están separadas por la *llanura de Zapata*. Parque nacional. (Reserva de la biosfera 2000.)

ZAPATA (Emiliano), *Anenecuilco, Morelos, h. 1879-hacienda de Chinameca, Cuautla, Morelos, 1919*, revolucionario y jefe agrarista mexicano. Incorporado a las fuerzas maderistas y líder del movimiento revolucionario del Sur (1911), abandonó las armas ante los acuerdos de Ciudad Juárez. En nov. 1911 organizó un movimiento popular armado exigiendo el reparto de tierras, y elaboró el plan de *Ayala. La represión gubernamental le obligó a dejar Morelos y pasar a Guerrero, pero tras el asesinato de Madero (1913) reorganizó sus fuerzas, y aliado a Villa y Carranza, forzó la caída de Huerta (ag. 1914). La ruptura con Carranza (sept.) y, tras el fracaso de la convención de *Aguascalientes (oct.), con Villa (dic.), lo condujo al aislamiento en Morelos. En 1916 emprendió una contraofensiva y efectuó políticas revolucionarias (manifiesto *A los revolucionarios de la República* y *a los trabajadores de la República*, 1918). Fue asesinado por el carrancista coronel Guajardo, pero el movimiento zapatista se prolongó hasta 1952, además de inspirar otros movimientos campesinos.

ZAPATA (Marcos), pintor cuzqueño del S. XVIII, autor de *Vida de san Ignacio de Loyola* (iglesia de la Compañía en Cuzco).

ZAPATA DE MENDOZA (Antonio de), *Madrid 1550-íd. 1635*, prelado español. Fue virrey de Nápoles (1620-1622), arzobispo de Burgos y de Toledo e inquisidor general (1627-1632).

ZAPATA OLIVELLA (Manuel), *Lorica 1920-Bogotá 2004*, escritor colombiano. Fue el primer narrador de su país en tratar temas de la negritud (*En Chimá nace un santo*, 1961; *Chambacú, corral de negros*, 1963; *Changó el gran putas*, 1983).

ZAPATERA, isla de Nicaragua (Granada), en el lago Nicaragua; 52 km². Coronada por el *volcán Zapatera* (740 m.)

ZAPATERO (José Luis **Rodríguez**), *Valladolid 1960*, político español. Profesor de derecho en la universidad de León, secretario general del PSOE (desde 2000), fue elegido presidente del gobierno en 2004 (reelegido en 2008).

ZAPATOSA (laguna de), laguna de Colombia (Magdalena), formada por el río Cesar cerca de su confluencia con el Magdalena.

ZÁPOLYA, ZAPOLY o **SZAPOLYAI**, familia húngara de cuyos miembros destacaron Juan, rey de Hungría (1526-1540), y Juan Segismundo, príncipe de Transilvania (1541-1571).

ZAPOPAN, mun. de México (Jalisco), en el área suburbana de Guadalajara; 668 323 hab.

ZAPOROZHIE, ant. **Zaporojie**, c. de Ucrania, junto al Dniéper; 897 000 hab. Puerto fluvial y centro industrial.

ZAPOTILTIC, mun. de México (Jalisco); 25 187 hab. Productos lácteos. Alfarería.

ZAPOTITLÁN TABLAS, mun. de México (Guerrero); 20 627 hab. Caña de azúcar. Alfarería; tejidos.

ZAPOTLANEJO, mun. de México (Jalisco); 35 588 hab. Industrias agropecuarias.

ZAQUEO, personaje del Evangelio de san Lucas, publicano de Jericó, convertido por Cristo.

ZARAGOZA, c. de España, cap. de Aragón, cap. de la prov. homónima y cab. de p. j.; 604 631 hab. (*zaragozanos*). Centro administrativo, comercial y cultural (universidad, academia y general militar). Industria diversificada. Base aérea. — Conserva parte de las murallas romanas (*Caesaraugusta*) y el palacio musulmán de la *Aljafería, de la época de los reinos de taifas (s. XI). Monumentos: seo goticomudéjar (ss. XIV-XV), basílica barroca del *Pilar, lonja renacentista (1541-1551), real Maestranza, iglesias mudéjares, palacios renacentistas. Museos de bellas artes, catedralicio de la seo (tapices). Pablo Gargallo y Pablo Serrano (escultura) y Camón Aznar (bellas artes). — Tomada por Alfonso el Batallador (1118), fue capital del reino de Aragón desde 1136. En la guerra de Sucesión, derrota del ejército borbónico ante el archiduque Carlos (20 ag. 1710). Los sitios de 1808 y 1809 en la guerra de la Independencia la convirtieron en símbolo de la resistencia antifrancesa. Exposición internacional de 2008.

■ EMILIANO **ZAPATA**

■ JOSÉ LUIS RODRÍGUEZ **ZAPATERO**

ZARAGOZA, mun. de México (San Luis Potosí); 18 987 hab. Ganadería. Industrias alimentarias.

ZARAGOZA (provincia de), prov. de España, en Aragón; 17 194 km²; 848 006 hab.; cap. *Zaragoza*. Se extiende por el valle del Ebro, que la cruza de NO a SE, y se adentra al S en el sistema Ibérico (Moncayo). Agricultura en secano y regadío (vegas del Ebro y del Jalón). Producción termoeléctrica (Escatrón) e hidroeléctrica (Mequinenza). La capital es un pujante centro industrial.

ZARAGOZA (taifa de), entidad política surgida en las luchas que acabaron con el califato de Córdoba (1010-1031), gobernada por los Tuŷíbíes (hasta 1039) y los Banū Hūd. Ocupada por los almorávides (1110), en 1118 fue conquistada por Alfonso I el Batallador.

ZARAGOZA (Ignacio), *Bahía del Espíritu Santo, Texas, 1829-Puebla 1862*, militar mexicano. Partidario del bando liberal durante la guerra de Reforma, ministro de guerra (1861), destacó en la defensa de Puebla ante la invasión francesa de México (5 mayo 1862).

Zaragoza (Innumerables mártires de), denominación dada a los 18 cesaraugustanos que sufrieron martirio junto a santa Engracia, en una persecución de cristianos anterior a la de Daciano.

ZARAGÜETA (Juan), *Orio, Guipúzcoa, 1883-San Sebastián 1974*, filósofo español. Sacerdote, su obra recibe el doble influjo de Ortega y la fenomenología: *Filosofía y vida* (1950-1954), *Los veinte temas que he cultivado en mis cincuenta años de labor filosófica* (1958).

ZÁRATE, c. de Argentina (Buenos Aires); 91 820 hab. Industrias. Nudo de comunicaciones.

ZÁRATE (Agustín de), *¿Valladolid? 1514 o 1515-1560*, cronista e historiador español. Secretario del consejo de Castilla, vivió en Perú (1544-1545) y escribió *Historia del descubrimiento y conquista del Perú* (1555).

ZARATUSTRA o **ZOROASTRO**, *en Irán s. VII-s. VI a. C.*, reformador del mazdeísmo. Debido a la oposición del clero mazdeísta, soportó pruebas terribles, pero la protección del rey Vistapa permitió la difusión de su doctrina. Su reforma, el *zoroastrismo*, insistió en la trascendencia divina y predicó una moral de acción fundada en la certeza del triunfo de la justicia.

ZARAUZ, en vasc. **Zarautz**, v. de España (Guipúzcoa); 20 638 hab. Industrias. Centro de veraneo.

ZARAZA, mun. de Venezuela (Guárico); 47 250 hab. Centro agropecuario y comercial. Lácteos.

ZARDOYA (Concha), *Valparaíso, Chile, 1914-Majadahonda, Madrid, 2004*, escritora española, autora de ensayos sobre poesía española, poesía (*Pájaros del Nuevo Mundo*, 1946, *Los signos*, 1954; *Los ríos caudales*, 1982) y cuentos.

ZARIA, c. de Nigeria; 345 000 hab. Ant. cap. de un reino hausa.

ZARQĀ', c. de Jordania, zona suburbana de 'Ammán; 605 000 hab. Refino de petróleo.

ZARUMA, cantón de Ecuador (El Oro); 27 383 hab. Yacimientos de oro, plata y cobre.

ZARZA (Vasco de la), *m. en 1524*, escultor español. Representa la plena aceptación de las formas renacentistas en Castilla (sepulcro de El Tostado, catedral de Ávila).

ZARZAL, mun. de Colombia (Valle del Cauca); 32 325 hab. Maíz y algodón. Ganadería.

Zarzuela (palacio de la), palacio de Madrid edificado en el s. XVII, en el bosque del Real sitio de El Pardo. Es la residencia oficial de la familia real española.

ZÁTOPEK (Emil), *Koprivnice 1922-Praga 2000*, atleta checo, campeón olímpico de 10 000 m en 1948 y triple campeón olímpico en 1952 (5 000 m, 10 000 m, maratón).

ZAUTLA, mun. de México (Puebla); 16 834 hab. Cereales, legumbres. Explotación forestal.

ZAVALA (Silvio), *Mérida 1909*, historiador mexicano. Investigador de la presencia española en América (*La encomienda indiana*, 1935; *Ensayos sobre la colonización española en América*, 1944), fundó y dirigió la *Revista de Historia de América* (1938-1965).

ZAWÍ IBN ZÍRÍ, *s. XI*, cabecilla beréber, de la tribu de los sanhaya. Recibió del califa beréber Sulaymān el feudo de Granada, que convirtió en capital de la dinastía Ziri.

ZAWIYA, c. de Libia, al O de Trípoli, a orillas del Mediterráneo; 220 075 hab.

ZAYAS Y ALFONSO (Alfredo), *La Habana 1861-íd. 1934*, político y escritor cubano. Fue vicepresidente (1909-1913) y presidente de la república (1921-1925), y fundador del Partido popular. Es autor de *Lexicografía antillana* (1914).

ZAYAS Y SOTOMAYOR (María de), *Madrid 1590-íd. 1661*, escritora española. Escribió poesía, una comedia y narraciones (*Novelas ejemplares y amorosas*, 1649), en las que trata el tema erótico de manera original.

ZAZA, r. de Cuba (Villa Clara y Sancti Spíritus), que desemboca en el Caribe; 150 km. Pasa por la c. de Sancti Spíritus, donde forma un gran embalse (1 020 millones de m³).

ZEA (Francisco), *Madrid h. 1827-íd. 1857*, escritor español. Sus *Obras en verso y prosa* (1858, edición póstuma) incluyen poesías y obras teatrales (*El diablo alcalde*).

ZEA (Francisco Antonio), *Medellín 1776-Bath, Gran Bretaña, 1822*, científico y político colombiano. Miembro desde 1791 de la expedición botánica a Nueva Granada, tuvo que abandonar Colombia por sus actividades revolucionarias. Tras pasar tres años preso en Cádiz, dirigió el Jardín botánico de Madrid (1805). Afrancesado, se exilió y se unió a Bolívar (1816). Presidió el congreso de Angostura (1819) y fue vicepresidente de la Gran Colombia.

ZEA (Leopoldo), *México 1912-íd. 2004*, ensayista mexicano. Profesor de la UNAM, entre sus obras figuran: *La esencia de lo americano* (1970), *Dependencia y liberación de la cultura latinoamericana* (1975), *Discurso sobre la imaginación y barbarie* (1988). [Medalla Belisario Domínguez 2000.]

ZEA [o **CEA**] **BERMÚDEZ** (Francisco), *Málaga 1772-París 1850*, político español. Secretario de estado (1824-1825) y embajador (1825-1832), fue jefe del gobierno tras los sucesos de La Granja, y realizó una política de despotismo ilustrado (1832-1834).

ZEAMI MOTOKIYO, *1363-1443*, actor y escritor japonés. Como su padre, **Kanami** (1333-1384), fue actor y autor del nō. Escribió importantes tratados de teoría teatral.

ZEDILLO (Ernesto), *México 1951*, político y economista mexicano. Colaborador de Salinas de Gortari en la programación económica, como candidato del PRI fue elegido presidente en 1994. Gestionó la transición a la alternancia política y entregó el poder al PAN en 2000.

ZEEMAN (Pieter), *Zonnemaire, Zelanda, 1865-Amsterdam 1943*, físico neerlandés. Descubrió, en 1896, la acción de los campos magnéticos en la emisión de la luz *(efecto Zeeman)* y estudió la propagación de la luz en los medios en movimiento, confirmando así las teorías relativistas. (Premio Nobel 1902.)

ZEGRÍES, dinastía del reino nazarí de Granada de inicios del s. XV. Sus luchas por el poder con los Abencerrajes causaron el deterioro del reino y culminaron en la guerra de Granada (1481-1492).

ZEIST, c. de Países Bajos, cerca del delta del Rin; 59 357 hab. Castillo reconstruido en el s. XVII.

ZEITLIN (Israel) → **TIEMPO** (César).

ZELANDA, en neerl. **Zeeland**, prov. de Países Bajos, en la desembocadura del Escalda y del Mosa; 359 200 hab. *(zelandeses);* cap. *Middelburg.*

ZELAYA (José Santos), *Managua 1853-Nueva York 1919*, político nicaragüense. Líder de la revolución que derrocó a Sacasa, fue presidente (1893-1909). Partidario de la Unión centroamericana, se opuso a la intervención de Gran Bretaña y Estados Unidos en la región.

ZELAYA ROSALES (José Manuel), *Catacamas 1952*, político hondureño. Líder del Partido liberal, ministro del fondo hondureño de seguridad social (1994-1999), en 2006 accedió a la presidencia de la república.

ZELENCHÚKSKAIA, localidad de Rusia, al N del Cáucaso. En las proximidades, a 2 070 m de alt., observatorio astronómico (telescopio de 6 m de diámetro).

ŻELEŃSKI (Tadeusz), llamado **Boy**, *Varsovia 1874-Lwiv 1941*, escritor polaco, traductor y autor de obras críticas e históricas.

ZELL AM SEE, c. de Austria (prov. de Salzburgo), a orillas del *lago de Zell;* 7 500 hab. Turismo.

ZEMAN (Karel), *Ostroměř 1910-Gottwaldov 1989*, cineasta checoslovaco. Sus películas combinan marionetas, actores y dibujos animados (*Una invención diabólica*, 1958; *El barón Munchausen*, 1961; *El aprendiz de brujo*, 1977).

ZEMPOALA, mun. de México (Hidalgo); 16 049 hab. Cereales, legumbres. Industria alimentaria. — Acueducto del s. XVI.

ZEMPOALA (lagunas de), lagunas de México (México y Morelos), en la sierra de Ajusco, que ocupan antiguos cráteres volcánicos.

ZENAWI (Meles), *Adua, Tigré, 1955*, político etíope. Líder del Frente democrático revolucionario del pueblo etíope, fue presidente del gobierno provisional entre 1991 y 1995, y es primer ministro desde 1995.

ZENDEJAS (Miguel Jerónimo), *Puebla h. 1723-íd. 1815*, pintor mexicano, de vasta producción religiosa (*Oración en el huerto*, catedral de Puebla).

ZENEA (Juan Clemente), *Bayamo 1832-La Habana 1871*, poeta cubano. Exponente del intimismo romántico en Cuba (*Cantos de la tarde*, 1860; *Diario de un mártir*), también cultivó la poesía patriótica. Murió fusilado.

ZENICA, c. de Bosnia-Herzegovina; 96 238 hab. Siderurgia.

ZENOBIA, *m. en Italia h. 274*, reina de Palmira (267-272). Gobernó tras la muerte de su marido, Odenat, y extendió su autoridad desde Asia Menor hasta Egipto. El emperador Aureliano la venció tras dos años de campaña (271-272).

ZENO GANDÍA (Manuel), *Arecibo 1855-San Juan 1930*, escritor puertorriqueño. Iniciador de la novela de su país, es autor de obras naturalistas (*La Charca*, 1895; *Garduña*, 1896; *El negocio*, 1922).

ZENÓN, *h. 426-491*, emperador romano de oriente (474-491). Su Edicto de unión con los monofisitas (*Henotikon*, 482) provocó un cisma con Roma que duró hasta Justiniano.

ZENÓN de Elea, *Elea entre 490 y 485-h. 430 a.C.*, filósofo griego de la escuela eleática. Discípulo de Parménides, sus argumentos (paradojas), tales como el de Aquiles y la tortuga, o el de la flecha que no alcanza el blanco, plantean la cuestión de la divisibilidad del espacio y del movimiento. Su estudio ha sido muy fecundo para las investigaciones lógicas.

ZENÓN de Citio, *Citio, Chipre, h. 335-h. 264 a.C.*, filósofo griego, fundador del estoicismo.

ZEPITA, mun. de Perú (Puno); 23 327 hab. Iglesia de San Pedro (s. XVIII), de estilo barroco mestizo.

ZEPPELIN (Ferdinand, conde von), *Constanza 1838-Berlín 1917*, militar e industrial alemán. Construyó, a partir de 1890, los grandes dirigibles rígidos que llevan su nombre.

ZEQUEIRA ARANGO (Manuel de), *La Habana 1764-1846*, militar y poeta cubano. En 1793 participó en la lucha contra los franceses en La Española. Neoclásico, escribió églogas (*Albano y Galatea*, 1792, bajo el seudónimo-anagrama Izmael Requenue), sonetos (*La ilusión*, 1798, firmado como Ezequiel Armura) y odas (*A la piña*, en la que conjuga elementos mitológicos para cantar a esta fruta).

ZÉRAḤ (Měnaḥem ben), *Estella 1310-Toledo 1385*, escritor hebraicoespañol, autor de *Provisión para el camino* (1373), síntesis de la ley y doctrina judía.

ZERAVSHÁN (cordillera de), montañas de Tadzhikistán. Sus torrentes proporcionan agua a los oasis de Samarkand y de Bujará.

ZERMATT, mun. de Suiza (Valais), al pie del Cervino; 4 225 hab. Gran centro turístico.

ZERMELO (Ernst), *Berlín 1871-Friburgo de Brisgovia 1953*, matemático y lógico alemán. Discípulo de Cantor, desarrolló la teoría de conjuntos, de la que ofreció, en 1908, la primera axiomatización, y que fue completada en la década de 1920 por Fraenkel y Skolem.

ZERNIKE (Frederik), *Amsterdam 1888-Naarden 1966*, físico neerlandés. Ideó el microscopio de contraste de fases que permite hacer visibles detalles totalmente transparentes. (Premio Nobel 1953.)

ŻEROMSKI (Stefan), *Strawczyn 1864-Varsovia 1925*, escritor polaco. Sus novelas (*Cenizas*, 1904) y dramas atacan las opresiones políticas y sociales.

ZERUAL (Liamine), *Batna 1941*, militar y político argelino. Ministro de defensa (1993-1999), fue presidente de la república de 1994 a 1999.

ZETKIN (Clara), *Wiederau 1857-Arjánguelskoie, cerca de Moscú, 1933*, revolucionaria alemana. Miembro del Partido socialdemócrata desde 1878, participó en el movimiento espartaquista, y más tarde se adhirió al Partido comunista alemán (1919). Fue diputada del Reichstag de 1920 a 1933.

ZETLAND (archipiélago) → **SHETLAND**.

ZEUS MIT. GR. Divinidad suprema del Olimpo, hijo de Cronos y Rea. Dios del cielo y señor de los dioses, hacía reinar en la tierra el orden y la justicia. Su atributo es el rayo. Santuarios célebres en Dodona, Olimpia y Creta. Los romanos lo asimilaron a Júpiter.

ZEUXIS, *segunda mitad del s. v a.C.*, pintor griego. Conocido por los autores antiguos, fue como Polignoto, un artista innovador.

ZHANGHUA, c. de Taiwán; 217 000 hab.

ZHANG YIMOU, *Xi'an 1950*, cineasta chino. Con su estilo libre y opulento, desde sus primeras obras ha obtenido el reconocimiento internacional (*Sorgo rojo*, 1987; *La linterna roja*, 1991; *Qiu Ju, una mujer china*, 1992; *Vivir*, 1994; *Ni uno menos*, 1999; *La maldición de la flor dorada*, 2006).

ZHANJIANG, c. de China (Guangdong); 401 000 hab. Puerto. Centro industrial.

ZHAO MENGFU, *Huzhou, Zhejiang, 1254-1322*, pintor chino, célebre por su estilo arcaizante y sus realistas representaciones de caballos.

ZHAO ZIYANG, *distrito de Huaxian, Henan, 1919-Pekín 2005*, político chino. Sucesor de Hua Guofeng al frente del gobierno (1980-1987) y secretario general del Partido comunista (1987-1989), fue destituido en 1989.

ZHDÁNOV → **MARIÚPOL**.

ZHDÁNOV (Andréi Alexándrovich), *Mariúpol 1896-Moscú 1948*, político soviético. Miembro del politburó (1939), dirigió la política cultural de la era de Stalin y fijó las reglas del realismo socialista.

ZHEJIANG, prov. del SE de China; 41 445 930 hab.; cap. *Hangzhou.*

ZHENGZHOU, c. de China, cap. del Henan; 1 730 000 hab. Centro industrial. — Cap. de la dinastía Shang, de la que conserva una necrópolis (mobiliario funerario en el museo).

ZHITOMIR o **JITOMIR**, c. de Ucrania, al O de Kíev; 298 000 hab.

ZHIVKOV (Todor), *Pravec 1911-Sofía 1998*, político búlgaro. Primer secretario del Partido comunista (desde 1954), presidente del consejo (1962-1971) y jefe de estado (desde 1971), dimitió en 1989.

ZHOU ENLAI, CHU EN-LAI o **CHEU NGEN-LAI**, *Huai'an, Jiangsu, 1898-Pekín 1976*, político chino. Participó en la fundación del Partido comunista chino (1921). Ministro de asuntos exteriores (1949-1958) y primer ministro (1949-1976), desempeñó un papel preponderante en política exterior y preparó el acercamiento entre China y EUA (1972).

ZHOUKOUDIAN, localidad de China, al SO de Pekín. Este sitio prehistórico, formado por un conjunto de grutas ocupadas a intervalos entre 400 000 y 30 000 años, ha revelado sobre todo los primeros restos del sinantropo (forma de *Homo erectus*), en 1921. (Patrimonio de la humanidad 1987.)

Zhuangzi, obra fundamental del taoísmo llamado «filosófico». Su autor, *Zhuangzi*, vivió a fines del s. IV a.C.

ZHU DA, llamado también **Bada Shanren**, *Nanchang 1625-1705*, monje, pintor y calígrafo chino, uno de los más prolíficos pintores individualistas de la época Ming.

ZHU DE, *Manchang, Sichuan, 1886-Pekín 1976*, político y militar chino. Compañero de Mao Zedong, estuvo al mando del ejército rojo desde 1931. Dirigió la Larga marcha (1934-1935) y más tarde luchó contra los japoneses (1937-1945). Tras la segunda guerra mundial conquistó la China continental (1946-1949) eliminando al ejército nacionalista de Jiang Jieshi.

ZHÚKOV (Gueorgui Konstantínovich), *Strélkovka 1896-Moscú 1974*, militar soviético. Encargado de defender Moscú (1941), resistió victo-

■ ZHOU ENLAI   ■ EL MARISCAL ZHÚKOV en 1945.

...osamente y después dirigió la defensa de Leningrado (1943). Condujo un grupo de ejércitos de Varsovia a Berlín, donde recibió la capitulación de la Wehrmacht (1945). Relegado por Stalin, a la muerte de este fue ministro de defensa (1955-1957).

ZHUKOVSKI (Vasili Andréievich), *cerca de Mísenskoie 1783-Baden-Baden 1852*, poeta y traductor ruso. Dio a conocer al público ruso el romanticismo británico y alemán, y fue preceptor del futuro zar Alejandro II.

ZHU XI o **CHU HI**, *You Xi, Fujian, h. 1130-1200*, filósofo chino. Su concepción del confucianismo, asociada a una reflexión sobre las relaciones entre el *li*, principio «formal», y el *qi*, principio «material», dominó hasta el s. XX. También escribió una historia de China.

ZIA UL-HAQ (Muḥammad), *Jullundur 1924-en accidente de aviación, cerca de Baháwalpūr, 1988*, militar y político paquistaní. Jefe del estado mayor del ejército (1976), dirigió el golpe de estado de julio 1977. Fue presidente de la república desde 1978 hasta su muerte.

ZIBAN → **ZAB**.

ZIBO, c. de China (Shandong); 2 460 000 hab. Centro industrial.

ZICO (Artur Antunes Coimbra, llamado), *Río de Janeiro 1953*, futbolista brasileño. Delantero y goleador. Jugó con los equipos Flamengo y Udinese. Participó tres veces en la copa del mundo (1978, 1982 y 1986).

ZIDANE (Zinédine), *Marsella 1972*, futbolista francés. Centrocampista ofensivo, fue el director del juego del equipo de Francia, con el que fue campeón del mundo (1998) y campeón de Europa (2000), y del Real Madrid. En 2006 se retiró.

ZIELONA GÓRA, c. de Polonia, junto al Odra; 144 900 hab. Centro industrial.

ZIGONG, c. de China (Sichuan); 393 184 hab. Petróleo y gas natural.

ZIGUINCHOR, c. de Senegal, junto al estuario del Casamance; 124 000 hab. Puerto. Pesca.

ZIHUATANEJO → **JOSÉ AZUETA**.

ŽILINA, c. del NO de Eslovaquia; 83 853 hab. Iglesia románica del s. XIII y otros monumentos.

ZIMAPÁN, c. de México (Hidalgo); 32 461 hab. Plomo, plata y cinc. — Iglesia barroca de interior neoclásico (ss. XVIII-XIX).

ZIMBABWE, estado de África austral; 390 000 km²; 11 520 000 hab. *(zimbabuenses)*. CAP. *Harare*. LENGUA: *inglés*. MONEDA: *dólar de Zimbabwe*.

GEOGRAFÍA

Es una región de mesetas, con predominio del bosque claro y de la sabana. Como herencia de la colonización, el país, mayoritariamente rural, yuxtapone cultivos de subsistencia (maíz) y de exportación (algodón y tabaco) junto a la ganadería (principalmente bovina). El subsuelo proporciona cromo, níquel, platino y carbón. La independencia, y más tarde unas reformas brutales, han provocado la marcha de una gran parte de la minoría blanca y desorganizado la economía, act. exangüe y minada por una inflación galopante (numerosos zimbabuenses abandonan el país en busca de trabajo).

HISTORIA

Los orígenes y la época colonial. Ss. III-XVI: el actual Zimbabwe, habitado por bosquimanos y luego por bantúes, proporcionó en el s. XV el marco del imperio del Monomotapa (capital Zimbabwe), que obtenía su riqueza de la explotación del oro. **S. XVI:** los portugueses desplazaron progresivamente a los musulmanes en el comercio de minerales. **1885-1896:** Cecil Rhodes, en nombre de Gran Bretaña, ocupó vastas regiones, que adoptaron en 1895 el nombre de Rhodesia y entre las cuales figuraba el actual Zimbabwe. **1911:** Rhodesia fue fragmentada; la unificación de las regiones del N formó Rhodesia del Norte (actual Zambia), la de las regiones del S constituyó Rhodesia del Sur (el futuro Zimbabwe). **1923:** Rhodesia del Sur se convirtió en colonia de la corona británica, dotada de autonomía interna. **1940-1953:** la segunda guerra mundial provocó una rápida expansión económica y la llegada de numerosos inmigrantes blancos. **1953-1963:** una federación unió Nyasalandia y las dos Rhodesias.

La independencia. 1965-1978: el primer ministro Ian Smith, jefe de la minoría blanca, proclamó unilateralmente (1965) la independencia de Rhodesia del Sur e instauró (1970) la República de Rhodesia. El nuevo estado definió su política según el modelo de la República de Sudáfrica (apartheid), a pesar de una creciente oposición interior y, a partir de 1972, del surgimiento de una guerrilla apoyada por Mozambique. **1978:** Ian Smith firmó un acuerdo con los opositores más moderados. **1979:** se constituyó un gobierno multirracial. **1980:** unas elecciones reconocidas por la comunidad internacional llevaron al poder a R. Mugabe, jefe del ala radical del movimiento nacionalista. La independencia de Zimbabwe provocó un éxodo de los blancos, que, no obstante, continuaron controlando lo esencial de la riqueza económica del país. **1987:** establecimiento de un régimen presidencial. R. Mugabe se convirtió en jefe del estado. Fue reelegido en 1990, 1996, 2002 y 2006, pero, a medida que ejerció un poder cada vez más autoritario, tuvo que hacer frente a una creciente oposición interna y a la desconfianza de la comunidad internacional. **2002:** el desenlace de la reforma agraria, puesta en marcha en la década de 1980 pero radicalizada desde 2000 (expropiación de los granjeros blancos por una legislación coercitiva y el recurso a la violencia) llevó a una grave desorganización de la economía del país. **2003:** Zimbabwe abandonó la Commonwealth (de la que había sido expulsada en 2002). **2008:** las elecciones presidenciales llevaron a un callejón sin salida: tras una primera vuelta cuyos resultados fueron rechazados (marzo), R. Mugabe se declaró vencedor de una segunda vuelta sin adversario (junio), ya que el candidato de la oposición, Morgan Tsvangirai, había renunciado a presentarse debido al contexto de extrema violencia. **2009:** en aplicación de un acuerdo de reparto del poder alcanzado en sept. 2008, M. Tsvangirai se convirtió en primer ministro (febr.). Pero el país se encuentra devastado (peligro de hambrunas, epidemia de cólera).

ZIMMERMANN (Bernd Alois), *Bliesheim, cerca de Colonia, 1918-Königsdorf, act. en Colonia, 1970*, compositor alemán. Es autor de la ópera *Los soldados*, de obras inspiradas en el ballet (*Concierto para violoncelo, en forma de pas de trois*) y de grandes frescos que combinan voz, orquesta y música electrónica (*Réquiem por un joven poeta*, 1969).

ZIMMERMANN (Dominikus), *Gaispoint, act. en Wessobrunn, Baviera, 1685-Wies, Baviera, 1766*, arquitecto y estucador alemán. Su obra maestra es la abadía de Wies (desde 1746), una de las creaciones más refinadas y exuberantes del rococó germánico. — **Johann Baptist Z.**, *Gaispoint, act. en Wessobrunn, 1680-Munich 1758*, pintor y estucador alemán, hermano mayor de Dominikus. Realizó la decoración completa (frescos, estucos) de varios de los edificios construidos por su hermano (Steinhausen, en Suabia, Wies, etc.).

ZINACANTEPEC, mun. de México (México); 60 232 hab.; cab. *San Miguel Zinacantepec*. Iglesia franciscana (1563), de fachada plateresca.

ZINAPÉCUARO, mun. de México (Michoacán); 37 571 hab. Antiguo centro tarasco.

ZINDER, c. del S de Níger; 120 900 hab.

ZINÓVIEV (Grigori Yevséievich), *Elisavetgrad, act. Kirovohrad, 1883-1936*, político soviético. Colaborador de Lenin desde 1902-1903 y miembro del politburó del partido (1917-1926), dirigió el Comité ejecutivo de la Internacional comunista (1919-1926). Se unió a Trotski en la oposición a Stalin (1926) y fue excluido del partido (1927). Juzgado en los procesos de Moscú (1935-1936), fue ejecutado. Fue rehabilitado en 1988.

ZINZENDORF (Nikolaus Ludwig, conde von), *Dresde 1700-Herrnhut 1760*, jefe religioso sajón. Restaurador de la orden de los Hermanos moravos, influyó en la renovación protestante del s. XVIII.

ZIPAQUIRÁ, mun. de Colombia (Cundinamarca); 55 370 hab. Explotación de sal gema y carbón. Fertilizantes. Dentro de las minas, iglesia («la catedral de sal»). Turismo.

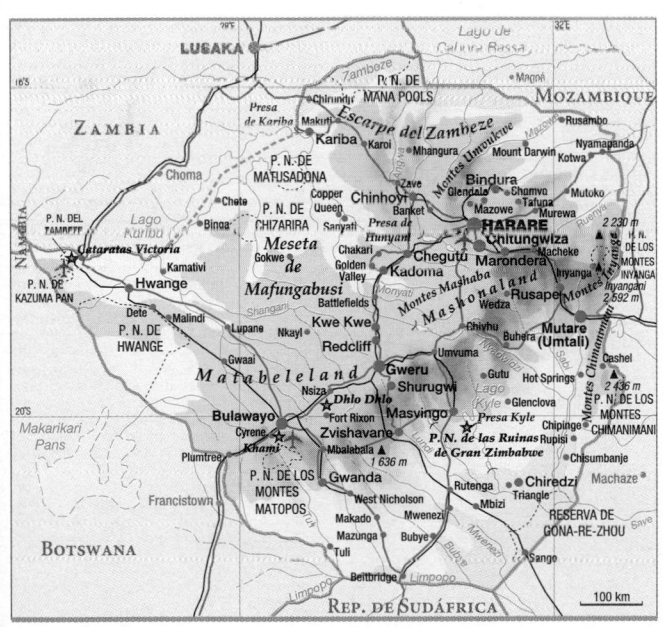

Zimbabwe

500 1 000 1 500 m

★ lugar de interés turístico
— carretera
— ferrocarril
✈ aeropuerto

● más de 1 000 000 hab.
● de 100 000 a 1 000 000 hab.
● de 10 000 a 100 000 hab.
• menos de 10 000 hab.

ZIRÁNDARO, mun. de México (Guerrero); 20 024 hab. Caña de azúcar, frutas tropicales. Ganadería.

ZIRI (Banū), familia bereber del grupo şanhāŷa que en el s.x se instaló en la península Ibérica. En 1025-1090 gobernó un feudo en Granada.

ZIRÍES, dinastía bereber, una de cuyas familias reinó en el E de África del Norte (de 972 a 1167), y otra en la península Ibérica (Banū Zīrī) de 1025 a 1090.

ZIRĪ IBN 'ATIYYA, *m. en 1001,* jefe musulmán de la tribu zanata de los magrawa.Visir de los territorios mogrebíes vasallos de Córdoba, huyó al Sahara tras una fallida revuelta contra Wādih (990-991). Almanzor le restituyó sus poderes.

ZITA (santa), *Monsagrati, cerca de Lucca, 1218-Lucca 1278.* Patrona de los empleados domésticos.

ZITÁCUARO, c. de México (Michoacán), en la *sierra de Zitácuaro,* cerca del *río Zitácuaro* (afl. del Cutzamala); 83 649 hab. Industria alimentaria, curtidos, aserraderos. Mercado regional. Artesanía. Turismo. — La ciudad se sumó a la insurrección de Hidalgo (1810), y en ella se creó una junta nacional (ag. 1811) hasta la *toma de Zitácuaro* (2 en. 1812).

ZITA DE BORBÓN PARMA, *Villa Pianore,cerca de Viareggio, 1892-abadía de Zizers, Suiza, 1989,* emperatriz de Austria. Casó en 1911 con Carlos I.

ZITARROSA (Alfredo), *Santa Lucía 1936-Montevideo 1989,* cantautor uruguayo, autor e intérprete de canciones folclóricas, sobre todo milongas, de temática social *(Guitarra negra; Doña Soledad; En mi país).*

ZIZINHO (Thomaz Soares da Silva, llamado), *Río de Janeiro 1922,* futbolista brasileño. Centrocampista, jugó con los equipos Flamengo,São Paulo y Audax Italiano.

ŽIŽKA (Jan), *Trocnov h. 1360 o 1370-cerca de Pribyslav 1424,* patriota checo. Jefe husita y luego taborita (1420), a pesar de haber quedado ciego prosiguió la lucha contra el emperador Segismundo.

ZLATOÚST, c. de Rusia, en los Urales; 210 700 hab. Metalurgia.

ZLÍN, de 1948 a 1990 **Gottwaldov,** c. de la Rep. Checa (Moravia); 84 634 hab. Centro industrial (calzado).

ZÓBEL (Fernando), *Manila 1924-Roma 1984,* pintor y grabador español. Fundó en Cuenca el museo de arte abstracto español (1963). Practicó una abstracción preciosista de tenues grafismos en un espacio delicadamente coloreado.

Zócalo, plaza mayor de la ciudad de México. Forma un amplio rectángulo,dos de cuyos lados ocupan la catedral,con la capilla del Sagrario, y el palacio del Gobierno. Frente a la catedral se alzan los edificios gemelos del ayuntamiento y el departamento del Distrito Federal.— Fue el centro de la antigua Tenochtitlan.

ZOÉ Porfirogéneta, *h. 978-1050,* emperatriz bizantina (1028-1050). Hija de Constantino VIII, mandó asesinar a su marido, Romano III Argiro (1034), para casarse y hacer coronar emperador a Miguel IV, con quien reinó hasta 1041.Tras la muerte de este último (1041),se casó con Constantino IX Monomaco (1042).

ZOETERMEER, c. de los Países Bajos, al E de La Haya; 102 937 hab.

ZOGÚ I o **ZOG I** (Ahmed Zogú, llamado), *Burgajet 1895-Suresnes 1961,* rey de Albania (1928-1939). Presidente de la república (1925), instituyó la monarquía (1928) y se exilió ante la invasión italiana (1939).

Zóhar («Libro del esplendor»), obra fundamental de la cábala judía. Redactada en arameo, casi seguro por Moisés de León entre 1240 y 1280, ejerció una enorme influencia en el pensamiento judío.

ZOLA (Émile), *París 1840-íd. 1902,* escritor francés. Figura principal del naturalismo, quiso aplicar el rigor científico a la descripción de los hechos humanos y sociales *(Thérèse Raquin,* 1867; *Los Rougon-Macquart,* 1871-1893; *La taberna,* 1877; *Germinal,* 1885). Atraído por las teorías socialistas, evolucionó hacia una vi-

sión mesiánica del futuro humano *(Los cuatro evangelios,* 1899-1903).Escribió también un célebre manifiesto favorable a *Dreyfus *(Yo acuso,* 1898) y obras de crítica literaria y artística.

Zollverein (Deutscher) [«Unión aduanera alemana»], asociación aduanera que entró en vigor en 1834 propuesta por Prusia. De 1834 a 1867 englobó al conjunto de los estados alemanes.Desempeñó así un papel decisivo en la formación de la unidad alemana.

ZOMBA, c. de Malawi; 53 000 hab. Ant. cap. de Malawi.

ZONGOLICA, mun. de México (Veracruz); 24 037 hab. Economía agropecuaria.

ZONGULDAK, c. de Turquía,en el mar Negro; 116 725 hab. Puerto. Centro hullero.

ZORITA o **ZURITA** (Alonso de), *¿Córdoba? 1512-¿Granada? d. 1585,* historiador español. Oidor de Santo Domingo (1547), Guatemala (1550-1554) y Nueva España (1554), escribió *Breve y sumaria relación de los señores de la Nueva España* (1585, editada en francés en 1840,y en castellano en 1864).

ZORITA DE LOS CANES, v. de España (Guadalajara); 96 hab. Restos de la visigoda *Recópolis.* Castillo musulmán, reconstruido en el s. XIII.

ZORN (Anders), *Mora 1860-íd. 1920,* pintor y grabador sueco. Destacó por sus retratos al aguafuerte,de trazos enérgicos.

ZORN (Fritz Angst, llamado Fritz), *Meilen 1944-1976,* escritor suizo en lengua alemana. Su autobiografía póstuma *(Bajo el signo de Marte,* 1977) relaciona la evocación de su cáncer con la de una existencia vacía y opresiva en el seno de la burguesía de Zurich.

ZOROASTRO → ZARATUSTRA.

ZOROBABEL, príncipe judío, gobernador de la provincia de Judea entre 520 y 518 a.C.bajo la dominación persa.Ayudó a los exiliados judíos a regresar a su patria y a reconstruir el Templo de Jerusalén.

ZORRILLA (Concepción, llamada China), *Montevideo 1922,* actriz uruguaya.Vinculada a títulos clave del cine latinoamericano *(La mafia,* L.Torre-Nilsson,1972;*Últimos días de la víctima,* A. Aristarain, 1982), ha alcanzado gran popularidad gracias a diferentes series televisivas. Reside en Argentina desde 1971.

ZORRILLA (José), *Valladolid 1817-Madrid 1893,* escritor español. Autor prolífico, su poesía está dominada por elementos goticistas y fantásticos que abarcan todos los temas: religioso, amoroso, histórico *(Poesía,* 1837). Escribió numerosas leyendas *(Cantos del trovador,* 1840-1841; destacan *A buen juez, mejor testigo* y *Margarita la Tornera)* y obras teatrales en verso, de las que sobresalen *El zapatero y el rey* (1840) y *Don Juan Tenorio* (1844), mito romántico por excelencia. Fue coronado poeta nacional en 1889.

ZORRILLA DE SAN MARTÍN (Juan), *Montevideo 1855-íd. 1931,* escritor uruguayo.Autor de la pieza oratoria *El mensaje de América,* publicó poemas bajo la influencia de los románticos españoles, el drama épico de tema indígena *Tabaré* (1879-1886) y ensayos. — **José Luis Z. de S.M.,** *legación de Uruguay en Madrid 1891-Montevideo 1975,* uruguayo. Hijo de Juan, es autor de obras monumentales fue pintor y escultor *(Monumento al gaucho; monumento al general Roca,Buenos Aires; San José,* iglesia de la Tombe Isoire,París).

■ ÉMILE **ZOLA,** por É. Manet. (Museo de Orsay, París.)

■ JOSÉ **ZORRILLA**

Zorro (El), personaje creado por el estadoun[i]dense Johnston McCulley en su novela *The Curse of Capistrano* (1919). Caballero vestid[o] de negro, arquetipo del justiciero enmascara[do], fue popularizado por el cine.

ZOSER o **YOSER,** *h. 2800 a.C.,* soberano d[e] Egipto, fundador de la III dinastía. Edificó e[n] Saqqāra la primera pirámide escalonada.

ZRENJANIN, c.de Serbia (Vojvodina); 81 38[2] hab.Monumentos de estilo barroco.

ZSIGMONDY (Richard), *Viena 1865-Gotting[a] 1929,* químico austriaco. Inventó el *ultramicroscopio. (Premio Nobel 1925.)

ZUBEROA, en fr. Soule, región histórica del País Vasco, en Francia (Pyrénées-Atlantiques), que forma parte de Euzkadi Norte.

ZUBIAURRE (Valentín), *Madrid 1879-íd. 1963,* pintor español. Su obra, de temática vasca o castellana, destaca por su detallismo y el melancólico hieratismo de sus personajes *(Tipos de Ondárroa).* — **Ramón Z.,** *Garay 1882-Madrid 1969,* pintor español. Hermano de Valentín,se formó junto a él y siguió la misma temática, distinguiéndose por su recio dibujo y rico colorido *(Marino vasco).*

ZUBIRI (Xavier), *San Sebastián 1898-Madrid 1983,* filósofo español. Su reflexión se centró primero en las relaciones entre filosofía y ciencia, desde posiciones próximas a Ortega, al historicismo de Dilthey y al pensamiento de Heidegger; posteriormente abordó los nexos entre realidad e intelección. Propuso una original meditación del problema religioso. Obras: *Naturaleza, historia, Dios* (1944), *Sobre la esencia* (1962), la trilogía *Inteligencia sentiente, Inteligencia y logos* e *Inteligencia y razón* (1980-1983), *El hombre y Dios* (1984), *Sobre el hombre* (1986).

■ XAVIER **ZUBIRI**   ■ ULRICO **ZUINGLIO.** (Biblioteca de Zurich.)

ZUCCARI (Taddeo), *Sant'Angelo in Vado, Urbino, 1529-Roma 1566,* pintor italiano. Representante del manierismo tardío, realizó numerosas decoraciones monumentales (frescos) en Roma y en los alrededores. — **Federico Z.,** *Sant'Angelo in Vado h. 1540-Ancona 1609,* pintor y teórico italiano. Hermano de Taddeo, evolucionó hacia un eclecticismo académico. Trabajó en El Escorial (1586-1588), pero su obra no gustó a Felipe II, que hizo sustituir algunos de sus cuadros por otros de Tibaldi.

ZUCCHI (Carlos), *Milán 1792-íd. 1856,* arquitecto italiano activo en Argentina y Uruguay. Contratado por el gobierno de Rivadavia para realizar numerosos edificios y obras públicas, es autor del panteón de los hombres ilustres en Buenos Aires.En 1839 trazó el primer plano urbanístico integral de Montevideo.

ZUDÁÑEZ (Jaime de), *Chuquisaca-Montevideo 1832,* prócer de la independencia americana.Autor de un *Catecismo político* (1812 o 1813), fue vicepresidente del congreso de Tucumán (1817-1819) y diputado al congreso constituyente de Uruguay (1828-1830).

ZUG, en fr. Zoug, c. de Suiza, cap. del cantón homónimo, a orillas del *lago de Zug;* 21 705 hab.

ZUG (cantón de), cantón de Suiza; 239 km^2 y 88 600 hab.Entró en la Confederación Helvética en 1352.

ZUGARRAMURDI, mun. de España (Navarra); 234 hab. Cuevas naturales, ant. centro de brujería (auto de fe de 1610, celebrado en Logroño,contra las *brujas de Zugarramurdi).*

UGAZAGOITIA (Julián), *Bilbao 1898-Madrid 1940*, político y escritor español. Diputado socialista y ministro de gobernación (1937-1938), escribió novelas, biografías y una *Historia de la guerra de España* (1940). Exiliado n París, fue entregado por los alemanes al gobierno de Franco, y fusilado.

UGSPITZE, cumbre de los Alpes, en la frontera entre Austria y Alemania, de la que constituye el punto culminante; 2 963 m.

UHR → AVENZOAR.

UIDERZEE, ant. golfo de Países Bajos cerrado por un dique y que constituye act. un lago anterior (Ijsselmeer o lago de Ijssel) en que se han creado grandes pólders. Es el ant. *lago Zevo,* que una inundación unió al mar del Norte en el s. XIII.

ZUINGLIO (Ulrico), en alem **Ulrich Huldrych Zwingli,** *Wildhaus, cantón de Sankt Gallen, 1484-Kappel 1531,* reformador suizo. Cura de Glaris, recibió la influencia de Erasmo y hacia 1520 se adhirió a la Reforma, que introdujo en Zurich. En paralelo a la reforma del culto y a la constitución de la Iglesia, se esforzó para establecer un verdadero estado cristiano, idea seguida por Calvino en Ginebra. Murió en el transcurso de un enfrentamiento entre católicos y protestantes (batalla de Kappel).

ZÚJAR, r. de España, afl. del Guadiana (or. izq.); 214 km. Al atravesar sierra Morena forma el *embalse del Zújar* (123 millones de m³).

ZULETA ÁNGEL (Eduardo), *Barcelona, España, 1899-Miami 1973,* político colombiano. Conservador, fue ministro (1948-1949), embajador en EUA y presidente de la OEA (1955-1962).

ZULIA (estado), est. del NO de Venezuela; 2 235 305 hab.; cap. *Maracaibo.* Ganadería. Petróleo.

ZULOAGA (Félix María), *Álamos 1813-México 1898,* militar y político mexicano. Conservador, combatió la revolución de Ayutla (1854) y fue presidente de la república (en.-dic. 1858 y en.-febr. 1859).

ZULOAGA (Ignacio), *Eibar 1870-Madrid 1945,* pintor español. De formación clásica, se decantó hacia un realismo austero y expresivo de contenido dramático (*La cofradía del Cristo de la Sangre*), relacionado con las ideas de la generación del 98 a muchos de cuyos miembros retrató. Son notables sus cuadros de toreros y paisajes. — Museo en Zumaia.

■ IGNACIO ZULOAGA. *Autorretrato.* ■ STEFAN ZWEIG

ZÜLPICH, localidad de Alemania, al O de Bonn, considerada la ant. *Tolbiac.*

ZULUETA Y ESCOLANO (Luis de), *Barcelona 1878-Nueva York 1964,* pedagogo, político y escritor español. Fue ministro de estado (1931-1933) y diplomático. Colaboró en periódicos y recopiló ensayos relacionados con el proyecto pedagógico de Giner de los Ríos. Es autor del ensayo *El rapto de América* (1952).

ZUMA (Jacob), *Inkandla, Kwazulu-Natal, 1942,* político sudafricano. Presidente del ANC (2007), accedió a la presidencia de la república era 2009.

ZUMAIA, v. de España (Guipúzcoa); 8 392 hab. *(zumayanos).* Centro industrial (astilleros, máquinas-herramienta) y pesquero.

ZUMALACÁRREGUI (Tomás de), *Ormáiztegui, Guipúzcoa, 1788-Cegama, Guipúzcoa, 1835,* militar carlista español. Comandante general interino de Navarra (nov. 1833) y jefe del ejército carlista (dic.), derrotó en varias ocasiones a las tropas liberales. Tras la victoria sobre el general Jerónimo Valdés en el desfiladero de Artaza (Navarra, abril 1835), dominó toda Navarra y las zonas rurales de Vizcaya y Guipúzcoa. Fue herido de muerte en el sitio de Bilbao.

ZUMÁRRAGA (fray Juan de), *Durango 1468 o 1476-México 1548,* eclesiástico español. Franciscano, fue prelado sin consagrar del obispado de México (1527-1528) y protector de los indios; se enfrentó al presidente de la audiencia N. Beltrán de Guzmán, a quien acusó de tirano. Consagrado obispo en Valladolid (1533), arribó a Nueva España (1535) dispuesto a hacer cumplir la cédula de 1530, que prohibía la esclavitud de los indios, y creó el colegio de Santa Cruz de Tlatelolco (1536). Nombrado inquisidor (1535) y arzobispo (1547), introdujo la imprenta para facilitar la evangelización. Escribió *Doctrina breve* (1543-1544) y *Regla cristiana* (1547).

ZUMAYA o SUMAYA (Manuel de), *Antequerra 1678-Oaxaca 1755,* compositor mexicano. Organista de la catedral de México y maestro de capilla (1745) en Oaxaca, de su producción destacan las óperas *El Rodrigo* (1707) y *La Partenope* (1711).

ZUM FELDE (Alberto), *Bahía Blanca, Argentina, 1890-Montevideo 1976,* escritor uruguayo. Se inició como poeta y destacó posteriormente en el ensayo sobre literatura (*Índice crítico de la literatura hispanoamericana,* 1955 y 1959).

ZUMPANGO, mun. de México (México); 51 393 hab. Hortalizas y frutas. Ganadería.

ZUMPANGO DEL RÍO, mun. de México (Guerrero); 27 643 hab. Minería e industrias derivadas.

ZUNIL (volcán), volcán de Guatemala, en la sierra Madre; 3 533 m.

ZUNZUNEGUI (Juan Antonio de), *Portugalete 1901-Madrid 1982,* escritor español. Sus novelas, de carácter realista, son por lo común de asunto social vasco (*Ciplichandle,* 1940; *¡Ay... estos hijos!,* 1943; *El premio,* 1962). [Real academia 1957.]

ZÚÑIGA (familia), linaje aristocrático español, originario de Navarra o Álava, conocido como Stúñiga hasta el s. XV, y que más adelante emparentó con los Velasco, los Mendoza y los Guzmán. — **Pedro de S.,** *m. en 1453,* conde de Ledesma (1430) y de Plasencia (1442). — **Álvaro de S.,** *m. en 1488,* conde de Plasencia y duque de Arévalo (1469). — **Baltasar de Z.,** *m. en 1622.* Dirigió la política de Felipe IV.

ZÚÑIGA Y GUZMÁN (Baltasar de), marqués de Valero, duque de Arión, *1658-Madrid 1727,* administrador español. Fue virrey de Nueva España (1716-1722) y presidente del Consejo de Indias.

ZURBARÁN (Francisco de), *Fuente de Cantos, Badajoz, 1598-Madrid 1664,* pintor español. Su pintura es una de las cumbres del realismo barroco español, al que insufló una profunda espiritualidad. Un tenebrismo casi abstracto, el realismo textural y un peculiar geometrismo, ligado tanto a rasgos arcaizantes como a una rigurosa austeridad, son las claves de su estilo, particularmente adaptado a la temática religiosa (*Santa Casilda,* Prado; series para la sacristía del monasterio de Guadalupe y para el retablo mayor de la cartuja de Jerez [1637-1639]; *Apoteosis de santo Tomás de Aquino,* museo de bellas artes, Sevilla; *Bodegón con naranjas* [1633], fundación Norton Simon, Pasadena). Su influjo se extendió a la América española (adonde exportó cuadros) y a Portugal.

ZURICH, en alem. **Zürich,** c. de Suiza, cap. del cantón homónimo, a orillas del Limmat, subafl. del Rin, a la salida del *lago de Zurich* (90 km²); 365 043 hab. (más de 800 000 en la aglomeración). Universidad. Es la mayor ciudad de Suiza y el principal centro industrial y financiero. — Catedral románica (ss. XII-XIII) y otros

monumentos; importantes museos. — Ciudad imperial libre desde 1218, se adhirió a la Confederación Helvética en 1351. Zuinglio la convirtió en un centro de la Reforma (1523).

ZURICH, cantón de Suiza; 1 729 km²; 1 162 100 hab., cap. *Zurich.*

ZURITA (Alonso de) → **ZORITA.**

ZURITA (Jerónimo), *Zaragoza 1512-íd. 1580,* historiador español. Fue cronista de Aragón desde 1547 y autor de los *Anales de la Corona de Aragón* (publicados entre 1562 y 1579), proseguidos por Diego José Dormer (1697). Felipe II (1567) le encargó la recopilación de documentación para el archivo de Simancas.

ZUSE (Konrad), *Berlín 1910-Hünfeld 1995,* ingeniero alemán. Realizó, a partir de 1938, diferentes modelos de calculadoras electromecánicas programables. Una de ellas, la Z3 (1941), que utilizaba numeración binaria y el procedimiento de cálculo con coma flotante, es considerada como la primera computadora.

ZWEIBRÜCKEN, c. de Alemania (Renania-Palatinado); 35 704 hab. Ant. cap. de un ducado que fue cedido a Francia en 1801 y repartido en 1816 entre Baviera y Prusia.

ZWEIG (Stefan), *Viena 1881-Petrópolis 1942,* escritor austriaco. Representante del círculo intelectual vienés, influido por el freudismo, sus dramas, relatos (*Amok,* 1922), novelas (*Impaciencia del corazón,* 1938) y ensayos históricos y literarios (*La curación por el espíritu,* 1931) engloban toda la cultura europea. En 1934 se trasladó a Inglaterra, y después a Brasil, donde se suicidó.

ZWICKAU, c. de Alemania (Sajonia), al S de Leipzig; 107 988 hab. Centro industrial. — Catedral del s. XV.

ZWICKY (Fritz), *Varna, Bulgaria, 1898-Pasadena, EUA, 1974,* astrofísico suizo. Estudió las supernovas, predijo la existencia de las estrellas de neutrones (1935), estudió la distribución de las galaxias en el universo y postuló a partir de 1933 la presencia de materia oscura no observada. También elaboró un catálogo fotográfico de galaxias.

ZWOLLE, c. de Países Bajos, cap. de la prov. de Overijssel, en la or. der. del Ijsselmeer; 95 572 hab. Centro administrativo, comercial e industrial. — Iglesia gótica y otros monumentos.

ZWORYKIN (Vladimir), *Múrom 1889-Princeton 1982,* ingeniero estadounidense de origen ruso. Autor de trabajos de óptica electrónica, inventó el iconoscopio (1934), el primero de una larga serie de tubos electrónicos utilizados en televisión.

■ FRANCISCO DE **ZURBARÁN.** *La Anunciación.* (Grenoble, Francia.)

PRINCIPALES ACADEMIAS EN PAÍSES DE HABLA HISPANA

ARGENTINA

Academia argentina de letras
20 miembros de número
Fundada en 1931. Sede: Buenos Aires.
Correspondiente de la Real academia española.
Biblioteca de 90.000 volúmenes.

Academia nacional de medicina
35 miembros
Fundada en 1822. Sede: Buenos Aires.
Biblioteca de 50 000 volúmenes.

Academia nacional de ciencias
87 miembros
Fundada en 1869. Sede: Córdoba.
Biblioteca de 50 000 volúmenes.

Academia nacional de derecho y ciencias sociales de Córdoba
29 miembros de número
Fundada en 1874. Sede: Córdoba.

Academia nacional de ciencias exactas, físicas y naturales
36 miembros titulares
Fundada en 1874. Sede: Buenos Aires.

Academia nacional de derecho y ciencias sociales
25 miembros
Fundada en 1874. Sede: Buenos Aires.

Academia nacional de la historia
37 miembros de número
Fundada en 1893. Sede: Buenos Aires.

Academia nacional de agronomía y veterinaria
40 miembros de número
Fundada en 1910. Sede: Buenos Aires.

Academia nacional de ciencias económicas
35 miembros
Fundada en 1914. Sede: Buenos Aires.

Academia nacional de ciencias de Buenos Aires
35 miembros
Fundada en 1935. Sede: Buenos Aires.

Academia nacional de bellas artes
30 miembros de número
Fundada en 1936. Sede: Buenos Aires.

Academia nacional de ciencias morales y políticas
35 miembros
Fundada en 1938. Sede: Buenos Aires.

Academia nacional de geografía
30 miembros
Fundada en 1956. Sede: Buenos Aires.

Academia nacional del tango
40 miembros
Fundada en 1990. Sede: Buenos Aires.

BOLIVIA

Academia boliviana de la lengua
35 miembros de número
Fundada en 1927. Sede: La Paz.
Correspondiente de la Real academia española.

Academia boliviana de la historia
18 miembros
Fundada en 1929. Sede: La Paz.

Academia nacional de ciencias de Bolivia
53 miembros
Fundada en 1960. Sede: La Paz.

CHILE

Instituto de Chile
Fundado en 1964 para promover la cultura en todos sus ámbitos. Sede: Santiago.
Comprende: Academia chilena de la lengua, Academia chilena de la historia, Academia chilena de ciencias, Academia chilena de ciencias sociales, políticas y morales, Academia chilena de medicina, Academia chilena de bellas artes.

Academia chilena de la lengua
35 miembros de número
Fundada en 1885. Sede: Santiago.
Correspondiente de la Real academia española.

Academia chilena de la historia
36 miembros de número
Fundada en 1935. Sede: Santiago.

Academia chilena de ciencias
35 miembros de número
Fundada en 1964. Sede: Santiago.

Academia chilena de ciencias sociales, políticas y morales
35 miembros de número
Fundada en 1964. Sede: Santiago.

Academia chilena de medicina
33 miembros de número
Fundada en 1964. Sede: Santiago.

Academia chilena de bellas artes
25 miembros de número
Fundada en 1964. Sede: Santiago.

Academia chilena de ciencias naturales
Fundada en 1926. Sede: Santiago.
No está integrada en el Instituto de Chile.

COLOMBIA

Academia colombiana de la lengua
26 miembros de número
Fundada en 1871. Sede: Bogotá.
Correspondiente de la Real academia española.
Biblioteca de 40 000 volúmenes.

Academia nacional de medicina de Colombia
66 miembros de número
Fundada en 1890. Sede: Bogotá.

Academia colombiana de jurisprudencia
50 miembros
Fundada en 1894. Sede: Bogotá.

Academia colombiana de historia
40 miembros de número
Fundada en 1902. Sede: Bogotá.
Biblioteca de 45 000 volúmenes.

Academia antioqueña de historia
60 miembros
Fundada en 1903. Sede: Medellín.

Academia boyacense de historia
30 miembros
Fundada en 1905. Sede: Tunja.
Biblioteca con numerosos manuscritos de los ss. XVI-XIX.

Academia de la historia de Cartagena de Indias
25 miembros de honor
Fundada en 1912. Sede: Cartagena de Indias.

Academia colombiana de ciencias exactas, físicas y naturales
29 miembros de número
Fundada en 1933. Sede: Bogotá.

COSTA RICA

Academia costarricense de la lengua
15 miembros de número
Fundada en 1923. Sede: San José.
Correspondiente de la Real academia española.

Academia de geografía e historia de Costa Rica
31 miembros de número
Fundada en 1940. Sede: San José.

CUBA

Academia cubana de la lengua
17 miembros de número
Fundada en 1926. Sede: La Habana.
Correspondiente de la Real academia española.

Academia de ciencias de Cuba
164 miembros
Fundada en 1861. Sede: La Habana.
De ella dependen numerosos institutos de investigación y el Archivo nacional.

REPÚBLICA DOMINICANA

Academia dominicana de la lengua
12 miembros de número
Fundada en 1927. Sede: Santo Domingo.
Correspondiente de la Real academia española.
Biblioteca de 50 000 volúmenes.

Academia dominicana de la historia
12 miembros
Fundada en 1931. Sede: Santo Domingo.

ECUADOR

Academia ecuatoriana de la lengua
23 miembros de número
Fundada en 1874. Sede: Quito.
Correspondiente de la Real academia española.

Academia ecuatoriana de medicina
Fundada en 1958. Sede: Quito.

EL SALVADOR

Academia salvadoreña de la lengua
16 miembros de número
Fundada en 1876. Sede: San Salvador.
Correspondiente de la Real academia española.

Academia salvadoreña de la historia
18 miembros
Fundada en 1925. Sede: San Salvador.

ESPAÑA

Instituto de España
Fundado en 1938. Sede: Madrid.
Corporación nacional, a modo de senado de la cultura española, para concertar las actividades culturales académicas.
Comprende: Real academia española, Real academia de bellas artes de San Fernando, Real academia de la historia, Real academia de ciencias exactas, físicas y naturales, Real academia de ciencias morales y políticas, Real academia nacional de farmacia, Real academia nacional de medicina, Real academia de jurisprudencia y legislación.

Real academia española
26 miembros de número
Fundada en 1713 por Felipe V. Sede: Madrid.
Desde 1778 publica el *Diccionario de la lengua española*, órgano normativo de lexicografía, que recopila las indicaciones de las academias de habla hispana, agrupadas en la Asociación de academias de la lengua española como correspondientes.

Real academia nacional de farmacia
46 miembros
Fundada en 1734, se convirtió en academia en 1932. Sede: Madrid.

Real academia nacional de medicina
50 miembros de número
Fundada en 1734 con carácter privado, adoptó su nombre actual en 1917. Sede: Madrid.
Biblioteca de 100 000 volúmenes.

Real academia de la historia
35 miembros de número
Fundada en 1738 por Felipe V. Sede: Madrid.
Posee una importante biblioteca de 400 000 volúmenes y 180 000 manuscritos.

Real academia de bellas artes de San Fernando
64 miembros de número
Fundada en 1744. Sede: Madrid.
Posee un importante museo de pintura y de escultura. Biblioteca de 40 000 volúmenes, que incluyen 127 ediciones raras y 815 manuscritos.

Real academia de ciencias exactas, físicas y naturales
54 miembros de número
Fundada en 1847. Sede: Madrid.
Biblioteca de 27 000 volúmenes.

Real academia de ciencias morales y políticas
33 miembros de número

Fundada en 1857. Sede: Madrid.
Biblioteca de 100 000 volúmenes.

Real academia de jurisprudencia y legislación
35 miembros de número
Fundada en 1896. Sede: Madrid.
Biblioteca de 40 000 publicaciones monográficas.

Real academia de medicina de Sevilla
36 miembros de número
Fundada en 1700. Sede: Sevilla.

Real academia sevillana de buenas letras
30 miembros de número
Fundada en 1751. Sede: Sevilla.

Real academia de Córdoba de ciencias, bellas letras y nobles artes
35 miembros de número
Fundada en 1810. Sede: Córdoba.

Real academia hispanoamericana de Cádiz
29 miembros
Fundada en 1909. Sede: Cádiz.

Real academia de nobles y bellas artes de San Luis de Zaragoza
31 miembros de número
Fundada en 1792. Sede: Zaragoza.

Academia aragonesa de jurisprudencia y legislación
25 miembros de número
Fundada en 1996. Sede: Zaragoza.

Academia de ciencias exactas, físicas, químicas y naturales de Zaragoza
29 miembros de número
Fundada en 1916. Sede: Zaragoza.

Academia de la llingua asturiana
20 miembros de número
Fundada en 1980. Sede: Oviedo.

Institut d'estudis catalans
232 miembros de número
Fundado en 1907. Sede: Barcelona.

Real academia de buenas letras de Barcelona
36 miembros de número
Fundada en 1752. Sede: Barcelona.

Real academia de ciencias y artes de Barcelona
45 miembros de número
Fundada en 1764, recibió su nombre actual en 1892. Sede: Barcelona.

Real academia de medicina y cirugía
33 miembros de número
Fundada en 1770. Sede: Barcelona.

Real academia de las bellas artes de San Carlos
28 miembros
Fundada en 1752. Sede: Valencia.

Real academia de las letras y las artes
25 miembros
Fundada en 1979. Sede: Trujillo.

Real academia gallega
40 miembros
Fundada en 1905. Sede: La Coruña.
Biblioteca de 20 000 volúmenes.

Academia de ingeniería
39 miembros de número
Fundada en 1994. Sede: Madrid.

Academia de las artes y las ciencias cinematográficas de España
847 miembros
Fundada en 1986. Sede: Madrid.

Real academia de la lengua vasca (Euskaltzaindia)
24 miembros de número
Fundada en 1919. Sede: Bilbao.

ESTADOS UNIDOS

Academia norteamericana de la lengua española
36 miembros de número
Fundada en 1973. Sede: Nueva York.
Correspondiente de la Real academia española.

FILIPINAS

Academia filipina de la lengua española
17 miembros de número
Fundada en 1924. Sede: Manila.
Correspondiente de la Real academia española.

GUATEMALA

Academia guatemalteca de la lengua
22 miembros de número
Fundada en 1887. Sede: Guatemala.
Correspondiente de la Real academia española.

Academia de geografía e historia de Guatemala
45 miembros
Fundada en 1923. Sede: Guatemala.
Biblioteca de 30 000 volúmenes.

Academia de ciencias médicas, físicas y naturales de Guatemala
80 miembros de número
Fundada en 1945. Sede: Guatemala.

Academia de las lenguas mayas
20 miembros
Fundada en 1986. Sede: Guatemala.

HONDURAS

Academia hondureña de la lengua
15 miembros
Fundada en 1948. Sede: Tegucigalpa.
Correspondiente de la Real academia española.

Academia hondureña de geografía e historia
21 miembros
Fundada en 1968. Sede: Tegucigalpa.

MÉXICO

Academia mexicana de la lengua
30 miembros de número
Fundada en 1875. Sede: México.
Academia de la lengua, correspondiente de la Real academia española.

Academia nacional de medicina de México
340 miembros
Fundada en 1864. Sede: México.

Academia nacional de ciencias
24 miembros
Fundada en 1884. Sede: México.
Biblioteca de 420 000 volúmenes.

Academia mexicana de la historia
Fundada en 1919. Sede: México.
Correspondiente de la española Real academia de la historia.

Academia nacional de historia y geografía
179 miembros
Fundada en 1925. Sede: México.

Colegio nacional
37 miembros
Fundada en 1943. Sede: México.
Creado para la difusión de la cultura mexicana.

NICARAGUA

Academia nicaragüense de la lengua
17 miembros de número
Fundada en 1928. Sede: Managua.

Correspondiente de la Real academia española.

PANAMÁ

Academia panameña de la lengua
12 miembros de número
Fundada en 1926. Sede: Panamá.
Correspondiente de la Real academia española.

Academia panameña de la historia
Fundada en 1921. Sede: Panamá.

PARAGUAY

Academia paraguaya de la lengua española
25 miembros de número
Fundada en 1927. Sede: Asunción.
Correspondiente de la Real academia española.

Academia de la lengua y cultura guaraní
Fundada en 1975. Sede: Asunción.

PERÚ

Academia peruana de la lengua
26 miembros de número
Fundada en 1887. Sede: Lima.
Correspondiente de la Real academia española.

Academia nacional de medicina
40 miembros de número
Fundada en 1884. Sede: Lima.

Academia nacional de ciencias exactas, físicas y naturales de Lima
Fundada en 1979. Sede: Lima.

PUERTO RICO

Academia puertorriqueña de la lengua española
22 miembros de número
Fundada en 1955. Sede: San Juan.
Correspondiente de la Real academia española.

Academia puertorriqueña de la historia
40 miembros
Fundada en 1932. Sede: Santurce.

URUGUAY

Academia nacional de letras del Uruguay
18 miembros
Fundada en 1943. Sede: Montevideo.
Academia de la lengua, correspondiente de la Real academia española.

Academia nacional de ingeniería
30 miembros
Fundada en 1965. Sede: Montevideo.

Academia nacional de medicina del Uruguay
37 miembros
Fundada en 1976. Sede: Montevideo.

VENEZUELA

Academia venezolana de la lengua
20 miembros de número
Fundada en 1883. Sede: Caracas.
Correspondiente de la Real academia española.
Biblioteca de 25 000 volúmenes.

Academia nacional de la historia
24 miembros de número
Fundada en 1888. Sede: Caracas.
Biblioteca de 40 000 volúmenes.

Academia nacional de medicina
40 miembros de número
Fundada en 1904. Sede: Caracas.

Academia de ciencias físicas, matemáticas y naturales de Venezuela
30 miembros de número
Fundada en 1917. Sede: Caracas.

Academia de ciencias políticas y sociales
39 miembros
Fundada en 1917. Sede: Caracas.

LISTA DE LAUREADOS CON EL PREMIO NOBEL

física

1901 W. C. Roentgen (Alem.)
1902 H. A. Lorentz (P.B.)
P. Zeeman (P.B.)
1903 H. Becquerel (Fran.)
P. Curie (Fran.)
M. Curie (Fran.)
1904 J. W. S. Rayleigh (G.B.)
1905 P. Lenard (Alem.)
1906 J. J. Thomson (G.B.)
1907 A. A. Michelson (EUA)
1908 G. Lippmann (Fran.)
1909 G. Marconi (Italia)
K. F. Braun (Alem.)
1910 J. D. Van der Waals (P.B.)
1911 W. Wien (Alem.)
1912 G. Dalén (Suecia)
1913 H. Kamerlingh Onnes (P.B.)
1914 M. von Laue (Alem.)
1915 W. H. Bragg (G.B.)
W. L. Bragg (G.B.)
1916 SIN ATRIBUIR
1917 C. G. Barkla (G.B.)
1918 M. Planck (Alem.)
1919 J. Stark (Alem.)
1920 C. É. Guillaume (Suiza)
1921 A. Einstein (Alem.-Suiza)
1922 N. Bohr (Dinamarca)
1923 R. A. Millikan (EUA)
1924 M. Siegbahn (Suecia)
1925 J. Franck (Alem.)
G. Hertz (Alem.)
1926 J. Perrin (Fran.)
1927 A. H. Compton (EUA)
C. T. R. Wilson (G.B.)
1928 O. W. Richardson (G.B.)
1929 L. de Broglie (Fran.)
1930 C. V. Raman (India)
1931 SIN ATRIBUIR
1932 W. Heisenberg (Alem.)
1933 E. Schrödinger (Austria)
P. Dirac (G.B.)
1934 SIN ATRIBUIR
1935 J. Chadwick (G.B.)
1936 V. Hess (Austria)
C. D. Anderson (EUA)
1937 C. J. Davisson (EUA)
G. P. Thomson (G.B.)
1938 E. Fermi (Italia)
1939 E. O. Lawrence (EUA)
1940 a 1942 SIN ATRIBUIR
1943 O. Stern (EUA)
1944 I. I. Rabi (EUA)
1945 W. Pauli (Austria-Suiza)
1946 P. W. Bridgman (EUA)
1947 E. V. Appleton (G.B.)
1948 P. M. S. Blackett (G.B.)
1949 Yukawa Hideki (Japón)
1950 C. F. Powell (G.B.)
1951 J. D. Cockcroft (G.B.)
E. T. S. Walton (Irlanda)
1952 F. Bloch (EUA)
E. M. Purcell (EUA)
1953 F. Zernike (P.B.)
1954 M. Born (G.B.)
W. Bothe (RFA)
1955 W. E. Lamb (EUA)
P. Kusch (EUA)
1956 W. B. Shockley (EUA)
J. Bardeen (EUA)
W. H. Brattain (EUA)
1957 Yang Chen Ning (China-EUA)
Lee Tsung Dao (China-EUA)
1958 P. A. Cherenkov (URSS)
I. M. Frank (URSS)
I. Y. Tamm (URSS)
1959 E. Segrè (EUA)
O. Chamberlain (EUA)
1960 D. A. Glaser (EUA)
1961 R. Hofstadter (EUA)
R. Mössbauer (RFA)
1962 L. D. Landau (URSS)
1963 E. P. Wigner (EUA)
M. Goeppert-Mayer (EUA)
H. D. Jensen (RFA)
1964 C. H. Townes (EUA)
N. G. Basov (URSS)

A. M. Projorov (URSS)
1965 R. P. Feynman (EUA)
J. S. Schwinger (EUA)
Tomonaga Shinichirō (Japón)
1966 A. Kastler (Fran.)
1967 H. A. Bethe (EUA)
1968 L. W. Alvarez (EUA)
1969 M. Gell-Mann (EUA)
1970 H. Alfvén (Suecia)
L. Néel (Fran.)
1971 D. Gabor (G.B.)
1972 J. Bardeen (EUA)
L. N. Cooper (EUA)
J. R. Schrieffer (EUA)
1973 Esaki Leo (Japón)
I. Giaever (EUA)
B. D. Josephson (G.B.)
1974 A. Hewish (G.B.)
M. Ryle (G.B.)
1975 A. Bohr (Dinamarca)
B. R. Mottelson (Dinamarca)
L. J. Rainwater (EUA)
1976 B. Richter (EUA)
S. C. C. Ting (EUA)
1977 P. W. Anderson (EUA)
N. F. Mott (G.B.)
J. H. Van Vleck (EUA)
1978 P. L. Kapitsa (URSS)
A. Penzias (EUA)
R. W. Wilson (EUA)
1979 S. L. Glashow (EUA)
S. Weinberg (EUA)
A. Salam (Pakistán)
1980 J. W. Cronin (EUA)
V. L. Fitch (EUA)
1981 N. Bloembergen (EUA)
A. L. Schawlow (EUA)
K. Siegbahn (Suecia)
1982 K. G. Wilson (EUA)
1983 S. Chandrasekhar (EUA)
W. A. Fowler (EUA)
1984 C. Rubbia (Italia)
S. Van der Meer (P.B.)
1985 K. von Klitzing (RFA)
1986 E. Ruska (RFA)
G. Binnig (RFA)
H. Rohrer (Suiza)
1987 J. G. Bednorz (RFA)
K. A. Müller (Suiza)
1988 L. M. Lederman (EUA)
M. Schwartz (EUA)
J. Steinberger (EUA)
1989 H. G. Dehmelt (EUA)
W. Paul (RFA)
N. F. Ramsey (EUA)
1990 J. I. Friedman (EUA)
H. W. Kendall (EUA)
R. E. Taylor (Canadá)
1991 P. G. de Gennes (Fran.)
1992 G. Charpak (Fran.)
1993 R. A. Hulse (EUA)
J. H. Taylor (EUA)
1994 C. G. Shull (EUA)
B. N. Brockhouse (Canadá)
1995 M. L. Perl (EUA)
F. Reines (EUA)
1996 D. M. Lee (EUA)
D. D. Osheroff (EUA)
R. C. Richardson (EUA)
1997 S. Chu (EUA)
C. Cohen-Tannoudji (Fran.)
W. D. Phillips (EUA)
1998 D. C. Tsui (China)
H. Störmer (Alem.)
R. B. Laughlin (EUA)
1999 G. 't Hooft (P.B.)
M. Veltman (P.B.)
2000 Z. I. Alferov (Rusia)
J. Kilby (EUA)
H. Kroemer (EUA)
2001 E. A. Cornell (EUA)
W. Ketterle (Alem.)
C. E. Wieman (EUA)
2002 R. Davis Jr. (EUA)
R. Giacconi (EUA)
Koshiba Masatoshi (Japón)
2003 A. A. Abrikosov (Rusia-EUA)
V. L. Ginzburg (Rusia)
A. J. Leggett (G.B.-EUA)

2004 D. J. Gross (EUA)
H. D. Politzer (EUA)
F. Wilczek (EUA)
2005 R. J. Glauber (EUA)
J. L. Hall (EUA)
T. W. Haensch (Alem.)
2006 J. C. Mather (EUA)
G. F. Smoot (EUA)
2007 A. Fert (Fran.)
P. Grünberg (Alem.)
2008 Y. Nambu (EUA)
Kobayashi Makoto (Japón)
Maskawa Toshihide (Japón)

química

1901 J. H. Van't Hoff (P.B.)
1902 E. H. Fischer (Alem.)
1903 S. A. Arrhenius (Suecia)
1904 W. Ramsay (G.B.)
1905 A. von Baeyer (Alem.)
1906 H. Moissan (Fran.)
1907 E. Buchner (Alem.)
1908 E. Rutherford of Nelson (G.B.)
1909 W. Ostwald (Alem.)
1910 O. Wallach (Alem.)
1911 M. Curie (Fran.)
1912 V. Grignard (Fran.)
P. Sabatier (Fran.)
1913 A. Werner (Suiza)
1914 T. W. Richards (EUA)
1915 R. M. Willstätter (Alem.)
1916 y 1917 SIN ATRIBUIR
1918 F. Haber (Alem.)
1919 SIN ATRIBUIR
1920 W. Nernst (Alem.)
1921 F. Soddy (G.B.)
1922 F. W. Aston (G.B.)
1923 F. Pregl (Austria)
1924 SIN ATRIBUIR
1925 R. Zsigmondy (Alem.)
1926 T. Svedberg (Suecia)
1927 H. Wieland (Alem.)
1928 A. Windaus (Alem.)
1929 A. Harden (G.B.)
H. von Euler-Chelpin (Alem.)
1930 H. Fischer (Alem.)
1931 C. Bosch (Alem.)
F. Bergius (Alem.)
1932 I. Langmuir (EUA)
1933 SIN ATRIBUIR
1934 H. C. Urey (EUA)
1935 J. F. Joliot-Curie (Fran.)
I. Joliot-Curie (Fran.)
1936 P. J. W. Debye (P.B.)
1937 W. N. Haworth (G.B.)
P. Karrer (Suiza)
1938 R. Kuhn (Alem.)
1939 A. F. J. Butenandt (Alem.)
L. Ružička (Suiza)
1940 a 1942 SIN ATRIBUIR
1943 G. de Hevesy (Suecia)
1944 O. Hahn (Alem.)
1945 A. I. Virtanen (Finl.)
1946 J. B. Sumner (EUA)
J. H. Northrop (EUA)
W. M. Stanley (EUA)
1947 R. Robinson (G.B.)
1948 A. W. K. Tiselius (Suecia)
1949 W. F. Giauque (EUA)
1950 O. Diels (RFA)
K. Alder (RFA)
1951 E. M. McMillan (EUA)
G. T. Seaborg (EUA)
1952 A. J. P. Martin (G.B.)
R. L. M. Synge (G.B.)
1953 H. Staudinger (RFA)
1954 L. C. Pauling (EUA)
1955 V. Du Vigneaud (EUA)
1956 C. N. Hinshelwood (G.B.)
N. N. Semiónov (URSS)
1957 A. R. Todd (G.B.)
1958 F. Sanger (G.B.)
1959 J. Heyrovský (Checoslovaquia)
1960 W. F. Libby (EUA)
1961 M. Calvin (EUA)
1962 J. C. Kendrew (G.B.)
M. F. Perutz (G.B.)

1963 G. Natta (Italia)
K. W. Ziegler (RFA)
1964 D. Hodgkin (G.B.)
1965 R. B. Woodward (EUA)
1966 R. S. Mulliken (EUA)
1967 M. Eigen (RFA)
R. G. W. Norrish (G.B.)
G. Porter (G.B.)
1968 L. Onsager (EUA)
1969 O. Hassel (Noruega)
D. H. R. Barton (G.B.)
1970 L. F. Leloir (Argentina)
1971 G. Herzberg (Canadá)
1972 C. B. Anfinsen (EUA)
S. Moore (EUA)
W. H. Stein (EUA)
1973 E. O. Fischer (RFA)
G. Wilkinson (G.B.)
1974 P. J. Flory (EUA)
1975 J. W. Cornforth (Australia)
V. Prelog (Suiza)
1976 W. N. Lipscomb (EUA)
1977 I. Prigogine (Bélgica)
1978 P. Mitchell (G.B.)
1979 H. C. Brown (EUA)
G. Wittig (RFA)
1980 P. Berg (EUA)
F. Sanger (G.B.)
W. Gilbert (EUA)
1981 Fukui Kenishi (Japón)
R. Hoffmann (EUA)
1982 A. Klug (G.B.)
1983 H. Taube (EUA)
1984 R. B. Merrifield (EUA)
1985 J. Karle (EUA)
H. A. Hauptman (EUA)
1986 D. R. Herschbach (EUA)
Y. T. Lee (EUA)
J. C. Polanyi (Canadá)
1987 D. J. Cram (EUA)
C. J. Pedersen (EUA)
J.-M. Lehn (Fran.)
1988 J. Deisenhofer (RFA)
R. Huber (RFA)
H. Michel (RFA)
1989 S. Altman (Canadá-EUA)
T. R. Cech (EUA)
1990 E. J. Corey (EUA)
1991 R. Ernst (Suiza)
1992 R. A. Marcus (EUA)
1993 K. B. Mullis (EUA)
M. Smith (Canadá)
1994 G. A. Olah (EUA)
1995 P. Crutzen (P.B.)
M. J. Molina (EUA)
F. S. Rowland (EUA)
1996 R. F. Curl (EUA)
H. W. Kroto (G.B.)
R. E. Smalley (EUA)
1997 P. D. Boyer (EUA)
J. C. Skou (Dinamarca)
J. E. Walker (G.B.)
1998 W. Kohn (Austria)
J. A. Pople (G.B.)
1999 A. H. Zewail (Egipto-EUA)
2000 A. J. Heeger (EUA)
A. G. MacDiarmid (EUA)
Shirakawa Hideki (Japón)
2001 W. S. Knowles (EUA)
Noyori Ryoji (Japón)
K. B. Sharpless (EUA)
2002 K. Wüthrich (Suiza)
J. B. Fenn (EUA)
Tanaka Koichi (Japón)
2003 P. Agre (EUA)
R. MacKinnon (EUA)
2004 A. Ciechanover (Israel)
A. Hershko (Israel)
I. Rose (EUA)
2005 Y. Chauvin (Fran.)
R. H. Grubbs (EUA)
R. R. Schrock (EUA)
2006 R. D. Kornberg (EUA)
2007 G. Ertl (Alem.)
2008 Shimomura Osamu (Japón)
M. Chalfie (EUA)
R. Y. Tsien (EUA)

fisiología y medicina

1901 E. von Behring (Alem.)
1902 R. Ross (G.B.)
1903 N. R. Finsen (Dinamarca)
1904 I. P. Pávlov (Rusia)
1905 R. Koch (Alem.)
1906 C. Golgi (Italia)
      S. Ramón y Cajal (España)
1907 A. Laveran (Fran.)
1908 P. Ehrlich (Alem.)
      I. Méchnikov (Rusia)
1909 E. T. Kocher (Suiza)
1910 A. Kossel (Alem.)
1911 A. Gullstrand (Suecia)
1912 A. Carrel (Fran.)
1913 C. Richet (Fran.)
1914 R. Bárány (Austria-Hungria)
1915 a 1918 SIN ATRIBUIR
1919 J. Bordet (Bélgica)
1920 A. Krogh (Dinamarca)
1921 SIN ATRIBUIR
1922 A. V. Hill (G.B.)
      O. Meyerhof (Alem.)
1923 F. G. Banting (Canadá)
      J. Macleod (Italia)
1924 W. Einthoven (P.B.)
1925 SIN ATRIBUIR
1926 J. Fibiger (Dinamarca)
1927 J. Wagner-Jauregg
      (Austria)
1928 C. Nicolle (Fran.)
1929 C. Eijkman (P.B.)
      F. G. Hopkins (G.B.)
1930 K. Landsteiner (Austria)
1931 O. Warburg (Alem.)
1932 C. S. Sherrington (G.B.)
      E. D. Adrian (G.B.)
1933 T. H. Morgan (EUA)
1934 G. H. Whipple (EUA)
      W. P. Murphy (EUA)
      G. R. Minot (EUA)
1935 H. Spemann (Alem.)
1936 H. H. Dale (G.B.)
      O. Loewi (Alem.)
1937 A. Szent-Györgyi (Hungría)
1938 C. Heymans (Bélgica)
1939 G. Domagk (Alem.)
1940 a 1942 SIN ATRIBUIR
1943 E. A. Doisy (EUA)
      H. Dam (Dinamarca)
1944 J. Erlanger (EUA)
      H. S. Gasser (EUA)
1945 A. Fleming (G.B.)
      E. B. Chain (G.B.)
      H. W. Florey (Australia-G.B.)
1946 H. J. Muller (EUA)
1947 C. F. Cori (EUA)
      G. T. Cori (EUA)
      B. A. Houssay (Argentina)
1948 P. H. Müller (Suiza)
1949 A. C. Moniz (Port.)
      W. R. Hess (Suiza)
1950 P. S. Hench (EUA)
      E. C. Kendall (EUA)
      T. Reichstein (Suiza)
1951 M. Theiler (Sudáfr.)
1952 S. A. Waksman (EUA)
1953 H. A. Krebs (G.B.)
      F. A. Lipmann (EUA)
1954 J. F. Enders (EUA)
      T. H. Weller (EUA)
      F. C. Robbins (EUA)
1955 A. H. T. Theorell (Suecia)
1956 A. Cournand (EUA)
      W. Forssmann (RFA)
      D. W. Richards (EUA)
1957 D. Bovet (Italia)
1958 G. W. Beadle (EUA)
      E. Tatum (EUA)
      J. Lederberg (EUA)
1959 S. Ochoa (España-EUA)
      A. Kornberg (EUA)
1960 F. M. Burnet (Australia)
      P. B. Medawar (G.B.)
1961 G. von Békésy (EUA)
1962 M. H. F. Wilkins (G.B.)
      F. H. C. Crick (G.B.)
      J. D. Watson (EUA)
1963 A. L. Hodgkin (G.B.)
      A. F. Huxley (G.B.)
      J. C. Eccles (Australia)
1964 K. Bloch (EUA)
      F. Lynen (RFA)

1965 F. Jacob (Fran.)
      A. Lwoff (Fran.)
      J. Monod (Fran.)
1966 F. P. Rous (EUA)
      C. B. Huggins (EUA)
1967 G. Wald (EUA)
      H. K. Hartline (EUA)
      R. Granit (Suecia)
1968 R. W. Holley (EUA)
      H. G. Khorana (India)
      M. W. Nirenberg (EUA)
1969 M. Delbrück (EUA)
      A. D. Hershey (EUA)
      S. E. Luria (EUA)
1970 J. Axelrod (EUA)
      U. von Euler (Suecia)
      B. Katz (G.B.)
1971 E. W. Sutherland (EUA)
1972 G. M. Edelman (EUA)
      R. R. Porter (G.B.)
1973 K. von Frisch (Austria)
      K. Lorenz (Austria)
      N. Tinbergen (P.B.)
1974 A. Claude (Bélgica-EUA)
      C. de Duve (Bélgica)
      G. E. Palade (EUA)
1975 D. Baltimore (EUA)
      R. Dulbecco (EUA)
      H. Temin (EUA)
1976 D. S. Blumberg (EUA)
      C. Gajdusek (EUA)
1977 R. Guillemin (EUA)
      A. V. Schally (EUA)
      R. S. Yalow (EUA)
1978 W. Arber (Suiza)
      D. Nathans (EUA)
      H. Smith (EUA)
1979 A. M. Cormack (EUA)
      G. N. Hounsfield (G.B.)
1980 G. D. Snell (EUA)
      J. Dausset (Fran.)
      B. Benacerraf
      (Venezuela-EUA)
1981 R. W. Sperry (EUA)
      D. H. Hubel (EUA)
      T. N. Wiesel (Suecia)
1982 S. K. Bergström (Suecia)
      B. I. Samuelsson (Suecia)
      J. R. Vane (G.B.)
1983 B. McClintock (EUA)
1984 C. Milstein (Argentina-G.B.)
      G. J. Köhler (RFA)
      N. K. Jerne (Dinamarca)
1985 M. S. Brown (EUA)
      J. L. Goldstein (EUA)
1986 R. Levi-Montalcini
      (Italia-EUA)
      S. N. Cohen (EUA)
1987 Tonegawa Susumu (Japón)
1988 J. Black (G.B.)
      G. B. Elion (EUA)
      G. H. Hitchings (EUA)
1989 M. Bishop (EUA)
      H. E. Varmus (EUA)
1990 J. E. Murray (EUA)
      E. D. Thomas (EUA)
1991 E. Neher (Alem.)
      B. Sakmann (Alem.)
1992 E. Fischer (EUA)
      E. Krebs (EUA)
1993 R. J. Roberts (G.B.)
      P. A. Sharp (EUA)
1994 M. Rodbell (EUA)
      A. G. Gilman (EUA)
1995 E. B. Lewis (EUA)
      C. Nüsslein-Volhard
      (Alem.)
      E. F. Wieschaus (EUA)
1996 P. C. Doherty (Australia)
      R. M. Zinkernagel (Suiza)
1997 S. B. Prusiner (EUA)
1998 R. F. Furchgott (EUA)
      L. J. Ignarro (EUA)
      F. Murad (EUA)
1999 G. Blobel (EUA)
2000 A. Carlsson (Suecia)
      P. Greengard (EUA)
      E. R. Kandel (EUA)
2001 L. H. Hartwell (EUA)
      R. T. Hunt (G.B.)
      P. M. Nurse (G.B.)
2002 S. Brenner (G.B.)
      H. R. Horvitz (EUA)
      J. E. Sulston (G.B.)

2003 P. C. Lauterbur (EUA)
      P. Mansfield (G.B.)
2004 R. Axel (EUA)
      L. Buck (EUA)
2005 B. J. Marshall (Australia)
      J. R. Warren (Australia)
2006 A. Z. Fire (EUA)
      C. C. Mello (EUA)
2007 M. R. Capecchi (EUA)
      M. J. Evans (G. B.)
      O. Smithies (EUA)
2008 L. Montagnier (Fran.)
      F. Barré-Sinnoussi (Fran.)
      H. zur Hausen (Alem.)

literatura

1901 R. Sully Prudhomme (Fran.)
1902 T. Mommsen (Alem.)
1903 B. Bjørnson (Noruega)
1904 F. Mistral (Fran.)
      J. Echegaray (España)
1905 H. Sienkiewicz (Polonia)
1906 G. Carducci (Ital.)
1907 R. Kipling (G.B.)
1908 R. Eucken (Alem.)
1909 S. Lagerlöf (Suecia)
1910 P. von Heyse (Alem.)
1911 M. Maeterlinck (Bélgica)
1912 G. Hauptmann (Alem.)
1913 R. Tagore (India)
1914 SIN ATRIBUIR
1915 R. Rolland (Fran.)
1916 V. von Heidenstam (Suecia)
1917 K. Gjellerup (Dinamarca)
      H. Pontoppidan
      (Dinamarca)
1918 SIN ATRIBUIR
1919 C. Spitteler (Suiza)
1920 K. Hamsun (Noruega)
1921 A. France (Fran.)
1922 J. Benavente (España)
1923 W. B. Yeats (Irlanda)
1924 W. S. Reymont (Polonia)
1925 G. B. Shaw (Irlanda)
1926 G. Deledda (Italia)
1927 H. Bergson (Fran.)
1928 S. Undset (Noruega)
1929 T. Mann (Alem.)
1930 S. Lewis (EUA)
1931 E. A. Karlfeldt (Suecia)
1932 J. Galsworthy (G.B.)
1933 I. A. Bunin (Rusia)
1934 L. Pirandello (Italia)
1935 SIN ATRIBUIR
1936 E. O'Neill (EUA)
1937 R. Martin du Gard (Fran.)
1938 P. S. Buck (EUA)
1939 F. E. Sillanpää (Finlandia)
1940 a 1943 SIN ATRIBUIR
1944 J. V. Jensen (Dinamarca)
1945 G. Mistral (Chile)
1946 H. Hesse (Suiza)
1947 A. Gide (Fran.)
1948 T. S. Eliot (G.B.)
1949 W. Faulkner (EUA)
1950 B. Russell (G.B.)
1951 P. Lagerkvist (Suecia)
1952 F. Mauriac (Fran.)
1953 W. L. S. Churchill (G.B.)
1954 E. Hemingway (EUA)
1955 H. K. Laxness (Islandia)
1956 J. R. Jiménez (España)
1957 A. Camus (Fran.)
1958 B. L. Pasternak (URSS)
1959 S. Quasimodo (Italia)
1960 Saint-John Perse (Fran.)
1961 I. Andrić (Yugoslavia)
1962 J. Steinbeck (EUA)
1963 G. Seferis (Grecia)
1964 J.-P. Sartre (Fran.)
      [declinó el premio]
1965 M. A. Shólojov (URSS)
1966 S. Y. Agnon (Israel)
      N. Sachs (Suecia)
1967 M. Á. Asturias (Guatemala)
1968 Kawabata Yasunari (Japón)
1969 S. Beckett (Irlanda)
1970 A. I. Solzhenitsin (URSS)
1971 P. Neruda (Chile)
1972 H. Böll (RFA)
1973 P. White (Australia)
1974 E. Johnson (Suecia)
      H. Martinson (Suecia)

1975 E. Montale (Italia)
1976 S. Bellow (EUA)
1977 V. Aleixandre (España)
1978 I. B. Singer (EUA)
1979 O. Elytis (Grecia)
1980 C. Miłosz (Polonia-EUA)
1981 E. Canetti (G.B.)
1982 G. García Márquez
      (Colombia)
1983 W. Golding (G.B.)
1984 J. Seifert (Checoslovaquia)
1985 C. Simon (Fran.)
1986 W. Soyinka (Nigeria)
1987 J. Brodsky (EUA)
1988 N. Mahfúz (Egipto)
1989 C. J. Cela (España)
1990 O. Paz (México)
1991 N. Gordimer (Sudáfr.)
1992 D. Walcott (Santa Lucía)
1993 T. Morrison (EUA)
1994 Oë Kenzaburō (Japón)
1995 S. Heaney (Irlanda)
1996 W. Szymborska (Polonia)
1997 D. Fo (Italia)
1998 J. Saramago (Port.)
1999 G. Grass (Alem.)
2000 Gao Xingjian (Fran.)
2001 V. S. Naipaul (G.B.)
2002 I. Kertész (Hungria)
2003 J. M. Coetzee (Sudáfr.)
2004 E. Jelinek (Austria)
2005 H. Pinter (G.B.)
2006 O. Pamuk (Turquía)
2007 D. Lessing (G. B.)
2008 J. M. G. Le Clézio (Fran.)

paz

1901 H. Dunant (Suiza)
      F. Passy (Fran.)
1902 É. Ducommun (Suiza)
      C. A. Gobat (Suiza)
1903 W. R. Cremer (G.B.)
1904 Instituto de derecho
      internacional de Gante
1905 B. von Suttner (Austria)
1906 T. Roosevelt (EUA)
1907 E. T. Moneta (Italia)
      L. Renault (Fran.)
1908 K. P. Arnoldson (Suecia)
      F. Bajer (Dinamarca)
1909 A. Beernaert (Bélgica)
      P. d'Estournelles (Fran.)
1910 Oficina internacional de la
      paz, en Berna
1911 T. M. C. Asser (P.B.)
      A. H. Fried (Austria)
1912 E. Root (EUA)
1913 H. La Fontaine (Bélgica)
1914 a 1916 SIN ATRIBUIR
1917 Comité internacional de la
      Cruz Roja
1918 SIN ATRIBUIR
1919 T. W. Wilson (EUA)
1920 L. Bourgeois (Fran.)
1921 H. Branting (Suecia)
      C. L. Lange (Noruega)
1922 F. Nansen (Noruega)
1923 y 1924 SIN ATRIBUIR
1925 J. A. Chamberlain (G.B.)
      C. G. Dawes (EUA)
1926 A. Briand (Fran.)
      G. Stresemann (Alem.)
1927 F. Buisson (Fran.)
      L. Quidde (Alem.)
1928 SIN ATRIBUIR
1929 F. B. Kellogg (EUA)
1930 N. Söderblom (Suecia)
1931 J. Addams (EUA)
      N. M. Butler (EUA)
1932 SIN ATRIBUIR
1933 N. Angell (G.B.)
1934 A. Henderson (G.B.)
1935 C. von Ossietzky (Alem.)
1936 C. Saavedra Lamas
      (Argentina)
1937 E. Cecil of Chelwood (G.B.)
1938 Oficina internacional Nan-
      sen para los refugiados
1939 a 1943 SIN ATRIBUIR
1944 Comité internacional de la
      Cruz roja
1945 C. Hull (EUA)

1946 E. G. Balch (EUA)	1977 Amnistía internacional	D.Trimble (Irlanda del Norte)	1984 J. R. N. Stone (G.B.)
J. R. Mott (EUA)	1978 M. Begin (Israel)	1999 Médicos sin fronteras	1985 F. Modigliani (EUA)
1947 The American Friends Servi-	A. al-Sādāt (Egipto)	2000 Kim Dae Jung	1986 J. M. Buchanan (EUA)
ce Committee (EUA)	1979 Madre Teresa de Calcuta	(Corea del Sur)	1987 R. M. Solow (EUA)
The Friends Service Council	(India)	2001 ONU	1988 M. Allais (Fran.)
(G.B.)	1980 À. Pérez Esquivel	K. Annan (Ghana)	1989 T. Haavelmo (Noruega)
1948 SIN ATRIBUIR	(Argentina)	2002 J. Carter (EUA)	1990 H. M. Markowitz (EUA)
1949 J. Boyd Orr (G.B.)	1981 Alto comisionado de las	2003 S. Ebadi (Irán)	M. H. Miller (EUA)
1950 R. J. Bunche (EUA)	Naciones unidas para	2004 W. Maathai (Kenya)	W. Sharpe (EUA)
1951 L. Jouhaux (Fran.)	los refugiados (ACNUR)	2005 Agencia internacional de	1991 R. Coase (G.B.)
1952 A. Schweitzer (Fran.)	1982 A. Myrdal (Suecia)	la energía atómica (AIEA)	1992 G. S. Becker (EUA)
1953 G. C. Marshall (EUA)	A. García Robles	M. el-Baradei (Egipto)	1993 R. W. Fogel (EUA)
1954 Alto comisionado de las	(México)	2006 M.Yunus (Bangla Desh)	D. C. North (EUA)
Naciones unidas para	1983 L. Wałęsa (Polonia)	Grameen Bank	1994 J. C. Harsanyi (EUA)
los refugiados (ACNUR)	1984 D. M. Tutu (Sudáfr.)	2007 Grupo intergubernamental	J. F Nash (EUA)
1955 y 1956 SIN ATRIBUIR	1985 Asociación internacional	de expertos sobre el cambio	R. Selten (Alem.)
1957 L. B. Pearson (Canadá)	de médicos para la preven-	climático (IPCC)	1995 R. E. Lucas Jr. (EUA)
1958 D. G. Pire (Bélgica)	ción de la guerra nuclear	A. Gore (EUA)	1996 J. Mirrlees (Canadá)
1959 P. J. Noel-Baker (G.B.)	1986 E. Wiesel (EUA)	2008 M. Ahtisaari (Finlandia)	W.Vickrey (Canadá)
1960 A. J. Luthuli (Sudáfr.)	1987 Ó. Arias (Costa Rica)		1997 R. C. Merton (EUA)
1961 D. Hammarskjöld (Suecia)	1988 Fuerzas de pacificación de	**ciencias económicas**	M. S. Scholes (EUA)
1962 L. C. Pauling (EUA)	la ONU		1998 A. Sen (India)
1963 Comité internacional de la	1989 Tenzin Gyatso (Tíbet)	1969 R. Frisch (Noruega)	1999 R. A. Mundell (Canadá)
Cruz roja	1990 M. S. Gorbachov (URSS)	J. Tinbergen (P.B.)	2000 J. J. Heckman (EUA)
Liga internacional de las	1991 Aung San Suu Kyi	1970 P.A. Samuelson (EUA)	D. L. McFadden (EUA)
sociedades de la Cruz roja	(Birmania)	1971 S. Kuznets (EUA)	2001 G. A. Akerlof (EUA)
1964 M. L. King (EUA)	1992 R. Menchú (Guatemala)	1972 K. J. Arrow (EUA)	A. M. Spence (EUA)
1965 Unicef	1993 F.W. De Klerk (Sudáfr.)	J. R. Hicks (G.B.)	J. E. Stiglitz (EUA)
1966 y 1967 SIN ATRIBUIR	N. Mandela (Sudáfr.)	1973 W. Leontief (EUA)	2002 V. L. Smith (EUA)
1968 R. Cassin (Fran.)	1994 I. Rabin (Israel)	1974 F.A. von Hayek (G.B.)	D. Kahneman
1969 Organización internacional	S. Peres (Israel)	K. G. Myrdal (Suecia)	(Israel-EUA)
del trabajo	Y. Arafāt (Palestina)	1975 L.V. Kantoróvich (URSS)	2003 R. F Engle (EUA)
1970 N. E. Borlaug (EUA)	1995 J. Rotblat (G.B.)	T. C. Koopmans (EUA)	C. W. J. Granger (G.B.)
1971 W. Brandt (RFA)	Conferencias Pugwash	1976 M. Friedman (EUA)	2004 F E. Kydland (Noruega)
1972 SIN ATRIBUIR	1996 C. F.X. Belo	1977 J. E. Meade (G.B.)	E. C. Prescott (EUA)
1973 H. Kissinger (EUA)	(Timor Oriental)	B. Ohlin (Suecia)	2005 R. J. Aumann (EUA-Israel)
Lê Duc Tho (Vietnam del N.)	J. Ramos-Horta	1978 H. A. Simon (EUA)	T. C. Schelling (EUA)
[declinó el premio]	(Timor Oriental)	1979 T. W. Schultz (EUA)	2006 E. S. Phelps (EUA)
1974 S. MacBride (Irlanda)	1997 Campaña internacional	W. A. Lewis (G.B.)	2007 L. Hurwicz (EUA)
Satō Eisaku (Japón)	para la prohibición de las	1980 L. R. Klein (EUA)	E. S. Maskin (EUA)
1975 A. Sajárov (Rusia)	minas antipersona	1981 J. Tobin (EUA)	R. B. Myerson (EUA)
1976 M. Corrigan (Irlanda)	J. Williams (EUA)	1982 G. J. Stigler (EUA)	2008 P. Krugman (EUA)
B. Williams (Irlanda)	1998 J. Hume (Irlanda del Norte)	1983 G. Debreu (EUA)	

LISTA DE LAUREADOS CON LA MEDALLA FIELDS

1936 L. Ahlfors (Finlandia)	1970 A. Baker (G.B.)	1986 G. Faltings (RFA)	1998 M. Kontsevich (Rusia)
J. Douglas (EUA)	Hironaka Heisuke (Japón)	M. H. Freedman (EUA)	R. E. Borcherds (G.B.)
1950 A. Selberg (Noruega)	S. P. Nóvikov (URSS)	S. K. Donaldson (G.B.)	W. T. Gowers (G.B.)
L. Schwartz (Fran.)	J. G. Thompson (G.B.)	1990 V. Drinfeld (URSS)	C. T. McMullen (EUA)
1954 Kodaira Kunihiko (Japón)	1974 E. Bombieri (Italia)	V. F. R. Jones (N.Z.)	2002 L. Lafforgue (Fran.)
J.-P. Serre (Fran.)	D. B. Mumford (EUA)	Mori Shigefumi (Japón)	V.Voevodsky (Rusia)
1958 K. F Roth (G.B.)	1978 P. Deligne (Bélgica)	E. Witten (EUA)	2006 W. Werner (Fran.)
R. Thom (Fran.)	C. Fefferman (EUA)	1994 P.-L. Lions (Fran.)	T. Tao (Australia)
1962 L. Hörmander (Suecia)	D. Quillen (EUA)	J.-C. Yoccoz (Fran.)	A. Okounkov (Rusia)
J. W. Milnor (EUA)	1982 A. Connes (Fran.)	J. Bourgain (Bélgica)	G. Perelman (Rusia)
1966 M. F Atiyah (G.B.)	W. P. Thurston (EUA)	E. I. Zelmánov (Rusia)	[declinó el premio]
P. J. Cohen (EUA)	S.-T.Yau (EUA)		
A. Grothendieck (Fran.)			
S. Smale (EUA)			

CRÉDITOS FOTOGRÁFICOS

La procedencia de las fotografías se ha clasificado según el orden alfabético de los nombres de los organismos (agencias fotográficas, museos, empresas, etc.) y/o de los fotógrafos que han proporcionado los documentos que se reproducen. Estos nombres van seguidos del número de la página donde se ubica la fotografía y, ocasionalmente, de una letra que indica la posición de dicha fotografía en la página; la lectura debe hacerse por columnas, de izquierda a derecha y de arriba abajo; en las fotografías que abarcan más de una columna, la referencia corresponde a la primera columna.

En las láminas solo se indica la página y la letra de posición en ella; el orden de lectura es el mismo que en el caso anterior.

Los derechos de reproducción de las ilustraciones se reservan en nuestra contabilidad para los derechohabientes cuyas señas no hemos encontrado pese a nuestras indagaciones y en los casos en los que las menciones no hubieran sido especificadas.

NOMBRES COMUNES
procedencia de las fotografías

Aérospatiale 967a
AGE Fotostock 229, 492a, 499a, 526c, 526f, 587, 658a, 701b, 957, 985a / *SPL/V. Fleming* 634
Agence Ernoult Features 126a, 501a, 519a
Agencia Comesaña 184
Airship Industries UK Ltd 352
Aisa 509, 525d / *Algar* 108d
AKG Images 145c, 145f, 641b / *Artephot/Nimatallah* 584, 592b / *Cameraphoto* 928d / *Edimedia/CDAD/Guillemot* 409a / *Magnum/E. Lessing* 543b, 549a
Alfa-Omega 1052b / *J. Dara Rey* 688 / *R. Cortés* 94 / *Kurimoto* 240b, 592c, 728 / *Lebu* 822b, 991a / *J. Mestres* 830 / *J. Moragues* 831 / *A. Viñas* 542a
Altitude *Y. Bertrand/Arthus* 166a / *Gottschalk* 397 / *Jourdan* 1007 / *Wark* 198
American Ballet Theatre, Nueva York *Mira* 136b
Archipress *Boegly* 533
Archivos ELM, S.A. 1036c, 1036e
Archivos Larousse Editorial, S.L. 494a, 711, 866
Artephot *Babey* 551f / *Bauer* 351c / *S. Held* 981 / *A. F. Kersting* 494b, 494d, 895c / *Lavaud* 220 / *Oronoz* 963 / *Phedon/Salmer* 494c / *Roland* 520 / *Scandibild* 395 / *Schneiders* 494g
Y. Bessy 718
Biblioteca Eisei, Tokyo 907
Bibliothèque municipale, Dijon *A. Berlin* 678c
Bibliothèque des Arts décoratifs, París 210c
Biblioteca Larousse 190 / *Charpie COUL* / *Muñoz* 917 / *Seitre* 956b / *Still Pictures/DRA* 889
Boeing Aircraft 1071
J. Bottin 577e
Bridgeman Art Library *Giraudon* 99, 128a, 501b, 1036a / *Giraudon/Artephot/S. Held* 551d, 662d / *Giraudon/Lauros* 51, 63, 81b, 97a, 108f, 145e, 158, 245a, 307b, 448, 471b, 492b, 551a, 551b, 551c, 601, 638b, 662c, 696b, 778, 860a, 860b, 877f, 894a, 894b, 894c, 895a, 909, 952b, 961a, 980, 1036b
C.N.R.I. 413, 444, 532c, 532d, 908b / *Darraguer* 805 / *GJLP* 906 / *Phototake* 908c / *Phototake/ACE/Burns* 1040c / *Dul* 967 / *White* 900a
Canada-France-Hawaii Telescope (CFHT) 712
CD Gallery 914
Cedri *S. Marmounier* 663
Cesc Gelabert *R. Ribas* 136d
J. Chauvelin 281b
S. Chirol 895b
Cinéstar 246a, 246c
Citroën 354b
Coll. Archives Larbor 281d, 408a, 646d, 646e, 646f, 808 / *Bibliothèque nationale de France (BNF), París* 175, 495a, 495b, 495c, 495d, 662b, 678a / *Bricaud* 959 / *Coll. Larousse* 108a, 108b, 126b, 126c, 127b, 127c, 142, 186b, 257a, 257b, 257c, 257d, 257e, 257f, 435c, 435f, 488, 540, 860c, 952c
Coll. L. Christophe 243, 246d, 246f, 316b
Coll. A. Marinie 1048a

Coll. Max Bill, Zurich 32e
Coll. Roger-Viollet 34
Colorphoto *Hinz SWB* 32c
Constructions mécaniques de Normandie 646c
Corbis *Kipa/Euryaum* 316e / *Kipa/Prebois* 246b / *Sygma/C. Lenars* 658b / *Sygma/G. Plisson* 519b / *Sygma/Robert* 46 / *TemSport* 528b, 586c / *TemSport/Lungt* 137a / *TemSport/Rogers* 491
Cordon Press 590 / *J. Aguilar* 526a / *J. A. Miguelez* 116d
Cosmos 950 / *F. Espenak* 462 / *Perri* 441 / *SPL/Dowsett* 132 / *SPL/Finch* 120 / *SPL/V. Fleming* 599, 793b, 793d / *SPL/Greim* 387 / *SPL/Kulyk* 883 / *SPL/NOAA* 241 / *SPL/NRSC Ltd* 144 / *SPL/Patterson* 74b / *SPL/Royal Observatory, Edimburgo* 730a / *SPL/Royer* 261 / *G. Dagli Orti* 252, 409b, 428c, 428e, 687, 714b, 877a
Dassault Aviation *Robineau* 127a
Descharnes & Descharnes 952a
Edimages *Jourdes* 210a
Enguerand *Bernand* 248a, 248b, 316a / *Bernand/Gelly* 136c / *C. Masson* 136a
ESA 483
Eurelios *Plailly* 489
Fabbri 32a, 494f
FiroFoto 150
Flash Press *ISO Press/Bourgeois* 345b
Fondation Dina Vierny-Musée Maillol, París 346d
Froissardey 577a
Fundación Calouste Gulbenkian, Lisboa 990
Galerie Yvon Lambert, París *A. Morain* 449
Gallery Félix *by Samuel, Londres Aldé*
Gamma *Gaillarde* 987b / *Le Bot* 647a
Georama 904
Giraudon *Lauros* 113a, 1038
P. Gontier 931
C. Gray 281a
J. de Grouchy 206
Hassia 582d, 679
S. Held 205a, 316d, 336a, 737a
Hoa-Qui *W. Buss* 421c / *P. Escudero* 1052a / *Explorer* 361b / *Explorer/Bauer* 361a / *Explorer/Bildagentur/Schuster/Gérard* 938 / *Explorer/Boutin* 145g / *Explorer/Clément* 204 / *Explorer/CNES/Spot Image* 117, 426, 452 / *Explorer/Cochin* 775b / *Explorer/Delu* 314 / *Explorer/Duboutin* 250b / *Explorer/Hellier/Harding* 577f / *Explorer/L.-Y. Loirat* 643 / *Explorer/Mathiaut* 185a / *Explorer/P. Plisson* 215 / *Explorer/Rapa* 967b / *Explorer/P. Tétrel* 837 / *Explorer/Tovi* 988 / *Explorer/Villarosa* 943b / *Fahri* 901 / *M. Huet* 653 / *D. Huot* 635 / *Jacana/Berthoule* 497 / *Jacana/Brun* 265 / *Jacana/M. Claye* 795c / *Jacana/Giannoni* 440 / *Jacana/König* 532a / *Jacana/Varin* 70a / *Klerm* 588 / *Le Toquin* 311b / *Renaudeau* 188, 592a / *Thibaut* 236 / *Wild* 336b / *Wilde* 758 / *Zafa/Dam* 121
Index 210d, 363, 421a, 480, 494e, 525b,

553d, 577d, 691, 807b, 860d, 860e, 985c, 1041a / *Bridgeman Art Library* 32d, 523, 536a, 553b / *Fabbri* 351a / *Giraudon* 536b, 682, 822d, 985b / *Massonori* 525a / *Mithra* 822c, 1034 / *Museo de América, Madrid* 991b / *Museo Etnográfico Juan B. Ambrosetti* 503 / *A. Pladevila* 210e
Institut du monde arabe, París *Hammadi* 1011
Institut royal du Patrimoine Artistique, Bruselas 435e
P. Jacob 248c, 248d
Japan Agency for Marine-Earth Science and Technology 945
JBC S.A. 754
Jerrican 647c / *P. Gontier* 225b / *Guignard* 672
R. Jonsson 127d
H. Josse 465, 961b
Kharbine *Tapabor* 246e
Knoll 354c
Landesmuseum, Hannover 435d
J.-P. Leloir 147
C. Lenars 211a, 311c, 1056
M. Levassort 528a, 577c
Magnum *R. Capa* 143a
R. Manuel 140, 245b, 284, 305b, 321
Marine nationale 646a
L. M. Maylin 1057
R. Mazin 135, 149, 171
Météo-France *Lepine* 29
Mobilier national, París 961c
A. Morain 407b
Musée de la Musique, París 253
Musée de l'Automobile, Mulhouse *Coll. Schlampf* 123a, 123b, 123c
Musée des Antiquités nationales, Saint-Germain 492c
Musée des Arts décoratifs, París 79, 449 / *Sully* 79
Musée du quai Branly, París *Delaplanche* 591
Musée Toulouse-Lautrec, Albi 210b
Musées royaux des Beaux-Arts, Bruselas 346a
Museo del Ermitage, San Petersburgo 421b
Museum Ludwig, Colonia 816b
Muséum national d'histoire naturelle, París *Paléontologie/Serette* 543a
NASA 598b, 1045a / *Brunier* 854 / *Ciel et Espace* 259 / *NOAO* 038a / *Woiube* 291
National Gallery, Londres 877e
J. Nilsson 977
Nippon Kokan Koji Corp. 647b
Oronoz 67, 72, 88, 90, 114b, 156, 170, 180, 185b, 191, 213, 233, 234b, 238, 239, 301, 302, 313, 358a, 358b, 358c, 408b, 416b, 437, 463, 467, 478, 525f, 526b, 526d, 526e, 542c, 542d, 544a, 549b, 553a, 561, 562, 586a, 667, 700a, 700b, 700c, 701a, 707a, 707, 737c, 748, 760, 779, 790, 841, 850a, 872, 877g, 877h, 895f, 933, 1036d, 1040a, 1040b, 1041b, 1041c
Österreichische Nationalbibliothek, Viena 678b
Philadelphia Museum of Art 307c, 314b
Photononstop *Diaf/Gérard* 76 / *Diaf/Pratt-Pries* 582b / *Diaf/Schoenahl* 553e / *Diaf/Travert* 597
J. Pierre 314a
Pitch 70b, 250c / *Binois* 424a / *Delatre*

250a, 424b / *Gonnet* 345c / *Petzold* 460
Presse-Sports 116b, 116c, 899b / *Bongarts* 83 / *Leech* 899a / *Watel* 166c
Prisma 26, 41, 89, 103, 108g, 114a, 115, 128b, 128c, 193, 211b, 234c, 240a, 258, 290, 351b, 365, 368, 386, 410, 447a, 454, 525c, 525e, 542b, 544b, 556, 586b, 658c, 701c, 737b, 763, 777, 807a, 807d, 815, 822a, 822e, 833, 846b, 873, 880, 895d, 897, 900, 921
Prodis 804
P. Puig 662a
G. Rampazzi 928b
Rapho *Everts* 145d / *Koch* 990 / *Marry* 419 / *R. Michaud* 108e, 311e / *Seynes* 56b / *Top/Desjardins* 582a / *Top/Hinous* 472 / *Top/Tripelon-Jarry* 615 / *Weiss* 81a
Ria-Novosti *Rodionov* 577g
REA *Moachetti* 817
RMN 970, 225a, 428b, 551e, 622, 659, 714a, 825, 877d, 928a, 1050 / *E. Riot* 113b / *CNAC/MNAM Centre G. Pompidou, París* 952d / *Larrieu* 195c / *Lewandowski* 797, 577b *RMN MNAM Centre G. Pompidou, París* 407a, 407d, 407e, 435a, 860f / *MNAM Centre G. Pompidou, París/Hatala* 407c / *MNAM Centre G. Pompidou, París/P. Migeat* 279, 678d
Römisch Germanisches Museum-Kunstgewerbe 499b
Scala Group 118, 145a, 145b, 152, 234a, 299, 311d, 346b, 346c, 428d, 641a, 813, 818, 848, 877b, 877c, 895e, 910, 928c, 1003
Scope *Guillard* 130, 805g / *J. D. Sudres* 107
Sea and See *Allisy* 846a / *Fevrier* 821, 1053
SEP 983
Siemens *Pressbild* 447b
Sirpa 216, 646b, 696a
South American Pictures 850b / *T. Morrison* 108b, 642, 704a, 973 / *R. Pujol* 956a
SpainPhotoStock *J. Latova* 594 / *J. Latova* 807c / *J. C. Muñoz* 753 / *J. B. Ruiz* 60
Sport Agence Magazine *Bedeau* 651 / *Buguin* 775a / *Joch* 814
Spot Image 322
Stedelijk Museum, Amsterdam 281c
H. Stierlin 428a
Studio Pyrénées, Cérel 310c
TemSport *Liewig* 137c
P. Tétrel *L.-Y. Loirat* 726
The Art Institute of Chicago 307a
Vandystadt 143b, 330, 470b, 623b, 698, 875, 906b / *Allsport* 416a, 623a / *Allsport/Cavataio* 951 / *Allsport/Dunn* 137b / *Allsport/Powell* 1045b / *Brunskill* 972b / *Bruty* 470a / *Cannon* 166b / *Duffy* 1048b / *D. Givois* 56a, 159, 766 / *N. Gouhier* 789 / *Hans* 972c / *Levine* 1045c / *Loubat* 195a / *Martin* 645, 710a, 710b, 710c, 710d, 906a, 972a / *Martínez* 1026 / *Martini* 943a / *Moulu* 1012 / *Powell* 353
M. Viard 305a, 795a, 987a
J. Vidal 74a, 345a, 553c, 730b
Volkswagen 123d
Yamaha 793
S. Zalkind 995

artistas representados por ADAGP o por VEGAP

© ADAGP, París 2008: 32b, 32c, 32e, 210a, 273, 281a, 281c, 281d, 307b, 314a, 407a, 407c, 407d, 407e, 435a, 435b, 435d, 435e, 435f, 435g, 449, 523, 598a, 678d, 684b, 816b, 860f, 952b, 952c, 952d, © *TIM* 205b, *Salvador Dalí, Fondation Gala-Salvador Dalí* 952a, *Succession Marcel Duchamp* 314b, *The Munch Museum/The Munch Ellingsen Group* 495e © Antonio López, VEGAP, Barcelona 2009: 860e; © *Gino Severini*, VEGAP, Barcelona 2009: 471b; © *José Clemente Orozco*, VEGAP, Barcelona 2009: 704a; © *Manel Armengol*, VEGAP, Barcelona 2009: 684a; © Manuel Millares, VEGAP, Barcelona 2009: 561; © Succession H. Matisse, VEGAP, Barcelona 2009: 346d, 435c; © 2009 Banco de México Diego Rivera & Frida Kahlo Museums Trusts, México D.F., VEGAP, Barcelona 2009: 704b

derechos reservados

435b, 435g, 495e; © CONG S.A./Publicado en España por Norma Editorial 268c; © Editorial Castalia 186a; © Joaquín Salvador Lavado (QUINO) Todo Mafalda/Editorial Lumen, 1992 268b; © Manga Films 84e; © Marvel Characters/Panini SPA 268e; © Ronald Cecil Sportes & Ass. 354a; © Successió Miró 2009 210d; © Succession Picasso 113a, 307a; © Walt Disney Company, Francia/Cat's Collection 84b, 84f; © Walt Disney Company. Con autorización especial de TWDCF 84c; Atlas Photo 116a; Bridgeman Art Library/Giraudon/Artephot/S. Held 708; Coll. Archives Larbor/Coll. Larousse 268a; Coll. Archives Larbor/Coll. Larousse © Éditions Pierre Horay, París 268d; Coll. Archives Larbor/Coll. Larousse © Les Humanoïdes Associés 268f; Coll. Cahiers du Cinéma 84d; Coll. L. Christophe 84a; Cosmos/Gorgoni 598a; Gran Teatre del Liceu/A. Bofill 319; Metropolitan Museum of Art, Nueva York 684d; Pix/Bavaria 867; Pix/C.L.B. 202; Pix/Le Divenah 359; Rapho/Top/Hinous 684c; RMN MNAM Centre G. Pompidou, París 107; Scala Group/Museum of Modern Art, Nueva York 471a, 816a; Table Lumineuse, Lille 684e

NOMBRES PROPIOS
procedencia de las fotografías

Academia real de las ciencias, Estocolmo 1160a
ACI *Roca-Sastre* 1680a, 1697d / *Roca-Sastre/Globe Photos/A. Renault* 1111b
ADN-Zentralbild, Berlín 1385c
AFP Photo 1574b / *Faget* 1682c / *L. Monier* 1152a
AGE Fotostock 1094a, 1130c, 1367b, 1488d, 1595c, 1617b, 1747b
Agencia Comesaña 1273b, 1333b, 1545b / *Archivo General de la Nación, Buenos Aires* 1496c, 1569, 1648b / *R. Cinti* 1216a
Aisa 1138a, 1194a, 1261c, 1403a, 1458b, 1502a, 1576, 1591a, 1600c, 1675a, 1677a, 1677b, 1727c, 1774b
AKG Images 1118c, 1362b, 1516b / *Artephot* 1175c, 1288a, 1392e, 1443a, 1446a, 1448e, 1462b, 1510a, 1559b, 1686a / *Artephot/Nimatallah* 1158c, 1167a, 1227b, 1243c, 1289d, 1313b, 1315b, 1331e, 1472e, 1483c, 1513a, 1603c, 1726, 1773b, 1781 / *Explorer/J.-L. Nou* 1407e / *Giraudon/Lauros* 1247c / *E. Lessing* 1090d, 1277d, 1750a / *E. Lessing/Meyer* 1211, 1449c / *Magnum/E. Lessing* 1180a / *Nimatallah* 1167c / *J.-L. Nou* 1175a, 1407a, 1407c
Album 1087b / *Societé générale de films* 1275a
Algar 1341a
Alinari *Giraudon* 1607f
Alpenland *Cancillería, Viena* 1523b
Altitude *Y. Bertrand/Arthus* 1107a, 1146a, 1718a / *Bourseiller* 1498b / *Rossi* 1172a, 1418
Angeli 1151d
APN 1337
AP Photo 1786b
Archivo Planeta 1591b
Archivolatino.com 1256a, 1265, 1273a, 1697a / *Archivo Fotográfico INBA* 1126b / *Archivo Fotográfico INBA/CNCA/Museo Nacional de Arte* 1279, 1280a / *Archivo Fotográfico INBA/CNIPL* 1122b, 1138c, 1355b, 1396b, 1478c, 1760a, 1793a / *Archivo General de la Nación, Buenos Aires* 1127b, 1375, 1518b, 1741b, 1772b / *Archivo General de la Nación, Buenos Aires/D. Giudice* 1149a, 1491a, 1628b, 1639c, 1647b / *Archivo Revista Acción* 1534b / *R. Candia* 1455a / *Centro Nacional de las Artes/Biblioteca de las Artes/Archivo fotográfico INBA/CENIDIAP* 1089b, 1137a, 1247a, 1478a, 1540c, 1779 / *Centro Nacional de las Artes/Biblioteca de las Artes/Archivo Fotográfico INBA/CENIDIAP/R. Anguiano* 1110b / *Centro Nacional de las Artes/Biblioteca de las Artes/Archivo Fotográfico INBA/CITRU* 1463b, 1564b / *Fundación Víctor Jara/A. Larrea* 1429a / *R. Garrido Fernández* 1764a / *D. Giudice* 1116b, 1246b, 1336b, 1350b, 1484a, 1485b, 1519a, 1604a, 1644a, 1652a, 1741a / *Malba* 1465c / *Museo Nacional de Antropología* 1736b / *Museo Nacional de Bogotá* 1500b / *Museo Quiroga* 1628a / *Secretaría de Turismo de la Nación, Buenos Aires* 1078 / *A. Suárez* 1461b
Archivos ELM, S.A. 1304b
Archivos I.R.L. 1201a
Archivos Larousse Editorial, S.L. 1089a, 1090c, 1095b, 1130b, 1137b, 1138b, 1146c, 1154c, 1166b, 1186, 1197b, 1206c, 1209c, 1214a, 1280b, 1285e, 1291a, 1291b, 1316e, 1338b, 1342a, 1353a, 1353d, 1356a, 1356e, 1373b, 1388a, 1398, 1417, 1424a, 1435b, 1436c, 1437b, 1459b, 1499b, 1501a, 1518e, 1519b, 1519c, 1541, 1553c, 1555b, 1573a, 1573b, 1578c, 1600a, 1609b, 1620a, 1627a, 1631b, 1644b, 1673b, 1702d, 1712, 1723b, 1735b, 1755, 1763b, 1763c, 1802b, 1803a
Arsicaud 1143b
Artephot *Agracá* 1496b / *Artothek* 1201b, 1784a / *Babey* 1436a, 1621b / *Cercle d'Art* 1274b / *Fabbri* 1539b / *Fundación Seikado, Tokyo* 1428c / *S. Held* 1091a / *Lavaud* 1594a / *Mandel* 1345 / *Nobel Foundation, Estocolmo* 1561c / *Ogawa* 1428b, 1428e / *Orion Press* 1383a / *Oronoz* 1190a, 1230a, 1293a, 1315d, 1403b, 1415b, 1439b, 1482f, 1503b, 1503c, 1641a, 1706, 1731b / *Percheron* 1165b, 1269b, 1522f, 1543 / *Phedon/Salou* 1083b, 1264a, 1473a, 1675b, 1710a / *Roland* 1331c, 1578a / *Schneiders* 1351a, 1376c / *Sipa Press/Lalance* 1266a / *Takasa* 1219a / *Tréla* 1281, 1389a, 1432d, 1621c / *Varga* 1482c / *Vision* 1498d / *Vivien* 1603a / *WPS* 1111c, 1263c, 1267c, 1393b, 1448b, 1611b, 1687a, 1708b / *Zucconi* 1500d
Arthotek *Giraudon/Lauros* 1202f
ASA *P. Corral* 1223a
Association Chaplin 1218c
Atlas Photo *Veyres* 1679a
Bassano 1775a
Bavaria Verlag Bildagentur *Eschen* 1687b
Bayerische Staatsammlung, Munich 1482a
Bernand 1191a, 1194c
Biblioteca Apostolica Vaticana 1288b
Bildarchiv Preussischer Kulturbesitz 1400b, 1484c, 1570f, 1642a, 1652b, 1710c, 1786a / *Anders* 1098c
J. Bottin 1221c, 1453b, 1679d
Boucaud 1632b
Boutin 1252a, 1290b
J. Boyer 1076a
G. Brassaï 1492d
Bridgeman Art Library 1192 / *AKG Images/Giraudon* 1246a / *Giraudon* 1084, 1140d, 1166c, 1185d, 1202c, 1202h, 1242a, 1252c, 1260c, 1276c, 1331a, 1338a, 1383b, 1392f, 1503a, 1537b, 1589, 1590, 1597a, 1605, 1608a, 1624b, 1655a, 1672a, 1765a, 1769b / *Giraudon/Alinari* 1210a, 1210c, 1261a / *Giraudon/Artephot* 1111a, 1656 / *Giraudon/J.-L. Charmet* 1558, 1708a, 1774c / *Giraudon/Explorer* 1216b / *Giraudon/S. Held* 1267d / *Giraudon/Lauros* 1091b, 1115c, 1118a, 1172c, 1202d, 1202g, 1226a, 1252b, 1260c, 1263d, 1275b, 1276b, 1289b, 1306, 1331d, 1343c, 1363a, 1364c, 1381, 1407h, 1424c, 1428a, 1454b, 1462d, 1482b, 1501b, 1504a, 1511a, 1512a, 1532c, 1534a, 1538b, 1550a, 1550b, 1557a, 1593c, 1608c, 1629c, 1633a, 1642b, 1646, 1655b, 1708c, 1710d, 1717a, 1732b, 1749a, 1764b, 1773c, 1802a / *Giraudon/P. Lorette* 1465a, 1465b
British Council, Londres 1400a, 1446b, 1788a
British Museum, Londres 1128a, 1601a
Brooklyn Museum, Nueva York 1482e
F. Brunel 1085b, 1407b, 1408
Bundespressedienst 1789a
CACSA *J. Yaya Tur* 1197a
Casa Museo José Carlos Mariátegui 1504c
Castillo de Gripsholm 1376a
CD Gallery 1673a
Cedri *Bevilacqua* 1651b / *Sappa* 1485a / *Sioen* 1479c
Centre des Monuments Nationaux 1159a / *Nadar* 1548, 1571a
Chillida Leku 1222
Coll. Archives Larbor 1133, 1154a, 1157c, 1169a, 1204a, 1215b, 1223b, 1226f, 1232a, 1321, 1339a, 1340a, 1374b, 1393a, 1438a, 1441a, 1450a, 1451a, 1476b, 1511b, 1536a, 1601b, 1603b, 1618a, 1621a, 1630, 1641c, 1685c, 1693a, 1716b, 1736a / *Artephot* 1384a, 1384b, 1491c / *Carjat* 1149b, 1262a / *Coll. Bifi* 1457b / *Coll. Larousse* 1093, 1106c, 1150c, 1239b, 1263a, 1316a, 1456b, 1458a, 1459a, 1518d, 1547a, 1621d, 1683b, 1773e, 1782a / *Coll. Larousse/Giraudon/Lauros* 1140a / *Coll. Larousse/H. Manuel* 1278a, 1604c, 1633b / *Coll. Larousse/Prud'homme* 1234c / *H. Josse* 1409b, 1611a / *Nadar* 1773d / *NASA/JPL* 1439c / *Scala Group* 1652c
Coll. Archives Nathan 1397a
Coll. L. Christophe 1130a, 1179a, 1386a, 1727b
Coll. Fildier 1163b
Coll. Larousse 1434b, 1718b, 1794a / *C. Masson* 1150a / *A. Morain* 1090a / *H. Tajan* 1527b
Coll. A. Marinie 1536b
Coll. J.-L. Passek 1445a / *Artistes associés* 1096a / *Warner Bros* 1168a, 1243b, 1785c
Coll. Roger-Viollet 1148a, 1269a, 1285a, 1389b, 1452c, 1573c, 1607d, 1661b, 1799a, 1803b / *J. Boyer* 1502b / *Harlingue* 1313c, 1622a
Contacto Photo 1607c, 1609a / *AFP Photo* 1140b, 1540b / *Grazia Neri/Cannarsa* 1624a / *ImageForum* 1536c / *Polaris* 1144b
Continental Producciones 1319d
P. Coqueux 1654a
Corbis 1560 / *Brooks Kraft* 1568a / *Kipa/Gaudenti* 1542 / *Kipa/Morell* 1746c / *Kipa/Sunset* 1479a, 1479b / *Sipa Press/Bettmann* 1286b / *Sygma* 1115b / *Sygma/Andanson* 1697b / *Sygma/Bassouls* 1171 / *Sygma/Bettman* 1079b / *Sygma/Langevin* 1544b / *Sygma/Philippot* 1492b, 1493a / *Sygma/Yamashita* 1565
Cordon Press 1118b, 1622b, 1686b, 1768a / *Bloomberg News/Landov* 1448d, 1520b, 1578b / *Corbis/Saba/K. Dannemiller* 1328b / *Maxppp* 1504b / *J. A. Miguelez* 1343a / *Outline Press/J. Mitchell* 1167b / *Photojournalist* 1157a / *Reuters* 1146b, 1155c, 1158d, 1340b, 1696c / *Reuters/D. Aguilar* 1365 / *Reuters/P. Olivares* 1739a / *Reuters/M. Thomas* 1455b / *Time* 1471b / *Timepix/J. Fabry* 1204b / *TopFoto/Ria-Novosti* 1267a / *Ullstein* 1688a, 1702b
Cover 1122a, 1124a, 1155b, 1159b, 1163a, 1180c, 1187b, 1318b, 1344b, 1355a, 1574a, 1582, 1662, 1705c, 1760b, 1766b, 1778b / *Carrusan* 1182b, 1334a, 1600e / *Corbis* 1234a, 1312b, 1342e, 1441c, 1442b, 1672b, 1723a, 1728, 1749c / *Corbis/Archivo Biblioteca Nacional de Chile/IMA* 1335b, 1397c, 1763d / *L. Dávila* 1117 / *A. Fierro* 1741d / *Q. Llenas* 1547b / *F. J. Rodríguez* 1518c / *J. A. Rodríguez* 1798 / *R. Samano* 1316b, 1481a, 1538a / *Sygma* 1401b, 1505b
J. Da Cunha 1363b
G. Dagli Orti 1152b, 1169b, 1172b, 1226d, 1232c, 1248b, 1283a, 1283b, 1283c, 1283f, 1289a, 1319a, 1342b, 1355c, 1362d, 1399a, 1426, 1429b, 1439d, 1444, 1484b, 1519d, 1522b, 1522d, 1522e, 1522g, 1533, 1555a, 1613a, 1651f, 1686c, 1702a, 1729b, 1730, 1743, 1774a, 1775b, 1783a, 1785b
R. Dazy 1717b
M. Delius 1607g
M. De Lorenzo 1312c
Det Nationalhistoriske Museum, Frederiksborg 1175b
Diaf *Duchene* 1586
Documentation C.C.I. 1790a
Edimedia *Hinous* 1700a
EFE 1212, 1485c, 1568b, 1596
El Deseo S.A. 1097
Embajada de Alemania 1382b
Embajada de Finlandia 1075
Embajada de Israel 1083a
Embajada de la Rep. Checa 1239a
ESA 1277b
Explorer *Kremer* 1119 / *C. Lenars* 1792 / *Morath* 1139b / *Nègre* 1189b
Eyedea Presse *Gamma/Xinhua* 1744 / *Hoa-Qui/Wojtek* 1776
Fay Godwin's Photo 1466b
Filmoteca española 1089c, 1124b, 1205a, 1316d, 1317, 1327, 1377b, 1453a, 1473c, 1639c, 1642c, 1684a, 1709a, 1746b
V. Fleming 1641b, 1718c, 1784d, 1789b
Fondation Maeght, Saint-Paul 1175d / *Germain* 1348a
G. Freund 1286a, 1287, 1349a, 1497a, 1763a, 1794b
Fundación Lázaro Galdiano 1106e
Fundación Ramón Oviedo 1581
Galería de pintura de Berlín-Dahlem 1201c
Galería Tretiakov, Moscú 1220, 1739b
Gamma 1336a, 1448a, 1693b, 1698a / *Achache* 1152d / *Apesteguy* 1793b / *Aunos* 1716a / *Burnett* 1493b / *Camera Press/Bristol* 1218b / *Camera Press/Harvey* 1399b / *Camera Press/Karsh* 1285b, 1434c, 1551b, 1607h, 1735c / *Camera Press/McCabe* 1437a / *Camera Press/Snowdon* 1395 / *Campion* 1679b / *De Keerle* 1750b / *Depardon* 1096b / *Deville* 1498a / *Evans* 1633c / *Farza* 1514b / *Guenet* 1443b / *Halebian* 1316f / *Laurent* 1380a / *Lochon* 1731a / *Maitre* 1727d / *Maous* 1450b / *Markel/Liaison* 1185a / *Mathieu* 1383d / *Rey* 1116a / *Rudling* 1593e / *Simon* 1383c / *Sipa Press/Vianneport* 1729a / *Sutton* 1544c / *Toucheteau* 1152c / *UPI* 1185b / *Vioujard* 1142b, 1227a, 1359b
M. Garanger 1802d
Getty Images 1164b, 1179b, 1335a, 1432a, 1483a, 1516a, 1757a / *Hulton Archives* 1497b, 1609d, 1700b / *Hulton Archives/BBC* 1475a, 1510b / *ImageForum* 1209b, 1481b
Giraudon 1151a, 1529a, 1607a, 1701b, 1742 / *Lauros* 1143a, 1263b, 1264b, 1607b, 1773a / *Meyer* 1114b
Gobierno de Navarra 1682b
Grammy 1709b
Gribayedoff 1257b
Guiley-Lagache 1151b
Halberstadt 1333a
S. Held 1177, 1181b, 1182c, 1226e, 1407g, 1412g, 1432c, 1597c, 1663a
Hémisphères Images *Wysocki* 1770
Hoa-Qui 1402b / *W. Buss* 1100c, 1180d / *Collart* 1100b / *Explorer* 1165f / *Explorer/T. Adina* 1221a / *Explorer/Boutin* 1168b, 1199a, 1526, 1748 / *Explorer/Fournie* 1230b / *Explorer/Fox* 1472c / *Explorer/Gérard* 1477b / *Explorer/Hervy* 1259 / *Explorer/Jahan* 1537a / *Explorer/Labat* 1088d / *Explorer/L.-Y. Loirat* 1165c, 1165e / *Explorer/Nacivet* 1394 / *Explorer/Romer* 1649 / *Explorer/Roy* 1676 / *Explorer/Veiller* 1561a / *M. Huet* 1081d / *D. Huot* 1447b / *Renaudeau* 1081c, 1344c / *Sappa* 1261b / *Sappa/Cedri* 1076b / *Valentin* 1111d
Imapress 1732a / *Sipa Press/JFK Library* 1445c
Imperial War Museum, Londres 1324d, 1800b
Index 1090b, 1127a, 1132b, 1138d, 1166a, 1170c, 1198, 1271c, 1280c, 1316g, 1318a, 1350c, 1364a, 1368a, 1377a, 1386d, 1401a, 1467b, 1493c, 1609c, 1635, 1645b, 1645c, 1653b, 1682d, 1688b, 1705b, 1740, 1780, 1795a / *Bridgeman Art Library* 1173, 1233, 1640, 1645a / *Giraudon* 1476a, 1513b / *ImageForum* 1267b, 1349b, 1488a, 1741c, 1757b / *Mithra* 1087a, 1278b, 1415a / *A. Noé* 1206a, 1669 / *PSR* 1653a / *F. Viamonte* 1270c
H. Josse 1191b, 1209d, 1210b, 1234b, 1353c, 1416a, 1416b, 1456c, 1460, 1482g, 1503d, 1505a, 1559a, 1685b, 1782b
Keystone 1106b, 1106d, 1266b, 1332a, 1339c, 1356c, 1373a, 1392a, 1435c, 1452b, 1457a, 1463a, 1475b, 1486a, 1486b, 1531b, 1554a, 1561b, 1663b / *Artephot/Faillet* 1242b, 1482d, 1752 / *Artephot/Varga* 1631a / *Aubert* 1701c / *Boccon-Gibod* 1354a
W. Klein 1449b
F. Kohler 1455c
Königliche Bibliothekm, Berlín 1492c
Kurpfälzisches Museum, Heidelberg 1314b
É. Larrayadieu 1150b
J.-P. Leloir 1124c, 1324a, 1324b, 1604b, 1709c
C. Lenars 1219c, 1286c, 1314a, 1412e, 1557b, 1570b, 1570e, 1570d
M. Levassort 1738b
S. Lido 1085a
L'Illustration *Imapress* 1339b, 1436b, 1461a, 1500c, 1652e / *Imapress/Fischbeck* 1800a / *Imapress/Gysembergh* 1432b / *Imapress/Launois* 1746d / *Médias* 1391a
L.-Y. Loirat 1593a
P. Lorette 1088a, 1445b
Magnum 1412h / *Abbas* 1160b / *Berry* 1595a / *Burri* 1562 / *Freed* 1158a / *Haas* 1447c / *Halsman* 1228b / *E. Lessing* 1101, 1221b, 1229, 1315a, 1529b, 1544a / *P. Migeat* 1131b / *M. Riboud* 1110a, 1178d, 1264d, 1392d / *W. E. Smith* 1701a / *Suyin* 1617a
R. Manent 1320a, 1577b, 1725
H. Manuel 1312a
S. Marmounier 1158b, 1320b
C. Masson 1257a, 1567
Mayan Foto Press *T.Cuéllar* 1372, 1705a
L. M. Maylin 1362a
R. Mazin 1136, 1148b, 1325a, 1480, 1592
Meyer 1114a
A. Michel *Rush/Bassouls* 1354b
MNAM Centre G. Pompidou, París 1449a, 1452a
L. Monier 1411, 1697c
A. Munchow 1115a
Musée de Grenoble 1803c
Musée de L'Air et de L'Espace, París 1790b
Musée du quai Branly, París *Ponsard* 1570a
Musée Guimet, París 1409a
Museo Andersen, Odense 1107b
Museo August-Strinberg, Estocolmo 1710e
Museo Barbier-Mueller, Ginebra 1081a
Museo de América, Madrid 1552, 1634, 1647a
Museo de Hamburgo 1385b
Museo del África central, Tervuren 1081b
Museo del Vaticano 1457c
Museo Kröller-Müller, Otterlo *HCR International* 1535
Museo nacional del palacio de Taibei, Taiwan 1226b
NASA *Ciel et Espace* 1683c
Nasjonalgalleriet, Oslo *Vaering* 1402a
National Gallery of Art, Washington 1164d, 1423a
National Museum, Estocolmo 1472d
National Portrait Gallery, Londres 1140c, 1261d, 1270b, 1289c, 1332b, 1350d, 1380b, 1382a, 1388b, 1392b, 1424b, 1554b, 1784b
Objectif 2000 *Civet/Jannel* 1379
Oronoz 1088c, 1094b, 1094c, 1094d, 1098b, 1126a, 1131a, 1151e, 1159c, 1164c, 1178a, 1214b, 1228a, 1231b, 1258, 1271b, 1277a, 1290a, 1299, 1315c, 1319b, 1342c, 1342d, 1351b, 1364b, 1397b, 1431a, 1434a, 1435a, 1441b, 1464a, 1464b, 1472a, 1478b, 1487, 1488b, 1495, 1497d, 1499c, 1501c, 1517b, 1518a, 1531a, 1531c, 1546, 1555c, 1647c, 1657b, 1702c / *Coll. Archives Larbor* 1368b
Österreichische Nationalbibliothek, Viena 1492a

artistas representados por ADAGP o por VEGAP

derechos reservados

ENCARTES ILUSTRADOS

La lectura de los créditos, en cada una de las páginas, se realiza de izquierda a derecha y de arriba abajo.

xxvii. Archivo Digital/Icon Sports Media. **xxviii.** Archivo Digital/Icon Sports Media - Latin Stock - Archivo Digital/Action Plus - Archivo Digital/Icon Sports Media - Ochoa Sports Management – Archivo Digital - © Able Stock. **xxix.** FOTO DISK, S.A. – Latin Stock – Cesar López Pérez - Archivo Digital/Icon Sports Media - Archivo Digital/Icon Sports Media – Latin Stock - Archivo Digital/Icon Sports Media - Archivo Digital/Action Plus. **xxx.** © Able Stock – Latin Stock – Archivo gráfico Larousse - Archivo Digital/Icon Sports Media - Archivo Digital/Icon Sports Media - Archivo Digital. **xxxi.** AFP/Getty Images - Archivo gráfico Larousse – AFP/Getty Images – AFP/Getty Images - Getty Images - Getty Images - Archivo gráfico Larousse – AFP/Getty Images – AFP/Getty Images – AFP/Getty Images - AFP/Getty Images - Getty Images - Getty Images - Getty Images - Getty Images. **xxxii.** Archivo Digital/Famous - Archivo Digital/Famous - Jack Mitchell - Archivo Digital/Clasos - Archivo Digital/Icon Sports Media - Archivo Digital/Famous - Archivo Digital/Retna - Archivo Digital/Famous - Archivo Digital/Famous.

COMPENDIO CARTOGRÁFICO

México

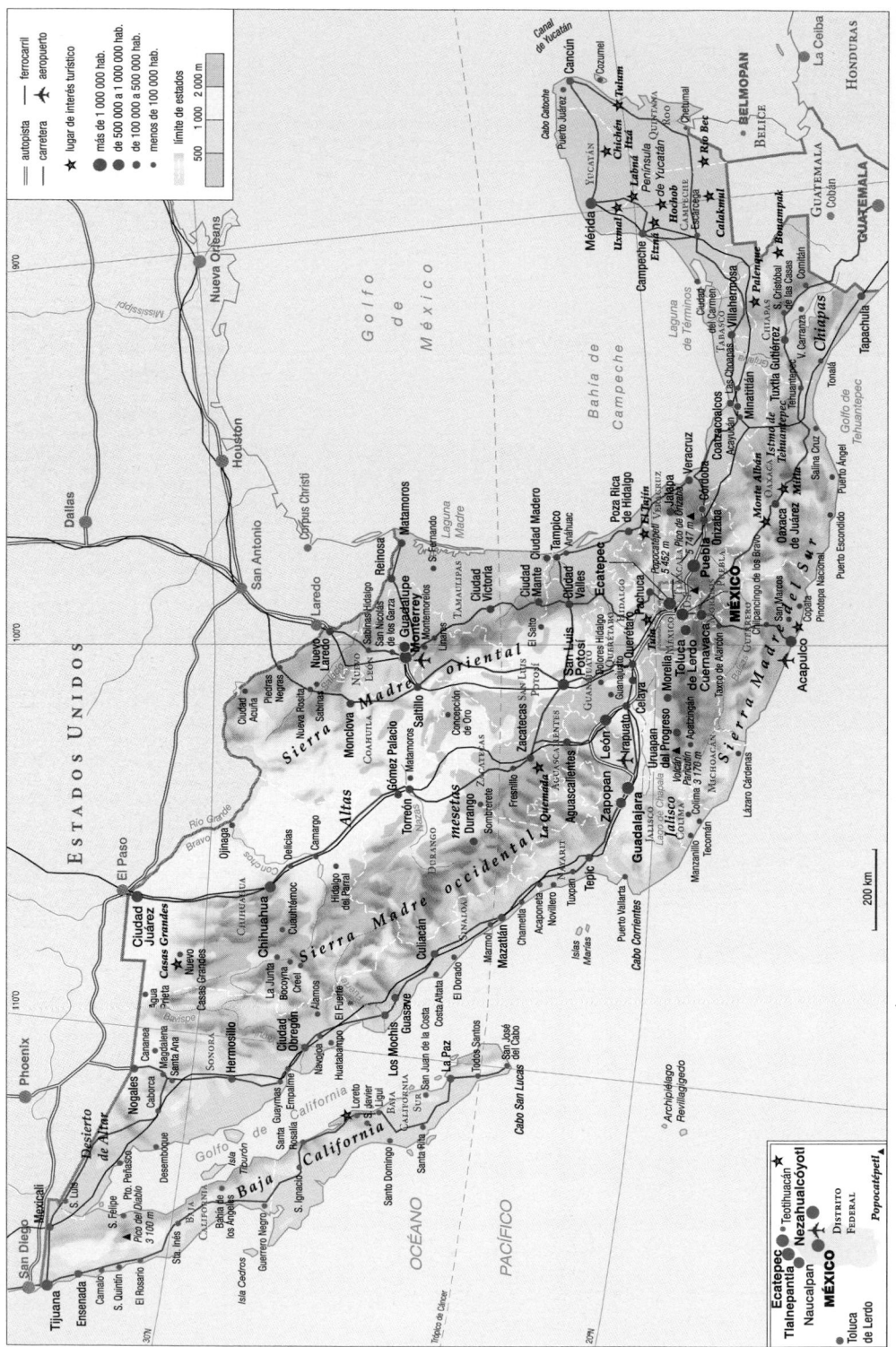

Cuba

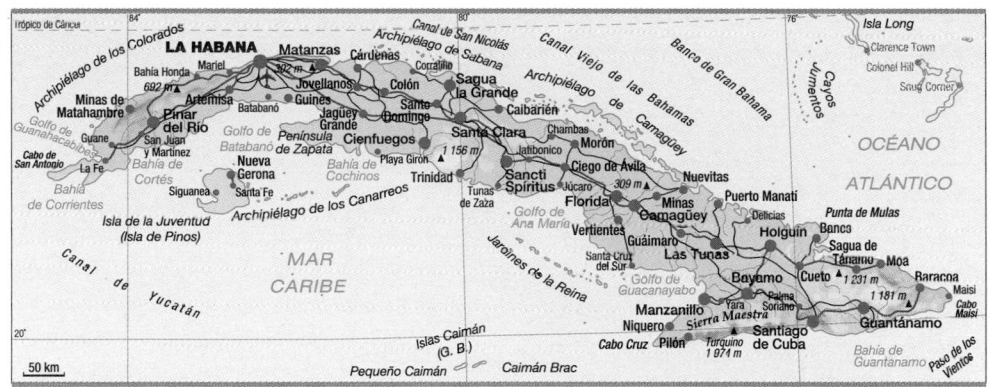

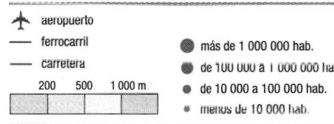

✈ aeropuerto
— ferrocarril
— carretera

| 200 | 500 | 1 000 m |

● más de 1 000 000 hab.
● de 100 000 a 1 000 000 hab.
● de 10 000 a 100 000 hab.
• menos de 10 000 hab.

República Dominicana

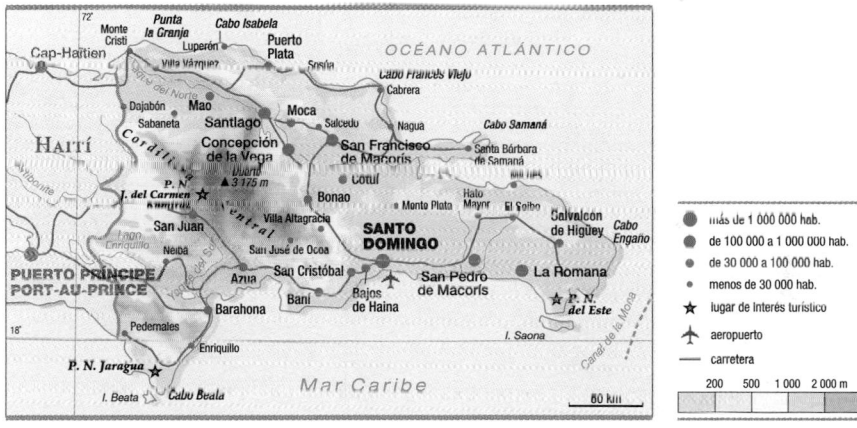

● más de 1 000 000 hab.
● de 100 000 a 1 000 000 hab.
● de 30 000 a 100 000 hab.
• menos de 30 000 hab.
★ lugar de interés turístico
✈ aeropuerto
— carretera

| 200 | 500 | 1 000 | 2 000 m |

Puerto Rico

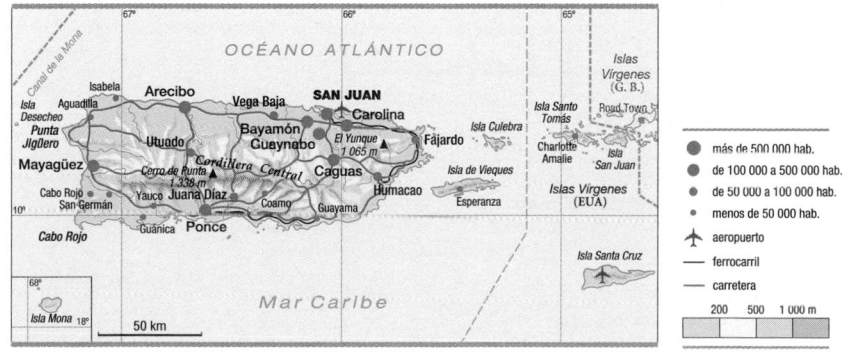

● más de 500 000 hab.
● de 100 000 a 500 000 hab.
● de 50 000 a 100 000 hab.
• menos de 50 000 hab.
✈ aeropuerto
— ferrocarril
— carretera

| 200 | 500 | 1 000 m |

■ Guatemala-Belice

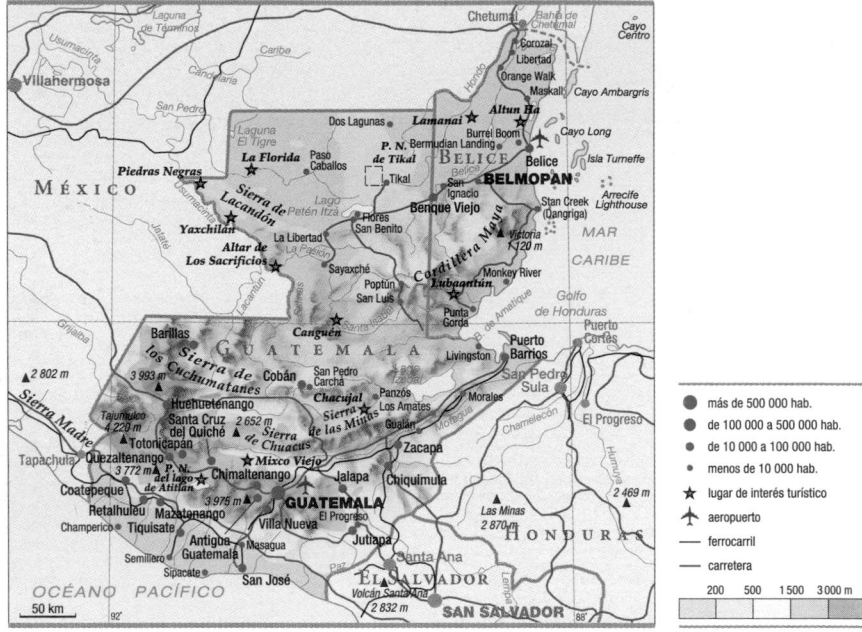

más de 500 000 hab.
de 100 000 a 500 000 hab.
de 10 000 a 100 000 hab.
menos de 10 000 hab.
★ lugar de interés turístico
✈ aeropuerto
— ferrocarril
— carretera

200 500 1 500 3 000 m

■ Honduras

más de 500 000 hab.
de 100 000 a 500 000 hab.
de 50 000 a 100 000 hab.
menos de 50 000 hab.
★ lugar de interés turístico
✈ aeropuerto
— ferrocarril
— carretera

200 500 1 500 m

■ El Salvador

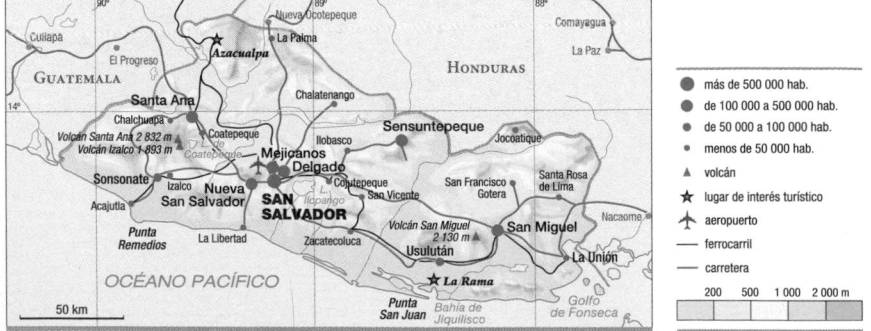

más de 500 000 hab.
de 100 000 a 500 000 hab.
de 50 000 a 100 000 hab.
menos de 50 000 hab.
▲ volcán
★ lugar de interés turístico
✈ aeropuerto
— ferrocarril
— carretera

200 500 1 000 2 000 m

◾ Nicaragua

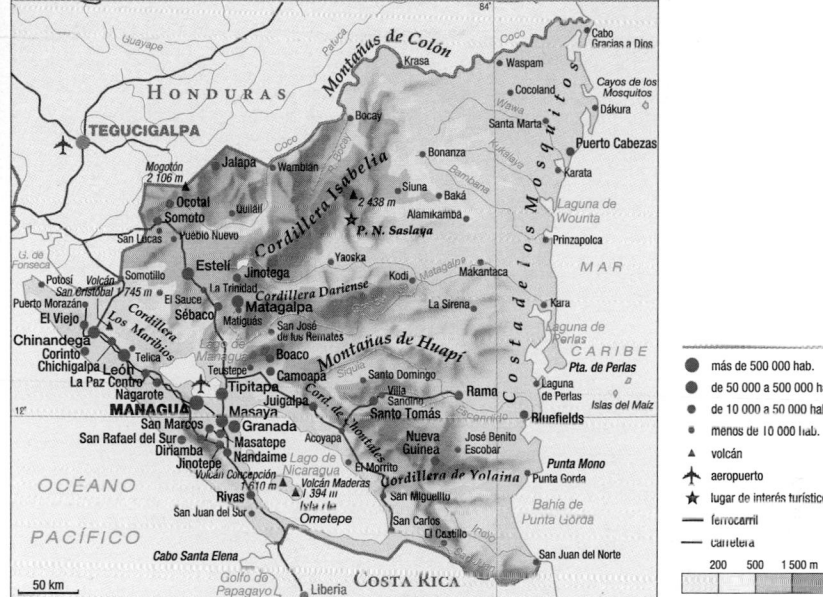

Leyenda del mapa de Nicaragua:
- ● más de 500 000 hab.
- ● de 50 000 a 500 000 hab.
- ● de 10 000 a 50 000 hab.
- • menos de 10 000 hab.
- ▲ volcán
- ✈ aeropuerto
- ★ lugar de interés turístico
- — ferrocarril
- — carretera
- 200 500 1 500 m

◾ Costa Rica

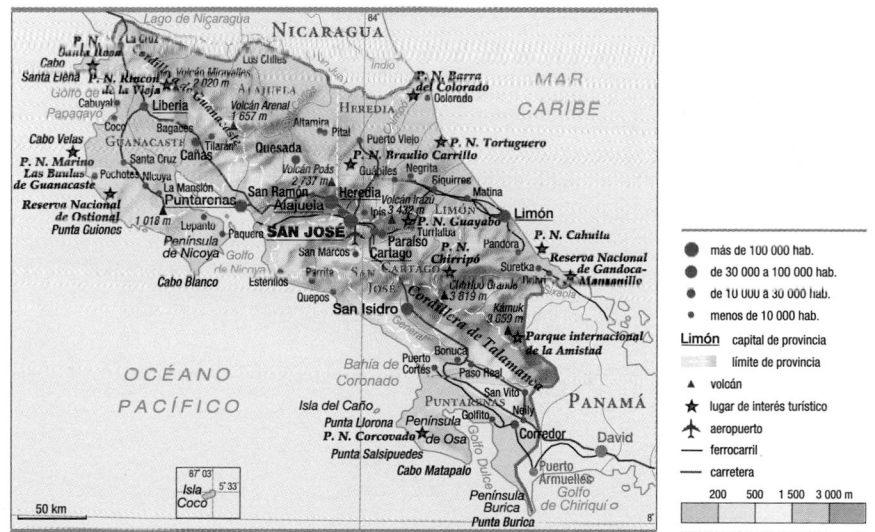

Leyenda del mapa de Costa Rica:
- ● más de 100 000 hab.
- ● de 30 000 a 100 000 hab.
- ● de 10 000 a 30 000 hab.
- • menos de 10 000 hab.
- **Limón** capital de provincia
- límite de provincia
- ▲ volcán
- ★ lugar de interés turístico
- ✈ aeropuerto
- — ferrocarril
- — carretera
- 200 500 1 500 3 000 m

■ Panamá

Población
- ● más de 500 000 hab.
- ● de 250 000 a 500 000 hab.
- ● de 50 000 a 250 000 hab.
- ● menos de 50 000 hab.
- ✈ aeropuerto
- — ferrocarril
- — carretera

| 200 | 500 | 1500 m |

■ Venezuela

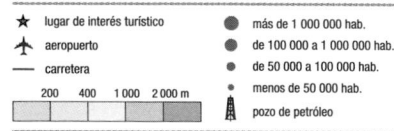

- ★ lugar de interés turístico
- ✈ aeropuerto
- — carretera

| 200 | 400 | 1 000 | 2 000 m |

- ● más de 1 000 000 hab.
- ● de 100 000 a 1 000 000 hab.
- ● de 50 000 a 100 000 hab.
- ● menos de 50 000 hab.
- 🛢 pozo de petróleo

Colombia

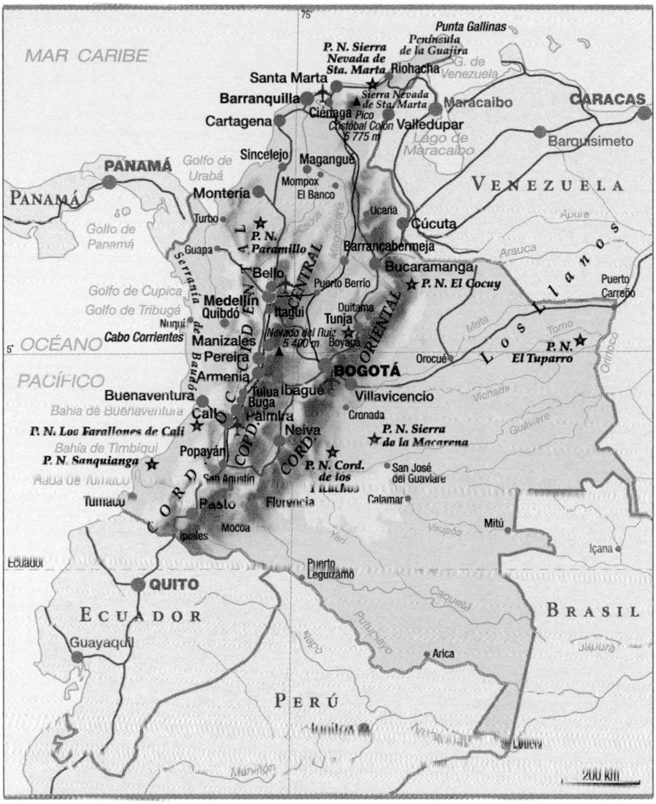

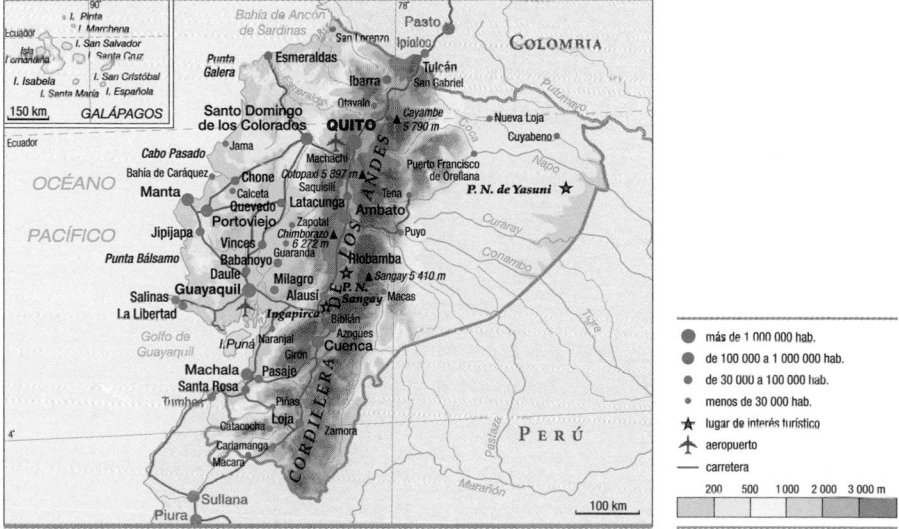

Mapa Colombia

MAR CARIBE

Punta Gallinas
Península
de la Guajira
G. de
Venezuela
P. N. Sierra
Nevada de
Sta. Marta · Riohacha
Santa Marta
Sierra Nevada
de Sta. Marta
Barranquilla · Maracaibo · CARACAS
Cartagena · Ciénaga · Pico
Cristóbal Colón · Valledupar · Lago de
5 775 m · Maracaibo · Barquisimeto
Sincelejo · Magangué
Golfo de · Mompox
Urabá · El Banco
PANAMÁ
PANAMÁ · Montería · VENEZUELA
Turbo · Ucaná · Apure
Golfo de · Guapa · P. N. · Cúcuta
Panamá · Paramillo · Barrancabermeja · Arauca
Golfo de Cupica · Bello · Bucaramanga · Puerto
Golfo de Tribugá · Puerto Berrío · P. N. El Cocuy · Carreño
Medellín · Meta · Tomo
Nuquí · Quibdó · Itagüí · Duitama · P. N. · Orinoco
Cabo Corrientes · Manizales · Nevado del Ruiz · Tunja · El Tuparro
5 OCÉANO · Pereira · 5 400 m · Boyacá · Vichada
PACÍFICO · Armenia · Orocué
Bahía de Buenaventura · Tuluá · Ibagué · BOGOTÁ
Buenaventura · Buga · Villavicencio
P. N. Los Farallones de Cali · Cali · Palmira · Cronada · Guaviare
Bahía de Timbiquí · Neiva · P. N. Sierra
Popayán · de la Macarena
P. N. Sanquianga · San Agustín · San José · Vaupés
Agua de Tumaco · Pasto · Florencia · del Guaviare
Tumaco · P. N. Cord. · Calamar
Ipiales · Mocoa · de los · Mitú
· Huila · Vaupés
Ecuador · Caguán · Içana
Puerto
Leguízamo
QUITO · Caquetá · BRASIL
ECUADOR · Putumayo
Guayaquil · Napo · Arica
PERÚ
Japurá
200 km

Leyenda:
- más de 1 000 000 hab.
- de 250 000 a 1 000 000 hab.
- de 100 000 a 250 000 hab.
- menos de 100 000 hab.
- ★ lugar de interés turístico
- ✈ aeropuerto
- — ferrocarril
- — carretera

400 1000 2000 3000 m

Ecuador

Mapa Ecuador

I. Pinta
I. Marchena
I. San Salvador
Isla · Santa Cruz
Fernandina
I. Isabela · I. San Cristóbal
I. Santa María · I. Española
150 km · GALÁPAGOS

Ecuador

Bahía de Ancón · Pasto
de Sardinas · San Lorenzo · Ipiales
Punta · Esmeraldas · Tulcán · COLOMBIA
Galera · Ibarra · San Gabriel
Otavalo · Nueva Loja
Santo Domingo · QUITO · Cayambe
de los Colorados · 5 790 m · Cuyabeno
Cabo Pasado · Jama · Machachi
Bahía de Caráquez · Chone · Cotopaxi 5 897 m · Puerto Francisco
OCÉANO · Calceta · Saquisilí · de Orellana
Manta · Quevedo · Latacunga · Tena · P. N. de Yasuní
Portoviejo · Zapotal · Ambato · Puyo
PACÍFICO · Jipijapa · Chimborazo · Curaray
Vinces · 6 272 m · Guaranda
Punta Bálsamo · Babahoyo · Riobamba · Conambo
Daule · Milagro · Sangay 5 410 m
Salinas · Guayaquil · Alausí · Sangay · Macas
La Libertad · Ingapirca · P. N.
Golfo de · I. Puná · Biblián · Tigre
Guayaquil · Naranjal · Azogues
Girón · Cuenca
Machala · Pasaje
Santa Rosa · Piñas
Tumbes · Cariamanga · Loja · Zamora
Catacocha · Pastaza · PERÚ
Macará
Sullana · Marañón · 100 km
Piura

Leyenda:
- más de 1 000 000 hab.
- de 100 000 a 1 000 000 hab.
- de 30 000 a 100 000 hab.
- menos de 30 000 hab.
- ★ lugar de interés turístico
- ✈ aeropuerto
- — carretera

200 500 1000 2000 3000 m

Perú

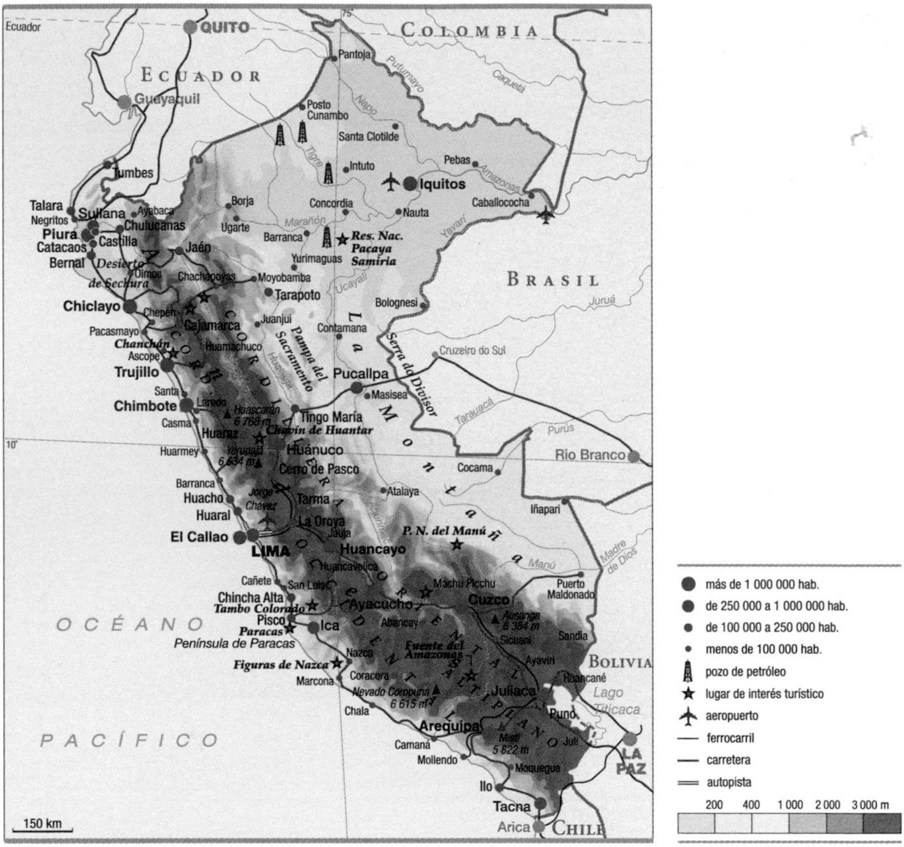

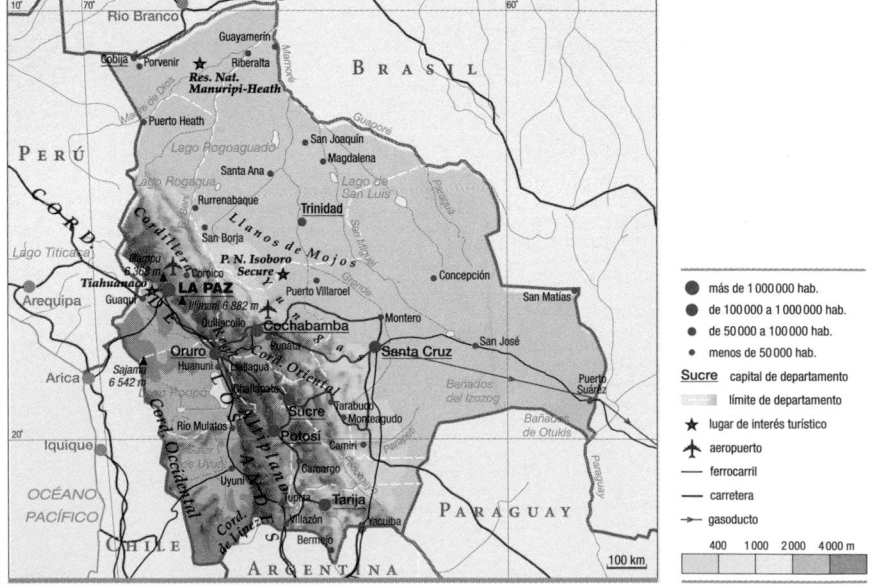

más de 1 000 000 hab.
de 250 000 a 1 000 000 hab.
de 100 000 a 250 000 hab.
menos de 100 000 hab.
pozo de petróleo
lugar de interés turístico
aeropuerto
ferrocarril
carretera
autopista

200 400 1 000 2 000 3 000 m

Bolivia

más de 1 000 000 hab.
de 100 000 a 1 000 000 hab.
de 50 000 a 100 000 hab.
menos de 50 000 hab.
Sucre capital de departamento
límite de departamento
lugar de interés turístico
aeropuerto
ferrocarril
carretera
gasoducto

400 1 000 2 000 4 000 m

Paraguay

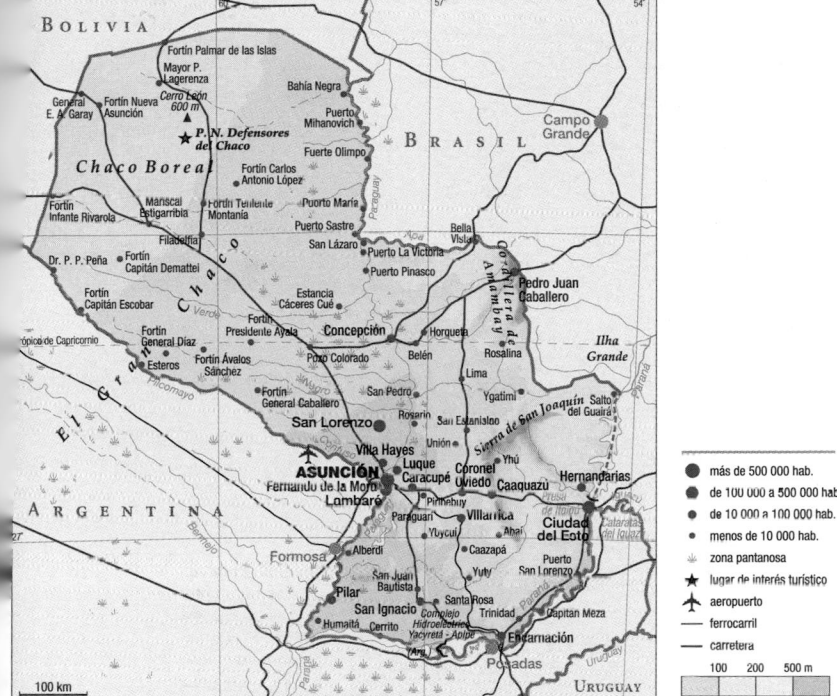

- ● más de 500 000 hab.
- ● de 100 000 a 500 000 hab.
- ● de 10 000 a 100 000 hab.
- • menos de 10 000 hab.
- ⁕ zona pantanosa
- ★ lugar de interés turístico
- ✈ aeropuerto
- — ferrocarril
- — carretera

100   200   500 m

100 km

Uruguay

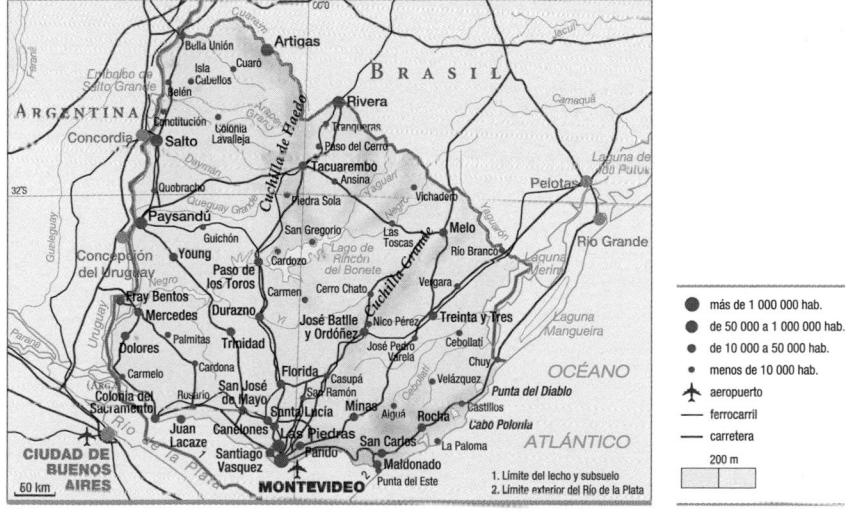

- ● más de 1 000 000 hab.
- ● de 50 000 a 1 000 000 hab.
- ● de 10 000 a 50 000 hab.
- • menos de 10 000 hab.
- ✈ aeropuerto
- — ferrocarril
- — carretera

200 m

1. Límite del lecho y subsuelo
2. Límite exterior del Río de la Plata

60 km

COMPENDIO CARTOGRÁFICO

Chile

más de 1 000 000 hab.
de 100 000 a 1 000 000 hab.
de 50 000 a 100 000 hab.
menos de 50 000 hab.
límite regional
★ lugar de interés turístico
✈ aeropuerto
— ferrocarril
— carretera
═ autopista

glaciar 400 1 000 2 000 4 000 m

1822

Argentina

BOLIVIA

Antofagasta

PARAGUAY

Jujuy
Orán
Embarcación
San Pedro

San Salvador
de Jujuy
ASUNCIÓN

Salta
SALTA
Metán

TUCUMÁN
FORMOSA

Co. Ojos
del Salado 6 879 m
San Miguel
de Tucumán
La Banda
Pres. Roque
Sáenz Peña
Formosa

CHACO
EL GRAN CHACO

CATAMARCA
Santiago
del Estero
Resistencia
Corrientes
Posadas

San Fernando
del Valle de
Catamarca
SANTIAGO
DEL ESTERO
Añatuya
CORRIENTES
Santo Tomé

La Rioja
Reconquista
Goya
Mercedes
BRASIL

San José
de Jáchal
San Cristóbal

Cruz del Eje
SANTA FE
CÓRDOBA
San Francisco
Concordia

San Juan
Co. Aconcagua
6 959 m
Córdoba
Villa María
Rafaela
ENTRE
URUGUAY

Valparaíso
Las Heras
Mendoza
Godoy Cruz
Santa Fe
Bell Ville
Paraná
RÍOS
Concepción

SANTIAGO
Co. Tupungato
6 635 m
MENDOZA
San Luis
Río Cuarto
Rosario
San Nicolás
(Arg.)
Avellaneda
MONTEVIDEO

San Rafael
General
Alvear
Venado Tuerto
CIUDAD DE
BUENOS AIRES
(Arg.)

Lincoln
Morón
Lomas de
Zamora
La Plata

La PAMPA
Pehuajó
Trenque
Lauquen
BUENOS AIRES
Lanús Quilmes
Las Flores
Cabo San Antonio

Santa Rosa
Olavarría
Azul
Dolores
Ayacucho

NEUQUÉN
Cipolletti
Tandil
Balcarce
Miramar
Necochea
Mar del Plata

Neuquén
Allen
Coronel Pringles
Bahía Blanca
Tres Arroyos

Zapala
General
Roca
Punta Alta

P. N. Nahuel
Huapí
RÍO NEGRO
Valcheta
Carmen
de Patagones

Tronador
6 050 m
San Carlos
de Bariloche
San Antonio
Oeste
Viedma
Golfo de
San Matías

P. N. Los Alerces
Esquel
CHUBUT
Puerto
Madryn
Trelew
Rawson
Península
Valdés

Los Plumas
OCÉANO

Sarmiento
Cabo Dos Bahías
ATLÁNTICO

Lago
Buenos
Aires
Las Heras
Golfo de
Comodoro Rivadavia
San Jorge

SANTA CRUZ
Cabo Tres Puntas
Puerto Deseado

Lago San Martín
Mte. Fitz Roy
3 405 m
San Julián

P. N.
Los Glaciares
Lago Viedma
Santa Cruz
ISLAS
MALVINAS
(Arg.)

1 Límite del lecho y subsuelo.
2 Límite exterior del Río de la Plata.
3 Límite lateral marítimo argentino-uruguayo.

Bahía Grande

El Turbio
Río Gallegos
Puerto Argentino

Punta
Arenas
Isla
Grande
de Tierra
del Fuego
Bahía de
San Sebastián
Río Grande
Cabo
San Diego

Estrecho de Magallanes
Ushuaia
Estrecho
Le Maire
Isla de los Estados

Cabo de Hornos
Pasaje de Drake

150 km

ARGENTINA
ANTÁRTIDA ARGENTINA

(Arg.)
(Arg.)
0°
(Arg.)
74°
25°

ANTÁRTIDA
ARGENTINA

Polo Sur 90°

- ● más de 1 000 000 hab.
- ● de 500 000 a 1 000 000 hab.
- ● de 100 000 a 500 000 hab.
- • menos de 100 000 hab.

San Luis capital de provincia

límite provincial

✈ aeropuerto

— ferrocarril

★ lugar de interés turístico

— carretera

— autopista

400   1 000   2 000   4 000 m

◼ *Antártida*

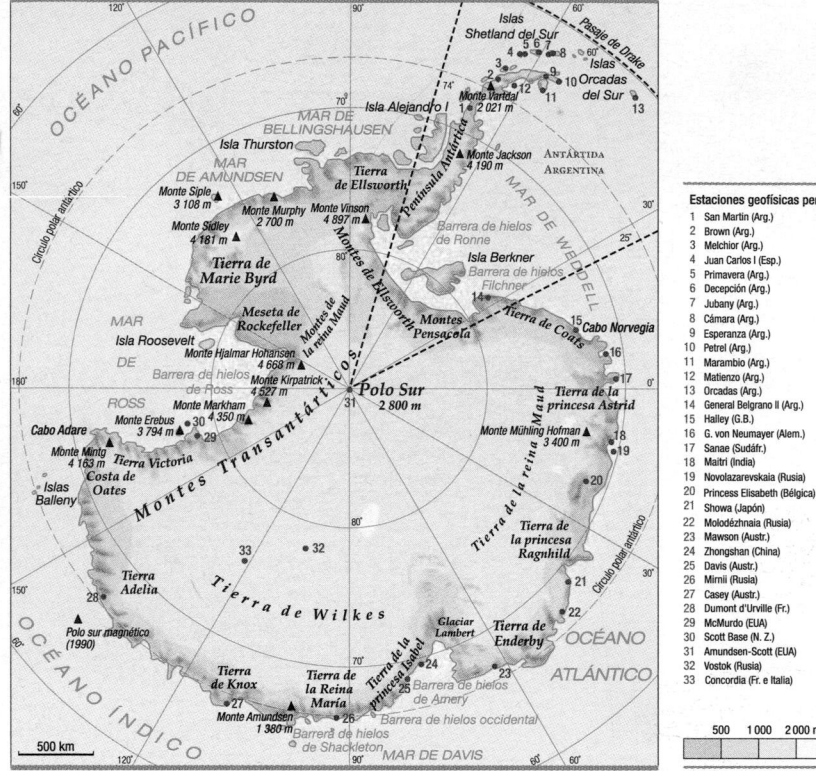

Estaciones geofísicas permanentes

1 San Martín (Arg.)
2 Brown (Arg.)
3 Melchior (Arg.)
4 Juan Carlos I (Esp.)
5 Primavera (Arg.)
6 Decepción (Arg.)
7 Jubany (Arg.)
8 Cámara (Arg.)
9 Esperanza (Arg.)
10 Petrel (Arg.)
11 Marambio (Arg.)
12 Matienzo (Arg.)
13 Orcadas (Arg.)
14 General Belgrano II (Arg.)
15 Halley (G.B.)
16 G. von Neumayer (Alem.)
17 Sanae (Sudáfr.)
18 Maitri (India)
19 Novolazarevskaia (Rusia)
20 Princess Elisabeth (Bélgica)
21 Showa (Japón)
22 Molodézhnaia (Rusia)
23 Mawson (Austr.)
24 Zhongshan (China)
25 Davis (Austr.)
26 Mirnii (Rusia)
27 Casey (Austr.)
28 Dumont d'Urville (Fr.)
29 McMurdo (EUA)
30 Scott Base (N. Z.)
31 Amundsen-Scott (EUA)
32 Vostok (Rusia)
33 Concordia (Fr. e Italia)

500   1 000   2 000 m